BECK'SCHE KOMMENTARE ZUM ARBEITSRECHT

HERAUSGEGEBEN VON GÖTZ HUECK UND DIRK NEUMANN

BAND V

Betriebsverfassungsgesetz mit Wahlordnung

Kommentar

herausgegeben von

Dr. Reinhard Richardi
em. o. Professor an der Universität Regensburg

Bearbeiter:
Dr. Reinhard Richardi
em. o. Professor an der Universität Regensburg

Dr. Gregor Thüsing, LL.M.
o. Professor an der Universität Bonn

Dr. Georg Annuß
Rechtsanwalt, München
Privatdozent an der Universität Regensburg

12., neu bearbeitete Auflage
des von Prof. Dr. Dr. h. c. Rolf Dietz zum BetrVG 1952 begründeten
und von Prof. Dr. Reinhard Richardi ab der 5. Auflage 1973
fortgeführten Kommentars

Verlag C. H. Beck München 2010

Verlag C. H. Beck im Internet:

beck.de
ISBN 978 3 406 59686 5

© 2010 Verlag C. H. Beck oHG
Wilhelmstraße 9, 80801 München

Satz und Druck: Druckerei C. H. Beck Nördlingen

Gedruckt auf säurefreiem, alterungsbeständigem Papier
(hergestellt aus chlorfrei gebleichtem Zellstoff)

Vorwort

Rolf Dietz hat diesen Kommentar zum Betriebsverfassungsgesetz vom 11. Oktober 1952 begründet. Es war sein Wille, dass ich als sein akademischer Schüler das Werk, dem er mit besonderer Liebe seine Arbeit widmete, übernehme. Da das neue Betriebsverfassungsgesetz vom 15. Januar 1972 nicht nur eine Novellierung brachte, sondern dieses für die Beziehungen zwischen Arbeitgeber und Arbeitnehmer wichtige Rechtsgebiet neu kodifizierte, habe ich mich nicht auf eine Fortführung des Kommentars beschränken können, sondern ihn neu geschrieben.

Nachdem das Gesetz zur Reform des Betriebsverfassungsgesetzes vom 23. Juli 2001 das Recht der Betriebsverfassung in zentralen Punkten neu geregelt hatte, sind seit der 8. Auflage, um die Aktualität zu wahren und den erheblichen Stoffumfang zu bewältigen, als Autoren Herr Prof. Dr. Gregor Thüsing, LL. M. (Rheinische Friedrich-Wilhelms-Universität Bonn) und mein Schüler, Herr Rechtsanwalt Privatdozent Dr. Georg Annuß (München/Regensburg) hinzugetreten.

Die neue Auflage bringt den Kommentar auf neuesten Stand. Rechtsprechung und Schrifttum sind nach Möglichkeit noch während der Drucklegung bis zum September 2009 berücksichtigt. Das Sachverzeichnis, das Herr Richter am Arbeitsgericht Lübeck Ulf Kortstock und Herr Rechtsreferendar Dr. Maximilian Seibl (Regensburg) erstellt haben, ist von Mitarbeiterinnen und Mitarbeitern am Lehrstuhl von Herrn Thüsing überarbeitet worden. Ihnen möchte ich an dieser Stelle für ihre Tätigkeit herzlich danken.

Pentling, im Oktober 2009 *Reinhard Richardi*

Inhaltsverzeichnis

	Seite
Verzeichnis der Abkürzungen und der abgekürzt zitierten Literatur	XIII
Text des Betriebsverfassungsgesetzes	1

Einleitung

A.	Das Betriebsverfassungsgesetz als Gesetz der betrieblichen Mitbestimmung	57
B.	Geschichte der Betriebsverfassung	58
C.	Betriebsverfassung und Grundgesetz	67
D.	Geltungsbereich des Betriebsverfassungsgesetzes	71
E.	Betriebsverfassung, Betriebsratsamt und Belegschaft	83
F.	Abschließende Gestaltung der Betriebsverfassung	88

Kommentar zum Betriebsverfassungsgesetz

Erster Teil. Allgemeine Vorschriften

Vorbemerkung		95
§ 1	Errichtung von Betriebsräten	95
§ 2	Stellung der Gewerkschaften und Vereinigungen der Arbeitgeber	126
§ 3	Abweichende Regelungen	166
§ 4	Betriebsteile, Kleinstbetriebe	188
§ 5	Arbeitnehmer	199
§ 6	(weggefallen)	268

Zweiter Teil. Betriebsrat, Betriebsversammlung, Gesamt- und Konzernbetriebsrat

Erster Abschnitt. Zusammensetzung und Wahl des Betriebsrats ... 269

Vorbemerkung		269
§ 7	Wahlberechtigung	269
§ 8	Wählbarkeit	286
§ 9	Zahl der Betriebsratsmitglieder	297
§ 10	(weggefallen)	305
§ 11	Ermäßigte Zahl der Betriebsratsmitglieder	305
§ 12	(weggefallen)	308
§ 13	Zeitpunkt der Betriebsratswahlen	308
§ 14	Wahlvorschriften	319
§ 14 a	Vereinfachtes Wahlverfahren für Kleinbetriebe	339
§ 15	Zusammensetzung nach Beschäftigungsarten und Geschlechtern	350
§ 16	Bestellung des Wahlvorstands	356
§ 17	Bestellung des Wahlvorstands in Betrieben ohne Betriebsrat	370
§ 17 a	Bestellung des Wahlvorstands im vereinfachten Wahlverfahren	379
§ 18	Vorbereitung und Durchführung der Wahl	379
§ 18 a	Zuordnung der leitenden Angestellten bei Wahlen	388
§ 19	Wahlanfechtung	399
§ 20	Wahlschutz und Wahlkosten	419

Zweiter Abschnitt. Amtszeit des Betriebsrats ... 431

Vorbemerkung		431
§ 21	Amtszeit	431
§ 21 a	Übergangsmandat	438

Inhalt

§ 21 b	Restmandat	452
§ 22	Weiterführung der Geschäfte des Betriebsrats	459
§ 23	Verletzung gesetzlicher Pflichten	462
§ 24	Erlöschen der Mitgliedschaft	491
§ 25	Ersatzmitglieder	499

Dritter Abschnitt. Geschäftsführung des Betriebsrats ... 509
Vorbemerkung ... 509

§ 26	Vorsitzender	512
§ 27	Betriebsausschuss	525
§ 28	Übertragung von Aufgaben auf Ausschüsse	542
§ 28 a	Übertragung von Aufgaben auf Arbeitsgruppen	550
§ 29	Einberufung der Sitzungen	562
§ 30	Betriebsratssitzungen	574
§ 31	Teilnahme der Gewerkschaften	578
§ 32	Teilnahme der Schwerbehindertenvertretung	585
§ 33	Beschlüsse des Betriebsrats	590
§ 34	Sitzungsniederschrift	601
§ 35	Aussetzung von Beschlüssen	608
§ 36	Geschäftsordnung	614
§ 37	Ehrenamtliche Tätigkeit, Arbeitsversäumnis	617
§ 38	Freistellungen	675
§ 39	Sprechstunden	693
§ 40	Kosten und Sachaufwand des Betriebsrats	700
§ 41	Umlageverbot	730

Vierter Abschnitt. Betriebsversammlung ... 733
Vorbemerkung ... 733

§ 42	Zusammensetzung, Teilversammlung, Abteilungsversammlung	736
§ 43	Regelmäßige Betriebs- und Abteilungsversammlungen	753
§ 44	Zeitpunkt und Verdienstausfall	766
§ 45	Themen der Betriebs- und Abteilungsversammlungen	779
§ 46	Beauftragte der Verbände	788

Fünfter Abschnitt. Gesamtbetriebsrat ... 795
Vorbemerkung ... 795

§ 47	Voraussetzungen der Errichtung, Mitgliederzahl, Stimmengewicht	796
§ 48	Ausschluss von Gesamtbetriebsratsmitgliedern	815
§ 49	Erlöschen der Mitgliedschaft	818
§ 50	Zuständigkeit	821
§ 51	Geschäftsführung	840
§ 52	Teilnahme der Gesamtschwerbehindertenvertretung	851
§ 53	Betriebsräteversammlung	853

Sechster Abschnitt. Konzernbetriebsrat ... 862
Vorbemerkung ... 862

§ 54	Errichtung des Konzernbetriebsrats	863
§ 55	Zusammensetzung des Konzernbetriebsrats, Stimmengewicht	878
§ 56	Ausschluss von Konzernbetriebsratsmitgliedern	885
§ 57	Erlöschen der Mitgliedschaft	887
§ 58	Zuständigkeit	888
§ 59	Geschäftsführung	898
§ 59 a	Teilnahme der Konzernschwerbehindertenvertretung	904

Dritter Teil. Jugend- und Auszubildendenvertretung

Vorbemerkung ... 907

Erster Abschnitt. Betriebliche Jugend- und Auszubildendenvertretung 910

§ 60	Errichtung und Aufgabe	910
§ 61	Wahlberechtigung und Wählbarkeit	914
§ 62	Zahl der Jugend- und Auszubildendenvertreter, Zusammensetzung der Jugend- und Auszubildendenvertretung....................................	917
§ 63	Wahlvorschriften	919
§ 64	Zeitpunkt der Wahlen und Amtszeit	925
§ 65	Geschäftsführung..	930
§ 66	Aussetzung von Beschlüssen des Betriebsrats	940
§ 67	Teilnahme an Betriebsratssitzungen..	942
§ 68	Teilnahme an gemeinsamen Besprechungen...................................	952
§ 69	Sprechstunden...	954
§ 70	Allgemeine Aufgaben..	957
§ 71	Jugend- und Auszubildendenversammlung	965

Zweiter Abschnitt. Gesamt-Jugend- und Auszubildendenvertretung 972

§ 72	Voraussetzungen der Errichtung, Mitgliederzahl, Stimmengewicht...............	972
§ 73	Geschäftsführung und Geltung sonstiger Vorschriften	978

Dritter Abschnitt. Konzern-Jugend- und Auszubildendenvertretung 986

§ 73 a	Voraussetzung der Errichtung, Mitgliederzahl, Stimmengewicht	986
§ 73 b	Geschäftsführung und Geltung sonstiger Vorschriften	992

Vierter Teil. Mitwirkung und Mitbestimmung der Arbeitnehmer

Vorbemerkung zum Vierten Teil 999

Erster Abschnitt. Allgemeines 1007

Vorbemerkung 1007

§ 74	Grundsätze für die Zusammenarbeit..	1007
§ 75	Grundsätze für die Behandlung der Betriebsangehörigen	1029
§ 76	Einigungsstelle...	1041
§ 76 a	Kosten der Einigungsstelle..	1072
§ 77	Durchführung gemeinsamer Beschlüsse, Betriebsvereinbarungen................	1077
§ 78	Schutzbestimmungen...	1152
§ 78 a	Schutz Auszubildender in besonderen Fällen	1165
§ 79	Geheimhaltungspflicht...	1180
§ 80	Allgemeine Aufgaben...	1190

Zweiter Abschnitt. Mitwirkungs- und Beschwerderecht des Arbeitnehmers........ 1219

Vorbemerkung 1219

§ 81	Unterrichtungs- und Erörterungspflicht des Arbeitgebers	1220
§ 82	Anhörungs- udn Erörterungsrecht des Arbeitnehmers.....................	1227
§ 83	Einsicht in die Personalakten..	1233
§ 84	Beschwerderecht	1241
§ 85	Behandlung von Beschwerden durch den Betriebsrat.....................	1248
§ 86	Ergänzende Vereinbarungen..	1259
§ 86 a	Vorschlagsrecht der Arbeitnehmer	1262

Dritter Abschnitt. Soziale Angelegenheiten 1265

Vorbemerkung 1265

§ 87	Mitbestimmungsrechte...	1267
§ 88	Freiwillige Betriebsvereinbarungen...	1502
§ 89	Arbeits- und betrieblicher Umweltschutz..	1510

Inhalt

Vierter Abschnitt. Gestaltung von Arbeitsplatz, Arbeitsablauf und Arbeitsumgebung 1520

Vorbemerkung 1520

- § 90 Unterrichtungs- und Beratungsrechte 1521
- § 91 Mitbestimmungsrecht 1531

Fünfter Abschnitt. Personelle Angelegenheiten 1541

Vorbemerkungen 1541

Erster Unterabschnitt. Allgemeine personelle Angelegenheiten 1543

- § 92   Personalplanung 1543
- § 92 a Beschäftigungssicherung 1556
- § 93   Ausschreibung von Arbeitsplätzen 1560
- § 94   Personalfragebogen, Beurteilungsgrundsätze 1568
- § 95   Auswahlrichtlinien 1589

Zweiter Unterabschnitt. Berufsbildung 1607

- § 96 Förderung der Berufsbildung 1607
- § 97 Einrichtungen und Maßnahmen der Berufsbildung 1614
- § 98 Durchführung betrieblicher Bildungsmaßnahmen 1620

Dritter Unterabschnitt. Personelle Einzelmaßnahmen 1636

- § 99   Mitbestimmung bei personellen Einzelmaßnahmen 1636
- § 100 Vorläufige personelle Maßnahmen 1718
- § 101 Zwangsgeld 1731
- § 102 Mitbestimmung bei Kündigungen 1740
- § 103 Außerordentliche Kündigung und Versetzung in besonderen Fällen 1819
- Anhang zu § 103: 1842
- Zweiter Abschnitt: Kündigungsschutz im Rahmen der Betriebsverfassung und Personalvertretung 1842
  - § 15 KSchG Unzulässigkeit der Kündigung 1842
  - § 16 KSchG Neues Arbeitsverhältnis; Auflösung des alten Arbeitsverhältnisses 1843
- § 104 Entfernung betriebsstörender Arbeitnehmer 1853
- § 105 Leitende Angestellte 1860

Sechster Abschnitt. Wirtschaftliche Angelegenheiten 1865

Vorbemerkungen 1865

Erster Unterabschnitt. Unterrichtung in wirtschaftlichen Angelegenheiten 1868

- § 106   Wirtschaftsausschuss 1868
- § 107   Bestellung und Zusammensetzung des Wirtschaftsausschusses 1885
- § 108   Sitzungen 1896
- § 109   Beilegung von Meinungsverschiedenheiten 1907
- § 109 a Unternehmensübernahme 1907
- § 110   Unterrichtung der Arbeitnehmer 1913

Zweiter Unterabschnitt. Betriebsänderungen 1917

- § 111   Betriebsänderungen 1917
- § 112   Interessenausgleich über die Betriebsänderung, Sozialplan 1960
- § 112 a Erzwingbarer Sozialplan bei Personalabbau, Neugründungen 2021
- § 113   Nachteilsausgleich 2026

Anhang zu § 113: Die Betriebsänderung in der Insolvenz 2042

Inhalt

Fünfter Teil. Besondere Vorschriften für einzelne Betriebsarten

Erster Abschnitt. Seeschifffahrt 2055
- § 114 Grundsätze 2055
- § 115 Bordvertretung 2069
- § 116 Seebetriebsrat 2095

Zweiter Abschnitt. Luftfahrt 2115
- § 117 Geltung für die Luftfahrt 2115

Dritter Abschnitt. Tendenzbetriebe und Religionsgemeinschaften 2120
- § 118 Geltung für Tendenzbetriebe und Religionsgemeinschaften 2120

Sechster Teil. Straf- und Bußgeldvorschriften

Vorbemerkung 2191
- § 119 Straftaten gegen Betriebsverfassungsorgane und ihre Mitglieder ... 2191
- § 120 Verletzung von Geheimnissen 2198
- § 121 Bußgeldvorschriften 2204

Siebenter Teil. Änderung von Gesetzen

- § 122 Änderung des Bürgerlichen Gesetzbuchs 2209
- § 123 Änderung des Kündigungsschutzgesetzes 2209
- § 124 Änderung des Arbeitsgerichtsgesetzes 2209

Achter Teil. Übergangs- und Schlussvorschriften

- § 125 Erstmalige Wahlen nach diesem Gesetz 2211
- § 126 Ermächtigung zum Erlass von Wahlordnungen 2213
- § 127 Verweisungen 2214
- § 128 Bestehende abweichende Tarifverträge 2214
- § 129 (aufgehoben) 2214
- § 130 Öffentlicher Dienst 2215
- § 131 Berlin-Klausel 2218
- § 132 Inkrafttreten 2218

Anhang

1. Erste Verordnung zur Durchführung des Betriebsverfassungsgesetzes (Wahlordnung – WO 2001) 2219
2. Verordnung zur Durchführung der Betriebsratswahlen bei den Postunternehmen (Wahlordnung Post – WOP) 2304
3. Zweite Verordnung zur Durchführung des Betriebsverfassungsgesetzes (Wahlordnung Seeschifffahrt – WOS) 2311

Fundstellenverzeichnis 2331

Sachverzeichnis 2473

Verzeichnis der Abkürzungen und der abgekürzt zitierten Literatur

Zeitschriften werden, soweit nicht anders angegeben, nach Jahr und Seite zitiert.

a. A.	anderer Ansicht
a. a. O.	am angegebenen Ort
ABl.	Amtsblatt
abl.	ablehnend
Abs.	Absatz
Abschn.	Abschnitt
Abt.	Abteilung
abw.	abweichend
AcP	Archiv für die civilistische Praxis (Zeitschrift; zitiert nach Band und Seite; in Klammern Erscheinungsjahr des jeweiligen Bandes)
a. E.	am Ende
a. F.	alte(r) Fassung
AFG	Arbeitsförderungsgesetz vom 25. 6. 1969
AFRG	Gesetz zur Reform der Arbeitsförderung (Arbeitsförderungs-Reformgesetz AFRG) vom 24. 3. 1997
AfP	Archiv für Presserecht (Zeitschrift)
AG	Aktiengesellschaft; Die Aktiengesellschaft (Zeitschrift); Amtsgericht (mit Ortsnamen)
AGG	Allgemeines Gleichbehandlungsgesetz vom 14. 8. 2006
APS	Reiner Ascheid, Ulrich Preis, Ingrid Schmidt (Hrsg.), Kündigungsrecht, Kommentar, 3. Aufl., München 2007
AkathKR	Archiv für katholisches Kirchenrecht
AiB	Arbeitsrecht im Betrieb (Zeitschrift)
AktG	Aktiengesetz vom 6. 9. 1965
Alt.	Alternative
a. M.	anderer Meinung
Anh.	Anhang
Anm.	Anmerkung
Annuß/Thüsing, TzBfG	Teilzeit- und Befristungsgesetz: Kommentar, hrsg. von Georg Annuß und Gregor Thüsing, 2. Aufl., Heidelberg 2006
AöR	Archiv des öffentlichen Rechts (Zeitschrift; zitiert nach Band und Seite; in Klammern Erscheinungsjahr des jeweiligen Bandes)
AOG	Gesetz zur Ordnung der nationalen Arbeit vom 20. 1. 1934
AP	Arbeitsrechtliche Praxis, Nachschlagewerk des Bundesarbeitsgerichts
ArbG	Arbeitsgericht (mit Ortsnamen)
ArbGeb	Der Arbeitgeber (Zeitschrift)
ArbRBeschFG	Arbeitsrechtliches Gesetz zur Förderung von Wachstum und Beschäftigung (Arbeitsrechtliches Beschäftigungsförderungsgesetz) vom 25. 9. 1996
ArbRGegw.	Das Arbeitsrecht der Gegenwart (Zeitschrift)
ArbGG	Arbeitsgerichtsgesetz i. F. vom 2. 7. 1979
AR-Blattei	Arbeitsrecht-Blattei, Handbuch für die Praxis, begründet von Friedrich Sitzler, hrsg. von Thomas Dieterich, Klaus Neef und Brent Schwab
ArbnErfG	Gesetz über Arbeitnehmererfindungen vom 25. 7. 1957
ArbPlSchG	Arbeitsplatzschutzgesetz i. F. vom 14. 2. 2001
ArbSchG	Gesetz über die Durchführung von Maßnahmen des Arbeitsschutzes zur Verbesserung des Sicherheit- und des Gesundheitsschutzes der Beschäftigten bei der Arbeit (Arbeitsschutzgesetz) vom 7. 8. 1996

Abkürzungen

ArbuSozPol	Arbeit und Sozialpolitik (Zeitschrift)
ArbuSozR	Arbeits- und Sozialrecht, Mitteilungsblatt des Arbeits- und Sozialministeriums Baden-Württemberg
ArbVG 92	Professorenentwurf eines Arbeitsvertragsgesetzes, Verhandlungen des 59. DJT, Bd. I/D, München 1992
arg.	argumentum
ARS	Arbeitsrecht-Sammlung, Entscheidungen des Reichsarbeitsgerichts und der Landesarbeitsgerichte (1928–1944)
ARSt.	Arbeitsrecht in Stichworten (Entscheidungssammlung)
Art.	Artikel
ASiG	Gesetz über Betriebsärzte, Sicherheitsingenieure und andere Fachkräfte für Arbeitssicherheit vom 12. 12. 1973
AuA	Arbeit und Arbeitsrecht (Zeitschrift)
Aufl.	Auflage
AÜG	Arbeitnehmerüberlassungsgesetz (Art. 1 des Gesetzes zur Regelung der gewerbsmäßigen Arbeitnehmerüberlassung (Arbeitnehmerüberlassungsgesetz – AÜG) und zur Änderung anderer Gesetze) i. F. vom 3. 2. 1995
AuR	Arbeit und Recht, Zeitschrift für die Arbeitsrechtspraxis
Ausf.	Ausführlich
AVG	Angestelltenversicherungsgesetz i. F. vom 28. 5. 1924
AWD	Außenwirtschaftsdienst des Betriebs-Beraters (Zeitschrift, 4. 1958–20. 1974; vorher und anschließend RIW)
BABl.	Bundesarbeitsblatt
BAG	Bundesarbeitsgericht
BAGE	Entscheidungen des Bundesarbeitsgerichts (amtliche Sammlung)
BAnz.	Bundesanzeiger
BAT	Bundesangestelltentarifvertrag
BayBS	Bereinigte Sammlung des bayerischen Landesrechts
BayObLG	Bayerisches Oberstes Landesgericht
BayVBl.	Bayerische Verwaltungsblätter (Zeitschrift)
BayVGH	Bayerischer Verwaltungsgerichtshof
BB	Betriebs-Berater (Zeitschrift)
BBG	Bundesbeamtengesetz in der Fassung der Bekanntmachung vom 31. 3. 1999
BBiG	Berufsbildungsgesetz vom 23. 3. 2005
Bd.	Band
BDA	Bundesvereinigung der Deutschen Arbeitgeberverbände
BDSG	Bundesdatenschutzgesetz i. F. vom 14. 1. 2003
BEG	Betreuungsgesetz vom 12. 9. 1990
Beil.	Beilage
BenshSlg.	Entscheidungen des Reichsarbeitsgerichts und der Landesarbeitsgerichte, verlegt bei Bensheimer (ab 1934: Arbeitsrechts-Sammlung-ARS)
ber.	berichtigt
BeschFG (1985)	Gesetz über arbeitsrechtliche Vorschriften zur Beschäftigungsförderung (Art. 1 Beschäftigungsförderungsgesetz 1985 vom 26. 4. 1985)
bestr.	bestritten
BetrAVG	Gesetz zur Verbesserung der betrieblichen Altersversorgung (Betriebsrentengesetz) vom 19. 12. 1974
BetrR	Der Betriebsrat (Mitteilungen für die Betriebsräte der IG Chemie – Papier – Keramik)
BetrV	Die Betriebsverfassung (Zeitschrift bis 1959)
BetrVerf-ReformG	Gesetz zur Reform des Betriebsverfassungsgesetzes vom 23. 7. 2001
BetrVG	Betriebsverfassungsgesetz i. F. vom 25. 9. 2001

Abkürzungen

BFH	Bundesfinanzhof
BGB	Bürgerliches Gesetzbuch
BGBl.	Bundesgesetzblatt
BGH	Bundesgerichtshof
BGHSt.	Entscheidungen des Bundesgerichtshofes in Strafsachen
BGHZ	Entscheidungen des Bundesgerichtshofes in Zivilsachen
BKK	Betriebskrankenkasse
Bl.	Blatt
Biedenkopf, Tarifautonomie	Kurt H. Biedenkopf: Grenzen der Tarifautonomie, Karlsruhe 1964
BlStSozArbR	Blätter für Steuerrecht, Sozialversicherung und Arbeitsrecht (Zeitschrift)
BMA	Bundesministerium für Arbeit und Sozialordnung (bis 2002)
BMWA	Bundesministerium für Wirtschaft und Arbeit
BMF	Bundesministerium der Finanzen
BPersVG	Bundespersonalvertretungsgesetz vom 15. 3. 1974
BPersVWO	Wahlordnung zum Bundespersonalvertretungsgesetz vom 23. 9. 1974
Brecht	Hans-Theo Brecht: Kommentar zum Betriebsverfassungsgesetz, Herne-Berlin 1972
BR-Drucks.	Drucksache des Deutschen Bundesrates
BRG	Betriebsrätegesetz vom 4. 2. 1920
BSchG	Gesetz zum Schutz der Beschäftigten vor sexueller Belästigung am Arbeitsplatz (Beschäftigtenschutzgesetz) vom 24. 6. 1994
BSG	Bundessozialgericht
BSGE	Entscheidungen des Bundessozialgerichts (amtliche Sammlung)
BSHG	Bundessozialhilfegesetz i. F. vom 23. 3. 1994
BT-Drucks.	Drucksache des Deutschen Bundestages
BT-Fraktion	Bundestagsfraktion
BUrlG	Mindesturlaubsgesetz für Arbeitnehmer (Bundesurlaubsgesetz) vom 8. 1. 1963
BundeswahlG	Bundeswahlgesetz vom 23. 7. 1993
BUV	Betriebs- und Unternehmensverfassung (Zeitschrift 1971/72)
BVerfG	Bundesverfassungsgericht
BVerfGE	Entscheidungen des Bundesverfassungsgerichts (amtliche Sammlung)
BVerwG	Bundesverwaltungsgericht
BVerwGE	Entscheidungen des Bundesverwaltungsgerichts (amtliche Sammlung)
BW	Baden-Württemberg
bzw.	beziehungsweise
can.	canon
CIC	Codex Iuris Canonici vom 25. 1. 1983
CDU/CSU	Christlich-Demokratische Union/Christlich-Soziale Union
Däubler, Arbeitsrecht	Wolfgang Däubler: Das Arbeitsrecht, 2 Bde., 15. bzw. 11. Neuausgabe, Reinbek bei Hamburg 1998
DAG	Deutsche Angestellten-Gewerkschaft
DAR	Deutsches Arbeitsrecht (Zeitschrift 19331945)
DB	Der Betrieb (Zeitschrift)
DDR	Deutsche Demokratische Republik
ders.	derselbe
DGB	Deutscher Gewerkschaftsbund
Dersch, BRG	Hermann Dersch: Betriebsrätegesetz, 6. Aufl., 1923
Dersch, SchliVO	Hermann Dersch: Die neue Schlichtungsverordnung nebst arbeitsgerichtlichem Verfahren, Mannheim – Berlin – Leipzig 1924
d. h.	das heißt

Abkürzungen

dies.	dieselbe(n)
Dietz	Rolf Dietz: Kommentar zum Betriebsverfassungsgesetz, 4. Aufl., München und Berlin 1967
Dietz/Nikisch	Rolf Dietz und Arthur Nikisch: Kommentar zum Arbeitsgerichtsgesetz, München und Berlin 1954
Dietz/Richardi	Reinhard Richardi: Kommentar zum Betriebsverfassungsgesetz, 2 Bde., 6. Aufl. des von Rolf Dietz begründeten Kommentars, München 1981/82
DIN	Deutsches Institut für Normierung e. V. (aus der Kennzeichnung ergibt sich die Verbindlichkeit der Normen in Deutschland)
Diss.	Dissertation (Universitätsort)
DJT	Deutscher Juristentag
DKK-*Bearbeiter*	Wolfgang Däubler, Michael Kittner, Thomas Klebe (Hrsg.): Betriebsverfassungsgesetz, Kommentar für die Praxis, 11. Aufl. Frankfurt/Main 2008 (zitiert DKK-*Bearbeiter*, z. B. DKK-*Trümner*)
DÖV	Die öffentliche Verwaltung (Zeitschrift)
DrittelbG	Gesetz über die Drittbeteiligung der Arbeitnehmer im Aufsichtsrat (Drittelbeteiligungsgesetz) vom 18. 5. 2004
DRdA	Das Recht der Arbeit (österreichische Zeitschrift)
d. s.	das sind
DStR	Deutsches Steuerrecht (Zeitschrift)
DuD	Datenschutz und Datensicherung (Zeitschrift)
DVBl.	Deutsches Verwaltungsblatt
DVO	Durchführungsverordnung
E.	Entscheidungssammlung
EFZG	Entgeltfortzahlungsgesetz vom 26. 5. 1994
EG	Europäische Gemeinschaft(en)
EGBGB	Einführungsgesetz zum Bürgerlichen Gesetzbuch
Einl.	Einleitung
Einls.	Einleitungssatz
EignungsübungsG	Eignungsübungs-Gesetz vom 15. Februar 1956
EKD	Evangelische Kirche in Deutschland
EN	Kennzeichnung der ISO-Normen in den Staaten der im Europäischen Komitee für Normung zusammengeschlossenen Normungsinstitute
Enneccerus/Nipperdey, Allgemeiner Teil	Ludwig Enneccerus und Hans Carl Nipperdey: Allgemeiner Teil des Bürgerlichen Rechts, 15. Aufl., Tübingen 1959
Entw.	Entwurf
Erdmann	Gerhard Erdmann: Das Betriebsverfassungsgesetz mit ausführlichen Erläuterungen für die Betriebspraxis, 2. Aufl., Neuwied 1954
Erdmann/Jürging/ Kammann	Ernst-Gerhard Erdmann, Claus Jürging und Karl-Udo Kammann: Betriebsverfassungsgesetz, Kommentar für die Praxis, Neuwied und Berlin 1972
ErfK-*Bearbeiter*	Rudi Müller-Glöge, Ulrich Preis und Ingrid Schmidt (Hrsg.): Erfurter Kommentar zum Arbeitsrecht, 9. Aufl., München 2009
Erl.	Erläuterung
EStG	Einkommensteuergesetz i. F. vom 19. 10. 2002
EU	Europäische Union
EuGH	Europäischer Gerichtshof
e. V.	eingetragener Verein
EV	Vertrag zwischen der Bundesrepublik Deutschland und der Deutschen Demokratischen Republik über die Herstellung der Einheit Deutschlands (Einigungsvertrag) vom 31. 8. 1990

Abkürzungen

EWG	Europäische Wirtschaftsgemeinschaft
EzA	Entscheidungssammlung zum Arbeitsrecht (hrsg. von Eugen Stahlhacke)
f., ff.	folgend(e)
Fabricius, Relativität	Fritz Fabricius: Relativität der Rechtsfähigkeit, ein Beitrag zur Theorie und Praxis des privaten Personenrechts, München 1963
FDP	Freie Demokratische Partei Deutschlands
Feig/Sitzler	Johann Feig und Friedrich Sitzler: Betriebsrätegesetz, 13. und 14. Aufl., Berlin 1931
Fitting	Betriebsverfassungsgesetz, Handkommentar begründet von Karl Fitting, 24. Aufl. von Gerd Engels, Ingrid Schmidt, Yvonne Trebinger und Wolfgang Linsenmaier, München 2008
Flatow/Kahn-Freund	Georg Flatow und Otto Kahn-Freund: Betriebsrätegesetz, Kommentar, 13. Aufl., Berlin 1931
Floretta/Strasser, ArbVG	Hans Floretta und Rudolf Strasser: Kommentar zum Arbeitsverfassungsgesetz, Wien 1975
FlRG	Flaggenrechtsgesetz vom 26. 10. 1994
Flume, Allgemeiner Teil des Bürgerlichen Rechts	Werner Flume: Allgemeiner Teil des Bürgerlichen Rechts, Bd. I/I: Die Personengesellschaft, Berlin – Heidelberg – New York 1977; Bd. II: Das Rechtsgeschäft, 4. Aufl., Berlin – Heidelberg – New York 1992
Frauenkron	Karl-Peter Frauenkron: Kommentar zum Betriebsverfassungsgesetz, Stuttgart – Berlin – Köln – Mainz 1972
Fn.	Fußnote
FS	Festschrift
Galperin, Leitfaden	Hans Galperin: Das Betriebsverfassungsgesetz 1972, Leitfaden für die Praxis, Heidelberg 1972
Galperin/Siebert	Hans Galperin und Wolfgang Siebert: Kommentar zum Betriebsverfassungsgesetz, 4. Aufl., Heidelberg 1963
Gamillscheg	Franz Gamillscheg: Kollektives Arbeitsrecht, ein Lehrbuch, Bd. I: Grundlagen/Koalitionsfreiheit/Tarifvertrag/Arbeitskampf und Schlichtung, München 1997 – Bd. II: Betriebsverfassung, München 2008
GBl.	Gesetzblatt (der Deutschen Demokratischen Republik)
GedS	Gedächtnisschrift
GefstoffV	Verordnung zum Schutz vor gefährlichen Stoffen (Gefahrstoffverordnung) vom 15. 11. 1999
GEMA	Gesellschaft für musikalische Aufführungs- und mechanische Vervielfältigungsrechte
GewMH	Gewerkschaftliche Monatshefte
GewO	Gewerbeordnung i. F. vom 22. 2. 1999
GG	Grundgesetz für die Bundesrepublik Deutschland vom 23. 5. 1949
GK-*Bearbeiter*	Gemeinschaftskommentar zum Betriebsverfassungsgesetz, 2 Bde., 8. Aufl. von Alfons Kraft, Günther Wiese, Peter Kreutz, Hartmut Oetker, Thomas Raab und Christoph Weber, Neuwied, Kriftel 2005 (zitiert GK-*Bearbeiter*, z. B. GK-*Kraft*)
GL-*Bearbeiter*	Galperin/Löwisch: Kommentar zum Betriebsverfassungsgesetz, begründet von Hans Galperin, Bd. I von Manfred Löwisch und Rolf Marienhagen, Bd. II von Manfred Löwisch, §§ 114 bis 117 von Bernd Kröger, 6. Aufl., Heidelberg 1982 (zitiert GL-*Bearbeiter*, z. B. GL-*Löwisch* bzw. GL-*Marienhagen*)
GleiBG	Gesetz zur Durchsetzung der Gleichberechtigung von Frauen und Männern (Zweites Gleichberechtigungsgesetz) vom 24. 6. 1994
GmbH	Gesellschaft mit beschränkter Haftung

Abkürzungen

GmbH & Co (KG)	Gesellschaft mit beschränkter Haftung und Compagnie (Kommanditgesellschaft)
GmbHG	Gesetz betreffend die Gesellschaften mit beschränkter Haftung i. F. vom 20. 5. 1898
GMP-*Bearbeiter*	Claas-Hinrich Germelmann, Hans-Christoph Matthes, Rudi Müller-Glöge und Hanns Prütting: Arbeitsgerichtsgesetz, Kommentar, 7. Aufl., München 2009
Gnade/Kehrmann/ Schneider	Albert Gnade, Karl Kehrmann und Wolfgang Schneider: Betriebsverfassungsgesetz, Kommentar für die Praxis, Köln 1972
GrO	Grundordnung des kirchlichen Dienstes im Rahmen kirchlicher Arbeitsverhältnisse vom 22. 9. 1993
Gruchot	Beiträge zur Erläuterung des Deutschen Rechts, begründet von Gruchot, Berlin (1857–1933)
GRUR	Gewerblicher Rechtschutz und Urheberrecht (Zeitschrift)
GS	Großer Senat
GVBl.	Gesetz- und Verordnungsblatt
GVG	Gerichtsverfassungsgesetz i. F. vom 9. 5. 1975
HAG	Heimarbeitsgesetz vom 14. 3. 1951
Halbbd.	Halbband
Hanau/Adomeit	Peter Hanau und Klaus Adomeit: Arbeitsrecht, 14. Aufl., Neuwied – Kriftel – Berlin 2007
HandwO	Gesetz zur Ordnung des Handwerks (Handwerksordnung) vom 24. 9. 1998
Hansa	Hansa (Zeitschrift)
HansOLG	Hanseatisches Oberlandesgericht
HdbStKirchR	Joseph Listl, Dietrich Pirson (Hrsg.): Handbuch des Staatskirchenrechts der Bundesrepublik Deutschland, Band I, 2. Aufl., Berlin 1994
HGB	Handelsgesetzbuch vom 10. 5. 1897
h. L.	herrschende Lehre
h. M.	herrschende Meinung
Hromadka, SprAuG	Wolfang Hromadka: Sprecherausschussgesetz, Kommentar, Neuwied und Frankfurt/M. 1991
Hrsg.; hrsg.	Herausgeber; herausgegeben
HSG-*Bearbeiter*	Kommentar zum Betriebsverfassungsgesetz, Luchterhand, 5. Aufl. von Harald Hess, Ursula Schlochauer und Werner Glaubitz, 1997
HSWGNR-*Bearbeiter*	Kommentar zum Betriebsverfassungsgesetz, Luchterhand, 7. Aufl. von Harald Hess, Ursula Schlochauer, Michael Worzalla, Dirk Glock, Andrea Nicolai und Franz-Josef Rose, 2008
v. Hoyningen-Huene	Gerrick v. Hoyningen-Huene: Betriebsverfassungsrecht, 6. Aufl., München 2007
E. R. Huber	Ernst Rudolf Huber: Wirtschaftsverwaltungsrecht, 2 Bde., 2. Aufl., Tübingen 1953/54
A. *Hueck* in *Hueck/Nipperdey*, Bd. I	Alfred Hueck und Hans Carl Nipperdey: Lehrbuch des Arbeitsrechts, Bd. I von Alfred Hueck, 7. Aufl., Berlin und Frankfurt a. M. 1963
Hueck/Nipperdey/Dietz, AOG	Alfred Hueck, Hans Carl Nipperdey und Rolf Dietz: Kommentar zum Gesetz zur Ordnung der nationalen Arbeit und Gesetz zur Ordnung der Arbeit in öffentlichen Verwaltungen und Betrieben, 4. Aufl., München und Berlin 1943
v. Hoyningen-Huene/Linck, KSchG	Gerrick v. Hoyningen-Huene und Rüdiger Linck: Kündigungsschutzgesetz, Kommentar begründet von Alfred Hueck und bis zur 10. Aufl. fortgeführt von Götz Hueck, 14. Aufl., München 2007

Abkürzungen

HWK-Bearbeiter	Arbeitsrecht Kommentar hrsg. von Martin Henssler, Heinz Josef Willemsen und Heinz-Jürgen Kalb, 3. Aufl, Köln 2008 (zitiert: HWK-*Bearbeiter*)
HzA	Handbuch zum Arbeitsrecht (hrsg. von Wolfgang Leinemann), Loseblatt
i. F.	in der Fassung
IG	Industriegewerkschaft
InfAulR	Informationsbrief Ausländerrecht
insbes.	insbesondere
InsO	Insolvenzordnung vom 5. 10. 1994
Internat	Internationales
IPRAX	Praxis des internationalen Privat- und Verfahrensrechts (Zeitschrift)
i. S.	im Sinne
ISO	Regelwerk zu Qualitätsmanagementsystemen durch die International Organisation of Sandardization
i. V.	in Verbindung
Jacobi, Grundlehren	Erwin Jacobi: Grundlehren des Arbeitsrechts, Leipzig 1927
Jaeger/Röder/Heckelmann/*Bearbeiter*	Georg Jaeger, Gerhard Röder, Günther Heckelmann (Hrsg.): Praxishandbuch Betriebsverfassungsrecht, München 2003
JArbSchG	Gesetz zum Schutze der arbeitenden Jugend (Jugendarbeitsschutzgesetz) vom 12. 4. 1976
JR	Juristische Rundschau (Zeitschrift)
JurA	Juristische Analysen (Zeitschrift)
JurJB	Juristen-Jahrbuch
JuS	JuS, Juristische Schulung (Zeitschrift)
JW	Juristische Wochenschrift (Zeitschrift bis 1939)
JZ	Juristen-Zeitung
KABl.	Kirchliches Amtsblatt
Kap.	Kapitel
Kaskel	Walter Kaskel: Arbeitsrecht, 3. Aufl., Berlin 1928
Kaskel/Dersch	Walter Kaskel und Hermann Dersch: Arbeitsrecht, soweit nicht anders vermerkt: 5. Aufl., Berlin-Göttingen-Heidelberg 1957
Kastner/Lübbe/Lung	Fritz Kastner, Erich Lübbe und Robert Lung: Erste Rechtsverordnung zur Durchführung des Betriebsverfassungsgesetzes, Erläuterungen, Köln 1953
KG	Kommanditgesellschaft
KGaA	Kommanditgesellschaft auf Aktien
Kissel, Arbeitskampfrecht	Otto Rudolf Kissel: Arbeitskampfrecht, München 2002
Kittner/Zwanziger, Arbeitsrecht	Arbeitsrecht, Handbuch für die Praxis, hrsg. von Michael Kittner und Bertram Zwanziger, 4. Aufl., Frankfurt a. M. 2007
KO	Konkursordnung i. F. vom 20. 5. 1898
KODA	Kommission zur Ordnung des diözesanen Arbeitsvertragsrechts
Kölner Komm	Kölner Kommentar zum Aktiengesetz, hrsg. von Wolfgang Zöllner, 2. Aufl., Köln, Berlin u. a. 1986 ff.; 3. Aufl., Köln, Berlin u. a. 2004 ff.
Komm	Kommentar
KR	Kommunikation und Recht (Zeitschrift)
KR-*Bearbeiter*	Gemeinschaftskommentar zum Kündigungsschutzgesetz und zu sonstigen kündigungsschutzrechtlichen Vorschriften, von Friedrich Becker, Gerhard Etzel u. a., 8. Aufl., Neuwied u. a. 2007
KRG Nr. 22	Kontrollratsgesetz Nr. 22 (Betriebsrätegesetz) vom 10. 4. 1946
krit.	kritisch

Abkürzungen

KSchG	Kündigungsschutzgesetz i. F. vom 25. 8. 1969
Küchenhoff	Günther Küchenhoff: Betriebsverfassungsgesetz, Kommentar, 3. Aufl., Münster 1979
KuR	Kirche und Recht (Zeitschrift)
LAG	Landesarbeitsgericht
LAGE	Entscheidungen der Landesarbeitsgerichte (hrsg. von Eugen Stahlhacke)
LFZG	Gesetz über die Fortzahlung des Arbeitsentgelts im Krankheitsfalle (Lohnfortzahlungsgesetz) vom 27. 7. 1969
LG	Landgericht
Lieb/Jacobs	Manfred Lieb und Matthias Jacobs: Arbeitsrecht, in: Schwerpunkte Bd. 10, 9. Aufl., Heidelberg 2006
lit.	litera (Buchstabe)
Löwisch, SprAuG	Manfred Löwisch: Kommentar zum Sprecherausschussgesetz, 2. Aufl., Heidelberg 1994
Löwisch/Kaiser, BetrVG	Manfred Löwisch und Dagmar Kaiser: Kommentar zum Betriebsverfassungsgesetz, 6. Aufl., Heidelberg 2007
Löwisch/Rieble, TVG	Manfred Löwisch und Volker Rieble: Tarifvertragsgesetz, Kommentar, 2. Aufl., München 2004
LPVG	Landespersonalvertretungsgesetz
LS	Leitsatz
LuftVG	Luftverkehrsgesetz vom 27. 3. 1999
Mansfeld	Werner Mansfeld: Kommentar zum Betriebsrätegesetz, 2. Aufl., Mannheim – Berlin – Leipzig 1930
Maunz/Dürig, GG	Kommentar zum Grundgesetz, begründet von Theodor Maunz und Günter Dürig, zitiert nach Bearbeiter, Loseblatt, München Stand: März 2007
MDR	Monatsschrift für Deutsches Recht (Zeitschrift)
Meissinger	Hermann Meissinger: Kommentar zum Betriebsverfassungsgesetz, München 1952
MitB	Die Mitbestimmung (Zeitschrift bis 1961, hrsg. von der DAG)
MitbestErgG	Gesetz zur Ergänzung des Gesetzes über die Mitbestimmung der Arbeitnehmer in den Aufsichtsräten und Vorständen der Unternehmen des Bergbaus und der Eisen und Stahl erzeugenden Industrie vom 7. 8. 1956
MitbestG	Gesetz über die Mitbestimmung der Arbeitnehmer (Mitbestimmungsgesetz) vom 4. 5. 1976
MitbestGespr.	Das Mitbestimmungsgespräch (Zeitschrift)
Montan-MitbestG	Gesetz über die Mitbestimmung der Arbeitnehmer in den Aufsichtsräten und Vorständen der Unternehmen des Bergbaus und der Eisen und Stahl erzeugenden Industrie (Montanmitbestimmungsgesetz) vom 21. 5. 1951
MTV	Manteltarifvertrag
MünchArbR	Münchener Handbuch zum Arbeitsrecht, hrsg. von Reinhard Richardi, Otfried Wlotzke, Helmut Wißmann und Hartmut Oetker, 2 Bde. (vorangestellt zitiert: der Bearbeiter), 3. Aufl., München 2010
MünchKomm. zum BGB	Münchener Kommentar zum Bürgerlichen Gesetzbuch, hrsg. von Kurt Rebmann, Franz-Jürgen Säcker und Roland Rixecker, 3. Aufl., München 1993 ff., Bd. 1: Allgemeiner Teil, 4. Aufl., München 2001, 5. Aufl., München 2006 ff.
MuSchG	Gesetz zum Schutze der erwerbstätigen Mutter (Mutterschutzgesetz) i. F. vom 20. 6. 2002
Neumann-Duesberg	Horst Neumann-Duesberg: Betriebsverfassungsrecht, Lehrbuch, Berlin 1960

Abkürzungsverzeichnis   **Abkürzungen**

Neumann/Fenski, BUrlG .... Bundesurlaubsgesetz, Kommentar, begründet von Hermann Dersch, fortgeführt von Dirk Neumann und Martin Fenski, 9. Aufl., München 2003
n. F. .... neue Fassung
Nikisch, Bd. I, Bd. II, Bd. III .... Arthur Nikisch: Arbeitsrecht, Band I: Allgemeine Lehren und Arbeitsvertragsrecht, 3. Aufl., Tübingen 1961, Band II: Koalitionsrecht, Arbeitskampfrecht und Tarifvertragsrecht, 2. Aufl., Tübingen 1959, Band III: Betriebsverfassungsrecht, 2. Aufl., Tübingen 1966
Nipperdey in *Hueck/ Nipperdey*, Bd. II/1; *Nipperdey/Säcker* in *Hueck/ Nipperdey*, Bd. II/2 .... Alfred Hueck und Hans Carl Nipperdey: Lehrbuch des Arbeitsrechts, 7. Aufl., Bd. II: Kollektives Arbeitsrecht, Halbbd. 1 von Hans Carl Nipperdey, Berlin und Frankfurt a. M. 1967; Halbbd. 2 von Hans Carl Nipperdey unter Mitarbeit von Franz Jürgen Säcker, Berlin und Frankfurt a. M. 1970
NJW .... Neue Juristische Wochenschrift
Nr. .... Nummer, Nummern
n. v. .... nicht veröffentlicht
NVwZ .... Neue Zeitschrift für Verwaltungsrecht
NW .... Nordrhein-Westfalen
NZA .... Neue Zeitschrift für Arbeitsrecht
NZfAR .... Neue Zeitschrift für Arbeitsrecht (1921–1933)

ÖTV .... Gewerkschaft öffentliche Dienste, Transport und Verkehr
OHG .... Offene Handelsgesellschaft
OLG .... Oberlandesgericht
Ordo .... Jahrbuch für die Ordnung von Wirtschaft und Gesellschaft (Zeitschrift)
OVG .... Oberverwaltungsgericht
OWiG .... Gesetz über Ordnungswidrigkeiten i. F. vom 19. 2. 1987
OWiZuVO .... Verordnung der Landesregierung (Baden-Württemberg) über Zuständigkeiten nach dem Gesetz über Ordnungswidrigkeiten i. F. vom 2. 2. 1990

PersR .... Der Personalrat (Zeitschrift)
PersV .... Die Personalvertretung (Zeitschrift)
PersVG .... Personalvertretungsgesetz
PersVG 1955 .... Personalvertretungsgesetz (des Bundes) vom 5. 8. 1955
PostPersRG .... Gesetz zum Personalrecht der Beschäftigten der früheren Deutschen Bundespost (Postpersonalrechtsgesetz – PostPersRG), ergangen als Art. 4 Gesetz zur Neuordnung des Postwesens und der Telekommunikation (Postneuordnungsgesetz – PTNeUOG) vom 14. 9. 1994
ProstG .... Gesetz zur Regelung der Rechtsverhältnisse der Prostituierten (Prostituiertengesetz) vom 20. 12. 2001

R .... Rückseite
RabelsZ .... Zeitschrift für ausländisches und internationales Privatrecht (begründet von Ernst Rabel)
RABl. .... Reichsarbeitsblatt
RAG .... Reichsarbeitsgericht
RdA .... Recht der Arbeit (Zeitschrift)
RegE .... Regierungsentwurf
RG .... Reichsgericht
RGBl. .... Reichsgesetzblatt
RGSt .... Entscheidungen des Reichsgerichts in Strafsachen (amtliche Sammlung)

Abkürzungen

RGZ	Entscheidungen des Reichsgerichts in Zivilsachen (amtliche Sammlung)
Richardi, Kollektives Arbeitsrecht	Reinhard Richardi: Kollektives Arbeitsrecht, München 2007
Richardi, Kollektivgewalt	Reinhard Richardi: Kollektivgewalt und Individualwille bei der Gestaltung des Arbeitsverhältnisses, München 1968
Richardi/Dörner/Weber-*Bearbeiter*	Reinhard Richardi, Jürgen Dörner und Christoph Weber (Hrsg.): Personalverstellungsrecht, Kommentar, 3. Aufl., München 2008
RIW	Recht der Internationalen Wirtschaft (4. 1958–20. 1974 AWD)
Rn.	Randnummer
Rspr.	Rechtsprechung
RVO	Reichsversicherungsordnung i. F. vom 15. 12. 1924
s.	siehe
S.	Seite
SAE	Sammlung arbeitsrechtlicher Entscheidungen
Sahmer	Heinz Sahmer: Kommentar zum Betriebsverfassungsgesetz (Loseblatt), Frankfurt a. M. 1972 ff.
Schaub	Günter Schaub, Ulrich Koch und Rüdiger Linck: Arbeitsrechts-Handbuch, 13. Aufl., München 2009
SchlW	Das Schlichtungswesen (Zeitschrift bis 1928)
Schnorr v. Carolsfeld	Ludwig Schnorr von Carolsfeld: Arbeitsrecht, 2. Aufl., Göttingen 1954
SchwbG	Gesetz zur Sicherung der Eingliederung Schwerbehinderter in Arbeit, Beruf und Gesellschaft (Schwerbehindertengesetz) i. F. vom 26. 8. 1986
Schwerdtner, Arbeitsrecht 1	Peter Schwerdtner: Arbeitsrecht, Bd. 1: Individualarbeitsrecht (Juristischer Studienkurs), München 1976
SeeAE	Sammlung see-arbeitsrechtlicher Entscheidungen
SeemG	Seemannsgesetz vom 26. 7. 1957
SGB	Sozialgesetzbuch
SH	Schleswig-Holstein
Sinzheimer, Grundzüge	Hugo Sinzheimer: Grundzüge des Arbeitsrechts, 2. Aufl., Jena 1927
Söllner	Alfred Söllner: Grundriss des Arbeitsrechts, 12. Aufl., Stuttgart 1998
Slg.	Sammlung der Rechtsprechung des Europäischen Gerichtshofs
Söllner/Waltermann	Alfred Söllner: Grundriss des Arbeitsrechts, 14. Aufl. fortgeführt von Raimund Waltermann, München 2007
sog.	sogenannt
SozFort	Sozialer Fortschritt (Zeitschrift)
SozPr.	Soziale Praxis und Archiv für Volkswohlfahrt (bis 1945)
Sp.	Spalte
SPD	Sozialdemokratische Partei Deutschlands
SpielbankGSH	Spielbankgesetz Schleswig-Holstein vom 29. 12. 1995
SprAuG	Gesetz über Sprecherausschüsse der leitenden Angestellten (Sprecherausschussgesetz), ergangen als Art. 2 Gesetz zur Änderung des Betriebsverfassungsgesetzes, über Sprecherausschüsse der leitenden Angestellten und zur Sicherung der Montan-Mitbestimmung vom 20. 12. 1988
SpTrUG	Gesetz über die Spaltung der von der Treuhandanstalt verwalteten Unternehmen vom 5. 4. 1991
SpuRt	Zeitschrift für Sport und Recht
st.	ständig
Staudinger-*Bearbeiter*	J. v. Staudingers Kommentar zum Bürgerlichen Gesetzbuch, wenn nicht anders zitiert Gesamtwerk, Berlin 1993 ff.

Abkürzungsverzeichnis **Abkürzungen**

Stege/Weinspach/Schiefer	Dieter Stege, Friedrich Karl Weinspach und Bernd Schiefer: Betriebsverfassungsgesetz, Handbuch für die betriebliche Praxis, 9. Aufl., Köln 2002
StGB	Strafgesetzbuch i. F. vom 13. 11. 1998
StPO	Strafprozeßordnung vom 7. 4. 1987
Strasser, Betriebsvereinbarung.....	Rudolf Strasser: Die Betriebsvereinbarung nach österreichischem und deutschem Recht, Wien 1957
TVG.................................	Tarifvertragsgesetz i. F. vom 25. 8. 1969
TzBfG...............................	Gesetz über Teilzeitarbeit und befristete Arbeitsverträge vom 21. 12. 2000
UFITA	Archiv für Urheber-, Film-, Funk- und Theaterrecht
UmwG..............................	Umwandlungsgesetz, ergangen als Art. 1 Gesetz zur Bereinigung des Umwandlungsrechts (UmwBerG) vom 28. 10. 1994
UrhG................................	Gesetz über Urheberrecht und verwandte Schutzrechte (Urheberrechtsgesetz) vom 9. 9. 1965
u. U.................................	unter Umständen
UWG	Gesetz gegen den unlauteren Wettbewerb vom 3. 7. 2004
VAG.................................	Versicherungsaufsichtsgesetz, Gesetz über die Beaufsichtigung der privaten Versicherungsunternehmen i. F. vom 17. 12. 1992
verdi	Vereinigte Dienstleistungsgewerkschaft e. V.
VermBG	Fünftes Gesetz zur Förderung der Vermögensbildung der Arbeitnehmer (Fünftes Vermögensbildungsgesetz) i. F. vom 4. 3. 1994
VermG..............................	Gesetz zur Regelung offener Vermögensfragen (Vermögensgesetz) i. F. vom 9. 2. 2005
VerwA	Verwaltungsarchiv (Zeitschrift)
VerwG	Verwaltungsgericht
vgl.	vergleiche
VO	Verordnung
Vorbem.............................	Vorbemerkung
VwGO	Verwaltungsgerichtsordnung i. F. vom 19. 3. 1991
VwVfG	Verwaltungsverfahrensgesetz i. F. vom 23. 1. 2003
weit. Nachw........................	weitere Nachweise
Weiss/Weyandt	Manfred Weiss und Joachim Weyandt: Betriebsverfassungsgesetz, 3. Aufl., Baden-Baden 1994
WHSS................................	Heinz Josef Willemsen, Klaus-Stefan Hohenstatt, Ulrike Schweibert, Christoph H. Seibt (Bearb.): Umstrukturierung und Übertragung von Unternehmen, Arbeitsrechtliches Handbuch, 3. Aufl. München 2008
Wiedemann, TVG..................	Herbert Wiedemann (Hrsg.): Tarifvertragsgesetz, Kommentar, begründet von Alfred Hueck und Hans Carl Nipperdey, 7. Aufl. von *Hartmut Oetker, Gregor Thüsing, Rolf Wank* und *Herbert Wiedemann,* München 2007/zitiert Wiedemann-*Bearbeiter* (z. B. Wiedemann-*Oetker*)
WissR...............................	Wissenschaftsrecht: Wissenschaftsverwaltung, Wissenschaftsförderung (Zeitschrift)
Wlotzke/Preis/Kreft (auch WPK)	Otfried Wlotzke, Ulrich Preis und Burghard Kreft: Betriebsverfassungsgesetz, Kommentar, 4. Aufl., München 2009
WM	Zeitschrift für Wirtschafts- und Bankrecht, Wertpapier- Mitteilungen
WO	Erste Verordnung zur Durchführung des Betriebsverfassungsgesetzes (Wahlordnung WO vom 11. 12. 2001)
WO 1953...........................	Erste Rechtsverordnung zur Durchführung des Betriebsverfassungsgesetzes (Wahlordnung) vom 18. 5. 1953

Abkürzungen

WOMitbestG	Wahlordnungen zum Mitbestimmungsgesetz 1976, Erste Wahlordnung zum Mitbestimmungsgesetz (1. WOMitbestG), Zweite Wahlordnung zum Mitbestimmungsgesetz (2. WOMitbestG) und Dritte Wahlordnung zum Mitbestimmungsgesetz (3. WO MitbestG) vom 27. 5. 2002
WOP	Verordnung zur Durchführung der Betriebsratswahlen bei den Postunternehmen (Wahlordnung Post) vom 22. 2. 2002
WOS	Zweite Verordnung zur Durchführung des Betriebsverfassungsgesetzes (Wahlordnung Seeschifffahrt) vom 7. 2. 2002
Wpg	Die Wirtschaftsprütung (Zeitschrift)
WRV	Verfassung des Deutschen Reichs (Weimarer Reichsverfassung) vom 11. 8. 1919
ZAS	Zeitschrift für Arbeitsrecht und Sozialrecht (Wien)
z. B.	zum Beispiel
ZBR	Zeitschrift für Beamtenrecht
ZDG	Gesetz über den Zivildienst der Kriegsdienstverweigerer (Zivildienstgesetz) i. F. vom 28. 9. 1994
ZevKR	Zeitschrift für evangelisches Kirchenrecht
ZfA	Zeitschrift für Arbeitsrecht
ZGR	Zeitschrift für Unternehmens- und Gesellschaftsrecht
ZHR	Zeitschrift für das gesamte Handelsrecht und Wirtschaftsrecht
ZIP	Zeitschrift für Wirtschaftsrecht und Insolvenzpraxis
Zöllner/Loritz	Wolfgang Zöllner und Karl Georg Loritz: Arbeitsrecht, 5. Aufl., München 1998
ZPO	Zivilprozessordnung i. F. vom 5. 12. 2005
ZRP	Zeitschrift für Rechtspolitik
ZTR	Zeitschrift für Tarif-, Arbeits- und Sozialrecht des öffentlichen Dienstes
zust.	zustimmend
ZuVOWiG	Verordnung (Freistaat Bayern) über Zuständigkeiten im Ordnungswidrigkeitenrecht i. F. vom 21. 10. 1997
ZZP	Zeitschrift für Zivilprozess

Betriebsverfassungsgesetz

In der Fassung der Bekanntmachung vom 25. September 2001[1]
(BGBl. I S. 2518)
FNA 801–7

Zuletzt geändert durch Gesetz vom 29. 7. 2009 (BGBl. I S. 2424)

Inhaltsübersicht

		§§
Erster Teil.	Allgemeine Vorschriften	1–6
Zweiter Teil.	Betriebsrat, Betriebsversammlung, Gesamt- und Konzernbetriebsrat	7–59 a
Erster Abschnitt.	Zusammensetzung und Wahl des Betriebsrats	7–20
Zweiter Abschnitt.	Amtszeit des Betriebsrats	21–25
Dritter Abschnitt.	Geschäftsführung des Betriebsrats	26–41
Vierter Abschnitt.	Betriebsversammlung	42–46
Fünfter Abschnitt.	Gesamtbetriebsrat	47–53
Sechster Abschnitt.	Konzernbetriebsrat	54–59 a
Dritter Teil.	Jugend- und Auszubildendenvertretung	60–73 b
Erster Abschnitt.	Betriebliche Jugend- und Auszubildendenvertretung	60–71
Zweiter Abschnitt.	Gesamt-Jugend- und Auszubildendenvertretung	72, 73
Dritter Abschnitt.	Konzern-Jugend- und Auszubildendenvertretung	73 a, 73 b
Vierter Teil.	Mitwirkung und Mitbestimmung der Arbeitnehmer	74–113
Erster Abschnitt.	Allgemeines	74–80
Zweiter Abschnitt.	Mitwirkungs- und Beschwerderecht des Arbeitnehmers	81–86 a
Dritter Abschnitt.	Soziale Angelegenheiten	87–89
Vierter Abschnitt.	Gestaltung von Arbeitsplatz, Arbeitsablauf und Arbeitsumgebung	90–91
Fünfter Abschnitt.	Personelle Angelegenheiten	92–105
Erster Unterabschnitt.	Allgemeine personelle Angelegenheiten	92–95
Zweiter Unterabschnitt.	Berufsbildung	96–98
Dritter Unterabschnitt.	Personelle Einzelmaßnahmen	99–105
Sechster Abschnitt.	Wirtschaftliche Angelegenheiten	106–113
Erster Unterabschnitt.	Unterrichtung in wirtschaftlichen Angelegenheiten	106–110
Zweiter Unterabschnitt.	Betriebsänderungen	111–113
Fünfter Teil.	Besondere Vorschriften für einzelne Betriebsarten	114–118
Erster Abschnitt.	Seeschifffahrt	114–116
Zweiter Abschnitt.	Luftfahrt	117
Dritter Abschnitt.	Tendenzbetriebe und Religionsgemeinschaften	118
Sechster Teil.	Straf- und Bußgeldvorschriften	119–121
Siebenter Teil.	Änderung von Gesetzen	122–124
Achter Teil.	Übergangs- und Schlussvorschriften	125–132

---

[1] Neubekanntmachung des BetrVG idF der Bek. v. 23. 12. 1988 (BGBl. 1989 I S. 1, ber. S. 902) in der ab 28. Juli 2001 geltenden Fassung.

Erster Teil. Allgemeine Vorschriften

§ 1 Errichtung von Betriebsräten

(1) ¹In Betrieben mit in der Regel mindestens fünf ständigen wahlberechtigten Arbeitnehmern, von denen drei wählbar sind, werden Betriebsräte gewählt. ²Dies gilt auch für gemeinsame Betriebe mehrerer Unternehmen.

(2) Ein gemeinsamer Betrieb mehrerer Unternehmen wird vermutet, wenn
1. zur Verfolgung arbeitstechnischer Zwecke die Betriebsmittel sowie die Arbeitnehmer von den Unternehmen gemeinsam eingesetzt werden oder
2. die Spaltung eines Unternehmens zur Folge hat, dass von einem Betrieb ein oder mehrere Betriebsteile einem an der Spaltung beteiligten anderen Unternehmen zugeordnet werden, ohne dass sich dabei die Organisation des betroffenen Betriebs wesentlich ändert.

§ 2 Stellung der Gewerkschaften und Vereinigungen der Arbeitgeber

(1) Arbeitgeber und Betriebsrat arbeiten unter Beachtung der geltenden Tarifverträge vertrauensvoll und im Zusammenwirken mit den im Betrieb vertretenen Gewerkschaften und Arbeitgebervereinigungen zum Wohl der Arbeitnehmer und des Betriebs zusammen.

(2) Zur Wahrnehmung der in diesem Gesetz genannten Aufgaben und Befugnisse der im Betrieb vertretenen Gewerkschaften ist deren Beauftragten nach Unterrichtung des Arbeitgebers oder seines Vertreters Zugang zum Betrieb zu gewähren, soweit dem nicht unumgängliche Notwendigkeiten des Betriebsablaufs, zwingende Sicherheitsvorschriften oder der Schutz von Betriebsgeheimnissen entgegenstehen.

(3) Die Aufgaben der Gewerkschaften und der Vereinigungen der Arbeitgeber, insbesondere die Wahrnehmung der Interessen ihrer Mitglieder, werden durch dieses Gesetz nicht berührt.

§ 3 Abweichende Regelungen

(1) Durch Tarifvertrag können bestimmt werden:
1. für Unternehmen mit mehreren Betrieben
   a) die Bildung eines unternehmenseinheitlichen Betriebsrats oder
   b) die Zusammenfassung von Betrieben,
      wenn dies die Bildung von Betriebsräten erleichtert oder einer sachgerechten Wahrnehmung der Interessen der Arbeitnehmer dient;
2. für Unternehmen und Konzerne, soweit sie nach produkt- oder projektbezogenen Geschäftsbereichen (Sparten) organisiert sind und die Leitung der Sparte auch Entscheidungen in beteiligungspflichtigen Angelegenheiten trifft, die Bildung von Betriebsräten in den Sparten (Spartenbetriebsräte), wenn dies der sachgerechten Wahrnehmung der Aufgaben des Betriebsrats dient;
3. andere Arbeitnehmervertretungsstrukturen, soweit dies insbesondere aufgrund der Betriebs-, Unternehmens- oder Konzernorganisation oder aufgrund anderer Formen der Zusammenarbeit von Unternehmen einer wirksamen und zweckmäßigen Interessenvertretung der Arbeitnehmer dient;
4. zusätzliche betriebsverfassungsrechtliche Gremien (Arbeitsgemeinschaften), die der unternehmensübergreifenden Zusammenarbeit von Arbeitnehmervertretungen dienen;
5. zusätzliche betriebsverfassungsrechtliche Vertretungen der Arbeitnehmer, die die Zusammenarbeit zwischen Betriebsrat und Arbeitnehmern erleichtern.

(2) Besteht in den Fällen des Absatzes 1 Nr. 1, 2, 4 oder 5 keine tarifliche Regelung und gilt auch kein anderer Tarifvertrag, kann die Regelung durch Betriebsvereinbarung getroffen werden.

(3) [1] Besteht im Fall des Absatzes 1 Nr. 1 Buchstabe a keine tarifliche Regelung und besteht in dem Unternehmen kein Betriebsrat, können die Arbeitnehmer mit Stimmenmehrheit die Wahl eines unternehmenseinheitlichen Betriebsrats beschließen. [2] Die Abstimmung kann von mindestens drei wahlberechtigten Arbeitnehmern des Unternehmens oder einer im Unternehmen vertretenen Gewerkschaft veranlasst werden.

(4) [1] Sofern der Tarifvertrag oder die Betriebsvereinbarung nichts anderes bestimmt, sind Regelungen nach Absatz 1 Nr. 1 bis 3 erstmals bei der nächsten regelmäßigen Betriebsratswahl anzuwenden, es sei denn, es besteht kein Betriebsrat oder es ist aus anderen Gründen eine Neuwahl des Betriebsrats erforderlich. [2] Sieht der Tarifvertrag oder die Betriebsvereinbarung einen anderen Wahlzeitpunkt vor, endet die Amtszeit bestehender Betriebsräte, die durch die Regelungen nach Absatz 1 Nr. 1 bis 3 entfallen, mit Bekanntgabe des Wahlergebnisses.

(5) [1] Die aufgrund eines Tarifvertrages oder einer Betriebsvereinbarung nach Absatz 1 Nr. 1 bis 3 gebildeten betriebsverfassungsrechtlichen Organisationseinheiten gelten als Betriebe im Sinne dieses Gesetzes. [2] Auf die in ihnen gebildeten Arbeitnehmervertretungen finden die Vorschriften über die Rechte und Pflichten des Betriebsrats und die Rechtsstellung seiner Mitglieder Anwendung.

§ 4 Betriebsteile, Kleinstbetriebe

(1) [1] Betriebsteile gelten als selbständige Betriebe, wenn sie die Voraussetzungen des § 1 Abs. 1 Satz 1 erfüllen und
1. räumlich weit vom Hauptbetrieb entfernt oder
2. durch Aufgabenbereich und Organisation eigenständig sind.

[2] Die Arbeitnehmer eines Betriebsteils, in dem kein eigener Betriebsrat besteht, können mit Stimmenmehrheit formlos beschließen, an der Wahl des Betriebsrats im Hauptbetrieb teilzunehmen; § 3 Abs. 3 Satz 2 gilt entsprechend. [3] Die Abstimmung kann auch vom Betriebsrat des Hauptbetriebs veranlasst werden. [4] Der Beschluss ist dem Betriebsrat des Hauptbetriebs spätestens zehn Wochen vor Ablauf seiner Amtszeit mitzuteilen. [5] Für den Widerruf des Beschlusses gelten die Sätze 2 bis 4 entsprechend.

(2) Betriebe, die die Voraussetzungen des § 1 Abs. 1 Satz 1 nicht erfüllen, sind dem Hauptbetrieb zuzuordnen.

§ 5 Arbeitnehmer

(1) [1] Arbeitnehmer (Arbeitnehmerinnen und Arbeitnehmer) im Sinne dieses Gesetzes sind Arbeiter und Angestellte einschließlich der zu ihrer Berufsausbildung Beschäftigten, unabhängig davon, ob sie im Betrieb, im Außendienst oder mit Telearbeit beschäftigt werden. [2] Als Arbeitnehmer gelten auch die in Heimarbeit Beschäftigten, die in der Hauptsache für den Betrieb arbeiten. [3] Als Arbeitnehmer gelten ferner Beamte (Beamtinnen und Beamte), Soldaten (Soldatinnen und Soldaten) sowie Arbeitnehmer des öffentlichen Dienstes einschließlich der zu ihrer Berufsausbildung Beschäftigten, die in Betrieben privatrechtlich organisierter Unternehmen tätig sind.

(2) Als Arbeitnehmer im Sinne dieses Gesetzes gelten nicht
1. in Betrieben einer juristischen Person die Mitglieder des Organs, das zur gesetzlichen Vertretung der juristischen Person berufen ist;
2. die Gesellschafter einer offenen Handelsgesellschaft oder die Mitglieder einer anderen Personengesamtheit, soweit sie durch Gesetz, Satzung oder Gesellschaftsvertrag zur

Vertretung der Personengesamtheit oder zur Geschäftsführung berufen sind, in deren Betrieben;
3. Personen, deren Beschäftigung nicht in erster Linie ihrem Erwerb dient, sondern vorwiegend durch Beweggründe karitativer oder religiöser Art bestimmt ist;
4. Personen, deren Beschäftigung nicht in erster Linie ihrem Erwerb dient und die vorwiegend zu ihrer Heilung, Wiedereingewöhnung, sittlichen Besserung oder Erziehung beschäftigt werden;
5. der Ehegatte, der Lebenspartner, Verwandte und Verschwägerte ersten Grades, die in häuslicher Gemeinschaft mit dem Arbeitgeber leben.

(3) [1] Dieses Gesetz findet, soweit in ihm nicht ausdrücklich etwas anderes bestimmt ist, keine Anwendung auf leitende Angestellte. [2] Leitender Angestellter ist, wer nach Arbeitsvertrag und Stellung im Unternehmen oder im Betrieb
1. zur selbstständigen Einstellung und Entlassung von im Betrieb oder in der Betriebsabteilung beschäftigten Arbeitnehmern berechtigt ist oder
2. Generalvollmacht oder Prokura hat und die Prokura auch im Verhältnis zum Arbeitgeber nicht unbedeutend ist oder
3. regelmäßig sonstige Aufgaben wahrnimmt, die für den Bestand und die Entwicklung des Unternehmens oder eines Betriebs von Bedeutung sind und deren Erfüllung besondere Erfahrungen und Kenntnisse voraussetzt, wenn er dabei entweder die Entscheidungen im Wesentlichen frei von Weisungen trifft oder sie maßgeblich beeinflusst; dies kann auch bei Vorgaben insbesondere aufgrund von Rechtsvorschriften, Plänen oder Richtlinien sowie bei Zusammenarbeit mit anderen leitenden Angestellten gegeben sein.

[3] Für die in Absatz 1 Satz 3 genannten Beamten und Soldaten gelten die Sätze 1 und 2 entprechend.

(4) Leitender Angestellter nach Absatz 3 Nr. 3 ist im Zweifel, wer
1. aus Anlass der letzten Wahl des Betriebsrats, des Sprecherausschusses oder von Aufsichtsratsmitgliedern der Arbeitnehmer oder durch rechtskräftige gerichtliche Entscheidung den leitenden Angestellten zugeordnet worden ist oder
2. einer Leitungsebene angehört, auf der in dem Unternehmen überwiegend leitende Angestellte vertreten sind, oder,
3. ein regelmäßiges Jahresarbeitsentgelt erhält, das für leitende Angestellte in dem Unternehmen üblich ist, oder,
4. falls auch bei der Anwendung der Nummer 3 noch Zweifel bleiben, ein regelmäßiges Jahresarbeitsentgelt erhält, das das Dreifache der Bezugsgröße nach § 18 des Vierten Buches Sozialgesetzbuch überschreitet.

§ 6 (weggefallen)

Zweiter Teil. Betriebsrat, Betriebsversammlung, Gesamt- und Konzernbetriebsrat

Erster Abschnitt. Zusammensetzung und Wahl des Betriebsrats

§ 7 Wahlberechtigung

[1] Wahlberechtigt sind alle Arbeitnehmer des Betriebs, die das 18. Lebensjahr vollendet haben. [2] Werden Arbeitnehmer eines anderen Arbeitgebers zur Arbeitsleistung überlassen, so sind diese wahlberechtigt, wenn sie länger als drei Monate im Betrieb eingesetzt werden.

§ 8 Wählbarkeit

(1) [1] Wählbar sind alle Wahlberechtigten, die sechs Monate dem Betrieb angehören oder als in Heimarbeit Beschäftigte in der Hauptsache für den Betrieb gearbeitet haben. [2] Auf diese sechsmonatige Betriebszugehörigkeit werden Zeiten angerechnet, in denen der Arbeitnehmer unmittelbar vorher einem anderen Betrieb desselben Unternehmens oder Konzerns (§ 18 Abs. 1 des Aktiengesetzes) angehört hat. [3] Nicht wählbar ist, wer infolge strafgerichtlicher Verurteilung die Fähigkeit, Rechte aus öffentlichen Wahlen zu erlangen, nicht besitzt.

(2) Besteht der Betrieb weniger als sechs Monate, so sind abweichend von der Vorschrift in Absatz 1 über die sechsmonatige Betriebszugehörigkeit diejenigen Arbeitnehmer wählbar, die bei der Einleitung der Betriebsratswahl im Betrieb beschäftigt sind und die übrigen Voraussetzungen für die Wählbarkeit erfüllen.

§ 9[1] Zahl der Betriebsratsmitglieder

[1] Der Betriebsrat besteht in Betrieben mit in der Regel

5	bis	20	wahlberechtigten Arbeitnehmern aus einer Person,	
21	bis	50	wahlberechtigten Arbeitnehmern aus 3 Mitgliedern,	
51			wahlberechtigten Arbeitnehmern	
	bis	100	Arbeitnehmern	aus 5 Mitgliedern,
101	bis	200	Arbeitnehmern	aus 7 Mitgliedern,
201	bis	400	Arbeitnehmern	aus 9 Mitgliedern,
401	bis	700	Arbeitnehmern	aus 11 Mitgliedern,
701	bis	1000	Arbeitnehmern	aus 13 Mitgliedern,
1001	bis	1500	Arbeitnehmern	aus 15 Mitgliedern,
1501	bis	2000	Arbeitnehmern	aus 17 Mitgliedern,
2001	bis	2500	Arbeitnehmern	aus 19 Mitgliedern,
2501	bis	3000	Arbeitnehmern	aus 21 Mitgliedern,
3001	bis	3500	Arbeitnehmern	aus 23 Mitgliedern,
3501	bis	4000	Arbeitnehmern	aus 25 Mitgliedern,
4001	bis	4500	Arbeitnehmern	aus 27 Mitgliedern,
4501	bis	5000	Arbeitnehmern	aus 29 Mitgliedern,
5001	bis	6000	Arbeitnehmern	aus 31 Mitgliedern,
6001	bis	7000	Arbeitnehmern	aus 33 Mitgliedern,
7001	bis	9000	Arbeitnehmern	aus 35 Mitgliedern.

[2] In Betrieben mit mehr als 9000 Arbeitnehmern erhöht sich die Zahl der Mitglieder des Betriebsrats für je angefangene weitere 3000 Arbeitnehmer um 2 Mitglieder.

§ 10 (weggefallen)

§ 11 Ermäßigte Zahl der Betriebsratsmitglieder

Hat ein Betrieb nicht die ausreichende Zahl von wählbaren Arbeitnehmern, so ist die Zahl der Betriebsratsmitglieder der nächstniedrigeren Betriebsgröße zugrunde zu legen.

§ 12 (weggefallen)

---

[1] **Amtl. Anm.:** Gemäß Artikel 14 Satz 2 des Gesetzes zur Reform des Betriebsverfassungsgesetzes (BetrVerf-Reformgesetz) vom 23. Juli 2001 (BGBl. I S. 1852) gilt § 9 (Artikel 1 Nr. 8 des BetrVerf-Reformgesetzes) für im Zeitpunkt des Inkrafttretens bestehende Betriebsräte erst bei deren Neuwahl.

BetrVG Gesetzestext

§ 13 Zeitpunkt der Betriebsratswahlen

(1) ¹Die regelmäßigen Betriebsratswahlen finden alle vier Jahre in der Zeit vom 1. März bis 31. Mai statt. ²Sie sind zeitgleich mit den regelmäßigen Wahlen nach § 5 Abs. 1 des Sprecherausschussgesetzes einzuleiten.

(2) Außerhalb dieser Zeit ist der Betriebsrat zu wählen, wenn
1. mit Ablauf von 24 Monaten, vom Tage der Wahl an gerechnet, die Zahl der regelmäßig beschäftigten Arbeitnehmer um die Hälfte, mindestens aber um fünfzig, gestiegen oder gesunken ist,
2. die Gesamtzahl der Betriebsratsmitglieder nach Eintreten sämtlicher Ersatzmitglieder unter die vorgeschriebene Zahl der Betriebsratsmitglieder gesunken ist,
3. der Betriebsrat mit der Mehrheit seiner Mitglieder seinen Rücktritt beschlossen hat,
4. die Betriebsratswahl mit Erfolg angefochten worden ist,
5. der Betriebsrat durch eine gerichtliche Entscheidung aufgelöst ist oder
6. im Betrieb ein Betriebsrat nicht besteht.

(3) ¹Hat außerhalb des für die regelmäßigen Betriebsratswahlen festgelegten Zeitraums eine Betriebsratswahl stattgefunden, so ist der Betriebsrat in dem auf die Wahl folgenden nächsten Zeitraum der regelmäßigen Betriebsratswahlen neu zu wählen. ²Hat die Amtszeit des Betriebsrats zu Beginn des für die regelmäßigen Betriebsratswahlen festgelegten Zeitraums noch nicht ein Jahr betragen, so ist der Betriebsrat in dem übernächsten Zeitraum der regelmäßigen Betriebsratswahlen neu zu wählen.

§ 14 Wahlvorschriften

(1) Der Betriebsrat wird in geheimer und unmittelbarer Wahl gewählt.

(2) ¹Die Wahl erfolgt nach den Grundsätzen der Verhältniswahl. ²Sie erfolgt nach den Grundsätzen der Mehrheitswahl, wenn nur ein Wahlvorschlag eingereicht wird oder wenn der Betriebsrat im vereinfachten Wahlverfahren nach § 14a zu wählen ist.

(3) Zur Wahl des Betriebsrats können die wahlberechtigten Arbeitnehmer und die im Betrieb vertretenen Gewerkschaften Wahlvorschläge machen.

(4) ¹Jeder Wahlvorschlag der Arbeitnehmer muss von mindestens einem Zwanzigstel der wahlberechtigten Arbeitnehmer, mindestens jedoch von drei Wahlberechtigten unterzeichnet sein; in Betrieben mit in der Regel bis zu zwanzig wahlberechtigten Arbeitnehmern genügt die Unterzeichnung durch zwei Wahlberechtigte. ²In jedem Fall genügt die Unterzeichnung durch fünfzig wahlberechtigte Arbeitnehmer.

(5) Jeder Wahlvorschlag einer Gewerkschaft muss von zwei Beauftragten unterzeichnet sein.

§ 14a Vereinfachtes Wahlverfahren für Kleinbetriebe

(1) ¹In Betrieben mit in der Regel fünf bis fünfzig wahlberechtigten Arbeitnehmern wird der Betriebsrat in einem zweistufigen Verfahren gewählt. ²Auf einer ersten Wahlversammlung wird der Wahlvorstand nach § 17a Nr. 3 gewählt. ³Auf einer zweiten Wahlversammlung wird der Betriebsrat in geheimer und unmittelbarer Wahl gewählt. ⁴Diese Wahlversammlung findet eine Woche nach der Wahlversammlung zur Wahl des Wahlvorstands statt.

(2) Wahlvorschläge können bis zum Ende der Wahlversammlung zur Wahl des Wahlvorstands nach § 17a Nr. 3 gemacht werden; für Wahlvorschläge der Arbeitnehmer gilt § 14 Abs. 4 mit der Maßgabe, dass für Wahlvorschläge, die erst auf dieser Wahlversammlung gemacht werden, keine Schriftform erforderlich ist.

(3) ¹Ist der Wahlvorstand in Betrieben mit in der Regel fünf bis fünfzig wahlberechtigten Arbeitnehmern nach § 17a Nr. 1 in Verbindung mit § 16 vom Betriebsrat, Gesamtbetriebsrat oder Konzernbetriebsrat oder nach § 17a Nr. 4 vom Arbeitsgericht bestellt,

wird der Betriebsrat abweichend von Absatz 1 Satz 1 und 2 auf nur einer Wahlversammlung in geheimer und unmittelbarer Wahl gewählt. ²Wahlvorschläge können bis eine Woche vor der Wahlversammlung zur Wahl des Betriebsrats gemacht werden; § 14 Abs. 4 gilt unverändert.

(4) Wahlberechtigten Arbeitnehmern, die an der Wahlversammlung zur Wahl des Betriebsrats nicht teilnehmen können, ist Gelegenheit zur schriftlichen Stimmabgabe zu geben.

(5) In Betrieben mit in der Regel 51 bis 100 wahlberechtigten Arbeitnehmern können der Wahlvorstand und der Arbeitgeber die Anwendung des vereinfachten Wahlverfahrens vereinbaren.

§ 15[1] Zusammensetzung nach Beschäftigungsarten und Geschlechter

(1) Der Betriebsrat soll sich möglichst aus Arbeitnehmern der einzelnen Organisationsbereiche und der verschiedenen Beschäftigungsarten der im Betrieb tätigen Arbeitnehmer zusammensetzen.

(2) Das Geschlecht, das in der Belegschaft in der Minderheit ist, muss mindestens entsprechend seinem zahlenmäßigen Verhältnis im Betriebsrat vertreten sein, wenn dieser aus mindestens drei Mitgliedern besteht.

§ 16 Bestellung des Wahlvorstands

(1) ¹Spätestens zehn Wochen vor Ablauf seiner Amtszeit bestellt der Betriebsrat einen aus drei Wahlberechtigten bestehenden Wahlvorstand und einen von ihnen als Vorsitzenden. ²Der Betriebsrat kann die Zahl der Wahlvorstandsmitglieder erhöhen, wenn dies zur ordnungsgemäßen Durchführung der Wahl erforderlich ist. ³Der Wahlvorstand muss in jedem Fall aus einer ungeraden Zahl von Mitgliedern bestehen. ⁴Für jedes Mitglied des Wahlvorstands kann für den Fall seiner Verhinderung ein Ersatzmitglied bestellt werden. ⁵In Betrieben mit weiblichen und männlichen Arbeitnehmern sollen dem Wahlvorstand Frauen und Männer angehören. ⁶Jede im Betrieb vertretene Gewerkschaft kann zusätzlich einen dem Betrieb angehörenden Beauftragten als nicht stimmberechtigtes Mitglied in den Wahlvorstand entsenden, sofern ihr nicht ein stimmberechtigtes Wahlvorstandsmitglied angehört.

(2) ¹Besteht acht Wochen vor Ablauf der Amtszeit des Betriebsrats kein Wahlvorstand, so bestellt ihn das Arbeitsgericht auf Antrag von mindestens drei Wahlberechtigten oder einer im Betrieb vertretenen Gewerkschaft; Absatz 1 gilt entsprechend. ²In dem Antrag können Vorschläge für die Zusammensetzung des Wahlvorstands gemacht werden. ³Das Arbeitsgericht kann für Betriebe mit in der Regel mehr als zwanzig wahlberechtigten Arbeitnehmern auch Mitglieder einer im Betrieb vertretenen Gewerkschaft, die nicht Arbeitnehmer des Betriebs sind, zu Mitgliedern des Wahlvorstands bestellen, wenn dies zur ordnungsgemäßen Durchführung der Wahl erforderlich ist.

(3) ¹Besteht acht Wochen vor Ablauf der Amtszeit des Betriebsrats kein Wahlvorstand, kann auch der Gesamtbetriebsrat oder, falls ein solcher nicht besteht, der Konzernbetriebsrat den Wahlvorstand bestellen. ²Absatz 1 gilt entsprechend.

§ 17 Bestellung des Wahlvorstands in Betrieben ohne Betriebsrat

(1) ¹Besteht in einem Betrieb, der die Voraussetzungen des § 1 Abs. 1 Satz 1 erfüllt, kein Betriebsrat, so bestellt der Gesamtbetriebsrat oder, falls ein solcher nicht besteht, der Konzernbetriebsrat einen Wahlvorstand. ²§ 16 Abs. 1 gilt entsprechend.

---

[1] Amtl. Anm.: Gemäß Artikel 14 Satz 2 des Gesetzes zur Reform des Betriebsverfassungsgesetzes (BetrVerf-Reformgesetz) vom 23. Juli 2001 (BGBl. I S. 1852) gilt § 15 (Artikel 1 Nr. 13 des BetrVerf-Reformgesetzes) für im Zeitpunkt des Inkrafttretens bestehende Betriebsräte erst bei deren Neuwahl.

BetrVG Gesetzestext

(2) ¹Besteht weder ein Gesamtbetriebsrat noch ein Konzernbetriebsrat, so wird in einer Betriebsversammlung von der Mehrheit der anwesenden Arbeitnehmer ein Wahlvorstand gewählt; § 16 Abs. 1 gilt entsprechend. ²Gleiches gilt, wenn der Gesamtbetriebsrat oder Konzernbetriebsrat die Bestellung des Wahlvorstands nach Absatz 1 unterlässt.

(3) Zu dieser Betriebsversammlung können drei wahlberechtigte Arbeitnehmer des Betriebs oder eine im Betrieb vertretene Gewerkschaft einladen und Vorschläge für die Zusammensetzung des Wahlvorstands machen.

(4) ¹Findet trotz Einladung keine Betriebsversammlung statt oder wählt die Betriebsversammlung keinen Wahlvorstand, so bestellt ihn das Arbeitsgericht auf Antrag von mindestens drei wahlberechtigten Arbeitnehmern oder einer im Betrieb vertretenen Gewerkschaft. ²§ 16 Abs. 2 gilt entsprechend.

§ 17a Bestellung des Wahlvorstands im vereinfachten Wahlverfahren

Im Fall des § 14a finden die §§ 16 und 17 mit folgender Maßgabe Anwendung:
1. Die Frist des § 16 Abs. 1 Satz 1 wird auf vier Wochen und die des § 16 Abs. 2 Satz 1, Abs. 3 Satz 1 auf drei Wochen verkürzt.
2. § 16 Abs. 1 Satz 2 und 3 findet keine Anwendung.
3. In den Fällen des § 17 Abs. 2 wird der Wahlvorstand in einer Wahlversammlung von der Mehrheit der anwesenden Arbeitnehmer gewählt. Für die Einladung zu der Wahlversammlung gilt § 17 Abs. 3 entsprechend.
4. § 17 Abs. 4 gilt entsprechend, wenn trotz Einladung keine Wahlversammlung stattfindet oder auf der Wahlversammlung kein Wahlvorstand gewählt wird.

§ 18 Vorbereitung und Durchführung der Wahl

(1) ¹Der Wahlvorstand hat die Wahl unverzüglich einzuleiten, sie durchzuführen und das Wahlergebnis festzustellen. ²Kommt der Wahlvorstand dieser Verpflichtung nicht nach, so ersetzt ihn das Arbeitsgericht auf Antrag des Betriebsrats, von mindestens drei wahlberechtigten Arbeitnehmern oder einer im Betrieb vertretenen Gewerkschaft. ³§ 16 Abs. 2 gilt entsprechend.

(2) Ist zweifelhaft, ob eine betriebsratsfähige Organisationseinheit vorliegt, so können der Arbeitgeber, jeder beteiligte Betriebsrat, jeder beteiligte Wahlvorstand oder eine im Betrieb vertretene Gewerkschaft eine Entscheidung des Arbeitsgerichts beantragen.

(3) ¹Unverzüglich nach Abschluss der Wahl nimmt der Wahlvorstand öffentlich die Auszählung der Stimmen vor, stellt deren Ergebnis in einer Niederschrift fest und gibt es den Arbeitnehmern des Betriebs bekannt. ²Dem Arbeitgeber und den im Betrieb vertretenen Gewerkschaften ist eine Abschrift der Wahlniederschrift zu übersenden.

§ 18a Zuordnung der leitenden Angestellten bei Wahlen

(1) ¹Sind die Wahlen nach § 13 Abs. 1 und nach § 5 Abs. 1 des Sprecherausschussgesetzes zeitgleich einzuleiten, so haben sich die Wahlvorstände unverzüglich nach Aufstellung der Wählerlisten, spätestens jedoch zwei Wochen vor Einleitung der Wahlen, gegenseitig darüber zu unterrichten, welche Angestellten sie den leitenden Angestellten zugeordnet haben; dies gilt auch, wenn die Wahlen ohne Bestehen einer gesetzlichen Verpflichtung zeitgleich eingeleitet werden. ²Soweit zwischen den Wahlvorständen kein Einvernehmen über die Zuordnung besteht, haben sie in gemeinsamer Sitzung eine Einigung zu versuchen. ³Soweit eine Einigung zustande kommt, sind die Angestellten entsprechend ihrer Zuordnung in die jeweilige Wählerliste einzutragen.

(2) ¹Soweit eine Einigung nicht zustande kommt, hat ein Vermittler spätestens eine Woche vor Einleitung der Wahlen erneut eine Verständigung der Wahlvorstände über

die Zuordnung zu versuchen. ²Der Arbeitgeber hat den Vermittler auf dessen Verlangen zu unterstützen, insbesondere die erforderlichen Auskünfte zu erteilen und die erforderlichen Unterlagen zur Verfügung zu stellen. ³Bleibt der Verständigungsversuch erfolglos, so entscheidet der Vermittler nach Beratung mit dem Arbeitgeber. ⁴Absatz 1 Satz 3 gilt entsprechend.

(3) ¹Auf die Person des Vermittlers müssen sich die Wahlvorstände einigen. ²Zum Vermittler kann nur ein Beschäftigter des Betriebs oder eines anderen Betriebs des Unternehmens oder Konzerns oder der Arbeitgeber bestellt werden. ³Kommt eine Einigung nicht zustande, so schlagen die Wahlvorstände je eine Person als Vermittler vor; durch Los wird entschieden, wer als Vermittler tätig wird.

(4) ¹Wird mit der Wahl nach § 13 Abs. 1 oder 2 nicht zeitgleich eine Wahl nach dem Sprecherausschussgesetz eingeleitet, so hat der Wahlvorstand den Sprecherausschuss entsprechend Absatz 1 Satz 1 erster Halbsatz zu unterrichten. ²Soweit kein Einvernehmen über die Zuordnung besteht, hat der Sprecherausschuss Mitglieder zu benennen, die anstelle des Wahlvorstands an dem Zuordnungsverfahren teilnehmen. ³Wird mit der Wahl nach § 5 Abs. 1 oder 2 des Sprecherausschussgesetzes nicht zeitgleich eine Wahl nach diesem Gesetz eingeleitet, so gelten die Sätze 1 und 2 für den Betriebsrat entsprechend.

(5) ¹Durch die Zuordnung wird der Rechtsweg nicht ausgeschlossen. ²Die Anfechtung der Betriebsratswahl oder der Wahl nach dem Sprecherausschussgesetz ist ausgeschlossen, soweit sie darauf gestützt wird, die Zuordnung sei fehlerhaft erfolgt. ³Satz 2 gilt nicht, soweit die Zuordnung offensichtlich fehlerhaft ist.

§ 19 Wahlanfechtung

(1) Die Wahl kann beim Arbeitsgericht angefochten werden, wenn gegen wesentliche Vorschriften über das Wahlrecht, die Wählbarkeit oder das Wahlverfahren verstoßen worden ist und eine Berichtigung nicht erfolgt ist, es sei denn, dass durch den Verstoß das Wahlergebnis nicht geändert oder beeinflusst werden konnte.

(2) ¹Zur Anfechtung berechtigt sind mindestens drei Wahlberechtigte, eine im Betrieb vertretene Gewerkschaft oder der Arbeitgeber. ²Die Wahlanfechtung ist nur binnen einer Frist von zwei Wochen, vom Tage der Bekanntgabe des Wahlergebnisses an gerechnet, zulässig.

§ 20 Wahlschutz und Wahlkosten

(1) ¹Niemand darf die Wahl des Betriebsrats behindern. ²Insbesondere darf kein Arbeitnehmer in der Ausübung des aktiven und passiven Wahlrechts beschränkt werden.

(2) Niemand darf die Wahl des Betriebsrats durch Zufügung oder Androhung von Nachteilen oder durch Gewährung oder Versprechen von Vorteilen beeinflussen.

(3) ¹Die Kosten der Wahl trägt der Arbeitgeber. ²Versäumnis von Arbeitszeit, die zur Ausübung des Wahlrechts, zur Betätigung im Wahlvorstand oder zur Tätigkeit als Vermittler (§ 18 a) erforderlich ist, berechtigt den Arbeitgeber nicht zur Minderung des Arbeitsentgelts.

Zweiter Abschnitt. Amtszeit des Betriebsrats

§ 21 Amtszeit

¹Die regelmäßige Amtszeit des Betriebsrats beträgt vier Jahre. ²Die Amtszeit beginnt mit der Bekanntgabe des Wahlergebnisses oder, wenn zu diesem Zeitpunkt noch ein Betriebsrat besteht, mit Ablauf von dessen Amtszeit. ³Die Amtszeit endet spätestens am

31. Mai des Jahres, in dem nach § 13 Abs. 1 die regelmäßigen Betriebsratswahlen stattfinden. ⁴In dem Fall des § 13 Abs. 3 Satz 2 endet die Amtszeit spätestens am 31. Mai des Jahres, in dem der Betriebsrat neu zu wählen ist. ⁵In den Fällen des § 13 Abs. 2 Nr. 1 und 2 endet die Amtszeit mit der Bekanntgabe des Wahlergebnisses des neu gewählten Betriebsrats.

§ 21 a¹ Übergangsmandat

(1) ¹Wird ein Betrieb gespalten, so bleibt dessen Betriebsrat im Amt und führt die Geschäfte für die ihm bislang zugeordneten Betriebsteile weiter, soweit sie die Voraussetzungen des § 1 Abs. 1 Satz 1 erfüllen und nicht in einen Betrieb eingegliedert werden, in dem ein Betriebsrat besteht (Übergangsmandat). ²Der Betriebsrat hat insbesondere unverzüglich Wahlvorstände zu bestellen. ³Das Übergangsmandat endet, sobald in den Betriebsteilen ein neuer Betriebsrat gewählt und das Wahlergebnis bekanntgegeben ist, spätestens jedoch sechs Monate nach Wirksamwerden der Spaltung. ⁴Durch Tarifvertrag oder Betriebsvereinbarung kann das Übergangsmandat um weitere sechs Monate verlängert werden.

(2) ¹Werden Betriebe oder Betriebsteile zu einem Betrieb zusammengefasst, so nimmt der Betriebsrat des nach der Zahl der wahlberechtigten Arbeitnehmer größten Betriebs oder Betriebsteils das Übergangsmandat wahr. ²Absatz 1 gilt entsprechend.

(3) Die Absätze 1 und 2 gelten auch, wenn die Spaltung oder Zusammenlegung von Betrieben und Betriebsteilen im Zusammenhang mit einer Betriebsveräußerung oder einer Umwandlung nach dem Umwandlungsgesetz erfolgt.

§ 21 b Restmandat

Geht ein Betrieb durch Stilllegung, Spaltung oder Zusammenlegung unter, so bleibt dessen Betriebsrat so lange im Amt, wie dies zur Wahrnehmung der damit im Zusammenhang stehenden Mitwirkungs- und Mitbestimmungsrechte erforderlich ist.

§ 22 Weiterführung der Geschäfte des Betriebsrats

In den Fällen des § 13 Abs. 2 Nr. 1 bis 3 führt der Betriebsrat die Geschäfte weiter, bis der neue Betriebsrat gewählt und das Wahlergebnis bekannt gegeben ist.

§ 23¹ Verletzung gesetzlicher Pflichten

(1) ¹Mindestens ein Viertel der wahlberechtigten Arbeitnehmer, der Arbeitgeber oder eine im Betrieb vertretene Gewerkschaft können beim Arbeitsgericht den Ausschluss eines Mitglieds aus dem Betriebsrat oder die Auflösung des Betriebsrats wegen grober Verletzung seiner gesetzlichen Pflichten beantragen. ²Der Ausschluss eines Mitglieds kann auch vom Betriebsrat beantragt werden.

(2) ¹Wird der Betriebsrat aufgelöst, so setzt das Arbeitsgericht unverzüglich einen Wahlvorstand für die Neuwahl ein. ²§ 16 Abs. 2 gilt entsprechend.

(3) ¹Der Betriebsrat oder eine im Betrieb vertretene Gewerkschaft können bei groben Verstößen des Arbeitgebers gegen seine Verpflichtungen aus diesem Gesetz beim Arbeitsgericht beantragen, dem Arbeitgeber aufzugeben, eine Handlung zu unterlassen, die Vornahme einer Handlung zu dulden oder eine Handlung vorzunehmen. ²Handelt der Arbeitgeber der ihm durch rechtskräftige gerichtliche Entscheidung auferlegten Verpflichtung zuwider, eine Handlung zu unterlassen oder die Vornahme einer Handlung zu dulden, so ist er auf Antrag vom Arbeitsgericht wegen einer jeden Zuwiderhandlung

---

¹ **Amtl. Anm.:** Diese Vorschrift dient der Umsetzung des Artikels 6 der Richtlinie 2001/23/EG des Rates vom 12. März 2001 zur Angleichung der Rechtsvorschriften der Mitgliedstaaten über die Wahrung von Ansprüchen der Arbeitnehmer beim Übergang von Unternehmen, Betrieben oder Betriebsteilen (ABl. EG Nr. L 82 S. 16).

¹ **Amtl. Anm.:** § 23 Abs. 3 Satz 5 geänd. durch G v. 21. 12. 2000 (BGBl. I S. 1983).

nach vorheriger Androhung zu einem Ordnungsgeld zu verurteilen. [3] Führt der Arbeitgeber die ihm durch eine rechtskräftige gerichtliche Entscheidung auferlegte Handlung nicht durch, so ist auf Antrag vom Arbeitsgericht zu erkennen, dass er zur Vornahme der Handlung durch Zwangsgeld anzuhalten sei. [4] Antragsberechtigt sind der Betriebsrat oder eine im Betrieb vertretene Gewerkschaft. [5] Das Höchstmaß des Ordnungsgeldes und Zwangsgeldes beträgt 10 000 Euro.

§ 24 Erlöschen der Mitgliedschaft

Die Mitgliedschaft im Betriebsrat erlischt durch
1. Ablauf der Amtszeit,
2. Niederlegung des Betriebsratsamtes,
3. Beendigung des Arbeitsverhältnisses,
4. Verlust der Wählbarkeit,
5. Ausschluss aus dem Betriebsrat oder Auflösung des Betriebsrats aufgrund einer gerichtlichen Entscheidung,
6. gerichtliche Entscheidung über die Feststellung der Nichtwählbarkeit nach Ablauf der in § 19 Abs. 2 bezeichneten Frist, es sei denn, der Mangel liegt nicht mehr vor.

§ 25 Ersatzmitglieder

(1) [1] Scheidet ein Mitglied des Betriebsrats aus, so rückt ein Ersatzmitglied nach. [2] Dies gilt entsprechend für die Stellvertretung eines zeitweilig verhinderten Mitglieds des Betriebsrats.

(2) [1] Die Ersatzmitglieder werden unter Berücksichtigung des § 15 Abs. 2 der Reihe nach aus den nichtgewählten Arbeitnehmern derjenigen Vorschlagslisten entnommen, denen die zu ersetzenden Mitglieder angehören. [2] Ist eine Vorschlagsliste erschöpft, so ist das Ersatzmitglied derjenigen Vorschlagsliste zu entnehmen, auf die nach den Grundsätzen der Verhältniswahl der nächste Sitz entfallen würde. [3] Ist das ausgeschiedene oder verhinderte Mitglied nach den Grundsätzen der Mehrheitswahl gewählt, so bestimmt sich die Reihenfolge der Ersatzmitglieder unter Berücksichtigung des § 15 Abs. 2 nach der Höhe der erreichten Stimmenzahlen.

Dritter Abschnitt. Geschäftsführung des Betriebsrats

§ 26 Vorsitzender

(1) Der Betriebsrat wählt aus seiner Mitte den Vorsitzenden und dessen Stellvertreter.

(2) [1] Der Vorsitzende des Betriebsrats oder im Fall seiner Verhinderung sein Stellvertreter vertritt den Betriebsrat im Rahmen der von ihm gefassten Beschlüsse. [2] Zur Entgegennahme von Erklärungen, die dem Betriebsrat gegenüber abzugeben sind, ist der Vorsitzende des Betriebsrats oder im Fall seiner Verhinderung sein Stellvertreter berechtigt.

§ 27 Betriebsausschuss

(1) [1] Hat ein Betriebsrat neun oder mehr Mitglieder, so bildet er einen Betriebsausschuss. [2] Der Betriebsausschuss besteht aus dem Vorsitzenden des Betriebsrats, dessen Stellvertreter und bei Betriebsräten mit
  9 bis 15 Mitgliedern aus 3 weiteren Ausschussmitgliedern,
  17 bis 23 Mitgliedern aus 5 weiteren Ausschussmitgliedern,
  25 bis 35 Mitgliedern aus 7 weiteren Ausschussmitgliedern,
  37 oder mehr Mitglieder aus 9 weiteren Ausschussmitgliedern.

[3] Die weiteren Ausschussmitglieder werden vom Betriebsrat aus seiner Mitte in geheimer Wahl und nach den Grundsätzen der Verhältniswahl gewählt. [4] Wird nur ein Wahlvorschlag gemacht, so erfolgt die Wahl nach den Grundsätzen der Mehrheitswahl. [5] Sind die weiteren Ausschussmitglieder nach den Grundsätzen der Verhältniswahl gewählt, so erfolgt die Abberufung durch Beschluss des Betriebsrats, der in geheimer Abstimmung gefasst wird und einer Mehrheit von drei Vierteln der Stimmen der Mitglieder des Betriebsrats bedarf.

(2) [1] Der Betriebsausschuss führt die laufenden Geschäfte des Betriebsrats. [2] Der Betriebsrat kann dem Betriebsausschuss mit der Mehrheit der Stimmen seiner Mitglieder Aufgaben zur selbständigen Erledigung übertragen; dies gilt nicht für den Abschluss von Betriebsvereinbarungen. [3] Die Übertragung bedarf der Schriftform. [4] Die Sätze 2 und 3 gelten entsprechend für den Widerruf der Übertragung von Aufgaben.

(3) Betriebsräte mit weniger als neun Mitgliedern können die laufenden Geschäfte auf den Vorsitzenden des Betriebsrats oder andere Betriebsratsmitglieder übertragen.

§ 28 Übertragung von Aufgaben auf Ausschüsse

(1) [1] Der Betriebsrat kann in Betrieben mit mehr als 100 Arbeitnehmern Ausschüsse bilden und ihnen bestimmte Aufgaben übertragen. [2] Für die Wahl und Abberufung der Ausschussmitglieder gilt § 27 Abs. 1 Satz 3 bis 5 entsprechend. [3] Ist ein Betriebsausschuss gebildet, kann der Betriebsrat den Ausschüssen Aufgaben zur selbständigen Erledigung übertragen; § 27 Abs. 2 Satz 2 bis 4 gilt entsprechend.

(2) Absatz 1 gilt entsprechend für die Übertragung von Aufgaben zur selbständigen Entscheidung auf Mitglieder des Betriebsrats in Ausschüssen, deren Mitglieder vom Betriebsrat und vom Arbeitgeber benannt werden.

§ 28 a Übertragung von Aufgaben auf Arbeitsgruppen

(1) [1] In Betrieben mit mehr als 100 Arbeitnehmern kann der Betriebsrat mit der Mehrheit der Stimmen seiner Mitglieder bestimmte Aufgaben auf Arbeitsgruppen übertragen; dies erfolgt nach Maßgabe einer mit dem Arbeitgeber abzuschließenden Rahmenvereinbarung. [2] Die Aufgaben müssen im Zusammenhang mit den von der Arbeitsgruppe zu erledigenden Tätigkeiten stehen. [3] Die Übertragung bedarf der Schriftform. [4] Für den Widerruf der Übertragung gelten Satz 1 erster Halbsatz und Satz 3 entsprechend.

(2) [1] Die Arbeitsgruppe kann im Rahmen der ihr übertragenen Aufgaben mit dem Arbeitgeber Vereinbarungen schließen; eine Vereinbarung bedarf der Mehrheit der Stimmen der Gruppenmitglieder. [2] § 77 gilt entsprechend. [3] Können sich Arbeitgeber und Arbeitsgruppe in einer Angelegenheit nicht einigen, nimmt der Betriebsrat das Beteiligungsrecht wahr.

§ 29 Einberufung der Sitzungen

(1) [1] Vor Ablauf einer Woche nach dem Wahltag hat der Wahlvorstand die Mitglieder des Betriebsrats zu der nach § 26 Abs. 1 vorgeschriebenen Wahl einzuberufen. [2] Der Vorsitzende des Wahlvorstands leitet die Sitzung, bis der Betriebsrat aus seiner Mitte einen Wahlleiter bestellt hat.

(2) [1] Die weiteren Sitzungen beruft der Vorsitzende des Betriebsrats ein. [2] Er setzt die Tagesordnung fest und leitet die Verhandlung. [3] Der Vorsitzende hat die Mitglieder des Betriebsrats zu den Sitzungen rechtzeitig unter Mitteilung der Tagesordnung zu laden. [4] Dies gilt auch für die Schwerbehindertenvertretung sowie für die Jugend- und Auszubildendenvertreter, soweit sie ein Recht auf Teilnahme an der Betriebsratssitzung haben. [5] Kann ein Mitglied des Betriebsrats oder der Jugend- und Auszubildendenvertretung an der Sitzung nicht teilnehmen, so soll es dies unter Angabe der Gründe unverzüglich dem

Vorsitzenden mitteilen. ⁶ Der Vorsitzende hat für ein verhindertes Betriebsratsmitglied oder für einen verhinderten Jugend- und Auszubildendenvertreter das Ersatzmitglied zu laden.

(3) Der Vorsitzende hat eine Sitzung einzuberufen und den Gegenstand, dessen Beratung beantragt ist, auf die Tagesordnung zu setzen, wenn dies ein Viertel der Mitglieder des Betriebsrats oder der Arbeitgeber beantragt.

(4) ¹ Der Arbeitgeber nimmt an den Sitzungen, die auf sein Verlangen anberaumt sind, und an den Sitzungen, zu denen er ausdrücklich eingeladen ist, teil. ² Er kann einen Vertreter der Vereinigung der Arbeitgeber, der er angehört, hinzuziehen.

§ 30 Betriebsratssitzungen

¹ Die Sitzungen des Betriebsrats finden in der Regel während der Arbeitszeit statt. ² Der Betriebsrat hat bei der Ansetzung von Betriebsratssitzungen auf die betrieblichen Notwendigkeiten Rücksicht zu nehmen. ³ Der Arbeitgeber ist vom Zeitpunkt der Sitzung vorher zu verständigen. ⁴ Die Sitzungen des Betriebsrats sind nicht öffentlich.

§ 31 Teilnahme der Gewerkschaften

Auf Antrag von einem Viertel der Mitglieder des Betriebsrats kann ein Beauftragter einer im Betriebsrat vertretenen Gewerkschaft an den Sitzungen beratend teilnehmen; in diesem Fall sind der Zeitpunkt der Sitzung und die Tagesordnung der Gewerkschaft rechtzeitig mitzuteilen.

§ 32 Teilnahme der Schwerbehindertenvertretung

Die Schwerbehindertenvertretung (§ 94 des Neunten Buches Sozialgesetzbuch) kann an allen Sitzungen des Betriebsrats beratend teilnehmen.

§ 33 Beschlüsse des Betriebsrats

(1) ¹ Die Beschlüsse des Betriebsrats werden, soweit in diesem Gesetz nichts anderes bestimmt ist, mit der Mehrheit der Stimmen der anwesenden Mitglieder gefasst. ² Bei Stimmengleichheit ist ein Antrag abgelehnt.

(2) Der Betriebsrat ist nur beschlussfähig, wenn mindestens die Hälfte der Betriebsratsmitglieder an der Beschlussfassung teilnimmt; Stellvertretung durch Ersatzmitglieder ist zulässig.

(3) Nimmt die Jugend- und Auszubildendenvertretung an der Beschlussfassung teil, so werden die Stimmen der Jugend- und Auszubildendenvertreter bei der Feststellung der Stimmenmehrheit mitgezählt.

§ 34 Sitzungsniederschrift

(1) ¹ Über jede Verhandlung des Betriebsrats ist eine Niederschrift aufzunehmen, die mindestens den Wortlaut der Beschlüsse und die Stimmenmehrheit, mit der sie gefasst sind, enthält. ² Die Niederschrift ist von dem Vorsitzenden und einem weiteren Mitglied zu unterzeichnen. ³ Der Niederschrift ist eine Anwesenheitsliste beizufügen, in die sich jeder Teilnehmer eigenhändig einzutragen hat.

(2) ¹ Hat der Arbeitgeber oder ein Beauftragter einer Gewerkschaft an der Sitzung teilgenommen, so ist ihm der entsprechende Teil der Niederschrift abschriftlich auszuhändigen. ² Einwendungen gegen die Niederschrift sind unverzüglich schriftlich zu erheben; sie sind der Niederschrift beizufügen.

(3) Die Mitglieder des Betriebsrats haben das Recht, die Unterlagen des Betriebsrats und seiner Ausschüsse jederzeit einzusehen.

BetrVG

§ 35 Aussetzung von Beschlüssen

(1) Erachtet die Mehrheit der Jugend- und Auszubildendenvertretung oder die Schwerbehindertenvertretung einen Beschluss des Betriebsrats als eine erhebliche Beeinträchtigung wichtiger Interessen der durch sie vertretenen Arbeitnehmer, so ist auf ihren Antrag der Beschluss auf die Dauer von einer Woche vom Zeitpunkt der Beschlussfassung an auszusetzen, damit in dieser Frist eine Verständigung, gegebenenfalls mit Hilfe der im Betrieb vertretenen Gewerkschaften, versucht werden kann.

(2) ¹Nach Ablauf der Frist ist über die Angelegenheit neu zu beschließen. ²Wird der erste Beschluss bestätigt, so kann der Antrag auf Aussetzung nicht wiederholt werden; dies gilt auch, wenn der erste Beschluss nur unerheblich geändert wird.

§ 36 Geschäftsordnung

Sonstige Bestimmungen über die Geschäftsführung sollen in einer schriftlichen Geschäftsordnung getroffen werden, die der Betriebsrat mit der Mehrheit der Stimmen seiner Mitglieder beschließt.

§ 37 Ehrenamtliche Tätigkeit, Arbeitsversäumnis

(1) Die Mitglieder des Betriebsrats führen ihr Amt unentgeltlich als Ehrenamt.

(2) Mitglieder des Betriebsrats sind von ihrer beruflichen Tätigkeit ohne Minderung des Arbeitsentgelts zu befreien, wenn und soweit es nach Umfang und Art des Betriebs zur ordnungsgemäßen Durchführung ihrer Aufgaben erforderlich ist.

(3) ¹Zum Ausgleich für Betriebsratstätigkeit, die aus betriebsbedingten Gründen außerhalb der Arbeitszeit durchzuführen ist, hat das Betriebsratsmitglied Anspruch auf entsprechende Arbeitsbefreiung unter Fortzahlung des Arbeitsentgelts. ²Betriebsbedingte Gründe liegen auch vor, wenn die Betriebsratstätigkeit wegen der unterschiedlichen Arbeitszeiten der Betriebsratsmitglieder nicht innerhalb der persönlichen Arbeitszeit erfolgen kann. ³Die Arbeitsbefreiung ist vor Ablauf eines Monats zu gewähren; ist dies aus betriebsbedingten Gründen nicht möglich, so ist die aufgewendete Zeit wie Mehrarbeit zu vergüten.

(4) ¹Das Arbeitsentgelt von Mitgliedern des Betriebsrats darf einschließlich eines Zeitraums von einem Jahr nach Beendigung der Amtszeit nicht geringer bemessen werden als das Arbeitsentgelt vergleichbarer Arbeitnehmer mit betriebsüblicher beruflicher Entwicklung. ²Dies gilt auch für allgemeine Zuwendungen des Arbeitgebers.

(5) Soweit nicht zwingende betriebliche Notwendigkeiten entgegenstehen, dürfen Mitglieder des Betriebsrats einschließlich eines Zeitraums von einem Jahr nach Beendigung der Amtszeit nur mit Tätigkeiten beschäftigt werden, die den Tätigkeiten der in Absatz 4 genannten Arbeitnehmer gleichwertig sind.

(6) ¹Die Absätze 2 und 3 gelten entsprechend für die Teilnahme an Schulungs- und Bildungsveranstaltungen, soweit diese Kenntnisse vermitteln, die für die Arbeit des Betriebsrats erforderlich sind. ²Betriebsbedingte Gründe im Sinne des Absatzes 3 liegen auch vor, wenn wegen Besonderheiten der betrieblichen Arbeitszeitgestaltung die Schulung des Betriebsratsmitglieds außerhalb seiner Arbeitszeit erfolgt; in diesem Fall ist der Umfang des Ausgleichsanspruchs unter Einbeziehung der Arbeitsbefreiung nach Absatz 2 pro Schulungstag begrenzt auf die Arbeitszeit eines vollzeitbeschäftigten Arbeitnehmers. ³Der Betriebsrat hat bei der Festlegung der zeitlichen Lage der Teilnahme an Schulungs- und Bildungsveranstaltungen die betrieblichen Notwendigkeiten zu berücksichtigen. ⁴Er hat dem Arbeitgeber die Teilnahme und die zeitliche Lage der Schulungs- und Bildungsveranstaltungen rechtzeitig bekannt zu geben. ⁵Hält der Arbeitgeber die betrieblichen Notwendigkeiten für nicht ausreichend berücksichtigt, so kann er die

Einigungsstelle anrufen. ⁶Der Spruch der Einigungsstelle ersetzt die Einigung zwischen Arbeitgeber und Betriebsrat.

(7) ¹Unbeschadet der Vorschrift des Absatzes 6 hat jedes Mitglied des Betriebsrats während seiner regelmäßigen Amtszeit Anspruch auf bezahlte Freistellung für insgesamt drei Wochen zur Teilnahme an Schulungs- und Bildungsveranstaltungen, die von der zuständigen obersten Arbeitsbehörde des Landes nach Beratung mit den Spitzenorganisationen der Gewerkschaften und der Arbeitgeberverbände als geeignet anerkannt sind. ²Der Anspruch nach Satz 1 erhöht sich für Arbeitnehmer, die erstmals das Amt eines Betriebsratsmitglieds übernehmen und auch nicht zuvor Jugend- und Auszubildendenvertreter waren, auf vier Wochen. ³Absatz 6 Satz 2 bis 6 findet Anwendung.

§ 38 Freistellungen

(1) ¹Von ihrer beruflichen Tätigkeit sind mindestens freizustellen in Betrieben mit in der Regel

200	bis	500	Arbeitnehmern	ein	Betriebsratsmitglied,
501	bis	900	Arbeitnehmern	2	Betriebsratsmitglieder,
901	bis	1 500	Arbeitnehmern	3	Betriebsratsmitglieder,
1 501	bis	2 000	Arbeitnehmern	4	Betriebsratsmitglieder,
2 001	bis	3 000	Arbeitnehmern	5	Betriebsratsmitglieder,
3 001	bis	4 000	Arbeitnehmern	6	Betriebsratsmitglieder,
4 001	bis	5 000	Arbeitnehmern	7	Betriebsratsmitglieder,
5 001	bis	6 000	Arbeitnehmern	8	Betriebsratsmitglieder,
6 001	bis	7 000	Arbeitnehmern	9	Betriebsratsmitglieder,
7 001	bis	8 000	Arbeitnehmern	10	Betriebsratsmitglieder,
8 001	bis	9 000	Arbeitnehmern	11	Betriebsratsmitglieder,
9 001	bis	10 000	Arbeitnehmern	12	Betriebsratsmitglieder.

²In Betrieben mit über 10 000 Arbeitnehmern ist für je angefangene weitere 2000 Arbeitnehmer ein weiteres Betriebsratsmitglied freizustellen. ³Freistellungen können auch in Form von Teilfreistellungen erfolgen. ⁴Diese dürfen zusammengenommen nicht den Umfang der Freistellungen nach den Sätzen 1 und 2 überschreiten. ⁵Durch Tarifvertrag oder Betriebsvereinbarung können anderweitige Regelungen über die Freistellung vereinbart werden.

(2) ¹Die freizustellenden Betriebsratsmitglieder werden nach Beratung mit dem Arbeitgeber vom Betriebsrat aus seiner Mitte in geheimer Wahl und nach den Grundsätzen der Verhältniswahl gewählt. ²Wird nur ein Wahlvorschlag gemacht, so erfolgt die Wahl nach den Grundsätzen der Mehrheitswahl; ist nur ein Betriebsratsmitglied freizustellen, so wird dieses mit einfacher Stimmenmehrheit gewählt. ³Der Betriebsrat hat die Namen der Freizustellenden dem Arbeitgeber bekannt zu geben. ⁴Hält der Arbeitgeber eine Freistellung für sachlich nicht vertretbar, so kann er innerhalb einer Frist von zwei Wochen nach der Bekanntgabe die Einigungsstelle anrufen. ⁵Der Spruch der Einigungsstelle ersetzt die Einigung zwischen Arbeitgeber und Betriebsrat. ⁶Bestätigt die Einigungsstelle die Bedenken des Arbeitgebers, so hat sie bei der Bestimmung eines anderen freizustellenden Betriebsratsmitglieds auch den Minderheitenschutz im Sinne des Satzes 1 zu beachten. ⁷Ruft der Arbeitgeber die Einigungsstelle nicht an, so gilt sein Einverständnis mit den Freistellungen nach Ablauf der zweiwöchigen Frist als erteilt. ⁸Für die Abberufung gilt § 27 Abs. 1 Satz 5 entsprechend.

(3) Der Zeitraum für die Weiterzahlung des nach § 37 Abs. 4 zu bemessenden Arbeitsentgelts und für die Beschäftigung nach § 37 Abs. 5 erhöht sich für Mitglieder des

Betriebsrats, die drei volle aufeinander folgende Amtszeiten freigestellt waren, auf zwei Jahre nach Ablauf der Amtszeit.

(4) [1]Freigestellte Betriebsratsmitglieder dürfen von inner- und außerbetrieblichen Maßnahmen der Berufsbildung nicht ausgeschlossen werden. [2]Innerhalb eines Jahres nach Beendigung der Freistellung eines Betriebsratsmitglieds ist diesem im Rahmen der Möglichkeiten des Betriebs Gelegenheit zu geben, eine wegen der Freistellung unterbliebene betriebsübliche berufliche Entwicklung nachzuholen. [3]Für Mitglieder des Betriebsrats, die drei volle aufeinander folgende Amtszeiten freigestellt waren, erhöht sich der Zeitraum nach Satz 2 auf zwei Jahre.

§ 39 Sprechstunden

(1) [1]Der Betriebsrat kann während der Arbeitszeit Sprechstunden einrichten. [2]Zeit und Ort sind mit dem Arbeitgeber zu vereinbaren. [3]Kommt eine Einigung nicht zustande, so entscheidet die Einigungsstelle. [4]Der Spruch der Einigungsstelle ersetzt die Einigung zwischen Arbeitgeber und Betriebsrat.

(2) Führt die Jugend- und Auszubildendenvertretung keine eigenen Sprechstunden durch, so kann an den Sprechstunden des Betriebsrats ein Mitglied der Jugend- und Auszubildendenvertretung zur Beratung der in § 60 Abs. 1 genannten Arbeitnehmer teilnehmen.

(3) Versäumnis von Arbeitszeit, die zum Besuch der Sprechstunden oder durch sonstige Inanspruchnahme des Betriebsrats erforderlich ist, berechtigt den Arbeitgeber nicht zur Minderung des Arbeitsentgelts des Arbeitnehmers.

§ 40 Kosten und Sachaufwand des Betriebsrats

(1) Die durch die Tätigkeit des Betriebsrats entstehenden Kosten trägt der Arbeitgeber.

(2) Für die Sitzungen, die Sprechstunden und die laufende Geschäftsführung hat der Arbeitgeber in erforderlichem Umfang Räume, sachliche Mittel, Informations- und Kommunikationstechnik sowie Büropersonal zur Verfügung zu stellen.

§ 41 Umlageverbot

Die Erhebung und Leistung von Beiträgen der Arbeitnehmer für Zwecke des Betriebsrats ist unzulässig.

Vierter Abschnitt. Betriebsversammlung

§ 42 Zusammensetzung, Teilversammlung, Abteilungsversammlung

(1) [1]Die Betriebsversammlung besteht aus den Arbeitnehmern des Betriebs; sie wird von dem Vorsitzenden des Betriebsrats geleitet. [2]Sie ist nicht öffentlich. [3]Kann wegen der Eigenart des Betriebs eine Versammlung aller Arbeitnehmer zum gleichen Zeitpunkt nicht stattfinden, so sind Teilversammlungen durchzuführen.

(2) [1]Arbeitnehmer organisatorisch oder räumlich abgegrenzter Betriebsteile sind vom Betriebsrat zu Abteilungsversammlungen zusammenzufassen, wenn dies für die Erörterung der besonderen Belange der Arbeitnehmer erforderlich ist. [2]Die Abteilungsversammlung wird von einem Mitglied des Betriebsrats geleitet, das möglichst einem beteiligten Betriebsteil als Arbeitnehmer angehört. [3]Absatz 1 Satz 2 und 3 gilt entsprechend.

§ 43 Regelmäßige Betriebs- und Abteilungsversammlungen

(1) ¹Der Betriebsrat hat einmal in jedem Kalendervierteljahr eine Betriebsversammlung einzuberufen und in ihr einen Tätigkeitsbericht zu erstatten. ²Liegen die Voraussetzungen des § 42 Abs. 2 Satz 1 vor, so hat der Betriebsrat in jedem Kalenderjahr zwei der in Satz 1 genannten Betriebsversammlungen als Abteilungsversammlungen durchzuführen. ³Die Abteilungsversammlungen sollen möglichst gleichzeitig stattfinden. ⁴Der Betriebsrat kann in jedem Kalenderhalbjahr eine weitere Betriebsversammlung oder, wenn die Voraussetzungen des § 42 Abs. 2 Satz 1 vorliegen, einmal weitere Abteilungsversammlungen durchführen, wenn dies aus besonderen Gründen zweckmäßig erscheint.

(2) ¹Der Arbeitgeber ist zu den Betriebs- und Abteilungsversammlungen unter Mitteilung der Tagesordnung einzuladen. ²Er ist berechtigt, in den Versammlungen zu sprechen. ³Der Arbeitgeber oder sein Vertreter hat mindestens einmal in jedem Kalenderjahr in einer Betriebsversammlung über das Personal- und Sozialwesen einschließlich des Stands der Gleichstellung von Frauen und Männern im Betrieb sowie der Integration der im Betrieb beschäftigten ausländischen Arbeitnehmer, über die wirtschaftliche Lage und Entwicklung des Betriebs sowie über den betrieblichen Umweltschutz zu berichten, soweit dadurch nicht Betriebs- oder Geschäftsgeheimnisse gefährdet werden.

(3) ¹Der Betriebsrat ist berechtigt und auf Wunsch des Arbeitgebers oder von mindestens einem Viertel der wahlberechtigten Arbeitnehmer verpflichtet, eine Betriebsversammlung einzuberufen und den beantragten Beratungsgegenstand auf die Tagesordnung zu setzen. ²Vom Zeitpunkt der Versammlungen, die auf Wunsch des Arbeitgebers stattfinden, ist dieser rechtzeitig zu verständigen.

(4) Auf Antrag einer im Betrieb vertretenen Gewerkschaft muss der Betriebsrat vor Ablauf von zwei Wochen nach Eingang des Antrags eine Betriebsversammlung nach Absatz 1 Satz 1 einberufen, wenn im vorhergegangenen Kalenderhalbjahr keine Betriebsversammlung und keine Abteilungsversammlungen durchgeführt worden sind.

§ 44 Zeitpunkt und Verdienstausfall

(1) ¹Die in den §§ 14a, 17 und 43 Abs. 1 bezeichneten und die auf Wunsch des Arbeitgebers einberufenen Versammlungen finden während der Arbeitszeit statt, soweit nicht die Eigenart des Betriebs eine andere Regelung zwingend erfordert. ²Die Zeit der Teilnahme an diesen Versammlungen einschließlich der zusätzlichen Wegezeiten ist den Arbeitnehmern wie Arbeitszeit zu vergüten. ³Dies gilt auch dann, wenn die Versammlungen wegen der Eigenart des Betriebs außerhalb der Arbeitszeit stattfinden; Fahrkosten, die den Arbeitnehmern durch die Teilnahme an diesen Versammlungen entstehen, sind vom Arbeitgeber zu erstatten.

(2) ¹Sonstige Betriebs- oder Abteilungsversammlungen finden außerhalb der Arbeitszeit statt. ²Hiervon kann im Einvernehmen mit dem Arbeitgeber abgewichen werden; im Einvernehmen mit dem Arbeitgeber während der Arbeitszeit durchgeführte Versammlungen berechtigen den Arbeitgeber nicht, das Arbeitsentgelt der Arbeitnehmer zu mindern.

§ 45 Themen der Betriebs- und Abteilungsversammlungen

¹Die Betriebs- und Abteilungsversammlungen können Angelegenheiten einschließlich solcher tarifpolitischer, sozialpolitischer, umweltpolitischer und wirtschaftlicher Art sowie Fragen der Förderung der Gleichstellung von Frauen und Männern und der Vereinbarkeit von Familie und Erwerbstätigkeit sowie der Integration der im Betrieb beschäftigten ausländischen Arbeitnehmer behandeln, die den Betrieb oder seine Arbeitnehmer unmittelbar betreffen; die Grundsätze des § 74 Abs. 2 finden Anwendung. ²Die Betriebs-

und Abteilungsversammlungen können dem Betriebsrat Anträge unterbreiten und zu seinen Beschlüssen Stellung nehmen.

§ 46 Beauftragte der Verbände

(1) ¹An den Betriebs- oder Abteilungsversammlungen können Beauftragte der im Betrieb vertretenen Gewerkschaften beratend teilnehmen. ²Nimmt der Arbeitgeber an Betriebs- oder Abteilungsversammlungen teil, so kann er einen Beauftragten der Vereinigung der Arbeitgeber, der er angehört, hinzuziehen.

(2) Der Zeitpunkt und die Tagesordnung der Betriebs- oder Abteilungsversammlungen sind den im Betriebsrat vertretenen Gewerkschaften rechtzeitig schriftlich mitzuteilen.

Fünfter Abschnitt. Gesamtbetriebsrat

§ 47[1] Voraussetzungen der Errichtung, Mitgliederzahl, Stimmengewicht

(1) Bestehen in einem Unternehmen mehrere Betriebsräte, so ist ein Gesamtbetriebsrat zu errichten.

(2) ¹In den Gesamtbetriebsrat entsendet jeder Betriebsrat mit bis zu drei Mitgliedern eines seiner Mitglieder; jeder Betriebsrat mit mehr als drei Mitgliedern entsendet zwei seiner Mitglieder. ²Die Geschlechter sollen angemessen berücksichtigt werden.

(3) Der Betriebsrat hat für jedes Mitglied des Gesamtbetriebsrats mindestens ein Ersatzmitglied zu bestellen und die Reihenfolge des Nachrückens festzulegen.

(4) Durch Tarifvertrag oder Betriebsvereinbarung kann die Mitgliederzahl des Gesamtbetriebsrats abweichend von Absatz 2 Satz 1 geregelt werden.

(5) Gehören nach Absatz 2 Satz 1 dem Gesamtbetriebsrat mehr als vierzig Mitglieder an und besteht keine tarifliche Regelung nach Absatz 4, so ist zwischen Gesamtbetriebsrat und Arbeitgeber eine Betriebsvereinbarung über die Mitgliederzahl des Gesamtbetriebsrats abzuschließen, in der bestimmt wird, dass Betriebsräte mehrerer Betriebe eines Unternehmens, die regional oder durch gleichartige Interessen miteinander verbunden sind, gemeinsam Mitglieder in den Gesamtbetriebsrat entsenden.

(6) ¹Kommt im Fall des Absatzes 5 eine Einigung nicht zustande, so entscheidet eine für das Gesamtunternehmen zu bildende Einigungsstelle. ²Der Spruch der Einigungsstelle ersetzt die Einigung zwischen Arbeitgeber und Gesamtbetriebsrat.

(7) ¹Jedes Mitglied des Gesamtbetriebsrats hat so viele Stimmen, wie in dem Betrieb, in dem es gewählt wurde, wahlberechtigte Arbeitnehmer in der Wählerliste eingetragen sind. ²Entsendet der Betriebsrat mehrere Mitglieder, so stehen ihnen die Stimmen nach Satz 1 anteilig zu.

(8) Ist ein Mitglied des Gesamtbetriebsrats für mehrere Betriebe entsandt worden, so hat es so viele Stimmen, wie in den Betrieben, für die es entsandt ist, wahlberechtigte Arbeitnehmer in den Wählerlisten eingetragen sind; sind mehrere Mitglieder entsandt worden, gilt Absatz 7 Satz 2 entsprechend.

(9) Für Mitglieder des Gesamtbetriebsrats, die aus einem gemeinsamen Betrieb mehrerer Unternehmen entsandt worden sind, können durch Tarifvertrag oder Betriebsvereinbarung von den Absätzen 7 und 8 abweichende Regelungen getroffen werden.

---

[1] Amtl. Anm.: Gemäß Artikel 14 Satz 2 des Gesetzes zur Reform des Betriebsverfassungsgesetzes (BetrVerf-Reformgesetz) vom 23. Juli 2001 (BGBl. I S. 1852) gilt § 47 Abs. 2 (Artikel 1 Nr. 35 Buchstabe a des BetrVerf-Reformgesetzes) für im Zeitpunkt des Inkrafttretens bestehende Betriebsräte erst bei deren Neuwahl.

§ 48 Ausschluss von Gesamtbetriebsratsmitgliedern

Mindestens ein Viertel der wahlberechtigten Arbeitnehmer des Unternehmens, der Arbeitgeber, der Gesamtbetriebsrat oder eine im Unternehmen vertretene Gewerkschaft können beim Arbeitsgericht den Ausschluss eines Mitglieds aus dem Gesamtbetriebsrat wegen grober Verletzung seiner gesetzlichen Pflichten beantragen.

§ 49 Erlöschen der Mitgliedschaft

Die Mitgliedschaft im Gesamtbetriebsrat endet mit dem Erlöschen der Mitgliedschaft im Betriebsrat, durch Amtsniederlegung, durch Ausschluss aus dem Gesamtbetriebsrat aufgrund einer gerichtlichen Entscheidung oder Abberufung durch den Betriebsrat.

§ 50 Zuständigkeit

(1) ¹Der Gesamtbetriebsrat ist zuständig für die Behandlung von Angelegenheiten, die das Gesamtunternehmen oder mehrere Betriebe betreffen und nicht durch die einzelnen Betriebsräte innerhalb ihrer Betriebe geregelt werden können; seine Zuständigkeit erstreckt sich insoweit auch auf Betriebe ohne Betriebsrat. ²Er ist den einzelnen Betriebsräten nicht übergeordnet.

(2) ¹Der Betriebsrat kann mit der Mehrheit der Stimmen seiner Mitglieder den Gesamtbetriebsrat beauftragen, eine Angelegenheit für ihn zu behandeln. ²Der Betriebsrat kann sich dabei die Entscheidungsbefugnis vorbehalten. ³§ 27 Abs. 2 Satz 3 und 4 gilt entsprechend.

§ 51 Geschäftsführung

(1) ¹Für den Gesamtbetriebsrat gelten § 25 Abs. 1, die §§ 26, 27 Abs. 2 und 3, § 28 Abs. 1 Satz 1 und 3, Abs. 2, die §§ 30, 31, 34, 35, 36, 37 Abs. 1 bis 3 sowie die §§ 40 und 41 entsprechend. ²§ 27 Abs. 1 gilt entsprechend mit der Maßgabe, dass der Gesamtbetriebsausschuss aus dem Vorsitzenden des Gesamtbetriebsrats, dessen Stellvertreter und bei Gesamtbetriebsräten mit

  9 bis 16   Mitgliedern aus 3 weiteren Ausschussmitgliedern,
17 bis 24   Mitgliedern aus 5 weiteren Ausschussmitgliedern,
25 bis 36   Mitgliedern aus 7 weiteren Ausschussmitgliedern,
mehr als 36 Mitgliedern aus 9 weiteren Ausschussmitgliedern,
besteht.

(2) ¹Ist ein Gesamtbetriebsrat zu errichten, so hat der Betriebsrat der Hauptverwaltung des Unternehmens oder, soweit ein solcher Betriebsrat nicht besteht, der Betriebsrat des nach der Zahl der wahlberechtigten Arbeitnehmer größten Betriebs zu der Wahl des Vorsitzenden und des stellvertretenden Vorsitzenden des Gesamtbetriebsrats einzuladen. ²Der Vorsitzende des einladenden Betriebsrats hat die Sitzung zu leiten, bis der Gesamtbetriebsrat aus seiner Mitte einen Wahlleiter bestellt hat. ³§ 29 Abs. 2 bis 4 gilt entsprechend.

(3) ¹Die Beschlüsse des Gesamtbetriebsrats werden, soweit nichts anderes bestimmt ist, mit Mehrheit der Stimmen der anwesenden Mitglieder gefasst. ²Bei Stimmengleichheit ist ein Antrag abgelehnt. ³Der Gesamtbetriebsrat ist nur beschlussfähig, wenn mindestens die Hälfte seiner Mitglieder an der Beschlussfassung teilnimmt und die Teilnehmenden mindestens die Hälfte aller Stimmen vertreten; Stellvertretung durch Ersatzmitglieder ist zulässig. § 33 Abs. 3 gilt entsprechend.

(4) Auf die Beschlussfassung des Gesamtbetriebsausschusses und weiterer Ausschüsse des Gesamtbetriebsrats ist § 33 Abs. 1 und 2 anzuwenden.

(5) Die Vorschriften über die Rechte und Pflichten des Betriebsrats gelten entsprechend für den Gesamtbetriebsrat, soweit dieses Gesetz keine besonderen Vorschriften enthält.

BetrVG

§ 52 Teilnahme der Gesamtschwerbehindertenvertretung

Die Gesamtschwerbehindertenvertretung (§ 97 Abs. 1 des Neunten Buches Sozialgesetzbuch) kann an allen Sitzungen des Gesamtbetriebsrats beratend teilnehmen.

§ 53 Betriebsräteversammlung

(1) ¹Mindestens einmal in jedem Kalenderjahr hat der Gesamtbetriebsrat die Vorsitzenden und die stellvertretenden Vorsitzenden der Betriebsräte sowie die weiteren Mitglieder der Betriebsausschüsse zu einer Versammlung einzuberufen. ²Zu dieser Versammlung kann der Betriebsrat abweichend von Satz 1 aus seiner Mitte andere Mitglieder entsenden, soweit dadurch die Gesamtzahl der sich für ihn nach Satz 1 ergebenden Teilnehmer nicht überschritten wird.

(2) In der Betriebsräteversammlung hat
1. der Gesamtbetriebsrat einen Tätigkeitsbericht,
2. der Unternehmer einen Bericht über das Personal- und Sozialwesen einschließlich des Stands der Gleichstellung von Frauen und Männern im Unternehmen, der Integration der im Unternehmen beschäftigten ausländischen Arbeitnehmer, über die wirtschaftliche Lage und Entwicklung des Unternehmens sowie über Fragen des Umweltschutzes im Unternehmen, soweit dadurch nicht Betriebs- und Geschäftsgeheimnisse gefährdet werden,

zu erstatten.

(3) ¹Der Gesamtbetriebsrat kann die Betriebsräteversammlung in Form von Teilversammlungen durchführen. ²Im Übrigen gelten § 42 Abs. 1 Satz 1 zweiter Halbsatz und Satz 2, § 43 Abs. 2 Satz 1 und 2 sowie die §§ 45 und 46 entsprechend.

Sechster Abschnitt. Konzernbetriebsrat

§ 54 Errichtung des Konzernbetriebsrats

(1) ¹Für einen Konzern (§ 18 Abs. 1 des Aktiengesetzes) kann durch Beschlüsse der einzelnen Gesamtbetriebsräte ein Konzernbetriebsrat errichtet werden. ²Die Errichtung erfordert die Zustimmung der Gesamtbetriebsräte der Konzernunternehmen, in denen insgesamt mehr als 50 vom Hundert der Arbeitnehmer der Konzernunternehmen beschäftigt sind.

(2) Besteht in einem Konzernunternehmen nur ein Betriebsrat, so nimmt dieser die Aufgaben eines Gesamtbetriebsrats nach den Vorschriften dieses Abschnitts wahr.

§ 55 Zusammensetzung des Konzernbetriebsrats, Stimmengewicht

(1) ¹In den Konzernbetriebsrat entsendet jeder Gesamtbetriebsrat zwei seiner Mitglieder. ²Die Geschlechter sollen angemessen berücksichtigt werden.

(2) Der Gesamtbetriebsrat hat für jedes Mitglied des Konzernbetriebsrats mindestens ein Ersatzmitglied zu bestellen und die Reihenfolge des Nachrückens festzulegen.

(3) Jedem Mitglied des Konzernbetriebsrats stehen die Stimmen der Mitglieder des entsendenden Gesamtbetriebsrats je zur Hälfte zu.

(4) ¹Durch Tarifvertrag oder Betriebsvereinbarung kann die Mitgliederzahl des Konzernbetriebsrats abweichend von Absatz 1 Satz 1 geregelt werden. ²§ 47 Abs. 5 bis 9 gilt entsprechend.

§ 56 Ausschluss von Konzernbetriebsratsmitgliedern

Mindestens ein Viertel der wahlberechtigten Arbeitnehmer der Konzernunternehmen, der Arbeitgeber, der Konzernbetriebsrat oder eine im Konzern vertretene Gewerkschaft können beim Arbeitsgericht den Ausschluss eines Mitglieds aus dem Konzernbetriebsrat wegen grober Verletzung seiner gesetzlichen Pflichten beantragen.

§ 57 Erlöschen der Mitgliedschaft

Die Mitgliedschaft im Konzernbetriebsrat endet mit dem Erlöschen der Mitgliedschaft im Gesamtbetriebsrat, durch Amtsniederlegung, durch Ausschluss aus dem Konzernbetriebsrat aufgrund einer gerichtlichen Entscheidung oder Abberufung durch den Gesamtbetriebsrat.

§ 58 Zuständigkeit

(1) [1]Der Konzernbetriebsrat ist zuständig für die Behandlung von Angelegenheiten, die den Konzern oder mehrere Konzernunternehmen betreffen und nicht durch die einzelnen Gesamtbetriebsräte innerhalb ihrer Unternehmen geregelt werden können; seine Zuständigkeit erstreckt sich insoweit auch auf Unternehmen, die einen Gesamtbetriebsrat nicht gebildet haben, sowie auf Betriebe der Konzernunternehmen ohne Betriebsrat. [2]Er ist den einzelnen Gesamtbetriebsräten nicht übergeordnet.

(2) [1]Der Gesamtbetriebsrat kann mit der Mehrheit der Stimmen seiner Mitglieder den Konzernbetriebsrat beauftragen, eine Angelegenheit für ihn zu behandeln. [2]Der Gesamtbetriebsrat kann sich dabei die Entscheidungsbefugnis vorbehalten. [3]§ 27 Abs. 2 Satz 3 und 4 gilt entsprechend.

§ 59 Geschäftsführung

(1) Für den Konzernbetriebsrat gelten § 25 Abs. 1, die §§ 26, 27 Abs. 2 und 3, § 28 Abs. 1 Satz 1 und 3, Abs. 2, die §§ 30, 31, 34, 35, 36, 37 Abs. 1 bis 3 sowie die §§ 40, 41 und 51 Abs. 1 Satz 2 und Abs. 3 bis 5 entsprechend.

(2) [1]Ist ein Konzernbetriebsrat zu errichten, so hat der Gesamtbetriebsrat des herrschenden Unternehmens oder, soweit ein solcher Gesamtbetriebsrat nicht besteht, der Gesamtbetriebsrat des nach der Zahl der wahlberechtigten Arbeitnehmer größten Konzernunternehmens zu der Wahl des Vorsitzenden und des stellvertretenden Vorsitzenden des Konzernbetriebsrats einzuladen. [2]Der Vorsitzende des einladenden Gesamtbetriebsrats hat die Sitzung zu leiten, bis der Konzernbetriebsrat aus seiner Mitte einen Wahlleiter bestellt hat. [3]§ 29 Abs. 2 bis 4 gilt entsprechend.

§ 59 a Teilnahme der Konzernschwerbehindertenvertretung

Die Konzernschwerbehindertenvertretung (§ 97 Abs. 2 des Neunten Buches Sozialgesetzbuch) kann an allen Sitzungen des Konzernbetriebsrats beratend teilnehmen.

Dritter Teil. Jugend- und Auszubildendenvertretung

Erster Abschnitt. Betriebliche Jugend- und Auszubildendenvertretung

§ 60 Errichtung und Aufgabe

(1) In Betrieben mit in der Regel mindestens fünf Arbeitnehmern, die das 18. Lebensjahr noch nicht vollendet haben (jugendliche Arbeitnehmer) oder die zu ihrer Berufs-

ausbildung beschäftigt sind und das 25. Lebensjahr noch nicht vollendet haben, werden Jugend- und Auszubildendenvertretungen gewählt.

(2) Die Jugend- und Auszubildendenvertretung nimmt nach Maßgabe der folgenden Vorschriften die besonderen Belange der in Absatz 1 genannten Arbeitnehmer wahr.

§ 61 Wahlberechtigung und Wählbarkeit

(1) Wahlberechtigt sind alle in § 60 Abs. 1 genannten Arbeitnehmer des Betriebs.

(2) ¹Wählbar sind alle Arbeitnehmer des Betriebs, die das 25. Lebensjahr noch nicht vollendet haben; § 8 Abs. 1 Satz 3 findet Anwendung. ²Mitglieder des Betriebsrats können nicht zu Jugend- und Auszubildendenvertretern gewählt werden.

§ 62 Zahl der Jugend- und Auszubildendenvertreter, Zusammensetzung der Jugend- und Auszubildendenvertretung

(1) Die Jugend- und Auszubildendenvertretung besteht in Betrieben mit in der Regel
  5 bis   20 der in § 60 Abs. 1 genannten Arbeitnehmeraus einer Person,
 21 bis   50 der in § 60 Abs. 1 genannten Arbeitnehmeraus 3 Mitgliedern,
 51 bis   150 der in § 60 Abs. 1 genannten Arbeitnehmeraus 5 Mitgliedern,
151 bis   300 der in § 60 Abs. 1 genannten Arbeitnehmeraus 7 Mitgliedern,
301 bis   500 der in § 60 Abs. 1 genannten Arbeitnehmeraus 9 Mitgliedern,
501 bis   700 der in § 60 Abs. 1 genannten Arbeitnehmeraus 11 Mitgliedern,
701 bis 1 000 der in § 60 Abs. 1 genannten Arbeitnehmeraus 13 Mitgliedern,
mehr als 1 000 der in § 60 Abs. 1 genannten Arbeitnehmeraus 15 Mitgliedern.

(2) Die Jugend- und Auszubildendenvertretung soll sich möglichst aus Vertretern der verschiedenen Beschäftigungsarten und Ausbildungsberufe der im Betrieb tätigen in § 60 Abs. 1 genannten Arbeitnehmer zusammensetzen.

(3) Das Geschlecht, das unter den in § 60 Abs. 1 genannten Arbeitnehmern in der Minderheit ist, muss mindestens entsprechend seinem zahlenmäßigen Verhältnis in der Jugend- und Auszubildendenvertretung vertreten sein, wenn diese aus mindestens drei Mitgliedern besteht.

§ 63 Wahlvorschriften

(1) Die Jugend- und Auszubildendenvertretung wird in geheimer und unmittelbarer Wahl gewählt.

(2) ¹Spätestens acht Wochen vor Ablauf der Amtszeit der Jugend- und Auszubildendenvertretung bestellt der Betriebsrat den Wahlvorstand und seinen Vorsitzenden. ²Für die Wahl der Jugend- und Auszubildendenvertreter gelten § 14 Abs. 2 bis 5, § 16 Abs. 1 Satz 4 bis 6, § 18 Abs. 1 Satz 1 und Abs. 3 sowie die §§ 19 und 20 entsprechend.

(3) Bestellt der Betriebsrat den Wahlvorstand nicht oder nicht spätestens sechs Wochen vor Ablauf der Amtszeit der Jugend- und Auszubildendenvertretung oder kommt der Wahlvorstand seiner Verpflichtung nach § 18 Abs. 1 Satz 1 nicht nach, so gelten § 16 Abs. 2 Satz 1 und 2, Abs. 3 Satz 1 und § 18 Abs. 1 Satz 2 entsprechend; der Antrag beim Arbeitsgericht kann auch von jugendlichen Arbeitnehmern gestellt werden.

(4) ¹In Betrieben mit in der Regel fünf bis fünfzig der in § 60 Abs. 1 genannten Arbeitnehmer gilt auch § 14a entsprechend. ²Die Frist zur Bestellung des Wahlvorstands wird im Fall des Absatzes 2 Satz 1 auf vier Wochen und im Fall des Absatzes 3 Satz 1 auf drei Wochen verkürzt.

(5) In Betrieben mit in der Regel 51 bis 100 der in § 60 Abs. 1 genannten Arbeitnehmer gilt § 14a Abs. 5 entsprechend.

§ 64 Zeitpunkt der Wahlen und Amtszeit

(1) [1] Die regelmäßigen Wahlen der Jugend- und Auszubildendenvertretung finden alle zwei Jahre in der Zeit vom 1. Oktober bis 30. November statt. [2] Für die Wahl der Jugend- und Auszubildendenvertretung außerhalb dieser Zeit gilt § 13 Abs. 2 Nr. 2 bis 6 und Abs. 3 entsprechend.

(2) [1] Die regelmäßige Amtszeit der Jugend- und Auszubildendenvertretung beträgt zwei Jahre. [2] Die Amtszeit beginnt mit der Bekanntgabe des Wahlergebnisses oder, wenn zu diesem Zeitpunkt noch eine Jugend- und Auszubildendenvertretung besteht, mit Ablauf von deren Amtszeit. [3] Die Amtszeit endet spätestens am 30. November des Jahres, in dem nach Absatz 1 Satz 1 die regelmäßigen Wahlen stattfinden. [4] In dem Fall des § 13 Abs. 3 Satz 2 endet die Amtszeit spätestens am 30. November des Jahres, in dem die Jugend- und Auszubildendenvertretung neu zu wählen ist. [5] In dem Fall des § 13 Abs. 2 Nr. 2 endet die Amtszeit mit der Bekanntgabe des Wahlergebnisses der neu gewählten Jugend- und Auszubildendenvertretung.

(3) Ein Mitglied der Jugend- und Auszubildendenvertretung, das im Laufe der Amtszeit das 25. Lebensjahr vollendet, bleibt bis zum Ende der Amtszeit Mitglied der Jugend- und Auszubildendenvertretung.

§ 65 Geschäftsführung

(1) Für die Jugend- und Auszubildendenvertretung gelten § 23 Abs. 1, die §§ 24, 25, 26, 28 Abs. 1 Satz 1 und 2, die §§ 30, 31, 33 Abs. 1 und 2 sowie die §§ 34, 36, 37, 40 und 41 entsprechend.

(2) [1] Die Jugend- und Auszubildendenvertretung kann nach Verständigung des Betriebsrats Sitzungen abhalten; § 29 gilt entsprechend. [2] An diesen Sitzungen kann der Betriebsratsvorsitzende oder ein beauftragtes Betriebsratsmitglied teilnehmen.

§ 66 Aussetzung von Beschlüssen des Betriebsrats

(1) Erachtet die Mehrheit der Jugend- und Auszubildendenvertreter einen Beschluss des Betriebsrats als eine erhebliche Beeinträchtigung wichtiger Interessen der in § 60 Abs. 1 genannten Arbeitnehmer, so ist auf ihren Antrag der Beschluss auf die Dauer von einer Woche auszusetzen, damit in dieser Frist eine Verständigung, gegebenenfalls mit Hilfe der im Betrieb vertretenen Gewerkschaften, versucht werden kann.

(2) Wird der erste Beschluss bestätigt, so kann der Antrag auf Aussetzung nicht wiederholt werden; dies gilt auch, wenn der erste Beschluss nur unerheblich geändert wird.

§ 67 Teilnahme an Betriebsratssitzungen

(1) [1] Die Jugend- und Auszubildendenvertretung kann zu allen Betriebsratssitzungen einen Vertreter entsenden. [2] Werden Angelegenheiten behandelt, die besonders die in § 60 Abs. 1 genannten Arbeitnehmer betreffen, so hat zu diesen Tagesordnungspunkten die gesamte Jugend- und Auszubildendenvertretung ein Teilnahmerecht.

(2) Die Jugend- und Auszubildendenvertreter haben Stimmrecht, soweit die zu fassenden Beschlüsse des Betriebsrats überwiegend die in § 60 Abs. 1 genannten Arbeitnehmer betreffen.

(3) [1] Die Jugend- und Auszubildendenvertretung kann beim Betriebsrat beantragen, Angelegenheiten, die besonders die in § 60 Abs. 1 genannten Arbeitnehmer betreffen und über die sie beraten hat, auf die nächste Tagesordnung zu setzen. [2] Der Betriebsrat

BetrVG Gesetzestext

soll Angelegenheiten, die besonders die in § 60 Abs. 1 genannten Arbeitnehmer betreffen, der Jugend- und Auszubildendenvertretung zur Beratung zuleiten.

§ 68 Teilnahme an gemeinsamen Besprechungen

Der Betriebsrat hat die Jugend- und Auszubildendenvertretung zu Besprechungen zwischen Arbeitgeber und Betriebsrat beizuziehen, wenn Angelegenheiten behandelt werden, die besonders die in § 60 Abs. 1 genannten Arbeitnehmer betreffen.

§ 69 Sprechstunden

¹In Betrieben, die in der Regel mehr als fünfzig der in § 60 Abs. 1 genannten Arbeitnehmer beschäftigen, kann die Jugend- und Auszubildendenvertretung Sprechstunden während der Arbeitszeit einrichten. ²Zeit und Ort sind durch Betriebsrat und Arbeitgeber zu vereinbaren. ³§ 39 Abs. 1 Satz 3 und 4 und Abs. 3 gilt entsprechend. ⁴An den Sprechstunden der Jugend- und Auszubildendenvertretung kann der Betriebsratsvorsitzende oder ein beauftragtes Betriebsratsmitglied beratend teilnehmen.

§ 70 Allgemeine Aufgaben

(1) Die Jugend- und Auszubildendenvertretung hat folgende allgemeine Aufgaben:
1. Maßnahmen, die den in § 60 Abs. 1 genannten Arbeitnehmern dienen, insbesondere in Fragen der Berufsbildung und der Übernahme der zu ihrer Berufsausbildung Beschäftigten in ein Arbeitsverhältnis, beim Betriebsrat zu beantragen;
1 a. Maßnahmen zur Durchsetzung der tatsächlichen Gleichstellung der in § 60 Abs. 1 genannten Arbeitnehmer entsprechend § 80 Abs. 1 Nr. 2 a und 2 b beim Betriebsrat zu beantragen;
2. darüber zu wachen, dass die zugunsten der in § 60 Abs. 1 genannten Arbeitnehmer geltenden Gesetze, Verordnungen, Unfallverhütungsvorschriften, Tarifverträge und Betriebsvereinbarungen durchgeführt werden;
3. Anregungen von in § 60 Abs. 1 genannten Arbeitnehmern, insbesondere in Fragen der Berufsbildung, entgegenzunehmen und, falls sie berechtigt erscheinen, beim Betriebsrat auf eine Erledigung hinzuwirken. Die Jugend- und Auszubildendenvertretung hat die betroffenen in § 60 Abs. 1 genannten Arbeitnehmer über den Stand und das Ergebnis der Verhandlungen zu informieren;
4. die Integration ausländischer, in § 60 Abs. 1 genannter Arbeitnehmer im Betrieb zu fördern und entsprechende Maßnahmen beim Betriebsrat zu beantragen.

(2) ¹Zur Durchführung ihrer Aufgaben ist die Jugend- und Auszubildendenvertretung durch den Betriebsrat rechtzeitig und umfassend zu unterrichten. ²Die Jugend- und Auszubildendenvertretung kann verlangen, dass ihr der Betriebsrat die zur Durchführung ihrer Aufgaben erforderlichen Unterlagen zur Verfügung stellt.

§ 71 Jugend- und Auszubildendenversammlung

¹Die Jugend- und Auszubildendenvertretung kann vor oder nach jeder Betriebsversammlung im Einvernehmen mit dem Betriebsrat eine betriebliche Jugend- und Auszubildendenversammlung einberufen. ²Im Einvernehmen mit Betriebsrat und Arbeitgeber kann die betriebliche Jugend- und Auszubildendenversammlung auch zu einem anderen Zeitpunkt einberufen werden. ³§ 43 Abs. 2 Satz 1 und 2, die §§ 44 bis 46 und § 65 Abs. 2 Satz 2 gelten entsprechend.

Zweiter Abschnitt. Gesamt-Jugend- und Auszubildendenvertretung

§ 72 Voraussetzungen der Errichtung, Mitgliederzahl, Stimmengewicht

(1) Bestehen in einem Unternehmen mehrere Jugend- und Auszubildendenvertretungen, so ist eine Gesamt-Jugend- und Auszubildendenvertretung zu errichten.

(2) In die Gesamt-Jugend- und Auszubildendenvertretung entsendet jede Jugend- und Auszubildendenvertretung ein Mitglied.

(3) Die Jugend- und Auszubildendenvertretung hat für das Mitglied der Gesamt-Jugend- und Auszubildendenvertretung mindestens ein Ersatzmitglied zu bestellen und die Reihenfolge des Nachrückens festzulegen.

(4) Durch Tarifvertrag oder Betriebsvereinbarung kann die Mitgliederzahl der Gesamt-Jugend- und Auszubildendenvertretung abweichend von Absatz 2 geregelt werden.

(5) Gehören nach Absatz 2 der Gesamt-Jugend- und Auszubildendenvertretung mehr als zwanzig Mitglieder an und besteht keine tarifliche Regelung nach Absatz 4, so ist zwischen Gesamtbetriebsrat und Arbeitgeber eine Betriebsvereinbarung über die Mitgliederzahl der Gesamt-Jugend- und Auszubildendenvertretung abzuschließen, in der bestimmt wird, dass Jugend- und Auszubildendenvertretungen mehrerer Betriebe eines Unternehmens, die regional oder durch gleichartige Interessen miteinander verbunden sind, gemeinsam Mitglieder in die Gesamt-Jugend- und Auszubildendenvertretung entsenden.

(6) [1] Kommt im Fall des Absatzes 5 eine Einigung nicht zustande, so entscheidet eine für das Gesamtunternehmen zu bildende Einigungsstelle. [2] Der Spruch der Einigungsstelle ersetzt die Einigung zwischen Arbeitgeber und Gesamtbetriebsrat.

(7) [1] Jedes Mitglied der Gesamt-Jugend- und Auszubildendenvertretung hat so viele Stimmen, wie in dem Betrieb, in dem es gewählt wurde, in § 60 Abs. 1 genannte Arbeitnehmer in der Wählerliste eingetragen sind. [2] Ist ein Mitglied der Gesamt-Jugend- und Auszubildendenvertretung für mehrere Betriebe entsandt worden, so hat es so viele Stimmen, wie in den Betrieben, für die es entsandt ist, in § 60 Abs. 1 genannte Arbeitnehmer in den Wählerlisten eingetragen sind. [3] Sind mehrere Mitglieder der Jugend- und Auszubildendenvertretung entsandt worden, so stehen diesen die Stimmen nach Satz 1 anteilig zu.

(8) Für Mitglieder der Gesamt-Jugend- und Auszubildendenvertretung, die aus einem gemeinsamen Betrieb mehrerer Unternehmen entsandt worden sind, können durch Tarifvertrag oder Betriebsvereinbarung von Absatz 7 abweichende Regelungen getroffen werden.

§ 73 Geschäftsführung und Geltung sonstiger Vorschriften

(1) [1] Die Gesamt-Jugend- und Auszubildendenvertretung kann nach Verständigung des Gesamtbetriebsrats Sitzungen abhalten. [2] An den Sitzungen kann der Vorsitzende des Gesamtbetriebsrats oder ein beauftragtes Mitglied des Gesamtbetriebsrats teilnehmen.

(2) Für die Gesamt-Jugend- und Auszubildendenvertretung gelten § 25 Abs. 1, die §§ 26, 28 Abs. 1 Satz 1, die §§ 30, 31, 34, 36, 37 Abs. 1 bis 3, die §§ 40, 41, 48, 49, 50, 51 Abs. 2 bis 5 sowie die §§ 66 bis 68 entsprechend.

Dritter Abschnitt. Konzern-Jugend- und Auszubildendenvertretung

§ 73 a Voraussetzung der Errichtung, Mitgliederzahl, Stimmengewicht

(1) [1] Bestehen in einem Konzern (§ 18 Abs. 1 des Aktiengesetzes) mehrere Gesamt-Jugend- und Auszubildendenvertretungen, kann durch Beschlüsse der einzelnen Gesamt-

Jugend- und Auszubildendenvertretungen eine Konzern-Jugend- und Auszubildendenvertretung errichtet werden. ²Die Errichtung erfordert die Zustimmung der Gesamt-Jugend- und Auszubildendenvertretungen der Konzernunternehmen, in denen insgesamt mindestens 75 vom Hundert der in § 60 Abs. 1 genannten Arbeitnehmer beschäftigt sind. ³Besteht in einem Konzernunternehmen nur eine Jugend- und Auszubildendenvertretung, so nimmt diese die Aufgaben einer Gesamt-Jugend- und Auszubildendenvertretung nach den Vorschriften dieses Abschnitts wahr.

(2) ¹In die Konzern-Jugend- und Auszubildendenvertretung entsendet jede Gesamt-Jugend- und Auszubildendenvertretung eines ihrer Mitglieder. ²Sie hat für jedes Mitglied mindestens ein Ersatzmitglied zu bestellen und die Reihenfolge des Nachrückens festzulegen.

(3) Jedes Mitglied der Konzern-Jugend- und Auszubildendenvertretung hat so viele Stimmen, wie die Mitglieder der entsendenden Gesamt-Jugend- und Auszubildendenvertretung insgesamt Stimmen haben.

(4) § 72 Abs. 4 bis 8 gilt entsprechend.

§ 73 b Geschäftsführung und Geltung sonstiger Vorschriften

(1) ¹Die Konzern-Jugend- und Auszubildendenvertretung kann nach Verständigung des Konzernbetriebsrats Sitzungen abhalten. ²An den Sitzungen kann der Vorsitzende oder ein beauftragtes Mitglied des Konzernbetriebsrats teilnehmen.

(2) Für die Konzern-Jugend- und Auszubildendenvertretung gelten § 25 Abs. 1, die §§ 26, 28 Abs. 1 Satz 1, die §§ 30, 31, 34, 36, 37 Abs. 1 bis 3, die §§ 40, 41, 51 Abs. 3 bis 5, die §§ 56, 57, 58, 59 Abs. 2 und die §§ 66 bis 68 entsprechend.

Vierter Teil. Mitwirkung und Mitbestimmung der Arbeitnehmer

Erster Abschnitt. Allgemeines

§ 74 Grundsätze für die Zusammenarbeit

(1) ¹Arbeitgeber und Betriebsrat sollen mindestens einmal im Monat zu einer Besprechung zusammentreten. ²Sie haben über strittige Fragen mit dem ernsten Willen zur Einigung zu verhandeln und Vorschläge für die Beilegung von Meinungsverschiedenheiten zu machen.

(2) ¹Maßnahmen des Arbeitskampfes zwischen Arbeitgeber und Betriebsrat sind unzulässig; Arbeitskämpfe tariffähiger Parteien werden hierdurch nicht berührt. ²Arbeitgeber und Betriebsrat haben Betätigungen zu unterlassen, durch die der Arbeitsablauf oder der Frieden des Betriebs beeinträchtigt werden. ³Sie haben jede parteipolitische Betätigung im Betrieb zu unterlassen; die Behandlung von Angelegenheiten tarifpolitischer, sozialpolitischer, umweltpolitischer und wirtschaftlicher Art, die den Betrieb oder seine Arbeitnehmer unmittelbar betreffen, wird hierdurch nicht berührt.

(3) Arbeitnehmer, die im Rahmen dieses Gesetzes Aufgaben übernehmen, werden hierdurch in der Betätigung für ihre Gewerkschaft auch im Betrieb nicht beschränkt.

§ 75[1] Grundsätze für die Behandlung der Betriebsangehörigen

(1) Arbeitgeber und Betriebsrat haben darüber zu wachen, dass alle im Betrieb tätigen Personen nach den Grundsätzen von Recht und Billigkeit behandelt werden, insbesonde-

---
[1] § 75 Abs. 1 neu gef. mWv 18. 8. 2006 durch G v. 14. 8. 2006 (BGBl. I S. 1897).

re, dass jede Benachteiligung von Personen aus Gründen ihrer Rasse oder wegen ihrer ethnischen Herkunft, ihrer Abstammung oder sonstigen Herkunft, ihrer Nationalität, ihrer Religion oder Weltanschauung, ihrer Behinderung, ihres Alters, ihrer politischen oder gewerkschaftlichen Betätigung oder Einstellung oder wegen ihres Geschlechts oder ihrer sexuellen Identität unterbleibt.

(2) ¹Arbeitgeber und Betriebsrat haben die freie Entfaltung der Persönlichkeit der im Betrieb beschäftigten Arbeitnehmer zu schützen und zu fördern. ²Sie haben die Selbständigkeit und Eigeninitiative der Arbeitnehmer und Arbeitsgruppen zu fördern.

§ 76¹ Einigungsstelle

(1) ¹Zur Beilegung von Meinungsverschiedenheiten zwischen Arbeitgeber und Betriebsrat, Gesamtbetriebsrat oder Konzernbetriebsrat ist bei Bedarf eine Einigungsstelle zu bilden. ²Durch Betriebsvereinbarung kann eine ständige Einigungsstelle errichtet werden.

(2) ¹Die Einigungsstelle besteht aus einer gleichen Anzahl von Beisitzern, die vom Arbeitgeber und Betriebsrat bestellt werden, und einem unparteiischen Vorsitzenden, auf dessen Person sich beide Seiten einigen müssen. ²Kommt eine Einigung über die Person des Vorsitzenden nicht zustande, so bestellt ihn das Arbeitsgericht. ³Dieses entscheidet auch, wenn kein Einverständnis über die Zahl der Beisitzer erzielt wird.

(3) ¹Die Einigungsstelle hat unverzüglich tätig zu werden. ²Sie fasst ihre Beschlüsse nach mündlicher Beratung mit Stimmenmehrheit. ³Bei der Beschlussfassung hat sich der Vorsitzende zunächst der Stimme zu enthalten; kommt eine Stimmenmehrheit nicht zustande, so nimmt der Vorsitzende nach weiterer Beratung an der erneuten Beschlussfassung teil. ⁴Die Beschlüsse der Einigungsstelle sind schriftlich niederzulegen, vom Vorsitzenden zu unterschreiben und Arbeitgeber und Betriebsrat zuzuleiten.

(4) Durch Betriebsvereinbarung können weitere Einzelheiten des Verfahrens vor der Einigungsstelle geregelt werden.

(5) ¹In den Fällen, in denen der Spruch der Einigungsstelle die Einigung zwischen Arbeitgeber und Betriebsrat ersetzt, wird die Einigungsstelle auf Antrag einer Seite tätig. ²Benennt eine Seite keine Mitglieder oder bleiben die von einer Seite genannten Mitglieder trotz rechtzeitiger Einladung der Sitzung fern, so entscheiden der Vorsitzende und die erschienenen Mitglieder nach Maßgabe des Absatzes 3 allein. ³Die Einigungsstelle fasst ihre Beschlüsse unter angemessener Berücksichtigung der Belange des Betriebs und der betroffenen Arbeitnehmer nach billigem Ermessen. ⁴Die Überschreitung der Grenzen des Ermessens kann durch den Arbeitgeber oder den Betriebsrat nur binnen einer Frist von zwei Wochen, vom Tage der Zuleitung des Beschlusses an gerechnet, beim Arbeitsgericht geltend gemacht werden.

(6) ¹Im Übrigen wird die Einigungsstelle nur tätig, wenn beide Seiten es beantragen oder mit ihrem Tätigwerden einverstanden sind. ²In diesen Fällen ersetzt ihr Spruch die Einigung zwischen Arbeitgeber und Betriebsrat nur, wenn beide Seiten sich dem Spruch im Voraus unterworfen oder ihn nachträglich angenommen haben.

(7) Soweit nach anderen Vorschriften der Rechtsweg gegeben ist, wird er durch den Spruch der Einigungsstelle nicht ausgeschlossen.

(8) Durch Tarifvertrag kann bestimmt werden, dass an die Stelle der in Absatz 1 bezeichneten Einigungsstelle eine tarifliche Schlichtungsstelle tritt.

---

¹ § 76 Abs. 3 Satz 1 eingef., bish. Sätze 1 bis 3 werden Sätze 2 bis 4, neuer Satz 2 geänd. mWv 1. 1. 2002 durch G v. 10. 12. 2001 (BGBl. I S. 3443).

BetrVG Gesetzestext

§ 76 a[1] Kosten der Einigungsstelle

(1) Die Kosten der Einigungsstelle trägt der Arbeitgeber.

(2) [1]Die Beisitzer der Einigungsstelle, die dem Betrieb angehören, erhalten für ihre Tätigkeit keine Vergütung; § 37 Abs. 2 und 3 gilt entsprechend. [2]Ist die Einigungsstelle zur Beilegung von Meinungsverschiedenheiten zwischen Arbeitgeber und Gesamtbetriebsrat oder Konzernbetriebsrat zu bilden, so gilt Satz 1 für die einem Betrieb des Unternehmens oder eines Konzernunternehmens angehörenden Beisitzer entsprechend.

(3) [1]Der Vorsitzende und die Beisitzer der Einigungsstelle, die nicht zu den in Absatz 2 genannten Personen zählen, haben gegenüber dem Arbeitgeber Anspruch auf Vergütung ihrer Tätigkeit. [2]Die Höhe der Vergütung richtet sich nach den Grundsätzen des Absatzes 4 Satz 3 bis 5.

(4) [1]Das Bundesministerium für Arbeit und Soziales kann durch Rechtsverordnung die Vergütung nach Absatz 3 regeln. [2]In der Vergütungsordnung sind Höchstsätze festzusetzen. [3]Dabei sind insbesondere der erforderliche Zeitaufwand, die Schwierigkeit der Streitigkeit sowie ein Verdienstausfall zu berücksichtigen. [4]Die Vergütung der Beisitzer ist niedriger zu bemessen als die des Vorsitzenden. [5]Bei der Festsetzung der Höchstsätze ist den berechtigten Interessen der Mitglieder der Einigungsstelle und des Arbeitgebers Rechnung zu tragen.

(5) Von Absatz 3 und einer Vergütungsordnung nach Absatz 4 kann durch Tarifvertrag oder in einer Betriebsvereinbarung, wenn ein Tarifvertrag dies zulässt oder eine tarifliche Regelung nicht besteht, abgewichen werden.

§ 77 Durchführung gemeinsamer Beschlüsse, Betriebsvereinbarungen

(1) [1]Vereinbarungen zwischen Betriebsrat und Arbeitgeber, auch soweit sie auf einem Spruch der Einigungsstelle beruhen, führt der Arbeitgeber durch, es sei denn, dass im Einzelfall etwas anderes vereinbart ist. [2]Der Betriebsrat darf nicht durch einseitige Handlungen in die Leitung des Betriebs eingreifen.

(2) [1]Betriebsvereinbarungen sind von Betriebsrat und Arbeitgeber gemeinsam zu beschließen und schriftlich niederzulegen. [2]Sie sind von beiden Seiten zu unterzeichnen; dies gilt nicht, soweit Betriebsvereinbarungen auf einem Spruch der Einigungsstelle beruhen. [3]Der Arbeitgeber hat die Betriebsvereinbarungen an geeigneter Stelle im Betrieb auszulegen.

(3) [1]Arbeitsentgelte und sonstige Arbeitsbedingungen, die durch Tarifvertrag geregelt sind oder üblicherweise geregelt werden, können nicht Gegenstand einer Betriebsvereinbarung sein. [2]Dies gilt nicht, wenn ein Tarifvertrag den Abschluss ergänzender Betriebsvereinbarungen ausdrücklich zulässt.

(4) [1]Betriebsvereinbarungen gelten unmittelbar und zwingend. [2]Werden Arbeitnehmern durch die Betriebsvereinbarung Rechte eingeräumt, so ist ein Verzicht auf sie nur mit Zustimmung des Betriebsrats zulässig. [3]Die Verwirkung dieser Rechte ist ausgeschlossen. [4]Ausschlussfristen für ihre Geltendmachung sind nur insoweit zulässig, als sie in einem Tarifvertrag oder einer Betriebsvereinbarung vereinbart werden; dasselbe gilt für die Abkürzung der Verjährungsfristen.

(5) Betriebsvereinbarungen können, soweit nichts anderes vereinbart ist, mit einer Frist von drei Monaten gekündigt werden.

(6) Nach Ablauf einer Betriebsvereinbarung gelten ihre Regelungen in Angelegenheiten, in denen ein Spruch der Einigungsstelle die Einigung zwischen Arbeitgeber und Betriebsrat ersetzen kann, weiter, bis sie durch eine andere Abmachung ersetzt werden.

---

[1] § 76a Abs. 4 Satz 1 geänd. mWv 28. 11. 2003 durch VO v. 25. 11. 2003 (BGBl. I S. 2304); Abs. 4 Satz 1 geänd. mWv 8. 11. 2006 durch VO v. 31. 10. 2006 (BGBl. I S. 2407).

§ 78 Schutzbestimmungen

¹Die Mitglieder des Betriebsrats, des Gesamtbetriebsrats, des Konzernbetriebsrats, der Jugend- und Auszubildendenvertretung, der Gesamt-Jugend- und Auszubildendenvertretung, der Konzern-Jugend- und Auszubildendenvertretung, des Wirtschaftsausschusses, der Bordvertretung, des Seebetriebsrats, der in § 3 Abs. 1 genannten Vertretungen der Arbeitnehmer, der Einigungsstelle, einer tariflichen Schlichtungsstelle (§ 76 Abs. 8) und einer betrieblichen Beschwerdestelle (§ 86) sowie Auskunftspersonen (§ 80 Abs. 2 Satz 3) dürfen in der Ausübung ihrer Tätigkeit nicht gestört oder behindert werden. ²Sie dürfen wegen ihrer Tätigkeit nicht benachteiligt oder begünstigt werden; dies gilt auch für ihre berufliche Entwicklung.

§ 78 a Schutz Auszubildender in besonderen Fällen

(1) Beabsichtigt der Arbeitgeber, einen Auszubildenden, der Mitglied der Jugend- und Auszubildendenvertretung, des Betriebsrats, der Bordvertretung oder des Seebetriebsrats ist, nach Beendigung des Berufsausbildungsverhältnisses nicht in ein Arbeitsverhältnis auf unbestimmte Zeit zu übernehmen, so hat er dies drei Monate vor Beendigung des Berufsausbildungsverhältnisses dem Auszubildenden schriftlich mitzuteilen.

(2) ¹Verlangt ein in Absatz 1 genannter Auszubildender innerhalb der letzten drei Monate vor Beendigung des Berufsausbildungsverhältnisses schriftlich vom Arbeitgeber die Weiterbeschäftigung, so gilt zwischen Auszubildendem und Arbeitgeber im Anschluss an das Berufsausbildungsverhältnis ein Arbeitsverhältnis auf unbestimmte Zeit als begründet. ²Auf dieses Arbeitsverhältnis ist insbesondere § 37 Abs. 4 und 5 entsprechend anzuwenden.

(3) Die Absätze 1 und 2 gelten auch, wenn das Berufsausbildungsverhältnis vor Ablauf eines Jahres nach Beendigung der Amtszeit der Jugend- und Auszubildendenvertretung, des Betriebsrats, der Bordvertretung oder des Seebetriebsrats endet.

(4) ¹Der Arbeitgeber kann spätestens bis zum Ablauf von zwei Wochen nach Beendigung des Berufsausbildungsverhältnisses beim Arbeitsgericht beantragen,

1. festzustellen, dass ein Arbeitsverhältnis nach Absatz 2 oder 3 nicht begründet wird, oder
2. das bereits nach Absatz 2 oder 3 begründete Arbeitsverhältnis aufzulösen,

wenn Tatsachen vorliegen, aufgrund derer dem Arbeitgeber unter Berücksichtigung aller Umstände die Weiterbeschäftigung nicht zugemutet werden kann. ²In dem Verfahren vor dem Arbeitsgericht sind der Betriebsrat, die Bordvertretung, der Seebetriebsrat, bei Mitgliedern der Jugend- und Auszubildendenvertretung auch diese Beteiligte.

(5) Die Absätze 2 bis 4 finden unabhängig davon Anwendung, ob der Arbeitgeber seiner Mitteilungspflicht nach Absatz 1 nachgekommen ist.

§ 79 Geheimhaltungspflicht

(1) ¹Die Mitglieder und Ersatzmitglieder des Betriebsrats sind verpflichtet, Betriebs- oder Geschäftsgeheimnisse, die ihnen wegen ihrer Zugehörigkeit zum Betriebsrat bekannt geworden und vom Arbeitgeber ausdrücklich als geheimhaltungsbedürftig bezeichnet worden sind, nicht zu offenbaren und nicht zu verwerten. ²Dies gilt auch nach dem Ausscheiden aus dem Betriebsrat. ³Die Verpflichtung gilt nicht gegenüber Mitgliedern des Betriebsrats. ⁴Sie gilt ferner nicht gegenüber dem Gesamtbetriebsrat, dem Konzernbetriebsrat, der Bordvertretung, dem Seebetriebsrat und den Arbeitnehmervertretern im Aufsichtsrat sowie im Verfahren vor der Einigungsstelle, der tariflichen Schlichtungsstelle (§ 76 Abs. 8) oder einer betrieblichen Beschwerdestelle (§ 86).

(2) Absatz 1 gilt sinngemäß für die Mitglieder und Ersatzmitglieder des Gesamtbetriebsrats, des Konzernbetriebsrats, der Jugend- und Auszubildendenvertretung, der

BetrVG   Gesetzestext

Gesamt-Jugend- und Auszubildendenvertretung, der Konzern-Jugend- und Auszubildendenvertretung, des Wirtschaftsausschusses, der Bordvertretung, des Seebetriebsrats, der gemäß § 3 Abs. 1 gebildeten Vertretungen der Arbeitnehmer, der Einigungsstelle, der tariflichen Schlichtungsstelle (§ 76 Abs. 8) und einer betrieblichen Beschwerdestelle (§ 86) sowie für die Vertreter von Gewerkschaften oder von Arbeitgebervereinigungen.

§ 80 Allgemeine Aufgaben

(1) Der Betriebsrat hat folgende allgemeine Aufgaben:
1. darüber zu wachen, dass die zugunsten der Arbeitnehmer geltenden Gesetze, Verordnungen, Unfallverhütungsvorschriften, Tarifverträge und Betriebsvereinbarungen durchgeführt werden;
2. Maßnahmen, die dem Betrieb und der Belegschaft dienen, beim Arbeitgeber zu beantragen;
2 a. die Durchsetzung der tatsächlichen Gleichstellung von Frauen und Männern, insbesondere bei der Einstellung, Beschäftigung, Aus-, Fort- und Weiterbildung und dem beruflichen Aufstieg, zu fördern;
2 b. die Vereinbarkeit von Familie und Erwerbstätigkeit zu fördern;
3. Anregungen von Arbeitnehmern und der Jugend- und Auszubildendenvertretung entgegenzunehmen und, falls sie berechtigt erscheinen, durch Verhandlungen mit dem Arbeitgeber auf eine Erledigung hinzuwirken; er hat die betreffenden Arbeitnehmer über den Stand und das Ergebnis der Verhandlungen zu unterrichten;
4. die Eingliederung Schwerbehinderter und sonstiger besonders schutzbedürftiger Personen zu fördern;
5. die Wahl einer Jugend- und Auszubildendenvertretung vorzubereiten und durchzuführen und mit dieser zur Förderung der Belange der in § 60 Abs. 1 genannten Arbeitnehmer eng zusammenzuarbeiten; er kann von der Jugend- und Auszubildendenvertretung Vorschläge und Stellungnahmen anfordern;
6. die Beschäftigung älterer Arbeitnehmer im Betrieb zu fördern;
7. die Integration ausländischer Arbeitnehmer im Betrieb und das Verständnis zwischen ihnen und den deutschen Arbeitnehmern zu fördern sowie Maßnahmen zur Bekämpfung von Rassismus und Fremdenfeindlichkeit im Betrieb zu beantragen;
8. die Beschäftigung im Betrieb zu fördern und zu sichern;
9. Maßnahmen des Arbeitsschutzes und des betrieblichen Umweltschutzes zu fördern.

(2) [1] Zur Durchführung seiner Aufgaben nach diesem Gesetz ist der Betriebsrat rechtzeitig und umfassend vom Arbeitgeber zu unterrichten; die Unterrichtung erstreckt sich auch auf die Beschäftigung von Personen, die nicht in einem Arbeitsverhältnis zum Arbeitgeber stehen. [2] Dem Betriebsrat sind auf Verlangen jederzeit die zur Durchführung seiner Aufgaben erforderlichen Unterlagen zur Verfügung zu stellen; in diesem Rahmen ist der Betriebsausschuss oder ein nach § 28 gebildeter Ausschuss berechtigt, in die Listen über die Bruttolöhne und -gehälter Einblick zu nehmen. [3] Soweit es zur ordnungsgemäßen Erfüllung der Aufgaben des Betriebsrats erforderlich ist, hat der Arbeitgeber ihm sachkundige Arbeitnehmer als Auskunftspersonen zur Verfügung zu stellen; er hat hierbei die Vorschläge des Betriebsrats zu berücksichtigen, soweit betriebliche Notwendigkeiten nicht entgegenstehen.

(3) Der Betriebsrat kann bei der Durchführung seiner Aufgaben nach näherer Vereinbarung mit dem Arbeitgeber Sachverständige hinzuziehen, soweit dies zur ordnungsgemäßen Erfüllung seiner Aufgaben erforderlich ist.

(4) Für die Geheimhaltungspflicht der Auskunftspersonen und der Sachverständigen gilt § 79 entsprechend.

Zweiter Abschnitt. Mitwirkungs- und Beschwerderecht des Arbeitnehmers

§ 81 Unterrichtungs- und Erörterungspflicht des Arbeitgebers

(1) ¹Der Arbeitgeber hat den Arbeitnehmer über dessen Aufgabe und Verantwortung sowie über die Art seiner Tätigkeit und ihre Einordnung in den Arbeitsablauf des Betriebs zu unterrichten. ²Er hat den Arbeitnehmer vor Beginn der Beschäftigung über die Unfall- und Gesundheitsgefahren, denen dieser bei der Beschäftigung ausgesetzt ist, sowie über die Maßnahmen und Einrichtungen zur Abwendung dieser Gefahren und die nach § 10 Abs. 2 des Arbeitsschutzgesetzes getroffenen Maßnahmen zu belehren.

(2) ¹Über Veränderungen in seinem Arbeitsbereich ist der Arbeitnehmer rechtzeitig zu unterrichten. ²Absatz 1 gilt entsprechend.

(3) In Betrieben, in denen kein Betriebsrat besteht, hat der Arbeitgeber die Arbeitnehmer zu allen Maßnahmen zu hören, die Auswirkungen auf Sicherheit und Gesundheit der Arbeitnehmer haben können.

(4) ¹Der Arbeitgeber hat den Arbeitnehmer über die aufgrund einer Planung von technischen Anlagen, von Arbeitsverfahren und Arbeitsabläufen oder der Arbeitsplätze vorgesehenen Maßnahmen und ihre Auswirkungen auf seinen Arbeitsplatz, die Arbeitsumgebung sowie auf Inhalt und Art seiner Tätigkeit zu unterrichten. ²Sobald feststeht, dass sich die Tätigkeit des Arbeitnehmers ändern wird und seine beruflichen Kenntnisse und Fähigkeiten zur Erfüllung seiner Aufgaben nicht ausreichen, hat der Arbeitgeber mit dem Arbeitnehmer zu erörtern, wie dessen berufliche Kenntnisse und Fähigkeiten im Rahmen der betrieblichen Möglichkeiten den künftigen Anforderungen angepasst werden können. ³Der Arbeitnehmer kann bei der Erörterung ein Mitglied des Betriebsrats hinzuziehen.

§ 82 Anhörungs- und Erörterungsrecht des Arbeitnehmers

(1) ¹Der Arbeitnehmer hat das Recht, in betrieblichen Angelegenheiten, die seine Person betreffen, von den nach Maßgabe des organisatorischen Aufbaus des Betriebs hierfür zuständigen Personen gehört zu werden. ²Er ist berechtigt, zu Maßnahmen des Arbeitgebers, die ihn betreffen, Stellung zu nehmen sowie Vorschläge für die Gestaltung des Arbeitsplatzes und des Arbeitsablaufs zu machen.

(2) ¹Der Arbeitnehmer kann verlangen, dass ihm die Berechnung und Zusammensetzung seines Arbeitsentgelts erläutert und dass mit ihm die Beurteilung seiner Leistungen sowie die Möglichkeiten seiner beruflichen Entwicklung im Betrieb erörtert werden. ²Er kann ein Mitglied des Betriebsrats hinzuziehen. ³Das Mitglied des Betriebsrats hat über den Inhalt dieser Verhandlungen Stillschweigen zu bewahren, soweit es vom Arbeitnehmer im Einzelfall nicht von dieser Verpflichtung entbunden wird.

§ 83 Einsicht in die Personalakten

(1) ¹Der Arbeitnehmer hat das Recht, in die über ihn geführten Personalakten Einsicht zu nehmen. ²Er kann hierzu ein Mitglied des Betriebsrats hinzuziehen. ³Das Mitglied des Betriebsrats hat über den Inhalt der Personalakte Stillschweigen zu bewahren, soweit es vom Arbeitnehmer im Einzelfall nicht von dieser Verpflichtung entbunden wird.

(2) Erklärungen des Arbeitnehmers zum Inhalt der Personalakte sind dieser auf sein Verlangen beizufügen.

§ 84 Beschwerderecht

(1) ¹Jeder Arbeitnehmer hat das Recht, sich bei den zuständigen Stellen des Betriebs zu beschweren, wenn er sich vom Arbeitgeber oder von Arbeitnehmern des Betriebs

BetrVG Gesetzestext

benachteiligt oder ungerecht behandelt oder in sonstiger Weise beeinträchtigt fühlt. ²Er kann ein Mitglied des Betriebsrats zur Unterstützung oder Vermittlung hinzuziehen.

(2) Der Arbeitgeber hat den Arbeitnehmer über die Behandlung der Beschwerde zu bescheiden und, soweit er die Beschwerde für berechtigt erachtet, ihr abzuhelfen.

(3) Wegen der Erhebung einer Beschwerde dürfen dem Arbeitnehmer keine Nachteile entstehen.

§ 85 Behandlung von Beschwerden durch den Betriebsrat

(1) Der Betriebsrat hat Beschwerden von Arbeitnehmern entgegenzunehmen und, falls er sie für berechtigt erachtet, beim Arbeitgeber auf Abhilfe hinzuwirken.

(2) ¹Bestehen zwischen Betriebsrat und Arbeitgeber Meinungsverschiedenheiten über die Berechtigung der Beschwerde, so kann der Betriebsrat die Einigungsstelle anrufen. ²Der Spruch der Einigungsstelle ersetzt die Einigung zwischen Arbeitgeber und Betriebsrat. ³Dies gilt nicht, soweit Gegenstand der Beschwerde ein Rechtsanspruch ist.

(3) ¹Der Arbeitgeber hat den Betriebsrat über die Behandlung der Beschwerde zu unterrichten. ²§ 84 Abs. 2 bleibt unberührt.

§ 86 Ergänzende Vereinbarungen

¹Durch Tarifvertrag oder Betriebsvereinbarung können die Einzelheiten des Beschwerdeverfahrens geregelt werden. ²Hierbei kann bestimmt werden, dass in den Fällen des § 85 Abs. 2 an die Stelle der Einigungsstelle eine betriebliche Beschwerdestelle tritt.

§ 86 a Vorschlagsrecht der Arbeitnehmer

¹Jeder Arbeitnehmer hat das Recht, dem Betriebsrat Themen zur Beratung vorzuschlagen. ²Wird ein Vorschlag von mindestens 5 vom Hundert der Arbeitnehmer des Betriebs unterstützt, hat der Betriebsrat diesen innerhalb von zwei Monaten auf die Tagesordnung einer Betriebsratssitzung zu setzen.

Dritter Abschnitt. Soziale Angelegenheiten

§ 87 Mitbestimmungsrechte

(1) Der Betriebsrat hat, soweit eine gesetzliche oder tarifliche Regelung nicht besteht, in folgenden Angelegenheiten mitzubestimmen:
1. Fragen der Ordnung des Betriebs und des Verhaltens der Arbeitnehmer im Betrieb;
2. Beginn und Ende der täglichen Arbeitszeit einschließlich der Pausen sowie Verteilung der Arbeitszeit auf die einzelnen Wochentage;
3. vorübergehende Verkürzung oder Verlängerung der betriebsüblichen Arbeitszeit;
4. Zeit, Ort und Art der Auszahlung der Arbeitsentgelte;
5. Aufstellung allgemeiner Urlaubsgrundsätze und des Urlaubsplans sowie die Festsetzung der zeitlichen Lage des Urlaubs für einzelne Arbeitnehmer, wenn zwischen dem Arbeitgeber und den beteiligten Arbeitnehmern kein Einverständnis erzielt wird;
6. Einführung und Anwendung von technischen Einrichtungen, die dazu bestimmt sind, das Verhalten oder die Leistung der Arbeitnehmer zu überwachen;
7. Regelungen über die Verhütung von Arbeitsunfällen und Berufskrankheiten sowie über den Gesundheitsschutz im Rahmen der gesetzlichen Vorschriften oder der Unfallverhütungsvorschriften;
8. Form, Ausgestaltung und Verwaltung von Sozialeinrichtungen, deren Wirkungsbereich auf den Betrieb, das Unternehmen oder den Konzern beschränkt ist;

9. Zuweisung und Kündigung von Wohnräumen, die den Arbeitnehmern mit Rücksicht auf das Bestehen eines Arbeitsverhältnisses vermietet werden, sowie die allgemeine Festlegung der Nutzungsbedingungen;
10. Fragen der betrieblichen Lohngestaltung, insbesondere die Aufstellung von Entlohnungsgrundsätzen und die Einführung und Anwendung von neuen Entlohnungsmethoden sowie deren Änderung;
11. Festsetzung der Akkord- und Prämiensätze und vergleichbarer leistungsbezogener Entgelte, einschließlich der Geldfaktoren;
12. Grundsätze über das betriebliche Vorschlagswesen;
13. Grundsätze über die Durchführung von Gruppenarbeit; Gruppenarbeit im Sinne dieser Vorschrift liegt vor, wenn im Rahmen des betrieblichen Arbeitsablaufs eine Gruppe von Arbeitnehmern eine ihr übertragene Gesamtaufgabe im Wesentlichen eigenverantwortlich erledigt.

(2) [1]Kommt eine Einigung über eine Angelegenheit nach Absatz 1 nicht zustande, so entscheidet die Einigungsstelle. [2]Der Spruch der Einigungsstelle ersetzt die Einigung zwischen Arbeitgeber und Betriebsrat.

§ 88 Freiwillige Betriebsvereinbarungen

Durch Betriebsvereinbarung können insbesondere geregelt werden
1. zusätzliche Maßnahmen zur Verhütung von Arbeitsunfällen und Gesundheitsschädigungen;
1 a. Maßnahmen des betrieblichen Umweltschutzes;
2. die Errichtung von Sozialeinrichtungen, deren Wirkungsbereich auf den Betrieb, das Unternehmen oder den Konzern beschränkt ist;
3. Maßnahmen zur Förderung der Vermögensbildung;
4. Maßnahmen zur Integration ausländischer Arbeitnehmer sowie zur Bekämpfung von Rassismus und Fremdenfeindlichkeit im Betrieb.

§ 89 Arbeits- und betrieblicher Umweltschutz

(1) [1]Der Betriebsrat hat sich dafür einzusetzen, dass die Vorschriften über den Arbeitsschutz und die Unfallverhütung im Betrieb sowie über den betrieblichen Umweltschutz durchgeführt werden. [2]Er hat bei der Bekämpfung von Unfall- und Gesundheitsgefahren die für den Arbeitsschutz zuständigen Behörden, die Träger der gesetzlichen Unfallversicherung und die sonstigen in Betracht kommenden Stellen durch Anregung, Beratung und Auskunft zu unterstützen.

(2) [1]Der Arbeitgeber und die in Absatz 1 Satz 2 genannten Stellen sind verpflichtet, den Betriebsrat oder die von ihm bestimmten Mitglieder des Betriebsrats bei allen im Zusammenhang mit dem Arbeitsschutz oder der Unfallverhütung stehenden Besichtigungen und Fragen und bei Unfalluntersuchungen hinzuzuziehen. [2]Der Arbeitgeber hat den Betriebsrat auch bei allen im Zusammenhang mit dem betrieblichen Umweltschutz stehenden Besichtigungen und Fragen hinzuzuziehen und ihm unverzüglich die den Arbeitsschutz, die Unfallverhütung und den betrieblichen Umweltschutz betreffenden Auflagen und Anordnungen der zuständigen Stellen mitzuteilen.

(3) Als betrieblicher Umweltschutz im Sinne dieses Gesetzes sind alle personellen und organisatorischen Maßnahmen sowie alle die betrieblichen Bauten, Räume, technische Anlagen, Arbeitsverfahren, Arbeitsabläufe und Arbeitsplätze betreffenden Maßnahmen zu verstehen, die dem Umweltschutz dienen.

(4) An Besprechungen des Arbeitgebers mit den Sicherheitsbeauftragten im Rahmen des § 22 Abs. 2 des Siebten Buches Sozialgesetzbuch nehmen vom Betriebsrat beauftragte Betriebsratsmitglieder teil.

(5) Der Betriebsrat erhält vom Arbeitgeber die Niederschriften über Untersuchungen, Besichtigungen und Besprechungen, zu denen er nach den Absätzen 2 und 4 hinzuzuziehen ist.

(6) Der Arbeitgeber hat dem Betriebsrat eine Durchschrift der nach § 193 Abs. 5 des Siebten Buches Sozialgesetzbuch vom Betriebsrat zu unterschreibenden Unfallanzeige auszuhändigen.

Vierter Abschnitt. Gestaltung von Arbeitsplatz, Arbeitsablauf und Arbeitsumgebung

§ 90 Unterrichtungs- und Beratungsrechte

(1) Der Arbeitgeber hat den Betriebsrat über die Planung
1. von Neu-, Um- und Erweiterungsbauten von Fabrikations-, Verwaltungs- und sonstigen betrieblichen Räumen,
2. von technischen Anlagen,
3. von Arbeitsverfahren und Arbeitsabläufen oder
4. der Arbeitsplätze

rechtzeitig unter Vorlage der erforderlichen Unterlagen zu unterrichten.

(2) ¹Der Arbeitgeber hat mit dem Betriebsrat die vorgesehenen Maßnahmen und ihre Auswirkungen auf die Arbeitnehmer, insbesondere auf die Art ihrer Arbeit sowie die sich daraus ergebenden Anforderungen an die Arbeitnehmer so rechtzeitig zu beraten, dass Vorschläge und Bedenken des Betriebsrats bei der Planung berücksichtigt werden können. ²Arbeitgeber und Betriebsrat sollen dabei auch die gesicherten arbeitswissenschaftlichen Erkenntnisse über die menschengerechte Gestaltung der Arbeit berücksichtigen.

§ 91 Mitbestimmungsrecht

¹Werden die Arbeitnehmer durch Änderungen der Arbeitsplätze, des Arbeitsablaufs oder der Arbeitsumgebung, die den gesicherten arbeitswissenschaftlichen Erkenntnissen über die menschengerechte Gestaltung der Arbeit offensichtlich widersprechen, in besonderer Weise belastet, so kann der Betriebsrat angemessene Maßnahmen zur Abwendung, Milderung oder zum Ausgleich der Belastung verlangen. ²Kommt eine Einigung nicht zustande, so entscheidet die Einigungsstelle. ³Der Spruch der Einigungsstelle ersetzt die Einigung zwischen Arbeitgeber und Betriebsrat.

Fünfter Abschnitt. Personelle Angelegenheiten

Erster Unterabschnitt. Allgemeine personelle Angelegenheiten

§ 92 Personalplanung

(1) ¹Der Arbeitgeber hat den Betriebsrat über die Personalplanung, insbesondere über den gegenwärtigen und künftigen Personalbedarf sowie über die sich daraus ergebenden personellen Maßnahmen und Maßnahmen der Berufsbildung an Hand von Unterlagen rechtzeitig und umfassend zu unterrichten. ²Er hat mit dem Betriebsrat über Art und Umfang der erforderlichen Maßnahmen und über die Vermeidung von Härten zu beraten.

(2) Der Betriebsrat kann dem Arbeitgeber Vorschläge für die Einführung einer Personalplanung und ihre Durchführung machen.

(3) Die Absätze 1 und 2 gelten entsprechend für Maßnahmen im Sinne des § 80 Abs. 1 Nr. 2 a und 2 b, insbesondere für die Aufstellung und Durchführung von Maßnahmen zur Förderung der Gleichstellung von Frauen und Männern.

§ 92 a[1] Beschäftigungssicherung

(1) [1]Der Betriebsrat kann dem Arbeitgeber Vorschläge zur Sicherung und Förderung der Beschäftigung machen. [2]Diese können insbesondere eine flexible Gestaltung der Arbeitszeit, die Förderung von Teilzeitarbeit und Altersteilzeit, neue Formen der Arbeitsorganisation, Änderungen der Arbeitsverfahren und Arbeitsabläufe, die Qualifizierung der Arbeitnehmer, Alternativen zur Ausgliederung von Arbeit oder ihrer Vergabe an andere Unternehmen sowie zum Produktions- und Investitionsprogramm zum Gegenstand haben.

(2) [1]Der Arbeitgeber hat die Vorschläge mit dem Betriebsrat zu beraten. [2]Hält der Arbeitgeber die Vorschläge des Betriebsrats für ungeeignet, hat er dies zu begründen; in Betrieben mit mehr als 100 Arbeitnehmern erfolgt die Begründung schriftlich. [3]Zu den Beratungen kann der Arbeitgeber oder der Betriebsrat einen Vertreter der Bundesagentur für Arbeit hinzuziehen.

§ 93 Ausschreibung von Arbeitsplätzen

Der Betriebsrat kann verlangen, dass Arbeitsplätze, die besetzt werden sollen, allgemein oder für bestimmte Arten von Tätigkeiten vor ihrer Besetzung innerhalb des Betriebs ausgeschrieben werden.

§ 94 Personalfragebogen, Beurteilungsgrundsätze

(1) [1]Personalfragebogen bedürfen der Zustimmung des Betriebsrats. [2]Kommt eine Einigung über ihren Inhalt nicht zustande, so entscheidet die Einigungsstelle. [3]Der Spruch der Einigungsstelle ersetzt die Einigung zwischen Arbeitgeber und Betriebsrat.

(2) Absatz 1 gilt entsprechend für persönliche Angaben in schriftlichen Arbeitsverträgen, die allgemein für den Betrieb verwendet werden sollen, sowie für die Aufstellung allgemeiner Beurteilungsgrundsätze.

§ 95 Auswahlrichtlinien

(1) [1]Richtlinien über die personelle Auswahl bei Einstellungen, Versetzungen, Umgruppierungen und Kündigungen bedürfen der Zustimmung des Betriebsrats. [2]Kommt eine Einigung über die Richtlinien oder ihren Inhalt nicht zustande, so entscheidet auf Antrag des Arbeitgebers die Einigungsstelle. [3]Der Spruch der Einigungsstelle ersetzt die Einigung zwischen Arbeitgeber und Betriebsrat.

(2) [1]In Betrieben mit mehr als 500 Arbeitnehmern kann der Betriebsrat die Aufstellung von Richtlinien über die bei Maßnahmen des Absatzes 1 Satz 1 zu beachtenden fachlichen und persönlichen Voraussetzungen und sozialen Gesichtspunkte verlangen. [2]Kommt eine Einigung über die Richtlinien oder ihren Inhalt nicht zustande, so entscheidet die Einigungsstelle. [3]Der Spruch der Einigungsstelle ersetzt die Einigung zwischen Arbeitgeber und Betriebsrat.

(3) [1]Versetzung im Sinne dieses Gesetzes ist die Zuweisung eines anderen Arbeitsbereichs, die voraussichtlich die Dauer von einem Monat überschreitet, oder die mit einer erheblichen Änderung der Umstände verbunden ist, unter denen die Arbeit zu leisten ist. [2]Werden Arbeitnehmer nach der Eigenart ihres Arbeitsverhältnisses üblicherweise nicht ständig an einem bestimmten Arbeitsplatz beschäftigt, so gilt die Bestimmung des jeweiligen Arbeitsplatzes nicht als Versetzung.

---

[1] § 92 a Abs. 2 Satz 3 geänd. mWv 1. 1. 2004 durch G v. 23. 12. 2003 (BGBl. I S. 2848).

Zweiter Unterabschnitt. Berufsbildung

§ 96 Förderung der Berufsbildung

(1) ¹Arbeitgeber und Betriebsrat haben im Rahmen der betrieblichen Personalplanung und in Zusammenarbeit mit den für die Berufsbildung und den für die Förderung der Berufsbildung zuständigen Stellen die Berufsbildung der Arbeitnehmer zu fördern. ²Der Arbeitgeber hat auf Verlangen des Betriebsrats den Berufsbildungsbedarf zu ermitteln und mit ihm Fragen der Berufsbildung der Arbeitnehmer des Betriebs zu beraten. ³Hierzu kann der Betriebsrat Vorschläge machen.

(2) ¹Arbeitgeber und Betriebsrat haben darauf zu achten, dass unter Berücksichtigung der betrieblichen Notwendigkeiten den Arbeitnehmern die Teilnahme an betrieblichen oder außerbetrieblichen Maßnahmen der Berufsbildung ermöglicht wird. ²Sie haben dabei auch die Belange älterer Arbeitnehmer, Teilzeitbeschäftigter und von Arbeitnehmern mit Familienpflichten zu berücksichtigen.

§ 97 Einrichtungen und Maßnahmen der Berufsbildung

(1) Der Arbeitgeber hat mit dem Betriebsrat über die Errichtung und Ausstattung betrieblicher Einrichtungen zur Berufsbildung, die Einführung betrieblicher Berufsbildungsmaßnahmen und die Teilnahme an außerbetrieblichen Berufsbildungsmaßnahmen zu beraten.

(2) ¹Hat der Arbeitgeber Maßnahmen geplant oder durchgeführt, die dazu führen, dass sich die Tätigkeit der betroffenen Arbeitnehmer ändert und ihre beruflichen Kenntnisse und Fähigkeiten zur Erfüllung ihrer Aufgaben nicht mehr ausreichen, so hat der Betriebsrat bei der Einführung von Maßnahmen der betrieblichen Berufsbildung mitzubestimmen. ²Kommt eine Einigung nicht zustande, so entscheidet die Einigungsstelle. ³Der Spruch der Einigungsstelle ersetzt die Einigung zwischen Arbeitgeber und Betriebsrat.

§ 98[1] Durchführung betrieblicher Bildungsmaßnahmen

(1) Der Betriebsrat hat bei der Durchführung von Maßnahmen der betrieblichen Berufsbildung mitzubestimmen.

(2) Der Betriebsrat kann der Bestellung einer mit der Durchführung der betrieblichen Berufsbildung beauftragten Person widersprechen oder ihre Abberufung verlangen, wenn diese die persönliche oder fachliche, insbesondere die berufs- und arbeitspädagogische Eignung im Sinne des Berufsbildungsgesetzes nicht besitzt oder ihre Aufgaben vernachlässigt.

(3) Führt der Arbeitgeber betriebliche Maßnahmen der Berufsbildung durch oder stellt er für außerbetriebliche Maßnahmen der Berufsbildung Arbeitnehmer frei oder trägt er die durch die Teilnahme von Arbeitnehmern an solchen Maßnahmen entstehenden Kosten ganz oder teilweise, so kann der Betriebsrat Vorschläge für die Teilnahme von Arbeitnehmern oder Gruppen von Arbeitnehmern des Betriebs an diesen Maßnahmen der beruflichen Bildung machen.

(4) ¹Kommt im Fall des Absatzes 1 oder über die nach Absatz 3 vom Betriebsrat vorgeschlagenen Teilnehmer eine Einigung nicht zustande, so entscheidet die Einigungsstelle. ²Der Spruch der Einigungsstelle ersetzt die Einigung zwischen Arbeitgeber und Betriebsrat.

(5) ¹Kommt im Fall des Absatzes 2 eine Einigung nicht zustande, so kann der Betriebsrat beim Arbeitsgericht beantragen, dem Arbeitgeber aufzugeben, die Bestellung zu unterlassen oder die Abberufung durchzuführen. ²Führt der Arbeitgeber die Bestel-

---

[1] § 98 Abs. 5 Satz 2 und 3 geänd. durch G v. 21. 12. 2000 (BGBl. I S. 1983).

lung einer rechtskräftigen gerichtlichen Entscheidung zuwider durch, so ist er auf Antrag des Betriebsrats vom Arbeitsgericht wegen der Bestellung nach vorheriger Androhung zu einem Ordnungsgeld zu verurteilen; das Höchstmaß des Ordnungsgeldes beträgt 10 000 Euro.[1] ³Führt der Arbeitgeber die Abberufung einer rechtskräftigen gerichtlichen Entscheidung zuwider nicht durch, so ist auf Antrag des Betriebsrats vom Arbeitsgericht zu erkennen, dass der Arbeitgeber zur Abberufung durch Zwangsgeld anzuhalten sei; das Höchstmaß des Zwangsgeldes beträgt für jeden Tag der Zuwiderhandlung 250 Euro.[2] ⁴Die Vorschriften des Berufsbildungsgesetzes über die Ordnung der Berufsbildung bleiben unberührt.

(6) Die Absätze 1 bis 5 gelten entsprechend, wenn der Arbeitgeber sonstige Bildungsmaßnahmen im Betrieb durchführt.

Dritter Unterabschnitt. Personelle Einzelmaßnahmen

§ 99 Mitbestimmung bei personellen Einzelmaßnahmen

(1) ¹In Unternehmen mit in der Regel mehr als zwanzig wahlberechtigten Arbeitnehmern hat der Arbeitgeber den Betriebsrat vor jeder Einstellung, Eingruppierung, Umgruppierung und Versetzung zu unterrichten, ihm die erforderlichen Bewerbungsunterlagen vorzulegen und Auskunft über die Person der Beteiligten zu geben; er hat dem Betriebsrat unter Vorlage der erforderlichen Unterlagen Auskunft über die Auswirkungen der geplanten Maßnahme zu geben und die Zustimmung des Betriebsrats zu der geplanten Maßnahme einzuholen. ²Bei Einstellungen und Versetzungen hat der Arbeitgeber insbesondere den in Aussicht genommenen Arbeitsplatz und die vorgesehene Eingruppierung mitzuteilen. ³Die Mitglieder des Betriebsrats sind verpflichtet, über die ihnen im Rahmen der personellen Maßnahmen nach den Sätzen 1 und 2 bekannt gewordenen persönlichen Verhältnisse und Angelegenheiten der Arbeitnehmer, die ihrer Bedeutung oder ihrem Inhalt nach einer vertraulichen Behandlung bedürfen, Stillschweigen zu bewahren; § 79 Abs. 1 Satz 2 bis 4 gilt entsprechend.

(2) Der Betriebsrat kann die Zustimmung verweigern, wenn
1. die personelle Maßnahme gegen ein Gesetz, eine Verordnung, eine Unfallverhütungsvorschrift oder gegen eine Bestimmung in einem Tarifvertrag oder in einer Betriebsvereinbarung oder gegen eine gerichtliche Entscheidung oder eine behördliche Anordnung verstoßen würde,
2. die personelle Maßnahme gegen eine Richtlinie nach § 95 verstoßen würde,
3. die durch Tatsachen begründete Besorgnis besteht, dass infolge der personellen Maßnahme im Betrieb beschäftigte Arbeitnehmer gekündigt werden oder sonstige Nachteile erleiden, ohne dass dies aus betrieblichen oder persönlichen Gründen gerechtfertigt ist; als Nachteil gilt bei unbefristeter Einstellung auch die Nichtberücksichtigung eines gleich geeigneten befristet Beschäftigten,
4. der betroffene Arbeitnehmer durch die personelle Maßnahme benachteiligt wird, ohne dass dies aus betrieblichen oder in der Person des Arbeitnehmers liegenden Gründen gerechtfertigt ist,
5. eine nach § 93 erforderliche Ausschreibung im Betrieb unterblieben ist oder
6. die durch Tatsachen begründete Besorgnis besteht, dass der für die personelle Maßnahme in Aussicht genommene Bewerber oder Arbeitnehmer den Betriebsfrieden

---

[1] **Amtl. Anm.:** Gemäß Artikel 28 in Verbindung mit Artikel 68 Abs. 10 des Gesetzes zur Einführung des Euro im Sozial- und Arbeitsrecht sowie zur Änderung anderer Vorschriften vom 21. Dezember 2000 (BGBl. I S. 1983) wird am 1. Januar 2002 in § 98 Abs. 5 Satz 2 die Angabe „20 000 Deutsche Mark" durch die Angabe „10 000 Euro" ersetzt.

[2] **Amtl. Anm.:** Gemäß Artikel 28 in Verbindung mit Artikel 68 Abs. 10 des Gesetzes zur Einführung des Euro im Sozial- und Arbeitsrecht sowie zur Änderung anderer Vorschriften vom 21. Dezember 2000 (BGBl. I S. 1983) wird am 1. Januar 2002 in § 98 Abs. 5 Satz 2 die Angabe „500 Deutsche Mark" durch die Angabe „250 Euro" ersetzt.

BetrVG Gesetzestext

durch gesetzwidriges Verhalten oder durch grobe Verletzung der in § 75 Abs. 1 enthaltenen Grundsätze, insbesondere durch rassistische oder fremdenfeindliche Betätigung, stören werde.

(3) ¹Verweigert der Betriebsrat seine Zustimmung, so hat er dies unter Angabe von Gründen innerhalb einer Woche nach Unterrichtung durch den Arbeitgeber diesem schriftlich mitzuteilen. ²Teilt der Betriebsrat dem Arbeitgeber die Verweigerung seiner Zustimmung nicht innerhalb der Frist schriftlich mit, so gilt die Zustimmung als erteilt.

(4) Verweigert der Betriebsrat seine Zustimmung, so kann der Arbeitgeber beim Arbeitsgericht beantragen, die Zustimmung zu ersetzen.

§ 100 Vorläufige personelle Maßnahmen

(1) ¹Der Arbeitgeber kann, wenn dies aus sachlichen Gründen dringend erforderlich ist, die personelle Maßnahme im Sinne des § 99 Abs. 1 Satz 1 vorläufig durchführen, bevor der Betriebsrat sich geäußert oder wenn er die Zustimmung verweigert hat. ²Der Arbeitgeber hat den Arbeitnehmer über die Sach- und Rechtslage aufzuklären.

(2) ¹Der Arbeitgeber hat den Betriebsrat unverzüglich von der vorläufigen personellen Maßnahme zu unterrichten. ²Bestreitet der Betriebsrat, dass die Maßnahme aus sachlichen Gründen dringend erforderlich ist, so hat er dies dem Arbeitgeber unverzüglich mitzuteilen. ³In diesem Fall darf der Arbeitgeber die vorläufige personelle Maßnahme nur aufrechterhalten, wenn er innerhalb von drei Tagen beim Arbeitsgericht die Ersetzung der Zustimmung des Betriebsrats und die Feststellung beantragt, dass die Maßnahme aus sachlichen Gründen dringend erforderlich war.

(3) ¹Lehnt das Gericht durch rechtskräftige Entscheidung die Ersetzung der Zustimmung des Betriebsrats ab oder stellt es rechtskräftig fest, dass offensichtlich die Maßnahme aus sachlichen Gründen nicht dringend erforderlich war, so endet die vorläufige personelle Maßnahme mit Ablauf von zwei Wochen nach Rechtskraft der Entscheidung. ²Von diesem Zeitpunkt an darf die personelle Maßnahme nicht aufrechterhalten werden.

§ 101[1] Zwangsgeld

¹Führt der Arbeitgeber eine personelle Maßnahme im Sinne des § 99 Abs. 1 Satz 1 ohne Zustimmung des Betriebsrats durch oder hält er eine vorläufige personelle Maßnahme entgegen § 100 Abs. 2 Satz 3 oder Abs. 3 aufrecht, so kann der Betriebsrat beim Arbeitsgericht beantragen, dem Arbeitgeber aufzugeben, die personelle Maßnahme aufzuheben. ²Hebt der Arbeitgeber entgegen einer rechtskräftigen gerichtlichen Entscheidung die personelle Maßnahme nicht auf, so ist auf Antrag des Betriebsrats vom Arbeitsgericht zu erkennen, dass der Arbeitgeber zur Aufhebung der Maßnahme durch Zwangsgeld anzuhalten sei. ³Das Höchstmaß des Zwangsgeldes beträgt für jeden Tag der Zuwiderhandlung 250 Euro.[2]

§ 102 Mitbestimmung bei Kündigungen

(1) ¹Der Betriebsrat ist vor jeder Kündigung zu hören. ²Der Arbeitgeber hat ihm die Gründe für die Kündigung mitzuteilen. ³Eine ohne Anhörung des Betriebsrats ausgesprochene Kündigung ist unwirksam.

---

[1] § 101 Satz 3 geänd. durch G v. 21. 12. 2000 (BGBl. I S. 1983).

[2] **Amtl. Anm.:** Gemäß Artikel 28 in Verbindung mit Artikel 68 Abs. 10 des Gesetzes zur Einführung des Euro im Sozial- und Arbeitsrecht sowie zur Änderung anderer Vorschriften vom 21. Dezember 2000 (BGBl. I S. 1983) wird am 1. Januar 2002 in § 101 Satz 3 die Angabe „500 Deutsche Mark" durch die Angabe „250 Euro" ersetzt.

(2) ¹Hat der Betriebsrat gegen eine ordentliche Kündigung Bedenken, so hat er diese unter Angabe der Gründe dem Arbeitgeber spätestens innerhalb einer Woche schriftlich mitzuteilen. ²Äußert er sich innerhalb dieser Frist nicht, gilt seine Zustimmung zur Kündigung als erteilt. ³Hat der Betriebsrat gegen eine außerordentliche Kündigung Bedenken, so hat er diese unter Angabe der Gründe dem Arbeitgeber unverzüglich, spätestens jedoch innerhalb von drei Tagen, schriftlich mitzuteilen. ⁴Der Betriebsrat soll, soweit dies erforderlich erscheint, vor seiner Stellungnahme den betroffenen Arbeitnehmer hören. ⁵§ 99 Abs. 1 Satz 3 gilt entsprechend.

(3) Der Betriebsrat kann innerhalb der Frist des Absatzes 2 Satz 1 der ordentlichen Kündigung widersprechen, wenn

1. der Arbeitgeber bei der Auswahl des zu kündigenden Arbeitnehmers soziale Gesichtspunkte nicht oder nicht ausreichend berücksichtigt hat,
2. die Kündigung gegen eine Richtlinie nach § 95 verstößt,
3. der zu kündigende Arbeitnehmer an einem anderen Arbeitsplatz im selben Betrieb oder in einem anderen Betrieb des Unternehmens weiterbeschäftigt werden kann,
4. die Weiterbeschäftigung des Arbeitnehmers nach zumutbaren Umschulungs- oder Fortbildungsmaßnahmen möglich ist oder
5. eine Weiterbeschäftigung des Arbeitnehmers unter geänderten Vertragsbedingungen möglich ist und der Arbeitnehmer sein Einverständnis hiermit erklärt hat.

(4) Kündigt der Arbeitgeber, obwohl der Betriebsrat nach Absatz 3 der Kündigung widersprochen hat, so hat er dem Arbeitnehmer mit der Kündigung eine Abschrift der Stellungnahme des Betriebsrats zuzuleiten.

(5) ¹Hat der Betriebsrat einer ordentlichen Kündigung frist- und ordnungsgemäß widersprochen und hat der Arbeitnehmer nach dem Kündigungsschutzgesetz Klage auf Feststellung erhoben, dass das Arbeitsverhältnis durch die Kündigung nicht aufgelöst ist, so muss der Arbeitgeber auf Verlangen des Arbeitnehmers diesen nach Ablauf der Kündigungsfrist bis zum rechtskräftigen Abschluss des Rechtsstreits bei unveränderten Arbeitsbedingungen weiterbeschäftigen. ²Auf Antrag des Arbeitgebers kann das Gericht ihn durch einstweilige Verfügung von der Verpflichtung zur Weiterbeschäftigung nach Satz 1 entbinden, wenn

1. die Klage des Arbeitnehmers keine hinreichende Aussicht auf Erfolg bietet oder mutwillig erscheint oder
2. die Weiterbeschäftigung des Arbeitnehmers zu einer unzumutbaren wirtschaftlichen Belastung des Arbeitgebers führen würde oder
3. der Widerspruch des Betriebsrats offensichtlich unbegründet war.

(6) Arbeitgeber und Betriebsrat können vereinbaren, dass Kündigungen der Zustimmung des Betriebsrats bedürfen und dass bei Meinungsverschiedenheiten über die Berechtigung der Nichterteilung der Zustimmung die Einigungsstelle entscheidet.

(7) Die Vorschriften über die Beteiligung des Betriebsrats nach dem Kündigungsschutzgesetz bleiben unberührt.

§ 103 Außerordentliche Kündigung und Versetzung in besonderen Fällen

(1) Die außerordentliche Kündigung[1] von Mitgliedern des Betriebsrats, der Jugend- und Auszubildendenvertretung, der Bordvertretung und des Seebetriebsrats, des Wahlvorstands sowie von Wahlbewerbern bedarf der Zustimmung des Betriebsrats.

(2) ¹Verweigert der Betriebsrat seine Zustimmung, so kann das Arbeitsgericht sie auf Antrag des Arbeitgebers ersetzen, wenn die außerordentliche Kündigung unter Berücksichtigung aller Umstände gerechtfertigt ist. ²In dem Verfahren vor dem Arbeitsgericht ist der betroffene Arbeitnehmer Beteiligter.

---

[1] Wegen ordentlicher Kündigungen siehe § 15 KSchG.

BetrVG Gesetzestext

(3) ¹Die Versetzung der in Absatz 1 genannten Personen, die zu einem Verlust des Amtes oder der Wählbarkeit führen würde, bedarf der Zustimmung des Betriebsrats; dies gilt nicht, wenn der betroffene Arbeitnehmer mit der Versetzung einverstanden ist. ²Absatz 2 gilt entsprechend mit der Maßgabe, dass das Arbeitsgericht die Zustimmung zu der Versetzung ersetzen kann, wenn diese auch unter Berücksichtigung der betriebsverfassungsrechtlichen Stellung des betroffenen Arbeitnehmers aus dringenden betrieblichen Gründen notwendig ist.

§ 104¹ Entfernung betriebsstörender Arbeitnehmer

¹Hat ein Arbeitnehmer durch gesetzwidriges Verhalten oder durch grobe Verletzung der in § 75 Abs. 1 enthaltenen Grundsätze, insbesondere durch rassistische oder fremdenfeindliche Betätigungen, den Betriebsfrieden wiederholt ernstlich gestört, so kann der Betriebsrat vom Arbeitgeber die Entlassung oder Versetzung verlangen. ²Gibt das Arbeitsgericht einem Antrag des Betriebsrats statt, dem Arbeitgeber aufzugeben, die Entlassung oder Versetzung durchzuführen, und führt der Arbeitgeber die Entlassung oder Versetzung einer rechtskräftigen gerichtlichen Entscheidung zuwider nicht durch, so ist auf Antrag des Betriebsrats vom Arbeitsgericht zu erkennen, dass er zur Vornahme der Entlassung oder Versetzung durch Zwangsgeld anzuhalten sei. ³Das Höchstmaß des Zwangsgeldes beträgt für jeden Tag der Zuwiderhandlung 250 Euro.

§ 105 Leitende Angestellte

Eine beabsichtigte Einstellung oder personelle Veränderung eines in § 5 Abs. 3 genannten leitenden Angestellten ist dem Betriebsrat rechtzeitig mitzuteilen.

Sechster Abschnitt. Wirtschaftliche Angelegenheiten

Erster Unterabschnitt. Unterrichtung in wirtschaftlichen Angelegenheiten

§ 106² Wirtschaftsausschuss

(1) ¹In allen Unternehmen mit in der Regel mehr als einhundert ständig beschäftigten Arbeitnehmern ist ein Wirtschaftsausschuss zu bilden. ²Der Wirtschaftsausschuss hat die Aufgabe, wirtschaftliche Angelegenheiten mit dem Unternehmer zu beraten und den Betriebsrat zu unterrichten.

(2) ¹Der Unternehmer hat den Wirtschaftsausschuss rechtzeitig und umfassend über die wirtschaftlichen Angelegenheiten des Unternehmens unter Vorlage der erforderlichen Unterlagen zu unterrichten, soweit dadurch nicht die Betriebs- und Geschäftsgeheimnisse des Unternehmens gefährdet werden, sowie die sich daraus ergebenden Auswirkungen auf die Personalplanung darzustellen. ²Zu den erforderlichen Unterlagen gehört in den Fällen des Absatzes 3 Nr. 9a insbesondere die Angabe über den potentiellen Erwerber und dessen Absichten im Hinblick auf die künftige Geschäftstätigkeit des Unternehmens sowie die sich daraus ergebenden Auswirkungen auf die Arbeitnehmer; Gleiches gilt, wenn im Vorfeld der Übernahme des Unternehmens ein Bieterverfahren durchgeführt wird.

---

¹ Amtl. Anm.: Gemäß Artikel 28 in Verbindung mit Artikel 68 Abs. 10 des Gesetzes zur Einführung des Euro im Sozial- und Arbeitsrecht sowie zur Änderung anderer Vorschriften vom 21. Dezember 2000 (BGBl. I S. 1983) wird am 1. Januar 2002 in § 104 Satz 3 die Angabe „500 Deutsche Mark" durch die Angabe „250 Euro" ersetzt.

² § 106 Abs. 2 Satz 2 angef., Abs. 3 Nr. 9 geänd., Nr. 9a eingef. mWv 19. 8. 2008 durch G v. 12. 8. 2008 (BGBl. I S. 1666).

(3) Zu den wirtschaftlichen Angelegenheiten im Sinne dieser Vorschrift gehören insbesondere

1. die wirtschaftliche und finanzielle Lage des Unternehmens;
2. die Produktions- und Absatzlage;
3. das Produktions- und Investitionsprogramm;
4. Rationalisierungsvorhaben;
5. Fabrikations- und Arbeitsmethoden, insbesondere die Einführung neuer Arbeitsmethoden;

5 a. Fragen des betrieblichen Umweltschutzes;

6. die Einschränkung oder Stilllegung von Betrieben oder von Betriebsteilen;
7. die Verlegung von Betrieben oder Betriebsteilen;
8. der Zusammenschluss oder die Spaltung von Unternehmen oder Betrieben;
9. die Änderung der Betriebsorganisation oder des Betriebszwecks;

9 a. die Übernahme des Unternehmens, wenn hiermit der Erwerb der Kontrolle verbunden ist, sowie

10. sonstige Vorgänge und Vorhaben, welche die Interessen der Arbeitnehmer des Unternehmens wesentlich berühren können.

§ 107 Bestellung und Zusammensetzung des Wirtschaftsausschusses

(1) [1]Der Wirtschaftsausschuss besteht aus mindestens drei und höchstens sieben Mitgliedern, die dem Unternehmen angehören müssen, darunter mindestens einem Betriebsratsmitglied. [2]Zu Mitgliedern des Wirtschaftsausschusses können auch die in § 5 Abs. 3 genannten Angestellten bestimmt werden. [3]Die Mitglieder sollen die zur Erfüllung ihrer Aufgaben erforderliche fachliche und persönliche Eignung besitzen.

(2) [1]Die Mitglieder des Wirtschaftsausschusses werden vom Betriebsrat für die Dauer seiner Amtszeit bestimmt. [2]Besteht ein Gesamtbetriebsrat, so bestimmt dieser die Mitglieder des Wirtschaftsausschusses; die Amtszeit der Mitglieder endet in diesem Fall in dem Zeitpunkt, in dem die Amtszeit der Mehrheit der Mitglieder des Gesamtbetriebsrats, die an der Bestimmung mitzuwirken berechtigt waren, abgelaufen ist. [3]Die Mitglieder des Wirtschaftsausschusses können jederzeit abberufen werden; auf die Abberufung sind die Sätze 1 und 2 entsprechend anzuwenden.

(3) [1]Der Betriebsrat kann mit der Mehrheit der Stimmen seiner Mitglieder beschließen, die Aufgaben des Wirtschaftsausschusses einem Ausschuss des Betriebsrats zu übertragen. [2]Die Zahl der Mitglieder des Ausschusses darf die Zahl der Mitglieder des Betriebsausschusses nicht überschreiten. [3]Der Betriebsrat kann jedoch weitere Arbeitnehmer einschließlich der in § 5 Abs. 3 genannten leitenden Angestellten bis zur selben Zahl, wie der Ausschuss Mitglieder hat, in den Ausschuss berufen; für die Beschlussfassung gilt Satz 1. [4]Für die Verschwiegenheitspflicht der in Satz 3 bezeichneten weiteren Arbeitnehmer gilt § 79 entsprechend. [5]Für die Abänderung und den Widerruf der Beschlüsse nach den Sätzen 1 bis 3 sind die gleichen Stimmenmehrheiten erforderlich wie für die Beschlüsse nach den Sätzen 1 bis 3. [6]Ist in einem Unternehmen ein Gesamtbetriebsrat errichtet, so beschließt dieser über die anderweitige Wahrnehmung der Aufgaben des Wirtschaftsausschusses; die Sätze 1 bis 5 gelten entsprechend.

§ 108 Sitzungen

(1) Der Wirtschaftsausschuss soll monatlich einmal zusammentreten.

(2) [1]An den Sitzungen des Wirtschaftsausschusses hat der Unternehmer oder sein Vertreter teilzunehmen. [2]Er kann sachkundige Arbeitnehmer des Unternehmens einschließlich der in § 5 Abs. 3 genannten Angestellten hinzuziehen. [3]Für die Hinzuziehung

BetrVG Gesetzestext

und die Verschwiegenheitspflicht von Sachverständigen gilt § 80 Abs. 3 und 4 entsprechend.

(3) Die Mitglieder des Wirtschaftsausschusses sind berechtigt, in die nach § 106 Abs. 2 vorzulegenden Unterlagen Einsicht zu nehmen.

(4) Der Wirtschaftsausschuss hat über jede Sitzung dem Betriebsrat unverzüglich und vollständig zu berichten.

(5) Der Jahresabschluss ist dem Wirtschaftsausschuss unter Beteiligung des Betriebsrats zu erläutern.

(6) Hat der Betriebsrat oder der Gesamtbetriebsrat eine anderweitige Wahrnehmung der Aufgaben des Wirtschaftsausschusses beschlossen, so gelten die Absätze 1 bis 5 entsprechend.

§ 109 Beilegung von Meinungsverschiedenheiten

¹Wird eine Auskunft über wirtschaftliche Angelegenheiten des Unternehmens im Sinne des § 106 entgegen dem Verlangen des Wirtschaftsausschusses nicht, nicht rechtzeitig oder nur ungenügend erteilt und kommt hierüber zwischen Unternehmer und Betriebsrat eine Einigung nicht zustande, so entscheidet die Einigungsstelle. ²Der Spruch der Einigungsstelle ersetzt die Einigung zwischen Arbeitgeber und Betriebsrat. ³Die Einigungsstelle kann, wenn dies für ihre Entscheidung erforderlich ist, Sachverständige anhören; § 80 Abs. 4 gilt entsprechend. ⁴Hat der Betriebsrat oder der Gesamtbetriebsrat eine anderweitige Wahrnehmung der Aufgaben des Wirtschaftsausschusses beschlossen, so gilt Satz 1 entsprechend.

§ 109 a[1] Unternehmensübernahme

In Unternehmen, in denen kein Wirtschaftsausschuss besteht, ist im Fall des § 106 Abs. 3 Nr. 9a der Betriebsrat entsprechend § 106 Abs. 1 und 2 zu beteiligen; § 109 gilt entsprechend.

§ 110 Unterrichtung der Arbeitnehmer

(1) In Unternehmen mit in der Regel mehr als 1 000 ständig beschäftigten Arbeitnehmern hat der Unternehmer mindestens einmal in jedem Kalendervierteljahr nach vorheriger Abstimmung mit dem Wirtschaftsausschuss oder den in § 107 Abs. 3 genannten Stellen und dem Betriebsrat die Arbeitnehmer schriftlich über die wirtschaftliche Lage und Entwicklung des Unternehmens zu unterrichten.

(2) ¹In Unternehmen, die die Voraussetzungen des Absatzes 1 nicht erfüllen, aber in der Regel mehr als zwanzig wahlberechtigte ständige Arbeitnehmer beschäftigen, gilt Absatz 1 mit der Maßgabe, dass die Unterrichtung der Arbeitnehmer mündlich erfolgen kann. ²Ist in diesen Unternehmen ein Wirtschaftsausschuss nicht zu errichten, so erfolgt die Unterrichtung nach vorheriger Abstimmung mit dem Betriebsrat.

Zweiter Unterabschnitt. Betriebsänderungen

§ 111 Betriebsänderungen

¹In Unternehmen mit in der Regel mehr als zwanzig wahlberechtigten Arbeitnehmern hat der Unternehmer den Betriebsrat über geplante Betriebsänderungen, die wesentliche Nachteile für die Belegschaft oder erhebliche Teile der Belegschaft zur Folge haben können, rechtzeitig und umfassend zu unterrichten und die geplanten Betriebsänderun-

---

[1] § 109a eingef. mWv 19. 8. 2008 durch G v. 12. 8. 2008 (BGBl. I S. 1666).

gen mit dem Betriebsrat zu beraten. ²Der Betriebsrat kann in Unternehmen mit mehr als 300 Arbeitnehmern zu seiner Unterstützung einen Berater hinzuziehen; § 80 Abs. 4 gilt entsprechend; im Übrigen bleibt § 80 Abs. 3 unberührt. ³Als Betriebsänderungen im Sinne des Satzes 1 gelten
1. Einschränkung und Stilllegung des ganzen Betriebs oder von wesentlichen Betriebsteilen,
2. Verlegung des ganzen Betriebs oder von wesentlichen Betriebsteilen,
3. Zusammenschluss mit anderen Betrieben oder die Spaltung von Betrieben,
4. grundlegende Änderungen der Betriebsorganisation, des Betriebszwecks oder der Betriebsanlagen,
5. Einführung grundlegend neuer Arbeitsmethoden und Fertigungsverfahren.

§ 112[1] Interessenausgleich über die Betriebsänderung, Sozialplan

(1) ¹Kommt zwischen Unternehmer und Betriebsrat ein Interessenausgleich über die geplante Betriebsänderung zustande, so ist dieser schriftlich niederzulegen und vom Unternehmer und Betriebsrat zu unterschreiben. ²Das Gleiche gilt für eine Einigung über den Ausgleich oder die Milderung der wirtschaftlichen Nachteile, die den Arbeitnehmern infolge der geplanten Betriebsänderung entstehen (Sozialplan). ³Der Sozialplan hat die Wirkung einer Betriebsvereinbarung. ⁴§ 77 Abs. 3 ist auf den Sozialplan nicht anzuwenden.

(2) ¹Kommt ein Interessenausgleich über die geplante Betriebsänderung oder eine Einigung über den Sozialplan nicht zustande, so können der Unternehmer oder der Betriebsrat den Vorstand der Bundesagentur für Arbeit um Vermittlung ersuchen, der Vorstand kann die Aufgabe auf andere Bedienstete der Bundesagentur für Arbeit übertragen. ²Erfolgt kein Vermittlungsersuchen oder bleibt der Vermittlungsversuch ergebnislos, so können der Unternehmer oder der Betriebsrat die Einigungsstelle anrufen. ³Auf Ersuchen des Vorsitzenden der Einigungsstelle nimmt ein Mitglied des Vorstands der Bundesagentur für Arbeit oder ein vom Vorstand der Bundesagentur für Arbeit benannter Bediensteter der Bundesagentur für Arbeit an der Verhandlung teil.

(3) ¹Unternehmer und Betriebsrat sollen der Einigungsstelle Vorschläge zur Beilegung der Meinungsverschiedenheiten über den Interessenausgleich und den Sozialplan machen. ²Die Einigungsstelle hat eine Einigung der Parteien zu versuchen. ³Kommt eine Einigung zustande, so ist sie schriftlich niederzulegen und von den Parteien und vom Vorsitzenden zu unterschreiben.

(4) ¹Kommt eine Einigung über den Sozialplan nicht zustande, so entscheidet die Einigungsstelle über die Aufstellung eines Sozialplans. ²Der Spruch der Einigungsstelle ersetzt die Einigung zwischen Arbeitgeber und Betriebsrat.

(5) ¹Die Einigungsstelle hat bei ihrer Entscheidung nach Absatz 4 sowohl die sozialen Belange der betroffenen Arbeitnehmer zu berücksichtigen als auch auf die wirtschaftliche Vertretbarkeit ihrer Entscheidung für das Unternehmen zu achten. ²Dabei hat die Einigungsstelle sich im Rahmen billigen Ermessens insbesondere von folgenden Grundsätzen leiten zu lassen:
1. Sie soll beim Ausgleich oder bei der Milderung wirtschaftlicher Nachteile, insbesondere durch Einkommensminderung, Wegfall von Sonderleistungen oder Verlust von Anwartschaften auf betriebliche Altersversorgung, Umzugskosten oder erhöhte Fahrtkosten, Leistungen vorsehen, die in der Regel den Gegebenheiten des Einzelfalles Rechnung tragen.
2. Sie hat die Aussichten der betroffenen Arbeitnehmer auf dem Arbeitsmarkt zu berücksichtigen. Sie soll Arbeitnehmer von Leistungen ausschließen, die in einem

---

[1] § 112 Abs. 2 Sätze 1 bis 3 geänd. mWv 1. 1. 2004 durch G v. 23. 12. 2003 (BGBl. I S. 2848).

zumutbaren Arbeitsverhältnis im selben Betrieb oder in einem anderen Betrieb des Unternehmens oder eines zum Konzern gehörenden Unternehmens weiterbeschäftigt werden können und die Weiterbeschäftigung ablehnen; die mögliche Weiterbeschäftigung an einem anderen Ort begründet für sich allein nicht die Unzumutbarkeit.
2 a. Sie soll insbesondere die im Dritten Buch des Sozialgesetzbuches vorgesehenen Förderungsmöglichkeiten zur Vermeidung von Arbeitslosigkeit berücksichtigen.
3. Sie hat bei der Bemessung des Gesamtbetrages der Sozialplanleistungen darauf zu achten, dass der Fortbestand des Unternehmens oder die nach Durchführung der Betriebsänderung verbleibenden Arbeitsplätze nicht gefährdet werden.

§ 112 a Erzwingbarer Sozialplan bei Personalabbau, Neugründungen

(1) ¹Besteht eine geplante Betriebsänderung im Sinne des § 111 Satz 3 Nr. 1 allein in der Entlassung von Arbeitnehmern, so findet § 112 Abs. 4 und 5 nur Anwendung, wenn
1. in Betrieben mit in der Regel weniger als 60 Arbeitnehmern 20 vom Hundert der regelmäßig beschäftigten Arbeitnehmer, aber mindestens 6 Arbeitnehmer,
2. in Betrieben mit in der Regel mindestens 60 und weniger als 250 Arbeitnehmern 20 vom Hundert der regelmäßig beschäftigten Arbeitnehmer oder mindestens 37 Arbeitnehmer,
3. in Betrieben mit in der Regel mindestens 250 und weniger als 500 Arbeitnehmern 15 vom Hundert der regelmäßig beschäftigten Arbeitnehmer oder mindestens 60 Arbeitnehmer,
4. in Betrieben mit in der Regel mindestens 500 Arbeitnehmern 10 vom Hundert der regelmäßig beschäftigten Arbeitnehmer, aber mindestens 60 Arbeitnehmer

aus betriebsbedingten Gründen entlassen werden sollen. ²Als Entlassung gilt auch das vom Arbeitgeber aus Gründen der Betriebsänderung veranlasste Ausscheiden von Arbeitnehmern aufgrund von Aufhebungsverträgen.

(2) ¹§ 112 Abs. 4 und 5 findet keine Anwendung auf Betriebe eines Unternehmens in den ersten vier Jahren nach seiner Gründung. ²Dies gilt nicht für Neugründungen im Zusammenhang mit der rechtlichen Umstrukturierung von Unternehmen und Konzernen. ³Maßgebend für den Zeitpunkt der Gründung ist die Aufnahme einer Erwerbstätigkeit, die nach § 138 der Abgabenordnung dem Finanzamt mitzuteilen ist.

§ 113 Nachteilsausgleich

(1) Weicht der Unternehmer von einem Interessenausgleich über die geplante Betriebsänderung ohne zwingenden Grund ab, so können Arbeitnehmer, die infolge dieser Abweichung entlassen werden, beim Arbeitsgericht Klage erheben mit dem Antrag, den Arbeitgeber zur Zahlung von Abfindungen zu verurteilen; § 10 des Kündigungsschutzgesetzes gilt entsprechend.

(2) Erleiden Arbeitnehmer infolge einer Abweichung nach Absatz 1 andere wirtschaftliche Nachteile, so hat der Unternehmer diese Nachteile bis zu einem Zeitraum von zwölf Monaten auszugleichen.

(3) Die Absätze 1 und 2 gelten entsprechend, wenn der Unternehmer eine geplante Betriebsänderung nach § 111 durchführt, ohne über sie einen Interessenausgleich mit dem Betriebsrat versucht zu haben, und infolge der Maßnahme Arbeitnehmer entlassen werden oder andere wirtschaftliche Nachteile erleiden.

Fünfter Teil. Besondere Vorschriften für einzelne Betriebsarten

Erster Abschnitt. Seeschifffahrt

§ 114 Grundsätze

(1) Auf Seeschifffahrtsunternehmen und ihre Betriebe ist dieses Gesetz anzuwenden, soweit sich aus den Vorschriften dieses Abschnitts nichts anderes ergibt.

(2) ¹Seeschifffahrtsunternehmen im Sinne dieses Gesetzes ist ein Unternehmen, das Handelsschifffahrt betreibt und seinen Sitz im Geltungsbereich dieses Gesetzes hat. ²Ein Seeschifffahrtsunternehmen im Sinne dieses Abschnitts betreibt auch, wer als Korrespondenzreeder, Vertragsreeder, Ausrüster oder aufgrund eines ähnlichen Rechtsverhältnisses Schiffe zum Erwerb durch die Seeschifffahrt verwendet, wenn er Arbeitgeber des Kapitäns und der Besatzungsmitglieder ist oder überwiegend die Befugnisse des Arbeitgebers ausübt.

(3) Als Seebetrieb im Sinne dieses Gesetzes gilt die Gesamtheit der Schiffe eines Seeschifffahrtsunternehmens einschließlich der in Absatz 2 Satz 2 genannten Schiffe.

(4) ¹Schiffe im Sinne dieses Gesetzes sind Kauffahrteischiffe, die nach dem Flaggenrechtsgesetz die Bundesflagge führen. ²Schiffe, die in der Regel binnen 24 Stunden nach dem Auslaufen an den Sitz eines Landbetriebs zurückkehren, gelten als Teil dieses Landbetriebs des Seeschifffahrtsunternehmens.

(5) Jugend- und Auszubildendenvertretungen werden nur für die Landbetriebe von Seeschifffahrtsunternehmen gebildet.

(6) ¹Besatzungsmitglieder sind die in § 3 des Seemannsgesetzes genannten Personen. ²Leitende Angestellte im Sinne des § 5 Abs. 3 dieses Gesetzes sind nur die Kapitäne.

§ 115 Bordvertretung

(1) ¹Auf Schiffen, die mit in der Regel mindestens fünf wahlberechtigten Besatzungsmitgliedern besetzt sind, von denen drei wählbar sind, wird eine Bordvertretung gewählt. ²Auf die Bordvertretung finden, soweit sich aus diesem Gesetz oder aus anderen gesetzlichen Vorschriften nicht etwas anderes ergibt, die Vorschriften über die Rechte und Pflichten des Betriebsrats und die Rechtsstellung seiner Mitglieder Anwendung.

(2) Die Vorschriften über die Wahl und Zusammensetzung des Betriebsrats finden mit folgender Maßgabe Anwendung:
1. Wahlberechtigt sind alle Besatzungsmitglieder des Schiffes.
2. Wählbar sind die Besatzungsmitglieder des Schiffes, die am Wahltag das 18. Lebensjahr vollendet haben und ein Jahr Besatzungsmitglied eines Schiffes waren, das nach dem Flaggenrechtsgesetz die Bundesflagge führt. § 8 Abs. 1 Satz 3 bleibt unberührt.
3. Die Bordvertretung besteht auf Schiffen mit in der Regel
   5 bis 20 wahlberechtigten Besatzungsmitgliedern   aus einer Person,
   21 bis 75 wahlberechtigten Besatzungsmitgliedern   aus drei Mitgliedern,
   über 75 wahlberechtigten Besatzungsmitgliedern   aus fünf Mitgliedern.
4. (weggefallen)
5. § 13 Abs. 1 und 3 findet keine Anwendung. Die Bordvertretung ist vor Ablauf ihrer Amtszeit unter den in § 13 Abs. 2 Nr. 2 bis 5 genannten Voraussetzungen neu zu wählen.

BetrVG Gesetzestext

6. Die wahlberechtigten Besatzungsmitglieder können mit der Mehrheit aller Stimmen beschließen, die Wahl der Bordvertretung binnen 24 Stunden durchzuführen.
7. Die in § 16 Abs. 1 Satz 1 genannte Frist wird auf zwei Wochen, die in § 16 Abs. 2 Satz 1 genannte Frist wird auf eine Woche verkürzt.
8. Bestellt die im Amt befindliche Bordvertretung nicht rechtzeitig einen Wahlvorstand oder besteht keine Bordvertretung, wird der Wahlvorstand in einer Bordversammlung von der Mehrheit der anwesenden Besatzungsmitglieder gewählt; § 17 Abs. 3 gilt entsprechend. Kann aus Gründen der Aufrechterhaltung des ordnungsgemäßen Schiffsbetriebs eine Bordversammlung nicht stattfinden, so kann der Kapitän auf Antrag von drei Wahlberechtigten den Wahlvorstand bestellen. Bestellt der Kapitän den Wahlvorstand nicht, so ist der Seebetriebsrat berechtigt, den Wahlvorstand zu bestellen. Die Vorschriften über die Bestellung des Wahlvorstands durch das Arbeitsgericht bleiben unberührt.
9. Die Frist für die Wahlanfechtung beginnt für Besatzungsmitglieder an Bord, wenn das Schiff nach Bekanntgabe des Wahlergebnisses erstmalig einen Hafen im Geltungsbereich dieses Gesetzes oder einen Hafen, in dem ein Seemannsamt seinen Sitz hat, anläuft. Die Wahlanfechtung kann auch zu Protokoll des Seemannsamtes erklärt werden. Wird die Wahl zur Bordvertretung angefochten, zieht das Seemannsamt die an Bord befindlichen Wahlunterlagen ein. Die Anfechtungserklärung und die eingezogenen Wahlunterlagen sind vom Seemannsamt unverzüglich an das für die Anfechtung zuständige Arbeitsgericht weiterzuleiten.

(3) Auf die Amtszeit der Bordvertretung finden die §§ 21, 22 bis 25 mit der Maßgabe Anwendung, dass

1. die Amtszeit ein Jahr beträgt,
2. die Mitgliedschaft in der Bordvertretung auch endet, wenn das Besatzungsmitglied den Dienst an Bord beendet, es sei denn, dass es den Dienst an Bord vor Ablauf der Amtszeit nach Nummer 1 wieder antritt.

(4) ¹Für die Geschäftsführung der Bordvertretung gelten die §§ 26 bis 36, § 37 Abs. 1 bis 3 sowie die §§ 39 bis 41 entsprechend. ²§ 40 Abs. 2 ist mit der Maßgabe anzuwenden, dass die Bordvertretung in dem für ihre Tätigkeit erforderlichen Umfang auch die für die Verbindung des Schiffes zur Reederei eingerichteten Mittel zur beschleunigten Übermittlung von Nachrichten in Anspruch nehmen kann.

(5) ¹Die §§ 42 bis 46 über die Betriebsversammlung finden für die Versammlung der Besatzungsmitglieder eines Schiffes (Bordversammlung) entsprechende Anwendung. ²Auf Verlangen der Bordvertretung hat der Kapitän der Bordversammlung einen Bericht über die Schiffsreise und die damit zusammenhängenden Angelegenheiten zu erstatten. ³Er hat Fragen, die den Schiffsbetrieb, die Schiffsreise und die Schiffssicherheit betreffen, zu beantworten.

(6) Die §§ 47 bis 59 über den Gesamtbetriebsrat und den Konzernbetriebsrat finden für die Bordvertretung keine Anwendung.

(7) Die §§ 74 bis 105 über die Mitwirkung und Mitbestimmung der Arbeitnehmer finden auf die Bordvertretung mit folgender Maßgabe Anwendung:

1. Die Bordvertretung ist zuständig für die Behandlung derjenigen nach diesem Gesetz der Mitwirkung und Mitbestimmung des Betriebsrats unterliegenden Angelegenheiten, die den Bordbetrieb oder die Besatzungsmitglieder des Schiffes betreffen und deren Regelung dem Kapitän aufgrund gesetzlicher Vorschriften oder der ihm von der Reederei übertragenen Befugnisse obliegt.
2. Kommt es zwischen Kapitän und Bordvertretung in einer der Mitwirkung oder Mitbestimmung der Bordvertretung unterliegenden Angelegenheit nicht zu einer Einigung, so kann die Angelegenheit von der Bordvertretung an den Seebetriebsrat abgegeben werden. Der Seebetriebsrat hat die Bordvertretung über die weitere Behandlung der

Angelegenheit zu unterrichten. Bordvertretung und Kapitän dürfen die Einigungsstelle oder das Arbeitsgericht nur anrufen, wenn ein Seebetriebsrat nicht gewählt ist.
3. Bordvertretung und Kapitän können im Rahmen ihrer Zuständigkeiten Bordvereinbarungen abschließen. Die Vorschriften über Betriebsvereinbarungen gelten für Bordvereinbarungen entsprechend. Bordvereinbarungen sind unzulässig, soweit eine Angelegenheit durch eine Betriebsvereinbarung zwischen Seebetriebsrat und Arbeitgeber geregelt ist.
4. In Angelegenheiten, die der Mitbestimmung der Bordvertretung unterliegen, kann der Kapitän, auch wenn eine Einigung mit der Bordvertretung noch nicht erzielt ist, vorläufige Regelungen treffen, wenn dies zur Aufrechterhaltung des ordnungsgemäßen Schiffsbetriebs dringend erforderlich ist. Den von der Anordnung betroffenen Besatzungsmitgliedern ist die Vorläufigkeit der Regelung bekannt zu geben. Soweit die vorläufige Regelung der endgültigen Regelung nicht entspricht, hat das Schiffahrtsunternehmen Nachteile auszugleichen, die den Besatzungsmitgliedern durch die vorläufige Regelung entstanden sind.
5. Die Bordvertretung hat das Recht auf regelmäßige und umfassende Unterrichtung über den Schiffsbetrieb. Die erforderlichen Unterlagen sind der Bordvertretung vorzulegen. Zum Schiffsbetrieb gehören insbesondere die Schiffssicherheit, die Reiserouten, die voraussichtlichen Ankunfts- und Abfahrtszeiten sowie die zu befördernde Ladung.
6. Auf Verlangen der Bordvertretung hat der Kapitän ihr Einsicht in die an Bord befindlichen Schiffstagebücher zu gewähren. In den Fällen, in denen der Kapitän eine Eintragung über Angelegenheiten macht, die der Mitwirkung oder Mitbestimmung der Bordvertretung unterliegen, kann diese eine Abschrift der Eintragung verlangen und Erklärungen zum Schiffstagebuch abgeben. In den Fällen, in denen über eine der Mitwirkung oder Mitbestimmung der Bordvertretung unterliegenden Angelegenheit eine Einigung zwischen Kapitän und Bordvertretung nicht erzielt wird, kann die Bordvertretung dies zum Schiffstagebuch erklären und eine Abschrift dieser Eintragung verlangen.
7. Die Zuständigkeit der Bordvertretung im Rahmen des Arbeitsschutzes bezieht sich auch auf die Schiffssicherheit und die Zusammenarbeit mit den insoweit zuständigen Behörden und sonstigen in Betracht kommenden Stellen.

§ 116 Seebetriebsrat

(1) ¹In Seebetrieben werden Seebetriebsräte gewählt. ²Auf die Seebetriebsräte finden, soweit sich aus diesem Gesetz oder aus anderen gesetzlichen Vorschriften nicht etwas anderes ergibt, die Vorschriften über die Rechte und Pflichten des Betriebsrats und die Rechtsstellung seiner Mitglieder Anwendung.

(2) Die Vorschriften über die Wahl, Zusammensetzung und Amtszeit des Betriebsrats finden mit folgender Maßgabe Anwendung:
1. Wahlberechtigt zum Seebetriebsrat sind alle zum Seeschifffahrtsunternehmen gehörenden Besatzungsmitglieder.
2. Für die Wählbarkeit zum Seebetriebsrat gilt § 8 mit der Maßgabe, dass
    a) in Seeschifffahrtsunternehmen, zu denen mehr als acht Schiffe gehören oder in denen in der Regel mehr als 250 Besatzungsmitglieder beschäftigt sind, nur nach § 115 Abs. 2 Nr. 2 wählbare Besatzungsmitglieder wählbar sind;
    b) in den Fällen, in denen die Voraussetzungen des Buchstabens a nicht vorliegen, nur Arbeitnehmer wählbar sind, die nach § 8 die Wählbarkeit im Landbetrieb des Seeschifffahrtsunternehmens besitzen, es sei denn, dass der Arbeitgeber mit der Wahl von Besatzungsmitgliedern einverstanden ist.
3. Der Seebetriebsrat besteht in Seebetrieben mit in der Regel
    5 bis 400 wahlberechtigten Besatzungsmitgliedern   aus einer Person,
    401 bis 800 wahlberechtigten Besatzungsmitgliedern   aus drei Mitgliedern,
    über 800 wahlberechtigten Besatzungsmitgliedern   aus fünf Mitgliedern.

BetrVG Gesetzestext

4. Ein Wahlvorschlag ist gültig, wenn er im Fall des § 14 Abs. 4 Satz 1 erster Halbsatz und Satz 2 mindestens von drei wahlberechtigten Besatzungsmitgliedern unterschrieben ist.
5. § 14 a findet keine Anwendung.
6. Die in § 16 Abs. 1 Satz 1 genannte Frist wird auf drei Monate, die in § 16 Abs. 2 Satz 1 genannte Frist auf zwei Monate verlängert.
7. Zu Mitgliedern des Wahlvorstands können auch im Landbetrieb des Seeschifffahrtsunternehmens beschäftigte Arbeitnehmer bestellt werden. § 17 Abs. 2 bis 4 findet keine Anwendung. Besteht kein Seebetriebsrat, so bestellt der Gesamtbetriebsrat oder, falls ein solcher nicht besteht, der Konzernbetriebsrat den Wahlvorstand. Besteht weder ein Gesamtbetriebsrat noch ein Konzernbetriebsrat, wird der Wahlvorstand gemeinsam vom Arbeitgeber und den im Seebetrieb vertretenen Gewerkschaften bestellt; Gleiches gilt, wenn der Gesamtbetriebsrat oder der Konzernbetriebsrat die Bestellung des Wahlvorstands nach Satz 3 unterlässt. Einigen sich Arbeitgeber und Gewerkschaften nicht, so bestellt ihn das Arbeitsgericht auf Antrag des Arbeitgebers, einer im Seebetrieb vertretenen Gewerkschaft oder von mindestens drei wahlberechtigten Besatzungsmitgliedern. § 16 Abs. 2 Satz 2 und 3 gilt entsprechend.
8. Die Frist für die Wahlanfechtung nach § 19 Abs. 2 beginnt für Besatzungsmitglieder an Bord, wenn das Schiff nach Bekanntgabe des Wahlergebnisses erstmalig einen Hafen im Geltungsbereich dieses Gesetzes oder einen Hafen, in dem ein Seemannsamt seinen Sitz hat, anläuft. Nach Ablauf von drei Monaten seit Bekanntgabe des Wahlergebnisses ist eine Wahlanfechtung unzulässig. Die Wahlanfechtung kann auch zu Protokoll des Seemannsamtes erklärt werden. Die Anfechtungserklärung ist vom Seemannsamt unverzüglich an das für die Anfechtung zuständige Arbeitsgericht weiterzuleiten.
9. Die Mitgliedschaft im Seebetriebsrat endet, wenn der Seebetriebsrat aus Besatzungsmitgliedern besteht, auch, wenn das Mitglied des Seebetriebsrats nicht mehr Besatzungsmitglied ist. Die Eigenschaft als Besatzungsmitglied wird durch die Tätigkeit im Seebetriebsrat oder durch eine Beschäftigung gemäß Absatz 3 Nr. 2 nicht berührt.

(3) Die §§ 26 bis 41 über die Geschäftsführung des Betriebsrats finden auf den Seebetriebsrat mit folgender Maßgabe Anwendung:

1. In Angelegenheiten, in denen der Seebetriebsrat nach diesem Gesetz innerhalb einer bestimmten Frist Stellung zu nehmen hat, kann er, abweichend von § 33 Abs. 2, ohne Rücksicht auf die Zahl der zur Sitzung erschienenen Mitglieder einen Beschluss fassen, wenn die Mitglieder ordnungsgemäß geladen worden sind.
2. Soweit die Mitglieder des Seebetriebsrats nicht freizustellen sind, sind sie so zu beschäftigen, dass sie durch ihre Tätigkeit nicht gehindert sind, die Aufgaben des Seebetriebsrats wahrzunehmen. Der Arbeitsplatz soll den Fähigkeiten und Kenntnissen des Mitglieds des Seebetriebsrats und seiner bisherigen beruflichen Stellung entsprechen. Der Arbeitsplatz ist im Einvernehmen mit dem Seebetriebsrat zu bestimmen. Kommt eine Einigung über die Bestimmung des Arbeitsplatzes nicht zustande, so entscheidet die Einigungsstelle. Der Spruch der Einigungsstelle ersetzt die Einigung zwischen Arbeitgeber und Seebetriebsrat.
3. Den Mitgliedern des Seebetriebsrats, die Besatzungsmitglieder sind, ist die Heuer auch dann fortzuzahlen, wenn sie im Landbetrieb beschäftigt werden. Sachbezüge sind angemessen abzugelten. Ist der neue Arbeitsplatz höherwertig, so ist das diesem Arbeitsplatz entsprechende Arbeitsentgelt zu zahlen.
4. Unter Berücksichtigung der örtlichen Verhältnisse ist über die Unterkunft der in den Seebetriebsrat gewählten Besatzungsmitglieder eine Regelung zwischen dem Seebetriebsrat und dem Arbeitgeber zu treffen, wenn der Arbeitsplatz sich nicht am Wohnort befindet. Kommt eine Einigung nicht zustande, so entscheidet die Einigungsstelle. Der Spruch der Einigungsstelle ersetzt die Einigung zwischen Arbeitgeber und Seebetriebsrat.

5. Der Seebetriebsrat hat das Recht, jedes zum Seebetrieb gehörende Schiff zu betreten, dort im Rahmen seiner Aufgaben tätig zu werden sowie an den Sitzungen der Bordvertretung teilzunehmen. § 115 Abs. 7 Nr. 5 Satz 1 gilt entsprechend.
6. Liegt ein Schiff in einem Hafen innerhalb des Geltungsbereichs dieses Gesetzes, so kann der Seebetriebsrat nach Unterrichtung des Kapitäns Sprechstunden an Bord abhalten und Bordversammlungen der Besatzungsmitglieder durchführen.
7. Läuft ein Schiff innerhalb eines Kalenderjahres keinen Hafen im Geltungsbereich dieses Gesetzes an, so gelten die Nummern 5 und 6 für europäische Häfen. Die Schleusen des Nordostseekanals gelten nicht als Häfen.
8. Im Einvernehmen mit dem Arbeitgeber können Sprechstunden und Bordversammlungen, abweichend von den Nummern 6 und 7, auch in anderen Liegehäfen des Schiffes durchgeführt werden, wenn ein dringendes Bedürfnis hierfür besteht. Kommt eine Einigung nicht zustande, so entscheidet die Einigungsstelle. Der Spruch der Einigungsstelle ersetzt die Einigung zwischen Arbeitgeber und Seebetriebsrat.

(4) Die §§ 42 bis 46 über die Betriebsversammlung finden auf den Seebetrieb keine Anwendung.

(5) Für den Seebetrieb nimmt der Seebetriebsrat die in den §§ 47 bis 59 dem Betriebsrat übertragenen Aufgaben, Befugnisse und Pflichten wahr.

(6) Die §§ 74 bis 113 über die Mitwirkung und Mitbestimmung der Arbeitnehmer finden auf den Seebetriebsrat mit folgender Maßgabe Anwendung:
1. Der Seebetriebsrat ist zuständig für die Behandlung derjenigen nach diesem Gesetz der Mitwirkung oder Mitbestimmung des Betriebsrats unterliegenden Angelegenheiten,
    a) die alle oder mehrere Schiffe des Seebetriebs oder die Besatzungsmitglieder aller oder mehrerer Schiffe des Seebetriebs betreffen,
    b) die nach § 115 Abs. 7 Nr. 2 von der Bordvertretung abgegeben worden sind oder
    c) für die nicht die Zuständigkeit der Bordvertretung nach § 115 Abs. 7 Nr. 1 gegeben ist.
2. Der Seebetriebsrat ist regelmäßig und umfassend über den Schiffsbetrieb des Seeschifffahrtsunternehmens zu unterrichten. Die erforderlichen Unterlagen sind ihm vorzulegen.

Zweiter Abschnitt. Luftfahrt

§ 117 Geltung für die Luftfahrt

(1) Auf Landbetriebe von Luftfahrtunternehmen ist dieses Gesetz anzuwenden.

(2) [1]Für im Flugbetrieb beschäftigte Arbeitnehmer von Luftfahrtunternehmen kann durch Tarifvertrag eine Vertretung errichtet werden. [2]Über die Zusammenarbeit dieser Vertretung mit den nach diesem Gesetz zu errichtenden Vertretungen der Arbeitnehmer der Landbetriebe des Luftfahrtunternehmens kann der Tarifvertrag von diesem Gesetz abweichende Regelungen vorsehen.

Dritter Abschnitt. Tendenzbetriebe und Religionsgemeinschaften

§ 118 Geltung für Tendenzbetriebe und Religionsgemeinschaften

(1) [1]Auf Unternehmen und Betriebe, die unmittelbar und überwiegend
1. politischen, koalitionspolitischen, konfessionellen, karitativen, erzieherischen, wissenschaftlichen oder künstlerischen Bestimmungen oder

2. Zwecken der Berichterstattung oder Meinungsäußerung, auf die Artikel 5 Abs. 1 Satz 2 des Grundgesetzes Anwendung findet,

dienen, finden die Vorschriften dieses Gesetzes keine Anwendung, soweit die Eigenart des Unternehmens oder des Betriebs dem entgegensteht. ²Die §§ 106 bis 110 sind nicht, die §§ 111 bis 113 nur insoweit anzuwenden, als sie den Ausgleich oder die Milderung wirtschaftlicher Nachteile für die Arbeitnehmer infolge von Betriebsänderungen regeln.

(2) Dieses Gesetz findet keine Anwendung auf Religionsgemeinschaften und ihre karitativen und erzieherischen Einrichtungen unbeschadet deren Rechtsform.

Sechster Teil. Straf- und Bußgeldvorschriften

§ 119 Straftaten gegen Betriebsverfassungsorgane und ihre Mitglieder

(1) Mit Freiheitsstrafe bis zu einem Jahr oder mit Geldstrafe wird bestraft, wer
1. eine Wahl des Betriebsrats, der Jugend- und Auszubildendenvertretung, der Bordvertretung, des Seebetriebsrats oder der in § 3 Abs. 1 Nr. 1 bis 3 oder 5 bezeichneten Vertretungen der Arbeitnehmer behindert oder durch Zufügung oder Androhung von Nachteilen oder durch Gewährung oder Versprechen von Vorteilen beeinflusst,
2. die Tätigkeit des Betriebsrats, des Gesamtbetriebsrats, des Konzernbetriebsrats, der Jugend- und Auszubildendenvertretung, der Gesamt-Jugend- und Auszubildendenvertretung, der Konzern-Jugend- und Auszubildendenvertretung, der Bordvertretung, des Seebetriebsrats, der in § 3 Abs. 1 bezeichneten Vertretungen der Arbeitnehmer, der Einigungsstelle, der in § 76 Abs. 8 bezeichneten tariflichen Schlichtungsstelle, der in § 86 bezeichneten betrieblichen Beschwerdestelle oder des Wirtschaftsausschusses behindert oder stört, oder
3. ein Mitglied oder ein Ersatzmitglied des Betriebsrats, des Gesamtbetriebsrats, des Konzernbetriebsrats, der Jugend- und Auszubildendenvertretung, der Gesamt-Jugend- und Auszubildendenvertretung, der Konzern-Jugend- und Auszubildendenvertretung, der Bordvertretung, des Seebetriebsrats, der in § 3 Abs. 1 bezeichneten Vertretungen der Arbeitnehmer, der Einigungsstelle, der in § 76 Abs. 8 bezeichneten Schlichtungsstelle, der in § 86 bezeichneten betrieblichen Beschwerdestelle oder des Wirtschaftsausschusses um seiner Tätigkeit willen oder eine Auskunftsperson nach § 80 Abs. 2 Satz 3 um ihrer Tätigkeit willen benachteiligt oder begünstigt.

(2) Die Tat wird nur auf Antrag des Betriebsrats, des Gesamtbetriebsrats, des Konzernbetriebsrats, der Bordvertretung, des Seebetriebsrats, einer der in § 3 Abs. 1 bezeichneten Vertretungen der Arbeitnehmer, des Wahlvorstands, des Unternehmers oder einer im Betrieb vertretenen Gewerkschaft verfolgt.

§ 120 Verletzung von Geheimnissen

(1) Wer unbefugt ein fremdes Betriebs- oder Geschäftsgeheimnis offenbart, das ihm in seiner Eigenschaft als
1. Mitglied oder Ersatzmitglied des Betriebsrats oder einer der in § 79 Abs. 2 bezeichneten Stellen,
2. Vertreter einer Gewerkschaft oder Arbeitgebervereinigung,
3. Sachverständiger, der vom Betriebsrat nach § 80 Abs. 3 hinzugezogen oder von der Einigungsstelle nach § 109 Satz 3 angehört worden ist,
3 a. Berater, der vom Betriebsrat nach § 111 Satz 2 hinzugezogen worden ist;

3 b. Auskunftsperson, die dem Betriebsrat nach § 80 Abs. 2 Satz 3 zur Verfügung gestellt worden ist, oder
4. Arbeitnehmer, der vom Betriebsrat nach § 107 Abs. 3 Satz 3 oder vom Wirtschaftsausschuss nach § 108 Abs. 2 Satz 2 hinzugezogen worden ist,

bekannt geworden und das vom Arbeitgeber ausdrücklich als geheimhaltungsbedürftig bezeichnet worden ist, wird mit Freiheitsstrafe bis zu einem Jahr oder mit Geldstrafe bestraft.

(2) Ebenso wird bestraft, wer unbefugt ein fremdes Geheimnis eines Arbeitnehmers, namentlich ein zu dessen persönlichen Lebensbereich gehörendes Geheimnis, offenbart, das ihm in seiner Eigenschaft als Mitglied oder Ersatzmitglied des Betriebsrats oder einer der in § 79 Abs. 2 bezeichneten Stellen bekanntgeworden ist und über das nach den Vorschriften dieses Gesetzes Stillschweigen zu bewahren ist.

(3) [1] Handelt der Täter gegen Entgelt oder in der Absicht, sich oder einen anderen zu bereichern oder einen anderen zu schädigen, so ist die Strafe Freiheitsstrafe bis zu zwei Jahren oder Geldstrafe. [2] Ebenso wird bestraft, wer unbefugt ein fremdes Geheimnis, namentlich ein Betriebs- oder Geschäftsgeheimnis, zu dessen Geheimhaltung er nach den Absätzen 1 oder 2 verpflichtet ist, verwertet.

(4) Die Absätze 1 bis 3 sind auch anzuwenden, wenn der Täter das fremde Geheimnis nach dem Tode des Betroffenen unbefugt offenbart oder verwertet.

(5) [1] Die Tat wird nur auf Antrag des Verletzten verfolgt. [2] Stirbt der Verletzte, so geht das Antragsrecht nach § 77 Abs. 2 des Strafgesetzbuches auf die Angehörigen über, wenn das Geheimnis zum persönlichen Lebensbereich des Verletzten gehört; in anderen Fällen geht es auf die Erben über. [3] Offenbart der Täter das Geheimnis nach dem Tode des Betroffenen, so gilt Satz 2 sinngemäß.

§ 121[1] Bußgeldvorschriften

(1) Ordnungswidrig handelt, wer eine der in § 90 Abs. 1, 2 Satz 1, § 92 Abs. 1 Satz 1 auch in Verbindung mit Abs. 3, § 99 Abs. 1, § 106 Abs. 2, § 108 Abs. 5, § 110 oder § 111 bezeichneten Aufklärungs- oder Auskunftspflichten nicht, wahrheitswidrig, unvollständig oder verspätet erfüllt.

(2) Die Ordnungswidrigkeit kann mit einer Geldbuße bis zu 10 000 Euro geahndet werden.

Siebenter Teil. Änderung von Gesetzen

§ 122 (Änderung des Bürgerlichen Gesetzbuchs)

(gegenstandslos)

§ 123 (Änderung des Kündigungsschutzgesetzes)

(gegenstandslos)

§ 124 (Änderung des Arbeitsgerichtsgesetzes)

(gegenstandslos)

---
[1] Amtl. Anm.: Gemäß Artikel 28 in Verbindung mit Artikel 68 Abs. 10 des Gesetzes zur Einführung des Euro im Sozial- und Arbeitsrecht sowie zur Änderung anderer Vorschriften vom 21. Dezember 2000 (BGBl. I S. 1983) wird am 1. Januar 2002 in § 121 Abs. 2 die Angabe „20 000 Deutsche Mark" durch die Angabe „zehntausend Euro" ersetzt.

BetrVG Gesetzestext

Achter Teil. Übergangs- und Schlussvorschriften

§ 125 Erstmalige Wahlen nach diesem Gesetz

(1) Die erstmaligen Betriebsratswahlen nach § 13 Abs. 1 finden im Jahre 1972 statt.

(2) ¹Die erstmaligen Wahlen der Jugend- und Auszubildendenvertretung nach § 64 Abs. 1 Satz 1 finden im Jahre 1988 statt. ²Die Amtszeit der Jugendvertretung endet mit der Bekanntgabe des Wahlergebnisses der neu gewählten Jugend- und Auszubildendenvertretung, spätestens am 30. November 1988.

(3) Auf Wahlen des Betriebsrats, der Bordvertretung, des Seebetriebsrats und der Jugend- und Auszubildendenvertretung, die nach dem 28. Juli 2001 eingeleitet werden, finden die Erste Verordnung zur Durchführung des Betriebsverfassungsgesetzes vom 16. Januar 1972 (BGBl. I S. 49), zuletzt geändert durch Verordnung vom 16. Januar 1995 (BGBl. I S. 43), die Zweite Verordnung zur Durchführung des Betriebsverfassungsgesetzes vom 24. Oktober 1972 (BGBl. I S. 2029), zuletzt geändert durch die Verordnung vom 28. September 1989 (BGBl. I S. 1795) und die Verordnung zur Durchführung der Betriebsratswahlen bei den Postunternehmen vom 26. Juni 1995 (BGBl. I S. 871) bis zu deren Änderung entsprechende Anwendung.

(4) Ergänzend findet für das vereinfachte Wahlverfahren nach § 14a die Erste Verordnung zur Durchführung des Betriebsverfassungsgesetzes bis zu deren Änderung mit folgenden Maßgaben entsprechende Anwendung:

1. Die Frist für die Einladung zur Wahlversammlung zur Wahl des Wahlvorstands nach § 14a Abs. 1 des Gesetzes beträgt mindestens sieben Tage. Die Einladung muss Ort, Tag und Zeit der Wahlversammlung sowie den Hinweis enthalten, dass bis zum Ende dieser Wahlversammlung Wahlvorschläge zur Wahl des Betriebsrats gemacht werden können (§ 14a Abs. 2 des Gesetzes).
2. § 3 findet wie folgt Anwendung:
    a) Im Fall des § 14a Abs. 1 des Gesetzes erlässt der Wahlvorstand auf der Wahlversammlung das Wahlausschreiben. Die Einspruchsfrist nach § 3 Abs. 2 Nr. 3 verkürzt sich auf drei Tage. Die Angabe nach § 3 Abs. 2 Nr. 4 muss die Zahl der Mindestsitze des Geschlechts in der Minderheit (§ 15 Abs. 2 des Gesetzes) enthalten. Die Wahlvorschläge sind abweichend von § 3 Abs. 2 Nr. 7 bis zum Abschluss der Wahlversammlung zur Wahl des Wahlvorstands bei diesem einzureichen. Ergänzend zu § 3 Abs. 2 Nr. 10 gibt der Wahlvorstand den Ort, Tag und Zeit der nachträglichen Stimmabgabe an (§ 14a Abs. 4 des Gesetzes).
    b) Im Fall des § 14a Abs. 3 des Gesetzes erlässt der Wahlvorstand unverzüglich das Wahlausschreiben mit den unter Buchstabe a genannten Maßgaben zu § 3 Abs. 2 Nr. 3, 4 und 10. Abweichend von § 3 Abs. 2 Nr. 7 sind die Wahlvorschläge spätestens eine Woche vor der Wahlversammlung zur Wahl des Betriebsrats (§ 14a Abs. 3 Satz 2 des Gesetzes) beim Wahlvorstand einzureichen.
3. Die Einspruchsfrist des § 4 Abs. 1 verkürzt sich auf drei Tage.
4. Die §§ 6 bis 8 und § 10 Abs. 2 finden entsprechende Anwendung mit der Maßgabe, dass die Wahl aufgrund von Wahlvorschlägen erfolgt. Im Fall des § 14a Abs. 1 des Gesetzes sind die Wahlvorschläge bis zum Abschluss der Wahlversammlung zur Wahl des Wahlvorstands bei diesem einzureichen; im Fall des § 14a Abs. 3 des Gesetzes sind die Wahlvorschläge spätestens eine Woche vor der Wahlversammlung zur Wahl des Betriebsrats (§ 14a Abs. 3 Satz 2 des Gesetzes) beim Wahlvorstand einzureichen.
5. § 9 findet keine Anwendung.

6. Auf das Wahlverfahren finden die §§ 21 ff. entsprechende Anwendung. Auf den Stimmzetteln sind die Bewerber in alphabetischer Reihenfolge unter Angabe von Familienname, Vorname und Art der Beschäftigung im Betrieb aufzuführen.
7. § 25 Abs. 5 bis 8 findet keine Anwendung.
8. § 26 Abs. 1 findet mit der Maßgabe Anwendung, dass der Wahlberechtigte sein Verlangen auf schriftliche Stimmabgabe spätestens drei Tage vor dem Tag der Wahlversammlung zur Wahl des Betriebsrats dem Wahlvorstand mitgeteilt haben muss.
9. § 31 findet entsprechende Anwendung mit der Maßgabe, dass die Wahl der Jugend- und Auszubildendenvertretung aufgrund von Wahlvorschlägen erfolgt.

§ 126[1] Ermächtigung zum Erlass von Wahlordnungen

Das Bundesministerium für Arbeit und Soziales wird ermächtigt, mit Zustimmung des Bundesrates Rechtsverordnungen zu erlassen zur Regelung der in den §§ 7 bis 20, 60 bis 63, 115 und 116 bezeichneten Wahlen über

1. die Vorbereitung der Wahl, insbesondere die Aufstellung der Wählerlisten und die Errechnung der Vertreterzahl;
2. die Frist für die Einsichtnahme in die Wählerlisten und die Erhebung von Einsprüchen gegen sie;
3. die Vorschlagslisten und die Frist für ihre Einreichung;
4. das Wahlausschreiben und die Fristen für seine Bekanntmachung;
5. die Stimmabgabe;
5 a. die Verteilung der Sitze im Betriebsrat, in der Bordvertretung, im Seebetriebsrat sowie in der Jugend- und Auszubildendenvertretung auf die Geschlechter, auch soweit die Sitze nicht gemäß § 15 Abs. 2 und § 62 Abs. 3 besetzt werden können;
6. die Feststellung des Wahlergebnisses und die Fristen für seine Bekanntmachung;
7. die Aufbewahrung der Wahlakten.

§ 127 Verweisungen

Soweit in anderen Vorschriften auf Vorschriften verwiesen wird oder Bezeichnungen verwendet werden, die durch dieses Gesetz aufgehoben oder geändert werden, treten an ihre Stelle die entsprechenden Vorschriften oder Bezeichnungen dieses Gesetzes.

§ 128 Bestehende abweichende Tarifverträge

Die im Zeitpunkt des Inkrafttretens dieses Gesetzes nach § 20 Abs. 3 des Betriebsverfassungsgesetzes vom 11. Oktober 1952 geltenden Tarifverträge über die Errichtung einer anderen Vertretung der Arbeitnehmer für Betriebe, in denen wegen ihrer Eigenart der Errichtung von Betriebsräten besondere Schwierigkeiten entgegenstehen, werden durch dieses Gesetz nicht berührt.

§ 129[1] *(aufgehoben)*

§ 130 Öffentlicher Dienst

Dieses Gesetz findet keine Anwendung auf Verwaltungen und Betriebe des Bundes, der Länder, der Gemeinden und sonstiger Körperschaften, Anstalten und Stiftungen des öffentlichen Rechts.

---

[1] § 126 Einleitungssatz geänd. mWv 28. 11. 2003 durch VO v. 25. 11. 2003 (BGBl. I S. 2304); geänd. mWv 8. 11. 2006 durch VO v. 31. 10. 2006 (BGBl. I S. 2407).

[1] § 129 aufgeh. mWv 1. 7. 2004 durch G v. 18. 5. 2004 (BGBl. I S. 974).

BetrVG Gesetzestext

§ 131 (Berlin-Klausel)
 (gegenstandslos)

§ 132 (Inkrafttreten)

Einleitung

Abgekürzt zitiertes Schrifttum: *Belling*, Die Haftung des Betriebsrats und seiner Mitglieder für Pflichtverletzungen, 1990; *Däubler*, Betriebsverfassung in globalisierter Wirtschaft, 1999; *Edenfeld*, Arbeitnehmerbeteiligung im Betriebsverfassungs- und Personalvertretungsrecht, 2000; *G. Hueck*, Die Betriebsvereinbarung, 1952; *Jahnke*, Tarifautonomie und Mitbestimmung, 1984; *Koenigs*, Grundsatzfragen der betrieblichen Mitbestimmung, 1954; *Kreutz*, Grenzen der Betriebsautonomie, 1979; *Neumann-Duesberg*, Betriebsverfassungsrecht, 1960; *Reichold*, Betriebsverfassung als Sozialprivatrecht, 1995; *Richardi*, Kollektivgewalt und Individualwille bei der Gestaltung des Arbeitsverhältnisses, 1968; *ders.*, Arbeitsrecht als Teil freiheitlicher Ordnung, 2002; *Rieble*, Arbeitsmarkt und Wettbewerb, 1996; *Rosset*, Rechtssubjektivität des Betriebsrats und Haftung seiner Mitglieder, 1985; *Strasser*, Die Betriebsvereinbarung nach deutschem und österreichischem Recht, 1957; *Veit*, Die funktionelle Zuständigkeit des Betriebsrats, 1998; *Waltermann*, Rechtsetzung durch Betriebsvereinbarung zwischen Privatautonomie und Tarifautonomie, 1996.

Kommentare und Gesamtdarstellungen: 1. BetrVG 1972: Kommentare von *Bohn/Schlicht*, 3. Aufl. 1982; *Däubler/Kittner/Klebe* (Hrsg.), 11. Aufl. 2008; *Düwell* (Hrsg.). 2. Aufl. 2006; *Fitting*, 24. Aufl. von *Engels, Schmidt, Trebinger, Linsenmaier*, 2008; *Galperin/Löwisch*, 6. Aufl. 1982; *Gaul/Reichold/Diller/Hohenstatt/Dzida/Schrader/Kliemt/Clemenz/Ricken/Willemsen/Lembke*, in: Henssler/Willemsen/Kalb (Hrsg.), Arbeitsrecht: Kommentar, 3. Aufl. 2008; *Gross/Thon/Ahmad/Woitaschek*, 2. Aufl. 2008; *Hess/Schlochauer/Worzalla/Glock/Nicolai*, 7. Aufl. 2008; *Kania/Koch*, in: Müller-Glöge/Preis/Schmidt (Hrsg.), Erfurter Kommentar zum Arbeitsrecht, 9. Aufl. 2009; *Kraft/Wiese/Kreutz/Oetker/Raab/Weber/Franzen*, 8. Aufl. 2005; *Löwisch/Kaiser*, 6. Aufl. 2009; *Maschmann/Rieble*, in: Dornbusch/Fischermeier/Löwisch (Hrsg.), Fachanwaltskommentar Arbeitsrecht, 2008; *Richardi*, 7. Aufl. 1998; *Richardi/Thüsing/Annuß* in: Richardi (Hrsg.), 12. Aufl. 2010; *Sahmer* (Lbl.); *Stege/Weinspach/Schiefer*, 9. Aufl. 2002; *Siebert/Becker/Wendt*, 8. Aufl. 1999; *Weiss/Weyand*, 3. Aufl. 1994; *Wlotzke/Preis/Kreft*, 4. Aufl. 2009. – Gesamtdarstellungen von *Edenfeld*, Recht der Arbeitnehmermitbestimmung, 2. Aufl. 2005; *Etzel*, Betriebsverfassungsrecht, 8. Aufl. 2002; *Gamillscheg*, Kollektives Arbeitsrecht, Bd. II: Betriebsverfassung, 2008; *v. Hoyningen-Huene*, Betriebsverfassungsrecht, 6. Aufl. 2007; *v. Hoyningen-Huene/Joost/Matthes*, Betriebsverfassungsrecht, in: Richardi/Wlotzke/Wißmann/Oetker (Hrsg.), Münchener Handbuch zum Arbeitsrecht, 3. Aufl. 2009, Bd. 2 §§ 210–275; *Hromadka*, Die Betriebsverfassung, 2. Aufl. 1994; *Jaeger/Röder/Heckelmann* (Hrsg.), Praxishandbuch Betriebsverfassungsrecht, 2003; *Richardi*, Kollektives Arbeitsrecht, 2007; *Weber/Ehrich/Hörchens*, Handbuch zum Betriebsverfassungsrecht, 1998.

2. BetrVG 1952: Kommentare von *Dietz*, 4. Aufl. 1967; *Fitting/Kraegeloh/Auffarth*, 9. Aufl. 1970; *Galperin/Siebert*, 4. Aufl. 1963. – Gesamtdarstellungen von *Neumann-Duesberg*, 1960; *Nikisch*, Arbeitsrecht, Bd. III, 2. Aufl. 1966; *Nipperdey/Säcker* in Hueck/Nipperdey, Lehrbuch des Arbeitsrechts, 7. Aufl., Bd. II/2, 1970.

3. BRG 1920: Kommentare von *Flatow/Kahn-Freund*, 13. Aufl. 1931; *Feig/Sitzler*, 13/14. Aufl. 1931; *Mansfeld*, 2. Aufl. 1930. – Gesamtdarstellung von *Nipperdey* in Hueck/Nipperdey, Lehrbuch des Arbeitsrechts, 3/5. Aufl. 1932, Bd. II S. 530 ff.

Übersicht

	Rn.
A. Das Betriebsverfassungsgesetz als Gesetz der betrieblichen Mitbestimmung	1
B. Geschichte der Betriebsverfassung	6
I. Zeit vor dem Ersten Weltkrieg	6
II. Weimarer Zeit	10
III. Nationalsozialistische Zeit	12
IV. Entwicklung nach dem Zweiten Weltkrieg bis zur Herstellung der staatlichen Einheit Deutschlands	13
1. Besatzungsrecht	13
2. Deutsche Demokratische Republik	14
3. Bundesrepublik Deutschland	15
a) Entwicklung bis zum BetrVG vom 11. 10. 1952	15

Einleitung

Übersicht

	Rn.
b) Entstehungsgeschichte des BetrVG 1972	18
c) Entwicklung der Betriebsverfassung bis zur Novelle vom 20. 12. 1988	20
d) Novelle vom 20. 12. 1988	24
V. Betriebsverfassung im wiedervereinigten Deutschland	26
1. Entwicklung bis zum Einigungsvertrag	26
2. Herstellung der Rechtseinheit nach dem Einigungsvertrag	27
3. Änderungen des Betriebsverfassungsgesetzes im wiedervereinigten Deutschland bis zum Reformgesetz 2001	30
4. Gesetz zur Reform des Betriebsverfassungsgesetzes vom 23. 7. 2001	37
5. Änderungen seit dem Reformgesetz 2001	39
C. Betriebsverfassung und Grundgesetz	42
I. Verfassungsrechtliche Grundlagen für die Mitbestimmung in Betrieb und Unternehmen	42
1. Konkretisierung des Sozialstaatsprinzips	42
2. Verhältnis zur Koalitionsfreiheit	47
II. Vereinbarkeit der Gesetzesregelung mit dem Grundgesetz	50
D. Geltungsbereich des Betriebsverfassungsgesetzes	57
I. Sachlicher Geltungsbereich	57
1. Bereichsausnahmen	57
a) Öffentlicher Dienst	57
b) Kirchen und Religionsgemeinschaften	59
2. Begrenzte Geltung und Sonderregelungen	60
a) Luftfahrtunternehmen	60
b) Seeschifffahrt	61
c) Tendenzunternehmen	62
II. Kollisionsrecht der Betriebsverfassung	63
1. Grundsatz	63
a) Fehlen einer kollisionsrechtlichen Regelung im Gesetz	63
b) Lex loci laboris als Grundregel	66
2. Organisation der Betriebsverfassung	69
a) Bildung eines Betriebsrats	69
b) Gesamtbetriebsrat, Konzernbetriebsrat und Wirtschaftsausschuss	71
3. Anwendung deutschen Betriebsverfassungsrechts auf im Ausland tätige Arbeitnehmer	73
a) Grundregel	73
b) Beteiligung an der Betriebsratswahl	80
c) Mitwirkung und Mitbestimmung des Betriebsrats	81
4. Fremde Streitkräfte	82
E. Betriebsverfassung, Betriebsratsamt und Belegschaft	83
I. Die Beteiligten der Betriebsverfassung	83
II. Die Belegschaft als Beteiligte der Betriebsverfassung	88
1. Belegschaft als juristische Teilperson	89
2. Belegschaft als Rechtsgemeinschaft	92
3. Sozialrechtliche Sonderexistenz der Belegschaft	94
4. Belegschaft als tatsächliche Gemeinschaft	95
III. Rechtsstellung des Betriebsrats gegenüber der Belegschaft	98
1. Betriebsrat als gesetzlicher Vertreter oder Organ der Belegschaft	99
2. Betriebsrat als Repräsentant der Belegschaft	101
3. Betriebsrat als Inhaber eines privaten Amtes	102
4. Betriebsratsamt und Kooperationsmaxime	106
IV. Stellung des Betriebsrats in der Rechtsordnung	108
1. Betriebsrat als Rechtssubjekt	108
2. Inhalt und Reichweite der Rechtssubjektivität	109
a) Betriebsverfassungsrechtliche Rechte und Pflichten	109
b) Partielle Vermögensfähigkeit	111
3. Grundrechtsschutz für den Betriebsrat	116
4. Befugnis zur Vertretung der einzelnen Arbeitnehmer	118
5. Identität des Betriebsrats bei Amtswechsel	119
V. Der Arbeitgeber in der Betriebsverfassung	121
1. Arbeitgeberbegriff	121
2. Personenidentität mit dem Unternehmer	122
3. Vertretung des Arbeitgebers	123
4. Ersetzung durch eine Partei kraft Amtes	125
VI. Privatrechtlicher Charakter der Betriebsverfassung	127
1. Die öffentlich-rechtliche Theorie	127

Übersicht **Einleitung**

	Rn.
2. Begründung der privatrechtlichen Auffassung	130
F. Abschließende Gestaltung der Betriebsverfassung	134
I. Betriebsverfassungsgesetz als zwingendes Gesetz	134
1. Organisation der Betriebsvertretung	134
2. Betriebsverfassungsrechtliche Mitwirkungs- und Mitbestimmungsrechte	138
II. Betriebsverfassung als Gegenstand tarifvertraglicher Regelung	141
1. Tarifautonomie und Betriebsverfassung als wesensverschiedene Formen der Gruppenautonomie	141
2. Organisation der Betriebsverfassung	143
3. Beteiligung des Betriebsrats als Regelungsgegenstand des Tarifvertrags	144
a) Meinungsstand	144
b) Stellungnahme	147
III. Beteiligung des Betriebsrats in tarifvertraglichen Regelungen	153

A. Das Betriebsverfassungsgesetz als Gesetz der betriebl. Mitbestimmung

Das **Betriebsverfassungsgesetz (BetrVG) vom 15. 1. 1972 i. F. der Bekanntmachung** **1** vom 25. 9. 2001 (BGBl. I S. 2518) gestaltet, wie sein Name sagt, die **Verfassung des Betriebs** und räumt den Arbeitnehmern bzw. ihrem Repräsentanten, dem Betriebsrat, **Mitwirkungs- und Mitbestimmungsrechte an Entscheidungen der Betriebs- und Unternehmensleitung** ein. Ebenso wie sein Vorgänger, das BetrVG vom 11. 10. 1952, bezeichnet es sich nicht mehr als Betriebsrätegesetz; denn es erschöpft sich nicht darin, die Organisation der Betriebsräte als Repräsentanten der Arbeitnehmer auf Betriebsebene zu regeln und ihnen bestimmte Zuständigkeiten einzuräumen, sondern sein Grundanliegen ist die Beteiligung der Arbeitnehmer an den Entscheidungen der Betriebs- und Unternehmensleitung, die ihre Rechts- und Interessenlage gestalten. Zu diesem Zweck erhält der Betrieb eine für den Arbeitgeber verbindliche Konstitution.

Das Gesetz bezieht sich auf den **Betrieb als Arbeitsorganisation des Unternehmens.** **2** Für seine Anwendung spielt keine Rolle, welche Rechtsform ein Unternehmen hat, sofern dessen Rechtsträger eine natürliche Person, eine Gesamthand oder eine juristische Person des Privatrechts ist (§ 130). Für die Arbeitnehmerbeteiligung erhält das Unternehmen eine Repräsentativvertretung der Arbeitnehmer, die auf der Ebene des Betriebs gebildet wird (Betriebsrat). Gliedert sich ein Unternehmen in mehrere Betriebe, so bilden die Betriebsräte durch Entsendung einen Gesamtbetriebsrat (§ 47). Das Gesetz berücksichtigt weiterhin, dass bei einer Konzernverbindung die Unternehmensleitung der abhängigen Unternehmen fremdbestimmt ist. Deshalb ermöglicht es die Errichtung eines Konzernbetriebsrats, um eine effektive Wahrnehmung der Mitwirkungs- und Mitbestimmungsrechte sicherzustellen, wenn die einheitliche Leitung von einem herrschenden Unternehmen ausgeübt wird (§ 54).

Der Gesetzgeber hat darauf verzichtet, die **Mitbestimmung der Arbeitnehmer im** **3** **Unternehmen** durch dieses Gesetz zu regeln. Deshalb hat er davon abgesehen, die Bestimmungen der §§ 76 ff. BetrVG 1952, die sich mit der Beteiligung der Arbeitnehmer im Aufsichtsrat bei der Aktiengesellschaft, der Kommanditgesellschaft auf Aktien, der Gesellschaft mit beschränkter Haftung, der bergrechtlichen Gewerkschaft mit eigener Rechtspersönlichkeit, der Genossenschaft und dem Versicherungsverein auf Gegenseitigkeit befassen, in dieses Gesetz aufzunehmen, sondern hat sie unter der Bezeichnung „Betriebsverfassungsgesetz 1952" aufrechterhalten. Man war der Meinung, die arbeitsrechtliche Konzeption des BetrVG vertrage nicht die Übernahme unternehmensverfassungsrechtlicher Vorschriften (vgl. Bericht des BT-Ausschusses für Arbeit und Sozialordnung, *zu* BT-Drucks. VI/2729, S. 18). Das Mitbestimmungsgesetz vom 4. 5. 1976 hat die Mitbestimmung im Aufsichtsrat neu geregelt; es gilt aber nur für Unternehmen

Einleitung B. Geschichte der Betriebsverfassung

bestimmter Rechtsform, die in der Regel mehr als 2000 Arbeitnehmer beschäftigen. Deshalb sind für die unternehmensbezogene Mitbestimmung nicht nur das Montan-Mitbestimmungsgesetz vom 21. 5. 1951 und das Mitbestimmungsergänzungsgesetz vom 7. 8. 1956 (§ 1 Abs. 2 MitbestG), sondern auch die Vorschriften des „Betriebsverfassungsgesetzes 1952" (ersetzt durch das Drittbeteiligungsgesetz vom 18. 5. 20004) bestehen geblieben (§ 1 Abs. 3 MitbestG).

4   Die **betriebsverfassungsrechtliche Mitbestimmung** ist eine **Form arbeitsrechtlicher Mitbestimmung.** Sie knüpft an die Arbeitgeber-Arbeitnehmer-Beziehungen an. Wie im Arbeitsverhältnis stehen sich Arbeitgeber und Betriebsrat als Repräsentant der Arbeitnehmer getrennt gegenüber. Der Betriebsrat (Gesamtbetriebsrat, Konzernbetriebsrat) wird an bestimmten Entscheidungen des Arbeitgebers (also der Betriebs- bzw. Unternehmensleitung) beteiligt (dualistisches Modell). Bei der **unternehmensbezogenen Mitbestimmung** geht es nicht um eine arbeitsrechtliche Form der Mitbestimmung, sondern um die **Beteiligung der Arbeitnehmer an der Auswahl und Kontrolle der Unternehmensleitung.** Die Geltung der Mitbestimmungsregelung ist rechtsformabhängig. Sie kommt nur bei Kapitalgesellschaften und Genossenschaften in Betracht. Die Mitbestimmung wird dadurch verwirklicht, dass in den ihr unterliegenden Unternehmen Arbeitnehmervertreter dem Gremium angehören, das nach dem Organisationsrecht der Unternehmen – dem Gesellschaftsrecht – den maßgeblichen Einfluss auf die Unternehmensleitung hat (Einheitsmodell).

5   Eine **Sondervertretung** besteht **für die leitenden Angestellten** nach dem **Gesetz über Sprecherausschüsse der leitenden Angestellten** vom 20. 12. 1988. Ihre Repräsentativvertretung ist nach dem Vorbild der Betriebsverfassung gegliedert. Auf der Organisationsebene, auf der nach dem BetrVG Betriebsvertretungen gebildet werden, sind Sprecherausschüsse vorgesehen.

B. Geschichte der Betriebsverfassung

I. Zeit vor dem Ersten Weltkrieg

6   Bereits in der ersten Hälfte des 19. Jahrhunderts, also noch vor Beginn der Industrialisierung in Deutschland, hat es **Bestrebungen** gegeben, **paritätisch besetzte Fabrikvereine** oder Arbeiterausschüsse zu bilden, um eine Mitbestimmung zu verwirklichen (vgl. *Reichold*, Betriebsverfassung, S. 29 ff.; weiterhin *Teuteberg*, Geschichte der industriellen Mitbestimmung in Deutschland, 1961). Der liberale Staatsrechtslehrer *Robert v. Mohl* hatte 1835 den Vorschlag gemacht, eine Art von Arbeiterausschuss zu bilden, dem die Kontrollfunktion bei der von ihm geforderten Gewinnbeteiligung der Arbeiter zufallen sollte (Archiv der politischen Ökonomie und Polizeiwissenschaft 2 [1835], 141 bis 203). In der Frankfurter Nationalversammlung von 1848 wurde der Entwurf einer Gewerbeordnung eingebracht, der einen Fabrikausschuss vorsah; ihm war eine beschränkte, aber deutlich abgegrenzte Mitwirkung in betrieblichen Angelegenheiten eingeräumt (abgedruckt in: Verhandlungen der deutschen verfassunggebenden Reichsversammlung, Frankfurt/Main, 1848/49, Bd. 2 S. 921 ff.). Erfolg hatten diese Bemühungen nicht. In keinem Staat, der zum Deutschen Bund gehörte, erging ein Gesetz, das eine Beteiligung der Arbeitnehmer vorsah. Die Rechtslage änderte sich auch nicht nach Gründung des Deutschen Reiches.

7   Nur vereinzelt richteten liberal oder religiös eingestellte Unternehmer in ihren Betrieben **freiwillig Arbeiterausschüsse** ein. Genannt sei der Berliner Jalousie- und Holzpflasterfabrikant *Freese,* der in seiner Fabrik der Betriebsvertretung nahezu in allen Angelegenheiten ein Mitbestimmungsrecht einräumte und für seine sozialpolitischen Vorstellungen auch literarisch eintrat: „Die konstitutionelle Fabrik", Jena 1909. Der von *Abbe* gegründete Stiftungsbetrieb der Optischen Werkstätten von Carl Zeiss in Jena hatte

bereits durch die Stiftungsverfassung eine Beteiligung der Arbeitnehmer hergestellt. Diese Versuche waren aber Ausnahmeerscheinungen. Im Allgemeinen blieb es bei dem Herr-im-Hause-Standpunkt. Auch die Sozialdemokraten und die Gewerkschaften verhielten sich ablehnend; die Sozialdemokraten sahen in den freiwilligen Arbeiterausschüssen ein „Feigenblatt des Kapitalismus", die Gewerkschaften befürchteten eine Aufsplitterung ihrer Bewegung.

Eine Zäsur in der Auffassung von der betrieblichen Ordnung brachte der **kaiserliche** **8** **Erlass vom 4. 2. 1890** mit der Ankündigung einer Änderung in der Arbeiterschutzpolitik. Der Kaiser bezeichnete in ihm als eine Aufgabe der Staatsgewalt, „die Zeit, die Dauer und die Art der Arbeit so zu regeln, dass die Erhaltung der Gesundheit, Gebote der Sittlichkeit, die wirtschaftlichen Bedürfnisse der Arbeiter und ihr Anspruch auf gesetzliche Gleichberechtigung gewahrt bleiben". Vor allem der Anspruch auf gesetzliche Gleichberechtigung war ein Postulat, auf das man sich in der Folgezeit berief und damit den Staat in die Verantwortung zur Gestaltung der sozialen Ordnung nahm (vgl. *Kaufhold* ZfA 1991, 277 ff.). Das diesem Erlass als Novelle zur Gewerbeordnung folgende **Arbeiterschutzgesetz vom 1. 6. 1891** (Lex Berlepsch) wurde die **Keimzelle für die betriebliche Mitbestimmung** (vgl. *Reichold*, Betriebsverfassung, S. 114 ff.). Die Unternehmer von Fabriken wurden *öffentlich-rechtlich* verpflichtet, eine **Arbeitsordnung** zu erlassen, in die Bestimmungen über die Arbeitszeit, Zeit und Art der Abrechnung und Lohnzahlung, Kündigungsfristen und, sofern Vertragsstrafen vorgesehen waren, Regelungen über deren Art und Höhe aufzunehmen waren und die weitere Regelungen über die Ordnung des Betriebs und das Verhalten der Arbeitnehmer im Betrieb enthalten konnte (§ 134 b GewO). Der Erlass der Arbeitsordnung erfolgte zwar einseitig durch den Arbeitgeber, es war aber ausdrücklich angeordnet, dass vor ihrem Erlass den Arbeitern Gelegenheit zu geben ist, sich über den Inhalt zu äußern, und für Fabriken, in denen ein ständiger Arbeiterausschuss bestand, wurde „dieser Vorschrift durch Anhörung des Ausschusses über den Inhalt der Arbeitsordnung genügt" (§ 134 d GewO).

Damit wurden erstmals **Arbeiterausschüsse** gesetzlich an der **betrieblichen Ordnung** **9** beteiligt. Sie waren jedoch lediglich **fakultativ vorgesehen**. Obligatorische Arbeiterausschüsse wurden aber noch vor dem Ersten Weltkrieg im Bergbau eingeführt, und zwar 1900 im Königreich Bayern, 1905 im Königreich Preußen (vgl. *Reichold*, Betriebsverfassung, S. 177 ff.). Die entscheidende Wende auf Reichsebene trat erst während des Ersten Weltkriegs ein: Nach dem **Hilfsdienstgesetz vom 5. 12. 1916** mussten in kriegs- und versorgungswichtigen Betrieben mit mehr als 50 Arbeitern oder Angestellten **Arbeiter- und Angestelltenausschüsse** errichtet werden (vgl. auch *Reichold*, S. 185 ff.). Damit waren die Voraussetzungen geschaffen, aus denen die Betriebsverfassung sich entwickeln konnte. Neben das Tarifvertragssystem trat als weitere Form einer kollektiven Gestaltung der Arbeitsbedingungen die Beteiligung zunächst freiwillig eingeführter, dann in ihrer Bildung gesetzlich abgesicherter Arbeitnehmerrepräsentanten. Zutreffend hat schon 1889 *Schmoller* konstatiert: „Eine neue Epoche der volkswirtschaftlichen Organisation beginnt mit den Gewerkvereinen und den Arbeiterausschüssen" (Zur Social- und Gewerbepolitik der Gegenwart, 1890, S. 439).

II. Weimarer Zeit

Noch unter der Herrschaft des Rats der Volksbeauftragten wurde durch die **Tarif-** **10** **vertragsverordnung vom 23. 12. 1918** die Einführung von Betriebsvertretungen allgemein gesetzlich festgelegt. In allen Betrieben mit mindestens 20 Arbeitern musste ein Arbeiterausschuss und bei mindestens 20 Angestellten ein Angestelltenausschuss gebildet werden. Der sich in der Novemberrevolution mächtig ausbreitenden Rätebewegung war dies zu wenig: Sie forderte unter dem Schlagwort „Alle Macht den Räten!" für die Arbeiter- und Soldatenräte, die sich nach sowjet-russischem Vorbild gebildet hatten, die

Einleitung B. Geschichte der Betriebsverfassung

politische und wirtschaftliche Macht im Staat (vgl. *v. Oertzen,* Betriebsräte in der Novemberrevolution, 1963, 2 Aufl. 1976; dazu *G. Müller* RdA 1979, 298 f.). Der Versuch, eine Räterepublik zu errichten, scheiterte. Es kam zur Weimarer Nationalversammlung, die sich für die parlamentarisch-repräsentative Demokratie entschied. Die **Weimarer Reichsverfassung** sah in Art. 165 nur als wirtschaftliche Interessenvertretung ein **Rätesystem** vor, dessen **unterste Stufe** die **Betriebsräte** waren (vgl. zur Entstehung des Räteartikels *Gerhard A. Ritter,* Historische Zeitschrift 258 [1994], 73 ff.). Auf ihnen sollten sich Bezirksräte und als oberste Spitze ein Rat für das ganze Reich aufbauen. Aber nur die unterste Stufe wurde durch das Betriebsrätegesetz vom 4. 2. 1920 gestaltet. Zur Bildung der Mittelstufe ist es niemals gekommen, und die oberste wurde nur in der Form eines vorläufigen Reichswirtschaftsrates gebildet.

11 Durch das **Betriebsrätegesetz vom 4. 2. 1920,** das durch das Gesetz über die Entsendung von Betriebsratsmitgliedern in den Aufsichtsrat vom 15. 2. 1922 ergänzt wurde, ist erstmals die **Mitbestimmung innerhalb der Betriebsverfassung** verwirklicht worden. Es räumte der Betriebsvertretung im sozialen und personellen Bereich Mitwirkungs- und Mitbestimmungsrechte ein; in wirtschaftlicher Hinsicht war der Betriebsrat nur beschränkt eingeschaltet, hier auch nur bei großen Personalveränderungen. Ein Mitentscheidungsrecht bestand für die Arbeitsordnung und andere Dienstvorschriften, die durch Betriebsvereinbarung erlassen werden mussten.

III. Nationalsozialistische Zeit

12 In der nationalsozialistischen Zeit wurde die Mitbestimmung beseitigt. In den Betrieben wurde durch das **Gesetz zur Ordnung der nationalen Arbeit vom 20. 1. 1934** das sog. Führerprinzip eingeführt (vgl. *Reichold,* Betriebsverfassung, S. 336 ff.; *Rüthers,* AuR 1970, 97 ff.). An die Stelle der Betriebsräte traten Vertrauensräte, deren Mitglieder i. S. der nationalsozialistischen Ideologie zuverlässig sein mussten und vom Arbeitgeber im Einvernehmen mit der Nationalsozialistischen Partei ausgewählt wurden. Die Belegschaft des Betriebs, die man als Gefolgschaft bezeichnete, hatte auf ihre Auswahl keinen Einfluss. Der Vertrauensrat hatte keine Mitwirkungs- und Mitbestimmungsrechte, sondern nur eine Beratungsfunktion. Für den Bereich des öffentlichen Dienstes galt ein besonderes Gesetz, das Gesetz zur Ordnung der Arbeit in öffentlichen Verwaltungen und Betrieben vom 23. 3. 1934, das auf den gleichen Ordnungsvorstellungen beruhte.

IV. Entwicklung nach dem Zweiten Weltkrieg bis zur Herstellung der staatlichen Einheit Deutschlands

1. Besatzungsrecht

13 Nach dem Zusammenbruch 1945 ermöglichte das **Kontrollratsgesetz Nr. 22 vom 10. 4. 1946** die Wahl von Betriebsräten und schuf damit die Grundlage für eine Beteiligung der Arbeitnehmerschaft innerhalb der Betriebsverfassung. Das Kontrollratsgesetz galt für ganz Deutschland. Da es aber nur ein Rahmengesetz war, konnte es die Rechtseinheit auf dem Gebiet der Betriebsverfassung nicht wahren. Die Entwicklung ging in der Ostzone und in den Westzonen verschiedene Wege.

2. Deutsche Demokratische Republik

14 In der **sowjetischen Besatzungszone** wurde eine **sozialistische Ordnung auf der Grundlage des Marxismus-Leninismus** geschaffen. Damit erhielt die Betriebsverfassung eine ganz andere Gestaltung, die mit der alten Konzeption der Betriebsräte nichts mehr zu tun hatte (vgl. *Rüthers,* Arbeitsrecht und politisches System, 1972, S. 162 ff.; weiterhin

IV. Entwicklung nach dem Zweiten Weltkrieg **Einleitung**

Materialien zum Bericht zur Lage der Nation 1972, BT-Drucks. VI/3080, S. 193 ff.). Die Betriebsräte, die es bis 1948 gab, wurden durch die Betriebsgewerkschaftsleitungen ersetzt (Gesetz vom 15. 4. 1950, DDR-GBl. S. 349). Damit wurde die Belegschaftsvertretung der zentralen Leitung und Kontrolle einer in den Staatsapparat integrierten Einheitsgewerkschaft, des FDGB, unterworfen. Rechtsgrundlage war zuletzt das **Arbeitsgesetzbuch vom 16. 6. 1977** (DDR-GBl. I S. 185). Die Betriebsgewerkschaftsorganisation und ihre Organe vertraten die Interessen der Werktätigen im Betrieb, wobei es vornehmlich darum ging, die sozialistische Zwangsordnung durchzusetzen (§ 22 AGB). Zwischen dem Betriebsleiter und der Betriebsgewerkschaftsleitung wurde der Betriebskollektivvertrag abgeschlossen, für dessen Ausarbeitung die vom Ministerrat und vom Bundesvorstand des FDGB gemeinsam erlassenen Grundsätze galten (§ 28 AGB). Er legte die Verpflichtungen des Betriebs im Rahmen des für ihn geltenden Plans fest; außerdem waren in ihm, wie es in § 28 Abs. 2 Satz 3 hieß, „die arbeitsrechtlichen Regelungen zu treffen, die entsprechend den Rechtsvorschriften im Betriebskollektivvertrag zu vereinbaren sind".

3. Bundesrepublik Deutschland

a) **Entwicklung bis zum BetrVG vom 11. 10. 1952.** Bei Gründung der Bundesrepublik 15 Deutschland gab es in den Bundesländern **verschiedene Betriebsrätegesetze**. Mit Ausnahme der Länder Nordrhein-Westfalen, Niedersachsen und Hamburg hatten alle Länder eigene Gesetze erlassen, die zum Teil wesentlich voneinander abwichen (vgl. zu ihnen *Reichold*, Betriebsverfassung, S. 360 ff.). Nicht nur diese Zersplitterung, sondern vor allem die Notwendigkeit, den Betriebsräten für den gesamten Bereich der Bundesrepublik Deutschland eine einheitliche Basis zu geben, machte den Erlass eines Bundesgesetzes erforderlich.

Der **Kampf um die Ausgestaltung des Betriebsverfassungsgesetzes vom 11. 10. 1952** 16 wurde mit großer Erbitterung geführt, nachdem schon im Jahr vorher der Kampf um die Mitbestimmung in den Betrieben des Bergbaus und der Eisen und Stahl erzeugenden Industrie beinahe zu einer Staatskrise geführt hatte. Der Streit ging über die Gestaltung der Betriebsverfassung hinaus und bezog sich auf die *Neuordnung der deutschen Wirtschaft* überhaupt (vgl. *Richardi*, Arbeitsrecht als Teil freiheitlicher Ordnung, S. 101 ff.). Die Gewerkschaften forderten die Mitbestimmung an allen wirtschaftlich maßgeblichen Entscheidungen (vgl. Vorschläge des DGB zur Neuordnung der deutschen Wirtschaft vom 14. 4. 1950, abgedruckt in RdA 1950, 183 ff.; Gesetzesvorschlag des DGB für das Gebiet der Bundesrepublik Deutschland zur Neuordnung der deutschen Wirtschaft vom 22. 5. 1950, abgedruckt in RdA 1950, 227 ff.; im Wesentlichen übereinstimmend der von der SPD-Fraktion eingebrachte Entwurf eines Gesetzes zur Neuordnung der Wirtschaft, BT-Drucks. Nr. 1229). Die Mitbestimmung innerhalb der Betriebs- und Unternehmensordnung sollte den Ausgangspunkt für eine Beteiligung der Gewerkschaften an allen Stufen einer vertikal konzipierten *Wirtschaftsdemokratie* darstellen.

Das **Betriebsverfassungsgesetz vom 11. 10. 1952** hat diesen Vorstellungen nicht ent- 17 sprochen und insbesondere am *freien Unternehmertum* als Voraussetzung für eine freiheitliche Wirtschaftsordnung festgehalten (vgl. den von der CDU/CSU-Fraktion eingebrachten Initiativentwurf eines Gesetzes über die Mitbestimmung der Arbeitnehmer im Betrieb vom 17. 5. 1950, BT-Drucks. Nr. 970 = RdA 1950, 224 ff.; den RegE eines Gesetzes über die Neuordnung der Beziehungen von Arbeitnehmern und Arbeitgebern in den Betrieben [Betriebsverfassungsgesetz], BT-Drucks. Nr. 1546; den von den Ausschüssen für Arbeit und für Wirtschaftspolitik beschlossenen Entwurf eines Betriebsverfassungsgesetzes mit einem Bericht des Abgeordneten *Sabel*, BT-Drucks. Nr. 3585, abgedruckt in RdA 1952, 281 ff.; zur Gesetzesentstehung *Reichold*, Betriebsverfassung, S. 371 f., 379 ff.). Ein Mitbestimmungsstatut für den Bereich des öffentlichen Dienstes, der aus dem Geltungsbereich des BetrVG ausgeklammert worden war, schuf der Bund

Einleitung B. Geschichte der Betriebsverfassung

im **Personalvertretungsgesetz vom 5. 8. 1955**, das die Personalvertretung im Bundesdienst regelte und Rahmenvorschriften für die Landesgesetzgebung gab. Die Länder erließen in der Folgezeit entsprechende Personalvertretungsgesetze für ihre öffentlichen Verwaltungen und Betriebe.

18   b) **Entstehungsgeschichte des BetrVG 1972.** Noch in der fünften Legislaturperiode des Deutschen Bundestages hatten die Fraktionen Gesetzentwürfe für ein neues BetrVG vorgelegt (vgl. den Entwurf der BT-Fraktion der CDU/CSU vom 2. 11. 1967, BT-Drucks. V/2234; den Entwurf der BT-Fraktion der SPD vom 16. 12. 1968, BT-Drucks. V/3658; den Entwurf der BT-Fraktion der FDP vom 20. 3. 1969, BT-Drucks. V/4011). Hervorzuheben sind vor allem die „Vorschläge des Deutschen Gewerkschaftsbundes zur Novellierung des Betriebsverfassungsgesetzes", die vom Bundesvorstand des DGB am 10. 10. 1967 verabschiedet wurden (abgedruckt in AuR 1968, 80 ff., 112 ff., 145 ff., 176 ff.); sie wurden im Mai 1970 ergänzt und in einer selbständigen, vom Bundesvorstand des DGB herausgegebenen Broschüre veröffentlicht. Auf ihnen beruht im Wesentlichen der Entwurf des Bundesministeriums für Arbeit und Sozialordnung für ein neues Betriebsverfassungsgesetz (Referentenentwurf, abgedruckt in RdA 1970, 357 ff.).

19   Nachdem über einige strittige Punkte Einigung zwischen den Koalitionsparteien der SPD und FDP erzielt worden war (abgedruckt in RdA 1970, 370), wurde dem Bundestag der **Regierungsentwurf eines BetrVG** vorgelegt (BT-Drucks. VI/1786; vgl. *Richardi*, Arbeitsrecht als Teil freiheitlicher Ordnung, S. 152 f.). Die BT-Fraktion der CDU/CSU legte einen eigenen Entwurf eines Gesetzes über die Mitbestimmung der Arbeitnehmer in Betrieb und Unternehmen vor (BT-Drucks. VI/1806; vgl. *Richardi*, S. 153 f.). Nachdem über die beiden Entwürfe im BT-Ausschuss für Arbeit und Sozialordnung unter Veranstaltung öffentlicher Informationssitzungen eingehend beraten worden war, wurde eine Ausschussfassung des RegE vorgelegt (BT-Drucks. VI/2729; dazu den schriftlichen Bericht des BT-Ausschusses für Arbeit und Sozialordnung, *zu* BT-Drucks. VI/2729). Diese Ausschussvorlage wurde vom Deutschen Bundestag in seiner 150. Sitzung am 10. 11. 1971 in zweiter und dritter Lesung verabschiedet. Der Bundesrat hat dem Gesetz am 17. 12. 1971 zugestimmt. Das Gesetz ist am 18. 1. 1972 verkündet worden (BGBl. I S. 13) und gemäß § 132 am Tag nach seiner Verkündung in Kraft getreten.

20   c) **Entwicklung der Betriebsverfassung bis zur Novelle vom 20. 12. 1988.** Nach Verabschiedung des Betriebsverfassungsgesetzes 1972 wurde das Personalvertretungsgesetz vom 5. 8. 1955 durch das **Bundespersonalvertretungsgesetz vom 15. 3. 1974** abgelöst, um im Bereich des öffentlichen Dienstes die Mitwirkung und Mitbestimmung nach dem Vorbild des BetrVG 1972 auszubauen. Die Länder folgten in der Gestaltung ihrer Personalvertretungsgesetze, soweit eine Anpassung nicht schon vorher erfolgt war (vgl. den Überblick in *Richardi/Dörner/Weber*, Personalvertretungsrecht, 3. Aufl. 2007, Einl. Rn. 57).

21   Durch das **Gesetz zum Schutze in Ausbildung befindlicher Mitglieder von Betriebsverfassungsorganen vom 18. 1. 1974** (BGBl. I S. 85) wurde § 78 a in das BetrVG eingefügt, um den Mitgliedern von Betriebsverfassungsorganen, die in einem Berufsausbildungsverhältnis stehen, durch Sicherung ihrer Übernahme in ein unbefristetes Arbeitsverhältnis dieselbe Unabhängigkeit in ihrer Amtsführung wie den übrigen Mitgliedern zu gewährleisten, deren Arbeitsverhältnis in seinem Bestand durch den besonderen Kündigungsschutz im Rahmen der Betriebsverfassung und Personalvertretung geschützt ist; § 78 a trat am 23. 1. 1974 in Kraft. Geringfügige Änderungen brachte Art. 238 EGStGB vom 2. 3. 1974 (BGBl. I S. 469).

22   Die **Betriebsverfassung** wurde vor allem **durch Regelungen außerhalb des BetrVG ergänzt:** Das Gesetz über Betriebsärzte, Sicherheitsingenieure und andere Fachkräfte für Arbeitssicherheit (Arbeitssicherheitsgesetz – ASiG) vom 12. 12. 1973 (BGBl. I S. 1885) regelt in § 9 die Zusammenarbeit mit dem Betriebsrat; Betriebsärzte und Fachkräfte für Arbeitssicherheit sind mit Zustimmung des Betriebsrats zu bestellen und abzuberufen. Dem Arbeitsschutzausschuss gehören zwei vom Betriebsrat bestimmte Betriebsratsmit-

IV. Entwicklung nach dem Zweiten Weltkrieg **Einleitung**

glieder an (§ 11 ASiG). Der bereits im Schwerbeschädigtengesetz vom 16. 6. 1953 (BGBl. I S. 389) i. F. vom 14. 8. 1961 (BGBl. I S. 1233) vorgesehene Vertrauensmann der Schwerbeschädigten (§ 13) erhielt in der Neufassung des Schwerbehindertengesetzes vom 26. 8. 1986 (BGBl. I S. 1421, ber. S. 1550) die Bezeichnung als **Schwerbehindertenvertretung**, geregelt in §§ 23 bis 29; seit dem 1. 7. 2001 sind die entsprechenden Bestimmungen in §§ 93 bis 100 SGB IX enthalten. Das Gesetz über den Zivildienst der Kriegsdienstverweigerer (Zivildienstgesetz – ZDG) i. F. vom 28. 9. 1994 (BGBl. I S. 2811) schuf in § 37 die Grundlage für die Einrichtung eines **Vertrauensmannes der Zivildienstleistenden**. Die maßgebliche Regelung enthält heute das Gesetz über den Vertrauensmann der Zivildienstleistenden vom 16. 1. 1991 (BGBl. I S. 53). Das Gesetz zum Schutz vor Missbrauch personenbezogener Daten bei der Datenverarbeitung (Bundesdatenschutzgesetz – BDSG) vom 27. 1. 1977 (BGBl. I S. 201), novelliert durch das Gesetz zur Fortentwicklung der Datenverarbeitung und des Datenschutzes vom 20. 12. 1990 (BGBl. I S. 2954), hatte ebenfalls Auswirkungen auf die Betriebsverfassung; es regelt in seinen §§ 36, 37, seit dem Gesetz vom 18. 5. 2001 (BGBl. I S. 904) §§ 4 f, 4 g Einrichtung und Rechtsstellung eines **Beauftragten für den Datenschutz**. Das Arbeitsrechtliche EG-Anpassungsgesetz vom 13. 8. 1980 (BGBl. I S. 1308) hat mit einer Ergänzung des § 613 a BGB festgelegt, dass bei Übergang von Betriebsteilen der Fortbestand von Ansprüchen aus Betriebsvereinbarungen grundsätzlich für die Dauer eines Jahres gesichert ist.

Für die **Sozialplanmitbestimmung im Konkurs** erging zur Regelung des konkursrechtlichen Ranges von Sozialplanforderungen das **Gesetz über den Sozialplan im Konkurs- und Vergleichsverfahren vom 20. 2. 1985** (BGBl. I S. 369), ersetzt zum 1. 1. 1999 durch §§ 123, 124 InsO. Art. 2 Beschäftigungsförderungsgesetz vom 26. 4. 1985 (BGBl. I S. 710) hat § 112 BetrVG geändert und durch Einfügung eines § 112 a die Erzwingbarkeit eines Sozialplans für die dort genannten Fälle ausgeschlossen. Der Veränderung in der Ausbildungssituation Jugendlicher trug das **Gesetz zur Bildung von Jugend- und Auszubildendenvertretungen in den Betrieben vom 13. 7. 1988** (BGBl. I S. 1034) Rechnung. Es baute die Jugendvertretung zu einer *Jugend- und Auszubildendenvertretung* aus. Bereits vorher erging das Gesetz zur Verlängerung der Amtszeit der Jugendvertretungen in den Betrieben vom 18. 12. 1987 (BGBl. I S. 2792). **23**

d) Novelle vom 20. 12. 1988. Die meisten Änderungen vor dem Reformgesetz 2001 brachte das **Gesetz zur Änderung des Betriebsverfassungsgesetzes, über Sprecherausschüsse der leitenden Angestellten und zur Sicherung der Montan-Mitbestimmung vom 20. 12. 1988** (BGBl. I S. 2312), das am 1. 1. 1989 in Kraft getreten ist. Es hat in seinem Art. 1 das BetrVG geändert und in seinem Art. 2 durch das **Gesetz über Sprecherausschüsse der leitenden Angestellten (Sprecherausschussgesetz – SprAuG)** eine betriebsverfassungsrechtliche Sondervertretung für die leitenden Angestellten geschaffen. Die Änderungen des BetrVG betrafen die folgenden Regelungsbereiche: Der Begriff des leitenden Angestellten wurde durch Neufassung des § 5 Abs. 3 und durch Auslegungsregeln in § 5 Abs. 4 präzisiert. Zur Feststellung, wer im Rahmen der Betriebsratswahlen und der Sprecherausschusswahlen zu den leitenden Angestellten gehört, wurde in § 18 a ein besonderes Zuordnungsverfahren eingeführt. Die Amtszeit des Betriebsrats wurde auf vier Jahre verlängert (§§ 13, 21). Die Ausübung des Wahlvorschlagsrechts wurde für die Arbeitnehmer durch Absenkung der Unterschriftenzahl als Konsequenz aus der Entscheidung des BVerfG zur inhaltsgleichen personalvertretungsrechtlichen Regelung über das Wahlvorschlagsrecht (BVerfGE 67, 369) erleichtert, und es wurde den im Betrieb vertretenen Gewerkschaften das Wahlvorschlagsrecht auch für den Fall eingeräumt, dass Betriebsräte bereits bestehen (§ 14). Die Beteiligung der Minderheitsgewerkschaften in der Zusammensetzung des Wahlvorstands wurde gesichert (§ 16). Außerdem wurde der Minderheitenschutz bei der Besetzung der Betriebsratsausschüsse und bei der Freistellung von Betriebsratsmitgliedern ausgebaut (§§ 27, 38). Die Arbeitnehmerbeteiligung bei Einführung neuer Technologien wurde durch eine Konkretisierung der Unterrich- **24**

tungs- und Beratungsrechte des Betriebsrats (§ 90) und durch einen Unterrichtungs- und Erörterungsanspruch der betroffenen Arbeitnehmer (§ 81) verbessert. Schließlich hat der Gesetzgeber erstmals in § 76 a die Kosten der Einigungsstelle geregelt. Der Bundesminister für Arbeit und Sozialordnung wurde ermächtigt, die Vergütung durch Rechtsverordnung näher zu regeln.

25 Das **Betriebsverfassungsgesetz** wurde **in der Fassung vom 23. 12. 1988** am 3. 1. 1989 (BGBl. I S. 1) – mit geringfügiger Berichtigung am 26. 4. 1989 (BGBl. I S. 902) – neu bekannt gemacht.

V. Betriebsverfassung im wiedervereinigten Deutschland

1. Entwicklung bis zum Einigungsvertrag

26 Nach der Beseitigung der SED-Diktatur schlossen die Bundesrepublik Deutschland und die DDR am 18. 5. 1990 einen **Staatsvertrag über die Schaffung einer Währungs-, Wirtschafts- und Sozialunion** (BGBl. II S. 518). In Art. 17 des Staatsvertrags heißt es zu den Grundsätzen der Arbeitsrechtsordnung: „In der Deutschen Demokratischen Republik gelten Koalitionsfreiheit, Tarifautonomie, Arbeitskampfrecht, Betriebsverfassung, Unternehmensmitbestimmung und Kündigungsschutz entsprechend dem Recht der Bundesrepublik Deutschland." Die DDR hat deshalb noch während ihres Bestehens zur Schaffung eines freiheitlichen kollektiven Arbeitsrechts durch das Gesetz über die Inkrafttretung von Rechtsvorschriften der Bundesrepublik Deutschland in der DDR vom 21. 6. 1990 (DDR-GBl. I S. 357) das Tarifvertragsgesetz, das Betriebsverfassungsgesetz und die vier Gesetze über die Unternehmensmitbestimmung sowie aus dem Bereich des Individualarbeitsrechts das Kündigungsschutzgesetz mit Wirkung zum 1. 7. 1990 übernommen. Nach dem Beitritt der DDR zur Bundesrepublik Deutschland gemäß Art. 23 Satz 2 GG mit Wirkung zum 3. 10. 1990 hat der **Staatsvertrag über die Herstellung der Einheit Deutschlands (Einigungsvertrag) vom 31. 8. 1990** (BGBl. II S. 889) mit dem Bundesrecht das Betriebsverfassungsgesetz auf das Gebiet der ehem. DDR übergeleitet (Art. 8).

2. Herstellung der Rechtseinheit nach dem Einigungsvertrag

27 Das **Betriebsverfassungsrecht** beruht **seit dem 3. 10. 1990 auf derselben Gesetzesgrundlage.** Das BetrVG 1988 galt im Beitrittsgebiet mit den folgenden Übergangsregelungen als Bundesrecht (Art. 8 i. V. mit Anl. I Kap. VIII Sachgeb. A Abschn. III Nr. 12 EV): Bis zum 31. 12. 1991 hatte § 6 eine für das Beitrittsgebiet geltende Fassung, in der festgelegt war, wer Arbeiter und Angestellter i. S. des Gesetzes ist, und außerdem ist zu § 13 eine Übergangsregelung für die ersten Betriebsratswahlen nach dem BetrVG festgelegt (s. § 13 Rn. 3).

28 Trotz Herstellung der formalen Rechtseinheit galten **im Beitrittsgebiet** wegen der dort notwendigen Umstrukturierung der Unternehmen und Betriebe **besondere Regelungen:** Das Gesetz über die Spaltung der von der Treuhandanstalt verwalteten Unternehmen (SpTrUG) vom 5. 4. 1991 (BGBl. I S. 854) räumte dem Betriebsrat besondere Beteiligungsrechte ein (§§ 2 Abs. 4, 14). Außerdem war ein Übergangsmandat des Betriebsrats bei Betriebsspaltung vorgesehen, wobei für diesen Fall, wenn die an der Spaltung beteiligten Gesellschaften im Wettbewerb zueinander standen, die Vorschriften über die Beteiligungsrechte des Betriebsrats nicht anzuwenden waren, soweit sie Angelegenheiten betrafen, die den Wettbewerb zwischen diesen Gesellschaften beeinflussen konnten (§ 13). Besondere Beteiligungsrechte des Betriebsrats ergaben sich auch aus dem Gesetz zur Beseitigung von Hemmnissen bei der Privatisierung von Unternehmen und zur Förderung von Investitionen vom 22. 3. 1991 (BGBl. I S. 766): In das Vermögensgesetz wurde § 6 b eingefügt, der in Abs. 9 festlegte, dass bei einer Entflechtung der Betriebsrat im Amt blieb und die Geschäfte für die ihm bislang zugeordneten Betriebsteile weiter-

führte, soweit sie über die in § 1 BetrVG genannte Arbeitnehmerzahl verfügten und nicht in einen Betrieb eingegliedert wurden, in dem ein Betriebsrat bestand.

Für die Betriebsverfassung in den neuen Bundesländern (einschließlich des ehemaligen Ostsektors von Berlin) war mittelbar von Bedeutung, dass das Gesetz über den Sozialplan im Konkurs- und Vergleichsverfahren (SozplKonKG) von der Überleitung des Bundesrechts gemäß Abs. 8 EV ausgenommen war (Anl. I Kap. III Sachgeb. A Abschn. I Nr. 5); es galt statt dessen die **Gesamtvollstreckungsordnung** i. F. vom 23. 5. 1991 (BGBl. I S. 1186). Beide Gesetze sind mit Inkrafttreten der Insolvenzordnung vom 5. 10. 1994 BGBl. I S. 2866) am 1. 1. 1999 aufgehoben. 29

3. Änderungen des Betriebsverfassungsgesetzes im wiedervereinigten Deutschland bis zum Reformgesetz 2001

Mit der **Privatisierung von Bahn und Post** wurde die Geltung des BetrVG für diesen Bereich geändert. Das Gesetz zur Neuordnung des Eisenbahnwesens (Eisenbahnneuordnungsgesetz – ENeuOG) vom 27. 12. 1993 (BGBl. I S. 2378) enthält für die **Deutsche Bahn AG** betriebsverfassungsrechtliche Sonderregelungen in dem als Art. 2 ergangenen Gesetz über die Gründung einer Deutsche Bahn Aktiengesellschaft (Deutsche Bahn Gründungsgesetz – DBGrG). Für die **privatisierten Postunternehmen** enthalten weitgehende Modifikationen in der Anwendung des BetrVG die §§ 24 bis 37 des Gesetzes zum Personalrecht der Beschäftigten der früheren Deutschen Bundespost (Postpersonalrechtsgesetz – PostPersRG), das als Art. 4 des Gesetzes zur Neuordnung des Postwesens und der Telekommunikation (Postneuordnungsgesetz – PTNeuOG) vom 14. 9. 1994 (BGBl. I S. 2325) erlassen wurde. 30

Das **Zweite Gleichberechtigungsgesetz** vom 24. 6. 1994 (BGBl. I S. 1406, 1410) hat in seinem Art. 5 §§ 16, 45, 63, 80, 92, 93 und 96 BetrVG geändert, um die Chancen der Frauen zur gleichberechtigten Teilnahme am betrieblichen Leben zu verbessern. 31

Von Gewicht für die Betriebsverfassung ist das **Gesetz zur Bereinigung des Umwandlungsrechts** (UmwBerG) vom 28. 10. 1994 (BGBl. I S. 3210): Das als Art. 1 erlassene Umwandlungsgesetz traf in §§ 321, 322 ergänzende Bestimmungen für die Betriebsverfassung. Mit Ausnahme von § 322 Abs. 2 wurden sie durch das Reformgesetz 2001 aufgehoben (Art. 3). 32

Tiefgreifend sind bei **Insolvenz des Arbeitgebers** die Änderungen durch §§ 120 bis 128 der Insolvenzordnung vom 5. 10. 1994 (BGBl. I S. 2866), die am 1. 1. 1999 in Kraft trat. Die §§ 113 und 120 bis 122 sowie §§ 125 bis 128 InsO waren aber durch Art. 6 des Arbeitsrechtlichen Beschäftigungsförderungsgesetzes vom 25. 9. 1996 (BGBl. I S. 1476) im Geltungsbereich der Konkursordnung, also in den alten Bundesländern und in den ehemaligen Westsektoren von Berlin, bereits am 1. 10. 1996 in Kraft gesetzt worden (Art. 13). 33

Das **Arbeitsrechtliche Gesetz zur Förderung von Wachstum und Beschäftigung (Arbeitsrechtliches Beschäftigungsförderungsgesetz)** vom 25. 9. 1996 (BGBl. I S. 1476) hatte außerdem durch Art. 5 dem § 113 Abs. 3 BetrVG die Sätze 2 und 3 angefügt, um den Versuch eines Interessenausgleichs vor der Einigungsstelle zeitlich zu begrenzen. Sie wurden aber durch das Arbeitsrechtliche Korrekturgesetz vom 19. 12. 1998 (BGBl. I S. 3843) mit Ablauf des 31. 12. 1998 aufgehoben. 34

Eine Änderung des § 81 BetrVG brachte Art. 3 des **Gesetzes zur Umsetzung der EG-Rahmenrichtlinie Arbeitsschutz und weiterer Arbeitsschutzrichtlinien** vom 7. 8. 1996 (BGBl. I S. 1246). 35

Das deutsche Betriebsverfassungsrecht ist europarechtlich durch die am 22. 9. 1994 vom Ministerrat der EU beschlossenen **Richtlinie 94/45 EG über die Einsetzung eines Europäischen Betriebsrats** oder die Schaffung eines Verfahrens zur Unterrichtung und Anhörung der Arbeitnehmer in gemeinschaftsweit operierenden Unternehmen und Unternehmensgruppen (ABl. EG Nr. L 254/64) ergänzt worden; die Richtlinie wurde in 36

Einleitung
B. Geschichte der Betriebsverfassung

nationales Recht durch das Gesetz über die Europäischen Betriebsräte vom 28. 10. 1996 (BGBl. I S. 1548) umgesetzt.

4. Gesetz zur Reform des Betriebsverfassungsgesetzes vom 23. 7. 2001

37 Das Gesetz zur Reform des Betriebsverfassungsgesetzes (BetrVerf-Reformgesetz) vom 23. 7. 2001 (BGBl. I S. 1852) hat die Gesetzesregelung der Betriebsverfassung erheblich geändert, die **Struktur der Betriebsverfassung** aber **beibehalten.** SPD und Bündnis 90/Die Grünen hatten in der Koalitionsvereinbarung vom 20. 10. 1998 beschlossen, die neue Bundesregierung werde die Mitbestimmung am Arbeitsplatz sowie in Betrieb und Verwaltung im Interesse der Beteiligung und Motivation der Beschäftigten stärken und an die Veränderungen der Arbeitswelt anpassen; vorrangig dazu sei eine „grundlegende Novelle des Betriebsverfassungsgesetzes (Betriebsbegriff, Arbeitnehmerbegriff, Telearbeit, Vereinfachung des Wahlverfahrens)" (so unter I 8 der Koalitionsvereinbarung: Aufbruch und Erneuerung – Deutschlands Weg ins 21. Jahrhundert, Bonn). Mit dem Stand vom 4. 12. 2000 hatte das Bundesministerium für Arbeit und Sozialordnung einen Referentenentwurf vorgelegt. Die Bundesregierung verabschiedete am 14. 2. 2001 den Regierungsentwurf (BR-Drucks. 140/01 = BT-Drucks. 14/5741; vgl. zu den Schwerpunkten *Annuss*, NZA 2001, 367 ff.; *Engels/Trebinger/Löhr-Steinhaus*, DB 2001, 532 ff.; *Hanau*, RdA 2001, 65 ff.; *Konzen*, RdA 2001, 76 ff.; *Richardi*, NZA 2001, 346 ff.; zu den Veränderungen gegenüber dem RefE *Schiefer/Korte*, NZA 2001, 351 ff. Nach einer Sachverständigenanhörung im BT-Ausschuss für Arbeit und Sozialordnung wurde eine Ausschussfassung des RegE vorgelegt (BT-Drucks. 14/6352). Diese Ausschussvorlage wurde vom Deutschen Bundestag in zweiter und dritter Lesung am 22. 6. 2001 verabschiedet. Der Bundesrat hat dem Gesetz am 13. 7. 2001 zugestimmt. Das Gesetz ist am 27. 7. 2001 verkündet worden (BGBl. I S. 1852) und gemäß Art. 14 am Tag nach seiner Verkündung in Kraft getreten.

38 Das **Betriebsverfassungsgesetz** wurde i. F. vom **25. 9. 2001** auf Grund Art. 13 BetrVerf-ReformG am 29. 9. 2001 (BGBl. I S. 2518) neu bekannt gemacht. Das Reformgesetz hat das bisher die Betriebsverfassung bestimmende Gruppenprinzip von Arbeitern und Angestellten beseitigt. Für Kleinbetriebe hat es das Wahlverfahren vereinfacht (§ 14 a). Mit der Zielsetzuung einer Gleichstellung der Frauen in der Betriebsverfassung hat es festgelegt, dass das Geschlecht, das in der Belegschaft in der Minderheit ist, mindestens entsprechend seinem zahlenmäßigen Verhältnis im Betriebsrat vertreten sein muss, wenn dieser aus mindestens drei Mitgliedern besteht (§ 15 Abs. 2). Es hat in Betrieben mit mehr als 100 Arbeitnehmern ermöglicht, Aufgaben und Befugnisse des Betriebsrats auf Arbeitsgruppen zu übertragen, die nicht Teil der Betriebsratsorganisation sind (§ 28 a). Das Schwergewicht des Reformziels lag in einer Flexibilisierung der Betriebsratsstrukturen. Das Reformgesetz hat diese Aufgabe vornehmlich den Tarifvertragsparteien übertragen (§ 3). Soweit es um die Beteiligung des Betriebsrats geht, hat das Reformgesetz in die für den Arbeitsschutz geltende Regelung weitgehend den betrieblichen Umweltschutz einbezogen. Es hat den Katalog der Mitbestimmungstatbestände in § 87 Abs. 1 durch Nr. 13 auf die Grundsätze über die Durchführung von Gruppenarbeit erstreckt. Neben Korrekturen von geringem Gewicht ist von Bedeutung, dass die Mitbestimmung bei personellen Einzelmaßnahmen und Betriebsänderungen nicht mehr wie bisher von der Arbeitnehmerzahl im Betrieb, sondern von der Arbeitnehmerzahl im Unternehmen abhängt.

5. Änderungen seit dem Reformgesetz 2001

39 Durch das **Job-AQTIV-Gesetz** vom 10. 12. 2001 (BGBl. I S. 3443) wurde dem § 76 Abs. 3 als Satz 1 vorangestellt: „Die Einigungsstelle hat unverzüglich tätig zu werden" (Art. 8). Das **Dritte Gesetz für moderne Dienstleistungen am Arbeitsmarkt** vom 23. 12. 2003 (BGBl. I S. 2848) hat wegen der Neuorganisation der Arbeitsverwaltung in § 112

Abs. 2 den „Präsidenten des Landesarbeitsamtes" durch den „Vorstand der Bundesagentur für Arbeit" bzw. einen von diesen benannten Bediensteten ersetzt.

Das **Gesetz zu Reformen am Arbeitsmarkt** vom 24. 12. 2003 (BGBl. I S. 3002), das **40** am 1. 1. 2004 in Kraft trat, hat nur mittelbar die Betriebsverfassung berührt. Durch Anfügung des Abs. 5 in § 1 KSchG gestattet es bei Kündigungen auf Grund einer Betriebsänderung nach § 111 Arbeitgeber und Betriebsrat, im Interessenausgleich die Arbeitnehmer namentlich zu bezeichnen, denen gekündigt werden soll. Da die Klagefrist in § 4 KSchG auf alle Gründe der Rechtsunwirksamkeit einer Kündigung erstreckt wurde, ist sie seitdem auch bei Geltendmachung einer nicht ordnungsgemäßen Anhörung des Betriebsrats vor erfolgter Kündigung oder der Unwirksamkeit der Kündigung eines betriebsverfassungsrechtlichen Funktionsträgers zu beachten.

Das **Gesetz zur Umsetzung europäischer Richtlinien zur Verwirklichung des Grund-** **41** **satzes der Gleichbehandlung** vom 14. 8. 2006 (BGBl. I S. 1897) hat § 75 Abs. 1 dem im Gesetz enthaltenen Allgemeinen Gleichbehandlungsgesetz (Art. 1) angepasst (Art. 3 Abs. 3). Das **Gesetz zur Begrenzung der mit Finanzinvestitionen verbundenen Risiken (Risikobegrenzungsgesetz)** vom 19. 8. 2008 (BGBl. I S. 1666) hat Satz 2 in § 106 Abs. 2 und Nr. 9a dort in Abs. 3 eingefügt sowie § 109a angefügt. Das **Gesetz zur Errichtung eines Bundesaufsichtsamtes für Flugsicherung und zur Änderung und Anpassung weiterer Vorschriften** vom 29. 7. 2009 (BGBl. I S. 2424) hat in § 5 dem Abs. 1 und dem Abs. 3 einen Satz 3 angefügt.

C. Betriebsverfassung und Grundgesetz
I. Verfassungsrechtliche Grundlagen für die Mitbestimmung in Betrieb und Unternehmen

1. Konkretisierung des Sozialstaatsprinzips

Das Grundgesetz enthält **keine ausdrückliche Verfassungsgarantie für die Mitbestim-** **42** **mung in Betrieb und Unternehmen.** Dennoch ist es gegenüber der Mitbestimmung keineswegs neutral: Das Grundrecht der Koalitionsfreiheit gewährleistet auf individuellfreiheitsrechtlicher Grundlage ein Recht auf kollektive Teilhabe an der Gestaltung der Arbeits- und Wirtschaftsbedingungen. Die Tarifautonomie ist deshalb durch Art. 9 Abs. 3 GG verfassungsrechtlich geschützt.

Für die gesetzliche Mitbestimmung in Betrieb und Unternehmen fehlt eine entspre- **43** chende Garantie. Das im Grundgesetz verankerte Sozialstaatsprinzip (Art. 20 Abs. 1, 28 Abs. 1 GG) und die ausdrückliche Nennung als Rechtsmaterie der konkurrierenden Gesetzgebung (Art. 74 Abs. 1 Nr. 12 GG) legitimieren aber den Gesetzgeber, ein Recht der Betriebsverfassung zu schaffen, um den Gedanken der Selbstbestimmung, der den im Grundrechtskatalog genannten Freiheitsrechten zugrunde liegt, für die Arbeitnehmer in Betrieb und Unternehmen zu verwirklichen.

Durch das Sozialstaatsprinzip wird **dem Gesetzgeber nicht vorgeschrieben, wie die** **44** **Mitbestimmung zu verwirklichen** ist (vgl. BVerfG 1. 3. 1979 E 50, 290, 349 = AP MitbestG § 1 Nr. 1; 6. 11. 1979 E 52, 283, 298 = AP BetrVG 1972 § 118 Nr. 14). Deshalb ist er auch frei, wie er das Verhältnis der Betriebsverfassung zur unternehmensbezogenen Mitbestimmung regelt. Das Grundgesetz gibt dem Gesetzgeber keine Marschroute, wie er eine Mitbestimmungsordnung zu gestalten hat. Lediglich die Grundrechte sind zu respektieren. Sie sind jedoch für eine gesetzliche Regelung keineswegs nur eine *Schranke*, sondern sie sind auch die *Legitimationsbasis*, wenn der Gesetzgeber den Arbeitnehmern Beteiligungsrechte in Betrieb und Unternehmen einräumt; denn durch sie werden zu einem nicht unwesentlichen Teil die Bedingungen beeinflusst, „unter denen die Arbeitnehmer namentlich ihr Grundrecht auf Berufsfreiheit wahrnehmen, das für alle sozialen Schichten von Bedeutung ist" (BVerfGE 50, 290, 349).

Einleitung C. Betriebsverfassung und Grundgesetz

45   Das Sozialstaatsprinzip enthält **keine immanente Grundrechtsschranke**. Es kann wegen der ihm eigenen Offenheit gegenüber der Gestaltungsfreiheit des Gesetzgebers keine Begrenzungen grundrechtlicher Gewährleistungen sachlich rechtfertigen (vgl. BVerfG 6. 11. 1979 E 52, 283, 298 = AP BetrVG 1972 § 118 Nr. 14; 13. 1. 1982 E 59, 231, 261 ff. = AP GG Art. 5 Abs. 1 Rundfunkfreiheit Nr. 1). Das gilt auch für die Regelung der Mitbestimmung. § 118 Abs. 1 enthält deshalb eine Einschränkung für sog. **Tendenzunternehmen**. Zu ihnen gehören insbesondere Presse- und Verlagsunternehmen. Durch diese Regelung schirmt der Gesetzgeber die verfassungsrechtlich gewährleistete Pressefreiheit „vor einer Beeinträchtigung durch betriebliche Mitbestimmungsrechte ab" (BVerfGE 52, 283, 298).

46   Für **Einrichtungen der Kirchen und sonstigen Religionsgemeinschaften** erschöpft sich die verfassungsrechtlich gewährleistete Sonderstellung nicht in einer Tendenzautonomie, sondern sie sind aus dem Geltungsbereich des BetrVG insgesamt ausgeklammert (§ 118 Abs. 2 BetrVG). Durch diese Bereichsausnahme respektiert der Gesetzgeber, dass den Religionsgesellschaften durch Art. 140 GG i. V. mit Art. 137 Abs. 3 WRV garantiert ist, ihre Angelegenheiten selbständig innerhalb der Schranken des für alle geltenden Gesetzes zu ordnen und zu verwalten. Da der Staat keine Kompetenzkompetenz für die Festlegung der eigenen Angelegenheiten hat, ist den Religionsgesellschaften die Gestaltung ihrer **Mitbestimmungsordnung** als **Teil des Selbstbestimmungsrechts verfassungsrechtlich garantiert** (grundlegend BVerfG 11. 10. 1977 E 46, 73 = AP GG Art. 140 Nr. 1; ausführlich *Richardi*, Arbeitsrecht in der Kirche, 4. Aufl. 2003).

2. Verhältnis zur Koalitionsfreiheit

47   Besondere Beachtung verdient das Verhältnis zur Koalitionsfreiheit; denn die **Betriebsverfassung** und die Unternehmensmitbestimmung stehen als **Form der Förderung der Arbeits- und Wirtschaftsbedingungen** *neben* der Koalitionsfreiheit und der durch sie gewährleisteten Tarifautonomie. Art. 9 Abs. 3 GG lässt sich „nicht dahin auslegen, dass er ein Tarifsystem als *ausschließliche* Form der Förderung der Arbeits- und Wirtschaftsbedingungen gewährleiste" (BVerfG 1. 3. 1979 E 50, 290, 371 = AP MitbestG § 1 Nr. 1); er schließt neben dem vom Konfrontationsmodell geprägten Tarifvertragssystem mit arbeitskampfrechtlicher Konfliktlösung Mitbestimmungsordnungen wie die Betriebsverfassung und die Unternehmensmitbestimmung, die von einem Kooperationsmodell ausgehen, also „primär auf dem Gedanken des Zusammenwirkens beruhen", keineswegs aus (BVerfGE 50, 290, 372). Doch ist eine durch sie bewirkte Beschränkung der Tarifautonomie nur zulässig, „wenn diese im Prinzip erhalten und funktionsfähig bleibt", insbesondere muss die Gegnerunabhängigkeit als Funktionsvoraussetzung der Tarifautonomie gewahrt bleiben (BVerfGE 50, 290, 373).

48   Für die Mitbestimmung in der Betriebsverfassung ist dabei jedoch zu beachten, dass Arbeitgeber und Betriebsrat getrennt voneinander sich gegenüberstehen, die Arbeitnehmer also nicht wie bei der unternehmensbezogenen Mitbestimmung an der Auswahl und Kontrolle der Unternehmensleitung beteiligt werden. Trotzdem kann auch ein Ausbau der Mitbestimmung in der Betriebsverfassung Rückwirkungen auf die Tarifautonomie haben. Deshalb hat der Gesetzgeber den Initiativvorrang der Gewerkschaften gesichert, indem nach § 87 Abs. 1 Eingangshalbsatz der Betriebsrat in den dort genannten Angelegenheiten nur mitzubestimmen hat, wenn eine tarifvertragliche Regelung nicht besteht. Außerdem enthält § 77 Abs. 3 eine Regelungssperre für jede Betriebsvereinbarung, wenn Arbeitsentgelte und sonstige Arbeitsbedingungen durch Tarifvertrag geregelt sind oder üblicherweise geregelt werden.

49   Da die Mitbestimmung in eine **Antinomie zur Koalitionsfreiheit** treten kann, ist sie mit Art. 9 Abs. 3 GG außerdem nur vereinbar, wenn die Koalitionsbetätigung auch in ihrem Bereich wirksam werden kann. Das BVerfG hat klargestellt, dass das Grundrecht der Koalitionsfreiheit die **gewerkschaftliche Betätigung in der Betriebsverfassung** ge-

währleistet (zunächst anerkannt für die Koalitionsbetätigung im Personalvertretungswesen durch BVerfG 30. 11. 1965 E 19, 303, 312 ff. = AP GG Art. 9 Nr. 7; bestätigt unter ausdrücklichem Hinweis, dass Gleiches für die Betätigung der Koalitionen im Bereich des Betriebsverfassungsrechts gelte, durch das Mitbestimmungsurteil 1. 3. 1979 E 50, 290, 372 = AP MitbestG § 1 Nr. 1; vgl. auch BVerfG 24. 2. 1999 E 100, 214, 222 ff. = AP BetrVG 1972 § 20 Nr. 18; zur Erstreckung des Schutzbereichs des Art. 9 Abs. 3 GG auf die Unternehmensorganisation, soweit in ihr eine Mitbestimmungsordnung verwirklicht wird, BGH 8. 7. 1982 BGHZ 84, 352, 357 f. = AP GG Art. 9 Nr. 37).

II. Vereinbarkeit der Gesetzesregelung mit dem Grundgesetz

Gegen das BetrVG 1972 wurden bei seinem Erlass **verfassungsrechtliche Bedenken** 50 erhoben, die sich vor allem gegen den Ausbau der Mitbestimmung und die Kompetenz der Einigungsstelle richteten (vgl. *Galperin,* Der Regierungsentwurf eines neuen BetrVG, 1971; *H. Krüger,* Der Regierungsentwurf eines BetrVG vom 29. 1. 1971 und das Grundgesetz, 1971; *Obermayer,* DB 1971, 1715 ff.). Obwohl das Gesetz erhebliche Defekte und Regelungslücken aufweist, steht es insgesamt, wie die Diskussion seit seinem Erlass ergeben hat, **mit dem Grundgesetz im Einklang** (vgl. *Reuter/Streckel,* Grundfragen der betriebsverfassungsrechtlichen Mitbestimmung, 1973, S. 66 ff.; *Schwerdtner,* BlStSozArbR 1972, 33 ff.).

Das BetrVG verstößt nicht gegen die **Garantie des Eigentums** (Art. 14 Abs. 1 GG); 51 denn es hält sich in den Grenzen einer verfassungsrechtlich zulässigen Sozialbindung. Das gilt auch, soweit ein Sozialplan gegen den Willen des Unternehmers aufgestellt werden kann; denn das Mitbestimmungsrecht bezieht sich ausschließlich auf den Ausgleich oder die Milderung der wirtschaftlichen Nachteile, die den Arbeitnehmern infolge der geplanten Betriebsänderung entstehen, nicht auf die unternehmerisch-wirtschaftliche Entscheidung selbst. Problematisch kann lediglich sein, dass die Einigungsstelle Sozialplanleistungen festlegen kann, ohne dass im Gesetz ausdrücklich eine Höchstgrenze vorgesehen ist; jedoch muss insoweit beachtet werden, dass die Auferlegung von Geldleistungspflichten, die die Substanz des Unternehmens nicht beeinträchtigen, mit Art. 14 GG vereinbar ist (vgl. BVerfG 20. 7. 1954 E 4, 7, 17; 24. 9. 1965 E 19, 119, 128 f.; 15. 7. 1969 E 26, 327, 338; 15. 1. 1970 E 27, 326, 343; BAG 13. 3. 1973 AP BetrVG 1972 § 87 Werkmietwohnungen Nr. 1).

Das BetrVG verstößt nicht gegen das in Art. 12 Abs. 1 GG garantierte **Grundrecht** 52 **der Berufsfreiheit;** denn seine Beschränkungen betreffen nicht das Recht des Arbeitgebers auf freie Berufswahl, sondern sind für eine unternehmerische Betätigung unter dem Gesichtspunkt des Art. 12 Abs. 1 GG Regelungen der *Berufsausübung,* durch die konkretisiert wird, dass der Arbeitgeber als Grundrechtsträger die ihm verbürgte Freiheit nur mit Hilfe anderer, der Arbeitnehmer, wahrnehmen kann, die ebenfalls Träger des Grundrechts aus Art. 12 Abs. 1 GG sind (vgl. dazu auch BVerfG 1. 3. 1979 E 50, 290, 364 f. = AP MitbestG § 1 Nr. 1). Auch Art. 2 Abs. 1 GG, der die **Handlungsfreiheit auf wirtschaftlichem Gebiet** gewährleistet (vgl. BVerfGE 50, 290, 366), wird **nicht verletzt;** denn das Gesetz lässt einen angemessenen Spielraum zur Entfaltung der Unternehmerinitiative. Es lässt sich aber nicht bestreiten, dass das BetrVG dem Betriebsrat sowohl in sozialen als auch in personellen Angelegenheiten paritätische Mitbestimmungsrechte gibt, deren Beachtung die wirtschaftlich-unternehmerischen Entscheidungen in erheblichem Umfang bestimmt (vgl. *Badura/Rittner/Rüthers,* Mitbestimmungsgesetz 1976 und Grundgesetz, 1977, S. 116 ff.; *Kübler/Schmidt/Simitis,* Mitbestimmung als gesetzgebungspolitische Aufgabe, 1978, S. 171, 183 ff.; *Beuthien,* ZfA 1988, 1 ff.; *Martens,* RdA 1989, 164 ff.; *Loritz,* ZfA 1991, 1 ff.). Die richtigen Grenzen zu ziehen, ist angesichts der nach wie vor unbestimmten Gesetzesfassung Aufgabe der Rechtsprechung. Das BAG hat es sich in der Kaufhaus-Entscheidung vom 31. 8. 1982 zu leicht gemacht, als es ihr den Leitsatz voranstellte: „Mitbestimmungsrechte des Betriebsrates stehen nicht unter dem allgemeinen Vorbehalt, dass durch sie nicht in die unternehmerische Entscheidungsfreiheit eingegriffen werden dürfe" (AP BetrVG 1972 § 87 Arbeitszeit Nr. 8; vgl. auch *Richardi*, EzA § 87 BetrVG 1972 Arbeitszeit Nr. 13; *Beuthien*, ZfA 1988, 1, 16 ff.).

53 Leitprinzip der betriebsverfassungsrechtlichen Mitbestimmungsordnung ist, dass **unternehmerische Entscheidungen mitbestimmungsfrei** sind. Der Betriebsrat ist aber an Angelegenheiten **paritätisch beteiligt**, die für die **unternehmerische Planung und Organisation unmittelbare Bedeutung** haben: Für die Marktstrategie eines Unternehmens muss die Unternehmensleitung in Rechnung stellen, dass die vorübergehende Verkürzung oder Verlängerung der betriebsüblichen Arbeitszeit nach § 87 Abs. 1 Nr. 3 BetrVG der Mitbestimmung des Betriebsrats unterliegt. Bei Neueinstellungen hat sie das Mitbestimmungsrecht nach § 99 BetrVG zu respektieren. Ebenfalls von wirtschaftlich-unternehmerischer Bedeutung ist, dass der Betriebsrat nach § 87 Abs. 1 Nr. 10 BetrVG bei Fragen der betrieblichen Lohngestaltung mitzubestimmen hat. Für die Beteiligung des Betriebsrats bei Betriebsänderungen ist aber eine klare Grenze dahin gezogen, dass durch das hier eingeräumte Mitbestimmungsrecht nicht in die unternehmerische Entscheidungsfreiheit eingegriffen wird. Der Betriebsrat hat nur ein Beratungsrecht über die wirtschaftlich-unternehmerische Maßnahme; es genügt, dass der Unternehmer insoweit mit dem Betriebsrat einen Interessenausgleich versucht (§§ 111 Satz 1, 112 Abs. 1 bis 3). Lediglich soweit es um die sozialen Auswirkungen geht, hat der Betriebsrat ein Mitbestimmungsrecht; er kann in den vom Gesetz gezogenen Grenzen (§ 112a) die Aufstellung eines Sozialplans (§ 112 Abs. 1 Satz 2) erzwingen (§ 112 Abs. 4 und 5). Da durch einen derartigen Sozialplan dem Unternehmer gegen seinen Willen erhebliche finanzielle Belastungen auferlegt werden können, hat aber auch dieses Mitbestimmungsrecht Auswirkungen auf die unternehmerisch-wirtschaftliche Entscheidung. Es wird aber nicht verdrängt, wenn der Unternehmer nur deshalb von einer geplanten Betriebsänderung absieht, weil er sie sich wegen der sozialen Folgelast nicht leisten kann, obwohl er sie für die Entwicklung des Unternehmens für erforderlich hält.

54 Soweit ein Mitbestimmungsrecht die unternehmerische Entscheidungsfreiheit begrenzt, stellt deshalb seine Gewährung „die gesetzliche Lösung des Wertungswiderspruches zwischen Mitbestimmung und Freiheit der unternehmerischen Entscheidung selbst dar" (BAG 31. 8. 1982 AP BetrVG 1972 § 87 Arbeitszeit Nr. 8 [unter B III 2a]). Bei der Interpretation des Mitbestimmungstatbestands ist allerdings zu beachten, dass der **Betriebsrat kein Mitunternehmer** wird. Die Mitbestimmung über die Lage der Arbeitszeit gibt ihm kein Recht auf Beteiligung an der unternehmerischen Entscheidung, ob ein Restaurant als Nachtlokal oder Gasthof mit bürgerlichem Mittagstisch betrieben wird. Für eine Wach- und Schließgesellschaft ist Voraussetzung, dass die Arbeit nachts geleistet wird. Das Mitbestimmungsrecht des Betriebsrats kann und soll daran nichts ändern. Deshalb können Beginn und Ende der täglichen Arbeitszeit trotz des Mitbestimmungsrechts des Betriebsrats nach § 87 Abs. 1 Nr. 2 BetrVG nicht so festgelegt werden, dass der Zweck des Unternehmens sich ändert.

55 Schließlich verstößt die **Mitbestimmungsregelung des BetrVG** nicht gegen die in Art. 9 Abs. 3 GG garantierte **Koalitionsfreiheit;** denn sie begrenzt nicht das Betätigungsrecht der Koalitionen, wie in § 2 Abs. 3 ausdrücklich klargestellt wird. Rückwirkungen der betriebsverfassungsrechtlichen Regelungskompetenz auf die Tarifautonomie werden dadurch vermieden, dass § 77 Abs. 3 und § 87 Abs. 1 den Vorrang des Tarifvertrags festlegen (s. auch Rn. 46). Außerdem wird der Koalitionsbetätigungsgarantie in der Betriebsverfassung dadurch Rechnung getragen, dass die Gewerkschaften bestimmte Aufgaben und Befugnisse in der Betriebsverfassung haben. Ihre Einbeziehung geht andererseits nicht so weit, dass die ebenfalls in Art. 9 Abs. 3 GG garantierte negative Koalitionsfreiheit (vgl. BVerfG 1. 3. 1979 E 50, 290, 367 = AP MitbestG § 1 Nr. 1) verletzt wird; denn der Betriebsrat ist gegenüber den im Betrieb vertretenen Gewerk-

schaften eigenständig und von ihnen bei der Wahrnehmung seines Betriebsratsamtes unabhängig.

Ein Verstoß gegen die Koalitionsfreiheit liegt dagegen vor, soweit das Reformgesetz 2001 den Tarifvertragsparteien die Möglichkeit eines Zugriffs auf den **Repräsentationsbereich des Betriebsrats** eröffnet (s. § 3 Rn. 5 ff.). Die gesetzliche Organisation der Betriebsverfassung darf nicht zur Disposition der Tarifvertragsparteien gestellt werden. 56

D. Geltungsbereich des Betriebsverfassungsgesetzes

I. Sachlicher Geltungsbereich

1. Bereichsausnahmen

a) Öffentlicher Dienst. Das Gesetz gilt nur für die sog. **Privatwirtschaft, nicht** für den öffentlichen Dienst (§ 130). Zu ihm gehören aber nur Betriebe, deren Inhaber der Bund, ein Land oder sonst eine Körperschaft, Anstalt oder Stiftung des öffentlichen Rechts ist. Ist dagegen Inhaber eine juristische Person des Privatrechts oder eine Gesamthand, so fällt ein Betrieb auch dann unter das BetrVG, wenn sich alle Anteile in der Hand einer öffentlich-rechtlichen Körperschaft befinden. Auf den Zweck, der mit einer Einrichtung verfolgt wird, oder deren Organisation kommt es nicht an, sondern maßgebend ist allein, wer Inhaber eines Betriebs ist. 57

Die **Betriebsverfassung für den Bereich des öffentlichen Dienstes** ist nicht bundeseinheitlich geregelt; denn die Gesetzgebungskompetenz des Bundes ist insoweit auf den Erlass von Rahmenvorschriften beschränkt, soweit die Personen nicht im Dienst des Bundes oder einer bundesunmittelbaren juristischen Person des öffentlichen Rechts stehen (Art. 75 Nr. 1 GG). Das **Bundespersonalvertretungsgesetz (BPersVG) vom 15. 3. 1974** regelt nur die Dienststellenverfassung des Bundes und der bundesunmittelbaren Körperschaften, Anstalten und Stiftungen des öffentlichen Rechts; es enthält neben wenigen unmittelbar für die Länder geltenden Vorschriften (§§ 107 bis 109 BPersVG) lediglich – seit der Föderalismusreform 2006 gemäß Art. 125 a Abs. 1 Satz 2 GG nicht mehr bindende – Rahmenvorschriften für die Landesgesetzgebung (§§ 94 bis 106 BPersVG). Für die Dienststellen der Länder, Gemeinden und sonstigen juristischen Personen des öffentlichen Rechts haben daher die Länder eigene Personalvertretungsgesetze erlassen (s. auch Rn. 20). 58

b) Kirchen und Religionsgemeinschaften. Nicht unter das BetrVG fallen die **Religionsgemeinschaften** und ihre **karitativen** oder **erzieherischen Einrichtungen unbeschadet deren Rechtsform** (§ 118 Abs. 2). Da das Gesetz keine Anwendung auf Verwaltung und Betriebe der Körperschaften des öffentlichen Rechts findet (§ 130), gilt es schon aus diesem Grund nicht für eine Religionsgesellschaft, die nach Art. 140 GG i. V. mit Art. 137 Abs. 5 WRV Körperschaft des öffentlichen Rechts ist. Bereits nach § 130 sind daher ausgeklammert die Dienststellen und Betriebe der verfassten Kirche. Die Bereichsausklammerung des § 118 Abs. 2 betrifft deshalb neben den Religionsgemeinschaften, die privatrechtlich organisiert sind, vor allem die in privatrechtlicher Form verselbständigten **karitativen und erzieherischen Einrichtungen der Kirchen**. Die Religionsgemeinschaften werden, soweit sie Körperschaften des öffentlichen Rechts sind, auch nicht von den Personalvertretungsgesetzen erfasst (§ 112 BPersVG). 59

2. Begrenzte Geltung und Sonderregelungen

a) **Luftfahrtunternehmen.** Bei Luftfahrtunternehmen gilt das BetrVG nur für die Landbetriebe, **nicht** für den **Flugbetrieb**; es kann aber für die im Flugbetrieb beschäftigten Arbeitnehmer durch Tarifvertrag eine Vertretung errichtet werden (§ 117). 60

61 **b) Seeschifffahrt.** Für die Seeschifffahrt trifft das BetrVG eine **Sonderregelung** in den §§ 114 bis 116: Auf jedem Kauffahrteischiff, das nach dem Flaggenrechtsgesetz die Bundesflagge führt, wird von den Besatzungsmitgliedern eine *Bordvertretung*, und in jedem Seebetrieb, d. i. die Gesamtheit der Schiffe eines Seeschifffahrtsunternehmens, wird von allen zum Seeschifffahrtsunternehmen gehörenden Besatzungsmitgliedern ein *Seebetriebsrat* errichtet. Dadurch und durch Abweichungen, die sich aus den besonderen Verhältnissen im Bereich der Seeschifffahrt ergeben, entsteht eine besondere Seebetriebsverfassung.

62 **c) Tendenzunternehmen.** Für sog. **Tendenzbetriebe**, also Unternehmen und Betriebe, die unmittelbar und überwiegend bestimmte geistig-ideelle Ziele verfolgen oder Zwecken der Berichterstattung oder Meinungsäußerung dienen, wird durch § 118 Abs. 1 die **Anwendung dieses Gesetzes eingeschränkt:** Die Vorschriften über den Wirtschaftsausschuss (§§ 106 bis 110) sind nicht anzuwenden; die Regelung über die Mitwirkung des Betriebsrats bei Betriebsänderungen (§§ 111 bis 113) gilt nur insoweit, als sie sich auf den Ausgleich oder die Milderung wirtschaftlicher Nachteile für die Arbeitnehmer bezieht *(absoluter Tendenzschutz)*. Die übrigen Vorschriften des BetrVG finden dagegen lediglich keine Anwendung, soweit die Eigenart des Unternehmens oder des Betriebs dem entgegensteht *(relativer Tendenzschutz).*

II. Kollisionsrecht der Betriebsverfassung

1. Grundsatz

63 **a) Fehlen einer kollisionsrechtlichen Regelung im Gesetz.** Das Gesetz gilt in der Bundesrepublik Deutschland; es regelt nicht seinen Anwendungsbereich, wenn ein betriebsverfassungsrechtlicher Sachverhalt eine Auslandsberührung aufweist.

64 Nur für die **Seebetriebsverfassung** enthält das Gesetz eine **kollisionsrechtliche Regelung:** Seeschifffahrtsunternehmen i. S. des BetrVG ist ein Handelsschifffahrtsunternehmen, das seinen Sitz im Geltungsbereich dieses Gesetzes hat (§ 114 Abs. 2; s. dort Rn. 10 ff.). Aus 114 Abs. 4 ergibt sich, dass eine Bordvertretung nach § 115 nur auf Kauffahrteischiffen gewählt werden kann, die nach dem Flaggenrechtsgesetz die Bundesflagge führen (s. § 114 Rn. 32 ff., § 115 Rn. 7). Der Seebetriebsrat kann ebenfalls nur, wie sich aus § 114 Abs. 3 i. V. mit 116 ergibt, für die Gesamtheit dieser Schiffe gebildet werden (s. § 114 Rn. 29). Unter diesen Voraussetzungen nimmt ein Schiff die deutsche Seebetriebsverfassung auch mit, wenn es sich außerhalb der deutschen Hoheitsgewässer befindet, wie umgekehrt ein Schiff auch innerhalb der deutschen Hoheitsgewässer aus dem Anwendungsbereich des BetrVG ausgeklammert ist, wenn es diese Voraussetzungen nicht erfüllt (vgl. *Birk*, FS Schnorr v. Carolsfeld 1973, S. 61, 86 f.).

65 Im Übrigen fehlt im BetrVG eine **kollisionsrechtliche Regelung.** Sie ist auch im **Europarecht nicht vorgesehen.**

66 **b) Lex loci laboris als Grundregel.** Nach dem BAG und der h. L. richtet sich der räumliche Anwendungsbereich des BetrVG nach dem sog. **Territorialitätsprinzip** (BAG 9. 11. 1977, 25. 4. 1978 und 21. 10. 1980 AP Internat. Privatrecht Arbeitsrecht Nr. 13, 16 und 17; 27. 5. 1982 AP BetrVG 1972 § 42 Nr. 3; 30. 4. 1987 AP SchwbG § 12 Nr. 15; 7. 12. 1989 AP Internat. Privatrecht Arbeitsrecht Nr. 27; 22. 3. 2000 AP AÜG § 14 Nr. 8; *Fitting*, § 1 Rn. 13; DKK-*Trümner*, § 1 Rn. 23; ErfK-*Eisemann/Koch*, § 1 Rn. 5; *Nikisch*, Bd. III S. 57; *Nipperdey/Säcker* in Hueck/Nipperdey, Bd. II/2 S. 1112 Fn. 5; *Neumann-Duesberg*, S. 91; *Auffarth*, FS Hilger/Stumpf 1983, S. 31 ff.; ausführlich *A. Junker*, Internationales Arbeitsrecht im Konzern, 1992, S. 352 ff.). Der Hinweis auf das Territorialitätsprinzip erklärt sich daraus, dass man das Betriebsverfassungsrecht ursprünglich dem öffentlichen Recht zuordnete (vgl. RAG, BenshSlg. 12, 111, 112; folgerichtig deshalb *Dietz*, Vorbem. vor § 1 Rn. 16). Dem mit ihm begründeten Ergebnis steht nicht entgegen,

dass die Betriebsverfassung privatrechtlichen Charakter hat (s. Rn. 127 ff.). Der Ausdruck ist aber unbrauchbar, um den internationalen Standort des Betriebsverfassungsrechts zu bestimmen (vgl. auch *v. Hoyningen-Huene,* MünchArbR § 211 Rn. 12; *Däubler,* Betriebsverfassung in globalisierter Wirtschaft, S. 24 f.; *Gamillscheg,* Internationales Arbeitsrecht, 1959, S. 121). Entscheidend ist vielmehr kollisionsrechtlich, dass die Mitwirkungs- und Mitbestimmungsrechte nicht Rechte aus dem Arbeitsverhältnis sind, sondern sie begrenzen als der Belegschaft zugeordnete Rechte die Entscheidungsautonomie des Arbeitgebers. Betriebsverfassungsrecht ist Sozialordnungsrecht und gilt ohne Rücksicht auf die Besonderheit der rechtlichen Organisation eines Unternehmens in den Organisationseinheiten, für die Arbeitnehmerrepräsentanten gebildet werden.

Da für die Betriebsverfassung keine Rolle spielt, welche Staatsangehörigkeit der Arbeitgeber und die Arbeitnehmer haben und die Mitwirkungs- und Mitbestimmungsrechte des Betriebsrats nicht davon abhängen, welchen Inhalt die einzelnen Arbeitsverhältnisse nach dem Willen der Vertragsparteien haben, ist weder das Personalstatut des Arbeitgebers oder der Arbeitnehmer noch das Vertragsstatut des Arbeitsverhältnisses geeignet, um den räumlichen Geltungsbereich des BetrVG zutreffend abzugrenzen. Maßgebend ist vielmehr die **lex loci laboris** (ebenso *Simitis,* FS Kegel 1977, S. 153, 179; im Ergebnis unter Hinweis auf das Territorialitätsprinzip die in Rn. 66 zitierte Rechtsprechung und Literatur; a. A. vor allem *Gamillscheg,* Kollektives Arbeitsrecht, Bd. II S. 202 ff. **67**

Anknüpfungspunkt ist daher der **Sitz des Betriebs.** Liegt er im Inland, so findet das Gesetz Anwendung, wobei keine Rolle spielt, ob Arbeitgeber und Arbeitnehmer deutsche Staatsangehörige sind und auf die Vertragsverhältnisse deutsches Recht Anwendung findet (BAG 7. 12. 1989 AP Internat. Privatrecht Arbeitsrecht Nr. 27; *Birk,* FS Schnorr v. Carolsfeld 1973, S. 61, 69 f.; *A. Junker,* Internationales Arbeitsrecht im Konzern, 1992, S. 374 ff.; *Richardi,* IPRax 1983, 217). Maßgebend ist also **nicht** der **Sitz des Unternehmens.** Daraus folgt, dass auf den **Betrieb eines deutschen Unternehmens,** der **im Ausland** liegt, das BetrVG keine Anwendung findet (ebenso BAG 25. 4. 1978 AP Internat. Privatrecht Arbeitsrecht Nr. 16 [zust. *Simitis*]; 10. 9. 1985 AP BetrVG 1972 § 117 Nr. 3; LAG Berlin, BB 1977, 1302; bereits RAG, BenshSlg. 12, 111; a. A. für einen Auslandsbetrieb mit enger Inlandsbindung *Däubler,* Betriebsverfassung in globalisierter Wirtschaft, S. 28 ff., für Möglichkeit, durch Tarifvertrag das deutsche Betriebsverfassungsrecht für anwendbar zu erklären, *ders.* S. 61 und RabelsZ 39 [1975], 444, 461; für eine Rechtswahl durch die Betriebspartner bei einer qualifizierten Mehrheit von 75 Prozent auf Seiten der Belegschaft *A. Junker,* Internationales Arbeitsrecht, S. 378 ff.; abweichend, soweit die Arbeitsverhältnisse dem deutschen Arbeitsrecht unterliegen, weil für den Anwendungsbereich des BetrVG das Arbeitsstatut maßgebend sei, *Gamillscheg,* Kollektives Arbeitsrecht, Bd. II S. 205). **68**

2. Organisation der Betriebsverfassung

a) **Bildung eines Betriebsrats.** Da Anknüpfungspunkt für die Geltung des BetrVG der Sitz des Betriebes ist, kann für den **Betrieb eines deutschen Unternehmens im Ausland kein Betriebsrat** i. S. dieses Gesetzes gebildet werden. Dem deutschen BetrVG sind nicht nur Betriebe, sondern auch **Betriebsteile** entzogen, die bei Anwendung deutschen Rechts lediglich nach § 4 Abs. 1 Satz 1 selbständige Betriebe im betriebsverfassungsrechtlichen Sinn sein könnten (ebenso BAG 25. 4. 1978 AP Internat. Privatrecht Arbeitsrecht Nr. 16). Ein Betriebsteil, der im Ausland liegt, ist zwar regelmäßig bereits wegen räumlich weiter Entfernung vom Hauptbetrieb nach § 4 Abs. 1 Satz 1 Nr. 1 ein selbständiger Betrieb i. S. des BetrVG (vgl. auch *Grasmann,* ZGR 1973, 317, 321); doch ist möglich, dass er nicht die Voraussetzungen des § 1 Abs. 1 Satz 1 erfüllt und deshalb nicht betriebsverfassungsrechtlich selbständig ist, sondern für die Beteiligung an der Errichtung eines Betriebsrats dem „Hauptbetrieb" zugeordnet wird. Daher ist zweifelhaft, ob in diesem Fall die in dem ausländischen Betriebsteil beschäftigten Arbeitnehmer zum **69**

Betriebsrat des inländischen Betriebs wahlberechtigt und wählbar sind. Stellt man kollisionsrechtlich in den Mittelpunkt, dass den Arbeitnehmern die Position garantiert wird, die ihnen das am Arbeitsort geltende Recht gewährt, so sind die im ausländischen Betriebsteil beschäftigten Arbeitnehmer nicht an der deutschen Betriebsverfassung zu beteiligen, zumal im Einzelfall schwierig festzustellen ist, ob ein ausländischer Betrieb eines inländischen Unternehmens selbständiger oder unselbständiger Betriebsteil ist (so zutreffend BAG AP Internat. Privatrecht Arbeitsrecht Nr. 16).

70 Für die **im Inland gelegenen Betriebe ausländischer Unternehmen** ist dagegen bei Betriebsratsfähigkeit ein **Betriebsrat zu bilden** (ebenso BAG 9. 11. 1977 AP Internat. Privatrecht Arbeitsrecht Nr. 13).

71 b) **Gesamtbetriebsrat, Konzernbetriebsrat und Wirtschaftsausschuss.** Dass die Unternehmensleitung im Ausland liegt, spielt auch dann keine Rolle, wenn es sich um betriebsverfassungsrechtliche Institutionen handelt, die auf der Ebene des Unternehmens errichtet werden. Daher ist für inländische Betriebe eines ausländischen Unternehmens ein **Gesamtbetriebsrat** zu bilden (s. § 47 Rn. 21). Entsprechend ist ein **Wirtschaftsausschuss** zu errichten, wenn die im Inland befindlichen Betriebe insgesamt in der Regel mehr als 100 Arbeitnehmer ständig beschäftigen (ebenso BAG 1. 10. 1974 AP BetrVG 1972 § 106 Nr. 1; 31. 10. 1975 AP BetrVG § 106 Nr. 2; s. ausführlich § 106 Rn. 13 f.). Maßgebend ist allein, dass der Gesamtbetriebsrat und der Wirtschaftsausschuss nicht zur gesellschaftsrechtlichen Organisation des Unternehmens gehören, sondern *Teil der Betriebsverfassung* sind.

72 Dass die Betriebsverfassung von der lex loci laboris beherrscht wird, gilt auch für die **Konzernbetriebsverfassung.** Es kann deshalb ein auf das Inland beschränkter **Teilkonzernbetriebsrat** gebildet werden (ebenso BAG 14. 2. 2007 AP BetrVG 1972 § 54 Nr. 13 [Rn. 49]; 16. 5. 2007 AP ArbGG 1979 § 96a Nr. 3 [Rn. 31]; 22. 7. 2008 AP BetrVG 1972 § 87 Nr, 14 [Rn. 38]); s. ausführlich § 54 Rn. 35). Die ausländischen Unternehmen einer deutschen Konzernmutter werden nämlich bei der Errichtung eines Konzernbetriebsrats nicht berücksichtigt. Kein Hinderungsgrund für seine Bildung ist, dass die herrschende Gesellschaft ihren Sitz im Ausland hat. Sofern sich mindestens zwei abhängige Unternehmen im Inland befinden, können die zuständigen Betriebsvertretungen einen Teilkonzernbetriebsrat errichten.

3. Anwendung deutschen Betriebsverfassungsrechts auf im Ausland tätige Arbeitnehmer

73 a) **Grundregel.** Ob und inwieweit das BetrVG auf Mitarbeiter deutscher Betriebe Anwendung findet, die im Ausland tätig sind, lässt sich nicht mit Hilfe des Territorialitätsprinzips feststellen (so zutreffend BAG 7. 12. 1989 AP Internat. Privatrecht Arbeitsrecht Nr. 27 [unter I 2]). Dennoch versuchen Rspr. und h. L. eine Anbindung, indem sie darauf abstellen, ob es sich bei der Auslandstätigkeit um eine **Ausstrahlung des Inlandsbetriebs** handelt (vgl. BAG 25. 4. 1978 AP Internat. Privatrecht Arbeitsrecht Nr. 16; 30. 4. 1987 AP SchwbG § 12 Nr. 15; 7. 12. 1989 AP Internat. Privatrecht Arbeitsrecht Nr. 27; *Fitting*, § 1 Rn. 22; *GL-Löwisch*, Vorbem. vor § 1 Rn. 10; *v. Hoyningen-Huene*, MünchArbR § 211 Rn. 17; *Nikisch*, Bd. III S. 57; *Nipperdey/Säcker* in *Hueck/Nipperdey*, Bd. II/2 S. 1112 Fn. 5).

74 Dem Begriff der Ausstrahlung kann kein Maßstab entnommen werden, unter welchen Voraussetzungen Arbeitnehmer im Ausland dem deutschen Betriebsverfassungsrecht unterliegen. Mit ihm wird lediglich umschrieben, dass die Betriebszugehörigkeit eines Arbeitnehmers nicht deshalb endet, weil er **vorübergehend im Ausland tätig** wird, z. B. als Monteur. Das gilt nicht nur für *einzelne Arbeitnehmer*, sondern auch für *Arbeitsgruppen* (ebenso *Birk*, FS Schnorr v. Carolsfeld 1973, S. 61, 79). Grenzfall ist, wenn die **gesamte Belegschaft** vorübergehend im Ausland tätig ist, z. B. ein Wanderzirkus oder ein Orchester. Entscheidend ist, dass sie dadurch nicht zu einem ausländischen Betrieb wird;

denn die lex loci laboris richtet sich in diesem Fall nicht danach, wo die Arbeitnehmer eines Betriebs ihre Arbeitsleistung zu erbringen haben, sondern ausschließlich danach, wo der Betrieb, also die Organisation der Arbeitsteilung ihren Schwerpunkt hat, so dass unerheblich ist, ob zur Erreichung des Betriebszwecks eine Tätigkeit im Ausland erforderlich wird (ebenso im Ergebnis *Gamillscheg*, Kollektives Arbeitsrecht, Bd. II S. 205).

Keine Klärung bringt auch die Feststellung, bei der Anwendung des BetrVG auf im Ausland tätige Arbeitnehmer handele es sich um keine Frage des räumlichen, sondern des **persönlichen Geltungsbereichs** (BAG 7. 12. 1989 AP Internat. Privatrecht Arbeitsrecht Nr. 27; *Fitting*, § 1 Rn. 22; ErfK-*Eisemann/Koch*, § 1 Rn. 4; *Auffarth*, FS Hilger/Stumpf 1983, S. 31, 35). Kriterium für die Anwendung ist vielmehr allein die **Betriebszugehörigkeit** bei Auslandstätigkeit (so zutreffend *Birk*, FS Karl Molitor 1988, S. 19 ff.). Wer im Inland eingestellt wird, soll den Schutz der Betriebsverfassung nicht dadurch verlieren, dass er zur Arbeitsleistung ins **Ausland entsandt** wird. § 4 SGB IV bringt für die Sozialversicherung diesen Rechtsgedanken zum Ausdruck und kann deshalb auf die Betriebsverfassung entsprechend Anwendung finden: Wer im Rahmen eines im Inland bestehenden Arbeitsverhältnisses in das Ausland entsandt wird, bleibt Angehöriger des inländischen Betriebes und unterliegt daher dem BetrVG, „wenn die Entsendung infolge der Eigenart der Beschäftigung oder vertraglich **im Voraus zeitlich begrenzt** ist" (so der Gesetzestext des § 4 Abs. 1 SGB IV). Das gilt nicht nur, wenn der Arbeitnehmer eines inländischen Betriebes im Ausland außerhalb einer dort bestehenden festen betrieblichen Organisation beschäftigt wird, sondern auch dann, wenn er dort in eine feste betriebliche Organisation eingegliedert wird (ebenso BAG 25. 4. 1978 AP Internat. Privatrecht Arbeitsrecht Nr. 16).

Wird ein Arbeitnehmer **ständig** in einen **Auslandsbetrieb entsandt,** so gehört er zur Belegschaft dieses Betriebes; das BetrVG findet auf ihn keine Anwendung (ebenso BAG 25. 4. 1978 AP Internat. Privatrecht Arbeitsrecht Nr. 16). Maßgebend ist, ob die Entsendung ins Ausland auf unbestimmte Zeit vorgesehen ist; in diesem Fall geht die Bindung an den inländischen Betrieb bereits im Zeitpunkt der Entsendung verloren, ist also unerheblich, wie lange der Arbeitnehmer bereits im Auslandsbetrieb tätig ist (ebenso BAG AP Internat. Privatrecht Arbeitsrecht Nr. 16).

Zweifelhaft ist die Rechtslage, wenn ein Arbeitnehmer **ständig im Ausland** beschäftigt wird, dort aber **nicht oder nur vorübergehend in einen Betrieb eingegliedert** wird. Soll er nach seiner Auslandstätigkeit im Inland weiterbeschäftigt werden, so spricht dieser Gesichtspunkt dafür, dass die Bindung zum inländischen Betrieb während der Auslandstätigkeit erhalten bleibt. Das Gleiche muss aber auch dann gelten, wenn der Arbeitnehmer nur im Ausland eingesetzt werden soll. Im Schrifttum wird dagegen die Zuordnung zum Inlandsbetrieb in diesem Fall bestritten (*Auffarth*, FS Hilger/Stumpf 1983, S. 31, 36; *Birk*, FS Karl Molitor 1988, S. 19, 34 f.). Das BAG war daher für einen mit Entwicklungshilfeprojekten im Ausland beschäftigten Arbeitnehmer der Meinung, dass er nicht unter das BetrVG fiele, so dass der Betriebsrat des inländischen, die Entwicklungshilfeprojekte betreuenden Betriebs bei der Kündigung eines derartigen Arbeitnehmers kein Beteiligungsrecht habe (BAG 21. 10. 1980 AP Internat. Privatrecht Arbeitsrecht Nr. 17; zust. *Birk*, RdA 1984, 129, 137; abl. GK-*Kreutz*, § 7 Rn. 36; *Däubler*, Betriebsverfassung in globalisierter Wirtschaft, S. 41 f.; *Richardi*, IPRax 1983, 217 ff.). Damit wären Mitarbeiter von Betrieben, die ausschließlich Projekte im Ausland betreuen, aus dem Anwendungsbereich des BetrVG ausgeklammert. Das BAG hat deshalb seine Auffassung korrigiert und nimmt an, dass bei einem inländischen Reiseunternehmen auch bei der Kündigung eines nicht nur vorübergehend im Ausland eingesetzten Arbeitnehmers ein Beteiligungsrecht des Betriebsrats entstehe, wobei es allerdings die Einschränkung macht, dass dies jedenfalls dann gelte, „wenn der im Ausland tätige Arbeitnehmer nach wie vor dem Inlandsbetrieb zuzuordnen ist" (BAG 7. 12. 1989 AP Internat. Privatrecht Arbeitsrecht Nr. 27).

Man hat zu beachten, dass ein Arbeitnehmer, der in die arbeitstechnische Organisation eines Unternehmens eingeordnet ist, damit notwendigerweise auch einem Betrieb angehört. Problematisch kann nur sein, welchem Betrieb der Arbeitnehmer zuzuordnen ist, wenn das Unternehmen sich in mehrere Betriebe gliedert. Die Problemlösung kann in diesem Fall aber nicht darin bestehen, dass bei einer Schwierigkeit der Zuordnung der Arbeitnehmer aus dem Schutzbereich der Betriebsverfassung heraus fällt (ebenso *Däubler*, Betriebsverfassung in globalisierter Wirtschaft, S. 43).

79   Keine Anwendung findet das BetrVG auf **Ortskräfte**, das sind Arbeitnehmer, die nicht von einem Betrieb im Inland entsandt, sondern im Ausland *eingestellt* werden (ebenso BAG 25. 4. 1978 AP Internat. Privatrecht Arbeitsrecht Nr. 16). Für diese Ausklammerung spricht nicht nur, dass Ortskräfte nach ihrem Arbeitsstatut regelmäßig nicht dem deutschen Arbeitsrecht unterliegen, insbesondere auf sie auch die Ausstrahlungstheorie keine Anwendung findet (vgl. *Firsching*, Internationales Privatrecht, Bd. Ib: Internationales Schuldrecht I, 1978, Rn. 510), sondern auch die Analogie zu § 91 Abs. 1 Nr. 1 BPersVG. Etwas anderes gilt nur, wenn sie trotz der Eingliederung in einen Betrieb am Arbeitsort inländischen Weisungen bei der Erbringung ihrer Arbeitsleistung unterliegen (ebenso *Däubler*, Betriebsverfassung in globalisierter Wirtschaft, S. 42).

80   b) **Beteiligung an der Betriebsratswahl.** Soweit Arbeitnehmer im Auslandseinsatz nach den hier genannten Kriterien einem inländischen Betrieb zugeordnet werden, sind sie dort für den Betriebsrat wahlberechtigt und wählbar (a. A. für die Wählbarkeit HSWG-*Hess*, Vorbem. vor § 1 Rn. 7). Soweit es auf die Zahl betriebsangehöriger Arbeitnehmer ankommt, werden sie mitgezählt. Wird ein im Ausland beschäftigter Arbeitnehmer in den Betriebsrat gewählt, so ist er aber an der Ausübung seines Amtes zeitweilig verhindert; für seine Stellvertretung rückt ein Ersatzmitglied nach (§ 25 Abs. 1 Satz 2).

81   c) **Mitwirkung und Mitbestimmung des Betriebsrats.** Soweit Arbeitnehmer im Auslandseinsatz dem Betrieb zugeordnet werden, hat der Betriebsrat für sie auch die Beteiligungsrechte. Insbesondere ist er vor einer Kündigung nach § 102 zu hören (ebenso BAG 21. 10. 1980 und 7. 12. 1989 AP Internat. Privatrecht Arbeitsrecht Nr. 17 und 27).

4. Fremde Streitkräfte

82   Das Gesetz gilt nicht für die Dienststellen und Betriebe der in der Bundesrepublik Deutschland stationierten **alliierten Streitkräfte der NATO-Staaten.** Nach Art. 56 Abs. 9 des Zusatzabkommens zum NATO-Truppenstatut vom 3. 8. 1959 (geändert durch Abkommen vom 18. 3. 1993, BGBl. II 1994 S. 2598) gilt für die zivilen Arbeitskräfte das **Bundespersonalvertretungsgesetz** mit erheblichen Einschränkungen des Mibestimmungsrechts (s. § 130 Rn. 8 ff.).

E. Betriebsverfassung, Betriebsratsamt und Belegschaft

I. Die Beteiligten der Betriebsverfassung

83   Das Gesetz gestaltet die **Betriebsverfassung der privatrechtlich organisierten Unternehmen.** Es schafft die Grundlage für eine **Repräsentation der Belegschaft** durch den Betriebsrat und formt die **Beziehungen der Belegschaft** bzw. des Betriebsrats **zum Arbeitgeber.** Es knüpft an die Arbeitgeber-Arbeitnehmer-Beziehungen an, indem es den Betriebsrat an Entscheidungen des Arbeitgebers, der Betriebs- und Unternehmensleitung, beteiligt. Sein Gegenstand ist aber nicht das Rechtsverhältnis des Arbeitgebers zum einzelnen Arbeitnehmer.

84   **Modell der Betriebsverfassung** ist die **Begrenzung der Regelungsbefugnis des Arbeitgebers durch die dem Betriebsrat eingeräumten Mitwirkungs- und Mitbestimmungsrechte.** Den Mittelpunkt des Gesetzes bilden daher die Rechtsbeziehungen zwischen Arbeitgeber und Betriebsrat, die *v. Hoyningen-Huene* (MünchArbR § 213) als *Betriebs-*

verhältnis bezeichnet. Sein Gegenstand ist nicht das Rechtsverhältnis zwischen Arbeitgeber und einzelnem Arbeitnehmer, das *Einzelarbeitsverhältnis*. Die Mitwirkungs- und Mitbestimmungsrechte des Betriebsrats geben dem Betriebsrat aber die Fähigkeit, gestalterisch auf Begründung und Inhalt der individuellen Arbeitsverhältnisse einzuwirken.

Das im Mittelpunkt der Betriebsverfassung stehende Problem ist die **Beteiligung,** insbesondere die **Mitwirkung und Mitbestimmung der Arbeitnehmer** an der Leitung und Gestaltung der Betriebsordnung im weitesten Sinne. Es handelt sich nicht um Rechte und Pflichten der einzelnen Arbeitnehmer, sondern die Rechte und Pflichten werden der *Belegschaft* zugeordnet, die dadurch keine rechtliche Einheit wird, sondern nur eine tatsächliche Gemeinschaft darstellt, aber in den Grenzen dieses Gesetzes vom Betriebsrat *repräsentiert* wird. Das Gesetz regelt das Verhältnis zwischen dem Betriebsrat und den Arbeitnehmern ausschließlich unter dem Aspekt der Legitimation für die kollektivrechtliche Regelungs- und Gestaltungsbefugnis. Der **einzelne Arbeitnehmer** hat Befugnisse innerhalb der Betriebsverfassung nur als *Mitglied der Belegschaft*. Zu ihnen gehören die Wahlberechtigung und die Wählbarkeit sowie alle mit der Betriebsratswahl zusammenhängenden Berechtigungen, das Recht auf Einleitung eines arbeitsgerichtlichen Beschlussverfahrens zur Auflösung des Betriebsrats oder zur Amtsenthebung eines Betriebsratsmitglieds und das Teilnahme- und Stimmrecht in Betriebs- und Abteilungsversammlungen. 85

Nicht gesetzlich gelöst ist das **Verhältnis des Betriebsrats zum einzelnen Arbeitnehmer.** Deshalb ist es offen, ob zwischen Betriebsrat und Arbeitnehmern nur eine bloße Jedermannbeziehung besteht oder ob eine individualisierte und konkretisierte Sonderbeziehung zu den Arbeitnehmern anzuerkennen ist (letzteres bejahend vor allem *Belling,* Haftung des Betriebsrats, S. 41 ff.; auch *Heinze,* ZfA 1988, 53, 64 ff.; verneinend *v. Hoyningen-Huene,* MünchArbR § 212 Rn. 19, 28). 86

Zu den gesetzgeberischen Desideraten gehört weiterhin die **Verbindung der Betriebsverfassung mit dem Einzelarbeitsverhältnis.** Das System der Betriebsverfassung ist bipolar auf den Arbeitgeber und den Betriebsrat bezogen, lässt also unberücksichtigt das Rechtsverhältnis des Arbeitgebers zum einzelnen Arbeitnehmer. Das bedeutet aber nicht, dass das Einzelarbeitsverhältnis durch die Betriebsverfassung nicht mitgeprägt wird. Das Gegenteil ist vielmehr der Fall. Die Beteiligungsrechte des Betriebsrats bestehen nicht nur im Interesse der Arbeitnehmer, sondern sie wirken sich auch unmittelbar auf Begründung, Inhalt und Beendigung der Einzelarbeitsverhältnisse aus, wobei der Wirkungsgrad unterschiedlich gestuft ist. 87

II. Die Belegschaft als Beteiligte der Betriebsverfassung

Die Belegschaft wird **durch das Gesetz intervenierend verfasst.** Für die Abgrenzung gilt § 5. Die Belegschaft wird nicht als rechtlicher Verband gestaltet, sondern bleibt eine **tatsächliche Gemeinschaft,** die vom Betriebsrat repräsentiert wird. 88

1. Belegschaft als juristische Teilperson

In der Weimarer Zeit sah die h.L. in der Belegschaft eine **juristische Teilperson** (begründet von *Kaskel,* NZfAR 1921 Sp. 11; ihm hatten sich angeschlossen: *Kaskel/ Dersch,* 4. Aufl., S. 329; *Mansfeld,* Vorbem. 2 vor § 1; *Feig/Sitzler,* § 1 Erl. 1; *Dersch,* SchliVO, § 3 Erl. 7 c; *Schüler,* NZfAR 1922 Sp. 297; *Opitz,* ArbR 1925 Sp. 427). Eine gesetzliche Bestätigung dieser Lehre sah man in § 10 ArbGG 1926, der die Arbeitnehmerschaft, nicht die Betriebsvertretung als Partei im arbeitsgerichtlichen Verfahren bezeichnete (vgl. *Mansfeld,* Vorbem. 2 vor § 1). In der Nachkriegszeit hat vor allem *Dietz* die These verteidigt, dass die Belegschaft durch das Gesetz als rechtliche Einheit gestaltet wird, der als solcher bestimmte Rechte und Pflichten zustehen, so dass sie als 89

Einleitung E. Betriebsverfassung, Betriebsratsamt und Belegschaft

beschränkt rechtsfähig anzusehen sei (vgl. die 4. Aufl., § 1 Rn. 5 ff., Vorbem. vor § 49 Rn. 4 und 5; weiterhin *Fabricius,* Relativität der Rechtsfähigkeit, 1963, S. 232 f.).

90 Die Lehre von der Teilrechtsfähigkeit ist bereits in der Weimarer Zeit auf Widerstand gestoßen (vgl. vor allem *Jacobi,* Grundlehren, S. 292 ff.; *Nipperdey* in *Hueck/Nipperdey,* 3/5. Aufl., Bd. II S. 548 ff.); sie wird heute von der h. L. **nahezu einhellig abgelehnt** (vgl. GK-*Thiele* [4. Aufl.], Einl. Rn. 70; *Nikisch,* Bd. III S. 15 f.; *Nipperdey/Säcker* in *Hueck/ Nipperdey,* Bd. II/2 S. 1086 f.; *E. R. Huber,* Bd. II S. 486; *Neumann-Duesberg,* S. 202 f.). Man räumt zwar die Möglichkeit ein, dass die Rechtsfähigkeit auch in Abstufungen besteht, vermisst aber eine Anerkennung der Teilrechtsfähigkeit im Gesetz (vgl. *Nikisch,* a. a. O.; *Nipperdey/Säcker,* a. a. O., S. 1087). Diese Argumentation beruht auf einer petitio principii. Für die Annahme einer juristischen Person im Privatrecht ist Voraussetzung, dass das Gesetz einen entsprechenden Verleihungsakt enthält. Das gilt aber nicht, soweit es darum geht, dass eine Organisations- oder Wirkungseinheit begrenzt am Rechtsleben teilnimmt. Schließlich sind auch die Gesamthandsgemeinschaften in ihrem Zuständigkeitskreis rechtlich verselbständigt; ihre Rechtssubjektivität hängt von der Personengemeinschaft ab und ist daher verschieden abgestuft (vgl. *Flume,* Allgemeiner Teil des Bürgerlichen Rechts, Bd. I/1 S. 50 ff.; s. auch BGH NJW 2001, 1056 ff. und 2002, 1207 f.).

91 Wenn man anerkennt, dass es eine Abstufung der Rechtssubjektivität gibt, bestehen *rechtstheoretisch* keine Bedenken dagegen, die Belegschaft als beschränkt rechtsfähig anzusehen. Entscheidend ist allein, ob das Gesetz ihr einen bestimmten Rechtskreis zuordnet. Die Annahme einer juristischen Teilperson, deren Rechtsfähigkeit nur für die dem Betriebsrat eingeräumten Zuständigkeiten besteht, gibt keine Antwort auf die Frage, wer Träger der Beteiligungsrechte ist, sondern ist, wie bereits *Jacobi* festgestellt hat, „nur eine Umschreibung der gestellten Frage nach dem Rechtssubjekt für die den Betriebsvertretungen eingeräumten Zuständigkeiten" (Grundlehren, S. 293). Die Lehre von der juristischen Teilperson ist deshalb *rechtsdogmatisch* ohne Erklärungswert.

2. Belegschaft als Rechtsgemeinschaft

92 Nach der von *Jacobi* begründeten und vor allem von *Nipperdey* vertretenen Ansicht sind Träger der Beteiligungsrechte die **einzelnen Arbeitnehmer,** die sie aber nicht selbständig, sondern nur **gemeinsam** ausüben können (*Jacobi,* Grundlehren, S. 295; *Nipperdey* in *Hueck/Nipperdey,* 6. Aufl., Bd. II S. 686 f.; ebenso GK-*Thiele* [4. Aufl.], Einl. Rn. 71; *Koenigs,* Grundsatzfragen der betrieblichen Mitbestimmung, S. 94; *Strasser,* Betriebsvereinbarung, S. 117; *Belling,* Haftung des Betriebsrats, S. 115 ff.; *Weitnauer,* FS Duden 1977, S. 705, 706). Da diese Rechte alle auf das gleiche Ziel, die Beeinflussung der Betriebsleitung, gerichtet seien, könnten sie nur gemeinschaftlich ausgeübt werden. Zu diesem Zweck bildeten die Arbeitnehmer eine Rechtsgemeinschaft. *Jacobi* sieht daher in der Belegschaft eine „gemeinschaftsverbundene Personenvielheit", die durch die gemeinschaftliche Wahrnehmung der Beteiligungsrechte rechtlich verbunden sei (Grundlehren, S. 296). Teilweise bezeichnet man die Belegschaft auch als *schlichte Rechtsgemeinschaft* (vgl. *Nipperdey* in *Hueck/Nipperdey,* 6. Aufl., Bd. II S. 687) und sieht in ihr sogar eine Rechtsgemeinschaft i. S. der §§ 741 ff. BGB (so vor allem *Weitnauer,* FS Duden 1977, S. 705, 706, 715; einschränkend *Nipperdey,* a. a. O., S. 687) oder *Gemeinschaft zur gesamten Hand* (so *Schnorr v. Carolsfeld,* S. 414; ähnlich *Strasser,* Betriebsvereinbarung, S. 117).

93 Die Lehre von der Rechtsgemeinschaft übersieht, dass es sich bei den Beteiligungsrechten des Betriebsrats um Kollektivrechte, **nicht um Individualrechte der einzelnen Arbeitnehmer** handelt (ebenso *Nikisch,* Bd. III S. 15, 340 f.; *Dietz,* Vorbem. vor § 49 Rn. 4; *E. R. Huber,* Bd. II S. 487 f.; *Fabricius,* Relativität, S. 232; *Richardi,* Kollektivgewalt, S. 232). Der einzelne Arbeitnehmer, der zur Belegschaft gehört, hat keinen Anteil, d. h. keine individualrechtliche Mitberechtigung an den Beteiligungsrechten. Rechtsdog-

II. Die Belegschaft als Beteiligte der Betriebsverfassung **Einleitung**

matisch kann weder die Parallele zur schlichten Rechtsgemeinschaft noch die Parallele zur Gemeinschaft zur gesamten Hand gezogen werden; denn es geht nicht darum, dass Rechte, wie sie auch einer Einzelperson zustehen können, einer Personengemeinschaft zugeordnet werden (ebenso GK-*Thiele* [4. Aufl.], Einl. Rn. 71).

3. Sozialrechtliche Sonderexistenz der Belegschaft

Mit der Annahme, dass die Belegschaft Trägerin der Beteiligungsrechte sei, verbunden ist die These, die in der Belegschaft ein sozialrechtlich verfasstes Gebilde erblickt (so *Gamillscheg*, Kollektives Arbeitsrecht, Bd. II S. 98; ähnlich bereits, soweit sie der Belegschaft des Betriebs eine sozialrechtliche Sonderexistenz beilegen, *Neumann-Duesberg*, S. 201, 207 *Siebert*. BB 1952, 832, 833; *Galperin*, ArbRGegw. 1 [1964], 75, 85). Sofern man darunter versteht, dass Inhaber der Beteiligungsrechte die Arbeitnehmer in ihrem jeweils wechselnden Bestand als Belegschaft sind und diese insoweit teilrechtsfähig ist (*Gamillscheg*, S. 103 f.), besteht kein wesentlicher Unterschied zu der von *Dietz* vertretenen Lehre von der Teilrechtsfähigkeit. 94

4. Belegschaft als tatsächliche Gemeinschaft

Nikisch (Bd. III S. 18 f., 341 f. und DB 1962, 506) hält den Ausgangspunkt der Meinungsverschiedenheit für verfehlt; er weist darauf hin, dass das BetrVG nur den Betriebsrat, nicht aber die Belegschaft zur Mitbestimmung berufen habe (ähnlich auch *E. R. Huber*, Bd. II S. 488). Durch die **gesetzlichen Bestimmungen über die Mitbestimmung** würden keine Beteiligungsrechte geschaffen, sondern durch sie werde nur die **Zuständigkeit des betriebsverfassungsrechtlichen Amtes** geregelt, das der Betriebsrat ausübe, ohne dass es sich um eigene oder fremde Rechte handele. Nach dieser Auffassung bilden die im Betrieb zusammengefassten Arbeitnehmer keinen Verband, sondern lediglich eine natürliche, durch die Zugehörigkeit zu demselben Betrieb entstehende Gemeinschaft (vgl. *Nikisch*, Bd. III S. 22). 95

Der Ansatz, dass die Belegschaft kein Verband im Rechtssinne ist, sondern lediglich eine **tatsächliche Gemeinschaft** darstellt, ist zutreffend (vgl. auch *Nipperdey/Säcker* in *Hueck/Nipperdey*, Bd. II/2 S. 1085). Die Belegschaft wird zwar durch das BetrVG „rechtlich verfasst"; sie ist eine „*rechtlich relevante Personenverbindung*" (*Zöllner*, FS 25 Jahre BAG 1979, S. 745, 752). Sie erhält aber durch das BetrVG keine Organisation, durch die sie selbst einen Willen in der Betriebsverfassung bildet. Andererseits ist es keine rechtsdogmatische Erklärung, die dem Betriebsrat zur Ausübung zugewiesenen Mitwirkungs- und Mitbestimmungsrechte nur als Zuständigkeit des betriebsverfassungsrechtlichen Amtes zu qualifizieren (ebenso GK-*Thiele* [4. Aufl.], Einl. Rn. 69). Gerade im Bereich der sozialen Angelegenheiten muss scharf zwischen der funktionellen Zuständigkeit des Betriebsrats, die umfassend ist und sich nach h. M auf sämtliche Arbeitsbedingungen bezieht, und dem Mitbestimmungsrecht unterschieden werden, das nur in den im Katalog des § 87 erschöpfend aufgezählten Angelegenheiten besteht. Soweit der Betriebsrat nach dem Gesetz mitzuwirken oder mitzubestimmen hat, sind diese Funktionen rechtsdogmatisch mit dem Begriff des subjektiven Rechts zu erfassen (ebenso *Nipperdey/Säcker*, a. a. O.). 96

Die Belegschaft ist eine **Gemeinschaft im soziologischen Sinne**, die durch das Gesetz **intervenierend verfasst** wird, um den Gedanken der **Mitbestimmung im Betrieb zu verwirklichen**. Für die Betriebsverfassung gelten deshalb Strukturprinzipien, wie sie sonst nur anzutreffen sind, wenn ein Bereich öffentlich-rechtlich organisiert ist. Deshalb kann man rechtsdogmatisch auf das **konstitutionelle Formprinzip der Repräsentation** zurückgreifen, um das Verhältnis zwischen Belegschaft und Betriebsrat zutreffend zu bestimmen (vgl. zur Repräsentation als Formprinzip *Carl Schmitt*, Verfassungslehre, 1928, S. 204 ff.; *Leibholz*, Das Wesen der Repräsentation und der Gestaltwandel der Demokratie im 20. Jahrhundert, 3. Aufl. 1966, S. 25 ff.; *Dagtoglou*, Der Private in der 97

Verwaltung als Fachmann und Interessenvertreter, 1964, S. 42 ff.; weiterhin auch *R. Scholz,* Koalitionsfreiheit, S. 170 ff.). Entscheidend ist, dass der Betriebsrat nicht die Belegschaftsangehörigen oder die Belegschaft als solche i. S. einer juristischen Person „vertritt". Er handelt vielmehr aus *eigenem Recht.* Er übt als Repräsentant der Belegschaft die Beteiligungsrechte aus. Das konstitutionelle Formprinzip der Repräsentation ermöglicht es, subjektive Rechte einer nur soziologisch bestehenden Gemeinschaft zuzuordnen, die von einem durch das demokratische Prinzip legitimierten Amtsträger repräsentiert wird (*Richardi,* RdA 1972, 8, 10).

III. Rechtsstellung des Betriebsrats gegenüber der Belegschaft

98   Der Betriebsrat repräsentiert die Belegschaft, die das Amt nach Grundsätzen einer demokratischen Wahl erteilt.

1. Betriebsrat als gesetzlicher Vertreter oder Organ der Belegschaft

99   Wer in der Weimarer Zeit die Belegschaft als juristische Teilperson ansah (s. Rn. 89), wies dem Betriebsrat die Stellung eines **gesetzlichen Vertreters** zu (vgl. *Kaskel,* NZfAR 1921 Sp. 16; weiterhin *Kaskel/Dersch,* 4. Aufl., S. 330; *Sinzheimer,* Grundzüge, S. 219; *Mansfeld,* Vorbem. 2 vor § 1; *Feig/Sitzler,* § 1 Erl. 1; *Dersch,* § 3 SchliVO Erl. 7 c). Aber auch *Jacobi* bezeichnete den Betriebsrat als gesetzliche Vertretung einer gemeinschaftsverbundenen Personenvielheit (Grundlehren, S. 298; ebenso *Nipperdey* in *Hueck/Nipperdey,* 3/5. Aufl., Bd. II S. 545). Der Betriebsrat ist aber nicht gesetzlicher Vertreter; denn er übt die Beteiligungsrechte zwar im Interesse der Belegschaft, aber im eigenen Namen aus.

100   Mit der Annahme einer gesetzlichen Vertretung berührt sich, wenn man den Betriebsrat vielfach als **Organ der Belegschaft** bezeichnet (vgl. BAG 6. 7. 1955 E 2, 50, 54 = AP BetrVG § 20 Jugendvertreter Nr. 1; BAG 6. 11. 1959 E 8, 207, 212 = AP KSchG § 13 Nr. 15; BAG 19. 7. 1977 AP BetrVG 1972 § 77 Nr. 1; *Dietz,* § 1 Rn. 23 und 25; *Fitting,* § 1 Rn. 188, 193; GK-*Thiele* [4. Aufl.], Einl. Rn. 80 und 83; *Galperin,* RdA 1959, 321; *H. Frey,* RdA 1960, 89, 93; *Kunze,* FS Schilling 1973, S. 333, 340; *Leinemann,* BUV 1971, 145, 156). Den Unterschied zur gesetzlichen Vertretung sieht man vor allem darin, dass der Betriebsrat die der Belegschaft zustehenden Rechte im eigenen Namen wahrnimmt (vgl. *Dietz,* § 1 Rn. 23), sofern man sich für die Organschaft nicht schon deshalb ausspricht, weil der Betriebsrat für den Verband der Belegschaft tätig wird (vgl. GK-*Thiele* [4. Aufl.], Einl. Rn. 80). Da der Organbegriff aber rechtlich in verschiedenem Zusammenhang gebraucht wird und unterschiedliche Bedeutung hat (vgl. *Wiedemann,* Gesellschaftsrecht, Bd. I, 1980, S. 212 f.), kommt es darauf an, welchen Inhalt man ihm zugrunde legen will. Gemeint ist nicht der Organbegriff der juristischen Person; denn die Belegschaft ist nicht vermögensfähig, so dass es nicht darum gehen kann, ihr ein Verhalten der Betriebsratsmitglieder zuzurechnen. Legt man dagegen ein verbandsrechtliches Verständnis zugrunde, so ist es nur dann sinnvoll, den Betriebsrat als Organ der Belegschaft zu begreifen, wenn diese einen Verband im Rechtssinne darstellt, für den der Betriebsrat willensbildend tätig wird. Die Belegschaft ist aber nicht als *Verband* an der Betriebsverfassung beteiligt.

2. Betriebsrat als Repräsentant der Belegschaft

101   Der Betriebsverfassung liegt die Idee der Repräsentation zugrunde. Man kann daher den Betriebsrat als den durch das demokratische Prinzip legitimierten **Repräsentanten der Belegschaft** bezeichnen (ebenso GK-*Kraft/Franzen,* § 1 Rn. 64; *v. Hoyningen-Huene,* § 4 Rn. 3; *ders.,* MünchArbR § 212 Rn. 12; *Nipperdey/Säcker* in *Hueck/Nipperdey,* Bd. II/2 S. 1091 f.; *Söllner/Waltermann,* § 20 I 1 (Rn. 524); *Gester,* RdA 1960, 406, 409,

III. Rechtsstellung des Betriebsrats gegenüber der Belegschaft Einleitung

411; *Biedenkopf,* Tarifautonomie, S. 273; *Kreutz,* Betriebsautonomie, S. 37; *Richardi,* RdA 1972, 8, 10; weiterhin *Gester/Kittner,* RdA 1971, 161, 165, aber nicht zutreffend und in Widerspruch zur Annahme einer Repräsentation, wenn sie sagen, „dass die Mitglieder der Betriebs- und Personalräte *gewerkschaftliche Interessen* vertreten"). Der Qualifikation als Repräsentant der Belegschaft steht nicht entgegen, dass der Begriff der Repräsentation ein konstitutionelles Strukturprinzip des Staatsrechts kennzeichnet (a. A. GK-*Thiele* [4. Aufl.], Einl. Rn. 81). Für die rechtsdogmatische Einordnung ist vielmehr konstitutiv, dass das Betriebsratsamt seine Legitimation nicht aus dem organisationsrechtlichen Akt eines privatautonom gegründeten Verbandes erhält, sondern aus der Wahl der zu diesem Zweck als soziale Realität rechtlich verfassten Belegschaft.

3. Betriebsrat als Inhaber eines privaten Amtes

Der Gesetzgeber charakterisiert die Betriebsratstätigkeit in § 37 Abs. 1 als „Ehrenamt". Damit kommt zutreffend zum Ausdruck, dass der Betriebsrat seine Aufgaben und Befugnisse als **Amtswalter** wahrnimmt. Vielfach vergleicht man seine Rechtsstellung mit der einer **Partei kraft Amtes** (vgl. GK-*Thiele* [4. Aufl.], Einl. Rn. 82; *Nikisch,* Bd. III S. 19; *Nipperdey/Säcker* in *Hueck/Nipperdey,* Bd. II/2 S. 1093; *Söllner* [12. Aufl.], § 20 I 1; vor allem *Belling,* Haftung des Betriebsrats, S. 120 ff., insbes. S. 140 ff., 170 ff.; weiterhin *Reichold,* Betriebsverfassung, S. 548 f.; *Kunze,* FS Schilling 1973, S. 333, 340; *Heinze,* ZfA 1988, 53, 59 ff.). Dass der Betriebsrat weder als gesetzlicher Vertreter der Belegschaft noch als Organ einer juristischen Teilperson oder eines Betriebsverbandes, aber auch nicht für sich, sondern in Ausübung seines betriebsverfassungsrechtlichen Amtes handelt, legt die Parallele zur Rechtsstellung des Testamentsvollstreckers, des Konkurs-, Nachlass- und Zwangsverwalters nahe. Es dürfen dabei aber nicht die Unterschiede übersehen werden; denn die Tätigkeit dieser Amtswalter bezieht sich auf die Rechte anderer, während es sich bei den Beteiligungsrechten, die der Betriebsrat wahrnimmt, um Befugnisse handelt, durch die er die Interessen der Belegschaft aus eigener Kompetenz wahrnimmt (so zutreffend *Nikisch,* Bd. III S. 19). **102**

Belling, der das **Betriebsratsamt** den **privaten Vertretern kraft Amtes** zuordnet, ist folgerichtig der Auffassung, dass die betriebsverfassungsrechtlichen Beteiligungsrechte *originäre Rechte der Arbeitnehmer* seien, die vom Betriebsrat lediglich ausgeübt würden (*Belling,* Haftung des Betriebsrats, S. 115, 131); es handle sich also „um die *Verbindung von individueller Rechtsträgerschaft und kollektiver Rechtsausübung*" (S. 119). Bei der Aufspaltung von Rechtsträgerschaft und Rechtsausübung darf man aber nicht eliminieren, dass man von einem subjektiven Recht nur sprechen kann, wenn es dem Berechtigten die Befugnis zur Ausübung vermittelt. Soweit es sich um die Ämter nach bürgerlichem Recht handelt, ist Anknüpfungspunkt für die Rechtsausübung durch den Amtsinhaber, dass dem Rechtsträger die Dispositionsfähigkeit fehlt oder er die Dispositionsbefugnis verloren hat. Bei den betriebsverfassungsrechtlichen Beteiligungsrechten handelt es sich dagegen um Rechte, die ihrer Struktur nach niemals vom einzelnen Arbeitnehmer, sondern stets nur vom Betriebsrat ausgeübt werden können. Darin liegt die Wesensverschiedenheit des Betriebsratsamtes zu den anderen privaten Ämtern. **103**

Nach *Heinze* (ZfA 1988, 53, 63 f.) wird durch die Konstituierung des Betriebsrats ein Interessenwahrnehmungsverhältnis in der Rechtsform eines gesetzlichen Auftragsverhältnisses zwischen ihm und der Gesamtheit aller Arbeitnehmer des Betriebs begründet. Dem Betriebsrat seien die betriebsverfassungsrechtlichen Mitwirkungs- und Mitbestimmungsrechte als selbständiges Subjekt zugewiesen, um das kraft Gesetz objektivierte Sozialinteresse der Belegschaft wahrzunehmen. Dieser Begründungsversuch leidet darunter, dass er zwar vermeidet, die Gesamtheit der Arbeitnehmer eines Betriebs als Rechtsträger der Beteiligungsrechte anzusehen; aber er macht aus dem Betriebsrat einen Mandatar zur Wahrnehmung eines Solidarinteresses, bei dem völlig ungeklärt ist, nach **104** welchen Kriterien es sich von den Einzelinteressen der Arbeitnehmer unterscheidet. Er berücksichtigt nicht, dass vor allem im personellen Bereich der Betriebsrat zum Schutz des einzelnen Arbeitnehmers beteiligt wird. Schließlich scheitert eine Parallele zum Auftragsverhältnis daran, dass der Betriebsrat kein imperatives Mandat hat (ebenso *v. Hoyningen-Huene,* MünchArbR § 212 Rn. 19).

105 Die **Wahrnehmung der Arbeitnehmerbelange durch den Betriebsrat** ist eine Form der **Zwangsrepräsentation;** sie ist ihm **nicht privatautonom-mandatarisch übertragen** (so zutreffend *Belling,* Haftung des Betriebsrats, S. 54, 172 f.; ebenso bereits *Richardi,* Kollektivgewalt, S. 313, 316; weiterhin *Reichold,* Betriebsverfassung, S. 539; *Rieble,* Arbeitsmarkt, S. 424 ff.; *Veit,* Zuständigkeit des Betriebsrats, S. 169 ff.; *Waltermann,* Rechtsetzung durch Betriebsvereinbarung, S. 84 ff.; *Picker,* Die Tarifautonomie in der deutschen Arbeitsverfassung, 2000, S. 56 f.; *ders.* in: Recht und Freiheit – Symposion für Richardi, 2003, S. 25, 43). Das Betriebsratsamt gibt unabhängig vom Willen der betroffenen Arbeitnehmer Befugnisse, die dem Machtausgleich zwischen Arbeitgeber und Arbeitnehmer dienen. Dabei ist wesentlich, dass diese Rechte sich nicht auf das Verhältnis zum Arbeitgeber beschränken, sondern dem Betriebsrat die Macht verleihen, die Rechtspositionen der Arbeitnehmer mitzugestalten. Diese Besonderheit führt zu dem Ergebnis, dass man das Betriebsratsamt den privaten Ämtern des bürgerlichen Rechts zuordnen kann. Prämisse für die Einrichtung einer Vertretung kraft Amtes ist aber entweder die mangelnde Fähigkeit oder der für ein geordnetes Zusammenleben notwendige Entzug der Befugnis, eigene Angelegenheiten selbst zu besorgen (vgl. *Belling,* Haftung des Betriebsrats, S. 148 ff.). Für das Betriebsratsamt ist dagegen wesentlich, dass durch die gesetzliche Festlegung der betriebsverfassungsrechtlichen Beteiligungsrechte nicht die Rechtsbefugnis des einzelnen Arbeitnehmers eingeschränkt oder beseitigt werden soll. Sie haben eine *ergänzende Funktion.* Wie eine Funktionsteilung zwischen dem Betriebsrat und dem einzelnen Arbeitnehmer bei der Wahrnehmung seiner Angelegenheiten vorzunehmen ist, gehört zu den nicht gelösten Ordnungsproblemen der Betriebsverfassung.

4. Betriebsratsamt und Kooperationsmaxime

106 Die Betriebsratstätigkeit ist dadurch gekennzeichnet, dass sie sich in den gesetzlich geregelten Formen der Zusammenarbeit mit dem Arbeitgeber vollzieht. Die Kooperationsmaxime des § 2 Abs. 1 gehört deshalb zu den Grundsätzen der Betriebsverfassung. Der Betriebsrat wird durch sie aber **nicht Organ einer Betriebsgemeinschaft.** Dem Gebot der vertrauensvollen Zusammenarbeit kann auch nicht entnommen werden, dass der Betriebsrat zusammen mit dem Arbeitgeber in ein *betriebsverfassungsrechtliches Treuhandverhältnis* einbezogen sei, so dass ihm als Aufgabe zufalle, neben der Wahrnehmung der kollektiven Arbeitnehmerinteressen auch das Betriebs- und Unternehmensinteresse als Treuhänder neben dem Arbeitgeber wahrzunehmen (so *Heinze,* ZfA 1988, 53, 74 ff.; abl. aber *Belling,* Haftung des Betriebsrats, S. 306; *Fitting,* § 2 Rn. 16; *v. Hoyningen-Huene,* NZA 1989, 121, 124). Diese Auffassung berührt sich mit der Annahme, dass die Betriebsgemeinschaft ein Verband im Rechtssinne sei, dessen Organe Arbeitgeber und Betriebsrat seien (so vor allem *Galperin,* RdA 1959, 321, 324; *ders.,* ArbRGegw. 1 [1964], 75, 85 und *Galperin/Siebert,* § 1 Rn. 63 c, 66 a und Vorbem. vor § 21 Rn. 6 b; ähnlich mit seiner Lehre von der Verbandsbeziehung zwischen Arbeitgeber und Arbeitnehmer zur Begründung einer primären Regelungsbefugnis der Betriebspartner *Reuter,* RdA 1991, 193, 197; *ders.,* ZfA 1995, 1, 36).

107 Ein **übergeordneter Betriebsverband,** dem **Arbeitgeber und Betriebsrat als Organe eingefügt** sind, besteht **rechtlich nicht** (vgl. *G. Hueck,* Betriebsvereinbarung, S. 36 ff.; *Nipperdey/Säcker* in *Hueck/Nipperdey,* Bd. II/2 S. 1093 f.; *Neumann-Duesberg,* S. 182 ff., 354 f.; *Richardi,* Kollektivgewalt, S. 309; GK-*Thiele* [4. Aufl.], Einl. Rn. 83; *Veit,* Zuständigkeit des Betriebsrats, S. 144 ff.). Der Betriebsrat ist nicht Organ eines auch den Arbeitgeber und die in § 5 Abs. 2 und Abs. 3 genannten Personen umfassenden Verbandes. Die Betriebsverfassung ist vielmehr *bipolar* aufgebaut (so zutreffend *Thiele,* a. a. O.). Der Betriebsrat hat keine von seinem Amt als Repräsentant der Belegschaft verschiedene Funktion in der Betriebsverfassung, die dazu zwingt, in ihm ein Doppelorgan zu sehen (a. A. vor allem *Kunze,* FS Schilling 1973, S. 333, 342). Doch bestehen keine Bedenken dagegen, den Betriebsrat ebenso wie den Arbeitgeber in einem untechnischen Sinn als Organ der Betriebsverfassung zu bezeichnen. Diese Funktion hat er aber nur deshalb, weil er in dem bipolar gestalteten System der Betriebsverfassung Repräsentant der Belegschaft ist.

IV. Stellung des Betriebsrats in der Rechtsordnung

1. Betriebsrat als Rechtssubjekt

Der Betriebsrat ist **keine juristische Person.** Die Beteiligungsrechte sind ihm aber als Kollegialorgan eingeräumt. Da er sie als Repräsentant der Belegschaft wahrnimmt, die ihrerseits kein rechtlicher Verband ist, stehen sie ihm als **rechtlich verfasste Einheit** zu (ebenso *Belling,* Haftung des Betriebsrats, S. 222 f.). Der Betriebsrat ist deshalb Rechtssubjekt in seinem Wirkungskreis (ebenso *Veit,* Zuständigkeit des Betriebsrats, S. 130; vgl. auch *Rosset,* Rechtssubjektivität des Betriebsrats, S. 37 ff.). **108**

2. Inhalt und Reichweite der Rechtssubjektivität

a) **Betriebsverfassungsrechtliche Rechte und Pflichten.** Der Betriebsrat ist **Zuordnungssubjekt** für die ihm im BetrVG eingeräumten Rechte, und er ist für die im Gesetz festgelegten Pflichten auch der **Pflichtadressat.** Das gilt in besonderem Maß für die Mitwirkungs- und Mitbestimmungsrechte, die nicht nur eine Befugnis einräumen, sondern, weil sie Pflichtrechte sind, ihn auch dazu verpflichten, sein Amt ordnungsgemäß zu erfüllen. Er übt die Beteiligungsrechte zwar nicht im eigenen Interesse, sondern ausschließlich fremdnützig aus (so zutreffend *Konzen,* ZfA 1985, 469, 485); daraus folgt aber nicht, dass er nur Durchgangspunkt rechtlicher Zuschreibung ist (so *Belling,* Haftung des Betriebsrats, S. 111). Er ist vielmehr Zuordnungssubjekt. **109**

Der Betriebsrat hat in betriebsverfassungsrechtlichen Streitigkeiten die **Beteiligtenfähigkeit im arbeitsgerichtlichen Beschlussverfahren** (§ 10 ArbGG). Er kann in der Zwangsvollstreckung Vollstreckungsgläubiger und Vollstreckungsschuldner sein (vgl. ausführlich *Jahnke,* Zwangsvollstreckung in der Betriebsverfassung, 1977). **110**

b) **Partielle Vermögensfähigkeit.** Da der Betriebsrat keine juristische Person ist, wird er ebenso wenig wie die Belegschaft als **vermögensfähig** angesehen (vgl. BAG 24. 4. 1986 AP BetrVG 1972 § 87 Sozialeinrichtung Nr. 7; 24. 10. 2001 AP BetrVG 1972 § 40 Nr. 71; 29. 9. 2004 AP BetrVG 1972 § 80 Nr. 81; *Fitting,* § 1 Rn. 194; GK-*Kraft/ Franzen,* § 1 Rn. 71; GL-*Löwisch,* Vorbem. vor § 1 Rn. 36; *v. Hoyningen-Huene,* MünchArbR, § 212 Rn. 16; *Nikisch,* Bd. III S. 172). Die Vermögensunfähigkeit des Betriebsrats kann aber nicht mit einer fehlenden Rechtssubjektivität begründet werden, sondern sie ergibt sich daraus, dass es nicht zum Wirkungskreis des Betriebsrats gehört, vermögensrechtlich tätig zu werden. Nach § 41 ist auch die Erhebung und Leistung von Beiträgen der Arbeitnehmer für Zwecke des Betriebsrats unzulässig. Entsprechend bestimmt daher § 40 Abs. 1, dass die durch die Tätigkeit des Betriebsrats entstehenden Kosten der Arbeitgeber trägt. Gerade diese Regelung der Kostentragungspflicht zeigt aber, dass es zwischen dem Arbeitgeber und dem Betriebsrat als Kollegialorgan vermögensrechtliche Beziehungen gibt. **111**

Das **Dogma von der Vermögensunfähigkeit des Betriebsrats** bedarf daher der **Korrektur** (ebenso *Gamillscheg,* Kollektives Arbeitsrecht, Bd. II S. 109). Durch die Kostentragungspflicht wird ein *gesetzliches Schuldverhältnis* zwischen dem Arbeitgeber und dem **112**

Betriebsrat begründet (vgl. BAGE 99, 208, 211). Der Betriebsrat hat in entsprechender Anwendung des § 669 BGB den Anspruch auf einen angemessenen Vorschuss für die ihm voraussichtlich entstehenden Aufwendungen. Wird in Erfüllung dieses Anspruchs ein Vorschuss geleistet, so entsteht ein Fonds, der nicht wie in Österreich nach dem dort maßgeblichen § 74 Abs. 1 ArbVG mit eigener Rechtspersönlichkeit ausgestattet ist, sondern unmittelbar dem Betriebsrat zugeordnet wird.

113 Da der Betriebsrat Rechtssubjekt ist, soweit er in seinem Wirkungskreis handelt, gilt dies auch für **Rechtsgeschäfte**, die er **als Hilfsgeschäfte für die Erfüllung seiner Aufgaben** tätigt (vgl. *Rosset*, Rechtssubjektivität des Betriebsrats, S. 28 ff.). Er ist für sie ebenfalls als teilrechtsfähig anzusehen, soweit der Zusammenhang mit seinem Wirkungskreis gewahrt ist. Durch derartige Rechtsgeschäfte wird keineswegs der Arbeitgeber unmittelbar berechtigt und verpflichtet (a. A. *Jahnke*, RdA 1975, 343); denn auch soweit er die Kosten der Betriebsratstätigkeit zu tragen hat, ergibt sich daraus keine entsprechende Verpflichtungsermächtigung oder Vertretungsmacht des Betriebsrats, für den Arbeitgeber zu handeln. Er hat keine Schlüsselgewalt, Geschäfte, die innerhalb seines Wirkungskreises liegen, mit Rechtswirkung für den Arbeitgeber zu besorgen (s. ausführlich zur Haftung des Betriebsrats und seiner Mitglieder Vorbem. vor § 26 Rn. 8 ff.).

114 Wird der Betriebsrat **außerhalb seines Wirkungskreises** tätig, so handelt er *ultra vires*. Darauf beruht, dass er kein Vermögen erwerben kann. Soweit der Arbeitgeber ihm nach § 40 Abs. 2 Räume und sachliche Mittel zur Verfügung zu stellen hat, bleibt er Eigentümer. Das Eigentum ist durch die Zweckbindung lediglich entsprechend beschränkt. Dass der Betriebsrat nicht umfassend **Eigentum und andere dingliche Rechte**, insbesondere nicht an Grundstücken erwerben kann, beruht ausschließlich darauf, dass ihn die Rechtsordnung nicht als selbständigen Rechtsträger verfasst hat. Denkbar wäre zwar, dass er eine Rechtsstellung wie die Gesamthand hat, die zwar auch keine Rechtsperson ist, aber als Rechtssubjekt am Rechtsleben teilnimmt, soweit die Personenmehrheit, die als Gesamthand zusammengefasst ist, besteht. Im Unterschied zu ihr ist aber der Betriebsrat in seiner Rechtsfähigkeit auf die Wahrnehmung der gesetzlich begründeten Funktionen begrenzt.

115 Da der Betriebsrat außerhalb seines Wirkungskreises als Rechtssubjekt ausscheidet, besteht die **Vermögensfähigkeit nur begrenzt**. Keine Bedenken bestehen aber dagegen, ihm die Ansprüche aus *Besitz,* die sog. Besitzschutzansprüche der §§ 861, 862 BGB, zu geben (nur gegen den Arbeitgeber, nicht gegen Dritte GK-*Weber*, § 40 Rn. 184). Der Besitz einer Sache darf nicht mit der tatsächlichen Gewalt über die Sache identifiziert werden; diese bildet lediglich einen *Besitztatbestand*. Durch den Besitz erfolgt vielmehr eine *vorläufige Zuordnung* der Sachen. Für sie kommt auch der Betriebsrat als Zuordnungssubjekt in Betracht.

3. Grundrechtsschutz für den Betriebsrat

116 Der Betriebsrat besitzt **keine eigenständige Grundrechtsfähigkeit;** er ist auch nicht befugt, Grundrechte der Arbeitnehmer „gleichsam gesammelt" wahrzunehmen (so für den Personalrat BVerfG 26. 5. 1970 E 28, 314, 323 = AP GG Art. 9 Nr. 18; ebenso *Gamillscheg,* Kollektives Arbeitsrecht, Bd. II S. 106). Doch kommt eine **begrenzte Grundrechtsfähigkeit** in Betracht, soweit Grundrechte ihrem Wesen nach auf den Betriebsrat als gesetzlichen Repräsentanten der Belegschaft anwendbar sind. Art. 19 Abs. 3 GG gibt zwar die Grundrechtsfähigkeit unter dieser Voraussetzung nur inländischen juristischen Personen. Mit dem Begriff der juristischen Person ist aber in Art. 19 Abs. 3 GG nicht nur die vollrechtsfähige juristische Person gemeint, sondern jeder Zusammenschluss von Personen, der von der Rechtsordnung als Zuordnungspunkt für eigene Rechte und Pflichten konstituiert ist (vgl. *Dürig* in *Maunz/Dürig*, GG, Art. 19 Abs. III Rn. 8). Gemeint sind zwar in erster Linie die Gesamthandsgemeinschaften,

aber Gleiches muss auch gelten, wenn der Staat durch Gesetz für eine Personenmehrheit einen Repräsentanten schafft, der für sie Rechte und Pflichten ausübt (ebenso *Dütz*, Der Grundrechtsschutz von Betriebsräten und Personalvertretungen, 1986, S. 30 ff.).

Allerdings ist die Grenze des Repräsentationsmandats zugleich die **Grenze der Grundrechtsfähigkeit.** Deshalb ist der Betriebsrat nicht berechtigt, über die gesetzlich zugewiesenen Aufgaben hinaus Grundrechte der Arbeitnehmer wahrzunehmen. Aber soweit er nach dem Gesetz die Belegschaft repräsentiert, ist für ihn eine partielle abgeleitete Grundrechtsberechtigung anzuerkennen. Vor allem hat der Betriebsrat die sog. Prozessgrundrechte der Art. 101 und 103 GG (ebenso *Dütz*, a. a. O., S. 70 f.; für die Personalvertretungen BVerfG 26. 5. 1970 E 28, 314, 323 = AP GG Art. 9 Nr. 18). 117

4. Befugnis zur Vertretung der einzelnen Arbeitnehmer

Der Betriebsrat repräsentiert die Belegschaft, ist aber **nicht Vertreter der einzelnen** 118 **Arbeitnehmer** (ebenso BAG 9. 10. 1970 AP BetrVG [1952] § 63 Nr. 4; 19. 7. 1977 AP BetrVG 1972 § 77 Nr. 1; zum Personalrat: BAG 14. 6. 1974 AP BGB § 670 Nr. 20; BVerwG 13. 2. 1976 E 50, 176, 183; 13. 2. 1976 E 50, 186, 196 f.). Er kann deshalb nicht für die Arbeitnehmer rechtsgeschäftliche Erklärungen abgeben oder entgegennehmen. Auch in einem Prozess mit dem Arbeitgeber kann er nicht als ihr Prozessvertreter auftreten; insbesondere gibt ihm die gesetzlich eingeräumte Befugnis, darüber zu wachen, dass die zugunsten der Arbeitnehmer geltenden Rechtsvorschriften durchgeführt werden (§ 80 Abs. 1 Nr. 1), nicht das Recht, gerichtlich feststellen zu lassen, in welche Lohn- oder Gehaltsgruppe ein Arbeitnehmer einzustufen ist (s. § 80 Rn. 18) oder auf einer Betriebsvereinbarung beruhende Ansprüche des einzelnen Arbeitnehmers geltend zu machen (s. § 77 Rn. 219).

5. Identität des Betriebsrats bei Amtswechsel

Da dem Betriebsrat als Repräsentanten der Belegschaft die Beteiligungsrechte zugeordnet werden, berührt ein Amtswechsel nicht die Betriebsverfassung. **Betriebsvereinbarungen** und sonstige **Betriebsabsprachen** bleiben bestehen. 119

Daraus müssen auch **prozessual** die entsprechenden Folgen gezogen werden. Zwar 120 bestimmt § 10 ArbGG 1979 nicht mehr wie § 10 ArbGG 1926, dass in betriebsverfassungsrechtlichen Streitigkeiten auch die Arbeitnehmerschaft der Betriebe Beteiligter ist; im Gegensatz zum früheren Recht macht der Betriebsrat vielmehr die der Belegschaft zugeordneten Beteiligungsrechte im eigenen Namen geltend. Aber daraus kann nicht gefolgert werden, dass ein „Parteiwechsel" eintritt, wenn der Betriebsrat, der das Beschlussverfahren eingeleitet hat, neu gewählt wird; entscheidend ist vielmehr allein die Identität des Betriebs und der Fortbestand der Betriebsratsfähigkeit (vgl. auch *Richardi*, Anm. zu BAG AP ArbGG 1953 § 94 Nr. 5). Auch für die **Rechtskraftwirkung** bleibt die Identität der Beteiligten erhalten, wenn der Betriebsrat neu gewählt wird; der jeweils im Amt befindliche Betriebsrat ist als Funktionsnachfolger seines Vorgängers an die diesem gegenüber getroffenen gerichtlichen Entscheidungen gebunden (ebenso BAG 27. 1. 1981 AP ArbGG 1979 § 80 Nr. 2).

V. Der Arbeitgeber in der Betriebsverfassung

1. Arbeitgeberbegriff

Das BetrVG befasst sich mit dem Arbeitgeber als **Inhaber des Betriebs**; denn es 121 begrenzt die unternehmerische Entscheidungsautonomie in ihrer arbeitsrechtlichen Dimension. Gemeint ist der Inhaber der *betrieblichen Organisationsgewalt*. Den Arbeitgeber als *Vertragspartner des Arbeitnehmers* erfasst das Gesetz nur insoweit, als die Wahrnehmung betriebsverfassungsrechtlicher Rechte sich auf den Inhalt des Einzelarbeitsverhältnisses auswirkt, wie die Arbeitsbefreiung und Freistellung von Betriebsratsmitgliedern nach §§ 37, 38, die Beteiligung der Arbeitnehmer an der Betriebsratswahl nach § 20 Abs. 3 Satz 2, der Besuch der Sprechstunde oder die sonstige Inanspruchnahme des Betriebsrats durch einen Arbeitnehmer nach § 39 Abs. 2 und die Teilnahme an Betriebs- und Abteilungsversammlungen nach § 44. Der Arbeitgeber als Partei des Einzelarbeitsverhältnisses ist weiterhin bei den in §§ 81 ff. normierten Individualrechten des Arbeitnehmers angesprochen. Bei den Mitwirkungs- und Mitbestimmungsrechten steht dagegen seine Funktion als Inhaber der unternehmerischen Planungs-, Organisations- und Leitungsautonomie im Mittelpunkt; denn durch sie soll die arbeitsrechtliche Leitungsmacht und die Entscheidungsautonomie in der personellen Zusammensetzung einer Belegschaft begrenzt werden.

2. Personenidentität mit dem Unternehmer

122 Der Arbeitgeber kann eine **natürliche** oder **juristische Person** oder eine **Gesamthandsgemeinschaft**, insbesondere eine BGB-Gesellschaft, OHG oder KG, sein. Er ist mit dem *Unternehmer* identisch; es handelt sich insoweit nur um eine andere Bezeichnung für den Arbeitgeber. Das Gesetz benützt den Begriff des Arbeitgebers, soweit es um die Rechtsbeziehungen zu den einzelnen Arbeitnehmern und zur Arbeitnehmerschaft überhaupt geht, während es den Begriff des Unternehmers verwendet, wenn es sich um wirtschaftliche Angelegenheiten handelt (vgl. §§ 106 bis 113).

3. Vertretung des Arbeitgebers

123 Der Arbeitgeber braucht die ihm nach diesem Gesetz zustehenden Rechte und Pflichten nicht selbst wahrzunehmen. Soweit er eine **juristische Person** ist, handeln für ihn die **Mitglieder des gesetzlichen Vertretungsorgans,** bei Gesamthandsgemeinschaften die nach Gesetz oder Gesellschaftsvertrag vertretungsberechtigten Personen.

124 Der Arbeitgeber kann sich durch jede **andere Person vertreten** lassen; insbesondere kommen als Vertreter die leitenden Angestellten in Betracht. Einschränkungen ergeben sich lediglich dort, wo der Arbeitgeber bzw. der Unternehmer verpflichtet ist, gegenüber einer betriebsverfassungsrechtlichen Institution einen Bericht zu erstatten, wie nach § 43 Abs. 2 in einer Betriebsversammlung oder nach § 108 Abs. 2 in Sitzungen des Wirtschaftsausschusses; hier bestimmt das Gesetz, dass der Arbeitgeber bzw. Unternehmer oder *sein* Vertreter zu berichten bzw. teilzunehmen haben. Vertreter in diesem Sinne sind nur die Personen, die den Arbeitgeber bzw. Unternehmer allgemein in seiner Funktion als Betriebsinhaber oder Unternehmer vertreten können.

4. Ersetzung durch eine Partei kraft Amtes

125 Bei **Insolvenz des Arbeitgebers** werden dessen Rechte und Pflichten vom Insolvenzverwalter wahrgenommen. (§ 80 Abs. 1 InsO).

126 Fällt das Unternehmen unter das Verwaltungsrecht eines **Testamentsvollstreckers,** so hat dieser die Rechte und Pflichten des Arbeitgebers aus dem BetrVG wahrzunehmen (ebenso *Heinze,* AuR 1976, 33, 41).

VI. Privatrechtlicher Charakter der Betriebsverfassung

1. Die öffentlich-rechtliche Theorie

127 In der Weimarer Zeit ordneten Rechtsprechung und h. L. die Betriebsverfassung dem **öffentlichen Recht** zu und sahen im Betriebsrat ein öffentlich-rechtliches Selbstverwaltungsorgan (vgl. *Flatow/Kahn-Freund*, Vorbem. I vor § 1; s. auch die Nachw. in der 6. Aufl. § 1 Rn. 32). Begründet wurde diese Auffassung vor allem damit, dass die Betriebsvertretungen nach dem Räteprogramm des Art. 165 WRV die unterste Stufe einer allgemeinen Ordnung wirtschaftlicher und sozialer Repräsentation in der Wirtschaftsverfassung darstellen sollten (vgl. auch *Reichold*, Betriebsverfassung, S. 241 ff.).

Die öffentlich-rechtliche Theorie ist in der Zeit nach 1945 vor allem von *Dietz* und *Erich Molitor* vertreten worden (vgl. *Dietz*, 4. Aufl., § 1 Rn. 15 ff.; *Molitor*, FS Herschel 1955, S. 105 ff.). Zum geltenden Recht folgt ihr nur noch *Hess* (HSWG [3. Aufl.], Vorbem. vor § 1 Rn. 15 ff.). Nach seiner Auffassung ist zwar das Betriebsratsamt privatrechtlicher Natur; der öffentlich-rechtliche Charakter des Gesetzes ergebe sich aber aus seinem sachlichen Regelungsinhalt (Rn. 22). Schon die Straf- und Bußgeldvorschriften der §§ 119 bis 121 und auch ein Teil der dem Betriebsrat übertragenen Aufgaben deuten auf die öffentlich-rechtliche Qualität des Gesetzes. *Hess* zieht die Parallele zu den öffentlich-rechtlichen Arbeitnehmerschutzgesetzen und meint, seinem Zweck entsprechend könne das BetrVG ähnlich wie diese Gesetze als öffentlich-rechtliches Arbeitnehmerschutzgesetz angesehen werden.

128

Für *Dietz* (§ 1 Rn. 17) war dagegen entscheidend, dass man der Belegschaft *ohne* Rücksicht auf den *eigenen Willen* angehört, nur weil man als Arbeitnehmer in einen Betrieb eintritt, d. h. mit dem Arbeitgeber einen Arbeitsvertrag schließt. Außerdem begründete er seine Auffassung damit, dass die Betriebsverfassung Teil der Wirtschaftsverfassung und damit der Staatsverfassung sei, wenn auch nicht in dem Sinn, dass die Einzelausgestaltung der Fragen selbst verfassungsrechtlich verankert sei (Rn. 19). Bei ihr handle es sich „um die Realisierung der sog. Wirtschaftsdemokratie", die in Art. 20 GG durch die Apostrophierung des sozialen Rechtsstaats angesprochen werde. In diesem Sinn sei die Betriebsverfassung als Realisierung einer Grundsatzentscheidung Teil der öffentlichen Ordnung (Rn. 20 a).

129

2. Begründung der privatrechtlichen Auffassung

Die privatrechtliche Auffassung hat in der Weimarer Zeit vor allem *Jacobi* (Grundlehren, S. 301 ff.) begründet (vgl. auch *Reichold*, Betriebsverfassung, S. 310 ff.). Sieht man von der Stellungnahme ab, dass es auch vertretbar sei, das BetrVG dem öffentlichen Recht zuzuordnen (HSWG-*Hess* [6. Aufl.], Vorbem. vor § 1 Rn. 15), so steht der **privatrechtliche Charakter der Betriebsverfassung** heute **außer Zweifel** (vgl. *Fitting*, § 1 Rn. 262; GK-*Wiese*, Einl. Rn. 87 ff.; *Nikisch*, Bd. III S. 20 f.; *Nipperdey/Säcker* in *Hueck/Nipperdey*, Bd. II/2 S. 1095 ff.; *Zöllner/Loritz/Hergenröder*, § 46 III 1; *v. Hoyningen-Huene*, MünchArbR § 210 Rn. 16; *Richardi*, Kollektivgewalt, S. 316 f.; ausführlich *Reichold*, Betriebsverfassung als Sozialprivatrecht, 1995).

130

Die Betriebsverfassung ist **Teil des Organisationsrechts für die Unternehmen in privatrechtlicher Form,** sobald diese für ihre Zielsetzung Arbeitnehmer beschäftigen und eine Arbeitsorganisation bilden. Ihr zwingender Charakter steht nicht der Zuordnung zum Privatrecht entgegen. Eine Besonderheit ergibt sich aber daraus, dass das Gesetz für die Mitbestimmung bereits Zuweisungen vornimmt, wie man sie antrifft, wenn ein Bereich öffentlich-rechtlich organisiert ist. Die betriebsverfassungsrechtlichen Beteiligungsrechte geben dem Betriebsrat die Befugnis, gestaltend auf die Rechtsstellung des Arbeitnehmers einzuwirken, ohne dass ein rechtsgeschäftlicher Legitimationsakt vorliegt. Die Einwirkungsbefugnis ist durch Gesetz geschaffen und wird durch die Wahl des Betriebsrats demokratisch legitimiert. Dass der Arbeitnehmer sich an der Wahl beteiligen kann, ist nicht mit dem freiwilligen Koalitionsbeitritt zu vergleichen, durch den die Regelungsbefugnis der Tarifvertragsparteien mitgliedschaftlich legitimiert wird. Auch die Freiwilligkeit der Betriebseingliederung auf Grund des Arbeitsvertrags enthält keine individualrechtliche Unterwerfung unter die betriebsverfassungsrechtlich begrün-

131

Einleitung   F. Abschließende Gestaltung der Betriebsverfassung

deten Eingriffsbefugnisse, sondern sie bezieht sich nur auf die Leitungsmacht des Arbeitgebers in den Grenzen des Arbeitsvertrags (so bereits *Richardi,* Kollektivgewalt, S. 256, 291 ff.; zust. *Reichold,* Betriebsverfassung, S. 483; *Veit,* Zuständigkeit des Betriebsrats, S. 190).

132   Gegenstand der Betriebsverfassung ist eine **nach dem Prinzip der Gruppenautonomie organisierte Beteiligung der Arbeitnehmer an Maßnahmen der privatrechtlich organisierten Betriebs- und Unternehmensleitung.** Da die Errichtung eines Betriebsrats nicht erzwingbar ist, die Wahrnehmung der Beteiligungsrechte nicht unter staatlicher Kontrolle steht und auch Betriebsvereinbarungen, die für die Betriebsangehörigen objektives Recht enthalten, nicht der Staatsaufsicht unterliegen, kann man die Betriebsverfassung nicht mehr als Materie des öffentlichen Rechts ansehen, sondern sie ist dem Privatrecht zuzurechnen. Sie ist nach den Worten *Reicholds* privatrechtsakzessorisch (vgl. *Reichold,* Betriebsverfassung, S. 399 ff.). Die durch sie geschaffene Mitbestimmungsordnung muss daher auch *vertragsrechtsakzessorisch* interpretiert werden (ebenso *Reichold,* S. 486 ff.).

133   Die **Mitbestimmung des Betriebsrats ersetzt nicht den Arbeitsvertrag als Grundprinzip einer selbstbestimmten Gestaltung des Arbeitsverhältnisses,** sondern sie ergänzt ihn, wenn der Vertragsmechanismus als **Instrument eines freiheitsrechtlichen Interessenausgleichs im multilateralen Verhältnis der Arbeitnehmer zueinander und im Verhältnis zum Arbeitgeber** an seine Grenzen stößt (vgl. *Hammer,* Die betriebsverfassungsrechtliche Schutzpflicht für die Selbstbestimmungsfreiheit des Arbeitnehmers, 1998, S. 161).

F. Abschließende Gestaltung der Betriebsverfassung

I. Betriebsverfassungsgesetz als zwingendes Gesetz

1. Organisation der Betriebsvertretung

134   Die **Repräsentation der Belegschaft durch den Betriebsrat** kann **nicht abweichend vom Gesetz** gestaltet werden. Organisationseinheit ist der **betriebsratsfähige Betrieb (§ 1).** Seit dem BetrVerf-ReformG kann aber durch Tarifvertrag oder ausnahmsweise Betriebsvereinbarung die Bildung eines unternehmenseinheitlichen Betriebsrats oder die Zusammenfassung von zwei oder mehreren Betrieben innerhalb eines Unternehmens für die Bildung eines Betriebsrats sowie die Bildung von Spartenbetriebsräten vorgesehen werden; durch Tarifvertrag können sogar auch andere Arbeitnehmervertretungsstrukturen bestimmt werden (§ 3 Abs. 1 und 2). Die auf Grund eines Tarifvertrags oder einer Betriebsvereinbarung gebildeten betriebsverfassungsrechtlichen Organisationseinheiten gelten als Betriebe i. S. dieses Gesetzes (§ 3 Abs. 5).

135   Wegen der Abweichungsmöglichkeit durch Tarifvertrag ist die **gesetzliche Anknüpfung der Mitbestimmungsordnung an den Betrieb tarifdispositiv** (zur Verfassungskonformität der Regelung s. § 3 Rn. 8 ff.).

136   Zur Disposition der Tarifvertragsparteien und in engen Grenzen der Betriebspartner steht nur die **Organisationseinheit für die Bildung der Betriebsvertretung** (§ 3 Abs. 1 und 2). Deren **Wahl, Organisation und Geschäftsführung** sowie die Wahl, Organisation und Geschäftsführung der sonstigen betriebsverfassungsrechtlichen Vertretungen können **weder durch Tarifvertrag noch durch Betriebsvereinbarung abweichend vom Gesetz** gestaltet werden. Eine Ausnahme gilt nur für die Zahl der freizustellenden Betriebsratsmitglieder (§ 38 Abs. 1 Satz 5) sowie die Mitgliederzahl des Gesamtbetriebsrats (§ 47 Abs. 4), des Konzernbetriebsrat (§ 55 Abs. 4), der Gesamt-Jugend- und Auszubildendenvertretung (§ 72 Abs. 4) und der Konzern-Jugend- und Auszubildendenvertretung (§ 73 a Abs. 4). Außerdem kann durch Betriebsvereinbarung eine ständige Einigungsstelle errichtet werden (§ 76 Abs. 1 Satz 2), und durch Tarifvertrag kann bestimmt werden, dass an die Stelle der Einigungsstelle eine tarifliche Schlichtungsstelle tritt (§ 76

I. Betriebsverfassungsgesetz als zwingendes Gesetz **Einleitung**

Abs. 8). Von der Kostenregelung für die Einigungsstelle kann durch Tarifvertrag oder in einer Betriebsvereinbarung abgewichen werden, wenn ein Tarifvertrag dies zulässt oder eine tarifliche Regelung nicht besteht (§ 76a Abs. 5). Schließlich können durch Tarifvertrag oder Betriebsvereinbarung Einzelheiten des Beschwerdeverfahrens geregelt werden, wobei bestimmt werden kann, dass im kollektiven Beschwerdeverfahren an die Stelle der Einigungsstelle eine betriebliche Beschwerdestelle tritt (§ 86). Für die im Flugbetrieb beschäftigten Arbeitnehmer von Luftfahrtunternehmen ist vorgesehen, dass eine betriebsverfassungsrechtliche Vertretung durch Tarifvertrag errichtet werden kann (§ 117 Abs. 2).

Weder durch Tarifvertrag noch durch Betriebsvereinbarung kann abweichend vom Gesetz geregelt werden, wer vom Betriebsrat repräsentiert wird. Deshalb ist die gesetzliche **Abgrenzung der leitenden Angestellten** in § 5 Abs. 3 Satz 2 **zwingend** (s. dort Rn. 261 ff.). **137**

2. Betriebsverfassungsrechtliche Mitwirkungs- und Mitbestimmungsrechte

Durch das Gesetz ist die **Funktion der Betriebsvertretung** abschließend gestaltet. Der Betriebsrat als ein innerhalb der Betriebsverfassung vom Gesetz mit bestimmten Aufgaben und Befugnissen ausgestatteter Funktionsträger kann nur im Rahmen seiner Zuständigkeit und nur in der gesetzlich vorgesehenen Weise tätig werden (so zutreffend *Nikisch*, Bd. III S. 276). **138**

Dennoch ist bestritten, ob die **Beteiligung des Betriebsrats in sozialen, personellen und wirtschaftlichen Angelegenheiten** durch Tarifvertrag oder **Betriebsvereinbarung erweitert und verstärkt** werden kann. Die gesetzlichen Vorschriften enthalten „Mindestanforderungen an eine wirksame Interessenvertretung" (HSWGNR-*Rose*, Einl. Rn. 263). Darauf kann aber nur gestützt werden, dass die Mitwirkungs- und Mitbestimmungsrechte des Betriebsrats nicht eingeschränkt werden können (ebenso DKK-*Däubler*, Einl. Rn. 75 f.). Das BAG stützt darauf aber auch, dass eine Erweiterung und Verstärkung zulässig sei (BAG 10. 2. 1988 AP BetrVG 1972 § 99 Nr. 53 [unter B II 2b]). Die Bestimmungen des BetrVG über die Mitwirkung des Betriebsrats seien *Arbeitnehmerschutzbestimmungen* und daher nur *einseitig zwingend*. Die Gesetzesregelung über die Betriebsverfassung ist aber **kein Arbeitnehmerschutzrecht** wie die Arbeitsgesetze, die einen Mindeststandard für den Arbeitnehmer im Arbeitsverhältnis festlegen. Sie verteilt Regelungsmacht auf der Betriebs- und Unternehmensebene des Arbeitslebens. Die Einräumung eines Mitbestimmungsrechts eröffnet die paritätische Beteiligung an einer Gestaltung, die nicht nur zugunsten, sondern auch zu Lasten des Arbeitnehmers wirken kann, soweit es um dessen Rechtsstellung im Arbeitsverhältnis geht. **139**

Damit wird nicht ausgeschlossen, dass durch Tarifvertrag oder Betriebsvereinbarung eine Beteiligung des Betriebsrats auch in Angelegenheiten vorgesehen werden kann, in denen nach dem Gesetz kein Beteiligungsrecht besteht. Dadurch darf aber nicht die **Verschiedenheit der Rechtsgrundlage** eingeebnet werden, auf der die Beteiligung beruht. Bei einer Regelung durch Tarifvertrag bleiben insbesondere die personellen Grenzen der tarifvertraglichen Regelungsbefugnis erhalten (s. ausführlich Rn. 141 ff.). Die **Betriebsvereinbarung** bleibt in das Konzept des Gesetzes eingefügt. Der Arbeitgeber kann zwar mit dem Betriebsrat vereinbaren, dass er ihn bei der Gestaltung einer Angelegenheit beteiligt. Für die rechtsdogmatische Einordnung einer derartigen Beteiligung ist aber ausschlaggebend, dass Rechtsgrundlage der Beteiligung eine *freiwillige Betriebsvereinbarung* ist. Da der Arbeitgeber sie jederzeit kündigen kann, ohne dass eine Nachwirkung eintritt (§ 77 Abs. 6), kann durch Betriebsvereinbarung die Mitbestimmung nicht gegen den Willen des Arbeitgebers ausgebaut und erweitert werden. Außerdem kann durch Betriebsvereinbarung nicht zu Lasten des *einzelnen Arbeitnehmers* über den gesetzlichen Rahmen hinaus eine funktionelle Zuständigkeit des Betriebsrats begründet werden. **140**

Einleitung F. Abschließende Gestaltung der Betriebsverfassung

II. Betriebsverfassung als Gegenstand tarifvertraglicher Regelung

1. Tarifautonomie und Betriebsverfassung als wesensverschiedene Formen der Gruppenautonomie

141 Die Betriebsverfassung ist eine von der Tarifautonomie wesensverschiedene Form der Förderung der Arbeits- und Wirtschaftsbedingungen. Sie ist von ihr unabhängig und beruht auf anderen Ordnungsgrundsätzen (so bereits *Richardi*, Kollektivgewalt, S. 312 ff.; weiterhin *Kreutz*, Betriebsautonomie, S. 79 ff.; *Rieble*, Arbeitsmarkt, S. 424 ff.; *Waltermann*, Rechtsetzung durch Betriebsvereinbarung, S. 156; *Veit*, Zuständigkeit des Betriebsrats, S. 101 ff.; *Richardi*, Verhandlungen des 61 DJT 1996, Bd. I/B S. 24 ff.). Sie steht daher auch **nicht** zur **Disposition der Tarifvertragsparteien**. Doch ist damit noch nicht die Frage beantwortet, ob sie Gegenstand der Tarifautonomie sein kann.

142 Nach § 1 Abs. 1 TVG zählen zum **normativen Teil eines Tarifvertrags** auch **Betriebsverfassungsnormen**. Daraus folgt aber nur, dass ein Tarifvertrag sie enthalten kann. Das Tarifvertragsgesetz regelt nicht, wie weit die Befugnis, betriebsverfassungsrechtliche Normen zu setzen, reicht. Die Möglichkeit tarifvertraglicher Regelung bedeutet nicht, dass die *gesetzliche Regelung* der Betriebsverfassung tarifdispositiv ist.

2. Organisation der Betriebsverfassung

143 Das **Organisationsrecht der Betriebsverfassung** ist **zwingend**. Nur soweit es in § 3 Abs. 1 ausdrücklich bestimmt ist, können die Tarifvertragsparteien von der im Gesetz vorgegebenen Organisation der Betriebsverfassung abweichen (s. Rn. 134 ff.). Sie werden aber insoweit nicht im Rahmen ihrer tarifautonomen Zuständigkeit tätig, sondern sie nehmen eine besondere **gesetzliche Ermächtigung** wahr, die eine Delegation zur Rechtsetzung auf *öffentlich-rechtlicher Grundlage* enthält (s. § 3 Rn. 8 ff.).

3. Beteiligung des Betriebsrats als Regelungsgegenstand des Tarifvertrags

144 a) **Meinungsstand.** Gegenstand erheblicher Meinungsverschiedenheiten ist, ob durch Tarifvertrag die dem Betriebsrat zugewiesene Mitwirkung und Mitbestimmung in sozialen, personellen und wirtschaftlichen Angelegenheiten geändert, insbesondere erweitert und verstärkt werden kann. Einigkeit besteht nur darin, dass die Tarifvertragsparteien die Beteiligungsrechte des Betriebsrats **nicht beseitigen** und auch **nicht einschränken** können (s. Rn. 139).

145 Dagegen ist es überaus streitig, ob und inwieweit ein Tarifvertrag die **betriebsverfassungsrechtlichen Beteiligungsrechte** in den einzelnen Bereichen **erweitern** und **verstärken** kann. Klarheit bietet auch nicht die Entstehungsgeschichte. Der RefE zum BetrVG 1972 hatte in § 3 Abs. 1 Nr. 3 vorgesehen, dass „die Erweiterung der Aufgaben und Befugnisse der Vertretungen der Arbeitnehmer in Angelegenheiten, die den Inhalt, den Abschluss oder die Beendigung von Arbeitsverhältnissen betreffen", durch Tarifvertrag bestimmt werden kann (abgedruckt in RdA 1970, 357). Nicht einmal dieses *limitierte Recht* der Tarifvertragsparteien, die Beteiligungsrechte des Betriebsrats zu erweitern, wurde in den RegE aufgenommen und damit auch nicht in das Gesetz übernommen. Die Streichung geschah aber nicht, um als Wille des Gesetzgebers zum Ausdruck zu bringen, dass das Mitbestimmungs- und Mitwirkungsrecht des Betriebsrats durch Tarifvertrag nicht ausgedehnt und verstärkt werden kann (so *Buchner*, AG 1971, 135, 139; wie hier GK-*Thiele* [4. Aufl.], Einl. Rn. 113).

146 Das **BAG** hält eine **Erweiterung und Verstärkung der betriebsverfassungsrechtlichen Beteiligungsrechte** für zulässig (so zunächst zur tarifvertraglichen Erstreckung des Mitbestimmungsrechts auf die Dauer der Arbeitszeit in einem von den Tarifpartnern

gesteckten Rahmen BAG 18. 8. 1987 E 56, 18, 33 ff. = AP BetrVG 1972 § 77 Nr. 23 [unter III 2 b]; generell sodann BAG 10. 2. 1988 E 57, 317 = AP BetrVG 1972 § 99 Nr. 53, dort zur Einräumung eines Mitbestimmungsrechts bei der Einstellung ohne Begrenzung auf Zustimmungsverweigerungsgründe). Es begründet seine Auffassung mit § 1 Abs. 1 TVG, der zum normativen Teil eines Tarifvertrags auch Rechtsnormen über betriebsverfassungsrechtliche Fragen zählt. Bei der Gesetzesregelung über die Mitbestimmung des Betriebsrats handele es sich um Arbeitnehmerschutzbestimmungen, die nur einseitig zwingend seien (so BAGE 57, 317, 325 – unter B II 2 b; s. auch Rn. 139). Damit folgt das BAG einem in der Literatur weit verbreiteten Standpunkt (vgl. *Fitting*, § 1 Rn. 249 ff.; DKK-*Däubler*, Einl. Rn. 79 ff.; ErfK-*Eisemann/Koch*, § 1 Rn. 19; bereits zum BetrVG 1952 vor allem *A. Hueck*, BB 1952, 925; *ders.*, Probleme des Mitbestimmungsrechtes, 1953, S. 16 ff.; *ders.* in *Hueck/Nipperdey/Stahlhacke*, TVG, § 1 Rn. 74). Die Begründung ist nicht tragfähig (vgl. *v. Hoyningen-Huene*, MünchArbR § 210 Rn. 24; *Richardi*, NZA 1988, 673 ff.; *ders.*, ZfA 1990, 211, 226 ff.).

b) Stellungnahme. Die Einbeziehung der Rechtsnormen über betriebsverfassungsrechtliche Fragen in den normativen Teil des Tarifvertrags kann man **nicht** als **Ermächtigungsnorm** interpretieren. Die Tarifvertragsparteien haben durch sie keine über die tarifautonome Regelungsbefugnis hinausgehende Ermächtigung zur Gestaltung der Betriebsverfassung erhalten. Die Tarifvertragsparteien können zwar eine Regelung den Betriebspartnern *überlassen*. Sichern sie aber, dass durch die Einräumung eines Mitbestimmungsrechts eine bestimmte Regelung erzwungen werden kann, so handeln die Betriebspartner als *Erfüllungsgehilfen* der Tarifvertragsparteien. Durch den Konkretisierungsauftrag an die Betriebspartner können die Tarifvertragsparteien keine Allgemeinverbindlicherklärung ihrer Regelung herbeiführen, so dass von deren Geltung ohne Rücksicht auf die Tarifgebundenheit alle Arbeitnehmer des Betriebs erfasst werden.

147

Nach **Ansicht des BAG** soll die Erweiterung der Mitbestimmung durch Tarifvertrag **nur das Verhältnis des Arbeitgebers zum Betriebsrat** und umgekehrt regeln (BAG 18. 8. 1987 AP BetrVG 1972 § 77 Nr. 23 [unter III 2 b]). Die Grenzen mitgliedschaftlicher Legitimation würden nicht überschritten; denn eine Rechtsnorm über betriebsverfassungsrechtliche Fragen gelte nur in Betrieben, deren Arbeitgeber tarifgebunden sei (§ 3 Abs. 2 TVG). Die gesetzliche Befugnis der Tarifvertragsparteien, das Verhältnis des Arbeitgebers zum Betriebsrat und umgekehrt zu regeln, erstrecke sich damit nur auf Arbeitgeber, die durch ihren Beitritt zum Arbeitgeberverband sich dieser Normsetzungsbefugnis unterworfen hätten. Demnach begründet eine Erweiterung der Mitbestimmung durch Tarifvertrag **keine betriebsverfassungsrechtliche Regelungszuständigkeit,** sondern **erweitert nur die betriebsverfassungsrechtliche Zwangsschlichtung**.

148

Prämisse dieser Ansicht ist, dass Arbeitgeber und Betriebsrat schon *kraft Gesetzes* die Befugnis haben, den gesamten Inhalt eines Arbeitsverhältnisses durch Betriebsvereinbarung zu regeln. Eine **Erweiterung der Mitbestimmung durch Tarifvertrag** wäre **nichts anderes als die Einräumung eines Rechts zur Erzwingung einer Betriebsvereinbarung**. Es ginge also ausschließlich darum, dass der Betriebsrat wie auch der Arbeitgeber bei Nichteinigung die Betriebsvereinbarung durch einen beide Seiten bindenden Spruch der Einigungsstelle ersetzen könnten. Damit deckt sich dieses Verständnis einer Mitbestimmung haargenau mit der zu § 56 BetrVG 1952 entwickelten Lehre von *Dietz* über das Wesen des Mitbestimmungsrechts in sozialen Angelegenheiten: Der Betriebsrat habe einen Anspruch auf Regelung mitbestimmungspflichtiger Angelegenheiten, nicht aber auf Beteiligung bei ihrer Vornahme (Theorie der erzwingbaren Mitbestimmung; vgl. *Dietz*, FS Nipperdey 1955, S. 147 ff.; *ders.*, BB 1959, 1210 ff.; *ders.*, Probleme des Mitbestimmungsrechts, 1966, S. 7 ff.; *ders.*, BetrVG, 4. Aufl. 1967, § 56 Rn. 4, 7 ff.). Dieser Auffassung ist aber das BAG schon in einer seiner ersten Entscheidungen entgegengetreten (BAG 7. 9. 1956 E 3, 207 = AP BetrVG § 56 Nr. 2). Sie verkenne Bedeutung und Tragweite der gesetzlichen Mitbestimmung des Betriebsrats. Durch die Einräumung eines Mitbestimmungsrechts solle die Möglichkeit eingeengt werden, dass

149

die mitbestimmungspflichtigen Angelegenheiten mangels anderweitiger gesetzlicher oder tariflicher Normierung durch Einzelarbeitsvertrag oder sogar auf Grund eines Weisungsrechts einseitig vom Arbeitgeber geregelt werden könnten. Das dem Betriebsrat durch Gesetz eingeräumte Mitbestimmungsrecht begrenzt demnach die rechtsgeschäftliche Gestaltungsfreiheit des Arbeitgebers nicht erst, wenn über die mitbestimmungspflichtige Angelegenheit eine Betriebsvereinbarung abgeschlossen wird, sondern schon auf Grund des Bestehens des Mitbestimmungsrechts (Theorie der notwendigen Mitbestimmung).

150   Nach der Interpretation des BAG handelt es sich bei der Erweiterung der Mitbestimmung durch Tarifvertrag um eine **andere Form der Beteiligung,** als sie **in der gesetzlichen Mitbestimmung** besteht. Für diese ist nach dem heute herrschenden Verständnis ein Wesensmerkmal, dass der Einigungszwang auf betriebsverfassungsrechtlicher Ebene den Einsatz individualrechtlicher Gestaltungsmittel verbietet, wenn keine Betriebsabsprache mit dem Betriebsrat vorliegt. Trotzdem ist auch bei einer **Reduzierung der tarifvertraglichen Normsetzungsbefugnis auf das Verhältnis des Arbeitgebers zum Betriebsrat** zweifelhaft, ob sie das Recht umfasst, das verbindliche Einigungsverfahren auf Angelegenheiten zu erstrecken, für die es von Gesetzes wegen nicht vorgesehen ist. Das ist insbesondere problematisch, wenn die Tarifvertragsparteien sich auf die Festlegung eines Regelungskomplexes beschränken, ohne für ihn selbst eine konkretisierende Regelung zu treffen.

151   Die Tarifvertragsparteien eröffnen dadurch, wie das BAG ausdrücklich hervorhebt, nicht nur dem Betriebsrat, sondern auch dem *Arbeitgeber* die Möglichkeit, das verbindliche Einigungsverfahren einzusetzen, um gegen den Willen der anderen Seite eine betriebseinheitliche Regelung herbeizuführen (BAG 18. 8. 1987 AP BetrVG 1972 § 77 Nr. 23 [unter B III 2 b]). Überwunden wird aber nicht nur ein entgegenstehender Willen des Betriebsrats, sondern es wird, wenn der Arbeitgeber auf diesem Weg eine betriebseinheitliche Regelung herbeiführen kann, vor allem auch die Notwendigkeit einer Einigung mit dem *einzelnen Arbeitnehmer* ersetzt. Mit anderen Worten: Es wird die Befugnis geschaffen, die Gestaltung durch einen Dritten vornehmen zu lassen, ohne dass der Arbeitgeber auch nur den Versuch unternehmen muss, die Einverständniserklärung des einzelnen Arbeitnehmers herbeizuführen. Er kann sich vielmehr unmittelbar an den Betriebsrat wenden und, wenn mit ihm keine Einigung zustande kommt, einen Spruch der Einigungsstelle erzwingen, der nicht nur für tarifgebundene, sondern für alle Arbeitnehmer gilt, die zu der vom Betriebsrat repräsentierten Belegschaft gehören.

152   Deshalb lässt sich auch nicht die These des BAG aufrechterhalten, bei den Regelungen des BetrVG über die Mitbestimmung des Betriebsrats handele es sich um **Arbeitnehmerschutzbestimmungen** (s. Rn. 139). Die **Einräumung eines Mitbestimmungsrechts** eröffnet die **paritätische Beteiligung an einer Gestaltung,** die nicht nur zugunsten, sondern **auch zu Lasten des Arbeitnehmers** wirken kann, soweit es um dessen Rechtsstellung im Arbeitsverhältnis geht.

III. Beteiligung des Betriebsrats in tarifvertraglichen Regelungen

153   Eine Vielzahl von Tarifbestimmungen sieht vor, dass der Arbeitgeber eine bestimmte Regelung nur mit Zustimmung des Betriebsrats treffen kann (vgl. auch *Spilger,* Tarifvertragliches Betriebsverfassungsrecht, 1988; s. auch *Richardi* NZA 1988, 673, 676 f.). Soweit derartige Tarifbestimmungen sich auf den Vertragsinhalt des Arbeitsverhältnisses beziehen, sind sie Inhaltsnormen, aber zugleich auch **Betriebsverfassungsnormen.** Ihre Zulässigkeit darf nicht mit dem Problem einer Erweiterung der Mitbestimmung durch Tarifvertrag verwechselt werden. Dass die gesetzliche Mitbestimmungsregelung nicht zur Disposition der Tarifvertragsparteien steht, schließt keineswegs aus, dass sie die Beteiligung des Betriebsrats in einer von ihnen geregelten Angelegenheit vorsehen kön-

nen (so bereits *Nikisch*, Bd. III S. 356 f.; *ders.*, RdA 1964, 305, 308; *Richardi*, Kollektivgewalt, S. 257 f.; weiterhin *ders.*, NZA 1988, 673, 676 f.).

154 Die **Tarifvertragsparteien** treffen in diesem Fall **keine Bestimmung über die Betriebsverfassung**, sondern die **Beteiligung des Betriebsrats** bezieht sich auf eine **von ihnen geregelte Angelegenheit.** Es geht nicht darum, die Entschließungsfreiheit des Arbeitgebers durch die Mitbestimmung des Betriebsrats zu beschränken, sondern im Gegenteil erhält der Arbeitgeber durch die tarifvertragliche Regelung ein Recht, das er nur im Einvernehmen mit dem Betriebsrat ausüben kann. Die Tarifvertragsparteien können auch bestimmen, wie der Betriebsrat mitzuwirken hat, sofern dadurch nicht dessen Beteiligungsrechte eingeschränkt werden. Diese Einschaltung in eine von ihnen getroffene Regelung ist keine Erweiterung der Mitbestimmung durch Tarifvertrag. Die Tarifvertragsparteien ersetzen mit ihr nicht die Notwendigkeit einer Einigung mit dem einzelnen Arbeitnehmer durch einen mitbestimmungsrechtlichen Einigungszwang, sondern sie treffen selbst die Regelung. Nur soweit diese Tarifgeltung hat, begrenzt sie die individuelle Vertragsfreiheit, und auch insoweit besteht die Schranke nur, soweit von der tarifvertraglichen Regelung nicht zugunsten des Arbeitgebers abgewichen wird (§ 4 Abs. 3 TVG).

155 Da die **Tarifvertragsparteien** die Mitwirkung des Betriebsrats in einer von ihnen geregelten Angelegenheit vorsehen können, sind sie auch berechtigt, festzulegen, **wieweit und in welcher Form der Betriebsrat mitzuwirken** hat. Kann nach dem Tarifvertrag der Arbeitgeber ein ihm eingeräumtes Recht nur mit Zustimmung des Betriebsrats ausüben, so kann er, wenn er dessen Einverständnis nicht erhält, nicht die Einigungsstelle anrufen, damit diese einen bindenden Spruch fälle. Die Tarifvertragsparteien können jedoch insoweit auch eine andere Regelung treffen. Es hängt ausschließlich vom Inhalt der *tarifvertraglichen Bestimmung* ab, ob der Arbeitgeber berechtigt ist, die Zustimmung des Betriebsrats durch den **Spruch einer Einigungsstelle** zu ersetzen; es gibt insoweit für die Tarifvertragsparteien keine fremdbestimmte Schranke (ebenso schon *Dietz*, RdA 1962, 390, 391, der im Gegensatz zum hier vertretenen Standpunkt dort von einer Erweiterung der Mitbestimmung des Betriebsrats in sozialen Angelegenheiten ausgeht; s. dazu aber *Richardi*, Kollektivgewalt, S. 258).

Kommentar

Das Gesetz zur Reform des Betriebsverfassungsgesetzes (BetrVerf-ReformG) vom 23. 7. 2001 (BGBl. I S. 1852) hat das Betriebsverfassungsgesetz vom 15. 1. 1972 (BGBl. I S. 13) i. F. der Bekanntmachung vom 23. 12. 1988 (BGBl. 1989 I S. 1) erheblich geändert. Auf Grund des Art. 13 BetrVerf-ReformG 2001 hat das Bundesministerium für Arbeit und Sozialordnung den Wortlaut des Betriebsverfassungsgesetzes in der vom Inkrafttreten des BetrVerf-ReformG an geltenden Fassung am 25. 9. 2001 im Bundesgesetzblatt neu bekannt gemacht (BGBl. I S. 2518).

Betriebsverfassungsgesetz

Erster Teil. Allgemeine Vorschriften

Vorbemerkung

Der Erste Teil des Gesetzes legt fest, bei welcher Arbeitnehmerzahl in Betrieben Betriebsräte gewählt werden (§ 1 Abs. 1 Satz 1). Er stellt klar, dass die Betriebsratsfähigkeit auch für gemeinsame Betriebe mehrerer Unternehmen gilt (§ 1 Abs. 1 Satz 2), wobei er Voraussetzungen festlegt, bei denen ein gemeinsamer Betrieb mehrerer Unternehmen vermutet wird (§ 1 Abs. 2). Er regelt die Betriebsratsfähigkeit von Betriebsteilen und deren betriebsverfassungsrechtliche Zuordnung, wenn in ihnen kein eigener Betriebsrat besteht, und stellt klar, dass Betriebe, die selbst nicht betriebsratsfähig sind, dem Hauptbetrieb zuzuordnen sind (§ 4). Durch Tarifvertrag und in engen Grenzen durch Betriebsvereinbarung können vom Gesetz abweichende Organisationseinheiten für die Bildung eines Betriebsrats festgelegt werden (§ 3). Der Erste Teil enthält weiterhin eine allgemeine Vorschrift über die Stellung der Gewerkschaften und Arbeitgebervereinigungen in der Betriebsverfassung (§ 2). Schließlich trifft er eine Bestimmung über den Arbeitnehmerbegriff und für leitende Angestellte, um dadurch festzulegen, wer vom Betriebsrat repräsentiert wird (§ 5). Die bisher im Gesetz enthaltene Bestimmung, wie die Gruppen der Arbeiter und Angestellten voneinander abzugrenzen sind (§ 6), hat Art. 1 Nr. 6 BetrVerf-ReformG 2001 aufgehoben, weil das Reformgesetz die betriebsverfassungsrechtliche Sonderbehandlung der Arbeiter und Angestellten beseitigt hat.

§ 1 Errichtung von Betriebsräten

(1) ¹In Betrieben mit in der Regel mindestens fünf ständigen wahlberechtigten Arbeitnehmern, von denen drei wählbar sind, werden Betriebsräte gewählt. ²Dies gilt auch für gemeinsame Betriebe mehrerer Unternehmen.

(2) Ein gemeinsamer Betrieb mehrerer Unternehmen wird vermutet, wenn

1. zur Verfolgung arbeitstechnischer Zwecke die Betriebsmittel sowie die Arbeitnehmer von den Unternehmen gemeinsam eingesetzt werden oder
2. die Spaltung eines Unternehmens zur Folge hat, dass von einem Betrieb ein oder mehrere Betriebsteile einem an der Spaltung beteiligten anderen Unternehmen zugeordnet werden, ohne dass sich dabei die Organisation des betroffenen Betriebs wesentlich ändert.

§ 1 Errichtung von Betriebsräten

Abgekürzt zitiertes Schrifttum: *Bonanni,* Der gemeinsame Betrieb mehrerer Unternehmen, 2003; *Brecher,* Das Unternehmen als Rechtsgegenstand, 1953; *Jacobi,* Betrieb und Unternehmen als Rechtsbegriffe, 1926 = FS Ehrenberg 1927, S. 1; *Joost,* Betrieb und Unternehmen als Grundbegriffe im Arbeitsrecht, 1988; *Konzen,* Unternehmensaufspaltungen und Organisationsänderungen im Betriebsverfassungsrecht, 1986; *Kreutz,* Grenzen der Betriebsautonomie, 1979; *Molitor,* Arbeitnehmer und Betrieb, 1929; *Th. Raiser,* Das Unternehmen als Organisation, 1969; *Säcker/Joost,* Betriebszugehörigkeit als Rechtsproblem im Betriebsverfassungs- und Mitbestimmungsrecht, 1980; *Windbichler,* Arbeitsrecht im Konzern, 1989.

Übersicht

	Rn.
A. Vorbemerkung	1
B. Der Betrieb als Grundlage des BetrVG	3
I. Bedeutung des Betriebsbegriffs für die Betriebsverfassung	3
1. Betriebsverfassung als Teil der Unternehmensverfassung	3
2. Abgrenzung der Betriebsverfassung von der Unternehmensträgerverfassung	6
3. Betrieb als Grundlage einer arbeitgeberbezogenen Repräsentation der Arbeitnehmer	8
4. Betrieb und Unternehmen als Repräsentationsbereiche der Betriebsverfassung	10
5. Prinzip einer einheitlichen Arbeitnehmerrepräsentation	13
II. Bestimmung des Betriebsbegriffs	15
1. Keine Legaldefinition	15
2. Rechtsprechung und herrschende Lehre	16
3. Notwendigkeit einer teleologischen Begriffsbestimmung	19
III. Begriffsmerkmale des Betriebs	22
1. Zweckbestimmung	22
2. Einheit der Organisation	27
3. Räumliche Verbundenheit der Arbeitsstätten	32
4. Bedeutung des Zeitelements für den Betriebsbegriff	40
5. Notwendigkeit einer rechtlichen Zuordnung zum Arbeitgeber als Adressaten der betriebsverfassungsrechtlichen Beteiligungsrechte	42
6. Unerheblichkeit der Betriebsart	45
IV. Unternehmensbegriff im BetrVG	51
1. Unternehmen als Gebrauchsbegriff im BetrVG	51
2. Unternehmen als Organisations- und Wirkungseinheit des Arbeitgebers	52
3. Betrieb als Unternehmen oder Unternehmensteil	55
4. Kleinbetrieb innerhalb eines Unternehmens	58
V. Betrieb mehrerer Unternehmen (gemeinsamer Betrieb)	60
1. Sachverhalt	60
2. Abgrenzung vom Gemeinschaftsunternehmen und der Übertragung der Arbeitgeberfunktion auf ein beteiligtes Unternehmen	62
3. Gemeinsamer Betrieb mehrerer Unternehmen als betriebsratsfähige Organisationseinheit	64
4. Vermutung eines gemeinsamen Betriebs mehrerer Unternehmen	73
5. Adressat der Beteiligungsrechte im gemeinsamen Betrieb	80
6. Gemeinsamer Betrieb und Unternehmen	81
7. Beteiligung des gemeinsamen Betriebs an der Betriebsverfassung der Trägerunternehmen	82
8. Zuordnung der Arbeitnehmer des gemeinsamen Betriebs zu den Trägerunternehmen	85
VI. Untergang als selbständiger Betrieb	87
1. Beendigung der arbeitstechnischen Organisationseinheit	87
2. Beendigung der betriebsratsfähigen Organisationseinheit	91
3. Übergangsmandat und Restmandat des Betriebsrats	93
VII. Gesamthafenbetrieb als betriebsratsfähige Einheit	94
VIII. Konzern als Organisationseinheit der Betriebsverfassung	97
C. Mindestbetriebsgröße als Voraussetzung für die Betriebsratsfähigkeit	100
I. Bedeutung der Betriebsratsfähigkeit für die Betriebsverfassung	100
1. Repräsentativvertretung der Arbeitnehmer durch einen Betriebsrat	100
2. Rechtsfolgen der Betriebsratsfähigkeit	103

	Rn.
3. Rechtsfolgen bei Fehlen des Betriebsrats in einem betriebsratsfähigen Betrieb	106
II. Voraussetzungen der Betriebsratsfähigkeit	108
1. Regelmäßige Betriebszugehörigkeit von mindestens fünf ständigen wahlberechtigten Arbeitnehmern	108
2. Mindestzahl der wählbaren Arbeitnehmer	118
3. Besonderheit bei Kampagne- und Saisonbetrieben	121
4. Besonderheit bei Arbeitnehmerüberlassung	123
III. Verlust der Betriebsratsfähigkeit	127
1. Betriebsverfassungsrechtliche Vertretung der betriebsangehörigen Arbeitnehmer	127
2. Beendigung des Betriebsratsamtes	130
D. Streitigkeiten	133

A. Vorbemerkung

Die Bestimmung regelt die **Betriebsratsfähigkeit eines Betriebs** (Abs. 1 Satz 1). Sie gilt **1** für alle Betriebe in privatrechtlicher Organisationsform. Die Sonderbestimmung in § 8 Abs. 2 BetrVG 1952, dass für Betriebe der Land- und Forstwirtschaft ein Betriebsrat erst zu bilden ist, wenn mindestens zehn ständig beschäftigte wahlberechtigte Arbeitnehmer vorhanden sind, hat bereits das BetrVG 1972 im Interesse einer einheitlichen Regelung des Betriebsverfassungsrechts für alle Wirtschaftszweige nicht übernommen (BT-Drucks. VI/1786, S 35). Das BetrVerf-ReformG 2001 hat klargestellt, dass unter den Voraussetzungen des Abs. 1 Satz 1 Betriebsräte auch in gemeinsamen Betrieben mehrerer Unternehmen gewählt werden können (Abs. 1 Satz 2), wobei nach dem Gesetzestext des Abs. 2 die Annahme eines gemeinsamen Betriebs widerlegbar vermutet wird, wenn „zur Verfolgung arbeitstechnischer Zwecke die Betriebsmittel sowie die Arbeitnehmer von den Unternehmen gemeinsam eingesetzt werden" (Nr. 1) oder wie – nach § 322 Abs. 1 UmwG a. F. – „die Spaltung eines Unternehmens zur Folge hat, dass von einem Betrieb ein oder mehrere Betriebsteile einem an der Spaltung beteiligten anderen Unternehmen zugeordnet werden, ohne dass sich dabei die Organisation des betroffenen Betriebs wesentlich ändert" (Nr. 2).

Liegen die Voraussetzungen für die Errichtung eines Betriebsrats vor, so ist der Betrieb **2** nicht nur betriebsratsfähig, sondern das Gesetz geht davon aus, dass ein Betriebsrat auch tatsächlich gewählt wird. Es besteht aber **kein Errichtungszwang**; die Entscheidung liegt vielmehr allein bei den Arbeitnehmern des Betriebs.

B. Der Betrieb als Grundlage des BetrVG

I. Bedeutung des Betriebsbegriffs für die Betriebsverfassung

1. Betriebsverfassung als Teil der Unternehmensverfassung

Die Betriebsverfassung verknüpft zwar die Mitbestimmungsordnung mit dem **Betrieb**. **3** Das geschieht aber nur deshalb, weil auf dieser Ebene für die Arbeitnehmer der Repräsentant gebildet wird, der die Mitwirkungs- und Mitbestimmungsrechte ausübt. Historisch hat in diesem Zusammenhang eine Rolle gespielt, dass die Entscheidungen, an denen der Betriebsrat unmittelbar paritätisch beteiligt wurde, sich zunächst auf einen Bereich bezogen, der typischerweise nicht von der Unternehmensleitung selbst wahrgenommen, sondern innerhalb des Betriebs erledigt wurde. Außerdem waren die mitbestimmungspflichtigen Angelegenheiten so abgegrenzt, dass ihre Regelung für die unternehmerischen Planungsentscheidungen keine determinierende Bedeutung hatte. Für das geltende Recht ist dagegen entscheidend, dass die **Mitbestimmungsregelung** der

Betriebsverfassung sich **nicht auf den Betrieb beschränkt,** sondern auch dort gilt, wo mitbestimmungspflichtige Angelegenheiten in einem Unternehmen, das sich in zwei oder mehrere Betriebe gliedert, außerhalb des konkreten Betriebs erledigt werden. Deshalb ist auch die für die Betriebsverfassung maßgebliche Organisation das *Unternehmen.* In Unternehmen, die sich in mehrere Betriebe gliedern, wird immer dann, wenn mindestens zwei Betriebe einen Betriebsrat haben, ein Gesamtbetriebsrat gebildet (§ 47). Dieser übt die Beteiligungsrechte in den Angelegenheiten aus, die nicht mit den Betriebsräten auf Betriebsebene geregelt werden können (§ 50 Abs. 1).

4 Diese Repräsentationsstruktur spiegelt wider, dass die Mitbestimmung sich **nicht auf betriebliche Angelegenheiten beschränkt.** Die Betriebsverfassung verwirklicht nicht bloß eine *Mitbestimmung im Weisungsverhältnis* (so noch *Kunze,* RdA 1972, 257, 260), sondern sie beteiligt die Betriebsvertretung auch in Angelegenheiten, deren Gestaltung die **wirtschaftlich-unternehmerischen Entscheidungen** in erheblichem Umfang bestimmt (vgl. *Richardi,* ArbRGegw. 13 [1976], 19, 46; ebenso BVerfG 1. 3. 1979 E 50, 290, 327 = AP MitbestG § 1 Nr. 1).

5 Die Betriebsverfassung ist deshalb keine Verfassung des *Betriebs* im Gegensatz zur *Unternehmensverfassung.* Sie ist vielmehr unter dem Aspekt der Mitbestimmung ein **Teil der Unternehmensverfassung.** Wenn dennoch nicht das Unternehmen, sondern der Betrieb den Anknüpfungspunkt für das Gesetz darstellt, geschieht dies ausschließlich zur Bildung der Repräsentativvertretung der Arbeitnehmer.

2. Abgrenzung der Betriebsverfassung von der Unternehmensträgerverfassung

6 Der Unterschied zur Unternehmensmitbestimmung liegt in der **Form der Mitbestimmung.** Die Betriebsverfassung knüpft an die Arbeitgeber-Arbeitnehmer-Beziehungen an: Der Betriebsrat als Repräsentant der Arbeitnehmer wird nach Maßgabe des Gesetzes an bestimmten Entscheidungen des Arbeitgebers beteiligt *(dualistisches Modell).* Die Unternehmensmitbestimmung bezieht sich dagegen auf die *Unternehmensorganisation in ihrer gesellschaftsrechtlichen Form.* Sie kommt nur bei Kapitalgesellschaften und Genossenschaften in Betracht, ist also rechtsformabhängig. Sie wird dadurch verwirklicht, dass in den ihr unterliegenden Unternehmen Arbeitnehmervertreter dem Unternehmensorgan angehören, das nach dem Organisationsrecht der Unternehmen – dem Gesellschaftsrecht – den maßgeblichen Einfluss auf die Unternehmensleitung hat *(Einheitsmodell).* Die Bedeutung dieser Mitbestimmungsregelung ergibt sich deshalb nicht nur aus dem zahlenmäßigen Verhältnis der Arbeitnehmerbeteiligung, sondern vor allem auch daraus, wie weit das Organisationsrecht der Unternehmen geändert ist, um dem Unternehmensorgan, das mit Arbeitnehmervertretern besetzt ist – dem Aufsichtsrat –, über eine Kontrollfunktion hinaus Einfluss auf die Auswahl und Betätigung der Unternehmensleitung zu geben. Die Unternehmensmitbestimmung ist deshalb eine gesellschaftsrechtliche Mitbestimmung.

7 Der **Gegensatz zwischen der Betriebsverfassung und der Unternehmensmitbestimmung** ergibt sich **nicht** aus einer **Verschiedenheit des Funktionsbereichs,** sondern daraus, dass die Betriebsverfassung im Betriebsrat (Gesamtbetriebsrat, Konzernbetriebsrat) ein eigenes Vertretungsorgan für die Mitbestimmung bildet, während in der Unternehmensmitbestimmung die Arbeitnehmer in den gesellschaftsrechtlichen Unternehmensorganen beteiligt werden. Er besteht zwischen der Betriebsverfassung i. S. der gesetzlichen Regelung und der Unternehmensträgerverfassung (so zutreffend *Joost,* Betrieb, S. 184).

3. Betrieb als Grundlage einer arbeitgeberbezogenen Repräsentation der Arbeitnehmer

8 Für die Betriebsverfassung ist der Betrieb **kein Funktionsbereich,** sondern ein **Repräsentationsbereich.** Die Betriebsverfassung gibt den in ihm gewählten Arbeitnehmervertretungen Beteiligungsrechte an Entscheidungen des Arbeitgebers. Sie ist nicht Teil einer arbeitgeberunabhängig konzipierten Arbeitsverfassung (so zutreffend *Joost,* Betrieb, S. 205), sondern **auf einen bestimmten Arbeitgeber bezogen,** indem sie in dessen Arbeitsorganisation die Arbeitnehmerrepräsentanten bildet. Das gilt auch, wenn mehrere Unternehmen einen gemeinsamen Betrieb bilden. Für die Anwendung des Gesetzes genügt die privatrechtliche Organisationsform; es spielt keine Rolle, ob Rechtsträger der Arbeitsorganisation eine natürliche Person, eine Gesamthand oder eine juristische Person des Privatrechts ist. Ebenfalls unerheblich ist es, ob man den Arbeitgeber wegen seiner wirtschaftlichen Zielsetzung als *Unternehmen* einzuordnen hat oder den *freien Berufen* zurechnen muss.

Da Adressat der Beteiligungsrechte der Arbeitgeber ist, ist für die Bildung des Betriebsrats wesentlich, dass die von ihm repräsentierten Arbeitnehmer in einer **Vertragsbeziehung zum Betriebsinhaber** stehen. Bei einem gemeinsamen Betrieb mehrerer Unternehmen muss sie zu einem der Unternehmen bestehen, die den gemeinsamen Betrieb bilden. Soweit es um den oder die Rechtsträger des Betriebs geht, enthält das BetrVG keine Sonderregelung; es gelten vielmehr, wenn es sich um eine Personen- oder Kapitalgesellschaft handelt, die Regeln des Gesellschaftsrechts über Zuständigkeit und Verantwortung (vgl. BAG 5. 12. 1975 AP BetrVG 1972 § 47 Nr. 1). 9

4. Betrieb und Unternehmen als Repräsentationsbereiche der Betriebsverfassung

Für die Betriebsverfassung gibt es **kein besonderes Unternehmensrecht.** Maßgebend ist deshalb auch hier für den Unternehmensbegriff, dass er auf die Organisations- und Wirkungseinheit zu beziehen ist, für die bei einer Gesellschaft das Gesellschaftsrecht die Zuständigkeit und Verantwortung der für sie handelnden Organe regelt. Bei den juristischen Personen des Privatrechts ist die Verfassung des Unternehmens mit der der juristischen Person identisch. Daraus folgt, dass für die Annahme eines Unternehmens die Planungs-, Organisations- und Leitungsautonomie weder erforderlich noch ausreichend ist. Auch bei fremdbestimmter Leitung kann ein Unternehmen vorliegen, wie umgekehrt die Zusammenfassung unter einheitlicher Leitung nicht genügt, um ein Unternehmen anzunehmen. Im letzteren Fall handelt es sich vielmehr um einen Konzern, der als solcher, weil er kein Rechtssubjekt ist, nicht Arbeitgeber sein kann. 10

Der **Unternehmensbegriff in der Betriebsverfassung** knüpft an den Unternehmensbegriff an, wie er auch sonst als Rechtsbegriff verstanden wird. Er weist jedoch eine Besonderheit auf, weil er eine **Repräsentationsstufe für die Bildung einer Arbeitnehmervertretung** in der Betriebsverfassung bezeichnet (s. ausführlich Rn. 51 ff.). Er spielt daher nur eine Rolle, wenn das Unternehmen eine Arbeitsorganisation hat. Deshalb erfasst er dasselbe Substrat, auf das sich der Betriebsbegriff bezieht. Die begriffliche Trennung von Betrieb und Unternehmen bedeutet nicht, dass es sich um verschiedene Organisationen handelt. Die Unterscheidung ist vielmehr für die Betriebsverfassung nur deshalb von Bedeutung, weil die Arbeitsorganisation eines Unternehmens sich in Untersysteme gliedern kann, die ihrerseits als selbständige Organisationen angesehen werden können (vgl. dazu *Th. Raiser,* Unternehmen, S. 123 ff.). Wenn das Unternehmen nur eine Produktions- oder Dienstleistungsstätte hat, kommt nur eine betriebsratsfähige Einheit in Betracht. Der Betrieb ist in diesem Fall nichts anderes als das **arbeitstechnische Spiegelbild des Unternehmens** (so BAG 5. 3. 1974 AP BetrVG 1972 § 5 Nr. 1; 9. 12. 1975 AP BetrVG 1972 § 5 Nr. 11). Gliedert sich die Arbeitsorganisation eines Unternehmens aber in mehrere Produktions- oder Dienstleistungsstätten, so kann die Repräsentationsstruktur in der Betriebsverfassung zweistufig gestaltet sein. Der Betriebsrat wird nicht für den Gesamtbereich des Unternehmens gebildet, sondern das Gesetz stellt auf den Betrieb ab, um dort die Repräsentativvertretung der Arbeitnehmer einzurichten, wo gearbeitet wird. 11

Kriterium ist, ob für den Unternehmensteil ein einheitlicher Leitungsapparat besteht, der den Einsatz der Arbeitnehmer steuert (s. Rn. 27 ff.).

12 Wo die Notwendigkeit einer Unterscheidung zwischen Betrieb und Unternehmen gegeben ist, handelt es sich entweder um den **Betrieb mehrerer Unternehmen** oder um den Betrieb als **relativ verselbständigten Teil des Unternehmens**. Maßgebend für die Verankerung der primär zuständigen Arbeitnehmervertretung in der Teilorganisation ist für den letzteren Fall der Gesichtspunkt einer **arbeitnehmernahen Gestaltung der Mitbestimmungsordnung** (so *Richardi*, ArbRGegw. 13 [1976], 19, 56; zust. *Joost*, Betrieb, S. 239; *Preis*, RdA 2000, 257, 278).

5. Prinzip einer einheitlichen Arbeitnehmerrepräsentation

13 Der Betriebsrat ist **keine Vertretung bestimmter Arbeitnehmergruppen innerhalb des Unternehmens,** sondern er repräsentiert die **Belegschaft eines Betriebs**. Für sie wird er gewählt. Der Betriebsbegriff sichert deshalb auch das Prinzip einer einheitlichen Arbeitnehmerrepräsentation innerhalb der Betriebsverfassung. Dieses Prinzip bleibt auch gewahrt, wenn durch Tarifvertrag oder Betriebsvereinbarung die Organisationseinheit für die Bildung einer Arbeitnehmervertretung nicht mehr der Betrieb, sondern das Unternehmen, eine Zusammenfassung von Betrieben, eine Sparte oder sonst eine Arbeitnehmervertretungsstruktur ist; denn die **auf Grund eines Tarifvertrages oder einer Betriebsvereinbarung gebildeten betriebsverfassungsrechtlichen Organisationseinheiten** gelten als Betriebe i. S. dieses Gesetzes (§ 3 Abs. 5 Satz 1).

14 Das BetrVG gestattet die Wahl eines Betriebsrats in **Betriebsteilen** nur dann, wenn sie **räumlich weit vom Hauptbetrieb entfernt** oder **durch Aufgabenbereich und Organisation eigenständig** sind (§ 4 Abs. 1 Satz 1). Damit gibt es zugleich einen Hinweis für einen weiteren Zweck des Betriebsbegriffs in der Betriebsverfassung: Neben der arbeitnehmernahen Gestaltung der Mitbestimmungsordnung soll eine Aufgliederung der Betriebsverfassung nach Betriebsabteilungen, Arbeitsbereichen und Beschäftigungsarten verhindert werden, wie mittelbar § 15 Abs. 1 bestätigt (vgl. auch *Gamillscheg*, ZfA 1975, 357, 361 f.). Eine Abweichung kommt nur unter den Voraussetzungen des § 3 Abs. 1 Nr. 2 und Nr. 3 durch Tarifvertrag oder gemäß § 3 Abs. 2 durch Betriebsvereinbarung in Betracht.

II. Bestimmung des Betriebsbegriffs

1. Keine Legaldefinition

15 Der Begriff des Betriebs wird vom BetrVG nicht definiert, sondern als bekannt vorausgesetzt. Daran hat auch das Reformgesetz nichts geändert, obwohl die Koalitionsvereinbarung zwischen der SPD und den Grünen vom 20. 10. 1998 den Betriebsbegriff als Beispiel für die Notwendigkeit einer grundlegenden Novellierung des BetrVG bezeichnet hatte (s. Einl. Rn. 37). Der Gesetzgeber bewies aber Realitätssinn, als er eine Neudefinition des Betriebsbegriffs verwarf (Begründung des RegE, BT-Drucks. 14/5741, S. 26). Nach wie vor bleibt es deshalb der Rechtsprechung und Rechtslehre überlassen, die Begriffsmerkmale festzulegen. Das bedeutet allerdings keine Bindung an den Erkenntnisstand bei Erlass des Gesetzes (missverständlich daher, wenn gesagt wird, der Betriebsbegriff sei vom BetrVG 1972 übernommen, wie Rechtsprechung und Rechtslehre ihn ausgebildet hätten, so BAG 24. 2. 1976 AP BetrVG 1972 § 4 Nr. 2).

2. Rechtsprechung und herrschende Lehre

16 Rechtsprechung und herrschende Lehre folgen im Begründungsansatz der Auffassung, dass der Betriebsbegriff als **allgemeiner Rechtsbegriff** dem Gesetz vorgegeben ist (vgl.

B. Der Betrieb als Grundlage des BetrVG §1

BAG 14. 9. 1988 AP BetrVG 1972 § 1 Nr. 9, wenn dort die Begriffsbestimmung auf den Betrieb i. S. des BetrVG wie auch des KSchG bezogen wird; bestätigt BAG 18. 1. 1990 AP KSchG 1969 § 23 Nr. 9; so auch BVerfG 27. 1. 1998 E 97, 169, 184 = AP KSchG 1969 § 23 Nr. 17). Der herrschende Betriebsbegriff geht zurück auf die Definition von *Erwin Jacobi:* Betrieb ist die „Vereinigung von persönlichen, sächlichen und immateriellen Mitteln zur fortgesetzten Verfolgung eines von einem oder von mehreren Rechtssubjekten gemeinsam gesetzten technischen Zweckes" (*Jacobi,* Betrieb und Unternehmen, S. 9; *ders.,* Grundlehren, S. 286). Da ein Betrieb auch dann gegeben ist, wenn der Betriebsinhaber allein tätig ist, und es außerdem verfehlt erscheint, die Arbeitnehmer mit den sonstigen Mitteln gleichzustellen, definiert *Alfred Hueck* den Betrieb als die „organisatorische Einheit, innerhalb derer ein Unternehmer allein oder in Gemeinschaft mit seinen Mitarbeitern mit Hilfe von sächlichen und immateriellen Mitteln bestimmte arbeitstechnische Zwecke fortgesetzt verfolgt" (*Hueck/Nipperdey* Bd. I S. 93; vgl. zur Entwicklung des Betriebsbegriffs *Joost,* Betrieb, S. 46 ff.).

Die von *Alfred Hueck* verwandte Lehrbuchdefinition des Begriffs hat das BAG nahezu **17** wörtlich übernommen: Als Betrieb sei „die organisatorische Einheit anzusehen, innerhalb derer der Unternehmer allein oder zusammen mit seinen Mitarbeitern mit Hilfe sächlicher und immaterieller Mittel bestimmte arbeitstechnische Zwecke fortgesetzt verfolgt" (BAG 14. 9. 1988 AP BetrVG 1972 § 1 Nr. 9; ähnlich bereits BAG 3. 12. 1954 AP BetrVG [1952] § 88 Nr. 1; weiterhin BAG 29. 5. 1991, 19. 2. 2002, 17. 1. 2007 AP BetrVG 1972 § 4 Nr. 5, 13, 18 [Rn. 15]; 31. 5. 2000, 22. 10. 2003, 11. 2. 2004 und 22. 6. 2005 AP BetrVG 1972 § 1 Gemeinsamer Betrieb Nr. 12, 21, 22 und 23; aus der Literatur: *Fitting,* § 1 Rn. 63; GK-*Kraft/Franzen,* § 1 Rn. 28; GL-*Löwisch,* § 1 Rn. 4; HSWGNR-*Rose,* § 1 Rn. 7; *Nikisch,* Bd. I S. 150; *Neumann-Duesberg,* S. 181). Ähnlich bestimmt § 34 Abs. 1 des österreichischen ArbVG: „Als Betrieb gilt jede Arbeitsstätte, die eine organisatorische Einheit bildet, innerhalb der eine physische oder juristische Person oder eine Personengemeinschaft mit technischen oder immateriellen Mitteln die Erzielung bestimmter Arbeitsergebnisse fortgesetzt verfolgt, ohne Rücksicht darauf, ob Erwerbsabsicht besteht oder nicht."

Der Betriebsbegriff steht nach herrschendem Verständnis in einem Gegensatz zum **18** **Unternehmensbegriff.** Den Unterschied sah *Jacobi* in der *Verschiedenheit des Zwecks:* Beim Unternehmen werde im Gegensatz zum Betrieb die Vereinigung von persönlichen, sächlichen und immateriellen Mitteln „durch das von einem Rechtssubjekt (oder mehreren Rechtssubjekten) gemeinsam verfolgte Ziel, ein bestimmtes Bedürfnis zu befriedigen", gebildet (*Jacobi,* Betrieb und Unternehmen, S. 20). Nach herrschendem Verständnis sind deshalb Betrieb und Unternehmen organisatorische Einheiten, die sich allein durch ihren Zweck unterscheiden: Der Betrieb diene einem **arbeitstechnischen Zweck,** das Unternehmen dem hinter dem arbeitstechnischen Zweck liegenden Ziel, regelmäßig einem **wirtschaftlichen Zweck** (BAG 3. 12. 1954 AP BetrVG [1952] § 88 Nr. 1; 13. 7. 1955 AP BetrVG [1952] § 81 Nr. 1; 24. 2. 1976 AP BetrVG 1972 § 4 Nr. 2; *A. Hueck* in *Hueck/Nipperdey,* Bd. I S. 96 f.; *Nikisch,* Bd. I S. 156 f.; *Gamillscheg,* Kollektives Arbeitsrecht, Bd. II S. 257; *Zöllner/LoritzHergenröder,* § 46 II 2; *Brecher,* Das Unternehmen als Rechtsgegenstand, 1953, S. 117).

3. Notwendigkeit einer teleologischen Begriffsbestimmung

Der Betriebsbegriff wird vom Gesetz zwar als bekannt vorausgesetzt; aber daraus **19** folgt nicht, dass er unabhängig vom Gesetz objektiv zu definieren ist (ebenso *Gamillscheg,* Kollektives Arbeitsrecht, Bd. II S. 248). Dies war zwar das Anliegen von *Erwin Jacobi* (vgl. *Joost,* Betrieb, S. 48 ff.; DKK-*Trümner,* § 1 Rn. 35 ff.); aber auch seine Definition stand in einem Bezug zum Betriebsrätewesen (vgl. *Richardi,* FS Wiedemann 2002, S. 493, 499). Die begriffliche Trennung von Betrieb und Unternehmen beruht nicht auf einem vorgegebenen objektiven Sachverhalt. Wie vor allem *Joost* nachgewiesen hat, ist der Organisationsbegriff für die Betriebsabgrenzung völlig untauglich (vgl. *Joost*, Betrieb, S. 94 ff.). Maßgebend ist vielmehr ausschließlich, welchen Zweck eine Rechtsregel verfolgt, wenn sie auf den Betrieb abstellt oder die Unterscheidung von Betrieb und Unternehmen für wesentlich erklärt (vgl. *Richardi*, MünchArbR § 22 Rn. 14 ff.; *Preis*, RdA 2000, 257, 267 ff.). Das BVerfG hat deshalb zu § 23 KSchG die Auffassung vertreten, dass der Betriebsbegriff sich im Wege verfassungskonformer Auflegung auf die Einheiten beschränken lasse, für deren Schutz die dort genannte Kleinbetriebsklausel allein bestimmt sei; notwendig sei eine an deren Sinn und Zweck orientierte Interpretation des Betriebsbegriffs (BVerfG 27. 1. 1998 E 97, 169, 184 f. = AP KSchG § 23 Nr. 17).

20 Für die Betriebsverfassung wird mit dem Begriff des Betriebs die **betriebsratsfähige Organisationseinheit** festgelegt, in der die Arbeitnehmer zur Wahrnehmung der Mitwirkungs- und Mitbestimmungsrechte einen Betriebsrat wählen können (so auch der Gesetzestext in § 18 Abs. 2 seit der Neufassung durch Art. 1 Nr. 17 lit. b BetrVerf-ReformG 2001). Der Begriff steht in einer Wechselbeziehung zum Begriff des Unternehmens; denn die Verwendung des Betriebsbegriffs lässt die rechtliche Vermögens- und Zuständigkeitsordnung des Unternehmens unangetastet. Für die Wahrnehmung der betriebsverfassungsrechtlichen Beteiligungsrechte gegenüber dem Arbeitgeber kennt das Gesetz zwei Repräsentationsstufen, deren Unterschied es mit den Begriffen des Betriebs und des Unternehmens verbindet. Die Verknüpfung mit dem Betriebsbegriff verhindert, dass zur Wahrnehmung von Sonderinteressen eine Arbeitnehmerrepräsentation gebildet wird (s. Rn. 14). Andererseits ist aber auch nicht als Regelfall angeordnet, dass ein Betriebsrat nur für den Gesamtbereich eines Unternehmens gebildet werden kann, sondern das Gesetz stellt zur Sicherung einer **arbeitnehmernahen Gestaltung der Mitbestimmungsordnung** auf den Betrieb ab (s. Rn. 12). Für die Betriebsabgrenzung ist deshalb maßgeblich, ob die Arbeitnehmer durch den ihnen gestellten Arbeitsauftrag und die räumliche Zusammenarbeit eine Gemeinschaft bilden, die sich als einheitliche Belegschaft darstellt (so auch *Gamillscheg*, ZfA 1975, 357, 381; *ders.*, AuR 2001, 411, 415).

21 Darauf beruht, dass für die **Arbeitsorganisation eines Unternehmens** nicht nur ein Betriebsrat, sondern mehrere Betriebsräte bestehen können. Dabei ist für die Organisationseinheit, in der die Arbeitnehmer zur Wahrnehmung der Mitwirkungs- und Mitbestimmungsrechte einen Betriebsrat wählen können, von untergeordneter Bedeutung, ob der **Unternehmensteil** seinerseits als ein **Betrieb** oder nur als ein **Betriebsteil** anzusehen ist, sofern er entweder „räumlich weit vom Hauptbetrieb entfernt" (§ 4 Abs. 1 Satz 1 Nr. 1) oder bei räumlicher Nähe mit anderen Unternehmensteilen „durch Aufgabenbereich und Organisation eigenständig" ist (§ 4 Abs. 1 Satz 1 Nr. 2). Die Verselbständigung findet nur dort ihre Grenze, wo sie Arbeitnehmer vertretungslos macht. Notwendig für sie ist deshalb, dass die Voraussetzungen des § 1 Abs. 1 Satz 1 erfüllt sind (s. § 4 Rn. 28).

III. Begriffsmerkmale des Betriebs

1. Zweckbestimmung

22 a) Der Betrieb wird durch den mit ihm verfolgten **arbeitstechnischen Zweck** bestimmt, gleichgültig worin er besteht und warum er verfolgt wird. Dieses Begriffsmerkmal wird nicht ausdrücklich genannt, wenn man die Definition des Betriebsbegriffs auf den „Tätigkeitsbereich" bezieht, „in dem die personelle oder technische oder organisatorische Umsetzung einer unternehmerischen Zielsetzung erfolgt" (*Preis*, RdA 2000, 257, 267). Gemeint ist nicht der einem Arbeitnehmer zugewiesene Tätigkeitsbereich, sondern dessen Verflechtung mit den Tätigkeitsbereichen anderer Arbeitnehmer, um einen arbeitstechnischen Zweck zu verfolgen.

B. Der Betrieb als Grundlage des BetrVG § 1

Der arbeitstechnische Zweck eines kaufmännischen Büros ist die Abwicklung der 23
kaufmännischen Leitung, der einer Maschinenfabrik die Herstellung von Maschinen, der einer Hauptverwaltung eines Unternehmens die Leitung, Verwaltung und Koordinierung der Produktion und des Vertriebs. Die wirtschaftlich-unternehmerische Zielsetzung ist für die Betriebsabgrenzung ohne Bedeutung.

b) Der Einheit des Betriebs steht nicht entgegen, wenn in ihm gleichzeitig **verschiedene** 24
arbeitstechnische Zwecke verfolgt werden (ebenso BAG 1. 2. 1963 AP BetrVG [1952] § 3 Nr. 5; 17. 1. 1978 AP BetrVG 1972 § 1 Nr. 1; 23. 9. 1982 AP BetrVG 1972 § 4 Nr. 3; 23. 3. 1984 AP KSchG 1969 § 23 Nr. 4; 25. 9. 1986 und 14. 9. 1988 AP BetrVG 1972 § 1 Nr. 7 und 9; *Fitting*, § 1 Rn. 69; DKK-*Wedde*, Einl. Rn. 100; GK-*Kraft/Franzen*, § 1 Rn. 38; *Gamillscheg*, Kollektives Arbeitsrecht, Bd. II S. 257 ff.; bereits *Jacobi*, Betrieb und Unternehmen, S. 16). Eisengießerei und Webstuhlherstellung können in einem Betrieb zusammengefasst sein. Nicht notwendig ist es, dass die verschiedenen Zwecke sich berühren (so aber RAG 4. 4. 1936 ARS 27, 87, 91; *Nikisch*, Bd. III S. 34; *Neumann-Duesberg*, S. 164). Entscheidend ist vielmehr allein die Einheit der Organisation. Deshalb ist es durchaus möglich, dass in einem Unternehmen die Hauptverwaltung mit einer der Produktionsstätten zu einem einheitlichen Betrieb zusammengefasst ist (vgl. BAGE 40, 163, 166 f. = AP BetrVG 1972 § 4 Nr. 3; s. auch Rn. 45 f.).

Durch das Begriffsmerkmal des arbeitstechnischen Zwecks soll der Betrieb vom 25
Unternehmen abgegrenzt werden (s. Rn. 18). Es enthält aber kein Kriterium für die Feststellung, ob Betriebe oder nur Betriebsteile vorliegen. Möglich ist, dass in einem Unternehmen **dieselben Produktionsziele** in **verschiedenen Betrieben** verfolgt werden. Beispielsweise kann in einem Unternehmen derselbe Autotyp in verschiedenen Betrieben produziert werden.

c) Ein **Wechsel** oder eine **Ergänzung** der arbeitstechnischen Zielsetzung, z. B. Werk- 26
zeug- statt Maschinenfabrik, berührt nicht den Bestand des Betriebs, wenn die Organisationseinheit erhalten bleibt (vgl. LAG Frankfurt, BB 1950, 479; ebenso BAG 23. 9. 1982 AP BetrVG 1972 § 4 Nr. 3).

2. Einheit der Organisation

a) Für die Annahme eines Betriebs entscheidend ist die **Einheit der Organisation** (so 27
BAG 23. 9. 1982 E 40, 163, 166 = AP BetrVG 1972 § 4 Nr. 3). Rechtsprechung und h. L. verlangen deshalb für den Betriebsbegriff, dass ein **einheitlicher Leitungsapparat** vorhanden ist (BAG 23. 9. 1982 und 17. 2. 1983 AP BetrVG 1972 § 4 Nr. 3 und 4; 25. 9. 1986 AP BetrVG 1972 § 1 Nr. 7; 29. 5. 1991 AP BetrVG 1972 § 4 Nr. 5; 31. 5. 2000, 22. 10. 2003, 11. 2. 2004 und 22. 6. 2005 AP BetrVG 1972 § 1 Gemeinsamer Betrieb Nr. 12, 21, 22 und 23; 17. 1. 2007 AP BetrVG 1972 § 4 Nr. 18 [Rn. 15]; 7. 5. 2008 NZA 2009, 328, 330 [Rn. 19]; *Fitting*, § 1 Rn. 64, 71 ff.; vor allem *Dietz*, FS Nikisch 1958, S. 23, 27 f.; *Konzen*, Unternehmensaufspaltungen, 76 ff.; *Kreutz*, FS Richardi 2007, S. 637, 644; *Preis*, RdA 2000, 257, 278 f.). Fehlt ein eigener Leitungsapparat, so kann demnach eine Arbeitsstätte nur Teil eines Betriebs, nicht aber selbst ein Betrieb sein. Der einheitliche Leitungsapparat muss für die **arbeitstechnische Organisationseinheit** bestehen, die als *Betrieb* in Betracht kommt. Das gilt auch, wenn mehrere arbeitstechnische Zwecke in einem Betrieb verfolgt werden (a. A. *Fitting*, § 1 Rn. 73; zweifelnd DKK-*Wedde*, Einl. Rn. 100; GK-*Kraft/Franzen*, § 1 Rn. 39). Nicht erforderlich ist, dass die Betriebsleitung die Kompetenz für alle Maßnahmen in den Arbeitgeber-Arbeitnehmer-Beziehungen hat, sondern es kann in einem Unternehmen, das sich in mehrere Betriebe gliedert, eine divisionale Zuständigkeitsverteilung vorliegen; insbesondere kann die Unternehmensleitung sich die Kompetenz vorbehalten, wichtige Fragen innerhalb eines Betriebs selbst zu entscheiden.

Damit stellt sich die Frage, **welche Leitungsbefugnisse betriebskonstituierend** sind (vgl. 28
dazu *Konzen*, Unternehmensaufspaltungen, S. 76). Die Beantwortung hängt von der

Leitungsstruktur des Unternehmens ab (ebenso *Preis*, RdA 2000, 257, 279). Nach Ansicht des BAG handelt es sich um einen einheitlichen Betrieb, „wenn die Unternehmensleitung selbst eine oder mehrere Produktionsstätten in arbeitstechnischer Hinsicht leitet, um mehrere Betriebe, wenn die Leitung der Betriebe insoweit jeweils in der Produktionsstätte ausgeübt wird" (BAG 23. 9. 1982 AP BetrVG 1972 § 4 Nr. 3). Verlangt wird nicht, dass die Leitung der einzelnen Arbeitsstätten die Kompetenz für alle **betriebsverfassungsrechtlich relevanten Maßnahmen** hat, sondern es genügt, dass die Unternehmensleitung „die Entscheidung in personellen und sozialen Angelegenheiten im Wesentlichen der Leitung der einzelnen Produktionsstätte überlässt" (so bereits BAG a. a. O.; s. auch Rn. 67).

29 Die **Betriebsleitung** braucht deshalb **nicht mit der Unternehmensleitung identisch** zu sein. Die betriebskonstituierenden Elemente der Leitungsbefugnis richten sich nicht nach der für das Unternehmen maßgeblichen, bei Gesellschaften gesellschaftsrechtlich festgelegten Zuständigkeitsregelung. Diese entscheidet vielmehr nur darüber, wer im Unternehmen auch für die Festlegung der Arbeitsorganisation zuständig und verantwortlich ist. Die **Einheit des Leitungsapparats** kann daher im Verhältnis zur Unternehmensleitung **nur relativ** gegeben sein.

30 b) Für die Beantwortung der Frage, nach welchen Merkmalen die einheitliche Leitung zu bestimmen ist, um mit ihrer Hilfe den Betrieb abzugrenzen, ist wesentlich, dass die Betriebsverfassung die **rechtliche Vermögens- und Zuständigkeitsordnung des Unternehmens unangetastet** lässt. Wie der Arbeitgeber die arbeitstechnische Organisation des Unternehmens gestaltet, fällt in seine Entscheidungsautonomie. Von seinem Willen hängt deshalb ab, ob ein oder mehrere Betriebe bestehen. Andererseits steht der **Betriebsbegriff nicht zur Disposition des Arbeitgebers**. Für die Betriebsabgrenzung innerhalb eines Unternehmens ist daher ein wesentliches Indiz, ob für einen Teilbereich der Arbeitsorganisation die dort bestehende Leitung beteiligungspflichtige Arbeitgeberfunktionen im sozialen und personellen Bereich ausübt. Was jedoch für den gemeinsamen Betrieb mehrerer Unternehmen konstitutiv ist (s. Rn. 64 ff.), ist für die Betriebsabgrenzung innerhalb desselben Unternehmens kein Kriterium; insbesondere ist es nicht notwendig, dass die Leitung mit erheblichen Entscheidungsspielräumen ausgestattet ist (so aber *Konzen*, Unternehmensaufspaltungen, S. 83).

31 Die **Delegation eines Kerns der Arbeitgeberfunktionen** ist **keine Voraussetzung für den betriebsverfassungsrechtlichen Betriebsbegriff**. Das Merkmal der arbeitstechnischen Leitung begründet, wenn ein Unternehmen sich in zwei oder mehrere Betriebe gliedert, stets nur ein relatives Unterscheidungsmerkmal. Es sichert *negativ,* dass innerhalb eines Unternehmens kein selbständiger Betrieb vorliegt, wenn für Arbeitsstätten ein abgrenzbarer Leitungsapparat fehlt. Dagegen ist es nicht möglich, ohne Rückgriff auf das Gesetz *positiv* festzulegen, worin man die betriebskonstituierenden Elemente arbeitgeberischer Leitungsmacht zu erblicken hat. Die richtige Anwendung des Gesetzes erfordert auch keine weiteren begrifflichen Klärungen; denn besteht ein Zweifel darüber, ob ein Betrieb oder Betriebsteil vorliegt, greift § 4 Abs. 1 Satz 1 ein, der bei räumlich weiter Entfernung vom Hauptbetrieb eine betriebsratsfähige Organisationseinheit anerkennt und bei räumlicher Nähe die Selbständigkeit davon abhängig macht, dass Eigenständigkeit durch Aufgabenbereich und Organisation gegeben ist (s. auch § 4 Rn. 8 ff.).

3. Räumliche Verbundenheit der Arbeitsstätten

32 a) Die Organisation der Zusammenarbeit von Arbeitnehmern zur Erreichung eines gemeinsamen Arbeitsergebnisses setzt für den Regelfall eine räumliche Verbundenheit voraus. Sie ist aber **kein betriebskonstituierendes Kriterium** (ebenso *Fitting,* § 1 Rn. 74; GK-*Kraft/Franzen,* § 1 Rn. 40; GL-*Löwisch,* § 1 Rn. 6; *A. Hueck* in *Hueck/Nipperdey,* Bd. I S. 95 und dort Fn. 15; *Konzen,* Unternehmensaufspaltungen, S. 87; *Preis,* RdA 2000, 257, 269; vgl. auch BAG 24. 2. 1976 AP BetrVG 1972 § 4 Nr. 2, wo angenom-

B. Der Betrieb als Grundlage des BetrVG § 1

men wird, dass die Göttinger Filiale eines Lebensmittelfilialunternehmens mit dessen Hauptverwaltung in Kassel einen Betrieb bildet; anders aber im Ergebnis für Einzelhandelsfilialen im entschiedenen Fall BAG 7. 5. 2008 NZA 2009, 328 ff.).

Einen **Gegenstandpunkt** nehmen *Gamillscheg* (ZfA 1975, 357, 399) und *Joost* (Betrieb, S. 241 ff.) ein. Nach *Gamillscheg* sollte man sich auf die Feststellung beschränken, „dass der Betrieb als Arbeitsstätte die räumliche Grundlage der Zusammenarbeit der Arbeitnehmer und damit der Verbindung ihrer Interessen bildet, während es auf die technische Organisation der Arbeit, insbesondere die Verselbständigung der Leitungsmacht usw. als solche nicht ankommt". Demzufolge sieht er das „wohl wichtigste Kriterium" in der *räumlichen Nähe* oder *Entfernung*. Nach *Joost* ist es aus der Sicht der Arbeitnehmer unerheblich, auf welcher Ebene Leitungsentscheidungen fallen; maßgebend sei für sie ausschließlich der Ort der Arbeitsleistung. Für den Betrieb als betriebsratsfähige Einheit ist daher nach seiner Auffassung wesentlich, dass der Arbeitgeber in einem von ihm auf eine gewisse Dauer angelegten Tätigkeitsbereich Arbeitnehmer in räumlicher Verbundenheit beschäftigt (*Joost*, Betrieb, S. 265). Doch wie insbesondere § 4 Abs. 1 Satz 1 Nr. 2 bestätigt, ist es de lege lata möglich, dass trotz räumlicher Nähe verschiedene Betriebe vorhanden sein können, weil selbst ein Betriebsteil als selbständiger Betrieb gilt, wenn er durch Aufgabenbereich und Organisation eigenständig ist und die für die Bildung eines Betriebsrats erforderliche Arbeitnehmerzahl hat (ebenso *Konzen*, Unternehmensaufspaltungen, S. 87). **33**

Da nach der gesetzestechnischen Gestaltung des BetrVG der Betrieb vorausgesetzt wird, bei der Verselbständigung eines Betriebsteils aber anders als in § 35 Abs. 1 österr. ArbVG nicht allein auf die räumliche Entfernung abgestellt wird, kann man zu der von *Gamillscheg* und *Joost* vertretenen These nur gelangen, wenn man § 4 Abs. 1 Satz 1 Nr. 2 korrigiert, wie *Gamillscheg* zugibt, wenn er feststellt, § 4 sei „insofern verfehlt, als er Eigenständigkeit des Betriebsteils auch bei räumlicher Nähe annimmt, wenn der Betriebsteil organisatorisch verselbständigt werden kann, auch wenn die Interessen der Arbeitnehmer in Betriebsteil und Rest des Betriebes identisch sind" (ZfA 1975, 357, 399). Bei *Joost* verflüchtigt sich dagegen das Merkmal des räumlichen Zusammenhangs als Kriterium, wenn er meint, selbst bei räumlicher Nähe könnten die Umstände den räumlichen Zusammenhang aufheben und insoweit auf § 4 Abs. 1 Satz 1 Nr. 2 hinweist (Betrieb, S. 250 f.). **34**

b) Der für den betriebsverfassungsrechtlichen Betriebsbegriff entscheidende Gesichtspunkt ist demnach die relative Verselbständigung der *Organisation*. Deshalb hält das Gesetz es für möglich, dass trotz **räumlich weiter Entfernung** der Arbeitsstätten nur ein Betrieb vorliegt; da aber betriebsverfassungsrechtlich entscheidend ist, ob die Belegschaft eine Einheit bildet, sieht es bei räumlich weiter Entfernung in dem Betriebsteil die für die Wahl eines Betriebsrats maßgebliche Organisationseinheit, jedoch nur, wenn ihm die erforderliche Arbeitnehmerzahl angehört, um einen Betriebsrat nach § 1 wählen zu können (§ 4 Satz 1 Nr. 1). **35**

Die räumliche Verbundenheit liegt außerdem nur beim **standortgebundenen Betrieb** vor. Sie scheidet daher als Merkmal von vornherein aus, wenn der örtliche Wechsel zum Wesen des Betriebs gehört, z. B. bei einem Wandertheater. Man hat weiterhin zu beachten, dass das Gesetz auch auf Betriebe Anwendung findet, die **nicht standortgebunden Dienstleistungen** erbringen, z. B. vor allem die Eisenbahn. Bei einer flächendeckenden Verbundproduktion kann man den Betrieb nicht nach dem Tätigkeitsbereich abgrenzen, in dem der Arbeitgeber Arbeitnehmer in räumlicher Verbundenheit beschäftigt. **36**

Ebenfalls nicht standortgebunden tätig sind Arbeitnehmer im **Außendienst eines Unternehmens**. Wenn ihre Tätigkeit für einen bestimmten Betrieb erfolgt, kann ihr Aufgabenbereich ihm noch zugeordnet werden. Werden sie aber für mehrere Betriebe eines Unternehmens beschäftigt, kann ihre Tätigkeit nicht mehr als sog. **Ausstrahlung eines Betriebs** angesehen werden. Es wird daher die Auffassung vertreten, dass nicht jeder unternehmensangehörige Arbeitnehmer zugleich auch *betriebsangehörig* sei (*Säcker/ Joost*, Betriebszugehörigkeit als Rechtsproblem im Betriebsverfassungs- und Mitbestim- **37** mungsrecht, 1980, S. 71; *Birk*, FS Molitor 1988, S. 19, 35). Soweit ein Arbeitnehmer aber in die arbeitstechnische Organisation eines Unternehmens eingeordnet ist, besteht notwendigerweise auch seine Betriebszugehörigkeit (vgl. *Richardi*, FS Floretta [Wien] 1983, S. 595, 606; abl. *Joost*, Betrieb, S. 310 f.). Problematisch kann nur sein, welchem Betrieb der Arbeitnehmer zuzuordnen ist, wenn eine dezentralisierte Organisation besteht und das Unternehmen sich deshalb in mehrere Betriebe gliedert. Beachtet man, dass Standortgebundenheit kein Wesensmerkmal des Betriebs ist, so ist es ohne weiteres möglich, dass Arbeitnehmer, die für mehrere Betriebe tätig werden, wegen der Besonderheit ihrer Aufgaben eine relativ verselbständigte Organisation bilden, die unter rechtlichem Aspekt als Betrieb anzusehen ist. Das gilt insbesondere für Außendienstangestellte, die für mehrere Betriebe des Unternehmens Aufgaben erfüllen.

38   c) Dass die **räumliche Nähe mehrerer Arbeitsstätten** Indiz, **kein Kriterium für den betriebsverfassungsrechtlichen Betriebsbegriff** ist, ergibt sich nicht zuletzt daraus, dass das Gesetz von der Möglichkeit einer **Betriebsverlegung** ausgeht, ohne dass dadurch der Betrieb in seiner Identität berührt wird (vgl. § 111 Satz 3 Nr. 2). Die Veränderung der örtlichen Lage kann allerdings zur Folge haben, dass es sich nicht mehr um eine Betriebsverlegung handelt, sondern eine *Betriebsstilllegung* vorgenommen wird. Das ist der Fall, wenn die zwischen Arbeitgeber und Arbeitnehmern bestehende Betriebs- und Produktionsgemeinschaft aufgelöst wird. Wird die alte Betriebsgemeinschaft aufgelöst und am neuen Standort eine neue Belegschaft eingestellt, so liegt ein neuer Betrieb auch dann vor, wenn an dem neuen Ort der gleiche arbeitstechnische Zweck verfolgt wird (vgl. BAG 6. 11. 1959 AP KSchG § 13 Nr. 15). Es kommt nicht darauf an, ob die Arbeitnehmer auf Grund ihrer Arbeitsverhältnisse zur Tätigkeit in der neuen Betriebsstätte verpflichtet sind (a. A. RAG 27. 11. 1935 ARS 26, 297); maßgebend ist vielmehr allein, ob der Großteil der Belegschaft tatsächlich zur neuen Betriebsstätte wechselt.

39   Verfügt der Unternehmer zweier bisher selbständiger Betriebe den **Umzug des einen Betriebs in die Räumlichkeit des anderen Betriebs**, so kann dadurch ein einheitlicher Betrieb gebildet worden sein (vgl. BAG 25. 9. 1986 AP BetrVG 1972 § 1 Nr. 7). Voraussetzung ist, dass der Einsatz der menschlichen Arbeitskraft von einem einheitlichen Leitungsapparat gesteuert wird.

4. Bedeutung des Zeitelements für den Betriebsbegriff

40   Für welche Dauer eine arbeitstechnische Organisationseinheit geschaffen wird, spielt für die Annahme eines Betriebs grundsätzlich keine Rolle. Andererseits ergibt sich aus dem Erfordernis einer Organisation, dass eine **fortgesetzte Tätigkeit,** ein Betreiben, erfolgt (vgl. RAG 25. 9. 1929 BenshSlg. 7, 90). Der Abschluss eines einzelnen Geschäfts ist kein Betrieb. Die Bedeutung des Zeitelements für die Annahme eines Betriebs muss nach der Teleologie des BetrVG bestimmt werden. Die Einrichtung vorübergehender Arbeitsstätten mit entsandten Arbeitnehmern führt nicht zur Loslösung aus dem bisherigen Betriebsverband, so dass es nicht gerechtfertigt ist, in ihnen ein betriebsverfassungsrechtliches Eigenleben anzuerkennen.

41   Besteht dagegen eine **Organisationseinheit nur für eine Kampagne** oder während einer Ausstellung und werden zu diesem Zweck Arbeitnehmer eingestellt, so ist nicht einzusehen, dass sie betriebsverfassungsrechtlich vertretungslos bleibt. Deshalb kann auch in diesem Fall ein Betrieb bestehen (ebenso *Gamillscheg*, ZfA 1975, 357, 364; zu eng RAG 25. 9. 1929 BenshSlg. 7, 90; s. auch Rn. 121).

5. Notwendigkeit einer rechtlichen Zuordnung zum Arbeitgeber als Adressaten der betriebsverfassungsrechtlichen Beteiligungsrechte

42   Der Betrieb ist die **arbeitstechnische Organisation,** die der Arbeitgeber für seine **unternehmerische Betätigung** oder zur Unterstützung seiner **freiberuflichen Tätigkeit** bildet. Für die Annahme, ob Arbeitsstätten einen oder mehrere Betriebe bilden, ist

B. Der Betrieb als Grundlage des BetrVG § 1

deshalb ein Indiz, ob sie einen Inhaber haben, der den Arbeitnehmern als Arbeitgeber gegenübertritt. Betriebsinhaber kann eine natürliche oder juristische Person oder eine Gesamthandsgemeinschaft, insbesondere eine BGB-Gesellschaft, OHG oder KG, sein. Keine Rolle spielt, in welchen Rechtsbeziehungen der Betriebsinhaber zu den sachlichen und immateriellen Betriebsmitteln steht, insbesondere, ob ihm die Betriebsstätte gehört oder ob er den Betrieb gepachtet hat. Lediglich für die Belegschaft ist von konstitutiver Bedeutung, dass zu ihr nur gehört, wer als Arbeitnehmer zur Arbeit im Dienst des Inhabers des Betriebs verpflichtet ist (s. § 5 Rn. 89).

Fehlt die Identität des Inhabers, so liegt, wenn nicht zwei oder mehrere Unternehmen 43 gemeinsam eine arbeitstechnische Organisation bilden (s. Rn. 60 ff.), **kein einheitlicher Betrieb** vor. Der Betrieb einer GmbH ist notwendig ein anderer als der eines Mitgesellschafters (vgl. RAG 23. 2. 1938 ARS 32, 169, 173). Die **Betriebe zweier Gesellschaften** sind ebenfalls immer zwei verschiedene Betriebe, auch wenn die Gesellschafter beider Gesellschaften die gleichen Personen sind (vgl. BAG 17. 1. 1978 AP BetrVG 1972 § 1 Nr. 1). Das gilt auch im Verhältnis von einer GmbH zu einer KG (vgl. LAG Hamm AP 53 Nr. 241). Wenn aber bei der GmbH & Co KG die Aufgabe der GmbH sich in der Geschäftsführung für die KG erschöpft, bildet sie zur Wahrnehmung der Unternehmensfunktion keine arbeitstechnische Organisation; es besteht deshalb nur ein Betrieb, es sei denn, dass die KG zwei oder mehrere Betriebe unterhält (s. § 47 Rn. 13).

Der Betriebsinhaber braucht nicht der Arbeitgeber zu sein, der für die Arbeitnehmer 44 der Vertragspartner ihres Arbeitsverhältnisses ist. Eine **Verschiedenheit des Arbeitgebers** liegt z. B. vor, wenn der Arbeitnehmer auf Grund eines Leiharbeitsverhältnisses im Betrieb tätig wird (s. § 5 Rn. 94 ff.).

6. Unerheblichkeit der Betriebsart

a) Von der Leitungsstruktur des Unternehmens hängt ab, ob seine **Hauptverwaltung** 45 ein eigener Betrieb ist oder ob sie zusammen mit einer oder mehreren Produktionsstätten einen einheitlichen Betrieb bildet. Dass die Hauptverwaltung einem anderen arbeitstechnischen Zweck dient, ist nicht das entscheidende Differenzierungsmerkmal (ebenso *Joost,* Betrieb, S. 253; vgl. auch *Fitting,* § 1 Rn. 69 f.; *Gamillscheg,* Kollektives Arbeitsrecht, Bd. II S. 259). Die arbeitstechnische Zielsetzung kennzeichnet die Art eines Betriebs; sie begründet dessen Selbständigkeit innerhalb eines Unternehmens aber nur, wenn sie zu einer relativen Verselbständigung der Organisation innerhalb des Unternehmens geführt hat. Der räumliche Zusammenhang mit einer Produktionsstätte ist ebenfalls kein Kriterium für die Beurteilung (s. auch Rn. 32 ff.). Entscheidend ist vielmehr allein, ob und wieweit neben der Hauptverwaltung für eine Produktionsstätte eine eigene Leitung und Verwaltung gebildet wird.

Das BAG unterscheidet zutreffend, ob die **Hauptverwaltung** eines Unternehmens **nur** 46 **auf die Leitung einer einzelnen Produktionsstätte** beschränkt ist. In diesem Fall stellt sie keinen eigenen Betrieb dar (BAG 9. 5. 1958 AP BetrVG [1952] § 3 Nr. 1 [*Dietz*]; 23. 9. 1982 AP BetrVG 1972 § 4 Nr. 3). Gliedert das Unternehmen sich dagegen in mehrere Produktionsstätten, die eigene Betriebe bilden, so wird im Allgemeinen auch die Hauptverwaltung für ihren Aufgabenbereich organisatorisch verselbständigt sein. Regelmäßig nur für diesen Fall stellt sich die Frage, ob sie trotzdem mit einer Produktionsstätte einen Betrieb bildet. Das BAG war zunächst der Ansicht, dass die Hauptverwaltung keinen selbständigen Betrieb bildet, wenn sie räumlich oder organisatorisch mit einem Produktionsbetrieb eng verbunden ist, der gegenüber den übrigen zu dem Unternehmen gehörenden Betrieben nach der Zahl der Belegschaft eine besondere Bedeutung hat (BAG 9. 5. 1958 AP BetrVG [1952] § 3 Nr. 1). Eine Abgrenzung nach der Zahl der Arbeitnehmer in den Produktionsbetrieben ist aber für die Anerkennung eines selbständigen Betriebs völlig unerheblich (ebenso *Joost,* Betrieb, S. 253; kritisch auch *Nikisch,* Bd. III S. 36). Das BAG stellt darauf auch nicht mehr ab, sondern sieht das Unterscheidungsmerkmal ausschließlich darin, ob für die Produktionsstätte ein eigener Leitungsapparat gebildet ist (BAG 23. 9. 1982 AP BetrVG 1972 § 4 Nr. 3; so auch für Einzelhandelsfilialen 7. 5. 2008 NZA 2009, 328, 330 [Rn. 19, 23]).

47 b) Für die Betriebsabgrenzung ist **unerheblich,** ob ein **Gewerbe** ausgeübt wird.

48 Keine Rolle spielt, ob ein **Handelsgewerbebetrieb** nach §§ 1 bis 3 HGB vorliegt. Mit dem Begriff des Handelsgewerbes wird nicht der Betrieb, sondern das *Unternehmen* erfasst; jedoch ist betriebsverfassungsrechtlich auch insoweit gleichgültig, ob es sich um ein Handelsunternehmen handelt.

49 c) Keine Rolle spielt weiterhin die Unterscheidung zwischen unternehmerischer und **freiberuflicher Tätigkeit;** denn für die Betriebsverfassung ist unerheblich, ob die arbeitstechnische Organisation dazu dient, dass ihr Inhaber wie bei freiberuflicher Tätigkeit eine persönliche Leistung erbringt. Auch die arbeitstechnische Organisation freiberuflicher Tätigkeit ist ein Betrieb, der unter das BetrVG fällt.

50 d) **Kein Betrieb** i. S. des BetrVG ist der **Haushalt** (ebenso trotz unterschiedlicher Begründung *Fitting,* § 1 Rn. 66; DKK-*Trümner,* § 1 Rn. 36, 55; GK-*Kraft/Franzen,* § 1 Rn. 28; *Dietz,* § 1 Rn. 45; *Galperin/Siebert,* Vorbem. vor § 1 Rn. 21; *Nikisch,* Bd. I S. 149, Bd. III S. 32; *Neumann-Duesberg,* S. 112; *Joost,* Betrieb, S. 94; a. A. zum BRG 1920 *Flatow/Kahn-Freund,* § 9 Erl. 3, S. 78; *Jacobi,* Betrieb und Unternehmen, S. 8 Fn. 18). Zwar ist auch er, wie nicht bestritten wird, eine Organisationseinheit, die einen arbeitstechnischen Zweck verfolgt; er soll aber, wie überwiegend angenommen wird, deshalb kein Betrieb sein, weil sein Zweck sich in der *Konsumtion* erschöpfe (vgl. *Dietz,* § 1 Rn. 45). Das BAG verlangt daher für den Betriebsbegriff, dass es sich um die Verfolgung arbeitstechnischer Zwecke handeln muss, die sich „nicht in der Befriedigung des Eigenbedarfs erschöpfen" (BAG 17. 2. 1981 AP BetrVG 1972 § 111 Nr. 9). Die Befriedigung des Eigenbedarfs als Zweck liegt aber hinter dem arbeitstechnischen Zweck; mit ihr kann streng genommen kein Unterschied zum Betrieb, sondern nur der Unterschied zum *Unternehmen* begründet werden. Für die Ausklammerung des Haushalts aus dem Betriebsbegriff ist vielmehr maßgebend, dass die Betriebsverfassung sich teleologisch auf den Betrieb als arbeitstechnische Organisationseinheit eines Unternehmens bezieht, wobei für das BetrVG der unternehmerischen eine freiberufliche Tätigkeit gleichgestellt wird (so auch *Joost,* Betrieb, S. 94).

IV. Unternehmensbegriff im BetrVG

1. Unternehmen als Gebrauchsbegriff im BetrVG

51 Durch den Unternehmensbegriff wird in der Betriebsverfassung die Organisationseinheit festgelegt, für die bei Bestehen mehrerer Betriebsräte ein **Gesamtbetriebsrat** zu errichten ist (§ 47 Abs. 1) und bei entsprechender Arbeitnehmerzahl ein **Wirtschaftsausschuss** gebildet wird (§ 106 Abs. 1 Satz 1). Wie für den Betriebsbegriff gibt es auch für ihn **keine Legaldefinition,** sondern er wird als bekannt vorausgesetzt. Das Gesetz bezeichnet den Arbeitgeber außerdem, soweit es um die Beteiligung des Betriebsrats bei Betriebsänderungen in wirtschaftlichen Angelegenheiten geht, als *Unternehmer* (§§ 111 bis 113). Bereits die Gleichsetzung mit dem Arbeitgeber zeigt, dass mit dem Unternehmensbegriff der gesamte geschäftliche Tätigkeitsbereich des Arbeitgebers gemeint ist (so zutreffend *Joost,* Betrieb, S. 220, 231; zust. GK-*Kreutz,* § 47 Rn. 15).

2. Unternehmen als Organisations- und Wirkungseinheit des Arbeitgebers

52 Soweit der Unternehmensbegriff im BetrVG Verwendung findet, bezeichnet er die **Repräsentationsstufe für die Bildung einer Arbeitnehmervertretung** (vgl. *Joost,* Betrieb, S. 208 ff.). Da das Gesetz nicht die Vermögensordnung ändert, wird der Begriff durch die Rechts- und Organisationsformen bestimmt, die für eine unternehmerische Betäti-

gung zwingend festgelegt sind (ebenso BAG 5. 12. 1975 AP BetrVG 1972 § 47 Nr. 1 [*Wiedemann/Strohn*]). Bei den juristischen Personen des Privatrechts ist die Verfassung des Unternehmens mit der der juristischen Person identisch. Daraus folgt, dass eine Kapitalgesellschaft oder Genossenschaft nur ein Unternehmen bildet und auch betriebsverfassungsrechtlich nicht in mehrere Unternehmen zerlegt werden kann (ebenso BAG a. a. O.; s. auch § 47 Rn. 8). Bei einer OHG oder KG liegt ebenfalls stets nur ein Unternehmen vor, weil der Gesellschaftszweck auf den „Betrieb eines Handelsgewerbes" gerichtet sein muss, also ebenfalls stets nur ein Unternehmen bestehen kann (vgl. §§ 105 Abs. 1, 161 Abs. 1 HGB). Nicht anders ist die Rechtslage bei einer BGB-Gesellschaft mit wirtschaftlich-unternehmerischer Zielsetzung; denn für die Beantwortung der Frage, ob nur ein Unternehmen anzuerkennen ist oder mehrere Unternehmen in Betracht kommen, spielt keine Rolle, ob ihr Gegenstand ein Minderhandelsgewerbe oder überhaupt kein Handelsgewerbe ist. Nur wenn Unternehmensträger eine natürliche Person oder eine sonstige Gesamthand ist, erschöpft sich deren Tätigkeitsbereich nicht in der wirtschaftlich-unternehmerischen Zielsetzung. Hier ist es deshalb auch möglich, dass die natürliche Person oder die Gesamthand Inhaber zweier oder mehrerer Unternehmen ist (a. A. *Joost*, Betrieb, S. 218 ff.; s. hier aber auch *Annuss*, § 47 Rn. 9).

Für den Unternehmensbegriff ist die **Identität des Rechtsträgers konstitutiv.** Dabei spielt für die Betriebsverfassung keine Rolle, ob es sich um eine natürliche Person, eine juristische Person, also eine Kapitalgesellschaft oder Genossenschaft, oder um eine Gesamthand, also OHG, KG oder BGB-Gesellschaft handelt. Planungs-, Organisations- und Leitungsautonomie ist weder erforderlich noch ausreichend, obwohl sie das maßgebliche Kriterium des wirtschaftswissenschaftlichen Unternehmensbegriffs bildet (vgl. *E. Rehbinder*, Konzernaußenrecht und allgemeines Privatrecht, 1969, S. 50 ff.). Deshalb kann auch bei fremdbestimmter Leitung ein Unternehmen vorliegen, wie umgekehrt die Zusammenfassung unter einheitlicher Leitung nicht genügt, um ein Unternehmen anzunehmen (ebenso BAG AP BetrVG 1972 § 47 Nr. 1; s. auch § 47 Rn. 5 ff.). Im letzteren Fall handelt es sich vielmehr, wenn die einheitliche Leitung von einem herrschenden Unternehmen ausgeübt wird, um einen *Konzern*, für den ein Konzernbetriebsrat als Repräsentant der Konzernbelegschaft für die Wahrnehmung der Mitbestimmung in der Betriebsverfassung von den Betriebsvertretungen der an der Konzernbindung beteiligten Unternehmen errichtet werden kann (§ 54 Abs. 1 Satz 1; s. ausführlich zum Konzernbegriff dort Rn. 3 ff.). 53

Der Unternehmensbegriff wird in der Betriebsverfassung dadurch modifiziert, dass er einen **Arbeitgeber als Rechtsträger** voraussetzt. Hat das Unternehmen keine Arbeitnehmer, so besteht in ihm auch keine Betriebsvertretung. Soweit es um die Repräsentationsstruktur des Unternehmens geht, muss daher eine Arbeitsorganisation vorhanden sein. Daraus folgt zugleich, dass der Unternehmensbegriff einen anderen Inhalt hat, wenn zwei oder mehrere Unternehmen gemeinsam eine arbeitstechnische Organisation zur Unterstützung ihrer wirtschaftlich-unternehmerischen Zielsetzung bilden (s. Rn. 60 ff.). 54

3. Betrieb als Unternehmen oder Unternehmensteil

Durch den **Unternehmensbegriff** werden **Grenzen eines betriebsverfassungsrechtlichen Repräsentationsbereichs festgelegt,** die von Gesetzes wegen bei einem gemeinsamen Betrieb mehrerer Unternehmen für die Bildung eines Betriebsrats überschritten werden (s. Rn. 60 ff.). Gleiches gilt unter den Voraussetzungen einer Konzernbindung i. S. des § 18 Abs. 1 AktG für die Errichtung eines Konzernbetriebsrats (§ 54 Abs. 1 Satz 1). Beachtet man die betriebsverfassungsrechtliche Modifizierung des Unternehmensbegriffs (s. Rn. 54), so ist der Betrieb, sofern er nicht wie bei einem gemeinsamen Betrieb zwei oder mehreren Unternehmen zugeordnet wird, entweder das *Unternehmen* oder ein *Unternehmensteil*. Dass Betrieb und Unternehmen sich decken können, berücksichtigt 55

§ 54 Abs. 2, der die Befugnisse eines Gesamtbetriebsrats bei der Errichtung eines Konzernbetriebsrats dem Betriebsrat zuweist, wenn in einem Konzernunternehmen nur ein Betriebsrat besteht.

56 Gliedert sich dagegen die **Arbeitsorganisation eines Unternehmens in zwei oder mehrere Betriebe**, so entsteht ein **zweistufiger Repräsentationsaufbau**: Neben den Betriebsräten wird ein Gesamtbetriebsrat für das Unternehmen gebildet. Der Betrieb ist in diesem Fall nur *Unternehmensteil*, wobei das Gesetz sich von der Vorstellung leiten lässt, dass es bei relativ verselbständigten Teilen der Arbeitsorganisation eines Unternehmens einen Hauptbetrieb gibt (s. § 4 Rn. 5 ff.).

57 Da die arbeitstechnische Organisation eines Unternehmens sich in mehrere Betriebe gliedern kann, besteht das Problem, ob bereits ein Betrieb oder nur ein **Betriebsteil** vorliegt. Wie der Betrieb kann auch der Betriebsteil nicht objektiv definiert werden, sondern die Unterscheidung muss den normativen Zusammenhang beachten, für den sie vorgenommen wird (s. § 4 Rn. 9 ff.). In der Betriebsverfassung geht es um die Festlegung der Organisationseinheit, für die ein Betriebsrat gebildet werden kann. Die maßgeblichen Gesichtspunkte enthält § 4 Abs. 1 Satz 1: Sind Arbeitsstätten räumlich weit voneinander entfernt, so liegt darin ein Indiz, dass es sich um verschiedene Betriebe handelt. Gleiches gilt, wenn sie bei räumlicher Nähe durch Aufgabenbereich und Organisation eigenständig sind. Sind nämlich diese Voraussetzungen erfüllt, so ist nach § 4 Abs. 1 Satz 1 bei Betriebsratsfähigkeit auch bei Annahme eines Betriebsteils ein Betriebsrat zu bilden, wenn die Arbeitnehmer des Betriebsteils nicht beschließen, an der Wahl des Betriebsrats im Hauptbetrieb teilzunehmen (§ 4 Abs. 1 Satz 2 bis 4). Es spielt daher keine Rolle, ob man den Unternehmensteil schon als Betrieb oder noch als Betriebsteil einzuordnen hat.

4. Kleinbetrieb innerhalb eines Unternehmens

58 Für einen Betrieb, der nicht betriebsratsfähig ist, bestimmt § 4 Abs. 2, dass er dem „Hauptbetrieb" zuzuordnen ist. Nach § 4 Satz 2 i. F. vor dem Reformgesetz 2001 galt dies nur für einen Nebenbetrieb, so dass man folgerichtig zu dem Ergebnis gelangte, dass es innerhalb eines Unternehmens selbständige Betriebe gab, deren Arbeitnehmer vertretungslos blieben (so vor allem *Joost*, Betrieb, S. 298 ff., 401). Diese Konsequenz beruhte aber auf einer Beurteilung, die der bereits damals in § 4 zum Ausdruck gekommenen Bewertung widersprach (vgl. *Richardi*, MünchArbR [2. Aufl.] § 31 Rn. 34). Durch das Reformgesetz 2001 entfiel die Beschränkung auf Nebenbetriebe (s. § 4 Rn. 1, 5).

59 Der **nicht betriebsratsfähige Kleinbetrieb** bleibt deshalb nur vertretungslos, wenn er allein die arbeitstechnische Organisation eines Unternehmens bildet, es sich also um ein **Kleinunternehmen** handelt.

V. Betrieb mehrerer Unternehmen (gemeinsamer Betrieb)

1. Sachverhalt

60 Die Zusammenarbeit von Unternehmen bei gemeinsamen Projekten, Unternehmensaufspaltungen und die Erfüllung bestimmter Arbeitsaufgaben für mehrere Unternehmen in einem Konzern können zur Folge haben, dass zwei oder mehrere Unternehmen gemeinsam eine arbeitstechnische Organisation – einen sog. **gemeinsamen Betrieb** – bilden. Nicht jeder von mehreren Unternehmen genutzte Betrieb ist aber ein gemeinsamer Betrieb. Die Sachverhalte gemeinsamer Betriebsbenützung können sehr verschieden sein (vgl. *Zöllner*, FS Semler 1993, S. 995 ff.). Vor allem innerhalb einer Konzernorganisation kann die Erledigung bestimmter Arbeitsaufgaben einem Unternehmen übertragen sein, oder es wird sogar zu diesem Zweck ein eigenes Unternehmen errichtet. Möglich ist aber auch die gemeinsame Wahrnehmung der Arbeitsaufgaben ohne Bildung

B. Der Betrieb als Grundlage des BetrVG § 1

eines eigenen Rechtsträgers. Wenn insoweit ein *einheitlicher Betrieb* vorliegt, spricht man vom *Gemeinschaftsbetrieb* oder *gemeinsamen Betrieb* (für letztere Bezeichnung, weil eine vom Zweck getrennte Nutzung erfolge, *Zöllner*, a. a. O., S. 998; so nunmehr auch seit dem BetrVerf-ReformG 2001 § 1 Abs. 1 Satz 2 und Abs. 2, § 47 Abs. 9 und § 72 Abs. 8).

Zu den Sachverhalten, die mit dem Stichwort des gemeinsamen Betriebs erfasst werden, gehören höchst verschiedene Formen unternehmensübergreifender Arbeitsabläufe, vor allem aufgespaltene, früher einheitliche Unternehmen (vgl. die Vermutung in Abs. 2 Satz 2), weiterhin die Hauptverwaltungen und die Filialdirektionen von Versicherungsgesellschaften, die aus Gründen des Versicherungsaufsichtsrechts die verschiedenen Sparten des Versicherungsgeschäfts getrennt betreiben müssen (vgl. BAG 14. 9. 1988 AP BetrVG 1972 § 1 Nr. 9; bereits BAG 1. 12. 1961 AP ArbGG 1953 § 80 Nr. 1), das gemeinsame Büro bei verschiedenen Buchverlagen (vgl. BAG 14. 11. 1975 AP BetrVG 1972 § 118 Nr. 5) oder die Arbeitsgemeinschaften, die im Baugewerbe von mehreren Bauunternehmen für ein gemeinsames Bauprojekt gebildet werden, sog. ARGE. Wie auch sonst bei unternehmensübergreifenden Beziehungen gibt es auch hier keine arbeitsrechtliche Einheitslösung. **61**

2. Abgrenzung vom Gemeinschaftsunternehmen und der Übertragung der Arbeitgeberfunktion auf ein beteiligtes Unternehmen

a) Gründen mehrere Unternehmen für die Erfüllung bestimmter Arbeitsaufgaben eine Gesellschaft, mit der die Arbeitnehmer den Arbeitsvertrag abschließen, so liegt kein gemeinsamer Betrieb, sondern ein **Gemeinschaftsunternehmen** vor (s. zum Begriff § 54 Rn. 18). Es tritt den Arbeitnehmern als eigener Arbeitgeber gegenüber. Betriebsverfassungsrechtlich handelt es sich nicht um einen gemeinsamen Betrieb mehrerer Unternehmen, sondern um den Betrieb eines eigenen Unternehmens (ebenso *Joost*, Betrieb, S. 262; *Wiedemann*, Anm. AP BetrVG 1972 § 1 Nr. 5). Gleiches gilt auch, wenn die Arbeitnehmer den Arbeitsvertrag mit einem Beteiligungsunternehmen abschließen, dem Gemeinschaftsunternehmen aber zur Beschäftigung überlassen sind (s. auch § 5 Rn. 93). **62**

b) Ebenfalls **kein gemeinsamer Betrieb** liegt vor, wenn die Unternehmen durch Abschluss eines Dienstleistungsvertrags **einem Unternehmen** die **Erfüllung bestimmter Arbeitsaufgaben** für ihre wirtschaftlich-unternehmerische Zielsetzung übertragen. Zum Begriff des Betriebs gehört nämlich nicht, dass er nur Arbeitsaufgaben für seinen Inhaber erfüllt. Daher ist es möglich, dass in einem Konzern ein Unternehmen für die anderen Unternehmen die arbeitstechnische Organisation bildet. **63**

3. Gemeinsamer Betrieb mehrerer Unternehmen als betriebsratsfähige Organisationseinheit

a) Das BetrVerf-ReformG 2001 hat durch Abs. 1 Satz 2 klargestellt, dass unter den Voraussetzungen des Satzes 1 Betriebsräte auch in gemeinsamen Betrieben mehrerer Unternehmen gewählt werden können. Es hat sich aber in Abs. 2 auf eine Vermutungsregelung beschränkt, die an zwei unterschiedlichen Tatbeständen anknüpft. Eine **Legaldefinition für den gemeinsamen Betrieb mehrerer Unternehmen fehlt** (ebenso BAG 11. 2. 2004 AP BetrVG 1972 § 1 Gemeinsamer Betrieb Nr. 22). Das Gesetz nennt auch nicht die Tatbestandsvoraussetzungen, von denen abhängt, ob der gemeinsame Betrieb eine betriebsratsfähige Organisationseinheit bildet. Die Begründung des RegE beschränkt sich auf den Hinweis, es sei allgemein anerkannt, dass mehrere Unternehmen einen gemeinsamen Betrieb haben können; dies habe das BAG in ständiger Rechtsprechung bekräftigt (BT-Drucks. 14/5741, S. 33). **64**

Der Gesetzgeber ist davon ausgegangen, dass die Kriterien für die Annahme eines gemeinsamen Betriebs bekannt sind. Die Begründung des RegE beschränkt sich daher **65** auf die Feststellung, damit zusammenhängende Fragen wie z. B., ob die Unternehmen tatsächlich vereinbart hätten oder von der Konzernspitze angewiesen worden seien, einen Betrieb gemeinsam zu führen, seien in der Praxis oft Anlass für Streitigkeiten; entsprechende Nachweise seien vor allem von den Wahlvorständen bzw. Betriebsräten kaum zu erbringen (BT-Drucks. 14/5741 S. 33). Hier soll die in Abs. 2 eingefügte Vermutungsregelung weiterhelfen, die an zwei unterschiedlichen Tatbeständen anknüpft (s. Rn. 72 ff.).

66   b) Der **gemeinsame Betrieb mehrerer Unternehmen** hat seine selbständige Bedeutung als betriebsratsfähige Organisationseinheit, wenn man ihn auf den Sachverhalt bezieht, dass **zwei** oder **mehrere Unternehmen gemeinsam** eine **arbeitstechnische Organisation** bilden, **ohne sie einem eigenen Rechtsträger zu übertragen**. Nach Ansicht des BAG liegt eine *betriebsratsfähige Einheit* nur vor, wenn die **Funktionen des Arbeitgebers institutionell einheitlich** für die beteiligten Unternehmen wahrgenommen werden und diese sich daher – zumindest stillschweigend – zu einer **gemeinsamen Führung des Betriebs rechtlich verbunden** haben (BAG 11. 2. 2004 AP BetrVG 1972 § 1 Gemeinsamer Betrieb Nr. 22 [B I 1]; bestätigt BAG 22. 6. 2005 AP BetrVG 1972 § 1 Gemeinsamer Betrieb Nr. 23 [B II 1]; vgl. bereits BAG 17. 1. 1978, 25. 11. 1980, 7. 8. 1986, 29. 1. 1987 und 14. 9. 1988 AP BetrVG 1972 § 1 Nr. 1, 2, 5, 7 und 9; 24. 1. 1996 und 31. 5. 2000 AP BetrVG 1972 § 1 Gemeinsamer Betrieb Nr. 8 und 12; – für den Kündigungsschutz: BAG 23. 3. 1984 AP KSchG 1969 § 23 Nr. 4; 13. 6. 1985 AP KSchG 1969 § 1 Nr. 10; 5. 3. 1987 AP KSchG 1969 § 15 Nr. 30; 18. 1. 1990, 29. 4. 1999 und 13. 6. 2002 AP KSchG 1969 § 23 Nr. 9, 21 und 29; 16. 1. 2003 AP KSchG 1969 § 1 Gemeinschaftsbetrieb Nr. 1; – ebenso *Fitting*, § 1 Rn. 84 ff.; ErfK-*EisemannKoch*, § 1 Rn. 14; GK-*Kraft/ Franzen*, § 1 Rn. 46 ff.; *Windbichler*, Arbeitsrecht im Konzern, S. 286 ff.; *Löwisch*, RdA 1976, 35, 37; *Kraft*, FS Hilger/Stumpf 1983, S. 395, 406; *Wiese*, FS Gaul 1992, S. 553, 568 ff.; *Kreutz*, FS Richardi 2007, S. 637, 640 ff.; – a. A. für eine bloß tatsächliche Verbindung, wie sie sich aus der Personenidentität der Gesellschafter oder einem räumlichen Zusammenhang ergeben kann, *Gamillscheg*, ZfA 1975, 357, 360 f.; *Konzen*, Unternehmensaufspaltungen, S. 116; *ders.*, AuR 1985, 341, 350 ff.; *Joost*, Betrieb, S. 257 ff.; *Fromen*, FS Gaul 1992, S. 151 ff.; *Wendeling-Schröder*, NZA 1984, 247, 248 f.; *Kohte*, RdA 1992, 302 ff.; kritisch auch *Zöllner*, FS Semler 1993, S. 995, 1011; *Däubler*, FS Zeuner 1994, S. 19, 22 ff.).

67   Das BAG verlangt einen **einheitlichen Leitungsapparat,** der in der Lage ist, die Gesamtheit der für die Erreichung der arbeitstechnischen Zwecke eingesetzten personellen, technischen und immateriellen Mittel zu lenken (BAG 7. 8. 1986 und 14. 9. 1988 AP BetrVG 1972 § 1 Nr. 5 und 9; 14. 12. 1994 AP BetrVG 1972 § 5 Rotes Kreuz Nr. 3; 24. 1. 1996, 31. 5. 2000 und 11. 2. 2004 AP BetrVG 1972 § 1 Gemeinsamer Betrieb Nr. 8, 12 und 22). Es genüge daher nicht, dass die beteiligten Unternehmen auf der Grundlage von Organ- und Beherrschungsverträgen unternehmerisch zusammenarbeiteten. Auch eine **Fremdsteuerung des Arbeitsprozesses**, z. B. bei der **Just-in-time-Produktion** (vgl. zu ihr DKK-*Trümner*, § 1 Rn. 78 c ff.), reicht nicht aus, um einen gemeinsamen Betrieb anzuerkennen (ebenso DKK-*Trümner*, § 1 Rn. 78 d; *Wagner*, AuR 1990, 245, 249 ff.). Notwendig für die Betriebsverfassung ist vielmehr nach Ansicht des BAG, dass der **Kern der Arbeitgeberfunktionen im sozialen und personellen Bereich** von **derselben institutionellen Leitung** ausgeübt wird (BAG 14. 9. 1988 AP BetrVG 1972 § 1 Nr. 9; 24. 1. 1996, 31. 5. 2000 und 11. 2. 2004 AP BetrVG 1972 § 1 Gemeinsamer Betrieb Nr. 8, 12 und 22; bereits BAG 29. 1. 1987 AP BetrVG 1972 § 1 Nr. 6). Dem Betriebsrat müsse ein funktionsfähiger Gesprächspartner gegenüberstehen, der für die Wahrnehmung der Rechte als Arbeitgeber eine letztlich zuständige Instanz darstelle (vgl. BAG 7. 8. 1986 und 14. 9. 1988 AP BetrVG 1972 § 1 Nr. 5 und 9; abl. *Zöllner*, FS Semler 1993, S. 995, 1005).

68   Die beteiligten Unternehmen müssen sich zur gemeinsamen Führung des Betriebs **rechtlich verbunden** haben. Nicht notwendig ist, dass eine Vereinbarung ausdrücklich

B. Der Betrieb als Grundlage des BetrVG § 1

getroffen wird; es genügt, dass sie stillschweigend durch konkludentes Handeln zustande kommt (ebenso BAG 7. 8. 1986, 29. 1. 1987 und 14. 9. 1988 AP BetrVG 1972 § 1 Nr. 5, 6 und 9; 24. 1. 1996, 31. 5. 2000, 11. 2. 2004 und 22. 6. 2005 AP BetrVG 1972 § 1 Gemeinsamer Betrieb Nr. 8, 12, 22 und 23). Daher kann auch aus den tatsächlichen Umständen das Vorliegen einer entsprechenden Vereinbarung hergeleitet werden. Kennzeichnend ist, dass der Kern der Arbeitgeberfunktionen in sozialen und personellen Angelegenheiten von derselben institutionalisierten Leitung ausgeübt wird. Dafür ist vor allem entscheidend, ob ein arbeitgeberübergreifender Personaleinsatz praktiziert wird, während eine gemeinsame räumliche Unterbringung nicht genügt (so zutreffend BAG 24. 1. 1996 AP BetrVG 1972 § 1 Gemeinsamer Betrieb Nr. 8).

c) Das Vorliegen eines gemeinsamen Betriebs hängt deshalb von **zwei Voraussetzungen** 69 ab: dem Bestehen einer **Betriebseinheit** und der **Gemeinsamkeit seiner Leitung;** denn von einem gemeinsamen Betrieb als einer *betriebsratsfähigen Organisationseinheit* kann man nur sprechen, wenn für die Arbeitsorganisation ein *rechtlich abgesicherter einheitlicher Leitungsapparat* besteht, der für die Wahrnehmung der Rechte als Arbeitgeber die beteiligten Unternehmen bindet.

Der **einheitliche Leitungsapparat** ist Voraussetzung für die **Betriebseinheit**. Er be- 70 gründet noch keine **Gemeinsamkeit des Betriebs** (ebenso *Zöllner,* FS Semler, 1993, S. 995, 1001 ff., 1013). Wenn nur ein Unternehmen leitungsberechtigt ist, liegt zwar ein Betrieb, aber noch kein gemeinsamer Betrieb vor, auch wenn er Arbeitsaufgaben für andere Unternehmen erfüllt oder ihm Arbeitnehmer angehören, die zu einem anderen Unternehmen in einem Arbeitsvertragsverhältnis stehen. Die Gemeinsamkeit setzt vielmehr voraus, dass die **Organisation gemeinsam gestaltet** wird (so zutreffend *Zöllner,* a. a. O., S. 1013; ebenso *Rieble/Gistel,* NZA 2005, 242, 245 f.). Insoweit können jedoch Abstufungen bestehen. Deshalb ist es möglich, dass ein Arbeitnehmer trotz seiner Einordnung in den gemeinsamen Betrieb nur einem Trägerunternehmen zugerechnet wird. Das ist anzunehmen, wenn die Gemeinsamkeit der Organisation sich auf den für die Erbringung der Arbeitsleistung maßgeblichen Rahmen (Arbeitszeit, betriebliche Ordnung) beschränkt, nicht aber das die Arbeitsleistung betreffende Weisungsrecht gegenüber dem Arbeitnehmer umfasst (so zutreffend *Zöllner,* a. a. O., S. 1013).

Wie die Gemeinsamkeit des Betriebs gestaltet ist, ergibt sich aus der **Führungsver-** 71 **einbarung** der Trägerunternehmen (s. Rn. 66). Rechtsdogmatisch handelt es sich um eine *gesellschaftsrechtliche Verbindung,* um für die Arbeitsstätten eine gemeinsame Leitung zu schaffen. Sie ist eine BGB-Gesellschaft (ebenso *Windbichler,* Arbeitsrecht im Konzern, S. 289). Das BAG hat ebenfalls anerkannt, dass mangels entgegenstehender Anhaltspunkte sich die Vereinbarung zur Schaffung eines einheitlichen Leitungsapparats zur Verfolgung gemeinsamer arbeitstechnischer Zwecksetzungen „regelmäßig in Form einer BGB-Gesellschaft" vollziehe (BAG 24. 1. 1996 und 16. 4. 2008 AP BetrVG 1972 § 1 Gemeinsamer Betrieb Nr. 8 und 32 [Rn. 30]). Zutreffend weist es darauf hin, dass eine BGB-Gesellschaft nach den Vorschriften der §§ 705 ff. BGB weder Gesamthandsvermögen, noch wenigstens wirtschaftlich gemeinsames Vermögen besitze müsse; es komme auch nicht zu einem Arbeitgeberwechsel im Verhältnis zu den Arbeitnehmern (BAG 24. 1. 1996 AP BetrVG 1972 § 1 Gemeinsamer Betrieb Nr. 8). Die Einordnung als BGB-Gesellschaft hat daher keine Außenwirkung. Sie führt nicht zur Anwendung des BetrVG auf eine **Körperschaft, Anstalt oder Stiftung des öffentlichen Rechts,** die an einem gemeinsamen Betrieb beteiligt ist (§ 130; a. A. BAG 24. 1. 1996 AP BetrVG 1972 § 1 Gemeinsamer Betrieb Nr. 8).

d) Der **gemeinsame Betrieb** wird **aufgelöst,** wenn ein Unternehmen seine Arbeitneh- 72 mer einer eigenen Leitung unterstellt oder in anderen Bereichen einsetzt. Aufgehoben wird dadurch die Gemeinsamkeit. Dieser Fall tritt regelmäßig ein, wenn über das Vermögen des einen Unternehmens das Insolvenzverfahren eröffnet wird. Er ist spätestens gegeben, wenn der Insolvenzverwalter den von ihm geführten Betriebsteil stilllegt. Bei Aufhebung der Gemeinsamkeit kann die Identität des Betriebs gewahrt bleiben (vgl. BAG 19. 11. 2003 AP BetrVG 1972 § 1 Gemeinsamer Betrieb Nr. 19). Der Betriebsrat bleibt im Amt und nimmt für die verbleibenden Arbeitnehmer des anderen Unternehmens die ihm nach dem Gesetz zustehenden Rechte und Pflichten wahr.

4. Vermutung eines gemeinsamen Betriebs mehrerer Unternehmen

73 a) **Rechtliche Einordnung.** Art. 1 Nr. 2 lit. c BetrVerf-ReformG 2001 hat Abs. 2 angefügt, der **zwei verschiedene Vermutungstatbestände** festlegt. Ist einer von ihnen erfüllt, so wird ein **gemeinsamer Betrieb mehrerer Unternehmen vermutet.** Die Vermutungsfolge ist nicht auf das Bestehen einer einheitlichen Betriebsleitung oder Führungsvereinbarung begrenzt (so zutreffend DKK-*Trümner,* § 1 Rn. 90). Sie bezieht sich vielmehr auf das Bestehen eines gemeinsamen Betriebs als der für die Bildung eines Betriebsrats maßgeblichen Organisationseinheit. Es handelt sich daher nicht nur um eine Tatsachenvermutung, sondern auch um eine Rechtsvermutung (für eine Beurteilung im letzteren Sinn DKK-*Trümner,* § 1 Rn. 81).

74 b) **Vermutungstatbestände. aa)** Ein gemeinsamer Betrieb mehrerer Unternehmen wird vermutet, wenn **zur Verfolgung arbeitstechnischer Zwecke die Betriebsmittel sowie die Arbeitnehmer von den Unternehmen gemeinsam eingesetzt werden (Nr. 1).** Diese Bestimmung ist nach ihrem Wortlaut nichts sagend; denn wenn sich der Nachweis führen lässt, dass Betriebsmittel und Arbeitnehmer von mehreren Arbeitgebern „gemeinsam eingesetzt" werden, so ist damit zugleich die Existenz eines gemeinsamen Betriebs erwiesen. Bei dieser Interpretation der Nr. 1 handelt es sich um die Kriterien des gemeinsamen Betriebs, so dass zweifelhaft ist, worauf sich die Vermutungswirkung bezieht (vgl. *Däubler,* AuR 2001, 1, 2; *Konzen,* RdA 2001, 76, 81; *Richardi,* NZA 2001, 346, 349).

75 Der **Vermutungstatbestand** setzt voraus, dass, wie es in der Begründung des RegE heißt, „von den Unternehmen die in einer Betriebsstätte vorhandenen sächlichen und immateriellen Betriebsmittel für den oder die arbeitstechnischen Zwecke gemeinsam genutzt und die Arbeitnehmer – unabhängig davon, zu welchem der Unternehmer (Arbeitgeber) sie in einem Arbeitsverhältnis stehen – gemeinsam eingesetzt werden" (BT-Drucks. 14/5741, S. 33; vgl. auch *Annuss,* NZA-Sonderheft 2001, 12, 15 f.). Soweit es um die Betriebsmittel geht, genügt daher entgegen dem Gesetzestext, dass sie zur Verfolgung arbeitstechnischer Zwecke gemeinsam *genutzt* werden (ebenso *Annuss,* NZA-Sonderheft 2001, 12, 16; zust. GK-*Kraft/Franzen,* § 1 Rn. 53; *Kreutz,* FS Richardi 2007, S. 637, 650 f.). Ein gemeinsamer Einsatz der Arbeitnehmer ist anzunehmen, wenn der für die Erbringung der Arbeitsleistung maßgebliche Rahmen (Arbeitszeit, betriebliche Ordnung) einheitlich ist, auch wenn die Gemeinsamkeit der Organisation nicht das die Arbeitsleistung betreffende Weisungsrecht gegenüber dem Arbeitnehmer umfasst. Eine gemeinsame Nutzung der Betriebsmittel liegt z. B. bei einer gemeinsamen räumlichen Unterbringung vor (so bereits als Indiz für die Annahme eines von einer einheitlichen Organisation getragenen Betriebs anerkannt von BAG 24. 1. 1996 AP BetrVG 1972 § 1 Gemeinsamer Betrieb Nr. 8). Hinzukommen muss für den Vermutungstatbestand aber auch, dass Arbeitnehmer unternehmensübergreifend „eingesetzt" werden, wobei es genügt, dass der für die Erbringung der Arbeitsleistung maßgebliche Rahmen (Arbeitszeit, betriebliche Ordnung) einheitlich ist. Das ist insbesondere anzunehmen, wenn auf Grund gesellschaftsrechtlicher Verflechtung dieselben Personen eine Vorgesetztenstellung einnehmen. Nur wenn die beiden kumulativ genannten Tatbestandsvoraussetzungen erfüllt sind, wird vermutet, dass ein gemeinsamer Betrieb vorliegt.

76 Die **Vermutung** ist gemäß § 292 ZPO **widerlegbar,** kann aber nicht widerlegt werden (so zutreffend *Kreutz,* FS Richardi, S. 673, 652). Für eine Widerlegung reicht es nämlich

nicht aus, dass das Fehlen einer ausdrücklichen Führungsvereinbarung nachgewiesen wird, weil die für die Annahme eines gemeinsamen Betriebs erforderliche Führungsvereinbarung auch stillschweigend durch konkludentes Handeln zustande kommen kann (s. Rn. 68). Deshalb ist der Nachweis erforderlich, dass jedes Unternehmen seine Arbeitnehmer selbst einsetzt, soweit es um das die Arbeitsleistung konkretisierende Weisungsrecht geht. Die bloße Kündigung einer Führungsvereinbarung genügt daher auch nicht zur Widerlegung, sondern notwendig ist der Nachweis der Abwicklung, z. B. dadurch, dass das Unternehmen seine Arbeitnehmer einer eigenen Leitung unterstellt oder in anderen Bereichen einsetzt. Damit ist aber bereits der Vermutungstatbestand nicht mehr erfüllt.

bb) Ein gemeinsamer Betrieb mehrerer Unternehmen wird **weiterhin vermutet**, wenn 77 die **Spaltung eines Unternehmens** zur Folge hat, dass von einem Betrieb ein oder mehrere Betriebsteile einem an der Spaltung beteiligten anderen Unternehmen zugeordnet werden, **ohne dass sich dabei die Organisation des betroffenen Betriebs wesentlich ändert (Nr. 2)**. Die Regelung entspricht im Wesentlichen der Bestimmung des § 322 Abs. 1 UmwG, der durch ihn ersetzt wurde (Art. 3 Nr. 2 lit. a BetrVerf-ReformG 2001). Nach der Begründung des RegE beschränkt sich hier der Begriff der Spaltung aber nicht auf die Spaltung i. S. des UmwG, sondern umfasst die „Fälle der Aufspaltung, Abspaltung und Ausgliederung sowohl in Form der Gesamtrechtsnachfolge als auch in Form der Einzelrechtsnachfolge" (BT-Drucks. 14/5741, S. 33).

Mit dem **Unternehmen** ist der **Rechtsträger des Betriebs** gemeint. Wird sein Vermögen gespalten (§ 123 UmwG), so kann die Spaltung zur Folge haben, dass das dem Betrieb gewidmete Vermögen verschiedenen Rechtsträgern zugeordnet wird. Wenn dabei die Organisation des betroffenen Betriebs nicht wesentlich geändert wird, wird, wie es im Gesetzestext heißt, „ein gemeinsamer Betrieb mehrerer Unternehmen vermutet". Die Vermutung bezieht sich also auf die **gemeinsame Führung** des Betriebs durch die an der Spaltung beteiligten Rechtsträge. Sie greift auch ein, wenn die Organisation des Betriebs sich ändert, sofern sie sich nur nicht wesentlich ändert, also z. B. die räumliche Unterbringung nicht mehr gemeinsam ist und damit auch ein bisher einheitlicher Rahmen für die Erbringung der Arbeitsleistung aufgehoben wird. Die Vermutung ist widerlegt, wenn der Nachweis geführt wird, dass kein einheitlicher Leitungsapparat besteht (ebenso Willemsen-*Hohenstatt*, Umstrukturierung, Rn. D 35; s. auch Rn. 76). 78

c) Nichteingreifen der Vermutungstatbestände. Greifen die Vermutungstatbestände 79 nicht ein, so schließt dies nach der Konzeption des Abs. 2 das **Bestehen eines gemeinsamen Betriebs** nicht aus. Einen derartigen Fall hat das BAG für den Fall eines Vereins, der mit einer GmbH zusammenwirkte, anerkannt; es erblickte die maßgeblichen Indizien für das Bestehen einer einheitlichen Leitung in der Personenidentität der Geschäftsführung beider Unternehmen, verbunden mit der Aufnahme der GmbH in das veröffentlichte Organigramm des Vereins über seine interne Leitungsstruktur sowie in der Führung der Personalakten für die bei der GmbH beschäftigten Arbeitnehmer durch das Sekretariat des Vereins (BAG 11. 2. 2004 AP BetrVG 1972 § 1 Gemeinsamer Betrieb Nr. 22 [*Joost*]; abl. *Rieble/Gistel*, NZA 2005, 242 ff.). Die Leitungsstruktur ist aber für die Annahme eines gemeinsamen Betriebs ohne Bedeutung, wenn es „bereits an einer Zusammenfassung der Arbeitnehmer sowie der materiellen und immateriellen Betriebsmittel fehlt" (BAG 22. 6. 2005 AP BetrVG 1972 § 1 Gemeinsamer Betrieb Nr. 23; vgl. *Kreutz*, FS Richardi 2007, S. 637, 653 ff.).

5. Adressat der Beteiligungsrechte im gemeinsamen Betrieb

Da im gemeinsamen Betrieb die Ausübung der betrieblichen Leitungsmacht allen an 80 ihm beteiligten Trägerunternehmen obliegt, ist ein einzelnes Trägerunternehmen nicht passiv legitimiert für Ansprüche des Betriebsrats, die sich auf die Vornahme oder die

Unterlassung einer der gemeinsamen betrieblichen Leitungsmacht unterfallenden Maßnahme richten, z. B. die Lage der Arbeitszeit oder eine Einstellung, auch wenn der Abschluss des Arbeitsvertrags nur mit einem Trägerunternehmen geschlossen wird (vgl. BAG 15. 5. 2007 AP BetrVG 1972 § 1 Gemeinsamer Betrieb Nr. 30).

6. Gemeinsamer Betrieb und Unternehmen

81 Der **gemeinsame Betrieb konstituiert kein eigenes Unternehmen.** Das ist insbesondere zu beachten, soweit das Gesetz für die Mitbestimmung des Betriebsrats in § 99 und § 111 auf die Arbeitnehmerzahl im Unternehmen abstellt. Der gemeinsame Betrieb ist insoweit kein Unternehmen. Maßgeblich ist deshalb nicht seine Arbeitnehmerzahl, sondern die Arbeitnehmerzahl der Trägerunternehmen. Davon zu unterscheiden ist allerdings, dass bei einem gemeinsamen Betrieb dessen Teile ihrerseits nach § 4 Abs. 1 Satz 1 betriebsverfassungsrechtlich verselbständigt sein können. Außerdem kommt in Betracht, dass Teilbereiche der gemeinsamen Arbeitsorganisation für die Erfüllung der arbeitstechnischen Aufgaben im Verhältnis zueinander selbständige Betriebe sein können. Ein derart aufgespaltener gemeinsamer Betrieb ist ein Unternehmen i. S. des § 47 Abs. 1, so dass für ihn bei Bestehen von zwei oder mehreren Betriebsräten ein Gesamtbetriebsrat zu errichten ist (ebenso DKK-*Trümner,* § 1 Rn. 134; *Konzen,* Unternehmensaufspaltungen, S. 119; *ders.,* AuR 1985, 341, 354; *Windbichler,* Arbeitsrecht im Konzern, S. 294; *Däubler,* FS Zeuner 1994, S. 19, 28; a. A. *Joost,* Betrieb, S. 263 f.; ohne hinreichende Begründung BAG 13. 2. 2007 AP BetrVG 1972 § 47 Nr. 17 [Rn. 19]).

7. Beteiligung des gemeinsamen Betriebs an der Betriebsverfassung der Trägerunternehmen

82 a) Haben die an einem gemeinsamen Betrieb beteiligten Unternehmen ihrerseits selbständige Betriebe, so besteht das Problem der Zuordnung zu den beteiligten Unternehmen für die Beteiligung an einem dort zu bildenden **Gesamtbetriebsrat.** Im Gegensatz zum Gemeinschaftsunternehmen hat der gemeinsame Betrieb weder eine eigene Unternehmensleitung noch einen gemeinsamen Unternehmenszweck (gegen eine Parallelsetzung, so z. B. von *Kohte,* RdA 1992, 302, 309, zutreffend *Zöllner,* FS Semler 1993, S. 995, 1012). Damit keine Lücke in der Mitbestimmung eintritt, ist sein Betriebsrat (bei Bestehen mehrerer Betriebsräte sein Gesamtbetriebsrat), wie sich mittelbar aus § 47 Abs. 9 ergibt, an einem Gesamtbetriebsrat bei den Trägerunternehmen zu beteiligen (ebenso ErfK/*Eisemann/Koch,* § 1 Rn. 16; GK-*Kreutz,* § 47 Rn. 21; DKK-*Trümner,* § 1 Rn. 131; *I. Schmidt,* FS Küttner 2006, S. 499 ff.; bereits vor Einfügung des § 47 Abs. 9 in das BetrVG durch Art. 1 Nr. 35 lit. e BetrVerf-ReformG 2001 *Joost,* Betrieb, S. 264; *Fromen,* FS Gaul 1992, S. 151, 184 f.; *Däubler,* FS Zeuner 1994, S. 19, 29; a. A. *Konzen,* Unternehmensaufspaltungen, S. 119; *ders.,* AuR 1985, 341, 354; *Windbichler,* Arbeitsrecht im Konzern, S. 294 f.).

83 Für das Stimmengewicht der in dem Gesamtbetriebsrat entsandten Mitglieder sieht § 47 Abs. 9 vor, dass durch Tarifvertrag oder Betriebsvereinbarung eine vom Gesetz abweichende Regelung getroffen werden kann (s. § 47 Rn. 76 ff.).

84 b) Da regelmäßig ein gemeinsamer Betrieb nur gebildet wird, wenn die Trägerunternehmen einen Konzern bilden, kommt die Beteiligung an einem **Konzernbetriebsrat** (ebenso DKK-*Trümner,* § 1 Rn. 137; *Däubler,* FS Zeuner 1994, S. 19, 29 f.). Möglich ist, dass unter den Voraussetzungen des § 54 Abs. 1 erstmals ein Konzernbetriebsrat errichtet wird. Voraussetzung ist, dass zumindest ein Trägerunternehmen neben seiner Beteiligung an dem gemeinsamen Betrieb noch einen weiteren Betrieb hat. Eine eigene Beteiligung der Betriebsvertretung des gemeinsamen Betriebs entfällt, wenn bei allen Trägerunternehmen ein Gesamtbetriebsrat besteht, weil die Betriebsvertretung des ge-

B. Der Betrieb als Grundlage des BetrVG   § 1

meinsamen Betriebs bereits durch die Gesamtbetriebsräte der Trägerunternehmen mitrepräsentiert wird (ebenso *Däubler* a. a. O., S. 30).

8. Zuordnung der Arbeitnehmer des gemeinsamen Betriebs zu den Trägerunternehmen

Wer als Arbeitnehmer für die Erfüllung seiner Arbeitsaufgaben in einem **gemeinsamen** **85** **Betrieb eingeordnet** ist, gehört **nicht** zugleich zu einem **anderen Betrieb der Trägerunternehmen.** Etwas anderes gilt nur, wenn er auch dort für den Betriebszweck tätig wird.

Soweit es auf die **Zugehörigkeit zum Unternehmen** ankommt, wie für die Bildung **86** eines Wirtschaftsausschusses nach § 106 oder die Arbeitnehmerbeteiligung im Aufsichtsrat nach § 1 DrittelbG bzw. § 1 MitbestG 1976, sind die Arbeitnehmer des gemeinsamen Betriebs den **Trägerunternehmen nur zuzurechnen, soweit sie mit ihnen in einem Arbeitsverhältnis** stehen. Nicht ausschlaggebend ist, wer Vertragsarbeitgeber ist; denn es kann jemand auch auf Grund einer arbeitsrechtlichen Drittbeziehung dem Unternehmen als Arbeitnehmer zuzurechnen sein (ebenso *Zöllner*, FS Semler 1993, S. 995, 1012). Aus § 14 Abs. 1 AÜG ergibt sich aber, dass Leiharbeitnehmer nur dem Verleiher, nicht dem Entleiher zugeordnet werden (s. Rn. 123 ff.). Für den Wirtschaftsausschuss ergibt sich eine Besonderheit daraus, dass er ein Hilfsorgan des Betriebs- bzw. Gesamtbetriebsrats ist. Er wird daher nicht nur am Wirtschaftsausschuss der Trägerunternehmen beteiligt, sondern es ist auch für ihn, wenn er die in § 106 Abs. 1 genannte Arbeitnehmerzahl erreicht, ein Wirtschaftsausschuss zu bilden (so auch für den Fall, dass keines der beteiligten Unternehmen für sich allein diese Beschäftigtenzahl erreicht, BAG 1. 8. 1990 AP Nr. 8 zu § 106 BetrVG 1972; *Schubert*, ZfA 2004, 253, 264 ff.).

VI. Untergang als selbständiger Betrieb

1. Beendigung der arbeitstechnischen Organisationseinheit

Der Betrieb endet mit der **Stilllegung**, mit der **Eingliederung in einen anderen Betrieb** **87** und der **Zusammenlegung mit anderen Betrieben** zu einem neuen Betrieb sowie mit der **Spaltung in zwei oder mehrere Betriebe**. Voraussetzung ist, dass die den Betrieb bildende Organisationseinheit aufgelöst wird. Die Änderung der arbeitstechnischen Zielsetzung oder der örtlichen Lage berührt den Bestand des Betriebs nur, wenn die Betriebsorganisation aufgelöst wird, wobei für die Zweckbestimmung des BetrVG maßgebend ist, ob die Belegschaft ausgewechselt wird oder im Wesentlichen als Einheit erhalten bleibt.

Der **Betriebsinhaberwechsel** wirkt sich dagegen überhaupt nicht auf den Bestand des **88** Betriebs aus; denn nicht nur bei gesetzlicher Rechtsnachfolge, sondern auch bei Betriebsübernahme durch Rechtsgeschäft tritt der Betriebserwerber von Gesetzes wegen in die Rechte und Pflichten aus den im Zeitpunkt des Betriebsübergangs bestehenden Arbeitsverhältnissen unmittelbar ein (§ 613 a BGB). Ist Rechtsnachfolger eine **juristische Person des öffentlichen Rechts,** so fällt der Betrieb aber nicht mehr unter den Geltungsbereich des BetrVG (§ 130).

Die **Umwandlung des Unternehmens** ist kein Tatbestand der Betriebsbeendigung; **89** denn sie betrifft den Rechtsträger des Betriebs, nicht diesen selbst. Bei einer **Verschmelzung durch Aufnahme** erhält der Betrieb einen neuen Rechtsträger, wenn das ihm gewidmete Vermögen vom übertragenden auf den übernehmenden Rechtsträger übergeht. Gleiches gilt bei einer **Verschmelzung durch Neugründung.** Bei einer **Spaltung des Rechtsträgers** unterscheidet das Umwandlungsgesetz die Aufspaltung, die Abspaltung und die Ausgliederung (§ 123). In allen drei Fällen ist es möglich, dass das dem Betrieb gewidmete Vermögen auf den neuen Rechtsträger übergeht, so dass nur ein Betriebsinhaberwechsel vorliegt. Nur wenn das dem Betrieb gewidmete Vermögen verschiedenen Rechtsträgern zugeordnet wird, kann dadurch auch eine Spaltung des Betriebs eintreten, die dessen Beendigung begründet. Da dies aber nicht die notwendige Folge einer auf den Rechtsträger bezogenen Spaltung sein muss, kann die Betriebseinheit gewahrt bleiben. Es handelt sich in diesem Fall um den **gemeinsamen Betrieb mehrerer Unternehmen**. Nach Abs. 2 Nr. 2 wird sogar ein gemeinsamer Betrieb mehrerer Unternehmen (widerleglich) vermutet, wenn bei der Spaltung des Rechtsträgers die Organisation des Betriebs nicht wesentlich geändert wird (s. Rn. 76 ff.).

90 Da die Betriebseinheit für die arbeitstechnische Zweckverfolgung einen einheitlichen Leitungsapparat voraussetzt, wird bei einem **gemeinsamen Betrieb** die Gemeinsamkeit beendet, wenn die Trägerunternehmen nicht mehr rechtlich koordiniert die einheitliche Leitung ausüben. Beendigungstatbestand ist aber noch nicht die Aufhebung oder Kündigung einer Leitungsvereinbarung. Durch sie wird, wenn man der hier vertretenen Auffassung folgt, die BGB-Gesellschaft nur *aufgelöst*, aber nicht *beendet* (s. Rn. 71, 75). Die Beendigung der Gemeinsamkeit muss nicht zur Folge haben, dass die Betriebseinheit erlischt. Scheidet ein Unternehmen aus dem in einem anderen Unternehmen gebildeten gemeinsamen Betrieb aus, so bleibt der Betrieb als betriebsverfassungsrechtliche Organisationseinheit bestehen; wenn das andere Unternehmen seine betriebliche Tätigkeit fortsetzt und die Identität des Betriebs gewahrt bleibt (BAG 19. 11. 2003 AP BetrVG 1972 § 1 Gemeinsamer Betrieb Nr. 19).

2. Beendigung der betriebsratsfähigen Organisationseinheit

91 Da die Grundlage der betriebsratsfähigen Organisationseinheit der Betrieb ist, hat dessen Beendigung im Regelfall zur Folge, dass auch die betriebsratsfähige Organisationseinheit nicht mehr besteht. Doch ergeben sich Ausnahmen, wenn auf Grund eines Tarifvertrags oder einer Betriebsvereinbarung eine andere betriebsverfassungsrechtliche Organisationseinheit gebildet wird, die als Betrieb i. S. dieses Gesetzes gilt (§ 3 Abs. 5 Satz 1).

92 Von Gesetzes wegen kann ein Betrieb trotz seines Fortbestehens seiner Eigenschaft als betriebsratsfähige Organisationseinheit nur verlieren, wenn er nicht mehr die Voraussetzungen des Abs. 1 Satz 1 erfüllt; denn in diesem Fall wird er dem „Hauptbetrieb" zugeordnet (§ 4 Abs. 2).

3. Übergangsmandat und Restmandat des Betriebsrats

93 Wird ein Betrieb gespalten, so hat dessen Betriebsrat ein Übergangsmandat (§ 21a Abs. 1); werden Betriebe oder Betriebsteile zu einem Betrieb zusammengefasst, so nimmt der Betriebsrat des nach der Zahl der wahlberechtigten Arbeitnehmer größten Betriebs oder Betriebsteils das Übergangsmandat wahr (§ 21a Abs. 2). Geht ein Betrieb durch Stilllegung, Spaltung oder Zusammenlegung unter, so hat dessen Betriebsrat ein Restmandat (§ 21b).

VII. Gesamthafenbetrieb als betriebsratsfähige Einheit

94 Nach dem Gesetz über die Schaffung eines besonderen Arbeitgebers für Hafenarbeiter (Gesamthafenbetrieb) vom 3. 8. 1950 (BGBl. S. 352) kann durch Vereinbarung zwischen Arbeitgeberverbänden bzw. einzelnen Arbeitgebern und Gewerkschaften zur Schaffung stetiger Arbeitsverhältnisse in Hafenbetrieben ein **besonderer Arbeitgeber,** der *Gesamthafenbetrieb,* gebildet werden. Durch ihn erhalten die Hafenarbeiter, die nicht Stammpersonal der Einzelhafenbetriebe sind, sondern wechselnd in den einzelnen Ha-

fenbetrieben vor allem beim Laden und Löschen von Schiffen eingesetzt werden, ein fortdauerndes Arbeitsverhältnis. Der Gesamthafenbetrieb ist eine reine Arbeitnehmerschutzeinrichtung, deren Tätigkeit nicht auf Gewinnerzielung ausgerichtet ist. Die Besonderheit liegt aber gerade darin, dass er oder die mit der Wahrnehmung seiner Aufgaben beauftragte Organgesellschaft neben den Hafeneinzelbetrieben *Arbeitgeberfunktionen* wahrnimmt (vgl. *Müllner*, Aufgespaltene Arbeitgeberstellung und Betriebsverfassungsrecht [Diss. Regensburg], 1978, S. 34 ff.; zum Rechtscharakter des Gesamthafenbetriebs als einer gemeinsamen Einrichtung der Tarifvertragsparteien BAG 25. 1. 1989 AP GesamthafenbetriebsG § 1 Nr. 5 *[Zeuner]*).

Wird der Gesamthafenbetrieb selbst nach außen gegenüber den Gesamthafenarbeitern tätig, so bildet er eine arbeitstechnische Organisationseinheit, die einen **Betrieb** darstellt. Ist dagegen mit der Führung der laufenden Geschäfte eine Organgesellschaft beauftragt worden, so ist sie Ausführungsinstrument des Gesamthafenbetriebs. Deshalb bildet sie in diesem Fall den Betrieb, für den ein Betriebsrat gewählt werden kann (ebenso *Müllner*, a. a. O., S. 113 f.; vgl. auch LAG Hamburg, RdA 1954, 80; *Fitting*, § 1 Rn. 110; *Wiebel*, RdA 1953, 291, 295; *Gramm*, RdA 1958, 330, 335; *Völtzer*, Rechtsfragen zum Gesetz über die Schaffung eines besonderen Arbeitgebers für Hafenarbeiter [Gesamthafenbetrieb] vom 3. August 1950, Diss. Hamburg 1957, S. 105 ff.). 95

Zweifelhaft ist die Rechtsstellung der Gesamthafenarbeiter im **Hafeneinzelbetrieb**; denn die Arbeitgeberstellung ist zwischen dem Gesamthafenbetrieb bzw. der für ihn handelnden Organgesellschaft einerseits und dem Inhaber des Hafeneinzelbetriebes aufgespalten. Da der für den Gesamthafenbetrieb gebildete Betriebsrat im Hafeneinzelbetrieb keine Beteiligungsrechte ausüben kann, ist ausschließlich der dort bestehende Betriebsrat zuständig, auch soweit Gesamthafenarbeiter betroffen werden. Da diese im Gegensatz zu sonstigen Kurzzeitbeschäftigten typischerweise als Arbeitnehmergruppe wechselnd und kurzfristig in den verschiedenen Hafeneinzelbetrieben zum Einsatz kommen, ist es sinnvoll, sie nicht nur von der Wählbarkeit, sondern auch von der Wahlberechtigung zum Betriebsrat im Hafeneinzelbetrieb auszuschließen (a. A. für das aktive Wahlrecht *Müllner*, Aufgespaltene Arbeitgeberstellung und Betriebsverfassungsrecht [Diss. Regensburg], 1978, S. 117; ausführlich zur Betriebsverfassung für Arbeitnehmer eines Gesamthafenbetriebs dort S. 113 ff.). 96

VIII. Konzern als Organisationseinheit der Betriebsverfassung

Gehört der Arbeitnehmer zu einem konzernverbundenen Unternehmen, so ist Arbeitgeber nicht der Konzern; denn er ist eine **Unternehmensverbindung,** nicht selbst Rechtssubjekt (vgl. *Windbichler*, Arbeitsrecht im Konzern, S. 68 f.). Die Zugehörigkeit des Arbeitgebers zu einer Unternehmensgruppe ist kein selbständiger Geltungsgrund für die Begründung von Rechten und Pflichten im Arbeitsverhältnis. Dennoch kann eine Unternehmensverbindung Auswirkungen auf das Arbeitsverhältnis haben. Die Konzerneinheit wird deshalb in der Betriebsverfassung und im Recht der unternehmensbezogenen Mitbestimmung berücksichtigt (vgl. *Richardi*, MünchArbR § 23 Rn. 2 f., 37 ff.). 97

Für den Fall, dass die Konzernleitungsmacht durch ein herrschendes Unternehmen ausgeübt wird, besteht zur Sicherung der Mitbestimmung die Möglichkeit, einen **Konzernbetriebsrat** zu errichten (§ 54 Abs. 1 Satz 1). Bei der sechsmonatigen Betriebszugehörigkeit als Voraussetzung für die **Wählbarkeit zum Betriebsrat** werden Zeiten angerechnet, in denen der Arbeitnehmer unmittelbar einem anderen Betrieb desselben Konzerns angehört hat (§ 8 Abs. 1 Satz 2). Die Konzernverbindung wird weiterhin berücksichtigt in §§ 87 Abs. 1 Nr. 8, 88 Nr. 2, 112 Abs. 5 Satz 2 Nr. 2, 112 a Abs. 1 Satz 2. 98

Durch den Klammerzusatz in § 8 Abs. 1 Satz 2 und § 54 Abs. 1 Satz 1 wird klargestellt, dass für den **Konzernbegriff i. S. des BetrVG** § 18 Abs. 1 AktG maßgebend ist. 99

Es genügt also nicht, dass mehrere rechtlich selbständige Unternehmen unter einer *einheitlichen Leitung* stehen, wie es für den Konzernbegriff im Aktienrecht konstitutiv ist, sondern es muss zwischen ihnen ein *Abhängigkeitsverhältnis* i. S. des § 17 AktG bestehen, so dass die einheitliche Leitung auf Grund einer Beherrschungsmöglichkeit ausgeübt wird. Konzern i. S. des BetrVG ist daher **nur der Unterordnungskonzern, nicht** dagegen der **Gleichordnungskonzern** (§ 18 Abs. 2 AktG; s. ausführlich zum Konzernbegriff § 54 Rn. 3 ff.).

C. Mindestbetriebsgröße als Voraussetzung für die Betriebsratsfähigkeit

I. Bedeutung der Betriebsratsfähigkeit für die Betriebsverfassung

1. Repräsentativvertretung der Arbeitnehmer durch einen Betriebsrat

100 Durch den Betriebsbegriff wird die **Belegschaft** abgegrenzt, die durch die Bildung einer Arbeitnehmervertretung an der Betriebsverfassung beteiligt wird. Das Gesetz verlangt für die Errichtung eines Betriebsrats, dass in der Regel mindestens fünf wahlberechtigte Arbeitnehmer ständig beschäftigt sind, von denen mindestens drei wählbar sind. Nur bei dieser Arbeitnehmerzahl ist ein Betrieb betriebsratsfähig. Wird sie nicht erreicht, so kann kein Betriebsrat gewählt werden. Wird dennoch eine Wahl durchgeführt, so handelt es sich nicht um eine *Betriebsratswahl*. Die gewählte Betriebsvertretung hat nicht die Funktion eines Betriebsrats (ebenso RAG 22. 2. 1928 BenshSlg. 2, 79).

101 Durch die **Aufsplitterung der arbeitstechnischen Organisation** eines Unternehmens sollen die Arbeitnehmer nicht den **Schutz der Betriebsverfassung** verlieren (ebenso *Gamillscheg*, ZfA 1975, 357, 367, 379; s. auch Rn. 20). Deshalb sind Arbeitsstätten, die für sich nicht die Voraussetzungen des Abs. 1 Satz 1 erfüllen, auch wenn ausnahmsweise jede von ihnen einen eigenen Leitungsapparat haben sollte und wegen der räumlichen Entfernung der Zusammenhang unter der Belegschaft fehlt, zu einem *Betrieb* zusammenzufassen, wenn sie zu *demselben Unternehmen* gehören. Dafür spricht auch, dass nach § 4 Abs. 2 Betriebe, die die Voraussetzungen des Abs. 1 Satz 1 nicht erfüllen, dem Hauptbetrieb zuzuordnen sind. Wenn auch dort nicht ausdrücklich geregelt, muss Gleiches gelten, wenn es keinen betriebsratsfähigen „Hauptbetrieb" gibt.

102 Die **Freistellung von der Betriebsverfassung** gilt nur für **Arbeitgeber**, deren Unternehmen oder freiberufliche Tätigkeit eine so **geringe Arbeitnehmerzahl** erfordert, dass es teleologisch nicht gerechtfertigt ist, auf sie die Mitbestimmungsordnung der Betriebsverfassung anzuwenden.

2. Rechtsfolgen der Betriebsratsfähigkeit

103 Liegen die Voraussetzungen für die Errichtung eines Betriebsrats vor, so ist der Betrieb nicht nur betriebsratsfähig, sondern das Gesetz geht davon aus, dass ein Betriebsrat auch tatsächlich gewählt wird. Es besteht aber **kein Errichtungszwang**; die Entscheidung liegt vielmehr allein bei den Arbeitnehmern des Betriebs.

104 Für den **Betriebsinhaber** ergeben sich aus der Betriebsratsfähigkeit **Pflichten:** Er hat bei Betriebsratsfähigkeit die Wahl und Tätigkeit eines Betriebsrats zu dulden und dessen Rechte einzuhalten. Das Gesetz gibt, wenn die Voraussetzungen für die Wahl eines Betriebsrats gegeben sind, den im Betrieb vertretenen Gewerkschaften eigenständige Initiativrechte, damit seine Wahl zustande kommt (§ 14 Abs. 3 und 5, §§ 16 Abs. 2, 17 Abs. 3 und 4, § 18 Abs. 1 Satz 2 und 3, Abs. 2). Der Arbeitgeber hat die Kosten der Betriebsratswahl und -tätigkeit zu tragen (§§ 20, 40).

C. Mindestbetriebsgröße als Voraussetzung für die Betriebsratsfähigkeit § 1

Vor allem hat die Betriebsratsfähigkeit zur Folge, dass Begründung, Inhalt und Beendigung der **Arbeitsverhältnisse mit den Arbeitnehmern in die Betriebsverfassung eingefügt** sind, auch wenn diese erst durch die Wahl und Konstituierung eines Betriebsrats aktualisiert wird. 105

3. Rechtsfolgen bei Fehlen des Betriebsrats in einem betriebsratsfähigen Betrieb

Wird in einem betriebsratsfähigen Betrieb **kein Betriebsrat** gebildet, so können in ihm die **Mitwirkungs- und Mitbestimmungsrechte nicht ausgeübt** werden; er steht bis zur Bestellung eines Betriebsrats einem nicht betriebsratsfähigen Betrieb gleich (ebenso BAG 12. 10. 1961 AP BGB § 611 Urlaubsrecht Nr. 84; 18. 7. 1972 = AP BetrVG [1952] § 72 Nr. 10; LAG Berlin, DB 1973, 2097; *Fitting*, § 1 Rn. 286; GL-*Löwisch*, § 1 Rn. 47; a. A. *Däubler*, AcP 175 [1975], 183). 106

Gleiches gilt, wenn ein Betriebsrat zwar gewählt ist, sich aber **nicht konstituiert** hat (ebenso BAG 23. 8. 1984 AP BetrVG 1972 § 102 Nr. 36 [zust. *Richardi*]; LAG Düsseldorf, BB 1968, 628; GL-*Löwisch*, § 1 Rn. 47; a. A. GK-*Raab*, § 26 Rn. 6). Der Betriebsrat ist konstituiert, wenn sein Vorsitzender und dessen Stellvertreter gewählt ist (vgl. § 29 Abs. 1 Satz 1). 107

II. Voraussetzungen der Betriebsratsfähigkeit

1. Regelmäßige Betriebszugehörigkeit von mindestens fünf ständigen wahlberechtigten Arbeitnehmern

Dem Betrieb müssen mindestens **in der Regel fünf ständige wahlberechtigte Arbeitnehmer** angehören. 108

a) Es kommt auf den **Betrieb i. S. dieses Gesetzes** an, so dass Betriebsteile ihm nicht zuzurechnen sind, wenn sie nach § 4 Abs. 1 Satz 1 betriebsverfassungsrechtlich selbständig sind, und umgekehrt Betriebe nach § 4 Abs. 2 zum „Hauptbetrieb" gezählt werden, wenn sie selbst nicht betriebsratsfähig sind. Betriebsausstrahlungen gehören zum Betrieb; es sind also, wie § 5 Abs. 1 Satz 1 klarstellt, Arbeitnehmer im Außendienst und mit Telearbeit Beschäftigte zuzurechnen. 109

Bei **Unternehmen der Seeschifffahrt** und der **Luftfahrt** bleiben die Besatzungsmitglieder außer Betracht; denn ein Betriebsrat i. S. dieses Gesetzes kann nur für die Landbetriebe dieser Unternehmen gebildet werden (s. ausführlich § 114 Rn. 38 ff.; § 117 Rn. 4 ff.). Für den Seebetrieb gilt die Sonderregelung in §§ 115, 116; für die im Flugbetrieb beschäftigten Arbeitnehmer von Luftfahrtunternehmen kann nur durch Tarifvertrag eine Vertretung errichtet werden (§ 117 Abs. 2). 110

b) Wer **Arbeitnehmer** ist, richtet sich nach dem *betriebsverfassungsrechtlichen Arbeitnehmerbegriff*. Es scheiden daher alle Personen aus, die nach § 5 Abs. 2 nicht als Arbeitnehmer i. S. dieses Gesetzes gelten (s. § 5 Rn. 153 ff.). **Nicht** hierher gehören auch die **leitenden Angestellten** gemäß § 5 Abs. 3 Satz 2, da auf sie dieses Gesetz keine Anwendung findet, soweit in ihm nicht ausdrücklich etwas anderes bestimmt ist (§ 5 Abs. 3 Satz 1). 111

c) Gezählt werden nur die **ständigen Arbeitnehmer**, um die maßgebliche Mindestbetriebsgröße festzustellen. Wer zu ihnen gehört, bestimmt sich nach der *Arbeitsaufgabe*, die ein Arbeitnehmer im Rahmen des Betriebs übernehmen soll; maßgebend ist, ob er wegen der ihm übertragenen Arbeitsaufgabe nicht nur vorübergehend dem Betrieb angehört (ebenso *Fitting*, § 1 Rn. 276; GL-*Löwisch*, § 1 Rn. 35). 112

Ständig beschäftigt sind im allgemeinen Arbeitnehmer, die auf **unbestimmte Zeit eingestellt** sind (vgl. RAG 24. 10. 1928 BenshSlg. 4, 225, 229, dort für den Begriff des ständig Beschäftigten i. S. eines Reichsbahn-Tarifvertrags). Möglich ist jedoch, 113 dass auch Arbeitnehmer, deren **Arbeitsverhältnis für eine bestimmte Zeit** eingegangen ist, ständig beschäftigt sind, wenn sie einen erheblichen Zeitraum dem Betrieb angehören sollen (ebenso DKK-*Trümner*, § 1 Rn. 181), wie auch bei Begründung eines Arbeitsverhältnisses auf unbestimmte Zeit ein Arbeitnehmer nur vorübergehend beschäftigt sein kann, nämlich wenn Arbeitgeber und Arbeitnehmer darüber einig sind, dass es sich nur um eine absehbare Zeit handelt, deren genauer Ablauf nur noch nicht feststeht, z. B. Einstellung zur Aushilfe (ebenso GL-*Löwisch* § 1 Rn. 35).

114 Wer **zur Probe eingestellt** wird, gehört zu den ständig beschäftigten Arbeitnehmern, wenn die Parteien ein Arbeitsverhältnis auf Dauer begründen und lediglich für eine bestimmte Probezeit eine erleichterte Lösungsmöglichkeit vorsehen (ebenso *Fitting*, § 1 Rn. 276; GK-*Kraft/Franzen*, § 1 Rn. 96; DKK-*Trümner*, § 1 Rn. 182; *Neumann-Duesberg*, S. 240; a. A. GL-*Löwisch*, § 1 Rn. 35; HSWGNR-*Rose*, § 1 Rn. 67; *Nikisch*, Bd. III S. 43; *Nipperdey/Säcker* in: *Hueck/Nipperdey*, Bd. II/2 S. 1118 Fn. 23). Nicht notwendig ist, dass ein Arbeitnehmer schon längere Zeit im Betrieb tätig ist. Auch ein neu eingestellter Arbeitnehmer kann ständig beschäftigt sein, wenn er wegen der ihm übertragenen Arbeitsaufgabe nicht nur vorübergehend dem Betrieb angehören soll. Wer als Arbeitnehmer im Rahmen der Maßnahmen zur Arbeitsbeschaffung beschäftigt wird (s. auch § 5 Rn. 133), gehört regelmäßig nicht zu den ständig beschäftigten Arbeitnehmern.

115 Zu den ständigen Arbeitnehmern gehören nicht nur Vollzeitbeschäftigte, sondern auch **Teilzeitbeschäftigte** (ebenso *Fitting*, § 1 Rn. 276; GL-*Löwisch*, § 1 Rn. 35; GK-*Kraft/Franzen*, § 1 Rn. 96; DKK-*Trümner*, § 1 Rn. 182; HSWGNR-*Rose*, § 1 Rn. 64; ErfK-*Eisemann*, § 1 Rn. 22). Voraussetzung ist nur, dass ihre Beschäftigung für unbestimmte Zeit vorgesehen ist. Eine Putzfrau, die regelmäßig für mehrere Stunden am Tag oder mehrere Tage in der Woche beschäftigt wird, ist ständig beschäftigte Arbeitnehmerin. Auch für die *Zahl* der ständigen Arbeitnehmer spielt die Dauer ihrer Arbeitszeit keine Rolle. Werden auf einem Arbeitsplatz zwei oder drei Arbeitnehmer beschäftigt, so werden sie nicht zusammengezählt; denn das Gesetz stellt nicht auf die Zahl der *Arbeitsplätze,* sondern auf die Zahl der *ständigen Arbeitnehmer* ab, so dass allein maßgebend ist, ob ein Arbeitnehmer wegen der ihm übertragenen Arbeitsaufgabe ständig dem Betrieb angehört.

116 d) Das Gesetz verlangt weiterhin, dass die Mindestzahl der ständigen Arbeitnehmer **in der Regel** dem Betrieb angehört, d. h. es ist von dem **im regelmäßigen Gang befindlichen Betrieb** auszugehen (ebenso RAG 13. 6. 1928 BenshSlg. 3, 104, 108). Deshalb ist die Zahl der regelmäßig mit ständigen Arbeitnehmern besetzten Positionen zugrunde zu legen, nicht der gegenwärtige Stand. Das gilt insbesondere für Betriebe mit starker Schwankung der Belegschaftszahl. Maßgebend ist das *normale Maß*, nicht die *Durchschnittszahl* der Jahresbelegschaft (ebenso *Fitting*, § 1 Rn. 272; GL-*Löwisch*, § 1 Rn. 33; GK-*Kraft/Franzen*, § 1 Rn. 99; DKK-*Trümner*, § 1 Rn. 183; HSWGNR-*Rose*, § 1 Rn. 63). Zeiten gesteigerter Tätigkeit, z. B. Inventur, Ausverkauf, Weihnachtsgeschäft, scheiden ebenso aus wie die Zeiten gedrosselter Tätigkeit, z. B. die Zeit der Nachsaison in einem Hotel in einem Kurort (ebenso RAG 31. 7. 1935 ARS 24, 172, 173 f.).

117 e) Schließlich müssen von den ständigen Arbeitnehmern, die dem Betrieb im Normalzustand angehören, mindestens fünf **wahlberechtigt** i. S. des § 7 sein. Da für die Betriebszugehörigkeit nicht notwendig ist, dass ein Arbeitsvertrag mit dem Betriebsinhaber besteht, sind nach dem durch Art. 1 Nr. 7 BetrVerf-ReformG 2001 dem § 7 angefügten Satz 2 Arbeitnehmer eines anderen Arbeitgebers, die zur Arbeitsleistung überlassen sind, wahlberechtigt, wenn sie länger als drei Monate im Betrieb eingesetzt werden. Für die Betriebsratsfähigkeit zählen sie aber nur, wenn sie zugleich auch zu den ständigen Arbeitnehmern gehören (s. auch Rn. 120, 123 ff.).

C. Mindestbetriebsgröße als Voraussetzung für die Betriebsratsfähigkeit § 1

2. Mindestzahl der wählbaren Arbeitnehmer

Von den ständigen wahlberechtigten Arbeitnehmern, die dem Betrieb in der Regel angehören, müssen **drei wählbar** sein. Sie müssen also die in § 8 genannten Voraussetzungen erfüllen. 118

Dadurch wird sichergestellt, dass auch in Kleinbetrieben die Möglichkeit für eine wirkliche Auswahl besteht. Doch ergibt sich daraus nicht, dass nur Arbeitnehmer gewählt werden können, die ständig beschäftigt sind; denn weder für das aktive noch für das passive Wahlrecht ist Voraussetzung, dass ein Arbeitnehmer ständig beschäftigt ist. Jedoch ist sie für die Wählbarkeit wegen des Erfordernisses der sechsmonatigen Betriebszugehörigkeit in aller Regel gegeben. 119

Nicht wählbar sind nach § 14 Abs. 2 Satz 1 AÜG **Leiharbeitnehmer**, auch wenn sie nach § 7 Satz 2 zum Betriebsrat wahlberechtigt sind (s. Rn. 123 ff.). 120

3. Besonderheit bei Kampagne- und Saisonbetrieben

Bei Kampagne- und Saisonbetrieben muss deren Besonderheit in die Beurteilung einbezogen werden, wer zu den ständigen Arbeitnehmern zählt, die ihnen in der Regel angehören. Von einem **Kampagnebetrieb** spricht man, wenn der Betrieb selbst nur für eine bestimmte Dauer besteht oder nur eine bestimmte Zeit im Jahr tätig ist. Zu ihm gehören auch Betriebe, die nur während der Zeit der Saison bestehen, im Gegensatz zu den sog. *Saisonbetrieben,* in denen das ganze Jahr hindurch gearbeitet wird, das Ausmaß der Tätigkeit aber zu bestimmten Jahreszeiten (Saison) gesteigert ist (vgl. zur begrifflichen Unterscheidung *Gumpert,* BB 1961, 645). Bei einem Kampagnebetrieb ist ein Arbeitnehmer, der für die Dauer der Saison eingestellt ist, zwar nur auf absehbare Zeit tätig; er gehört aber dennoch zu den **ständigen Arbeitnehmern**, da die Dauer des Betriebs selbst entsprechend begrenzt ist (ebenso *Fitting,* § 1 Rn. 274; GG-*Kraft/Franzen,* § 1 Rn. 96). Sobald ein derartiger Betrieb für seine Dauer in der Regel fünf ständige wahlberechtigte Arbeitnehmer hat, von denen drei wählbar sind, ist deshalb ein Betriebsrat zu wählen; denn die begrenzte Dauer des Betriebs steht der Betriebsratsfähigkeit nicht entgegen. Dasselbe gilt für Betriebe, die nur während einer Ausstellung bestehen oder nur für die Durchführung eines bestimmten Bauvorhabens gebildet werden. 121

Bei **Saisonbetrieben** gehören dagegen die **für eine Saison eingestellten Personen nicht** zu den **ständigen Arbeitnehmern**. Landwirtschaftliche Arbeiter, die nur für die Ernte eingestellt werden, Arbeiter in einer Zuckerrübenfabrik für die Zeit der Zuckerernte, Arbeiter in der Forstwirtschaft für den Holzeinschlag sind nur vorübergehend beschäftigte Arbeitnehmer. Doch gilt etwas anderes für *atypische Saisonbetriebe,* bei denen nur vorübergehend das Ausmaß der Tätigkeit gedrosselt wird, z. B. für Hotels und Gasthäuser in den Alpen oder im Bayerischen Wald, die sowohl eine Winter- als auch eine Sommersaison haben. Hier gehören auch Arbeitnehmer, die nur während der Saison beschäftigt werden, zu den ständig beschäftigten Arbeitnehmern (ebenso *Fitting,* § 1 Rn. 274). 122

4. Besonderheit bei Arbeitnehmerüberlassung

a) **Vertragsarbeitgeber und Betriebsinhaber** müssen **nicht identisch** sein. Möglich ist insbesondere, dass der Arbeitnehmer von seinem Vertragspartner dem Betriebsinhaber zur Beschäftigung überlassen ist (Leiharbeitsverhältnis). Bei **gewerbsmäßiger Arbeitnehmerüberlassung** bleiben aber **Leiharbeitnehmer,** wie es in § 14 Abs. 1 AÜG heißt, auch während der Zeit ihrer Arbeitsleistung bei einem Entleiher **Angehörige des entsendenden Betriebs des Verleihers.** 123

Säcker/Joost (Betriebszugehörigkeit als Rechtsproblem im Betriebsverfassungs- und Mitbestimmungsrecht, 1980, S. 56) sind der Ansicht, dass bei gewerbsmäßiger Arbeit- 124 nehmerüberlassung kein Verleiherbetrieb vorhanden ist; denn Gegenstand des Unternehmens sei ausschließlich die Arbeitnehmerüberlassung, so dass hier kein Betrieb bestehe, in den die Arbeitnehmer eingeordnet seien. Dieser Auffassung kann nicht gefolgt werden; denn auch ein Zeitarbeit-Unternehmen hat eine Belegschaft, die für seine arbeitstechnische Zielsetzung tätig wird. Die Leiharbeitnehmer gehören zwar nicht zu den Arbeitnehmern, die für die gewerbsmäßige Arbeitsnehmerüberlassung tätig werden, sondern sie sind die Arbeitnehmer, die verliehen werden. Doch gehören auch sie zur Arbeitsorganisation, durch die das Zeitarbeit-Unternehmen seinen wirtschaftlich-unternehmerischen Zweck verfolgt. Leiharbeitnehmer, können deshalb zu den ständigen Arbeitnehmern des Zeitarbeit-Unternehmens gehören (im Ergebnis auch *Säcker/Joost*, a. a. O., S. 58, mit der Begründung, aus der Ordnungsstruktur des AÜG ergebe sich, dass „zur *Kompensation* der mangelnden kollektivrechtlichen Repräsentation in den Empfängerbetrieben ein Betriebsrat bei den Dienstberechtigten gebildet werden" könne; vgl. dazu auch *Richardi*, FS Floretta [Wien] 1983, S. 595, 598 f.).

125 b) Für den **Entleiherbetrieb** sind Leiharbeitnehmer nach § 7 Satz 2 wahlberechtigt, wenn sie länger als drei Monate im Betrieb eingesetzt werden. Da sie aber nach § 14 Abs. 1 AÜG dem Verleiherbetrieb zugeordnet bleiben, sind sie keine Arbeitnehmer des Entleiherbetriebs (BAG 16. 4. 2003 AP BetrVG 1972 § 9 Nr. 7). Sollte man entgegen dieser Auffassung eine Betriebszugehörigkeit gleichwohl anerkennen, so sind sie dennoch gemäß § 14 Abs. 2 Satz 1 AÜG nicht wählbar. Selbst bei ständiger Beschäftigung können sie, soweit es um die **Wählbarkeit** geht, **nicht** der **Arbeitnehmerzahl** zugerechnet werden, die über die Betriebsratsfähigkeit entscheidet.

126 Die für die gewerbsmäßige Arbeitnehmerüberlassung geltende Regelung gilt entsprechend für die gesetzlich nicht geregelten Erscheinungsformen der **nichtgewerbsmäßigen Arbeitnehmerüberlassung** (s. § 5 Rn. 99 f.).

III. Verlust der Betriebsratsfähigkeit

1. Betriebsverfassungsrechtliche Vertretung der betriebsangehörigen Arbeitnehmer

127 Erfüllt ein Betrieb nicht mehr die Voraussetzungen des Abs. 1 Satz 1, so verliert er die Betriebsratsfähigkeit. Es kann für ihn **kein eigener Betriebsrat** mehr gebildet werden.

128 Gehört der Betrieb zu einem Unternehmen mit einem weiteren Betrieb, der die Voraussetzungen des Abs. 1 Satz 1 erfüllt, so ist er diesem Betrieb zuzuordnen (§ 4 Abs. 2). Aber auch wenn kein anderer Betrieb des Unternehmens betriebsratsfähig ist, wird für die Arbeitsorganisation des Unternehmens ein Betriebsrat gebildet, soweit sie die Voraussetzungen des Abs. 1 Satz 1 erfüllt (s. Rn. 59). Verliert ein betriebsverfassungsrechtlich verselbständigter Betriebsteil (§ 4 Abs. 1 Satz 1) seine Betriebsratsfähigkeit, so wird er dem Gesamtbetrieb zugeordnet.

129 Bei Verlust der Betriebsratsfähigkeit werden deshalb die dem Betrieb oder Betriebsteil angehörenden **Arbeitnehmer nur vertretungslos**, wenn der Betrieb das arbeitstechnische Spiegelbild des Unternehmens ist und deshalb kein weiterer Betrieb vorhanden ist, der entweder selbst betriebsratsfähig ist oder mit dessen Arbeitnehmerzahl die in Abs. 1 Satz 1 genannten Voraussetzungen erfüllt werden.

2. Beendigung des Betriebsratsamtes

130 Bei Verlust der Betriebsratsfähigkeit endet das Amt des Betriebsrats, wenn die **Zahl der wahlberechtigten Arbeitnehmer** unter die in Abs. 1 Satz 1 genannte Grenze **sinkt** (ebenso LAG Mannheim, BB 1954, 745). Diese Mindestzahl ist nicht nur Voraussetzung für die Wahl, sondern auch für den *Bestand* des Betriebsrats (vgl. RAG 17. 12. 1930 BenshSlg. 10, 506, 507). Bestätigt wird dies mittelbar durch § 21 a Abs. 1 Satz 1; denn bei Betriebs-

D. Streitigkeiten § 1

spaltung hat der Betriebsrat kein Übergangsmandat, wenn der aus der Betriebsspaltung hervorgegangene Betrieb nicht die Voraussetzungen des Abs. 1 Satz 1 erfüllt.

Keine Voraussetzung ist, dass die in Abs. 1 Satz 1 genannte **Zahl der wählbaren** 131 **Arbeitnehmer** noch vorhanden ist, obwohl in der Bestimmung über das Übergangsmandat generell darauf abgestellt wird, dass die Voraussetzungen des Abs. 1 Satz 1 erfüllt werden (§ 21 a Abs. 1 Satz 1). Die Bestimmung, dass mindestens drei Arbeitnehmer wählbar sein müssen (Abs. 1 Satz 1), will nur die Möglichkeit einer Auswahl sichern. Dieser Gesichtspunkt scheidet hier aber aus, da es sich nicht mehr um die Wahl, sondern allein um den Bestand des Betriebsrats handelt (ebenso *Fitting*, § 1 Rn. 269; GL-*Marienhagen* § 21 Rn. 18; GK-*Kreutz*, § 21 Rn. 38; HSWGNR-*Schlochauer*, § 21 Rn. 21; DKK-*Buschmann*, § 21 Rn. 26; a. A. *Brecht*, § 1 Rn. 44; *Galperin/Siebert*, § 22 Rn. 13).

Die Feststellung der Unterschreitung der Mindestzahl kann im Einzelfall Schwierig- 132 keiten bereiten, insbesondere hinsichtlich der Fixierung des Zeitpunktes. Dennoch ist eine besondere Feststellung des Wegfalls der Grundlage für einen Betriebsrat durch Beschluss des Arbeitsgerichts nicht erforderlich (a. A. *Galperin/Siebert*, § 22 Rn. 13 mit fehlgehender Berufung auf RAG 17. 12. 1930, BenshSlg. 10, 506; vgl. *Dietz*, 4. Aufl., § 22 Rn. 26 a).

D. Streitigkeiten

Streitigkeiten über die Betriebsratsfähigkeit, insbesondere über die Abgrenzung eines 133 Betriebs von anderen Betrieben, entscheidet das Arbeitsgericht im Beschlussverfahren (§ 2 a Abs. 1 Nr. 1, Abs. 2 i. V. mit §§ 80 ff. ArbGG). Die Entscheidung kann ohne Zusammenhang mit einer unmittelbar bevorstehenden Betriebsratswahl erfolgen (vgl. § 18 Abs. 2). Antragsberechtigt sind der Arbeitgeber, jeder beteiligte Betriebsrat oder eine im Betrieb vertretene Gewerkschaft, außerdem bei einer Betriebsratswahl jeder beteiligte Wahlvorstand.

Der **Bestand eines Betriebsrats** wird durch die arbeitsgerichtliche Entscheidung über 134 eine abweichende Abgrenzung des Betriebs nur berührt, wenn die Betriebsratswahl wegen der Verkennung des Betriebsbegriffs nichtig ist. Im Regelfall ist die Wahl aus diesem Grund nicht nichtig, sondern nur anfechtbar. Jedoch schafft auch eine dauernde Handhabung keinen Vertrauenstatbestand, künftig ebenso wie bisher zu verfahren (ebenso BAG 17. 1. 1978 AP BetrVG 1972 § 1 Nr. 1).

Wird die **Betriebsratswahl aus einem anderen Grund angefochten,** so ist als **Vorfrage** 135 zu beantworten, ob der **Betrieb betriebsratsfähig** ist.

Bei einem **Streit über ein Mitwirkungs- und Mitbestimmungsrecht** des Betriebsrats ist 136 die Betriebsratsfähigkeit nur dann als Vorfrage zu klären, wenn die Betriebsratswahl aus diesem Grund nichtig ist; denn der aus einer nichtigen Wahl hervorgegangene Betriebsrat kann keine Beteiligungsrechte wahrnehmen. Die Entscheidung kann auch als Vorfrage in einem Urteilsverfahren getroffen werden, z. B. wenn ein Arbeitnehmer die Kündigung des Arbeitgebers mit der Behauptung bekämpft, er sei Mitglied des Betriebsrats, und ihm entgegengehalten wird, dass überhaupt kein Betriebsrat bestehen könne.

Erfolgt über die **Betriebsratsfähigkeit** eine **selbständige Entscheidung im Beschluss-** 137 **verfahren,** so ist sie zwar in anderen Verfahren bindend, soweit in ihnen eine Rolle spielt, ob ein Betriebsrat für die in Betracht kommende Organisationseinheit gewählt werden kann. Besteht aber ein Betriebsrat, so ist für seine Amtszeit davon auszugehen, dass die Arbeitsstätten, für die er gewählt worden ist, ein Betrieb i. S. des BetrVG sind, wenn die Betriebsratswahl nicht wegen Verkennung des Betriebsbegriffs rechtskräftig angefochten worden ist; eine Ausnahme gilt nur, wenn die Betriebsratswahl wegen fehlender Betriebsratsfähigkeit als nichtig anzusehen ist.

§ 2 Stellung der Gewerkschaften und Vereinigungen der Arbeitgeber

(1) Arbeitgeber und Betriebsrat arbeiten unter Beachtung der geltenden Tarifverträge vertrauensvoll und im Zusammenwirken mit den im Betrieb vertretenen Gewerkschaften und Arbeitgebervereinigungen zum Wohl der Arbeitnehmer und des Betriebs zusammen.

(2) Zur Wahrnehmung der in diesem Gesetz genannten Aufgaben und Befugnisse der im Betrieb vertretenen Gewerkschaften ist deren Beauftragten nach Unterrichtung des Arbeitgebers oder seines Vertreters Zugang zum Betrieb zu gewähren, soweit dem nicht unumgängliche Notwendigkeiten des Betriebsablaufs, zwingende Sicherheitsvorschriften oder der Schutz von Betriebsgeheimnissen entgegenstehen.

(3) Die Aufgaben der Gewerkschaften und der Vereinigungen der Arbeitgeber, insbesondere die Wahrnehmung der Interessen ihrer Mitglieder, werden durch dieses Gesetz nicht berührt.

Abgekürzt zitiertes Schrifttum: 1. Gebot der vertrauensvollen Zusammenarbeit: *Belling*, Die Haftung des Betriebsrats und seiner Mitglieder für Pflichtverletzungen, 1990; *Germelmann*, Der Betriebsfrieden im Betriebsverfassungsrecht, 1972; *Thalhofer*, Betriebsverfassungsrechtlicher Beseitigungsanspruch (Diss. Regensburg 1998), 1999; *Weber*, Die vertrauensvolle Zusammenarbeit zwischen Arbeitgeber und Betriebsrat gemäß § 2 Abs. 1 BetrVG, 1989; *Witt*, Die Kooperationsmaxime und der Grundsatz von Treu und Glauben, 1987.

2. Rechtsstellung der Koalitionen in der Betriebsverfassung und betriebsverfassungsrechtliches Zugangsrecht der Gewerkschaften zum Betrieb: *Bayreuther*, Tarifautonomie als kollektiv ausgeübte Privatautonomie, 2005; *Biedenkopf*, Grenzen der Tarifautonomie, 1964; *Brock*, Gewerkschaftliche Betätigung im Betrieb nach Aufgabe der Kernbereichslehre durch das Bundesverfassungsgericht, 2002; *Caspar*, Die gesetzliche und verfassungsrechtliche Stellung der Gewerkschaften im Betrieb, 1980; *Däubler*, Das Grundrecht auf Mitbestimmung, 1973; *ders.*, Gewerkschaftsrechte im Betrieb, 10. Aufl., 2000; *Dütz*, Gewerkschaftliche Betätigung in kirchlichen Einrichtungen, 1982; *Friese*, Kollektive Koalitionsfreiheit und Betriebsverfassung (Diss. Jena 1999), 2000; *Klosterkemper*, Das Zugangsrecht der Gewerkschaften zum Betrieb, 1980; *Mayer-Maly*, Betrieb und Gewerkschaft, Schriftenreihe der Vereinigung der Arbeitgeberverbände in Bayern, Heft 1/2, 1968; *F. Müller*, Der Gewerkschaftsbegriff im Betriebsverfassungsgesetz, Diss. Münster 1988; *Richardi*, Kollektivgewalt und Individualwille bei der Gestaltung des Arbeitsverhältnisses, 1968; *P. C. Ritter*, Die im Betriebsverfassungsgesetz von 1972 normierten Betätigungsrechte der Gewerkschaften im Betrieb, Diss. Heidelberg 1974; *Rüthers*, Das Recht der Gewerkschaften auf Information und Mitgliederwerbung im Betrieb, 1968 = RdA 1968, 161; *Säcker*, Grundprobleme der kollektiven Koalitionsfreiheit, 1969; *ders.*, Inhalt und Grenzen des gewerkschaftlichen Zutrittsrechts zum Betrieb, selbständig veröffentlichtes Rechtsgutachten für die Gewerkschaft ÖTV, 1975; *R. Scholz*, Koalitionsfreiheit als Verfassungsproblem, 1971; *Schmitt-Rolfes*, Die Stellung der Verbände im Betriebsverfassungsrecht unter besonderer Berücksichtigung des betriebsverfassungsrechtlichen Einigungsverfahrens, Diss. Köln 1977; *Spoden*, Die Rechtsstellung der Gewerkschaften im Betriebsverfassungsgesetz, Diss. Würzburg 1972; *Wirtz*, Die Stellung der gewerkschaftlichen Vertrauensleute im Betrieb und in der Gewerkschaftsorganisation, Diss. Bielefeld 1978.

Übersicht

	Rn.
A. Vorbemerkung	1
B. Das Gebot der vertrauensvollen Zusammenarbeit	4
I. Rechtliche Bedeutung	4
1. Grundnorm der Betriebsverfassung	4
2. Rechtsnatur	6
3. Anwendungsbereich des Gebots der vertrauensvollen Zusammenarbeit	8
II. Inhalt des Gebots der vertrauensvollen Zusammenarbeit	12
1. Begriff der vertrauensvollen Zusammenarbeit	13
2. Wohl der Arbeitnehmer und des Betriebs als Ziel der Zusammenarbeit	15

A. Vorbemerkung §2

	Rn.
3. Auslegungsregel und Grundlage von Rechten und Pflichten	17
4. Konkretisierung des Gebots der vertrauensvollen Zusammenarbeit durch andere Gesetzesbestimmungen	22
III. Beachtung der geltenden Tarifverträge	24
1. Vorrang des Tarifvertrags	24
2. Geltung für den Betrieb	25
3. Tarifkonkurrenz und Tarifpluralität	26
4. Beachtung von Mindestarbeitsbedingungen	28
IV. Zusammenarbeit mit den Koalitionen	30
1. Gewerkschaften und Arbeitgebervereinigungen als Adressaten	31
2. Inhalt der Unterstützungsaufgabe	35
C. Stellung der Gewerkschaften und Vereinigungen der Arbeitgeber	37
I. Grundsatz	37
II. Begriff der Gewerkschaft und des Arbeitgeberverbands	39
1. Allgemeines	39
2. Begriffsmerkmale einer Gewerkschaft	41
3. Begriff der Arbeitgebervereinigung	62
4. Spitzenorganisationen	65
III. Rechtsstellung der Gewerkschaften in der Betriebsverfassung	66
1. Grundsatz	66
2. Voraussetzung für eine Beteiligung an der Betriebsverfassung	68
3. Verhältnis der Gewerkschaften zum Betriebsratsamt	73
4. Bedeutung der Koalitionsfreiheit für die Beteiligung der Gewerkschaften in der Betriebsverfassung	76
5. Gewerkschaftsrechte in der Betriebsverfassung	88
IV. Betriebsverfassungsrechtliches Zugangsrecht der Gewerkschaften zum Betrieb	100
1. Entstehungsgeschichte des § 2 Abs. 2	100
2. Rechtsdogmatische Einordnung des § 2 Abs. 2	102
3. Voraussetzungen des Zugangsrechts	106
4. Inhalt des Zugangsrechts	116
5. Ausübung des Zugangsrechts	124
6. Schranken des betriebsverfassungsrechtlichen Zugangsrechts	127
7. Tendenzbetriebe und Einrichtungen einer Religionsgemeinschaft	132
8. Zugangsrecht zur koalitionsrechtlichen Aufgaben- und Interessenwahrnehmung außerhalb der Betriebsverfassung	134
V. Bedeutung der durch das BetrVG nicht berührten Aufgaben der Koalitionen für die Betriebsverfassung	139
VI. Koalitionswerbung und Koalitionsbetreuung im Betrieb	144
1. Anspruch der Gewerkschaft auf Mitgliederwerbung und Informationstätigkeit im Betrieb	145
2. Zutrittsrecht der Gewerkschaften zur Mitgliederwerbung und Informationstätigkeit im Betrieb	151
3. Schranken gewerkschaftlicher Mitgliederwerbung und Informationstätigkeit im Betrieb	155
4. Gewerkschaftliche Mitgliederwerbung und Informationstätigkeit durch Betriebsrat und Betriebsratsmitglieder	171
5. Einrichtung und Wahl gewerkschaftlicher Vertrauensleute im Betrieb	174
VII. Streitigkeiten	177

A. Vorbemerkung

Die Vorschrift enthält den **Grundsatz, der die Betriebsverfassung beherrscht:** das **Gebot der vertrauensvollen Zusammenarbeit** zwischen Arbeitgeber und Betriebsrat (Abs. 1). Es stand in § 49 Abs. 1 BetrVG 1952 an der Spitze der Bestimmungen über die Mitwirkung und Mitbestimmung der Arbeitnehmer. Da die im Referentenentwurf vorgesehene institutionelle Bindung der Betriebsräte an die Gewerkschaften (abgedruckt in RdA 1970, 357) schon nicht in den RegE übernommen wurde, hat man gesetzestechnisch die dadurch entstandene Lücke durch die Einfügung des Gebotes der vertrauensvollen Zusammenarbeit geschlossen. Auf dieser Besonderheit in der Entstehungsgeschichte des Gesetzes beruht auch die fehlerhafte Formulierung der amtlichen Überschrift, die nicht erkennen lässt, dass die Vorschrift mit dem Gebot der vertrauensvollen Zusammenarbeit das betriebsverfassungsrechtliche Leitprinzip enthält, obwohl in den Gesetzesmaterialien die Umstellung an die Spitze des Gesetzes mit der grundlegenden Bedeutung dieser Vorschrift begründet wird (BT-Drucks. VI/1786, S. 35; *zu* BT-Drucks. VI/2729, S. 18).

2 Die Zusammenarbeit zwischen Arbeitgeber und Betriebsrat erfolgt im **Zusammenwirken mit den** im Betrieb vertretenen **Gewerkschaften und Arbeitgebervereinigungen.** Damit wird ein allgemeiner Grundsatz für die Rechtsstellung der Koalitionen in der Betriebsverfassung aufgestellt. Um vor allem das Zusammenwirken mit den Gewerkschaften sicherzustellen, sieht das Gesetz ein **Zutrittsrecht der Beauftragten der** im Betrieb vertretenen **Gewerkschaften** zur Wahrnehmung der ihnen nach diesem Gesetz zustehenden Aufgaben und Befugnisse vor, soweit dem nicht unumgängliche Notwendigkeiten des Betriebsablaufs, zwingende Sicherheitsvorschriften oder der Schutz von Betriebsgeheimnissen entgegenstehen (Abs. 2).

3 Die Vorschrift in Abs. 3 entspricht § 2 BetrVG 1952; sie stellt klar, dass durch das Gesetz der **koalitionsrechtliche Status der Gewerkschaften und Arbeitgebervereinigungen** nicht berührt wird.

B. Das Gebot der vertrauensvollen Zusammenarbeit

I. Rechtliche Bedeutung

1. Grundnorm der Betriebsverfassung

4 § 2 Abs. 1 enthält i. V. mit §§ 74, 76 die **Magna Charta der Betriebsverfassung.** Die entsprechende Vorschrift für die Sondervertretung der leitenden Angestellten enthält § 2 Abs. 1 Satz 1 SprAuG: Der Sprecherausschuss arbeitet mit dem Arbeitgeber vertrauensvoll unter Beachtung der geltenden Tarifverträge zum Wohl der leitenden Angestellten und des Betriebs zusammen.

5 Das Gebot der vertrauensvollen Zusammenarbeit zwischen Arbeitgeber und Betriebsrat zum Wohl der Arbeitnehmer und des Betriebs spiegelt wider, dass die Betriebsverfassung im Gegensatz zum Tarifvertragssystem von einem **Kooperationsmodell** ausgeht, also „primär auf dem Gedanken des Zusammenwirkens" beruht (BVerfG 1. 3. 1979 E 50, 290, 372 = AP MitbestG § 1 Nr. 1). § 1 BRG 1920 hatte sich noch darauf beschränkt, dass Betriebsräte „zur Wahrnehmung der gemeinsamen wirtschaftlichen Interessen der Arbeitnehmer (Arbeiter und Angestellte) dem Arbeitgeber gegenüber und zur Unterstützung des Arbeitgebers in der Erfüllung des Betriebszwecks" gebildet werden. Daraus leitete man ab, dass dem BRG 1920 ein Modell der Konfrontation zwischen Arbeitgeber und Betriebsrat zugrunde lag (so *Bulla,* RdA 1965, 121, 122; *Dietz,* RdA 1969, 1, 2). Doch war schon die damals geschaffene Mitbestimmungsordnung nicht mehr Ausdruck des Klassenkampfes (vgl. *Witt,* Kooperationsmaxime, S. 39). § 49 Abs. 1 BetrVG 1952 zog daraus die Konsequenz, als er festlegte, dass Arbeitgeber und Betriebsrat im Rahmen der geltenden Tarifverträge vertrauensvoll und im Zusammenwirken mit den im Betrieb vertretenen Gewerkschaften und Arbeitgebervereinigungen zum Wohl des Betriebs und seiner Arbeitnehmer unter Berücksichtigung des Gemeinwohls zusammenarbeiten. Trotz der Umstellung im Gesetzestext hält § 2 Abs. 1 an dieser Grundkonzeption fest.

2. Rechtsnatur

6 Die Vorschrift enthält trotz ihrer mißverständlichen Formulierung, als werde die betriebliche Wirklichkeit beschrieben (*Tomandl,* ZAS 1967, 41) ein **Gebot:** Arbeitgeber

B. Das Gebot der vertrauensvollen Zusammenarbeit § 2

und Betriebsrat sollen vertrauensvoll zusammenarbeiten (vgl. *Witt*, Kooperationsmaxime, S. 32; *Söllner*, DB 1968, 571, 572; *Kreutz*, BlStSozArbR 1972, 44, 45). Damit wird nicht in Frage gestellt, dass zwischen dem Arbeitgeber und den Arbeitnehmern, die der Betriebsrat repräsentiert, ein Interessengegensatz entsteht. Das BetrVG setzt ihn voraus und weist dem Betriebsrat die Aufgabe zu, die Interessen der von ihm repräsentierten Belegschaft wahrzunehmen (vgl. BAG 2. 11. 1955 AP BetrVG [1952] § 23 Nr. 1; 21. 4. 1983 AP BetrVG 1972 § 40 Nr. 20; *Germelmann*, Betriebsfrieden, S. 51 ff.). Aber dieses Eintreten für die Arbeitnehmerinteressen hat in Unterordnung unter das Gebot der vertrauensvollen Zusammenarbeit mit dem Arbeitgeber zum Wohl der Arbeitnehmer und des Betriebs zu erfolgen. Dabei ist wesentlich, dass auch den Arbeitgeber die gleiche Pflicht trifft. An Stelle möglicher Konfrontation tritt die Pflicht zur beiderseitigen Kooperation (BAG 21. 4. 1983 AP BetrVG 1972 § 40 Nr. 20).

Das Gebot der vertrauensvollen Zusammenarbeit zwischen Arbeitgeber und Betriebsrat ist eine **Konkretisierung des allgemeinen Grundsatzes von Treu und Glauben** im Betriebsverfassungsrecht. Das BAG sieht in § 2 Abs. 1 gegenüber § 242 BGB die speziellere Regelung (BAG 21. 4. 1983 AP BetrVG 1972 § 40 Nr. 20). Damit bestätigt es zugleich, dass die zu § 242 BGB entwickelten Grundsätze zur Interpretation des Gebots der vertrauensvollen Zusammenarbeit herangezogen werden können (vgl. vor allem *Witt*, Kooperationsmaxime, S. 48 ff., 70 f.; *Weber*, Vertrauensvolle Zusammenarbeit, S. 153 ff.; *Heinze*, ZfA 1988, 53, 74; bereits *Richardi*, Anm. zu AP BetrVG § 61 Nr. 6). 7

3. Anwendungsbereich des Gebots der vertrauensvollen Zusammenarbeit

Das Gebot der vertrauensvollen Zusammenarbeit richtet sich an den **Arbeitgeber** und den **Betriebsrat** und betrifft deren Verhältnis zueinander. Es bezieht sich nicht auf die Beziehungen zwischen dem Arbeitgeber und dem einzelnen Arbeitnehmer (ebenso BAG 13. 7. 1962 AP BGB § 242 Nr. 1; *GK-Kraft/Franzen*, § 2 Rn. 8; HSWGNR-*Rose*, § 2 Rn. 51; ErfK-*Eisemann/Koch*, § 2 Rn. 1; *v. Hoyningen-Huene*, § 4 Rn. 51; *Söllner*, DB 1968, 571; *Dietz*, RdA 1969, 1, 3; *Kreutz*, BlStSozArbR 1972, 44, 46). Das Postulat des Abs. 1 gilt auch nicht für die Beziehungen der Betriebsratsmitglieder zueinander; insbesondere ergibt sich aus ihm nicht ein Gebot an die einzelnen Betriebsratsmitglieder, mit ihren Kollegen im Betriebsrat vertrauensvoll zusammenzuarbeiten (ebenso BAG 5. 9. 1967 AP BetrVG [1952] § 23 Nr. 8; *Fitting*, § 2 Rn. 19; GK-*Kraft/Franzen*, § 2 Rn. 8; *Nipperdey/Säcker* in *Hueck/Nipperdey*, Bd. II/2 S. 1335 Fn. 2; *Weber*, Vertrauensvolle Zusammenarbeit, S. 81 ff.; *ders.*, ZfA 1991, 187, 191 f.; a. A. HSWGNR-*Rose*, § 2 Rn. 52; s. auch § 23 Rn. 9 f.). Abs. 1 gilt auch nicht für das Verhältnis des Betriebsrats zum Sprecherausschuss für leitende Angestellte (ebenso *Fitting*, § 2 Rn. 3; GK-*Kraft/Franzen*, § 2 Rn. 9). 8

Das Gebot der vertrauensvollen Zusammenarbeit bezieht sich auf das **betriebsverfassungsrechtliche Verhältnis** zwischen dem Arbeitgeber und dem Betriebsrat. Adressat des Gebots ist auf Seiten der Arbeitnehmer der Betriebsrat als *Kollegialorgan*. Es richtet sich aber auch an den Betriebsausschuss und die sonstigen Betriebsratsausschüsse, soweit ihnen Aufgaben zur selbständigen Erledigung übertragen sind (§§ 27 Abs. 3 Satz 2 und 3, 28 Abs. 1 Satz 2); denn in diesem Fall treten sie betriebsverfassungsrechtlich an die Stelle des Betriebsrats (ebenso *Weber*, Vertrauensvolle Zusammenarbeit, S. 86 ff.; *ders.*, ZfA 1991, 187, 194 f.). 9

Einbezogen in das Gebot der vertrauensvollen Zusammenarbeit sind weiterhin die **einzelnen Betriebsratsmitglieder** bei der Ausübung ihrer betriebsverfassungsrechtlichen Aufgaben (BAG 21. 2. 1978 AP BetrVG 1972 § 74 Nr. 1; *Fitting*, § 2 Rn. 17; GK-*Kraft/Franzen*, § 2 Rn. 7; GL-*Löwisch*, § 2 Rn. 7; ErfK-*Eisemann/Koch*, § 2 Rn. 1; *G. Müller*, FS Herschel 1982, S. 269, 294 f.; *Weber*, Vertrauensvolle Zusammenarbeit, S. 78 ff.; *ders.*, ZfA 1991, 187, 189 f.). 10

11 Trotz der Begrenzung des Gesetzestextes auf den Betriebsrat gilt der Grundsatz der vertrauensvollen Zusammenarbeit auch für die sonstigen betriebsverfassungsrechtlichen Gremien, soweit sie in eine Beziehung zum Arbeitgeber treten. Es richtet sich daher nicht nur an den **Betriebsrat** sowie den **Gesamt-** und den **Konzernbetriebsrat**, sondern auch an die zusätzlichen betriebsverfassungsrechtlichen Vertretungen, wie die **Jugend- und Auszubildendenvertretung** und die **Schwerbehindertenvertretung** (ebenso *Weber*, Vertrauensvolle Zusammenarbeit, S. 91 ff., 98 ff.; *ders.*, ZfA 1991, 187, 198 ff., 203 ff.). Wegen der Pflicht des Zusammenwirkens mit ihnen, besteht das Gebot der vertrauensvollen Zusammenarbeit auch für die **im Betrieb vertretenen Gewerkschaften** und die **Arbeitgebervereinigungen**, soweit sie Aufgaben und Befugnisse im Rahmen der Betriebsverfassung wahrnehmen (ebenso BAG 14. 2. 1967 AP BetrVG [1952] § 45 Nr. 2; *Fitting*, § 2 Rn. 17; GK-*Kraft/Franzen*, § 2 Rn. 10; *Kraft*, ZfA 1973, 243, 252 f.; HSWGNR-*Rose*, § 2 Rn. 48; ErfK-*Eisemann/Koch*, § 2 Rn. 1; *G. Müller*, ZfA 1972, 213, 214; *ders.*, RdA 1979, 362, 365; a. A. *Brecht*, § 2 Rn. 4; wohl auch *Buchner*, DB 1974, 530, 534).

II. Inhalt des Gebots der vertrauensvollen Zusammenarbeit

12 Das Gebot der vertrauensvollen Zusammenarbeit betrifft das Verfahren, wie Arbeitgeber und Betriebsrat im Verhältnis zueinander ihre Interessen wahrnehmen, und es enthält zugleich eine Generalklausel für den Inhalt der Zusammenarbeit (vgl. *G. Müller*, FS Herschel 1982, S. 269; zu weitgehend aber, dass die Vorschrift inhaltlich Betriebsrat wie Arbeitgeber auf eine bipolare Interessenwahrnehmung als gemeinsame, übergeordnete Sachwalteraufgabe zwingend verpflichte, *Heinze*, ZfA 1988, 53, 77).

1. Begriff der vertrauensvollen Zusammenarbeit

13 a) **Zusammenarbeit** ist mehr als ein *Nebeneinander*. Keine Seite darf gegen die andere arbeiten, um sie in ihrer Funktion innerhalb der Betriebsverfassung zu stören. Für den Arbeitgeber ist das durch § 78 konkretisiert; für den Betriebsrat bestimmt § 77 Abs. 1 Satz 2, dass er nicht durch einseitige Handlungen in die Leitung des Betriebs eingreifen darf. Zusammenarbeit verlangt aber mehr als nur *Nichtstörung;* sie bedeutet vielmehr für den Arbeitgeber, dass er die gesetzlich geschaffene Einwirkungsmöglichkeit des Betriebsrats auf seinen Rechtskreis anerkennt, wie umgekehrt der Betriebsrat bei der Verfolgung der Arbeitnehmerinteressen auf die Rechte und Rechtsgüter des Arbeitgebers Rücksicht zu nehmen hat (vgl. auch *Belling*, Haftung des Betriebsrats, S. 314, 319).

14 b) **Vertrauensvoll** ist die Zusammenarbeit, wenn jeder dem anderen *trauen* und dessen Worten *Glauben* schenken kann (vgl. auch *Weber*, Vertrauensvolle Zusammenarbeit, S. 19 ff.). Schon die Wortwahl zeigt, dass *Treu und Glauben* das Verhalten der Betriebspartner prägen soll (s. Rn. 7). Grundbedingung jeder vertrauensvollen Zusammenarbeit sind „Ehrlichkeit und Offenheit" (BAG 22. 5. 1959 AP BetrVG [1952] § 23 Nr. 3; so auch *Fitting*, § 2 Rn. 21; GK-*Kraft/Franzen*, § 2 Rn. 13; ErfK-*Eisemann*, § 2 Rn. 1; *Söllner*, DB 1968, 571, 573; *Dietz*, RdA 1969, 1, 3; *Kreutz*, BlStSozArbR 1972, 44, 45). Die Grundlagen des Vertrauens werden nachhaltig gestört, wenn in einem Flugblatt ein Verhalten des Arbeitgebers nicht nur sachlich falsch, sondern böswillig entstellend dargestellt wird, und eine solche Äußerung geeignet ist, den Arbeitgeber in den Augen der Arbeitnehmerschaft herabzusetzen (BAG 28. 2. 1978 AP BetrVG 1972 § 74 Nr. 1 [*Löwisch*]); Gleiches gilt für Äußerungen des Arbeitgerbers über den Betriebsrat (LAG Niedersachsen, DB 2004, 1735 f.; vgl. auch die Analyse der BAG-Rspr. von *Hunold*, NZA-RR 2003, 169 ff.).

2. Wohl der Arbeitnehmer und des Betriebs als Ziel der Zusammenarbeit

§ 49 Abs. 1 BetrVG 1952 hatte bestimmt, dass die Zusammenarbeit „zum Wohl 15 des Betriebs und seiner Arbeitnehmer unter Berücksichtigung des Gemeinwohls" erfolgt. Der Gesetzgeber hat nicht die ausdrückliche Verpflichtung zur „Berücksichtigung des Gemeinwohls" übernommen. In den Gesetzesmaterialien wird darauf hingewiesen, dass eine entsprechende Verpflichtung des Vorstands, wie sie in § 70 Abs. 1 AktG 1937 enthalten war und als Vorbild für diese Regelung gedient hatte, bei der Neuregelung des Aktienrechts durch das Aktiengesetz vom 6. 9. 1965 (BGBl. I S. 1089) ebenfalls nicht übernommen wurde; außerdem seien Arbeitgeber und Betriebsrat durch die Prinzipien des Sozialstaats ohnehin an sozialpflichtiges Handeln gebunden (BT-Drucks. VI/1786, S. 35; *zu* BT-Drucks. VI/2729, S. 18 f.). Die Entbindung von der Verpflichtung zur Berücksichtigung des Gemeinwohls bedeutet nicht eine Aufforderung zu Betriebsegoismus und gesamtwirtschaftlichem Fehlverhalten (so zutreffend *Kreutz*, BlStSozArbR 1972, 44, 47; ebenso *Fitting*, § 2 Rn. 20; GK-*Kraft/Franzen*, § 2 Rn. 45; GL-*Löwisch*, § 2 Rn. 17; DKK-*Berg*, § 2 Rn. 7; ErfK-*Eisemann/Koch*, § 2 Rn. 2).

Dass das Gesetz die Worte Arbeitnehmer und Betrieb gegenüber § 49 Abs. 1 16 BetrVG 1952 umgestellt hat, ist *ohne Wertung* erfolgt (vgl. den Bericht des BT-Ausschusses für Arbeit und Sozialordnung, *zu* BT-Drucks. VI/2729, S. 18); insbesondere kann daraus nicht abgeleitet werden, dass nicht das Wohl der Arbeitnehmer des Betriebs, sondern der Arbeitnehmer schlechthin gemeint ist (ebenso *Fitting*, § 2 Rn. 20; GK-*Kraft/Franzen*, § 2 Rn. 44; GL-*Löwisch*, § 2 Rn. 19; anders *Brecht*, § 2 Rn. 19, die redaktionelle Änderung bedeute mehr als nur eine sprachliche Umformulierung, ohne dass daraus unmittelbare rechtliche Folgen abzuleiten seien; ähnlich DKK-*Berg*, § 2 Rn. 7).

3. Auslegungsregel und Grundlage von Rechten und Pflichten

Bei dem Gebot der vertrauensvollen Zusammenarbeit handelt es sich nicht nur um 17 einen Programmsatz, sondern um **unmittelbar geltendes Recht** (BAG 21. 2. 1978 AP BetrVG 1972 § 74 Nr. 1; *Fitting*, § 2 Rn. 22; GK-*Kraft/Franzen*, § 2 Rn. 5; ErfK-*Eisemann/Koch*, § 2 Rn. 1; *v. Hoyningen-Huene*, § 4 Rn. 51; *Heinze*, ZfA 1988, 53, 74; a. A. *Weber*, Vertrauensvolle Zusammenarbeit, S. 38 ff.; *ders.*, ZfA 1991, 187, 223: Dem Grundsatz der vertrauensvollen Zusammenarbeit komme nur eine Appellfunktion zu; er sei das „nobile officium" der Betriebspartner).

a) Die Bestimmung wirkt als **Auslegungsregel**; sie bestimmt den Inhalt und die 18 Abgrenzung der Einzelnen aus dem Gesetz sich für Arbeitgeber und Betriebsrat ergebenden Rechte und Pflichten (vgl. BAG 27. 8. 1982 AP BetrVG 1972 § 102 Nr. 25; *Witt*, Kooperationsmaxime, S. 53 ff., 78 ff.). Das Gebot der vertrauensvollen Zusammenarbeit ist maßgebend für die Art und Weise der Auskunft, die der **Arbeitgeber** nach diesem Gesetz erteilen muss, beispielsweise für die Unterrichtung des Betriebsrats zur Durchführung der ihm nach diesem Gesetz obliegenden allgemeinen Aufgaben nach § 80 Abs. 2, für die Information über die Personalplanung nach § 92, für die Auskünfte, die der Arbeitgeber vor einer Einstellung, Eingruppierung, Umgruppierung oder Versetzung nach § 99 erteilen muss, weiterhin für die allgemeine Unterrichtung über die wirtschaftlichen Angelegenheiten des Unternehmens nach § 106 Abs. 2 und nicht zuletzt für die Unterrichtungspflicht über geplante Betriebsänderungen nach § 111 (vgl. auch *Germelmann*, Betriebsfrieden, S. 58 f.). Das Gebot der vertrauensvollen Zusammenarbeit verpflichtet den Arbeitgeber, ein Beteiligungsverfahren grundsätzlich während der Arbeitszeit des Betriebsratsvorsitzenden oder (bei dessen Verhinderung) des Stellvertreters einzuleiten (so zu § 102 BetrVG BAG 27. 8. 1982 AP BetrVG 1972 § 102 Nr. 25).

§ 2 Stellung der Gewerkschaften und Vereinigungen der Arbeitgeber

19 Das Gebot der vertrauensvollen Zusammenarbeit bestimmt auch, wie der **Betriebsrat** die ihm gesetzlich zugewiesenen Aufgaben wahrzunehmen hat (vgl. *Witt*, Kooperationsmaxime, S. 117 ff.). Insbesondere gilt es für die Mitbestimmungsausübung (vgl. dazu *Dietz*, RdA 1969, 1 ff.). Aus ihm kann sich ergeben, dass der Betriebsrat sich ein Schweigen als Zustimmung zurechnen lassen muss (s. zu dem Problem § 33 Rn. 26 ff.). Bei der Belastung des Arbeitgebers mit den Kosten für die Betriebsratstätigkeit spielt ebenfalls eine Rolle, ob der Betriebsrat die Aufwendungen gerade unter Berücksichtigung des Gebots der vertrauensvollen Zusammenarbeit für erforderlich halten durfte (vgl. BAG 18. 4. 1967 AP BetrVG [1952] § 39 Nr. 7; 3. 10. 1978 AP BetrVG 1972 § 40 Nr. 14). Das BAG hat aus ihm abgeleitet, dass der Betriebsrat bei seinen Aufwendungen den Grundsatz der Verhältnismäßigkeit zu beachten habe (BAG 31. 10. 1972 AP BetrVG 1972 § 40 Nr. 2; s. § 40 Rn. 6). Das bedeutet aber keineswegs, dass er verpflichtet ist, die Interessen der Belegschaft zurückzustellen, und insbesondere widerspricht es nicht dem Gebot der vertrauensvollen Zusammenarbeit, dass er sich aus Quellen unterrichtet, die interessenorientiert sind, auch wenn der Arbeitgeber insoweit die Kosten zu tragen hat (BAG 21. 4. 1983 AP BetrVG 1972 § 40 Nr. 20).

20 b) Die Generalklausel ist nicht nur eine Auslegungsregel für die im Gesetz geschaffenen Rechte und Pflichten, sondern sie kann darüber hinaus selbst **unmittelbar Rechte und Pflichten** für den Arbeitgeber und den Betriebsrat begründen (ebenso *Witt*, Kooperationsmaxime, S. 58, 81 ff.; *Bulla*, RdA 1965, 121, 132; *Söllner*, DB 1968, 571, 573; *Dietz*, RdA 1969, 1, 3; vgl. auch *Kreutz*, BlStSozArbR 1972, 44, 45).

21 Die Generalklausel darf aber nicht so konkretisiert werden, dass die gesetzliche Konzeption der Betriebsmitbestimmung beiseite geschoben wird. Aus ihr können deshalb **keine Mitwirkungs- und Mitbestimmungsrechte** für Angelegenheiten abgeleitet werden, für die das Gesetz sie nicht vorsieht; denn sonst hätte die genaue Umschreibung der Tatbestände, in denen dem Betriebsrat ein Anhörungsrecht, ein Beratungsrecht, ein Recht auf Mitbestimmung zusteht, wenig Sinn (ebenso BAG 3. 5. 1994 AP BetrVG 1972 § 23 Nr. 23; *Fitting*, § 2 Rn. 23; ErfK-*Eisemann/Koch*, § 2 Rn. 1; *Witt*, Kooperationsmaxime, S. 89 ff.; *Dietz*, RdA 1969, 1, 3 f.; *Kreutz*, BlStSozArbR 1972, 44, 45 f.). Das gilt auch für den **Informationsanspruch des Betriebsrats,** der in § 80 Abs. 2 Satz 1 seine allgemeine Regelung erhalten hat (ebenso *Kraft*, ZfA 1983, 171, 177). Lediglich soweit es um die Modalitäten geht, greift § 2 Abs. 1 ein. Aus ihm folgt z. B. das Recht des Betriebsrats, sich Aufzeichnungen aus den Bruttolohn- und -gehaltslisten der Arbeitnehmer zu machen (BAG 15. 6. 1976 AP BetrVG 1972 § 80 Nr. 9; dazu auch *Weber*, Vertrauensvolle Zusammenarbeit, S. 231 ff.). § 2 Abs. 1 enthält aber **keine Anspruchsnorm;** aus ihm kann deshalb kein Anspruch abgeleitet werden, alles zu unterlassen, was der Wahrnehmung des konkreten Mitbestimmungsrechts entgegensteht (so aber BAG 3. 5. 1994 AP BetrVG 1972 § 23 Nr. 23; wie hier *Thalhofer*, Betriebsverfassungsrechtlicher Beseitigungsanspruch, S. 81 ff.; *Lobinger*, ZfA 2004, 101, 116 ff.). Der **negatorische Beseitigungs- und Unterlassungsanspruch** besteht vielmehr, ohne dass es einer Absicherung im Gesetzestext bedarf, soweit eine dem Betriebsrat eingeräumte Berechtigung nach Inhalt und Rechtsfolgengestaltung ein besonderes auf ihre Sicherung gerichtetes Abwehrrecht erfordert. Für jeden Mitbestimmungstatbestand muss deshalb geprüft werden, worin die dem Betriebsrat zugewiesene Berechtigung liegt, bei deren Beeinträchtigung durch den Arbeitgeber ein negatorischer Beseitigungs- und Unterlassungsanspruch des Betriebsrats besteht (so auch im Ergebnis, soweit es auf die einzelnen Mitbestimmungstatbestände, deren konkrete gesetzliche Ausgestaltung und die Art der Verletzung ankommen soll, BAG 3. 5. 1994 AP BetrVG 1972 § 23 Nr. 23; vgl. zur rechtsdogmatischen Begründung des betriebsverfassungsrechtlichen Beseitigungsanspruchs *Thalhofer*, S. 23 ff.; *Richardi*, FS Wlotzke 1996, S. 407 ff.; *Lobinger*, ZfA 2004, 101 ff.).

4. Konkretisierung des Gebots der vertrauensvollen Zusammenarbeit durch andere Gesetzesbestimmungen

Das Gebot der vertrauensvollen Zusammenarbeit war in § 49 BetrVG 1952 der Abs. 1 der Gesetzesbestimmung an der Spitze der Bestimmungen über die Mitwirkung und Mitbestimmung der Arbeitnehmer. Seine gesetzestechnische Verankerung in § 2 Abs. 1 ändert aber nicht den inneren **gesetzessystematischen Zusammenhang mit § 74**. Zu den Grundsätzen der vertrauensvollen Zusammenarbeit gehören die **Monatsbesprechungen** als formalisierte Verfahrensregelung (§ 74 Abs. 1 Satz 1; s. dort Rn. 4 ff.). Eine materielle Konkretisierung enthält § 74 Abs. 1 Satz 2, dass Arbeitgeber und Betriebsrat über strittige Fragen mit dem ernsten Willen zur Einigung zu verhandeln und Vorschläge für die Beilegung von Meinungsverschiedenheiten zu machen haben.

Der Sicherung der vertrauensvollen Zusammenarbeit dienen die **betriebsverfassungsrechtliche Friedenspflicht** (§ 74 Abs. 2 Satz 2; s. dort Rn. 43 ff.) und das **Verbot parteipolitischer Betätigung im Betrieb** (§ 74 Abs. 2 Satz 3; s. dort Rn. 57 ff.).

III. Beachtung der geltenden Tarifverträge

1. Vorrang des Tarifvertrags

Die Zusammenarbeit zwischen Arbeitgeber und Betriebsrat erfolgt unter Beachtung der geltenden Tarifverträge. § 49 Abs. 1 BetrVG 1952 sprach lediglich von Zusammenarbeit im Rahmen der geltenden Tarifverträge. Die Formulierung, dass Arbeitgeber und Betriebsrat unter Beachtung der geltenden Tarifverträge zusammenarbeiten, bringt nicht nur klarer als nach dem BetrVG 1952 zum Ausdruck, dass die Betriebsräte den Gewerkschaften keine Konkurrenz machen sollen, sondern entspricht vor allem auch dem Umstand, dass Tarifverträge, die betriebliche Angelegenheiten ordnen, im Betrieb eines tarifgebundenen Arbeitgebers ohne Rücksicht darauf gelten, ob die Arbeitnehmer tarifgebunden sind (§ 3 Abs. 2 TVG), und dass das Mitbestimmungsrecht des Betriebsrats nach § 87 Abs. 1 nur gegeben ist, soweit eine tarifliche Regelung nicht besteht. Von Bedeutung ist weiterhin, dass Arbeitsentgelte und sonstige Arbeitsbedingungen, die durch Tarifvertrag geregelt sind oder üblicherweise geregelt werden, nicht Gegenstand einer Betriebsvereinbarung sein können (§ 77 Abs. 3). Dadurch wird der Vorrang des Tarifvertrags gegenüber der Betriebsvereinbarung über das Unabdingbarkeitsprinzip des § 4 TVG hinaus gesichert; es besteht für die Tarifvertragsparteien eine *Normsetzungsprärogative* zur Regelung der Arbeitsentgelte und sonstigen Arbeitsbedingungen (s. § 77 Rn. 244 ff.).

2. Geltung für den Betrieb

Der Tarifvertrag muss für den **Betrieb** gelten, d. h. der Betrieb muss in den **räumlichen, fachlichen und zeitlichen Geltungsbereich des Tarifvertrags** fallen (vgl. im Einzelnen hierzu Däubler-*Deinert*, TVG § 4 Rn. 180 ff.; Wiedemann-*Wank*, TVG, § 4 Rn. 93 ff.). Tarifgeltung haben die Inhalts- und Abschlussnormen allerdings nur bei beiderseitiger Tarifgebundenheit (§ 3 Abs. 1 TVG). Für die Tarifgeltung der Normen, die betriebliche und betriebsverfassungsrechtliche Fragen regeln, also der Betriebs- und Betriebsverfassungsnormen, genügt dagegen, dass der Arbeitgeber tarifgebunden ist, also entweder selbst Tarifvertragspartei oder Mitglied des tarifschließenden Verbandes ist (§ 3 Abs. 2 TVG).

3. Tarifkonkurrenz und Tarifpluralität

a) Möglich ist, dass für einen Betrieb **mehrere Tarifverträge** gelten, die denselben Sachverhalt regeln. Bei Pluralität von Tarifverträgen ergibt sich aber eine Abgrenzung bereits daraus, dass Inhalts- und Abschlussnormen Tarifgeltung nur bei beiderseitiger Tarifgebundenheit haben (§§ 4 Abs. 1, 3 Abs. 1 TVG). Eine **Tarifkonkurrenz** kann deshalb nur eintreten, wenn neben einem Verbandstarifvertrag ein Firmentarifvertrag besteht, Arbeitgeber und Arbeitnehmer ausnahmsweise doppelt organisiert sind oder einer der beiden Tarifverträge für allgemeinverbindlich erklärt ist (§ 5 TVG). Regelt dagegen ein Tarifvertrag betriebliche oder betriebsverfassungsrechtliche Fragen, so genügt die Tarifgebundenheit des Arbeitgebers (§ 3 Abs. 2 TVG). In diesen Fällen kann nur ein Tarifvertrag gelten, wenn mehrere Tarifverträge für den Betrieb eine Angelegenheit regeln. Es gilt der **Grundsatz der Tarifeinheit**. Für die Lösung der Tarifkonkurrenz entscheidend ist das Prinzip der Sachnähe. Maßgebend ist also der **Grundsatz der Tarifspezialität**. Es ist der Tarifvertrag anzuwenden, „der der Eigenart und den besonderen Bedürfnissen des Betriebes und der in ihm beschäftigten Arbeitnehmer nach der Zielsetzung des Betriebes und der zur Erreichung dieses Zieles verlangten und geleisteten Arbeit am meisten entspricht" (BAG 29. 3. 1957 AP TVG § 4 Tarifkonkurrenz Nr. 4; st. Rspr.; vgl. BAG 24. 1. 2001 AP TVG § 1 Tarifverträge: Metallindustrie Nr. 173).

27   b) Von der Tarifkonkurrenz ist die bloße **Tarifpluralität** zu unterscheiden. Sie liegt vor, wenn Tarifverträge mit zwei oder mehreren Gewerkschaften, an die der Arbeitgeber entweder als Partei des Tarifvertrags oder kraft Mitgliedschaft im tarifschließenden Arbeitgeberverband gebunden ist, nach ihrem Geltungsbereich die Arbeitsverhältnisse der im Betrieb beschäftigten Arbeitnehmer erfassen, aber nicht für alle gelten. Sofern die Inhaltsnormen dieser Tarifverträge nicht für allgemeinverbindlich erklärt sind, gelten sie jeweils nur für die Arbeitnehmer, die der tarifschließenden Gewerkschaft angehören (§§ 4 Abs. 1, 3 Abs. 1 TVG). Das BAG wendet dagegen auch auf diesen Fall den **Grundsatz der Tarifeinheit** an (BAG 14. 6. 1989 AP TVG § 4 Tarifkonkurrenz Nr. 16 [abl. *Wiedemann/Arnold*]; 5. 9. 1990 AP TVG § 4 Tarifkonkurrenz Nr. 19; 20. 3. 1991 AP TVG § 4 Tarifkonkurrenz Nr. 20). Die Erstreckung des Grundsatzes der Tarifeinheit auf die Fälle bloßer Tarifpluralität verstößt gegen Art. 9 Abs. 3 GG; denn es wird einer Gewerkschaft die Befugnis genommen, für ihre Mitglieder Tarifverträge abzuschließen, wenn sie von einer konkurrierenden Gewerkschaft nach dem Prinzip der Tarifeinheit verdrängt wird (ebenso *Fitting*, § 2 Rn. 30; GK-*Kraft/Franzen*, § 2 Rn. 19; *Rieble/Klumpp*, MünchArbR § 186 Rn. 18 ff.; *Jacobs*, Tarifeinheit und Tarifkonkurrenz, 1999, S. 334 ff.; *Kraft*, RdA 1992, 161, 165 ff.; *Annuß*, ZfA 2005, 405 ff.). Bei Tarifpluralität gelten die verschiedenen Tarifverträge nebeneinander. Die Kollisionsregel der Tarifspezialität gilt also nur für die eigentliche Tarifkonkurrenz.

4. Beachtung von Mindestarbeitsbedingungen

28   Ebenso wie Tarifverträge haben Arbeitgeber und Betriebsrat Mindestarbeitsbedingungen, wie die bindenden Festsetzungen der Entgelte und sonstigen Vertragsbedingungen für Heimarbeiter nach § 19 HAG zu beachten (vgl. zur Verfassungsmäßigkeit des § 19 HAG BVerfG 27. 2. 1973 AP HAG § 19 Nr. 7). Auch für Arbeitsverhältnisse hat der Staat sich vorbehalten, Mindestentgelte festzusetzen. Rechtsgrundlage ist das Erste Gesetz zur Änderung des Gesetzes über die Festsetzung von Mindestarbeitsbedingungen vom 22. 4. 2009 (BGBl. I S. 818), nachdem das Gesetz vom 11. 1. 1952 (BGBl. I S. 17) bisher nie angewandt worden war, weil kein Regelungsbedarf bestand (vgl. RegE, BT-Drucks. 16/10485; zum Inhalt der Gesetzesregelung *Richardi*, MünchArbR § 152 Rn. 36 ff.).

29   Einen weiteren Rechtsrahmen zur Bekämpfung eines Sozialdumping schuf der Gesetzgeber mit dem Gesetz über zwingende Arbeitsbedingungen für grenzüberschreitend entsandte und für regelmäßig im Inland beschäftigte Arbeitnehmer und Arbeitnehmerinnen **Arbeitnehmer-Entsendegesetz** (AEntG) vom 20. 4. 2009 (BGBl. I S. 799; vgl. zum RegE BT-Drucks. 16/10486). Es hat das Gesetz vom 26. 2. 1996 (BGBl. I S. 227) abgelöst, das ursprünglich für den Einsatz ausländischer Arbeitnehmer durch ausländische Bauunternehmen auf Baustellen in Deutschland ergangen war, aber bereits nicht

B. Das Gebot der vertrauensvollen Zusammenarbeit § 2

nur für das Baugewerbe, sondern auch für die Seeschifffahrtsassistenz galt. Schon in dieses Gesetz wurden weitere Branchen einbezogen, seit Gesetz vom 25. 4. 2007 das Gebäudereinigerhandwerk und seit Gesetz vom 21. 12. 2007 die Briefdienstleistungen. Das AEntG sichert, dass das Arbeitsentgelt nicht die zur Umsetzung dieses Gesetzes vereinbarten Mindestlohntarifverträge unterschreitet. Da Arbeitgeber. und Arbeitnehmer in diesen Fällen im Allgemeinen nicht den tarifschließenden Verbänden angehören, hängt die Tarifgeltung entweder von einer **Allgemeinverbindlicherklärung** des Tarifvertrags nach § 5 TVG oder von einer **Rechtsverordnung** nach § 7 AEntG ab (§ 3 AEntG). Die Rechtsnormen des Tarifvertrags finden in diesem Fall auf alle Arbeitsverhältnisse zwingend Anwendung finden, die unter den Geltungsbereich des Tarifvertrags fallen. Rechtsverordnungen über zwingende Arbeitsbedingungen nach diesem Modell bestehen im Baugewerbe (TV Mindestlohn), im Abbruchgewerbe, im Maler- und Lackiererhandwerk, im Dachdeckerhandwerk sowie im Gebäudereinigerhandwerk und bei Briefdienstleistungen.

IV. Zusammenarbeit mit den Koalitionen

Die Zusammenarbeit zwischen Arbeitgeber und Betriebsrat soll im **Zusammenwirken** 30 **mit den im Betrieb vertretenen Gewerkschaften und den Arbeitgebervereinigungen** erfolgen. Das Gesetz sichert damit die Mitwirkung der Koalitionen in der Betriebsverfassung (s. auch Rn. 35 f.; ausführlich Rn. 37 ff.).

1. Gewerkschaften und Arbeitgebervereinigungen als Adressaten

Der **Begriff der Gewerkschaften** und der **Arbeitgebervereinigungen** hat im Bereich des 31 Betriebsverfassungsrechts **dieselbe Bedeutung wie im Bereich des Tarifvertragsrechts** (s. ausführlich Rn. 39 ff.).

In Betracht kommen nur die **im Betrieb vertretenen Gewerkschaften.** Im Betrieb 32 vertreten ist jede Gewerkschaft, die einen Arbeitnehmer des Betriebs zu ihren Mitgliedern zählt (s. ausführlich Rn. 68 ff.).

Auf Arbeitgeberseite kommen alle diejenigen **Arbeitgebervereinigungen** in Frage, de- 33 nen der Arbeitgeber angehört.

Auch **Spitzenverbände** (vgl. § 2 TVG) gehören – auf beiden Seiten – hierher. 34

2. Inhalt der Unterstützungsaufgabe

Die im Betrieb vertretenen Gewerkschaften und die Arbeitgebervereinigungen, denen 35 der Arbeitgeber angehört, erhalten durch Abs. 1 **kein eigenständiges Recht,** sich in **die Zusammenarbeit zwischen Arbeitgeber und Betriebsrat einzuschalten** (ebenso LAG Hamm, AP BetrVG 1972 § 2 Nr. 1 *[Richardi]; Fitting,* § 2 Rn. 53; GK-*Kraft/Franzen,* § 2 Rn. 21; GL-*Löwisch,* § 2 Rn. 28; *Kreutz,* BlStSozArbR 1972, 44, 48; *Richardi,* RdA 1972, 8, 12; bereits zum BetrVG 1952 BAG 8. 11. 1957 AP ZPO § 256 Nr. 7). Lediglich im Verhältnis zum Arbeitgeber ist der Betriebsrat berechtigt, zu seiner Unterstützung eine im Betrieb vertretene Gewerkschaft heranzuziehen, wie umgekehrt der Betriebsrat dem Arbeitgeber nicht das Recht bestreiten kann, sich bei der Erfüllung seiner Aufgaben nach diesem Gesetz der Hilfe der Arbeitgebervereinigung zu bedienen, der er angehört. Aus Abs. 1 kann aber nicht abgeleitet werden, dass der Betriebsrat *verpflichtet* ist, mit den im Betrieb vertretenen Gewerkschaften zusammenzuarbeiten (s. ausführlich Rn. 73 ff.).

Das Gesetz geht davon aus, dass es zu den Aufgaben einer Koalition gehört, sich auch 36 im Rahmen der Betriebsverfassung zu betätigen. Abs. 1 macht aber **keiner Koalition** die **Mitarbeit zur Pflicht** (ebenso BAG 15. 1. 1983 AP BetrVG 1972 § 76 Nr. 12; *Fitting,* § 2 Rn. 55; GK-*Kraft/Franzen,* § 2 Rn. 22; GL-*Löwisch,* § 2 Rn. 31). Die Gewerkschaften sind aus ihm nicht verpflichtet, einem Betriebsrat Rechtsschutz zu gewähren (ebenso BAG 3. 10. 1978 AP BetrVG 1972 § 40 Nr. 14; *Klinkhammer,* AuR 1977, 144, 146; s. auch § 40 Rn. 24).

C. Stellung der Gewerkschaften und Vereinigungen der Arbeitgeber

I. Grundsatz

37 Das Gesetz geht davon aus, dass Gewerkschaften und Betriebsräte unterschiedliche Aufgaben und Funktionen haben (BT-Drucks. VI/1786, S. 33 f.; *zu* BT-Drucks. VI/2729, S. 10). Es hat die **Betriebsvertretung der Arbeitnehmer** nicht nur **organisatorisch verselbständigt,** sondern den Betriebsrat als einen **gewerkschaftlich unabhängigen Repräsentanten** der Belegschaft verfasst. Damit hält es am **System der Trennung** fest (vgl. ausführlich zu dem Verhältnis zwischen Betriebsratsamt und Gewerkschaft *Däubler,* Gewerkschaftsrechte im Betrieb, Rn. 45 ff.; *Richardi,* RdA 1972, 8 ff.).

38 § 2 Abs. 3 stellt deshalb klar, dass die **Aufgaben der Gewerkschaften und der Vereinigungen der Arbeitgeber durch dieses Gesetz nicht berührt** werden. Das gilt, wie der Gesetzeswortlaut hervorhebt, insbesondere für die Wahrnehmung der Interessen ihrer Mitglieder, und zwar auch in den Betrieben (vgl. den BT-Ausschussbericht zu § 2 BetrVG 1952, BT-Drucks. I/3585, S. 3; abgedruckt in RdA 1952, 282). Das Gesetz hat ihnen aber auch nicht eine Befugnis zu innerbetrieblichen Rechtsetzungen übertragen, sondern ihnen **innerhalb der Betriebsverfassung nur bestimmte, gesetzlich umschriebene Befugnisse** eingeräumt (vgl. auch *Biedenkopf,* Tarifautonomie, S. 292 ff., 318 ff.; *Richardi,* Kollektivgewalt, S. 246 ff.).

II. Begriff der Gewerkschaft und des Arbeitgeberverbands

1. Allgemeines

39 Der Begriff der Gewerkschaft und der Arbeitgebervereinigung wird **im Gesetz vorausgesetzt.** Nach Ansicht des BAG hat der Gewerkschaftsbegriff dieselbe Bedeutung **wie im Bereich des Tarifvertragssystems** (BAG 23. 4. 1971 AP ArbGG 1953 § 97 Nr. 2; 19. 9. 2006 AP BetrVG 1972 § 2 Nr. 5 [Rn. 31 f.]; s. auch Rn. 50). Aber auch das Tarifvertragsgesetz enthält keine Begriffsbestimmung, sondern beschränkt sich auf die Anordnung, dass tariffähige Gewerkschaften und Vereinigungen von Arbeitgebern sind (§ 2 Abs. 1 TVG). Bei der Herstellung der staatlichen Einheit Deutschlands ergab sich daher schon bei der Schaffung einer Währungs-, Wirtschafts- und Sozialunion die Notwendigkeit, im ersten Staatsvertrag vom 18. 5. 1990 festzulegen, welche Merkmale eine Gewerkschaft und ein Arbeitgeberverband innerhalb einer freiheitlichen Ordnung erfüllen müssen. Das gemeinsame Leitsatzprotokoll enthält in A III 2 die folgende Bestimmung: „**Tariffähige Gewerkschaften und Arbeitgeberverbände müssen frei gebildet, gegnerfrei, auf überbetrieblicher Grundlage organisiert und unabhängig sein sowie das geltende Tarifrecht als für sich verbindlich anerkennen;** ferner müssen sie in der Lage sein, durch **Ausüben von Druck auf den Tarifpartner zu einem Tarifabschluss zu kommen.**"

40 Obwohl der Staatsvertrag über die Schaffung einer Währungs-, Wirtschafts- und Sozialunion mit der Herstellung der staatlichen Einheit Deutschlands durch den Einigungsvertrag seinen Zweck erfüllt hat, bilden die **Leitsätze zur Sozialunion** einen **Bestandteil der gesamtdeutschen Rechtseinheit.** Soweit es um den Gewerkschaftsbegriff und den Begriff des Arbeitgeberverbandes geht, handelt es sich um Kriterien, die Rechtsprechung und Literatur entwickelt haben. Sie sind wegen der Ratifizierung des Staatsvertrags in den Willen des Gesetzgebers aufgenommen (BAG 6. 6. 2000 AP ArbGG

C. Stellung der Gewerkschaften und Vereinigungen der Arbeitgeber § 2

1979 § 97 Nr. 9). Diese Feststellung würde man aber missverstehen, wollte man aus ihr ableiten, dass die richterrechtlich entwickelten Kriterien damit auf die Ebene der einfachen Gesetzgebung gehoben seien. Es ist nach wie vor offen, wie die im Leitsatzprotokoll genannten Merkmale für tariffähige Gewerkschaften und Arbeitgeberverbände zu interpretieren sind. Die Festlegung im Leitsatzprotokoll ist nur eine Interpretationshilfe.

2. Begriffsmerkmale einer Gewerkschaft

a) Der Gewerkschaftsbegriff muss alle Voraussetzungen erfüllen, die man an eine **41** Koalition i. S. des Art. 9 Abs. 3 GG stellt. Das ergibt sich aus dem Zusammenhang mit der Koalitionsfreiheit, die in Art. 9 Abs. 3 GG primär als Individualgrundrecht gewährleistet ist, aber wegen dessen Zielsetzung auch die Koalition als solche in den Grundrechtsschutz einbezieht (s. auch Rn. 76 ff.).

Daraus folgt für den Gewerkschaftsbegriff im Einzelnen: **42**

(1) Die Vereinigung muss auf **freiwilliger Basis** beruhen. Zwangsverbände sind keine **43** Koalitionen.

(2) Koalitionen sind **privatrechtliche Vereinigungen**. Zu ihnen gehören daher **nicht die** **44** **Arbeitnehmerkammern** in Bremen und dem Saarland; sie sind Körperschaften des öffentlichen Rechts, denen die Arbeitnehmer kraft Gesetzes angehören. Gewerkschaftsqualität haben sie schon deshalb nicht, weil sonst ihre Errichtung gegen Art. 9 Abs. 3 GG verstößt (vgl. BVerfG 18. 12. 1974 E 38, 281 = AP GG Art. 9 Nr. 23; *Scholz* in *Maunz/Dürig*, GG, Art. 9 Rn. 199).

(3) Die Koalition muss **gegnerunabhängig** sein. Daraus folgt, dass sie *gegnerfrei* sein **45** muss. In einer Gewerkschaft darf daher kein Arbeitgeber, wie umgekehrt in einem Arbeitgeberverband kein Arbeitnehmer Mitglied sein (vgl. BVerfG 18. 11. 1954 E 4, 96, 106 = AP GG Art. 9 Nr. 1; 6. 5. 1964 E 18, 18, 28 = AP TVG § 2 Nr. 15). Doch ist es unschädlich, wenn der Gewerkschaft ehemalige Arbeitnehmer angehören oder dem Arbeitgeberverband Unternehmer, die keine Arbeitnehmer beschäftigen. Mit dem Grundsatz der Gegnerfreiheit ist auch vereinbar, dass eine Gewerkschaft Mitglieder hat, die zugleich Arbeitgeber einer Hausgehilfin sind, auch wenn für sie die gleiche Gewerkschaft tarifzuständig ist (ebenso BAG 19. 1. 1962 AP TVG § 2 Nr. 13). Auch die Tatsache, dass einem Verband leitende Angestellte i. S. des § 5 Abs. 3 angehören, nimmt ihm nicht die Gegnerfreiheit, sofern die bei ihm organisierten leitenden Angestellten keine Aufgaben in Gremien der Unternehmens- oder Arbeitgeberverbände wahrnehmen, die auf die arbeitsrechtliche und wirtschaftliche Situation der vom Verband erfassten Angestellten einwirken können (ebenso BAG 15. 3. 1977 AP GG Art. 9 Nr. 24).

Gegnerunabhängigkeit gebietet, dass die Koalition in ihrer Willensbildung **frei und** **46** **unbeeinflusst von der Gegenseite** ist (vgl. vor allem BVerfG 1. 3. 1979 E 50, 290, 367 f. = AP MitbestG § 1 Nr. 1). Daraus folgt für den Regelfall, dass der Verband *überbetrieblich organisiert* sein muss, d. h. er darf nicht die Mitgliedschaft auf die Angehörigen eines bestimmten Betriebs beschränken; der **Werkverein** ist **keine Gewerkschaft** (vgl. BVerfG 18. 11. 1954 E 4, 96, 106 f. = AP GG Art. 9 Nr. 1; BVerfG 6. 5. 1964 E 18, 18, 28 = AP TVG § 2 Nr. 15; BVerfG 1. 3. 1979 E 50, 290, 368 = AP MitbestG § 1 Nr. 1; BAG [GS] 29. 11. 1967 AP GG Art. 9 Nr. 13). Das Erfordernis der Errichtung auf überbetrieblicher Grundlage sichert aber nur das Gebot der Koalitionsreinheit; es soll verhindern, dass Arbeitgeber mittelbar Einfluss darauf gewinnen, wer Mitglied einer Gewerkschaft sein kann. Es spielt dagegen keine Rolle, wenn es nicht Betriebe anderer Unternehmen mit gleichem Betriebszweck gibt.

Die **Gegnerunabhängigkeit** muss auch sonst für die **Organisation und Willensbildung** **47** **der Koalition** gewahrt sein (vgl. BVerfG 1. 3. 1979 E 50, 290, 373 ff. = AP MitbestG § 1 Nr. 1).

(4) Die Vereinigung muss einen **Koalitionszweck** erfüllen, d. h. ihr Zweck muss sein, **48** die Arbeits- und Wirtschaftsbedingungen ihrer Mitglieder durch den Einsatz spezifisch

koalitionsmäßiger Gestaltungsmittel wahrzunehmen und zu fördern. Aus dem Koalitionszweck folgt, dass eine Koalition nur vorliegt, wenn sie sich als satzungsmäßige Aufgabe die „Wahrnehmung der Interessen ihrer Mitglieder gerade in ihrer Eigenschaft als Arbeitgeber oder Arbeitnehmer" gesetzt hat (BAG 15. 3. 1977 AP GG Art. 9 Nr. 24). Vereinigungen von Arbeitnehmern, die einen anderen Zweck verfolgen, sind keine Gewerkschaften, z. B. Arbeitersportvereine.

49 (5) Für die Koalitionseigenschaft ist schließlich notwendig die **Unabhängigkeit vom Staat** sowie **von Parteien und Kirchen**. Daraus folgt aber nicht, dass eine Koalition **parteipolitisch oder religiös neutral** sein muss. Ein Verband kann vielmehr in freier Selbstbestimmung seine Ziele und Mittel nach einem bestimmten ideologischen Programm ausrichten, ohne dadurch seine Koalitionseigenschaft zu verlieren. Lediglich die institutionelle Selbständigkeit muss gewahrt bleiben (vgl. *G. Müller*, FS Nipperdey 1965, Bd. II S. 435 ff.; *Oetker*, FS Richardi 2007, S. 929 ff.).

50 b) Nach Ansicht des BAG hat der **Gewerkschaftsbegriff für die Betriebsverfassung** dieselbe Bedeutung wie im Bereich des Tarifvertragsrechts (BAG 23. 4. 1971 AP ArbGG 1953 § 97 Nr. 2; 19. 9. 2006 AP BetrVG 1972 § 2 Nr. 5 [Rn. 31 f.]; abl. *Rieble*, RdA 2008, 35 ff.). Dabei wird übersehen, dass auch Beamtenverbände den betriebsverfassungsrechtlichen Gewerkschaftsbegriff erfüllen können (s. auch Rn. 60). Die Tariffähigkeit gehört nicht zum Koalitionsbegriff; sie ist vielmehr von der Koalitionseigenschaft zu unterscheiden (ebenso BVerfG 18. 11. 1954 E 4, 96, 107 f. = AP GG Art. 9 Nr. 1; st. Rspr.; vgl. auch BAG 15. 3. 1977 AP GG Art. 9 Nr. 24).

51 Eine Gewerkschaft i. S. des BetrVG ist jede **arbeitsrechtliche Gewerkschaft i. S. des § 2 TVG**. Daraus folgt im Einzelnen:

52 (1) Die Koalition muss als **Verein** organisiert sein, wobei gleichgültig ist, ob sie durch die Eintragung ins Vereinsregister die Rechtsfähigkeit erwirbt. Die bloße Koalitionsverabredung, die eine Gesellschaft des bürgerlichen Rechts ist, fällt zwar unter den Verfassungsschutz der Koalitionsfreiheit; sie ist aber keine Gewerkschaft; denn bei ihr muss eine dauerhafte Organisation vorhanden sein, die eine Erfüllung der Aufgaben als Vertragspartei innerhalb des Tarifvertragssystems gewährleistet (vgl. BVerfG 20. 10. 1981 E 58, 233, 249 = AP TVG § 2 Nr. 31).

53 (2) Tariffähigkeit verlangt **Tarifwilligkeit**. Sie liegt nur vor, wenn der Abschluss von Tarifverträgen zu den satzungsmäßigen Aufgaben des Verbands gehört (ebenso BAG 15. 3. 1977 E 29, 72, 79 = AP GG Art. 9 Nr. 24; *Nipperdey* in *Hueck/Nipperdey*, Bd. II/1 S. 105 ff., 433 f.; Wiedemann-*Oetker*, TVG, § 2 Rn. 364 ff.; *Richardi*, Kollektivgewalt, S. 150 ff.). Soweit man für die Tariffähigkeit genügen lässt, dass der Verband die wirtschaftlichen Interessen seiner Mitglieder bei der Gestaltung der Löhne und sonstigen Arbeitsbedingungen wahrnimmt, auch wenn dies nicht durch den Abschluss von Tarifverträgen geschehen soll (so vor allem *Nikisch*, Bd. II S. 242 ff.), spielt diese Meinungsverschiedenheit für das geltende Recht keine Rolle; denn einem Verband, der nach seiner Satzung keine Tarifverträge abschließt, kann gegen seinen Willen keine tarifliche Regelung aufgezwungen werden; es gibt keine Zwangsschlichtung, wie sie in der Weimarer Zeit bestanden hat (vgl. auch *Richardi*, Kollektivgewalt, S. 153 ff.). Eine Vereinigung von Arbeitnehmern, die nach ihrer Satzung keine Tarifverträge abschließt, verzichtet auf das wichtigste Rechtsinstrument, das ihr die Rechtsordnung zur Wahrung und Förderung der Arbeits- und Wirtschaftsbedingungen ihrer Mitglieder zur Verfügung stellt. Sie ist, wie auch *Nikisch* (Bd. II S. 244 f.) annimmt, keine Gewerkschaft. Der **Verband der Gewerkschaftsbeschäftigten** (VGB) ist deshalb keine Gewerkschaft, auch nicht i. S. des BetrVG (BAG 19. 9. 2006 AP BetrVG 1972 § 2 Nr. 5).

54 (3) Da Voraussetzung für ein Funktionieren der Tarifautonomie ist, dass die sozialen Gegenspieler ein **Verhandlungsgleichgewicht herstellen und wahren** können, muss eine Koalition „ihrer Struktur nach unabhängig genug sein, um die Interessen ihrer Mitglieder auf arbeits- und sozialrechtlichem Gebiet nachhaltig zu vertreten" (BVerfG 1. 3. 1979 E 50, 290, 368 = AP MitbestG § 1 Nr. 1).

C. Stellung der Gewerkschaften und Vereinigungen der Arbeitgeber § 2

aa) Zu den Merkmalen einer Gewerkschaft gehört daher die Fähigkeit und **Bereit-** 55
schaft zum Arbeitskampf (vgl. BAG 6. 7. 1956 AP ArbGG 1953 § 11 Nr. 11; 19. 1. 1962 AP TVG § 2 Nr. 13 [abl. *Neumann-Duesberg*]). Lediglich wenn dem Arbeitskampf *besondere Gesichtspunkte* entgegenstehen, kann trotz fehlender Kampfwilligkeit eine Gewerkschaft vorliegen (so damals für den Marburger Bund BAG 21. 11. 1975 AP BetrVG 1972 § 118 Nr. 6). Wird nämlich auch in diesem Fall die Gewerkschaftseigenschaft verneint, so liegt darin ein Verstoß gegen die Koalitionsfreiheit (so für einen Verband katholischer Hausgehilfinnen BVerfG 6. 5. 1964 E 18, 18, 30 ff. = AP TVG § 2 Nr. 15 [unter Aufhebung von BAG 19. 1. 1962 AP TVG § 2 Nr. 13]. Entsprechend scheitert auch die Gewerkschaftseigenschaft der Beamtenverbände nicht daran, dass sie keinen Arbeitskampf führen; denn der Inhalt des Beamtenverhältnisses wird nicht durch Tarifvertrag, sondern durch Gesetz festgelegt (s. auch Rn. 60).

bb) Da ein Verhandlungsgleichgewicht zu den Funktionsvoraussetzungen der Tarif- 56
autonomie gehört, verlangt der Staatsvertrag über die Schaffung einer Währungs-, Wirtschafts- und Sozialunion für tariffähige Gewerkschaften und Arbeitgeberverbände, dass sie in der Lage sein müssen, „durch Ausüben von Druck auf den Tarifpartner zu einem Tarifabschluss zu kommen" (A III 3 des Leitsatzprotokolls; s. Rn. 38). Er bestätigt damit die Rspr. des BAG, das die Tariffähigkeit und damit die Anerkennung einer Arbeitnehmervereinigung als Gewerkschaft vom **Kriterium der Koalitionsmächtigkeit** abhängig macht (BAG 9. 7. 1968 AP TVG § 2 Nr. 25 [abl. *Mayer-Maly*]; 23. 4. 1971 AP ArbGG 1953 § 97 Nr. 2; vor allem BAG 15. 3. 1977 AP Art. 9 Nr. 24 = EzA § 2 TVG Nr. 12 [zust. *Dütz*]; weiterhin BAG 14. 3. 1978 AP TVG § 2 Nr. 30 [bestätigt durch BVerfG 20. 10. 1981 E 58, 233 = AP TVG § 2 Nr. 31]; BAG 16. 11. 1982, 10. 9. 1985, 25. 11. 1986 AP TVG § 2 Nr. 32, 34, 36; 16. 1. 1990 AP TVG § 2 Nr. 38 und Nr. 39; zuletzt BAG 28. 3. 2006 AP TVG § 2 Tariffähigkeit Nr. 4; ebenso BVerwG 25. 7. 2006 NZA 2006, 1371 ff; kritisch zum Begründungsansatz *Richardi*, FS Wißmann 2005, S. 159 ff.).

Das BAG sieht als wesentlich an, ob eine Arbeitnehmervereinigung bereits aktiv am 57
Tarifgeschehen teilgenommen hat (BAG 28. 3. 2006 AP TVG § 2 Tariffähigkeit Nr. 4 [Rn. 61–75]). Dementsprechend sind grundsätzlich zwei Ausgangssituationen zu unterscheiden: Eine Arbeitnehmervereinigung hat mit dem sozialen Gegenspieler noch keinerlei Vereinbarungen – seien es Tarifverträge, seien es sonstige Koalitionsvereinbarungen – geschlossen. Ausschlagend ist in diesem Fall, dass Tatsachen dargelegt und im Streitfall bewiesen werden, die den Schluss rechtfertigen, die Arbeitgeberseite werde sie voraussichtlich nicht ignorieren und sich Tarifverhandlungen auf Dauer nicht entziehen können. Als hierzu geeignete Tatsachen kommen insbesondere die Organisationsstärke sowie gegebenenfalls die Fähigkeit in Betracht, durch Arbeitnehmer in Schlüsselpositionen Druck auszuüben. Dieses Regel-Ausnahme-Verhältnis kehrt sich um, wenn eine Arbeitnehmervereinigung mit der Arbeitgeberseite im beanspruchten Zuständigkeitsbereich oder in erheblichen Teilbereichen bereits in nennenswertem Umfang Tarifverträge geschlossen hat, sofern es sich dabei nicht um „Schein- oder Gefälligkeitstarifverträge" oder um Vereinbarungen handle, die auf einem „Diktat der Arbeitgeberseite" beruhen.

(4) Für das Organisationsprinzip bestehen keine weiteren besonderen Voraussetzun- 58
gen. Insbesondere muss eine Gewerkschaft nicht nach dem Industrieverbandsprinzip aufgebaut sein (vgl. BAG 19. 1. 1962 AP TVG § 2 Nr. 13; BAG 27. 11. 1964 AP TVG § 2 Tarifzuständigkeit Nr. 1). Das BVerfG hält allerdings eine gesetzliche Beschränkung der Tariffähigkeit auf Verbände bestimmter Organisationsformen für mit dem Grundgesetz verträglich (BVerfG 18. 11. 1954 E 4, 96, 106, 107 f. = AP GG Art. 9 Nr. 1; abl. *Dietz*, Grundrechte, Bd. III/1 S. 461; *Nipperdey* in *Hueck/Nipperdey*, Bd. II/1 S. 112 Fn. 63). Die Streitfrage spielt jedoch keine Rolle, weil das BetrVG die den Gewerkschaften eingeräumten Rechte jeder im Betrieb vertretenen Gewerkschaft gibt (s. Rn. 68 ff.).

Da der Bürger keiner normsetzenden Gewalt ausgeliefert werden darf, die ihm gegen- 59
über weder staatlich-demokratisch noch mitgliedschaftlich legitimiert ist (so BVerfG

14. 6. 1983 E 64, 208, 214 = AP BergmannsVersorgScheinG NRW § 9 Nr. 21), muss eine Koalition, damit sie als Gewerkschaft Anerkennung findet, eine **demokratische Binnenorganisation** aufweisen. Gemeint ist damit aber nicht eine Demokratisierung i. S. einer Homogenität mit der Staatsverfassung. Für die Koalitionen besteht keine dem Art. 21 Abs. 1 Satz 2 GG entsprechende Vorschrift. Sie gilt auch nicht analog, sondern maßgebend ist hier für das Gebot demokratischer Binnenorganisation die **Notwendigkeit einer mitgliedschaftlichen Legitimation** (vgl. *Rieble/Klumpp*, MünchArbR § 164 Rn. 5 ff.; *Scholz* in *Maunz/Dürig*, GG, Art. 9 Rn. 103 ff., 206 f.). Daraus folgt, dass die Koalitionsleitung mitgliedschaftlich legitimiert sein muss, der Grundsatz der Gleichheit aller Koalitionsmitglieder gilt und eine den Grundsätzen des Verbandsrechts entsprechende Willensbildung sichergestellt wird.

60   c) Soweit – wie bei Bahn und Post – Beamte dem Betrieb angehören, erfüllen auch **Beamtenverbände** den betriebsverfassungsrechtlichen Gewerkschaftsbegriff. Es gilt für sie – von der fehlenden Tariffähigkeit abgesehen – Gleiches wie für die arbeitsrechtlichen Gewerkschaften (BVerwG 25. 7. 2006 NZA 2006, 1371 [Rn. 18 ff.]). Eine besondere Aussagekraft hat ein zahlenmäßig erheblicher Mitgliederbestand unter den Beamten des jeweiligen Bereichs. Eine hinreichende Durchsetzungskraft ist vor allem anzunehmen, wenn Beamtenvereinigungen über ihre gewerkschaftliche Spitzenorganisation oder unmittelbar wegen ihrer Bedeutung bei der Vorbereitung allgemeiner Regelungen der beamtenrechtlichen Verhältnisse durch die oberste Dienstbehörde hinzugezogen werden. Ein Verband, der neben Beamten auch Arbeitnehmer als Mitglieder hat, verliert betriebsverfassungsrechtlich seine Gewerkschaftseigenschaft nicht deshalb, weil ihm für die Arbeitnehmer die Tariffähigkeit fehlt (a. A. *Fitting*, § 2 Rn. 34, wie hier für den Bereich des Personalvertretungsrechts BVerwG 25. 7. 2006 NZA 2006, 1371 [Rn. 21]).

61   d) Keine Gewerkschaft i. S. des BetrVG ist eine **Vereinigung leitender Angestellter**. Auch wenn man sie als tariffähige Gewerkschaft anerkennt (so für den Verband der oberen Angestellten der Eisen- und Stahlindustrie e. V. BAG 16. 11. 1982 AP TVG § 2 Nr. 32 *[Rüthers/Roth]*), muss für die Betriebsverfassung berücksichtigt werden, dass leitende Angestellte nicht vom Betriebsrat repräsentiert werden (§ 5 Abs. 3 Satz 1). Verbände, die nur sie organisieren, können deshalb keine Befugnisse als Gewerkschaft im Rahmen der Betriebsverfassung in Anspruch nehmen. Da ihnen kein Arbeitnehmer angehören kann, der vom Betriebsrat repräsentiert wird, zählen sie schon aus diesem Grund nicht zu den im Betrieb vertretenen Gewerkschaften (s. Rn. 66 ff.). Wenn dagegen ein Verband neben leitenden Angestellten auch sonstige Arbeitnehmer, insbesondere außertarifliche nichtleitende Angestellte organisiert, muss er, sofern er eine Gewerkschaft darstellt, von seiner Organisationsstruktur her Vorsorge dafür treffen, dass die leitenden Angestellten auf die betriebsverfassungsrechtlichen Kompetenzen des Verbandes keinen Einfluss nehmen können (so BAG 15. 3. 1977 AP GG Art. 9 Nr. 24).

3. Begriff der Arbeitgebervereinigung

62   Soweit das Gesetz Arbeitgebervereinigungen an der Betriebsverfassung beteiligt, ist wie auf der Arbeitnehmerseite nicht jede Vereinigung von Arbeitgebern eine Arbeitgebervereinigung i. S. des BetrVG. Notwendig ist vielmehr, dass der Zusammenschluss eine **Koalition i. S. des Art. 9 Abs. 3 GG** darstellt. Er muss daher dieselben Voraussetzungen erfüllen, die auf Arbeitnehmerseite an die Koalitionseigenschaft gestellt werden (s. Rn. 40 ff.). **Innungen** sind zwar keine Arbeitgebervereinigungen; sie sind aber nach § 54 Abs. 3 Nr. 1 HandwO tariffähig (vgl. zur Vereinbarkeit mit dem Grundgesetz BVerfG 19. 10. 1966 E 20, 312 = AP TVG § 2 Nr. 24). Daher ist es folgerichtig, sie auch betriebsverfassungsrechtlich wie eine Koalition zu behandeln (ebenso *Fitting*, § 2 Rn. 41; vgl. auch BAG 6. 5. 2003 AP TVG § 3 Verbandeszugehötigkeit Nr. 21).

63   Wie auf der Arbeitnehmerseite nur die Gewerkschaften sollen auch auf der Arbeitgeberseite die im BetrVG vorgesehenen Mitwirkungsrechte nur die **tariffähigen Arbeit-**

C. Stellung der Gewerkschaften und Vereinigungen der Arbeitgeber § 2

gebervereinigungen haben (*Fitting*, § 2 Rn. 41; *Löwisch*, ZfA 1974, 29, 44). Was für die Gewerkschaften gilt, ist daher auch auf sie anzuwenden (s. Rn. 50 ff.). Eine Abweichung ergibt sich aber daraus, dass nach § 2 Abs. 1 TVG jeder Arbeitgeber tariffähig ist und daher auch für die Tariffähigkeit einer Arbeitgebervereinigung **keine bestimmte Durchsetzungskraft (Mächtigkeit)** verlangt wird (BAG 20. 11. 1990 AP TVG § 2 Nr. 40; a. A. *Rieble/Klumpp*, MünchArbR § 164 Rn. 27).

Weitergehend wird man sogar von der Notwendigkeit einer Tariffähigkeit absehen müssen, soweit der Betriebsinhaber einem **Arbeitgeberverband ohne Tarifbindung** (sog. **OT-Mitgliedschaft**) angehört. Ihm fehlt die Tariffähigkeit aber nur, wenn der Verband nach seiner Satzung keine Tarifverträge im eigenen Namen abschließt, nicht dagegen, wenn er die OT-Mitgliedschaft neben der Mitgliedschaft, die eine Tarifgebundenheit begründet, anbietet. Bei dieser verbandsinternen Lösung ist der Verband nach seiner Satzung tariffähig und auch tarifzuständig (BAG 18. 7. 2006 AP TVG § 2 Tarifzuständigkeit Nr. 19). **64**

4. Spitzenorganisationen

Nach der Legaldefinition des § 2 Abs. 2 TVG sind Spitzenorganisationen **Zusammenschlüsse von Gewerkschaften** und **von Vereinigungen von Arbeitgebern**. Tariffähig sind sie nur, wenn der Abschluss von Tarifverträgen ausdrücklich zu ihren satzungsgemäßen Aufgaben gehört (§ 2 Abs. 3 TVG). Aber auch wenn diese Voraussetzung nicht erfüllt ist, können Spitzenorganisationen im Namen der ihnen angeschlossenen Verbände Tarifverträge abschließen, wenn sie eine entsprechende Vollmacht haben (§ 2 Abs. 2 TVG). Sie sind daher auch Gewerkschaften und Arbeitgebervereinigungen i. S. des BetrVG (ebenso *Düttmann*, ArbRGegw. 17 [1980], 71, 73). **65**

III. Rechtsstellung der Gewerkschaften in der Betriebsverfassung

1. Grundsatz

§ 2 Abs. 3 stellt klar, dass die **Aufgaben der Gewerkschaften** und der **Vereinigungen der Arbeitgeber**, insbesondere die Wahrnehmung der Interessen ihrer Mitglieder, **durch dieses Gesetz nicht berührt** werden. Diese Feststellung betrifft vor allem die Koalitionsbetätigung zur Wahrung und Förderung der Arbeits- und Wirtschaftsbedingungen, die durch Art. 9 Abs. 3 GG verfassungsrechtlich garantiert ist. Die Koalitionsbetätigungsgarantie umfasst auch die Beteiligung an der Betriebsverfassung (s. Rn. 80 ff.). Die im Betrieb vertretenen Gewerkschaften und die Arbeitgebervereinigungen, denen der Arbeitgeber angehört, werden vielmehr durch § 2 Abs. 1 in die betriebsverfassungsrechtliche Kooperationsmaxime einbezogen: Sie werden aufgefordert, mit dem Arbeitgeber und Betriebsrat im Rahmen der Betriebsverfassung zum Wohl der Arbeitnehmer und des Betriebs vertrauensvoll zusammenzuarbeiten, wie auch umgekehrt Arbeitgeber und Betriebsrat im Zusammenwirken mit ihnen ihre Aufgaben in der Betriebsverfassung erfüllen sollen (s. Rn. 29 ff.). **66**

Außerdem haben vor allem die Gewerkschaften **besondere Aufgaben und Befugnisse in der Betriebsverfassung** erhalten. Durch sie leisten sie einen Beitrag für die Realisierung der gesetzlichen Betriebsverfassung (s. Rn. 86 ff.). **67**

2. Voraussetzung für eine Beteiligung an der Betriebsverfassung

a) Die im BetrVG vorgesehenen Gewerkschaftsrechte stehen nicht den Gewerkschaften schlechthin zu, sondern Mindestvoraussetzung für eine Beteiligung ist, dass es sich um eine **im Betrieb vertretene Gewerkschaft** handelt. **68**

69 Im Betrieb vertreten ist eine Gewerkschaft, wenn sie **mindestens einen Arbeitnehmer des Betriebs zu ihren Mitgliedern zählt** (BAG 25. 3. 1992 AP BetrVG 1972 § 2 Nr. 4; bereits zum BetrVG 1952 BAG 4. 11. 1960 AP BetrVG [1952] § 16 Nr. 2; aus dem Schrifttum: *Fitting*, § 2 Rn. 43; GK-*Kraft/Franzen*, § 2 Rn. 38; GL-*Löwisch*, § 2 Rn. 36; DKK-*Berg*, § 2 Rn. 29; *Stege/Weinspach/Schiefer*, § 2 Rn. 9). Dabei spielt keine Rolle, ob der Arbeitnehmer wahlberechtigt ist oder nicht. Voraussetzung ist nur, dass er zur Belegschaft gehört, die vom Betriebsrat repräsentiert wird, also nicht leitender Angestellter ist (ebenso BAG 25. 3. 1992 AP BetrVG 1972 § 2 Nr. 4).

70 Notwendig ist, dass die Gewerkschaft für den Arbeitnehmer auch tätig werden kann; sie muss ihn also **nach ihrer Satzung als Mitglied** aufnehmen können. Sie muss für ihn zuständig sein (ebenso *Rieble*, RdA 2008, 35, 37 f.; a. A. BAG 10. 11. 2004, AP BetrVG 1972 § 17 Rn. 7). Andererseits genügt es nicht, dass eine Gewerkschaft für den Betrieb fachlich zuständig ist, wenn ihm kein Mitglied angehört (a. A. *Grunsky*, AuR 1990, 105, 106; wie hier *Prütting/Weth*, AuR 1990, 269).

71 **Beweispflichtig** ist die Gewerkschaft, wenn sie Rechte aus ihrer Vertretung im Betrieb herleitet. Sie kann den erforderlichen Beweis führen, **ohne den Namen ihres betriebsangehörigen Mitglieds zu nennen** (BAG 25. 3. 1992 AP BetrVG 1972 § 2 Nr. 4; LAG Baden-Württemberg, ARSt 1974, 88; LAG Düsseldorf, DB 1979, 110 f. und NZA 1989, 236; LAG Köln, LAGE § 2 BetrVG 1972 Nr. 7; *Fitting*, § 2 Rn. 43; GL-*Löwisch*, § 2 Rn. 37; DKK-*Berg*, § 2 Rn. 30; ErfK-*Eisemann/Koch*, § 2 Rn. 4; *Stege/Weinspach/ Schiefer*, § 2 Rn. 9; *Grunsky*, AuR 1990, 105 ff.; mit Einschränkugen GK-*Kraft/Franzen*, § 2 Rn. 40 f.; a. A. GK-*Kraft* [7. Aufl.], § 2 Rn. 28 ff.; *Prütting/Weth*, DB 1989, 2273 ff. und AuR 1990, 269 ff.). Es genügt eine **notarielle Erklärung** der Gewerkschaft. Die notarielle Erklärung ist eine öffentliche Urkunde i. S. des § 415 ZPO. Sie ist aber nur ein *mittelbares Beweismittel*. Es unterliegt deshalb der freien Beweiswürdigung, ob diese Beweisführung ausreicht (BAG 25. 3. 1992 AP BetrVG 1972 § 2 Nr. 4).

72 b) Das bei der Geschäftsführung des Betriebsrats vorgesehene Gewerkschaftsrecht zur beratenden **Teilnahme an Betriebsratssitzungen** steht nur einer **im Betriebsrat vertretenen Gewerkschaft** zu (§ 31). Es genügt also nicht wie sonst im Gesetz, dass die Gewerkschaft im *Betrieb* vertreten ist; sie muss vielmehr mindestens ein Mitglied des *Betriebsrats* zu ihren Mitgliedern zählen. Damit ist die Teilnahmemöglichkeit den Gewerkschaften eröffnet, die durch die Wahl eines ihrer Mitglieder eine entsprechende Legitimation durch die Belegschaft erhalten haben.

3. Verhältnis der Gewerkschaften zum Betriebsratsamt

73 Für die Rechtsstellung der Gewerkschaften in der Betriebsverfassung ist prägend, dass das Gesetz die **Betriebsvertretung der Arbeitnehmer** nicht nur **organisatorisch verselbständigt**, sondern sie auch als einen **gewerkschaftlich unabhängigen Repräsentanten der Belegschaft verfasst**. Der Betriebsrat hat kein imperatives Mandat, sondern ein Repräsentationsmandat inne (ebenso HSWGNR-*Rose*, § 2 Rn. 58; *Richardi*, RdA 1972, 8, 11; *Düttmann*, ArbRGegw. 17 [1980], 71, 73; vgl. auch BVerfG 27. 3. 1979 E 51, 77, 88 = AP GG Art. 9 Nr. 31).

74 Das Gesetz hat bewusst darauf verzichtet, den Betriebsräten die Pflicht zur **Zusammenarbeit mit den Gewerkschaften** aufzuerlegen. Es hat nicht die in § 2 Abs. 1 des Referentenentwurfs vorgeschlagene Bestimmung übernommen: „Der Betriebsrat führt seine Aufgaben in Zusammenarbeit mit den im Betrieb vertretenen Gewerkschaften und mit ihrer Unterstützung durch" (abgedruckt in RdA 1970, 357). Es ist außerordentlich zweifelhaft, ob eine derart weitgefasste Bestimmung, wäre sie Gesetz geworden, den Gewerkschaften ein eigenständiges Recht eingeräumt hätte. Die Frage kann aber offen bleiben, da der RegE in Übereinstimmung mit der bisherigen Konzeption des Betriebsverfassungsrechts diese Vorschrift beseitigt hat und an ihre Stelle die Bestimmung gesetzt hat, dass Arbeitgeber und Betriebsrat im Zusammenwirken mit den im Betrieb vertrete-

nen Gewerkschaften und Arbeitgebervereinigungen zur vertrauensvollen Zusammenarbeit verpflichtet sind (BT-Drucks. VI/1786, S. 3). Ergänzend hatte der RegE in § 2 Abs. 2 bestimmt, dass der Betriebsrat das *Recht* hat, seine Aufgaben in Zusammenarbeit mit den im Betrieb vertretenen Gewerkschaften und mit ihrer Unterstützung durchzuführen (BT-Drucks. VI/1786, S. 3, 35). Dass diese Bestimmung auf Empfehlung des Bundesrats (abgedruckt in BT-Drucks. VI/1786, S. 62) vom BT-Ausschuss für Arbeit und Sozialordnung gestrichen wurde (vgl. *zu* BT-Drucks. VI/2729, S. 19), berechtigt nicht zu der Annahme, der Betriebsrat sei nunmehr verpflichtet, seine Aufgaben in Zusammenarbeit mit den im Betrieb vertretenen Gewerkschaften und mit ihrer Unterstützung durchzuführen. Die Bestimmung war vielmehr *überflüssig*, weil sie lediglich noch einmal herausstellte, was in § 2 Abs. 1 ohnehin enthalten ist, andererseits aber zu dem Missverständnis Anlass gab, die Einräumung eines dem Betriebsrat allein zustehenden Rechts auf Hinzuziehung der Gewerkschaften könne deren durch das Gesetz verliehene Unterstützungs- und Kontrollbefugnis in Frage stellen.

Im **Verhältnis zu den im Betrieb und im Betriebsrat vertretenen Gewerkschaften** ist der **Betriebsrat** ein **eigenständiges und eigenverantwortliches Organ der Betriebsverfassung** (BAG 16. 2. 1973 AP BetrVG 1972 § 19 Nr. 1). Das Gesetz geht aber davon aus, dass die Betriebsräte in enger Verbindung zu den Gewerkschaften stehen und in Verbindung mit ihnen ihre Aufgaben erfüllen. Es berücksichtigt, dass die Gewerkschaften im Betrieb eine ähnliche Funktion ausüben wie die Parteien im parlamentarischen Vorfeld (*Richardi*, RdA 1972, 8, 12). § 2 Abs. 1 hat daher die Grundentscheidung getroffen, dass das Zusammenwirken mit den im Betrieb vertretenen Gewerkschaften und Arbeitgebervereinigungen Bestandteil des Gebots der vertrauensvollen Zusammenarbeit zwischen Arbeitgeber und Betriebsrat ist. Für das Verhältnis zum Betriebsrat folgt daraus, dass zwischen ihm und den im Betrieb vertretenen Gewerkschaften keine Konkurrenz besteht (*Däubler*, Gewerkschaftsrechte, Rn. 76). Das Kooperationsgebot des § 2 Abs. 1 bezieht sich aber auf das Verhältnis zwischen Arbeitgeber und Betriebsrat; aus ihm ergibt sich **kein Rechtsanspruch der im Betrieb vertretenen Gewerkschaften auf Zusammenarbeit**, wie auch umgekehrt sie nicht zur Zusammenarbeit verpflichtet sind (s. Rn. 35 f.). Wie der Betriebsrat und die im Betrieb vertretenen Gewerkschaften ihr Verhältnis zueinander gestalten, liegt in deren Ermessen. Eine Pflicht zur Zusammenarbeit ergibt sich nur mittelbar für den Betriebsrat unter den Voraussetzungen des § 31 mit den im Betriebsrat vertretenen Gewerkschaften. Sieht man davon ab, erfolgt die Beteiligung der im Betrieb vertretenen Gewerkschaften an der Betriebsverfassung durch ein System besonderer Unterstützungs- und Kontrollrechte (s. Rn. 88 ff.).

75

4. Bedeutung der Koalitionsfreiheit für die Beteiligung der Gewerkschaften in der Betriebsverfassung

a) Art. 9 Abs. 3 GG gewährleistet nicht nur die individuelle Koalitionsfreiheit, sondern schützt auch die **Koalitionen als solche in ihrem Bestand und ihrer Betätigung zur Wahrung und Förderung der Arbeits- und Wirtschaftsbedingungen**. Das ist zwar im Gegensatz zur Weimarer Verfassung (Art. 165) nicht ausdrücklich ausgesprochen, ergibt sich aber aus der historischen Ausgangslage und der Aufnahme des Vereinigungszwecks in den Schutzbereich des Grundrechts (BVerfG 26. 6. 1991 E 84, 212, 224 = AP GG Art. 9 Arbeitskampf Nr. 117; 14. 11. 1995 E 93, 352, 357 = AP GG Art. 9 Nr. 80; 24. 4. 1996 E 94, 268, 282 f. = AP HRG § 57 a Nr. 2; 24. 2. 1999 E 100, 214, 221 = AP BetrVG 1972 § 20 Nr. 18; vgl. bereits BVerfG 18. 11. 1954 E 4, 96, 101 f., 106 = AP GG Art. 9 Nr. 1; 14. 4. 1964 E 17, 319, 333 = AP PersVG Bayern Art. 81 Nr. 1; 6. 5. 1964 E 18, 18, 25 f. = AP TVG § 2 Nr. 15; 30. 11. 1965 und 26. 5. 1970 E 19, 303, 312 und 28, 295, 304 = AP GG Art. 9 Nr. 7 und 16; 1. 3. 1979 E 50, 290, 367 = AP MitbestG § 1 Nr. 1; 17. 2. 1981 E 57, 220, 245 = AP GG Art. 140 Nr. 9; 20. 10. 1981 E 58, 233, 246 = AP TVG § 2 Nr. 31).

76

§ 2 Stellung der Gewerkschaften und Vereinigungen der Arbeitgeber

77 Die Koalitionsfreiheit gilt gemäß Art. 9 Abs. 3 GG für jedermann und für alle Berufe. Sie ist **nicht als Arbeitnehmer-Grundrecht ausgestaltet,** sondern steht ebenso Arbeitgebern zu (BVerfGE 84, 212, 224). Das gilt nicht nur für die individuelle Koalitionsfreiheit, sondern auch für die kollektive Bestands- und Betätigungsgarantie (vgl. BVerfGE 4, 96, 101 f., 106; 18, 18, 25 f.; 50, 290, 367; 84, 212, 224 f.).

78 Das **kollektive Bestands- und Betätigungsrecht der Koalitionen** beruht nicht auf einer institutionellen und funktionellen Garantie Die verfassungsrechtliche Gewährleistung ist nicht institutionsrechtlich gestaltet; sie beruht vielmehr auf einem als Freiheitsrecht garantierten Grundrecht. Das BAG und die h. L. sehen in der Koalitionsfreiheit ein **Doppelgrundrecht** (BAG [GS] 29. 11. 1967 AP GG Art. 9 Nr. 13); *Fitting,* § 2 Rn. 81; ErfK-*Dieterich,* GG Art. 9 Rn. 38; *Gamillscheg,* Kollektives Arbeitsrecht, Bd. I S. 181 ff.; *Löwisch,* MünchArbR (1. Aufl. 1993) § 237 Rn. 7; *v. Mangoldt/Klein,* GG (1957) Art. 9 Erl. V 3 (S. 327); *Biedenkopf,* Tarifautonomie, S. 88; *Werner Weber,* Koalitionsfreiheit und Tarifautonomie als Verfassungsproblem, 1965, S. 11). Neben dem Individualgrundrecht soll ein *Gruppengrundrecht* stehen, das den Koalitionen korporativen Bestands- und Betätigungsschutz zusichert (vgl. BAGE [GS] 29. 11. 1967 AP GG Art. 9 Nr. 13). Dabei wird übersehen, dass die Koalitionsfreiheit wie jedes Grundrecht *individualrechtlich* verfasst ist und ein Kollektivschutz nicht als *Kontrastgrundrecht,* sondern nur als Folge der Grundrechtsausübung, als **status collectivus** im Sinne einer **Ausübungsgarantie des Individualgrundrechts der Koalitionsfreiheit** besteht (grundlegend *R. Scholz,* Koalitionsfreiheit, S. 69 ff., 121 ff.). Daher ist es verfehlt, den kollektivrechtlichen Tatbestand des Koalitionswesens von dem Individualgrundrecht der Koalitionsfreiheit zu lösen und in einer verfassungsrechtlichen Gewährleistung zu verselbständigen (vgl. *Richardi,* Kollektivgewalt, S. 69 ff.; *R. Scholz,* Koalitionsfreiheit, S. 145 ff., 191 ff., 250 ff., 256, 312 ff.; so auch *Rieble,* MünchArbR § 155 Rn. 4).

79 b) Mit der Freiheit des Zusammenschlusses zur Wahrung und Förderung der Arbeits- und Wirtschaftsbedingungen gewährleistet Art. 9 Abs. 3 GG zugleich die **Freiheit der gemeinsamen Verfolgung dieses Zwecks durch spezifisch koalitionsgemäße Betätigung.** Der Schutz der Betätigungsfreiheit bedeutet keine Freistellung von der Geltung der allgemeinen Rechtsordnung. Aus ihm ergibt sich insbesondere auch kein Anspruch der Koalitionen auf Einräumung von Sonderrechten. Es ist vielmehr **Sache des Gesetzgebers, die Befugnisse der Koalitionen im Einzelnen auszugestalten und näher zu regeln** (so BVerfGE 19, 303, 321 f.; 28, 295, 304; 38, 281, 305; 50, 290, 368; 57, 220, 245 f.; 58, 233, 247; s. auch hier Rn. 76). Dabei hat man allerdings zu beachten, dass die verfassungsrechtliche Garantie das Koalitionsverfahren zur Gestaltung der Arbeits- und Wirtschaftsbedingungen umfasst.

80 Den frei gebildeten Koalitionen ist gewährleistet, „insbesondere Löhne und sonstige materielle Arbeitsbedingungen in einem von staatlicher Rechtssetzung frei gelassenen Raum in eigener Verantwortung und im wesentlichem ohne staatliche Einflussnahme durch unabdingbare Gesamtvereinbarungen sinnvoll zu ordnen" (BVerfG 24. 5. 1977 E 44, 322, 340 f. = AP TVG § 5 Nr. 15; bestätigt BVerfG 22. 10. 1981 E 58, 233, 246 f. = AP TVG § 2 Nr. 31). Unter die Verfassungsgarantie fällt deshalb die **Tarifautonomie;** denn ein wesentlicher Koalitionszweck ist insbesondere die Beteiligung der Koalitionen an der Privatautonomie zur Sicherung der Interessen ihrer Mitglieder an der Gestaltung der Arbeits- und Wirtschaftsbedingungen i. S. des Art. 9 Abs. 3 GG. Zur Herstellung und Wahrung eines Verhandlungsgleichgewichts werden **Streik** und **Aussperrung** von der Koalitionsfreiheit erfasst (vgl. vor allem BVerfG 26. 6. 1991 E 84, 212, 225 ff. = AP GG Art. 9 Arbeitskampf Nr. 117). Die für den Einsatz von Arbeitskampfmaßnahmen geltenden Regeln müssen nach Ansicht des BVerfG nicht auf einem formellen Gesetz beruhen, soweit es sich um Streitigkeiten zwischen den Tarifvertragsparteien handelt (vgl. BVerfGE 84, 212, 226). Es genüge vielmehr, sei andererseits aber auch erforderlich, dass die Gerichte „das materielle Recht mit den anerkannten Methoden der Rechtsfindung aus den allgemeinen Rechtsgrundlagen ableiten".

C. Stellung der Gewerkschaften und Vereinigungen der Arbeitgeber § 2

Das Grundrecht der Koalitionsfreiheit gewährleistet das Tarifvertragssystem nicht als ausschließliche Form zur Förderung der Arbeits- und Wirtschaftsbedingungen (BVerfG 1. 3. 1979 E 50, 290, 371 = AP MitbestG § 1 Nr. 1; s. Einl. Rn. 47). Soweit der Gesetzgeber eine **Mitbestimmungsordnung** schafft, hat er aber zu beachten, dass die Freiheit der Koalitionsbetätigung auch in ihr wirksam werden kann. Außerdem ist ihrer Gestaltung insoweit eine Grenze gezogen, als die Gegnerunabhängigkeit als Funktionsvoraussetzung der Tarifautonomie gewahrt bleiben muss (BVerfGE 50, 290, 373). 81

c) Die koalitionsrechtliche Betätigungsgarantie hat für die Betriebsverfassung eine **doppelte Auswirkung**: 82

Negativ bedeutet sie, dass die Aufgaben der Gewerkschaften und der Vereinigungen der Mitglieder, insbesondere die Wahrnehmung der Interessen ihrer Mitglieder, durch dieses Gesetz nicht berührt werden. § 2 Abs. 3 bestimmt also nur, was verfassungsrechtlich geboten ist. Daher kann der Gesetzgeber den Koalitionen **keine Aufgaben entziehen, um sie den Betriebsräten zu übertragen**. Die Arbeitnehmerkoalition darf durch keine vom Grundrecht der Koalitionsfreiheit nicht erfasste Arbeitnehmervertretung ersetzt werden (so zutreffend *Hanau*, RdA 1993, 1, 7). Im Gegenteil muss der Initiativvorrang der Gewerkschaft gewahrt bleiben, wie er auf der Ebene des einfachen Gesetzesrechts durch den Tarifvorbehalt des § 77 Abs. 3 und den Tarifvorrang des § 87 Abs. 1 gesichert wird. 83

Positiv bedeutet die Auswirkung der Koalitionsfreiheit auf die Betriebsverfassung, dass einer Arbeitnehmerkoalition möglich sein muss, ihre **Ordnungsvorstellungen von der Gestaltung der Arbeits- und Wirtschaftsbedingungen auch in der Betriebsverfassung zu Gehör zu bringen**. Verfassungsrechtlich garantiert ist daher nicht nur die Betätigungsfreiheit im *Selbsterhaltungsinteresse* der Koalition (vgl. BVerfG 26. 5. 1970 E 28, 295 und 310 = AP GG Art. 9 Nr. 16 und 17; 14. 11. 1995 E 93, 352 = AP GG Art. 9 Nr. 80), sondern sie umfasst auch das Recht, Einfluss auf die Auswahl und Tätigkeit der Personen zu nehmen, die in der Mitbestimmungsordnung die Arbeitnehmer repräsentieren. Daher wäre es verfassungswidrig, wollte der Gesetzgeber jede Wahlwerbung im Betrieb untersagen; denn die Wirksamkeit einer Wahlwerbung ist von der Präsenz der Wählerschaft abhängig (so für die gewerkschaftliche Betätigung der Personalvertretung BVerfG 30. 11. 1965 E 19, 303, 320 f., 322 = AP GG Art. 9 Nr. 7; vgl. für die Gewerkschaftsbetätigung im Bereich des Betriebsverfassungsrechts die Bestätigung durch BVerfG 1. 3. 1979 E 50, 290, 372 = AP MitbestG § 1 Nr. 1; weiterhin BVerfG 24. 2. 1999 E 100, 214, 223 = AP BetrVG 1972 § 20 Nr. 18). Ein Wahlkampf für Betriebsratswahlen kann nicht vor den Betriebstoren in der Privatsphäre der Wahlberechtigten geführt werden. Der Koalitionsbetätigung in der Betriebsverfassung können nur **Schranken** gezogen werden, die **von der Sache selbst gefordert** sind, die also geboten sind, um den Sinn und Zweck freier Wahlen, die Erfüllung der betrieblichen Aufgaben, die Ordnung im Betrieb oder das Wohl der Belegschaft zu gewährleisten (so BVerfGE 19, 303, 322; für die Mitgliederwerbung BVerfG 26. 5. 1970 E 28, 295, 306 = AP GG Art. 9 Nr. 16). 84

d) **Berechtigt** sind nicht nur die einzelnen Koalitionsmitglieder, sondern den Anspruch auf Koalitionsbetätigung in der Betriebsverfassung hat auch die **Gewerkschaft** selbst. Es gilt insoweit Gleiches wie für die Mitgliederwerbung und Informationstätigkeit im Betrieb (vgl. BAG 14. 2. 1967 AP GG Art. 9 Nr. 10 und 11). Der Schutz der Koalitionsfreiheit durch Art. 9 Abs. 3 Satz 2 GG gebietet, dass bei einer Behinderung durch den Arbeitgeber die Gewerkschaft im *eigenen Namen* Rechtsschutz verlangen kann, sie also nicht darauf angewiesen ist, dass die einzelnen Koalitionsmitglieder tätig werden. 85

Das Grundrecht der Koalitionsfreiheit sichert die Betätigungsfreiheit einer Koalition; aus ihm können aber **nicht** ohne weiteres **bestimmte Befugnisse** zur Sicherung des Koalitionsbestands und zur Verwirklichung des Koalitionszwecks abgeleitet werden. Sie im Einzelnen auszugestalten und näher zu regeln, ist vielmehr Sache des Gesetzgebers (s. Rn. 79). Nach der Kompetenzverteilung im Grundgesetz kann der Richter ihn nicht 86 ersetzen. Seine Entscheidungsfindung steht nicht nur unter dem *Vorrang* des Gesetzes, sondern sie steht im Prinzip auch unter dem *Vorbehalt* des Gesetzes, so dass eine richterliche Rechtsfortbildung nur dort legitim ist, wo das Gesetzesrecht eine Regelungslücke enthält, für die kein besonderer sachlicher Rechtfertigungsgrund gegeben ist.

87 Deshalb kann man **nicht mit einem Eingriff in die kollektive Koalitionsfreiheit** begründen, dass eine Gewerkschaft gegen den Arbeitgeber einen **Unterlassungsanspruch** hat, auf **einzelvertraglicher Grundlage** Regelungen zu treffen, die **von normativ geltenden Tarifbestimmungen abweichen** (so aber BAG 20. 4. 1999 AP GG Art. 9 Nr. 89; s. § 77 Rn. 315 f.).

5. Gewerkschaftsrechte in der Betriebsverfassung

88 Der Gesetzgeber hat den im Betrieb vertretenen Gewerkschaften zur Entfaltung der kollektiven Koalitionsfreiheit in der Betriebsverfassung **besondere Rechte** eingeräumt. Er hat außerdem Regelungen geschaffen, die mittelbar den Einfluss der Gewerkschaften auf die Betriebsverfassung begünstigen.

89 a) Die **Gewerkschaftsrechte in der Betriebsverfassung** lassen sich rechtsdogmatisch in *Initiativrechte* zur Bildung eines Betriebsrats und anderer betriebsverfassungsrechtlicher Organe, in *Teilnahme-* und *Beratungsrechte* sowie in *Kontrollrechte* unterscheiden (vgl. zu dieser Systematik *Däubler*, Gewerkschaftsrechte, Rn. 89). Von wesentlicher Bedeutung ist auch, ob es sich um eine *selb*ständige *Befugnis* der Gewerkschaft handelt oder lediglich um ein Recht, dessen Ausübung vom *Willen des Betriebsrats* abhängt.

90 aa) **Initiativrechte für die Bildung eines Betriebsrats.** Die im Betrieb vertretenen Gewerkschaften können sicherstellen, dass ein Wahlvorstand bestellt und ein säumiger Wahlvorstand ersetzt wird (§§ 16 Abs. 2, 17 Abs. 3 und 4, 18 Abs. 1 Satz 2 und 3). Jede im Betrieb vertretene Gewerkschaft kann zusätzlich einen dem Betrieb angehörenden Beauftragten als nicht stimmberechtigtes Mitglied in den Wahlvorstand entsenden, sofern ihr nicht ein stimmberechtigtes Wahlvorstandsmitglied angehört (§ 16 Abs. 1 Satz 6). Sie hat das Recht, zur Wahl des Betriebsrats einen Wahlvorschlag einzureichen (§ 14 Abs. 3 und 5). Erfolgt die Betriebsratswahl unter einer Gesetzesverletzung, so kann eine im Betrieb vertretene Gewerkschaft die Wahl vor dem Arbeitsgericht anfechten (§ 19 Abs. 2).

91 bb) An der **Organisation des Betriebsrats** und der Errichtung eines Gesamtbetriebsrats oder Konzernbetriebsrats durch die Betriebsvertretungen sind dagegen die Gewerkschaften überhaupt nicht mehr beteiligt. Eine Regelung, die mittelbar den Koalitionspluralismus sichert, ergibt sich aus der Bestimmung, dass die Mitglieder des Betriebsausschusses und der weiteren Ausschüsse des Betriebsrats nach den Grundsätzen der Verhältniswahl gewählt werden (§ 27 Abs. 1 Satz 3, § 28 Abs. 1 Satz 2). Dasselbe gilt für die Freistellungsregelung in § 38 Abs. 2 Satz 1.

92 Die im Betrieb vertretenen Gewerkschaften haben kein Antragsrecht, um die Wahl des Betriebsratsvorsitzenden und seines Stellvertreters wegen einer Gesetzesverletzung durch Beschluss des Arbeitsgerichts für **nichtig zu erklären.** Es besteht auch nicht, wenn zweifelhaft ist, ob die Mitglieder des Betriebsausschusses und der sonstigen Ausschüsse des Betriebsrats so gewählt wurden, wie das Gesetz es verlangt, oder Bedenken gegen die ordnungsmäßige Bildung eines Gesamtbetriebsrats oder Konzernbetriebsrats bestehen.

93 cc) Die **Geschäftsführung** steht dem **Betriebsrat in eigener Verantwortung** zu. Nur auf Antrag von einem Viertel der Mitglieder des Betriebsrats kann nach § 31 ein Gewerkschaftsbeauftragter an den Sitzungen mit beratender Stimme teilnehmen, wobei in diesem Fall erforderlich ist, dass die Gewerkschaft im *Betriebsrat* vertreten ist (s. Rn. 72). Entsprechend gestaltet ist die Rechtslage für den Gesamtbetriebsrat und den Konzernbetriebsrat (§§ 51 Abs. 1 Satz 1, 59 Abs. 1 i. V. mit § 31).

94 Nur bei der **Betriebsversammlung** wird die Unterstützungsfunktion der Gewerkschaft durch ein eigenständiges Recht konkretisiert: An den Betriebs- oder Abteilungsversamm-

C. Stellung der Gewerkschaften und Vereinigungen der Arbeitgeber § 2

lungen können Beauftragte der im Betrieb vertretenen Gewerkschaften beratend teilnehmen (§ 46 Abs. 1 Satz 1, Abs. 2). Dasselbe gilt in gleicher Weise für Betriebsräteversammlungen (§ 53 Abs. 3) und Jugend- und Auszubildendenversammlungen (§ 71).

dd) Das Interesse der Gewerkschaften an einer funktionsfähigen Betriebsverfassung 95 findet seine Anerkennung nicht nur darin, dass die Gewerkschaften bei der Bildung der Betriebsräte ein Antragsrecht haben, um durch Beschluss des Arbeitsgerichts sicherzustellen, dass Betriebsratswahlen ordnungsgemäß durchgeführt werden (s. Rn. 88), sondern vor allem auch darin, dass eine im Betrieb vertretene Gewerkschaft bei einer groben Amtspflichtverletzung die **Auflösung des Betriebsrats** oder die **Amtsenthebung eines Betriebsratsmitglieds** durch das Arbeitsgericht herbeiführen kann (§ 23 Abs. 1). Neben dem Betriebsrat kann sie außerdem das in § 23 Abs. 3 vorgesehene **Zwangsverfahren gegen den Arbeitgeber** einleiten, wenn dieser seine Pflichten aus dem BetrVG grob verletzt. Die Bedeutung dieses Antragsrechts liegt darin, dass die Verletzung *fremder* Rechte geltend gemacht werden kann, so dass der Gewerkschaft unter der Rechtsschutzvoraussetzung, dass bereits grobe Verstöße gegen eine Pflicht aus dem BetrVG vorliegen, eine *Prozessführungsbefugnis* innerhalb der Betriebsverfassung eingeräumt wird.

Sieht man von § 23 ab, so unterliegt die **Geschäftsführung des Betriebsrats** keiner 96 **Rechtskontrolle durch die im Betrieb vertretenen Gewerkschaften.** Sie können die Rechtmäßigkeit seiner Beschlüsse nicht vor dem Arbeitsgericht überprüfen lassen, und sie haben auch keinen Anspruch darauf, dass der Betriebsrat bestimmte Aufgaben erfüllt oder Mitwirkungs- und Mitbestimmungsrechte in bestimmter Richtung ausübt. Nur scheinbar bildet in diesem Zusammenhang eine Ausnahme, dass auf Antrag einer im Betrieb vertretenen Gewerkschaft der Betriebsrat eine ordentliche Betriebsversammlung einberufen muss, wenn er im vorhergegangenen Kalenderhalbjahr keine Betriebsversammlung und keine Abteilungsversammlung durchgeführt hat (§ 43 Abs. 4). Auch in diesem Fall geht es ausschließlich darum, dass mit der Einberufung der Betriebsversammlung ein gesetzmäßiges Funktionieren der Betriebsverfassung sichergestellt wird.

b) Für das **Verhältnis der Gewerkschaften zum Betriebsratsamt** sind nicht nur die 97 Bestimmungen maßgebend, die ihren rechtlichen Status in der Betriebsverfassung konkretisieren, sondern auch die gesetzlichen Bestimmungen, die **mittelbar den Einfluss der Gewerkschaften auf die Betriebsverfassung begünstigen.** Hierher gehören vor allem die Regelungen, die eine **abweichende Gestaltung durch Tarifvertrag** gestatten, insbesondere die Bestimmung des § 3 Abs. 1, die den Tarifvertragsparteien gestattet, eine **andere Arbeitnehmervertretungsstruktur** verbindlich festzulegen. Von nicht unerheblicher Bedeutung ist schließlich, dass die Betriebsratswahlen für alle Betriebe einheitlich in einem Vierjahresrhythmus zwischen dem 1. März und dem 31. Mai stattfinden (§ 13 Abs. 1). Die Begründung zum RegE des BetrVG 1972 weist ausdrücklich darauf hin, dass durch die Festlegung eines einheitlichen Zeitpunkts für alle Betriebe die organisatorische Vorbereitung der Betriebsratswahl durch die Gewerkschaft erleichtert werden soll (BT-Drucks. VI/1786, S. 37). Nicht zuletzt hatte die bis zum BetrVerf-ReformG 2001 bestehende Gestaltung des Gruppenschutzes für Arbeiter und Angestellte einen koalitionsrechtlichen Aspekt (vgl. dazu auch O. *Blume,* Normen und Wirklichkeit einer Betriebsverfassung, 1964, S. 72 ff.).

c) Das Gesetz legt die **Rechtsstellung der Gewerkschaften in der Betriebsverfassung** 98 **durch Zuweisung bestimmter Aufgaben und Befugnisse** fest. Regelungslücken sind nach den anerkannten Methoden der Rechtsfindung zu schließen. Dabei verdient besondere Beachtung, dass die Beteiligung der Gewerkschaften an der Betriebsverfassung koalitionsrechtlich gewährleistet ist. Das gilt insbesondere für die Wahlwerbung. Art. 9 Abs. 3 GG schützt aber nicht die Wahlwerbung einer Koalition im Betrieb vor einer allgemeinen politischen Wahl (vgl. BVerfG 28. 4. 1976 E 42, 133, 138 f.). Verfassungsrechtlich gewährleistet ist vielmehr nur der *koalitionsmäßige Einfluss* auf die *Auswahl von Arbeitnehmerrepräsentanten.* Eine Schranke besteht jedoch auch insoweit, als eine Gewerkschaft die *Freiheit der Wahl* zu respektieren hat. § 20 Abs. 1 und 2 gilt auch für sie; denn die koalitionsrechtliche Stellung der Gewerkschaften in der Betriebsverfassung beruht auf der kommunikationsgrundrechtlichen Ordnung der Koalitionsfreiheit und besteht insoweit nur in den Schranken der *allgemeinen Gesetze* (vgl. dazu ausführlich *R. Scholz,* Koalitionsfreiheit, S. 335 ff.). Daraus folgt, dass die Gewerkschaft auf ihre Mitglieder keinen unzulässigen Druck ausüben darf, der die Freiheit der Wahl tangiert (vgl. aber auch BVerfG 24. 2. 1999 E 100, 214, 221 ff. = AP BetrVG 1972 § 20 Nr. 18).

99 d) Die Einrichtung **gewerkschaftlicher Vertrauensleute** im Betrieb gehört **nicht zur Betriebsverfassung.** Sie fällt aber unter die durch Art. 9 Abs. 3 GG geschützte Betreuungs-, Werbe- und Informationstätigkeit der Gewerkschaften (ebenso BAG 8. 12. 1978 AP GG Art. 9 Nr. 28; s. auch Rn. 173 ff.).

IV. Betriebsverfassungsrechtliches Zugangsrecht der Gewerkschaften zum Betrieb

1. Entstehungsgeschichte des § 2 Abs. 2

100 Die Gestaltung des Zugangsrechts der Gewerkschaften zum Betrieb war **bei den Gesetzgebungsarbeiten besonders umstritten** (vgl. auch *Klosterkemper,* Zugangsrecht der Gewerkschaften, S. 10 f.). § 2 Abs. 2 des Referentenentwurfs hatte noch den folgenden Wortlaut: „Im Rahmen der in diesem Gesetz genannten Aufgaben und Befugnisse der Gewerkschaften ist deren Beauftragten Zugang zum Betrieb und zu den Arbeitnehmern zu gewähren, soweit dem nicht unumgängliche Notwendigkeiten des Betriebsablaufs oder zwingende Sicherheitsvorschriften entgegenstehen" (abgedruckt in RdA 1970, 357). § 2 Abs. 3 des RegE brachte dagegen eine erhebliche Einschränkung des Zugangsrechts: „Zur Wahrnehmung der in diesem Gesetz genannten Aufgaben und Befugnisse der im Betrieb vertretenen Gewerkschaften ist deren Beauftragten im Benehmen mit dem Arbeitgeber und dem Betriebsrat Zugang zum Betrieb zu gewähren, soweit dem nicht unumgängliche Notwendigkeiten des Betriebsablaufs, zwingende Sicherheitsvorschriften oder der Schutz von Betriebsgeheimnissen entgegenstehen" (BT-Drucks. VI/1786, S. 3). Berücksichtigt man außerdem, dass die im Referentenentwurf vorgesehene institutionelle Bindung der Betriebsräte an die Gewerkschaften nicht übernommen wurde, so war durch die Formulierung das ursprünglich nahezu unbeschränkt konzipierte gewerkschaftliche Zugangsrecht erheblich eingeschränkt.

101 Die gewerkschaftliche Kritik richtete sich vor allem dagegen, dass der Zugang zum Betrieb nur „im Benehmen mit dem Arbeitgeber und dem Betriebsrat" bestehen sollte (DGB-Stellungnahme zum RegE, in: Für ein besseres BetrVG, S. 3; *W. Schneider,* BlStSozArbR 1971, 275). Die Ausübung eines Rechts „im Benehmen" mit einem anderen verlangt zwar lediglich, dass eine vorherige Kontaktaufnahme erforderlich ist, bedeutet also nicht Zustimmung des anderen Teils (vgl. auch *Galperin,* Der RegE eines neuen BetrVG, S. 23 f.; *Hanau,* BB 1971, 485, 486 Fn. 9 a). Der BT-Ausschuss für Arbeit und Sozialordnung hat aber, um Auslegungsschwierigkeiten zu vermeiden, das Zutrittsrecht nicht vom Benehmen, sondern von der Unterrichtung des Arbeitgebers oder seines Vertreters abhängig gemacht (*zu* BT-Drucks. VI/2729, S. 11). Jedoch blieb noch bei den Beratungen im BT-Ausschuss unklar, welchen Inhalt das Zugangsrecht hat. Mitglieder des Ausschusses plädierten sogar dafür, die Bestimmung ersatzlos zu streichen, weil sie die bereits von der Rspr. und in der Praxis anerkannten Befugnisse der Gewerkschaften beschränke. Die Mehrheit des Ausschusses hielt aber „im Interesse der Rechtssicherheit eine ausdrückliche Klarstellung für geboten" (*zu* BT-Drucks. VI/2729, S. 19). Eine Klarstellung ist jedoch nicht erreicht worden, sondern Inhalt und Umfang des Zugangsrechts sind Gegenstand erheblicher Meinungsverschiedenheiten.

C. Stellung der Gewerkschaften und Vereinigungen der Arbeitgeber   § 2

2. Rechtsdogmatische Einordnung des § 2 Abs. 2

Abs. 2 enthält die **Rechtsgrundlage für den Zugang betriebsfremder Gewerkschafts-** 102
beauftragter in der Betriebsverfassung. Er erschöpft sich nicht in einer *Verfahrens- und Grenzregelung* für aus anderen Gesetzesbestimmungen sich ergebende Zutrittsrechte zum Betrieb (a. A. *Schwerdtner,* JZ 1974, 455, 456). Insbesondere kann man ein Zugangsrecht der Gewerkschaften nicht unmittelbar aus Art. 9 Abs. 3 GG ableiten, sondern es handelt sich bei ihm um eine Befugnis, durch die der *Gesetzgeber* die Tragweite der Koalitionsfreiheit im Einzelnen ausgestaltet und näher regelt (s. Rn. 79).

Das **BVerfG** hat im Beschluss vom 17. 2. 1981 zur gewerkschaftlichen Mitglieder- 103
werbung und Informationstätigkeit im Betrieb zutreffend **verneint,** dass ein **Zutrittsrecht für betriebsfremde Gewerkschaftsbeauftragte sich unmittelbar aus Art. 9 Abs. 3 GG** ergibt (BVerfGE 57, 220 = AP GG Art. 9 Nr. 9 = AR-Blattei, Kirchenbedienstete: Entsch. 22 [zust. *Richardi*] = EzA Art. 9 GG Nr. 32 [krit. *Otto*] = SAE 1981, 257 [zust. *R. Scholz*]). Ein derartiges Zutrittsrecht sei in Art. 9 Abs. 3 GG „vom Wortlaut her nicht festgeschrieben"; es lasse sich „aus dieser Vorschrift des Grundgesetzes auch nicht durch Auslegung ableiten" (BVerfGE 57, 220, 245; s. auch Rn. 149 ff.). Was für die durch Art. 9 Abs. 3 GG geschützte Betätigungsfreiheit im Selbsterhaltungsinteresse der Koalition angenommen wird, muss auch hier für die koalitionsrechtliche Betätigungsfreiheit innerhalb der Betriebsverfassung gelten: Art. 9 Abs. 3 GG gewährleistet nur, dass die Gewerkschaft sich durch ihre zur Belegschaft zählenden Mitglieder innerbetrieblich betätigen kann, um den Koalitionszweck innerhalb der Betriebsverfassung zu erfüllen (vgl. BVerfGE 57, 220, 246 f.).

Der Gesetzgeber hat durch Abs. 2 seinen Gestaltungsspielraum zur Entfaltung der 104
kollektiven Koalitionsfreiheit in der Betriebsverfassung ausgefüllt; es handelt sich bei ihm um eine **Regelung auf der Ebene des einfachen Gesetzesrechts.**

Das Zugangsrecht begrenzt das **Hausrecht des Betriebsinhabers;** es verletzt aber nicht 105
den durch Art. 13 GG verfassungsrechtlich geschützten Bereich (ebenso BVerfG 14. 10. 1976 AP BetrVG 1972 § 2 Nr. 3; *Fitting,* § 2 Rn. 63; ErfK-*Eisemann/Koch,* § 2 Rn. 5; *Klosterkemper,* Zugangsrecht der Gewerkschaften, S. 71 ff.; *Kremp,* AuR 1973, 193, 195).

3. Voraussetzungen des Zugangsrechts

Das Zugangsrecht haben die **im Betrieb vertretenen Gewerkschaften** (s. Rn. 66 ff.) **zur** 106
Wahrnehmung ihrer in diesem Gesetz genannten Aufgaben und Befugnisse.

a) Zu den **Aufgaben und Befugnissen,** die den im Betrieb vertretenen Gewerkschaften 107
nach diesem Gesetz zustehen, gehören insbesondere das Wahlvorschlagsrecht (§ 14 Abs. 5 und 8), das Antragsrecht auf arbeitsgerichtliche Ersatzbestellung des Wahlvorstands (§§ 16 Abs. 2, 17 Abs. 3), das Einladungsrecht zu einer Betriebsversammlung für die Wahl eines Wahlvorstands in einem betriebsratslosen Betrieb (§ 17 Abs. 2), das Antragsrecht auf Ersetzung eines säumigen Wahlvorstands (§ 18 Abs. 1) und auf Feststellung, ob ein Nebenbetrieb oder ein Betriebsteil selbständig oder dem Hauptbetrieb zuzuordnen ist (§ 18 Abs. 2) sowie das Wahlanfechtungsrecht (§ 19 Abs. 2) und das Antragsrecht auf Feststellung der Nichtigkeit einer Betriebsratswahl (vgl. *Klosterkemper,* Zugangsrecht der Gewerkschaften, S. 24 ff.). Soweit die Gewerkschaften Wahlvorschläge eingereicht haben, haben sie das Zugangsrecht auch zur Wahlwerbung für ihre Kandidaten.

Das Zugangsrecht gibt einer Gewerkschaft **nicht** das **Recht, die Betriebsratswahl zu** 108
überprüfen; denn dies ist Aufgabe des Wahlvorstands. Deshalb besteht ein Zugangsrecht nur insoweit, als Mitglieder einer im Betrieb vertretenen Gewerkschaft, die nicht Arbeitnehmer des Betriebs sind, zu Mitgliedern des Wahlvorstands bestellt sind (§ 16 Abs. 2 Satz 3). Aber auch wenn dem Wahlvorstand kein betriebsfremdes Gewerkschaftsmit-

glied angehört, kann er sich der Unterstützung einer im Betrieb vertretenen Gewerkschaft bedienen (s. § 16 Rn. 53). Für die Gewerkschaft besteht in diesem Fall ein Zugangsrecht (ebenso *Fitting*, § 18 Rn. 13; a. A. LAG Hamm, DB 1978, 844 und DB 1981, 848; HSWGNR-*Nicolai*, § 18 Rn. 8). Darüber hinaus ist ein Zugangsrecht nur anzunehmen, wenn konkrete Anhaltspunkte dafür vorhanden sind, dass gegen das Gesetz verstoßen wird, damit die Gewerkschaft sich Klarheit darüber verschaffen kann, ob sie ein Beschlussverfahren vor dem Arbeitsgericht einleitet (ebenso *Klosterkemper*, Zugangsrecht der Gewerkschaften, S. 30; *Hanau*, BB 1971, 485, 486; *Becker/Leimert*, AuR 1972, 365, 367; wohl ohne konkrete Anhaltspunkte zu fordern: *Kremp*, AuR 1973, 193, 197).

109 Bedeutungsvoll sind weiterhin die **Befugnisse,** die eine im Betrieb vertretene Gewerkschaft **nach § 23** hat; es besteht ein Zugangsrecht, wenn konkrete Anhaltspunkte dafür vorhanden sind, dass der Betriebsrat, ein Betriebsratsmitglied oder der Arbeitgeber grob gegen ihre Pflichten aus diesem Gesetz verstoßen haben (ebenso *Fitting*, § 2 Rn. 65; *Klosterkemper*, Zugangsrecht der Gewerkschaften, S. 31 ff.; *G. Müller*, ZfA 1972, 213, 241; *Kremp*, AuR 1973, 193, 198; a. A. mit dem Hinweis, dass das Antragsrecht nach § 23 kein Ermittlungsrecht umfasse, HSWGNR-*Rose*, § 2 Rn. 204; zu weitgehend andererseits *Becker/Leimert*, AuR 1972, 365, 367 f., die auf § 23 ein allgemeines Überwachungsrecht der im Betrieb vertretenen Gewerkschaft stützen und daraus ableiten, dass ein Zugangsrecht auch dann bestehe, wenn kein konkreter Anhaltspunkt für eine Gesetzesverletzung vorhanden sei; s. auch § 23 Rn. 34).

110 b) Bestritten ist, ob das Zugangsrecht außer auf die besonders zugewiesenen gesetzlichen Befugnisse auch auf die **allgemeine Unterstützungsaufgabe in § 2 Abs. 1** gestützt werden kann (bejahend BAG 17. 1. 1989 AP LPVG NW § 2 Nr. 1; LAG Hamm, AP BetrVG 1972 § 2 Nr. 1 [zust. *Richardi*]; LAG Baden-Württemberg, BB 1974, 1206; *Fitting*, § 2 Rn. 66; GK-*Kraft/Franzen*, § 2 Rn. 53; GL-*Löwisch*, § 2 Rn. 79; ErfK-*Eisemann/Koch*, § 2 Rn. 5; WPK-*Preis*, § 2 Rn. 25; v. *Hoyningen-Huene*, MünchArbR § 215 Rn. 7; *Stege/Weinspach/Schiefer*, § 2 Rn. 16; *Klosterkemper*, Zugangsrecht der Gewerkschaften, S. 42 ff.; *G. Müller*, ZfA 1972, 213, 240; *Becker/Leimert*, AuR 1972, 365, 366; *Kremp*, AuR 1973, 193, 197; *Schellenberg*, BlStSozArbR 1974, 161, 162 f.; *Schwerdtner*, JZ 1974, 455, 458 f.; verneinend HSWGNR-*Rose*, § 2 Rn. 202; auch *Hanau*, BB 1971, 485, 487 und *Buchner*, DB 1972, 1236, 1238, jedoch geben sie ein Zugangsrecht unmittelbar aus § 2 Abs. 1 zum *Betriebsrat*). Unerheblich ist, ob man das Zugangsrecht bereits in Abs. 1 als mitgeregelt ansieht und daher dem Abs. 2 lediglich die Funktion einer *Verfahrens- und Grenzregelung* für die Realisierung dieses Rechts zuweist (*Schwerdtner*, JZ 1974, 456) oder ob man die maßgebliche Rechtsgrundlage für das Zugangsrecht in Abs. 2 erblickt und im Unterstützungsrecht aus Abs. 1 eine *Aufgabe und Befugnis* i. S. des Abs. 2 sieht (*Richardi*, Anm. zu BAG, AP BetrVG 1972 § 2 Nr. 2; ebenso *Klosterkemper*, Zugangsrecht der Gewerkschaften, S. 44).

111 Nach dem RegE des BetrVG 1972 sollte das Gesetz ausdrücklich die Bestimmung enthalten, dass der Betriebsrat das *Recht* hat, seine Aufgaben in Zusammenarbeit mit den im Betrieb vertretenen Gewerkschaften und mit ihrer Unterstützung durchzuführen (s. Rn. 98). Dadurch wäre klargestellt worden, dass die Unterstützungsaufgabe ebenfalls zu den in diesem Gesetz genannten Aufgaben und Befugnissen der im Betrieb vertretenen Gewerkschaften gehört (*Richardi*, Anm. zu AP BetrVG 1972 § 2 Nr. 1). Da diese Bestimmung nur gestrichen wurde, weil man sie für überflüssig hielt, kann man sie für die Interpretation des Abs. 2 heranziehen. Wollte man dagegen das Zugangsrecht der Gewerkschaften nur zur Wahrnehmung der außerhalb des Abs. 1 liegenden Befugnisse der Gewerkschaften geben, so wäre der Anwendungsbereich des Abs. 2 auf Fälle beschränkt, in denen er entbehrlich ist, weil bereits der Sachzusammenhang mit den besonders genannten Unterstützungs- und Kontrollrechten die Einräumung eines Zugangsrechts erfordert. Berücksichtigt man weiterhin, dass für das Teilnahmerecht an Betriebsratssitzungen und an Betriebs- oder Abteilungsversammlungen § 31 und § 46

Abs. 1 eine Sonderregelung für das Zugangsrecht enthalten (s. Rn. 113), so hätte die Bestimmung in Abs. 2 praktisch keine Bedeutung, würde man nicht auch die allgemeine Unterstützungsaufgabe zu den Aufgaben und Befugnissen zählen, zu deren Wahrnehmung das Zugangsrecht in Abs. 2 eingeräumt wird. Die Vorschrift des Abs. 2 soll aber eine wesentliche Zielsetzung des BetrVG, nämlich die Sicherstellung des Zusammenwirkens von Betriebsrat und Gewerkschaft, ausdrücken (vgl. Bericht des BT-Ausschusses für Arbeit und Sozialordnung, *zu* BT-Drucks. VI/2729, S. 11; ebenso BAG 17. 1. 1989 AP LPVG NW § 2 Nr. 1).

c) Das Zugangsrecht haben die im Betrieb vertretenen Gewerkschaften **zur Wahr-** **112** **nehmung ihrer betriebsverfassungsrechtlichen Aufgaben und Befugnisse.** Durch seine Einräumung erhalten sie keine zusätzlichen Aufgaben und Befugnisse. Das Zugangsrecht ist daher insoweit stets *akzessorisch*. Es besteht nur insoweit, als die im Betrieb vertretenen Gewerkschaften es zur Wahrnehmung ihrer Aufgaben und Befugnisse nach diesem Gesetz ausüben (ebenso BAG 26. 6. 1973 AP BetrVG 1972 § 2 Nr. 2 [zust. *Richardi*] = SAE 1974, 144 [zust. *Bohn*] = AuR 1974, 157 [abl. *Becker*] = JZ 1974, 454 [zust. *Schwerdtner*]; *Fitting*, § 2 Rn. 64; *Klosterkemper*, Zugangsrecht der Gewerkschaften, S. 50; *Kremp*, AuR 1973, 193, 195 f.; *Schwerdtner*, JZ 1974, 455, 457 f.; *Reuter*, ZfA 1976, 107, 131 ff.).

Dennoch wird im Schrifttum die Auffassung vertreten, dass der Zugang nur aus den **113** im letzten Halbsatz der Bestimmung genannten Gründen versagt werden kann, also nur, soweit dem Zugang zum Betrieb unumgängliche Notwendigkeiten des Betriebsablaufs, zwingende Sicherheitsvorschriften oder der Schutz von Betriebsgeheimnissen entgegenstehen (vor allem *Becker/Leimert*, BlStSozArbR 1972, 37, 40 f.; *dieselben*, AuR 1972, 365, 368; *Säcker*, Inhalt und Grenzen des gewerkschaftlichen Zutrittsrechts zum Betrieb, 1975, S. 13 ff.; so auch *Gnade/Kehrmann/Schneider*, BetrVG 1972, § 2 Rn. 4; aber nicht DKK-*Berg*, § 2 Rn. 33). Damit würde das Zugangsrecht einen umfassenden Inhalt erhalten, der durch die Zweckbestimmung nicht beschränkt, sondern nur *motiviert* wird, was weder mit dem Wortlaut noch mit der Entstehungsgeschichte dieser Bestimmung vereinbar ist. Das Gesetz gibt ein Zugangsrecht den im Betrieb vertretenen Gewerkschaften nur insoweit, als sie es zur Wahrnehmung ihrer Aufgaben und Befugnisse nach diesem Gesetz ausüben.

Soweit eine im Betrieb vertretene Gewerkschaft sich auf ihr **Unterstützungsrecht aus** **114** **Abs. 1** beruft (s. Rn. 110 f.), wirkt auf das Zugangsrecht, dass die Unterstützungsfunktion der Gewerkschaft nicht durch ein eigenständiges Recht konkretisiert wird, sondern lediglich ein Recht darstellt, dessen Ausübung vom Willen des Betriebsrats abhängt. Der Rückgriff auf Abs. 1 führt nicht dazu, dass die im Betrieb vertretenen Gewerkschaften ein eigenständiges Zugangsrecht zum Betrieb haben, um dort eine Kontrollfunktion auszuüben. Das Zutrittsrecht ist vielmehr von der Gestaltung der Befugnis abhängig, die die Gewerkschaft im Rahmen der Betriebsverfassung hat. Es ist ein eigenständiges Recht, wenn es der Ausübung einer Befugnis dient, die als eigenständiges Recht gestaltet ist. Wenn dagegen das Zugangsrecht der in Abs. 1 geregelten Unterstützung der Betriebsratstätigkeit dient, hängt es davon ab, ob und inwieweit der Betriebsrat sich gewerkschaftlicher Unterstützung bedienen will. Soweit eine im Betrieb vertretene Gewerkschaft ihr Zugangsrecht auf Abs. 1 stützt, besteht es lediglich als *akzessorisches Zugangsrecht*, ist also Voraussetzung, dass ein **Ersuchen des Betriebsratsvorsitzenden** namens des Betriebsrats oder des Betriebsausschusses auf Entsendung eines Gewerkschaftsbeauftragten zur Unterstützung der Betriebsratsarbeit vorliegt (ebenso BAG 17. 1. 1989 AP LPVG NW § 2 Nr. 1; LAG Hamm, AP BetrVG 1972 § 2 Nr. 1 [zust. *Richardi*]; *Klosterkemper*, Zugangsrecht der Gewerkschaften, S. 43 f.; *Reuter*, FS G. Müller 1981, S. 387, 400 f.; *Schwerdtner*, JZ 1974, 455, 458; ähnlich *Kremp*, AuR 1973, 193, 197, der allerdings nur verlangt, dass der Betriebsrat nicht eindeutig widerspricht, dabei aber übersieht, dass die Initiative zur Unterstützung vom Betriebsrat ausgehen muss).

115   d) Zu den in diesem Gesetz genannten Aufgaben und Befugnissen gehören insbesondere das **Teilnahmerecht an Betriebsratssitzungen** nach § 31 und an **Betriebs- oder Abteilungsversammlungen** nach § 46. Nach dem Gesetzestext liegt es nahe, dass das Zugangsrecht sich auch in diesen Fällen nach Abs. 2 bestimmt (so *Brecht*, § 2 Rn. 23, 27, § 31 Rn. 8, § 46 Rn. 2; HSWGNR-*Glock*, § 31 Rn. 15; GK-*Raab*, § 31 Rn. 23; *Galperin*, Leitfaden, S. 35; *Klosterkemper*, Zugangsrecht der Gewerkschaften, S. 22). Das Gesetz enthält insoweit aber eine *verdeckte Regelungslücke*. Auch wenn man in Abs. 2 lediglich eine *Verfahrens- und Grenzregelung* für das Zugangsrecht sieht (s. Rn. 102), wäre das in § 31 geregelte Teilnahmerecht an Betriebsratssitzungen, das entsprechend für Sitzungen des Gesamtbetriebsrats (§ 51 Abs. 1), des Konzernbetriebsrats (§ 59 Abs. 1), der Jugend- und Auszubildendenvertretung (§ 65 Abs. 1) und der Gesamt-Jugend- und Auszubildendenvertretung (§ 73 Abs. 2) gilt, in seiner Substanz beeinträchtigt, wenn das Zugangsrecht nur in den Schranken des Abs. 2 besteht. Dasselbe gilt für das Teilnahmerecht an Betriebs- oder Abteilungsversammlungen (§ 46), Betriebsräteversammlungen (§ 53 Abs. 2) und Jugendversammlungen (§ 71). Für das Teilnahmerecht an Betriebsratssitzungen ergibt sich eine weitere Besonderheit daraus, dass § 31 es nur den im *Betriebsrat* vertretenen Gewerkschaften auf Antrag von einem Viertel der Mitglieder oder der Mehrheit einer Gruppe des Betriebsrats gibt. Deshalb ist davon auszugehen, dass der Zugang zum Betrieb in diesen Fällen nicht verweigert werden kann, soweit er für die Teilnahme erforderlich ist. § 31 und § 46 Abs. 1 enthalten insoweit also eine *Sonderregelung* für das Zugangsrecht (ebenso *Fitting*, § 31 Rn. 23, § 46 Rn. 8; *Hanau*, BB 1971, 485, 486; für § 31 auch von seinem Standpunkt aus, dass das Zutrittsrecht des Gewerkschaftsbeauftragten zum *Betriebsrat* sich nicht nach § 2 Abs. 2 richtet, *Buchner*, DB 1972, 1236, 1238).

4. Inhalt des Zugangsrechts

116   Durch das Zugangsrecht erhalten die im Betrieb vertretenen Gewerkschaften die Befugnis, einen betriebsfremden Gewerkschaftsbeauftragten zur Wahrnehmung ihrer betriebsverfassungsrechtlichen Aufgaben und Befugnisse in den Betrieb zu entsenden.

117   a) Die **Gewerkschaften** können **bestimmen, wen sie als Beauftragten** in den Betrieb **entsenden**. Nicht notwendig ist es, dass es sich um einen hauptberuflichen Angestellten der Gewerkschaft handelt (ebenso *Fitting*, § 2 Rn. 69; DKK-*Berg*, § 2 Rn. 36; GK-*Kraft/Franzen*, § 2 Rn. 54; *Däubler*, Gewerkschaftsrechte, Rn. 223; *Klosterkemper*, Zugangsrecht der Gewerkschaften, S. 68; *Kremp*, AuR 1973, 193, 199).

118   **Schranken der Auswahlfreiheit** ergeben sich nur aus dem **Gesichtspunkt des Rechtsmissbrauchs** (ebenso *Fitting*, § 2 Rn. 69; HSWGNR-*Rose*, § 2 Rn. 216; *Däubler*, Gewerkschaftsrechte, Rn. 239 ff.; *Klosterkemper*, Zugangsrecht der Gewerkschaften, S. 67 f.; *Becker/Leimert*, AuR 1972, 365, 370; *Kremp*, AuR 1973, 193, 200). Der Arbeitgeber kann daher einem Beauftragten der Gewerkschaft den Zutritt zum Betrieb verwehren, wenn zu erwarten ist, dass der Gewerkschaftsbeauftragte sich nicht an die betriebsverfassungsrechtlichen Grenzen des Zugangsrechts halten wird; jedoch muss dafür ein konkreter Anhaltspunkt vorhanden sein, was regelmäßig nur der Fall sein wird, wenn das Verhalten gerade dieses Gewerkschaftsbeauftragten bisher schon zu Beanstandungen Anlass gegeben hat (s. dazu auch die Schranken, die das BAG für das Teilnahmerecht eines Gewerkschaftsbeauftragten an Betriebsversammlungen entwickelt hat, § 46 Rn. 15 f.).

119   Die Gewerkschaft kann **mehrere Beauftragte** entsenden, soweit sie dies für die Wahrnehmung ihrer Aufgaben und Befugnisse für erforderlich hält (ebenso *Fitting*, § 2 Rn. 69; DKK-*Berg*, § 2 Rn. 36; ErfK-*Eisemann/Koch*, § 2 Rn. 6; *Däubler*, Gewerkschaftsrechte, Rn. 223). Auch hier zieht der Gesichtspunkt des Rechtsmissbrauchs eine Grenze. Der Arbeitgeber braucht keine Zahl hinzunehmen, die für die Erfüllung des betriebsverfassungsrechtlichen Zwecks nicht mehr vertretbar ist.

C. Stellung der Gewerkschaften und Vereinigungen der Arbeitgeber § 2

b) Soweit das Zugangsrecht nicht vom einem Ersuchen des Betriebsrats abhängig ist 120 (s. Rn. 114), bestimmt die Gewerkschaft **Zeitpunkt und Dauer** des Besuchs ihres Gewerkschaftsbeauftragten. Der Arbeitgeber kann aber den Zugang verweigern, soweit ihm unumgängliche Notwendigkeiten des Betriebsablaufs entgegenstehen (s. auch Rn. 127 ff.).

Problematisch ist, ob eine Gewerkschaft den **Zugang unmittelbar vor oder während** 121 **eines Arbeitskampfs** verlangen kann (bejahend *Fitting*, § 2 Rn. 71; DKK-*Berg*, § 2 Rn. 38 a; ErfK-*Eisemann/Koch*, § 2 Rn. 6; *Klosterkemper*, Zugangsrecht der Gewerkschaften, S. 70 f.; *G. Müller*, ZfA 1972, 213, 242; *Kremp*, AuR 1973, 193, 200; verneinend GK-*Kraft/Franzen*, § 2 Rn. 78; HSWGNR-*Rose*, § 2 Rn. 217; *Stege/Weinspach/Schiefer*, § 2 Rn. 21 a). Da die Gewerkschaft das Zugangsrecht nur zur Wahrnehmung ihrer betriebsverfassungsrechtlichen Aufgaben und Befugnisse ausüben darf, spielt keine Rolle, ob eine Tarifauseinandersetzung mit ihr bevorsteht. Auch der Beginn des Arbeitskampfes rechtfertigt keine andere Beurteilung. Wird aber der Betrieb in den Arbeitskampf einbezogen, so verlangt eine arbeitskampfkonforme Interpretation des Abs. 2, dass das Zugangsrecht ruht (ebenso im Ergebnis GL-*Löwisch*, § 2 Rn. 89).

c) Das Zugangsrecht besteht zum **Betrieb**. Für die Feststellung, welchen *Teil* des 122 Betriebs der Gewerkschaftsbeauftragte aufsuchen kann, ist maßgebend, dass das Zugangsrecht nur zur Wahrnehmung der in diesem Gesetz genannten Aufgaben und Befugnisse der im Betrieb vertretenen Gewerkschaften besteht. Soweit der Gewerkschaftsbeauftragte das Zutrittsrecht hat, um den Betriebsrat in der Durchführung seiner Aufgaben zu unterstützen, ist der Zugang aber nicht auf das Betriebsratszimmer oder das Verwaltungsgebäude beschränkt, sondern es besteht allgemein zum Betrieb, also auch zur Produktionsstätte, soweit dem nicht unumgängliche Notwendigkeiten des Betriebsablaufs, zwingende Sicherheitsvorschriften oder der Schutz von Betriebsgeheimnissen entgegenstehen (ebenso LAG Hamm, AP BetrVG 1972 § 2 Nr. 1, wo zutreffend darauf hingewiesen wird, dass diese Einschränkungen ohne Sinn wären, wenn das Zutrittsrecht im Allgemeinen nicht auch den Produktionsbetrieb umfasste, weil im Verwaltungsgebäude oder auf dem Weg zum Betriebsratszimmer die Begrenzungen des gewerkschaftlichen Zutrittsrechts kaum jemals praktisch aktuell werden). Eine immanente Schranke ergibt sich weiterhin daraus, dass der Zugang zu einem bestimmten Betriebspunkt nur zur Wahrnehmung der gewerkschaftlichen Aufgaben und Befugnisse nach diesem Gesetz verlangt werden kann, also nicht, um dort Material für den Abschluss eines neuen Tarifvertrags zu sammeln (s. auch Rn. 133). Soweit das Zugangsrecht auf § 2 Abs. 1 gestützt wird, muss es sich also stets um Aufgaben des Betriebsrats handeln, die dieser nach dem Gesetz wahrzunehmen hat und bei deren Erfüllung er sich der Unterstützung eines Gewerkschaftsbeauftragten bedient.

Das Zugangsrecht umfasst auch die Befugnis, mit den Arbeitnehmern des Betriebs am 123 **Arbeitsplatz** in Verbindung zu treten, soweit dies im Rahmen der betriebsverfassungsrechtlichen Aufgabenstellung *erforderlich* ist (ebenso BAG 17. 1. 1989 AP LPVG NW § 2 Nr. 1; *Fitting*, § 2 Rn. 72; GK-*Kraft/Franzen*, § 2 Rn. 63 f.; DKK-*Berg*, § 2 Rn. 31 f.; ErfK-*Eisemann/Koch*, § 2 Rn. 6; HSWGNR-*Rose*, § 2 Rn. 212 f.; *Stege/Weinspach/Schiefer*, § 2 Rn. 17; *Däubler*, Gewerkschaftsrechte, Rn. 226; *Klosterkemper*, Zugangsrecht der Gewerkschaften, S. 53; *Buchner*, DB 1972, 1236, 1237; *Richardi*, Anm. zu AP BetrVG 1972 § 2 Nr. 1; *Kremp*, AuR 1973, 193, 198; *Schwerdtner*, JZ 1974, 455, 459 Fn. 58; *Reuter*, ZfA 1976, 107, 146; *Düttmann*, ArbRGegw. 17 [1980], 71, 77; wohl auch *G. Müller*, ZfA 1972, 213, 241; zu weitgehend, weil nicht darauf abgestellt wird, ob die Aufgabenwahrnehmung den Zugang zu bestimmten Betriebspunkten und Arbeitsplätzen erfordert: *Becker/Leimert*, BlStSozArbR 1972, 37, 41; *dieselben*, AuR 1972, 365, 369; vgl. weiterhin die Begründung zum RegE, BT-Drucks. VI/1786, S. 35 und den Bericht des BT-Ausschusses für Arbeit und Sozialordnung, *zu* BT-Drucks. VI/2729, S. 19; – a. A. unter Hinweis darauf, dass die im Referentenentwurf enthaltene Formulierung „Zugang zum Betrieb und zu den Arbeitnehmern" aus dem Gesetz gestrichen wurde, *Galperin,* Leitfaden, S. 76 f. und BB 1972, 272, 274; *Hanau,* BB 1971, 481, 486; wohl auch GL-*Löwisch,* § 2 Rn. 81 f.). Das kann vor allem eine Rolle spielen, wenn im Betrieb Akkordstreitigkeiten ausbrechen und der Betriebsrat sich im Rahmen seines Mitbestimmungsrechts nach § 87 Abs. 1 Nr. 11 der Unterstützung eines Gewerkschaftsbeauftragten bedienen will.

5. Ausübung des Zugangsrechts

124 Die Gewerkschaft hat den **Arbeitgeber** oder seinen Vertreter vor dem Besuch ihres Beauftragten **zu unterrichten.** Vertreter des Arbeitgebers ist die Person, die den Arbeitgeber generell in seiner Eigenschaft als Betriebsinhaber vertritt oder ausdrücklich als Empfangsbote für derartige Erklärungen benannt wird oder es kraft Übung ist. Der Arbeitgeber hat nur ein Recht auf Unterrichtung. Doch handelt es sich nicht bloß darum, dass ihm der Besuch angekündigt wird, also um einen Akt der Höflichkeit (so aber *Becker/Leimert,* AuR 1972, 365, 368 f. unter Hinweis auf die fehlerhafte Interpretation des Begriffs *Benehmen* im RegE durch den Bundesarbeitsminister, Protokoll des Deutschen Bundestags, 6. Wahlperiode, S. 5809 A). Durch die Unterrichtung soll vielmehr der Arbeitgeber die Möglichkeit erhalten, nachzuprüfen, ob das Zugangsrecht der Gewerkschaft besteht; denn nur unter dieser Voraussetzung hat er den Zugang zum Betrieb zu gewähren, ohne dass es seiner Zustimmung bedarf. Deshalb hat die Gewerkschaft den Arbeitgeber über den *Zeitpunkt* und *Zweck* des Besuchs sowie über die *Person des Gewerkschaftsbeauftragten* zu unterrichten (ebenso *Fitting,* § 2 Rn. 73; GK-*Kraft/Franzen,* § 2 Rn. 69; *Klosterkemper,* Zugangsrecht der Gewerkschaften, S. 58 ff.); sofern die Gewerkschaft sich auf ihre *Unterstützungsfunktion* im Rahmen der vertrauensvollen Zusammenarbeit beruft, hat sie außerdem mitzuteilen, dass ein entsprechendes *Ersuchen des Betriebsrats* vorliegt (ebenso LAG Hamm, AP BetrVG 1972 § 2 Nr. 1; *Klosterkemper,* S. 61; *Schwerdtner,* JZ 1974, 365, 459; a. A. *Becker/Leimert,* AuR 1972, 365, 368).

125 Die **Unterrichtung obliegt der Gewerkschaft.** Sie kann mit deren Vollmacht auch durch ein Betriebsratsmitglied erfolgen (ebenso *Däubler,* Gewerkschaftsrechte, Rn. 244; *Klosterkemper,* Zugangsrecht der Gewerkschaften, S. 59; *Kremp,* AuR 1973, 193, 199). Die Unterrichtung ist an keine besondere Form gebunden. Sie hat so **rechtzeitig** zu geschehen, dass der Arbeitgeber nachprüfen kann, ob das behauptete Zutrittsrecht besteht (ebenso *Fitting,* § 2 Rn. 74; GK-*Kraft/Franzen,* § 2 Rn. 68; *Klosterkemper,* S. 59; *Buchner,* DB 1972, 1236, 1238; a. A. von ihrem Standpunkt aus *Becker/Leimert,* AuR 1972, 365, 369). Im Einzelfall kann aber genügen, dass die Unterrichtung unmittelbar vor dem Besuch erfolgt, insbesondere, wenn es sich um einen Eilfall handelt (ebenso *Fitting, Kraft/Franzen, Klosterkemper,* – jeweils a. a. O.).

126 Bestreitet der Arbeitgeber, dass ein Zugangsrecht überhaupt oder in dem behaupteten Umfang besteht, so hat der Gewerkschaftsbeauftragte **kein Recht zur Eigenmacht** (ebenso *Fitting,* § 2 Rn. 75; GK-*Kraft/Franzen,* § 2 Rn. 68). Die Gewerkschaft kann aber im Rahmen des Beschlussverfahrens eine **einstweilige Verfügung** nach § 85 Abs. 2 ArbGG beantragen (s. Rn. 178).

6. Schranken des betriebsverfassungsrechtlichen Zugangsrechts

127 a) Sind die formellen und materiellen Voraussetzungen erfüllt, so kann der Arbeitgeber der Gewerkschaft den Zugang zum Betrieb nur verweigern, soweit dem **unumgängliche Notwendigkeiten des Betriebsablaufs, zwingende Sicherheitsvorschriften** oder **der Schutz von Betriebsgeheimnissen** entgegenstehen. Diese Versagungsgründe beschränken den Anspruch der Gewerkschaft auf Zugang zum Betrieb, schließen ihn aber nicht aus; denn der Arbeitgeber kann den Zutritt nur *insoweit* verweigern, als dem einer der Versagungsgründe entgegensteht. Daraus folgt, dass der Zugang nicht generell untersagt werden kann, sondern nur zu einem bestimmten Zeitpunkt oder für bestimmte Räumlichkeiten, weil unumgängliche Notwendigkeiten des Betriebsablaufs, zwingende Sicher-

C. Stellung der Gewerkschaften und Vereinigungen der Arbeitgeber § 2

heitsvorschriften oder der Schutz von Betriebsgeheimnissen dies erfordern. Es gilt das Gebot der *Erforderlichkeit und Verhältnismäßigkeit* (ebenso *Fitting*, § 2 Rn. 76; DKK-*Berg*, § 2 Rn. 42; im Ergebnis ErfK-*Eisemann/Koch*, § 2 Rn. 7; vgl. auch *Klosterkemper*, Zugangsrecht der Gewerkschaften, S. 62 f.). Deshalb kann der Zugang zum Produktionsbetrieb nicht allgemein verweigert werden, weil in einer Betriebsabteilung gefährliche Einrichtungen bestehen, sondern in diesem Fall kann nur der Zutritt zu dieser Abteilung verboten werden.

(1) **Unumgängliche Notwendigkeiten des Betriebsablaufs** sind nur anzuerkennen, wenn der Zugang zu einer schwerwiegenden Beeinträchtigung des Arbeitsablaufs führt, die für den Arbeitgeber unzumutbar ist. Dagegen genügt nicht eine Störung des Betriebsablaufs, die sich in dem Zugang einer betriebsfremden Person erschöpft (ebenso *Fitting*, § 2 Rn. 77; GK-*Kraft/Franzen*, § 2 Rn. 73; *Klosterkemper*, Zugangsrecht der Gewerkschaften, S. 63 f.; *Becker/Leimert*, BlStSozArbR 1972, 37, 41; *dieselben*, AuR 1972, 365, 370; *Kremp*, AuR 1973, 193, 200; *Schellenberg*, BlStSozArbR 1974, 161, 164). 128

(2) **Zwingende Sicherheitsvorschriften** begründen ebenfalls ein Zugangsverbot. Zu ihnen gehören die öffentlich-rechtlichen Sicherheitsvorschriften und Betriebsvereinbarungen nach § 87 Abs. 1 Nr. 7 (ebenso *Fitting*, § 2 Rn. 78; ErfK-*Eisemann/Koch*, § 2 Rn. 7; *Klosterkemper*, Zugangsrecht der Gewerkschaften, S. 65). Der Zugang kann nur insoweit verweigert werden, als eine zwingende Sicherheitsvorschrift dies gebietet, also nicht generell zu einem Betrieb, in dem z. B. mit Röntgenstrahlen gearbeitet wird. Es genügt, dass der Zugang einer betriebsfremden Person untersagt ist, um sie vor den Gefahren zu schützen, sofern die gleiche Regelung auch auf Arbeitnehmer Anwendung findet, die nicht in dem Gefahrenbereich beschäftigt sind (ebenso DKK-*Berg*, § 2 Rn. 40). 129

(3) Weiterhin kann der Arbeitgeber den Zugang verbieten, soweit der **Schutz von Betriebsgeheimnissen** entgegensteht (s. zum Begriff des Betriebsgeheimnisses § 79 Rn. 4 f.). Teilweise wird die Auffassung vertreten, dass dieser Versagungsgrund praktisch keine Bedeutung habe, weil die Gewerkschaftsvertreter nach § 79 Abs. 2 der Verschwiegenheitspflicht unterliegen (*Becker/Leimert*, BlStSozArbR 1972, 37, 41; *dieselben*, AuR 1972, 365, 370; *Auffarth*, AuR 1972, 33, 34; vgl. auch DKK-*Berg*, § 2 Rn. 40). Gefordert wird deshalb ein konkreter Verdacht, dass der Gewerkschaftsvertreter, der den Betrieb betreten will, seine Geheimhaltungspflicht verletzen wird (*Fitting*, § 2 Rn. 79; GK-*Kraft/Franzen*, § 2 Rn. 75; ErfK-*Eisemann/Koch*, § 2 Rn. 7; *Däubler*, Gewerkschaftsrechte, Rn. 237 f.; *Kremp*, AuR 1973, 193, 200). Diese restriktive Interpretation ist aber weder mit dem Wortlaut noch mit der Entstehungsgeschichte der Bestimmung vereinbar; denn der Referentenentwurf enthält diese Einschränkung des Zugangsrechts noch nicht, so dass die Aufnahme des Schutzes von Betriebsgeheimnissen als Verweigerungsgrund keineswegs auf einem Versehen beruht. Wenn darauf hingewiesen wird, der Umfang der Betriebsgeheimnisse werde vom Arbeitgeber selbst bestimmt und könne in seiner Berechtigung nur teilweise überprüft werden (*Becker/Leimert*, BlStSozArbR 1972, 41), so ist das kein Grund, um *contra legem* zu entscheiden. Der Schutz von Betriebsgeheimnissen berechtigt den Arbeitgeber, den Zugang eines Gewerkschaftsbeauftragten zu verweigern, auch wenn im konkreten Fall nicht zu besorgen ist, dass der Gewerkschaftsbeauftragte die Geheimhaltungspflicht verletzen wird (ebenso HSWGNR-*Rose*, § 2 Rn. 214; *Klosterkemper*, Zugangsrecht der Gewerkschaften, S. 66 f.; *G. Müller*, ZfA 1972, 213, 240). Die Befürchtung, der Arbeitgeber erhalte dadurch die Möglichkeit, den Zutritt zu behindern, ist schon deshalb nicht begründet, weil feststehen muss, welche Tatsachen Betriebsgeheimnisse sind, und der Arbeitgeber ein berechtigtes Interesse an ihrer Geheimhaltung haben muss; außerdem muss dargetan werden, dass der Zugang zu einer Offenlegung des Betriebsgeheimnisses führt, was ebenfalls eine erhebliche Einschränkung bedeutet, um Missbrauch auszuschließen. 130

b) Eine bloße **Behauptung des Arbeitgebers,** dem Zugang des Gewerkschaftsbeauftragten zum Betrieb stünden unumgängliche Notwendigkeiten des Betriebsablaufs, zwingende Sicherheitsvorschriften oder der Schutz von Betriebsgeheimnissen entgegen, ge- 131 nügt nicht, sondern er muss **Tatsachen vortragen,** aus denen sich ergibt, dass diese Gründe vorliegen (ebenso *Fitting,* § 2 Rn. 76; DKK-*Berg,* § 2 Rn. 41).

7. Tendenzbetriebe und Einrichtungen einer Religionsgemeinschaft

132 a) Bei **Tendenzbetrieben** ist zu beachten, dass Abs. 2 zu den Vorschriften gehört, bei denen nur ein relativer Tendenzschutz besteht (§ 118 Abs. 1 Satz 1). Das betriebsverfassungsrechtliche Zugangsrecht ist deshalb grundsätzlich nicht ausgeschlossen, sondern lediglich insoweit beschränkt, als der Wahrnehmung einer sonst den im Betrieb vertretenen Gewerkschaften eingeräumten betriebsverfassungsrechtlichen Aufgabe oder Befugnis die Eigenart des Unternehmens oder Betriebs entgegensteht. Soweit dies nicht der Fall ist, ist grundsätzlich auch das Zugangsrecht nach Abs. 2 gegeben (vgl. auch *Klosterkemper,* Zugangsrecht der Gewerkschaften, S. 75 ff.).

133 b) Ein betriebsverfassungsrechtliches Zugangsrecht nach Abs. 2 besteht nicht, wenn es sich um den Betrieb einer **Religionsgemeinschaft** oder einer **ihr zugeordneten karitativen oder erzieherischen Einrichtung** handelt (§ 118 Abs. 2). Das gilt insbesondere für kirchliche Einrichtungen. Deren Betriebsverfassung regelt das kirchliche Mitarbeitervertretungsrecht.

8. Zugangsrecht zur koalitionsrechtlichen Aufgaben- und Interessenwahrnehmung außerhalb der Betriebsverfassung

134 a) Abs. 2 regelt nur das Zugangsrecht der Gewerkschaft, soweit es um deren Stellung **im Rahmen der Betriebsverfassung** geht. Insoweit gibt das Gesetz eine *abschließende Regelung.* Allerdings ist dabei zu beachten, dass die Aufgaben und Befugnisse, zu deren Wahrnehmung die im Betrieb vertretenen Gewerkschaften das Zugangsrecht haben, keineswegs im Gesetz erschöpfend aufgezählt sind (vgl. BAG 26. 6. 1973 AP BetrVG 1972 § 2 Nr. 2 [zust. *Richardi*]). Insbesondere ist hier die in Abs. 1 genannte Unterstützungsaufgabe zu beachten. Jedoch darf man diesen Zusammenhang nicht dahin interpretieren, dass die Gewerkschaften aus Abs. 1 ein generelles Zugangsrecht zum Betrieb haben (vgl. auch BAG a. a. O.), sondern maßgebliche Rechtsgrundlage bleibt Abs. 2, der den im Betrieb vertretenen Gewerkschaften das Zutrittsrecht zum Betrieb nur zur Wahrnehmung ihrer in diesem Gesetz genannten Aufgaben und Befugnisse gibt.

135 Das Zugangsrecht besteht daher **nicht zur Wahrnehmung sonstiger Aufgaben,** also auch nicht, um mit den Arbeitnehmern Fragen geltender **Tarifverträge** zu besprechen (ebenso BAG 26. 6. 1973 AP BetrVG 1972 § 2 Nr. 2; *Schwerdtner,* JZ 1974, 455, 458). Eine im Betrieb vertretene Gewerkschaft kann deshalb auch nicht Zugang zum Betrieb verlangen, um Material für einen neuen Tarifvertrag zu sammeln. Der Abschluss von Tarifverträgen gehört nicht zu ihren Aufgaben und Befugnissen nach dem BetrVG, sondern fällt in ihre tarifautonome Zuständigkeit.

136 b) Problematisch kann deshalb lediglich sein, ob eine Gewerkschaft Zugang zum Betrieb verlangen kann, um den Abschluss eines **Tarifvertrags über betriebsverfassungsrechtliche Fragen** vorzubereiten, soweit das Gesetz vorsieht, dass von seiner Regelung durch Tarifvertrag abgewichen werden kann, wie z. B. in § 3, § 38 Abs. 1 Satz 3, § 47 Abs. 4, § 55 Abs. 4, § 72 Abs. 4, § 76 Abs. 8, § 76 a Abs. 5, § 86 und § 117 Abs. 2. Teilt man die Auffassung, dass diese Regelungsbefugnis nicht von der tarifautonomen Zuständigkeit gedeckt ist, sondern auf einer besonderen gesetzlichen Ermächtigung beruht (s. Einl. Rn. 143), dann handelt es sich um eine Befugnis, die in diesem Gesetz genannt wird. Zwar steht sie nicht den im Betrieb vertretenen Gewerkschaften allein zu, sondern den tarifzuständigen Gewerkschaften im Verein mit ihrem Tarifpartner (so zutreffend *Hanau,* BB 1971, 485, 486). Doch wird man wegen dieses gesetzestechnischen Arguments ein Zugangsrecht nicht versagen können, wenn es zur Vorbereitung einer nach diesem Gesetz zulässigen tariflichen Regelung der Betriebsverfassung dient (ebenso *Fitting,* § 2 Rn. 67; *Däubler,* Gewerkschaftsrechte, Rn. 210 f.; *Becker/Leimert,* AuR 1972, 365, 366; a. A.

Klosterkemper, Zugangsrecht der Gewerkschaften, S. 49; *Hanau,* BB 1971, 485, 486; *Kremp,* AuR 1973, 193, 201 f.; *Schwerdtner,* JZ 1974, 455, 458; allerdings ohne wesentliche Abweichung im Ergebnis, weil vom gegenteiligen Standpunkt aus in diesen Fällen ein aus Abs. 1 hergeleitetes Zugangsrecht eingeräumt wird).

c) Abs. 2 gibt zwar ein Zugangsrecht nur zur Wahrnehmung der Aufgaben und Befugnisse in der Betriebsverfassung; er ist aber **entsprechend anzuwenden,** wenn einer Gewerkschaft auch sonst in der **Mitbestimmungsordnung** unabhängig von ihren Mitgliedern Aufgaben und Befugnisse zugewiesen sind, wie z. B. das Wahlvorschlagsrecht nach § 16 Abs. 2 MitbestG für die Gewerkschaftsvertreter im Aufsichtsrat einer vom MitbestG 1976 erfassten Gesellschaft (ebenso *Hanau,* ZGR 1977, 397, 418; *Richardi,* DB 1978, 1736, 1739). **137**

d) Dagegen besteht neben dem in Abs. 2 geregelten Zugangsrecht **kein aus Art. 9 Abs. 3 GG unmittelbar abgeleitetes Zugangsrecht** (ebenso BVerfG 17. 2. 1981 E 57, 220 = AP GG Art. 140 Nr. 9; s. auch Rn. 151 ff.). **138**

V. Bedeutung der durch das BetrVG nicht berührten Aufgaben der Koalitionen für die Betriebsverfassung

Die **Aufgaben der Gewerkschaften** und der **Vereinigungen der Arbeitgeber,** insbesondere die Wahrnehmung der Interessen ihrer Mitglieder, werden **durch dieses Gesetz nicht berührt** (Abs. 3). Das gilt nicht nur für die Wahrnehmung der Gesamtinteressen ihrer Mitglieder, sondern vor allem auch für die Wahrnehmung der Interessen eines einzelnen Mitglieds sowohl außerhalb als auch innerhalb des Betriebs. Aufgaben und Rechtsstellung der Gewerkschaften und Arbeitgeberverbände ergeben sich aus den allgemeinen Grundsätzen des Koalitionsrechts, wie sie durch Art. 9 Abs. 3 GG verfassungsrechtlich gewährleistet sind, sowie den Einzelgesetzen, vor allem, was im Zusammenhang mit dem BetrVG wesentlich ist, aus dem Tarifvertragsgesetz i. F. vom 25. 8. 1969 (BGBl. I S. 1323). **139**

Die folgenden Ausführungen beschränken sich auf eine **Skizze,** da es bei ihnen nicht mehr um eine Kommentierung des BetrVG geht: **140**

– Die Koalitionen haben das **Recht der tariflichen Gestaltung** in dem Rahmen, wie es sich aus dem Tarifvertragsgesetz ergibt, also das Recht zur normativen Gestaltung des Inhalts der Arbeitsverhältnisse, des Abschlusses von Arbeitsverträgen, von betrieblichen und betriebsverfassungsrechtlichen Fragen (§ 1 Abs. 1 TVG), sowie zur Gründung und Regelung von gemeinsamen Einrichtungen der Tarifvertragsparteien (§ 4 Abs. 2 TVG). Vor allem wird ihr Recht, durch Tarifverträge die Arbeitsbedingungen zu gestalten, in keiner Weise durch das Mitwirkungs- und Mitbestimmungsrecht des Betriebsrats berührt, insbesondere nicht durch die Möglichkeit, in einer Betriebsvereinbarung gleichfalls Vorschriften über den Inhalt von Arbeitsverhältnissen zu treffen. **141**

– Das BetrVG sichert im Gegenteil die Tarifautonomie durch einen **Tarifvorbehalt gegenüber der Betriebsvereinbarungsautonomie** (§ 77 Abs. 3) und durch den **Tarifvorrang vor dem Mitbestimmungsrecht des Betriebsrats** (§ 87 Abs. 1 Eingangshalbsatz; s. § 77 Rn. 239 ff. und § 87 Rn. 143 f., 150 ff.). **142**

– Soweit durch Tarifvertrag **Betriebsverfassungsnormen** vereinbart werden, darf ihnen nicht das BetrVG entgegenstehen (s. Einl. Rn. 141 ff.). **143**

VI. Koalitionswerbung und Koalitionsbetreuung im Betrieb

Um einen Komplex besonderer Art in den Beziehungen zwischen Gewerkschaften und Betrieb handelt es sich, wenn die Gewerkschaft sich als *Koalition* im Betrieb betätigt. Hier stellt sich vor allem die Frage nach der Zulässigkeit der gewerkschaftlichen Mit- **144** gliederwerbung und Informationstätigkeit im Betrieb (s. Rn. 145 ff.), nach dem Bestehen eines Zugangsrechts, um im Betrieb für diesen Zweck tätig zu werden (s. Rn. 151 ff.), und nach der Rechtsstellung der gewerkschaftlichen Vertrauensleute im Betrieb (s. Rn. 173 ff.). Eine Regelung im BetrVG fehlt; denn das Betriebsverfassungsrecht befasst sich *nicht* mit dem *inneren Koalitionsrecht*.

1. Anspruch der Gewerkschaft auf Mitgliederwerbung und Informationstätigkeit im Betrieb

145 Nicht nur die gewerkschaftlich organisierten Arbeitnehmer sind berechtigt, für ihre Gewerkschaft im Betrieb zu werben und Informationsmaterial mit gewerkschaftlichem Inhalt zu verteilen, soweit sie bei dieser Tätigkeit ihre Pflichten aus dem Arbeitsverhältnis nicht verletzen, sondern es hat neben ihnen auch die Gewerkschaft ein *eigenes* Recht, für ihre Ziele innerhalb des Betriebs zu werben, so dass sie zu diesem Zweck auch ohne Zustimmung des Arbeitgebers Plakate anschlagen und Informationsmaterial verteilen lassen darf.

146 a) **Keinen Eingang in das Gesetz** fand eine Bestimmung, wie sie noch in § 2 Abs. 3 RefE zum BetrVG 1972 enthalten war: „Die Gewerkschaften haben das Recht, im Betrieb außerhalb der Arbeitszeit und in den Pausen für ihre gewerkschaftlichen Ziele zu werben und Informationsmaterial mit gewerkschaftlichem Inhalt zu verteilen" (abgedruckt in RdA 1970, 357). Daraus kann man aber nicht folgern, dass ein **Recht der Gewerkschaften auf Werbung im Betrieb,** wie es die Rechtsprechung entwickelt hat, ausgeschlossen sein soll (ebenso *Hanau*, BB 1971, 485, 487). Es liegt vielmehr nach wie vor eine Lücke innerhalb des positiven Rechts vor.

147 Es handelt sich jedoch um **keine Lücke im BetrVG,** die durch ergänzende Auslegung dieses Gesetzes zu schließen wäre (so zum BetrVG 1952 *Brox,* BB 1965, 1321, 1323 f., 1327; abl. BAG 14. 2. 1967 AP GG Art. 9 Nr. 10). Eine Lücke in einem Gesetz kann nur angenommen werden, wenn nach dem gesamten Inhalt des Gesetzes erwartet werden kann, dass es eine bestimmte Frage regelt. Das BetrVG gibt den Gewerkschaften zwar Rechte, um das Funktionieren der Betriebsverfassung zu fördern (s. Rn. 86 ff.), aber nirgends ein Recht, für sich selbst tätig zu sein. Deshalb war auch die in § 2 Abs. 3 des Referentenentwurfs enthaltene Bestimmung systemwidrig; denn das Gesetz regelt nicht die rechtliche Stellung der Gewerkschaften im Betrieb, sondern beschränkt sich ausschließlich auf eine Regelung, die die Gewerkschaften in die Betriebsverfassung einbezieht.

148 Mit der **Sozialadäquanz** kann die Zulässigkeit einer gewerkschaftlichen Mitgliederwerbung im Betrieb ebenfalls nicht begründet werden (so aber *Neumann-Duesberg,* AuR 1966, 289 ff. und BB 1966, 947 ff.). Die Sozialadäquanz gibt keinen Rechtmäßigkeitsmaßstab, sondern sie bezieht sich ausschließlich auf ein *Tatbestandsproblem* im Rahmen des Deliktsrechts. Wer dennoch die Sozialadäquanz als Maßstab für die Zulässigkeit eines bestimmten Verhaltens verwendet, benützt eine *Leerformel,* bei der in besonderem Maße die Gefahr einer Konkretisierung durch *außerrechtliche* Normen besteht (vgl. dazu schon *H. J. Hirsch,* Die Lehre von den negativen Tatbestandsmerkmalen, 1960, S. 284). Zutreffend hat daher das BAG den Gedanken der Sozialadäquanz nicht als ausreichend angesehen, um den Gewerkschaften ein Recht zur Mitgliederwerbung im Betrieb zuzubilligen; dieser Begriff sei „seinen vielschichtigen Voraussetzungen, seinem sehr allgemein gehaltenen Inhalt und den Möglichkeiten seiner Auswirkung nach nicht derart eindeutig bestimmt, dass ausschließlich auf ihn ein von den Gewerkschaften verfolgter Anspruch auf Information und Werbung in den Betrieben gestützt werden kann" (BAG 14. 2. 1967 AP GG Art. 9 Nr. 10; vgl. auch *Zöllner,* SAE 1967, 110; *Rüthers,* Mitgliederwerbung, S. 22 ff. = RdA 1968, 161, 165 f.).

149 b) Nach Ansicht des BAG ergibt sich ein Anspruch der Gewerkschaft *unmittelbar* **aus Art. 9 Abs. 3 GG** (BAG 14. 2. 1967 AP GG Art. 9 Nr. 10 und 11; bestätigt durch BAG 14. 2. 1978 AP GG Art. 9 Nr. 26 [abl. *Frank*], aufgehoben durch BVerfG 17. 2. 1981

C. Stellung der Gewerkschaften und Vereinigungen der Arbeitgeber § 2

E 57, 220 = AP GG Art. 140 Nr. 9, soweit das BAG annahm, dass der Anspruch auf Information und Mitgliederwerbung im Betrieb das Recht einschließe, betriebsfremde Gewerkschaftsbeauftragte in den Betrieb zu entsenden, um eine Betreuungs-, Werbe- und Informationstätigkeit zu entfalten). Der Anspruch der Gewerkschaft auf Mitgliederwerbung und Informationstätigkeit im Betrieb kann grundrechtsdogmatisch nicht unmittelbar durch Konklusion aus Art. 9 Abs. 3 GG abgeleitet werden (ebenso *Mayer-Maly*, Anm. zu AP GG Art. 9 Nr. 10; *ders.*, Betrieb und Gewerkschaft, S. 18 ff.; *Richardi*, FS G. Müller 1981, S. 413, 415 ff.). Der Text des Art. 9 Abs. 3 GG enthält keine Bestimmung über den Inhalt und die Schranken der gewerkschaftlichen Werbe- und Informationstätigkeit. Dieser Bereich gehört vielmehr zur kollektiven Koalitionsfreiheit, die in ihrer verfassungsrechtlichen Dimension *unfertig* verfasst ist (s. Rn. 77). Die Erkenntnis, dass eine bestimmte koalitionsgemäße Betätigung zum Schutzbereich der Koalitionsfreiheit gehört, gibt noch keinen hinreichend konkret bestimmten Maßstab, um mit den gewöhnlichen Auslegungsinstrumenten zum Ziel zu kommen. Es ist daher „Sache des *Gesetzgebers,* die Tragweite der Koalitionsfreiheit dadurch zu bestimmen, dass er die Befugnisse der Koalitionen im Einzelnen ausgestaltet und näher regelt" (BVerfGE 57, 220, 246).

150 Da die Sach- und Zielwerbung im Betrieb durch Art. 9 Abs. 3 GG verfassungskräftig verbürgt ist (s. Rn. 82), besteht eine **verfassungsrechtliche Schutzlücke,** die der Richter zu schließen hat, soweit die Lückenausfüllung unerlässlich ist, um das Grundrecht der Koalitionsfreiheit zu schützen. Da eine Werbe- und Informationstätigkeit durch der Gewerkschaft angehörende Belegschaftsmitglieder im Betrieb außerhalb der Arbeitszeit durch Art. 9 Abs. 3 GG garantiert ist, kann auch die Koalition selbst, hier also die Gewerkschaft, Ansprüche geltend machen, die zu ihrer Selbsterhaltung aus Art. 9 Abs. 3 GG entwickelt werden. Es ist lediglich ein Problem der rechtstechnischen Ausgestaltung, ob man der Gewerkschaft das Recht gibt, Ansprüche ihrer Mitglieder im eigenen Namen geltend zu machen, oder ob man ihr selbst neben den Gewerkschaftsmitgliedern einen Anspruch einräumt.

2. Zutrittsrecht der Gewerkschaften zur Mitgliederwerbung und Informationstätigkeit im Betrieb

151 Die Anerkennung eines eigenen Anspruchs der Gewerkschaft auf Mitgliederwerbung und Informationstätigkeit im Betrieb bedeutet keineswegs, dass die Gewerkschaft dieses Recht auch durch **betriebsfremde Gewerkschaftsbeauftragte** ausüben kann. Das gegenteilige Urteil des BAG vom 14. 2. 1978 (AP GG Art. 9 Nr. 26) hat das BVerfG in seinem Beschluss vom 17. 2. 1981 aufgehoben (BVerfGE 57, 220 = AP GG Art. 140 Nr. 9). Das BAG hat gleichwohl im Urteil vom 28. 2. 2006 ein Zutrittsrecht in engen Grenzen wieder anerkannt (AP GG Art. 9 Nr. 127 [abl. *Richardi*]; zust. *Dieterich*, RdA 2007, 110 ff.; s. auch Rn. 154). Es setzt sich in zwei Begründugsschritten über die entgegenstehende Erkenntnis des BVerfG hinweg: Es beschänkt die Bindungswirkung nach § 31 BVerfGG auf kirchliche Einrichtungen, auf die sich der Beschluss des BVerfG bezog, und sieht für die Abweichung als entscheidend an, dass der Beschluss des BVerfG noch auf der Kernbereichsformel beruhte, die das BVerfG zwichenzeitlich aufgegeben hat (BVerfG 14. 11. 1995 E 93, 352 = AP GG Art. 9 Nr. 80). Die Verneinung eines gewerkschaftlichen Zutrittsrechts betraf zwar eine kirchliche Einrichtung; sie wurde aber nicht primär mit der Verfassungsgarantie des kirchlichen Selbstbestimmungsrechts begründet, sondern damit, dass Art. 9 Abs. 3 GG kein koalitionsrechtliches Zutrittsrecht einschießt. Die Bindungswirkung nach § 31 BVerfGG ist daher nicht auf den kirchlichen Bereich beschränkt (ebenso *Gehring/Thiele*, in ArbR-BGB § 630 Anh. R. 252; *Dütz*, Gewerkschaftliche Betätigung, S. 13 ff.; *Otto*, Die verfassungsrechtliche Gewährleistung der koalitionsspezifischen Betätigung, Rechtsgutachten für die Gewerkschaft ÖTV, 1982, S. 28 ff.; a. A. *Dieterich*, RdA 2007, 110, 112).

152 Die Verneinung eines gewerkschaftlichen Zutrittsrechts wird nicht dadurch berührt, dass das BVerfG im Beschluss vom 14. 11. 1995 klargestellt hat, dass der Schutz des Art. 9 Abs. 3 GG sich nicht auf diejenigen Tätigkeiten beschränke, die für die Erhaltung und Sicherung des Bestandes der Koalition unerlässlich seien, sondern alle koalitionsspezifischen Handlungsweisen umfasse, zu denen die Mitgliederwerbung durch die Koalition und deren Mitglieder gehöre (BVerfGE 93, 352 ff. = AP GG Art. 9 Nr. 80). Dazu gibt der Beschluss keine Veranlassung (ebenso GK-*Kraft/Franzen*, § 2 Rn. 88; a. A. ErfK-*Dieterich*, GG Art. 9 Rn. 40; bereits ErfK-*Kissel* [1. Aufl. 1998], GG Art. 9 Rn. 34 f.; *Fitting*, § 2 Rn. 86; DKK-*Berg*, § 2 Rn. 43; *Däubler*, Gewerkschaftsrechte im Betrieb, Rn. 410; *Hammer*, Kirchliches Arbeitsrecht, 2002, S. 95 f.). Er bezieht sich auf die Mitgliederwerbung durch einen gewerkschaftsangehörigen Arbeitnehmer. Das BVerfG hat daher auch nur beanstandet, dass bei der Auslegung des Arbeitsvertrages der Schutzbereich der Koalitionsfreiheit verkannt worden sei (BVerfGE 93, 352, 360). Nur darauf bezieht sich seine Feststellung, dass eine besondere Rechtsgrundlage für das beanstandete Verhalten aus verfassungsrechtlicher Sicht nicht erforderlich sei; gestritten werde über eine Vertragsverletzung, deren Vorliegen allein vom Inhalt des Arbeitsvertrages und nicht von einer speziellen gesetzlichen Regelung abhänge, „anders als in der ... Entscheidung des Bundesverfassungsgerichts, in der es um das Zutrittsrecht betriebsfremder Gewerkschaftsbeauftragter zu einer kirchlichen Einrichtung ging (BVerfGE 57, 220)" (BVerfGE 93, 352, 361).

153 Die Bindungswirkung nach § 31 BVerfGG greift nicht ein, wenn eine **Gewerkschaft im Betrieb noch nicht vertreten** ist. Für diesen Fall hat das BVerfG noch nicht verbindlich festgestellt, ob Art. 9 Abs. 3 GG ein koalitionsrechtliches Zutrittsrecht einschließt. Aber auch wenn eine Gewerkschaft im Betrieb noch kein Mitglied gewonnen hat, lässt sich ein externes Zutrittsrecht nicht unmittelbar aus Art. 9 Abs. 3 GG ableiten (a. A. *Klosterkemper*, Zugangsrecht der Gewerkschaften, S. 148 ff.). Keineswegs gebietet der Koalitionsschutz der Mitgliederwerbung dem Gesetzgeber, jeder Gewerkschaft, die nach ihrem durch die Satzung festgelegten Organisationsbereich für Arbeitnehmer eines Betriebs zuständig ist, nur deshalb, weil sie dort noch keine Mitglieder hat, die Betriebstore zu öffnen. Da für die Tarifzuständigkeit und den Organisationsbereich einer Gewerkschaft ausschließlich deren Satzung maßgebend ist, würde nur vom Verbandswillen einer Gewerkschaft abhängen, ob sie ein koalitionsrechtliches Zutrittsrecht hat. Das lässt sich nicht unmittelbar aus Art. 9 Abs. 3 GG begründen. Beachtet man, dass der Koalitionsschutz grundrechtsdogmatisch auf dem Individualgrundrecht beruht, eine Koalition zu bilden, so muss eine Gewerkschaft erst Mitglieder in einem Betrieb gewonnen haben, bevor sie innerbetrieblich die ihrem Fortbestand dienenden Rechte ausüben kann. Art. 9 Abs. 3 GG gibt der Gewerkschaft nicht den Schlüssel, um durch betriebsfremde Gewerkschaftsbeauftragte in Betrieben, in denen sie nicht vertreten ist, eine Werbe- und Informationstätigkeit auszuüben.

154 Ein **berufsverbandliches Zutrittsrecht,** das Gewerkschaften erlauben würde, durch betriebsfremde Beauftragte innerhalb von Betrieben am Arbeitsplatz zu werben, zu informieren und Mitglieder zu betreuen, kann nur **durch den Gesetzgeber,** nicht durch den Richter eingeräumt werden. Keine gesetzliche Grundlage enthält das Übereinkommen Nr. 135 der Internationalen Arbeitsorganisation vom 23. 6. 1971 über Schutz und Erleichterungen für Arbeitnehmer im Betrieb, das durch Bundesgesetz vom 23. 7. 1973 (BGBl. II S. 953) innerdeutsches Recht geworden ist und gemäß der Bekanntmachung vom 19. 11. 1973 (BGBl. II S. 1595) am 26. 9. 1974 in Kraft getreten ist (ebenso BAG 19. 1. 1982 AP GG Art. 140 Nr. 10). Beachtung verdient in diesem Zusammenhang, dass das BAG im Urteil vom 28. 2. 2006 (AP GG Art. 9 Nr. 127) die Klage der Gewerkschaft mit der Begründung abgewiesen hat, es könne nicht ausgeschlossen werden, dass in einem künftigen Einzelfall einem Zutrittsrecht der Gewerkschaft Notwendigkeiten des Betriebsablaufs entgegenstünden oder der Betriebsfrieden gefährdet sei, so dass im Rahmen der gebotenen Interessenabwägung das Interesse des Arbeitgebers daran, den

Zutritt zu verweigern, überwiege (Rn. 48). Das könnte der Fall sein, „wenn Werbemaßnahmen in einer Häufigkeit, in einem Umfang (Anzahl der betriebsfremden Gewerkschaftsbeauftragten) oder in einer Art und Weise erfolgen sollen, die im Betrieb zu Auseinandersetzungen mit oder zwischen Arbeitnehmern oder mit einer anderen, dort ebenfalls Werbung treibenden Gewerkschaft führen".

3. Schranken gewerkschaftlicher Mitgliederwerbung und Informationstätigkeit im Betrieb

Das Recht der Gewerkschaften auf Mitgliederwerbung und Informationstätigkeit im Betrieb besteht in den Schranken der **allgemeinen Gesetze**. Die gewerkschaftliche Werbe- und Informationstätigkeit muss deshalb das Grundgesetz und die allgemeinen Gesetze, insbesondere die Strafgesetze beachten; sie darf nicht die Rechte anderer verletzen und auch nicht gegen das Sittengesetz verstoßen. 155

a) **Gewerkschaftliche Betätigung und Arbeitsverhältnis.** Die Zulässigkeit der gewerkschaftlichen Mitgliederwerbung und Informationstätigkeit im Betrieb rechtfertigt keine Einschränkung der Pflichten aus dem Arbeitsverhältnis. Arbeitnehmer dürfen für sie keine Arbeitszeit in Anspruch nehmen (s. auch Rn. 164). Sie sind aus dem Arbeitsverhältnis verpflichtet, ihr Verhalten so einzurichten, dass der Arbeitsablauf nicht beeinträchtigt und der Betriebsfrieden nicht gestört wird. Sie dürfen daher gewerkschaftliches Werbe- und Informationsmaterial nur außerhalb der Arbeitszeit und während der Pausen verteilen (vgl. BAG 14. 2. 1967 E 19, 217, 223 = AP GG Art. 9 Nr. 10; 14. 2. 1978 E 30, 122, 134 = AP GG Art. 9 Nr. 26). 156

b) **Gegenrechte des Betriebsinhabers.** Die gewerkschaftliche Mitgliederwerbung und Informationstätigkeit im Betrieb verletzt, soweit sie durch betriebsangehörige Mitglieder der Gewerkschaft erfolgt, weder das **Hausrecht** noch das **Eigentum des Betriebsinhabers** (ebenso BAG 14. 2. 1967 AP GG Art. 9 Nr. 10; vgl. auch *Rüthers*, Mitgliederwerbung, S. 47 ff. = RdA 1968, 161, 175 ff.). Sie ist also sowohl mit dem Grundrecht aus Art. 13 GG als auch mit der in Art. 14 GG enthaltenen Eigentumsgewährleistung vereinbar, weil der Arbeitnehmer seine im Arbeitsvertrag mit dem Arbeitgeber festgelegte Arbeitspflicht im Betrieb zu erfüllen hat. Die in Art. 13 GG und Art. 14 GG garantierten Herrschaftsrechte geben dem Betriebsinhaber nicht das Recht, einem Arbeitnehmer die Werbe- und Informationstätigkeit für dessen Gewerkschaft zu verbieten. 157

Die grundrechtliche Gewährleistung der innerbetrieblichen Mitgliederwerbung und Informationstätigkeit gibt aber **kein Nutzungsrecht am Arbeitgebereigentum**. Der Arbeitgeber kann deshalb die Entfernung von Gewerkschaftsemblemen auf den von ihm zur Verfügung gestellten Schutzhelmen verlangen (BAG 23. 2. 1979 AP GG Art. 9 Nr. 30; vgl. auch *Richardi*, FS G. Müller 1981, S. 415, 430 ff.; a. A. wegen der Aufgabe der Kernbereichslehre durch das BVerfG *Fitting*, § 2 Rn. 85; DKK-*Berg*, § 2 Rn. 43). 158

Die **Plakatwerbung im Betrieb** gehört jedoch zum **Schutzbereich einer koalitionsmäßigen Betätigung** (BAG 30. 8. 1983 AP GG Art. 9 Nr. 38). Daraus folgt aber nicht, dass der Arbeitgeber einer Gewerkschaft Anschlagbretter für ihre Werbung und Information zur Verfügung stellen muss. Er hat lediglich einen Plakataushang dort zu dulden, wo er auf Grund einer Vielzahl von Gesetzesvorschriften verpflichtet ist, im Betrieb bestimmte Mitteilungen für jedermann zugänglich bekanntzumachen oder einen Aushang vorzunehmen (z. B. nach § 12 Abs. 5 AGG). Deshalb darf eine Gewerkschaft in vertretbarem Umfang das allgemeine „Schwarze Brett" für ihre Plakatwerbung benützen. Der Betriebsinhaber kann ihr dies nur untersagen, wenn er den Gewerkschaften ein anderes Brett an einer zentralen Stelle im Betrieb zur Verfügung stellt. 159

Ein **wildes Plakatieren** braucht der Betriebsinhaber nicht zu dulden. Er kann nach § 1004 BGB Beseitigung und Unterlassung verlangen, hat daneben aber auch den besitzschutzrechtlichen Beseitigungsanspruch nach § 862 BGB; denn eine Gewerkschaft be- 160 geht verbotene Eigenmacht, wenn sie den Besitzinhaber widerrechtlich in seinem Besitz stört. In diesem Fall hat er sogar das **Recht zur Besitzwehr,** kann also selbst das **Plakat entfernen,** weil der Besitzer sich verbotener Eigenmacht mit Gewalt erwehren darf (§ 859 Abs. 1 BGB; ebenso *Dütz,* Gewerkschaftliche Betätigung, S. 55 f.).

161 Wenn dagegen die **Plakate an zulässiger Stelle** ausgehängt sind, darf der Betriebsinhaber sie nicht entfernen. Tut er es dennoch, so begeht er verbotene Eigenmacht (§ 858 Abs. 1 BGB). Die Gewerkschaft kann nach § 861 BGB verlangen, dass ihr Besitz an den Plakaten wieder hergestellt wird. Der Betriebsinhaber ist verpflichtet, die Plakate wieder anzubringen (ebenso *Dütz,* Gewerkschaftliche Betätigung, S. 54 f.). Das gilt auch, soweit er den Plakatinhalt für unzulässig hält; denn er hat **kein Recht auf Vorzensur.** Der Betriebsinhaber kann nur nach § 1004 BGB die Beseitigung verlangen, die er gerichtlich durchsetzen muss, wobei in dringenden Fällen der Erlass einer einstweiligen Verfügung in Betracht kommt. Nur ausnahmsweise hat er das Recht zur Eigenmacht, insbesondere dann, wenn der Notwehrtatbestand i. S. des § 227 BGB gegeben ist. Die Plakatentfernung muss also erforderlich sein, um einen gegenwärtigen rechtswidrigen Angriff von sich oder einem anderen abzuwenden. Das ist anzunehmen, wenn die Plakatmitteilung gegen ein Strafgesetz verstößt, beispielsweise eine Beleidigung des Arbeitgebers darstellt (ebenso *Dütz,* S. 55).

162 Was für die Plakatwerbung gilt, ist entsprechend anzuwenden bei **Nutzung elektronischer Medien** im Betrieb. Einer Gewerkschaft ist, wenn Mitteilungen im unternehmenseigenen **Intranet** verbreitet werden, eine Seite zur Werbung und Informationstätigkeit zur Verfügung zu stellen (ebenso DKK-*Berg,* § 2 Rn. 48 a; a. A. GK-*Kraft/Franzen,* § 2 Rn. 94). Eine tarifzuständige Gewerkschaft ist auch grundsätzlich berechtigt, mit E-Mails an die Arbeitnehmer unter deren betrieblicher E-Mail-Adresse heranzutreten (BAG 20. 1. 2009 NZA 2009, 615 ff.; ebenso *Däubler,* DB 2004, 2102. 2103 f.; a. A. GK-*Kraft/Franzen,* § 2 Rn. 94).

163 c) **Schranken aus dem Funktionszusammenhang mit der Koalitionsfreiheit.** Da die Mitgliederwerbung und Informationstätigkeit im Betrieb grundrechtsdogmatisch aus Art. 9 Abs. 3 GG begründet wird, haben die Gewerkschaften nur als *Koalitionen* das Recht zur Mitgliederwerbung und Informationstätigkeit im Betrieb. Deshalb sind der gewerkschaftlichen Werbung und Information im Betrieb *inhaltlich* die folgenden Grenzen gezogen (vgl. BAG 14. 2. 1967 AP GG Art. 9 Nr. 10):

164 (1) Die Mitgliederwerbung und Informationstätigkeit innerhalb des Betriebs muss den **Koalitionspluralismus** respektieren; denn Art. 9 Abs. 3 GG sichert, dass in jedem Betrieb mehrere Gewerkschaften bestehen können. Die Werbung neuer Mitglieder im Betrieb allein ist aber, auch wenn Mitglieder der anderen Gewerkschaft zum Übertritt veranlasst werden sollen, keine Beeinträchtigung der Koalitionsfreiheit gemäß Art. 9 Abs. 3 Satz 2 GG. Die Werbetätigkeit darf aber kein derartiges Gewicht erhalten, dass die Koalitionsfreiheit des einzelnen Arbeitnehmers nur noch auf dem Papier steht. Deshalb verlangt das BAG, dass die *negative Koalitionsfreiheit* der einzelnen Arbeitnehmer respektiert wird, also ein Bedrängen der Arbeitskollegen, soweit es über ein gütliches Zureden hinausgeht, verboten ist (BAG 14. 2. 1967 AP GG Art. 9 Nr. 10).

165 Die Vorschriften des Gesetzes gegen den unlauteren Wettbewerb finden auf die Mitgliederwerbung einer Gewerkschaft unmittelbar keine Anwendung (vgl. BAG 11. 11. 1968 AP GG Art. 9 Nr. 14; BGH 6. 10. 1964 BGHZ 42, 210, 218 = AP BGB § 54 Nr. 6). Für das Verhältnis mehrerer konkurrierender Gewerkschaften zueinander ist jedoch das **Gebot der Fairness** zu beachten; die berechtigten Belange der anderen Koalition dürfen nicht beeinträchtigt werden, insbesondere darf die werbende Gewerkschaft nicht Tariferfolge der mit ihr in Wettbewerb stehenden Gewerkschaft so darstellen, dass ein unbefangener Leser sie ihr zurechnet (BAG 11. 11. 1968 AP GG Art. 9 Nr. 14).

166 (2) Da die Betätigung der Koalition nach Art. 9 Abs. 3 GG sich auf die Regelung der Arbeits- und Wirtschaftsbedingungen beschränkt, darf das im Betrieb zu verteilende Werbe- und Informationsmaterial *nur* einen **koalitionsspezifischen Inhalt** haben. Die

C. Stellung der Gewerkschaften und Vereinigungen der Arbeitgeber § 2

Verteilung von parteipolitischem Werbe- und Informationsmaterial braucht der Betriebsinhaber nicht zu dulden. Auch Informationen allgemeinpolitischen Inhalts sind durch das Informations- und Werberecht nicht gedeckt, sofern es sich nicht um politische Fragen handelt, die mit der Wahrung der Arbeits- und Wirtschaftsbedingungen i. S. des Art. 9 Abs. 3 GG in unmittelbarem Zusammenhang stehen (BAG 14. 2. 1967 AP GG Art. 9 Nr. 10). Diese Abgrenzung ist wenig praktikabel; jedoch werden im Einzelfall kaum Schwierigkeiten auftreten, wenn die Gewerkschaft es vermeidet, den Betrieb zur Stätte für politische Auseinandersetzungen zu wählen (zust. *Kunze,* FS 25 Jahre BAG 1979, S. 315, 317).

Der Arbeitgeber kann die innerbetriebliche **Verteilung einer Gewerkschaftszeitung** an Gewerkschaftsmitglieder nicht verbieten, wenn der Inhalt der Gewerkschaftszeitung die Schranken gewerkschaftlicher Werbung im Betrieb respektiert (a. A. BAG 23. 2. 1979 AP GG Art. 9 Nr. 29; zur Verteilung während der Arbeitszeit BAG 13. 11. 1991 AP BGB § 611 Abmahnung Nr. 7 [aufgehoben durch BVerfG 14. 11. 1995 E 93, 352 = AP GG Art. 9 Nr. 80]). Da unter den Koalitionsschutz nicht nur die Koalitionswerbung, sondern auch die Koalitionsbetreuung fällt, ist eine Grenzziehung, die Arbeitnehmern verbietet, eine Gewerkschaftszeitung im Betrieb an ihre Arbeitskollegen zu verteilen, nicht mehr zum Schutz anderer Rechtsgüter von der Sache her geboten (vgl. *Richardi,* FS G. Müller 1981, S. 415, 434 ff.; ebenso im Ergebnis wegen Aufgabe der Kernbereichslehre durch das BVerfG *Fitting,* § 2 Rn. 84; DKK-*Berg,* § 2 Rn. 47; s. dazu auch hier Rn. 152). Der Arbeitgeber kann aber untersagen, gewerkschaftliche Werbe- und Informationsschriften über ein hausinternes Postverteilungssystem, das für dienstliche Zwecke eingerichtet wurde, an die Mitarbeiter zu verteilen (BAG 23. 9. 1986 AP GG Art. 9 Nr. 45; a. A. DKK-*Berg,* § 2 Rn. 48). Bei **Nutzung elektronischer Medien** im Betrieb darf er die Verbreitung gewerkschaftlicher Werbung und Information mit zulässigem Inhalt im betrieblichen Intranet oder durch E-mails an die betriebliche E-mail-Adresse der Arbeitnehmer nicht verbieten (s. Rn. 162).

Es muss gewährleistet sein, dass nicht der **Arbeitsablauf beeinträchtigt oder gestört** wird. Der Arbeitgeber kann daher verbieten, dass eine Gewerkschaft Werbe- und Informationsmaterial durch die Arbeitnehmer während der Arbeitszeit verteilen lässt. Er braucht insbesondere nicht hinzunehmen, dass bei gleitender Arbeitszeit die Verteilung während der Gleitzeit erfolgt, auch wenn ein Arbeitnehmer die Verteilzeit sich nicht als Arbeitszeit anrechnen lässt (BAG 26. 1. 1982 E 41, 1 = AP GG Art. 9 Nr. 35). Das BVerfG hat lediglich beanstandet, dass das BAG den Grundrechtsschutz auf einen Kernbereich der Koalitionsbetätigung beschränkte; es hat aber keineswegs einen Freibrief für ein Verhalten ausgestellt, das mit dem Inhalt des Arbeitsvertrags unvereinbar ist (vgl. BVerfG 14. 11. 1995 E 93, 352, 360 f. = AP GG Art. 9 Nr. 80). Ein Arbeitgeber braucht auch nicht zu dulden, dass eine Gewerkschaft Werbe- und Informationsmaterial an die betrieblichen E-Mail-Adressen der Arbeitnehmer versendet (s. Rn. 102).

(3) Bei **Tendenzbetrieben** muss eine Gewerkschaft die Tendenzverwirklichung respektieren. Für eine **kirchliche Einrichtung** hat das BAG ausdrücklich festgestellt: „Die Kirchenautonomie und die sich hieraus zugunsten der Kirchen ergebenden Folgerungen dürfen nicht nur bei der Information, Werbung und Betreuung, sondern ganz allgemein nicht beeinträchtigt und in Abrede gestellt werden" (BAG 14. 2. 1978 AP GG Art. 9 Nr. 26; vgl. auch *Richardi,* Arbeitsrecht in der Kirche, 5. Aufl. 2009, § 11 Rn. 42 ff.).

(4) Da eine Gewerkschaft, wenn sie im Betrieb tätig wird, nicht durch eine Änderung des Betätigungsfeldes die **Pflichten** abstreifen kann, die ihr **innerhalb der Betriebsverfassung** obliegen, muss sie bei der Mitgliederwerbung und Informationstätigkeit respektieren, dass sie betriebsverfassungsrechtlich in das Gebot der vertrauensvollen Zusammenarbeit zwischen Arbeitgeber und Betriebsrat einbezogen wird (§ 2 Abs. 1). Daraus folgt, wie das BAG unter Hinweis auf den Grundsatz der Menschenwürde feststellt, dass nicht nur Arbeitnehmer, die der Werbung Widerstand leisten, sondern auch der Arbeit-

geber keinen unsachlichen Angriffen ausgesetzt sein darf (BAG 14. 2. 1967 AP GG Art. 9 Nr. 10). Der Betrieb ist auch nicht der Ort, um gegen den **Arbeitgeberverband**, dem der Arbeitgeber angehört oder dem er doch erkennbar nahesteht, zu agitieren (BAG a. a. O.).

4. Gewerkschaftliche Mitgliederwerbung und Informationstätigkeit durch Betriebsrat und Betriebsratsmitglieder

171 a) Der Betriebsrat als solcher darf **weder für eine bestimmte Gewerkschaft noch für die Gewerkschaften überhaupt werben oder Informationsmaterial verteilen** (ebenso BAG 14. 2. 1967 AP GG Art. 9 Nr. 10). Er ist Repräsentant aller Arbeitnehmer, auch soweit diese nicht oder in einer anderen Gewerkschaft organisiert sind (so ausdrücklich für den Personalrat BVerfG 27. 3. 1979 E 51, 77, 88 = AP GG Art. 9 Nr. 31). Der Betriebsrat hat auch kein durch Art. 9 Abs. 3 GG gewährleistetes Recht, die Arbeits- und Wirtschaftsbedingungen der Arbeitnehmer durch Unterstützung der Tätigkeit einer Gewerkschaft zu wahren und zu fördern (so ausdrücklich für den Personalrat BVerfG 26. 5. 1970 E 28, 314, 323 = AP GG Art. 9 Nr. 18; bestätigt durch BVerfGE 51, 77, 88).

172 b) Das Gebot gewerkschaftsneutraler Amtsführung hat nicht zur Folge, dass es dem **Betriebsratsmitglied** verboten ist, sich im Betrieb für seine Gewerkschaft zu betätigen. Mit Art. 9 Abs. 3 GG wäre es zwar vereinbar, wenn der Gesetzgeber den Betriebsratsmitgliedern die Pflicht auferlegen würde, jegliche Werbung von Mitgliedern für ihre Koalition im Betrieb zu unterlassen (BVerfG 26. 5. 1970 E 28, 295, 308 = AP GG Art. 9 Nr. 16). § 74 Abs. 3 bestimmt aber, dass Arbeitnehmer, die im Rahmen dieses Gesetzes Aufgaben übernehmen, hierdurch in der Betätigung für ihre Gewerkschaft auch im Betrieb nicht beschränkt werden (s. § 74 Rn. 73 ff.).

173 Da Betriebsratsmitglieder Repräsentanten aller Arbeitnehmer sind (so ausdrücklich für die Mitglieder eines Personalrats BVerfG 27. 3. 1979 E 51, 77, 88 = AP GG Art. 9 Nr. 31), haben sie sich so zu verhalten, dass das Vertrauen der Arbeitnehmer in die *Objektivität und Neutralität ihrer Amtsführung* nicht beeinträchtigt wird; sie müssen jede Bevorzugung und Benachteiligung von Arbeitnehmern wegen ihrer gewerkschaftlichen Einstellung unterlassen (§ 75 Abs. 1). Wenn sie daneben für die Ziele ihrer Gewerkschaft arbeiten, so ist zu beachten, dass sie insoweit lediglich in Ausübung des ihnen zustehenden Individualgrundrechts der Koalitionsfreiheit, nicht hingegen in ihrer Eigenschaft als Mitglied des Betriebsrats tätig werden (vgl. BVerfGE 51, 77, 88). Für die Lösung des damit verbundenen Rollenkonflikts hat deshalb als Maxime zu gelten, dass ein Betriebsratsmitglied eine Betätigung für seine Gewerkschaft im Betrieb seiner Pflicht zur neutralen Amtsausübung unterzuordnen hat (s. ausführlich § 74 Rn. 75 ff.).

5. Einrichtung und Wahl gewerkschaftlicher Vertrauensleute im Betrieb

174 Die Einrichtung gewerkschaftlicher Vertrauensleute im Betrieb fällt unter die **koalitionsrechtlich geschützte Betreuungs-, Werbe- und Informationstätigkeit** der Gewerkschaften (ebenso BAG 8. 12. 1978 AP GG Art. 9 Nr. 28 [*Konzen*]). Die Gewerkschaften haben aber aus Art. 9 Abs. 3 GG keinen Anspruch gegenüber dem Betriebsinhaber, die Wahlen der Vertrauensleute im Betrieb durchführen zu lassen (BAGE 31, 166, 172 ff.). Dass die Wahl im Betrieb nicht koalitionsrechtlich geschützt ist, vermag jedoch nicht zu überzeugen (vgl. *Richardi*, FS G. Müller 1981, S. 413, 437 ff.; *Däubler*, Gewerkschaftsrechte, Rn. 506 ff.). Richtig ist lediglich, dass der Arbeitgeber nicht verpflichtet ist, besondere Räume zur Verfügung zu stellen (ebenso GK-*Kraft/Franzen*, § 2 Rn. 99; *Hanau*, ArbRGegw. 17 [1980], 19, 36 f.).

175 Durch die Etablierung eines Gremiums gewerkschaftlicher Vertrauensleute im Betrieb darf **kein Ersatzbetriebsrat** geschaffen werden. Eine Schranke für ihre Tätigkeit im

Betrieb ergibt sich daraus, dass der Betriebsrat in der Ausübung seiner Tätigkeit nicht gestört oder behindert werden darf (§ 78 Satz 1). Die gewerkschaftlichen Vertrauensleute haben deshalb zu beachten, dass die Gewerkschaft, auch soweit sie an der Betriebsverfassung beteiligt wird, kein eigenständiges Recht hat, sich in die Zusammenarbeit zwischen Arbeitgeber und Betriebsrat einzuschalten.

Problematisch ist, ob und in welchem Umfang **Tarifverträge zugunsten gewerkschaftlicher Vertrauensleute** zulässig sind. Soweit festgelegt wird, dass die Funktionsträger wegen ihrer Eigenschaft und Tätigkeit nicht benachteiligt werden dürfen, wird lediglich wiederholt, was sich aus Art. 9 Abs. 3 Satz 2 GG ergibt. Soweit darüber hinaus aber ein *besonderer Kündigungs- und Versetzungsschutz* vereinbart oder der Gewerkschaft ein *Beteiligungsrecht* eingeräumt wird, ist eine derartige Sonderregelung unzulässig. Sie verstößt gegen § 75 Abs. 1, der eine unterschiedliche Behandlung von Personen wegen ihrer gewerkschaftlichen Betätigung oder Einstellung verbietet (vgl. auch *Bötticher*, RdA 1978, 133, 142 f.). Außerdem liegt ein Verstoß gegen Art. 9 Abs. 3 GG vor, soweit gewerkschaftliche Vertrauensleute gegenüber den sonstigen Arbeitnehmern in ihrem Arbeitsverhältnis privilegiert werden (vgl. zur Zulässigkeit von Tarifverträgen über den Schutz und die Erleichterung der Tätigkeit gewerkschaftlicher Vertrauensleute: bejahend *Fitting*, § 2 Rn. 90; GK-*Kraft/Franzen*, § 2 Rn. 101; *Däubler*, Grundrecht auf Mitbestimmung, S. 392 ff.; *ders.*, Gewerkschaftsrechte, Rn. 521 ff.; *Weiss*, Gewerkschaftliche Vertrauensleute, 1978; *Wlotzke*, RdA 1976, 80 ff.; *Zachert*, BB 1976, 514 ff.; *Wirtz*, Die Stellung der gewerkschaftlichen Vertrauensleute im Betrieb und in der Gewerkschaftsorganisation, Diss. Bielefeld 1978, S. 233 ff.; verneinend R. *Scholz* in *Maunz/Dürig*, GG, Art. 9 Rn. 234; *Losacker*, ArbRGegw. 17 [1965], 56 ff.; W. *Bulla*, BB 1975, 889 ff.; *Kraft*, ZfA 1976, 243 ff.; *Blomeyer*, DB 1977, 101 ff.; *Bötticher*, RdA 1978, 133 ff.; offengelassen BAG 8. 10. 1997 AP TVG § 4 Nachwirkung Nr. 29).

VII. Streitigkeiten

Streitigkeiten über **Befugnisse der Koalitionen innerhalb der Betriebsverfassung** entscheidet das **Arbeitsgericht im Beschlussverfahren** (§ 2 a Abs. 1 Nr. 1, Abs. 2 i. V. mit §§ 80 ff. ArbGG). Dabei spielt keine Rolle, ob es sich um ein eigenständiges Recht der Gewerkschaften handelt oder ob lediglich eine Reflexberechtigung besteht, wie bei der Teilnahme an einer Sitzung des Betriebsrats.

In dringenden Fällen kann eine **einstweilige Verfügung** beantragt werden (§ 85 Abs. 2 ArbGG). Das spielt vor allem eine Rolle, wenn der Arbeitgeber einer im Betrieb vertretenen Gewerkschaft das Zugangsrecht nach Abs. 2 bestreitet; der Zulässigkeit einer einstweiligen Verfügung steht in diesem Fall nicht entgegen, dass das Ergebnis des Hauptverfahrens vorweggenommen wird (ebenso LAG Hamm, AP BetrVG 1972 § 2 Nr. 1; *Kremp*, AuR 1973, 193, 201).

Für einen Streit darüber, ob und inwieweit eine Gewerkschaft in einem Betrieb **Werbe- und Informationsmaterial** verteilen und Plakate anbringen lassen darf und ob sie zu diesem Zweck ein Zugangsrecht zum Betrieb hat, sind ebenfalls die Arbeitsgerichte zuständig (§ 2 Abs. 1 Nr. 2 ArbGG); sie entscheiden aber nicht im Beschlussverfahren, sondern im Urteilsverfahren (§ 2 Abs. 5 i. V. mit §§ 46 ff. ArbGG).

Gleiches gilt für Meinungsverschiedenheiten über die Rechtsstellung **gewerkschaftlicher Vertrauensleute** im Betrieb. Soweit der Rechtsstreit sich aber auf die Frage beschränkt, ob durch die Etablierung eines Gremiums gewerkschaftlicher Vertrauensleute eine Störung oder Behinderung der Betriebsratstätigkeit eintritt, handelt es sich um eine Streitfrage, die sich auf die Betriebsverfassung bezieht und für die deshalb das Beschlussverfahren die richtige Verfahrensart ist (§ 2 a Abs. 1 Nr. 1, Abs. 2 i. V. mit §§ 80 ff. ArbGG; vgl. auch *Bötticher*, RdA 1978, 133, 135).

§ 3 Abweichende Regelungen

(1) Durch Tarifvertrag können bestimmt werden:
1. für Unternehmen mit mehreren Betrieben
   a) die Bildung eines unternehmenseinheitlichen Betriebsrats oder
   b) die Zusammenfassung von Betrieben,
   wenn dies die Bildung von Betriebsräten erleichtert oder einer sachgerechten Wahrnehmung der Interessen der Arbeitnehmer dient;
2. für Unternehmen und Konzerne, soweit sie nach produkt- oder projektbezogenen Geschäftsbereichen (Sparten) organisiert sind und die Leitung der Sparte auch Entscheidungen in beteiligungspflichtigen Angelegenheiten trifft, die Bildung von Betriebsräten in den Sparten (Spartenbetriebsräte), wenn dies der sachgerechten Wahrnehmung der Aufgaben des Betriebsrats dient;
3. andere Arbeitnehmervertretungsstrukturen, soweit dies insbesondere aufgrund der Betriebs-, Unternehmens- oder Konzernorganisation oder aufgrund anderer Formen der Zusammenarbeit von Unternehmen einer wirksamen und zweckmäßigen Interessenvertretung der Arbeitnehmer dient;
4. zusätzliche betriebsverfassungsrechtliche Gremien (Arbeitsgemeinschaften), die der unternehmensübergreifenden Zusammenarbeit von Arbeitnehmervertretungen dienen;
5. zusätzliche betriebsverfassungsrechtliche Vertretungen der Arbeitnehmer, die die Zusammenarbeit zwischen Betriebsrat und Arbeitnehmern erleichtern.

(2) Besteht in den Fällen des Absatzes 1 Nr. 1, 2, 4 oder 5 keine tarifliche Regelung und gilt auch kein anderer Tarifvertrag, kann die Regelung durch Betriebsvereinbarung getroffen werden.

(3) [1]Besteht im Fall des Absatzes 1 Nr. 1 Buchstabe a keine tarifliche Regelung und besteht in dem Unternehmen kein Betriebsrat, können die Arbeitnehmer mit Stimmenmehrheit die Wahl eines unternehmenseinheitlichen Betriebsrats beschließen. [2]Die Abstimmung kann von mindestens drei wahlberechtigten Arbeitnehmern des Unternehmens oder einer im Unternehmen vertretenen Gewerkschaft veranlasst werden.

(4) [1]Sofern der Tarifvertrag oder die Betriebsvereinbarung nichts anderes bestimmt, sind Regelungen nach Absatz 1 Nr. 1 bis 3 erstmals bei der nächsten regelmäßigen Betriebsratswahl anzuwenden, es sei denn, es besteht kein Betriebsrat oder es ist aus anderen Gründen eine Neuwahl des Betriebsrats erforderlich. [2]Sieht der Tarifvertrag oder die Betriebsvereinbarung einen anderen Wahlzeitpunkt vor, endet die Amtszeit bestehender Betriebsräte, die durch die Regelungen nach Absatz 1 Nr. 1 bis 3 entfallen, mit Bekanntgabe des Wahlergebnisses.

(5) [1]Die aufgrund eines Tarifvertrages oder einer Betriebsvereinbarung nach Absatz 1 Nr. 1 bis 3 gebildeten betriebsverfassungsrechtlichen Organisationseinheiten gelten als Betriebe im Sinne dieses Gesetzes. [2]Auf die in ihnen gebildeten Arbeitnehmervertretungen finden die Vorschriften über die Rechte und Pflichten des Betriebsrats und die Rechtsstellung seiner Mitglieder Anwendung.

Abgekürzt zitiertes Schrifttum: *Giesen,* Tarifvertragliche Rechtsgestaltung für den Betrieb, 2002; *Rieble,* Vereinbarte Betriebsratsstruktur im Unternehmen und Konzern, in: Bauer/Rieble, Arbeitsrecht 2001 (RWS-Forum 21), 2002, S. 25; *Schmiege,* Betriebsverfassungsrechtliche Organisationsstrukturen durch Tarifvertrag (Diss. Regensburg 2005), 2007; *Teusch,* Die Organisation der Betriebsverfassung durch Tarifvertrag (Diss. Potsdam 2006), 2007; *Utermark,* Die Organisation der Betriebsverfassung als Verhandlungsgegenstand (Diss. Hamburg 2004), 2005.

A. Vorbemerkung   § 3

Zu § 3 a. F. *Spinner,* Die vereinbarte Betriebsverfassung (Diss. Freiburg 2000), 2000; *T. Wißmann,* Tarifvertragliche Gestaltung der betriebsverfassungsrechtlichen Organisation (Diss. Bonn 1999), 2000; weit. Nachw. zu § 3 a. F. in der 7. Aufl.

Übersicht

	Rn.
A. Vorbemerkung	1
I. Überblick	1
1. Gesetzeslage bis zum BetrVerf-ReformG 2001	1
2. Regelungsinhalt und Zweck der Gesetzesbestimmung	3
II. Verfassungskonformität der Gesetzesregelung?	8
1. Paradigmenwechsel	8
2. Betriebsersetzung durch Tarifvertrag als betriebsverfassungsrechtlicher Delegationsakt	11
3. Grundrecht der Koalitionsfreiheit	13
B. Gestaltungsmöglichkeiten durch Tarifvertrag	15
I. Betriebsersetzung durch Tarifvertrag	15
1. Betriebsübergreifender Repräsentationsbereich für die Bildung eines Betriebsrats im Unternehmen	16
2. Bildung von Spartenbetriebsräten	24
3. Schaffung anderer Arbeitnehmervertretungsstrukturen	35
II. Zusätzliche betriebsverfassungsrechtliche Vertretungen	44
1. Arbeitsgemeinschaften zur unternehmensübergreifenden Zusammenarbeit von Arbeitnehmervertretungen	44
2. Zusätzliche Vertretungen der Arbeitnehmer	48
III. Tarifvertrag als Rechtsgrundlage für die vom Gesetz abweichende Gestaltungsmöglichkeit	53
1. Parteien des Tarifvertrages	53
2. Erstreikbarkeit	59
3. Rechtswirkungen einer Tarifvertragsregelung zur Betriebsersetzung	60
4. Rechtslage bei Tarifnormen über die Schaffung zusätzlicher Interessenvertretungen	66
C. Regelung durch Betriebsvereinbarung	72
I. Gestaltungsbereich	72
1. Begrenzte Regelungsbefugnis	73
2. Regelungszuständigkeit zum Abschluss einer Betriebsvereinbarung	78
II. Rechtswirkungen der Betriebsvereinbarung	82
D. Bildung eines unternehmenseinheitlichen Betriebsrats durch Beschluss der Arbeitnehmer	84
I. Voraussetzungen	84
II. Verfahren	87
III. Wechsel vom unternehmenseinheitlichen Betriebsrat zu Einzelbetriebsräten	90
IV. Rechtswirkungen des Beschlusses zur Wahl eines unternehmenseinheitlichen Betriebsrats	91
E. Streitigkeiten	92

A. Vorbemerkung

I. Überblick

1. Gesetzeslage bis zum BetrVerf-ReformG 2001

Bis zum BetrVerf-ReformG 2001 konnten nach der alten Fassung des § 3 Abs. 1 durch Tarifvertrag lediglich zusätzliche betriebsverfassungsrechtliche Vertretungen der Arbeitnehmer bestimmter Beschäftigungsarten oder Arbeitsbereiche (Arbeitsgruppen) geschaffen werden (Nr. 1) und die Errichtung einer anderen Vertretung der Arbeitnehmer nur für Betriebe vorgesehen werden, in denen wegen ihrer Eigenart der Errichtung von Betriebsräten besondere Schwierigkeiten entgegenstanden (Nr. 2); außerdem waren die Tarifvertragsparteien ermächtigt, die Zuordnung von Betriebsteilen und Neben-**1** betrieben abweichend vom Gesetz zu regeln, soweit dadurch die Bildung von Vertretungen der Arbeitnehmer erleichtert wird (Nr. 3). Trotz dieser geringfügigen Einflussnahme auf die gesetzliche Organisation der Betriebsverfassung war vorgesehen, dass die Tarifverträge der Zustimmung der obersten Arbeitsbehörde des Landes bzw. bei Tarifverträgen, deren Geltungsbereich mehrere Länder berühren, der Zustimmung des Bundesministers für Arbeit und Sozialordnung bedurften (Abs. 2 a. F.).

2 Diese **eng begrenzte Gestaltungsmöglichkeit durch Tarifvertrag**, die unter den **Vorbehalt einer staatlichen Zustimmung** gestellt war, wurde als Bestätigung herangezogen, dass das Organisationsrecht der Betriebsverfassung zwingend war (vgl. 7. Aufl. Rn. 1). Im Schrifttum wurde darauf hingewiesen, dass die Tarifvertragsparteien nicht im Rahmen ihrer tarifautonomen Zuständigkeit tätig wurden, sondern eine besondere gesetzlicher Ermächtigung wahrnahmen, die eine Delegation zur Rechtsetzung auf öffentlichrechtlicher Grundlage darstellte (vgl. 7. Aufl., Einl. Rn. 139; zust. *Picker*, RdA 2001, 257, 282 f.; bereits zu § 20 Abs. 3 BetrVG 1952 *Richardi*, Kollektivgewalt, S. 250 f.; mit Hinweis auf einen Konflikt zwischen den nichtorganisierten Arbeitnehmern und der Gewerkschaft *Biedenkopf*, Tarifautonomie, S. 276; a. A. vor allem *Wißmann*, Tarifvertragliche Gestaltung der betriebsverfassungsrechtlichen Organisation, S. 22 ff.). Durch das Zustimmungserfordernis war dem Staat das Recht zur Mitentscheidung i. S. eines Kondominiums eingeräumt; die zuständige Arbeitsbehörde war nicht bloß auf eine Rechtsaufsicht beschränkt, sondern hatte einen eigenen Ermessensspielraum (so 7. Aufl., Rn. 56; ebenso *Fitting* [20. Aufl.], § 3 Rn. 65; GK-*Kraft* [6. Aufl.], § 3 Rn. 36; a. A. DKK-*Trümner* [7. Aufl.], § 3 Rn. 71 f.). Nach der Begründung des RegE zu § 3 BetrVG sollte das staatliche Zustimmungserfordernis „sicherstellen, dass abweichende Regelungen dem Grundgedanken des Betriebsverfassungsgesetzes nicht widersprechen" (BT-Drucks. VI/1786, S. 36).

2. Regelungsinhalt und Zweck der Gesetzesbestimmung

3 a) **Gestaltungsmöglichkeiten durch Tarifvertrag.** Die Bestimmung hat einen völlig verschiedenen Regelungsinhalt erhalten. Abs. 1 Nr. 1–3 erlaubt den Tarifvertragsparteien, den **Betrieb als Organisationsbasis für die betriebsverfassungsrechtliche Mitbestimmung** durch eine abweichende Regelung zu ersetzen. An die Stelle des Betriebes tritt die auf Grund des Tarifvertrages gebildete Organisationseinheit (Abs. 5 Satz 1); die in ihr gewählte Arbeitnehmervertretung hat die Rechte und Pflichten des Betriebsrats (Abs. 5 Satz 2).

4 Neben der „Betriebsersetzung" gestattet Abs. 1 den Tarifvertragsparteien **zusätzliche Interessenvertretungen der Arbeitnehmer** zu schaffen (Nr. 4 und 5). Nach ihrer Funktion ersetzen sie nicht den Betriebsrat, der für den Betrieb oder an dessen Stelle tretende Organisationseinheiten gebildet wird.

5 Trotz der weitreichenden Befugnisse, die den Tarifvertragsparteien für eine betriebsunabhängige Gestaltung der Arbeitnehmervertretungen eingeräumt werden, **verzichtet das Gesetz auf den in Abs. 2 a. F. verankerten Vorbehalt einer Zustimmung durch die oberste Arbeitsbehörde** des Landes bzw. den (damaligen) Bundesminister für Arbeit und Sozialordnung. Trotz der vielfältig aufgestellten Tatbestandsvoraussetzungen gibt es niemanden, der präventiv kontrolliert, ob sie eingehalten werden. Begründet wird dies im RegE des BetrVerf-ReformG mit folgenden Worten: „Angesichts der Vielgestaltigkeit der zu regelnden Sachverhalte können die Vertragsparteien vor Ort die Sachgerechtigkeit von unternehmensspezifischen Arbeitnehmervertretungsstrukturen besser beurteilen als staatliche Stellen. Außerdem können die Vertragsparteien auf Umstrukturierungen im Unternehmen und Konzern sehr viel schneller reagieren, als dies bei Durchführung eines mitunter zeitaufwändigen Zustimmungsverfahrens möglich wäre" (BT-Drucks. 14/5741, S. 33). Mit dieser Begründung steht die Gesetzesregelung im Widerspruch; denn sie weist die Regelungsbefugnis nicht den „Vertragsparteien vor Ort", sondern den

A. Vorbemerkung § 3

Tarifvertragsparteien zu, ohne an sie weitere Anforderungen zu stellen, so dass nicht einmal eine Tarifkollision ausgeschlossen wird.

b) Nachrangigkeit einer Regelung durch Betriebsvereinbarung und durch die Belegschaft. Die den Tarifvertragsparteien eröffneten Gestaltungsmöglichkeiten können von den Betriebsparteien durch **Abschluss einer Betriebsvereinbarung** nur wahrgenommen werden, wenn keine tarifliche Regelung besteht und auch kein anderer Tarifvertrag gilt (Abs. 2). Geht es um die Einführung „anderer Arbeitnehmervertretungsstrukturen" (Abs. 1 Nr. 3), ist ihnen diese Gestaltungsmöglichkeit sogar überhaupt versagt. Der Tarifvorbehalt reicht deshalb hier wesentlich weiter als in § 77 Abs. 3 (kritisch deshalb *Buchner*, NZA 2001, 633, 635; *Hanau*, RdA 2001, 65, 66; *Konzen*, RdA 2001, 76, 86; *Picker*, RdA 2001, 257, 277; *Reichold*, NZA 2001, 857, 859; *Richardi*, NZA 2001, 346, 350). 6

Die **Belegschaft** wird in die **Errichtung abweichender Vertretungsstrukturen nur ganz ausnahmsweise einbezogen.** Nur wenn kein Tarifvertrag über einen unternehmenseinheitlichen Betriebsrat besteht und in dem gesamten Unternehmen kein Betriebsrat gebildet ist, können die Arbeitnehmer die Wahl eines unternehmenseinheitlichen Betriebsrats beschließen (Abs. 3). Der Gesetzgeber ist nicht der Empfehlung gefolgt, den Belegschaften nach dem Vorbild des § 20 Abs. 2, 3 SprAuG generell die Entscheidung zu überlassen, ob sie jeweils einzelne Betriebsräte oder einen unternehmenseinheitlichen Betriebsrat errichten wollen (so *Löwisch*, DB 1999, 2209, 2210; *Richardi*, NZA 2001, 346, 350). 7

II. Verfassungskonformität der Gesetzesregelung?

1. Paradigmenwechsel

Der Gesetzgeber sieht im Tarifvertrag das „vorrangige Gestaltungsmittel für vom Gesetz abweichende Regelungen" (Begründung des RegE zum BetrVerf-ReformG, BT-Drucks. 14/5741, S. 33). Das Tarifprivileg soll die Richtigkeit einer abweichenden Gestaltung gewährleisten. Da aber eine Beteiligung des Staats nicht mehr vorgesehen ist, sind die Tarifvertragsparteien nicht mehr in ein Rechtsetzungsverfahren eingeschaltet, für das der Staat die Letztverantwortung trägt. Eine vom Gesetz abweichende Gestaltung der betriebsverfassungsrechtlichen Organisation durch die Tarifvertragsparteien kann deshalb nicht mehr als staatliche Gestaltung durch beliehene Sachwalter interpretiert werden (ebenso *Picker*, RdA 2001, 257, 283). 8

Der Gesetzgeber hat damit einen **Paradigmenwechsel** vollzogen, der eine **Vielzahl verfassungsrechtlicher Probleme** aufwirft. Die bisher grundsätzlich zwingende Anknüpfung der Mitbestimmungsordnung an den Betrieb ist **tarifdispositiv** geworden. Obwohl der Betriebsrat ein koalitionsunabhängiger Repräsentant der Belegschaft ist, wird die für seine Größe und Zusammensetzung maßgebliche Organisationseinheit einer Gestaltungsmöglichkeit durch Tarifvertrag zugewiesen. Da das staatliche Zustimmungserfordernis nicht mehr vorgesehen ist, kann die Einschaltung der Tarifvertragsparteien auch nicht mehr als sachnahe Regelungsinstanz im Rahmen einer Ordnung angesehen werden, für die der Staat die Letztverantwortung behält, sondern es wird die Gestaltung der betriebsverfassungsrechtlichen Mitbestimmungsorganisation Verbänden übertragen, die insoweit nicht privatautonom von den Normunterworfenen autorisiert sind (vgl. *Picker*, RdA 2001, 257, 282 ff.). Da die betriebsverfassungsrechtlichen Organisationsformen auch die gewerkschaftlich nicht oder anders organisierten Arbeitnehmer erfassen, besteht eine Legitimationslücke (so zutreffend *Picker*, RdA 2001, 257, 288). 9

Der Gesetzgeber hat mit seiner Regelung eine Grundsatzproblematik belebt, die im Schrifttum kontrovers gelöst wird, nämlich die Frage, inwieweit tarifliche Rechtsnormen über betriebsverfassungsrechtliche Fragen gegenüber Außenseitern Geltung beanspruchen können (vgl. *Annuß*, NZA 2002, 290 ff.). Entsprechend wird **verschieden beant-** 10 wortet, ob die Gesetzesregelung **verfassungskonform** ist (bejahend *Fitting*, § 3 Rn. 9 ff.; GK-*Kraft/Franzen*, § 3 Rn. 69 ff.; HSWGNR-*Rose*, § 3 Rn. 6 ff.; *Utermark*, Organisation der Betriebsverfassung, S. 28 ff.; *Teusch*, Organisation der Betriebsverfassung, S. 42 ff.; *Friese*, ZfA 2003, 237, 246 ff.; *Thüsing*, ZIP 2003, 693, 694 ff.; verneinend GK-*Kraft* [7. Aufl.], § 3 Rn. 41 ff.; *Giesen*, Tarifvertragliche Rechtsgestaltung, S. 309 ff.; *ders.*, BB 2002, 1480, 1484 ff.; *Schmiege*, Organisationsstrukturen durch Tarifvertrag, S. 182 ff.; vgl. auch *Biedenkopf* in der Bundesratsdebatte über den RegE am 30. 3. 2001, Plenarprotokoll 761, S. 127 f.; *Picker*, RdA 2001, 257, 284, 288 f.; *Reichold*, NZA 2001, 857, 859; *Richardi*, NZA-Sonderheft 2001, S. 7, 9; *Rieble* in Bauer/Rieble, Arbeitsrecht 2001, S. 25, 46 ff.; offengelassen *Annuß*, NZA 2002, 290, 291). Die Bedenken richten sich primär gegen die Betriebsersetzung durch Tarifvertrag (Abs. 1 Nr. 1–3), nicht gegen die Schaffung zusätzlicher Interessenvertretungen (Abs. 1 Nr. 4, 5; vgl. *Giesen*, Tarifvertragliche Rechtsgestaltung, S. 310 f.; a. A. auch insoweit zu Nr. 4 *Picker*, RdA 2001, 257, 288 f.).

2. Betriebsersetzung durch Tarifvertrag als betriebsverfassungsrechtlicher Delegationsakt

11   a) **Verschiedenheit des Regelungsgegenstandes.** Abs. 1 Nrn. 1–3 stimmen zwar darin überein, dass der Tarifvertrag die Organisationseinheit festlegt, die nach Abs. 5 den Betrieb als tatsächlichen Anknüpfungspunkt für die betriebsverfassungsrechtliche Mitbestimmung ersetzt (vgl. *Giesen*, Tarifvertragliche Rechtsgestaltung, S. 308; ähnlich *Rieble* in Bauer/Rieble, Arbeitsrecht 2001, S. 25, 49). Die tatbestandlichen Voraussetzungen in Nr. 1–3 sind aber sehr verschieden. Nr. 1 eröffnet die Schaffung eines betriebsübergreifenden Repräsentationsbereichs, wahrt aber die Zuordnung zu demselben Unternehmen. Nr. 2 ermöglicht unter Derogation der Betriebsabgrenzung betriebsersetzende Organisationseinheiten für Unternehmen und Konzerne, und Nr. 3 eröffnet die Möglichkeit der Bildung anderer Arbeitnehmervertretungsstrukturen auch „auf Grund anderer Formen der Zusammenarbeit von Unternehmen". Die gesetzliche Organisation der Betriebsverfassung wird dadurch zur Disposition der Tarifvertragsparteien gestellt. Da gesetzlich nicht gesichert ist, wer für den Betriebsrat einer ausschließlich durch Tarifvertrag geschaffenen Belegschaft als Arbeitgeber zur Verfügung steht, bestehen bereits unter diesem Blickwinkel Bedenken gegen die Rechtsetzungsdelegationen an die Tarifvertragsparteien. Sie können nur bei einer entsprechend restriktiven Interpretation der Delegationsnorm behoben werden (vgl. auch *Utermark*, Organisation der Betriebsverfassung, S. 75 ff.; *Annuß*, NZA 2002, 290, 291 f.; im Ergebnis auch *Thüsing*, ZIP 2003, 693, 695).

12   b) **Betriebsersetzung mit Geltung für Außenseiter.** Die Betriebsersetzung durch Tarifvertrag entfaltet eine Außenseiterwirkung. Bei einer Einordnung unter die betriebsverfassungsrechtlichen Tarifnormen genügt die Tarifgebundenheit des Arbeitgebers (§ 3 Abs. 2 TVG). Die Betriebsersetzung muss daher auf Arbeitnehmerseite auch hinnehmen, wer nicht tarifgebunden ist. Nach Ansicht des BVerfG widerspricht es dem Rechtsstaats- und dem Demokratieprinzip, wenn „der Bürger schrankenlos der normsetzenden Gewalt der Tarifvertragsparteien ausgeliefert wird, die ihm gegenüber weder staatlich-demokratisch noch mitgliedschaftlich legitimiert sind" (BVerfGE 64, 208, 214). Von einem unzulässigen Verzicht des Gesetzgebers auf seine Rechtsetzungsbefugnisse könne nur dann nicht die Rede sein, wenn der „Inhalt der tarifvertraglichen Regelungen, auf die staatliche Rechtsnormen verweisen, im Wesentlichen feststeht" (BVerfGE 64, 208, 215). Soweit Abs. 1 Nr. 1–3 diesem Konkretisierungserfordernis nicht genügen, sind sie daher verfassungswidrig (so folgerichtig *Giesen*, Tarifvertragliche Rechtsgestaltung, S. 309 f.; *ders.*, BB 2002, 1480, 1484 ff.). Die Betriebsersetzung durch Tarifvertrag betrifft jedoch nur die Organisation der betriebsverfassungsrechtlichen Mitbestimmungsordnung; sie hat zwar Auswirkungen auf die Rechtsstellung der Arbeitnehmer,

B. Gestaltungsmöglichkeiten durch Tarifvertrag § 3

regelt sie aber nicht unmittelbar. Berücksichtigt man weiterhin, dass bei entsprechender Interpretation der im Gesetz genannten Voraussetzungen die Gestaltungsmöglichkeit durch Tarifvertrag – jedenfalls für Nr. 1 und 2 – im Wesentlichen feststeht, so kann man einen Verstoß gegen das Rechtstaats- und Demokratieprinzip verneinen (ebenso GK-*Kraft/Franzen*, § 3 Rn. 69; *Utermark*, Organisation der Betriebsverfassung, S. 75 ff.; *Friese*, ZfA 2003, 237, 248 ff.; *Thüsing*, ZIP 2003, 693, 694 f.).

3. Grundrecht der Koalitionsfreiheit

Die Tarifvertragsparteien, die von der ihnen in Abs. 1 Nr. 1–3 eingeräumten Gestaltungsmöglichkeit Gebrauch machen, werden insoweit nicht im Rahmen ihrer tarifautonomen Zuständigkeit tätig, sondern sie nehmen eine **besondere gesetzliche Ermächtigung** wahr (s. Rn. 2). Ihnen ist insoweit eine gesonderte, nicht durch Art. 9 Abs. 3 GG gesicherte betriebsverfassungsrechtliche Zuständigkeit übertragen (ebenso *Utermark*, Organisation der Betriebsverfassung, S. 38 ff.; *Friese*, ZfA 2003, 237, 243 ff.; zu § 20 Abs. 3 BetrVG 1952 bereits *Biedenkopf*, Tarifautonomie, S. 310 ff.; zust. *Nipperdey* in Hueck/Nipperdey, Bd. II/1 S. 483 Fn. 20 a). 13

Es stellt sich im Gegenteil die Frage nach der **Vereinbarkeit mit dem Grundrecht der Koalitionsfreiheit**, wenn Arbeitnehmer einer anderen Gewerkschaft und nichtorganisierte Arbeitnehmer es hinnehmen müssen, dass die Tarifvertragsparteien auch für sie verbindlich den Betrieb durch eine andere Organisationseinheit für ihre Repräsentation in der betriebsverfassungsrechtlichen Mitbestimmungsordnung festlegen können. Darin wird ein Verstoß gegen die **negative Koalitionsfreiheit** erblickt (so bereits *Biedenkopf* in der Bundesratsdebatte über den RegE am 30. 3. 2001, Plenarprotokoll 761, S. 127 f.; weiterhin *Schmiege*, Organisationsstrukturen durch Tarfvertrag, S. 262 ff.; *Picker*, RdA 2001, 257, 284; *Rieble* in Bauer/Rieble, Arbeitsrecht 2001, S. 25, 49 f.; a. A. GK-*Kraft/Franzen*, § 3 Rn. 70; HSWGNR-*Rose*, § 3 Rn. 9; *Utermark*, Organisation der Betriebsverfassung, S. 29 ff.; *Teusch*, Organisation der Betriebsverfassung, S. 76 ff.; *Thüsing*, ZIP 2003, 693, 695 f.). Die negative Koalitionsfreiheit fällt zwar auch unter Art. 9 Abs. 3 GG; ihr Schutz verbietet aber nicht dem Gesetzgeber, den Tarifvertrag in eine sachnahe Regelung einzubeziehen. Entscheidend ist jedoch, dass auch die **positive Koalitionsfreiheit** tangiert wird, soweit eine Betriebsersetzung durch Tarifvertrag es ausschließt, dass eine Gewerkschaft für ihre Mitglieder eine andere Abgrenzung durchsetzt (ebenso zu Abs. 1 Nr. 3 HSWG-*Hess* [6. Aufl.], § 3 Rn. 27, a. A. HSWGNR-*Rose*, § 3 Rn. 9; *Schmiege*, S. 241; *Utermark*, S. 67). Es ist daher eine gesetzgeberische Fehlleistung, dass durch Tarifvertrag vom Gesetz abweichende Betriebsratsstrukturen geschaffen werden können, ohne zu gewährleisten, dass diese Regelung durch die von ihr betroffenen Arbeitnehmer legitimiert wird. 14

B. Gestaltungsmöglichkeiten durch Tarifvertrag

I. Betriebsersetzung durch Tarifvertrag

Abs. 1 Nr. 1–3 erlauben den Tarifvertragsparteien, den Betrieb als Grundlage der betriebsverfassungsrechtlichen Mitbestimmungsorganisation durch eine andere Organisationseinheit zu ersetzen (Abs. 5). Das Gesetz eröffnet die **folgenden Gestaltungsmöglichkeiten:** für Unternehmen mit mehreren Betrieben die Bildung eines unternehmenseinheitlichen Betriebsrats (Abs. 1 Nr. 1 lit. a) oder die Zusammenfassung von Betrieben (Abs. 1 Nr. 1 lit. b), für Unternehmen und Konzerne die Organisation nach Sparten (Abs. 1 Nr. 2) und schließlich die Schaffung „anderer Arbeitnehmervertretungsstrukturen" (Abs. 1 Nr. 3). 15

1. Betriebsübergreifender Repräsentationsbereich für die Bildung eines Betriebsrats im Unternehmen

16 a) Durch Tarifvertrag kann für Unternehmen mit mehreren Betrieben die **Bildung eines unternehmenseinheitlichen Betriebsrats** bestimmt werden (Abs. 1 Nr. 1 lit. a). Nach der Begründung zum RegE des BetrVerf-ReformG soll die hier eröffnete Gestaltungsmöglichkeit sich „insbesondere anbieten, wenn die Entscheidungskompetenzen in beteiligungspflichtigen Angelegenheiten zentral auf Unternehmensebene angesiedelt sind" (BT-Drucks. 14/5741, S. 34).

17 Die Betriebe müssen **demselben Unternehmen** (s. zum Begriff § 1 Rn. 51 ff.) angehören. Die Bestimmung ermöglicht nur einen unternehmenseinheitlichen, keinen konzerneinheitlichen Betriebsrat. Gehören die Betriebe zu verschiedenen Unternehmen, so kann ihre Zusammenfassung zu einer betriebsverfassungsrechtlichen Organisationseinheit nur nach Abs. 1 Nr. 3 in Betracht kommen (s. Rn. 35 ff.). Ein Unternehmen mit mehreren Betrieben liegt auch vor, wenn ein Betrieb sich in **Betriebsteile** gliedert, die nach § 4 Abs. 1 Satz 1 jeweils als Betrieb gelten, wobei unerheblich ist, ob es sich um einen betriebsratslosen Betriebsteil handelt, für den dessen Arbeitnehmer beschlossen haben, an der Wahl des Betriebsrats im Hauptbetrieb teilzunehmen (§ 4 Abs. 1 Satz 2; ebenso *Fitting*, § 3 Rn. 26; *DKK-Trümner*, § 3 Rn. 22; *Utermark*, Organisation der Betriebsverfassung, S. 118 f.).

18 Der Tatbestand ist nicht gegeben, wenn das Unternehmen neben einem eigenen Betrieb an einem **gemeinsamen Betrieb** beteiligt ist (ebenso *Fitting*, § 3 Rn. 27; *Kort*, AG 2003, 13, 18; a. A. ErfK-*Eisemann/Koch*, § 3 Rn. 3; *DKK-Trümner*, § 3 Rn. 21; *Utermark*, Organisation der Betriebsverfassung, S. 117 f.). Insoweit kann jedoch in Betracht kommen, dass nach Abs. 1 Nr. 3 eine „andere Arbeitnehmervertretung" durch Tarifvertrag gebildet wird (ebenso *Fitting*, § 3 Rn. 27).

19 Durch die Bildung eines unternehmenseinheitlichen Betriebsrats wird die **betriebsverfassungsrechtliche Unterscheidung in Betrieb und Unternehmen aufgehoben.** Der Betriebsrat wird zum „Unternehmensrat". Die Errichtung eines Gesamtbetriebsrats entfällt, aber auch die Möglichkeit zur (zusätzlichen) Bildung von Betriebsräten in den Betrieben (ebenso *Fitting*, § 3 Rn. 32; *DKK-Trümner*, § 3 Rn. 23; *Utermark*, Organisation der Betriebsverfassung, S. 120; *Kort*, AG 2003, 13, 18).

20 b) Möglich ist, dass der Tarifvertrag sich auf die **Zusammenfassung von Betrieben** beschränkt (Abs. 1 Nr. 1 lit. b). Da kein unternehmenseinheitlicher Betriebsrat gebildet wird, können innerhalb des Unternehmens mehrere Betriebsräte bestehen. In diesem Fall ist ein Gesamtbetriebsrat zu errichten (§ 47 Abs. 1; ebenso *Fitting*, § 3 Rn. 35; ErfK-*Eisemann/Koch*, § 3 Rn. 4; *DKK-Trümner*, § 3 Rn. 25; *Utermark*, Organisation der Betriebsverfassung, S. 121; *Kort*, AG 2003, 13, 18). Durch die Zusammenfassung von Betrieben ist die Möglichkeit eröffnet, Regionalbetriebsräte in Unternehmen mit bundesweitem Filialnetz zu errichten (so die Begründung zum RegE des BetrVerf-ReformG, BT-Drucks. 14/5741, S. 34). Soweit das Gesetz auf die Arbeitnehmerzahl im Betrieb abstellt, ist die Arbeitnehmerzahl der durch die Zusammenfassung entstandenen Einheit maßgebend.

21 Die Bestimmung gestattet nur die Zusammenfassung, **nicht** die **Zerlegung von Betrieben** (ebenso *Fitting*, § 3 Rn. 36; *DKK-Trümner*, § 3 Rn. 34; *Utermark*, Organisation der Betriebsverfassung, S. 122; *Kort*, AG 2003, 13, 18). Zu einer Zerschlagung der Betriebseinheit durch Tarifvertrag kann es aber mittelbar kommen, wenn ein Spartenbetriebsrat (Abs. 1 Nr. 2) oder eine „andere Arbeitnehmervertretungsstruktur" (Abs. 1 Nr. 3) gebildet wird.

22 c) Folgt man dem Gesetzestext, so setzen beide Formen einer vom Gesetz abweichenden Bildung von Betriebsräten in einem Unternehmen mit mehreren Betrieben voraus, dass dies die **Bildung von Betriebsräten erleichtert** oder einer **sachgerechten Wahrnehmung der Interessen der Arbeitnehmer dient** (vgl. *Utermark*, Organisation der Betriebsverfassung, S. 122 ff.). Die Erste (alternativ erforderliche) Voraussetzung ist insbesondere erfüllt, wenn das Unternehmen partiell betriebsratslos ist (ebenso DKK-*Trümner*, § 3 Rn. 29; *Kort*, AG 2003, 13, 18). Die zweite Voraussetzung ist gegeben, wenn die Entscheidungskompetenzen in beteiligungspflichtigen Angelegenheiten zentral auf Unternehmensebene angesiedelt sind (so die Begründung des RegE, BT-Drucks. 14/5741, S. 34). Liegt eine dieser alternativ genannten Voraussetzungen nicht vor, so ist die tarifvertragliche Regelung unwirksam (ebenso HWK-*Gaul*, § 3 Rn. 9; HSWGNR-*Rose*, § 3 Rn. 41; im Ergebnis unter Annahme einer eingeschränkten Rechtskontrolle DKK-*Trümner*, § 3 Rn. 33).

Im Streitfall unterliegt dies der Rechtskontrolle im arbeitsgerichtlichen Beschlussverfahren, das jeder zum Betriebsrat wahlberechtigte Arbeitnehmer einleiten kann (§ 2 a Abs. 1 Nr. 1, Abs. 2 i. V. mit §§ 80 ff. ArbGG). Möglich ist jedoch auch, dass die Feststellung der Voraussetzungen als Vorfrage in einem anderen Rechtsstreit eine Rolle spielt (s. auch Rn. 95). **23**

2. Bildung von Spartenbetriebsräten

Soweit **Unternehmen** und **Konzerne** nach **produkt- oder projektbezogenen Geschäftsbereichen (Sparten)** organisiert sind und die Leitung der Sparte auch Entscheidungen in beteiligungspflichtigen Angelegenheiten trifft, kann durch Tarifvertrag für derartige Unternehmen und Konzerne die „Bildung von Betriebsräten in den Sparten (Spartenbetriebsräte)" bestimmt werden, wenn dies der sachgerechten Wahrnehmung der Aufgaben des Betriebsrats dient (Abs. 1 Nr. 2). **24**

a) **Sparte als betriebsverfassungsrechtliche Organisationseinheit.** Nach der Legaldefinition ist eine Sparte ein **produktbezogener** oder ein **projektbezogener Geschäftsbereich.** In ihm kann durch Tarifvertrag die Bildung eines Betriebsrats bestimmt werden. Nach der Legaldefinition ist ein derartiger Betriebsrat ein **Spartenbetriebsrat,** der für die der Sparte zugeordneten Arbeitnehmer an die Stelle eines auf der Ebene des Betriebs gebildeten Betriebsrats tritt. **25**

Damit hat das Gesetz die Sparte neben Betrieb, Unternehmen und Konzern als betriebsverfassungsrechtliche Organisationseinheit anerkannt. Um die Flexibilitätsvorteile von Kleinunternehmen mit den Macht- und Kapitalvorteilen von Großunternehmen zu verbinden, wird ein Großunternehmen oder Konzern – meist ohne rechtliche Verselbständigung – organisatorisch in Sparten aufgegliedert, die weitgehend eigenverantwortlich arbeiten (vgl. *Wendeling-Schröder,* NZA 1999, 1065, 1066 f.; *Kort,* ZfA 2000, 329, 359 f.). Mit der Spartenbildung entstehen ohne rechtliche Verselbständigung betriebs- und unternehmensübergreifende Organisationseinheiten, für die die Anknüpfung der Mitbestimmungsordnung an den Betriebs- und Unternehmensbegriff auf Schwierigkeiten stößt. Mit der hier vorgesehenen Möglichkeit, dass die Sparte an die Stelle des Betriebs tritt, sollen sie behoben werden. Nach der erstmals überhaupt in einer gesetzlichen Norm enthaltenen Definition ist die Sparte ein „produkt- oder projektbezogener Geschäftsbereich". Bezug genommen wird insoweit auf einen Begriff, der ursprünglich aus der Betriebswirtschaft stammt, aber im Kapitalgesellschaftsrecht, insbesondere im Aktienrecht, bei der Organisation der Geschäftsführung eine Rolle spielt (vgl. *Kort,* AG 2003, 13, 16, 19). Die Geschäftsverteilung bei der Geschäftsführung kann jedoch nach anderen Gesichtspunkten verteilt sein, also insbesondere auch funktionsbezogen (z. B. Bereiche Einkauf, Verkauf, Marketing, Personal). Gesellschaftsrechtlich ist das „Phänomen der Sparte wenig ergründet" (*Kort,* AG 2003, 13, 16). **26**

b) Nach dem Gesetzestext kann ein Tarifvertrag Spartenbetriebsräte „**für Unternehmen und Konzerne**" vorsehen. Möglich ist aber auch, dass der als Sparte definierte Geschäftsbereich nur **innerhalb eines Betriebs** besteht (ebenso *Fitting,* § 3 Rn. 37, 42; ErfK-*Eisemann/Koch,* § 3 Rn. 5; DKK-*Trümner,* § 3 Rn. 39; *Utermark,* Organisation **27** der Betriebsverfassung als Verhandlungsgegenstand, S. 128). Es kommt also nicht nur ein betriebsübergreifender Spartenbetriebsrat in Betracht. Die Begründung des RegE eines BetrVerf-ReformG nennt als Beispiele „ein oder mehrere Betriebsräte je Sparte, betriebsübergreifende Spartenbetriebsräte oder mehrere Spartenbetriebsräte für ein als Betrieb anzusehendes Werk" (BT-Drucks. 14/5741, S. 34). Es muss allerdings mindestens zwei Sparten geben, weil sonst die Bildung eines Spartenbetriebsrats nicht in Betracht kommt (ebenso ErfK-*Eisemann/Koch*, § 3 Rn. 5).

28 Da die Bildung von Spartenbetriebsräten „für Unternehmen und Konzerne" eröffnet wird, sollen nach der Begründung des RegE für den Fall, dass einer Sparte **mehrere Unternehmen** angehören, „auch unternehmensübergreifende Spartenbetriebsräte und Spartengesamtbetriebsräte" gebildet werden können; Entsprechendes gelte „für einen nach Geschäftsbereichen organisierten Konzern" (BT-Drucks. 14/5741, S. 34). Von einer tatbestandlich bestimmten Grenzziehung ist man damit weit entfernt. Da ein Tarifvertrag die Bildung von Spartenbetriebsräten aber nur „für Unternehmen und Konzerne" vorsehen kann, ist notwendig, dass die Unternehmen, für die eine „Bildung von Betriebsräten in den Sparten (Spartenbetriebsräte)" bestimmt werden kann, in einer (gesellschaftsrechtlichen) **Konzernbindung** stehen. Nach dem Gesetzestext ist allerdings offen, ob es sich bei ihr um einen **Unterordnungskonzern** handeln muss, wie dies § 54 Abs. 1 durch die Verweisung auf § 18 Abs. 1 AktG für die Errichtung eines Konzernbetriebsrats verlangt. Wenn man davon ausgeht, dass das Gesetz betriebsverfassungsrechtlich von demselben Konzernbegriff ausgeht, können unternehmensübergreifende Spartenbetriebsräte für Gleichordnungskonzerne nicht nach Abs. 1 Nr. 2 gebildet werden (ebenso *Kort*, AG 2003, 13, 16; a. A. *Fitting*, § 3 Rn. 44; DKK-*Trümner*, § 3 Rn. 41; HSWGNR-*Rose*, § 3 Rn. 54; *Utermark*, Organisation der Betriebsverfassung, S. 129 f.; *Friese*, RdA 2003, 92, 94). Möglich ist aber ihre Einrichtung nach Abs. 1 Nr. 3 (s. Rn. 41).

29 Aber auch soweit die Bildung von unternehmensübergreifenden Spartenbetriebsräten nur für Unterordnungskonzerne in Betracht gezogen wird, fehlt für einen **mehrstufigen Konzern** eine Klarstellung, ob die Unternehmen, für die tarifvertraglich die Möglichkeit eröffnet wird, Spartenbetriebsräte zu bilden, auf verschiedenen Stufen eines Konzerns angesiedelt sein können. Dies kommt insbesondere in Betracht beim „Konzern im Konzern", wenn ein Unternehmen, das mit anderen zusammen eine Spartenbetriebsvertretung bilden soll, nicht demselben Unterkonzern zugeordnet ist.

30 c) Eine Erleichterung in dieser Abgrenzungsvielfalt bildet die im Gesetz genannte zusätzliche **Voraussetzung,** dass die „**Leitung der Sparte auch Entscheidungen in beteiligungspflichtigen Angelegenheiten trifft**". Da der Gesetzestext der Verschiedenheit der Rechtsform eines Unternehmens und dem Sachverhalt, dass der Konzern eine Unternehmensverbindung darstellt, keine Beachtung schenkt, ist allerdings völlig offen, welche rechtlichen Voraussetzungen die Leitung einer Sparte erfüllen muss, damit man die von ihr getroffenen Entscheidungen dem in einem Konzern verschiedenen Arbeitgeber zurechnen kann. Es bestehen deshalb hier dieselben Probleme wie für die Anerkennung eines gemeinsamen Betriebs als betriebsratsfähige Organisationseinheit. Wie dort müssen sich deshalb hier die beteiligten Unternehmen zur Leitung der Sparte *rechtlich* verbunden haben. Darauf müssen die Tarifvertragsparteien bei ihrer Regelung achten; denn die ihnen hier eröffnete Gestaltungsmöglichkeit hängt davon ab, dass „dies der sachgerechten Wahrnehmung der Aufgaben des Betriebsrats dient" (s. Rn. 31).

31 d) Auch wenn die formal-organisatorischen Voraussetzungen erfüllt sind, ist die Bildung von Spartenbetriebsräten nur zulässig, wenn dies der **sachgerechten Wahrnehmung der Aufgaben des Betriebsrats dient**. Die Tarifvertragsparteien haben insoweit einen Beurteilungsspielraum. Es unterliegt aber der arbeitsgerichtlichen Rechtskontrolle, ob er eingehalten ist (s. Rn. 95). Nicht sachgerecht ist es daher, wenn durch die Bildung von Spartenbetriebsräten für die Wahrnehmung der Beteiligungsrechte Zustän-

B. Gestaltungsmöglichkeiten durch Tarifvertrag §3

digkeitsprobleme im Verhältnis zu einem Betriebsrat, Gesamtbetriebsrat oder Konzernbetriebsrat auftreten, die nicht durch die Ersetzung des Betriebes durch die Sparte gelöst sind.

Wie sich aus der Begründung des RegE ergibt (BT-Drucks. 14/5741, S. 34), sollen **32** nicht nur betriebsinterne, betriebsübergreifende oder auch unternehmensübergreifende Spartenbetriebsräte gebildet werden können, sondern auch **Spartengesamtbetriebsräte.** Doch ist offen, wie das Gesetz diese Möglichkeit eröffnet; denn nach Abs. 5 gelten die auf Grund des Tarifvertrags gebildeten betriebsverfassungsrechtlichen Organisationseinheiten als Betriebe i. S. dieses Gesetzes. Daraus kann aber nicht abgeleitet werden, dass Nr. 2 keine Grundlage für die Errichtung von Spartengesamtbetriebsräten bietet (so aber DKK-*Trümner*, § 3 Rn. 53; *Löwisch/Kaiser*, § 3 Rn. 9; *Kort*, AG 2003, 13, 20 f.; a. A. *Friese*, RdA 2003, 92, 98). Man muss vielmehr differenzieren: Ist ein Unternehmen (s. zum Begriff § 1 Rn. 51 ff.) nach Sparten organisiert, so bilden von Gesetzes wegen die Spartenbetriebsräte einen Gesamtbetriebsrat (§ 47 Abs. 1). Diesen Gesamtbetriebsrat kann man hier als Spartengesamtbetriebsrat bezeichnen; seine Errichtung ergibt sich aber bereits unmittelbar aus dem Gesetz, wenn durch Tarifvertrag eine Spartenbetriebsverfassung geschaffen wird. Möglich ist, dass neben den Sparten im Unternehmen ein Betrieb besteht, der keiner Sparte zugeordnet werden kann und deshalb von Gesetzes wegen einen Betriebsrat hat. Auch dieser Betriebsrat ist am Gesamtbetriebsrat zu beteiligen. Für die Bildung eines gesonderten Spartengesamtbetriebsrats bietet Nr. 2 keine Grundlage (ebenso *Fitting*, § 3 Rn. 45; *Utermark*, Organisation der Betriebsverfassung, S. 135 ff.).

Bei der Bildung **unternehmensübergreifender Spartenbetriebsräte** im Konzern gilt **33** die Sparte ebenfalls als Betrieb i. S. dieses Gesetzes (Abs. 5). Soweit es um die Zuordnung zu den Betriebsvertretungen auf der Ebene des Unternehmens oder Konzerns geht, muss man auch hier differenzieren: Ist der Konzern nach Sparten organisiert, so ist, weil die Organisation nicht nach Unternehmen getrennt ist, kein Gesamtbetriebsrat zu errichten; es kann aber ein besonderer Konzernbetriebsrat gebildet werden, den man als Spartenkonzernbetriebsrat bezeichnen kann. Wenn jedoch neben der Spartenorganisation von ihr unabhängige Betriebe oder Unternehmen bestehen, so kann bei den Unternehmen ein Gesamtbetriebsrat zu errichten sein, und auf der Ebene des Unternehmens sind die nicht zur Spartenorganisation gehörenden Unternehmen in die Bildung eines Konzernbetriebsrats einzubeziehen. Im Gegensatz zur Rechtslage beim gemeinsamen Betrieb, sind die Spartenbetriebsräte hier nicht am Gesamtbetriebsrat der Unternehmen zu beteiligen; denn hier beruht die Leitungsmacht nicht auf einer Führungsvereinbarung der Unternehmen, sondern auf der Konzernleitungsmacht.

e) Probleme ergeben sich für die **Zuordnung der Arbeitnehmer.** Abs. 4 geht davon **34** aus, dass ein bestehender Betriebsrat durch eine tarifvertragliche Regelung nach Abs. 1 Nr. 2 entfällt. Das ist aber nur anzunehmen, wenn der gesamte Betrieb in produkt- oder projektbezogene Geschäftsbereiche aufgegliedert ist und alle Entscheidungen in betriebspflichtigen Angelegenheiten der Leitung der Sparte zugewiesen ist. Wenn dies nicht gesichert ist, gibt es **neben den Spartenbetriebsräten** einen für den Betrieb gebildeten **Betriebsrat** (ebenso *Fitting*, § 3 Rn. 42; DKK-*Trümner*, § 3 Rn. 56; HSWGNR-*Rose*, § 3 Rn. 50; *Stege/Weinspach/Schiefer*, § 3 Rn. 26; *Eich*, FS Weinspach 2002, S. 17, 27; a. A. *Utermark*, Organisation der Betriebsverfassung, S. 134 f.). Er ist stets für die Arbeitnehmer zu bilden, die keiner Sparte zugeordnet werden, sowie für die Arbeitnehmer, die zwar einer Sparte angehören, aber keinen Spartenbetriebsrat bilden können, weil die Leitung der Sparte für sie keine Entscheidungen in beteiligungspflichtigen Angelegenheiten trifft. Schließlich bleibt der Betriebsrat auch sogar für die Arbeitnehmer, die einen Spartenbetriebsrat bilden, in den Angelegenheiten für die Mitbestimmungsausübung zuständig, in denen auf Arbeitgeberseite nicht die Leitung der Sparte die Entscheidungen trifft.

3. Schaffung anderer Arbeitnehmervertretungsstrukturen

35 a) Über die in Nr. 1 und 2 genannten speziellen Fälle hinaus eröffnet Nr. 3 des Abs. 1 die Möglichkeit der Bildung „andere(r) Arbeitnehmervertretungsstrukturen, soweit dies insbesondere auf Grund der Betriebs-, Unternehmens- oder Konzernorganisation oder auf Grund anderer Formen der Zusammenarbeit von Unternehmen einer wirksamen und zweckmäßigen Interessenvertretung der Arbeitnehmer dient". Damit hat der Gesetzgeber eine **Generalklausel** geschaffen, die den Tarifvertragsparteien die Möglichkeit eines umfassenden Zugriffs auf den betriebsverfassungsrechtlichen Repräsentationsbereich der Arbeitnehmer eröffnet.

36 Die Gesetzesbegründung ist hier enger als der Gesetzestext; denn nach ihr soll die Möglichkeit, über die in Nr. 1 und 2 genannten speziellen Fälle hinaus eine wirksame und zweckmäßige Interessenvertretung der Arbeitnehmer zu errichten, auch dort eröffnet werden, „wo dies auf Grund von Sonderformen der Betriebs-, Unternehmens- oder Konzernorganisation oder der Zusammenarbeit von Unternehmen in rechtlicher oder tatsächlicher Hinsicht generell mit besonderen Schwierigkeiten verbunden ist" (BT-Drucks. 14/5741, S. 34). Woran gedacht ist, ergibt sich aus den folgenden Worten:

„Derartige Regelungen können insbesondere in einem Konzernverbund sinnvoll sein. So sollen die Tarifvertragsparteien z. B. in der Lage sein, für einen mittelständischen Konzern mit wenigen kleinen Konzernunternehmen statt einer dreistufigen eine zwei- oder gar nur einstufige Interessenvertretung vorzusehen oder in einem Gleichordnungskonzern einen Konzernbetriebsrat zu errichten. Es können aber auch Arbeitnehmervertretungsstrukturen entlang der Produktionskette (just in time) oder für andere moderne Erscheinungsformen von Produktion, Dienstleistung und Zusammenarbeit von Unternehmen wie fraktale Fabrik und shop in shop geschaffen werden. Wie die Arbeitnehmervertretungsstruktur im Einzelnen ausgestaltet wird, obliegt den Tarifvertragsparteien. Darüber hinaus hat die Regelung den Sinn, den Tarifvertragsparteien zu ermöglichen, auf zukünftige neue Entwicklungen von Unternehmensstrukturen in Produktion und Dienstleistung angemessen zu reagieren und entsprechende Arbeitnehmervertretungssysteme errichten zu können, ohne dabei auf ein Tätigwerden des Gesetzgebers angewiesen zu sein."

37 Die Generalklausel stellt den Tarifvertragsparteien einen Freibrief aus. Die tatbestandlichen Voraussetzungen öffnen jeder Beliebigkeit Tür und Tor (so auch die Kritik von *Hanau*, NJW 2001, 2513, 2514; *Giesen*, BB 2002, 1480, 1481; *Kort*, AG 2003, 13, 21). Da der Tarifvertrag aber einer Rechtmäßigkeitskontrolle unterliegt (s. Rn. 95), müssen die Kriterien aus dem gesetzessystematischen Zusammenhang mit den in Nr. 1 und 2 genannten speziellen Fällen unter Einbeziehung der Rechtsfolgenanordnung in Abs. 5 Satz 1 ermittelt werden (für das Gebot einer engen Auslegung daher auch *Fitting*, § 3 Rn. 48). Die Bildung „andere(r) Arbeitnehmervertretungsstrukturen" bezieht sich auf die Schaffung einer **Organisationseinheit, für die ein Betriebsrat gewählt** wird, **nicht** auf die **Bildung einer vom Gesetz abweichenden Arbeitnehmervertretung**. Daraus folgt: Eine Arbeitnehmervertretung, der die dem Betriebsrat gesetzlich eingeräumten Beteiligungsrechte zugeordnet werden, muss durch alle Arbeitnehmer legitimiert sein, für die sie als Repräsentant gegenüber dem Arbeitgeber auftritt. Trotz der weiten Fassung des Abs. 1 Nr. 3 kann deshalb durch Tarifvertrag nicht festgelegt werden, dass die gewerkschaftlichen Vertrauensleute die betriebsverfassungsrechtliche Arbeitnehmervertretungsstruktur bilden (ebenso ErfK-*Eisemann/Koch*, § 3 Rn. 6). Aber auch wenn eine Legitimation durch Wahl gewährleistet ist, bleibt zweifelhaft, ob Arbeitnehmer einer anderen Gewerkschaft und nichtorganisierte Arbeitnehmer es hinnehmen müssen, dass die Tarifvertragsparteien auch für sie die „andere Arbeitnehmervertretungsstruktur" festlegen können (s. Rn. 8 ff.).

38 b) Durch Tarifvertrag kann eine andere Arbeitnehmervertretungsstruktur bestimmt werden, soweit dies insbesondere auf Grund der **Betriebs-, Unternehmens- oder Kon-**

B. Gestaltungsmöglichkeiten durch Tarifvertrag § 3

zernorganisation einer wirksamen und zweckmäßigen Interessenvertretung der Arbeitnehmer dient.

Auf Grund der **Betriebsorganisation** dient eine andere Arbeitnehmervertretungsstruktur nur ausnahmsweise einer wirksamen und zweckmäßigen Interessenvertretung der Arbeitnehmer. Sie kann in Betracht kommen, wenn der Anteil der kurzzeitig oder unregelmäßig Beschäftigten oder der Teilzeitbeschäftigten gegenüber der Stammbelegschaft besonders hoch ist (vgl. DKK-*Trümner*, § 3 Rn. 75; *Kort*, AG 2003, 13, 21). Einer wirksamen und zweckmäßigen Interessenvertretung der Arbeitnehmer dient es aber nicht, wenn dadurch nicht betriebsratsfähige Organisationseinheiten geschaffen werden, und es ist auch mit der Zielsetzung der Betriebsverfassung nicht vereinbar, die Abgrenzung so vorzunehmen, dass für bestimmte Arbeitnehmergruppen Sondervertretungen gebildet werden. 39

Betriebsübergreifend Arbeitnehmervertretungsstrukturen zu bilden, kann auf Grund der **Unternehmensorganisation** einer wirksamen und zweckmäßigen Interessenvertretung der Arbeitnehmer dienen. Die Besonderheit kann sich aus einer Geschäftsbereichsbildung ergeben, die nicht Spartenbildung i. S. des Abs. 1 Nr. 2 ist (ebenso *Kort*, AG 2003, 13, 21). Die Begründung des RegE nennt die just-in-time-Produktion die fraktale Fabrik und das shop-in-shop-Konzept (BT-Drucks. 14/5741, S. 34; vgl. zu diesen Formen der Unternehmensorganisation in der Praxis *Kort*, AG 2003, 13, 22 f.). Doch auch für diese Fälle ergibt sich eine immanente Schranke aus der Grundkonzeption der Betriebsverfassung, die mit der Anknüpfung an den Betrieb den Zweck einer arbeitnehmernahen Mitbestimmung zu sichern trachtet, andererseits aber eine Aufgliederung in Sondervertretungen zur Durchsetzung von Sonderinteressen verbietet (s. auch § 1 Rn. 12 und 13). 40

Bei Besonderheiten in der Unternehmensorganisation ergibt sich die Grenze aus der Zugehörigkeit zu demselben Unternehmen (s. zum Begriff des Unternehmens § 1 Rn. 51 ff.). Diese Grenze wird aber überschritten, wenn auf Grund der **Konzernorganisation** abweichend vom Gesetz eine Arbeitnehmervertretungsstruktur durch Tarifvertrag bestimmt wird. Erfasst werden dadurch Strukturen, wie sie auch auf Unternehmensebene bestehen können (s. Rn. 40). Da die für den Konzern gebildete Arbeitnehmervertretungsstruktur als Betrieb i. S. des Gesetzes gilt (Abs. 5 Satz 1), werden insoweit die Einzel- und Gesamtbetriebsräte ersetzt; es wird ein **konzerneinheitlicher Betriebsrat** gebildet; der Betriebsrat ist „Konzernrat" (vgl. *Hanau/Wackerbarth*, FS Ulmer 2003, S. 1303 ff.). Der Konzernbegriff ist hier wie auch sonst als Unterordnungskonzern zu verstehen (s. Rn. 28); jedoch erfasst Abs. 1 Nr. 3 auch den Gleichordnungskonzern, weil er den Tarifvertragsparteien gestattet, eine andere Arbeitnehmervertretungsstruktur auch zu bestimmen, soweit andere Formen der Zusammenarbeit von Unternehmen sie sinnvoll erscheinen lassen (s. Rn. 42). 41

c) Abs. 1 Nr. 3 nennt als zweite Alternative für die Bildung einer **anderen Arbeitnehmervertretungsstruktur andere Formen der Zusammenarbeit von Unternehmen**. Zu ihnen kann man den Gleichordnungskonzern zählen; die Begründung des RegE bezieht aber vor allem auf diesen Fall, dass durch Tarifvertrag „Arbeitnehmervertretungsstrukturen entlang der Produktionskette (just-in-time) oder für andere moderne Erscheinungsformen von Produktion, Dienstleistung und Zusammenarbeit von Unternehmen wie fraktale Fabrik und shop-in-shop" geschaffen werden können (BT-Drucks. 14/5741, S. 34). Da jedoch insoweit nicht einmal im Ansatz gesichert ist, wer für die Arbeitnehmervertretung betriebsverfassungsrechtlich auf der Arbeitgeberseite als Ansprechpartner in Betracht kommt, bestehen vor allem für diese Alternative die Bedenken wegen der Unbestimmtheit der gesetzlichen Delegation (s. Rn. 8 ff.). Die Bestimmung eröffnet außerdem die Möglichkeit einer „Zwangskartellierung"; es besteht die Gefahr, dass ein Tarifvertrag, der außerhalb der Betriebs-, Unternehmens- oder Konzernorganisation eine andere Arbeitnehmervertretung etabliert, die unternehmerische Wettbewerbsfreiheit in verfassungsrechtlich unzulässiger Weise einschränkt (ebenso *Reichold*, NZA 2001, 857, 859; vgl. auch *Picker*, RdA 2001, 257, 288 f.). 42

43 d) Vom Tarifvertrag hängt es ab, ob neben der anderen Arbeitnehmervertretung die von **Gesetzes wegen vorgesehenen Betriebsvertretungen** bestehen (s. Rn. 34).

II. Zusätzliche betriebsverfassungsrechtliche Vertretungen

1. Arbeitsgemeinschaften zur unternehmensübergreifenden Zusammenarbeit von Arbeitnehmervertretungen

44 a) Durch Tarifvertrag bestimmt werden können „zusätzliche betriebsverfassungsrechtliche Gremien (Arbeitsgemeinschaften), die der unternehmensübergreifenden Zusammenarbeit von Arbeitnehmervertretungen dienen" (Abs. 1 Nr. 4). Sie sind **keine Mitbestimmungsorgane**. Nach der Begründung des RegE dienen sie „nur der Zusammenarbeit zwischen den Betriebsräten einzelner Unternehmen" (BT-Drucks. 14/5741, S. 34).

45 b) Nach dem Gesetzestext ist **Voraussetzung** eine „**unternehmensübergreifende Zusammenarbeit**". Erfasst werden deshalb insoweit auch die Gesamtbetriebsräte sowie die tarifvertraglich vorgesehenen anderen Arbeitnehmervertretungsstrukturen, also insbesondere auch die Spartenbetriebsräte. Der Gesetzgeber sieht in diesen Gremien eine Alternative zu der in Abs. 1 Nr. 3 vorgesehenen Möglichkeit, andere Arbeitnehmervertretungsstrukturen zur Mitbestimmungsausübung festzulegen. Die Mitbestimmungsausübung wird in diesen Fällen nicht verlagert, sondern es wird lediglich ein Erfahrungsaustausch der Arbeitnehmervertreter über gleich gelagerte oder ähnliche Probleme und deren Lösung gesichert. Ein derartiges Angebot „für ein best practice-Verfahren" werde, so meint der Gesetzgeber, „Arbeitgebern und Betriebsräten gleichermaßen zugute kommen" (BT-Drucks. 14/5741, S. 34).

46 Die tatbestandliche Abgrenzung ist **völlig unbestimmt**. Anders als in Abs. 1 Nr. 1–3 fehlt die dort genannte zusätzliche Voraussetzung, dass die Bildung der Arbeitsgemeinschaft der „sachgerechten" bzw. der „wirksamen und zweckmäßigen Interessenvertretung der Arbeitnehmer" dienen soll.

47 c) Da Abs. 5 auf die Arbeitsgemeinschaften keine Anwendung findet, wird durch sie **keine vom Gesetz abweichende Betriebsratsstruktur** geschaffen. Soweit es um die Außenseitergeltung auf Arbeitnehmerseite geht, bestehen damit nicht die sonst genannten verfassungsrechtlichen Bedenken (ebenso *Giesen*, Tarifvertragliche Rechtsgestaltung, S. 310 f.). Da aber der Arbeitgeber die Kosten der Betriebsratstätigkeit trägt (§ 40 Abs. 1), wird ihm eine Kostenbelastung zur unternehmensübergreifenden Zusammenarbeit mit Betriebsvertretungen auferlegt, auch wenn er mit den anderen Unternehmen in Wettbewerb steht. Wie von den Arbeitnehmervertretungsstrukturen nach Abs. 1 Nr. 3 wird auch von den hier genannten Arbeitsgemeinschaften erwartet, dass sie auf das Wettbewerbsverhalten der durch sie verklammerten Unternehmen nachdrücklich Einfluss nehmen (vgl. *Picker*, RdA 2001, 257, 289). Aus der Sicht der Gewerkschaften ergibt sich schließlich die Gefahr, dass die Arbeitsgemeinschaft den Charakter einer arbeitgeberfinanzierten „Parallelgewerkschaft" annimmt (vgl. DKK-*Trümner*, § 3 Rn. 96).

2. Zusätzliche Vertretungen der Arbeitnehmer

48 a) Schließlich werden als Regelungsgegenstand eines Tarifvertrags „zusätzliche betriebsverfassungsrechtliche Vertretungen der Arbeitnehmer, die die Zusammenarbeit zwischen Betriebsrat und Arbeitnehmer erleichtern" genannt (Abs. 1 Nr. 5). Das Gesetz knüpft insoweit an die bisherige Regelung des Abs. 1 Nr. 1 a. F. an; es hat aber auch insoweit die Grenzziehung gelockert, weil bisher zusätzliche betriebsverfassungsrechtliche Vertretungen durch Tarifvertrag nur für „Arbeitnehmer bestimmter Beschäftigungsarten oder Arbeitsbereiche (Arbeitsgruppen)" vorgesehen werden konnten, „wenn dies nach den Verhältnissen der vom Tarifvertrag erfassten Betriebe der zweckmäßigeren

Gestaltung der Zusammenarbeit des Betriebsrats mit den Arbeitnehmern dient(e)". Diese Begrenzung ist weggefallen.

b) Die Ermächtigung bezieht sich auf die Errichtung einer **betriebsverfassungsrecht-** 49
lichen Vertretung. Sie gilt nicht für die Bildung *sonstiger Vertretungen* der Arbeitnehmer, insbesondere nicht für die Errichtung gewerkschaftlicher Vertreter der Arbeitnehmer im Betrieb (ebenso ErfK-*Eisemann/Koch*, § 3 Rn. 8; GK-*Kraft/Franzen*, § 3 Rn. 26; DKK-*Trümner*, § 3 Rn. 103). Die Einrichtung gewerkschaftlicher Vertrauensleute im Betrieb fällt unter die durch Art. 9 Abs. 3 GG geschützte Mitgliederwerbung und Informationstätigkeit der Gewerkschaften (s. § 2 Rn. 170 ff.).

Die Möglichkeit einer zusätzlichen betriebsverfassungsrechtlichen Vertretung kommt 50
nicht, wie nach § 3 Abs. 1 Nr. 1 a. F., nur für **Arbeitnehmer bestimmter Beschäftigungsarten** oder **Arbeitsbereiche (Arbeitsgruppen)** in Betracht, sondern auch für **andere Arbeitnehmer.** Die Abgrenzung fällt unter die Gestaltungsfreiheit der Tarifvertragsparteien. Für **Jugendliche und Auszubildende** sowie für **Schwerbehinderte** besteht allerdings bereits von Gesetzes wegen eine zusätzliche betriebsverfassungsrechtliche Vertretung, die Jugend- und Auszubildendenvertretung (§§ 60 ff.) und die Schwerbehindertenvertretung (§§ 93 ff. SGB IX).

Nach der Begründung des RegE kommen zusätzliche Arbeitnehmervertretungen ins- 51
besondere dort in Betracht, wo der Kontakt zwischen dem Betriebsrat und den von ihm zu betreuenden Arbeitnehmern nicht oder nicht in ausreichendem Umfang bestehe; dies könne z. B. auf einen unternehmenseinheitlichen Betriebsrat eines bundesweit tätigen Unternehmens oder auf Regionalbetriebsräte zutreffen, in denen Betriebe oder Betriebsteile nicht durch ein Betriebsratsmitglied vertreten seien (BT-Drucks. 14/5741, S. 34). Die zusätzliche Vertretung der Arbeitnehmer wird also vor allem in Betracht gezogen, wenn durch Tarifvertrag für Unternehmen mit mehreren Betrieben die Bildung eines **unternehmenseinheitlichen Betriebsrats** festgelegt wird. Der Tarifvertrag kann daher vorsehen, dass in diesem Fall in den Betrieben eine zusätzliche betriebsverfassungsrechtliche Vertretung der Arbeitnehmer gebildet wird, um die Zusammenarbeit zwischen dem unternehmenseinheitlichen Betriebsrat und den Arbeitnehmern der Betriebe zu erleichtern.

c) Die hier vorgesehene Möglichkeit einer zusätzlichen betriebsverfassungsrechtlichen 52
Vertretung setzt voraus, dass in dem Betrieb ein **Betriebsrat** bzw. bei abweichender tarifvertraglicher Gestaltung die nach ihr vorgesehene Arbeitnehmervertretung als Mitbestimmungsorgan besteht. Fehlt es daran, gleichgültig aus welchem Grunde, etwa weil der Betrieb nicht betriebsratsfähig ist oder weil tatsächlich kein Betriebsrat gewählt worden ist oder weil die nach dem Tarifvertrag vorgesehene Arbeitnehmervertretung nicht gebildet worden ist, so kann eine zusätzliche betriebsverfassungsrechtliche Vertretung nicht bestellt werden; denn die durch Tarifvertrag errichteten zusätzlichen betriebsverfassungsrechtlichen Vertretungen können ihre Aufgaben nur in *Zusammenarbeit mit dem Betriebsrat* bzw. der nach dem Tarifvertrag an dessen Stelle tretenden Arbeitnehmervertretung erfüllen (ebenso *Fitting*, § 3 Rn. 60; GK-*Kraft/Franzen*, § 3 Rn. 29; DKK-*Trümner*, § 3 Rn. 97).

III. Tarifvertrag als Rechtsgrundlage für die vom Gesetz abweichende Gestaltungsmöglichkeit

1. Parteien des Tarifvertrages

a) Da die Bestimmung keine Sonderregelung trifft, kann der Tarifvertrag, der eine 53
vom Gesetz abweichende Arbeitnehmervertretungsstruktur oder zusätzliche Vertretungen einführt, mit dem Arbeitgeber (**Firmentarifvertrag**) oder dem Arbeitgeberverband abgeschlossen werden, dem der Arbeitgeber als Mitglied angehört (**Verbandstarifver-**

trag). Beide Möglichkeiten sind nach dem Tarifvertragsrecht eröffnet (§ 2 Abs. 1 TVG; ebenso *Fitting*, § 3 Rn. 13; GK-*Kraft/Franzen*, § 3 Rn. 30; HSWGNR-*Rose*, § 3 Rn. 15; *Utermark*, Organisation der Betriebsverfassung, S. 185 f.; *Eich*, FS Weinspach 2002, S. 17, 20 f.; *Hanau/Wackerbarth*, FS Ulmer 2003, S. 1303, 1309; *Thüsing*, ZIP 2003, 693, 697). Bei einem Verbandstarifvertrag scheidet jedoch ein Flächentarifvertrag wegen der in Abs. 1 genannten Tatbestandsvoraussetzungen aus; es kommt nur ein auf die beteiligten Unternehmen bezogener Verbandstarifvertrag in Betracht (ebenso *Rose, Utermark, Eich, Hanau/Wackerbarth*, jeweils a. a. O.).

54 Da durch Tarifvertrag Betriebsverfassungsnormen vereinbart werden, ist erforderlich, aber auch ausreichend, dass der **Arbeitgeber tarifgebunden** ist (§ 3 Abs. 2 TVG). Der Gesetzgeber ist davon ausgegangen, dass die Tarifvertragsparteien bei Wahrnehmung der ihnen hier durch das Gesetz eröffneten Gestaltungsmöglichkeiten noch im Rahmen ihrer tarifautonomen Zuständigkeit handeln (so auch zu § 3 a. F. *T. Wißmann*, Tarifvertragliche Gestaltung, S. 23 ff.; a. A. 7. Aufl. Einl. Rn. 139 und § 3 Rn. 14; s. auch Rn. 2, 5). Darauf beruht, dass das Gesetz im Gegensatz zum bisherigen Recht von dem Erfordernis einer staatlichen Zustimmung zu abweichenden Regelungen absieht.

55 Bei einem **Verbandstarifvertrag** muss die **Zuständigkeit des Arbeitgeberverbandes** sich auf die beteiligten Unternehmen beziehen. Das gilt auch, wenn zwischen ihnen eine Konzernbindung besteht. Es genügt nicht, dass das herrschende Unternehmen, dem die Konzernleitungsmacht zufällt („Konzernmutter"), Mitglied des Arbeitgeberverbandes ist. Möglich ist jedoch, dass dieser bei entsprechender Vertretungsmacht im Namen der beteiligten Unternehmen einen Tarifvertrag schließt. Wegen der rechtlichen Selbständigkeit der Konzernunternehmen ist der Konzern als solcher nicht tariffähig; die Konzernobergesellschaft hat nicht auf Grund der Leitungsmacht die Befugnis, einen Konzerntarifvertrag mit normativer Wirkung für die Tochtergesellschaften abzuschließen (ebenso *Hanau/Wackerbarth*, FS Ulmer 2003, S. 1303, 1310; *Thüsing*, ZIP 2003, 693, 698).

56 b) Den Tarifvertrag kann auf Arbeitnehmerseite nur eine **tarifzuständige Gewerkschaft** schließen. Diese Voraussetzung muss auch erfüllt sein, wenn eine Arbeitnehmervertretungsstruktur unternehmensübergreifend eingeführt werden soll. Bei einem Konzern ist deshalb Voraussetzung, dass die Tarifzuständigkeit sich auf sämtliche vom Tarifvertrag erfassten Betriebe erstreckt (ebenso *Thüsing*, ZIP 2003, 693, 699).

57 Da die Tarifgebundenheit des Arbeitgebers genügt (§ 3 Abs. 2 TVG), ist unerheblich, ob die **Arbeitnehmer** der **tarifschließenden Gewerkschaft angehören** (ebenso *Thüsing*, ZIP 2003, 693, 698). Das Gesetz trifft deshalb keine Vorkehrungen dagegen, dass auch eine Gewerkschaft, die in keinem Betrieb vertreten ist, den Tarifvertrag abschließen kann. Daher besteht ein ungelöstes Legitimationsproblem. Nachteilig erweist sich hier insbesondere das Fehlen eines staatlichen Zustimmungserfordernisses (ebenso *Hanau*, RdA 2001, 65, 66).

58 Das Gesetz berücksichtigt nicht, dass **verschiedene Gewerkschaften** tarifzuständig sein können. Möglich ist es deshalb, dass Tarifverträge mit unterschiedlichem Regelungsinhalt für eine vom Gesetz abweichende Betriebsratsstruktur oder zusätzliche Interessenvertretungen bestehen. Die Tarifpluralität führt hier zur Tarifkonkurrenz, da nur ein Tarifvertrag gelten kann. Das Gesetz enthält keine Regelung für die **Tarifkollision**. Das sonst zur Lösung der Tarifkonkurrenz geltende Spezialitätsprinzip ermöglicht keine sachgerechte Abgrenzung (ebenso *Utermark*, Organisation der Betriebsverfassung, S. 189; *Annuß*, NZA 2002, 290, 293; *Friese*, ZfA 2003, 237, 273; a. A. *Thüsing*, ZIP 2003, 693, 699). Näher läge es, den Vorrang dem Tarifvertrag mit einer Gewerkschaft zu geben, die im Vergleich zu den konkurrierenden Gewerkschaften die größte Sachnähe aufweist (so *Friese*, ZfA 2003, 237, 276; ähnlich *Utermark*, S. 191 ff.). Da insoweit aber die Satzung den Ausschlag gibt, wird sie im Regelfall keine Abgrenzung ermöglichen. Deshalb wird angenommen, dass bei Zuständigkeit mehrerer im Betrieb vertretenen Gewerkschaften der Tarifvertrag nur mit den Gewerkschaften einheitlich geschlossen werden kann (*Fitting*, § 3 Rn. 16; *Teusch*, NZA 2007, 124, 129). Das Gesetz enthält diese Begrenzung aber nicht (ebenso LAG Köln 30. 1. 2008 – 8 TaBV 78/06, juris). Vorgeschlagen wird, der Gewerkschaft den Vorrang zu geben, die unter den Arbeitnehmern des von der Regelung erfassten Organisationsbereichs die größte Mitgliederzahl hat (*Friese*, ZfA 2003, 237, 276 ff.). Jedoch ist auch dieses Erfordernis nicht im Gesetz abgesichert (vgl. § 3 Abs. 2 TVG). Ein Tarifvertrag wird nicht dadurch unwirksam, dass eine andere Gewerkschaft einen konkurrierenden Tarifvertrag abschließt (so aber *Annuß*, NZA 2002, 290, 293; wie hier *Utermark*, S. 187).

2. Erstreikbarkeit

Da für den Tarifvertrag die Zustimmung einer staatlichen Stelle als Wirksamkeitsvoraussetzung entfallen ist, gelangt man folgerichtig zu dem Ergebnis, dass ein Tarifvertrag erstreikt werden kann (so DKK-*Trümner*, § 3 Rn. 154; *Giesen*, Tarifvertragliche Rechtsgestaltung, S. 563; *Däubler*, AuR 2001, 285, 288; *Konzen*, RdA 2001, 76, 86; *Rieble*, ZIP 2001, 133, 139; a. A. GK-*Kraft/Franzen*, § 3 Rn. 32; HSWGNR-*Rose*, § 3 Rn. 19 ff.; *Stege/Weinspach/Schiefer*, § 3 Rn. 11; *Utermark*, Organisation der Betriebsverfassung, S. 171 ff.; *Eich*, FS Weinspach 2002, S. 17, 23 ff.; *Hanau/Wackerbarth*, FS Ulmer 2003, S. 1303, 1311; *Hohenstatt/Dzida*, DB 2001, 2498, 2501; *Reichold*, NZA 2001, 857, 859; *Friese*, ZfA 2003, 237, 259 ff., insbes. 265 ff.; *Thüsing*, ZIP 2003, 693, 701; für Tarifverträge nach § 3 Abs. 1 Nr. 1–3 *Fitting*, § 3 Rn. 20; vgl. auch *Picker*, RdA 2001, 259, 278). Soweit eine Gewerkschaft die tarifvertragliche Friedenspflicht und das ultima ratio-Gebot einhält, kann nämlich jede Tarifforderung den Gegenstand eines Arbeitskampfes bilden. Diese Konsequenz lässt sich nur vermeiden, wenn man, wie hier vertreten, die Gestaltung der Betriebsratsstrukturen nicht in die tarifautonome Regelungszuständigkeit einbezieht (s. Rn. 2, 13). Soweit es um sie geht, können die Tarifvertragsparteien nur auf Grund einer Ermächtigung durch den Staat tätig werden. Trotz der Ausschaltung des Staats handelt es sich um **keine Angelegenheit**, für die wie sonst bei Tarifkonflikten der **Arbeitskampf als ultima ratio** in Betracht kommt. Wenn die Tarifvertragsparteien keine Einigung erzielen, bleibt es bei der gesetzlichen Regelung.

59

3. Rechtswirkungen einer Tarifvertragsregelung zur Betriebsersetzung

a) **Ersetzung des gesetzlich vorgesehenen Mitbestimmungsorgans.** Sofern der Tarifvertrag nichts anderes bestimmt, sind Regelungen nach Abs. 1 Nr. 1 bis 3 erstmals bei der nächsten regelmäßigen Betriebsratswahl anzuwenden, es sei denn, es besteht kein Betriebsrat oder es ist aus anderen Gründen eine Neuwahl des Betriebsrats erforderlich (Abs. 4 Satz 1). Sieht der Tarifvertrag einen anderen Wahlzeitpunkt vor, so endet die Amtszeit bestehender Betriebsräte, die durch die Tarifvertragsregelung entfallen, mit Bekanntgabe des Wahlergebnisses (Abs. 4 Satz 2).

60

Die nach dem Gesetz gebildeten Betriebsräte verlieren ihr Amt also **nicht** schon mit dem **Inkrafttreten des Tarifvertrags,** sondern entweder mit Ablauf der gesetzlich vorgesehenen Amtszeit oder vorher mit Bekanntgabe des Wahlergebnisses für die nach dem Tarifvertrag gebildeten Arbeitnehmervertretungen. Für die Anerkennung eines Übergangsmandats i. S. des § 21 a besteht deshalb kein Raum (a. A. *Thüsing*, ZIP 2003, 693, 702). Da zu den Pflichten eines Betriebsrats aber gehört, vor Ablauf seiner Amtszeit einen Wahlvorstand zu bestellen (§ 16), um die Kontinuität der betriebsverfassungsrechtlichen Arbeitnehmerrepräsentation zu sichern, gilt dies auch für die Ersetzung der gesetzlichen durch eine tarifvertragliche Betriebsratsstruktur. Da durch sie der Betrieb als betriebsverfassungsrechtliche Organisationseinheit gespalten oder mit anderen Betrieben und Betriebsteilen zusammengefasst wird, findet für die Zuständigkeit zur Bestellung eines Wahlvorstandes § 21 a entsprechende Anwendung.

61

b) **Betriebsverfassungsrechtliche Organisationseinheiten,** die **auf Grund eines Tarifvertrags** nach **Abs. 1 Nr. 1 bis 3** gebildet worden sind, gelten nach Abs. 5 Satz 1 als „**Betriebe im Sinne dieses Gesetzes**". Daraus leitet die Begründung des RegE zutreffend

62

ab, dass für diese Organisationseinheit auch die Bestimmungen über die Zahl der Betriebsratsmitglieder (§ 9), die Größe der Ausschüsse (§§ 27, 28) und die Zahl der Freistellungen (§ 38) gelten (BT-Drucks. 14/5741, S. 35). Ob die bisherigen Betriebe ihre betriebsverfassungsrechtliche Identität verlieren, hängt vom Inhalt der Tarifvertragsregelung ab. Für eine Zusammenfassung nach Abs. 1 Nr. 1 lit. b bleibt sie erhalten, so dass eine Betriebsvereinbarung im fingierten Einheitsbetrieb für ihren Geltungsbereich weitergilt (ebenso BAG 18. 3. 2008 AP BetrVG 1972 § 3 Nr. 6).

63 c) Auf die in den Organisationseinheiten gebildeten **Arbeitnehmervertretungen** finden, wie Abs. 5 Satz 2 klarstellt, die Vorschriften über die **Rechte und Pflichten des Betriebsrats** und die **Rechtsstellung seiner Mitglieder** Anwendung. Es gilt insoweit Gleiches wie für die nach § 3 Abs. 1 Nr. 2 a. F. gebildete Errichtung einer anderen Betriebsvertretung der Arbeitnehmer (vgl. 7. Aufl. § 3 Rn. 33 und 34).

64 Für die Errichtung einer anderen Betriebsvertretung der Arbeitnehmer nach § 3 Abs. 1 Nr. 2 a. F. konnte der Tarifvertrag Bestimmungen über die **Wahl** und **Zusammensetzung** der Arbeitnehmervertretungen sowie über deren **Amtszeit, Organisation** und **Geschäftsführung** treffen (vgl. 7. Aufl. § 3 Rn. 30; GK-*Kraft* [6. Aufl.], § 3 Rn. 32; *Nikisch*, Bd. III, S. 72; *Nipperdey/Säcker* in Hueck/Nipperdey, Bd. II/2 S. 1224). Das Gesetz beschränkt sich aber nunmehr ausdrücklich auf die Anordnung der Fiktionswirkung für den Betrieb (Abs. 5 Satz 1). Daraus folgt, dass der Tarifvertrag für die durch ihn vereinbarte Betriebsratsstrukturen keine vom Gesetz abweichende Bestimmungen über die Wahlberechtigung, die Wählbarkeit und das Wahlverfahren, die Zusammensetzung und die Amtszeit sowie über die Organisation und Geschäftsführung treffen kann (ebenso *Friese*, RdA 2003, 92, 101). Abweichungen ergeben sich nur insoweit, als an die Stelle des Betriebes die durch Tarifvertrag vereinbarte betriebsverfassungsrechtliche Organisationseinheit tritt.

65 d) **Rückkehr zur gesetzlichen Regelung.** Das betriebsverfassungsrechtliche Organisationsrecht wird vom Tarifvertrag nur für die Zeit von dessen voller zwingender normativer Wirkung verdrängt (ebenso *T. Wißmann*, Tarifvertragliche Gestaltung, S. 175; *Thüsing*, ZIP 2003, 693, 704). Endet der Tarifvertrag, ohne dass gleichzeitig ein neuer Tarifvertrag in Kraft tritt, so entfällt damit die Rechtsgrundlage für die tarifliche Betriebsratsstruktur; denn eine Nachwirkung betriebsverfassungsrechtlicher Normen gibt es nicht (ebenso *Fitting*, § 3 Rn. 21; *Nipperdey/Säcker* in Hueck/Nipperdey, Bd. II/2 S. 1223; *Thüsing*, ZIP 2003, 693, 704; im Ergebnis auch GK-*Kraft/Franzen*, § 3 Rn. 35; *Eich*, FS Weinspach 2002, S. 17, 30 f.). Daraus folgt aber nicht, dass mit dem Ablauf des Tarifvertrages die Amtsbeendigung eintritt, sondern es findet § 21a entsprechend Anwendung: Die tarifvertraglich gebildete Arbeitnehmervertretung hat ein Übergangsmandat, bis die Betriebsräte auf Grund des Gesetzes neu gewählt werden (ebenso *Utermark*, Organisation der Betriebsverfassung, S. 200; *Thüsing*, ZIP 2003, 693, 704; a. A. *Eich*, FS Weinspach 2002, S. 17, 31: Fortführung der durch Tarifvertrag gebildeten Gremien bis zum Ablauf der Amtszeit; so auch, falls die Betriebsratswahl nicht angefochten war, GK-*Kraft/Franzen*, § 3 Rn. 36).

4. Rechtslage bei Tarifnormen über die Schaffung zusätzlicher Interessenvertretungen

66 a) **Keine Ersetzung des gesetzlich vorgesehenen Mitbestimmungsorgans.** Die in Abs. 1 Nr. 4 und 5 genannten Einrichtungen sind, wie es dort heißt, **zusätzliche betriebsverfassungsrechtliche Gremien bzw. Vertretungen der Arbeitnehmer**. Abs. 4 und 5 findet auf sie keine Anwendung. Arbeitnehmerrepräsentant zur Wahrnehmung der Beteiligungsrechte bleiben die gesetzlich vorgesehenen Betriebsvertretungen bzw. die auf Grund eines Tarifvertrages nach Abs. 1 Nr. 1–3 gebildeten Arbeitnehmervertretungen.

67 b) **Organisationseinheit für die Bildung einer Vertretung nach Abs. 1 Nr. 4 oder 5.** Aus **Nr. 4** ergibt sich, dass die „Arbeitsgemeinschaft" **unternehmensübergreifend** gebil-

C. Regelung durch Betriebsvereinbarung § 3

det wird, während eine zusätzliche betriebsverfassungsrechtliche Vertretung nach **Nr. 5 die Zusammenarbeit zwischen Betriebsrat und Arbeitnehmern** erleichtern soll; die Organisationseinheit ist daher für sie der Betrieb in der gesetzlichen Abgrenzung bzw. die durch Tarifvertrag gebildete Organisationseinheit, die nach Abs. 5 Satz 1 an seine Stelle tritt.

c) Da für den Bereich des Abs. 1 Nr. 4 und 5 eine besondere Regelung fehlt, richten **68** sich **Größe, Zusammensetzung, Organisation und Geschäftsführung dieser betriebsverfassungsrechtlichen Einrichtungen nach dem Tarifvertrag** (so auch zu § 3 Abs. 1 Nr. 1 a. F. 7. Aufl. § 3 Rn. 15 ff.).

d) Wie dem Abs. 5 Satz 2 als Umkehrschluss zu entnehmen ist, finden auf die nach **69** Abs. 1 Nr. 4 oder 5 gebildeten Gremien die **Vorschriften über die Rechte und Pflichten des Betriebsrats und die Rechtsstellung seiner Mitglieder keine Anwendung.** Soweit es um die Rechtsstellung der Mitglieder geht, gilt dies nicht uneingeschränkt. Möglich ist, dass sie dem Betriebsrat bzw. bei Betriebsersetzung durch Tarifvertrag dem an seiner Stelle gebildeten Mitbestimmungsorgan angehören. Aber auch wenn dies nicht der Fall ist, führen sie ihr Amt **unentgeltlich als Ehrenamt.** Jede Vergütung für die Amtsführung ist ausgeschlossen, aber erforderliche Aufwendungen sind ihnen zu ersetzen (ebenso *Fitting,* § 3 Rn. 57, 64; GK-*Kraft/Franzen,* § 3 Rn. 55 und 56; HSWGNR-*Rose,* § 3 Rn. 79; DKK-*Trümner,* § 3 Rn. 104). Bei notwendiger Arbeitsversäumnis darf auch keine Minderung des Arbeitsentgelts eintreten; das ergibt sich aus § 78, der das Benachteiligungsverbot ausdrücklich auf die in § 3 Abs. 1 genannten Vertretungen der Arbeitnehmer erstreckt und damit auch die hier in Nr. 4 und 5 genannten Vertretungen einbezieht. Im Übrigen finden die Vorschriften der §§ 37, 38 aber auf sie keine Anwendung (ebenso *Fitting,* § 3 Rn. 57, 64; HSWGNR-*Rose,* § 3 Rn. 78). Sie unterliegen jedoch der Geheimhaltungspflicht wie die Betriebsratsmitglieder (§ 79 Abs. 2).

Wenn die Mitglieder der zusätzlichen betriebsverfassungsrechtlichen Einrichtungen **70** nicht dem Betriebsrat bzw. bei Betriebsersetzng durch Tarifvertrag auch nicht der als Mitbestimmungsorgan gebildeten Arbeitnehmervertretung angehören, genießen sie **nicht den besonderen Kündigungsschutz im Rahmen der Betriebsverfassung** (ebenso *Fitting,* § 3 Rn. 57, 64; HSWGNR-*Rose,* § 3 Rn. 78; a. A. DKK-*Trümner,* § 3 Rn. 100). Nur ein **relativer Kündigungsschutz** im Rahmen der §§ 20, 78 kommt für sie in Betracht, d. h. eine Kündigung ist nichtig, wenn sie nur deshalb erfolgt, um einem Mitglied die Ausübung seines Amtes unmöglich zu machen oder es wegen seiner Tätigkeit zu maßregeln (ebenso *Fitting,* § 3 Rn. 64; ErfK-*EisemannKoch,* § 3 Rn. 8).

e) Der Tarifvertrag kann die **Amtzeit** der zusätzlichen betriebsverfassungsrechtlichen **71** Einrichtung begrenzen. Eine nach Abs. 1 Nr. 5 gebildete zusätzliche betriebsverfassungsrechtliche Vertretung endet in jedem Fall, wenn kein neuer Betriebsrat bzw. die ihn ersetzende Arbeitnehmervertretung gewählt wird, weil die betriebsverfassungsrechtliche Sondervertretung nur neben der Arbeitnehmervertretung, die als Mitbestimmungsorgan tätig wird, ihre Funktion hat (ebenso *Fitting,* § 3 Rn. 60; für den Fall, dass das Amt der Arbeitnehmervertretung nicht nur vorübergehend endet, DKK-*Trümner,* § 3 Rn. 101).

C. Regelung durch Betriebsvereinbarung

I. Gestaltungsbereich

Besteht in den Fällen des Abs. 1 Nr. 1, 2, 4 oder 5 keine tarifliche Regelung und gilt **72** auch kein anderer Tarifvertrag, so kann die Regelung durch Betriebsvereinbarung getroffen werden (Abs. 2). Da Abs. 1 Nr. 3 nicht in Bezug genommen wird, ist den Betriebsparteien die den Tarifvertragsparteien eröffnete Gestaltungsmöglichkeit, andere Arbeitnehmervertretungsstrukturen einzuführen, versagt.

1. Begrenzte Regelungsbefugnis

73 **a) Regelungsgegenstand.** Durch Betriebsvereinbarung können zur Betriebsersetzung i. S. dieses Gesetzes (Abs. 5 Satz 1) **nur** die **Bildung eines unternehmenseinheitlichen Betriebsrats oder eines betriebsübergreifenden Betriebsrats** innerhalb eines Unternehmens sowie die **Bildung von Spartenbetriebsräten** vorgesehen werden (Abs. 2 i. V. mit Abs. 1 Nr. 1 und 2; s. Rn. 16 ff. und 24 ff.).

74 Daneben kommt eine Regelung durch Betriebsvereinbarung nur in Betracht für **zusätzliche betriebsverfassungsrechtliche Gremien (Arbeitsgemeinschaften)** und **zusätzliche betriebsverfassungsrechtliche Vertretungen der Arbeitnehmer** (Abs. 2 i. V. mit Abs. 1 Nr. 4 und 5; s. Rn. 44 ff. und 48 ff.).

75 **b) Tarifvorbehalt.** Eine Regelung durch Betriebsvereinbarung in den gesetzlich gezogenen Grenzen kann außerdem nur getroffen werden, wenn **keine tarifliche Regelung** besteht und **„auch kein anderer Tarifvertrag"** gilt (Abs. 2). Der Tarifvorbehalt greift also nicht nur ein, soweit die Fälle des Abs. 1 Nr. 1, 2, 4 oder 5 durch Tarifvertrag geregelt sind, sondern es genügt bereits die Geltung eines „anderen Tarifvertrags", also eines Tarifvertrags, der für die Vereinbarungslösung überhaupt keine Regelung trifft. Damit steht aber letztlich bei jedem tarifgebundenen Arbeitgeber – mag die Tarifbindung auf seiner Stellung als Partei eines Tarifvertrags oder seiner Mitgliedschaft in einem tarifschließenden Arbeitgeberverband beruhen oder durch Allgemeinverbindlicherklärung oder in den Grenzen des § 1 Abs. 3a AEntG durch Rechtsverordnung herbeigeführt werden – die Möglichkeit einer Flexibilisierung durch Betriebsvereinbarung auf dem Papier. Nach der Begründung des RegE soll damit erreicht werden, dass „für einen Arbeitgeber, in dessen Unternehmen Tarifverträge über Entgelte oder sonstige Arbeitsbedingungen gelten, auch für Vereinbarungen über betriebsverfassungsrechtliche Organisationsstrukturen der Tarifvertrag das maßgebliche Regelungsinstrument ist" (BT-Drucks. 14/5741, S. 34).

76 **Die Tarifvertragsparteien** können die ihnen in Abs. 1 eingeräumte Regelungsbefugnis **nicht auf die Betriebsparteien delegieren.** Das gilt, wie nicht bestritten wird, uneingeschränkt für die Bestimmung einer „anderen Arbeitnehmervertretungsstruktur" nach Abs. 1 Nr. 3 (ebenso *Eich*, FS Weinspach 2002, S. 17, 25; *Annuß*, NZA 2002, 290, 293; *Thüsing*, ZIP 2003, 693, 701). In Frage kommt lediglich, dass ein Tarifvertrag die Regelung in den Fällen des Abs. 1 Nr. 1, 2, 4 oder 5 einer Betriebsvereinbarung überlässt. Eine derartige **tarifliche Öffnungsklausel** wird für zulässig gehalten (*Eich*, FS Weinspach 2002, S. 17, 25 f.; *Hohenstatt/Dzida*, DB 2001, 2498, 2501). Nach dem Gesetzestext entfällt diese Möglichkeit aber bei Geltung eines „anderen Tarifvertrags". Für eine teleologische Einschränkung fehlt die Grundlage, wenn man den Zweck der Begrenzung darin erblickt, dass „für Vereinbarungen über betriebsverfassungsrechtliche Organisationsstrukturen der Tarifvertrag das maßgebliche Regelungsinstrument ist" (Begründung des RegE, BT-Drucks. 14/5741, S. 34).

77 **c) Materielle Kriterien für die Betriebsersetzung.** Wie ein Tarifvertrag kann auch eine Betriebsvereinbarung die Bildung eines betriebsübergreifenden Repräsentationsbereichs nur vorsehen, „wenn dies die Bildung von Betriebsräten erleichtert oder einer sachgerechten Wahrnehmung der Arbeitnehmerinteressen dient (Abs. 2 i. V. mit Abs. 1 Nr. 1; s. Rn. 22). Die Errichtung eines Spartenbetriebsrats setzt voraus, dass „dies der sachgerechten Wahrnehmung der Aufgaben des Betriebsrats dient" (Abs. 2 i. V. mit Abs. 1 Nr. 2; s. Rn. 31).

2. Regelungszuständigkeit zum Abschluss einer Betriebsvereinbarung

78 **a) Regelungszuständigkeit auf Arbeitnehmerseite.** Nur soweit der Vorrang tarifvertraglicher Vereinbarungslösungen ausnahmsweise nicht eingreift, kann nach dem Gesetzestext „die Regelung durch Betriebsvereinbarung getroffen werden" (Abs. 2). Voraus-

C. Regelung durch Betriebsvereinbarung § 3

setzung ist also, dass auf der Arbeitnehmerseite ein **Betriebsrat** besteht. Er ist aber nur zuständig, wenn die Regelung sich auf den Betrieb beschränkt, also nur in den Fällen des Abs. 1 Nr. 5, ausnahmsweise auch für die Bildung eines Spartenbetriebsrats (Abs. 1 Nr. 2), wenn der als Sparte definierte Geschäftsbereich nur innerhalb eines Betriebs besteht (s. Rn. 27).

Wenn es bei der Vereinbarungslösung um mehrere Betriebe eines Unternehmens geht, ist der **Gesamtbetriebsrat** zuständig (§ 50 Abs. 1), also in den Fällen des Abs. 1 Nr. 1 und bei der Bildung eines Spartenbetriebsrats im Unternehmen (Abs. 1 Nr. 2). Wird ein Spartenbetriebsrat unternehmensübergreifend für den Konzern gebildet, so ist der **Konzernbetriebsrat** zuständig (§ 58 Abs. 1). Die unternehmensübergreifend gebildeten Arbeitsgemeinschaften nach Abs. 1 Nr. 4 können sogar überhaupt nur durch Konzernbetriebsvereinbarung eingerichtet werden, jedoch auch nur, wenn sie nicht zugleich konzernübergreifend eingerichtet werden sollen; denn die Regelungszuständigkeit eines Konzernbetriebsrats beschränkt sich auf den Konzern (ebenso DKK-*Trümner*, § 3 Rn. 128). 79

Mit der sich aus dem Gesetz ergebenden Zuständigkeit ist nicht beantwortet, ob ein Gesamtbetriebsrat oder ein Konzernbetriebsrat legitimiert ist, eine Regelung zu treffen, die dazu führt, dass ein Betrieb – möglicherweise gegen den Willen seiner Belegschaft – die gesetzlich vorgesehene Repräsentation durch den Betriebsrat verliert. Es handelt sich insoweit um eine offene Regelungslücke im Gesetz; denn weder der Gesamt- noch der Konzernbetriebsrat haben sonst die Kompetenz, einen Einzelbetriebsrat auszuschalten. Man wird deshalb verlangen müssen, dass zur Betriebsersetzung die Zustimmung eines bestehenden Betriebsrats erforderlich ist. 80

b) **Regelungszuständigkeit auf Arbeitgeberseite.** Eine Betriebsvereinbarung wird mit dem Rechtsträger des Betriebes bzw. Unternehmens geschlossen. Soll unternehmensübergreifend ein Spartenbetriebsrat im Konzern gebildet werden (Abs. 2 i. V. mit Abs. 1 Nr. 2), so genügt eine Konzernvereinbarung mit dem herrschenden Unternehmen im Konzern nur, wenn gesellschaftsrechtlich gesichert ist, dass die beteiligten Konzernunternehmen durch das herrschende Unternehmen vertreten werden (vgl. *Kort*, AG 2003, 13, 16; a. A. *Hanau/Wackerbarth*, FS Ulmer 2003, S. 1303, 1306). Gleiches gilt, wenn durch „Betriebsvereinbarung" eine Arbeitsgemeinschaft unternehmensübergreifend gebildet werden soll (Abs. 2 i. V. mit Abs. 1 Nr. 4). 81

II. Rechtswirkungen der Betriebsvereinbarung

Sofern die Betriebsvereinbarung nichts anderes bestimmt, sind ihre Regelungen nach Abs. 1 Nr. 1 und 2 **erstmals bei der nächsten regelmäßigen Betriebsratswahl anzuwenden,** es sei denn, es besteht kein Betriebsrat oder es ist aus anderen Gründen eine Neuwahl des Betriebsrats erforderlich (Abs. 4 Satz 1). Sieht die Betriebsvereinbarung einen anderen Wahlzeitpunkt vor, so endet die Amtszeit bestehender Betriebsräte, die durch die Betriebsvereinbarung entfallen, mit Bekanntgabe des Wahlergebnisses (Abs. 4 Satz 2). 82

Betriebsverfassungsrechtliche Organisationseinheiten, die auf Grund einer Betriebsvereinbarung nach Abs. 2 i. V. mit Abs. 1 Nr. 1 oder 2 gebildet worden sind, gelten nach Abs. 5 Satz 1 als „Betriebe im Sinne dieses Gesetzes". Es gilt insoweit Gleiches wie für eine Tarifvertragsregelung (s. Rn. 60 ff.). Soweit eine Betriebsvereinbarung ein zusätzliches betriebsverfassungsrechtliches Gremium oder eine zusätzliche betriebsverfassungsrechtliche Vertretung der Arbeitnehmer vorsieht (Abs. 2 i. V. mit Abs. 1 Nr. 4 und 5), richten sich Größe, Zusammensetzung, Organisation und Geschäftsführung dieser betriebsverfassungsrechtlichen Einrichtungen nach der Betriebsvereinbarung. Auch insoweit gilt Gleiches wie bei einer Tarifvertragsregelung (s. Rn. 66 ff.). 83

D. Bildung eines unternehmenseinheitlichen Betriebsrats durch Beschluss der Arbeitnehmer

I. Voraussetzungen

84 **Nur in einem Fall** haben die **Arbeitnehmer eines Unternehmens** unmittelbar Einfluss auf die Schaffung einer vom Gesetz abweichenden Betriebsratsstruktur: Besteht im Fall des Abs. 1 Nr. 1 lit. a keine tarifliche Regelung und besteht in dem Unternehmen kein Betriebsrat, so können die Arbeitnehmer mit Stimmenmehrheit die Wahl eines **unternehmenseinheitlichen Betriebsrats** beschließen (Abs. 3 Satz 1). Das Gesetz sichert selbst insoweit den Gewerkschaften und eng begrenzt den nach dem Gesetz gebildeten Betriebsvertretungen die Initiative zu einer vom Gesetz abweichenden Betriebsratsstruktur.

85 Die Bestimmung gilt für **Unternehmen mit mehreren Betrieben** (s. Rn. 17 f.). Regelungsgegenstand ist ausschließlich die **Bildung eines unternehmenseinheitlichen Betriebsrats**. Es kann also keine Urabstimmung darüber herbeigeführt werden, ob überhaupt ein Betriebsrat gewählt werden soll (ebenso DKK-*Trümner*, § 3 Rn. 133).

86 Das Optionsrecht hängt davon ab, dass **keine tarifliche Regelung** besteht und **in dem Unternehmen kein Betriebsrat** besteht. Im Gegensatz zu Abs. 2 greift der Tarifvorbehalt nur ein, wenn durch Tarifvertrag keine vom Gesetz abweichende Betriebsratsstruktur geschaffen ist. Aber auch wenn dies der Fall ist, verlangt das Gesetz außerdem, dass in dem Unternehmen kein Betriebsrat besteht. Ein Sachgrund für diese Begrenzung ist nicht einsichtig; denn zum einen kann eine Regelung durch Betriebsvereinbarung nur getroffen werden, wenn „auch kein anderer Tarifvertrag" gilt (Abs. 2). Zum anderen fehlt, selbst wenn – höchst ausnahmsweise – insoweit keine Schranke besteht, dem Betriebsrat eines Betriebs die Kompetenz, die Regelung für das Unternehmen mit mehreren Betrieben zu treffen. Nach dem Gesetzestext darf in dem Unternehmen keine Betriebsrat bestehen; kein Hinderungsgrund ist daher, dass er gebildet werden soll (a. A. DKK-*Trümner*, § 3 Rn. 136).

II. Verfahren

87 Soweit die Arbeitnehmer die Wahl eines unternehmenseinheitlichen Betriebsrats beschließen können, ist ein entsprechender **Mehrheitsbeschluss der dem Unternehmen angehörenden Arbeitnehmer** erforderlich (Abs. 3 Satz 1). Das Gesetz sieht von besonderen Formvorschriften für den Beschluss bzw. die Abstimmung ab, insbesondere wird keine geheime Abstimmung verlangt (ebenso ErfK-*Eisemann/Koch*, § 3 Rn. 10; DKK-*Trümner*, § 3 Rn. 137). Nach Abs. 3 Satz 2 kann die Abstimmung von mindestens **drei wahlberechtigten Arbeitnehmern des Unternehmens** oder einer **im Unternehmen vertretenen Gewerkschaft veranlasst** werden. Die Arbeitnehmer müssen nicht aus demselben Betrieb des Unternehmens kommen. Das Gesetz lässt offen, wie die Abstimmung veranlasst wird. Eine geordnete Abstimmung setzt aber voraus, dass Verfahrensregeln eingehalten werden.

88 Beschlussgegenstand ist nach dem Gesetzestext die **Wahl eines unternehmenseinheitlichen Betriebsrats**. Es geht bei ihm aber ausschließlich darum, ob ein unternehmenseinheitlicher Betriebsrat gebildet werden soll, während die Wahl selbst erst dann stattfindet, wenn insoweit Klarheit geschaffen ist. Für den Beschluss genügt nach dem Gesetzestext die Stimmenmehrheit; aus dem gesetzessystematischen Zusammenhang ergibt sich, dass es sich um die Mehrheit aller Arbeitnehmer des Unternehmens handeln muss, ohne dass es auf deren Wahlberechtigung (§ 7) oder Wählbarkeit (§ 8) ankommt (ebenso ErfK-*Eisemann/Koch*, § 3 Rn. 10; DKK-*Trümner*, § 3 Rn. 137).

Für die **Wahlberechtigung, Wählbarkeit und das Wahlverfahren sowie die Zusammen-** 89
setzung des unternehmenseinheitlichen Betriebsrats gelten die Vorschriften für die Betriebsratswahl.

III. Wechsel vom unternehmenseinheitlichen Betriebsrat zu Einzelbetriebsräten

Das Gesetz trifft im Gegensatz zu § 20 Abs. 3 SprAuG keine Bestimmung über 90
den Wechsel vom unternehmenseinheitlichen Betriebsrat zu Einzelbetriebsräten. Da es sich um einen actus contrarius handelt, findet **Abs. 3 entsprechend Anwendung.** Wie bei § 20 Abs. 3 SprAuG genügt nicht, dass die entsprechende Stimmenmehrheit durch die einem Betrieb angehörenden Arbeitnehmer erreicht werden. Notwendig ist vielmehr ein Mehrheitsbeschluss der dem Unternehmen angehörenden Arbeitnehmer, wobei die Abstimmung von mindestens drei wahlberechtigten Arbeitnehmern des Unternehmens oder einer im Unternehmen vertretenen Gewerkschaft veranlasst werden kann.

IV. Rechtswirkungen des Beschlusses zur Wahl eines unternehmenseinheitlichen Betriebsrats

Der Beschluss zur Wahl eines unternehmenseinheitlichen Betriebsrats entfaltet seine 91
Rechtswirkungen erstmals bei der nächsten regelmäßigen Betriebsratswahl, es sei denn, es besteht kein Einzelbetriebsrat oder es ist aus anderen Gründen eine Neuwahl der Einzelbetriebsräte erforderlich. Abs. 4 Satz 1 gilt insoweit entsprechend, aber nicht Abs. 4 Satz 2.

E. Streitigkeiten

Streitigkeiten über die **Rechtswirksamkeit einer vom Gesetz abweichenden Tarifver-** 92
tragsregelung entscheidet das Arbeitsgericht im Beschlussverfahren; denn es handelt sich bei ihnen um eine Angelegenheit aus dem BetrVG (§ 2a Abs. 1 Nr. 1, Abs. 2 i. V. mit §§ 80 ff. ArbGG). Gleiches gilt für die Rechtswirksamkeit einer **Betriebsvereinbarung** oder Meinungsverschiedenheiten über die **Bildung eines unternehmenseinheitlichen Betriebsrats durch Beschluss der Arbeitnehmer.**

Der arbeitsgerichtlichen Kontrolle im Beschlussverfahren unterliegen weiterhin Strei- 93
tigkeiten über die Zusammensetzung, Wahl und Organisation sowie Rechte und Pflichten eines nach dieser Bestimmung gebildeten Mitbestimmungsorgans oder einer zusätzlichen betriebsverfassungsrechtlichen Einrichtung.

Soweit es um die Betriebsersetzung durch Tarifvertrag, Betriebsvereinbarung oder 94
Beschluss der Belegschaft geht, kann jeder zum Betriebsrat wahlberechtigte Arbeitnehmer das Beschlussverfahren einleiten. Antragsberechtigt sind aber auch die nach dem Gesetz gebildeten Betriebsvertretungen (Betriebsrat, Gesamtbetriebsrat, Konzernbetriebsrat) und der Arbeitgeber als Betriebsinhaber.

Der arbeitsgerichtlichen Rechtskontrolle unterliegt nicht nur, ob die verfahrensrecht- 95
lichen Voraussetzungen für eine vom Gesetz abweichende Regelung vorliegen, sondern vor allem auch, ob die materiellen Tatbestandsvoraussetzungen, wie insbesondere die in Abs. 1 Nr. 1–3 genannte Sachgerechtigkeit und Zweckmäßigkeit der Regelung, erfüllt sind. Das Gesetz räumt zwar einen Urteils- und Ermessensspielraum ein; die Einhaltung der Grenzen unterliegt aber auch bei einem Tarifvertrag uneingeschränkt der gerichtlichen Überprüfung (ebenso HSWGNR-*Rose*, § 3 Rn. 101; *Friese*, ZfA 2003, 237,

252 ff.; a. A. für eine Beschränkung auf grobe Fehler in der Beurteilung bzw. der Ermessensausübung DKK-*Trümner*, § 3 Rn. 156).

96 Sind die Voraussetzungen für eine vom Gesetz abweichende Betriebsratsstruktur nicht erfüllt, so haben die auf dieser Grundlage errichteten Arbeitnehmervertretungen nicht die Rechte und Pflichten eines Betriebsrats. Die auf Grund eines Tarifvertrags oder einer Betriebsvereinbarung nach Abs. 1 Nr. 1–3 gebildeten betriebsverfassungsrechtlichen Organisationseinheiten gelten in diesem Fall nicht als Betriebe i. S. dieses Gesetzes. Es besteht daher ein **Unterschied zur Verkennung des Betriebsbegriffs,** die im Regelfall nur die Anfechtbarkeit, nicht aber die Nichtigkeit der Wahl eines nach dem Gesetz gebildeten Betriebsrats begründet (s. § 1 Rn. 134; ebenso *Utermark*, Organisation der Betriebsverfassung, S. 179 ff.).

97 Ob die vom Gesetz abweichende Betriebsratsstruktur rechtswirksam ist, kann als **Vorfrage in einem anderen Rechtsstreit** eine Rolle spielen (ebenso *Fitting*, § 3 Rn. 26). Auch in diesem Fall unterliegt ein Tarifvertrag uneingeschränkt der gerichtlichen Überprüfung (s. Rn. 95).

98 Die vom Gesetz abweichende **Ersetzung des Betriebes** bezieht sich nur auf die Betriebsverfassung. Sie gilt für **andere Gesetze** nur insoweit, als in ihnen dem Betriebsrat eine Funktion zugewiesen ist oder es sich wie bei der Schwerbehindertenvertretung nach § 94 SGB IX um eine zusätzliche betriebsverfassungsrechtliche Vertretung handelt (vgl. BAG 10. 11. 2004 AP BetrVG 1972 § 3 Nr. 4), **nicht** aber, soweit der **Betriebsbegriff** sonst der Regelung zugrunde gelegt wird, wie z. B. im Anwendungsbereich des KSchG (ebenso HSWGNR-*Rose*, § 3 Rn. 98; DKK-*Trümner*, § 3 Rn. 152; zur Variabilität des Betriebsbegriffs *Richardi*, FS Wiedemann, 2002, S. 493 ff.).

§ 4 Betriebsteile, Kleinstbetriebe

(1) ¹Betriebsteile gelten als selbständige Betriebe, wenn sie die Voraussetzungen des § 1 Abs. 1 Satz 1 erfüllen und

1. räumlich weit vom Hauptbetrieb entfernt oder
2. durch Aufgabenbereich und Organisation eigenständig sind.

²Die Arbeitnehmer eines Betriebsteils, in dem kein eigener Betriebsrat besteht, können mit Stimmenmehrheit formlos beschließen, an der Wahl des Betriebsrats im Hauptbetrieb teilzunehmen; § 3 Abs. 3 Satz 2 gilt entsprechend. ³Die Abstimmung kann auch vom Betriebsrat des Hauptbetriebs veranlasst werden. ⁴Der Beschluss ist dem Betriebsrat des Hauptbetriebs spätestens zehn Wochen vor Ablauf seiner Amtszeit mitzuteilen. ⁵Für den Widerruf des Beschlusses gelten die Sätze 2 bis 4 entsprechend.

(2) Betriebe, die die Voraussetzungen des § 1 Abs. 1 Satz 1 nicht erfüllen, sind dem Hauptbetrieb zuzuordnen.

Abgekürzt zitiertes Schrifttum: *Joost*, Betrieb und Unternehmen als Grundbegriffe im Arbeitsrecht (§ 16), 1988; s. auch die Nachw. zu § 1.

Übersicht

	Rn.
I. Vorbemerkung	1
II. Betrieb und Betriebsteil	3
1. Betrieb und Unternehmensteil	3
2. Hauptbetrieb und Nebenbetrieb	6
3. Betriebsteil	9
III. Betriebsteil als selbständiger Betrieb	14
1. Ausnahme von der Betriebseinheit als betriebsratsfähiger Einheit	14
2. Räumlich weite Entfernung vom Hauptbetrieb	16

II. Betrieb und Betriebsteil § 4

	Rn.
3. Eigenständigkeit in Aufgabenbereich und Organisation	23
4. Notwendigkeit der Betriebsratsfähigkeit für die Verselbständigung des Betriebsteils	28
5. Zuordnung mehrerer Betriebsteile bei Betriebsratsfähigkeit	29
IV. Rechtsfolgen bei Verselbständigung des Betriebsteils	32
1. Überblick	32
2. Wahl eines eigenen Betriebsrats	33
3. Teilnahme an der Betriebsratswahl im Hauptbetrieb	34
V. Rechtsfolgen bei fehlender Betriebsratsfähigkeit	42
VI. Zuordnung eines nicht betriebsratsfähigen Betriebs zum „Hauptbetrieb"	45
VII. Abweichung durch Tarifvertrag oder Betriebsvereinbarung	49
VIII. Streitigkeiten	50

I. Vorbemerkung

Die Vorschrift wurde durch Art. 1 Nr. 4 BetrVerf-ReformG neu gefasst. Abs. 1 Satz 1 **1** entspricht wörtlich dem bisherigen § 4 Satz 1 a. F., Abs. 2 dem bisherigen § 4 Satz 2 a. F.; Abs. 2 ist jedoch nicht mehr auf die Zuordnung von Nebenbetrieben beschränkt. Den Arbeitnehmern eines betriebsverfassungsrechtlich verselbständigten Betriebsteils hat das Reformgesetz freigestellt, ob sie einen eigenen Betriebsrat wählen oder an der Wahl des Betriebsrats im Hauptbetrieb teilnehmen wollen (Abs. 1 Satz 2 bis 5).

Der **Betriebsbegriff** wird **nicht definiert.** Da die Vorschrift aber regelt, wann Betriebs- **2** teile als selbständige Betriebe (Abs. 1 Satz 1) und Betriebe als Teile eines anderen Betriebs (Abs. 2) anzusehen sind, legt sie mittelbar die Voraussetzungen fest, unter denen von Gesetzes wegen eine betriebsratsfähige Organisationseinheit besteht. Die hier vorgenommene Abgrenzung bestimmt den Inhalt des Betriebsbegriffs in seiner Funktion für die Betriebsverfassung. Er erfüllt die Aufgabe, dass eine Arbeitnehmerrepräsentation nach Arbeitsbereichen und Beschäftigungsarten ausscheidet. Es gibt grundsätzlich keinen Betriebsrat für den Teil eines Betriebs und andererseits auch keinen Betriebsrat für mehrere Betriebe. Der Betriebsrat wird einheitlich durch alle Arbeitnehmer des Betriebs gewählt. Die Wahl kann nicht nach Betriebsabteilungen aufgegliedert werden, so dass die einzelnen Betriebsteile ihre Vertreter wählen, und es können auch keine Wahlkreise gebildet werden (ebenso *Fitting,* § 4 Rn. 3; *DKK-Trümner,* § 4 Rn. 5; a. A. LAG Hannover, AuR 1954, 284). Lediglich bei der Aufstellung der Listen ist Sorge dafür zu tragen, dass der Betriebsrat sich möglichst aus Arbeitnehmern der einzelnen Organisationsbereiche und der verschiedenen Beschäftigungsarten der im Betrieb tätigen Arbeitnehmer zusammensetzt (§ 15 Abs. 1).

II. Betrieb und Betriebsteil

1. Betrieb und Unternehmensteil

Der **Betriebsbegriff** ist mit der **Arbeitsorganisation eines Unternehmens nicht iden- 3 tisch,** sondern das Gesetz stellt auf den Betrieb ab, um dort die Repräsentativvertretung der Arbeitnehmer einzurichten, so dass für die Wahrnehmung der betriebsverfassungsrechtlichen Beteiligungsrechte gegenüber dem Arbeitgeber zwei Reräsentationsstufen in Betracht kommen, deren Bildung das Gesetz mit den Begriffen des Betriebs und des Unternehmens verbindet. Aus Abs. 1 Satz 1 ergibt sich, dass für die Beantwortung der Frage, ob zur Sicherung einer arbeitnehmernahen Gestaltung der Mitbestimmungsordnung innerhalb eines Unternehmens mehrere betriebsratsfähige Organisationseinheiten bestehen, von untergeordneter Bedeutung ist, ob ein **Unternehmensteil** als ein *Betrieb* oder nur als ein *Betriebsteil* anzusehen ist, sofern er entweder „räumlich weit vom

Hauptbetrieb entfernt" (Nr. 1) oder bei räumlicher Nähe mit anderen Betriebsteilen „durch Aufgabenbereich und Organisation eigenständig" ist (Nr. 2). Die Verselbständigung findet nur dort ihre Grenze, wo sie Arbeitnehmer vertretungslos macht. Notwendig ist deshalb, dass die Voraussetzungen des § 1 erfüllt sind, also ein Betriebsrat gebildet werden kann.

4   Wie bereits § 9 Abs. 2 BRG 1920 und § 4 Abs. 2 AOG 1934 hatte § 3 BetrVG 1952 **Nebenbetriebe** und Betriebsteile gleich behandelt (vgl. zur Begriffsgeschichte *Richardi*, MünchArbR § 31 Rn. 25; *Joost, Betrieb*, S. 281 ff.). Ein Nebenbetrieb war nur dann betriebsverfassungsrechtlich selbständig, wenn er entweder räumlich weit vom Hauptbetrieb entfernt lag oder durch Aufgabenbereich und Organisation eigenständig war. Darin sah man eine willkürliche Abgrenzung, weil der Nebenbetrieb nicht in die Organisation des Hauptbetriebs eingegliedert ist und daher stets durch Aufgabenbereich und Organisation eigenständig ist (vgl. ausführlich *Dietz*, FS Nikisch 1958, S. 23 ff.). Schon § 4 Satz 2 BetrVG 1972 a. F. ging deshalb davon aus, dass jeder Nebenbetrieb betriebsverfassungsrechtlich selbständig ist, und ordnete den Nebenbetrieb dem Hauptbetrieb nur dann zu, wenn er die Voraussetzungen für die Bildung eines Betriebsrats nicht erfüllte. Damit hatte der Gesetzgeber den Gesichtspunkt in den Vordergrund gestellt, dass Arbeitnehmer eines zum Unternehmen gehörenden Organisationsbereichs auch dann durch einen Betriebsrat repräsentiert sein sollen, wenn sie selbst keinen Betriebsrat bilden können (vgl. auch DKK-*Trümner*, § 4 Rn. 2). Das BetrVerf-ReformG 2001 hat in Abs. 2 die Beschränkung auf Nebenbetriebe folgerichtig fallen lassen und damit in den Mittelpunkt gerückt, ob die Arbeitsorganisation eines Unternehmens betriebsratsfähig ist.

5   Ein Betrieb kann ein **gemeinsamer Betrieb mehrerer Unternehmen** sein (s. § 1 Rn. 60 ff.). Er kann auch in diesem Fall Unternehmensteil sein, wenn ein Trägerunternehmen noch einen weiteren Betrieb unterhält (s. § 1 Rn. 82 ff.). Vor allem kommt aber in Betracht, dass ein gemeinsamer Betrieb sich in Betriebsteile gliedert, die ihrerseits unter den Voraussetzungen des Abs. 1 Satz 1 eine betriebsratsfähige Organisationseinheit bilden (s. § 1 Rn. 81).

2. Hauptbetrieb und Nebenbetrieb

6   a) Der **Gesetzestext** kennt **nicht mehr den Nebenbetrieb,** um für ihn eine Sonderregelung zu treffen (s. Rn. 4). Da er aber am **Begriff des Hauptbetriebs festhält,** liegt es folgerichtig nahe, den nach Abs. 1 verselbständigten Betriebsteil und den nach Abs. 2 dem „Hauptbetrieb" zugeordneten Betrieb als dessen Nebenbetriebe zu bezeichnen. Der Begriff des Nebenbetriebs hat aber seine selbständige Bedeutung für die Betriebsverfassung verloren.

7   Solange der Nebenbetrieb Anknüpfungspunkt einer betriebsverfassungsrechtlichen Sonderregelung war, sah man im Nebenbetrieb einen **selbständigen Betrieb,** der **für einen anderen Betrieb, den Hauptbetrieb,** eine **Hilfsfunktion** ausübt (BAG 5. 3. 1958 AP TVG § 4 Geltungsbereich Nr. 8; 23. 9. 1960 und 5. 6. 1964 AP BetrVG [1952] § 3 Nr. 4 und 7; 24. 2. 1976 und 17. 2. 1983 AP BetrVG 1972 § 4 Nr. 2 und 4; 3. 12. 1985 AP BetrVG 1972 § 99 Nr. 28; 25. 9. 1986 AP BetrVG 1972 § 1 Nr. 7; 29. 5. 1991 AP BetrVG 1972 § 4 Nr. 5; 29. 1. 1992 AP BetrVG 1972 § 7 Nr. 1). Die Hilfsfunktion bezog man auf den arbeitstechnischen Zweck. Folgerichtig sah man deshalb die Besonderheit des Nebenbetriebs darin, dass er mit seinem arbeitstechnischen Zweck eine Hilfsfunktion für die Zweckerreichung eines anderen Betriebs, des Hauptbetriebs, erfüllt. Demnach verfolgt ein Nebenbetrieb stets einen vom Hauptbetrieb *verschiedenen* arbeitstechnischen Zweck. Seine Besonderheit erblickte man darin, dass er in seiner Aufgabenstellung auf eine reine Hilfeleistung für einen anderen Betrieb ausgerichtet ist und den dort erstrebten Betriebszweck unterstützt. Das ist beispielsweise der Fall, wenn ein selbständig organisiertes Landgut ausschließlich den Lebensmittelbedarf eines Kran-

II. Betrieb und Betriebsteil § 4

kenhauses deckt (vgl. BAG 5. 3. 1958 AP TVG § 4 Geltungsbereich Nr. 8), eine Eisengießerei nur für einen Webstuhlbetrieb arbeitet oder eine Bauschreinerei einen Baubetrieb unterstützt.

b) Die **Klassifizierung der Betriebe in Haupt- und Nebenbetrieb innerhalb eines Unternehmens** ist für die Bestimmung der **betriebsratsfähigen Organisationseinheit unerheblich**. Der Begriff des **Hauptbetriebs** hat in Abs. 1 eine andere Bedeutung als in Abs. 2 bei der Gegenüberstellung zu dem ihm zugeordneten Betrieb, der nicht selbst die Voraussetzungen für die Betriebsratsfähigkeit erfüllt (ebenso BAG 17. 1. 2007 AP BetrVG 1972 § 4 Nr. 18 [Rn. 22]). In beiden Fällen geht es aber um die Abgrenzung einer betriebsratsfähigen Organisationseinheit innerhalb des Unternehmens. Für sie ist nicht die Verschiedenheit der arbeitstechnischen Zielsetzung ausschlaggebend, sondern die organisatorische Verselbständigung (so im Verhältnis von Filialen zu einer vom BAG als Hauptbetrieb bezeichneten Zentrale BAG 7. 5. 2008 NZA 2009, 328 ff.).

3. Betriebsteil

a) Der **Betriebsteil ist** in die **Organisation des Gesamtbetriebs eingegliedert** (ebenso BAG 25. 9. 1986 AP BetrVG 1972 § 1 Nr. 7; 29. 5. 1991, 19. 2. 2002, 21. 7. 2004 und 17. 1. 2007 AP BetrVG 1972 § 4 Nr. 5, 13, 15 und 18). Der arbeitstechnische Zweck, der in einem Betriebsteil verfolgt wird, kann mit dem Zweck des Gesamtbetriebs identisch sein; ist er verschieden, so ist er dem Zweck des Gesamtbetriebs ein- oder untergeordnet (ebenso *Fitting*, § 4 Rn. 7; GK-*Kraft/Franzen*, § 4 Rn. 15; GL-*Marienhagen*, § 4 Rn. 10; *Gamillscheg*, ZfA 1975, 357, 368 f.).

Wie der Betrieb kann auch der Betriebsteil nicht objektiv definiert werden, sondern die Unterscheidung muss den normativen Zusammenhang beachten, für den sie eine Rolle spielt. Im Gegensatz zu § 613 a BGB, für den keine Rolle spielt, ob ein Betrieb oder Betriebsteil durch Rechtsgeschäft auf einen anderen Inhaber übergeht, ist für die Betriebsverfassung der Unterschied wesentlich; denn die Bildung eines Betriebsrats in Betriebsteilen ist nur zulässig, wenn sie räumlich weit vom Hauptbetrieb entfernt oder bei räumlicher Nähe durch Aufgabenbereich und Organisation eigenständig sind (Abs. 1 Satz 1).

b) Für den Begriff des Betriebsteils ist deshalb hier maßgebend, dass mit ihm die **Organisationseinheit** festgelegt wird, die unter den Voraussetzungen des Abs. 1 Satz 1 *betriebsratsfähig* ist. Während für § 613 a BGB, der bei rechtsgeschäftlicher Übertragung eines Betriebsteils den Übergang der Arbeitsverhältnisse von Gesetzes wegen anordnet, es genügt, dass der Erwerber die *wirtschaftliche Einheit* übernimmt, die sich auf eine „organisierte Gesamtheit von Personen und Sachen zur auf Dauer angelegten Ausübung einer wirtschaftlichen Tätigkeit mit eigener Zielsetzung" bezieht (BAG 26. 8. 1999 AP BGB § 613 a Nr. 196; vgl. auch Staudinger-*Richardi/Annuß*, BGB [13. Bearbeitung], § 613 a Rn. 49 ff.), verlangen Rechtsprechung und Rechtslehre hier, dass der Betriebsteil **räumlich** und **organisatorisch abgrenzbar** ist, damit er als Organisationseinheit für die Wahl eines Betriebsrats überhaupt in Betracht kommt (BAG 25. 9. 1986 AP BetrVG 1972 § 1 Nr. 7; 29. 5. 1991 AP BetrVG 1972 § 4 Nr. 5; 29. 1. 1992 AP BetrVG 1972 § 7 Nr. 1; 19. 2. 2002 und 21. 7. 2004 AP BetrVG 1972 § 4 Nr. 13 und 15; 7. 5. 2008 NZA 2009, 328, 330 [Rn. 19]; ähnlich bereits zu § 3 BetrVG 1952 BAG 23. 9. 1960 und 21. 10. 1969 AP BetrVG [1952] § 3 Nr. 4 und 9; weiterhin aus dem Schrifttum: *Fitting*, § 4 Rn. 7; GL-*Marienhagen*, § 4 Rn. 10; DKK-*Trümner*, § 4 Rn. 28; *Henssler*, FS Küttner 2006, S. 479, 488; *Rieble/Klebeck*, FS Richardi 2007, S. 693, 696; *Gamillscheg*, ZfA 1975, 357, 368 f.).

Die **räumliche Abgrenzbarkeit** genügt bei weiter Entfernung vom Hauptbetrieb (Abs. 1 Satz 1 Nr. 1), während bei **räumlicher Nähe** das Gesetz Eigenständigkeit durch Aufgabenbereich und Organisation verlangt (Abs. 1 Satz 1 Nr. 2). Aber auch im ersteren Fall muss ein **Mindestmaß an organisatorischer Selbständigkeit** gegenüber dem hier als Hauptbetrieb bezeichneten Betriebsteil gegeben sein (BAG 19. 2. 2002 AP BetrVG 1972 § 4 Nr. 13). Diese Selbständigkeit liegt vor, wenn im Betriebsteil wenigstens eine Person mit Leitungsmacht vorhanden ist, die überhaupt Weisungsrechte des Arbeitgebers ausübt (BAG a. a. O.). Nach Ansicht des BAG ist nicht erforderlich, dass die Leitungsmacht den vollen Umfang oder den Kern der Arbeitgeberfunktionen im sozialen oder personellen Bereich umfasst, weil es sich sonst bereits um einen Betrieb i. S. des § 1 handelte (BAG 29. 5. 1991 AP BetrVG 1972 § 4 Nr. 5; damit aber nicht vereinbar, soweit BAG 29. 1. 1992 AP BetrVG 1972 § 7 Nr. 1 für Nr. 2 verlangt, dass in dem Betriebsteil der wesentliche Kern der der betrieblichen Mitbestimmung unterliegenden Arbeitgeberfunktionen auszuüben sei; so auch BAG 21. 7. 2004 AP BetrVG 1972 § 4 Nr. 15; kritisch dazu auch *Kohte*, Anm. AP BetrVG 1972 § 7 Nr. 1; abl. überhaupt *Gamillscheg*, Kollektives Arbeitsrecht, Bd. II S. 255).

13 Nach diesen Kriterien richtet sich auch die Beurteilung, ob vom Hauptbetrieb weit entfernte **Teile eines Betriebs** bei räumlicher Nähe einen **einheitlichen Betriebsteil** bilden (vgl. BAG 29. 5. 1991 und 19. 2. 2002 AP BetrVG 1972 § 4 Nr. 5 und 13). Notwendig ist, dass „der eine Betriebsteil dem anderen, räumlich nahe gelegenen Betriebsteil organisatorisch untergeordnet ist und von dessen Leitung gleichermaßen mitgeleitet wird" (BAG 29. 5. 1991 AP BetrVG 1972 § 4 Nr. 5; s. auch Rn. 31).

III. Betriebsteil als selbständiger Betrieb

1. Ausnahme von der Betriebseinheit als betriebsratsfähiger Einheit

14 Abs. 1 Satz 1 begrenzt den Grundsatz, den Betrieb betriebsverfassungsrechtlich als Einheit zu behandeln, zur **Sicherung einer arbeitnehmernahen Gestaltung der Mitbestimmungsordnung** (ebenso BAG 3. 12. 1985 AP BetrVG 1972 § 99 Nr. 28). Der Gesetzgeber geht davon aus, dass bei einer dezentralisierten Betriebsorganisation die für die Bildung eines Betriebsrats maßgebliche Organisationseinheit bereits vorhanden ist,

a) wenn ein **Betriebsteil** (s. Rn. 11 ff.) entweder **räumlich weit vom Hauptbetrieb entfernt** ist (Nr. 1)

b) oder **durch Aufgabenbereich und Organisation eigenständig** ist (Nr. 2).

Die beiden Voraussetzungen brauchen nur alternativ vorzuliegen. Häufig werden sie aber zusammentreffen; denn die räumlich weite Entfernung wird regelmäßig dazu führen, dem Betriebsteil einen besonderen Aufgabenbereich zuzuweisen und ihn in seiner Organisation zu verselbständigen (vgl. auch *Nikisch*, Bd. III S. 37).

15 Die **Behandlung eines Betriebsteils als selbständiger Betrieb** bildet die **Ausnahme**. Der Gesetzestext enthält zwar nicht mehr wie in § 3 BetrVG 1952 die Einschränkung, dass „nur dann" ein Betriebsteil als selbständiger Betrieb gilt. Daraus kann aber kein Wandel für die Interpretation der Vorschrift begründet werden; sie ist vielmehr ebenfalls eng auszulegen (ebenso BAG 24. 2. 1976 AP BetrVG 1972 § 4 Nr. 2; a. A. GK-*Kraft/ Franzen*, § 4 Rn. 10; DKK-*Trümner*, § 4 Rn. 3, 28; Zweifel gegen eine restriktive Interpretation auch bei *Birk*, AuR 1978, 226, 229; *Kohte*, BB 1992, 137, 141). Nicht zutreffend ist allerdings die Begründung, dass bei Ausnahmen die Regel der einengenden Auslegung gilt (so BAG 1. 2. 1963 und 5. 6. 1964 AP BetrVG [1952] § 3 Nr. 5 und 7; vgl. zur Interpretation von „Ausnahmevorschriften" *Larenz*, Methodenlehre der Rechtswissenschaft, 6. Aufl. 1991, S. 355 f.). Maßgebend ist vielmehr, dass beim Betriebsteil grundsätzlich die wesentlichen Entscheidungen von der Leitung des Gesamtbetriebs getroffen werden. Außerdem muss beachtet werden, dass ein Betriebsteil die Voraussetzungen des § 1 Abs. 1 Satz 1 erfüllen muss; bei fehlender Betriebsratsfähigkeit wird er stets dem Gesamtbetrieb zugeordnet, um sicherzustellen, dass die in den Betriebsteilen beschäftigten Arbeitnehmer von einem Betriebsrat repräsentiert werden.

2. Räumlich weite Entfernung vom Hauptbetrieb

Ein Betriebsteil, der die Voraussetzungen des § 1 Abs. 1 Satz 1 erfüllt, gilt als selbst- 16
ändiger Betrieb, wenn er **räumlich weit vom Hauptbetrieb entfernt** ist (Abs. 1 Satz 1
Nr. 1).

a) Das Gesetz verlangt hinsichtlich der **räumlichen Lage** weite Entfernung vom Haupt- 17
betrieb. Wie schon § 3 BetrVG 1952 stellt es nicht wie § 9 Abs. 2 BRG 1920 darauf ab,
ob Betriebsteil und Hauptbetrieb in der gleichen oder einer benachbarten Gemeinde
liegen. Der Begriff der räumlich weiten Entfernung ist nicht allein unter dem Gesichtspunkt der *objektiven Entfernung* zu prüfen; entscheidend ist vielmehr, ob bei räumlicher
Entfernung die *Einheit der Belegschaft* noch gewahrt bleibt, um gemeinsam einen
Betriebsrat bilden zu können, der in der Lage ist, für den gesamten Betrieb die Beteiligungsrechte auszuüben (vgl. BAG 7. 5. 2008 NZA 2009, 328, 331 [Rn. 26]). Deshalb
ist darauf abzustellen, ob die Entfernung eine persönliche Berührung zwischen den
Belegschaftsangehörigen unmöglich macht, ob der Betriebsrat in der Lage ist, seine
Aufgaben und Befugnisse auch in den Betriebsteilen wahrzunehmen und die dort
beschäftigten Arbeitnehmer zu betreuen, und ob die in den Betriebsteilen beschäftigten
Arbeitnehmer die Möglichkeit haben, mit dem Betriebsrat Kontakt aufzunehmen (vgl.
auch BAG 19. 2. 2002 AP BetrVG 1972 § 4 Nr. 13).

b) Der Gesetzestext stellt auf die räumlich weite Entfernung vom **Hauptbetrieb** ab. Er 18
ist missglückt; denn bei einem „Betriebsteil" geht es um das Verhältnis nicht zu einem
„Hauptbetrieb", sondern zu einem „Haupt"-Betriebsteil (ebenso *Birk*, AuR 1978, 226,
229). Mit dem Begriff des Hauptbetriebs ist hier der **Betriebsteil** gemeint, in dem die für
die Belegschaft des Betriebsteils zuständige **institutionelle Leitung zur Wahrnehmung der
Arbeitgeberfunktionen in den sozialen und personellen Angelegenheiten des BetrVG
organisatorisch angesiedelt** ist (ebenso BAG 7. 5. 2008 NZA 2009, 328, 330 [Rn. 22];
DKK-*Trümner*, § 4 Rn. 26).

c) Für die Bestimmung der **räumlich weiten Entfernung** sind vor allem die **Verkehrs-** 19
verbindungen von Bedeutung (vgl. BAG 23. 9. 1960, 5. 6. 1964 und 24. 9. 1968 AP
BetrVG [1952] § 3 Nr. 4, 7 und 9; BAG 24. 2. 1976 AP BetrVG 1972 § 4 Nr. 2;
BAG 7. 5. 2008 NZA 2009, 328, 331 [Rn. 29]). Jedoch handelt es sich insoweit nur um
einen *relativen Maßstab* (vgl. auch *Joost*, Betrieb, S. 272 f.). Auch gute Verkehrsverhält-
nisse dürfen nicht dazu führen, sehr weit auseinander liegende Werke als einheitlichen
Betrieb anzusehen (so bei einer Entfernung von 260 km BAG 19. 2. 2002 AP BetrVG
1972 § 4 Nr. 13; von 200 km LAG München, BB 1953, 797; für die Entfernung
zwischen Köln und Paderborn LAG Düsseldorf [Köln], DB 1971, 2069).

Bei Entfernungen bis zu 50 km kann bei schlechten Verkehrsbedingungen die Ent- 20
fernung räumlich weit sein (so für Betriebsstätten, die 28 km voneinander entfernt sind,
weil die Verbindung zwischen ihnen ein mehrmaliges Umsteigen zwischen Autobus und
Schwebebahn erforderte, BAG 23. 9. 1960 AP BetrVG § 3 [1952] Nr. 4; für eine Zweigniederlassung in Köln und ein technisches Büro in Bonn LAG Köln 28. 6. 1988 LAGE
§ 4 BetrVG 1972 Nr. 4), während bei guten Verkehrsverhältnissen möglicherweise noch
keine räumlich weite Entfernung anzunehmen ist (so für den Kölner Betriebsteil einer
Hauptniederlassung in Essen BAG 24. 9. 1968 AP BetrVG § 3 [1952] Nr. 9; die Göttinger Filiale eines Lebensmittelunternehmens in Kassel BAG 24. 2. 1976 AP BetrVG 1972
§ 4 Nr. 2; ein Auslieferungslager, das vom Stammbetrieb mit einem Pkw in ca. 25
Minuten bei einer Straßenentfernung von 22 km zu erreichen ist, BAG 17. 2. 1983 AP
BetrVG 1972 § 4 Nr. 4). Für die Beurteilung der räumlich weiten Entfernung ist weiterhin von Bedeutung, ob zwischen den Produktionsstätten eine Verbindung mit werkseigenen Fahrzeugen aufrechterhalten wird (vgl. für eine Entfernung von 45 km BAG
29. 3. 1977 AuR 1978, 254; für eine Entfernung von 20 km LAG München, AP 54
Nr. 73; weiterhin OVG Münster, PersV 1974, 352, wo im Hinblick auf die Entfernung

von nur 15 km und den eingerichteten Kfz-Pendeldienst in halbstündiger Abfolge angenommen wurde, dass ein Dienststellenteil nicht räumlich weit von der Dienststelle entfernt liegt; dagegen aber BVerwG 22. 6. 1962 AP PersVG § 7 Nr. 6, wo das BVerwG Bedenken hatte, die räumlich weite Entfernung zwischen zwei Bahnhöfen zu verneinen, die nur 6 km voneinander entfernt sind und an einer häufig befahrenen Bahnstrecke liegen). Trotz schlechter Verbindung mit dem öffentlichen Nahverkehr ist eine Betriebsstätte nicht räumlich weit entfernt, wenn die Fahrtdauer mit dem Pkw etwa 17 bis 18 Minuten beträgt und keine Anhaltspunkte dafür vorliegen, dass die Belegschaftsmitglieder im Regelfall auf den öffentlichen Nahverkehr angewiesen sind (BAG 14. 1. 2004 – 7 ABR 2603; anders aber bei einer Fahrtzeit von mehr als zwei Stunden zum Hauptbetrieb BAG 7. 5. 2008 NZA 2009, 328, 331 [Rn. 29]).

21   Für die Bestimmung, ob räumlich getrennte Produktionsstätten weit voneinander entfernt sind, spielen weiterhin **Besonderheiten in der Interessenlage der Belegschaft** eine Rolle. Deshalb ist zu berücksichtigen, ob eine Tradition der getrennten Betriebsratsbildung besteht (vgl. BAG 23. 9. 1960 AP BetrVG [1952] § 3 Nr. 4). Vor allem muss eine **Relation zu der zweiten Alternative in Nr. 2** hergestellt werden; denn ist ein Betriebsteil in seinem arbeitstechnischen Aufgabenbereich eigenständig, so ist eine räumlich weite Entfernung eher anzunehmen als bei einem engen Kontakt in der arbeitstechnischen Aufgabenerfüllung. Räumliche Trennung bewirkt daher in gewissem Umfang regelmäßig eine Eigenständigkeit in der Organisation, wie sie Nr. 2 für eine Verselbständigung des Betriebsteils fordert. Die Zugehörigkeit zu unterschiedlichen Tarifgebieten genügt aber nicht, um eine räumlich weite Entfernung anzunehmen (ebenso für zwei 17 km voneinander entfernt liegende Niederlassungen LAG Hamm, DB 1978, 1282).

22   d) Dass die räumlich weite Entfernung nicht allein nach der Kilometerzahl gemessen werden kann, sondern nach **spezifisch betriebsverfassungsrechtlichen Gesichtspunkten** zu bestimmen ist, bringt das Gesetz darin zum Ausdruck, dass bei fehlender Betriebsratsfähigkeit eines Betriebsteils eine räumlich weite Entfernung nicht der Zuordnung eines Betriebsteils zum Betrieb entgegensteht. Dieser Gesichtspunkt wirkt auf die Bestimmung, was im konkreten Fall als räumlich weit entfernt anzusehen ist: Hat ein räumlich entfernter Betriebsteil eine für die Betriebsverfassung **erhebliche Belegschaft**, so ist eher von einer räumlich weiten Entfernung auszugehen als bei einem Betriebsteil mit im Vergleich zum Betrieb zahlenmäßig geringer Belegschaft (vgl. BAG 23. 9. 1960 AP BetrVG [1952] § 3 Nr. 4, wo als Gesichtspunkt herangezogen wurde, dass ein Viertel der Gesamtzahl der Belegschaft in dem Betriebsteil tätig war; *Birk*, AuR 1978, 226, 230).

3. Eigenständigkeit in Aufgabenbereich und Organisation

23   Ein Betriebsteil ist ohne Rücksicht auf die *örtliche Lage* eine **betriebsratsfähige Einheit**, wenn er durch **Aufgabenbereich und Organisation eigenständig** ist (Abs. 1 Satz 1 Nr. 2).

24   a) **Räumlich nahe gelegene Betriebsteile** haben unter dieser Voraussetzung einen eigenen Betriebsrat. Die hier genannte Alternative wird teilweise als überflüssig angesehen, weil bei Eigenständigkeit in Aufgabenbereich und Organisation es sich nicht mehr um einen *Betriebsteil*, sondern um einen selbständigen *Betrieb* handele (vgl. *Brecht*, § 4 Rn. 12; DKK-*Trümner*, § 4 Rn. 46; *Birk*, AuR 1978, 226, 232; kritisch auch *Gamillscheg*, ZfA 1975, 357, 399). In der Tat ist es Zweck der Vorschrift, bei räumlicher Nähe von zum gleichen Unternehmen gehörenden Arbeitsstätten einer Meinungsverschiedenheit über die Betriebsabgrenzung zu begegnen (ebenso HSWGNR-*Rose*, § 4 Rn. 45). Für die Betriebsverfassung ist entscheidend, dass nicht nur bei räumlich weiter Entfernung, sondern auch bei räumlicher Nähe innerhalb eines Unternehmens verschiedene Organisationseinheiten bestehen können, für die getrennte Betriebsräte gewählt werden. Deshalb berücksichtigt das Gesetz, dass das Merkmal des einheitlichen Leitungsapparats

III. Betriebsteil als selbständiger Betrieb   § 4

keine Klarheit darüber gibt, ob die Organisationseinheit schon als Betrieb innerhalb der Arbeitsorganisation des Unternehmens angesehen werden kann; denn es ist gerade in diesem Fall nur ein *relatives Unterscheidungsmerkmal*. Für die Betriebsverfassung entscheidend ist, dass durch Beschäftigung in einem Betriebsteil eine Belegschaft entstehen kann, für die eine eigene Betriebsvertretung sinnvoll ist. Nach dem Gesetz ist diese Voraussetzung nicht nur bei räumlich weiter Entfernung gegeben, sondern sie ist auch bei räumlicher Nähe erfüllt, wenn der Betriebsteil durch Aufgabenbereich und Organisation eigenständig ist. Nicht notwendig ist also, dass bereits ein Betrieb vorliegt, wie andererseits nicht ausreichend ist, dass es sich lediglich um einen räumlich oder organisatorisch abgegrenzten Betriebsteil handelt (s. Rn. 9 ff.). Die Grenze zwischen Betrieb und Betriebsteil muss hier aber gleichwohl gezogen werden, soweit es um das Optionsrecht der Arbeitnehmers nach Abs. 1 Satz 2–5 geht; denn es besteht nicht für Arbeitnehmer eines Betriebs.

b) Das Gesetz verlangt, dass der Betriebsteil **durch Aufgabenbereich und Organisation** 25 **eigenständig ist**. **Beide Voraussetzungen** müssen **kumulativ** gegeben sein.

aa) Das Erfordernis der **Eigenständigkeit im Aufgabenbereich** bedeutet, dass die dem 26 Betriebsteil obliegenden Aufgaben von den sonst im Betrieb verfolgten Aufgaben deutlich abgegrenzt sind, und deshalb die Organisation im Verhältnis zum Gesamtbetrieb relativ verselbständigt ist. Nur dann wird regelmäßig der Betriebsteil ein eigenes betriebliches Leben führen, so dass es sinnvoll ist, für die dort beschäftigte Belegschaft eine getrennte Betriebsvertretung zu bilden. Ein eigenständiger Aufgabenbereich liegt insbesondere vor, wenn der mit dem Betriebsteil verfolgte Zweck sich fachlich von dem Zweck des Gesamtbetriebs abhebt, wenn er im Verhältnis zu diesem fachfremd ist (ebenso *Fitting*, § 4 Rn. 24). Regelmäßig wird es sich darum handeln, dass der Betriebsteil eine Hilfsfunktion innerhalb des arbeitstechnischen Zwecks des Gesamtbetriebs erfüllt, z. B. die Kartonagenabteilung einer Zigarettenfabrik. Notwendig ist das jedoch nicht. Es ist sogar möglich, dass überhaupt kein fachfremder Zweck verfolgt wird, z. B. wenn innerhalb eines Betriebs eine Produktionsstätte Stahlbau, die andere Heizungsbau betreibt (vgl. BAG 5. 6. 1964 AP BetrVG [1952] § 3 Nr. 7; a. A. *Birk*, AuR 1978, 226, 231) oder der Zweck gleich ist, z. B. bei mehreren Orchestern, wenn ein Orchester sich von den anderen durch ein eigenes künstlerisches Profil unterscheidet (vgl. BAG 21. 7. 2004 AP BetrVG 1972 § 4 Nr. 15; LAG Berlin 30. 10. 2003 [Vorinstanz] AP BetrVG 1972 § 18 Nr. 12). Ein Indiz für die Eigenständigkeit des Aufgabenbereichs stellt es dar, wenn ein Betriebsteil *tarifrechtlich* selbständig ist (vgl. LAG Berlin a. a. O. [bestätigt BAG a. a. O.]; *Richardi*, DB 1972, 483). Tarifrechtliche und betriebsverfassungsrechtliche Selbständigkeit decken sich aber nicht (vgl. dazu *Dietz*, FS Nikisch 1958, S. 23 ff.). Den Geltungsbereich eines Tarifvertrags bestimmen die Tarifvertragsparteien im Rahmen ihrer Tarifzuständigkeit.

bb) Neben der Eigenständigkeit im Aufgabenbereich muss eine **Eigenständigkeit in** 27 **der Organisation** bestehen; denn es können innerhalb eines Betriebs verschiedene arbeitstechnische Zwecke verfolgt werden. Die Eigenständigkeit des Aufgabenbereichs muss zu einer Verselbständigung des Betriebsteils innerhalb der Betriebsorganisation führen. Es genügt nicht eine *arbeitstechnische* Selbständigkeit der Produktionsstätten, sondern erforderlich ist, dass die Eigenständigkeit auch *organisatorisch* abgesichert ist, also eine von der Betriebsleitung abgehobene *eigene Leitung* auf der Ebene des Betriebsteils besteht (ebenso BAG 17. 2. 1983 AP BetrVG 1972 § 4 Nr. 4; 29. 1. 1992 AP BetrVG 1972 § 7 Nr. 1; ArbG Berlin, AP BetrVG 1972 § 4 Nr. 1; *Fitting*, § 4 Rn. 25; DKK-*Trümner*, § 4 Rn. 43 ff.). Nicht erforderlich ist aber, dass der Leiter des Betriebsteils befugt ist, alle Angelegenheiten zu ordnen, an denen der Betriebsrat zu beteiligen ist (s. auch Rn. 12); es genügt eine *relative Eigenständigkeit*, z. B. wenn bei einem Orchester personelle Entscheidungen nicht vom Geschäftsführer, sondern vom Orchesterdirektor im Benehmen mit dem Chefdirigenten getroffen werden (vgl. BAG 21. 7. 2004 AP BetrVG 1972 § 4 Nr. 15).

4. Notwendigkeit der Betriebsratsfähigkeit für die Verselbständigung des Betriebsteils

28 Weitere Voraussetzung ist, dass der Betriebsteil **betriebsratsfähig** ist, d. h. die Voraussetzungen des § 1 Abs. 1 Satz 1 erfüllt, ihm also in der Regel mindestens fünf ständige wahlberechtigte Arbeitnehmer angehören, von denen drei zum Betriebsrat wählbar sind (s. § 1 Rn. 108 ff.).

5. Zuordnung mehrerer Betriebsteile bei Betriebsratsfähigkeit

29 Sind zwei oder mehrere Betriebsteile räumlich weit vom sog. Hauptbetrieb entfernt, so bilden sie bei Betriebsratsfähigkeit je für sich einen betriebsverfassungsrechtlich verselbständigten Betriebsteil. Das gilt auch, wenn sie im Verhältnis zueinander räumlich nahe liegen (ebenso *Konzen*, RdA 2001, 76, 82). Etwas anderes gilt nur, wenn ein Betriebsteil einem anderen organisatorisch untergeordnet ist, so dass er von ihm mitgeleitet wird (s. Rn. 31).

30 Ein **nicht selbständiger Betriebsteil** bleibt dem sog. **Hauptbetrieb** zugeordnet (s. zum Begriff Rn. 18), auch wenn ein betriebsverfassungsrechtlich verselbständigter Betriebsteil näher als der Betriebsteil ist, in dem die für seine Belegschaft zuständige institutionelle Betriebsleitung organisatorisch angesiedelt ist. Etwas anderes gilt nur, wenn er dem betriebsverfassungsrechtlich verselbständigten Betriebsteil organisatorisch untergeordnet ist und von dessen Leitung gleichermaßen mitgeleitet wird (vgl. BAG 29. 5. 1991 AP BetrVG 1972 § 4 Nr. 5).

31 Von der **Beschaffenheit der Leitungsstruktur** hängt entsprechend ab, ob **vom Hauptbetrieb weit entfernte, organisatorisch voneinander abgegrenzte Betriebsteile** bei räumlicher Nähe betriebsverfassungsrechtlich je für sich als **selbständige Betriebsteile** anzusehen sind oder ob sie in ihrer Gesamtheit einen verselbständigten **einheitlichen Betriebsteil** darstellen (ebenso BAG 29. 5. 1991 AP BetrVG 1972 § 4 Nr. 5; vgl. auch BAG 19. 2. 2002 AP BetrVG 1972 § 4 Nr. 13). Bei gleichrangigen Organisationseinheiten sind vergleichbare Kriterien heranzuziehen wie bei der Frage, ob zwei Unternehmen einen gemeinsamen Betrieb unterhalten (so BAG 29. 5. 1991 AP BetrVG 1972 § 4 Nr. 5; s. auch § 1 Rn. 64 ff.). Besteht keine institutionelle Einheitlichkeit der Leitungsmacht, so gilt jeder Betriebsteil als selbständiger Betrieb, auch wenn sie nahe beieinander liegen.

IV. Rechtsfolgen bei Verselbständigung des Betriebsteils

1. Überblick

32 Erfüllt ein Betriebsteil die Voraussetzungen des Abs. 1 Satz 1, so gilt er, wie es im Gesetzestext heißt, als **selbständiger Betrieb**. Diese Fiktion ist aber ungenau. Sie führt zur Verselbständigung in der Betriebsverfassung nur, wenn ein eigener Betriebsrat gewählt wird. Besteht kein eigener Betriebsrat, so können die Arbeitnehmer des Betriebsteils beschließen, an der Wahl des Betriebsrats im Hauptbetrieb teilzunehmen (Abs. 1 Satz 2–4). Der Betriebsteil bleibt betriebsverfassungsrechtlich dem Gesamtbetrieb zugeordnet. Wird weder ein eigener Betriebsrat gewählt, noch die Teilnahme an der Wahl des Betriebsrats im Hauptbetrieb beschlossen, so hängt die Teilnahme an der Betriebsverfassung davon ab, ob wegen der fehlerhaften Zuordnung des Betriebsteils die Wahl des Betriebsrats im Hauptbetrieb auf Grund einer Anfechtung für unwirksam erklärt wurde. Geschah dies nicht, so bildet der Betriebsteil trotz seiner Selbständigkeit mit dem Gesamtbetrieb betriebsverfassungsrechtlich eine Betriebseinheit (ebenso *Rieble/Klebeck*, FS Richardi 2007, S. 693, 699).

2. Wahl eines eigenen Betriebsrats

Wird in dem Betriebsteil bei Erfüllung der in Abs. 1 Satz 1 genannten Voraussetzungen ein Betriebsrat gewählt, so ist für seine Größe und Zusammensetzung die Zahl der Arbeitnehmer im Betriebsteil maßgebend. Die Arbeitnehmer des Betriebsteils sind andererseits zum Betriebsrat des Gesamtbetriebs nicht wahlberechtigt und wählbar; sie gehören betriebsverfassungsrechtlich nicht zu dessen Belegschaft. Da aber wegen fehlerhafter Zuordnung eines Betriebsteils zum Gesamtbetrieb die Betriebsratswahl nicht nichtig, sondern lediglich anfechtbar ist (s. § 19 Rn. 17), bildet der Betriebsteil trotz seiner Selbständigkeit so lange mit dem Gesamtbetrieb betriebsverfassungsrechtlich eine Betriebseinheit, bis die Betriebsratswahl auf Grund einer Anfechtung rechtskräftig für unwirksam erklärt ist. Etwas anderes gilt nur, wenn während der Amtszeit eines Betriebsrats durch Beschluss des Arbeitsgerichts rechtskräftig festgestellt wird, dass der Betriebsteil selbständig ist (§ 18 Abs. 2; s. dort Rn. 22 ff.). Aber auch in diesem Fall tritt die Trennung vom Gesamtbetrieb betriebsverfassungsrechtlich erst in Erscheinung, wenn für den Betriebsteil ein Betriebsrat gewählt ist (s. § 18 Rn. 31). Da der Betriebsteil als selbständiger Betrieb gilt, haben sein Betriebsrat und der Betriebsrat des Gesamtbetriebs einen Gesamtbetriebsrat zu errichten, auch wenn das Unternehmen sich sonst nicht in weitere Betriebe gliedert (§ 47; s. dort Rn. 4).

3. Teilnahme an der Betriebsratswahl im Hauptbetrieb

a) **Optionsrecht.** Den Arbeitnehmern eines betriebsverfassungsrechtlich verselbständigten Betriebsteils hat das BetrVerf-ReformG 2001 freigestellt, ob sie einen eigenen Betriebsrat wählen oder an der Wahl des Betriebsrats im Hauptbetrieb teilnehmen wollen (Abs. 1 Satz 2–5). Da der Arbeitgeber auf Grund seiner Organisationsherrschaft im Unternehmen die Betriebsstrukturen neu ordnen kann, hat die Belegschaft die **Möglichkeit,** die **alten Vertretungsstrukturen** durch Mehrheitsbeschluss aufrechtzuerhalten.

Dieses Optionsrecht haben nur die **Arbeitnehmer des Betriebsteils** (s. auch Rn. 38), und es ist ihnen auch nur eingeräumt, wenn sie einen eigenen Betriebsrat wählen können, aber nicht gewählt haben. Es besteht nicht, soweit die Zuordnung des Betriebsteils gemäß § 3 Abs. 1 und 2 durch Tarifvertrag oder durch Betriebsvereinbarung anderweitig geregelt ist (ebenso DKK-*Trümner*, § 4 Rn. 55).

b) **Beschlussfassung. aa)** Da § 3 Abs. 3 Satz 2 entsprechend gilt (Abs. 1 Satz 2 zweiter Halbsatz), kann die **Abstimmung „von mindestens drei wahlberechtigten Arbeitnehmern des Unternehmens** oder einer **im Unternehmen vertretenen Gewerkschaft** veranlasst werden" (s. § 3 Rn. 87). Soweit es um die Arbeitnehmer geht, ist es allerdings teleologisch gerechtfertigt, die Befugnisse auf die wahlberechtigten Arbeitnehmer zu beschränken, die dem Betriebsteil angehören, in dem kein eigener Betriebsrat besteht (ebenso *Fitting*, § 4 Rn. 31; *Reichold*, NZA 2001, 857, 858; zweifelnd DKK-*Trümner*, § 4 Rn. 60). Entsprechend genügt daher auch nicht, dass eine Gewerkschaft im Unternehmen vertreten ist, sondern die entsprechende Geltung des § 3 Abs. 3 Satz 2 führt hier zu dem Ergebnis, dass sie im Betriebsteil vertreten sein muss (ebenso *Fitting, Reichold, Trümner* – jeweils a. a. O.).

Durch den BT-Ausschuss für Arbeit und Sozialordnung wurde eingefügt, dass die Abstimmung auch vom **Betriebsrat des Hauptbetriebs** veranlasst werden kann (Abs. 1 Satz 3; vgl. Ausschuss-Drucks. 14/1610, S. 1).

bb) Nach dem Wortlaut des Abs. 1 Satz 2 erster Halbsatz bedarf der **Beschluss über die Anschließung zur Wahl im Hauptbetrieb** der „Stimmenmehrheit" der Arbeitnehmer des Betriebsteils, also einer konstitutiven Mehrheit von mehr als fünfzig Prozent aller Wahlberechtigten (ebenso *Konzen*, RdA 2001, 76, 81), wobei insoweit ausschließlich auf die Arbeitnehmer des Betriebsteils abgestellt wird, also unerheblich ist, ob auch die Arbeitnehmer im Hauptbetrieb damit einverstanden sind. Im Gegensatz zum Initiativrecht ist die Wahlberechtigung keine Voraussetzung (ebenso *Fitting,* § 4 Rn. 29; DKK-*Trümner,* § 4 Rn. 58; ErfK-*Eisemann/Koch,* § 4 Rn. 5; HWK-*Gaul,* § 4 Rn. 13).

39 Durch den BT-Ausschuss für Arbeit und Sozialordnung wurde eingefügt, dass die Arbeitnehmer **„formlos" über die Teilnahme an der Wahl im Hauptbetrieb beschließen;** es bedarf also keines bestimmten förmlichen Verfahrens. Nach der Begründung soll ein Beschluss im Umlaufverfahren ausreichen; eine Abstimmung in einer Versammlung sei nicht erforderlich (Ausschuss-Drucks. 14/1610, S. 1). Da der Gesetzestext aber ausdrücklich verlangt, dass die Arbeitnehmer die Teilnahme an der Wahl des Betriebsrats im Hauptbetrieb „beschließen", ist die **Abstimmung in einer Versammlung notwendig,** weil sonst von keinem geordneten Verfahren die Rede sein kann (a. A. DKK-*Trümner,* § 4 Rn. 59; wohl auch *Fitting,* § 4 Rn. 29, obwohl das Fehlen formaler Sicherungen als problematisch angesehen wird).

40 cc) Der **Beschluss** ist dem **Betriebsrat des Hauptbetriebs spätestens zehn Wochen vor Ablauf seiner Amtszeit mitzuteilen** (Abs. 1 Satz 4). Er entfaltet eine Dauerwirkung, gilt also auch für die Teilnahme an späteren Betriebsratswahlen (ebenso *Fitting,* § 4 Rn. 35; DKK-*Trümner,* § 4 Rn. 62).

41 c) Für den **Widerruf des Beschlusses** gilt Abs. 1 Satz 2 bis 4 entsprechend (Abs. 1 Satz 5). Die Arbeitnehmer eines Betriebsteils können daher beschließen, zum Regelfall der Bildung eines eigenen Betriebsrats zurückzukehren.

V. Rechtsfolgen bei fehlender Betriebsratsfähigkeit

42 Scheitert die Selbständigkeit eines Betriebsteils an seiner fehlenden Betriebsratsfähigkeit, so ist er betriebsverfassungsrechtlich lediglich **Teil des Gesamtbetriebs.** Besteht neben ihm ein selbständiger Betriebsteil, so wird er bei räumlich weiter Entfernung vom Hauptbetrieb dem am nächsten liegenden betriebsratsfähigen **selbständigen Betriebsteil zugeordnet,** sofern er diesem Betriebsteil auch organisatorisch untergeordnet ist (s. auch Rn. 30 f.).

43 Der **nicht betriebsratsfähige Betriebsteil** bildet **mit dem „Hauptbetrieb"** bzw. dem selbständigen Betriebsteil, dem er zugeordnet wird, eine **Betriebseinheit;** er gilt, solange er nicht betriebsratsfähig ist, betriebsverfassungsrechtlich in keiner Hinsicht als selbständiger Betrieb. Wird er während der Amtszeit eines Betriebsrats betriebsratsfähig, so bleibt die Zuordnung so lange aufrechterhalten, bis für den Betriebsteil ein Betriebsrat gewählt und das Wahlergebnis bekannt gegeben ist; § 22 findet entsprechend Anwendung.

44 Solange ein Betriebsteil nicht betriebsratsfähig ist und deshalb für ihn kein eigener Betriebsrat besteht, gilt auch nicht die in Abs. 1 Satz 2 bis 5 festgelegte Regelung. Sie nehmen, ohne dass es eines Beschlusses bedarf, an der **Wahl des Betriebsrats im „Hauptbetrieb"** teil.

VI. Zuordnung eines nicht betriebsratsfähigen Betriebs zum „Hauptbetrieb"

45 Ein Betrieb, der die Voraussetzungen des § 1 Satz 1 nicht erfüllt, ist dem Hauptbetrieb zuzuordnen (Abs. 2). Diese Zuordnungsbestimmung war nach § 4 Satz 2 a. F. bis zum BetrVerf-ReformG 2001 auf Nebenbetriebe beschränkt, fand also unmittelbar keine Anwendung auf einen Betrieb, der nicht Nebenbetrieb eines anderen Betriebs war. Die damit verbundene Freistellung von der Betriebsverfassung bei fehlender Betriebsratsfähigkeit war aber teleologisch nicht gerechtfertigt, wenn neben dem Kleinbetrieb noch ein weiterer Betrieb zu demselben Unternehmen gehörte (ebenso BAG 3. 12. 1987 AP BetrVG 1972 § 99 Nr. 28).

Die Zuordnungsregelung ist deshalb **nicht mehr auf Nebenbetriebe beschränkt**. Es gibt keinen Grund, dass Arbeitnehmer innerhalb eines Unternehmens nur deshalb vertretungslos bleiben, weil die Organisationseinheit, in der sie tätig sind, als ein Betrieb anzusehen ist, der zwar in die Arbeitsorganisation des Unternehmens eingebettet ist, aber keine Hilfsfunktion für einen anderen als Betrieb zu beurteilenden Unternehmensteil ausübt. Die Zuordnungsbestimmung erfasst deshalb jeden Kleinbetrieb, der keinen Betriebsrat wählen kann. 46

Der **nicht betriebsratsfähige Betrieb** ist dem „**Hauptbetrieb**" zuzuordnen. Das Gesetz geht also davon aus, dass innerhalb des Unternehmens mehrere Betriebe bestehen, von denen ein Betrieb der „Hauptbetrieb" ist. Da jedoch für die Zuordnung keine Voraussetzung ist, dass es sich um einen Nebenbetrieb handelt, sondern der Betrieb durch die Zuordnung zum Hauptbetrieb als Nebenbetrieb erscheint, kann man nicht darauf abstellen, dass der in Abs. 2 genannte Hauptbetrieb der Betrieb ist, für den der Kleinbetrieb eine Hilfsfunktion ausübt. Das ist vielmehr nur der Fall, wenn es sich bei dem Kleinbetrieb nach seiner arbeitstechnischen Zielsetzung um einen Nebenbetrieb i. S. der bisherigen Begriffsbestimmung handelt. Aber auch für diesen Fall spricht die betriebsverfassungsrechtliche Abgrenzung, wie sie für Betriebsteile gilt, dafür, dem Gesichtspunkt der **räumlichen Nähe** den Vorrang zu geben. Hauptbetrieb i. S. des Abs. 2 ist deshalb der **räumlich nächstgelegene betriebsratsfähige Betrieb** oder **selbständige Betriebsteil** (ebenso DKK-*Trümner*, § 4 Rn. 27; *Fitting*, § 4 Rn. 10; GK-*Kraft/Franzen*, § 4 Rn. 7; a. A. BAG 17. 1. 2007 AP BetrVG 1972 § 4 Nr. 18; *Rieble/Klebeck*, FS Richardi, S. 693, 701; wie hier zu § 4 Satz 2 a. F., der die Zuordnung auf den Nebenbetrieb beschränkte, *Gamillscheg*, ZfA 1975, 357, 368 Fn. 53; *Birk*, AuR 1978, 226, 227). 47

Ist bei **mehreren Betrieben innerhalb eines Unternehmens** überhaupt nur ein Betrieb betriebsratsfähig, so bilden sie zusammen mit ihm einen Betrieb (so bereits zur Rechtslage vor dem BetrVerf-ReformG 2001 BAG 3. 12. 1985 E, 50, 251, 257 = AP BetrVG 1972 § 99 Nr. 28). Aber selbst wenn innerhalb eines Unternehmens **kein Betrieb betriebsratsfähig** ist, ergibt sich aus Sinn und Zweck der in Abs. 2 getroffenen Regelung, dass die Betriebe, die die Voraussetzungen des § 1 Abs. 1 Satz 1 nicht erfüllen, zusammen mit den anderen Betrieben eine Organisationseinheit bilden, die bei Betriebsratsfähigkeit einen Betriebsrat wählt. Die Ausklammerung aus der Betriebsverfassung kommt deshalb nur in Betracht, wenn für die **Arbeitsorganisation des Unternehmens** die Betriebsratsfähigkeit fehlt. 48

VII. Abweichung durch Tarifvertrag oder Betriebsvereinbarung

Von der hier getroffenen Bestimmung kann gemäß § 3 Abs. 1 Nr. 1 bis 3 durch Tarifvertrag (s. § 3 Rn. 9 ff.) oder nach § 3 Abs. 2 unter den dort genannten Voraussetzungen durch Betriebsvereinbarung (s. § 3 Rn. 48 ff.) abgewichen werden. 49

VIII. Streitigkeiten

Bestehen Zweifel über das Vorliegen einer betriebsratsfähigen Organisationseinheit, so entscheidet das Arbeitsgericht im Beschlussverfahren (§ 2 a Abs. 1 Nr. 1, Abs. 2 i. V. mit §§ 80 ff. ArbGG). 50

§ 5 Arbeitnehmer

(1) [1]Arbeitnehmer (Arbeitnehmerinnen und Arbeitnehmer) im Sinne dieses Gesetzes sind Arbeiter und Angestellte einschließlich der zu ihrer Berufsausbildung Beschäftigten, unabhängig davon, ob sie im Betrieb, im Außendienst oder mit Telearbeit beschäftigt werden. [2]Als Arbeitnehmer gelten auch die in Heimarbeit Beschäftigten, die in der

Hauptsache für den Betrieb arbeiten. ³ Als Arbeitnehmer gelten ferner Beamte (Beamtinnen und Beamte), Soldaten (Soldatinnen und Soldaten) sowie Arbeitnehmer des öffentlichen Dienstes einschließlich der zu ihrer Berufsausbildung Beschäftigten, die in Betrieben privatrechtlich organisierter Unternehmen tätig sind.

(2) Als Arbeitnehmer im Sinne dieses Gesetzes gelten nicht
1. in Betrieben einer juristischen Person die Mitglieder des Organs, das zur gesetzlichen Vertretung der juristischen Person berufen ist;
2. die Gesellschafter einer offenen Handelsgesellschaft oder die Mitglieder einer anderen Personengesamtheit, soweit sie durch Gesetz, Satzung oder Gesellschaftsvertrag zur Vertretung der Personengesamtheit oder zur Geschäftsführung berufen sind, in deren Betrieben;
3. Personen, deren Beschäftigung nicht in erster Linie ihrem Erwerb dient, sondern vorwiegend durch Beweggründe karitativer oder religiöser Art bestimmt ist;
4. Personen, deren Beschäftigung nicht in erster Linie ihrem Erwerb dient und die vorwiegend zu ihrer Heilung, Wiedereingewöhnung, sittlichen Besserung oder Erziehung beschäftigt werden;
5. der Ehegatte, der Lebenspartner, Verwandte und Verschwägerte ersten Grades, die in häuslicher Gemeinschaft mit dem Arbeitgeber leben.

(3) ¹ Dieses Gesetz findet, soweit in ihm nicht ausdrücklich etwas anderes bestimmt ist, keine Anwendung auf leitende Angestellte. ² Leitender Angestellter ist, wer nach Arbeitsvertrag und Stellung im Unternehmen oder im Betrieb
1. zur selbständigen Einstellung und Entlassung von im Betrieb oder in der Betriebsabteilung beschäftigten Arbeitnehmern berechtigt ist oder
2. Generalvollmacht oder Prokura hat und die Prokura auch im Verhältnis zum Arbeitgeber nicht unbedeutend ist oder
3. regelmäßig sonstige Aufgaben wahrnimmt, die für den Bestand und die Entwicklung des Unternehmens oder eines Betriebs von Bedeutung sind und deren Erfüllung besondere Erfahrungen und Kenntnisse voraussetzt, wenn er dabei entweder die Entscheidungen im Wesentlichen frei von Weisungen trifft oder sie maßgeblich beeinflusst; dies kann auch bei Vorgaben insbesondere aufgrund von Rechtsvorschriften, Plänen oder Richtlinien sowie bei Zusammenarbeit mit anderen leitenden Angestellten gegeben sein.

³ Für die in Absatz 1 Satz 3 genannten Beamten und Soldaten gelten die Sätze 1 und 2 entsprechend.

(4) Leitender Angestellter nach Absatz 3 Nr. 3 ist im Zweifel, wer
1. aus Anlass der letzten Wahl des Betriebsrats, des Sprecherausschusses oder von Aufsichtsratsmitgliedern der Arbeitnehmer oder durch rechtskräftige gerichtliche Entscheidung den leitenden Angestellten zugeordnet worden ist oder
2. einer Leitungsebene angehört, auf der in dem Unternehmen überwiegend leitende Angestellte vertreten sind, oder
3. ein regelmäßiges Jahresarbeitsentgelt erhält, das für leitende Angestellte in dem Unternehmen üblich ist, oder,
4. falls auch bei der Anwendung der Nummer 3 noch Zweifel bleiben, ein regelmäßiges Jahresarbeitsentgelt erhält, das das Dreifache der Bezugsgröße nach § 18 des Vierten Buches Sozialgesetzbuch überschreitet.

Abgekürzt zitiertes Schrifttum: 1. Allgemein zum Arbeitnehmerbegriff: *Diller,* Gesellschafter und Gesellschaftsorgane als Arbeitnehmer, 1994; *Heuberger,* Sachliche Abhängigkeit als Kriterium des Arbeitsverhältnisses, 1982; *Maschmann,* Arbeitsverträge und Verträge mit Selbständigen, (Diss. Passau 2000) 2001; *Mayer-Maly,* Erwerbsabsicht und Arbeitnehmerbegriff, 1965; *Rancke,* Die freien Berufe zwischen Arbeits- und Wirtschaftsrecht, 1978; *Stolterfoht,* Die Selbständigkeit des Handelsvertreters, 1973; *Wank,* Arbeitnehmer und Selbständige, 1988; *ders.,* Empirische Befunde zur „Scheinselbständigkeit" – Juristischer Teil, 1997; *Weber,* Das aufgespaltene Arbeitsverhältnis, Diss. Mainz 1992; *Wiedemann,* Das Arbeitsverhältnis als Austausch- und Gemeinschaftsverhältnis, 1966; *Worzalla,* Arbeitsverhältnis – Selbständigkeit, Scheinselbständigkeit, 1996.

2. Zum betriebsverfassungsrechtlichen Arbeitnehmerbegriff: *Christiansen,* Betriebszugehörigkeit (Diss. Kiel 1996), 1997; *Gittermann,* Arbeitnehmerstatus und Betriebsverfassung in Franchise-Systemen, 1995; *Mayer-Maly,* Erwerbsabsicht und Arbeitnehmerbegriff, 1965; *Müllner,* Aufgespaltene Arbeitgeberstellung und Betriebsverfassungsrecht, (Diss. Regensburg) 1978; *Schuster,* Arbeitnehmer, Betrieb und Betriebszugehörigkeit im Betriebsverfassungsgesetz (Diss. Köln), 1997.

3. Zum leitenden Angestellten: a) Allgemein: *Ahn,* Die Rechtsfigur des leitenden Angestellten im geltenden Arbeitsrecht, Diss. München 1977; *Bausch,* Die Stellung der leitenden Angestellten in Betrieb und Unternehmen, Diss. Marburg 1977; *Eichenhofer,* „Leitende Angestellte" als Begriff des Unternehmensrechts, 1980; *Geitner,* Leitende Angestellte in privaten Unternehmen, 1974; *Hoffknecht,* Die leitenden Angestellten im Koalitions- und Arbeitskampfrecht, 1975; *Hromadka,* Das Recht der leitenden Angestellten, 1979; *Klein,* Leitende Angestellte im Außendienst von Großunternehmen, 1983; *Leese,* Die Abgrenzung der leitenden Angestellten (Diss. Jena 1999), 1999; *Martens,* Die Gruppenabgrenzung der leitenden Angestellten nach dem Mitbestimmungsgesetz, 1979; *ders.,* Das Arbeitsrecht der leitenden Angestellten, 1982; *G. Müller,* Die Definition der leitenden Angestellten im Betriebsverfassungsrecht und im Mitbestimmungsrecht, ULA-Schriftenreihe Nr. 16, 1984; *Nebe,* Der Arbeitsvertrag des leitenden Angestellten, 1980; *Niedenhoff,* Der leitende Angestellte – Selbstverständnis und Abgrenzung des Faktors Disposition, 1977; *Nozar,* Die Abgrenzung der leitenden Angestellten im Betriebsverfassungsgesetz und die Zulässigkeit von Sprecherausschüssen, 1976; *Specker,* „Die in § 5 Abs. 3 des Betriebsverfassungsgesetzes bezeichneten Leitenden Angestellten" im Mitbestimmungsgesetz 1976, 1986; *Steindorff,* Neubestimmung der leitenden Angestellten? Untersuchung im Auftrage der Hans-Böckler Stiftung, 1987; *Tenckhoff,* Leitende Angestellte – Methodische Abgrenzung im Führungsbereich, 1983; *Wiegand,* Der leitende Angestellte als Arbeitnehmer, 3. Aufl. 1976; *Witte/Bronner,* Die Leitenden Angestellten, Bd. 1 und 2, 1974/75.

b) Zu § 5 Abs. 3 und 4 BetrVG 1988: *Bauer,* Sprecherausschußgesetz, 2. Aufl. 1990; *Borgwardt/Fischer/Janert,* Sprecherausschußgesetz für leitende Angestellte, 2. Aufl. 1990; *Hromadka,* Sprecherausschußgesetz, Kommentar, 1991; *Löwisch,* Kommentar zum Sprecherausschußgesetz, 2. Aufl. 1994.

Übersicht

	Rn.
A. Vorbemerkung	1
B. Betriebsverfassungsrechtlicher Arbeitnehmerbegriff	6
I. Gesetzliche Umschreibung des Arbeitnehmerbegriffs	6
II. Der allgemeine Arbeitnehmerbegriff	9
1. Verlegenheitslösung gesetzgeberischer Tätigkeit	9
2. Begriffsbestimmung der Rechtsprechung und herrschenden Meinung	11
3. Persönliche Abhängigkeit als Kriterium des Arbeitnehmerbegriffs	16
4. Indizien für die persönliche Abhängigkeit	19
5. Persönliche Abhängigkeit als relatives Begriffsmerkmal	30
6. Kritik des durch die persönliche Abhängigkeit definierten Arbeitnehmerbegriffs im Schrifttum	31
7. Ergebnis	34
III. Vertragsgestaltung und Arbeitnehmereigenschaft	36
1. Bedeutung der Vertragsgestaltung für die Arbeitnehmereigenschaft	36
2. Abgrenzung vom freien Mitarbeiter	37
3. Unerheblichkeit der Arbeitsentgeltregelung	46
4. Bedeutung der zeitlichen Inanspruchnahme für die Arbeitnehmereigenschaft	49
5. Bedeutung des Leistungsorts für die Arbeitnehmereigenschaft	58
6. Zweck der Beschäftigung	63
7. Zu ihrer Berufsausbildung Beschäftigte	64
IV. Arbeitnehmer auf Grund eines Arbeitsvertrags mit dem Betriebsinhaber	71
1. Arbeitsvertrag als Voraussetzung der Arbeitnehmereigenschaft	71
2. Arbeitsvertrag als Begründungstatbestand des Arbeitsverhältnisses	74
3. Beginn der Arbeitnehmereigenschaft	83
4. Beschäftigung auf Grund eines rechtlich mangelhaften Vertrags	85

	Rn.
V. Arbeitnehmereigenschaft ohne Arbeitsvertrag mit dem Betriebsinhaber	89
1. Bedeutung der Betriebszugehörigkeit für den betriebsverfassungsrechtlichen Arbeitnehmerbegriff	89
2. Fremdfirmeneinsatz im Betrieb	91
3. Arbeitnehmerüberlassung	93
4. Betriebsangehörige auf Grund eines mittelbaren Arbeitsverhältnisses	101
5. Betriebsverfassungsrechtliche Zuordnung bei Gruppenarbeit	103
6. Beschäftigung auf der Grundlage eines Gestellungsvertrags	110
7. Beschäftigung eines Beamten oder eines im öffentlichen Dienst stehenden Arbeitnehmers	113
8. Besondere Regelung für Bahn und Post sowie Kooperationsbetriebe mit der Bundeswehr	115
VI. Die in Heimarbeit Beschäftigten als Belegschaftsangehörige	118
1. Begriff der in Heimarbeit Beschäftigten	119
2. Haupttätigkeit für den Betrieb als Voraussetzung der Belegschaftszugehörigkeit	128
VII. Beschäftigung außerhalb eines Arbeitsverhältnisses	129
1. Bedeutung für die betriebsverfassungsrechtliche Zuordnung	129
2. Verpflichtung auf öffentlich-rechtlicher Grundlage	130
3. Rechtsverhältnisse eigener Art	136
4. Arbeitnehmereigenschaft und verbandsrechtliche Sonderbindung zum Empfänger der Dienstleistung	138
5. Arbeitsleistung auf Grund eines Werk- oder freien Dienstvertrags	144
6. Organmitglieder	148
7. Arbeitnehmereigenschaft bei einem Franchise-Vertrag	150
VIII. Konkretisierung des betriebsverfassungsrechtlichen Arbeitnehmerbegriffs durch die Ausklammerung des in Abs. 2 genannten Personenkreises	153
1. Bedeutung des Abs. 2 für den Arbeitnehmerbegriff	153
2. Mitglieder des Vertretungsorgans einer juristischen Person (Nr. 1)	155
3. Mitglieder einer Personengesamtheit (Nr. 2)	164
4. Nichterwerbsdienliche Beschäftigung aus karitativen oder religiösen Gründen (Nr. 3)	176
5. Nichterwerbsdienliche Beschäftigung aus medizinischen oder erzieherischen Gründen (Nr. 4)	179
6. Familienangehörige des Arbeitgebers (Nr. 5)	181
C. Die leitenden Angestellten	185
I. Bedeutung der Regelung in Abs. 3 und 4	185
1. Überblick über die Gesetzesregelung	185
2. Vorgeschichte der Gesetzesregelung	188
II. Legaldefinition des leitenden Angestellten durch Aufzählung von Tatbestandsgruppen (Abs. 3 Satz 2)	194
1. Bedeutung der Norm	194
2. Kontinuität mit § 5 Abs. 3 BetrVG 1972	195
3. Bedeutung der Nr. 3 für die Interpretation des Abs. 3 Satz 2	196
4. Gemeinsame Merkmale für Nr. 1 bis 3	197
III. Die drei Tatbestandsgruppen des Abs. 3 Satz 2	200
1. Tatbestandsgruppe der Nr. 1 (selbständige Einstellungs- und Entlassungsberechtigung)	200
2. Tatbestandsgruppe der Nr. 2 (Generalvollmacht oder Prokura)	202
3. Tatbestandsgruppe der Nr. 3 (Grundtatbestand für die Abgrenzung der leitenden Angestellten)	206
4. Einzelmerkmale der Tatbestandsgruppe der Nr. 3	212
5. Gegnerbezug zum Betriebsrat	220
6. Vorgesetztenstellung, Leitungsebene und Arbeitseinkommen	221
IV. Bedeutung des Abs. 4 für die Abgrenzung der leitenden Angestellten	227
1. Zweck und rechtsdogmatische Einordnung der Norm	227
2. Voraussetzungen für die Anwendung des Abs. 4	231
3. Die vier Merkmalgruppen des Abs. 4	234
4. Verfahrensrechtliche Bedeutung des Abs. 4	248
V. Beispiele für die Zuordnung zu den leitenden Angestellten nach Abs. 3 Satz 2	252
VI. Zwingende Festlegung der Legaldefinition	261
VII. Berücksichtigung der leitenden Angestellten im BetrVG	263
1. Die leitenden Angestellten als Nichtarbeitnehmer	263
2. Grund für die Sonderstellung	265

A. Vorbemerkung § 5

	Rn.
3. Die leitenden Angestellten als Betriebsangehörige	267
VIII. Bildung und Rechtsstellung von Sprecherausschüssen für leitende Angestellte	269
1. Schaffung einer institutionalisierten Vertretung durch das Gesetz über Sprecherausschüsse der leitenden Angestellten (Sprecherausschussgesetz – SprAuG)	269
2. Bildung und Organisation der Sprecherausschüsse	272
3. Wahl und Amtszeit der Sprecherausschüsse	277
4. Mitwirkung der leitenden Angestellten	279
5. Sprecherausschussvereinbarungen	287
6. Sprecherausschuss und Betriebsrat	293
7. Verhältnis des gesetzlichen Sprecherausschusses zu einem freiwillig gebildeten Sprecherausschuss	296
D. Streitigkeiten	299

A. Vorbemerkung

Die Vorschrift regelt in **Abs. 1 und 2**, wer als **Arbeitnehmer i. S. des BetrVG** anzusehen ist. **Abs. 3 Satz 1** bestimmt, dass dieses Gesetz, soweit in ihm nicht ausdrücklich etwas anderes bestimmt ist, **keine Anwendung auf leitende Angestellte** findet. Der folgende Satz 2 enthält für sie eine Legaldefinition, die durch Abs. 4 ergänzt wird, wenn die Zuordnung eines Angestellten nach Abs. 3 Nr. 3 zweifelhaft bleibt. Die Bestimmung in Abs. 3 wurde durch das Gesetz zur Änderung des BetrVG, über Sprecherausschüsse der leitenden Angestellten und zur Sicherung der Montan-Mitbestimmung zum 20. 12. 1988 (BGBl. I S. 2312) neu gefasst und durch die Anfügung des Abs. 4 ergänzt. 1

Das **Reformgesetz 2001** hat **Abs. 1 neu gefasst,** wobei es in Abs. 1 Satz 1 an den bisherigen Abs. 1 anknüpft und in Abs. 1 Satz 2 die bisher in § 6 Abs 1 Satz 2 und Abs. 2 Satz 2 a. F. enthaltene Regelung unter Beseitigung der Unterscheidung in Arbeiter und Angestellte übernommen hat (Art. 1 Nr. 5), weil es § 6, der die Begriffsbestimmung der Arbeiter und Angestellten enthielt, aufgehoben hat (Art. 1 Nr. 6). Das **Gesetz zur Errichtung eines Bundesaufsichtsamtes für Flugsicherung und zur Änderung und Anpassung weiterer Vorschriften** vom 29. 7. 2009 (BGBl. I S. 2424) hat zum 4. 8. 2009 dem Abs. 1 einen Satz 3 angefügt, der in den betriebsverfassungsrechtlichen Arbeitnehmerbegriff einbezieht, wer auf Grund eines öffentlich-rechtlichen Dienstverhältnisses in Betrieben privater Rechtsträger tätig ist. 2

Abs. 2 enthält die Verlustliste, aus der sich ergibt, wer **nicht zu der vom Betriebsrat repräsentierten Belegschaft** gehört. Wenn man von den in Heimarbeit Beschäftigten absieht, die nicht Arbeitnehmer, sondern arbeitnehmerähnliche Personen sind (s. ausführlich Rn. 117 ff.), ist die Arbeitnehmereigenschaft Voraussetzung dafür, dass ein im Betrieb Beschäftigter zu den Belegschaftsangehörigen zählt, deren Betreuung Aufgabe des Betriebsrats ist. Das ist deshalb wichtig, weil nach Abs. 2 Nr. 2 im Gegensatz zu § 4 Abs. 2 lit. b BetrVG 1952 nicht mehr alle Gesellschafter einer offenen Handelsgesellschaft und alle Mitglieder einer anderen Personengesamtheit als Nichtarbeitnehmer gelten, sondern nur Gesellschafter und Mitglieder, die durch Gesetz, Satzung oder Gesellschaftsvertrag zur Vertretung der Personengesamtheit oder zur Geschäftsführung berufen sind; es ist deshalb nicht der Umkehrschluss zulässig, dass beispielsweise ein im Betrieb beschäftigter Kommanditist auch dann Arbeitnehmer i. S. des BetrVG ist, wenn ihm sonst die Arbeitnehmereigenschaft fehlt (missverständlich die Begründung zum RegE, BT-Drucks. VI/1786, S. 36). 3

Nur die Arbeitnehmer i. S. des BetrVG bilden die **Belegschaft,** die **durch den Betriebsrat repräsentiert** wird. Bei der Organisation der betriebsverfassungsrechtlichen Institutionen, insbesondere des Betriebsrats, und der Gestaltung des zwischen der Belegschaft und dem Arbeitgeber bestehenden Rechtsverhältnisses ist deshalb von diesem Arbeitnehmerbegriff auszugehen. Da nach Abs. 3 das BetrVG keine Anwendung auf die dort 4 definierten **leitenden Angestellten** findet, soweit in ihm nicht ausdrücklich etwas anderes bestimmt ist, gehören auch sie nicht zu den Arbeitnehmern, die vom Betriebsrat repräsentiert werden; sie wählen nicht zum Betriebsrat und können daher nicht als Mitglieder des Betriebsrats gewählt werden (s. ausführlich Rn. 264).

5   Die Vorschrift beschränkt sich auf den **betriebsverfassungsrechtlichen Arbeitnehmerbegriff**. Sie regelt **nicht** unmittelbar die **Zuordnung zum Betrieb**, obwohl von ihr die Zugehörigkeit zur Belegschaft abhängt, für die der Betriebsrat gewählt wird. Der maßgebliche Tatbestand, der die Betriebszugehörigkeit begründet, ist die *Einstellung*. Nach dem Modell, das der gesetzlich gestalteten Betriebsverfassung zugrunde liegt, besteht ein Arbeitsverhältnis mit dem Betriebsinhaber. Da jedoch für seine Begründung nach heute einhelliger Lehre das Vertragsprinzip gilt, hat dessen Anwendung Gestaltungen ermöglicht, die nicht mehr diesem Modell entsprechen: Durch die Anerkennung eines gemeinsamen Betriebs mehrerer Unternehmen als betriebsratsfähige Organisationseinheit wird der Betriebsinhaber durch den einheitlichen Leistungsapparat verschiedener Vertragarbeitgeber ersetzt, obwohl der Rückgriff auf den einheitlichen Leistungsapparat primär entwickelt wurde, um bei Identität des Vertragsarbeitgebers eine Verschiedenheit der Betriebe zu begründen. Bei gewerbsmäßiger Arbeitnehmerüberlassung ergibt dagegen die Verschiedenheit des Vertragarbeitgebers trotz der Gleichheit des arbeitsrechtlichen Weisungsverhältnisses zum Betriebsinhaber eine Verschiedenheit der Betriebszugehörigkeit (§ 14 Abs. 1 AÜG). Diese Formen eröffnen willkürliche Gestaltungen, die das Vertragsprinzip als Grundsatz einer rechtsgeschäftlichen Ordnung des Arbeitslebens pervertieren, und nehmen der Betriebsverfassung ihre innere Geschlossenheit.

B. Betriebsverfassungsrechtlicher Arbeitnehmerbegriff

I. Gesetzliche Umschreibung des Arbeitnehmerbegriffs

6   Das Gesetz bezeichnet in Abs. 1 Satz 1 wie bisher als Arbeitnehmer i. S. des BetrVG alle **Arbeiter** und **Angestellten einschließlich der zu ihrer Berufsausbildung beschäftigten Personen.**

7   Art. 1 Nr. 5 BetrVerf-ReformG 2001 hat den Begriff „Arbeitnehmer" durch die Wörter „Arbeitnehmerin und Arbeitnehmer" in der Klammer ergänzt. Nach der Begründung des RegE soll dadurch „verdeutlicht werden, dass mit dem Begriff Arbeitnehmer sowohl weibliche als auch männliche Arbeitnehmer gemeint sind" (BT-Drucks. 14/5741, S. 35). Mit diesem Klammerzusatz hat der Gesetzgeber sich lächerlich gemacht; denn die von ihm gehegten Zweifel hat außer ihm niemand. Durch die Anfügung des Satzteils „unabhängig davon, ob sie im Betrieb, im Außendienst oder mit Telearbeit beschäftigt werden", bezweckte der Gesetzgeber die Klarstellung, dass der Arbeitnehmereigenschaft nicht entgegensteht, wenn die geschuldete Arbeit nicht im räumlichen Bereich des Betriebs, sondern außerhalb von diesem in Form des klassischen Außendienstes oder der modernen Telearbeit erfolgt. Aber auch dies ist keine Neuerung. Die Begründung des RegE, dass die mit dieser Art von Beschäftigung einhergehende Lockerung des für den Arbeitnehmerstatus wesentlichen Merkmals der persönlichen Abhängigkeit, die unter anderem durch die Eingliederung des Beschäftigten in den Betrieb des Arbeitgebers gekennzeichnet sei, unschädlich sei (BT-Drucks. 14/5741, S. 35), ist so selbstverständlich, dass es der Aufblähung des Gesetzestextes nicht bedurft hätte. Aufgabe des Gesetzgebers ist es, Recht zu setzen, nicht Lehrbücher in Gesetzesform zu schreiben, insbesondere wenn er ein Regelungsproblem anspricht, aber nicht löst. Das gilt auch für die anschließenden Ausführungen in der Begründung des RegE: „Folglich werden erfasst: Die alternierende Telearbeit, bei der teils im Betrieb, teils an einem anderen Ort gearbeitet wird; die mobile Telearbeit, die an verschiedenen Orten oder in Betrieben von Kunden oder Lieferanten erbracht wird und eine moderne Variante des herkömmlichen

Außendienstes ist; die häusliche Telearbeit, die entweder zu Hause oder an einem anderen selbstgewählten Ort verrichtet wird." Wenn man derartige Differenzierungen vornimmt, hätte es nahe gelegen, sie auch für die Gestaltung der betriebsverfassungsrechtlichen Mitbestimmungsordnung auszuwerten. Geschehen ist dies aber nicht. Auch die Verwendung des Betriebsbegriffs im angefügten Satzteil ist eine gesetzgeberische Fehlleistung; denn gemeint ist hier nicht der Betrieb als Organisationseinheit für die Bildung einer Betriebsvertretung, sondern der Ort der Arbeitsleistung.

Die formal als Legaldefinition gestaltete Begriffsbestimmung enthält nur eine **Umschreibung** der Personen, die als Arbeitnehmer i. S. des Gesetzes anzusehen sind. Sie ist **völlig nichts sagend**, zumal die Unterscheidung in Arbeiter und Angestellte im Arbeitsrecht gesetzlich kein Rolle mehr spielt und deshalb durch das Reformgesetz 2001 auch für die Betriebsverfassung aufgehoben wurde. Abgesehen davon fehlt eine Legaldefinition wer Arbeiter und wer Angestellter ist. Man muss vielmehr im Gegenteil zunächst ermitteln, ob jemand zu den Arbeitnehmern zählt, bevor man klären kann, ob er Arbeiter oder Angestellter ist. Wie bisher sind in die Arbeitnehmer einbezogen die **zu ihrer Berufsausbildung Beschäftigten**; allerdings hat das Reformgesetz 2001 nicht die für die Betriebspraxis gebotene Klarstellung gebracht, ob dies auch für den Fall gilt, dass die Berufsausbildung in einer Einrichtung der Berufsausbildung erfolgt (s. Rn. 67 f.).

8

II. Der allgemeine Arbeitnehmerbegriff

1. Verlegenheitslösung gesetzgeberischer Tätigkeit

Nach der Begründung des RegE für die Neufassung des Abs. 1 Satz 1 durch Art. 1 Nr. 5 BetrVerf-ReformG 2001 knüpft die gesetzliche Umschreibung „an den von Rechtsprechung und Literatur entwickelten allgemeinen Arbeitnehmerbegriff an" (BT-Drucks. 14/5741, S. 35). Der Rekurs auf den von Rechtsprechung und Literatur entwickelten allgemeinen Arbeitnehmerbegriff ist eine Verlegenheitslösung gesetzgeberischer Tätigkeit. Der Gesetzgeber hat nicht versucht, eine Klarstellung herbeizuführen, die nach dem derzeitigen Erkenntnisstand niemand herbeizuführen vermag.

9

Maßgebend ist **nicht** die **Abgrenzung der Beschäftigung von der selbständigen Tätigkeit im Sozialrecht.** Auch dort fehlt eine Legaldefinition; denn § 7 Abs. 1 Satz 1 SGB IV definiert als Beschäftigung die „nichtselbständige Arbeit, insbesondere in einem Arbeitsverhältnis".

10

2. Begriffsbestimmung der Rechtsprechung und herrschenden Meinung

Obwohl von der Regelungsmaterie einer Rechtsvorschrift abhängt, ob nach ihr die Arbeitnehmereigenschaft vorliegt, haben Rechtsprechung und Literatur einen **einheitlichen Arbeitnehmerbegriff** entwickelt. Dessen Vorbild ist die Definition von *Alfred Hueck*: „Arbeitnehmer sind die auf Grund privatrechtlichen Vertrages im Dienst eines andern zur Arbeit verpflichteten Person" (*Hueck/Nipperdey*, Bd. I [1. Aufl. 1927] S. 33, mit der Ergänzung: „oder eines ihm gleichgestellten Rechtsverhältnisses" in der 6. Aufl. 1959, S. 34, 7. Aufl. 1963, S. 34 f.). Das BAG hat diese Definition übernommen (vgl. BAG 27. 7. 1961 AP BGB § 611 Ärzte Nr. 24, Gehaltsansprüche; 13. 12. 1962, 8. 6. 1967 und 14. 2. 1974 AP BGB § 611 Abhängigkeit Nr. 3, 6 und 12; zuletzt BAG 16. 2. 2000 AP ArbGG 1979 § 2 Nr. 70; 12. 12. 2001, 4. 12. 2002 und 25. 5. 2006 AP BGB § 611 Abhängigkeit Nr. 111, 115 und 117).

11

Nach dieser Begriffsbestimmung müssen **drei Merkmale** vorliegen:

12

a) Arbeitnehmer ist nur, wer zur **Arbeit** verpflichtet ist, nicht dagegen, wer einen *Arbeitserfolg* schuldet; denn im letzteren Fall liegt ein Werkvertrag vor. Ein Werkunternehmer ist aber niemals Arbeitnehmer (vgl. BAG 23. 4. 1980 AP BGB § 611 Abhängigkeit Nr. 34; RAG BenshSlg. 10, 419, 423; 12, 271, 273; 15, 130, 132), sondern kann lediglich zum Kreis der *arbeitnehmerähnlichen Personen* gehören. Der Annahme der

13

Arbeitnehmereigenschaft steht es nicht entgegen, wenn das Arbeitsentgelt sich nach dem Arbeitserfolg bemisst (s. Rn. 47); denn in diesem Fall wird nicht der Arbeitserfolg geschuldet, sondern es wird für die Arbeitsleistung ein *leistungsbezogenes Arbeitsentgelt* erbracht. Soweit man von der Arbeit die Arbeitsbereitschaft abhebt, die man vielfach weiterhin noch vom Bereitschaftsdienst und der Rufbereitschaft trennt, spielt diese Unterscheidung nur für das Arbeitszeitrecht und die Entlohnung eine Rolle; sie ist hier für den Arbeitnehmerbegriff ohne Bedeutung, weil Arbeitsbereitschaft nur im Zusammenhang mit Arbeitsleistung vorkommen kann (vgl. auch *A. Hueck* in *Hueck/Nipperdey*, Bd. I S. 36 f. Fn. 8).

14 b) Voraussetzung der Arbeitnehmereigenschaft ist weiterhin, dass die Verpflichtung zur Arbeitsleistung durch einen **privatrechtlichen Vertrag** begründet wird; denn das Arbeitsrecht gilt nur für Beschäftigungsverhältnisse, die im Rahmen der Privatautonomie begründet werden. Wie allgemein im Schuldrecht ist daher auch hier der Vertrag der konstitutive Begründungstatbestand für das Arbeitsverhältnis; jedoch spielt für die Annahme der Arbeitnehmereigenschaft keine Rolle, ob der Arbeitsvertrag fehlerhaft zustande gekommen ist und daher nichtig ist oder angefochten wird (s. Rn. 85 ff.). Der Vertragstyp, durch den das Arbeitsverhältnis begründet wird, ist in der BGB-Systematik der Dienstvertrag i. S. der §§ 611 ff. BGB.

15 c) Da nicht jeder, der auf Grund eines Dienstvertrags Arbeitsleistungen zu erbringen hat, Arbeitnehmer ist, sondern selbständig sein kann, ist für die Begriffsbestimmung vor allem wesentlich, dass die Arbeit **im Dienst eines anderen** geleistet werden muss (so bereits *Kaskel*, DJZ 1918, 541). Dieses Merkmal bezeichnet den Unterschied zum *freien Dienstvertrag*. Es geht also um die **Abgrenzung von den Selbständigen**, auf die Arbeitsrecht keine Anwendung findet. Die Rechtsprechung und h. M sehen das Kriterium in der *persönlichen Abhängigkeit* des Arbeitnehmers vom Arbeitgeber, die als Weisungsgebundenheit verstanden wird (so bereits BAG 28. 2. 1962 AP BGB § 611 Abhängigkeit Nr. 1; ausführlich Rn. 16 ff.). Im Schrifttum wird das Merkmal der persönlichen Abhängigkeit im Allgemeinen aber nur mit Vorbehalt verwandt (s. Rn. 31 ff.). Es ist die positive Feststellung einer für richtig erkannten negativen Abgrenzung, nämlich der Feststellung, dass die **wirtschaftliche Abhängigkeit** nicht als Abgrenzungsmerkmal in Betracht kommt; sie ist für die Arbeitnehmereigenschaft **weder erforderlich noch ausreichend** (vgl. BAG 30. 9. 1998 AP BGB § 611 Abhängigkeit Nr. 103; so schon RAG BenshSlg. 8, 451, 452; vgl. auch *Richardi*, MünchArbR § 16 Rn. 17 ff.).

3. Persönliche Abhängigkeit als Kriterium des Arbeitnehmerbegriffs

16 Kriterium der Arbeitnehmereigenschaft ist nach st. Rspr. des BAG und h. M die **persönliche Abhängigkeit** des zur Dienstleistung Verpflichteten vom Dienstberechtigten (vgl. BAG 28. 2. 1962 AP BGB § 611 Abhängigkeit Nr. 1; 16. 12. 1965 AP BGB § 611 Fleischbeschauer-Dienstverhältnis Nr. 9; 9. 2. 1967 AP KO § 61 Nr. 4; 8. 6. 1967 und 14. 2. 1974 AP BGB § 611 Abhängigkeit Nr. 6 und 12; zuletzt BAG 12. 12. 2001, 9. 10. 2002 und 4. 12. 2002 AP BGB § 611 Abhängigkeit Nr. 111, 114 und 115; aus dem Schrifttum: *A. Hueck* in *Hueck/Nipperdey*, Bd. I S. 41; *G. Hueck*, RdA 1969, 216, 217; *Hromadka*, NZA 1997, 569, 576 ff.).

17 Ohne sich von dem Merkmal der persönlichen Abhängigkeit zu verabschieden, hat das BAG eine **Akzentverlagerung in der Bestimmung der Arbeitnehmereigenschaft** vorgenommen. Es definiert als Arbeitnehmer denjenigen Mitarbeiter, der seine Dienstleistung „im Rahmen einer von Dritten bestimmten Arbeitsorganisation erbringt" (BAG 20. 7. 1994 AP BGB § 611 Abhängigkeit Nr. 73). Für die Abgrenzung entscheidend sind die Umstände der Dienstleistung, nicht die Modalitäten der Entgeltzahlung oder andere formelle Merkmale wie die Abführung von Steuern, Sozialversicherungsbeiträgen und die Führung von Personalakten (vgl. BAG a. a. O.; zuletzt BAG 12. 12. 2001 AP BGB § 611 Abhängigkeit Nr. 111). Fragt man, worauf die Umstände der Dienstleistung

B. Betriebsverfassungsrechtlicher Arbeitnehmerbegriff § 5

beruhen, so gelangt man zu dem für die Einordnung ausschlaggebenden Kriterium der **rechtsgeschäftlichen Verpflichtung zur Erbringung einer zeitbestimmten Arbeitsleistung mit im Voraus nicht abgegrenzten Einzelleistungen.** Wer dagegen wie beim Werkvertrag einen durch Arbeit herbeizuführenden Erfolg zusagt (§ 631 Abs. 2 BGB), übernimmt dadurch das unternehmerische Risiko für den Erfolg der Arbeitsleistung und ist deshalb kein Arbeitnehmer, auch wenn er insoweit keine eigene Unternehmensorganisation unterhält und auf Grund tatsächlicher Umstände gezwungen ist, einen derartigen Vertrag zu schließen.

Soweit die rechtsgeschäftliche Grundlage für die Leistung von Arbeit der Dienstvertrag ist, bildet sein Kennzeichen, dass der Dienstverpflichtete dem Dienstberechtigten mit seiner Arbeitskraft zur Verfügung steht, obwohl sich darin nicht der Erfüllungstatbestand erschöpft, sondern erfüllt hat der Dienstverpflichtete seine Leistungspflicht erst, wenn er die geschuldeten Dienste erbracht hat. Aber wenn die Dienstleistung auf Grund von Umständen auf der Seite des Dienstberechtigten nicht erbracht werden kann, erweist sich das Zeitelement als Gefahrtragungsregelung, die in § 615 BGB miterfasst wird. Ein typisches Abgrenzungsmerkmal enthält deshalb, wie das BAG zutreffend feststellt, § 84 Abs. 1 Satz 2 HGB, der über seinen unmittelbaren Anwendungsbereich hinaus eine allgemeine gesetzgeberische Wertung enthält, die für die Abgrenzung einer selbständigen von einer unselbständigen Tätigkeit bedeutsam ist (BAG 20. 7. 1994 AP BGB § 611 Abhängigkeit Nr. 73; 16. 7. 1997 AP BGB § 611 Zeitungsausträger Nr. 4). 18

4. Indizien für die persönliche Abhängigkeit

a) **Persönliche Abhängigkeit als typologisch zu bestimmendes Merkmal.** Nach dem BAG ist der Arbeitnehmerbegriff ein Typusbegriff; es sei „aus Gründen der Praktikabilität und der Rechtssicherheit unvermeidlich, die unselbständige Arbeit typologisch abzugrenzen" (BAG 23. 4. 1980 AP BGB § 611 Abhängigkeit Nr. 34). Das BAG verwendet daher zur Bestimmung der persönlichen Abhängigkeit eine **Vielzahl von Einzelmerkmalen.** Dabei stellt es jedoch in den Mittelpunkt, dass der Arbeitnehmer „seine Dienstleistung im Rahmen einer von Dritten bestimmten Arbeitsorganisation erbringt" (BAG 20. 7. 1994 AP BGB § 611 Abhängigkeit Nr. 73). Die Eingliederung in die fremde Arbeitsorganisation zeige sich insbesondere darin, dass der Beschäftigte einem Weisungsrecht des Arbeitgebers unterliege, das Inhalt, Durchführung, Zeit, Dauer und Ort der Tätigkeit betreffen könne. Soweit es um die Gewichtung dieser arbeitsorganisatorischen Gesichtspunkte geht, wird auf die Eigenart der jeweiligen Tätigkeit abgestellt; denn abstrakte, für alle Arbeitsverhältnisse geltende Kriterien ließen sich nicht aufstellen. Wer allerdings die zugesagte Arbeitsleistung durch den **Einsatz von Hilfskräften** erbringen kann, steht nicht in einem Abhängigkeitsverhältnis als Arbeitnehmer. Das gilt insbesondere, wenn er nach den tatsächlichen Umständen nicht in der Lage ist, seine vertraglichen Leistungspflichten allein zu erfüllen, sondern auf Hilfskräfte angewiesen und vertraglich berechtigt ist, seine Dienstleistung durch sie erbringen zu lassen (vgl. BAG 12. 12. 2001 und 4. 12. 2002 AP BGB § 611 Abhängigkeit Nr. 111 und 115). 19

Nach der Rechtsprechung des BAG sind vor allem **fünf Merkmale** Indizien der persönlichen Abhängigkeit: die fachliche Weisungsgebundenheit, die zeitliche Weisungsgebundenheit, die örtliche Weisungsgebundenheit, die organisatorische Abhängigkeit für die Erbringung der Arbeitsleistung und die Fremdnützigkeit der überlassenen Arbeitsleistung (vgl. *Wank*, Scheinselbständigkeit, S. 45 ff.). Da jedoch zugleich betont wird, dass diese Merkmale nicht jeweils sämtlich vorzuliegen brauchen, haben sie einen Abgrenzungswert nur, wenn man zugleich feststellt, worauf man diese Indizien zu beziehen hat. Als Potpourri sind sie unbrauchbar. 20

b) **Fachliche Weisungsgebundenheit.** Das Merkmal der persönlichen Abhängigkeit wird vielfach durch die Weisungsgebundenheit bei Erbringung der Arbeitsleistung konkretisiert (so BAG 13. 12. 1962 AP BGB § 611 Abhängigkeit Nr. 3; 16. 3. 1972 AP 21

BGB § 611 Lehrer, Dozenten Nr. 10). Dass der Arbeitnehmer hinsichtlich seiner *Arbeitsleistung* dem Weisungsrecht des Arbeitgebers unterliegt, ist aber nur ein, wenn auch besonders wichtiges *Indiz* für die Feststellung eines Arbeitsverhältnisses (vgl. G. *Hueck*, RdA 1969, 216, 219). Die fachliche Weisungsgebundenheit ist nicht ausreichend, um die Arbeitnehmereigenschaft zu begründen. Auch ein Selbständiger kann bei seiner Tätigkeit Weisungen seines Vertragspartners unterworfen sein. Das Werkvertragsrecht geht davon in § 645 Abs. 1 BGB aus (vgl. BGH 22. 10. 1981 BGHZ 82, 100, 106). Kein Merkmal ist auch die Pflicht, öffentlich-rechtlichen Anordnungen nachzukommen (vgl. 25. 5. 2005 AP BGB § 611 Abhängigkeit Nr. 117).

22 Fehlt die **fachliche Weisungsgebundenheit,** so spricht dies nicht notwendigerweise gegen die Arbeitnehmereigenschaft, wie die Fälle gezeigt haben, dass ein Chefarzt Arbeitnehmer sein kann (vgl. BAG 10. 11. 1955 AP BGB § 611 Beschäftigungspflicht Nr. 2; 8. 12. 1959 AP GemeindeO Bayern Art. 38 Nr. 1; 27. 7. 1961 AP BGB § 611 Ärzte, Gehaltsansprüche Nr. 24; 3. 8. 1961 AP BGB § 620 Befristeter Arbeitsvertrag Nr. 19; 24. 10. 1963 AP BGB § 611 Ärzte Nr. 26, Gehaltsansprüche). Die Besonderheit der zu leistenden Arbeit kann auch sonst zur Folge haben, dass eine fachliche Weisungsgebundenheit nicht in Betracht kommt (vgl. auch BAG 16. 3. 1972 AP BGB § 611 Lehrer, Dozenten Nr. 10; 3. 10. 1975, 2. 6. 1976, 9. 3. 1977 und 30. 10. 1991 AP BGB § 611 Abhängigkeit Nr. 16, 20, 21 und 59; *Wank,* Arbeitnehmer und Selbständige, S. 145 ff.). Das BAG hat deshalb anerkannt, dass vor allem für **Dienste höherer Art** die fachliche Weisungsgebundenheit nicht einmal typisch ist; denn die Art der Tätigkeit kann es mit sich bringen, dass dem Dienstverpflichteten ein hohes Maß an Gestaltungsfreiheit, Eigeninitiative und fachlicher Selbständigkeit verbleibt (BAG 20. 7. 1994 AP BGB § 611 Abhängigkeit Nr. 73 mit weit. Nachw. aus der Rechtsprechung).

23 c) **Weisungsgebundenheit nach Ort und Zeit der Arbeitsleistung.** Da die fachliche Weisungsgebundenheit fehlen kann, hat das BAG schon in ersten Entscheidungen zum Arbeitnehmerbegriff entscheidend darauf abgestellt, ob eine Weisungsgebundenheit nach Ort und Zeit der Arbeitsleistung vorliegt (vgl. BAG 27. 10. 1956 AP ZPO § 554 Nr. 3; 7. 2. 1957 AP BGB § 611 Urlaubsrecht Nr. 18; 15. 5. 1960 AP ArbGG 1953 § 5 Nr. 7; 27. 7. 1961 AP BGB § 611 Ärzte, Gehaltsansprüche Nr. 24; 28. 2. 1962 und 13. 12. 1962 AP BGB § 611 Abhängigkeit Nr. 1 und 3; 16. 3. 1972 AP BGB § 611 Lehrer, Dozenten Nr. 10; 21. 9. 1977 und 15. 3. 1978 AP BGB § 611 Abhängigkeit Nr. 24 und 26).

24 **Vorbild** bot die **Unterscheidung zwischen den selbständigen Handelsvertretern und den mit gleichen Aufgaben betrauten Handlungsgehilfen** in § 84 Abs. 1 Satz 2 HGB, der seit dem Gesetz zur Änderung des HGB (Recht der Handelsvertreter) vom 6. 8. 1953 (BGBl. I S. 771) eine Legaldefinition enthält: „Selbständig ist, wer im Wesentlichen frei seine Tätigkeit gestalten und seine Arbeitszeit bestimmen kann." Nach Ansicht des BAG können diese Kriterien über den unmittelbaren Anwendungsbereich hinaus „auch auf andere Mitarbeiter in vergleichbarer Lage angewendet werden" (BAG 15. 3. 1978 AP BGB § 611 Abhängigkeit Nr. 26; so bereits BAG 21. 9. 1977 AP BGB § 611 Abhängigkeit Nr. 24; weiterhin BAG 9. 9. 1981 und 13. 1. 1983 AP BGB § 611 Abhängigkeit Nr. 38 und 42; 16. 10. 1987 AP BGB § 613 a Nr. 69; 30. 10. 1991 und 20. 7. 1994 AP BGB § 611 Abhängigkeit Nr. Nr. 59 und 73).

25 Das BAG verneint deshalb bei **freier Einteilung der Arbeitszeit** häufig eine Arbeitnehmereigenschaft (vgl. BAG 16. 5. 1960 AP ArbGG 1953 § 5 Nr. 7 [Kürschnermeister]; 28. 2. 1962 AP BGB § 611 Abhängigkeit Nr. 1 [Messtätigkeit für Wettervorhersage in einer vom Vertragspartner gemieteten Berghütte]; 15. 3. 1978 AP BGB § 611 Abhängigkeit Nr. 24 [Musikbearbeiter]; 26. 1. 1977 AP BGB § 611 Lehrer, Dozenten Nr. 13 [Volkshochschuldozent]; 9. 9. 1981 AP BGB § 611 Abhängigkeit Nr. 38 [Psychologe mit zeitlicher Rahmenvereinbarung]; 27. 4. 1991 AP BGB § 611 Abhängigkeit Nr. 53 [Lektor]; 29. 5. 1991 AP BetrVG 1972 § 9 Nr. 2 [Aushilfs-Taxifahrer]).

B. Betriebsverfassungsrechtlicher Arbeitnehmerbegriff § 5

Wie die fachliche ist auch die Weisungsgebundenheit nach Ort und Zeit der Arbeitsleistung nur ein Indiz, kein Kriterium für die Anerkennung der Arbeitnehmereigenschaft. Für die Mitarbeiter von Rundfunk und Fernsehen im geistigen und künstlerischen Bereich soll deshalb nach Ansicht des BAG der Annahme einer persönlichen Abhängigkeit nicht entgegenstehen, dass diese Mitarbeiter weitgehend einer fachlichen Weisungsgebundenheit entzogen seien und sich ihre Tätigkeit auch nicht nach Zeit und Ort festlegen lasse; es genüge, dass sie „aus anderen Gründen fremdbestimmte Arbeit leisten" (BAG 15. 3. 1978 AP BGB § 611 Abhängigkeit Nr. 26). 26

d) **Personelle und organisatorische Abhängigkeit für die Erbringung der Arbeitsleistung.** Indiz für die Arbeitnehmereigenschaft kann sein, dass eine Tätigkeit regelmäßig nur im Rahmen eines Arbeitsverhältnisses ausgeübt wird, wie die Tätigkeit eines Copiloten (BAG 16. 3. 1994 AP BGB § 611 Abhängigkeit Nr. 68) oder als Tankwartaushilfe (BAG 12. 6. 1996 AP BGB § 611 Werkstudent Nr. 4). Maßgebend ist in diesen Fällen die personelle und organisatorische Abhängigkeit für die Erbringung der Arbeitsleistung. Nach Ansicht des BAG sind deshalb **Lehrer an allgemeinbildenden Schulen** regelmäßig Arbeitnehmer, auch wenn sie ihren Unterricht nebenberuflich erteilen (so für Lehrer an Abendgymnasien BAG 12. 9. 1996 AP BGB § 611 Lehrer, Dozenten Nr. 122), während die geringere Einbindung in ein Schul- oder Ausbildungssystem bei **Volkshochschuldozenten** und **Lehrkräften an Musikschulen** für den Regelfall zur Folge hat, dass sie nicht auf Grund eines Arbeitsverhältnisses tätig werden (BAG 24. 6. 1992 AP BGB § 611 Abhängigkeit Nr. 61). 27

Bei **Mitarbeitern von Rundfunk und Fernsehen** hat das BAG zunächst eine persönliche Abhängigkeit angenommen, wenn sie in ihrer Arbeit auf den Apparat der Anstalt und das Mitarbeiterteam angewiesen sind (BAG 15. 3. 1978 AP BGB § 611 Abhängigkeit Nr. 26). Das BAG folgte insoweit der Lehre, die auf die organisatorische Einordnung in den Betrieb zurückgreift (so vor allem *Zeuner*, RdA 1975, 84 f.). Da aber in einem Betrieb organisatorisch auch eingeordnet sein kann, wer auf Grund eines Werkvertrags tätig wird, bleibt auch bei diesem Erklärungsversuch offen, wodurch ein persönliches Abhängigkeitsverhältnis begründet wird (so schon *Jacobi*, Grundlehren des Arbeitsrechts, 1927, S. 51 f., soweit er feststellt, das Kriterium der organisatorischen Einordnung in einem Betrieb laufe wegen seiner Unbestimmtheit „nur auf eine Umschreibung der persönlichen Abhängigkeit" hinaus; s. auch *Richardi*, MünchArbR § 16 Rn. 24 f.). Das BAG hat deshalb seine Ansicht aufgegeben (BAG 30. 11. 1994 AP BGB § 611 Abhängigkeit Nr. 74). Die Abhängigkeit vom Apparat der Anstalt und dem Mitarbeiterteam kann streng genommen nicht einmal als Indiz herangezogen werden, sondern entscheidend ist, ob der Sender innerhalb eines bestimmten zeitlichen Rahmens über die Arbeitsleistung verfügen kann (so BAG a. a. O.; vgl. auch BAG 19. 1. 2000 AP BGB § 611 Rundfunk Nr. 33). Wer bei Erbringung seiner Dienstleistung die Organisation seiner Tätigkeit selbst bestimmt, ist kein Arbeitnehmer (so für Zeitungszusteller BAG 16. 7. 1997 AP BGB § 611 Zeitungsausträger Nr. 4 [anders wegen Fehlens eines Gestaltungsspielraums BAG 29. 1. 1992 AP BetrVG 1972 § 7 Nr. 1]; Verneinung der Arbeitnehmereigenschaft für einen Transporteur, der als Frachtführer i. S. des § 425 HGB tätig ist, BAG 19. 11. 1997 AP BGB § 611 Abhängigkeit Nr. 90). 28

e) **Fremdnützigkeit der überlassenen Arbeitsleistung.** Für die Arbeitnehmereigenschaft hat das BAG ursprünglich bei den Mitarbeitern von Rundfunk und Fernsehen neben dem Merkmal, dass ein Arbeitnehmer fremdbestimmte Arbeit zu leisten hat, auch darauf abgestellt, dass Arbeitnehmer „ihre Arbeitskraft nicht – wie ein Unternehmer – nach selbstgesetzten Zielen unter eigener Verantwortung und mit eigenem Risiko am Markt verwerten können, sondern dass sie darauf angewiesen sind, ihre Arbeitsleistung fremdnützig der Anstalt zur Verwertung nach deren Programmplanung zu überlassen" (BAG 15. 3. 1978 AP BGB § 611 Abhängigkeit Nr. 26). Es folgte insoweit vor allem *Lieb*, der den Arbeitnehmerbegriff aus dem Verlust der Dispositionsmöglich- 29 keiten über die eigene, fremdnützig eingesetzte Arbeitskraft ableitet (vgl. *Lieb*, RdA 1977, 210 ff.). Für den problematischen Grenzfall der freien Mitarbeiter von Rundfunk und Fernsehen hat sich aber die Fremdnützigkeit als Merkmal der persönlichen Abhängigkeit nicht als Kriterium erwiesen, das eine zweifelsfreie Bestimmung der Arbeitnehmereigenschaft ermöglicht. Mit dem Gesichtspunkt der Fremdnützigkeit werden Ursache und Wirkung miteinander vertauscht. Wer keinen durch Arbeit herbeizuführenden Erfolg verspricht, sondern eine Dienstleistung als solche, überlässt die Verwertung stets dem Empfänger der Dienstleistung. Das BAG ist deshalb auch insoweit nicht mehr auf das Merkmal der Fremdnützigkeit zurückgekommen, die Arbeitnehmereigenschaft zu bestimmen (vgl. BAG 20. 7. und 30. 11. 1994 AP BGB § 611 Abhängigkeit Nr. 73 und 74).

5. Persönliche Abhängigkeit als relatives Begriffsmerkmal

30 Sieht man das Kriterium des Arbeitnehmerbegriffs in der persönlichen Abhängigkeit, so kann es sich dabei nur um ein relatives Kriterium handeln (so *G. Hueck*, RdA 1969, 216, 219 f.). Nach Auffassung des BAG soll deshalb der **Grad der persönlichen Abhängigkeit,** in der sich der zur Dienstleistung Verpflichtete jeweils befindet, darüber entscheiden, ob ein Arbeitsverhältnis vorliegt (vgl. BAG 15. 2. 1965 und 16. 3. 1972 AP BGB § 611 Lehrer, Dozenten Nr. 7 und 10; 8. 6. 1967 und 14. 2. 1974 AP BGB § 611 Abhängigkeit Nr. 6 und 12; zuletzt BAG 19. 11. 1997, 22. 4. 1998, 3. 6. 1998, 30. 9. 1998, 26. 5. 1999 und 22. 8. 2001 AP BGB § 611 Abhängigkeit Nr. 90, 96, 97, 103, 104 und 109). Der Rückgriff auf den Grad der persönlichen Abhängigkeit bedeutet jedoch „im Grunde eine Wiederholung der Fragestellung und damit den Verzicht auf allgemeine Erfassung" (so bereits zum Kriterium der erheblichen Unterordnung *Jacobi*, Grundlehren des Arbeitsrechts, 1927, S. 51).

6. Kritik des durch die persönliche Abhängigkeit definierten Arbeitnehmerbegriffs im Schrifttum

31 Da die Orientierung am Merkmal der persönlichen Abhängigkeit keine Zweifelsfälle löst, bildet der Arbeitnehmerbegriff den **Gegenstand zahlreicher rechtswissenschaftlicher Untersuchungen,** um durch am Normzweck des Arbeitsrechts ausgerichteten Merkmalen eine präzise Abgrenzung zu finden (vgl. *Lieb*, RdA 1977, 210 ff.; *Beuthien/Wehler*, RdA 1978, 1 ff.; *Rancke*, Die freien Berufe zwischen Arbeits- und Wirtschaftsrecht, 1978; *ders.*, AuR 1979, 9 ff.; *Heuberger*, Sachliche Abhängigkeit als Kriterium des Arbeitsverhältnisses, 1982; *Richardi*, FS 125 jähriges Bestehen der Juristischen Gesellschaft zu Berlin 1984, S. 607 ff.; vor allem *Wank*, Arbeitnehmer und Selbständige, 1988; *ders.*, Empirische Befunde zur „Scheinselbständigkeit" – Juristischer Teil – 1997; *Maschmann*, Arbeitsverträge und Verträge mit Selbständigen, 2001).

32 Einen Überblick über die Versuche einer Neuabgrenzung des Arbeitnehmerbegriffs gibt *Richardi*, MünchArbR § 16 Rn. 35 bis 44 (vgl. auch *Maschmann*, Arbeitsverträge, S. 74 ff.). Beachtung hat insbesondere das von *Wank* entwickelte **Alternativmodell** gefunden. Nach ihm ist Arbeitnehmer, wer „sich nach der Struktur des Beschäftigungsverhältnisses nicht unternehmerisch betätigen kann; sei es, dass ihm schon die organisatorischen Voraussetzungen fehlen, sei es, dass er nicht am Markt auftritt, sondern – insbesondere in Vollzeittätigkeit – nur für einen Auftraggeber arbeitet oder schließlich, weil er trotz einer bescheidenen eigenen Organisation und der rechtlichen Möglichkeit, auch für andere tätig zu werden, nach dem Vertrag und dessen Durchführung keinen unternehmerischen Spielraum hat" (Scheinselbständigkeit, S. 75 f.). *Wank* stellt daher auf folgende **Kriterien** ab: **keine eigene Unternehmensorganisation, kein Auftreten am Markt und keine angemessene Verteilung von Chancen und Risiken,** um die Arbeitnehmereigenschaft zu bestimmen. Für Zweifelsfälle soll als Hilfskriterium hinzutreten: „Hat der *Beschäftigte selbst die Form der selbständigen Betäti-*

gung gewählt (freiwillige Übernahme des Unternehmerrisikos), so ist eher zu vermuten, dass auch tatsächlich Selbständigkeit vorliegt" (Scheinselbständigkeit, S. 77).

Dieses **Alternativmodell** ist **mit dem geltenden Recht nicht vereinbar** (*Richardi*, MünchArbR § 16 Rn. 40; *Maschmann*, Arbeitsverträge, S. 90 ff.; *Hromadka*, NZA 1997, 569 ff.; *Boemke*, ZfA 1998, 285, 321 f.; *Buchner*, NZA 1998, 1144, 1147 ff.; *Griebeling*, RdA 1998, 208, 214 ff.; *ders.*, NZA 1998, 1137 ff.; *Reineke*, ZIP 1998, 581 ff.; *Rieble*, ZfA 1998, 327, 334 ff.). Auch wenn man mit *Wank* eine teleologische Begriffsbestimmung für geboten hält, ergibt sich daraus noch keineswegs die Richtigkeit des von ihm vertretenen Alternativmodells. Im Gegenteil löst auch er sich völlig von den für die Zuordnung zum Arbeitsrecht maßgeblichen Gesichtspunkten, unter denen die Bewältigung ungleichgewichtiger Risikoverteilung in Verträgen nur einen Ausschnitt der Problematik bildet und keineswegs arbeitsrechtsspezifischen Charakter hat (so auch *Rieble*, ZfA 1998, 327, 340 f.).

7. Ergebnis

Gegenstand des Arbeitsrechts ist das privatautonom begründete Arbeitsverhältnis. Es bildet daher auch die Grundlage für die systematische Abgrenzung des Arbeitsrechts. Kriterium ist das **rechtsgeschäftliche Leistungsversprechen unselbständiger Arbeit**. Wer sie auf Grund eines privatrechtlichen Vertrags zusagt, ist Arbeitnehmer.

Konstitutives Element für die Arbeitnehmereigenschaft ist das **Zeitmoment bei Erbringung der Arbeitsleistung**; denn wer nur eine *bestimmte Dienstleistung* als im Voraus abgegrenzte Einzelleistung schuldet, steht nicht im Dienst des Empfängers der Dienstleistung. Dem Vertragspartner können nicht die Pflichten zugeordnet werden, die mit der Arbeitgeberstellung verbunden sind. Erst wenn eine zeitbestimmte Arbeitsleistung mit im Voraus nicht abgegrenzten Einzelleistungen rechtsgeschäftlich zugesagt wird, ergibt sich daraus eine **Unterordnung unter den Empfänger der Dienstleistung**. Bei einer derartigen Vertragsgestaltung findet Arbeitsrecht deshalb nur dann keine Anwendung, wenn besondere Umstände seine Geltung ausschließen, weil entweder wie beim Handelsvertreter die Selbständigkeit gewahrt bleibt und es daher gerechtfertigt ist, dass ihn das Unternehmerrisiko trifft, oder jemand als Mitglied des gesetzlichen Vertretungsorgans in einem Anstellungsverhältnis zur juristischen Person steht und damit eine unternehmerische Funktion wahrnimmt (vgl. *Richardi*, MünchArbR § 17 Rn. 53 ff.).

III. Vertragsgestaltung und Arbeitnehmereigenschaft

1. Bedeutung der Vertragsgestaltung für die Arbeitnehmereigenschaft

Die Arbeitnehmereigenschaft wird nicht personenrechtlich, sondern **vertragsrechtlich festgelegt**. Sie hängt vom **Inhalt des rechtsgeschäftlichen Leistungsversprechens** ab. Wer keinen durch Arbeit oder Dienstleistung herbeizuführenden Erfolg schuldet (so für den Werkvertrag § 631 Abs. 2 BGB), sondern sich nur zur „Leistung der versprochenen Dienste" verpflichtet (§ 611 Abs. 1 BGB), begibt sich in eine Abhängigkeit vom Empfänger der Dienstleistung, wenn die zugesagte Arbeitsleistung keine im Voraus bestimmte, abgegrenzte Einzelleistung darstellt, sondern sich auf eine nur der Art nach bestimmte Tätigkeit bezieht (vgl. zu dieser Unterscheidung bereits *Nikisch*, Die Grundformen des Arbeitsvertrags und der Anstellungsvertrag, 1926, S. 85 ff.; *Jacobi*, Grundlehren des Arbeitsrechts, 1927, S. 45 ff.). Dieser rechtsgeschäftliche Tatbestand begründet die Arbeitnehmereigenschaft, wenn nicht besondere Umstände es ausschließen, dass Arbeitsrecht auf das Vertragsverhältnis Anwendung findet. Der Grundsatz der Vertragsfreiheit gestattet aber nicht, ein Beschäftigungsverhältnis, das nach dem Inhalt des rechtsgeschäftlichen Leistungsversprechens ein Arbeitsverhältnis darstellt, als Dienstvertragsverhältnis eines freien Mitarbeiters zu vereinbaren.

2. Abgrenzung vom freien Mitarbeiter

37 **a) Begriffsbestimmung des freien Mitarbeiters.** Freie Mitarbeiter sind keine Arbeitnehmer. Sie gehören daher nicht zu der vom Betriebsrat repräsentierten Belegschaft. Doch steht diese Zuordnung ebenso wenig wie der zwingende Sozialschutz zur Disposition der Vertragsparteien. Ergibt der Inhalt des rechtsgeschäftlichen Leistungsversprechens, dass ein Arbeitsverhältnis vorliegt, so ist die Benennung als freier Mitarbeiter eine **Falschbezeichnung**, bei der bereits nach allgemeinen Grundsätzen das tatsächlich Gewollte gilt. Problematisch ist daher nur der Fall, dass ein Vertragsverhältnis bei richtiger Beurteilung ein Arbeitsverhältnis darstellt, von den Vertragsparteien aber als Dienstvertragsverhältnis eines freien Mitarbeiters gewollt ist. Soweit das Arbeitsrecht zwingend ist, kann es nicht dadurch abbedungen werden, dass man die Arbeitnehmereigenschaft vertraglich ausschließt. Für die Betriebsverfassung entscheidet der Geschäftsinhalt, nicht eine von den Parteien gewählte Bezeichnung, die dem Geschäftsinhalt nicht entspricht, darüber, ob ein Arbeitsverhältnis vorliegt (st. Rspr., vgl. BAG 13. 1. 1983 AP BGB § 611 Abhängigkeit Nr. 42; 29. 5. 1991 AP BetrVG 1972 § 9 Nr. 2; 25. 3. 1992 AP BGB § 611 Abhängigkeit Nr. 48).

38 **Freier Mitarbeiter** kann deshalb nur sein, wer trotz Zusage zeitbestimmter Dienstleistung **Herr seiner Tätigkeit und Arbeitszeit** bleibt. Der entscheidende Gesichtspunkt ist dabei nicht, ob die Mitarbeit dem Beschäftigten die Möglichkeit eigener unternehmerischer Disposition über seine Arbeitskraft belässt (s. auch Rn. 29), sondern es geht ausschließlich um den Inhalt der Vertragsgestaltung, durch die eine Mitarbeit zugesagt wird. Sofern sie sich nicht in der Erbringung bestimmter, im Voraus abgegrenzter Dienstleistungen erschöpft, sondern eine Dauerbeziehung besteht, ist für ein Arbeitsverhältnis maßgeblich, dass der Arbeitgeber innerhalb eines bestimmten zeitlichen Rahmens über die Arbeitsleistung des Mitarbeiters verfügen kann. Wenn eine derartige Bindung nicht besteht, kann vereinbart werden, dass der Beschäftigte als freier Mitarbeiter tätig wird (so für den Buchlektor eines Verlags BAG 27. 3. 1991 AP BGB § 611 Abhängigkeit Nr. 53; für Aushilfs-Taxifahrer BAG 29. 5. 1991 AP BetrVG 1972 § 9 Nr. 2).

39 **b) Rechtsformwahl.** Für die Rechtsformwahl besteht nur ein **enger Anwendungsbereich** (vgl. *Wank*, Arbeitnehmer und Selbständige, S. 104 ff.). Sie kommt nach Ansicht des BAG nur in Betracht, wenn ein Beschäftigter entweder den wesentlichen Teil seiner Aufgaben in selbstbestimmter Arbeitszeit verrichten kann (so für den Buchlektor eines Verlags BAG 27. 3. 1992 AP BGB § 611 Abhängigkeit Nr. 53) oder die Heranziehung zur Arbeit von seinem Willen abhängt (so für den Aushilfs-Taxifahrer BAG 29. 5. 1991 AP BetrVG 1972 § 9 Nr. 2). Nur unter dieser Voraussetzung hängt von der Vertragsabrede ab, ob jemand als Angestellter oder als freier Mitarbeiter tätig wird (so BAG a. a. O. für einen Lektor bzw. Taxifahrer; BAG 24. 6. 1992 AP BGB § 611 Abhängigkeit Nr. 61 für Musikschullehrer). Kann dagegen der Arbeitgeber innerhalb eines bestimmten zeitlichen Rahmens über die Arbeitsleistung des Mitarbeiters verfügen, so ist eine Rechtsformwahl ausgeschlossen; es liegt ein Arbeitsverhältnis vor.

40 Wenn ein Vertrag sich nach den objektiven Gegebenheiten sowohl als Arbeitsvertrag als auch als ein Vertrag eines freien Mitarbeiters qualifizieren lässt, legen die **Vertragsparteien** fest, ob ein **Arbeitsverhältnis** besteht. Eine Schranke besteht hier nur insoweit, als der Vertrag auf dem freien Willen des Beschäftigten beruhen muss. Das BAG vertrat im Urteil vom 14. 2. 1974 die Auffassung, dass die Wahl der Vertragsform als freier Mitarbeiter ein Missbrauch der Vertragsfreiheit sei, wenn sie nicht durch einen sachlichen Grund gerechtfertigt sei, sondern nur der Umgehung des Sozialschutzes, insbesondere des Kündigungsschutzes diene; dann müsse der Dienstberechtigte sich so behan-

B. Betriebsverfassungsrechtlicher Arbeitnehmerbegriff   § 5

deln lassen, als habe er einen Arbeitsvertrag abgeschlossen (AP BGB § 611 Abhängigkeit Nr. 12 [abl. *Lieb*]; vgl. auch BAG 3. 10. 1975 AP BGB § 611 Abhängigkeit Nr. 16). Dem BAG ist im Ergebnis, nicht aber in der Begründung zu folgen; denn es bedarf nicht des Umweges über eine Missbrauchskontrolle, sondern in einem derartigen Fall ist das Rechtsverhältnis als Arbeitsverhältnis zu bewerten. Ein Indiz für die Annahme eines Arbeitsverhältnisses ist es, wenn Mitarbeiter mit gleicher Funktion überwiegend im Arbeitsverhältnis beschäftigt werden (BAG 28. 6. 1973, 3. 10. 1975 [5 AZR 427/74 und 445/74], 8. 10. 1975 und 2. 6. 1976 AP BGB § 611 Abhängigkeit Nr. 10, 16, 17, 18 und 20; s. aber auch BAG 27. 3. 1991 AP BGB § 611 Abhängigkeit Nr. 53).

Für die Rechtsformwahl besteht also nur dann ein Anwendungsbereich, wenn das **41** Rechtsverhältnis nicht schon von vornherein als Arbeitsverhältnis zu beurteilen ist. Die Abrede muss auf dem freien Willen des Beschäftigten beruhen. Problematisch ist jedoch allein, dass der Auftraggeber den Beschäftigten in die Rolle eines freien Mitarbeiters gedrängt hat, nicht dagegen, dass die **Beschäftigung als freier Mitarbeiter** auf dessen **eigenem Wunsch** beruht (ebenso *Wank*, Arbeitnehmer und Selbständige, S. 107). Es gilt insoweit Gleiches wie bei der Kontrolle befristeter Arbeitsverträge, für die als sachlicher Grund anerkannt ist, dass die Befristung auf dem eigenen Wunsch des Arbeitnehmers beruht (vgl. BAG 19. 1. 2005 AP BGB § 620 Befristeter Arbeitsvertrag Nr. 260).

Einen **Sonderfall** bilden die **Mitarbeiter der Presseunternehmen und der Rundfunk- 42 und Fernsehanstalten.** Für Rundfunkmitarbeiter hat das BVerfG verlangt, dass die über die Anerkennung der Arbeitnehmereigenschaft herbeigeführte Festanstellung nicht das Grundrecht der Rundfunkfreiheit verletzen darf (BVerfG 13. 1. 1982 E 59, 231 = AP GG Art. 5 Abs. 1 Rundfunkfreiheit Nr. 1; s. ausführlich *Richardi*, MünchArbR § 16 Rn. 50 ff.). Beanstandet wird aber nur die Nichtbeachtung des Art. 5 Abs. 1 Satz 2 GG „im Falle der gerichtlichen Feststellung unbefristeter Arbeitsverhältnisse, während die Möglichkeit befristeter Arbeitsverträge nicht ausgeschlossen wird" (BVerfGE 59, 231, 268). Das BAG hat deshalb dem Beschluss des BVerfG zu Recht entnommen, dass das Grundrecht der Rundfunkfreiheit nicht fordert, einen von den allgemeinen arbeitsrechtlichen Grundsätzen abweichenden Arbeitnehmerbegriff zu entwickeln (BAG 13. 1. 1983 AP BGB § 611 Abhängigkeit Nr. 42; vgl. auch BAG 20. 7. 1994 AP BGB § 611 Abhängigkeit Nr. 73). Ihm kann aber nicht darin gefolgt werden, dass die verfassungsgerichtliche Erkenntnis keine Veranlassung gebe, von der *traditionellen Begriffsbestimmung* des Arbeitnehmers abzuweichen (ebenso *Loritz*, Die Mitarbeit Unternehmensbeteiligter, 1984, S. 250). Es ist zwar rechtskonstruktiv möglich, in der Prüfung, ob ein sachlicher Grund eine oder mehrere Befristungen rechtfertigt, das geeignete „Einfallstor" zu sehen, um die verfassungsrechtlich geschützten Interessen der Rundfunkanstalten wirksam werden zu lassen (so BAG 13. 1. 1983 AP BGB § 611 Abhängigkeit Nr. 42). Es wird damit aber nichts anderes bezweckt als die Nichtgeltung einer sonst anwendbaren arbeitsrechtlichen Regelung. Da der Arbeitnehmerbegriff keine andere Funktion hat, als den Geltungsbereich des Arbeitsrechts zu bestimmen, schafft jedes „Einfallstor" einen Bereich, für den insoweit Arbeitsrecht keine Anwendung findet, der Mitarbeiter also Nichtarbeitnehmer ist, auch wenn er sonst unter den Geltungsbereich arbeitsrechtlicher Regelungen fällt und deshalb für sie Arbeitnehmer ist. Für die Betriebsverfassung ist dabei zu beachten, dass durch § 118 Abs. 1 ein relativer Tendenzschutz geschaffen ist.

c) Die **Rechtsformverfehlung** gestattet dem Empfänger der Dienstleistung nicht, sich **43** einseitig vom Arbeitsverhältnis zu lösen, weil sonst der Bestandsschutz verlorenginge, dessentwegen das Dienstverhältnis gerade als Arbeitsverhältnis zu qualifizieren ist (ebenso BAG 3. 10. 1975 AP BGB § 611 Abhängigkeit Nr. 17; *Wank*, Arbeitnehmer und Selbständige, S. 112 ff.; *Fenn*, FS Bosch 1976, S. 181, 182 f.; a. A. *Lieb*, RdA 1975, 49. 52; abweichend auch *Stolterfoht*, Die Selbständigkeit des Handelsvertreters, 1973, S. 199 ff., 215 ff., 255 ff.). Wie im Verhältnis zwischen OHG und BGB-Gesellschaft kann auch ein Dienstvertragsverhältnis als freier Mitarbeiter sich durch seine tatsächliche Ausgestaltung in ein Arbeitsverhältnis umwandeln. Auch in einem derartigen Fall kann der Empfänger der Dienstleistung sich nicht darauf berufen, dass er arbeitsrechtliche Beziehungen zum Dienstleistenden nicht gewollt habe (vgl. BAG 3. 10. 1975 AP BGB § 611 Abhängigkeit Nr. 17).

44   d) Die **Nichtbeteiligung des Betriebsrats bei der Einstellung,** weil der Arbeitgeber irrtümlich von einem Dienstvertragsverhältnis als freier Mitarbeiter ausgegangen ist, steht der Annahme eines Arbeitsverhältnisses nicht entgegen (vgl. BAG 3. 10. 1975 [5 AZR 162/74 und 445/74] und 9. 3. 1977 AP BGB § 611 Abhängigkeit Nr. 15, 17 und 21). Die Einstellung ist nicht mit dem Abschluss des Arbeitsvertrags identisch. Dieser ist deshalb auch dann wirksam, wenn bei der Einstellung das Mitbestimmungsrecht verletzt wird (ebenso BAG 2. 7. 1980 AP BetrVG 1972 § 101 Nr. 5 und AP GG Art. 33 Abs. 2 Nr. 9).

45   e) Durch **Tarifvertrag** kann ebenfalls nicht abgegrenzt werden, ob ein Dienstvertragsverhältnis ein Arbeitsverhältnis oder ein freies Mitarbeiterverhältnis darstellt; denn ist jemand Arbeitnehmer, so kann ihm der arbeitsrechtliche Schutz nicht durch Tarifvertrag genommen werden (vgl. BAG 15. 3. 1978 AP BGB § 611 Abhängigkeit Nr. 26). Eine derartige Möglichkeit eröffnet insbesondere auch nicht § 12a TVG, der die Tarifautonomie unter den dort genannten Voraussetzungen auf arbeitnehmerähnliche Personen erstreckt; denn § 12a TVG setzt die Unterscheidung zwischen Arbeitnehmern und arbeitnehmerähnlichen Personen voraus, liefert aber keine Kriterien für die Abgrenzung (ebenso BAG AP BGB § 611 Abhängigkeit Nr. 26).

3. Unerheblichkeit der Arbeitsentgeltregelung

46   Für die Arbeitnehmereigenschaft ist keine Voraussetzung, dass die Arbeitsleistung gegen ein Arbeitsentgelt erfolgt (vgl. ausführlich *Richardi*, MünchArbR § 17 Rn. 8 ff.). Der dem Arbeitsverhältnis zugrunde liegende Dienstvertrag ist zwar ein gegenseitiger Vertrag. Daraus folgt aber nur, dass die Vorschriften, die das Verhältnis von Leistung und Gegenleistung regeln, keine Anwendung finden, wenn kein Arbeitsentgelt geschuldet wird. Die sonstigen Schutzpflichten eines Arbeitgebers sind nicht davon abhängig, dass der Arbeitnehmer ein Arbeitsentgelt erhält (grundlegend *Mayer-Maly*, Erwerbsabsicht und Arbeitnehmerbegriff, 1965).

47   Die Gestaltungsform und Höhe des Arbeitsentgelts sind daher für die Arbeitnehmereigenschaft unerheblich. Sie können nur als Indiz für oder gegen deren Anerkennung herangezogen werden. Ein **festes Arbeitsentgelt** wird regelmäßig nicht gezahlt, wenn jemand nur im Voraus bestimmte, abgegrenzte Einzelleistungen zu erbringen hat (ebenso *Wank*, Arbeitnehmer und Selbständige, S. 136 f.; s. aber auch BAG 27. 3. 1991 AP BGB § 611 Abhängigkeit Nr. 53 [unter III 3]). Ein **variables Entgelt** steht aber der Annahme der Arbeitnehmereigenschaft nicht entgegen (vgl. BAG 30. 10. 1991 AP BGB § 611 Abhängigkeit Nr. 59 [unter B II 3 a bb]); denn es ist möglich, dass der Arbeitnehmer ein leistungsbezogenes Entgelt erhält, z. B. bei Akkord, Prämie und Provision. Ein variables Entgelt kann aber, wenn es besonders hoch ist, ein Hinweis dafür sein, dass die versprochene Dienstleistungen im Voraus als bestimmte Einzelleistungen abgegrenzt sind und daher kein Arbeitsverhältnis vorliegt, z. B. bei kurzfristigen Engagements von Spitzenkünstlern. Besteht aber eine rechtliche Dauerbindung, so kann selbst bei einem variabel gestalteten, besonders hohen Einkommen ein Arbeitsverhältnis vorliegen.

48   Für die **Betriebsverfassung** wird jedoch der **Arbeitnehmerbegriff vom Profil der Erwerbsdienlichkeit der Beschäftigung geprägt** (vgl. *Mayer-Maly*, Erwerbsabsicht und Arbeitnehmerbegriff, S. 21 ff.). Daher gelten Personen, deren Beschäftigung nicht in erster Linie ihrem Erwerb dient, sondern vorwiegend durch Beweggründe karitativer oder religiöser Art bestimmt ist, nicht als Arbeitnehmer (Abs. 2 Nr. 3; s. ausführlich Rn. 176 ff.).

4. Bedeutung der zeitlichen Inanspruchnahme für die Arbeitnehmereigenschaft

a) **Vollzeitbeschäftigung auf Dauer als Modell des Arbeitsverhältnisses.** Für den Arbeitnehmerbegriff ist nicht nur rechtshistorisch, sondern auch rechtsdogmatisch Leitfigur der Fabrikarbeiter, der für den Betriebsinhaber den ganzen Arbeitstag tätig ist (vgl. *Richardi*, JA 1986, 289, 295; zust. *Wank*, Arbeitnehmer und Selbständige, S. 185). Für einen Selbständigen ist dagegen die Vollzeitbeschäftigung auf Dauer für nur einen Vertragspartner nicht typisch, sondern er erbringt Dienstleistungen im Allgemeinen gegenüber einer Vielzahl von Personen, mit denen er Dienst- oder Werkverträge abschließt. Deshalb handelt es sich um eine **Ausnahmesituation**, wenn jemand als **Selbständiger nur für einen Vertragspartner** tätig wird, der seine Arbeitszeit voll in Anspruch nimmt. 49

b) **Nebenberuflichkeit der Arbeitsleistung.** Für die Arbeitnehmereigenschaft ist **keine Voraussetzung**, dass die Arbeit **berufsmäßig ausgeübt** wird (vgl. *A. Hueck* in *Hueck/Nipperdey*, Bd. I S. 48; *Nikisch*, Bd. I S. 94; so bereits in der Weimarer Zeit: *Jacobi*, Grundlehren des Arbeitsrechts, 1927, S. 64; *Sinzheimer*, Grundzüge des Arbeitsrechts, 2. Aufl. 1927, S. 32 f. mit der klassischen Formulierung: „Nicht jede Person, die Arbeitnehmer ist, hat den Beruf, Arbeitnehmer zu sein"; a. A. *Kaskel*, Arbeitsrecht, 3. Aufl. 1928, S. 67). Die Arbeit braucht insbesondere nicht den Haupt- oder gar den Lebensberuf des Arbeitnehmers zu bilden. Der **Werkstudent** ist Arbeitnehmer (vgl. BAG 12. 6. 1996 AP BGB § 611 Werkstudent Nr. 4 [Tankwart]). 50

Der Arbeitnehmereigenschaft steht daher nicht entgegen, dass die Arbeitsleistung nur **nebenberuflich** erbracht wird (BAG 24. 1. 1964 AP BGB § 611 Fleischbeschauer-Dienstverhältnis Nr. 4; 16. 3. 1972 AP BGB § 611 Lehrer, Dozenten Nr. 10; 30. 10. 1991 und 20. 7. 1994 AP BGB § 611 Abhängigkeit Nr. 59 und 73). Dennoch wird, da der Erwerbstätige seine Existenzgrundlage im Hauptberuf hat, in der Rechtsprechung bei nebenberuflicher Tätigkeit häufig das Fehlen einer persönlichen Abhängigkeit angenommen und damit ein Dienstvertragsverhältnis als **freier Mitarbeiter** anerkannt (so für nebenberufliche Lehrkräfte an weiterführenden Schulen BAG 15. 2. 1965 AP BGB § 611 Lehrer, Dozenten Nr. 7; für Dozenten an Volkshochschule BAG 26. 1. 1977 AP BGB § 611 Lehrer, Dozenten Nr. 13; für einen Buchhalter BAG 9. 2. 1967 AP KO § 61 Nr. 4; abweichend aber für Lehrer an allgemeinbildenden Schulen BAG 16. 3. 1972 und 30. 4. 1975 AP BGB § 611 Lehrer, Dozenten Nr. 10 und 12; 24. 6. 1992 AP BGB § 611 Abhängigkeit Nr. 61; 12. 9. 1996 AP BGB § 611 Lehrer, Dozenten Nr. 122 [Lehrer an Abendgymnasien]). Maßgebend dafür, ob jemand als Arbeitnehmer oder freier Mitarbeiter tätig wird, kann aber nicht sein, dass er in einem Hauptberuf seine Existenzgrundlage hat. Das wird ohne weiteres deutlich, wenn er in Konkurrenz mit Personen steht, die bei gleicher Beschäftigung keine andere Erwerbstätigkeit ausüben. Die Tatsache der **Nebenberuflichkeit einer Erwerbstätigkeit** ist deshalb **kein Abgrenzungsmerkmal**. Sie kann nur eine Rolle spielen, wenn der Beschäftigte im Hauptberuf selbständig ist und daher den Nebenberuf ebenfalls als Teil seiner selbständigen Tätigkeit ausübt, z. B. wenn ein frei praktizierender Arzt die Aufgaben eines Betriebsarztes wahrnimmt. Weiterhin spricht für Selbständigkeit, wenn eine Tätigkeit typischerweise als Nebenberuf neben einem Hauptberuf ausgeübt wird, wie dies für **Lehrbeauftragte** und **Volkshochschuldozenten** zutrifft (ebenso *Wank*, Arbeitnehmer und Selbständige, S. 227). 51

c) **Befristet Beschäftigte.** Für die Arbeitnehmereigenschaft spielt keine Rolle, ob der Arbeitsvertrag befristet und die Befristungsabrede zulässig ist (vgl. zu Formen und Zulässigkeit eines befristeten Arbeitsvertrags §§ 3, 14 TzBfG). 52

Da nicht im Dienst eines anderen steht, wer nur eine bestimmte Dienstleistung schuldet, kann eine **Kurzzeitbeschäftigung** der Anerkennung einer Arbeitnehmereigenschaft entgegenstehen. Nach Ansicht des BAG werden kurzfristige Dienstleistungen, die außerhalb des eigentlichen unternehmerischen Zieles des Dienstberechtigten liegen, in 53 der Regel auf der Ebene der Gleichordnung vereinbart und durchgeführt (so BAG 6. 12. 1974 AP BGB § 611 Abhängigkeit Nr. 14 für die von einem Künstler selbstgestaltete Zaubershow während der Jubiläumsveranstaltung eines Unternehmens; jedoch ist hier schon zweifelhaft, ob überhaupt ein Dienst- und kein Werkvertrag vorlag). Allerdings ist **kein Wesensmerkmal des Arbeitsverhältnisses,** dass eine **rechtliche Dauerbindung** besteht. Auch ein Kurzzeitbeschäftigungsverhältnis kann ein Arbeitsverhältnis sein. Das ist insbesondere zu beachten, wenn der Beschäftigte eine bestimmte Arbeitszeit einzuhalten hat und damit dem Arbeitgeber mit seiner Arbeitskraft zur Verfügung steht. Eine derartige Abhängigkeit besteht aber nicht schon dann, wenn jemand bei der geschuldeten Tätigkeit zeitliche Vorgaben zu beachten hat; denn zeitliche Vorgaben oder die Verpflichtung, bestimmte Termine für die Erledigung der übertragenen Aufgabe einzuhalten, sind kein wesentliches Merkmal für ein Arbeitsverhältnis, sondern können auch im Rahmen eines freien Dienst- oder Werkvertrags festgelegt werden (so zutreffend BAG 29. 5. 1991 AP BetrVG 1972 § 9 Nr. 2).

54 d) **Teilzeitbeschäftigte.** Von der Kurzzeitbeschäftigung ist die Teilzeitbeschäftigung zu unterscheiden, bei der jemand zwar täglich, wöchentlich oder monatlich, aber nicht für die betriebsübliche Dauer der Arbeitszeit oder jeweils nur an bestimmten Arbeitstagen der Woche oder des Monats beschäftigt wird. Die Regelung über Teilzeitarbeit in §§ 2, 6 bis 13 TzBfG geht davon aus, dass ein Teilzeitbeschäftigter Arbeitnehmer ist. Bei Teilzeitarbeit ist aber die **Grenze zur selbständigen Tätigkeit** fließend (vgl. *Wank,* Arbeitnehmer und Selbständige, S. 205 ff.).

55 Für die Anerkennung der **Arbeitnehmereigenschaft** ist **keine Mindestdauer der Beschäftigung** erforderlich (BAG 30. 10. 1991 und 20. 7. 1994 AP BGB § 611 Abhängigkeit Nr. 59 und 73). Wer aber für bestimmte Zeit oder möglicherweise sogar auf Dauer eine *zeitlich begrenzte Arbeitsaufgabe* bei einem anderen erfüllt, braucht nicht dessen Arbeitnehmer zu sein. Das ist vor allem zu beachten, wenn es sich um Tätigkeiten handelt, die im Rahmen eines freien Berufs erbracht werden (so z. B. bei nebenberuflicher Tätigkeit eines niedergelassenen Arztes als Krankenhausarzt; vgl. *Richardi,* MünchArbR § 339 Rn. 5 f.). Unterhält der Beschäftigte eine eigene Arbeitsorganisation, so kann die Teilzeitarbeit noch Teil seiner selbständigen Berufstätigkeit sein.

56 Keine Rolle spielt, ob das Entgelt für die Tätigkeit das **einzige Arbeitseinkommen** des Erwerbstätigen darstellt (vgl. auch BAG 16. 12. 1957 AP BGB § 611 Lehrer, Dozenten Nr. 3). Es kommt auch nicht darauf an, ob die Tätigkeit so geringfügig ist, dass sie nicht **sozialversicherungspflichtig** ist (vgl. § 8 SGB IV).

57 **Teilzeitarbeitsverhältnisse** können **sehr verschieden** gestaltet sein (vgl. *Schüren,* MünchArbR §§ 45, 46). Bei der traditionellen Teilzeitarbeit wird der Arbeitnehmer nur wenige Stunden am Tag oder an bestimmten Tagen in der Woche oder im Monat beschäftigt. Bei der **kapazitätsorientierten variablen Arbeitszeit (KAPOVAZ)** richtet sich die Arbeitszeit nach dem Arbeitsanfall. Besteht die Teilzeitarbeit in der Form der **Arbeitsplatzteilung (Job-sharing),** so teilen sich zwei oder mehrere Arbeitnehmer die Arbeitszeit an einem Arbeitsplatz. Es handelt sich um Formen der Arbeitszeitgestaltung, die für die Anerkennung der Arbeitnehmereigenschaft keine Rolle spielen. Auch die Arbeitsplatzteilung begründet keine Besonderheit in der Betriebsverfassung. Teilen sich zwei Arbeitnehmer einen Arbeitsplatz, so sind sie auch dann zwei Arbeitnehmer, wenn die Größe des Betriebsrats und dessen Beteiligungsrechte von der Zahl der Arbeitnehmer im Betrieb abhängen.

5. Bedeutung des Leistungsorts für die Arbeitnehmereigenschaft

58 a) **Arbeit im Betrieb des Arbeitgebers.** Für die Arbeitnehmereigenschaft ist von Bedeutung, wer über den Ort der Arbeitsleistung entscheidet (vgl. BAG 13. 1. 1983 E 41, 247, 253 = AP BGB § 611 Abhängigkeit Nr. 42; 27. 3. 1991 AP BGB § 611 Abhängigkeit

Nr. 53). Bestimmt jemand selbst, wo er tätig wird, so steht er dem Empfänger der Dienstleistung im Allgemeinen nicht mit seiner Arbeitskraft zur Verfügung. Muss er dagegen die versprochenen Dienste im Betrieb leisten, so liegt darin ein Indiz für die Arbeitnehmereigenschaft. Möglich ist allerdings, dass trotz eines Arbeitsplatzes im Betrieb ein Mitarbeiter nicht Arbeitnehmer, sondern freier Mitarbeiter ist. Das ist insbesondere möglich, wenn jemand für die Erbringung seiner Arbeit den technischen Apparat des Betriebs benötigt, aber selbst bestimmen kann, ob und wie lange er dort tätig wird (so für den Buchlektor eines Verlags BAG 27. 3. 1991 AP BGB § 611 Abhängigkeit Nr. 53).

b) Beschäftigung im Außendienst oder mit Telearbeit. Nach der durch Art. 1 Nr. 5 BetrVerf-ReformG 2001 angefügten Klarstellung im zweiten Satzteil des Abs. 1 Satz 1 spielt keine Rolle, ob die Arbeitnehmer „im Betrieb, im Außendienst oder mit Telearbeit beschäftigt werden". Mit dem Betrieb ist hier nicht die arbeitstechnische Organisationseinheit gemeint, für die der Betriebsrat gebildet wird, sondern die **Betriebsstätte,** die für den Regelfall den Ort der Arbeitsleistung bildet. Das gilt aber nur für den betriebsverfassungsrechtlichen Regelsachverhalt des *standortgebundenen Betriebs*. Möglich ist aber auch bei ihm, dass Arbeitnehmer nicht nur gelegentlich, sondern auch regelmäßig außerhalb der Betriebsstätte arbeiten, an wechselnden Einsatzorten, wie Monteure auf Baustellen, oder zur Werbung und Betreuung von Kunden, wie Außendienstmitarbeiter. Darauf zielt die Klarstellung im Gesetzestext, dass für den betriebsverfassungsrechtlichen Arbeitnehmerbegriff unerheblich ist, ob die Arbeitnehmer im **Außendienst** beschäftigt werden.

59

Durch die Hinzufügung der **Beschäftigung mit Telearbeit** bezweckt der Gesetzgeber die Klarstellung, dass der Arbeitnehmereigenschaft nicht entgegensteht, wenn die geschuldete Arbeitsleistung außerhalb des räumlichen Bereichs des Betriebs nicht nur in Form des klassischen Außendienstes, sondern auch in Form der modernen Telearbeit erfolgt. Aber auch dies ist keine Neuerung (s. 7. Aufl. § 5 Rn. 49 f.). Die computergesteuerte Informationstechnik ermöglicht es, dass Arbeitsleistungen, die bisher nur in einer Betriebsstätte erbracht werden konnten, in den Privatbereich verlagert werden. Sie betrifft vor allem Bürotätigkeit. Von **alternierender Telearbeit** spricht man, wenn teils in der Betriebsstätte, teils an einem anderen Ort, insbesondere in der Wohnung des Mitarbeiters gearbeitet wird; **mobile Telearbeit** liegt vor, wenn die Arbeit an verschiedenen Orten oder in Betrieben von Kunden oder Lieferanten erbracht wird, und als **häusliche Telearbeit** wird die Arbeit bezeichnet, die entweder zu Hause oder an einem anderen selbst gewählten Ort verrichtet wird (vgl. Begründung des RegE, BT-Drucks. 14/5741, S. 35). Die Besonderheit der Telearbeit besteht darin, dass die vom Arbeitnehmer erzielten Arbeitsergebnisse durch Einrichtungen der Kommunikationstechnik an einen anderen Ort übermittelt werden, um den Betriebszweck zu erfüllen.

60

Telearbeit kann in **verschiedener Vertragsform** erbracht werden (vgl. *Heenen,* Münch-ArbR § 316). Bei einem Werkvertrag scheidet die Anerkennung als Arbeitnehmer aus. In Betracht kann hier nur kommen, dass der Unternehmer, der Telearbeit leistet, wegen der wirtschaftlichen Abhängigkeit vom Auftraggeber zu den arbeitnehmerähnlichen Personen gehört.

61

Sofern kein Werkvertrag, sondern ein Dienstvertrag vorliegt, ist darauf abzustellen, ob der Arbeitgeber innerhalb eines bestimmten zeitlichen Rahmens über die Arbeitsleistung des Mitarbeiters verfügen kann. Es ist kein durch die Besonderheit der technischen Überwachung geprägter Arbeitnehmerbegriff zu bilden (ebenso *Kappus,* Rechtsfragen der Telearbeit, 1986, S. 68 ff.). Der technische Tatbestand ist nur insoweit von Bedeutung, als man es als Indiz für die Arbeitnehmereigenschaft werten kann, wenn der mit einem entsprechenden Programm ausgestattete Rechner dem Auftraggeber ermöglicht, die Arbeit zu überwachen.

62

6. Zweck der Beschäftigung

63 Welcher Zweck mit der Beschäftigung verfolgt wird, ist für die Annahme eines Arbeitsverhältnisses **ohne Bedeutung.** Mitarbeiter in sog. **Beschäftigungs- und Qualifizierungsgesellschaften,** d. s. öffentlich finanzierte Unternehmen, die der Qualifizierung und Beschäftigung von Langzeitarbeitslosen dienen, sind Arbeitnehmer (ebenso *Fitting*, § 5 Rn. 139; ErfK-*Eisemann/Koch*, § 5 Rn. 11). Der Zweck der Beschäftigung oder deren Motiv kann aber eine betriebsverfassungsrechtliche Sonderstellung begründen. Nicht als Arbeitnehmer i. S. des BetrVG gelten daher Personen, deren Beschäftigung nicht in erster Linie ihrem Erwerb dient, sondern vorwiegend durch Beweggründe karitativer oder religiöser Art bestimmt ist (Abs. 2 Nr. 3; s. Rn. 176 ff.), und Personen, deren Beschäftigung nicht in erster Linie ihrem Erwerb dient und die vorwiegend zu ihrer Heilung, Wiedereingewöhnung, sittlichen Besserung oder Erziehung beschäftigt werden (Abs. 2 Nr. 4; s. Rn. 179 f.). Entsprechend sind Arbeitnehmer in einer Beschäftigungs- und Qualifizierungsgesellschaft nicht dem Betrieb eingeordnet, wenn der Zweck ihrer Beschäftigung nicht der Erfüllung des Betriebszwecks dient, sondern ihre Beschäftigung im Gegenteil den Gegenstand des Betriebs bildet, z. B. ihrer Qualifizierung dient (ebenso *Fitting*, § 5 Rn. 139). Es gilt Gleiches wie für die Berufsausbildung in einer diesem Zweck gewidmeten Einrichtung (s. R. 69).

7. Zu ihrer Berufsausbildung Beschäftigte

64 a) Abs. 1 Satz 1 stellt ausdrücklich klar, dass die zu ihrer Berufsausbildung Beschäftigten zu den **Arbeitnehmern i. S. dieses Gesetzes** gehören; denn auch sonst ist der Zweck, der mit der Beschäftigung verfolgt wird, für die Annahme eines Arbeitsverhältnisses ohne Bedeutung, sofern die sonstigen Voraussetzungen erfüllt sind. Für die Betriebsverfassung spielt daher keine Rolle, ob man im Berufsausbildungsverhältnis ein *Arbeitsverhältnis* oder ein *besonders gestaltetes Ausbildungsverhältnis* sieht (ebenso BAG 21. 7. 1993 AP BetrVG 1972 § 5 Ausbildung Nr. 8; *Fitting*, § 5 Rn. 251; GK-*Raab*, § 5 Rn. 35; DKK-*Trümner*, § 5 Rn. 99). Notwendig ist jedoch, dass der zu seiner Berufsausbildung Beschäftigte in vergleichbarer Weise wie die sonstigen Arbeitnehmer in den Betrieb eingegliedert ist.

65 b) Die **Berufsausbildung** ist **im Berufsbildungsgesetz geregelt,** das als Art. 1 des Berufsbildungsreformgesetzes vom 23. 3. 2005 (BGBl. I S. 931) ergangen ist. Es hat das Berufsbildungsgesetz vom 14. 8. 1969 (BGBl. I S. 1112) ersetzt.

66 Der im Berufsbildungsgesetz verwendete Begriff der *Berufsausbildung* ist enger als hier im BetrVG; denn nach § 1 Abs. 3 BBiG hat die Berufsausbildung „die für die Ausübung einer qualifizierten beruflichen Tätigkeit in einer sich wandelnden Arbeitswelt notwendigen beruflichen Fertigkeiten, Kenntnisse und Fähigkeiten (berufliche Handlungsfähigkeit) in einem geordneten Ausbildungsgang zu vermitteln"; sie hat „ferner den Erwerb der erforderlichen Berufserfahrungen zu ermöglichen". Nur wer zu diesem Zweck eingestellt wird, steht in einem Berufsausbildungsverhältnis, auf das §§ 10 ff. BBiG Anwendung finden. Jedoch ergibt sich aus § 26 BBiG, dass jemand auch eingestellt werden kann, „um berufliche Kenntnisse, Fertigkeiten oder Erfahrungen zu erwerben, ohne dass es sich um eine Berufsausbildung im Sinne dieses Gesetzes handelt". Für diesen Fall gibt es zwei Gestaltungsformen: die Möglichkeit des Abschlusses eines Arbeitsvertrags zur Begründung eines Arbeitsverhältnisses, in dessen Rahmen die Möglichkeit gegeben wird, berufliche Fähigkeiten, Kenntnisse und Erfahrungen zu sammeln, und der Abschluss eines besonderen Ausbildungsvertrags. Nur für den letzteren Fall ordnet § 26 BBiG an, dass die Vorschriften über das Berufsausbildungsverhältnis grundsätzlich Anwendung finden. Voraussetzung ist daher, dass die beruflichen Kenntnisse, Fertigkeiten oder Erfahrungen in einem systematischen Ausbildungsgang vermittelt werden, ohne dass die Voraussetzung eine Berufsausbildung i. S. des § 1 Abs. 3 BBiG

B. Betriebsverfassungsrechtlicher Arbeitnehmerbegriff § 5

erfüllt sind. Betriebsverfassungsrechtlich spielt der Unterschied keine Rolle; denn erfolgt der Abschluss eines besonderen Ausbildungsvertrags, so gehört der Betreffende *betriebsverfassungsrechtlich* zu den *zu ihrer Berufsausbildung Beschäftigten,* auch wenn es sich aus der Sicht des BBiG nicht um eine Berufsausbildung i. S. dieses Gesetzes handelt. Entscheidend ist lediglich, dass die Ausbildung durch Beschäftigung im Dienst eines anderen erfolgt.

c) **Arbeitnehmer i. S. des Abs. 1 Satz 1** sind zu ihrer Berufsausbildung Beschäftigte nur 67 dann, wenn sich ihre **Berufsausbildung im Rahmen des arbeitstechnischen Zwecks eines Produktions- oder Dienstleistungsbetriebs** vollzieht und sie deshalb in vergleichbarer Weise wie die sonstigen Arbeitnehmer in den Betrieb eingegliedert sind. Nach dem Lernort der Berufsbildung unterscheidet § 2 Abs. 2 BBiG die betriebliche, die schulische und die außerbetriebliche Berufsbildung. Zur Belegschaft zählt nur, wer im Rahmen der *betrieblichen Berufsbildung* in den Betrieb eingegliedert ist.

Zu den zu ihrer Berufsausbildung Beschäftigten gehören, wenn die Berufsbildung im 68 Betrieb durchgeführt wird (betriebliche Berufsbildung), nicht nur Personen, mit denen ein **Berufsausbildungsvertrag** i. S. der §§ 10 ff. BBiG besteht, sondern auch **Umschüler** und **Teilnehmer an berufsvorbereitenden Maßnahmen** für jugendliche Arbeitslose, die in einem Betrieb ausgebildet werden, der von der Arbeitsverwaltung hierfür Förderungsmittel erhält (BAG 20. 2. 1981 AP BetrVG 1972 § 5 Nr. 25), sowie **Praktikanten** und **Volontäre**. Die Arbeitnehmereigenschaft fehlt aber, wenn für das Praktikantenverhältnis der Schüler- oder Studentenstatus maßgebend bleibt. Ist dagegen der Praktikant dem Betriebsinhaber zur Arbeitsleistung verpflichtet, so ist er Arbeitnehmer, auch wenn das Praktikum von einem Studenten nach der für sein Studium maßgeblichen Studien- und Prüfungsordnung abgeleistet werden muss. Von einem Praktikanten unterscheidet sich ein Volontär nur dadurch, dass er eine Ausbildung allein aus eigenem Interesse für ein bestimmtes Gebiet oder einen Beruf betreibt, ohne dass eine geregelte Fachausbildung in einem staatlich anerkannten Ausbildungsberuf beabsichtigt ist. Zu den zu ihrer Berufsausbildung Beschäftigten gehört er nur, wenn er für den angestrebten Erwerb der beruflichen Kenntnisse, Fertigkeiten und Erfahrungen zu einer Tätigkeit im Betrieb verpflichtet ist, wie dies für den Regelfall eines Volontärverhältnisses vereinbart wird.

d) Findet die **Berufsausbildung in einer Einrichtung der Berufsausbildung** statt, also in 69 einer Berufsbildungseinrichtung außerhalb der schulischen und betrieblichen Berufsbildung (§ 2 Abs. 1 Nr. 3 BBiG), so bildet die Berufsbildung den Betriebszweck. Die **Auszubildenden** gehören daher **nicht zur Belegschaft eines Berufsbildungswerks** (vgl. BAG 21. 7. 1993 AP BetrVG § 5 Ausbildung Nr. 8 [unter Aufgabe der bisherigen gegenteiligen Rspr.]; bestätigt BAG 26. 1. 1994 AP BetrVG 1972 § 5 Nr. 54; 20. 3. 1996 AP BetrVG 1972 § 5 Ausbildung Nr. 9 und 10; 12. 9. 1996 AP BetrVG 1972 § 5 Ausbildung Nr. 11; 13. 10. 2004 AP BetrVG 1972 § 5 Rn. 71; s. zur Meinungsverschiedenheit 9. Aufl., § 5 Rn. 67). Der Gesetzgeber hat mittelbar diese Abgrenzung bestätigt; denn er geht in § 51 BBiG davon aus, dass Auszubildende, deren praktische Berufsbildung in einer Berufsbildungseinrichtung außerhalb der schulischen und betrieblichen Berufsbildung stattfindet, nicht nach § 7 zum Betriebsrat wahlberechtigt ist. Das gilt auch, wenn ein Auszubildender gelegentlich zusammen mit anderen Mitarbeitern praktische Arbeiten verrichtet (vgl. BAG 12. 9. 1996 AP BetrVG 1972 § 5 Ausbildung Nr. 11).

Gehören dem Berufsbildungswerk in der Regel mindestens fünf Auszubildende an, so 70 wählen sie gemäß § 51 Abs. 1 BBiG eine **besondere Interessenvertretung**. Da Bundesministerium für Bildung und Wirtschaft kann durch Rechtsverordnung die Fragen bestimmen, auf die sich die Beteiligung erstreckt, die Zusammensetzung und die Amtszeit der Interessenvertretung, die Durchführung der Wahl, insbesondere die Feststellung der Wahlberechtigung und der Wählbarkeit sowie Art und Umfang der Beteiligung (§ 52 BBiG).

IV. Arbeitnehmer auf Grund eines Arbeitsvertrags mit dem Betriebsinhaber

1. Arbeitsvertrag als Voraussetzung der Arbeitnehmereigenschaft

71 Für die Arbeitnehmereigenschaft genügt nicht, dass jemand Arbeit in einer fremdbestimmten Arbeitsorganisation erbringt, sondern er muss sie auf Grund eines **Arbeitsvertrags** leisten. Der Vertrag ist **Verpflichtungstatbestand und Rechtsgrund für die Erbringung der Arbeit und des Arbeitsentgelts**, auch wenn Gesetz, Tarifvertrag oder Betriebsvereinbarung den Inhalt des Arbeitsverhältnisses festlegen. Von ihm hängt ab, ob überhaupt ein Arbeitsverhältnis vorliegt. Er ist daher auch der Begründungstatbestand eines Arbeitsverhältnisses. Die Möglichkeit, dass ein Arbeitsverhältnis durch einen behördlichen Gestaltungsakt, einen Verwaltungsakt, zustande kommt, war in § 10 Abs. 2 SchwBG 1961 vorgesehen; sie ist aber seit der Reform des Schwerbeschädigtenrechts durch das Schwerbehindertengesetz vom 29. 4. 1974 (BGBl. I S. 1006) entfallen. Jedoch war auch für die bis zu diesem Zeitpunkt geltende Rechtslage entscheidend, dass mit Zustellung des privatrechtsgestaltenden Verwaltungsaktes ein Arbeitsvertrag als abgeschlossen galt, er also fingiert wurde (§ 10 Abs. 2 Satz 2 SchwBG 1961).

72 Dass der Arbeitsvertrag **Begründungstatbestand des Arbeitsverhältnisses** ist, war lange Zeit Gegenstand erheblicher Meinungsverschiedenheiten; denn die Nichtigkeit oder Anfechtung eines Arbeitsvertrages kann nicht tilgen, dass jemand im Vertrauen auf die Wirksamkeit des Arbeitsvertrags als Arbeitnehmer tätig geworden ist. Die sog. Eingliederungstheorie sah deshalb den maßgeblichen Begründungstatbestand des Arbeitsverhältnisses nicht im Arbeitsvertrag, sondern in einem *tatsächlichen Akt*, der *Eingliederung* des Arbeitnehmers in den Betrieb (vgl. vor allem *Nikisch*, Bd. I, 2. Aufl. 1955, S. 140 ff.; grundlegend *Siebert*, Das Arbeitsverhältnis in der Ordnung der nationalen Arbeit, 1935, S. 85 ff.; *ders.*, DAR 1937, 14 ff., 305 ff., 338 ff.). Allerdings verlangte auch *Nikisch*, der Hauptvertreter der Eingliederungstheorie nach dem Zweiten Weltkrieg, dass der Arbeitnehmer sich freiwillig in den Dienst des Arbeitgebers begeben hat (Bd. I, 3. Aufl. 1961, S. 92). Da auch ein entsprechender Wille des Arbeitgebers vorliegen muss, besteht eine Willenseinigung, die sich rechtsdogmatisch als Vertrag darstellt. Wie allgemein im Schuldrecht ist daher auch hier der Vertrag der konstitutive Begründungstatbestand für das Arbeitsverhältnis (so bereits BAG 8. 8. 1958 AP BGB § 611 Mittelbares Arbeitsverhältnis Nr. 3; vgl. zur Eingliederungstheorie und Vertragstheorie *Richardi*, MünchArbR [2. Aufl.] § 42 Rn. 3 ff.). Leidet der Vertrag an einem Mangel, der seine Nichtigkeit oder Anfechtbarkeit zur Folge hat, so geht es ausschließlich um ein Problem der Reduktion der Nichtigkeits- und Anfechtungsfolgen, soweit das Arbeitsverhältnis bereits zur Ausführung gelangt ist (s. Rn. 85 ff.).

73 Möglich ist, dass jemand als **Arbeitnehmer im Betrieb** tätig ist, **ohne dass ein Arbeitsvertrag mit dessen Inhaber** besteht. Er gehört grundsätzlich nicht zur Belegschaft des Betriebs; denn betriebszugehörig sind nur solche Arbeitnehmer, die in einem Arbeitsverhältnis zum Betriebsinhaber stehen und die in die Betriebsorganisation des Arbeitgebers eingegliedert sind (st. Rspr. vgl. BAG 18. 1. 1989 AP BetrVG 1972 § 9 Nr. 1; zuletzt BAG 10. 3. 2004 AP BetrVG 1972 § 7 Nr. 8; 16. 4. 2003 AP BetrVG 1972 § 9 Nr. 1). Das Arbeitsverhältnis zum Betriebsinhaber wird in der Regel durch einen Arbeitsvertrag begründet, ausnahmsweise aber auch durch Gesetz (vgl. § 10 Abs. 1 AÜG; s. auch Rn. 89 ff.).

2. Arbeitsvertrag als Begründungstatbestand des Arbeitsverhältnisses

74 a) Der Abschluss des Arbeitsvertrags ist, wenn durch ihn ein Arbeitsverhältnis auf unbestimmte Zeit begründet wird, an **keine besondere Form** gebunden; er kann ins-

B. Betriebsverfassungsrechtlicher Arbeitnehmerbegriff § 5

besondere also auch konkludent durch schlüssiges Verhalten zustande kommen. Soweit durch Gesetz oder Tarifvertrag Formvorschriften vorgesehen sind, haben sie regelmäßig für die Begründung des Arbeitsverhältnisses keine konstitutive Wirkung (vgl. zu den Ausnahmen von der Formfreiheit *Richardi/Buchner*, MünchArbR § 32 Rn. 24 ff.). Obwohl der Arbeitsvertrag ein gegenseitiger Vertrag ist, braucht die Vereinbarung sich nur auf die zu leistende Arbeit zu beziehen, wenn die Dienstleistung den Umständen nach nur gegen eine Vergütung zu erwarten ist; denn in diesem Fall gilt eine Vergütung als stillschweigend vereinbart (§ 612 Abs. 1 BGB; vgl. auch *Richardi/Buchner*, MünchArbR § 33 Rn. 3 ff.). Nach § 2 NachwG hat der Arbeitgeber spätestens einen Monat nach dem vereinbarten Beginn des Arbeitsverhältnisses die wesentlichen Vertragsbedingungen schriftlich niederzulegen, die Niederschrift zu unterzeichnen und dem Arbeitnehmer auszuhändigen.

b) **Mindestalter des Arbeitnehmers.** Die **Beschäftigung von Kindern (und Jugendlichen unter 15 Jahren)** ist **verboten** (§ 5 Abs. 1 JArbSchG). Nur unter engen Voraussetzungen besteht eine Ausnahme von diesem Verbot (vgl. *Buchner*, MünchArbR § 30 Rn. 59 ff.). Insbesondere kann, wer der Vollzeitschulpflicht nicht mehr unterliegt, in einem Berufsausbildungsverhältnis beschäftigt werden (§ 7 Satz 1 Nr. 1 JArbSchG). 75

c) **Vertretung beim Abschluss des Arbeitsvertrags.** Nicht nur der Arbeitgeber, sondern auch der Arbeitnehmer kann sich bei Abschluss des Arbeitsvertrags durch einen Stellvertreter vertreten lassen. Die §§ 164 ff. BGB finden Anwendung. 76

Hat ein Arbeitnehmer noch nicht das 18. Lebensjahr vollendet, so ist er als Minderjähriger **beschränkt geschäftsfähig** (§ 106 BGB). Er kann einen Arbeitsvertrag nur mit Zustimmung seines gesetzlichen Vertreters schließen, sofern dieser ihn nicht ermächtigt hat, ein Arbeitsverhältnis der vertraglich festgelegten Art selbständig einzugehen (§§ 107 ff. BGB). Gesetzlicher Vertreter sind im Regelfall die Eltern (§§ 1626, 1629 BGB). 77

Steht ein Arbeitnehmer unter **gesetzlicher Betreuung** (§ 1896 BGB), so vertritt ihn sein Betreuer im Rahmen des übertragenen Aufgabenkreises (§ 1902 BGB). Die Bestellung eines Betreuers hat keine Auswirkungen auf die Geschäftsfähigkeit des Betreuten. Das Rechtsinstitut der Betreuung hat die Vormundschaft über Erwachsene ersetzt. Eine Doppelzuständigkeit tritt nur dann nicht ein, wenn das Vormundschaftsgericht für den Aufgabenkreis des Betreuers oder einen Teil davon einen **Einwilligungsvorbehalt** angeordnet hat (§ 1903 BGB). Die Rechtslage ist insoweit der beschränkten Geschäftsfähigkeit Minderjähriger nachgebildet. 78

d) Für die Arbeitnehmereigenschaft spielt keine Rolle, ob der Arbeitsvertrag unter einer **Bedingung** oder **Befristung** geschlossen wird. Es bestehen insoweit nur Grenzen für deren Rechtswirksamkeit (vgl. §§ 14 ff. TzBfG; dazu *Richardi/Buchner*, MünchArbR § 33 Rn. 52 ff.). Ist die Befristung oder auflösende Bedingung rechtsunwirksam, so gilt der befristete bzw. auflösend bedingte Arbeitsvertrag als auf unbestimmte Zeit geschlossen (§§ 16, 21 TzBfG). Auch wer nur **zur Probe angestellt** ist, steht in einem Arbeitsverhältnis und ist daher Arbeitnehmer (vgl. zum Probearbeitsverhältnis *Richardi/Buchner*, MünchArbR § 33 Rn. 63 ff.). Etwas anderes gilt nur dann, wenn der Bewerber um einen Arbeitsplatz sich nur eine Zeit lang mit den betrieblichen Verhältnissen vertraut machen soll, ohne vorerst zur Leistung von Arbeit verpflichtet zu sein. Es liegt ein sog. *Einfühlungsverhältnis* vor, das, da die Arbeitspflicht fehlt, noch kein echtes Arbeitsverhältnis ist, mag auch schon irgendein Entgelt für den Zeitaufwand und eine gelegentlich geleistete Arbeit bezahlt werden (vgl. LAG Hamm, DB 1989, 1974 f.). 79

e) Keine Rolle spielt die **Staatsangehörigkeit**. Besteht mit einem ausländischen Arbeitnehmer ein Arbeitsverhältnis, so gehört er zur Belegschaft. Er ist zum Betriebsrat nicht nur wahlberechtigt, sondern auch wählbar (s. auch § 8 Rn. 3). 80

Sofern ein Arbeitnehmer **nicht Deutscher** ist und auch **nicht aus einem EU-Staat** kommt, gilt als Prinzip, dass er eine **Aufenthaltserlaubnis zur Ausübung einer Beschäftigung** haben muss, die grundsätzlich nur mit Zustimmung der Bundesagentur für Arbeit 81 erteilt werden kann (§§ 18, 39 ff. AufenthG i. V. mit der Beschäftigungsverordnung und der Beschäftigungsverfahrensverordnung, beide vom 22. 11. 2004, BGBl. I S. 2934 und 2937). Innerhalb der Europäischen Union ist die Freizügigkeit der Arbeitnehmer gewährleistet. Sie können unter den gleichen Voraussetzungen wie Deutsche ein Arbeitsverhältnis eingehen. Ihnen gleichgestellt sind die Staatsangehörigen der sog. EFTA-Staaten im europäischen Wirtschaftsraum (EWR). Das sind die Angehörigen von Island, Liechtenstein und Norwegen. Eine Sonderregelung gilt für Staatsangehörige der Staaten, die nach dem Vertrag vom 16. 4. 2003 (BGBl. II S. 1408) der Europäischen Union beigetreten sind (Tschechien, Estland, Zypern, Lettland, Litauen, Ungarn, Malta, Polen, Slowenien und Slowakei): Als Grundsatz gilt für sie, dass sie entsprechend den Übergangsregelungen einer Beschäftigung nur mit Genehmigung der Bundesagentur für Arbeit ausüben dürfen (§ 284 SGB III). Soweit ein Beschäftigungsverbot besteht, hat aber ein Verstoß nicht zur Folge, dass der mit dem Ausländer abgeschlossene Arbeitsvertrag nichtig ist.

82 Für die Zugehörigkeit zur Belegschaft ist unerheblich, **welche Rechtsordnung** auf das **Arbeitsverhältnis** zur Anwendung kommt (vgl. zum Arbeitsverhältnisstatut *Oetker*, MünchArbR § 11 Rn. 8 ff.). Auch **Betriebsangehörige mit ausländischem Arbeitsvertragsstatut** unterliegen der betriebsverfassungsrechtlichen Mitbestimmungsordnung (vgl. BAG 9. 11. 1977 und 7. 12. 1989 AP Internat. Privatrecht Arbeitsrecht Nr. 13 und 27; s. auch Einl. Rn. 60 ff.).

3. Beginn der Arbeitnehmereigenschaft

83 Das **Arbeitsverhältnis beginnt,** wenn der Arbeitnehmer seinen Dienst nach dem Willen der Vertragsparteien sofort aufnehmen soll, **mit Abschluss des Arbeitsvertrags.** Soll er dagegen die Arbeit erst später antreten, so beginnt das Arbeitsverhältnis zu dem im Arbeitsvertrag **vereinbarten Anfangstermin**, und zwar auch dann, wenn die Arbeit nicht aufgenommen wird (vgl. RAG 29. 5. 1942 ARS 45, 152, 154). Der Arbeitsvertrag ist in diesem Fall aufschiebend befristet; es handelt sich also in der Regel nicht um einen bloßen Vorvertrag auf Abschluss eines Arbeitsvertrags (vgl. zur Abgrenzung des Vorvertrags vom Arbeitsvertrag *Richardi*, MünchArbR § 42 Rn. 13 ff.).

84 Der Beginn des Arbeitsverhältnisses begründet regelmäßig die **Betriebszugehörigkeit**. Etwas anderes gilt nur, wenn es trotz des vertraglich festgelegten Anfangstermins nicht zur **Einstellung** kommt; denn die Einstellung ist nicht mit dem Abschluss des Arbeitsvertrags identisch (vgl. BAG 28. 4. 1992 AP BetrVG 1972 § 99 Nr. 98). Da die Einstellung im Gegensatz zum Arbeitsvertrag kein Rechtsgeschäft, sondern ein tatsächlicher Akt ist, spielt für die Betriebszugehörigkeit keine Rolle, ob der Arbeitgeber bei der Einstellung das Mitbestimmungsverfahren nach § 99 eingehalten hat. Auch bei einer Verletzung kann ein Wahlvorstand nicht die Zugehörigkeit eines Arbeitnehmers zur Belegschaft ablehnen. Der Betriebsrat hat vielmehr nur die Möglichkeit, das Mitbestimmungssicherungsverfahren nach § 101 gegen den Arbeitgeber einzuleiten.

4. Beschäftigung auf Grund eines rechtlich mangelhaften Vertrags

85 Arbeitnehmer ist auch, wer auf Grund eines rechtlich mangelhaften Vertrags beschäftigt wird (ebenso BAG 15. 1. 1991 AP BPersVG § 4 Nr. 4). Wie jeder Vertrag kann auch der Arbeitsvertrag an verschiedenen Mängeln leiden. Möglich ist, dass sie sich auf bestimmte Vertragsabsprachen beschränken, so dass sie nur deren Unverbindlichkeit zur Folge haben.

86 a) **Nichtigkeit** bedeutet, dass die im Rechtsgeschäft getroffene Regelung keine Geltung erlangt. Das gilt unabhängig vom Parteiwillen. Die Nichtigkeitswirkung ist aber im Arbeitsverhältnis durch Rechtsfortbildung begrenzt worden (vgl. *Richardi/Buchner*, MünchArbR § 34 Rn. 37 ff.). Als **Prinzip** hat Anerkennung gefunden: Wenn ein Arbeitsverhältnis in Funktion gesetzt ist, kann die Nichtigkeit des Arbeitsvertrags **grundsätzlich**

nicht mehr mit **rückwirkender Kraft** geltend gemacht werden (grundlegend BAG 5. 12. 1957 AP BGB § 125 Nr. 2; 19. 6. 1959 AP BGB § 611 Doppelarbeitsverhältnis Nr. 1; *A. Hueck* in *Hueck/Nipperdey*, Bd. I S. 123 ff., 183 ff.; *Nikisch*, Bd. I S. 173 f., 215 ff.; *Zöllner/Loritz/Hergenröder*, § 12 II 1 b).

b) Für Arbeitsverträge gelten nicht nur die gleichen Nichtigkeitsgründe wie sonst für **87** Rechtsgeschäfte, also insbesondere der Verstoß gegen ein gesetzliches Verbot (§ 134 BGB; vgl. *Richardi/Buchner*, MünchArbR § 34 Rn. 2 ff.) und Sittenwidrigkeit (§ 138 BGB; vgl. *Richardi/Buchner*, MünchArbR § 34 Rn. 9 ff.), sondern es gilt auch die BGB-Regelung über die **Anfechtung**. Wie bei jedem Vertrag kann beim Arbeitsvertrag die **Willenserklärung wegen Irrtums** (§ 119 BGB), Falschübermittlung (§ 120 BGB), **arglistiger Täuschung oder rechtswidriger Drohung** (§ 123 BGB) angefochten werden (vgl. *Richardi/Buchner*, MünchArbR § 34 Rn. 18 ff.). Während bei der Nichtigkeit die im Rechtsgeschäft getroffene Regelung unabhängig vom Parteiwillen keine Geltung erlangt, entscheidet bei einer Anfechtbarkeit der Anfechtungsberechtigte darüber, ob das Rechtsgeschäft gelten soll. Erklärt er frist- und formgerecht die Anfechtung, so ist es nach § 142 Abs. 1 BGB als von Anfang an nichtig anzusehen. Auch diese Nichtigkeitsfolge ist für das Arbeitsverhältnis durch Rechtsfortbildung modifiziert worden: Die **Anfechtung wirkt** entgegen § 142 Abs. 1 BGB **grundsätzlich nur für die Zukunft** (grundlegend BAG 5. 12. 1957 AP BGB § 123 Nr. 2; aus dem Schrifttum: *Richardi/Buchner*, MünchArbR § 34 Rn. 37 ff.; *Picker*, ZfA 1981, 1, 51 ff.). Wenn jedoch die Arbeitsleistung des Arbeitnehmers wegen Erlangung der Stellung auf Grund der Täuschung oder Drohung für den Arbeitgeber ohne jedes Interesse ist, besteht kein Grund, von der Rechtsfolge rückwirkender Anfechtung (§ 142 Abs. 1 BGB) abzuweichen (so BAG 3. 12. 1998 AP BGB § 123 Nr. 49; weiterhin *Picker*, ZfA 1981, 1, 58; ähnlich *Bydlinski*, Privatautonomie und objektive Grundlagen des verpflichtenden Rechtsgeschäfts, 1967, S. 147). Die Rückwirkung ändert aber nichts an der Betriebszugehörigkeit des Arbeitnehmers; diese Stellung verliert er erst mit Zugang der Anfechtungserklärung.

Die für den Regelfall geltende Rechtsfolgenanordnung entgegen § 142 Abs. 1 BGB **88** bedeutet keineswegs, dass die Anfechtung durch die *außerordentliche Kündigung* ersetzt wird (vgl. auch *Richardi/Buchner*, MünchArbR § 34 Rn. 19 f.). Die Anfechtung dient dazu, dass man sich von den Folgen einer Willenserklärung befreien kann, die auf einem für die Anerkennung der Vertragsfreiheit wesentlichen Willensmangel beruht. Die Kündigung soll dagegen ein Rechtsverhältnis, das fehlerfrei zustande gekommen ist, für die Zukunft beseitigen, weil sich entweder nachträglich die Voraussetzungen geändert haben oder eine Fortsetzung des Vertragsverhältnisses nicht mehr gewollt ist. Auch soweit die Anfechtung das Arbeitsverhältnis nur für die Zukunft auflöst, wird nur in dieser Hinsicht ein Unterschied zur Kündigung aufgehoben. Die Unterschiede in ihren tatbestandlichen Voraussetzungen und sonstigen Folgewirkungen werden dadurch nicht beseitigt. Anfechtung und Kündigung betreffen einen unterschiedlichen Störungstatbestand, haben einen voneinander verschiedenen materiellen Geltungsgrund und erfüllen eine andere Ordnungsfunktion im geltenden Recht (grundlegend *Picker*, ZfA 1981, 1, insbes. 20 ff.).

V. Arbeitnehmereigenschaft ohne Arbeitsvertrag mit dem Betriebsinhaber

1. Bedeutung der Betriebszugehörigkeit für den betriebsverfassungsrechtlichen Arbeitnehmerbegriff

Für den **betriebsverfassungsrechtlichen Arbeitnehmerbegriff** ist die **Betriebszugehörig-** **89** **keit konstitutiv**. Das Betriebsverfassungsrecht erfasst den Arbeitgeber primär als Inhaber der betrieblichen Organisationsgewalt und nur mittelbar als Vertragspartner des Arbeitnehmers. Selbst wenn ein Vertragsverhältnis mit dem Betriebsinhaber besteht, ist für die

Arbeitnehmereigenschaft i. S. des BetrVG notwendig, dass die Arbeit ihm in seiner Funktion als Inhaber des Betriebs geleistet wird. Arbeitnehmer, die im Haushalt des Betriebsinhabers beschäftigt sind, gehören nicht zur Belegschaft. Das gilt auch für Arbeitnehmer, die zur Berufsausbildung im Haushalt des Betriebsinhabers tätig sind. Wenn ein Arbeitnehmer zum Teil im Haushalt und zum Teil im Betrieb beschäftigt wird, wie häufig in der Landwirtschaft, so gehört er dagegen der Belegschaft an; denn es spielt keine Rolle, ob die Tätigkeit im Betrieb den Arbeitnehmer hauptsächlich in Anspruch nimmt (s. Rn. 50 f.). Der Zugehörigkeit zur Belegschaft steht nicht entgegen, dass der Arbeitnehmer, wie gleichfalls weitgehend in der Landwirtschaft, in die häusliche Gemeinschaft des Arbeitgebers aufgenommen ist.

90 Ein Arbeitnehmer gehört nicht mehr dem Betrieb an, wenn er von der **Erbringung der Arbeitsleistung endgültig freigestellt** ist, wie in der **Freistellungsphase der Altersteilzeit nach dem sog. Blockmodell** (BAG 16. 4. 2003 AP BetrVG 1972 § 9 Nr. 7 *[Maschmann]*). Das gilt aber nicht, wenn ein Arbeitsverhältnis lediglich ruht, eine Rückkehr in den Betrieb also vorgesehen ist, z. B. während der Elternzeit oder der Ableistung eines Wehr- oder Zivildienstes (vgl. für den Wehrdienst bereits BAG 29. 3. 1974 AP BetrVG 1972 § 19 Nr. 2; für die Elternzeit 22. 6. 1988 AP BErzGG § 15 Nr. 1; für die Elternzeit und die Ableistung eines Wehr- oder Zivildienstes bestätigt durch BAG 16. 4. 2003 AP BetrVG 1972 § 9 Nr. 7).

2. Fremdfirmeneinsatz im Betrieb

91 a) **Fremdfirmenarbeitnehmer.** Wer als Arbeitnehmer für seinen Arbeitgeber in einem fremden Betrieb tätig wird, um dort als **Erfüllungsgehilfe** (§ 278 BGB) im Rahmen eines Dienst- oder Werkvertrags die **von seinem Arbeitgeber geschuldete Dienstleistung zu erbringen** bzw. den geschuldeten Arbeitserfolg herbeizuführen, steht nicht im Dienst des Betriebsinhabers. Er ist ein sog. „Fremdfirmenarbeitnehmer" oder „Unternehmerarbeiter", der seine Arbeitspflicht in dem Betrieb erfüllt, ohne dass zu dessen Inhaber arbeitsrechtliche Beziehungen begründet werden. Diese entstehen auch nicht dadurch, dass der Betriebsinhaber als Vertragspartner des Arbeitgebers Anweisungen erteilen darf (vgl. BAG 10. 2. 1977 AP BetrVG 1972 § 103 Nr. 9; 8. 11. 1978 AP AÜG § 1 Nr. 2). Notwendig ist allein, dass der Fremdarbeitgeber für die Erfüllung der im Vertrag vorgesehenen Dienste oder die Herstellung des geschuldeten Werks verantwortlich bleibt (so zutreffend BAG 8. 11. 1978 AP AÜG § 1 Nr. 2).

92 b) **Fremdfirmeneinsatz zur Erfüllung von Betriebsaufgaben.** Für die Abgrenzung spielt keine Rolle, ob der Fremdfirmeneinsatz der Erfüllung des Betriebszwecks dient (ebenso BAG 5. 3. 1991 und 9. 7. 1991 AP BetrVG 1972 § 99 Nr. 90 [Flämmen von Brammen] und Nr. 94 [Lackieren von Bremszylindern]; weiterhin BAG 30. 1. 1991 AP AÜG § 10 Nr. 8; 21. 7. 2004 AP BetrVG 1972 § 9 Nr. 8). Unerheblich ist daher auch die Verweildauer des einzelnen Fremdarbeitnehmers im Betrieb. Selbst wenn er dort auf Dauer tätig ist, braucht er nicht dem Betrieb als Arbeitnehmer eingegliedert zu sein. Die Notwendigkeit einer Abstimmung über die Lage der Arbeitszeit, den Urlaub und den Arbeitsschutz genügt nicht zur Begründung eines arbeitsrechtlichen Weisungsverhältnisses zum Betriebsinhaber. Auch die Übertragung einer bisher wahrgenommenen Betriebsaufgabe auf einen Fremdunternehmer rechtfertigt selbst dann, wenn die für diesen Zweck notwendige Arbeit in der Betriebsstätte geleistet werden muss, keine andere Beurteilung (vgl. insbesondere BAG 9. 7. 1991 AP BetrVG 1972 § 99 Nr. 94 [Lackieren der Bremszylinder im Farbspritzraum des Betriebsinhabers]). Dass in diesem Fall der Fremdfirmenunternehmer nach dem mit ihm geschlossenen Dienst- oder Arbeitsvertrag hinsichtlich Zeit, Ort, Umfang und Güte seiner Leistungen Vorgaben des Betriebsinhabers als seines Vertragspartners einhalten muss, begründet auch dann, wenn der Betriebsinhaber nach dem Dienst- oder Werkvertrag berechtigt ist, Weisungen an die vom Fremdfirmenunternehmer eingesetzten Arbeitnehmer zu erteilen, noch keine Eingliederung in die Beleg-

B. Betriebsverfassungsrechtlicher Arbeitnehmerbegriff § 5

schaft des Betriebs (vgl. auch *Dauner-Lieb*, NZA 1992, 817 ff.). Das nach dem Dienst- oder Werkvertrag bestehende Weisungsrecht des Betriebsinhabers darf nicht mit dem arbeitsrechtlichen Weisungsverhältnis des Betriebsinhabers zu seinen Arbeitnehmern verwechselt werden.

3. Arbeitnehmerüberlassung

a) **Abgrenzung vom Fremdfirmeneinsatz.** Für die Einordnung eines Arbeitnehmers in den Betrieb ist keine Voraussetzung, dass er den Arbeitsvertrag mit dem Betriebsinhaber abgeschlossen hat. Es genügt, dass sein Arbeitgeber ihn zur Beschäftigung dem Betriebsinhaber überlassen hat. Notwendig ist jedoch zur Abgrenzung vom Fremdfirmeneinsatz, dass der **Betriebsinhaber** den Arbeitnehmer **nach seinen Vorstellungen und Zielen im Betrieb wie einen eigenen Arbeitnehmer** einsetzen kann (BAG 8. 11. 1978 AP AÜG § 1 Nr. 2; 18. 1. 1989 AP BetrVG 1972 § 9 Nr. 1; 30. 1. 1991 AP AÜG § 10 Nr. 8). Wenn dies der Fall ist, ist der Vertrag des Arbeitgebers mit dem Betriebsinhaber nicht mehr ein Dienst- oder Werkvertrag, sondern ein **Arbeitnehmerüberlassungsvertrag.** Eine derartige Arbeitnehmerüberlassung darf nicht dazu führen, dass das typische Arbeitgeberrisiko auf den Arbeitnehmer verlagert wird. Trotz des Fehlens eines Arbeitsvertrags entstehen daher *arbeitsrechtliche Beziehungen zum Betriebsinhaber.* Dadurch wird kein zweites Arbeitsverhältnis begründet, sondern es wird nur der Empfänger der Dienstleistung wegen der Aufteilung der Arbeitgeberfunktion in das Arbeitsverhältnis einbezogen. Eine derartige Aufspaltung der Arbeitgeberfunktion prägt das **Leiharbeitsverhältnis** (s. Rn. 94 ff.), das **mittelbare Arbeitsverhältnis** (s. Rn. 101 f.) und bestimmte Erscheinungsformen des **Gruppenarbeitsverhältnisses** (s. Rn. 103 ff.).

b) **Leiharbeitsverhältnis. aa) Begriff.** Von einem Leiharbeitsverhältnis spricht man, wenn ein Arbeitgeber (Verleiher) einem anderen Unternehmen (Entleiher) Arbeitskräfte zur Arbeitsleistung zur Verfügung stellt, die voll in den Betrieb des Entleihers eingegliedert sind und ihre Arbeiten allein nach dessen Weisungen ausführen (vgl. BAG 10. 2. 1977 AP BetrVG 1972 § 103 Nr. 9; 8. 11. 1978 AP AÜG § 1 Nr. 2; 5. 6. 1983 AP AÜG § 10 Nr. 5; 18. 1. 1989 AP AÜG § 14 Nr. 2). Nach traditioneller Unterscheidung bezeichnet man es als sog. *echtes Leiharbeitsverhältnis,* wenn der Arbeitnehmer nur gelegentlich einem anderen zur Beschäftigung überlassen wird, seine Einstellung aber zum Zweck der Arbeitsleistung im eigenen Betrieb erfolgt, im Gegensatz zum sog. *unechten Leiharbeitsverhältnis,* bei dem er von vornherein nur oder in erster Linie angestellt wird, um ihn einem Dritten zur Arbeitsleistung zu überlassen (vgl. *Nikisch,* Bd. I S. 241, 244; *Schüren,* AÜG, 2. Aufl. 2003, Einl. Rn. 77; *Heinze,* ZfA 1976, 183). Im letzteren Fall geht es vor allem um die sog. **Zeitarbeit,** bei der ein Unternehmen von ihm angestellte Arbeitnehmer Dritten **gewerbsmäßig zur Arbeitsleistung überlässt.**

bb) Das **Gesetz zur Regelung der gewerbsmäßigen Arbeitnehmerüberlassung** (Arbeitnehmerüberlassungsgesetz – AÜG) und zur Änderung anderer Gesetze i. F. vom 3. 2. 1995 (BGBl. I S. 185) enthält in seinem Art. 1 das Arbeitnehmerüberlassungsgesetz (AÜG). Das Gesetz ist in seiner ursprünglichen Konzeption als *gewerberechtliche Regelung* konzipiert. Es soll sichergestellt werden, dass der Verleiher eine Betriebsorganisation hat, die ihn befähigt, die üblichen Arbeitgeberpflichten ordnungsgemäß zu erfüllen und das Arbeitgeberrisiko zu tragen (vgl. § 3 AÜG). Deshalb bedürfen Unternehmer, die eine gewerbsmäßige Arbeitnehmerüberlassung betreiben, der Erlaubnis durch die Bundesagentur für Arbeit (§ 1 AÜG).

Durch das Gesetz zur Bekämpfung der illegalen Beschäftigung vom 15. 12. 1981 (BGBl. I S. 1390) wurde in § 14 AÜG eine **betriebsverfassungsrechtliche Vorschrift** über die Zuordnung der Leiharbeitnehmer und die Mitwirkungs- und Mitbestimmungsrechte des Betriebs- und Personalrats geschaffen. Nach § 14 Abs. 1 AÜG bleiben **Leiharbeitnehmer** auch während der Zeit ihrer Arbeitsleistung bei einem Entleiher **Angehörige des entsendenden Betriebs des Verleihers.** Sie gehören **nicht** zur Belegschaft des Entleiher-

§ 5   Arbeitnehmer

betriebs (vgl. BAG 16. 4. 2003 AP BetrVG 1972 § 9 Nr. 7; 22. 10. 2003 AP BetrVG 1972 § 38 Nr. 28; 10. 3. 2004 AP BetrVG 1972 § 7 Nr. 8).

97 Seit dem Reformgesetz 2001 sind **Leiharbeitnehmer** auch im **Entleiherbetrieb wahlberechtigt,** wenn sie länger als drei Monate dort eingesetzt werden (§ 7 Satz 2); sie sind aber nicht wählbar (§ 14 Abs. 2 Satz 1 i. F. von Art. 2 BetrVerf-ReformG 2001). Für die **betriebsverfassungsrechtliche Zuordnung** spielt auch **keine Rolle,** dass der Verleiher dem Leiharbeitnehmer mindestens die **im Betrieb des Entleihers geltenden Arbeits- und Entgeltbedingungen gewähren muss,** wenn kein Tarifvertrag eine abweichende Regelung zulässt (§ 3 Nr. 3, § 9 Nr. 2 i. V. mit § 10 Abs. 4 AÜG). Leiharbeitnehmer sind **keine Arbeitnehmer des Entleiherbetriebs,** auch wenn sie die in § 7 Satz 2 genannten Voraussetzungen erfüllen (so jedenfalls BAG 16. 4. 2003 AP BetrVG 1972 § 9 Nr. 7 [*Maschmann*]; 22. 10. 2003 AP BetrVG 1972 § 38 Nr. 28; a. A. *Fitting,* § 5 Rn. 237; *Hanau,* RdA 2001, 65, 68; anders aber ders., NJW 2001, 2513, 2515). Sie sind daher zum Betriebsrat des Entleiherbetriebs nicht wählbar (so auch *Fitting,* § 5 Rn. 236). Soweit es um die Zahl der Betriebsratsmitglieder in § 9 und die Freistellungen in § 38 geht, werden sie nicht mitgezählt (so BAG a. a. O.). Diese Einschränkung ist nicht überzeugend, soweit wie für die Betriebsratsfähigkeit in § 1 Abs. 1 Satz 1 oder die Zahl der Betriebsratsmitglieder in § 9 bei den ersten beiden Stufen der dort festgelegten Staffel auf die Zahl der wahlberechtigten Arbeitnehmer abgestellt wird; aber auch wenn es wie dort bei den folgenden Stufen und in § 38 Abs. 1 nur die regelmäßige Betriebszugehörigkeit maßgebend ist, erscheint es sinnvoll, dass nur Arbeitnehmer, die nicht gemäß § 7 Satz 2 wahlberechtigt sind, nicht mitgezählt werden (vgl. auch *Brors,* NZA 2003, 1380 ff.). Da die zeitliche Begrenzung für Leiharbeit in § 3 Abs. 1 Nr. 6 AÜG mit Wirkung vom 1. 1. 2004 aufgehoben wurde (s. Rn. 100), ist zweifelhaft, ob das BAG an seiner Rspr. festhalten wird (vgl. *Dörner,* FS Wissmann 2005, S. 286, 293 ff.).

98 Hat der **Verleiher nicht die nach § 1 Abs. 1 AÜG erforderliche Erlaubnis der Bundesagentur für Arbeit,** so ist der Vertrag zwischen ihm und dem Entleiher sowie zwischen ihm und dem Arbeitnehmer unwirksam (§ 9 Nr. 1 AÜG). Für diesen Fall ordnet § 10 Abs. 1 AÜG an, dass ein Arbeitsverhältnis zwischen Entleiher und Leiharbeitnehmer als zustande gekommen gilt. § 14 AÜG findet keine Anwendung. Der Arbeitnehmer gehört zur Belegschaft des Entleiherbetriebs; denn dessen Inhaber ist sein alleiniger Arbeitgeber (ebenso GK-*Kreutz,* § 7 Rn. 42; *Joost,* MünchArbR § 216 Rn. 51; vgl. auch BAG 10. 2. 1977 AP BetrVG 1972 § 103 Nr. 9). Er ist dort zum Betriebsrat wahlberechtigt und wählbar; die in § 7 Satz 2 angeordnete Einschränkung der Wahlberechtigung findet auf diesen Fall keine Anwendung.

99 cc) Betriebsverfassungsrechtliche Zuordnung eines Leiharbeitnehmers bei nichtgewerbsmäßiger Arbeitnehmerüberlassung. § 14 Abs. 1 und Abs. 2 Satz 1 AÜG ist – anders als § 7 Satz 2 – unmittelbar anwendbar nur auf die gewerbsmäßige Arbeitnehmerüberlassung. Für die betriebsverfassungsrechtliche Zuordnung ist aber unerheblich, ob die Arbeitnehmerüberlassung gewerbsmäßig erfolgt. Das BAG wendet deshalb § 14 Abs. 1 und Abs. 2 Satz 1 AÜG entsprechend auf die gesetzlich nicht geregelten Erscheinungsformen der nichtgewerbsmäßigen Arbeitnehmerüberlassung an (BAG 10. 3. 2004 AP BetrVG 1972 § 7 Nr. 8; bereits BAG 18. 1. 1989 AP AÜG § 14 Nr. 2; zu § 14 Abs. 3 Satz 1 AÜG BAG 28. 9. 1988 AP BetrVG 1972 § 99 Nr. 60; 10. 3. 2004 AP BetrVG 1972 § 7 Nr. 8).

100 Nach der Beseitigung der zeitlichen Grenzen im AÜG durch das Erste Gesetz für moderne Dienstleistungen am Arbeitsmarkt vom 23. 12. 2002 (BGBl. I S. 4607) fehlt die Grundlage für eine entsprechende Anwendung (ebenso wegen der Verleihung des Wahlrechts zum Betriebsrat im Entleiherbetrieb *Fitting,* § 5 Rn. 218). Entscheidend ist deshalb allein, in welchen Betrieb der Arbeitnehmer eingeordnet ist. Maßgebend ist, ob der Einsatz im anderen Betrieb zeitlich so begrenzt ist, dass die Zugehörigkeit zur Belegschaft nicht berührt wird. Wer dagegen in einem Konzern von erheblicher Dauer nicht bei seinem Arbeitgeber, sondern in einem anderen Konzernunternehmen tätig wird,

B. Betriebsverfassungsrechtlicher Arbeitnehmerbegriff § 5

ist betriebsverfassungsrechtlich dem Konzernunternehmen zuzuordnen, in dessen Arbeitsorganisation er beschäftigt wird. Das BAG ist zwar bei der sog. Konzernleihe nach § 1 Abs. 3 Nr. 2 AÜG anderer Ansicht (BAG 10. 3. 2004 AP BetrVG 1972 § 7 Nr. 8); es berücksichtigt dabei aber nicht § 1 Abs. 2 AÜG, nach dem vermutet wird, dass der Überlassene Arbeitsvermittlung betreibt, wenn er nicht die üblichen Arbeitgeberpflichten oder das Arbeitgeberrisiko übernimmt. Problematisch ist deshalb allein, wann von erheblicher Dauer gesprochen werden kann, um einen Wechsel in der Zuordnung zur Belegschaft anzunehmen. Es genügt nicht die Grenzziehung in § 7 Satz 2; es wird aber im TzBfG für die Zulässigkeit einer Befristung ohne Sachgrund auf den Zeitraum von zwei Jahren abgestellt. Auch wenn der Vertragsarbeitgeber derselbe bleibt, ist daher bei einer Konzernbindung anzunehmen, dass der Arbeitnehmer in den Betrieb des entleihenden Konzernunternehmens eingeordnet ist, wenn er länger als zwei Jahre eingesetzt wird, ohne dass eine zeitliche Begrenzung durch einen Sachgrund vorgesehen ist.

4. Betriebsangehörige auf Grund eines mittelbaren Arbeitsverhältnisses

Zu den Arbeitnehmern des Betriebs gehört, wer den Arbeitsvertrag zwar nicht mit dem Betriebsinhaber, aber mit einem Arbeitnehmer des Betriebsinhabers abgeschlossen hat und deshalb bei der Erbringung der Arbeitsleistung im Betrieb an die Weisungen des Betriebsinhabers gebunden ist (ebenso BAG 18. 4. 1989 AP BetrVG 1972 § 99 Nr. 65; *Fitting*, § 5 Rn. 210; *DKK-Trümner*, § 5 Rn. 92; *GK-Raab*, § 5 Rn. 73). Das gilt nicht nur für den Fall, dass der Arbeitnehmer als Stellvertreter des Betriebsinhabers aufgetreten ist und daher das Arbeitsverhältnis mit dem Betriebsinhaber begründet hat, sondern das gilt auch dann, wenn der Arbeitnehmer den Arbeitsvertrag im eigenen Namen abgeschlossen hat, so dass nur zu ihm das Vertragsverhältnis begründet ist, es sich also um ein **mittelbares Arbeitsverhältnis** handelt. Vom Leiharbeitsverhältnis unterscheidet es sich dadurch, dass die Zwischenperson in einem Arbeitsverhältnis zum Betriebsinhaber steht, also selbst dessen Arbeitnehmer ist. Derartige mittelbare Arbeitsverhältnisse waren in der Zeit vor dem Zweiten Weltkrieg in der Land- und Forstwirtschaft verbreitet (z. B. Hofgängerverhältnis); sie spielen dort heute aber keine Rolle mehr (vgl. *Müllner*, Aufgespaltene Arbeitgeberstellung, S. 27 f.). 101

Praktische Bedeutung hat die Problematik heute bei der Einstellung von **Hilfspersonal** durch einen Krankenhausarzt in leitender Stellung (vgl. BAG 18. 4. 1989 AP BetrVG 1972 § 99 Nr. 65 [Dialysezentrum]) und bei Musikkapellen (vgl. BAG 9. 4. 1957 und 8. 8. 1957 AP BGB § 611 Mittelbares Arbeitsverhältnis Nr. 2 und 3; 26. 11. 1975 AP BGB § 611 Abhängigkeit Nr. 19). Ein **Gehilfenverhältnis** kann so gestaltet werden, dass der Arbeitnehmer, der sich der Hilfe einer dritten Person zur Erfüllung der ihm arbeitsvertraglich obliegenden Arbeitsleistung bedient, die Hilfskraft als Arbeitnehmer einstellt. Geschieht dies nicht im Namen des Betriebsinhabers, sondern im Namen des Arbeitnehmers, so entsteht ein mittelbares Arbeitsverhältnis, wenn die Hilfskraft mit Wissen des Betriebsinhabers unmittelbar für ihn Arbeitsleistungen erbringt, z. B. wenn ein Arbeitgeber die für Reinigungsarbeiten erforderlichen Arbeitskräfte nicht selbst einstellt, sondern seinen Hausmeister anweist, im eigenen Namen auf fremde Rechnung und nach bestimmten Richtlinien Arbeitsverträge mit Reinemachefrauen zu schließen (BAG 20. 7. 1982 AP BGB § 611 Mittelbares Arbeitsverhältnis Nr. 5). Notwendig ist, dass die Hilfskraft in ein Weisungsverhältnis zum Betriebsinhaber tritt (vgl. BAG 12. 12. 2001 AP BGB § 611 Abhängigkeit Nr. 111). 102

5. Betriebsverfassungsrechtliche Zuordnung bei Gruppenarbeit

a) **Grundtypen.** Die Arbeit im Verbund mit anderen Arbeitnehmern ist zwar kein Wesenselement des Arbeitsverhältnisses; sie bildet aber den normalen Sachverhalt bei einer Tätigkeit im Betrieb. Sie führt zur Belegschaft, die vom Betriebsrat repräsentiert wird. Von der dadurch entstehenden Gruppenbeziehung ist das **Gruppenarbeitsverhält-** 103 nis zu unterscheiden. Gruppenarbeit, die einen Sonderfall darstellt, liegt nur vor, wenn nach dem Inhalt des Leistungsversprechens die Arbeit als *Gruppenleistung* zu erbringen ist (vgl. *Rüthers*, ZfA 1977, 1, 6). Wird die Gruppe wie im Regelfall vom Arbeitgeber gebildet, so bezeichnet man diese Form der Gruppenarbeit als *Betriebsgruppe;* schließen die Arbeitnehmer sich aus eigener Initiative zusammen, um ihre Arbeitsleistung als Gruppe anzubieten, so handelt es sich um eine sog. *Eigengruppe* (vgl. zur Abgrenzung BAG 23. 2. 1961 AP BGB § 611 Akkordkolonne Nr. 2; HWK-*Thüsing*, BGB Vor § 611 Rn. 121 ff.).

104 b) Bei einer **Betriebsgruppe** schließt jeder Arbeitnehmer einzeln und unabhängig von den anderen einen Arbeitsvertrag mit dem Arbeitgeber ab; er steht daher in einem unmittelbaren Arbeitsverhältnis zum Arbeitgeber (ebenso BAG 23. 2. 1961 AP BGB § 611 Akkordkolonne Nr. 2). Eine derartige Betriebsgruppe ist nicht schon anzunehmen, wenn mehrere Arbeitnehmer zu einem Team zusammengefasst werden (bloße Arbeitsgruppe). Der typische Fall für die Bildung einer Betriebsgruppe ist die Vereinbarung eines **Gruppenakkords** (z. B. bei einer Putzerkolonne BAG AP BGB § 611 Akkordkolonne Nr. 2; bei einer Fliesenleger-Akkordgruppe BAG 24. 4. 1974 AP BGB § 611 Akkordkolonne Nr. 4). Eine Betriebsgruppe entsteht aber nicht schon dadurch, dass das Arbeitsentgelt gruppenbezogen erbracht wird. Die Lohnform des Gruppenakkords enthält nur die Vermutung für das Vorliegen einer Betriebsgruppe (so zutreffend *Rüthers*, ZfA 1977, 1, 5 f.). Entscheidend ist, dass die *Arbeitsleistung* als Gesamtleistung einer Gruppe zu erbringen ist.

105 Die Erbringung der Arbeit als Gruppenleistung führt bei einer Betriebsgruppe zu keiner Besonderheit der betriebsverfassungsrechtlichen Zuordnung. Ihre Mitglieder sind **Arbeitnehmer des Betriebs**, in dem sie eingeordnet sind. Sie gehören betriebsverfassungsrechtlich zu dessen Belegschaft.

106 c) Von der Betriebsgruppe unterscheidet sich die **Eigengruppe** dadurch, dass bei ihr sich die Arbeitnehmer aus eigener Initiative zusammengeschlossen haben, um ihre Leistung als Gruppe dem Betriebsinhaber anzubieten. Sie ist in der Regel eine BGB-Gesellschaft, kann aber auch die Rechtsform einer juristischen Person haben (vgl. *A. Hueck* in *Hueck/Nipperdey*, Bd. I S. 794; *Nikisch*, Bd. I S. 229; *Rüthers*, ZfA 1977, 1, 34). Hierher gehören – wie in der Praxis nicht selten – Musikkapellen (vgl. *Heinze*, NJW 1985, 2112, 2118 f.). Wird der **Arbeitsvertrag mit den einzelnen Gruppenmitgliedern** abgeschlossen, so stehen sie zum Betriebsinhaber in einem unmittelbaren Arbeitsverhältnis. Die Rechtslage ist hier wie bei einer Zusammenfassung zu einer Betriebsgruppe durch den Arbeitgeber (ebenso *Rüthers*, ZfA 1977, 1, 40 f.).

107 Wenn dagegen **nur die Gruppe Vertragspartner des Betriebsinhabers** ist, so muss das *Verhältnis zwischen dem Unternehmer und der Gruppe* und das *Verhältnis zwischen der Gruppe und ihren Mitgliedern* voneinander unterschieden werden. Die Arbeitspflicht des einzelnen Mitglieds gegenüber der Gruppe, damit diese den Vertrag mit dem Betriebsinhaber erfüllen kann, beruht nicht auf einem Arbeitsvertrag; es handelt sich vielmehr bei einer BGB-Gesellschaft oder einer GmbH um eine Pflicht als Gesellschafter aus dem Gesellschaftsvertrag. Verspricht die Gruppe im Vertrag mit dem Betriebsinhaber einen bestimmten Arbeitserfolg, so liegt ein Werkvertrag vor. Der Betriebsinhaber als Besteller i. S. der §§ 631 ff. BGB ist nicht Arbeitgeber im arbeitsrechtlichen Sinn. Sollen die Gruppenmitglieder dagegen lediglich Dienstleistungen erbringen, wird also kein bestimmter Arbeitserfolg versprochen, so liegt in der Regel ein sog. Dienstverschaffungsvertrag vor, indem die Gruppe die Arbeitsleistung ihrer Mitglieder verspricht. Nur in diesem Fall kommt in Betracht, dass die Gruppenmitglieder als Arbeitnehmer dem Betrieb eingeordnet sind. Da man die Besonderheit der Vertragsgestaltung nicht beiseite schieben kann, ist entscheidend, ob der Betriebsinhaber ein Direktionsrecht gegenüber den Gruppenmitgliedern erhält, es sich also um eine *Arbeitnehmerüberlassung* handelt. Wenn das der Fall ist, entspricht die Rechtslage der eines Leiharbeitsverhältnisses (s.

B. Betriebsverfassungsrechtlicher Arbeitnehmerbegriff § 5

Rn. 94 ff.). Die Zugehörigkeit zur Belegschaft ist deshalb nach den gleichen Kriterien wie für Leiharbeitnehmer zu bestimmen.

d) Einen Sonderfall der Gruppenarbeit bilden **Arbeitnehmer eines Gesamthafen-** 108 **betriebs**. Da sie als Arbeitnehmergruppe wechselnd und nur kurzfristig in den verschiedenen Hafeneinzelbetrieben zum Einsatz kommen, gehören sie nicht zu deren Belegschaft (s. § 1 Rn. 94 ff.).

e) **Sonderstellung in der Betriebsverfassung.** Das Reformgesetz 2001 hat die Besonder- 109 heit der Gruppenarbeit in zweierlei Hinsicht berücksichtigt: Nach § 28 a kann der Betriebsrat in Betrieben mit mehr als 100 Arbeitnehmern nach Maßgabe einer mit dem Arbeitgeber abzuschließenden Rahmenvereinbarung Aufgaben auf Arbeitsgruppen übertragen. Nach § 87 Abs. 1 Nr. 13 hat er über Grundsätze für die Durchführung von Gruppenarbeit mitzubestimmen, wobei Gruppenarbeit i. S. dieser Vorschrift vorliegt, wenn im Rahmen des betrieblichen Arbeitsablaufs eine Gruppe von Arbeitnehmern eine ihr übertragene Gesamtaufgabe im Wesentlichen eigenverantwortlich erledigt (s. auch § 87 Rn. 947 ff.).

6. Beschäftigung auf der Grundlage eines Gestellungsvertrags

a) **Gestaltungsformen des Gestellungsvertrags.** Gestellungsverträge spielen vor allem 110 im Bereich der Krankenpflege eine Rolle (vgl. *Richardi*, MünchArbR § 17 Rn. 62). Werden durch sie nur Rahmenbedingungen für die Beschäftigung festgelegt, so schließt die gestellte Person einen Arbeitsvertrag mit dem Betriebsinhaber ab. Sie steht also zu ihm in einem Arbeitsverhältnis.

Bei dem **Gestellungsvertrag im eigentlichen Sinn** verpflichtet sich der Gestellungs- 111 träger, dem Betriebsinhaber die für die Erfüllung des Betriebszwecks erforderlichen Personen zur Verfügung zu stellen, ohne dass mit dem Betriebsinhaber ein Arbeitsvertrag abgeschlossen wird. Die gestellte Person wird Grund ihrer mitgliedschaftlichen Bindung zum Verband beim Dritten tätig, mit dem der Gestellungsvertrag besteht. Da die mitgliedschaftlichen Bindung ein Arbeitsverhältnis zum Gestellungsträger ausschließt, ist die gestellte Person *vertragsrechtlich* kein Arbeitnehmer, auch wenn sie die Arbeit nicht in einer Einrichtung ihres Verbands, sondern auf Grund des Gestellungsvertrags bei einem Dritten erbringt. Dadurch wird aber nicht ausgeschlossen, dass zum Betriebsinhaber arbeitsrechtliche Beziehungen bestehen. Vom Leiharbeitsverhältnis und anderen Formen des mittelbaren Arbeitsverhältnisses unterscheidet sich der Fall dadurch, dass zwischen Dienstverschaffendem, hier also dem Gestellungsträger, und Dienstleistendem kein Arbeitsverhältnis besteht. Wie dort wird aber zum Betriebsinhaber kein gesondertes Vertragsverhältnis begründet, sondern es geht ausschließlich darum, dass die durch den Gestellungsvertrag vermittelte Leitungs- und Organisationsgewalt des Betriebsinhabers es sachlich rechtfertigen kann, den gestellten Personenkreis betriebsverfassungsrechtlich der Belegschaft des Betriebs zuzuordnen. Maßgebend ist deshalb hier wie bei dem Leiharbeitsverhältnis oder dem mittelbaren Arbeitsverhältnis, dass der Betriebsinhaber, obwohl zu den gestellten Personen kein Arbeitsvertrag besteht, partiell eine Arbeitgeberstellung erhält. Im Gegensatz zum Leiharbeitsverhältnis oder zum mittelbaren Arbeitsverhältnis ergibt sie sich nicht aus einer Einbeziehung in ein Arbeitsverhältnis, sondern sie wird *originär* durch eine entsprechende Ausgrenzung aus dem Mitgliedschaftsverhältnis begründet (so zutreffend *Müllner*, Aufgespaltene Arbeitgeberstellung, S. 50).

b) **Einordnung unter den betriebsverfassungsrechtlichen Arbeitnehmerbegriff.** Be- 112 schäftigte, die auf der Grundlage eines Gestellungsvertrags einen Arbeitsvertrag mit dem Betriebsinhaber abschließen (s. Rn. 110), gehören betriebsverfassungsrechtlich zur Belegschaft dieses Betriebs. Gleiches gilt aber auch dann, wenn die gestellte Person mit dem Betriebsinhaber keinen Arbeitsvertrag abschließt, aber wie bei einer Arbeitnehmerüberlassung in ein arbeitsrechtliches Weisungsverhältnis zu ihm tritt. In beiden

Fällen ist jedoch zu beachten, dass nach Abs. 2 Nr. 3 Personen, deren Beschäftigung nicht in erster Linie ihrem Erwerb dient, sondern durch Beweggründe karitativer oder religiöser Art bestimmt ist, nicht als Arbeitnehmer i. S. dieses Gesetzes gelten (s. Rn. 176 ff.).

7. Beschäftigung eines Beamten oder eines im öffentlichen Dienst stehenden Arbeitnehmers

113 Wird ein Beamter, Soldat oder ein im öffentlichen Dienst stehender Arbeitnehmer zur Beschäftigung einem **Betrieb zugewiesen, der unter das BetrVG fällt**, so gilt er als Arbeitnehmer (Abs. 1 Satz 3). Diese Klarstellung hat der Gesetzgeber zum 4. 8. 2009 getroffen (s. Rn. 2).

114 Auch das BAG war ursprünglich der Ansicht, dass ein Beamter, der zur ständigen Dienstleistung in den Betrieb einer juristischen Person des Privatrechts abgeordnet ist, zur Belegschaft gehört und deshalb im Beschäftigungsbetrieb **zum Betriebsrat wahlberechtigt und wählbar** ist (BAG 28. 4. 1964 AP BetrVG [1952] § 4 Nr. 3; für einen im öffentlichen Dienst stehenden Arbeitnehmer BAG 11. 4. 1958 AP BetrVG [1952] § 6 Nr. 1). Es hatte diese Auffassung aber ausdrücklich aufgegeben (BAG 25. 2. 1998 AP BetrVG 1972 § 8 Nr. 8; bestätigt BAG 28. 3. 2001 AP BetrVG 1972 § 7 Nr. 5). Es verlangte, dass ein privatrechtlicher Vertrag zum Betriebsinhaber vorliegen muss. Betriebsverfassungsrechtlich bildet er nur den Regelfall. Deshalb war dem BAG nicht zu folgen (so auch die Vorauflage Rn. 113).

8. Besondere Regelung für Bahn und Post sowie Kooperationsbetriebe mit der Bundeswehr

115 Die **Deutsche Bahn AG** beschäftigt Beamte, die ihr nach § 12 Abs. 2 DBGrG zugewiesen sind (s. auch Einl. Rn. 30). Für die Anwendung des BetrVG gelten sie nach § 19 Abs. 1 DBGrG als Arbeitnehmer im Verhältnis zur Deutschen Bahn AG. Dienstrechtlich bleiben sie aber dem Bundeseisenbahnvermögen zugeordnet. Zur Wahrnehmung ihrer Interessen gegenüber den sie betreffenden Entscheidungen und Maßnahmen des Bundeseisenbahnvermögens sind deshalb gemäß § 17 Abs. 1 DBGrG beim Bundeseisenbahnvermögen besondere Personalvertretungen gebildet, die ausschließlich von den der Deutschen Bahn AG zugewiesenen Beamten gewählt werden.

116 Bei der **Privatisierung der Deutschen Bundespost** erhielten die Post-Aktiengesellschaften die dienstrechtliche Zuständigkeit für die bei ihnen beschäftigten Beamten (§ 1 PostPersRG; s. auch Einl. Rn. 30). Nach § 24 Abs. 2 Satz 1 PostPersRG gelten die bei den Post-Aktiengesellschaften beschäftigten Beamten für die Anwendung des BetrVG als Arbeitnehmer. § 5 Abs. 3 BetrVG bleibt unberührt (§ 24 Abs. 2 Satz 2 PostPersRG).

117 Nach dem **Kooperationsgesetz der Bundeswehr (BwKoopG)** vom 30. 7. 2004 (BGBl. I S. 2027) gelten Beamte, Soldaten und Arbeitnehmer der Bundeswehr bei Zuweisung in den Betrieb eines Wirtschaftsunternehmens, mit dem die Bundeswehr eine Kooperation eingegangen ist, betriebsverfassungsrechtlich als Arbeitnehmer des Kooperationsbetriebs (§ 6 Abs. 1).

VI. Die in Heimarbeit Beschäftigten als Belegschaftsangehörige

118 Zu den Belegschaftsangehörigen, die vom Betriebsrat repräsentiert werden, gehören auch die **in Heimarbeit Beschäftigten,** die **in der Hauptsache für den Betrieb arbeiten** (Abs. 1 Satz 2).

B. Betriebsverfassungsrechtlicher Arbeitnehmerbegriff § 5

1. Begriff der in Heimarbeit Beschäftigten

a) Abs. 1 Satz 2 enthält **keinen spezifisch betriebsverfassungsrechtlichen Begriff der** 119
„**in Heimarbeit Beschäftigten**". Er verwendet diesen Begriff vielmehr mit dem Inhalt,
wie er im **Heimarbeitsgesetz (HAG)** näher bestimmt ist (ebenso BAG 25. 3. 1992 AP
BetrVG 1972 § 5 Nr. 48). In Heimarbeit Beschäftigte sind demnach die **Heimarbeiter** (s.
Rn. 120 ff.) und die **Hausgewerbetreibenden** (s. Rn. 123 ff.).

aa) **Heimarbeiter** sind arbeitnehmerähnliche Personen, die außerhalb der Betriebs- 120
stätte (in eigener Wohnung oder selbstgewählter Arbeitsstätte) allein oder ausschließlich
mit ihren Familienangehörigen im Auftrag von Gewerbetreibenden oder Zwischenmeistern erwerbsmäßig arbeiten, jedoch die Verwertung der Arbeitsergebnisse dem unmittelbar oder mittelbar auftraggebenden Gewerbetreibenden überlassen (§ 2 Abs. 1 HAG).
Beschafft der Heimarbeiter die Rohstoffe oder die Hilfsstoffe selbst, so wird dadurch
seine Eigenschaft als Heimarbeiter nicht beeinträchtigt.

Als Familienangehörige gelten alle diejenigen, die mit dem Heimarbeiter oder dem 121
Hausgewerbetreibenden oder seinem Ehegatten bis zum dritten Grade verwandt oder
verschwägert oder von einem von ihnen oder von beiden an Kindes Statt angenommen
sind (§ 2 Abs. 5 HAG). Im dritten Grad verwandt sind in gerader Linie Urenkel und
Urgroßvater, in der Seitenlinie Onkel und Neffe, im dritten Grad verschwägert sind in
gerader Linie die Frau des Urenkels mit dessen Urgroßvater, in der Seitenlinie die Frau
des Neffen mit dem Onkel. Es gelten als Familienangehörige auch nichteheliche Kinder
des Heimarbeiters bzw. Hausgewerbetreibenden oder seines Ehegatten oder eines Abkömmlings von ihm. Weiterhin werden den Familienangehörigen Mündel, Betreute und
Pflegekinder des in Heimarbeit Beschäftigten oder seines Ehegatten zugerechnet sowie
Kinder oder Jugendliche, die sich bei ihm oder seinem Ehegatten in freiwilliger Erziehungshilfe oder Fürsorgeerziehung befinden.

§ 2 Abs. 1 HAG setzt voraus, dass der Heimarbeiter **im Auftrag von Gewerbetreiben-** 122
den oder Zwischenmeistern arbeitet. Der Begriff des Gewerbetreibenden deckt sich mit
dem entsprechenden Begriff der GewO (ebenso BAG 25. 3. 1992 AP BetrVG 1972 § 5
Nr. 48). Vom Gewerbebegriff nicht erfasst werden die **freien Berufe** i. S. wissenschaftlicher, künstlerischer oder schriftstellerischer Tätigkeit höherer Art. Personen, die an
ihrem selbstgewählten Arbeitsort (eigene Wohnung) für eine wissenschaftliche Informationseinrichtung wissenschaftliche Literatur zum Zweck einer Dokumentation auswerten, sind deshalb keine in Heimarbeit Beschäftigten (BAG a. a. O.).

bb) Zu den in Heimarbeit Beschäftigten, die als Belegschaftsangehörige in Betracht 123
kommen, gehören auch die **Hausgewerbetreibenden** (ebenso *Fitting*, § 5 Rn. 272; GK-*Raab*, § 5 Rn. 58; GL-*Marienhagen*, § 6 Rn. 14; HSWGNR-*Rose*, § 5 Rn. 45). Der
Hausgewerbetreibende wird durch § 2 Abs. 2 HAG als derjenige definiert, der in eigener
Arbeitsstätte (eigener Wohnung oder Betriebsstätte) mit nicht mehr als zwei fremden Hilfskräften oder Heimarbeitern im Auftrag von Gewerbetreibenden oder Zwischenmeistern
Waren herstellt, bearbeitet oder verpackt, wobei er selbst wesentlich am Stück mitarbeitet,
jedoch die Verwertung der Arbeitsergebnisse dem unmittelbar oder mittelbar auftraggebenden Gewerbetreibenden überlässt. Beschafft der Hausgewerbetreibende Rohstoffe
und Hilfsstoffe selbst oder arbeitet er vorübergehend unmittelbar für den Absatzmarkt, so
wird hierdurch seine Eigenschaft als Hausgewerbetreibender nicht beeinträchtigt.

Der Hausgewerbetreibende zählt unter der Voraussetzung, dass er in der Hauptsache 124
für den Betrieb arbeitet, nur dann zu dessen Belegschaft, wenn er *nicht mehr als zwei*
Hilfskräfte beschäftigt (s. auch Rn. 126). Fremde Hilfskräfte sind diejenigen, die nicht
als Familienangehörige zählen (s. Rn. 121). Ob er neben den fremden Hilfskräften auch
noch Familienangehörige beschäftigt, ist dagegen unerheblich.

Während für **Heimarbeiter** genügt, dass er *erwerbsmäßig* arbeitet (BAG 12. 7. 1988 125
AP HAG § 2 Nr. 10, vgl. LAG Frankfurt a. M., AP HAG § 2 Nr. 9), ist für den

Hausgewerbetreibenden Voraussetzung, dass er eine *Gewerbetätigkeit* oder ein Handwerk ausübt; nicht notwendig ist dagegen die Beschäftigung fremder Hilfskräfte (vgl. BAG 27. 10. 1972 AP HAG § 2 Nr. 8).

126 b) Die **Familienangehörigen** eines Heimarbeiters oder Hausgewerbetreibenden, die mit ihm arbeiten (s. Rn. 121), und auch die **fremden Hilfskräfte** eines Hausgewerbetreibenden gehören **nicht zur Belegschaft des Betriebs,** dem der Heimarbeiter oder Hausgewerbetreibende zugeordnet wird (ebenso *Fitting,* § 5 Rn. 275; GK-*Raab,* § 5 Rn. 62; GL-*Marienhagen,* § 6 Rn. 14). Das gilt auch dann, wenn sie zu ihm in einem Arbeitsverhältnis stehen.

127 c) Der in § 1 Abs. 2 HAG genannte **Personenkreis, der den in Heimarbeit Beschäftigten gleichgestellt** werden kann, wenn dies wegen ihrer Schutzbedürftigkeit gerechtfertigt erscheint, also insbesondere Hausgewerbetreibende, die mehr als zwei fremde Hilfskräfte oder Heimarbeiter zu ihrer Arbeit heranziehen, gehören auch bei einer Gleichstellung **nicht** zu den **Belegschaftsangehörigen** i. S. dieses Gesetzes (ebenso *Fitting,* § 5 Rn. 275; GK-*Raab,* § 5 Rn. 62; GL-*Marienhagen,* § 6 Rn. 14).

2. Haupttätigkeit für den Betrieb als Voraussetzung der Belegschaftszugehörigkeit

128 Die in Heimarbeit Beschäftigten gehören nur dann zur Belegschaft, wenn sie **in der Hauptsache für den Betrieb arbeiten.** Es kommt auf den Betrieb, nicht auf das Unternehmen an. Nicht notwendig ist ausschließliche Tätigkeit für den Betrieb. Gelegentliche oder auch dauernde Arbeit daneben für einen anderen oder auch mehrere andere Betriebe ist unschädlich, wenn sie von untergeordneter Bedeutung ist. Keine Voraussetzung ist auch, dass ein Heimarbeiter seinen Lebensunterhalt überwiegend aus dem Beschäftigungsverhältnis mit dem Betriebsinhaber bezieht (vgl. BAG 27. 9. 1974 AP BetrVG 1972 § 6 Nr. 1). Es genügt, wenn die *Arbeit* für den fraglichen Betrieb im Verhältnis zu einer Tätigkeit für andere Betriebe überwiegt (ebenso *Fitting,* § 5 Rn. 273 f.; GK-*Raab,* § 5 Rn. 61; DKK-*Trümner,* § 5 Rn. 98 b).

VII. Beschäftigung außerhalb eines Arbeitsverhältnisses

1. Bedeutung für die betriebsverfassungsrechtliche Zuordnung

129 Das BetrVG legt für seine Abgrenzung den allgemeinen Arbeitnehmerbegriff zugrunde, wie er sich in Rechtsprechung und Literatur ausgebildet hat (s. Rn. 6 ff.). Deshalb gilt als **Prinzip,** dass ein Betriebsangehöriger nur dann zur Belegschaft gehören kann, wenn er Arbeitnehmer ist.

2. Verpflichtung auf öffentlich-rechtlicher Grundlage

130 a) **Keine Arbeitnehmer** sind die **Beamten.** Zwar leisten auch sie Arbeit im Dienst eines anderen; ihre Arbeitspflicht beruht aber nicht auf einem privatrechtlichen Vertrag, sondern auf einem öffentlich-rechtlichen Dienstverhältnis. Wird ein Beamter in einen Privatbetrieb abgeordnet, so kann er gleichwohl zur Belegschaft dieses Betriebs gehören, wenn er in einem Weisungsverhältnis zum Betriebsinhaber steht (s. Rn. 113 f.).

131 b) **Strafgefangene** sind keine Arbeitnehmer, auch wenn sie außerhalb der Anstalt in einem privaten Betrieb beschäftigt werden; denn die von ihnen zwangsweise geforderte oder ihnen auf Verlangen zugeteilte Arbeit wird nicht auf Grund eines Arbeitsvertrags geleistet (vgl. BAG 3. 10. 1978 AP BetrVG 1972 § 5 Nr. 18).

132 c) **Erwerbsfähige Hilfebedürftige,** die keine Arbeit finden können und nach § 16 d **Sozialgesetzbuch II** beschäftigt werden (**Ein-Euro-Job nach Hartz IV**), sind keine

B. Betriebsverfassungsrechtlicher Arbeitnehmerbegriff   § 5

Arbeitnehmer. Nach § 16 d Satz 2 SGB II wird kein Arbeitsverhältnis i. S. des Arbeitsrechts begründet; es sind nur die Vorschriften über den Arbeitsschutz und das Bundesurlaubsgesetz entsprechend anzuwenden, und für Schäden bei der Ausübung ihrer Tätigkeit haften sie nur wie Arbeitnehmer. Durch Verwaltungsakt wird daher ein *öffentlich-rechtliches Verhältnis eigener Art* begründet. Die auf dieser Grundlage Beschäftigten gehören nicht zur Belegschaft i. S. des BetrVG (vgl. auch KAGH 30. 11. 2006 – M 01/06; zu den betriebsverfassungsrechtlichen Aspekten der Ein-Euro-Jobs *Engels*, FS Richardi 2007, S. 519 ff.).

d) Wer in **Maßnahmen zur Arbeitsbeschaffung** beschäftigt wird (§§ 260–271 SGB III), steht in einer privatrechtlich begründeten Vertragsbindung zum Arbeitgeber; denn mit ihm wird ein Arbeitsverhältnis begründet (§ 260 Abs. 1 Nr. 4 SGB III). Er ist Arbeitnehmer i. S. des Abs. 1, also auch zum Betriebsrat wahlberechtigt und wählbar, weil er mit seiner Tätigkeit zur Erfüllung des arbeitstechnischen Zwecks des Betriebs in dessen Organisation eingegliedert ist (BAG 13. 10. 2004 AP BetrVG 1972 Nr. 71). **133**

Keine Sonderregelung gilt insoweit auch für Arbeitnehmer, für die der Betriebsinhaber einen Beschäftigungszuschuss nach § 16 e SGB II erhält (sog. **Perspektivjobber**). Sie fallen nicht unter Abs. 2 Nr. 4. **134**

e) Personen, die statt des Wehrdienstes einen **Zivildienst** leisten, sind keine Arbeitnehmer; sie gehören deshalb nicht zur Belegschaft, auch wenn sie in Krankenhäusern, Heil- und Pflegeanstalten beschäftigt sind, die unter das BetrVG fallen. Die Dienstleistenden haben eine eigene betriebsverfassungsrechtliche Vertretung. Ihre Beteiligung regelt das Gesetz über den Vertrauensmann der Zivildienstleistenden (ZDVG). Wird von der Heranziehung zum Zivildienst abgesehen, weil der Kriegsdienstverweigerer freiwillig in einem Arbeitsverhältnis mit üblicher Arbeitszeit in einer Kranken- oder Heil- und Pflegeanstalt tätig ist oder tätig wird, so wird dadurch die Arbeitnehmereigenschaft nicht berührt; der Betreffende gehört zu den Arbeitnehmern i. S. des Abs. 1 Satz 1. **135**

3. Rechtsverhältnisse eigener Art

a) **Entwicklungshelfer,** die nach dem Entwicklungshelfergesetz (EhfG) Entwicklungsdienst leisten, stehen zu dem Träger des Entwicklungsdienstes in keinem Arbeitsverhältnis (vgl. BAG 27. 4. 1977 AP BGB § 611 Entwicklungshelfer Nr. 1). Der Entwicklungsdienstvertrag ist kein Arbeitsvertrag, sondern begründet ein *Rechtsverhältnis eigener Art,* auf das arbeitsrechtliche Bestimmungen nur insoweit Anwendung finden, als es sich aus den §§ 4 ff. EhfG ergibt. Möglich ist allerdings, dass der Entwicklungshelfer in einem Arbeitsverhältnis zu dem ausländischen Projektträger steht, jedoch handelt es sich in diesem Fall um eine Tätigkeit in einem ausländischen Betrieb, der nicht unter das BetrVG fällt. Daher findet das BetrVG auf Entwicklungshelfer keine Anwendung (vgl. auch *Fitting*, § 5 Rn. 276; *Echterhölter*, BABl. 1969, 421, 424; *ders.,* AR-Blattei, SD 660, 1994, Rn. 51). **136**

b) Dasselbe gilt für Personen, die Dienst im Rahmen eines **freiwilligen sozialen Jahres** bzw. eines **freiwilligen ökologischen Jahres** leisten; für sie gelten arbeitsrechtliche Bestimmungen nur insoweit, als das Gesetz zur Förderung eines freiwilligen sozialen Jahres bzw. das Gesetz zur Förderung eines freiwilligen ökologischen Jahres ihre Anwendung anordnet. Wer also abhängige Arbeit im Rahmen des freiwilligen sozialen bzw. ökologischen Jahres leistet, gehört nicht zur Belegschaft (ebenso BAG 12. 2. 1992 AP BetrVG 1972 § 5 Nr. 52). **137**

4. Arbeitnehmereigenschaft und verbandsrechtliche Sonderbindung zum Empfänger der Dienstleistung

138 Arbeit im fremden Dienst kann durch besondere Bindungen geprägt sein, so dass sie nicht auf Grund eines Arbeitsvertrags, sondern auf Grund einer **verbandsrechtlichen Beziehung** geleistet wird. Da in diesem Fall Arbeitsrecht keine Anwendung findet, ist der Betreffende auch **kein Arbeitnehmer.** Jedoch muss man sorgfältig unterscheiden, ob die Arbeit lediglich auf Grund der verbandsrechtlichen Beziehung getätigt wird, so dass arbeitsrechtliche Beziehungen nicht bestehen, oder ob sie trotz der verbandsrechtlichen Beziehung im Rahmen eines Arbeitsverhältnisses geleistet wird:

139 a) Die **Mitarbeit eines Ehegatten** aus der Pflicht zur ehelichen Lebensgemeinschaft und die Dienstleistungen **eines Kindes** in Haus und Geschäft nach § 1619 BGB werden durch familienrechtliche Bindungen geprägt, so dass Arbeitsrecht hier keine Anwendung findet. Es kann aber auch mit ihnen ein Arbeitsverhältnis bestehen, so dass sie Arbeitnehmer sind (vgl. *Fenn,* Die Mitarbeit in den Diensten Familienangehöriger, 1970, S. 239 ff.; *Richardi,* FS Schwab 2005, S. 1027 ff.). Aber auch wenn sie Arbeitnehmer sind, gehören sie, soweit die Voraussetzungen des Abs. 2 Nr. 5 erfüllt sind, nicht zur Belegschaft.

140 b) **Gesellschafter,** die auf Grund ihrer sich aus dem Gesellschaftsvertrag ergebenden Verpflichtung tätig werden, sind ebenfalls keine Arbeitnehmer. Jedoch ist es möglich, dass zwischen der Gesellschaft und einem Gesellschafter ein Arbeitsverhältnis besteht (s. Rn. 165). Vor allem ein Kommanditist kann zugleich Arbeitnehmer der KG sein; er kann dann, aber auch nur dann, sogar zur vom Betriebsrat repräsentierten Belegschaft gehören.

141 c) Die Intensität einer mitgliedschaftlichen Bindung kann auch sonst ein Arbeitsverhältnis ausschließen, z. B. bei **Ordensangehörigen und Diakonissen** (s. ausführlich Rn. 177).

142 Keine Arbeitnehmerin ist weiterhin eine **Rot-Kreuz-Schwester,** wenn sie in Einrichtungen arbeitet, die von ihrem Verband selbst betrieben werden; denn in diesem Fall leistet sie die Arbeit auf Grund ihrer Zugehörigkeit zu der Schwesternschaft (vgl. auch BAG 3. 6. 1975 AP BetrVG 1972 § 5 Rotes Kreuz Nr. 1; 20. 2. 1986 AP BetrVG 1972 § 5 Rotes Kreuz Nr. 2; 6. 7. 1995 AP ArbGG 1979 Nr. 22). Wird sie dagegen in anderen Einrichtungen tätig, so gehört sie zu deren Belegschaft, wenn sie mit dem Rechtsträger der Einrichtung einen Arbeitsvertrag abschließt. Aber auch wenn sie auf Grund eines Gestellungsvertrags mit der Schwesternschaft tätig wird, schließt die Intensität der mitgliedschaftlichen Bindung lediglich ein Arbeitsverhältnis zur Schwesternschaft aus, nicht aber die Annahme arbeitsrechtlicher Beziehungen zum Krankenhausträger (a. A. BAG 20. 2. 1986 AP BetrVG 1972 § 5 Rotes Kreuz Nr. 2). Es handelt sich um den Sonderfall eines mittelbaren Arbeitsverhältnisses, der sich vom Leiharbeitsverhältnis dadurch unterscheidet, dass der Dienstverschaffende zum Dienstleistenden nicht in einem Arbeitsverhältnis steht (s. Rn. 111). Soweit der Betriebsinhaber über den Arbeitseinsatz wie bei einer Arbeitnehmerüberlassung entscheiden kann, gehören die Rot-Kreuz-Schwestern zu der vom Betriebsrat repräsentierten Belegschaft. Abs. 2 Nr. 3 BetrVG findet auf sie keine Anwendung (s. auch Rn. 178).

143 Sind bei der Schwesternschaft Pflegekräfte (sog. **Gastschwestern**) durch Arbeitsvertrag angestellt, so sind sie Arbeitnehmer. Werden sie auf Grund des Gestellungsvertrags mit der Schwesternschaft in einem Krankenhaus beschäftigt, so sind sie dem dort bestehenden Betriebsrat betriebsverfassungsrechtlich zuzuordnen. Das gilt auch, wenn die Schwesternschaft nur Mitbetreiberin des Krankenhauses ist (ebenso BAG 14. 12. 1994 AP BetrVG 1972 § 5 Rotes Kreuz Nr. 3).

5. Arbeitsleistung auf Grund eines Werk- oder freien Dienstvertrags

a) **Unternehmer als Hilfsperson des Betriebsinhabers.** Arbeit für den Betriebsinhaber muss, selbst wenn sie eine Betriebsaufgabe erfüllt, nicht zur Folge haben, dass mit ihm ein Arbeitsverhältnis begründet wird (s. Rn. 91 f.). Deshalb ist es auch möglich, dass Unternehmer als Hilfspersonen für den Betriebsinhaber tätig werden. Zu ihnen zählt insbesondere der **Handelsvertreter,** der ständig damit betraut ist, für ihn Geschäfte zu vermitteln oder in dessen Namen abzuschließen (§ 84 Abs. 1 Satz 1 HGB). Hier besteht aber das Problem der Abgrenzung zum Handlungsgehilfen, der Arbeitnehmer ist. Nach § 84 Abs. 1 Satz 2 HGB ist darauf abzustellen, dass der Handelsvertreter im Wesentlichen frei seine Tätigkeit gestalten und seine Arbeitszeit bestimmen kann (s. auch Rn. 24). 144

Für den **Handelsvertretervertrag** enthalten §§ 84 ff. HGB einen besonders gestalteten Sozialschutz, der nichts daran ändert, dass der Handelsvertreter kein Arbeitnehmer, sondern ein selbständiger Gewerbetreibender ist. Nur bei Erfüllung zusätzlicher Voraussetzungen wird er als **arbeitnehmerähnliche Person** teilweise in den Geltungsbereich des Arbeitsrechts, nicht aber der Betriebsverfassung einbezogen. Das gilt für die in § 92 a HGB genannten Handelsvertreter, die vertraglich nicht für weitere Unternehmer tätig werden dürfen oder denen dies nach Art und Umfang der von ihnen verlangten Tätigkeit nicht möglich ist (Einfirmenvertreter), soweit für sie durch Rechtsverordnung die untere Grenze der vertraglichen Leistungen des Unternehmers festgesetzt ist, um ihre notwendigen sozialen und wirtschaftlichen Bedürfnisse sicherzustellen. 145

b) **Freie Mitarbeiter** sind ebenfalls **keine Arbeitnehmer** (s. zur Abgrenzung Rn. 37 ff.). Möglich ist, dass auch sie zu den **arbeitnehmerähnlichen Personen** gehören. Eine Legaldefinition der arbeitnehmerähnlichen Personen enthält § 12 a TVG, der die Möglichkeit eröffnet, dass für die dort genannten Personen deren Verbände Tarifverträge abschließen (vgl. *Richardi*, MünchArbR § 20 Rn. 4). Betriebsverfassungsrechtlich gehören aber freie Mitarbeiter **nicht zu der vom Betriebsrat repräsentierten Belegschaft,** auch wenn sie gemäß § 12 a TVG arbeitnehmerähnliche Personen sind. 146

c) Auch **Heimarbeiter und Hausgewerbetreibende** sind **keine Arbeitnehmer.** Sie gehören zu den **arbeitnehmerähnlichen Personen,** soweit das Heimarbeitsgesetz auf sie Anwendung findet. Im Gegensatz zu den anderen arbeitnehmerähnlichen Personen werden sie der vom Betriebsrat repräsentierten Belegschaft zugeordnet, wenn sie in der Hauptsache für den Betrieb arbeiten (Abs. 1 Satz 2; s. Rn. 117 ff.). 147

6. Organmitglieder

Wer bei einer juristischen Person Mitglied des Organs ist, das zur gesetzlichen Vertretung berufen ist, steht nicht in einem Arbeitsverhältnis zu der juristischen Person, sondern repräsentiert diese unmittelbar als Arbeitgeber. Daher bestimmt Abs. 2 Nr. 1, dass sie nicht als Arbeitnehmer i. S. dieses Gesetzes gelten (s. Rn. 155 ff.). Für die Betriebsverfassung kann deshalb offen bleiben, ob und unter welchen Voraussetzungen Organmitglieder juristischer Personen zu den Arbeitnehmern gezählt werden können (vgl. *Richardi*, MünchArbR § 17 Rn. 53 ff.). 148

Der **Geschäftsführer einer GmbH** ist **betriebsverfassungsrechtlich nicht zugleich Arbeitnehmer der GmbH.** War er vor seiner Bestellung Arbeitnehmer der GmbH, so ist im Zweifel das bisherige Arbeitsverhältnis aufgehoben. Aber auch wenn es bis zur Beendigung der Organmitgliedschaft ruht, zählt der Geschäftsführer nicht zu den Arbeitnehmern i. S. dieses Gesetzes. Gehört die GmbH zu einem Konzern, so ist es möglich, dass ein Arbeitsvertrag mit einem anderen Konzernunternehmen besteht. Da das Arbeitsverhältnis aber ruht, ist er dort nicht als Arbeitnehmer eingeordnet. Bei einer **GmbH & Co KG** prägt die Organstellung des Geschäftsführers auch das Verhältnis zur KG; der 149

Geschäftsführer der Komplementär-GmbH ist nicht Arbeitnehmer der KG, zu deren Vertretung er gemäß §§ 161 Abs. 2, 125, 170 HGB i. V. mit § 35 Abs. 1 Satz 3 GmbHG berufen ist, auch wenn der Geschäftsführervertrag mit der KG abgeschlossen ist (ebenso zu § 5 Abs. 1 Satz 3 ArbGG BAG 20. 8. 2003 AP ArbGG 1979 § 5 Nr. 58; vgl. *Karsten Schmidt,* GS Heinze 2005, S. 757 ff.).

7. Arbeitnehmereigenschaft bei einem Franchise-Vertrag

150   Als Franchise bezeichnet die EG-Verordnung 4087/88 vom 30. 11. 1988 (ABlEG L 359 S. 46) eine Gesamtheit von Rechten an gewerblichem oder geistigem Eigentum wie Warenzeichen, Handelsnamen, Ladenschilder, Gebrauchsmuster, Geschmacksmuster, Urheberrechte, Know-how oder Patente, die zum Zweck des Weiterverkaufs von Waren oder der Erbringung von Dienstleistungen an Endverbraucher genutzt wird (Art. 1 Nr. 3 lit. a). Der Franchise-Vertrag begründet ein Dauerschuldverhältnis, das dem Franchisenehmer die Erlaubnis einräumt, diese Schutzrechte zum Zweck der Vermarktung bestimmter Waren oder Dienstleitungen zu nutzen. Der Franchisegeber erhält dafür ein Entgelt; außerdem sichert er sich Kontrollrechte, um die Einheit des Waren- und Leistungsvertriebs zu gewährleisten.

151   In der Praxis am häufigsten anzutreffen sind **subordinativ strukturierte Franchise-Verträge,** in denen sich der Franchisenehmer zur Absatzförderung nach den Richtlinien und Anweisungen des Franchisegebers verpflichtet, die wirtschaftlichen Folgen seiner fremdbestimmten Tätigkeit jedoch selbst trägt. Nach dem Grad der Weisungsunterworfenheit soll sich richten, ob der Franchisenehmer Arbeitnehmer ist (BAG 16. 7. 1997, AP ArbGG 1979 § 5 Nr. 37 [Eismann]; LAG Düsseldorf, NJW 1988, 725; *Nagel,* FS Däubler 1999, S. 100 ff.; unter Modifizierung des Arbeitnehmerbegriffs, ob jemand auf Grund persönlicher Abhängigkeit keine Chance wahrnehmen kann, das ihm nach der Vertragsgestaltung auferlegte Unternehmerrisiko unternehmerisch zu beeinflussen, *Gittermann,* Arbeitnehmerstatus, S. 79 ff.; weiterhin von seinem Begründungsansatz für die Arbeitnehmereigenschaft *Wank,* Arbeitnehmer und Selbständige, S. 281 ff.). Damit wird verkannt, dass ein Arbeitsverhältnis nur vorliegt, wenn Vertragsgegenstand die Erbringung von Diensten ist. Keineswegs genügt es, dass jemand sich verpflichtet, seinen Betrieb ganz oder in bestimmten Bereichen nach den Richtlinien und Anweisungen eines anderen einzurichten und zu führen (ebenso *Franzen,* FS 50 Jahre BAG 2004, S. 31, 45 ff.).

152   Wenn jedoch der Franchisenehmer dem Franchisegeber zu **Dienstleistungen verpflich**tet ist, durch die er ihm zur Verfügung steht, wird die Annahme eines Arbeitsverhältnisses nicht dadurch ausgeschlossen, dass der Dienstverpflichtete in diesem Fall auch den für einen Franchisevertrag kennzeichnenden Rechtsbindungen unterliegt (vgl. BAG 16. 7. 1997 AP ArbGG 1979 § 5 Nr. 37).

VIII. Konkretisierung des betriebsverfassungsrechtlichen Arbeitnehmerbegriffs durch die Ausklammerung des in Abs. 2 genannten Personenkreises

1. Bedeutung des Abs. 2 für den Arbeitnehmerbegriff

153   Das BetrVG geht von einem allgemeinen Arbeitnehmerbegriff aus, ohne ihn zu definieren. Abs. 2 zählt lediglich eine Reihe von Personen auf, die innerhalb der Betriebsgemeinschaft stehen, aber nicht als Arbeitnehmer i. S. dieses Gesetzes gelten. Außerdem bestimmt Abs. 3 Satz 1, dass das BetrVG auf die dort in Satz 2 definierten leitenden Angestellten keine Anwendung findet, soweit in ihm nicht ausdrücklich etwas anderes bestimmt ist. In § 4 Abs. 2 lit. c BetrVG 1952 war dagegen auch dieser Personenkreis als Nichtarbeitnehmer bezeichnet. Die besondere Regelung in Abs. 3 soll eine nur für die

B. Betriebsverfassungsrechtlicher Arbeitnehmerbegriff § 5

Zwecke des BetrVG geltende Umschreibung des Arbeitnehmerbegriffs vermeiden (BT-Drucks. VI/1786, S. 36). Das ist jedoch in doppelter Hinsicht zweifelhaft: Der leitende Angestellte gehört nicht zur Belegschaft des BetrVG und fällt deshalb nicht unter den Begriff des Arbeitnehmers, soweit das Gesetz auf ihn abstellt (s. Rn. 263). Die in Abs. 2 genannten Personen sind zwar überwiegend keine Arbeitnehmer, aber die in Nr. 3 bis 5 aufgeführten Personen können in einem Arbeitsverhältnis stehen und fallen dann unter den allgemeinen Arbeitnehmerbegriff. Aber auch für diesen Fall gelten sie nicht als Arbeitnehmer i. S. dieses Gesetzes.

Für das BetrVG ist also ein **besonderer Arbeitnehmerbegriff** maßgebend, der **vom** 154 **Profil des Betriebsverfassungsrechts geprägt** wird. Dieser normative Gesichtspunkt muss bei der Auslegung, wer als Arbeitnehmer i. S. des BetrVG in Betracht kommt, beachtet werden, und er ist der entscheidende Grund für die in Abs. 2 und 3 enthaltenen Beschränkungen.

2. Mitglieder des Vertretungsorgans einer juristischen Person (Nr. 1)

a) Wer bei einer juristischen Person Mitglied des Organs ist, das zur gesetzlichen 155 Vertretung berufen ist, repräsentiert für die Betriebsverfassung den Arbeitgeber. Daraus zieht Nr. 1 die Konsequenz, wenn er bestimmt, dass im Betrieb einer juristischen Person die Mitglieder des Organs, das zur gesetzlichen Vertretung der juristischen Person berufen ist, nicht als Arbeitnehmer i. S. dieses Gesetzes gelten. Es kann daher für die Betriebsverfassung offen bleiben, ob und unter welchen Voraussetzungen Organmitglieder ausnahmsweise zu den Arbeitnehmern gehören (vgl. *Richardi*, MünchArbR § 17 Rn. 55 ff.). Das Gesetz stellt darauf ab, wer **Mitglied des Organs** ist, das zur **gesetzlichen Vertretung** berufen ist. Dabei kommt es auf die *ordnungsmäßige Vertretung* an, nicht auf eine außergewöhnliche Berufung zur Vertretung. Mitglieder des Aufsichtsrats zählen daher nicht hierher, obgleich der Aufsichtsrat zum Teil neben dem Vorstand, so etwa bei Klagen auf Anfechtung eines Hauptversammlungsbeschlusses, zum Teil, wenn es sich um Geschäfte gegenüber dem Vorstand handelt, allein zur Vertretung der Aktiengesellschaft berufen ist.

b) aa) Bei **Aktiengesellschaften** sind gesetzliche Vertreter die Vorstandsmitglieder (§ 78 156 Abs. 1 AktG), und zwar alle Mitglieder des Vorstands, auch dann, wenn ein Vorsitzender des Vorstands bestellt ist (§ 84 Abs. 2 AktG). Nur die Mitglieder des Vorstands sind gesetzliche Vertreter, nicht die des Aufsichtsrats, auch nicht der Aufsichtsratsvorsitzende. Während der Abwicklung (§ 264 AktG) sind die Abwickler (§ 269 Abs. 1 AktG), in der Regel die bisherigen Vorstandsmitglieder, gesetzliche Vertreter. Ist eine juristische Person als Abwickler berufen, so sind deren gesetzliche Vertreter gemeint.

bb) Bei **Kommanditgesellschaften auf Aktien** sind gesetzliche Vertreter nur die Kom- 157 plementäre, nie die Kommanditaktionäre (§ 278 Abs. 2 AktG i. V. mit § 170 HGB). Ob alle Komplementäre oder nur einzelne gesetzliche Vertreter sind, ergibt sich aus der Satzung (§ 278 Abs. 2 AktG i. V. mit § 161 Abs. 2, 125 HGB). Aber auch die von der Vertretung ausgeschlossenen Komplementäre sind keine Arbeitnehmer; denn sie sind selbst Mitunternehmer. Die Kommanditaktionäre dagegen können ebenso wie die Aktionäre Arbeitnehmer sein. Während der Abwicklung sind alle Komplementäre gesetzliche Vertreter, außerdem die von der Hauptversammlung der Kommanditaktionäre bestellten Personen (§ 290 Abs. 1 AktG).

cc) Bei **Gesellschaften mit beschränkter Haftung** sind gesetzliche Vertreter die Ge- 158 schäftsführer (§ 35 Abs. 1 GmbHG; s. auch Rn. 149), in der Liquidation die Liquidatoren (§ 70 Satz 1 GmbHG).

dd) Bei **Genossenschaften** sind Mitglieder des vertretungsberechtigten Organs die 159 Vorstandsmitglieder (§ 24 Abs. 1 GenG), in der Liquidation die Liquidatoren (§ 88 Satz 1 GenG).

160 ee) Bei **Versicherungsvereinen auf Gegenseitigkeit** sind gesetzliche Vertreter die Vorstandsmitglieder (§ 34 Abs. 1 Satz 2 VAG i. V. mit § 78 Abs. 1 AktG), in der Liquidation die Liquidatoren (§ 47 Abs. 3 Satz 1 VAG i. V. mit § 269 Abs. 1 AktG).

161 ff) Bei **rechtsfähigen Vereinen** sind die Mitglieder des vertretungsberechtigten Organs die Vorstandsmitglieder (§ 26 BGB), gleichgültig ob es sich um einen eingetragenen oder konzessionierten Verein handelt (§§ 21, 22 BGB). Auch der Sondervertreter i. S. des § 30 BGB ist Mitglied des vertretungsberechtigten Organs i. S. der Nr. 1.

162 gg) Bei **Stiftungen** wird deren Verfassung durch das Stiftungsgeschäft bestimmt (§ 85 BGB). Notwendiges Stiftungsorgan ist der Vorstand, der für die Stiftung die Stellung des gesetzlichen Vertreters hat (§ 86 Satz 1 i. V. mit § 26 BGB).

163 c) Bei **ausländischen juristischen Personen** bestimmt sich die Frage, wer gesetzlicher Vertreter ist, nach dem Heimatrecht, d. h. dem Recht des Staats, wo die juristische Person ihren Verwaltungssitz hat. Handelt es sich um eine **Europäische Gesellschaft (SE)**, so gilt für sie die EG-Verordnung 2157/2001, die der Gesellschaft die Möglichkeit eröffnet, für ihre Organisation entweder ein Aufsichtsorgan und ein Leitungsorgan (dualistisches System) oder ein Verwaltungsorgan (monoistisches System) zu wählen (Art. 38 lit. b). Beim dualistischen System sind gesetzliche Vertreter der Gesellschaft in Anlehnung an die Regelung des Aktiengesetzes die Mitglieder des Leitungsorgans (Art. 39). Bei einem monistischen System vertreten die vom Verwaltungsorgan bestellten geschäftsführenden Direktoren die Gesellschaft gerichtlich und außergerichtlich (§ 41 Abs. 1 SEAG).

3. Mitglieder einer Personengesamtheit (Nr. 2)

164 a) Anders als nach § 4 Abs. 2 lit. b BetrVG 1952 bestimmt das Gesetz ausdrücklich, dass **Gesellschafter einer offenen Handelsgesellschaft** und **Mitglieder einer anderen Personengesamtheit** nur dann nicht als Arbeitnehmer i. S. des BetrVG gelten, wenn sie durch Gesetz, Satzung oder Gesellschaftsvertrag zur **Vertretung der Personengesamtheit** oder zur **Geschäftsführung berufen** sind. Nach dem Wortlaut des Gesetzes kann man zwar Zweifel haben, ob diese Einschränkung auch für die Gesellschafter einer offenen Handelsgesellschaft gilt; der Gesetzgeber geht aber offensichtlich davon aus, wenn er betont, dass bei den nicht zur Vertretung oder zur Geschäftsführung berufenen Gesellschaftern der Arbeitnehmercharakter überwiege (BT-Drucks. VI/1786, S. 36).

165 Ein **Umkehrschluss**, dass die nicht unter Nr. 2 fallenden Gesellschafter oder Mitglieder einer anderen Personengesamtheit stets Belegschaftsangehörige sind, ist jedoch **nicht zulässig**. Voraussetzung für die Zugehörigkeit zur Belegschaft ist auch bei ihnen, dass sie zu der Gesellschaft oder nicht rechtsfähigen Personengesamtheit in einem Arbeitsverhältnis stehen (vgl. *Diller*, Gesellschafter und Gesellschaftsorgane als Arbeitnehmer, S. 259 ff.).

166 b) Die Bestimmung in Nr. 2 dient daher nur der Klarstellung; denn die dort genannten Personen sind nicht Arbeitnehmer, sondern der Arbeitgeber selbst. Im Einzelnen handelt es sich um folgenden Personenkreis, der als Belegschaftsangehöriger ausscheidet:

167 aa) Bei der **offenen Handelsgesellschaft** sind das alle Gesellschafter, es sei denn, dass ihnen ausnahmsweise durch Gesellschaftsvertrag die Geschäftsführungsbefugnis oder die Vertretungsmacht entzogen ist (§§ 114, 115, § 125 HGB).

168 bb) Dasselbe gilt bei der **Kommanditgesellschaft** für die **Komplementäre** (s. auch Rn. 149), **nicht** aber für die **Kommanditisten**, weil sie, wenn der Gesellschaftsvertrag nichts anderes bestimmt, von der Geschäftsführungsbefugnis und Vertretungsmacht für die Gesellschaft ausgeschlossen sind (§§ 164, 170 HGB). Eine Ausnahme gilt daher beispielsweise nur bei einer kapitalistischen Kommanditgesellschaft, wenn der Kommanditist auf Grund des Gesellschaftsvertrags die Geschäfte der Kommanditgesellschaft führt.

Bei der **Partnerschaft nach dem PartGG** werden alle Partner erfasst (§ 6 Abs. 2 und 3 PartGG i. V. mit §§ 114, 115 HGB, § 7 Abs. 3 Part GG i. V. mit § 125 Abs. 1, 3 und 4 HGB). **169**

cc) Bei der **Reederei** scheiden alle Mitreeder aus, nicht nur der Korrespondentreeder (§ 493 HGB). **170**

dd) Bei der **Gesellschaft des bürgerlichen Rechts** sind, wenn es bei der gesetzlichen Regelung bleibt, alle Gesellschafter zur Geschäftsführung und Vertretung berufen; eine Ausnahme kommt also nur in Betracht, wenn Gesellschafter nach dem Gesellschaftsvertrag weder an der Geschäftsführung noch an der Vertretung der Gesellschaft beteiligt sind (§§ 709, 714 BGB). **171**

ee) Bei **nichtrechtsfähigen Vereinen** ergibt sich trotz der Verweisung auf das Recht der BGB-Gesellschaft aus der körperschaftlichen Verfassung, dass die Mitglieder überwiegend keine Funktion in der Geschäftsführung und Vertretung für den Verein ausüben; sie können in diesem Fall zur Belegschaft gehören, wenn sie mit dem Verein in einem Arbeitsverhältnis stehen. Ausgeklammert sind also nur die Mitglieder, die für den Verein eine Funktion hinsichtlich der Geschäftsführung und Vertretung ausüben. **172**

ff) Bei einer **Erbengemeinschaft** scheiden alle Miterben aus (§ 2038 Abs. 1 BGB). **173**

gg) Bei **ehelicher Gütergemeinschaft** fallen unter Nr. 2 beide Ehegatten nur bei gemeinschaftlicher Verwaltung, sonst nur der Ehegatte, der das Gesamtgut allein verwaltet (§ 1421 BGB), bei fortgesetzter Gütergemeinschaft stets nur der überlebende Ehegatte, nicht die Abkömmlinge (§ 1487 Abs. 1 BGB). Jedoch fallen Ehegatte sowie Verwandte und Verschwägerte ersten Grades, auch wenn mit ihnen ein Arbeitsverhältnis besteht, unter Nr. 5 (s. Rn. 181 f.). **174**

c) Bei **ausländischen nichtrechtsfähigen Personengesamtheiten** gilt dasselbe wie bei inländischen nichtrechtsfähigen Personengesamtheiten. Die Frage, wer zur Geschäftsführung oder Vertretung berufen ist, bestimmt sich nach dem Personalstatut. **175**

4. Nichterwerbsdienliche Beschäftigung aus karitativen oder religiösen Gründen (Nr. 3)

Nicht zu den Arbeitnehmern i. S. des BetrVG gehören Personen, deren Beschäftigung **nicht** in erster Linie ihrem **Erwerb** dient, sondern **vorwiegend** durch **Beweggründe karitativer oder religiöser Art** bestimmt ist (Nr. 3). Der Gesetzgeber berücksichtigt, dass die primär nicht erwerbsdienliche Beschäftigung, wenn sie religiös oder karitativ motiviert ist, zu einer betriebssoziologischen Sonderstellung führt: Personen, die sie verrichten, stehen derart unter den Bindungen der von ihnen selbst gewählten Lebensordnung, dass sie für die Betriebsverfassung nicht als Arbeitnehmer gelten können (vgl. auch *Mayer-Maly*, Erwerbsabsicht und Arbeitnehmerbegriff, S. 45 f.). **176**

a) In Betracht kommen vor allem **Mitglieder von Orden und Säkularinstituten** der katholischen Kirche (vgl. can. 573 CIC) sowie evangelische **Diakonissen** (vgl. *G. Müller*, Zum Recht des Ordensvertrages, 1956, S. 41). Soweit sie in kirchlichen Einrichtungen tätig sind (vgl. zur Zuordnung *Richardi*, Arbeitsrecht in der Kirche, 5. Aufl. 2009, § 3 Rn. 11 ff.), sind sie sogar überhaupt von der Geltung des Arbeitsrechts ausgenommen, weil sie „in einem so engen Verhältnis zur Kirche stehen, dass sie mit der von ihnen gewählten Lebensform einen Stand der Kirche bilden" (BAG 14. 2. 1978 AP GG Art. 9 Nr. 26; 25. 4. 1978 AP GG Art. 140 Nr. 2; vgl. auch *Richardi*, a. a. O., § 5 Rn. 6 ff.). Aber auch wenn sie über ihren Verband auf Grund eines Gestellungsvertrags in einem Betrieb tätig werden, der nicht unter § 118 Abs. 2 fällt, stehen sie im Allgemeinen in keinem Vertragsverhältnis als Arbeitnehmer zum Betriebsinhaber (s. auch Rn. 110 f.). Nach den sonst für diesen Fall geltenden Kriterien können sie jedoch wie ein Arbeitnehmer in den Betrieb eingeordnet sein (s. Rn. 99). Für diesen Fall hat Nr. 3 selbständige Bedeutung. Er stellt klar, dass dieser Personenkreis nicht als Arbeitnehmer i. S. des BetrVG gilt, da seine Beschäftigung nicht in erster Linie ihrem Erwerb dient, sondern **177** vorwiegend durch Beweggründe karitativer oder religiöser Art bestimmt ist. Für die Beantwortung der Frage, ob die Beschäftigung in erster Linie dem Erwerb dient, kommt es aber nicht auf die *Erwerbsabsicht,* sondern auf die *Erwerbsdienlichkeit* an, also nicht der Wille des Beschäftigten, sondern ein objektiver Funktionszusammenhang ist maßgebend (vgl. dazu *Mayer-Maly,* Erwerbsabsicht und Arbeitnehmerbegriff, S. 21 ff.). Erst dann, wenn die Beschäftigung objektiv nicht in erster Linie dem Erwerb dient, ist weiterhin entscheidend, ob sie vorwiegend durch Beweggründe karitativer oder religiöser Art bestimmt ist.

178   b) **Nicht** unter Nr. 3 fallen **Krankenschwestern**, die sich zu einem weltlichen Schwesternverband mit Gesellschaftscharakter zusammengeschlossen haben, insbesondere auch nicht **Rot-Kreuz-Schwestern** (ebenso *Fitting,* § 5 Rn. 293; GK-*Raab,* § 5 Rn. 84; GL-*Löwisch,* § 5 Rn. 26; offengelassen BAG 3. 6. 1975 AP BetrVG 1972 § 5 Rotes Kreuz Nr. 1). Rot-Kreuz-Schwestern stehen zwar in keinem Arbeitsverhältnis zum Deutschen bzw. Bayerischen Roten Kreuz (s. Rn. 142). Daraus darf aber nicht abgeleitet werden, dass sie in keinem Arbeitsverhältnis zum *Rechtsträger des Krankenhauses* stehen können, in dem sie tätig sind. Das gilt nicht nur für den Fall, dass die Rot-Kreuz-Schwester einen Arbeitsvertrag mit dem Rechtsträger des Krankenhauses abschließt, sondern das gilt auch für den Fall, dass ein Gestellungsvertrag mit der Schwesternschaft abgeschlossen wird und die einzelne Schwester auf Grund dieser Regelung im Krankenhaus tätig wird. Die Intensität der mitgliedschaftlichen Bindung schließt lediglich ein Arbeitsverhältnis zur *Schwesternschaft* aus, nicht aber die Annahme arbeitsrechtlicher Beziehungen zum *Krankenhausträger* (a. A. BAG 20. 2. 1986 AP BetrVG 1972 § 5 Rotes Kreuz Nr. 2; s. auch Rn. 142). Soweit sie bestehen, gehört die Schwester als Arbeitnehmerin zu der vom Betriebsrat repräsentierten Belegschaft. Sie fällt nicht unter Nr. 3; denn für die Ausklammerung ist allein maßgebend, wie das *Dienstverhältnis* gestaltet ist, während es nicht darauf ankommt, dass Wesen und Wirkung der *Organisation,* der die Beschäftigten als Mitglieder angehören, karitativen Charakter haben (so aber *Nikisch,* FS A. Hueck 1959, S. 1, 6; dagegen zutreffend *Mayer-Maly,* Erwerbsabsicht und Arbeitnehmerbegriff, S. 15 ff.).

5. Nichterwerbsdienliche Beschäftigung aus medizinischen oder erzieherischen Gründen (Nr. 4)

179   Ausgenommen sind weiterhin **Personen**, deren Beschäftigung **nicht in erster Linie ihrem Erwerb** dient und die vorwiegend zu ihrer **Heilung, Wiedereingewöhnung, sittlichen Besserung oder Erziehung beschäftigt** werden (Nr. 4). Voraussetzung ist wie in Nr. 3, dass der Beschäftigte keine Vergütung erhält, wie sie einer marktgerechten Bewertung der Arbeitsleistung entspricht (vgl. BAG 25. 10. 1989 AP BetrVG 1972 § 5 Nr. 40); aber anders als bei der karitativ und religiös motivierten Arbeit kommt es hier nicht auf die Beweggründe des *Beschäftigten,* sondern auf die Zielsetzung der die Beschäftigung gestaltenden *Institution* an (ebenso *Mayer-Maly,* Erwerbsabsicht und Arbeitnehmerbegriff, S. 28 f.). Die Bestimmung dient daher lediglich der Klarstellung, da dieser Personenkreis auch sonst nicht als Arbeitnehmer angesehen wird. Von Nr. 4 erfasst werden Personen, bei denen die Beschäftigung als Mittel zur Behebung physischer, psychischer oder sonstiger in der Person des Beschäftigten liegender Mängel eingesetzt wird (so zutreffend BAG a. a. O.). Zu ihnen gehören Personen, die aus medizinischer Indikation (d. h. zu Heilungszwecken, Rehabilitation) beschäftigt werden, weiterhin Personen, die vorwiegend aus arbeitstherapeutischen Gründen beschäftigt werden, nicht aber Personen, denen durch ein Modellprogramm, z. B. ein Förderprogramm für Frauen in der Lebensmitte, Gelegenheit gegeben wird, Fachkenntnisse zu erwerben; denn die Beschäftigung steht in diesem Fall nicht unter der Zielbestimmung der Wiedereingewöhnung, sondern der Vermittlung beruflicher Kenntnisse und Fertigkeiten (so BAG a. a. O. für die von einem Arbeitgeber beschäf-

tigten Teilnehmerinnen eines Modellprogramms „Neuer Start durch soziales Engagement"). Wie bei den Zielen der Heilung, sittlichen Besserung oder Erziehung geht es auch beim Ziel der Wiedereingewöhnung darum, dass die Beschäftigung als Mittel zur Behebung eines in der Person des Beschäftigten liegenden Mangels eingesetzt wird, also aus arbeitstherapeutischen Gründen erfolgt, um Personen, die jedweder geregelten Arbeit entwöhnt sind oder sich nie an solche Arbeit gewöhnt haben, an geregelte Arbeit heranzuführen (so BAG a. a. O.).

Bei einer **staatlich anerkannten Werkstatt für behinderte Menschen** ist zu unterscheiden, ob der behinderte Mensch dort auf Grund eines Arbeitsvertrags oder eines sog. Werkstattvertrags (vgl. § 138 SGB IX) tätig wird. Im ersteren Fall ist er Arbeitnehmer i. S. des Gesetzes; er fällt auch nicht unter Abs. 2 Nr. 4. Wenn er dagegen auf Grund eines Werkstattvertrags beschäftigt wird, steht er zu dem Rehabilitationsträger in einem arbeitnehmerähnlichen Rechtsverhältnis (§ 138 Abs. 1 SGB IX), dessen Gestaltung es ausschließt, ihn als Arbeitnehmer i. S. des Gesetzes anzusehen. Für Werkstattbeschäftigte besteht eine eigene Vertretung, der Werkstattrat. Für ihn gilt die Werkstätten-Mitwirkungsverordnung (WMVO) vom 25. 6. 2001 (BGBl. I S. 1297). 180

6. Familienangehörige des Arbeitgebers (Nr. 5)

a) Keine Mitglieder der Belegschaft sind schließlich der **Ehegatte, der Lebenspartner** i. S. des Lebenspartnerschaftsgesetzes, **Verwandte und Verschwägerte ersten Grades,** die in **häuslicher Gemeinschaft mit dem Arbeitgeber leben,** auch wenn sie ausnahmsweise zu ihm in einem Arbeitsverhältnis stehen (Nr. 5). Da es Verwandte ersten Grades in der Seitenlinie nicht gibt, gehören hierher nur Eltern im Verhältnis zu ihren Kindern und Kinder im Verhältnis zu ihren Eltern (§ 1589 BGB), auch nichteheliche Kinder und ihre Väter, nachdem § 1589 Abs. 2 BGB durch das Gesetz über die rechtliche Stellung der nichtehelichen Kinder vom 19. 8. 1969 (BGBl. I S. 1243) aufgehoben wurde; weiterhin fallen unter diese Bestimmung Schwiegerkinder und Schwiegereltern (§ 1590 BGB). Die Ehegatten bzw. Lebenspartner dürfen nicht getrennt leben; die Verwandten oder Verschwägerten müssen in häuslicher Gemeinschaft mit dem Arbeitgeber leben. Häusliche Gemeinschaft ist im gleichen Sinn wie in § 1619 BGB die Zugehörigkeit zum Hausstand zu verstehen. Der Betreffende muss im Hausstand des Arbeitgebers seinen Lebensmittelpunkt haben; nicht notwendig ist, dass er dort auch wohnt. Verwandte ersten Grades i. S. dieser Vorschrift sind auch Adoptivkinder (vgl. §§ 1754, 1770 BGB). 181

Ist der Arbeitgeber eine **Personengesamtheit,** z. B. OHG oder KG, so genügt es, wenn die Ehe, die eingetragene Lebenspartnerschaft oder das Verwandtschafts- oder Schwägerschaftsverhältnis zu einem Mitglied der Personengesamtheit besteht (vgl. ArbG Paderborn, BB 1953, 622). Notwendig ist allerdings, dass das Mitglied der Personengesamtheit unter Nr. 2 fällt, also zur Vertretung der Personengesamtheit oder zur Geschäftsführung berufen ist (ebenso *Fitting,* § 5 Rn. 305). Ist Arbeitgeber eine **juristische Person,** so findet Nr. 5 entsprechend Anwendung, wenn es sich um den Ehegatten eines Mitglieds des Vertretungsorgans handelt oder zu ihm das hier festgelegte Verwandtschaft- oder Schwägerschaftsverhältnis besteht (ebenso *Fitting,* § 5 Rn. 305; GK-*Raab,* § 5 Rn. 91; a. A. mit Ausnahme der Einmann-GmbH GL-*Löwisch,* § 5 Rn. 24). 182

b) Die Ausklammerung gilt **nicht** für **Verlobte** oder Personen, die mit dem Arbeitgeber in einem **eheähnlichen Verhältnis** leben. 183

Für **Verwandte** und **Verschwägerte in der Seitenlinie** und für Abkömmlinge und Verschwägerte zweiten Grades, also **Enkel** und deren Ehegatten, trifft das Gesetz ebenfalls keine Bestimmung. Werden sie als Arbeitnehmer beschäftigt, so gehören sie daher zur Belegschaft. 184

C. Die leitenden Angestellten

I. Bedeutung der Regelung in Abs. 3 und 4

1. Überblick über die Gesetzesregelung

185 Das Gesetz zur Änderung des BetrVG, über Sprecherausschüsse der leitenden Angestellten und zur Sicherung der Montan-Mitbestimmung vom 20. 12. 1988 (BGBl. I S. 2312) hat Abs. 3 neu gefasst (Art. 1 Nr. 1 lit. a) und Abs. 4 angefügt (Art. 1 Nr. 1 lit. b). Nach der Begründung der Gesetzesvorlage sah der Gesetzgeber sich dazu aufgerufen, weil in der Vergangenheit Auslegungsschwierigkeiten zu § 5 Abs. 3 BetrVG 1972 aufgetreten waren (BT-Drucks. 11/2503, S. 24). Eine Präzisierung war für ihn auch deshalb geboten, weil das Gesetz in Art. 2 das Gesetz über Sprecherausschüsse der leitenden Angestellten (Sprecherausschussgesetz – SprAuG) enthält, so dass nach seiner Meinung der Frage eine erhöhte Bedeutung zukommt, wer als Angestellter vom Betriebsrat und wer als leitender Angestellter vom Sprecherausschuss gegenüber dem Arbeitgeber vertreten wird. Das Gesetz zur Errichtung eines Bundesaufsichtsamtes für Flugsicherung und zur Änderung und Anpassung weiterer Vorschriften vom 29. 7. 2009 (BGBl. I S. 2424) hat Abs. 3 einen Satz 3 angefügt, um unter den Voraussetzungen des Abs. 3 Satz 2 den leitenden Angestellten auch zuzuordnen, wer auf Grund eines öffentlich-rechtlichen Dienstverhältnisses in Betrieben privater Rechtsträger tätig ist.

186 Nach Abs. 3 Satz 1 findet das **BetrVG**, soweit in ihm nicht ausdrücklich etwas anderes bestimmt ist, **keine Anwendung auf leitende Angestellte**. Für sie hat vielmehr das **Sprecherausschussgesetz (SprAuG)** eigene Vertretungen, die sog. **Sprecherausschüsse der leitenden Angestellten** geschaffen (vgl. *Bauer*, SprAuG, 2. Aufl. 1990; *Borgwardt/Fischer/Janert*, SprAuG, 2. Aufl. 1990; *Hromadka*, SprAuG, 1991; *Löwisch*, SprAuG, 2. Aufl. 1994). Abs. 3 Satz 2 enthält eine **Legaldefinition des leitenden Angestellten** durch Aufzählung von drei Tatbestandsgruppen. Den Grundtatbestand für die Abgrenzung der leitenden Angestellten bildet Nr. 3. Sie hat der Gesetzgeber völlig neu gefasst und für den Fall, dass bei ihrer Anwendung Zweifel bleiben, die Bestimmung in Abs. 4 angefügt, um die Anwendung der Nr. 3 zu erleichtern (BT-Drucks. 11/2503, S. 30). Es handelt sich um „Auslegungsregeln, die an formale, schnell feststellbare Merkmale anknüpfen", um eine Entscheidungshilfe zu geben, wenn die Zuordnung eines Angestellten nach dem funktionalen Grundtatbestand zweifelhaft bleibt (BT-Drucks. 11/2503, S. 30). Mit der Neufassung des Abs. 3 und Anfügung eines Abs. 4 hat der Gesetzgeber nach seiner Vorstellung den **Begriff des leitenden Angestellten präzisiert, ohne den Personenkreis der leitenden Angestellten zu erweitern oder einzuengen** (BT-Drucks. 11/3618, S. 8).

187 Die **Definitionsnorm für den Begriff des leitenden Angestellten** ist nur **§ 5 Abs. 3 Satz 2**, nicht Abs. 4. Die Begriffsbestimmung gilt nicht nur für das BetrVG, sondern auch das SprAuG nimmt in seinem § 1 Abs. 1 auf § 5 Abs. 3 BetrVG Bezug, um den Personenkreis der leitenden Angestellten abzugrenzen, für die Sprecherausschüsse gebildet werden können. Das MitbestG verweist in § 3 Abs. 1 ebenfalls auf die hier enthaltene Legaldefinition, um die leitenden Angestellten als eine eigene Gruppe unter den Angestellten für die Beteiligung der Arbeitnehmer im Aufsichtsrat der von diesem Gesetz erfassten Unternehmen abzugrenzen. Der Begriff ist daher im BetrVG und MitbestG identisch (ebenso BAG 29. 1. 1980 AP BetrVG 1972 § 5 Nr. 22). Für andere Gesetze hat dagegen die Legaldefinition keine Bedeutung. Sie bindet insbesondere auch nicht die Tarifvertragsparteien, sondern diese bestimmen im Rahmen ihrer Tarifzuständigkeit im Tarifvertrag, wer auf Grund seiner Tätigkeit nicht mehr unter den Geltungsbereich ihrer Regelung fällt (sog. **außertarifliche Angestellte**). Da aber bei den Beratungen des BetrVG

C. Die leitenden Angestellten § 5

1972 und beim Erlass des Sprecherausschussgesetzes 1988 Gegenstand heftiger Auseinandersetzungen war, wer zu den leitenden Angestellten zählt, hat die Bestimmung des § 5 Abs. 3 Satz 2 für zukünftige Gesetzesvorhaben Modellcharakter. So sieht § 18 Abs. 1 Nr. 1 ArbZG vor, dass dieses Gesetz nicht auf leitende Angestellte i. S. des § 5 Abs. 3 BetrVG anzuwenden ist.

2. Vorgeschichte der Gesetzesregelung

a) Während § 4 Abs. 2 lit. c BetrVG 1952 noch bestimmt hatte, dass leitende **188** Angestellte nicht als Arbeitnehmer i. S. des Gesetzes gelten, hat schon § 5 Abs. 3 BetrVG 1972 nicht mehr die Zugehörigkeit zu den Arbeitnehmern in Frage gestellt, sondern sich auf die Anordnung beschränkt, dass das Gesetz, soweit in ihm nicht ausdrücklich etwas anderes bestimmt ist, auf leitende Angestellte keine Anwendung findet. Lebhaft umstritten waren aber schon bei den **Beratungen des BetrVG 1972** die Abgrenzungskriterien (vgl. die zweite und dritte Beratung in der 150. Sitzung des Deutschen Bundestages am 10. 11. 1971, Sitzungsprotokolle des Deutschen Bundestages, 6. Wahlperiode, S. 8611 ff.; zu den Gesetzesvorschlägen ausführlich *Hromadka*, Recht der leitenden Angestellten, S. 259 ff.; *Rüthers/Stindt*, BB 1972, 974 ff.). Der Referentenentwurf hatte sich darauf beschränkt, lediglich „Personen, denen Generalvollmacht erteilt ist oder die die Geschäfte des Betriebes mit selbständiger Entscheidungsbefugnis führen, sowie Personen, die zur selbständigen Einstellung und Entlassung aller Arbeitnehmer des Betriebs berechtigt sind", nicht als Arbeitnehmer i. S. des BetrVG anzusehen (§ 5 Abs. 2 Nr. 3; abgedruckt in RdA 1970, 358). Diesem Vorschlag ist bereits der RegE nicht gefolgt, sondern hat den Kreis der leitenden Angestellten, für die das BetrVG nicht gilt, ähnlich weit gezogen wie nach dem BetrVG 1952 (vgl. BT-Drucks. VI/1786, S. 36). Erst im BT-Ausschuss für Arbeit und Sozialordnung erhielt Abs. 3 auf eine Empfehlung des Rechtsausschusses den Wortlaut, wie er Gesetz wurde (vgl. dazu den Ausschussbericht, *zu* BT-Drucks. VI/2729, S. 11 f.). Vor allem das subjektive Abgrenzungsmerkmal des „besonderen persönlichen Vertrauens des Arbeitgebers", das in § 4 Abs. 2 lit. c BetrVG 1952 enthalten war, wurde in Nr. 3 durch ein funktionsgebundenes Merkmal ersetzt: die *im Wesentlichen eigenverantwortliche Wahrnehmung* der Aufgaben. Dadurch sollte nach den Vorstellungen des Gesetzgebers eine eindeutigere Abgrenzung als nach § 4 Abs. 2 lit. c BetrVG 1952 gewährleistet werden, ohne den Personenkreis wesentlich zu verändern (vgl. die Begründung zum RegE, BT-Drucks. VI/1786, S. 36, und den Ausschussbericht, *zu* BT-Drucks. VI/2729, S. 11 f.). Außerdem wurde in den Gesetzestext eingefügt, dass die in Nr. 1–3 umschriebene Funktion nach Dienststellung und Dienstvertrag bestehen muss (vgl. dazu den Ausschussbericht, *zu* BT-Drucks. VI/2729, S. 11).

b) **§ 5 Abs. 3 BetrVG 1972** hatte **folgenden Wortlaut:** **189**
Dieses Gesetz findet, soweit in ihm nicht ausdrücklich etwas anderes bestimmt ist, keine Anwendung auf leitende Angestellte, wenn sie nach Dienststellung und Dienstvertrag

1. zur selbständigen Einstellung und Entlassung von im Betrieb oder in der Betriebsabteilung beschäftigten Arbeitnehmern berechtigt sind oder
2. Generalvollmacht oder Prokura haben
3. im Wesentlichen eigenverantwortlich Aufgaben wahrnehmen, die ihnen regelmäßig wegen deren Bedeutung für den Bestand und die Entwicklung des Betriebs im Hinblick auf besondere Erfahrungen und Kenntnisse übertragen werden.

Obwohl der Gesetzgeber der Meinung war, dass die von ihm gewählte Gesetzes- **190** fassung eine eindeutigere Abgrenzung als die bisherige Bestimmung des § 4 Abs. 2 lit. c BetrVG 1952 gewährleistet (s. Rn. 188), vertrat das **BAG** in seinem ersten Beschluss zu der Neuregelung die Auffassung, dass die für die hauptsächlich anwendbare Fallgruppe des § 5 Abs. 3 Nr. 3 BetrVG 1972 genannten Merkmale „keine

§ 5 Arbeitnehmer

justitiable Abgrenzung ermöglichen" (BAG 5. 3. 1974 AP BetrVG 1972 § 5 Nr. 1 [unter III 1 e]). Es schloss die vermeintliche Regelungslücke, indem es annahm, dass das Gesetz von einem **allgemeinen Begriff des leitenden Angestellten** ausgehe, der **als bekannt vorausgesetzt** werde. Seine Fahndung nach einem vorgegebenen Begriff des leitenden Angestellten endete aber mit einer **Fehlanzeige**. Nicht nur das Gesetzesrecht erwies sich als unergiebig, um einen allgemeinen Begriff des leitenden Angestellten zu bestimmen, sondern es gibt, wie das BAG in diesem Zusammenhang ausdrücklich festgestellt hat, „keine allgemeingültige und vor allem genügend eindeutige allgemeine Vorstellung oder Verkehrsanschauung, welche Tätigkeiten in welchen Betrieben (Unternehmen) oder dem Gesamtarbeits- und Wirtschaftsleben gemeinhin als leitend angesehen werden" (BAG a. a. O. [unter III 2 b]). Das BAG griff daher auf den Gesetzestext zurück, indem es feststellte, dass eine Auslegung des als gegeben vorausgesetzten Begriffs des leitenden Angestellten nicht isoliert von den in § 5 Abs. 3 BetrVG genannten drei Fallgruppen vorgenommen werden könne (BAG a. a. O. [unter III 3 a]). Dieser Regelung sei eine Leitlinie für das Bild des leitenden Angestellten zu entnehmen, das dem Gesetzgeber vorgeschwebt habe. Leitender Angestellter könne demnach nach Sinn und Zweck der die Nichtanwendung des BetrVG aussprechenden Vorschriften nur sein, wer **unternehmensbezogen Leitungsaufgaben mit einem eigenen, erheblichen Entscheidungsspielraum** wahrnehme und in einer **Interessenpolarität zur übrigen Arbeitnehmerschaft** stehe (so vor allem BAG 9. 12. 1975 AP BetrVG 1972 § 5 Nr. 11).

191 Die **vom BAG gegebene Begründung** war **unstimmig**. Wäre die These, dass § 5 Abs. 3 Nr. 3 BetrVG 1972 nicht justitiabel sei, richtig, so hätte die Bestimmung gegen das im Grundgesetz verankerte Rechtsstaatsprinzip verstoßen. Das BAG hat deshalb der Kritik im Beschluss vom 29. 1. 1980 Rechnung getragen und eine **Korrektur in der Begründung** vorgenommen, indem es anerkannt hat, dass § 5 Abs. 3 BetrVG 1972 **abschließend festgelegt** habe, wer zu den leitenden Angestellten gehöre (AP BetrVG 1972 § 5 Nr. 22). Eine Korrektur im Ergebnis trat dadurch aber nicht ein (so ausdrücklich BAG a. a. O.); denn das BAG war der Meinung, dass die Abgrenzungsmerkmale, die es bisher als Teile eines ungeschriebenen Oberbegriffs des leitenden Angestellten verstanden hatte, in § 5 Abs. 3 Nr. 3 BetrVG 1972 enthalten seien. Aufgegeben wurde nur, dass der Gegnerbezug ein selbständiges Abgrenzungsmerkmal darstellt, dessen Feststellung es zunächst in jedem Einzelfall für erforderlich gehalten hatte (BAG 19. 11. 1974 AP BetrVG 1972 § 5 Nr. 2 und 3).

192 Das BAG hat zu § 5 Abs. 3 BetrVG 1972 die Anerkennung als leitenden Angestellten daher vor allem auf **zwei Gesichtspunkte** gestützt: Der Angestellte muss **unternehmerische (Teil-)Aufgaben** wahrnehmen, die für Bestand und Entwicklung des *Unternehmens* bedeutsam sind, und er muss insoweit einen **eigenen Entscheidungsspielraum** haben, so dass er unmittelbar die Zielvorstellungen und die Produktion des Gesamtunternehmens beeinflussen kann (so bereits BAG 9. 12. 1975 AP BetrVG 1972 § 5 Nr. 11; bestätigt durch BAG 29. 1. 1980 AP BetrVG 1972 § 5 Nr. 22; zuletzt BAG 23. 1. 1986 AP BetrVG 1972 § 5 Nr. 32; – Verzeichnis von Entscheidungen des BAG zur Abgrenzung des Kreises der leitenden Angestellten nach § 5 Abs. 3 BetrVG 1972 in NZA 1986, 460 ff.).

193 Das **BVerfG** hat anerkannt, dass die **Abgrenzung der leitenden Angestellten,** wie sie sich aus § 5 Abs. 3 Nr. 3 BetrVG 1972 in der Rechtsprechung des BAG ergeben habe, **mit dem Grundgesetz vereinbar** sei (BVerfG 24. 11. 1981 E 59, 104 = AP BetrVG 1972 § 5 Nr. 27).

II. Legaldefinition des leitenden Angestellten durch Aufzählung von Tatbestandsgruppen (Abs. 3 Satz 2)

1. Bedeutung der Norm

Abs. 3 Satz 2 enthält eine **Legaldefinition.** Bereits durch die Formulierung hat der Gesetzgeber deshalb klargestellt, dass ein Rückgriff auf einen als gegeben vorausgesetzten Begriff des leitenden Angestellten ausgeschlossen ist (ebenso *Buchner,* NZA Beil. 1/1989, 6; *Wlotzke,* DB 1989, 111, 118). Die gesetzlichen Tatbestandsmerkmale erfassen vielmehr **abschließend** und **erschöpfend** den Begriff des leitenden Angestellten (ebenso *Fitting,* § 5 Rn. 324; *Wlotzke,* DB 1989, 118). Das gilt auch für Nr. 3. Seine Ergänzung durch Abs. 4 soll nur eine Entscheidungshilfe geben, wenn die Zuordnung eines Angestellten nach Nr. 3 zweifelhaft bleibt (BT-Drucks. 11/2503, S. 30). Abs. 4 hat deshalb nur eine Hilfsfunktion bei der Anwendung der Nr. 3, relativiert aber nicht den abschließenden Charakter der Betriebsbestimmung.

194

2. Kontinuität mit § 5 Abs. 3 BetrVG 1972

Abs. 3 Satz 2 enthält materiell **keine Strukturänderung in der Begriffsbestimmung** der leitenden Angestellten (vgl. BAG 25. 10. 1989 AP BetrVG 1972 § 5 Nr. 42). Er steht „in der Tradition und der Kontinuität der bisherigen Abgrenzungsvorschriften" (*Martens,* RdA 1989, 73, 75; ebenso *Buchner,* NZA Beil. 1/1989, 6; *Dänzer-Vanotti,* NZA Beil. 1/1989, 32; *Engels/Natter,* BB Beil. 8/1989, 9). Schon die äußere Gestaltung der Legaldefinition orientiert sich am Vorbild der bisherigen Regelung. Wie § 5 Abs. 3 BetrVG 1972 nennt Abs. 3 Satz 2 **alternativ drei Tatbestandsgruppen,** die eine Zugehörigkeit zu den leitenden Angestellten begründen können, wobei für jede von ihnen erforderlich ist, dass der Angestellte die genannten Aufgaben und Befugnisse nach Arbeitsvertrag und Stellung im Unternehmen oder im Betrieb wahrnimmt. Für die Zuordnung zu den leitenden Angestellten genügt es, dass ein Arbeitnehmer unter eine der drei genannten Tatbestandsgruppen fällt. Weitere Voraussetzungen muss er nicht erfüllen.

195

3. Bedeutung der Nr. 3 für die Interpretation des Abs. 3 Satz 2

Hauptbedeutung für die Zuordnung zum Kreis der leitenden Angestellten hat die in Nr. 3 genannte Tatbestandsgruppe. Sie legt durch eine funktionsbezogene Abgrenzung den **Grundtatbestand** fest. Durch die Formulierung, dass auch die Wahrnehmung „sonstiger Aufgaben" die Zuordnung zu den leitenden Angestellten begründet, wenn die dort abstrakt festgelegten Merkmale erfüllt sind, wird eine Verbindungslinie zu den in Nr. 1 und Nr. 2 konkret-beispielhaft genannten Fällen hergestellt (ebenso *Wlotzke,* DB 1989, 111, 120; *Engels/Natter,* BB Beil. 8/1989, 8). Der Gesetzgeber bringt dadurch zweierlei zum Ausdruck: Zum einen bewertet er die in Nr. 1 und Nr. 2 genannten Funktionen als Wahrnehmung von Aufgaben, die in ihrer Bedeutung der in Nr. 3 festgelegten Beschreibung entsprechen. Zum anderen geben die beispielhaft genannten Funktionen – in Nr. 1 die selbständige Einstellungs- und Entlassungsbefugnis und in Nr. 2 die mit der Generalvollmacht und Prokura erfassten Vertretungsbefugnisse – einen Hinweis darauf, dass es sich um sonstige betriebs- oder unternehmensleitende Aufgaben handeln muss (ebenso *Wlotzke,* DB 1989, 120; *Engels/Natter,* BB Beil. 8/1989, 8).

196

4. Gemeinsame Merkmale für Nr. 1 bis 3

Nach den Einleitungsworten in Abs. 3 Satz 2 ist leitender Angestellter nur, wer die dort genannten Aufgaben und Befugnisse **nach Arbeitsvertrag** und **Stellung im Unternehmen oder im Betrieb** wahrnimmt.

197

198 a) Der Hinweis auf den **Arbeitsvertrag** hat streng genommen keine selbständige Bedeutung; denn es ist selbstverständlich, dass der Arbeitnehmer seine Tätigkeit, die ihn zum leitenden Angestellten macht, auf Grund eines Arbeitsvertrags erbringt. Nicht erforderlich ist, wie in den Gesetzesmaterialien ausdrücklich klargestellt wird, „dass die genannten Aufgaben und Befugnisse im Arbeitsvertrag schriftlich niedergelegt sind; es genügen auch entsprechende mündliche Abreden" (BT-Drucks. 11/2503, S. 30; so schon zu § 5 Abs. 3 BetrVG 1972, der einen entsprechenden Hinweis enthielt, BAG 5. 3. 1974 AP BetrVG 1972 § 5 Nr. 1; bestätigt BAG 23. 3. 1976 AP BetrVG 1972 § 5 Nr. 14).

199 b) Bedeutung hat nur der Hinweis auf die **Stellung im Unternehmen oder im Betrieb**. Durch diese Worte soll verdeutlicht werden, dass der leitende Angestellte die ihm vertraglich eingeräumten Funktionen auch tatsächlich im Unternehmen oder im Betrieb ausüben muss. Daraus folgt zweierlei: Nicht die Rechtsmacht im Außenverhältnis, sondern die *Berechtigung im Innenverhältnis* ist geeignet, bei einem Arbeitnehmer den Status des leitenden Angestellten zu begründen (so bereits zu § 5 Abs. 3 BetrVG 1972 für Nr. 1 BAG 11. 3. 1982 AP BetrVG 1972 § 5 Nr. 28; zu Nr. 2 BAG 28. 1. 1975 AP BetrVG 1972 § 5 Nr. 5; 27. 4. 1988 AP BetrVG 1972 § 5 Nr. 37; zu Nr. 3 BAG 29. 1. 1980 AP BetrVG 1972 § 5 Nr. 22), und es genügt insoweit nicht, dass ein Arbeitnehmer die in Nr. 1–3 genannten Aufgaben und Befugnisse nur *gelegentlich* oder *vertretungsweise* wahrnimmt. Sie müssen vielmehr seine Stellung in der Arbeitsorganisation des Unternehmens prägen, wobei nicht schadet, dass die Stellung, wie das Gesetz ausdrücklich klarstellt, auf einen Betrieb begrenzt ist (ebenso BAG 25. 10. 1989 AP BetrVG 1972 § 5 Nr. 42; s. auch Rn. 214).

III. Die drei Tatbestandsgruppen des Abs. 3 Satz 2

1. Tatbestandsgruppe der Nr. 1 (selbständige Einstellungs- und Entlassungsberechtigung)

200 Zu den leitenden Angestellten gehört, wer nach Arbeitsvertrag und Stellung im Unternehmen oder im Betrieb **zur selbständigen Einstellung und Entlassung von im Betrieb oder in der Betriebsabteilung beschäftigten Arbeitnehmern berechtigt** ist. Es handelt sich um ein *formales Kriterium* (vgl. BAG 16. 4. 2002 AP BetrVG 1972 § 5 Nr. 69; *Buchner*, NZA Beil. 1/1989, 6; *Wlotzke*, DB 1989, 111, 119). Für die Rechtsanwendung ist wesentlich, dass durch die hier genannte Personalentscheidungskompetenz eine Funktion festgelegt wird, die bei der Wahrnehmung der „sonstigen Aufgaben" nach Nr. 3 unter den dort genannten Voraussetzungen zum leitenden Angestellten qualifiziert. Ein leitender Angestellter muss daher nicht nur im Außenverhältnis befugt sein, Einstellungen und Entlassungen vorzunehmen, sondern auch im Innenverhältnis gegenüber dem Arbeitgeber im Wesentlichen frei von Weisungen über die Einstellung *und* Entlassung von im Betrieb oder in der Betriebsabteilung beschäftigten Arbeitnehmern entscheiden können.

201 Da man die Tatbestandsgruppe der Nr. 1 vor dem Hintergrund der in Nr. 3 umschriebenen Leitungsfunktionen auszulegen hat, genügt nicht, dass jemand vorübergehend Hilfskräfte einstellen und entlassen darf, sondern es muss sich bei der Wahrnehmung dieser Personalvollmacht um eine Aufgabe handeln, die, wie es in Nr. 3 heißt, für den Bestand und die Entwicklung des Unternehmens oder eines Betriebs von Bedeutung ist und deren Erfüllung besondere Erfahrungen und Kenntnisse voraussetzt. Den Status eines leitenden Angestellten kann daher die in Nr. 1 geregelte formale Personalkompetenz nur begründen, wenn die Einstellungs- und Entlassungsbefugnis von hinreichender unternehmerischer Relevanz ist, wobei diese sich aus der Anzahl der Arbeitnehmer ergeben kann, auf die sich die Einstellungs- und Entlassungsbefugnis bezieht (vgl. BAG 16. 4. 2002 AP BetrVG 1972 § 5 Nr. 69). Handelt es sich um eine vergleichsweise geringe Zahl, so ist entscheidend, welche Bedeutung die Tätigkeit der Mitarbeiter für das Unternehmen hat (dazu in Beratungsgesellschaften *Henssler*, FS Hromadka 2008. S. 130, 139). Nicht in Frage gestellt wird die Eigenschaft als leitender Angestellter durch die Bindung an einen Budget- oder einen Stellenplan; das gilt auch, wenn der Angestellte für die von ihm zu verantwortenden Einstellungen und Entlassung zu Kontrollzwecken der Unterschrift eines Dritten bedarf (vgl. BAG a. a. O.).

2. Tatbestandsgruppe der Nr. 2 (Generalvollmacht oder Prokura)

a) Zu den leitenden Angestellten zählt weiterhin, wer nach Arbeitsvertrag und Stellung 202 im Unternehmen oder im Betrieb **Generalvollmacht** oder **Prokura** hat, sofern die Prokura auch **im Verhältnis zum Arbeitgeber nicht unbedeutend** ist. Den letzten Halbsatz hat während des Gesetzgebungsverfahrens der BT-Ausschuss für Arbeit und Sozialordnung eingefügt (BT-Drucks. 11/3618, S. 7), um die nach seiner Meinung praxisferne Anforderung des BAG zu § 5 Abs. 3 Nr. 2 BetrVG 1972 zu korrigieren, dass ein Prokurist nur dann unter die Tatbestandsgruppe falle, wenn er dazu befugt sei, die mit einer Prokura im Außenverhältnis verbundene Vertretungsmacht „im Innenverhältnis uneingeschränkt auszuüben" (BAG 27. 4. 1988 AP BetrVG 1972 § 5 Nr. 37; dazu kritisch *Hromadka* DB 1988, 2053 ff.). Durch die Ergänzung soll „sichergestellt werden, dass der Prototyp des Prokuristen, der in größeren Unternehmen im Innenverhältnis in aller Regel Beschränkungen unterliege, wieder von § 5 Abs. 3 Nr. 2 erfasst werde" (BT-Drucks. 11/3618, S. 7).

b) Die **Generalvollmacht** ist ein Unterfall der Handlungsvollmacht (§ 54 HGB); sie 203 erstreckt sich auf das gesamte Unternehmen, hat also einen weiteren Inhalt als die Prokura, kann andererseits aber auch Beschränkungen aufweisen, die ein Dritter gegen sich gelten lassen muss, wenn er sie kannte oder kennen musste (§ 54 Abs. 3 HGB). Das Gesetz nennt die Generalvollmacht vor der Prokura, weil ihre Erteilung nach der Verkehrsanschauung in der Wirtschaft eine Rechtsstellung verschafft, die zwischen der eines Vorstandsmitglieds und der eines Prokuristen liegt (so BAG 5. 3. 1974 AP BetrVG 1972 § 5 Nr. 1).

c) Die **Prokura** ist ebenfalls eine Vertretungsbefugnis; sie ermächtigt zu allen Arten 204 von gerichtlichen und außergerichtlichen Geschäften und Rechtshandlungen, die der Betrieb eines Handelsgewerbes mit sich bringt, mit Ausnahme der Veräußerung und Belastung von Grundstücken (§ 49 HGB). Sie ist zwar eine rechtsgeschäftlich erteilte Vertretungsmacht; deren Inhalt und Umfang ist aber durch Gesetz festgelegt und kann im Außenverhältnis nicht beschränkt werden (§ 50 Abs. 1 HGB). Gesetzliche zulässige Formen einer Beschränkung bestehen nur insoweit, als die Erteilung der Prokura an ihre Personen gemeinschaftlich erfolgen kann (*Gesamtprokura*, § 48 Abs. 2 HGB) oder die Beschränkung der Prokura bei Firmenverschiedenheit auf den Betrieb einer Niederlassung erfolgt (*Niederlassungsprokura*, § 50 Abs. 2 HGB). Da Nr. 2 den handelsrechtlichen Begriff der Prokura ohne inhaltliche Modifikationen verwendet, ist Prokura i. S. der Nr. 2 nicht nur die **Einzelprokura**, sondern auch die **Gesamt-** und **Niederlassungsprokura** (ebenso BAG 27. 4. 1988 AP BetrVG 1972 § 5 Nr. 37). Die gesetzlich zulässigen Begrenzungen der Vertretungsbefugnis ändern also nichts daran, dass es sich um eine Prokura i. S. der Nr. 2 handelt, und zwar auch wenn eine Doppelbeschränkung in Form einer auf eine Niederlassung i. S. des § 50 Abs. 3 HGB beschränkten Gesamtprokura vorliegt (ebenso BAG a. a. O.).

Das Gesetz verlangt durch den Hinweis auf „Arbeitsvertrag und Stellung im Unter- 205 nehmen oder im Betrieb", dass ein Prokurist die mit der Prokuraerteilung verbundene Vertretungsmacht im Innenverhältnis zum Arbeitgeber wahrnehmen darf. Wer auf Grund ausdrücklicher Vereinbarung oder Weisung des Arbeitgebers von der Prokura keinen Gebrauch machen darf, also ein sog. **Titularprokurist** ist, gehört daher nicht wegen seiner Bestellung zum Prokuristen zum Kreis der leitenden Angestellten i. S. der

Nr. 2 (ebenso BAG 11. 1. 1995 AP BetrVG 1972 § 5 Nr. 55; *Fitting,* § 5 Rn. 353 f.; HSWGNR-*Rose,* § 5 Rn. 163; GK-*Raab,* § 5 Rn. 117; bereits zu Nr. 2 des § 5 Abs. 3 BetrVG 1972 BAG 28. 1. 1975, 29. 1. 1980 und 27. 4. 1988 AP BetrVG 1972 § 5 Nr. 5, 22 und 37). Das BAG verlangte zu § 5 Abs. 3 Nr. 2 BetrVG 1972 völlige Deckungsgleichheit zwischen Außen- und Innenverhältnis, da das Gesetz keinerlei Anhaltspunkte dafür enthielt, bis zu welchem Rahmen eine Einschränkung im Innenverhältnis für die Anwendung der Nr. 2 unschädlich sein soll (BAG 27. 4. 1988 AP BetrVG 1972 § 5 Nr. 37). Der Gesetzgeber hat daraufhin den Halbsatz in den Gesetzestext eingefügt, dass die Prokura auch im Verhältnis zum Arbeitgeber nicht unbedeutend sein darf, so dass eine *Teil-Deckungsgleichheit von Außen- und Innenverhältnis* genügt. Damit ist zugleich klargestellt, dass der Titularprokurist nicht unter Nr. 2 fällt. Die Wahrnehmung der Prokura darf im Verhältnis zum Arbeitgeber nicht unbedeutend sein; es muss also dem Angestellten im Innenverhältnis die Ausübung der Prokura auf einem für den Arbeitgeber nicht unbedeutenden Sektor gestattet sein. Für die Konkretisierung sind die Merkmale in Nr. 3 heranzuziehen; denn die Prokura ist nach der Gesetzessystematik nur noch ein Beispiel für die dort umschriebenen Aufgaben (ebenso BAG 11. 1. 1995 AP BetrVG 1972 § 5 Nr. 55 [abl. *Wlotzke*]; ebenso *Henssler,* FS Hromadka 2008. S. 130, 143).

3. Tatbestandsgruppe der Nr. 3 (Grundtatbestand für die Abgrenzung der leitenden Angestellten)

206 Den **Grundtatbestand** für die Abgrenzung der leitenden Angestellten bildet Nr. 3; denn es heißt dort, dass zu den leitenden Angestellten gehört, wer nach Arbeitsvertrag und Stellung im Unternehmen oder im Betrieb „**regelmäßig sonstige Aufgaben wahrnimmt, die für den Bestand und die Entwicklung des Unternehmens oder eines Betriebs von Bedeutung sind und deren Erfüllung besondere Erfahrungen und Kenntnisse voraussetzt, wenn er dabei entweder die Entscheidungen im Wesentlichen frei von Weisungen trifft oder sie maßgeblich beeinflusst**". Dies kann, wie in dem folgenden Halbsatz klargestellt wird, „**auch bei Vorgaben insbesondere auf Grund von Rechtsvorschriften, Plänen oder Richtlinien sowie bei Zusammenarbeit mit anderen leitenden Angestellten gegeben sein**".

207 Der Grundtatbestand der Nr. 3 ist gegenüber § 5 Abs. 3 Nr. 3 BetrVG 1972 völlig **neu gefasst.** Zu dieser Bestimmung waren nämlich die Schwierigkeiten aufgetreten, die das BAG veranlassten, die folgenden Merkmale für den Begriff des leitenden Angestellten aufzustellen: Der Angestellte muss unternehmerische (Teil-)Aufgaben wahrnehmen, die für Bestand und Entwicklung des *Unternehmens* bedeutsam sind, und er muss insoweit einen *eigenen Entscheidungsspielraum* haben, so dass er unmittelbar die Zielvorstellungen und die Produktion des Gesamtunternehmens beeinflussen kann (s. Rn. 163). Hier soll nicht in eine Bewertung dieser Rechtsprechung eingetreten werden. Für die Interpretation der geltenden Gesetzesfassung entscheidend ist vielmehr allein die Abkehr vom alten Gesetzestext und dessen Ersetzung durch **Merkmale, auf die das BAG die Zuordnung zu den leitenden Angestellten gestützt** hat. Die Neufassung enthält insoweit „nur einzelne Korrekturen" (so zutreffend *Martens*, RdA 1989, 73, 74).

208 Diesen Zusammenhang gilt es zu beachten, soweit es um die **Streitfrage** geht, ob die **Neufassung den Kreis der leitenden Angestellten erweitert** hat. Im Schrifttum wird vereinzelt eine derartige Tendenz angenommen. So meint *Martens,* dass die Feststellung des Gesetzgebers, es sei durch die Neufassung nur eine Klarstellung, keine Änderung erfolgt, sich nur auf die *bisherige Gesetzesregelung,* nicht aber auf die vom BAG entwickelten Entscheidungskriterien beziehe (RdA 1989, 73, 74). Es sei „im Anschluss an den vormaligen Rechtszustand des § 4 Abs. 2 lit. c BetrVG 1952 und im Anschluss an die zu § 5 Abs. 3 BetrVG 1972 entwickelten Regelungsvorstellungen des Gesetzgebers, die allerdings durch das Bundesarbeitsgericht nicht eingelöst worden sind, die Gruppen-

C. Die leitenden Angestellten § 5

abgrenzung auf mittlerem Niveau beabsichtigt". Damit unterstellt er, dass die Rechtsprechung des BAG nicht gesetzeskonform war, muss aber einräumen, dass das BVerfG bei der verfassungsrechtlichen Beurteilung in BVerfGE 59, 104 zu einem gegenteiligen Ergebnis gelangt war (*Martens*, RdA 1989, 73, 74 Fn. 7). Dieser Auffassung, die einen Keil zwischen die Gesetzesregelung und die sie bei der Gesetzesanwendung konkretisierende Rechtsprechung des BAG treibt, kann nicht gefolgt werden. Nicht ausgeschlossen werden soll, dass das BAG im Einzelfall sich vergriffen hat, wie es auch selbst eingeräumt hat (so vor allem Aufgabe von BAG 19. 11. 1974 AP BetrVG 1972 § 5 Nr. 3 durch BAG 23. 1. 1986 AP BetrVG 1972 § 5 Nr. 30 [Grubenfahrsteiger]). Dadurch wird aber nicht die Grundlinie berührt, sondern im Gegenteil hat der **Gesetzgeber** sie durch die **Orientierung der von ihm gewählten Merkmale an der Rechtsprechung des BAG** bestätigt.

Das gilt zum einen für die Festlegung, dass die **Aufgaben** eines leitenden Angestellten **209** **für den Bestand und die Entwicklung des Unternehmens oder eines Betriebs** von Bedeutung sein müssen. Der alte Gesetzestext beschränkte sich darauf, dass es sich um Aufgaben handeln muss, die dem Angestellten wegen ihrer Bedeutung für den Bestand und die Entwicklung des *Betriebs* übertragen sind. Das BAG hat in seiner Rechtsprechung zu § 5 Abs. 3 BetrVG 1972 den Begriff des Betriebs durch den Begriff des *Unternehmens* ersetzt, um dadurch klarzustellen, dass ein Angestellter keine Leitungsaufgaben wahrnimmt, wenn er in seiner Tätigkeit auf eine rein arbeitstechnische, vorprogrammierte Durchführung unternehmerischer Entscheidungen beschränkt ist (so beispielsweise BAG 19. 11. 1974 AP BetrVG 1972 § 5 Nr. 2 [unter III 2 a]). Wie das BAG damals zutreffend ausführte, ist der Betrieb „bei richtiger Betrachtungsweise das arbeitstechnische Spiegelbild des Unternehmens und bei Unternehmen mit mehreren Betrieben auch dessen räumliche Teilorganisation" (BAG a. a. O.). Mit der Ersetzung des Begriffs des Betriebs durch den Begriff des Unternehmens hat das BAG materiell nichts geändert, was dem Gesetz entsprach, sondern es hat sich von dem Judiz leiten lassen, dass wesentlich durch den *Unternehmenszweck* bestimmt wird, welche Aufgabe für Bestand und Entwicklung des Betriebs Bedeutung hat. Entscheidend für die Zuordnung zu den leitenden Angestellten ist, wie sich seine Tätigkeit auf die Unternehmensführung auswirkt.

Folgerichtig hat das BAG deshalb nicht einmal als notwendig angesehen, dass der **210** Angestellte selbst Entscheidungen trifft, sondern genügen lassen, dass er durch eine über die gesamte Breite des Unternehmensführungsbereichs wirkende Tätigkeit die **Grundlagen für Unternehmerentscheidungen** eigenverantwortlich erarbeitet, so der Leiter einer Abteilung Unternehmensplanung (BAG 17. 12. 1974 AP BetrVG 1972 § 5 Nr. 7), obwohl die auf der gleichen Leitungsebene angesiedelten Abteilungsleiter der mechanischen Fertigung und des Rechnungswesens trotz ihrer Vorgesetztenstellung nicht als leitende Angestellte anerkannt wurden (BAG 17. 12. 1974 AP BetrVG 1972 § 5 Nr. 6 und 8). Der Angestellte braucht deshalb nicht einmal eine Leitungsfunktion auszuüben, sondern es genügt, dass ihm eine **Stabsfunktion** übertragen ist. Das BAG hat nicht verlangt, dass der Angestellte selbst die maßgeblichen Entscheidungen trifft oder eine unmittelbare Vorgesetztenstellung im personellen Bereich hat, sondern es sah als ausreichend an, dass er „kraft seiner Schlüsselposition doch Voraussetzungen schafft, an denen die eigentliche Unternehmensführung nicht vorbeigehen kann" (BAG 19. 11. 1974 AP BetrVG 1972 § 5 Nr. 2 [unter III 2 a]).

Betrachtet man die **Neufassung** unter diesem Blickwinkel, so kann kein Zweifel daran **211** bestehen, dass das BAG mit seiner **Rechtsprechung zu § 5 Abs. 3 Nr. 3 BetrVG 1972** Pate stand. Abs. 3 Satz 2 Nr. 3 verlangt, dass der Angestellte regelmäßig Aufgaben wahrnimmt, die „für den Bestand und die Entwicklung des Unternehmens oder eines Betriebs von Bedeutung sind und deren Erfüllung besondere Erfahrungen und Kenntnisse voraussetzt", und er fordert, dass er „dabei entweder die Entscheidungen im Wesentlichen frei von Weisungen trifft oder sie maßgeblich beeinflusst". Dabei wird klargestellt, dass dies auch bei Vorgaben insbesondere auf Grund von Rechtsvorschriften, Plänen oder Richtlinien sowie bei Zusammenarbeit mit anderen leitenden Angestellten gegeben sein kann. Eine inhaltliche Änderung ist damit nicht verbunden. Die Ergänzung enthält vielmehr eine Selbstverständlichkeit, weil kein Unternehmen ohne die Einheit unternehmerischer Planung, Organisation und Leitung funktionieren kann.

4. Einzelmerkmale der Tatbestandgruppe der Nr. 3

212 Die folgenden Voraussetzungen müssen **kumulativ** erfüllt sein, damit ein Arbeitnehmer nach Nr. 3 zu den leitenden Angestellten gezählt werden kann:
– regelmäßige Wahrnehmung sonstiger Aufgaben, die für den Bestand und die Entwicklung des Unternehmens oder eines Betriebs von Bedeutung sind und
– deren Erfüllung besondere Erfahrungen und Kenntnisse voraussetzt,
– wenn er dabei entweder die Entscheidungen im Wesentlichen frei von Weisungen trifft oder sie maßgeblich beeinflusst;

dies kann auch bei Vorgaben insbesondere auf Grund von Rechtsvorschriften, Plänen oder Richtlinien sowie bei Zusammenarbeit mit anderen leitenden Angestellten gegeben sein.

213 a) **Aufgaben mit Bedeutung für Bestand und Entwicklung des Unternehmens oder eines Betriebs.** Der Angestellte muss regelmäßig Aufgaben wahrnehmen, die für Bestand und Entwicklung des Unternehmens oder eines Betriebs von Bedeutung sind. Gemeint sind „Tätigkeiten, die für die Erfüllung der Funktionen des konkreten Unternehmens wichtig sind" (*Hromadka*, BB 1990, 57, 60). Keine Rolle spielt dabei, welcher Leitungsebene der Angestellte angehört (ebenso *Hromadka*, BB 1990, 60). Die Aufgabe muss für Bestand *und* Entwicklung des Unternehmens oder eines Betriebs Bedeutung haben. Es genügt daher also nicht eine bloß den *Bestand* sichernde Tätigkeit. Wer nur die arbeitstechnische Organisation eines Arbeitsablaufs sicherstellt, ist kein leitender Angestellter (BAG 17. 12. 1974 AP BetrVG 1972 § 5 Nr. 6 und 8). Auch eine Tätigkeit, die bloß für die *Entwicklung* des Unternehmens oder eines Betriebs von Bedeutung ist (z. B. Forschung), reicht nicht aus (ebenso *Hromadka*, BB 1990, 60). Soweit auf Bestand und Entwicklung abgestellt wird, soll gewährleistet werden, dass die vom Angestellten wahrgenommene Aufgabe für die Verwirklichung der unternehmerischen Zielsetzung bedeutsam ist. Dabei spielt keine Rolle, ob die Schlüsselposition sich auf die personelle und technische Führung des Unternehmens bezieht; es können auch „qualitativ gleichwertige Schlüsselpositionen in der wirtschaftlichen, kaufmännischen, organisatorischen und wissenschaftlichen Führung sein" (BAG 23. 1. 1986 AP BetrVG 1972 § 5 Nr. 32 unter Hinweis auf seine Rspr. seit BAG 5. 3. 1974 AP BetrVG 1972 § 5 Nr. 1).

214 Das Gesetz stellt auf **Bestand und Entwicklung** des Unternehmens oder **eines Betriebs** ab. Gemeint ist damit nicht, dass nach dem Willen des Gesetzgebers von der Betriebsebene her bestimmt wird, ob eine Aufgabe für Bestand und Entwicklung des Betriebs von Bedeutung ist. Berücksichtigung erfährt vielmehr ausschließlich, dass eine für die Erreichung der Unternehmensziele wichtige Aufgabe auch dann vorliegen kann, wenn sie bei mehreren Betrieben eines Unternehmens nur für Bestand und Entwicklung eines Betriebs von Bedeutung ist (Begründung des Entw., BT-Drucks. 11/2503, S. 30), z. B. die kaufmännische oder technische Leitung eines Zweigwerks in der Automobilindustrie (*Hromadka*, BB 1990, 61). Die Ergänzung durch den Hinweis auf den Betrieb kann im Einzelfall Probleme bereiten, weil, wie bereits ausgeführt, eine Präzisierung der Betriebsabgrenzung nur zu erreichen ist, wenn man den Betriebsbegriff *teleologisch* interpretiert. Was für die Bildung eines Betriebsrats maßgebend ist, muss nicht notwendigerweise auch für die Erreichung der Unternehmensziele wichtig sein. Da aber von ihr abhängt, ob jemand zu den leitenden Angestellten gehört, ist Betrieb i. S. der Nr. 3 nur eine arbeitstechnische Organisationseinheit, deren Bestand und Entwicklung für die Erreichung der Unternehmensziele von Bedeutung ist (zu weitgehend *Hromadka*, BB 1990, 61).

C. Die leitenden Angestellten § 5

b) Notwendigkeit besonderer Erfahrungen und Kenntnisse. Die Erfüllung der ge- 215
nannten Aufgaben muss besondere Erfahrungen und Kenntnisse voraussetzen. Dieser
Hinweis hat weniger die Bedeutung eines zusätzlichen Merkmals als vielmehr **klarstellende Funktion**. Leitender Angestellter kann in einem Unternehmen regelmäßig nur
sein, wer für die Wahrnehmung der ihm übertragenen Aufgabe besondere Erfahrungen hat. Dabei ist notwendig, dass er insoweit auch die Kenntnisse hat, um den
Anforderungen zu entsprechen. Keineswegs darf aus dem Hinweis auf besondere
Erfahrungen und Kenntnisse abgeleitet werden, dass bereits jede Tätigkeit, die eine
hochqualifizierte Ausbildung voraussetzt, jemanden zum leitenden Angestellten macht,
wie auch umgekehrt nicht Voraussetzung ist, dass jemand eine hochqualifizierte Ausbildung erhalten hat, sondern es genügt, dass einem Angestellten der Aufgabenbereich
im Hinblick auf besondere Erfahrungen und Kenntnisse übertragen wird, auch wenn
er sie nicht durch ein akademisches Studium oder eine gleichwertige Ausbildung,
sondern durch längere Tätigkeit oder ein autodidaktisches Studium erworben hat
(ebenso BAG 17. 12. 1974, 9. 12. 1975 und 10. 2. 1976 AP BetrVG 1972 § 5 Nr. 7,
11 und 12).

c) Merkmal der Weisungsfreiheit. Der Angestellte muss bei der Wahrnehmung der 216
Aufgaben **entweder die Entscheidungen im Wesentlichen frei von Weisungen treffen** oder
sie maßgeblich beeinflussen. Das bisherige Gesetz machte dies durch das Merkmal „im
Wesentlichen eigenverantwortlich" deutlich. Durch die Neufassung soll, wie es in den
Gesetzesmaterialien heißt, „darüber hinaus klarer als bisher zum Ausdruck gebracht
werden, dass Handeln im Wesentlichen frei von Weisungen nicht nur dann vorliegen
kann, wenn der leitende Angestellte die anfallenden Entscheidungen selbst trifft, sondern
auch dann, wenn er auf Grund seiner Position Fakten schafft, die bei der Findung der
unternehmens- oder betriebsleitenden Entscheidungen nicht unbeachtet gelassen werden
können" (BT-Drucks. 11/2503, S. 30). Die Ersetzung des Merkmals der Eigenverantwortlichkeit durch das Merkmal der Weisungsfreiheit ist weniger klarstellend als verwirrend; denn gemeint ist nicht, dass ein Angestellter völlig frei von Weisungen sein
muss. Das Gesetz stellt deshalb klar, dass auch dann im Wesentlichen weisungsfreie
Entscheidungen oder ein maßgeblicher Einfluss auf die Entscheidungen angenommen
werden können, wenn der Angestellte Vorgaben zu beachten hat, die sich insbesondere
aus Rechtsvorschriften, Plänen oder Richtlinien ergeben, und schließlich ist auch die
Zusammenarbeit mit anderen leitenden Angestellten noch kein Grund, der in Frage
stellt, dass ein Angestellter die Entscheidungen im Wesentlichen frei von Weisungen trifft
oder sie maßgeblich beeinflusst.

Das **Merkmal**, dass der Angestellte **im Wesentlichen frei von Weisungen** die Entschei- 217
dungen trifft oder sie maßgeblich beeinflusst, muss **auf den gesetzlich festgelegten Aufgabenbereich bezogen** werden. Nicht ausreichend ist, dass ein Angestellter bei der
Erfüllung seiner Arbeitsaufgaben keinen Weisungen unterliegt, sondern entscheidend ist,
dass es sich bei der Arbeitsaufgabe um Tätigkeiten handelt, die **für die Erreichung des
Unternehmensziels von Bedeutung** sind. Wenn die Tätigkeit keinen Einfluss auf Zielvorstellungen und Produktion des Unternehmens hat, führt auch ihre weisungsfreie
Ausführung nicht dazu, dass es sich bei dem Arbeitnehmer um einen leitenden Angestellten handelt.

Das ist vor allem für Unternehmen zu beachten, die eine **dezentralisierte Organisation** 218
aufweisen und durch einen **kooperativen Führungsstil** geprägt werden. Bei ihnen ist zwar
notwendigerweise die Zahl der leitenden Angestellten größer als bei zentralisierter
Organisation mit autoritärem Führungsstil (ebenso BAG 29. 1. 1980 AP BetrVG 1972
§ 5 Nr. 22). Aber auch soweit Gesamtplanung und Gesamtführung des Unternehmens
entscheidend durch Kooperation von im Wesentlichen frei von Weisung arbeitenden
Angestellten geprägt werden, ist für die Zugehörigkeit zu den leitenden Angestellten
entscheidend, dass seine Tätigkeit für Bestand und Entwicklung des Unternehmens oder
eines Betriebs von Bedeutung ist. Soweit ein Angestellter Leitungsaufgaben wahrnimmt,

dürfen daher die **Leitungsfunktionen** nicht so aufgeteilt, „**atomisiert**", sein, dass sie für die Erreichung der Unternehmensziele nicht mehr von maßgeblicher Bedeutung sind; denn in diesem Fall kann, wie das BAG zu § 5 Abs. 3 Nr. 3 BetrVG 1972 zutreffend angenommen hat, „nur derjenige leitender Angestellter sein, dem organisatorisch diese schmalen Teilbereiche in einer übergeordneten Einheit unterstellt sind" (BAG 5. 3. 1974 AP BetrVG 1972 § 5 Nr. 1 [unter III 3 c]; bestätigt durch BAG 9. 12. 1975 AP BetrVG 1972 § 5 Nr. 11). Dass die Zusammenarbeit mit anderen leitenden Angestellten kein Hinderungsgrund darstellt, hat das BAG bereits zu § 5 Abs. 3 Nr. 3 BetrVG 1972 angenommen (BAG 9. 12. 1975 und 10. 2. 1976 AP BetrVG 1972 § 5 Nr. 11 und 12 [unter IV 4 b]).

219 d) **Notwendigkeit regelmäßiger Wahrnehmung der Führungsaufgaben.** Schließlich verlangt das Gesetz, dass der Angestellte die Aufgaben *regelmäßig* wahrnimmt. Die **Aufgabenwahrnehmung** darf nicht nur gelegentlich erfolgen, sondern sie muss die **Gesamttätigkeit des Angestellten prägen** (BAG 5. 3. 1974 AP BetrVG 1972 § 5 Nr. 1; st. Rspr.; vgl. BAG AP BetrVG 1972 § 5 Nr. 2, 3, 11 und 32). Deshalb genügt es nicht, wenn ein Arbeitnehmer nur gelegentlich Aufgaben eines leitenden Angestellten wahrnimmt oder als Stellvertreter für ihn handelt. Ein ständiger Vertreter kann aber auch selbst leitender Angestellter sein (Begründung des Entw., BT-Drucks. 11/2503, S. 30). Leitender Angestellter ist aber nicht, wer nur zur **Erprobung** Aufgaben wahrnimmt, wie sie die Tätigkeit eines leitenden Angestellten prägen. Jedoch steht die Vereinbarung einer Probezeit der Annahme eines leitenden Angestellten nicht entgegen, wenn der Arbeitnehmer bereits während der Probezeit ohne Einschränkung die zum leitenden Angestellten qualifizierenden Funktionen ausübt (vgl. BAG 25. 3. 1976 AP BetrVG 1972 § 5 Nr. 13).

5. Gegnerbezug zum Betriebsrat

220 Das BAG sah ursprünglich den Zweck der Sonderstellung leitender Angestellter darin, „dem gleichsam natürlichen Interessengegensatz zwischen Unternehmen (Arbeitgeber) und Arbeitnehmerschaft, repräsentiert durch den Betriebsrat, und damit der Polarität der Interessen Rechnung zu tragen" (BAG 5. 3. 1974 AP BetrVG 1972 § 5 Nr. 1; vgl. auch *Rüthers/Stindt*, BB 1972, 973, 977; *Zöllner*, GedS Dietz 1973, S. 377, 396). Der Gegnerbezug zum Betriebsrat kann aber nur bei Nr. 1 eine Rolle spielen (vgl. BAG 23. 1. 1986 AP BetrVG 1972 § 5 Nr. 32). Er ist daher **kein selbständiges Abgrenzungsmerkmal** (ebenso bereits BAG 29. 1. 1980 AP BetrVG 1972 § 5 Nr. 22; weiterhin ErfK-*Eisemann/Koch*, § 5 Rn. 31; s. auch Rn. 190).

6. Vorgesetztenstellung, Leitungsebene und Arbeitseinkommen

221 Ob ein Angestellter arbeitsrechtliche Weisungsbefugnisse gegenüber anderen Arbeitnehmern des Betriebs hat, welcher Leitungsebene er im Unternehmen angehört und ob er ein im Vergleich zu anderen Arbeitnehmern hohes Arbeitsentgelt erhält, sind **keine Gesetzesmerkmale für die Begriffsbestimmung des leitenden Angestellten.**

222 a) Für die Personalvollmacht, die zum leitenden Angestellten qualifiziert, verlangt das Gesetz in Nr. 1 eine *selbständige* Einstellungs- und Entlassungsbefugnis. Daraus folgt zugleich, dass die **schlichte Vorgesetztenstellung nicht genügt**, wenn deren ausschließlicher Zweck darin besteht, den arbeitstechnischen Ablauf der Produktion nach vorgegebenen Daten sicherzustellen (so BAG 17. 12. 1974 AP BetrVG 1972 § 5 Nr. 6; bestätigt durch BAG 9. 12. 1975 und 23. 1. 1986 AP BetrVG 1972 § 5 Nr. 11 und 32). Das gilt jedenfalls in einem Betrieb oder einer Betriebsabteilung „überschaubarer Größenordnung" (BAG 8. 2. 1977, AP BetrVG 1972 § 5 Nr. 16). Verantwortung für eine bedeutende Zahl von Arbeitnehmern ist dagegen ohne Entscheidungsspielraum und eigenverantwortliche Identifikation mit unternehmerischen Zielsetzungen kaum denkbar (so BAG 29. 1. 1980 AP BetrVG 1972 § 5 Nr. 22).

C. Die leitenden Angestellten §5

b) Bedeutung der Leitungsebene. Ob ein Angestellter Aufgaben wahrnimmt, die **223** für den Bestand und die Entwicklung des Unternehmens oder eines Betriebs von Bedeutung sind und ob er dabei entweder die Entscheidungen im Wesentlichen frei von Weisungen trifft oder sie maßgeblich beeinflusst, hängt im Einzelfall von **Größe und Struktur des Unternehmens** und der frei zu bestimmenden Unternehmensorganisation (Delegationsbereitschaft) ab (vgl. BAG 23. 1. 1986 AP BetrVG 1972 § 5 Nr. 32). Die Leitungsebene, der ein Angstellter angehört, ist deshalb **kein Kriterium für die Begriffsbestimmung des leitenden Angestellten.** Sie wird aber nicht nur im Rahmen der Entscheidungshilfe nach Abs. 4 Nr. 2 berücksichtigt (s. Rn. 239 f.), sondern ist auch bei der richtigen Interpretation der Legaldefinition in die Beurteilung einzubeziehen.

Nach § 6 Abs. 2 Satz 1 MitbestG ist die Wählbarkeit eines Prokuristen als Auf- **224** sichtsratsmitglied der Arbeitnehmer ausgeschlossen, wenn dieser dem zur gesetzlichen Vertretung des Unternehmens befugten Organ unmittelbar unterstellt und zur Ausübung der Prokura für den gesamten Geschäftsbereich des Organs ermächtigt ist. Gemäß § 3 Abs. 2 Satz 3 Nr. 2 SprAuG ist er auch in einen Sprecherausschuss der leitenden Angestellten nicht wählbar. Da die Abgrenzung der leitenden Angestellten aber nicht nur dem BetrVG, sondern auch dem MitbestG 1976 und SprAuG entsprechen muss, geht der Gesetzgeber davon aus, dass jedenfalls bei einem mitbestimmten Unternehmen oder einem Unternehmen, in dem ein Sprecherausschuss der leitenden Angestellten gewählt werden kann, der Kreis der leitenden Angestellten nicht auf die *zweite Leitungsebene* beschränkt ist; es kann vielmehr davon ausgegangen werden, dass auch die auf der *dritten Leitungsebene* angesiedelten Arbeitnehmer überwiegend leitende Angestellte sind. Nach dem Grad der Zentralisierung oder Dezentralisierung der Unternehmensleitung richtet sich, ob leitende Angestellte auch noch auf einer *nachfolgenden Leitungsebene* angesiedelt sein können. Möglich ist deshalb, dass noch auf der vierten Leitungsebene Entscheidungen zu treffen sind, die in manchem Konzernunternehmen nicht einmal Vorstandsmitgliedern vorbehalten sind (vgl. BAG 29. 1. 1980 AP BetrVG 1972 § 5 Nr. 22; z. B. auch BAG 17. 12. 1974 einerseits AP BetrVG 1972 § 5 Nr. 7 [Abteilungsleiter für Unternehmensplanung], andererseits AP BetrVG 1972 § 5 Nr. 6 [Leiter einer Abteilung „mechanische Fertigung, Kunststoffmaschinen"] und Nr. 8 [Leiter einer Abteilung „Ausgangsrechnungen, Lizenzen, Provisionen"]).

c) Höhe des Arbeitsentgelts und Anteil an der Gesamtbelegschaft. Ob jemand **225** die Aufgaben eines leitenden Angestellten wahrnimmt, hängt zwar vom Inhalt des Arbeitsvertrags ab; das Arbeitentgelt und die persönliche Rechtsstellung sind aber **keine Kriterien für den Begriff des leitenden Angestellten** (so bereits BAG 5. 3. 1974 AP BetrVG 1972 § 5 Nr. 1). Nur als Entscheidungshilfe spielt deshalb eine Rolle, dass ein Angestellter ein regelmäßiges Jahresarbeitsentgelt erhält, das für leitende Angestellte in dem Unternehmen üblich ist (Abs. 4 Nr. 3; s. auch Rn. 241 ff.). Lediglich wenn auch dann noch Zweifel bestehen, kommt es darauf an, ob der Angestellte ein regelmäßiges Jahresarbeitsentgelt bezieht, das das Dreifache der Bezugsgröße nach § 18 SGB IV überschreitet (Abs. 4 Nr. 4; s. auch Rn. 244 ff.). Das Arbeitsentgelt kann deshalb nur als Indiz herangezogen werden. Es ist das Markt-Resultat, wie die Arbeit bewertet wird, und daher insoweit aussagekräftig, weil kein Unternehmer in seinem wohlverstandenen Eigeninteresse zur Wahrung seiner Rentabilität Einkommen gewährt, die nur deshalb überhöht sind, um einen Personenkreis den leitenden Angestellten zuordnen zu können (vgl. *Witte/Bronner*, Die Leitenden Angestellten, Bd. 1 S. 54 ff.; *Hromadka*, Recht der leitenden Angestellten, S. 335).

Nicht entscheidend ist schließlich der **quantitative Anteil** der leitenden Angestellten **an 226 der Gesamtzahl der Arbeitnehmer;** das Gesetz gibt **keine Quotenlösung** (so bereits zu § 5 Abs. 3 BetrVG 1972 BAG 29. 1. 1980 AP BetrVG 1972 § 5 Nr. 22).

IV. Bedeutung des Abs. 4 für die Abgrenzung der leitenden Angestellten

1. Zweck und rechtsdogmatische Einordnung der Norm

227 Nach der Begründung des GesEntw. enthält die Bestimmung „Auslegungsregeln, die an formale, schnell feststellbare Merkmale anknüpfen, um die Anwendung des Abs. 3 Satz 2 Nr. 3 zu erleichtern" (BT-Drucks. 11/2503, S. 30). Sie sollen „in Fällen, in denen die Zuordnung eines Angestellten nach dem funktionalen Grundtatbestand zweifelhaft bleibt, eine Entscheidungshilfe geben".

228 Diese **gesetzgeberische Konzeption** ist **missglückt**, weil die im Grundtatbestand des Abs. 3 Satz 2 Nr. 3 und die in Abs. 4 enthaltenen Tatbestandsmerkmale inkommensurabel sind. Die Merkmale des Abs. 4 haben keinen Bezug zum Regelungsinhalt des Grundtatbestands. Da sie für den Begriff des leitenden Angestellten nicht die Kriterien enthalten, ist zweifelhaft, welchen Sinn Abs. 4 überhaupt hat (vgl. *Fitting*, § 5 Rn. 377 ff.; *Buchner*, NZA Beil. 1/1989, 9; *Dänzer-Vanotti*, NZA Beil. 1/1989, 34; *Martens*, RdA 1989, 73, 84).

229 Der Gefahr, dass Abs. 4 für die Abgrenzung zu den leitenden Angestellten leerläuft, versucht man im **Schrifttum** teilweise dadurch zu begegnen, dass man der Bestimmung **entgegen Gesetzestext und Entstehungsgeschichte** eine **weitergehende Bedeutung** zumißt. Worin sie liegt, wird verschieden beantwortet. *H.-P. Müller* (DB 1988, 1697, 1699 ff.) sieht in Abs. 4 einen **eigenständigen Vermutungstatbestand**, der nahe an eine unwiderlegliche Vermutung heranreiche. *Martens* (RdA 1989, 73, 83) erblickt in ihr eine **authentische Interpretation** des in Abs. 3 Satz 2 Nr. 3 enthaltenen **Grundtatbestands**. Daraus folge, dass Arbeitnehmer, die die Voraussetzungen des Abs. 4 erfüllen, grundsätzlich als leitende Angestellte zu qualifizieren seien. Der Rückgriff auf Abs. 4 ist aber erst eröffnet, wenn Zweifel bleiben, ob die Voraussetzungen der Nr. 3 des Abs. 3 Satz 2 erfüllt sind. Bei gesetzeskonformer Anwendung des Abs. 4 enthält diese Norm keine Kriterien für die Begriffsbestimmung durch Nr. 3 des Abs. 3 Satz 2. Außerdem handelt es sich bei Abs. 4 um formale Merkmale, die keinen Bezug zum materiellen Regelungsinhalt der Nr. 3 des Abs. 3 Satz 2 aufweisen.

230 Abs. 4 gibt deshalb nur eine Entscheidungshilfe, die für das Zuordnungsverfahren nach § 18 a eine Rolle spielt (s. Rn. 248 ff.). Er enthält aber **keine Auslegungsregel für einen in Abs. 3 Satz 2 Nr. 1 genannten unbestimmten Rechtsbegriff**; es handelt sich bei ihm auch **nicht um gesetzliche Regelbeispiele** und auch nicht um **widerlegbare oder unwiderlegbare Vermutungen** (ebenso *Fitting*, § 5 Rn. 377 ff.; GK-*Raab*, § 5 Rn. 155 ff.; ErfK-*Eisemann/Koch*, § 5 Rn. 36; *Hromadka*, BB 1990, 57, 62; *Richardi*, AuR 1991, 33, 41 f.).

2. Voraussetzungen für die Anwendung des Abs. 4

231 Der Gesetzestext des Abs. 4 bestimmt: „Leitender Angestellter nach Absatz 3 Nr. 3 ist im Zweifel", wer eines der dort genannten vier Merkmale erfüllt. Abs. 4 findet also **keine Anwendung**, wenn die **Einordnung eines leitenden Angestellten nach Nr. 1 oder Nr. 2 des Abs. 3 Satz 2** zweifelhaft ist. Er gilt **nur** für die **Einordnung nach Nr. 3 des Abs. 3 Satz 2**.

232 Der Rückgriff auf Abs. 4 ist erst eröffnet, wenn **Zweifel** bleiben, ob die Voraussetzungen der Nr. 3 des Abs. 3 Satz 2 erfüllt sind (ebenso *Engels/Natter*, BB Beil. 8/1989, 10; *Dänzer-Vanotti*, NZA Beil. 1/1989, 33; *Wlotzke*, DB 1989, 111, 122; *Richardi*, NZA Beil. 1/1990, 8 ff.). Problematisch ist, worauf die Zweifel sich beziehen müssen. Abs. 4 hat für die Begriffsbestimmung des leitenden Angestellten keinen eigenständigen Regelungsbereich. Deshalb kann nicht ausschlaggebend sein, dass bei der Anwendung der Nr. 3 des Abs. 3 Satz 2 *rechtliche Zweifel* bleiben (so *Fitting*, § 5 Rn. 383; *Buch-*

ner, NZA Beil. 1/1989, 9; *Wlotzke*, DB 1989, 122). Entscheidend ist vielmehr, dass die **tatbestandsmäßigen Voraussetzungen für die Feststellung der funktionsbezogenen Merkmale** nicht geklärt werden können. Der Gesetzgeber knüpft bei Abs. 4 an die Rechtsprechung des BAG an, das den Instanzgerichten einen Beurteilungsspielraum eingeräumt hat, weil es sich bei dem Begriff des leitenden Angestellten um einen unbestimmten Rechtsbegriff handele (BAG 5. 3. 1974 AP BetrVG 1972 § 5 Nr. 1; 19. 11. 1974 AP BetrVG 1972 § 5 Nr. 2 und 3; 19. 8. 1975 AP BetrVG 1972 § 105 Nr. 1; 9. 12. 1975 AP BetrVG 1972 § 5 Nr. 11; st. Rspr.; wie hier im Ergebnis auch *Buchner*, NZA Beil. 1/1989, 9). Die Parallele zum Beurteilungsspielraum bei unbestimmten Rechtsbegriffen im Verwaltungsrecht drängt sich auf. Sie zu ziehen, ist aber gleichwohl verfehlt; denn es handelt sich hier rechtsdogmatisch um die Grenzen revisionsrichterlicher Kontrolle. Ausdrücklich hat das BAG in diesem Zusammenhang festgestellt: Das Rechtsbeschwerdegericht könne „nur prüfen, ob die Bewertungsmaßstäbe im Einzelnen richtig erkannt sind, eine vertretbare Gesamtwürdigung aller maßgeblichen Gesichtspunkte erfolgt ist und ob alle wesentlichen Tatsachen ohne Verstoß gegen Denkgesetze oder allgemeine Erfahrungssätze berücksichtigt worden sind" (BAG 27. 10. 1978 AP BetrVG 1972 § 5 Nr. 19). Das BAG hat deshalb stets nachgeprüft, ob die Instanzgerichte bei der Zuordnung die nach seiner Meinung richtige Begriffsabgrenzung für die Anerkennung als leitenden Angestellten zugrunde gelegt haben. Der Bewertungsspielraum bezieht sich auf die Sachverhaltswürdigung, nicht auf die rechtliche Subsumtion.

Für das geltende Recht gilt nichts anderes. Die **materiellen Kriterien** für die Zuordnung zu den leitenden Angestellten enthält **ausschließlich Abs. 3 Satz 2**. Nur soweit bei den dort in Nr. 3 genannten Kriterien die Abwendung aus dem konkreten Sachverhalt Zweifel bereitet, gibt Abs. 4 eine Entscheidungshilfe. Die Zweifel können darin bestehen, ob der Angestellte Aufgaben wahrnimmt, die für den Bestand und die Entwicklung des Unternehmens oder eines Betriebs von Bedeutung sind, oder ob er bei der Wahrnehmung dieser Aufgaben die Entscheidung im Wesentlichen so frei von Weisungen trifft oder sie so maßgeblich beeinflusst, wie man dies bei einem leitenden Angestellten voraussetzt (ebenso, aber nicht zutreffend, soweit er meint, ein Gesetzesverstoß wäre es, wenn Betriebsverfassungsorgane oder Gerichte vorgäben, bei ihnen kämen niemals Zweifel auf, oder sie könnten Zweifelsfragen immer auch ohne Abs. 4 lösen, *Hromadka*, BB 1990, 57, 62). **233**

3. Die vier Merkmalgruppen des Abs. 4

Die Bestimmung enthält in vier Tatbestandsgruppen **formale Merkmale**. Es genügt, dass sie **alternativ** vorliegen. Nur das **Gehaltskriterium der Nr. 4** hat lediglich die Bedeutung eines **Hilfskriteriums**. Es ist nur heranzuziehen, „falls auch bei der Anwendung der Nummer 3 noch Zweifel bleiben". **234**

a) Nach **Nr. 1** ist im Zweifel leitender Angestellter, wer **235**

- aus Anlass der **letzten Wahl des Betriebsrats,** des Sprecherausschusses oder von Aufsichtsratsmitgliedern der Arbeitnehmer oder
- durch **rechtskräftige gerichtliche Entscheidung** den leitenden Angestellten zugeordnet worden ist.

aa) Bei der **Zuordnung aus Anlass der letzten Wahl** lässt der Gesetzestext offen, wer **236** sie vorgenommen hat. Regelmäßig wird es sich um den Wahlvorstand handeln, der die Wahl eingeleitet hat. Soweit die Betriebsratswahlen und die Sprecherausschusswahlen zeitgleich durchgeführt wurden, ist die Zuordnung nach § 18 a BetrVG maßgebend. Soweit es um die Wahl von Aufsichtsratsmitgliedern der Arbeitnehmer geht, ist problematisch, dass nach den Wahlordnungen zum MitbestG die Zuordnung von der Selbsteinschätzung des Arbeitnehmers abhängen kann, wenn ein Mitglied des Wahlvorstands ihr zugestimmt hat (§ 10 1. WO MitbestG, § 10 2. WO MitbestG, § 11 3. WO MitbestG). Maßgebend ist die jeweils letzte Wahl. Jedoch hat eine Zuordnung nach § 18 a

BetrVG eine größere Indizwirkung als eine Selbsteinschätzung bei der letzten Wahl von Aufsichtsratsmitgliedern der Arbeitnehmer nach dem MitbestG. Ist durch eine Wahlanfechtung eine Korrektur erfolgt, so ist sie maßgebend. Außerdem kommt in Betracht, dass nach der letzten Wahl zum Betriebsrat die Zuordnung durch eine gerichtliche Entscheidung über die Feststellung der Nichtwählbarkeit gemäß § 24 Abs. 1 Nr. 6 BetrVG geändert worden ist.

237 bb) Soweit Nr. 1 darauf abstellt, dass ein Arbeitnehmer durch **rechtskräftige gerichtliche Entscheidung** den leitenden Angestellten zugeordnet worden ist, geht die Bedeutung der Bestimmung über die beiden zuletzt genannten Fälle hinaus. Gemeint ist vor allem, dass die Zuordnung selbst den **Streitgegenstand** der gerichtlichen Entscheidung gebildet hat. Möglich ist nämlich, dass sie im arbeitsgerichtlichen Beschlussverfahren nach § 2a Abs. 1 Nr. 1 und Abs. 2 ArbGG selbständig geklärt wird (so z. B. BAG 19. 11. 1974 – 1 ABR 20/73 und 50/73, 4. 12. 1974, 28. 1. 1975, 7. 12. 1974 – 1 ABR 105/73 und 113/73, 10. 2. 1976 und 1. 6. 1976 AP BetrVG 1972 § 5 Nr. 2, 3, 4, 5, 7, 8, 12 und 15). Eine Zuordnung durch gerichtliche Entscheidung liegt aber auch vor, wenn sie in einem Rechtsstreit nur als **Vorfrage** eine Rolle gespielt hat (ebenso *Hromadka*, BB 1990, 57, 63). Die Gleichstellung ist sachlich gerechtfertigt, weil das Gesetz sogar die Zuordnung aus Anlass der letzten Wahl des Betriebsrats, des Sprecherausschusses oder von Aufsichtsratsmitgliedern der Arbeitnehmer genügen lässt. Dennoch ist es geboten, dass es sich um eine **Entscheidung im Beschlussverfahren** handeln muss (ebenso *Fitting*, § 5 Rn. 392; LK-*Kaiser*, § 5 Rn. 39; *Rumler*, Kündigungsschutz leitender Angestellter, S. 53; *Hromadka*, BB 1990, 63; a. A. GK-*Raab*, § 5 Rn. 168). Die Inzidentprüfung in einem Kündigungsrechtsstreit reicht nicht aus; denn über sie entscheidet das Arbeitsgericht im Urteilsverfahren (§ 2 Abs. 1 Nr. 3 lit. b, Abs. 5 i. V. mit §§ 46 ff. ArbGG). Das Arbeitsgericht erforscht nicht wie im Beschlussverfahren nach § 83 Abs. 1 ArbGG den Sachverhalt im Rahmen der gestellten Anträge von Amts wegen.

238 cc) Die Bestimmung bietet keine Gewähr für die Richtigkeit der Zuordnung. Sie hat keine **praktische Bedeutung,** wenn die Zuordnungen divergieren, und sie verliert ihre praktische Bedeutung, wenn dem Arbeitnehmer nachträglich ein anderer Aufgabenbereich übertragen worden ist (ebenso ErfK-*Eisemann/Koch*, § 5 Rn. 37; *Rumler*, Kündigungsschutz leitender Angestellter, S. 53 f.; *Buchner,* NZA Beil. 1/1989, 10; *Dänzer-Vanotti*, NZA Beil. 1/1989, 35; *Hromadka*, BB 1990, 63; *Richardi*, NZA Beil. 1/1990, 6).

239 b) Nach der **Nr. 2** ist ein Merkmal die **Zugehörigkeit zu einer Leitungsebene,** auf der in dem Unternehmen **überwiegend leitende Angestellte** vertreten sind.

240 Für den Begriff der Leitungsebene ist nicht ausschlaggebend, was ein Organisationsplan enthält, den ein Unternehmen aufstellt, um Arbeitnehmer bestimmten Bereichen des Unternehmens zuzuordnen. Maßgebend ist vielmehr, ob der Arbeitnehmer einer Führungsebene angehört, auf der überwiegend Personen vertreten sind, die unter dem Aspekt des in Abs. 3 Satz 2 Nr. 3 festgelegten Grundtatbestands leitende Angestellte sind. Der Begriff der Leitungsebene wird also nicht autonom durch die Unternehmensleitung, sondern er ist *heteronom* durch die Teleologie des Gesetzes festgelegt (ebenso im Ergebnis *Buchner,* NZA Beil. 1/1989, 10; ähnlich *Dänzer-Vanotti*, NZA Beil. 1/1989, 36; *Wlotzke*, DB 1989, 111, 123; *Hromadka*, BB 1990, 57, 63). Nicht entscheidend ist, ob es sich um Linien- oder Stabsstellen handelt (ebenso *Wlotzke*, DB 1989, 123; *Hromadka*, BB 1990, 63). „Überwiegend" bedeutet mehr als fünfzig Prozent (ebenso *Fitting*, § 5 Rn. 396; *Hromadka*, BB 1990, 63). Der Sache nach geht es darum, ob der Arbeitnehmer eine gleiche oder vergleichbar bedeutsame Funktion wahrnimmt, die in dem Unternehmen überwiegend von leitenden Angestellten ausgeübt wird (ebenso *Wlotzke*, DB 1989, 123). Der Rückgriff auf die Leitungsebene hat aber nur dann eine Indizwirkung, wenn bei den auf ihr in dem Unternehmen überwiegend vertretenen Arbeitnehmer die Eigenschaft eines **leitenden Angestellten** feststeht. Wenn dies unter den Beteiligten streitig ist, kann Nr. 2 keine Bedeutung entfalten (ebenso *Fitting*, § 5 Rn. 396; GK-*Raab*, § 5 Rn. 175; *Richardi*, NZA Beil. 1/1990, 7).

c) Nach **Nr. 3** ist eine Entscheidungshilfe, ob ein Arbeitnehmer ein **regelmäßiges** 241
Jahresarbeitsentgelt erhält, das für **leitende Angestellte in dem Unternehmen üblich ist.**
Maßgebend ist das **regelmäßige Jahresarbeitsentgelt.** Einmalige Sonderzahlungen blei- 242
ben unberücksichtigt, zusätzliche Gehaltsbestandteile, wie etwa Erfolgsbeteiligung oder
Tantiemen, werden einbezogen, wenn sie innerhalb des Jahres regelmäßig anfallen (ebenso *Fitting*, § 5 Rn. 398; DKK-*Trümner*, § 5 Rn. 244; GK-*Raab*, § 5 Rn. 176; *Buchner*,
NZA Beil. 1/1989, 10; *Dänzer-Vanotti*, NZA Beil. 1/1989, 36; *Wlotzke*, DB 1989, 111,
123; *Hromadka*, BB 1990, 57, 63; für Einbeziehung einmaliger Sonderzahlungen *Stege/
Weinspach/Schiefer*, § 5 Rn. 24 c). Den Vergleichsmaßstab bildet das regelmäßige Jahresarbeitsentgelt, das für leitende Angestellte in dem Unternehmen üblich ist. Maßgebend ist
das **Gehaltsniveau im konkreten Unternehmen,** nicht das Gehaltsniveau in der Branche.

Voraussetzung ist, dass es sich bei den Angestellten, deren Jahresarbeitsentgelt den 243
Vergleichsmaßstab bildet, um **leitende Angestellte** handelt. Man trifft hier aber auf die
Schwierigkeit, dass zu dem Gehaltsbereich im Allgemeinen auch Arbeitnehmer gehören,
die keine leitenden Angestellten i. S. der Legaldefinition sind. Dennoch streitet, wie
Hromadka (BB 1990, 57, 63) zutreffend feststellt, für alle die Regel der Nr. 3. Im
Gegensatz zu Nr. 2 fehlt hier auch das Kriterium des „überwiegend"; es wird also nicht
verlangt, dass in dem betreffenden Gehaltsbereich mehr als die Hälfte leitende Angestellte sind. Daraus darf aber nicht abgeleitet werden, dass die Zuordnung zu einem Gehaltsbereich, der für leitende Angestellte in dem Unternehmen üblich ist, die Eigenschaft eines
leitenden Angestellten begründet, sondern gerade hier ist zu beachten, dass nach den
Vorstellungen des Gesetzgebers die Auslegungsregel nur eingreift, wenn Zweifel bleiben,
ob i. S. der Legaldefinition des Abs. 3 Satz 2 Nr. 3 die von dem Arbeitnehmer wahrgenommenen Aufgaben für Bestand und Entwicklung des Unternehmens oder eines
Betriebs die Bedeutung haben, wie sie die Tätigkeit eines leitenden Angestellten auszeichnen, und er bei ihrer Erfüllung im Wesentlichen frei von Weisungen handelt. Soweit man
insoweit keine Zweifel haben kann, greift die hier festgelegte Auslegungsregel nicht ein;
sie hat keinen Anwendungsbereich.

d) Nach **Nr. 4** ist schließlich, **falls auch bei der Anwendung der Nr. 3 noch Zweifel** 244
bleiben, ein Merkmal, ob der Angestellte ein **regelmäßiges Jahresarbeitsentgelt** erhält,
das das **Dreifache der Bezugsgröße nach § 18 SGB IV überschreitet.** Die Bezugsgröße
wird jährlich durch Rechtsverordnung festgelegt.

Die Bestimmung hat nur die Bedeutung eines **Hilfskriteriums.** Sie greift nur ein, „falls 245
auch bei der Anwendung der Nr. 3 noch Zweifel bleiben". Ihre Eignung als Hilfskriterium wird aber bereits dadurch in Frage gestellt, dass der Rückgriff auf die Bezugsgröße
nach § 18 SGB IV nicht systemkonform ist. Vergleichsmaßstab sind bei Nr. 4 nicht wie
bei Nr. 2 und Nr. 3 des Abs. 4 die sonstigen leitenden Angestellten im Unternehmen. Es
fehlt jeder Bezug auf unternehmensbezogene Merkmale, auf die der Grundtatbestand in
Abs. 3 Satz 2 abstellt. Beachtet man, dass die Nr. 2 und Nr. 3 für die Abgrenzung keinen
Beitrag leisten, wenn die Einordnung der leitenden Angestellten im Unternehmen überhaupt zweifelhaft ist, so kann die Nr. 4, obwohl sie unter einem doppelten Vorbehalt
steht, den Charakter der allein ausschlaggebenden Bestimmung annehmen. Eine derartige Interpretation widerspricht aber dem Gesetzestext und dem Willen des Gesetzgebers.

Deshalb ist der **Rückgriff auf Nr. 4 nur eröffnet,** wenn *erstens* Zweifel bei der Sub- 246
sumtion unter Nr. 3 des Abs. 3 Satz 2 bleiben, und *zweitens* durch die Tatbestandsgruppen in Nr. 1, Nr. 2 oder Nr. 3 des Abs. 4 keine Klärung herbeigeführt wird. Erst
wenn dann auch noch Zweifel bleiben, findet Nr. 4 Anwendung. Es genügt also nicht,
dass zweifelhaft ist, ob der Grundtatbestand des Abs. 3 Satz 2 Nr. 3 vorliegt. Diese
Zweifel sind nämlich Voraussetzung dafür, dass Abs. 4 überhaupt Anwendung findet.
Nach der Konzeption des Gesetzgebers geht es bei Nr. 4 ausschließlich darum, dass bei
der Anwendung des Abs. 4 Nr. 3 noch Zweifel bleiben, also nicht ermittelt werden
kann, welches regelmäßige Jahresarbeitsentgelt für leitende Angestellte in dem Unternehmen üblich ist (ebenso *Engels/Natter*, BB Beil. 8/1989, 12). Nr. 4 ist keine Ergänzung zu

Nr. 3. Ist Nr. 3 erfüllt, so ist kein zusätzliches Tatbestandserfordernis, dass das Jahresarbeitsentgelt die Voraussetzungen der Nr. 4 erfüllt, wie auch umgekehrt Nr. 4 nicht korrigierend eingreift, wenn jemand auf Grund des Gehaltskriteriums in Nr. 3 nicht zu den leitenden Angestellten gehört. Steht also fest, dass der Arbeitnehmer kein regelmäßiges Jahresarbeitsentgelt erhält, das für leitende Angestellte in dem Unternehmen üblich ist, so fehlt es daran, dass bei der Anwendung der Nr. 3 noch Zweifel bleiben. Der Rückgriff auf Nr. 4 ist verschlossen (ebenso *Buchner,* NZA Beil. 1/1989, 10; *Engels/ Natter,* BB Beil. 8/1989, 12). Würde man ihn gleichwohl anwenden, so hätte man nämlich die Nr. 3 durch Nr. 4 ersetzt.

247 Sofern Nr. 4 rechtstatsächlich so gehandhabt wird, wie es hier als richtige Gesetzesinterpretation angenommen wird, ist die Bestimmung **mit dem Grundgesetz vereinbar** (für Verfassungswidrigkeit ohne die hier vorgenommene Einschränkung *Fitting,* § 5 Rn. 326; DKK-*Trümner,* § 5 Rn. 246; a. A. GK-*Raab,* § 5 Rn. 181).

4. Verfahrensrechtliche Bedeutung des Abs. 4

248 Die Bedeutung des Abs. 4 kann man nur richtig erschließen, wenn man beachtet, dass **verschiedene Instanzen** mit der Zuordnung befasst sein können. Eine letztlich bindende Entscheidung kann nur das Arbeitsgericht im Statusverfahren treffen. Dennoch kann auch in einem anderen Verfahren von Bedeutung sein, ob die Zuordnung richtig ist.

249 Das gilt vor allem für die Durchführung der **Betriebsratswahlen** und die **Wahlen zum Sprecherausschuss**. Der Gesetzgeber hat deshalb in § 18 a ein **besonderes Zuordnungsverfahren** geschaffen. Wenn die beteiligten Wahlvorstände und der von ihnen im Streitfall benannte Vermittler innerhalb der vorgesehenen Frist von zwei Wochen bei der Anwendung der Nr. 3 des Abs. 3 Satz 2 Zweifel nicht beheben können, soll Abs. 4, der an formale, schnell feststellbare Merkmale anknüpft, die Entscheidung erleichtern. Nach § 18 a Abs. 5 Satz 2 ist die Wahlanfechtung ausgeschlossen, soweit sie darauf gestützt wird, dass die Zuordnung fehlerhaft sei. Dies gilt aber nicht, wie der folgende Satz 3 klarstellt, soweit die Zuordnung *offensichtlich* fehlerhaft ist. Nicht offensichtlich fehlerhaft ist eine Zuordnung, die bei Zweifeln, ob die Merkmale der Legaldefinition nach Abs. 3 Satz 2 Nr. 3 vorliegen, auf Abs. 4 gestützt wird.

250 Aus der Feststellung, dass das Wahlverfahren nicht fehlerhaft durchgeführt wurde, kann man nicht ableiten, dass damit auch endgültig geklärt ist, wer zu den leitenden Angestellten gehört. Wenn dies in einem **Kündigungsrechtsstreit** bestritten wird, um geltend zu machen, dass die Kündigung wegen Nichtbeteiligung des Betriebsrats rechtsunwirksam ist (§ 102 Abs. 1 Satz 3), muss das Arbeitsgericht die Meinungsverschiedenheit als Vorfrage klären. Da die Entscheidung im Urteilsverfahren ergeht, ist ausschließlich der Sachvortrag der Parteien maßgebend. Hier kann sich daher nicht das Problem stellen, dass für das Arbeitsgericht zweifelhaft bleibt, ob Nr. 3 des Abs. 3 Satz 2 vorliegt. Es hat vielmehr nach den dort aufgestellten Kriterien zu entscheiden, wie der Sachverhaltsvortrag rechtlich zu beurteilen ist. Abs. 4 findet keine Anwendung (*Richardi,* NZA Beil. 1/1990, 10; s. auch *Dänzer-Vanotti,* NZA Beil. 1/1989, 34).

251 Möglich ist schließlich, dass die Zuordnung zu den leitenden Angestellten selbst in einem **Statusverfahren** den Streitgegenstand bildet. In diesem Fall entscheidet das Arbeitsgericht im Beschlussverfahren (§ 2a Abs. 1 Nr. 1, Abs. 2 i. V. mit §§ 80 ff. ArbGG). Da es den Sachverhalt im Rahmen der gestellten Anträge von Amts wegen erforscht (§ 83 Abs. 1 Satz 1 ArbGG), findet Abs. 4 nur Anwendung, wenn trotz der Amtsermittlung Zweifel verbleiben. Mit anderen Worten: Wenn Arbeitsgericht und Landesarbeitsgericht die Zuordnung nach Abs. 3 Satz 2 Nr. 3 vorgenommen haben und in diesem Rahmen für sie ein Bewertungsspielraum besteht, hat ihre Entscheidung vor der revisionsrichterlichen Kontrolle Bestand, wenn sie auf Abs. 4 gestützt wird. Die Bestimmung hat also insoweit nur die Bedeutung einer *Unklarheitenregel*, um bei Bestehen eines Bewertungsspielraums eine eindeutige Abgrenzung vorzunehmen (vgl. *Richardi,* NZA Beil. 1/1990, 10).

V. Beispiele für die Zuordnung zu den leitenden Angestellten nach Abs. 3 Satz 2

Da die Neufassung des Abs. 3 Satz 2 keine Strukturänderung in der Begriffsbestimmung der leitenden Angestellten enthält, behält die Rspr. des BAG zu § 5 Abs. 3 BetrVG 1972 ihre Bedeutung für die Zuordnung zu den leitenden Angestellten, zumal vor allem Nr. 3 des Abs. 3 Satz 2 sich an den von ihm entwickelten Abgrenzungsmerkmalen orientiert (s. Rn. 190 ff.). Man hat dabei aber zu beachten, dass die Feststellung im entschiedenen Fall stets von den Aufgaben und Befugnissen im konkreten Unternehmen abhängt (ebenso *Fitting*, § 5 Rn. 406). 252

a) **Bejahung.** Bereits aus dem Beruf, den ein Angestellter auszuüben hat, kann sich ergeben, dass er zu den leitenden Angestellten gehört: Ein **Wirtschaftsprüfer,** der in einer Wirtschaftsprüfungsgesellschaft als Prüfungsleiter und Berichtskritiker angestellt ist, nimmt kraft des für ihn geltenden Berufsrechts die Unternehmeraufgaben der Gesellschaft unmittelbar wahr und ist daher leitender Angestellter, sofern ihm Prokura erteilt ist, bereits nach Nr. 2, sonst nach Nr. 3 (ebenso, wenn auch nicht nach Nr. 2, sondern nach Nr. 3: BAG 28. 1. 1975 AP BetrVG 1972 § 5 Nr. 5 [*Zöllner*]; wie hier *Zöllner*, GedS Dietz 1973, S. 377 ff.; a. A. *Henssler*, FS Hromadka 2008. S. 130, 149, der für die Anerkennung als leitender Angestellter die Entscheidung über die Mandatsannahme, über Honorarfragen und über Maßnahmen der Mandantenakquisitiom sowie über die Einstellung und Entlassung ihm zugeordneter Mitarbeiter verlangt). – Leitender Angestellter ist, wer in einem **Luftfahrtunternehmen** für die **Flugsicherheit verantwortlich** ist (BAG 8. 2. 1977 AP BetrVG 1972 § 5 Nr. 16). Gleiches gilt für einen Angestellten, der die Sicherheitsverantwortung für die Anlagen einer Erdöl-Raffinerie trägt. – Ein **Grubenfahrsteiger** trägt im Bergbau so erhebliche Verantwortung für den störungsfreien Abbau und für die Sicherheit und Ordnung, dass demgegenüber von untergeordneter Bedeutung ist, wenn er lediglich zur mittleren Führungsgruppe gehört (so jedenfalls BAG 19. 11. 1974 AP BetrVG 1972 § 5 Nr. 3; anders aber für einen Fahrsteiger im Ruhrbergbau BAG 23. 1. 1986 AP BetrVG 1972 § 5 Nr. 30). 253

Betriebsleiter sind regelmäßig leitende Angestellte (verneint für den Leiter eines Verbrauchermarkts mit 45 Arbeitnehmern, der in personellen und kaufmännischen Angelegenheiten sowie bei Verhandlungen mit dem Betriebsrat keinen eigenen nennenswerten Entscheidungsspielraum hatte, BAG 19. 8. 1975 AP BetrVG 1972 § 102 Nr. 5). Wer dagegen nur den arbeitstechnischen Ablauf der Produktion nach vorgegebenen Daten sicherstellt, gehört, auch wenn er eine Betriebsabteilung leitet, im Allgemeinen nicht zu den leitenden Angestellten (s. Rn. 213). Der leitende Angestellte braucht andererseits nicht einmal eine Linienfunktion auszuüben, sondern es genügt, dass ihm eine **Stabsfunktion** übertragen ist, sofern er durch seine Tätigkeit Unternehmerentscheidungen frei von Weisungen maßgeblich beeinflusst, er also die Voraussetzungen schafft, an denen die eigentliche Unternehmensführung „nicht vorbeigehen kann" (vgl. BAG 17. 12. 1974 AP BetrVG 1972 § 5 Nr. 7; bestätigt durch BAG 9. 12. 1975 AP BetrVG 1972 § 5 Nr. 11). Darauf beruht, dass das BAG Leiter einer Betriebsabteilung in seinen dasselbe Unternehmen betreffenden Beschlüssen vom 17. 12. 1974 unterschiedlich eingestuft hat, so den **Leiter der Abteilung Unternehmensplanung** als leitenden Angestellten (AP BetrVG 1972 § 5 Nr. 7), nicht aber den Leiter einer Abteilung „mechanische Fertigung, Kunststoffmaschinen" (AP BetrVG 1972 § 5 Nr. 6) und den Leiter einer Abteilung „Ausgangsrechnungen, Lizenzen, Provisionen" (AP BetrVG 1972 § 5 Nr. 8; vgl. auch DB 1975, 59). 254

Bei einem **Forschungsunternehmen** muss beachtet werden, dass wissenschaftliche Arbeit ihrer Natur nach nur weisungsfrei erbracht werden kann. Daraus ergibt sich, dass eher zum Kreis der leitenden Angestellten gehören kann, wer Forschungsleistungen zu erbringen hat, als auf gleicher Leitungsebene angesiedelte Angestellte in Verwaltung und 255

Produktion. Der Leiter einer Sektion von drei bis fünf wissenschaftlichen Mitarbeitern kann daher in einem Forschungsunternehmen leitender Angestellter sein (vgl. BAG 10. 2. 1976 AP BetrVG 1972 § 5 Nr. 12). Aber auch wenn es sich nicht um ein rechtlich verselbständigtes Forschungsunternehmen, sondern nur um die **Forschungsabteilung** eines Unternehmens handelt, ist ihr Leiter leitender Angestellter, wenn die Erbringung der Forschungsleistung für Bestand und Entwicklung des Unternehmens oder eines für das Unternehmen wesentlichen Betriebs von Bedeutung ist.

256 Zu den leitenden Angestellten gehört in einem Krankenhaus nicht nur der **Ärztliche Direktor** als der ärztliche Leiter des Krankenhauses, sondern regelmäßig auch der **Chefarzt**, der in seiner Klinik bzw. Fachabteilung die uneingeschränkte ärztliche Führungs- und Handlungsverantwortung für die Patientenversorgung hat (ebenso LAG Köln 20. 11. 1990 – 9 Sa 452/90, mitgeteilt bei *Dahm/Lück* MedR 1992, 1 ff.; *Laufs* in *Laufs/Uhlenbruck*, Handbuch des Arztrechts, 3. Aufl. 2002, § 12 Rn. 8; *Wern*, Die arbeitsrechtliche Stellung des leitenden Krankenhausarztes, 2005, S. 370 ff.; für den Bereich der MAVO BAG 10. 12. 1992 AP GG Art. 140 Nr. 41 [unter III 1]); a. A. LAG Hamm 10. 10. 2008 – 10 TaBV 24/08, juris; HessLAG 31. 7. 2008 – 9 TaBV 267/07, juris; *Genzel* in *Laufs/Uhlenbruck*, a. a. O., § 90 Fn. 60 g; *Dahm/Lück* MedR 1992, 1, 4 ff.; vgl. auch § 18 Abs. 1 Nr. 1 ArbZG). Der Chefarzt unterliegt insoweit keinen Weisungen der Krankenhausbetriebsleitung; auch das Weisungsrecht des ärztlichen Direktors erstreckt sich nicht auf die ärztlichen Entscheidungen bei der medizinischen Behandlung (vgl. *Richardi*, MünchArbR § 339 Rn. 11). Dagegen zählt nicht mehr zu den leitenden Angestellter der Oberarzt, auch wenn er ständiger Vertreter des Chefarztes ist.

257 b) **Verneinung.** Das BAG lässt die **schlichte Vorgesetztenstellung** nicht genügen. Kein Kriterium, aber ein Indiz ist die **Leitungsebene,** der ein Angestellter angehört.

258 Nicht anerkannt als leitende Angestellte wurden **Hauptabteilungsleiter** eines von 20 Hauptbüros eines Großunternehmens, weil ihnen eine nur ermittelnd-ausführende Tätigkeit zukam (BAG 19. 11. 1974 AP BetrVG 1972 § 5 Nr. 2; anerkannt aber für den Fall, dass sie bei Verkaufsverhandlungen einen erheblichen eigenen Entscheidungsspielraum haben, BAG 1. 6. 1976 AP BetrVG 1972 § 5 Nr. 15). – Ebenfalls nicht als leitende Angestellte wurden angesehen **Abteilungsleiter der mechanischen Fertigung und des Rechnungswesens** in einem Maschinenbauunternehmen (vgl. BAG 17. 12. 1974 AP BetrVG 1972 § 5 Nr. 6 und 8; anders dagegen die auf derselben Leitungsebene angesiedelten Leiter einer Abteilung Unternehmensplanung [AP BetrVG 1972 § 5 Nr. 7] und einer Abteilung Organisation [1 ABR 106/73]; s. auch Rn. 210). – Nicht einmal der **Betriebsleiter eines Supermarktes** mit 45 Arbeitnehmern wurde den leitenden Angestellten zugeordnet, weil er nur eine Auswahl unter dem Sortiment an Waren treffen konnte, das ihm die Zentrale der Handelskette anbot, wobei die Abgabepreise vorgeschrieben waren (BAG 19. 8. 1975 AP BetrVG 1972 § 105 Nr. 5). Diese Beurteilung war aber zu eng; sie entsprach schon nicht § 5 Abs. 3 BetrVG 1972 (vgl. *Dietz/Richardi*, 6. Aufl., § 5 Rn. 152). – Das BAG hat dagegen anerkannt, dass ein Hauptabteilungsleiter leitender Angestellter sein kann, wenn er beim Verkauf von Industrieanlagen und -ausrüstungen auf Grund eigener Überlegungen und Planungen selbständig technologische Lösungen finden und dem Kunden ausarbeiten muss (BAG 1. 6. 1976 AP BetrVG 1972 § 5 Nr. 15). Auch der **Leiter des Ausbildungswesens** in einem Unternehmen wird regelmäßig zu den leitenden Angestellten zählen (BAG 1. 6. 1976 AP BetrVG 1972 § 5 Nr. 15).

259 **Bankprokuristen** gehören nur dann auf Grund der ihnen erteilten Prokura zu den leitenden Angestellten nach Nr. 2 des Abs. 3 Satz 2, wenn die Ausübung der mit der Prokura verbundenen Vertretungsbefugnis nicht nur im Außenverhältnis, sondern auch im Innenverhältnis zum Arbeitgeber nicht unbedeutend ist (s. Rn. 204 f.). Nicht notwendig ist völlige Deckungsgleichheit zwischen Innen- und Außenverhältnis (überholt daher insoweit BAG 27. 4. 1988 AP BetrVG 1972 § 5 Nr. 37; s. auch Rn. 205).

C. Die leitenden Angestellten   § 5

Ein **Betriebsarzt** ist allein wegen seiner Tätigkeit kein leitender Angestellter (LAG 260
Baden-Württemberg [Mannheim], AP BetrVG 1972 § 5 Nr. 17). Wenn er dagegen eine
Schlüsselstellung im Gefahrenschutz eines Unternehmens hat, kann er zu ihnen gehören.

VI. Zwingende Festlegung der Legaldefinition

Die gesetzliche Abgrenzung ist zwingend. Sie kann weder durch Betriebsvereinbarung 261
noch durch Tarifvertrag abweichend vom Gesetz geregelt werden; erst recht scheidet
eine vom Gesetz abweichende einzelvertragliche Abrede über die Qualifikation als
leitender Angestellter i. S. des Abs. 3 Satz 2 aus (ebenso BAG 5. 3. 1974 AP BetrVG
1972 § 5 Nr. 1; 19. 8. 1975 AP BetrVG 1972 § 105 Nr. 1; *Fitting*, § 5 Rn. 331; *Boldt*,
Zur Abgrenzung der leitenden Angestellten, S. 31 f. = DB Beil. 5/1972, 7 f.).

Keineswegs gehört ein Angestellter nur deshalb zur Gruppe der leitenden Angestellten, 262
weil er auf Grund seiner Tätigkeit nicht mehr unter den persönlichen Geltungsbereich
eines Tarifvertrags fällt, also zu den sog. **außertariflichen Angestellten** zählt (s. Rn. 187).
Die Abgrenzung im Tarifvertrag gibt auch keine Entscheidungshilfe für das Vorliegen
der Legaldefinition, sondern insoweit findet ausschließlich Abs. 4 Anwendung.

VII. Berücksichtigung der leitenden Angestellten im BetrVG

1. Die leitenden Angestellten als Nichtarbeitnehmer

Nach § 4 Abs. 2 lit. c BetrVG 1952 galt ein Arbeitnehmer, der die Merkmale eines 263
leitenden Angestellten erfüllte, nicht als Arbeitnehmer i. S. dieses Gesetzes. Damit war
klargestellt, dass überall dort, wo das BetrVG auf den Begriff des Arbeitnehmers abstellte, die leitenden Angestellten nicht erfasst waren. Die geltende Gesetzesbestimmung in
Abs. 3 bezeichnet die leitenden Angestellten nicht mehr als Nichtarbeitnehmer, sondern
ihr liegt zugrunde, dass die leitenden Angestellten eine **besondere Arbeitnehmergruppe**
bilden, auf die das **Gesetz,** soweit in ihm nicht ausdrücklich etwas anderes bestimmt ist,
keine Anwendung findet (Abs. 3 Satz 1). Etwas anderes ergibt sich nur aus § 105, nach
dem eine beabsichtigte Einstellung oder personelle Veränderung dem Betriebsrat rechtzeitig mitzuteilen ist.

Die Nichtanwendung des Gesetzes hat zur Folge, dass die leitenden Angestellten zum 264
Betriebsrat **weder wahlberechtigt noch wählbar** sind und der Betriebsrat in ihren Angelegenheiten **keine Beteiligungsrechte** hat. Für sie besteht vielmehr in den Sprecherausschüssen eine eigene Betriebsvertretung (s. Rn. 269 ff.). Die Nichtanwendung des BetrVG
bedeutet, dass die leitenden Angestellten nicht zu den **wahlberechtigten Arbeitnehmern**
zählen, soweit das Gesetz auf sie abstellt (z. B. § 14 Abs. 3, § 16 Abs. 1 Satz 1, Abs. 2,
§ 18 Abs. 1, § 19 Abs. 1 und § 23 Abs. 1). Da der Betriebsrat für sie kein Repräsentationsmandat hat, fallen sie auch nicht unter den Begriff des **Arbeitnehmers,** soweit er für
die Organisation der Betriebsverfassung eine Rolle spielt. Leitende Angestellte werden
deshalb nicht mitgezählt, soweit es um die Zahl der Betriebsratsmitglieder geht (§ 9),
und sie haben auch kein Teilnahmerecht in der Betriebsversammlung (§ 42 Abs. 1).

2. Grund für die Sonderstellung

Die Ausklammerung der leitenden Angestellten aus der Mitbestimmung des Betriebs- 265
rats widerspricht nicht dem Grundgesetz; sie ist insbesondere auch mit dem **Gleichheits-**
satz des Art. 3 Abs. 1 GG vereinbar. Der materielle Grund, der den Unterschied rechtfertigt, liegt nicht darin, dass leitende Angestellte weniger schutzbedürftig sind als die
sonstigen Arbeitnehmer. Wegen ihrer Stellung im Unternehmen hat zwar die soziale
Schutzgesetzgebung zunächst den Personenkreis, den man zu den leitenden Angestellten

zählt, häufig aus ihrem Geltungsbereich ausgeklammert. Die Rechtsentwicklung hat aber diese Begrenzungen immer weiter zurückgenommen. Deshalb sind leitende Angestellte im Prinzip in den für Arbeitnehmer geltenden Sozialschutz einbezogen.

266 Der Grund, der die Sonderstellung in der Betriebsverfassung materiell rechtfertigt, ist ausschließlich die **Funktionsfähigkeit der Unternehmen innerhalb einer marktwirtschaftlichen Ordnung.** Da ein sozialer Ausgleich nur dann erfolgen kann, wenn die Rentabilität der Unternehmen gesichert ist, muss ein Personenkreis bestehen, dessen Auswahl und Arbeitsbedingungen nicht unter einen Mitbestimmungsvorbehalt gestellt werden. Auf der Nähe zum unternehmerischen Entscheidungsprozess beruht, dass leitende Angestellte eine eigene Arbeitnehmergruppe innerhalb der Mitbestimmungsordnung darstellen (vgl. *Richardi*, MünchArbR, § 19 Rn. 11 ff.). Der Betriebsrat hat daher kein Mitbestimmungsrecht, und zwar nicht nur in personellen, sondern auch in sozialen Angelegenheiten, wenn die Maßnahme sich ausschließlich auf leitende Angestellte beschränkt. Es besteht aber, wenn eine Maßnahme sich auch auf die übrige Belegschaft auswirkt, z.B. aus einem einheitlichen Bestand von Werkmietwohnungen für alle Arbeitnehmer einem leitenden Angestellten eine Wohnung zugewiesen wird (BAG 30. 4. 1974 AP BetrVG 1972 § 87 Werkmietwohnungen Nr. 2).

3. Die leitenden Angestellten als Betriebsangehörige

267 Die Ausklammerung der leitenden Angestellten aus der vom Betriebsrat repräsentierten Belegschaft ändert nicht, dass sie zu den **im Betrieb tätigen Personen** gehören. Deshalb besteht auch ihnen gegenüber die Pflicht von Arbeitgeber und Betriebsrat nach § 75 Abs. 1, darüber zu wachen, dass alle im Betrieb tätigen Personen nach den Grundsätzen von Recht und Billigkeit behandelt werden, insbesondere dass jede unterschiedliche Behandlung wegen der dort genannten Kriterien unterbleibt. Dies hat der Gesetzgeber auch nicht dadurch geändert, dass er in § 27 Abs. 1 SprAuG diese Überwachungspflicht für den Sprecherausschuss auf die leitenden Angestellten des Betriebs beschränkt hat. Die Begrenzung bezieht sich nur auf die Aufgabe des Sprecherausschusses, nicht aber auf die hier in § 75 Abs. 1 niedergelegte betriebsverfassungsrechtliche Pflicht, die auf einem allgemeinen Rechtsgrundsatz des Arbeitsrechts beruht.

268 Die **verschiedene Form der Mitbestimmung** kann jedoch rechtfertigen, dass der Arbeitgeber **verschiedene Leistungen** erbringt. Der Arbeitgeber ist auch nach dem arbeitsrechtlichen Gleichbehandlungsgrundsatz nicht verpflichtet, den leitenden Angestellten ebenso wie den von einem Sozialplan begünstigten Arbeitnehmern eine Abfindung für den Verlust des Arbeitsplatzes zu zahlen (BAG 16. 7. 1985 AP BetrVG 1972 § 112 Nr. 32). Darin liegt aber **kein Freibrief zur Diskriminierung.** Beziehen Arbeitgeber und Betriebsrat leitende Angestellte in eine Betriebsvereinbarung ein, so gelten auch für die leitenden Angestellten die absoluten und relativen Differenzierungsverbote.

VIII. Bildung und Rechtsstellung von Sprecherausschüssen für leitende Angestellte

1. Schaffung einer institutionalisierten Vertretung durch das Gesetz über Sprecherausschüsse der leitenden Angestellten (Sprecherausschussgesetz – SprAuG)

269 a) **Der Weg zum Gesetz.** Das BetrVG enthält keine Regelung über die Bildung von Sprecherausschüssen für leitende Angestellte. Der GesetzE der CDU/CSU-Fraktion (BT-Drucks. VI/1806) hatte in seinen §§ 98–105 in Betrieben mit mehr als fünf leitenden Angestellten Sprecherausschüsse der leitenden Angestellten vorgesehen. Der Vorschlag wurde nicht in das Gesetz übernommen; denn man hielt es für verfrüht, die betriebs-

soziologische Stellung der leitenden Angestellten abschließend zu beurteilen; insbesondere erschien ungewiss, ob die Errichtung einer Sondervertretung für leitende Angestellte oder die Integration in den Betriebsrat die sachgerechte Lösung darstellt (vgl. den Bericht des BT-Ausschusses für Arbeit und Sozialordnung, *zu* BT-Drucks. VI/2729, S. 12). Daher hielt man es für verfehlt, die noch offenen Fragen durch die gesetzliche Institutionalisierung von Sprecherausschüssen der leitenden Angestellten zu präjudizieren. Keinen Erfolg hatte auch ein Gruppenantrag von Abgeordneten der CDU/CSU, Sprecherausschüsse auf betriebsverfassungsrechtlicher Ebene gesetzlich zu verankern (Entwurf eines Gesetzes über die Errichtung von Sprecherausschüssen für Leitende Angestellte, BT-Drucks. 8/3490). Die Wende brachte der mit Unterstützung der CDU/CSU-Fraktion und der FDP-Fraktion eingebrachte „Entwurf eines Gesetzes zur Verstärkung der Minderheiten in den Betrieben und Verwaltungen (MindRG)" vom 22. 5. 1985 (BT-Drucks. 10/3384), der in Art. 3 ein „Gesetz über die Errichtung von Sprecherausschüssen für Leitende Angestellte (SprALAG)" vorsah (vgl. zur Kritik *Richardi*, AuR 1986, 33, 39 ff.). Auf ihm basiert trotz erheblicher Änderung das in der nächsten Legislaturperiode eingebrachte und verabschiedete **Gesetz über Sprecherausschüsse der leitenden Angestellten** vom 20. 12. 1988 als Art. 2 des Gesetzes zur Änderung des BetrVG, über Sprecherausschüsse der leitenden Angestellten und zur Sicherung der Montan-Mitbestimmung (BGBl. I S. 2312).

Vor dem Sprecherausschussgesetz gab es nur **freiwillig gebildete Sprecherausschüsse** 270 (vgl. *Sieg*, FS Richardi 2007, S. 777, 778). Die Ablehnung der von der CDU/CSU-Fraktion geforderten gesetzlichen Verankerung hat man nicht als Verbot gewertet, sondern im Gegenteil hat das BAG schon im Beschluss vom 29. 2. 1975 klargestellt, dass die **Bildung von Sprecherausschüssen** für die in § 5 Abs. 3 BetrVG abgegrenzten leitenden Angestellten **auf privatrechtlicher Ebene** zulässig war (AP BetrVG 1972 § 5 Nr. 9 [zust. *Richardi*]).

b) Die Institutionalisierung der Sprecherausschüsse für leitende Angestellte ist trotz 271 der Regelung in einem besonderen Gesetz **materielles Betriebsverfassungsrecht** (ebenso *Joost*, MünchArbR § 233 Rn. 4). Das Sprecherausschussgesetz sieht für alle Ebenen, auf denen für die Arbeitnehmer ein betriebsverfassungsrechtlicher Repräsentant – Betriebsrat, Gesamtbetriebsrat, Konzernbetriebsrat – gebildet werden kann, die Errichtung von Sprecherausschüssen vor; es kennt aber im Vergleich zu den Mitbestimmungsrechten des Betriebsrats nur wenige Beteiligungsrechte, die auf **Unterrichtungs-, Anhörungs-** und **Beratungsrechte** beschränkt sind.

2. Bildung und Organisation der Sprecherausschüsse

a) **Betrieb und Unternehmen als sprecherausschussfähige Einheit.** Das Sprecheraus- 272 schussgesetz (SprAuG) verknüpft die Bildung von Sprecherausschüssen der leitenden Angestellten mit **demselben Repräsentationsbereich – Betrieb, Unternehmen und Konzern – wie das BetrVG**. Nach § 1 Abs. 1 SprAuG werden in Betrieben mit in der Regel mindestens zehn leitenden Angestellten Sprecherausschüsse der leitenden Angestellten gewählt. Sofern die Arbeitsorganisation eines Unternehmens sich in zwei oder mehrere Betriebe gliedert, bildet wie nach dem BetrVG der **Betrieb** für den gesetzlichen Normalfall den Repräsentationsbereich. Auf der Ebene des Betriebs werden, wenn die Voraussetzungen an die Zahl der leitenden Angestellten erfüllt sind, **betriebliche Sprecherausschüsse** gebildet. Leitende Angestellte eines Betriebs mit in der Regel weniger als 10 leitenden Angestellten werden dem räumlich nächstgelegenen Betrieb zugeordnet, sofern dieser in der Regel mindestens zehn leitende Angestellte hat (§ 1 Abs. 2 SprAuG).

Da der quantitative Anteil der leitenden Angestellten an der Gesamtzahl der Arbeit- 273 nehmer gering ist, die Sprecherausschussfähigkeit eines Betriebs aber zehn leitende Angestellte voraussetzt, besteht die Gefahr, dass leitende Angestellte keine institutionelle Vertretung erhalten, wenn ein Unternehmen keinen sprecherausschussfähigen Betrieb hat, obwohl in ihm in der Regel insgesamt mindestens zehn leitende Angestellte beschäftigt sind. Dieser Gefahr begegnet das Gesetz, indem es bestimmt, dass abweichend von § 1 Abs. 1 und 2 SprAuG ein **Unternehmenssprecherausschuss** der leitenden Angestellten gewählt werden kann, wenn dies die Mehrheit der leitenden Angestellten des Unternehmens verlangt (§ 20 Abs. 1 SprAuG). Aber auch wenn ein Betrieb als sprecherausschussfähige Einheit vorhanden ist, haben die leitenden Angestellten die Möglichkeit, die Sprecherausschüsse auf betrieblicher Ebene durch einen Unternehmenssprecherausschuss auf Unternehmensebene zu ersetzen (§ 20 Abs. 2 und 3 SprAuG).

274 Besteht kein Unternehmenssprecherausschuss, sondern werden in einem Unternehmen, das sich in zwei oder mehrere Betriebe gliedert, wie im gesetzlichen Normalfall betriebliche Sprecherausschüsse gewählt, so ist durch Entsendung für das Unternehmen ein **Gesamtsprecherausschuss** zu errichten (§ 16 SprAuG). Es besteht insoweit dasselbe Organisationsmodell wie für das Verhältnis des Betriebsrats zum Gesamtbetriebsrat. Entsprechend ist der Gesamtsprecherausschuss auch nur zuständig für die Behandlung von Angelegenheiten, die das Unternehmen oder mehrere Betriebe des Unternehmens betreffen und nicht durch die einzelnen Sprecherausschüsse innerhalb ihrer Betriebe behandelt werden können (§ 18 Abs. 1 Satz 1 SprAuG).

275 Die **Begriffe des Betriebs** und **des Unternehmens** beziehen sich auf denselben Repräsentationsbereich, für den ein Betriebsrat bzw. ein Gesamtbetriebsrat zu bilden ist. Sie sind **mit den entsprechenden Begriffen des BetrVG identisch** (ebenso *Joost*, MünchArbR § 233 Rn. 15). Nach § 4 BetrVG kann aber unter den dort genannten Voraussetzungen auch ein Betriebsteil eine betriebsratsfähige Einheit bilden, wie umgekehrt ein Nebenbetrieb sie nicht haben kann, wenn er nicht betriebsratsfähig ist. Das SprAuG enthält keine entsprechende Bestimmung; § 4 BetrVG kann auch nicht entsprechend angewandt werden (ebenso *Hromadka*, SprAuG § 1 Rn. 19; *Joost*, MünchArbR § 322 Rn. 16; a. A. *Oetker*, ZfA 1990, 43, 47 f.). Dabei darf man jedoch nicht außer acht lassen, dass § 4 BetrVG die Gesichtspunkte nennt, die für die betriebsverfassungsrechtliche Begriffsbildung konstitutiv sind und insoweit kein Unterschied zum SprAuG besteht (s. § 1 Rn. 22 ff.).

276 b) **Konzern als sprecherausschussfähige Einheit.** Das SprAuG übernimmt die **Konzernbetriebsverfassung** für die Repräsentation der leitenden Angestellten. Besteht ein Konzern i. S. des § 18 Abs. 1 AktG, also ein sog. Unterordnungskonzern (s. § 1 Rn. 97), so kann die Sprecherausschussverfassung wie die Betriebsverfassung dreistufig gegliedert sein: Für den Konzern kann ein Konzernsprecherausschuss errichtet werden (§ 21 SprAuG). Voraussetzung ist, dass in mindestens zwei Konzernunternehmen Gesamtsprecherausschüsse bestehen; besteht in einem Konzernunternehmen nur ein betrieblicher Sprecherausschuss oder ist dort ein Unternehmenssprecherausschuss gebildet, so tritt er an die Stelle des Gesamtsprecherausschusses (§ 21 SprAuG).

3. Wahl und Amtszeit der Sprecherausschüsse

277 a) **Betrieblicher Sprecherausschuss und Unternehmenssprecherausschuss.** Die regelmäßigen Sprecherausschusswahlen sind **zeitgleich mit den regelmäßigen Betriebsratswahlen** nach § 13 Abs. 1 BetrVG einzuleiten; sie finden alle **vier Jahre in der Zeit vom 1. März bis 31. Mai** statt (§§ 5 Abs. 1, 20 Abs. 1 Satz 2 SprAuG). Gewählt werden aber nur die betrieblichen Sprecherausschüsse bzw. die an ihrer Stelle gebildeten Unternehmenssprecherausschüsse.

278 b) **Gesamtsprecherausschuss und Konzernsprecherausschuss.** Wie der Gesamtbetriebsrat und der Konzernbetriebsrat haben der Gesamtsprecherausschuss und der Konzernsprecherausschuss keine Amtszeit und sie sind, wenn sie einmal gebildet sind, eine **Dauereinrichtung mit wechselnder Mitgliedschaft.**

C. Die leitenden Angestellten § 5

4. Mitwirkung der leitenden Angestellten

Die Beteiligungsrechte des Sprecherausschusses sind nur schwach ausgebildet. Er hat **279** kein Mitbestimmungsrecht, sondern nur Mitwirkungsrechte, ist also auf Unterrichtungs-, Anhörungs- und Beratungsrechte beschränkt (vgl. *Joost*, MünchArbR § 235; *Sieg*, FS Richardi 2007, S. 777, 787 ff.).

a) **Soziale Angelegenheiten.** Während das BetrVG in § 87 Abs. 1 die sozialen Angele- **280** genheiten enumerativ aufzählt, in denen der Betriebsrat mitzubestimmen hat, enthält das SprAuG in § 30 eine **Generalklausel** für die Mitwirkung des Sprecherausschusses: Der Arbeitgeber hat den Sprecherausschuss rechtzeitig über eine „Änderung der Gehaltsgestaltung und sonstiger allgemeiner Arbeitsbedingungen" zu unterrichten, und er hat die vorgesehenen Maßnahmen **mit dem Sprecherausschuss zu beraten** (§ 30 Satz 1 Nr. 1, Satz 2 SprAuG).

Nach § 30 Satz 1 Nr. 1 SprAuG bezieht das Mitwirkungsrecht sich auf eine **Änderung** **281** **der Gehaltsgestaltung und sonstiger allgemeiner Arbeitsbedingungen.** Soweit es um die Gehaltsgestaltung geht, ist der Begriff wie in § 87 Abs. 1 Nr. 10 BetrVG zu interpretieren (s. dort Rn. 747 ff.). Nicht zur Gehaltsgestaltung gehört wie dort die *Entgelthöhe* (ebenso *Joost*, MünchArbR § 235 Rn. 68). Sieht man von dieser Ausnahme ab, so betrifft aber die Mitwirkung **alle sonstigen allgemeinen Arbeitsbedingungen.** Die Beteiligungspflicht ist daher weiter als gegenüber dem Betriebsrat: Sie bezieht sich auf den gesamten Inhalt eines Arbeitsverhältnisses, soweit er *vertragseinheitlich* geregelt wird.

Der Unterrichtung und Beratung unterliegt außerdem die **Einführung oder Änderung** **282** **allgemeiner Beurteilungsgrundsätze** (§ 30 Satz 1 Nr. 2 SprAuG). Der Gegenstand der Mitwirkung ist hier der gleiche wie bei der Mitbestimmung des Betriebsrats nach § 94 Abs. 2 BetrVG (s. dort Rn. 49 ff.).

b) **Einstellungen und personelle Veränderungen.** Eine beabsichtigte Einstellung oder **283** personelle Veränderung eines leitenden Angestellten ist dem Sprecherausschuss rechtzeitig mitzuteilen (§ 31 Abs. 1 SprAuG). Es gilt insoweit Gleiches wie gegenüber dem Betriebsrat nach § 105 BetrVG.

c) **Kündigungen.** Der Sprecherausschuss ist vor jeder Kündigung eines leitenden An- **284** gestellten zu hören (§ 31 Abs. 2 SprAuG). Wie nach § 102 Abs. 1 Satz 3 BetrVG ist hier eine ohne Anhörung des Sprecherausschusses ausgesprochene Kündigung unwirksam (§ 31 Abs. 2 Satz 3 SprAuG).

d) **Unterrichtung über wirtschaftliche Angelegenheiten.** Der Unternehmen hat den **285** Sprecherausschuss mindestens einmal im Kalenderhalbjahr über die wirtschaftlichen Angelegenheiten des Betriebs und des Unternehmens i. S. von § 106 Abs. 3 BetrVG zu unterrichten (§ 32 Abs. 1 Satz 1 SprAuG). Dies gilt aber **nicht** für **Tendenzunternehmen i. S. des § 118 Abs. 1 BetrVG** (§ 32 Abs. 1 Satz 2 SprAuG).

e) **Betriebsänderungen.** Besonders genannt wird, soweit es sich um wirtschaftliche **286** Angelegenheiten handelt, eine geplante Betriebsänderung i. S. des § 111 BetrVG (§ 32 Abs. 2 Satz 1 SprAuG; vgl. *Joost*, MünchArbR § 235 Rn. 111; *Sieg*, FS Richardi 2007, S. 777, 787 ff.). Anders als gegenüber dem Betriebsrat, besteht hier aber **keine Beratungspflicht über die Betriebsänderung,** sondern sie beschränkt sich auf den **Sozialplan:** Der Unternehmer hat, wenn leitenden Angestellten infolge der geplanten Betriebsänderung wirtschaftliche Nachteile entstehen, mit dem Sprecherausschuss über Maßnahmen zum Ausgleich oder zur Milderung dieser Nachteile zu beraten (§ 32 Abs. 2 Satz 2 SprAuG).

5. Sprecherausschussvereinbarungen

a) **Gestaltungsform.** Unter der mißglückten Überschrift „Richtlinien und Vereinbarun- **287** gen" regelt § 28 SprAuG, wie Arbeitgeber und Sprecherausschuss durch Vereinbarung auf die Arbeitsverhältnisse der leitenden Angestellten einwirken können: Nach Abs. 1

können sie **Richtlinien über den Inhalt, den Abschluss oder die Beendigung von Arbeitsverhältnissen** schriftlich vereinbaren. Nach Abs. 2 gilt der Inhalt der Richtlinien für die Arbeitsverhältnisse **unmittelbar und zwingend, soweit dies zwischen Arbeitgeber und Sprecherausschuss vereinbart ist.**

288 Das Verhältnis der beiden Absätze zueinander gibt Rätsel auf. In beiden Fällen bedarf die Vereinbarung der **Schriftform**. Die Unterscheidung entspricht also nicht der zwischen der (formlosen) *Regelungsabrede* und der (formgebundenen) *Betriebsvereinbarung* im Bereich des BetrVG (ebenso *Joost*, MünchArbR § 235 Rn. 5; a. A. *Hromadka*, SprAuG § 28 Rn. 4). Eine Parallelität besteht nur insoweit, als die schriftliche Vereinbarung einer Richtlinie nach Abs. 1 wie eine Regelungsabrede keine unmittelbare und zwingende Wirkung für die Arbeitsverhältnisse entfaltet.

289 Nicht gesetzlich geregelt ist ebenso wie im BetrVG, dass es auch im Rahmen der Sprecherausschussverfassung **formlose Regelungsabreden** gibt, z. B. im Rahmen des § 31 Abs. 2 SprAuG bei Erteilung des Einverständnisses mit einer Kündigung (ebenso *Joost*, MünchArbR § 235 Rn. 8).

290 Die besondere Bedeutung des § 28 Abs. 1 SprAuG liegt darin, dass er – nach dem Vorbild der Betriebsvereinbarungsautonomie – eine **Generalermächtigung für Arbeitgeber und Sprecherausschuss zur Vereinbarung von Richtlinien über den Inhalt, den Abschluss oder die Beendigung von Arbeitsverhältnissen** enthält (so zutreffend *Joost*, MünchArbR § 235 Rn. 17). Klargestellt wird, dass die kollektive Regelungskompetenz sich auf *Richtlinien* zu beschränken hat; sie sind für den Arbeitgeber auch nur dann bindend, wenn sie *schriftlich* vereinbart werden.

291 b) **Wirkung von Sprecherausschussvereinbarungen.** Die nach § 28 Abs. 1 SprAuG vereinbarten Richtlinien geben eine **Regelung für den Normalfall** (vgl. *Hromadka*, SprAuG § 28 Rn. 14; *Joost*, MünchArbR § 235 Rn. 29). Sie überlassen es dem Arbeitgeber, im Einzelfall eine von ihnen abweichende Vertragsabrede mit dem einzelnen leitenden Angestellten zu treffen. Das ändert aber nichts daran, dass sie zwischen Sprecherausschuss und Arbeitgeber eine bindende Wirkung entfalten. Der Sprecherausschuss kann im arbeitsgerichtlichen Beschlussverfahren feststellen lassen, ob der Arbeitgeber berechtigt war, von der Richtlinie abzuweichen (§ 2a Abs. 1 Nr. 2, Abs. 2 i. V. mit §§ 80 ff. ArbGG).

292 Nach § 28 Abs. 2 Satz 1 SprAuG können Arbeitgeber und Sprecherausschuss in der Sprecherausschussvereinbarung festlegen, dass der **Inhalt der Richtlinien** für die Arbeitsverhältnisse **unmittelbar und zwingend** gilt. Die Richtlinie verliert dadurch streng genommen ihren Charakter als Richtlinie; sie wird zur **Rechtsnorm, von der eine abweichende Regelung nur zugunsten des leitenden Angestellten zulässig ist** (§ 28 Abs. 2 Satz 1 und 2 SprAuG). Die unmittelbare Geltung entspricht der normativen Wirkung einer Betriebsvereinbarung (§ 77 Abs. 4 Satz 1 BetrVG). Klargestellt ist hier aber, dass das **Günstigkeitsprinzip** Anwendung findet (§ 28 Abs. 2 Satz 2 SprAuG).

6. Sprecherausschuss und Betriebsrat

293 Die Sprecherausschussverfassung gehört **materiell** zur **Betriebsverfassung**. Ihr organisatorischer Aufbau entspricht weitgehend der Gliederung, wie die Betriebsverfassung sie für die Betriebsräte vorsieht. Sprecherausschuss und Betriebsrat sind aber **keine Konkurrenzorgane**, sondern sie bestehen nebeneinander.

294 Sprecherausschuss und Betriebsrat werden zwar für **denselben Repräsentationsbereich** gebildet; sie repräsentieren aber einen **verschiedenen Personenkreis**. Diese Abgrenzung vermeidet zugleich eine Konfliktsituation mit dem Betriebsrat. Andererseits enthält das Gesetz aber auch **keine Regelung, die das Verhältnis zwischen dem Sprecherausschuss und dem Betriebsrat institutionalisiert.** Eine Verbindung ist nur insoweit hergestellt, als die regelmäßigen Sprecherausschusswahlen zeitgleich mit den regelmäßigen Betriebsratswahlen stattfinden (§ 5 Abs. 1 SprAuG, § 13 Abs. 1 BetrVG). Außerdem bestimmt § 2

D. Streitigkeiten § 5

Abs. 1 Satz 2 SprAuG, dass der Arbeitgeber vor Abschluss einer **Betriebsvereinbarung** oder sonstigen Vereinbarung mit dem Betriebsrat, die rechtliche Interessen der leitenden Angestellten berührt, **den Sprecherausschuss rechtzeitig anzuhören** hat (§ 2 Abs. 1 Satz 2 SprAuG).

Soweit es um die **Geschäftsführung** der Repräsentativvertretungen geht, besteht die 295 folgende Regelung: Der Sprecherausschuss kann dem Betriebsrat oder Mitgliedern des Betriebsrats das Recht einräumen, an Sitzungen des Sprecherausschusses teilzunehmen (§ 2 Abs. 2 Satz 1 SprAuG), wie auch der Betriebsrat dem Sprecherausschuss oder Mitgliedern des Sprecherausschusses das Recht einräumen kann, an seinen Sitzungen teilzunehmen (§ 2 Abs. 2 Satz 2 SprAuG). Außerdem soll einmal im Kalenderhalbjahr eine gemeinsame Sitzung des Sprecherausschusses und des Betriebsrats stattfinden (§ 2 Abs. 2 Satz 3 SprAuG).

7. Verhältnis des gesetzlichen Sprecherausschusses zu einem freiwillig gebildeten Sprecherausschuss

Vor Inkrafttreten des SprAuG konnte ein Sprecherausschuss auf privatrechtlicher 296 Grundlage errichtet werden. Eine Schranke ergab sich lediglich daraus, dass nach § 78 BetrVG die Tätigkeit eines Betriebsrats weder gestört noch behindert werden darf (vgl. BAG 19. 2. 1975 AP BetrVG 1972 § 5 Nr. 9). Weder die Vereinsfreiheit noch die Vertragsfreiheit ermöglichen aber, eine *Mitbestimmungsordnung mit einem repräsentationsrechtlichen Mandat* zu schaffen. Ein Sprecherausschuss war, wenn er auf vertragsrechtlicher Grundlage entstand, daher keine *betriebsverfassungsrechtliche Vertretung*, sondern eine *Vereinigung*, die auf Unternehmensebene zur Wahrung und Förderung der Arbeits- und Wirtschaftsbedingungen ihrer Mitglieder tätig wurde (vgl. *Dietz/Richardi*, 6. Aufl., § 5 Rn. 182). Traf ein Sprecherausschuss Vereinbarungen mit der Unternehmensleitung, so konnte es sich bei ihnen zwar um einen Normenvertrag handeln; dieser hatte aber keine *normative Wirkung*. Er war eine rein schuldrechtliche Abmachung, die nicht ohne weiteres Bestandteil der Arbeitsverträge der Einzelnen leitenden Angestellten wurde (ebenso BAG 19. 2. 1975 AP BetrVG 1972 § 5 Nr. 10 [zust. *Richardi*]).

Die **freiwillig gebildeten Sprecherausschüsse** sind **kraft Gesetzes aufgelöst**. Auch wenn 297 bei den regelmäßigen Sprecherausschusswahlen im Jahr 1990 kein gesetzlicher Sprecherausschuss gewählt wurde, blieben sie nur bis zum 31. 5. 1990 im Amt (§ 37 Abs. 2 Satz 2 SprAuG; im Beitrittsgebiet bis zum 30. 6. 1991, Art. 8 EVertr. i. V. mit Anlage I Kap. VIII Sachgeb. A Abschn. III Nr. 13).

Soweit nach dem SprAuG die Voraussetzungen für die Wahl eines gesetzlichen Spre- 298 cherausschusses erfüllt sind, kann kein Sprecherausschuss freiwillig auf außergesetzlicher Grundlage gebildet werden (so h. M.; vgl. *Joost*, MünchArbR § 233 Rn. 44 f. mwN in Fn. 322).

D. Streitigkeiten

Streitigkeiten über die **Arbeitnehmereigenschaft eines Betriebsangehörigen** i. S. des 299 BetrVG entscheidet das Arbeitsgericht im Beschlussverfahren (§ 2a Abs. 1 Nr. 1, Abs. 2 i. V. mit §§ 80 ff. ArbGG). Diese Verfahrensart ist aber nur statthaft, soweit es um den betriebsverfassungsrechtlichen Status eines Arbeitnehmers geht. Wenn dagegen in den Vertragsbeziehungen zwischen dem Arbeitgeber und einem Betriebsangehörigen zweifelhaft ist, ob es sich um einen Arbeitnehmer handelt, entscheidet das Arbeitsgericht nicht im Beschlussverfahren, sondern im Urteilsverfahren (§ 2 Abs. 3 lit. a, Abs. 5 i. V. mit §§ 46 ff. ArbGG).

Was bei einem Rechtsstreit über die Arbeitnehmereigenschaft zu beachten ist, gilt 300 gleichermaßen bei den Streitigkeiten über die Eigenschaft als **leitender Angestellter**.

Soweit es um die betriebsverfassungsrechtliche Einordnung geht, entscheidet das Arbeitsgericht im Beschlussverfahren (§ 2a Abs. 1 Nr. 1 oder Nr. 2, Abs. 2 i. V. mit §§ 80 ff. ArbGG).

301 Das Rechtsschutzinteresse ist auch dann zu bejahen, wenn die Streitfrage sich abstrakt stellt, also keine Betriebsrats- oder Sprecherausschusswahl bevorsteht oder sonst ein akuter Streitfall vorliegt; denn von der Feststellung, ob jemand leitender Angestellter ist, hängt sein betriebsverfassungsrechtlicher Status ab und dementsprechend auch der Umfang der gesetzlichen Kompetenzen des Betriebsrats oder Ausschusses (BAG 19. 11. 1974 AP BetrVG 1972 § 5 Nr. 2 und 3; 4. 12. 1974 AP BetrVG 1972 § 5 Nr. 4; 28. 1. 1975 AP BetrVG 1972 § 5 Nr. 5; 17. 12. 1974 AP BetrVG 1972 § 5 Nr. 7 und 8; 9. 12. 1975, 10. 2. 1976 und 1. 6. 1976 AP BetrVG 1972 § 5 Nr. 11, 12 und 15). Das Rechtsschutzinteresse entfällt, wenn der Arbeitnehmer aus dem Unternehmen ausgeschieden ist oder eine andere Tätigkeit übernommen hat (vgl. BAG 23. 1. 1986 AP BetrVG 1972 § 5 Nr. 31). Beim Wechsel des Betriebes kommt es darauf an, ob der Tätigkeitsbereich sich dadurch ändert.

302 **Antragsberechtigt** zur Einleitung eines Beschlussverfahrens sind der Arbeitgeber, der Betriebsrat und bei einem leitenden Angestellten auch der Sprecherausschuss sowie im Zusammenhang mit einer Wahl auch der Wahlvorstand, der Wahlvorstand für eine Sprecherausschusswahl jedoch nur, soweit es um die Zugehörigkeit zu den leitenden Angestellten geht. Der **betroffene Arbeitnehmer** ist stets **Beteiligter** (so für die Antrags- und Beteiligungsbefugnis der leitenden Angestellten anerkannt von BAG 4. 12. 1974 AP BetrVG 1972 § 5 Nr. 4; 17. 12. 1974 AP BetrVG 1972 § 5 Nr. 6, 7 und 8; 23. 1. 1986 AP BetrVG 1972 § 5 Nr. 30). Der Gesamt- oder Konzernbetriebsrat ist auf Grund der lediglich subsidiär gegebenen Kompetenz nicht beteiligungsfähig, wenn es nur um die abstrakte Feststellung geht, ob jemand leitender Angestellter ist (a. A. LAG Düsseldorf [Köln], EzA § 83 ArbGG Nr. 10 [abl. *Dütz*]). Gleiches gilt bei einem leitenden Angestellten für den Gesamt- und den Konzernsprecherausschuss, nicht dagegen für den Unternehmenssprecherausschuss; denn er tritt an die Stelle eines betrieblichen Sprecherausschusses.

303 Antrags- und beteiligungsberechtigt sind, wenn die Streitfrage im Rahmen einer Betriebsrats- oder Sprecherausschusswahl auftritt, auch die im Betrieb vertretenen **Gewerkschaften** (so auch beim Rechtsstreit über die Zuordnung zu den leitenden Angestellten bei einer Betriebsratswahl BAG 5. 3. 1974 AP BetrVG 1972 § 5 Nr. 1; offengelassen für den Fall einer abstrakten Feststellung: BAG 19. 11. 1974 AP BetrVG 1972 § 5 Nr. 3; verneinend *Kraft*, EzA § 5 BetrVG 1972 Nr. 7, S. 68 f. und Nr. 10, S. 108 a).

304 Dem Antrag des Betriebsrats auf negative Feststellung, dass ein Arbeitnehmer kein leitender Angestellter sei, können der Arbeitgeber und auch der betroffene Arbeitnehmer selbst mit dem Antrag auf positive Feststellung entgegentreten, ohne dass das Rechtsschutzinteresse für einen dieser Anträge entfällt; denn die Beteiligten haben jeweils ein eigenes Interesse an der Feststellung (ebenso BAG 17. 12. 1974 AP BetrVG 1972 § 5 Nr. 6 und 8).

305 Ob jemand **leitender Angestellter i. S. des Abs. 3 Satz 2** ist, kann als **Vorfrage** auch in einem **Rechtsstreit aus dem Arbeitsverhältnis** eine Rolle spielen, z. B. wenn geltend gemacht wird, dass die Kündigung wegen Nichtbeteiligung des Betriebsrats rechtsunwirksam ist (vgl. BAG 19. 8. 1975 AP BetrVG 1972 § 102 Nr. 5 und AP BetrVG 1972 § 105 Nr. 1; BAG 23. 3. 1976, AP BetrVG 1972 § 5 Nr. 14). Da im Regelfall ein Arbeitnehmer zu der vom Betriebsrat repräsentierten Belegschaft gehört, trägt der Arbeitgeber die Beweislast.

§ 6 Arbeiter und Angestellte

(weggefallen)

Zweiter Teil.
Betriebsrat, Betriebsversammlung, Gesamt- und Konzernbetriebsrat

Erster Abschnitt. Zusammensetzung und Wahl des Betriebsrats

Vorbemerkung

Schrifttum: *Blanke/Berg/Kamm/Lemcke/Ratayczak/Schneider/Trümner/Trümner*, Betriebsratswahl, 4. Aufl. 2002; *Franke*, Betriebsratswahlen 2002 – Wahlanfechtungen sind vorprogrammiert, NJW 2002, 656; *Neumann*, Neuregelung des Wahlverfahrens zum Betriebsrat, BB 2002, 510; *Quecke*, Änderungen des Verfahrens zur Betriebsratswahl, AuR 2002, 1; *Schiefer*, Die Durchführung von Betriebsratswahlen nach neuem Recht, NZA 2002, 57 ff. und 113 ff.; *Thüsing/Lambrich*, Die Wahl des Betriebsrats nach neuem Recht, NZA-Sonderheft 2001, 79.

I. Inhalt des Zweiten Teils

Der Zweite Teil des Gesetzes befasst sich mit der **Organisation der Belegschaft** und deren Repräsentation. Er regelt die Bildung des *Betriebsrats,* dessen Zusammensetzung und Wahl (§§ 7 ff.), dessen Amtszeit (§§ 21 ff.), Organisation (§§ 26 ff.) und Geschäftsführung (§§ 29 ff.) sowie die Rechtsstellung der Betriebsratsmitglieder (§§ 37 f.). Er behandelt die *Betriebsversammlung* (§§ 42 ff.) und gibt sodann überwiegend durch Verweisung auf die Vorschriften über den Betriebsrat die Regelung über die Errichtung, Zuständigkeit, Organisation und Geschäftsführung des *Gesamtbetriebsrats* (§§ 47 ff.) und des *Konzernbetriebsrats* (§§ 54 ff.). 1

Die Organisation der Belegschaft und ihre Repräsentation ist **zwingend**. Sie kann nur in den Grenzen des Gesetzes abweichend gestaltet werden. 2

II. Inhalt des Ersten Abschnitts dieses Teils

Der Erste Abschnitt dieses Teils behandelt die **Zusammensetzung und Wahl des Betriebsrats**: das Wahlrecht (§ 7), die Wählbarkeit (§ 8), die Größe des Betriebsrats (§§ 9, 11), seine Zusammensetzung (§§ 10, 12, 15), den Zeitpunkt der Betriebsratswahlen (§ 13), das Wahlverfahren (§§ 14 ff.) und die Anfechtung der Betriebsratswahl (§ 19). 3

Das Gesetz kennt nur den *einheitlichen* Betriebsrat, also nicht die Unterscheidung in einen *Arbeiterrat* und einen *Angestelltenrat*. Der ehemals bestehende Gruppenschutz wurde durch das **BetrVerf-Reformgesetz** vom 23. 7. 2001 (BGBl. I 1852) abgeschafft. Die **Trennung** in der Betriebsverfassung nach Arbeitern und Angestellten ist heute **überholt**. Die früher charakteristischen Merkmale zur Unterscheidung beider Gruppen, überschneiden sich heute weitgehend (BT-Drucks. 14/5741, S. 23 f.). 4

§ 7 Wahlberechtigung

¹Wahlberechtigt sind alle Arbeitnehmer des Betriebs, die das 18. Lebensjahr vollendet haben. ²Werden Arbeitnehmer eines anderen Arbeitgebers zur Arbeitsleistung überlassen, so sind diese wahlberechtigt, wenn sie länger als drei Monate im Betrieb eingesetzt werden.

§ 7 Wahlberechtigung

Schrifttum: *Blanke*, Die betriebsverfassungsrechtliche Stellung der Leiharbeit, DB 2008, 1153; *Böhm*, Leiharbeitnehmer: Wahlrecht zum Betriebsrat im Kundenbetrieb?, DB 2006, 104; *Brors*, „Fremdpersonaleinsatz" – Wer ist gemäß § 7 S. 2 BetrVG wahlberechtigt?, NZA 2002, 123; *dies.*, „Leiharbeitnehmer wählen ohne zu zählen" – eine kurzlebige Entscheidung, NZA 2003, 1380; *Brose*, Die betriebsverfassungrechtliche Stellung von Leiharbeitnehmern nach den Änderungen des AÜG, NZA 2005, S. 797; *Däubler*, Wählen, aber nicht zählen – vermeidbare Rigiditäten im Betriebsverfassungsrecht, AuR 2004, 81; *Dewender*, Die Rechtsstellung der Leiharbeitnehmer nach den §§ 7 Satz 2 und 9 BetrVG, RdA 2003, 274; *ders.*, Betriebsfremde Arbeitnehmer in der Betriebsverfassung unter besonderer Berücksichtigung der unechten Leiharbeitnehmer, Diss. Frankfurt, 2004; *Dörner*, Der Leiharbeitnehmer in der Betriebsverfassung, FS Wißmann, 2005, S. 286; *Hamann*, Betriebsverfassungsrechtliche Auswirkungen der Reform der Arbeitnehmerüberlassung, NZA 2003; 526; *Kaufmann*, Die betriebsverfassungsrechtliche Zuordnung gewerbsmäßig überlassener Leiharbeitnehmer, Diss. Frankfurt, 2004; *Kreutz*, Leiharbeitnehmer wählen – nur Argumente zählen, FS Wißmann, 2005, S. 364; *Karvani*, Die Rechtsstellung des im verblockten Arbeitszeitmodell beschäftigten Altersteilzeitnehmers während der Freistellungsphase, Diss. Bonn, 2005; *Maschmann*, Leiharbeitnehmer und Betriebsratswahl nach dem BetrVG-Reformgesetz, DB 2001, 2446; *Natzel*, Die Betriebszugehörigkeit im Arbeitsrecht, Diss. Bonn, 2000; *Schirmer*, Die betriebsverfassungsrechtliche Stellung des Leiharbeitnehmers im Entleiherbetrieb, FS 50 Jahre BAG, 2004, S. 1063; *Schulze*, Ein-Euro-Jobber – Arbeitnehmer im Sinne des BetrVG?, NZA 2005, 1332; *Wlotzke*, Zum Wahlrecht von Leiharbeitnehmern und vergleichbaren Arbeitnehmern zur Wahl des Betriebsrats im Einsatzbetrieb, FS 50 Jahre BAG, 2004, S. 1149.

Übersicht

	Rn.
I. Vorbemerkung	1
II. Voraussetzungen der Wahlberechtigung	2
1. Arbeitnehmereigenschaft	2
2. Betriebszugehörigkeit	5
3. Wahlalter	16
4. Zeitpunkt für die Beurteilung der Wahlberechtigung	20
5. Wahlberechtigung zu mehreren Betriebsräten	26
6. Kurzzeit- und Teilzeitbeschäftigung	31
7. Betriebszugehörigkeit bei Rechtsstreit über das Bestehen eines Arbeitsverhältnisses, insbesondere über die Rechtswirksamkeit einer Kündigung	36
8. Wahlberechtigung bei Ruhen des Arbeitsverhältnisses	42
9. Eintragung in die Wählerliste	51
10. Keine weiteren Voraussetzungen für die Wahlberechtigung	52
III. Bedeutung der Wahlberechtigung in der Betriebsverfassung und der unternehmensbezogenen Mitbestimmung	54
1. Betriebsverfassung	54
2. Unternehmensbezogene Mitbestimmung	56
IV. Streitigkeiten	58

I. Vorbemerkung

1   Die Vorschrift regelt die **Wahlberechtigung**, d. h. das *aktive Wahlrecht*, während § 8 die Wählbarkeit, das *passive Wahlrecht*, behandelt. Satz 1 entspricht nahezu wörtlich § 6 BetrVG 1952 i. F. des ersten Gesetzes zur Reform des Strafrechts vom 25. 6. 1969 (BGBl. I S. 645). Durch das **BetrVG-Reformgesetz** v. 23. 7. 2001 (BGBl. I S. 1852) wurde Satz 2 eingefügt und Satz 1 um die Worte „des Betriebs" ergänzt. Dementsprechend wurde auch § 14 Abs. 2 S. 1 AÜG geändert, der das aktive Wahlrecht von entliehenen Arbeitnehmern im Entleiherbetrieb ausschloss.

Entsprechende Vorschriften: § 13 BPersVG, § 3 Abs. 1 SprAuG.

II. Voraussetzungen der Wahlberechtigung

1. Arbeitnehmereigenschaft

Wahlberechtigt sind nur Arbeitnehmer (und damit nicht freie Mitarbeiter: BAG 13. 10. 2004 AP BetrVG 1972 § 5 Nr. 71; ebenso nicht Auszubildende: BAG 13. 6. 2007 AP BetrVG 1972 § 5 Ausbildung Nr. 12), die zur Belegschaft i. S. dieses Gesetzes gehören (s. § 5 Rn. 5). Wahlberechtigt sind damit auch die in Heimarbeit Beschäftigten, wenn sie in der Hauptsache für den Betrieb arbeiten (s. § 5 Rn. 117 ff.). Nicht wahlberechtigt sind dagegen die in § 5 Abs. 2 genannten Personen, auch wenn sie zum Betriebsinhaber in einem Arbeitsverhältnis stehen (s. § 5 Rn. 153). Da dieses Gesetz auf leitende Angestellte keine Anwendung findet, soweit in ihm nicht ausdrücklich etwas anderes bestimmt ist, sind auch sie zum Betriebsrat weder wahlberechtigt noch wählbar (s. § 5 Rn. 186). 2

Kein Problem der Arbeitnehmereigenschaft, sondern der Betriebszugehörigkeit betrifft die Frage, ob auch Teilnehmer einer vom Träger von Arbeitsbeschaffungsmaßnahmen in eigener Regie durchgeführten **Wiedereingliederungsmaßnahme** wahlberechtigt ist. Auch wenn mit ihm ein Arbeitsverhältnis begründet wird (vgl. § 260 Abs. 1 Nr. 4 SGB III), wird die Wahlberechtigung zum Teil abgelehnt, weil hier keine Betriebszugehörigkeit vorliege: Ziel dieser Beschäftigung sei es nicht, dem Zweck eines Dienstleistungs- oder Produktionsbetriebs zu dienen, sondern durch Qualifizierung den Einstieg und Übergang in den regulären Arbeitsmarkt zu erleichtern (LAG Düsseldorf 27. 1. 2000, AiB 2000, 569). Eine solche Argumentation lässt jedoch unberücksichtigt, dass auch die zur Qualifizierung des Arbeitnehmers geleistete Arbeit dem Arbeitgeber nutzt, eine strenge Unterscheidung zwischen unmittelbarem und mittelbarem Betriebszweck unter dem Gesichtspunkt der Betriebszugehörigkeit also weder notwendig noch möglich ist (im Ergebnis ebenso BAG 13. 10. 2004 AP BetrVG 1972 § 5 Nr. 71). 3

Dem steht nicht entgegen, dass das BAG in bestätigter Rechtsprechung davon ausgeht, dass **berufliche Rehabilitanden,** die ihre berufspraktische Ausbildung in reinen Ausbildungsbetrieben erhalten, nicht wahlberechtigt sind, denn hier steht sehr viel mehr die Ausbildung im Vordergrund als bei der regelmäßigen Wiedereingliederungsmaßnahme (BAG 20. 3. 1996 AP BetrVG 1972 § 5 Nr. 9 Ausbildung; BAG 20. 3. 1996 AP BetrVG 1972 § 19 Nr. 32; s. auch § 5 Rn. 68 und LAG Schleswig-Holstein 23. 3. 2006 – 4 TaBV 44/05, juris). Gleiches galt dann bis zum 1. 1. 2002 auch für die auf Grund eines **Eingliederungsvertrags** nach §§ 229 ff. SGB III a. F. Beschäftigten (wie hier *Fitting,* § 5 Rn. 141; *Hanau,* DB 1997, 1278, 1279; a. A. *Reichold,* NZA 1999, 561, 568). Hier ist der klassische Schutzgedanke der Betriebsverfassung weniger einschlägig. Die auf Grund einer **vom Sozialhilfeträger geschaffenen Arbeitsgelegenheit** nach § 16 Abs. 3 S. 2 SGB II (sog. „Ein-Euro-Jobs") bei einem Dritten befristet Beschäftigten sind zwar nicht nach § 5 Abs. 2 Nr. 4 von der Wahl eines Betriebsrats ausgeschlossen. Nach dem ausdrücklichen Wortlaut des § 16 Abs. 3 S. 2 SGB II wird aber zwischen ihnen und dem Arbeitgeber kein Arbeitsverhältnis begründet. Insofern fehlt es an einem konstituierenden Merkmal (vgl. Rn. 5 ff.) für die Betriebszugehörigkeit (so auch LAG Hessen 23. 5. 2006 – 9 TaBVGa 81/06, juris; s. noch differenzierend zu § 19 Abs. 1 BSHG BAG 5. 4. 2000 AP BetrVG 1972 § 5 Nr. 62). 4

Keine Einschränkung der Wahlberechtigung wird für **Tendenzträger** erwogen. Allerdings werten hier einige Personalvertretungsgesetze abweichend: Für den Hochschulbereich konkretisieren sie den Tendenzschutz in Personalfragen in unterschiedlichen Modellen, die auch zu einer Herausnahme bestimmter Arbeitnehmergruppen aus dem Kreise derer führen, die durch den Personalrat vertreten werden und ihn durch Wahl legitimieren. Allgemein ist zu verzeichnen, dass etwa Professoren nicht dem Beschäftigtenbegriff der Personalvertretungsgesetze unterfallen. Entsprechende Regelungen finden 4a

§ 7 Wahlberechtigung

sich in § 72 Abs. 1 Satz 2 i. V. m. § 5 Abs. 5 lit. a LPVG NW, § 94 Abs. 1 LPVG BW, § 77 Abs. 1 LPVG SH. Das BetrVG wertet hier anders. Da auch in Bezug auf Tendenzträger (wenn auch eingeschränkte) Mitbestimmungsrechte bestehen, müssen sie den Betriebsrat mit wählen können. Die Einbeziehung der Leiharbeitnehmer in den Kreis der Wahlberechtigten durch den neugeschaffenen § 7 S. 2 zeigt, dass auch die Wahl des Betriebsrats durch Arbeitnehmer möglich ist, die nicht dem einschränkungslosen Mitbestimmungsrecht des Betriebsrats unterfallen (s. auch ausführlich *Thüsing*, AÜG, § 14 Rn. 47 ff.).

2. Betriebszugehörigkeit

5   Wie das Gesetz nunmehr ausdrücklich feststellt, ist wahlberechtigt nur, wer dem Betrieb angehört, um dessen Betriebsratswahl es geht (vgl. BAG 18. 1. 1989 AP BetrVG 1972 § 9 Nr. 1; GK-*Kreutz*, § 7 Rn. 11, 16; HWK-*Reichold*, § 7 Rn. 4, 8). Satz 2 bringt eine erhebliche (und nicht unumstrittene: *Däubler*, AuR 2001, 1, 4; *Konzen*, RdA 2001, 83) Änderung der bisherigen Rechtslage: Während früher notwendige Voraussetzung war, dass die in § 5 Abs. 1 genannten Personen zum Inhaber des Betriebs in einem Rechtsverhältnis als Arbeitnehmer stehen (s. § 5 Rn. 71 ff.), reicht es nun, dass sie in die Betriebsorganisation eingegliedert sind, d. h. innerhalb der Betriebsorganisation des Arbeitgebers abhängige Arbeitsleistungen zur Erfüllung des Betriebszwecks erbringen (s. § 5 Rn. 89 ff.). Der herrschenden Meinung und Rechtsprechung entsprach es zuvor, dass beide Elemente vorliegen müssen, damit betriebsverfassungsrechtlich eine vollständige Betriebszugehörigkeit anzunehmen ist (so noch BAG 18. 1. 1989 AP BetrVG 1972 § 9 Nr. 1). Durch die Neufassung der Norm wollte der Gesetzgeber der „Erosion der Stammbelegschaft" durch den Einsatz von Arbeitnehmern anderer Arbeitgeber entgegenwirken. Die Regelung solle insbesondere Leiharbeitnehmern im Sinne des AÜG zugute kommen (vgl. BT-Drucks. 14/5741, S. 36). Es gibt damit nun grundsätzlich **zwei Möglichkeiten,** durch die die Betriebszugehörigkeit vermittelt wird: Zum einen das Arbeitsverhältnis zum Betriebsinhaber verbunden mit einer Eingliederung in den Betrieb, zum anderen eine Eingliederung in den Betrieb allein, die länger als drei Monate währt.

6   a) Die **Betriebszugehörigkeit** eines Arbeitnehmers ist damit **nicht** mit dessen **Beschäftigung im Betrieb identisch.** Selbst bei einem standortgebundenen Betrieb gehört zum Betrieb auch, wer zur Verwirklichung des Betriebszwecks außerhalb der Betriebsstätte tätig wird, um als Erfüllungsgehilfe im Rahmen eines Dienst- oder Werkvertrags die vom Betriebsinhaber geschuldete Dienstleistung zu erbringen bzw. den geschuldeten Arbeitserfolg herbeizuführen (s. auch § 5 Rn. 89 ff.). Betriebszugehörig sind also auch die einem Betrieb zugeordneten Arbeitnehmer, die ihre Tätigkeit außerhalb der Betriebsräume verrichten (BAG 29. 1. 1992 AP BetrVG 1972 § 7 Nr. 1; BAG 22. 3. 2000 AP AÜG § 14 Nr. 8; zum Außendienstmitarbeiter BAG 10. 3. 2004 – 7 ABR 36/03, AiB 2005, 761). Ebenso ist **keine Voraussetzung** für die Betriebszugehörigkeit, dass ein Arbeitnehmer **in der Hauptsache für den Betrieb arbeitet.** Dies ist gemäß § 5 Abs. 1 S. 2 nur notwendig, wenn es sich um einen in Heimarbeit Beschäftigten handelt (s. dort Rn. 128 ff.). Auch **Teilzeitbeschäftigte** gehören zum Betrieb. Dies kann dazu führen, dass ein Arbeitnehmer in mehreren Betrieben wahlberechtigt ist (s. Rn. 26 f.; vgl. auch LAG Köln 3. 9. 2007, AuR 2008, 230; *Fitting*, § 7 Rn. 25, s. auch Rn. 28).

7   Allerdings ist erforderlich, dass der Arbeitnehmer **überhaupt für den Betrieb arbeitet,** in dem er wählen will. Erforderlich ist stets, dass der Arbeitnehmer zur Erfüllung des Betriebszwecks beiträgt (s. auch § 5 Rn. 5). Allerdings hat das BAG in rechtsfortbildender Anlehnung an § 4 Satz 2 a. F. zugelassen, dass Arbeitnehmer, die in nicht betriebsratfähigen Betrieben eines Unternehmens beschäftigt sind, zum Betriebsrat eines betriebratsfähigen Betriebs eines Unternehmens jedenfalls dann wahlberechtigt sind, wenn die mehreren Betriebe des Unternehmens den gleichen arbeitstechnischen Zweck verfolgen

II. Voraussetzungen der Wahlberechtigung § 7

(BAG 3. 12. 1985 AP BetrVG 1972 § 99 Nr. 28 [zust. *Otto*]; zust. ErfK-*Eisemann*, § 7 Rn. 4; *Fitting*, § 7 Rn. 79). Dem ist zuzustimmen.

Auch für die Betriebszugehörigkeit nach S. 1, die durch Eingliederung und ein Arbeitsverhältnis zum Betriebsinhaber vermittelt wird, ist **nicht durchgängig notwendig,** dass der Arbeitnehmer einen **Arbeitsvertrag mit dem Betriebsinhaber** abgeschlossen hat. Ein Arbeitsverhältnis zum Betriebsinhaber kann ausnahmsweise auch durch Gesetz zustande kommen (vgl. z. B. § 10 Abs. 1 AÜG; s. auch § 5 Rn. 89 ff.; so auch das BAG 20. 4. 2005 NZA 2005, 1006, 1007). Auch reicht ein sog. faktisches Arbeitsverhältnis: Die ursprüngliche oder durch Anfechtung begründete Nichtigkeit eines Arbeitsvertrages ist unschädlich, wenn das Arbeitsverhältnis tatsächlich vollzogen wurde und – praktisch selten – die Sittenwidrigkeit des Arbeitsverhältnis nicht so erheblich ist, dass auch ein faktisches Arbeitsverhältnis nicht anzuerkennen ist (z. B. BAG 7. 6. 1972 EzA Nr. 9 zu § 138 BGB: Geschlechtsakt auf der Bühne; fraglich geworden nach Inkrafttreten des ProdG). Zur hiervon zu unterscheidenden Weiterbeschäftigung nach Kündigung s. Rn. 36 ff. 8

Dagegen genügt nicht ohne weiteres, dass der Betriebsinhaber einem Arbeitnehmer, der zu ihm in keinem Arbeitsverhältnis steht, Weisungen bei der Erbringung der Arbeit erteilen kann. Die im Betrieb tätigen Arbeitnehmer eines anderen Arbeitgebers (sog. **Fremdfirmenarbeitnehmer**) gehören nicht zur Belegschaft des Betriebs, auch wenn sie dort überwiegend oder sogar ausschließlich beschäftigt werden (s. § 5 Rn. 91). Daran hat auch die Ergänzung des Gesetzes in Satz 2 nichts geändert, denn die spricht nur die Arbeitnehmerüberlassung, nicht aber den bloßen Fremdfirmeneinsatz an (ebenso *Maschmann*, DB 2001, 2446; *Brors*, NZA 2002, 123; HaKo-BetrVG/*Brors*, § 7 Rn. 16; BAG 21. 7. 2004 AP BetrVG 1972 § 9 Nr. 8; a. A. *Däubler*, AuR 2001, 285, 286; *ders.*, AuR 2003, 191). Beides ist zu unterscheiden: Ein Arbeitnehmer wird nicht bereits dann einem Dritten zur Arbeitsleistung „überlassen", wenn er auf Grund seines Arbeitsvertrags Weisungen eines Dritten, etwa des Betriebsinhabers zu befolgen hat. Erforderlich ist vielmehr zumindest, dass er innerhalb der Betriebsorganisation des Dritten für diesen und nicht weiterhin allein für seinen Arbeitgeber tätig wird (BAG 22. 6. 1994 AP AÜG § 1 Nr. 16; s. auch BAG 30. 1. 1991 AP AÜG § 10 Nr. 8; ausf. *Becker*, DB 1988, 2581). In Übereinstimmung zur Rechtsprechung zum AÜG sind nach der Begründung des Regierungsentwurfs Arbeitnehmer zur Arbeitsleistung überlassen, wenn sie in den Einsatzbetrieb derart eingegliedert sind, dass sie dem Weisungsrecht des Betriebsinhabers unterliegen (BT-Drucks. 14/5741, S. 36; s. auch LAG Rheinland-Pfalz 2. 2. 07 EzAÜG BetrVG Nr. 96). 9

Liegt eine **Arbeitnehmerüberlassung** von länger als drei Monaten vor, dann ist der überlassene Arbeitnehmer wahlberechtigt nach S. 2, obwohl er nicht Arbeitnehmer des Betriebsinhabers ist. Schwierigkeiten kann es bereiten, die dreimonatige Frist zu bestimmen (dazu auch *Maschmann*, DB 2001, 2446, 2447), denn nach der Gesetzesbegründung soll dem Arbeitnehmer das Wahlrecht bereits mit dem ersten Tag seines Arbeitseinsatzes zustehen (BT-Drucks. 14/5741, S. 36). Erforderlich ist daher eine **Prognoseentscheidung,** die sich vor allem am Vertrag zwischen Betriebsinhaber und Entleiher orientieren wird. Behält sich der Entleiher vor, den Arbeitnehmer während seines Aufenthalts durch einen anderen Arbeitnehmer zu ersetzen, auch wenn der ursprünglich entliehene Arbeitnehmer nicht verhindert ist, dann kann ein dreimonatiger Einsatz fraglich sein. Sinnvollerweise wird man auch einen im Wesentlichen **ununterbrochenen Einsatz** fordern müssen, denn mehrere nur kurze Einsätze desselben Arbeitnehmers können auch dann keine hinreichende Verbundenheit mit dem Betrieb begründen, wenn diese Einsätze insgesamt länger als drei Monate sind, sich jedoch über einen erheblich längeren Zeitraum erstrecken (zur vergleichbaren Frage beim passiven Wahlrecht eines betriebszugehörigen Arbeitnehmers und der dortigen Sechs-Monatsfrist s. § 8 Rn. 23 ff.; enger noch *Schiefer*, NZA 2002, 59; *Löwisch*, BB 2001, 1737: jede, auch kurzfristige Unterbrechung steht der Wahlberechtigung entgegen). War der Arbeitnehmer länger als 10

Thüsing

drei Monate im Betrieb eingesetzt, dann ist er auch am **letzten Tag seines Einsatzes** wahlberechtigt (anders *Maschmann*, DB 2001, 2446, 2447). Dem entspricht es, dass auch der gekündigte Arbeitnehmer unbestritten zumindest bis zum Ablauf der Kündigungsfrist wahlberechtigt ist (s. Rn. 23). Es ist also unerheblich, dass er von den Folgen der Wahl nicht mehr betroffen sein wird. Ist der Leiharbeitnehmer in **mehreren Betrieben** tätig, dann wird man eine Wahlberechtigung nur für den Betrieb annehmen können, in dem er mindestens drei Monate arbeitet (*Thüsing*, AÜG § 14 Rn. 58). Dies folgt aus dem Wortlaut der Norm, die auf den einzelnen Betrieb abstellt, und aus einem Gegenschluss zu § 8 Abs. 1 S. 2, der bei der passiven Wählbarkeit eine Anrechnung der Beschäftigungszeit in fremden Betrieben bestimmt. Arbeitet ein Arbeitnehmer nur kurze Zeit in einem Betrieb, dann wird auch dann keine hinreichende Verbundenheit mit dem Betrieb begründet, wenn der Arbeitnehmer insgesamt länger als 3 Monate im Unternehmen zum Einsatz kommt. Dass damit ein Arbeitnehmer, der für mehrere Betriebe tätig ist, betriebsverfassungsrechtlich schlechter darstehen kann als ein Kollege, der nur einem Betrieb zugeordnet ist, ist hinzunehmen und dem Gesetz nicht unbekannt; gleiches gilt ja für Heimarbeiter (s. Rn. 30). Anderes gilt, wenn die Arbeitsleistung nicht zeitlich deutlich voneinander getrennt und im Voraus geplant in verschiedenen Betrieben erfolgt – 1. Monat Betrieb A, 2. Monat Betrieb B usw. – sondern der Einsatz kurzfristig zwischen wenigen Betrieben wechselt, der Arbeitnehmer daher während der vollen drei Monate in den verschiedenen Betrieben präsent ist. Hier kann er dann in mehreren Betrieben wahlberechtigt sein (s. Rn. 28).

11   Anders als das AÜG unterscheidet das Gesetz in S. 2 nicht zwischen **gewerbsmäßiger und nicht gewerbsmäßiger Arbeitnehmerüberlassung.** Beides ist in Bezug auf den entleihenden Betrieb daher gleich zu behandeln (ebenso *Konzen*, RdA 2001, 83; *Brors*, NZA 2002, 125). Ob das auch für den verleihenden Betrieb gilt, ist unklar. Für die gewerbsmäßige Arbeitnehmerüberlassung (sog. unechtes Leiharbeitsverhältnis) bestimmt weiterhin § 14 Abs. 1 AÜG, dass der entliehene Arbeitnehmer auch während der Zeit seiner Arbeitsleistung bei einem Entleiher Angehöriger des entsendenden Betriebs des Verleihers bleibt. Der Arbeitnehmer kann damit also in **mehreren Betrieben wahlberechtigt** sein (*Thüsing*, AÜG § 14 Rn. 60; ähnl. *Hanau*, NJW 2001, 2531). Die Norm findet jedoch keine analoge Anwendung, wenn ein Verleiher nicht gewerbsmäßig handelt, denn der entliehene Arbeitnehmer ist während seiner Entleihung nicht mehr in den Verleiherbetrieb eingeordnet und dient auch nicht mehr dem Betriebszweck des Verleiherbetriebs, weil der Betriebszweck nicht – wie bei der gewerblichen Arbeitsüberlassung – gerade in der Überlassung von Arbeitnehmern besteht (im Ergebnis ebenso GK-*Kreutz*, § 7 Rn. 43). Allerdings hat sich das BAG in der Vergangenheit mehrfach ganz allgemein für eine analoge Anwendung des § 14 Abs. 1 AÜG auch auf die nicht gewerbliche Arbeitnehmerüberlassung entschieden, und zwar auch um die fortbestehende Zugehörigkeit zum Entleiherbetrieb zu begründen (BAG 18. 1. 1989 AP AÜG § 14 Nr. 2; BAG 28. 9. 1988 BB 1989, 910; BAG 22. 3. 2000, AP AÜG § 14 Nr. 8; BAG 10. 3. 2004 AP BetrVG 1972 § 7 Nr. 8 [für die Konzernleihe]; bestätigt durch BAG 20. 4. 2005 NZA 2005, 1006; s. auch Nachweise § 5 Rn. 99 f.). Dies greift jedoch zu kurz und es ist **falsch, obwohl nun vielfach bestätigt;** die Voraussetzungen einer Analogie liegen nicht vor. In Bezug auf den Betrieb des Verleihers bestehen Unterschiede zwischen gewerbsmäßiger und nicht gewerbsmäßiger Überlassung: Wenn es maßgebliches Kriterium für die Betriebszugehörigkeit ist, dem arbeitstechnischen Zweck des Betriebs zu dienen (s. Rn. 7), dann ist die unterschiedslose Feststellung der Betriebszugehörigkeit analog § 14 AÜG für die nicht gewerbsmäßige Überlassung unzutreffend. Hier kommt es darauf an, ob die Leihe nur von verhältnismäßig kurzer Dauer ist und der Arbeitnehmer – wie regelmäßig – nach der Leihe wieder zu seinem alten Betrieb zurückkehren soll. Ist dies der Fall, ist er auch während einer zeitlich begrenzten Entleihe weiterhin zugehörig zu seinem alten Betrieb. Hier kann nichts anderes gelten, als wenn sein Arbeitsverhältnis während der Zeit geruht hätte (s. Rn. 42 f. und § 5 Rn. 100). Der gleiche Maßstab gilt

II. Voraussetzungen der Wahlberechtigung § 7

dann auch für die **Konzernleihe:** Erfolgt die Entleihe auf Dauer, dann gehört der Arbeitnehmer nicht mehr dem entsendenden, sondern dem aufnehmenden Betrieb an (*Richardi*, NZA 1987, 145 ff.; ähnlich *Fitting*, § 5 Rn. 204 ff.; *Windbichler*, Arbeitsrecht im Konzern, S. 278, 280; s. auch § 5 Rn. 100; gleichsinnig LAG Hessen 12. 2. 1998, NZA-RR 1999, 505: Die Trainees einer Großbank können im Praxisjahr nur den Betriebsrat der Einsatzfiliale wählen, nicht auch den der Zentrale; a.A. aber BAG 10. 3. 2004 AP BetrVG 1972 § 7 Nr. 8: Zugehörigkeit zum Entsendebetrieb auch bei Leihe „von mehreren Jahren"; BAG 20. 4. 2005 NZA 2005, 1006; s. auch BAG 21. 3. 1990 AP AÜG § 1 Nr. 15, zu I 3 b bb und cc der Gründe). Auf den Einzelfall wird es ankommen, wann eine Entleihung auf Dauer vorliegt. Die Orientierung an § 3 Abs. 1 Nr. 6 AÜG a. F. – also länger als 12 Monate – ist mit Wegfall der zeitlichen Beschränkung der Arbeitnehmerüberlassung zum 1. 1. 2003 nicht mehr möglich. Es gelten damit die allgemeinen Maßstäbe. Eine dauerhafte Entleihe ist daher anzunehmen, wenn sie von Anfang an zeitlich unbestimmt ist und auch nicht durch die zu erledigenden Arbeiten in ihrer Zeitspanne ungefähr abgeschätzt werden kann. Darüberhinaus dürften hinsichtlich der absoluten Länge die gleichen Grenzen gelten wie beim Ruhen eines Arbeitsverhältnisses, s. Rn. 42 ff.

b) Zu den Arbeitnehmern des Betriebs – und damit unabhängig von einem dreimonatigen Einsatz – gehört dagegen die kleine Gruppe der sog. **mittelbar Beschäftigten**, die nicht vom Inhaber des Betriebs, sondern von einer Zwischenperson eingestellt sind (s. § 5 Rn. 101). Auch wenn jemand auf Grund eines **Gestellungsvertrags** des Betriebsinhabers mit einem Dritten im Betrieb tätig ist, gehört er als Arbeitnehmer zur Belegschaft, wenn ein Weisungsverhältnis zwischen dem Betriebsinhaber und jedem einzelnen Beschäftigten entsteht (zurückhaltender BAG 20. 2. 1986 AP BetrVG 1972 § 5 Nr. 2 Rotes Kreuz; BAG 4. 7. 1979 AP BGB § 611 Nr. 10 Rotes Kreuz; im Ergebnis ebenso BAG 14. 12. 1994 AP BetrVG 1972 § 5 Nr. 3 Rotes Kreuz: Ist eine Schwesternschaft Mitbetreiberin des Krankenhauses, so ist auch die beim Krankenhaus angestellte, nicht mitgliedschaftlich verbundene Schwester (sog. Gastschwester) wahlberechtigt; weitergehend DKK-*Schneider*, § 7 Rn. 25; tendenziell strenger GK-*Kreutz*, § 7 Rn. 52; s. auch § 5 Rn. 110 ff.). Entscheidend ist jedoch die Eingliederung in den Betrieb, die bei einer Gestellung von Personal durch Dritte nicht immer der Fall sein muss (BAG 15. 3. 2006 EzAÜG BetrVG Nr. 93: Kirchliche Lehrkräfte, die Angestellte eines Erzbischöflichen Ordinariats sind und von diesem an einer Schule eingesetzt werden, sind nicht betriebsangehörige Arbeitnehmer des Arbeitgebers, der diese Schule betreibt). Wenn ein **Beamter einem Betrieb der Privatwirtschaft** überlassen wird, war sein Wahlrecht bislang zweifelhaft. Das BAG hat noch für die alte Gesetzesfassung entschieden, dass sie nicht wahlberechtigt sind, weil sie in keinem Arbeitsverhältnis zum Betriebsinhaber stehen (BAG 25. 2. 1998 AP BetrVG 1972 § 8 Nr. 8; zust. *Ilbertz*, ZBVR 1998, 84; a.A. *Fitting*, § 7 Rn. 10; s. auch § 5 Rn. 113 ff.). Den ganz grundlegenden Unterschied zwischen Arbeitnehmer und Beamten hat die Neufassung des § 5 Abs. 1 S. 3 hinweggefegt. Der auch nur kurzfristig abgeordnete Beamte ist nun wahlberechtigt. Bislang waren diese – da keine Arbeitnehmer – weder aktiv noch passiv wahlberechtigt, wo nicht gesetzliche Spezialregelungen eingriffen, wie sie insbesondere für den Bereich des ehemaligen Sondervermögens Deutsche Bundespost und die Deutsche Bahn AG existieren, s. § 24 III PostPersRG, § 19 Abs. 1 DBGrG. Ältere Rechtsprechung des BAG ist nun Makulatur. Nun können sie im Betrieb, in dem sie tätig sind, wählen und gewählt werden. Der Beamte wird mitbestimmungsrechtlich „doppelverwertet": Dem Personalrat seines Dienstherrn unterfällt er ebenso wie dem Betriebsrat des Einsatzbetriebs. In beiden Gremien kann er kandidieren (s. auch *Thüsing*, BB 2009, 2036). Zum Sonderfall der Post und der Bahn s. § 5 Rn. 115 – hier war bislang ein dreimonatiger Einsatz nicht erforderlich. Allerdings sind weiterhin Beamte, die dienstrechtlich der Deutschen Post AG zugeordnet sind und denen nach § 4 Abs. 4 PostPersRG eine Tätigkeit in einem Betrieb eines anderen Unternehmens zugewiesen ist, zum Betriebsrat des Betriebs wahlberechtigt und wählbar, bei dem sie die zugewiesene Tätigkeit

12

§ 7

ausüben, nicht jedoch zum Betriebsrat des Betriebs der Deutschen Post AG, dem sie dienstrechtlich zugeordnet sind (vgl. BAG 16. 1. 2008 AP BetrVG 1972 § 7 Nr. 12). Zur Wahlberechtigung von Praktikanten auch wenn ein Arbeitsvertrag mit dem Betriebsinhaber fehlt s. sehr großzügig LAG Schleswig-Holstein, NZA-RR 2004, 251; zurecht strenger BAG 15. 3. 2006 EzAÜG BetrVG Nr. 93.

13 c) Die für die Betriebszugehörigkeit notwendige **Eingliederung in die Betriebsorganisation** erfolgt durch die *Einstellung,* die weder mit dem Abschluss des Arbeitsvertrags noch mit der tatsächlichen Arbeitsaufnahme in dem Betrieb identisch ist (s. zum Begriff der Einstellung § 99 Rn. 26 ff.). Sie liegt vielmehr in der Übertragung des Arbeitsbereichs, mit dem ein Arbeitsauftrag innerhalb der Arbeitsorganisation eines Unternehmens erfüllt wird (vgl. *Richardi,* MünchArbR § 31 Rn. 46). Regelmäßig wird es darum gehen, dass dem Arbeitnehmer eine weisungsgebundene Tätigkeit zugewiesen wird, die der Verwirklichung des arbeitstechnischen Zwecks des Betriebs zu dienen bestimmt ist. Besteht der Betriebszweck aber in der Überlassung oder Ausbildung von Arbeitnehmern, so gehören auch diese zur Belegschaft des Betriebs (vgl. für ein Zeitarbeit-Unternehmen § 14 Abs. 1 AÜG; für die Zugehörigkeit der zu ihrer Berufsausbildung Beschäftigten zur Berufsausbildungsstätte s. § 5 Rn. 67 f.).

14 d) Die Betriebszugehörigkeit, die § 7 für die Wahlberechtigung voraussetzt, bezieht sich hier auf die **Zugehörigkeit zu einer betriebsratsfähigen Organisationseinheit.** Zum Betrieb gehören die Betriebsteile, sofern sie nicht nach § 4 Satz 1 als selbständige Betriebe gelten. Kleinst- und Nebenbetriebe sind dagegen nur dann dem Hauptbetrieb zugeordnet, wenn sie selbst nicht betriebsratsfähig sind (§ 4 Abs. 2). Gilt ein Betriebsteil betriebsverfassungsrechtlich als selbständiger Betrieb (§ 4 Abs. 1), so ist die Abgrenzung ebenso vorzunehmen wie bei einem Unternehmen aus zwei oder mehreren Betrieben (s. Rn. 28).

15 Zum Betrieb zählt die h. M auch die sog. **Betriebsausstrahlungen** (BAG 25. 4. 1978 AP Nr. 16 zu Internat. Privatrecht Arbeitsrecht; 7. 12. 1989 AP Nr. 27 zu Internat. Privatrecht Arbeitsrecht; *Auffarth,* FS Hilger/Stumpf 1983, S. 35, 37; *Boemke,* NZA 1992, 112). Man bezieht diesen Begriff aber auf völlig verschiedene Fallgruppen: die **Entsendung von Arbeitnehmern ins Ausland,** die **Beschäftigung im Außendienst** und das **Leiharbeitsverhältnis** seitens des Verleihers. Gemeinsamer Nenner ist lediglich die Begründung einer Betriebszugehörigkeit trotz Nichtleistung der Arbeit im Betrieb. Bei der **Entsendung ins Ausland** geht es aber primär um die Anwendbarkeit des deutschen Betriebsverfassungsrechts (s. Einl. Rn. 70 ff.; s. auch LAG Köln 14. 4. 1998, NZA-RR 1998, S. 357; *Gaul,* BB 1990, 697). Erst sekundär stellt sich das Problem der Zuordnung zu einem bestimmten Betrieb, wenn bei Geltung des BetrVG das Unternehmen sich in zwei oder mehrere Betriebe gliedert. Bei der **Beschäftigung im Außendienst** geht es allein um die Frage, ob der Außendienst noch einem Betrieb zugeordnet werden kann oder selbst als Betrieb innerhalb eines Unternehmens anzusehen ist (s. *Richardi,* MünchArbR § 31 Rn. 48, 52). Die Problematik beim **Leiharbeitsverhältnis** schließlich betrifft, da der Arbeitnehmer nicht von seinem Vertragspartner, sondern vom Entleiher beschäftigt wird, primär die betriebsverfassungsrechtliche Unternehmenszugehörigkeit, und erst sekundär stellt sich die Frage, welchem Betrieb der Arbeitnehmer beim Verleiher zugeordnet bleibt bzw. welchem Betrieb des Entleihers er angehört, wenn die Arbeitsorganisation des jeweils in Betracht kommenden Unternehmens sich in zwei oder mehrere Betriebe gliedert. Mit dem Begriff der Betriebsausstrahlung kann man in diesen Fällen nicht die Zuordnung des Arbeitnehmers zu einem bestimmten Betrieb begründen (ebenso im Ergebnis *Joost,* MünchArbR, § 304 Rn. 53; GK-*Kreutz,* § 7 Rn. 33; s. Rn. 11).

3. Wahlalter

16 a) Der Arbeitnehmer muss am Tag der Wahl das **18. Lebensjahr vollendet** haben. Die Berechnung des Lebensalters richtet sich nach §§ 187 Abs. 2 Satz 2, 188 Abs. 2 BGB. Daher ist wahlberechtigt, wer am Wahltag seinen 18. Geburtstag hat; denn an diesem

II. Voraussetzungen der Wahlberechtigung § 7

Tag beginnt das 19. Lebensjahr (ebenso GK-*Kreutz*, § 7 Rn. 60). Erstreckt die Wahl sich über mehrere Tage, so genügt es, wenn der Arbeitnehmer am letzten Tag das 18. Lebensjahr vollendet hat (ebenso *Brecht*, § 7 Rn. 4; *Fitting*, § 7 Rn. 85; GL-*Marienhagen*, § 7 Rn. 6; mit der Einschränkung, dass der Arbeitnehmer erst an seinem Geburtstag sein Wahlrecht ausüben darf, GK-*Kreutz*, § 7 Rn. 60; s. auch Rn. 20; HWK-*Reichold*, § 7 Rn. 20).

b) **Einschränkungen der Geschäftsfähigkeit durch vormundschaftsgerichtliche Anord- 17 nung im Rahmen einer gesetzlichen Betreuung** führen nicht automatisch zum Verlust der Wahlberechtigung. Die Vollendung des 18. Lebensjahres als Voraussetzung der Wahlberechtigung bedeutet also nicht, dass nur ein Vollgeschäftsfähiger wahlberechtigt ist (so aber für die Rechtslage vor dem Betreuungsgesetz vom 12. 9. 1990 HSWG-*Schlochauer*, 3. Aufl., § 7 Rn. 32). Schon nach § 20 Abs. 1 BRG 1920 und § 6 BetrVG 1952 waren wahlberechtigt alle Arbeitnehmer, die das 18. Lebensjahr vollendet hatten. Die für die Geschäftsfähigkeit maßgebliche Volljährigkeit wurde erst durch das Gesetz zur Neuregelung des Volljährigkeitsalters vom 31. 7. 1974 (BGBl. I S. 1713) von der Vollendung des 21. auf die Vollendung des 18. Lebensjahres gesenkt. Dennoch sah man im Fehlen einer Regelung über die Wahlberechtigung bei **Entmündigung** eine Regelungslücke. Die h. L. schloss sie durch entsprechende Anwendung des § 13 Nr. 2 BundeswahlG (vgl. *Dietz/Richardi*, 6. Aufl., § 7 Rn. 25 m. Nachw. aus dem Schrifttum).

Die **Entmündigung** ist seit dem 1. 1. 1992 **abgeschafft**. Das Betreuungsgesetz vom **18** 12. 9. 1990 (BGBl. I S. 2002) hat sie durch das **Rechtsinstitut der Betreuung** (§§ 1896 ff. BGB) ersetzt. Entsprechend hat auch § 13 Nr. 2 BundeswahlG durch Art. 7 § 1 BtG eine der neuen Gesetzeslage entsprechende Fassung erhalten: Nicht wahlberechtigt ist „derjenige, für den zur Besorgung aller seiner Angelegenheiten ein Betreuer nicht nur durch einstweilige Anordnung bestimmt ist; dies gilt auch, wenn der Aufgabenkreis des Betreuers die in § 1896 Abs. 4 und § 1905 des Bürgerlichen Gesetzbuchs bezeichneten Angelegenheiten nicht erfasst". Schließt man die Regelungslücke wie bisher durch analoge Anwendung des § 13 Nr. 2 BundeswahlG, so ist zum Betriebsrat nicht wahlberechtigt, wer für die Besorgung seiner gesamten Angelegenheiten unter gesetzlicher Betreuung steht (so *Fitting*, § 7 Rn. 89).

Das Betreuungsgesetz hat zwar nicht die Regelungslücke im BetrVG geschlossen. Bei **19** deren Schließung muss man aber die Grundentscheidung des Betreuungsgesetzes beachten, dass die Bestellung eines Betreuers keine statusmäßigen Auswirkungen auf die Geschäftsfähigkeit des Betreuten hat. Die damit verbundene Doppelzuständigkeit tritt nur dann nicht ein, wenn das Vormundschaftsgericht für den Aufgabenkreis des Betreuers oder einen Teil davon einen **Einwilligungsvorbehalt** angeordnet hat (§ 1903 BGB). Für diesen Fall ist die Rechtslage insoweit der beschränkten Geschäftsfähigkeit Minderjähriger nachgebildet. Daraus folgt insbesondere auch, dass gemäß § 1903 Abs. 1 Satz 2 i. V. mit § 113 BGB ein sonst in seiner Geschäftsfähigkeit eingeschränkter Arbeitnehmer durch seinen Betreuer ermächtigt werden kann, „in Dienst oder in Arbeit zu treten". In diesem Fall hat er selbst bei vormundschaftsgerichtlicher Anordnung eines Einwilligungsvorbehalts, der den Abschluss des Arbeitsvertrags einbezieht, die Fähigkeit, rechtsgeschäftliche Abreden zu treffen, die sich auf sein Arbeitsverhältnis beziehen. Folgerichtig muss man daher auch anerkennen, dass ihm die Wahlberechtigung zum Betriebsrat erhalten bleibt (ebenso GK-*Kreutz*, § 7 Rn. 61; DKK-*Schneider*, § 7 Rn. 39).

4. Zeitpunkt für die Beurteilung der Wahlberechtigung

a) **Maßgeblicher Zeitpunkt** für die Arbeitnehmereigenschaft, die Betriebszugehörig- **20** keit und das Wahlalter ist der **Tag der Wahl**. Das ist im Gesetz zwar nicht ausdrücklich festgelegt, ergibt sich aber daraus, dass die Wahlberechtigung vorliegen muss, wenn jemand sich an einer Betriebsratswahl beteiligt. Es genügt nicht, dass bereits ein Arbeitsvertrag für ein später beginnendes Arbeitsverhältnis abgeschlossen ist. Erstreckt sich die Wahl über mehrere Tage, so genügt es, wenn die Voraussetzungen am letzten Tag der Wahl erfüllt sind. Tag der Wahl ist der Tag der Stimmabgabe (§ 3 Abs. 2 Nr. 10 WO). Daraus folgt aber nicht zwingend, dass ein Arbeitnehmer am Tag *seiner* Stimmabgabe die Wahlrechtsvoraussetzungen erfüllen muss (so aber *Joost,* Münch-ArbR § 304 Rn. 66; GK-*Kreutz,* § 7 Rn. 64). Erstreckt die Stimmabgabe sich über mehrere Tage, so genügt es, dass am letzten Tag die Voraussetzungen gegeben sind, auch wenn der Wähler seine Stimme bereits abgegeben hat. Umgekehrt schadet es nicht, wenn ein Arbeitnehmer während der Wahl aus dem Betrieb ausscheidet – selbstverständlich unter der Voraussetzung, dass er noch während seiner Betriebszugehörigkeit sein Wahlrecht ausgeübt hat.

21   b) **Störungen im Leistungsvollzug des Arbeitsverhältnisses am Tag der Wahl** berühren nicht die Betriebszugehörigkeit. Auch Arbeitnehmer, die am Wahltag **erkrankt** sind oder **Urlaub** haben, sind wahlberechtigt.

22   c) Für die Betriebszugehörigkeit am Tag der Wahl spielt keine Rolle, ob sich nachträglich herausstellt, dass der **Arbeitsvertrag fehlerhaft abgeschlossen** wurde. Solange die Nichtigkeit des Arbeitsvertrags nicht geltend gemacht wird, ist der betreffende Arbeitnehmer wahlberechtigt, soweit er die sonstigen Voraussetzungen erfüllt (s. § 5 Rn. 86). Wird der Arbeitsvertrag angefochten, so wird das Arbeitsverhältnis nicht rückwirkend aufgelöst; es bleibt daher auch die Wahlberechtigung bis zum Wirksamwerden der Anfechtungserklärung bestehen (s. Rn. 8 und § 5 Rn. 87 f.).

23   d) Befindet der Arbeitnehmer sich am Tag der Wahl in einem **gekündigten Arbeitsverhältnis,** so ist unzweifelhaft, dass er, solange die Kündigungsfrist läuft, noch zur Belegschaft des Betriebs gehört und daher wahlberechtigt ist. Auch wenn er für die Kündigungsfrist beurlaubt wird, verliert er nicht sein Wahlrecht; denn es ist keine Voraussetzung der Wahlberechtigung, dass ein Arbeitnehmer auch tatsächlich beschäftigt wird (ebenso *Fitting,* § 7 Rn. 33; GK-*Kreutz,* § 7 Rn. 30; HSWGNR-*Nicolai* § 7 Rn. 19).

24   Wenn dagegen am Tag der Wahl die **Kündigungsfrist abgelaufen** war oder eine **außerordentliche Kündigung** fristlos erklärt war, hängt die Betriebszugehörigkeit und damit die Wahlberechtigung zum Betriebsrat davon ab, ob der Arbeitnehmer noch beschäftigt wird oder ein Weiterbeschäftigungsverhältnis nach § 102 Abs. 5 BetrVG besteht (s. Rn. 37 ff.).

25   e) **Ruht das Arbeitsverhältnis** am Tag der Wahl, so ist darauf abzustellen, ob die Betriebszugehörigkeit durch den Ruhenstatbestand unterbrochen wird oder fortbesteht (s. Rn. 42 ff.).

5. Wahlberechtigung zu mehreren Betriebsräten

26   a) Steht der Arbeitnehmer in einem **Arbeitsverhältnis zu mehreren Arbeitgebern,** so kommt eine mehrfache Betriebszugehörigkeit in Betracht. Bestehen die Arbeitsverhältnisse nebeneinander und wird deshalb der Arbeitnehmer in mehreren Betrieben tätig, so ist er in ihnen zum Betriebsrat wahlberechtigt (BAG 11. 4. 1958 AP BetrVG § 6 Nr. 1; ebenso GK-*Kreutz,* § 7 Rn. 26; HWSGNR-*Nicolai,* § 7 Rn. 21). Das gilt auch, wenn es sich bei den Arbeitgebern um Konzernunternehmen handelt.

27   Eine mehrfache Wahlberechtigung kann sich auch bei **entliehenen Arbeitnehmern** ergeben (Leiharbeit nach AÜG; nicht gewerbliche Arbeitnehmerüberlassung; Konzernleihe). Hier kann der Arbeitnehmer sowohl im entleihenden Betrieb als auch im Einsatzbetrieb wahlberechtigt sein (s. Rn. 8).

28   b) Eine mehrfache Betriebszugehörigkeit kann auch vorliegen, wenn der Arbeitnehmer **nur bei einem Arbeitgeber** tätig ist, dessen Unternehmen sich in mehrere Betriebe gliedert. Nach h. M. spielt keine Rolle, ob der Arbeitnehmer in einem Arbeitsverhältnis zu verschiedenen Arbeitgebern steht oder ob die verschiedenen Betriebe demselben Unternehmen angehören (vgl. GK-*Kreutz,* § 7 Rn. 26). Bei Identität des Arbeitgebers

II. Voraussetzungen der Wahlberechtigung § 7

wäre es unangemessen, dass ein Arbeitnehmer nur deshalb, weil er in mehreren Betrieben tätig ist, dort ohne Einschränkungen wahlberechtigt ist. Maßgebend ist vielmehr die Eingliederung in ein oder mehrere Betriebe, ob also dem Arbeitnehmer trotz einer Tätigkeit in verschiedenen Betrieben nur ein Arbeitsbereich übertragen ist. Dann gehört er nur dem Betrieb an, dessen Leitungsapparat er in seinem Arbeitsverhältnis nach dem Schwerpunkt seines Arbeitsauftrags unterstellt ist. Nur wenn der Arbeitnehmer auch unter diesem Aspekt zu mehreren Betrieben gehört, ist er in ihnen auch wahlberechtigt (ebenso LAG Köln v. 3. 9. 2007 – 14 TaBV 20/07, AuR 2008, 230; die Möglichkeit mehrfacher Wahlberechtigung wird implizit auch vorausgesetzt durch BAG 25. 10. 1989, DB 1990, 1775; ehemals auch BAG 11. 4. 1958 AP BetrVG § 6 Nr. 1; großzügiger, weil schlicht auf die Tätigkeit in mehreren Betrieben abstellend DKK-*Schneider*, § 7 Rn. 17; *Fitting*, § 7 Rn. 25; ausführlich *Christiansen*, Betriebszugehörigkeit, insbes. S. 105). Das Problem, das sich beim Betriebsübergang stellt, wo ein Arbeitnehmer ausschließlich einem Betrieb zugeordnet werden muss, um eine Entscheidung darüber zu fällen, ob auch das Arbeitsverhältnis übergeht oder nicht (ausf. *Müller/Thüsing* ZIP 1997, 1869), stellt sich hier nicht, denn eine mehrfache Wahlberechtigung ist durch das Gesetz nicht ausgeschlossen, so dass anders als bei § 613a BGB Mehrfach-Zuordnungen möglich sind. Insoweit gelten hier andere Maßstäbe der Zuordnung.

Wird bei einem **Auszubildenden** die betriebliche Berufsausbildung abschnittsweise **29** jeweils in verschiedenen Betrieben durchgeführt, jedoch von einem der Betriebe mit bindender Wirkung auch für die anderen Betriebe geleitet, so gehört der Arbeitnehmer während der gesamten Ausbildungszeit dem die **Ausbildung leitenden Stammbetrieb** an (ebenso BAG 13. 3. 1991 AP BetrVG 1972 § 60 Nr. 2; s. auch § 60 Rn. 9 f.).

c) **Die in Heimarbeit Beschäftigten** zählen, wenn sie zu mehreren Auftraggebern in **30** einem Rechtsverhältnis stehen, nur zur **Belegschaft des Betriebs**, für den sie **in der Hauptsache tätig** sind (§ 5 Abs. 1 S. 2; s. dort Rn. 117 ff.). Sind sie für mehrere Betriebe gleichmäßig tätig, so sind sie für keinen wahlberechtigt. Das gilt auch dann, wenn die Betriebe zu einem Unternehmen gehören.

6. Kurzzeit- und Teilzeitbeschäftigung

a) Die **Dauer der Betriebszugehörigkeit** spielt für die Wahlberechtigung eines Arbeit- **31** nehmers des Betriebsinhabers **keine Rolle**. Deshalb kommt es nicht entscheidend darauf an, ob der Arbeitnehmer auf Dauer oder nur vorübergehend eingestellt ist, ob es sich also um einen **ständigen** oder **nichtständigen Arbeitnehmer** handelt. Auch wer am Tag der Wahl nur zu vorübergehender Beschäftigung eingestellt ist, etwa ein Aushilfsarbeiter, ist wahlberechtigt (s. BAG 29. 1. 1992 AP BetrVG 1972 § 7 Nr. 1 [*Kothe*]; *Fitting*, § 7 Rn. 28; GK-*Kreutz* § 7 Rn. 27; ebenso mit Ausnahme eines ganz kurzfristigen „Einspringens" GL-*Marienhagen*, § 7 Rn. 8; HWK-*Reichold*, § 7 Rn. 10 „nicht bei bloßer Aushilfe im anderen Betrieb"; weiterhin *Nikisch*, Bd. III S. 77; *Gumpert*, BB 1961, 645, 647). Freilich kann bei sehr kurzfristigem, genau umrissenen Einsatz oftmals schon die Arbeitnehmereigenschaft fraglich sein (beispielhaft BAG 29. 5. 1991 AP BetrVG 1972 § 9 Nr. 2 für den Aushilfstaxifahrer).

b) **Teilzeitbeschäftigte Arbeitnehmer** sind wie vollzeitbeschäftigte zum Betriebsrat **32** wahlberechtigt; denn das Gesetz unterscheidet nicht zwischen Teilzeitbeschäftigung und Vollzeitbeschäftigung. Wird jemand in einem Betrieb nur kurzfristig eingesetzt, so muss deshalb sorgfältig geprüft werden, ob die Arbeitnehmereigenschaft gegeben ist (vgl. bei Zeitungszustellern BAG 29. 1. 1992 AP BetrVG 1972 § 7 Nr. 1 [*Kohte*]; s. § 5 Rn. 53). Liegt sie vor, so ist die tatsächliche Eingliederung des Arbeitnehmers in eine Betriebsorganisation nicht schon dann zu verneinen, wenn er in nur zeitlich geringem Umfang eingesetzt ist (BAGE 69, 286, 295 f.; *Fitting*, § 7 Rn. 24; GK-*Kreutz*, § 7 Rn. 25; *ders.*,

GedS Schultz 1987, S. 209, 215; *Stege/Weinspach/Schiefer*, § 7 Rn. 3). Ein Teil der Literatur vertritt jedoch, zuweilen unter Hinweis auf die Geringfügigkeitsgrenzen nach § 8 SGB IV, die Ansicht, die Betriebszugehörigkeit und damit die Wahlberechtigung zum Betriebsrat sei bei geringfügig teilzeitbeschäftigten Arbeitnehmern zu verneinen (vgl. *Hanau*, FS G. Müller 1981, S. 169, 172 ff.; *Berger-Delhey*, AfP 1990, 340, 344 f. und 1991, 566, 569 f.; für den Fall, dass die Zahl der teilzeitbeschäftigten Arbeitnehmer überwiege, *Wank*, RdA 1985, 1, 12; im kirchlichen Arbeitsrecht wurde der Ausschluss nach § 7 Abs. 4 Nr. 4 MAVO mit Wirkung zum 1. 1. 2004 gestrichen). Dieser Auffassung kann jedoch nicht gefolgt werden; denn sie übersieht, dass die zeitliche Inanspruchnahme der Arbeitsleistung nach dem Gesetz kein Kriterium für die Betriebszugehörigkeit und damit für die Wahlberechtigung darstellt. Geringfügigkeitsgrenzen, die zum Ausschluss von einer Repräsentativvertretung führen, stoßen außerdem auf das Bedenken versteckter Frauendiskriminierung (s. auch § 5 Rn. 55) und direkter Diskriminierung von Teilzeitbeschäftigten nach § 4 TzBfG. Daher kann in geeigneten Fallkonstellationen auch ein geringfügig Beschäftigter nach § 8 Abs. 1 Nr. 2 SGB IV wahlberechtigt sein.

33 Die **Geringfügigkeit des Arbeitsentgelts** oder eine fehlende Sozialversicherungspflicht ist ebenfalls kein Grund, der einer Betriebszugehörigkeit und damit der Wahlberechtigung zum Betriebsrat entgegensteht (ebenso BAG 29. 1. 1992 AP BetrVG 1972 § 7 Nr. 1; a. A. GL-*Marienhagen*, § 7 Rn. 9, der für eine stundenweise beschäftigte Putzfrau und die gelegentlich stundenweise herangezogene Stenotypistin nur dann ein Wahlrecht anerkennt, wenn ihre durchschnittliche Monatsvergütung ein Achtel der für Monatsbezüge geltenden Beitragsbemessungsgrenze überschreitet). Sofern ein **Teilzeitbeschäftigter** Arbeitnehmer ist, ist allein wesentlich, ob ihm innerhalb des Betriebs ein Arbeitsbereich zugewiesen ist, während die Höhe des durch die Tätigkeit erzielten Arbeitsentgelts unerheblich ist. Außerdem sichert das Diskriminierungsverbot des § 4 Abs. 1 TzBfG, dass der Arbeitgeber bei der Entgeltbemessung keine Gruppenbildung vornehmen darf, die allein auf den zeitlichen Umfang der vertraglich geschuldeten Arbeitsleistung abstellt (vgl. *Richardi*, NZA 1992, 625, 627 ff.).

34 Keine Rolle spielt, ob ein Arbeitnehmer jeweils nur für **einige Tage** in der Woche oder im Monat beschäftigt wird; er ist auch dann wahlberechtigt, wenn er am Tag der Aufstellung der Wählerliste und am Wahltag im Betrieb nicht arbeitet. Voraussetzung ist in diesem Fall aber, dass das Arbeitsverhältnis nicht auf den **jeweiligen Zeitraum befristet** ist. Wird jedoch jemand regelmäßig auf Grund eines auf mehrere Tage zweckbefristeten Arbeitsvertrages beschäftigt, so ist er auch dann wahlberechtigt, wenn die Wahl zum Betriebsrat außerhalb des Beschäftigungszeitraumes stattfindet (so für die Wahlberechtigung der sog. Rentenzahlkräfte zum Personalrat BVerwG 8. 12. 1967 E 28, 282, 283 ff. = AP PersVG § 9 Nr. 2). Maßgebend ist hier, dass immer dann, wenn mehrere befristete Arbeitsverträge in unmittelbarer Folge abgeschlossen sind, eine derartige Kette von Zeitverträgen betriebsverfassungsrechtlich als einheitliches Arbeitsverhältnis anzusehen ist (ähnlich LAG Hamm 11. 5. 1979 EzA Nr. 2 zu § 6 BetrVG 1972; a. A. *Fitting*, § 7 Rn. 28; GK-*Kreutz*, § 7 Rn. 27).

35 c) Der Teilzeitbeschäftigte ist in dem **Betrieb** wahlberechtigt, dem sein **Arbeitsbereich zugeordnet** ist. Keine Rolle spielt, ob er außerhalb der Räume des Betriebs tätig wird (so für Zeitungszusteller BAG 29. 1. 1992 AP BetrVG 1972 § 7 Nr. 1; zum Außendienstmitarbeiter BAG 10. 3. 2004 – 7 ABR 36/03, AiB 2005, 761). Dies wurde durch die Neufassung des § 5 Abs. 1 Satz 1 durch das BetrVerf-Reformgesetz ausdrücklich klargestellt (s. § 5 Rn. 54 ff.). Möglich ist, dass die von Teilzeitbeschäftigten erbrachte Arbeitsleistung eine Arbeitsorganisation erfordert, die zu einer betriebsverfassungsrechtlichen Verselbständigung nach § 4 Abs. 1 führt (s. § 4 Rn. 22 ff.).

II. Voraussetzungen der Wahlberechtigung § 7

7. Betriebszugehörigkeit bei Rechtsstreit über das Bestehen eines Arbeitsverhältnisses, insbesondere über die Rechtswirksamkeit einer Kündigung

a) Beachtet man die betriebsverfassungsrechtliche Zielsetzung, so genügt für die Betriebszugehörigkeit als Voraussetzung der Wahlberechtigung, dass das **Beschäftigungsverhältnis mit dem Betriebsinhaber** noch besteht, auch wenn zwischen den Arbeitsvertragsparteien streitig ist, ob das Arbeitsverhältnis fehlerhaft begründet oder ob es durch Kündigung oder Zeitablauf aufgelöst wurde. 36

b) Bei einem **gekündigten Arbeitsverhältnis** bleibt der Arbeitnehmer bis zum Ablauf der Kündigungsfrist, da er bis zu diesem Zeitpunkt noch in der Vertragsbindung zum Arbeitgeber steht, Mitglied der Belegschaft und ist daher wahlberechtigt, auch wenn er tatsächlich nicht mehr beschäftigt wird (s. Rn. 23). 37

Nach Ablauf der Kündigungsfrist oder bei einer **fristlosen Kündigung erlischt** dagegen die **Wahlberechtigung,** auch wenn die Rechtswirksamkeit der Kündigung bestritten wird oder bei einer außerordentlichen Kündigung geltend gemacht wird, dass kein wichtiger Grund vorgelegen habe; das gilt auch dann, wenn der Arbeitnehmer innerhalb der Dreiwochenfrist nach § 4 Satz 1 bzw. § 13 Abs. 1 Satz 2 KSchG Klage auf Feststellung erhoben hat, dass das Arbeitsverhältnis durch die Kündigung nicht aufgelöst ist (ebenso BAG 10. 11. 2004; LAG Berlin 2. 5. 1994, DB 1994, 2556; *Fitting,* § 7 Rn. 34; GK-*Kreutz,* § 7 Rn. 29; HWSGNR-*Nicolai,* § 7 Rn. 19; HWK-*Reichold,* § 7 Rn. 14; *Nikisch,* Bd. III S. 78; *Nipperdey/Säcker* in *Hueck/Nipperdey,* Bd. II/2 S. 1131; a. A. LAG München, AP 54 Nr. 76; DKK-*Schneider,* § 7 Rn. 13; die Wählbarkeit a. A. BAG 14. 5. 1997 AP BetrVG 1972 § 8 Nr. 6 = SAE 1998, 91 [*v. Hoyningen-Huene*] = WiB 1997, 1306 [*Boemke*], s. hierzu § 8 Rn. 13 ff.). 38

Etwas anderes gilt bei einer **ordentlichen Kündigung,** wenn der Betriebsrat ihr nach § 102 Abs. 3 widersprochen und der Arbeitnehmer **Weiterbeschäftigung nach § 102 Abs. 5 verlangt** hat. Da in diesem Fall die Auflösung des Arbeitsverhältnisses durch die Kündigung bis zum rechtskräftigen Abschluss des Kündigungsrechtsstreits suspendiert wird (s. § 102 Rn. 203), gehört der Arbeitnehmer noch zur Belegschaft, auch wenn er tatsächlich nicht weiterbeschäftigt wird, und ist deshalb wahlberechtigt (ebenso *Brecht,* § 7 Rn. 8; *Fitting,* § 7 Rn. 33; DKK-*Schneider,* § 7 Rn. 13; a. A. für den Fall tatsächlicher Nichtbeschäftigung HWSGNR-*Nicolai,* § 7 Rn. 19; GL-*Kreutz,* § 7 Rn. 31). Wenn aber der Arbeitgeber durch einstweilige Verfügung von der Verpflichtung zur Weiterbeschäftigung entbunden wird (§ 102 Abs. 5 Satz 2), so erlischt damit, weil der vorläufige Bestandsschutz des Arbeitsverhältnisses aufgehoben wird, auch das Wahlrecht des Arbeitnehmers zum Betriebsrat (ebenso *Brecht,* § 7 Rn. 8; GL-*Marienhagen,* § 7 Rn. 19; a. A. wohl von seinem Standpunkt aus, dass es genügt, wenn die Kündigung vom Arbeitnehmer arbeitsgerichtlich angegriffen wird, DKK-*Schneider,* § 7 Rn. 13). 39

Außerhalb des vorläufigen Bestandsschutzes nach § 102 Abs. 5 ist ein gekündigter Arbeitnehmer nach Ablauf der Kündigungsfrist nur wahlberechtigt, wenn er tatsächlich weiterbeschäftigt wird. Das gilt im Prinzip auch für den Fall, dass der Arbeitnehmer den **richterrechtlich anerkannten Weiterbeschäftigungsanspruch** hat (vgl. zu ihm BAG [Großer Senat] 27. 2. 1985 AP BGB § 611 Nr. 14 Beschäftigungspflicht). Das durch ihn begründete Weiterbeschäftigungsverhältnis hat eine andere Struktur als der auf § 102 Abs. 5 beruhende vorläufige Bestandsschutz des Arbeitsverhältnisses. Wird die Weiterbeschäftigung gerichtlich nicht erzwungen, so besteht auch keine Betriebszugehörigkeit. Liegt dagegen ein entsprechender Rechtstitel vor, so gehört der Arbeitnehmer während des Weiterbeschäftigungsverhältnisses auch dann zur Belegschaft des Betriebs, wenn sich nachträglich herausstellt, dass die Kündigung wirksam war (ebenso *Pallasch,* BB 1993, 2225, 2232; vgl. auch BAG 15. 1. 1991 AP BPersVG § 4 Nr. 4). 40

c) Bedarf die **Kündigung** der **Zustimmung des Betriebsrats** (§ 103 i. V. mit § 15 Abs. 1 und 3 KSchG), so hat der Arbeitnehmer auch dann, wenn ihm gekündigt wurde, das aktive Wahlrecht, weil eine Kündigung ohne die zuvor erteilte oder gerichtlich ersetzte 41

Zustimmung des Betriebsrats unheilbar unwirksam ist (ebenso *Fitting*, § 7 Rn. 36; HWSGNR-*Nicolai*, § 7 Rn. 19; s. auch § 103 Rn. 54 f.). Das gilt entsprechend für eine Versetzung aus dem Betrieb, die nach § 103 Abs. 3 zustimmungspflichtig ist. Das Wahlrecht bleibt auch dann bestehen, wenn der Betriebsrat vor einer Kündigung nicht gehört worden ist; denn in diesem Fall ist die Kündigung unwirksam (§ 102 Abs. 1 Satz 3; ebenso). Jedoch gilt dies nur, wenn die fehlerhafte Beteiligung des Betriebsrats nicht bestritten wird. Ein Schwebezustand wie beim Mangel der sozialen Rechtfertigung nach dem KSchG oder dem Fehlen des wichtigen Grundes bei einer außerordentlichen Kündigung tritt ebenfalls nicht ein, wenn eine Kündigung deshalb nichtig ist, weil die für sie notwendige Zustimmung einer Behörde fehlt, wie z. B. nach § 9 MuSchG und nach § 85 SGB IX. In den hier genannten Fällen handelt es sich um eine *offensichtlich unwirksame Kündigung*, für die der Große Senat des BAG das überwiegende Beschäftigungsinteresse des Arbeitnehmers schon vor Erlass eines Urteils der ersten Instanz anerkennt (BAG 27. 2. 1985 AP BGB § 611 Nr. 14 Beschäftigungspflicht [unter C II 3 a]). Für die Wahlberechtigung ist in diesem Fall aber nicht notwendig, dass der Arbeitnehmer eine entsprechende Leistungsklage erhoben hat.

8. Wahlberechtigung bei Ruhen des Arbeitsverhältnisses

42   a) Wer **vorübergehend von seiner Arbeitspflicht befreit** ist, verliert dadurch nicht seine Betriebszugehörigkeit (ebenso DKK-*Schneider*, § 7 Rn. 12; GK-*Kreutz*, § 7 Rn. 22). Entsprechend wird daher überwiegend auch für die **gesetzlichen Ruhenstatbestände** angenommen, dass durch sie die Zugehörigkeit zum Betrieb nicht aufgehoben wird (s. Rn. 44 ff.). Bei ihnen handelt es sich aber nicht nur um kurzfristige Suspendierungen von den Hauptleistungspflichten aus dem Arbeitsverhältnis, sondern es gibt auch Fälle einer langfristigen Suspendierung, die sich teilweise sogar auf das gesamte Arbeitsverhältnis bezieht.

43   Daher ist zweifelhaft, ob bei Ruhen eines Arbeitsverhältnisses stets die Betriebszugehörigkeit und damit die Wahlberechtigung zum Betriebsrat erhalten bleibt. Nach § 13 Abs. 1 Satz 2 BPersVG sind Beschäftigte, die am Wahltag seit mehr als sechs Monaten unter Wegfall der Bezüge beurlaubt sind, für den Personalrat nicht wahlberechtigt. Eine entsprechende Bestimmung fehlt im BetrVG; jedoch kann die Regelungslücke nicht durch entsprechende Anwendung des § 13 Abs. 1 Satz 2 BPersVG geschlossen werden (so nun auch das LAG Hamm 27. 4. 2005 NZA-RR 2005, 590). Man hat vielmehr zu differenzieren, ob die Suspendierung nur dem Zweck dient, dass dem Arbeitnehmer das Bestehen des Vertragsverhältnisses zum Arbeitgeber gesichert wird oder ob ihm darüber hinaus der bisherige Arbeitsbereich erhalten bleiben soll. Im ersteren Fall wird betriebsverfassungsrechtlich die Betriebszugehörigkeit unterbrochen, so dass auch nicht mehr die Wahlberechtigung zum Betriebsrat besteht. Wegen des mit der Betriebsverfassung verbundenen Arbeitnehmerschutzes ist aber im Zweifel davon auszugehen, dass ein Ruhen des Arbeitsverhältnisses nicht die Betriebszugehörigkeit beendet.

44   b) Wird ein Arbeitnehmer zum **Wehr-** oder **Zivildienst** einberufen, so wird dadurch die Zugehörigkeit zum Betrieb nicht aufgehoben. Nach § 1 Abs. 1 ArbPlSchG bzw. § 78 Abs. 1 Nr. 1 ZDG i. V. mit § 1 Abs. 1 ArbPlSchG ruht das Arbeitsverhältnis während dieser Zeit. *Kreutz* (GK § 7 Rn. 23) bezieht diese pauschale Anordnung auch auf die Wahlberechtigung zum Betriebsrat, zumal § 6 Abs. 2 ArbPlSchG anordnet, dass die Zeit des Grundwehrdienstes oder einer Wehrübung auf die Betriebszugehörigkeit angerechnet werde, und damit zu erkennen gebe, dass sie in der Zwischenzeit nicht bestanden habe. Dieser Sinn kann aber nicht dem Gesetzestext entnommen werden. Für die Betriebsverfassung fehlt eine Vorschrift wie § 13 Abs. 1 Satz 2 BPersVG, der auch die Fälle des Wehr- und Zivildienstes erfasst (vgl. *Dietz/Richardi*, BPersVG, § 13 Rn. 24). Dennoch wird die Auffassung vertreten, dass der Arbeitnehmer bei Ableistung des Grundwehrdienstes und des Zivildienstes – anders als bei einer Wehrübung – nicht mehr

II. Voraussetzungen der Wahlberechtigung § 7

wahlberechtigt sei, weil er während einer verhältnismäßig langen Zeit dem Betriebsgeschehen entfremdet sei (*Nipperdey/Säcker* in *Hueck/Nipperdey*, Bd. II/2 S. 1135). Diese Differenzierung vermag nicht zu überzeugen, zumal die Amtszeit des Betriebsrats vier Jahre beträgt, so dass der Wehrpflichtige selbst dann, wenn er gerade erst vor dem Wahltag einberufen wurde, für die Dauer von mehr als zwei Jahren innerhalb der Amtszeit des zu wählenden Betriebsrats wieder im Betrieb tätig sein wird. Daher bleibt ein Arbeitnehmer, der Wehr- oder Zivildienst leistet, stets wahlberechtigt (ebenso BAG 29. 3. 1974 EAP BetrVG 1972 § 19 Nr. 2 [zust. *Seipel*]; *Brecht*, § 7 Rn. 8; *Fitting*, § 7 Rn. 30; GL-*Marienhagen*, § 7 Rn. 16; HWSGNR-*Nicolai*, § 7 Rn. 18; DKK-*Schneider*, § 7 Rn. 12; *Joost*, MünchArbR § 216 Rn. 70; *Dikomey*, Das ruhende Arbeitsverhältnis, 1991, S. 188 ff.).

Die Wahlberechtigung bleibt weiterhin erhalten, wenn ein Arbeitnehmer zu einer **45** **Eignungsübung** einberufen wird. Allerdings gilt dies grundsätzlich nur bis zur Dauer von vier Monaten; in diesem Fall ruht das Arbeitsverhältnis (§ 1 Abs. 1 EignungsübungsG). Setzt der Arbeitnehmer dagegen die Eignungsübung über vier Monate hinaus freiwillig fort, so endet im Allgemeinen das Arbeitsverhältnis mit Ablauf der vier Monate (§ 3 Abs. 2 EignungsübungsG).

Wer zum Dienst im **Zivilschutz** oder im **Katastrophenschutz** herangezogen wird, bleibt **46** ebenfalls wahlberechtigt (§ 9 Abs. 2 ZivilschutzG bzw. § 9 Abs. 2 KatSchG).

c) Wird eine Frau während der **Beschäftigungsverbote des Mutterschutzes** nicht tätig **47** (§§ 3 Abs. 2, 6 Abs. 1 MuSchG), so ruht das Arbeitsverhältnis nur begrenzt; denn der Arbeitgeber ist verpflichtet, einen Zuschuss zum Mutterschaftsgeld zu leisten (§ 14 MuSchG). Die Arbeitnehmerin bleibt während dieser Zeit Betriebsangehörige und damit zum Betriebsrat wahlberechtigt. Kündigt sie dagegen das Arbeitsverhältnis und wird sie innerhalb eines Jahres nach der Entbindung in ihrem bisherigen Betrieb wieder eingestellt, so gilt zwar nach § 10 Abs. 2 MuSchG, soweit Rechte aus dem Arbeitsverhältnis von der Dauer der Betriebszugehörigkeit abhängen, das Arbeitsverhältnis als nicht unterbrochen. Diese Fiktion zeigt, dass es während dieser Zeit unterbrochen ist, so dass eine Arbeitnehmerin auch nicht wahlberechtigt ist, wenn innerhalb der Jahresfrist eine Betriebsratswahl stattfindet.

Nimmt ein Arbeitnehmer **Elternzeit** (§ 15 BEEG), so bleibt die Betriebszugehörigkeit **48** erhalten und damit auch das Wahlrecht zum Betriebsrat (ebenso BAG 16. 4. 2003 AP BetrVG 1972 § 9 Nr. 1; BAG 25. 5. 2005 AP BetrVG 1972 § 24 Nr. 13 = NZA 2005, 1002; *Fitting*, § 24 Rn. 13; HWK-*Reichold*, § 7 Rn. 13; *Joost*, MünchArbR § 216 Rn. 58). Das gilt unabhängig davon, ob er in den gesetzlich zulässigen Grenzen Teilzeitarbeit leistet. Aber auch wenn er sich ausschließlich der Betreuung des Kindes widmet oder die Teilzeitarbeit in einem anderen Betrieb leistet (vgl. auch § 15 Abs. 4 BEEG), scheidet er nicht aus dem Betrieb aus, selbst wenn er die Elternzeit für den gesamten Zeitraum nimmt, in dem er ihm zusteht, also bis zur Vollendung des 3. Lebensjahres des Kindes. Der *besondere Kündigungsschutz* (§ 18 BEEG) sichert mit dem Vertragsverhältnis auch die Einordnung in den bisherigen Beschäftigungsbetrieb. Das gilt auch, wenn der Arbeitsplatz neu besetzt wird.

d) Wird ein **Angestellter einer GmbH** zum **Geschäftsführer bestellt,** so wurde das **49** Arbeitsverhältnis mit ihm nach früherer Rechtsprechung des BAG im Zweifel nur suspendiert und nicht endgültig beendet (vgl. BAG 9. 5. 1985 AP ArbGG 1979 § 5 Nr. 3; 27. 6. 1985 AP AngKSchG § 1 Nr. 2; 12. 3. 1987 E 55, 137 = AP ArbGG 1979 § 5 Nr. 6). Die neuere Rechtsprechung ist hiervon abgerückt und formuliert eine gegenteilige Zweifelsregel (BAG 7. 10. 1993 AP ArbGG 1979 § 5 Nr. 16). Ob diese Regelung heute noch gilt, ist angesichts des Schriftformerfordernisses des § 623 BGB und der unterschiedlichen Zuständigkeiten zur Aufhebung eines Arbeitsvertrags und zur Bestellung zum Geschäftsführer fraglich (s. *Thüsing*, in: H/W/K, vor § 611 BGB Rn. 100 m. w. N.; s. auch BAG 19. 7. 2007 AP GmbHG § 35 Nr. 18). Wie dem auch sei: Da der Geschäftsführer Arbeitgeberfunktionen wahrnimmt, ist er während der

Suspendierung nicht zum Betriebsrat wahlberechtigt; denn wie sich aus § 5 Abs. 2 Nr. 1 ergibt, soll jemand, der eine Arbeitgeberfunktion ausübt, nicht an der betriebsverfassungsrechtlichen Repräsentation teilnehmen, damit deren Unabhängigkeit gewahrt bleibt (ebenso *Joost*, MünchArbR § 216 Rn. 59; *Dikomey*, Das ruhende Arbeitsverhältnis, 1991, S. 190 f.).

50 e) Kein Fall eines „ruhenden" Arbeitsverhältnisses ist das Arbeitsverhältnis eines Arbeitnehmers, der **Altersteilzeit** nach den Regeln des ATG in Anspruch nimmt und entsprechend dem üblichen Blockmodell für die zweite Hälfte freigestellt wird – denn hier besteht weiterhin die Entgeltpflicht des Arbeitgebers; eine *wechselseitige* Suspendierung der arbeitsvertraglichen Rechte und Pflichten liegt nicht vor. Der Arbeitnehmer ist dennoch während dieser zweiten Hälfte nicht wahlberechtigt (s. VerwG Schleswig 7. 3. 2000, AiB 2000, 350 für den Personalrat; BAG 25. 10. 2000, DB 2001, 706 = SAE 2001, 207 [zust. *Windbichler*] für den Aufsichtsrat; ebenso *Rieble/Gutzeit*, BB 1998, 638; *Schiefer*, NZA 2002, 59; *Haag/Gröter/Dangelmaier*, DB 2001, 702; dem folgend *Fitting*, § 7 Rn. 32; a. A. *Natzel*, NZA 1998, 1262, 1264; LAG Hamburg 1. 3. 2000, DB 2000, 1770 für den Aufsichtsrat). Allerdings besteht weiterhin ein Arbeitsverhältnis, jedoch fehlt es an der tatsächlichen Eingliederung in den Betrieb: Der Arbeitnehmer soll auf den Arbeitsplatz nicht mehr zurückkehren. Die Gleichbehandlung zu Fällen der Arbeitnehmerüberlassung und zu ruhenden Arbeitsverhältnissen spricht hier gegen eine Wahlberechtigung. Das unterscheidet den Sachverhalt etwa von der **„Kurzarbeit Null"**, bei der entsprechend allgemeiner Meinung die Wahlberechtigung fortbesteht (*Fitting*, § 7 Rn. 29; DKK-*Schneider*, § 7 Rn. 12; HWK-*Reichold*, § 7 Rn. 12).

9. Eintragung in die Wählerliste

51 Für die Wahlberechtigung besteht eine **formelle Voraussetzung** insoweit, als das Wahlrecht nur ausüben kann, wer in die **Wählerliste eingetragen** ist (§ 2 Abs. 3 WO). Die Eintragung in die Wählerliste ist aber für den materiellen Bestand des Wahlrechts ohne Bedeutung (s. auch § 19 Rn. 8 ff.).

10. Keine weiteren Voraussetzungen für die Wahlberechtigung

52 Neben der Arbeitnehmereigenschaft, der Betriebszugehörigkeit und dem Wahlalter legt das Gesetz keine weiteren materiellen Voraussetzungen für die Wahlberechtigung fest. Nicht erforderlich ist insbesondere, dass der Arbeitnehmer die deutsche Staatsangehörigkeit hat; auch Ausländer – und zwar ohne Rücksicht darauf, ob sie einem Mitgliedstaat der Europäischen Gemeinschaft angehören – und Staatenlose sind wahlberechtigt.

53 Die Wahlberechtigung wird auch nicht dadurch ausgeschlossen, dass dem Arbeitnehmer nach § 45 Abs. 5 StGB das Recht aberkannt wird, in öffentlichen Angelegenheiten zu wählen oder zu stimmen; denn seine Beteiligung an der Betriebsratswahl bezieht sich auf den betrieblichen Verband, nicht auf öffentliche Angelegenheiten (ebenso *Fitting*, § 7 Rn. 91; GL-*Marienhagen*, § 7 Rn. 22). Das frühere Erfordernis des Besitzes der bürgerlichen Ehrenrechte wurde bereits durch Art. 74 des Ersten Gesetzes zur Reform des Strafrechts vom 25. 6. 1969 (1. StrRG, BGBl. I S. 645) aus § 6 BetrVG 1952 gestrichen; denn die Statusfolge des Verlustes der bürgerlichen Ehrenrechte als Nebenstrafe wurde überhaupt beseitigt. Für das Betriebsverfassungsrecht wurde keine entsprechende Bestimmung getroffen, wie sie in § 13 Abs. 1 Satz 1 BPersVG enthalten ist, nach dem nicht wahlberechtigt ist, wer infolge Richterspruchs das Recht, in öffentlichen Angelegenheiten zu wählen oder zu stimmen, nicht besitzt (vgl. dazu *Dietz/Richardi*, BPersVG, § 13 Rn. 32 f.).

III. Bedeutung der Wahlberechtigung in der Betriebsverfassung und der unternehmensbezogenen Mitbestimmung

1. Betriebsverfassung

Die Wahlberechtigung ist über die Zulassung des einzelnen zur Wahl hinaus von Bedeutung für die Frage, ob in einem Betrieb ein Betriebsrat gewählt wird; denn die Betriebsratsfähigkeit eines Betriebs setzt voraus, dass ihm in der Regel wenigstens fünf ständige wahlberechtigte Arbeitnehmer angehören (§ 1). Die Wahlberechtigung der Arbeitnehmer spielt weiterhin eine Rolle: beim Antrag auf Ersatzbestellung eines Wahlvorstands (§§ 16 Abs. 2, 17 Abs. 4) oder auf Ersetzung eines Wahlvorstands (§ 18 Abs. 1), beim Recht, Wahlvorschläge für den Betriebsrat zu machen (§ 14 Abs. 3), bei der Anfechtung einer Betriebsratswahl (§ 19 Abs. 2), beim Antrag auf Auflösung des Betriebsrats oder Ausschluss eines Mitglieds (§ 23 Abs. 1) und auf Abberufung eines Vertreters im Aufsichtsrat (§ 76 Abs. 5 BetrVG 1952) sowie beim Antrag auf Einberufung einer Betriebsversammlung (§ 43 Abs. 3). Ob dem Betriebsrat ein Mitbestimmungsrecht bei der Einstellung, Eingruppierung, Umgruppierung und Versetzung sowie bei geplanten Betriebsänderungen zusteht, hängt ebenfalls von der Zahl der wahlberechtigten Arbeitnehmer ab, jedoch seit dem BetrVerf-Reformgesetz bezogen auf das Unternehmen, nicht den Betrieb (§ 99 Abs. 1 und § 111 Satz 1). Auch bei der Pflicht des Unternehmers zur Unterrichtung der Belegschaft über die wirtschaftliche Lage und Entwicklung des Unternehmens spielt die Zahl der wahlberechtigten ständigen Arbeitnehmer eine Rolle; lediglich bei der Frage, ob die Unterrichtung schriftlich zu erfolgen hat, wird nur auf die Zahl der ständig beschäftigten Arbeitnehmer abgestellt (§ 110). Bei der Notwendigkeit, einen Wirtschaftsausschuss zu errichten, kommt es dagegen wie bisher nur auf die Zahl der ständigen Arbeitnehmer ohne Rücksicht auf deren Wahlberechtigung an (§ 106).

Nicht wahlberechtigte Arbeitnehmer können nur ausnahmsweise in die Geschicke des Betriebs eingreifen; sie wirken bei der Wahl des Wahlvorstands mit (§ 17 Abs. 2) und haben in der Betriebsversammlung das gleiche Mitwirkungs- und Stimmrecht wie die wahlberechtigten Arbeitnehmer (§ 42).

2. Unternehmensbezogene Mitbestimmung

Erfolgt die Arbeitnehmerbeteiligung im Aufsichtsrat nach dem **Drittelbeteiligungsgesetz**, so wird durch die hier geregelte Wahlberechtigung festgelegt, wer zum Aufsichtsrat wahlberechtigt ist (§ 3 DrittelbG). Neben den Betriebsräten haben nur zum Betriebsrat wahlberechtigte Arbeitnehmer das Recht, Wahlvorschläge für die Arbeitnehmervertreter im Aufsichtsrat zu machen (§ 6 DrittelbG).

Fällt das Unternehmen unter das **MitbestG 1976** oder das **MitbestErgG**, so ist die Wahlberechtigung der Arbeitnehmer für die Wahl zur Bestimmung der Arbeitnehmervertreter im Aufsichtsrat nicht durch Verweisung auf § 7 geregelt, aber in § 10 Abs. 3 MitbestG bzw. § 8 Abs. 3 MitbestErgG inhaltlich gleich festgelegt.

IV. Streitigkeiten

Die Entscheidung, ob jemand wahlberechtigt ist, hat in erster Linie der **Wahlvorstand** zu treffen. Lässt er jemanden zu, der nicht wahlberechtigt ist, oder verweigert er die Wahlteilnahme für jemanden, der wahlberechtigt ist, so ist das ein Grund zur Anfechtung der Wahl (s. § 19 Rn. 15). Sie führt zur Aufhebung der Wahl aber nur, wenn die unrichtige Zulassung oder Nichtzulassung das Ergebnis beeinflusst haben konnte. Letztlich entscheidet über die Wahlberechtigung das **Arbeitsgericht** im Beschlussverfahren (§ 2 a Abs. 1 Nr. 1, Abs. 2 i. V. mit §§ 80 ff. ArbGG). Die Entscheidung kann auch außerhalb eines im Gang befindlichen Wahlverfahrens und unabhängig von einer Wahlanfechtung ergehen (s. auch § 16 Rn. 66). Sie kann, solange die Wahl noch nicht stattgefunden hat, nur gegen den Wahlvorstand begehrt werden; nach der Wahl kann der Antrag – ebenso wie eine Wahlanfechtung – nur gegen den Betriebsrat gestellt werden (s. § 19 Rn. 48). Das Rechtsschutzinteresse an der Feststellung der Wahlberechtigung wird weder durch die Möglichkeit einer Wahlanfechtung noch durch die eines Einspruchs nach § 4 WO ausgeschlossen, wenn eine Klärung der betriebsverfassungsrechtlichen Stellung des Betreffenden auch für die Zukunft angestrebt wird (BAG 28. 4. 1964 AP BetrVG § 4 Nr. 3 ebenso hinsichtlich Einspruch nach WO: HaKo-BetrVG/*Brors*, § 7 Rn. 33).

§ 8 Wählbarkeit

(1) ¹Wählbar sind alle Wahlberechtigten, die sechs Monate dem Betrieb angehören oder als in Heimarbeit Beschäftigte in der Hauptsache für den Betrieb gearbeitet haben. ²Auf diese sechsmonatige Betriebszugehörigkeit werden Zeiten angerechnet, in denen der Arbeitnehmer unmittelbar vorher einem anderen Betrieb desselben Unternehmens oder Konzerns (§ 18 Abs. 1 des Aktiengesetzes) angehört hat. ³Nicht wählbar ist, wer infolge strafgerichtlicher Verurteilung die Fähigkeit, Rechte aus öffentlichen Wahlen zu erlangen, nicht besitzt.

(2) Besteht der Betrieb weniger als sechs Monate, so sind abweichend von der Vorschrift in Absatz 1 über die sechsmonatige Betriebszugehörigkeit diejenigen Arbeitnehmer wählbar, die bei der Einleitung der Betriebsratswahl im Betrieb beschäftigt sind und die übrigen Voraussetzungen für die Wählbarkeit erfüllen.

Schrifttum: *Däubler,* Wählen, aber nicht zählen – vermeidbare Rigiditäten im Betriebsverfassungsrecht, AuR 2004, 81; *Nicolai,* Zum Zählen und Wählen bei Betriebsratswahlen, DB 2003, 2599.

Übersicht

	Rn.
I. Vorbemerkung	1
II. Wahlberechtigung als Voraussetzung der Wählbarkeit	5
1. Überblick	5
2. Mehrfache Wählbarkeit	11
3. Wählbarkeit bei einem Rechtsstreit über das Bestehen des Arbeitsverhältnisses	13
III. Sechsmonatige Betriebszugehörigkeit als weitere Voraussetzung der Wählbarkeit	17
1. Berechnung	17
2. Dauer der Betriebszugehörigkeit	19
3. Unterbrechungen	23
4. Wehr- und Zivildienst	27
5. Betriebsübergang	30
6. Wechsel aus einem anderen Betrieb desselben Unternehmens oder Konzerns	32
7. Sonderregelung für neu errichtete Betriebe	35
8. In Heimarbeit Beschäftigte	37
9. Rechtsfolgen bei Nichtbeachtung der sechsmonatigen Betriebszugehörigkeit	39
IV. Weitere Voraussetzungen der Wählbarkeit	40
1. Verlust der Wählbarkeit bei strafgerichtlicher Verurteilung	40
2. Keine weiteren materiellen Voraussetzungen	41

	Rn.
3. Bedeutung der Amtsenthebung eines Betriebsratsmitglieds für seine Wählbarkeit	44
4. Wählbarkeit eines Mitglieds des Wahlvorstands	46
V. Formelle Voraussetzungen für die Wählbarkeit	47
VI. Streitigkeiten	50

I. Vorbemerkung

Die Bestimmung stellt die Voraussetzungen für die **Wählbarkeit**, d. h. das **passive** **Wahlrecht**, auf. 1

Die Vorschrift weicht erheblich von § 7 BetrVG 1952 ab; sie hat die **Voraussetzungen** 2 **der Wählbarkeit** wesentlich **vereinfacht** und **erleichtert**. Sie enthält für das passive Wahlrecht keine besondere Altersgrenze, so dass der Arbeitnehmer bereits mit Vollendung des 18. Lebensjahres in den Betriebsrat gewählt werden kann. Der RegE hatte noch Volljährigkeit verlangt (vgl. BT-Drucks. VI/1786, S. 4); sie trat damals erst nach Vollendung des 21. Lebensjahres ein (s. § 7 Rn. 17). Der BT-Ausschuss für Arbeit und Sozialordnung hatte dagegen empfohlen, die für die Wählbarkeit maßgebende Altersgrenze durch die Bindung an die Wahlberechtigung zum Betriebsrat auf die Vollendung des 18. Lebensjahres festzusetzen, da nach seiner Ansicht in diesem Alter die Arbeitnehmer voll in das Arbeitsleben integriert seien und deshalb sachgerecht erscheine, ihnen auch das passive Wahlrecht zuzuerkennen (zu BT-Drucks. VI/2729, S. 20). Die für das passive Wahlrecht erforderliche Dauer der Betriebszugehörigkeit von bisher einem Jahr wurde auf sechs Monate verkürzt, weil nach der Begründung zum RegE dieser Zeitpunkt im Allgemeinen ausreiche, um den Überblick über die betrieblichen Verhältnisse zu erwerben, der für die Ausübung des Betriebsratsamtes notwendig sei (BT-Drucks. VI/1786, S. 37). Ausdrücklich wird hervorgehoben, dass die in Heimarbeit Beschäftigten, soweit sie zur Belegschaft des Betriebs gehören (s. § 5 Rn. 128), unter den gleichen Voraussetzungen wie die übrigen Arbeitnehmer wählbar sind. Auf die Dauer der Betriebszugehörigkeit werden auch Zeiten angerechnet, in denen der Arbeitnehmer unmittelbar vorher einem anderen Betrieb desselben Unternehmens oder Konzerns (§ 18 Abs. 1 AktG) angehört hat. Begründet wird diese Regelung mit dem Hinweis auf die rechtliche bzw. wirtschaftliche Einheit des Unternehmens oder Konzerns (BT-Drucks. VI/1786, S. 37). Wegen der Verkürzung der notwendigen Dauer der Betriebszugehörigkeit ist die bisherige Regelung in § 7 Abs. 1 Satz 2 BetrVG 1952 entfallen, nach der in Ausnahmefällen von der Voraussetzung der einjährigen Betriebsangehörigkeit Abstand genommen werden konnte, wenn zwischen der Mehrheit der Arbeitnehmer und dem Arbeitgeber hierüber eine Verständigung herbeigeführt wurde. Die Regelung in Abs. 2 entspricht dem bisherigen § 7 Abs. 2 BetrVG 1952 und wurde lediglich der neuen Regelung in Abs. 1 redaktionell angepasst.

Nicht mehr Voraussetzung für die Wählbarkeit ist das **aktive Wahlrecht zum Deut-** 3 **schen Bundestag**. Diese Voraussetzung galt für Arbeitnehmer aus den Mitgliedstaaten der EWG schon seit der vorrangigen Verordnung Nr. 1612/68 des Rats der EWG über die Freizügigkeit der Arbeitnehmer innerhalb der Gemeinschaft vom 15. 10. 1968 (ABl. EG Nr. L 257/1) nicht mehr. Eine Beibehaltung dieser Voraussetzung hätte sich nur auf Arbeitnehmer ausgewirkt, die nicht unter diese Verordnung fallen. Sie hätte sich als Diskriminierung ausgewirkt, die § 75 Abs. 1 verbietet (vgl. BT-Drucks. VI/1786, S. 37).

Abs. 1 Satz 3 lautete in seiner bis 31. 12. 1974 gültigen Fassung: Nicht wählbar ist, 4 wer infolge Richterspruchs die Wählbarkeit oder die Fähigkeit, öffentliche Ämter zu bekleiden, nicht besitzt. Er wurde in seiner geltenden Fassung durch Art. 238 Nr. 1 EGStGB vom 2. 3. 1974 (BGBl. I S. 469) ersetzt.

Entsprechende Vorschriften: §§ 14, 15 BPersVG, § 3 Abs. 2 SprAuG.

II. Wahlberechtigung als Voraussetzung der Wählbarkeit

1. Überblick

5 Erste Voraussetzung der Wählbarkeit, d. h. für das passive Wahlrecht, ist das **aktive Wahlrecht**. Wer wahlberechtigt ist, richtet sich nach § 7.

6 Anders als nunmehr für das aktive Wahlrecht (s. § 7 Rn. 1, 10) lässt der Gesetzgeber es für das passive Wahlrecht jedoch nicht genügen, wenn der Arbeitnehmer länger als 3 Monate im Betrieb zum Einsatz kommt: **Leiharbeitnehmer** sind nicht für den Betriebsrat des entleihenden Betriebs wählbar, wie dies § 14 Abs. 2 S. 1 AÜG ausdrücklich auch bestimmt. Für nicht gewerbliche Arbeitnehmerüberlassung gilt dies analog (BAG 22. 3. 2000 AP AÜG § 14 Nr. 8; BAG 18. 1. 1989 AP AÜG § 14 Nr. 2; s. auch BAG 18. 1. 1989 AP BetrVG 1972 § 9 Nr. 1 mit krit. Anm. *Ziemann,* AuR 1990, 58; *Thüsing,* AÜG, § 14 Rn. 48; zurecht auch für langfristige Überlassung – die auch bei gewerblicher Arbeitnehmerüberlassung vorkommen kann – ebenso LAG Hamburg 26. 5. 2008 EzAÜG BetrVG Nr 105; vorsichtig differenzierend LAG Schleswig-Holstein 24. 5. 2007 EzAÜG BetrVG Nr 98). Etwas anderes galt schon bislang für die Beamten, die bei den Nachfolgeunternehmen der Deutschen Bundespost oder bei der Deutschen Bahn AG arbeiten: Gemäß § 12 Abs. 2 DBGrG, § 24 Abs. 2 S. 1 PostPersRG sind sie wie Arbeitnehmer eben dieser Aktiengesellschaften zu behandeln, und haben daher auch das passive Wahlrecht (vgl. BAG 16. 1. 2008 AP BetrVG 1972 § 7 Nr. 12; s. auch § 5 Rn. 115 f.). Eine Ausweitung dieser Vorschrift erfolgte nun mit Wirkung zum August 2009 durch die Neufassung des § 5 Abs. 1 S. 3, s. hierzu § 5 Rn. 115 ff. Beamte, die im Betrieb sind, sind wählbar.

7 a) Wählbar ist deshalb nur, wer **Arbeitnehmer i. S.** dieses Gesetzes bzw. in Heimarbeit beschäftigt ist. Auch wer sich noch in Berufsausbildung befindet, kann, wenn er das 18. Lebensjahr vollendet hat, gewählt werden.

8 b) Der Arbeitnehmer muss dem **Betrieb angehören, in dessen Betriebsrat er gewählt werden soll** (s. § 7 Rn. 5 ff. und 26 ff.). Ob er hauptberuflich tätig ist oder nicht, ob er ganztägig oder nur für einige Stunden am Tag beschäftigt wird, spielt keine Rolle. Das BetrVG verlangt nicht (wie ehemals bis zum 1. 1. 2005 § 14 Abs. 2 Satz 1 BPersVG) für die Wählbarkeit eine Mindestdauer der wöchentlichen Beschäftigung im Betrieb. Eine solche Differenzierung wäre auch fraglich im Hinblick auf das europarechtliche Diskriminierungsverbot der Teilzeitbeschäftigten. Aus der Mitarbeitervertretungsordnung (MAVO), dem Gesetz zur Betriebsverfassung im Bereich der Katholischen Kirche, wurde eine entsprechende Regelung in Hinblick auf diese europarechtlichen Vorgaben im Mai 2003 herausgenommen, s. § 8 MAVO n. F.

9 c) Für die Wählbarkeit besteht schließlich **dieselbe Altersgrenze** wie für das aktive Wahlrecht. Wählbar ist nur, wer am *Wahltag* das 18. Lebensjahr vollendet hat; nicht entscheidend ist der Beginn des *Amtes*. Bei der Erstreckung der Wahl über mehrere Tage genügt es, dass dieses Lebensalter am letzten Wahltag erreicht ist (s. auch § 7 Rn. 16). Von dieser Voraussetzung kann nicht abgewichen werden. Wird ein jüngerer Arbeitnehmer gewählt, so ist die Wahl anfechtbar (§ 19; ebenso *Fitting,* § 8 Rn. 13; GL-*Marienhagen,* § 8 Rn. 5; s. auch § 19 Rn. 7). Stellt sich erst nach Ablauf der Anfechtungsfrist heraus, dass der Betreffende die Altersgrenze nicht erreicht, so erlischt die Mitgliedschaft im Betriebsrat, sobald dies rechtskräftig durch gerichtliche Entscheidung festgestellt ist (§ 24 Abs. 1 Nr. 6); allerdings kann die Nichtwählbarkeit nur noch festgestellt werden, wenn der Betreffende auch zum Zeitpunkt der gerichtlichen Feststellung, also in der Letzten mündlichen Tatsachenverhandlung, noch nicht 18 Jahre alt ist (vgl. BAG 7. 7. 1954 AP BetrVG § 24 Nr. 1; dazu auch § 24 Rn. 31).

10 d) Obwohl möglicherweise wahlberechtigt (s. § 7 Rn. 18 f.), ist nicht wählbar, wer unter **gesetzliche Betreuung** gestellt ist (§§ 1896 ff. BGB; s. § 24 Rn. 24).

II. Wahlberechtigung als Voraussetzung der Wählbarkeit   § 8

e) Entscheidender **Zeitpunkt für die Beurteilung der Wählbarkeit** ist wie die Wahlberechtigung (§ 7 Rn. 20) der Wahltag. Zur Frage, wie zu verfahren ist, wenn ein auf einem Wahlvorschlag zur Betriebsratswahl stehender Bewerber in dem Zeitraum zwischen der Zulassung des Vorschlags zur Wahl und dem Wahltag die Wählbarkeit verliert s. *Schneider,* Festschrift Däubler, 1999, S. 286.

2. Mehrfache Wählbarkeit

Gehört der Arbeitnehmer mehreren Betrieben an und ist er in ihnen wahlberechtigt (s. § 7 Rn. 26 ff.), so kann er, sofern er die weiteren Voraussetzungen der Wählbarkeit erfüllt, auch in **mehreren Betrieben** gewählt werden; es ist keine Wählbarkeitsvoraussetzung, dass ein Arbeitnehmer nur einem Betriebsrat angehören kann (ebenso BAG 11. 4. 1958 AP BetrVG § 6 Nr. 1 [zust. *Dietz*]; bestätigt BAG 27. 9. 1974 AP BetrVG 1972 § 6 Nr. 1; weiterhin *Brecht,* § 8 Rn. 2; *Fitting,* § 8 Rn. 30; GK-*Kreutz,* § 8 Rn. 21; DKK-*Schneider,* § 8 Rn. 18; nur wenn sichergestellt ist, dass das Betriebsratsmitglied durch die Wahrnehmung seiner Amtspflichten in einer weiteren Betriebsvertretung nicht in der Erfüllung seines ersten Amtes beeinträchtigt wird und für eine solche Doppelmitgliedschaft sachliche Gründe sprechen, wobei jedoch der Arbeitgeber die Beweislast für die Beeinträchtigung der Funktion haben soll, *Nipperdey/Säcker* in *Hueck/Nipperdey,* Bd. II/2 S. 1134 und dort Fn. 9). Das französische Recht wertet hier anders. Dort ist ein Arbeitnehmer immer nur für einen Betriebsrat wählbar. Er wählt den Betriebsrat durch seine Kandidatur, s. Art. L. 433–5 Abs. 3 Code du travial.

11

Die Wahl eines Arbeitnehmers in mehrere Betriebsräte mag häufig nicht zweckmäßig sein; jedoch hängt dies vom konkreten Fall ab. Das Gesetz enthält keine Einschränkung der Wählbarkeit wie in § 20 Abs. 3 BRG 1920, nach dem kein Arbeitnehmer in mehr als einem Betrieb wählbar war. Auch die Bestimmung des RegE zum BetrVG 1952, die eine Wahlberechtigung und damit die Wählbarkeit nur in einem Betrieb vorsah (§ 8 Abs. 2, abgedruckt in RdA 1950, 343), ist schon damals nicht in das Gesetz übernommen worden. Die Befürchtung, ein Betriebsratsmitglied könne seine Amtspflichten nur in einem Betrieb ordnungsgemäß erfüllen, ist kein Grund, der die Wählbarkeit einschränkt. Dem entspricht es, dass die herrschende Meinung davon ausgeht, dass auch eine Doppelmitgliedschaft des Beamten bei einem Betriebsrat der Deutschen Bahn und einer besonderen Personalvertretung des Bundeseisenbahnvermögens zulässig ist (*Engels/Müller/Mauß,* DB 1994, 145; *Engels/Mauß-Trebinger,* RdA 1997, 217, 219; *Fitting,* § 8 Rn. 28 a).

12

3. Wählbarkeit bei einem Rechtsstreit über das Bestehen des Arbeitsverhältnisses

a) Ist der Arbeitnehmer trotz eines Rechtsstreits über das Bestehen des Arbeitsverhältnisses, insbesondere über die Rechtswirksamkeit einer Kündigung **wahlberechtigt** (s. § 7 Rn. 36 ff.), so ist er auch **wählbar.** Das ergibt sich unmittelbar aus dem Gesetz.

13

b) Die Wählbarkeit war dagegen lange Zeit bei einem derartigen Rechtsstreit zweifelhaft, wenn der Arbeitnehmer **nicht wahlberechtigt** ist (bejahend nun BAG 10. 11. 2004, AP BetrVG 1972 § 8 Nr. 11; BAG 14. 5. 1997 AP BetrVG 1972 § 8 Nr. 6 = SAE 1998, 91 [*v. Hoyningen-Huene*] = WiB 1997, 1306 [*Boemke*]; LAG Hamm 6. 5. 2002, NZA-RR 2003, 480; vorher bereits LAG Hamm 25. 8. 1961, DB 1961, 1327; *Fitting,* § 8 Rn. 18; HWSGNR-*Nicolai,* § 8 Rn. 5; DKK-*Schneider,* § 8 Rn. 25; *Nikisch,* Bd. III S. 79; *Nipperdey/Säcker* in *Hueck/Nipperdey,* Bd. II/2 S. 1132 Fn. 7; verneinend GK-*Kreutz,* § 8 Rn. 18; *Joost,* MünchArbR, § 216 Rn. 72). Die Frage, wie man sachgerecht die Ungewissheit über das Bestehen des Arbeitsverhältnisses berücksichtigt, ist für die Wahlberechtigung und die Wählbarkeit verschieden zu beantworten. Die Verneinung der Betriebszugehörigkeit bei der Wahlberechtigung muss nicht zur Folge haben, dass dies auch für die Wählbarkeit gilt; denn bei ihr wird der Besonderheit der Ungewissheit

14

über das Bestehen des Arbeitsverhältnisses dadurch Rechnung getragen, dass ein Betriebsratsmitglied zeitweilig in der Ausübung seines Amtes verhindert sein kann, ohne dass dadurch die Mitgliedschaft im Betriebsrat beendet sein muss. Im Gegensatz zur Wahlberechtigung kann deshalb die Wählbarkeit in der Schwebe bleiben (BAG 14. 5. 1997 AP BetrVG 1972 § 8 Nr. 6). Wird die Klage des Arbeitnehmers über das Bestehen des Arbeitsverhältnisses, insbesondere über die Rechtswirksamkeit einer Kündigung, rechtskräftig abgewiesen, so steht fest, dass der Betreffende nicht Belegschaftsangehöriger war; seine Wahl ist insoweit unwirksam, das Ersatzmitglied rückt nach. Wird der Klage dagegen stattgegeben, so ist er, da das Arbeitsverhältnis nicht rechtswirksam aufgelöst war, bei Wahl Betriebsratsmitglied geworden, war allerdings während des Verfahrens, sofern er nicht weiterbeschäftigt wurde, an der Ausübung seines Amtes verhindert (§ 25 Abs. 1 Satz 2; s. dort Rn. 12 ff.). Anders als bei der Wahlberechtigung ist deshalb für die Wählbarkeit keine Voraussetzung, dass für das gekündigte Arbeitsverhältnis ein vorläufiger Bestandsschutz besteht oder der Arbeitnehmer aus einem anderen Grund weiterbeschäftigt wird (s. § 7 Rn. 38 ff.).

15 Gibt das Gericht der Kündigungsschutzklage oder bei einer außerordentlichen Kündigung der Feststellungsklage nach § 13 Abs. 1 Satz 2 KSchG statt, hebt es aber nach § 9 bzw. § 13 Abs. 1 Satz 3 KSchG das Arbeitsverhältnis auf, so ist die Wahl wirksam, der Betreffende scheidet aber zu dem Zeitpunkt als Betriebsratsmitglied aus, der für die Beendigung des Arbeitsverhältnisses in dem Urteil benannt ist. Den Antrag auf Auflösung des Arbeitsverhältnisses kann auch im Rahmen von § 9 KSchG nur der Arbeitnehmer, nicht der Arbeitgeber stellen; denn bei sozial nicht gerechtfertigter Kündigung ist der Arbeitnehmer Betriebsratsmitglied geworden und hat in dieser Eigenschaft absoluten Kündigungsschutz.

16 War die Kündigung erst nach Aufstellung des Wahlvorschlags erklärt worden, so ist zu beachten, dass ein **Wahlbewerber** nach § 15 Abs. 3 Satz 1 KSchG i. V. mit § 103 BetrVG den besonderen Kündigungsschutz im Rahmen der Betriebsverfassung genießt. Eine außerordentliche Kündigung bedarf der Zustimmung des Betriebsrats (§ 103 Abs. 1); besteht kein Betriebsrat, so muss die Zustimmung durch Beschluss des Arbeitsgerichts ersetzt sein (s. § 103 Rn. 37).

III. Sechsmonatige Betriebszugehörigkeit als weitere Voraussetzung der Wählbarkeit

1. Berechnung

17 Wählbar ist, wer dem Betrieb sechs Monate angehört (Abs. 1 Satz 1). Entscheidend ist der **Tag der Wahl,** nicht der Beginn des Amtes (vgl. auch den Gesetzestext des entsprechenden § 14 Abs. 1 Satz 1 BPersVG); erstreckt die Wahl sich über mehrere Tage, so genügt es, wenn diese Mindestdauer am letzten Wahltag erreicht ist (ebenso *Fitting*, § 8 Rn. 32; GL-*Marienhagen*, § 8 Rn. 6; HSWGNR-*Nicolai*, § 8 Rn. 17; HWK-*Reichold*, § 8 Rn. 10; a. A. GK-*Kreutz*, § 8 Rn. 25, der auf den ersten Tag der Stimmabgabe abstellt). Der Wahlbewerber braucht aber nicht mehr wie nach § 7 BetrVG 1952 während des maßgeblichen Zeitraums demselben Betrieb anzugehören; es genügt vielmehr, wenn er unmittelbar vorher einem anderen Betrieb desselben Unternehmens oder Konzerns i. S. des § 18 Abs. 1 AktG angehört hat (Abs. 1 Satz 2; s. Rn. 32 ff.).

18 Die Frist wird nach §§ 187 Abs. 2 Satz 1, 188 Abs. 2 BGB berechnet. Sie beginnt mit dem ersten Tag der Betriebszugehörigkeit und endet mit Ablauf des Tages des sechsten Monats, welcher dem Tag vorhergeht, der durch seine Zahl dem Anfangstag der Frist entspricht. Beginnt die Betriebszugehörigkeit also am 1. Oktober, so ist die Sechsmonatsfrist am 31. März des folgenden Jahres vollendet, so dass der Arbeitnehmer am 1. April wählbar ist (ebenso GK-*Kreutz*, § 8 Rn. 26; DKK-*Schneider*, § 8 Rn. 10).

III. Sechsmonatige Betriebszugehörigkeit als weitere Voraussetzung der Wählbarkeit § 8

2. Dauer der Betriebszugehörigkeit

a) **Maßgebend** ist die Dauer der **Betriebszugehörigkeit,** die regelmäßig durch die 19
tatsächliche Arbeitsaufnahme in einem Betrieb begründet wird; nicht erforderlich, aber
auch nicht genügend ist eine sechsmonatige *arbeitsvertragliche Bindung* zum Betriebsinhaber (vgl. BAG 28. 11. 1977 AP BetrVG 1972 § 8 Nr. 2 = SAE 1979, 10 *[Schlüter/Belling]*). Zweck der Bestimmung ist nämlich, dass der Wahlbewerber einen Einblick in
die betrieblichen Verhältnisse erworben hat. Deshalb genügt nicht, dass ein Arbeitsvertrag besteht, der auf ein zukünftiges Arbeitsverhältnis gerichtet ist. Es muss vielmehr
durch die *Einstellung* eine Eingliederung in den Betrieb erfolgt sein (vgl. BAGE 29, 398,
403 f.; s. auch Rn. 23 ff.).

b) **Nicht notwendig** ist, dass der Betreffende als **Arbeitnehmer** i. S. dieses Gesetzes im 20
Betrieb tätig gewesen ist. Der Sohn des Arbeitgebers, der sechs Monate im Betrieb
gearbeitet hat, aber vor der Wahl aus der väterlichen Hausgemeinschaft ausgeschieden
ist und somit nicht mehr unter § 5 Abs. 2 Nr. 5 fällt, kann, sofern er in einem Arbeitsverhältnis steht, in den Betriebsrat gewählt werden; denn der Zweck der Bestimmung,
dass der Betreffende einen Einblick in die betrieblichen Verhältnisse haben soll, ist auch
in diesem Fall gesichert (ebenso *Fitting*, § 8 Rn. 35; GL-*Marienhagen*, § 8 Rn. 6; GK-*Thiele* [2. Bearbeitung], § 8 Rn. 20; *Weiss*, § 8 Rn. 5; a. A. GK-*Kreutz*, § 8 Rn. 28;
Nikisch, Bd. III S. 81).

c) **Beschäftigungszeiten als Leiharbeitnehmer** sind, auch wenn wie im Regelfall kein 21
Arbeitsverhältnis mit dem Betriebsinhaber bestand, anzurechnen (ebenso bereits vor
Neufassung des § 7 HSWGNR-*Nicolai*, § 8 Rn. 14; DKK-*Schneider*, § 8 Rn. 11; *Stege/Weinspach/Schiefer*, § 8 Rn. 4; unter ausdrücklicher Aufgabe der bisherigen Auffassung
nunmehr auch *Fitting*, § 8 Rn. 37; a. A. ArbG Berlin 23. 5. 1990, EzA Nr. 7 zu § 8
BetrVG 1972; GK-*Kreutz*, § 8 Rn. 30). Der Leiharbeitnehmer gehört zwar, wenn er
kurzfristig überlassen wird, nicht zur Belegschaft des Entleiherbetriebs und ist daher in
diesem Fall weder wahlberechtigt noch wählbar (s. § 7 Rn. 10). Wenn er aber am
Wahltag als Arbeitnehmer zum Entleiherbetrieb gehört, ist für die Dauer der Betriebszugehörigkeit als Voraussetzung der Wählbarkeit allein entscheidend, dass ihm in den
letzten sechs Monaten ein Arbeitsbereich im Betrieb übertragen war.

d) Nicht erforderlich ist, dass der Arbeitnehmer nach **Vollendung des 18. Lebensjahres** 22
sechs Monate dem Betrieb angehört hat; auch die Zeit vor Erreichen der maßgeblichen
Altersgrenze wird gezählt (ebenso *Fitting*, § 8 Rn. 36; HWK-*Reichold*, § 8 Rn. 10).
Keine Rolle spielt weiterhin, ob er in dieser Zeit nur **Teilzeitarbeit** geleistet hat; denn das
Gesetz macht auch insoweit keinen Unterschied zu einem vollbeschäftigten Arbeitnehmer (ebenso *Fitting*, § 8 Rn. 34; a. A. *Lipke*, NZA 1990, 758, 760, nach dem der Ablauf
des Sechsmonatszeitraums so lange gehemmt ist, bis der Teilzeitarbeitnehmer wenigstens
die Hälfte der innerhalb dieser Zeitspanne betriebsüblichen Arbeitszeit eines Vollarbeitnehmers im Betrieb abgeleistet hat).

3. Unterbrechungen

a) **Nicht notwendig** ist eine **ununterbrochene Tätigkeit.** Kürzere Unterbrechungen 23
unter Fortbestand des Arbeitsverhältnisses sind unschädlich und werden auf die Dauer
angerechnet, z. B. Krankheit, Urlaub, Arbeitskampf (*Fitting*, § 8 Rn. 44; GK-*Kreutz*, § 8
Rn. 32; GL-*Marienhagen*, § 8 Rn. 8; HWSGNR-*Nicolai*, § 8 Rn. 18; *Nikisch*, Bd. III
S. 80; *Nipperdey/Säcker* in *Hueck/Nipperdey*, Bd. II/2 S. 1132 Fn. 7). Jedoch darf man
andererseits von der Dauer der tatsächlichen Beschäftigung auch nicht ganz absehen,
weil dies dem Zweck der hier angeordneten Wählbarkeitsvoraussetzung widersprechen
würde (ebenso BAG 28. 11. 1977 AP BetrVG 1972 § 8 Nr. 2). Fallen die Fehlzeiten im
Vergleich mit der sechsmonatigen Betriebszugehörigkeit ins Gewicht, so hemmen sie den
Lauf der Sechsmonatsfrist, ohne ihn zu unterbrechen (vgl. §§ 205, 217 BGB). Bei

längeren Unterbrechungen der tatsächlichen Beschäftigung – etwa bei einer Unterbrechung von mehr als zwei Monaten – ist deshalb die Zeit der Aussetzung nicht mitzurechnen, auch wenn das Arbeitsverhältnis selbst fortdauert (ebenso *Fitting*, § 8 Rn. 45; GL-*Marienhagen*, § 8 Rn. 8; HSWGNR-*Nicolai*, § 8, Rn. 18; *Nikisch*, Bd. III S. 80; im Ergebnis auch GK-*Kreutz*, § 8 Rn. 35).

24 b) Ist das **Arbeitsverhältnis in seinem rechtlichen Bestand unterbrochen**, so gilt als Grundsatz, dass die Sechsmonatsfrist erneut zu laufen beginnt (ebenso *Fitting*, § 8 Rn. 39; GL-*Marienhagen*, § 8 Rn. 9; HWSGNR-*Nicolai*, § 8 Rn. 18 (Allerdings differenzierend); a. A. GK-*Kreutz*, § 8 Rn. 34 f., der die Unterscheidung in Unterbrechung der tatsächlichen Tätigkeit und des rechtlichen Bestands des Arbeitsverhältnisses für verfehlt hält und daher grundsätzlich in allen Fällen der Unterbrechung der Betriebszugehörigkeit eine bloße Hemmung des Laufs der Sechsmonatsfrist annimmt).

25 Eine vorausgehende Tätigkeit im Betrieb ist nur dann zu berücksichtigen, wenn die Neueinstellung mit Rücksicht auf die frühere Tätigkeit erfolgt, es sich also um eine Wiedereinstellung handelt; denn dann sind in aller Regel die besonderen Beziehungen zum Betrieb und die erforderlichen Kenntnisse seiner Eigenart noch vorhanden, z. B. wenn nach einer witterungsbedingten Unterbrechung des Arbeitsverhältnisses im Baugewerbe oder einer Aussperrung mit lösender Wirkung (vgl. dazu grundlegend BAG [GS] 21. 4. 1971 AP GG Art. 9 Nr. 43 Arbeitskampf) die Arbeitnehmer wiedereingestellt werden (ebenso *Fitting*, § 8 Rn. 41; DKK-*Schneider*, § 8 Rn. 15; *Nikisch*, Bd. III S. 80; *Nipperdey/Säcker* in *Hueck/Nipperdey*, Bd. II/2 S. 1132 Fn. 7). Keine Rolle spielt, ob der Betrieb vorübergehend stillgelegt war (a. A. *Neumann-Duesberg*, S. 243). Die Zwischenzeiten der Unterbrechung werden, sofern sie unerheblich sind, angerechnet; denn die rechtliche Unterbrechung des Arbeitsverhältnisses wird hier in ihren Auswirkungen auf die Betriebszugehörigkeit lediglich wie eine bloße Unterbrechung der Arbeitstätigkeit behandelt (ebenso *Fitting*, § 8 Rn. 40; GL-*Marienhagen*, § 8 Rn. 9; a. A. DKK-*Schneider*, § 8 Rn. 15; *Nikisch*, Bd. III S. 80). Nur bei längerer Dauer werden die Zeiten der Betriebszugehörigkeit, nicht aber die Zwischenzeiten zusammengerechnet (s. auch Rn. 23). Dann ist jedoch sorgfältig zu prüfen, ob ein Zusammenhang zwischen den verschiedenen Arbeitsverhältnissen überhaupt noch anerkannt werden kann, s. auch § 7 Rn. 34.

26 c) Bei **Kampagnebetrieben**, die nur während eines bestimmten Zeitraums im Jahr überhaupt Arbeitnehmer beschäftigen, sonst aber geschlossen sind (Zuckerrübenfabriken, Hotels in Seebädern), greift in aller Regel Abs. 2 ein (s. Rn. 35 f.). Bei **Saisonbetrieben** mit nur jahreszeitlich verstärktem Arbeitsanfall muss dagegen berücksichtigt werden, dass der Betrieb das ganze Jahr arbeitet. Die jeweils nur für die Saison eingestellten Arbeitnehmer sind ihm aber in der Zwischenzeit so entfremdet, dass hier kein Zusammenhang zwischen den zeitlich aufeinander folgenden Arbeitsverhältnissen anerkannt werden kann; bei ihnen wird deshalb die frühere Beschäftigungszeit nicht angerechnet (ebenso *Fitting*, § 8 Rn. 42; GL-*Marienhagen*, § 8 Rn. 10; HWSGNR-*Nicolai*, § 8 Rn. 19; *Gumpert*, BB 1961, 645, 647; a. A. GK-*Kreutz*, § 8 Rn. 36).

4. Wehr- und Zivildienst

27 Eine Besonderheit ergibt sich für den Fall, dass der Arbeitnehmer zum **Wehrdienst** einberufen wird, ohne bereits sechs Monate im Betrieb tätig gewesen zu sein. Nimmt er im Anschluss an den Wehrdienst in seinem bisherigen Betrieb (s. aber auch Rn. 32 ff.) die Arbeit wieder auf, so darf ihm aus der Abwesenheit, die durch den Wehrdienst veranlasst war, in betrieblicher Hinsicht kein Nachteil entstehen (§ 6 Abs. 1 ArbPlSchG); die Zeit des Grundwehrdienstes oder einer Wehrübung wird, wie § 6 Abs. 2 Satz 1 ArbPlSchG ausdrücklich bestimmt, auf die Betriebszugehörigkeit angerechnet. Deshalb hemmt eine durch die Einberufung zum Wehrdienst erfolgte Unterbrechung der tatsächlichen Beschäftigung nicht den Lauf der Sechsmonatsfrist (ebenso

III. Sechsmonatige Betriebszugehörigkeit als weitere Voraussetzung der Wählbarkeit § 8

Fitting, § 8 Rn. 46; GK-*Kreutz,* § 8 Rn. 37; HWSGNR-*Nicolai,* § 8 Rn. 18; DKK-*Schneider,* § 8 Rn. 13).

Dasselbe wie für die Einberufung zum Wehrdienst gilt, wenn ein Arbeitnehmer als Kriegsdienstverweigerer **Zivildienst** leistet (§ 78 Abs. 1 Nr. 1 ZDG). Wird ein Arbeitnehmer zu einer **Eignungsübung** einberufen, so darf ihm aus der Teilnahme ebenfalls kein Nachteil in betrieblicher Hinsicht erwachsen (§ 6 Abs. 1 EignungsübungsG); die Zeit der Teilnahme wird ihm auf die Dauer der Betriebszugehörigkeit angerechnet (§ 8 Satz 1 VO zum EignungsübungsG vom 15. 2. 1956, BGBl. I S. 71). Gleiches gilt im Ergebnis für eine Heranziehung zum Dienst im **Zivilschutz** (§ 9 Abs. 2 ZSchG) oder **Katastrophenschutz** (§ 9 Abs. 2 KatSchG). 28

Ist der Arbeitnehmer kein Deutscher, aber Staatsangehöriger eines **Mitgliedsstaats der EU**, so wird, wenn er seine Tätigkeit zur Erfüllung der Wehrpflicht in seinem Heimatland hat unterbrechen müssen, die Wehrdienstzeit ebenfalls auf die Betriebszugehörigkeit angerechnet (vgl. EuGH 15. 10. 1969 sowie BAG 27. 2. 1969 und 5. 12. 1969 AP EWG-Vertrag Art. 177 Nr. 1, 2 und 3; DKK-*Schneider*, § 8 Rn. 13; *Fitting*, § 8 Rn. 47). Für den Wehrdienst nach dem Recht anderer Staaten gilt dies nicht. Hier gelten die allgemeinen Regeln zur Beurteilung fortbestehender oder nicht fortbestehender Betriebszugehörigkeit. Sie werden regelmäßig gegen eine Anrechnung sprechen. 29

5. Betriebsübergang

a) Durch einen **Betriebsinhaberwechsel** wird die Betriebszugehörigkeit nicht unterbrochen. Auch wenn er durch Rechtsgeschäft veranlasst ist, tritt der Betriebserwerber von Gesetzes wegen in die im Zeitpunkt des Betriebsübergangs bestehenden Arbeitsverhältnisse ein (§ 613a BGB; ebenso *Fitting*, § 8 Rn. 43; GK-*Kreutz,* § 8 Rn. 47; HSWGNR-*Nicolai,* § 8 Rn. 15Keine Rolle spielt in diesem Fall, ob Betriebsveräußerer und Betriebserwerber in einem Konzernverhältnis nach § 18 Abs. 1 AktG stehen, der Betrieb also den Konzern wechselt; denn maßgebend ist hier allein, dass die Identität des Betriebs gewahrt bleibt. 30

b) Wird ein Betrieb oder Betriebsteil in einen **anderen Betrieb eingegliedert,** so wird die Zugehörigkeit zum Betrieb oder Betriebsteil auf die Sechsmonatsfrist angerechnet. Dabei spielt in diesem Fall keine Rolle, ob der aufnehmende Betrieb zum selben Unternehmen oder Konzern i.S. des 18 Abs. 1 AktG gehört; denn auch in diesem Fall ist ausschließlich maßgebend, dass die Belegschaft in ihrer Identität erhalten bleibt. Wird durch Zusammenschluss ein neuer Betrieb gebildet, so entfällt sogar die Voraussetzung der sechsmonatigen Betriebszugehörigkeit (s. Rn. 35 f.). 31

6. Wechsel aus einem anderen Betrieb desselben Unternehmens oder Konzerns

Auf die sechsmonatige Betriebszugehörigkeit werden **Zeiten angerechnet,** in denen der Arbeitnehmer unmittelbar vorher einem **anderen Betrieb desselben Unternehmens oder Konzerns** (§ 18 Abs. 1 AktG) angehört hat (Abs. 1 Satz 2). Das Gesetz lässt also, wenn ein Wahlberechtigter noch nicht sechs Monate dem Betrieb angehört, genügen, dass er wenigstens sechs Monate zum Organisationsbereich des Unternehmens oder, wenn auch dies nicht der Fall ist, das Unternehmen aber in einem Konzernverhältnis nach § 18 Abs. 1 AktG steht, einem anderen Unternehmen desselben Konzerns angehört hat. Nur wenn eine dieser Voraussetzungen erfüllt ist, nimmt der Betriebswechsel in den letzten sechs Monaten vor dem Wahltag nicht die Wählbarkeitsvoraussetzung. 32

Unerheblich ist, ob der Betriebswechsel auf einer Versetzung beruht oder nach Auflösung des bisherigen Arbeitsverhältnisses durch **Neubegründung eines Arbeitsverhältnisses** zustande kommt. Eine rechtliche Unterbrechung des Arbeitsverhältnisses ist sogar regelmäßig gegeben, soweit es um die Anrechnung der Zugehörigkeit zum Betrieb eines anderen Unternehmens desselben Konzerns geht; denn in diesem Fall sind die Betriebs- 33 inhaber rechtlich nicht identisch. Erforderlich ist aber stets, dass der Arbeitnehmer unmittelbar vorher dem anderen Betrieb desselben Unternehmens oder Konzerns angehört hat; es muss also ein **unmittelbarer zeitlicher Zusammenhang** der aneinanderschließenden Arbeitsverhältnisse bestehen (ebenso *Fitting*, § 8 Rn. 49; GK-*Kreutz*, § 8 Rn. 44; HWSKNR-*Nicolai*, § 8 Rn. 20).

34 Soweit auf die Identität des **Konzerns** abgestellt wird, muss es sich, wie sich aus dem Hinweis auf § 18 Abs. 1 AktG ergibt, um einen *Unterordnungskonzern* handeln. Bei einem Gleichordnungskonzern (§ 18 Abs. 2 AktG) erfolgt keine Anrechnung, wenn der Arbeitnehmer den Betrieb und das Unternehmen wechselt, aber noch im Rahmen desselben Konzerns beschäftigt wird. Die Konzerneinheit ist auch gewahrt, wenn lediglich eine mittelbare Konzernbindung besteht, der Arbeitnehmer also in einem **mehrstufigen, vertikal gegliederten Konzern** von einem Betrieb des Mutterunternehmens in einen Betrieb des Enkelunternehmens wechselt (s. auch § 54 Rn. 10). Sind dagegen zwei oder mehrere Gesellschaften an einem sog. *Gemeinschaftsunternehmen* gleichberechtigt beteiligt, so bildet es nach dem hier vertretenen Standpunkt mit keiner Beteiligungsgesellschaft einen Konzern (s. § 54 Rn. 18 ff.). Zeiten, in denen ein Arbeitnehmer unmittelbar vorher dem Gemeinschaftsunternehmen oder dem Betrieb einer Beteiligungsgesellschaft angehört hat, werden deshalb in diesem Fall nicht auf die sechsmonatige Betriebszugehörigkeit angerechnet.

7. Sonderregelung für neu errichtete Betriebe

35 Die Voraussetzung der **sechsmonatigen Betriebszugehörigkeit entfällt kraft Gesetzes**, wenn der Betrieb weniger als sechs Monate besteht (Abs. 2). In diesem Fall wird für die Dauer der Betriebszugehörigkeit überhaupt keine Voraussetzung aufgestellt. Es genügt, dass der Wahlbewerber bei der Einleitung der Betriebsratswahl, also zurzeit des Erlasses des Wahlausschreibens (§ 18 Abs. 1 Satz 1 BetrVG i. V. mit § 3 Abs. 1 Satz 2 WO), dem Betrieb angehört und die übrigen Voraussetzungen für die Wählbarkeit erfüllt (ebenso *Brecht*, § 8 Rn. 8; *Fitting*, § 8 Rn. 59; GK-*Kreutz*, § 8 Rn. 60; HSWGNR-*Nicolai*, § 8 Rn. 23; HWK-*Reichold*, § 8 Rn. 14; *Nipperdey/Säcker* in *Hueck/Nipperdey*, Bd. II/2 S. 1134 Fn. 8).

36 Der Fall, dass der Betrieb noch nicht sechs Monate besteht, liegt auch vor, wenn **mehrere Betriebe** zu einem **neuen Betrieb zusammengefasst** werden, so dass dieser mit keinem der bisherigen Betriebe identisch ist (ebenso *Fitting*, § 8 Rn. 61; GK-*Kreutz*, § 8 Rn. 63; GL-*Marienhagen*, § 8 Rn. 22; HSWGNR-Nicolai, § 8 Rn. 26; ausdrücklich auch LAG Köln 8. 1. 2003, ZTR 2003, 417; s. aber auch Rn. 31; zur Identitätswahrung des Betriebs s. § 21 a Rn. 5 ff.). Der Betriebsrat, dessen Wahl der Übergangsbetriebsrat nach § 21 a einleitet, fällt immer unter § 8 Abs. 2. Wird ein Betrieb auf Dauer (also nicht nur vorübergehend, wie während eines Arbeitskampfes) stillgelegt und dann neu gegründet, also nicht bloß erweitert (vgl. BAG 26. 9. 1996 AP KSchG § 15 Nr. 3 Wahlbewerber), so liegt ebenfalls der Fall des Abs. 2 vor; auf die Dauer der Zugehörigkeit zum stillgelegten Betrieb kommt es nicht an (ebenso *Fitting*, § 8 Rn. 63; GK-*Kreutz*, § 8 Rn. 63; GL-*Marienhagen*, § 8 Rn. 22). Auch **Kampagnebetriebe** fallen, sofern sie jeweils neu errichtet werden, unter Abs. 2 (ebenso *Fitting*, § 8 Rn. 63; GL-*Marienhagen*, § 8 Rn. 10; HSWG-*Schlochauer*, § 8 Rn. 36; zweifelnd GK-*Kreutz*, § 8 Rn. 63; s. auch Rn. 26).

8. In Heimarbeit Beschäftigte

37 Handelt es sich um einen in Heimarbeit Beschäftigten, so tritt an die Stelle der sechsmonatigen Betriebszugehörigkeit, dass der Betreffende **sechs Monate in der Hauptsache für den Betrieb gearbeitet** hat (Abs. 1 Satz 1). Obwohl im Gesetz nicht ausdrücklich angeordnet, genügt auch hier, dass der in Heimarbeit Beschäftigte unmittelbar

IV. Weitere Voraussetzungen der Wählbarkeit § 8

vorher für einen **anderen Betrieb desselben Unternehmens oder Konzerns** i. S. des § 18 Abs. 1 AktG gearbeitet hat (ebenso *Fitting*, § 8 Rn. 31).

Bei einem rechtsgeschäftlich veranlassten **Betriebsinhaberwechsel** ist zu beachten, dass 38 § 613a BGB auf Heimarbeitsverhältnisse keine Anwendung findet (ebenso BAG 3. 7. 1980 AP BGB § 613a Nr. 23; Staudinger-*Richardi/Annuß*, BGB, § 613a Rn. 30). Bleibt der in Heimarbeit Beschäftigte aber für den Betrieb tätig, so ändert sich nicht seine Betriebszugehörigkeit.

9. Rechtsfolgen bei Nichtbeachtung der sechsmonatigen Betriebszugehörigkeit

Der Mangel der sechsmonatigen Betriebszugehörigkeit berechtigt zur Anfechtung der 39 Betriebsratswahl (§ 19). Nach Ablauf der Anfechtungsfrist kann zwar ebenfalls noch die Nichtwählbarkeit gerichtlich festgestellt werden, so dass mit Rechtskraft der Entscheidung die Mitgliedschaft im Betriebsrat erlischt (§ 24 Abs. 1 Nr. 6). Der Mangel wird aber geheilt, sobald der Arbeitnehmer dem Betrieb sechs Monate angehört; maßgebend ist die letzte mündliche Tatsachenverhandlung (s. auch § 24 Rn. 31).

IV. Weitere Voraussetzungen der Wählbarkeit

1. Verlust der Wählbarkeit bei strafgerichtlicher Verurteilung

Nicht wählbar ist, wer infolge **strafgerichtlicher Verurteilung die Fähigkeit, Rechte aus** 40 **öffentlichen Wahlen zu erlangen, nicht besitzt** (Abs. 1 Satz 3). Bis zur Neufassung des Abs. 1 Satz 3 durch Art. 238 Nr. 1 EGStGB vom 2. 3. 1974, in Kraft seit dem 1. 1. 1975, war von der Wählbarkeit ausgeschlossen, wer infolge Richterspruchs die Wählbarkeit oder die Fähigkeit, öffentliche Ämter zu bekleiden, nicht besitzt (s. auch Rn. 4). In Betracht kam deshalb bis zu diesem Zeitpunkt, dass die Aberkennung durch das BVerfG in einem Verfahren über die Verwirkung von Grundrechten ausgesprochen wurde (§ 39 Abs. 2 BVerfGG). Nach geltendem Recht tritt der Verlust der Wählbarkeit dagegen nur noch auf Grund einer strafgerichtlichen Verurteilung ein, und zwar von Gesetzes wegen für die Dauer von fünf Jahren, wenn jemand wegen eines Verbrechens zu Freiheitsstrafe von mindestens einem Jahr verurteilt wird (§ 45 Abs. 1 StGB). Außerdem kann dem Verurteilten für die Dauer von zwei bis fünf Jahren diese Fähigkeit als Nebenfolge aberkannt werden, soweit das Gesetz es besonders vorsieht (§ 45 Abs. 2 StGB), also in §§ 92a, 101, 102 Abs. 2, 108c, 109i StGB. Maßgebend ist auch hier, ob der Arbeitnehmer am Wahltag die Fähigkeit hatte, Rechte aus öffentlichen Wahlen zu erlangen. Wird sie nach diesem Zeitpunkt aberkannt, so erlischt die Mitgliedschaft im Betriebsrat (§ 24 Abs. 1 Nr. 4).

2. Keine weiteren materiellen Voraussetzungen

Weitere materielle Voraussetzungen an die Wählbarkeit sind nicht aufgestellt. 41

a) Nicht erforderlich ist insbesondere, dass der Wahlbewerber das Wahlrecht für den 42 Deutschen Bundestag besitzt (s. dazu auch Rn. 3). Deshalb kann auch ein **ausländischer Arbeitnehmer** in den Betriebsrat gewählt werden, wobei keine Rolle spielt, ob er einem Mitgliedstaat der EU angehört.

b) Der Arbeitnehmer muss zwar **am Wahltag zum Betrieb gehören**, nicht notwendig 43 ist aber, dass er an ihm im Betrieb auch *tätig* ist. Ein Arbeitnehmer, der zum **Wehr-** oder **Zivildienst** einberufen ist, kann deshalb als Betriebsratsmitglied gewählt werden; denn er ist wahlberechtigt (s. § 7 Rn. 44) und daher auch wählbar (ebenso *Fitting*, § 8 Rn. 14; GL-*Marienhagen*, § 8 Rn. 19; DKK-*Schneider*, § 8 Rn. 22; *Kröller*, BB 1972, 228; *Maurer*, DB 1972, 975, 976; *Pramann*, DB 1978, 2476, 2479; a. A. GK-

Kreutz, § 8 Rn. 37; vgl. zur Anrechnung des Wehr- und Zivildienstes auf die Betriebszugehörigkeit Rn. 27). Der Wählbarkeit steht weiterhin auch nicht entgegen, dass der Arbeitnehmer am Wahltag zu einer Eignungsübung einberufen ist oder an einem Einsatz oder einer Ausbildungsveranstaltung im Rahmen des Zivil- oder Katastrophenschutzes teilnimmt (ebenso *Fitting,* § 8 Rn. 15). Solange der Arbeitnehmer zum Wehrdienst einberufen ist oder sonst zu Dienstleistungen der hier genannten Art herangezogen wird, ist er an der Ausübung des Betriebsratsamtes zeitweilig verhindert, so dass ein Ersatzmitglied in den Betriebsrat eintritt (§ 25 Abs. 1 Satz 2 BetrVG). Wehrpflichtige, die als Betriebsratsmitglied oder Mitglied einer Jugend- und Auszubildendenvertretung gewählt sind, werden nach einem Erlass des Bundesministers der Verteidigung vom 7. 7. 1976 (VR III 7 – Az. 24–09–01; abgedruckt in BetrR 1976, 449), falls sie keinen gegenteiligen Wunsch äußern, für die Dauer ihrer Amtsperiode nicht zum Grundwehrdienst herangezogen, wenn der personelle Ersatzbedarf der Bundeswehr durch gleiche oder besser geeignete Wehrpflichtige gedeckt werden kann. Nach einem weiteren Erlass des Bundesministers der Verteidigung vom 1. 8. 1990 (V R I 8 [22] – Az. 24–09–01; mitgeteilt bei *Fitting,* § 8 Rn. 16) gilt dies auch für Wahlbewerber, sofern diese im Fall ihrer Wahl nicht während der Amtsperiode das 28. Lebensjahr überschreiten. Für Zivildienstleistende bestehen entsprechende Anordnungen (Erlass des Bundesbeauftragten für den Zivildienst vom 30. August 1976 – BfZ 1 P-77341 –).

3. Bedeutung der Amtsenthebung eines Betriebsratsmitglieds für seine Wählbarkeit

44 **Kein Verlust der Wählbarkeit** tritt ein, wenn ein Betriebsratsmitglied durch Beschluss des Arbeitsgerichts aus dem Betriebsrat **nach § 23 Abs. 1 ausgeschlossen** worden ist (so bereits zum BRG 1920: RAG BenshSlg. 10, 177; 12, 582, 586; 13, 151, 153). Die Amtsenthebung beendet das laufende Amt des Betriebsratsmitglieds, nimmt ihm aber nicht die Wählbarkeit (ebenso *Fitting,* § 23 Rn. 30; GK-*Kreutz,* § 8 Rn. 58; GK-*Oetker,* § 23 Rn. 91; für den Ausschluss aus dem Personalrat BVerwG 23. 11. 1962 E 15, 166, 167 = AP PersVG § 10 Nr. 7; a. A. Verlust der Wählbarkeit für die Zeit bis zu der nächsten regelmäßigen Betriebsratswahl, HSWGNR-*Nicolai,* § 8 Rn. 10 (allerdings wohl nur in der Tendenz) zum BetrVG 1952: *Nikisch,* Bd. III S. 129 f.; *Nipperdey/Säcker* in *Hueck/Nipperdey,* Bd. II/2 S. 1185; vgl. die übereinstimmende Lehre zum BRG 1920: *Hueck/Nipperdey,* 3/5. Aufl., Bd. II S. 593 Fn. 8; *Flatow/Kahn-Freund,* § 18 Erl. 6, S. 136 f.; *Mansfeld,* § 41 Erl. 3; *Feig/Sitzler,* § 18 Erl. 4, § 39 Erl. 7).

45 Das Gesetz enthält eine Regelungslücke für die Zulässigkeit der Wiederwahl des amtsenthobenen Betriebsratsmitglieds, wenn der Betriebsrat aus Protest gegen die Amtsenthebung seine vorzeitige Neuwahl erzwingt, indem er zurücktritt (§ 13 Abs. 1 Nr. 3) oder sich durch Amtsniederlegung aller Mitglieder auflöst (§ 24 Abs. 1 Nr. 2 i. V. mit § 13 Abs. 2 Nr. 6). Für den Fall, dass der Arbeitgeber die Amtsenthebung beantragt hatte, liegt darin ein Verstoß gegen das Gebot zur vertrauensvollen Zusammenarbeit (§ 2 Abs. 1; ebenso GK-*Oetker,* § 23 Rn. 94). Aber auch wenn der Antrag von Arbeitnehmern des Betriebs oder einer im Betrieb vertretenen Gewerkschaft gestellt war, wird die Wirkung der Amtsenthebung vereitelt, wenn der Arbeitnehmer, der seines Amtes wegen einer groben Pflichtverletzung enthoben wurde, wieder in den Betriebsrat gewählt wird. Da eine willkürlich erzwungene Neuwahl nicht die gerichtliche Entscheidung über die Amtsenthebung konterkarieren darf, ist in diesem Fall der Arbeitnehmer nicht wählbar (ebenso *Stege/Weinspach/Schiefer,* § 8 Rn. 9; im Ergebnis die Autoren, die generell eine Wählbarkeit für die Zeit bis zur nächsten regelmäßigen Betriebsratswahl ausschließen; a. A. aber auch für diesen Fall *Brecht,* § 23 Rn. 11; *Fitting,* § 23 Rn. 25; GL-*Marienhagen,* § 8 Rn. 16; GK-*Oetker,* § 23 Rn. 93).

4. Wählbarkeit eines Mitglieds des Wahlvorstands

Keinen Einfluss auf die Wählbarkeit hat, dass ein Arbeitnehmer zugleich Mitglied des Wahlvorstands ist (vgl. BAG 12. 10. 1976 AP BetrVG 1972 § 8 Nr. 1; s. § 16 Rn. 57). **46**

V. Formelle Voraussetzungen für die Wählbarkeit

Formelle Voraussetzung für die Wählbarkeit ist die **Eintragung in die Wählerliste** (§ 2 Abs. 3 Satz 1 WO). **47**

Außerdem kann nur gewählt werden, wer auf einem ordnungsmäßigen **Wahlvorschlag benannt** ist (§ 6 WO). **48**

Da die WO als Rechtsverordnung **keine zusätzlichen materiell-rechtlichen Wählbarkeitsvoraussetzungen** aufstellen kann (vgl. BAG 29. 3. 1974 AP BetrVG 1972 § 19 Nr. 2), darf der Wahlvorstand einen Wahlvorschlag nicht deshalb zurückgeben, weil in ihm ein Kandidat benannt wird, der nicht in der Wählerliste eingetragen ist, sofern ein Tatbestand gegeben ist, der den Wahlvorstand verpflichtet, auch nach Ablauf der Einspruchsfrist die Wählerliste zu berichtigen (§ 4 Abs. 3 WO). Ist dagegen jemand nicht auf einem gültigen Wahlvorschlag benannt oder fehlt seine Zustimmung zur Aufnahme in die Vorschlagsliste, so kann er nicht gewählt werden. Der Wahlvorstand darf deshalb die Vorschlagsliste bzw. den ohne seine Zustimmung auf einer Vorschlagsliste genannten Kandidaten nicht auf den Stimmzettel setzen. **49**

VI. Streitigkeiten

Die Wählbarkeit eines Kandidaten hat der Wahlvorstand festzustellen. Kommt es darüber zum Streit, so entscheidet das Arbeitsgericht im Beschlussverfahren (§ 2 a Abs. 1 Nr. 1, Abs. 2 i. V. mit §§ 80 ff. ArbGG). Die Frage der Wählbarkeit eines Arbeitnehmers kann nicht nur durch Anfechtung der Betriebsratswahl (§ 19; s. dort Rn. 7), sondern auch selbständig zur Entscheidung des Arbeitsgerichts gestellt werden. Allerdings muss ein Rechtsschutzinteresse bestehen; es kann nicht verneint werden, wenn während des Wahlverfahrens streitig wird, ob jemand wählbar ist (a. A. BVerwG 23. 10. 1959 E 9, 249 = AP PersVG § 10 Nr. 3 [insoweit abl. *Dietz*]; dagegen auch VerwG Stuttgart, PersV 1978, 167). Das Rechtsschutzinteresse ist stets gegeben, wenn geltend gemacht wird, dass ein Betriebsratsmitglied nicht wählbar ist; denn in diesem Fall erlischt mit der Feststellung der Nichtwählbarkeit die Mitgliedschaft im Betriebsrat (§ 24 Abs. 1 Nr. 6; s. ausführlich dort Rn. 28 ff.). **50**

§ 9[1] Zahl der Betriebsratsmitglieder

[1] Der Betriebsrat besteht in Betrieben mit in der Regel

    5 bis 20 wahlberechtigten Arbeitnehmern aus einer Person,

   21 bis 50 wahlberechtigten Arbeitnehmern aus 3 Mitgliedern,

   51 wahlberechtigten Arbeitnehmern

      bis 100 Arbeitnehmern aus 5 Mitgliedern,

  101 bis 200 Arbeitnehmern aus 7 Mitgliedern,

  201 bis 400 Arbeitnehmern aus 9 Mitgliedern,

---

[1] Amtl. Anm.: Gemäß Artikel 14 Satz 2 des Gesetzes zur Reform des Betriebsverfassungsgesetzes (BetrVerf-Reformgesetz) vom 23. Juli 2001 (BGBl. I S. 1852) gilt § 9 (Artikel 1 Nr. 8 des BetrVerf-Reformgesetzes) für im Zeitpunkt des Inkrafttretens bestehende Betriebsräte erst bei deren Neuwahl.

401 bis 700 Arbeitnehmern aus 11 Mitgliedern,
701 bis 1000 Arbeitnehmern aus 13 Mitgliedern,
1001 bis 1500 Arbeitnehmern aus 15 Mitgliedern,
1501 bis 2000 Arbeitnehmern aus 17 Mitgliedern,
2001 bis 2500 Arbeitnehmern aus 19 Mitgliedern,
2501 bis 3000 Arbeitnehmern aus 21 Mitgliedern,
3001 bis 3500 Arbeitnehmern aus 23 Mitgliedern,
3501 bis 4000 Arbeitnehmern aus 25 Mitgliedern,
4001 bis 4500 Arbeitnehmern aus 27 Mitgliedern,
4501 bis 5000 Arbeitnehmern aus 29 Mitgliedern,
5001 bis 6000 Arbeitnehmern aus 31 Mitgliedern,
6001 bis 7000 Arbeitnehmern aus 33 Mitgliedern,
7001 bis 9000 Arbeitnehmern aus 35 Mitgliedern.
²In Betrieben mit mehr als 9000 Arbeitnehmern erhöht sich die Zahl der Mitglieder des Betriebsrats für je angefangene weitere 3000 Arbeitnehmer um 2 Mitglieder.

Schrifttum: *Blanke*, Die betriebsverfassungsrechtliche Stellung der Leiharbeit, DB 2008, 1153; *Brors*, „Leiharbeitnehmer wählen ohne zu zählen" – eine kurzlebige Entscheidung, NZA 2003, 1380; *Dewender*, Die Rechtsstellung der Leiharbeitnehmer nach den §§ 7 Satz 2 und 9 BetrVG, RdA 2003, 274; *ders.*, Betriebsfremde Arbeitnehmer in der Betriebsverfassung unter besonderer Berücksichtigung der unechten Leiharbeitnehmer, Diss. Frankfurt, 2004; *Maschmann*, Leiharbeitnehmer und Betriebsratswahl nach dem BetrVG-Reformgesetz, DB 2001, 2446.

Übersicht

	Rn.
I. Vorbemerkung	1
II. Bestimmung der maßgeblichen Zahl der Betriebsratsmitglieder	3
1. Zahl der Arbeitnehmer des Betriebs	3
2. Regelmäßige Betriebszugehörigkeit	10
3. Zeitpunkt	13
4. Bestimmung nach der Tabelle	14
III. Abweichung von der gesetzlichen Zahl	15
1. Zwingende Festlegung	15
2. Abweichung infolge Unmöglichkeit zahlenmäßig ausreichender Besetzung	16
3. Rechtsfolgen bei unrichtig bestimmter Zahl der Betriebsratsmitglieder	19
IV. Betriebsrat aus einer Person oder Betriebsrat als Kollegialorgan	22
V. Veränderung des Belegschaftsstandes während der Amtszeit des Betriebsrats	24
1. Konstante Zahl	24
2. Notwendigkeit einer Neuwahl	25
3. Verlust der Betriebsratsfähigkeit	26
VI. Streitigkeiten	27

I. Vorbemerkung

1 Die Bestimmung handelt von der **Zahl der Betriebsratsmitglieder**. Sie bestimmt sich zum Teil nach der Zahl der *wahlberechtigten* Arbeitnehmer, zum Teil nach der Zahl der Arbeitnehmer *überhaupt*. Die in § 9 BetrVG 1952 enthaltene Möglichkeit, bei Betrieben mit mehr als 1000 Arbeitnehmern innerhalb einer jeweils gegebenen Staffelung die Zahl der zu wählenden Betriebsratsmitglieder zu bestimmen, hatte das Gesetz nicht übernommen. Nach dem RegE 1972 sollte die Höchstzahl von 35 Betriebsratsmitgliedern in Betrieben mit mehr als 9000 Arbeitnehmern auf 71 Betriebsratsmitglieder in Betrieben mit mehr als 30 000 Arbeitnehmern erhöht werden (vgl. BT-Drucks. VI/1786, S. 4, 37). Diese erhebliche Erhöhung der Zahl der Betriebsratsmitglieder war aber im BT-Ausschuss für

Arbeit und Sozialordnung insbesondere deshalb auf Bedenken gestoßen, weil die Willensbildung in größeren Gremien schwerfällig sein kann und damit den Regelungsnotwendigkeiten im Betrieb nicht gerecht wird. Die Staffelung war daher verringert worden (vgl. BT-Drucks. VI/2729, S. 20). An diesen Bedenken hat der Gesetzgeber nicht in gleicher Schärfe festgehalten. Durch das **BetrVerf-Reformgesetz** v. 23. 7. 2001 (BGBl. I S. 1852) hat er die Betriebsräte vergrößert. Dies solle dem Betriebsrat ermöglichen, auch in Anbetracht der in den vergangenen Jahren immer umfänglicheren Aufgaben diese wieder besser wahrnehmen zu können (BT-Drucks. 14/5741, S. 36; kritisch hierzu *Konzen*, RdA 2001, 84; *Rieble*, ZIP 2001, 137); der DGB hat eine noch weitergehende Vergrößerung gefordert (Novellierungsvorschläge des DGB zum BetrVG 1972, 1998, § 9).

§ 9 Satz 1 lautete bis zur Novelle vom 20. 12. 1988 (BGBl. I S. 2312): „Der Betriebsrat besteht in Betrieben mit in der Regel 5 bis 20 wahlberechtigten Arbeitnehmern aus einer Person (Betriebsobmann), …". Die Bezeichnung „Betriebsobmann" wurde durch Art. 1 Nr. 2 der Novelle gestrichen, „weil in ihr nicht zum Ausdruck kommt, dass selbstverständlich auch eine Frau zum Betriebsrat eines Kleinbetriebs gewählt werden kann" (BT-Drucks. 11/2503, S. 31). 2

II. Bestimmung der maßgeblichen Zahl der Betriebsratsmitglieder

1. Zahl der Arbeitnehmer des Betriebs

a) In der **ersten** und **zweiten Stufe** stellt das Gesetz allein auf die Zahl der **wahl- 3 berechtigten Arbeitnehmer** ab. In der **dritten Stufe**, in der es teils auf die Zahl der *Wahlberechtigten,* teils auf die der *Arbeitnehmer schlechthin* abstellt, muss ebenfalls die **Mindestzahl der wahlberechtigten Arbeitnehmer** erreicht sein; es müssen also auch bei in der Regel mehr als fünfzig Arbeitnehmern mindestens 51 wahlberechtigt sein (ebenso BAG 18. 1. 1989 AP BetrVG 1972 § 9 Nr. 1; *Fitting*, § 9 Rn. 41; GK-*Kreutz*, § 9 Rn. 5; GL-*Marienhagen*, § 9 Rn. 1; HSWG-*Nicolai*, § 9 Rn. 7; DKK-*Schneider*, § 9 Rn. 2). Erst von der **vierten Stufe** an, also in größeren Betrieben, erklärt das Gesetz nur die Zahl der **Arbeitnehmer ohne Rücksicht auf deren Wahlberechtigung** für maßgebend.

b) Auszugehen ist von der Zahl der Arbeitnehmer oder der wahlberechtigten Arbeit- 4 nehmer des in Frage kommenden **Betriebs**. Für die Abgrenzung gilt § 4. Betriebsteile gehören, wenn sie nicht die dort genannten Voraussetzungen erfüllen, zum Betrieb. Nebenbetriebe – und nach dem hier vertretenen Standpunkt auch Kleinstbetriebe innerhalb eines Unternehmens – werden einem anderen Betrieb zugeordnet, wenn sie selbst nicht betriebsratsfähig sind (s. § 4 Rn. 41 ff.).

c) Wer **Arbeitnehmer** ist, richtet sich nach dem *betriebsverfassungsrechtlichen Arbeit-* 5 *nehmerbegriff* (s. ausführlich § 5 Rn. 6 ff.). Die in der Heimarbeit Beschäftigten stehen den Arbeitnehmern gleich, wenn sie in der Hauptsache für den betreffenden Betrieb tätig sind (s. § 5 Rn. 128 ff.). Der in § 5 Abs. 2 genannte Personenkreis gilt nicht als Arbeitnehmer i. S. dieses Gesetzes (s. § 5 Rn. 153 ff.). Nicht mitgezählt werden dürfen auch **leitende Angestellte** i. S. des § 5 Abs. 3 Satz 2, und zwar nicht nur in der Ersten und zweiten Stufe, wo auf die Zahl der wahlberechtigten Arbeitnehmer abgestellt wird, sondern auch für die Betriebsratsgröße von der dritten Stufe an, soweit nur die Zahl der Arbeitnehmer, ohne Rücksicht auf deren Wahlberechtigung maßgebend ist (ebenso BAG 12. 10. 1976 AP BetrVG 1972 § 8 Nr. 1; LAG Düsseldorf, DB 1972, 2489; *Fitting*, § 9 Rn. 46; GK-*Kreutz*, § 9 Rn. 6; HSWGNR-*Nicolai*, § 9 Rn. 4; DKK-*Schneider*, § 9 Rn. 3; a. A. *Ohlgardt*, BB 1972, 1186; s. auch § 5 Rn. 264).

Wer zu den **wahlberechtigten Arbeitnehmern** gehört, richtet sich nach § 7 (s. dort 6 Rn. 2 ff.).

Auch soweit es auf die Wahlberechtigung nicht ankommt, sind nur die **betriebsan-** 7 **gehörigen Arbeitnehmer** zu berücksichtigen (vgl. BAG 7. 5. 2008 AP BetrVG 1972 § 9

Nr. 12; BAG 18. 1. 1989 AP BetrVG 1972 § 9 Nr. 1). Notwendig ist also, dass der Arbeitnehmer in einem Arbeitsverhältnis zum Betriebsinhaber steht und innerhalb der Betriebsorganisation des Arbeitgebers abhängige Arbeit leistet (s. auch § 7 Rn. 2 ff.). Soweit **Leiharbeitnehmer** nicht dem Betrieb angehören (s. § 7 Rn. 11), werden sie für die Zahl der zu wählenden Betriebsratsmitglieder nicht berücksichtigt (ebenso BAG 18. 1. 1989 AP BetrVG 1972 § 9 Nr. 1). Das BAG hat entschieden, dass dies auch für nach § 7 S. 2 wahlberechtigte Leiharbeitnehmer bei der Bestimmung der Betriebsratsgröße nach § 9 gilt (BAG 16. 4. 2003, AP BetrVG 2002 § 9 Nr. 1; ebenso für § 38 BAG 22. 10. 2003 AP BetrVG 1972 § 38 Nr. 28). Sie wählen mit, zählen aber nicht mit. Eine sehr kontroverse Diskussion ist damit Makulatur (s. Nachweise 9. Aufl. Rn. 7). Zweifel an der Gültigkeit der Rechtsprechung sind unbegründet (s. aber *Brors*, NZA 2003, 1380), Kritik jedoch berechtigt (insb. *Däubler*, AuR 2004, 81; s. hierzu auch *Schirmer*, FS 50 Jahre BAG, S. 1063; *Wlotzke*, FS 50 Jahre BAG, 1150; *Dörner*, FS Wißmann, 286; *Kreutz*, FS Wißmann, 364). Auch bei konzerninterner Arbeitnehmerüberlassung ist jedoch dem Ansatz des BAG folgend davon auszugehen, dass Leiharbeitnehmer im Entleiherbetrieb nicht mitzählen – auch wenn sie dort dauerhaft eingesetzt werden.

8   Wegen fehlender Betriebszugehörigkeit sind Arbeitnehmer, die im Blockmodell während der zweiten Hälfte ihrer **Altersteilzeit** freigestellt werden, nicht zu berücksichtigen – ansonsten käme es durch die Wiederbesetzung zu einer Doppelung der Belegschaft, die sich im Arbeitsablauf nicht widerspiegelt (ebenso *Fitting*, § 9 Rn. 19; ArbG Düsseldorf 10. 7. 2002, DB 2002, 1781). Generell darf nur der Arbeitnehmer berücksichtigt werden, der betriebszugehörig ist (s. § 7 Rn. 3 – berufliche Rehabilitanden, Auszubildende im Ausbildungsbetrieb u. a.).

9   Keine Rolle spielt, ob der Arbeitnehmer voll- oder **teilzeitbeschäftigt** ist (s. auch BAG 7. 5. 2008 AP BetrVG 1972 § 9 Nr. 12 sowie § 5 Rn. 54 ff. und § 7 Rn. 7). Im Gegensatz zur Betriebsratsfähigkeit (§ 1) ist für die Bemessung der Betriebsratsgröße auch **unerheblich**, ob der Arbeitnehmer **ständig** in dem Betrieb **beschäftigt** ist, solange er nur betriebszugehörig ist. Daher kann ein Arbeitnehmer, der in mehreren Betrieben arbeitet und u. U. wahlberechtigt ist (s. § 7 Rn. 26), auch in **mehreren Betrieben** bei der Bestimmung der Betriebsratsgröße zu berücksichtigen sein (s. aber Rn. 12).

2. Regelmäßige Betriebszugehörigkeit

10   Für die Bemessung der Betriebsratsgröße verlangt das Gesetz, dass die in der Staffel genannte Zahl der Arbeitnehmer **in der Regel** dem Betrieb angehört, d. h. es muss von dem im „regelmäßigen Gang befindlichen Betrieb" ausgegangen werden (s. § 1 Rn. 114; siehe auch LAG München 24. 7. 2007 – 6 TaBV 3/07, juris). Damit wird ein kaum erfüllbares Erfordernis aufgestellt; denn die Feststellung des regelmäßigen Standes der Belegschaft kann immer nur eine Rahmenfeststellung sein. Das folgt schon aus dem Begriff der Regel. Insbesondere ist in Bezug auf einen ganz bestimmten Stichtag „zumal in größeren Betrieben eine Feststellung eines Regelstandes bis auf die für den Sprung der Reihe entscheidende Ziffer offenbar unmöglich" (so mit Recht RAG 7. 11. 1931, BenshSlg. 13, 428, 430). Der Regelstand kann nur „Anhaltspunkt für die Einschätzung eines Betriebes" sein (RAG, a. a. O.), aber nicht eine Rechnungsgröße für die Einstufung nach § 9 darstellen. Es lässt sich, da der Rückgriff auf den Regelstand eine Beurteilung erfordert, nicht messen, ob die regelmäßige Belegschaftsstärke 700 oder 701 beträgt (ebenso BAG 12. 10. 1976 EAP BetrVG 1972 § 8 Nr. 1). Deshalb hat der Wahlvorstand einen **Beurteilungsspielraum** (so BAG 12. 10. 1976 AP BetrVG 1972 § 9 Nr. 1; zust. *Fitting*, § 9 Rn. 11; GK-*Kreutz*, § 9 Rn. 10; HSWGNR-*Nicolai*, § 9 Rn. 9; HWK-*Reichold*, § 9 Rn. 3; a. A. *P. Nipperdey*, DB 1977, 1093, 1095). Die **zukünftige Entwicklung** ist vom Wahlvorstand nur zu berücksichtigen, wenn der Arbeitgeber konkrete Veränderungsentscheidungen getroffen hat, wie im Falle eines Personalabbaus, an dem der Betriebsrat beteiligt war (vgl. auch LAG Hamburg 26. 4. 2006 NZA-RR 2006, 413;

II. Bestimmung der maßgeblichen Zahl der Betriebsratsmitglieder § 9

LAG München 24. 7. 2007 – 6 TaBV 3/07, juris). Nimmt der Arbeitgeber von diesen Entscheidungen jedoch erkennbar Abstand, und sei es auch nur um das Erreichen von Schwellenwerten des § 9 oder 38 zu vermeiden, ist dies für den Wahlvorstand maßgeblich (zu großzügig daher LAG Frankfurt 5. 2. 2004 – 9 TaBV 64/03, ArbR 2004, 478). Bloße Befürchtungen und Erwartungen, oder auch Hoffnungen und günstige Aussichten berechtigen den Wahlvorstand nicht dazu, die Zahl der regelmäßig Beschäftigten abweichend anzusetzen (LAG Hamm 19. 8. 1998, AiB 1999, 643; LAG Köln 24. 11. 1998, AiB 1999, 281; unbestimmter auch BAG 29. 5. 1991 AP BPersVG § 17 Nr. 1; BAG 25. 11. 1992 AP Nr. 8 zu § 1 GesamthafenbetriebsG unter B III der Gründe; BAG 7. 5. 2008 AP BetrVG 1972 § 9 Nr. 12; ähnlich GK-*Kreutz*, § 9 Rn. 10: „Prognosen für einen überschaubaren Zeitraum sind zu berücksichtigen"). Ausgangspunkt ist daher grundsätzlich die **aktuelle Zahl** der Arbeitnehmer zum maßgeblichen Zeitpunkt (s. Rn. 13), jedoch nicht allein ausschlaggebend (a. A. noch LAG Frankfurt 16. 3. 1976 AuR 1976, 250; wie hier GK-*Kreutz,* § 9 Rn. 9). Die **vergangene Entwicklung** der Betriebsgröße kann nur berücksichtigt werden, soweit sie Indiz dafür ist, dass die aktuelle Zahl der Betriebsangehörigen nicht der künftig zu erwartenden entspricht, etwa eine stark pendelnde Betriebsstärke vorliegt, die um einen bestimmten, vom gegenwärtigen Stand abweichenden Wert oszilliert (s. auch BAG 29. 5. 1991 AP BPersVG § 17 Nr. 1; BAG 25. 11. 1992 AP Nr. 8 zu § 1 GesamthafenbetriebsG). „In der Regel beschäftigt" heißt damit nicht „durchschnittlich beschäftigt" (ebenso GK-*Kreutz,* § 9 Rn. 10; HSWGNR-*Nicolai,* § 9 Rn. 14), sondern „jetzt und zukünftig in der Regel beschäftigt". Da der Betriebsrat für die Zukunft gewählt wird, nicht für die Vergangenheit, kommt der vergangenen Entwicklung also nur nachgeordnete Bedeutung zu.

Arbeitnehmer, deren **Arbeitsverhältnis ruht,** sind jedenfalls zu berücksichtigen soweit 11 sie wahlberechtigte Arbeitnehmer sind (s. § 7 Rn. 44 ff.). Sind sie es nicht, so folgt daraus regelmäßig, dass sie nicht zu berücksichtigen sind, denn entscheidend ist stets, ob sie die regelmäßige Anzahl der im Betrieb beschäftigten Arbeitnehmer widerspiegeln. Das wird allein dann nicht der Fall sein, wenn ihre Arbeit zwischenzeitlich durch andere Arbeitnehmer übernommen wurde, die nun selber ein Wahlrecht haben und eine Rückkehr des Arbeitnehmers an seinen Arbeitsplatz nicht beabsichtigt ist. Da eben dies auch die Kriterien sind, die über die fortbestehende Betriebszugehörigkeit entscheiden (s. § 7 Rn. 43), wird man im Ergebnis generalisierend sagen können, dass Arbeitnehmer, die bei ruhendem Arbeitsverhältnis nicht wahlberechtigt sind, nicht mitzuzählen sind.

Gleiches gilt für **gekündigte Arbeitnehmer:** Sie sind grundsätzlich mitzuzählen (dazu, ob sie wahlberechtigt sind oder nicht s. § 7 Rn. 36 ff.). Dies gilt jedoch nicht, soweit es sich um betriebsbedingte Kündigungen handelt, die dem Personalabbau dienen, die also nicht durch neue Arbeitsverhältnisse ausgeglichen werden. Wird die Wirksamkeit der Kündigung nicht bestritten, dann folgt daraus eine zukünftig regelmäßig geringere Anzahl von Arbeitnehmern (ähnlich LAG Hamm 19. 8. 1998, AiB 1999, 643). Werden demgegenüber **neue Arbeitsplätze ausgeschrieben,** aber noch nicht besetzt, dann liegt es nahe, diese künftigen Arbeitnehmer mitzuzählen (LAG Köln 17. 4. 1998 LAGE Nr. 16 zu § 19 BetrVG 1972 = NZA-RR 1999, 247; zu weitgehend aber LAG Frankfurt 5. 4. 2002 – 9 TaBV Ga 64/02, juris: Die ausdrückliche Erklärung des Arbeitgebers, die ausgeschriebenen Stellen würden nur bis unterhalb eines Schwellenwertes besetzt, sei unbeachtlich).

Die nichtständig beschäftigten Arbeitnehmer, die sog. **Aushilfsarbeitnehmer,** werden 12 mitgezählt, wenn sie zum regelmäßigen Beschäftigtenstand des Betriebs gehören. Deshalb muss geklärt werden, ob die Beschäftigung derartiger Arbeitnehmer regelmäßig im Betrieb erfolgt und welche Zahl dem Regelstand des Betriebs entspricht. Nach älterer Rspr. des BAG sind Aushilfsarbeitnehmer insoweit mitzuzählen, als eine bestimmte Anzahl regelmäßig für einen Zeitraum von mindestens sechs Monaten im Jahr beschäftigt worden ist und auch mit einer derartigen Beschäftigung in Zukunft gerechnet werden kann (BAG 12. 10. 1976 AP BetrVG 1972 § 8 Nr. 1; ähnlich ArbG Hamburg 13. 9. 1999, AiB 2000, 284). Hieran ist auch nach der neueren Rechtsprechung festzuhalten, die eine Beschäftigung während des größten Teils des Jahres verlangt (vgl. BAG 7. 5. 2008 AP BetrVG 1972 § 9 Nr. 12). Bei Saisonbetrieben (s. zum Begriff § 1 Rn. 120) ist maßgebend, ob die während der Saison beschäftigten Arbeitnehmer, auch wenn sie nicht ständig beschäftigt sind, zum regelmäßigen Beschäftigtenstand gehören, was vor allem von der Dauer der Saison abhängt; bei Kampagnebetrieben (s. zum Begriff § 1 Rn. 119) ist dagegen von der Zeit der Kampagne bzw. Saison auszugehen (ebenso GK-*Kreutz*, § 9 Rn. 11; GL-*Marienhagen*, § 9 Rn. 4).

12 a Generell gilt: Bei der **befristeten Einstellung von Vertretungskräften** für zeitweilig ausfallendes Stammpersonal sind nicht sowohl die Stammkräfte als auch das Vertretungspersonal zu berücksichtigen. Für den Fall der Elternzeit enthält § 21 Abs. 7 BEEG eine verallgemeinerungsfähige ausdrückliche Regelung. Demnach zählen die in Elternzeit befindlichen Arbeitnehmer grundsätzlich nicht mit, wenn im Rahmen arbeitsrechtlicher Gesetze auf die Zahl der Beschäftigten Arbeitnehmer abgestellt wird. Falls eine Stelle aber auf mehrere Teilzeitarbeitnehmer aufgeteilt wird, kommt es darauf an, wie viele Arbeitnehmer in der Regel vorhanden sind. In Konsequenz des unter Rn. 10 Gesagten ist daher die Anzahl der Stammbelegschaft maßgeblich (BAG 15. 3. 2006 EzAÜG BetrVG Nr. 93).

3. Zeitpunkt

13 Maßgebend für die Bestimmung der Anzahl der in der Regel betriebszugehörigen und wahlberechtigten Arbeitnehmer ist der **Tag des Erlasses des Wahlausschreibens** (ebenso BAG 12. 10. 1976 AP BetrVG 1972 § 8 Nr. 1; zuletzt BAG 12. 11. 2008, ArbuR 2009, 105; BAG 7. 5. 2008 AP BetrVG 1972 § 9 Nr. 12; *Fitting*, § 9 Rn. 37; GK-*Kreutz*, § 9 Rn. 8; HSWGNR-Nicolai, § 9 Rn. 16; *Nikisch*, Bd. III S. 65; *Nipperdey/Säcker* in *Hueck/Nipperdey*, Bd. II/2 S. 1156). Das folgte früher daraus, dass nach § 3 Abs. 2 Nr. 4 WO das Wahlausschreiben die Zahl der zu wählenden Betriebsratsmitglieder und die Verteilung der Sitze unter die Vertreter der beiden Gruppen (Angestellte/Arbeiter) enthalten musste. Vor allem die letztere Angabe ist nur möglich, wenn von einer genau feststehenden Zahl ausgegangen wird, da nach § 5 WO die Verteilung der Sitze unter die Gruppenvertreter nach dem gleichen Verfahren vorgenommen wurde, wie die Verteilung der Sitze unter mehrere Vorschlagslisten. Durch die Abschaffung des Gruppenprinzips hat sich an dieser Absicht des Gesetzgebers nichts geändert. Die Argumentation ist auf die gleichgewichtige Verteilung der Geschlechter übertragbar, s. auch § 3 Abs. 2 Nr. 4 WO n. F. Wird im vereinfachten Verfahren nach § 14 a gewählt ist der maßgebliche Zeitpunkt die Einladung zur Wahlversammlung. Entscheidend ist also jeweils der Zeitpunkt der Einleitung des Wahlverfahrens.

Die am Tag des Wahlausschreibens entsprechend obigen Regeln festgestellte Betriebsgröße (Rn. 10) bleibt für die Größe des zu wählenden Betriebsrats auch dann maßgebend, wenn die Zahl der Arbeitnehmer sich bis zum Tag der Wahl unvorhergesehen vergrößert oder vermindert – mit der einen Ausnahme, dass sie in der Zwischenzeit unter fünf ständig wahlberechtigte Arbeitnehmer sinkt; denn in diesem Fall ist der Betrieb überhaupt nicht betriebsratsfähig, eine trotzdem durchgeführte Wahl nichtig (s. auch Rn. 26).

4. Bestimmung nach der Tabelle

14 Die Zahl der Betriebsratsmitglieder ergibt sich für Betriebe bis in der Regel 9000 Arbeitnehmern unmittelbar aus der Tabelle des § 9. Das Gesetz legt aber **keine Höchstzahl** fest, sondern bestimmt, dass in Betrieben mit mehr als 9000 Arbeitnehmern die Zahl der Mitglieder des Betriebsrats sich für je angefangene weitere 3000 Arbeitnehmer um zwei Mitglieder erhöht (§ 9 Satz 2). Daraus folgt, dass der Betriebsrat in Betrieben mit

9001 bis 12 000 Arbeitnehmern aus 37 Mitgliedern,
12 001 bis 15 000 Arbeitnehmern aus 39 Mitgliedern,
15 001 bis 18 000 Arbeitnehmern aus 41 Mitgliedern,

III. Abweichung von der gesetzlichen Zahl § 9

18 001 bis 21 000 Arbeitnehmern aus 43 Mitgliedern,
21 001 bis 24 000 Arbeitnehmern aus 45 Mitgliedern,
24 001 bis 27 000 Arbeitnehmern aus 47 Mitgliedern usw.
besteht.

III. Abweichung von der gesetzlichen Zahl

1. Zwingende Festlegung

Die Zahl, die das Gesetz für die einzelnen Stufen vorschreibt, ist **zwingend**. Eine 15
Regelung durch Tarifvertrag oder Betriebsvereinbarung ist ausgeschlossen (zustimmend
BAG 7. 5. 2008 AP BetrVG 1972 § 9 Nr. 12 mit der missverständlichen Einschränkung,
es sei denn, dass nicht genügend wählbare Arbeitnehmer vorhanden oder zur Übernahme des Amts bereit sind – auch dann freilich ist ein Tarifvertrag oder eine Betriebsvereinbarung nicht möglich). Es können lediglich zusätzliche betriebsverfassungsrechtliche Vertretungen der Arbeitnehmer nach § 3 Abs. 1 Nr. 4 und 5 durch Tarifvertrag
oder Betriebsvereinbarung errichtet werden (s. ausführlich dort Rn. 26 ff. und 48 ff.).
Der Betriebsrat selbst wird dadurch nicht vergrößert, sondern lediglich eine *zusätzliche
Betriebsvertretung* für bestimmte Beschäftigungsarten oder Arbeitsbereiche geschaffen,
um die Zusammenarbeit des Betriebsrats mit der Belegschaft zu fördern.

2. Abweichung infolge Unmöglichkeit zahlenmäßig ausreichender Besetzung

Eine Abweichung von der Zahl des § 9 ergibt sich aber notwendigerweise dann, wenn 16
in dem Betrieb **weniger wählbare Arbeitnehmer vorhanden** sind, als Betriebsratsmitglieder zu wählen sind. Dann ist diejenige Stufe maßgeblich, die noch mit wählbaren
Vertretern besetzt werden kann (§ 11).

Die nächstniedrigere Stufe ist auch dann zugrunde zu legen, wenn die vom Gesetz 17
vorgeschriebene Zahl von Betriebsratsmitgliedern deshalb nicht erreicht wird, weil die
Wahlvorschläge **nicht genügend Kandidaten** aufweisen oder bei einer Mehrheitswahl
weniger Kandidaten, als der Betriebsrat nach dem Gesetz Mitglieder hat, überhaupt eine
Stimme erhalten haben; § 11 gilt entsprechend (s. ausführlich dort Rn. 6 ff.). Gleiches
gilt wenn nach erfolgter Wahl nicht genügend Gewählte das Amt annehmen. Auch hier
sollten dem Arbeitgeber – der hierfür nichts kann – nicht die Kosten einer Neuwahl
aufgebürdet werden (LAG Schleswig-Holstein 7. 9. 1988 LAGE Nr. 1 zu § 11 BetrVG
1972; ebenso *Stege/Weinspach/Schiefer*, § 9 Rn. 1; *Fitting*, § 11 Rn. 9; a. A. GK-*Kreutz*,
§ 9 Rn. 21, § 11 Rn. 11; s. auch § 11 Rn. 6 ff.).

Eine Minderung der Zahl der Betriebsratsmitglieder tritt jedoch nicht schon ein, wenn 18
das **Geschlecht**, das in der Belegschaft **in der Minderheit** ist, keine oder nicht genügend
Kandidaten aufstellt oder von ihnen so viele die Wahl ablehnen, dass sie nicht die auf sie
entfallenden Sitze besetzen können. In diesem Fall werden die Sitze von den Kandidaten
des anderen Geschlechts eingenommen (s. § 15 Abs. 5 Nr. 5 WO, Kommentierung dort
Rn. 8). Erst, wenn auch aus dem anderen Geschlecht nicht genügend Kandidaten bereit
stehen, ist § 11 anzuwenden.

3. Rechtsfolgen bei unrichtig bestimmter Zahl der Betriebsratsmitglieder

a) Ist die Zahl der Mitglieder unrichtig bestimmt worden, so ist der **Betriebsrat nicht** 19
ordnungsgemäß besetzt. Das kann aber nur im Rahmen einer **Wahlanfechtung** geltend
gemacht werden. Erfolgt sie nicht, so bleibt es für die Amtsperiode bei der vom Wahlvorstand festgelegten Zahl der Betriebsratsmitglieder (ebenso *Fitting*, § 9 Rn. 56; GK-*Kreutz*, § 9 Rn. 26; HSWGNR-*Nicolai*, § 9 Rn. 22; DKK-*Schneider*; § 9 Rn. 18; so für
eine Jugendvertretung BAG 14. 1. 1972 AP BetrVG § 20 Nr. 2 Jugendvertretung).

Thüsing 303

20 b) Hat die **Wahlanfechtung** Erfolg, weil der Wahlvorstand die Zahl der zu wählenden Mitglieder zu hoch oder zu niedrig festgelegt hat, so ist nach Ansicht des BAG stets die gesamte **Betriebsratswahl zu wiederholen** (BAG 12. 10. 1976 AP BetrVG 1972 § 8 Nr. 1 und BetrVG 1972 § 19 Nr. 5; 29. 5. 1991 E 68, 74 = AP BetrVG 1972 § 9 Nr. 2).

21 Muss die Wahl nicht wiederholt werden, sondern genügt eine **Korrektur des Wahlergebnisses**, so rücken, wenn der Wahlvorstand die Zahl der zu wählenden Betriebsratsmitglieder zu gering festgesetzt hat, die Ersatzmitglieder ein; hat er die Zahl zu hoch festgesetzt, so sind die Mitglieder mit den geringsten Höchstzahlen nicht Betriebsratsmitglieder, sondern nur Ersatzmitglieder.

IV. Betriebsrat aus einer Person oder Betriebsrat als Kollegialorgan

22 In betriebsratsfähigen Betrieben mit in der Regel 5 bis 20 wahlberechtigten Arbeitnehmern besteht der **Betriebsrat nur aus einer Person,** die das Gesetz bis zur Novelle vom 20. 12. 1988 (BGBl. I S. 2312) in einem Klammerzusatz *Betriebsobmann* nannte. Die Stellung des nur aus einer Person bestehenden Betriebsrats entspricht **funktionell** völlig der eines **mehrgliedrigen Betriebsrats**. Für ihn gelten aber nicht die Bestimmungen, die sich auf den Betriebsrat als Kollegialorgan beziehen: Es gibt keinen Vorsitzenden und keine eigentliche Sitzung des Betriebsrats, in der ein Beschluss gefasst werden muss. Doch hat auch der aus einer Person bestehende Betriebsrat seine Entscheidungen in der Form eines fixierten Beschlusses niederzulegen, um sie von unverbindlichen Äußerungen zu unterscheiden. Sie müssen protokolliert werden, ebenso wie der Beschluss eines mehrgliedrigen Betriebsrats nach § 34.

23 Besteht der Betriebsrat nur aus einer Person, so ergibt sich mittelbar eine Beschränkung der **Zuständigkeit zur Mitbestimmungsausübung** daraus, dass das Mitbestimmungsrecht bei *personellen Einzelmaßnahmen* (§ 99) und die Beteiligungsrechte bei geplanten *Betriebsänderungen* (§ 111) nur in **Unternehmen mit in der Regel mehr als 20 wahlberechtigten Arbeitnehmern** bestehen. Da jedoch für die Beurteilung, ob diese Arbeitnehmerzahl erreicht wird, die Zeit maßgebend ist, in der die beteiligungspflichtige Maßnahme getroffen wird, ist es möglich, dass der Betriebsrat in diesem Fall nur aus einer Person besteht. Auch ihm stehen, wenn die Voraussetzungen vorliegen, die Beteiligungsrechte bei personellen Einzelmaßnahmen nach § 99 und bei Betriebsänderungen nach §§ 111 bis 113 zu. Umgekehrt entfallen diese Mitwirkungs- und Mitbestimmungsrechte auch für einen mehrgliedrigen Betriebsrat, wenn die Arbeitnehmerzahl während seiner Amtszeit unter die maßgebliche Grenze sinkt (ebenso *Fitting*, § 9 Rn. 54; GK-*Kreutz*, § 9 Rn. 17; GL-*Marienhagen*, § 9 Rn. 6; HSWGNR-*Nicolai*, § 9 Rn. 21; *Nipperdey/Säcker* in *Hueck/Nipperdey*, Bd. II/2 S. 1157).

V. Veränderung des Belegschaftsstandes während der Amtszeit des Betriebsrats

1. Konstante Zahl

24 Die Zahl der Betriebsratsmitglieder bleibt für die **Dauer der Amtsperiode** maßgebend (ebenso *Fitting*, § 9 Rn. 37; GK-*Kreutz*, § 9 Rn. 13; *Nipperdey/Säcker* in *Hueck/Nipperdey*, Bd. II/2 S. 1157). Das gilt auch, wenn die Zahl der wahlberechtigten Arbeitnehmer unter 21 sinkt, also nach der Staffelung der Betriebsrat nur aus einer Person besteht (ebenso auch ArbG Kaiserslautern 18. 2. 2008 – 2 BV 2/08, juris). Allerdings hat der weiter im Amt befindliche mehrgliedrige Betriebsrat nicht mehr das Mitbestimmungsrecht nach § 99 und §§ 111 bis 113. Gleiches gilt auch umgekehrt, wenn sich die Zahl der wahlberechtigten Arbeitnehmer während der Amtsdauer auf über zwanzig erhöht;

dann stehen dem nur aus einer Person bestehenden Betriebsrat diese Beteiligungsrechte zu (s. auch Rn. 18 ff.).

2. Notwendigkeit einer Neuwahl

Der Betriebsrat ist neu zu wählen, wenn mit Ablauf von 24 Monaten, vom Tag der Wahl an gerechnet, die Zahl der regelmäßig beschäftigten Arbeitnehmer um die Hälfte, mindestens aber um fünfzig, gestiegen oder gesunken ist (§ 13 Abs. 2 Nr. 1). Aber auch in diesem Fall bleibt der Betriebsrat mit der ursprünglich festgelegten Zahl seiner Mitglieder im Amt, bis das Wahlergebnis des neu gewählten Betriebsrats mit der dem veränderten Belegschaftsstand entsprechenden Zahl seiner Mitglieder bekannt gegeben worden ist (§ 21 Satz 5). **25**

3. Verlust der Betriebsratsfähigkeit

Nur wenn die Zahl der Arbeitnehmer ständig unter die Mindestzahl herabsinkt, bei der ein Betriebsrat überhaupt gewählt werden kann, **endet** auch das **Amt des Betriebsrats**; denn ein Betrieb ist gemäß § 1 nur betriebsratsfähig, wenn ihm in der Regel mindestens fünf ständige wahlberechtigte Arbeitnehmer angehören (ebenso *Fitting*, § 21 Rn. 31; GK-*Kreutz*, § 9 Rn. 13; HWK-*Reichold*, § 9 Rn. 8; *Stege/Weinspach/Schiefer*, § 9 Rn. 3 a). Dagegen führt es nicht ohne weiteres zu einer Beendigung des Amtes des Betriebsrats, wenn nur die Zahl der wählbaren Arbeitnehmer unter drei sinkt (s. § 21 Rn. 23). **26**

VI. Streitigkeiten

Die Zahl der Betriebsratsmitglieder, von der auszugehen ist, bestimmt in erster Linie der Wahlvorstand (§ 3 Abs. 2 Nr. 5 WO). Kommt es zu Streitigkeiten, so hat das Arbeitsgericht im Beschlussverfahren die Zahl festzulegen (§ 2 a Abs. 1 Nr. 1, Abs. 2 i. V. mit §§ 80 ff. ArbGG). **27**

Vor allem kommt eine Anfechtung der Betriebsratswahl nach § 19 in Betracht, wenn der Wahlvorstand die Zahl der Betriebsratsmitglieder unrichtig bestimmt hat (s. Rn. 18). Erfolgt keine Wahlanfechtung, so bleibt es für die Amtsperiode bei der vom Wahlvorstand festgelegten Zahl der Betriebsratsmitglieder (s. Rn. 24). **28**

§ 10 (weggefallen)

§ 11 Ermäßigte Zahl der Betriebsratsmitglieder

Hat ein Betrieb nicht die ausreichende Zahl von wählbaren Arbeitnehmern, so ist die Zahl der Betriebsratsmitglieder der nächstniedrigeren Betriebsgröße zugrunde zu legen.

Übersicht

	Rn.
I. Vorbemerkung	1
II. Mangel an wählbaren Arbeitnehmern	2
1. Zurückstufung der Betriebsratsgröße	2
2. Verlust der Betriebsratsfähigkeit bei Fehlen von drei wählbaren Arbeitnehmern	4
3. Maßgeblicher Zeitpunkt	5
III. Entsprechende Anwendung der Vorschrift	6
IV. Verschiebung innerhalb der Geschlechter	10
V. Streitigkeiten	11

I. Vorbemerkung

1 Die Vorschrift entspricht wörtlich § 11 BetrVG 1952. Da aber die Voraussetzungen der Wählbarkeit erheblich gesenkt wurden (s. § 8 Rn. 2 f.), lässt sich nicht vorstellen, dass sie jemals unmittelbar gilt, zumal in Betrieben, bei denen der Betriebsrat aus drei Mitgliedern besteht, sie schon deshalb nicht anzuwenden ist, weil die Betriebsratsfähigkeit das Vorhandensein von drei wählbaren Arbeitnehmern voraussetzt (§ 1; ebenso GL-*Marienhagen*, § 11 Rn. 2; s. auch Rn. 4).
Entsprechende Vorschriften: Keine.

II. Mangel an wählbaren Arbeitnehmern

1. Zurückstufung der Betriebsratsgröße

2 Wenn im Betrieb nicht „die ausreichende Zahl" von wählbaren Arbeitnehmern zur Verfügung steht, um den Betriebsrat entsprechend der Größe der Belegschaft nach § 9 zu besetzen, so soll, wie das Gesetz sagt, von der **nächstniedrigeren Belegschaftsgröße** ausgegangen werden, d. h. von einer Belegschaftszahl, bei deren Zugrundelegung der Betriebsrat entsprechend dem Zahlenverhältnis des § 9 ordnungsgemäß besetzt werden kann. Wenn nicht einmal so viel wählbare Arbeitnehmer vorhanden sind, um einen Betriebsrat auf der Grundlage der nächstniedrigeren Betriebsgröße zu bilden, dann ist eine *weitere Stufe* zurückzugehen und ein Betriebsrat mit entsprechend weniger Mitgliedern zu bestellen (ebenso BAG 11. 4. 1958 AP WO § 6 Nr. 1 [zust. *Dietz*]; *Fitting*, § 11 Rn. 6; GK-*Kreutz*, § 11 Rn. 8; HSWG-*Schlochauer*, § 11 Rn. 3; *Nipperdey/Säcker* in *Hueck/Nipperdey*, Bd. II/2 S. 1157).

3 Auch dann ist von der nächstgeringeren Größe des Betriebs auszugehen, wenn zwar *mehr* wählbare Arbeitnehmer vorhanden sind, als zur Bestellung eines Betriebsrats dieser nächstgeringeren Betriebsgröße nötig sind, aber nicht so viele, als der Betriebsgröße entspricht. Kandidieren beispielsweise bei einer Belegschaftsstärke von 150 Mann sechs wählbare Arbeitnehmer, so ist ein Betriebsrat von fünf Mitgliedern und nicht etwa ein solcher von sechs zu bilden. Das Gesetz geht, wie die Aufstellung der Betriebsratsgröße in § 9 zeigt, davon aus, dass die **Zahl der Mitglieder** stets eine **ungerade** sein muss (ebenso BAG 11. 5. 1958 AP WO § 6 Nr. 1 [zust. *Dietz*]; *Fitting*, § 11 Rn. 6; HSWG-*Schlochauer*, § 11 Rn. 3; *Nipperdey/Säcker* in *Hueck/Nipperdey*, Bd. II/2 S. 1157; a. A. *E. Frey*, AuR 1959, 62 f.). Die Rechtslage ist insoweit eine andere als nach dem BPersVG (vgl. *Dietz/Richardi*, BPersVG, § 16 Rn. 12).

2. Verlust der Betriebsratsfähigkeit bei Fehlen von drei wählbaren Arbeitnehmern

4 Sind **nicht** einmal **drei wählbare Arbeitnehmer** vorhanden, so kann ohne Rücksicht darauf, wie groß die Belegschaftsstärke ist, ein Betriebsrat überhaupt nicht gewählt werden, da nach § 1 ein Betrieb nur betriebsratsfähig ist, wenn ihm in der Regel drei wählbare Arbeitnehmer angehören (*Fitting*, § 11 Rn. 5; GK-*Kreutz*, § 11 Rn. 2; HSWGNR-*Nicolai*, § 11 Rn. 3; *Nipperdey/Säcker* in *Hueck/Nipperdey*, Bd. II/2 S. 1157).

3. Maßgeblicher Zeitpunkt

5 Für die Frage, ob ein Betrieb die ausreichende Zahl von wählbaren Arbeitnehmern hat, ist auf den **Tag des Erlasses des Wahlausschreibens** abzustellen (s. § 9 Rn. 13). Die von diesem Ausgangspunkt festgesetzte Zahl der Betriebsratsmitglieder bleibt für die Dauer der Amtsperiode maßgebend, auch wenn sich die Zahl der wählbaren Arbeitneh-

V. Streitigkeiten **§ 11**

mer vermehrt. Eine Nachwahl, um den Betriebsrat auf die Zahl des § 9 zu bringen, ist ausgeschlossen. Nur im Fall des § 13 Abs. 2 Nr. 1, wenn 24 Monate nach der Wahl die Belegschaft sich um die Hälfte, mindestens aber um 50 Arbeitnehmer vermehrt (oder vermindert) hat, kommt eine Neuwahl des Betriebsrats in Betracht (s. 13 Rn. 17 ff.).

III. Entsprechende Anwendung der Vorschrift

Die Vorschrift des § 11 ist entsprechend anzuwenden, wenn zwar eine ausreichende Zahl von wählbaren Arbeitnehmern vorhanden ist, aber so viele von ihnen **nicht zu einer Kandidatur bereit** sind oder die **Amtsübernahme ablehnen,** dass der Betriebsrat nicht entsprechend der Verhältniszahl des § 9 besetzt werden kann (ebenso *Fitting*, § 9 Rn. 49, § 11 Rn. 8; HWSGNR-*Nicolai*, § 11 Rn. 7 f.; HWK-*Reichold*, § 11 Rn. 3; *Nipperdey/Säcker* in *Hueck/Nipperdey*, Bd. II/2 S. 1157 Fn. 3; a. A. GK-*Kreutz*, § 9 Rn. 21, § 11 Rn. 11). 6

Die analoge Anwendung kann hier dazu führen, dass der Betriebsrat nur aus einem Mitglied gebildet wird, also nur aus einer Person besteht, weil von den wählbaren Arbeitnehmern nicht einmal drei zur Übernahme des Betriebsratsamtes bereit sind (ebenso *Fitting*, § 11 Rn. 9; GL-*Marienhagen*, § 11 Rn. 12). Voraussetzung ist lediglich, dass drei wählbare Arbeitnehmer vorhanden sind, weil davon die Betriebsratsfähigkeit abhängt (s. Rn. 4), nicht aber, dass mindestens drei wählbare Arbeitnehmer auch zur Übernahme des Betriebsratsamtes bereit sind. Sind also in einem Betrieb von 25 Arbeitnehmern 20 wählbar, davon aber nur zwei zur Amtsübernahme bereit, so besteht der Betriebsrat nur aus einer Person. 7

§ 11 gilt ebenfalls analog, wenn bei einer Mehrheitswahl **nicht so viele Bewerber** eine **Stimme erhalten,** wie der Betriebsrat nach § 9 zu besetzen ist (ebenso *Fitting*, § 11 Rn. 9; HSWGNR-*Nicolai*, § 8 Rn. 8; a. A. GK-*Kreutz*, § 9 Rn. 21, § 11 Rn. 11). 8

Die Vorschrift des § 11 ist aber **nicht analog anzuwenden,** wenn die Wahlvorschläge nur deshalb nicht genügend Bewerber aufweisen oder bei einer Mehrheitswahl nicht genügend Arbeitnehmer eine Stimme erhalten haben, weil der **Wahlvorstand** eine **zu geringe Zahl von Betriebsratsmitgliedern angegeben** hat; denn in diesem Fall ist gegen § 9 verstoßen, so dass eine Wahlanfechtung in Betracht kommt (s. § 9 Rn. 18 ff.). 9

IV. Verschiebung innerhalb der Geschlechter

Die Vorschrift des § 11 gilt nicht entsprechend, wenn das Geschlecht, das in der Belegschaft in der Minderheit ist, nicht eine dem Verhältnis des § 15 entsprechende Zahl wählbarer oder zur Übernahme des Betriebsratsamtes bereiter Mitglieder hat. Nicht die Betriebsratsgröße, sondern nur die Zahl der Vertreter des entsprechenden Geschlechts verringert sich; die von ihm nicht besetzten Sitze werden von Vertretern des anderen Geschlechts besetzt (s. ausführlich § 15 WO Rn. 8; ebenso *Fitting*, § 11 Rn. 10). Lediglich wenn auch das andere Geschlecht nicht in der Lage oder willens ist, die Lücke auszufüllen, findet § 11 Anwendung (ebenso für das Verhältnis Angestellte/Arbeiter nach dem alten § 10 GK-*Thiele* [2. Bearbeitung], § 9 Rn. 17; a. A. GK-*Kreutz*, § 9 Rn. 21 in Analogie zu § 13 Abs. 2 Nr. 3). 10

V. Streitigkeiten

Streitigkeiten über die Voraussetzungen einer unmittelbaren oder entsprechenden Anwendung des § 11 entscheidet das Arbeitsgericht im Beschlussverfahren (2 a Abs. 1 Nr. 1, Abs. 2 i. V. mit §§ 80 ff. ArbGG). Bei unrichtiger Anwendung der Vorschrift 11

Thüsing

durch den Wahlvorstand kann die Betriebsratswahl angefochten werden; die Anfechtung führt zur Aufhebung der Wahl, da der Verstoß sich nicht durch eine Korrektur des Wahlergebnisses beheben lässt.

§ 12 (weggefallen)

§ 13 Zeitpunkt der Betriebsratswahlen

(1) ¹Die regelmäßigen Betriebsratswahlen finden alle vier Jahre in der Zeit vom 1. März bis 31. Mai statt. ²Sie sind zeitgleich mit den regelmäßigen Wahlen nach § 5 Abs. 1 des Sprecherausschussgesetzes einzuleiten.

(2) Außerhalb dieser Zeit ist der Betriebsrat zu wählen, wenn
1. mit Ablauf von 24 Monaten, vom Tage der Wahl an gerechnet, die Zahl der regelmäßig beschäftigten Arbeitnehmer um die Hälfte, mindestens aber um fünfzig, gestiegen oder gesunken ist,
2. die Gesamtzahl der Betriebsratsmitglieder nach Eintreten sämtlicher Ersatzmitglieder unter die vorgeschriebene Zahl der Betriebsratsmitglieder gesunken ist,
3. der Betriebsrat mit der Mehrheit seiner Mitglieder seinen Rücktritt beschlossen hat,
4. die Betriebsratswahl mit Erfolg angefochten worden ist,
5. der Betriebsrat durch eine gerichtliche Entscheidung aufgelöst ist oder
6. im Betrieb ein Betriebsrat nicht besteht.

(3) ¹Hat außerhalb des für die regelmäßigen Betriebsratswahlen festgelegten Zeitraums eine Betriebsratswahl stattgefunden, so ist der Betriebsrat in dem auf die Wahl folgenden nächsten Zeitraum der regelmäßigen Betriebsratswahl neu zu wählen. ²Hat die Amtszeit des Betriebsrats zu Beginn des für die regelmäßigen Betriebsratswahlen festgelegten Zeitraums noch nicht ein Jahr betragen, so ist der Betriebsrat in dem übernächsten Zeitraum der regelmäßigen Betriebsratswahlen neu zu wählen.

Schrifttum: *Hauck*, Auswirkungen des Betriebsübergangs auf Betriebsratsgremien, FS 25 Jahre Arbeitsgemeinschaft zum Arbeitsrecht im Deutschen Anwaltverein, 2006 S. 621; *Pulte*, Betriebsgröße und Arbeitsrecht, BB 2005, 549.

Übersicht

	Rn.
I. Vorbemerkung	1
II. Zeitpunkt der regelmäßigen Betriebsratswahlen	4
1. Vierjahresrhythmus	4
2. Wahl in der Zeit vom 1. März bis 31. Mai	6
3. Zeitgleiche Einleitung mit den Wahlen des Sprecherausschusses der leitenden Angestellten	9
III. Betriebsratswahlen außerhalb des regelmäßigen Wahlzeitraums	13
1. Erschöpfende Aufzählung der Gründe	13
2. Keine Abwahl durch Neuwahl	14
3. Durchführung der Wahl außerhalb des regelmäßigen Wahlzeitraums	16
IV. Die einzelnen Gründe für eine vorzeitige Betriebsratswahl	17
1. Veränderung der Belegschaftsstärke	17
2. Sinken der Zahl der Betriebsratsmitglieder unter die gesetzliche Zahl	28
3. Rücktritt durch Mehrheitsbeschluss	38
4. Erfolgreiche Anfechtung der Betriebsratswahl	42
5. Auflösung durch Beschluss des Arbeitsgerichts	46
6. Nichtbestehen eines Betriebsrats im Betrieb	49
V. Anschluss an die regelmäßigen Betriebsratswahlen	54
1. Neuwahl im nächsten Zeitraum der regelmäßigen Betriebsratswahlen	55
2. Neuwahl im übernächsten Zeitraum der regelmäßigen Betriebsratswahlen	56
VI. Streitigkeiten	59

I. Vorbemerkung

Das BetrVG 1972 hat erstmals für alle Betriebe einheitlich den Zeitpunkt für die regelmäßigen Betriebsratswahlen festgelegt, um die organisatorische Vorbereitung durch die Gewerkschaften zu erleichtern (BT-Drucks. VI/1786, S. 37). Die regelmäßigen Betriebsratswahlen fanden von 1972 an zunächst alle drei Jahre in der Zeit vom 1. März bis 31. Mai statt. Art. 1 Nr. 3 des Gesetzes zur Änderung des BetrVG, über Sprecherausschüsse der leitenden Angestellten und zur Sicherung der Montan-Mitbestimmung vom 20. 12. 1988 (BGBl. I S. 2312) hat Abs. 1 neu gefasst, indem er festlegte, dass die regelmäßigen Betriebsratswahlen alle vier Jahre in der Zeit vom 1. März bis 31. Mai stattfinden und zeitgleich mit den regelmäßigen Wahlen nach § 5 Abs. 1 SprAuG einzuleiten sind (lit. a); entsprechend wurde daher in Abs. 2 Nr. 1 die Zahl „18" durch die Zahl „24" ersetzt (lit. b). Die Übergangsvorschrift in § 125 Abs. 1 blieb aber unverändert; dem § 125 wurde lediglich ein Abs. 3 angefügt, aus dem sich ergibt, dass § 13 Abs. 1 Satz 1 und Abs. 2 Nr. 1 in der geänderten Fassung erstmalig anzuwenden ist, wenn Betriebsräte nach dem 31. 12. 1988 gewählt worden sind (Art. 1 Nr. 26). Daraus folgt, dass die regelmäßigen Betriebsratswahlen entsprechend dem Dreijahresrhythmus 1990 abgehalten wurden und seitdem der Vierjahresrhythmus gilt, die regelmäßigen Betriebsratswahlen also 2006, 2010, 2014 usw. abgehalten werden.

Die Bestimmung in Abs. 2 regelt die Fälle, in denen außerhalb des regelmäßigen Wahlzeitraums ein Betriebsrat zu wählen ist. Die Regelung entspricht im Wesentlichen § 22 Abs. 1 BetrVG 1952; erforderlich war nur, die Fälle der erfolgreichen Anfechtung einer Betriebsratswahl und des Nichtbestehens eines Betriebsrats im Betrieb ausdrücklich zu erwähnen, weil der systematische Zusammenhang der Bestimmung sich geändert hat. Lediglich in den unter Nr. 1 bis 3 genannten Fällen führt der Betriebsrat die Geschäfte weiter, bis der neue Betriebsrat gewählt und das Wahlergebnis bekannt gegeben ist (§ 22). Die Bestimmung in Abs. 3 regelt den Anschluss an die regelmäßigen Wahlzeiträume, wenn eine Betriebsratswahl außerhalb des regelmäßigen Wahlzeitraums durchgeführt wurde.

Entsprechende Vorschriften: § 27 BPersVG, § 5 Abs. 1 bis 3 SprAuG.

II. Zeitpunkt der regelmäßigen Betriebsratswahlen

1. Vierjahresrhythmus

Die regelmäßigen Betriebsratswahlen finden **einheitlich für alle Betriebe im Vierjahresrhythmus** statt. Damit endet auch die Amtszeit eines Betriebsrats, wenn keine vorzeitige Amtsbeendigung eintritt in allen Betrieben einheitlich in einem Jahr, in das der Zeitraum für die regelmäßigen Betriebsratswahlen fällt (vgl. § 21).

Die erstmaligen Betriebsratswahlen nach Abs. 1 fanden im Jahr 1972 statt (§ 125 Abs. 1). Bis zur Novelle vom 20. 12. 1988 galt ein Dreijahresrhythmus. Die letzten regelmäßigen Betriebsratswahlen, die sich nach ihm richteten, haben im Jahr 1994 stattgefunden. Für den Vierjahresrhythmus finden demnach die regelmäßigen Betriebsratswahlen in den Jahren 2006, 2010, 2014 usw. statt. Das gilt auch für Betriebe in den neuen Bundesländern und dem zur ehemaligen DDR gehörenden Teil Berlins, die entsprechend Art. 8 EV i. V. mit Anl. I Kap. VIII Sachgeb. A Abschn. III Nr. 12 lit. b des Einigungsvertrags erstmalig bis zum 30. Juni 1991 einen Betriebsrat zu wählen hatten.

2. Wahl in der Zeit vom 1. März bis 31. Mai

Die Betriebsratswahlen werden **in der Zeit vom 1. März bis 31. Mai** durchgeführt. Maßgeblich für den **konkreten Zeitpunkt** ist der Ablauf der ordentlichen Amtsperiode

Thüsing

des vorherigen Betriebsrats (s. § 21 Rn. 12). Von ihm aus bestimmt sich nach § 16, wann der Wahlvorstand zu bestellen ist. Da dies spätestens acht Wochen vor Ablauf seiner Amtszeit durch den Betriebsrat zu geschehen hat, also auch bereits vorher erfolgen kann, werden die Wahlvorbereitungen im Regelfall schon vor dem 1. März zu treffen sein (vgl. auch *Fitting*, § 13 Rn. 8; GL-*Marienhagen*, § 13 Rn. 4; HWK-*Reichold*, § 13 Rn. 4). Der Betriebsrat soll möglichst vor dem Ende der Amtszeit seines Vorgängers gewählt werden (s. § 21 Rn. 8). Die Festlegung des Zeitraums vom 1. März bis zum 31. Mai bedeutet, dass in dieser Zeit die *Wahlhandlung* erfolgt (ebenso *Fitting*, § 13 Rn. 6; GK-*Kreutz*, § 13 Rn. 12; HWSGNR-*Nicolai*, § 13 Rn. 5). Der Tag der Stimmabgabe kann bereits der 1. März sein. Zieht sich die Wahl über mehrere Tage hin, so genügt es, dass der letzte Tag der Stimmabgabe am 1. März liegt (ebenso *Fitting*, § 13 Rn. 6; HWSGNR-*Nicolai*, § 13 Rn. 5; a.A. GK-*Kreutz*, § 13 Rn. 13; *Schneider*, Betriebsratswahl, § 13 Rn. 5).

7 Wird dagegen bereits **vor dem 1. März** gewählt, ohne dass ein Fall der in § 13 Abs. 2 umschriebenen Art vorliegt, so fehlt eine Voraussetzung für die Wahl des Betriebsrats. Der aus einer derartigen Wahl hervorgegangene Betriebsrat kann das Betriebsratsamt auch dann nicht antreten, wenn die Amtszeit des bisherigen Betriebsrats abläuft. Seine Wahl ist **nichtig**, nicht lediglich anfechtbar (s. Rn. 15).

8 Die Wahl kann dagegen auch noch **nach dem 31. Mai** durchgeführt werden, wenn bis dahin kein Betriebsrat gewählt wurde. Die Bestimmung ist also insoweit lediglich eine Ordnungsvorschrift. Das ergibt sich daraus, dass in diesem Fall die Amtszeit des Betriebsrats stets abgelaufen ist und daher kein Betriebsrat im Betrieb besteht, so dass der in § 13 Abs. 2 Nr. 6 genannte Fall vorliegt (s. Rn. 49 ff.).

3. Zeitgleiche Einleitung mit den Wahlen des Sprecherausschusses der leitenden Angestellten

9 Die regelmäßigen Betriebsratswahlen sind zeitgleich mit den regelmäßigen Wahlen nach § 5 Abs. 1 SprAuG einzuleiten (Abs. 1 Satz 2). Eine entsprechende Vorschrift enthält § 5 Abs. 1 Satz 2 SprAuG. Die Bestimmung setzt voraus, dass ein Sprecherausschuss schon besteht (ebenso GK-*Kreutz*, § 13 Rn. 20). Regelmäßig wird es sich um den Sprecherausschuss handeln, der im Betrieb gebildet wird, den **betrieblichen Sprecherausschuss**. Wird in einem Unternehmen mit mehreren Betrieben statt betrieblicher Sprecherausschüsse in regelmäßigen Wahlen ein **Unternehmenssprecherausschuss** gewählt, so bezieht die Pflicht zur zeitgleichen Einleitung mit den regelmäßigen Betriebsratswahlen sich auf dessen Wahl (§ 20 Abs. 1 Satz 1 i.V. mit § 5 Abs. 1 Satz 2 SprAuG; ebenso *Fitting*, § 13 Rn. 14; GK-*Kreutz*, § 13 Rn. 21).

10 Die Verpflichtung zur zeitgleichen Einleitung besteht nur für die **regelmäßigen Wahlen** (ebenso *Fitting*, § 13 Rn. 11; GK-*Kreutz*, § 13 Rn. 20). Sie greift nicht ein, wenn der Betriebsrat oder der Sprecherausschuss außerhalb des regelmäßigen Wahlzeitraums zu wählen sind.

11 Die Einleitung und Durchführung der Wahl ist **Aufgabe des jeweiligen Wahlvorstands** (§ 18 Abs. 1 Satz 1 BetrVG, § 7 Abs. 4 Satz 1 SprAuG). Die Pflicht zur zeitgleichen Wahleinleitung richtet sich daher an den Wahlvorstand für die Betriebsratswahl und den Wahlvorstand für die Sprecherausschusswahl (ebenso *Fitting*, § 13 Rn. 15; GK-*Kreutz*, § 13 Rn. 21; *Engels/Natter*, BB Beil 8/1989, 15; *Wlotzke*, DB 1989, 111, 124). Sie beschränkt sich aber auf die **Einleitung**, d.h. den Erlass des Wahlausschreibens (§ 3 Abs. 1 Satz 1 WO und WOSprAuG). Es besteht **keine Verpflichtung, die Wahlen zeitgleich durchzuführen**. Die Vorschrift soll vielmehr nur sicherstellen, dass im Zuordnungsverfahren nach § 18 a festgelegt wird, wer zu den leitenden Angestellten gehört.

12 Abs. 1 Satz 2 ist eine **lex imperfecta** (so zutreffend GK-*Kreutz*, § 13 Rn. 26). Wird gegen die Vorschrift verstoßen, so bleibt ihre Nichtbefolgung sanktionslos. Sie gehört zwar zu den wesentlichen Vorschriften über das Wahlverfahren. Aber ein Verstoß gegen sie kann niemals zur Folge haben, dass das Wahlergebnis allein durch ihn beeinflusst ist (ebenso *Fitting*, § 13 Rn. 17; HSWG-*Nicolai*, § 13 Rn. 9; GK-*Kreutz*, § 13 Rn. 25 f.). Eine Wahlanfechtung kommt vielmehr nur in Betracht, wenn wegen Nichtbeachtung der zeitgleichen Einleitung der Wahlen das Zuordnungsverfahren nach § 18 a nicht oder fehlerhaft durchgeführt wurde und deshalb nicht ausgeschlossen werden kann, dass die Zuordnung zu den leitenden Angestellten fehlerhaft erfolgt ist. Auch ist Abs. 1 S. 2 insoweit eine unvollständige Norm als sie sich **nur an den Wahlvorstand**, nicht aber an Sprecherausschuss und Betriebsrat, als die Organe, die den Wahlvorstand bestellen, wendet. Dadurch kann die zeitgleiche Einleitung der Wahl schon im Vorfeld unmöglich gemacht werden, weil Sprecherausschuss und Betriebsrat zu unterschiedlichen Zeitpunkten tätig werden. Dies kann zu Unsicherheiten bei der Zuordnung der leitenden Angestellten nach § 18 a führen (s. § 18 a Rn. 30 ff.).

III. Betriebsratswahlen außerhalb des regelmäßigen Wahlzeitraums

1. Erschöpfende Aufzählung der Gründe

Abs. 2 zählt die Fälle erschöpfend auf, in denen außerhalb des regelmäßigen Wahlzeitraums der Betriebsrat zu wählen ist. Dabei kommt der in Nr. 6 genannten Voraussetzung die Funktion einer *beschränkten Generalklausel* zu; denn dieser Fall tritt nicht nur ein, wenn im Betrieb noch niemals ein Betriebsrat gewählt wurde, sondern auch dann, wenn das Betriebsratsamt beendet wurde, sei es, dass die Amtszeit des Betriebsrats ablief, ohne dass ein neuer Betriebsrat gewählt war, sei es, dass alle Betriebsratsmitglieder und Ersatzmitglieder ihr Amt niedergelegt hatten oder aus dem Arbeitsverhältnis ausgeschieden waren (s. Rn. 50 ff.). Für die Neuwahl eines Betriebsrats bei betrieblichen Umstrukturierungen, die zum **Verlust der Betriebsidentität** führen, ist § 21 a *lex specialis*, s. Kommentierung dort. 13

2. Keine Abwahl durch Neuwahl

Die Bestimmung enthält ihrem Wortlaut nach nur eine Vorschrift über die vorzeitige Wahl des Betriebsrats. Soweit sie diese zulässt, obwohl ein Betriebsrat noch besteht, regelt sie zugleich mittelbar, unter welchen Voraussetzungen eine **vorzeitige Beendigung des Betriebsratsamtes** eintritt, nämlich bei einer Veränderung der Belegschaftsstärke nach Nr. 1 und dem Sinken der Zahl der Betriebsratsmitglieder nach Nr. 2; außerdem bestätigt Nr. 3, dass der Betriebsrat durch Mehrheitsbeschluss seinen Rücktritt erklären kann. 14

Liegt **kein Grund für eine Neuwahl** vor, so fehlt eine Voraussetzung für die Wahl des Betriebsrats außerhalb des regelmäßigen Wahlzeitraums. Wird die Wahl dennoch durchgeführt, so ist der aus ihr hervorgegangene Betriebsrat **kein gesetzlicher Betriebsrat**. Seine Wahl ist nicht bloß anfechtbar, sondern nichtig (ebenso ArbG Regensburg 20. 9. 1989, BB 1990, 852; *Fitting*, § 13 Rn. 20; GK-*Kreutz*, § 13 Rn. 14). Der im Amt befindliche Betriebsrat kann daher **nicht** durch ein **konstruktives Misstrauensvotum** abberufen werden (ebenso GK-*Kreutz*, § 13 Rn. 33; *Schneider*, Betriebsratswahl, § 13 Rn. 7). 15

3. Durchführung der Wahl außerhalb des regelmäßigen Wahlzeitraums

Auch wenn ein Betriebsrat außerhalb des regelmäßigen Wahlzeitraums gewählt wird, gelten für die Wahl die allgemeinen Vorschriften. Ergibt sich die Notwendigkeit einer Neuwahl aus Abs. 2 Nr. 1 bis 3, so hat man zu beachten, dass der Betriebsrat im Amt bleibt – jedoch spätestens bis zum turnusmäßigen Ablauf seiner Amtsperiode nach § 21; er führt die Geschäfte weiter bis zum Beginn der Amtszeit des neu gewählten Betriebsrats (§ 22). Daraus folgt, dass er auch den Wahlvorstand nach § 16 zu bestellen hat (s. dort Rn. 8). 16

IV. Die einzelnen Gründe für eine vorzeitige Betriebsratswahl

1. Veränderung der Belegschaftsstärke

17 a) Eine Bestimmung, dass durch eine Veränderung der Belegschaftszahl eine Neuwahl des Betriebsrats erforderlich werden kann, kannte das BRG 1920 nicht; denn die Amtsperiode dauerte nur ein Jahr (§ 18 Nr. 1 BRG 1920). Die notwendige Anpassung erfolgte jeweils bei der nächstjährigen Wahl. Durch die Verlängerung der Amtsdauer nach dem BetrVG 1952 auf zunächst zwei, sodann auf drei Jahre musste berücksichtigt werden, dass die für die Zahl der Betriebsratsmitglieder maßgebliche Belegschaftsstärke sich wesentlich verändern kann. Deshalb enthielt schon § 22 Abs. 1 lit. a BetrVG 1952 eine dem Abs. 2 Nr. 1 entsprechende Bestimmung. Durch die Novelle vom 20. 12. 1988 wurde die regelmäßige Amtszeit des Betriebsrats auf vier Jahre festgelegt und entsprechend für die regelmäßigen Betriebsratswahlen der Vierjahresrhythmus eingeführt. Entsprechend hat daher der Gesetzgeber hier in Nr. 1 die Zahl „18" durch die Zahl „24" ersetzt (s. Rn. 1).

18 Das Gesetz hält damit an dem Grundsatz fest, dass wegen einer **Veränderung der Arbeitnehmerzahl** im Betrieb **nur einmal während der Wahlperiode** eine **Neuwahl** stattfinden kann, nämlich, wenn seit der Wahl 24 Monate verstrichen sind. Das ist regelmäßig der Zeitpunkt, an dem die erste Hälfte der Wahlperiode abläuft; er kann aber auch vorher liegen, wenn die Amtsperiode länger als vier Jahre dauert, weil der Betriebsrat zum Beginn des für die regelmäßigen Betriebsratswahlen festgelegten Zeitraumes noch nicht ein Jahr im Amt war (§ 13 Abs. 3 Satz 2, § 21 Satz 4). Eine während der Ersten 24 Monate seit der Wahl eintretende Veränderung der Belegschaftsstärke bleibt daher zunächst ohne Einfluss auf den Bestand des Betriebsrats, soweit nicht der Betrieb überhaupt aufhört, betriebsratsfähig zu sein (s. § 21 Rn. 23 ff.). Auch die sich aus der bei der Wahl zugrunde gelegten Belegschaftszahl ergebende Größe des Betriebsrats bleibt in den ersten 24 Monaten bestehen, auch wenn sich die Belegschaft erheblich verändert hat.

19 b) Entscheidend ist nur, ob die im Gesetz vorgesehene Veränderung der Belegschaftsstärke **bei Ablauf von 24 Monaten nach der Wahl** vorliegt oder nicht. Das ist der maßgebliche Stichtag, obwohl für die Betriebsratsgröße die Arbeitnehmerzahl bei Einleitung der Wahl entscheidend ist (s. Rn. 20 und § 9 Rn. 13). Nur wenn an diesem Tag die vom Gesetz verlangte Veränderung vorliegt, kann eine Neuwahl stattfinden. Daher bleibt es auch ohne Bedeutung, wenn *nach* diesem Stichtag die Beschäftigtenzahl sich in dem vom Gesetz vorgesehenen Umfang vergrößert oder verkleinert, und zwar unabhängig davon, ob nach Ablauf von 24 Monaten eine Neuwahl stattgefunden hat oder nicht (ebenso *Fitting*, § 13 Rn. 25; GK-*Kreutz*, § 13 Rn. 37; HWSGNR-*Nicolai*, § 13 Rn. 16).

20 Eine Neuwahl des Betriebsrats nach Abs. 2 Nr. 1 setzt voraus, dass nach 24 Monaten, gerechnet von der *Wahl*, nicht vom Amtsbeginn, die vorgesehene Veränderung der Zahl der regelmäßig beschäftigten Arbeitnehmer gegeben ist. Es kommt auf den Tag der *Wahlhandlung*, nicht den Tag der Bekanntgabe des Wahlergebnisses an (ebenso *Fitting*, § 13 Rn. 23; GK-*Kreutz*, § 13 Rn. 39). Für die Fristberechnung gelten §§ 187 Abs. 1, 188 Abs. 2 BGB, d. h. der Tag der Wahl wird nicht mitgerechnet; die Frist läuft also nach zwei Jahren mit dem Tag ab, der seiner Benennung nach dem Tag der Wahl entspricht (ebenso *Fitting*, § 13 Rn. 24; GK-*Kreutz*, § 13 Rn. 39; HSWGNR-*Nicolai*, § 13 Rn. 16). Ist am 1. April gewählt worden, so sind zwei Jahre später am 1. April 24 Monate abgelaufen; Stichtag ist also der 2. April. Hat sich die Wahl über mehrere Tage hingezogen, so ist vom letzten Tag der Stimmabgabe auszugehen (ebenso *Fitting*, § 13 Rn. 23; GK-*Kreutz*, § 13 Rn. 39; HSWGNR-*Nicolai*, § 13 Rn. 16). Es kommt auf den Wahltag auch dann an, wenn das Amt des Betriebsrats erst später begonnen hat, weil der vorausgehende Betriebsrat noch im Amt war.

IV. Die einzelnen Gründe für eine vorzeitige Betriebsratswahl § 13

c) **Entscheidend** ist die Zahl der **regelmäßig beschäftigten Arbeitnehmer**, nicht die 21
Zahl der wahlberechtigten Arbeitnehmer. Zwar haben nur die wahlberechtigten Arbeitnehmer auf die Zusammensetzung des Betriebsrats Einfluss, aber die Größe des Betriebsrats ist, abgesehen von der Ersten und zweiten Stufe des § 9, von der Zahl der in der Regel Beschäftigten, nicht von der der wahlberechtigten Arbeitnehmer abhängig. Eine Zunahme der wahlberechtigten Arbeitnehmer allein, z. B. dadurch, dass Arbeitnehmer, die bei der Wahl noch nicht 18 Jahre alt gewesen sind, inzwischen wahlberechtigt geworden sind, ist ohne Bedeutung.

Es wird auch nur eine Veränderung in der *Zahl* der Arbeitnehmer berücksichtigt. Es 22
kommt *nicht* auf eine Veränderung in der *Zusammensetzung*, insbesondere eine Verschiebung zwischen den Geschlechtern an (ebenso für den ehemaligen § 10 Abs. 1 und das Verhältnis von Arbeitern und Angestellten *Fitting*, § 13 Rn. 28; GK-*Kreutz*, § 13 Rn. 44; HSWGNR-*Nicolai*, § 13 Rn. 14; DKK-*Schneider*, § 13 Rn. 10; *Nikisch*, Bd. III S. 114; *Nipperdey/Säcker* in *Hueck/Nipperdey*, Bd. II/2 S. 1177). Eine Neuwahl kommt daher auch dann nicht in Betracht, wenn etwa durch Neueinstellung von Frauen oder Entlassung von Männern nicht mehr das Repräsentationsverhältnis des § 15 Abs. 2 gewahrt ist.

Berücksichtigt werden bei der Veränderung die nach der Wahl eingestellten **nicht-** 23
ständig beschäftigten Arbeitnehmer nur dann, wenn durch sie sich die Zahl der regelmäßig beschäftigten Arbeitnehmer erhöht oder vermindert (ebenso *Schneider*, Betriebsratswahlen, § 13 Rn. 16; s. auch § 9 Rn. 12). Soweit sog. Aushilfsarbeitnehmer nicht regelmäßig beschäftigt werden, sind sie bei der Feststellung der maßgeblichen Zahl für die Frage, ob eine Neuwahl stattfinden muss, unberücksichtigt zu lassen (ebenso *Fitting*, § 13 Rn. 27; GK-*Kreutz*, § 13 Rn. 41; GL-*Marienhagen*, § 13 Rn. 11; HSWGNR-*Nicolai* § 13 Rn. 14, § 9 Rn. 13). Auch bei der Ermittlung der Zahl, von der auszugehen ist, um zu entscheiden, ob die vom Gesetz verlangte Veränderung der Belegschaftsstärke eingetreten ist, werden die seinerzeit bei der Wahl beschäftigt gewesenen nichtständigen Arbeitnehmer, soweit sie nicht zum Regelstand des Betriebs gehören, nicht mitgezählt, obwohl sie wahlberechtigt waren. Die Bezugsgröße ist teilweise auch eine andere als im Rahmen von § 9, der für die Größe des Betriebsrats in den ersten beiden Stufen auf die Zahl der in der Regel zum Betrieb gehörenden wahlberechtigten Arbeitnehmer abstellt (s. § 9 Rn. 3). Nicht mitgezählt werden selbstverständlich auch hier Arbeitnehmer, die unter § 5 Abs. 2 fallen oder zum Kreis der **leitenden Angestellten** nach § 5 Abs. 3 gehören (ebenso *Fitting*, § 13 Rn. 27; GK-*Kreutz*, § 13 Rn. 41; HSWGNR-*Nicolai* § 13 Rn. 14, § 9 Rn. 4).

d) Voraussetzung ist, dass die Veränderung in der Zahl der regelmäßig beschäftigten 24
Arbeitnehmer die folgenden beiden **Voraussetzungen** erfüllt, die *nebeneinander* gegeben sein müssen:
– die Erhöhung oder Verminderung muss **mindestens fünfzig regelmäßig beschäftigte Arbeitnehmer** betragen ohne Rücksicht auf die Größe des Betriebs,
– und *außerdem* muss die Zahl der regelmäßig beschäftigten Arbeitnehmer **mindestens um die Hälfte** der Zahl gestiegen oder gesunken sein, die zurzeit der Wahl gegeben war.

Hatte der Betrieb bei der Wahl 30 regelmäßig beschäftigte Arbeitnehmer und nach 24a
18 Monaten 75, so findet keine Neuwahl statt, weil die Erhöhung nicht mindestens 50 Arbeitnehmer beträgt. Hatte der Betrieb bei der Wahl 1000 regelmäßig beschäftigte Arbeitnehmer und nach einem Jahr nur 550, so entfällt gleichfalls eine Neuwahl, weil die Minderung nicht fünfzig Prozent beträgt. Eine Fluktuation innerhalb der Belegschaft, die sich auf diese beiden Voraussetzungen nicht auswirkt, bleibt ohne Einfluss.

e) **Keine Rolle** spielt, ob die Neuwahl zu einer **Veränderung der Betriebsratsgröße** 25
führt. Betrug die Zahl der regelmäßig beschäftigten Arbeitnehmer am Wahltag 110 und nach 18 Monaten 180, so ist neu zu wählen, obwohl der Betriebsrat in beiden Fällen

sieben Mitglieder hat. Der Gesetzgeber wollte nicht nur eine Anpassung der Zahl der Betriebsratsmitglieder an die Größe der Belegschaft, sondern bei so starker Veränderung auch eine Überprüfung des Vertrauensverhältnisses (ebenso *Fitting,* § 13 Rn. 30; GK-*Kreutz,* § 13 Rn. 45; GL-*Marienhagen,* § 13 Rn. 13; HSWGNR-*Nicolai,* § 13 Rn. 15; *Nikisch,* Bd. III S. 114).

26 Die Neuwahl bei einem Sinken der Belegschaftsstärke findet auch dann statt, wenn gleichzeitig so viele Betriebsratsmitglieder ausgeschieden sind, dass das Verhältnis des § 9 gewahrt ist; denn sonst müsste man dahin kommen, eine Neuwahl auch bei gestiegener Belegschaftsstärke so lange für unnötig zu halten, wie der Betriebsrat sich aus den Ersatzmitgliedern auf das dem § 9 entsprechende Verhältnis zur Belegschaft vergrößern kann (ebenso *Brecht,* § 13 Rn. 9; *Fitting,* § 13 Rn. 30; GK-*Kreutz,* § 13 Rn. 46; GL-*Marienhagen,* § 13 Rn. 13; HSWGNR-*Nicolai,* § 13 Rn. 19; *Nikisch,* Bd. III S. 114 f.; a. A. wohl *Nipperdey/Säcker* in *Hueck/Nipperdey,* Bd. II/2 S. 1175 Fn. 8 und *Galperin/ Siebert,* § 22 Rn. 20, obwohl ihre Äußerungen sich auf § 22 Abs. 1 lit. b BetrVG 1952, also jetzt § 13 Abs. 2 Nr. 2 beziehen).

27 f) Liegen die Voraussetzungen für die Neuwahl vor, so hat der Betriebsrat einen Wahlvorstand zu bestellen (s. ausführlich § 16 Rn. 8 ff.). Kommt er dem nicht nach, so gilt § 16 Abs. 2 analog mit der Maßgabe, dass **zwei Wochen** nachdem der Betriebsrat bei unverzüglichem Handeln den Wahlvorstand hätte bestellen müssen, entweder das Arbeitsgericht auf Antrag dreier Arbeitnehmer oder einer im Betrieb vertretenen Gewerkschaft tätigt werden kann, oder der Gesamtbetriebsrat oder Konzernbetriebsrat kann nach § 16 Abs. 3 einen Wahlvorstand bestellen; das gilt auch in Kleinbetrieben (s. § 16 Rn. 33).

2. Sinken der Zahl der Betriebsratsmitglieder unter die gesetzliche Zahl

28 a) Während Nr. 1 die Veränderung der Belegschaftsstärke berücksichtigt, schreibt Nr. 2 eine Neuwahl des Betriebsrats vor, wenn dieser auch durch Einrücken von Ersatzmitgliedern **nicht mehr die vorgeschriebene Mitgliederzahl** hat. Maßgebend ist die Zahl, die der Betriebsrat bei seiner Wahl gehabt hat; ausschließlich auf sie kommt es nicht nur dann an, wenn die Zahl der Betriebsratsmitglieder nicht mehr dem inzwischen gestiegenen Belegschaftsstand entspricht (so auch *Nikisch,* Bd. III S. 115), sondern auch dann, wenn der verkleinerte Betriebsrat der inzwischen verringerten Belegschaftsstärke entspricht (ebenso *Fitting,* § 13 Rn. 33; GK-*Kreutz,* § 13 Rn. 52; GL-*Marienhagen,* § 13 Rn. 14; HSWGNR-*Nicolai* § 13 Rn. 25; a. A. *Galperin/Siebert,* § 22 Rn. 20; *Nikisch,* Bd. III S. 115 und dort Fn. 16; *Nipperdey/Säcker* in *Hueck/Nipperdey,* Bd. II/2 S. 1175 Fn. 8; weiterhin RAG 10. 6. 1931 und 23. 6. 1932, BenshSlg. 12, 413, 415 und 15, 391, 392 f. zu der ähnlich lautenden Bestimmung in § 42 BRG). Die gegenteilige Meinung berücksichtigt nicht, dass Veränderungen der Belegschaftsstärke während der Wahlperiode ausschließlich von Abs. 2 Nr. 1 erfasst werden sollen; sie beachtet auch nicht, dass der Betriebsrat schon von vornherein weniger Mitglieder haben kann, als nach § 9 vorgeschrieben ist. Man verliert daher den festen Maßstab, wenn man nicht von der *ursprünglichen,* sondern von der nach dem jeweiligen Beschäftigungsstand vorgeschriebenen Zahl der Betriebsratsmitglieder ausgeht.

29 b) Eine Neuwahl kommt nur dann in Betracht, wenn der Betriebsrat **auch nach Einrücken der Ersatzmitglieder** nicht mehr der gesetzlich vorgeschriebenen Zahl entspricht. (zu den Folgen einer Weigerung des verbleibenden Rumpfbetriebsrates, einen Wahlvorstand zu bestellen, s. § 16 Rn. 4).

30 aa) Da ein nur **zeitweilig verhindertes Mitglied** des Betriebsrats auch während seiner Verhinderung Betriebsratsmitglied bleibt, liegt dieser Fall nicht vor, wenn ein vorübergehend verhindertes Mitglied nicht durch ein Ersatzmitglied vertreten werden kann. Ebenso ist keine Neuwahl nötig, wenn das letzte zur Verfügung stehende Ersatzmitglied für ein vorübergehend verhindertes Betriebsratsmitglied in den Betriebsrat eingerückt ist

und während dieser Zeit ein anderes Betriebsratsmitglied endgültig ausscheidet und nicht mehr durch ein Ersatzmitglied ersetzt werden kann; denn nach Rückkehr des vorübergehend verhinderten Mitgliedes kann das Ersatzmitglied die Stelle des endgültig ausgeschiedenen Mitgliedes übernehmen. Wollte man anders entscheiden, so käme es auf die Zufälligkeit der zeitlichen Folge vorübergehender Verhinderung und endgültigen Ausscheidens zweier Betriebsratsmitglieder an (ebenso *Fitting*, § 13 Rn. 34; GK-*Kreutz*, § 13 Rn. 55 und 58; HSWGNR-*Nicolai*, § 13 Rn. 23; *Nikisch*, Bd. III S. 115).

bb) War die **Wahl nach den Grundsätzen der Verhältniswahl** durchgeführt worden, so sind die Ersatzmitglieder zunächst der Liste zu entnehmen, auf der das zu ersetzende Mitglied gewählt worden ist (§ 25 Abs. 2 Satz 1). Eine Neuwahl ist aber noch nicht erforderlich, wenn die **Liste erschöpft** ist, jedoch **auf anderen Listen noch Ersatzmitglieder** zur Verfügung stehen. Dann ist das Ersatzmitglied derjenigen Liste zu entnehmen, auf die nach den Grundsätzen der Verhältniswahl der nächste Sitz entfallen würde (§ 25 Abs. 2 Satz 2). Dabei ist das Gebot des § 15 Abs. 2 zu beachten (s. § 14 Rn. 36). Diese Regelung gilt auch, wenn nach Übergreifen auf andere Listen für das Geschlecht, das in der Belegschaft in der Minderheit ist, keine Ersatzmitglieder mehr vorhanden sind, aber das ausscheidende Mitglied durch ein Ersatzmitglied des anderen Geschlechts ersetzt werden kann; denn das Gesetz verlangt ausdrücklich, dass der Betriebsrat auch nach dem Eintreten *sämtlicher* Ersatzmitglieder nicht mehr vollzählig ist (*Fitting*, § 13 Rn. 36; GK-*Kreutz*, § 13 Rn. 56;; DKK-*Schneider*, § 13 Rn. 14, 16). 31

Hatte eine **Mehrheitswahl** stattgefunden, so bestimmt sich die Reihenfolge der Ersatzmitglieder nach der Höhe der erreichten Stimmenzahlen (§ 25 Abs. 2 Satz 3). Auch hier ist § 15 Abs. 2 zu beachten, s. § 14 Rn. 40. 32

cc) Eine **Neuwahl** kann deshalb **nicht dadurch erzwungen** werden, dass **alle auf einer Liste gewählten Betriebsratsmitglieder** einschließlich der auf ihr stehenden Ersatzmitglieder **zurücktreten**, wenn auf anderen Listen noch Ersatzmitglieder zur Verfügung stehen. Gleiches gilt bei einem Rücktritt sämtlicher Betriebsratsmitglieder und Ersatzmitglieder des Geschlechts in der Minderheit, sofern der Betriebsrat durch Ersatzmitglieder des anderen Geschlechts ergänzt werden kann (ebenso für das ehemals erforderliche Verhältnis von Angestellten und Arbeitern *Fitting*, § 13 Rn. 37; GK-*Kreutz*, § 13 Rn. 57; GL-*Marienhagen*, § 13 Rn. 15;). Wollte man anders entscheiden, so könnte die Minderheit der Mehrheit ihren Willen aufzwingen. Vor allem steht es in Widerspruch zu Abs. 2 Nr. 3, der einen qualifizierten Mehrheitsbeschluss für den Rücktritt des Betriebsrats verlangt (s. Rn. 38 f.), wenn eine Minderheit jederzeit dadurch, dass sie den Rücktritt „ihrer" Betriebsratsmitglieder und der Ersatzmitglieder veranlasst, eine Neuwahl erzwingen könnte (so bereits *Dietz*, DB 1955, 192, 194). 33

Ebensowenig wie eine Minderheit durch Amtsniederlegung eine Neuwahl erzwingen kann, besteht zu deren Verhinderung die Möglichkeit, eine **Zwischenwahl von Ersatzmitgliedern** durchzuführen, damit der Fall des Abs. 2 Nr. 2 nicht eintritt. Dies gilt auch, wenn bei einem nur aus einer Person bestehenden Betriebsrat das einzige Ersatzmitglied nachgerückt ist (ebenso LAG Hamm 20. 8. 1990, DB 1990, 2531 f.; *Joost*, MünchArbR § 216 Rn. 17; s. auch § 14 Rn. 40 ff.). 34

c) Der **Fall des Abs. 2 Nr. 2** liegt **nicht** vor, wenn der Betriebsrat **von Anfang an nicht die dem Gesetz entsprechende Zahl von Mitgliedern** hat. Ist dies darauf zurückzuführen, dass ein Betrieb nicht die ausreichende Zahl von wählbaren Arbeitnehmern hat, so gilt § 11; waren zwar genügend wählbare Arbeitnehmer vorhanden, aber nicht genügend zur Kandidatur oder zur Übernahme des Betriebsratsamtes bereit oder erhielten nicht genügend Kandidaten eine Stimme, so gilt § 11 entsprechend (s. § 11 Rn. 6 ff.). War die Zahl der Betriebsratsmitglieder vom Wahlvorstand fehlerhaft festgestellt worden, so bleibt diese Zahl ebenfalls bindend, wenn die Wahl nicht angefochten wird (s. § 9 Rn. 22). 35

d) Besteht der **Betriebsrat nur aus einer Person,** so kann man deren Ausscheiden aus dem Amt nach dem Gesetzestext unter Abs. 2 Nr. 2 subsumieren, wenn sie nicht mehr 36 durch ein für sie nach § 14 Abs. 4 Satz 2 gewähltes Ersatzmitglied ersetzt werden kann. Das Gesetz geht jedoch bei Nr. 2 davon aus, dass ein Betriebsrat noch besteht, aber nicht mehr die gesetzlich vorgeschriebene Zahl der Mitglieder hat. Hier dagegen besteht kein Betriebsrat mehr, so dass der **Fall der Nr. 6** vorliegt (ebenso GK-*Kreutz*, § 13 Rn. 54).

37 e) Sobald die Voraussetzungen der Nr. 2 gegeben sind, ist durch den Betriebsrat nach § 16 ein Wahlvorstand zu bestellen (s. ausführlich § 16 Rn. 8). Kommt er dem nicht nach, so gilt § 16 Abs. 2 analog mit der Maßgabe, dass **zwei Wochen** nachdem der Betriebsrat bei unverzüglichem Handeln den Wahlvorstand hätte bestellen müssen, entweder das Arbeitsgericht auf Antrag dreier wahlberechtigter Arbeitnehmer oder einer im Betrieb vertretenen Gewerkschaft tätig werden kann, oder gemäß § 16 Abs. 3 kann der Gesamtbetriebsrat oder Konzernbetriebsrat einen Wahlvorstand bestellen, s. § 16 Rn. 32 ff. und 48.

3. Rücktritt durch Mehrheitsbeschluss

38 a) Der Betriebsrat kann jederzeit durch Mehrheitsbeschluss seinen Rücktritt, d. h. den Rücktritt des gesamten Betriebsrats beschließen. Dieser Beschluss bedarf der Zustimmung der **Mehrheit aller Mitglieder des Betriebsrats** ohne Rücksicht darauf, wie viele in der Sitzung anwesend sind, im Gegensatz zu sonstigen Beschlüssen, für die die Mehrheit der erschienenen Mitglieder erforderlich und genügend ist, falls mindestens die Hälfte aller Mitglieder an der Beschlussfassung teilgenommen hat (§ 33; ebenso *Fitting*, § 13 Rn. 39; GL-*Marienhagen*, § 13 Rn. 17; HSWGNR-*Nicolai*, § 13 Rn. 27). Ersatzmitglieder wirken an dem Beschluss nur mit, wenn sie an Stelle eines verhinderten Mitglieds in den Betriebsrat eingerückt sind (§ 25). Im Übrigen haben sie bei diesem Beschluss ebenso wenig mitzuwirken wie bei anderen Beschlüssen des Betriebsrats. Das Ausscheiden sämtlicher Betriebsratsmitglieder aus dem Arbeitsverhältnis ist nicht einem Rücktrittsbeschluss des Betriebsrats durch die Mehrheit seiner Mitglieder gleichzusetzen (LAG Frankfurt 30. 7. 2001 – 16 Sa 1989/00, ZinsO 2002, 740).

39 Die Mehrheit der Betriebsratsmitglieder muss sich für den Rücktritt aussprechen; Stimmenthaltung ist daher wie Ablehnung des Antrags zu werten. Der Beschluss wirkt auch gegen ein überstimmtes Mitglied – und gegen die Ersatzmitglieder –, da er sich auf das Amt des gesamten Betriebsrats bezieht (ebenso *Brecht*, § 13 Rn. 15; *Fitting*, § 13 Rn. 42; GK-*Kreutz*, § 13 Rn. 65; HSWGNR-*Nicolai*, § 13 Rn. 27). Aus welchem Grund der Rücktritt erfolgt, spielt keine Rolle (ebenso BAG 3. 4. 1979 AP BetrVG 1972 § 13 Nr. 1). Bei Mangel der Ernstlichkeit ist der Beschluss unwirksam, allerdings nur, wenn er in der Erwartung zustande gekommen ist, der Mangel der Ernstlichkeit werde nicht verkannt werden (§ 118 BGB; ebenso *Fitting*, § 13 Rn. 39; GK-*Kreutz*, § 13 Rn. 63; einschränkend HSWGNR-*Nicolai*, § 13 Rn. 29). Das dürfte allerdings selten der Fall sein: Ein Betriebsrat neigt in der Regel nicht zu „Scherzerklärungen" (zu den Anforderungen aus zivilrechtlicher Sicht: Palandt-*Heinrichs*, BGB, § 118 Rn. 2).

40 b) Abs. 2 Nr. 3 bezieht sich nach seinem Wortlaut auf den mehrgliedrigen Betriebsrat, in dem er für den Rücktritt einen Beschluss des Betriebsrats „mit der Mehrheit seiner Mitglieder" verlangt. Damit wird aber nicht ausgeschlossen, dass der **aus einer Person bestehende Betriebsrat** seinen Rücktritt erklären kann (ebenso *Fitting*, § 13 Rn. 40; GK-*Kreutz*, § 13 Rn. 64; HWK-*Reichold*, § 13 Rn. 10). Wie jedes Betriebsratsmitglied kann jedoch auch der aus einer Person bestehende Betriebsrat das Betriebsratsamt niederlegen, so dass nur die *persönliche Mitgliedschaft* erlischt (§ 24 Abs. 1 Nr. 2). Deshalb muss, wenn der Betriebsrat aus einer Person besteht, von ihr klargestellt werden, ob ein Rücktritt oder nur eine Niederlegung des Betriebsratsamtes erklärt wird. Im letzteren Fall tritt an ihre Stelle das für sie gewählte Ersatzmitglied (§ 25 Abs. 1 und Abs. 3). Liegt ein Rücktritt vor, so bleibt der zurückgetretene Betriebsrat im Amt. Es gilt für ihn Gleiches wie bei einem mehrgliedrigen Betriebsrat, der mit der Mehrheit seiner Mitglieder seinen Rücktritt beschlossen hat.

IV. Die einzelnen Gründe für eine vorzeitige Betriebsratswahl § 13

c) Der **Rücktritt beendet das Amt des Betriebsrats nicht sofort,** sondern macht 41
zunächst nur eine **Neuwahl nötig** (ebenso Fitting, § 13 Rn. 42; a. A. wegen Nichterwähnung in § 21 Satz 5 GK-*Kreutz,* § 13 Rn. 65). Der Betriebsrat hat, wie in den in Nr. 1
und 2 genannten Fällen, bis zur Bekanntgabe des Wahlergebnisses des neu gewählten
Betriebsrats die Geschäfte weiterzuführen (§ 22; ebenso deshalb GK-*Kreutz,* § 13
Rn. 65; s. § 21 Rn. 19 und § 22 Rn. 6). Er hat vor allem nach § 16 einen Wahlvorstand
einzusetzen (s. ausführlich § 16 Rn. 8 ff.). Im Gegensatz dazu steht der Fall, dass alle
Betriebsratsmitglieder und alle Ersatzmitglieder ihr Amt *niederlegen* bzw. aus sonstigem
Grund verlieren; dann ist das Amt des Betriebsrats *sofort* erloschen (s. Rn. 51 f.).
Kommt der Betriebsrat seiner Pflicht zur Bestellung eines Wahlvorstandes nicht nach, so
gilt § 16 Abs. 2 analog mit der Maßgabe, dass zwei Wochen nachdem der Betriebsrat
bei unverzüglichem Handeln den Wahlvorstand hätte bestellen müssen, entweder das
Arbeitsgericht auf Antrag dreier wahlberechtigter Arbeitnehmer oder einer im Betrieb
vertretenen Gewerkschaft tätig werden kann, oder der Gesamtbetriebsrat oder Konzernbetriebsrat kann gemäß § 16 Abs. 3 einen Wahlvorstand bestellen, s. § 16 Rn. 32 ff.
und 48.

4. Erfolgreiche Anfechtung der Betriebsratswahl

a) Die erfolgreiche Anfechtung einer Betriebsratswahl ist nur dann ein Grund für eine 42
vorzeitige Neuwahl, wenn das Arbeitsgericht die **Wahl des Betriebsrats für unwirksam
erklärt,** nicht dagegen, wenn es das Wahlergebnis korrigiert (s. § 19 Rn. 61 ff.). Denn
die Wiederholung der Wahl ist nur erforderlich, wenn der Betriebsrat sein Amt verliert.
Sie scheidet aus, wenn das Arbeitsgericht nur die Wahl eines Betriebsratsmitglieds für
unwirksam erklärt; an seine Stelle tritt vielmehr ein Ersatzmitglied (s. § 19 Rn. 67 f.).

b) Der Grund für die vorzeitige Neuwahl steht erst mit der **Rechtskraft der arbeits-** 43
gerichtlichen Entscheidung fest. Vorher dürfen keine Vorbereitungen für eine Neuwahl
getroffen werden; insbesondere ist der Betriebsrat nicht befugt, einen Wahlvorstand zu
bestellen (s. § 19 Rn. 48).

c) Der Betriebsrat ist auch dann außerhalb des regelmäßigen Wahlzeitraums erneut zu 44
wählen, wenn die vorhergehende **Wahl** nicht bloß anfechtbar, sondern **nichtig** ist. Nicht
erforderlich ist in diesem Fall, dass die Nichtigkeit durch eine gerichtliche Entscheidung
festgestellt wird.

d) Ist die Wahl des gesamten Betriebsrats für unwirksam erklärt worden, so wird der 45
Wahlvorstand nach § 17 vom Gesamtbetriebsrat, hilfsweise vom Konzernbetriebsrat
bestimmt, bei Fehlen solcher Gremien von der Betriebsversammlung gewählt.

5. Auflösung durch Beschluss des Arbeitsgerichts

a) Eine Neuwahl außerhalb des für die regelmäßigen Betriebsratswahlen vorgesehenen 46
Zeitraums hat weiterhin stattzufinden, wenn der Betriebsrat nach § 23 Abs. 1 wegen
grober Verletzung seiner gesetzlichen Pflichten durch Beschluss des Arbeitsgerichts aufgelöst wird. Mit der **Rechtskraft der Entscheidung** (s. § 23 Rn. 66) **endet das Amt des
Betriebsrats;** eine Weiterführung der Geschäfte ist für diesen Fall nicht vorgesehen.

Dagegen führt die **Amtsenthebung eines Mitglieds** oder mehrerer Mitglieder nicht zur 47
Beendigung des Amtes des Betriebsrats als solchem, sondern **nur zum Erlöschen des
persönlichen Amtes** (§ 24 Abs. 1 Nr. 5). Wird allerdings dadurch die Zahl der Betriebsratsmitglieder unter die gesetzlich vorgeschriebene gedrückt, ohne dass eine Auffüllung
durch Ersatzmitglieder möglich ist, so kommt es nach Abs. 2 Nr. 2 zur Neuwahl.

b) Wird der Betriebsrat aufgelöst, so hat das Arbeitsgericht von Amts wegen unver- 48
züglich einen Wahlvorstand für die Neuwahl einzusetzen (§ 23 Abs. 2). Nur das Gericht,
weder der abgesetzte Betriebsrat noch die Belegschaft, ist dazu befugt. Die Bestellung
kann nicht mit dem Auflösungsbeschluss verbunden werden; denn sie setzt dessen
Rechtskraft voraus (s. § 23 Rn. 69).

Thüsing

6. Nichtbestehen eines Betriebsrats im Betrieb

49 a) Voraussetzung ist, dass der **Betrieb betriebsratsfähig** ist (§ 1). Die Bestimmung stellt sicher, dass in diesem Fall jederzeit ein Betriebsrat gewählt werden kann. Sie enthält insoweit eine **beschränkte Generalklausel** für die Zulässigkeit einer Betriebsratswahl außerhalb des gesetzlich vorgesehenen Vierjahresrhythmus.

50 b) Keine Rolle spielt, ob **im Betrieb erstmals ein Betriebsrat gewählt** werden soll, weil bisher eine entsprechende Initiative nicht zustande kam oder durch Zusammenlegung mehrerer Betriebe ein neuer Betrieb entstand (s. auch § 21 Rn. 27), oder ob bisher ein **Betriebsrat bereits bestand,** dessen **Amt aber endete, bevor ein neuer Betriebsrat gewählt** wurde oder gewählt werden konnte (ebenso *Fitting,* § 13 Rn. 47, 48; GK-*Kreutz,* § 13 Rn. 79; HSWGNR-*Nicolai,* § 13 Rn. 36).

51 Hierher gehört auch der Fall, dass **alle Betriebsratsmitglieder** einschließlich der Ersatzmitglieder ihr **Amt niederlegen** oder aus persönlichen Gründen verlieren (vgl. § 24). Die Niederlegung des Amtes kann in diesem Fall nicht einem Rücktrittsbeschluss nach Abs. 2 Nr. 3 gleichgesetzt werden; denn für letzteren genügt, dass die Mehrheit der Betriebsratsmitglieder den Beschluss fasst (s. Rn. 38). Wenn dagegen alle Betriebsratsmitglieder und alle Ersatzmitglieder ihr Amt niederlegen, so entfällt damit zugleich die Grundlage, dass der Betriebsrat die Geschäfte weiterführt, bis der neue Betriebsrat gewählt ist, wie es für den Rücktritt vorgesehen ist (§ 22); denn es kann niemand gezwungen werden, gegen seinen Willen Mitglied im Betriebsrat zu bleiben (ebenso im Ergebnis *Nikisch,* Bd. III S. 125; so auch GK-*Kreutz,* § 13 Rn. 69; a. A. bei gemeinsamer Aktion *Brecht,* § 13 Rn. 15; *Fitting,* § 13 Rn. 41).

52 Möglich ist jedoch, dass mit der Niederlegung des Betriebsratsamtes nicht die Beendigung der persönlichen Mitgliedschaft im Betriebsrat bezweckt wird, sondern eine Neuwahl erzwungen werden soll. Wird wegen der Einstimmigkeit auf eine förmliche Beschlussfassung verzichtet, so kann die Auslegung ergeben, dass die Niederlegung des Betriebsratsamtes nicht gemäß § 24 Abs. 1 Nr. 2 als Willenserklärung gegenüber dem Betriebsrat anzusehen ist, sondern den Bestandteil eines Rücktrittsbeschlusses darstellt (ebenso DKK-*Schneider,* § 13 Rn. 19 a). Im letzteren Fall entspricht es ihrer Zielsetzung, dass die Betriebsratsmitglieder die Geschäfte weiterführen, bis der neue Betriebsrat gewählt und das Wahlergebnis bekannt gegeben ist (§ 22). Handelt es sich dagegen um die Niederlegung des Betriebsratsamtes i. S. des § 24 Abs. 1 Nr. 2, so rücken die Ersatzmitglieder nach. Erst wenn auch sie ihr Amt niederlegen, endet das Bestehen eines Betriebsrats im Betrieb.

53 c) Besteht kein Betriebsrat im Betrieb ist der Wahlvorstand nach § 17 durch den Gesamtbetriebsrat, hilfsweise durch den Konzernbetriebsrat, und bei Fehlen dieser Gremien durch die Betriebsversammlung zu bestellen.

V. Anschluss an die regelmäßigen Betriebsratswahlen

54 Betriebsratswahlen sollen für alle Betriebe einheitlich während des regelmäßigen Wahlzeitraums stattfinden. Abs. 3 regelt deshalb den **Anschluss einer Betriebsratswahl,** die nach Abs. 2 **außerhalb des regelmäßigen Wahlzeitraums** stattgefunden hat, an die regelmäßigen Betriebsratswahlen.

1. Neuwahl im nächsten Zeitraum der regelmäßigen Betriebsratswahlen

55 Als Grundsatz gilt, dass der Betriebsrat in dem auf die Wahl folgenden **nächsten Zeitraum** der regelmäßigen Betriebsratswahlen **neu zu wählen** ist (Abs. 3 Satz 1). Die Amtszeit des Betriebsrats beträgt deshalb nicht vier Jahre, sondern endet spätestens am 31. Mai des Jahres, in dem nach Abs. 1 die regelmäßigen Betriebsratswahlen stattfinden (§ 21 Satz 3; s. dort Rn. 14 f.).

2. Neuwahl im übernächsten Zeitraum der regelmäßigen Betriebsratswahlen

Wenn die **Amtszeit des Betriebsrats** zu **Beginn** des **für die regelmäßigen Betriebsrats-** 56
wahlen festgelegten Zeitraums noch **kein Jahr** betragen hat, ist der Betriebsrat erst in dem **übernächsten Zeitraum** der regelmäßigen Betriebsratswahlen **neu zu wählen** (Abs. 3 Satz 2). Die Amtszeit des Betriebsrats dauert hier länger als vier Jahre, wenn nicht in der Zwischenzeit eine Betriebsratswahl nach Abs. 2 durchzuführen ist; sie endet spätestens am 31. Mai des Jahres, in das der übernächste Zeitraum der regelmäßigen Betriebsratswahlen fällt (§ 21 Satz 4; s. dort Rn. 14 f.).

Die Amtszeit des Betriebsrats darf zu **Beginn des regelmäßigen Wahlzeitraums** noch 57
kein Jahr betragen haben. Für den Beginn der Amtszeit ist ausschließlich die *Bekanntgabe des Wahlergebnisses* maßgebend; denn nur in den Fällen des § 13 Abs. 2 Nr. 1 bis 3 bestand noch ein Betriebsrat, aber dessen Amtszeit endete ebenfalls mit der Bekanntgabe des Wahlergebnisses des neu gewählten Betriebsrats (§ 21 Satz 5 und § 22; s. auch § 21 Rn. 18 f.).

Bei der **Berechnung der Frist** wird der Tag, an dem das Wahlergebnis bekannt gegeben 58
wurde und damit die Amtszeit des Betriebsrats beginnt, nicht mitgerechnet (§ 187 Abs. 1 BGB). Der **maßgebliche Stichtag** für die Feststellung, ob die Amtszeit des Betriebsrats zu Beginn des für die regelmäßigen Betriebsratswahlen festgelegten Zeitraums ein Jahr betragen hat, ist der **1. März** des Jahres, in das die regelmäßigen Betriebsratswahlen fallen, also der 1. März 2006, 2010 usw. (Abs. 1 i. V. mit § 125 Abs. 1; s. auch Rn. 5). Für die Berechnung der Jahresfrist gelten §§ 187 Abs. 1, 188 Abs. 2 BGB. Hatte die Amtszeit des Betriebsrats also am 1. März begonnen, weil an diesem Tag das Wahlergebnis bekannt gegeben wurde, so ist er, wenn im nächsten Jahr die regelmäßigen Betriebsratswahlen stattfinden, bei Beginn des Wahlzeitraums noch kein Jahr im Amt, weil nach § 188 Abs. 2 BGB die Jahresfrist erst mit dem Ablauf des 1. März endet (ebenso *Fitting*, § 13 Rn. 52; GK-*Kreutz*, § 13 Rn. 85; HSWGNR-*Nicolai*, § 13 Rn. 40; unrichtig, soweit in dem Beispiel auf den Wahltag abgestellt wird, GL-*Marienhagen*, § 13 Rn. 31).

VI. Streitigkeiten

Wenn Streit darüber herrscht, ob ein Betriebsrat neu zu wählen ist, entscheidet das 59
Arbeitsgericht im Beschlussverfahren (§ 2 a Abs. 1 Nr. 1, Abs. 2 i. V. mit §§ 80 ff. ArbGG). Dasselbe gilt, wenn Zweifel bestehen, ob der Betriebsrat während des regelmäßigen Wahlzeitraums neu zu wählen ist.

§ 14 Wahlvorschriften

(1) Der Betriebsrat wird in geheimer und unmittelbarer Wahl gewählt.

(2) ¹Die Wahl erfolgt nach den Grundsätzen der Verhältniswahl. ²Sie erfolgt nach den Grundsätzen der Mehrheitswahl, wenn nur ein Wahlvorschlag eingereicht wird oder wenn der Betriebsrat im vereinfachten Wahlverfahren nach § 14 a zu wählen ist.

(3) Zur Wahl des Betriebsrats können die wahlberechtigten Arbeitnehmer und die im Betrieb vertretenen Gewerkschaften Wahlvorschläge machen.

(4) ¹Jeder Wahlvorschlag der Arbeitnehmer muss von mindestens einem Zwanzigstel der wahlberechtigten Arbeitnehmer, mindestens jedoch von drei Wahlberechtigten unterzeichnet sein; in Betrieben mit in der Regel bis zu zwanzig wahlberechtigten Arbeitnehmern genügt die Unterzeichnung durch zwei Wahlberechtigte. ²In jedem Fall genügt die Unterzeichnung durch fünfzig wahlberechtigte Arbeitnehmer.

(5) Jeder Wahlvorschlag einer Gewerkschaft muss von zwei Beauftragten unterzeichnet sein.

§ 14

Schrifttum: *Raab,* Die Schriftform in der Betriebsverfassung, FS Konzen 2006, S. 719; *Schneider/Wedde,* Informations- und Kommunikationstechnik bei der Betriebsratswahl, ArbuR 2007, 26; *Sieg,* Qualen bei Arbeitnehmerwahlen, FS Hromadka 2008, 437.

Zur Neufassung durch das BetrVerf-Reformgesetz vom 23. 7. 2001: *Löwisch,* Die vereinfachte Betriebsratswahl – eine Fehlkonstruktion, JZ 2002, 187; *Maschmann,* Leiharbeitnehmer und Betriebsratswahl nach dem BetrVG-Reformgesetz, DB 2001, 2446; *Thüsing/Lambrich,* Die Wahl des Betriebsrats nach neuem Recht, NZA-Sonderheft 2001, 79; *Triemel,* Minderheitenschutz in den Organisationsvorschriften der Betriebsverfassung, 2005; *Wolf,* Betriebsstrukturen und Betriebsratswahlen nach der Gesetzesnovelle 2001, Jb ArbR 40, 99 (2003).

Übersicht

	Rn.
I. Vorbemerkung	1
1. Ergänzung durch die Wahlordnung 1972	1
2. Vergleich mit § 13 BetrVG 1952	2
3. Neuregelung des Wahlvorschlagsrechts durch die Novelle vom 20. 12. 1988	3
4. Änderungen durch das BetrVerf-Reformgesetz vom 23. 7. 2001	6
II. Grundsatz der geheimen und unmittelbaren Wahl	8
1. Geheime Wahl	9
2. Unmittelbare Wahl	16
3. Allgemeine und gleiche Wahl	18
4. Freiheit der Wahl	20
5. Leitung, Ort und Zeit der Betriebsratswahl	21
III. Verhältniswahl	24
1. Verhältniswahl als Regelfall	24
2. Gebundene Listenwahl	25
3. Zuteilung der Betriebsratssitze	26
4. Bestimmung der Ersatzmitglieder	36
IV. Mehrheitswahl	37
1. Voraussetzung	37
2. Personenwahl	38
3. Ermittlung der Gewählten	39
4. Bestimmung der Ersatzmitglieder	40
V. Wahlvorschläge	41
1. Bedeutung für die Betriebsratswahl	41
2. Vorschlagsberechtigte	43
3. Passives Vorschlagsrecht	50
4. Frist für die Einreichung der Wahlvorschläge	53
5. Form der Wahlvorschläge	54
6. Zugangsrecht der Gewerkschaften zum Betrieb	63
VI. Ablehnung der Wahl	64
VII. Besonderheiten bei den privatisierten Unternehmen der Post	65
1. Die Grundnorm: § 26 Postpersonalrechtsgesetz	66
2. Beibehaltung des Gruppenprinzips	68
3. Anteilige Repräsentierung des Beamten	70
4. Gruppenwahl als Grundsatz	72
5. Mehrheitswahl bei nur einem Gruppenvertreter	82
6. Wahlvorschläge	87
7. Beamter im Wahlvorstand	88
8. Nachrücken von Ersatzmitgliedern	89
VIII. Streitigkeiten	90

I. Vorbemerkung

1. Ergänzung durch die Wahlordnung 1972

1 Die Bestimmung enthält die Grundsätze, nach denen die Wahl des Betriebsrats erfolgt. Sie wird hinsichtlich der *technischen* Ausführung der Wahl durch eine **Wahlordnung** ergänzt, die am 15. 12. 2001 neu erlassen wurde, um den Änderungen, die

I. Vorbemerkung § 14

das BetrVerf-Reformgesetz vom 23. 7. 2001 (BGBl. I S. 1852) mit sich brachte, Rechnung zu tragen.

2. Vergleich mit § 13 BetrVG 1952

In der ursprünglichen **Gesetzesfassung vom 15. 1. 1972** entsprachen die Vorschriften in Abs. 1 bis 6 wörtlich dem § 13 BetrVG 1952; lediglich die Bestimmung über die Wahl des aus einer Person bestehenden Betriebsrats und des einzigen Gruppenvertreters im Betriebsrat war als besonderer Absatz verselbständigt worden, wobei angefügt worden war, dass für diese Fälle in einem getrennten Wahlgang ein Ersatzmann zu wählen ist (Abs. 4). Der Gesetzgeber hatte außerdem für das Wahlvorschlagsrecht klargestellt, dass es sich bei der in jedem Fall ausreichenden Zahl von Unterzeichnungen eines Wahlvorschlags um Unterschriften wahlberechtigter Arbeitnehmer handeln muss (Abs. 5 Satz 3). Neu war lediglich Abs. 7, der den im Betrieb vertretenen Gewerkschaften ein Wahlvorschlagsrecht gab, wenn in einem Betrieb kein Betriebsrat bestand. Dies geschah, wie es in der Begründung zum RegE heißt, um die erstmalige Wahl von Betriebsräten in den Betrieben zu erleichtern, in denen bisher ein Betriebsrat nicht gewählt wurde (BT-Drucks. VI/1786, S. 38).

3. Neuregelung des Wahlvorschlagsrechts durch die Novelle vom 20. 12. 1988

Die Novelle vom 20. 12. 1988 ließ Abs. 1 bis 4 unverändert; in Abs. 4 Satz 2 wurde lediglich das Wort „Ersatzmann" durch das Wort „Ersatzmitglied" ersetzt (Art. 1 Nr. 4 lit. a), um klarzustellen, „dass selbstverständlich auch eine Frau zum Ersatzmitglied gewählt werden kann" (BT-Drucks. 11/2503, S. 31). Völlig neu geregelt wurde dagegen zur Verbesserung des Minderheitenschutzes das Wahlvorschlagsrecht; die bisherigen Vorschriften in Abs. 5 bis 7 wurden durch Abs. 5 bis 8 ersetzt (Art. 1 Nr. 4 lit. b und c).

Die Beschränkung des **Wahlvorschlagsrechts der Gewerkschaften** auf Betriebe ohne Betriebsrat war damit entfallen. Neben den wahlberechtigten Arbeitnehmern konnten nun auch die im Betrieb vertretenen Gewerkschaften Wahlvorschläge machen (ehemals Abs. 5). Geschaffen wurde die Regelung, um die Ausübung des in Art. 9 Abs. 3 GG verankerten Rechts der Koalitionen, sich im Bereich der Betriebsverfassung zu betätigen und Einfluss auf die Wahl des Betriebsrats zu nehmen, zu erleichtern (so die Begründung des GesetzE, BT-Drucks. 11/2503, S. 23). Die Koalitionsbetätigungsgarantie in der Betriebsverfassung gebietet aber nicht, den im Betrieb vertretenen Gewerkschaften ein Wahlvorschlagsrecht einzuräumen (s. § 2 Rn. 84). Für die Großgewerkschaften spielt bei Bestehen eines Betriebsrats ein eigenes Wahlvorschlagsrecht keine Rolle; denn sie können den Koalitionseinfluss durch die bei ihnen organisierten Arbeitnehmer des Betriebs ausüben. Die Regelung kommt also vor allem den Gewerkschaften zugute, in denen eine Minderheit organisiert ist (vgl. die Kritik von *Richardi*, AuR 1986, 33, 34 f. krit. auch *Triemel*, Minderheitenschutz in den Organisationsvorschriften der Betriebsverfassung, S. 92 ff.). Der Gesetzgeber verweist deshalb ausdrücklich darauf, dass zum Gewerkschaftsbegriff nach st. Rspr. des BAG „Durchsetzungskraft gegenüber dem sozialen Gegenspieler und ausreichende organisatorische Leistungsfähigkeit" zählen; dadurch werde „das Wahlvorschlagsrecht der Gewerkschaften auf Arbeitnehmervereinigungen mit einer beachtlichen Verankerung in der Arbeitnehmerschaft beschränkt" (BT-Drucks. 11/2503, S. 23; s. zum Kriterium der Koalitionsmächtigkeit auch § 2 Rn. 55).

Die Bestimmungen über das **Wahlvorschlagsrecht der Arbeitnehmer** in ehemals Abs. 6 und 7 verlangten nun nicht mehr wie § 13 Abs. 4 und 5 BetrVG 1952 und § 14 Abs. 5 und 6 BetrVG 1972 ein Unterschriftenquorum von einem Zehntel, wobei man 100 Unterschriften genügen ließ, sondern jeder Wahlvorschlag muss nur noch von mindestens einem Zwanzigstel der wahlberechtigten Gruppenangehörigen bei Gruppenwahl bzw. der wahlberechtigten Arbeitnehmer überhaupt bei gemeinsamer Wahl unterzeichnet sein, wobei in jedem Fall 50 Unterschriften genügen. Diese Regelung verbesserte nicht nur den Minderheitenschutz, sondern sie war auch geboten, um die Gleichheit der Wahl zu gewährleisten. Das BVerfG hat das in § 19 Abs. 4 Satz 2 und Abs. 5 BPersVG 1974 vorgesehene Quorum von einem Zehntel wegen Verstoßes gegen Art. 3 Abs. 1 GG der Höhe nach für nichtig erklärt (BVerfG 16. 10. 1984 E 67, 369; so bereits zu § 48 Abs. 3 Satz 1 BremPersVG 1974 BVerfG 23. 3. 1982 E 60, 162 = AP LPVG Bremen § 48 Nr. 1). Die Unterschriftenquoten von mindestens einem Zehntel der wahlberechtigten Gruppenangehörigen bei der Gruppenwahl und von mindestens einem Zehntel der wahlberechtigten Beschäftigten bei gemeinsamer Wahl stellten eine übermäßige Beschränkung der Allgemeinheit und Gleichheit der Personalratswahl dar (BVerfGE 67, 369, 378). Der Gesetzgeber war deshalb verfassungsrechtlich gezwungen, den Prozentsatz für das Unterschriftenquorum zu verringern (vgl. *Richardi*, AuR 1986, 33, 36).

4. Änderungen durch das BetrVerf-Reformgesetz vom 23. 7. 2001

6   Das BetrVerf-Reformgesetz vom 23. 7. 2001 (BGBl. I S. 1852) brachte wiederum weitgehende Änderungen der Norm. Mit der Neufassung wird die Wahl zum Betriebsrat erleichtert und vereinfacht, insbesondere auf Grund der Entscheidung, das **Gruppenprinzip aufzuheben**. Der Paragraph konnte daher von acht auf fünf Absätze gekürzt werden. Abs. 1 entspricht dem ehemals geltenden Recht, Abs. 3 dem ehemaligen Abs. 5, Abs. 5 dem ehemaligen Abs. 8. Abs. 2 entspricht inhaltlich weitgehend den ehemaligen Absätzen 3 und 4. Neu ist, dass die Mehrheitswahl nun nicht nur bei einem einköpfigen Betriebsrat gilt, sondern generell bei Kleinbetrieben, also auch für den dreiköpfigen Betriebsrat. Vormals musste beim einköpfigen Betriebsrat in einem getrennten Wahlgang ein Ersatzmitglied gewählt werden (ehemals Abs. 4 S. 2); auch diese Erschwerung der Wahl wurde abgeschafft.

7   Entsprechende Vorschriften: § 19 BPersVG, § 6 SprAuG.

II. Grundsatz der geheimen und unmittelbaren Wahl

8   Der Betriebsrat wird in geheimer und unmittelbarer Wahl gewählt (Abs. 1). Das gilt uneingeschränkt – ohne Rücksicht darauf, ob die Wahl als Verhältniswahl oder Mehrheitswahl durchgeführt wird.

1. Geheime Wahl

9   Die Wahl muss geheim sein. Öffentliche Stimmabgabe ist ausgeschlossen, etwa durch Handaufheben oder Zuruf (vgl. BAG 12. 10. 1961 AP BGB § 611 Nr. 84 Urlaubsrecht; LAG Mainz 7. 11. 1950, BB 1951, 250).

10   a) Geheime Stimmabgabe verlangt **schriftliche Abstimmung**. Sie erfolgt durch *Abgabe von Stimmzetteln in dafür bestimmten Wahlumschlägen* (§ 11 Abs. 1 WO). Bloßes Falten der Wahlzettel genügt nicht (LAG Bayern, ABlBayAM 1954 C S. 4). Es muss dafür gesorgt sein, dass die Ankreuzung des Wahlzettels in abgeschirmten Schreibgelegenheiten erfolgen kann (vgl. § 12 Abs. 1 WO; LAG Düsseldorf 3. 8. 2007, AuR 2008, 120). Die Ausgabe von Stimmzetteln außerhalb des Wahllokals ist, abgesehen von der schriftlichen Stimmabgabe (§§ 24 ff. WO), unzulässig (vgl. RAG 30. 10. 1929 BenshSlg. 7, 342; *Herschel*, DB 1963, 1046).

11   Für die Einhaltung des Wahlgeheimnisses hat der Wahlvorstand zu sorgen. Er hat die Stimmzettel und Wahlumschläge zur Verfügung zu stellen. Die Stimmzettel haben die Vorschlagslisten (§ 11 Abs. 2 WO) oder, wenn nur ein Vorschlag eingereicht ist, die Namen der Bewerber zu enthalten (§ 20 Abs. 2 WO). Es ist unzulässig, dass die Abstimmenden die Namen der von ihnen zu Wählenden auf den Stimmzettel schreiben (LAG Düsseldorf 8. 5. 1950, BB 1951, 250). Die Stimmzettel und Wahlumschläge dürfen

keine Unterscheidungsmerkmale aufweisen (§ 11 Abs. 2 WO). Die Stimmzettel und Wahlumschläge müssen einheitlich sein und die gleiche Größe, Farbe, Beschaffenheit und Beschriftung haben, insbesondere dürfen die Kreise, die zur Stimmrechtsausübung angekreuzt werden, keinen unterschiedlichen Druck aufweisen (vgl. BAG 14. 1. 1969 AP BetrVG § 13 Nr. 12), und es dürfen die Stimmzettel nicht teils eine gedruckte Beschriftung, teils Schreibmaschinenschrift tragen (vgl. VGH Mannheim, ESVGH 11, I 1, 3).

Der Wahlvorstand hat während der Stimmabgabe darüber zu wachen, dass der Wahlberechtigte unbeobachtet den Stimmzettel kennzeichnen kann; insbesondere darf kein Wahlhelfer an der Wahlkabine bei der Ausfüllung des Stimmzettels Hilfe leisten, auch wenn es sich um einen ausländischen Arbeitnehmer handelt, der Sprachschwierigkeiten hat (vgl. ArbG Bremen 19. 7. 1972, DB 1972, 1830, 1831; ebenso ErfK-*Eisemann*, § 14 Rn. 3; *Fitting*, § 14 Rn. 12; GK-*Kreutz*, § 14 Rn. 18). Jedoch bestehen keine Bedenken dagegen, dass ein Wähler, der durch körperliches Gebrechen in der Stimmabgabe behindert ist, eine Person seines Vertrauens hinzuzieht, die ihm bei der Stimmabgabe Hilfe leistet; es kann insoweit § 16 Abs. 2 BPersVWO entsprechend angewandt werden (vgl. zu dieser Vorschrift *Dietz/Richardi*, BPersVG, § 16 BPersVWO Rn. 4 f.; ebenso ErfK-*Eisemann*, § 14 Rn. 3; *Fitting*, § 14 Rn. 13; GK-*Kreutz*, § 14 Rn. 18). **12**

b) Die **schriftliche Stimmabgabe**, die sog. Briefwahl (§§ 26 bis 28 WO), ist **mit dem Grundsatz der geheimen Wahl vereinbar** (vgl. auch BAG 14. 2. 1978 AP BetrVG 1972 § 19 Nr. 7). Ein Verstoß liegt allerdings vor, wenn jemand, z. B. ein Wahlbewerber, sich für Wahlberechtigte die Wahlunterlagen für die Briefwahl aushändigen lässt und die Stimmzettel in seiner Gegenwart ausgefüllt werden (vgl. OVG Münster 26. 8. 1962, ZBR 1962, 391). Hierbei und für andere Beeinträchtigungen des Wahlgeheimnisses kann auf das Schrifttum und die **Entscheidungspraxis des Staatsrechts** verwiesen werden (Dreier-*Morlok*, GG, Art. 38 Rn. 113; v. Münch/Kunig-*v. Münch*, Art. 38 Rn. 56 ff.). **13**

c) Die Geheimhaltung der Wahl verlangt **Auszählung** erst **nach Beendigung der Wahlhandlung** (§ 13 WO). Erstreckt die Wahl sich über mehrere Tage oder findet sie zu verschiedenen Zeiten statt, z. B. bei mehrschichtigem Betrieb oder bei Abstimmung in verschiedenen Betriebsabteilungen, so ist die Auszählung erst nach Abschluss der gesamten Wahl zulässig. Der Wahlvorstand hat dafür Sorge zu tragen, dass während einer Unterbrechung der Wahl die Wahlurnen sichergestellt und versiegelt werden (§ 12 Abs. 4 WO). Eine Auszählung nach einzelnen Betriebsabteilungen oder nach Wahllokalen ist unzulässig. Bei schriftlicher Stimmabgabe sind die rechtzeitig eingegangenen Wahlumschläge vor Beginn der Auszählung ungeöffnet in die Wahlurne zu legen; verspätet eingehende Stimmen dürfen nicht ausgezählt und berücksichtigt werden, weil sonst die Geheimhaltung der Wahl verletzt wird (vgl. § 26 Abs. 2 WO). **14**

d) Aus dem Grundsatz der geheimen Wahl folgt, dass ein Ausforschen, vor allem eine **gerichtliche Nachprüfung,** wie jemand gewählt hat, unzulässig ist (vgl. BVerwG 21. 7. 1975 E 49, 75, 77; weiterhin BAG 6. 7. 1956 AP BetrVG § 27 Nr. 4 – dort für die Stimmabgabe zur Wahl des Betriebsratsvorsitzenden und seines Stellvertreters). Es besteht nicht nur ein Zeugnisverweigerungsrecht (*Brecht*, § 14 Rn. 5; *Fitting*, § 14 Rn. 15; GL-*Marienhagen*, § 14 Rn. 9; HWK-*Reichold*, § 14 Rn. 5), sondern es ist auch die Verwertung einer freiwillig abgegebenen eidesstattlichen Versicherung von Wählern über ihre Stimmabgabe oder ihre Vernehmung als Zeuge darüber unzulässig (ebenso BVerwGE 49, 75; GK-*Kreutz*, § 14 Rn. 20). **15**

2. Unmittelbare Wahl

Die Wahl muss unmittelbar sein. Sie ist **Urwahl,** erfolgt also nicht durch Wahlmänner, sondern durch die Wahlberechtigten selbst. **16**

§ 14 Wahlvorschriften

17 Jeder Wähler muss seine Stimme selbst abgeben. Jede Vertretung ist ausgeschlossen, auch in dem Sinne, dass ein anderer den vom Wahlberechtigten angekreuzten und in den Wahlumschlag gesteckten Stimmzettel abgibt (s. auch Rn. 12). Auch bei schriftlicher Stimmabgabe muss das Wahlrecht persönlich ausgeübt werden (vgl. § 25 WO).

3. Allgemeine und gleiche Wahl

18 a) Obwohl das Gesetz es hier im Gegensatz zu § 76 Abs. 2 Satz 1 BetrVG 1952 nicht ausdrücklich sagt, ist die Wahl auch **gleich**, d. h. jeder wahlberechtigte Arbeitnehmer hat die *gleiche* Stimme. Damit verbunden ist der ungeschriebene Grundsatz der **Chancengleichheit der Wahlbewerber**. Dieses Gebot ist zwar weder im BetrVG noch in der Wahlordnung ausdrücklich formuliert, es handelt sich hierbei aber um ein notwendiges Element einer demokratischen Wahl (zur Chancengleichheit der Parteien in der Bundestagswahl: BVerfG 47, 198, 225 f.; BVerfG 21, 196, 199). Das Gebot wird verletzt, wenn der Wahlvorstand einzelnen Bewerber Vorrechte gegenüber anderen einräumt (BAG 6. 12. 2000, AP BetrVG 1972 § 19 Nr. 48 [Einsichtnahme in Wählerliste, s. auch Rn. 20]).

19 b) Die Wahl ist **allgemein**, d. h. *jeder* wahlberechtigte Arbeitnehmer hat eine Stimme. Allgemeinheit der Wahl verlangt aber auch, dass der Betriebsrat für den ganzen Betrieb einheitlich gewählt wird. Es ist unzulässig, den Betrieb in Wahlkreise aufzuteilen und für sie besondere Kandidaten aufzustellen mit der Folge, dass jeder Betriebsteil besondere Repräsentanten wählt (ebenso LAG Hamm 27. 6. 2003 – 10 TaBV 22/03, juris; *Fitting*, § 14 Rn. 17; HSWGNR-*Nicolai*, § 14 Rn. 11; DKK-*Schneider*, § 14 Rn. 14; im Ergebnis ebenso GK-*Kreutz*, § 14 Rn. 29, der als Begründung freilich die Unvereinbarkeit der Wahlkreisaufteilung mit dem gesetzlichen Wahlsystem nennt). Nach § 3 Abs. 1 kann aber durch Tarifvertrag für mehrere Betriebe, Betriebsteile und Nebenbetriebe eines Unternehmens ein einheitlicher Betriebsrat gewählt werden, insoweit ist die Einteilung in Wahlbezirke zulässig (LAG Hamm 27. 6. 2003 – 10 TaBV 22/03, juris), jedenfalls soweit sie sich an den bisherigen Betriebsgrenzen orientiert. Ein Schluss *a maiore ad minus* ist nahe liegend, trotz des insoweit unergiebigen Wortlauts des § 3 Abs. 5. Ziel muss es sein, zu verhindern, dass einbezogene Betriebsteile nicht von der Mehrheit größerer Betrieb(steil)e majorisiert werden.

4. Freiheit der Wahl

20 Die wahlberechtigten Arbeitnehmer haben ein **Wahlrecht**, aber **keine Wahlpflicht**. Auf die Ausübung des Wahlrechts kann nicht wirksam verzichtet werden (ErfK-*Eisemann*, § 14 Rn. 2; *Fitting*, § 14 Rn. 19; DKK-*Schneider*, § 14 Rn. 5). Wer wahlberechtigt ist, ergibt sich aus § 7 (s. dort Rn. 2 ff.); nur Arbeitnehmer, die in die Wählerliste eingetragen sind, können das Wahlrecht ausüben (§ 2 Abs. 3 WO). Aus dem Grundsatz über die Freiheit der Wahl folgt die Verpflichtung des Wahlvorstands, während der laufenden Betriebsratswahl **Dritten keine Einsichtnahme** in die mit den Stimmabgabevermerken versehene **Wählerliste** zu gestatten (BAG 6. 12. 2000 AP BetrVG 1972 § 19 Nr. 38).

5. Leitung, Ort und Zeit der Betriebsratswahl

21 a) Die Wahl kann nur unter **Leitung eines Wahlvorstands** durchgeführt werden (s. zur Bestellung §§ 16–18). Die Betriebsratswahl wird mit Erlass des Wahlausschreibens durch den Wahlvorstand eingeleitet (§ 3 WO).

22 b) Grundsätzlich findet die Wahl an der **Betriebsstätte** statt. Nicht unbedingt notwendig ist einheitliche Wahlzeit für alle Belegschaftsangehörigen. Eine unterschiedliche Zeit kommt insbesondere bei mehrschichtigem Betrieb in Betracht (s. dazu Rn. 14; LAG Brandenburg 27. 11. 1998, NZA-RR 1999, 418). Auch ist kein einheitlicher

Wahlort erforderlich. Aus § 12 Abs. 2 WO, wonach auch bei Bestellung von Wahlhelfern stets mindestens ein Mitglied des Wahlvorstands im Wahlraum anwesend sein muss, ergibt sich, dass nur so viele Wahllokale gleichzeitig geöffnet sein können, als Mitglieder des Wahlvorstands vorhanden sind – also nicht mehr als drei, wenn nicht bei der Bestellung des Wahlvorstands die Zahl seiner Mitglieder erhöht wurde (s. dazu § 16 Rn. 10).

c) Die Wahl findet **grundsätzlich während der Arbeitszeit** statt (s. § 20 Rn. 46). Der Arbeitgeber trägt die Kosten der Wahl (§ 20 Abs. 3). Er hat die für die Wahl notwendigen Räume, Einrichtungen und Unterlagen zur Verfügung zu stellen (s. § 20 Rn. 34). **23**

III. Verhältniswahl

1. Verhältniswahl als Regelfall

Für das Wahlverfahren gilt als **Grundsatz**, dass die Wahl nach den Prinzipien der Verhältniswahl erfolgt (Abs. 3). Eine Verhältniswahl entfällt lediglich dann, wenn nur *ein* Wahlvorschlag eingereicht wird oder wenn ein Betriebsrat im vereinfachten Verfahren nach § 14 a zu wählen ist. Die Wahl erfolgt in diesem Fall nach den Grundsätzen der *Mehrheitswahl* (s. Rn. 37 ff.). **24**

2. Gebundene Listenwahl

Die Verhältniswahl erfolgt als **Listenwahl.** Der Wähler kann seine Stimme nur für den gesamten Wahlvorschlag, die Vorschlagsliste, abgeben (§ 11 Abs. 1 WO). Er kann deshalb nicht Kandidaten streichen. Deren Reihenfolge ergibt sich vielmehr aus der Aufführung in der Vorschlagsliste, und diese wird durch den Wahlvorschlag bestimmt (§ 6 Abs. 4 WO). Auf dem Stimmzettel sind die Vorschlagslisten in der Reihenfolge, die der Wahlvorstand durch Los ermittelt hat (§ 10 Abs. 1 WO), unter Angabe der beiden an erster Stelle benannten Kandidaten aufgeführt (§ 11 Abs. 2 WO). Der Wähler hat auf dem Stimmzettel lediglich die Vorschlagsliste anzukreuzen, für die er seine Stimme abgeben will (§ 11 Abs. 3 WO). Jede andere Kennzeichnung, vor allem auch die Streichung eines Kandidaten, macht die Stimme ungültig (§ 11 Abs. 4 WO). **25**

3. Zuteilung der Betriebsratssitze

a) Die Zuteilung der Betriebsratssitze erfolgt nach dem **d'Hondt'schen System** (vgl. §§ 15, 16 WO). Nach diesem System werden die für jede Liste abgegebenen Stimmenzahlen durch 1, 2, 3, 4 usw. geteilt. Auf jede danach sich jeweils ergebende höchste Zahl (sog. *Höchstzahl*) entfällt ein Sitz. Ist nur noch ein Sitz zu vergeben und kommt die nächste Höchstzahl bei mehreren Listen in Betracht, so entscheidet das Los, welcher Liste der letzte Sitz zugeteilt wird. **26**

Steht fest, wieviel Betriebsratssitze auf eine Vorschlagsliste entfallen, so sind die Sitze auf die Bewerber in der Reihenfolge ihrer Benennung auf dem Wahlvorschlag zu verteilen (§ 15 Abs. 4 WO). Lehnt ein auf der Liste genannter Kandidat die Annahme der Wahl ab, so tritt der auf ihr nächst Genannte an seine Stelle. Enthält eine Liste nicht soviel Bewerber, als Höchstzahlen auf sie entfallen, oder lehnen soviel Kandidaten die Wahl ab, so werden die nicht besetzten Höchstzahlen dieser Liste nicht berücksichtigt; es sind die Kandidaten anderer Listen, auf die die nächstgrößten Höchstzahlen entfallen, gewählt (§ 15 Abs. 3 WO). **27**

Mit Verabschiedung des BetrVerf-Reformgesetzes fehlten Hinweise darauf, wie das Quotenerfordernis in der Praxis umzusetzen ist. Die neue Wahlordnung hat hier Klarheit gebracht und das vorangegangene Rätselraten in der Literatur beendet. Es muss zu- **28** nächst berücksichtigt werden, wie viele Sitze gemäß § 15 Abs. 2 BetrVG auf das Geschlecht in der Minderheit mindestens entfallen (s. § 15 Rn. 12 ff.). Sodann erfolgt die Verteilung der Sitze unter Berücksichtigung dieser Mindestzahl. Hierbei ist eine *zweistufige* Rechnung vorzunehmen:

29 In einem ersten Durchlauf sind nach dem Höchstzahlenprinzip, angewandt einheitlich für Männer und Frauen, die auf jede Liste entfallenen Sitze zu ermitteln. Dann sind die auf die einzelnen Listen entfallenen Sitze auf die Bewerber in der Reihenfolge ihrer Benennung auf dem Wahlvorschlag zu verteilen (§ 15 Abs. 4 WO). Wenn danach das Geschlecht in der Minderheit mindestens entsprechend seinem Belegschaftsanteil im Betriebsrat vertreten ist, dann verbleibt es dabei.

30 Ist dem nicht so, dann sind die Gewählten in einem zweiten Ansatz zu ermitteln. Eine Möglichkeit wäre es gewesen, hier die nach § 15 Abs. 2 ermittelte Mindestzahl als feste Größe zu Grunde zu legen und die übrigen Sitze dann auf das andere Geschlecht zu verteilen. Dies entspräche der Berechnung der Verteilung nach ehemals geltendem Recht für die gemeinsame Wahl von Angestellten und Arbeitern (so *Däubler*, DB 2001, 1669, 1672). Bei der Verteilung der Sitze würden also die jedem Geschlecht zustehenden Sitze *getrennt,* jedoch unter Verwendung *derselben Höchstzahlen* ermittelt (vgl. § 16 Abs. 1 Satz 2 alte WO für das Verhältnis von Angestellten und Arbeitern). Aus jeder Liste wären dabei die *Angehörigen des anderen Geschlechts herauszunehmen* und die auf das verbliebene Geschlecht entfallenden Sitze unter die in der Liste aufgeführten Vertreter nach dem Höchstzahlenprinzip zu verteilen. Sodann müssten die Angehörigen des anderen Geschlechts jeder Liste unter Verwendung derselben Höchstzahlen ermittelt werden (ebenso für das Gruppenprinzip Arbeiter/Angestellte BAG 2. 3. 1955, AP WO § 16 Nr. 1; 2. 2. 1962, AP BetrVG § 13 Nr. 10; *Fitting*, BetrVG 20. Auflage, § 14 Rn. 30, § 16 WO Rn. 1; GK-*Kreutz*, BetrVG 6. Auflage, § 14 Rn. 60, § 16 WO Rn. 2.

31 Der Verordnungsgeber ist einen etwas anderen Weg gegangen: Er bestimmt in § 15 Abs. 5 Nr. 1 WO, dass an die Stelle des auf der Vorschlagsliste mit der niedrigsten Höchstzahl benannten Bewerbers, der nicht dem Geschlecht in der Minderheit angehört, der in derselben Vorschlagsliste in der Reihenfolge nach ihm benannte, nicht berücksichtigte Bewerber des Geschlechts in der Minderheit tritt. Enthält diese Vorschlagsliste keinen Bewerber des Geschlechts in der Minderheit, so geht dieser Sitz auf die Vorschlagsliste mit der folgenden, noch nicht berücksichtigten Höchstzahl und mit Bewerbern des Geschlechts in der Minderheit über. Entfällt die folgende Höchstzahl auf mehrere Vorschlagslisten zugleich, so entscheidet das Los darüber, welcher Vorschlagsliste dieser Sitz zufällt (§ 15 Abs. 5 Nr. 2 WO).

32 Das Ergebnis ist sinnwidrig, weil es diejenigen Listen bevorzugt, die ihre Frauen möglichst weit unten platzieren. Ein Beispiel kann dies verdeutlichen:

Ein Betrieb hat 2000 Arbeitnehmer (= 17 Betriebsratmitglieder, § 9 BetrVG), davon 55% Männer und 45% Frauen. Bei der Wahl hat die Liste I 800, die Liste II 200, die Liste III 550 und die Liste IV 310 Stimmen erhalten. Die Verteilung der Sitze zwischen Männern und Frauen erfolgt nach dem Höchstzahlenprinzip: Danach muss es mindestens 8 Sitze für weibliche Arbeitnehmer geben (dazu oben Rn. 26). Diese Zahl im Hinterkopf, wird zuerst einheitlich durchgerechnet, ohne die Listen zu trennen:

: 1	800^1	200^8	550^2	310^4
: 2	400^3	100^{17}	275^5	155^{11}
: 3	$266^2/_{36}{}^6$	$66^2/_3$	$183^1/_3{}^9$	$103^1/_3{}^{16}$
: 4	200^7	50	$137{,}5^{12}$	77,5
: 5	160^{10}	40	110^{15}	62
: 6	$133^1/_3{}^{13}$	$33^1/_3$	$91^2/_3$	$51^2/_3$
: 7	$114{,}29^{14}$	28,57	78,57	44,285
: 8	100^{17}	25	68,75	38,75

III. Verhältniswahl   § 14

Es entfällt der

1.	Sitz auf Liste	I	für	800
2.	Sitz auf Liste	III	für	550
3.	Sitz auf Liste	I	für	400
4.	Sitz auf Liste	IV	für	310
5.	Sitz auf Liste	III	für	275
6.	Sitz auf Liste	I	für	$266^{2}/_{3}$
7.	Sitz auf Liste	I	für	200 (wenn dies der letzte Sitz wäre,
8.	Sitz auf Liste	II	für	200 müsste gelost werden),
9.	Sitz auf Liste	III	für	$183^{1}/_{3}$
10.	Sitz auf Liste	I	für	160
11.	Sitz auf Liste	IV	für	155
12.	Sitz auf Liste	III	für	137,5
13.	Sitz auf Liste	I	für	$133^{1}/_{3}$
14.	Sitz auf Liste	I	für	114,29
15.	Sitz auf Liste	III	für	110
16.	Sitz auf Liste	IV	für	$103^{1}/_{3}$
17.	Sitz auf Liste	II	für	100 oder I für 100, *je nach Los*

Es entfallen also auf Liste I 7 oder 8 Sitze, auf Liste II 1 Sitz oder 2 Sitze, auf Liste III 5 Sitze und auf Liste IV 3 Sitze. Die auf die einzelnen Listen entfallenen Sitze werden auf die Bewerber in der Reihenfolge ihrer Benennung auf dem Wahlvorschlag verteilt. Sind unter den hiernach 17 Gewählten 8 Frauen, dann bleibt es dabei.

Ist dem nicht so, ist in einem zweiten Schritt der Mann mit der niedrigsten Höchstzahl **33** durch diejenige Frau, die hinter ihm auf derselben Liste steht, zu ersetzen. Steht da keine Frau mehr, dann geht der Sitz auf die nächste Liste über mit der Frau, welche die höchste *nicht berücksichtigte* Höchstzahl hat. Fällt etwa das Los auf die erste Liste und sind die Ersten sieben Listenplätze von Frauen besetzt und alle späteren von Männern, dann würde die Liste den achten Platz verlieren. Wären demgegenüber alle oberen Listenplätze von Männern besetzt und nur der achte von einer Frau, dann würde die Liste 8 Betriebsratsmitglieder stellen.

Sinnvoller wäre daher der oben genannte Weg gewesen, den *Däubler* erstmals vor- **34** geschlagen hat. Hier wäre zu trennen: Die Listen werden gedanklich aufgeteilt nach dem Geschlecht ihrer Kandidaten und dann wird für jede der beiden Listen gesondert gerechnet. Ob man hier – wie im Folgenden – mit dem stärker vertretenen Geschlecht anfängt oder nicht, macht im Ergebnis keinen Unterschied. Allerdings führt auch dieses System dazu, dass bei Listen, die geschlechtermäßig nicht die Verhältnisse im Betrieb widerspiegeln, die Reihenfolge der Listenplätze nicht notwendig über die Mitgliedschaft im Betriebsrat entscheidet; Angehörige des Geschlechts in der Minderheit werden „hochgeholt". Das liegt jedoch in der Natur der Quote. Wichtiger ist der Hinweis, dass auch dieses System die Verteilung unter den Listen beeinflussen kann, und zwar auch dann, wenn sie nach den Geschlechtern ausgeglichen zusammengestellt wurden. Dies trifft allerdings in sehr viel weniger Fällen zu als bei dem System, das nun der Gesetzgeber gewählt hat, und vor allem ist dieser Einfluss unabhängig von der Verteilung der Frauen und Männer auf den Listeplätzen (krit. hierzu auch *Hanau,* ZIP 2001, 1981, 1982). Dass das Ergebnis der einheitlichen und der getrennten Zählung durchaus abweichend ausfallen können, liegt in der Natur des Höchstzahlenverfahrens. Diese Unsicherheit – die sonst ähnlich beim *Hare/Niemeyer*-Verfahren (reines Proportionalverfahren) durch Rundungen entstehen kann – ist jedoch hinzunehmen, wie es auch im Staatsrecht hinzunehmen ist (s. BVerfG 22. 5. 1963 E 16, 130, 144). Sie wird allerdings verstärkt, wenn zusätzlich noch ein Quorum von Beamtenvertretern im Betriebsrat vertreten sein muss (s. Rn. 70 f.).

35 Auch **Vorschlagslisten** sind gültig, die **nur Angehörige des einen oder des anderen Geschlechts** aufführen (s. Begründung des Regierungsentwurfs BT-Drucks. 14/5741, S. 53 in Erläuterung zu § 126 Nr. 5 a; ebenso BAG 2. 3. 1955 AP WO § 16 Nr. 1 für das ehemalige Gruppenprinzip Angestellte/Arbeiter; *Fitting*, § 15 Rn. 25, § 15 WO Rn. 6; ErfK-*Eisemann*, § 15 Rn. 4). Die Vertreter des nichtberücksichtigten Geschlechts werden dann aus den anderen Listen entnommen, die Höchstzahlen der reinen Frauen- oder Männerliste können also nicht mehr verwertet werden, sondern es muss auf die Höchstzahlen der Liste übergegriffen werden, die auch Angehörige der anderen Gruppe enthält (§ 15 Abs. 5 Nr. 2 WO; ebenso für das alte Gruppenprinzip BAG, a. a. O.; *Weiss/Weyand*, § 14 Rn. 5; *Nikisch*, Bd. III S. 98; *Nipperdey/Säcker* in *Hueck/Nipperdey*, Bd. II/2 S. 1142).

4. Bestimmung der Ersatzmitglieder

36 Bei der Bestimmung der Ersatzmitglieder spielen die **Höchstzahlen keinerlei Rolle**. Für ein ausscheidendes oder vorübergehend verhindertes Mitglied rückt jeweils der nächste auf der gleichen Liste stehende Kandidat nach, der nicht mehr Mitglied des Betriebsrats geworden ist (§ 25 Abs. 2 Satz 1; s. ausführlich dort Rn. 16 ff.). Welche Höchstzahl auf ihn entfällt, ist gleichgültig; denn ausschlaggebend ist allein, wieviel Sitze einer Liste zugeteilt sind. Scheidet in dem oben (Rn. 32) genannten Beispiel ein weibliches Mitglied der Liste II aus, so rückt die als nächste auf der Liste aufgeführte Kandidatin nach, obwohl die nächsthöchste Zahl 155 und nicht 100 wäre. Auch hier muss wieder die geschlechtlich aufgeteilte Liste als Grundlage dienen, wenn das Ausscheiden des Betriebsratsmitglieds dazu führt, dass das Geschlecht in der Minderheit nicht mehr ausreichend repräsentiert ist. Ansonsten rückt der nächste Listenplatzinhaber ohne Rücksicht auf sein Geschlecht nach. Ist die Vorschlagsliste erschöpft, so ist das Ersatzmitglied der Vorschlagsliste zu entnehmen, auf die nach den Grundsätzen der Verhältniswahl der nächste Sitz entfallen würde (§ 25 Abs. 2 Satz 2; s. dort Rn. 18).

IV. Mehrheitswahl

1. Voraussetzung

37 Wird **nur ein Wahlvorschlag** gemacht, so erfolgt die Wahl nach den Grundsätzen der Mehrheitswahl (Abs. 2 Satz 2). Es findet also, wie die entsprechende Vorschrift in § 19 Abs. 3 Satz 2 BPersVG formuliert, *Personenwahl* statt. Zweck der Regelung ist, dass in den Fällen, in denen nur ein Wahlvorschlag vorliegt, eine Auswahl unter den Personen, die auf der Liste aufgeführt sind, ermöglicht wird. Nach dem BetrVerf-Reformgesetz gilt Mehrheitswahl auch, wenn der Betriebsrat im **vereinfachten Verfahren** nach § 14a gewählt wird, also insbesondere auch in Betrieben, in denen nur ein Betriebsratsmitglied zu wählen ist. Hier wurde das Mehrheitswahlrecht mit dem Wunsch nach Vereinfachung der Wahl begründet (BT-Drucks. 14/5741, S. 36 f.); dies ist zurecht auf Kritik gestoßen, denn das Mehrheitswahlrecht ist nicht einfacher als das Verhältniswahlrecht, es bedeutet lediglich eine abweichende Ermittlung der Gewählten. Der eigentliche Grund dürfte darin zu sehen sein, dass es um die Befriedigung eines alten Wunsches betrieblicher Mehrheiten geht, ihre Mehrheit möglichst umfassend geltend zu machen; das Ergebnis nützt vor allem den Gewerkschaften (s. auch *Hanau*, RdA 2001, 70; *Konzen*, RdA 2001, 88). Auch hier ist die Mehrheitswahl Personenwahl, obwohl rein begrifflich auch eine listenbezogenen Mehrheitswahl denkbar ist. Die neue Wahlordnung legt dies jedoch eindeutig fest (§§ 22, 34 Abs. 5 WO).

2. Personenwahl

Ein Wahlvorschlag kann nicht einheitlich angenommen oder abgelehnt werden. Der Wähler muss vielmehr unter den Wahlbewerbern eine Auswahl treffen, kann jedoch seine Stimme nur für solche Bewerber abgeben, die in der Vorschlagsliste oder den Vorschlaglisten (vereinfachtes Wahlverfahren) aufgeführt sind (§ 20 Abs. 1, § 34 Abs. 1 WO). Da die einzelnen Kandidaten zur Wahl gestellt werden, müssen sie auf dem Stimmzettel alle genannt werden, und zwar werden sie aus Respekt gegenüber dem Wahlvorschlag in unveränderter Reihenfolge übernommen (§ 22 Abs. 1, § 34 Abs. 5 WO). Der Wähler kann soviel Bewerbern durch Ankreuzen seine Stimme geben, als der Betriebsrat insgesamt Mitglieder hat (§ 20 Abs. 3, § 34 Abs. 5 WO). Kreuzt der Wähler weniger Kandidaten an, so gilt seine Stimme für diese Bewerber, kreuzt er dagegen mehr Kandidaten an, so ist seine Stimme unwirksam.

3. Ermittlung der Gewählten

Gewählt sind die Bewerber, welche die meisten Stimmen erhalten haben. Dabei werden zur Wahrung der Quote des § 15 Abs. 2 BetrVG zuerst die dem Geschlecht in der Minderheit zustehenden Sitze mit den Bewerbern dieses Geschlechts in der Reihenfolge der jeweils höchsten auf sie entfallenden Stimmenzahlen besetzt (§ 22 Abs. 1, § 34 Abs. 5 WO). Es entscheidet hier die jeweils höchste Stimmenzahl, die auf einen Angehörigen dieses Geschlechts entfällt, ohne Rücksicht darauf, welche Stimmenzahlen auf die Kandidaten des anderen Geschlechts entfallen sind. Danach werden die verbleibenden Mitglieder in Reihenfolge ihres Wahlergebnisses ermittelt, ohne Rücksicht auf das Geschlecht (§ 22 Abs. 2, § 34 Abs. 5 WO). Sind damit bei fünf Betriebsratsmitgliedern zumindest zwei Frauen zu wählen und erhalten:

A	(Frau)	70 Stimmen
B	(Mann)	140 Stimmen
C	(Frau)	20 Stimmen
D	(Mann)	100 Stimmen
E	(Frau)	80 Stimmen
F	(Mann)	180 Stimmen
G	(Mann)	50 Stimmen

so sind gewählt E und A einerseits sowie F, B und D anderseits.

4. Bestimmung der Ersatzmitglieder

Ersatzmitglieder sind jeweils die Bewerber um das Betriebsratsamt mit der nächsthöchsten Stimmenzahl (§ 25 Abs. 2 Satz 3), wobei darauf zu achten ist, dass Angehörige des Geschlechts in der Minderheit mit der nächsthöchsten Stimmenzahl nachrücken, wenn das Nachrücken des nächsten Listenplatzinhabers ansonsten dazu führt, dass das Geschlecht in der Minderheit nicht mehr entsprechend seinem Belegschaftsanteil im Betriebsrat vertreten ist – also in dem oben gegebenen Beispiel bei Ausscheiden der A nicht etwa G, sondern C, obwohl sie lediglich zwanzig Stimmen auf sich vereinigt (s. § 25 Rn. 25).

V. Wahlvorschläge

1. Bedeutung für die Betriebsratswahl

Gewählt kann nur werden, wer auf einem Wahlvorschlag benannt ist. Erfolgt die **Wahl nicht auf Grund von Wahlvorschlägen,** so ist sie nicht nur anfechtbar, sondern nichtig (ebenso *Fitting*, § 14 Rn. 43; GK-*Kreutz*, § 14 Rn. 48; HSWGNR-*Nicolai*, § 14 Rn. 24; HWK-*Reichold*, § 14 Rn. 15; ErfK-*Eisemann*, § 14 Rn. 8; s. auch § 19 Rn. 75).

42 **Wahlvorschlag** ist die schriftliche Benennung einer oder mehrerer Personen für die Wahl zum Betriebsrat gegenüber dem Wahlvorstand. Die WO bezeichnet die Wahlvorschläge, wenn wie im Regelfall mehrere Betriebsratsmitglieder zu wählen sind, als *Vorschlagslisten* (§ 6 Abs. 1); denn erfolgt die Wahl nach den Grundsätzen der Verhältniswahl, so ist sie Listenwahl (s. Rn. 25). Ist dagegen im vereinfachten Wahlverfahren zu wählen, so spricht die WO in § 33 von *Wahlvorschlägen*, weil die Wahl hier, wie sonst nur bei Einreichung eines Wahlvorschlags, nicht als Listenwahl, sondern als Personenwahl durchgeführt wird (s. Rn. 38). Die unterschiedliche Bezeichnung hat materiellrechtlich keine Bedeutung.

2. Vorschlagsberechtigte

43 Zur Wahl des Betriebsrats können die **wahlberechtigten Arbeitnehmer,** auch die nach § 7 Satz 2 wahlberechtigten Leiharbeitnehmer (ebenso *Maschmann*, DB 2001, 2446, 2448), und die **im Betrieb vertretenen Gewerkschaften** Wahlvorschläge machen (Abs. 3). Das BetrVG 1972 hatte vor der Novelle vom 20. 12. 1988 das Recht, Wahlvorschläge zu machen, auf die wahlberechtigten Arbeitnehmer beschränkt und den im Betrieb vertretenen Gewerkschaften ein Wahlvorschlagsrecht nur gegeben, wenn kein Betriebsrat bestand (ehemaliger Abs. 7). Diese Begrenzung entfiel zur Erleichterung einer Ausübung des in Art. 9 Abs. 3 GG verankerten Rechts der Koalitionen, sich im Bereich der Betriebsverfassung zu betätigen und Einfluss auf die Wahl des Betriebsrats zu nehmen (BT-Drucks. 11/2503, S. 23; s. auch Rn. 4).

44 a) Für das **Wahlvorschlagsrecht der wahlberechtigten Arbeitnehmer,** auch die nach § 7 Satz 2 wahlberechtigten Leiharbeitnehmer (ebenso *Maschmann*, DB 2001, 2446, 2448), trifft Abs. 4 eine **ergänzende Regelung.** Jeder Wahlvorschlag der Arbeitnehmer muss von mindestens einem **Zwanzigstel der wahlberechtigten Arbeitnehmer** unterzeichnet sein, jedoch von **mindestens drei Arbeitnehmern** (Abs. 4 S. 1). In jedem Fall genügt die **Unterzeichnung durch fünfzig wahlberechtigte Arbeitnehmer** (Abs. 4 Satz 2).

44a Eine **Sonderregelung** trifft Abs. 4 Satz 1 Halbsatz 2: Bei **bis zu zwanzig wahlberechtigten Arbeitnehmern** genügt die Unterzeichnung durch **zwei Wahlberechtigte.**

45 b) Seit der Novelle vom 20. 12. 1988 haben die **im Betrieb vertretenen Gewerkschaften,** auch wenn ein Betriebsrat besteht, ein **eigenes Wahlvorschlagsrecht** (Abs. 3) Daher besteht die Gefahr, dass eine Gewerkschaft, die für den Betrieb nicht repräsentativ ist, einen Wahlvorschlag machen kann (vgl. *Richardi*, AuR 1986, 33, 34 f.). Nach den Gesetzesmaterialien wird ihr dadurch begegnet, dass das BAG in st. Rspr. den Begriff der Gewerkschaft konkretisiert und damit auch für die Wahlvorstände handhabbar gemacht habe (BT-Drucks. 11/2503, S. 23). Demnach ist wesentlich, dass eine wahlvorschlagsberechtigte Gewerkschaft nur eine *tariffähige* Gewerkschaft sein kann; denn nach Ansicht des BAG ist die Tariffähigkeit und damit auch die Koalitionsmächtigkeit ein Kriterium des Gewerkschaftsbegriffs auch für den Bereich der Betriebsverfassung (vgl. BAG 23. 4. 1971 AP ArbGG 1953 § 97 Nr. 2; s. ausführlich § 2 Rn. 49 ff.). Hier ist die Rechtsprechung des BAG, die eine Tarifzuständigkeit nicht für erforderlich hält, wohl zu großzügig (s. § 16 Rn. 26); die Gefahr, dass nur lose mit dem Betrieb verbundene Verbände Einfluss auf die Wahl nehmen, steigt dadurch. Außerdem hat eine Gewerkschaft nur dann das Wahlvorschlagsrecht, wenn sie *im Betrieb vertreten* ist (s. § 2 Rn. 66 ff.). In den Betrieben der privatisierten Postunternehmen und der Deutschen Bahn AG, in denen für eine längere Übergangszeit noch Beamten beschäftigt werden, sind auch die im Betrieb **vertretenen Berufsverbände der Beamten** vorschlagsberechtigt. Der Gesetzgeber hat die Möglichkeit, dass Beamte in privaten Betrieben beschäftigt sind, bei Schaffung des BetrVG nicht bedacht. Die Lücke im Gesetz ist durch eine Analogie zu schließen (*Fitting*, § 14 Rn. 62; allg. *Engels/Mauß-Trebinger*, RdA 1997, 217). Der

V. Wahlvorschläge § 14

maßgebende **Stichtag** für das Wahlvorschlagsrecht ist der Zeitpunkt der Einreichung des Wahlvorschlags (ebenso *Fitting,* § 14 Rn. 63; GK-*Kreutz,* § 14 Rn. 87). Die Gewerkschaft ist frei darin, auch **nicht organisierte Arbeitnehmer** vorzuschlagen (ebenso *Fitting,* § 14 Rn. 65; GK-*Kreutz,* § 14 Rn. 91) – sie wird es freilich selten tun.

Jeder Wahlvorschlag einer Gewerkschaft muss von **zwei Beauftragten unterzeichnet** 46 sein (Abs. 5). Der Wahlvorschlag einer Gewerkschaft bedarf also zu seiner Gültigkeit nicht der Unterzeichnung durch eine bestimmte Zahl von Wahlberechtigten (BT-Drucks. 11/2503, S. 31). Die Gewerkschaft entscheidet selbst, wer ihre Beauftragten sind (ebenso *Fitting,* § 14 Rn. 68; GK-*Kreutz,* § 14 Rn. 93). Die Beauftragten brauchen also nicht dem Betrieb anzugehören; es können betriebsfremde (ehrenamtliche) Funktionäre oder (hauptamtliche) Angestellte der Gewerkschaft sein. Notwendig ist lediglich, dass sie *Vertretungsmacht* haben, namens der Gewerkschaft einen Wahlvorschlag zu machen (ebenso GK-*Kreutz,* § 14 Rn. 93). Erforderlich ist eine Vertretungsmacht, da es sich hier um die Abgabe einer Willenserklärung handelt, nicht lediglich um die Ermächtigung zum Realakt der Unterzeichnung. In der umfassenden Vertretungsmacht des Organmitglieds ist die Vollmacht zur Unterzeichnung daher stets enthalten. Die gesondert erteilte Vollmacht muss – obwohl der Wahlvorschlag selber schriftlich sein muss – nicht schriftlich sein (analog § 167 Abs. 2 BGB; ebenso *Fitting,* § 14 Rn. 68). In Zweifelsfällen kann der Wahlvorstand den Nachweis der Beauftragung verlangen (LAG Hamm 10. 3. 1998, NZA-RR 1998, 400; *Fitting,* § 14 Rn. 68; DKK-*Schneider,* § 14 Rn. 34; s. auch *Dänzer-Vandotti,* AuR 1989, 205). Die Zweiwochenfrist des § 6 Abs. 1 S. 2 WO braucht er dabei nur einzuhalten, wenn es der Wahlvorstand fordert (LAG Hamm NZA-RR 1998, 400; generell gegen eine solche Frist GK-*Kreutz,* § 14 Rn. 93).

Ist ein Wahlvorschlag nicht nur von zwei Beauftragten, sondern daneben auch von 46 a (anderen) Arbeitnehmern des Betriebs unterzeichnet worden, dann ist dies unschädlich. Dies ist insbesondere relevant, wenn der Vorschlag als Arbeitnehmervorschlag nicht das erforderliche Quorum erfüllt (BAG 17. 3. 2005 AP BetrVG 1972 § 27 Nr. 6). Daher ist auch ein gemeinsamer Vorschlag von Gewerkschaften und Wahlberechtigten möglich (ebenso *Fitting,* § 14 Rn. 70; GK-*Kreutz,* § 14 Rn. 94). Ein Wahlvorschlag der Gewerkschaft liegt freilich nicht vor, wenn für den Wahlvorstand nicht aus dem Vorschlag selbst erkennbar ist, dass der Wahlvorschlag auch als einer der Gewerkschaft eingereicht werden soll (LAG Nürnberg 13. 3. 2002, AuR 2002, 238).

Abs. 5 ist **mit Art. 9 Abs. 3 GG vereinbar;** denn es wird durch ihn nicht in die 47 Organisationsautonomie einer Gewerkschaft eingegriffen, sondern lediglich für die Einreichung eines Wahlvorschlags eine verfahrensmäßige Bestimmung über dessen Ordnungsmäßigkeit festgelegt. Auch die Wahlchancengleichheit wird nicht verletzt, so dass auch ein Verstoß gegen Art. 3 Abs. 1 GG ausscheidet. Abs. 5 steht daher mit dem Grundgesetz im Einklang (ebenso GK-*Kreutz,* § 14 Rn. 95 ff.; *Engels/Natter,* BB Beil. 8/1989, 1, 18 f.; *Heither,* NZA Beil. 1/1990, 11, 13).

Die Durchführungsbestimmungen zu Abs. 5 bis 8 enthält die WO 2001, hier vor 48 allem § 6, der die Frist für die Einreichung von Wahlvorschlägen und deren äußere Form regelt (vgl. auch § 33 WO; für den Wahlvorschlag einer im Betrieb vertretenen Gewerkschaft § 27 WO).

c) **Jeder Vorschlagsberechtigte** kann sich nur an **einem Wahlvorschlag** beteiligen. Die 49 Unterschrift eines Wahlberechtigten zählt daher nur auf einer Vorschlagsliste (§ 6 Abs. 5 Satz 1 WO). Das gilt auch für vorschlagende Gewerkschaften: Obwohl es das Gesetz nicht ausdrücklich sagt, kann eine Gewerkschaft **nur einen Wahlvorschlag** einbringen, wie auch eine Partei bei einer Wahl nur mit einer Liste kandidieren darf (ebenso ErfK-*Eisemann,* § 14 Rn. 11; GK-*Kreutz,* § 14 Rn. 90). Werden für eine Gewerkschaft mehrere Vorschlagslisten eingereicht, dann hat sie sich innerhalb von drei Arbeitstagen nach Aufforderung (§ 6 Abs. 7 WO) dazu zu erklären, welchen sie gelten lassen will. Fehlt es an einer solchen Erklärung, dann gilt der zuerst eingereichte Vorschlag (ebenso GK-*Kreutz,* § 14 Rn. 93).

Thüsing

3. Passives Vorschlagsrecht

50 Vorgeschlagen kann werden, wer **wählbar** ist. Nach § 2 Abs. 3 WO steht das passive Wahlrecht nur Arbeitnehmern zu, die in die Wählerliste eingetragen sind; jedoch ist die Eintragung in die Wählerliste keine Voraussetzung für die Gültigkeit eines Wahlvorschlags; denn Einsprüche gegen die Richtigkeit der Wählerliste können in derselben Frist eingelegt werden, die für die Einreichung der Vorschlagslisten zu wahren ist (vgl. § 4 Abs. 1 und § 6 Abs. 1 WO). Formelle Voraussetzung für die Wählbarkeit ist lediglich, dass der Kandidat bei der Stimmabgabe in der Wählerliste eingetragen ist (s. jedoch auch § 8 Rn. 47).

51 Nach § 6 Abs. 7 Satz 1 WO kann ein Bewerber **nur auf einer Vorschlagsliste** vorgeschlagen werden – auf einer Vorschlagsliste können jedoch beliebig viele Bewerber stehen (extremes Beispiel: LAG Köln 29. 3. 2001, BB 2001, 1356: 205 Kandidaten von 238 Wahlberechtigten). Gegen diese Bestimmung bestehen keine Bedenken; sie entspricht § 19 Abs. 7 BPersVG. Ist jemand mit seiner Zustimmung auf mehreren Wahlvorschlägen aufgeführt, so hat der Wahlvorstand ihn aufzufordern, innerhalb von drei Arbeitstagen zu erklären, auf welchem Wahlvorschlag er kandidieren will (§ 6 Abs. 7 Satz 2 WO). Unterbleibt die fristgerechte Erklärung, so ist der Bewerber auf sämtlichen Listen zu streichen (§ 6 Abs. 7 Satz 3 WO). Die Regelung des § 6 Abs. 7 WO findet keine Anwendung bei der Wahl im vereinfachten Wahlverfahren (§ 33 Abs. 2 WO). Insbesondere ist es möglich, dass für die Wahl des Ersatzmitglieds ein Kandidat benannt wird, der sich auch um das Betriebsratsamt bewirbt.

52 Die **Mitgliedschaft im Wahlvorstand** beseitigt nicht die Wählbarkeit. Die Gültigkeit eines Wahlvorschlags wird daher nicht dadurch berührt, dass der Kandidat dem Wahlvorstand angehört (s. § 16 Rn. 57).

4. Frist für die Einreichung der Wahlvorschläge

53 Die Einreichung der Wahlvorschläge hat binnen **zwei Wochen nach Erlass des Wahlausschreibens,** diesen Tag nicht mitgerechnet (§ 187 BGB), zu erfolgen (§ 6 Abs. 1 Satz 2 WO). Dies gilt nicht für das vereinfachte Wahlverfahren, s. § 33 WO und § 14 a Rn. 19.

5. Form der Wahlvorschläge

54 a) Die Einreichung der Wahlvorschläge erfolgt **schriftlich beim Wahlvorstand.** Jeder Wahlvorschlag muss die nach dem Gesetz erforderlichen Unterschriften aufweisen (s. Rn. 44). Für die **Sonderregelungen** im **vereinfachten Wahlverfahren** s. § 14 a Rn. 19 ff.

55 Die Rücknahme der Unterschrift nach Einreichung des Wahlvorschlags ist auf dessen Gültigkeit ohne Einfluss (§ 8 Abs. 1 Nr. 3 Satz 2 WO); bis zu diesem Zeitpunkt kann aber eine Unterschrift gegenüber dem Wahlvorstand, nicht gegenüber dem Listenvertreter durch schriftliche Erklärung wirksam widerrufen werden (vgl. BVerwG 5. 2. 1971 E 37, 162 = AP WahlO z. PersVG § 10 Nr. 6). Da die Unterzeichnung nicht der Geheimhaltung unterliegt, kann sie auch öffentlich, selbst in einer Betriebsversammlung, erfolgen (vgl. LAG München, AblBayAM 1953 C S 23). Allerdings besteht in derartigen Fällen die Gefahr, dass auf die Wahl in unzulässiger Weise Einfluss genommen wird (vgl. *Windscheid,* PersV 1975, 166).

56 Ein **Wahlvorschlag, der von wahlberechtigten Arbeitnehmern** eingereicht wird, muss von ihnen **persönlich unterschrieben** sein. Eine Stellvertretung scheidet aus (ebenso *Fitting,* § 14 Rn. 52; GK-*Kreutz,* § 14 Rn. 67; HSWGNR-*Nicolai,* § 14 Rn. 28; HWK-*Reichold,* § 14 Rn. 18; ErfK-*Eisemann,* § 14 Rn. 10; a. A. für die Zulässigkeit einer Bevollmächtigung, wenn die Vollmacht bis zum Ablauf der Frist für die Einreichung der

V. Wahlvorschläge § 14

Wahlvorschläge erbracht wird, LAG Düsseldorf 27. 9. 1965, DB 1965, 1823; weiter *Dietz/Richardi*, 6. Aufl., § 14 Rn. 82).

Keineswegs müssen **alle Unterschriften auf dem selben Schriftstück** geleistet werden **57** (so jetzt auch das BAG 25 5. 2005 AP BetrVG 1972 § 14 Nr. 2; LAG Hamm 14. 11. 1955, DB 1956, 212; a. A. BVerwG 4. 10. 1957 E 5, 259 = AP WahlO z. PersVG § 2 Nr. 1). Allerdings muss gewährleistet sein, dass die Unterschriften den Wahlvorschlag decken; bei mehreren Exemplaren müssen sie inhaltlich übereinstimmen; mehrere Blätter müssen eine einheitliche Urkunde bilden (vgl. BAG 25 5. 2005 AP BetrVG 1972 § 14 Nr. 2; ebenso ErfK-*Eisemann*, § 14 Rn. 10; *Fitting*, § 14 Rn. 53; GK-*Kreutz*, § 14 Rn. 69; HSWGNR-*Nicolai*, § 14 Rn. 30; *Stege/Weinspach/Schiefer*, § 14 Rn. 29; s. auch *Faecks-Meik*, NZA 1987, 572; zur entsprechenden Problematik bei § 126 BGB Palandt-*Heinrichs*, § 126 BGB Rn. 4). Es ist erforderlich, dass sich die Zusammengehörigkeit zweifelsfrei feststellen lässt. In der Regel wird dies der Fall sein, wenn die Blätter fest miteinander verbunden sind. Richtschnur für die Einheitlichkeit ist daher zunächst, dass ein „spurenloses" Trennen von Unterschriftenliste und Vorschlagsliste nicht möglich sein darf. Bloße Büroklammern reichen daher nicht, Heftklammern dürften ausreichen (siehe auch LAG Frankfurt 19. 9. 2003, AuR 2004, 318 mwN; LAG Bremen 26. 3. 1998, NZA-RR 1998, 401; LAG Hamm 24. 5. 2002 – 10 TaBV 63/02, juris; LAG Nürnberg 13. 3. 2002, AuR 2002, 238; LAG Saarland 30. 10. 1995, NZA-RR 1996, 172; LAG Frankfurt 16. 3. 1987, NZA 1987, 193; *Stege/Weinspach/Schiefer*, § 14 Rn. 29; a. A. GK-*Kreutz*, § 14 Rn. 69; zur entsprechenden Problematik bei § 126 BGB Palandt-*Heinrichs*, § 126 BGB Rn. 4). Dabei lässt das BAG es auch ausreichen, dass sich die Einheitlichkeit aus anderen, den Schriftstücken anhaftenden Umständen ergibt, so z. B. aus fortlaufender Paginierung, fortlaufender Nummerierung, einheitlicher graphischer Gestaltung oder dem inhaltlichen Zusammenhang des Textes (vgl. BAG 25 5. 2005 AP BetrVG 1972 § 14 Nr. 2 dem folgend auch LAG Hamm 3. 3. 2006 EzA-SD 2006, Nr. 11, 12). Diese Sichtweise steht im Einklang mit der Ansicht des BGH zur vergleichbaren Problematik in § 126 BGB (vgl. BGH 24. 9. 1997 Z 136, 257 = NJW 1998, 58). Eine körperliche Verbindung ist somit nicht zwingend erforderlich. Missbrauch gilt es freilich zu verhindern. Fehlt eine körperliche Verbindung der einzelnen Schriftstücke, so ist zur Bejahung der Einheitlichkeit auf Grund sonstiger Umstände jedenfalls ein strenger Maßstab anzulegen. Die gesonderten Zustimmungserklärungen von 20 Wahlbewerbern können die Stützunterschriften zur Vorschlagsliste nicht ersetzen (LAG Frankfurt 28. 1. 2002, NZA-RR 2002, 424).

Erfolgt die Einreichung durch eine vorschlagsberechtigte Gewerkschaft, so muss der **58** Wahlvorschlag von zwei Beauftragten unterzeichnet sein (Abs. 5; s. auch Rn. 46). Die Gewerkschaft wird durch sie *vertreten*. Die Unterzeichnung durch eine nichtvertretungsberechtigte Person ist nur wirksam, wenn die Vollmacht bis zum Ablauf der Frist für die Einreichung der Wahlvorschläge erbracht wird. Geschieht dies nicht, so ist der Wahlvorschlag ungültig; denn er ist nicht von zwei Beauftragten der Gewerkschaft unterzeichnet (§ 27 Abs. 2 WO). Der **Wahlvorstand hat** also die Aufgabe, die Bevollmächtigung **zu prüfen,** ebenso wie er Zweifeln nachgehen muss, ob es sich bei der bevollmächtigenden Vereinigung um eine Gewerkschaft handelt, und ob sie im Betrieb vertreten ist (*Stege/Weinspach/Schiefer*, § 14 Rn. 30; s. auch § 2 Rn. 69).

Bei einem **Wahlvorschlag, der von wahlberechtigten Arbeitnehmern** eingereicht **59** wird, muss die **Zahl der Unterschriften,** wenn nicht die Ausnahmeregelung des Abs. 4 Satz 1 Halbsatz 2 oder S. 2 eingreift, das nach dem Gesetz erforderliche **relative Quorum von einem Zwanzigstel** erreichen, wobei das *absolute Mindestquorum* drei Unterschriften erfordert. Ergeben sich bei der Feststellung des Zwanzigstels Bruchteile einer Zahl, so sind diese aufzurunden, um zu ermitteln, ob die erforderliche Zahl erreicht wird; § 8 Abs. 3 Satz 2 BPersVWO gilt entsprechend. Sind z. B. 81 Arbeitnehmer wahlberechtigt, so muss der Vorschlag von fünf Wahlberechtigten unterzeichnet sein.

60 b) Jeder Wahlvorschlag *soll* mindestens **doppelt soviel Bewerber** enthalten, wie Mitglieder in den Betriebsrat zu wählen sind (§ 6 Abs. 2 WO). Jedoch handelt es sich **nur** um eine **Ordnungsvorschrift**. Der Wahlvorstand darf einen Vorschlag nicht deshalb zurückweisen, weil er dieser Anforderung nicht entspricht; denn die WO kann die im Gesetz aufgestellten Voraussetzungen für die Einreichung eines Wahlvorschlags nicht vermehren (vgl. BAG 29. 6. 1965 AP BetrVG § 13 Nr. 11). Der Wahlvorstand ist lediglich berechtigt, darauf hinzuweisen, dass der Wahlvorschlag nicht § 6 Abs. 2 WO entspricht.

61 c) Dem Wahlvorschlag sind die **schriftlichen Zustimmungen der Kandidaten** beizufügen (§ 6 Abs. 3 Satz 2 WO). Die Zustimmung kann jedoch noch innerhalb der Einreichungsfrist nachgereicht werden. Geschieht dies nicht, so ist die Vorschlagsliste ungültig, falls der Mangel nicht binnen einer Frist von drei Arbeitstagen nach Beanstandung durch den Wahlvorstand behoben wird (§ 8 Abs. 2 Nr. 2 WO). Die Zustimmung kann anders als nach § 9 Abs. 2 BPersVWO auch noch **nach Ablauf der Einreichungsfrist zurückgenommen** werden; denn auch der schon Gewählte kann die Annahme des Amtes ablehnen (ebenso LAG Düsseldorf 18. 1. 1982, DB 1982, 1628; GK-*Kreutz*, § 14 Rn. 71; GL-*Marienhagen*, § 14 Rn. 57, § 6 WO Rn. 13; a. A. *Fitting*, § 14 Rn. 56, § 6 WO Rn. 10; DKK-*Schneider*, § 6 WO Rn. 34, *Nikisch*, Bd. III S. 93 Fn. 29; *Hanau*, AR-Blattei: Betriebsverfassung IX, Anm. zu Entsch. 21). Die verspätete Rücknahme hat auf die Gültigkeit des Wahlvorschlags keinen Einfluss.

62 Sieht man von diesem Fall ab, so dürfen einzelne oder mehrere **Kandidaten ohne Einverständnis der Unterzeichner nicht gestrichen** werden. Erfolgt sie dennoch, so liegt darin eine unzulässige inhaltliche Änderung des Wahlvorschlags. Dieser wird dadurch unrichtig und verliert seine Gültigkeit; denn der Wahlvorschlag ist kein Vorschlag des Listenvertreters oder des Einreichers, sondern ein Vorschlag aller, die ihn unterzeichnet haben (ebenso BAG 15. 12. 1972 AP BetrVG 1972 § 14 Nr. 1; *Fitting*, § 14 Rn. 54; GK-*Kreutz*, § 14 Rn. 70; wohl auch für den Fall einer Streichung durch den Wahlvorstand, weil der Kandidat nach der Einreichung des Wahlvorschlags seine Zustimmung zur Kandidatur zurückgenommen hat, LAG Düsseldorf 18. 1. 1982, DB 1982, 1628; LAG Niedersachsen 26. 7. 2007, 4 TaBV 85/06, juris).

6. Zugangsrecht der Gewerkschaften zum Betrieb

63 Das Recht, Wahlvorschläge zu machen (Abs. 3 und 5) gehört zu den Aufgaben und Befugnissen einer im Betrieb vertretenen Gewerkschaft. Sie hat deshalb zur Wahrnehmung des Wahlvorschlagsrechts ein Zugangsrecht zum Betrieb (§ 2 Abs. 2; ebenso *Fitting*, § 14 Rn. 71; GK-*Kreutz*, § 14 Rn. 98; *Engels/Natter*, BB Beil. 8/1989, 19; *Wlotzke*, DB 1989, 111, 113; s. ausführlich § 2 Rn. 98 ff.). Aber auch wenn eine Gewerkschaft keinen eigenen Wahlvorschlag macht, besteht, wenn dem Wahlvorstand ein Gewerkschaftsbeauftragter angehört, ein Zugangsrecht zur Einleitung und Durchführung der Betriebsratswahl.

VI. Ablehnung der Wahl

64 Eine Pflicht zur Annahme der Wahl besteht nicht. Jeder kann das Amt ablehnen, auch wenn er seine Zustimmung zur Aufnahme in einen Wahlvorschlag gegeben hat. Die Ablehnung hat binnen dreier Arbeitstage nach Mitteilung von der Wahl gegenüber dem Wahlvorstand zu erfolgen (§ 17 Abs. 1 Satz 2 WO).

VII. Besonderheiten bei den privatisierten Unternehmen der Post

65 Während bei der Deutschen Bahn AG keinerlei Besonderheiten in Bezug auf die Stellung der Beamten bei der Wahl zum Betriebsrat bestehen – sie sind wahlberechtigt

wie ihre Kollegen – enthält das Postpersonalrechtsgesetz eigenständige Regelungen, die die Wahl etwas komplizierter machen.

1. Die Grundnorm: § 26 Postpersonalrechtsgesetz

§ 26 PostPersRG lautet seit der Neufassung durch das BetrVerf-Reformgesetz vom 23. 7. 2001 (Nr. 4a eingefügt mit Wirkung vom 13. 11. 2004 durch Gesetz v. 9. 11. 2004 (BGBl. I S. 2774): **66**

§ 26 Wahlen, Ersatzmitglieder

Die Vorschriften des Betriebsverfassungsgesetzes über Wahl und Zusammensetzung des Betriebsrats sowie über seine Ersatzmitglieder finden mit folgender Maßgabe Anwendung:
1. Die in den Betrieben der Aktiengesellschaften beschäftigten Beamten bilden bei der Wahl zum Betriebsrat eine eigene Gruppe, es sei denn, dass die Mehrheit dieser Beamten vor der Wahl in geheimer Abstimmung hierauf verzichtet.
2. Arbeitnehmer und Beamte müssen entsprechend ihrem zahlenmäßigen Verhältnis im Betriebsrat vertreten sein, wenn dieser aus mindestens drei Mitgliedern besteht.
3. Die Arbeitnehmer und Beamten wählen ihre Vertreter in getrennten Wahlgängen, es sei denn, dass die wahlberechtigten Angehörigen beider Gruppen vor der Neuwahl in getrennten, geheimen Abstimmungen die gemeinsame Wahl beschließen. Die Betriebsratswahl erfolgt in gemeinsamer Wahl, wenn der Betriebsrat im vereinfachten Wahlverfahren nach § 14a des Betriebsverfassungsgesetzes zu wählen ist.
4. Steht einer Gruppe nur ein Vertreter im Betriebsrat zu, so erfolgt die Wahl des Gruppenvertreters nach den Grundsätzen der Mehrheitswahl

4a. Jede Gruppe kann auch Angehörige der anderen Gruppe wählen. In diesem Fall gelten die Gewählten insoweit als Angehörige derjenigen Gruppe, die sie gewählt hat. Dies gilt auch für Ersatzmitglieder.
5. Finden getrennte Wahlgänge statt, so sind zur Unterzeichnung von Wahlvorschlägen der Gruppe nur die wahlberechtigten Angehörigen der jeweiligen Gruppe entsprechend § 14 Abs. 4 des Betriebsverfassungsgesetzes berechtigt.
6. In Betrieben mit Beamten muss dem Wahlvorstand ein Beamter angehören.
7. Ist der Betriebsrat in gemeinsamer Wahl gewählt, bestimmt sich das Nachrücken von Ersatzmitgliedern nach § 25 des Betriebsverfassungsgesetzes unter Berücksichtigung der Grundsätze der Nummer 2."

Grundsätzlich bestimmen sich die Wahl und die Zusammensetzung des Betriebsrats damit nach den Vorschriften des BetrVG. Wegen der Besonderheiten im Postpersonalrechtsgesetz, das den Beamten in beamtenspezifischen Angelegenheiten grundsätzlich ein eigenes Beschlussfassungsrecht einräumt (§ 28 PostPersRG), sind entsprechend dem ehemals geltenden Recht auch weiterhin besondere Maßnahmen erforderlich, um sicherzustellen, dass Beamte grundsätzlich im Betriebsrat vertreten sind (BT-Drucks. 14/5741, S. 54). **67**

2. Beibehaltung des Gruppenprinzips

a) Nr. 1 bestimmt, dass die Beamten abweichend vom BetrVG bei der Wahl zum Betriebsrat eine eigene Gruppe bilden. Hierzu gehören nicht die beurlaubten Beamten, die bereits in einem unmittelbaren Arbeitsverhältnis zu den Aktiengesellschaften stehen und daher Arbeitnehmer im Sinne des BetrVG sind. Diese Regelung ist nicht zwingend; die Beamten können – wie bereits vorher – auf die Bildung einer eigenen Wählergruppe mit Stimmenmehrheit verzichten. **68**

b) Die Anerkennung der Beamten als eigenständige Gruppe ist Voraussetzung für die Besonderheiten bei der Wahl zum Betriebsrat. Verzichten also die Beamten auf die **69**

Bildung einer eigenen Wählergruppe, dann gelten keinerlei Besonderheiten gegenüber den allgemein geltenden Regelungen des BetrVG.

3. Anteilige Repräsentierung des Beamten

70 a) Nr. 2 stellt sicher, dass die Beamten, wenn sie eine eigene Wählergruppe bilden, entsprechend ihrem zahlenmäßigen Verhältnis im Betriebsrat vertreten sind. Die Regelung entspricht dem ehemaligen § 10 Abs. 1, der gleiches für die Arbeiter und Angestellte vorsah, und ähnelt dem jetzigen § 15 Abs. 2, der eine Mindestquote für das Geschlecht, das in der Belegschaft in der Minderheit ist, vorsieht. Entscheidend für das Verhältnis der Gruppen ist hier – wie auch beim Geschlecht in der Minderheit, s. § 15 Rn. 13 – der Tag des Erlasses des Wahlausschreibens, nicht das Verhältnis beider Gruppen innerhalb der in der Regel Beschäftigten (*Fitting*, § 14 Rn. 78; a. A. BAG 29. 5. 1991 AP BPersVG § 17 Nr. 1, das bei der Bestimmung der Gruppenstärke entgegen dem Gesetzeswortlaut auf die in der Regel beschäftigten Gruppenangehörigen abstellt).

71 b) Für die Ermittlung der Zahl der beamteten Betriebsratsmitglieder kann daher grundsätzlich auf die Kommentierung zu § 15 Abs. 2 verwiesen werden (Rn. 14): Die Begriffe Frauen und Männer müssen gedanklich durch Beamte und Arbeitnehmer ersetzt werden. Zusätzliche Komplizierung besteht nur darin, dass beide Quoten kumulativ gelten; zu dem Verfahren hier die zutreffende Sitzverteilung zu ermitteln vgl. Rn. 74.

4. Gruppenwahl als Grundsatz

72 a) Nr. 3 legt fest, dass der Betriebsrat abweichend von § 14 grundsätzlich in Gruppenwahl, d. h. getrennt nach Gruppen der Arbeitnehmer und Beamten, gewählt wird. Die Betriebsratswahl erfolgt jedoch in gemeinsamer Wahl, wenn der Betriebsrat im vereinfachten Wahlverfahren nach § 14a zu wählen ist. Auch wenn eine gemeinsame Wahl beschlossen wird, bleibt es aber beim Erfordernis einer anteiligen Repräsentierung der Beamten. Die wahlberechtigten Beamten können jedoch vor der Wahl in geheimer Abstimmung innerhalb der vom Wahlvorstand festgesetzten Frist hierauf verzichten. Ist der Betriebsrat im vereinfachten Verfahren nach § 14a zu wählen, kann diese Abstimmung bis zur Wahl des Wahlvorstands erfolgen, § 3 S. 2 WO Post.

73 b) Das BAG vertrat schon zu § 13 Abs. 2 BetrVG 1952 die Auffassung, dass für eine Entscheidung für eine gemeinsame Wahl die **Mehrheit der abgegebenen Stimmen** genügt, sofern sich die **Mehrheit der Stimmberechtigten an der Abstimmung beteiligt** habe (vgl. BAG 7. 7. 1954 AP BetrVG § 13 Nr. 1, AP BetrVG § 13 Nr. 2; BAG 2. 2. 1962 AP BetrVG § 13 Nr. 10; ebenso *Brecht*, § 14 Rn. 17; GK-*Thiele* [2. Bearbeitung], § 14 Rn. 30; *Weiss/Weyand*, § 14 Rn. 5 f.; *Wlotzke/Preis*, § 14 Anm. 3 a). Das dürfte ebenso hier gelten. Über Bedenken gegen diese erleichterte Zulassung, die nicht auf die Mehrheit jeweils in beiden Gruppen abstellt, ist die Praxis hinweggegangen (s. noch 7. Auflage, § 14 Rn. 28 ff.).

74 c) Da die Zahl der auf die Arbeitnehmer und Beamten entfallenen Sitze durch Nr. 2 feststeht, wird die Wahl der beiden Gruppen technisch je wie eine selbständige Wahl behandelt. Das Gesetz selbst lässt es offen, wie dem Erfordernis des § 15 Abs. 2 Rechnung getragen werden kann. Die WO Post bestimmt, dass das Geschlecht in der Minderheit mindestens entsprechend dem zahlenmäßigen Verhältnis in der Gruppe vertreten sein muss, wenn Beamte eine eigene Gruppe bilden (§ 4 Abs. 1 WO Post). Dies mag im Einzelfall zu einer weitergehenden – und unnötigen – Abweichung von der Erfolgsgleichheit der Stimmen führen, als wenn man es zuließe, dass z. B. ein weiblicher Beamter einen männlichen Arbeitnehmer im Betriebsrat ausgleicht. Es dient aber der Vereinfachung der Zuteilung. Bilden die Beamten keine eigene Gruppe, muss das Geschlecht in der Minderheit nicht innerhalb der Gruppen sondern nur im Betriebsrat in seinem zahlenmäßigen Verhältnis vertreten sein (§ 4 Abs. 2 WO Post). Damit können die Ergebnisse stark divergieren.

VII. Besonderheiten bei den privatisierten Unternehmen der Post § 14

d) Folgende Besonderheiten sind damit zu beachten: 75
Verhältniswahl: Findet **Gruppenwahl** statt, so ist erst zu ermitteln, wieviele Sitze auf die jeweilige Gruppe entfallen (s. § 15 Rn. 14). Dann wird nach dem Höchstzahlenverfahren für jede Wahl gesondert ermittelt, wer gewählt ist. Dabei ist das Verfahren, dass in Rn. 29 ff. für die gemeinsame Wahl beschrieben wurde, getrennt für jede Gruppe durchzuführen. Es ist, als wären es zwei voneinander unabhängige Wahlen. Die Verteilung der Mindestsitze des Geschlechts in der Minderheit innerhalb der jeweiligen Gruppe erfolgt entsprechend § 5 WO, s. § 6 Nr. 6 WO Post.

Findet **gemeinsame Wahl** statt, so erfolgt die Verteilung der Sitze nach § 6 Nr. 10 WO 76 Post. Das Verfahren ist auf Grund des doppelten Quotenerfordernisses recht kompliziert. Es muss zunächst berücksichtigt werden, wie viel Sitze auf die Gruppen entfallen und wieviel Sitze dabei jeweils auf das Geschlecht in der Minderheit entfallen (s. Rn. 27; § 15 Rn. 14). In einem ersten Schritt erfolgt daher die Verteilung der Sitze unter die Gruppenvertreter nach dem d'Hondt'schen System; es müssen also die für jede Liste abgegebenen Stimmenzahlen durch 1, 2, 3, 4 usw. geteilt werden. Bei der Verteilung der Sitze werden dann die jeder Gruppe zustehenden Sitze *getrennt,* jedoch unter Verwendung *derselben Höchstzahlen* ermittelt. Führt dies direkt zu einer nach Geschlechtern ausgewogenen Besetzung, dann entspricht dies der endgültigen Sitzverteilung. Ist dies nicht der Fall, dann sind in der jeweiligen Gruppe in der Zählung solange Kandidaten zu überspringen, bis sich weiter unten ein Kandidat findet, der beide Kriterien erfüllt (§ 6 Nr. 10 WO Post): Geschlecht und Gruppenzugehörigkeit. Zu beginnen ist hier bei dem Kandidaten, der auf der gleichen Liste stehend möglichst wenige Plätze von dem zu ersetzenden entfernt ist. Das alles entfernt sich weit vom Gesetz, das keinen Anhaltspunkt hierfür bietet, aber es ist ein Kompromiss, das Gesetzesziel der Quoten zu erreichen und sich möglichst wenig vom durch die Belegschaft gewollten Wahlergebnis zu entfernen. Wenn kein geeigneter Kandidat beide Kriterien erfüllt, dann fällt der Geschlechterproporz unter den Tisch. Dies ergibt sich zwar nicht aus § 15 Abs. 2, jedoch aus § 6 Nr. 10 e) ee) WO Post. Ob dies noch von der Verordnungsermächtigung gedeckt ist, ist bis zur gerichtlichen Klärung offen.

Die Vertreter der nicht berücksichtigten Gruppe werden aus den anderen Listen 77 entnommen, wenn eine Liste nicht so viele Gruppenvertreter enthält, wie nach der Sitzverteilung auf sie entfallen (s. § 16 Abs. 2 Satz 2 i. V. mit § 6 Nr. 100 lit. c) WO Post). Erst wenn nicht genügend Kandidaten vorhanden sind, um die auf eine Gruppe entfallenden Sitze zu besetzen, geht der Sitz auf die Vertreter der anderen Gruppe über, wobei die Liste zum Zug kommt, auf die die nächste Höchstzahl entfällt.

Bei der Bestimmung der **Ersatzmitglieder** spielen die Höchstzahlen keinerlei Rolle. Für 78 ein ausscheidendes oder vorübergehend verhindertes Mitglied rückt jeweils der nächste auf der gleichen Liste stehende Kandidat ein, der nicht mehr Mitglied des Betriebsrats geworden ist (§ 25 Abs. 2 Satz 1; s. ausführlich dort Rn. 16 ff.). Welche Höchstzahl auf ihn entfällt, ist gleichgültig; denn ausschlaggebend ist allein, wieviel Sitze einer Liste zugeteilt sind.

Mehrheitswahl: Es gilt nichts anderes als sonst: Gewählt sind die Bewerber, die die 79 **meisten Stimmen** erhalten haben; bei Stimmengleichheit entscheidet das Los (§ 22 Abs. 3 WO). Bei Gruppenwahl treten insoweit keine Schwierigkeiten auf, weil jede Gruppe ihre Vertreter wählt. In der Reihenfolge, in der die Kandidaten die meisten Stimmen auf sich vereinigen, werden ihnen die Sitze im Betriebsrat zugeteilt, bis die auf die Gruppe entfallenden Sitze im Betriebsrat besetzt sind.

Bei **gemeinsamer Wahl** ist zu beachten, dass jeder Gruppe nur so viele Betriebsrats- 80 mitglieder angehören können, als ihr Vertreter im Betriebsrat zustehen. Es werden deshalb die einer Gruppe zustehenden Sitze mit den Bewerbern dieser Gruppe in der Reihenfolge der jeweils höchsten auf sie entfallenden Stimmenzahlen besetzt (§ 6 Nr. 10 lit. a) WO Post). Es entscheidet also die jeweils höchste Stimmenzahl, die auf einen Gruppenvertreter entfällt, ohne Rücksicht darauf, welche Stimmenzahlen auf die Kandidaten der anderen Gruppe entfallen sind. Die Wahl der beiden Gruppen wird deshalb auch hier praktisch jeweils als selbständige Wahl behandelt.

81 **Ersatzmitglieder** sind jeweils die Bewerber um das Betriebsratsamt mit der nächsthöchsten Stimmenzahl (§ 25 Abs. 2 Satz 3), wobei bei einer gemeinsamen Wahl darauf zu achten ist, dass zunächst die Gruppenvertreter mit der nächsthöchsten Stimmenzahl nachrücken.

5. Mehrheitswahl bei nur einem Gruppenvertreter

82 a) Nr. 4 ergänzt § 14 Abs. 2 um den Fall, dass wenn einer Gruppe im Betriebsrat nur ein Vertreter zusteht, dieser dann nach den Grundsätzen der Mehrheitswahl gewählt wird. Dies entspricht inhaltlich dem ehemaligen § 14 Abs. 4 Satz 1, 2. Halbsatz, der mit Aufgabe des Gruppenprinzips in der Betriebsverfassung entfallen ist. Es bestehen keine verfahrensmäßigen Besonderheiten (s. § 6 Nr. 17 WO Post).

83–86 b) Ist bei Gruppenwahl **nur ein Vertreter für eine Gruppe** zu wählen, so ist ein **Ersatzmitglied nicht** in einem **getrennten Wahlgang** zu wählen, s. § 6 WO Post. Der ehemalige § 14 Abs. 4 Satz 2 i. V. mit § 25 Abs. 5 WO a. F. bestimmte ausdrücklich das Gegenteil für das Gruppenverhältnis Arbeiter/Angestellte. Durch diese Bestimmung, die durch den BT-Ausschuss für Arbeit und Sozialordnung in das Gesetz gekommen ist, sollte sichergestellt werden, dass auch das Ersatzmitglied von dem Vertrauen der Mehrheit der Arbeitnehmer bzw. der Gruppenangehörigen getragen ist (BT-Drucks. VI/2729, S. 20). Es leuchtet nicht so recht ein, warum anderes nun für die privatisierten Unternehmen der Post gilt.

6. Wahlvorschläge

87 Nr. 5 bestimmt, dass im Fall der Gruppenwahl zur Unterzeichnung von Wahlvorschlägen der Gruppen nur die wahlberechtigten Angehörigen der jeweiligen Gruppe berechtigt sind. Das erforderliche Unterschriftenquorum richtet sich nach § 14 Abs. 4 bezogen auf die wahlberechtigten Gruppenangehörigen, nicht die Wahlberechtigten insgesamt (BT-Drucks. 14/5741, S. 54).

7. Beamter im Wahlvorstand

88 Mit Nr. 6 soll wie bisher sichergestellt werden, dass in Betrieben, in denen Beamte beschäftigt sind, dem Wahlvorstand ein Beamter angehört, s. auch § 5 Abs. 1 WO Post. Dies gilt unabhängig davon, ob die Beamten bei der Wahl eine eigene Wählergruppe bilden (BT-Drucks. 14/5741, S 54); Einzelheiten s. § 16 Rn. 13.

8. Nachrücken von Ersatzmitgliedern

89 a) Nach Nr. 7 bestimmt sich das Nachrücken von Ersatzmitgliedern im Fall der gemeinsamen Wahl nach § 25 unter Berücksichtigung der Grundsätze der Nr. 2. Damit wird sichergestellt, dass im Falle des Ausscheidens z. B. eines Vertreters der Beamten aus dem Betriebsrat auch nur wieder ein Beamter als Ersatzmitglied nachrückt (BT-Drucks. 14/5741, S. 54). Auch hier ist jedoch wieder zu beachten, dass auch die Quote des § 15 Abs. 2 gewahrt bleiben muss. Es ist also soweit die Liste nach unten zu gehen, bis ein Kandidat gefunden ist, der beide Kriterien erfüllt: Gruppenzugehörigkeit und Geschlecht.

89 a Offen ist jedoch die Entscheidung, wie zu verfahren ist, wenn ein weiblicher Beamter ausscheidet, der die Wahrung beider Quoten sicherstellte, und auf den Listen nur noch männliche Beamte und weibliche Arbeitnehmer stehen. Hier ist entweder der Quote nach § 15 Abs. 2 oder nach § 26 Nr. 2 PostPersRG Vorzug zu geben. Weil das Gesetz § 15 Abs. 2 nicht ausdrücklich erwähnt, und weil eine Entscheidung in die ein oder andere Richtung getroffen werden muss, ist hier wohl eher § 26 Nr. 2 PostPersRG

Rechnung zu tragen (a. A. *Fitting*, § 25 Nr. 39 orientiert an § 6 Nr. 10 e) ee) WOP; s. auch Rn. 76). Einzelheiten s. Rn. 78, 81, 83 ff.

VIII. Streitigkeiten

Streitigkeiten über das Wahlverfahren entscheidet das Arbeitsgericht im Beschlussverfahren (§ 2 a Abs. 1 Nr. 1, Abs. 2 i. V. mit §§ 80 ff. ArbGG). Der Wahlvorstand muss darüber entscheiden, ob die eingereichten Wahlvorschläge gültig sind und ob die Wahl nach den Grundsätzen der Verhältniswahl oder der Mehrheitswahl durchgeführt wird. Seine Entscheidungen und Maßnahmen können vor Abschluss der Betriebsratswahl selbständig angefochten werden (s. ausführlich § 18 Rn. 19). Wird gegen die hier niedergelegten Grundsätze verstoßen, so kann die Betriebsratswahl angefochten werden (§ 19). Wird gegen die Vorschriften über das Wahlverfahren in so erheblichem Maß verstoßen, dass nicht einmal der Anschein einer Wahl vorliegt, so ist die Betriebsratswahl sogar nichtig (s. § 19 Rn. 75 f.).

Eine Entscheidung über die Wirksamkeit einer Vorabstimmung nach § 26 Nr. 3 PostPersRG kann selbständig beantragt werden. Sofern nicht durch eine einstweilige Verfügung die Durchführung der Betriebsratswahl untersagt wurde, entfällt jedoch das Rechtsschutzinteresse für den Antrag, nachdem die Betriebsratswahl durchgeführt worden ist. Ein Verfahrensverstoß bei der Vorabstimmung kann aber auch noch als Anfechtungsgrund in einem Verfahren auf Anfechtung der Betriebsratswahl geltend gemacht werden (vgl. BAG 2. 2. 1962 und 14. 1. 1969 AP BetrVG § 13 Nr. 10 und 12).

§ 14 a Vereinfachtes Wahlverfahren für Kleinbetriebe

(1) ¹In Betrieben mit in der Regel fünf bis fünfzig wahlberechtigten Arbeitnehmern wird der Betriebsrat in einem zweistufigen Verfahren gewählt. ²Auf einer ersten Wahlversammlung wird der Wahlvorstand nach § 17 a Nr. 3 gewählt. ³Auf einer zweiten Wahlversammlung wird der Betriebsrat in geheimer und unmittelbarer Wahl gewählt. ⁴Diese Wahlversammlung findet eine Woche nach der Wahlversammlung zur Wahl des Wahlvorstands statt.

(2) Wahlvorschläge können bis zum Ende der Wahlversammlung zur Wahl des Wahlvorstands nach § 17 a Nr. 3 gemacht werden; für Wahlvorschläge der Arbeitnehmer gilt § 14 Abs. 4 mit der Maßgabe, dass für Wahlvorschläge, die erst auf dieser Wahlversammlung gemacht werden, keine Schriftform erforderlich ist.

(3) ¹Ist der Wahlvorstand in Betrieben mit in der Regel fünf bis fünfzig wahlberechtigten Arbeitnehmern nach § 17 a Nr. 1 in Verbindung mit § 16 vom Betriebsrat, Gesamtbetriebsrat oder Konzernbetriebsrat oder nach § 17 a Nr. 4 vom Arbeitsgericht bestellt, wird der Betriebsrat abweichend von Absatz 1 Satz 1 und 2 auf nur einer Wahlversammlung in geheimer und unmittelbarer Wahl gewählt. ²Wahlvorschläge können bis eine Woche vor der Wahlversammlung zur Wahl des Betriebsrats gemacht werden; § 14 Abs. 4 gilt unverändert.

(4) Wahlberechtigten Arbeitnehmern, die an der Wahlversammlung zur Wahl des Betriebsrats nicht teilnehmen können, ist Gelegenheit zur schriftlichen Stimmabgabe zu geben.

(5) In Betrieben mit in der Regel 51 bis 100 wahlberechtigten Arbeitnehmern können der Wahlvorstand und der Arbeitgeber die Anwendung des vereinfachten Wahlverfahrens vereinbaren.

§ 14 a   Vereinfachtes Wahlverfahren für Kleinbetriebe

Schrifttum: *Brors*, Ist § 15 II BetrVG verfassungswidrig?, NZA 2004, 472; *Dütz*, Abschaffung des Minderheitenschutzes durch das BetrVerf-ReformG 2001, DB 2001, 1306; *Franke*, Zur Berechnung des Minderheitengeschlechts nach § 15 II BetrVG, NZA 2005, 394; *Grote*, Novellierungsvorschläge zu den Vorschriften über die Zusammensetzung und Wahl des Betriebsrats (§§ 7–20 BetrVG 1972), Diss. Kiel 2001; *Löwitsch*, Die vereinfachte Betriebsratswahl – eine Fehlkonstruktion, JZ 2002, 187; *Quecke*, Änderungen des Verfahrens zur Betriebsratswahl, AuR 2002, 1; *Schiefer/Korte*, Die Durchführung von Betriebsratswahlen nach neuem Recht, NZA 2002, 57 (Teil 1), 113 (Teil 2); *Ubber/Weller*, Ist der Schutz des Minderheitengeschlechts nach dem Betriebsverfassungsgesetz und der Wahlordnung 2001 verfassungswidrig?, NZA 2004, 893; *Will*, Das vereinfachte Wahlverfahren für Kleinbetriebe, FA 2006, 71; *Wolf*, Betriebsstrukturen und Betriebsratswahlen nach der Gesetzesnovelle 2001, Jb ArbR 40, 99 (2003).

Übersicht

	Rn.
I. Vorbemerkung	1
II. Grundzüge des vereinfachten Verfahrens	3
III. Zweistufiges Wahlverfahren (§ 14 a Abs. 1, §§ 28–35 WO)	6
1. Wahlversammlung zur Wahl des Wahlvorstands	6
2. Wahlversammlung zur Wahl des Betriebsrats	27
IV. Einstufiges Wahlverfahren (§ 14 a Abs. 3, §§ 36 f. WO)	34

I. Vorbemerkung

1   Die Norm wurde – zusammen mit § 17 a, der die Bestellung des Wahlvorstands regelt – neu eingefügt durch das **BetrVerf-Reformgesetz** vom 23. 7. 2001. Durch die Vereinfachung des Wahlverfahrens, die auch eine wesentliche Forderung der Gewerkschaften im Vorfeld der Gesetzgebung war (s. Novellierungsvorschläge des DGB zum Betriebsverfassungsgesetz 1972, 1998, § 14 a), soll dem Umstand Rechnung getragen werden, dass bisher gerade in Kleinbetrieben nur selten Betriebsräte bestehen. Durch die Vereinfachung sollen **Hürden abgebaut** werden (s. BT-Drucks. 14/5741, S. 36 f.). Dies ist auch im internationalen Vergleich nichts Ungewöhnliches (s. zum ehemaligen niederländischen Recht *Thüsing*, NZA 2000, 700), und auch im kirchlichen Bereich gab es bereits vorher entsprechende Normen, s. §§ 11 a bis c MAVO. Mit der Verfahrensvereinfachung ist allerdings auch ein gewisser **Verlust an Verfahrensicherheit** verbunden. Auch dies wurde im Vorfeld bereits verschiedentlich geltend gemacht (*Hanau*, RdA 2001, 65, 68; *Konzen*, RdA 2001, 76, 88; *Schiefer/Korte*, NZA 2001, 351, 352; krit. auch *Franke*, BB 2002, 211). Die Einzelheiten hierzu hat die neue **Wahlordnung** geregelt. Bis zur Verabschiedung der neuen Wahlordnung galten die bisherigen Wahlordnungen gemäß § 125 Abs. 3 fort, verbunden mit den Änderungen, die § 125 Abs. 4 vorsah.

2   Das vereinfachte Wahlverfahren ist für Betriebe mit bis zu 50 Wahlberechtigten **verpflichtend**. Da das Gesetz nichts anderes sagt, besteht kein Wahlrecht, statt nach § 14 a nach dem allgemeinen Verfahren zu wählen (GK-*Kreutz*, § 14 a Rn. 6; zweifelnd *Däubler*, AuR 2001, 1, 2). **Maßgeblicher Zeitpunkt** für die Berechnung des Schwellenwerts ist der Zeitpunkt der Einleitung der Wahl. Dies ist bei der Wahl im förmlichen Wahlverfahren der Erlass des Wahlausschreibens (s. auch § 9 Rn. 13), bei der Wahl im vereinfachten Wahlverfahren die Einladung zu der Wahlversammlung. Hier ist in wertender Prognose die Zahl der „in der Regel wahlberechtigten Arbeitnehmer" zu ermitteln (s. § 9 Rn. 10). Das BAG geht von der Anfechtbarkeit, nicht aber der Nichtigkeit der Wahl aus, wenn die Schwerbehindertenvertretung eines Betriebs nach § 94 Abs. 6 Satz 3 SBG IX im vereinfachten Wahlverfahren gewählt wurde, obwohl dem Betrieb nicht weniger als 50 wahlberechtigte schwerbehinderte Menschen angehören (BAG 16. 11. 2005 AP SGB IX § 94 Nr. 4). Dem wird man zustimmen können und dies auf die Betriebsrats-

wahl übertragen können, soweit die Verkennung des Schwellenwerts nicht offensichtlich ist (s. auch § 19 Rn. 14 u. 75 f.). Freilich liegt hier die Schwelle bei mehr als 100 Arbeitnehmern: Nach dem im späteren Laufe des Gesetzgebungsverfahren eingefügten Abs. 5 soll in Betrieben mit **51 bis 100 wahlberechtigten Arbeitnehmern** ermöglicht werden, den Betriebsrat ebenfalls im vereinfachten Wahlverfahren zu wählen. Ob die Durchführung der Betriebsratswahl nach dem vereinfachten Wahlverfahren für einen Betrieb dieser Größenordnung sinnvoll ist, sollen hier Arbeitgeber und Wahlvorstand gemeinsam entschieden. Lehnt eine Partei ab, richtet sich die Wahl nach den allgemeinen Regeln (BT-Ausschussdrucksache Arbeit und Sozialordnung 14/1610 S. 1). Abs. 5 bezieht sich einzig auf die Wahl des Betriebsrats selbst, nicht auf die des Wahlvorstandes, der die Durchführung des vereinfachten Verfahrens erst vereinbaren kann. Die in § 14 a Abs. 5 BetrVG geforderte Vereinbarung zwischen Wahlvorstand und Arbeitgeber ist zunächst an keine Formvorschrift gebunden, so dass eine solche Vereinbarung nicht zwingender Weise der Schriftform bedarf. Die Vereinbarung des vereinfachten Wahlverfahrens gilt jeweils nur für eine Wahl. Eine **Vereinbarung mit Dauerwirkung ist nicht möglich,** da sie nur vom jeweiligen Wahlvorstand abgeschlossen werden kann. Daher kann bei Betrieben jenseits der 50 Arbeitnehmer der Wahlvorstand selber auch nicht im vereinfachten Verfahren gewählt werden. Der Wahlvorstand muss durch einen Gesamtbetriebsrat, Konzernbetriebsrat oder durch das Arbeitsgericht bestellt werden (offengelassen BAG 19. 11. 2003 AP BetrVG 1972 § 19 Nr. 54). Wird eine Wahl nach dem vereinfachten Wahlverfahren erfolgreich angefochten, so entfällt damit auch die Vereinbarung des vereinfachten Wahlverfahrens. Die Wiederholung der Wahl muss dann im normalen Verfahren stattfinden, sofern der neu bestellte Wahlvorstand und der Arbeitgeber nicht wiederum das vereinfachte Verfahren vereinbaren (a. A. DKK-*Schneider,* § 14 a Rn. 3: Zwingend vereinfachtes Wahlverfahren, sofern nicht gerade die Vereinbarung zur Unwirksamkeit führte).

Soweit eingewandt wird, dass die Vereinbarung von Wahlvorstand und Arbeitgeber nicht zu **einer Änderung der Verhältniswahl** führen dürfe, und daher auch im vereinfachten Wahlverfahren in Betrieben von 51 bis 100 Arbeitnehmern keine Mehrheitswahl stattfinden darf (*Hanau,* NJW 2001, 2513; *ders.,* ZIP 2001, 1981, 1983; ähnlich *Franke,* BB 2002, 211), hat dies keinen Niederschlag im Gesetz gefunden. Es könnte also nur richtig sein, wenn die Intention des Gesetzgebers verfassungswidrig ist. Das wird man verneinen müssen. Der Arbeitgeber und der Betriebsrat machen Gebrauch von ihrer Entscheidungskompetenz, zwischen zwei gesetzlich genau umrissenen Alternativen zu wählen. Beides ist damit mittelbar durch den Gesetzgeber legitimiert, und das reicht. Weder das eine Wahlsystem noch das andere ist durch die Verfassung vorgeben, und zulässig ist es daher auch, dass der Gesetzgeber es offen lässt, welches Anwendung findet. Mit der Wesentlichkeitstheorie hat dies nichts zu tun. Wenn danach gefordert wird, dass die für das Gemeinwesen wesentliche Fragen durch den parlamentarischen Gesetzgeber selber entschieden werden müssen, dann sagt dies nur etwas zum Verhältnis dessen Kompetenz zum Verordnungsgeber oder zur richterlichen Rechtsfortbildung, aber nichts dazu, ob er eine Regelung schaffen kann, die in ihrer Anwendung Entscheidungsbefugnisse der Betriebspartner begründet. Hier sind andere Ebenen der Legitimation betroffen, die es ausschließen, etwa die in der Entscheidung zum Beamtenstreik formulierten Vorbehalte des BVerfG (BVerfG 2. 3. 1993 E 88, 103, 116 = AP GG Art. 9 Nr. 125 Arbeitskampf) auf die hiesige Situation zu übertragen (zum Anwendungsbereich der Wesentlichkeitstheorie s. auch *Sachs,* GG, Art. 20 Rn. 70 ff.).

II. Grundzüge des vereinfachten Verfahrens

Die **wesentlichen Grundzüge** des vereinfachten Wahlverfahrens sind die Verkürzung von Fristen und die Ersetzung der Urnenwahl durch eine Wahlversammlung. § 14 a

3

differenziert je nachdem, ob in dem Betrieb bereits ein Betriebsrat existiert oder nicht, zwischen einem zweistufigen und einem einstufigen Verfahren:

4   In § 14a Abs. 1 und Abs. 2 ist das **zweistufige** vereinfachte Wahlverfahren geregelt. Bei diesem wird in einer ersten Wahlversammlung der Wahlvorstand gewählt; die Betriebsratswahl findet eine Woche später auf einer zweiten Wahlversammlung statt. Indem sie das zweistufige Wahlverfahren an die Spitze des § 14a stellt, erweckt die Gesetzessystematik den Eindruck, dieses sei die Grundform des vereinfachten Wahlverfahrens. Das ist zumindest irreführend. In der Praxis dürfte besagte Form verhältnismäßig selten vorkommen. Das zweistufige Verfahren ist nur für betriebsratslose Betriebe vorgesehen und gelangt überdies nur dann zur Anwendung, wenn weder ein Gesamtbetriebsrat noch ein Konzernbetriebsrat existiert, oder diese die Bestellung eines Wahlvorstands unterlassen haben. Das zweistufige Verfahren scheidet ebenso aus, wenn der Wahlvorstand gemäß § 17a Nr. 4 i. V. m. § 17 Abs. 4 durch das Arbeitsgericht bestellt wird.

5   In der Praxis dürfte daher das **einstufige** vereinfachte Verfahren i. S. d. § 14a Abs. 3 **weitaus häufiger** werden. Bei diesem kommt es nur zu einer Wahlversammlung, auf der direkt die Wahl des Betriebsrats stattfindet. Es gelangt in Kleinbetrieben zur Anwendung, in denen bereits ein Betriebsrat besteht, wenn dieser am Ende seiner Amtszeit ordnungsgemäß einen Wahlvorstand bestellt (§ 16 Abs. 1); in § 17a Nr. 1 ist für Kleinbetriebe lediglich die Frist für die Bestellung von zehn auf vier Wochen verkürzt. Bestellt der Betriebsrat den Wahlvorstand nicht rechtzeitig, kann dies nach § 16 Abs. 3 durch den Gesamtbetriebsrat oder, falls ein solcher nicht besteht, durch den Konzernbetriebsrat erfolgen. Schließlich bleibt für den Fall, dass eine Wahlversammlung trotz Einladung nicht statt findet oder auf dieser kein Wahlvorstand gewählt wird, die Ersatzbestellung durch das Arbeitsgericht gemäß § 16 Abs. 2 auf Antrag von mindestens drei wahlberechtigten Arbeitnehmern oder einer im Betrieb vertretenen Gewerkschaft; § 17a Nr. 1 verkürzt die Frist des § 16 Abs. 2 von acht auf drei Wochen. In sämtlichen genannten Fällen wird der Betriebsrat in nur einer Wahlversammlung in geheimer und unmittelbarer Wahl gewählt.

III. Zweistufiges Wahlverfahren (§ 14a Abs. 1, §§ 28–35 WO)

1. Wahlversammlung zur Wahl des Wahlvorstands

6   a) **Einladung und einladende Stellen:** Die Einberufung zur ersten Wahlversammlung richtet sich gemäß § 17a Nr. 3 Satz 2 nach § 17 Abs. 3. Danach können drei wahlberechtigte Arbeitnehmer oder eine im Betrieb vertretene Gewerkschaft einladen und Vorschläge für die Zusammensetzung des Wahlvorstands machen (entsprechend § 28 Abs. 1 Satz 1 WO). Die Einladung muss gemäß § 28 Abs. 1 Satz 2 WO mindestens sieben Tage vor dem Tag der Wahlversammlung erfolgen (s. auch LAG Hessen 23. 1. 2003, AuR 2003, 158). Sie kann durch Aushang an geeigneten Stellen im Betrieb bekannt gemacht werden, nach § 28 Abs. 1 Satz 4 WO auch mittels der im Betrieb vorhandenen Informations- und Kommunikationsmittel. In Betracht kommt also eine Einladung mittels Rund-E-Mail oder durch Veröffentlichung im Intranet (ebenso *Fitting*, § 14a Rn. 12; zu den Voraussetzungen ausführlich § 28 WO Rn. 2 f.). Bislang ungeklärt ist, ob und inwieweit der Arbeitgeber verpflichtet ist, die einladende Stelle bei der Bekanntmachung durch Informations- und Kommunikationsmittel aktiv zu unterstützen. Die Bereitschaft des Arbeitgebers, insbesondere der Gewerkschaft Zugriff auf ein vorhandenes Intranet zu ermöglichen, damit diese dort die Betriebsratswahl in die Wege leiten kann, dürfte nicht besonderes groß sein. Um der Regelung im Gesetz und der Wahlordnung Geltung zu verschaffen, ist ein solches Zugriffs- und Nutzungsrecht jedoch tendenziell zu bejahen (*Fitting*, § 14a Rn. 12). Ob dies auch gilt, wenn die

III. Zweistufiges Wahlverfahren (§ 14 a Abs. 1, §§ 28–35 WO) § 14 a

Gewerkschaft einladende Stelle ist (so *Fitting*, a. a. O.) ist fraglich, da dann einem Betriebsfremden der direkte Zugriff auf die interne Unternehmenskommunikation eingeräumt werden müsste. Dies kann wohl nicht verlangt werden, stehen doch der Gewerkschaft andere Möglichkeiten zur Verfügung. Die Pflicht des Arbeitgebers kann jedenfalls nicht so weit gehen, die Einladung durch eigenes Tätigwerden unterstützen zu müssen. Er hat der einladenden Stelle daher z. B. nicht eine **allgemeine Mailing-Liste** aller Arbeitnehmer des Betriebs zu überlassen oder mit eigenen Leuten bei der Einrichtung der Intranet-Seite behilflich zu sein. Die Möglichkeiten moderner Informations- und Kommunikationstechnik effektiv zu nutzen, ist allein Sache der einladenden Stelle selbst; der Arbeitgeber muss nur eine bereits vorhandene Infrastruktur zur Verfügung stellen. Nach Ansicht der Rechtsprechung ist der Arbeitgeber allerdings verpflichtet, allen regelmäßig auswärts beschäftigten Arbeitnehmern eine Einladung zu einer Betriebsversammlung zum Zwecke der Wahl eines Wahlvorstandes für die erstmalige Betriebsratswahl zukommen zu lassen (BAG 26. 2. 1992, DB 1992, 2147). Fehlt es an einer hinreichenden Möglichkeit der Kenntnisnahme für alle Arbeitnehmer, kann die Wahl des Wahlvorstands nichtig sein (BAG 7. 5. 1986 AP KSchG 1969 § 15 Nr. 18).

Die Einladung muss neben Ort, Tag und Zeit der ersten Wahlversammlung auch den 7
Hinweis enthalten, dass bis zum Ende dieser Wahlversammlung **Wahlvorschläge** gemacht werden können und in welcher Form dies zu geschehen hat (§ 28 Abs. 1 Satz 5 WO). In Anbetracht des engen Zeitplans, den der Gesetzgeber für das vereinfachte Verfahren vorgegeben hat, ist es aus demokratischen Erwägungen von erheblicher Bedeutung, dass die Arbeitnehmer wissen, welche Fristen sie zu beachten haben.

Unklar ist, ob die Einladung zu einer (ersten) **Wahlversammlung der einzige Weg** ist, 8
um in einem betriebsratslosen Kleinbetrieb einen Betriebsrat zu etablieren. Es wird darauf hingewiesen, dass § 14 a eine Einschaltung des Gesamtbetriebsrats, hilfsweise des Konzernbetriebsrats nicht vorsehe, sondern vielmehr die Wahl des Wahlvorstands durch die erste Wahlversammlung zur Regel erkläre. Damit habe der Gesetzgeber vermieden, dass in Kleinbetrieben sogar dann ein Betriebsrat errichtet werde, wenn nicht einmal drei wahlberechtigte Arbeitnehmer oder eine im Betrieb vertretene Gewerkschaft initiativ würden (*Löwisch*, DB 2001, 1734, 1739). Mit dieser Argumentation kann die – rechtspolitisch zweifellos fragwürdige – „Zwangsbeglückung" (*Rieble*, ZIP 2001, 133, 135; zur Kritik auch *Hanau*, RdA 2001, 65, 69; *Konzen*, RdA 2001, 76, 88; *Reichold*, NZA 2001, 857, 860 f.) durch den Gesamt- oder Konzernbetriebsrat jedoch nicht verhindert werden. Die Gesetzessystematik spricht dafür, dass auch in betriebsratslosen Kleinbetrieben der Wahlvorstand durch Gesamt- oder Konzernbetriebsrat bestellt werden kann (ebenso *Fitting*, § 14 a Rn. 44; GK-*Kreutz*, § 14 a Rn. 21; *Quecke*, AuR 2002, 1, 3): § 14 a Abs. 1 ordnet an, dass in diesen der Wahlvorstand auf einer ersten Wahlversammlung nach § 17 a Nr. 3 gewählt wird. § 17 a Nr. 3 wiederum spricht davon, dass *in den Fällen des § 17 Abs. 2* der Wahlvorstand in der Wahlversammlung von der Mehrheit der anwesenden Arbeitnehmer gewählt wird. Die Fälle des § 17 Abs. 2 aber sind diejenigen, in denen weder ein Gesamtbetriebsrat noch ein Konzernbetriebsrat besteht (Satz 1) oder diese die Bestellung des Wahlvorstands unterlassen (Satz 2). Im Umkehrschluss folgt, dass die allgemeine Vorschrift des § 17 Abs. 1, die beiden die Bestellung des Wahlvorstands in betriebsratslosen Betrieben ermöglicht, auch für Kleinbetriebe gilt.

b) **Unterstützungspflicht des Arbeitgebers:** Eine Besonderheit des vereinfachten Ver- 9
fahrens enthält § 28 Abs. 2 WO Nach dieser Vorschrift hat der Arbeitgeber unverzüglich nach Aushang der Einladung zur Wahlversammlung der einladenden Stelle alle für die Anfertigung der Wählerliste erforderlichen Unterlagen in einem versiegelten Umschlag auszuhändigen. Nach der Begründung des Verordnungsgebers sollen dadurch die Voraussetzungen dafür geschaffen werden, dass der Wahlvorstand nach seiner Wahl schnellstmöglich über die Unterlagen zur Aufstellung der Wählerlisten verfügen kann. Die Aufstellung der Wählerlisten erfolgt sodann auf der ersten Wahlversammlung (§ 30 Abs. 1 Satz 2 WO). Die Unterstützungspflicht des Arbeitgebers durch Zurverfügung-

stellung von Unterlagen ist nicht neu; § 2 Abs. 2 WO kennt sie auch für das reguläre Wahlverfahren. Neu ist, dass die Aushändigung unverzüglich nach Aushang der Einladung, d. h. ohne gesonderte Mitteilung oder Aufforderung der einladenden Stelle an den Arbeitgeber, zu erfolgen hat. Dieser hat ohne schuldhaftes Zögern die erforderlichen Dokumente zusammenzustellen. Maximal bleibt ihm hierfür bis zum Tag der Wahlversammlung Zeit (d. h. mindestens sieben Tage, vgl. § 28 Abs. 1 Satz 2 WO; s. auch LAG Hessen 23. 1. 2003, AuR 2003, 158), da allein der dort zu wählende Wahlvorstand für die Auswertung der Unterlagen zwecks Aufstellung der Wählerliste zuständig ist (*Fitting*, § 14 a Rn. 19; HWK-*Reichold*, § 14 a Rn. 8). Die einladende Stelle hat kein Einsichtsrecht, sie hat lediglich eine Botenfunktion; dem wird durch die Übergabe in einem versiegelten Umschlag Rechnung getragen.

10   Gegenständlich sind an die Unterstützungspflicht des Arbeitgebers die **gleichen Anforderungen** zu stellen wir allgemein bei § 2 Abs. 2 WO. Die Angaben müssen den Familiennamen, Vornamen, das Geburtsdatum und das Datum des Eintritts in den Betrieb hinsichtlich aller dort beschäftigten Arbeitnehmer enthalten (DKK-*Schneider*, § 2 WO Rn. 15 unter Bezug auf LAG Baden-Württemberg 30. 10. 1992 – 1 TaBV 2/9). Ob er die Angaben in Form von selbst erstellten Listen macht, oder einfach die Arbeitsverträge übergibt, bleibt dem Arbeitgeber überlassen; § 28 Abs. 2 WO enthält keine Vorgaben hinsichtlich der Art und Weise, wie der Arbeitgeber seiner Unterstützungspflicht nachzukommen hat. Es muss aber gewährleistet sein, dass der Wahlvorstand durch die Angaben die Arbeitnehmereigenschaft und die Wahlberechtigung der im Betrieb Beschäftigten feststellen kann. Hierbei geht es insbesondere um die Abgrenzung zu leitenden Angestellten i. S. d. § 5 Abs. 3, zu den von der betriebsverfassungsrechtlichen Arbeitnehmereigenschaft ausgenommenen" Personen gemäß § 5 Abs. 2 und zu freien Mitarbeitern. Diesen „Problemgruppen" hat § 7 Satz 2 mit den wahlberechtigten Arbeitnehmern eines anderen Arbeitgebers eine neue hinzugefügt. Um deren Wahlberechtigung beurteilen zu können, müssen Unterlagen übergeben werden, aus denen sich Beginn und (voraussichtliches) Ende ihres Einsatzes im Betrieb ergeben (s. § 7 Rn. 10).

11   Allgemein stellt sich die Frage, ob der Arbeitgeber zur Bewertung potentieller „**Problemfälle**" – gewissermaßen vorsorglich – stets Vertragsunterlagen zur Verfügung stellen muss. Hier offenbart sich eine wesentliche Schwierigkeit des sog. „vereinfachten" Verfahrens. Während die zur Erstellung der Wählerliste erforderlichen Angaben im regulären Verfahren nach § 2 Abs. 2 WO in einem Dialog vom Wahlvorstand angefragt und durch den Arbeitgeber übermittelt werden können, soll nach dem Idealfall des § 30 Abs. 1 Satz 2 WO allein anhand der im versiegelten Umschlag enthaltenen Unterlagen die Wählerliste erstellt werden. Sind die Angaben des Arbeitgebers hierfür unzureichend, bringt dies den engen Zeitplan des Wahlverfahrens erheblich in Unordnung; einen Sicherungsmechanismus für diesen Fall sieht die neue Wahlordnung nicht vor. Sie setzt lediglich an die Stelle der eigenverantwortlichen Bewertung der Unterlagen durch den Wahlvorstand seine Abhängigkeit von Wohlwollen und Gutdünken des Arbeitgebers.

12   Auch die allgemein wegen **Nichtbeachtung der Unterstützungspflicht** i. S. d. § 2 Abs. 2 WO einschlägigen Sanktionen helfen nicht weiter (s. § 2 WO Rn. 11). § 2 Abs. 2 WO gibt dem Wahlvorstand einen Rechtsanspruch, der im Wege der Beschlussverfahrens, notfalls auch durch eine einstweilige Verfügung, durchgesetzt werden kann. Während der laufenden ersten Wahlversammlung ist eine solche jedoch nicht zu erwirken. Darüber hinaus macht sich der Arbeitgeber bei Verstoß gegen § 2 Abs. 2 WO nach § 119 Abs. 1 Nr. 1 strafbar. Die Verletzung der Norm rechtfertigt allerdings nicht die Anfechtung der Wahl. Gleiches wird man auch bei einem Verstoß gegen § 28 Abs. 2 WO annehmen können. Ein solcher liegt jedoch nicht bereits darin, dass der Arbeitgeber eine Person als freien Mitarbeiter ansieht oder einen unter drei Monaten im Betrieb eingesetzten Leiharbeitnehmer für nicht wahlberechtigt hält und es wegen der subjektiven Eindeutigkeit der Einschätzung unterlässt, gemäß § 28 Abs. 2 WO den Dienstvertrag

III. Zweistufiges Wahlverfahren (§ 14a Abs. 1, §§ 28–35 WO) § 14a

mit dem freien Mitarbeiter bzw. den Verleihvertrag zur Verfügung zu stellen; dem Arbeitgeber ist hinsichtlich der Erforderlichkeit von Unterlagen eine Einschätzungsprärogative zuzubilligen.

Die **praktischen Unzulänglichkeiten** des vereinfachten Wahlverfahrens bei der Erstellung der Wählerliste könnten dadurch etwas gemildert werden, die allgemeine Unterstützungspflicht des § 2 Abs. 2 WO neben der Verpflichtung aus § 28 Abs. 2 WO anzuwenden, da gemäß § 30 Abs. 1 Satz 5 WO die allgemeine Norm entsprechend für das vereinfachte Wahlverfahren gilt. Da die Wählerliste auf der ersten Wahlversammlung zu erstellen ist, könnte der Arbeitgeber über die in dem versiegelten Umschlag gemachten Angaben hinaus zunächst auf der Wahlversammlung selbst Auskünfte geben. Dort ist die Anwesenheit des Arbeitgebers jedoch nicht vorgesehen, in der Praxis wohl auch nicht erwünscht. Es existiert weder ein Teilnahmerecht des Arbeitgebers an dieser Wahlversammlung – ein Gegenschluss aus § 43 Abs. 2 Satz 1 u. 2 liegt nahe (s. hierzu § 29 WO Rn. 2), noch hat die einladende Stelle das Recht, ihn zwecks Aufklärung von „Problemfällen" bei der Aufstellung der Wählerliste zur Teilnahme zu verpflichten. § 2 Abs. 2 WO gibt nur dem Wahlvorstand einen Rechtsanspruch gegen den Arbeitgeber; dieser wird allerdings auf dieser Wahlversammlung erst gewählt. 13

Nach § 30 Abs. 2 i. V. m. § 4 Abs. 3 WO hat der Wahlvorstand die **Wählerliste** nach Ablauf der Einspruchsfrist (im vereinfachten Verfahren: drei Tage, § 30 Abs. 2 WO) nochmals auf ihre Vollständigkeit hin zu überprüfen. Bis zu diesem Zeitpunkt kann der Wahlvorstand erforderliche Angaben und Unterlagen, die nicht in dem ihm übergebenen Umschlag enthalten waren, vom Arbeitgeber verlangen. Eine entsprechende Unterstützungspflicht des Arbeitgebers ist auf Grund der hohen Bedeutung, die der Richtigkeit der Wählerliste für die Ordnungsmäßigkeit der Wahl zukommt, in teleologischer Ergänzung des § 28 Abs. 2 WO zu bejahen. 14

c) **Konstituierung des Wahlvorstands:** Auf der ersten Wahlversammlung werden zunächst der Wahlvorstand sowie der Vorsitzende des Wahlvorstands von der Mehrheit der anwesenden Arbeitnehmer gewählt (§ 17a Nr. 3, § 29 Satz 1 WO); er besteht aus drei Mitgliedern (§ 17a Nr. 2, § 29 Satz 2 WO). Ein Quorum für die Wahl des Wahlvorstands ist nicht erforderlich. Das Fernbleiben von der Wahlversammlung – sei es aus Desinteresse, sei es aus Ablehnung – kann die Bestellung des Wahlvorstands also nicht verhindern (krit. *Konzen*, RdA 2001, 76, 88; *Schiefer/Korte*, NZA 2001, 351, 352). 15

d) **Aufstellung der Wählerliste:** Unverzüglich nach seiner Wahl hat der Wahlvorstand in der Wahlversammlung eine Wählerliste getrennt nach den Geschlechtern aufzustellen (§ 30 Abs. 1 Satz 2 WO). Zu diesem Zweck hat ihm die einladende Stelle den durch den Arbeitgeber vorbereiteten versiegelten Umschlag zu übergeben (§ 30 Abs. 1 Satz 3 WO). Es ist zu befürchten, dass auf Grund der „**ad-hoc-Aufstellung**" eine erhöhte Gefahr von Streitfällen und damit von Einsprüchen gegen die Wählerliste entsteht. Für diese sieht § 30 Abs. 2 WO eine Frist von drei Tagen seit Erlass des Wahlausschreibens vor; sie sind schriftlich beim Wahlvorstand einzulegen. Die Frist berechnet sich nach den allgemeinen Vorschriften des BGB. Fällt das Fristende auf einen Sonn- oder Feiertag, endet die Frist mit dem nachfolgenden Werktag (§§ 186, 193 BGB i. V. m. § 34 WO). Im regulären Verfahren bleibt den Betroffenen zwei Wochen Zeit, um einen Einspruch gegen die Wählerliste einzulegen (vgl. § 4 Abs. 1 WO). Auf Grund der höheren Wahrscheinlichkeit, dass die auf einer Wahlversammlung mit eventuell unzureichenden Informationen erstellte Wählerliste Unrichtigkeiten birgt, und in Ansehung der hohen Bedeutung der Wählerliste für eine ordnungsgemäße Wahl, ist die Drei-Tages-Frist nach demokratischen Wahlgrundsätzen bedenklich kurz bemessen. Hier wird Verfahrenssicherheit der Verfahrensbeschleunigung geopfert. 16

Gemäß § 30 Abs. 2 Satz 2 i. V. m. § 4 Abs. 2 Satz 1 WO hat der Wahlvorstand über **Einsprüche** unverzüglich zu entscheiden. Auch dem Wahlvorstand bleibt für seine Entscheidung im vereinfachten Verfahren nur wenig Zeit; nach Ablauf der dreitägigen 17

Einspruchsfrist ist die Wählerliste abschließend auf ihre Vollständigkeit zu überprüfen (§ 30 Abs. 2 Satz 2 i. V. m. § 4 Abs. 3 WO). Die Entscheidung muss dem Einspruchsführer spätestens am Tage vor dem Beginn der Stimmabgabe zugehen (§ 30 Abs. 2 Satz 2 i. V. m. § 4 Abs. 2 Satz 5, 2. HS WO), auf Grund der Wochenfrist zwischen erster und zweiter Wahlversammlung (§ 14a Abs. 1 Satz 2) also binnen drei Tagen nach Ablauf der Einspruchsfrist.

18   e) **Erlass des Wahlausschreibens:** Nach der Aufstellung der Wählerliste steht der Erlass des Wahlausschreibens durch den Wahlvorstand auf der Tagesordnung; hierdurch wird die Betriebsratswahl offiziell eingeleitet (§ 30 Abs. 1 WO). Der Verordnungsgeber gibt dem Wahlvorstand in § 31 Abs. 1 WO einen 15 Punkte umfassenden Katalog von Angaben an die Hand, die im Wahlausschreiben enthalten sein müssen. Die abzuarbeitenden Punkte entsprechen im Wesentlichen dem Inhalt eines Wahlausschreibens im regulären Verfahren (§ 3 Abs. 2 WO). Der Sinn des eigenen Katalogs in § 30 Abs. 1 WO liegt ausweislich seiner Begründung darin, die allgemeine Vorschrift an die Besonderheiten des vereinfachten Wahlverfahrens anzupassen und sie zu ergänzen. Hier soll nur auf einige wichtige Aspekte hingewiesen werden: Nach § 31 Abs. 1 Nr. 4 WO muss der Anteil der Geschlechter angegeben werden und der Hinweis enthalten sein, dass das Geschlecht in der Minderheit im Betriebsrat mindestens entsprechend seinem zahlenmäßigen Verhältnis vertreten sein muss, wenn der Betriebsrat aus mindestens drei Mitgliedern besteht. Um diese Angabe machen zu können, muss der Wahlvorstand in der ersten Wahlversammlung gemäß § 32 WO die Mindestsitze für das Geschlecht in der Minderheit bestimmen. Er hat also dort die Berechnung nach § 5 WO vorzunehmen (s. § 15 Rn. 15 f. und § 5 WO Rn. 2).

19   Die Nrn. 6 bis 8 des § 31 Abs. 1 WO betreffen die **Abgabe der Wahlvorschläge** für die Betriebsratswahl. Die Besonderheiten des vereinfachten Verfahrens liegen darin, dass Wahlvorschläge nur bis zum Ende der ersten Wahlversammlung eingereicht werden können (§ 14a Abs. 2, 1. HS) und, werden sie dort eingereicht, nicht der Schriftform bedürfen (§ 14a Abs. 2, 2. HS); s. Rn. 21. Hierauf ist im Wahlausschreiben hinzuweisen. Des Weiteren muss angegeben werden, dass wahlberechtigte Arbeitnehmer, die an der Wahlversammlung zur Wahl des Betriebsrats nicht teilnehmen können, Gelegenheit zur nachträglichen schriftlichen Stimmabgabe haben (§ 31 Abs. 1 Nr. 12 WO); Ort, Tag und Zeit der nachträglichen schriftlichen Stimmabgabe sind zu benennen (§ 31 Abs. 1 Nr. 13 WO), s. Rn. 28 ff. Schließlich ist gemäß § 31 Abs. 1 Nr. 13 WO der Ort anzugeben, an dem Einsprüche, Wahlvorschläge und sonstige Erklärungen gegenüber dem Wahlvorstand abzugeben sind. Da Wahlvorschläge im zweistufigen Verfahren nur bis zum Ende der ersten Wahlversammlung eingereicht werden können, auf der auch das Wahlausschreiben erlassen wird, ist die Bekanntgabe der Betriebsadresse des Wahlvorstands für Wahlvorschläge sinnlos.

20   f) **Abgabe von Wahlvorschlägen:** Nach § 14a Abs. 2, § 33 Abs. 1 Satz 2 WO sind Wahlvorschläge bis zum Ende der Wahlversammlung zur Wahl des Wahlvorstands zu machen. Genau genommen können sie vor dieser ersten Wahlversammlung auch gar nicht abgegeben werden, da sie beim Wahlvorstand einzureichen sind, dieser aber erst auf der ersten Wahlversammlung bestellt wird. Faktisch kommt also nur die Abgabe von Wahlvorschlägen **in der ersten Wahlversammlung** in Betracht. Der Entwurf der Wahlordnung hat es versäumt festzulegen, wann die Wahlversammlung zur Wahl des Wahlvorstands endet. Nähme man die Bezeichnung wörtlich und sähe ihren Sinn allein in der Bestellung des Wahlvorstands, wäre sie mit dessen Konstituierung beendet. Auf ihr werden jedoch auch die Wählerliste erstellt und das Wahlausschreiben erlassen. Für die Praxis ist zu raten, dass der Wahlvorstand hiernach zur Abgabe von Wahlvorschlägen aufruft. Wenn erkennbar niemand der Teilnehmer mehr einen Wahlvorschlag machen will, ist die Wahlversammlung für beendet zu erklären. Eine Mindest- oder Höchstfrist zur Dauer der Wahlversammlung nach Konstituierung des Wahlvorstands ist abzulehnen (GK-*Kreutz*, § 14a Rn. 38; a. A. *Schiefer/Korte*, NZA 2002, 113, 119: „auf zwei

III. Zweistufiges Wahlverfahren (§ 14 a Abs. 1, §§ 28–35 WO) § 14 a

Stunden begrenzte Frist"). Nach der formellen Beendigung eingereichte Wahlvorschläge können keine Berücksichtigung mehr finden (*Fitting*, § 14 a Rn. 34).

Da die Betriebsratswahl im Kleinbetrieb nach Maßgabe der **Mehrheitswahl** stattfindet (§ 14 Abs. 2), erfolgt die Abgabe von Wahlvorschlägen nicht in Listenform, sondern durch Benennung einzelner Kandidaten. Wahlvorschläge können vor der Wahlversammlung vorbereitet und in dieser in schriftlicher Form abgegeben werden. In diesem Fall müssen sie von der in § 14 Abs. 4 angegebenen Anzahl von wahlberechtigten Arbeitnehmern unterzeichnet sein (d. h. von drei, in Betrieben mit in der Regel bis zu 20 wahlberechtigten Arbeitnehmern von zwei wahlberechtigten Arbeitnehmern). Gemäß § 14 a Abs. 2, § 33 Abs. 1 Satz 2 WO kommt auch die mündliche Abgabe von Wahlvorschlägen in der ersten Wahlversammlung in Betracht. An die Stelle der Unterschrift gemäß § 14 Abs. 4 tritt die mündliche Zustimmung einer hinreichenden Zahl anwesender Arbeitnehmer. Sie kann durch Handzeichen erklärt werden (GK-*Kreutz*, § 14 a Rn. 34). Unzulässig ist es, einen schriftlichen Wahlvorschlag, der nicht genügend Unterschriften enthält, durch mündliche Zustimmungen auf der Wahlversammlung zu ergänzen; er kann nur durch einen mündlichen Vorschlag mit einem entsprechenden Quorum ersetzt werden. 21

Der Wahlvorstand hat darauf zu achten, dass derselbe Arbeitnehmer nicht **zwei verschiedene Wahlvorschläge** unterstützt. Er hat diesen Arbeitnehmer aufzufordern, in der Wahlversammlung zu erklären, welche Unterstützung er aufrecht erhält (§ 33 Abs. 2 Satz 1 WO). 22

Wahlvorschläge der Gewerkschaft sind zulässig. Auch für das vereinfachte Wahlverfahren gilt – ohne das es eines besonderen Hinweis bedürfte – § 14 Abs. 3. Ihn als allgemeine Wahlvorschrift nicht noch einmal zu erwähnen ist gute Gesetzgebungstechnik, nicht „peinliches Redaktionsversehen" (so aber GK-*Kreutz*, § 14 a Rn. 39). Diese Wahlvorschläge unterfallen nicht der Ausnahme vom Schriftformerfordernis, denn § 14 a Abs. 2, 2. HS spricht ausdrücklich nur von „Wahlvorschlägen der Arbeitnehmer". Für sie gelten gemäß § 33 Abs. 2 Satz 2 WO nach § 27 WO die für das reguläre Wahlverfahren einschlägigen §§ 6 bis 26 WO. Da vor der ersten Wahlversammlung wie gesehen faktisch keine Wahlvorschläge eingereicht werden können, müssen Gewerkschaftsvorschläge immer nach der Konstituierung des Wahlvorstands auf der Wahlversammlung in schriftlicher Form übergeben werden. 23

Ist in der Wahlversammlung **kein Wahlvorschlag gemacht worden,** hat der Wahlvorstand bekannt zu machen, dass die Betriebsratswahl nicht stattfindet (§ 33 Abs. 5 WO); für die Art und Weise der Bekanntmachung gelten die im Anschluss darzustellenden allgemeinen Grundsätze (Rn. 25 ff.). 24

g) **Bekanntgabepflichten des Wahlvorstands:** Nach Beendigung der ersten Wahlversammlung treffen den Wahlvorstand verschiedene Bekanntgabepflichten. Gemäß § 30 Abs. 1 Satz 5 i. V. m. § 2 Abs. 4 WO sind ein Abdruck der Wahlordnung selbst und der erstellten Wählerliste vom Tage der Einleitung der Wahl, d. h. vom Tag der ersten Wahlversammlung (vgl. § 31 Abs. 1 Satz 2 WO), bis zum Abschluss der Stimmabgabe an geeigneter Stelle im Betrieb zur Einsichtnahme auszulegen. Dies kann das bewährte „Schwarze Brett" sein, nach § 2 Abs. 4 Satz 3 und 4 WO aber auch im Betrieb vorhandene Informations- oder Kommunikationstechnik. Insoweit ist zwischen der ergänzenden und ausschließlichen Bekanntmachung in elektronischer Form zu unterscheiden (hierzu näher § 30 WO Rn. 4 und § 2 WO Rn. 16 ff.). Letztere ist nur unter der Voraussetzung zulässig, dass alle Arbeitnehmer von der Bekanntmachung Kenntnis erlangen können und Vorkehrungen getroffen werden, dass Änderungen der Bekanntmachung nur vom Wahlvorstand vorgenommen werden können. Eine **Bekanntmachung im Intranet** kommt daher nur in Betrieben in Betracht, in denen jeder Arbeitnehmer Zugriff auf einen Computer mit Netzzugang hat. Technisch ist sicherzustellen, dass allein dem Wahlvorstand von einem nur ihm zugänglichen Computer aus Änderungsrechte eingeräumt sind. Dies ist technisch grundsätzlich möglich, doch praktisch schwierig dürfte zu 25

Thüsing

realisieren sein, dass die Bekanntmachung wie vorgeschrieben bereits am Tag der Wahlversammlung im Netz steht. Eine Versendung per Rund-E-Mail kommt nicht in Betracht, da die Wählerliste an einer einzigen zentralen Stelle (sei es körperlich oder virtuell) bekannt gemacht werden muss; überdies würde eine solche Vorgehensweise für jeden Fall ihrer Änderung die Verschickung neuer Emails notwendig machen.

26 **Weitere Bekanntmachungspflichten** gelten gemäß § 31 Abs. 2 WO für das Wahlausschreiben (vom Tag seines Erlasses bis zum letzten Tag der Stimmabgabe) sowie nach § 33 Abs. 4 WO für die als gültig anerkannten Wahlvorschläge. Diese sind unmittelbar nach Abschluss der Wahlversammlung in gleicher Weise bekannt zu machen wie das Wahlausschreiben. Unmittelbar bedeutet noch am gleichen Tag; dauert die Wahlversammlung bis zum Ende der betriebsüblichen Arbeitszeit, mit Beginn des folgenden Arbeitstags. Hinsichtlich der Bekanntgabe durch im Betrieb vorhandene Kommunikations- und Informationstechnik s. § 31 WO Rn. 10 und § 33 WO Rn. 7.

2. Wahlversammlung zur Wahl des Betriebsrats

27 a) **Stimmabgabe in der Wahlversammlung:** Die Wahl der Betriebsrats erfolgt auf einer zweiten Wahlversammlung, die gemäß § 14 a Abs. 1 Satz 4 eine Woche nach der Wahlversammlung zur Wahl des Wahlvorstands stattfindet. Fällt dies auf einen Feiertag, gilt wie allgemein der nachfolgende Werktag, §§ 186, 193 BGB i. V. m. § 34 WO (*Fitting*, § 14 a Rn. 36). Die Wahl findet nach den Grundsätzen der Mehrheitswahl statt (§ 14 Abs. 2). Einzelheiten regelt § 34 WO, der weitgehend auf die im regulären Wahlverfahren einschlägigen Vorschriften verweist. Gewählt wird mit Stimmzetteln, auf denen entsprechend viele Bewerber angekreuzt werden können, wie Betriebsratsmitglieder zu wählen sind.

28 b) **Nachträgliche schriftliche Stimmabgabe:** Nach § 14 a Abs. 4 ist wahlberechtigten Arbeitnehmer, die an der Wahlversammlung zur Wahl des Betriebsrats nicht teilnehmen können, Gelegenheit zur schriftlichen Stimmabgabe zu geben. Der Betreffende muss drei Tage vor dem Tag der zweiten Wahlversammlung sein Verlangen auf nachträgliche schriftliche Stimmabgabe dem Wahlvorstand mitteilen (§ 35 Abs. 1 Satz 2 WO). Ein Schriftformerfordernis für die Anragstellung ist nicht vorgesehen. Ebenso wenig ist es nach dem Wortlaut der Wahlordnung notwendig, dass der Arbeitnehmer bei der Mitteilung **Gründe für die fehlende Teilnahmemöglichkeit** an der Wahlversammlung nennt oder gar nachweist. Dies ist bei Briefwahl im regulären Wahlverfahren hinzunehmen, da durch die schriftliche Stimmabgabe das Wahlprozedere nicht verzögert wird; beim regulären Verfahren ist der Stimmzettel so rechtzeitig abzuschicken, dass er vor der Stimmabgabe beim Wahlvorstand vorliegt (§ 25 Nr. 3 WO a. E.). Die nachträgliche schriftliche Stimmabgabe im vereinfachten Wahlverfahren führt demgegenüber zwangsläufig zu einer **Verschleppung,** da die Stimmen in diesem Fall nicht direkt auf der zweiten Wahlversammlung ausgezählt werden können. Dadurch wird der vom Gesetzgeber verfolgte Zweck der Verfahrensbeschleunigung konterkariert. Daher wäre es möglich und wohl auch zulässig gewesen, in § 35 WO eine Begründungspflicht für das Briefwahlverlangen vorzusehen. Ohne eine ausdrückliche Regelung ist eine solche jedoch nicht anzunehmen, da hierdurch in für den Einzelnen nicht vorhersehbarer Weise die Möglichkeit der Stimmabgabe eingeschränkt würde.

29 § 24 Abs. 2 WO sieht für das reguläre Wahlverfahren vor, dass Wahlberechtigten, von denen dem Wahlvorstand bekannt ist, dass sie im Zeitpunkt der Wahl nach der Eigenart ihres Beschäftigungsverhältnisses nicht im Betrieb anwesend sein werden, von Amts wegen Briefwahlunterlagen zuzusenden sind. In §§ 35 Abs. 1 Satz 3 WO wird § 24 WO ohne Einschränkung für entsprechend anwendbar erklärt. Dieser **Verweis** kann sich sinnvoller Weise nicht auf § 24 Abs. 2 WO beziehen (a. A. DKK-*Schneider*, § 14 a Rn. 24; *Fitting*, § 14 a Rn. 38; GK-*Kreutz*, § 14 a Rn. 59). Innerhalb der kurzen Frist von einer Woche zwischen erster und zweiter Wahlversammlung entsprechende Arbeit-

III. Zweistufiges Wahlverfahren (§ 14 a Abs. 1, §§ 28–35 WO) § 14 a

nehmer ausfindig zu machen und ihnen unaufgefordert Briefwahlunterlagen zukommen zu lassen, ist dem Wahlvorstand selbst in Betrieben mit nur bis zu 50 wahlberechtigten Arbeitnehmern in Anbetracht des ihm ohnehin aufgebürdeten umfangreichen Aufgabenbündels nicht zuzumuten. Entsprechende Anwendung des § 24 WO ist somit dahingehend zu verstehen, dass lediglich die dort geregelten *Verfahrensvorschriften* für die schriftliche Stimmabgabe *auf Antrag* des Arbeitnehmers heranzuziehen sind. Dafür spricht auch § 35 Abs. 2 WO, wonach eine Bekanntgabepflicht des Wahlvorstands für die nachträgliche schriftliche Stimmabgabe nur bei Antrag einer solchen durch Wahlberechtigte vorgesehen ist. Wäre auch eine nachträgliche schriftliche Stimmabgabe nach § 23 Abs. 2 und 3 WO möglich, müsste sinnvollerweise auch dies bekannt gemacht werden; das aber sieht die Wahlordnung nicht vor (s. auch GK-*Kreutz*, § 14 a Rn. 59).

Wird die nachträgliche schriftliche Stimmabgabe auf Grund eines Antrags erforderlich, hat dies der Wahlvorstand unter Angabe des Orts, des Tags und der Zeit der öffentlichen Stimmauszählung in gleicher Weise wie das Wahlausschreiben (s. § 35 WO Rn. 4) bekannt zu machen. Diese in § 35 Abs. 2 WO enthaltene Bekanntgabepflicht ist nicht an eine bestimmte zeitliche **Frist** gebunden. Man wird davon auszugehen haben, dass ihr unmittelbar nach Eingang des ersten Verlangens auf Briefwahl nachzukommen ist. 30

Schwieriger zu beantworten ist die Frage, wie lang der **Zeitraum zwischen zweiter Wahlversammlung und dem Datum der öffentlichen Stimmauszählung** zu bemessen ist. Die Wahlordnung macht hierfür keine Vorgaben. In § 31 Abs. 1 Nr. 13 WO ist lediglich angeordnet, dass der Wahlvorstand den Zeitpunkt der nachträglichen schriftlichen Stimmabgabe – gewissermaßen vorsorglich – bereits in der ersten Wahlversammlung festzulegen und ins Wahlausschreiben aufzunehmen hat. Die Frist für die nachträgliche schriftliche Stimmabgabe ist unter Beachtung der üblichen betriebsinternen oder externen Postlaufzeit zu bemessen. Der Wahlvorstand kann die Unterlagen nach § 35 Abs. 1 Satz 3 i. V. m. § 24 Abs. 1 Satz 1 WO aushändigen oder übersenden. Letzteres muss nicht auf dem Postweg geschehen; die Übermittlung kann auch durch Boten erfolgen, gegen deren Zuverlässigkeit keine Bedenken bestehen (Für die Personalratswahl ausdr. BVerwG, AP WO/PersVG § 17 Nr. 1; ebenso *Fitting*, § 24 WO Rn. 6; GK-*Kreutz/Oetker*, § 24 WO Rn. 18). Aufgrund der Frist von drei Tagen vor der zweiten Wahlversammlung für das Verlangen schriftlicher Stimmabgabe (§ 35 Abs. 1 Satz 2 WO) ist unter Berücksichtigung der Bearbeitungszeit durch den Wahlvorstand und einer regelmäßigen Postlaufzeit von zwei Tagen davon auszugehen, dass dem Wahlberechtigten die Unterlagen spätestens an dem Tag vorliegen, an dem die zweite Wahlversammlung stattfindet. Stellt man eine entsprechend lange Rücklaufzeit in Rechnung, kann die öffentliche Stimmauszählung am dritten Tag nach dem Datum der zweiten Wahlversammlung angesetzt werden. Denkbar ist auch eine Frist von einer Woche nach dem letztmöglichen Zeitpunkt für die Mitteilung des Briefwahlverlangens. Eine Frist von einer Woche nach der zweiten Wahlversammlung selbst erscheint in Ansehung des ohnehin misslichen Zustands, dass nicht sofort auf dieser mit der Stimmauszählung begonnen werden kann, als Obergrenze (ähnlich *Fitting*, § 14 a Rn. 41 „dürfte ausreichend sein"). Dabei spielt es keine Rolle, aus welchen Gründen der/die Briefwähler nicht an der Wahlversammlung teilnehmen kann/können; insbesondere ist es irrelevant, ob wegen längerer Ortsabwesenheit im Einzelfall die gesetzte Frist nicht eingehalten werden kann. Dies ist konsequenter Weise als Preis für das zeitlich ohnehin knapp bemessene vereinfachte Wahlverfahren hinzunehmen. Ein solches kann im schnellsten Fall sogar in einer Gesamtzeit von nur zwei Wochen abgehalten werden. Ein Arbeitnehmer, der sich in einem dreiwöchigen Urlaub befindet, kann also aus diesem ahnungslos an seinen Arbeitsplatz zurückkehren – und sich überrascht von einem Betriebsrat vertreten sehen! 31

Nach Ablauf der Frist für die nachträgliche schriftliche Stimmabgabe öffnet der Wahlvorstand in öffentlicher Sitzung die bis zu diesem Zeitpunkt eingegangenen Freiumschläge und prüft, ob die Briefwahl ordnungsgemäß erfolgt ist (§ 35 Abs. 3 i. V. m. § 25 WO). 32

Die ordnungsgemäß nachträglich abgegebenen Wahlumschläge werden in die Wahlurne gelegt, um sodann mit der **Auszählung der Stimmen** zu beginnen (§ 35 Abs. 4 i. V. m. § 34 Abs. 3 bis 5 WO). Die Wahlurne war durch den Wahlvorstand am Ende der Wahlversammlung zur Wahl des Betriebsrats versiegelt und aufbewahrt worden (§ 34 Abs. 2 WO).

33 c) Nach Auszählung der Stimmen gibt der Wahlvorstand das Wahlergebnis bekannt. Hierfür gelten die allgemeinen Vorschriften der §§ 21, 23 Abs. 1 WO.

IV. Einstufiges Wahlverfahren (§ 14 a Abs. 3, §§ 36 f. WO)

34 Wird der Wahlvorstand durch den im Betrieb bereits bestehenden Betriebsrat (§ 16 Abs. 1), den Gesamt- oder Konzernbetriebsrat (§ 16 Abs. 3) oder durch das Arbeitsgericht (§ 16 Abs. 2) bestellt, bedarf es für seine Konstituierung keiner gesonderten Wahlversammlung. Findet in einem betriebsratslosen Betrieb eine solche trotz Einladung nicht statt, oder wird auf dieser kein Wahlvorstand gewählt, kann die Bestellung gemäß § 17 a Nr. 4, § 17 Abs. 4 auf Antrag von mindestens drei Arbeitnehmern oder einer im Betrieb vertretenen Gewerkschaft durch das Arbeitsgericht erfolgen. Ebenso kommt in betriebsratslosen Kleinbetrieben die Bestellung durch den Gesamt- oder hilfsweise den Konzernbetriebsrat in Betracht (§ 17 a Einls., § 17 Abs. 1). In den genannten Fällen hat der Wahlvorstand nach seiner Bestellung gemäß § 36 Abs. 1 Satz 1 WO die Wahl des Betriebsrats **unverzüglich** einzuleiten. Er hat zunächst nach § 36 Abs. 1 Satz 3 i. V. m. § 2 WO die Wählerliste zu erstellen; seitens des Arbeitgebers besteht die allgemeine Unterstützungspflicht gemäß § 2 Abs. 2 WO. Im Anschluss an die Wählerliste erlässt der Wahlvorstand das Wahlausschreiben (§ 36 Abs. 2 WO). § 36 Abs. 3 WO nennt Besonderheiten hinsichtlich des Inhalts des Wahlausschreibens im Vergleich zum zweistufigen Verfahren. Insbesondere ist anzugeben, dass Wahlvorschläge spätestens eine Woche vor dem Tag der Wahlversammlung zur Wahl des Betriebsrats beim Wahlvorstand einzureichen sind, wobei der letzte Tag der Frist anzugeben ist (§ 36 Abs. 3 Satz 1 Nr. 2 WO). Damit entspricht die Wahlordnung der Vorgabe in § 14 a Abs. 3 Satz 2, 2. HS. Wahlvorschläge können nur schriftlich abgegeben werden; § 14 Abs. 4 gilt unverändert.

35 Nach Ablauf der gesetzlichen Mindestfrist hat der Wahlvorstand die als gültig anerkannten Wahlvorschläge in gleicher Weise wie das Wahlausschreiben (s. § 36 WO Rn. 10) **bekannt zu geben** (§ 36 Abs. 5 Satz 3 WO). Geht kein Wahlvorschlag ein, wird bekannt gemacht, dass die Wahl nicht stattfindet (§ 36 Abs. 6 WO).

36 An dem vom Wahlvorstand festgelegten Termin wird der Betriebsrat in einer Wahlversammlung im Wege der **Mehrheitswahl** direkt gewählt. Für das Wahlverfahren gelten, soweit hier nicht anders dargestellt, die für das zweistufige vereinfachte Verfahren beschriebenen Grundsätze. Zur Festlegung des Termins für die Wahlversammlung zur Wahl des Betriebsratsausf. § 36 WO Rn. 14 ff.

§ 15[1] Zusammensetzung nach Beschäftigungsarten und Geschlechter

(1) Der Betriebsrat soll sich möglichst aus Arbeitnehmern der einzelnen Organisationsbereiche und der verschiedenen Beschäftigungsarten der im Betrieb tätigen Arbeitnehmer zusammensetzen.

(2) Das Geschlecht, das in der Belegschaft in der Minderheit ist, muss mindestens entsprechend seinem zahlenmäßigen Verhältnis im Betriebsrat vertreten sein, wenn dieser aus mindestens drei Mitgliedern besteht.

---

[1] Amtl. Anm.: Gemäß Artikel 14 Satz 2 des Gesetzes zur Reform des Betriebsverfassungsgesetzes (BetrVerf-Reformgesetz) vom 23. Juli 2001 (BGBl. I S. 1852) gilt § 15 (Artikel 1 Nr. 13 des BetrVerf-Reformgesetzes) für im Zeitpunkt des Inkrafttretens bestehende Betriebsräte erst bei deren Neuwahl.

Übersicht

	Rn.
I. Vorbemerkung	1
II. Zusammensetzung des Betriebsrats nach einzelnen Organisationsbereichen	6
III. Zusammensetzung des Betriebsrats nach Beschäftigungsarten	8
IV. Berücksichtigung der Geschlechter	11
1. Grundregel	12
2. Sitzverteilung im Einzelnen	14
3. Abweichungen von der Sitzverteilung	17
V. Nichtbefolgung	19
1. Nichtbefolgung des Absatzes 1	20
2. Nichtbefolgung des Absatzes 2	22

Schrifttum: *Brors,* Ist § 15 II BetrVG verfassungswidrig?, NZA 2004, 472; *Franke,* Zur Berechnung des Minderheitengeschlechts nach § 15 II BetrVG, NZA 2005, 394; *Podewin,* Ist die Geschlechterquote bei Betriebsratswahlen verfassungskonform?, BB 2005, 2521; *Ubber/ Weller,* Ist der Schutz des Minderheitengeschlechts nach dem Betriebsverfassungsgesetz und der Wahlordnung 2001, verfassungswidrig?, NZA 2004, 893; *Weller,* Ist der „Listensprung" nach § 15 Abs. 5 Nr. 2 WO BetrVG wirklich verfassungsgemäß?, NZA 2005, 1228.

I. Vorbemerkung

Der Betriebsrat soll sich aus Arbeitnehmern der einzelnen Organisationsbereiche sowie aus Vertretern der verschiedenen Beschäftigungsarten der im Betrieb beschäftigten Arbeitnehmer zusammensetzen, damit er bei Behandlung der die Belegschaft berührenden Fragen ihre Auswirkung auf die verschiedenen Organisationsbereiche und Beschäftigungsarten aus eigener Kenntnis beurteilen kann. Durch das **BetrVerf-Reformgesetz** vom 23. 7. 2001 sind hier kaum Änderungen erfolgt: Die Anpassung, dass Nebenbetriebe und Betriebsabteilungen durch **Organisationsbereiche** ersetzt wurden, war lediglich redaktioneller Art und ergab sich aus der Neufassung der §§ 3 und 4 (s. § 3 Rn. 1 ff.; § 4 Rn. 1). Organisationsbereiche sind organisatorische Untergliederungen innerhalb eines Betriebs oder einer anderen in § 3 vorgesehenen betriebsverfassungsrechtlichen Organisationseinheit, wie z.B. Betriebsabteilungen oder Betriebe, wenn ein unternehmenseinheitlicher oder regionaler Betriebsrat nach § 3 Abs. 1 Nr. 1 vereinbart worden ist (BT-Drucks. 14/5741, S. 37).

Abs. 2 hat seinen ersten Vorläufer in § 10 Abs. 4 BetrVG 1952, die Neufassung durch das BetrVerf-Reformgesetz bringt jedoch eine entscheidende Änderung: Das Gesetz schreibt die geschlechtsanteilige Besetzung nun erstmals zwingend vor; aus *soft law* wurde *hard law*. Dadurch soll laut Gesetzesbegründung sichergestellt werden, dass der Zugang von Frauen zum Betriebsrat, in dem sie in aller Regel unterrepräsentiert sind, nicht nur erleichtert, sondern auch **tatsächlich durchgesetzt** wird. Die bisherige Soll-Vorschrift hat dieses Ziel nicht erreicht. Mit der Umwandlung der Sollvorschrift in eine Muss-Vorschrift soll dem Gleichberechtigungsgrundsatz des Art. 3 Abs. 2 GG Rechnung getragen werden (hierzu ausf. *Rüfner,* in: Bonner Kommentar zum Grundgesetz, Art. 3 Abs. 2 und 3, Rn. 612 ff.). Der Betriebsrat ist mit den beruflichen Problemen der Frauen unmittelbar konfrontiert und nimmt daher eine Schlüsselposition bei der Beseitigung von Nachteilen und Durchsetzung der Gleichstellung von Männern und Frauen ein. Die Frauen erhalten so die Möglichkeit, ihr Potential wirksamer in die Betriebsratsarbeit einzubringen und Einfluss insbesondere auf frauenspezifische Themen wie z. B. Förderung der Gleichstellung, Förderung der Vereinbarkeit von Familie und Erwerbstätigkeit zu nehmen (so die Begründung des Regierungsentwurfs, vgl. BT-Drucks. 14/5741, S. 37).

Die **Formulierung des Abs. 2** wurde im Laufe der Gesetzgebungsgeschichte geändert. Ursprünglich war eine streng geschlechtsanteilige Besetzung vorgesehen: Soviel Prozent eines Geschlechtes im Betrieb, soviel auch im Betriebsrat. Durch die jetzige Fassung soll gewährleistet werden, dass das Geschlecht in der Minderheit bei der Wahl zum Betriebsrat auch über den ihm entsprechenden Anteil an der Belegschaft hinaus im Betriebsrat vertreten sein kann. In Bereichen, in denen bereits „engagierte Frauen" über ihren zahlenmäßigen Anteil an der Belegschaft hinaus in den Betriebsrat gewählt worden sind, soll das auch künftig möglich sein (so Begründung des Änderungsantrags Ausschussdrucksache Arbeit und Soziales 14/1610, S. 2). Das Ergebnis entspricht in etwa dem, was der **DGB** im Vorfeld der Gesetzgebung als Änderung gefordert hatte (Novellierungsvorschläge des DGB zum BetrVG 1972, 1998, § 15 Abs. 2: „Frauen müssen mindestens entsprechend ihrem Anteil an den wahlberechtigten Arbeitnehmerinnen und Arbeitnehmern im Betriebsrat vertreten sein, wenn dieser aus mindestens drei Mitgliedern besteht"). Anders als beim DGB-Vorschlag und abweichend vom ursprünglich vorgeschlagenen Wortlaut ist es allerdings weiterhin möglich, dass dort, wo männliche Arbeitnehmer in der Minderheit sind (wie dies regelmäßig etwa beim Einzelhandel der Fall ist), sie im Betriebsrat überproportional vertreten sein können (was oftmals ebenfalls so ist).

4   Die **Kritik** gegen diese Vorschrift, die sehr früh im Schrifttum hörbar war (*Hanau*, RdA 2001, 70: Verfassungswidrig; ähnlich *Richardi*, NZA 2001, 346, 347; *Däubler*, AuR 2001, 1, 4; *Rieble*, ZIP 2001, 141; *Franke*, NJW 2002, 658; a. A. *Konzen* RdA 2000, 88: „In der Sache wünschenswert"; engagiert befürwortend auch *Triemel*, Minderheitenschutz in den Organisationsvorschriften der Betriebsverfassung, S. 67 ff.), ist kaum widerlegbar. Das Geschlecht hat – anderes als die Eigenschaft Angestellter/Arbeiter – mit der zu verrichtenden Arbeit selber nichts zu tun, und auch die „frauenspezifischen Themen" können von Männern wahrgenommen werden. Zurecht hat daher das BAG angenommen, dass eine Bewerbung eines Mannes als Gleichstellungsbeauftragter einer Gemeinde nicht von vornherein zurückgewiesen werden kann, ohne dass darin ein Verstoß gegen § 611a BGB liegen würde (BAG 12. 11. 1998, NZA 1999, S. 371 = EzA § 611a BGB Rn. 14 [*Annuß*]; vgl. auch LAG Hamm 10. 4. 1997, NZA-RR 1997, 315). Zudem wurde bereits früh auf die großen **praktischen Schwierigkeiten bei der Umsetzung** hingewiesen (*Däubler*, AuR 2001, 4); s. auch § 14 Rn. 32 ff. Mit ähnlicher Rechtfertigung müsste man Senioren- oder Ausländerquoten im Betriebsrat etablieren. Allein das Geschlecht herauszugreifen erscheint kaum begründbar. Ob die Regelung verfassungsgemäß ist, wird das BVerfG zu entscheiden haben (s. die Vorlage nach Art. 100 GG durch das LAG Köln 13. 10. 2003 AP BetrVG 1972 § 15 Nr. 1; Aktenzeichen beim BVerfG: 1 BvL 9/03; s. hierzu auch *Hänlein*, AuR 2004, 112; *Brors*, NZA 2004, 472; *Ubber/Weller*, NZA 2004, 893; das BAG hält sie für verfassungskonform: BAG 16. 3. 2005 AP BetrVG 1972 § 15 Nr. 3; teilweise ablehnend dazu: *Kamanabrou*, RdA 2006, 186; *Weller*, NZA 2005, 1228 für eine verfassungskonforme Auslegung entgegen dem Listensprung nach § 15 Abs. 5 Nr. 2 WO LAG Köln 31. 3. 2004, ZTR 2004, 609). **Europarechtskonform** ist sie schon eher, auch wenn man die Betriebsratswahl als eine Arbeitsbedingung iS der Richtlinie 76/207/EWG ansieht. Denn hier ist nach dem Wortlaut der Norm nicht ein bestimmtes Geschlecht geschützt, sondern das jeweilige Geschlecht in der Minderheit – das können Männer und Frauen sein. Selbst wenn man darin eine mittelbare Geschlechtsdiskriminierung erkennen will, so wäre dies doch von den Möglichkeiten einer positiven Maßnahme nach Art. 141 Abs. 4 EG abgedeckt.

5   **Entsprechende Vorschriften:** § 17 Abs. 6 und 7 BPersVG, § 4 Abs. 2 SprAuG, §§ 11 Abs. 5, 23 Abs. 5 EBRG.

II. Zusammensetzung des Betriebsrats nach einzelnen Organisationsbereichen

6   Da in Betriebsabteilungen grundsätzlich kein Betriebsrat gebildet wird (§ 4 Abs. 2; s. dort Rn. 41 ff.), soll diese Bestimmung sicherstellen, dass die dort beschäftigten Arbeit-

IV. Berücksichtigung der Geschlechter   § 15

nehmer im Betriebsrat vertreten sind; dasselbe gilt für den Kleinstbetrieb, weil er nicht betriebsratsfähig ist (s. § 4 Rn. 42), und ebenso für den einzelnen Betrieb, wenn mehrere Betriebe einen unternehmenseinheitlichen oder regionalen Betriebsrat nach § 3 Abs. 1 Nr. 1 wählen.

Eine **Wahl nach Organisationsbereichen** findet **nicht** statt; es ist also unzulässig, die **7** Wahl nach einzelnen Abteilungen aufzugliedern, so dass die einzelnen Betriebsteile ihre Vertreter wählen. Das wäre weder mit der Einheit des Betriebsrats vereinbar noch mit dem Grundsatz verträglich, dass die Wahl zum Betriebsrat *allgemein* und *gleich* ist (s. § 14 Rn. 18 f.; dort auch zur Frage der tarifvertraglichen Regelbarkeit). Deshalb kann auch nicht von der Belegschaft beschlossen werden, dass nach Organisationsbereichen gewählt wird. Abs. 1 enthält vielmehr lediglich das Gebot, bei der Aufstellung der Listen dafür Sorge zu tragen, dass möglichst aus allen Betriebsabteilungen Belegschaftsangehörige in den Betriebsrat kommen.

III. Zusammensetzung des Betriebsrats nach Beschäftigungsarten

Mit den Beschäftigungsarten meint der Gesetzgeber die **Berufsgruppen,** die im Betrieb **8** vertreten sind (ebenso *Fitting,* § 15 Rn. 9; GK-*Kreutz,* § 15 Rn. 12; GL-*Marienhagen,* § 15 Rn. 6; HSWGNR-*Nicolai,* § 15 Rn. 9). Als Berufsgruppen kommen etwa in Betracht: Schlosser, Dreher, Bohrer, Holzarbeiter, Metallarbeiter, Facharbeiter, angelernte Arbeiter, Hilfsarbeiter, kaufmännische Angestellte, technische Angestellte, Büroangestellte. Auch die in Heimarbeit Beschäftigten bilden eine Berufsgruppe. Nicht hierher gehören die betriebssoziologischen Gruppen, die sich aus Arbeitnehmern der verschiedenen Beschäftigungsarten zusammensetzen; für sie enthält das Gesetz überhaupt keine Bestimmung.

Eine **Wahl nach Beschäftigungsarten** findet ebenfalls **nicht** statt; es gilt insoweit **9** Gleiches wie hinsichtlich der Bestimmung, dass Arbeitnehmer der einzelnen Betriebsabteilungen und der unselbständigen Nebenbetriebe im Betriebsrat vertreten sein sollen (s. Rn. 6 f.).

Auch innerhalb des Betriebsrats haben die Repräsentanten der verschiedenen Beschäfti- **10** gungsarten nicht die Stellung eines Vertreters dieser besonderen Berufsgruppen, sondern sind allgemein Vertreter der Arbeitnehmerschaft. Es kann also nicht etwa die Mehrheit der Vertreter einer Beschäftigungsart, z. B. der nichtgelernten Arbeiter, die Aussetzung eines Beschlusses nach § 35 verlangen. Bei der Verhinderung oder dem Ausscheiden eines Betriebsratsmitglieds wird für das Einrücken eines Ersatzmitglieds auf die Zugehörigkeit zur gleichen Beschäftigungsart keine Rücksicht genommen. Es rückt das auf derselben Liste nächststehende Ersatzmitglied für das verhinderte oder ausgeschiedene Betriebsratsmitglied ein – ohne Rücksicht darauf, ob es der gleichen Berufsgruppe angehört.

IV. Berücksichtigung der Geschlechter

Das Gesetz verlangt, dass das Geschlecht, das in der Belegschaft in der Minderheit ist, **11** mindestens entsprechend seinem zahlenmäßigen Verhältnis im Betrieb vertreten sein muss (Abs. 2). Die Betriebsratswahl findet zwar nicht nach Geschlechtern getrennt statt (BT-Drucks. 14/5741, S. 53), jedoch trifft Abs. 2 in seiner Neufassung erstmals eine Bestimmung über die Verteilung der Sitze nach der Wahl.

1. Grundregel

Wenn der Betriebsrat aus mindestens drei Mitgliedern besteht, muss in ihm das im **12** Betrieb unterrepräsentierte Geschlecht mindestens **entsprechend seinem zahlenmäßigen Verhältnis in der Gesamtbelegschaft des Betriebs** vertreten sein. Dabei wird auf die

§ 15 Zusammensetzung nach Beschäftigungsarten und Geschlechtern

Gesamtzahl der Arbeitnehmer, **nicht** auf die **Zahl der wahlberechtigten Arbeitnehmer** abgestellt.

13 Maßgebend ist die **Zahl der männlichen und weiblichen Arbeitnehmer** bei **Erlass des Wahlausschreibens**, das die Mindestsitze des Geschlechts in der Minderheit angeben soll (§ 3 Abs. 2 Nr. 4 WO). Es ist **nicht** auf die **regelmäßige** Zahl der Frauen und Männer abzustellen (*Fitting*, § 15 Rn. 16; GK-*Kreutz*, § 15 Rn. 20; DKK-*Schneider*, § 15 Rn. 13; HSWGNR-*Nicolai*, § 15 Rn. 18 ebenso zum alten Gruppenprinzip *Brecht*, § 10 Rn. 2; GL-*Marienhagen*, § 10 Rn. 3; HSWG-*Schlochauer*, 5. Aufl. s. § 10 Rn. 9; *Nikisch*, Bd. III S. 68; *Nipperdey/Säcker* in *Hueck/Nipperdey*, Bd. II/2 S. 1158; a. A. zum alten Gruppenprinzip BAG 29. 5. 1991, AP BPersVG § 17 Nr. 1). Der Begriff der „**Belegschaft**" ist nicht eindeutig bestimmt. Man wird grundsätzlich vom Arbeitnehmerbegriff nach § 5 ausgehen müssen (DKK-*Schneider*, § 15 Rn. 11; GK-*Kreutz*, § 15 Rn. 18), so dass die leitenden Angestellten nach § 5 Abs. 2 und der Personenkreis nach § 5 Abs. 3 nicht zu berücksichtigen ist (*Fitting*, § 15 Rn. 16). Von den Leiharbeitnehmern sind jedenfalls die zu berücksichtigen, die unter § 7 S. 2 fallen (*Fitting*, § 15 Rn. 16; a. A. GK-*Kreutz*, § 15 Rn. 18), denn durch ihre Wahlberechtigung zählt sie der Gesetzgeber zur Belegschaft; die Rspr. des BAG zur Betriebsratgröße deutet freilich in eine andere Richtung (s. § 9 Rn. 7). Ob sie darüber hinaus einzubeziehen sind, ist unsicher, aber wohl abzulehnen (ebenso *Quecke*, AuR 2002, 1; DKK-*Schneider*, § 15 Rn. 11); ein kurzfristiger Einsatz macht den Leiharbeitnehmer, der über keine vertragliche Bindung zum Betriebsinhaber verfügt, wohl schon rein begrifflich noch nicht zum Mitglied einer Belegschaft. Bei vorübergehend beschäftigten Arbeitnehmern spielt es jedoch keine Rolle, ob eine entsprechende Zahl dem Betrieb in der Regel angehört. Die Entscheidung ist hier also anders als nach § 9 für die Bemessung der Betriebsratsgröße zu treffen (ebenso GK-*Kreutz*, a. a. O.; HSWG-*Schlochauer*, 5. Aufl., a. a. O.). Jugendliche, und daher nicht Wahlberechtigte Arbeitnehmer, zählen zur Belegschaft, weil sie nicht anders vom Betriebsrat repräsentiert werden, als andere Arbeitnehmer (*Fitting*, § 15 Rn. 16). Ist die Zahl der männlichen und weiblichen Arbeitnehmer gleich, findet § 15 Abs. 2 keine Anwendung. In diesem Fall fehlt es bereits terminologisch an einem Geschlecht in der Minderheit.

2. Sitzverteilung im Einzelnen

14 a) Die Verteilung der Sitze auf die verschiedenen Geschlechter wird nach den **Grundsätzen der Verhältniswahl** errechnet, d. h. nach dem *Höchstzahlensystem* (§ 5 WO); es ist also die Zahl der Frauen und Männer jeweils durch 1, 2, 3, 4 usw. zu teilen. Auf jede sich danach ergebende sog. Höchstzahl entfällt ein Geschlechtervertreter, bis die zur Verfügung stehenden Sitze besetzt sind.

15 Ein **Beispiel** verdeutlicht das Gesagte: Sind 1100 männliche Arbeitnehmer und 900 weibliche Arbeitnehmer vorhanden und sind 17 Betriebsratsmitglieder zu wählen (§ 9), so ist folgendermaßen zu verfahren:

	Männer	Frauen
: 1	1100[1]	900[2]
: 2	550[3]	450[4]
: 3	366 $^2/_3$[3]	300[6]
: 4	275[7]	225[8]
: 5	220[9]	180[11]
: 6	183 $^1/_3$[10]	150[13]
: 7	157 $^1/_7$[12]	128 $^4/_7$[15]
: 8	137,5[14]	112,5[17]
: 9	122,22[16]	100
: 10	110	90

IV. Berücksichtigung der Geschlechter § 15

Es erhalten von den 17 Sitzen die weiblichen Bewerber mindestens 8 Sitze. Würde die letzte in Betracht kommende Höchstzahl bei Männern und Frauen gleich sein, so entschiede das Los (§ 5 Abs. 2 Satz 3 WO), vorausgesetzt, dass nicht noch zwei Sitze zur Verteilung zur Verfügung stehen. 16

Gegen dieses Verfahren sind **Bedenken** erhoben worden. Die ausdrückliche gesetzliche Regelung, dass das Geschlecht, das in der Belegschaft in der Minderheit ist, mindestens entsprechend seinem zahlenmäßigen Verhältnis im Betriebsrat vertreten sein muss, lasse eine Anwendung des d'Hondtschen Verfahrens bei der Ermittlung der Zahl der für das Minderheitengeschlecht reservierten Betriebsratssitze nicht zu. Nach dem klaren Wortlaut des Gesetzes müsse stets zu Gunsten des Minderheitengeschlechts aufgerundet werden. Die entgegenstehende Vorschrift sei insoweit nichtig (ArbG Ludwigshafen 19. 6. 2002, BB 2002, 2016 [krit. *Boemke*]; ebenso *Etzel,* AuR 2002, 62; *Franke,* NJW 2002, 638; s. auch *Löwisch,* BB 2001, 1738). Das ist wohl zu eng gedacht, schon weil sinnvolle Alternativen fehlen (im Ergebnis ebenso LAG Rheinland-Pfalz 13. 11. 2002, AuR 2003, 197 *Quecke,* AuR 2002, 1): Ein solches Ergebnis ließe sich auch nicht mit dem Hare-Niemeyer-Verfahren erzielen sondern bedürfte gänzlich eigenständiger Regelung. Es ist nicht anzunehmen, der Gesetzgeber habe solch einschneidende Änderungen gewollt. Dass dem nicht so ist, zeigen schon systematische Erwägungen: Als die neue Regelung des § 15 Abs. 2 in Kraft gesetzt wurde, wurde gleichzeitig die alte Wahlordnung weiterhin für „entsprechend" anwendbar erklärt, § 125 Abs. 3. Die aber sah durchgehend das d'Hondtsche Verfahren vor, was der Gesetzgeber also weiterhin bis zur neuen Wahlordnung gelten lassen wollte. Dann musste es aber auch für die neue Wahlordnung zulässig sein, am d'Hondtschen Verfahren festzuhalten. Dass zudem alles anderes gerade bei kleineren Betriebsräten oftmals zum Zwang zur Überrepräsentierung führen würde (bei einem Betrieb mit 41% Frauen und 5 Betriebsratsmitgliedern müssten die Frauen zwingend 3 Sitze erhalten und damit die Mehrheit bilden) bestätigt die hier vertretene Auffassung. 16a

3. Abweichungen von der Sitzverteilung

Die Vorschrift ist **zwingend;** eine abweichende Regelung durch Tarifvertrag oder Betriebsvereinbarung ist ausgeschlossen (*Fitting,* § 15 Rn. 4; GK-*Kreutz,* § 15 Rn. 6; ebenso für das alte Gruppenprinzip Arbeiter/Angestellte GL-*Marienhagen,* § 10 Rn. 2; HSWG-*Schlochauer,* 6. Aufl. § 15 Rn. 1). Auch eine noch **höhere Quote** für das Geschlecht in der Minderheit kann **nicht** vereinbart werden, ebenso können keine **zusätzlichen Quoten** (ältere Arbeitnehmer, ausländische Arbeitnehmer, teilzeitbeschäftigte Arbeitnehmer) geschaffen werden. 17

Eine Abweichung von den Verhältniszahlen ergibt sich allerdings, wenn ein **Geschlecht nicht genügend wählbare Vertreter** hat, um die auf sie entfallenden Sitze im Betriebsrat zu besetzen. Gleiches gilt, wenn sie nicht genügend Kandidaten aufstellt oder nicht genügend zur Übernahme des Betriebsratsamtes bereit sind oder wenn sie sich überhaupt nicht an der Betriebsratswahl beteiligt. In diesen Fällen bleiben nicht die auf das Geschlecht entfallenden Betriebsratssitze unbesetzt, sondern sie werden von den Vertretern der anderen Gruppe eingenommen (*Fitting,* § 15 Rn. 28; GK-*Kreutz,* § 15 Rn. 28; s. auch § 15 Abs. 5 Nr. 5 WO; BT-Drucks. 14/5741, S. 53; vgl. vorher bereits für das Gruppenprinzip Arbeiter/Angestellte BAG 20. 10. 1954 AP BetrVG § 25 Nr. 1 [zust. *Dietz*]; 11. 4. 1958 AP WO § 6 Nr. 1 [zust. *Dietz*]; LAG Düsseldorf, BB 1954, 257; *Brecht,* § 10 Rn. 12; GL-*Marienhagen,* § 10 Rn. 9; HSWG-*Schlochauer,* 6. Aufl. § 15 Rn. 19, § 9 Rn. 3, § 11 Rn. 10; *Nikisch,* Bd. III S. 68; *Nipperdey/Säcker* in *Hueck/Nipperdey,* Bd. II/ 2 S. 1159; vgl. in diesem Zusammenhang auch § 17 Abs. 1 Satz 3 BPersVG, wo ausdrücklich bestimmt ist, dass eine Gruppe, die ihre Rechte nicht ausübt, ihren Anspruch auf Vertretung verliert; vgl. dazu *Dietz/Richardi,* BPersVG, § 17 Rn. 23). Gleiches gilt, wenn das Geschlecht in der Minderheit zwar genügend Mitglieder in den Betriebsrat 18 entsandt hat, aber ein ausgeschiedenes Mitglied nicht mehr durch ein Ersatzmitglied dieser Gruppe ersetzt werden kann; es rückt dann ein Ersatzmitglied des anderen Geschlechts in den Betriebsrat nach (vgl. BAG 29. 10. 1954 AP BetrVG § 25 Nr. 1).

V. Nichtbefolgung

19 Die Rechtsfolgen der Nichtbefolgung sind grundlegend andere, je nachdem ob es das Gebot zur anteiligen Berücksichtigung der Organisationsbereiche und Beschäftigungsarten oder aber das Gebot zur anteiligen Berücksichtigung des Geschlechts in der Minderheit betrifft.

1. Nichtbefolgung des Absatzes 1

20 Die Bestimmung in Abs. 1 ist nur eine **Sollvorschrift,** wobei ihre Verbindlichkeit durch die Zwischenschaltung des Wortes „möglichst" noch weiter abgeschwächt wird. Sie enthält, wie das BAG noch für die alte Fassung formuliert hat, lediglich eine Empfehlung für die Zusammensetzung des Betriebsrats (BAG 16. 2. 1973 AP BetrVG 1972 § 19 Nr. 1). Ihre Nichtbefolgung ist **daher ohne Einfluss auf die Gültigkeit der Wahl;** auf sie kann keine Wahlanfechtung gestützt werden (ebenso *Brecht,* § 15 Rn. 2; *Fitting,* § 15 Rn. 2; GK-*Kreutz,* § 15 Rn. 14; GL-*Marienhagen,* § 15 Rn. 2; HSWGNR-*Nicolai,* § 15 Rn. 4; HWK-*Reichold,* § 15 Rn. 2; weiterhin *Nikisch,* Bd. III S. 69; *Popp,* BB 1955, 96; *Rewolle,* BB 1957, 225, 226; *Hanau,* DB Beil. 4/1986, 7).

21 Damit das hier aufgestellte Gebot befolgt wird, schreibt § 3 Abs. 3 WO vor, dass der Wahlvorstand, sofern es nach Größe, Eigenart oder Zusammensetzung der Arbeitnehmerschaft des Betriebs zweckmäßig ist, im Wahlausschreiben darauf hinweisen soll, dass bei der Aufstellung von Wahlvorschlägen die Grundsätze dieser Vorschrift berücksichtigt werden sollen. Aber auch wenn dieser Hinweis unterbleibt, ist eine Wahlanfechtung nicht möglich.

2. Nichtbefolgung des Absatzes 2

22 Die Verteilung der Sitze unter die beiden Geschlechtern wird durch den Wahlvorstand errechnet (§ 5 Abs. 1 WO). Im Streitfall entscheidet das Arbeitsgericht im Beschlussverfahren (§ 2a Abs. 1 Nr. 1, Abs. 2 i. V. mit §§ 80 ff. ArbGG).

23 Hat der Wahlvorstand den Anteil des Geschlechts in der Minderheit falsch bestimmt, so ist die Betriebsratswahl anfechtbar (§ 19; siehe auch LAG Hamm 17. 12. 2008 – 10 TaBV 137/07, juris; LAG Frankfurt 3. 12. 1985, DB 1987, 55; LAG Hamm 14. 5. 1976, DB 1976, 2020 für Arbeiter und Angestellte). Da in diesem Fall auch die Zahl der Betriebsratsmitglieder falsch festgelegt ist, die auf die einzelnen Geschlechter entfallen, gilt Gleiches wie bei einer unrichtigen Festlegung der Größe des Betriebsrats (s. § 9 Rn. 18 ff.).

§ 16 Bestellung des Wahlvorstands

(1) ¹Spätestens zehn Wochen vor Ablauf seiner Amtszeit bestellt der Betriebsrat einen aus drei Wahlberechtigten bestehenden Wahlvorstand und einen von ihnen als Vorsitzenden. ²Der Betriebsrat kann die Zahl der Wahlvorstandsmitglieder erhöhen, wenn dies zur ordnungsgemäßen Durchführung der Wahl erforderlich ist. ³Der Wahlvorstand muss in jedem Fall aus einer ungeraden Zahl von Mitgliedern bestehen. ⁴Für jedes Mitglied des Wahlvorstands kann für den Fall seiner Verhinderung ein Ersatzmitglied bestellt werden. ⁵In Betrieben mit weiblichen und männlichen Arbeitnehmern sollen dem Wahlvorstand Frauen und Männer angehören. ⁶Jede im Betrieb vertretene Gewerkschaft kann zusätzlich einen dem Betrieb angehörenden Beauftragten als nicht stimmberechtigtes

I. Vorbemerkung § 16

Mitglied in den Wahlvorstand entsenden, sofern ihr nicht ein stimmberechtigtes Wahlvorstandsmitglied angehört.

(2) ¹Besteht acht Wochen vor Ablauf der Amtszeit des Betriebsrats kein Wahlvorstand, so bestellt ihn das Arbeitsgericht auf Antrag von mindestens drei Wahlberechtigten oder einer im Betrieb vertretenen Gewerkschaft; Absatz 1 gilt entsprechend. ²In dem Antrag können Vorschläge für die Zusammensetzung des Wahlvorstands gemacht werden. ³Das Arbeitsgericht kann für Betriebe mit in der Regel mehr als zwanzig wahlberechtigten Arbeitnehmern auch Mitglieder einer im Betrieb vertretenen Gewerkschaft, die nicht Arbeitnehmer des Betriebs sind, zu Mitgliedern des Wahlvorstands bestellen, wenn dies zur ordnungsgemäßen Durchführung der Wahl erforderlich ist.

(3) ¹Besteht acht Wochen vor Ablauf der Amtszeit des Betriebsrats kein Wahlvorstand, kann auch der Gesamtbetriebsrat oder, falls ein solcher nicht besteht, der Konzernbetriebsrat den Wahlvorstand bestellen. ²Absatz 1 gilt entsprechend.

Schrifttum: *Brock/Grimm/Windeln*, Betriebsratswahlen: Vorzeitige Bestellung des Wahlvorstands – Sonderkündigungsschutz ohne Funtion, DB 2006, 156.

Übersicht

	Rn.
I. Vorbemerkung	1
1. Bedeutung des Wahlvorstands für die Betriebsratswahl	1
2. Überblick über die gesetzliche Regelung der Bestellung	2
3. Entstehungsgeschichte der Vorschrift	5
II. Bestellung des Wahlvorstands durch den Betriebsrat	8
1. Recht und Pflicht des Betriebsrats	8
2. Zahl der Mitglieder	9
3. Zusammensetzung des Wahlvorstands	11
4. Bestimmung des Vorsitzenden	18
5. Bestellung von Ersatzmitgliedern	19
6. Zeitpunkt der Bestellung	21
7. Bestellungsverfahren	23
8. Entsendung von betriebsangehörigen Gewerkschaftsbeauftragten in den Wahlvorstand	25
III. Ersatzbestellung durch das Arbeitsgericht	32
1. Voraussetzungen	32
2. Verfahren	35
3. Befugnis des Arbeitsgerichts	39
4. Bestellung betriebsfremder Gewerkschaftsmitglieder	44
5. Entsendungsrecht der im Betrieb vertretenen Gewerkschaften	47
IV. Ersatzbestellung durch den Gesamtbetriebsrat oder Konzernbetriebsrat	48
V. Amtszeit und Geschäftsführung des Wahlvorstands sowie Rechtsstellung der Wahlvorstandsmitglieder	49
1. Tatbestandsvoraussetzungen einer rechtswirksamen Bestellung	49
2. Geschäftsführung des Wahlvorstands	52
3. Amtsbeendigung	58
4. Erlöschen der Mitgliedschaft im Wahlvorstand	60
5. Persönliche Rechtsstellung der Wahlvorstandsmitglieder	62
VI. Streitigkeiten	64
1. Gegenstand eines Beschlussverfahrens	64
2. Antragsberechtigung und Beteiligtenfähigkeit	67

I. Vorbemerkung

1. Bedeutung des Wahlvorstands für die Betriebsratswahl

Die **Wahl des Betriebsrats** ist durch einen **Wahlvorstand vorzubereiten und durchzuführen** (§ 18 Abs. 1 Satz 1). Ohne Bestellung eines Wahlvorstands kann ein Betriebs- 1 rat nicht gewählt werden, gleichgültig, ob es sich um die erste Wahl oder um die Wahl eines sich an die Amtsdauer des vorhandenen Betriebsrats anschließenden Betriebsrats handelt. Auch der Betriebsrat kann nicht die Betriebsratswahl leiten (vgl. BAG 10. 11. 1954 AP BetrVG § 37 Nr. 2). Eine nicht von einem Wahlvorstand durchgeführte Wahl ist nichtig (so bereits RAG 5. 12. 1928, BenshSlg. 4, 315; s. § 19 Rn. 73; ErfK-*Eisemann*, § 16 Rn. 1; *Fitting*, § 16 Rn. 87; GK-*Kreutz*, § 16 Rn. 5). Dagegen begründet ein Mangel bei der Bestellung des Wahlvorstands in aller Regel nur eine Anfechtung der Wahl (vgl. BAG 2. 3. 1955 AP BetrVG § 18 Nr. 1).

2. Überblick über die gesetzliche Regelung der Bestellung

2   Die **Bestellung** des Wahlvorstands ist in erster Linie **Aufgabe des Betriebsrats**, wenn ein solcher vorhanden ist. Ein nicht mehr im Amt befindlicher Betriebsrat ist nach Ablauf seiner Amtszeit nicht zur Bestellung eines Wahlvorstandes befugt (vgl. BAG 2. 3. 1955 AP BetrVG § 18 Nr. 1), selbstverständlich aber ein Betriebsrat, dem die Weiterführung der Geschäfte nach § 22 obliegt (vgl. LAG Hamm, SAE 1955, 17), und ebenso der Betriebsrat im Übergangsmandat nach § 21a Abs. 1 Satz 2 (s. § 21a Rn. 16). Fehlt ein Betriebsrat, so hat an erster Stelle der Gesamtbetriebsrat oder, falls ein solcher nicht besteht, der Konzernbetriebsrat den Wahlvorstand zu bestellen (§ 17 Abs. 1) und zwar nicht nur, wenn kein Betriebsrat vorhanden ist, sondern auch an Stelle eines untätigen Betriebsrats (§ 16 Abs. 3). Ist ein Betriebsrat vorhanden, kommt er aber seiner Pflicht zur Bestellung eines Wahlvorstandes nicht nach, kann zudem das Arbeitsgericht auf Antrag von mindestens 3 Wahlberechtigten oder einer im Betrieb vertretenen Gewerkschaft den Wahlvorstand bestellen (§ 16 Abs. 2); das Gleiche gilt, wenn bei fehlendem Betriebsrat keine Betriebsversammlung nach § 17 Abs. 2 zusammentritt oder sie keinen Wahlvorstand wählt (§ 17 Abs. 5, s. § 17 Rn. 27 ff.).

3   Das Arbeitsgericht wird also nicht von Amts wegen, sondern nur auf Antrag tätig. Nur wenn der Betriebsrat wegen grober Pflichtverletzung aufgelöst wird (§ 23 Abs. 1), hat das Arbeitsgericht den Wahlvorstand von Amts wegen zu bestellen (§ 23 Abs. 2).

4   Das Gesetz geht in Abs. 1 von dem Regelfall aus, dass ein Betriebsrat deshalb neu zu wählen ist, weil die ordentliche Amtszeit des im Amt befindlichen Betriebsrats zu dem im Gesetz festgelegten Zeitpunkt abläuft (§ 13 Abs. 1 und 3, § 21). Es ist aber auch dann in erster Linie Aufgabe des Betriebsrats, den Wahlvorstand zu bestellen, wenn nach § 13 Abs. 2 Nr. 1 bis 3 ein Grund zur Neuwahl eintritt, weil in diesem Fall der Betriebsrat die Geschäfte weiterführt, bis der neue Betriebsrat gewählt und das Wahlergebnis bekannt gegeben ist (§ 22) (so auch Hessisches LAG 8. 12. 2005, AuR 2006, 253); jedoch gilt in diesem Fall nicht die in Abs. 1 festgelegte Frist von zehn Wochen (s. Rn. 22).

3. Entstehungsgeschichte der Vorschrift

5   Die Vorschrift wurde **gegenüber § 15 BetrVG 1952 erheblich geändert** (s. zu den Einzelheiten 6. Aufl., § 16 Rn. 6). Das Gesetz vom 20. 12. 1988 (BGBl. I S. 2312) hat in Abs. 1 Satz 1 das Wort „acht" durch das Wort „zehn" und in Abs. 2 Satz 1 das Wort „sechs" durch das Wort „acht" ersetzt sowie den heutigen Satz 6 angefügt (Art. 1 Nr. 5). Durch die Vorverlegung des Zeitpunkts für die Bestellung des Wahlvorstands um zwei Wochen sollte gewährleistet werden, dass der Wahlvorstand für die Betriebsratswahl genügend Zeit hat, um gemeinsam mit dem Wahlvorstand nach dem SprAuG den Kreis der leitenden Angestellten zu bestimmen (vgl. BT-Drucks. 11/2503, S. 31). Dem Minderheitenschutz sollte es dienen, dass jede im Betrieb vertretene Gewerkschaft das Recht erhält, einen Beauftragten, der Arbeitnehmer des Betriebs sein muss, in den Wahlvorstand zu entsenden, sofern ihm nicht bereits ein stimmberechtigtes Wahlvorstandsmitglied angehört (Abs. 1 Satz 6). Durch das Zweite Gleichberechtigungsgesetz (2. GleiBG) vom 24. 6. 1994 (BGBl. I S. 1406) wurde Satz 5 in Abs. 1 eingefügt (Art. 5 Nr. 1).

Weil durch das **BetrVerf-Reformgesetz** vom 23. 7. 2001 das Gruppenprinzip insgesamt aufgehoben wurde, entfiel der ehemalige Abs. 1 S. 5, wonach in Betrieben mit Arbeitern und Angestellten beide Gruppen im Wahlvorstand vertreten seien mussten. Neu eingefügt wurde Abs. 3: Die hierdurch erleichterte Bestellung des Wahlvorstands soll lediglich eine weitere Möglichkeit für den Fall des Untätigbleibens des dafür originär zuständigen Betriebsrats sein (BT-Drucks. 14/5741, S. 38).

Entsprechende Vorschriften: § 20 BPersVG, § 7 Abs. 1 SprAuG.

II. Bestellung des Wahlvorstands durch den Betriebsrat

1. Recht und Pflicht des Betriebsrats

Besteht ein Betriebsrat, so **bestellt er den Wahlvorstand.** Die Bestellung erfolgt durch Beschluss des Betriebsrats in einer ordnungsgemäß einberufenen Sitzung; sie enthält *materiell* die Entscheidung, dass ein Wahlvorstand gebildet wird, und die Entscheidung, wer ihm angehört. Die Bestellung des Wahlvorstands ist **Pflicht des Betriebsrats.** Kommt er ihr nicht nach, so handelt es sich um eine grobe Pflichtverletzung, die eine Auflösung des Betriebsrats nach § 23 Abs. 1 rechtfertigt; jedoch ist diese Sanktion wegen des ohnehin bevorstehenden Endes der Amtsdauer im Regelfall ohne Bedeutung. Lediglich bei der Notwendigkeit einer Neuwahl nach § 13 Abs. 2 Nr. 1 bis 3 kann sie eine Rolle spielen, weil in diesem Fall der Betriebsrat bis zum Ablauf der regelmäßigen Amtszeit so lange im Amt bleibt, bis das Wahlergebnis des neugewählten Betriebsrats bekanntgegeben ist (§ 21 Satz 5).

2. Zahl der Mitglieder

Der Wahlvorstand muss aus **mindestens drei Mitgliedern** bestehen. Das gilt auch für einen Betrieb, der nur eine Person zu wählen hat. Hat ein Wahlvorstand weniger als drei Mitglieder, so kann die von ihm durchgeführte Wahl angefochten werden.

Der Betriebsrat kann die Zahl der Wahlvorstandsmitglieder **erhöhen,** wenn dies zur ordnungsgemäßen Durchführung der Wahl **erforderlich ist** (Abs. 1 Satz 2). Dieses Recht steht ihm auch noch **nachträglich** zu (ebenso ErfK-*Eisemann*, § 16 Rn. 5; *Fitting*, § 16 Rn. 29; s. auch Rn. 19; HWK-*Reichold*, § 16 Rn. 8). Diese Möglichkeit hat der Gesetzgeber eröffnet, um in Großbetrieben mit mehreren Wahllokalen die ordnungsmäßige Durchführung der Betriebsratswahlen zu gewährleisten (vgl. Begründung des RegE, BT-Drucks. VI/1786, S. 38). Für die Frage der Erforderlichkeit kommt es allein darauf an, ob durch die Anzahl der Mitglieder des Wahlvorstandes eine ordnungsgemäße Durchführung gewährleistet ist. Auf die individuelle Zusammensetzung ist nicht abzustellen. So ist z. B. nicht erforderlich, dass der Wahlvorstand einem Querschnitt der Belegschaft entspricht (vgl. LAG Nürnberg 30. 3. 2006, AR-Blattei ES 530.6 Nr. 90). Der Wahlvorstand muss aber in jedem Fall aus einer **ungeraden Zahl** von Mitgliedern bestehen (Abs. 1 Satz 3). Voraussetzung für eine Erhöhung der Mitgliederzahl ist, dass sie zur ordnungsgemäßen Durchführung der Wahl erforderlich ist. Der Betriebsrat hat zwar insoweit einen *Beurteilungsspielraum,* in seinen Grenzen unterliegt er aber der arbeitsgerichtlichen Kontrolle, ob die Voraussetzungen für eine Erhöhung der Mitgliederzahl gegeben sind – schon weil eine absolute **Höchstzahl** durch das Gesetz nicht vorgegeben ist (dem folgend LAG Nürnberg 15. 5. 2006, AR-Blattei ES 530.6 Nr 91; ebenso *Fitting*, § 16 Rn. 28, 20; ErfK-*Eisemann*, § 16 Rn. 5; wohl strenger GK-*Kreutz*, § 16 Rn. 33; HSWGNR-*Nicolai*, § 16 Rn. 15). In diesem Zusammenhang muss deshalb berücksichtigt werden, dass der Wahlvorstand – nicht der Betriebsrat – zu seiner Unterstützung wahlberechtigte Arbeitnehmer als Wahlhelfer zuziehen kann (§ 1 Abs. 2 WO). Im Allgemeinen genügt deshalb deren Heranziehung, um auch in Betrieben mit mehreren Wahllokalen eine ordnungsmäßige Durchführung der Betriebsratswahl zu gewährleisten. Eine Erhöhung der Mitgliederzahl ist deshalb nur dann geboten, wenn die ordnungsgemäße Durchführung der Wahl erfordert, dass gleichzeitig an mehr als drei Wahlorten gewählt werden kann; denn sind nur drei Mitglieder des Wahlvorstands bestellt, so können wegen 12 Abs. 2 WO gleichzeitig nicht mehr als drei Wahllokale geöffnet sein.

3. Zusammensetzung des Wahlvorstands

11 a) **Stimmberechtigte Mitglieder** des vom Betriebsrat bestellten Wahlvorstands können nur **wahlberechtigte Arbeitnehmer** des Betriebs sein. Sie müssen also das aktive Wahlrecht haben (s. § 7 Rn. 2 ff.); nicht notwendig ist, dass es sich um ständige Arbeitnehmer handelt, und es ist vor allem nicht erforderlich, dass sie wählbar sind. Weil das Gesetz nur von Wahlberechtigten spricht, können auch **Leiharbeitnehmer,** die unter § 7 S. 2 fallen, Mitglieder des Wahlvorstands sein (ErfK-*Eisemann,* § 16 Rn. 4; *Fitting,* § 16 Rn. 21).

12 Auch **Betriebsratsmitglieder** können bestellt werden (ErfK-*Eisemann,* § 16 Rn. 4; *Fitting,* § 16 Rn. 22). Arbeitnehmer, die sich an einem Wahlvorschlag beteiligen oder sich als Kandidaten um einen Sitz im Betriebsrat bewerben, können zugleich dem Wahlvorstand angehören (s. dazu auch Rn. 57).

13 b) Gemäß Abs. 1 Satz 5 sollen in Betrieben mit weiblichen und männlichen Arbeitnehmern dem Wahlvorstand **Frauen und Männer** angehören. Die Bestimmung ist nicht als Muss-, sondern nur als Sollvorschrift gestaltet; insbesondere hat der Gesetzgeber davon abgesehen, eine Quotenregelung festzulegen. Die Änderung des § 15 Abs. 2, der aus einer Soll-Vorschrift in eine Muß-Vorschrift überführt wurde, hat man hier also nicht nachvollzogen. Das ist sinnvoll, denn weniger noch als der Betriebsrat nimmt der Wahlvorstand eine „Schlüsselposition bei der Beseitigung von Nachteilen und Durchsetzung der Gleichstellung von Frauen und Männern" (Begründung zu § 15 Abs. 2 BT-Drucks. 14/5741, S. 37) ein. Einer zusätzlichen Komplizierung des Wahlvorgangs hätte also kein entsprechender Nutzen gegenübergestanden.

14 c) Werden in Betrieben der **Aktiengesellschaften,** die aus der **Deutschen Bundespost hervorgegangen** sind, Beamte beschäftigt, so muss dem Wahlvorstand ein Beamter angehören, auch wenn die Beamten bei der Wahl zum Betriebsrat auf die Bildung einer eigenen Gruppe verzichtet haben (§ 26 Nr. 6 PostPersRG; ebenso *Fitting,* § 16 Rn. 32; s. auch § 14 Rn. 88).

15 Diese Bestimmung ist **zwingend** (*Fitting,* § 16 Rn. 4; GK-*Kreutz,* § 16 Rn. 4; ebenso für den ehemaligen § 16 Abs. 1 Satz 5: BAG 14. 9. 1988 AP BetrVG 1972 § 16 Nr. 1). Sie ist eine **wesentliche Wahlvorschrift i. S. des § 19 Abs. 1** (ebenso für den ehemaligen § 16 Abs. 1 Satz 5: BAG 14. 9. 1988 AP BetrVG 1972 § 16 Nr. 1). Von ihr darf nur abgewichen werden, wenn kein Mitglied einer Gruppe fähig oder bereit ist, in den Wahlvorstand einzutreten (ebenso zu den Gruppen Arbeiter/Angestellte *Brecht,* § 16 Rn. 14; GL-*Marienhagen,* § 16 Rn. 10; *Nikisch,* Bd. III S. 90 Fn. 13).

16 Die **Beteiligung des Beamtenvertreters** ist nicht nur bei der Bestellung der Mitglieder, sondern auch **während der Durchführung des Wahlverfahrens** zu gewährleisten (ebenso für den ehemaligen § 16 Abs. 1 Satz 5 BAG 14. 9. 1988 AP BetrVG 1972 § 16 Nr. 1). Das ist daher auch zu beachten, wenn der Beamtenvertreter aus dem Wahlvorstand ausscheidet oder zeitweilig verhindert ist und deshalb ein neues Mitglied benannt werden muss oder ein Ersatzmitglied nachrückt.

17 d) Zur Zahl der vom Betriebsrat bestellten Mitglieder, die stimmberechtigt sind, tritt nach Abs. 1 Satz 6 die Zahl der **nicht stimmberechtigten Mitglieder, die jede im Betrieb vertretene Gewerkschaft zusätzlich in den Wahlvorstand entsenden** kann, sofern ihr kein stimmberechtigtes Wahlvorstandsmitglied angehört (s. Rn. 25).

4. Bestimmung des Vorsitzenden

Der **Betriebsrat bestimmt** den **Vorsitzenden des Wahlvorstands,** nicht der Wahlvor- 18
stand selbst. Ist die Bestimmung versäumt, so hat sie der Betriebsrat nachzuholen. Nur
wenn der Betriebsrat inzwischen zu bestehen aufgehört hat, kann der Wahlvorstand
selbst aus seiner Mitte einen Vorsitzenden bestellen (ebenso *Fitting*, § 16 Rn. 33; ErfK-
Eisemann, § 16 Rn. 8; HSWGNR-*Nicolai*, § 16 Rn. 18; GK-*Kreutz*, § 16 Rn. 24; vgl.
auch BAG 14. 12. 1965 AP BetrVG § 16 Nr. 5).

5. Bestellung von Ersatzmitgliedern

Der Betriebsrat kann **für jedes Mitglied des Wahlvorstands** ein **Ersatzmitglied** bestellen 19
(Abs. 1 Satz 4). Er kann für jedes Mitglied auch mehrere Ersatzmitglieder vorsehen,
muss dann aber festlegen, in welcher Reihenfolge sie nachrücken (ebenso *Fitting*, § 16
Rn. 35; ErfK-*Eisemann*, § 16 Rn. 9; HSWGNR-*Nicolai*, § 16 Rn. 19; GK-*Kreutz*, § 16
Rn. 40). Zulässig ist auch, dass ein Ersatzmitglied für mehrere Mitglieder des Wahl-
vorstands bestellt wird (ebenso *Fitting*, § 16 Rn. 35; HSWGNR-*Nicolai*, § 16 Rn. 19;
DKK-*Schneider*, § 16 Rn. 15; GK-*Kreutz*, § 16 Rn. 40; a. A. ehemals *Erdmann/Jürging/
Kammann*, § 16 Rn. 3). **Der Betriebsrat kann den Wahlvorstand auch noch nachträglich
ergänzen,** wenn ein Mitglied ausscheidet oder verhindert ist, und auch zusätzlich ein
neues Ersatzmitglied bestellen (vgl. BAG 14. 12. 1965 AP BetrVG § 16 Nr. 5; LAG
Düsseldorf 7. 11. 1974, DB 1975, 260).

Nach dem Wortlaut des Gesetzes ist die Bestellung eines Ersatzmitgliedes für den **Fall** 20
der Verhinderung eines Wahlvorstandsmitgliedes vorgesehen. Daraus folgt aber keineswegs, dass das Ersatzmitglied nur bei zeitweiliger Verhinderung in den Wahlvorstand
eintritt, sondern es rückt auch dann nach, wenn das **Mitglied aus dem Wahlvorstand
ausscheidet** (ebenso *Fitting*, § 16 Rn. 36; HSWGNR-*Nicolai*, § 16 Rn. 19; GK-*Kreutz*,
§ 16 Rn. 41; DKK-*Schneider*, § 16 Rn. 15).

6. Zeitpunkt der Bestellung

a) Die Bestellung des Wahlvorstands hat **spätestens zehn Wochen vor Ablauf der** 21
Amtszeit des im Amt befindlichen Betriebsrats zu erfolgen. Eine spätere Bestellung ist
aber nicht ausgeschlossen. Nur wenn der Gesamt- oder der Konzernbetriebsrat bzw. das
Arbeitsgericht bereits einen Wahlvorstand bestellt hat, kann der Betriebsrat, sofern er
überhaupt noch im Amt ist, nicht mehr tätig werden; denn er hat nicht das Recht, den
bereits eingesetzten Wahlvorstand abzusetzen. Voraussetzung bei gerichtlicher Bestel-
lung ist allerdings, dass die Entscheidung des Arbeitsgerichts Rechtskraft erlangt hat.
Solange sie noch nicht rechtskräftig geworden ist, kann der Betriebsrat noch einen
Wahlvorstand einsetzen (ebenso LAG Hamm 23. 9. 1954, AP BetrVG § 15 Nr. 1;
Fitting, § 16 Rn. 57; HSWGNR-*Nicolai*, § 16 Rn. 42; GK-*Kreutz*, § 16 Rn. 65; DKK-
Schneider, § 16 Rn. 23; vgl. auch BAG 19. 3. 1974 AP BetrVG 1972 § 17 Nr. 1; a. A.
Brecht, § 16 Rn. 15; s. auch Rn. 31). Mit der Bestellung des Wahlvorstands durch den
Betriebsrat erledigt sich das Beschlussverfahren; es wird eingestellt (s. zum Problem der
Erledigung im Beschlussverfahren § 23 Rn. 42). Einen **Zeitpunkt für die früheste Benen-
nung des Wahlvorstands** kennt das Gesetz nicht. Der Kündigungsschutz nach § 15
Abs. 2 KSchG kann jedoch u. U. zu einer sehr frühzeitigen Bestellung Anlass geben. Hier
ist die Grenze allein der Rechtsmissbrauch: Wird der Betriebsrat deutlich früher bestellt,
allein um den Kündigungsschutz herbeizuführen. Mehr als Doppelte der Mindestfrist
indiziert regelmäßig den Missbrauch. Dann ist seine Bestellung unwirksam; ein Kündigungsschutz entfällt, s. auch § 15 KSchG (Anhang § 103 BetrVG).

b) Muss ein **Betriebsrat vor Ablauf der regelmäßigen Amtszeit** nach § 13 Abs. 2 Nr. 1 22
bis 3 **neu gewählt** werden, so hat der Betriebsrat, der die Geschäfte bis zum Amtsbeginn des

neuen Betriebsrats weiterführt (§ 22), **unverzüglich** einen Wahlvorstand zu bestellen (s. auch Rn. 8). Das Gleiche gilt nun gemäß § 21a Abs. 1 S. 2 auch für den Fall, dass der Betriebsrat nach Spaltung ein **Übergangsmandat** ausübt, ehemals in der Literatur und Rechtsprechung befürwortete längere Fristen sind damit obsolet (ArbG Düsseldorf 17. 9. 1996, AiB 1997, 602: spätestens 10 Wochen vor Beendigung des Übergangsmandat; dem folgend als Höchstfrist ErfK-*Eisemann,* § 16 Rn. 3; *Fitting,* § 16 Rn. 14; § 21a Rn. 21 f.).

7. Bestellungsverfahren

23 Die Bestellung erfolgt durch **Beschluss des Betriebsrats** in einer ordnungsgemäß einberufenen Sitzung. Der Betriebsrat muss beschlussfähig sein (§ 33 Abs. 2). Die Bestimmung der Zahl und der Person der Mitglieder sowie die Bestellung des Vorsitzenden des Wahlvorstands erfolgt mit der Mehrheit der Stimmen der anwesenden Mitglieder des Betriebsrats (§ 33 Abs. 1). Soweit es um die personelle Zusammensetzung geht, handelt es sich der Sache nach um eine *Wahl.* Jedes Mitglied des Wahlvorstands muss die Mehrheit der Stimmen der anwesenden Mitglieder erhalten; kommt es im ersten Wahlgang nicht zu einer absoluten Mehrheitsentscheidung, so hat eine Stichwahl jeweils zwischen den beiden Kandidaten mit den meisten Stimmen stattzufinden (ebenso GL-*Marienhagen,* § 16 Rn. 18; aA *Fitting,* § 16 Rn. 23; ErfK-*Eisemann,* § 16 Rn. 4; HSWGNR-*Nicolai,* § 16 Rn. 13; GK-*Kreutz,* § 16 Rn. 22; nach deren Meinung ist eine förmliche Wahl nur dann erforderlich, wenn dies der Betriebsrat ausdrücklich beschließt oder in der Geschäftsordnung festgelegt hat). Der Unterschied spielt im Ergebnis keine erhebliche Rolle, weil auch vom gegenteiligen Standpunkt aus ein Beschluss verlangt wird, der der Stimmenmehrheit der anwesenden Mitglieder bedarf; jedoch bleibt offen, ob nur eine Ersatzbestellung durch den Konzern- oder den Gesamtbetriebsrat oder das Arbeitsgericht erfolgen kann, wenn die einfache Stimmenmehrheit für einen Kandidaten nicht erreicht wird und daran die Bestellung eines Wahlvorstands scheitert.

24 Die Bestellung des Wahlvorstands kann dem **Betriebsausschuss** oder einem anderen Ausschuss des Betriebsrats mit der Mehrheit der Stimmen der Betriebsratsmitglieder übertragen werden (§§ 27 Abs. 2, 28 Abs. 1; ebenso *Fitting,* § 16 Rn. 24). Unzulässig ist die Übertragung auf **Arbeitsgruppen** i. S. des § 28a (ErfK-*Eisemann,* § 16 Rn. 4). Hier hat der Gesetzgeber nur themenspezifische Arbeit im Auge gehabt, keine Übertragung von prozessualen Aufgaben (s. § 28a Rn. 8; Begründung des Regierungsentwurfs BT-Drucks. 14/5741, S. 40).

8. Entsendung von betriebsangehörigen Gewerkschaftsbeauftragten in den Wahlvorstand

25 a) Durch Abs. 1 Satz 6 erhält **jede im Betrieb vertretene Gewerkschaft,** der kein vom Betriebsrat bestelltes Wahlvorstandsmitglied angehört, das **Recht,** zusätzlich einen **dem Betrieb angehörenden Beauftragten als nicht stimmberechtigtes Mitglied in den Wahlvorstand zu entsenden.** Dieses Entsendungsrecht wurde durch das Änderungsgesetz 1989 eingeführt, um zur Sicherung der Minderheitsrechte mehr Transparenz bei der Tätigkeit des Wahlvorstands zu gewährleisten (so die Begründung des Entw., BT-Drucks. 11/2503, S. 23). Die Regelung dient nicht der Erleichterung der Betriebsratswahl; denn es muss, auch wenn der entsandte Gewerkschaftsbeauftragte nicht stimmberechtigt ist und dem Betrieb angehört, organisatorisch sichergestellt werden, dass jede im Betrieb vertretene Gewerkschaft ihr Entsendungsrecht ausüben und der von ihr entsandte dem Betrieb angehörende Beauftragte an den Sitzungen des Wahlvorstands teilnehmen kann (vgl. *Richardi,* AuR 1986, 33, 36).

26 b) **Entsendungsberechtigt** ist nur eine **im Betrieb vertretene Gewerkschaft** (s. zum Begriff § 2 Rn. 40 ff. und 66 ff.). Das Vertretensein im Betrieb verlangt auch die Tarifzuständigkeit der Gewerkschaft (s. noch LAG München 18. 2. 2004 – 9 TaBV 68/03, juris; *Feudner,* DB 1995, 2114). Das BAG und die herrschende Meinung ist großzügiger:

II. Bestellung des Wahlvorstands durch den Betriebsrat § 16

Es reicht, wenn ihr mindestens ein Arbeitnehmer des Betriebs als Mitglied angehört und dieser nach der Satzung nicht offensichtlich zu Unrecht als Mitglied aufgenommen wurde; die Tarifzuständigkeit der Gewerkschaft für den Betrieb oder das Unternehmen des Arbeitgebers ist dazu nicht erforderlich (BAG 10. 11. 2004 AP BetrVG 1972 § 17 Nr. 7; *Gamillscheg*, Kollektives Arbeitsrecht I § 14 II 1 S. 530). Die Gewerkschaft ist also nach der Rechtsprechung des BAG nur dann nicht im Betrieb vertreten, wenn der betriebsangehörige Arbeitnehmer von der Gewerkschaft als Mitglied aufgenommen wurde, obwohl er die nach der Satzung erforderlichen Voraussetzungen dafür „offenkundig und zweifelsfrei" nicht erfüllt. Das Tätigwerden der Gewerkschaft für dieses Mitglied ist dann von ihrer eigenen, in Ausübung der Koalitionsfreiheit erlassenen Satzung nicht gedeckt. Aus einer mutwilligen Missachtung der eigenen Satzung kann die Gewerkschaft keine Rechte herleiten.

Zu den Gewerkschaften zählen, wenn dem Betrieb wie in privatisierten Post- und Bahnunternehmen Beamte angehören, auch die Berufsverbände der Beamten (ebenso *Fitting*, § 16 Rn. 42). Das Entsendungsrecht besteht nur, wenn die Gewerkschaft **nicht** bereits durch ein **vom Betriebsrat bestelltes Mitglied im Wahlvorstand vertreten** ist. 26 a

Im Gegensatz zur Ersatzbestellung des Wahlvorstands durch das Arbeitsgericht nach Abs. 2 Satz 3 kann die Gewerkschaft nur einen **betriebsangehörigen Beauftragten** in den Wahlvorstand entsenden. Da der entsandte Gewerkschaftsbeauftragte Mitglied des Wahlvorstands, wenn auch ohne Stimmrecht, ist, wird daraus abgeleitet, dass nur zum Betriebsrat wahlberechtigte Arbeitnehmer entsandt werden können (*Fitting*, § 16 Rn. 48; GK-*Kreutz*, § 16 Rn. 46; DKK-*Schneider*, § 16 Rn. 21; a. A. für Zulässigkeit der Entsendung von Beschäftigten i. S. des § 5 Abs. 2 oder von leitenden Angestellten *Löwisch/Kaiser*, § 16 Rn. 12). Das Gesetz verlangt nicht, dass der Beauftragte der Gewerkschaft angehören muss (ebenso *Fitting*, § 16 Rn. 49; GK-*Kreutz*, § 16 Rn. 46; *Joost*, MünchArbR § 216 Rn. 131; a. A. ohne Begründung *Engels/Natter*, BB Beil 8/1989, 20; *Heither*, NZA Beil. 1/1990, 11, 14). 27

Die Gewerkschaft kann nur **einen Beauftragten,** also nicht mehrere in den Wahlvorstand entsenden (ebenso *Fitting*, § 16 Rn. 48; GK-*Kreutz*, § 16 Rn. 47). Sie kann für ihren Beauftragten **kein Ersatzmitglied** bestellen (ebenso *Fitting*, § 16 Rn. 51; GK-*Kreutz*, § 16 Rn. 47). Abs. 1 Satz 4 findet keine Anwendung. Möglich ist aber, dass die Gewerkschaft schon vorsorglich einen anderen Beauftragten benennt, wenn das von ihr entsandte Mitglied sein Amt niederlegt oder wegen Beendigung des Arbeitsverhältnisses aus dem Wahlvorstand ausscheidet. 28

c) Da das Entsendungsrecht davon abhängt, dass der Gewerkschaft kein stimmberechtigtes Wahlvorstandsmitglied angehört, entsteht es erst **nach Bestellung des Wahlvorstands durch den Betriebsrat.** Ob die Voraussetzungen des Entsendungsrechts vorliegen, prüft der Wahlvorstand (ebenso *Fitting*, § 16 Rn. 44; GK-*Kreutz*, § 16 Rn. 48; DKK-*Schneider*, § 16 Rn. 21; HWK-*Reichold*, § 16 Rn. 9). Weder er noch der Betriebsrat sind verpflichtet, von sich aus die Gewerkschaften auf das Entsendungsrecht hinzuweisen (ebenso *Fitting*, § 16 Rn. 45). Der Betriebsrat hat aber, damit das Entsendungsrecht ausgeübt werden kann, auf Anfrage jeder im Betrieb vertretenen Gewerkschaft mitzuteilen, wen er als Mitglied oder Ersatzmitglied des Wahlvorstands bestellt hat. 29

Will die Gewerkschaft ihr Entsendungsrecht ausüben, so **benennt sie dem Vorsitzenden des Wahlvorstands** die **Person ihres Beauftragten.** Erst mit Zugang ihrer Mitteilung gehört der Beauftragte dem Wahlvorstand als nicht stimmberechtigtes Mitglied an. Vorher ist der Wahlvorstand auch ohne das zusätzlich entsandte Mitglied ordnungsgemäß zusammengesetzt (ebenso GK-*Kreutz*, § 16 Rn. 45). 30

d) Durch die Entsendung wird der Beauftragte **Mitglied des Wahlvorstands ohne Stimmrecht.** Er ist zu allen Sitzungen des Wahlvorstands zu laden und an ihnen teilnahmeberechtigt. Der einzige Unterschied besteht darin, dass er im Wahlvorstand **kein Stimmrecht** hat. Im Übrigen hat er dieselben Rechte und Pflichten wie die anderen Mitglieder des Wahlvorstands. 31

III. Ersatzbestellung durch das Arbeitsgericht

1. Voraussetzungen

32   Besteht **acht Wochen vor Ablauf der Amtszeit** des Betriebsrats kein **Wahlvorstand**, so hat das Arbeitsgericht ihn auf Antrag von drei wahlberechtigten Arbeitnehmern des Betriebs oder einer im Betrieb vertretenen Gewerkschaft zu bestellen (Abs. 2 Satz 1). Keine Rolle spielt, ob der Betriebsrat seiner Pflicht zur Bestellung nicht nachgekommen ist oder ob die erforderliche Zahl wahlberechtigter Arbeitnehmer sich nicht bereit erklärt hat, die Mitgliedschaft in einem Wahlvorstand zu übernehmen. Das Arbeitsgericht ist aber nur *ersatzweise* befugt, den Wahlvorstand zu bestellen. Deshalb kann der Betriebsrat auch innerhalb der Letzten acht Wochen vor Amtsende den Wahlvorstand noch bestellen, solange die Ersatzbestellung durch das Arbeitsgericht noch nicht rechtskräftig geworden ist (s. Rn. 21).

33   Das Arbeitsgericht kann **erst angerufen** werden, wenn der **Betriebsrat** acht Wochen **vor Ablauf seiner Amtszeit keinen Wahlvorstand bestellt** hat. Es handelt sich insoweit um eine *Zulässigkeitsvoraussetzung* (a. A. GK-*Kreutz*, § 16 Rn. 58: Begründetheitsvoraussetzung). Bei Notwendigkeit einer Neuwahl nach § 13 Abs. 2 Nr. 1 bis 3 muss man dem Betriebsrat eine angemessene Frist für die Bestellung des Wahlvorstands lassen, wobei als angemessen eine Frist von zwei Wochen gilt, weil das Gesetz, wie sich hier aus Abs. 1 und 2 ergibt, auch von einer mindestens zweiwöchigen Frist ausgeht, nach deren fruchtlosem Verlauf das Arbeitsgericht erst zur Bestellung eines Wahlvorstands angerufen werden kann (ebenso *Brecht*, § 16 Rn. 15; *Fitting*, § 16 Rn. 56, 58; GL-*Marienhagen*, § 16 Rn. 16; HSWGNR-*Nicolai*, § 16 Rn. 34; GK-*Kreutz*, § 16 Rn. 59; DKK-*Schneider*, § 16 Rn. 23; *Nikisch*, Bd. III S. 89 Fn. 9).

34   **Nach Ablauf der Amtszeit des Betriebsrats** kann, da die Kompetenz zur Bestellung des Wahlvorstands beim Gesamt- oder Konzernbetriebsrat oder bei der Betriebsversammlung liegt (s. § 17 Rn. 4), das **Arbeitsgericht nicht mehr nach Abs. 2 angerufen** werden. Notwendig ist deshalb, dass der Antrag noch vor Ablauf der Amtszeit des Betriebsrats beim Arbeitsgericht gestellt wird. Auch wenn eine Ersatzbestellung nicht mehr vorher erfolgt, erledigt sich aber das Verfahren keineswegs, sondern das Arbeitsgericht kann einen Wahlvorstand auch dann noch einsetzen, wenn die Amtszeit des Betriebsrats bereits abgelaufen ist. Eine Ausnahme gilt nur, wenn die Betriebsversammlung in der Zwischenzeit einen Wahlvorstand wählt (s. auch § 17 Rn. 8).

2. Verfahren

35   a) Das Arbeitsgericht wird nicht von Amts wegen tätig, sondern nur auf **Antrag**. Es entscheidet im **Beschlussverfahren** (§ 2 a Abs. 1 Nr. 1, Abs. 2 i. V. mit §§ 80 ff. ArbGG). Zuständig für das Verfahren ist ausschließlich das Arbeitsgericht am Sitz des Betriebs (§ 82 ArbGG).

36   b) **Antragsberechtigt** sind
- drei **Wahlberechtigte** des Betriebs (also auch Leiharbeitnehmer nach § 7 S. 2). Scheidet von ihnen ein Antragsteller während des Verfahrens aus dem Betrieb aus, so entfällt die Wahlberechtigung. Dennoch soll nach der Rspr. des BAG zur Wahlanfechtung ein nachträglicher Wegfall der Wahlberechtigung keinen Einfluss auf die Antragsberechtigung haben (so BAG 4. 12. 1986 AP BetrVG 1972 § 19 Nr. 13; noch anders zur Antragsberechtigung für die Ersatzbestellung des Wahlvorstands BAG 21. 11. 1975 AP BetrVG 1972 § 118 Nr. 6; s. § 19 Rn. 38 f.).
- **jede im Betrieb vertretene Gewerkschaft** (s. zum Begriff Rn. 26 und § 2 Rn. 40 ff. und 66 ff.). Nicht erforderlich ist, dass die Gewerkschaft durch drei wahlberechtigte Arbeitnehmer im Betrieb vertreten ist, sondern es genügt auch hier, dass sie einen

III. Ersatzbestellung durch das Arbeitsgericht § 16

Arbeitnehmer des Betriebs zu ihren Mitgliedern zählt (ebenso BAG 4. 11. 1960 AP BetrVG § 16 Nr. 2). Ob der bei der Gewerkschaft organisierte Arbeitnehmer des Betriebs selbst antragsberechtigt wäre, also wahlberechtigt ist, spielt ebenfalls keine Rolle.
– Der Arbeitgeber ist nicht antragsberechtigt.

Die **Antragsberechtigung** ist eine **Verfahrensvoraussetzung** und muss deshalb noch im Zeitpunkt der Letzten mündlichen Anhörung in der Rechtsbeschwerdeinstanz bestehen (s. aber BAG 4. 12. 1986 AP BetrVG 1972 § 19 Nr. 13; zum Verlust der Wahlberechtigung durch einen Arbeitnehmer; s. auch § 19 Rn. 36 ff.). 37

c) Die **Entscheidung des Arbeitsgerichts** ergeht im Beschlussverfahren. Sie kann mit dessen Rechtsmitteln angefochten werden. Das Beschlussverfahren wird nicht dadurch erledigt, dass nach Ablauf der Amtszeit des Betriebsrats die Belegschaft befugt ist, den Wahlvorstand in einer Betriebsversammlung zu wählen (§ 13 Abs. 1). Eine Erledigung der Hauptsache tritt vielmehr erst ein, wenn ein Wahlvorstand in einer Betriebsversammlung auch gewählt wird (s. § 17 Rn. 8). 38

3. Befugnis des Arbeitsgerichts

Für die **Bestellung des Wahlvorstands** tritt das Arbeitsgericht an die Stelle des Betriebsrats. Abs. 1 gilt entsprechend (Abs. 2 Satz 1 Halbsatz 2). Der vom Arbeitsgericht bestellte Wahlvorstand muss also aus mindestens drei Mitgliedern bestehen. Das Arbeitsgericht kann die Zahl der Wahlvorstandsmitglieder erhöhen, wenn dies zur ordnungsgemäßen Durchführung der Wahl erforderlich ist (s. auch Rn. 10); jedoch muss der Wahlvorstand auch hier in jedem Fall aus einer ungeraden Zahl von Mitgliedern bestehen. 39

Im Antrag können **Vorschläge für die Zusammensetzung des Wahlvorstands** gemacht werden (Abs. 2 Satz 2). Das Arbeitsgericht ist aber an sie nicht gebunden (BAG 10. 11. 2004 AP BetrVG 1972 § 17 Nr. 7; *Fitting*, § 16 Rn. 61). 40

Während der Betriebsrat nur wahlberechtigte Arbeitnehmer zu Mitgliedern des Wahlvorstands bestellen kann, räumt das Gesetz dem Arbeitsgericht für **Betriebe mit in der Regel mehr als zwanzig wahlberechtigten Arbeitnehmern** die Möglichkeit ein, auch **betriebsfremde Mitglieder einer im Betrieb vertretenen Gewerkschaft** zu bestellen (Abs. 2 Satz 3; s. auch Rn. 44 ff.). 41

Das Arbeitsgericht, nicht der Wahlvorstand bestimmt den **Vorsitzenden des Wahlvorstands**, wie sich aus der generellen Verweisung auf Abs. 1 in Abs. 2 Satz 1 ergibt (ebenso *Fitting*, § 16 Rn. 61; GK-*Kreutz*, § 16 Rn. 64; HSWGNR-*Nicolai*, § 16 Rn. 39; 14). 42

Falls es zweckmäßig erscheint, kann das Arbeitsgericht für die Mitglieder des Wahlvorstands, und zwar auch für ein betriebsfremdes Mitglied, **Ersatzmitglieder** bestellen (Abs. 2 Satz 1 i. V. mit Abs. 1 Satz 4; s. ausführlich Rn. 19 f.). 43

4. Bestellung betriebsfremder Gewerkschaftsmitglieder

a) Für **Betriebe** mit in der Regel **mehr als zwanzig wahlberechtigten Arbeitnehmern** ist das Arbeitsgericht bei der Bestellung des Wahlvorstands nicht auf wahlberechtigte Arbeitnehmer des Betriebs beschränkt, sondern kann auch **nicht der Belegschaft angehörige Mitglieder einer im Betrieb vertretenen Gewerkschaft** zu Mitgliedern des Wahlvorstands bestellen, wenn dies zur ordnungsgemäßen Durchführung der Wahl erforderlich ist (Abs. 2 Satz 3). Erforderlich ist die Bestellung eines Betriebsfremden insbesondere dann, wenn nicht mindestens drei wahlberechtigte Arbeitnehmer des Betriebs bereit oder in der Lage sind, das Amt eines Mitglieds im Wahlvorstand zu übernehmen (ebenso *Fitting*, § 16 Rn. 70; GL-*Marienhagen*, § 16 Rn. 20; HSWGNR-*Nicolai*, § 16 Rn. 39; DKK-*Schneider*, § 16 Rn. 28; GK-*Kreutz*, § 16 Rn. 68). Jedoch ist keineswegs notwendig, dass anderenfalls die Durchführung einer Betriebsratswahl unmöglich wird, sondern 44

§ 16

die Erforderlichkeit ist bereits gegeben, wenn auf Grund der Verhältnisse im Betrieb die Bestellung eines betriebsfremden Gewerkschaftsbeauftragten geboten ist, um sicherzustellen, dass die Betriebsratswahl rechtzeitig und ordnungsgemäß durchgeführt wird (vgl. LAG Düsseldorf 7. 11. 1974, DB 1975, 260). Regelmäßig wird aber zu diesem Zweck genügen, dass der Wahlvorstand lediglich mit einem betriebsfremden Mitglied ergänzt wird. Nur wenn kein wahlberechtigter Betriebsangehöriger bereit ist, die Mitgliedschaft im Wahlvorstand zu übernehmen, kann der Wahlvorstand auch allein aus betriebsfremden Mitgliedern gebildet werden (ebenso *Fitting*, § 16 Rn. 71; a. A. GK-*Kreutz*, § 16 Rn. 68). Haben Mitglieder des zunächst gebildeten Wahlvorstandes die ordnungsgemäße Durchführung der Wahl vereitelt, kann es hingegen erforderlich sein, für den Ersatzwahlvorstand gem. § 18 Abs. 1 S. 2 mehrheitlich betriebsexterne Mitglieder zu bestellen (vgl. Thüringer LAG 20. 1. 2005 1 TaBV 1/04, juris).

45   Der Betriebsfremde muss Mitglied einer Gewerkschaft sein, die im Betrieb vertreten ist (s. § 2 Rn. 66 ff.). Außerdem muss er über die für die Aufgaben des Wahlvorstands erforderliche Sachkunde verfügen; denn andernfalls ist seine Bestellung nicht zur ordnungsgemäßen Durchführung der Wahl erforderlich (vgl. LAG Düsseldorf 7. 11. 1974, DB 1975, 260, 261).

46   b) Die **Tätigkeit des Betriebsfremden im Wahlvorstand** ist wie die der anderen Mitglieder **ehrenamtlich**; jedoch hat der Arbeitgeber seine notwendigen Aufwendungen zu tragen, weil sie zu den Kosten der Betriebsratswahl gehören (§ 20 Abs. 3; s. ausführlich dort Rn. 34 ff.).

5. Entsendungsrecht der im Betrieb vertretenen Gewerkschaften

47   Da Abs. 1 und damit auch sein Satz 6 entsprechend gilt (Abs. 2 Satz 1 Halbsatz 2), kann nach der Ersatzbestellung durch das Arbeitsgericht jede im Betrieb vertretene Gewerkschaft zusätzlich einen dem Betrieb angehörenden Beauftragten als nichtstimmberechtigtes Mitglied in den Wahlvorstand entsenden, sofern ihm nicht ein stimmberechtigtes Wahlvorstandsmitglied angehört. Das Entsendungsrecht entfällt demnach nicht nur, wenn betriebsangehörige Wahlvorstandsmitglieder der Gewerkschaft angehören, sondern auch dann, wenn das Arbeitsgericht gemäß Abs. 2 Satz 3 ein betriebsfremdes Gewerkschaftsmitglied in den Wahlvorstand berufen hat.

IV. Ersatzbestellung durch den Gesamtbetriebsrat oder Konzernbetriebsrat

48   Ohne dass es eines Antrags bedarf, kann – nicht muss (GK-*Kreutz*, § 16 Rn. 73) – seit dem BetrVerf-Reformgesetz vom 23. 7. 2001 nun auch der Gesamtbetriebsrat, oder wenn dieser nicht besteht (und zwar nur dann: GK-*Kreutz*, § 16 Rn. 73; *Quecke*, AuR 2002, 1, 2), der Konzernbetriebsrat einen Wahlvorstand bestellen. Diese Aufgabe steht mit den sonstigen Aufgaben dieser Gremien, betriebsübergreifende Fragen zu erörtern und mit zu gestalten, in keinem inneren Zusammenhang. Das neu geschaffene Recht soll lediglich eine weitere Möglichkeit für den Fall bieten, dass der originär zuständige Betriebsrat untätig bleibt. Er tritt insoweit als Lückenfüller auf, wie die Rechtsprechung dies schon in anderen Fragen zugelassen hat (Interessenausgleich und Sozialplan in betriebsratslosen Betrieben BAG 8. 6. 1999 AP BetrVG 1972 § 11 Nr. 47). Anders als das Arbeitsgericht können dem Wortlaut des Gesetzes nach der Gesamtbetriebsrat- oder Konzernbetriebsrat **keine betriebsfremden Gewerkschaftsangehörige** zu Mitgliedern des Wahlvorstands berufen. Das ist nicht unproblematisch, denn wenn der amtierende Betriebsrat nicht tätig wird, dann kann dies auch daran liegen, dass nicht die erforderliche Zahl der Arbeitnehmer bereit oder in der Lage ist, das Amt im Wahlvorstand zu übernehmen. Dennoch ist eine Analogie abzulehnen, da für diesen Fall ja weiterhin die Möglichkeit besteht, das Arbeitsgericht anzurufen. Bestellt der Konzern- oder der

Gesamtbetriebsrat den Wahlvorstand, dann erledigt sich ein uU bereits gestellter Antrag nach Abs. 2 (s. auch Rn. 21); hat das Arbeitsgericht einen Wahlvorstand bestellt, dann kann der Konzern- oder Gesamtbetriebsrat nicht mehr tätig werden (*Fitting*, § 16 Rn. 76; DKK-*Schneider*, § 16 Rn. 29 c; HWK-*Reichold*, § 16 Rn. 12; ErfK-*Eisemann*, § 16 Rn. 10; s. auch *Löwisch*, BB 2001, 1738).

V. Amtszeit und Geschäftsführung des Wahlvorstands sowie Rechtsstellung der Wahlvorstandsmitglieder

1. Tatbestandsvoraussetzungen einer rechtswirksamen Bestellung

a) Bei der Bestellung des Wahlvorstands durch den Betriebsrat ist von dem Beschluss über die Bestellung die **Erklärung der beschlossenen Bestellung** an die Berufenen zu unterscheiden. Sie erfolgt **durch den Vorsitzenden des Betriebsrats (§ 26 Abs. 3 Satz 1)**. Zur Wirksamkeit der Bestellung zum Wahlvorstandsmitglied ist dessen Zustimmung notwendig; denn die Bestellung ist ein zwar einseitiger, aber **zustimmungsbedürftiger Gestaltungsakt**. Im Regelfall erfolgt die Zustimmung schon vor der Bestellung; eine ausdrückliche Annahme der Wahl ist in diesem Fall nicht erforderlich. Erfolgt die Bestellung ohne Zustimmung des Berufenen, so ist sie nur wirksam bei Annahme des Amtes. Die Annahme erfolgt gegenüber dem Betriebsrat (vgl. § 26 Abs. 3 Satz 2); sie liegt konkludent in der Aufnahme der Tätigkeit im Wahlvorstand. Eine Pflicht zur Annahme des Amtes besteht nicht. 49

Erfolgt die **Bestellung durch das Arbeitsgericht,** so erlangt sie erst Rechtswirksamkeit mit der Rechtskraft der arbeitsgerichtlichen Entscheidung. Auch in diesem Fall ist zur Wirksamkeit der Bestellung die Zustimmung des Berufenen notwendig. 50

b) Ist nicht die erforderliche Zahl von wahlberechtigten Arbeitnehmern bereit, das Amt als Wahlvorstandsmitglied zu übernehmen, so ist die Bestellung des Wahlvorstands durch den Betriebsrat gescheitert. Kann der Betriebsrat einen Wahlvorstand nicht aus Betriebsangehörigen bilden, so kommt nur eine Ersatzbestellung durch das Arbeitsgericht in Betracht, das in diesem Fall den Wahlvorstand ausschließlich aus betriebsfremden Mitgliedern der im Betrieb vertretenen Gewerkschaften zusammensetzen kann (s. Rn. 44). 51

2. Geschäftsführung des Wahlvorstands

Der Wahlvorstand hat, sobald seine Bestellung wirksam geworden ist, die **Wahl zum Betriebsrat unverzüglich einzuleiten, sie durchzuführen** und das **Wahlergebnis festzustellen** (§ 18 Abs. 1 Satz 1 und Abs. 3; s. ausführlich dort Rn. 3 ff.). Als Kollegialorgan trifft er seine Entscheidungen durch Beschluss in grundsätzlich nicht öffentlichen Sitzungen (Ausnahme: § 13 WO). Der Wahlvorstand – nicht der Betriebsrat – kann sich eine schriftliche Geschäftsordnung geben (§ 1 Abs. 2 Satz 1 WO). 52

Das BetrVG ordnet nicht wie § 20 Abs. 1 Satz 3 BPersVG an, dass je ein Beauftragter der im Betrieb vertretenen **Gewerkschaften** berechtigt ist, an den Sitzungen des Wahlvorstands mit beratender Stimme teilzunehmen. Ein entsprechender Antrag der CDU/CSU im BT-Ausschuss für Arbeit und Sozialordnung wurde abgelehnt, um die Unabhängigkeit des Wahlvorstands nicht in Frage zu stellen (zu BT-Drucks. VI/2729, S. 21). Daraus folgt aber keineswegs, dass der Wahlvorstand sich nicht der Unterstützung der im Betrieb vertretenen Gewerkschaften bedienen kann (ebenso *Fitting*, § 18 Rn. 13; DKK-*Schneider*, § 18 Rn. 2). Der Gesetzgeber hat die Unterstützungsaufgabe anerkannt, als er Satz 6 in Abs. 1 einfügte. Dass das Entsendungsrecht sich auf Betriebsangehörige beschränkt, bedeutet nicht, dass eine Gewerkschaft zur Erfüllung ihrer Unterstützungsaufgabe keinen Betriebsfremden bestimmen darf. Allerdings ist für die Wahrnehmung 53 der Unterstützungsaufgabe ein Beschluss des Wahlvorstands erforderlich; § 31 gilt nicht entsprechend.

54 Der Wahlvorstand kann weiterhin wahlberechtigte Arbeitnehmer des Betriebs als **Wahlhelfer** bestellen, aber nur zu seiner Unterstützung bei der Durchführung der Stimmabgabe und bei der Stimmenzählung, so dass dieser Personenkreis bei sonstigen Sitzungen des Wahlvorstands kein Teilnahmerecht hat (§ 1 Abs. 2 Satz 2 WO).

55 Die **Beschlüsse des Wahlvorstands** werden mit einfacher Stimmenmehrheit seiner Mitglieder gefasst (§ 1 Abs. 3 Satz 1 WO). Über jede Sitzung des Wahlvorstands ist eine Niederschrift aufzunehmen (§ 1 Abs. 3 Satz 2 und 3 WO).

56 Der Wahlvorstand wird vom **Vorsitzenden vertreten,** insbesondere bei Rechtsstreitigkeiten, bei denen der Wahlvorstand Beteiligter ist (s. auch Rn. 69). Aber ebenso wenig wie der Vorsitzende des Betriebsrats ist er Vertreter im Willen; er ist nur Vertreter in der Erklärung (s. auch § 26 Rn. 33 f.). Ein Stellvertreter ist im Gesetz nicht ausdrücklich vorgesehen; jedoch kann auch für den Vorsitzenden ein Ersatzmitglied bestellt werden, das im Fall seiner Verhinderung seine Funktion wahrnimmt. Nicht notwendig muss es sich dabei um das Ersatzmitglied handeln, das für ihn in den Wahlvorstand eintritt, sondern es kann die Funktion als Stellvertreter, was sich für den Regelfall empfiehlt, einem anderen Mitglied des Wahlvorstands übertragen werden.

57 Mit der Mitgliedschaft im Wahlvorstand ist nach dem BAG **vereinbar,** dass Mitglieder des Wahlvorstands sich als **Kandidaten** um einen Sitz im Betriebsrat bewerben oder sich an einem **Wahlvorschlag beteiligen** (vgl. für die Wahlbewerbung BAG 12. 10. 1976 AP BetrVG 1972 § 8 Nr. 1; für die Beteiligung an einem Wahlvorschlag BAG 4. 10. 1977 AP BetrVG 1972 § 18 Nr. 2; a. A. 6. Aufl., § 16 Rn. 44 bis 47).

3. Amtsbeendigung

58 a) Das Amt des Wahlvorstands **erlischt mit der Einberufung des Betriebsrats zur konstituierenden Sitzung** (ebenso BAG 14. 11. 1975 AP BetrVG 1972 § 18 Nr. 1; s. auch § 29 Rn. 3 ff.; *Fitting,* § 16 Rn. 83; nach anderer Auffassung soll das Amt des Wahlvorstandes erst mit der Wahl eines Wahlleiters in der konstituierenden Sitzung enden, vgl. GK-*Kreutz,* § 16 Rn. 78; ErfK-*Eisemann,* § 16 Rn. 12; DKK-*Schneider,* § 16 Rn. 20). Besteht der Betriebsrat nur aus einer Person, so endet das Amt des Wahlvorstands bereits mit der Annahme des Betriebsratsamtes.

59 b) Der Wahlvorstand kann **nicht** durch Mehrheitsbeschluss von seinem Amt **zurücktreten;** 13 Abs. 2 Nr. 3 kann schon deshalb keine entsprechende Anwendung finden, weil der Betriebsrat nach seinem Rücktritt zur Weiterführung der Geschäfte verpflichtet bleibt (§ 22; ebenso LAG Düsseldorf, DB 1975, 840 = BB 1975, 516; GK-*Kreutz,* § 16 Rn. 79). Auch der Betriebsrat kann den Wahlvorstand nicht abberufen (ebenso ArbG Berlin 3. 4. 1974, DB 1974, 830; *Fitting,* § 16 Rn. 84; DKK-*Schneider,* § 16 Rn. 17). Nur mittelbar kommt es zu einer Selbstauflösung des Wahlvorstands, wenn alle Mitglieder und, sofern vorhanden, alle Ersatzmitglieder ihr Amt niederlegen (s. Rn. 60). Davon abgesehen kann eine vorzeitige Amtsbeendigung nur eintreten, wenn der Wahlvorstand vom Arbeitsgericht durch einen anderen ersetzt wird (§ 18 Abs. 1 Satz 2; s. § 18 Rn. 10 ff.).

4. Erlöschen der Mitgliedschaft im Wahlvorstand

60 a) Jedes Mitglied kann das Amt im Wahlvorstand jederzeit **niederlegen.** Die Erklärung erfolgt gegenüber dem Wahlvorstand. Sie ist unwiderruflich und unanfechtbar. Wenn Ersatzmitglieder bestellt sind, rücken sie an die Stelle des ausscheidenden Mitglieds. Ist das nicht der Fall, so muss der Betriebsrat ein neues Mitglied bestellen (s. Rn. 19). Zuwahl durch den Wahlvorstand selbst ist ausgeschlossen. Kommt der Betriebsrat dieser Aufgabe nicht nach, so erfolgt die Ergänzung durch das Arbeitsgericht auf Antrag der Antragsberechtigten; kann der Betriebsrat der Aufgabe nicht mehr nachkommen, weil er

VI. Streitigkeiten § 16

nicht mehr besteht, so ist primär der Gesamt- oder Konzernbetriebsrat zuständig, die Ergänzung vorzunehmen (§ 17 Abs. 1). Die anderen Mitglieder bleiben im Amt (vgl. BAG 14. 12. 1965 AP BetrVG § 16 Nr. 5; LAG München 30. 7. 1953, DB 1953, 908).

b) Die Mitgliedschaft im Wahlvorstand endet weiterhin durch **Wegfall der Wahlberechtigung,** also insbesondere durch Ausscheiden aus dem Betrieb. Ist kein Ersatzmitglied vorhanden, so ist der Wahlvorstand zu ergänzen (s. auch Rn. 60). 61

5. Persönliche Rechtsstellung der Wahlvorstandsmitglieder

Die Mitglieder des Wahlvorstands führen ihr Amt **unentgeltlich** als **Ehrenamt.** Versäumnis von Arbeitszeit, die zur Betätigung im Wahlvorstand erforderlich ist, berechtigt den Arbeitgeber nicht zur Minderung des Arbeitsentgelts (§ 20 Abs. 3 Satz 2; s. dort Rn. 41 f.). Dazu gehört auch die Teilnahme an einer Schulungs- und Bildungsveranstaltung, soweit das dort vermittelte Wissen für die Arbeit des Wahlvorstands erforderlich ist (s. § 20 Rn. 43 f.). Notwendige Aufwendungen hat der Arbeitgeber zu tragen bzw. zu ersetzen; denn sie gehören zu den Kosten der Wahl (§ 20 Abs. 3 Satz 1; s. dort Rn. 37). Eine **besondere Geheimhaltungspflicht** ist den Mitgliedern des Wahlvorstands **nicht auferlegt** (ebenso *Fitting,* § 16 Rn. 86). 62

Die Mitglieder des Wahlvorstands genießen den **besonderen Kündigungsschutz im Rahmen der Betriebsverfassung** (§ 15 Abs. 3 bis 5 KSchG; s. ausführlich Anhang zu 103). Solange sie im Amt sind, bedarf eine außerordentliche Kündigung oder eine Versetzung über die Grenzen des Betriebs hinweg der Zustimmung des Betriebsrats (§ 103). 63

VI. Streitigkeiten

1. Gegenstand eines Beschlussverfahrens

Streitigkeiten über die Bestellung und Geschäftsführung des Wahlvorstands entscheidet das Arbeitsgericht im **Beschlussverfahren** (§ 2 a Abs. 1 Nr. 1, Abs. 2 i. V. mit §§ 80 ff. ArbGG). 64

Mängel bei der **Bestellung des Wahlvorstands** berechtigen zur Anfechtung der Betriebsratswahl, soweit es sich um einen Verstoß gegen wesentliche gesetzliche Vorschriften handelt und nicht ausgeschlossen werden kann, dass durch den Verstoß das Wahlergebnis geändert oder beeinflusst werden konnte (vgl. BAG 2. 3. 1955 AP BetrVG § 18 Nr. 1; zur Vertretung der Gruppe im Wahlvorstand beim Nachrücken von Ersatzmitgliedern BAG 14. 9. 1988 AP BetrVG 1972 § 16 Nr. 1). Die Bestellung des Wahlvorstands kann aber auch selbständig in einem Beschlussverfahren angegriffen werden (vgl. BAG 14. 12. 1965 AP BetrVG § 16 Nr. 5; 3. 6. 1975 AP BetrVG 1972 § 5 Nr. 1 Rotes Kreuz). 65

Auch **Entscheidungen und Maßnahmen des Wahlvorstands,** die sich auf die Wahl selbst beziehen, können vor Abschluss der Betriebsratswahl selbständig angefochten werden, z. B. die Entscheidung über die Wahlberechtigung eines im Betrieb Tätigen oder die Zulassung einer Vorschlagsliste (ebenso BAG 15. 12. 1979 AP BetrVG 1972 § 14 Nr. 1; ausführlich *Preis,* AuR 1973, 9 ff.). 66

2. Antragsberechtigung und Beteiligtenfähigkeit

a) Bei **Streitigkeiten über die wirksame Bestellung eines Wahlvorstands** durch den Betriebsrat ist **antragsberechtigt,** wer auch zur Anfechtung der Betriebsratswahl berechtigt ist; denn zur Gesetzesmäßigkeit einer Betriebsratswahl gehört, dass der Wahlvorstand wirksam bestellt ist. Deshalb ist in entsprechender Anwendung des § 19 Abs. 2 Satz 1 antragsberechtigt nicht nur der Arbeitgeber (ebenso BAG 3. 6. 1975 AP BetrVG 67

1972 § 5 Nr. 1 Rotes Kreuz), sondern auch jede im Betrieb vertretene Gewerkschaft (ebenso BAG 14. 12. 1965 AP BetrVG § 16 Nr. 5 [zust. *Neumann-Duesberg*]; abl. *Dietz*, SAE 1967, 83). Auch die wahlberechtigten Arbeitnehmer haben ein Antragsrecht, wegen der entsprechenden Anwendung des § 19 Abs. 2 Satz 1 allerdings nur, wenn *drei Wahlberechtigte* den Antrag stellen.

68 Bei Streitigkeiten über **Entscheidungen** und **Maßnahmen des Wahlvorstands**, die sich auf die Wahl selbst beziehen, ist dagegen zu berücksichtigen, dass von ihnen auch *ein* Arbeitnehmer unmittelbar betroffen sein kann. Deshalb entfällt hier die Beschränkung, dass neben dem Arbeitgeber und jeder im Betrieb vertretenen Gewerkschaft nur drei wahlberechtigte Arbeitnehmer den Antrag stellen können. Soweit Einzelentscheidungen des Wahlvorstands in das aktive oder passive Wahlrecht einzelner Arbeitnehmer eingreifen, sind diese unmittelbar von einer derartigen Entscheidung oder Maßnahme betroffen und somit antragsberechtigt (ebenso BAG 15. 12. 1972 AP BetrVG 1972 § 14 Nr. 1). Aber auch der Arbeitgeber und jede im Betrieb vertretene Gewerkschaft haben das Antragsrecht, weil von der Richtigkeit der Entscheidungen und Maßnahmen des Wahlvorstands abhängt, ob die Wahl ordnungsgemäß durchgeführt wird.

69 b) Der **Wahlvorstand** hat die **Fähigkeit, Beteiligter** in einem Beschlussverfahren zu sein; er ist eine Stelle innerhalb der Betriebsverfassung im Sinne des § 10 ArbGG (ebenso, allerdings ohne jede Stellungnahme BAG 15. 12. 1972 AP BetrVG 1972 § 14 Nr. 1). Er verliert jedoch die Beteiligungsfähigkeit mit dem Ende seines Amtes (s. dazu Rn. 58); nach diesem Zeitpunkt ist er nicht berechtigt, das Beschlussverfahren fortzuführen, kann also insbesondere nicht mehr ein Rechtsmittel gegen einen zu seinen Ungunsten ergangenen Beschluss einlegen (vgl. BAG 14. 11. 1975 AP BetrVG 1972 § 18 Nr. 1). Der Wahlvorstand ist deshalb insbesondere **nicht Beteiligter** in einem die **Wahlanfechtung betreffenden Beschlussverfahren**, auch soweit Mängel geltend gemacht werden, die sich auf seine Tätigkeit beziehen (vgl. BAG 7. 7. 1954 AP BetrVG § 24 Nr. 1; 26. 10. 1962 AP BetrVG § 76 Nr. 11; 14. 11. 1975 AP BetrVG 1972 § 18 Nr. 1). Streitigkeiten, die sich auf die Wahl beziehen, sind, sobald das Amt des Wahlvorstands erloschen ist, gegen den Betriebsrat zu führen.

70 Arbeitnehmer sind am Beschlussverfahren nur zu beteiligen, wenn sie von der arbeitsgerichtlichen Entscheidung unmittelbar betroffen sind. Dazu gehört aber nicht, dass sie bei einer Ersatzbestellung nach Abs. 2 als Mitglieder des Wahlvorstands vorgeschlagen werden (ebenso BAG 6. 12. 1977 AP BetrVG 1972 § 118 Nr. 10).

§ 17 Bestellung des Wahlvorstands in Betrieben ohne Betriebsrat

(1) ¹Besteht in einem Betrieb, der die Voraussetzungen des § 1 Abs. 1 Satz 1 erfüllt, kein Betriebsrat, so bestellt der Gesamtbetriebsrat oder, falls ein solcher nicht besteht, der Konzernbetriebsrat einen Wahlvorstand. ²§ 16 Abs. 1 gilt entsprechend.

(2) ¹Besteht weder ein Gesamtbetriebsrat noch ein Konzernbetriebsrat, so wird in einer Betriebsversammlung von der Mehrheit der anwesenden Arbeitnehmer ein Wahlvorstand gewählt; § 16 Abs. 1 gilt entsprechend. ²Gleiches gilt, wenn der Gesamtbetriebsrat oder Konzernbetriebsrat die Bestellung des Wahlvorstands nach Absatz 1 unterlässt.

(3) Zu dieser Betriebsversammlung können drei wahlberechtigte Arbeitnehmer des Betriebs oder eine im Betrieb vertretene Gewerkschaft einladen und Vorschläge für die Zusammensetzung des Wahlvorstands machen.

(4) ¹Findet trotz Einladung keine Betriebsversammlung statt oder wählt die Betriebsversammlung keinen Wahlvorstand, so bestellt ihn das Arbeitsgericht auf Antrag von mindestens drei wahlberechtigten Arbeitnehmern oder einer im Betrieb vertretenen Gewerkschaft. ²§ 16 Abs. 2 gilt entsprechend.

II. Einberufung des Wahlvorstands als Pflicht des GBR oder KBR? § 17

Schrifttum: *Löwisch,* BB-Forum: Betriebsrat wider den Willen der Belegschaft, BB 2006, 664; *Ramrath,* Vertretensein einer Gewerkschaft im Betrieb nach § 17 BetrVG – Widersprüchlichkeit im Gewerkschaftsbegriff des BAG, SAE 2006, 111; *Richter,* „Trotz Einladung" – Hat die Reform des BetrVG Auswirkungen auf die Auslegung des § 17 Abs. 4 BetrVG ?, NZA 2002, 1069; *Thüsing/Lambrich,* Die Wahl des Betriebsrats nach neuem Recht, NZA-Sonderheft 2001, 79.

Übersicht

	Rn.
I. Vorbemerkung	1
II. Einberufung des Wahlvorstands als Pflicht des Gesamtbetriebsrats oder Konzernbetriebsrats?	3
III. Anwendungsbereich	4
1. Nichtbestehen eines Betriebsrats in einem betriebsratsfähigen Betrieb	4
2. Verhältnis zur Zuständigkeit der Betriebsversammlung für die Bestellung eines Wahlvorstands	6
3. Verhältnis zur Zuständigkeit des Arbeitsgerichts für die Bestellung eines Wahlvorstands	7
IV. Einberufung und Durchführung der Betriebsversammlung	10
1. Einberufung zur Wahl des Wahlvorstands	10
2. Geltung der Vorschriften über die Betriebsversammlung	13
V. Wahl des Wahlvorstands	18
1. Zusammensetzung des Wahlvorstands	18
2. Wahlverfahren	19
3. Bestimmung des Vorsitzenden und von Ersatzmitgliedern des Wahlvorstands	25
VI. Ersatzbestellung durch das Arbeitsgericht	27
1. Verfahrensvoraussetzungen	28
2. Kompetenz des Arbeitsgerichts	31
VII. Rechtsstellung des Wahlvorstands und der Wahlvorstandsmitglieder	33
VIII. Streitigkeiten	34

I. Vorbemerkung

Die Bestimmung ergänzt § 16 für den Fall, dass in einem Betrieb kein Betriebsrat besteht. Sie entspricht § 16 BetrVG 1952, stellt aber klar, wer die Betriebsversammlung einberufen kann, die den Wahlvorstand bestellt, und dass für die Wahl die einfache Mehrheit der in der Betriebsversammlung anwesenden Arbeitnehmer genügt. Neu eingefügt durch das BetrVerf-Reformgesetz vom 23. 7. 2001 (BGBl. I S. 1856) wurde Abs. 1 und das dortige Recht des Gesamtbetriebsrats und Konzernbetriebsrats, den Wahlvorstand zu benennen. Damit ist die **Betriebsversammlung nur noch subsidiär zuständig.** Die Regelung wurde eingeführt, um die Bestellung von Wahlvorständen zu erleichtern. Die Betriebsratswahl soll dadurch weniger aufwändig und kostenintensiv werden (BT-Drucks. 14/5741, S. 38). 1

Entsprechende Vorschriften: §§ 21 und 22 BPersVG, § 7 Abs. 2 und 3 SprAuG. 2

II. Einberufung des Wahlvorstands als Pflicht des Gesamtbetriebsrats oder Konzernbetriebsrats?

Der Gesetzeswortlaut stellt schlicht fest, dass der Gesamtbetriebsrat oder, falls ein solcher nicht besteht, der Konzernbetriebsrat einen Wahlvorstand bestellt. Damit lässt es offen, ob dies eine zuständigkeitsbegründende Norm ist, oder aber eine Norm, die eine Verpflichtung dieser Gremien zum Tätigwerden schafft. Die Erläuterungen des Regierungsentwurfs deuten in die letztere Richtung, denn in der Begründung zu Abs. 2 3 sprechen sie von der „Verpflichtung" des Gesamtbetriebsrats bzw. Konzernbetriebsrats (BT-Drucks. 14/5741, S. 38). Wäre es eine Verpflichtung, dann könnte ein Zuwiderhandeln hiergegen eine grobe Pflichtverletzung sein, die ein Verfahren nach §§ 48, 56 nach sich ziehen könnte (s. hierzu § 48 Rn. 3 ff.; § 56 Rn. 3). **Dies ist indes abzulehnen:** Eine solche Pflicht würde die Gremien zwingen, die Wahl zu einem Betriebsrat in Gang zu setzen, auch wenn sich die Betriebsangehörigen bewusst gegen einen Betriebsrat entschieden haben. Selbst wenn sich ein ganzes Unternehmen so entschieden hätte, dann hätte immer noch der Konzernbetriebsrat, der von uU ganz andersartigen Unternehmen dominiert wird, eine Verpflichtung, einen Wahlvorstand für den Betrieb zu bestellen. Sobald ein Konzernbetriebsrat existiert – der im ungünstigsten Fall von nur 2 Betrieben gebildet wird, § 54 Abs. 2 – müssten also zwingend alle betriebsratsfähigen Betriebe, die bisher auf einen Betriebsrat verzichtet haben, Betriebsratswahlen durchführen. Eine solche **Fremdbestimmung in der Betriebsverfassung** bedürfte einer hinreichenden Rechtfertigung. Die ist nicht ersichtlich, und insbesondere die Gesetzesbegründung lässt deutlich werden, dass man eine so weitreichende Konsequenz wohl doch nicht angestrebt hat. Da heißt es schlicht, man wolle eine kostengünstigere Möglichkeit zur Bildung eines Wahlvorstands bieten; das aber ist etwas ganz anderes und hat mit einer Verpflichtung zum Tätigwerden nichts zu tun. Dem entspricht es, dass auch die vergleichbare zusätzliche Handlungsmöglichkeit bei Bestehen eines Betriebsrats dem Gesamtbetriebsrat und dem Konzernbetriebsrat in § 16 Abs. 3 nur als Recht, nicht als Pflicht zugewiesen wurde. Weil der Wortlaut es nicht gebietet und die besseren Argumente dagegen sprechen, ist also nicht vor einer Pflicht des Gesamtbetriebsrats oder Konzernbetriebsrats zum Tätigwerden auszugehen (ebenso LAG Nürnberg 25. 1. 2007 – 1 TaBV 14/06, juris; *Fitting*, § 17 Rn. 10; a. A. GK-*Kreutz* § 17 Rn. 11). Es sollte dem abwägenden Urteil dieser Gremien überlassen werden, ob sie denn einen Wahlvorstand bestellen oder nicht – zumal im Falle eines Unterlassens immer noch die Möglichkeit besteht, nach Abs. 2 S. 2 vorzugehen.

3 a   Zur Wahrnehmung seiner Befugnis aus Absatz 1 steht dem Gesamtbetriebsrat gegenüber dem Arbeitgeber ein Auskunftsanspruch hinsichtlich der betriebsratslosen Betriebe des Unternehmens zu (zurecht LAG Nürnberg 25. 1. 2007 – 1 TaBV 14/06, juris).

III. Anwendungsbereich

1. Nichtbestehen eines Betriebsrats in einem betriebsratsfähigen Betrieb

4   Voraussetzung für eine **Wahl des Wahlvorstands durch die Betriebsversammlung** ist, dass in einem betriebsratsfähigen Betrieb **kein Betriebsrat** besteht. Dabei spielt keine Rolle, aus welchem Grund er nicht vorhanden ist. Die Bestimmung gilt sowohl für den Fall, dass der **Betriebsrat erstmals errichtet** wird, weil es sich um einen neuen Betrieb handelt (s. aber auch Rn. 5) oder ein bereits bestehender Betrieb durch Erhöhung der Arbeitnehmerzahl betriebsratsfähig wird (§ 1), als auch für den Fall, dass das **Amt des Betriebsrats abgelaufen** ist, ohne dass er einen Wahlvorstand eingesetzt hat (vgl. BAG 2. 3. 1955 AP BetrVG § 18 Nr. 1). Ist ein Betriebsrat nach § 23 Abs. 1 rechtskräftig aufgelöst worden, so ist der Betrieb zwar betriebsratslos; in diesen Fällen ist aber nach § 23 Abs. 2 unmittelbar und ausschließlich das Arbeitsgericht zuständig (GK-*Kreutz*, § 17 Rn. 7).

5   Bei **Betriebsspaltung** hat der Betriebsrat für die ihm bislang zugeordneten Betriebsteile ein **Übergangsmandat**, soweit sie betriebsratsfähig sind und nicht in einen Betrieb eingegliedert werden, in dem ein Betriebsrat besteht (§ 21 a Abs. 1 S. 1). Der Betriebsrat hat in diesem Fall unverzüglich, d. h. ohne schuldhaftes Zögern, Wahlvorstände zu bestellen (ErfK-*Eisemann*, § 16 Rn. 3; GK-*Kreutz*, § 16 Rn. 20; *Fitting*, § 16 Rn. 14 spätestens 10 Wochen vor Ablauf des Übergangsmandats). Hier tritt deshalb die Betriebsversamm-

III. Anwendungsbereich § 17

lung nur dann an die Stelle des Betriebsrats, wenn das Übergangsmandat endet, weil seit Wirksamwerden der Spaltung oder der Teilübertragung des Rechtsträgers sechs Monate vergangen sind. Werden **Betriebsteile oder Betriebe**, die bislang verschiedenen Betrieben zugeordnet waren, **zu einem Betrieb zusammengefasst**, so nimmt der Betriebsrat, dem der nach der Zahl der wahlberechtigten Arbeitnehmer größte Betriebsteil zugeordnet war, das Übergangsmandat wahr (§ 21a Abs. 2).

Besteht in **einem von mehreren Betriebsteilen** ein Betriebsrat, so hat dieser nach § 16 BetrVG einen Wahlvorstand zu bestellen. Kommt dieser bestellte Wahlvorstand zu dem Ergebnis, dass die verschiedenen Betriebsteile einen einheitlichen Betrieb bilden, ist er berechtigt, eine Betriebsratswahl für diesen einheitlichen Betrieb einzuleiten. Eine Bestimmung des Wahlvorstandes durch den Gesamtbetriebsrat oder Konzernbetriebsrat, oder eine Wahl durch die Betriebsversammlung ist in diesem Fall nicht zulässig (LAG Niedersachsen 13. 5. 1998, NZA-RR 1998, 545; zust. *Fitting*, § 17 Rn. 5 im unzutreffenden Verweis auf DKK-*Schneider*, § 16 Rn. 3 – dort nur zum Übergangsmandat; ebenso LAG Sachsen-Anhalt 8. 10. 2003 – 3 (7) TaBV 21/02, juris: Keine Wahl nach § 17 Abs. 2; a.A. LAG Bremen 20. 3. 1987, AP BetrVG 1972 § 17 Nr. 3; ArbG Hannover 19. 1. 1993 EzA Nr. 8 zu § 18 BetrVG 1972). Bestehen mehrere Betriebsräte in einem solchen Betrieb, dann erfolgt die Bestimmung des Wahlvorstandes auf einer gemeinsamen Sitzung der Betriebsräte (ebenso GK-*Kreutz*, § 17 Rn. 7; a.A. *Fitting*, § 17 Rn. 5: Durch den Betriebsrat der nach der Zahl der wahlberechtigten Arbeitnehmer größeren Betriebsstätte). Ist zwischen den Betriebsräten streitig, ob ein gemeinsamer Betriebsrat zu bilden ist, dann kann ein Verfahren nach § 18 Abs. 2 Klärung bringen. 5a

2. Verhältnis zur Zuständigkeit der Betriebsversammlung für die Bestellung eines Wahlvorstands

Die Betriebsversammlung ist nur zuständig, wenn weder ein Gesamtbetriebsrat noch ein Konzernbetriebsrat besteht, oder wenn diese die Bestellung eines Betriebsrats unterlassen. Während die erste Alternative eindeutig ist, ist es erforderlich, das **Unterlassen des Gesamtbetriebsrats oder des Konzernbetriebsrats** näher einzugrenzen. Besteht kein Betriebsrat, so können – nicht müssen (s. Rn. 3) – diese Gremien gemäß Abs. 1 **jederzeit** einen Wahlvorstand bestellen. Die Tatsache, dass dennoch kein Betriebsrat besteht, beruht also stets darauf, dass der Gesamtbetriebsrat oder Konzernbetriebsrat es unterlassen haben, einen Wahlvorstand zu bestellen, obwohl sie es konnten. Dennoch ist nicht davon auszugehen, dass damit stets auch die Betriebsversammlung handeln dürfte. Sie ist sicherlich nicht zuständig, wenn die Gremien zu erkennen gegeben haben, dass sie einen Wahlvorstand bestellen wollen, und sich in der Phase der Vorbereitung befinden, etwa Arbeitnehmer ermitteln, die bereit wären, in den Wahlvorstand bestellt zu werden. Die Tätigkeit des Gesamtbetriebsrats oder Konzernbetriebsrats entfaltet insoweit eine **Sperrwirkung**, die erst aufhört, wenn der Gesamtbetriebsrat oder Konzernbetriebsrat seine Absicht nicht mehr weiter verfolgt. Aber auch vor solchen konkreten Maßnahmen entspricht es Sinn und Zweck der Norm, dass bevor eine Betriebsversammlung einberufen wird, das Anliegen an den Gesamtbetriebsrat oder Konzernbetriebsrat herangetragen werden muss, und erst wenn er es nicht **unverzüglich** aufgreift, ist der Weg für die Betriebsversammlung frei ist. Es kann nicht als ein Unterlassen des Gesamtbetriebsrats oder Konzernbetriebsrats verstanden werden, wenn er nicht tätig wird für einen Betrieb, dessen Arbeitnehmern nicht zu erkennen gegeben haben, dass sie einen Betriebsrat wollen. 6

3. Verhältnis zur Zuständigkeit des Arbeitsgerichts für die Bestellung eines Wahlvorstands

a) Solange der **Betriebsrat** regulär **im Amt** ist oder ein Übergangsmandat wahrnimmt (s. Rn. 4ff.), kommt **nur** eine **Ersatzbestellung durch das Arbeitsgericht** nach § 16 7

Thüsing

Abs. 2 in Betracht. Ist aber das Amt des Betriebsrats abgelaufen, ohne dass er einen Wahlvorstand bestellt hat, so ist der Gesamtbetriebsrat oder Konzernbetriebsrat auch dann zur Wahl eines Wahlvorstands zuständig, wenn ein Verfahren nach § 16 Abs. 2 beim Arbeitsgericht bereits anhängig ist oder das Arbeitsgericht sogar einen Wahlvorstand bestellt hat, seine Entscheidung aber noch nicht rechtskräftig geworden ist (*Fitting*, § 17 Rn. 6; GK-*Kreutz*, § 17 Rn. 9).

8   b) Die **Betriebsversammlung** kann die **Wahl eines Wahlvorstands** auch dann noch vornehmen, wenn das Arbeitsgericht bereits nach Abs. 3 zur Ersatzbestellung angerufen ist, solange eine **rechtskräftige Entscheidung noch nicht vorliegt** (ebenso BAG 19. 3. 1974 AP BetrVG 1972 § 17 Nr. 1; *Fitting*, § 17 Rn. 36; GL-*Marienhagen*, § 17 Rn. 1; GK-*Kreutz*, § 17 Rn. 17; HSWGNR-*Nicolai*, § 17 Rn. 30; DKK-*Schneider*, § 17 Rn. 15).

9   c) Nicht die Betriebsversammlung, sondern das **Arbeitsgericht** ist **ausschließlich** zur Bestellung des Wahlvorstands **zuständig**, wenn der **Betriebsrat nach § 23 Abs. 1 aufgelöst** worden ist (§ 23 Abs. 2; s. dort Rn. 69 ff.) oder wenn es den **Wahlvorstand abgesetzt** hat, weil dieser seiner Aufgabe nicht nachgekommen ist (§ 18 Abs. 1 Satz 2; s. dort Rn. 10 ff.).

IV. Einberufung und Durchführung der Betriebsversammlung

1. Einberufung zur Wahl des Wahlvorstands

10   a) Einladungsberechtigt sind, wie sich aus Abs. 3 ergibt, **drei wahlberechtigte Arbeitnehmer** des Betriebs oder eine **im Betrieb vertretene Gewerkschaft** (s. zu Begriff und Voraussetzungen § 2 Rn. 40 ff. und 66 ff.). Erforderlich ist, dass der **Gesamtbetriebsrat oder Konzernbetriebsrat dies bislang unterlassen** haben (s. Rn. 5).

11   Der **Arbeitgeber** wird in den Absätzen 2 und 3 nicht genannt, aber da die Vorschrift in erster Linie den Zweck verfolgt, die ehemals umstrittene Rechtslage klarzustellen, wer von Arbeitnehmerseite die Betriebsversammlung einberufen kann und dass auch eine im Betrieb vertretene Gewerkschaft dazu berechtigt ist (vgl. zum Streitstand nach dem BetrVG 1952 *Dietz*, § 16 Rn. 3 und 4), bestehen keine Bedenken dagegen, dass auch der Arbeitgeber zur Einladung berechtigt ist (so bereits zu § 16 BetrVG 1952 BAG 14. 12. 1965 AP BetrVG § 16 Nr. 5; bestätigt für § 17 BetrVG 1972 durch BAG 19. 3. 1974 AP BetrVG 1972 § 17 Nr. 1; weiterhin LAG Hamm 9. 1. 1980, DB 1980, 1222 f.; GK-*Kreutz*, § 17 Rn. 23; *Joost*, MünchArbR § 216 Rn. 125; a. A. ErfK-*Eisemann*, § 17 Rn. 4; *Fitting*, § 17 Rn. 22; GL-*Marienhagen*, § 17 Rn. 6; DKK-*Schneider*, § 17 Rn. 3; HWK-*Reichold*, § 17 Rn. 7; *Weiss/Weyand*, § 17 Rn. 4). Die Absätze 2 und 3 können nicht als Verbot interpretiert werden, dass der Arbeitgeber eine entsprechende Initiative ergreift, zumal in der vergleichbaren Bestimmung des § 21 BPersVG ausdrücklich festgelegt ist, dass der Leiter der Dienststelle, der dort die Arbeitgeberfunktion ausübt, beim Nichtbestehen eines Personalrats eine Personalversammlung zur Wahl des Wahlvorstands einberuft. Auch für das geltende Recht gilt, dass der Arbeitgeber ein Interesse an der Errichtung eines Betriebsrats hat, zumal es dem Willen des Gesetzes entspricht, dass in einem betriebsratsfähigen Betrieb ein Betriebsrat besteht (so zu § 16 BetrVG 1952: BAG 14. 12. 1965 AP BetrVG § 16 Nr. 5). Die gegenteilige Meinung ist nicht folgerichtig, soweit angenommen wird, dass die Bestellung eines Wahlvorstands auch dann wirksam ist, wenn der Arbeitgeber zur Wahlversammlung geladen hat (so *Fitting*, § 17 Rn. 22).

12   b) Für die **Einladung** stellt das Gesetz **keine besonderen Fristen** (s. AG München 17. 12. 1996 AiB 1997, 288: 3 Tagen reichen; heute wohl überholt durch § 28 Abs. 1 Satz 2 WO) und auch **keine Formvorschriften** auf (*Fitting*, § 17 Rn. 17; GK-*Kreutz*, § 17 Rz. 15). Es genügt, dass die Arbeitnehmer durch einen Aushang zu einer Betriebsversammlung eingeladen werden und damit die Möglichkeit erhalten, an ihr teilzunehmen

IV. Einberufung und Durchführung der Betriebsversammlung § 17

(vgl. BAG 26. 2. 1992 AP BetrVG 1972 § 17 Nr. 6). Der Arbeitgeber ist verpflichtet, allen Arbeitnehmern, die auf Grund ihrer typischen Tätigkeit in der Regel nicht in den Räumen des Betriebs arbeiten oder erreichbar sind, eine Einladung zur Wahlversammlung auf seine Kosten zukommen zu lassen (ebenso *Fitting*, § 17 Rn. 17; s. auch BAG 26. 2. 1992 AP BetrVG 1972 § 17 Nr. 6). Rechtzeitiger Aushang an den betriebsüblichen Mitteilungsbrettern (Schwarzes Brett) und/oder Rundschreiben an alle Arbeitnehmer genügt; in kleineren Betrieben kann auch eine mündliche Einladung nicht genügen (so aber GK-*Kreutz*, § 17 Rn. 25). Gerade für kleine Betriebe bestimmt § 28 Abs. 1 Satz 3 WO den Aushang an geeigneter Stelle. Die Einladung braucht nicht unterschrieben zu sein, Die Einladung kann auch mittels der im Betrieb vorhandenen Informations- und Kommunikationstechnik bekanntgemacht werden, wie z. B. durch Rund-E-Mail oder durch Veröffentlichung im Intranet. Die Bekanntmachung ist nicht ausreichend, wenn nicht sichergestellt werden kann, dass tatsächlich alle Arbeitnehmer von der Bekanntmachung Kenntnis erlangen können, wie z. B. bei der Verteilung von Handzetteln. Die Übertragung der Anforderungen an das Wahlausschreiben (vgl. *Fitting*, § 17 Rn. 17; ArbG Essen 22. 6. 2004, DB 2005, 456) ist hier jedoch zu streng. Hier geht es nicht um die Wahl selber, sondern um die Einleitung und Vorbereitung. Dies darf durch unnötig strenge Anforderungen nicht erschwert werden. Orientierung bietet § 28 Abs. 1 Satz 4, § 2 Abs. 4 Satz 4 WO. Das Schweigen des Gesetzgebers führt zu weniger strengen Formanforderungen und darf nicht durch Analogien eins zu eins missdeutet werden. Regelmäßig reicht es, dass sich die Einberufung an den Kommunikationswegen orientiert, die der Arbeitgeber gewöhnlich nutzt, wenn er sich an die Belegschaft insgesamt wendet.

2. Geltung der Vorschriften über die Betriebsversammlung

Die Vorschriften über die Betriebsversammlung, die §§ 42 ff., finden Anwendung, soweit sie nicht voraussetzen, dass ein Betriebsrat besteht (GK-*Kreutz*, § 17 Rn. 28). 13

a) Die Betriebsversammlung besteht aus **allen,** nicht nur den wahlberechtigten **Arbeitnehmern** des Betriebs. Ausgeschlossen sind **Beschäftigte nach § 5 Abs. 2 und 3** (ErfK-*Eisemann*, § 17 Rn. 6; DKK-*Schneider*, § 17 Rn. 6; *Fitting*, § 17 Rn. 24). 14

b) Die Betriebsversammlung bestimmt mit relativer Mehrheit den **Leiter der Versammlung** (ebenso *Fitting*, § 17 Rn. 23; HSWGNR-*Nicolai*, § 17 Rn. 26). In der Auswahl ist sie frei; insbesondere bestehen keine Bedenken dagegen, dass ein Beauftragter der Gewerkschaft gewählt wird, die zu der Betriebsversammlung eingeladen hat (a. A. für einen betriebsfremden Gewerkschaftsvertreter HSWGNR-*Nicolai*, § 17 Rn. 26). Bis zur Wahl des Versammlungsleiters obliegt die Leitung einem der Arbeitnehmer, die zu der Betriebsversammlung eingeladen haben, oder, wenn die Betriebsversammlung durch eine im Betrieb vertretene Gewerkschaft einberufen war, dem Beauftragten dieser Gewerkschaft (ebenso *Fitting*, § 17 Rn. 23; GL-*Marienhagen*, § 17 Rn. 9). Ging die Initiative vom Arbeitgeber aus (s. Rn. 11), so genügt es, dass irgendein Arbeitnehmer vorläufig die Leitung übernimmt und darüber abstimmen lässt, wer die Betriebsversammlung leitet. Bedenklich ist, wenn man genügen lässt, dass irgendein Arbeitnehmer das Wort ergreift und Vorschläge für die Zusammensetzung des Wahlvorstands macht (so BAG 14. 12. 1965 AP BetrVG § 16 Nr. 5) oder es für ausreichend hält, dass die Mehrheit der Versammlung mit der Leitung durch einen Arbeitnehmer „konkludent einverstanden" ist (so GK-*Kreutz*, § 17 Rn. 32). Richtig ist lediglich, dass bei nicht formeller Bestellung eines Versammlungsleiters die Wahl des Wahlvorstands nicht fehlerhaft sein muss, wenn im Übrigen sichergestellt ist, dass die Wahl des Wahlvorstands in der Betriebsversammlung ordnungsgemäß erfolgt ist. 15

c) Ein **Teilnahmerecht** haben neben den Arbeitnehmern des Betriebs wie auch sonst bei einer Betriebsversammlung Beauftragte der im Betrieb vertretenen Gewerkschaften (§ 46; ebenso *Brecht*, § 17 Rn. 9, GL-*Marienhagen*, § 17 Rn. 8; vgl. auch BAG 8. 2. 1957 AP BetrVG § 82 Nr. 1), nicht jedoch der Arbeitgeber (ebenso LAG Niedersachsen 16

15. 4. 1977 – 5 Ta BV 38/76; DKK-*Schneider*, § 17 Rn. 6; a. A. LAG Berlin, AuR 1987, 34 f.; *Fitting*, § 17 Rn. 26; GL-*Marienhagen*, § 17 Rn. 8). Dies ergibt sich bereits aus einem Umkehrschluss aus § 43 Abs. 2 Satz 1 und 2. Die Teilnahme des Arbeitgebers hätte die Möglichkeit der Beeinflussung bei der Bildung des Wahlvorstands zur Folge (s. auch § 29 WO Rn. 2).

17 d) Die Betriebsversammlung findet **während der Arbeitszeit** statt, soweit nicht die Eigenart des Betriebs eine andere Regelung zwingend erfordert (§ 44 Abs. 1 Satz 1; s. ausführlich dort Rn. 2 ff.). Die Zeit der Teilnahme einschließlich der zusätzlichen Wegezeiten ist den Arbeitnehmern als Arbeitszeit zu vergüten; Fahrkosten, die durch die Teilnahme entstehen, sind vom Arbeitgeber zu erstatten (§ 44 Abs. 1 Satz 2 und 3).

V. Wahl des Wahlvorstands

1. Zusammensetzung des Wahlvorstands

18 Da § 16 Abs. 1 entsprechend gilt (Abs. 2 Satz 1), ist der Wahlvorstand so zusammenzusetzen wie ein vom Betriebsrat bestellter Wahlvorstand (s. § 16 Rn. 11 ff.). Die im Betrieb vertretenen Gewerkschaften haben auch hier ein Entsendungsrecht (s. § 16 Rn. 25 ff.).

2. Wahlverfahren

19 a) Der Wahlvorstand wird von der **Mehrheit der anwesenden Arbeitnehmer** gewählt (Abs. 2 Satz 1). Die Mehrheit richtet sich, wie das Gesetz ausdrücklich klarstellt, nach den Anwesenden in der *Betriebsversammlung*, nicht nach der Mehrheit der Arbeitnehmer des Betriebs überhaupt; es ist auch nicht erforderlich, dass sich die Mehrheit der Belegschaftsangehörigen an der Betriebsversammlung beteiligt (ebenso LAG Hamm 29. 11. 1973, DB 1974, 389; ErfK-*Eisemann*, § 17 Rn. 7; *Fitting*, § 17 Rn. 28; HSWGNR-*Nicolai*, § 17 Rn. 27; so bereits zu § 16 BetrVG 1952 BAG 14. 12. 1965 AP BetrVG § 16 Nr. 5). Allerdings muss die Betriebsversammlung ordnungsmäßig einberufen worden sein (s. Rn. 12), weil sonst die Wahl des Wahlvorstands an einem so wesentlichen Mangel leidet, dass sie unwirksam ist (vgl. auch LAG Hamm, DB 1974, 389).

20 **Stimmberechtigt** ist – mit Ausnahme des in § 5 Abs. 2 und 3 genannten Personenkreises – **jeder anwesende Arbeitnehmer**, auch wenn er **nicht wahlberechtigt** ist (ebenso BAG 14. 12. 1965 AP BetrVG § 16 Nr. 5; LAG Hamm, BB 1965, 867; *Brecht*, § 17 Rn. 4; ErfK-*Eisemann*, § 17 Rn. 6; *Fitting*, § 17 Rn. 27; *Frauenkron*, § 17 Rn. 1; GL-*Marienhagen*, § 17 Rn. 4, 10; GK-*Kreutz*, § 17 Rn. 34; HWK-*Reichold*, § 17 Rn. 10; *Joost*, MünchArbR § 216 Rn. 126). Das gilt nicht für Leiharbeitnehmer, die nicht unter § 7 Satz 2 fallen, denn sie sind nicht Arbeitnehmer des Betriebs.

21 b) Die Wahl des Wahlvorstands enthält *materiell* die Entscheidung, dass ein Wahlvorstand gebildet wird, und die Entscheidung, wer ihm angehört. Jedoch nur, wenn die Zahl der **Wahlvorstandsmitglieder erhöht** werden soll (s. § 16 Rn. 6), ist ein **besonderer Beschluss** notwendig, durch den festgelegt wird, aus wieviel Mitgliedern der Wahlvorstand besteht. Ansonsten liegt in der Wahl der einzelnen Mitglieder konkludent die Entscheidung, dass ein Wahlvorstand aus drei Mitgliedern gebildet wird.

22 c) Die **Wahl der Mitglieder des Wahlvorstands** erfolgt durch Stimmabgabe. **Gewählt** ist, wer die **meisten Stimmen** auf sich vereinigt. Voraussetzung ist aber, wie sich aus dem Wortlaut des Gesetzes ergibt, dass jeder Kandidat die Mehrheit der Stimmen der *anwesenden Arbeitnehmer* erhält; die Mehrheit der abgegebenen Stimmen genügt dagegen nicht (ebenso *Fitting*, § 17 Rn. 28; GK-*Kreutz*, § 17 Rn. 33; DKK-*Schneider*, § 17 Rn. 8; HWK-*Reichold*, § 17 Rn. 10; *Joost*, MünchArbR § 216 Rn. 126). Kommt es im ersten Wahlgang nicht zu der geforderten Mehrheitsentscheidung, so kann jeweils eine

Stichwahl zwischen den beiden Kandidaten mit den meisten Stimmen stattfinden, um die Bildung eines Wahlvorstands zu erreichen.

Die Betriebsversammlung ist in der **Auswahl der Mitglieder frei.** Zwar können mit der 23 Einladung zur Betriebsversammlung Vorschläge für die Zusammensetzung des Wahlvorstands verbunden werden (Abs. 2). Die Betriebsversammlung ist aber an sie nicht gebunden, sondern kann auch nicht vorgeschlagene Arbeitnehmer in den Wahlvorstand wählen.

d) Für das **Wahlverfahren** sind weiterhin **keine besonderen Vorschriften** aufgestellt. 24 Wahl durch Stimmzettel ist nicht notwendig; denn eine geheime Abstimmung wird nicht gefordert (ebenso BAG 14. 12. 1965 AP BetrVG § 16 Nr. 5). Die Wahl kann deshalb auch durch Handerheben erfolgen, wenn nur feststeht, wer die Mehrheit erhalten hat. Es genügt auch, dass sich keine Gegenstimmen erheben und niemand erklärt, er enthalte sich der Stimme; man wird allerdings verlangen müssen, dass danach gefragt wird (insoweit a. A. BAG 14. 12. 1965 AP BetrVG § 16 Nr. 5). Sollte die Mehrheit der anwesenden Arbeitnehmer es aber z. B. wegen der Anwesenheit des Arbeitgebers wünschen, dass eine geheime Abstimmung stattfindet, so ist selbstverständlich auch dies zulässig. Dem Verlangen ist dann Folge zu leisten.

Für die Bestellung des Wahlvorstandes durch Betriebsversammlung gilt das **Prioritäts-** 24a **prinzip:** Ist bereits zu einer Betriebsversammlung nach § 17 Abs 2 BetrVG eingeladen worden, ist die Wahl eines zweiten Wahlvorstandes auf einer anderen (späteren) Versammlung nichtig (LAG Düsseldorf 25. 6. 2003, ArbuR 2004, 78).

3. Bestimmung des Vorsitzenden und von Ersatzmitgliedern des Wahlvorstands

a) Die Betriebsversammlung bestimmt auch den **Vorsitzenden des Wahlvorstands** 25 (Abs. 2 Satz 1 i. V. mit § 16 Abs. 1 Satz 1). Das ist nicht ohne weiteres derjenige, der die meisten Stimmen auf sich vereinigt. Die Wahl des Vorsitzenden erfolgt erst nach der Bestellung der Mitglieder. Gewählt ist, wer die meisten Stimmen auf sich vereinigt, wobei auch hier Voraussetzung ist, dass er die Mehrheit der Stimmen der anwesenden Arbeitnehmer erhält. Ist die Wahl in der Betriebsversammlung unterlassen worden, so bestimmt der Wahlvorstand selbst seinen Vorsitzenden (ebenso BAG 14. 12. 1965 AP BetrVG § 16 Nr. 5; s. auch § 16 Rn. 18).

b) Für den Fall, dass ein Mitglied wegfällt, kann ein **Ersatzmitglied** gewählt werden, 26 das automatisch einrückt (Abs. 2 Satz 1 i. V. mit § 16 Abs. 1 Satz 4; s. dort Rn. 19 f.). Fehlt ein Ersatzmitglied, so ist zur Ergänzung des Wahlvorstands eine Nachwahl durch die Betriebsversammlung erforderlich (vgl. BAG 14. 12. 1965 AP BetrVG § 16 Nr. 5).

VI. Ersatzbestellung durch das Arbeitsgericht

Findet trotz Einladung keine Betriebsversammlung statt oder wählt die Betriebsver- 27 sammlung keinen Wahlvorstand, so bestellt ihn, ebenso wie nach § 16, das Arbeitsgericht auf **Antrag von mindestens drei wahlberechtigten Arbeitnehmern oder einer im Betrieb vertretenen Gewerkschaft** (Abs. 4 Satz 1). Damit kommt es zu Octroi des Betriebsrats gegen den Willen der ganz herrschenden Meinung im Betrieb. Demokratie ist das nicht. Zu verfassungsrechtlichen Bedenken hinsichtlich dieser Regelung vgl. *Löwisch*, BB 2006, 664.

1. Verfahrensvoraussetzungen

Notwendig ist, dass zunächst der **Versuch** unternommen wurde, den **Wahlvorstand in** 28 **einer Betriebsversammlung zu wählen.** Das Gesetz verlangt ausdrücklich, dass *trotz Einladung* keine Betriebsversammlung stattfindet. Die gerichtliche Bestellung eines

Wahlvorstands nach Abs. 4 ist daher unzulässig, wenn überhaupt keine Einladung zu einer Betriebsversammlung ergangen ist (ebenso BAG 26. 2. 1992 AP BetrVG 1972 § 17 Nr. 6; ausführlich *Richter,* NZA 2002, 1069). Das gilt auch, wenn die Einladung daran scheitert, dass der Arbeitgeber sich weigert, eine ihm obliegende, zur Bewirkung der Einladung notwendige Mitwirkungshandlung vorzunehmen (ebenso BAG 26. 2. 1992 AP BetrVG 1972 § 17 Nr. 6).

29 **Antragsberechtigt** sind hier wie nach § 16 Abs. 2 **drei wahlberechtigte Arbeitnehmer** oder eine **im Betrieb vertretene Gewerkschaft** (s. § 16 Rn. 16). Die Antragsteller brauchen nicht mit denjenigen identisch zu sein, die zu der Betriebsversammlung eingeladen haben. Ob zu den antragsberechtigten Arbeitnehmern auch Leiharbeitnehmer nach § 7 Satz 2 BetrVG zählen, mag fraglich sein. In Konsequenz der Entscheidung des BAG zu § 38 Abs. 1 (BAG 16. 4. 2003 AP BetrVG 2002 § 9 Nr. 1; hierzu § 9 Rn. 7), läge es, dies zu verneinen; dann wäre die Antragsberechtigung hier aber anders zu bestimmen als in Betrieben mit Betriebsrat, wo nur auf die Wahlberechtigung abgestellt wird, s. § 16 Abs. 2. Das Ergebnis ist sinnwidrig; zumindest hier ist die (verfehlte) Entscheidung des BAG nicht zu übertragen.

30 Das Arbeitsgericht kann sofort angerufen werden, nachdem eine Betriebsversammlung zu dem in der Einladung vorgesehenen Zeitpunkt nicht zustande kam oder stattfand, aber keinen Wahlvorstand wählte. Wird ein Wahlvorstand nach einem erstinstanzlichen Beschluss des Arbeitsgerichts durch einen neuen Wahlvorstand ersetzt, so darf der neue Wahlvorstand erst tätig werden und die Betriebsratswahl durchführen, wenn dieser Beschluss rechtskräftig ist (LAG Niedersachsen 4. 12. 2003, NZA-RR 2004, 197).

2. Kompetenz des Arbeitsgerichts

31 Für die **Bestellung des Wahlvorstands** gilt Gleiches wie nach § 16 Abs. 2 (Abs. 3 Satz 2), der seinerseits § 16 Abs. 1 für entsprechend anwendbar erklärt (§ 16 Abs. 2 Satz 1 HS 2; s. dort Rn. 39 ff.). Insbesondere kann das Arbeitsgericht für Betriebe mit in der Regel mehr als zwanzig wahlberechtigten Arbeitnehmern auch Mitglieder einer im Betrieb vertretenen Gewerkschaft, die nicht Arbeitnehmer des Betriebs sind, zu Mitgliedern des Wahlvorstands bestellen, wenn dies zur ordnungsgemäßen Durchführung der Wahl erforderlich ist (Abs. 4 Satz 2 i. V. mit § 16 Abs. 2 Satz 3; s. dort Rn. 44 ff.).

32 Durch die Anrufung des Arbeitsgerichts auf Bestellung eines Wahlvorstands wird die Zuständigkeit der Betriebsversammlung zu seiner Bestellung noch nicht beseitigt. Sie kann so lange einen Wahlvorstand wählen, bis die arbeitsgerichtliche Entscheidung über die Ersatzbestellung rechtskräftig geworden ist (s. Rn. 8).

VII. Rechtsstellung des Wahlvorstands und der Wahlvorstandsmitglieder

33 § 17 regelt nur eine andere Form für die Bestellung des Wahlvorstands, wenn im Betrieb kein Betriebsrat besteht. Für die Aufgaben, Amtsdauer und Geschäftsführung des Wahlvorstands und die Rechtsstellung seiner Mitglieder gilt dasselbe wie bei der Bestellung durch den Betriebsrat (s. § 16 Rn. 49 ff. und § 18 Rn. 3 ff.).

VIII. Streitigkeiten

34 Streitigkeiten, die mit der Bestellung des Wahlvorstands zusammenhängen, entscheidet das Arbeitsgericht im Beschlussverfahren (§ 2 a Abs. 1 Nr. 1, Abs. 2 i. V. mit §§ 80 ff. ArbGG; s. § 16 Rn. 64 ff.).

§ 17a Bestellung des Wahlvorstands im vereinfachten Wahlverfahren

Im Fall des § 14a finden die §§ 16 und 17 mit folgender Maßgabe Anwendung:
1. Die Frist des § 16 Abs. 1 Satz 1 wird auf vier Wochen und die des § 16 Abs. 2 Satz 1, Abs. 3 Satz 1 auf drei Wochen verkürzt.
2. § 16 Abs. 1 Satz 2 und 3 findet keine Anwendung.
3. In den Fällen des § 17 Abs. 2 wird der Wahlvorstand in einer Wahlversammlung von der Mehrheit der anwesenden Arbeitnehmer gewählt. Für die Einladung zu der Wahlversammlung gilt § 17 Abs. 3 entsprechend.
4. § 17 Abs. 4 gilt entsprechend, wenn trotz Einladung keine Wahlversammlung stattfindet oder auf der Wahlversammlung kein Wahlvorstand gewählt wird.

Schrifttum: *Thüsing/Lambrich*, Die Wahl des Betriebsrats nach neuem Recht, NZA-Sonderheft 2001, 79.

I. Anwendungsbereich

§ 17a enthält Sonderregelungen für die Bestellung des Wahlvorstands, wenn der Betriebsrat im vereinfachten Verfahren nach § 14a zu wählen ist. Voraussetzung ist also, dass es sich um einen Betrieb mit in der Regel **fünf bis fünfzig wahlberechtigten Arbeitnehmern** handelt, § 14a Abs. 1 S. 1. In einem Betrieb von 51 bis 100 wahlberechtigten Arbeitnehmern ist § 17a nicht anwendbar, da hier das vereinfachte Wahlverfahren nach § 14a Abs. 5 erst greifen kann, wenn sich der Arbeitgeber und der Wahlvorstand auf seine Anwendung geeinigt haben. Das setzt voraus, dass ein Wahlvorstand bereits nach den allgemeinen Regeln bestellt wurde (*Fitting*, § 17a Rn. 2). 1

II. Regelung

In **Nummer 1** werden die Fristen zur Bestellung des Wahlvorstands auf vier bzw. drei Wochen verkürzt. Des Weiteren wird durch den Ausschluss des § 16 Abs. 1 S. 2 und 3 in **Nummer 2** festgelegt, dass der Wahlvorstand im vereinfachten Wahlverfahren nur aus drei Mitgliedern besteht. Die Möglichkeit, die Anzahl der Mitglieder des Wahlvorstands zu erhöhen, ist für die Durchführung der Wahl in Kleinbetrieben nicht erforderlich. **Nummer 3** bestimmt für betriebsratslose Betriebe, dass der Wahlvorstand in einer Betriebsversammlung gewählt wird, s. § 14a Abs. 1 S. 2. Zu dieser Wahlversammlung können drei wahlberechtigte Arbeitnehmer oder eine im Betrieb vertretene Gewerkschaft einladen. Nach **Nummer 4** kann der Wahlvorstand in entsprechender Anwendung des § 17 Abs. 3 durch das Arbeitsgericht bestellt werden, wenn trotz Einladung zur Wahlversammlung keine Wahlversammlung stattfindet oder auf der Wahlversammlung kein Wahlvorstand gewählt wird. Näheres regelt die **Wahlordnung** in § 28 WO, s. Kommentierung dort (Anhang 1). 2

§ 18 Vorbereitung und Durchführung der Wahl

(1) ¹Der Wahlvorstand hat die Wahl unverzüglich einzuleiten, sie durchzuführen und das Wahlergebnis festzustellen. ²Kommt der Wahlvorstand dieser Verpflichtung nicht nach, so ersetzt ihn das Arbeitsgericht auf Antrag des Betriebsrats, von mindestens drei wahlberechtigten Arbeitnehmern oder einer im Betrieb vertretene Gewerkschaft. ³§ 16 Abs. 2 gilt entsprechend.

(2) Ist zweifelhaft, ob eine betriebsratsfähige Organisationseinheit vorliegt, so können der Arbeitgeber, jeder beteiligte Betriebsrat, jeder beteiligte Wahlvorstand oder eine im Betrieb vertretene Gewerkschaft eine Entscheidung des Arbeitsgerichts beantragen.

(3) ¹Unverzüglich nach Abschluss der Wahl nimmt der Wahlvorstand öffentlich die Auszählung der Stimmen vor, stellt deren Ergebnis in einer Niederschrift fest und gibt es den Arbeitnehmern des Betriebs bekannt. ²Dem Arbeitgeber und den im Betrieb vertretenen Gewerkschaften ist eine Abschrift der Wahlniederschrift zu übersenden.

Schrifttum: *Dzida/Hohenstatt*, Einstweilige Verfügung auf Abbruch einer Betriebsratswahl, BB Beilage 2005, Nr 114, 1; *Grimm/Brock/Windeln*, Betriebsratswahlen: Vorzeitige Bestellung des Wahlvorstands – Sonderkündigungsschutz ohne Funktion, DB 2006, 156; *Rieble/Triskatis*, Vorläufiger Rechtsschutz im Betriebsratswahlverfahren, NZA 2006, 233.

Übersicht

	Rn.
I. Vorbemerkung	1
II. Aufgaben des Wahlvorstands	3
1. Einleitung der Wahl	4
2. Durchführung der Wahl	6
3. Feststellung des Wahlergebnisses	7
4. Weitere Aufgaben und Befugnisse	8
III. Pflichtverletzungen des Wahlvorstands	10
1. Ersetzung des Wahlvorstands	10
2. Rechtsschutz gegen Maßnahmen des Wahlvorstands	18
IV. Entscheidung über die betriebsverfassungsrechtliche Selbständigkeit von betrieblichen Organisationseinheiten	22
1. Voraussetzungen	22
2. Verfahren	24
3. Bindungswirkung der arbeitsgerichtlichen Betriebszuordnung	29

I. Vorbemerkung

1 Die Vorschrift enthält **zwei** kaum miteinander in Zusammenhang stehende **Komplexe:** die Regelung der **Pflichten des Wahlvorstands** in den Grundzügen sowie die Möglichkeit seiner Ersetzung, weil er seine Aufgaben nicht ordnungsgemäß erfüllt (Abs. 1 und 3), und die Möglichkeit einer **arbeitsgerichtlichen Feststellung,** ob ein **Nebenbetrieb** oder ein **Betriebsteil** betriebsverfassungsrechtlich als selbständiger Betrieb zu behandeln oder dem Hauptbetrieb zuzuordnen ist (Abs. 2). Die Bestimmung entspricht in Abs. 1 und 2 weitgehend § 17 BetrVG 1952. In Abs. 1 Satz 1 wird ausdrücklich hervorgehoben, dass der Wahlvorstand die Wahl unverzüglich einzuleiten, sie durchzuführen und das Wahlergebnis festzustellen hat; nach Ansicht des BT-Ausschusses für Arbeit und Sozialordnung sollte wegen der Bedeutung, die der Feststellung des Wahlergebnisses in einem demokratischen Rechtsstaat zukommt, diese Verpflichtung des Wahlvorstands im Gesetz selbst und nicht lediglich in der Wahlordnung normiert sein (zu BT-Drucks. VI/2729, S. 21). Aus den gleichen Gründen wurde Abs. 3 in das Gesetz eingefügt, durch den die Verpflichtung des Wahlvorstands, das Wahlergebnis festzustellen, konkretisiert wird. Durch die Verweisung in Abs. 1 Satz 3 auf § 16 Abs. 2 wird lediglich klargestellt, dass bei einer gerichtlichen Ersetzung des Wahlvorstands das Gleiche gilt wie bei einer Ersatzbestellung des Wahlvorstands durch das Arbeitsgericht.

2 Änderungen brachte auch das BetrVerf-Reformgesetz vom 23. 7. 2001 (BGBl. I S. 1852): In Absatz 1 Satz 2 wurde der Betriebsrat als Antragsberechtigter eingefügt, in Abs. 2 wurden Nebenbetrieb und Betriebsteil entsprechend der neuen Konzeption des Gesetzes durch den umfassenderen Begriff der **betriebsratsfähigen Organisationseinheit** ersetzt (s. § 3 Rn. 2 ff.), sowie durch Streichung der zeitlichen Beschränkung des Antragsrechts „vor der Wahl" klargestellt, dass die Entscheidung des Arbeitsgericht **jederzeit** beantragt werden kann, also nicht nur in Fällen der Betriebsratswahl (s. Rn. 22).

II. Aufgaben des Wahlvorstands

Aufgabe des Wahlvorstands ist es, unverzüglich nach seiner Bestellung die Wahl zum Betriebsrat einzuleiten und durchzuführen. Nach der Feststellung des Wahlergebnisses obliegt ihm lediglich noch, den Betriebsrat zur konstituierenden Sitzung einzuberufen, die vom Vorsitzenden des Wahlvorstands geleitet wird, bis der Betriebsrat aus seiner Mitte einen Wahlleiter bestellt hat (§ 29 Abs. 1). Über die Vorbereitung und Durchführung der Wahl sowie über die Feststellung des Wahlergebnisses enthält die am 15. 12. 2001 neu erlassene **Wahlordnung 2001 eingehende Vorschriften,** durch die diese Bestimmung ergänzt wird.

1. Einleitung der Wahl

Die Art, wie der Wahlvorstand die Wahl einleitet, obliegt im Rahmen der Wahlordnung seinem **pflichtgemäßen Ermessen.** Das Gesetz verpflichtet ihn ausdrücklich, die Wahl *unverzüglich,* d.h. ohne schuldhaftes Zögern (§ 121 Abs. 1 BGB), einzuleiten (ErfK-*Eisemann,* § 18 Rn. 2; DKK-*Schneider,* § 18 Rn. 2; GK-*Kreutz,* § 18 Rn. 16; HWK-*Reichold,* § 18 Rn. 4). Er hat alsbald nach seiner Bestellung sich dieser Aufgabe zu widmen, um die Wahl so durchzuführen, dass der neue Betriebsrat mit Ablauf der Amtsdauer des gegenwärtigen Betriebsrats bzw. bei vorzeitiger Neuwahl nach § 13 Abs. 2 möglichst bald sein Amt antreten kann.

Zur Vorbereitung der Wahl hat der Wahlvorstand eine **Wählerliste getrennt nach Geschlechtern** aufzustellen (§ 2 WO). Er entscheidet, vorbehaltlich einer Kontrolle durch das Arbeitsgericht, über die Wahlberechtigung und die Wählbarkeit (s. § 2 WO Rn. 1 ff.). Bei den regelmäßigen Betriebsratswahlen, die **zeitgleich mit den regelmäßigen Wahlen zum Sprecherausschuss der leitenden Angestellten** einzuleiten sind (§ 13 Abs. 1 Satz 2), hat er unverzüglich nach Aufstellung der Wählerliste, spätestens jedoch zwei Wochen vor Einleitung der Wahl, den für die Wahl des Sprecherausschusses gebildeten Wahlvorstand darüber zu unterrichten, welche Angestellten er den leitenden Angestellten zuordnet, damit zwischen den Wahlvorständen ein Einvernehmen über die Zuordnung erzielt wird (§ 18 a Abs. 1 Satz 1). Wird keine Einigung erzielt, so richtet sich die Zuordnung nach § 18 a. Wird mit der Betriebsratswahl nicht zeitgleich eine Wahl nach dem SprAuG eingeleitet, so hat der Wahlvorstand den Sprecherausschuss der leitenden Angestellten nach § 18 a Abs. 4 zu unterrichten, um mit ihm ein Einvernehmen über die Zuordnung zu erzielen. Nach Abschluss des Zuordnungsverfahrens, spätestens sechs Wochen vor dem ersten Tag der Stimmabgabe erlässt er das **Wahlausschreiben** (§ 3 WO); er bestimmt also die Zahl der zu wählenden Betriebsratsmitglieder und ihre Verteilung unter den Geschlechtern (§ 15 Abs. 2).

2. Durchführung der Wahl

Der Wahlvorstand hat alle erforderlichen Maßnahmen zu treffen, um die Wahl zum Betriebsrat ordnungsgemäß durchzuführen. Er nimmt die Wahlvorschläge entgegen und stellt fest, ob sie ordnungsmäßig zustande gekommen und fristgerecht eingereicht sind. Zu seinen Aufgaben gehört sodann vor allem die Durchführung der Wahlhandlung selbst, insbesondere die Sorge dafür, dass Stimmzettel und Wahlumschläge vorhanden sind, dass Wahlurnen und Wahlräume zur Verfügung stehen, die Entgegennahme der Stimmzettel und die Sorge für die Geheimhaltung der Wahl.

3. Feststellung des Wahlergebnisses

Schließlich obliegt dem Wahlvorstand die Feststellung, wer gewählt ist. Unverzüglich nach Abschluss der Wahl nimmt er öffentlich die Auszählung der Stimmen vor, stellt deren Ergebnis in einer Niederschrift fest und gibt es den Arbeitnehmern des Betriebs bekannt (Abs. 3 und § 13 WO). Die in § 18 Abs. 3 S. 1 vorgeschriebene Öffentlichkeit der Stimmauszählung erfordert, dass Ort und Zeitpunkt der Stimmauszählung vorher im Betrieb öffentlich bekanntgemacht werden (BAG 15. 11. 2000 AP BetrVG 1972 § 18 Nr. 10; bezüglich der Wahl des Arbeitnehmervertreters im Aufsichtsrat: Sächsisches LAG 14. 6. 2005, AuA 2006, 305). Eine gegenüber dem Wahlausschreiben zeitlich vorgezogene Stimmauszählung, ohne dass vorher Ort und Zeitpunkt dieser Stimmauszählung öffentlich im Betrieb bekannt gemacht worden sind, rechtfertigt daher die Wahlanfechtung (LAG München 10. 3. 2008 – 6 TaBV 87/07, juris). Nicht nur die Auszählung der Stimmen erfolgt öffentlich, wie es der Wortlaut des Gesetzes nahe legt, sondern die gesamte Feststellung des Wahlergebnisses erfolgt in öffentlicher Sitzung, also vor allem die Öffnung der Wahlurne und die Entnahme der Stimmzettel aus den Wahlumschlägen (§ 14 WO), die Verteilung der Sitze (§ 15 WO) und die Niederschrift des Wahlergebnisses (§ 16 WO). Dem Arbeitgeber und den im Betrieb vertretenen Gewerkschaften ist eine Abschrift der Wahlniederschrift zu übersenden (Abs. 3 Satz 2), notfalls noch durch den Betriebsrat (ebenso LAG Düsseldorf 6. 4. 1978, DB 1979, 110). Der Wahlvorstand hat sodann die Gewählten unverzüglich schriftlich von ihrer Wahl zu benachrichtigen (§ 18 WO) und, sobald die Namen der Betriebsratsmitglieder endgültig feststehen, das Wahlergebnis bekanntzumachen (Abs. 3 Satz 1 und § 18 WO).

4. Weitere Aufgaben und Befugnisse

8   Mit der Bekanntmachung des Wahlergebnisses ist die eigentliche Aufgabe des Wahlvorstands erledigt; er hat nur noch den **neugewählten Betriebsrat** nach § 29 zu der **konstituierenden Sitzung einzuberufen**, die vom Vorsitzenden des Wahlvorstands geleitet wird, bis der Betriebsrat aus seiner Mitte einen Wahlleiter bestellt hat. Danach ist das Amt des Wahlvorstands beendet (s. § 16 Rn. 58).

9   Der Wahlvorstand hat, solange er im Amt ist, das Recht, **Strafantrag** zu stellen, wenn jemand die Wahl behindert oder durch Zufügung oder Androhung von Nachteilen oder durch Gewährung oder Versprechen von Vorteilen beeinflusst (§ 119 Abs. 2).

III. Pflichtverletzungen des Wahlvorstands

1. Ersetzung des Wahlvorstands

10   a) **Verletzt der Wahlvorstand seine Pflicht,** die Wahl *unverzüglich* einzuleiten, *rechtzeitig* durchzuführen und das Wahlergebnis festzustellen, so ist er **vom Arbeitsgericht abzuberufen** und **durch einen anderen zu ersetzen** (Abs. 1 Satz 2). Gesetzesverletzungen, die die Einleitung und Durchführung der Wahl sowie die Feststellung des Wahlergebnisses nicht verzögern, berechtigen nicht zur Ersetzung des Wahlvorstands durch das Arbeitsgericht; sie können aber zum Gegenstand eines Beschlussverfahrens vor dem Arbeitsgericht gemacht werden, insbesondere kann eine einstweilige Verfügung nach § 85 Abs. 2 ArbGG beantragt werden (s. Rn. 18 ff.).

11   b) Das Gesetz kennt **nur** die **Ersetzung des Wahlvorstands, nicht** den **Ausschluss eines Mitglieds** (ErfK-*Eisemann*, § 18 Rn. 4; *Fitting*, § 18 Rn. 47; DKK-*Schneider*, § 18 Rn. 15). Genauso wie die Auflösung des Betriebsrates (s. § 23 Rn. 54) nicht die Feststellung eines Verschuldens voraussetzt, weil ein solches immer nur in Bezug auf bestimmte Personen, aber niemals im Hinblick auf ein Gremium getroffen werden kann, genügt auch hier eine **objektive Nichterfüllung der Pflichten des Wahlvorstands** (ebenso *Fitting*, § 18 Rn. 48; HSWGNR-*Nicolai*, § 18 Rn. 32; GK-*Kreutz*, § 18 Rn. 45). Eine solche kann auch darin liegen, dass eine Anordnung getroffen wird, die auf einem Ermessensmissbrauch beruht, sofern sie eine nicht rechtzeitige Durchführung der Wahl zur Folge hat. Die für die verwaltungsgerichtliche Kontrolle von Verwaltungsakten

III. Pflichtverletzungen des Wahlvorstands § 18

entwickelten Grundsätze über die Ermessensüberschreitung und den Ermessensfehlgebrauch gelten auch hier.

Gleichgültig ist, ob der Wahlvorstand nach § 16 Abs. 1 durch den Betriebsrat, nach **12** § 16 Abs. 2 oder § 17 Abs. 1 durch den Gesamtbetriebsrat oder Konzernbetriebsrat, nach § 17 Abs. 2 durch die Betriebsversammlung oder nach §§ 16 Abs. 2, 17 Abs. 4 oder § 23 Abs. 2 durch das Arbeitsgericht bestellt worden ist. Auch ein nach § 18 Abs. 1 durch das Arbeitsgericht an Stelle eines seine Pflichten nicht erfüllenden Wahlvorstands eingesetzter Wahlvorstand kann selbst wieder abgesetzt und durch einen anderen ersetzt werden, wenn er versagt.

c) Die Entscheidung des Arbeitsgerichts erfolgt *nur* auf **Antrag.** Antragsberechtigt sind **13** der **Betriebsrat, drei wahlberechtigte Arbeitnehmer** oder **jede im Betrieb vertretene Gewerkschaft** (s. im Übrigen § 16 Rn. 36).

Das Arbeitsgericht entscheidet im **Beschlussverfahren** (§ 2a Abs. 1 Nr. 1, Abs. 2 i. V. **14** mit §§ 80 ff. ArbGG). In diesem Verfahren sind der bisherige Wahlvorstand und die Antragsteller Beteiligte; außerdem ist der Arbeitgeber wie stets in Streitigkeiten, die sich auf die Einleitung und Durchführung der Wahl beziehen, zu beteiligen.

d) Das **Arbeitsgericht** beruft den Wahlvorstand ab, wenn es dem Antrag stattgibt, und **15** bestimmt die **Mitglieder des neuen Wahlvorstands und dessen Vorsitzenden.** Dafür gilt Gleiches wie sonst bei der Bestellung eines Wahlvorstands durch das Arbeitsgericht (Abs. 1 Satz 3 i. V. mit § 16 Abs. 2; s. dort Rn. 39 ff.). Das Gericht kann auch ein Mitglied des bisherigen Wahlvorstands zum Mitglied des neuen bestellen, wenn es der Überzeugung ist, dass das Versagen des bisherigen Wahlvorstands nicht auf dem Verhalten dieses Mitglieds beruht (ebenso *Fitting,* § 18 Rn. 52; GK-*Kreutz,* § 18 Rn. 50; HSWGNR-*Nicolai,* § 18 Rn. 35; DKK-*Schneider,* § 18 Rn. 16).

e) Mit **Rechtskraft des Beschlusses,** durch den der Wahlvorstand ersetzt wird, **endet 16 das Amt des bisherigen Wahlvorstands.** Die Abberufung hat aber keine Rückwirkung. Entscheidungen und Maßnahmen des ersetzten Wahlvorstands bleiben rechtswirksam, sind allerdings vom neuen Wahlvorstand zu berichtigen, soweit sie rechtsfehlerhaft sind (ebenso *Fitting,* § 18 Rn. 51; GK-*Kreutz,* 18 Rn. 52; HSWGNR-*Nicolai,* § 18 Rn. 36).

Die Mitglieder des abberufenen Wahlvorstands verlieren mit Rechtskraft des Beschlus- **17** ses, durch den der Wahlvorstand ersetzt wird, den besonderen Kündigungsschutz nach § 15 Abs. 3 KSchG; sie genießen nicht den nachwirkenden Kündigungsschutz (§ 15 Abs. 3 Satz 2 KSchG; ebenso *Fitting,* § 18 Rn. 50; GK-*Kreutz,* § 18 Rn. 52; ErfK-*Eisemann,* § 18 Rn. 5; ausführlich Anhang zu § 103).

2. Rechtsschutz gegen Maßnahmen des Wahlvorstands

a) Fehler des Wahlvorstands führen zur **Anfechtung der Betriebsratswahl,** wenn nicht **18** ausgeschlossen werden kann, dass durch sie das Wahlergebnis beeinflusst werden konnte (§ 19; s. dort Rn. 4 ff.).

Entscheidungen und **Maßnahmen des Wahlvorstands** können bereits **vor Abschluss 19 der Betriebsratswahl selbständig angefochten** werden (ebenso BAG 15. 12. 1972 AP BetrVG 1972 § 14 Nr. 1; s. auch § 16 Rn. 66). Auch die Möglichkeit einer Ersetzung des Wahlvorstands verbietet nicht ein vorgeschaltetes Kontrollverfahren (ebenso GK-*Kreutz,* § 18 Rn. 65; *Fitting,* § 18 Rn. 33).

b) Das Arbeitsgericht entscheidet auf Antrag im **Beschlussverfahren** (§ 2a Abs. 1 **20** Nr. 1, Abs. 2 i. V. mit §§ 80 ff. ArbGG). **Antragsberechtigt** ist, wer nach § 19 Abs. 2 zur Wahlanfechtung berechtigt ist. Darüber hinaus ist aber auch ein einzelner Arbeitnehmer antragsberechtigt, wenn eine Entscheidung oder Maßnahme des Wahlvorstands sich gegen ihn richtet oder ihn in besonderer Weise betrifft (ebenso BAG 15. 12. 1972 AP BetrVG 1972 § 14 Nr. 1; LAG Hamburg 6. 5. 1996, NZA-RR 1997, 136; LAG Nürnberg 13. 3. 2002, AuR 2002, 238: Ausschluss vom Wahlrecht). Gegen einen erstinstanzlichen Beschluss, der dem Wahlvorstand die weitere Durchführung einer eingeleiteten

§ 18 Vorbereitung und Durchführung der Wahl

Betriebsratswahl untersagt, steht auch dem Arbeitgeber, nicht nur dem Wahlvorstand die Beschwerdebefugnis zu (so für den einstweiligen Rechtsschutz LAG Frankfurt 16. 7. 1992, BB 1993, 732; *Fitting,* § 18 Rn. 43).

21 c) Der Erlass einer **einstweiligen Verfügung** ist zulässig (sie ergeht im arbeitsgerichtlichen Beschlussverfahren gem. § 85 Abs. 2 Satz 1 ArbGG; die Antragsberechtigung des Arbeitgebers ergibt sich dabei aus entsprechender Anwendung des § 19 Abs. 2 Satz 1 BetrVG; BAG 15. 12. 1972 AP ArbGG 1953 § 80 Nr. 5; ausführlich *Dzida/Hohenstatt,* BB Beilage 2005, Nr. 114, 1–5; s. auch *Rieble/Triskatis,* NZA 2006, 233). Die Eilbedürftigkeit als Verfügungsgrund ist regelmäßig gegeben (GK-*Kreutz,* § 18 Rn. 74; s. auch LAG Hamm 19. 4. 1973, DB 1973, 1024). Da sonst ein effektiver Rechtsschutz nicht möglich ist, ist es auch nicht ausgeschlossen, dass es durch eine Leistungsverfügung zu einer teilweisen Vorwegnahme der Hauptsache kommt und für die weitere Durchführung der Wahl vollendete Tatsachen geschaffen werden (LAG Hamm a. a. O.; *Fitting,* § 18 Rn. 42; GK-*Kreutz,* § 18 Rn. 75; a. A. LAG Düsseldorf 24. 10. 1977, DB 1978, 211: die Aussetzung der Wahl ist grundsätzlich als milderes Mittel dem Erlass einer Leistungsverfügung vorzuziehen; strenger auch *Heinze,* RdA 1986, 286). Begründet der Verstoß bei Weiterführung der Wahl deren **Nichtigkeit,** so kann daher durch einstweilige Verfügung auch der Abbruch der Wahl bestimmt werden (ebenso die überwiegende Meinung im Schrifttum und die Rspr.: *Fitting,* § 18 Rn. 42; GK-*Kreutz,* § 18 Rn. 76; *H. Hanau,* DB Beil. 4/1986, 10 f.; *Winterfeld,* NZA Beil. 1/1990, 20 ff.; *Dzida/Hohenstatt,* BB Beilage 2005, Nr. 114, 1, 2; s. auch LAG Baden-Württemberg 25. 6. 2006, AiB 2006, 638 f.; LAG Frankfurt 5. 4. 2002, AiB 2006, 107; LAG Frankfurt, 28. 1. 2002 – 9 TaBV Ga 6/02, juris; LAG Hessen 29. 4. 1997, BB 1997, 2220; LAG München 3. 8. 1988, LAGE Nr. 7 zu § 19 BetrVG 1972; ArbG Würzburg 14. 5. 2002, ArbuR 2002, 358). Der Arbeitgeber hat hierfür diejenigen Umstände darzulegen, auf Grund derer die Betriebsratswahl nichtig wäre, wenn das Wahlverfahren fortgeführt würde (s. hierzu *Dzida/Hohenstatt,* BB Beilage 2005, Nr. 114, 1, 2).

Die Möglichkeit einstweiligen Rechtsschutzes besteht nach wohl herrschender Meinung auch für den Fall der **mit Sicherheit zu erwartenden** bloßen **Anfechtbarkeit;** die Rspr. ist diesbezüglich freilich eher uneinheitlich (so auch mit Beispielen *Dzida/Hohenstatt,* BB Beilage 2005, Nr. 114, 1, 2 f.; LAG ArbG Hannover 6. 3. 1998 – 2 BV Ga 2/98 – nachgewiesen *Stege/Weinspach/Schiefer,* § 19 Rn. 14 b; LAG Hamm 18. 3. 1998, NZA 1998, 113; LAG Frankfurt 12. 3. 1998, NZA-RR 1998, 544; *Fitting,* § 18 Rn. 42; GK-*Kreutz,* § 18 Rn. 76; *Stege/Weinspach/Schiefer,* § 19 Rn. 14 b; auf **zu erwartende Nichtigkeit** stellen demgegenüber ab: LAG Köln 4. 7. 1987, DB 1987, 1996; LAG Köln 29. 3. 2001, BB 2001, 1356; ArbG Bielefeld 20. 5. 1987, BB 1987, 1458; LAG Frankfurt 5. 6. 1992, AuR 1993, 374; LAG Frankfurt 16. 7. 1992, AuR 1993, 186; LAG Frankfurt 29. 4. 1997, BB 1997, 2220; LAG München 3. 8. 1988, BB 1989, 147; LAG München 14. 4. 1987, DB 1988, 347; in diese Richtung auch LAG Nürnberg 13. 3. 2002, AuR 2002, 238; uneinheitlich LAG Hamburg, sichere Anfechtbarkeit ausreichend: LAG Hamburg 6. 5. 1996, NZA-RR 1997, 136; später jedoch Nichtigkeit erforderlich: LAG Hamburg 6. 4. 2001 – 5 TaBV 2/01, juris). Auch hier muss freilich die Rechtswidrigkeit des Verfahrensfehlers hinreichend klar vor Augen liegen, so dass Abstriche nur bei der Schwere des Verstoßes, nicht aber bei seiner Offensichtlichkeit zu machen sind (allein auf die Offensichtlichkeit des Rechtsverstoßes stellen dementsprechend ab: LAG Hamm 10. 4. 1975, DB 1975, 1176; LAG Hamm 9. 9. 1994, BB 1995, 260; LAG Hamm 18. 9. 1996, BB 1996, 2622; LAG München 14. 4. 1987, BB 1988, 347; LAG Frankfurt 21. 3. 1990, DB 1990, 239; LAG Frankfurt 5. 6. 1992, NZA 1993, 192; LAG Frankfurt 29. 4. 1997, BB 1997, 2220; LAG Düsseldorf 1. 7. 1991 – 11 TA BV 66/91, BetrR 1992, 115; LAG Köln 27. 12. 1989, DB 1990, 539; LAG Bremen, 27. 2. 1990, LAGE Nr. 3 zu § 18 BetrVG; LAG Nürnberg 13. 3. 1991, LAGE Nr. 4 zu § 18 BetrVG; LAG Baden-Württemberg, 13. 4. 1994, DB 1994, 1091; LAG Baden-Württemberg 16. 9. 1996, LAGE Nr. 15 zu § 19 BetrVG). Das Interesse an der Vermeidung einer späteren Wahlanfechtung und der durch bedingten Neuwahl ist abzuwägen gegenüber dem Interesse der im Betrieb beschäftigen Arbeitnehmer an einer wirksamen Vertretung durch den Betriebsrat (LAG Baden-Württemberg 13. 4. 1994, DB 1994, 1091; *Stege/Weinspach/Schiefer*, § 18 Rn. 7 b). Wo mildere Mittel möglich sind, gehen diese vor: Berichtigende Eingriffe können in der Aufnahme eines Arbeitnehmers in die Wählerliste, Streichung von Arbeitnehmern aus der Wählerliste, anderweitige Festlegung der Betriebsratsgröße, Zulassung oder Zurückweisung eines Wahlvorschlags liegen (*Fitting*, § 18 Rn. 40; *Stege/Weinspach/Schiefer*, § 19 Rn. 14 b; s. auch *Zwanziger*, DB 1999, 2264 ff.). Ein Verbot der Durchführung der Wahl kann es allerdings nur geben, wenn auch eine erneute, formell fehlerfreie Wahl zwingend die Nichtigkeit zur Folge hätte (LAG München 3. 8. 1988, BB 1989, 147: bloße spätere Anfechtbarkeit der Wahl – wegen einer möglichen Verkennung des Betriebsbegriffs – genügt nicht). Auch wenn dem Antrag auf Erlass einer einstweiligen Verfügung nicht stattgegeben wird, ist dadurch die Möglichkeit einer Wahlanfechtung nicht ausgeschlossen (*Stege/Weinspach/Schiefer*, § 18 Rn. 7 b). Wird ein Wahlvorstand nach einem erstinstanzlichen Beschluss des Arbeitsgerichts durch einen neuen Wahlvorstand ersetzt, so darf der neue Wahlvorstand erst tätig werden und die Betriebsratswahl durchführen, wenn dieser Beschluss rechtskräftig ist (LAG Niedersachsen 4. 12. 2003, NZA-RR 2004, 197).

IV. Entscheidung über die betriebsverfassungsrechtliche Selbständigkeit von betrieblichen Organisationseinheiten

1. Voraussetzungen

Da die Entscheidung, ob eine Organisationseinheit betriebsratfähig ist, in Grenzfällen große Schwierigkeiten bereiten kann (etwa im Rahmen des § 3 BetrVG), andererseits aber die Feststellung nicht nur für die Wahl des Betriebsrats, sondern insgesamt für die betriebsverfassungsrechtliche Mitbestimmungsordnung von erheblicher Bedeutung ist, eröffnet das Gesetz die Möglichkeit, über diese wichtige Vorfrage eine **selbständige Entscheidung** herbeizuführen (Abs. 2). Die Entscheidung des Arbeitsgerichts kann selbständig, d. h. ohne Zusammenhang mit einer Wahl, beantragt werden. Die systematische Einordnung der Vorschrift in den Abschnitt über die Wahl des Betriebsrats steht dem nicht entgegen; sie erklärt sich daraus, dass bei einer Betriebsratswahl das Bedürfnis für eine derartige Entscheidung besonders in Erscheinung tritt, schließt aber nicht aus, dass sie **auch außerhalb einer Betriebsratswahl** herbeigeführt werden kann (ebenso BAG 1. 2. 1963 AP BetrVG § 3 Nr. 5; 24. 2. 1976 AP BetrVG 1972 § 4 Nr. 2; 25. 11. 1980 und 9. 4. 1991 AP BetrVG 1972 § 18 Nr. 3 und 8; zuletzt BAG 13. 8. 2008, NZA-RR 2009, 255; *Fitting*, § 18 Rn. 57; GK-*Kreutz*, § 18 Rn. 56; HSWGNR-*Nicolai*, § 18 Rn. 41; HWK-*Reichold*, § 18 Rn. 12; DKK-*Schneider*, § 18 Rn. 19). Der Gesetzgeber hat dies durch den veränderten Wortlaut nach dem **BetrVerf-Reformgesetz** vom 23. 7. 2001 (BGBl. I S. 1852) noch einmal ausdrücklich bestätigt (BT-Drucks. 14/5741, S. 38; s. Rn. 2). Ein Rechtsschutzinteresse ist auch dann zu bejahen, wenn zugleich die Betriebsratswahl angefochten oder für nichtig erklärt werden soll und die Bedenken gegen sie lediglich daraus hergeleitet werden, dass zu Unrecht nur ein Betriebsrat gewählt worden sei (vgl. BAG 1. 2. 1963 AP BetrVG § 3 Nr. 5).

Der Streit um die Betriebsratsfähigkeit einer organisatorischen Einheit kann verschiedene Fallgestaltungen betreffen: Zum einen ist dies die **Zuordnung oder Nichtzuordnung eines Nebenbetriebs oder Betriebsteils** zum Hauptbetrieb, die in der bis zum 28. 7. 2001 geltenden Gesetzesfassung ausdrücklich genannt wurde. Daneben ist dies die Frage, ob **zwei selbständige Betriebe** vorliegen. Bestehen insoweit Zweifel, kann ebenfalls eine selbständige Entscheidung des Arbeitsgerichts herbeigeführt werden. Auch dies war bereits ganz herrschende Meinung unter Geltung der ehemaligen Normfassung (vgl.

BAG 1. 2. 1963 AP BetrVG § 3 Nr. 5; 4. 6. 1964 AP BetrVG § 3 Nr. 7; 17. 1. 1978 AP BetrVG 1972 § 1 Nr. 1). Abs. 2 findet dementsprechend auch Anwendung, wenn zu klären ist, ob zwei Betriebe vorliegen oder aber mehrere Unternehmen einen **gemeinsamen Betrieb** gemäß § 1 Abs. 2 bilden (BT-Drucks. 14/5741, S. 38; ebenso bereits BAG 9. 4. 1991 AP BetrVG 1972 § 18 Nr. 8; in jüngerer Zeit BAG 7. 5. 2008 AP BetrVG 1972 § 1 Nr. 19; BAG 13. 8. 2008 NZA-RR 2009, 255). Ebenso kann geklärt werden, ob eine **betriebsratsfähige Organisation nach § 3 Abs. 1 Nr. 1 bis 3** vorliegt (BT-Drucks. 14/5741, S. 38). Hier geht es dann vor allem um die Auslegung des Tarifvertrags bzw. der Betriebsvereinbarung und die Frage, ob diese Vereinbarungen wirksam abgeschlossen wurden. Obwohl nicht ausdrücklich gesagt, dürfte auch die Wirksamkeit eines **Beschlusses nach § 4 Abs. 1 Satz 2** nach § 18 Abs. 2 gerichtlich zu überprüfen sein, da auch hier über die betriebsverfassungsrechtliche Zuordnung entschieden wird. Für die Zulässigkeit eines Antrags nach § 18 Abs. 2 kommt es nicht darauf an, in welchen betrieblichen Organisationseinheiten bereits Betriebsräte gewählt sind (BAG a. a. O.). Damit ist die betriebsverfassungsrechtliche Situation allenfalls für die laufende Amtszeit der Betriebsräte geklärt. Für künftige Betriebsratswahlen besteht nach wie vor ein Interesse an der Feststellung, in welcher Organisationseinheit ein Betriebsrat zu wählen ist.

2. Verfahren

24   a) Die Entscheidung des Arbeitsgerichts ergeht auf Antrag im **Beschlussverfahren** (§ 2a Abs. 1 Nr. 1, Abs. 2 i. V. mit §§ 80 ff. ArbGG). Zuständig ist das Gericht, in dessen Bezirk der Betrieb liegt, der als Hauptbetrieb in Betracht kommt; zuständig ist aber auch das Gericht, in dessen Bezirk der Nebenbetrieb bzw. Betriebsteil liegt, soweit dessen betriebsverfassungsrechtliche Selbständigkeit geltend gemacht wird (§ 82 ArbGG).

25   b) **Antragsberechtigt** sind nach dem Gesetzestext
   – der **Arbeitgeber,** d. h. der Inhaber des Betriebs (verneinend, wenn auf das Antragsrecht in einer Zusage an den Betriebsrat verzichtet wurde LAG Köln 21. 1. 1995, AP BetrVG 1972 § 18 Nr. 9),
   – jeder beteiligte Betriebsrat, also der Betriebsrat des in Betracht kommenden Betriebs, d. h. des Hauptbetriebs, und die Betriebsräte der Kleinstbetriebe oder Betriebsteile, bei denen zweifelhaft geworden ist, ob sie nach § 4 betriebsverfassungsrechtlich selbständig sind,
   – jeder beteiligte Wahlvorstand, also sowohl der Wahlvorstand des in Betracht kommenden Hauptbetriebs als auch die Wahlvorstände der Nebenbetriebe oder Betriebsteile, bei denen die betriebsverfassungsrechtliche Selbständigkeit zweifelhaft geworden ist (keine Pflicht zur Durchführung der Wahl bei Zweifeln: LAG Niedersachsen 20. 2. 2004, NZA-RR 2004, 640),
   – eine im Betrieb vertretene Gewerkschaft (s. zu Begriff und Voraussetzung § 2 Rn. 44 ff. und 66 ff.); es genügt, dass sie ein Mitglied im Hauptbetrieb oder in dem Nebenbetrieb oder Betriebsteil hat, dessen Zugehörigkeit zum Hauptbetrieb zur Entscheidung steht (vgl. BAG 5. 6. 1964 AP BetrVG § 3 Nr. 7). Soweit dauerhaft Beamte im Betrieb beschäftigt sind, also insbesondere in den Betrieben der privatisierten Post- und Bahnunternehmen, sind auch die Berufsverbände der Beamten antragsbefugt (*Fitting,* § 18 Rn. 59).

26   Antragsberechtigt sind, obwohl eine entsprechende Bestimmung im Gesetzesrecht fehlt, auch jeder beteiligte **Sprecherausschuss für leitende Angestellte** und jeder beteiligte **Wahlvorstand für die Wahl eines derartigen Sprecherausschusses. Nicht antragsberechtigt** sind demgegenüber die **Arbeitnehmer** der Organisationseinheit. Für eine entsprechende Anwendung des § 19 Abs. 2 (so GK-*Kreutz,* § 18 Rn. 58) fehlt es an einer Regelungslücke im Gesetz: Dass der präventive Rechtsschutz einem kleineren Kreis von Antragsberechtigten zusteht als die nachträgliche Kontrolle, kann nicht als per se sinn-

IV. Betriebsverfassungsrechtliche Selbständigkeit von Oragnisationseinheiten　§ 18

widrig gewertet werden (ebenso ErfK-*Eisemann*, § 18 Rn. 8; *Fitting*, § 18 Rn. 60; DKK-*Schneider*, § 18 Rn. 20). Allerdings ist es möglich, dass im Rahmen eines von einem einzelnen Arbeitnehmer angestrengten Verfahrens über sein aktives oder passives Wahlrecht eine Zuordnungsfrage mit entschieden wird (*Fitting*, § 18 Rn. 60). Sie hat jedoch dann nur *inter partes* Wirkung.

Die Antragsberechtigung muss als Verfahrensvoraussetzung noch im Zeitpunkt der 27 Letzten mündlichen Anhörung in der Rechtsbeschwerdeinstanz bestehen (s. § 19 Rn. 43).

c) Das Beschlussverfahren über die Betriebszuordnung wird durch eine zwischenzeit- 28 lich durchgeführte **Betriebsratswahl nicht erledigt**; denn die Durchführung des Verfahrens ist unabhängig von der Wahl zum Betriebsrat zulässig (ebenso BAG 25. 11. 1980 AP BetrVG 1972 § 18 Nr. 3).

3. Bindungswirkung der arbeitsgerichtlichen Betriebszuordnung

a) Die Entscheidung des Arbeitsgerichts wird **bindend**, sobald sie in Rechtskraft 29 erwächst, und sie *bleibt bindend*, bis die Voraussetzungen, von denen sie ausgegangen ist, sich ändern (ebenso BAG 27. 1. 1981 AP ArbGG 1979 § 80 Nr. 2; 29. 1. 1987 AP BetrVG 1972 § 1 Nr. 6; *Fitting*, § 18 Rn. 58; GK-*Kreutz*, § 18 Rn. 63). Die Bindung bezieht sich nicht nur auf die *Betriebsratswahl*, sondern sie erstreckt sich insgesamt auf die *betriebsverfassungsrechtliche Mitbestimmungsordnung*, soweit in ihr als Vorfrage eine Rolle spielt, ob zwei selbständige Betriebe vorliegen oder es sich lediglich um einen Betriebsteil handelt, der zu einem Hauptbetrieb gehört. Insbesondere ist dies von Bedeutung, wenn Beteiligungsrechte des Betriebsrats von der Größe des Betriebs abhängen, wie das Initiativrecht bei der Aufstellung von Auswahlrichtlinien (§ 95 Abs. 2) oder die Möglichkeit zur Delegation auf Arbeitsgruppen nach § 28 a. Die Bindungswirkung erstreckt sich auch auf die *unternehmensbezogene Mitbestimmung*, soweit in ihr von Bedeutung ist, ob ein selbständiger Betrieb vorliegt, z. B. für die Wahl der Delegierten nach § 10 MitbestG.

Aus Sinn und Zweck des Zuordnungsverfahrens folgt, dass die Entscheidung darüber, 30 was „Betrieb" i. S. des BetrVG ist, nicht nur im Verhältnis der Verfahrensbeteiligten zueinander, sondern auch im **Verhältnis zwischen Arbeitnehmer und Arbeitgeber** ihre Bindungswirkung entfaltet (so BAG 9. 4. 1991 AP BetrVG 1972 § 18 Nr. 8; BAG 1. 12. 2004, DB 2005, 953). Gleiches muss gelten, soweit andere Arbeitsgesetze den betriebsverfassungsrechtlichen Betriebsbegriff zugrunde legen. Die Bindung beruht hier auf einer *Tatbestandswirkung;* denn die arbeitsgerichtliche Entscheidung ist keine Entscheidung über Rechte und Pflichten, sondern nur die „Feststellung eines tatsächlichen Zustandes" (BAG 9. 4. 1991 AP BetrVG 1972 § 18 Nr. 8).

b) Wird **während der Amtszeit eines Betriebsrats** rechtskräftig, dass eine betriebsrats- 31 fähige Organisationseinheit nicht vorliegt, so berührt dies nicht die Wirksamkeit der Betriebsratswahl, weil eine Verkennung des Betriebsbegriffs grundsätzlich nur eine Wahlanfechtung rechtfertigt (s. § 19 Rn. 73). Der Betriebsrat bleibt also im Amt bis zum turnusgemäßen Ablauf seiner Amtszeit (*Fitting*, § 18 Rn. 62; HWK-*Reichold*, § 18 Rn. 15). Die weiteren Folgen gestalten sich unterschiedlich danach, welche Betriebszuordnung streitig war:

Wird festgestellt, dass eine **betriebsratsfähige Organisationseinheit nach § 3 Nr. 1 bis** 32 **3** nicht gegeben war, weil die Voraussetzungen, die Tarifvertrag oder Betriebsvereinbarung hierfür festsetzen, nicht vorliegen, ändert sich an der Zuständigkeit des nichtsdestotrotz gewählten Betriebsrats nichts. Eine Reduzierung etwa auf den größten Betrieb bei der Zusammenfassung von mehreren Betrieben nach § 3 Abs. 1 Nr. 1 oder aber bei der Bildung von Spartenbetriebsräten nach § 3 Abs. 1 Nr. 2 wäre zwar möglich, würde aber den Wählerwillen kaum mehr repräsentieren. Der Zustand, der hier durch eine Korrektur des Zuständigkeitsbereichs geschaffen werden kann, wäre also nicht näher am Gesetz als der Zustand ohne eine solche Korrektur. Das Gleiche gilt für die Entscheidung im selteneren Fall, dass mehrere Betriebsräte gewählt wurden, jedoch festgestellt wurde, dass eine betriebsratsfähige Organisationseinheit nach § 3 Nr. 1 bis 3 gegeben war.

33   Anders verhält es sich, wenn die **Zuordnung eines Kleinstbetriebs oder Betriebsteils** streitig ist: Der Betriebsrat verliert seine Zuständigkeit für den Kleinstbetrieb bzw. Betriebsteil. Durch eine solche Zuständigkeitsbeschränkung kann der gesetzmäßig vorgesehene Zustand realisiert werden; die Beteiligten haben damit einen zusätzlichen Anreiz, das Verfahren nach Abs. 2 einzuleiten; seine Wirkungen zeigen sich unmittelbar. Das Interesse an kontinuierlicher Betriebsratsarbeit muss hier zurücktreten. Für den Betriebsteil kann dann außerhalb der regelmäßigen Betriebsratswahlen ein Betriebsrat gewählt werden (§ 13 Abs. 2 Nr. 6; a. A. ErfK-*Eisemann*, § 18 Rn. 7; *Fitting*, § 18 Rn. 62; GK-*Kreutz*, § 18 Rn. 62; DKK-*Schneider*, § 18 Rn. 22: unveränderte Zuständigkeit). Solange dies nicht geschieht, bleibt der Betriebsrat während seiner Amtszeit für den Betriebsteil zuständig; § 22 findet entsprechend Anwendung. Soweit die Rechte des Betriebsrats von der Betriebsgröße abhängen, darf nicht mehr von der Arbeitnehmerzahl bei der Wahl des Betriebsrats ausgegangen werden; maßgebend ist vielmehr die Arbeitnehmerzahl unter Ausklammerung des Betriebsteils (ebenso BAG 9. 4. 1991 AP BetrVG 1972 § 18 Nr. 8).

34   Wird dagegen rechtskräftig festgestellt, dass ein bisher als selbständig behandelter **Betriebsteil dem Hauptbetrieb** bzw. einem anderen selbständigen Betriebsteil **zuzuordnen** ist, so erstreckt sich die Zuständigkeit des dort bestehenden Betriebsrats auf den Betriebsteil (ebenso ErfK-*Eisemann*, § 18 Rn. 7; *Fitting*, § 18 Rn. 63; GK-*Kreutz*, § 18 Rn. 62; vgl. auch BAG 3. 12. 1985 AP BetrVG 1972 § 99 Nr. 28). Das muss folgerichtig auch gelten, wenn in dem Betriebsteil ein eigener Betriebsrat gewählt ist (a. A. *Fitting*, § 18 Rn. 64; GK-*Kreutz*, § 18 Rn. 62). Dem Arbeitnehmer wird auch hier der Schutz der Betriebsverfassung nicht genommen. Deshalb erlischt mit Rechtskraft das Amt des im Betriebsteil bestehenden Betriebsrats.

35   c) Wird eine gerichtliche **Entscheidung noch vor Abschluss der Wahl** rechtskräftig, so ist eine Wahl, die eine abweichende Betriebsabgrenzung zugrunde legt, abzubrechen. Das Wahlverfahren ist neu einzuleiten; ein bereits bestellter Wahlvorstand bleibt nicht im Amt (ErfK-*Eisemann*, § 18 Rn. 7; *Fitting*, § 18 Rn. 61; DKK-*Schneider*, § 18 Rn. 22).

§ 18 a Zuordnung der leitenden Angestellten bei Wahlen

(1) ¹Sind die Wahlen nach § 13 Abs. 1 und nach § 5 Abs. 1 des Sprecherausschussgesetzes zeitgleich einzuleiten, so haben sich die Wahlvorstände unverzüglich nach Aufstellung der Wählerlisten, spätestens jedoch zwei Wochen vor Einleitung der Wahlen, gegenseitig darüber zu unterrichten, welche Angestellten sie den leitenden Angestellten zugeordnet haben; dies gilt auch, wenn die Wahlen ohne Bestehen einer gesetzlichen Verpflichtung zeitgleich eingeleitet werden. ²Soweit zwischen den Wahlvorständen kein Einvernehmen über die Zuordnung besteht, haben sie in gemeinsamer Sitzung eine Einigung zu versuchen. ³Soweit eine Einigung zustande kommt, sind die Angestellten entsprechend ihrer Zuordnung in die jeweilige Wählerliste einzutragen.

(2) ¹Soweit eine Einigung nicht zustande kommt, hat ein Vermittler spätestens eine Woche vor Einleitung der Wahlen erneut eine Verständigung der Wahlvorstände über die Zuordnung zu versuchen. ²Der Arbeitgeber hat den Vermittler auf dessen Verlangen zu unterstützen, insbesondere die erforderlichen Auskünfte zu erteilen und die erforderlichen Unterlagen zur Verfügung zu stellen. ³Bleibt der Verständigungsversuch erfolglos, so entscheidet der Vermittler nach Beratung mit dem Arbeitgeber. ⁴Absatz 1 Satz 3 gilt entsprechend.

I. Vorbemerkung § 18a

(3) ¹Auf die Person des Vermittlers müssen sich die Wahlvorstände einigen. ²Zum Vermittler kann nur ein Beschäftigter des Betriebs oder eines anderen Betriebs des Unternehmens oder Konzerns oder der Arbeitgeber bestellt werden. ³Kommt eine Einigung nicht zustande, so schlagen die Wahlvorstände je eine Person als Vermittler vor; durch Los wird entschieden, wer als Vermittler tätig wird.

(4) ¹Wird mit der Wahl nach § 13 Abs. 1 oder 2 nicht zeitgleich eine Wahl nach dem Sprecherausschussgesetz eingeleitet, so hat der Wahlvorstand den Sprecherausschuss entsprechend Absatz 1 Satz 1 erster Halbsatz zu unterrichten. ²Soweit kein Einvernehmen über die Zuordnung besteht, hat der Sprecherausschuss Mitglieder zu benennen, die anstelle des Wahlvorstands an dem Zuordnungsverfahren teilnehmen. ³Wird mit der Wahl nach § 5 Abs. 1 oder 2 des Sprecherausschussgesetzes nicht zeitgleich eine Wahl nach diesem Gesetz eingeleitet, so gelten die Sätze 1 und 2 für den Betriebsrat entsprechend.

(5) ¹Durch die Zuordnung wird der Rechtsweg nicht ausgeschlossen. ²Die Anfechtung der Betriebsratswahl oder der Wahl nach dem Sprecherausschussgesetz ist ausgeschlossen, soweit sie darauf gestützt wird, die Zuordnung sei fehlerhaft erfolgt. ³Satz 2 gilt nicht, soweit die Zuordnung offensichtlich fehlerhaft ist.

Übersicht

	Rn.
I. Vorbemerkung	1
II. Anwendungsbereich	2
1. Betriebsrats- und Sprecherausschusswahlen	2
2. Verschiedenheit nach den Fallgruppen	4
III. Zuordnungsverfahren bei zeitgleicher Einleitung der Wahlen	5
1. Voraussetzungen	5
2. Zuständigkeit und Überblick über die Gestaltung des Zuordnungsverfahrens	7
3. Gegenseitige Unterrichtung	12
4. Gemeinsame Sitzung	17
5. Vermittlungsverfahren	22
6. Freiwillige zeitgleiche Einleitung des Wahlverfahrens und freiwillige Durchführung des Zuordnungsverfahrens	24
7. Regeln bei nicht rechtzeitigem Abschluss des Zuordnungsverfahrens oder verspäteter Bestellung des Wahlvorstands	26
IV. Zuordnungsverfahren bei nicht zeitgleicher Betriebsratswahl mit der Wahl nach dem SprAuG	30
1. Betriebsratswahl	30
2. Sprecherausschusswahl	35
V. Bestellung und Befugnis des Vermittlers	37
1. Person des Vermittlers	37
2. Bestellungsverfahren	42
3. Persönliche Rechtsstellung des Vermittlers	47
4. Befugnis zur Entscheidung über die Zuordnung	51
VI. Rechtsfolgen der im Zuordnungsverfahren erfolgten Feststellung	55
1. Feststellung des aktiven und passiven Wahlrechts	55
2. Kein Ausschluss des Rechtswegs (Abs. 5 Satz 1)	56
3. Beschränkung der Wahlanfechtbarkeit	57
4. Geltendmachung der Nichtwählbarkeit	60
VII. Streitigkeiten	61

I. Vorbemerkung

Die Vorschrift wurde durch die Novelle vom 20. 12. 1988 (BGBl. I S. 2312) in das **1** Gesetz eingefügt (Art. 1 Nr. 6). Da die regelmäßigen Betriebsratswahlen zeitgleich mit den regelmäßigen Wahlen nach § 5 Abs. 1 SprAuG einzuleiten sind (§ 13 Abs. 1 Satz 2), muss wegen der Formalisierung und Fristgebundenheit des Wahlverfahrens im Vorfeld schnell und einfach für beide Wahlen geklärt werden, ob ein Arbeitnehmer den

Angestellten oder den leitenden Angestellten zuzuordnen ist. Dem dient das hier vorgesehene Zuordnungsverfahren (vgl. Begründung des GesEntw. BT-Drucks. 11/2503, S. 25, 32 f.).

II. Anwendungsbereich

1. Betriebsrats- und Sprecherausschusswahlen

2   Die Vorschrift regelt die Zuordnung von Angestellten zu den leitenden Angestellten bei den **Wahlen zum Betriebsrat und zum Sprecherausschuss.** Sie gilt also **nicht** für die **Wahlen der Arbeitnehmervertreter zum Aufsichtsrat** nach dem MitbestG und den §§ 76 ff. BetrVG 1952 (ebenso *Fitting,* § 18 a Rn. 63; GK-*Kreutz,* § 18 a Rn. 5; *Wlotzke/Preis,* § 18 a Anm. 1). Auch für den Bereich der Seeschifffahrt spielt sie keine Rolle, weil von den Besatzungsmitgliedern nur die Kapitäne leitende Angestellte sind (§ 114 Abs. 6 Satz 2; entsprechend § 33 Abs. 3 SprAuG; ebenso *Wlotzke/Preis,* § 18 a Anm. 1).

3   Das Zuordnungsverfahren soll sicherstellen, dass die Zuordnung zu den leitenden Angestellten einheitlich sowohl für die Wahl des Betriebsrats als auch für die Wahl des Sprecherausschusses entschieden wird. Die Vorschrift gilt daher **nicht,** wenn nur der **Betriebsrat zu wählen ist und kein Sprecherausschuss besteht und auch nicht zu wählen ist** (ebenso *Wlotzke/Preis,* § 18 a Anm. 2).

2. Verschiedenheit nach den Fallgruppen

4   Das Gesetz unterscheidet **zwei Fallgruppen,** wobei die zweite Fallgruppe ihrerseits zwei Fallkonstellationen aufweist: Den Regelfall bildet, dass die Betriebsrats- und die Sprecherausschusswahlen zeitgleich eingeleitet werden (Abs. 1 bis 3). Davon wird unterschieden, dass nur die Wahl des Betriebsrats (Abs. 4 Satz 1) oder nur die Wahl des Sprecherausschusses (Abs. 4 Satz 2) ansteht.

III. Zuordnungsverfahren bei zeitgleicher Einleitung der Wahlen

1. Voraussetzungen

5   Bei **zeitgleicher Einleitung der Betriebsratswahlen und der Sprecherausschusswahlen** obliegt die Durchführung des Zuordnungsverfahrens den **beteiligten Wahlvorständen** (Abs. 1 bis 3). Eine **Rechtspflicht zu zeitgleicher Einleitung** besteht aber nur für die **regelmäßigen Wahlen** (§ 13 Abs. 1 Satz 2 und § 5 Abs. 1 Satz 2 SprAuG). Davon geht der Gesetzestext in Abs. 1 Halbsatz 1 aus. Der folgende Halbsatz 2 bestimmt aber, dass die den Wahlvorständen obliegende Pflicht, sich gegenseitig darüber zu unterrichten, welche Angestellten sie den leitenden Angestellten zugeordnet haben, auch dann gilt, wenn die Wahlen **ohne Bestehen einer gesetzlichen Verpflichtung** zeitgleich eingeleitet werden.

6   Eine zeitgleiche Einleitung der Wahlen außerhalb des regelmäßigen Wahlzeitraums kommt nur in Betracht, wenn die Tatbestandsvoraussetzungen für eine Wahl zeitgleich vorliegen. Regelmäßig werden sie nicht zu demselben *Zeitpunkt* eintreten, sondern es wird nur ein *zeitlicher Zusammenhang* gegeben sein. Daraus folgt, dass die Wahlvorstände einen Ermessensspielraum haben. Wegen der Kostenbelastung, die mit den Wahlen verbunden ist, liegt die zeitgleiche Einleitung der Wahlen aber nicht in ihrem freien Ermessen (so *Fitting,* § 18 a Rn. 32; DKK-*Trümner,* § 18 a Rn. 25), sondern in ihrem *pflichtgemäßen Ermessen* im Rahmen ihrer Verpflichtung zum unverzüglichen Erlass des Wahlausschreibens (§ 18 Abs. 1 Satz 1, § 7 Abs. 4 Satz 1 SprAuG; ebenso GK-*Kreutz,* § 18 a Rn. 24).

2. Zuständigkeit und Überblick über die Gestaltung des Zuordnungsverfahrens

a) Die Durchführung des Zuordnungsverfahrens obliegt den **Wahlvorständen** (Abs. 1 Satz 1). Beteiligt sind die Wahlvorstände, die für die Wahl des Betriebsrats und des Sprecherausschusses die Wahl unverzüglich einzuleiten haben (§ 18 Abs. 1 Satz 1, § 7 Abs. 4 Satz 1 SprAuG). 7

Wird statt eines oder mehrerer betrieblicher Sprecherausschüsse ein Unternehmenssprecherausschuss gewählt (§ 20 SprAuG), so tritt an die Stelle der betrieblichen Wahlvorstände der **Unternehmenswahlvorstand**. Er hat mit den einzelnen Betriebsrats-Wahlvorständen in den Betrieben die Zuordnung für die jeweils betriebsangehörigen Angestellten in parallelen Verfahren durchzuführen. 8

Entsprechendes gilt, soweit die leitenden Angestellten nach **§ 1 Abs. 2 SprAuG** dem räumlich nächstgelegenen Betrieb ihres Unternehmens zugeordnet sind, weil in ihrem eigenen Betrieb in der Regel weniger als 10 leitende Angestellte beschäftigt sind. Hier hat sich der Sprecherausschuss mit zwei Betriebsräten abzustimmen: dem des Betriebs, dessen leitende Angestellten an der Wahl des Sprecherausschusses des Nachbarbetriebs teilnehmen, als auch mit dem eigenen Betriebsrat. Allerdings trifft es zu, dass hier die Wahlen nicht zeitgleich *in einem Betrieb* abgehalten werden (deshalb a. A. GK-*Kreutz*, § 18 a Rn. 22, der daher nur eine freiwillige Beteiligung des Wahlvorstands der Betriebsratswahl im sprecherausschussunfähigen Betrieb gestattet), dies ist jedoch nach dem Wortlaut der Norm nicht Voraussetzung. Die Interessenlage gebietet vielmehr eine Beteiligung aller beteiligten Gremien: Die sachgerechte Abgrenzung des Personenkreises ist bei einer solchen Wahl ebenso notwendig wie bei der Wahl des Unternehmenssprecherausschusses (wie hier *Fitting*, § 18 a Rn. 25; *Schneider*, AiB 1990, 16). 9

Schließlich ist entsprechend zu verfahren, wenn die betriebsverfassungsrechtliche Zuständigkeit des Betriebsrats nicht der des Sprecherausschusses entspricht, etwa weil **Einheiten nach § 3 Abs. 1 Nr. 1 bis 3** gebildet wurden, für den Sprecherausschuss es aber bei der alten Betriebszuständigkeit verbleibt. Hier hat sich der Wahlvorstand für die Betriebsratswahl mit sämtlichen zuständigen Wahlvorständen der leitenden Angestellten zu verständigen. 10

b) Das Zuordnungsverfahren weist **drei Stufen** auf: 11
– Die beiden Wahlvorstände haben nach Aufstellung der Wählerlisten sich **gegenseitig darüber zu unterrichten**, welche Angestellten sie den leitenden Angestellten zugeordnet haben (Abs. 1 Satz 1). Soweit die Eintragungen in den Wählerlisten übereinstimmen, ist das Zuordnungsverfahren abgeschlossen; es findet Abs. 5 Anwendung.
– Soweit zwischen den Wahlvorständen **kein Einvernehmen über die Zuordnung** besteht, haben sie in **gemeinsamer Sitzung** eine Einigung zu versuchen (Abs. 1 Satz 2). Kommt eine Einigung zustande, so sind die Angestellten entsprechend ihrer Zuordnung in die jeweilige Wählerliste einzutragen (Abs. 1 Satz 3). Damit sind die Zuordnungen erfolgt; auf sie findet Abs. 5 Anwendung.
– Soweit **keine Einigung** zustande kommt, ist für die noch streitigen Fälle ein Vermittlungsverfahren vorgesehen (Abs. 2 und 3; s. ausführlich Rn. 37 ff.).

3. Gegenseitige Unterrichtung

a) Nach Abs. 1 Satz 1 hat jeder Wahlvorstand unverzüglich nach Aufstellung der Wählerliste, spätestens jedoch zwei Wochen vor Einleitung der Wahl, den anderen Wahlvorstand darüber zu unterrichten, **welche Angestellten** er den **leitenden Angestellten zugeordnet** hat. 12

Nach dem Gesetzestext haben sich die Wahlvorstände *gegenseitig* zu unterrichten. Gemeint ist damit nicht, dass die Unterrichtung zeitgleich zu erfolgen hat (ebenso *Fitting*, § 18 a Rn. 15; GK-*Kreutz*, § 18 a Rn. 45; DKK-*Trümner*, § 18 a Rn. 11; a. A. *Dänzer-* 13

Vanotti, AuR 1989, 204, 206). Da auch bei den regelmäßigen Wahlen wegen des vorgesehenen Zeitraums vom 1. März bis 31. Mai ihre Einleitung zeitverschieden sein kann, kommt deshalb der Pflicht, sie zeitgleich einzuleiten (§ 13 Abs. 1 Satz 2, § 5 Abs. 1 Satz 2 SprAuG) besonderes Gewicht zu. Die Wahlvorstände haben deshalb insoweit eine Abrede zu treffen. Daraus folgt aber nicht, dass die Wählerlisten zu demselben Zeitpunkt aufgestellt sein müssen. Die hier vorgesehene Frist gilt für jeden Wahlvorstand getrennt.

14 b) Die Unterrichtung ist nach dem Gesetz an keine besondere **Form** gebunden. Sie kann sich darauf beschränken, die Wählerlisten mitzuteilen. Geschieht dies nicht, so ergibt sich aus dem Sachzusammenhang, dass schriftlich mitgeteilt werden muss, welche Angestellten der Wahlvorstand den leitenden Angestellten zugeordnet hat.

15 c) Die Unterrichtung hat **unverzüglich**, d. h. ohne schuldhaftes Zögern (§ 121 BGB), nach Aufstellung der Wählerliste zu erfolgen, **spätestens** jedoch **zwei Wochen vor Einleitung der Wahl**. Die Wahl ist mit Erlass des Wahlausschreibens eingeleitet (§ 3 Abs. 1 Satz 2 WO).

16 Fristversäumnis ist eine **Pflichtverletzung**. Zwischen den Wahlvorständen ist damit kein Einvernehmen über die Zuordnung zustande gekommen. Das gilt auch, wenn nur eine der Wahlvorstände die Unterrichtungspflicht verletzt. Die von dem anderen Wahlvorstand fristgerecht getroffene Zuordnung beendet nicht das Zuordnungsverfahren, sondern es muss in diesem Fall der Versuch unternommen werden, eine gemeinsame Sitzung durchzuführen. Kommt sie nicht zustande, so ist aber das Zuordnungsverfahren beendet; es findet Abs. 5 entsprechend Anwendung (ebenso ohne Notwendigkeit des Versuchs einer gemeinsamen Sitzung *Fitting*, § 18 a Rn. 16).

4. Gemeinsame Sitzung

17 a) Soweit zwischen den Wahlvorständen **kein Einvernehmen über die Zuordnung** besteht, haben sie in gemeinsamer Sitzung eine **Einigung zu versuchen** (Abs. 1 Satz 2).

18 Zu dieser Sitzung kann **jeder Wahlvorstand** den anderen **laden**. Nicht notwendig ist es, dass die Tagesordnung bereits die Fälle bezeichnet, in denen kein Einvernehmen über die Zuordnung besteht.

19 An der gemeinsamen Sitzung **teilnahmeberechtigt** ist, wer an den Sitzungen des Wahlvorstands teilnehmen kann. Hierzu zählen daher auch die nicht stimmberechtigten Mitglieder i. S. des § 16 Abs. 1 Satz 6 (ebenso *Fitting*, § 18 a Rn. 19; GK-*Kreutz*, § 18 a Rn. 50; a. A. DKK-*Trümner*, § 18 a Rn. 16).

20 b) Die gemeinsame Sitzung hat **keine Entscheidungsbefugnis**. Soweit eine Einigung zustande kommt, ist daher notwendig, dass die Wahlvorstände in **getrennten Abstimmungen** zu derselben Beurteilung kommen (ebenso *Fitting*, § 18 a Rn. 21; GK-*Kreutz*, § 18 a Rn. 52; DKK-*Trümner*, § 18 a Rn. 18; HWK-*Reichold*, § 18 a Rn. 4; *Engels/ Natter*, BB Beil. 8/1989, 15). Die getrennten Abstimmungen können freilich in einer gemeinsamen Sitzung erfolgen (*Fitting*, § 18 a Rn. 21; ErfK-*Eisemann*, § 18 a Rn. 2; a. A. *Jacobs*, Die Wahlvorstände über die Wahlen des Betriebsrats, 1995, S. 278).

21 Soweit eine **Einigung** zustande kommt, sind die Angestellten entsprechend ihrer Zuordnung in die jeweilige Wählerliste einzutragen (Abs. 1 Satz 3).

5. Vermittlungsverfahren

22 a) Soweit die Wahlvorstände sich nicht einigen können, ist spätestens eine Woche vor Einleitung der Wahlen ein **Vermittler einzuschalten,** der erneut eine Verständigung der Wahlvorstände über die Zuordnung zu versuchen hat (Abs. 2 Satz 1; s. Rn. 51 ff.). Bleibt der Verständigungsversuch erfolglos, so **entscheidet er nach Beratung mit dem Arbeitgeber** (Abs. 2 Satz 3; s. Rn. 53).

23 b) Die **Bestellung des Vermittlers** richtet sich nach Abs. 3 (s. Rn. 37). Kommt es zu keiner Bestellung, so kann das Vermittlungsverfahren nicht durchgeführt werden.

III. Zuordnungsverfahren bei zeitgleicher Einleitung der Wahlen § 18 a

6. Freiwillige zeitgleiche Einleitung des Wahlverfahrens und freiwillige Durchführung des Zuordnungsverfahrens

a) Das **Gesagte lässt sich 1:1 auf den Fall übertragen,** dass zwar **keine Pflicht** zur 24 zeitgleichen Einleitung des Wahlverfahrens besteht, aber dennoch das Verfahren zeitgleich eingeleitet wird. Dies wird seltener sein, kann sich jedoch ergeben, wenn etwa beide Arbeitnehmergremien mit Mehrheit ihrer Mitglieder den Rücktritt beschlossen haben oder beide Wahlen mit Erfolg angefochten wurden, schließlich wenn in neu errichteten Betrieben erstmals Wahlen für beide Gremien durchgeführt werden (wobei die **Entscheidung,** dann tatsächlich ein zeitgleiches Verfahren einzuleiten, obwohl ein zeitlicher Spielraum besteht, **im billigen Ermessen** der Wahlvorstände steht, Rn. 6). Hier würde das Verfahren über Abs. 4 einen unnötigen und weniger effektiven Mehraufwand darstellen, so dass das Gesetz erweiternd dahingehend ausgelegt werden muss, dass nicht nur gemäß Abs. 1 Satz 1 2. Halbsatz der 1. Halbsatz – bloße Unterrichtungspflicht – sondern der gesamte Abs. 1 Anwendung findet (wie hier *Fitting,* § 18 a Rn. 32; GK-*Kreutz,* § 18 a Rn. 24; a. A. DKK-*Trümner* § 18 a Rn. 25 ff.).

Entsprechendes gilt auch für den Fall, dass die **Wahlvorstände** sich zwar nicht auf eine 25 zeitgleiche Wahl, wohl aber **freiwillig** auf das **gemeinsame Zuordnungsverfahren** einigen. Auch dies muss zulässig sein, weil es eine Effektivierung des Wahlverfahrens ist (abweichende Zuordnungsentscheidungen werden vermieden), dem kein Weniger an Verfahrenssicherheit gegenübersteht. Das Gesetz schließt eine solche freiwillige Abstimmung dem Wortlaut nach nicht aus, vielmehr erlaubt das Gebot zur Gleichbehandlung in Abs. 1 Satz 1 2. Halbsatz einen Parallelschluss: Eine fehlende Einigung über eine zeitgleiche Wahl, die dann eine Pflicht zum gemeinsamen Zuordnungsverfahren nach sich ziehen würde, berührt nicht die Sinnhaftigkeit des gemeinsamen Zuordnungsverfahrens selbst. Eine freiwillige Einigung über diesen nachgeordneten Teilabschnitt einer zeitgleichen Einleitung der Wahlen muss daher erst recht möglich sein (ebenso *Fitting,* § 18 a Rn. 33; GK-*Kreutz,* § 18 a Rn. 25). Das gilt auch, wenn der **Betriebsrat oder Sprecherausschuss** als potentieller Ansprechpartner nach Abs. 4 **noch im Amt ist,** denn auch hier greifen die gleichen Gründe ineffektiver Formalisierung (ebenso *Fitting,* § 18 a Rn. 34; GK-*Kreutz,* § 18 a Rn. 25).

7. Regeln bei nicht rechtzeitigem Abschluss des Zuordnungsverfahrens oder verspäteter Bestellung des Wahlvorstands

a) **Keine Regelung** trifft das Gesetz für den Fall, dass Betriebsrats- und Sprecher- 26 ausschusswahlen zwar zeitgleich einzuleiten sind, aber dennoch das **Zuordnungsverfahren nicht rechtzeitig** vor Einleitung einer oder gar beider Wahlen **abgeschlossen** werden kann. Dies kann zum einen auf pflichtwidrigem Handeln einer der Wahlvorstände, des Sprecherausschusses oder des Betriebsrats beruhen, mag aber auch schlicht seinen Grund darin haben, dass die Amtszeit des Sprecherausschusses und des Betriebsrats zu unterschiedlichen Zeiten enden, so dass auch die Frist zur Bestellung eines Wahlvorstandes zu unterschiedlichen Zeiten beginnt und endet, einer der beiden Wahlvorstände also nicht rechtzeitig bestellt wird. Eine Pflicht zur zeitlichen Abstimmung zwischen Betriebsrat und Sprecherausschuss besteht hier nicht, und ist insbesondere nicht aus § 13 Abs. S. 2 oder § 5 Abs. 1 S. 2 SprAuG herzuleiten, denn der richtet sich nur an die Wahlvorstände, nicht aber an die Organe, die die Wahlvorstände bestellen. Hier sind Lösungen aus der Systematik des Gesetzes zu entwickeln. Es bieten sich folgende Unterscheidungen an:

b) Wird der eine Wahlvorstand vor dem anderen bestellt, dann ist er grundsätzlich 27 **nicht verpflichtet, das Wahlverfahren hinauszuzögern** und auf die Bestellung des anderen Wahlvorstands und seine Beteiligung am Zuordnungsverfahren zu warten (ebenso *Fitting,* § 18 a Rn. 27; DKK-*Trümner,* § 18 a Rn. 43 f.). Das gilt zumindest, wenn die später handelnden Arbeitnehmervertreter oder der durch ihn bestellte Wahlvorstand pflichtwidrig handeln, denn diese Pflichtwidrigkeit darf sich nicht in der Wahl des anderen Gremiums fortsetzen und in seinen Folgen verstärken. Dies muss jedoch auch sonst gelten, um dem gesetzlichen Ziel einer unverzüglichen Wahl Rechnung zu tragen (§ 18 Abs. 1 Satz 1; § 7 Abs. 4 Satz. 1 SprAuG). Dies gilt einzig dann **nicht**, wenn die **zeitliche Verzögerung nur unerheblich** wäre und trotz Abwartens davon ausgegangen werden kann, dass der neue Betriebsrat oder Sprecherausschuss vor Amtsende gewählt wird. Eine Faustregel mag es sein, entsprechend § 16 Abs. 2 das weitere Prozedere bis 8 Wochen vor Ablauf der Amtszeit auszusetzen (weitergehend GK-*Kreutz*, § 18 a Rn. 19: Generelle Pflicht zum Abwarten, bis Zuordnungsverfahren durchgeführt werden kann). Hier ist dem Gesetzeszweck, eine Doppelzuordnung oder Nichtzuordnung von leitenden Angestellten zu vermeiden, voll entsprochen, ohne dass andere Gesetzeszwecke zurücktreten.

28 Wenn aber die Verzögerung erheblich würde und daher ein am Zuordnungsverfahren beteiligter Wahlvorstand die Wahl vor Abschluss des Zuordnungsverfahrens einleitet, dann **endet** damit **das Zuordnungsverfahren, sofern nicht** die beteiligten Wahlvorstände sich **freiwillig** darauf einigen, das Verfahren weiter zu führen (ebenso *Fitting*, § 18 a Rn. 28 f.; GK-*Kreutz*, § 18 a Rn. 35). Wird die Wahl eingeleitet, bevor der andere Wahlvorstand überhaupt bestellt wurde, dann **entfällt** das Zuordnungsverfahren ganz. Hier gilt dann Abs. 4 (*Fitting*, § 18 a Rn. 30; GK-*Kreutz*, § 18 a Rn. 35).

29 Hat der **Wahlvorstand** ein solches **Verfahren nach Abs. 4 eingeleitet,** wird dann aber ein Wahlvorstand von der anderen Arbeitnehmervertretung gebildet, dann tritt der neu gebildete **Wahlvorstand an die Stelle** der ihn bestellenden Arbeitnehmervertretung und übernimmt das laufende Verfahren. Dadurch wird sichergestellt, dass das Zuordnungsverfahren zwischen beiden Gremien einheitlich erfolgt; stimmen sich die Wahlvorstände demgegenüber nur mit dem Betriebsrat bzw. Sprecherausschuss ab, dann können solche Gespräche „über Kreuz" zu abweichenden Ergebnissen führen (*Fitting*, § 18 a Rn. 31; GK-*Kreutz*, § 18 a Rn. 32).

IV. Zuordnungsverfahren bei nicht zeitgleicher Betriebsratswahl mit der Wahl nach dem SprAuG

1. Betriebsratswahl

30 Soweit mit der **Betriebsratswahl nicht zeitgleich** eine **Wahl nach dem SprAuG** eingeleitet wird, gibt es auf Seiten des Sprecherausschusses keinen Wahlvorstand. Dieser Fall ist insbesondere gegeben, wenn die Betriebsratswahl außerhalb des regelmäßigen Wahlzeitraums stattfindet (vgl. § 13 Abs. 2). Möglich ist er aber auch bei regelmäßigen Betriebsratswahlen, wenn die Amtszeit des Sprecherausschusses zu Beginn des Zeitraums noch kein Jahr betragen hat; denn in diesem Fall ist der Sprecherausschuss erst in dem übernächsten Zeitraum der regelmäßigen Wahlen neu zu wählen (§ 5 Abs. 3 Satz 2 SprAuG). Damit das Zuordnungsverfahren durchgeführt werden kann, nehmen an ihm neben dem Wahlvorstand für die Betriebsratswahl die Mitglieder des Sprecherausschusses teil (vgl. Begründung des GesEntw., BT-Drucks. 11/2503, 32).

31 Abs. 4 Satz 1 bestimmt deshalb, dass der Wahlvorstand den **Sprecherausschuss** entsprechend Abs. 1 Satz 1 Halbsatz 1 zu **unterrichten** hat (s. Rn. 12 ff.).

32 Soweit der **Sprecherausschuss die Zuordnung des Wahlvorstands billigt,** ist das Zuordnungsverfahren abgeschlossen. Der Wahlvorstand kann die Wählerliste in diesem Fall so belassen, wie er sie aufgestellt hat.

33 Soweit **kein Einvernehmen über die Zuordnung** besteht, ist in **gemeinsamer Sitzung** eine Einigung zu versuchen (Abs. 1 Satz 2). Das Gesetz verlangt in diesem Fall aber nicht, dass der Sprecherausschuss in seiner Gesamtheit an der Sitzung teilnimmt. Gemäß

Abs. 4 Satz 2 hat er vielmehr Mitglieder zu benennen, die anstelle des Wahlvorstands an dem Zuordnungsverfahren teilnehmen. Der Sprecherausschuss kann diese Aufgabe nur seinen Mitgliedern übertragen, nicht anderen Arbeitnehmern des Betriebs (ebenso *Fitting*, § 18 a Rn. 39; GK-*Kreutz*, § 18 a Rn. 92). Dem Sprecherausschuss ist überlassen, wieviele Mitglieder er benennt (ebenso *Fitting*, a. a. O.). Da für die Kostenbelastung des Arbeitgebers der Grundsatz der Erforderlichkeit und Verhältnismäßigkeit gilt, dürfen aber nicht mehr Mitglieder benannt werden, als bei einer Wahl dem Wahlvorstand angehören würden. Entgegen dem Wortlaut, der in der Mehrzahl von Mitgliedern spricht, genügt es, wenn ein einziges Mitglied benannt wird; denn wegen der getrennten Abstimmung scheidet aus, dass eine Seite im Zuordnungsverfahren überstimmt wird (ebenso GK-*Kreutz*, § 18 a Rn. 93; a. A. *Fitting*, § 18 a Rn. 39).

Soweit in gemeinsamer Sitzung keine Einigung zustande kommt, findet das **Vermittlungsverfahren** statt (s. Rn. 22). An die Stelle des für eine Sprecherausschusswahl gebildeten Wahlvorstands treten die vom Sprecherausschuss benannten Mitglieder. **34**

2. Sprecherausschusswahl

Wird mit einer **Sprecherausschusswahl** (§ 5 Abs. 1 oder 2 SprAuG) **nicht zeitgleich** eine **Betriebsratswahl** eingeleitet, so hat der Wahlvorstand für den Sprecherausschusswahl den **Betriebsrat zu unterrichten** (Abs. 4 Satz 3 i. V. mit Abs. 1 Satz 1 Halbsatz 1, Abs. 4 Satz 1). **35**

Was für den Fall geregelt ist, dass nur eine Betriebsratswahl stattfindet, gilt in diesem Fall entsprechend für den Betriebsrat (Abs. 4 Satz 3; s. Rn. 32 ff.). **36**

V. Bestellung und Befugnis des Vermittlers

1. Person des Vermittlers

Zum Vermittler kann nur eine **Beschäftigter des Betriebs** oder eines anderen Betriebs des Unternehmens oder Konzerns oder der **Arbeitgeber** bestellt werden (Abs. 3 Satz 2). Nach der Begründung des Gesetzesentwurfs soll dadurch sichergestellt werden, dass das Bestellungsverfahren internen Charakter behält und kostengünstig durchgeführt werden kann (BT-Drucks. 11/2503, S. 32). **37**

Das Gesetz spricht hier vom Beschäftigten, meint damit aber die **Arbeitnehmer, die zum Betrieb, Unternehmen oder Konzern gehören,** einschließlich der leitenden Angestellten (ebenso *Fitting*, § 18 a Rn. 43; GK-*Kreutz*, § 18 a Rn. 57; *Hromadka*, SprAuG, § 18 a BetrVG Rn. 9; a. A. unter Berufung auf § 5 Abs. 3 Satz 1 DKK-*Trümner*, § 18 a Rn. 57). Da der Arbeitgeber selbst zum Vermittler bestellt werden kann, greift hier auch nicht die Ausklammerung aus dem Arbeitnehmerbegriff nach § 5 Abs. 2 ein (ebenso GK-*Kreutz*, § 18 a Rn. 57). **38**

Notwendig ist aber, dass der Beschäftigte dem **Betrieb** oder einem **anderen Betrieb des Unternehmens oder Konzerns angehört.** Wer ausgeschieden ist, kann daher nicht mehr zum Vermittler bestellt werden, auch wenn er eine betriebliche Altersversorgung erhält. Das Gesetz lässt aber genügen, dass der Vermittler sogar aus einem anderen Unternehmen kommen kann, sofern es sich um denselben Konzern handelt, wobei hier anders als sonst kein Unterschied gemacht wird, ob es sich um einen **Unterordnungs-** oder um einen **Gleichordnungskonzern** handelt (ebenso *Fitting*, § 18 a Rn. 46; GK-*Kreutz*, § 18 a Rn. 58). **39**

Keine Rolle spielt, ob der Vermittler dem (noch amtierenden) **Betriebsrat** oder **Sprecherausschuss** angehört (ebenso *Fitting*, § 18 a Rn. 44; GK-*Kreutz*, § 18 a Rn. 59; *Hromadka*, SprAuG, § 18 a BetrVG Rn. 9; a. A. *Stege/Weinspach/Schiefer*, § 18 a Rn. 5; wohl *Martens*, RdA 1989, 73, 87). Auch Mitglieder der beteiligten **Wahlvorstände** sind als Vermittler nicht ausgeschlossen (ebenso *Kreutz*, a. a. O.; a. A. *Fitting, Hromadka, Stege/Weinspach/Schiefer*, jeweils a. a. O.; *Dänzer-Vanotti*, AuR 1989, 204, 206). **40**

41 Das Gesetz lässt ausdrücklich zu, dass die beteiligten Wahlvorstände auch den **Arbeitgeber** als Vermittler bestellen können. Möglich ist auch, dass ein Wahlvorstand ihn für den Losentscheid benennt. Die gegenteilige Meinung (DKK-*Trümner*, § 18 a Rn. 62) widerspricht dem Wortlaut des Gesetzes (ebenso GK-*Kreutz*, § 18 a Rn. 60).

2. Bestellungsverfahren

42 a) Bei zeitgleicher Einleitung der Wahlen müssen sich die Wahlvorstände auf die Person des Vermittlers einigen (Abs. 3 Satz 1). Dies gilt für alle Wahlvorstände, mit denen keine Einigung erzielt worden ist. Ist also ein Unternehmenswahlvorstand am Vermittlungsverfahren beteiligt, oder muss ein Wahlvorstand für Sprecherausschusswahlen sich aus anderen Gründen mit mehreren Wahlvorständen abstimmen (Rn. 9 f.), dann können sie jeder für sich einen Vermittler vorschlagen (ebenso *Fitting*, § 18 a Rn. 49; GK-*Kreutz*, § 18 a Rn. 66; *Schneider*, AiB 1990, 18). Wird nur eine Betriebsratswahl eingeleitet, so erfolgt die Bestellung durch den für die Betriebsratswahl gebildeten Wahlvorstand und die vom Sprecherausschuss benannten Mitglieder (Abs. 4 Satz 2). Entsprechend treten, wenn nur eine Sprecherauswahl stattfindet, an die Stelle des Wahlvorstands die vom Betriebsrat benannten Mitglieder (Abs. 4 Satz 3).

43 Wegen der Zwecksetzung des Zuordnungsverfahrens muss die Einigung auf einer **getrennten Abstimmung der Wahlvorstände** bzw. der an Stelle des Wahlvorstands an dem Zuordnungsverfahren beteiligten Mitglieder des Sprecherausschusses oder des Betriebsrats beruhen (ebenso *Fitting*, § 18 a Rn. 48; GK-*Kreutz*, § 18 a Rn. 64). Eine geheime Abstimmung ist nicht erforderlich. Möglich ist auch, dass ein Wahlvorstand die Benennung der Person seinem Vorsitzenden überlässt (ebenso GK-*Kreutz*, § 18 a Rn. 64).

44 b) Kommt **keine Einigung** zustande, so schlägt jede Seite eine Person als Vermittler vor; **durch Los** wird entschieden, wer als **Vermittler** tätig wird (Abs. 3 Satz 3).

45 c) Der **Vermittler** ist **bestellt,** wenn er die Beauftragung **annimmt.** Nicht erforderlich ist eine ausdrückliche Erklärung, sondern die Annahme ist konkludent erfolgt, sobald die ausgewählte Person als Vermittler tätig wird.

46 d) Wird weder durch Einigung noch durch Losentscheid ein Vermittler bestellt oder lehnt die ausgewählte Person die Bestellung ab, so kann das **Zuordnungsverfahren nicht weitergeführt** werden (ebenso *Fitting*, § 18 a Rn. 51; GK-*Kreutz*, § 18 a Rn. 70). Das gilt auch, wenn nur eine Seite ihre Mitwirkung verweigert. Keineswegs ist die von der anderen Seite vorgeschlagene Person Vermittler mit der Befugnis der Zuordnung i. S. des Abs. 5 (ebenso *Fitting*, § 18 a Rn. 39; GK-*Kreutz*, § 18 a Rn. 71; DKK-*Trümner*, § 18 a Rn. 65; a. A. *Löwisch/Kaiser*, § 18 a Rn. 13). Die Pflichtverletzung kann jedoch bei einem Wahlvorstand für die Betriebsratswahlen dazu führen, dass ihn das Arbeitsgericht nach § 18 Abs. 1 Satz 2 ersetzt. Es gibt aber keine Ersatzbestellung des Vermittlers durch das Arbeitsgericht.

3. Persönliche Rechtsstellung des Vermittlers

47 Eine **Vergütung für die Tätigkeit des Vermittlers** ist **nicht vorgesehen** (vgl. Begründung des GesEntw., BT-Drucks. 11/2503, S. 32). Wie die Mitgliedschaft im Wahlvorstand wird die Vermittlertätigkeit **unentgeltlich** als **Ehrenamt** wahrgenommen (ErfK-*Eisemann*, § 18 a Rn. 4; GK-*Kreutz*, § 18 a Rn. 72; HWK-*Reichold*, § 18 a Rn. 8). Eine Vergütungsvereinbarung wäre gemäß § 134 BGB i. V. m. § 20 Abs. 2 bzw. § 8 Abs. 2 S. 3 SprAuG nichtig (GK-*Kreutz*, § 18 a Rn. 74).

48 **Versäumnis von Arbeitszeit,** die zur Tätigkeit als Vermittler erforderlich ist, berechtigt den Arbeitgeber **nicht zur Minderung des Arbeitsentgelts** (§ 20 Abs. 3 Satz 2). **Notwendige Aufwendungen** hat der Arbeitgeber zu tragen bzw. zu ersetzen; denn sie gehören zu den Kosten der Wahl (§ 20 Abs. 3 Satz 1).

49 Eine **besondere Gemeinhaltungspflicht** ist dem Vermittler **nicht auferlegt** (a. A. für analoge Anwendung des § 79 Abs. 2 GK-*Kreutz*, § 18 a Rn. 76; *Hromadka*, SprAuG,

§ 18a BetrVG Rn. 17). Für die Geheimhaltungspflicht genügt die Pflicht aus dem Arbeitsverhältnis (ebenso *Fitting*, § 18a Rn. 59).

Im Gegensatz zu den Mitgliedern des Wahlvorstands genießt der Vermittler **nicht** den **besonderen Kündigungsschutz im Rahmen der Betriebsverfassung;** es besteht für ihn nur der **relative Kündigungsschutz,** der sich aus § 78 Satz 2 ergibt. 50

4. Befugnis zur Entscheidung über die Zuordnung

a) Der Vermittler hat **spätestens eine Woche vor Einleitung der Wahlen** erneut eine **Verständigung über die Zuordnung zu versuchen** (Abs. 2 Satz 1). Dazu ist er nur befähigt, wenn ihm der für die Zuordnung maßgebliche Sachverhalt bekannt ist. Deshalb bestimmt das Gesetz ausdrücklich, dass der Arbeitgeber den Vermittler auf dessen Verlangen zu unterstützen, insbesondere die erforderlichen Auskünfte zu erteilen und die erforderlichen Unterlagen zur Verfügung zu stellen hat (Abs. 2 Satz 2). Die Unterlagen sind – zumindest in Abschrift – dem Vermittler zu überlassen (s. auch § 80 Rn. 67). Nicht zu den Unterlagen gehört die Personalakte der Betroffenen im Ganzen (ebenso *Fitting*, § 18a Rn. 53; GK-*Kreutz*, § 18a Rn. 81; HWK-*Reichold*, § 18a Rn. 7). 51

Die Vermittlertätigkeit setzt nach ihrer Zweckbestimmung voraus, dass der Vermittler bei der Wahrnehmung seiner Aufgabe **keine Weisungen** unterliegt, weder Weisungen der am Zuordnungsverfahren Beteiligten noch Weisungen des Arbeitgebers (ErfK-*Eisemann*, § 18a Rn. 4; *Fitting*, § 18a Rn. 59; GK-*Kreutz*, § 18a Rn. 78). 52

b) Bleibt der **Verständigungsversuch erfolglos,** so entscheidet der Vermittler nach **Beratung mit dem Arbeitgeber** (Abs. 2 Satz 3). Unterbleibt die Beratung, so hat dieser Verfahrensmangel nicht zur Folge, dass die vom Vermittler getroffene Entscheidung unwirksam ist (ebenso *Fitting*, § 18a Rn. 56; GK-*Kreutz*, § 18a Rn. 86). 53

Der Vermittler trifft seine **Entscheidung auf der Grundlage des** § 5 **Abs.** 3 **Satz** 2 (s. § 5 Rn. 185 ff.). § 5 Abs. 4 gibt dem Vermittler eine Entscheidungshilfe, wenn Zweifel bleiben, ob ein Angestellter leitender Angestellter nach Nr. 3 des § 5 Abs. 3 Satz 2 ist (s. § 5 Rn. 227 ff.). Die Entscheidung des Vermittlers ist *Rechtsanwendung*. Sie entfaltet eine Bindungswirkung nur für die anstehende Betriebsratswahl und Wahl nach dem SprAuG. Die Angestellten sind entsprechend ihrer Zuordnung in die jeweilige Wählerliste einzutragen (Abs. 2 Satz 4 i. V. mit Abs. 1 Satz 3). 54

VI. Rechtsfolgen der im Zuordnungsverfahren erfolgten Feststellung

1. Feststellung des aktiven und passiven Wahlrechts

Erfolgt die Zuordnung im hier geregelten Verfahren, so legt sie **bindend** fest, ob der Arbeitnehmer **für die eingeleitete Betriebsratswahl** oder für die eingeleitete Wahl nach dem SprAuG **wahlberechtigt und wählbar** ist. Die Zuordnung entfaltet keine Bindung für die Wahlvorstände bei Aufsichtsratswahlen nach dem MitbestG und den §§ 76 ff. BetrVG 1952. Sie gilt auch nicht für spätere Wahlen. Erst recht scheidet aus, dass durch die Zuordnung der Status eines Arbeitnehmers festgelegt wird, soweit er als Vorfrage bei einem Rechtsstreit im Rahmen eines Urteilsverfahrens eine Rolle spielt, z.B. bei der Frage, ob die Kündigung unwirksam ist, weil der Betriebsrat (§ 102 Abs. 1) oder der Sprecherausschuss (§ 31 Abs. 2 SprAuG) vor Ausspruch der Kündigung nicht ordnungsgemäß angehört worden ist (ebenso GK-*Kreutz*, § 18a Rn. 96). 55

2. Kein Ausschluss des Rechtswegs (Abs. 5 Satz 1)

Bei der **Zuordnungsentscheidung,** handelt es sich auch, wenn sie auf einer Einigung der Wahlvorstände beruht, nicht um eine *Regelung,* sondern um einen *Beurteilungs-* 56 *konsens.* Es geht um **Rechtsanwendung.** Folgerichtig bestimmt daher Abs. 5 Satz 1, dass durch die Zuordnung der **Rechtsweg nicht ausgeschlossen** wird. Deshalb kann insbesondere ein Arbeitnehmer während des Zuordnungsverfahrens noch im arbeitsgerichtlichen Beschlussverfahren klären lassen, ob er für eine Betriebsratswahl wahlberechtigt und wählbar ist. Auch die Feststellung, die im Zuordnungsverfahren getroffen wird, kann vor Abschluss der Betriebsratswahl bzw. der Wahl nach dem SprAuG selbständig angefochten werden (s. auch § 18 Rn. 18 ff.).

3. Beschränkung der Wahlanfechtbarkeit

57 Die **Anfechtung der Betriebsratswahl** oder der Wahl nach dem SprAuG ist **ausgeschlossen,** soweit sie darauf gestützt wird, die **Zuordnung sei fehlerhaft erfolgt** (Abs. 5 Satz 2). Das gilt jedoch nur, wenn die Zuordnung nach dem hier geregelten Verfahren erfolgt ist. Es genügt also nicht, dass die eine Seite das Zuordnungsverfahren betrieben hat, aber nicht weiterführen konnte, weil die andere Seite pflichtwidrig ihre Mitwirkung versagt hat.

58 Ausgeschlossen ist die Wahlanfechtung auch nur insoweit, als es um die Zuordnung zu den leitenden und nicht leitenden Angestellten geht. Sind andere Vorschriften über die Wahlberechtigung und Wählbarkeit verletzt, so ist dadurch die Wahlanfechtung nicht ausgeschlossen.

59 Aber auch soweit es um die Zuordnungen geht, die im hier geregelten Zuordnungsverfahren getroffen sind, ist die Wahlanfechtung nicht ausgeschlossen, soweit die Zuordnung **offensichtlich fehlerhaft** ist (Abs. 5 Satz 3). Der Fehler muss sich „geradezu aufdrängen" (BT-Drucks. 11/2503, S. 32). Nicht offensichtlich fehlerhaft ist eine Zuordnung, die bei Zweifeln, ob die Merkmale der Legaldefinition nach § 5 Abs. 3 Satz 2 Nr. 3 vorliegen, auf § 5 Abs. 4 gestützt wird. Die Zuordnung ist aber offensichtlich fehlerhaft, wenn man ihr nicht die Legaldefinition des § 5 Abs. 3 Satz 2 zugrunde gelegt hat (ebenso *Fitting*, § 18 a Rn. 70; DKK-*Trümner*, § 18 a Rn. 71; *Engels/Natter*, BB Beil. 8/1989, 14 f.; *Richardi*, NZA Beil. 1/1990, 2, 10; *ders.*, AuR 1991, 33, 44; differenzierend zwischen § 5 Abs. 4 Nr. 1 bis 3 und Nr. 4 *Wlotzke*, DB 1989, 111, 126; a. A. *Bauer*, SprAuG, 2. Aufl. 1990, § 18 a BetrVG Anm. VII; *Löwisch/Kaiser*, § 18 a Rn. 16; *Buchner*, NZA Beil. 1/1989, 2, 11; wohl auch GK-*Kreutz*, § 18 a Rn. 103) oder bei denen eine falsche Tatsachenbasis zugrunde gelegt wurde, die zu unmittelbar ersichtlich abweichenden Ergebnissen führt. Offensichtliche Fehlerhaftigkeit ist ebenfalls immer dann anzunehmen, wenn im Statusverfahren ein anderer Status eines Angestellten so rechtzeitig festgestellt wird, dass die Wählerliste dies noch rechtzeitig hätte berücksichtigen können (GK-*Kreutz*, § 18 Rn. 103; *Fitting*, § 18 a Rn. 70).

4. Geltendmachung der Nichtwählbarkeit

60 Abs. 5 Satz 2 und 3 gilt nur für die Wahlanfechtung, nicht für die nachträgliche Geltendmachung der Nichtwählbarkeit gem. § 24 Abs. 1 Nr. 6 und § 9 Abs. 2 Nr. 6 SprAuG. Es wäre aber ein Wertungswiderspruch, wollte man nach Ablauf der Anfechtungsfrist die gerichtliche Geltendmachung der Nichtwählbarkeit zulassen. Deshalb findet Abs. 5 Satz 2 und 3 entsprechend Anwendung (ebenso *Martens*, RdA 1989, 73, 87; vgl. auch *Fitting*, § 18 a Rn. 75).

VII. Streitigkeiten

61 Streitigkeiten über die Durchführung des Zuordnungsverfahrens entscheidet das Arbeitsgericht im Beschlussverfahren (§ 2 a Abs. 1 Nr. 1 oder Nr. 2, Abs. 2 i. V. mit §§ 80 ff. ArbGG; s. auch § 5 Rn. 299 ff.). Statusverfahren bleiben auch im Rahmen des Wahlverfahrens zulässig (DKK-*Trümner*, § 18 a Rn. 75; *Fitting*, § 18 a Rn. 65; GK-*Kreutz*, § 18 a Rn. 96; HWK-*Reichold*, § 18 a Rn. 11; ErfK-*Eisemann*, § 18 a Rn. 6).

I. Vorbemerkung   § 19

§ 19 Wahlanfechtung

(1) Die Wahl kann beim Arbeitsgericht angefochten werden, wenn gegen wesentliche Vorschriften über das Wahlrecht, die Wählbarkeit oder das Wahlverfahren verstoßen worden ist und eine Berichtigung nicht erfolgt ist, es sei denn, dass durch den Verstoß das Wahlergebnis nicht geändert oder beeinflusst werden konnte.

(2) [1] Zur Anfechtung berechtigt sind mindestens drei Wahlberechtigte, eine im Betrieb vertretene Gewerkschaft oder der Arbeitgeber. [2] Die Wahlanfechtung ist nur binnen einer Frist von zwei Wochen, vom Tage der Bekanntgabe des Wahlergebnisses an gerechnet, zulässig.

Schrifttum: *Burger*, Die Nichtigkeit von Betriebsratswahlen, Diss. Passau 2008; *Krampe*, Die Anfechtbarkeit der Wahl des Betriebsratsvorsitzenden, Diss. Marburg 2006; *Nägele*, Die Anfechtung der Betriebsratswahl, ArbRB 2006, 58; *Nießen*, Fehlerhafte Betriebsratswahlen, Diss. Köln 2006; *Rieble*, Betriebsratswahl durch den Arbeitgeber?, ZfA 2003, 283; ders./*Triskatis*, Vorläufiger Rechtsschutz im Betriebsratswahlverfahren, NZA 2006, 233; *Veit/Wichert*, Betriebsratswahlen – Einstweilige Verfügung gegen rechtswidrige Maßnahmen des Wahlvorstandes, DB 2006, 390; *Wiesner*, Korrekturen von Fehlern der Betriebsratswah, FA 2007, 38.

Übersicht

	Rn.
I. Vorbemerkung	1
II. Voraussetzungen der Anfechtbarkeit	4
1. Beschränkung der Anfechtungsmöglichkeit auf wesentliche Gesetzesverletzungen	5
2. Vorschriften über das Wahlrecht und die Wählbarkeit	6
3. Vorschriften über das Wahlverfahren	13
4. Überblick über wesentliche Wahlvorschriften	15
5. Kausalität (Möglichkeit einer Beeinflussung des Wahlergebnisses)	31
6. Berichtigung durch den Wahlvorstand	34
III. Wahlanfechtungsverfahren	35
1. Entscheidung im Beschlussverfahren	35
2. Anfechtungsberechtigung	36
3. Anfechtungsfrist	44
4. Gegenstand der Anfechtung	48
5. Inhalt des Antrags	50
6. Beteiligte im Wahlanfechtungsverfahren	53
7. Untersuchungsgrundsatz	57
8. Rechtsschutzinteresse – Erledigung der Hauptsache	59
IV. Wirkung der Anfechtung	61
1. Rechtsgestaltung bei erfolgreicher Anfechtung	61
2. Korrektur des Wahlergebnisses	65
3. Ungültigkeit der Wahl eines Betriebsratsmitglieds	67
V. Wiederholung der Wahl	69
VI. Nichtigkeit der Wahl	72
1. Nichtigkeit neben der Wahlanfechtung	72
2. Nichtigkeitsgründe	73
3. Rechtsfolgen bei Nichtigkeit	77
4. Gerichtliche Geltendmachung der Nichtigkeit	80

I. Vorbemerkung

Die Vorschrift regelt nur die **Wahlanfechtung**. Sie entspricht § 18 BetrVG 1952 und ist lediglich redaktionell neu gestaltet worden. **1**

Da die betriebsverfassungsrechtliche Mitbestimmungsordnung den Bestand eines Betriebsrats voraussetzt, wäre es unerträglich, wenn noch nach langer Zeit geltend gemacht **2** werden könnte, die Betriebsratswahl sei ungültig. Deshalb kann ein Verstoß gegen Vorschriften über das Wahlrecht, die Wählbarkeit oder das Wahlverfahren auch dann, wenn er sich auf die Größe und Zusammensetzung des Betriebsrats auswirkt, nur im Wege der Anfechtung geltend gemacht werden, und diese Anfechtung ist an eine eng bemessene Frist von zwei Wochen seit Bekanntgabe des Wahlergebnisses gebunden, so dass, wenn die Frist ohne Anfechtung verstreicht, die Wahl des Betriebsrats definitiv gültig ist. Zulässig ist nach Ablauf der Anfechtungsfrist lediglich noch die Feststellung, dass ein Betriebsratsmitglied nicht wählbar gewesen ist (§ 24 Abs. 1 Nr. 6; s. dort Rn. 28 ff.).

3 Sind die **Voraussetzungen für eine Betriebsratswahl nicht gegeben** oder sind bei der Betriebsratswahl so **grobe Fehler** und Mängel unterlaufen, dass von einer **ordnungsgemäßen Wahl nicht einmal dem äußeren Anschein nach** gesprochen werden kann, so wäre es mit der Gesetzmäßigkeit der Betriebsverfassung unvereinbar, wenn die Geltendmachung an ein gerichtliches Verfahren gebunden wäre, das nur innerhalb einer bestimmten Frist eingeleitet werden kann. In diesen Fällen bedarf es deshalb keiner Anfechtung, sondern die **Wahl** ist **nichtig.** Die Nichtigkeit kann jederzeit, in jedem Verfahren und in jeder Form geltend gemacht werden (s. Rn. 77). Zur entsprechenden Anwendung auf betriebsratsinterne Wahlen: § 27 Rn. 32.

Entsprechende Vorschriften: § 25 BPersVG, § 8 Abs. 1 SprAuG.

II. Voraussetzungen der Anfechtbarkeit

4 Die Anfechtung einer Betriebsratswahl setzt voraus: Verstoß gegen **wesentliche Vorschriften über das Wahlrecht, die Wählbarkeit oder das Wahlverfahren,** ohne dass eine Berichtigung erfolgt ist, und die **Möglichkeit einer Beeinflussung des Wahlergebnisses** durch diesen Verstoß (Abs. 1).

1. Beschränkung der Anfechtungsmöglichkeit auf wesentliche Gesetzesverletzungen

5 Das Gesetz beschränkt die Anfechtungsmöglichkeit auf einen **Verstoß gegen wesentliche Vorschriften über das Wahlrecht, die Wählbarkeit oder das Wahlverfahren.** Diese Beschränkung ist notwendig, weil das Wahlverfahren sehr detailliert geregelt ist. Mängel, die auf einer Verletzung von bloßen Ordnungsvorschriften beruhen, wird kein Einfluss auf die Wirksamkeit einer Betriebsratswahl zuerkannt, sondern es muss sich um eine Verletzung der Vorschriften handeln, die Grundprinzipien der Betriebsratswahl zum Ausdruck bringen (vgl. BAG 13. 10. 2004 AP WahlO BetrVG 1972 § 2 Nr. 1; ebenso *Fitting*, § 19 Rn. 10; *Joost*, MünchArbR § 216 Rn. 206). Die Anfechtung kann deshalb grundsätzlich nur auf den Verstoß gegen eine **Mussvorschrift,** nicht etwa auf die Verletzung einer bloßen Ordnungsvorschrift gestützt werden. Nach dem BAG sind zwingende Wahlvorschriften regelmäßig als wesentliche Wahlvorschriften i. S. des Abs. 1 anzusehen (BAG 14. 9. 1988 AP BetrVG 1972 § 16 Nr. 1). Zwingende Vorschriften sind allerdings **Sollvorschriften.** Der Gesetzgeber hat aber sie im Gegensatz zu den Mussvorschriften mit geringerer Verbindlichkeit auf der Rechtsfolgenseite ausgestaltet. Darin kommt zum Ausdruck, dass sie nicht zu den Grundprinzipien der Betriebsratswahl zählen. Ein Verstoß gegen sie begründet daher regelmäßig keine Wahlanfechtung (ebenso ErfK-*Eisemann*, § 19 Rn. 2; *Fitting*, § 19 Rn. 10; GLHSWGNR-*Nicolai*, § 19 Rn. 6; DKK-*Schneider*, § 19 Rn. 3; differenzierend GK-*Kreutz*, § 19 Rn. 17 ff., der zumindest die Sollvorschriften §§ 2 Abs. 1 Satz 2, 2 Abs. 5, 4 Abs. 3 WO für wesentlich im Hinblick auf ein ordnungsgemäßes Wahlergebnis hält; a. A. *H. Hanau,* DB Beil. 4/1986, 4 ff.).

II. Voraussetzungen der Anfechtbarkeit § 19

2. Vorschriften über das Wahlrecht und die Wählbarkeit

a) Vorschriften über das **Wahlrecht** sind die Bestimmungen, die sich auf die **Wahl-** 6
berechtigung beziehen (§ 7). Sie sind verletzt, wenn jemand, der wahlberechtigt ist, nicht
zur Wahl zugelassen wird, oder nicht wahlberechtigte Personen, z. B. Jugendliche oder
leitende Angestellte, sich an ihr beteiligen (s. auch Rn. 15).

b) Die Vorschriften über die **Wählbarkeit** sind verletzt, wenn jemand gewählt wird, 7
der nicht wählbar ist (§ 8), also entweder überhaupt noch nicht wahlberechtigt ist (s. § 8
Rn. 5 ff.) oder noch nicht sechs Monate dem Betrieb oder Unternehmen angehört (s. § 8
Rn. 17 ff.) oder die Fähigkeit nicht besitzt, Rechte aus öffentlichen Wahlen zu erlangen
(s. § 8 Rn. 40). Auf eine Verletzung der Vorschriften über die Wählbarkeit kann aber
eine Entscheidung über die Anfechtung nicht mehr gestützt werden, wenn inzwischen,
d. h. vor Beendigung der Letzten gerichtlichen Tatsachenverhandlung, der Mangel der
Wählbarkeit behoben ist, das Betriebsratsmitglied also z. B. die sechsmonatige Betriebszugehörigkeit erfüllt; § 24 Abs. 1 Nr. 6, der dies für das Feststellungsverfahren klarstellt
(s. dort Rn. 31), gilt entsprechend (ebenso *J. Schröder*, Mängel und Heilung der Wählbarkeit, S. 13 f.; im Ergebnis *Fitting*, § 19 Rn. 18; GK-*Kreutz*, § 19 Rn. 24; HSWGNR-
Nicolai, § 19 Rn. 16; *Joost*, MünchArbR § 216 Rn. 208).

c) Da die **Eintragung in die Wählerliste** formelle Voraussetzung für die Ausübung 8
des aktiven und passiven Wahlrechts ist (§ 2 Abs. 3 Satz 1 WO), können Verstöße
gegen das Wahlrecht und die Wählbarkeit darauf beruhen, dass der Wahlvorstand die
Wählerliste nicht richtig aufgestellt hat. Nach § 4 WO kann ein **Einspruch gegen die
Richtigkeit der Wählerliste** nur innerhalb von zwei Wochen seit Erlass des Wahlausschreibens beim Wahlvorstand eingelegt werden; er ist aber **keine Voraussetzung für
die Wahlanfechtungsbefugnis** (ebenso für die Anfechtungsbefugnis einer im Betrieb
vertretenen Gewerkschaft BAG 29. 3. 1974 AP BetrVG 1972 § 19 Nr. 2 [zust. *Seipel*];
25. 6. 1974 AP BetrVG 1972 § 19 Nr. 3 – beide für die Gewerkschaft; für den
Arbeitgeber BAG 11. 3. 1975 AP BetrVG 1972 § 24 Nr. 1; ErfK-*Eisemann*, § 19
Rn. 3; offengelassen BAG 27. 1. 1993 AP BetrVG 1972 § 76 Nr. 29; BAG 14. 11.
2001, DB 2002, 2003). Dies muss jedenfalls dann gelten, wenn neben der fehlerhaften
Wählerliste noch andere Verstöße gerügt werden (BAG 14. 11. 2001, NZA 2002,
1231).

Die Regelung über Einsprüche gegen die Wählerliste in § 4 WO hat ausschließlich 9
verfahrensmäßigen Charakter; sie soll einerseits sicherstellen, dass jeder, der wahlberechtigt ist, zur Wahl zugelassen wird, andererseits aber auch verhindern, dass durch
Einsprüche gegen die Richtigkeit der Wählerliste die Wahl verzögert wird. Deshalb
wird dem Wahlvorstand ausdrücklich zur Pflicht gemacht, nach Ablauf der Einspruchsfrist die Wählerliste nochmals auf ihre Vollständigkeit hin zu überprüfen (§ 4 Abs. 3
Satz 1 WO). Verstöße gegen das Wahlrecht werden also nicht dadurch geheilt, dass ein
Einspruch gegen die Wählerliste unterblieben ist. Aber auch für die Anfechtungsberechtigung ist keine Voraussetzung, dass Einspruch gegen die Wählerliste eingelegt wurde,
wenn durch sie Verstöße gegen das Wahlrecht oder die Wählbarkeit verursacht wurden.

Eine Ausnahme kommt lediglich in Betracht, wenn jemand berechtigt und in der Lage 10
war, Einspruch gegen die Richtigkeit der Wählerliste einzulegen (so zutreffend *Fitting*,
§ 19 Rn. 14; jedoch strittig, s. GK-*Kreuz*, § 19 Rn. 59). Da nur Arbeitnehmer, nicht
aber der Arbeitgeber und die im Betrieb vertretenen Gewerkschaften einspruchsberechtigt sind (s. § 4 WO Rn. 5), hängt deren Anfechtungsberechtigung schon aus diesem
Grund nicht davon ab, dass zuvor Einspruch gegen die Richtigkeit der Wählerliste
eingelegt worden war. Aber auch ein Arbeitnehmer, der nicht in der Lage war, Einspruch
gegen seine Nichteintragung in die Wählerliste einzulegen, z. B. weil er Wehrdienst
leistete, kann sich an einer Wahlanfechtung beteiligen. Nur wenn einem Arbeitnehmer
die Ausübung des Einspruchsrechts nach § 4 WO möglich war, bedeutet es einen *Rechts-*

§ 19 Wahlanfechtung

missbrauch, wenn er davon im Vertrauen auf das spätere Wahlanfechtungsrecht absieht (so zutreffend *Seipel*, Anm. zu BAG AP BetrVG 1972 § 19 Nr. 2).

11 d) Ein Verstoß gegen das Wahlrecht und die Wählbarkeit kann insbesondere auf der **fehlerhaften Abgrenzung des Betriebs** beruhen (s. § 18 Rn. 22). Die Betriebszuordnung kann jedoch auch Gegenstand eines selbständigen Beschlussverfahrens sein (§ 18 Abs. 2; s. zu den Auswirkungen auf das Betriebsratsamt dort Rn. 31 ff.).

12 Sowohl auf das Wahlrecht als auf die Wählbarkeit wirkt sich aus, wenn die **Mitgliederzahl und Zusammensetzung des Betriebsrats** fehlerhaft bestimmt werden (s. § 9 Rn. 18 ff.).

3. Vorschriften über das Wahlverfahren

13 Zu den Vorschriften über das Wahlverfahren gehören alle **Bestimmungen, die für die Bildung des Betriebsrats** von Bedeutung sind, also die §§ 9 bis 18 und § 20 sowie die Vorschriften der Wahlordnung (s. im einzelnen Rn. 15 ff.).

14 Auch die Besonderheiten des vereinfachten Wahlverfahrens gehören zu den Regelungen des Wahlverfahrens. Dies umfasst auch die Entscheidung nach § 14a Abs. 5, dieses besondere Wahlverfahren in Betrieben zwischen 51 und 100 Arbeitnehmern anzuwenden. Das Wahlverfahren beginnt hier allgemein mit der ersten Wahlversammlung zur Bildung eines Wahlvorstandes, § 14a Abs. 1. Wird die Wahl im vereinfachten, statt im förmlichen Wahlverfahren durchgeführt, liegt darin stets ein Verstoß gegen eine wesentliche Verfahrensvorschrift (BAG 19. 11. 2003 AP BetrVG 1972 § 19 Nr. 54 [gegen eine Nichtigkeit]; zur Wahl einer Schwerbehindertenvertretung BAG 7. 4. 2004 AP SGB IX § 94 Nr. 3; BAG 16. 11. 2005 AP SGB IX § 94 Nr. 4).

4. Überblick über wesentliche Wahlvorschriften

15 a) **Zulassung von Nichtwahlberechtigten** (BAG 28. 4. 1964 AP BetrVG § 4 Nr. 3; BAG 25. 6. 1975 AP BetrVG 1972 § 19 Nr. 3; 29. 1. 1992 AP BetrVG 1972 § 7 Nr. 1 [Zeitungszusteller]; BAG 12. 2. 1992 AP BetrVG 1972 § 5 Nr. 52 [Helfer im sozialen Jahr]; BAG 21. 7. 1993 AP BetrVG 1972 § 5 Nr. 8 Ausbildung [Umschüler]; BAG 20. 3. 1996 AP BetrVG 1972 § 5 Nr. 9, 10 Ausbildung [Auszubildende in reinen Ausbildungsbetrieben]; BAG 28. 3. 2001 AP BetrVG 1972 § 7 Nr. 5 [Beamte]) **oder die Nichtzulassung von Wahlberechtigten** (BAG v. 11. 4. 1958 AP BetrVG § 6 Nr. 1 [*Dietz*]; BAG 28. 4. 1964 AP BetrVG § 4 Nr. 3; BAG 29. 3. 1974 AP BetrVG 1972 § 19 Nr. 2; BAG 29. 1. 1992 AP BetrVG 1972 § 7 Nr. 1).

15a Ist ein Zuordnungsverfahren nach § 18a durchgeführt worden, dann kann der Einwand, ein Arbeitnehmer sei als **leitender Arbeitnehmer** unrechtmäßig zur Wahl des Betriebsrats zugelassen worden, oder als nicht leitender fehlerhaft nicht zugelassen worden, nur noch darauf gestützt werden, dass die Zuordnung offensichtlich fehlerhaft war, s. § 18a Abs. 5 Satz 2 und 3. Hat eine solche Zuordnung nicht stattgefunden, dann gilt nichts anderes als für andere wahlberechtigte oder nicht wahlberechtigte Arbeitnehmer (LAG Düsseldorf 7. 1. 1958, BB 1958, 701; LAG Bremen 30. 6. 1961, BB 1961, 933).

15b Sind Arbeitnehmer zu unrecht **nicht an der Wahl beteiligt** worden, so wird der Mangel auch nicht dadurch geheilt, dass diese Arbeitnehmer später aus dem Betrieb ausscheiden (BAG 25. 6. 1974 AP BetrVG 1972 § 19 Nr. 3).

15c Ist in einem **früheren Beschlussverfahren** zwischen denselben Beteiligten der Feststellungsantrag des Arbeitgebers, die Mitglieder einer bestimmten Beschäftigtengruppe seien keine Arbeitnehmer im Sinne des § 5 BetrVG, rechtskräftig abgewiesen worden, so kann, solange sich die tatsächlichen Umstände nicht wesentlich ändern, eine nachfolgende Betriebsratswahl nicht mit der Begründung angefochten werden, die Mitglieder dieser Gruppe seien nicht wahlberechtigt gewesen (BAG 20. 3. 1996, AP BetrVG 1972 § 19 Nr. 32 mit eingehender Anmerkung zu den Grenzen der **Rechtskraft** von *Krause*).

II. Voraussetzungen der Anfechtbarkeit § 19

b) **Zulassung nicht wählbarer Arbeitnehmer** oder Nichtzulassung wählbarer Arbeitnehmer **als Wahlkandidaten** (BAG 28. 11. 1977 AP BetrVG 1972 § 8 Nr. 2 und AP BetrVG 1972 § 19 Nr. 6; BAG 14. 5. 1997 AP BetrVG 1972 § 8 Nr. 6 [gekündigte Arbeitnehmer; hierzu *Kothe,* AuA 1998, 104 und *v. Hoyningen-Huene,* SAE 1998, 91]). Ist ein Zuordnungsverfahren nach § 18a durchgeführt worden, dann kann der Einwand ein Arbeitnehmer sei als **leitender Arbeitnehmer** zu unrecht als Kandidat zugelassen worden, oder als nicht leitender zu unrecht nicht zugelassen worden, nur noch darauf gestützt werden, dass die Zuordnung offensichtlich fehlerhaft war, s. § 18a Abs. 5 Satz 2 und 3. 16

c) **Verkennung des Betriebsbegriffs** (ständige Rspr., s. nur BAG 19. 11. 2003 AP BetrVG 1972 § 19 Nr. 55; BAG 17. 1. 1978 AP BetrVG 1972 § 1 Nr. 1; 29. 5. 1991 AP BetrVG 1972 § 4 Nr. 5; BAG 14. 11. 2001, EzA BetrVG 1972 § 19 Nr. 72; s. auch Rn. 77) – fehlerhafte Bestimmung der Zahl der Betriebsratsmitglieder (BAG 12. 10. 1976 AP BetrVG 1972 § 8 Nr. 1 und AP BetrVG 1972 § 19 Nr. 5; 18. 1. 1989 AP BetrVG 1972 § 9 Nr. 1; 29. 6. 1991 AP BetrVG 1972 § 9 Nr. 2; zuletzt BAG 7. 5. 2008 AP BetrVG 1972 § 9 Nr. 12; BAG 12. 11. 2008, AuR 2009, 105; siehe auch die Instanzgerichte LAG Köln 17. 4. 1998, NZA-RR 1999, 247; LAG Nürnberg 2. 5. 2005, AR-Blattei ES 530.6.1 Nr. 41; für den Fall der der vorsätzlich fehlerhaften Bestimmung vgl. auch LAG Hamburg 26. 4. 2006, NZA 2006, 236: Nichtigkeit). Gleiches gilt auch, wenn die Voraussetzungen des § 3 Abs. 1 Nr. 1 bis 3 zu unrecht angenommen wurden, etwa weil der zugrunde liegende Tarifvertrag nichtig ist. Wird die Anfechtung darauf gestützt, dass **in einem einheitlichen Betrieb mehrere Betriebsräte gewählt** worden sind, dann muss die Wahl aller Betriebsräte angefochten werden (BAG 31. 5. 2000 AP BetrVG 1972 § 1 Nr. 12 Gemeinsamer Betrieb). 17

d) **Verstoß gegen § 20 Abs. 2** durch finanzielle und sonstige Unterstützung einer Kandidatengruppe durch den Arbeitgeber (BAG 4. 12. 1986 AP BetrVG 1972 § 19 Nr. 13). **Nicht** zur Anfechtung berechtigt die **wahrheitswidrige Wahlpropaganda,** sei es durch Gewerkschaften, Kandidaten oder andere Arbeitnehmer. Diese stellt regelmäßig keinen Verstoß gegen § 20 Abs. 2 dar (§ 20 Rn. 15). Auch im politischen Bereich ist eine Wahl nicht auf Grund solcher Umstände anfechtbar, und ein Grund, hier anderes zu entscheiden ist nicht ersichtlich (ebenso *Fitting,* § 20 Rn. 11). 18

e) Verstoß gegen die Vorschriften über die **Bestellung des Wahlvorstands,** z. B. durch einen nicht mehr im Amt befindlichen Betriebsrat (BAG 2. 3. 1955 AP BetrVG 1972 § 18 Nr. 1), durch Wahl der Belegschaft statt durch den amtierenden Betriebsrat (BAG 21. 7. 2004 AP BetrVG 1972 § 4 Nr. 1), durch den Vorsitzenden des Gesamtbetriebsrats anstelle des Gesamtbetriebsrats (LAG Hessen 8. 12. 2005, AuR 2006, 253), oder bei nicht ordnungsmäßiger Zusammensetzung des Wahlvorstands (BAG 3. 6. 1975 AP BetrVG 1972 § 5 Nr. 1 Rotes Kreuz; zum alten Gruppenprinzip BAG 14. 9. 1988 AP BetrVG 1972 § 16 Nr. 1; für einen Verstoß gegen § 16 Abs. 1 Satz. 2: LAG Nürnberg 30. 3. 2006, AR-Blattei ES 530.6 Nr. 90; siehe dazu auch § 16 Rn. 10). Allerdings wird hier oftmals fraglich sein, ob eine hinreichende **Kausalität** vorliegt (daher kritisch GK-*Kreutz,* § 19 Rn. 48: Keine Beeinflussung des Wahlergebnis möglich), jedoch kann nicht ausgeschlossen werden, dass bei den Ermessensentscheidungen, die der Wahlvorstand zu treffen hat, die fehlerhafte Bestellung mit einen Einfluss hat und damit auch das Ergebnis der Wahl nicht unberührt lässt (siehe auch LAG Baden-Württemberg 4. 7. 2007 – 2 TaBV 3/06, juris). Wenn der Gesetzgeber bei der Bestellung auch Soll-Vorschriften geschaffen hat (§ 16 Abs. 1 S. 5), deren Verletzung eine Anfechtung nicht soll rechtfertigen können, muss im Gegenschluss davon ausgegangen werden, dass auf die Verletzung anderer Vorschriften eine Anfechtung durchaus gestützt werden kann; es wären sonst Soll-Vorschriften, die vom Gesetz nicht so bezeichnet würden (im Ergebnis wie hier die ganz h. M. *Fitting,* § 19 Rn. 22; *Joost,* MünchArbR, § 216 Rn. 211). 19

f) **Zulassung nicht ordnungsmäßiger Wahlvorschläge,** z. B. unvorschriftsmäßige Ergänzung der Wahlvorschläge (LAG Kiel 27. 5. 1973, DB 1953, 535), Streichung von 20

§ 19 Wahlanfechtung

Kandidaten ohne Einverständnis *aller* Unterzeichner (vgl. BAG 15. 12. 1972 AP BetrVG 1972 § 14 Nr. 1). Fehlen der schriftlichen Zustimmung von Wahlbewerbern (BAG 1. 6. 1966 AP BetrVG § 18 Nr. 15) – hiezu bedarf es einer Unterschrift im Sinne von § 126 Abs. 1 BGB, eine Paraphe ist nicht ausreichend (LAG Hamm 20. 5. 2005 – 10 TaBV 94/04, juris; vgl. auch Palandt-*Heinrichs,* § 126 Rn. 9); kein Anfechtungsgrund aber bei Zulassung eines von einem Mitglied des Wahlvorstands mitunterzeichneten Wahlvorschlags oder eines Wahlvorschlags, auf dem ein Mitglied des Wahlvorstands kandidiert (s. § 16 Rn. 57); – **Nichtzulassung von ordnungsgemäßen Wahlvorschlägen**, z. B. die Nichtzulassung einer Vorschlagsliste, weil der Wahlvorstand irrtümlich meint, sie sei nicht rechtzeitig eingegangen (RAG 26. 8. 1931 BenshSlg. 13, 29); hierher gehört auch die Nichtzulassung eines Wahlvorschlags, der entgegen § 6 Abs. 3 WO nicht doppelt so viele Bewerber enthält, als zu wählen sind (BAG 29. 6. 1965 AP BetrVG § 13 Nr. 11); weiterhin die Nichtzulassung einer Vorschlagsliste, die nach ihrer äußeren Beschaffenheit die erforderliche Zahl von Unterschriften aufweist, weil der Wahlvorstand Zweifel hegt, ob die Unterschriftsleistung eigenhändig erfolgt ist (RAG 8. 7. 1931 BenshSlg. 12, 560; LAG Hamm, EzA § 19 BetrVG 1972 Nr. 9); unzulässige Verkürzung der Frist zur Einreichung von Wahlvorschlägen (BAG 12. 2. 1960 AP BetrVG § 18 Nr. 11); Setzen einer zu kurzen Nachfrist für die Einreichung von Wahlvorschlägen (LAG Frankfurt 5. 7. 1965, BB 1965, 1395); **Verstoß** gegen die **Pflicht zur unverzüglichen Prüfung** nach § 7 Abs. 2 Satz 2 WO (BAG 25. 5. 2005 AP BetrVG 1972 § 14 Nr. 2; LAG Frankfurt 19. 9. 2003, AuR 2004, 318; LAG Niedersachsen 26. 7. 2007 – 4 TaBV 85/06, juris).

21 g) **Fehlerhafte Gestaltung des Stimmzettels** durch den Wahlvorstand (ArbG Wetzlar 12. 6. 1972, DB 1972, 1731); Verstoß gegen den Grundsatz der *geheimen Wahl* durch unterschiedliche Gestaltung der Stimmzettel (BAG 14. 1. 1969 AP BetrVG § 13 Nr. 12).

22 h) Nichteinhaltung der im Wahlausschreiben angegebenen **Zeit für die Stimmabgabe** (BAG 11. 3. 1960 AP BetrVG § 18 Nr. 13); Verkürzung der Frist zur Einreichung von Wahlvorschlägen (LAG Hessen 31. 8. 2006, NZA-RR 2007, 198); bei der Stimmabgabe werden keine Wahlumschläge benutzt (LAG Niedersachsen 1. 3. 2004 – 16 TaBV 60/03, juris; LAG Hamm 27. 1. 1982, DB 1982, 2252).

23 Unterbrechung der **Stimmauszählung**, obwohl kein wichtiger Grund gegeben ist (vgl. dazu BVerwG 23. 10. 1970 E 36, 170); Mitzählung nicht ordnungsgemäß abgegebener Stimmen (RAG 9. 3. 1929 BenshSlg. 5, 320) und Nichtberücksichtigung von ordnungsgemäß abgegebenen Stimmen (RAG 22. 10. 1930 BenshSlg. 10, 194), ebenso wie nicht unverzügliche **öffentliche Auszählung der abgegebenen Stimmen** nach Abschluss der Wahl ohne genügende Sicherung der abgegebenen Stimmen (ArbG Bochum 20. 6. 1975, DB 1975, 1898). Bei der Stimmauszählung ist nicht über den gesamten Zeitraum mindestens ein Mitglied des Wahlvorstands anwesend (LAG Berlin 16. 11. 1987, BB 1988, 1117 = DB 1988, 504).

24 j) **Mängel der Wählerliste und des Wahlausschreibens** können ebenfalls zur Anfechtung berechtigen: Fehlen einer Wählerliste (BAG 27. 4. 1976 AP BetrVG 1972 § 19 Nr. 4); Streichungen oder Ergänzungen der Wählerliste, ohne dass hierfür die Voraussetzungen der WO vorliegen (LAG Schleswig Holstein 27. 5. 1953, DB 1953, 535; s. auch BAG 27. 1. 1993 AP BetrVG 1952 § 76 Nr. 29 für die Wahl der Arbeitnehmervertreter in den Aufsichtsrat; ebenso LAG Bremen 30. 6. 1961, BB 1961, 933 = DB 1961, 1103); nicht ordnungsgemäße Bekanntmachung der Wählerliste (LAG Köln 16. 1. 1991 LAGE Nr. 11 zu § 19 BetrVG 1972: In einem Betrieb mit Nachtschicht kann die Wählerliste nur drei Stunden vormittags am Arbeitsplatz eines Mitglieds des Wahlvorstands eingesehen werden); ähnlich LAG Hamm 17. 8. 2007 – 10 TaBV 37/07, juris; nicht ordnungsgemäße Bekanntgabe des Wahlausschreibens (BAG a. a. O.; BAG 5. 5. 2004 AP WahlO BetrVG 1972 § 3 Nr. 1; LAG Hamm 27. 1. 1982, DB 1982, 2252 – Aushangsfrist wird um einen Tag unterschritten); nicht ordnungsgemäße Auslage des Wahlausschreibens bis zum letzten Tag der Stimmabgabe (BAG 31. 1. 1969 AP BetrVG 1952 § 76 Nr. 19 für die Wahl der Arbeitnehmervertreter in den Aufsichtsrat); fehlerhafte Terminangabe im Wahlaus-

II. Voraussetzungen der Anfechtbarkeit § 19

schreiben für die Einreichung von Wahlvorschlägen (BAG 9. 12. 1992 AP WahlO BetrVG 1972 § 6 Nr. 2; LAG Rheinland-Pfalz 31. 5. 2005 – 2 TaBV 1/05, juris); weiterhin Nichtangabe des Orts im Wahlausschreiben, wo Wahlvorschläge einzureichen sind (vgl. BVerwG 3. 2. 1969 PersV 1970, 38); fehlende oder falsche Angabe des Orts der Wahllokale (BAG 19. 9. 1985 AP BetrVG 1972 § 19 Nr. 12); falsche Angabe der auf das Geschlecht in der Minderheit entfallenen Anzahl von Sitzen (so für den alten Gruppenschutz LAG Hamm 14. 5. 1976, DB 1976, 2020; LAG Frankfurt 3. 12. 1985 DB 1987, 54 – nachträgliche Korrektur nicht möglich); ein nicht erfolgter Hinweis darauf, dass die Stimmauszählung öffentlich ist und wo diese stattfindet (Sächsisches LAG 14. 6. 2005, AuA 2006, 305). Ferner begründen die Anfechtbarkeit grundsätzlich alle fehlenden oder falschen Angaben des Wahlausschreibens, die gemäß § 3 Abs. 2 WO oder § 31 Abs. 1 WO erforderlich sind (s. § 3 WO Rn. 6; *Fitting*, § 3 Wo Rn. 4; GK-*Kreutz* § 3 WO Rn. 7; wohl auch DKK-*Schneider*, § 3 WO Rn. 10 [„kann nach sich ziehen"]).

Oftmals wird hier freilich eine **Kausalität** auszuschließen sein. Es wird nicht anders **25** sein als bei Belehrungen im Strafprozess oder Verwaltungsrecht: Wo sichergestellt ist, dass die nicht Belehrten auch mit Belehrung gehandelt hätten, wie sie gehandelt haben, oder den Inhalt der unterbliebenen Belehrung kannten, bleibt das Ergebnis gültig trotz des Verfahrensfehlers. Das Gleiche gilt bei rechtzeitiger Berichtigung (s. auch BAG 19. 9. 1985 AP BetrVG 1972 § 19 Nr. 12: Keine Anfechtbarkeit, wenn Ergänzung des Wahlausschreibens so rechtzeitig, dass keine Einschränkung des Wahlrechts eintritt; LAG Berlin 10. 2. 1986 LAGE Nr. 4 zu § 19 BetrVG 1972: Fehlende Angabe des Wahllokalorts kein Anfechtungsgrund, wenn gleichwohl alle Arbeitnehmer an der Wahl teilgenommen haben; s. auch GK-*Kreutz*, § 3 WO Rn. 19).

k) **Zulassung der Briefwahl** ohne dass hierfür die Voraussetzungen vorliegen. Weil in **26** der Briefwahl immer auch die Gefahr liegt, dass unzulässige Einflussnahme auf Wahlberechtigte ausgeübt wird, und die geheime Wahl nicht kontrollierbar ist, liegt es nicht im Ermessen des Wahlvorstandes, die Briefwahl generell zuzulassen (s. auch LAG Hamm 12. 10. 2007, 10 TaBV 9/07, juris; LAG Schleswig-Holstein 18. 3. 1999, NZA-RR 1999, 523; vorher bereits für die Wahl der Arbeitnehmervertreter im Aufsichtsrat BAG 27. 1. 1993 AP BetrVG 1952 § 76 Nr. 29; ähnlich LAG Hamm 26. 2. 1976, DB 1976, 1920 = BB 1978, 358: Aufforderung zur Briefwahl, ohne dass die Voraussetzungen des § 24 WO vorliegen) oder gar anordnet als alleinige Möglichkeit der Stimmabgabe, ohne dass die gesetzlichen Voraussetzungen vorliegen (LAG Hamm 16. 11. 2007 – 13 TaBV 109/06, juris). Gleichzeitig berechtigt aber auch zur Anfechtung, wenn die Briefwahl entgegen § 24 WO bzw. § 14 a Abs. 4 nicht zugelassen wurde (für einen Verstoß gegen § 26 Abs. 2 WO a. F.; s. auch ArbG Bremen 18. 7. 1990, AiB 1991, 125).

l) **Unzulässige Verbindung von Listen:** ArbG Hamm 3. 6. 1972, DB 1972, 1634. **27**

m) Verstoß gegen den Grundsatz der **Freiheit der Wahl** und der **Chancengleichheit der** **28** **Wahlbewerber:** BAG 6. 12. 2000 AP BetrVG 1972 § 19 Nr. 48.

Verteilung der Betriebsratssitze unter die **Geschlechter** ohne hinreichende Berücksichtigung des Mindestquorums nach § 15 Abs. 2 (so für Arbeiter/Angestellte LAG Hamm **29** 14. 5. 1976, DB 1976, 2020; LAG Frankfurt 3. 12. 1985, DB 1987, 54).

n) Unter den **sonstigen Verstößen gegen die Wahlordnung** haben die Gerichte als **30** Anfechtungsgrund anerkannt: Unterlassene Belehrung nach § 6 Abs. 7 Satz 2 WO [Aufforderung an einen Unterzeichner zweier Wahllisten, sich für eine zu entscheiden] (LAG Hamm 12. 11. 1965, DB 1966, 37; LAG München 25. 1. 2007 – 2 TaBV 102/06, juris); unterbliebene Auslosung der Reihenfolge der Vorschlagslisten gemäß § 10 Abs. 1 WO und Verstoß gegen § 11 Abs. 2 WO [Fehlen der beiden ersten Bewerber auf der Vorschlagsliste auf dem Stimmzettel] (ArbG Wetzlar 12. 6. 1972, DB 1972, 1731); nicht ordnungsgemäße Unterrichtung ausländischer ArbN gemäß § 2 Abs. 5 WO (BAG 13. 10. 2004 AP WahlO BetrVG 1972 § 2 Nr. 1; LAG Hamm 27. 1. 1982, DB 1982, 2252 – zweifelhaft, da Soll-Vorschrift; krit. und überzeugend insb. *Ricken*, BAGReport 2005, 151, s. auch § 2 WO Rn. 22).

5. Kausalität (Möglichkeit einer Beeinflussung des Wahlergebnisses)

31 Trotz des Verstoßes gegen eine wesentliche Wahlvorschrift ist die Wahl **nicht anfechtbar**, wenn durch den Verstoß das **Wahlergebnis nicht geändert oder beeinflusst werden konnte**, wenn also z. B. durch die Zulassung oder Nichtzulassung von Arbeitnehmern zur Wahl, ganz gleichgültig, wie sie gestimmt hätten, das Ergebnis der Wahl unberührt geblieben wäre. Es kommt darauf an, ob durch den Verstoß das Ergebnis der Wahl beeinflusst werden *konnte*; es ist keine Feststellung notwendig, dass das Ergebnis beeinflusst worden ist (BAG 8. 3. 1957 AP BetrVG § 19 Nr. 1; 2. 2. 1962 AP BetrVG § 13 Nr. 10; BAG 31. 5. 2000 AP BetrVG 1972 § 1 Nr. 12 Gemeinsamer Betrieb; BAG 6. 12. 2000 AP BetrVG 1972 § 19 Nr. 48; BAG 25. 5. 2005 AP BetrVG 1972 § 14 Nr. 2; BAG 21. 1. 2009 – 7 ABR 65/07, juris). Dafür ist entscheidend, ob bei einer hypothetischen Betrachtungsweise eine Wahl ohne den Verstoß unter Berücksichtigung der konkreten Umstände zwingend zu demselben Wahlergebnis geführt hätte. Eine verfahrensfehlerhafte Betriebsratswahl muss nur dann nicht wiederholt werden, wenn sich konkret feststellen lässt, dass auch bei der Einhaltung der Wahlvorschriften kein anderes Wahlergebnis erzielt worden wäre. Kann diese Feststellung nicht getroffen werden, bleibt es bei der Unwirksamkeit der Wahl (BAG 25. 5. 2005 AP BetrVG 1972 § 14 Nr. 2; BAG 21. 1. 2009 – 7 ABR 65/07, juris).

31a Bei der Verletzung der Vorschriften über die **Wahlberechtigung** kommt es darauf an, ob die *Sitzverteilung* sich *ändern* würde (vgl. dazu auch BAG 28. 4. 1964 AP BetrVG § 4 Nr. 4); nicht ausreichend ist es, dass sich die Reihenfolge der Ersatzmitglieder ändern könnte (BAG 21. 2. 2001, NZA 2002, 154). Bei der **Zurückweisung eines Wahlbewerbers** kann dagegen nicht ausgeschlossen werden, dass das Wahlergebnis anders ausgefallen wäre; dasselbe gilt, wenn ein Arbeitnehmer als nicht wählbar zurückgewiesen wird und die Möglichkeit besteht, dass er sich um einen Sitz im Betriebsrat beworben hätte (BAG 28. 4. 1964 AP BetrVG § 4 Nr. 4). Das Wahlergebnis kann beeinflusst sein, wenn der **Wahlvorstand** bei ordnungsgemäßer Bestellung möglicherweise **aus anderen Personen zusammengesetzt** wäre; ansonsten fehlt es an einer Kausalität (BAG 2. 3. 1955 AP BetrVG § 18 Nr. 1; bei einem Verstoß gegen den ehemaligen § 16 Abs. 1 Satz 5 [Gruppenprinzip] BAG 14. 9. 1988 AP BetrVG 1972 § 16 Nr. 1; s. auch Rn. 19; ErfK-*Eisemann*, § 19 Rn. 7; kritisch *Fitting*, § 19 Rn. 25).

32 Nicht notwendig ist, dass die Änderung oder Beeinflussung bewusst oder gewollt herbeigeführt ist, sondern es genügt, dass *objektiv* als unmittelbare oder mittelbare Folge des Verstoßes das Wahlergebnis ein anderes sein konnte (ebenso BAG 2. 3. 1955 AP BetrVG § 18 Nr. 1; GK-*Kreutz*, § 19 Rn. 44; zustimmend wohl auch HSWGNR-*Nicolai*, § 19 Rn. 9).

33 Ist nicht festzustellen, ob der Verstoß einen Einfluss auf das Wahlergebnis haben konnte, so ist die Anfechtung begründet (vgl. BAG 2. 3. 1955 AP § 18 Nr. 1). Der Anfechtende braucht nicht nachzuweisen, dass ein solcher Einfluss möglich gewesen ist, sondern es ist Aufgabe des Anfechtungsgegners, das Gegenteil darzulegen (BAG, a. a. O.; ebenso *Fitting*, § 19 Rn. 26; GL-*Marienhagen*, § 19 Rn. 8; GK-*Kreutz*, § 19 Rn. 42; HSWGNR-*Nicolai*, § 19 Rn. 9). Da es im Beschlussverfahren keine Beweisführungslast gibt, handelt es sich aber nur um eine Verteilung der *objektiven Beweislast*, wie sie als Folge der gesetzlichen Regelung eintritt, wenn die Feststellung trotz der notwendigen Aufklärungen von Amts wegen ein *non liquet* ergibt (so zutreffend *Monjau*, AR-Blattei: Betriebsverfassung VI A, III 2).

33a Ob ein Anfechtungsrecht deshalb entfallen kann, weil seine Geltendmachung **rechtsmissbräuchlich** sein kann, hat die Rechtsprechung bislang noch nicht entscheiden müssen (erwogen jedoch in BAG 14. 11. 2001, DB 2002, 2003). Man wird dies jedoch nur dann annehmen können, wenn die Anfechtung willkürlich erscheint oder eine Schikane i. S. des § 226 BGB darstellt. Der bloße Umstand, dass der Arbeitgeber damit einen

Betriebsrat generell verhindern will oder aber ein anfechtender Arbeitnehmer bald den Betrieb verlässt, reicht dafür nicht.

6. Berichtigung durch den Wahlvorstand

Eine **Anfechtungsmöglichkeit entfällt,** wenn der **Fehler durch den Wahlvorstand berichtigt** werden kann und berichtigt wird (*Fitting,* § 19 Rn. 23; GK-*Kreutz,* § 19 Rn. 33 ff.; DKK-*Schneider,* § 19 Rn. 4). Eine Berichtigung kommt aber ohne weiteres nur in Betracht bei Fehlern, die ohne weiteres behoben werden können, z. B. versehentliche falsche Bezeichnung des Gewählten, Berichtigung eines Rechenfehlers bei unrichtiger Verteilung der Sitze unter den Geschlechtern. Die Wählerliste kann nach Ablauf der Einspruchsfrist, soweit es sich nicht um die Erledigung rechtzeitig eingelegter Einsprüche handelt, nur bei Schreibfehlern, offenbaren Unrichtigkeiten oder bei Eintritt eines Arbeitnehmers in den Betrieb berichtigt werden (§ 4 Abs. 2 Satz 3 WO). Die Berichtigung setzt einen Beschluss des Wahlvorstands voraus und kann nur bis zum Tage vor dem Beginn der Stimmabgabe erfolgen (siehe auch LAG Hamm 12. 10. 2007, 10 TaBV 9/07, juris; *Wiesner,* FA 2007, 38 f.). 34

In anderen Fällen ist danach zu fragen, ob durch die Berichtigung ein Verfahrensfehler so behoben wurde, dass ein Einfluss auf das Wahlergebnis ausgeschlossen wurde. Dies ist dann eine Frage der Kausalität, s. Rn. 5. 34 a

III. Wahlanfechtungsverfahren

1. Entscheidung im Beschlussverfahren

Die Anfechtung erfolgt auf **Antrag** beim Arbeitsgericht, das im Beschlussverfahren entscheidet (§ 2a Abs. 1 Nr. 1, Abs. 2 i. V. mit §§ 80 ff. ArbGG). Zuständig für das Verfahren ist ausschließlich das Arbeitsgericht am Sitz des Betriebs (§ 82 ArbGG). 35

2. Anfechtungsberechtigung

a) Zur Anfechtung berechtigt sind mindestens **drei Wahlberechtigte, eine im Betrieb vertretene Gewerkschaft** oder der **Arbeitgeber** (Abs. 2 Satz 1). Das Anfechtungsrecht ist ein **materiell-rechtliches Gestaltungsrecht** (ebenso GK-*Kreutz,* § 19 Rn. 55). Es ist die Befugnis zur Beseitigung einer rechtsfehlerhaften Betriebsratswahl. Da die Entscheidung aber vom Arbeitsgericht getroffen wird, ist die Anfechtungsberechtigung zugleich eine **prozessuale** Antragsberechtigung. 36

b) **Anfechtungsberechtigt,** also *antragsberechtigt,* sind ausschließlich: 37

– **drei wahlberechtigte Arbeitnehmer** des Betriebs (s. zur Wahlberechtigung § 7 und dort Rn. 2 ff.). Die Voraussetzung der Wahlberechtigung braucht nicht während des gesamten Verfahrens vorzuliegen (ebenso BAG 4. 12. 1986 AP BetrVG 1972 § 19 Nr. 13 unter Aufgabe von BAG 14. 2. 1978 und 10. 6. 1983 AP BetrVG 1972 § 19 Nr. 7 und 10; bestätigt BAG 15. 2. 1989 AP BetrVG 1972 § 19 Nr. 17). Die Anfechtungsberechtigung entfällt deshalb nicht durch das Ausscheiden eines Arbeitnehmers aus dem Betrieb; denn die Wahlberechtigung des die wahlanfechtenden Arbeitnehmers muss nur zum *Zeitpunkt der Wahl* gegeben sein (ebenso BAG 4. 12. 1986 AP BetrVG 1972 § 19 Nr. 13; 15. 2. 1989 AP BetrVG 1972 § 19 Nr. 17). Das gilt auch für Leiharbeitnehmer, die nach § 7 Satz 2 wahlberechtigt sind. Für die Antragsberechtigung genügt deshalb, dass die Wahlanfechtung während der Dauer des Beschlussverfahrens von mindestens drei antragstellenden Arbeitnehmern getragen wird, die zum Zeitpunkt der Betriebsratswahl wahlberechtigt waren. Wenn jedoch sämtliche die Wahl anfechtenden Arbeitnehmer unzweifelhaft aus dem Betrieb ausgeschieden sind und die geltend gemachte Fehlerhaftigkeit der Wahl für keinen von ihnen gegen- 38

§ 19   Wahlanfechtung

wärtig oder künftig irgendwelche Auswirkungen haben kann, entfällt das Rechtsschutzbedürfnis der Antragsteller an einer Sachentscheidung (ebenso BAG 15. 2. 1989 AP BetrVG 1972 § 19 Nr. 17; LAG Hamm 18. 6. 2003 – 10 TaBV 15/03, juris).

39 Notwendig ist für die Antragsberechtigung, dass die Wahlanfechtung während der Dauer des Beschlussverfahrens von **mindestens drei antragstellenden Arbeitnehmern** getragen wird. Fällt ein Antragsteller fort, so kann an seine Stelle nicht ein anderer Arbeitnehmer des Betriebs die Anfechtung weiter betreiben (ebenso BAG 12. 2. 1985 AP BetrVG 1952 § 76 Nr. 27). Jeder anfechtende Arbeitnehmer kann seinen Antrag in der ersten Instanz ohne Zustimmung der übrigen Beteiligten zurücknehmen (ebenso BAG 12. 2. 1985 AP BetrVG 1952 § 76 Nr. 27 unter Aufgabe von BAG 8. 12. 1970 AP BetrVG 1952 § 76 Nr. 21). An die Stelle eines Arbeitnehmers kann auch nicht eine im Betrieb vertretene Gewerkschaft treten; denn sie hat das ihr zustehende Anfechtungsrecht nicht innerhalb der Zweiwochenfrist des Abs. 2 ausgeübt (ebenso BAG 10. 6. 1983 AP BetrVG 1972 § 19 Nr. 10). Ob drei unabhängig voneinander anfechtende Arbeitnehmer vom Gericht schlicht zusammengerechnet werden dürfen, ist zweifelhaft (großzügig LAG München 17. 7. 2008 – 4 TaBV 20/08, juris).

40 – **jede im Betrieb vertretene Gewerkschaft** (s. zu Begriff und Voraussetzungen § 2 Rn. 40 ff. und 66 ff.). Es genügt nicht, dass die Gewerkschaft bei Einleitung des Verfahrens im Betrieb vertreten war; sie muss auch dort noch bis zum Termin der letzten mündlichen Verhandlung vertreten sein (ebenso BAG 21. 11. 1975 AP BetrVG 1972 § 118 Nr. 6; *Fitting*, § 19 Rn. 31; DKK-*Schneider*, § 19 Rn. 23; bis zur letzten mündlichen Verhandlung in der Beschwerdeinstanz GK-*Kreutz*, § 19 Rn. 71; HWK-*Reichold*, § 19 Rn. 20). Die Anfechtung kann von der örtlichen Verwaltungsstelle erklärt werden, wenn diese nach der Satzung der Gewerkschaft dazu ermächtigt ist (ebenso BAG 1. 6. 1966 AP BetrVG § 18 Nr. 15; 29. 3. 1974 AP BetrVG 1972 § 19 Nr. 2; s. auch LAG Düsseldorf 13. 12. 2006 – 12 TaBV 95/06 gegen die Möglichkeit einer rückwirkenden Genehmigung nach Ablauf der Frist bei fehlender Ermächtigung).

41 – **der Arbeitgeber.** Gemeint ist der Arbeitgeber, in dessen Betrieb die Betriebsratswahl stattgefunden hat (ebenso BAG 28. 11. 1977 AP BetrVG 1972 § 19 Nr. 6). Wird der Betrieb von einer BGB-Gesellschaft geführt, so ist daher anfechtungsberechtigt nur die Gesellschaft, nicht ein einzelner Gesellschafter, und zwar auch dann nicht, wenn er Arbeitsvertragspartei der im Betrieb beschäftigten Arbeitnehmer ist (vgl. BAG AP BetrVG 1972 § 19 Nr. 6). Wird die Wahlanfechtung gerade auf das Fehlen einer unternehmensübergreifenden Organisationseinheit gestützt und geltend gemacht, es hätten gesonderte Wahlen für die Betriebsstätten der jeweiligen Rechtsträger durchgeführt werden müssen, ist Arbeitgeber iSv § 19 Abs. 2 BetrVG derjenige, der geltend macht, in seinem eigenständigen Betrieb hätte eine Arbeitnehmervertretung nicht gewählt werden müssen (BAG 10. 11. 2004 AP BetrVG 1972 § 3 Nr. 2). Ein Arbeitgeber, der Dienstleistungen für einen anderen Arbeitgeber in dessen Betrieb erbringt, ist nicht zur Anfechtung einer Betriebsratswahl im Betrieb des anderen Arbeitgebers befugt, und zwar auch dann nicht, wenn seine Arbeitnehmer an der Wahl als gemäß § 7 Satz 2 zur Arbeitsleistung überlassen beteiligt werden (ArbG Frankfurt 22. 5. 2002, NZA-RR 2003, 26).

42 **Andere Personen** haben **kein Anfechtungsrecht.** Insbesondere sind weder der Betriebsrat noch der Wahlvorstand anfechtungsberechtigt (vgl. LAG Bayern 9. 5. 1952, AP 52 Nr. 165). Selbstverständlich können aber die Mitglieder des Betriebsrats und des Wahlvorstands sich in ihrer Eigenschaft als Arbeitnehmer an einer Anfechtung beteiligen.

43 c) Die **Anfechtungsberechtigung** ist eine Verfahrensvoraussetzung und muss deshalb in jedem Stadium des Verfahrens, also auch noch im **Zeitpunkt der Letzten mündlichen Anhörung in der Rechtsbeschwerdeinstanz** bestehen (ebenso BAG 14. 2. 1978 AP BetrVG 1972 § 19 Nr. 7). Allerdings muss hier beachtet werden, dass für die Anfech-

III. Wahlanfechtungsverfahren § 19

tungsberechtigung der drei Wahlberechtigten genügt, dass die Wahlberechtigung zum *Zeitpunkt der Wahl* gegeben war (s. Rn. 38).

3. Anfechtungsfrist

a) Die Anfechtung ist nur innerhalb einer Frist von **zwei Wochen**, vom Tag der 44
Bekanntgabe des Wahlergebnisses an gerechnet, zulässig (Abs. 2 Satz 2). Die Frist beginnt mit dem Tag nach der Bekanntmachung (§§ 187 Abs. 1, 188 Abs. 2 BGB). Fällt der letzte Tag der Frist auf einen Sonntag, einen am Betriebsort staatlich anerkannten allgemeinen Feiertag, z. B. Fronleichnam, oder einen Samstag, so endet die Frist an dem diesem Tag folgenden nächsten Werktag (§ 193 BGB).

Die **Anfechtungsfrist beginnt** erst zu laufen, wenn das Wahlergebnis ordnungsgemäß 45
bekannt gegeben ist, also durch Bekanntmachung der Namen der Gewählten durch Aushang, der in gleicher Weise wie für das Wahlausschreiben erfolgt (§ 18 WO). Erforderlich ist also, dass jeder Betriebsangehörige die Möglichkeit hat, von dem durch den Wahlvorstand festgestellten Wahlergebnis Kenntnis zu nehmen. Wird das Wahlergebnis an mehreren Stellen ausgehängt, so ist der Tag des letzten Aushangs maßgebend. Wird die Bekanntmachung berichtigt, so läuft von diesem Zeitpunkt an eine neue Anfechtungsfrist, aber nur soweit die Berichtigung, z. B. eine neue Verteilung der Sitze, durch die Anfechtung angegriffen wird. Solange eine ordnungsmäßige Bekanntmachung unterbleibt, läuft nicht die Anfechtungsfrist; ggf. kann später Verwirkung eintreten. Die Wahl kann aber gleichwohl angefochten werden; denn die Bekanntgabe des Wahlergebnisses ist keine Zulässigkeitsvoraussetzung (ebenso *Fitting*, § 19 Rn. 37; *G. Müller*, FS Schnorr v. Carolsfeld, S. 367, 375; einschränkend GK-*Kreutz*, § 19 Rn. 83).

b) Der Anfechtungsantrag muss innerhalb der Frist beim Arbeitsgericht *eingehen*. Zur 46
Wahrung der Frist genügt der **Eingang** bei einem örtlich nicht zuständigen Arbeitsgericht (vgl. BAG 15. 7. 1960 AP BetrVG § 76 Nr. 10; ebenso *Fitting*, § 19 Rn. 35; HSWG-*Schlochauer*, 6. Aufl., § 19 Rn. 33). Nicht erforderlich ist, dass der Antrag innerhalb der Frist auch dem von der Wahlanfechtung betroffenen Betriebsrat zugeht; es genügt vielmehr die Einreichung des Anfechtungsantrags beim Arbeitsgericht, sofern die Zustellung an den Betriebsrat demnächst erfolgt (§§ 80 Abs. 2, 46 Abs. 2 Satz 1 ArbGG i. V. mit §§ 495, 270 Abs. 3 ZPO; vgl. auch BAG 24. 5. 1965 AP BetrVG § 18 Nr. 14; BAG 25. 6. 1974 AP BetrVG 1972 § 19 Nr. 3). Antrag bei einer anderen Stelle wahrt die Frist nicht, es sei denn, er wird noch innerhalb der Frist zum Arbeitsgericht weitergereicht. Eine Verlängerung der Frist ist ausgeschlossen; es handelt sich um eine Ausschlussfrist.

c) Die Anfechtungsfrist ist eine **materiell-rechtliche Frist** (ebenso BAG 28. 4. 1964 AP 47
BetrVG § 4 Nr. 3; GK-*Kreutz*, § 19 Rn. 76; HSWGNR-*Nicolai*, § 19 Rn. 27; HWK-*Reichold*, § 19 Rn. 17; *G. Müller*, FS Schnorr v. Carolsfeld, S. 367, 375). Läuft sie ungenützt ab, so ist die Wahl unangreifbar, den Fall einer Nichtigkeit der Wahl ausgenommen (s. Rn. 72 ff.). Es gibt deshalb auch keine Wiedereinsetzung in den vorigen Stand (ebenso *Fitting*, § 19 Rn. 36; GK-*Kreutz*, § 19 Rn. 76).

4. Gegenstand der Anfechtung

a) Die Anfechtung richtet sich **gegen den Betriebsrat**, weil es um seinen Bestand oder 48
seine Zusammensetzung geht. Wird die Anfechtung darauf gestützt, dass unter Verkennung des Betriebsbegriffs in einem einheitlichen Betrieb mehrere Betriebsräte für jeweils einzelne Betriebsteile gewählt worden seien, so muss die **Wahl aller Betriebsräte** angefochten werden (ebenso BAG 7. 12. 1988 AP BetrVG 1972 § 19 Nr. 15). Das gilt auch, wenn in dem isolierten Wahlanfechtungsverfahren weitere Verfahrensverstöße geltend gemacht werden, die unabhängig von einer Verkennung des Betriebsbegriffs zur Unwirksamkeit der Betriebsratswahl führen (BAG 31. 5. 2000 AP BetrVG 1972 § 1 Nr. 12 Gemeinsamer Betrieb).

§ 19   Wahlanfechtung

49   b) Auch eine auf Berichtigung des Wahlergebnisses gerichtete Teilanfechtung, sofern der geltend gemachte Anfechtungsgrund auf den angefochtenen Teil beschränkt ist und das Wahlergebnis darüber hinaus nicht beeinflussen kann (BAG 11. 6. 1997 AP MitbestG § 22 Nr. 1 zu II 2 a der Gründe). Eine derartige Teilanfechtung kommt insbesondere dann in Betracht, wenn nur die fehlerhafte Verteilung der Sitze auf die Vorschlagslisten gerügt wird und somit durch die Korrektur lediglich der wahren Wählerentscheidung Geltung verschafft werden soll (BAG 16. 3. 2005 AP BetrVG 1972 § 15 Nr. 3; GK-*Kreutz* § 19 Rn. 120 und § 15 Rn. 32; s. auch Rn. 67).

5. Inhalt des Antrags

50   a) Der Antrag zielt darauf, die **Wahl für unwirksam zu erklären,** wenn die Wahl des Betriebsrats insgesamt angegriffen wird (vgl. *Dütz,* SAE 1978, 4). Er geht auf **Feststellung des richtigen Wahlergebnisses,** wenn geltend gemacht wird, dass dem Wahlvorstand bei der Feststellung des Wahlergebnisses ein Fehler unterlaufen ist. Wird nur die Wahl eines einzelnen Betriebsratsmitglieds angefochten, so soll der Mangel dadurch behoben werden, dass nur sie für unwirksam erklärt wird. Die Funktionsfähigkeit des Betriebsrats als Kollegialorgan wird dadurch nicht berührt. Materiell geht es daher um die Feststellung des richtigen Wahlergebnisses, obwohl der Antrag darauf zielt, die Wahl des Betriebsratsmitglieds für rechtsunwirksam zu erklären.

51   b) Der Antragsteller muss einen „**betriebsverfassungsrechtlich erheblichen Tatbestand"** vortragen, der *möglicherweise* die Anfechtung der Betriebsratswahl rechtfertigt (ebenso BAG 24. 5. 1965 AP BetrVG § 18 Nr. 14). Nicht erforderlich ist Schlüssigkeit des Tatsachenvortrags (so ausdrücklich BAG 3. 6. 1969 AP BetrVG § 18 Nr. 17).

52   Ist nicht bereits in dem Antrag ein ausreichender Tatsachenvortrag enthalten, so kann der Antragsteller dies nur innerhalb der Anfechtungsfrist nachholen (vgl. dazu ArbG Gelsenkirchen 23. 4. 1968, BB 1968, 1038). Davon wird nicht berührt, dass auch noch nach Ablauf der Anfechtungsfrist innerhalb des anhängigen Verfahrens weitere Anfechtungsgründe *nachgeschoben* werden können, sofern der Antrag rechtzeitig begründet wurde (ebenso BAG 24. 5. 1965 und 3. 6. 1969 AP BetrVG § 18 Nr. 14 und 17).

6. Beteiligte im Wahlanfechtungsverfahren

53   Beteiligt im Wahlanfechtungsverfahren sind nicht nur Antragsteller und Antragsgegner, sondern stets auch der **Arbeitgeber** (ebenso BAG 4. 12. 1986 AP BetrVG 1972 § 19 Nr. 13).

54   Auch bei **Teilanfechtung** der Betriebsratswahl ist Antragsgegner der Betriebsrat, nicht das einzelne Betriebsratsmitglied. Beteiligte sind auch in diesem Fall **nicht die einzelnen Arbeitnehmer,** auch wenn die Wahlanfechtung auf deren fehlende Wahlberechtigung und Wählbarkeit gestützt wird (ebenso GK-*Kreutz,* § 19 Rn. 99 mit Ausnahme einer Teilanfechtung der von ihr betroffenen Betriebsratsmitglieder in Rn. 96).

55   **Im Betrieb vertretene Gewerkschaften** sind **nicht Beteiligte des Wahlanfechtungsverfahrens,** wenn sie von ihrem Anfechtungsrecht keinen Gebrauch gemacht haben (so BAG 19. 9. 1985 AP BetrVG 1972 § 19 Nr. 12). Sie können nach Ablauf der Anfechtungsfrist nicht mehr der Wahlanfechtung als Beteiligte beitreten (ebenso BAG 10. 6. 1983 AP BetrVG 1972 § 19 Nr. 10).

56   Der **Wahlvorstand** ist als solcher **niemals an einem Wahlanfechtungsverfahren beteiligt;** denn sein Amt erlischt mit der Durchführung der Wahl (s. § 16 Rn. 69). Er ist auch dann nicht Beteiligter, wenn ihm noch obliegt, den Betriebsrat zu der konstituierenden Sitzung einzuberufen (s. dazu, dass Entscheidungen und Maßnahmen des Wahlvorstands selbständig angegriffen werden können, allerdings nur, solange die Betriebsratswahl noch nicht durchgeführt ist, § 16 Rn. 66).

IV. Wirkung der Anfechtung   § 19

7. Untersuchungsgrundsatz

Das Arbeitsgericht hat im Rahmen des gestellten Antrags von Amts wegen **alle** 57
erkennbaren Anfechtungsgründe bei seiner Entscheidung **zu berücksichtigen** (§ 83
Abs. 1 Satz 1 ArbGG). Sofern der Antrag einen ausreichenden Sachvortrag enthält,
können deshalb weitere Anfechtungsgründe nachgeschoben werden (a. A. *Fitting*, § 19
Rn. 36). Auch wenn Wahlverstöße nicht geltend gemacht werden, hat das Arbeitsgericht
sie zu berücksichtigen (vgl. BAG 3. 10. 1958 AP BetrVG § 18 Nr. 3; 2. 2. 1962 AP
BetrVG § 13 Nr. 10; 28. 4. 1964 AP BetrVG § 4 Nr. 4; 24. 5. 1965 und 3. 6. 1969 AP
BetrVG § 18 Nr. 14 und 17; *Fitting*, § 19 Rn. 36; GK-*Kreutz*, § 19 Rn. 106). Das
Arbeitsgericht muss ihnen allerdings nur nachgehen, wenn ein Anhaltspunkt sich aus
dem Vortrag der Beteiligten ergibt (so zutreffend BAG 3. 6. 1969 AP BetrVG § 18
Nr. 17); denn auch im Beschlussverfahren ist es nicht Aufgabe der Gerichte, ohne
ausreichenden Sachvortrag der Beteiligten von sich aus Überlegungen darüber anzustellen, ob möglicherweise ein anderer, bisher von den Beteiligten noch nicht vorgetragener
Sachverhalt geeignet wäre, eine ausreichende Begründung für den gestellten Antrag zu
geben. Das Arbeitsgericht muss Mängel aber auch dann berücksichtigen, wenn der
Antragsteller sich nicht mehr auf sie beruft (ebenso BAG 2. 2. 1962 AP BetrVG § 13
Nr. 10; 28. 4. 1964 AP BetrVG § 4 Nr. 4). Der Antragsteller kann lediglich den Antrag,
also die Wahlanfechtung insgesamt, zurücknehmen (§ 81 Abs. 2 Satz 1 ArbGG), in der
Beschwerde- und Rechtsbeschwerdeinstanz aber nur mit Zustimmung der anderen Beteiligten (§ 87 Abs. 2 Satz 3, 92 Abs. 2 Satz 3 ArbGG).

Die Beteiligten können über die Wahlanfechtung **keinen Vergleich** schließen; denn eine 58
Anerkennung durch den Betriebsrat ist bedeutungslos. Nur durch Entscheidung des
Arbeitsgerichts kann deshalb die Wahl für unwirksam erklärt werden oder eine Korrektur des Wahlergebnisses ausgesprochen werden.

8. Rechtsschutzinteresse – Erledigung der Hauptsache

Das **Rechtsschutzinteresse** für die Wahlanfechtung entfällt nicht deshalb, weil der 59
geltend gemachte Verstoß bei einer Wiederholung der Wahl keine Rolle mehr spielen
kann, z. B. weil die Arbeitnehmer, die nicht zur Wahl zugelassen wurden, aus dem
Betrieb ausgeschieden sind (vgl. auch BAG 25. 6. 1974 AP BetrVG 1972 § 19 Nr. 3). Es
ist aber nicht mehr gegeben, wenn alle antragstellenden Arbeitnehmer aus dem Betrieb
ausgeschieden sind (ebenso BAG 15. 2. 1989 AP BetrVG 1972 § 19 Nr. 17; s. auch
Rn. 38).

Endet die Amtszeit des Betriebsrats vor dem Termin der Letzten mündlichen Verhand- 60
lung, so **erledigt** sich die **Hauptsache** (für Wegfall des Rechtsschutzinteresses BAG 16. 4.
2008 AP BetrVG 1972 § 1 Nr. 32 Gemeinsamer Betrieb; BAG 13. 3. 1991 AP BetrVG
1972 § 19 Nr. 20; LAG Hamm 18. 6. 2003 – 10 TaBV 151/02 bei zwischenzeitlicher
Neuwahl eines Betriebsrats). Gleiches gilt, wenn die Anfechtung auf die Wahl eines nicht
wählbaren Betriebsratsmitglieds gestützt wird und dieses Mitglied aus dem Betriebsrat
ausscheidet. Da die Anfechtung eine rechtsgestaltende Wirkung nur für die Zukunft hat
(s. Rn. 61 ff.), kann eine Entscheidung in der Sache nicht mehr ergehen. Das Verfahren
kann auf Antrag für erledigt erklärt werden (§ 83 a ArbGG).

IV. Wirkung der Anfechtung

1. Rechtsgestaltung bei erfolgreicher Anfechtung

a) Das Gesetz spricht lediglich davon, dass die Wahl angefochten werden kann, regelt 61
aber nicht ausdrücklich, welche Rechtswirkungen eintreten, wenn die Wahlanfechtung
als begründet erachtet wird. Da aber in diesem Fall feststeht, dass das Wahlergebnis auf

einem Verstoß gegen wesentliche Wahlvorschriften beruht, kommt es entscheidend darauf an, ob dieser Mangel nur durch eine Wiederholung der Wahl oder durch eine Korrektur des Wahlergebnisses behoben werden kann. Entsprechend ist daher entweder die **Wahl** oder die **Feststellung des Wahlergebnisses ungültig**. In beiden Fällen hat aber der Beschluss, der die Wahlanfechtung als begründet erachtet, eine **rechtsgestaltende Wirkung** (ebenso BAG 29. 5. 1991 AP BetrVG 1972 § 9 Nr. 2; GK-*Kreutz*, § 19 Rn. 114).

62 b) Die Anfechtung hat, auch wenn sie sich gegen die Gültigkeit der Wahl des gesamten Betriebsrats richtet, **nicht** zur Folge, dass der fehlerhaft gewählte Betriebsrat **rückwirkend** sein Amt verliert (ebenso BAG 13. 3. 1991 AP BetrVG 1972 § 19 Nr. 20; *Fitting*, § 19 Rn. 49; GK-*Kreutz*, § 19 Rn. 116; HSWGNR-*Nicolai*, § 19 Rn. 35; DKK-*Schneider*, § 19 Rn. 34; *Nikisch*, Bd. III S. 108 f.; *Nipperdey/Säcker* in *Hueck/Nipperdey*, Bd. II/2 S. 1152 f.; *G. Müller*, FS Schnorr v. Carolsfeld, S. 367, 369). Mit dem Begriff der Anfechtung verbindet sich zwar die Vorstellung, dass eine rückwirkende Vernichtung eintritt, wie sie für das bürgerliche Recht in § 142 BGB bestimmt ist. Aber selbst dort tritt eine *ex-tunc*-Wirkung nicht ein, wenn der Rückabwicklung Schwierigkeiten entgegenstehen, wie bei der Gründung von Gesellschaften und dem Abschluss von Arbeitsverhältnissen. Mit dem Begriff der Anfechtung wird dagegen hier im Betriebsverfassungsrecht nur umschrieben, dass Mängel der Betriebsratswahl grundsätzlich nur innerhalb einer bestimmten Frist in einem förmlichen Verfahren geltend gemacht werden können. Da auch ein fehlerhaft gewählter Betriebsrat der ordnungsgemäß legitimierte Repräsentant der Belegschaft ist, wenn seine Wahl nicht angefochten wird, sprechen keine rechtlichen Bedenken dagegen, die Rechtswirkungen der Anfechtung nur für die Zukunft eintreten zu lassen. Da das Gesetz schweigt, erscheint es angemessen, den Gesichtspunkten den Vorrang zu geben, die gegen eine Rückwirkung sprechen, wie dem Interesse am Bestand der Maßnahmen, an denen der Betriebsrat beteiligt ist, und dem Schutz der Betriebsratsmitglieder für die Dauer ihrer Amtstätigkeit.

63 c) Der Betriebsrat verliert sein Amt erst mit der **Rechtskraft** der Entscheidung, die die Anfechtung seiner Wahl für berechtigt erklärt. Seine Aufgaben und Befugnisse enden dann aber auch und bleiben nicht noch bis zur Neuwahl bestehen (ebenso *Brecht*, § 19 Rn. 13; *Fitting*, § 19 Rn. 51; GL-*Marienhagen*, § 19 Rn. 32; HSWGNR-*Nicolai*, § 19 Rn. 35; HWK-*Reichold*, § 19 Rn. 21).

64 Die Rechtsstellung der Betriebsratsmitglieder wird ebenfalls für die Vergangenheit nicht beeinträchtigt; insbesondere besteht für sie während dieser Zeit der **besondere Kündigungsschutz im Rahmen der Betriebsverfassung** (s. Anhang zu § 103).

2. Korrektur des Wahlergebnisses

65 Kann der Verstoß durch eine Korrektur des Wahlergebnisses behoben werden, richtet sich die Anfechtung also insbesondere gegen die Feststellung des Wahlergebnisses (s. Rn. 50), so hat das Arbeitsgericht lediglich das **richtige Wahlergebnis** in seinem Beschluss **festzustellen** (ebenso GK-*Kreutz*, § 19 Rn. 118; HSWGNR-*Nicolai*, § 19 Rn. 33; *Nikisch*, Bd. III S. 107 f.). Das Arbeitsgericht hat die Korrektur selbst vorzunehmen, kann sich also nicht darauf beschränken, lediglich festzustellen, dass die Entscheidung des Wahlvorstands unrichtig ist. Wird beispielsweise festgestellt, dass die Sitze ohne Rücksicht auf die Geschlechter-Quote des § 15 Abs. 2 verteilt werden, so hat das Arbeitsgericht, sofern die fehlerhafte Verteilung der Sitze unter den Geschlechtern ohne Wiederholung der Wahl korrigiert werden kann, festzulegen, wieviel Sitze auf die Geschlechter entfallen und wer gewählt ist.

66 Die Berichtigung kann nicht vom Betriebsrat vorgenommen werden; denn er ist an das vom Wahlvorstand festgestellte Wahlergebnis gebunden (ebenso GK-*Kreutz*, § 19 Rn. 38; a. A. wohl *Fitting*, § 19 Rn. 28).

3. Ungültigkeit der Wahl eines Betriebsratsmitglieds

Bezieht der Mangel sich nur auf die Wahl eines Betriebsratsmitglieds, so ist, wenn zu 67
seiner Behebung eine Wiederholung der Wahl nicht erforderlich ist (s. Rn. 50), nur die
Wahl dieses Mitglieds für **ungültig zu erklären.** Die Wahl des Betriebsrats als Kollegialorgan wird davon nicht berührt: An die Stelle des Mitglieds, dessen Wahl für ungültig erklärt ist, tritt bei Verhältniswahl der nächste auf der Vorschlagsliste aufgeführte Kandidat, bei Mehrheitswahl der Kandidat mit der nächsthöchsten Stimmenzahl, wobei dabei darauf zu achten ist, dass die Quote des § 15 Abs. 2 gewahrt bleibt. Da diese Rechtsfolge von Gesetzes wegen eintritt, bildet sie nicht den Gegenstand des arbeitsgerichtlichen Beschlusses. Solange noch keine rechtskräftige Entscheidung vorliegt, ist das Betriebsratsmitglied nicht an der Ausübung seines Amtes verhindert. Das Ersatzmitglied tritt nicht während des Beschlussverfahrens an seine Stelle (a. A. GL-*Marienhagen*, § 19 Rn. 36; HSWG-*Schlochauer*, 6. Aufl., § 19 Rn. 47, *Nikisch*, Bd. III S. 107). In Betracht kommt lediglich, dass dem Betriebsratsmitglied durch einstweilige Verfügung untersagt wird, das Betriebsratsamt auszuüben, wenn offensichtlich ist, dass die Voraussetzungen seiner Wählbarkeit fehlen. Nur in diesem Fall rückt an seine Stelle das nächste Ersatzmitglied in den Betriebsrat ein.

Ist ein gewähltes Betriebsratsmitglied **nicht wählbar,** so ist auch **nach Ablauf der** 68
Anfechtungsfrist noch eine **arbeitsgerichtliche Feststellung zulässig,** dass bei der Wahl die Voraussetzungen der **Wählbarkeit nicht vorhanden** gewesen sind (§ 24 Abs. 1 Nr. 6; s. dort Rn. 28 ff.). Im Gegensatz zur Wahlanfechtung erlischt in diesem Fall aber stets nur die Mitgliedschaft im Betriebsrat, während der Bestand des Betriebsrats unberührt bleibt.

V. Wiederholung der Wahl

Wird die **Wahl des Betriebsrats** insgesamt für **ungültig erklärt,** so verliert er sein Amt 69
mit der Rechtskraft der arbeitsgerichtlichen Entscheidung. Damit ein neuer Betriebsrat gebildet wird, muss die **Wahl wiederholt** werden. Sie findet in diesem Fall außerhalb des für die regelmäßigen Betriebsratswahlen festgelegten Zeitraums statt (§ 13 Abs. 2 Nr. 4).

Da das Amt des Wahlvorstands mit der Durchführung der Wahl beendet ist, muss 70
ein **neuer Wahlvorstand** bestellt werden. Der Betriebsrat, der durch die Anfechtung seiner Wahl sein Amt verliert, ist dazu aber nicht befugt. Der Wahlvorstand wird vielmehr vom Gesamtbetriebsrat oder Konzernbetriebsrat bestellt, hilfsweise von der Betriebsversammlung gewählt oder ist, wenn trotz Einladung eine Wahl nicht zustande kommt, vom Arbeitsgericht auf Antrag von mindestens drei wahlberechtigten Arbeitnehmern oder einer im Betrieb vertretenen Gewerkschaft zu bestellen (§ 17). Das gilt auch dann, wenn die angefochtene Betriebsratswahl nach § 13 Abs. 2 Nr. 1 bis 3 durchzuführen war. Keineswegs bestellt der vorausgehende Betriebsrat den Wahlvorstand; denn die erfolgreiche Anfechtung ändert nichts daran, dass die Amtszeit mit der Bekanntgabe des Wahlergebnisses des neu gewählten Betriebsrats beendet war (§ 21 Satz 5).

Da keine Neuwahl, sondern eine Wiederholungswahl stattfindet, hat der Wahlvor- 71
stand nur die Punkte neu festzusetzen, die zur Behebung des Mangels unerlässlich sind. Insbesondere ist für die Zahl der Mitglieder und deren Zusammensetzung auf den Zeitpunkt der angefochtenen Wahl abzustellen. Wahlberechtigt ist aber nicht mehr, wer dem Betrieb nicht mehr angehört, wie umgekehrt zwischenzeitlich neu eingestellte, wahlberechtigte Arbeitnehmer an der Wiederholungswahl teilnehmen dürfen (ebenso zur Wiederholung einer angefochtenen Personalratswahl BVerwG 15. 2. 1994 AP ArbGG 1979 § 81 Nr. 21).

VI. Nichtigkeit der Wahl

1. Nichtigkeit neben der Wahlanfechtung

72   Schon unter der Herrschaft des BRG 1920 war allgemein anerkannt, dass es neben den Mängeln, die nur im Wahlanfechtungsverfahren geltend gemacht werden können, auch Gesetzesverstöße gibt, bei denen ein Betriebsrat nicht besteht (vgl. *Flatow/Kahn-Freund*, Erl. E 2 vor § 19 WO, S. 640 f.). Außer einer anfechtbaren Wahl gibt es daher auch eine **nichtige Wahl**, d. h. eine Wahl, die ohne weiteres, ohne dass es einer besonderen Aufhebung durch gerichtliche Entscheidung bedarf, als rechtlich nicht vorhanden anzusehen ist. Mit Rücksicht auf den Zweck des Gesetzes, durch eine befristete Möglichkeit der Anfechtung klare Verhältnisse zu schaffen, sind der Annahme einer Nichtigkeit enge Grenzen gesetzt. Sie kommt **nur bei groben und – kumulativ – offensichtlichen Verstößen** in Betracht (vgl. BAG 2. 3. 1955 AP BetrVG § 18 Nr. 1; 8. 3. 1957 AP BetrVG § 19 Nr. 1; 12. 10. 1961 AP BGB § 611 Nr. 84 Urlaubsrecht; 1. 2. 1963 und 24. 1. 1964 AP BetrVG § 3 Nr. 5 und 6; 28. 4. 1964 AP BetrVG § 4 Nr. 3; 28. 11. 1977 und 10. 6. 1983 AP BetrVG 1972 § 19 Nr. 6 und 10; BAG 13. 11. 1991 AP BetrVG § 27 Nr. 3; BAG 22. 3. 2000, AP AÜG § 14 Nr. 8; BAG 15. 11. 2000, 7 ABR 23/99, juris; BAG 19. 11. 2003 AP BetrVG 1972 § 19 Nr. 55; ErfK-*Eisemann*, § 19 Rn. 15; *Fitting*, § 19 Rn. 4; GK-*Kreutz*, § 19 Rn. 131; HSWGNR-*Nicolai*, § 19 Rn. 40; HWK-*Reichold*, § 19 Rn. 23; *Nikisch*, Bd. III S. 109 ff.; *Nipperdey/Säcker* in *Hueck/Nipperdey*, Bd. II/2 S. 1153 f.; *G. Müller*, Festgabe Kunze, S. 243, 262 ff.; *ders.*, FS Schnorr v. Carolsfeld, S. 367, 393 ff.). Nur dann ist ein Vertrauensschutz in die Gültigkeit der Wahl zu versagen. Die Betriebsratswahl muss „**den Stempel der Nichtigkeit auf der Stirn tragen**" (BAG 19. 11. 2003 AP BetrVG 1972 § 19 Nr. 55; BAG 17. 1. 1978 AP BetrVG 1972 § 1 Nr. 1 zu II 2 der Gründe m. w. N.). Die Voraussetzung ist **eng zu verstehen,** schon aus Gründen der **Rechtssicherheit,** die es erfordert, dass klar ersichtlich ist, ob ein Betriebsrat besteht oder nicht. Dies liegt **im Interesse des Arbeitgebers wie der Arbeitnehmer:** Beide können darauf vertrauen, dass der einmal eingesetzte Betriebsrat wirksam die Rechte der Arbeitnehmer wahrnimmt, die Betriebsordnung durch Betriebsvereinbarungen wirksam mit gestaltet, und eine erneute, uU kostenintensive Wahl nicht notwendig ist.

2. Nichtigkeitsgründe

73   a) Die Wahl ist insbesondere **nichtig,** wenn die **Voraussetzungen für eine Betriebsratswahl** überhaupt **nicht** vorliegen, z. B. der Betrieb nicht betriebsratsfähig ist (vgl. RAG 22. 2. 1928 BenshSlg. 2, 79 – dem steht auch nicht entgegen, dass noch ein Sozialplan abzuschließen ist, ein eventuelles Restmandat wird ggf. vom bisherigen Betriebsrat übernommen – vgl. LAG Hessen 22. 11. 2005, AuR 2006, 172) oder **überhaupt nicht dem BetrVG unterliegt** (vgl. BAG 9. 2. 1982 AP BetrVG 1972 § 118 Nr. 24; BAG 29. 4. 1998 AP BetrVG 1972 § 40 Nr. 58). Streng genommen fehlen die Voraussetzungen für eine Betriebsratswahl auch dann, wenn die Organisationseinheit, für die ein Betriebsrat gewählt wird, kein Betrieb i. S. des BetrVG ist. Die **Verkennung des Betriebsbegriffs** durch den Wahlvorstand führt aber nach Auffassung des BAG regelmäßig nicht zur Nichtigkeit, sondern **nur zur Anfechtbarkeit der Wahl** (BAG 1. 2. 1963 und 24. 1. 1964 AP BetrVG § 3 Nr. 5 und 6; 17. 1. 1978 AP BetrVG 1972 § 1 Nr. 1; 11. 4. 1978 AP BetrVG 1972 § 19 Nr. 8; 13. 9. 1984 AP BetrVG 1972 § 1 Nr. 3; 7. 12. 1988 AP BetrVG 1972 § 19 Nr. 15; BAG 14. 11. 2001, EzA BetrVG 1972 § 19 Nr. 42; BAG 19. 11. 2003 AP BetrVG 1972 § 19 Nr. 55). Konsequent ist daher auch die Rechtsprechung des BAG, wonach die Wahl eines Wahlvorstandes durch die Belegschaft in einer Betriebsstätte, obwohl bereits der gemeinsame Wahlvorstand für eine einheitliche Be-

VI. Nichtigkeit der Wahl § 19

triebsratswahl im Gemeinschaftsbetrieb bestellt war, keine Nichtigkeit der Wahl zur Folge hat (BAG 19. 11. 2003 AP BetrVG 1972 § 19 Nr. 55).

Dieser Rechtsprechung ist insoweit beizutreten, als die Verkennung des Betriebsbegriffs auf einer fehlerhaften Entscheidung über die betriebsverfassungsrechtliche Selbständigkeit von Betriebsteilen beruht (§ 4), wobei von gleicher Bedeutung ist, wenn zweifelhaft ist, ob ein oder zwei Betriebe vorliegen. Aber auch in diesen Fällen kann jederzeit nach § 18 Abs. 2 eine Entscheidung des Arbeitsgerichts im Beschlussverfahren darüber herbeigeführt werden, ob ein Betriebsteil selbständig oder dem Hauptbetrieb zuzuordnen ist bzw. zwei Betriebe oder lediglich ein Betrieb bestehen (s. § 18 Rn. 22 ff.). Wird unter **Verstoß gegen die arbeitsgerichtliche Betriebsabgrenzung** ein Betriebsrat gewählt, so ist in diesem Fall seine Wahl nicht nur anfechtbar, sondern **nichtig**. Das Gleiche gilt, wenn auch ohne eine solche Abgrenzung keine vernünftigen Zweifel bestehen, dass die der Wahl zugrunde gelegte **Zuständigkeit** nicht der gesetzlichen entspricht, sie **willkürlich** ist. Das wird freilich selten der Fall sein (RAG BenshSlg. 12, 409: Willkürliche Zusammenziehung von selbständigen Betrieben zu einem Betrieb; s. heute aber § 3 Abs. 1 Nr. 1 lit. b). Dies kann gegeben sein, wenn eine Betriebsratswahl bewusst auf der Grundlage eines nicht wirksamen Tarifvertrags oder einer nicht wirksamen Betriebsvereinbarung abweichend von § 4 BetrVG durchgeführt wird, die Voraussetzungen des § 3 Abs. 1 Nr. 1 bis 3 also offensichtlich nicht vorliegen (für das alte Recht und die fehlende staatliche Genehmigung bereits LAG Hamburg 6. 5. 1996, NZA-RR 1997, 136; LAG Brandenburg 9. 8. 1996 – 2 TaBV 9/96, LAGE BetrVG 1972 § 3 Nr. 2; *Stege/Weinspach/Schiefer*, § 19 Rn. 15; sehr streng im Hinblick auf das Quorum nach § 3 Abs. 3 ebenfalls Nichtigkeit annehmend ArbG Düsseldorf 12. 6. 2008 – 6 BV 58/08, juris; ArbG Darmstadt 6. 8. 2008 – 1 BV 5/08, juris). Ähnliche Situationen können sich beim Betriebsübergang mit Übergangsmandat ergeben (s. ArbG Kiel 20. 3. 2002 AP BetrVG 1972 § 1 Nr. 17: verstoßen Arbeitnehmer in grober und offensichtlicher Weise gegen Grundsätze des gesetzlichen Wahlrechts, wenn sie eine Betriebsratswahl initiieren, obwohl die Voraussetzungen des § 21 a BetrVG nicht vorliegen, weil der abgespaltene Betriebsteil in einen Betrieb eingegliedert wurde, in dem ein Betriebsrat besteht).

Nichtig ist weiterhin eine Wahl, die zur **Absetzung eines im Amt befindlichen Betriebsrats** führt; denn die Auflösung des Betriebsrats kann nur bei grober Pflichtverletzung durch das Arbeitsgericht erfolgen (§ 23 Abs. 1). Nichtig ist deshalb eine Wahl, die **außerhalb des für die regelmäßigen Betriebsratswahlen festgelegten Zeitraums** stattfindet, obwohl die Voraussetzungen des § 13 Abs. 2 nicht gegeben sind und ein Betriebsrat noch besteht (ebenso LAG Hamm 17. 8. 2007 EzAÜG BetrVG Nr. 100; DKK-*Schneider*, § 19 Rn. 40; *Fitting*, § 19 Rn. 5; zu Unrecht zweifelnd für den Fall, dass ein rechtzeitig eingesetzter Wahlvorstand wegen Versterbens des Vorsitzenden die Wahl erst zum August abhalten konnte LAG Frankfurt 29. 3. 2001 – 12 TaBV 12/00, juris). Soweit die Verkennung des Betriebsbegriffs nur zur Anfechtbarkeit der Wahl führt (s. Rn. 17), ist deshalb auch die Wahl eines Betriebsrats in einem nach § 4 selbständigen Betriebsteil nichtig, solange der fehlerhaft für mehrere Betriebsteile gebildete Betriebsrat noch im Amt ist (ebenso BAG 11. 4. 1978 AP BetrVG 1972 § 19 Nr. 8; ähnlich ArbG Regensburg 20. 9. 1989, BB 1990, 852: Wahl eines gemeinsamen Betriebsrats für mehrere Filialen, obwohl in diesen bereits Betriebsräte gebildet wurden und deren Wahl nicht angefochten wurde; gleichsinnig LAG Hamm 18. 9. 1996 AP BetrVG 1972 § 1 Nr. 10 Gemeinsamer Betrieb und LAG Köln 8. 5. 2006 EzA-SD 2006, Nr. 19, 13). Bloß zur Anfechtung berechtigt dagegen die Durchführung von Freistellungswahlen § 38 Abs. 2 Satz 1 vor Beginn der Amtszeit des neu gewählten Betriebsrats im Anschluss an die Wahl des Betriebsratsvorsitzenden und seines Stellvertreters gemäß §§ 29 Abs. 1, 26 Abs. 1 (LAG Hamburg 23. 7. 2007 – 3 TaBV 13/06, juris).

Nicht nur zur Anfechtbarkeit, sondern auch zur **Nichtigkeit** der Betriebsratswahl kann der **willkürliche Ausschluss von Wahlberechtigten** führen, z. B. wenn Außendienstmit-

74

74 a

§ 19 Wahlanfechtung

arbeiter entgegen einer etwa zehnjährigen Übung nunmehr von der Teilnahme an der Wahl ausgeschlossen werden (vgl. BAG 24. 1. 1964 AP BetrVG § 3 Nr. 6). Das Gleiche gilt für die willkürliche Wahl von nicht Wahlberechtigten oder durch nicht Wahlberechtigte (BAG 28. 11. 1977 AP BetrVG 1972 § 19 Nr. 6; *Fitting*, § 19 Rn. 5; HSWGNR-*Nicolai*, § 19 Rn. 41; GK-*Kreutz*, § 19 Rn. 138 – den *Fitting* a. a. O. zu unrecht für die Gegenmeinung zitiert). Würde man jedoch annehmen, jede Wahl eines nicht wählbaren Arbeitnehmers würde zur Nichtigkeit führen, dann wäre § 24 Abs. 1 Nr. 6 inhaltsleer. Anders mag es liegen, wenn alle oder der ganz überwiegende Teil der Betriebsratsmitglieder nicht wählbar sind (so wohl BAG 28. 11. 1977 AP BetrVG 1972 § 19 Nr. 6; ähnlich LAG Bremen 30. 6. 1961, BB 1961, 933: Eintragung einer größeren Zahl von nicht in die Wählerliste eingetragenen Betriebsangehörigen in die Wählerliste durch den Listenführer und ihre Zulassung zur Wahl führt zur Nichtigkeit). Die **Wahl durch nicht wahlberechtigte Leiharbeitnehmer** im entleihenden Betrieb wird insbesondere nach der Einfügung des § 7 Satz 2 durch das BetrVerf-Reformgesetz regelmäßig kein besonders grober und offensichtlicher Verstoß sein (gleichsinnig bereits für das alte Recht BAG 22. 3. 2000 AP AÜG § 14 Nr. 8).

75   b) Bei **Verstößen gegen das Wahlverfahren** ist eine Nichtigkeit der Wahl nur anzunehmen, wenn gegen die Grundsätze einer ordnungsmäßigen Wahl in so hohem Maße verstoßen wurde, dass auch der **Anschein einer dem Gesetz entsprechenden Wahl nicht mehr vorliegt** (ebenso BAG 2. 3. 1955 AP BetrVG § 18 Nr. 1; 28. 11. 1977 und 10. 6. 1983 AP BetrVG 1972 § 19 Nr. 6 und Nr. 10). Das ist der Fall, wenn das vorgeschriebene Wahlverfahren überhaupt nicht beachtet wurde (vgl. LAG Hamm 3. 10. 1974, BB 1974, 1486), z. B. wenn die Arbeitnehmer in einer Pause vom ältesten Arbeitskollegen befragt werden, ob sie mit den von ihm vorgeschlagenen Betriebsratsmitgliedern einverstanden sind (vgl. das alte Beispiel von *Flatow/Kahn-Freund*, Erl. E 2 vor § 19 WO, S. 641), oder wenn gegen wesentliche Wahlgrundsätze verstoßen wurde, z. B. wenn **kein Wahlvorstand** vorhanden war (RAG 5. 12. 1928 BenshSlg. 4, 315; ähnlich LAG Hamm 3. 10. 1974, BB 1974 1468; offen gelassen für die nichtige Wahl eines Wahlvorstandes bei im Übrigen ordnungsgemäßer Wahl BAG 19. 11. 2003 AP BetrVG 1972 § 19 Nr. 55; für die Nichtigkeit ErfK-*Eisemann*; § 17 Rn. 12; GK-BetrVG-*Kreutz*, § 16 Rn. 5; a. A. *Fitting*, § 19 Rn. 5), wenn durch **Akklamation** gewählt worden ist (vgl. BAG 12. 10. 1961 AP BGB § 611 Nr. 84 Urlaubsrecht), jedoch **nicht** notwendig, wenn ein **Verstoß gegen § 20 Abs. 2** vorliegt (BAG 4. 12. 1986 AP BetrVG § 19 Nr. 13: Eine Gruppe von Bewerbern bekommt tatsächliche und finanzielle Unterstützung bei der Herstellung einer Wahlzeitung). Nichtigkeit ist hingegen anzunehmen, wenn vor Abschluss des Wahlgangs und unter Ausschluss der Öffentlichkeit die Wahlurne geöffnet wird und die Stimmen gezählt werden (ArbG Bochum 15. 6. 1972, DB 1972, 1730; nach LAG Nürnberg 27. 11. 2007 LAGE § 19 BetrVG 2001 Nr 3 a bloße Anfechtbarkeit, wenn der Wahlvorstand mit der Öffnung der Freiumschläge der Briefwähler vor demjenigen Zeitpunkt beginnt, der im Wahlausschreiben als Beginn des Wahlzeitraums im Wahllokal angegeben ist. Dies gilt auch, wenn der Wahlvorstand hierbei vollzählig versammelt ist; es fehlt insoweit an der Öffentlichkeit der Sitzung), oder wenn **Wahlurnen** vor ihrem Transport zur Auszählung **nicht versiegelt** werden, sofern nicht aus besonderen Gründen ausgeschlossen ist, dass es zu Manipulationen gekommen sein kann (LAG Köln v. 16. 9. 1987, LAGE Nr. 5 zu § 19 BetrVG; s. aber LAG Brandenburg 27. 11. 1998, NZA-RR 1999, 418: Nur Anfechtbarkeit, wenn keine ordnungsgemäße Versiegelung der Wahlurne bei deren Transport zu einzelnen Filialen eines Einzelhandelsunternehmens zwecks Stimmabgabe erfolgt; LAG Baden-Württemberg 1. 8. 2007 LAGE § 19 BetrVG 2001 Nr. 3: ebenfalls nur Anfechtbarkeit, wenn eine Versiegelung der Wahlurne unterlassen wurde, jedoch letztere in einen videoüberwachten Raum zwischen dem ersten und zweiten Wahltag gebracht wurde). Zur Nichtigkeit bei Fälschung von Stimmzetteln LAG Hamm 17. 12. 2008 – 10 TaBV 137/07, juris.

VI. Nichtigkeit der Wahl § 19

Ob ein grober Verstoß gegen Wahlvorschriften *offensichtlich* ist, kann nicht vom 76 Standpunkt eines Außenstehenden, dem lediglich das Wahlergebnis zugänglich gemacht wurde, sondern muss vom Standpunkt eines Beobachters entschieden werden, dem der Wahlvorgang selbst bekannt geworden ist, weil er mit den Betriebsinterna vertraut ist (vgl. BAG 24. 1. 1964 AP BetrVG § 3 Nr. 6; 28. 4. 1964 AP BetrVG § 4 Nr. 3; weiterhin G. *Müller,* Festgabe für Kunze, S. 243, 263). Auch eine **Vielzahl verschiedener Verstöße** gegen Wahlvorschriften kann zur Nichtigkeit einer Betriebsratswahl führen. Mag für sich allein jeder Verstoß nicht schwerwiegend genug für eine Nichtigkeit sein, so kann doch gerade deren Häufung dazu führen, dass auch der Anschein einer dem Gesetz entsprechenden Wahl nicht mehr vorliegt. Die Quantität ergänzt hier die Qualität der Verstöße (s. noch LAG Berlin 8. 4. 2002 LAGE Nr. 1 zu § 19 BetrVG 2001; vgl. auch BAG 27. 4. 1976 AP BetrVG 1972 § 19 Nr. 4). Das BAG hat hier jedoch seine langjährig vom Schrifttum zustimmend rezipierte Rechtsprechung aufgegeben. Führen Verstöße gegen Wahlvorschriften des Betriebsverfassungsgesetzes und der Wahlordnung 2001 jeder für sich genommen nicht zur Nichtigkeit der Wahl, kann sich auch aus einer Gesamtwürdigung der einzelnen Verstöße nicht ergeben, dass die Betriebsratswahl nichtig ist (BAG 19. 11. 2003 AP BetrVG 1972 § 19 Nr. 54; LAG Schleswig-Holstein 12. 4. 2005 – 2 TaBV 8/05, juris; s. hierzu auch *Dewender,* SAE 2004, 196; *Rudolph,* AuR 2004, 310). Die Änderung der Rechtsprechung soll der Rechtsklarheit und damit der Rechtssicherheit dienen; ob dies freilich ausreicht, erscheint fraglich. Dafür spricht immerhin die vergleichbare Lage im Verwaltungsrecht, wo anerkanntermaßen die Kumulation mehrerer Rechtswidrigkeitsgründe nur ausnahmsweise zur Nichtigkeit des Verwaltungsaktes führt (s. *Schiedeck,* JA 1994, 483; *Schnapp,* DVBl. 2000, 247 ff.). Dennoch: Dem Ziel einer geordneten Wahl dient dies jedenfalls nicht.

Liegt ein Verstoß vor, der die Nichtigkeit der Wahl begründet, so spielt keine Rolle, ob durch ihn das Wahlergebnis beeinflusst werden konnte (vgl. BAG 24. 1. 1964 AP BetrVG § 3 Nr. 6).

3. Rechtsfolgen bei Nichtigkeit

Die aus einer nichtigen Wahl hervorgegangene Vertretung der Arbeitnehmer ist **kein** 77 **Betriebsrat**. Jedermann kann jederzeit und in jeder Form die Nichtigkeit geltend machen, z. B. in einem Kündigungsstreit der Arbeitgeber gegenüber der Behauptung des Klägers, er sei Betriebsratsmitglied, oder in einem Rechtsstreit über die Fortzahlung des Arbeitsentgelts wegen Arbeitsversäumnis infolge Betriebsratstätigkeit (ebenso BAG 27. 4. 1976 AP BetrVG 1972 § 19 Nr. 4; bestätigt durch BAG 28. 11. 1977 und 10. 6. 1983 AP BetrVG 1972 § 19 Nr. 6 und 10). Nach einer Mindermeinung soll es dem Arbeitgeber verwehrt sein, sich auf die Nichtigkeit der Wahl zu berufen, wenn er in Kenntnis der Nichtigkeit den nichtigen Betriebsrat längere Zeit als rechtmäßige Betriebsvertretung anerkannt und als solche behandelt hat (so *Fitting,* § 19 Rn. 8; DKK-*Schneider,* § 19 Rn. 44). Dabei wird man **unterscheiden** müssen: Ging auch der Arbeitgeber von einer Wirksamkeit der Wahl aus und gibt dies zu erkennen – was bei der Nichtigkeit der Wahl, die an enge Voraussetzungen gebunden ist, selten sein dürfte –, dann entspricht es dem Gebot der Fairness, diese Nichtigkeit den Ansprüchen der Betriebsratmitglieder auf Lohnfortzahlung und Kostenersatz nicht entgegen zu halten. Alles andere wäre ein Verstoß gegen das Verbot des *venire contra factum proprium* (ähnlich GK-*Kreutz,* § 19 Rn. 140; s. auch ähnliche Ansätze in BAG 29. 4. 1998, AP BetrVG 1972 § 40 Nr. 58: Beruht die Nichtigkeit einer Betriebsratswahl nach § 118 Abs. 2 auf einer nicht offenkundigen Verkennung des Geltungsbereichs des BetrVG, steht einem nicht gewählten Betriebsratsmitglied ein Anspruch auf Erstattung tatsächlicher Aufwendungen nach betriebsverfassungsrechtlichen Grundsätzen zu; ähnlich auch BAG 30. 4. 1997 AP BetrVG 1972 § 118 Nr. 60). Behandelt er den Betriebsrat allerdings nur „unter Vorbehalt" als wirksam eingesetzt, dann besteht ein solcher Anspruch nicht (aA LAG Düsseldorf 9. 4. 1979, DB 1979, 2140: Generelle Kostentragungs-

§ 19   Wahlanfechtung

pflicht eines Arbeitgebers für Schulungsmaßnahmen von Betriebsratsmitgliedern, die vor Feststellung der Nichtigkeit entstanden sind; zust. *Fitting,* § 19 Rn. 8).

78   Dass **BAG** hat diese Unterscheidung nicht immer mit gleicher Deutlichkeit erkennen lassen. Es argumentiert in älteren Entscheidungen strenger, dass Nichtigkeit gerade nur dann anzunehmen sei, wenn ein Vertrauensschutz in die Gültigkeit der Wahl zu versagen ist (so bereits BAG 24. 1. 1964 AP BetrVG § 3 Nr. 6), so dass **generell kein Vertrauensschutz** zugunsten eines aus einer nichtigen Wahl hervorgegangenen Betriebsrats bestehe (BAG 27. 4. 1976 AP BetrVG 1972 § 19 Nr. 4; so bereits für den Personalrat BAG 15. 1. 1974 AP PersVG Baden-Württemberg Nr. 1; weiterhin GL-*Marienhagen,* § 19 Rn. 42; GK-*Kreutz,* § 19 Rn. 140; HSWG-*Schlochauer,* 6. Aufl., § 19 Rn. 16; *Nikisch,* Bd. III S. 111 Fn. 122). Daher kann sich ein Betriebsratsmitglied, dessen Wahl nichtig ist, nicht auf den besonderen Kündigungsschutz des § 78 berufen (BAG 27. 4. 1976 AP BetrVG 1972 § 19 Nr. 4).

79   Die Zustimmung oder Duldung des Arbeitgebers vermag nicht den **Rechtsakten** eines ungesetzlichen Betriebsrats Gültigkeit zu verleihen. Betriebsvereinbarungen, die mit Betriebsräten abgeschlossen wurden, deren Wahl nichtig ist, sind daher stets nichtig (zur Frage der **Umdeutung** s. § 77 Rn. 46).

4. Gerichtliche Geltendmachung der Nichtigkeit

80   a) Die Nichtigkeit der Wahl kann als **Vorfrage in jedem Verfahren** festgestellt werden (vgl. BAG 15. 1. 1974 AP PersVG Baden-Württemberg Nr. 1; 27. 4. 1976 AP BetrVG 1972 § 19 Nr. 4).

81   b) Die Nichtigkeit der Wahl kann auch **selbständig** durch **Einleitung eines Beschlussverfahrens vor dem Arbeitsgericht** festgestellt werden (§ 2 a Abs. 1 Nr. 1, Abs. 2 i. V. mit §§ 80 ff. ArbGG; ebenso BAG 11. 4. 1978 AP BetrVG 1972 § 19 Nr. 8; *Fitting,* § 19 Rn. 9; GK-*Kreutz,* § 19 Rn. 143). Die Rechtskraft des Beschlusses wirkt in diesem Fall wie bei der Wahlanfechtung für und gegen alle. Die Entscheidung hat hier aber keine *konstitutive* (rechtsgestaltende), sondern nur eine *deklaratorische* (feststellende) Wirkung.

82   Der Antrag ist daher auf **Feststellung der Unwirksamkeit der Betriebsratswahl** zu richten (vgl. *Dütz,* SAE 1978, 4). Wird beantragt, eine Betriebsratswahl für unwirksam zu *erklären,* so liegt darin nicht nur eine **Wahlanfechtung,** sondern es ist auf Grund eines derartigen Antrags **auch zu prüfen,** ob eine **Wahlnichtigkeit** vorliegt (ebenso BAG 24. 1. 1964 AP BetrVG § 3 Nr. 6; 10. 6. 1983 AP BetrVG 1972 § 19 Nr. 10). Die Feststellung der Nichtigkeit kann aber auch noch nach Ablauf der Anfechtungsfrist beantragt werden. Bei nicht rechtzeitig geltend gemachter Wahlanfechtung ist daher stets zu prüfen, ob der Antrag nicht deshalb Erfolg hat, weil der vorgetragene Sachverhalt möglicherweise die Wahlnichtigkeit begründet.

83   Den **Antrag auf Feststellung der Nichtigkeit** der Wahl kann jeder stellen, der daran ein rechtlich schutzwertes Interesse hat (vgl. BAG 28. 11. 1977 AP BetrVG 1972 § 19 Nr. 6). Insbesondere kann auch ein Betriebsrat den Antrag stellen, um geltend zu machen, dass der in einem Betriebsteil gebildete Betriebsrat nichtig ist (vgl. BAG 11. 4. 1978 AP BetrVG 1972 § 19 Nr. 8). Außerdem ist antragsberechtigt, wer anfechtungsberechtigt ist; insoweit findet Abs. 2 Satz 1 entsprechende Anwendung. Deshalb kann auch jede im Betrieb vertretene Gewerkschaft die Feststellung der Nichtigkeit beantragen (vgl. BAG 2. 3. 1955 AP BetrVG § 18 Nr. 1). Entsprechende Anwendung findet die Norm auch bei betriebsinternen Wahlen wie der Wahl des Betriebsratsvorsitzenden und seines Stellvertreters nach § 26, der Mitglieder des Betriebsausschusses gemäß § 27, der freizustellenden Betriebsratsmitglieder nach § 38 Abs. 3 und der in den Gesamtbetriebsrat zu entsendenden Betriebsratsmitglieder nach § 47 Abs. 2 (vgl. BAG 13. 11. 1991 AP BetrVG 1972 § 27 Nr. 3). Gleiches gilt für die Beschlussfassung über die Bestellung der inländischern Arbeitnehmervertreter im Europäischen Betriebsrat (BAG 18. 4. 2007 AP EBRG § 18 Nr. 1).

§ 20 Wahlschutz und Wahlkosten

(1) ¹Niemand darf die Wahl des Betriebsrats behindern. ²Insbesondere darf kein Arbeitnehmer in der Ausübung des aktiven und passiven Wahlrechts beschränkt werden.

(2) Niemand darf die Wahl des Betriebsrats durch Zufügung oder Androhung von Nachteilen oder durch Gewährung oder Versprechen von Vorteilen beeinflussen.

(3) ¹Die Kosten der Wahl trägt der Arbeitgeber. ²Versäumnis von Arbeitszeit, die zur Ausübung des Wahlrechts, zur Betätigung im Wahlvorstand oder zur Tätigkeit als Vermittler (§ 18 a) erforderlich ist, berechtigt den Arbeitgeber nicht zur Minderung des Arbeitsentgelts.

Schrifttum: *Maschmann*, Virtueller Belegschaftswahlkampf im Netz des Arbeitgebers?, NZA 2008, 613; *Rieble*, Betriebsratswahlwerbung durch den Arbeitgeber?, ZfA 2003, 283.

Übersicht

	Rn.
I. Vorbemerkung	1
II. Schutz der Wahl gegen Behinderung und unzulässige Beeinflussung	2
1. Reichweite des Verbots	2
2. Behinderungstatbestand	6
3. Beeinflussungstatbestand	14
4. Androhung eines Gewerkschaftsausschlusses als unzulässige Wahlbeeinflussung	22
5. Rechtsfolgen bei einem Verstoß	28
6. Streitigkeiten	32
III. Kosten der Wahl	34
1. Kostentragungspflicht	34
2. Umfang der Kosten	36
3. Streitigkeiten	40
IV. Versäumnis von Arbeitszeit	41
1. Betätigung im Wahlvorstand	41
2. Tätigkeit als Vermittler im Zuordnungsverfahren	45
3. Entgeltschutz der Arbeitnehmer bei Ausübung ihres Wahlrechts	46
4. Streitigkeiten	47

I. Vorbemerkung

§ 20 enthält zwei nicht in unmittelbarem Zusammenhang stehende Vorschriften. Er schützt einerseits die **Wahl gegen jede Behinderung** (Abs. 1) und **gegen jede unzulässige Beeinflussung** (Abs. 2). Er erlegt andererseits dem Arbeitgeber die Pflicht zur Tragung der durch die Wahl entstehenden **Kosten** einschließlich der Lohnzahlung für notwendige Arbeitsversäumnis auf (Abs. 3). Die Bestimmung entspricht im Wesentlichen § 19 BetrVG 1952; lediglich das bisher in Abs. 3 enthaltene Verbot der Minderung des Arbeitsentgelts wegen Teilnahme an der in § 17 genannten Betriebsversammlung wurde aus rechtssystematischen Gründen in § 44 geregelt. Durch die Novelle vom 20. 12. 1988 (BGBl. I S. 2312) wurde Abs. 3 Satz 2 dahin ergänzt, dass auch eine zur Tätigkeit als Vermittler (§ 18 a) erforderliche Versäumnis von Arbeitszeit den Arbeitgeber nicht zur Minderung des Arbeitsentgelts berechtigt (Art. 1 Nr. 7). Das **BetrVerf-Reformgesetz** vom 23. 7. 2001 (BGBl. I S. 1852) brachte keine Änderung. **1**

Entsprechende Vorschriften: § 24 BPersVG, § 8 Abs. 2 und 3 SprAuG; s. auch §§ 30, 42 EBRG. **1a**

II. Schutz der Wahl gegen Behinderung und unzulässige Beeinflussung

1. Reichweite des Verbots

2 a) Niemand darf die Wahl des Betriebsrats behindern oder unzulässig beeinflussen. Das Verbot richtet sich nicht nur gegen den Arbeitgeber, sondern **gegen jedermann**, auch gegen die Arbeitnehmer und die Gewerkschaften (vgl. BAG 2. 12. 1960 AP BetrVG § 19 Nr. 2; BGH 27. 2. 1978 BGHZ 71, 126, 128 = AP GG Art. 9 Nr. 27).

3 Aus dem gesetzlichen Verbot, die Wahl zu behindern, ergibt sich nicht, dass das Arbeitsgericht keine *einstweilige Verfügung* erlassen kann, durch die es die Durchführung der Wahl untersagt (so aber LAG München 17. 7. 1953, DB 1953, 848); denn eine einstweilige Verfügung kommt nur in Betracht, wenn sich die Durchführung der Wahl als unzulässig darstellt oder zumindest erhebliche Zweifel an der Zulässigkeit der Wahl bestehen, mag auch zurzeit eine rechtskräftige Entscheidung darüber noch nicht vorliegen. Das ist aber keine Verhinderung einer ordnungsmäßigen Wahl, sondern deren Sicherung (ebenso *Fitting*, § 20 Rn. 6; HSWG-*Schlochauer*, 6. Aufl., § 20 Rn. 16; vgl. auch LAG Hamm 27. 4. 1972, DB 1972, 1297; siehe auch *Winterfeld*, NZA Beil. 1/1990, S. 20.

4 b) Geschützt wird nicht nur der Wahlakt, sondern die **Wahl im ganzen Bereich ihrer Durchführung** (vgl. auch LAG Niedersachsen 7. 5. 2007 – 9 TaBV 80/06, juris). Dazu gehört auch ihre Vorbereitung, wie die Bestellung des Wahlvorstands und dessen Tätigkeit, die Anregung und Durchführung von Vorabstimmungen nach § 12 Abs. 1 und § 14 Abs. 2, weiterhin die Aufstellung der Wahlvorschläge und vor allem auch die Wahlanfechtung (ebenso *Fitting*, § 20 Rn. 7; GL-*Marienhagen*, § 20 Rn. 3; GK-*Kreutz*, § 20 Rn. 8 f.).

5 Zur Wahl im Sinne dieser Vorschrift gehört auch die **Wahlwerbung** (ebenso GK-*Kreutz*, § 20 Rn. 9; enischränkend nur für rechtmäßige Wahlwerbung HSWGNR-*Nicolai*, § 20 Rn. 5). An dem Wahlkampf dürfen sich auch die im Betrieb vertretenen Gewerkschaften beteiligen. Das gilt auch, wenn nur die Arbeitnehmer des Betriebs Wahlvorschläge einreichen. Das Recht der Gewerkschaften, im Betrieb Propaganda für die Betriebsratswahl zu machen, gehört zu dem durch Art. 9 Abs. 3 GG garantierten Schutzbereich des Koalitionsrechts (vgl. BVerfG 30. 11. 1965 E 19, 303, 312 ff. = AP GG Art. 9 Nr. 7; BGH 27. 2. 1978 BGHZ 71, 126, 129 f. = AP GG Art. 9 Nr. 27; ausführlich § 2 Rn. 74 ff.). Es besteht aber nur für die im Betrieb vertretenen Gewerkschaften, nicht für jede Gewerkschaft. Die Gewerkschaften dürfen jedoch auf ihre Mitglieder keinen unzulässigen Druck ausüben, dazu s. Rn. 22.

2. Behinderungstatbestand

6 a) Niemand darf die **Wahl behindern** (Abs. 1 Satz 1). Eine Behinderung liegt vor, wenn durch ein rechtswidriges Verhalten die Einleitung und Durchführung der Wahl erschwert oder unmöglich gemacht wird (ebenso GK-*Kreutz*, § 20 Rn. 11 f.). Beispielsweise wird die Wahl behindert, wenn der Arbeitgeber nicht die notwendigen materiellen Unterlagen, z. B. den Wahlraum, die Wahlzettel, Angaben für die Aufstellung von Wählerlisten, zur Verfügung stellt oder wenn er dem Wahlvorstand nicht die zur Erledigung seiner Aufgaben erforderliche Freizeit gibt (HSWGNR-*Nicolai*, § 20 Rn. 8, 17). Dagegen bedeutet es keine Behinderung, wenn der Arbeitgeber auf die Bedeutung der Wahl hinweist, und zwar auch dann, wenn eine im Betrieb vertretene Gewerkschaft die Parole zur Wahlenthaltung ausgibt (s. auch Rn. 18).

7 Das Verhalten muss **rechtswidrig** sein; auf ein Verschulden oder sonstige subjektive Elemente kommt es nicht an (ebenso GK-*Kreutz*, § 20 Rn. 12; DKK-*Schneider*, § 20 Rn. 1; HWK-*Reichold*, § 20 Rn. 3;).

II. Schutz der Wahl gegen Behinderung und unzulässige Beeinflussung § 20

b) Eine **Behinderung** ist insbesondere gegeben, wenn ein **Arbeitnehmer in der Ausübung des aktiven und passiven Wahlrechts beschränkt** wird (Abs. 1 Satz 2). Erfasst werden alle rechtswidrigen Einschränkungen der Handlungsfreiheit, während die innere Willensbildung von dem in Abs. 2 enthaltenen Wahlbeeinflussungsverbot geschützt wird. Der Behinderungstatbestand schützt also den **äußeren Ablauf** der Wahl: Nicht die Freiheit, wen der Arbeitnehmer wählt, sondern dass er wählen kann (ebenso *Fitting*, § 20 Rn. 13; GK-*Kreutz*, § 20 Rn. 24; HSWGNR-*Nicolai*, § 20 Rn. 10). 8

aa) Eine Beschränkung liegt vor allem vor, wenn der **Arbeitgeber** dem Arbeitnehmer die Möglichkeit nimmt, seine Stimme abzugeben, aber auch dann, wenn er verhindert, dass der Arbeitnehmer sich an den Vorabstimmungen oder einer Betriebsversammlung nach § 17 beteiligt, Wahlvorschläge macht, sich als Mitglied des Wahlvorstands oder als Wahlhelfer bei der Durchführung der Wahl beteiligt oder sich als Kandidat aufstellen lässt. Der Arbeitgeber ist aber keineswegs verpflichtet, dafür Sorge zu tragen, dass alle Arbeitnehmer sich an der Wahl beteiligen. **Förder- oder Mitwirkungspflichten** hat er nur, soweit das Gesetz ihm diese ausdrücklich auferlegt, wie z. B. die Verpflichtung nach § 2 Abs. 2 WO zur Unterstützung des Wahlvorstands, oder auch die bezahlten Freistellungen, die nach Abs. 3 erforderlich sind. Deshalb braucht er Wahlbewerbern keine Freistellung zu gewähren, damit diese Unterschriften sammeln oder ihre Ziele bekannt machen können; hier fehlt es an der Erforderlichkeit (LAG Berlin 9. 1. 1979, BB 1979, 1036; LAG Hamm 6. 2. 1988, DB 1980, 1223; ArbG Düsseldorf 21. 7. 1981, BB 1981, 1579; zust. *Stege/Weinspach/Schiefer*, § 20 Rn. 3). Er braucht auch die auswärtige Tätigkeit eines Arbeitnehmers nicht unterbrechen zu lassen oder zu verschieben, damit dieser sich an der Wahl beteiligen kann. In diesem Fall besteht vielmehr für den betroffenen Arbeitnehmer die Möglichkeit der schriftlichen Stimmabgabe (§ 26 WO). Eine Behinderung der Wahl liegt aber vor, wenn der Arbeitgeber eine auswärtige Montagearbeit gerade deshalb auf den Wahltag legt, um den daran beteiligten Arbeitnehmern die Ausübung des Wahlrechts unmöglich zu machen. 9

Uneingeschränkt verboten ist dem Arbeitgeber jedes **aktive Tun,** das auf eine Beschränkung des Wahlrechts abzielt. Vor allem ist eine **Versetzung** oder **Kündigung** zu dem Zweck, die Wahl eines Arbeitnehmers unmöglich zu machen, unzulässig. Für Mitglieder des Wahlvorstands, Inititanten einer Betriebsratswahl und Wahlbewerber besteht darüber hinaus der besondere Kündigungsschutz nach § 15 KSchG (s. Anhang zu § 103). Soweit er nicht eingreift, kann sich aus der Bestimmung, dass kein Arbeitnehmer in der Ausübung des aktiven und passiven Wahlrechts beschränkt werden darf, ein *relativer Kündigungsschutz* ergeben (ebenso BAG 13. 10. 1977 AP KSchG 1969 § 1 Nr. 1 Verhaltensbedingte Kündigung; 7. 5. 1986 AP KSchG 1969 § 18 Nr. 18). Deshalb ist die Kündigung eines Arbeitnehmers unwirksam, wenn durch sie bezweckt werden soll, ihn an der Vorbereitung der Wahl eines Wahlvorstands zu hindern (vgl. LAG Düsseldorf, DB 1963, 1055) oder seine Kandidatur zu vereiteln (vgl. BAG AP KSchG 1969 § 1 Nr. 1 Verhaltensbedingte Kündigung; s auch Rn. 29). Ist ein Arbeitnehmer gekündigt verliert er deshalb jedoch nicht sein passives Wahlrecht (s. § 8 Rn. 14). Er ist daher auch berechtigt zum Zwecke der **Wahlwerbung** den Betrieb zumindest zeitweise zu betreten (LAG Hamm 6. 5. 2002 – 10 TaBV 53/02, NZA-RR 2003, 480). 10

Problematisch ist, ob eine Behinderung der Wahl vorliegt, wenn der Arbeitgeber Arbeitnehmern, die der Wahlvorstand in die Wählerliste aufgenommen hat, schriftlich mitteilt, dass sie **leitende Angestellte** i. S. des § 5 Abs. 3 seien und daher an der Wahl nicht teilnehmen dürften. Keine Bedenken bestehen, wenn es sich um eine zutreffende Information oder doch wenigstens augenscheinlich um eine bloße Meinungsäußerung handelt, an der Arbeitgeber erkennbar keine Konsequenzen knüpfen will. Der Tatbestand der Wahlbehinderung ist dagegen gegeben, wenn bei Wahl oder Bestehen eines Sprecherausschusses der leitenden Angestellten Meinungsverschiedenheiten über die Zuordnung bestehen und der Arbeitgeber nicht das Zuordnungsverfahren nach § 18 a abwartet. Aber auch sonst ist es als Wahlbehinderung anzusehen, wenn der Arbeitgeber 11 sich an Arbeitnehmer wendet, die nicht zum Kreis der leitenden Angestellten gehören und das Schreiben als verbindlicher Hinweis aufgefasst werden kann (ebenso LAG Schleswig-Holstein 9. 7. 2008 – 6 TaBV 3/08, juris; LAG Hamm 31. 5. 1972, DB 1972, 1297; LAG Mannheim 31. 5. 1972, DB 1972, 1392; *Fitting*, § 20 Rn. 18; GK-*Kreutz*, § 20 Rn. 17; ausführlich *Buchner*, DB 1972, 824 ff.).

12   bb) Nicht ausgeschlossen ist auch eine **Behinderung der Wahl durch den Wahlvorstand**. Deutlichstes Beispiel ist die Rückweisung wahlberechtigter Arbeitnehmer. Sie kann aber auch in der absichtlich schleppenden Behandlung des Wahlverfahrens liegen, etwa im willkürlichen Abbruch und Neueinleitung der Wahl (LAG Bremen 27. 2. 1990 LAGE Nr. 3 zu § 18 BetrVG 1972; GK-*Kreutz*, § 20 Rn. 21). Beides wird schon für sich genommen die Anfechtbarkeit und ggf. sogar Nichtigkeit der Wahl begründen (s. § 19 Rn. 4 ff., 15 ff.). Dazu kommen zusätzlich jedoch die Rechtsfolgen, die nur an § 20 Abs. 2 gebunden sind, nicht an § 19, s. Rn. 23 ff.

13   cc) Gerichtliche Entscheidungen, die eine **Wahlbehinderung durch Arbeitnehmer** festgestellt haben, sind nicht ersichtlich. Der Fallgruppe fehlt also die praktische Relevanz. Denkbar sind solche Fälle jedoch durchaus, etwa wenn Arbeitnehmer ihre Kollegen mit Drohungen oder Gewalt von der Wahl oder einer Kandidatur abhalten wollen (GK-*Kreutz*, § 20 Rn. 22; *Vogt*, BB 1987, 189). Zur Behinderung durch den zur Wahlversammlung nach § 14a Abs. 1 S. 1 Einladenden LAG Schleswig-Holstein 9. 7. 2008 – 6 TaBV 3/08, juris).

3. Beeinflussungstatbestand

14   a) Nicht nur die Behinderung der Wahl ist verboten, sondern auch **jede Beeinflussung durch Zufügung oder Androhung von Nachteilen oder durch Gewährung oder Versprechen von Vorteilen** (Abs. 2). Durch das Beeinflussungsverbot wird die innere Willensbildung des Arbeitnehmers geschützt, um eine freie Wahlentscheidung zu gewährleisten. Nicht nur die tatsächliche Zufügung von Nachteilen oder die tatsächliche Gewährung von Vorteilen ist unzulässig, sondern schon die Androhung von Nachteilen oder das Versprechen von Vorteilen, etwa die Zusage des Arbeitgebers an einen Arbeitnehmer auf Gehaltserhöhung, wenn er sich als Wahlkandidat aufstellen oder nicht aufstellen lässt, oder die Androhung einer Versetzung auf einen schlechteren Arbeitsplatz mit Rücksicht auf eine Wahlbeteiligung. Vorteil ist dabei weit zu verstehen und kann auch wahlbezogene Besserstellungen beinhalten. Die tatsächliche und finanzielle Unterstützung einer Gruppe von Kandidaten bei der Herstellung einer Wahlzeitung durch den Arbeitgeber stellt eine unzulässige Beeinflussung dar (BAG 4. 12. 1986, NZA 1987, 166; krit. *Rieble*, ZfA 2003, 290) Auch das Abholen von Stützunterschriften durch den Arbeitgeberrepräsentanten fällt darunter, sofern dies nicht für alle Listen gleichermaßen geschieht (LAG Frankfurt 23. 8. 2001, DB 2001, 2559).

15   b) **Stimmenkauf** ist damit klar verboten (GK-*Kreutz*, § 20 Rn. 28; *Rieble*, ZfA 2003, 291). Grundsätzlich gilt aber, dass in der **Werbung** für eine bestimmte Liste oder einen bestimmten Kandidaten keine unzulässige Beeinflussung liegt. Sie gehört zum freien Meinungsaustausch, den § 20 Abs. 1 und 2 ja schützen will (BVerfG 30. 11. 1965 AP GG Art. 9 Nr. 7; BVerfG 8. 10. 1996, BB 1997, 205). Fraglich kann es zuweilen sein, ob **wahrheitswidrige Propaganda** eine unzulässige Wahlbeeinflussung darstellt. Die Propagandalüge erfüllt im Allgemeinen den Tatbestand nicht (ebenso GK-*Kreutz*, § 20 Rn. 31; *Fitting*, § 20 Rn. 24 f.; LAG Köln 15. 10. 1993, NZA 1994, 431; LAG Niedersachsen 16. 6. 2008, AE 2009, 131). Ehrverletzungen bedeuten aber die Zufügung von Nachteilen, so dass durch sie gegen das Wahlbeeinflussungsverbot verstoßen wird, wenn durch sie bezweckt wird, dass ein Arbeitnehmer sich nicht an der Wahl beteiligt (ebenso GK-*Kreutz*, § 20 Rn. 32; vgl. auch BAG 13. 10. 1977 AP KSchG 1969 § 1 Nr. 1 Verhaltensbedingte Kündigung). In diesen Fällen hat nicht nur der Betroffene die Möglichkeit, vor den ordentlichen Gerichten eine einstweilige Verfügung zu beantragen,

II. Schutz der Wahl gegen Behinderung und unzulässige Beeinflussung § 20

sondern es ist auch der **Erlass einer einstweiligen Verfügung durch das Arbeitsgericht** im Beschlussverfahren zulässig, um zu verhindern, dass eine Betriebsratswahl unter Verletzung einer so wesentlichen Vorschrift wie der des Wahlbeeinflussungsverbots durchgeführt wird (ebenso ArbG Wesel 30. 3. 1957, BB 1957, 366; GK-*Kreutz,* § 20 Rn. 33; a. A. *Fitting,* § 20 Rn. 11; GL-*Marienhagen,* § 20 Rn. 9; HSWG-*Glaubitz,* 6. Aufl., § 20 Rn. 21; *Vogt,* BB 1987, 189, 191). Die bloße Ermahnung durch andere Arbeitnehmer, sich Zeit zu nehmen und genau zu überlegen wen man wählen wolle, erfüllt an sich nicht den Beeinflussungstatbestand (LAG Hamm 17. 11. 2006 – 10 Sa 1555/06, juris). Allerdings kann sich aus dem Gesamtzusammenhang etwas anderes ergeben, wenn dem Wähler etwa schon vorher mit Nachteilen gedroht wurde.

c) Die Androhung eines Nachteils liegt auch vor, wenn eine **Gewerkschaft** den **Ausschluss androht,** falls ein Mitglied einen Wahlvorschlag unterzeichnet, der nicht von ihr unterstützt wird oder sogar auf einer derartigen Liste kandidiert. Eine durch Abs. 2 verbotene Wahlbeeinflussung liegt aber nur vor, wenn die Androhung rechtswidrig ist (s. Rn. 22 ff.). **16**

d) Der Nachteil, der zugefügt oder angedroht wird, braucht sich nicht auf die Individualrechtsposition eines Arbeitnehmers zu beziehen, sondern eine unzulässige Wahlbeeinflussung liegt auch dann vor, wenn **einer Gruppe** von Arbeitnehmern ein Vorteil zugesagt wird (so nach altem Recht bei der **Erhöhung der Sitzzahl der Angestellten im Betriebsrat,** wenn sie sich mit einer Gemeinschaftswahl einverstanden erklären, was heute nur noch für die Beamtengruppe der Postunternehmen relevant ist: BAG 8. 3. 1957 AP BetrVG § 19 Nr. 1; GL-*Marienhagen,* § 20 Rn. 16; GK-*Kreutz,* § 20 Rn. 26; HSWGNR-*Nicolai,* § 20 Rn. 22; a. A. *Fitting,* § 20 Rn. 22; *Nikisch,* Bd. III S. 86, die nur individuelle Vorteile erfasst wissen wollen; im Ergebnis wohl auch *G. Müller,* FS Schnorr v. Carolsfeld, S. 367, 385). **17**

e) Im Hinblick auf den **Arbeitgeber** ist die Rechtsprechung streng in der Frage der unzulässigen Beeinflussung durch die Gewährung von Vorteilen, s. Rn. 14. Er darf sich nach ganz h. M. **nicht** in die **Wahlpropaganda** einschalten, insbesondere nicht für bestimmte Kandidaten werben (*Vogt,* BB 1987, 189; *G. Müller,* Festgabe Kunze 1969, S. 243, 257; DKK-*Schneider,* § 20 Rn. 19; *Fitting,* § 20 Rn. 24; LAG Hamburg 12. 3. 1998, AiB 1998, 701). Das ist insoweit richtig, als die Betriebsratswahl der Legitimation der betrieblichen Arbeitnehmerrepräsentanten dient, die im Verhältnis zum Arbeitgeber die Beteiligungsrechte der Belegschaft ausüben. Dies ist in erster Linie Sache der Belegschaft, nicht des Arbeitgebers. Jedoch ist ein Hinweis auf die Bedeutung der Wahl zulässig, und zwar auch dann, wenn eine im Betrieb vertretene Gewerkschaft die Parole zur Wahlenthaltung ausgibt (ebenso *Neumann-Duesberg,* Anm. zu BAG AP BetrVG § 13 Nr. 10; vgl. aber auch *G. Müller,* a. a. O., S. 256 f.). Der Arbeitgeber wirbt dann für die Wahl, nicht für den zu Wählenden; das kann ihm nicht verwehrt werden. **18**

Auch wird man damit **nicht jede Stellungnahme** des Arbeitgebers zu einzelnen Wahlbewerbern oder Listen und ihren Ziele als **unzulässig** werten können. Teilweise wird angenommen, es sei generell verboten, dass ein Arbeitgeber in einem Schreiben an alle Arbeitnehmer darauf hinweist, dass bei Wahl einer Gewerkschaftsliste dem Unternehmen schwerer Schaden zugefügt werden kann (ArbG Heilbronn 23. 12. 1997, AiB 1999, 581; zustimm. *Schneider,* AiB 1999, 582; *Fitting,* § 20 Rn. 21). Das ist zu weitgehend: Wenn es den Gewerkschaften erlaubt ist, Mitglieder sogar bei Androhung des Ausschlusses von der Kandidatur für konkurrierende Listen abzuhalten (s. Rn. 22, 26), dann kann auch der Arbeitgeber nicht an ein umfassendes Neutralitätsgebot gebunden sein (a. A. ErfK-*Eisemann,* § 20 Rn. 7; *Fitting,* § 20 Rn. 24; DKK-*Schneider,* § 20 Rn. 19; wie hier *Rieble,* ZfA 2003, 294). Zudem: Verboten ist nach dem Wortlaut des Gesetzes nur die „Androhung von Nachteilen". Die **Androhung** ist von der **Prognose** zu unterscheiden. Es droht nur der, der vorgibt, Einfluss zu haben auf den vorhergesagten Nachteil. Das muss durchaus nicht bei jeder Stellungnahme des Arbeitgebers der Fall sein. Vielmehr kann es sich um objektiv richtige, zumindest nachvollziehbare Vorher- **19** sagen handeln, dessen was eintreten könnte. Diese Unterscheidung zwischen Androhung und Vorhersage kennt der deutsche Jurist von der Dogmatik des Nötigungstatbestandes. Der Arbeitsrechtler kann sich zusätzlich auf einen Rechtsvergleich zum U. S.-amerikanischen Recht stützen. Hier ist anerkannt, dass der Arbeitgeber bei der Wahl der Arbeitnehmer einer sie repräsentierenden Gewerkschaft zwar Stellungnahmen abgeben darf, aber nur solche, die sich auf Tatsachen beziehen im Gegensatz zu Wertungen. Trifft er Prognosen, muss es sich um nachvollziehbare, vorsichtige Vorhersagen handeln dessen, was ohne sein Zutun eintreten wird können (*NLRB v. Gissel Packing Co.* 395 U. S. 575 = 89 S.Ct. 1918 = 23 L.Ed 2nd 547 [1969]; hierzu auch *Thüsing*, NZA 1999, S. 693; s. auch die parallele Argumentation zum Behinderungstatbestand Rn. 1; ähnlich – wenn auch einige Pegelstriche großzügiger im Hinblick auf Meinungsäußerungen des Arbeitgebers – *Rieble*, ZfA 2003, 307).

20 Erst Recht kann einem Arbeitgeber nicht das Verhalten seiner leitenden Angestellten zugerechnet werden, wenn nicht ein Auftrag oder eine Aufforderung vorlag. Sammelt ein leitender Angestellter Stützunterschriften für eine Liste, dann darf er dies wie jeder andere Arbeitnehmer. Erst wenn dies vom Arbeitgeber initiiert wird, liegt eine unzulässige Bevorzugung vor. Eine solche Parteinahme ist ihm verboten (strenger noch LAG Hamburg 12. 3. 1998, AiB 1998, 701; s. auch *Fitting*, § 20 Rn. 23).

21 f) Verboten ist auch die Benachteiligung eines Arbeitnehmers, weil er sich an der Wahl beteiligt oder nicht beteiligt hat (**Maßregelung**). Das ergibt sich nicht aus Abs. 2, weil von einer Maßregelung keine Wahlbeeinflussung ausgehen kann, sondern aus § 612a BGB (ebenso GK-*Kreutz*, § 27; a. A. *Fitting*, § 20 Rn. 19; DKK-*Schneider*, § 20 Rn. 27). Anders aber, wenn durch die Androhung eines solchen Nachteils die Wahl verhindert werden soll; hier ist § 20 Abs. 2 einschlägig (ausführl. zu § 612a BGB *Thüsing*, NZA 1994, 728).

4. Androhung eines Gewerkschaftsausschlusses als unzulässige Wahlbeeinflussung

22 a) Die durch Art. 9 Abs. 3 GG verfassungsrechtlich garantierte Wahlwerbung (s. Rn. 5) entbindet die **Gewerkschaften** nicht von der **Befolgung des Beeinflussungsverbots** (ebenso BGH 27. 2. 1978 BGHZ 71, 126, 129 f. = AP GG Art. 9 Nr. 27; 19. 1. 1981 AP BetrVG 1972 § 20 Nr. 7). Die im Betrieb vertretenen Gewerkschaften haben zwar das Recht, auf ihre Mitglieder einzuwirken, dass sie in bestimmtem Sinne abstimmen, etwa für eine bestimmte Vorschlagsliste (vgl. BAG 2. 12. 1960 AP BetrVG § 19 Nr. 2 mit [zust. *Neumann-Duesberg*]). Sie müssen sich aber auf eine *Empfehlung* beschränken und dürfen ihre Mitglieder nicht verbandsrechtlich *verpflichten*, in einem bestimmten Sinn zu stimmen oder nicht zu stimmen; denn bei einer rechtlichen Bindung wäre die Freiheit der Wahl ausgeschlossen, die für das Repräsentationsmandat des Betriebsrats die demokratische Legitimation enthält (vgl. *Richardi*, RdA 1972, 8, 14; zu weitgehend deshalb BAG, a. a. O., soweit dort nicht klargestellt wird, dass nur gewerkschaftliche Wahlempfehlungen gemeint sind; dazu *Popp*, ZfA 1977, 401, 415).

23 Den Gewerkschaften ist weiterhin erlaubt, darauf hinzuwirken, dass ihre Mitglieder **keine Wahlvorschläge** unterzeichnen, die **von konkurrierenden Gewerkschaften** unterstützt werden, und unter **Androhung des Ausschlusses** zu **verbieten,** dass ein Mitglied auf einer derartigen Liste **kandidiert** (insoweit zutreffend BAG 2. 12. 1960 AP BetrVG § 19 Nr. 2 mit [zust. *Neumann-Duesberg*]; zust. *Fitting*, § 20 Rn. 26 ff.; GL-*Marienhagen*, § 20 Rn. 10; GK-*Kreutz*, § 20 Rn. 35 ff.; HSWGNR-*Nicolai*, § 20 Rn. 24; HWK-*Reichold*, § 20 Rn. 7; *Nikisch*, Bd. III S. 86; *Richardi*, RdA 1972, 8, 14; *Popp*, ZfA 1977, 401, 440). Die Androhung des Ausschlusses als Sanktion für die Zuwiderhandlung ist zwar die Androhung eines Nachteils; aber sie ist nur dann eine unzulässige Wahlbeeinflussung, wenn sie das *Übermaßverbot* verletzt. Im Einzelnen gilt folgendes:

II. Schutz der Wahl gegen Behinderung und unzulässige Beeinflussung §20

b) Da die spezifisch koalitionsmäßige Betätigung in der Betriebsverfassung durch Art. 9 Abs. 3 GG gewährleistet ist (s. ausführlich § 2 Rn. 74 ff.), ist es nicht der Sinn des in Abs. 2 niedergelegten Beeinflussungsverbots, der **Verbandsautonomie** überhaupt keinen Raum zu lassen, weil sonst nicht sichergestellt werden könnte, dass die von einer Gewerkschaft propagierte Liste von ihren Mitgliedern unterstützt wird. Eine Schranke ist aber insoweit zu ziehen, als die Gewerkschaft die *Freiheit der Wahl* zu respektieren hat. Da der Ausschluss aus der Gewerkschaft für den betroffenen Arbeitnehmer einen sehr erheblichen Nachteil darstellt, vor allem wenn eine konkurrierende Gewerkschaft nicht im Betrieb vertreten ist, kommt ein **Ausschluss** nur in Betracht, wenn ein Mitglied sich durch sein Verhalten bei einer Betriebsratswahl in einer **für die Gewerkschaft nicht zumutbaren Weise generell mit deren Zielsetzung in Widerspruch setzt**. Das ist der Fall, wenn ein Arbeitnehmer auf einem Wahlvorschlag kandidiert, der von einer konkurrierenden Gewerkschaft unterstützt wird, oder sich auf einer Liste nominieren lässt, die von dem Programm bestimmt wird, die Gewerkschaften allgemein oder die Grundordnung, die ihre freie Betätigung garantiert, zu bekämpfen (vgl. BGH 27. 2. 1978 BGHZ 71, 126, 129 f. = AP GG Art. 9 Nr. 27). **24**

Demgegenüber ist der BGH und das herrschende Schrifttum lange Zeit davon ausgegangen, dass eine Gewerkschaft einen Arbeitnehmer **nicht** schon dann **ausschließen darf**, wenn er auf einer nicht von seiner Gewerkschaft unterstützten Liste kandidiert, die über den Wettbewerb um die Stimmen hinaus nicht gewerkschaftsfeindlich ist (BGH 27. 2. 1978 BGHZ 71, 126, 129 f. = AP GG Art. 9 Nr. 27; ebenso BGH 19. 1. 1981 AP BetrVG 1972 § 20 Nr. 7; 19. 10. 1987 BGHZ 102, 265, 277). Das galt vor allem, wenn die Gewerkschaft einer Gruppe ihrer Mitglieder die Möglichkeit vorenthalten hat, ihre betriebsverfassungsrechtlichen Wahlinteressen auf der von ihr unterstützten Liste in angemessener Weise wahrzunehmen (so BGH 13. 6. 1966 BGHZ 45, 314, 318 f. = AP BetrVG § 19 Nr. 5) oder ein Kandidat nicht in die Liste aufgenommen wurde, obwohl die Mehrheit der Gewerkschaftsmitglieder sich bei gewerkschaftsinternen „Vorwahlen" für ihn ausgesprochen hatte (vgl. den Tatbestand von BAG 3. 6. 1969 AP BetrVG § 18 Nr. 14; s. auch BGHZ 45, 314, 320; 71, 126, 130; BGH AP BetrVG 1972 § 20 Nr. 7). **25**

Hier hat eine Entscheidung des **BVerfG** möglicherweise zu einer **Korrektur** geführt (BVerfG 24. 2. 1999, AP BetrVG 1972 § 20 Nr. 18; dazu *Sachse*, AuR 1999, 387; *Reuter*, RdA 2000, 101): Das Gericht hob ein Urteil auf, das eben diese Unterscheidung traf und einen Ausschluss daher für unzulässig hielt. Zum Teil wird daraus gefolgert, nun sei es den Gewerkschaften generell erlaubt, Fremdkandidaturen durch Ausschlusses aus der Gewerkschaft zu sanktionieren; erforderlich sei lediglich, dass die Liste der Gewerkschaft nach demokratischen Grundsätzen aufgestellt wurde (*Fitting*, § 20 Rn. 27 ff.; *Sachse*, AuR 1999, 390). Das ist nicht zwingend: Das BVerfG beanstandete insb. dass sich LG, OLG und BGH auf die zwischenzeitlich überholte Kernbereichsrechtsprechung (hierzu *Hanau*, ZIP 1996, 447) gestützt hatten und daher das Ausmaß der Koalitionsfreiheit falsch einschätzten. Es selber formulierte keineswegs eine generelle Erlaubnis, wies vielmehr darauf hin, es lasse sich nicht ausschließen, dass das LG, an das zurückverwiesen wurde, zu einem anderen Ergebnis kommen könnte, ließ also offen, ob ein Ausschluss nicht auch unter Berücksichtigung des gewandelten Verfassungsverständnisses gegen § 20 Abs. 2 verstoßen würde. Zudem bestand die Besonderheit, dass im zu entscheidenden Fall die konkurrierenden Kandidaten gerade auch mit ihrer Gewerkschaftsmitgliedschaft geworben hatten, hier also der Schutz des geschlossenen und glaubhaften Auftretens der Koalition besonders betroffen war. Bis auf weiteres dürfte daher die bisherige Unterscheidung zwischen gegnerischer und freier Kandidatur aufrecht zu erhalten sein, wenn auch die zugrundeliegende **Rechtsprechung** etwas **unsicherer** geworden ist (im Ergebnis wie hier GK-*Kreutz*, § 20 Rn. 39, tendenziell auch ErfK-*Eisemann*, § 20 Rn. 7). **26**

Die bloße Tatsache der **Kandidatur auf einer eigenen Vorschlagsliste** ist damit weiterhin grundsätzlich **kein Ausschließungsgrund**. Die Garantie der Wahlfreiheit gemäß **27**

Abs. 2 schützt aber nicht jedes Verhalten eines Gewerkschaftsmitglieds im Wahlverfahren (so zutreffend BGH 30. 5. 1983 BGHZ 87, 337, 341 ff. = AP BGB § 39 Nr. 1). Sie deckt insbesondere nicht die Anwendung wahlbeeinflussender Täuschungsmittel zum Nachteil einer Gewerkschaft (BGHZ 87, 337, 343). Die Gewerkschaft muss sich zwar einer sachlichen Kritik stellen, auch wenn sie aus den eigenen Reihen kommt und in die Belegschaft hineingetragen wird; sie braucht aber nicht ein Verhalten hinzunehmen, das sie als „Arbeiterverräter" denunziert (so zutreffend BGH 19. 10. 1987 BGHZ 102, 265, 278).

5. Rechtsfolgen bei einem Verstoß

28   a) Eine unzulässige Behinderung oder Beeinflussung der Wahl kann eine **Wahlanfechtung** begründen, wenn durch sie das Wahlergebnis beeinflusst werden konnte; in besonders schweren Fällen kann auch eine Nichtigkeit der Wahl in Betracht kommen, insbesondere wenn durch eine unzulässige Wahlbeeinflussung das Wahlergebnis praktisch feststeht (ebenso GK-*Kreutz*, § 20 Rn. 43; vgl. auch BAG 8. 3. 1957 AP BetrVG § 19 Nr. 1; zu eng *Fitting*, § 20 Rn. 32, der eine Nichtigkeit auf die Fälle offenen Terrors, der sich auf den eigentlichen Wahlakt erstrecke, beschränkt).

29   b) Die Bestimmungen des Abs. 1 und 2 enthalten ein **gesetzliches Verbot i. S. des § 134 BGB** (ebenso *Fitting*, § 20 Rn. 33; GL-*Marienhagen*, § 20 Rn. 19; GK-*Kreutz*, § 20 Rn. 41; HSWGNR-*Nicolai*, § 20 Rn. 27; DKK-*Schneider*, § 20 Rn. 20; zu Abs. 1 ausdrücklich auch BAG 13. 10. 1977 AP KSchG 1969 § 1 Nr. 1 Verhaltensbedingte Kündigung). Rechtsgeschäftliche Handlungen, die ihnen widersprechen, sind nichtig. Das gilt insbesondere für Versetzungen und Kündigungen. Soweit der besondere Kündigungsschutz des § 15 KSchG nicht eingreift, kann sich deshalb hieraus ein *relativer Kündigungsschutz* ergeben (ebenso BAG, a. a. O.; s. auch Rn. 10). Die Beweislast dafür, dass die Versetzung oder Kündigung erfolgt ist, um die Wahl zu behindern, insbesondere den Arbeitnehmer in der Ausübung des aktiven und passiven Wahlrechts zu beschränken, trägt der Arbeitnehmer; doch kommen selbstverständlich die Grundsätze des Beweises des ersten Anscheins zur Anwendung (ebenso *Fitting*, § 20 Rn. 33).

30   Die Bestimmungen sind **Schutzgesetz i. S. des § 823 Abs. 2 BGB**. Der Arbeitnehmer, der durch ihre Verletzung einen Schaden erlitten hat, kann Schadensersatz von demjenigen verlangen, der gegen das Schutzgesetz verstoßen hat (ebenso *Fitting*, § 20 Rn. 34; GK-*Kreutz*, § 20 Rn. 44 [begrenzt auf die Nachteile des § 20 Abs. 2]; *Nipperdey/Säcker* in *Hueck/Nipperdey*, Bd. II/2 S. 1136 f.; a. A. *Rieble*, ZfA 2003, 287). Geschützt ist das Wahlrecht jedes einzelnen Arbeitnehmers, nicht allein der ordnungsgemäße Ablauf der Wahl als abstrakte Größe.

31   c) Ein Verstoß gegen Abs. 1 oder Abs. 2 wird bei Vorsatz auf Antrag **bestraft** (§ 119 Abs. 1 Nr. 1). Eine Bestrafung nach §§ 107 ff. StGB kommt dagegen nicht in Betracht, da diese Strafbestimmungen nur für Wahlen zu den Volksvertretungen und für sonstige Wahlen und Abstimmungen des Volkes im Bund, in den Ländern, Gemeinden und Gemeindeverbänden gelten (§ 108 d StGB).

6. Streitigkeiten

32   Streitigkeiten darüber, ob eine Wahlbehinderung oder eine unzulässige Wahlbeeinflussung vorliegt, entscheidet das **Arbeitsgericht im Beschlussverfahren** (§ 2 a Abs. 1 Nr. 1, Abs. 2 i. V. mit §§ 80 ff. ArbGG). Ein Rechtsschutzinteresse entfällt aber, wenn die Wahl bereits durchgeführt ist; denn in diesem Fall kommt lediglich eine Wahlanfechtung in Betracht.

33   Zulässig ist insbesondere eine **einstweilige Verfügung** nach § 85 Abs. 2 ArbGG, um die Betriebsratswahl vor einer Behinderung oder unzulässigen Beeinflussung zu sichern, bei wahrheitswidriger Wahlpropaganda allerdings nur dann, wenn sie sich als unzulässige Wahlbeeinflussung i. S. des Abs. 2 darstellt (s. Rn. 15). Auch eine im Betrieb vertrete-

ne Gewerkschaft kann den Antrag auf Erlass einer einstweiligen Verfügung stellen, wenn die unzulässige Wahlbeeinflussung sich gegen die von ihr eingereichte oder unterstützte Liste richtet. Zuständig ist das Arbeitsgericht zur Entscheidung im Beschlussverfahren, weil es nicht um den Individualrechtsschutz geht, sondern es sich um eine Streitigkeit aus der Betriebsverfassung handelt. Antragsbefugt ist jeder, der im Zusammenhang mit der Einleitung und Durchführung einer Betriebsratswahl Wahlhandlungen vornimmt, und damit auch der Wahlvorstand (LAG Köln 10. 3. 2000, NZA-RR 2001, 423).

III. Kosten der Wahl

1. Kostentragungspflicht

Der **Arbeitgeber** trägt die Kosten der Wahl (Abs. 3 Satz 1). Darunter fallen alle Kosten, die für die Vorbereitung und Durchführung der Wahl erforderlich sind, aber nicht die Kosten für die Wahlwerbung (ebenso *Fitting*, § 20 Rn. 38; GL-*Marienhagen*, § 20 Rn. 21; GK-*Kreutz*, § 20 Rn. 48; HSWGNR-*Nicolai*, § 20 Rn. 34; *Joost*, MünchArbR, § 216 Rn. 197). Auch die Kosten für die Vorabstimmungen nach § 12 Abs. 1 und § 14 Abs. 2 sind Kosten der Wahl (s. auch Rn. 38). Zu ihnen gehören weiterhin die Kosten der Geschäftsführung des Wahlvorstands und auch die Kosten, die durch die Anfechtung einer Betriebsratswahl (vgl. ArbG Gelsenkirchen 22. 8. 1977, BB 1978, 307) oder sonst durch ein Beschlussverfahren in Zusammenhang mit einer Betriebsratswahl entstehen (vgl. BAG 26. 11. 1974 AP BetrVG 1972 § 20 Nr. 6). 34

Bei einem **gemeinsamen Betrieb** mehrerer Unternehmen sind deren Rechtsträger Arbeitgeber i. S. des Abs. 3 Satz 1; sie haben die Kosten der Wahl entsprechend § 421 BGB als Gesamtschuldner zu tragen (ebenso BAG 8. 4. 1992 AP BetrVG 1972 § 20 Nr. 15). Herrscht Streit über das Bestehen eines gemeinsamen Betriebs und die sich daraus ergebenden Konsequenzen für die Wahl eines Betriebsrats, so sind diejenigen Unternehmen als kostenpflichtige Arbeitgeber anzusehen, die durch ihr Verhalten Umstände gesetzt haben, die das Vorliegen eines von ihnen gemeinsam geführten Betriebs ernsthaft als möglich erscheinen lassen (so BAG 8. 4. 1992 AP BetrVG 1972 § 20 Nr. 15). 35

2. Umfang der Kosten

a) Der Arbeitgeber hat vor allem den **Sachaufwand** zu tragen. Er muss die Unterlagen für die Vorbereitung und Durchführung der Wahl zur Verfügung stellen. In entsprechender Anwendung des § 40 Abs. 2 hat er dem Wahlvorstand für dessen Sitzungen und laufende Geschäftsführung in erforderlichem Umfang Räume, sachliche Mittel, Informations- und Kommunikationstechnik sowie Büropersonal zu überlassen, damit dieser seine Aufgabe erfüllen kann. Er hat einen Raum sowohl für die Wahl wie für eine ggf. erforderliche Abhaltung der Betriebsversammlung nach § 17 zur Verfügung zu stellen. Er hat weiterhin die Kosten für die Beschaffung der Stimmzettel sowie bei Briefwahl die Portokosten zu tragen. Es ist Recht und Pflicht des Arbeitgebers, dafür zu sorgen, dass der notwendige Sachaufwand zur Verfügung steht. Erst wenn er dieser Aufgabe nicht nachkommt, ist der Wahlvorstand berechtigt, die erforderlichen Gegenstände zu besorgen und kann vom Arbeitgeber Erstattung der Kosten verlangen (ebenso GK-*Kreutz*, § 20 Rn. 50; HSWGNR-*Nicolai*, § 20 Rn. 35). Nicht zu tragen sind jedoch die Kosten einer Wahlpropaganda einzelner Gruppen (LAG Baden-Württemberg 1. 8. 2007 LAGE § 19 BetrVG 2001 Nr. 3). 36

b) Die Beschränkung auf die sachlichen Kosten, wie § 19 Abs. 3 BetrVG 1952 sie enthielt, ist weggefallen; damit wird klargestellt, dass der Arbeitgeber auch **persönliche Kosten** trägt, z. B. für Reisen, die der Vorbereitung und Durchführung der Wahl dienen (ebenso *Fitting*, § 20 Rn. 39; HSWGNR-*Nicolai*, § 20 Rn. 36; HWK-*Reichold*, § 20 Rn. 13). Hierher gehören auch Aufwendungen für die **Teilnahme an einer Schulungsver-** 37 anstaltung, soweit sie notwendig ist, um die Betriebsratswahlen ordnungsgemäß durchzuführen (s. Rn. 43), und Kosten für die **Beauftragung eines Rechtsanwalts** bei Rechtsstreitigkeiten in Zusammenhang mit einer Betriebsratswahl (vgl. BAG 26. 11. 1974 AP BetrVG 1972 § 20 Nr. 6; 8. 4. 1992 AP BetrVG 1972 § 20 Nr. 15; bei Behinderung der Wahlwerbung LAG Hamm 6. 2. 1980, DB 1980, 1223; LAG Berlin 11. 3. 1988, DB 1988, 1172; LAG Düsseldorf 25. 10. 1994, NZA 1995, 444; s. ausführlich § 40 Rn. 23 ff.). Dazu können auch die notwendigen **außergerichtlichen Kosten** eines Wahlanfechtungsverfahrens gehören (BAG 7. 7. 1999 AP BetrVG 1972 § 20 Nr. 19 für die Wahl eines Personalrats) sowie die erforderlichen **Kosten einer Gewerkschaft,** die ihr durch die Beauftragung eines Rechtsanwalts in einem Beschlussverfahren zur gerichtlichen Bestellung eines Wahlvorstands entstanden sind (BAG 31. 5. 2000 AP BetrVG 1972 § 20 Nr. 20; siehe auch BAG 16. 4. 2003 AP BetrVG 1972 § 20 Nr. 21). Der Maßstab, den die Rechtsprechung hier anlegt, ist recht großzügig: Die Kosten sind solange erforderlich, solange nicht die Rechtsverfolgung aussichtslos erscheint oder die Heranziehung rechtsmissbräuchlich erfolgt und deshalb das Interesse des Arbeitgebers an der Begrenzung seiner Kostentragungspflicht mißachtet wird (BAG a. a. O.; s. auch § 40 Rn. 22). Erlittene **Sachschäden** sind ebenfalls zu erstatten, wenn ein adäquater Zusammenhang mit der Vorbereitung und Durchführung der Betriebsratswahl besteht, der Schaden also auf ein besonderes tätigkeitsspezifisches Risiko zurückzuführen ist (BAG 3. 3. 1983 AP BetrVG 1972 § 20 Nr. 8, vgl. auch Vorinstanz LAG Hamm 26. 10. 1979, DB 1980, 214 = EzA Nr. 9 zu § 20 BetrVG; weiterhin § 40 Rn. 53 f.). Auch muss die Übernahme des Schadensrisikos erforderlich und angemessen gewesen sein, wie allgemein ja nur die notwendigen Kosten ersetzt werden, s. nächste Rn.

38 c) Der Arbeitgeber hat **nur die notwendigen Kosten** zu tragen und die notwendigen Aufwendungen zu ersetzen. Für die Abgrenzung gilt Gleiches wie nach § 40, d. h. es sind die Kosten zu tragen und die Aufwendungen zu ersetzen, die bei pflichtgemäßer Beurteilung der objektiven Gegebenheiten vom Betreffenden als notwendig angesehen werden konnten (s. ausführlich § 40 Rn. 3 ff.). Daher sind z. B. nicht die Kosten zu tragen, die durch Ergänzung einer eingereichten Vorschlagliste um die Lichtbilder der Kandidaten und den Druck der so ergänzten Liste entstehen (BAG 3. 12. 1987 AP BetrVG 1972 § 20 Nr. 13).

39 d) Die Kostentragungspflicht umfasst auch die Pflicht zur **Freistellung von Ansprüchen Dritter,** soweit die Eingehung der Verbindlichkeiten zur ordnungsgemäßen Durchführung der Wahl erforderlich war (vgl. BAG 3. 12. 1987 und 8. 4. 1992 AP BetrVG 1972 § 20 Nr. 13 und 15). Dazu können auch die Kosten eines arbeitsgerichtlichen Beschlussverfahren gehören, das zur Klärung bestehender Meinungsverschiedenheiten im Laufe eines Wahlverfahrens eingeleitet und durchgeführt wurde (LAG Hamm 2. 9. 2005 – 13 TaBV 69/05, juris; s. ausführlich § 40 Rn. 22).

3. Streitigkeiten

40 Streitigkeiten über die Notwendigkeit von Kosten entscheidet das Arbeitsgericht im Beschlussverfahren nach § 2a Abs. 1 Nr. 1, Abs. 2 i. V. mit §§ 80 ff. ArbGG. Gleiches gilt für Streitigkeiten über den Ersatzanspruch von Mitgliedern des Wahlvorstands für Aufwendungen (ebenso BAG 13. 3. 1973 und 26. 6. 1973 AP BetrVG 1972 § 20 Nr. 1 und 3; s. auch § 40 Rn. 84 ff.).

IV. Versäumnis von Arbeitszeit

1. Betätigung im Wahlvorstand

41 a) Die **Mitglieder des Wahlvorstands** führen ihr Amt **unentgeltlich als Ehrenamt.** Eine besondere Vergütung für die Tätigkeit im Wahlvorstand kann nicht verlangt und darf

IV. Versäumnis von Arbeitszeit § 20

nicht gewährt werden. Für Versäumnis von Arbeitszeit, die zur Betätigung im Wahlvorstand erforderlich ist, haben die Mitglieder des Wahlvorstands vielmehr den **Anspruch auf Fortzahlung ihres Arbeitsentgelts** (Abs. 3 Satz 2). Obwohl nicht ausdrücklich erwähnt, gilt dies auch für Wahlhelfer, die der Wahlvorstand zu seiner Unterstützung heranzieht. Für die Abgrenzung, ob die Versäumnis von Arbeitszeit zur Betätigung im Wahlvorstand erforderlich ist, gilt Gleiches wie für die Mitglieder des Betriebsrats (s. § 37 Rn. 13 ff.).

Wegen der hier getroffenen Regelung ist davon auszugehen, dass der Wahlvorstand **42** im Allgemeinen die ihm obliegenden **Aufgaben während der Arbeitszeit** erfüllen darf (ebenso *Fitting*, § 20 Rn. 48; GK-*Kreutz*, § 20 Rn. 58). Eine allgemeine Freistellung der Mitglieder des Wahlvorstands oder seines Vorsitzenden ist aber nicht vorgesehen und wird regelmäßig auch nicht notwendig sein, um eine Betriebsratswahl ordnungsgemäß einzuleiten und durchzuführen. Nur ausnahmsweise ist auch die Einrichtung einer Sprechstunde notwendig, z. B. um Einsprüche gegen die Wählerlisten entgegenzunehmen. Müssen Mitglieder des Wahlvorstands aus betriebsbedingten Gründen ihre Amtstätigkeit außerhalb der Arbeitszeit durchführen, so haben sie Anspruch auf entsprechende Arbeitsbefreiung unter Fortzahlung des Arbeitsentgelts. Das wird zwar hier nicht ausdrücklich angeordnet; jedoch ist § 37 Abs. 3 entsprechend anzuwenden, wie dies für die gleichgelagerte Problematik bei einer Personalratswahl in § 24 Abs. 2 Satz 3 BPersVG ausdrücklich angeordnet ist (ebenso BAG 26. 4. 1995 AP BetrVG 1972 § 20 Nr. 17; *Fitting*, § 20 Rn. 48; *Frauenkron*, § 20 Rn. 10; GK-*Kreutz*, § 20 Rn. 58; DKK-*Schneider*, § 20 Rn. 33; a. A. HSWG-*Schlochauer*, 6. Aufl., § 20 Rn. 45; *Stege/Weinspach/Schiefer*, § 20 Rn. 13 a). Es gilt daher Gleiches wie für Betriebsratsmitglieder (s. ausführlich § 37 Rn. 37 ff.).

b) Zur Betätigung im Wahlvorstand gehört auch die **Teilnahme an einer Schulungsver- 43 anstaltung** über die Wahlvorschriften, soweit sie erforderlich ist, um die Betriebsratswahlen ordnungsgemäß durchzuführen (ebenso BAG 5. 3. 1974 und 7. 6. 1984 AP BetrVG 1972 § 20 Nr. 5 und 10; *Fitting*, § 20 Rn. 48; GK-*Kreutz*, § 20 Rn. 60; GL-*Marienhagen*, § 20 Rn. 23; HWK-*Reichold*, § 20 Rn. 13; *Joost*, MünchArbR, § 216 Rn. 196; so wohl auch HSWGNR-*Nicolai*, § 20 Rn. 37, 44; enger noch HSWG-*Schlochauer*, 6. Aufl., § 20 Rn. 46: nur soweit ausnahmsweise Schulungsveranstaltung zur Ausübung der Tätigkeit zwingend erforderlich sind). Das BAG verlangte zunächst die Darlegung des Fehlens ausreichender Kenntnisse der Wahlvorschriften (so BAG 13. 3. 1973 und 26. 6. 1973 AP BetrVG 1972 § 20 Nr. 1 und 32). Es hat aber diese Beschränkung aufgegeben, erwartet also insbesondere nicht mehr, dass Wahlvorstandsmitglieder die erforderlichen Kenntnisse mitbringen und sich mit den Vorschriften selbst bekannt machen bzw. sich von anderen Belegschaftsangehörigen über ihre Aufgaben unterrichten lassen (vgl. BAG 7. 6. 1984 AP BetrVG 1972 § 20 Nr. 10; kritisch *Stege/Weinspach/Schiefer*, § 20 Rn. 13 b, die nicht ohne Berechtigung darauf hinweisen, dass es sich bei den Wahlvorschriften um eine überschaubare Materie handelt und dass oftmals eine Unterrichtung durch erfahrene Wahlvorstandsmitglieder möglich ist, s. auch LAG Hamm 30. 5. 1974, BB 1974, 1639).

Soweit eine Schulung notwendig ist, hat das Wahlvorstandsmitglied nicht nur den **44 Anspruch auf Fortzahlung seines Arbeitsentgelts** (ebenso BAG 26. 6. 1973 und 5. 3. 1974 AP BetrVG 1972 § 20 Nr. 4 und 5), sondern der Arbeitgeber hat auch die **Aufwendungen** zu tragen, die einem Wahlvorstand durch die Teilnahme entstehen, wobei allerdings der Grundsatz der Verhältnismäßigkeit zu beachten ist (offengelassen in BAG 13. 3. 1973 und 26. 6. 1973 AP BetrVG 1972 § 20 Nr. 1 und 3; wegen des Begründungszusammenhangs gilt hier aber Gleiches wie für die Teilnahme von Betriebsratsmitgliedern an einer Schulung i. S. des § 37 Abs. 6; s. ausführlich § 40 Rn. 30 f.; wie hier *Fitting*, § 20 Rn. 39; GL-*Marienhagen*, § 20 Rn. 23; GK-*Kreutz*, § 20 Rn. 53; *Becker-Schaffner*, BlStSozArbR 1975, 129, 130; a. A. HSWG-*Schlochauer*, 6. Aufl., § 20 Rn. 37).

2. Tätigkeit als Vermittler im Zuordnungsverfahren

45 Wird ein Vermittler im Zuordnungsverfahren nach § 18 a bestellt, so berechtigt Versäumnis von Arbeitszeit, die für seine Tätigkeit als Vermittler erforderlich ist, den Arbeitgeber nicht zur Minderung des Arbeitsentgelts. Gehört der Vermittler dem Betrieb eines anderen Konzernunternehmens an, so richtet sich sein Entgeltfortzahlungsanspruch gegen seinen Arbeitgeber, nicht gegen den Arbeitgeber des Betriebs, für den er als Vermittler tätig wird (ebenso GK-*Kreutz*, § 20 Rn. 66).

3. Entgeltschutz der Arbeitnehmer bei Ausübung ihres Wahlrechts

46 Dem **einzelnen Arbeitnehmer** darf durch die Teilnahme an der Wahl **keine Einbuße an seinem Entgelt** entstehen; denn Versäumnis von Arbeitszeit, die zur Ausübung des Wahlrechts erforderlich ist, berechtigt den Arbeitgeber nicht zur Minderung des Arbeitsentgelts (Abs. 3 Satz 2). Aus dieser ausdrücklichen Vorschrift muss man ableiten, dass die Wahlhandlung grundsätzlich während der Arbeitszeit stattfindet (ebenso *Joost*, MünchArbR, § 216 Rn. 202; *Brecht*, § 20 Rn. 11; *Fitting*, § 20 Rn. 44; GK-*Kreutz*, § 20 Rn. 57; HSWGNR-*Nicolai*, § 20 Rn. 43; DKK-*Schneider*, § 20 Rn. 33 f.; zum BetrVG 1952 *Nikisch*, Bd. III S. 103; a. A. *Erdmann*, § 19 Rn. 8; *Nipperdey/Säcker* in *Hueck/Nipperdey*, Bd. II/2 S. 1137 Fn. 17). Der einzelne Arbeitnehmer darf aber nicht ohne weiteres seinen Arbeitsplatz verlassen, um seine Stimme abzugeben, sondern er muss im Interesse eines ordnungsmäßigen Fortganges der Produktion oder des sonstigen Betriebsablaufs sich bei seinem Vorgesetzten abmelden (ebenso HSWG-*Schlochauer*, 6. Aufl., § 20 Rn. 42). Daher ist eine organisierte Abgabe der Stimmen zulässig. Nur soweit die Arbeitsversäumnis durch die Wahlhandlung notwendig ist, besteht ein Anspruch auf Fortzahlung des Arbeitsentgelts. Versäumnis darüber hinaus begründet keinen Anspruch, sondern stellt eine Verletzung der Arbeitspflicht dar. Auch die Teilnahme an der Betriebsversammlung nach § 17 darf nicht zu einer Minderung des Arbeitsentgelts führen; das ist jedoch nicht hier, sondern in § 44 geregelt (s. ausführlich dort Rn. 26 ff.). Nicht notwendig ist dagegen in der Regel das Sammeln von Stützunterschriften oder die Vorstellung als Wahlbewerber während der Arbeitszeit (ebenso LAG Hamburg 31. 5. 2007, ZfPR 2008, 14; ErfK-*Eisemann*, § 20 Rn. 11; *Fitting*, § 20 Rn. 43; GK-*Kreutz*, § 20 Rn. 65; a. A. DKK-*Schneider*, § 20 Rn. 35).

4. Streitigkeiten

47 Streitigkeiten über die Verpflichtung des Arbeitgebers, das Arbeitsentgelt zu zahlen, sind vom Arbeitsgericht im **Urteilsverfahren** zu entscheiden; denn es handelt sich um eine Streitigkeit aus dem Arbeitsverhältnis (§ 2 Abs. 1 Nr. 3 lit. a, Abs. 5 i. V. mit §§ 46 ff. ArbGG). Das gilt auch für Lohn- und Gehaltsansprüche eines Wahlvorstandsmitglieds. Bei Teilnahme an einer Schulung ist daher der Streit über die Kostentragungspflicht im Beschlussverfahren auszutragen, der Anspruch auf das Arbeitsentgelt im Urteilsverfahren geltend zu machen (ebenso BAG 11. 5. 1973 und 5. 3. 1974 AP BetrVG 1972 § 20 Nr. 2 und 5; s. auch § 37 Rn. 181 ff.).

48 Zulässig ist, dass im **Beschlussverfahren** geklärt wird, ob die Teilnahme an einer Schulung für die Tätigkeit des Wahlvorstands erforderlich ist. Da der betroffene Arbeitnehmer Beteiligter ist, entfaltet die Rechtskraft der Entscheidung *Präjudizialitätswirkung* auch auf einen Rechtsstreit, der im Urteilsverfahren entschieden wird, so dass bei einer späteren Lohnklage zwischen Arbeitgeber und Arbeitnehmer bindend festgestellt ist, ob die Teilnahme an der Schulung eine Arbeitsversäumnis rechtfertigt, die den Arbeitgeber nicht zur Minderung des Arbeitsentgelts berechtigt (ebenso *Fitting*, § 20 Rn. 50; *Dütz*, AR-Blattei: Arbeitsgerichtsbarkeit XII, Anm. zu Entsch. 58; *Richardi*, Anm. zu BAG AP BetrVG 1972 § 20 Nr. 2; s. ausführlich § 37 Rn. 183).

Zweiter Abschnitt. Amtszeit des Betriebsrats

Vorbemerkung

Der Zweite Abschnitt des Zweiten Teiles des Gesetzes behandelt **Beginn und Ende des** **1** **Amtes des Betriebsrats** als solchen (§§ 21, 22), aber auch der einzelnen **Betriebsratsmitglieder** (§ 24). Bei den regelmäßigen Betriebsratswahlen, die im Vierjahresrhythmus stattfinden, beträgt die Amtszeit des Betriebsrats vier Jahre. Sie kann aber vorher enden, wenn ein Grund eintritt, der eine vorzeitige Neuwahl erforderlich macht (§ 13 Abs. 2). Wurde der Betriebsrat außerhalb des für die regelmäßigen Betriebsratswahlen vorgesehenen Zeitraums gewählt, so kann seine Amtszeit kürzer, aber auch länger sein, damit ein neuer Betriebsrat während der regelmäßigen Betriebsratswahl gewählt werden kann (§ 13 Abs. 3).

Das Gesetz sieht eine **zwangsweise Auflösung des Betriebsrats** oder den **Ausschluss** **2** **eines Betriebsratsmitglieds** durch Beschluss des Arbeitsgerichts vor, wenn sie gröblich ihre Pflichten verletzen (§ 23 Abs 1); außerhalb des systematischen Zusammenhangs steht die Bestimmung in § 23 Abs. 3, dass bei **groben Verstößen des Arbeitgebers** gegen seine Verpflichtungen aus diesem Gesetz gegen ihn **gerichtliche Zwangsmaßnahmen** erwirkt werden können.

§ 25 enthält die Bestimmung über das Einrücken von **Ersatzmitgliedern,** wenn ein **3** Betriebsratsmitglied aus dem Betrieb ausscheidet oder zeitweilig verhindert ist.

Für den **Gesamtbetriebsrat** und den **Konzernbetriebsrat** gelten Besonderheiten, weil **4** der Gesamtbetriebsrat stets und der Konzernbetriebsrat dann, wenn er einmal gebildet ist, *Dauereinrichtungen* sind. Da aber für die Betriebsräte der Einzelbetriebe eine einheitliche Wahlperiode besteht, werden dadurch auch Beginn und Ende des Amtes im Gesamtbetriebsrat und Konzernbetriebsrat einheitlich bestimmt, so dass nunmehr auch hier von einer regelmäßigen Amtsperiode gesprochen werden kann. Die Amtszeit wird aber nicht dadurch beendet, dass bei einem Einzelbetriebsrat die Amtszeit vorzeitig endet.

Die Vorschriften über Beginn und Ende des Amtes gelten sinngemäß auch für die **5** **Jugend- und Auszubildendenvertretung;** jedoch beträgt hier die Amtszeit zwei Jahre, um einzelne Jahrgänge der jugendlichen Arbeitnehmer nicht von der Wahl auszuschließen (§ 64; vgl. auch BT-Drucks. VI/1786, S. 44).

§ 21 Amtszeit

[1] Die regelmäßige Amtszeit des Betriebsrats beträgt vier Jahre. [2] Die Amtszeit beginnt mit der Bekanntgabe des Wahlergebnisses oder, wenn zu diesem Zeitpunkt noch ein Betriebsrat besteht, mit Ablauf von dessen Amtszeit. [3] Die Amtszeit endet spätestens am 31. Mai des Jahres, in dem nach § 13 Abs. 1 die regelmäßigen Betriebsratswahlen stattfinden. [4] In dem Fall des § 13 Abs. 3 Satz 2 endet die Amtszeit spätestens am 31. Mai des Jahres, in dem der Betriebsrat neu zu wählen ist. [5] In den Fällen des § 13 Abs. 2 Nr. 1 und 2 endet die Amtszeit mit der Bekanntgabe des Wahlergebnisses des neu gewählten Betriebsrats.

Schrifttum: *Berscheid,* Amtszeit des Bertriebsrats und seiner Mitglieder, AR-Blattei SD 530.6.3; *Wiesner/Siemer,* Die „Falschberufung" beim Nachrücken von Ersatzmitgliedern in den Betriebsrat, FA 2008, 66.

§ 21

Übersicht

	Rn.
I. Vorbemerkung	1
II. Amtszeit	3
III. Amtsbeginn	4
1. Fehlen eines Betriebsrats	5
2. Bestehen eines Betriebsrats	8
3. Beginn der Rechtsstellung als Betriebsratsmitglied, insbesondere des Kündigungsschutzes im Rahmen der Betriebsverfassung	10
IV. Amtsende des Betriebsrats durch Ablauf der Amtszeit	11
1. Ablauf der regelmäßigen Amtszeit	12
2. Ablauf einer verkürzten oder verlängerten Amtszeit	14
3. Modifikation bei Übergangs- oder Restmandat des Betriebsrats	16
V. Vorzeitige Beendigung der Amtszeit des Betriebsrats	18
1. Notwendigkeit einer Neuwahl nach § 13 Abs. 2 Nr. 1 bis 3	18
2. Wahlanfechtung und Auflösung des Betriebsrats	21
3. Bildung einer betriebsverfassungsrechtlichen Organisationseinheit nach § 3 Abs. 1	22
4. Verlust der Betriebsratsfähigkeit	23
5. Amtsverlust aller Mitglieder und Ersatzmitglieder	26
6. Untergang des Betriebs	27
7. Betriebsinhaberwechsel	28
VI. Streitigkeiten	32

I. Vorbemerkung

1 Die Vorschrift regelt die **Amtszeit des Betriebsrats als Kollegialorgan.** Sie entspricht im Wesentlichen § 21 BetrVG 1952. Sie berücksichtigt aber, dass in § 13 der Wahltermin für alle Betriebsräte vereinheitlicht wurde und sich deshalb abweichende Amtszeiten ergeben, wenn ein Betriebsrat außerhalb des für die regelmäßigen Betriebsratswahlen festgelegten Zeitraums zu wählen ist.

2 Im Gegensatz zum BRG 1920, das eine Amtsperiode von einem Jahr vorsah (ebenso noch KRG Nr. 22 Art. III; Hess. BRG § 9; Schlesw.-Holst. BRG § 5; Rheinl.-Pf. BRG § 13; Bad. BRG § 5), bestimmte das BetrVG 1952 im Anschluss an die Regelung der jüngeren Landesgesetze (BayBRG § 13; Württ.-Bad. Ges. Nr. 752 § 1; Württ.-Hoh. BRG § 18 Abs. 1) eine **Amtsdauer von zwei Jahren.** Durch Gesetz vom 15. 12. 1964 (BGBl. I S. 1065) wurde die Amtsdauer – für Betriebsräte, deren Amt nach dem 1. Januar 1965 begonnen hatte – auf **drei Jahre verlängert.** Das BetrVG 1972 hielt zunächst daran fest. Erst durch Art. 1 Nr. 8 der Novelle vom 20. 12. 1988 (BGBl. I S. 2312) wurde sie auf Empfehlung des BT-Ausschusses für Arbeit und Sozialordnung erneut um ein Jahr auf **vier Jahre** angehoben (vgl. BT-Drucks. 11/3618, S. 10). Grund für die Verlängerung war wie schon in der Vergangenheit die Sicherung einer größeren Kontinuität in der Betriebsratsarbeit. Das BetrVerf-Reformgesetz vom 23. 7. 2001 (BGBl. I S. 1852) brachte keine Änderung der Norm selber, jedoch eine Ergänzung durch § 21 a und § 21 b.

Entsprechende Vorschriften: § 26 BPersVG, § 5 Abs. 4 SprAuG, §§ 36, 37 EBRG.

II. Amtszeit

3 Die regelmäßige Amtszeit beträgt **vier Jahre** (Satz 1). Die Amtszeit kann jedoch vorher enden, wenn der Betriebsrat neu zu wählen ist und gewählt wird (§ 13 Abs. 2 und 3) oder wenn ein sonstiger Beendigungsgrund eintritt (s. Rn. 18 ff.). Wird der Betriebsrat zwischen den regelmäßigen Wahlzeiträumen gewählt, so kann sich die Amtszeit verkürzen oder verlängern; denn sie endet in diesen Fällen spätestens am 31. Mai des Jahres, in dem die nächsten regelmäßigen Betriebsratswahlen stattfinden oder, wenn der Betriebsrat zu Beginn des für die regelmäßigen Betriebsratswahlen festgelegten Zeitraums noch kein Jahr im Amt war, spätestens am 31. Mai des Jahres, in dem die übernächsten regelmäßigen Betriebsratswahlen stattfinden (Satz 3 und 4; s. auch Rn. 14 f.).

III. Amtsbeginn

Das Gesetz stellt bei der Bestimmung des Amtsbeginns darauf ab, ob bei Bekanntgabe 4 des Wahlergebnisses noch ein Betriebsrat besteht.

1. Fehlen eines Betriebsrats

Besteht bei der Bekanntgabe des Wahlergebnisses **kein Betriebsrat**, so beginnt das Amt 5 mit diesem Zeitpunkt (Satz 2). Dabei spielt keine Rolle, ob die **Amtszeit** des bisherigen Betriebsrats **bereits beendet** war, als der neue Betriebsrat gewählt wurde, oder ob in dem Betrieb **erstmals** ein **Betriebsrat gewählt** wird.

Das Amt beginnt mit der **Bekanntgabe des Wahlergebnisses**, d. h. mit der ordnungs- 6 mäßigen Bekanntmachung der Namen der Gewählten durch Aushang (§ 18 WO), nicht erst am Tag nach der Bekanntgabe des Wahlergebnisses (ebenso *Fitting*, § 21 Rn. 7; HSWGNR-*Schlochauer*, § 21 Rn. 7; DKK-*Buschmann*, § 21 Rn. 9; GK-*Kreutz*, § 21 Rn. 13; a. A. aber unter nicht zutreffender Schlussfolgerung aus § 187 BGB: *Brecht*, § 21 Rn. 8; *Frauenkron*, § 21 Rn. 5). Wird das Wahlergebnis an mehreren Stellen ausgehängt, so ist der Tag des letzten Aushangs maßgebend. Für den Beginn der Amtszeit spielt keine Rolle, ob die Bekanntmachung nachträglich berichtigt wird (anders für den Lauf der Anfechtungsfrist, s. § 19 Rn. 45). Die Bekanntmachung muss durch den Wahlvorstand erfolgen. Daher ist noch kein Betriebsrat vorhanden, solange das Wahlergebnis nicht durch den Wahlvorstand festgestellt wurde (vgl. auch *Nikisch*, Bd. III S. 111).

Die **formelle Konstituierung des Betriebsrats** durch die Wahl des Vorsitzenden und 7 seines Stellvertreters ist **keine materielle Voraussetzung für den Beginn des Amtes**; der Betriebsrat kann aber vorher nicht handelnd auftreten (s. auch § 29 Rn. 2 ff.). Der Arbeitgeber braucht ihn daher auch nicht zu beteiligen (vgl. BAG 23. 8. 1984 AP BetrVG 1972 § 102 Nr. 36 [zust. *Richardi*]; s. auch § 102 Rn. 30).

2. Bestehen eines Betriebsrats

Besteht wie im Regelfall bei ordnungsgemäßer Durchführung der Wahl **noch ein** 8 **Betriebsrat**, so beginnt die Amtszeit des neuen Betriebsrats erst mit dem Tag nach **Ablauf der Amtsperiode des bisherigen Betriebsrats** (s. auch Rn. 12). An diesem Grundsatz ist auch im Falle einer erfolgten Wahlanfechtung festzuhalten, sofern über diese noch nicht rechtskräftig entschieden wurde (Hessisches LAG 8. 11. 2007 – 9 TaBV 93/07, juris). War der bisherige Betriebsrat allerdings außerhalb des regelmäßigen Wahlzeitraums gewählt worden, so ist zu berücksichtigen, dass seine Amtszeit spätestens am 31. Mai des Jahres endet, in dem die nächsten bzw. übernächsten regelmäßigen Betriebsratswahlen stattfinden (Satz 3 und 4). Da in diesem Fall nicht auf den Ablauf der Vierjahresfrist abgestellt werden kann, beginnt die Amtszeit des neuen Betriebsrats bereits mit der Bekanntgabe des Wahlergebnisses (s. ausführlich Rn. 14 f.).

Ist ein Betriebsrat **außerhalb des regelmäßigen Wahlzeitraums** nach § 13 Abs. 2 Nr. 1 9 bis 3 **neu zu wählen**, so beginnt seine Amtszeit mit der **Bekanntgabe des Wahlergebnisses.** Mit diesem Zeitpunkt endet nämlich die Amtszeit des bisherigen Betriebsrats, wie dies für die Fälle des § 13 Abs. 2 Nr. 1 und 2 in Satz 5 ausdrücklich bestimmt wird, aber auch im Fall einer Neuwahl nach § 13 Abs. 2 Nr. 3 gilt (s. Rn. 19).

3. Beginn der Rechtsstellung als Betriebsratsmitglied, insbesondere des Kündigungsschutzes im Rahmen der Betriebsverfassung

10   Die gewählten Betriebsratsmitglieder haben die **Rechtsstellung eines Betriebsratsmitglieds** erst vom Zeitpunkt des **Amtsbeginns** an. Das gilt auch für den Fall, dass der Betriebsrat bereits gewählt ist, seine Amtszeit aber erst mit dem Ablauf der Amtszeit des bisherigen Betriebsrats beginnt. Auch der *besondere Kündigungsschutz* für den Arbeitnehmer als Betriebsratsmitglied (§ 103 i. V. mit § 15 Abs. 1 Satz 1 KSchG) besteht demnach erst mit Amtsbeginn, also nicht mit Feststellung des Wahlergebnisses, wenn zu diesem Zeitpunkt der bisherige Betriebsrat noch im Amt ist (so *Brecht*, § 21 Rn. 9; GL-*Marienhagen*, § 21 Rn. 7; GK-*Thiele* [Zweitbearbeitung], § 21 Rn. 12). Allerdings besteht wegen dieser Gesetzeslage eine Lücke im System des besonderen Kündigungsschutzes. Zwar haben Wahlbewerber ebenfalls den besonderen Kündigungsschutz, und zwar auch noch innerhalb von sechs Monaten nach Bekanntgabe des Wahlergebnisses (§ 15 Abs. 3 Satz 2 KSchG); aber das Erfordernis der Zustimmung des Betriebsrats besteht nur bis zur Bekanntgabe des Wahlergebnisses (§ 103 Abs. 1 i. V. mit § 15 Abs. 3 Satz 1 KSchG). Daher stellt sich die Frage, ob die Gewählten lediglich die Rechtsstellung eines *Wahlbewerbers* haben oder bereits wie *Betriebsratsmitglieder* zu behandeln sind; es geht dabei allein um die Notwendigkeit der *Zustimmung des Betriebsrats*. Berücksichtigt man, dass bei Wahlbewerbern die Notwendigkeit einer Zustimmung des Betriebsrats bis zur Bekanntgabe des Wahlergebnisses besteht, im Nachwirkungszeitraum jedoch entfällt, die Kündigung von Mitgliedern des Betriebsrats aber ebenfalls stets der Zustimmung des Betriebsrats bedarf, so sprechen diese Gesichtspunkte dafür, das *gewählte* Betriebsratsmitglied auch vor Amtsbeginn bereits dem *Kündigungsschutz für Betriebsratsmitglieder* zu unterstellen (ebenso im Ergebnis *Fitting*, § 21 Rn. 12; GK-*Kreutz*, § 21 Rn. 20; *v. Hoyningen-Huene/Link*, KSchG, § 15 Rn. 39; s. auch § 103 Rn. 17).

IV. Amtsende des Betriebsrats durch Ablauf der Amtszeit

11   Die Amtszeit endet spätestens am 31. Mai des Jahres, in dem für den Betrieb die regelmäßigen Betriebsratswahlen stattfinden (Satz 3 und 4). Damit wird aber nur eine **äußerste Grenze** festgelegt (s. jedoch zum Übergangsmandat Rn. 16, zum Restmandat Rn. 17).

1. Ablauf der regelmäßigen Amtszeit

12   Die Amtszeit endet, wenn der Betriebsrat aus den letzten regelmäßigen Betriebsratswahlen hervorgegangen war, mit **Ablauf von vier Jahren,** gerechnet vom Beginn des Amtes an; für die Bestimmung der Frist gelten §§ 187, 188 BGB (ebenso *Fitting*, § 21 Rn. 17; HSWGNR-*Schlochauer*, § 21 Rn. 11; GK-*Kreutz*, § 21 Rn. 22 f.; HWK-*Reichold*, § 21 Rn. 6). Hatte der Betriebsrat sein Amt mit Ablauf der Amtszeit des bisherigen Betriebsrats begonnen, so endet sein Amt mit dem Tag, der dem Beendigungstag der Amtsdauer des vorausgehenden Betriebsrats entspricht. Beginnt also das Amt am 16. Mai, so endet es vier Jahre später mit dem Ablauf des 15. Mai. Hatte dagegen das Amt des Betriebsrats mit der Bekanntgabe des Wahlergebnisses begonnen (s. Rn. 5 ff.), so endet es nach §§ 187 Abs. 1, 188 Abs. 2 BGB mit dem Tag, der seiner Bezeichnung nach dem Tag der Bekanntgabe des Wahlergebnisses entspricht. War das Wahlergebnis am 15. Mai um 15 Uhr bekanntgegeben worden, so endet die Amtszeit vier Jahre später mit dem Ablauf des 15. Mai.

13   Problematisch ist, ob das Amtsende mit Ablauf der Vierjahresfrist auch dann eintritt, wenn zu diesem Zeitpunkt noch **kein neuer Betriebsrat** gewählt ist. Der Betrieb hätte keinen Betriebsrat, auch wenn der 31. Mai noch nicht abgelaufen ist. Die Bestimmung

IV. Amtsende des Betriebsrats durch Ablauf der Amtszeit § 21

des Satzes 3, dass die Amtszeit spätestens am 31. Mai des Jahres endet, in dem nach § 13 Abs. 1 die regelmäßigen Betriebsratswahlen stattfinden, hätte also wie Satz 4 nur Bedeutung für die Fälle, dass außerhalb des Vierjahresrhythmus nach § 13 Abs. 2 Betriebsratswahlen stattgefunden haben. Eine derart restriktive Interpretation widerspricht aber sowohl dem Gedanken, dass die Betriebsräte nicht mehr stets nach einer bestimmten Dauer ihrer Amtszeit, sondern einheitlich im gesamten Bundesgebiet in einem bestimmten Zeitraum neu gewählt werden, als auch der Wahrung der Kontinuität des Betriebsrats; es ist nicht einzusehen, dass selbst bei einer geringfügigen Verzögerung der Betriebsratswahlen der Repräsentant wegfällt, der für die Arbeitnehmer die Beteiligungsrechte ausübt, obwohl noch nicht der 31. Mai abgelaufen ist. Diese Überlegungen, aber auch Gesichtspunkte der Praktikabilität sprechen dafür, dass das Betriebsratsamt *nicht* durch *Zeitablauf* vor dem 31. Mai endet, wenn kein neuer Betriebsrat gewählt ist (a. A. die sonst einhellige Lehre im Schrifttum; vgl. *Fitting*, § 21 Rn. 19; GL-*Marienhagen*, § 21 Rn. 8 f.; HSWGNR-*Schlochauer*, § 21 Rn. 13; GK-*Kreutz*, § 21 Rn. 24; *Joost*, MünchArbR § 217 Rn. 6; offengelassen bei DKK-*Buschmann*, § 21 Rn. 17). Wird die Neuwahl nach dem Ablauf der Vierjahresfrist, aber noch vor dem 31. Mai durchgeführt, so endet die Amtszeit mit der Bekanntgabe des Wahlergebnisses des neu gewählten Betriebsrats.

2. Ablauf einer verkürzten oder verlängerten Amtszeit

War der Betriebsrat **außerhalb des für die regelmäßigen Betriebsratswahlen vorgesehenen Zeitraums gewählt worden** (§ 13 Abs. 2), so ist seine **Amtszeit kürzer oder länger als vier Jahre** (s. Rn. 3; ausführlich § 13 Rn. 54 ff.). Sie endet spätestens am 31. Mai des Jahres, in dem die nächsten bzw. übernächsten regelmäßigen Betriebsratswahlen stattfinden (Satz 3 und 4). Da deshalb bei Bekanntgabe des Wahlergebnisses des neu gewählten Betriebsrats vor dem 31. Mai noch ein Betriebsrat besteht, ist zweifelhaft, ob auch in diesem Fall die Amtszeit erst am 31. Mai endet (so 5. Aufl. § 21 Rn. 9). Schon das Wort „spätestens" legt aber nahe, dass die Amtszeit des neuen Betriebsrats bereits mit der Bekanntgabe des Wahlergebnisses beginnt, so dass die Amtszeit des bisherigen Betriebsrats bereits vor dem 31. Mai endet (ebenso BAG 28. 9. 1983 AP BetrVG 1972 § 21 Nr. 1 *[Gast]*; *Fitting*, § 21 Rn. 23; HSWGNR-*Schlochauer*, § 21 Rn. 16; DKK-*Buschmann*, § 21 Rn. 22; GK-*Kreutz*, § 21 Rn. 29). Der Gesetzestext ist nicht eindeutig. Berücksichtigt man aber, dass es offenbar nicht der Wille des Gesetzgebers war, dass die Amtszeit aller Betriebsräte bereits dann, wenn nur einmal außerhalb des regelmäßigen Wahlzeitraums gewählt wurde, stets am 31. Mai endet, so spricht dieser Gesichtspunkt dafür, dass die Amtszeit des außerhalb des regelmäßigen Wahlzeitraums gewählten Betriebsrats bereits mit Bekanntgabe des Wahlergebnisses des im regelmäßigen Wahlzeitraum neu gewählten Betriebsrats endet.

14

Wird ein außerhalb des regelmäßigen Wahlzeitraums gewählter Betriebsrat **nicht** in dem für ihn maßgebenden Zeitraum der regelmäßigen Betriebsratswahlen **neu gewählt,** so **endet** seine Amtszeit stets **am 31. Mai** des Jahres, in dem er neu zu wählen ist (ebenso *Fitting*, § 21 Rn. 23; GK-*Kreutz*, § 21 Rn. 30).

15

3. Modifikation bei Übergangs- oder Restmandat des Betriebsrats

Kommt es zur Spaltung eines Betriebs oder Zusammenfassung mit einem anderen, so besteht ein **Übergangsmandat,** das sich nach § 21 a richtet, vgl. Kommentierung dort.

16

Von dem Übergangsmandat zu unterscheiden ist das **Restmandat** des Betriebsrats, das zur Wahrnehmung seiner im Zusammenhang mit der Betriebsstilllegung bestehenden Rechte und Pflichten besteht (s. § 111 Rn. 30). Ein Restmandat wurde bereits nach älterer Rechtsprechung über das Ende seiner Amtszeit hinaus anerkannt, wenn der Betriebsrat bei Betriebsstilllegung bestand (vgl. BAG 16. 6. 1987 AP BetrVG 1972 § 111 Nr. 20). Heute ist es in § 21 b ausdrücklich geregelt, s. Kommentierung dort.

17

Thüsing

V. Vorzeitige Beendigung der Amtszeit des Betriebsrats

1. Notwendigkeit einer Neuwahl nach § 13 Abs. 2 Nr. 1 bis 3

18 a) Das Amt des Betriebsrats endet vor Ablauf der ordentlichen Amtsperiode, wenn nach § 13 Abs. 2 Nr. 1 und Nr. 2 ein neuer Betriebsrat zu wählen ist (s. dort Rn. 17 ff., 28 ff.); in diesen Fällen endet die Amtszeit mit der Bekanntgabe des Wahlergebnisses des neu gewählten Betriebsrats (Satz 5).

19 b) Das Amt des Betriebsrats endet weiterhin vorzeitig, wenn er seinen Rücktritt beschließt (vgl. § 13 Abs. 2 Nr. 3; s. dort Rn. 38 ff.). Das BetrVG geht, weil es diesen Fall in § 21 Satz 5 nicht erwähnt, davon aus, dass die Amtszeit bereits mit dem Beschluss des Rücktritts endet; damit steht aber nicht in Einklang, dass er auch in diesem Fall die Geschäfte weiterführt, bis der neue Betriebsrat gewählt und das Wahlergebnis bekanntgegeben ist (§ 22). Das Gesetz bedarf daher wegen widersprüchlicher Regelung der Korrektur: Da § 22 den Vorrang verdient, endet die Amtszeit eines Betriebsrats, der seinen Rücktritt beschlossen hat, erst dann, wenn der neue Betriebsrat gewählt und das Wahlergebnis bekanntgegeben ist (ebenso *Brecht*, § 21 Rn. 11; *Fitting* § 21 Rn. 27; GL-*Marienhagen*, § 21 Rn. 13; HSWGNR-*Schlochauer*, § 21 Rn. 17; DKK-*Buschmann*, § 21 Rn. 29; GK-*Kreutz*, § 21 Rn. 33; HWK-*Reichold*, § 21 Rn. 9; ähnlich HaKo-BetrVG/*Düwell*, § 22 Rn. 2).

20 c) Kommt es zu **keiner Neuwahl,** dann endet in den Fällen des § 13 Abs. 2 Nr. 1 bis 3 das Amt des Betriebsrats spätestens mit Ablauf der ordentlichen Amtsperiode, also **spätestens am 31. Mai des Jahres,** in dem **für den Betrieb die regelmäßigen Betriebsratswahlen** stattfinden (ebenso LAG Düsseldorf [Köln], EzA § 22 BetrVG 1972 Nr. 1; s. § 22 Rn. 4 ff.).

2. Wahlanfechtung und Auflösung des Betriebsrats

21 Wenn die Betriebsratswahl auf Grund einer **Wahlanfechtung** für ungültig erklärt wird oder der Betriebsrat wegen **grober Amtspflichtverletzung** aufgelöst wird, endet seine Amtszeit mit **Rechtskraft der arbeitsgerichtlichen Entscheidung** (s. § 19 Rn. 63 f., § 23 Rn. 66). Eine Weiterführung der Geschäfte bis zur Neuwahl kommt hier nicht in Betracht.

3. Bildung einer betriebsverfassungsrechtlichen Organisationseinheit nach § 3 Abs. 1

22 Wenn **durch Tarifvertrag oder Betriebsvereinbarung** die Errichtung einer organisatorisch abweichenden Vertretung der Arbeitnehmer bestimmt wird (§ 3 Abs. 1 Nr. 1 bis 3), richtet sich das Ende der Amtszeit des bisherigen Betriebsrats nach § 3 Abs. 4 (§ 3 Rn. 40 ff. und Rn. 53).

4. Verlust der Betriebsratsfähigkeit

23 Sinkt die **Zahl der wahlberechtigten Arbeitnehmer** unter die in § 1 genannte Grenze, so endet auch das Amt des Betriebsrats (ebenso *Fitting*, § 21 Rn. 31; GK-*Kreutz*, § 21 Rn. 31; h. M.). Diese Mindestzahl ist nicht nur Voraussetzung für die *Wahl*, sondern auch für den *Bestand* des Betriebsrats (vgl. RAG 17. 12. 1930, BenshSlg. 10, 506, 507). Bestätigt wird dies mittelbar durch § 21 a, denn bei Betriebsspaltung hat der Betriebsrat kein Übergangsmandat, wenn der aus der Betriebsspaltung hervorgegangene Betrieb nicht über die in § 1 genannte Arbeitnehmerzahl verfügt. Keine Voraussetzung ist aber, dass die in § 1 genannte Zahl der **wählbaren Arbeitnehmer** noch vorhanden ist; denn die Bestimmung, dass mindestens drei Arbeitnehmer wählbar sein müssen (§ 1), will nur die

V. Vorzeitige Beendigung der Amtszeit des Betriebsrats § 21

Möglichkeit einer Auswahl sichern. Dieser Gesichtspunkt scheidet hier aber aus, da es sich nicht mehr um die Wahl, sondern allein um den Bestand des Betriebsrats handelt (ebenso *Fitting*, § 21 Rn. 31; GL-*Marienhagen*, § 21 Rn. 18; GK-*Kreutz*, § 21 Rn. 38; HSWGNR-*Schlochauer*, § 21 Rn. 21; DKK-*Buschmann*, § 21 Rn. 26; a. A. *Brecht*, § 1 Rn. 44).

Die Feststellung der Unterschreitung der Mindestzahl kann im Einzelfall Schwierig- 24
keiten bereiten, insbesondere hinsichtlich der Fixierung des Zeitpunktes. Dennoch ist eine besondere Feststellung des Wegfalles der Grundlage für einen Betriebsrat durch Beschluss des Arbeitsgerichts nicht erforderlich (a. A. noch *Galperin/Siebert*, § 22 Rn. 13 mit fehlgehender Berufung auf RAG BenshSlg. 10, 506).

Dagegen wird das **Amt des Betriebsrats nicht beendet,** wenn die **Zahl der wahlberech-** 25
tigten Arbeitnehmer im Betrieb unter 21 sinkt, so dass nunmehr bei einer Neuwahl an Stelle mehrerer nur eine Person treten würde. Hier ist der Betriebsrat vielmehr nur neu zu wählen, wenn die Voraussetzungen des § 13 Abs. 2 Nr. 1 erfüllt sind. Dasselbe gilt, wenn die Zahl der im Betrieb beschäftigten wahlberechtigten Arbeitnehmer 20 überschreitet, so dass bei Neuwahl ein Betriebsrat aus drei Mitgliedern gebildet werden müsste. Der nur aus einer Person bestehende Betriebsrat nimmt auch die Beteiligungsrechte wahr, die von der Arbeitnehmerzahl im Betrieb abhängen (GK-*Kreutz*, § 21 Rn. 38).

5. Amtsverlust aller Mitglieder und Ersatzmitglieder

Das Amt des Betriebsrats endet, wenn alle Betriebsratsmitglieder einschließlich der 26
Ersatzmitglieder ihr Amt niederlegen oder aus persönlichen Gründen verlieren (vgl. § 24). Im Gegensatz zum Rücktritt durch Beschluss endet das Amt des Betriebsrats mit der Niederlegung durch alle Mitglieder und Ersatzmitglieder sofort und endgültig; eine Weiterführung der Geschäfte nach § 22 ist ausgeschlossen (s. § 13 Rn. 51 f.).

6. Untergang des Betriebs

Das Amt des Betriebsrats endet schließlich vorzeitig, wenn die **betriebsverfassungs-** 27
rechtliche Organisationseinheit, die den Betrieb bildet, **zu bestehen aufhört.** Die Vorgänge, die zu diesem Ergebnis führen, können unterschiedlich sein: Bei Zusammenlegung oder Spaltung von Betrieben besteht ein **Übergangsmandat** gemäß § 21 a, bei Stilllegung ein **Restmandat** gemäß § 21 b; s. jeweils Kommentierungen dort.

7. Betriebsinhaberwechsel

Der **Übergang des Betriebs auf einen anderen Inhaber** berührt als solche **nicht die** 28
Identität des Betriebs. Das gilt nicht nur bei einer gesetzlich angeordneten Universalsukzession in das Vermögen des Betriebsinhabers, sondern auch bei einer **Betriebsübernahme durch Rechtsgeschäft;** denn der Betriebserwerber tritt von Gesetzes wegen in die Rechte und Pflichten aus den im Zeitpunkt des Betriebsübergangs bestehenden Arbeitsverhältnissen unmittelbar ein (§ 613 a Abs. 1 Satz 1 BGB). Dadurch sollen nicht nur die bestehenden Arbeitsplätze geschützt, sondern es soll vor allem auch die **Kontinuität des amtierenden Betriebsrats** gewährleistet werden (vgl. zu den Schutzzwecken des § 613 a BGB BAG 17. 1. 1980 AP BGB § 613 a Nr. 18).

Eine Grenze ergibt sich daraus, dass der **Betriebserwerber** noch unter den **Geltungs-** 29
bereich dieses Gesetzes fallen muss. Wird Betriebsinhaber der **Bund,** ein **Land,** eine Gemeinde oder sonstige **Körperschaft,** Anstalt oder Stiftung **des öffentlichen Rechts,** so findet dieses Gesetz auf den Betrieb keine Anwendung mehr (§ 130). In diesem Fall **endet das Betriebsratsamt mit der Betriebsübernahme;** für den Betrieb ist nach dem **BPersVG** oder dem maßgeblichen **Landespersonalvertretungsgesetz** ein Personalrat zu wählen (ebenso BAG 9. 2. 1982 AP BetrVG 1972 § 118 Nr. 24 [unter B II 4]).

30 Übernimmt ein **kirchlicher Rechtsträger,** der den Status einer Körperschaft des öffentlichen Rechts hat, den Betrieb, so findet das BetrVG auf ihn nach § 130 keine Anwendung (ebenso BAG 30. 7. 1987 AP BetrVG 1972 § 130 Nr. 3). Gleiches gilt nach § 118 Abs. 2, wenn der Betrieb von einer privatrechtlichen Religionsgemeinschaft für ihre Zielsetzung übernommen wird. Darüber hinaus erstreckt sich die Bereichsausnahme des § 118 Abs. 2 auch auf der Kirche zugeordnete karitative und erzieherische Einrichtungen in privatrechtlicher Form. Übernimmt deshalb ein der Kirche zugeordneter Rechtsträger durch Rechtsgeschäft ein Krankenhaus von einem nichtkirchlichen Rechtsträger, so wird das Krankenhaus allein durch den Trägerwechsel zu einer karitativen Einrichtung der Kirche i. S. des § 118 Abs. 2, auf die das BetrVG keine Anwendung findet (ebenso BAG 9. 2. 1982 AP BetrVG 1972 § 118 Nr. 24). In diesen Fällen endet durch den Trägerwechsel das Betriebsratsamt. Für den Betrieb ist, wenn er einer Kirche zugeordnet ist, eine Mitarbeitervertretung nach dem insoweit einschlägigen Mitarbeitervertretungsrecht der Kirche zu wählen (s. § 118 Rn. 217 ff.).

31 Vom **Betriebsinhaberwechsel,** der bei einer Unternehmensumwandlung auch durch Verschmelzung, Spaltung oder Vermögensübertragung eintritt, ist der bloße **Formwechsel** zu unterscheiden. Bei ihm erhält der Rechtsträger des Betriebs nur eine andere Rechtsform (§§ 190 ff. UmwG). Der formwechselnde Rechtsträger besteht in der in dem Umwandlungsbeschluss bestimmten Rechtsform weiter (§ 202 Abs. 1 Nr. 1 UmwG). Der Formwechsel führt damit nicht zur Beendigung des Betriebsratsamtes.

VI. Streitigkeiten

32 Streitigkeiten über Beginn und Ende des Amtes eines Betriebsrats entscheidet das Arbeitsgericht im Beschlussverfahren (§ 2 a Abs. 1 Nr. 1, Abs. 2 i. V. mit §§ 80 ff. ArbGG). Doch kann als Vorfrage in jedem Verfahren festgestellt werden, ob ein Betriebsrat noch im Amt war, soweit es um die Rechtswirksamkeit einer von ihm vorgenommenen Handlung geht oder notwendig war, den Betriebsrat zu beteiligen (vgl. BAG 15. 1. 1974 AP PersVG Baden-Württemberg § 68 Nr. 1).

§ 21 a[1] Übergangsmandat

(1) ¹Wird ein Betrieb gespalten, so bleibt dessen Betriebsrat im Amt und führt die Geschäfte für die ihm bislang zugeordneten Betriebsteile weiter, soweit sie die Voraussetzungen des § 1 Abs. 1 Satz 1 erfüllen und nicht in einen Betrieb eingegliedert werden, in dem ein Betriebsrat besteht (Übergangsmandat). ²Der Betriebsrat hat insbesondere unverzüglich Wahlvorstände zu bestellen. ³Das Übergangsmandat endet, sobald in den Betriebsteilen ein neuer Betriebsrat gewählt und das Wahlergebnis bekanntgegeben ist, spätestens jedoch sechs Monate nach Wirksamwerden der Spaltung. ⁴Durch Tarifvertrag oder Betriebsvereinbarung kann das Übergangsmandat um weitere sechs Monate verlängert werden.

(2) ¹Werden Betriebe oder Betriebsteile zu einem Betrieb zusammengefasst, so nimmt der Betriebsrat des nach der Zahl der wahlberechtigten Arbeitnehmer größten Betriebs oder Betriebsteils das Übergangsmandat wahr. ²Absatz 1 gilt entsprechend.

(2) Die Absätze 1 und 2 gelten auch, wenn die Spaltung oder Zusammenlegung von Betrieben und Betriebsteilen im Zusammenhang mit einer Betriebsveräußerung oder einer Umwandlung nach dem Umwandlungsgesetz erfolgt.

---

[1] Amtl. Anm.: Diese Vorschrift dient der Umsetzung des Artikels 6 der Richtlinie 2001/23/EG des Rates vom 12. März 2001 zur Angleichung der Rechtsvorschriften der Mitgliedstaaten über die Wahrung von Ansprüchen der Arbeitnehmer beim Übergang von Unternehmen, Betrieben oder Betriebsteilen (ABl. EG Nr. L 82 S. 16).

I. Vorbemerkung

§ 21a

Schrifttum: *Besgen/Langner*, Zum Übergangsmandats des Personalrats bei der privatisierenden Umwandlung, NZA 2003, 1239; *Bischoff*, Das Übergangsmandat des Betriebsrats, Diss. Hamburg, 2003; *Däubler*, Tarifliche Betriebsverfassung und Betriebsübergang, DB 2005, 666; *Fischer*, Die Eingliederung eines Betriebes oder Betriebsteiles nach § 21a BetrVG als Sonderfall der Betriebszusammenfassung, RdA 2005, 39; *ders.*, Übergangs- und Restmandate des Betriebsrats gemäß §§ 21a, 21b BetrVG, DB 2003, 882; *Gragert*, Übers Ziel hinaus? – Das Übergangsmandat nach § 21a BetrVG, NZA 2004, 289; *Gutzeit/Rieble*, Übergangsmandat bei Betriebsverschmelzung: Streit zwischen Betriebsräten und Durchsetzung, ZIP 2004, 693; *Hauck*, Auswirkungen des Betriebsübergangs auf Betriebsratsgremien, FS Arbeitsgemeinschaft im Deutschen Anwalt Verein zum 25 jährigen Bestehen 2006, S. 621; *Jacobs*, Gesamtbetriebsvereinbarung und Betriebsübergang, FS Konzen 2006, S. 345; *Kreft*, Normative Fortgeltung von Betriebsvereinbarungen nach einem Betriebsübergang, FS Wißmann 2005, S. 347; *Kreutz*, Normative Fortgeltung von Betriebsvereinbarungen nach einem Betriebsteilübergang, FS 50 Jahre BAG 2004, S. 993; *Lelley*, Kollision von Übergangs- und Restmandat – Ein betriebsverfassungsrechtliches Dilemma?, DB 2008, 1433; *Löw*, Übergangs- oder Restmandat bei Widerspruch gegen den Betriebsübergang?, ArbuR 2007, 194; *Löwisch/Schmidt-Kessel*, Die gesetzliche Regelung von Übergangsmandat und Restmandat nach dem Betriebsverfassungsreformgesetz, BB 2001, 2162; *Medla*, Befugnisse und Rechte von Sprecherausschüssen im Rahmen des § 613a BGB, FS Leinemann 2006, S. 243; *Pawlak/Leydecker*, Die Privatisierung öffentlicher Unternehmen: Übergangsmandat des Personalrats und Fortbestand kollektiver Regelungen, ZTR 2008, 74; *Pirscher*, Betriebsteilung infolge Umstrukturierung, 2000; *Rieble*, Das Übergangsmandat nach § 21a BetrVG, NZA 2002, 233; *Trappehl/Zimmer*, Unternehmenseinheitlicher Betriebsrat bei Verschmelzung, BB 2008, 778; *Thüsing*, Folgen eine Umstrukturierung für Betriebsrat und Betriebsvereinbarung, DB 2004, 2474.

Übersicht

	Rn.
I. Vorbemerkung	1
1. Entstehungsgeschichte	1
2. Zweck der Norm	2
II. Anwendungsbereich	3
1. Betriebsänderungen mit und ohne Unternehmensänderung	4
2. Spaltung	5
3. Zusammenfassung	9
III. Inhalt und Dauer	15
1. Übergangsmandat als zeitlich befristetes Vollmandat	16
2. Dauer	17
IV. Zusammensetzung des Betriebsrats und Rechte der Betriebsratsmitglieder	21
V. Gestaltungsmöglichkeiten nach § 3 Abs. 1	25
VI. Analoge Anwendung auf sonstige Gremien	26
VII. Streitigkeiten	28

I. Vorbemerkung

1. Entstehungsgeschichte

Die Vorschrift wurde eingefügt durch das **BetrVerf-Reformgesetz** vom 23. 7. 2001 **1** (BGBl. I S. 1852). Bereits vorher existierten ähnliche spezialgesetzliche Normen: Die Erste unter ihnen war § 13 Abs. 1 Satz 2 Gesetz über die Spaltung der von der Treuhandanstalt verwalteten Unternehmen und § 6b Abs. 9 Satz 2 Gesetz zur Regelung offener Vermögensfragen, es folgte § 20 Deutsche Bahn Gründungsgesetz, bis schließlich § 321 UmwG das Übergangsmandat für betriebliche Strukturveränderungen im Zusammenhang mit Unternehmensumstrukturierungen nach dem Umwandlungsgesetz regelte. Ausgehend von diesen spezialgesetzlichen Regelungen erwogen bereits vor Schaffung der Norm einige Arbeitsgerichte eine analoge Anwendung auf andere, nicht von den Spezialgesetzen erfasste Umstrukturierungen (LAG Schleswig-Holstein 19. 10. 1999,

§ 21a

NZA 1998, 1354; ArbG Frankfurt 27. 11. 1997, NZA-RR 1998, 129; schließlich auch BAG 31. 5. 2000 AP BetrVG 1972 § 1 Nr. 132 Gemeinsamer Betrieb = SAE 2001, S. 97 *[Boecken]* = AuR 2001, 32 *[Buschmann]* = AR-Blattei ES 530.6.1 Nr. 33 *[Wiese];* aA ArbG Freiburg 20. 8. 1996, NZA-RR 1997, 179; s. auch *Kallmeyer/Willemsen,* UmwG, § 321 Rn. 24 ff.). Durch die Ergänzung des BetrVG hat sich der Streit über die analoge Anwendung erledigt. Durch § 21a soll das Übergangsmandat des Betriebsrats nunmehr als allgemeiner Rechtsgrundsatz im BetrVG verankert werden. Durch die Regelung eines allgemeingültigen Übergangsmandats wird die **Richtlinie 2001/23/EG** des Rates vom 12. März 2001 zur Angleichung der Rechtsvorschriften der Mitgliedstaaten über die Wahrung von Ansprüchen der Arbeitnehmer beim Übergang von Unternehmen, Betrieben oder Betriebsteilen umgesetzt. Die Frist zur Umsetzung dieser Richtlinie lief am 17. 7. 2001 aus.

2. Zweck der Norm

2 Das Übergangsmandat des Betriebsrats soll **Schutzlücken füllen,** die bei betrieblichen Organisationsänderungen in der Übergangsphase entstehen können (BT-Drucks. 14/5741, S. 39; zu § 321 UmwG ebenso BT-Drucks. 12/6699, S. 174). Der Betriebsrat ist grundsätzlich an den Betrieb gebunden, der ihn durch Wahl legitimiert hat und dessen betriebsverfassungsrechtliche Rechte er wahrnimmt. Wird der Betrieb gespalten oder mit einem anderen Betrieb(steil) zusammengefasst, dann hört er auf zu bestehen und konsequente Folge wäre es, dass dies auch für den Betriebsrat gilt (so in der Tat noch die ältere Rechtsprechung BAG 16. 6. 1987 AP BetrVG 1972 § 111 Nr. 20 – nur Restmandat). Dies würde aber gerade bei der betrieblichen Umstrukturierung, die typischerweise eine besondere Schutzbedürftigkeit der Belegschaft mit sich führt und mit der wichtige Mitbestimmungsrechte einhergehen (§§ 111 ff.), dem Zweck des BetrVG zuwiderlaufen. Eine Korrektur dieses als unbillig erscheinenden Ergebnisses wäre es, den Betriebsrat trotz der gewandelten Identität seines Betriebes unverändert weiterhin im Amt zu belassen (zu solchen Versuchen s. *Kreutz,* FS Wiese, 1998, S. 235). Das BetrVG ist diesen Weg nicht gegangen, sondern wählt mit dem Übergangsmandat eine Zwischenlösung: Der Betriebsrat besteht fort, er hat jedoch unverzüglich Wahlen einzuleiten, um damit einem durch die Belegschaft neu legitimierten Betriebsrat Platz zu machen. Dieses Übergangsmandat steht damit zwischen dem regulären betriebsverfassungsrechtlichen Vollmandat und dem Restmandat nach § 21b. Von beiden ist es abzugrenzen, denn nicht jede betriebliche Organisationsänderung führt zum Übergangsmandat: Behält der Betrieb seine Identität, dann besteht das reguläre Mandat weiter, wird er stillgelegt oder verliert er seine Betriebsratsfähigkeit, kann nur ein Restmandat nach § 21b gegeben sein (s. § 21b Rn. 5 f.).

2a Davon zu Unterscheiden ist die argumentativ verwandte Frage des **Fortgeltens von Betriebsvereinbarungen bei Umstukurierungen.** S. hierzu *Thüsing,* DB 2004, 2474 und § 77 Rn. 210.

II. Anwendungsbereich

3 Um den Anwendungsbereich des Übergangsmandats zu bestimmen, ist einerseits zwischen Änderungen der Unternehmensstruktur und betrieblichen Organisationsänderungen zu unterscheiden, andererseits zwischen Spaltung, Zusammenlegung und Stilllegung.

1. Betriebsänderungen mit und ohne Unternehmensänderung

4 § 21a BetrVG regelt nur **betriebliche Organisationsänderungen.** Davon sind zu unterscheiden die Strukturänderungen auf Unternehmensebene, die keinen Einfluss auf

II. Anwendungsbereich § 21a

den Fortbestand des Betriebsrats haben. § 21a BetrVG knüpft anders als seine spezialgesetzlichen Vorgängernormen gerade nicht an Änderungen der Unternehmensstruktur als Voraussetzung für die Anwendbarkeit der Norm an. Unerheblich ist damit, ob das Unternehmen gespalten wird oder fusioniert, erforderlich (aber auch hinreichend) ist, dass sich die betriebliche Organisation ändert (*Fitting*, § 21a Rn. 12; DKK-*Buschmann*, § 21a Rn. 22a; Jaeger/Röder/Heckelmann/*Schuster*, BetrVerfR, Kap. 4 Rn. 17). Weil auf der anderen Seite der Übergang des Betriebes auf einen anderen Inhaber die Identität des Betriebes unangetastet lässt, gilt hier nicht § 21a, sondern das bisherige Betriebsratsmandat besteht unverändert fort (*Fitting*, § 21a Rn. 6; *Rieble*, NZA 2002, 234). Ebenso wie § 613a BGB nur eine Auffangfunktion hat, und hinsichtlich der Fortgeltung einer Betriebsvereinbarung nur eingreift, wenn der Betrieb seine Identität verliert, **ebenso gilt § 21a nur subsidiär**, wenn der Fortbestand des Betriebsratsmandats sich nicht bereits aus allgemeinen Regeln ergibt. Der Wortlaut der Norm bringt dies nicht zum Ausdruck, dennoch ist aber vom Fortbestand dieser für § 321 UmwG allgemein vertretenen Konzeption auszugehen (ErfK-*Eisemann/Koch*, § 21a Rn. 3; zum UmwG: Kallmeyer/*Willemsen*, § 321 UmwG, Rn. 1; Lutter/*Joost*, UmwG, § 321 Rn. 14, 17; s. auch *Mengel*, Umwandlungen im Arbeitsrecht, 1997, S. 294 sowie *Willemsen*, RdA 1993, 133, 140 mit zahlr. Nachw.). Voraussetzung für das Eingreifen des § 21a ist stets der **Verlust der Identität des Betriebs** (*Thüsing*, DB 2004, 2474; *Hauck*, FS Arbeitsgemeinschaft im Deutschen Anwaltverein, S. 621, 623).

2. Spaltung

a) Absatz 1 benennt **zwei Voraussetzungen** für die Entstehung eines Übergangsmandats nach Spaltung: Die Voraussetzungen des § 1 Abs. 1 Satz 1 müssen – allein oder auf Grund Zusammenlegung mit anderen Betriebsteilen – auch nach Spaltung erfüllt sein (wohl a. A. *contra legem* DKK-*Buschmann*, § 21a Rn. 19, 34; wie hier Willemsen/Hohenstatt/Schweibert/Seibt-*Hohenstatt*, Umstrukturierung, D Rn. 78 Fn. 176; ErfK-*Eisemann/Koch*, § 21a Rn. 3) und der gespaltene Betriebsteil darf nicht einen Betrieb eingegliedert werden, in dem ein Betriebsrat besteht. Während die Voraussetzungen des § 1 Abs. 1 Satz 1 im Zeitpunkt des Übergangsmandats und das Bestehen eines Betriebsrats recht unproblematisch festzustellen sind, bereitet es zuweilen Schwierigkeiten, zu bestimmen, wann ein Betrieb in einen anderen Betrieb eingegliedert wird. Eingliederung ist die organisatorische Zusammenführung zweier oder mehrerer Betriebe oder Betriebsteile, bei denen die **Identität** eines beteiligten Betriebes oder Betriebsteils erhalten bleibt (wie hier Hessisches LAG 23. 10. 2008 9 TaBV 155/08, juris; *Löwisch/Schmidt-Kessel*, BB 2001, 2162; *Feudner*, DB 2003, 882; ebenso wohl *Fitting*, § 21a Rn. 11a). Der aufnehmende Betrieb wird lediglich größer, ohne dass er dadurch eine tiefgreifende Veränderung erfährt (Lutter/*Joost*, UmwG, § 321 Rn. 22). **Eingliederung** ist damit **kein definitionsfähiger Begriff**, sondern typologisch zu bestimmen anhand des Gesamteindrucks der organisatorischen Einheit vorher und nachher. Verschiedene Hilfskriterien sind vorgeschlagen worden, dies zu konkretisieren: Wichtigstes Indiz dürfte es sein, wenn die Arbeitnehmerzahl des aufnehmenden Betriebs wesentlich höher ist als die des einzugliedernden Betriebsteils (s. Kallmeyer/*Willemsen*, UmwG, § 321 Rn. 13; weitergehend Lutter/*Joost*, UmwG, § 321 Rn. 15: Abgrenzung entsprechend der Wertung in § 13 Abs. 2 Nr. 1 BetrVG an der Arbeitnehmerzahl: Veränderungen unterhalb dieser Schwelle führen nicht zum Verlust der Betriebsidentität). Daneben wird das äußere Erscheinungsbild und der unveränderte Fortbestand des Betriebszwecks zu berücksichtigen sein. Die Frage der fortbestehenden Betriebsidentität stellt sich in ähnlicher Weise bei § 613a BGB und der Frage des Betriebsübergangs (vgl. ErfK-*Preis*, BGB, § 613a Rn. 95 ff.; Staudinger-*Richardi/Annuß*, BGB, § 613a Rn. 175 f.; Jaeger/Röder/Heckelmann/*Schuster*, BetrVerfR, Kap. 4 Rn. 20; s. auch BAG 5. 2. 1991, 27. 7. 1994, AP BGB § 613a Nr. 89, 118). Die dort genannten Kriterien können *mutatis mutandis* übernommen werden (dem folgend *Fitting*, § 21a Rn. 7; s. auch die differenzierte Argumentation bei Willemsen/Hohenstatt/ Schweibert/Seibt-*Hohenstatt*, Umstrukturierung, D Rn. 69; hilfreich die Konkretisierungsvorschläge von *Fischer*, RdA 2005, 39, 42). Die **Ausführungen der Rechtsprechung sind zuweilen missverständlich.** Das BAG stellte fest, dass auch eine Zurückführung auf ein Zehntel der Belegschaft nicht zum Identitätsverlust des Betriebs führe; der bisherige Betriebsrat blieb daher für den verbleibenden Restbetrieb im Amt: „[D]ie bloße Stilllegung eines Betriebsteils oder eine Betriebseinschränkung haben grundsätzlich keinen Einfluss auf die Betriebsidentität. Die betrieblichen Strukturen werden dadurch nicht verändert. Der Betriebsrat nimmt für die verbleibenden Arbeitnehmer weiterhin die ihm nach dem Betriebsverfassungsgesetz zustehenden Rechte und Pflichten wahr". (BAG 19. 11. 2003 AP BetrVG 1972 § 1 Nr. 19 Gemeinsamer Betrieb; ebenso ArbG Berlin 17. 3. 2004, NZA 2004, NZA-RR 2005, 80). Hier ist maßgeblich der Wunsch, das Fortbestehen des Betriebsrats zu sichern und die Rechtsunsicherheit zu vermeiden, die durch einen „schleichenden Identitätswandel" entstehen könnte. Was für die Teilstilllegung gilt, kann jedoch auf die Spaltung nicht übertragen werden. Wären neun Zehntel abgetrennt und verselbstständigt worden, wäre die verbleibende Einheit sicherlich nicht identisch mit dem vorangegangenen Betrieb gewesen.

Wird ein von zwei Unternehmen geführter **Gemeinschaftsbetrieb** aufgelöst, weil eines der beiden Unternehmen seine betriebliche Tätigkeit einstellt (nicht: getrennt fortführt), führt dies also grundsätzlich nicht zur Beendigung der Amtszeit das für den Gemeinschaftsbetrieb gewählten Betriebsrats (BAG a. a. O.); ein Restmandat entsteht nur bei Spaltung des Gemeinschaftsbetriebs (a. A. noch LAG Frankfurt 19. 4. 2002 – 9 TaBV Ga 71/02, AR-Blattei ES 530.6 Nr. 81. Weil hier die konstituierende Führungsvereinbarung wegfällt ist stets von einem Identitätsverlust auszugehen).

6   Ebenso ist das Kriterium der **fortbestehenden Betriebsidentität** bei der Auslegung des Begriffs Spaltung (und Zusammenlegung) von Bedeutung: § 21a regelt nur die Betriebsänderungen, die zum Verlust der Betriebsidentität führen (s. auch BAG 19. 11. 2003 AP BetrVG 1972 § 1 Nr. 19 Gemeinsamer Betrieb). Wo die Abspaltung eines Betriebsteils oder die Hinzufügung eines weiteren die betriebliche Identität nicht ändert, bleibt der bisherige Betriebsrat bestehen. Bei einer Abspaltung unter Beibehaltung der Betriebsidentität kann es nur in dem abgespaltenen Betriebsteil zur Neuwahl des Betriebsrats kommen, so dieser denn betriebsratsfähig ist (*Hanau*, ZIP 2001, 1981; *Rieble*, NZA 2002, 234; wohl auch *Fitting*, § 21a Rn. 8 ff.); nur hier besteht dann auch ein Übergangsmandat.

7   b) Ist damit die erste Weichenstellung durch den Fortbestand oder den Verlust der Betriebsidentität gestellt, ergibt sich folgendes Schema auf der nächsten Seite.

8   Es sind damit **verschiedene Konstellationen** zu unterscheiden: Zum einen kann die Spaltung zur Stilllegung führen; dann gilt § 21b. Zum anderen kann sich ihr eine Zusammenfassung mit einem anderen Betrieb unmittelbar anschließen; dann gilt Abs. 2. Unproblematisch ist auch die Spaltung, die zum Fortbestand einer betriebsratsfähigen Einheit führt, die nicht mit einem anderen Betrieb oder Betriebsteil zusammengelegt wird und ihre Identität behält: Hier besteht das reguläre Mandat fort. Ein Übergangsmandat gemäß Abs. 1 Satz 1 entsteht demgegenüber, wenn die Spaltung zum Verlust der Betriebsidentität führt. Führt die Spaltung zur Bildung einer nicht betriebsratsfähigen Einheit, führt dies, soweit sie weder mit einem anderen Betrieb zusammengelegt wird noch in einen anderen Betrieb eingegliedert wird zu einem Restmandat gemäß § 21b (s. hierzu § 21b Rn. 5f.).

II. Anwendungsbereich § 21a

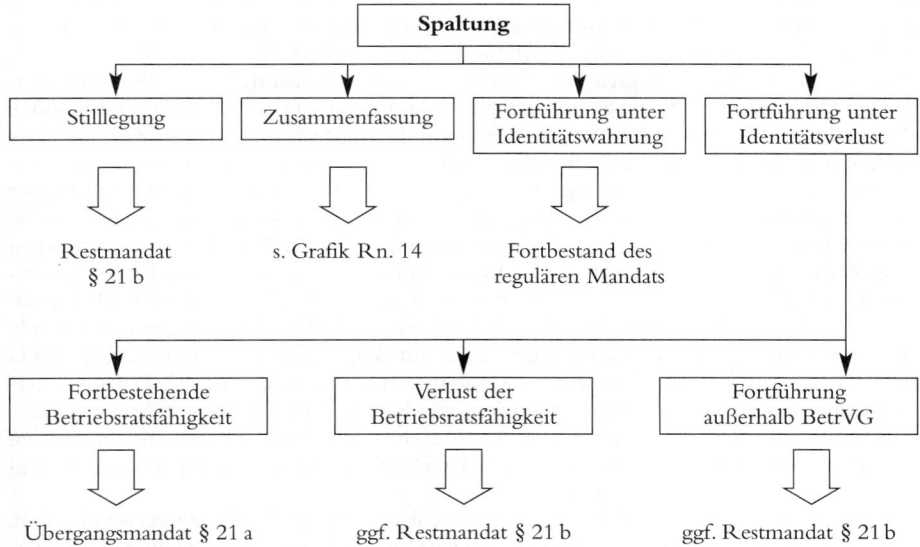

3. Zusammenfassung

a) Ebenso vielgestaltig sind die Folgen einer Zusammenfassung (= Verschmelzung) **9** verschiedener Betriebe oder Betriebsteile. Hier bestimmt Absatz 2, dass der Betriebsteil des nach der Zahl der wahlberechtigten Arbeitnehmer größeren Betriebs oder Betriebsteils das Übergangsmandat wahrnimmt (s. hierzu auch BAG 21. 1. 2003 AP BetrVG 1972 § 21 a Nr. 1). Unerheblich ist dabei die Größe des abgebenden Betriebes und ebenso unerheblich ist es, ob die zusammengefassten Organisationseinheiten bereits vorher zu einem Unternehmen gehörten oder nicht. Entscheidend für die Bestimmung der Größe der Betriebe ist nicht der Zeitpunkt der letzten Betriebsratswahl, sondern der Zusammenfassung (*Rieble*, NZA 2002, 233, 237; *Rieble/Gutzeit*, ZIP 2004, 693 [dort auch zu Möglichkeiten der Konfliktlösung zwischen den verschiedenen Betriebsräten bei Unsicherheit des Größenverhältnisses]; *Löwisch/Schmidt-Kessel*, BB 2001, 2162, 2164; Jaeger/Röder/Heckelmann/*Schuster*, BetrVerfR, Kap. 4 Rn. 28; a. A. *Fitting*, § 21 a Rn. 18; GK-*Kreutz*, § 21 a Rn. 71). Die dadurch im Einzelfall begründeten Schwierigkeiten der Bestimmung lassen sich angesichts des klaren Wortlauts der Norm nicht verhindern.

Nicht unter Absatz 2 fällt die Zusammenlegung von Betrieben oder Betriebsteilen, die **10** zur **Eingliederung eines Betriebes** in den anderen führt, bei dem ein Betrieb also seine Identität behält (allg. M.: Hessisches LAG 23. 10. 2008 – 9 TaBV 155/08, juris; *Löwisch*, BB 2001, 2162, 2164). Hier besteht das Mandat des in seiner Identität unveränderten Betriebsrats ohne Änderung fort. Hat der Betrieb, in den eingegliedert wird, bisher keinen Betriebsrat, dann ergibt sich kein Übergangsmandat aus Abs. 1, denn § 21 a greift mangels Identitätsverlusts des aufnehmenden Betriebes nicht ein (im Ergebnis ebenso Kallmeyer/*Willemsen*, § 321 UmwG, Rn. 14; Willemsen/Hohenstatt/Schweibert/Seibt-Hohenstatt, Umstrukturierung, D Rn. 65, 83; *Rieble*, NZA 2002, 237). Das wird überwiegend anders gesehen: Teilweise wird angenommen, dass zwar ein Übergangsmandat besteht, sich dieses jedoch nur auf die Betriebsteile beziehe, die bereits vor Zusammenfassung über einen Betriebsrat verfügten (*Lutter/Joost*, § 321 UmwG, Rn. 22; *Oetker/Busche*, NZA, Beilage 1/91, 24; *Mengel*, Umwandlungen im Arbeitsrecht, S. 300 f. [nur für personelle Einzelmaßnahmen beschränkt]; s. nun *Stege/Weinspach/Schiefer*, § 21 a

Rn. 8), teilweise wird ein uneingeschränktes Übergangsmandat, das sich auf den ganzen Betrieb bezieht, befürwortet (dezidiert *Fischer,* RdA 2005, 39; ebenso wohl DKK-*Buschmann,* § 21a Rn. 33, 39; *Fitting,* § 21a Rn. 11a; *Engels,* DB 1991, 967). Das hier vertretene Ergebnis legt schon der Wortlaut des § 21a nahe (a. A. *Fischer,* RdA 2005, 39), denn der größte der vereinigten Betriebe hat ja keinen Betriebsrat. Ein Übergangsmandat für ihn kann es also nicht geben, eine direkte Anwendung scheidet also aus. Eine analoge Anwendung scheidet ebenfalls aus, denn andernfalls würde durch die Eingliederung eines ganz untergeordneten Belegschaftsteils ein Prozess in Gang gesetzt, der zur betriebsverfassungsrechtlichen Organisierung des Betriebes führt, obwohl die bisherige Belegschaft hiervon Abstand genommen hat. Allein der Umstand, dass der Betrieb geringe fremde Betriebsteile aufnimmt, kann keinen Zwang zur Einleitung der Betriebsratswahl entgegen dem Willen der Mehrheit bringen. Die Interessenlage ist gegenüber der, die der Gesetzgeber bei § 21a Abs. 2 im Auge hatte, eine grundlegend andere (a. A. jedoch DKK-*Buschmann,* § 21a Rn. 33; *Engels,* DB 1991, 967; *Fitting,* § 21a Rn. 11; ErfK-*Eisemann/Koch,* § 21a Rn. 4). Dieses Verständnis dürfte auch mit **Art. 6 Satz 4 Richtlinie 2001/23/EG** noch vereinbar sein, denn dort werden Maßnahmen zur Beibehaltung der Arbeitnehmervertretung nur für den Zeitraum gefordert, der bis zur Neubildung der Arbeitnehmervertretung erforderlich ist. Hier aber kann eine Neubildung für den aufnehmenden Betrieb aus den genannten Gründen durch den Übergang nicht erzwungen werden; dann entfällt auch das brückenschlagende Mandat.

11 Umstritten und zumeist nicht davon unterschieden ist der damit **eng verwandte Fall,** dass Betriebe oder Betriebsteile zusammengefasst werden, von denen nicht alle im Zeitpunkt der Zusammenfassung einen Betriebsrat haben. Allerdings ist hier Abs. 2 grundsätzlich anwendbar, jedoch bereitet der eingeschränkte Wortlaut Schwierigkeiten: Für § 321 UmwG wurde in enger Interpretation des Wortlauts zum Teil angenommen, es entstehe kein Übergangsmandat, wenn nicht der größte der zusammengefassten Betriebe über einen Betriebsrat verfüge (*Kallmeyer/Willemsen,* § 321 UmwG, Rn. 9; für § 21a ebenso *Reichold,* NZA 2001, 859; *Rieble,* NZA 2002, 233, 237; Willemsen/Hohenstatt/ Schweibert/Seibt-*Hohenstatt,* Umstrukturierung, D Rn. 87; wohl ebenso *Richardi/Annuß,* DB 2001, 44, die hier einen „klarstellenden" Hinweis des Gesetzgebers erhofften), teilweise wird ein Übergangsmandat angenommen, solange irgendein beteiligter Betrieb einen Betriebsrat hat, dieses Mandat jedoch nur auf die Betriebsteile bezogen, die bereits vor Zusammenfassung über einen Betriebsrat verfügten (*Lutter/Joost,* § 321 UmwG, Rn. 22; ErfK-*Eisemann/Koch,* § 21a Rn. 4, 8; Jaeger/Röder/Heckelmann/*Schuster,* BetrVerfR, Kap. 4 Rn. 30), teilweise wird auch hier ein uneingeschränktes Übergangsmandat angenommen, das sich auf den ganzen Betrieb bezieht (so wohl DKK-*Buschmann,* § 21a Rn. 40; *Fitting,* § 21a Rn. 19, 23; *Hanau,* NJW 2001, 2513; bereits für das alte Recht *Engels,* DB 1991, 967). Der letztgenannten Ansicht ist der Vorzug zu geben: Allerdings trifft es zu, dass damit Teile der Belegschaft von einem Betriebsrat repräsentiert werden, den sie nicht gewählt haben. Dies ist jedoch auch der Fall, wenn im größeren der zusammengeführten Betriebsteile bisher ein Betriebsrat bestand. Der Wortlaut der Norm ist entsprechend dem Schutzzweck zu ergänzen. Überzeugende Gründe, der Betriebsratslosigkeit des bisher größeren Teils des Betriebes Vorrang vor dem Fortbestand des betriebsverfassungsrechtlichen Schutzes für den kleineren Teil der Belegschaft einzuräumen, sind nicht ersichtlich. Das Übergangsmandat ist der gesetzlichen Konzeption nach auf den gesamten Betrieb hin ausgelegt; den Wahlvorstand, den er unverzüglich zu bestellen hat, ist der Wahlvorstand für den gesamte Betrieb. Einen Teilbetriebsrat kennt das BetrVG außerhalb des engen Bereichs des § 4 Abs. 1 nicht. Ist also im nach der Zahl der wahlberechtigten Arbeitnehmer größten Betrieb bislang kein Betriebsrat vorhanden, tritt an dessen Stelle der Betriebsrat des zweitgrößten Betriebes usw. Ein Widerspruch zur hier vertretenen abweichenden Auffassung bei Eingliederung eines Betriebs in einen anderen liegt hierin nicht: Weil alle beteiligten Betriebe ihre Identität verlieren, ist es zulässig einen neuen betriebsverfassungsrechtlichen Anfang zu setzen. Einem bestehenden

II. Anwendungsbereich § 21a

Betrieb wird kein bislang nicht bestehender Betriebsrat übergestülpt, sondern ein neu geschaffener Betrieb entsteht von Anfang an mit Betriebsrat.

Ein Übergangsmandat scheidet demgegenüber aus, wenn der gespaltene Betrieb in einen Betrieb eingegliedert wird, der **außerhalb des Anwendungsbereichs des BetrVG** liegt: Wo ein Betriebsrat nicht gewählt werden kann, gibt ein Übergangsmandat, das auf unverzügliche Bestellung eines Wahlvorstandes ausgerichtet ist, keinen Sinn (*Fitting*, § 21 a Rn. 13); ggf. kann ein Restmandat nach § 21 b entstehen, s. § 20 Rn. 45; § 21 b Rn. 5 f. 12

Weil sich das durch Zusammenlegung entstehende Übergangsmandat auf den **gesamten Betrieb** bezieht (s. Rn. 11), ist es unerheblich, ob die zusammengefassten Betriebsteile für sich betriebsratsfähig wären. Gemäß Abs. 2 S. 2 gilt Abs. 1 nur insoweit entsprechend, als § 1 Abs. 1 Satz 1, also die Betriebsratsfähigkeit, für den zusammengefassten Betrieb gegeben sein muss. Fehlt dessen Betriebsratsfähigkeit nach Zusammenlegung – haben er also weniger als 5 wahlberechtigte und 3 wählbare Arbeitnehmer – dann kann nur ein Restmandat gemäß § 21 b bestehen (unvertretbar *de lege lata* a. A. DKK-*Buschmann*, § 21 a Rn. 34). 13

b) Im Einzelnen ergibt sich also folgende **Unterscheidung:** 14

```
                        Zusammenfassung
                    ┌─────────┴─────────┐
                    ▼                   ▼
            Betrieb verliert      Betrieb bewahrt
               Identität             Identität
                                        │
                                        ▼
                                 Fortbestand des
                                 regulären Mandats

   ┌──────────┬──────────┬──────────┐
   ▼          ▼          ▼          ▼
Eingegliedert  Neue Einheit  Neue Einheit   Alle Betriebe ver-
in Betrieb,    nicht BR-     außerhalb      lieren Identität
der Identität  fähig         BetrVG
bewahrt
               ▼              ▼
         ggf. Restmandat § 21 b  ggf. Restmandat § 21 b

   ▼              ▼              ▼              ▼
und Betriebs-  und Betriebs-  und größter    und größter
rat hat        rat fehlt      Betrieb hat    Betrieb fehlt
                              Betriebsrat    Betriebsrat
   ▼              ▼              ▼              ▼
Fortbestand    Restmandat     Übergangs-     hM: Restmandat
reguläres      § 21 b         mandat         § 21 b
Mandat und     aA: Übergangs- § 21 a Abs. 2  aA: Übergangs-
ggf. Rest-     mandat § 21 a  und ggf.       mandat
mandat § 21 b  und ggf.       Restmandat     § 21 a Abs. 2
               Restmandat
```

III. Inhalt und Dauer

15 Hinsichtlich des Inhalts des Übergangsmandats ergeben sich keine Besonderheit gegenüber § 321 UmwG; die entsprechende Literatur und Judikatur gilt unverändert fort. Änderungen ergeben sich allerdings hinsichtlich der Dauer des Mandats.

1. Übergangsmandat als zeitlich befristetes Vollmandat

16 Anders als das Restmandat gemäß § 21 b ist das Übergangsmandat grundsätzlich ein **Vollmandat**, einzig beschränkt durch die Verpflichtung, unverzüglich die Schritte einzuleiten um von einem durch die Belegschaft des neu entstandenen Betriebs gewählten Betriebsrat abgelöst zu werden (DKK-*Buschmann*, § 21 a Rn. 9; ErfK-*Eisemann/Koch*, § 21 a Rn. 5; *Fitting*, § 21 a Rn. 20; HWK-*Reichold*, § 21 a Rn. 10; HaKo-BetrVG/ *Düwell*, § 21 a Rn. 22; s. auch *Däubler*, RdA 1995, 136, 144; Kallmeyer/*Willemsen*, § 321 UmwG, Rn. 16; Lutter/*Joost*, § 321 UmwG, Rn. 22). Die Auffassung, das Übergangsmandat beziehe sich wegen seines transitorischen Charakters einzig und allein auf personelle Angelegenheiten (*Heinze*, ZfA 1997, 1, 10), oder das Mandat sei allein auf die mit der Betriebsspaltung zusammenhängenden Beteiligungsrechte zu beziehen (*Feudner*, BB 1996, 1936; s. jetzt aber *ders.*, DB 2003, 882), hat im **Wortlaut der Norm** keinen Niederschlag gefunden und wird durch ihren Zweck nicht gerechtfertigt. Das Übergangsmandat zielt auf eine umfassende Sicherung der Arbeitnehmerrechte während der Übergangszeit; dazu gehört ein umfassendes Mandat. Die zeitliche Begrenzung des Übergangsmandats hindert daher den zuständigen Betriebsrat grundsätzlich auch nicht daran, Verfahren (z. B. arbeitsgerichtliche Beschlussverfahren, Einigungsstellenverfahren) einzuleiten, mit deren Abschluss nicht mehr vor Ablauf der 6-Monatsfrist des Abs. 1 Satz 2 gerechnet werden kann (ebenso Kallmeyer/*Willemsen*, UmwG, § 321 Rn. 16; ähnlich *Fitting*, § 21 a Rn. 20). Sind diese Verfahren zum Ablauf der Frist nicht beendet, dann hat sie entweder der bis dahin gebildete Betriebsrat im regulären Amt übernommen oder sie enden kraft Gesetz. Ein **Restmandat zum Übergangsmandat** sieht das Gesetz nicht vor; es zu erfinden füllt keine planwidrige Regelungslücke (wie hier Willemsen/Hohenstatt/Schweibert/Seibt-*Hohenstatt*, Umstrukturierung, D Rn. 93; ebenso wohl *Hanau*, NJW 2001, 2513; zum alten Recht Kallmeyer/*Willemsen*, § 321 UmwG, Rn. 16; *Feudner*, BB 1996, 1934, 1936; a. A. *Däubler*, RdA 1995, 136, 145). Dies kann entsprechend dem Wortlaut des § 21 b nur entstehen, wenn es nach der Spaltung oder Zusammenlegung zu einer erneuten organisatorischen Veränderung, namentlich der Stilllegung kommt.

2. Dauer

17 Das Übergangsmandat endet gemäß Abs. 1 Satz 2, sobald in den Betriebsteilen ein neuer Betriebsrat gewählt und das Wahlergebnis bekannt gegeben ist, spätestens jedoch **sechs Monate nach Wirksamwerden der Spaltung**. Anfang und Ende dieser Zeitspanne bedürfen näherer Präzision:

18 Die Gesetzesbegründung geht davon aus, dass das Übergangsmandat längstens auf **sechs Monate** begrenzt ist (BT-Drucks. 14/5741, S. 39). Damit ist der *Beginn* des Übergangsmandats auf das Wirksamwerden der Spaltung definiert. Der Begriff fand sich bereits wortgleich in § 321 Abs. 1 Satz 3 UmwG. Obwohl der Gesetzgeber ersichtlich hieran anknüpfen will, gebietet doch der Kontext der Norm eine **abweichende Interpretation:** § 321 Abs. 1 Satz 3 UmwG meinte mit dem Wirksamwerden der Spaltung das Wirksamwerden der Spaltung des Rechtsträgers, also der Unternehmensspaltung. Damit war der Fristbeginn gemäß § 131 Abs. 1 mit der Eintragung der Spaltung in das Register des Sitzes des übertragenen Rechtsträgers definiert (s. auch Lutter/*Joost*, UmwG, § 321

Rn. 37). Anders als seine Vorgängernorm ist § 21 a jedoch nicht an die Spaltung des Rechtsträgers gebunden. Hier kann mit Wirksamwerden der Spaltung nur die Spaltung des Betriebs selber gemeint sein. Für diese lässt sich aber ein ähnlich eindeutiger Zeitpunkt nicht bestimmen (ähnlich *Fitting*, § 21 a Rn. 24; DKK-*Buschmann*, § 21 a Rn. 21 ff., 42; ebenso *Düwell*, NZA 1996, 389 bereits für § 321 UmwG). Maßgebliches Kriterium dürfte der Übergang (oder bei fehlendem Rechtsträgerwechsel: die Neustrukturierung) der tatsächlichen Leitungsmacht sein: Wird die vom neuen Betriebsinhaber oder über neue Betriebsstrukturen wahrgenommen, dann ist auch die betriebliche Organisationsänderung wirksam geworden (*Fitting*, § 21 a Rn. 24; GK-*Kreutz*, § 21 a Rn. 81; Jaeger/Röder/Heckelmann/*Schuster*, BetrVerfR, Kap. 4 Rn. 31; HaKo-BetrVG/ *Düwell*, § 21 a Rn. 28).

Das Übergangsmandats endet bereits vor Ablauf der Sechsmonatsfrist mit dem **Ablauf** **19** **des regulären Mandats** nach § 21 S. 2. Hätte der Betrieb auch ohne Umstrukturierung keinen Betriebsrat, kann der bloße Umstand der Umstrukturierung nicht zu einer günstigeren Wertung führen. Wurde versäumt, rechtzeitig Neuwahlen einzuberaumen, dann kann § 21 a hier keine Nachfrist anlässlich des Betriebsübergangs setzen (a. A. DKK-*Buschmann*, § 21 a Rn. 44). Es gelten dann – ggf. nach abgeschlossener Umstrukturierung – die Wahlvorschriften für betriebsratslose Betriebe. Vor Ablauf der Sechsmonatsfrist endet das Übergangsmandat auch mit der **Bekanntgabe des Wahlergebnisses** nach erfolgter Betriebsratsneuwahl. Daher kann es bei Aufspaltungen mehrerer Betriebsteile zu eigenständigen Betrieben im Sinne des BetrVG je nach zeitlichem Verlauf der einzelnen Betriebsratswahlen innerhalb der Sechsmonatsfrist zu einer stufenweisen Verdrängung des Betriebsrats mit Übergangsmandat durch die zwischenzeitlich neu gewählten Betriebsräte kommen. Das Übergangsmandat endet dann endgültig mit Abschluss der letzten Betriebsratswahl, spätestens jedoch mit Ablauf der Sechsmonatsfrist (Kallmeyer/ *Willemsen*, UmwG, § 323 Rn. 22; *Fitting*, § 21 a Rn. 24). Gemäß Abs. 1 Satz 3 kann durch Tarifvertrag oder Betriebsvereinbarung das Übergangsmandat um weitere sechs Monate verlängert werden. Weil das Gesetz hier nicht differenziert, ist es unerheblich, ob der Tarifvertrag oder die Betriebsvereinbarungen bereits vor der betriebsorganisatorischen Veränderung abgeschlossen wurde oder aber während des Übergangsmandats. Ausgeschlossen ist allein eine Verlängerung nach Ablauf der Übergangsmandats – hier gibt es nichts mehr zu verlängern (*Fitting*, § 21 a Rn. 26). Zu beiden Zeitpunkten ist die Einigung zwischen Arbeitgeber und Gewerkschaft bzw. Betriebsrat eine hinreichende Legitimation für das weiterbestehende Betriebsratsmandat. **Partner der Betriebsvereinbarungen** ist stets der Betriebsrat, dessen Übergangsmandat verlängert werden soll; geht mit der betrieblichen Strukturveränderung eine Veränderung der Unternehmensstruktur einher, so ist Verhandlungspartner während des Übergangsmandats allein der neue Arbeitgeber. Nur *vor* dem Übergang des Betriebs auf den neuen Rechtsträger (und zwar auch vor Beginn der Übergangsmandats, s. *Löwisch/Kaiser*, § 21 a Rn. 15; *Fitting*, § 21 a Rn. 26; Willemsen/Hohenstatt/Schweibert/Seibt-*Hohenstatt*, Umstrukturierung, D Rn. 91) kann der alte Arbeitgeber eine Betriebsvereinbarung über die Verlängerung des Mandats abschließen; ansonsten fehlt ihm die Regelungszuständigkeit. Die fehlt auch in dem Fall, dass der Arbeitgeber des Ursprungsbetriebs die bei ihm beschäftigten Betriebsratsmitglieder für die Erledigung der Betriebsratsaufgaben im Rahmen des Übergangsmandats bei einem anderen Arbeitgeber freizustellen hat (s. dazu Rn. 24; a. A. *Fitting*, § 21 a Rn. 26). Alles andere wäre systemwidrig und hätte daher eines Hinweises des Gesetzgebers bedurft. **Partner des Tarifvertrags** sind dementsprechend die Rechtsträger des Betriebs im Zeitpunkt des Übergangsmandats. Wechselt der Betrieb während dieser Zeit den Rechtsträger, dann müssen mehrere Arbeitgeber in mehrgliedrigen Haustarifverträgen als BGB-Gesellschaft oder – in der Praxis wohl nicht vorkommend – kraft gemeinsamer Verbandsmitgliedschaft an die tarifvertragliche Regelung gebunden sein (*Fitting*, § 21 a Rn. 26). Bei einem Betriebsübergang nach dem UmwG geht ein Firmentarifvertrag freilich auf den neuen Rechtsträger über; hier genügt der eine Tarifvertrag (s.

BAG 24. 6. 1998, NZA 1998, 1346; s. auch *Löwisch/Schmidt-Kessel*, BB 2001, 2162; *Fitting*, § 21 a Rn. 26).

20 *Richardi* und *Annuß* haben die Frage gestellt, ob nicht der Gesetzeswortlaut auch dahin ausgelegt werden kann, dass das Mandat auch um eine Frist, die **kürzer als sechs Monate** ist, verlängert werden kann (*Richardi/Annuß*, DB 2001, 41, 45). Hierfür sprechen gute Argumente: Ist ein Betriebsrat nicht mehr erforderlich, dann sollte man ihn auch nicht zweckwidrig weiterhin bestehen lassen. Die Gesetzesbegründung steht dem nicht entgegen: *dubia in meliorem partem interpretari debent*. Zwar fehlt der Hinweis auf eine Verlängerung „bis zu" sechs Monaten, jedoch dürfte die Frist zur verkürzenden Disposition der Beteiligten stehen, da die Interessen der Belegschaft durch das Konsenserfordernis hinreichend geschützt sind. Zulässig dürfte es dementsprechend auch sein, einer dreimonatigen erstmaligen Verlängerung eine weitere für den gleichen Zeitraum folgen zu lassen (ebenso DKK-*Buschmann*, § 21 a Rn. 46; *Stege/Weinspach/Schiefer*, § 21 a Rn. 18; ErfK-*Eisemann/Koch*, § 21 a Rn. 1; Willemsen/Hohenstatt/Schweibert/Seibt-*Hohenstatt*, Umstrukturierung, D Rn. 91).

20a Im **Verhältnis von Tarifvertrag und Betriebsvereinbarung** gilt § 77 Abs. 3 nicht. Ein Tarifvertrag, der das Übergangsmandat verlängert, sperrt jedoch eine entsprechende Betriebsvereinbarung. Es gilt der Vorrang der höherrangigen Norm. Dementsprechend kann eine Betriebsvereinbarung keine Sperrwirkung für einen Tarifvertrag haben (ebenso DKK-*Buschmann*, § 21 a Rn. 47).

IV. Zusammensetzung des Betriebsrats und Rechte der Betriebsratsmitglieder

21 Aufgabe des Betriebsrats während seines Übergangsmandats ist es vor allem, gemäß Abs. 1 Satz 2 unverzüglich, das heißt ohne schuldhaftes Zögern (§ 121 BGB), Wahlvorstände zu bestellen. Hier handelt es sich nicht um einen Sonderfall des § 17, denn ein Betriebsrat besteht ja (a. A. wohl *Fitting*, § 21 a Rn. 22), sondern um eine **Modifizierung des § 16** (ErfK-*Eisemann/Koch*, § 21 a Rn. 5), die dem entspricht, was Rechtsprechung und Schrifttum auch für andere Fälle der vorzeitigen Beendigung des Betriebsratsmandats annehmen (vgl. § 16 Rn. 22). Damit sind ältere Ansichten überholt, die eine Bestellung des Wahlvorstands bis zu zehn Wochen vor Ablauf des Übergangsmandats als rechtzeitig werteten (ArbG Düsseldorf 17. 9. 1996, AiB 1997, 602; richtig jetzt LAG Frankfurt 19. 4. 2002 – 9 TaBV Ga 71/02, AR-Blattei ES 530.6 Nr. 81). Kommt der Betriebsrat seiner Verpflichtung nicht nach, dann dürfte analog § 16 Abs. 2 und 3 das Arbeitsgericht auf Antrag von mindestens drei Wahlberechtigten oder einer im Betrieb vertretenen Gewerkschaft einen Wahlvorstand bestellen können (was praktisch jedoch regelmäßig am Ablauf der Sechsmonatsfrist vor Rechtskraft der Entscheidung scheitern wird), oder aber der Gesamtbetriebsrat, hilfsweise der Konzernbetriebsrat aus eigenem Antrieb (*Fitting*, § 21 a Rn. 22; ErfK-*Eisemann/Koch*, § 21 a Rn. 5; LAG Frankfurt 19. 4. 2002 – 9 TaBV Ga 71/02, AR-Blattei ES 530.6 Nr. 81; s. auch *Bauer/Lingemann*, NZA 1994, 1058). Wann ein Betriebsrat nicht mehr unverzüglich handelt, ist ebenso vage zu bestimmen wie in sonstigen Fällen eines vorzeitigen Amtsendes des Betriebsrats gemäß § 13 Abs. 2. Auch hier dürfte aber regelmäßig eine Zweiwochenfrist ausreichend sein (LAG Frankfurt a. a. O.). Gesamtbetriebsrat und Konzernbetriebsrat, die ggf. stellvertretend handeln können, sind diejenigen Gremien, denen der neu gebildete Betrieb unterfällt, im Gegensatz zu denen, denen er vor seiner organisatorischen Veränderung zugeordnet war; letztere haben die Regelungsmacht für die ihrem Organisationsbereich entwachsene Belegschaft verloren.

22 Die personelle Zusammensetzung des Betriebsrats während des Übergangsmandats entspricht der vor der betrieblichen Organisationsänderung (ebenso DKK-*Buschmann*, § 21 a Rn. 32; *Fitting*, § 21 a Rn. 16; ErfK-*Eisemann/Koch*, § 21 a Rn. 7; *Däubler*, AuR

IV. Zusammensetzung des Betriebsrats und Rechte der Betriebsratsmitglieder § 21a

2001, 1; *Löwisch/Schmidt-Kessel*, BB 2001, 2162; *Rieble*, NZA 2002, 236; *Gragert*, NZA 2004, 289; s. auch § 62 b Abs. 3 österr. ArbVG: „Führt die rechtliche Verselbstständigung von Betriebsteilen zur dauernden Einstellung des Betriebes oder zum Ausscheiden von Betriebsratsmitgliedern aus dem Betrieb, so treten für die Dauer der vorübergehenden Beibehaltung des Zuständigkeitsbereiches ... die Beendigung der Tätigkeitsdauer des Betriebsrates und ... das Erlöschen der Mitgliedschaft zum Betriebsrat nicht ein"). Eine **scheinbare Ausnahme** von dieser Regel ist der Fall, dass ein Betrieb nach der Abspaltung eines Betriebsteils seine Identität behält. Hier verlieren die übergehenden Betriebsratsmitglieder gemäß § 24 Nr. 3 oder 4 ihr Betriebsratsamt, so dass ihre Stelle von Ersatzmitgliedern eingenommen wird. Dennoch ist hier nicht anders zu verfahren, als wenn nur einzelne Arbeitnehmer den Betrieb verlassen würden. Dies ist, entsprechend der einleitenden Anknüpfung am Merkmal der Identität, kein Fall des Übergangsmandats, sondern des fortbestehenden regulären Mandats und hat mit § 21 a nichts zu tun (im Ergebnis ebenso Kallmeyer/*Willemsen*, UmwG, § 321 Rn. 19). Endet das Arbeitsverhältnis des Betriebsratsmitglieds auch mit dem Betriebs(teil)inhaber, dann gelten die allgemeinen Regeln: Das Betriebsratsamt endet (*Fitting*, § 21 a Rn. 17).

Die Regel der personellen Kontinuität kann aber sehr wohl zum **Auseinanderfallen von Arbeitsverhältnis und Betriebsratsamt** führen, wenn der neue Betriebs(teil)inhaber nicht mit dem alten identisch ist, bei dem das Betriebsratsmitglied als Arbeitnehmer verbleibt (*Fitting*, § 21 a Rn. 16; Jaeger/Röder/Heckelmann/*Schuster*, BetrVerfR, Kap. 4 Rn. 27). Dies impliziert praktische wie dogmatische Schwierigkeiten, ist jedoch mangels einer besseren Alternative hinzunehmen: Nähme man an, bei Trennung von Betriebsratsamt und Zugehörigkeit zum Betrieb als Arbeitnehmer würde das Betriebsratsamt entfallen (ehemals MünchKomm-*Schaub*, BGB [3. Aufl.], § 613 a Rn. 142; *Oetker/Busche*, NZA Beil. 1/91, 24 zum früheren Recht), dann wäre insbesondere bei der Betriebsspaltung ein funktionsfähiger Betriebsrat oftmals nicht gewährleistet. Zudem gäbe es nicht die Möglichkeit, dass ein und derselbe Betriebsrat etwa nach Betriebsspaltung für mehrere Betriebe zuständig ist. Diese Kontinuität trotz organisatorischer Veränderung will § 21 a jedoch sicherstellen. Aus den gleichen Gründen scheidet es aus, das Arbeitsverhältnis abweichend von der Zuordnung gemäß § 613 a BGB und § 323 UmwG (vgl. dazu *Müller/Thüsing*, ZIP 1997, 1869) dem Betriebsratsmandat folgen zu lassen, denn die Zuordnung zu zwei Betrieben ist zumindest dann nicht möglich, wenn sie unterschiedlichen Arbeitgebern zugeordnet sind. Daher ist als einzig verbleibende dritte Möglichkeit das Auseinanderfallen von Arbeitsverhältnis und Betriebsratsmandat bei Fortbestehen des Betriebsratsmandats zu befürworten. Sie gilt einzig dann nicht, wenn das Arbeitsverhältnis des Betriebsratsmitglieds mit dem bisherigen Betriebsinhaber endet. Dann entfällt auch das Betriebsratsamt, ebenso wie es ohne Betriebsübergang geendet hätte (ebenso *Fitting*, § 21 a Rn. 17).

23

Eine **Ausnahme** wird erwogen, wenn der Betriebsrat im regulären Mandat für einen in seiner Identität unveränderten Betrieb fortbesteht, gleichzeitig aber auch ein Übergangsmandat für einen abgespaltenen Betriebsteil wahrzunehmen hat (s. Rn. 9 ff.). Hier soll die personelle Zusammensetzung dem des regulären Mandats entsprechen (*Rieble*, NZA 2002, 235 entgegen *Löwisch/Schmidt-Kessel*, BB 2001, 2162). Zuzugeben ist, dass dies eine praktikable Lösung darstellt, die in der Praxis einfacher zu handhaben ist, als eine Unterscheidung in der Besetzung nach ordentlichem Mandat und regulärem Mandat. Das Ergebnis wäre jedoch ein Übergangsmandat, der bei unternehmensübergreifender Umstrukturierung gerade keinen Arbeitnehmer des Betriebs(teils) beteiligen würde, für den das Übergangsmandat wahrzunehmen ist, denn die würden ja aus dem Betriebsrat ausscheiden (s. Rn. 22). Die Konsequenz scheint zu bedenklich, um allein aus Gründen der Vereinfachung von der Regel abzuweichen.

23a

Der **Rechtsstatus des Betriebsratsmitglieds** während des Übergangsmandats unterscheidet sich grundsätzlich nicht von dem während des regulären Mandats. Probleme können jedoch entstehen, wenn die Veränderungen der betrieblichen Organisation mit

24

einer Veränderung auf Unternehmensebene einher gehen und der Arbeitgeber des Betriebsratsmitglieds nicht mehr der Inhaber des Betriebs ist, dem der Betriebsrat während des Übergangsmandats zugeordnet ist (zum vergleichbaren Problem beim Restmandat s. § 21 b Rn. 10). Das Gesetz enthält hier eine Lücke, die durch sachgemäßen Kompromiss zu schließen ist: einen Anspruch auf bezahlte Freistellung durch seinen Arbeitgeber gemäß § 37 Abs. 3 hat das Betriebsratsmitglied nicht, denn seine Betriebsratstätigkeit erstreckt sich nicht auf einen Betrieb seines Arbeitgebers. Wohl aber hat er einen Anspruch auf unbezahlte Freistellung (ebenso *Hellmann*, Betriebsauflösung und Betriebsrat, 1994, S. 162 für das Restmandat) verbunden mit einem Anspruch auf Fortzahlung seiner Bezüge durch den Betriebsinhaber (a. A. ErfK-*Eisemann/Koch*, § 21 a Rn. 9: Anspruch auf Freistellung und Kostenersatz gegenüber Betriebsinhaber). Damit bleibt es dabei, dass die Kosten der Betriebsratsarbeit der Inhaber des Betriebes trägt (im Ergebnis ebenso *Lutter/Joost*, UmwG, § 321 Rn. 34). Der Vorstellung, der Arbeitgeber hafte im Außenverhältnis als Gesamtschuldner mit dem neuen Inhaber des Betriebs und im Innenverhältnis entsprechend der Belegschaftsgröße (*Fitting*, § 21 a Rn. 27 im Anschluss an *Jung*, Das Übergangsmandat des Betriebsrats, 1999, S. 77) fehlt die gesetzgeberische Grundlage. Als einseitige Besserstellung des Betriebsrats, der nun zwei Kostenschuldner hat, kann sie als angemessene Lückenfüllung nicht überzeugen. Oftmals wird es sich jedoch empfehlen, dass die Inhaber der betroffenen Betriebe eine **Vereinbarung über die Kostentragungspflicht** im Zuge der Spaltung oder Zusammenlegung der Betriebe treffen (s. auch *Rieble*, NZA 2002, 236, der sonst jeglichen Ausgleichsanspruch ablehnt).

V. Gestaltungsmöglichkeiten nach § 3 Abs. 1

25   Bislang in der Rechtssprechung soweit ersichtlich noch nicht angesprochen und auch vom Schrifttum noch nicht gesichtet sind die Gestaltungsmöglichkeiten des Arbeitgebers, um im Einvernehmen mit der Gewerkschaft die Folgen des § 21 a zu ändern (ausführlicher *Thüsing*, DB 2004, 2474). Die Vereinbarung von Betriebsratsstrukturen nach § 3 Abs. 1 scheint oftmals als ein geeignetes Mittel dafür, dass auch nach einer Umstrukturierung vieles so bleiben kann wie es war. Wird ein solcher Tarifvertrag vereinbart, kommt es zu dem in § 3 Abs. 4 bestimmten Zeitpunkt zur rechtlichen Auflösung von Betrieben und zur Ersetzung durch einen neuen Betrieb: aus der organisatorischen Einheit wird nun eine rechtliche. Trifft der Tarifvertrag keine Regelung über den Zeitpunkt des Inkrafttretens, so gilt § 3 Abs. 4 S. 1: Die neuen Strukturen gelten ab der nächsten regelmäßigen Betriebsratswahl. Bislang nicht geklärt ist es, ob es hier immer zu einem Übergangsmandat kommt, oder ob es nicht auch möglich ist, dass die Tarifvertragsparteien durch geschickte Regelungen trotz der Organisationsänderungen das reguläre Mandat des Betriebsrats fortbestehen lassen können. Dies entscheidet sich danach, ob ein Betrieb, dem durch Organisationsänderungen Teile abgetrennt werden, seine Identität behält, weil die bisherigen Betriebsteile zu einer neuen (dann nur rechtlichen) Einheit zusammengefasst wurden. Sinnvoller Auslegung des Gesetzes, das flexible Lösungen wollte, wird man entnehmen können, dass trotz der neuen Organisation eben wegen der rechtlichen Fiktion, die an ihrer Stelle getreten ist, von einem fortbestehenden Betrieb auszugehen ist. Eine Betriebsratsneuwahl ist also nicht erforderlich, wenn die Tarifvertragsparteien es so wollen, und dieser Tarifvertrag vor Betriebsänderung abgeschlossen wird. Der Betriebsrat bleibt bei Identitätswahrung des Betriebs unverändert im Amt. Die vormals tatsächliche Einheit ist identisch mit der rechtlichen.

25a   Auf einer Line damit liegt es, dass Bestimmungen in einem Zuordnungstarifvertrag, wonach die darin vorgesehene Bildung eines Regionalbetriebsrates auch zu einem Erlöschen des Betriebsrates führt, der zu einem späteren Zeitpunkt auf Grund eines Betriebsüberganges unter dem Geltungsbereich des Zuordnungstarifvertrages fällt, wirksam sind (LAG Mecklenburg-Vorpommern 8. 10. 2008 – 2 TaBV 6/08, juris).

VI. Analoge Anwendung auf sonstige Gremien

Für den Gesamt- bzw. Konzernbetriebsrat (§§ 47 ff., 54 ff.), die Jugend- und Auszubildendenvertretung gemäß §§ 60 ff. sowie den Wirtschaftsausschuss gemäß §§ 106 ff. trifft § 21 a keine Regelung. Es stellt sich die Frage einer analogen Anwendbarkeit. Wie schon zuvor für § 321 UmwG allgemein vertreten, scheidet eine Analogie jedoch aus, da es an einem entsprechenden Regelungsbedürfnis fehlt: Die Beteiligungsrechte des Gesamt- und Konzernbetriebsrats können vom Einzelbetriebsrat (ggf. im Übergangsmandat) wahrgenommen werden; die übrigen Vertretungen haben nicht die zentrale Bedeutung wie der Betriebsrat, so dass das **Fehlen eines Übergangsmandats nicht** mit hinreichender Sicherheit als **planwidrige Regelungslücke** verstanden werden kann, insbesondere nachdem der Gesetzgeber bei Schaffung des § 21 a die entsprechende einhellige Literaturmeinung kannte (im Ergebnis wie hier: HWK-*Reichold*, § 21 a Rn. 22; HaKo-BetrVG/*Düwell*, § 21 a Rn. 18; *Rieble*, NZA 2002, 240; s. auch LAG Düsseldorf 14. 2. 2001 NZA 2001, 594; für eine analoge Anwendung des betriebsverfassungsrechtlichen Übergangsmandats auf den Sprecherausschuss tendieren *Oetker/Busche*, NZA 1991, Beilage Nr. 1, S. 18, 23; für eine Analogie bei der Schwerbehindertenvertretung argumentiert *Schimanski*, Behindertenrecht 1999, 129; für das Personalvertretungsrecht *Blanke*, PersR 2000, 349; *Besgen/Langner*, NZA 2003, 1239; für die Mitarbeitervertretungen nach kirchlichem Recht *Schmitz*, ZMV 2000, 6). 26

Eine analoge Anwendung ist zu befürworten beim Übergang von **gemäß § 3 Abs. 1 Nr. 1–3** gebildeten betriebsverfassungsrechtlichen Organisationseinheiten zurück zu Einheiten entsprechend dem allgemeinen Betriebsbegriff, also etwa bei Wegfall der zugrundeliegenden Kollektivvereinbarung (ausführlich *Thüsing*, ZIP 2003, 693; a. A. wohl BAG 18. 3. 2008 NZA 2008, 1259 – allerdings dort nur im Hinblick auf die Fortgeltung von Betriebsvereinbarungen). Dies gilt auch, wenn Betriebsteile durch eine Vereinbarung nach § 3 Abs. 1 Nr. 2 und 3 in eine neue Einheit überführt werden und der nicht einbezogene Rest dadurch seine Identität verliert (a. A. *Rieble*, NZA 2002, 239). Dies ist zwar nicht der Tatbestand des europarechtlichen Vorbilds, jedoch ist die Interessenlage vergleichbar: Wenn schon bei tatsächlichen Strukturänderungen die Kontinuität des betriebsverfassungsrechtlichen Schutzes erhalten bleiben soll, muss dies erst recht für bloße Änderungen in der rechtlichen Zuordnung gelten. Kein Übergangsmandat existiert demgegenüber bei zusätzlichen Arbeitnehmervertretungen und betriebsverfassungsrechtlichen Gremien nach § 3 Abs. 1 Nr. 4 und 5; hier ist es nicht erforderlich und würde zu einer sinnwidrigen Perpetuierung einer von den gesetzlichen Vorgaben abweichenden betriebsverfassungsrechtlichen Vertretung führen. **Keine Frage der analogen Anwendung** ist die Anwendung auf die gemäß § 3 Abs. 1 Nr. 1–3 gebildeten betriebsverfassungsrechtlichen Organisationseinheiten, deren organisatorische Struktur geändert wird. Diese Einheiten gelten gemäß § 3 Abs. 5 Satz 1 als Betriebe im Sinne des Gesetzes. Spaltungen und Zusammenfassungen solcher Organisationseinheiten sind daher wie Spaltungen und Zusammenfassungen von Betrieben und Betriebsteilen zu behandeln (ebenso *Rieble*, NZA 2002, 239). 27

VII. Streitigkeiten

Es gilt das Gleiche wie bei § 21 und § 21 b: Streitigkeiten über Beginn und Ende des Amtes eines Betriebsrats entscheidet das Arbeitsgericht im Beschlussverfahren (§ 2 a Abs. 1 Nr. 1, Abs. 2 i. V. mit §§ 80 ff. ArbGG). Doch kann als Vorfrage in jedem Ver- 28

§ 21 b Restmandat

fahren festgestellt werden, ob ein Betriebsrat noch im Amt war, soweit es um die Rechtswirksamkeit einer von ihm vorgenommenen Handlung geht oder notwendig war, den Betriebsrat zu beteiligen (vgl. BAG 15. 1. 1974 AP PersVG Baden-Württemberg § 68 Nr. 1).

§ 21 b Restmandat

Geht ein Betrieb durch Stilllegung, Spaltung oder Zusammenlegung unter, so bleibt dessen Betriebsrat so lange im Amt, wie dies zur Wahrnehmung der damit im Zusammenhang stehenden Mitwirkungs- und Mitbestimmungsrechte erforderlich ist.

Schrifttum: *Auktor,* Die individuelle Rechtsstellung der Betriebsratsmitglieder bei Wahrnehmung eines Restmandats, NZA 2003, 950; *Feudner,* Übergang- und Restmandate der Betriebsrates gem. §§ 21 a, 21 b BetrVG, DB 2003, 882; *Lelley,* Kollision von Übergangs- und Restmandat – Ein betriebsverfassungsrechtliches Dilemma?, DB 2008, 1433; *Löw,* Übergangs- oder Restmandat bei Widerspruch gegen den Betriebsübergang?, ArbuR 2007, 194; *Löwisch/Schmidt-Kessel,* Die gesetzliche Regelung von Übergangsmandat und Restmandat nach dem Betriebsverfassungsreformgesetz, BB 2001, 2162; *Schubert,* Das „Restmandat" bei Betriebsrat und Personalrat, AuR 2003, 132; *Worzalla,* Übergangs- und Restmandat des Betriebsrats nach § 21 a und b BetrVG, FA Arbeitsrecht 2001, 261.

Übersicht

	Rn.
I. Vorbemerkung	1
II. Anwendungsbereich	2
1. Abgrenzung zum regulären Betriebsratsmandat	3
2. Abgrenzung zum Übergangsmandat	5
III. Inhalt und Dauer	7
1. Restmandat als nachwirkendes Mandat	7
2. Dauer	10
3. Personelle Zusammensetzung	13
4. Rechte der Betriebsratsmitglieder	14
IV. Streitigkeiten	15

I. Vorbemerkung

1 Die Norm wurde geschaffen durch das **BetrVerf-Reformgesetz** vom 23. 7. 2001 (BGBl. I S. 1852). Sie will die Rechtsprechung, die sich auf Grundlage des alten Rechts entwickelt hatte (BAG 16. 6. 1987 AP BetrVG 1972 § 111 Nr. 20; BAG 23. 11. 1988 AP BGB § 613 a Nr. 77; BAG 1. 4. 1998 AP BetrVG 1972 § 11 Nr. 123; BAG 12. 1. 2000 AP BetrVG § 24 Nr. 5), ohne Änderung fortschreiben. Das Restmandat soll dem Willen des Gesetzgebers nach das Recht des Betriebsrats sichern, im Fall der Betriebsstilllegung oder einer anderen Form der Auflösung des Betriebs durch Spaltung oder Zusammenlegung die damit zusammenhängenden gesetzlichen Aufgaben zum Schutze der Arbeitnehmer, wie insbesondere die Mitwirkungs- und Mitbestimmungsrechte nach den §§ 111 ff., auch über das Ende seiner Amtszeit hinaus wahrzunehmen (BT-Drucks. 14/5741, S. 39).

II. Anwendungsbereich

2 Das Restmandat ist einerseits vom regulären Mandat nach § 21, anderseits vom Übergangsmandat nach § 21 a zu unterscheiden. Ebenfalls zu unterscheiden ist die

II. Anwendungsbereich § 21 b

argumentativ verwandte Frage des **Fortgeltens von Betriebsvereinbarungen bei Umstrukturierungen**. S. hierzu *Thüsing*, DB 2004, 2474 und § 77 Rn. 210.

1. Abgrenzung zum regulären Betriebsratsmandat

a) Die Absicht des Arbeitgebers, einen Betrieb stillzulegen, führt nicht automatisch zum Restmandat. Solange die Arbeitsverhältnisse von mindestens 5 Arbeitnehmer fortbestehen, und die Betriebsratsmitglieder noch Arbeitnehmer des Betriebs sind, übt der Betriebsrat für die noch im Betrieb tätigen Arbeitnehmer seine vollen Rechte aus, und zwar auch dann, wenn der ursprüngliche Betriebszweck nicht oder nur verändert weiterverfolgt wird (DKK-*Buschmann*, § 21 b Rn. 11; ErfK-*Eisemann/Koch*, § 21 b Rn. 2). Daher hat auch eine **Teilstilllegung** des Betriebs keinen Einfluss auf den Fortbestand des Betriebsratsmandat, solange nicht die Mindestzahl von fünf ständig wahlberechtigten Arbeitnehmern unterschritten wird (DKK-*Buschmann*, § 21 b Rn. 12; ErfK-*Eisemann/Koch*, § 21 b Rn. 2; *Fitting*, § 21 b Rn. 9; Jaeger/Röder/Heckelmann/*Schuster*, Kap. 4 Rn. 33). Ein Fall des § 21 b liegt darin nicht, auch falls gemäß § 13 Abs. 2 Nr. 1 Neuwahlen erforderlich sein sollten zur Anpassung an die Belegschaftsstärke. Auch die **Eröffnung eines Insolvenzverfahrens** hat für sich genommen keinen Einfluss auf den Bestand des Betriebsratsamtes. Die nach § 80 InsO auf den Insolvenzverwalter übergehenden Befugnisse umfassen auch die Rechte und Pflichten des Arbeitgebers in der Betriebsverfassung.

b) Schließlich besteht ein Vollmandat fort, kein Restmandat, wenn der Betrieb **nicht endgültig stillgelegt** werden soll, sondern nur vorübergehend ganz oder überwiegend eingestellt wird. Eine Stilllegung im Sinne des § 21 b liegt nur vor, wenn vollständig und endgültig eingestellt wird, der Betrieb also – wie bei der Spaltung und Zusammenlegung – aufgelöst wird (ähnlich *Fitting*, § 21 b Rn. 7: „Belegschaft in rechtlicher Hinsicht aufgelöst worden ist"). Das ist nicht der Fall bei vorübergehender Produktionseinstellung, etwa durch Streik oder Aussperrung (*Fitting*, § 21 b Rn. 7; GK-*Wiese/Kreutz*, § 21 Rn. 47; ErfK-*Eisemann/Koch*, § 21 b Rn. 2), oder auch bei Zerstörung der Betriebsanlagen, wenn der Betrieb dennoch nach Wiederherstellung fortgeführt werden soll (vgl. den Sachverhalt in BAG 16. 6. 1987 AP BetrVG 1972 § 111 Nr. 20; DKK-*Buschmann*, § 21 b Rn. 13; HWK-*Reichold*, § 21 b Rn. 3). Wenn die vorübergehende Belegschaftsreduzierung, die zum Erlöschen der Betriebsratsfähigkeit geführt hat, später rückgängig gemacht wird, dann bedarf es der Wahl eines neuen Betriebsrats. Anders ist zu entscheiden, wenn ein Restmandat besteht, von der ursprünglich beabsichtigten Betriebsstilllegung aber dann doch Abstand genommen wird. Hier erstarkt das Restmandat wieder zum Vollmandat. Das ist möglich, weil auch während des Restmandats der Betriebsrat derselbe ist, der er vorher war, zwischen Betriebsrat während des Restmandats und während des Vollmandats Identität besteht (im Ergebnis wie hier GK-*Wiese/Kreutz*, § 21 Rn. 55, die zurecht darauf hinweisen, dass eine andere Entscheidung unangemessen formalistisch wäre).

c) Die Rechtsprechung nimmt ergänzend zu dem Restmandat aus § 21 b auch die Möglichkeit eines **Quasi-Restmandats** an, das sich auf die Geltendmachung von Kostenerstattungsansprüchen bezieht und dessen Voraussetzung nicht die Stilllegung des Betriebs ist. Auch nach Ende der Amtszeit – also nach Erlöschen des Betriebsrats – soll er möglich sein, dass dieser Kostenerstattungsansprüche geltend macht (BAG 24. 10. 2001 AP BetrVG 1972 § 40 Nr. 71 [zustimm. *Wiese*]). Das BAG folgert dies aus einer Rechtsanalogie zu § 22 BetrVG, § 49 Abs. 2 BGB. Dies kann nur richtig sein, wenn man diesbezüglich eine Lücke im Gesetz annehmen wollte (bejahend *Wiese*, a. a. O.) und die Regelung des § 21 b keinen Aussagegehalt für die Geltendmachung anderer Ansprüche als Beteiligungsrechte bei Stilllegung zumessen will. Das ist eine Wertungsfrage.

d) Kein Restmandat besteht regelmäßig im Hinblick auf die einem **Betriebsübergang** widersprechenden Arbeitnehmer. Diese können gekündigt werden ohne Betriebsratsan-

§ 21 b

hörung, denn im Moment des Betriebsübergang, der nicht mit einem Identitätsverlust des bestehenden Betriebs verbunden ist, sind die widersprechenden Arbeitnehmer keinem Betriebsrat zu geordnet (BAG 21. 3. 1996 AP § 102 BetrVG 1972 Nr. 81; Sächsisches LAG 21. 6. 2006, ArbRB 2007, 136; a. A. – nicht überzeugend – bei betriebsbedingter Kündigung durch Arbeitgeber: LAG Rheinland-Pfalz 18. 4. 2005, AuR 2005, 465; krit. auch *Schubert*, AuR 2003, 133). Bedeutet der Betriebsübergang aber gleichzeitig einen Identitätsverlust des bestehenden Betriebs, dann ist für sie weiterhin der bisherige Betriebsrat zuständig.

2. Abgrenzung zum Übergangsmandat

5   Wenn § 21a eingreift, ist § 21 b unanwendbar (*Hanau*, ZIP 2001, 1981). Dennoch ist ein **Nebeneinander von Restmandat und Übergangsmandat** auch bei der Zusammenlegung von Betrieben nicht ausgeschlossen. So wird ein Restmandat von der herrschenden Meinung auch für den Fall angenommen, dass der Betrieb(steil) in einen anderen Betrieb eingegliedert oder mit einem größeren Betrieb zusammengelegt wird, in dem ein Betriebsrat besteht (z. B. Lutter/*Joost*, UmwG, § 321 Rn. 39; *Fitting*, § 21 b Rn. 13; Jaeger/Röder/Heckelmann/*Schuster*, Kap. 4 Rn. 34; a. A. *Hanau*, NJW 2001, 2513; *Löwisch/Schmidt-Kessel*, BB 2001, 2162, 2165; s. auch Grafik 2, § 21 a Rn. 14). Dagegen spricht auf den ersten Blick, dass dies zu einer Gremiendoppelung führt, und Arbeitnehmer, die nun in einem neuen Betrieb arbeiten, von zwei Betriebsräten repräsentiert werden: Die parallele Zuständigkeit zweier Betriebsräte für einen Betrieb ist dem Betriebsverfassungsrecht fremd. Allerdings ist einzuwenden, dass es sich zumindest bei der Zusammenlegung von Betrieben eben nicht um denselben Betrieb handelt, für den die verschiedenen Betriebsräte zuständig sind: Das Restmandat erfasst rückwärts gewandt allein den Betrieb in seinem Zustand vor der Organisationsänderung, bevor er also seine Identität verlor, das Übergangsmandat erfasst den neuen Betrieb (ErfK-*Eisemann/Koch*, § 21 b Rn. 2; *Fitting*, § 21 b Rn. 13; Willemsen/Hohenstatt/Schweibert/Seibt-*Hohenstatt*, D Rn. 67).

6   Den **Argumenten der herrschenden Meinung** ist zu folgen, vor allem wegen der Konsequenzen einer gegenteiligen Auffassung: Wird etwa ein Betrieb geteilt und in mehrere andere Betriebe überführt, müsste der Arbeitgeber einen Sozialplan und Interessenausgleich mit mehreren Betriebsräten verhandeln; eine einheitliche Lösung wäre erheblich erschwert, vielleicht unmöglich gemacht. Das kann nicht richtig sein. Einzig für den Fall, dass ein Betrieb **geschlossen in einen Betrieb eingegliedert** wird oder mit anderen Betrieben zusammengelegt wird, scheint es wert darüber nachzudenken, ob hier nicht das Restmandat durch den im Übergangsmandat (und später im regulären Mandat) amtierenden Betriebsrat des neuen Betriebs wahrgenommen werden kann. Schutzlücken würden nicht entstehen, jedoch bestünde der Vorteil, dass das Nebeneinander zweier Betriebsräte vermieden würde.

III. Inhalt und Dauer

1. Restmandat als nachwirkendes Mandat

7   a) Anders als es der Wortlaut der Norm nahelegt, bezeichnet die „Wahrnehmung der [mit der Stilllegung] im Zusammenhang stehenden Mitwirkungs- und Mitbestimmungsrechte" nicht nur die Dauer des Betriebsratsamts, sondern auch seinen Inhalt: Das Restmandat ist anders als das Übergangsmandat kein Vollmandat, sondern lediglich ein **nachwirkendes Mandat,** das durch die mit der Abwicklung des Betriebes einhergehenden betriebsverfassungsrechtlichen Rechte ausgefüllt wird (s. auch BAG 30. 10. 1979, 1. 4. 1998, AP BetrVG 1972 § 112 Nr. 9, 123; BAG 12. 1. 2001 AP BetrVG 1972 § 24 Nr. 5; BAG 14. 8. 2001 AP BetrVG § 21 b Nr. 1; wie hier *Fitting*, § 21 b Rn. 16; *Stege/Weins-*

III. Inhalt und Dauer § 21 b

pach/Schiefer, § 21 a Rn. 11; a. A. *Däubler*, AuR 2001, 1 ff.; wohl auch *Konzen* RdA 2001, 85; diff. *Richardi/Annuß*, DB 2001, 41, 44). Die wichtigsten unter ihnen sind die in der Gesetzesbegründung ausdrücklich genannten Rechte nach §§ 111 ff., d. h. insbesondere die Vereinbarung eines Interessenausgleichs und eines Sozialplans. Hierzu zählt auch die Mitbestimmung bei personellen Einzelmaßnahmen (LAG Niedersachsen 6. 3. 2006 AE 2007, 163). Der Betriebsrat ist daher auch nach erfolgter Betriebsstilllegung noch vor jedem Kündigungsausspruch nach § 102 Abs. 1 BetrVG zu hören (st. Rspr. zuletzt BAG 25. 10. 2007 AP BGB § 613 a Nr. 333). Gegenstände, die nicht durch den Stilllegungszweck bestimmt werden, kann der Betriebsrat während des Restmandats nicht mitbestimmen. Ein allgemeines Abwicklungsmandat unerledigter Betriebsratsaufgaben besteht nicht (LAG Köln 14. 8. 2007, ArbuR 2008, 162; *Fitting*, § 21 b Rn. 18; a. A. DKK-*Buschmann*, § 21 b Rn. 21 der auch die Überwachung der Durchführung der zugunsten der Arbeitnehmer geltenden Rechtsnormen zu den Aufgaben während des Restmandats zählt). Entsprechende Betriebsvereinbarungen sind wegen fehlenden Mandats nichtig. Das Restmandat soll gewährleisten, dass die zur Abwicklung einer Betriebsstilllegung erforderlichen betrieblichen Regelungen tatsächlich noch getroffen werden können. Es setzt daher seinem Zweck nach einen **die Betriebsstilllegung überdauernden Regelungsbedarf** voraus, der bei lediglich vergangenheitsbezogenen Feststellungsanträgen fehlt (BAG 14. 8. 2001 AP BetrVG § 21 b Nr. 1; LAG Niedersachsen 6. 3. 2006 AE 2007, 163). Das BAG hat es offen gelassen, ob der Betriebsrat noch ein Restmandat hat, wenn im Falle einer Betriebsstilllegung nicht mit dieser im Zusammenhang stehende Mitbestimmungsrechte im Streit stehen und hierüber ein Beschlussverfahren vor den Arbeitsgerichten anhängig ist (BAG 19. 6. 2001 AP ArbGG 1979 § 83 a Nr. 8). Richtigerweise wäre dies zu verneinen.

b) Das BAG hat schon für die alte Rechtslage ein Restmandat auch **über den Ablauf** 8 **der regulären Amtszeit des Betriebsrats hinaus** angenommen (BAG 16. 6. 1987 AP BetrVG 1972 § 111 Nr. 20; BAG 1. 4. 1998 AP BetrVG 1972 § 112 Nr. 123) Dies wird nun zurecht durch den Gesetzeswortlaut bestätigt, denn das Ende der regulären Amtszeit ist bei Stilllegung des Betriebs unerheblich, weil hier durch den Verlust der Betriebsratsfähigkeit des stillgelegten Betriebs bzw. der Arbeitnehmereigenschaft der wirksam gekündigten Betriebsratsmitglieder (§ 15 Abs. 4 KSchG) ein eigenständiger vorzeitiger Beendigungsgrund vorliegt, dessen Folgen durch § 21 b modifiziert werden. Nur wenn die Amtszeit des Betriebsrats zu einem Zeitpunkt endet, an dem der Betrieb noch betriebsratsfähig ist, weil die Stilllegung noch nicht vollzogen ist, ein neuer Betriebsrat aber dennoch nicht gewählt wird, obwohl er gewählt werden könnte, ist ein Restmandat nicht anzunehmen, denn § 21 b will nur Lücken schließen, die dadurch entstehen könnten, dass ein Betrieb stillgelegt wird, nicht dadurch, dass versäumt wird, einen Betriebsrat zu wählen; einen Lazarus-Betriebsrat gibt es nicht (im Ergebnis ebenso *Fitting*, § 21 b Rn. 18; ErfK-*Eisemann/Koch*, § 21 b Rn. 2; GK-*Wiese/Kreutz*, § 21 Rn. 52; *Kissel*, Freundesgabe Söllner, S. 143; a. A. DKK-*Buschmann*, § 21 b Rn. 15; einen Sonderfall betraf BAG 16. 6. 1987 AP BetrVG 1972 § 111 Nr. 20: Ein Arbeitgeber hatte nach Brand im Betrieb zuerst allen Arbeitnehmern gekündigt, entschloss sich aber erst später, nach Ablauf der regulären Amtszeit des Betriebsrats, den Betrieb stillzulegen; das BAG bejahte ein Restmandat). Daraus folgt, dass die Rechte, die der Betriebsrat durch sein Restmandat wahrnehmen kann, während seiner regulären Amtszeit entstanden sein müssen, ansonsten bestehen nicht durchgängig Mitwirkungsrechte, die den Fortbestand des Betriebsrats rechtfertigen. Auch würde andernfalls ein Wertungswiderspruch dazu entstehen, dass Beteiligungsrechte auch hinsichtlich der Aufstellung eines Sozialplans nur gegeben sind, wenn im Betrieb schon zu dem Zeitpunkt ein Betriebsrat besteht, zu dem sich der Arbeitgeber zur Durchführung der Betriebsänderung entschließt (GK-*Wiese/Kreutz*, § 21 Rn. 52).

c) Demgegenüber ist es nicht erforderlich, dass der **Betriebsrat** noch während seines 9 Vollmandats seine **Rechte geltend gemacht** hat, etwa den Abschluss eines Sozialplans verlangt hat (a. A. GK-*Wiese/Kreutz*, § 21 Rn. 53). Der Wortlaut der Norm gibt für ein solches Erfordernis keinen Hinweis, und es ist auch nicht von der Sache her geboten, denn im Abwarten des Betriebsrats kann nicht bereits ein Verzicht auf seine Rechte gesehen werden. Zudem, selbst wenn dem so wäre: Das Restmandat stellt eine zeitliche Verlängerung des Vollmandats dar, das sich aus den gesetzlichen Mitwirkungsrechten legitimiert, nicht aus dem Willen des Betriebsrats zurzeit seines Vollmandats. Der Gesetzgeber entscheidet über den Bestand, nicht der Betriebsrat.

2. Dauer

10   a) Das Restmandat existiert, solange noch ein mindestens einköpfiger Betriebsrat existiert, der willens ist, das Restmandat wahrzunehmen, und im Zusammenhang mit der Betriebsstilllegung noch Verhandlungsgegenstände offen sind (BAG 24. 3. 1981 AP BetrVG 1972 § 111 Nr. 12; BAG 23. 11. 1988 AP BGB § 613a Nr. 77; BAG 12. 1. 2000 AP BetrVG 1972 § 24 Nr. 5; BAG 6. 12. 2006 AP BetrVG 1972 § 21 b Nr. 5). Zwei Umstände können damit zum Erlöschen des Mandats führen: Der Wegfall der Mitglieder oder der Wegfall der Aufgaben.

11   b) Die das Restmandat ausübenden Betriebsratsmitglieder können ihr Amt niederlegen (ebenso Jaeger/Röder/Heckelmann/*Schuster*, Kap. 4 Rn. 36). Besteht der Betriebsrat nur noch aus einem Mitglied und ist eine Belegschaft nicht mehr vorhanden, so kann die Amtsniederlegung gegenüber dem Arbeitgeber erklärt werden (BAG 12. 1. 2000 AP BetrVG 1972 § 24 Nr. 5; BAG 5. 10. 2000 AP BetrVG 1972 § 112 Nr. 141; *Fitting*, § 21 b Rn. 15). Soweit davon ausgegangen wird, der neu geschaffene § 21 b verbiete den Rücktritt des Betriebsratsmitglieds und sei insoweit *lex specialis* zu § 24 (*Hanau*, NJW 2001, 2513), hat dies keine Stütze im Gesetz gefunden und auch nicht in den Gesetzgebungsmaterialien. Auch von der Sache her ist dies nicht geboten: Die Annahme widerspricht der Regel, dass der in ein Amt Gewählte hiervon jederzeit zurücktreten kann. Den Grundsatz ausgerechnet hier zu durchbrechen, besteht kein Anhaltspunkt, insbesondere weil sich der Gesetzgeber darauf beschränkt hat, die bisherige Rechtsprechung durch die Einfügung des § 21 b nachzuzeichnen, und sicherlich keine derart weitgehende Neuerung einführen wollte. Der Betriebsrat ist also bei Rücktritt aller seiner Mitglieder und Ersatzmitglieder erloschen. Wird das **Ende des Restmandats** nicht durch die **personelle Ausdünnung** bestimmt, fällt schwieriger zu sagen, wann es gekommen ist. Das Restmandat setzt einen die Stilllegung eines Betriebs überdauernden Regelungsbedarf voraus (BAG 14. 8. 2001 AP BetrVG 1972 § 21 b Nr. 1). Entscheidend ist also der Zeitpunkt, zu dem keine Mitwirkungsrechte mehr im Zusammenhang mit der Stilllegung bestehen. Das aber kann nicht immer sicher gesagt werden: Ist ein Sozialplan einmal abgeschlossen, dann kann er, solange er noch nicht vollzogen wurde, noch einvernehmlich mit dem Betriebsrat geändert werden; ist ein Interessenausgleich vereinbart, dann kann er solange durch eine abweichende Abmachung ersetzt werden, wie er nicht realisiert wurde (s. § 112 Rn. 183). Auch diese Abänderung wird man noch als Mitwirkungsrecht im Zusammenhang mit der Stilllegung verstehen müssen (ebenso wohl *Fitting*, § 21 b Rn. 19). Daher wird man ein endgültiges Erlöschen erst annehmen können, wenn beide **Vereinbarungen tatsächlich umgesetzt** wurden und sämtliche ausstehenden Forderungen des Betriebsrats auf Kostenerstattung gemäß § 40 BetrVG beglichen wurden (tendeziell enger GK-*Wiese/Kreutz*, § 21 Rn. 53, der auf den Abschluss des Sozialplans abstellt; ebenso *obiter dictum* das BAG 11. 10. 1995 AP BetrVG 1972 § 21 Nr. 2, das ein Ende mit Abschluss des Sozialplans annimmt; anders jetzt BAG 5. 10. 2000, AP BetrVG 1972 § 112 Nr. 141; BAG 14. 8. 2001, AP BetrVG § 21 b Nr. 1: Anpassung eines bereits abgeschlossenen, aber noch nicht erfüllten Sozialplans; wie hier DKK-*Buschmann*, § 21 b Rn. 24). Da insb. der Sozialplan Dauerregelungen enthalten kann (BAG 24. 3. 1981 AP BetrVG § 112 Nr. 12; s. auch § 112 Rn. 80 ff.), kann damit das Restmandat über einen erheblichen Zeitraum weiter bestehen. Eine analoge Anwen-

III. Inhalt und Dauer   § 21 b

dung der Fristen des § 21 a ist abzulehnen, da hier eine Regelungslücke nicht besteht und sie dem Zweck der Norm zuwiderlaufen würde. Zudem wird regelmäßig ein Ende des Restmandats nach einer gewissen Zeit der Stilllegung schon dadurch eintreten, dass ein Betriebsrat aus personellen Gründen nicht mehr vorhanden ist, weil die Arbeitnehmer, die in einem neuen Betrieb oder Unternehmen arbeiten, sich für die Betriebsratsarbeit nicht mehr zur Verfügung stellen.

c) Ist das Restmandat **einmal erloschen,** dann **lebt** es später **nicht mehr auf** (BAG 6. 12. 2006 AP BetrVG 1972 § 21 b Nr. 5; BAG 12. 1. 2000 AP BetrVG 1972 § 24 Nr. 5). Es gibt keinen „**Lazarus-Betriebsrat".** Dies kann negative Folgen sowohl für den Arbeitgeber (z. B. ein Sozialplan kann nicht mehr abgeändert werden) als auch für die Arbeitnehmer (z. B. ein Sozialplan kann nicht mehr geschlossen werden) haben, folgt aber aus der Natur des Gremiums, das nur bis zum Ende seines Amtes durch Wahl legitimiert ist. Ist ein Betriebsrat einmal wirksam abgetreten, kann das Gremium nur durch Neuwahl wieder eingesetzt werden (unzutreffend daher LAG Niedersachsen 24. 1. 2000, NZA-RR 2000, 309 = LAGE Nr. 65 zu § 40 BetrVG, das davon ausgeht, ein Betriebsrat könne auch noch nach seiner wirksamen Auflösung einen Beschluss fassen, durch den der Kostenerstattungsanspruch nach § 40 BetrVG an den beauftragten Anwalt abgetreten wird; bestätigt durch BAG 24. 10. 2001 AP BetrVG 1972 § 40 Nr. 71, s. auch Rn. 4 a). **12**

3. Personelle Zusammensetzung

Das Restmandat wird grundsätzlich in der **gleichen personellen Zusammensetzung** ausgeübt wie der reguläre Betriebsrat. Für die Größe und die personelle Zusammensetzung des das Restmandat ausübenden Betriebsrats kommt es also auf den Zeitpunkt der Stilllegung, Spaltung oder Zusammenlegung an (*Fitting,* § 21 b Rn. 14; DKK-*Buschmann,* § 21 b Rn. 6; ErfK-*Eisemann/Koch,* § 21 b Rn. 4; HWK-*Reichold,* § 21 b Rn. 12 s. auch BAG 12. 1. 2000 AP BetrVG 1972 § 24 Nr. 5). Scheiden Mitglieder aus, folgen die Ersatzmitglieder. Erst wenn nicht mehr mindestens noch ein einköpfiger Betriebsrat existiert, der willens ist, das Amt wahrzunehmen, erlischt das Restmandat. Abweichend von § 24 Nr. 3 und 4 führt das Ausscheiden der Mitglieder aus dem – nicht mehr existierenden – Betrieb oder der Übergang auf einen anderen Arbeitgeber nicht zum Ausscheiden aus dem Betriebsrat während seines Restmandats. Dies wäre mit dem Zweck des Restmandats nicht vereinbar (unzutreffend daher wohl LAG Köln 27. 6. 1997 AP BetrVG 1972 § 25 Nr. 6; wie hier DKK-*Buschmann,* § 21 b Rn. 4; ErfK-*Eisemann/Koch,* § 21 b Rn. 4; *Auktor,* NZA 2003, 950, 951; ausführlicher zur parallelen Fragestellung beim Übergangsmandat § 21 a Rn. 24). Unerheblich ist es daher auch, dass das Arbeitsverhältnis eines Mitgliedes des mit einem Restmandat fortbestehenden Betriebsrates völlig unabhängig von der Stilllegung des Betriebes, etwa wegen seiner Versetzung in den Ruhestand auf Grund von Dienstunfähigkeit, endet; auch dann endet nicht das Betriebsratsamt dieses Betriebsratsmitglieds (a. A. LAG Saarland 19. 11. 2008 – 2 TaBV 5/08, juris). **13**

4. Rechte der Betriebsratsmitglieder

Auch in der persönlichen Rechtsstellung der Betriebsratsmitglieder unterscheidet sich das Restmandat vom Vollmandat. Allerdings haben die Mitglieder des Betriebsrats, die in Ausübung seines Rechtsmandats tätig werden, **Anspruch auf Erstattung** der Fahrtkosten zum Sitzungsort, sofern die Sitzungen nach Inhalt, Zahl, Dauer und Entfernung für die Durchführung der Aufgaben erforderlich sind, ebenso wie einen Anspruch auf Erstattung von Verpflegungs- und Materialaufwand, soweit erforderlich (s. § 40 Rn. 3; ebenso DKK-*Buschmann,* § 21 b Rn. 23) – denn dieser Anspruch folgt unmittelbar aus § 40 Abs. 1, nicht aus dem Arbeitsvertrag. Kostenschuldner ist der Inhaber des Betriebs, d. h. beim Übergangsmandat der Erwerber, beim Restmandat der den Betrieb schließen- **14**

§ 21 b

de Arbeitgeber. Eine andere Zuordnung widerspricht Sinn und Zweck des § 40 Abs. 1 und ist dem Gesetz auch in entfernten Anhaltspunkten nicht zu entnehmen. (ErfK-*Eisemann/Koch*, § 21 a Rn. 9; GK-*Wiese*, § 21 Rn. 79; a. A. HSGW-*Worzalla*, § 21 a Rn. 38: Der Inhaber des Ursprungsbetriebs, weil er die Kosten verursacht habe. Ein solches betriebsverfassungsrechtliches Verursachungsprinzip gibt es nicht; und auch der Erwerber hat eben durch den Erwerb die Kosten mit verursacht; ebenso *Gragert*, NZA 2004, S. 289, 291). Dies muss auch gelten, wenn eine eindeutige Kostenzuordnung zwischen Tätigkeit im Übergangsmandat und Tätigkeit im regulären Mandat Schwierigkeiten verursacht (a. A. *Fitting*, § 40 Rn. 7; *Gragert*, NZA 2004, S. 289, 291: Gesamtschuldnerschaft). Hier muss sich der Betriebsrat, der seine Kosten erstattet haben will, um Transparenz und Plausibilität bemühen; ggf. muss ein Rechtsstreit um die Kostenerstattung dem jeweils anderen Betriebsinhaber verkündet werden. Die Situation ist eben eine andere als beim Gemeinsamen Betrieb nach § 1 Abs. 2, wo zwei Betriebsinhaber gesamtschuldnerisch haften (*Gragert*, NZA 2004, S. 289, 291 im Hinweis auf BAG 19. 4. 1989, AP BetrVG 1972 § 40 Nr. 29). Hier gibt es nur den Inhaber eines alten Betriebs und den Inhaber eines neuen Betriebs mit unterschiedlichen Betriebsräten. Wollte man hier parallel entscheiden, dann könnte dem Übernehmer eines 5-köpfigen Reinigungsteams die Haftung für die Kosten eines Betriebsrats, der den verbleibenden 500-köpfigen Produktionsbetrieb vertritt, treffen. Zudem wird bei der gesamtschuldnerischen Haftung das Problem der Zuordnung nur auf den Innenausgleich der Kostenschuldner verlagert – obwohl der Betriebsrat sehr viel besser die Kosten zuordnen kann als der jeweilige Betriebsinhaber. Einzig bei Kosten, die mit gleicher Berechtigung der Tätigkeit beider Betriebe zugeordnet werden kann – etwa Fachliteratur und EDV –, wo gegen beide Arbeitgeber, würde der jeweils andere nicht existieren, ein Anspruch aus § 40 Abs. 1 geltend gemacht werden könnte, mag der Betriebsrat sich den Kostenschuldner aussuchen. Der Innenausgleich könnte dann im Verhältnis der Nutzung für den jeweiligen Betrieb erfolgen (ähnlich *Gragert*, NZA 2004, S. 289, 291).

14 a   Es ist jedoch unklar, ob sie einen **Anspruch auf Vergütung** für die aufgewandte Zeit haben, wenn das Arbeitsverhältnis nicht mehr besteht (verneinend *Stege/Weinspach/Schiefer*, §§ 111–113 Rn. 150 a; bejahend DKK-*Buschmann*, § 21 b Rn. 23). Die besseren Argumente sprechen wohl dafür, einen Anspruch nicht gänzlich auszuschließen: Allerdings ist das Betriebsratsamt ein Ehrenamt und die Voraussetzung für die Fortzahlung des Arbeitsentgelts gemäß § 37 Abs. 3 ist das Bestehen eines Arbeitsvertrags – der aber fehlt dem Betriebsratsmitglied, das nicht mehr Arbeitnehmer ist. Man mag aber an eine entsprechende Anwendung des § 37 Abs. 3 Satz 3 2. Halbsatz denken (ausführlich *Auktor*, NZA 2003, 950, 952). Hier hat der Gesetzgeber das strenge Lohnausfallprinzip durchbrochen. Zumindest also, wenn dem Betriebsrat tatsächlich ein Entgeltverlust droht, weil er nicht seine Freizeit opfert, sondern während der Arbeitszeit bei seinem neuen Arbeitgeber unbezahlt freigestellt wird, hat der bisherige Arbeitgeber seinen bisherigen Lohn fortzuzahlen (ähnlich LAG Saarland 14. 5. 2008 – 2 Sa 100/07, juris: kein Anspruch zumindest nach Eintritt des Arbeitnehmers in den Ruhestand; *Fitting*, § 21 b Rn. 20: kein Anspruch bei Arbeitslosigkeit). Gegenüber dem Arbeitgeber, zu dem sie nach Stilllegung des Betriebs gewechselt sind, haben die Betriebsratsmitglieder **keinen Anspruch auf bezahlte Freistellung**, da § 37 Abs. 2 nur eingreift bei Betriebsratstätigkeit für den eigenen Betrieb und das eigene Unternehmen. Einen Anspruch auf unbezahlte Freistellung wird man jedoch in abgeschwächter Analogie zu § 37 Abs. 2 als sinnvollen Kompromiss befürworten können. Andernfalls wäre die Betriebsratsarbeit während des Restmandats zuweilen kaum durchführbar (a. A. *Auktor*, NZA 2003, 950, 952). Dies aber liegt sicherlich nicht im Sinne des Gesetzes (im Ergebnis wie hier ErfK-*Eisemann/Koch*, § 21 b Rn. 6; *Fitting*, § 21 b Rn. 20; KR-*Etzel*, § 15 KSchG Rn. 119; wohl a. A. *Stege/Weinspach/Schiefer*, § 103 Rn. 35 a). Im Ergebnis ist also ein Freistellungsanspruch anzuerkennen, ihn jedoch allein auf die Fürsorgepflicht des Arbeitgebers zu stützen, und eine Entgeltfortzahlungspflicht auf § 616 BGB schiene demgegenüber als

I. Anwendungsbereich § 22

ein recht sandiges Fundament (so aber *Auktor*, NZA 2003, S. 950, 951), denn der Arbeitnehmer könnte sich durch Niederlegung seines Betriebsratsamts jederzeit der Pflichtenkollision entledigen. Wie weit hier die Fürsorgepflicht reicht, ob nicht eher ein Fall des § 275 Abs. 3 BGB vorliegen würde, oder ob hier ein Grund in der Person des Arbeitnehmers vorliegt, der ihn an der Arbeitsleistung hindert, wäre dann jeweils zu prüfen. Der Weg über das BetrVG scheint hier der bessere als der über das BGB. Arbeitet das Betriebsratsmitglied nach Schließung seines Betriebs in einem anderen Betrieb des Unternehmens, dann gilt freilich ein Anspruch auf bezahlte Freistellung, denn der ehemalige Betriebsinhaber und der Arbeitgeber sind identisch. Hier gilt § 37 Abs. 2 unmittelbar. Arbeitet das Betriebsratsmitglied in einem anderen Unternehmen des Konzerns, dann mag man auch hier eine bezahlte Freistellung befürworten (so *Auktor*, NZA 2003, S. 950, 951), weil es auch für die Tätigkeit als Konzernbetriebsratsmitglied einen Anspruch auf bezahlte Freistellung durch den Arbeitgeber gäbe, obwohl die Kostenpflicht des § 40 die Konzernmutter trifft. Zwingend ist auch dies freilich nicht, denn die Parallele ist schief: das Konzernbetriebsratsmitglied leistet seinen Arbeit im Bezug auf das eigene Unternehmen als Bestandteil des Konzerns. Dieser partielle Nutzen des eigenen Unternehmens fehlt beim Übergangsmandat für einen Betrieb, der in fremde Hände gelegt wurde.

IV. Streitigkeiten

Es gilt das Gleiche wie bei § 21 und § 21 a: Streitigkeiten über Beginn und Ende des Amtes eines Betriebsrats entscheidet das Arbeitsgericht im Beschlussverfahren (§ 2 a Abs. 1 Nr. 1, Abs. 2 i. V. mit §§ 80 ff. ArbGG). Doch kann als Vorfrage in jedem Verfahren festgestellt werden, ob ein Betriebsrat noch im Amt war, soweit es um die Rechtswirksamkeit einer von ihm vorgenommenen Handlung geht oder notwendig war, den Betriebsrat zu beteiligen (vgl. BAG 15. 1. 1974 AP PersVG Baden-Württemberg § 68 Nr. 1). 15

§ 22 Weiterführung der Geschäfte des Betriebsrats

In den Fällen des § 13 Abs. 2 Nr. 1 bis 3 führt der Betriebsrat die Geschäfte weiter, bis der neue Betriebsrat gewählt und das Wahlergebnis bekannt gegeben ist.

Übersicht

	Rn.
I. Anwendungsbereich	1
1. Ausnahmeregelung für die Fälle des § 13 Abs. 2 Nr. 1 bis 3	1
2. Entsprechende Regelung in § 3 Abs. 4 Satz 2 bei Errichtung einer durch Tarifvertrag oder Betriebsvereinbarung festgelegten Betriebsvertretung	3
II. Weiterführung der Geschäfte	4
III. Beendigung des Amtes	7
IV. Streitigkeiten	9

I. Anwendungsbereich

1. Ausnahmeregelung für die Fälle des § 13 Abs. 2 Nr. 1 bis 3

Das BetrVG bestimmt nicht wie § 43 BRG 1920, dass immer dann, wenn eine Neuwahl des gesamten Betriebsrats notwendig ist, die Mitglieder des alten Betriebsrats so lange im Amt bleiben, bis der neue gebildet ist. Das Amt des Betriebsrats endet 1

§ 22

vielmehr stets mit Ablauf der Wahlperiode und, sofern es vor Ablauf der Amtsperiode endet, grundsätzlich mit Eintritt des Beendigungsgrunds. Eine Ausnahme besteht nur in den Fällen des § 13 Abs. 2 Nr. 1 bis 3, also, wenn der Betriebsrat deshalb neu zu wählen ist, weil eine Veränderung in der Belegschaftsstärke eintritt (s. § 13 Rn. 17 ff.), die Zahl der Betriebsratsmitglieder unter die gesetzliche Zahl sinkt (s. § 13 Rn. 28 ff.) oder der Betriebsrat durch Mehrheitsbeschluss seinen Rücktritt erklärt (s. § 13 Rn. 38 ff.).

2   Die Niederlegung des Amtes durch alle Mitglieder und Ersatzmitglieder des Betriebsrats ist nicht einem Rücktrittsbeschluss nach § 13 Abs. 2 Nr. 3 gleichzusetzen; das Betriebsratsamt endet vielmehr mit der Amtsniederlegung sofort und endgültig (LAG Frankfurt 30. 7. 2001, ZInsO 2002, 740; s. ausführlich § 13 Rn. 51 ff.). Eine Weiterführung der Geschäfte ist deshalb ausgeschlossen. Dasselbe gilt, wenn die Betriebsratswahl durch eine Wahlanfechtung für ungültig erklärt wird (§ 19) oder der Betriebsrat wegen grober Verletzung seiner gesetzlichen Pflichten aufgelöst wird (§ 23 Abs. 1); denn in diesen Fällen erlischt das Betriebsratsamt mit Rechtskraft der arbeitsgerichtlichen Entscheidung (s. § 21 Rn. 21).

Entsprechende Vorschriften: § 27 Abs. 3 BPersVG und § 5 Abs. 5 SprAuG.

2. Entsprechende Regelung in § 3 Abs. 4 Satz 2 bei Errichtung einer durch Tarifvertrag oder Betriebsvereinbarung festgelegten Betriebsvertretung

3   Ebenfalls mit Bekanntgabe des Wahlergebnisses endet die Amtszeit bestehender Betriebsräte, die durch Betriebsräte ersetzt werden, die auf Grund Tarifvertrag oder Betriebsvereinbarung für betriebsverfassungsrechtliche Organisationseinheiten nach § 3 Abs. 1 Nr. 1 bis 3 gebildet werden. Grundlage hierfür ist § 3 Abs. 4 Satz 2, mit dem der Gesetzgeber an die ehemals herrschende Meinung anknüpfte, die für Betriebsräte nach dem alten § 3 eine analoge Anwendung des § 22 befürwortete (s. § 3 Rn. 40).

II. Weiterführung der Geschäfte

4   Der **bisherige Betriebsrat** bleibt in den Fällen des § 13 Abs. 2 Nr. 1 bis 3 *einstweilen* im Amt. Das gilt auch, wenn der Betriebsrat nur noch aus einem Mitglied besteht (ebenso LAG Düsseldorf [Köln] 20. 9. 1974, EzA § 22 BetrVG 1972 Nr. 1 = DB 1975, 455).

5   Anders als nach § 22 Abs. 2 BetrVG 1952 ist die Zuständigkeit **nicht** auf die **Erledigung der laufenden Geschäftsführung beschränkt;** die Bestimmung hatte zu Meinungsverschiedenheiten darüber geführt, welche Angelegenheiten zu den laufenden Geschäften eines Betriebsrats gehören (vgl. *Dietz*, 4. Aufl., § 22 Rn. 35), und deshalb wurde diese Beschränkung beseitigt, um eine volle Aufgabenerfüllung des Betriebsrats sicherzustellen (so die Begründung zum RegE, BT-Drucks. VI/1786, S. 38). Der Betriebsrat, dem die Weiterführung der Geschäfte obliegt, hat daher nicht nur den Wahlvorstand zu bestellen (s. § 16 Rn. 6, 23 f.), sondern er hat allgemein bis zur Bekanntgabe des Wahlergebnisses des neu gewählten Betriebsrats die Geschäfte weiterzuführen, insbesondere die Mitwirkungs- und Mitbestimmungsrechte auszuüben, und er kann auch weiterhin noch Betriebsvereinbarungen abschließen (ebenso LAG Düsseldorf [Köln] 20. 9. 1974, EzA § 22 BetrVG 1972 Nr. 1 = DB 1975, 454, 455; LAG Düsseldorf, 16. 10. 1986 DB 1987, 177; *Fitting*, § 22 Rn. 8; HSWGNR-*Schlochauer*, § 22 Rn. 7; GK-*Kreutz*, § 22 Rn. 16 f; HWK-*Reichold*, § 22 Rn. 3). Vor allem bleibt auch die bisherige Organisation des Betriebsrats erhalten. Der Betriebsausschuss und die vom Betriebsrat sonst gebildeten Ausschüsse bleiben bestehen und bisher festgelegte Freistellungen wirksam. Der Betriebsrat kann aber auch noch in diesem Stadium, sofern die sonstigen gesetzlichen

Voraussetzungen gegeben sind, Ausschüsse bilden, Freistellungen beschließen und Mitglieder zur Teilnahme an Schulungs- und Bildungsveranstaltungen entsenden (ebenso GK-*Kreutz*, § 22 Rn. 17). Er kann weiterhin Sprechstunden einrichten (§ 39) und hat Betriebsversammlungen durchzuführen (ebenso *Fitting*, § 22 Rn. 8; HSWGNR-*Schlochauer*, § 22 Rn. 7). Die von ihm in einen Gesamtbetriebsrat bzw. Konzernbetriebsrat entsandten Mitglieder bleiben im Amt; scheiden sie aus, so kann er für sie Nachfolger bestimmen (ebenso *Fitting*, § 22 Rn. 8).

Solange der Betriebsrat gemäß § 22 die Geschäfte weiterführt, haben seine **Mitglieder** in vollem Umfang die **persönliche Rechtsstellung eines Betriebsratsmitglieds**; sie genießen insbesondere den besonderen Kündigungsschutz als Betriebsratsmitglied nach 103 i. V. mit 15 Abs. 1 Satz 1 KSchG (ebenso LAG Baden-Württemberg 23. 11. 2007 – 7 Sa 118/06, juris; *Fitting*, § 22 Rn. 8; GL-*Marienhagen*, § 22 Rn. 6; HSWGNR-*Schlochauer*, § 22 Rn. 9; GK-*Kreutz*, § 22 Rn. 23; bereits zu § 22 BetrVG 1952: BAG 27. 9. 1957 AP KSchG § 13 Nr. 7). Für den nachwirkenden Kündigungsschutz gemäß § 15 Abs. 1 Satz 2 KSchG ist nicht der Zeitpunkt maßgebend, in dem der Grund zur Neuwahl eintritt, sondern der Zeitpunkt, zu dem das Wahlergebnis des neu gewählten Betriebsrats bekanntgegeben wird.

6

Die Rechtsprechung hält die Norm zumindest in der Form der **Rechtsanalogie** für verallgemeinerungsfähig. Der Betriebsrat bleibt in analoger Anwendung von § 22 BetrVG, § 49 Abs. 2 BGB auch nach dem Ende der Amtszeit befugt, noch nicht erfüllte Kostenerstattungsansprüche gegen den Arbeitgeber weiter zu verfolgen und an den Gläubiger abzutreten (BAG 24. 10. 2001 AP BetrVG 1972 § 40 Nr. 71 [*Wiese*]). Das Ergebnis ist dann ein **partielles Restmandat,** nicht bezogen auf betriebsverfassungsrechtliche Beteiligungsrechte, sondern allein auf Kostenersatzansprüche. S. auch § 21 b Rn. 7 ff.

6 a

III. Beendigung des Amtes

Da die Geschäftsführungsbefugnis nicht eingeschränkt ist, wird durch § 22 in Wahrheit die Beendigung des Betriebsratsamtes geregelt, wenn nach § 13 Abs. 2 Nr. 1 bis 3 eine Neuwahl durchzuführen ist. Für die Fälle des § 13 Abs. 2 Nr. 1 und 2 deckt sich daher die hier gegebene Regelung mit § 21 Satz 5; soweit dort der Fall des Rücktritts nicht genannt wird, handelt es sich lediglich um ein Redaktionsversehen, weil auch der Betriebsrat, der seinen Rücktritt beschlossen hat, einstweilen im Amt bleibt (s. § 21 Rn. 19). Kommt es zu einer **Neuwahl,** so endet die Kompetenz zur Weiterführung der Geschäfte und damit das Betriebsratsamt mit der **Bekanntgabe des Wahlergebnisses** des neu gewählten Betriebsrats.

7

Kommt es zu **keiner Neuwahl,** dann endet das Amt als geschäftsführender Betriebsrat **spätestens mit dem Ablauf der ordentlichen Amtsperiode** (ebenso LAG Düsseldorf [Köln], EzA § 22 BetrVG 1972 Nr. 1 = DB 1975, 454; LAG Berlin 7. 2. 2006, NZA 2006, 509; *Fitting*, § 22 Rn. 11; HSWGNR-*Schlochauer*, § 22 Rn. 11; DKK-*Buschmann*, § 22 Rn. 13; GK-*Kreutz*, § 22 Rn. 21; HWK-*Reichold*, § 22 Rn. 4). Dabei spielt keine Rolle, weshalb keine Neuwahl zustande kommt. Auch wenn der Betriebsrat nicht seiner Pflicht, unverzüglich einen Wahlvorstand zu bestellen, nachkommt, bleibt er im Amt. Jedoch kann auf Antrag eine Ersatzbestellung des Wahlvorstands durch das Arbeitsgericht erfolgen (§ 16 Abs. 2; s. auch dort Rn. 22). Da die Nichtbestellung des Wahlvorstands eine grobe Pflichtverletzung darstellt, kann aber auch der Betriebsrat auf Antrag durch das Arbeitsgericht aufgelöst werden (§ 23 Abs. 1). Das ist vor allem deshalb von Bedeutung, weil der Arbeitgeber nur ein Antragsrecht im letzteren Fall, nicht aber bei der Ersatzbestellung eines Wahlvorstands hat. Kommt es aber nicht zu einer Auflösung des Betriebsrats oder endet sein Amt nicht aus einem anderen Grund (s. § 21 Rn. 27 ff.), so erlischt das Amt als geschäftsführender

8

Thüsing

Betriebsrat erst mit Ablauf der ordentlichen Amtsperiode, also nach dem hier vertretenen Standpunkt, wenn auch während des für den Betrieb maßgeblichen regelmäßigen Wahlzeitraums keine Neuwahl erfolgt, mit Ablauf des 31. Mai des Jahres, in dem für den Betrieb die regelmäßigen Betriebsratswahlen durchzuführen sind (s. § 21 Rn. 13).

IV. Streitigkeiten

9   Das Arbeitsgericht entscheidet im Beschlussverfahren über einen Streit, ob der Betriebsrat noch die Geschäfte weiterzuführen hat (§ 2a Abs. 1 Nr. 1, Abs. 2 i. V. mit §§ 80 ff. ArbGG). Antragsberechtigt sind der Arbeitgeber, der Betriebsrat und jeder, der von der umstrittenen Maßnahme des Betriebsrats betroffen ist.

§ 23 Verletzung gesetzlicher Pflichten

(1) ¹Mindestens ein Viertel der wahlberechtigten Arbeitnehmer, der Arbeitgeber oder eine im Betrieb vertretene Gewerkschaft können beim Arbeitsgericht den Ausschluss eines Mitglieds aus dem Betriebsrat oder die Auflösung des Betriebsrats wegen grober Verletzung seiner gesetzlichen Pflichten beantragen. ²Der Ausschluss eines Mitglieds kann auch vom Betriebsrat beantragt werden.

(2) ¹Wird der Betriebsrat aufgelöst, so setzt das Arbeitsgericht unverzüglich einen Wahlvorstand für die Neuwahl ein. ²§ 16 Abs. 2 gilt entsprechend.

(3) ¹Der Betriebsrat oder eine im Betrieb vertretene Gewerkschaft können bei groben Verstößen des Arbeitgebers gegen seine Verpflichtungen aus diesem Gesetz beim Arbeitsgericht beantragen, dem Arbeitgeber aufzugeben, eine Handlung zu unterlassen, die Vornahme einer Handlung zu dulden oder eine Handlung vorzunehmen. ²Handelt der Arbeitgeber der ihm durch rechtskräftige gerichtliche Entscheidung auferlegten Verpflichtung zuwider, eine Handlung zu unterlassen oder die Vornahme einer Handlung zu dulden, so ist er auf Antrag vom Arbeitsgericht wegen einer jeden Zuwiderhandlung nach vorheriger Androhung zu einem Ordnungsgeld zu verurteilen. ³Führt der Arbeitgeber die ihm durch eine rechtskräftige gerichtliche Entscheidung auferlegte Handlung nicht durch, so ist auf Antrag vom Arbeitsgericht zu erkennen, dass er zur Vornahme der Handlung durch Zwangsgeld anzuhalten sei. ⁴Antragsberechtigt sind der Betriebsrat oder eine im Betrieb vertretene Gewerkschaft. ⁵Das Höchstmaß des Ordnungsgeldes und Zwangsgeldes beträgt 10 000 Euro.

Schrifttum: 1. Amtsenthebung eines Betriebsratsmitglieds und Auflösung des Betriebsrats: *Bonin*, Die Richtlinie 2002/14/EG zur Unterrichtung und Anhörung der Arbeitnehmer und ihre Umsetzung in das Betriebsverfassungsrecht, AuR 2004, 321; *Lobinger*, Zur Dogmatik des allgemeinen betriebsverfassungsrechtlichen Unterlassungsanspruchs, ZfA 2004, 101; *Triebel*, Die Haftung des Betriebsrats und der Durchgriff auf seine Mitglieder, Diss. Berlin, 2003; *Stadler*, Der Unterlassungsanspruch der Gewerkschaft gegen tarifwidrige Regelungsabreden auf der Grundlage von Art. 9 III GG, Diss. Augsburg, 2003.

2. Zwangsverfahren gegen den Arbeitgeber und negatorischer Rechtsschutz: *Besgen/Roloff*, Grobe Verstöße des Arbeitgebers gegen das AGG – Rechte des Betriebsrats und der Gewerkschaften, NZA 2007, 670; *Hromadka*, Zum Unterlassungsanspruch gegen tarifwidrige Bündnisse für Arbeit, ZTR 2000, 253; *Klumpp*, § 23 BetrVG als Diskriminierungssanktion, NZA 2006, 904; *Kothe*, Der Unterlassungsanspruch der betrieblichen Arbeitnehmervertretung, FS Reinhard Richardi 2007, 601; *Pohl*, Unterlassungsansprüche des Betriebsrats, FS Arbeitsgemeinschaft im Deutschen Anwalt Verein zum 25 jährigen Bestehen 2006, 987; *Sutschet*, Zur Unterlassungsklage der Gewerkschaft gegen betriebliche Bündnisse für Arbeit, ZfA 2007, 207.

Übersicht

	Rn.
A. Vorbemerkung	1
I. Sanktionsregelung zur Sicherung eines gesetzeskonformen Verhaltens der Betriebspartner in der Betriebsverfassung	1
II. Regelung in Abs. 1 und 2	3
III. Regelung in Abs. 3	7
B. Amtsenthebung eines Betriebsratsmitglieds und Auflösung des Betriebsrats	9
I. Materiellrechtliche Voraussetzungen für die Amtsenthebung eines Betriebsratsmitglieds	9
1. Amtsenthebung nur bei grober Pflichtverletzung	9
2. Verletzung einer gesetzlichen Pflicht	12
3. Amtspflichtverletzung und Verletzung einer sich aus dem Arbeitsverhältnis ergebenden Pflicht	19
4. Zeitpunkt der Amtspflichtverletzung	24
5. Grobe Pflichtverletzung	27
6. Problem einer unterschiedlichen Beurteilung der Amtspflichtverletzung	30
7. Ausschluss eines Ersatzmitglieds	31
II. Verfahren der Amtsenthebung	32
1. Entscheidung im Beschlussverfahren	32
2. Antragsberechtigung	33
3. Festlegung des Streitgegenstands durch den Antrag	38
4. Erlöschen der Mitgliedschaft während des Beschlussverfahrens	41
5. Verbindung des Amtsenthebungsantrags mit anderen Anträgen	44
6. Entscheidung des Arbeitsgerichts	47
III. Auflösung des Betriebsrats	51
1. Materiell-rechtliche Voraussetzungen	51
2. Verfahren	57
3. Verbindung des Auflösungsantrags mit anderen Anträgen	61
4. Entscheidung des Arbeitsgerichts	63
5. Rechtswirkungen der Auflösung	66
6. Neuwahl eines Betriebsrats	68
C. Zwangsverfahren gegen den Arbeitgeber	72
I. Rechtsdogmatische Bedeutung des Abs. 3	72
1. Entstehungsgeschichte des Abs. 3	72
2. Zweck des Abs. 3	74
3. Verhältnis zu anderen Sanktionsregelungen	78
4. Verhältnis zum Anspruch auf Beseitigung eines mitbestimmungswidrigen Zustands	80
5. Verhältnis zu § 17 Abs. 2 AGG	86c
II. Gesetzestechnische Gestaltung des Zwangsverfahrens gegen den Arbeitgeber	87
III. Erkenntnisverfahren	88
1. Grober Verstoß des Arbeitgebers gegen seine Pflichten aus dem Gesetz als Rechtsschutzvoraussetzung	88
2. Antragsberechtigung	95
3. Antrag	97
4. Entscheidung des Arbeitsgerichts	99
5. Einstweilige Verfügung	103
IV. Vollstreckungsverfahren	104
1. Sonderregelung der Zwangsvollstreckung	104
2. Antragsberechtigung	105
3. Verpflichtung zur Unterlassung oder Duldung einer Handlung	106
4. Verpflichtung zur Vornahme einer Handlung	112
5. Festsetzung des Ordnungs- und Zwangsgeldes	116
6. Vollstreckung des Ordnungs- und Zwangsgeldes	120

A. Vorbemerkung

I. Sanktionsregelung zur Sicherung eines gesetzeskonformen Verhaltens der Betriebspartner in der Betriebsverfassung

1   Die Vorschrift sichert die **gesetzmäßige Durchführung der Betriebsverfassung**. Deshalb gibt sie die Möglichkeit, den Betriebsrat bzw. eines seiner Mitglieder bei einer groben Verletzung seiner gesetzlichen Pflichten seines Amtes zu entheben (Abs. 1 und 2), und sie ermöglicht, den Arbeitgeber bei groben Verstößen gegen seine Verpflichtungen aus diesem Gesetz zu einer Geldleistung zu verurteilen, um dadurch zu gewährleisten, dass er sich in Zukunft gesetzeskonform verhält (Abs. 3).

2   Wegen dieser Zweckbestimmung (vgl. zu Abs. 1 auch GK-*Oetker*, § 23 Rn. 10) sind **andere Sanktionsregeln für ein betriebsverfassungsrechtliches Fehlverhalten** nicht ausgeschlossen. Soweit die Anspruchsvoraussetzungen erfüllt sind, besteht deshalb gegen den Betriebsrat oder ein Betriebsratsmitglied der negatorische Anspruch auf Beseitigung oder Unterlassung und zur Wiedergutmachung der Anspruch auf Schadensersatz (vgl. zur Problematik *Belling*, Die Haftung des Betriebsrats und seiner Mitglieder für Pflichtverletzungen, 1990). Entsprechend besteht daher neben der hier in Abs. 3 vorgesehenen Sanktionsregelung ein negatorischer Beseitigungsanspruch des Betriebsrats zur Rechtswiederherstellung (vgl. *Richardi*, FS Wlotzke, S. 407 ff.; s. auch Rn. 74 ff.).

Entsprechende Vorschriften: § 28 BPersVG, § 9 Abs. 1 SprAuG.

II. Regelung in Abs. 1 und 2

3   Abs. 1 regelt die **Amtsenthebung eines Betriebsratsmitglieds** und die **Auflösung des Betriebsrats – zwei völlig verschiedene Tatbestände,** die lediglich darin übereinstimmen, dass sowohl der Ausschluss eines Betriebsratsmitglieds wie die Auflösung des gesamten Betriebsrats nur wegen grober Verletzung der gesetzlichen Pflichten erfolgen kann. Die Vorschrift hat nicht, wie vielfach angenommen wird, disziplinarrechtlichen Charakter (so RAG 13. 7. 1929 BenshSlg. 6, 393, 396), sondern will ein „Mindestmaß gesetzmäßiger Amtsausübung des Betriebsrats" sicherstellen (so zutreffend GK-*Oetker*, § 23 Rn. 10).

4   Das Gesetz erwähnt nicht mehr wie § 23 BetrVG 1952 als alternierende Voraussetzung die grobe *Vernachlässigung der gesetzlichen Befugnisse*, sondern spricht ebenso wie § 41 BRG 1920 nur noch von grober *Verletzung der gesetzlichen Pflichten*. Ein Unterschied zu der bisherigen Rechtslage ergibt sich daraus aber nicht (ebenso GK-*Oetker*, § 23 Rn. 1). Die Vernachlässigung der gesetzlichen Befugnisse bedeutet selbstverständlich eine Verletzung der gesetzlichen Pflichten; denn die Befugnisse sind dem Betriebsrat und dem Betriebsratsmitglied nicht um seinetwillen, sondern um der Erfüllung seiner Aufgaben willen eingeräumt. Es handelt sich um *Pflichtrechte*. Übt ein Betriebsratsmitglied oder der Betriebsrat die ihm gegebenen Befugnisse nicht aus, so verletzt er seine Pflicht aus dem Amt. Daher war es überflüssig, zwischen der „Vernachlässigung der gesetzlichen Befugnisse" und der „Verletzung der gesetzlichen Pflichten" zu unterscheiden.

5   Die Amtsenthebung eines Betriebsratsmitglieds und die Auflösung des Betriebsrats können **nur** auf Grund einer **arbeitsgerichtlichen Entscheidung, nicht** durch die Betriebsversammlung erfolgen. Dadurch wird sichergestellt, dass der Betriebsrat kein imperatives Mandat, sondern ein *Repräsentationsmandat* wahrnimmt (vgl. auch BVerfG 27. 3. 1979 E 51, 77, 94 f. = AP GG Art. 9 Nr. 31).

6   Wie bereits nach § 23 Abs. 2 BetrVG 1952 hat das Arbeitsgericht, wenn es den Betriebsrat auflöst, unverzüglich einen Wahlvorstand für die Neuwahl einzusetzen

(Abs. 2 Satz 1). Aus dem eingefügten Satz 2, der § 16 Abs. 2 für entsprechend anwendbar erklärt, ergibt sich, dass die Antragsteller Vorschläge für die Zusammensetzung des Wahlvorstands machen können und dass in Betrieben mit in der Regel mehr als zwanzig wahlberechtigten Arbeitnehmern das Arbeitsgericht auch betriebsfremde Gewerkschaftsmitglieder in den Wahlvorstand berufen kann.

III. Regelung in Abs. 3

Während der Betriebsrat wegen grober Verletzung seiner Amtspflichten aufgelöst und ein Betriebsratsmitglied aus diesem Grund seines Amtes enthoben werden kann, bestand bis zum BetrVG 1972 bei **groben Verstößen des Arbeitgebers gegen seine Pflichten aus dem BetrVG** keine entsprechende Sanktion. Es wurde die Ansicht vertreten, dass darin ein Verstoß gegen den Gleichheitssatz des Art. 3 GG liegt; denn soweit ein betriebsverfassungsrechtliches Gebot oder Verbot für beide Partner gleich gelte, fordere der Gleichheitssatz eine adäquate Sanktion auch gegen den Arbeitgeber (so für das Verbot parteipolitischer Betätigung: *Radke*, BB 1957, 1112, 1115; *Rüthers*, BB 1958, 778, 779; vgl. dazu auch *Richardi*, NJW 1962, 1374, 1377). Deshalb wurde die Regelung in Abs. 3 dem § 23 angefügt (vgl. Begründung des RegE, BT-Drucks. VI/1786, S. 39, und Bericht des BT-Ausschusses für Arbeit und Sozialordnung, zu BT-Drucks. VI/2729, S. 21).

Durch Art. 238 Nr. 2 EGStGB vom 2. 3. 1974 (BGBl. I S. 469) ist der ehemals in Abs. 3 verwandte **Begriff der Geldstrafe** mit Wirkung vom 1. 1. 1975 durch die Begriffe **Ordnungsgeld** und **Zwangsgeld ersetzt** worden, um den gesetzlichen Sprachgebrauch bei Zuwiderhandlungen, die weder Straftaten noch Ordnungswidrigkeiten sind, zu vereinheitlichen (so BT-Drucks. 7/550, S. 195). Damit ist auch in der äußeren Gestaltung der Norm klargestellt, dass es sich um einen **Sonderfall des Zwangsverfahrens** handelt. Gerade unter diesem Aspekt ist die Regelung aber weitgehend missglückt; denn macht der Betriebsrat geltend, dass der Arbeitgeber ihm gegenüber Pflichten aus dem Gesetz verletzt, so kann er das Arbeitsgericht anrufen und aus einem Beschluss nach § 85 Abs. 1 ArbGG i. V. mit §§ 888, 890 ZPO vollstrecken, ohne dass bereits zuvor eine grobe Gesetzesverletzung des Arbeitgebers vorliegen muss. Abs. 3 hat deshalb keine Bedeutung, soweit es um die Verletzung *eigener* Rechte des Betriebsrats oder einer im Betrieb vertretenen Gewerkschaft geht.

B. Amtsenthebung eines Betriebsratsmitglieds und Auflösung des Betriebsrats

I. Materiellrechtliche Voraussetzungen für die Amtsenthebung eines Betriebsratsmitglieds

1. Amtsenthebung nur bei grober Pflichtverletzung

Ein Betriebsratsmitglied kann nur bei einer **groben Verletzung seiner gesetzlichen Pflichten** aus dem Betriebsrat ausgeschlossen werden. Daher genügt es zur Rechtfertigung eines Ausschlussantrags nicht, lediglich darzulegen, dass es dem Betriebsrat in seiner Mehrheit nicht *zuzumuten* sei, mit dem Betriebsratsmitglied weiter zusammenzuarbeiten (ebenso BAG 5. 9. 1967 AP BetrVG § 23 Nr. 8). Alle Betriebsratsmitglieder haben das Gleiche, durch die Betriebsratswahl legitimierte Mandat. Ein Streit unter ihnen kann nicht dadurch entschieden werden, dass die Mehrheit die Minderheit aus dem Betriebsrat hinausdrängt.

10 Das BAG will einen Ausschluss zulassen, „wenn der Auszuschließende durch ein ihm anrechenbares Verhalten die Funktionsfähigkeit des Betriebsrats ernstlich bedroht oder lahmgelegt hat" (BAG 5. 9. 1967 AP BetrVG § 23 Nr. 8; zust. *Fitting*, § 23 Rn. 18; GL-*Marienhagen*, § 23 Rn. 9; GK-*Oetker*, § 23 Rn. 35; HSWGNR-*Schlochauer*, § 23 Rn. 18). Dagegen bestehen Bedenken; denn auch wenn das Verhalten eines Betriebsratsmitglieds dazu führt, dass der Betriebsrat in seiner Funktionsfähigkeit bedroht oder sogar lahmgelegt wird, muss darin nicht notwendigerweise eine grobe Pflichtverletzung liegen. Von Bedeutung ist vielmehr, dass die Mitglieder des Betriebsrats ihr Amt im Rahmen eines Kollegiums ausüben. Daraus folgen auf Grund allgemeiner verbandsrechtlicher Grundsätze besondere Pflichten auf Rücksichtnahme und Achtung der anderen Betriebsratsmitglieder. Es gilt vor allem der Grundsatz der *Fairness* in den Beziehungen zueinander. Ein Betriebsratsmitglied, das ihn verletzt, begeht eine Pflichtverletzung (vgl. auch LAG Düsseldorf [Köln] 23. 6. 1977, DB 1977, 2191; s. auch ArbG Freiburg 15. 10. 1997, AiB 1998, 403). Keineswegs ist aber ein Streit, der von allen Seiten heftig geführt wird, schon ein Grund, ein Betriebsratsmitglied auszuschließen, auch wenn durch die Auseinandersetzungen die Funktionsfähigkeit des Betriebsrats bedroht oder lahmgelegt wird. In diesem Fall bleibt vielmehr nur die Möglichkeit, dass der Betriebsrat sich durch Mehrheitsbeschluss auflöst oder auf Antrag durch arbeitsgerichtliche Entscheidung aufgelöst wird; denn wenn die Funktionsfähigkeit des Betriebsrats lahmgelegt ist, kann er seine Aufgaben nicht mehr erfüllen und seine Befugnisse nicht mehr wahrnehmen, so dass die Voraussetzungen für eine Auflösung des Betriebsrats gegeben sind (s. auch Rn. 51 ff.).

11 Liegt eine Pflichtverletzung vor, ist diese aber nicht hinreichend schwer, um ein Ausschlussverfahren zu rechtfertigen, dann stellt sich die Frage nach weniger schwerwiegenden Sanktionsmöglichkeiten. Das Gesetz sieht sie nicht vor, aber das Schrifttum empfiehlt, das **Rechtsinstitut einer betriebsverfassungsrechtlichen Abmahnung** anzuerkennen, die als Vorbereitung für spätere Ausschlussverfahren dienen kann (insb. *Kania*, DB 1996, 374; *ders.*, NZA 1996, 970; zustimmend DKK-*Trittin*, § 23 Rn. 45; Stege/Weinspach/Schiefer, § 23 Rn. 10 a; ArbG Hildesheim 1. 3. 1996, AuR 1997, 336; AG Berlin 10. 1. 2007, dbr 2007, Nr. 4, 36, mit Anm. *Wolmerath*). Die herrschende Meinung reagiert zurecht zurückhaltend: Der Wille des Gesetzgebers, Sanktionen nur für grobe Pflichtverletzungen vorzusehen, entspricht dem Gebot der vertrauensvollen Zusammenarbeit, das weniger gewichtiges Fehlverhalten ohne Folgen lässt. Wenn aber eine grobe Pflichtverletzung vorliegt, dann muss es möglich sein, einen Ausschluss aus dem Betriebsrat unabhängig auf die Beanstandung vorangegangen Fehlverhaltens zu erreichen. Zudem wäre es systemwidrig, dem Arbeitgeber die Möglichkeit (oder gar Pflicht, DKK-*Trittin*, § 23 Rn. 45) einer Abmahnung zu geben, nicht aber den ebenfalls antragsbefugten Arbeitnehmern. Das Gesetz behandelt beide Antragsberechtigten gleich. Das gleiche Fehlverhalten darf daher nicht zu unterschiedlichen Folgen führen, je nachdem wer rügt. Eine noch weitergehende Einbeziehung der Gerichte in die Betriebsverfassung, die u. U. die Rechtmäßigkeit einer Abmahnung zu überprüfen hätten, ist abzulehnen (ebenso *Fischer*, NZA 1996, 633; *Fitting*, § 23 Rn. 17 a; LAG Düsseldorf 23. 2. 1992, LAGE Nr. 31 zu § 23 BetrVG 1972; LAG Berlin 23. 2. 1988, DB 1988, 863).

2. Verletzung einer gesetzlichen Pflicht

12 Es muss sich um die Verletzung einer **gesetzlichen Pflicht** handeln.

12 a a) In Betracht kommen alle Pflichten, die das Gesetz für den Betriebsrat vorsieht, wenn sie zugleich den Pflichtenkreis des einzelnen Betriebsratsmitglieds bestimmen. Das gilt vor allem für das Gebot zur vertrauensvollen Zusammenarbeit zwischen Arbeitgeber und Betriebsrat (§ 2 Abs. 1) und die ihnen obliegende Friedenspflicht (§ 74 Abs. 2 Satz 2) sowie das Verbot parteipolitischer Betätigung im Betrieb (§ 74 Abs. 2 Satz 3; vgl. BAG 5. 12. 1975 AP BetrVG 1972 § 87 Nr. 1 Betriebsbuße; 21. 2. 1978 AP BetrVG

1972 § 74 Nr. 1). Eine Verletzung der Amtspflicht liegt daher vor, wenn das Betriebsratsmitglied den Arbeitsablauf oder den Frieden des Betriebs beeinträchtigt. Voraussetzung ist aber, dass sein Verhalten in einem Zusammenhang zu seiner Funktion als Betriebsratsmitglied steht.

Ein Betriebsratsmitglied verstößt gegen Amtspflichten, wenn es einen **rechtswidrigen** **13** **Streik** unterstützt; jedoch ist die Amtspflichtverletzung nur dann grob und berechtigt zur Amtsenthebung, wenn es sich an dem Streik in herausragender Stellung, z. B. als Streikposten, beteiligt (vgl. ArbG Hamm 21. 7. 1975, BB 1975, 1065). Eine Amtsenthebung kommt insbesondere in Betracht, wenn das Betriebsratsmitglied gegen das **Verbot parteipolitischer Betätigung im Betrieb** verstößt (vgl. BAG 21. 2. 1978 AP BetrVG 1972 § 74 Nr. 1 [zust. *Löwisch*]; auf einer Betriebsversammlung LAG Düsseldorf [Köln] 23. 6. 1977, DB 1977, 2191; ausführlich zum Verbot parteipolitischer Betätigung § 74 Rn. 57 ff.). Eine parteipolitische Betätigung außerhalb des Betriebs kann für eine Amtsenthebung nicht herangezogen werden (vgl. aber LAG Niedersachsen 3. 3. 1970, BB 1970, 1480); zulässig ist auch, dass jemand sich in einem Wahlkampf als Betriebsratsmitglied zu erkennen gibt (vgl. LAG Hamburg 17. 3. 1970, BB 1970, 1480). Aber auch dann, wenn ein Betriebsratsmitglied gegen das für ihn geltende Verbot parteipolitischer Betätigung im Betrieb verstößt, sind wegen der Bedeutung des Grundrechts der Meinungsfreiheit aus Art. 5 Abs. 1 GG die Sanktion der Amtsenthebung und ihre Voraussetzungen „im Licht des eingeschränkten Grundrechts zu sehen" (so BVerfG 28. 4. 1976 E 42, 133, 142 = AP BetrVG 1972 § 74 Nr. 2). Daher ist hier in besonderer Weise zu prüfen, ob die Pflichtverletzung grob ist, es sich also um einen schwerwiegenden Verstoß handelt; denn eine Fehlinterpretation des § 23 Abs. 1 bedeutet insoweit zugleich eine Verletzung des Grundrechts aus Art. 5 Abs. 1 GG (vgl. BVerfGE 42, 133 ff.; ausführlich § 74 Rn. 71).

Mit dem Betriebsratsamt grundsätzlich vereinbar ist, dass ein Betriebsratsmitglied im **14** Betrieb für seine **Gewerkschaft wirbt** und **Informationsmaterial verteilt**. § 74 Abs. 3 bestimmt ausdrücklich, dass Arbeitnehmer, die im Rahmen dieses Gesetzes Aufgaben übernehmen, dadurch in der Betätigung für ihre Gewerkschaft auch im Betrieb nicht beschränkt werden (s. ausführlich dort Rn. 75 ff.). Eine Verletzung der gesetzlichen Pflichten liegt aber vor, wenn ein Betriebsratsmitglied bei der Betätigung für seine Gewerkschaft der dem Betriebsrat obliegenden Verpflichtung zuwiderhandelt, darüber zu wachen, dass jede unterschiedliche Behandlung wegen der gewerkschaftlichen Betätigung oder Einstellung unterbleibt. Von Bedeutung ist in diesem Zusammenhang insbesondere, ob und in welchem Umfang ein Betriebsratsmitglied Betriebsratsaufgaben erfüllt (s. ausführlich § 74 Rn. 80). Betriebsratsmitglieder können zu erkennen geben, dass sie einer Gewerkschaft angehören, z. B. durch Tragen einer Nadel oder durch ein Gewerkschaftsemblem auf dem Schutzhelm. Soweit der Schutzhelm Eigentum des Arbeitgebers ist, kann dieser aus dem Eigentum Beseitigung nach § 1004 BGB verlangen (so BAG 23. 2. 1979 AP GG Art. 9 Nr. 30; bestätigt durch BVerfG 21. 11. 1980 AP GG Art. 9 Nr. 30 a; s. auch § 2 Rn. 155); es liegt aber keine Amtspflichtverletzung vor, die eine Amtsenthebung rechtfertigt.

b) Eine Verletzung der gesetzlichen Pflichten ist vor allem gegeben, wenn ein Betriebs- **15** ratsmitglied gegen die ihm als Mitglied des Betriebsrats obliegenden Pflichten verstößt, z. B. die Geheimhaltungspflicht (§ 79), indem es Betriebs- oder Geschäftsgeheimnisse verbreitet (vgl. RAG 20. 12. 1930 BenshSlg. 10, 502, 504 f.; ausführlich § 79 Rn. 4 ff.). Eine Pflicht, über den Verlauf von Betriebsratssitzungen Stillschweigen zu bewahren, besteht im Allgemeinen nicht (vgl. BAG 5. 9. 1967 AP BetrVG § 23 Nr. 8; LAG München 15. 11. 1974, DB 1978, 894). Eine Pflichtverletzung liegt aber vor, wenn das Betriebsratsmitglied Unterlagen, die ihm nach § 80 Abs. 2 in seiner Eigenschaft als Betriebsratsmitglied zur Verfügung gestellt werden, an außerbetriebliche Stellen weitergibt, z. B. Lohn- und Gehaltslisten an eine Gewerkschaft zur Überprüfung der „Beitragsehrlichkeit" der Gewerkschaftsmitglieder (vgl. BAG 22. 5. 1959 AP BetrVG § 23 Nr. 3).

Pflichtwidrig ist, wenn ein Betriebsratsmitglied sich wegen seiner Funktion vom Arbeitgeber Vorteile zuwenden lässt (vgl. LAG München 15. 11. 1977, DB 1978, 895); das dürfte für jede Vorteilsannahme von sonstigen Dritten gelten, wenn der Vorteil gerade in Bezug auf die Betriebsratstätigkeit erfolgt.

16 Zu den Pflichten eines Betriebsratsmitglieds gehört insbesondere, dass es an **Sitzungen des Betriebsrats teilnimmt** (vgl. ArbG Neuwied 15. 5. 1953, BB 1954, 128; bestätigt LAG Mainz 28. 10. 1953, BB 1954, 129). Zu den gesetzlichen Pflichten gehören auch die Pflichten, die einem Betriebsratsmitglied auf Grund einer ihm übertragenen Funktion im Betriebsrat, als Vorsitzender oder als Mitglied eines Betriebsausschusses oder eines sonstigen Ausschusses, obliegen. Bleibt ein Betriebsratsmitglied in seiner Eigenschaft als Vorsitzender des Betriebsrats untätig und lähmt es dadurch die Funktion des Betriebsrats, so liegt darin zugleich eine Verletzung der gesetzlichen Pflichten (ebenso HSWGNR-*Schlochauer*, § 23 Rn. 29; DKK-*Trittin*, § 23 Rn. 19; ArbG Wetzlar 22. 9. 1992, BB 1992, 2216). Aber bevor ein Ausschluss aus dem Betriebsrat in Betracht kommt, ist nach dem Grundsatz der Verhältnismäßigkeit zu prüfen, ob die Beeinträchtigung durch eine Abberufung aus der Funktion als Vorsitzender des Betriebsrats oder Mitglied eines Ausschusses behoben werden kann.

17 c) Zu den gesetzlichen Pflichten gehören auch Pflichten, die durch **Tarifvertrag** oder **Betriebsvereinbarung** *konkretisiert* sind (ebenso *Brecht*, § 23 Rn. 3; *Fitting*, § 23 Rn. 15; GL-*Marienhagen*, § 23 Rn. 6; GK-*Oetker*, § 23 Rn. 16; *Nikisch*, Bd. III S. 128 Fn. 33). Voraussetzung ist allerdings, dass sie durch Tarifvertrag oder Betriebsvereinbarung nicht erst geschaffen werden, sondern ihre Grundlage im BetrVG haben. Deshalb sind keineswegs alle Pflichten, die für ein Betriebsratsmitglied durch Tarifvertrag oder Betriebsvereinbarung begründet werden, Amtspflichten, deren grobe Verletzung eine Amtsenthebung rechtfertigt (ebenso GK-*Oetker*, § 23 Rn. 16). Abgrenzungsschwierigkeiten treten aber nicht auf, wenn man beachtet, dass Tarifvertrag und Betriebsvereinbarung die Stellung eines Betriebsratsmitglieds in ihrem Pflichtengehalt nicht abweichend vom BetrVG gestalten können.

18 d) Soweit ein Betriebsratsmitglied in einen Gesamtbetriebsrat oder Konzernbetriebsrat entsandt ist und gesetzliche Pflichten in dieser Funktion verletzt, berücksichtigt das Gesetz den *Grundsatz der Verhältnismäßigkeit*: Es kommt nur ein Ausschluss aus dem Gesamtbetriebsrat (§ 48) oder Konzernbetriebsrat (§ 56) in Betracht (s. auch § 48 Rn. 3, § 56 Rn. 3). Gehört ein Betriebsratsmitglied einer Einigungsstelle oder einem Wirtschaftsausschuss an, so ist zu beachten, dass für die Übernahme dieser Funktionen die Zugehörigkeit zum Betriebsrat keine Voraussetzung darstellt. Eine Pflichtverletzung in ihrem Rahmen berechtigt nur zur Amtsenthebung, wenn das Verhalten zugleich eine grobe Pflichtverletzung als Betriebsratsmitglied darstellt (vgl. auch *Fitting*, § 23 Rn. 15; GK-*Oetker*, § 23 Rn. 15; DKK-*Trittin*, § 23 Rn. 8).

18 a e) An **sonstigen Pflichtverstößen** sind durch Gerichte anerkannt: Handgreiflichkeiten gegenüber anderen BR-Mitgliedern während der Sitzungen (ArbG Berlin 19. 5. 1981, AuR 1982, 260); mehrmaliges Leugnen, im Besitz von Betriebsratsunterlagen zu sein (LAG Hamm 19. 3. 2004 – 13 TaBV 146/03 [jedoch *kein* grober Verstoß]); Beleidigung von Betriebsratsmitgliedern (LAG Hamm 25. 9. 1958, BB 1959, 376; LAG Düsseldorf 27. 2. 1967, BB 1967, 1123; LAG Düsseldorf 23. 6. 1977, DB 1977, 2191; LAG Baden-Württemberg 11. 2. 1986, AuR 1986, 316; LAG Mecklenburg-Vorpommern 31. 3. 2005 – 1 TaBV 15/04, juris) sowie Verleumdungen des Arbeitgebers (LAG München 26. 8. 1992, BB 1993, 2168; BVerwG 24. 1. 1990, EzA Nr. 30 zu § 23 BetrVG 1972) im Zusammenhang mit dem Betriebsratsmandat; ungenehmigte Aufzeichnung einer Betriebsversammlung auf Tonband (LAG München 15. 11. 1977, DB 1978, 984); falsche Angaben eines freigestellten Betriebsratsmitglieds über den Zweck einer Tätigkeit während der Arbeitszeit außerhalb des Betriebs (BAG 21. 2. 1978 AP BetrVG 1972 § 74 Nr. 1; ArbG Berlin 25. 9. 1973, BB 1974, 231); Anstiftung der Belegschaft, rechtmäßige betriebliche Anordnungen zu missachten (LAG Bayern 23. 5. 1958, DB 1958, 900);

B. Amtsenthebung eines Betriebsratsmitglieds und Auflösung des Betriebsrats   § 23

Druckausübung eines Betriebsratsmitglieds auf einen Arbeitnehmer, er solle seiner Gewerkschaft beitreten (LAG Schleswig-Holstein 25. 5. 1967, BB 1967, 1334; ähnlich ArbG München 19. 7. 1979, EzA Nr. 8 zu § 23 BetrVG 1972); unrichtige Abrechnung von Reisekosten im Zusammenhang mit einer Betriebsratssitzung LAG Hamm 23. 4. 2008 – 10 TaBV 117/07, juris [grober Verstoß]); eigenmächtige Gewährung von Einsicht in Bewerbungsunterlagen gegenüber Dritten (ArbG Wesel 16. 10. 2008 NZA-RR 2009, 21).

3. Amtspflichtverletzung und Verletzung einer sich aus dem Arbeitsverhältnis ergebenden Pflicht

a) Die **Verletzung einer sich aus dem Arbeitsverhältnis ergebenden Pflicht** ist **keine Verletzung einer gesetzlichen Pflicht** i. S. dieser Vorschrift und daher **kein Grund zur Amtsenthebung.** Jedoch kann ein Betriebsratsmitglied mittelbar sein Amt verlieren, wenn wegen der Pflichtverletzung das Arbeitsverhältnis wirksam aufgelöst wird (§ 24 Nr. 3). Da aber gegenüber Betriebsratsmitgliedern nur eine außerordentliche Kündigung zulässig ist (§ 15 Abs. 1 KSchG), muss die Pflichtverletzung einen wichtigen Grund nach § 626 BGB darstellen, und außerdem ist die außerordentliche Kündigung nur wirksam, wenn die Zustimmung des Betriebsrats vorliegt oder durch gerichtliche Entscheidung ersetzt ist (§ 103). Die Pflichten aus dem Arbeitsverhältnis werden grundsätzlich dadurch, dass der Arbeitnehmer Mitglied des Betriebsrats ist, nicht berührt. Sie werden weder gesteigert noch gemindert; allerdings hat bei einer Kollision die Erfüllung einer Pflicht aus dem Betriebsratsamt in den Grenzen des § 37 Abs. 2 den Vorrang gegenüber der Erfüllung einer Pflicht aus dem Arbeitsverhältnis (s. § 37 Rn. 13 ff.). **19**

b) Wie eine Verletzung der Pflichten aus dem Arbeitsverhältnis nicht zur Amtsenthebung berechtigt, so rechtfertigt eine **Amtspflichtverletzung,** auch wenn sie grob ist, **keine außerordentliche Kündigung** nach § 626 BGB (ArbG Darmstadt 12. 4. 2007, – 12 BV 18/06, juris oder eine Abmahnung: ArbG Detmold 8. 10. 1998, AiB 1999, 401). Möglich ist aber, dass **dieselbe Handlung** sowohl eine **Amtspflichtverletzung** als auch einen **Verstoß gegen Pflichten aus dem Arbeitsverhältnis** darstellt, z. B. bei Arbeitsversäumnis, um Geschäfte wahrzunehmen, die nicht zu den Amtsobliegenheiten eines Betriebsratsmitglieds gehören (s. § 37 Rn. 17 ff.), Aufforderung zu rechtswidrigen Streikmaßnahmen (vgl. BAG 11. 12. 1975 AP KSchG 1969 § 15 Nr. 1; weiterhin § 74 Rn. 26 f.), Verteilung politischer Flugblätter, wenn dadurch nicht nur das für Arbeitgeber und Betriebsrat in § 74 Abs. 2 Satz 3 niedergelegte Verbot parteipolitischer Betätigung im Betrieb verletzt wird, sondern zugleich auch die Grenzen überschritten werden, die jedem Arbeitnehmer bei einer politischen Betätigung im Betrieb gezogen sind (vgl. auch BAG 11. 12. 1975 AP KSchG 1969 § 15 Nr. 1; ausführlich § 74 Rn. 69). In diesen Fällen kommt ein Ausschluss aus dem Betriebsrat, aber auch eine außerordentliche Kündigung des Arbeitsverhältnisses in Betracht. **20**

Die **Betriebsratseigenschaft** erhöht nicht das **Gewicht einer Pflichtverletzung aus dem Arbeitsverhältnis** (vgl. BAG 13. 10. 1955 AP KSchG § 13 Nr. 3). Es ist vielmehr **unabhängig** davon **zu beurteilen,** ob die Voraussetzungen für eine Amtsenthebung oder eine außerordentliche Kündigung gegeben sind (so die als *Simultantheorie* bezeichnete h. L.; vgl. *Fitting,* § 23 Rn. 22 f.; *Nipperdey/Säcker* in *Hueck/Nipperdey,* Bd. II/2 S. 1169). Keineswegs wird dadurch eine Amtspflichtverletzung unter bestimmten Voraussetzungen in eine Pflichtverletzung aus dem Arbeitsverhältnis umgedeutet. Man kann andererseits die Pflichten aber auch nicht so trennen, dass man darauf abstellt, ob die vorgenommene Handlung bei einem Arbeitnehmer, der kein Betriebsratsmitglied ist, eine außerordentliche Kündigung rechtfertigt, und für den Fall, dass die Frage zu bejahen ist, eine Amtspflichtverletzung verneinen (so die von *Hj. Weber,* NJW 1973, 787, 791 f. vertretene *Trennungstheorie*); denn es kann jemand durch eine Handlung Pflichten aus einem verschiedenen Rechtskreis verletzen (ebenso *Bieback,* RdA 1978, 82, 85). Nicht beachtet **21** wird vor allem, dass ein Arbeitnehmer nur als Betriebsratsmitglied in eine Konfliktsituation geraten kann, in der sein Verhalten eine Vertragsverletzung darstellt. Wer hier eine Amtsenthebung ausschließt und den Arbeitgeber auf eine außerordentliche Kündigung verweist, stellt die normativen Wertungen, die zum Ausbau eines besonderen Kündigungsschutzes im Rahmen der Betriebsverfassung geführt haben, geradezu auf den Kopf (vgl. auch *Schwerdtner,* Arbeitsrecht I, S. 223; *Bieback,* RdA 1978, 85). Der richtige Weg ist vielmehr, dass man zunächst eine Amtsenthebung in Betracht zieht, weil sie gegenüber der Auflösung des Arbeitsverhältnisses das mildere Mittel darstellt.

22 Jedoch geht es andererseits zu weit, das Verhalten ausschließlich als *Amtshandlung* zu bewerten, so dass die Pflichten aus dem Arbeitsverhältnis ruhen (so die von *Säcker,* RdA 1965, 372 ff. und DB 1967, 2072 ff. vertretene *Amtshandlungstheorie,* nach der allerdings ein Ruhen nur eintritt, „solange und soweit das Betriebsratsmitglied in der Überzeugung rechtmäßiger Amtsausübung handelt", RdA 1965, 372, 377; kritisch dazu *Schwerdtner,* Arbeitsrecht I, S. 224 f.; *Bieback,* RdA 1978, 82, 85; vgl. auch *Hanau,* RdA 1979, 324, 326). Das Betriebsratsmitglied, das als Amtsträger handelt, steht keineswegs außerhalb der Pflichten aus dem Arbeitsverhältnis, sondern entscheidend ist allein, dass der Arbeitnehmer, der als Betriebsratsmitglied handelt, für sein Arbeitsverhältnis einen gesteigerten Bestandsschutz genießt, um seine Unabhängigkeit zu sichern.

23 c) Mit dieser Zielsetzung wäre es nicht vereinbar, Pflichtverletzungen individualrechtlich zu sanktionieren, wenn durch eine Amtsenthebung der Grund behoben werden kann, der zu der Pflichtverletzung geführt hat. Der Wertung, wie sie im besonderen Kündigungsschutz im Rahmen der Betriebsverfassung zum Ausdruck kommt, entspricht es daher, wenn das BAG verlangt, dass bei einem Zusammentreffen von Amtspflichtverletzung und Vertragsverletzung an die **Annahme eines wichtigen Grundes,** der dem Arbeitgeber das Recht zur fristlosen Entlassung gibt, ein **besonders strenger Maßstab** anzulegen ist (vgl. BAG 16. 10. 1986 AP BGB § 626 Nr. 95 mit ausführlichem Nachweis seiner Rspr.). Grundsätzlich ist also vom Vorrang des Amtsenthebungsverfahrens auszugehen (im Ergebnis ebenso *Säcker,* RdA 1965, 372 ff.; *Wiedemann,* Anm. zu AP Nr. 28 zu § 66 BetrVG [Bl. 7 R, 8]; *Freitag,* Betriebsratsamt und Arbeitsverhältnis, Diss. Regensburg 1972, S. 86 ff.; *Bieback,* RdA 1978, 82, 87 f.). Kann der Konflikt nicht durch Amtsenthebung behoben werden und ist das Verhalten an sich geeignet, eine außerordentliche Kündigung zu rechtfertigen, so ist es bei der Interessenabwägung nach § 626 BGB nicht allein wegen des Betriebsratsamtes anders zu beurteilen als das entsprechende Verhalten eines nicht durch § 15 KSchG geschützten Arbeitnehmers (vgl. BAG 6. 10. 1986 AP BGB § 626 Nr. 95).

4. Zeitpunkt der Amtspflichtverletzung

24 Da Ziel eine Amtsenthebung ist, kann eine Pflichtverletzung nur aus einem **Verhalten** begründet werden, das die **Zugehörigkeit zum amtierenden Betriebsrat belastet.** Daraus folgt, dass es sich grundsätzlich um Pflichtverletzungen während der gerade laufenden Amtsperiode handeln muss. Ein Antrag auf Ausschließung eines Betriebsratsmitglieds nach Ablauf der Amtsperiode ist grundsätzlich unzulässig (vgl. jüngst LAG München 12. 8. 2008 – 6 TaBV 133/07, juris). Jedoch kann die in einer unmittelbar vorhergehenden Amtsperiode begangene grobe Pflichtverletzung für den Ausschluss aus dem Betriebsrat der folgenden Amtsperiode von Bedeutung sein, wenn das gegenwärtige Amt noch durch die frühere Verfehlung belastet ist.

25 Teilweise wird allerdings die Auffassung vertreten, dass eine Pflichtverletzung in der vorausgegangenen Amtsperiode niemals herangezogen werden darf, weil eine Amtsenthebung ebenso wie die Auflösung des Betriebsrats nur während der laufenden Amtszeit möglich sei und diese von der Gesetzessystematik her gebotene Auslegung nach Sinn und Zweck des Gesetzes auch für den Fall gelten müsse, dass das auszuschließende Betriebsratsmitglied wiederum in den Betriebsrat gewählt worden sei; denn es dürfe

nicht übersehen werden, dass in der Wiederwahl ein Vertrauensbeweis für dieses Betriebsratsmitglied liege (so BAG 29. 4. 1969 AP BetrVG § 23 Nr. 9 [abl. *Dietz*] unter Aufgabe von BAG 2. 11. 1955 AP BetrVG § 23 Nr. 1 [zust. *A. Hueck* und *Bötticher*]; weiterhin LAG Berlin, DB 1979, 112; *Brecht*, § 23 Rn. 11; *Fitting*, § 23 Rn. 25; GL-*Marienhagen*, § 23 Rn. 10 und 24; DKK-*Trittin*, § 23 Rn. 14; *Joost*, MünchArbR § 222 Rn. 10; *Nipperdey/Säcker* in *Hueck/Nipperdey*, Bd. II/2 S. 1185 Fn. 15). Diese starre Abgrenzung überzeugt in ihrer Begründung nicht; denn wenn auch der neue Betriebsrat mit dem alten nicht identisch ist, handelt es sich doch um dasselbe Betriebsratsmitglied, dem eine Pflichtverletzung zur Last gelegt wird (vgl. auch *Dietz*, Anm. zu AP BetrVG § 23 Nr. 9; *Fenn*, SAE 1970, 248). Richtig ist lediglich, dass die Pflichtverletzung in einer früheren Amtsperiode nicht ohne weiteres zu einer Pflichtverletzung in dem neuen Amt umgemünzt werden darf.

Eine Amtsenthebung wegen einer **früheren Verfehlung** kommt daher nur in Betracht, 26 wenn sich z. B. erst jetzt herausstellt, dass ein Betriebsratsmitglied in der vorausgehenden Amtszeit sich eines Bruchs der Geheimhaltungspflicht schuldig gemacht hat (ebenso LAG Bremen, DB 1962, 1442). Entscheidend ist, ob die Pflichtverletzung sich auf die **derzeitige Amtsführung** noch **belastend** auswirkt (ebenso GK-*Oetker*, § 23 Rn. 43; HSWGNR-*Schlochauer*, § 23 Rn. 19; HWK-*Reichold*, § 23 Rn. 10; *Nikisch*, Bd. III S. 128; *Fenn*, SAE 1970, 248; weiterhin BVerwG 15. 1. 1960 AP PersVG § 26 Nr. 2 für den Fall, dass ein Personalratsmitglied während der laufenden Amtsperiode eine gleichartige Pflichtverletzung begeht und „damit auch ein äußerer Zusammenhang besteht, der das sich über beide Amtsperioden erstreckende Verhalten als eine fortgesetzte und die Befürchtung von Wiederholungen rechtfertigende Pflichtverletzung erscheinen lässt"; jedoch ist eine Wiederholung nicht notwendig, wenn das gegenwärtige Amt noch durch die frühere Verfehlung belastet ist). Voraussetzung ist regelmäßig weiterhin, dass der Antrag auf Amtsenthebung bereits in der früheren Amtsperiode gestellt war (s. zur prozessualen Problematik Rn. 43). Ist dies nicht geschehen, obwohl der Antragsberechtigte in der Lage war, den Antrag schon in der früheren Amtsperiode zu stellen, so ist dies als ein *Indiz* dafür zu werten, dass das gegenwärtige Amt durch die frühere Verfehlung nicht belastet ist (ähnlich OVG Lüneburg 7. 9. 1956, AP PersVG § 26 Nr. 1, und *Nikisch*, Bd. III S. 129, die in diesem Fall das Antragsrecht als verwirkt ansehen, so dass der Antrag auf Amtsenthebung als unzulässig abgewiesen werden muss; der Antragsberechtigte hat aber nicht sein Antragsrecht verwirkt, sondern der Antrag ist nicht begründet, weil es am Erfordernis der groben Pflichtverletzung fehlt).

5. Grobe Pflichtverletzung

a) Es muss sich um eine **grobe Verletzung** der Pflichten handeln, d. h. der Verstoß muss 27 **objektiv erheblich** sein (vgl. BAG 2. 11. 1955 AP BetrVG § 23 Nr. 1; 21. 2. 1978 AP BetrVG 1972 § 74 Nr. 1). Nicht erforderlich ist, dass eine wiederholte Verletzung vorliegt. Auch ein einmaliger Verstoß kann eine grobe Pflichtverletzung sein (ebenso *Brecht*, § 23 Rn. 5; *Fitting*, § 23 Rn. 17; GL-*Marienhagen*, § 23 Rn. 8; HSWGNR-*Schlochauer*, § 23 Rn. 16; DKK-*Trittin*, § 23 Rn. 11; GK-*Oetker*, § 23 Rn. 36; *Nikisch*, Bd. III S. 127; bedenklich in der Formulierung RAG 9. 8. 1929 BenshSlg. 6, 398; auch BAG 4. 5. 1955 AP BetrVG § 44 Nr. 1 verlangt zu Unrecht im Prinzip einen wiederholten Verstoß, wenn es auch im gegebenen Fall eine einmalige Verletzung für ausreichend angesehen hat). Leichtere Verletzungen können sich durch Wiederholung zu einem groben Verstoß verdichten, wenn sie sich auf die gleiche Pflicht beziehen, weil nur bei Beharrlichkeit geringfügige Pflichtverletzungen das Gewicht einer groben Pflichtverletzung erhalten (so zutreffend GK-*Thiele* [Zweitbearbeitung], § 23 Rn. 28; GK-*Oetker*, § 23 Rn. 36, der jedoch gleichartige Pflichtverletzungen nicht für erforderlich hält; für Notwendigkeit eines Hinweises auf die Pflichtverletzung DKK-*Trittin*, § 23 Rn. 11; vgl. auch LAG Mecklenburg-Vorpommern 31. 3. 2005 – 1 TaBV 15/04, juris). Eine bestehende Amtspflichtverletzung kann nicht durch nachträgliche Wiedergutmachung oder das Versprechen, sich zukünftig anders zu verhalten, aufgehoben werden (ebenso GK-*Oetker*, § 23 Rn. 36; bedenklich deshalb BVerwG 25. 6. 1974, PersV 1974, 386 = ZBR 1975, 92 [kritisch *Windscheid*]; abl. auch *Ilbertz*, PersV 1976, 201, 203).

28 b) Ein objektiver Verstoß genügt für die Amtsenthebung eines Betriebsratsmitglieds nicht; es muss sich um ein **schuldhaftes Verhalten** handeln (ebenso HSWGNR-*Schlochauer*, § 23 Rn. 17; DKK-*Trittin*, § 23 Rn. 13; *Nikisch*, Bd. III S. 117; für den Regelfall auch *Fitting*, § 23 Rn. 16; a. A. GK-*Oetker*, § 23 Rn. 37 ff.; HWK-*Reichold*, § 23 Rn. 8). Nicht notwendig ist, dass Vorsatz oder grobe Fahrlässigkeit vorliegen; denn aus dem Wort „grob" folgt, wie das BVerwG zutreffend feststellt, lediglich, dass die Pflichtverletzung objektiv schwerwiegend sein muss, während die Pflichtverletzung als solche zwar das subjektive Element der Pflichtvergessenheit voraussetzt, insoweit aber nicht auf Vorsatz oder grobe Fahrlässigkeit beschränkt ist (BVerwG 14. 2. 1969 E 31, 298 = AP PersVG § 26 Nr. 8; vgl. auch OVG Lüneburg, PersV 1976, 64 und 352; a. A. *Fitting*, § 23 Rn. 16; HSWGNR-*Schlochauer*, § 23 Rn. 17).

29 Das BAG nimmt dagegen an, dass es sich bei der groben Pflichtverletzung eines Betriebsratsmitglieds nicht immer auch um ein schuldhaftes Verhalten zu handeln braucht (BAG 5. 9. 1967 AP BetrVG § 23 Nr. 8; zust. *Fitting*, § 23 Rn. 16; *Nipperdey/Säcker* in *Hueck/Nipperdey*, Bd. II/2 S. 1183 und dort Fn. 11). In Parallele zur Kündigung aus wichtigem Grund verlangt es lediglich ein „anzurechnendes Verhalten" (ebenso GK-*Oetker*, § 23 Rn. 37 ff., der ohne Rücksicht auf Verschulden jedes objektiv zurechenbare Verhalten genügen lässt, das eine weitere Amtsausübung für alle Beteiligten untragbar mache; ähnlich *Neumann-Duesberg*, S. 338, wenn er darauf abstellt, die gröbliche Amtswidrigkeit müsse für die Amtsenthebung einen wichtigen Grund bilden; weiterhin *ders.*, FS Molitor, S. 307, 317 ff., 338: Wie bei der Auflösung des Betriebsrats sei auch bei der Amtsenthebung kein Verschulden erforderlich, sondern Unzumutbarkeit ausreichend). Die Parallele zur außerordentlichen Kündigung kann nicht gezogen werden, weil ein wichtiger Grund bereits gegeben ist, wenn Tatsachen vorliegen, auf Grund derer die weitere Fortsetzung des Arbeitsverhältnisses nicht *zugemutet* werden kann (§ 626 Abs. 1 BGB), während hier eine *grobe Pflichtverletzung* verlangt wird. Anders als bei der Auflösung des Betriebsrats geht es hier darum, einem *einzelnen Mitglied* sein Mandat zu entziehen. Eine grobe Pflichtverletzung, die dies rechtfertigt, setzt voraus, dass ihm sein Verhalten *persönlich* zum Vorwurf gereicht, wobei wie auch sonst im Privatrecht ein objektiver Maßstab zugrunde zu legen ist. Wer dagegen auf den Schuldvorwurf verzichtet, gibt der Bestimmung einen anderen Gehalt. Bereits die *Nichteignung* genügt, wenn schon ein querulatorisches oder krankhaft boshaftes Verhalten einen Ausschließungsgrund darstellen soll (vgl. BAG 5. 9. 1967 AP BetrVG § 23 Nr. 8), während das Gesetz grobe Verletzung der gesetzlichen Pflichten verlangt (abl. deshalb *Richardi*, SAE 1968, 99).

6. Problem einer unterschiedlichen Beurteilung der Amtspflichtverletzung

30 Ob eine Amtspflichtverletzung vorliegt, ist nicht unterschiedlich zu beurteilen, je nachdem, ob der Arbeitgeber, ein Teil der Belegschaft, eine Gewerkschaft oder der Betriebsrat die Amtsenthebung beantragen (anders aber BAG 5. 9. 1967 AP BetrVG § 23 Nr. 8). Für das Gewicht der Gründe gelten **keine verschiedenen Voraussetzungen**. Differenzierungen hinsichtlich der Art der Gründe können lediglich für die Antragsberechtigung eine Rolle spielen. Da der Arbeitgeber nicht Anwalt der Belegschaft ist, kann er keinen Ausschließungsantrag stellen, der sich auf eine grobe Verletzung der Fairness eines Betriebsratsmitglieds im Verhältnis zu den anderen Mitgliedern des Betriebsrats stützt (s. auch Rn. 9 f.). Besteht die Pflichtverletzung in einer Vernachlässigung der gesetzlichen Befugnisse, so kann auch in diesem Fall grundsätzlich nicht der Arbeit-

geber den Ausschließungsantrag stellen; § 28 Abs. 1 Satz 3 BPersVG ist entsprechend anzuwenden (vgl. *Dietz/Richardi*, BPersVG, § 28 Rn. 20).

7. Ausschluss eines Ersatzmitglieds

Eine Amtsenthebung ist in jedem Fall zulässig, soweit ein Ersatzmitglied **in den Betriebsrat nachgerückt** ist. Aber auch soweit ein Ersatzmitglied ein Betriebsratsmitglied wegen dessen **zeitweiliger Verhinderung vertreten** hat, ist es gerechtfertigt, bei einer groben Amtspflichtverletzung das Amtsenthebungsverfahren zuzulassen, um zu verhindern, dass der Betreffende bei Wegfall oder zeitweiliger Verhinderung eines Betriebsratsmitglieds wieder in den Betriebsrat nachrückt (ebenso *Fitting*, § 23 Rn. 34; GL-*Marienhagen*, § 23 Rn. 28; GK-*Oetker*, § 23 Rn. 58; HSWGNR-*Schlochauer*, § 23 Rn. 27; DKK-*Trittin*, § 23 Rn. 17). Allerdings kann ein Ersatzmitglied nur wegen seines Verhaltens während einer Zeit, in der es dem Betriebsrat angehört hat, ausgeschlossen werden. Wegen eines Verhaltens während einer Zeit, in der es die Stellung eines Ersatzmitglieds hatte, kommt ein Ausschluss nur in Betracht wegen einer Handlung, die im Zusammenhang mit seiner Tätigkeit im Betriebsrat steht, z. B. wenn es gegen die Geheimhaltungspflicht nach § 79 verstößt.

31

II. Verfahren der Amtsenthebung

1. Entscheidung im Beschlussverfahren

Die **Amtsenthebung** erfolgt durch **Beschluss des Arbeitsgerichts**, und zwar auf Antrag – nicht von Amts wegen. Das Arbeitsgericht entscheidet im Beschlussverfahren (§ 2 a Abs. 1 Nr. 1, Abs. 2 i. V. mit §§ 80 ff. ArbGG). Zuständig für das Verfahren ist ausschließlich das Arbeitsgericht am Sitz des Betriebs (§ 82 ArbGG).

32

2. Antragsberechtigung

a) **Antragsberechtigt** ist ein **Viertel der wahlberechtigten Arbeitnehmer** des Betriebs (Abs. 1 Satz 1). Es kommt auf die Wahlberechtigung zurzeit der Stellung des Antrags an, nicht auf die zurzeit der Wahl. Die Mindestzahl von 25 Prozent muss während des ganzen Verfahrens gewahrt sein; jedoch ist hier wie bei der Wahlanfechtung (§ 19) keine Voraussetzung, dass die Wahlberechtigung bestehen bleibt (ebenso GK-*Oetker*, § 23 Rn. 63; s. auch § 19 Rn. 38).

33

b) Antragsberechtigt ist weiterhin **jede im Betrieb vertretene Gewerkschaft** (Abs. 1 Satz 1) – ohne Rücksicht darauf, ob der Auszuschließende ihr angehört oder nicht; es ist auch nicht erforderlich, dass die Gewerkschaft im Betriebsrat, sondern es genügt, dass sie im Betrieb vertreten ist (s. dazu § 2 Rn. 66 ff.). Wer den Antrag stellen kann, richtet sich nach der Satzung der Gewerkschaft. Von ihr hängt auch ab, ob ein Spitzenverband antragsberechtigt ist (ebenso *Fitting*, § 23 Rn. 11; GK-*Oetker*, § 23 Rn. 66; weitergehend für ein eigenständiges Antragsrecht HSWGNR-*Schlochauer*, § 23 Rn. 10). Das Antragsrecht gibt den im Betrieb vertretenen Gewerkschaften kein allgemeines Überwachungsrecht gegenüber dem Betriebsrat; ein Zugangsrecht zum Betrieb besteht nur insoweit, als konkrete Anhaltspunkte dafür bestehen, dass der Betriebsrat oder ein Betriebsratsmitglied Amtspflichten grob verletzt hat (s. auch § 2 Rn. 107).

34

c) Antragsberechtigt ist auch der **Arbeitgeber** (Abs. 1 Satz 1). Jedoch kann er eine Amtsenthebung nur beantragen, wenn die Amtspflichtverletzung sich auf das Rechtsverhältnis zu ihm auswirkt, nicht, wenn ein Mitglied lediglich Befugnisse im Rahmen des Betriebsrats vernachlässigt (s. auch Rn. 30).

35

d) Antragsberechtigt ist schließlich der **Betriebsrat** (Abs. 1 Satz 2). Sein Antrag setzt einen Beschluss voraus, für den die allgemeinen Vorschriften gelten (§ 33). Das Mitglied,

36

um dessen Ausschluss es sich handelt, ist bei diesem Beschluss nicht stimmberechtigt (ebenso *Fitting*, § 23 Rn. 13; HSWGNR-*Schlochauer*, § 23 Rn. 11; DKK-*Trittin*, § 23 Rn. 33; GK-*Oetker*, § 23 Rn. 68; HWK-*Reichold*, § 23 Rn. 13; *Oetker*, ZfA 1984, 409, 427 f.). Da nur ein Stimmverbot besteht, ist es nicht von der Teilnahme an der Sitzung ausgeschlossen (so jedenfalls sonst bei privatrechtlichen Stimmverboten; vgl. auch *Oetker*, ZfA 1984, 409, 412 f.). Die h. L. ist allerdings gegenteiliger Meinung und gelangt daher zu dem Ergebnis, dass eine zeitweilige Verhinderung vorliegt; an die Stelle des Betriebsratsmitglieds tritt ein Ersatzmitglied (*Fitting, Schlochauer, Trittin, Oetker*, jeweils a. a. O.; *Oetker*, ZfA 1984, 409, 432 f.; ebenso zu § 103 BAG 26. 8. 1981 AP BetrVG 1972 § 103 Nr. 13; s. auch § 25 Rn. 9).

37 e) Die Antragsberechtigung ist eine **Verfahrensvoraussetzung** und muss deshalb in jedem Stadium des Verfahrens, also auch noch im Zeitpunkt der Letzten mündlichen Anhörung in der Rechtsbeschwerdeinstanz bestehen (s. aber auch Rn. 33; ausführlich § 19 Rn. 43).

3. Festlegung des Streitgegenstands durch den Antrag

38 Der Antragsteller muss im Antrag **Tatsachen vortragen,** die **möglicherweise** die **Amtsenthebung rechtfertigen;** denn erst durch den Tatsachenvortrag wird der Streitgegenstand bestimmt (s. auch 19 Rn. 51).

39 Antragsgegner ist das Betriebsratsmitglied, dessen Amtsenthebung beantragt wird. Beteiligt ist weiterhin der Betriebsrat, sofern seine Beteiligtenstellung sich nicht schon daraus ergibt, dass er den Antrag gestellt hat; denn durch das Amtsenthebungsverfahren wird seine Zusammensetzung unmittelbar berührt. Der Arbeitgeber ist nur beteiligt, wenn er die Amtsenthebung beantragt hat.

40 Sofern der Antrag einen ausreichenden Sachvortrag enthält, können weitere und andere Amtspflichtverletzungen nachträglich vorgetragen werden. Das Arbeitsgericht hat von Amts wegen alle erkennbaren Pflichtverletzungen bei seiner Entscheidung zu berücksichtigen. Das Arbeitsgericht muss ihnen allerdings nur nachgehen, wenn ein Anhaltspunkt sich aus dem Vortrag der Beteiligten ergibt. Es darf aber seiner Entscheidung keinen Sachverhalt zu Grunde legen, für den sich aus dem Vortrag der Antragsteller kein Anhaltspunkt ergibt; denn die Prüfungskompetenz des Arbeitsgerichts wird auch im Beschlussverfahren durch den Streitgegenstand bestimmt.

4. Erlöschen der Mitgliedschaft während des Beschlussverfahrens

41 a) Ist die Amtszeit abgelaufen oder die Mitgliedschaft des Betriebsratsmitglieds aus einem anderen Grund erloschen, so kann das Beschlussverfahren nicht mehr zum Ausschluss aus dem Betriebsrat führen; denn die **Mitgliedschaft im Betriebsrat** ist eine **materiellrechtliche Voraussetzung** für die richterliche Gestaltung. Der Antrag wird also unbegründet.

42 Nach Auffassung des BAG entfällt in diesem Fall das Rechtsschutzinteresse (BAG 8. 12. 1961 AP BetrVG 1972 § 23 Nr. 7; 29. 4. 1969 AP BetrVG § 23 Nr. 9; ebenso LAG Berlin 19. 6. 1978, DB 1979, 112; LAG Bremen 27. 10. 1987, DB 1988, 136; GK-*Oetker*, § 23 Rn. 78; HSWGNR-*Schlochauer*, § 23 Rn. 32; DKK-*Trittin*, § 23 Rn. 34; im Ergebnis ebenso jedoch ohne Begründung: *Fitting*, § 23 Rn. 25). Es seien daher die Entscheidungen der Vorinstanzen, auch ohne Antrag oder Erledigungserklärung der Beteiligten, aufzuheben und auszusprechen, dass das Verfahren erledigt sei (BAG 8. 12. 1961 AP BetrVG § 23 Nr. 7; für Abweisung des Antrags als unzulässig LAG Bremen 27. 10. 1987, DB 1988, 136; GK-*Oetker*, § 23 Rn. 78). Wenn die Beteiligten das Verfahren übereinstimmend für erledigt erklärt haben (vgl. § 83 a ArbGG), braucht das Arbeitsgericht nicht von Amts wegen zu ermitteln, ob der Antrag sich erledigt hat. Diese Prüfung ist vielmehr nur vorzunehmen, wenn der Erledigungserklärung des Antragstellers widersprochen wird (vgl. § 83 a Abs. 3 ArbGG). Wenn das Erledigungsereignis

eingetreten ist, entfällt nicht das Rechtsschutzinteresse, sondern es ist antragsgemäß auszusprechen, dass das Verfahren erledigt ist. Wird kein Antrag gestellt, so kann das Verfahren nicht für erledigt erklärt werden, sondern es ist, da die beantragte Gestaltung nicht mehr herbeigeführt werden kann, der Antrag als unbegründet, bei Annahme eines Wegfalls des Rechtsschutzinteresses wegen des überholenden Ereignisses als unzulässig abzuweisen (vgl. auch *Fenn,* FS 25 Jahre BAG 1979, S. 91, 115 f.).

b) Wurde das auszuschließende Betriebsratsmitglied in den neuen Betriebsrat gewählt, so kann der **Antrag** auf Ausschluss aus dem neuen Betriebsrat **geändert** werden, wenn Gesichtspunkte geltend gemacht werden, dass durch die frühere Verfehlung auch das *gegenwärtige* Amt noch belastet ist (s. Rn. 24 ff.; a. A. – von seinem Standpunkt aus folgerichtig – BAG 29. 4. 1969 AP BetrVG § 23 Nr. 9; LAG München 12. 8. 2008 – 6 TaBV 133/07, juris), selbstverständlich aber nicht mehr in der Rechtsbeschwerdeinstanz (vgl. dazu auch *Fenn,* SAE 1970, 246 f.). 43

5. Verbindung des Amtsenthebungsantrags mit anderen Anträgen

a) Mit dem Antrag auf Amtsenthebung kann der **Antrag auf Ersetzung der Zustimmung des Betriebsrats zur außerordentlichen Kündigung** (§ 103 Abs. 2) verbunden werden. Beide Anträge können kumulativ gestellt werden (ebenso GK-*Oetker,* § 23 Rn. 73). Mit der durch die Kündigung herbeigeführten Beendigung des Amtes ist für die (weitere) Durchführung des Verfahrens nach § 23 allerdings kein Raum mehr (s. Rn. 41 f.). Zulässig ist, den Antrag auf Zustimmung zur Kündigung als Hauptantrag und den Antrag auf Amtsenthebung als Hilfsantrag zu stellen, aber nicht umgekehrt (ebenso *Fitting,* § 103 Rn. 44; GK-*Oetker,* § 23 Rn. 73; vgl. auch BAG 21. 2. 1978 AP BetrVG 1972 § 74 Nr. 1 [*Löwisch*]). 44

b) Mit dem Antrag auf Amtsenthebung kann ein **Antrag auf Auflösung des Betriebsrats** verbunden werden. Da aber bei Auflösung des Betriebsrats auch das Betriebsratsmitglied sein Amt verliert, muss der Antragsteller zwischen den Anträgen ein Eventualverhältnis herstellen (ebenso *Fitting,* § 23 Rn. 31; GK-*Oetker,* § 23 Rn. 74; a. A. GK-*Thiele* [Zweitbearbeitung], § 23 Rn. 49). Der Antrag auf Amtsenthebung ist gegenüber dem Auflösungsantrag kein *minus,* sondern ein *aliud* (s. auch Rn. 62). 45

c) Mit dem Antrag auf Amtsenthebung kann weiterhin eine **Wahlanfechtung** verbunden werden (ebenso GK-*Oetker,* § 23 Rn. 76; s. zur Zulässigkeit der Anfechtung der Wahl eines einzelnen Betriebsratsmitglieds § 19 Rn. 49). Für die Antragsverbindung kommt nur eine Eventualstellung in Betracht. 46

6. Entscheidung des Arbeitsgerichts

Das Arbeitsgericht muss das Betriebsratsmitglied seines **Amtes entheben,** wenn es eine **grobe Verletzung seiner gesetzlichen Pflichten** als erwiesen ansieht. Den Tatsacheninstanzen ist aber ein *Beurteilungsspielraum* eingeräumt (vgl. BAG 2. 11. 1955 AP BetrVG § 23 Nr. 1; 5. 9. 1967 AP BetrVG § 23 Nr. 8; 21. 2. 1978 AP BetrVG 1972 § 74 Nr. 1). 47

Der **Verlust des Amtes** tritt mit der **Rechtskraft der arbeitsgerichtlichen Entscheidung** ein. Bis zu diesem Zeitpunkt bleibt das Betriebsratsmitglied im Amt. 48

Durch **einstweilige Verfügung,** die das Arbeitsgericht auf Antrag im Beschlussverfahren erlässt, kann dem Betriebsratsmitglied die weitere Amtsausübung bis zur rechtskräftigen Entscheidung untersagt werden (§ 85 Abs. 2 ArbGG; ebenso BAG 29. 4. 1969 AP BetrVG § 23 Nr. 9; LAG Hamm, AR-Blattei: Betriebsverfassung X, Entsch. 35 = EzA § 23 BetrVG 1972 Nr. 2; *Fitting,* § 23 Rn. 32; DKK-*Trittin,* § 23 Rn. 37; GK-*Oetker,* § 23 Rn. 82; *Nikisch,* Bd. III S. 129; *Neumann-Duesberg,* S. 259). Der Betriebsrat kann aber nicht selbst durch Mehrheitsbeschluss das Mitglied an der Ausübung seines Amtes hindern. 49

50 Die Amtsenthebung nimmt dem ausgeschlossenen Betriebsratsmitglied **nicht** die **Wählbarkeit**, so dass es anschließend von neuem gewählt werden kann (s. ausführlich § 8 Rn. 44 f.).

III. Auflösung des Betriebsrats

1. Materiell-rechtliche Voraussetzungen

51 a) Für die Auflösung des Betriebsrats selbst gelten grundsätzlich **gleiche Voraussetzungen** wie für den **Ausschluss eines einzelnen Betriebsratsmitglieds**. Es muss sich jedoch um ein Verhalten des Betriebsrats als solchen handeln, das als grobe Verletzung der gesetzlichen Pflichten erscheint. In Betracht kommt hier vor allem eine **Vernachlässigung seiner gesetzlichen Aufgaben und Befugnisse**, die er im Rahmen der Mitbestimmungsordnung hat, wie sie sich aber auch sonst aus dem Gesetz ergeben (z. B. § 16 [Bestellung eines Wahlvorstands], §§ 26, 27 [Organisation des Betriebsrats], § 43 [Betriebs- und Abteilungsversammlungen] oder § 47 [Bestellung eines Gesamtbetriebsrats]). Eine Verletzung seiner gesetzlichen Pflichten liegt auch darin, dass der Betriebsrat durch den Abschluss einer Betriebsvereinbarung seine Zuständigkeit zur Regelung von Arbeitsbedingungen überschreitet, z. B. eine Betriebsvereinbarung unter **Verstoß gegen § 77 Abs. 3** abschließt (ebenso BAG 7. 8. 1991 AP BetrVG 1972 § 77 Nr. 2 Tarifvorbehalt; 22. 6. 1993 AP BetrVG 1972 § 23 Nr. 22; HSWGNR-*Schlochauer*, § 23 Rn. 46; GK-*Oetker*, § 23 Rn. 101; s. aber auch Rn. 53). Das Gleiche gilt auch für Regelungsabreden, die einen erkennbar gesetzeswidrigen Inhalt haben (ebenso *Fitting*, § 23 Rn. 37).

52 Außerdem kommen die gleichen Tatbestände in Betracht, die auch für ein einzelnes Betriebsratsmitglied eine Amtspflichtverletzung bedeuten (s. Rn. 11 ff.). Aber es ist in diesen Fällen darauf abzustellen, ob der Betriebsrat als solcher tätig oder nicht tätig geworden ist, z. B. bei einer parteipolitischen Betätigung im Betrieb. Außerdem muss beachtet werden, dass zwar das einzelne Betriebsratsmitglied für seine Gewerkschaft im Betrieb tätig werden darf, nicht aber der Betriebsrat als Repräsentant der Arbeitnehmer in der Betriebsverfassung (s. auch § 74 Rn. 78).

53 b) Es muss sich um einen **groben Verstoß** handeln, d. h. die Pflichtverletzung muss objektiv erheblich und offensichtlich schwerwiegend sein (so BAG 22. 6. 1993 AP BetrVG 1972 § 23 Nr. 22; BAG 28. 5. 2002, NZA 2003, 166; s. auch Rn. 27). Dabei ist zu berücksichtigen, dass die Auflösung des Betriebsrats eine besonders einschneidende Sanktion ist. Deshalb ist nach Ansicht des BAG ein grober Verstoß nur anzunehmen, „wenn unter Berücksichtigung aller Umstände die weitere Amtsausübung des Betriebsrats untragbar erscheint" (BAG 22. 6. 1993 AP BetrVG 1972 § 23 Nr. 22 dort verneint für einen Verstoß gegen § 77 Abs. 3, weil für die Betriebsratsmitglieder als Nichtjuristen schwer zu erkennen gewesen sei, ob auf Grund einer Öffnungsklausel von der Tarifvertragsregelung durch Betriebsvereinbarung abgewichen werden kann).

54 c) Im Gegensatz zur Amtsenthebung eines einzelnen Betriebsratsmitglieds kommt eine eigentliche **Schuld** nicht in Betracht (ebenso BAG 22. 6. 1993 AP BetrVG 1972 § 23 Nr. 22). Schuldhaft können immer nur einzelne handeln, aber nicht ein Gremium als solches. Da es darauf ankommt, ob der Betriebsrat seine Pflichten verletzt hat, ist auch nicht entscheidend, ob die Mehrheit schuldhaft gehandelt hat. Beruht die Pflichtverletzung auf einem Beschluss, so braucht zudem gar nicht festzustehen, wer für ihn gestimmt hat. Eine Auflösung des Betriebsrats ist auch möglich, wenn die Mehrheit seiner Mitglieder gar nicht hinter dem Beschluss steht, weil ein erheblicher Teil der Mitglieder an der Beschlussfassung nicht teilgenommen hat. Es ist daher allein entscheidend, ob objektiv eine grobe Verletzung der Pflichten vorliegt (ebenso BAG 22. 6. 1993 AP BetrVG 1972 § 23 Nr. 22; LAG Hamm 25. 5. 1959, DB 1959, 1227; *Brecht*, § 23

B. Amtsenthebung eines Betriebsratsmitglieds und Auflösung des Betriebsrats § 23

Rn. 13; *Fitting*, § 23 Rn. 40; GL-*Marienhagen*, § 23 Rn. 34; HSWGNR-*Schlochauer*, § 23 Rn. 43; HWK-*Reichold*, § 23 Rn. 20; GK-*Oetker*, § 23 Rn. 97, 100; a. A. *Nikisch*, Bd. III S. 117, der auch hier ein Verschulden fordert; so auch *Galperin/Siebert*, § 23 Rn. 18).

Für die Beurteilung, ob ein grober Verstoß vorliegt, ist jedoch entscheidend, ob unter 55 Berücksichtigung aller Umstände die weitere Amtsausübung des Betriebsrats untragbar erscheint (s. Rn. 53). Maßgebend ist deshalb nicht allein die Bedeutung der Pflicht, gegen die verstoßen wird, sondern es muss auch berücksichtigt werden, ob für die Betriebsratsmitglieder erkennbar war, dass der Betriebsrat durch eine Handlung, Duldung oder Unterlassung seine gesetzlichen Pflichten verletzt hat, z. B. durch den Abschluss einer Betriebsvereinbarung gegen § 77 Abs. 3 verstieß (so BAG 22. 6. 1993 AP BetrVG 1972 § 23 Nr. 22).

d) An **Einzelfällen** hat die Rechtsprechung darüber hinaus bislang anerkannt: Miss- 56 achtung der Vertraulichkeit persönlicher Informationen (LAG Berlin 26. 6. 1986, AuR 1989, 258: Aushang von Protokollen von Betriebsratssitzungen am Schwarzen Brett, auf denen die Gehaltshöhe der von einer personellen Einzelmaßnahme betroffenen Arbeitnehmer bekannt gegeben wurde; erhebliche Verstöße gegen das Gebot zur vertrauensvollen Zusammenarbeit (illustrativ ArbG Krefeld 6. 2. 1995, NZA 1995, 803: Terminierung von Betriebsversammlungen ohne Rücksicht auf betriebliche Belange, Strafanzeige gegen den Geschäftsführer ohne Anhaltspunkte, bewusst wahrheitswidrige Darstellung in Infos des Betriebsrats); unterlassene Einberufung von Pflichtversammlungen nach § 43, insb. wenn die Gewerkschaft einen Antrag nach Abs. 4 gestellt hat (LAG Hamm 25. 5. 1959, DB 1959, 1227; LAG Frankfurt 12. 8. 1993, AuR 1994, 107); keine Einberufung von Betriebsratsversammlungen über einen längeren Zeitraum und keine Erstattung von Tätigkeitsberichten (LAG Hamm 25. 9. 1959, DB 1959, 1227), keine Betriebsratssitzungen über einen längeren Zeitraum (ArbG Wetzlar 22. 9. 1992, BB 1992, 2216) – s. hierzu jetzt § 40 Rn. 61 ff.; eigenmächtiges Einrichten einer Homepage (ArbG Paderborn 29. 1. 1998, DB 1998, 678); Unterstützung von Maßregelungskündigungen (ArbG Freiburg 15. 10. 1997, AiB 1998, 402); Verstoß gegen Pflichten aus § 75 Abs. 2 (BAG 8. 6. 1999 AP BetrVG 1972 § 87 Nr. 31 Ordnung des Betriebs); Zusage von Unterstützung einer Bewerberin durch einen Betriebsrat, soweit diese sich sexuell gefällig verhalte (Hessisches LAG 11. 12. 2008 – 9 TaBV 141/08, juris). **Kein grober Verstoß** liegt in der Fehlwertung in einer ungeklärten Rechtsfrage, die zu einer Verletzung der Pflichten aus § 75 Abs. 2 S. 1 führt (BAG 28. 5. 2002, NZA 2003, 166); Gespräche über die Beendigung von Arbeitsverhältnissen gegen Abfindung, ohne zuvor den Betriebsrat nach § 102 angehört zu haben (LAG Hamm 19. 7. 2002, NZA-RR 2002, 642).

2. Verfahren

a) Die Auflösung des Betriebsrats erfolgt auf Antrag durch **Beschluss des Arbeits-** 57 **gerichts**. Die Entscheidung ergeht im Beschlussverfahren (§ 2a Abs. 1 Nr. 1, Abs. 2 i. V. mit §§ 80 ff. ArbGG).

b) **Antragsberechtigt** sind ein **Viertel der wahlberechtigten Arbeitnehmer des Betriebs** 58 (s. Rn. 33), **jede im Betrieb vertretene Gewerkschaft** (s. Rn. 34) und der **Arbeitgeber**. Dagegen scheidet selbstverständlich hier ein Antrag des Betriebsrats aus.

Der **Antrag** muss einen **betriebsverfassungsrechtlich erheblichen Tatbestand** enthalten, der möglicherweise die Auflösung des Betriebsrats rechtfertigt (s. auch § 19 Rn. 51 f.). Antragsgegner ist der Betriebsrat.

c) **Endet die Amtszeit des Betriebsrats während des Beschlussverfahrens**, so kann eine 59 Entscheidung nicht mehr dahin ergehen, dass der Betriebsrat aufgelöst wird. Der Antrag wird unbegründet. Die Beteiligten können das **Verfahren** für **erledigt erklären** (§ 83 a ArbGG). Erfolgt nur eine einseitige Erledigungserklärung des Antragstellers, der die übrigen Beteiligten innerhalb der vom Vorsitzenden des Arbeitsgerichts bestimmten Frist widersprechen, so muss das Arbeitsgericht prüfen, ob eine Amtsbeendigung eingetreten ist. Erfolgt trotz Amtsbeendigung keine Erledigungserklärung, so muss der Antrag als unbegründet, bei Annahme eines fehlenden Rechtsschutzinteresses als unzulässig zurückgewiesen werden (s. auch Rn. 41 f.).

60 Der Betriebsrat kann sich nicht durch **Rücktritt** dem Auflösungsverfahren entziehen, und zwar schon deshalb nicht, weil sein Amt nicht durch einen Rücktrittsbeschluss sofort beendet wird; der Betriebsrat hat vielmehr die Geschäfte weiterzuführen, bis der neue Betriebsrat gewählt und das Wahlergebnis bekanntgegeben ist (§ 22; ebenso *Fitting*, § 23 Rn. 44; HSWGNR-*Schlochauer*, § 23 Rn. 50; DKK-*Trittin*, § 23 Rn. 58; GK-*Oetker*, § 23 Rn. 104). Auch der geschäftsführende Betriebsrat kann noch durch Beschluss des Arbeitsgerichts aufgelöst werden (s. auch § 22 Rn. 8). Dagegen kann dem Verfahren dadurch der Boden entzogen werden, dass sämtliche Betriebsrats- und Ersatzmitglieder ihr Amt niederlegen; denn in diesem Fall ist ein Betriebsrat, der noch aufgelöst werden könnte, nicht mehr vorhanden (ebenso *Oetker*, a. a. O.; a. A. *Fitting*, *Schlochauer*, *Trittin*, jeweils a. a. O.).

3. Verbindung des Auflösungsantrags mit anderen Anträgen

61 a) Der Auflösungsantrag kann auch mit einer **Wahlanfechtung** verbunden werden. Erklärt das Gericht aber die Wahl des gesamten Betriebsrats für ungültig, so wird dadurch dem Auflösungsantrag der Boden entzogen. Wird im Verfahren festgestellt, dass der Betriebsrat aus einer nichtigen Wahl hervorgegangen ist, so entfällt ebenfalls die Möglichkeit, den Betriebsrat aufzulösen; das Arbeitsgericht stellt lediglich fest, dass ein Betriebsrat nicht besteht. Ein besonderer Antrag, die Nichtigkeit der Betriebsratswahl festzustellen, ist hier nicht einmal erforderlich, weil auch im Auflösungsverfahren die Vorfrage zu beantworten ist, ob überhaupt ein Betriebsrat besteht.

62 b) Mit dem Antrag auf Auflösung des Betriebsrats kann – eventualiter – der **Antrag auf Amtsenthebung eines Betriebsratsmitglieds** gestellt werden (vgl. auch *Buchner*, FS G. Müller, S. 93, 99). Ist dagegen der Antrag nur auf Auflösung des Betriebsrats gerichtet, so kann das Arbeitsgericht nicht den Ausschluss eines Betriebsratsmitglieds oder mehrerer Betriebsratsmitglieder aussprechen; denn es handelt sich um verschiedene Streitgegenstände. Keineswegs kann in dem Antrag auf Auflösung des Betriebsrats der auf Abberufung einzelner Mitglieder als der geringere erblickt werden; es handelt sich vielmehr um Anträge mit unterschiedlichen Voraussetzungen und anderen Rechtsfolgen (ebenso *Stege/Weinspach/Schiefer*, § 23 Rn. 12; GK-*Oetker*, § 23 Rn. 75).

4. Entscheidung des Arbeitsgerichts

63 Das Arbeitsgericht muss den **Betriebsrat auflösen,** wenn es eine **grobe Pflichtverletzung** als **erwiesen** ansieht. Es hat, da es sich um unbestimmte Rechtsbegriffe handelt, lediglich einen Beurteilungsspielraum (s. auch Rn. 47).

64 Das Amt des Betriebsrats endet mit der **Rechtskraft des Beschlusses,** durch den er aufgelöst wird. Die Rechtskraft tritt ein, wenn gegenüber allen Beteiligten, d. h. hier immer alle Betriebsratsmitglieder sowie die Antragsteller und der Arbeitgeber, die Rechtsmittelfrist bzw. die Frist für die Nichtzulassungsbeschwerde (§ 92 a ArbGG; vgl. auch LAG Hamm, DB 1978, 216) abgelaufen ist oder das Rechtsbeschwerdegericht, also das BAG, entschieden hat (ebenso GK-*Oetker*, § 23 Rn. 110).

65 Da der Betriebsrat bis zur Rechtskraft des Auflösungsbeschlusses im Amt bleibt, hat er bis zu diesem Zeitpunkt die Rechte und Pflichten eines Betriebsrats. Zwar kann das Arbeitsgericht auf Antrag im Beschlussverfahren eine **einstweilige Verfügung** erlassen, sofern eine Regelung zur Abwendung wesentlicher Nachteile oder aus anderen Gründen nötig erscheint (§ 85 Abs. 2 ArbGG i. V. mit § 940 ZPO). Durch eine einstweilige

Verfügung kann aber dem Betriebsrat als solchem nicht die Amtsführung überhaupt untersagt werden, sondern es kann lediglich eine *Zwischenregelung* gegeben werden.

5. Rechtswirkungen der Auflösung

a) Die **Auflösung des Betriebsrats** durch das Arbeitsgericht ist eine **Gestaltungsentscheidung**, die ihre Rechtswirksamkeit mit der **Rechtskraft des Beschlusses** entfaltet. Damit endet das Amt des Betriebsrats. 66

b) Erst mit Rechtskraft des Auflösungsbeschlusses verlieren auch die **Betriebsratsmitglieder** ihr Amt. Es rücken nicht die Ersatzmitglieder nach; denn auch sie verlieren ihre Stellung, weil der Betriebsrat als solcher zu bestehen aufhört. Bis zum Eintritt der Rechtskraft des Auflösungsbeschlusses besteht die persönliche Rechtsstellung als Betriebsratsmitglied, insbesondere der besondere Kündigungsschutz (vgl. LAG Hamm 9. 11. 1977, DB 1978, 216). Nach diesem Zeitpunkt besteht dagegen nicht einmal der nachwirkende Kündigungsschutz nach 15 Abs. 1 Satz 2 KSchG, weil die Beendigung der Mitgliedschaft hier auf einer gerichtlichen Entscheidung beruht (vgl. auch Anhang zu § 103; ebenso *Fitting*, § 23 Rn. 43; *Stege/Weinspach/ Schiefer*, § 23 Rn. 13; GK-*Oetker*, § 23 Rn. 114; a. A. wenn nicht das einzelne Mitglied ausgeschlossen, sondern der gesamte Betriebsrat aufgelöst wird DKK-*Trittin*, § 23 Rn. 62). 67

6. Neuwahl eines Betriebsrats

a) Da der Betriebsrat mit Rechtskraft des Auflösungsbeschlusses zu bestehen aufhört, ist ein **neuer Betriebsrat vorzeitig zu wählen** (§ 13 Abs. 2 Nr. 5). 68

b) Da der aufgelöste Betriebsrat nicht zur Weiterführung der Geschäfte bis zur Neuwahl berechtigt ist, kann er auch nicht den Wahlvorstand bestellen, sondern das **Arbeitsgericht** setzt einen **Wahlvorstand für die Neuwahl** ein (Abs. 2 Satz 1). Dessen Einsetzung erfolgt *unverzüglich*, d. h. ohne schuldhaftes Zögern, nach Rechtskraft des Auflösungsbeschlusses. Das Arbeitsgericht wird *von Amts wegen* tätig; es bedarf also nicht eines besonderen Antrags. Eine Verbindung der Bestellung mit der Entscheidung über die Auflösung des Betriebsrats ist nicht möglich, weil die Einsetzung des Wahlvorstands Rechtskraft des Auflösungsbeschlusses voraussetzt (ebenso HSWGNR-*Schlochauer*, § 23 Rn. 57; HWK-*Reichold*, § 23 Rn. 25; GK-*Oetker*, § 23 Rn. 117; a. A. *Fitting*, § 23 Rn. 46, der diesem Erfordernis dadurch Rechnung trägt, dass der Beschlusstenor zunächst die Auflösung des Betriebsrats feststellt, danach die Mitglieder des Wahlvorstands bestellt und diese Bestellung von der Rechtskraft des Auflösungsbeschlusses abhängig macht). 69

Zuständig für die Einsetzung des Wahlvorstands ist stets das Arbeitsgericht erster Instanz (ebenso GK-*Oetker*, § 23 Rn. 118). Es entscheidet im Beschlussverfahren. Gegen den Einsetzungsbeschluss findet, weil er das Verfahren beendet, die Beschwerde nicht nach § 78 ArbGG, sondern nach § 87 ArbGG statt (ebenso GK-*Oetker*, § 23 Rn. 118). 70

§ 16 Abs. 2 gilt entsprechend (Abs. 2 Satz 2). Die Verweisung bezieht sich aber **nur** auf das **Vorschlagsrecht für die Zusammensetzung des Wahlvorstands** und die **Aufnahme betriebsfremder Gewerkschaftsmitglieder in den Wahlvorstand**; denn die Einsetzung des Wahlvorstands erfolgt von Amts wegen. Daher wurde auch nach Ergänzung des § 16 BetrVG um Abs. 3 durch das BetrVerf-Reformgesetz vom 23. 7. 2001 (BGBl. I S. 1852) dessen entsprechende Anwendung nicht vorgesehen; auch hier geht es nur um den Wahlvorstand. 71

Die entsprechende Anwendung des § 16 Abs. 2 Satz 2 ist so zu verstehen, dass die Antragsteller, die das Beschlussverfahren über die Auflösung des Betriebsrats eingeleitet haben, also im Gegensatz zu § 16 Abs. 2 auch der Arbeitgeber, wenn er den Auflösungsantrag gestellt hatte, Vorschläge für die Zusammensetzung des Wahlvorstands machen können (vgl. auch die Begründung des RegE, BT-Drucks. VI/1786, S. 39; ebenso GL- 71a

Marienhagen, § 23 Rn. 47; HSWGNR-*Schlochauer*, § 23 Rn. 58; GK-*Oetker*, § 23 Rn. 119; a. A. *Fitting*, § 23 Rn. 47; DKK-*Trittin*, § 23 Rn. 64; *Joost*, MünchArbR § 222 Rn. 24). Die Vorschläge sind nicht in dem Antrag auf Auflösung des Betriebsrats zu machen; sie haben in ihm sogar nichts zu suchen, weil eine Verbindung der Bestellung mit der Entscheidung über die Auflösung des Betriebsrats ausgeschlossen ist (s. Rn. 69; ebenso GL-*Marienhagen*, § 23 Rn. 47; HSWGNR-*Schlochauer*, § 23 Rn. 58). Für Betriebe mit in der Regel mehr als zwanzig wahlberechtigten Arbeitnehmern kann das Arbeitsgericht auch Mitglieder einer im Betrieb vertretenen Gewerkschaft, die nicht Arbeitnehmer des Betriebs sind, zu Mitgliedern des Wahlvorstands bestellen, wenn dies zur ordnungsgemäßen Durchführung der Wahl erforderlich ist (Abs. 2 Satz 2 i. V. mit § 16 Abs. 2 Satz 3; s. § 16 Rn. 44 ff.).

C. Zwangsverfahren gegen den Arbeitgeber

I. Rechtsdogmatische Bedeutung des Abs. 3

1. Entstehungsgeschichte des Abs. 3

72   Die Regelung in Abs. 3 gibt dem **Betriebsrat** oder einer **im Betrieb vertretenen Gewerkschaft** die **Möglichkeit**, bei **groben Verstößen des Arbeitgebers** gegen seine Verpflichtungen aus diesem Gesetz beim Arbeitsgericht ein **Zwangsverfahren einzuleiten**. Die Vorschrift ist den **Zwangsvollstreckungsbestimmungen der §§ 888, 890 ZPO nachgebildet**, die nach § 85 Abs. 1 ArbGG auch für die Zwangsvollstreckung im Rahmen des arbeitsgerichtlichen Beschlussverfahrens gelten.

73   Berücksichtigt man, dass immer dann, wenn ein Streit darüber besteht, ob der Arbeitgeber seine Pflichten aus diesem Gesetz erfüllt hat, ein Beschlussverfahren vor dem Arbeitsgericht durchgeführt werden kann, so erscheint die Bestimmung überflüssig, weil bereits generell durch das arbeitsgerichtliche Beschlussverfahren und die ihm sich anschließende Möglichkeit einer Zwangsvollstreckung gewährleistet wird, dass der Arbeitgeber seine Pflichten aus dem Gesetz einhält (vgl. *K. Weber*, Erzwingungsverfahren, S. 10 ff.). Die Vorschrift ist nur „im Hinblick auf die Sanktionsregelungen gegen den Betriebsrat in Abs. 1 aus Gründen der Gleichgewichtigkeit" geschaffen worden (vgl. Bericht des BT-Ausschusses für Arbeit und Sozialordnung, zu BT-Drucks. VI/2729, S. 21; s. auch Rn. 7).

2. Zweck des Abs. 3

74   Wie Abs. 1 dient Abs. 3 dem **Schutz der betriebsverfassungsrechtlichen Ordnung**. Bezweckt wird, dass der Arbeitgeber sich *in Zukunft* gesetzeskonform verhält. Darin liegt die **eigenständige Bedeutung** des in Abs. 3 geregelten Zwangsverfahrens.

75   Abs. 3 verdrängt nicht das **Recht, nach allgemeinen Grundsätzen ein Beschlussverfahren einzuleiten**, wenn der Arbeitgeber seine Pflichten aus diesem Gesetz nicht erfüllt, und aus einem Beschluss, durch den ihm eine Verpflichtung auferlegt wird, nach § 85 Abs. 1 ArbGG i. V. mit §§ 888, 890 ZPO die Zwangsvollstreckung durchzuführen, ohne dass eine grobe Pflichtverletzung vorliegen muss. Es entspricht nämlich nicht dem Zweck des Abs. 3, die Zwangsmittel gegen den Arbeitgeber einzuschränken. Wird die Verletzung *eigener Rechte* durch den Arbeitgeber geltend gemacht, so braucht kein Betriebsrat und keine im Betrieb vertretene Gewerkschaft nach Abs. 3 vorzugehen. Das in Abs. 3 geregelte Erzwingungsverfahren hat deshalb selbstständige Bedeutung nur insoweit, als dem Betriebsrat und jeder im Betrieb vertretenen Gewerkschaft ermöglicht wird, die Verletzung *fremder Rechte* aus dem BetrVG durch den Arbeitgeber gerichtlich geltend zu machen und ein gesetzestreues Verhalten durch die Verhängung von Zwangsmitteln

gegen den Arbeitgeber durchzusetzen (so *Dütz,* AuR 1973, 353, 356; vgl. auch *K. Weber,* Erzwingungsverfahren, S. 79 f., 87 f.). Doch trifft es nicht zu, dass dadurch eine *Prozessstandschaft* eingeräumt wird. Betriebsrat und Gewerkschaft erhalten nicht das Recht, fremde Rechte im eigenen Namen einzuklagen; denn die Gestaltung des Zwangsverfahrens sichert hier nur, dass der Arbeitgeber sich so verhält, wie ihm durch eine rechtskräftige gerichtliche Entscheidung auferlegt ist. Seine grobe Pflichtverletzung ist nur eine Rechtsschutzvoraussetzung für die Einleitung des Zwangsverfahrens. Gesichert wird durch Abs. 3 also nur, dass der Arbeitgeber sich in Zukunft gesetzeskonform verhält.

Dennoch hatte der Erste Senat des BAG im Beschluss vom 22. 2. 1983 angenommen, dass Abs. 3 für den **Unterlassungsanspruch des Betriebsrats** gegen den Arbeitgeber eine **abschließende Regelung** enthalte, soweit es um Verletzungen des Mitbestimmungsrechts gehe (BAG 22. 2. 1983 AP BetrVG 1972 § 23 Nr. 2 [zust. *v. Hoyningen-Huene*] = EzA § 23 BetrVG 1972 Nr. 9 [zust. *Rüthers/Henssler*]; ebenso BAG 17. 5. 1983 AP BetrVG 1972 § 80 Nr. 19). Die Ableitung einer *materiell-rechtlichen Anspruchsgrundlage* für den *Unterlassungsanspruch* aus Abs. 3 war aber schon deshalb nicht schlüssig begründet, weil das BAG einen von Abs. 3 unabhängigen Anspruch auf *Erfüllung* betriebsverfassungsrechtlicher Verpflichtungen des Arbeitgebers bejaht hat (vgl. BAG 17. 5. 1983 AP BetrVG 1972 § 80 Nr. 19). Die Konstruktion des BAG diente ausschließlich dem Zweck, bei einem mitbestimmungswidrigen Verhalten des Arbeitgebers einen Unterlassungsanspruch des Betriebsrats unter den in Abs. 3 genannten Voraussetzungen einzuräumen (vgl. auch abl. GK-*Oetker,* § 23 Rn. 127 ff.).

Der Erste Senat des BAG hat im Beschluss vom 3. 5. 1994 – allerdings damals nur in einem *obiter dictum* – seine bisherige Rechtsprechung aufgegeben, dass der Unterlassungsanspruch des Betriebsrats bei einer Verletzung seiner Mitbestimmungsrechte aus § 87 Abs. 1 eine grobe Pflichtverletzung des Arbeitgebers i. S. des Abs. 3 voraussetze (BAG 3. 5. 1994 AP BetrVG 1972 § 23 Nr. 23 [zust. *Richardi*]; bestätigt ohne Entscheidungserheblichkeit BAG 6. 12. 1994 AP BetrVG 1972 § 23 Nr. 24; mit Entscheidungserheblichkeit BAG 23. 7. 1996 AP BetrVG 1972 § 87 Nr. 68 Arbeitszeit; vgl. auch *Richardi,* NZA 1995, 8 ff.; *Prütting,* RdA 1995, 257 ff.; abl. *Walker,* DB 1995, 1961 ff.). Abs. 3 sichert die Mitbestimmung des Betriebsrats nur in künftigen Fällen, gibt aber keinen Anspruch auf *Rückgängigmachung* einer ohne seine Beteiligung durchgeführten Maßnahme. Deshalb ist er rechtsdogmatisch **keine Sonderregelung negatorischer Haftung des Arbeitgebers gegenüber dem Betriebsrat bei Verletzung von dessen Beteiligungsrechten**.

3. Verhältnis zu anderen Sanktionsregelungen

Von dem hier geregelten Zwangsverfahren ist das **Mitbestimmungssicherungsverfahren** zu unterscheiden, wie es in § 98 Abs. 5 sowie § 101 und § 104 geregelt ist. Der Anwendungsbereich ist verschieden. Deshalb trifft es nicht zu, dass die Vorschriften der §§ 98 Abs. 5, §§ 101 und 104 gegenüber Abs. 3 Spezialvorschriften seien (so der Bericht des BT-Ausschusses für Arbeit und Sozialordnung, zu BT-Drucks. VI/2729, S. 21). Soweit § 101 dem Betriebsrat einen Aufhebungsanspruch gibt, wenn der Arbeitgeber eine personelle Einzelmaßnahme unter Verletzung des Mitbestimmungsverfahrens durchführt, zielt der Anspruch auf die *Beseitigung eines mitbestimmungswidrigen Zustands* (ebenso BAG 17. 3. 1987 AP BetrVG 1972 § 23 Nr. 7). Rechtsdogmatisch handelt es sich um einen negatorischen Anspruch. Durch die Rückgängigmachung der personellen Maßnahme soll die Beeinträchtigung des dem Betriebsrat eingeräumten Rechts beseitigt werden (vgl. *Richardi,* FS Wlotzke, S. 407, 410 ff.).

Damit steht zugleich fest, dass **§ 101 gegenüber § 23 Abs. 3 keine Sondervorschrift** enthält (ebenso BAG 17. 3. 1987 AP BetrVG 1972 § 23 Nr. 7 unter Aufgabe von BAG

§ 23 Verletzung gesetzlicher Pflichten

5. 12. 1978 AP BetrVG 1972 § 101 Nr. 4, s. auch § 101 Rn. 2). Beide Vorschriften finden vielmehr nebeneinander Anwendung; denn Abs. 3 gibt dem Betriebsrat einen Anspruch auf künftige Beachtung seiner Mitbestimmungsrechte. Der in § 101 Satz 1 eingeräumte Anspruch ist dagegen primär ein Beseitigungsanspruch. Hebt der Arbeitgeber die mitbestimmungswidrig durchgeführte oder aufrechterhaltene Maßnahme auf, so endet die Mitbestimmungsbeeinträchtigung. § 101 erfasst nach seinem Wortlaut nicht die Abwehr einer zu *erwartenden* Mitbestimmungsverletzung. Er umfasst also nicht – wie bei Beeinträchtigungen des Eigentums nach § 1004 Abs. 1 Satz 2 BGB oder des Namensrechts nach § 12 Satz 2 BGB – die Unterlassungsklage, sondern insoweit findet ausschließlich § 23 Abs. 3 Anwendung.

4. Verhältnis zum Anspruch auf Beseitigung eines mitbestimmungswidrigen Zustands

80 a) Bei der **Mitbestimmung in sozialen Angelegenheiten** enthält das Gesetz keine Regelung über die Beseitigung eines mitbestimmungswidrigen Zustands. Auch Abs. 3 enthält insoweit **keine Sonderregelung** (s. Rn. 74 ff.); er bezieht sich vielmehr auf die Sicherung *zukünftigen Verhaltens* (vgl. *Raab*, Negatorischer Rechtsschutz des Betriebsrats, S. 67 ff.). Damit stellt sich die Frage, ob die Beteiligungsrechte dem Betriebsrat eine Rechtsposition einräumen, die bei deren Verletzung der Arbeitgebermaßnahme den Charakter des *Unrechts* ihm gegenüber geben; denn gelangt man zu diesem Ergebnis, so kann der Betriebsrat wie nach § 101 Satz 1 vom Arbeitgeber zur Beseitigung des mitbestimmungswidrigen Zustands die Aufhebung der Maßnahme verlangen.

81 Dem Ersten Senat des BAG erschien in seinem Beschluss vom 3. 5. 1994 fraglich, den Unterlassungsanspruch des Betriebsrats bei mitbestimmungswidrigem Verhalten des Arbeitgebers unmittelbar aus § 87 abzuleiten (BAG 3. 5. 1994 AP BetrVG 1972 § 23 Nr. 23 [unter B III 1]; seitdem ständige Rspr., s. BAG 13. 3. 2001, NZA 2002, 111; BAG 3. 5. 2006 AP BetrVG 1972 § 87 Nr. 119; ausführlich würdigend *Lobinger*, ZfA 2004, 101; nicht anerkannt im Personalvertretungsrecht, s. BAG 23. 1. 2001, AR-Blattei ES 15 000 Nr. 72 m. w. N.). Seine Begründung, der Anspruch ergebe sich bei den dort genannten Angelegenheiten aus der besonderen Rechtsbeziehung, die zwischen Arbeitgeber und Betriebsrat bestehe, ist aber recht inhaltsarm. Verschwommen bleibt es, wenn der Senat ausführt, diese Rechtsbeziehung sei einem gesetzlichen Dauerschuldverhältnis ähnlich; es werde bestimmt durch die Rechte und Pflichten, die in den einzelnen Mitwirkungstatbeständen normiert seien, sowie durch die wechselseitige Rücksichtspflichten, die sich aus § 2 Abs. 1 ergäben. Obwohl der Senat ausdrücklich feststellt, dass sich aus dieser Vorschrift keine Mitwirkungs- und Mitbestimmungsrechte ableiten lassen, kommt er zu dem Ergebnis, dass das allgemeine Gebot der vertrauensvollen Zusammenarbeit ausreiche, um zu einem Anspruch zu gelangen, alles zu unterlassen, was der Wahrnehmung des konkreten Mitbestimmungsrechts entgegenstehe. Diese Hilfskonstruktion verfehlt den materiellen Grund des negatorischen Rechtsschutzes. Gleiches gilt für eine Begründung mit § 78 Satz 1 (so aber *Dütz*, DB 1984, 115, 119 ff.; *Salje*, DB 1988, 909, 913).

82 Diese Hilfskonstruktionen werden nicht benötigt, weil der **negatorische Beseitigungsanspruch** eine Rechtsfigur darstellt, die keiner Absicherung im Gesetzestext bedarf. Er besteht, soweit eine dem Betriebsrat eingeräumte Berechtigung nach Inhalt und Rechtsfolgengestaltung ein besonders auf ihre Sicherung gerichtetes *Abwehrrecht* erfordert. Der Erste Senat weist zutreffend darauf hin, dass nicht jede Verletzung von Rechten des Betriebsrats ohne weiteres zu einem Unterlassungsanspruch führe; es komme vielmehr auf die einzelnen Mitbestimmungstatbestände, deren konkrete gesetzliche Ausgestaltung und die Art der Verletzung an (BAG 3. 5. 1994 AP BetrVG 1972 § 23 Nr. 23 [unter B III 1]). Das aber bedeutet zugleich, dass für jeden Mitbestimmungstatbestand geprüft werden muss, worin die dem Betriebsrat zugewiesene Berech-

C. Zwangsverfahren gegen den Arbeitgeber § 23

tigung liegt, bei deren Beeinträchtigung durch den Arbeitgeber ein negatorischer Beseitigungsanspruch des Betriebsrats besteht (vgl. *Richardi*, FS Wlotzke, S. 407 ff.; *ders.*, Anmerk. AP BetrVG 1972 § 23 Nr. 23). In Bezug auf § 75 Abs. 2 S. 1 hat die Rechtsprechung einen solchen Anspruch zurecht abgelehnt (BAG 28. 5. 2002, NZA 2003, 166).

Der allgemeine Unterlassungsanspruch wegen Verletzung von Mitbestimmungsrechten nach § 87 setzt die **Gefahr der Wiederholung** voraus. Für diese besteht eine tatsächliche Vermutung, es sei denn, dass besondere Umstände einen neuen Eingriff unwahrscheinlich machen (BAG 29. 2. 2000 AP BetrVG 1972 § 87 Nr. 105 Lohngestaltung). Nicht erforderlich ist dagegen das Vorliegen einer groben Pflichtverletzung i. S. v. § 23 Abs. 3 (BAG 3. 5. 1994 AP BetrVG 1972 § 23 Nr. 23; BAG 23. 7. 1996 AP BetrVG 1972 § 87 Nr. 68 Arbeitszeit; BAG 29. 2. 2000 AP BetrVG 1972 § 87 Nr. 105 Lohngestaltung; BAG 27. 1. 2004 AP BetrVG 1972 § 87 Nr. 40 Überwachung; ebenso *Fitting*, § 87 Rn. 596 und § 23 Rn. 99 f.; DKK-*Klebe*, § 87 Rn. 316; ErfK-*Kania*, 8. Aufl. 2008, Einl. vor § 74 BetrVG Rn. 28; GK-*Oetker*, § 23 Rn. 130 ff., 137 f. m. w. N.). 83

b) Für den Fall, dass **personelle Einzelmaßnahmen** ohne ordnungsmäßige Beteiligung des Betriebsrats durchgeführt werden, enthalten §§ 100, 101 spezielle Regelungen. § 101 enthält zwar gegenüber § 23 Abs. 3 keine Sondervorschrift (s. Rn. 78 ff.), er ist aber eine gesetzliche Konkretisierung des negatorischen Rechtsschutzes. Ein allgemeiner Unterlassungsanspruch kommt deshalb ergänzend nicht in Betracht (offengelassen, aber im entschiedenen Fall im Ergebnis wie hier BAG 6. 12. 1994 AP BetrVG 1972 § 23 Nr. 24; ohne Argumente a. A. DKK-*Trittin*, § 23 Rn. 131). 84

c) Bei beteiligungspflichtigen **Betriebsänderungen** ist der negatorische Rechtsschutz durch die Sanktionsregelung des § 113 ersetzt (h. M., s. hierzu ausführlicher § 111 Rn. 166); er besteht auch nicht in den zeitlichen Grenzen, die § 113 Abs. 3 Satz 2 und 3 dem Versuch eines Interessenausgleichs zieht (s. § 111 Rn. 166 ff.; a. A. *Derleder*, AuR 1985, 13; DKK-*Trittin*, § 23 Rn. 131; wie hier GK-*Oetker*, § 23 Rn. 152, 153; *Fitting*, § 111 Rn. 131 ff.; anders noch 21. Auflage § 23 Rn. 102; differenzierend ErfK-*Eisemann*, 8. Aufl. 2008, § 23 Rn. 34, der zurecht darauf hinweist, dass auch bei Anerkennung eines solchen Anspruchs, dieser regelmäßig ins Leere greifen wird, weil ein Interessenausgleich nicht mehr nachgeholt werden kann, wenn bei der gerichtlichen Entscheidung über den Antrag die Planungsphase schon überschritten ist). 85

d) Der allgemeine Unterlassungsanspruch kann anders als der Anspruch gem. § 23 Abs. 3 nach der Praxis der Landesarbeitsgerichte auch im einstweiligen Rechtsschutz geltend gemacht werden (LAG Frankfurt 19. 4. 1988, DB 1989, 128; zust. *Fitting*, § 23 Rn. 103; GK-*Oetker*, § 23 Rn. 142). 86

e) Unterlässt der Betriebsrat es über mehrere Jahre, einen Verstoß des Arbeitgebers gegen Mitbestimmungsrechte zu beanstanden, führt dies nicht zur **Verwirkung des Mitbestimmungsrechts**. Die materiell-rechtliche Verwirkung von Mitbestimmungsrechten ist grundsätzlich ausgeschlossen (vgl. BAG 28. 8. 2007 AP BetrVG 1972 § 95 Nr. 53). Insofern kommt nach wie vor ein Unterlassungsbegehren in Betracht. 86a

f) Zum **Anspruch der Gewerkschaft aus §§ 823, 1004 BGB** auf Unterlassung einer tarifvertragswidrigen Entlohnung auf Grund einer Regelungsabrede oder einer nach § 77 Abs. 3 nichtigen Betriebsvereinbarung s. § 77 Rn. 314.

g) Ob sich ein **Unterlassungsanspruch aus § 75 Abs. 1 Satz 1** ableiten lässt, ist bislang nicht geklärt. Das BAG verhält sich zu Recht zurückhaltend (offen gelassen BAG 18. 2. 2003 AP BetrVG 1972 § 77 Nr 11 Betriebsvereinbarung; ablehnend für einen möglichen Unterlassungsanspruch aus § 75 Abs. 2 BetrVG BAG 28. 5. 2002 AP BetrVG 1972 § 87 Nr. 39 Ordnung des Betriebs zu B I 3 der Gründe). Der Anspruch aus § 23 Abs. 3 dürfte ausreichenden Schutz bieten; die Systematik legt einen eigenständigen Unterlassungsanspruch nicht nahe. 86b

5. Verhältnis zum Anspruch aus § 17 Abs. 2 AGG

86c Der Anspruch gemäß § 17 Abs. 2 AGG lässt die Anwendbarkeit des § 23 Abs. 3 BetrVG grundsätzlich unberührt. Verstößt der Arbeitgeber nicht nur gegen das AGG, sondern auch gegen Pflichten aus dem BetrVG, so bleibt es dem Betriebsrat unbenommen, ebenso den Anspruch nach § 23 Abs. 3 geltend zu machen (ebenso *S/S/V*, § 17 Rn. 14). Der Gesetzgeber wollte durch die Schaffung des § 17 Abs. 2 AGG die Rechte des Betriebsrats nicht einschränken, sondern erweitern. Zum Unterlassungsanspruch nach § 17 Abs. 2 AGG s. MünchKomm-*Thüsing*, BGB, § 17 AGG Rn. 3 ff.

II. Gesetzestechnische Gestaltung des Zwangsverfahrens gegen den Arbeitgeber

87 Die Vorschrift sieht ein **Zweistufenverfahren** vor: Die Verurteilung zu einem Ordnungsgeld oder zu einem Zwangsgeld kommt erst in Betracht, wenn das Arbeitsgericht rechtskräftig dem Arbeitgeber aufgegeben hat, eine Handlung zu unterlassen, die Vornahme einer Handlung zu dulden oder eine Handlung vorzunehmen, und dieser Entscheidung nicht entsprochen wird. Das Verfahren gegen den Arbeitgeber gliedert sich deshalb in das **Erkenntnisverfahren** (Abs. 3 Satz 1) und das **Vollstreckungsverfahren** (Abs. 3 Satz 2–5). Für das Erkenntnisverfahren ist der grobe Verstoß des Arbeitgebers gegen seine Verpflichtungen aus diesem Gesetz nur eine Zulässigkeitsvoraussetzung. Bezweckt wird zwar ein gesetzeskonformes Verhalten des Arbeitgebers; es geht hier aber nicht um eine *Beseitigung gesetzeswidriger Beeinträchtigung*, sondern das Erkenntnisverfahren ist auf ein *zukünftiges Verhalten* des Arbeitgebers gerichtet. Darin liegt die eigenständige Bedeutung des hier geregelten Zwangsverfahrens gegenüber *negatorischen Klagen*. Wenn jedoch die grobe Pflichtverletzung des Arbeitgebers erwiesen ist, wird dem Arbeitgeber im Erkenntnisverfahren die Verpflichtung auferlegt, zur Sicherung gesetzeskonformen Verhaltens eine Handlung zu unterlassen, die Vornahme einer Handlung zu dulden oder eine Handlung vorzunehmen. Sofern der Arbeitgeber seiner Verpflichtung aus dieser arbeitsgerichtlichen Entscheidung nicht nachkommt, schließt sich das hier in Abs. 3 Satz 2 bis 5 geregelte Vollstreckungsverfahren an, um die *arbeitsgerichtliche Entscheidung* durch gerichtlich auferlegte Zwangsmaßnahmen durchzusetzen.

III. Erkenntnisverfahren

1. Grober Verstoß des Arbeitgebers gegen seine Pflichten aus dem Gesetz als Rechtsschutzvoraussetzung

88 a) Der Antrag setzt einen **Verstoß des Arbeitgebers gegen seine Pflichten aus dem Gesetz** voraus; nicht hierher gehören also Pflichtverletzungen aus einem Tarifvertrag oder Einzelarbeitsverhältnis. Jedoch gehören zu den gesetzlichen Pflichten auch solche, die durch Tarifvertrag oder Betriebsvereinbarung konkretisiert sind.

89 Eine Verletzung der sich aus dem BetrVG ergebenden Pflichten des Arbeitgebers liegt insbesondere vor, wenn er gegen das **Gebot der vertrauensvollen Zusammenarbeit mit dem Betriebsrat** verstößt (§ 2 Abs. 1), dessen **Unterrichtungs-** und **Beratungsrechte** (§§ 80 Abs. 2, 90, 92, 92a, 96, 97) missachtet, Vereinbarungen mit dem Betriebsrat, auch soweit sie auf einem Spruch der Einigungsstelle beruhen, nicht durchführt (§ 77 Abs. 1), nicht den Bericht über das Personal- und Sozialwesen und die wirtschaftliche Lage und Entwicklung des Betriebs in der Betriebsversammlung erstattet (§ 43 Abs. 2) oder die Unterrichtungspflicht über die wirtschaftliche Lage und Entwicklung des Unternehmens gegenüber der Belegschaft nicht erfüllt (§ 110). Hierher gehört auch, dass der

C. Zwangsverfahren gegen den Arbeitgeber § 23

Arbeitgeber gegen das **Verbot parteipolitischer Betätigung innerhalb des Betriebs** verstößt (§ 74 Abs. 2 Satz 3) oder einer im **Betrieb vertretenen Gewerkschaft** grundlos entgegen § 2 Abs. 2 den **Zutritt zum Betrieb** verweigert. Hierunter kann ggf. auch ein Verstoß des Arbeitgebers gegen die in § 75 enthaltenen Grundsätze fallen. Aufgrund der Anpassung des § 75 Abs. 1 an das Benachteiligungsverbot im AGG wird neben dem Anspruch aus § 23 Abs. 3 häufig auch ein Anspruch nach § 17 Abs. 2 AGG in Betracht kommen (s. dazu schon Rn. 86 b).

Vor allem soll Abs. 3 die Einhaltung der **Mitwirkungs- und Mitbestimmungsrechte** **90** **des Betriebsrats** sichern, z. B. die Mitbestimmung bei der Lage der Arbeitszeit (BAG 8. 8. 1989 AP BetrVG 1972 § 23 Nr. 11), bei der Anordnung von Mehrarbeit (BAG 23. 6. 1992 AP BetrVG 1972 § 23 Nr. 20; LAG Bremen, AP BetrVG 1972 § 23 Nr. 6), bei personellen Einzelmaßnahmen, insbesondere bei Einstellungen und Versetzungen (BAG 17. 3. 1987 AP BetrVG 1972 § 23 Nr. 7; s. auch Rn. 78 f.).

Ein Verfahren nach Abs. 3 kann weiterhin eingeleitet werden, wenn der Arbeitgeber **91** die in §§ 81 bis 84 geregelten **Mitwirkungs- und Beschwerderechte eines Arbeitnehmers** verletzt. Zwar handelt es sich hier um Individualansprüche (s. auch Vorbem. vor § 81); aber es sind zugleich Verpflichtungen aus diesem Gesetz, so dass bei groben Verstößen gegen sie der Betriebsrat oder eine im Betrieb vertretene Gewerkschaft, nicht aber der betroffene Arbeitnehmer selbst, ein Verfahren nach Abs. 3 einleiten können (ebenso BAG 16. 11. 2004 AP BetrVG 1972 § 82 Nr. 3; GL-*Löwisch,* Vorbem. vor § 81 Rn. 10; *Dütz,* AuR 1973, 353, 370; a. A. *K. Weber,* Erzwingungsverfahren, S. 102 ff.). Pflichten aus diesem Gesetz sind andererseits aber auch die *gesetzlichen Pflichten,* die dem Arbeitgeber im Rahmen der Betriebsverfassung obliegen, auch wenn sie **nicht im BetrVG,** sondern in einem **anderen Gesetz normiert,** z. B. § 9 ASiG, § 28 SchwbG, § 17 Abs. 2 KSchG oder durch Tarifvertrag oder Betriebsvereinbarung konkretisiert sind (ebenso *K. Weber,* Erzwingungsverfahren, S. 106 ff.).

b) In Betracht kommen **alle Pflichtverstöße** unabhängig vom **Verpflichtungsinhalt.** **92** Zwar ist der Antrag darauf beschränkt, dem Arbeitgeber aufzugeben, eine Handlung zu unterlassen, die Vornahme einer Handlung zu dulden oder eine Handlung vorzunehmen. Daraus kann aber nicht abgeleitet werden, dass das in Abs. 3 vorgesehene Verfahren nur auf Verpflichtungen beschränkt ist, die den Vollstreckungsvorschriften in §§ 887, 888 und § 890 ZPO zu Grunde liegen; es sichert vielmehr die Erfüllung *sämtlicher* betriebsverfassungsrechtlicher Pflichten des Arbeitgebers (ebenso GK-*Oetker,* § 23 Rn. 165; *K. Weber,* Erzwingungsverfahren, S. 109 ff.; wohl auch BAG 5. 12. 1978, AP BetrVG 1972 § 101 Nr. 4; a. A. LAG Baden-Württemberg 4. 5. 1983, ZIP 1983, 1238, 1241; *Fitting,* § 23 Rn. 57; HSWGNR-*Schlochauer,* § 23 Rn. 69, die Verpflichtungen ausnehmen wollen, die auf Herausgabe bestimmter Sachen gehen, auf Abgabe einer Willenserklärung oder auf Erfüllung von Geldforderungen).

c) Es muss sich um einen **groben Verstoß** handeln; nicht erforderlich ist, dass eine **93** wiederholte Verletzung vorliegt. Auch ein einmaliger Verstoß kann grob sein, sofern er objektiv erheblich ist. Andererseits können gerade durch Wiederholung leichtere Verstöße zu einem groben Verstoß werden (s. dazu auch Rn. 27). Vertritt der Arbeitgeber in einer schwierigen und ungeklärten Rechtsfrage eine bestimmte Meinung, so begeht er keinen groben Verstoß (ebenso BAG 27. 11. 1973 AP BetrVG 1972 § 40 Nr. 4; 8. 8. 1989 AP BetrVG 1972 § 95 Nr. 18; 14. 11. 1989 AP BetrVG 1972 § 99 Nr. 76).

Anders als bei der Amtsenthebung eines Betriebsratsmitglieds ist hier **keine Voraus-** **94** **setzung,** dass ein **Verschulden des Arbeitgebers** vorliegt (ebenso BAG 18. 4. 1985 AP BetrVG 1972 § 23 Nr. 5; 8. 8. 1989 AP BetrVG 1972 § 87 Nr. 15 Ordnung des Betriebes; 14. 11. 1989 AP BetrVG 1972 § 99 Nr. 76; 27. 11. 1990 AP BetrVG 1972 § 87 Nr. 41 Arbeitszeit; 22. 10. 1991 AP BetrVG 1972 § 87 Nr. 48; *Fitting,* § 23 Rn. 64; GK-*Oetker,* § 23 Rn. 173; DKK-*Trittin,* § 23 Rn. 76; a. A. GL-*Marienhagen,* § 23 Rn. 54; HSWGNR-*Schlochauer,* § 23 Rn. 62). Dies kann aber nicht damit be-

§ 23 Verletzung gesetzlicher Pflichten

gründet werden, dass der Arbeitgeber hier nicht als Einzelperson, sondern als Organ der Betriebsverfassung angesprochen werde (so BAG 27. 11. 1990 AP BetrVG 1972 § 87 Nr. 41 Arbeitszeit), sondern entscheidend ist allein, dass das arbeitsgerichtliche Erkenntnisverfahren auf ein zukünftiges Verhalten des Arbeitgebers, nicht aber auf Sanktionen gegen ihn gerichtet ist (so insoweit zutreffend die ergänzende Begründung des BAG 27. 11. 1990 AP BetrVG 1972 § 87 Nr. 41 Arbeitszeit; so bereits BAG 08. 08. 1989 AP BetrVG 1972 § 87 Nr. 15 Ordnung des Betriebes unter wörtlicher Übernahme der bereits hier in der 6. Aufl. gegebenen Begründung). Deshalb hat der grobe Verstoß gegen Verpflichtungen aus diesem Gesetz für das Verfahren eine ähnliche Bedeutung wie bei den *negatorischen Klagen* die in den materiellrechtlichen Vorschriften bezeichnete Wiederholungsgefahr und wie bei einer Klage auf künftige Leistung die Besorgnis der nicht rechtzeitigen Erfüllung; er stellt eine *Rechtsschutzvoraussetzung* dar. Die Pflichten, gegen die verstoßen wurde, müssen sich zwar auf das Verhalten des Arbeitgebers beziehen, das Gegenstand des Beschlussverfahrens ist. Bei dieser Betrachtungsweise kommt es aber weniger darauf an, dass dem Arbeitgeber ein Vorwurf gemacht werden kann, als vielmehr darauf, dass der Verstoß objektiv so erheblich war, dass unter Berücksichtigung des Gebots zur vertrauensvollen Zusammenarbeit die Anrufung des Arbeitsgerichts durch den Betriebsrat oder eine im Betrieb vertretene Gewerkschaft gerechtfertigt erscheint. Dieses Bedürfnis besteht unabhängig von einem Verschulden des Arbeitgebers.

94a d) An **Einzelfällen,** in denen die Rechtsprechung einen groben Verstoß des Arbeitgebers angenommen hat, können noch genannt werden: Wiederholte verspätete Unterrichtung des Betriebsrats (LAG Frankfurt 3. 11. 1992, AuR 1993, 306); Abmahnung eines Betriebsratsmitglieds für ein Verhalten, das nicht auch eine Verletzung des Arbeitsvertrags ist (LAG Düsseldorf 23. 2. 1993, DB 1993, 2604; LAG Berlin 23. 2. 1988, DB 1988, 863); Verstöße gegen das Verbot der Wahlbehinderung oder Wahlbeeinflussung nach § 20 (LAG Hamm 27. 4. 1972, DB 1972, 1297); Bekanntgabe von Fehlzeiten der Betriebsratsmitglieder über Aushang am Schwarzen Brett (LAG Niedersachsen 9. 3. 1990, AuR 1991, 153) unsachliche Information über die Kosten der Betriebsratsarbeit (BAG 19. 7. 1995 AP BetrVG § 23 Nr. 25; BAG 12. 11. 1997 AP BetrVG § 23 Nr. 27 [krit. *Bengelsdorf*] – beide Entscheidungen sind zu weitgehend in der Einschränkung des Informationsrechts des Arbeitgebers; dazu auch *Hunold*, BB 1999, 1492); Drohung, die jährliche Weihnachtsfeier abzusetzen, für den Fall, dass der Betriebsrat der Verlängerung der Arbeitszeit nicht zustimmt (ArbG Regensburg 30. 5. 2000, AiB 2001, 51); generell schwerwiegender Verstoß gegen Mitbestimmungsrechte aus § 87: Verstoß gegen § 87 Abs. 1 Nr. 7 durch Erlass von Sicherheitsanweisungen ohne Absprache mit dem Betriebsrat (BAG 16. 6. 1998 AP BetrVG 1972 § 23 Nr. 31); Erlass einer Dienstkleiderordnung (BAG 8. 8. 1989 AP BetrVG 1972 § 87 Nr. 15 Ordnung des Betriebs); Absage von Schichten (LAG Hamm 29. 6. 1993, BB 1994, 139); Videokamera an Arbeitsplätzen (LAG Baden-Württemberg 14. 4. 1988, AiB 1988, 281); wiederholte Anordnung von Überstunden unter Verletzung des Mitbestimmungsrechts des Betriebsrats (BAG 27. 11. 1990, BB 1991, 548; BAG 23. 6. 1992 AP BetrVG § 23 Nr. 20; ähnlich BAG 22. 10. 1991, BB 1992, 275; BAG 16. 7. 1961, BB 1991, 2156; LAG Frankfurt 24. 2. 1987, BB 1987, 1877; LAG Bremen 17. 7. 1986, AP BetrVG 1972 § 23 Nr. 6; s. aber auch a. A. LAG Schleswig-Holstein 14. 11. 1986, NZA 1987, 714 für freiwillige Leistung von Überstunden). Zum allgemeinen Unterlassungsanspruch bei Verstoß gegen § 87 s. dort Rn. 134 ff.

2. Antragsberechtigung

95 a) Antragsberechtigt sind nur der **Betriebsrat** oder eine **im Betrieb vertretene Gewerkschaft,** nicht aber die Jugend- und Auszubildendenvertretung (ebenso BAG 15. 8. 1978 AP BetrVG 1972 § 23 Nr. 1). Das hier den Gewerkschaften eingeräumte Antragsrecht

erhebt sie nicht zur Kontrollinstanz über die Betriebsverfassungstreue des Arbeitgebers; ein Zugangsrecht zum Betrieb kann deshalb auf Abs. 3 nur insoweit gestützt werden, als konkrete Anhaltspunkte dafür bestehen, dass der Arbeitgeber gegen seine Verpflichtungen aus diesem Gesetz grob verstoßen hat (s. auch § 2 Rn. 107). Keine Rolle spielt, ob *eigene Rechte* geltend gemacht werden, sondern im Gegenteil entfaltet das Verfahren in Abs. 3 seine selbstständige Bedeutung vor allem dann, wenn eine Verletzung *fremder Rechte* geltend gemacht wird oder es *generell* um die *Sicherung der betriebsverfassungsrechtlichen Ordnung* geht (ebenso *Fitting*, § 23 Rn. 69; GK-*Oetker*, § 23 Rn. 187; s. auch Rn. 74).

b) Die Antragsberechtigung ist eine **Verfahrensvoraussetzung;** sie muss deshalb in jedem Stadium des Verfahrens, also auch noch im Zeitpunkt der Letzten mündlichen Anhörung in der Rechtsbeschwerdeinstanz bestehen (s. auch § 19 Rn. 43). Wechselt der Betriebsrat, so hat dies auf den Fortgang des Verfahrens keinen Einfluss.

96

3. Antrag

Beantragt kann **nur** werden, dem **Arbeitgeber aufzugeben, eine Handlung zu unterlassen, die Vornahme einer Handlung zu dulden oder eine Handlung vorzunehmen** (Abs. 3 Satz 1). Das gilt auch, wenn geltend gemacht wird, der Arbeitgeber habe seine Kostentragungspflicht nicht erfüllt. Der Antrag kann nicht dahin lauten, den Arbeitgeber zu einer Leistung zu verurteilen. Dieses Recht hat vielmehr nur der Gläubiger, der unter den allgemeinen Voraussetzungen ein Beschlussverfahren vor dem Arbeitsgericht einleiten und nach § 85 Abs. 1 ArbGG i. V. mit §§ 803 ff. ZPO vollstrecken kann. Der Antrag muss **hinreichend bestimmt** sein (s. hierzu BAG 28. 4. 2004 AP BetrVG 1972 § 77 Nr. 3 Durchführung; BAG 15. 8. 2004 AP BetrVG 1972 § 23 Nr. 41; LAG Schleswig-Holstein, 22. 11. 2001, DB 2002, 155: Der Antrag eines Betriebsrats, die Anordnung von Mehrarbeit durch den Arbeitgeber zu unterlassen, ist nur zulässig, wenn detailliert beschrieben wird, in welchen einzelnen Bereichen die Mitbestimmung fehlt, welche Personen bei welchen Sachverhalten wann Mehrarbeit leisten und weshalb dort die Mitbestimmung erforderlich ist, denn er ist darauf gerichtet zu bestimmen, welchen staatlichen Zwang und welche Sanktionen der Arbeitgeber in der späteren Zwangsvollstreckung zu dulden hat).

97

Für die Einleitung des Verfahrens genügt nicht, dass lediglich festgestellt werden soll, der Arbeitgeber habe gegen Pflichten aus dem Gesetz grob verstoßen; ein derartiger Antrag kann nicht die Grundlage für das hier geregelte Zwangsverfahren bilden. Vollstreckungsfähig ist vielmehr nur ein Antrag, der auf ein *zukünftiges Verhalten* gerichtet ist (ebenso *Fitting*, § 23 Rn. 75 f.; HSWGNR-*Schlochauer*, § 23 Rn. 67). Der Verstoß selbst kann also nur geahndet werden, wenn er eine Straftat (§§ 119, 120) oder eine Ordnungswidrigkeit (§ 121) darstellt (ebenso *Fitting*, § 23 Rn. 75; HSWGNR-*Schlochauer*, § 23 Rn. 67). Daher ist es auch ausgeschlossen, einen Antrag, durch den das hier gestaltete Zwangsverfahren eingeleitet werden soll, in einen Feststellungsantrag umzudeuten (ebenso BAG 15. 8. 1978 AP BetrVG 1972 § 23 Nr. 1).

98

Eine Unterlassungsverpflichtung ist nicht notwendig darauf beschränkt, bestimmte eigene Handlungen zu unterlassen. Sie kann vielmehr auch bedeuten, dass der Verpflichtete innerhalb seines Organisationsbereichs **aktiv auf Dritte einwirken** muss, um den Eintritt eines bestimmten Erfolgs zu verhindern. Tritt der Erfolg gleichwohl ein, ist erforderlichenfalls im Rahmen der nach § 890 ZPO erfolgenden Zwangsvollstreckung bei der Verhängung von Ordnungsmitteln zu prüfen, ob der Schuldner das ihm nach den konkreten Umständen Mögliche und Zumutbare zur Verhinderung des Erfolgs getan hat (BAG 28. 4. 2004 AP BetrVG 1972 § 77 Nr. 3 Durchführung im Hinweis u. a. auf BayObLG 6. 5. 1996, NZM 1999, 769, zu II 2 a der Gründe). Dies kann jedoch nur dann verlangt werden, wenn gerade das bloße Unterlassen des

98a

§ 23 Verletzung gesetzlicher Pflichten

Arbeitgebers betriebsverfassungswidrig wäre, wenn also das BetrVG im Handlungspflichten zur Verhinderung eines bestimmten Erfolgs auferlegt. Dies wurde bei der Duldung einer Überschreitung der zulässigen Arbeitszeit zurecht angenommen. Auf andere Fälle – wie die Zurverfügungstellung eines rauchfreien Arbeitsplatzes – ist dies übertragbar.

4. Entscheidung des Arbeitsgerichts

99 Das Arbeitsgericht entscheidet über den Antrag im **Beschlussverfahren** (§ 2 a Abs. 1 Nr. 1, Abs. 2 i. V. mit §§ 80 ff. ArbGG).

100 Liegt kein grober Verstoß des Arbeitgebers gegen seine gesetzlichen Pflichten vor, so fehlt eine Verfahrensvoraussetzung. Der Antrag ist deshalb als unzulässig zurückzuweisen (vgl. aber BAG 27. 11. 1973 AP BetrVG 1972 § 40 Nr. 4, wo das BAG dazu neigt, Unbegründetheit anzunehmen; für Zurückweisung als unbegründet *Fitting*, § 23 Rn. 74; DKK-*Trittin*, § 23 Rn. 96; HWK-*Reichold*, § 23 Rn. 74; GK-*Oetker*, § 23 Rn. 191; HaKo-BetrVG/*Düwell*, § 23 Rn. 41).

101 Gibt das Arbeitsgericht dem Antrag statt, so hat es den Arbeitgeber dahin zu verurteilen, ein bestimmtes, konkret umschriebenes Verhalten, in dem es den groben Verstoß des Arbeitgebers sieht, zu unterlassen oder ihm aufzugeben, eine bestimmte Handlung vorzunehmen bzw. die Vornahme einer Handlung zu dulden, damit der betriebsverfassungswidrige Zustand beseitigt wird. Zu den **Grenzen der Rechtskraft** s. Hessisches LAG 13. 5. 2008 – 4 TaBV 4/08, juris).

102 Gegen die Entscheidung findet die **Beschwerde** an das Landesarbeitsgericht, gegen dessen Beschluss die **Rechtsbeschwerde** an das Bundesarbeitsgericht statt (§§ 87, 92 ArbGG).

5. Einstweilige Verfügung

103 Eine **einstweilige Verfügung** kann im Verfahren nach Abs. 3 **nicht erlassen** werden (ebenso LAG Hamm 4. 2. 1977, DB 1977, 1514 = EzA § 23 BetrVG 1972 Nr. 5; LAG Köln 21. 2. 1989, LAGE § 23 BetrVG 1972 Nr. 20 S. 3; LAG Niedersachsen 5. 6. 1987, LAGE § 23 BetrVG 1972 Nr. 11 S. 2 f.; LAG Rheinland-Pfalz 30. 4. 1986, DB 1986, 1629; LAG Nürnberg 31. 8. 2005, LAGE § 23 BetrVG 2001 Nr. 4; HSWGNR-*Schlochauer*, § 23 Rn. 70; a. A. LAG Düsseldorf 16. 5. 1990, NZA 1991, 29 f.; LAG Köln 22. 4. 1985; NZA 1985, 634; LAG Köln 19. 3. 2004, AuR 2004, 398; LAG Schleswig-Holstein 9. 8. 2007, NZA-RR 2007, 639; *Fitting*, § 23 Rn. 76 (anders noch 21. Auflage § 23 Rn. 23), NZA 1985, 634; LAG Köln 19. 3. 2004, AuR 2004, 398; GK-*Oetker*, § 23 Rn. 189). Die gegenteilige Meinung übersieht, dass das Erkenntnisverfahren hier stets auf ein künftiges Verhalten des Arbeitgebers gerichtet ist. Der bereits begangene Verstoß des Arbeitgebers gegen seine Verpflichtungen aus diesem Gesetz kann zwar möglicherweise der Anlass für den Erlass einer einstweiligen Verfügung sein, um durch eine vorläufige Zwischenregelung eine bestehende Rechtsposition des Betriebsrats zu sichern. Der insoweit in Betracht kommende Anspruch ergibt sich aber nicht aus § 23 Abs. 3, sondern aus anderer Rechtsgrundlage, z. B. auf Erfüllung einer Leistungspflicht oder auf Beseitigung eines vom Arbeitgeber veranlassten rechtswidrigen Zustands.

IV. Vollstreckungsverfahren

1. Sonderregelung der Zwangsvollstreckung

104 Handelt der Arbeitgeber nach Rechtskraft des arbeitsgerichtlichen Beschlusses (oder eines Prozessvergleichs: LAG Berlin 9. 4. 2002, AP ArbGG 1979 § 83 Nr. 31; LAG

Düsseldorf 14. 5. 2002, LAGE Nr. 1 zu § 23 BetrVG 2001) der ihm auferlegten Verpflichtung zuwider, so schließt sich das **Zwangsverfahren** an, das in Abs. 3 Satz 2 bis 5 geregelt ist. Die Gestaltung des Zwangsverfahrens entspricht **weitgehend §§ 888, 890 ZPO**. Es ist also zu unterscheiden, ob dem Arbeitgeber aufgegeben wurde, eine Handlung zu unterlassen oder die Vornahme einer Handlung zu dulden, oder ob er verurteilt wurde, eine Handlung vorzunehmen. Im ersteren Fall ist er auf Antrag vom Arbeitsgericht wegen einer jeden Zuwiderhandlung nach vorheriger Androhung zu einem Ordnungsgeld zu verurteilen (Abs. 3 Satz 2; s. Rn. 106 ff.); im letzteren Fall ist auf Antrag vom Arbeitsgericht zu erkennen, dass er zur Vornahme der Handlung durch Zwangsgeld anzuhalten sei (Abs. 3 Satz 3; s. Rn. 112 ff.).

2. Antragsberechtigung

Das Zwangsverfahren wird nicht von Amts wegen eingeleitet, sondern setzt einen **Antrag des Betriebsrats** oder **einer im Betrieb vertretenen Gewerkschaft** voraus (Abs. 3 Satz 4). Nicht erforderlich ist, dass es sich um denselben Antragsteller handelt, der das Beschlussverfahren eingeleitet hat (ebenso *Fitting*, § 23 Rn. 86; GL-*Marienhagen*, § 23 Rn. 66; GK-*Oetker*, § 23 Rn. 198; HSWGNR-*Schlochauer*, § 23 Rn. 71; DKK-*Trittin*, § 23 Rn. 98; HaKo-BetrVG/*Düwell*, § 23 Rn. 45; a. A. *Heinze*, DB Beil. 9/1983, 23). **105**

3. Verpflichtung zur Unterlassung oder Duldung einer Handlung

a) **Handelt** der Arbeitgeber der ihm durch rechtskräftige gerichtliche Entscheidung auferlegten **Verpflichtung zuwider, eine Handlung zu unterlassen** oder die **Vornahme einer Handlung zu dulden,** so besteht das **Zwangsmittel** zur Erfüllung der Verpflichtung in der Verurteilung zu einem **Ordnungsgeld** (Abs. 3 Satz 2). Das Zwangsverfahren entspricht insoweit der Zwangsvollstreckung nach § 890 ZPO. Wie dort soll durch die Ersetzung der in der ursprünglichen Fassung des Gesetzes vorgesehenen Geldstrafe zum Ausdruck kommen, dass es sich nicht um eine *Kriminalstrafe* handelt, sondern um eine *Zwangsmaßnahme*. Das ändert aber nichts daran, dass die Verurteilung zu einem Ordnungsgeld zugleich auch den Charakter einer Strafsanktion hat. **106**

Die zusätzliche **Vereinbarung einer Vertragsstrafe** (so sie denn möglich ist) für den Fall der Zuwiderhandlung gegen die Unterlassungspflicht steht der Zulässigkeit einer Zwangsvollstreckung nach § 890 ZPO nicht entgegen. Insoweit können privatrechtliche Sanktionen und vollstreckungsrechtliche Ahndung nebeneinander bestehen (LAG Schleswig-Holstein 7. 5. 2008 EzA-SD 2008, Nr. 17, 15).

b) Voraussetzung ist, dass dem Arbeitgeber die **Auferlegung des Ordnungsgeldes** vorher rechtskräftig **angedroht** wird. Ist dies nicht im Beschluss geschehen, der dem Arbeitgeber die Pflicht auferlegt hat, eine bestimmte Handlung zu unterlassen oder die Vornahme einer bestimmten Handlung zu dulden, so kann dies auch nachträglich durch Beschluss geschehen, der auf Antrag von dem Arbeitsgericht der ersten Instanz erlassen wird; es gilt insoweit § 890 Abs. 2 ZPO entsprechend (ebenso GK-*Oetker*, § 23 Rn. 203). Nicht notwendig ist, dass der Antrag von dem Antragsteller gestellt wird, der das Beschlussverfahren eingeleitet hat (ebenso *Fitting*, § 23 Rn. 79; GK-*Oetker*, § 23 Rn. 204; a. A. wohl GL-*Marienhagen*, § 23 Rn. 63). Der Androhungsbeschluss muss das Höchstmaß des Ordnungsgeldes angeben, wobei es genügt, auf das gesetzliche Höchstmaß hinzuweisen (vgl. LAG Düsseldorf 13. 8. 1987, LAGE § 23 BetrVG 1972 Nr. 10). Wird eine bestimmte Summe genannt, so wird damit die Grenze für das Ordnungsgeld bestimmt (ebenso *Fitting*, § 23 Rn. 80, GK-*Oetker*, § 23 Rn. 205; DKK-*Trittin*, § 23 Rn. 104). Da durch den Androhungsbeschluss die Zwangsvollstreckung beginnt, gilt für seinen Erlass und die Rechtsmittel Gleiches wie für den Beschluss, der das Ordnungsgeld festsetzt (s. Rn. 116 f.). **107**

c) Handelt der Arbeitgeber der ihm auferlegten Verpflichtung zuwider, so ist er auf Antrag vom Arbeitsgericht zu einem Ordnungsgeld zu verurteilen. Die **Zuwiderhand-** **108**

§ 23

lung muss **nach Eintritt der Rechtskraft des Beschlusses** erfolgt sein, der die *Androhung* enthält (ebenso *Fitting*, § 23 Rn. 79; GL-*Marienhagen*, § 23 Rn. 64; HSWGNR-*Schlochauer*, § 23 Rn. 75; a. A. GK-*Oetker*, § 23 Rn. 206; DKK-*Trittin*, § 23 Rn. 104; ErfK-*Eisemann/Koch*, § 23 Rn. 32: bei nachträglich ergangenem Androhungsbeschluss braucht dieser nicht rechtskräftig zu sein).

109 Da die Verurteilung zu einem Ordnungsgeld nicht nur eine reine Zwangsmaßnahme darstellt, sondern auch den Charakter einer Strafsanktion hat, muss die Zuwiderhandlung **schuldhaft** sein; jedoch ist keine Voraussetzung, dass ein grobes Verschulden vorliegt (ebenso *Fitting*, § 23 Rn. 84; GK-*Oetker*, § 23 Rn. 208; HSWGNR-*Schlochauer*, § 23 Rn. 74; DKK-*Trittin*, § 23 Rn. 106; vgl. auch BAG 18. 4. 1985 AP BetrVG 1972 § 23 Nr. 5 unter Hinweis auf BVerfG 14. 7. 1981 E 58, 159 [zu § 890 Abs. 1 ZPO]). Leichte Fahrlässigkeit reicht (LAG Berlin 9. 4. 2002 AP ArbGG 1979 § 83 Nr. 31). Das Verschulden des Arbeitgebers kann auch in einem Organisations-, Auswahl- oder Überwachungsfehler liegen (LAG Berlin-Brandenburg 15. 5. 2009 – 15 Ta 466/09, juris; LAG Niedersachsen 13. 10. 1999 – 13 TaBV 106/98, juris). Es kann darüber hinaus auch ein Auswahl- oder Überwachungsfehler vorliegen (LAG Hamm 3. 5. 2007 – 10 Ta 692/06, juris).

110 Das Ordnungsgeld ist auch verwirkt, wenn der Arbeitgeber vor Verhängung oder Vollstreckung des Ordnungsgeldes die Handlung unterlässt oder die Vornahme der Handlung duldet, die ihm durch den rechtskräftigen Beschluss des Arbeitsgerichts aufgegeben wurde (ebenso LAG Berlin-Brandenburg 25. 1. 2008 EzAÜG § 14 AÜG Betriebsverfassung Nr. 75; *Fitting*, § 23 Rn. 83; GL-*Marienhagen*, § 23 Rn. 68; GK-*Oetker*, § 23 Rn. 219; HSWGNR-*Schlochauer*, § 23 Rn. 75; DKK-*Trittin*, § 23 Rn. 111). Das Höchstmaß des Ordnungsgeldes beträgt 10 000 € (Abs. 3 Satz 5; s. auch Rn. 118 f.).

111 d) Die Verurteilung zu einem Ordnungsgeld erfolgt **nur auf Antrag** des Betriebsrats oder einer im Betrieb vertretenen Gewerkschaft (s. auch Rn. 95). Der Antrag kann erst gestellt werden, wenn der Beschluss, der das Ordnungsgeld androht, in Rechtskraft erwachsen ist.

4. Verpflichtung zur Vornahme einer Handlung

112 a) Wird der Arbeitgeber zur **Vornahme einer Handlung** verurteilt und führt er sie nicht durch, so besteht das Zwangsmittel in der Verurteilung zu einem **Zwangsgeld** (Abs. 3 Satz 3). Das Zwangsverfahren entspricht hier also der Zwangsvollstreckung nach § 888 ZPO, wobei im Gegensatz zu dort die Unterscheidung zwischen *vertretbaren* und *unvertretbaren Handlungen* keine Rolle spielt (ebenso GK-*Oetker*, § 23 Rn. 217; HSWGNR-*Schlochauer*, § 23 Rn. 77; DKK-*Trittin*, § 23 Rn. 108; a. A. *Grunsky*, ArbGG, § 85 Rn. 9, der in diesem Fall § 887 ZPO für anwendbar hält). Die Festsetzung des Zwangsgeldes ist eine *reine Zwangsmaßnahme;* sie hat anders als die Verurteilung zu einem Ordnungsgeld nicht zugleich den Charakter einer Strafsanktion.

113 b) **Nicht erforderlich** ist deshalb, dass dem Arbeitgeber das Zwangsgeld zunächst **angedroht** wird (ebenso *Fitting*, § 23 Rn. 92; GK-*Oetker*, § 23 Rn. 215; HSW-GNR-*Schlochauer*, § 23 Rn. 76; DKK-*Trittin*, § 23 Rn. 107; HWK-*Reichold*, § 23 Rn. 40).

114 c) Da die Festsetzung des Zwangsgeldes eine reine Zwangsmaßnahme darstellt, setzt seine Verhängung **kein Verschulden** des Arbeitgebers voraus (ebenso *Fitting*, § 23 Rn. 93; GL-*Marienhagen*, § 23 Rn. 71; GK-*Oetker*, § 23 Rn. 218; HSWGNR-*Schlochauer*, § 23 Rn. 76; DKK-*Trittin*, § 23 Rn. 108; HWK-*Reichold*, § 23 Rn. 40). Die Verhängung eines Zwangsgeldes, aber auch die Vollstreckung ist unzulässig, wenn der Arbeitgeber der Anordnung des Gerichts nachgekommen ist (ebenso LAG Hamm 22. 4. 1985, EzA § 23 BetrVG 1972 Nr. 4; *Fitting*, § 23 Rn. 93; GK-*Oetker*, § 23 Rn. 220; DKK-*Trittin*, § 23 Rn. 110).

d) Die Verhängung eines Zwangsgeldes setzt einen **Antrag** des Betriebsrats oder einer 115
im Betrieb vertretenen Gewerkschaft voraus (s. Rn. 95). Der Antrag kann erst gestellt
werden, wenn der **Beschluss**, durch den dem Arbeitgeber aufgegeben wird, die **Handlung vorzunehmen**, in **Rechtskraft** erwachsen ist.

5. Festsetzung des Ordnungs- und Zwangsgeldes

a) Der **Beschluss**, durch den der Arbeitgeber zu einem Ordnungsgeld verurteilt oder 116
zur Vornahme der Handlung durch Zwangsgeld angehalten wird, kann **ohne mündliche
Verhandlung** ergehen (§ 85 Abs. 1 ArbGG i. V. mit § 891 ZPO). In diesem Fall wird er
vom Vorsitzenden der nach dem Geschäftsverteilungsplan zuständigen Kammer des
Arbeitsgerichts allein erlassen (§ 53 Abs. 1 ArbGG; s. auch LAG Schleswig-Holstein
27. 12. 2001, NZA-RR 2002, 357). Er kann aber nur ergehen, wenn dem Arbeitgeber
das rechtliche Gehör gewährt worden ist; ihm ist also Gelegenheit zur mündlichen oder
schriftlichen Äußerung zu geben.

b) Gegen den Beschluss, der das Ordnungsgeld oder Zwangsgeld festsetzt, findet die 117
sofortige Beschwerde zum Landesarbeitsgericht statt (§ 85 Abs. 1 ArbGG i. V. mit
§§ 793, 577 ZPO). Dies gilt auch, wenn die Kammer nach Erörterung entscheidet (LAG
Schleswig-Holstein 27. 12. 2001, NZA-RR 2002, 357). Sofern die Entscheidung über
die Beschwerde ohne mündliche Verhandlung ergeht (§ 573 Abs. 1 ZPO), erlässt sie der
Vorsitzende der nach dem Geschäftsverteilungsplan zuständigen Kammer des Landesarbeitsgerichts allein. Eine weitere Beschwerde findet nicht statt (§ 78 Abs. 2 ArbGG).

c) Das **Höchstmaß** des Ordnungsgeldes und Zwangsgeldes beträgt **10 000 Euro** 118
(Abs. 3 Satz 5).

Werden bei der Festsetzung des Ordnungsgeldes im Beschluss mehrere Zuwiderhand- 119
lungen geahndet, so kann das Ordnungsgeld für jeden Verstoß gesondert festgesetzt
werden. Möglich ist, dass deshalb die Summe der einzelnen Ordnungsgelder 10 000 Euro überschreitet (ebenso GK-*Oetker*, § 23 Rn. 220; DKK-*Trittin*, § 23 Rn. 112). Kommt
der Arbeitgeber auch nach Vollstreckung dem Gebot nicht nach, so kann er von neuem
zu einem Ordnungsgeld verurteilt werden (ebenso GK-*Oetker*, § 23 Rn. 220). Entsprechend kann auch, wenn die Beitreibung eines Zwangsgeldes nicht bewirkt, dass der
Arbeitgeber die Handlung vornimmt, die ihm gerichtlich aufgegeben ist, ein Zwangsgeld
wiederholt verhängt werden (ebenso GK-*Oetker*, § 23 Rn. 220).

6. Vollstreckung des Ordnungs- und Zwangsgeldes

Die Vollstreckung des Beschlusses, der das Ordnungsgeld oder Zwangsgeld verhängt 120
(§ 794 Abs. 1 Nr. 3 ZPO), erfolgt nach den Vorschriften der §§ 803 ff. ZPO (§ 85
Abs. 1 ArbGG). Die eingehenden Gelder verfallen der Staatskasse. Eine Umwandlung
nicht einbringbarer Ordnungs- oder Zwangsgelder in eine Festsetzung von Ordnungs-
oder Zwangshaft ist ausgeschlossen (§ 85 Abs. 1 Satz 2 ArbGG).

§ 24 Erlöschen der Mitgliedschaft

Die Mitgliedschaft im Betriebsrat erlischt durch
1. Ablauf der Amtszeit,
2. Niederlegung des Betriebsratsamtes,
3. Beendigung des Arbeitsverhältnisses,
4. Verlust der Wählbarkeit,
5. Ausschluss aus dem Betriebsrat oder Auflösung des Betriebsrats aufgrund einer gerichtlichen Entscheidung,
6. gerichtliche Entscheidung über die Feststellung der Nichtwählbarkeit nach Ablauf der in § 19 Abs. 2 bezeichneten Frist, es sei denn, der Mangel liegt nicht mehr vor.

§ 24 Erlöschen der Mitgliedschaft

Übersicht

	Rn.
I. Vorbemerkung	1
II. Beendigung der Rechtsstellung als Betriebsratsmitglied	2
1. Beendigung des Betriebsrats	2
2. Fortbestand des Betriebsrats	3
3. Entsprechende Geltung für Ersatzmitglieder	5
III. Beendigungsgründe für das persönliche Amt des Betriebsratsmitglieds im Einzelnen	6
1. Tod oder Todeserklärung	7
2. Niederlegung des Betriebsratsamtes (Nr. 2)	8
3. Beendigung des Arbeitsverhältnisses (Nr. 3)	11
4. Verlust der Wählbarkeit (Nr. 4)	20
5. Ausschluss aus dem Betriebsrat oder Auflösung des Betriebsrats auf Grund einer gerichtlichen Entscheidung (Nr. 5)	27
6. Gerichtliche Entscheidung über die Feststellung der Nichtwählbarkeit (Nr. 6)	28
IV. Rechtsfolgen des Amtsverlustes	34
V. Streitigkeiten	36

I. Vorbemerkung

1 Von der Beendigung der Amtszeit des Betriebsrats als Kollektivorgan, geregelt in § 21, zu unterscheiden ist der Verlust der Rechtsstellung als Betriebsratsmitglied. Mit ihm befasst sich § 24. Die Bestimmung entspricht bis auf redaktionelle Änderungen und Ergänzungen § 24 BetrVG 1952. Zwischenzeitlich eingefügt wurde ein Abs. 2, durch den klargestellt wurde, dass ein Betriebsratsmitglied bei einem Wechsel seiner Gruppenzugehörigkeit nicht sein Amt verliert, sondern weiterhin Vertreter der Gruppe bleibt, für die es gewählt worden ist. Durch das **BetrVerf-Reformgesetz** vom 23. 7. 2001 (BGBl. I S. 1852) wurde der bisherige Abs. 2 dann wieder aufgehoben: Weil das Gruppenprinzip insgesamt aufgehoben wurde, wurde auch diese Regelung entbehrlich.

Entsprechende Vorschriften: § 29 BPersVG, § 9 Abs. 2 SprAuG, § 37 EBRG.

II. Beendigung der Rechtsstellung als Betriebsratsmitglied

1. Beendigung des Betriebsrats

2 Das Amt des einzelnen Betriebsratsmitglieds endet immer, wenn der Betriebsrat als solcher sein Ende findet. Das Gesetz nennt den Ablauf der Amtszeit (Nr. 1) und die Auflösung des Betriebsrats auf Grund einer gerichtlichen Entscheidung (Nr. 5). Mit dem Ablauf der Amtszeit erfasst das Gesetz nicht nur die Fälle, in denen die ordentliche Amtsperiode endet, sondern auch die Fälle, in denen das Amt des Betriebsrats vorzeitig endet. Wenn eine Neuwahl erforderlich wird, weil die Zahl der regelmäßig beschäftigten Arbeitnehmer 24 Monate nach dem Wahltag sich in dem in § 13 Abs. 2 Nr. 1 bestimmten Ausmaß geändert hat, die Zahl der Betriebsratsmitglieder unter die gesetzliche Zahl gesunken ist (§ 13 Abs. 2 Nr. 2) oder der Betriebsrat durch Mehrheitsbeschluss zurücktritt (§ 13 Abs. 2 Nr. 3), endet wie das Amt des Betriebsrats auch das persönliche Amt des einzelnen Betriebsratsmitglieds aber noch nicht mit dem Eintritt der Voraussetzungen für eine vorzeitige Neuwahl, sondern erst mit Bekanntgabe des Wahlergebnisses des neu gewählten Betriebsrats (§ 21 Satz 5 und § 22).

2. Fortbestand des Betriebsrats

3 Die Rechtsstellung als Betriebsratsmitglied bei Fortbestand des Betriebsrats endet bei Niederlegung des Betriebsratsamtes (Nr. 2), Beendigung des Arbeitsverhältnisses (Nr. 3),

III. Beendigungsgründe für das persönliche Amt des Betriebsratsmitglieds im Einzelnen   § 24

Verlust der Wählbarkeit (Nr. 4), Feststellung eines schon bei der Wahl bestehenden Mangels der Wählbarkeit (Nr. 6), Ausschluss aus dem Betriebsrat durch Entscheidung des Arbeitsgerichts nach § 23 Abs. 1 (Nr. 5). In all diesen Fällen wird das Amt für die *Zukunft* beendet. Eine Mitwirkung an den Beschlüssen des fortbestehenden Betriebsrats ist dem ausgeschiedenen Mitglied dementsprechend nicht mehr möglich. Erfolgt dennoch eine Mitwirkung, ist der ergangene Beschluss unwirksam (siehe auch LAG Hamm 11. 10. 2007 – 13 TaBV 36/07, juris).

Der Katalog ist **nicht erschöpfend**. Nicht genannt sind der Tod oder die Todeserklärung eines Betriebsratsmitglieds; sie haben aber im Regelfall die Beendigung des Arbeitsverhältnisses zur Folge. Nicht besonders genannt ist der Fall, dass die Wahl eines Betriebsratsmitglieds mit Erfolg angefochten wird (s. § 19 Rn. 67).   4

3. Entsprechende Geltung für Ersatzmitglieder

Die Gründe für die Beendigung des Amtes eines Betriebsratsmitglieds gelten auch für die Ersatzmitglieder, und zwar auch dann, wenn und solange sie nicht dem Betriebsrat angehören; jedoch gilt Abs. 1 insoweit nur entsprechend (ebenso *Fitting*, § 24 Rn. 4; GK-*Oetker*, § 24 Rn. 57 ff.; HSWGNR-*Schlochauer*, § 24 Rn. 3; DKK-*Buschmann*, § 24 Rn. 4).   5

III. Beendigungsgründe für das persönliche Amt des Betriebsratsmitglieds im Einzelnen

Die Beendigungsgründe für das persönliche Amt des Betriebsratsmitglieds sind abgesehen von den Fällen, in denen es mit dem Amt des Betriebsrats als solchem endet – im Einzelnen: 6

1. Tod oder Todeserklärung

Mit dem Tod erlischt stets die Mitgliedschaft im Betriebsrat, auch wenn ausnahmsweise das Arbeitsverhältnis mit den Erben fortgesetzt wird, weil für den Bestand des konkreten Arbeitsverhältnisses nicht wesentlich ist, dass der Arbeitnehmer die geschuldete Arbeit in Person zu leisten hat, z. B. möglicherweise bei der Stellung eines Hausmeisters (vgl. *A. Hueck* in *Hueck/Nipperdey*, Bd. I S. 513 Fn. 4). In Betracht kommen kann vor allem auch der Fall, dass ein in Heimarbeit Beschäftigter Betriebsratsmitglied ist; das Betriebsratsamt erlischt mit seinem Tod, auch wenn das Heimarbeitsverhältnis nicht mit seinem Tode endet, sondern mit den Erben fortgesetzt wird (ebenso GK-*Oetker*, § 24 Rn. 25). Bei einer Todeserklärung ist für das Ende des Amtes der Zeitpunkt maßgeblich, der nach § 9 VerschollenheitsG als Todeszeitpunkt festgesetzt wird.   7

2. Niederlegung des Betriebsratsamtes (Nr. 2)

Die Niederlegung des Betriebsratsamtes ist jederzeit möglich, und zwar auch schon unmittelbar nach der Wahl vor dem Amtsbeginn (ebenso BVerwG 9. 10. 1959 E 9, 217 = AP PersVG § 27 Nr. 2). Ebensowenig wie jemand gezwungen ist, die Wahl anzunehmen, ist er verpflichtet, das Amt gegen seinen Willen fortzuführen. Die Amtsniederlegung erfolgt **gegenüber dem Betriebsrat**, dem das Mitglied angehört, und zwar formlos durch **empfangsbedürftige Willenserklärung**. Die Erklärung kann auch **konkludent** erfolgen, doch muss sie erkennbar ernst gemeint und hinreichend bestimmt sein (*Fitting*, § 24 Rn. 11; DKK-*Buschmann*, § 24 Rn. 9; GK-*Oetker*, § 24 Rn. 11). Daran mag es fehlen bei der bloßen Äußerung eines gewählten Betriebsrats-/Ersatzmitglieds, man wolle keine Betriebsratsarbeit machen (LAG Hamm 28. 11. 2003, AuR 2005, 37). Entsprechendes dürfte – je nach Auslegung im konkreten Fall – für eine   8 bloße Absichtserklärung gelten, das Amt niederlegen zu wollen – darin liegt nur die Ankündigung künftiger Erklärung, nicht aber die Niederlegung selbst (LAG Niedersachsen 23. 4. 2007, ArbuR 2008, 194; *Fitting*, § 24 Rn. 10).

8a Die Erklärung wird wirksam, sobald sie dem Vorsitzenden zugeht, auch wenn dieser die Entgegennahme der Erklärung ablehnt (LAG Hamm 30. 8. 2004 – 13 (8) Sa 148/04, juris; vgl. BVerwG 9. 10. 1959 E 9, 217, 219 = AP PersVG § 27 Nr. 2). Ist der Vorsitzende verhindert, oder tritt er selber zurück, ist empfangszuständig sein Vertreter; ist auch er verhindert, reicht eine Mitteilung an jedes beliebige Betriebsratsmitglied (ebenso GK-*Oetker*, § 24 Rn. 10). Die Amtsniederlegung kann *grundsätzlich* nicht gegenüber dem Arbeitgeber erklärt werden (ebenso LAG Schleswig-Holstein 19. 6. 1966, AP BetrVG § 24 Nr. 4 LAG Stuttgart 30. 5. 1994, AiB 1995, 187; DKK-*Buschmann*, § 24 Rn. 7; *Fitting*, § 24 Rn. 10; ErfK-*Eisemann/Koch*, § 24 Rn. 3), auch nicht gegenüber der Betriebsversammlung (*Fitting*, § 24 Rn. 10). Besteht der Betriebsrat allerdings nur noch aus einem Mitglied und ist eine Belegschaft nicht mehr vorhanden, so kann die Amtsniederlegung *faute de mieux* gegenüber dem Arbeitgeber erklärt werden (BAG 12. 1. 2000 AP BetrVG 1972 § 24 Nr. 5). Auch kann generell eine Amtsniederlegung, die in der Betriebsversammlung erklärt wird, zugleich als Erklärung an den Betriebsrat interpretiert werden, wenn die Betriebsversammlung wie im Regelfall vom Vorsitzenden des Betriebsrats geleitet wird (ebenso GK-*Oetker*, § 24 Rn. 10; HSWGNR-*Schlochauer*, § 24 Rn. 6; DKK-*Buschmann*, § 24 Rn. 7). Die Niederlegung des Amtes als Vorsitzender oder stellvertretender Vorsitzender oder des Amtes im Betriebsausschuss oder einem weiteren Ausschuss des Betriebsrats berührt nicht die Mitgliedschaft im Betriebsrat (ebenso *Fitting*, § 24 Rn. 12; GK-*Oetker*, § 24 Rn. 17; HSWGNR-*Schlochauer*, § 24 Rn. 8; DKK-*Buschmann*, § 24 Rn. 10).

9 Mit Zugang der Erklärung wird die **Amtsniederlegung wirksam;** jedoch ist es möglich, dass sie für einen späteren Termin erklärt wird (ebenso *Fitting*, § 24 Rn. 10; GK-*Oetker*, § 24 Rn. 10). Sie kann aber nicht unter einer Bedingung ausgesprochen werden, weil nicht von dem Eintritt eines ungewissen Ereignisses abhängig gemacht werden kann, ob jemand dem Betriebsrat angehört (ebenso *Fitting*, § 24 Rn. 11; GK-*Oetker*, § 24 Rn. 11; HSWGNR-*Schlochauer*, § 24 Rn. 6). Dass die Amtsniederlegung nicht ernst gemeint ist, kann nur eingewandt werden, wenn der Mangel der Ernstlichkeit sich aus dem Inhalt der Erklärung ergibt oder dem Erklärungsempfänger nach den Umständen bekannt oder zumindest erkennbar war (a. A. GK-*Oetker*, § 24 Rn. 13, der § 118 BGB anwendet); jedoch kann hier nicht genügen, dass der Erklärende *subjektiv* der Ansicht war, die mangelnde Ernstlichkeit werde nicht verkannt werden).

10 Die Amtsniederlegung kann **nicht zurückgenommen** oder **widerrufen** werden (ebenso BVerwG AP PersVG § 27 Nr. 2; *Fitting*, § 24 Rn. 11; GK-*Oetker*, § 24 Rn. 15; HSWGNR-*Schlochauer*, § 24 Rn. 7; DKK-*Buschmann*, § 24 Rn. 8; HWK-*Reichold*, § 24 Rn. 3). Eine Anfechtung der Erklärung ist ebenfalls ausgeschlossen, gleichgültig, ob sie auf Irrtum, Drohung oder arglistige Täuschung gestützt wird; denn über die Zusammensetzung des Betriebsrats muss Klarheit herrschen (ebenso *Fitting*, § 24 Rn. 11; nunmehr auch GK-*Oetker*, § 24 Rn. 12; nur bei einer Anfechtung wegen arglistiger Täuschung oder Drohung HSWGNR-*Schlochauer*, § 24 Rn. 7; wegen Drohung GL-*Marienhagen*, § 24 Rn. 10; vgl. auch LAG Frankfurt 8. 10. 1992, AuR 1993, 374). Der Schutz der Organtätigkeit und das Bedürfnis nach Klarheit über die Zusammensetzung des Betriebsrats haben hier Vorrang. Die Amtsniederlegung steht einer Wiederwahl nicht entgegen, auch wenn diese nach kurzer Zeit erfolgt (ebenso ArbG Rendsburg 24. 5. 1955, SAE 1956, 32).

3. Beendigung des Arbeitsverhältnisses (Nr. 3)

11 a) Bei der Beendigung des Arbeitsverhältnisses als Erlöschensgrund für die Mitgliedschaft im Betriebsrat handelt es sich in Wahrheit um eine **besondere Art des Verlusts der**

III. Beendigungsgründe für das persönliche Amt des Betriebsratsmitglieds § 24

Wählbarkeit. Das gilt aber nur, soweit das Betriebsratsmitglied auf Grund eines Arbeitsverhältnisses dem Betrieb angehört, wobei möglich ist, dass der Vertragspartner des Arbeitnehmers nicht der Betriebsinhaber, sondern ein Dritter ist (s. zur Arbeitnehmereigenschaft ohne Arbeitsvertrag mit dem Betriebsinhaber § 5 Rn. 89 ff.).

Soweit der Betriebsrat nach einer Betriebsstilllegung ein **Restmandat** behält, erlischt die Mitgliedschaft im Betriebsrat nicht durch eine Beendigung des Arbeitsverhältnisses auf Grund der Betriebsstilllegung (vgl. bereits BAG 14. 10. 1982 AP KSchG 1969 § 1 Nr. 1 Konzern; ausführlicher § 21 b Rn. 13). Nr. 3 bedarf daher insoweit der teleologischen Reduktion. Das Gleiche gilt, soweit bei einem **Übergangsmandat** das Arbeitsverhältnis zum Betriebsinhaber beendet wird (ebenso *Fitting*, § 24 Rn. 29; DKK-*Buschmann*, § 24 Rn. 23; s. zum Übergangsmandat § 21 a Rn. 22). 12

b) Worauf die Beendigung des Arbeitsverhältnisses beruht, ist gleichgültig; als **Beendigungsgründe** kommen in Betracht: Kündigung, Aufhebungsvertrag, Zeitablauf, Eintritt einer auflösenden Bedingung sowie schließlich bei einem fehlerhaft begründeten Arbeitsverhältnis die Geltendmachung des Nichtigkeitsgrunds bzw. die Anfechtung des Arbeitsvertrags. 13

Eine **Kündigung durch den Arbeitgeber** ist grundsätzlich nur als außerordentliche Kündigung zulässig (§ 15 Abs. 1 KSchG; s. ausführlich § 103 Anhang); die außerordentliche Kündigung bedarf der Zustimmung des Betriebsrats (§ 103). Eine ordentliche Kündigung ist nur bei Stilllegung des Betriebs und ausnahmsweise bei Teilstilllegung zulässig, wenn das Betriebsratsmitglied in der stillgelegten Betriebsabteilung beschäftigt wird und eine Übernahme in eine andere Betriebsabteilung aus betrieblichen Gründen nicht möglich ist (§ 15 Abs. 4 und 5 KSchG; s. ausführlich § 103 Anhang). Während des Kündigungsrechtsstreits ist das Betriebsratsmitglied, sofern es nicht beschäftigt wird, an der Ausübung seines Betriebsratsamtes zeitweilig verhindert, so dass ein Ersatzmitglied nachrückt (§ 25 Abs. 1 Satz 2; s. dort Rn. 12). 14

Das Arbeitsverhältnis endet weiterhin durch **Aufhebungsvertrag**, d. h. durch übereinstimmende Erklärung beider Vertragsparteien, dass es aufgelöst werden soll. 15

Wird der **Aufhebungsvertrag** oder die **Kündigung** des Arbeitsverhältnisses wirksam **angefochten**, dann wirkt die Anfechtung gemäß § 142 BGB *ex tunc*: Das Arbeitsverhältnis wurde nie beendet, das Betriebsratsamt besteht fort. Das steht im gewissen Gegensatz zur herrschenden Meinung bei der Anfechtung eines Rücktritts vom Betriebsratsamt (Rn. 10). Der Unterschied wird jedoch deutlich, betrachtet man den Gegenstand der Anfechtung: Zum einen die Beendigung des Arbeitsverhältnisses, das lediglich Voraussetzung für das Betriebsratsmandat ist, zum anderen der Rücktritt vom Betriebsratsmandat selbst. Wird die Kündigung nach Zugang **zurückgenommen** oder der Aufhebungsvertrag einvernehmlich aufgehoben, dann beeinflusst dies die Wirksamkeit der ursprünglichen Beendigung nicht. Das Betriebsratsamt bleibt erloschen (zur Rücknahme der Kündigung *Thüsing*, AuR 1996, 245). 16

Bei **Befristung** endet, wenn ihre Abrede zulässig ist, das Arbeitsverhältnis mit **Ablauf der Zeit**, für die es eingegangen ist (§ 620 Abs. 1 BGB). Das gilt auch bei einem Betriebsratsmitglied. Besteht eine **Altersgrenze**, so endet das Arbeitsverhältnis mit ihrem Erreichen, soweit ihre Festlegung zulässig ist (s. auch § 77 Rn. 107 f.). Die Mitgliedschaft im Betriebsrat erlischt auch, wenn der Arbeitgeber berechtigt ist, das Arbeitsverhältnis mit dem Arbeitnehmer nach Erreichen der Altersgrenze fortzusetzen (ebenso BAG 20. 12. 1984 AP BGB § 620 Nr. 9 Bedingung unter Aufgabe von BAG 12. 12. 1968 AP BetrVG § 24 Nr. 6; zust. GK-*Oetker*, § 24 Rn. 22; a. A. *Fitting*, § 24 Rn. 22; DKK-*Buschmann*, § 24 Rn. 17, die davon ausgehen, der Arbeitgeber sei verpflichtet von der ihm eingeräumten Möglichkeit zugunsten des Betriebrats Gebrauch zu machen). 17

c) Die Mitgliedschaft im Betriebsrat erlischt nicht, wenn das **Arbeitsverhältnis** nur **ruht**, also in seinem rechtlichen Bestand erhalten bleibt, z. B. bei Einberufung zum Grundwehrdienst oder zu einer Wehrübung (§ 1 Abs. 1 ArbPlSchG) oder bei Inan- 18 spruchnahme der Elternzeit nach dem BEEG. Der Arbeitnehmer bleibt wahlberechtigt (s. Rn. 26 a; § 7 Rn. 42).

19 d) Ist das Arbeitsverhältnis einmal aufgelöst, so ist damit die Mitgliedschaft im Betriebsrat erloschen. Durch **Neubegründung des Arbeitsverhältnisses** kommt sie nicht wieder zur Entstehung (ebenso BAG 10. 2. 1977 AP BetrVG 1972 § 103 Nr. 9; *Fitting*, § 24 Rn. 23; GK-*Oetker*, § 24 Rn. 36; HSWGNR-*Schlochauer*, § 24 Rn. 21; DKK-*Buschmann*, § 24 Rn. 19). Arbeitgeber und Arbeitnehmer können auch nicht vereinbaren, dass das Betriebsratsamt wiederauflebt; denn darüber können sie nicht disponieren (ebenso HSWGNR-*Schlochauer*, § 24 Rn. 21).

4. Verlust der Wählbarkeit (Nr. 4)

20 a) Der Verlust der Wählbarkeit und damit der Verlust der Mitgliedschaft im Betriebsrat tritt durch die **Beendigung des Arbeitsverhältnisses** ein, die bereits in Nr. 3 als besonderer Beendigungsgrund genannt wird (s. Rn. 11 ff.). Die Wählbarkeit geht aber auch dann verloren, wenn der Arbeitnehmer aus einem sonstigen Grund aus der Belegschaft des Betriebs ausscheidet.

21 b) Da wählbar nur ist, wer dem Betrieb angehört (s. § 8 Rn. 11 ff.), beendet ein **Ausscheiden aus dem Betrieb** die Mitgliedschaft im Betriebsrat auch dann, wenn das Arbeitsverhältnis zum Arbeitgeber bestehen bleibt. In Betracht kommt vor allem eine **Versetzung in einen anderen Betrieb**. Die allerdings ist – soweit der Arbeitnehmer mit der Versetzung nicht einverstanden ist – an die Zustimmung des Betriebsrats nach § 103 Abs. 3 gebunden, s. § 103 Rn. 30 ff. Der Arbeitnehmer verliert die Wahlberechtigung und damit die Wählbarkeit aber nur dann, wenn er in den aufnehmenden Betrieb rechtlich eingeordnet wird, was bei einer **vorübergehenden Beschäftigung in einem anderen Betrieb** regelmäßig zu verneinen ist (s. auch § 7 Rn. 28; ebenso GK-*Oetker*, § 24 Rn. 39).

22 Ein Ausscheiden aus dem Betrieb ist auch in der Form möglich, dass der **Betriebsteil**, in dem das Betriebsratsmitglied tätig ist, **aus dem Betrieb ausgegliedert** wird, sei es, dass er in einen anderen Betrieb eingegliedert, sei es, dass er selbstständiger Betrieb wird (ebenso *Fitting*, § 24 Rn. 36; GK-*Oetker*, § 24 Rn. 41; HSWGNR-*Schlochauer*, § 24 Rn. 25). Letzteres kommt insbesondere in Betracht, wenn ein Betriebsteil betriebsverfassungsrechtlich selbstständig wird oder ein bisher nicht betriebsratsfähiger Nebenbetrieb die Voraussetzungen des § 1 erfüllt (vgl. § 4). Nimmt der Betriebsrat für einen ausgegliederten Betriebsteil ein **Übergangsmandat** gemäß § 21a wahr, so bleiben die Arbeitnehmer, die dem Betriebsteil angehören, solange im Betriebsrat, wie dessen Zuständigkeit sich auf den ausgegliederten Betriebsteil erstreckt (s. § 21a Rn. 22).

23 c) Die Mitgliedschaft im Betriebsrat erlischt auch, wenn das Betriebsratsmitglied nur **aus der Belegschaft** i. S. des Gesetzes **ausscheidet**. Das ist nicht nur der Fall, wenn das Betriebsratsmitglied trotz Betriebszugehörigkeit die Arbeitnehmereigenschaft verliert, weil es Unternehmer oder geschäftsführungs- oder vertretungsberechtigter Gesellschafter einer Personengesellschaft wird oder in das Vertretungsorgan der juristischen Person berufen wird (§ 5 Abs. 2 Nr. 1 und 2), sondern vor allem auch dann, wenn ihm eine Stellung übertragen wird, die ihn zum leitenden Angestellten i. S. des § 5 Abs. 3 macht (s. dort Rn. 263 f.; ebenso *Fitting*, § 24 Rn. 33; GK-*Oetker*, § 24 Rn. 40). Dies gilt durch die Einführung des § 45 WPO für Wirtschaftsprüfer nun kraft Gesetzes (siehe dazu ArbG Düsseldorf 15. 7. 2008 – 11 BV 36/08, juris).

24 d) Der Verlust der Wählbarkeit tritt weiterhin ein, wenn ein Arbeitnehmer **infolge strafgerichtlicher Verurteilung die Fähigkeit verliert, Rechte aus öffentlichen Wahlen zu erlangen** (§ 8 Abs. 1 Satz 3; s. ausführlich dort Rn. 40). Mit Rechtskraft der strafgerichtlichen Verurteilung erlischt die Mitgliedschaft im Betriebsrat (ebenso *Fitting*, § 24 Rn. 32; GK-*Oetker*, § 24 Rn. 43).

III. Beendigungsgründe für das persönliche Amt des Betriebsratsmitglieds § 24

e) Wer unter **gesetzliche Betreuung** gestellt wird (§§ 1896 ff. BGB), verliert nicht 25
notwendigerweise die Wahlberechtigung zum Betriebsrat; er ist aber nicht mehr in den
Betriebsrat wählbar, weil die Wahrnehmung des Betriebsratsamtes es erfordert, dass
jemand in der Lage ist, seine Angelegenheiten zu besorgen. Mit der Bestellung eines
Betreuers erlischt daher die Mitgliedschaft im Betriebsrat (ebenso *Fitting*, § 24 Rn. 32;
a. A. GK-*Oetker*, § 24 Rn. 42).

f) Wer **Wehr**- oder **Zivildienst** leistet, ist wählbar (s. § 8 Rn. 27 ff.). Wird ein Betriebs- 26
ratsmitglied zum Wehr- oder Zivildienst einberufen, so wird daher die Mitgliedschaft im
Betriebsrat nicht beendet, sondern sie ruht lediglich, so dass als Stellvertreter ein Ersatzmitglied in den Betriebsrat eintritt (§ 25 Abs. 1 Satz 2; ebenso GK-*Oetker*, § 24 Rn. 44;
DKK-*Buschmann*, § 24 Rn. 20). Wer im Blockmodell einer **Altersteilzeitregelung** für die
zweite Hälfte von der Arbeit freigestellt wird, verliert sein aktives und passives Wahlrecht, und scheidet damit aus dem Betriebsrat aus (s. § 7 Rn. 50).

g) Ebenso wenig verliert ein Betriebsratsmitglied seine Wählbarkeit während der 26 a
Elternzeit, da die fehlende Eingliederung in die betriebliche Organisation auch hier nur
vorübergehend ist. Mit Ablauf der Elternzeit ist mit einer Rückkehr der betroffenen
Arbeitnehmer in den Betrieb zu rechnen (BAG 25. 5. 2005 AP BetrVG 1972 § 24
Nr. 13; ebenso *Fitting*, § 24 Rn. 38).

5. Ausschluss aus dem Betriebsrat oder Auflösung des Betriebsrats auf Grund einer gerichtlichen Entscheidung (Nr. 5)

Die Mitgliedschaft im Betriebsrat endet bei einer Amtsenthebung nach § 23 Abs. 1 27
mit der Rechtskraft der Entscheidung, die den Ausschluss aus dem Betriebsrat ausspricht
(s. § 23 Rn. 48). Bei Auflösung des Betriebsrats nach § 23 Abs. 1 hört der Betriebsrat als
solcher mit Rechtskraft der Entscheidung zu bestehen auf; es verlieren damit alle
Betriebsratsmitglieder unter Einschluss der Ersatzmitglieder ihr Amt (s. § 23 Rn. 67).

6. Gerichtliche Entscheidung über die Feststellung der Nichtwählbarkeit (Nr. 6)

Während beim Beendigungsgrund des Verlustes der Wählbarkeit in Nr. 4 das Amt als 28
Betriebsratsmitglied durch Eintritt der Tatsache endet, durch die die Wählbarkeit *verloren* geht, ohne dass es eines besonderen Ausspruches bedarf, endet das Amt nach Nr. 6
auch dadurch, dass festgestellt wird, dass das Betriebsratsmitglied überhaupt nicht wählbar *gewesen* ist, dass es also nicht hätte gewählt werden dürfen.

Die Feststellung erfolgt auf **Antrag** durch **arbeitsgerichtliche Entscheidung im Be-** 29
schlussverfahren (§ 2 a Abs. 1 Nr. 1, Abs. 2 i. V. mit §§ 80 ff. ArbGG). Es genügt nicht,
dass die Feststellung als Vorfrage im Rahmen eines Urteilverfahrens getroffen wird;
denn die gerichtliche Entscheidung wirkt rechtsgestaltend (so BAG 29. 9. 1983 AP
KSchG 1969 § 15 Nr. 15).

Antragsberechtigt ist nur, wer auch zur Anfechtung der Wahl des Betriebsrats berech- 30
tigt wäre (ebenso BAG 11. 3. 1975 AP BetrVG 1972 § 24 Nr. 1; 28. 11. 1977 AP
BetrVG 1972 § 19 Nr. 6; *Fitting*, § 24 Rn. 41; GK-*Oetker*, § 24 Rn. 47; HSWGNR-
Schlochauer, § 24 Rn. 30; DKK-*Buschmann*, § 24 Rn. 34; s. auch § 19 Rn. 29 ff.;
HWK-*Reichold*, § 24 Rn. 12). Der Antrag ist nicht an die Einhaltung einer bestimmten
Frist gebunden; er kann auch gestellt werden, wenn der Mangel der Nichtwählbarkeit
bereits vor Ablauf der Anfechtungsfrist bekannt war (ebenso BAG 11. 3. 1975 AP
BetrVG 1972 § 24 Nr. 1). Der Gesetzestext legt es nahe, dass der Antrag erst nach
Ablauf der Wahlanfechtungsfrist gestellt werden kann. Für eine derartige zeitliche Begrenzung besteht aber kein Grund; denn die Antragsteller sind nicht gezwungen, wegen
der Nichtwählbarkeit eines Betriebsratsmitglieds die Wahl anzufechten, und das Arbeitsgericht kann, wenn ein entsprechender Antrag nicht gestellt wird, auch dann, wenn
innerhalb der Anfechtungsfrist die Nichtwählbarkeit geltend gemacht wird, nicht die

Wahl für ungültig erklären, sondern lediglich über den Antrag entscheiden; das Gegenteil ergibt sich nicht aus dem Untersuchungsgrundsatz (§ 83 ArbGG; ebenso BAG 29. 9. 1983 AP KSchG 1969 § 15 Nr. 15). Werden jedoch Wahlanfechtung und Feststellung der Nichtwählbarkeit nebeneinander geltend gemacht, so ist zunächst über die Wahlanfechtung zu entscheiden (s. auch Rn. 32). Für den Feststellungsantrag ist ohne Bedeutung, ob gegen die Richtigkeit der Wählerliste Einspruch eingelegt worden war (s. auch § 19 Rn. 8 ff.).

31 Eine Feststellung, dass der Gewählte nicht wählbar war, ist nicht mehr möglich, wenn der die **Nichtwählbarkeit begründende** Mangel inzwischen **behoben** ist (Nr. 6 letzter Halbsatz), das Betriebsratsmitglied also nun das 18. Lebensjahr vollendet hat oder sechs Monate dem Betrieb angehört (ebenso bereits zum BetrVG 1952 BAG 7. 7. 1954 AP BetrVG § 24 Nr. 1). Maßgeblich ist der Zeitpunkt des Endes der Verhandlung der letzten Tatsacheninstanz. Ist in der zweiten Instanz schriftlich verhandelt worden, so lässt sich ein Zeitpunkt für die Beendigung der Verhandlung nicht feststellen; ausschlaggebend ist deshalb hier der Zeitpunkt der Verkündung des Beschlusses (vgl. *Dietz*, Anm. zu der zitierten Entscheidung des BAG, AR-Blattei: Betriebsverfassung VI, Entsch. 2; GK-*Oetker*, § 24 Rn. 52). Verzögert allerdings das Betriebsratsmitglied absichtlich die Prozessführung, um diesen Zeitablauf zu erreichen, so steht der Berufung auf diesen Ablauf der Einwand der Arglist entgegen (ebenso *E. Frey*, AuR 1955, 140). Scheidet das Mitglied während des Verfahrens aus dem Betriebsrat aus, so ist das Verfahren auf Antrag für erledigt zu erklären (vgl. § 83 a ArbGG; a. A. BAG 13. 7. 1962 AP BetrVG § 24 Nr. 2, das von Amts wegen die Erledigung des Verfahrens wegen Entfallen des Rechtsschutzinteresses ausgesprochen hat; zum Problem § 23 Rn. 41 f.). Ohne Erledigungserklärung des Antragstellers ist der Antrag, da ein Rechtsschutzinteresse entfallen ist, als unzulässig zurückzuweisen.

32 Das **Feststellungsverfahren** ist **gegenüber der Wahlanfechtung subsidiär**, soweit die Nichtwählbarkeit eines Betriebsratsmitglieds geltend gemacht wird. Eine rechtskräftige Entscheidung im Wahlanfechtungsverfahren schließt ein nachträgliches Feststellungsverfahren aus (ebenso GK-*Oetker*, § 24 Rn. 49). Durch das **Zuordnungsverfahren nach § 18 a** wird zwar die nachträgliche Feststellung der Nichtwählbarkeit nicht ausgeschlossen; es findet aber § 18 a Abs. 5 Satz 2 und 3 entsprechend Anwendung (s. dort Rn. 60).

33 Erst mit **Rechtskraft** der Feststellung der Nichtwählbarkeit **erlischt** die **Mitgliedschaft im Betriebsrat**. Ein Betriebsratsmitglied genießt deshalb den besonderen Kündigungsschutz des § 15 Abs. 1 Satz 1 KSchG auch dann, wenn zwar bereits vor Ausspruch der Kündigung durch Beschluss des Arbeitsgerichts seine Nichtwählbarkeit festgestellt worden war, diese gerichtliche Entscheidung aber erst später rechtskräftig geworden ist (ebenso BAG 29. 9. 1983 AP KSchG 1969 § 15 Nr. 15 [zust. *Richardi*]).

IV. Rechtsfolgen des Amtsverlustes

34 Mit dem Verlust des Amtes als Betriebsratsmitglied entfallen auch alle Ämter, die die Zugehörigkeit zum Betriebsrat voraussetzen. Doch kommt es darauf an, ob die Mitgliedschaft im Betriebsrat *rechtlich*, nicht ob sie tatsächlich Voraussetzung für die anderen Ämter ist. Daher erlischt die Mitgliedschaft im Betriebsausschuss und den weiteren Ausschüssen des Betriebsrats, weiterhin die Zugehörigkeit zum Gesamtbetriebsrat und zum Konzernbetriebsrat. Dagegen endet die Zugehörigkeit zum Wirtschaftsausschuss nur, wenn es das einzige Betriebsratsmitglied des Wirtschaftsausschusses ist (§ 107 Abs. 1). Ebenso endet nicht die Mitgliedschaft in einer Einigungsstelle (§ 76), und ebenso wenig die im Aufsichtsrat mit dem Ende des Amtes als Mitglied des Betriebsrats. Eine ganz andere Frage ist es, ob der Betriebsrat den Betreffenden aus dem Amt mit Rücksicht auf sein Ausscheiden aus dem Betriebsrat abberufen kann. Das ist beim Wirtschaftsausschuss und bei der Einigungsstelle jederzeit möglich. Hinsichtlich der Mitgliedschaft im Aufsichtsrat fehlt dem Betriebsrat dagegen jeder Einfluss.

Mit dem Erlöschen der Mitgliedschaft im Betriebsrat verliert das Betriebsratsmitglied 35 auch die **persönliche Rechtsstellung** als Betriebsratsmitglied. Es hat aber noch den *nachwirkenden Kündigungsschutz*, wenn die Beendigung der Mitgliedschaft nicht auf einer gerichtlichen Entscheidung beruht (§ 15 Abs. 1 Satz 2 KSchG).

V. Streitigkeiten

Streitigkeiten darüber, ob die Mitgliedschaft im Betriebsrat erloschen ist, entscheidet 36 das Arbeitsgericht im Beschlussverfahren (§ 2a Abs. 1 Nr. 1, Abs. 2 i. V. mit §§ 80 ff. Arb-GG).

Das Arbeitsgericht kann über die Frage, ob die Mitgliedschaft im Betriebsrat erloschen 37 ist, auch incidenter in einem anderen Verfahren, insbesondere in einem Urteilsverfahren entscheiden, z. B. in einem Kündigungsprozess, in dem der gekündigte Arbeitnehmer behauptet, noch Betriebsratsmitglied zu sein. Dabei ist allerdings zu beachten, dass in den Fällen des Nr. 5 und 6 die Mitgliedschaft im Betriebsrat erst auf Grund einer konstitutiv wirkenden Entscheidung des Arbeitsgerichts endet, die nicht im Rahmen einer Inzidententscheidung ergehen kann. Falls vor der Einlegung der Rechtsbeschwerde im Beschlussverfahren das letzte Betriebsratsmitglied aus dem fortbestehenden Betrieb ausgeschieden ist, ein neuer Betriebsrat aber nicht gewählt worden, ist die Rechtsbeschwerde unzulässig (BAG 17. 7. 1996 AP ArbGG 1979 § 82a Nr. 4; zust. *Fitting*, § 24 Rn. 48). Während eines Rechtsstreits über den Fortbestand eines Arbeitsverhältnisses ist grundsätzlich wegen der damit verbundenen Ungewissheit über das Erlöschen des Betriebsratsamts eine im Wege der **einstweiligen Verfügung** zuzuerkennende Fortführung des Amts durch Einräumung des Zutrittsrechts beim Unternehmen nicht zulässig (LAG Köln 12. 12. 2001, NZA-RR 2002, 425 [für Ausscheiden auf Grund Altersgrenze]; LAG Frankfurt 4. 6. 1957, AP BetrVG 1952 § 25 Nr. 2; LAG Nürnberg 10. 10. 1985, LAGE Nr. 2 zu § 25 BetrVG 1972; *Fitting*, § 24 Rn. 17; GK-*Oetker*, § 25 Rn. 29; a. A. DKK-*Buschmann*, § 24 Rn. 15). Ein Zutrittsrecht zur Ausübung der Betriebsratstätigkeit besteht, wenn der Arbeitnehmer einen Anspruch auf Weiterbeschäftigung hat (LAG Hamm 17. 1. 1996, LAGE Nr. 4 zu § 25 BetrVG 1972). Zur Besonderheit bei Kündigung s. § 25 Rn. 14.

§ 25 Ersatzmitglieder

(1) ¹Scheidet ein Mitglied des Betriebsrats aus, so rückt ein Ersatzmitglied nach. ²Dies gilt entsprechend für die Stellvertretung eines zeitweilig verhinderten Mitglieds des Betriebsrats.

(2) ¹Die Ersatzmitglieder werden unter Berücksichtigung des § 15 Abs. 2 der Reihe nach aus den nichtgewählten Arbeitnehmern derjenigen Vorschlagslisten entnommen, denen die zu ersetzenden Mitglieder angehören. ²Ist eine Vorschlagsliste erschöpft, so ist das Ersatzmitglied derjenigen Vorschlagsliste zu entnehmen, auf die nach den Grundsätzen der Verhältniswahl der nächste Sitz entfallen würde. ³Ist das ausgeschiedene oder verhinderte Mitglied nach den Grundsätzen der Mehrheitswahl gewählt, so bestimmt sich die Reihenfolge der Ersatzmitglieder unter Berücksichtigung des § 15 Abs. 2 nach der Höhe der erreichten Stimmenzahlen.

Schrifttum: *Uhmann*, Kündigungsschutz von Ersatzmitgliedern, AuA 2001, 220; *Wiesner/Siemer*, Die „Falschberufung" beim Nachrücken von Ersatzmitgliedern in den Betriebsrat, FA 2008, 66.

§ 25 Ersatzmitglieder

Übersicht

	Rn.
I. Vorbemerkung	1
II. Voraussetzungen des Nachrückens	2
1. Ausscheiden eines Betriebsratsmitglieds	2
2. Zeitweilige Verhinderung eines Betriebsratsmitglieds	5
3. Rechtslage bei gekündigtem Arbeitsverhältnis eines Betriebsratsmitglieds	12
4. Keine gewillkürte Stellvertretung eines Betriebsratsmitglieds	15
III. Reihenfolge des Einrückens der Ersatzmitglieder	16
1. Reihenfolge bei Verhältniswahl	17
2. Reihenfolge bei Mehrheitswahl	19
3. Besonderheiten bei den privatisierten Postbestrieben	20a
4. Zeitweilige Verhinderung des eintrittsberechtigten Ersatzmitglieds	21
5. Nachrücken des Stellvertreters eines zeitweilig verhinderten Betriebsratsmitglieds als endgültiges Betriebsratsmitglied	22
6. Notwendigkeit einer Neuwahl des Betriebsrats	23
IV. Rechtsstellung des eingerückten Ersatzmitglieds	24
1. Eintritt kraft Gesetzes	24
2. Rechtsstellung im Betriebsrat	25
3. Persönliche Rechtsstellung vor Eintritt in den Betriebsrat	28
4. Persönliche Rechtsstellung nach Eintritt in den Betriebsrat	29
V. Streitigkeiten	33

I. Vorbemerkung

1 Die Vorschrift regelt **erschöpfend** die Fälle, wann ein Ersatzmitglied in den Betriebsrat eintritt, nämlich nur, wenn ein Mitglied des Betriebsrats **endgültig ausscheidet** oder wenn es **zeitweilig verhindert** ist. Die Bestimmung entspricht im Wesentlichen § 25 BetrVG 1952. Durch das BetrVerf-Reformgesetz vom 23. 7. 2001 (BGBl. I S. 1852) wurde der ehemalige Abs. 3 aufgehoben, weil die in Bezug genommene Vorschrift des § 14 Abs. 4 ebenfalls entfiel. Eine Ergänzung des Abs. 2 Satz 1 und 3 ordnet an, dass das Nachrücken der Ersatzmitglieder entsprechend § 15 Abs. 2 erfolgen muss, damit die Repräsentanz der Geschlechter gewahrt bleibt.

Entsprechende Vorschriften: § 31 BPersVG, § 10 SprAuG, § 22 Abs. 1 EBRG.

II. Voraussetzungen des Nachrückens

1. Ausscheiden eines Betriebsratsmitglieds

2 a) Scheidet ein Mitglied des Betriebsrats aus, dann **rückt das Ersatzmitglied endgültig in den Betriebsrat** nach (Abs. 1 Satz 1). Es ist dann Mitglied, bis sein Amt endet. Es bleibt auch Mitglied, wenn es selbst zeitweilig verhindert ist und während seiner Verhinderung das dann in Betracht kommende Ersatzmitglied vorübergehend in den Betriebsrat einrückt.

3 b) **Ausscheiden aus dem Betriebsrat** ist gleichbedeutend mit **Erlöschen des Amtes als Betriebsratsmitglied**. Es kommt nur in Betracht, wenn der Betriebsrat als solcher erhalten bleibt. Erlischt das Amt des Betriebsrats, dann kommt das Ausscheiden eines einzelnen Mitgliedes nicht mehr in Frage. Ein Betriebsratsmitglied kann auch dann noch aus dem Betriebsrat ausscheiden, wenn bereits der Grund eingetreten ist, der eine Neuwahl des Betriebsrats nach § 13 Abs. 2 Nr. 1 bis 3 erforderlich macht; denn das Amt des Betriebsrats ist erst beendet, wenn ein neuer Betriebsrat gewählt und das Wahlergebnis bekanntgegeben ist (§§ 21 Satz 5, 22; s. § 22 Rn. 7 f.).

4 Der Grund des Ausscheidens des Mitglieds ist gleichgültig (s. zu den Gründen § 24 Nr. 2 bis 6 und dort Rn. 6 ff.).

II. Voraussetzungen des Nachrückens § 25

2. Zeitweilige Verhinderung eines Betriebsratsmitglieds

a) Bei zeitweiliger Verhinderung eines Betriebsratsmitglieds rückt das **Ersatzmitglied** 5 lediglich **für die Dauer der Verhinderung** in den Betriebsrat ein; das verhinderte Mitglied bleibt Mitglied des Betriebsrats. § 25 regelt also insoweit die Möglichkeit einer **Stellvertretung im Betriebsrat** (Abs. 1 Satz 2). Diese ist nur zulässig, wenn ein Betriebsratsmitglied zeitweilig verhindert ist. Die Bestimmung des § 33 Abs. 2 letzter Halbsatz hat keine selbstständige Bedeutung, insbesondere ist aus ihr nicht abzuleiten, dass ein Betriebsratsmitglied willkürlich sich durch ein Ersatzmitglied in einer Sitzung des Betriebsrats vertreten lassen kann.

b) Die Stellvertretung durch ein Ersatzmitglied ist nur zulässig, wenn ein Betriebsrats- 6 mitglied aus tatsächlichen oder rechtlichen Gründen **zeitweilig verhindert** ist. Der Begriff der zeitweiligen Verhinderung legt es nahe, dass die Verhinderung „von einiger Dauer" sein muss (so vor allem *Dietz*, § 25 Rn. 4; weiterhin *Flatow/Kahn-Freund*, § 40 Erl. 6 II; *Mansfeld*, § 40 Erl. 2 a). Auf das zeitliche Moment kommt es aber überhaupt nicht an (so die h. M.; vgl. *Fitting*, § 25 Rn. 17; GK-*Oetker*, § 25 Rn. 19; HSWGNR-*Schlochauer*, § 25 Rn. 9; HWK-*Reichold*, § 25 Rn. 4; DKK-*Buschmann*, § 25 Rn. 21; *Nikisch*, Bd. III S. 132). Gesichert sein muss lediglich, dass ein Betriebsratsmitglied seine amtlichen Funktionen nicht wahrnehmen *kann;* es genügt nicht, dass es sie nicht wahrnehmen *will* (vgl. GK-*Oetker*, § 25 Rn. 19). Das gilt insbesondere bei **Unmöglichkeit der Teilnahme an einer Betriebsratssitzung** (vgl. BAG 17. 1. 1979 AP KSchG 1969 § 15 Nr. 5).

Die zeitweilige Verhinderung kann aus **tatsächlichen Gründen** gegeben sein, also 7 durch Krankheit, Urlaub (LAG Rheinland-Pfalz 9. 4. 2001 – 7 Sa 54/01, juris) oder eine sonstige dienstliche Abwesenheit veranlasst sein. Bei krankheitsbedingter Arbeitsunfähigkeit besteht aber nur eine Vermutung für die Amtsunfähigkeit des Betriebsratsmitglieds (vgl. BAG 15. 11. 1984 AP BetrVG 1972 § 25 Nr. 2). Die Vermutung ist widerlegt, wenn ein arbeitsunfähig erkranktes Mitglied des Betriebsrats dennoch zur Sitzung erscheint (LAG Schleswig-Holstein 26. 5. 2005, AuA 2005, 504). Zu weitgehend dürfte sich allerdings die Ansicht erweisen, die eine zeitweilige Verhinderung auch im Falle der Erteilung eines Hausverbotes durch den Arbeitgeber unabhängig davon annimmt, ob das Hausverbot gerechtfertigt war oder (u. U. evident) nicht (so Hessisches LAG 29. 3. 2007 – 9 TaBVGa 68/07, juris). Hiernach könnte der Arbeitgeber „unliebsame" Betriebsratsmitglieder stets durch einseitige Erklärung von der Beschlussfassung ausschließen; es muss daher der gleiche Maßstab wie bei der Kündigung gelten, s. Rn. 14.

Eine zeitweilige Verhinderung liegt nicht notwendig dann vor, wenn die **Rechte und** 8 **Pflichten aus dem Arbeitsverhältnis ruhen,** so dass der Arbeitnehmer im Betrieb nicht beschäftigt wird. Es kommt auf den Grund der Suspendierung an (anders noch Vorauflage, Rn. 8). Eine Verhinderung ist anzunehmen, z. B. wenn das Betriebsratsmitglied zum Wehr- oder Zivildienst einberufen wird. Ebenso wenn eine unbefristete Freistellung durch den Arbeitgeber erfolgt (LAG Hamm 25. 11. 2005, 10 Sa 922/05, juris). Ein Betriebsratsmitglied, das sich in Elternzeit ohne Arbeitsleistung befindet, ist jedoch nicht notwendig an der Ausübung des Betriebsratsamts gehindert, sondern kann sich dafür entscheiden, weiter Betriebsratstätigkeiten zu verrichten und an Betriebsratssitzungen teilzunehmen (vgl. BAG 25. 5. 2005 AP BetrVG 1972 § 24 Nr. 13; zur Betriebszugehörigkeit s. § 7 Rn. 48; zum fortbestehenden Recht, an Betriebsversammlungen teilzunehmen BAG 31. 5. 1989, NZA 1990, 449). Beruht aber die Suspendierung der Rechte und Pflichten aus dem Arbeitsverhältnis auf einer *Streikbeteiligung* oder einer *Aussperrung*, so ruht nicht die Mitgliedschaft im Betriebsrat, und das Betriebsratsmitglied ist auch nicht in der Ausübung seines Amtes zeitweilig verhindert (s. § 74 Rn. 28).

c) Ein **Abstimmungsverbot** (s. § 33 Rn. 22) begründet für das Betriebsratsmitglied 9 noch keinen Verhinderungsfall. Dennoch nimmt das BAG an, dass im Zustimmungsverfahren nach § 103 das Betriebsratsmitglied, dem gekündigt werden soll, rechtlich verhindert ist, an der Beratung und Beschlussfassung des Betriebsrats über die Kündi-

Thüsing

gung teilzunehmen (vgl. BAG 26. 8. 1981 und 23. 8. 1984 AP BetrVG 1972 § 103 Nr. 13 und 17; ebenso für die Umgruppierung BAG 3. 8. 1999 AP BetrVG 1972 § 25 Nr. 7; s. auch LAG Hamm 8. 6. 2007 – 10 TaBV 31/07, juris; LAG Düsseldorf 16. 12. 2004, DB 2005, 954). Gleiches muss auch sonst gelten, wenn im Betriebsrat eine Frage zur Erörterung und zur Abstimmung steht, die das Betriebsratsmitglied unmittelbar betrifft, z. B. wann das betroffene Betriebsratsmitglied als verhindert anzusehen ist, so dass für diese Zeit ein Ersatzmitglied einrückt, oder wenn es gegen seinen Willen über die Betriebsgrenzen hin versetzt wird, § 103 Abs. 2. Entsprechendes ist bei der Beschlussfassung über eine Eingruppierung anzunehmen, wenn das Betriebsratsmitglied auf Grund einer Betriebsvereinbarung über die wirtschaftliche Absicherung freigestellter Betriebsratsmitglieder indirekt von einer möglichen Höhergruppierung des anderen Arbeitnehmers profitieren würde (LAG Baden-Württemberg 30. 6. 2008, EzA-SD 2008, Nr. 17, 13). Vorschriften, die eine Stimmabgabe verbieten, beschränken sich aber sonst im Allgemeinen nur auf die Versagung der Beteiligung an der Abstimmung, lassen dagegen zu, dass der Betreffende auch zu diesem Tagesordnungspunkt an der Sitzung teilnimmt (vgl. § 34 BGB, § 136 Abs. 1 AktG, § 47 Abs. 4 GmbHG, dazu *Zöllner*, Die Schranken mitgliedschaftlicher Stimmrechtsmacht bei den privatrechtlichen Personenverbänden, 1963, S. 187). Allerdings hat sich das BAG hiervon nicht überzeugen lassen, mit dem Hinweis auf den repräsentativen Charakter des Betriebsratsmandats im Gegensatz zur Mitgliederversammlung (BAG 3. 8. 1999 AP BetrVG 1972 § 25 Nr. 7). Für die Praxis dürfte die Frage damit entschieden sein (wie das BAG: *Fitting*, § 25 Rn. 18; GK-*Oetker*, § 25 Rn. 25; *Oetker*, ZfA 1984, 409, 435).

10 Ist kein Ersatzmitglied für das von der Beratung und Beschlussfassung ausgeschlossene Betriebsratsmitglied eingeladen worden, so ist nach Ansicht des BAG zu § 103 der Betriebsratsbeschluss nichtig (vgl. BAG 23. 8. 1984 AP BetrVG 1972 § 103 Nr. 17; BAG 3. 8. 1999 AP BetrVG 1972 § 25 Nr. 7). Hiervon ist nur dann eine Ausnahme zu machen, wenn ein Betriebsratsmitglied plötzlich verhindert ist und es dem Betriebsrat nicht mehr möglich ist, das Ersatzmitglied rechtzeitig zu laden (BAG 18. 1. 2006 – 7 ABR 25/05; BAG 3. 8. 1999 a. a. O.; BAG 23. 8. 1984 a. a. O.).

11 Soweit es sich um Beschlussfassung über organisatorische Akte des Betriebsrats, also **Wahl zum Vorsitzenden** oder stellvertretenden Vorsitzenden, zum **Mitglied des Betriebsausschusses**, des Wirtschaftsausschusses, des Gesamt- oder Konzernbetriebsrats, handelt, kann das für ein Amt in Vorschlag gebrachte Mitglied mitwählen (ebenso *Fitting*, § 25 Rn. 19; GK-*Oetker*, § 25 Rn. 26; HSWGNR-*Schlochauer*, § 25 Rn. 12; s. auch LAG Hamm 10. 3. 2006, NZA-RR 2006, 581).

3. Rechtslage bei gekündigtem Arbeitsverhältnis eines Betriebsratsmitglieds

12 a) Wird ein Betriebsratsmitglied **fristlos entlassen,** so liegt kein Verhinderungsfall vor, solange die Zustimmung des Betriebsrats zur außerordentlichen Kündigung fehlt und auch nicht durch Beschluss des Arbeitsgerichts ersetzt ist (§ 103; vgl. LAG Düsseldorf [Köln] 27. 2. 1975, DB 1975, 700 = EzA § 25 BetrVG 1972 Nr. 1; LAG Schleswig-Holstein 17. 3. 1976, DB 1976, 826; LAG Schleswig-Holstein 2. 9. 1976, DB 1976, 1974; LAG Düsseldorf 22. 2. 1977, DB 1977, 1053; LAG Nürnberg 10. 10. 1985, LAGE BetrVG 1972 § 25 Nr. 2; LAG Hamm 17. 1. 1996, LAGE BetrVG 1972 § 25 Nr. 4; vgl. auch: LAG Hamm, Urt. 12. 12. 2001, NZA-RR 2003, 311). Wenn aber diese Voraussetzung erfüllt ist, ist das Betriebsratsmitglied zeitweilig verhindert, solange über die Berechtigung, d. h. die Wirksamkeit der außerordentlichen Kündigung ein Rechtsstreit schwebt (ebenso LAG Düsseldorf [Köln], a. a. O.; LAG Schleswig-Holstein 2. 9. 1976, DB 1976, 1974; LAG Nürnberg 10. 10. 1985, LAGE BetrVG 1972 § 25 Nr. 2; LAG Köln 12. 12. 2001, NZA-RR 2002, 425; LAG München 19. 3. 2003, NZA-RR 2003, 641; GK-*Oetker*, § 25 Rn. 27 m. w. N.; vgl. auch *Hümmerich*, DB 2001, 1778, 1781 m. w. N.; *Fitting*, § 25 Rn. 22; DKK-*Buschmann*, § 25 Rn. 23; a. A. ArbG Ham-

II. Voraussetzungen des Nachrückens   § 25

burg 16. 6. 1997, AiB 1997, 659: Der Arbeitgeber ist verpflichtet, dem gekündigten Betriebsratsmitglied bis zur rechtskräftigen Auflösung Zutritt zum Betrieb zu gewähren; ähnlich ArbG Elmshorn 5. 12. 1990, AiB 1991, 56; ArbG Elmshorn 10. 9. 1996, AiB 1997, 173) oder aber darüber gestritten wird, ob das Arbeitsverhältnis gemäß § 613a BGB auf einen neuen Arbeitgeber übergegangen ist und daher sein Mandat erloschen ist (ArbG Mannheim 29. 7. 2008 – 8 BVGa 2/08, juris; LAG Köln 27. 6. 1997, AP BetrVG 1972 § 25 Nr. 6, s. aber § 21b Rn. 13). Andere Gerichte stellen darauf ab, ob die Kündigung evident nichtig ist (LAG Hamm 24. 9. 2004 – 10 TaBV 95/04, juris); solche Evidenz wird freilich außer im Fall fehlender Betriebsratszustimmung nur selten gegeben sein. Ein Verhinderungsfall liegt auch vor, wenn ein fristlos entlassener Arbeitnehmer in den Betriebsrat gewählt ist (s. § 8 Rn. 13 ff.). In diesen Fällen steht erst mit der Rechtskraft des arbeitsgerichtlichen Urteils fest, ob der Betreffende Mitglied des Betriebsrats ist. Bis dahin tritt das Ersatzmitglied an seine Stelle. Stellt das Arbeitsgericht fest, dass die Kündigung wirksam ist, dann ist der Betreffende bereits mit Zugang der Kündigungserklärung ausgeschieden bzw. überhaupt nicht Mitglied des Betriebsrats gewesen. Damit steht fest, dass das Ersatzmitglied nicht nur vorübergehend, sondern von Anfang an endgültig in den Betriebsrat eingerückt ist. Stellt das Gericht die Unwirksamkeit der Kündigung fest, so ist damit die Behinderung behoben.

Entsprechendes gilt, wenn ein Arbeitnehmer, der die Wirksamkeit einer **ordentlichen** **13** **Kündigung** mit der Behauptung ihrer Sozialwidrigkeit bestreitet, in den Betriebsrat gewählt ist (s. § 8 Rn. 13 ff.). Eine zeitweilige Verhinderung besteht allerdings nicht, wenn der Arbeitnehmer auch nach Ablauf der Kündigungsfrist weiterbeschäftigt wird, insbesondere auf Grund des Weiterbeschäftigungsverhältnisses nach § 102 Abs. 5 (LAG Hamm 17. 1. 1996, LAGE Nr. 4 zu § 25 BetrVG 1972 = NZA-RR 1996, 414). Bei einem Betriebsratsmitglied kommt dagegen eine ordentliche Kündigung nur nach 15 Abs. 4 und 5 KSchG in Betracht (s. § 103 Anhang).

b) Soweit das Betriebsratsmitglied infolge der Kündigung zeitweilig verhindert ist, kann **14** das Arbeitsgericht keine **einstweilige Verfügung** im Beschlussverfahren erlassen, die die Amtstätigkeit des gekündigten Betriebsratsmitglieds vorläufig regelt; denn in diesem Fall tritt das Ersatzmitglied in den Betriebsrat ein (ebenso LAG Frankfurt 4. 6. 1957, AP BetrVG 1952 § 25 Nr. 2; LAG Düsseldorf [Köln] 27. 2. 1975, DB 1975, 700 = EzA § 25 BetrVG 1972 Nr. 1; GK-*Oetker*, § 25 Rn. 29; a. A. LAG Hamm 24. 9. 2004 – 10 TaBV 95/04, juris; GL-*Marienhagen*, § 24 Rn. 17; zu einem Fall aus dem kirchlichen Mitarbeitervertretungsrecht LAG Düsseldorf 8. 9. 1975, NJW 1976, 386 = AR-Blattei: Kirchenbedienstete, Entsch. 6 [abl. *Richardi*]). Etwas anderes gilt lediglich dann, wenn evident ist, dass die Kündigung nichtig ist (LAG Köln 12. 12. 2001, NZA-RR 425), z. B. die für die außerordentliche Kündigung von Betriebsratsmitgliedern und Wahlbewerbern erforderliche Zustimmung des Betriebsrats fehlt, oder wenn bei Wahl eines gekündigten Arbeitnehmers in den Betriebsrat ein Weiterbeschäftigungsverhältnis nach § 102 Abs. 5 besteht (LAG Köln a. a. O.; vgl. auch LAG Schleswig-Holstein 2. 9. 1976, DB 1976, 1974). Sollte in diesen Fällen das Recht bestritten werden, den Betrieb zum Zweck der Amtsausübung zu betreten, so kann der Betriebsrat, aber auch das betroffene Mitglied beim Arbeitsgericht eine einstweilige Verfügung zum Schutz der Betriebsratstätigkeit beantragen (ebenso LAG Düsseldorf [Köln] 27. 2. 1975, DB 1975, 700 = EzA § 25 BetrVG 1972 Nr. 1; LAG Düsseldorf 22. 2. 1977, DB 1977, 1053; ArbG Hamburg 23. 9. 1975, DB 1976, 490).

4. Keine gewillkürte Stellvertretung eines Betriebsratsmitglieds

Eine **Stellvertretung** kommt nur in Betracht, wenn das Betriebsratsmitglied **zeitweilig** **15** **verhindert** ist. Ein Betriebsratsmitglied kann sich daher nicht durch ein Ersatzmitglied vertreten lassen, wenn es in der Lage ist, sein Amt auszuüben (ebenso *Fitting*, § 25 Rn. 21; GK-*Oetker*, § 25 Rn. 21; HSWGNR-*Schlochauer*, § 25 Rn. 10; – nicht zutreffend deshalb BAG 24. 6. 1969 AP BetrVG § 39 Nr. 8; wenn dort von der einem

Betriebsratsmitglied „rechtlich zustehenden Befugnis, sich vertreten zu lassen", die Rede ist). Doch kann eine zeitweilige Verhinderung auch darin bestehen, dass ein Betriebsratsmitglied sein Amt nur unter Aufwand erheblicher Kosten ausüben kann, die zur ordnungsmäßigen Durchführung der Betriebsratsaufgaben nicht erforderlich sind, z. B. wenn ein Betriebsratsmitglied für die Dauer von sechs Wochen zur Teilnahme an einem auswärtigen Lehrgang beurlaubt ist; hier kann es nicht verlangen, dass ihm die Reisekosten erstattet werden, um seine Aufgaben als Betriebsratsmitglied zu erfüllen (insoweit zutreffend BAG 24. 06. 1969 AP BetrVG § 39 Nr. 8). Liegt der Verhinderungsfall vor, so tritt von Gesetzes wegen Stellvertretung ein; das Ersatzmitglied ist also gesetzlicher Vertreter des zeitweilig verhinderten Betriebsratsmitglieds und erfüllt an dessen Stelle die Aufgaben eines Betriebsratsmitglieds (s. dazu Rn. 5).

III. Reihenfolge des Einrückens der Ersatzmitglieder

16 In welcher Reihenfolge die Ersatzmitglieder in den Betriebsrat nachrücken, regelt Abs. 2. Es ist zu unterscheiden zwischen **Verhältniswahl** (Sätze 1–2) und **Mehrheitswahl** (Satz 3). In den **privatisierten Postbetrieben** gelten Besonderheiten. Hier kann das Erfordernis, wohl den Gruppenproporz als auch den Geschlechterproporz zu erfüllen, zu unlösbaren Aufgaben führen, wenn nur Ersatzmitglieder vorhanden sind, die jeweils einen Proporz erfüllen, aber keines, das beiden Kriterien dient (s. ausführlicher § 14 Rn. 89 a; GK-*Oetker*, § 25 Rn. 45). Der Gesetzgeber des BetrVG hat hierfür keine Lösung vorgesehen; es kann nur spekuliert werden (s. *Fitting*, § 25 Rn. 39). Anhaltspunkte liefert § 6 Nr. 10 e) ee) WOP.

1. Reihenfolge bei Verhältniswahl

17 Erfolgte die Wahl nach den Grundsätzen der **Verhältniswahl,** so tritt an die Stelle des ausgeschiedenen oder zeitweilig verhinderten Mitglieds das dem *gleichen* Geschlecht angehörende Ersatzmitglied, das auf der Liste als nächster Vertreter vorgeschlagen ist, wenn dies zur Wahrung der Mindestquote des § 15 Abs. 2 erforderlich ist. Ansonsten folgt der nächste Vertreter auf der Liste ohne Hinblick auf das Geschlecht.

18 Die **Vorschlagsliste** ist **erschöpft,** wenn sich auf ihr niemand befindet, oder – soweit die Quote des § 15 Abs. 2 gewahrt werden muss – sich niemand mehr befindet, der dem Geschlecht des Ausgeschiedenen oder Verhinderten entspricht. In diesem Fall muss das Ersatzmitglied derjenigen Vorschlagsliste entnommen werden, auf die nach den Grundsätzen der Verhältniswahl der nächste Sitz entfallen würde, wenn auf ihr ein Ersatzmitglied vorhanden ist bzw. des gleichen Geschlechts vorhanden ist. Scheidet z. B. im letzteren Fall eine Frau aus und enthält die Liste, auf der er gewählt worden ist, unter den Ersatzmitgliedern keine andere Frau mehr, so ist das Ersatzmitglied derjenigen Liste zu entnehmen, auf die die nächstgrößte Höchstzahl entfallen ist, sofern sie einen weiblichen Kandidaten enthält; es rückt der weibliche Kandidat nach, der hinter der letzten Frau steht, die noch in den Betriebsrat gewählt worden ist. Erst wenn keine Liste Angehörige des Geschlechts enthält, der das ausscheidende oder zeitweilig verhinderte Betriebsratsmitglied angehört, rückt das nächste Ersatzmitglied des anderen Geschlechts aus der Liste nach, auf der das Betriebsratsmitglied kandidiert hat; nur wenn niemand mehr auf dieser Liste vorhanden ist, ist das Ersatzmitglied einer anderen Liste zu entnehmen.

2. Reihenfolge bei Mehrheitswahl

19 Fand eine **Mehrheitswahl** statt, weil lediglich ein Wahlvorschlag vorlag oder der Betriebsrat im vereinfachten Verfahren nach § 14 a zu wählen ist, so tritt an die Stelle des ausgeschiedenen oder zeitweilig verhinderten Mitglieds das dem *gleichen* Geschlecht angehörende Ersatzmitglied, auf das die nächsthöchste Stimmenzahl entfallen ist, auch wenn ihm ein Mitglied des anderen Geschlechts der Stimmenzahl nach vorgehen würde (Abs. 2 Satz 3). Dies gilt jedoch nur, soweit dies **zur Wahrung der Mindestquote des § 15 Abs. 2 erforderlich** ist. Erst wenn kein Ersatzmitglied aus dem gleichen Geschlecht vorhanden ist oder Stimmen erhalten hat, rückt das nächste Ersatzmitglied des anderen Geschlechts nach, auf das die höchste Stimmenzahl entfallen ist (GK-*Oetker*, § 25 Rn. 41).

Die Bindung an die Geschlechterparität besteht jedoch gemäß § 15 Abs. 2 nicht für **Betriebsräte mit lediglich einem Mitglied.** Daher ist auch beim Nachrücken des Ersatzmitglieds dessen Geschlecht unerheblich. Derjenige Kandidat, der die meisten Stimmen nach dem ausgeschiedenen Betriebsratsmitglied hatte, rückt damit auf, unabhängig davon, ob er das gleiche Geschlecht hat, wie derjenige, den er ersetzt. Dies gilt auch für **größere Betriebsräte,** soweit die Besetzung mit einem Mitglied des anderen Geschlechts nicht dazu führt, dass die Mindestquote des § 15 Abs. 2 unterschritten wird. Auch hier zählen dann nur die Stimmen, nicht das Geschlecht.

3. Besonderheiten bei den privatisierten Postbestrieben

In den **privatisierten Postbetrieben** gelten Besonderheiten. Hier kann das Erfordernis, wohl den Gruppenproporz als auch den Geschlechtsproporz zu erfüllen, zu unlösbaren Aufgaben führen, wenn nur Ersatzmitglieder vorhanden sind, die jeweils einen Proporz erfüllen, aber keines, das beiden Kriterien dient (s. ausführlicher § 14 Rn. 66; GK-*Oetker*, § 25 Rn. 45). Der Gesetzgeber hat hierfür keine Lösung vorgesehen. In § 26 Nr. 7 PostPersRG heißt es lediglich: „Ist der Betriebsrat in gemeinsamer Wahl gewählt, bestimmt sich das Nachrücken von Ersatzmitgliedern nach § 25 des Betriebsverfassungsgesetzes unter der Berücksichtigung der Grundsätze in Nummer 2 [d. h. den Gruppenproporz]" Was das in diesem besonderen Fall heißt, kann nur spekuliert werden (s. *Fitting*, § 25 Rn. 39). Für einen eigenen Vorschlag s. § 14 Rn. 89.

4. Zeitweilige Verhinderung des eintrittsberechtigten Ersatzmitglieds

Ist das der Reihenfolge nach zu berufende Ersatzmitglied selbst zeitweilig verhindert, so rückt es gleichwohl in den Betriebsrat nach, wird aber während seiner Verhinderung von dem nächstfolgenden Ersatzmitglied vertreten (ebenso ArbG Lörrach 13. 8. 1973, DB 1973, 2533; *Fitting*, § 25 Rn. 35; HSWGNR-*Schlochauer*, § 25 Rn. 15; *Nikisch*, Bd. III S. 132).

5. Nachrücken des Stellvertreters eines zeitweilig verhinderten Betriebsratsmitglieds als endgültiges Betriebsratsmitglied

Ist ein **Ersatzmitglied** für ein nur **zeitweilig verhindertes Betriebsratsmitglied** in den Betriebsrat eingetreten und **scheidet während dieser Zeit ein anderes Betriebsratsmitglied endgültig aus,** dann ist zu berücksichtigen, dass der Stellvertreter nicht endgültig Mitglied des Betriebsrats geworden ist; er rückt an die Stelle des endgültig ausgeschiedenen Mitglieds, und Stellvertreter für das zeitweilig verhinderte Mitglied wird das nächste Ersatzmitglied (ebenso *Fitting*, § 25 Rn. 34; *Nikisch*, Bd. III S. 131; *Schuldt*, AuR 1960, 227, 230 f.; a. A. *Dietz*, § 25 Rn. 10). Die Ersatzmitgliedschaft bezieht sich nämlich *nicht* auf ein *bestimmtes Betriebsratsmitglied.*

6. Notwendigkeit einer Neuwahl des Betriebsrats

Kann ein **ausgeschiedenes Betriebsratsmitglied nicht mehr** durch ein Ersatzmitglied **ersetzt** werden, so sinkt die Gesamtzahl der Betriebsratsmitglieder unter die vorgeschriebene Zahl, so dass der Betriebsrat neu zu wählen ist (§ 13 Abs. 2 Nr. 2; s. dort Rn. 28 ff.). Das gilt aber nicht, wenn ein Betriebsratsmitglied lediglich zeitweilig verhindert ist und nicht durch ein Ersatzmitglied vertreten werden kann (s. § 13 Rn. 30).

IV. Rechtsstellung des eingerückten Ersatzmitglieds

1. Eintritt kraft Gesetzes

24 Die Ersatzmitglieder rücken kraft Gesetzes in den Betriebsrat ein, sobald die Voraussetzungen dafür gegeben sind. Eine Benachrichtigung durch den Vorsitzenden des Betriebsrats ist nicht erforderlich, und es bedarf auch **keiner Annahmeerklärung des Ersatzmitglieds** (ebenso *Brecht*, § 25 Rn. 11; *Fitting*, § 25 Rn. 14; GK-*Oetker*, § 25 Rn. 30; HWK-*Reichold*, § 25 Rn. 8; a. A. *Joost*, MünchArbR, § 217 Rn. 47; *Eich*, DB 1976, 47 ff.; vgl. auch LAG Hamburg 4. 7. 1977, BB 1977, 1602 – offengelassen, ob es zumindest der Unterrichtung bedarf).

2. Rechtsstellung im Betriebsrat

25 Sobald ein Ersatzmitglied in den Betriebsrat einrückt, erhält es die **Stellung eines Betriebsratsmitglieds mit allen Rechten und Pflichten.** Das gilt auch für den Fall, dass ein Betriebsratsmitglied nur zeitweilig verhindert ist und daher Mitglied des Betriebsrats bleibt (ebenso GL-*Marienhagen*, § 25 Rn. 6; GK-*Oetker*, § 25 Rn. 52; *Nikisch*, Bd. III S. 133; a. A. *Galperin/Siebert*, § 25 Rn. 5). Während der Verhinderungszeit kann nur der Stellvertreter die Aufgaben eines Betriebsratsmitglieds erfüllen. Es ist nicht möglich, dass neben ihm auch das verhinderte Betriebsratsmitglied tätig wird, weil anderenfalls die zeitweilige Verhinderung als Voraussetzung für die Stellvertretung nicht besteht. Der Stellvertreter tritt während der Verhinderungszeit an die Stelle des Betriebsratsmitglieds. Er hat alle Befugnisse und Pflichten eines ordentlichen Betriebsratsmitglieds; er ist nicht nur zu den Sitzungen des Betriebsrats zuzuziehen, sondern hat auch die sonstigen Rechte eines Betriebsratsmitglieds, kann sich also an dem Antrag auf Anberaumung einer Betriebsratssitzung (§ 29 Abs. 3), auf Zuziehung eines Gewerkschaftsbeauftragten (§ 31) oder auf Aussetzung eines Betriebsratsbeschlusses (§ 35) beteiligen (ebenso *Fitting*, § 25 Rn. 14; *Nikisch*, Bd. III S. 133; a. A. ursprünglich *Galperin/Siebert*, § 25 Rn. 5, die das Ersatzmitglied nur bei den Beschlüssen des Betriebsrats, d. h. also bei Sitzungen zuziehen wollen).

26 Weder das endgültig nachrückende noch das als Stellvertreter eintretende Ersatzmitglied tritt in die **Ämter** ein, die das ausscheidende oder zeitweilig verhinderte Mitglied innehatte bzw. innehat, z. B. als **Vorsitzender** oder **stellvertretender Vorsitzender des Betriebsrats,** Mitglied des Betriebsausschusses oder des Wirtschaftsausschusses, des Gesamtbetriebsrats oder des Konzernbetriebsrats; denn die Übertragung dieser Ämter beruht auf einem besonderen Vertrauen, das der Betriebsrat diesem Mitglied entgegengebracht hat, und ist daher an die Person gebunden (ebenso BAG 6. 9. 1979 AP KSchG 1969 § 15 Nr. 7; LAG Hamm, DB 1968, 2283; *Fitting*, § 25 Rn. 14, 15; GL-*Marienhagen*, § 25 Rn. 6; GK-*Oetker*, § 25 Rn. 52; HSWGNR-*Schlochauer*, § 25 Rn. 16; HWK-*Reichold*, § 25 Rn. 11; *Schuldt*, AuR 1960, 227, 230; a. A., soweit das Ersatzmitglied als Stellvertreter in den Betriebsrat eintritt: ursprünglich *Galperin/Siebert*, § 25 Rn. 5).

27 Gleiches gilt für die **Freistellung von beruflicher Tätigkeit** nach § 38. Auch soweit das Ersatzmitglied lediglich als Stellvertreter in den Betriebsrat eintritt, rückt es nicht in die Freistellung; das verhinderte Betriebsratsmitglied verliert während des Verhinderungszeitraums auch nicht seine Rechtsstellung als freigestelltes Betriebsratsmitglied (ebenso BAG 22. 5. 1973 AP BetrVG 1972 § 38 Nr. 1; zur Notwendigkeit der zusätzlichen Freistellung eines weiteren Betriebsratsmitglieds s. § 38 Rn. 18 f.). Anders verhält es sich, wenn ein freigestelltes Betriebsratsmitglied aus der Freistellung ausscheidet oder an deren Wahrnehmung zeitweilig verhindert ist. In diesem Fall findet § 25 analoge Anwendung, so dass ein Ersatzmitglied in die Rechtsstellung des freigestellten Betriebsratsmitglieds nachrücken kann. Dabei ist das ersatzweise freizustellende Betriebsratsmitglied in entsprechender Anwendung von § 25 Abs. 2 Satz 1 derjenigen Vorschlagsliste zu ent-

IV. Rechtsstellung des eingerückten Ersatzmitglieds § 25

nehmen, der das zu ersetzende Betriebsratsmitglied angehörte (BAG 20. 4. 2005 AP BetrVG 1972 § 38 Nr. 29; BAG 14. 11. 2001 AP BetrVG 1972 § 38 Nr. 24; BAG 25. 4. 2001 AP BetrVG 1972 § 25 Nr. 8).

3. Persönliche Rechtsstellung vor Eintritt in den Betriebsrat

Ersatzmitglieder haben vor ihrem Eintritt in den Betriebsrat keine andere Rechtsstellung als die übrigen Arbeitnehmer. Sie haben keinen Anspruch auf Teilnahme an Schulungs- und Bildungsveranstaltungen und genießen insbesondere nicht den Kündigungsschutz des § 15 KSchG. Der besondere Kündigungsschutz besteht für sie nur in ihrer Eigenschaft als *Wahlbewerber* innerhalb von sechs Monaten nach Bekanntgabe des Wahlergebnisses (§ 15 Abs. 3 KSchG). 28

4. Persönliche Rechtsstellung nach Eintritt in den Betriebsrat

a) Sobald Ersatzmitglieder in den Betriebsrat einrücken, erhalten sie die **persönliche Rechtsstellung eines Betriebsratsmitglieds.** Das ist selbstverständlich, wenn ein Ersatzmitglied für ein ausscheidendes Mitglied eintritt; denn es gehört dann endgültig dem Betriebsrat an. Das gilt aber auch bei zeitweiliger Verhinderung eines Betriebsratsmitglieds, *solange* das Ersatzmitglied als Stellvertreter dem Betriebsrat *angehört* (vgl. BAG 17. 1. 1979 AP KSchG 1969 § 15 Nr. 5). 29

b) Sobald das Ersatzmitglied in den Betriebsrat eintritt, steht ihm deshalb der **besondere Kündigungsschutz** des § 15 Abs. 1 Satz 1 KSchG zu, solange es dem Betriebsrat angehört; es genießt den Kündigungsschutz während dieser Zeit auch dann, wenn es selbst vorübergehend verhindert ist (ebenso BAG 9. 11. 1977 AP KSchG 1969 § 15 Nr. 3 [zust. *G. Hueck*]). Für die Frage, ob das betreffende Ersatzmitglied ein „Mitglied des Betriebsrats" im obigen Sinne ist und damit den besonderen Kündigungsschutz nach § 103 genießt, ist nicht auf den Zeitpunkt abzustellen, zu dem der Kündigungsgrund entstanden ist, sondern auf Zeitpunkt des Zugangs der Kündigungserklärung (vgl. LAG Düsseldorf 5. 11. 1975, DB 1976, 202; LAG Hamm 29. 11. 1973, DB 1974, 389; s. auch § 103 Rn. 16). Der *Kündigungsausspruch,* nicht das *Wirksamwerden* einer Kündigung ist unterbunden. Ist einem Ersatzmitglied vor seinem Eintritt in den Betriebsrat gekündigt worden und läuft die Kündigungsfrist während der Zeit der Stellvertretung ab, so erlischt damit sein Arbeitsverhältnis und sein Amt (vgl. RAG 25. 5. 1932, BenshSlg. 15, 522, 524). Jedoch gilt auch hier, dass eine Kündigung, die den Zweck hat, das Einrücken des Ersatzmitglieds in das Amt eines Betriebsratsmitglieds zu verhindern, unzulässig und nichtig ist (s. § 78 Rn. 22). Auch bei einer vorübergehenden Vertretung kann dem Ersatzmitglied selbst nicht mit einer Kündigungsfrist gekündigt werden, die erheblich über den Zeitraum einer voraussichtlichen Stellvertretung hinausreicht. Das gebietet die Konsequenz, dass das Ersatzmitglied während der Zeit der Stellvertretung voll und ganz die Rechtsstellung und Aufgaben eines Betriebsratsmitglieds hat und der Kündigungsschutz eine freie Amtsausübung ohne Sorge vor einer den Fortbestand des Arbeitsverhältnisses bedrohenden Maßnahme des Arbeitgebers gewährleisten soll (ebenso BAG 9. 11. 1977 und 17. 1. 1979 AP KSchG 1969 § 15 Nr. 3 und 5; *Fitting,* § 25 Rn. 9; GK-*Oetker,* § 25 Rn. 53, 58; *Nikisch,* Bd. I S. 804, Bd. III S. 133; *Nipperdey/ Säcker* in *Hueck/Nipperdey,* Bd. II/2 S. 1160 Fn. 1; *Schuldt,* AuR 1960, 227, 230; *K. H. Schmidt,* DB 1961, 438, 442; *Matthes,* DB 1980, 1165, 1170). 30

Für den **nachwirkenden Kündigungsschutz** des § 15 Abs. 1 Satz 2 KSchG ist Voraussetzung, dass die Mitgliedschaft im Betriebsrat bestanden hat. Deshalb ist zweifelhaft, ob er für Ersatzmitglieder, die nur als Stellvertreter in den Betriebsrat eingetreten sind, besteht; denn das Ersatzmitglied erhält zwar für den Vertretungsfall alle Rechte und Pflichten eines Betriebsratsmitglieds, wird aber nicht endgültig Betriebsratsmitglied, sondern das verhinderte Mitglied bleibt Mitglied des Betriebsrats. Der nachwirkende Kündigungsschutz dient nicht der Unabhängigkeit der Amtsausübung, weil die Mitglied- 31 schaft im Betriebsrat bereits erloschen ist, sondern er soll ermöglichen, dass die ehemaligen Amtsträger ohne Sorge um ihren Arbeitsplatz wieder den beruflichen Anschluss erlangen (vgl. die Begründung des RegE, BT-Drucks. VI/1786, S. 60). Er bezweckt jedoch auch, dass nach Beendigung der Betriebsratstätigkeit eine „Abkühlungsphase" in den Beziehungen zum Arbeitgeber eintreten soll (vgl. BAG 5. 7. 1979 AP KSchG 1969 § 15 Nr. 6 [zust. *Richardi*]). Das BAG kommt deshalb zu dem Ergebnis, dass Ersatzmitglieder, die nur stellvertretend für ein zeitweilig verhindertes Betriebsratsmitglied dem Betriebsrat angehören, ebenfalls den nachwirkenden Kündigungsschutz haben, wenn sie Aufgaben eines Betriebsratsmitglieds wahrgenommen haben (BAG 6. 9. 1979 AP KSchG 1969 § 15 Nr. 7; ebenso *Fitting*, § 25 Rn. 10; GK-*Oetker*, § 25 Rn. 57; *v. Hoyningen-Huene/Linck*, KSchG, § 15 Rn. 47 f.; *Matthes*, DB 1980, 1165, 1171; ohne Einschränkung DKK-*Buschmann*, § 25 Rn. 39; mit Ausnahme einer völlig geringfügigen und unbedeutenden Betriebsratstätigkeit *Barwasser*, AuR 1977, 74, 75 f.; für den Fall, dass die Stellvertretung durch Ablauf der Amtszeit des Betriebsrats endet, *Gamillscheg*, ZfA 1977, 239, 267 f.; – a. A. *Brecht*, § 25 Rn. 18; HSWGNR-*Schlochauer*, § 25 Rn. 19; *Etzel*, BlStSozArbR 1976, 209, 214; *P. Nipperdey*, DB 1981, 217 ff.).

32   c) Ersatzmitglieder haben keinen Anspruch auf **Teilnahme an Schulungs- und Bildungsveranstaltungen** nach § 37 Abs. 6 und 7 (vgl. für eine Schulung nach § 37 Abs. 6 BAG 10. 5. 1974 AP BetrVG 1972 § 65 Nr. 2). Sobald ein Ersatzmitglied aber für ein ausgeschiedenes Mitglied nachrückt, kann es für eine Schulung nach § 37 Abs. 6 wie jedes andere Betriebsratsmitglied ausgewählt werden. Tritt es aber lediglich als Stellvertreter in den Betriebsrat, so ist regelmäßig nicht sichergestellt, dass die für die Arbeit des Betriebsrats erforderlichen Kenntnisse weitergegeben werden. Der Anspruch auf Teilnahme an einer Schulung nach § 37 Abs. 7 steht einem Ersatzmitglied, das für ein ausgeschiedenes Mitglied nachrückt, anteilig für die verbleibende Amtszeit zu; vertritt es dagegen lediglich ein zeitweilig verhindertes Mitglied, so besteht kein Anspruch nach § 37 Abs. 7 (s. § 37 Rn. 163).

V. Streitigkeiten

33   Streitigkeiten darüber, ob die Voraussetzungen für den Eintritt eines Ersatzmitglieds in den Betriebsrat gegeben sind und wer nachrückt, entscheidet das Arbeitsgericht im Beschlussverfahren (§ 2 a Abs. 1 Nr. 1, Abs. 2 i. V. mit §§ 80 ff. ArbGG).

34   Die Frage, ob ein Arbeitnehmer als Ersatzmitglied in den Betriebsrat eingerückt ist, kann aber auch in einem anderen Verfahren als Vorfrage zu entscheiden sein, z. B. in einem Kündigungsstreit, wenn der Arbeitnehmer die Zulässigkeit einer Kündigung unter Hinweis auf den besonderen Kündigungsschutz nach § 15 KSchG bestreitet.

Dritter Abschnitt. Geschäftsführung des Betriebsrats

Vorbemerkung

Übersicht

	Rn.
I. Inhalt des Dritten Abschnittes	1
1. Organisation des Betriebsrats	2
2. Geschäftsführung des Betriebsrats	3
3. Rechtsstellung der Betriebsratsmitglieder	6
II. Haftung des Betriebsrats und der Betriebsratsmitglieder	8
1. Geltung des zivilrechtlichen Haftungssystems für den Betriebsrat	8
2. Haftung der Betriebsratsmitglieder	14
3. Haftung des Arbeitgebers für Fehlverhalten des Betriebsrats	17

I. Inhalt des Dritten Abschnittes

Der Dritte Abschnitt handelt von der **Geschäftsführung des Betriebsrats im** umfassenden Sinne. Er gestaltet auch die innere **Organisation des Betriebsrats** und regelt die Bestellung und Rechtsstellung der **geschäftsführenden Organe**. Er regelt weiterhin die **Rechtsstellung der Betriebsratsmitglieder**. 1

1. Organisation des Betriebsrats

Der Betriebsrat muss, wenn er nicht nur aus einer Person besteht, stets einen **Vorsitzenden** und einen **stellvertretenden Vorsitzenden** haben, durch die der Betriebsrat nach außen in Erscheinung tritt (§ 26). Besteht der Betriebsrat aus mindestens neun Mitgliedern, so bildet er einen **Betriebsausschuss**, der die laufenden Geschäfte des Betriebsrats führt, dem aber auch Aufgaben zur selbstständigen Erledigung übertragen werden können (§ 27). In einem Betrieb mit in der Regel mehr als 100 Arbeitnehmern, so kann der Betriebsrat **weitere Ausschüsse** bilden und, sofern ein Betriebsausschuss existiert auch ihnen bestimmte Aufgaben zur selbstständigen Erledigung übertragen (§ 28). 2

2. Geschäftsführung des Betriebsrats

Mit den **Betriebsratssitzungen** befassen sich die §§ 29 bis 35. Sie werden vom Vorsitzenden des Betriebsrats einberufen (§ 29), finden in der Regel während der Arbeitszeit statt und sind nicht öffentlich (§ 30). Ein Viertel der Mitglieder des Betriebsrats kann die Zuziehung eines Beauftragten einer im Betriebsrat vertretenen Gewerkschaft verlangen (§ 31). Die Schwerbehindertenvertretung kann an allen Sitzungen des Betriebsrats teilnehmen (§ 32). Außerdem kann die Jugend- und Auszubildendenvertretung zu allen Betriebsratssitzungen einen Vertreter entsenden; werden Angelegenheiten behandelt, die besonders jugendliche Arbeitnehmer betreffen, so hat zu diesen Tagesordnungspunkten die gesamte Jugend- und Auszubildendenvertretung ein Teilnahmerecht (§ 67 Abs. 1). 3

Beschlüsse des Betriebsrats können nur in Sitzungen gefasst werden. Der Betriebsrat ist beschlussfähig, wenn mindestens die Hälfte der Betriebsratsmitglieder an der Beschlussfassung teilnimmt; für die Beschlussfassung selbst genügt, soweit in diesem Gesetz nichts anderes bestimmt ist, die einfache Stimmenmehrheit (§ 33 Abs. 1 und 2). Bei Beschlüssen, die überwiegend jugendliche Arbeitnehmer betreffen, haben die Jugend- und Auszubildendenvertreter Stimmrecht (§ 67 Abs. 2); aber deren Stimmen werden nur bei der Feststellung der Stimmenmehrheit mitgezählt (§ 33 Abs. 3). Die Jugend- und Auszubilden- 4 denvertretung oder die Schwerbehindertenvertretung können die Aussetzung eines Beschlusses beantragen, wenn sie der Ansicht sind, dass der Beschluss wichtige Interessen der durch sie vertretenen Arbeitnehmer erheblich beeinträchtigt; es handelt sich um ein suspensives Vetorecht als Konkretisierung des Minderheitenschutzes (§ 35).

5 Der Betriebsrat kann sich eine **Geschäftsordnung** geben (§ 36). Außerdem kann er während der Arbeitszeit **Sprechstunden** einrichten (§ 39). Die **Kosten der Betriebsratstätigkeit** hat der Arbeitgeber zu tragen (§ 40); Beiträge oder Umlagen dürfen von den Arbeitnehmern nicht erhoben werden (§ 41).

3. Rechtsstellung der Betriebsratsmitglieder

6 Die Rechtsstellung der Betriebsratsmitglieder ist **nicht in diesem Abschnitt erschöpfend geregelt**, sondern wird vor allem durch §§ 78, 78 a und § 103 sowie die Vorschriften über den Kündigungsschutz im Rahmen der Betriebsverfassung und Personalvertretung in §§ 15, 16 KSchG ergänzt.

7 Das Amt eines Betriebsratsmitglieds ist ein **Ehrenamt** (§ 37 Abs. 1). Das Mitglied darf weder eine Vergütung noch sonstige Vorteile erhalten, die das Gesetz nicht mit der Rechtsstellung eines Betriebsratsmitglieds verbindet; andererseits dürfen ihm aus dem Amt aber auch keine Nachteile entstehen (§ 78), insbesondere keine Einkommenseinbußen (§ 37 Abs. 2). Für die Teilnahme an Schulungs- und Bildungsveranstaltungen besteht eine besondere Regelung in § 37 Abs. 6 und 7. Außerdem sieht § 38 eine nach der Betriebsgröße gestaffelte Mindestzahl von Betriebsratsmitgliedern vor, die von ihrer beruflichen Tätigkeit freizustellen sind, um sich nur der Betriebsratsarbeit zu widmen.

II. Haftung des Betriebsrats und der Betriebsratsmitglieder

1. Geltung des zivilrechtlichen Haftungssystems für den Betriebsrat

8 a) Der **Betriebsrat als Kollegialorgan** kann grundsätzlich **nicht Schuldner von Schadensersatzansprüchen** sein. Deshalb scheidet insoweit eine Haftung des Betriebsrats aus. Begründet wird dieses Ergebnis nahezu einhellig damit, dass der Betriebsrat selbst kein Vermögen hat und haben kann (so GK-*Kraft/Franzen*, § 1 Rn. 71, 74; vgl. auch *Fitting*, § 1 Rn. 2109 f.; *v. Hoyningen-Huene*, MünchArbR § 212 Rn. 16; s. auch Einl. Rn. 9).

9 Der Betriebsrat ist kein Unternehmensorgan, wie der Vorstand oder Aufsichtsrat einer AG. Sein Fehlverhalten kann deshalb nicht dem Arbeitgeber zugerechnet werden, sondern er kommt insoweit selbst als *Zuordnungssubjekt* in Betracht (s. Einl. Rn. 106 ff.). Daraus folgt eine Einbeziehung in das zivilrechtliche Haftungssystem.

10 b) Nach der Ordnungsfunktion und den Grundfiguren unterscheidet das **zivilrechtliche Haftungssystem** die **negatorische**, die **schadenshaftungsrechtliche** und die **bereicherungsrechtliche Haftung**. Eine Schranke für die Einbeziehung des Betriebsrats in dieses Haftungssystem ergibt sich daraus, dass der Betriebsrat keine juristische Person, sondern nur für den ihm gesetzlich zugewiesenen Wirkungskreis *teilrechtsfähig* ist. Nicht zu diesem Wirkungskreis gehört, vermögensrechtlich tätig zu werden (s. Einl. Rn. 111).

11 Die **Begrenzung auf den betriebsverfassungsrechtlichen Wirkungskreis** modifiziert den **Rechtsschutz in der Jedermanns-Beziehung**. Notwendig ist, dass man insoweit zwischen dem Anspruch auf Beseitigung (und Unterlassung) und dem Anspruch auf Schadensersatz unterscheidet (vgl. *Picker*, Der negatorische Beseitigungsanspruch, 1972). Ziel des negatorischen Beseitigungs- und Unterlassungsanspruchs ist die Beseitigung der vorhandenen oder drohenden *Beeinträchtigung einer Rechtsposition*, während der Anspruch auf Schadensersatz den *Ausgleich eines eingetretenen Nachteils* bezweckt. Nur im letzteren Fall, wo es um die Pflicht zur *Wiedergutmachung* geht, kann die Vermögensfähigkeit eine Rolle spielen, nicht dagegen beim negatorischen Beseitigungs- und Unterlassungsanspruch.

c) Der dem Betriebsrat zugewiesene Wirkungskreis beruht auf einer gesetzlichen **12** **Sonderbeziehung zum Betriebsinhaber und zur Belegschaft.** Dadurch wird nicht ausgeschlossen, dass der Betriebsrat als Kollegialorgan durch ein Fehlverhalten den Tatbestand einer **unerlaubten Handlung** erfüllt. Der Deliktsschutz stößt jedoch auf die immanente Grenze, dass dem Betriebsrat die Vermögensfähigkeit in der Jedermanns-Beziehung fehlt (ebenso *Belling*, Haftung des Betriebsrats, S. 287 f.). Davon nicht berührt wird jedoch der negatorische Rechtsschutz. Bei drohender **Beeinträchtigung eines Rechts**, das nach § 823 Abs. 1 BGB Deliktsschutz genießt, besteht gegen den Betriebsrat der **Anspruch auf Unterlassung.**

Von dem Rechtsschutz in der Jedermanns-Beziehung zu unterscheiden ist der **Rechts-** **13** **schutz bei Wahrnehmung des Betriebsratsamtes.** Es handelt sich bei ihm um eine Sonderbeziehung, wie sie auch sonst durch die Wahrnehmung eines privaten Amtes begründet wird, in ihrer Eigenart aber dadurch gekennzeichnet ist, dass sowohl eine Sonderbeziehung zum Betriebsinhaber als auch eine Sonderbeziehung zu den Arbeitnehmern besteht, die vom Betriebsrat repräsentiert werden. Das Gesetz hat das Rechtsverhältnis des Betriebsrats zum *Arbeitgeber* detailliert geregelt, während die Rechtsbeziehungen zwischen ihm und den *Arbeitnehmern* nicht in das Blickfeld des Gesetzgebers traten. Da das Betriebsratsamt aber Treuhandcharakter hat, sind die Beteiligungsrechte Pflichtrechte (so zutreffend *Belling*, Haftung des Betriebsrats, S. 277). Soweit ihr Zweck darin besteht, die Belange eines Arbeitnehmers zu wahren, ist daher eine Amtspflichtverletzung zugleich auch eine Verletzung gegenüber dem vom Betriebsrat repräsentierten Arbeitnehmer (ebenso *Belling*, a. a. O., S. 373). Die Schadensersatzpflicht des Betriebsrats ergibt sich aus einer Analogie zu den Gesetzesvorschriften, nach denen Verwalter eines Amtes, wenn ihnen ein Verschulden zur Last fällt, für den daraus entstehenden Schaden dem Personenkreis verantwortlich sind, für den sie tätig werden (vgl. § 2218 BGB, § 82 KO; ebenso *Belling*, a. a. O., S. 218 f.). Da jedoch eine Naturalrestitution im Allgemeinen ausscheidet, setzt hier die fehlende Vermögensfähigkeit des Betriebsrats eine Schranke, die auch nicht dadurch überwunden werden kann, dass die Schadensersatzleistung dem Arbeitgeber auferlegt wird; denn nach § 40 Abs. 1 trägt der Arbeitgeber nur die Kosten rechtmäßiger, nicht aber rechtswidriger Betriebsratstätigkeit (ebenso *Belling*, a. a. O., S. 288).

2. Haftung der Betriebsratsmitglieder

a) Die **Betriebsratsmitglieder** haben **keine Einstandspflicht für ein Fehlverhalten des** **14** **Betriebsrats.** Die dem Betriebsrat auferlegte Pflicht begründet aber zugleich auch für sie eine Verantwortlichkeit: Hat der Betriebsrat als Gesamtheit seine Pflichten verletzt, so sind dafür diejenigen Betriebsratsmitglieder verantwortlich, die zu dem entsprechenden Beschluss beigetragen haben; denn ein Betriebsratsmitglied muss sich so verhalten, dass der Betriebsrat nach außen rechtmäßig in Erscheinung tritt (so zutreffend *Belling*, Haftung des Betriebsrats, S. 229). Da die Mitglieder des Betriebsrats ihr Amt aber unentgeltlich als Ehrenamt führen (§ 37 Abs. 1), gilt zur Sicherung ihrer persönlichen Unabhängigkeit, dass eine Haftung nur bei **Vorsatz** oder **grober Fahrlässigkeit** eintritt (ebenso *Belling*, a. a. O., S. 246 ff.; *Fitting*, § 1 Rn. 216).

b) Die Haftungsbegrenzung greift nicht ein, soweit das Fehlverhalten eines Betriebs- **15** ratsmitglieds den Tatbestand einer **unerlaubten Handlung** erfüllt. Eine Sonderstellung im Deliktsrecht findet im BetrVG keine Grundlage, und daher kann auch nicht angenommen werden, dass eine Haftung lediglich bei Vorsatz in Betracht kommt (a. A. *Weiss*, RdA 1974, 269, 277). Das Deliktsrecht ist aber andererseits kein Instrumentarium, um für ein Fehlverhalten von Betriebsratsmitgliedern im Rahmen der Mitbestimmungsordnung zu Schadensersatzansprüchen zu kommen. Nur wo der Tatbestand einer unerlaubten Handlung nach den für das Deliktsrecht maßgeblichen Grundsätzen erfüllt wird, kann keine Rolle spielen, ob der Täter einem Betriebsrat angehört. Konfrontiert man das Deliktsrecht mit dem Betriebsverfassungsrecht, so wird deutlich, dass Gesetzesverletzungen im Rahmen der Mitbestimmungsordnung nur selten zugleich als Tatbestand einer unerlaubten Handlung in Betracht kommen. Ein Einfallstor enthält lediglich der Verstoß gegen ein Schutzgesetz nach § 823 Abs. 2 BGB, weil nach der Konzeption des Deliktsrechts diese Vorschrift eine Öffnung gegenüber anderen Rechtsmaterien und insoweit für diese eine deliktsrechtliche Sanktion enthält. Jedoch kann die Annahme eines Schutzgesetzes nur in Betracht kommen, wenn die Verletzung durch ein einzelnes Betriebsratsmitglied möglich ist, also bei Verletzung der Geheimhaltungspflicht nach § 79 (s. ausführlich dort).

16 Geht eine unerlaubte Handlung auf einen **Beschluss des Betriebsrats** zurück, so haftet nur, wer den Beschluss unterstützt hat, nicht dagegen, wer gegen ihn gestimmt oder sich an der Beschlussfassung überhaupt nicht beteiligt hat. Soweit sich nicht ermitteln lässt, ob ein Betriebsratsmitglied für den Beschluss gestimmt hat, findet § 830 Abs. 1 Satz 2 BGB keine Anwendung; denn diese Vorschrift gilt nur für den Fall, dass jemand die Merkmale einer unerlaubten Handlung in seiner Person erfüllt, aber deshalb, weil mehrere die Handlung begangen haben, sich nicht ermitteln lässt, wer von ihnen den Schaden durch seine Handlung verursacht hat (ebenso *Buchner*, FS G. Müller, S. 93, 113 und dort Fn. 37; *Weiss*, RdA 1974, 269, 271).

3. Haftung des Arbeitgebers für Fehlverhalten des Betriebsrats

17 Eine Haftung des Arbeitgebers für Handlungen des Betriebsrats besteht nur insoweit, als er nach § 40 für die Betriebsratstätigkeit die Kosten tragen muss. Außerdem hat er, soweit er Pflichten aus einem Schuldverhältnis nicht ohne Beteiligung des Betriebsrats erfüllen kann, für dessen Fehlverhalten nach § 278 BGB einzustehen (ebenso *Hanau*, RdA 1979, 324, 329). Dagegen trifft ihn keine Organhaftung nach §§ 30, 31 BGB für Fehlhandlungen des Betriebsrats, und auch eine Haftung aus § 831 BGB scheidet aus (ebenso *Hanau*, RdA 1979, 324, 328).

§ 26 Vorsitzender

(1) **Der Betriebsrat wählt aus seiner Mitte den Vorsitzenden und dessen Stellvertreter.**

(2) ¹**Der Vorsitzende des Betriebsrats oder im Fall seiner Verhinderung sein Stellvertreter vertritt den Betriebsrat im Rahmen der von ihm gefassten Beschlüsse.** ²**Zur Entgegennahme von Erklärungen, die dem Betriebsrat gegenüber abzugeben sind, ist der Vorsitzende des Betriebsrats oder im Fall seiner Verhinderung sein Stellvertreter berechtigt.**

Übersicht

	Rn.
I. Vorbemerkung	1
II. Die Wahl des Vorsitzenden und seines Stellvertreters	3
1. Wahlberechtigung	3
2. Zeitpunkt und Verfahren der Wahl	4
3. Wählbarkeit	9
4. Neuwahl bei Nichtannahme der Wahl und Amtsniederlegung	12
5. Gerichtliche Nachprüfbarkeit (Wahlanfechtung)	16
III. Die Abberufung des Vorsitzenden und seines Stellvertreters	27
1. Amtszeit des Vorsitzenden und seines Stellvertreters	27
2. Abberufung	28
3. Gerichtliche Nachprüfbarkeit	31
IV. Aufgaben und Rechtsstellung des Vorsitzenden	33
1. Vertretung des Betriebsrats	33
2. Aufgabenbereich innerhalb des Betriebsrats	35
3. Vertretungsmonopol des Vorsitzenden	37
4. Empfangszuständigkeit	40
5. Führung der laufenden Geschäfte des Betriebsrats	43
6. Bevollmächtigung des Vorsitzenden oder eines anderen Mitglieds des Betriebsrats	44

II. Die Wahl des Vorsitzenden und seines Stellvertreters § 26

	Rn.
7. Überschreiten der Vertretungsmacht	46
8. Zurechnung nach den Grundsätzen der Vertrauenshaftung (Anscheins- und Duldungsvollmacht)	49
V. Stellvertreter des Vorsitzenden	53
1. Stellvertretung nur im Verhinderungsfall	53
2. Verhinderung des Stellvertreters	55
3. Delegation von Aufgaben auf den Stellvertreter	56
VI. Streitigkeiten	58

I. Vorbemerkung

Jeder Betriebsrat, mit Ausnahme des aus einer Person bestehenden Betriebsrats, hat einen **Vorsitzenden** und einen **stellvertretenden Vorsitzenden** zu wählen, also auch ein Betriebsrat von nur drei Mitgliedern. Es besteht eine *Pflicht* des Betriebsrats zu dieser Wahl. Unterlässt er sie, so kann er nach § 23 aufgelöst werden (ebenso *Fitting*, § 26 Rn. 7; DKK-*Wedde*, § 26 Rn. 3; HaKo-BetrVG/*Blanke*, § 26 Rn. 3). Solange kein Vorsitzender gewählt ist, kann der Arbeitgeber eine Verhandlung mit dem Betriebsrat ablehnen (ebenso BAG 23. 8. 1984 AP BetrVG 1972 § 102 Nr. 36; *Fitting*, § 26 Rn. 7; GL-*Marienhagen*, § 26 Rn. 4; HWK-*Reichold*, § 26 Rn. 2; *Joost*, MünchArbR § 218 Rn. 6; nach HSWGNR-*Glock*, § 26 Rn. 2 kann der Arbeitgeber in diesem Fall mit dem Betriebsrat rehtlich nicht verkehren; a. A. GK-*Raab*, § 26 Rn. 6; DKK-*Wedde*, § 26 Rn. 6). Der Betriebsrat ist noch nicht konstituiert und damit noch nicht funktionsfähig. 1

Die Bestimmung regelt die **Wahl** des Betriebsratsvorsitzenden und seines Stellvertreters sowie deren **Rechtsstellung**. Sie entspricht weitgehend § 27 BetrVG 1952. Durch das BetrVerf-Reformgesetz vom 23. 7. 2001 (BGBl. I S. 1852) wurde der 1972 eingefügte Abs. 2 wieder aufgehoben, durch den der Gruppenschutz bei der Bestimmung des Vorsitzes im Betriebsrat verbessert worden war. Ebenso wurde der ehemalige Abs. 1 Satz 2 aufgehoben, der dem gleichen Zweck diente. Weil das Gesetz insgesamt das Gruppenprinzip aufgab, wurden auch diese Vorschriften entbehrlich. 2

Entsprechende Vorschriften: §§ 32, 33 BPersVG, § 11 Abs. 1 und 2 SprAuG, § 13 Abs. 1 Satz 2, § 25 EBRG. 2a

II. Die Wahl des Vorsitzenden und seines Stellvertreters

1. Wahlberechtigung

Der Betriebsratsvorsitzende und sein Stellvertreter werden **aus der Mitte des Betriebsrats** gewählt (Abs. 1 Satz 1). Die Wahl ist ein betriebsratsinterner Organisationsakt (BAG 13. 11. 1991 AP BetrVG 1972 § 27 Nr. 3). Sie erfolgt durch den **Betriebsrat in seiner Gesamtheit,** nicht etwa durch den Betriebsausschuss. Nur die Betriebsratsmitglieder sind wahlberechtigt, nicht Ersatzmitglieder. Ist jedoch für ein zurzeit der Wahl verhindertes Mitglied ein Ersatzmitglied in den Betriebsrat eingerückt, so hat es selbstverständlich mitzuwählen. Der zu Wählende kann selbst mitstimmen; denn es handelt sich nicht um ein Rechtsgeschäft mit ihm (s. § 25 Rn. 11). 3

2. Zeitpunkt und Verfahren der Wahl

a) Die Wahl des Vorsitzenden wie des Stellvertreters erfolgt in der **konstituierenden Sitzung** des Betriebsrats. Diese hat der Wahlvorstand innerhalb einer Woche nach dem Wahltag einzuberufen (§ 29 Abs. 1 Satz 1; s. dort Rn. 2). 4

b) Für das **Wahlverfahren** gibt das Gesetz keine Regelung vor. Die Wahl ist zwar kein Beschluss im eigentlichen Sinn, aber ein Akt des Betriebsrats im Rahmen seiner Geschäftsführung. Deshalb kann der Betriebsrat die Wahl nur durchführen, wenn er 5 beschlussfähig ist (§ 33 Abs. 2; ebenso *Fitting*, § 26 Rn. 13; GL-*Marienhagen*, § 26 Rn. 8; GK-*Raab*, § 26 Rn. 9; DKK-*Wedde*, § 26 Rn. 8; HSWGNR-*Glock*, § 26 Rn. 18; *Nikisch*, Bd. III S. 134; *Nipperdey/Säcker* in *Hueck/Nipperdey*, Bd. II/2 S. 1190).

6 Im Übrigen entscheidet der Betriebsrat über den **Wahlmodus** (vgl. BAG 28. 2. 1958 AP BetrVG § 29 Nr. 1). Die Wahl kann mündlich durch Handaufheben, aber auch durch Stimmzettel, offen oder geheim erfolgen. Auf Verlangen eines Mitglieds ist sie aber geheim durchzuführen (ebenso DKK-*Wedde*, § 26 Rn. 7; *Lichtenstein*, BetrR 1987, 7, 9; *Fitting*, § 26 Rn. 9; a. A. GK-*Raab*, § 26 Rn. 10; ArbG Bielefeld 12. 8. 1998, AuA 1998, 424 = AiB 1999, 34, jedenfalls dann, wenn über den Antrag einer Minderheit von Betriebsratsmitgliedern auf Durchführung einer **geheimen Wahl** abgestimmt und der Antrag durch Mehrheitsbeschluss abgelehnt wurde). Der Freiheit der Wahl wird hierdurch bestmöglich Rechnung getragen; schützenswürdige Interessen an einer offenen Wahl sind demgegenüber nicht ersichtlich. Die Feststellung, wer gewählt ist, hat der Wahlleiter zu treffen. Über die Wahl ist eine Niederschrift anzufertigen, die von dem Wahlleiter und dem gewählten Vorsitzenden zu unterzeichnen ist.

7 c) Der Vorsitzende und der Stellvertreter werden in **getrennten Wahlgängen** gewählt. Es ist nicht etwa derjenige, der die meisten Stimmen erhält, als Vorsitzender und der, die nächsthöchste Stimmenzahl erlangt, als Stellvertreter gewählt. Gewählt ist, wer die **meisten Stimmen** auf sich vereinigt; nicht erforderlich ist, dass er die Mehrheit der Stimmen aller Mitglieder (absolute Mehrheit) oder der anwesenden Mitglieder (einfache Stimmenmehrheit) erhält, sondern es genügt die *relative Mehrheit* (ebenso *Fitting*, § 26 Rn. 14; GK-*Raab*, § 26 Rn. 11; HSWGNR-*Glock*, § 26 Rn. 20; *Nikisch*, Bd. III S. 13; nicht eindeutig, soweit einfache Stimmenmehrheit verlangt wird, GL-*Marienhagen*, § 26 Rn. 8; DKK-*Wedde*, § 26 Rn. 11). Der Betriebsrat kann jedoch ein Mindestquorum beschließen (ebenso *Fitting*, § 26 Rn. 14; DKK-*Wedde*, § 26 Rn. 11; jedenfalls für den ersten Wahlgang GK-*Raab*, § 26 Rn. 11).

8 d) Bei **Stimmengleichheit** ist die Wahl zu wiederholen; kommt es zu einem erneuten Patt, so entscheidet das Los (ebenso *Fitting*, § 26 Rn. 15; Wiederholung der Wahl auf Antrag eines Mitglieds GK-*Raab*, § 26 Rn. 12; für Losentscheid ohne Wiederholung der Wahl unter Berufung auf BAG 26. 2. 1987 und 15. 1. 1992 AP BetrVG 1972 § 26 Nr. 5 und 10 [zum alten Gruppenvorschlag nach Abs. 2]: DKK-*Wedde*, § 26 Rn. 11; HSWGNR-*Glock*, § 26 Rn. 20). Der Betriebsrat kann jedoch vor der Abstimmung beschließen, was bei Stimmengleichheit gelten soll, also insbesondere festlegen, dass ohne Wiederholung der Wahl das Los entscheidet (ebenso *Fitting*, a. a. O.; *Wedde*, a. a. O.; für Zulässigkeit des Losentscheides, wenn bei der Wahl zum Vorstand nach dem Personalvertretungsrecht die Stimmen sich von vornherein nur auf zwei Mitglieder in gleicher Zahl verteilt hatten, BVerwG 1. 8. 1958 E 7, 197, 199 f. = AP PersVG § 31 Nr. 11; bestätigt durch BVerwG 15. 12. 1961 E 13, 242, 243 = AP PersVG § 26 Nr. 3; weiterhin OVG Lüneburg 6. 9. 1957, AP PersVG § 31 Nr. 7). Der Losentscheid ist aber nicht erzwingbar (vgl. auch BVerwG 20. 6. 1958 E 7, 140, 145 = AP PersVG § 31 Nr. 12 unter Aufhebung von OVG Münster 15. 7. 1957, AP PersVG § 31 Nr. 6).

3. Wählbarkeit

9 Wählbar ist nur ein **Mitglied des Betriebsrats**. Voraussetzung ist, dass es ihm endgültig angehört. Daher kann nicht gewählt werden, wer lediglich für ein zeitweilig verhindertes Mitglied als Stellvertreter in den Betriebsrat eintritt (ebenso *Fitting*, § 26 Rn. 11; GL-*Marienhagen*, § 26 Rn. 6; GK-*Raab*, § 26 Rn. 8; HSWGNR-*Glock*, § 26 Rn. 22; *Nikisch*, Bd. III S. 134; a. A. für den Fall einer längeren Verhinderung), wohl aber kann der zeitweilig Verhinderte gewählt werden. Das Gesetz verlangt keine zusätzlichen Wählbarkeitsvoraussetzungen. Auch durch Tarifvertrag oder Betriebsvereinbarung können sie nicht aufgestellt werden (vgl. BAG 16. 2. 1973 AP BetrVG 1972 § 19 Nr. 1).

10 Keine Rolle spielt die **gewerkschaftliche Zugehörigkeit eines Betriebsratsmitglieds**. Wenn das BAG meint, es könnten bei der Wahl gewerkschaftliche Machtverhältnisse berücksichtigt werden (BAG 1. 6. 1966 AP BetrVG § 18 Nr. 16), so handelt es sich dabei nicht um einen Rechtsgrundsatz, sondern nur um die Feststellung, dass nicht unzulässig ist, wenn jemand für ein Mitglied deshalb stimmt, weil es der gleichen Gewerkschaft angehört (vgl. dazu aber auch die Kritik von *Galperin,* Anm. zu AP BetrVG § 18 Nr. 16). Wenn daher wegen der Mehrheitsverhältnisse hinsichtlich der Gewerkschaftszugehörigkeit die stärkste Gewerkschaft darauf Einfluss nehmen kann, wie die Sitze des Betriebsratsvorsitzenden und seines Stellvertreters zu verteilen sind, so liegt darin kein Verstoß gegen das Neutralitätsgebot. „Koalitionsabsprachen" darüber, wer Vorsitzender und wer Stellvertreter wird, sind rechtlich nicht zu beanstanden; sie führen aber zu keiner rechtlichen Bindung (ebenso BAG, a. a. O.), weil für das Betriebsratsamt das konstitutionelle Formprinzip der Repräsentation gilt und daher ein „Fraktionszwang" nicht geübt werden kann (vgl. auch *Richardi,* RdA 1972, 8, 15; zust. HSWGNR-*Glock,* § 26 Rn. 23).

Die **Regeln,** die § 26 aufstellt, werden allgemein als **zwingend** betrachtet (*Fitting,* § 26 **11** Rn. 4; GK-*Raab,* § 26 Rn. 3). Das muss grundsätzlich auch gelten, soweit Tarifverträge und Betriebsvereinbarungen die Errichtung betriebsverfassungsrechtlicher Organisationseinheiten nach § 3 Abs. 1 Nr. 1–3 bestimmen (a. A. für den alten § 3 Abs. 1: *Fitting,* a. a. O.; GK-*Raab,* a. a. O.; DKK-*Wedde,* § 26 Rn. 2). Abweichendes mag man für Einheiten nach § 3 Abs. 1 Nr. 3 vertreten, soweit die Besonderheiten der Organisation nicht nur Anpassungen am Zuschnitt des Vertretungsbereichs, sondern auch in der Zusammensetzung des Vertretungsorgans bestimmen (zur kritischen Weite dieser Norm ausführl. § 3 Rn. 23). Nicht zulässig ist es jedenfalls, zusätzliche, organisationsfremde Kriterien in das Wahlverfahren mit einfließen zu lassen, etwa die Rückkehr zum alten Gruppenprinzip oder die proportionale Berücksichtigung der Geschlechter.

4. Neuwahl bei Nichtannahme der Wahl und Amtsniederlegung

a) Wer zum Vorsitzenden oder dessen Stellvertreter gewählt ist, kann die Wahl **12** ablehnen (vgl. BAG 29. 1. 1965 AP BetrVG § 27 Nr. 8). Die Annahme erfolgt formlos durch Erklärung gegenüber dem Wahlleiter bzw. wenn eine Bedenkzeit erbeten wird gegenüber allen Betriebsratsmitgliedern; sie liegt konkludent in der Einberufung einer Betriebsratssitzung durch den gewählten Vorsitzenden.

Lehnt der Vorsitzende oder der Stellvertreter die Wahl ab, so ist nur er **neu zu wählen. 13** Lediglich wenn der Stellvertreter zum Vorsitzenden gewählt wird, ist auch ein neuer Stellvertreter zu wählen.

b) Wie der Gewählte das Amt ablehnen kann, so kann er es auch jederzeit **niederlegen. 14** Die Niederlegung erfolgt durch Erklärung gegenüber dem Betriebsrat; sie muss eindeutig sein und kann nicht wegen eines Willensmangels angefochten werden (s. auch § 24 Rn. 10; *Fitting,* § 26 Rn. 19; GK-*Raab,* § 26 Rn. 25; DKK-*Wedde,* § 26 Rn. 13; ErfK-*Eisemann/Koch,* § 26 Rn. 3). Die Amtsniederlegung hat auf die Mitgliedschaft im Betriebsrat keinen Einfluss.

Fällt der Vorsitzende oder der Stellvertreter fort, so hat alsbald eine **Neuwahl** statt- **15** zufinden. Scheidet der Vorsitzende aus, so übernimmt einstweilen der Stellvertreter den Vorsitz, aber nur bis zur Neuwahl. Er rückt nicht ohne weiteres an die Stelle des Vorsitzenden ein mit der Folge, dass kein Vorsitzender, sondern ein Stellvertreter zu wählen wäre (ebenso *Nikisch,* Bd. III S. 137). Für die Neuwahl gilt Gleiches wie bei Nichtannahme des Amtes (s. Rn. 13).

5. Gerichtliche Nachprüfbarkeit (Wahlanfechtung)

a) Das Gesetz enthält für Gesetzesverstöße bei der Wahl zum Betriebsratsvorsitzenden **16** und dessen Stellvertreter – wie auch sonst bei betriebsratsinternen Wahlen – **keine ausdrückliche Rechtsfolgenregelung.** Deren Fehlen kann aber nicht bedeuten, dass ein Gesetzesverstoß stets und ohne weiteres die Nichtigkeit der Wahl zur Folge hat (so zutreffend BAG 13. 11. 1991 AP BetrVG 1972 § 26 Nr. 9). Die Wahl des Betriebsrats-

§ 26

vorsitzenden und seines Stellvertreters sind „Organisationsakte, die die Funktionsfähigkeit des Betriebsrates erst herstellen" (BAG, a. a. O.). Wäre die Wahl bei jedem Gesetzesverstoß nichtig, so stünde dies im Widerspruch zu einer funktionierenden Betriebsverfassung. Deshalb muss auch hier gelten, dass wie bei der Betriebsratswahl, für die das Gesetz in § 19 eine besondere Regelung enthält, der Gesetzesverstoß nur innerhalb einer bestimmten Frist und auch nicht von jedermann geltend gemacht werden kann.

17 Das BAG hat bereits zum BetrVG 1952 in st. Rspr. angenommen, dass die Vorschrift über die Anfechtung der Betriebsratswahl entsprechend anzuwenden sei (BAG 2. 11. 1955, 7. 12. 1955, 20. 4. 1956, 6. 7. 1956, 11. 4. 1958 und 29. 1. 1965 AP BetrVG § 27 Nr. 1 [= BAGE 2, 182], Nr. 2, Nr. 3, Nr. 4 [= BAGE 3, 80], Nr. 5 und Nr. 8; BAG 1. 6. 1966 AP BetrVG § 18 Nr. 16; für das BetrVG 1972 zunächst bestätigt durch BAG 16. 2. 1973 AP BetrVG 1972 § 19 Nr. 1; 19. 3. 1974 AP BetrVG 1972 § 26 Nr. 1). Begründet wurde die Analogie zu § 19 damit, dass die Wahl des Vorsitzenden und seines Stellvertreters „der letzte Akt der Wahl und der Konstituierung des Betriebsrats" sei (BAG 2. 11. 1955 AP BetrVG § 27 Nr. 1; 16. 2. 1973 AP BetrVG 1972 § 19 Nr. 1). Diese Begründung ist schon deshalb nicht zutreffend, weil die Bestimmung des Vorsitzenden und seines Stellvertreters *nicht* einen *Schlussakt der Betriebsratswahl,* sondern einen *Akt der Geschäftsführung* darstellt, der diesen Charakter nicht dadurch verliert, dass er in der Form einer Wahl vor sich geht. Das BAG hat deshalb bereits im Beschluss vom 12. 10. 1976 seine frühere Rspr. aufgegeben (BAG 12. 10. 1976 AP BetrVG 1972 § 26 Nr. 2 [insoweit zust. *Richardi*]).

18 Nach Ansicht des BAG müssen Gesetzesverstöße bei der Wahl des Betriebsratsvorsitzenden oder seines Stellvertreters grundsätzlich in einem **Wahlanfechtungsverfahren in entsprechender Anwendung des § 19** gerichtlich geltend gemacht werden (BAG 13. 11. 1991 AP BetrVG 1972 § 26 Nr. 9; 15. 1. 1992 AP BetrVG 1972 § 26 Nr. 10; 8. 4. 1992 AP BetrVG 1972 § 26 Nr. 11). Dem BAG ist darin zu folgen, dass es die Geltendmachung der Fehlerhaftigkeit von Wahlen im Betriebsrat an ein *besonderes Verfahren* bindet; insoweit ist der Rechtsgedanke, auf dem § 19 beruht, auch hier maßgebend. Nicht überzeugend ist aber die Begründung, dass anderenfalls die Rechtsakte, bei denen der Vorsitzende oder sein Stellvertreter den Betriebsrat vertrete, nichtig seien (BAG 13. 11. 1991 AP BetrVG 1972 § 26 Nr. 9). Das ist insbesondere zu beachten, wenn die Wahl ausnahmsweise als nichtig anzusehen ist, weil nicht einmal der Anschein einer dem Gesetz entsprechenden Wahl vorliegt (vgl. BAG 13. 11. 1991 AP BetrVG 1972 § 26 Nr. 9; s. auch Rn. 26). Außerdem beantwortet eine analoge Anwendung des § 19 noch nicht die Frage, wer die Fehlerhaftigkeit des Gesetzesverstoßes geltend machen kann.

19 b) Über die Fehlerhaftigkeit betriebsratsinterner Wahlen entscheidet das **Arbeitsgericht im Beschlussverfahren** (§ 2 a Abs. 1 Nr. 1, Abs. 2 i. V. mit §§ 80 ff. ArbGG).

20 Soweit die Wahl in entsprechender Anwendung des § 19 anfechtbar ist (s. Rn. 16 ff.), kann man dennoch für die **Antragsberechtigung** nicht ohne weiteres auf § 19 Abs. 2 Satz 1 zurückgreifen; denn eine Abgrenzung nach der Betroffenheit zeigt, dass man nicht von einer Identität ausgehen darf.

21 – Antragsberechtigt ist vor allem **jedes Mitglied des Betriebsrats,** weil es zu seinen Amtsobliegenheiten gehört, für die Ordnungsmäßigkeit der Geschäftsführung Sorge zu tragen (so anerkannt für das nicht zum stellvertretenden Betriebsratsvorsitzenden gewählte Mitglied BAG 13. 11. 1991 AP BetrVG 1972 § 26 Nr. 9; vgl. auch BAG 15. 1. 1992 AP BetrVG 1972 § 26 Nr. 10; 8. 4. 1992 AP BetrVG 1972 § 26 Nr. 11).

22 – **Nicht antragsberechtigt** sind dagegen die **im Betrieb vertretenen Gewerkschaften** (so auch BAG 30. 10. 1986 AP BetrVG 1972 § 47 Nr. 6; a. A. vom ursprünglich vertretenen Standpunkt aus, § 19 unmittelbar anzuwenden, BAG 1. 6. 1966 AP BetrVG § 18 Nr. 16; 16. 2. 1973 AP BetrVG 1972 § 19 Nr. 1; aber auch nach Aufgabe dieser Meinung BAG 12. 10. 1976 AP BetrVG 1972 § 26 Nr. 2). Die im Betrieb vertretenen Gewerkschaften haben kein Kontrollrecht über die Organisation und Geschäftsführung

des Betriebsrats und daher kein Antragsrecht, soweit es um die Errichtungsakte zur Aufnahme der Geschäftsführung durch den Betriebsrat geht. Dass die interne Organisation des Betriebsrats Auswirkungen auf seine Zusammenarbeit mit den Gewerkschaften hat, mag sein, kann aber für sich genommen ein Kontrollrecht nicht begründen (a. A. aber deshalb *Fitting*, § 26 Rn. 48; ebenso GL-*Marienhagen*, § 26 Rn. 43; GK-*Raab*, § 26 Rn. 19; HSWGNR-*Glock*, § 26 Rn. 30 a; DKK-*Wedde*, § 26 Rn. 37).

- **Nicht antragsberechtigt** sind der **Arbeitgeber** (ebenso *Fitting*, § 26 Rn. 48; GL-*Marienhagen*, § 26 Rn. 43; GK-*Raab*, § 26 Rn. 19; HSWGNR-*Glock*, § 26 Rn. 30 a; HWK-*Reichold*, § 26 Rn. 14; DKK-*Wedde*, § 26 Rn. 37; *Nikisch*, Bd. III S. 136) und der **einzelne Arbeitnehmer** des Betriebs, und zwar auch nicht, wenn der Antrag von drei Wahlberechtigten gestellt wird (ebenso *Fitting*, *Raab*, *Glock* und *Wedde*, jeweils a. a. O.). 23

- Der **Betriebsrat** selbst ist **nicht antragsberechtigt**, da die jederzeitige Absetzbarkeit eine Korrekturmöglichkeit gibt (s. Rn. 28 ff.). 24

c) Nach Ansicht des BAG muss die in § 19 Abs. 2 Satz 2 festgelegte **Anfechtungsfrist von zwei Wochen** gewahrt sein (BAG 13. 11. 1991 AP BetrVG 1972 § 26 Nr. 9; bestätigt BAG 15. 1. 1992 AP BetrVG 1972 § 26 Nr. 10; 8. 4. 1992 AP BetrVG 1972 § 26 Nr. 11; so bereits BAG 12. 10. 1976 AP BetrVG 1972 § 26 Nr. 2; ebenso *Fitting*, § 26 Rn. 47; GL-*Marienhagen*, § 26 Rn. 43; GK-*Raab*, § 26 Rn. 18). Vor allem bei Verstößen, die keine Außenwirkung entfalteten, wenn für den Betriebsrat gehandelt wird, ist nicht einzusehen, weshalb Gründe der Rechtssicherheit gebieten, die Anfechtungsfrist von zwei Wochen zu übernehmen; es genügt, wenn hier das Rechtsinstitut der *Verwirkung* eine Grenze zieht (*Nikisch*, Bd. III S. 149; vgl. auch OVG Münster, AP PersVG § 31 Nr. 6; a. A. HSWGNR-*Glock*, § 26 Rn. 28). Die Anfechtung wirkt ohnehin nur *rechtsgestaltend* (s. die folgende Rn. 26). 25

d) Der Betriebsratsvorsitzende oder sein Stellvertreter **üben ihr Amt aus,** solange ihre Wahl nicht rechtskräftig für ungültig erklärt ist. Eine Ausnahme gilt lediglich, wenn gegen die Grundsätze einer ordnungsmäßigen Wahl in so hohem Maß verstoßen ist, dass auch der Anschein einer Wahl nicht mehr vorliegt. In diesem Fall ist Nichtigkeit anzunehmen, die von jedermann in jedem Verfahren geltend gemacht werden kann (ebenso BAG 13. 11. 1991 AP BetrVG 1972 § 26 Nr. 9). 26

III. Die Abberufung des Vorsitzenden und seines Stellvertreters

1. Amtszeit des Vorsitzenden und seines Stellvertreters

Die Wahl gilt für die **ganze Amtsperiode des Betriebsrats,** bzw. wenn die Wahl später erfolgt, weil der Vorsitzende oder der stellvertretende Vorsitzende weggefallen ist, für den Rest der Amtsdauer (ebenso *Fitting*, § 26 Rn. 18; GL-*Marienhagen*, § 26 Rn. 15; GK-*Raab*, § 26 Rn. 25; HSWGNR-*Glock*, § 26 Rn. 33). 27

2. Abberufung

Der Betriebsrat kann den Vorsitzenden und den Stellvertreter **jederzeit abberufen;** erforderlich ist ein mit Stimmenmehrheit nach § 33 gefasster Beschluss (ebenso BAG 26. 1. 1962 AP BGB § 626 Nr. 8 Druckkündigung; 1. 6. 1966 AP BetrVG § 18 Nr. 16; *Fitting*, § 26 Rn. 20; GL-*Marienhagen*, § 26 Rn. 15; GK-*Raab*, § 26 Rn. 26; HSWGNR-*Glock*, § 26 Rn. 33; *Nikisch*, Bd. III S. 136; *Nipperdey/Säcker* in *Hueck/Nipperdey*, Bd. II/2 S. 1193; *Neumann-Duesberg*, S. 273; bereits zum BRG 1920: RAG 20. 6. 1928 BenshSlg. 3, 39; verneinend aber *Feig/Sitzler*, § 26 Erl. 5, zweifelnd *Mansfeld*, § 26 Erl. 2 b). Ein Gremium, das so entscheidende Funktionen auszuüben hat wie der Betriebsrat, muss die Möglichkeit haben, den Vorsitzenden seines Amtes zu entbinden wenn er nicht mehr sein Vertrauen hat, etwa weil er bei den Besprechungen mit dem 28

Arbeitgeber sich nicht an die Richtlinien des Betriebsrats hält. Eine entsprechende Vorschrift in der Geschäftsordnung (§ 36) ist nicht nötig (ebenso LAG Berlin 20. 10. 1964, AuR 1965, 282).

29 Die Abberufung ist **ohne besondere Begründung** zulässig. Insbesondere können die gewerkschaftlichen Machtverhältnisse im Betriebsrat berücksichtigt werden, so dass es zulässig ist, den Vorsitzenden oder seinen Stellvertreter nur deshalb abzuberufen, um ein Mitglied der im Betrieb am stärksten vertretenen Gewerkschaft in diese Position zu bringen; eine Absprache unter Koalitionsgesichtspunkten führt aber zu keiner rechtlichen Bindung (ebenso BAG 1. 6. 1966 AP BetrVG § 18 Nr. 16; vgl. dazu auch *Richardi*, RdA 1972, 8, 15).

30 Der **Betroffene** ist bei dem Beschluss über seine **Abberufung stimmberechtigt** (s. § 25 Rn. 11).

3. Gerichtliche Nachprüfbarkeit

31 Die Abberufung des Vorsitzenden und seines Stellvertreters ist gerichtlich nachprüfbar (vgl. BAG 1. 6. 1966 AP BetrVG § 18 Nr. 16). Es gilt insoweit Gleiches wie bei der Wahl (s. ausführlich Rn. 16 ff.).

32 Eine **Abberufung durch das Arbeitsgericht** gibt es **nicht**. Eine Amtsenthebung nach § 23 Abs. 1, die zum Erlöschen der Mitgliedschaft im Betriebsrat führt (§ 24 Nr. 5), kann aber auch darauf gestützt werden, dass ein Betriebsratsmitglied die ihm als Vorsitzenden des Betriebsrats obliegenden Pflichten grob verletzt hat.

IV. Aufgaben und Rechtsstellung des Vorsitzenden

1. Vertretung des Betriebsrats

33 Der Vorsitzende **vertritt** den Betriebsrat **nur im Rahmen der von ihm gefassten Beschlüsse** (Abs. 2 Satz 1). Dadurch werden Meinungsverschiedenheiten ausgeschlossen, die nach § 28 BRG 1920 über die Stellung des Vorsitzenden bestanden haben (vgl. *Flatow/Kahn-Freund*, § 28 Erl. 1; *Mansfeld*, § 28 Erl. 2 a). Der Vorsitzende kann nicht an Stelle des Betriebsrats eine Entscheidung treffen. Seine Vertretungsbefugnis betrifft daher auch nicht die Rechte des einzelnen Betriebsratsmitglieds als Teil des Gremiums Betriebsrat (LAG Schleswig-Holstein 12. 4. 2005 – 2 TaBV 8/05, juris). Er ist, wie die amtliche Begründung zum BetrVG 1952 hervorhebt (BT-Drucks. I/3585, S. 7 = RdA 1952, 286), nicht *Vertreter im Willen;* er ist nur **Vertreter in der Erklärung,** die er im Namen des Betriebsrats abgeben und entgegennehmen darf (ebenso BAG 19. 3. 2003 AP BetrVG 1972 § 40 Nr 77; BAG 28. 2. 1958 AP AZO § 14 Nr. 1; 26. 9. 1963 AP PersVG § 70 Nr. 2 Kündigung; 17. 2. 1981 AP BetrVG 1972 § 112 Nr. 11; *Fitting*, § 26 Rn. 22; HSWGNR-*Glock*, § 26 Rn. 40; DKK-*Wedde*, § 26 Rn. 17; HWK-*Reichold*, § 26 Rn. 9; *Grosjean*, NZA-RR 2005, 113, 119; *Nipperdey/Säcker* in *Hueck/Nipperdey*, Bd. II/2 S. 1190; *Herschel*, RdA 1959, 81, 83; *Dietz*, RdA 1968, 439; vgl. auch *Nikisch*, Bd. III S. 141). Er ist *Vertreter, nicht Bote* auch wenn seine Vertretungsmacht erst durch entsprechende Betriebsratsbeschlüsse eröffnetet wird (*Linsenmaier*, FS Wißmann, 378, 380, der daher den Begriff Vertreter in der Erklärung ablehnt). Der Betriebsratsvorsitzende vertritt den Betriebsrat auch bei der schriftlichen Mitteilung an den Arbeitgeber über die Verweigerung der Zustimmung des Betriebsrats zu personellen Einzelmaßnahmen i. S. v. § 99, die den Betriebsratsvorsitzenden selbst betreffen, denn er trifft nicht anstelle des Betriebsrats eine diesem obliegende Entscheidung, sondern informiert lediglich den Arbeitgeber über die von dem Betriebsrat getroffene Entscheidung (BAG 19. 3. 2003 AP BetrVG 1972 § 40 Nr. 77).

34 **Bedenken** gegen die Bezeichnung als Vertreter in der Erklärung (vgl. *Neumann-Duesberg*, S. 265; GL-*Marienhagen*, § 26 Rn. 25) stützen sich ausschließlich darauf, dass es für das Stellvertretungsrecht des BGB rechtsdogmatisch verfehlt ist, zwischen

die Stellvertretung und Botenschaft noch eine Stellvertretung „nur in der Erklärung" einzuschieben (vgl. *Flume,* Allgemeiner Teil des Bürgerlichen Rechts, Bd. II, 3. Aufl. 1979, S. 760 f.; *Larenz/Wolf,* Allgemeiner Teil des deutschen Bürgerlichen Rechts, 8. Aufl. 1997, § 46 Rn. 40; *Müller-Freienfels,* Die Vertretung beim Rechtsgeschäft, 1955, S. 72; *G. Hueck,* AcP, 152 [1952/53], 432 ff.). Für die Betriebsverfassung ist dagegen ausschlaggebend, dass der Vorsitzende grundsätzlich darauf beschränkt ist, die Beschlüsse des Betriebsrats durchzuführen. Der Betriebsrat und nicht der Vorsitzende des Betriebsrats ist der Repräsentant der Belegschaft. Das Recht des Vorsitzenden, den Betriebsrat im Rahmen der von ihm gefassten Beschlüsse zu vertreten, beruht andererseits auf dem Gesetz und kann ihm nicht durch den Betriebsrat entzogen werden. Deshalb kann man insoweit nicht von der Erteilung einer Vertretungsmacht durch den Betriebsrat ausgehen, wie sie für die Vertretung beim Rechtsgeschäft gilt; der Vorsitzende ist kein Bevollmächtigter des Betriebsrats (ebenso *Nikisch,* Bd. III S. 140 Fn. 37). Er ist vielmehr ein *gesetzlicher Vertreter* des Betriebsrats (ebenso GK-*Raab,* § 26 Rn. 31; *Nikisch,* Bd. III S. 140; *Nipperdey/Säcker* in *Hueck/Nipperdey,* Bd. II/2 S. 1190). Jedoch anders als sonst ein gesetzlicher Vertreter ersetzt er nicht fremden Willen, sondern ist im Gegenteil in seiner Erklärung an *fremden Willen,* nämlich den Beschluss des Betriebsrats, *gebunden.* Man kann daher nicht die Rechtsfigur der Stellvertretung heranziehen, um seine Rechtsstellung zu erklären, andererseits ist er aber nicht bloß Bote; denn dieser überbringt eine *fertige* fremde Erklärung, während der Vorsitzende eine *eigene* Erklärung abgibt, insoweit aber an einen Beschluss des Betriebsrats gebunden ist (vgl. auch *Nikisch,* Bd. III S. 141; *Dietz,* RdA 1968, 439, 440 Fn. 3).

2. Aufgabenbereich innerhalb des Betriebsrats

Die Rechtsstellung des Vorsitzenden erschöpft sich nicht in der Vertretung des Betriebsrats nach außen, sondern er hat darüber hinaus *innerhalb* des Betriebsrats einen **eigenen Aufgabenbereich,** durch den er eine für die Geschäftsführung des Betriebsrats wesentliche Funktion erhält. Da er die Sitzungen des Betriebsrats einberuft, die Tagesordnung festsetzt und die Verhandlung leitet (§ 29 Abs. 2 Satz 1 und 2), muss er die Entscheidungen des Betriebsrats vorbereiten. Im Betriebsausschuss, der die laufenden Geschäfte des Betriebsrats führt (§ 27 Abs. 2 Satz 1), steht ihm der Vorsitz zu (s. § 27 Rn. 39). Aus den ihm nach dem Gesetz übertragenen Funktionen ergibt sich, dass er einen Großteil der laufenden Geschäfte führt, um eine ordnungsmäßige Aufgabenwahrnehmung durch den Betriebsrat sicherzustellen. Zwar bestimmt § 27 Abs. 2 Satz 1, dass der Betriebsausschuss die laufenden Geschäfte des Betriebsrats führt, und aus § 27 Abs. 3 ergibt sich, dass ein Betriebsrat, der keinen Betriebsausschuss bilden kann, die laufenden Geschäfte auf den Vorsitzenden oder andere Betriebsratsmitglieder übertragen kann, also insoweit ein konstitutiver Akt des Betriebsrats erforderlich ist. Darin liegt aber lediglich ein Indiz dafür, dass der dort verwandte Begriff der laufenden Geschäfte sich nicht auf nur nach innen wirkende Geschäftsführungsmaßnahmen beschränkt, sondern sich auch auf eine nach außen wirkende Aufgabenwahrnehmung bezieht (s. § 27 Rn. 49 ff.). Den im Gesetz vorgesehenen Funktionen des Vorsitzenden widerspräche es dagegen, wollte man in Abrede stellen, dass er einen Teil der laufenden Geschäfte führt (vgl. auch *Nikisch,* Bd. III S. 139 f.). 35

Der Vorsitzende des Betriebsrats leitet die Betriebsversammlung (§ 42 Abs. 1 Satz 1). Er hat weiterhin ein Teilnahmerecht an Sitzungen der Jugend- und Auszubildendenvertretung; jedoch kann hiermit auch ein anderes Betriebsratsmitglied beauftragt werden (§ 65 Abs. 2 Satz 2). Das Gleiche gilt für die Teilnahme an den Sprechstunden der Jugend- und Auszubildendenvertretung (§ 69 Satz 4). 36

3. Vertretungsmonopol des Vorsitzenden

37 Der Vorsitzende des Betriebsrats ist **kraft Gesetzes berechtigt,** die **Beschlüsse des Betriebsrats auszuführen.** Er braucht seine Vertretungsbefugnis nicht nachzuweisen. Der Arbeitgeber ist nicht zur Nachprüfung *verpflichtet,* ob der Vorsitzende sich im Rahmen eines Beschlusses hält (ebenso LAG Mannheim 3. 6. 1955, AP BetrVG § 66 Nr. 5). Da der Vorsitzende den Betriebsrat aber nur im Rahmen der von diesem gefassten Beschlüsse vertritt, kann der Arbeitgeber den Nachweis *verlangen,* dass ein solcher Beschluss gefasst worden ist (ebenso HSWGNR-*Gock,* § 26 Rn. 48; nur wenn im Einzelfall Zweifel bestehen: *Fitting,* § 26 Rn. 26; GK-*Raab,* § 26 Rn. 43; wohl ohne diese Einschränkung *Buchner,* DB 1976, 532, 535; auch *Joost,* MünchArbR § 218 Rn. 9, soweit er ausnahmslos ein als berechtigt anzuerkennendes Interesse des Arbeitgebers anerkennt). Es spricht nämlich nur eine jederzeit **widerlegbare Vermutung** dafür, dass die Erklärungen des Vorsitzenden durch einen **Beschluss des Betriebsrats** gedeckt sind (ebenso BAG 17. 2. 1981 AP BetrVG 1972 § 112 Nr. 11; *Fitting,* § 26 Rn. 26; GL-*Marienhagen,* 26 Rn. 31; GK-*Raab,* § 26 Rn. 42; HSWGNR-*Glock,* § 26 Rn. 49; *Nipperdey/Säcker* in *Hueck/Nipperdey,* Bd. II/2 S. 1191; *Nikisch,* Bd. III S. 142 und Fn. 47; krit. *Linsenmaier,* FS Wißmann, S. 378, 385 f. [„für die Praxis wenig gewonnen"]). Es handelt sich nicht um eine gesetzliche, sondern lediglich um eine *tatsächliche Vermutung* (ebenso *Marienhagen,* a. a. O.; *Nikisch,* Bd. III S. 142 Fn. 47; a. A. *Raab,* a. a. O.). Damit, aber auch mit dem Gesichtspunkt der vertrauensvollen Zusammenarbeit wäre es nicht vereinbar, wollte man das Recht des Arbeitgebers, einen Nachweis über den Beschluss des Betriebsrats zu verlangen, auf den Fall beschränken, dass er begründete Zweifel vortragen kann. Andererseits bedeutet es aber auch einen Verstoß gegen den Grundsatz der vertrauensvollen Zusammenarbeit, wenn der Arbeitgeber stets den Nachweis fordert.

38 Die dem Vorsitzenden zustehende Vertretungskompetenz nimmt dem Betriebsrat nicht das Recht, ein **anderes Mitglied des Betriebsrats** mit der Erledigung einer bestimmten Angelegenheit zu betrauen und ihm insoweit eine Vertretungsbefugnis zu übertragen (ebenso *Fitting,* § 26 Rn. 31; GK-*Raab,* § 26 Rn. 70; DKK-*Wedde,* § 26 Rn. 24; *Brecht,* BB 1954, 840; a. A. HSWGNR-*Glock,* § 26 Rn. 60). Es handelt sich insoweit um eine durch Rechtsgeschäft erteilte Vertretungsmacht, also um eine Vollmacht. Jedoch darf es sich stets nur um die Erledigung einer bestimmten Angelegenheit handeln; insoweit kann die Entscheidung auch einer Gruppe von Mitgliedern übertragen werden (vgl. BAG 5. 2. 1965 AP BetrVG § 56 Nr. 1 Urlaubsplan). Auch eine Duldungsvollmacht (LAG Rostock 20. 5. 2003 – 5 Sa 452/02, juris) oder Anscheinsvollmacht ist möglich. Dagegen ist es unzulässig, dass bestimmte Aufgaben generell zur selbstständigen Erledigung übertragen werden; denn eine derartige Übertragung ist nur auf den Betriebsausschuss oder einen nach § 28 gebildeten Ausschuss möglich, sofern ein Betriebsausschuss gebildet ist (§§ 27 Abs. 2 Satz 2 bis 4, 28 Abs. 1 Satz 2).

39 Das Vertretungsmonopol des Vorsitzenden kann weiterhin eine Einschränkung dadurch erfahren, dass der **Vorsitz** in einem nach **§ 28 gebildeten Ausschuss** einem anderen Betriebsratsmitglied zusteht. Soweit dem Ausschuss Aufgaben zur selbstständigen Erledigung übertragen sind, entspricht es dem Zweck dieser Delegationsmöglichkeit, dass dieses Mitglied den für den Betriebsrat handelnden Ausschuss vertritt (ebenso BAG 4. 8. 1975 und 27. 6. 1985 AP BetrVG 1972 § 102 Nr. 4 und 37 [zu Abs. 3 Satz 2]; *Fitting,* § 26 Rn. 32; GK-*Raab,* § 26 Rn. 70). Entsprechendes gilt, wenn nach § 27 Abs. 3 der Betriebsrat die Führung der laufenden Geschäfte nicht auf den Vorsitzenden, sondern ein anderes Betriebratsmitglied übertragen hat; jedoch setzt dies voraus, dass man zum Kreis der laufenden Geschäfte auch nach außen wirkende Handlungen zählt (s. § 27 Rn. 49 ff.).

4. Empfangszuständigkeit

Der Vorsitzende des Betriebsrats ist **zur Entgegennahme der Erklärungen berechtigt**, 40 die dem Betriebsrat gegenüber abzugeben sind (Abs. 2 Satz 2). Das gilt nicht nur für rechtsgeschäftliche Erklärungen, sondern für alle Mitteilungen und Erklärungen, die dem Betriebsrat gegenüber abzugeben sind. Von Bedeutung ist dies vor allem für die Bestimmungen, die eine Fristbegrenzung für die Ausübung des Mitbestimmungsrechts davon abhängig machen, dass der Betriebsrat ordnungsgemäß unterrichtet wurde, also z. B. bei der Einstellung, Versetzung, Ein- oder Umgruppierung von Arbeitnehmern nach §§ 99 Abs. 2, 100 Abs. 2 und für die Beteiligung bei der Kündigung nach § 102 Abs. 2. Nur der Vorsitzende oder im Fall seiner Verhinderung sein Stellvertreter sind zur Entgegennahme der Mitteilungen oder Erklärungen berechtigt, **nicht ein anderes Betriebsratsmitglied** (so zur Mitteilung über die Kündigungsabsicht nach § 102 Abs. 1 Satz 2: BAG 28. 2. 1974 und 4. 8. 1975 AP BetrVG 1972 § 102 Nr. 2 und 4, s. aber Rn. 41 a. E.).

Eine Ausnahme gilt ebenfalls, wenn die Angelegenheit zur selbstständigen Erledigung, 41 z. B. die Beteiligung bei Kündigungen, einem nach **§ 28 gebildeten Ausschuss** übertragen ist; dann ist der Vorsitzende dieses Ausschusses für die Entgegennahme der Erklärung zuständig (ebenso BAG 4. 8. 1975 und 27. 6. 1985 AP BetrVG 1972 § 102 Nr. 4 und 37; *Fitting*, § 26 Rn. 37; HaKo-BetrVG/*Blanke*, § 26 Rn. 14; s. auch Rn. 39). Möglich ist weiterhin, dass der Betriebsrat oder der Ausschuss in bestimmten Angelegenheiten ein Mitglied zur Entgegennahme von Erklärungen ermächtigt, die gegenüber dem Betriebsrat abzugeben sind (ebenso BAG 27. 6. 1985 AP BetrVG 1972 § 102 Nr. 37; *Fitting*, § 26 Rn. 37; GK-*Raab*, § 26 Rn. 70). Das ist stets der Fall, wenn er das Mitglied zur Erledigung einer bestimmten Angelegenheit bevollmächtigt hat (s. auch Rn. 44 f.). Nur wenn niemand vorhanden ist, der zur Entgegennahme der Erklärung berechtigt ist, z. B. weil der Betriebsratsvorsitzende und sein Stellvertreter im Urlaub sind und für diesen Fall keine Vertretungsregelung besteht, ist jedes Betriebsratsmitglied berechtigt, Erklärungen des Arbeitgebers für den Betriebsrat entgegenzunehmen (ebenso BAG 27. 6. 1985 AP BetrVG 1972 § 102 Nr. 37; *Fitting*, § 26 Rn. 34; ErfK-*Eisemann/Koch*, § 26 Rn. 4; GK-*Raab*, § 26 Rn. 56; HWK-*Reichold*, § 26 Rn. 11; a. A. HSWGNR-*Glock*, § 26 Rn. 58 ff., der eine Funktionsunfähigkeit des Betriebsrats annimmt und die Bestellung eines weiteren Stellvertreters für erforderlich hält).

Sieht man von diesen Ausnahmen ab, so ist eine Erklärung, die nicht dem Vorsitzen- 42 den oder im Fall seiner Verhinderung seinem Stellvertreter, sondern einem **anderen Betriebsratsmitglied** gegenüber **abgegeben** wird, dem Betriebsrat erst dann zugegangen, wenn der Vorsitzende, sein Stellvertreter oder das im konkreten Fall zum Empfang ermächtigte Mitglied des Betriebsrats von ihr Kenntnis erlangt (ebenso BAG 27. 6. 1985 AP BetrVG 1972 § 102 Nr. 37; *Fitting*, § 26 Rn. 33; GL-*Marienhagen*, § 26 Rn. 28; GK-*Raab*, § 26 Rn. 54). Das ist vor allem von Bedeutung, soweit durch die Erklärung eine Frist in Lauf gesetzt wird. Sieht man von dem Fall ab, dass eine Angelegenheit zur selbstständigen Erledigung einem nach § 28 gebildeten Ausschuss übertragen ist, so bleibt der Vorsitzende und im Fall seiner Verhinderung sein Stellvertreter auch dann zur Entgegennahme der Erklärungen berechtigt, wenn zu ihr ein anderes Betriebsratsmitglied ermächtigt ist. Abs. 2 Satz 2 ist *zwingend*. Der Betriebsrat kann nur *neben* dem Vorsitzenden und dessen Stellvertreter ein anderes Betriebsratsmitglied mit der Befugnis ausstatten, eine Erklärung entgegenzunehmen.

5. Führung der laufenden Geschäfte des Betriebsrats

Der Vorsitzende des Betriebsrats ist **nicht von Gesetzes wegen berechtigt**, die **laufenden** 43 **Geschäfte des Betriebsrats zu führen** (s. aber auch Rn. 35), sondern diese Aufgabe obliegt dem Betriebsausschuss (§ 27 Abs. 2 Satz 1; s. dort Rn. 47 ff.). Auch wenn der

Betriebsrat keinen Betriebsausschuss bilden kann, ist der Vorsitzende zur Führung der laufenden Geschäfte nur berechtigt, wenn sie ihm durch Beschluss des Betriebsrats übertragen sind (§ 27 Abs. 4; s. ausführlich dort Rn. 73 ff.). Jedoch ist es zulässig, dass auch andere Betriebsratsmitglieder mit der Führung der laufenden Geschäfte betraut werden (s. § 27 Rn. 76 f.).

6. Bevollmächtigung des Vorsitzenden oder eines anderen Mitglieds des Betriebsrats

44 Der Betriebsrat kann **nicht** einem einzelnen Mitglied und damit auch nicht dem Vorsitzenden oder seinem Stellvertreter generell ein **selbstständiges Entscheidungsrecht übertragen** (ebenso BAG 28. 2. 1974 AP BetrVG 1972 § 102 Nr. 2; *Fitting*, § 26 Rn. 22; DKK-*Wedde*, § 26 Rn. 20; GK-*Raab*, § 26 Rn. 34; großzügiger, *Linsenmaier*, FS Wißmann, S. 380 ff.). Dagegen ist es nicht ausgeschlossen, dass er den Vorsitzenden oder ein anderes Mitglied in einer *einzelnen Frage* oder in einem *bestimmten Fragenkomplex* zu einer selbstständigen Entscheidung ermächtigt oder bevollmächtigt, z. B. wenn mit dem Arbeitgeber darüber verhandelt wird, ob an einem Tag die Arbeitszeit früher beendet oder wann Mehrarbeit oder Kurzarbeit eingeführt werden soll (vgl. BAG 28. 2. 1958 AP AZO § 14 Nr. 1). Der Betriebsrat kann den Vorsitzenden bevollmächtigen, in einer bestimmten Frage die Zustimmung des Betriebsrats zu geben, wenn der Arbeitgeber eine nach Ansicht des Vorsitzenden befriedigende Begründung gibt. Weiterhin kann der Betriebsrat für immer wieder auftretende Fälle, die im Allgemeinen gleich, ähnlich oder zumindest nach denselben Gesichtspunkten entschieden werden können, im Rahmen der von ihm festgelegten Richtlinien dem Vorsitzenden eine Entscheidungsbefugnis einräumen (ebenso *Fitting*, § 26 Rn. 25; GK-*Raab*, § 26 Rn. 35; *Joost*, MünchArbR § 218 Rn. 7; *Nikisch*, Bd. III S. 141; *Nipperdey/Säcker* in *Hueck/Nipperdey*, Bd. II/2 S. 1191; *Neumann-Duesberg*, S. 266; *Dietz*, RdA 1968, 439, 440; a. A. DKK-*Wedde*, § 26 Rn. 21). Allerdings darf dadurch der Betriebsrat sich nicht seiner Pflicht begeben, seine Aufgaben selbst wahrzunehmen (vgl. auch *Nikisch*, Bd. III S. 142), und es darf nicht die Grenze zur Führung der laufenden Geschäfte überschritten werden, die dem Vorsitzenden nur, wenn ein Betriebsrat keinen Betriebsausschuss bilden kann, übertragen werden kann (§ 27 Abs. 3; s. dort Rn. 73 ff.). Deshalb kann ihm **nicht** die **Ausübung eines Mitwirkungs- oder Mitbestimmungsrechts** übertragen werden.

45 Die Ermächtigung oder Bevollmächtigung setzt voraus, dass der Betriebsrat einen entsprechenden Beschluss gefasst hat; sie kann deshalb regelmäßig nicht stillschweigend erfolgen (s. dazu Rn. 49). Die Ermächtigung oder Bevollmächtigung kann jederzeit widerrufen werden, und zwar, ohne dass dafür irgendein Grund vorzuliegen braucht. Außerdem kann der Betriebsrat jederzeit die Angelegenheit, deren Erledigung er dem Vorsitzenden übertragen hat, selbst in die Hand nehmen, ohne die Ermächtigung oder Vollmacht erst widerrufen zu müssen, d. h. die Zuständigkeit und Entscheidungsbefugnis des Betriebsrats wird also in keiner Weise eingeschränkt.

7. Überschreiten der Vertretungsmacht

46 Hat der Vorsitzende sich **nicht im Rahmen des Beschlusses des Betriebsrats** gehalten oder hat er ohne Beschluss des Betriebsrats eine Erklärung abgegeben, so ist diese für den Betriebsrat **grundsätzlich nicht bindend**. Eine von ihm ohne Zustimmung des Betriebsrats unterzeichnete Betriebsvereinbarung ist unwirksam (vgl. BAG 15. 12. 1961 AP BGB § 615 Nr. 1; 10. 11. 1992 AP BetrVG 1972 § 87 Nr. 58 Lohngestaltung; weiterhin BAG 5. 3. 1959 AP BGB § 611 Nr. 26 Fürsorgepflicht; BAG 8. 6. 2004 AP BetrVG 1972 § 87 Nr. 124 Lohngestaltung; *Fitting*, § 26 Rn. 28; GL-*Marienhagen*, § 26 Rn. 29; GK-*Raab*, § 26 Rn. 38; s. aber auch Rn. 49 ff.). Der gute Glaube des Arbeitgebers, dass ein ordnungsmäßiger Betriebsratsbeschluss vorgelegen hat, wird nur nach den Grundsätzen der Rechtsscheinhaftung geschützt; es besteht **kein absoluter Gutglau-**

bensschutz, weil durch ihn die gesetzliche Ordnung, dass der Betriebsrat selbst die Beteiligungsrechte wahrzunehmen hat, beeinträchtigt würde (ebenso GL-*Marienhagen*, § 26 Rn. 31; GK-*Raab*, § 26 Rn. 47).

Überschreitet der Vorsitzende seine Vertretungsbefugnis, so kann der Betriebsrat die **47** von ihm abgegebene Erklärung **genehmigen** (vgl. BAG 10. 10. 2007 AP BetrVG 1972 § 26 Nr. 17; BAG 15. 12. 1961 AP BGB § 615 Nr. 1 Kurzarbeit; BAG 8. 6. 2004 AP BetrVG 1972 § 87 Nr. 124 Lohngestaltung). Dazu bedarf es zwar nicht der Form eines ausdrücklichen Beschlusses; andererseits ist aber zu beachten, dass Erklärungen des Betriebsrats, auch wenn sie formlos abgegeben werden, an die Vorschriften über die Willensbildung in einem Kollegium gebunden sind (s. dazu ausführlich § 33 Rn. 25 ff.). Der Betriebsrat muss daher in einer ordnungsgemäß einberufenen Sitzung unter Teilnahme mindestens der Hälfte der Betriebsratsmitglieder einen Mehrheitsbeschluss herbeiführen. An dieser Voraussetzung wird zumeist eine stillschweigende Zustimmung des Betriebsrats scheitern; sie kann lediglich in dem seltenen Fall vorliegen, dass der Betriebsrat in einer anderen Angelegenheit einen Beschluss fasst, aus dem sich mittelbar sein Einverständnis mit der Erklärung des Vorsitzenden ergibt (vgl. auch GK-*Raab*, § 26 Rn. 63; bedenklich daher BAG AP BGB § 615 Nr. 1 Kurzarbeit, wenn es dort heißt, der Betriebsrat könne auch nachträglich ausdrücklich oder stillschweigend die Betriebsvereinbarung gebilligt haben; s. dazu auch Rn. 49 ff.).

Ob durch Genehmigung des Betriebsrats die Erklärung *rückwirkend* wirksam wird, **48** kann nicht generell bejaht werden (so aber unter entsprechender Anwendung des § 177 Abs. 1 BGB GL-*Marienhagen*, § 26 Rn. 30; GK-*Raab*, § 26 Rn. 39; *Nikisch*, Bd. III S. 142; *Nipperdey/Säcker* in *Hueck/Nipperdey*, Bd. II/2 S. 1191). Eine Rückwirkung scheidet überall dort aus, wo nach dem Gesetz der Betriebsrat einer Maßnahme des Arbeitgebers vorher zustimmen muss. Entsprechendes gilt, wenn die Beschlussfassung erst nach dem für die Beurteilung eines Sachverhalts maßgeblichen Zeitpunkt erfolgt. Diese Einschränkung betrifft insbesondere rechtsgeschäftliche Vereinbarungen, durch die dem Arbeitgeber eine Kostentragungspflicht auferlegt wird (BAG 10. 10. 2007 AP BetrVG 1972 § 26 Nr. 17).

8. Zurechnung nach den Grundsätzen der Vertrauenshaftung (Anscheins- und Duldungsvollmacht)

a) Hinter der These, dass der Betriebsrat auch *stillschweigend* einer Erklärung seines **49** Vorsitzenden zustimmen könne (vgl. BAG 15. 12. 1961 AP BGB § 615 Nr. 1 Kurzarbeit), verbirgt sich, dass dem Betriebsrat sein **Schweigen** unter bestimmten Voraussetzungen so **zugerechnet** wird, als ob er seine *Zustimmung* erteilt hätte. Grundlage der Zurechnung ist aber nicht ein Beschluss; denn das Schweigen des Betriebsrats kann niemals als Beschluss gedeutet werden. Die Zurechnung kann auch nicht aus einer *Duldungsvollmacht* erklärt werden; denn die Duldungsvollmacht ist rechtsgeschäftlich erteilte Vertretungsmacht und kommt deshalb nicht in Betracht, weil eine stillschweigende Bevollmächtigung ausscheidet (ebenso *Dietz*, RdA 1968, 439, 441 f.; allgemein zur Duldungsvollmacht *Flume*, Allgemeiner Teil des Bürgerlichen Rechts, Bd. II, 3. Aufl. 1979, S. 828 ff.; Palandt-*Heinrichs*, § 173 Rn. 11; abweichend in der Interpretation der Duldungsvollmacht *Canaris*, Die Vertrauenshaftung im deutschen Privatrecht, 1971, S. 39 ff.).

b) Da eine Willenserklärung des Betriebsrats gerade *fehlt*, kommt eine Zurechnung **50** nur nach den Grundsätzen der **Vertrauenshaftung** in Betracht. Auf die *Rechtsscheinhaftung* kann man jedoch nur zurückgreifen, wenn der Betriebsrat den Schein gesetzt hat, dass er einen Beschluss gefasst hat, der die Erklärungen seines Vorsitzenden deckt, oder dass er ihn entsprechend bevollmächtigt oder ermächtigt hat (vgl. *Canaris*, Die Vertrauenshaftung im deutschen Privatrecht, 1971, S. 264 f.). Voraussetzung ist, dass die Mehrheit der Betriebsratsmitglieder von dem Auftreten des Vorsitzenden gewusst hat oder hätte wissen können (ebenso *Dietz,* RdA 1968, 439, 442; *Buchner,* DB 1976, 632, 535; vgl. auch LAG Hamm 25. 11. 2005, 10 Sa 922/05, juris). Dadurch setzt der Betriebsrat einen Rechtsschein, der für den Vorsitzenden eine *Anscheinsvollmacht* bewirkt. Dem Betriebsrat wird das Auftreten seines Vorsitzenden zugerechnet, wenn der Arbeitgeber an die Vertretungsmacht geglaubt hat und daran glauben durfte; in Betracht kommt insbesondere, dass er auf Grund der Umstände davon ausgehen konnte, dass die Erklärung des Vorsitzenden durch einen Beschluss des Betriebsrats gedeckt ist und die Maßnahme unter Kenntnis der Betriebsratsmitglieder durchgeführt wird, z. B. die Anordnung von Mehrarbeit oder Kurzarbeit. Problematisch ist allerdings, ob eine Zurechnung sich noch aus der Rechtsscheinhaftung begründen lässt, wenn die Mehrheit der Betriebsratsmitglieder von dem Auftreten des Vorsitzenden nichts gewusst hat, aber hätte *kennen müssen* (verneinend vor allem *Canaris,* a. a. O., S. 264 f.). Verlangt man, dass der Rechtsscheintatbestand *wissentlich* geschaffen wird (so *Canaris,* a. a. O., S. 51), so kommt eine Zurechnung nur nach den Grundsätzen in Betracht, die dann gelten, wenn ein Rechtsscheintatbestand fehlt (s. die folgende Rn. 51).

51 Wenn eine Ermächtigung oder Bevollmächtigung des fraglichen Umfangs gar nicht möglich ist (s. dazu Rn. 44) oder wenn lediglich die Übung bestand, dass der Vorsitzende selbstständig Angelegenheiten, die in die Zuständigkeit des Betriebsrats fallen, mit dem Arbeitgeber verabredete, so scheidet eine Zurechnung nach der Rechtsscheinhaftung aus, weil bereits ein objektiver Rechtsscheintatbestand fehlt. Gleiches gilt, wenn zwar objektiv der Eindruck eines Betriebsratsbeschlusses hervorgerufen wird, die Mehrheit der Betriebsratsmitglieder aber vom Auftreten des Vorsitzenden keine Kenntnis hat, sofern man für die Rechtsscheinhaftung verlangt, dass der Rechtsschein wissentlich hervorgerufen wird (s. Rn. 50). In diesen Fällen greift ergänzend die *Vertrauenshaftung kraft widersprüchlichen Verhaltens* ein (ebenso *Canaris,* Die Vertrauenshaftung im deutschen Privatrecht, 1971, S. 265). Der Grundsatz von Treu und Glauben gilt nämlich auch in der Betriebsverfassung; er hat durch das Gebot vertrauensvoller Zusammenarbeit zwischen Arbeitgeber und Betriebsrat eine besondere Ausprägung erfahren (s. auch § 33 Rn. 31 ff.).

52 Was für die Frage gilt, ob Erklärungen des Vorsitzenden durch eine Anscheinsvollmacht gedeckt sind, gilt in gleichem Maße, wenn der Vorsitzende zunächst erkennbar als Vertreter ohne Vertretungsmacht auftritt, der Betriebsrat sich aber verschweigt, so dass der Arbeitgeber von einer Genehmigung ausgehen kann.

V. Stellvertreter des Vorsitzenden

1. Stellvertretung nur im Verhinderungsfall

53 Der Stellvertreter des Vorsitzenden ist zur Vertretung nur im Fall der **Verhinderung des Vorsitzenden** berufen (Abs. 2). Er ist im Übrigen nicht Stellvertreter des Vorsitzenden, sondern *stellvertretender Vorsitzender des Betriebsrats* (ebenso GK-*Raab,* § 26 Rn. 61).

54 Die Stellvertretung ist davon abhängig, dass der Vorsitzende an der Ausübung seiner Aufgaben und Befugnisse verhindert ist, gleichgültig, ob das aus tatsächlichen oder rechtlichen Gründen (z. B. weil es sich um die Frage seiner Absetzung handelt) der Fall ist. Verlangt wird nicht wie nach § 25 Abs. 1 Satz 2 für den Eintritt eines Ersatzmitgliedes zeitweilige Verhinderung, sondern es genügt, dass der Vorsitzende *verhindert* ist; denn der Betriebsrat muss jederzeit aktionsfähig sein. Ein Verhinderungsgrund ist nicht nur gegeben, wenn der Vorsitzende infolge einer Krankheit oder wegen seines Urlaubs abwesend ist, sondern auch dann, wenn er in einer Angelegenheit wie dem Antrag auf Ausschluss aus dem Betriebsrat oder Zustimmung zur außerordentlichen Kündigung persönlich betroffen ist (vgl. BAG 1. 8. 1958 AP ArbGG 1953 § 83 Nr. 1; LAG Hamm 9. 7. 1975, DB 1975, 1851; LAG Düsseldorf 15. 9. 2005, AuA 2006, 57; ebenso HaKo-

BetrVG/*Blanke*, § 26 Rn. 16; s. auch § 25 Rn. 9). Der Vorsitzende ist daher nur verhindert, die Abstimmung zu leiten und sich an ihr zu beteiligen. Ist der Vorsitzende nur für kurze Zeit verhindert, so liegt eine Verhinderung nur bezüglich solcher Geschäfte vor, die in dieser Zeit erledigt werden müssen (ebenso *Fitting*, § 26 Rn. 39; GK-*Raab*, § 26 Rn. 64; HSWGNR-*Glock*, § 26 Rn. 55).

2. Verhinderung des Stellvertreters

Ist neben dem Vorsitzenden dessen Stellvertreter verhindert, so muss der Betriebsrat 55
für diesen Sonderfall einen **besonderen Beauftragten** bestellen, wenn nicht die Geschäftsordnung dafür eine Regelung vorsieht (ebenso *Fitting*, § 26 Rn. 43; GK-*Raab*, § 26 Rn. 67; HSWGNR-*Glock*, § 26 Rn. 59: Wahl eines weiteren Stellvertreters; siehe auch Hessisches LAG 18. 9. 2007, ArbuR 2008, 77). Solange dies nicht geschehen ist, kann jedes Mitglied die Initiative ergreifen und zu einer Sitzung laden, um in ihr festzulegen, wer für die Dauer der Verhinderung des Vorsitzenden und seines Stellvertreters deren Aufgaben erfüllt. Der Betriebsrat ist, solange dies nicht geschehen ist, handlungsunfähig; er ist aber keineswegs wie in dem Fall, dass ein Vorsitzender nicht bestellt wird, als solcher funktionsunfähig. Seine Befugnisse ruhen nicht, sondern er ist, soweit die Voraussetzungen gegeben sind, zu beteiligen, z. B. vor einer Kündigung.

3. Delegation von Aufgaben auf den Stellvertreter

Der Vorsitzende kann **nicht** einzelne Aufgaben oder Geschäfte auf seinen Stellvertreter 56
übertragen (ebenso *Fitting*, § 26 Rn. 38; HSWGNR-*Glock*, § 26 Rn. 53; *Nikisch*, Bd. III S. 137).

Hat der Betriebsrat den Vorsitzenden mit der selbstständigen Erledigung einzelner 57
Aufgaben oder Aufgabenbereiche betraut (s. Rn. 44), so kommt es darauf an, ob die Bevollmächtigung nur für die *Person* gilt oder für ihn in seiner Eigenschaft als *Betriebsratsvorsitzender*. Im letzteren Fall erstreckt sie sich auch auf den Stellvertreter, wenn der Vorsitzende verhindert ist.

VI. Streitigkeiten

Streitigkeiten über die Wahl oder die Abberufung des Vorsitzenden und seines Stell- 58
vertreters entscheidet das Arbeitsgericht im Beschlussverfahren (§ 2 a Abs. 1 Nr. 1, Abs. 2 i. V. mit §§ 80 ff. ArbGG; s. auch *Fitting*, § 26 Rn. 44; HWK-*Reichold*, § 26 Rn. 13). Gegenstand eines selbstständigen Beschlussverfahrens vor dem Arbeitsgericht können aber auch Meinungsverschiedenheiten im Betriebsrat über den Aufgabenbereich des Vorsitzenden und über die Befugnisse des Stellvertreters sein. In diesem Verfahren sind die Mitglieder des Betriebsrats und, sofern es sich um die Wahrnehmung der Vertretungsbefugnis handelt, auch der Arbeitgeber beteiligt.

§ 27 Betriebsausschuss

(1) ¹Hat ein Betriebsrat neun oder mehr Mitglieder, so bildet er einen Betriebsausschuss. ²Der Betriebsausschuss besteht aus dem Vorsitzenden des Betriebsrats, dessen Stellvertreter und bei Betriebsräten mit

9 bis 15 Mitgliedern aus 3 weiteren Ausschussmitgliedern,
17 bis 23 Mitgliedern aus 5 weiteren Ausschussmitgliedern,
25 bis 35 Mitgliedern aus 7 weiteren Ausschussmitgliedern,
37 oder mehr Mitglieder aus 9 weiteren Ausschussmitgliedern.

³Die weiteren Ausschussmitglieder werden vom Betriebsrat aus seiner Mitte in geheimer Wahl und nach den Grundsätzen der Verhältniswahl gewählt. ⁴Wird nur ein Wahlvorschlag gemacht, so erfolgt die Wahl nach den Grundsätzen der Mehrheitswahl. ⁵Sind die weiteren Ausschussmitglieder nach den Grundsätzen der Verhältniswahl gewählt, so erfolgt die Abberufung durch Beschluss des Betriebsrats, der in geheimer Abstimmung gefasst wird und einer Mehrheit von drei Vierteln der Stimmen der Mitglieder des Betriebsrats bedarf.

(2) ¹Der Betriebsausschuss führt die laufenden Geschäfte des Betriebsrats. ²Der Betriebsrat kann dem Betriebsausschuss mit der Mehrheit der Stimmen seiner Mitglieder Aufgaben zur selbständigen Erledigung übertragen; dies gilt nicht für den Abschluß von Betriebsvereinbarungen. ³Die Übertragung bedarf der Schriftform. ⁴Die Sätze 2 und 3 gelten entsprechend für den Widerruf der Übertragung von Aufgaben.

(3) Betriebsräte mit weniger als neun Mitgliedern können die laufenden Geschäfte auf den Vorsitzenden des Betriebsrats oder andere Betriebsratsmitglieder übertragen.

Schrifttum: *Wolf*, Betriebsstrukturen und Betriebsratswahlen nach der Gesetzesnovelle 2001, JbArbR 40 (2003), 99.

Übersicht

	Rn.
I. Vorbemerkung	1
II. Pflicht zur Bestellung	4
1. Voraussetzungen	4
2. Rechtsfolgen bei Nichtbestellung	5
III. Zusammensetzung und Wahl des Betriebsausschusses	6
1. Zahl der Mitglieder	6
2. Zusammensetzung	7
3. Zeitpunkt der Bestellung	9
4. Wahlverfahren	11
5. Ersatzmitglieder	16
6. Übernahme und Dauer des Amtes im Betriebsausschuss	22
7. Abberufung aus dem Betriebsausschuss	24
8. Nachwahl zur Ersetzung ausgeschiedener Ausschussmitglieder	30
9. Gerichtliche Nachprüfbarkeit (Wahlanfechtung)	32
IV. Rechtsstellung und Geschäftsführung des Betriebsausschusses	38
1. Organ des Betriebsrats	38
2. Vorsitz im Betriebsausschuss	39
3. Geschäftsführung	40
4. Rechtsstellung der Ausschussmitglieder	45
V. Aufgaben und Befugnisse des Betriebsausschusses	47
1. Führung der laufenden Geschäfte	47
2. Einblicksrecht in die Listen über die Bruttolöhne und -gehälter	57
3. Übertragung von Betriebsratsaufgaben zur selbständigen Erledigung	58
4. Widerruf einer Übertragung zur selbständigen Erledigung	68
5. Übertragung von Aufgaben zur Vorbereitung	69
6. Begrenzung der Übertragung bei privatisierten Postunternehmen	70
VI. Weitere Ausschüsse	71
1. Gesamtbetriebsausschuss und Konzernbetriebsausschuss	71
2. Weitere Ausschüsse des Betriebsrats (bzw. des Gesamt- und des Konzernbetriebsrats)	72
VII. Übertragung der laufenden Geschäfte in kleineren Betrieben	73
1. Voraussetzungen	73
2. Gegenstand und Form der Übertragung	74
3. Übertragung auf den Vorsitzenden oder andere Mitglieder des Betriebsrats	76
4. Einblicksrecht in die Bruttolohn- und -gehaltslisten	78
VIII. Streitigkeiten	79

I. Vorbemerkung

Bereits § 27 BRG 1920 sah den **Betriebsausschuss** vor, wenn der Betriebsrat neun oder mehr Mitglieder hat. § 28 BetrVG 1952 kannte ihn dagegen erst bei einem Betriebsrat mit elf Mitgliedern. Seit dem BetrVG 1972 genügt wieder, dass dem Betriebsrat neun oder mehr Mitglieder angehören. Während nach § 27 BRG 1920 und § 28 BetrVG 1952 der Betriebsausschuss ohne Rücksicht auf die Größe des Betriebsrats immer aus fünf Mitgliedern bestand, sieht das Gesetz eine Staffelung nach der Größe des Betriebsrats bis zu elf Mitgliedern vor. 1

Der **Gruppenschutz und Minderheitenschutz,** den der ehemalige Abs. 2 im Hinblick auf eine gleichgewichtige Verteilung von Arbeitern und Angestellten im Betriebsausschuss sicherstellen wollte, ist durch das **BetrVerf-Reformgesetz** vom 23. 7. 2001 (BGBl. I S. 1852) aufgehoben worden. Trotz entsprechendem Vorschlag im Regierungsentwurf (BT-Drucks. 14/5741, S. 10) wurden nicht aufgehoben die Bestimmungen des Abs. 1, die das **Wahlverfahren** präzisierten: Weiterhin ist erforderlich, dass die Ausschussmitglieder in geheimer Wahl und nach den Grundsätzen der Verhältniswahl gewählt werden. Ebenso wurde die Vorschrift beibehalten, wonach Ausschussmitglieder, die nach den Grundsätzen der Verhältniswahl gewählt wurden, nur abberufen werden können durch Beschluss des Betriebsrats in geheimer Abstimmung und mit drei Vierteln der Stimmen der Mitglieder des Betriebsrats (Ausschussdrucksache Arbeit und Soziales 14/1610, S. 2). 2

Ziel der Neufassung ist es, die Arbeitsmöglichkeiten des Betriebsrats zu verbessern. Das umfasst nicht nur die materielle und personelle Ausgestaltung des Betriebsrats, sondern auch die innere Organisation (BT-Drucks. 14/5741, S. 39). In Abs. 1 wurden die **Schwellenwerte** an die veränderten Schwellenwerte in § 9 angepasst. Durch die neuen Schwellenwerte in § 9 ist der Betriebsausschuss künftig bereits in Betrieben mit mehr als 200 Arbeitnehmern zu bilden. 2a

Dem Betriebsausschuss können über die **Führung der laufenden Geschäfte** hinaus weitere **Aufgaben zur selbstständigen Erledigung** übertragen werden, nicht aber der Abschluss von Betriebsvereinbarungen (Abs. 2). In Betrieben, die nach dem Gesetz keinen Betriebsausschuss bilden können, kann der Betriebsrat die laufenden Geschäfte auf den Vorsitzenden des Betriebsrats oder andere Betriebsratsmitglieder übertragen (Abs. 3). 3

II. Pflicht zur Bestellung

1. Voraussetzungen

Die Bestellung eines Betriebsausschusses ist **Pflicht des Betriebsrats,** wenn die Voraussetzungen dafür vorliegen (ebenso *Fitting,* § 27 Rn. 7; GL-*Marienhagen,* § 27 Rn. 6; GK-*Raab,* § 27 Rn. 10; *Nikisch,* Bd. III S. 137; s. zum Zeitpunkt Rn. 9 f.). Andererseits kann ein Betriebsausschuss auch nur gebildet werden, wenn der Betriebsrat mindestens neun Mitglieder hat; er kann also nur in Betrieben bestehen, deren Belegschaft mehr als 200 Arbeitnehmer beträgt (§ 9 Satz 1). Entscheidend ist aber allein, ob der Betriebsrat nach der Wahl neun Mitglieder hat (s. dazu auch Rn. 6). Der Betriebsausschuss entfällt nicht, wenn die Gesamtzahl der Betriebsratsmitglieder nach Eintreten sämtlicher Ersatzmitglieder unter neun sinkt; zwar ist in diesem Fall der Betriebsrat neu zu wählen (§ 13 Abs. 2 Nr. 2), der Betriebsausschuss bleibt aber bestehen, solange der Betriebsrat noch im Amt ist (§ 21 Satz 5 und § 22; ebenso *Fitting,* §§ 27 Rn. 10 a; GL-*Marienhagen,* § 27 Rn. 12; HSWGNR-*Glock,* § 27 Rn. 8). 4

2. Rechtsfolgen bei Nichtbestellung

5 Wird entgegen dem Gesetz kein Betriebsausschuss gebildet, so liegt darin in der Regel eine **grobe Pflichtverletzung**, die zur Auflösung des Betriebsrats durch das Arbeitsgericht nach § 23 berechtigt (auf den Einzelfall abstellend *Fitting*, § 27 Rn. 9; GL-*Marienhagen*, § 27 Rn. 6; GK-*Raab*, § 27 Rn. 11; HSWGNR-*Glock*, § 27 Rn. 10; HaKo-BetrVG/*Blanke*, § 27 Rn. 3). Da die Sitzungen des Betriebsrats in der Regel während der Arbeitszeit stattfinden (§ 30), hat auch der Arbeitgeber ein Interesse daran, dass die laufenden Geschäfte von einem Betriebsausschuss und nicht vom Betriebsrat in seiner Gesamtheit erledigt werden. Er kann aber nicht die Zahlung des Arbeitsentgelts für die versäumte Arbeitszeit verweigern, wenn der Betriebsrat gesetzwidrig keinen Betriebsausschuss gewählt hat und bei voller Besetzung laufende Geschäfte erledigt; denn es ist zwar nicht die Befreiung aller Mitglieder des Betriebsrats von ihrer beruflichen Tätigkeit notwendig, aber gegenüber dem einzelnen Betriebsratsmitglied kann nicht geltend gemacht werden, dass bei ihm nicht die Voraussetzungen des § 37 Abs. 2 erfüllt sind (ebenso *Fitting*, § 27 Rn. 9; GK-*Raab*, § 27 Rn. 12; HSWGNR-*Glock*, § 27 Rn. 10; DKK-*Wedde*, § 27 Rn. 3; a.A. 6. Aufl. § 27 Rn. 6). Im Gegensatz zu dem Fall, dass der Betriebsrat keinen Vorsitzenden wählt (s. § 26 Rn. 2), kann der Arbeitgeber auch nicht die Verhandlungen mit dem Betriebsrat ablehnen; denn ihm tritt der zur Abgabe und Entgegennahme von Erklärungen berechtigte Vorsitzende gegenüber (ebenso *Fitting*, § 27 Rn. 9; GK-*Raab*, § 27 Rn. 12; HSWGNR-*Glock*, § 27 Rn. 10 a; DKK-*Wedde*, § 27 Rn. 3; *Nikisch*, Bd. III S. 137).

III. Zusammensetzung und Wahl des Betriebsausschusses

1. Zahl der Mitglieder

6 Die Zahl der Mitglieder des Betriebsausschusses richtet sich nach der **Größe des Betriebsrats**. Der Ausschuss besteht aus 5 Ausschussmitgliedern bei Betriebsräten mit 9 bis 15 Mitgliedern, aus 7 Ausschussmitgliedern bei Betriebsräten mit 17 bis 23 Mitgliedern, aus 9 Ausschussmitgliedern bei Betriebsräten mit 25 bis 35 Mitgliedern und aus 11 Ausschussmitgliedern, wenn der Betriebsrat 37 oder mehr Mitglieder hat. Auszugehen ist von der Zahl der *gewählten* Betriebsratsmitglieder, nicht von der *gesetzlichen* Zahl der Betriebsratsmitglieder, die von der Größe der Belegschaft abhängt (§ 9; ebenso *Fitting*, § 27 Rn. 10; GK-*Raab*, § 27 Rn. 14). Der Betriebsrat kann nämlich von vornherein weniger Mitglieder haben, als nach § 9 vorgeschrieben ist, weil keine ausreichende Zahl von wählbaren Arbeitnehmern zu einer Kandidatur bereit ist oder die Amtsübernahme ablehnt (s. § 11 Rn. 6 ff.).

2. Zusammensetzung

7 Der **Vorsitzende des Betriebsrats** und sein **Stellvertreter** gehören dem Betriebsausschuss **kraft Amtes** an; die übrigen Mitglieder sind zu wählen.

8 Mitglied des Betriebsausschusses kann **nur** ein **Mitglied des Betriebsrats** sein; denn die weiteren Ausschussmitglieder werden vom Betriebsrat „aus seiner Mitte" gewählt (Abs. 1 Satz 3). Ersatzmitglieder können in den Betriebsausschuss nur gewählt werden, wenn sie an Stelle eines endgültig ausgeschiedenen Betriebsratsmitgliedes in den Betriebsrat eingerückt sind; sie sind in diesem Fall dann aber selbst Betriebsratsmitglieder geworden (s. auch Rn. 17).

3. Zeitpunkt der Bestellung

9 Der Betriebsausschuss ist zu bestellen, **sobald** der **Vorsitzende des Betriebsrats** und sein Stellvertreter **gewählt** sind. Da diese dem Betriebsausschuss kraft Amtes angehören,

III. Zusammensetzung und Wahl des Betriebsausschusses § 27

sind lediglich noch die weiteren Ausschussmitglieder zu wählen. Die Wahl erfolgt *zweckmäßigerweise* im Anschluss an die Wahl des Vorsitzenden und seines Stellvertreters noch in der **konstituierenden Sitzung des Betriebsrats** (ebenso *Brecht,* § 27 Rn. 3; *Fitting,* § 27 Rn. 8; HSWGNR-*Glock,* § 27 Rn. 9; DKK-*Wedde,* § 27 Rn. 6; *Nikisch,* Bd. III S. 137 Fn. 25; *Nipperdey/Säcker* in *Hueck/Nipperdey,* Bd. II/2 S. 1189; dafür, dass der Betriebsausschuss in der konstituierenden Sitzung gebildet werden *muss,* GK-*Raab,* § 27 Rn. 11; wohl auch GL-*Marienhagen,* § 27 Rn. 7 [im Widerspruch zu § 29 Rn. 8]).

Zwar kann der Wahlvorstand den Betriebsrat nur zur Wahl des Vorsitzenden und **10** seines Stellvertreters einberufen; aber da es sich um eine Pflichtaufgabe des Betriebsrats handelt, den Betriebsausschuss zu bestellen, bestehen keine Bedenken dagegen, dass der Wahlvorstand auch die Bestellung des Betriebsausschusses auf die Tagesordnung setzt und nach Wahl des Vorsitzenden und seines Stellvertreters auch die Wahl der weiteren Ausschussmitglieder in derselben Sitzung, allerdings unter Leitung des neugewählten Vorsitzenden des Betriebsrats durchgeführt wird (s. auch § 29 Rn. 15). Bedenken können auch nicht daraus hergeleitet werden, dass mit der Wahl des Vorsitzenden und seines Stellvertreters die Konstituierung des Betriebsrats erfolgt und daher streng genommen die konstituierende Sitzung beendet ist; das ist vielmehr nur insoweit von Bedeutung, als die Leitung der Sitzung vom Wahlleiter auf den Vorsitzenden des Betriebsrats übergeht. Keineswegs ergibt sich daraus aber die Notwendigkeit einer gesondert einzuberufenden Betriebsratssitzung, zumal es ausschließlich darum geht, dass der Betriebsrat die Organisation erhält, die er nach dem Gesetz haben muss. Sofern die Wahl nicht in der konstituierenden Sitzung stattfindet, muss die Sitzung, in welcher der Betriebsausschuss bestellt werden soll, unverzüglich durch den Vorsitzenden des Betriebsrats einberufen werden.

4. Wahlverfahren

a) Die Wahl erfolgt auf Grund von **Wahlvorschlägen.** Vorschlagsberechtigt ist jedes **11** Mitglied des Betriebsrats. Eine Form ist gesetzlich nicht vorgeschrieben; es gibt daher auch keine Mindestzahl, die den Wahlvorschlag unterstützen muss. Ein Betriebsratsmitglied kann sich selbst vorschlagen. Der Wahlvorschlag muss aber gegenüber dem Wahlleiter gemacht werden, wobei genügt, dass er mündlich erfolgt (ebenso *Fitting,* § 27 Rn. 19).

b) Bei **mehrere Wahlvorschlägen** erfolgt die Wahl nach den **Grundsätzen der Verhält- 12 niswahl.** Die Verhältniswahl ist Listenwahl. Die Wahlvorschläge bilden die Vorschlagslisten, für die der Wähler seine Stimme abgibt. Durch Los wird ermittelt, in welcher Reihenfolge die Vorschlagslisten auf dem Stimmzettel aufgeführt werden.

c) Für die **Verteilung der Sitze auf Grund des Abstimmungsergebnisses** gibt es keine **13** verbindliche Regelung, wie sie für die Betriebsratswahl in § 15 WO besteht. Beschließt der Betriebsrat kein anderes System zur Ermittlung der Sitze, so gilt das d'Hondt'sche Höchstzahlensystem, wie es bei Wahl für den Betriebsrat in § 15 WO festgelegt ist (ebenso *Fitting,* § 27 Rn. 24; GK-*Raab,* § 27 Rn. 21). Die für jede Liste abgegebenen Stimmenzahlen werden durch 1, 2, 3, 4 usw. geteilt. Gewählt sind dann jeweils diejenigen Kandidaten mit der höchsten Zahl (s. Einzelheiten § 14 Rn. 26 ff.).

d) Wird **nur ein Wahlvorschlag** gemacht, so erfolgt die Wahl nach den **Grundsätzen 14 der Mehrheitswahl.** Der Betriebsrat kann in diesem Fall auch festlegen, dass die Wahl für jedes Mitglied gesondert stattzufinden hat (ebenso *Fitting,* § 27 Rn. 25; GK-*Raab,* § 27 Rn. 19; HWK-*Reichold,* § 27 Rn. 4; DKK-*Wedde,* § 27 Rn. 10; *Löwisch/Kaiser,* § 27 Rn. 4). Bei getrennten Wahlgängen ist gewählt, wer jeweils die meisten Stimmen auf sich vereinigt; nicht erforderlich ist, dass er die Mehrheit der Stimmen aller Betriebsratsmitglieder (absolute Mehrheit) oder der anwesenden Betriebsratsmitglieder (einfache Stimmenmehrheit) erhält, sondern es genügt die *relative Mehrheit* (ebenso *Fitting,* § 27 Rn. 26). Wird dagegen die Wahl in einem Wahlgang durchgeführt, so hat jedes Mitglied des Betriebsrats so viel Stimmen, wie Ausschussmitglieder zu wählen sind. Gewählt sind in Anlehnung an § 22 WO die Bewerber, die die meisten Stimmen erhalten haben.

15 e) Unlar ist, ob der Betriebsrat auch nach der Neufassung des Gesetzes eine **getrennte Wahl nach Gruppen** durchführen kann, um das ehemals für bestimmte Fälle zwingend vorgeschriebene Gruppenprinzip freiwillig fortzuführen. Gleiches gilt für die Absicht, nicht eine angemessene Verteilung zwischen Arbeitern und Angestellten, sondern zwischen **Männern und Frauen** herbeizuführen, also eine entsprechende Quote einzuführen. **Beides wird man ablehnen müssen:** Eine solche Vorgabe würde die Ergebnisgleichheit der Stimmen beschränken. Das ist nur zulässig, wenn es das Gesetz ausdrücklich erlaubt oder gar gebietet. Wollte man anders entscheiden, dann müsste man auch zulassen, wenn etwa eine Mehrheit der Angestellten im Betriebsrat die Besetzung des Betriebsrats nur mit Angestellten durchsetzt, das kann nicht sein (s. auch allgemein zu Quotenvorgaben insb. bei Wahlen zu Parteiämtern Dreier-*Morlok*, GG, Art. 21 Rn. 131; *Heyen*, DöV 1989, 649).

5. Ersatzmitglieder

16 a) Die Wahl von Ersatzmitgliedern für die Mitglieder des Betriebsausschusses ist im Gesetz nicht vorgesehen. Doch kann der **Betriebsrat** in entsprechender Anwendung des § 47 Abs. 3 und § 55 Abs. 2 für jedes Mitglied des Betriebsausschusses mindestens ein **Ersatzmitglied bestellen** (ebenso LAG Niedersachsen 5. 9. 2007 – 15 TaBV 3/07, juris; *Fitting*, § 27 Rn. 28; GK-*Raab*, § 27 Rn. 39; DKK-*Wedde*, § 27 Rn. 11; HWK-*Reichold*, § 27 Rn. 5; die a. A. HSWGNR-*Glock*, § 27 Rn. 18 f., *Dänzer-Vanotti*, AuR 1989, 204, 208 stützte sich auf die Wahrung des Minderheitenschutzes; das ist heute überholt. Keinesfalls rückt, wenn ein Mitglied des Betriebsausschusses aus dem Betriebsrat ausscheidet oder verhindert ist, das für dieses Mitglied in den Betriebsrat eingetretene Ersatzmitglied automatisch in den Betriebsausschuss ein. Der Betriebsausschuss kann sich nicht selbst ergänzen. Bei Fehlen eines Ersatzmitglieds ist, wenn die Wahl nach den Grundsätzen der Verhältniswahl erfolgt war, eine Neuwahl notwendig (a. A. ArbG Berlin 19. 6. 2003, NZA-RR 2004, 87; vgl. auch die abweichende Richtung des BAG 25. 4. 2001 AP § 25 BetrVG 1972 Nr. 8; s. aber auch BAG 16. 3. 2005 AP BetrVG 1972 § 28 Nr. 6 und § 38 Rn. 47; § 28 Rn. 15 a); war sie nach den Grundsätzen der Mehrheitswahl erfolgt, genügt die Nachwahl eines neuen Mitglieds (s. Rn. 30 f.).

17 b) Es empfiehlt sich, dass für die Funktion im Betriebsausschuss nur ein **Betriebsratsmitglied als Ersatzmitglied** bestellt wird; denn ein Ersatzmitglied (für den Betriebsrat) kann nur dann in den Betriebsausschuss eintreten, wenn es zugleich für ein ausgeschiedenes oder zeitweilig verhindertes Betriebsratsmitglied gemäß § 25 Abs. 1 nachgerückt ist (für Wählbarkeit nur bei gültigem Eintritt in den Betriebsrat GK-*Raab*, § 27 Rn. 40). Das für den Betriebsausschuss benannte Ersatzmitglied rückt nicht nur nach, wenn das Ausschussmitglied endgültig ausscheidet, sondern auch dann, wenn es zeitweilig verhindert ist.

18 c) Da eine gesetzliche Regelung fehlt, fällt in die **Gestaltungsfreiheit des Betriebsrats,** wie er für die Ergänzung des Betriebsausschusses sorgt (ebenso *Fitting*, § 27 Rn. 30; GK-*Raab*, § 27 Rn. 39).

19 Für den Fall, dass die Ausschussmitglieder nach den Grundsätzen der **Verhältniswahl** gewählt werden, kann der Betriebsrat beschließen, dass die Ersatzmitglieder der Reihe nach aus den nicht gewählten Arbeitnehmern derjenigen Vorschlagslisten zu entnehmen sind, auf denen die zu ersetzenden Ausschussmitglieder gestanden haben; die Quote des § 15 Abs. 2 muss nicht gewahrt werden. Ist eine Vorschlagsliste erschöpft, kann auf eine andere Vorschlagsliste übergegriffen werden (ehemals a. A. bei Geltung des Gruppenprinzips GK-*Raab*, § 27 Rn. 48; schon damals für analoge Anwendung des § 25 Abs. 2 Satz 2 *Fitting*, § 27 Rn. 35; DKK-*Wedde*, § 27 Rn. 24; s. § 14 Rn. 36, aber auch § 38 Rn. 47).

III. Zusammensetzung und Wahl des Betriebsausschusses § 27

Für den Fall, dass die Ausschussmitglieder nach den Grundsätzen der **Mehrheitswahl** 20
gewählt werden, kann der Betriebsrat beschließen, dass entsprechend § 25 Abs. 2 Satz 3
die bei der Wahl der weiteren Ausschussmitglieder nicht gewählten Betriebsratsmitglieder in der Reihenfolge der jeweils nächsthöchsten Stimmenzahl nachrücken. Auch hier ist die Quote des § 15 Abs. 2 nicht zu beachten.

Zulässig ist auch eine **gesonderte Wahl der Ersatzmitglieder** (ebenso DKK-*Wedde,* 21
§ 27 Rn. 24; nur bei Wahl der weiteren Ausschussmitglieder in Mehrheitswahl: *Fitting,*
§ 27 Rn. 37; GK-*Raab,* § 27 Rn. 47). Voraussetzung ist jedoch, dass bei der Wahl der Ersatzmitglieder feststeht, wer dem Betriebsausschuss angehört.

6. Übernahme und Dauer des Amtes im Betriebsausschuss

Eine Verpflichtung zur **Übernahme des Amtes** besteht nicht (ebenso *Fitting,* § 27 22
Rn. 44; GL-*Marienhagen,* § 27 Rn. 11; GK-*Raab,* § 27 Rn. 23, 30; HSWGNR-*Glock,*
§ 27 Rn. 31). Die Annahme erfolgt formlos gegenüber dem Vorsitzenden des Betriebsrats.

Jedes Mitglied kann daher jederzeit sein Amt im Betriebsausschuss auch **niederlegen.** 23
Damit verliert es noch nicht die Mitgliedschaft im Betriebsrat. Wenn aber diese erlischt, endet auch die Zugehörigkeit zum Betriebsausschuss. Die Wahl gilt für die ganze **Amtsperiode des Betriebsrats.**

7. Abberufung aus dem Betriebsausschuss

a) Wie der **Vorsitzende** und **sein Stellvertreter** kann auch **jedes weitere Mitglied** des 24
Betriebsausschusses **jederzeit abberufen** werden (ebenso *Fitting,* § 27 Rn. 45, GL-*Marienhagen,* § 27 Rn. 26; GK-*Raab,* § 27 Rn. 31). Nicht möglich ist, dass der Vorsitzende und sein Stellvertreter lediglich in ihrer Funktion als Mitglied des Betriebsausschusses abgewählt werden, da sie kraft Amtes dem Betriebsausschuss angehören. Sie scheiden aus dem Betriebsausschuss nur aus, wenn sie ihr Amt als Vorsitzender bzw. Stellvertreter verlieren oder in dieser Eigenschaft abberufen werden (s. dazu § 26 Rn. 27 ff.).

Der **Betriebsausschuss** selbst kann sich **kein Mitglied ausschließen.** Ebenso ist der Aus- 25
schluss aus dem Betriebsausschuss allein durch eine Entscheidung des Arbeitsgerichts nach § 23 nicht möglich (ebenso *Fitting,* § 27 Rn. 45, 53; GL-*Marienhagen,* § 27
Rn. 28). Jedoch kann ein Ausschluss aus dem *Betriebsrat* auch damit begründet werden, dass ein Betriebsratsmitglied bei seiner Tätigkeit im Betriebsausschuss eine grobe Amtspflichtverletzung begangen hat; denn die Pflichten als Mitglied des Betriebsausschusses sind Pflichten aus dem Amt als Mitglied des Betriebsrats (s. auch § 23 Rn. 16).

b) Die **weiteren Ausschussmitglieder** können nur durch den Betriebsrat abberufen 26
werden. Die **Abberufung** erfolgt in einer **Sitzung des Betriebsrats.** Nur wenn die weiteren Ausschussmitglieder nach den Grundsätzen der Verhältniswahl gewählt sind, wird der Beschluss über die Abberufung in **geheimer Abstimmung** gefasst (Abs. 1 Satz 5). Bei Mehrheitswahl kann dagegen die Abberufung in offener Abstimmung erfolgen, wenn nicht zuvor geheime Abstimmung festgelegt wird (ebenso *Fitting,* § 27 Rn. 50; GK-*Raab,* § 27 Rn. 36).

Bei **Verhältniswahl** bedarf, wenn der Betriebsrat in seiner Gesamtheit zuständig ist (s. 27
Rn. 12), der Beschluss einer **Mehrheit von drei Vierteln der Stimmen der Mitglieder des Betriebsrats** (Abs. 1 Satz 5). Wenn dagegen die Wahl nach den Grundsätzen der Mehrheitswahl erfolgte, genügt die einfache Stimmenmehrheit, sofern mindestens die Hälfte der Betriebsratsmitglieder an der Beschlussfassung teilnimmt (§ 33 Abs. 1 und 2).

Das **von der Abwahl betroffene Mitglied** ist **stimmberechtigt;** denn wie seine Wahl ist 28
auch seine Abwahl ein organisatorischer Akt innerhalb des Betriebsrats und daher nicht mit einem Beschluss auf Amtsenthebung durch das Arbeitsgericht zu vergleichen (ebenso *Fitting,* § 27 Rn. 45; GK-*Raab,* § 27 Rn. 32; *Keßler,* Diss. Würzburg, 1976, S. 43 f.; a. A. GL-*Marienhagen,* § 27 Rn. 26; s. auch § 25 Rn. 11).

29 c) Mit der **Abberufung erlischt** die **Mitgliedschaft im Betriebsausschuss,** aber **nicht** die **Mitgliedschaft im Betriebsrat.** Betroffen ist stets nur das Mitglied, das abberufen wird; es brauchen nicht etwa alle Ausschussmitglieder abberufen zu werden (ebenso GK-*Raab,* § 27 Rn. 31).

8. Nachwahl zur Ersetzung ausgeschiedener Ausschussmitglieder

30 Scheidet ein Mitglied aus dem Betriebsausschuss aus und kann es nicht durch ein für diesen Fall gewähltes Ersatzmitglied ersetzt werden (s. Rn. 16 ff.), so muss eine Nachwahl stattfinden, deren Durchführung sich danach richtet, ob die Ausschussmitglieder nach den Grundsätzen der Verhältniswahl oder der Mehrheitswahl gewählt sind. Bei **Mehrheitswahl** genügt es, dass vom Betriebsrat ein neues Ausschussmitglied gewählt wird (ebenso GK-*Raab,* § 27 Rn. 47). Das gilt auch bei **Verhältniswahl,** weil anders als nach ehemals geltendem Recht mit diesem Wahlmodus ein Minderheitenschutz nicht verbunden ist (zur alten Rechtslage a. A. für die Nachwahl eines freigestellten Betriebsratsmitglieds BAG 28. 10. 1992 AP BetrVG 1972 § 38 Nr. 16; siehe auch Vorauflage § 27 Rn. 48).

31 Eine Nachwahl bzw. Neuwahl kann erst **nach dem Ausscheiden** des Mitglieds erfolgen. Sie ist daher nichtig, solange ein wirksam gewähltes Ausschussmitglied nicht abberufen ist (ebenso r E 69, 49, 60 f. = AP BetrVG 1972 § 27 Nr. 3). Das gilt auch für die Ersetzung fehlerhaft gewählter Ausschussmitglieder, wenn man vom Fall einer nichtigen Wahl absieht. Da jedoch mit einer Nachwahl bzw. Neuwahl eine Abberufung der früher gewählten Ausschussmitglieder verbunden sein kann, kann die Auslegung des Abstimmungsverhaltens ergeben, dass in ihm zugleich die Abberufung liegt (ebenso BAG 13. 11. 1991 AP BetrVG 1972 § 27 Nr. 3).

9. Gerichtliche Nachprüfbarkeit (Wahlanfechtung)

32 a) Wie die Wahl des Betriebsratsvorsitzenden und seines Stellvertreters gehört die Wahl der Ausschussmitglieder zu den **betriebsratsinternen Wahlen,** die für die Betriebsratstätigkeit die organisatorischen Grundlagen schaffen (so BAG 13. 11. 1991 AP BetrVG 1972 § 27 Nr. 3; 15. 1. 1992 AP BetrVG 1972 § 26 Nr. 10). Wie bei der Wahl des Vorsitzenden und seines Stellvertreters gibt das Gesetz auch hier keine Bestimmung, die die Geltendmachung von Gesetzesverletzungen an ein besonderes Verfahren bindet. Daraus folgt nicht, dass ein Gesetzesverstoß stets und ohne weiteres die Nichtigkeit der Wahl zur Folge hat. Da es sich aber um einen betriebsratsinternen Organisationsakt handelt, ist § 19 nicht unmittelbar anwendbar, sein Abs. 1 ist aber „entsprechend anzuwenden mit der Folge, dass die Betriebsausschusswahl ebenso wie die Wahl des Betriebsrats selbst nur in besonderen Ausnahmefällen nichtig ist und im Regelfall der Betriebsausschuss so lange im Amt bleibt, bis die Wahl seiner weiteren Mitglieder auf Grund einer fristgebundenen Anfechtung durch rechtskräftige gerichtliche Entscheidung für unwirksam erklärt worden ist" (BAG 13. 11. 1991 AP BetrVG 1972 § 27 Nr. 3; bestätigt durch BAG 16. 11. 2005 AP BetrVG 1972 § 28 Nr. 7; so bereits zum BetrVG 1952 BAG 11. 2. 1969 AP BetrVG § 28 Nr. 1; a. A. zunächst zum BetrVG 1972 BAG 16. 2. 1973 AP BetrVG 1972 § 19 Nr. 1; 1. 6. 1976 AP BetrVG 1972 § 28 Nr. 1).

33 b) Das **Arbeitsgericht** entscheidet über die Geltendmachung von Gesetzesverletzungen im **Beschlussverfahren** (§ 2 a Abs. 1 Nr. 1, Abs. 2 i. V. mit §§ 80 ff. ArbGG). Der Antrag ist, sofern er sich nicht auf die Feststellung einer ausnahmsweise gegebenen Nichtigkeit beschränkt, darauf zu richten, die Wahl für unwirksam zu erklären. Der Antragsteller begehrt insoweit den Erlass einer rechtsgestaltenden Entscheidung. Da er aber in der Regel mit einer Wahlanfechtung die Gültigkeit der Wahl unter jedem rechtlichen Gesichtspunkt zur Nachprüfung des Gerichts stellen will, umfasst ein Wahlanfechtungsantrag grundsätzlich auch den Antrag, die Nichtigkeit der Wahl festzustellen (ebenso BAG 13. 11. 1991 AP BetrVG 1972 § 27 Nr. 3; s. auch § 19 Rn. 82).

Antragsberechtigt ist, wer anfechtungsbefugt ist. Für den Kreis der Anfechtungs- 34
berechtigten kann man aber nicht ohne weiteres auf § 19 Abs. 2 Satz 1 zurückgreifen
(ebenso BAG 13. 11. 1991 AP BetrVG 1972 § 27 Nr. 3). Anfechtungsbefugt und
daher antragsberechtigt ist **jedes Mitglied des Betriebsrats** (ebenso BAG, a. a. O.), nicht
dagegen der Arbeitgeber und ein einzelner Arbeitnehmer des Betriebs (s. auch § 26
Rn. 23).

Keine Antragsbefugnis haben die **im Betrieb vertretenen Gewerkschaften** (ebenso BAG 35
16. 2. 1973 AP BetrVG 1972 § 19 Nr. 1; 30. 10. 1986 AP BetrVG 1972 § 47 Nr. 6; s.
auch BAG 12. 10. 1976 AP BetrVG 1972 § 26 Nr. 2; GK-*Raab*, § 27 Rn. 27;
HSWGNR-*Glock*, § 27 Rn. 32 c; a. A. zum BetrVG 1952 BAG 11. 2. 1969 AP BetrVG
§ 28 Nr. 1 [zust. *Galperin*]; weiterhin *Fitting*, § 27 Rn. 99; DKK-*Wedde*, § 27 Rn. 49;
ErfK-*Eisemann/Koch*, § 27 Rn. 8; offengelassen BAG 13. 11. 1991 AP BetrVG 1972
§ 27 Nr. 3; s. auch § 26 Rn. 22).

c) Nach Ansicht des BAG beträgt die **Anfechtungsfrist** in entsprechender Anwendung 36
des § 19 Abs. 2 Satz 2 **zwei Wochen** (BAG 13. 11. 1991 AP BetrVG 1972 § 27 Nr. 3).
Wie für die Wahl des Vorsitzenden und seines Stellvertreters besteht hier aber kein
Grund für diese Analogie; denn Kosten wie bei der Betriebsratswahl sind mit betriebsratsinternen Wahlen nicht verbunden, und es wird auch bei einer späteren Korrektur
keine Ungewissheit geschaffen (s. auch § 26 Rn. 25). Insbesondere muss man hier in
Erwägung ziehen, dass ein Betriebsratsmitglied möglicherweise erst nach Ablauf von
zwei Wochen Kenntnis von dem Verfahrensfehler erlangt.

d) Solange der **Beschluss des Arbeitsgerichts**, durch den die Wahl zum Betriebsaus- 37
schuss für unwirksam erklärt wird, **nicht rechtskräftig** ist, besteht der **Betriebsausschuss
in seiner bisherigen Zusammensetzung.** Bei einer Abberufung gilt dies entsprechend für
den Betriebsausschuss in seiner neuen Zusammensetzung. Wird die Abberufung für
unwirksam erklärt, so besteht mit Rechtskraft der Entscheidung der Betriebsausschuss
in seiner alten Zusammensetzung.

IV. Rechtsstellung und Geschäftsführung des Betriebsausschusses

1. Organ des Betriebsrats

Der Betriebsausschuss ist **keine besondere Betriebsvertretung** neben dem Betriebsrat, 38
sondern er ist wie der Betriebsratsvorsitzende und dessen Stellvertreter nur ein **Organ
des Betriebsrats**, das die **laufenden Geschäfte** führt und dem Aufgaben zur selbstständigen Erledigung, nicht aber der Abschluss von Betriebsvereinbarungen, übertragen werden können (Abs. 2; s. dazu ausführlich Rn. 47 ff.).

2. Vorsitz im Betriebsausschuss

Obwohl das Gesetz es nicht ausdrücklich anordnet, steht dem **Vorsitzenden des** 39
Betriebsrats auch der Vorsitz im Betriebsausschuss zu, bei seiner Verhinderung seinem
Stellvertreter (ebenso *Fitting*, § 27 Rn. 55; GL-*Marienhagen*, § 27 Rn. 20; GK-*Raab*,
§ 27 Rn. 50; HSWGNR-*Glock*, § 27 Rn. 37; *Nikisch*, Bd. III S. 138). Dem Vorsitzenden
bzw. seinem Stellvertreter kommt die gleiche Stellung wie gegenüber dem Betriebsrat zu.
Soweit der Betriebsausschuss zuständig ist, binden seine Beschlüsse den Betriebsrat. Der
Vorsitzende hat sie durchzuführen; im Rahmen der vom Betriebsausschuss gefassten
Beschlüsse vertritt er den Betriebsrat nach außen. Aber auch hier kommt in Betracht,
dass der Betriebsausschuss den Vorsitzenden zu Entscheidungen ermächtigen kann, die
in seinen Zuständigkeitsbereich fallen, und er kann sie auch nachträglich genehmigen (s.
dazu ausführlich § 26 Rn. 44 f., 46 ff.).

Thüsing

3. Geschäftsführung

40 a) Der Betriebsausschuss nimmt wie der Betriebsrat seine Geschäftsführungsaufgaben in **Sitzungen** wahr. Für diese gilt Gleiches wie für die Betriebsratssitzungen. Die Beschlüsse müssen in Sitzungen und dürfen nicht im Umlaufverfahren gefasst werden. Im Übrigen gelten die Vorschriften über die Ladung, Öffentlichkeit, Beschlussfähigkeit, Niederschrift entsprechend (§§ 29, 30, 33, 34). Auch die Sitzungen des Betriebsausschusses finden grundsätzlich während der Arbeitszeit statt. § 35 kommt gleichfalls in Betracht; jedoch wird ein laufendes Geschäft nur in besonderen Fällen die Interessen der jugendlichen Arbeitnehmer, der zu ihrer Berufsausbildung Beschäftigten oder der Schwerbehinderten beeinträchtigen.

41 b) Der Betriebsausschuss kann den **Arbeitgeber** zu seinen Sitzungen einladen. Folgt er der Einladung, so hat er ein Teilnahmerecht und kann einen Vertreter der Vereinigung der Arbeitgeber, der er angehört, hinzuziehen. § 29 Abs. 4 gilt insoweit entsprechend. Soweit dem Ausschuss Aufgaben zur selbstständigen Erledigung übertragen sind, kann der Arbeitgeber auch verlangen, dass eine Sitzung anberaumt wird (ebenso GK-*Raab*, § 27 Rn. 53; ohne diese Differenzierung *Fitting*, § 27 Rn. 56).

42 Ein Beauftragter einer **Gewerkschaft**, die im *Betriebsrat* – nicht notwendig im Betriebsausschuss – vertreten ist, kann an den Sitzungen beratend teilnehmen, wenn dies der Betriebsrat oder der Betriebsausschuss beschließt oder ein Viertel der Mitglieder des Betriebsrats beantragt; § 31 gilt entsprechend auch für Sitzungen des Betriebsausschusses (s. ausführlich § 31 Rn. 25 ff.).

43 Die **Schwerbehindertenvertretung** hat das Recht, an allen Sitzungen des Betriebsausschusses beratend teilzunehmen (§ 95 Abs. 4 Satz 1 SGB IX). Die **Jugend- und Auszubildendenvertretung** kann dagegen einen Vertreter zur Teilnahme nur entsenden, wenn der Betriebsausschuss an Stelle des Betriebsrats entscheidet (s. § 67 Rn. 10); in diesem Fall hat die gesamte Jugend- und Auszubildendenvertretung ein Teilnahmerecht, soweit Angelegenheiten behandelt werden, die besonders die in § 60 Abs. 1 genannten Arbeitnehmer betreffen (s. ausführlich § 67 Rn. 18).

44 c) Der Betriebsausschuss kann sich eine **Geschäftsordnung** geben. Da er nur ein Organ des Betriebsrats ist, kann aber auch der Betriebsrat für ihn eine Geschäftsordnung erlassen, die Vorrang hat (ebenso *Fitting*, § 27 Rn. 64; GL-*Marienhagen*, § 27 Rn. 20; GK-*Raab* § 27 Rn. 58, § 36 Rn. 3; DKK-*Wedde*, § 27 Rn. 29; ErfK-*Eisemann/Koch*, § 27 Rn. 5; HWK-*Reichold*, § 27 Rn. 9; a. A. HSWGNR-*Glock*, § 36 Rn. 15; 6. Aufl. dieses Kommentars, § 27 Rn. 42). Was für die Geschäftsordnung des Betriebsrats gilt, ist entsprechend anzuwenden, wenn der Betriebsausschuss sich eine Geschäftsordnung gibt; und sie bedarf der Schriftform und muss mit der Mehrheit der Stimmen aller Ausschussmitglieder, also nicht bloß mit einfacher Stimmenmehrheit beschlossen werden.

4. Rechtsstellung der Ausschussmitglieder

45 Die Erfüllung der Aufgaben als Mitglied des Betriebsausschusses ist **Ausfluss des Amtes als Betriebsratsmitglied**. Es gelten insbesondere §§ 37, 40. Durch notwendige Arbeitsversäumnis darf keine Minderung des Arbeitsentgelts eintreten (s. § 37 Rn. 13). Der aus betriebsbedingten Gründen für die Tätigkeit im Betriebsausschuss notwendige Einsatz von Freizeit ist durch eine entsprechende Arbeitsbefreiung unter Fortzahlung des Arbeitsentgelts auszugleichen (s. § 37 Rn. 37 ff.). Die Kosten, die durch die Tätigkeit entstehen, trägt der Arbeitgeber (s. § 40 Rn. 3 ff.).

46 Die Verletzung der sich aus der Zugehörigkeit zum Betriebsausschuss ergebenden Pflichten ist eine Verletzung der Pflichten aus dem Amt als Betriebsratsmitglied und kann zum Ausschluss aus dem Betriebsrat führen (s. dazu Rn. 25).

V. Aufgaben und Befugnisse des Betriebsausschusses

1. Führung der laufenden Geschäfte

Der Betriebsausschuss führt die **laufenden Geschäfte des Betriebsrats** (Abs. 2 Satz 1). **47**

a) Anders als der Betriebsratsvorsitzende, der nur im Rahmen eines Betriebsrats- **48** beschlusses tätig werden kann, hat der Betriebsausschuss von Gesetzes wegen die laufenden Geschäfte selbstständig zu erledigen; ihm ist ein **eigener Zuständigkeitsbereich** zugewiesen, in dessen Rahmen er an Stelle des Betriebsrats zu entscheiden hat (ebenso *Fitting*, § 27 Rn. 66; GL-*Marienhagen*, § 27 Rn. 29; GK-*Raab*, § 27 Rn. 61). Das bedeutet allerdings nicht, dass der Betriebsrat von einer Befassung und Entscheidung ausgeschlossen wird. Er kann jederzeit auch ohne besonderen Beschluss eine Angelegenheit an sich ziehen und auch einen Beschluss des Betriebsausschusses aufheben, wenn dieser noch keine Wirkung nach außen entfaltet hat (ebenso *Fitting*, § 27 Rn. 66; GK-*Raab*, § 27 Rn. 62; *Nikisch*, Bd. III S. 145; a. A. HSWGNR-*Glock*, § 27 Rn. 55).

b) Was unter **laufenden Geschäften** zu verstehen ist, wird im Gesetz nicht gesagt und **49** war bereits zum BetrVG 1952 sehr umstritten (vgl. *Dietz*, § 28 Rn. 22). „Laufende Geschäfte" sind **Angelegenheiten, deren Erledigung eine Entscheidung des Betriebsrats nicht oder nicht mehr erfordert,** weil sie bereits durch eine Betriebsvereinbarung oder einen Beschluss des Betriebsrats *inhaltlich vorbestimmt* ist oder es sich um *zeitbedingte Aufgaben ohne grundsätzliche Bedeutung für die Belegschaft* handelt (vgl. bereits die Begriffsbestimmung der „laufenden Geschäfte" im Verwaltungsrecht von *Hans J. Wolff* in: *Wolff/Bachof*, Verwaltungsrecht, 4. Aufl., 1976, S. 66 f.; s. auch § 41 Abs. 2 GO NRW und die hierzu ergangene Rechtsprechung *Rehn/Cronauge*, GO NRW, § 41 S. 12 ff.); ihm folgend *Nipperdey/Säcker* in *Hueck/Nipperdey*, Bd. II/2, S. 1194; die dort gegebene Definition ist jedoch zu eng, weil sie für den Bereich der Betriebsverfassung nicht den Unterschied zur gesetzesgebundenen Verwaltung berücksichtigt; wie hier *Nikisch*, Bd. III S. 144; GL-*Marienhagen*, § 27 Rn. 31; vgl. auch *Joost*, MünchArbR § 218 Rn. 26 ff.). Was Aufgaben ohne grundsätzliche Bedeutung sind, die auch dann, wenn ihre Erledigung nicht durch eine Entscheidung des Betriebsrats vorbestimmt ist, zu den laufenden Geschäften gehören, ergibt sich aus den Umständen und den Besonderheiten des betreffenden Betriebs, insbesondere der Größe des Betriebs (ebenso auch die Abgrenzung für den Bereich des Kommunalrechts; vgl. BGH 23. 6. 1954 BGHZ 14, 89, 97). Ein *Indiz*, jedoch kein Kriterium ist, dass es sich um Geschäfte handelt, die sich regelmäßig wiederholen; in aller Regel wird in derartigen Fällen die Erledigung durch eine Entscheidung des Betriebsrats vorbestimmt sein.

Im Gegensatz zum hier vertretenen Standpunkt geht die überwiegende Meinung **50** dahin, die Tätigkeit des Betriebsausschusses auf eine nur nach *innen* wirkende *Geschäftsführungsbefugnis* zu beschränken, also auf rein technische und verwaltungsmäßige Aufgaben, wie die Entgegennahme von Erklärungen des Arbeitgebers und der Arbeitnehmer des Betriebs, die Vorbereitung der Betriebsratssitzungen, die Führung des Schriftwechsels nach Maßgabe der Beschlüsse des Betriebsrats und die Abhaltung der Sprechstunden (vgl. *Fitting*, § 27 Rn. 67 f.; GK-*Raab*, § 27 Rn. 64 f.; ErfK-*Eisemann/ Koch*, § 27 Rn. 6; HSWGNR-*Glock*, § 27 Rn. 47 ff.; DKK-*Wedde*, § 27 Rn. 33; Stege/ Weinspach/Schiefer, § 27 Rn. 9; siehe auch ArbG Bielefeld 11. 6. 2008 – 6 BV 37/08, juris; ebenso zum Begriff der laufenden Geschäfte im Personalvertretungsrecht BVerwG 7. 11. 1969 E 34, 180, 187; vgl. auch BVerwG 5. 2. 1971 AP PersVG § 58 Nr. 1). Der Betriebsausschuss soll deshalb von allen Aufgaben ausgeschlossen sein, bei denen es um eine Willensbildung geht, vor allem von jeder Ausübung der dem Betriebsrat zustehenden Mitwirkungs- und Mitbestimmungsrechte.

Diese Interpretation scheint der Wortlaut des § 27 Abs. 2 Satz 2 zu bestätigen, wenn **51** es dort heißt, dass der Betriebsrat dem Betriebsausschuss Aufgaben zur selbständigen

Erledigung übertragen kann (so *Fitting*, § 27 Rn. 67 f.; HSWGNR-*Glock*, § 27 Rn. 49; *Stege/Weinspach/Schiefer*, § 27 Rn. 9). Bei der Abfassung des Gesetzes mag die irrtümliche Vorstellung eine Rolle gespielt haben, dass zu den laufenden Geschäften nicht Aufgaben gehören, die vom Betriebsausschuss *selbstständig* erledigt werden. Die Bestimmung bedeutet aber lediglich, dass dem Betriebsausschuss über die Führung der laufenden Geschäfte hinaus *weitere* Aufgaben zur selbstständigen Erledigung übertragen werden können (vgl. auch die Begründung zum RegE, BT-Drucks. VI/1786, S. 39). Es kann aus ihr nicht im Wege des Umkehrschlusses das Ergebnis gewonnen werden, dass unter laufenden Geschäften nur rein technische, vorbereitende Maßnahmen zu verstehen sind; denn bei einer solchen Auffassung wird die Funktion des Betriebsausschusses praktisch aufgehoben. Müßte in einem großen Werk von mehreren tausend Arbeitnehmern bei jeder mitbestimmungspflichtigen Einzelmaßnahme der ganze Betriebsrat zusammentreten, so würde die mit der Einrichtung des Betriebsausschusses bezweckte Entlastung nicht eintreten. Außerdem wird übersehen, dass der Betriebsausschuss völlig überflüssig wäre, wenn er auf die technische Vorbereitung von Betriebsratssitzungen und auf die Abhaltung von Sprechstunden beschränkt wäre. Die technische Vorbereitung von Sitzungen hat vielmehr der Vorsitzende allein durchzuführen; wäre das die Aufgabe des Betriebsausschusses, so würde seine Einrichtung nicht eine Erleichterung, sondern eine Erschwerung der Geschäftsführung. Die Abhaltung von Sprechstunden ist in erster Linie von den freigestellten Betriebsratsmitgliedern durchzuführen; jedenfalls wird es kaum vorkommen, dass der Betriebsausschuss in seiner Gesamtheit Sprechstunden abhält (ebenso *Nikisch*, Bd. III S. 143 Fn. 51; s. dazu auch § 39 Rn. 11). Für das früher häufig genannte Beispiel der Entgegennahme von Erklärungen des Arbeitgebers und der Arbeitnehmer des Betriebs bestimmt nunmehr § 26 Abs. 2 Satz 2 ausdrücklich, dass dazu der Vorsitzende des Betriebsrats oder im Fall seiner Verhinderung sein Stellvertreter berechtigt ist.

52 Für den Begriff der „laufenden Geschäfte" ist maßgebend, dass der Betriebsausschuss nur gebildet wird, wenn der Betriebsrat eine bestimmte Größe hat. Dadurch soll vermieden werden, dass der Betriebsrat in seiner Gesamtheit zusammentreten muss, um Geschäfte zu erledigen, die keine grundsätzliche Bedeutung haben. Aus dem Gesetz ergibt sich kein Anhaltspunkt dafür, dass der Betriebsausschuss lediglich die Funktion hat, für den Betriebsrat die Beschlüsse vorzubereiten.

53 c) Zu den laufenden Geschäften können auch Entscheidungen gehören, durch die ein dem Betriebsrat zustehendes **Mitwirkungs-** oder **Mitbestimmungsrecht** ausgeübt wird (ebenso *Joost*, MünchArbR § 218 Rn. 29; *Nikisch*, Bd. III S. 144; *Nipperdey/Säcker* in *Hueck/Nipperdey*, Bd. II/2 S. 1194 f. – a. A. die h. L.; hier auch GL-*Marienhagen*, § 27 Rn. 32; s. die Angaben in Rn. 50; aus der Rechtsprechung LAG Düsseldorf 23. 10. 1973, BB 1974, 649 = DB 1964, 926: Keine Mitbestimmung bei personellen Einzelmaßnahmen). In Betracht kommen nur Einzelmaßnahmen, nicht Regelungen, die für eine unbestimmte Zahl von Einzelfällen getroffen werden. Aber auch bei den Einzelmaßnahmen handelt es sich nicht mehr um ein laufendes Geschäft, wenn sie sich auf die Rechtsstellung eines Arbeitnehmers nicht nur vorübergehend auswirken.

54 Der Abschluss einer **Betriebsvereinbarung** gehört **niemals** zu den laufenden Geschäften; er kann nicht einmal, wie Abs. 2 Satz 2 ausdrücklich bestimmt, dem Betriebsausschuss besonders übertragen werden. Die Beteiligung in **sozialen Angelegenheiten** ist daher keine laufende Angelegenheit, soweit die Ausübung des Mitbestimmungsrechts nur durch den Abschluss einer Betriebsvereinbarung erfolgen kann. Bezieht das Mitbestimmungsrecht sich dagegen auf Einzelfälle, wie die Festsetzung der zeitlichen Lage des Urlaubs für einzelne Arbeitnehmer, wenn zwischen dem Arbeitgeber und dem betroffenen Arbeitnehmer kein Einverständnis erzielt wird, so kann ein laufendes Geschäft vorliegen, das vom Betriebsausschuss wahrgenommen werden kann. Dasselbe gilt bei der Anordnung von Überstunden oder von Kurzarbeit, bei der Verwaltung von Sozialeinrichtungen, der Zuweisung und Kündigung von Wohnräumen sowie der Fest-

V. Aufgaben und Befugnisse des Betriebsausschusses § 27

setzung von Akkord- und Prämiensätzen. Die Wahrnehmung der Beteiligung gehört in diesen Fällen aber nur dann zu den laufenden Geschäften, wenn bereits durch eine Entscheidung des Betriebsrats *vorbestimmt* ist, wie das Mitbestimmungsrecht in derartigen Fällen ausgeübt wird.

Zu den laufenden Geschäften gehört in großen Betrieben regelmäßig auch die Ausübung des Mitbestimmungsrechts bei **Versetzungen**, weil nach der Legaldefinition des § 95 Abs. 3 weitgehend auch sog. Umsetzungen erfasst werden, die zur Aufrechterhaltung des Betriebsablaufs häufig vorgenommen werden. **Einstellungen, Umgruppierungen** und **Versetzungen** auf Dauer wirken sich aber so erheblich auf die Rechtsstellung eines Arbeitnehmers aus, dass die Ausübung des Mitbestimmungsrechts in diesen Fällen **nicht** mehr zu den laufenden Geschäften gezählt werden kann; denn es kommt hier stets auf die Besonderheit des Einzelfalles an (vgl. auch BVerwG 11. 10. 1972 E 41, 30, 33 = AP PersVG § 31 Nr. 19). Dasselbe gilt für die Beteiligung des Betriebsrats vor einer **Kündigung** (vgl. BAG 18. 3. 1965 AP BetrVG § 66 Nr. 25; s. § 102 Rn. 87).

Niemals zu den laufenden Geschäften gehört die **Beteiligung des Betriebsrats bei der Gestaltung von Arbeitsplatz, Arbeitsablauf und Arbeitsumgebung** (§§ 90, 91), bei der Gestaltung des Personalfragebogens und der Aufstellung allgemeiner Beurteilungsgrundsätze (§ 94), den Auswahlrichtlinien (§ 95) und vor allem bei Betriebsänderungen (§§ 111, 112). Ebenfalls gehört nicht zu ihnen die Mitbestimmung bei der Durchführung betrieblicher Bildungsmaßnahmen nach § 98; eine Ausnahme kann lediglich in Betracht kommen, wenn es sich um die Auswahl der Teilnehmer an Berufsbildungsmaßnahmen handelt, sofern der Betriebsrat bereits vorbestimmt hat, wie das Mitbestimmungsrecht ausgeübt wird, so dass es sich lediglich noch um einen Vollzug handelt.

Ebenfalls nicht zu den laufenden Geschäften i. S. d. § 27 gehört die **Teilnahme an den Monatsgesprächen**. Die Monatsbesprechung soll zwischen dem Arbeitgeber und dem Betriebsrat in seiner Gesamtheit erfolgen (ebenso ErfK-*Kania*, § 74 Rn. 5; GK-*Kreutz*, § 74 Rn. 14; siehe auch ArbG Bielefeld 11. 6. 2008 – 6 BV 37/08, juris).

2. Einblicksrecht in die Listen über die Bruttolöhne und -gehälter

Zu den Befugnissen, die das Gesetz dem Betriebsausschuss von Gesetzes wegen zur selbstständigen Erledigung übertragen hat, gehört das Einblicksrecht in die Listen über die Bruttolöhne und -gehälter (§ 80 Abs. 2 Satz 2; Halbsatz 2; s. ausführlich dort). Möglich ist aber, dass der Betriebsrat zur Wahrnehmung dieser Befugnis nach § 28 einen besonderen Ausschuss bildet. Geschieht dies, so ist nicht der Betriebsausschuss, sondern dieser Ausschuss berechtigt, das Einblicksrecht auszuüben.

3. Übertragung von Betriebsratsaufgaben zur selbstständigen Erledigung

a) Der Betriebsrat kann dem Betriebsausschuss mit der Mehrheit der Stimmen seiner Mitglieder **Aufgaben zur selbstständigen Erledigung** übertragen (Abs. 2 Satz 2). Die Begründung zum RegE nennt als Beispiele die Wahrnehmung der Mitbestimmungsrechte im personellen Bereich oder bei der Verwaltung von Sozialeinrichtungen des Betriebs (BT-Drucks. VI/1786, S. 39).

Der Betriebsrat hat dadurch die Möglichkeit, *konkretisierend* festzulegen, welche Geschäfte der Betriebsausschuss führt, um dem Streit aus dem Weg zu gehen, was unter laufenden Geschäften zu verstehen ist. Er kann bestimmen, welche Angelegenheiten als laufende Geschäfte anzusehen sind. Zu beachten ist lediglich, dass der Kreis nicht so weit eingeengt wird, dass dem Betriebsausschuss die Führung der laufenden Geschäfte entzogen ist; denn es wäre mit dem Sinn der Einrichtung eines Betriebsausschusses nicht verträglich, ihn allgemein aus der ihm durch das Gesetz übertragenen Aufgabe, die laufenden Geschäfte zu erledigen, auszuschalten (mißverständlich, soweit angenommen wird, dass der Umfang der laufenden Geschäfte nicht konstitutiv erweitert werden könne, *Fitting,* § 27 Rn. 69; GK-*Raab,* § 27 Rn. 77; HSWGNR-*Glock,* § 27 Rn. 50; unter den Voraussetzungen des Abs. 2 Satz 2 ist es unerheblich, ob die übertragenen Aufgaben als „laufende Geschäfte" bezeichnet werden).

60 Der Betriebsrat kann dem Betriebsausschuss über die Konkretisierung der laufenden Geschäfte hinaus *weitere Aufgaben* zur selbstständigen Erledigung übertragen. Insbesondere kann ihm auch die Wahrnehmung von **Mitwirkungs- und Mitbestimmungsrechten** in bestimmten Angelegenheiten generell übertragen werden, z. B. bei Einstellungen und Kündigungen. Eine **Schranke** besteht nach dem Gesetz lediglich insoweit, als dem Betriebsrat der **Abschluss von Betriebsvereinbarungen** vorbehalten bleibt. Aber darüber hinaus ergibt sich eine Grenze auch daraus, dass der Betriebsrat nicht zugunsten des Betriebsausschusses abdanken darf. Er darf sich nicht aller wesentlichen Befugnisse dadurch entäußern, dass er seine Aufgaben weitgehend auf den Betriebsausschuss oder einen nach § 28 gebildeten Ausschuss überträgt; er muss als Gesamtorgan in einem *Kernbereich der Mitbestimmungsordnung* zuständig bleiben (ebenso BAG 1. 6. 1976 und 20. 10. 1993 AP BetrVG 1972 § 28 Nr. 1 und 5 sowie BAG 17. 3. 2005 AP BetrVG 1972 § 27 Nr. 6; *Fitting,* § 27 Rn. 78; GL-*Marienhagen,* § 27 Rn. 34, § 28 Rn. 7; GK-*Raab,* § 27 Rn. 68, 70). Dem Betriebsausschuss können weiterhin auch *organisatorische Entscheidungen* des Betriebsrats, wie die Wahl des Vorsitzenden und seines Stellvertreters und die Bildung von Ausschüssen, nicht übertragen werden (ebenso *Fitting,* § 27 Rn. 77; GK-*Raab,* § 27 Rn. 68). Auch soweit für einen Beschluss des Betriebsrats nicht die einfache Stimmenmehrheit genügt, sondern die Mehrheit der Stimmen aller Betriebsratsmitglieder, d. h. die absolute Mehrheit erforderlich ist (s. § 33 Rn. 20), entfällt die Möglichkeit einer Übertragung auf den Betriebsausschuss; denn durch das Erfordernis der qualifizierten Stimmenmehrheit bringt das Gesetz zum Ausdruck, dass es sich für den Betriebsrat um *Grundlagenentscheidungen* handelt, die nur von ihm getroffen werden können (ebenso im Ergebnis *Fitting,* § 27 Rn. 77; GK-*Raab,* § 28 Rn. 28). Aufgaben, die zum Zuständigkeitsbereich des *Betriebsratsvorsitzenden* gehören, können ebenfalls *nicht* auf den Betriebsausschuss übertragen werden; denn der Betriebsrat kann sich keine andere Organisation geben, als im Gesetz festgelegt ist. Jedoch ist es möglich, ihm die Aufgaben des *Wirtschaftsausschusses* zu übertragen (§ 107 Abs. 3). Keinen Bedenken begegnet die Übertragung der Entscheidungsbefugnis hinsichtlich der Teilnahme an Schulungs- und Bildungsveranstaltungen nach § 37 Abs. 6 und auch nach Abs. 7, obwohl dies ein Individualanspruch des gewählten Betriebsratsmitglieds ist; das eine hat mit dem anderen nichts zu tun (offen gelassen aber ArbG Essen 19. 6. 2003, NZA-RR 2004, 87).

61 b) Die Übertragung erfolgt durch **Beschluss des Betriebsrats,** der mit der **Mehrheit der Stimmen aller Betriebsratsmitglieder** gefasst werden muss; es genügt also nicht die einfache Stimmenmehrheit, sondern es ist die *absolute Mehrheit* erforderlich. Soweit Aufgaben, die überwiegend die in § 60 Abs. 1 genannten Arbeitnehmer betreffen, übertragen werden, sind die Stimmen der Jugend- und Auszubildendenvertreter (§ 67 Abs. 2) bei der Feststellung der Stimmenmehrheit mitzuzählen (§ 33 Abs. 3; ebenso *Fitting,* § 27 Rn. 81). Das gilt aber nicht, wenn lediglich bei der *Wahrnehmung* einer übertragenen Aufgabe sich ergeben kann, dass eine Angelegenheit überwiegend jugendliche Arbeitnehmer oder Berufsauszubildende betrifft, z. B. wenn dem Betriebsausschuss die Beteiligung bei Kündigungen übertragen wird. In diesem Fall sind die Belange der Jugend- und Auszubildendenvertretung dadurch gesichert, dass ihre Mitglieder ein Stimmrecht bei dem Beschluss des Betriebsausschusses haben (s. § 67 Rn. 24).

62 Die Übertragung bedarf der **Schriftform,** d. h. sie muss in einer Urkunde schriftlich niedergelegt sein, die vom Vorsitzenden des Betriebsrats eigenhändig durch Namensunterschrift unterzeichnet ist. Es genügt aber, dass sie im Protokoll enthalten ist (ebenso *Fitting,* § 27 Rn. 82 f.; GK-*Raab,* § 27 Rn. 74; HSWGNR-*Glock,* § 27 Rn. 57; HWK-*Reichold,* § 27 Rn. 11). Der Zweck des Erfordernisses der Schriftform gebietet jedoch, dass die Sitzungsniederschrift nicht nur den Übertragungsbeschluss enthält, sondern

V. Aufgaben und Befugnisse des Betriebsausschusses § 27

darüber hinaus auch Inhalt und Abgrenzung der übertragenen Aufgaben festhält. Nur unter dieser Voraussetzung hat die Aufnahme in das Protokoll konstitutive Wirkung, so dass eine besondere Ausfertigung nicht mehr erforderlich ist.

Die Übertragung braucht **nicht bekanntgemacht** zu werden. Es ist auch keine Wirksamkeitsvoraussetzung, dass sie dem Arbeitgeber mitgeteilt wird. Dieser braucht sie aber nicht sich entgegenhalten zu lassen, solange er von der Übertragung keine Kenntnis erlangt hat (ebenso *Fitting*, § 27 Rn. 85; DKK-*Wedde*, § 27 Rn. 40; weitergehend für eine Pflicht zu seiner Unterrichtung wegen des Gebots der vertrauensvollen Zusammenarbeit nach § 2 Abs. 1 GK-*Raab*, § 27 Rn. 80; HSWGNR-*Glock*, § 27 Rn. 59 a). Wenn Zweifel über die Beschlussfassung oder Unklarheiten über den Inhalt bestehen, kann der Arbeitgeber die Vorlage des Übertragungsbeschlusses verlangen (ebenso *Fitting, Wedde, Glock*, jeweils a. a. O.; wegen der Annahme einer Pflicht zur Unterrichtung nach § 2 Abs. 1 nur aus begründetem Anlass *Wiese*, a. a. O.). 63

Die Übertragung bestimmter Aufgaben zur selbstständigen Erledigung kann auch in der **Geschäftsordnung** erfolgen; denn diese kommt nur mit der Mehrheit der Stimmen der Betriebsratsmitglieder zustande und bedarf der Schriftform (§ 36; ebenso BAG 4. 8. 1975 AP BetrVG 1972 § 102 Nr. 4; 20. 10. 1993 AP BetrVG 1972 § 28 Nr. 5; *Fitting*, § 27 Rn. 83). 64

c) Soweit der Betriebsausschuss zuständig ist, ersetzt seine Entscheidung den **Beschluss des Betriebsrats** (ebenso *Fitting*, § 27 Rn. 71; GK-*Raab*, § 27 Rn. 76; ErfK-*Eisemann/Koch*, § 27 Rn. 7; HSWGNR-*Glock*, § 27 Rn. 55; DKK-*Wedde*, § 27 Rn. 36). Durch die Übertragung zur selbstständigen Erledigung verliert der Betriebsrat aber nicht seine Kompetenz, sich mit der Angelegenheit zu befassen und in ihr eine Entscheidung zu treffen. Eine derogierende Vollmacht ist nicht möglich. Daher ist es insbesondere möglich, dass der Betriebsausschuss eine Angelegenheit zur Entscheidung an den Betriebsrat abgibt. Aber auch der Betriebsrat selbst kann im Einzelfall eine Angelegenheit vor ihrer Behandlung durch den Betriebsausschuss an sich ziehen und selbst entscheiden. Auch wenn der Betriebsausschuss bereits einen Beschluss gefasst hat, kann ihn, sofern er noch keine Rechtswirkung nach außen entfaltet hat, der Betriebsrat korrigieren; allerdings bedarf der Beschluss, da er sich partiell als Widerruf auswirkt, der Stimmenmehrheit aller Betriebsratsmitglieder (ebenso *Fitting*, § 27 Rn. 71; GK-*Raab*, § 27 Rn. 76; DKK-*Wedde*, § 27 Rn. 36; ErfK-*Eisemann/Koch*, § 27 Rn. 7 a. A. HSWGNR-*Glock*, § 27 Rn. 55). 65

Der Betriebsrat kann bei der Übertragung auch festlegen, wie weit die Kompetenz des Betriebsausschusses zur selbstständigen Erledigung einer ihm übertragenen Aufgabe reicht; insbesondere kann er bestimmen, dass bei Nichteinigung mit dem Arbeitgeber in einem Mitbestimmungsfall nur er die Einigungsstelle anrufen kann (ebenso *Fitting*, § 27 Rn. 73; GK-*Raab*, § 27 Rn. 78; zu weitgehend, wenn gesagt wird, dass der Betriebsausschuss überhaupt nicht die Einigungsstelle anrufen kann, *Frauenkron*, § 27 Rn. 7; DKK-*Wedde*, § 27 Rn. 37 mit der Begründung, dass der Spruch der Einigungsstelle die Qualität einer Betriebsvereinbarung habe; dabei wird übersehen, dass für den Abschluss einer Betriebsvereinbarung bereits die Zuständigkeit des Betriebsausschusses fehlt, es also vom Mitbestimmungstatbestand und der begehrten Mitbestimmungsregelung abhängt, ob für den Betriebsrat der Betriebsausschuss tätig werden kann). Der Betriebsrat kann dem Betriebsausschuss auch Weisungen erteilen, wie er die ihm übertragenen Aufgaben zu erledigen hat (ebenso *Fitting*, § 27 Rn. 73). Auch ohne besondere Festlegung im Übertragungsbeschluss kann der Betriebsrat verlangen, dass ihm der Betriebsausschuss über seine Tätigkeit berichtet. Diese Aufgabe obliegt dem Betriebsratsvorsitzenden, der zugleich im Betriebsausschuss den Vorsitz führt. 66

d) Erfolgt die **Übertragung nicht in der gesetzlich vorgeschriebenen Form**, so ist der **Beschluss unwirksam**. Wenn aber gleichwohl der Betriebsausschuss eine der ihm fehlerhaft übertragenen Aufgaben wahrnimmt, muss dies der Betriebsrat sich zurechnen lassen; denn mit seinem Beschluss hat er einen Rechtsscheintatbestand gesetzt. Überschreitet dagegen der Betriebsausschuss den ihm zur selbstständigen Erledigung übertra- 67

§ 27 Betriebsausschuss

genen Aufgabenbereich, so greift die Rechtsscheinhaftung nur ein, wenn die Mehrheit der Betriebsratsmitglieder davon Kenntnis hat (s. dazu auch § 26 Rn. 50 f.); ansonsten kommt eine Zurechnung nur nach den Grundsätzen der Vertrauenshaftung kraft widersprüchlichen Verhaltens in Betracht (s. dazu auch § 33 Rn. 31 ff.). Der Betriebsrat kann in jedem Fall aber einen Beschluss des Betriebsausschusses genehmigen (s. auch § 26 Rn. 47 f.).

4. Widerruf einer Übertragung zur selbstständigen Erledigung

68 Der Betriebsrat kann jederzeit die Übertragung zur selbstständigen Erledigung auf den Betriebsausschuss widerrufen. Wie für die Übertragung ist ein Beschluss erforderlich, der mit der Mehrheit der Stimmen aller Betriebsratsmitglieder gefasst wird, und wie die Übertragung bedarf auch der Widerruf der Schriftform (Abs. 2 Satz 4; s. auch Rn. 61 ff.). Solange der Arbeitgeber vom Widerruf keine Kenntnis erlangt, kann der Betriebsrat ihm nicht die fehlende Kompetenz des Betriebsausschusses entgegenhalten.

5. Übertragung von Aufgaben zur Vorbereitung

69 Das Gesetz regelt nur die Übertragung von Aufgaben zur selbstständigen Erledigung. Dadurch wird aber nicht ausgeschlossen, dass der Betriebsrat dem Betriebsausschuss auch Aufgaben zur Vorbereitung überträgt und sich die Entscheidung vorbehält. Dieser Fall wird nicht von Abs. 2 Satz 2 und 3 erfasst, so dass insoweit ein Beschluss des Betriebsrats genügt, der mit einfacher Stimmenmehrheit zustande kommt, und keine Wirksamkeitsvoraussetzung ist, dass er schriftlich niedergelegt wird (ebenso GK-*Raab*, § 27 Rn. 81).

6. Begrenzung der Übertragung bei privatisierten Postunternehmen

70 Nach § 28 Abs. 1 Satz 2 PostPersRG sind in Personalangelegenheiten der Beamten nach gemeinsamer Beratung im Betriebsrat nur die Vertreter der Beamten zur Beschlussfassung berufen, sofern die Beamten im Betriebsrat vertreten sind. Daraus folgt, dass diese Angelegenheiten nicht auf den Betriebsausschuss zur selbstständigen Erledigung übertragen werden können, weil sonst die Kompetenz der Beamtenvertreter ausgeschaltet würde (ebenso *Fitting*, § 27 Rn. 75; s. auch § 28 Rn. 9).

VI. Weitere Ausschüsse

1. Gesamtbetriebsausschuss und Konzernbetriebsausschuss

71 Der Gesamtbetriebsrat hat ebenfalls einen Gesamtbetriebsausschuss zu bilden, der die laufenden Geschäfte führt, wenn dem Gesamtbetriebsrat mindestens neun Mitglieder angehören (§ 51 Abs. 1 Satz 2). Gleiches gilt für den Konzernbetriebsrat (§ 59 Abs. 1). Die Jugend- und Auszubildendenvertretung kann dagegen keinen besonderen Jugend- und Auszubildendenausschuss bilden (§ 65 Abs. 1).

2. Weitere Ausschüsse des Betriebsrats (bzw. des Gesamt- und des Konzernbetriebsrats)

72 Der Betriebsrat in einem Betrieb von mehr als 100 Arbeitnehmer kann zudem Ausschüsse nach § 28 bilden, und, sofern ein Betriebsausschuss existiert, ihnen bestimmte Aufgaben auch zur selbstständigen Erledigung übertragen (vgl. ausführlich § 28). Entsprechend git dies für den Gesamtbetriebsrat (§ 51), den Konzernbetriebsrat (§ 59), die Jugend- und Auszubildendenvertretung (§ 65 Abs. 1), Gesamt-Jugend- und Auszubildendenvertretung (§ 73 Abs. 2), sowie die Konzern-Jugend- und Auszubildendenvertretung (§ 73 b Abs. 2).

VII. Übertragung der laufenden Geschäfte in kleineren Betrieben

1. Voraussetzungen

Betriebsräte **mit weniger als neun Mitgliedern** können *keinen Betriebsausschuss* bilden, der die laufenden Geschäfte führt. Aber auch in kleineren Betrieben kann ein praktisches Bedürfnis bestehen, dass nicht stets der Betriebsrat zusammentreten muss, um sie zu erledigen. Daher *kann* auch in diesen Betrieben die Führung der *laufenden Geschäfte* auf den *Vorsitzenden* oder *andere Mitglieder* des Betriebsrats übertragen werden (Abs. 3).

73

2. Gegenstand und Form der Übertragung

a) Nur die **laufenden Geschäfte**, nicht weitere Aufgaben können übertragen werden (ebenso *Fitting*, § 27 Rn. 94; GK-*Raab*, § 27 Rn. 82). Die laufenden Geschäfte beschränken sich zwar nicht auf rein technische, vorbereitende Maßnahmen (s. ausführlich Rn. 49 ff.); denn deren Erledigung fällt zumeist bereits von Gesetzes wegen in den Aufgabenbereich des Betriebsratsvorsitzenden, wie die Entgegennahme von Erklärungen, die dem Betriebsrat gegenüber abzugeben sind, oder die Einberufung von Sitzungen und Festlegung der Tagesordnung, so dass die besonders vorgesehene Möglichkeit einer Übertragung der laufenden Geschäfte keinen Sinn hätte, wenn nur übertragen würde, was zu erledigen ohnehin die Pflicht des Vorsitzenden ist. Da aber für die Zugehörigkeit zu den laufenden Geschäften auch die Betriebsgröße von Bedeutung ist, kann man davon ausgehen, dass die **Ausübung eines Beteiligungsrechts** hier **niemals** zu den **laufenden Geschäften** gehört (ebenso von ihrem Standpunkt aus, dass derartige Angelegenheiten auch sonst nicht zu den laufenden Geschäften gehören: *Fitting*, § 27 Rn. 94; GK-*Raab*, § 27 Rn. 82; HWK-*Reichold*, § 27 Rn. 14).

74

b) Die Übertragung erfolgt durch **Beschluss des Betriebsrats**. Da nichts anderes bestimmt ist, liegt der Schluss nahe, dass wie allgemein bei Beschlüssen des Betriebsrats die einfache Stimmenmehrheit genügt (§ 33). Jedoch handelt es sich bei der Übertragung der laufenden Geschäfte um die Einräumung eines selbstständigen Zuständigkeitsbereichs. Deshalb muss man verlangen, dass der Beschluss wie bei der Übertragung von Aufgaben an den Betriebsausschuss oder sonstigen Ausschüsse zur selbstständigen Erledigung (§§ 27 Abs. 2 Satz 2, 28 Abs. 1 Satz 2) und beim Erlass der Geschäftsordnung (§ 36) mit der **Mehrheit der Stimmen aller Betriebsratsmitglieder** gefasst wird. Dies legt auch ein Parallelschluss zu § 28a Abs. 1 Satz 1 nahe, der für eine Übertragung von Aufgaben auf Arbeitsgruppen eben dieses Quorum vorschreibt (a. A. *Brecht*, § 27 Rn. 14; *Fitting*, § 27 Rn. 91; GK-*Raab*, § 27 Rn. 84; HSWGNR-*Glock*, § 27 Rn. 65; DKK-*Wedde*, § 27 Rn. 44; ErfK-*Eisemann/Koch*, § 27 Rn. 7; HaKo-BetrVG/*Blanke*, § 27 Rn. 13). Die Schriftform wird bereits dadurch gewahrt, dass der Beschluss in die Sitzungsniederschrift aufzunehmen ist (§ 34 Abs. 1); Schriftform ist hier aber keine Wirksamkeitsvoraussetzung (ebenso *Fitting*, § 27 Rn. 91; GK-*Raab*, § 27 Rn. 84).

75

3. Übertragung auf den Vorsitzenden oder andere Mitglieder des Betriebsrats

Die laufenden Geschäfte können dem **Vorsitzenden des Betriebsrats**, aber auch anderen Betriebsratsmitgliedern übertragen werden. Wird nicht der Vorsitzende mit der Führung der laufenden Geschäfte betraut, so ändert das nichts an der gesetzlich festgelegten Rechtsstellung; er bleibt zur Entgegennahme von Erklärungen, die dem Betriebsrat gegenüber abzugeben sind, berechtigt (§ 26 Abs. 2 Satz 2), er hat die Sitzungen des Betriebsrats einzuberufen, insbesondere die Tagesordnung festzusetzen und zu den Sitzungen rechtzeitig zu laden, und er leitet die Verhandlung während der Betriebsratssitzung (§ 29). Daher ist es nicht zweckmäßig, die Führung der laufenden Geschäfte einem anderen Mitglied als dem Vorsitzenden des Betriebsrats zu übertragen.

76

77 Nach dem Wortlaut des Gesetzes kann die Übertragung nur auf den Vorsitzenden oder **andere Mitglieder des Betriebsrats** erfolgen. Daraus folgt aber nicht, dass es verboten ist, die Führung der laufenden Geschäfte auf *mehrere* Mitglieder unter Einschluss des Vorsitzenden des Betriebsrats zu übertragen. Diese bilden keinen „Betriebsausschuss" (ebenso *Fitting*, § 27 Rn. 92; GL-*Marienhagen*, § 27 Rn. 38; GK-*Raab*, § 27 Rn. 83; HSWGNR-*Glock*, § 27 Rn. 64; DKK-*Wedde*, § 27 Rn. 43; HaKo-BetrVG/ *Blanke*, § 27 Rn. 13). Da nach § 28 Abs. 1 Ausschüsse auch gebildet werden können, wenn kein Betriebsausschuss besteht, wird durch die Übertragung der laufenden Geschäfte auf mehrere Betriebsratsmitglieder faktisch dennoch ein „Ausschuss" eigener Art gebildet, für den die Bestimmungen über die Geschäftsführung des Betriebsrats entsprechend gelten. Daher gilt auch § 33 analog.

4. Einblicksrecht in die Bruttolohn- und -gehaltslisten

78 Der Betriebsrat kann keine Aufgaben zur selbstständigen Erledigung übertragen, die über die Führung der laufenden Geschäfte hinausgehen (s. Rn. 74). Mit der Übertragung der laufenden Geschäfte wird aber zugleich festgelegt, wer in einem Betrieb, dessen Betriebsrat keinen Betriebsausschuss bilden kann, das Einblicksrecht in die Bruttolohn- und -gehaltslisten ausübt (§ 80 Abs. 2 Satz 2 Halbsatz 2). Solange der Betriebsrat keine Regelung über die Führung der laufenden Geschäfte getroffen hat, kann er nicht von Fall zu Fall ein Betriebsratsmitglied mit der Wahrnehmung des Einblicksrechts beauftragen, sondern in diesem Fall hat nur der Betriebsratsvorsitzende und im Verhinderungsfall sein Stellvertreter das Einblicksrecht. Der Betriebsrat ist also nicht gezwungen, die Führung der laufenden Geschäfte zu delegieren, um das Einblicksrecht in die Bruttolohn- und -gehaltslisten zu erhalten (s. § 80 Rn. 69 ff.).

VIII. Streitigkeiten

79 Streitigkeiten über die Wahl und die Abberufung der Mitglieder des Betriebsausschusses und über alle mit seiner Geschäftsführung zusammenhängenden Fragen entscheidet das Arbeitsgericht im Beschlussverfahren (§ 2a Abs. 1 Nr. 1, Abs. 2 i. V. mit §§ 80 ff. ArbGG; ausführlich zur gerichtlichen Nachprüfbarkeit der Wahl und Abberufung von Ausschussmitgliedern Rn. 132 ff.). Dasselbe gilt, wenn Streit darüber besteht, ob ein Betriebsrat, der keinen Betriebsausschuss bilden kann, die laufenden Geschäfte auf den Vorsitzenden oder andere Mitglieder des Betriebsrats übertragen hat oder ob deren Tätigkeit die Führung der laufenden Geschäfte überschreitet.

§ 28 Übertragung von Aufgaben auf Ausschüsse

(1) ¹Der Betriebsrat kann in Betrieben mit mehr als 100 Arbeitnehmern Ausschüsse bilden und ihnen bestimmte Aufgaben übertragen. ²Für die Wahl und Abberufung der Ausschussmitglieder gilt § 27 Abs. 1 Satz 3 bis 5 entsprechend. ³Ist ein Betriebsausschuss gebildet, kann der Betriebsrat den Ausschüssen Aufgaben zur selbständigen Erledigung übertragen; § 27 Abs. 2 Satz 2 bis 4 gilt entsprechend.

(2) Absatz 1 gilt entsprechend für die Übertragung von Aufgaben zur selbständigen Entscheidung auf Mitglieder des Betriebsrats in Ausschüssen, deren Mitglieder vom Betriebsrat und vom Arbeitgeber benannt werden.

Schrifttum: *Löwisch*, Monopolisierung durch Mehrheitswahl?, BB 2001, 726.

Übersicht

	Rn.
I. Vorbemerkung	1
II. Voraussetzungen für die Bildung von Ausschüssen	4
1. Betriebsgröße von mehr als 100 Arbeitnehmern/Bestehen eines Betriebsausschusses	4
2. Beschluss des Betriebsrats	6
3. Privatisierte Postunternehmen	9
III. Größe und Zusammensetzung der Ausschüsse	10
1. Zahl der Mitglieder	10
2. Personelle Voraussetzungen	11
IV. Errichtung und Auflösung eines Ausschusses sowie Wahl und Abberufung seiner Mitglieder	12
1. Errichtungsakt	12
2. Wahl der Mitglieder	14
3. Ersatzmitglieder	16
4. Amtsübernahme und Amtsverlust	17
5. Auflösung des Ausschusses	18
6. Besonderheiten bei Übertragung der Aufgaben des Wirtschaftsausschusses	19
V. Rechtsstellung und Geschäftsführung der Ausschüsse des Betriebsrats	20
1. Organ des Betriebsrats	20
2. Organisation und Geschäftsführung	21
VI. Aufgaben und Befugnisse der Ausschüsse des Betriebsrats	23
1. Festlegung der Aufgaben	23
2. Verhältnis zur Zuständigkeit des Betriebsausschusses	24
3. Verhältnis zur Zuständigkeit des Betriebsrats	25
VII. Entsendung von Betriebsratsmitgliedern in gemeinsame Ausschüsse von Betriebsrat und Arbeitgeber	26
1. Zweck und Rechtsnatur der gemeinsamen Ausschüsse	26
2. Bildung eines gemeinsamen Ausschusses	28
3. Organisation und Geschäftsführung des gemeinsamen Ausschusses	34
4. Delegation der Befugnis zur selbstständigen Entscheidung auf die vom Betriebsrat entsandten Mitglieder	36
VIII. Streitigkeiten	37

I. Vorbemerkung

Eine entsprechende Bestimmung war im BetrVG 1952 nicht enthalten. Der Betriebsrat konnte zwar besondere Ausschüsse bilden und ihnen bestimmte Aufgaben übertragen; diese Ausschüsse handelten aber nicht an Stelle des Betriebsrats, sondern konnten nur in seinem Auftrag und in seinem Namen tätig sein (vgl. *Dietz*, § 28 Rn. 25, § 36 Rn. 12). Die in das Gesetz eingefügte Vorschrift gibt eine ausdrückliche Regelung für die **Bildung von Ausschüssen neben dem Betriebsausschuss** und gestattet für den Fall, dass auch ein Betriebsausschuss gebildet ist, dass ihnen **Aufgaben zur selbstständigen Erledigung** übertragen werden, um die Betriebsratsarbeit zu intensivieren (so die Begründung zum RegE, BT-Drucks. VI/1786, S. 39). Von Bedeutung ist vor allem, dass der Betriebsrat Aufgaben zur selbstständigen Entscheidung auf Mitglieder des Betriebsrats in Ausschüssen übertragen kann, deren Mitglieder vom Betriebsrat und vom Arbeitgeber benannt werden, z. B. eine paritätische Akkordkommission (Abs. 2). 1

Durch das **BetrVerf-Reformgesetz vom 23. 7. 2001** (BGBl. I S. 1852) wurde die Norm erheblich ergänzt: Die Möglichkeit des Betriebsrats, Ausschüsse zu bilden und ihnen bestimmte Aufgaben zu übertragen, ist nun nicht mehr vom Bestehen eines Betriebsausschusses nach § 27 abhängig. Vielmehr kann der Betriebsrat fortan in Betrieben mit mehr als 100 Arbeitnehmern Ausschüsse bilden und ihnen bestimmte Aufgaben übertragen. Gedacht ist an Fachausschüsse, die für fachspezifische Themen zuständig sind und diese für eine sachgerechte Beschlussfassung im Betriebsrat vorbereiten. Hierunter fällt auch die Möglichkeit z. B. speziell für Fragen der Frauenförderung oder der betrieblichen Integration ausländischer Arbeitnehmer einen eigenen 2

Ausschuss zu bilden (BT-Drucks. 14/5714, S. 39 f.). Einzig zur Übertragung von Aufgaben zur selbstständigen Erledigung ist wie bisher erforderlich, dass ein Betriebsausschuss besteht. Aufgehoben wurde der bisherige Abs. 2, der der Wahrung des Gruppenprinzips im Ausschuss diente.

3 Die Bestimmung **gilt entsprechend** für den Gesamtbetriebsrat (§ 51 Abs. 1 Satz 1 [§ 28 Abs. 1 Satz 1 und 3, Abs. 2]) und den Konzernbetriebsrat (§ 59 Abs. 1 [§ 28 Abs. 1 Satz 1 und 3, Abs. 2]), und seit dem BetrVerf-Reformgesetz auch für die für die Jugend- und Auszubildendenvertretung (§ 65 Abs. 1 [§ 28 Abs. 1 Satz 1 und 2]), die Gesamt-Jugend- und Auszubildendenvertretung (§ 73 Abs. 2 [§ 28 Abs. 1 Satz 1]), sowie die Konzern-Jugend- und Auszubildendenvertretung (§ 73 b Abs. 2 [§ 28 Abs. 1 Satz 1]). Sie ist für die Bordvertretung und den Seebetriebsrat ohne Bedeutung; denn wegen der geringen Mitgliederzahl können Bordvertretung und Seebetriebsrat keinen Betriebsausschuss und auch keine weiteren Ausschüsse bilden (vgl. §§ 115 Abs. 2 Nr. 3, Abs. 4, 116 Abs. 2 Nr. 3, Abs. 3; ebenso *Fitting*, § 28 Rn. 3; GK-*Raab*, § 28 Rn. 7; a. A. *Brecht*, § 28 Rn. 1).

3 a Entsprechende Vorschriften: Keine.

II. Voraussetzungen für die Bildung von Ausschüssen

1. Betriebsgröße von mehr als 100 Arbeitnehmern/Bestehen eines Betriebsausschusses

4 a) Der Betriebsrat kann seit dem **BetrVerf-Reformgesetz** Ausschüsse bilden, sofern er für einen Betrieb mit mehr als 100 Arbeitnehmern zuständig ist. Hierbei ist ebenso wie bei der Betriebsratsfähigkeit auf die Zahl der regelmäßig beschäftigten Arbeitnehmer abzustellen; kurzfristiges Überschreiten der Hunderter-Grenze reicht ebenso wenig wie ein kurzfristiges Unterschreiten schadet (s. auch § 1 Rn. 114, § 9 Rn. 10 ff.). Bei der Beurteilung, ob diese Zahl erreicht ist, hat der Betriebsrat einen **Beurteilungsspielraum** (§ 9 Rn. 10; § 106 Rn. 10). **Leitende Angestellte** sind nicht mitzuzählen (s. auch § 106 Rn. 11). Sinkt die Zahl der regelmäßig Beschäftigten auf 100 Arbeitnehmer und weniger, so sagt das Gesetz nichts über den Fortbestand oder das Erlöschen bereits gebildeter Ausschüsse. Die Lücke ist in Analogie zur herrschenden Meinung beim Verlust der Betriebsratsfähigkeit (§ 21 Rn. 23 f.) zu schließen: Die Amtszeit des Ausschusses endet, ohne dass es eines weiteren Beschlusses bedarf. Der Betriebsrat übernimmt dann wieder die Aufgaben des Ausschusses (ebenso HaKo-BetrVG/*Blanke*, § 27 Rn. 5). Eine Schutzlücke tritt nicht ein, lediglich eine nahtlose organisatorische Anpassung an die veränderten Umstände (s. auch zum Wirtschaftsausschuss § 106 Rn. 11 und dortige Nachweise zu abweichenden Meinungen).

5 b) Will der Betriebsrat einen Ausschuss gründen, um ihm Aufgaben zur selbstständigen Erledigung zu übertragen, dann kann er dass nur, wenn ein Betriebsausschuss vorhanden ist. Daraus folgt, dass Betriebsräte, die keinen Betriebsausschuss bilden *können* (s. § 27 Rn. 4), auch keine Sonderausschüsse zur selbstständigen Erledigung bestimmter Angelegenheiten einsetzen können. Das schließt nicht aus, dass der Betriebsrat einzelne Aufgaben bestimmten *Betriebsratsmitgliedern* übertragen kann. Er kann sie sogar in einer einzelnen Frage oder in einem bestimmten Fragenkomplex zu einer selbstständigen Entscheidung ermächtigen oder bevollmächtigen (s. ausführlich § 26 Rn. 44 f.). Er wird lediglich gehindert, die Erfüllung bestimmter Aufgaben *generell* einem Ausschuss zu übertragen, auch wenn dieser nicht berechtigt sein soll, die übertragenen Aufgaben selbstständig zu erledigen (ebenso GK-*Raab*, § 28 Rn. 18; im Ergebnis BAG 29. 4. 1992 NZA 1993, 375, 376; *Fitting*, § 28 Rn. 16; DKK-*Wedde*, § 28 Rn. 4).

2. Beschluss des Betriebsrats

6 Sind die Voraussetzungen für einen Ausschuss gegeben, so liegt es im **Ermessen des Betriebsrats**, ob er von dieser Möglichkeit Gebrauch macht. Anders als im Fall des

III. Größe und Zusammensetzung der Ausschüsse   § 28

Betriebsausschusses besteht keine Pflicht, Ausschüsse zu bilden und ihnen bestimmte Aufgaben zur Vorbereitung oder zur selbstständigen Erledigung zu übertragen. Fachausschüsse nach § 28 sind daher stets *fakultative Ausschüsse*. Eine Notwendigkeit, sie zu errichten, kann sich aber daraus ergeben, dass der Betriebsrat anders seine gesetzlichen Aufgaben nicht ordnungsgemäß erfüllen kann (vgl. auch *Viniol*, Diss. Freiburg i. Brsg. 1978, S. 152 ff.); das dürfte freilich selten und nur bei sehr großen Betrieben der Fall sein.

Welche **Aufgaben** der Betriebsrat einem **Ausschuss überträgt**, liegt ebenfalls in seinem   7
pflichtmäßigen Ermessen (vgl. BAG 20. 10. 1993 AP BetrVG 1972 § 28 Nr. 5). Lediglich der **Abschluss von Betriebsvereinbarungen** darf nicht übertragen werden (Abs. 1 Satz 3 i. V. mit § 27 Abs. 2 Satz 2). Eine immanente Schranke ergibt sich aber daraus, dass der Betriebsrat sich nicht aller wesentlichen Befugnisse entäußern darf, indem er seine Aufgaben weitgehend auf den Betriebsausschuss oder einen sonstigen Ausschuss überträgt; er muss vielmehr als Gesamtorgan in einem Kernbereich der gesetzlichen Befugnisse zuständig bleiben (ebenso BAG 1. 6. 1976 AP BetrVG 1972 § 28 Nr. 1; 20. 10. 1993 AP BetrVG 1972 § 28 Nr. 5; s. auch § 27 Rn. 60). Auch Entscheidungen, die die Organisation des Betriebsrats betreffen, kann der Betriebsrat nur in seiner Gesamtheit treffen (s. § 27 Rn. 60).

Dient der Ausschuss nur der Vorbereitung von Beschlüssen des Betriebsrats, so genügt   8
für den Beschluss zu seiner Errichtung die einfache Stimmenmehrheit (§ 33 Abs. 1). Soweit ihm aber **Aufgaben zur selbstständigen Erledigung** übertragen werden, bedarf der Beschluss der **Mehrheit der Stimmen aller Betriebsratsmitglieder**, ist also die *absolute Mehrheit* erforderlich (Abs. 1 Satz 3 i. V. mit § 27 Abs. 2 Satz 2; s. auch Rn. 13). Außerdem muss die Übertragung in einer Urkunde schriftlich niedergelegt sein, die vom Vorsitzenden des Betriebsrats eigenhändig durch Namensunterschrift unterzeichnet ist (Abs. 1 Satz 3 i. V. mit § 27 Abs. 2 Satz 3; s. auch § 27 Rn. 62 f.).

3. Privatisierte Postunternehmen

Der Betriebsrat kann in privatisierten Postunternehmen einen **Beamtenpersonalaus-**   9
schuss mit selbstständiger Entscheidungsbefugnis bilden (ebenso *Fitting*, § 28 Rn. 35). Nach § 28 Satz 2 PostPersRG sind nämlich in Angelegenheiten der Beamten, in denen der Betriebsrat nach § 76 Abs. 1, § 78 Abs. 1 Nr. 3 bis 5 und § 79 Abs. 3 BPersVG zu beteiligen ist, nach gemeinsamer Beratung im Betriebsrat nur die Vertreter der Beamten zur Beschlussfassung berufen, wenn die Beamten im Betriebsrat vertreten sind. Ob ein Beamtenpersonalausschuss gebildet wird, entscheiden, weil die Vertreter der Beamten nur nach gemeinsamer Beratung im Betriebsrat zur Beschlussfassung berufen sind, nicht die Beamtenvertreter allein, sondern insoweit ist ein Beschluss des Betriebsrats mit der Mehrheit der Stimmen seiner Mitglieder erforderlich (Abs. 1 Satz 3 i. V. mit § 27 Abs. 2 Satz 2). Beschränkt auf die Personalangelegenheiten können die Beamtenvertreter als eine Gruppe angesehen werden. Wenn dem Beamtenpersonalausschuss auch Vertreter der Arbeiter und der Angestellten angehören, haben diese im Beamtenpersonalausschuss kein Stimmrecht, sondern sind nur an der gemeinsamen Beratung beteiligt, während zur Beschlussfassung nur die Vertreter der Beamten berufen sind.

III. Größe und Zusammensetzung der Ausschüsse

1. Zahl der Mitglieder

Das Gesetz trifft anders als für den Betriebsausschuss **keine Bestimmung über die Größe**   10
der Ausschüsse. Eine Ausnahme besteht nur, wenn einem Ausschuss die Aufgaben des Wirtschaftsausschusses übertragen werden (§ 107 Abs. 3 Satz 2 und 3; s. ausführlich Rn. 19). Ansonsten bestimmt der Betriebsrat die Zahl der Mitglieder nach **pflichtgemäßem Ermessen** (ebenso *Brecht*, § 28 Rn. 4; *Fitting*, § 28 Rn. 25; GL-*Marienhagen*, § 28 Rn. 9; GK-*Raab*, § 28 Rn. 30; HSWGNR-*Glock*, § 28 Rn. 7; DKK-*Wedde*, § 28 Rn. 12).

2. Personelle Voraussetzungen

11 Mitglied des Ausschusses kann **nur** ein **Mitglied des Betriebsrats** sein; denn es handelt sich um einen Ausschuss des Betriebsrats. Abweichend von der Regelung für den Betriebsausschuss gehören ihm der **Vorsitzende des Betriebsrats** und sein **Stellvertreter nicht von Amts wegen** an.

IV. Errichtung und Auflösung eines Ausschusses sowie Wahl und Abberufung seiner Mitglieder

1. Errichtungsakt

12 Bildet der Betriebsrat einen Ausschuss, so muss er im Errichtungsakt festlegen, **welche Aufgaben** dem Ausschuss übertragen werden und **wieviel Mitglieder** ihm angehören.

13 Der Betriebsrat muss weiterhin festlegen, ob die Aufgaben dem Ausschuss **nur** zur **Vorbereitung** für eine Beschlussfassung im Betriebsrat oder zur **selbstständigen Erledigung** übertragen werden. Nur im letzteren Fall ist für den Beschluss die Mehrheit der Stimmen aller Betriebsratsmitglieder erforderlich und bedarf die Übertragung der Schriftform (Abs. 1 Satz 3 i. V. mit § 27 Abs. 2 Satz 2 und 3; s. auch Rn. 23; ausführlich § 27 Rn. 61 ff.). Werden sowohl Aufgaben zur Vorbereitung als auch Aufgaben zur selbstständigen Erledigung übertragen, so ist ein Ausschuss zwar gleichwohl wirksam errichtet, wenn der Beschluss nur mit einfacher Stimmenmehrheit zustande kommt oder die Übertragung nicht schriftlich niedergelegt wird. In diesem Fall ist der Ausschuss aber kein beschließender, sondern lediglich ein beratender Ausschuss.

2. Wahl der Mitglieder

14 Für die Wahl der Mitglieder des Ausschusses trifft das Gesetz seit der Novelle vom 20. 12. 1988 eine verbindliche Regelung, indem der durch sie eingefügte Abs. 1 Satz 2 auf den damals ebenfalls geänderten § 27 Abs. 1 Satz 3 bis 5 verweist. Dies wurde auch – anders als im Regierungsentwurf beabsichtigt (s. BT-Drucks. 14/5741, S. 10, 40) – durch das BetrVerf-Reformgesetz vom 23. 7. 2001 nicht geändert (hierzu auch *Löwisch*, BB 2001, 726). Da nicht auf § 27 Abs. 1 Satz 2 verwiesen wird, kann nicht in der Geschäftsordnung des Betriebsrates bestimmt werden, dass der Betriebsratsvorsitzende und sein Stellvertreter geborene Mitglieder von Ausschüssen nach § 28 Abs. 1 sind (BAG 16. 11. 2005 AP BetrVG 1972 § 28 Nr. 7). Alle Mitglieder von Ausschüssen nach § 28 Abs. 1 müssen gewählt werden.

15 Wie beim Betriebsausschuss werden die Ausschussmitglieder in **geheimer Wahl** und nach den **Grundsätzen der Verhältniswahl** gewählt (Abs. 1 Satz 2 i. V. mit § 27 Abs. 1 Satz 3). Wird jedoch nur ein Wahlvorschlag gemacht, so erfolgt die Wahl nach den Grundsätzen der Mehrheitswahl (Abs. 1 Satz 2 i. V. mit § 27 Abs. 1 Satz 4).

15a Beschließt der Betriebsrat während seiner Amtszeit, einen nach § 28 gebildeten Ausschuss, dessen Mitglieder nach den Grundsätzen der Verhältniswahl gewählt wurden, um ein zusätzliches Mitglied zu erweitern, sind nach der Rechtsprechung des BAG sämtliche Ausschussmitglieder neu zu wählen (BAG 16. 3. 2005 AP BetrVG 1972 § 28 Nr. 6). § 25 Abs. 2 Satz 1 ist mangels vergleichbarer Sachverhaltsgestaltung nicht analog anwendbar.

3. Ersatzmitglieder

16 Die Wahl von Ersatzmitgliedern für die Mitglieder des Ausschusses ist nicht vorgesehen, aber ebenso zulässig wie bei den Mitgliedern des Betriebsausschusses (s. § 27 Rn. 16 ff.).

4. Amtsübernahme und Amtsverlust

Für die Amtsübernahme und den Amtsverlust gilt dasselbe wie bei den Mitgliedern des Betriebsausschusses (s. ausführlich § 27 Rn. 22 ff.). 17

5. Auflösung des Ausschusses

Der Betriebsrat kann den Ausschuss **jederzeit auflösen**. Handelt es sich um einen beratenden Ausschuss, so genügt für den Beschluss einfache Stimmenmehrheit (§ 33 Abs. 1). Handelt es sich dagegen um einen beschließenden Ausschuss, so bedarf der Beschluss der Mehrheit der Stimmen aller Betriebsratsmitglieder, und außerdem muss die Auflösung in einer Urkunde schriftlich niedergelegt werden (Abs. 1 Satz 3 i. V. mit § 27 Abs. 2 Satz 4). 18

6. Besonderheiten bei Übertragung der Aufgaben des Wirtschaftsausschusses

Werden die Aufgaben des Wirtschaftsausschusses einem Ausschuss des Betriebsrats übertragen, so enthält § 107 Abs. 3 eine Sonderregelung für seine Bestellung und Zusammensetzung, neben der Abs. 2 *ergänzend* Anwendung findet. Die Zahl der Mitglieder des Ausschusses darf die Zahl der Mitglieder des Betriebsausschusses nicht übersteigen; maßgebend ist also die in § 27 Abs. 1 Satz 2 genannte Zahl (§ 107 Abs. 3 Satz 2). Der Betriebsrat kann jedoch weitere Arbeitnehmer, zu denen auch leitende Angestellte gehören können, bis zur selben Zahl, wie der Ausschuss Mitglieder hat, in den Ausschuss berufen (§ 107 Abs. 3 Satz 3). Für die Wahl der Ausschussmitglieder, die dem Betriebsrat angehören müssen, gilt Gleiches wie für die Wahl in den Betriebsausschuss oder einen weiteren Ausschuss. 19

V. Rechtsstellung und Geschäftsführung der Ausschüsse des Betriebsrats

1. Organ des Betriebsrats

Die Ausschüsse des Betriebsrats nach § 28 sind ebenso wie der Betriebsausschuss keine besondere Betriebsvertretung *neben* dem Betriebsrat, sondern ein Organ des Betriebsrats (ebenso HaKo-BetrVG/*Blanke*, § 28 Rn. 13). § 28 gilt deshalb nicht für zusätzliche betriebsverfassungsrechtliche Vertretungen der Arbeitnehmer, die nach § 3 Abs. 1 Nr. 4 auf Grund von Tarifvertrag oder Betriebsvereinbarung geschaffen werden können (ebenso für den ehemaligen § 3 Abs. 1 Nr. 1 *Fitting*, § 28 Rn. 3; GK-*Raab*, § 28 Rn. 8). 20

2. Organisation und Geschäftsführung

Für die Organisation und Geschäftsführung der Ausschüsse trifft das Gesetz keine besondere Bestimmung. Es gilt hier Gleiches wie beim Betriebsausschuss (s. ausführlich § 27 Rn. 39 ff.). Im Gegensatz zum Betriebsausschuss gehören der Vorsitzende des Betriebsrats und sein Stellvertreter nicht von Amts wegen jedem Ausschuss des Betriebsrats an. Aber auch wenn sie in den Ausschuss gewählt werden, steht ihnen nicht automatisch der Vorsitz zu. Der Betriebsrat bestimmt vielmehr, welches Mitglied den Vorsitz führt; solange dies nicht geschieht, bestimmen die Mitglieder des Ausschusses ihren Vorsitzenden selbst durch Wahl (ebenso *Fitting*, § 28 Rn. 33; GK-*Raab*, § 28 Rn. 35; DKK-*Wedde*, § 28 Rn. 13; a. A. Bestimmung nur durch die Mitglieder des Ausschusses HSWGNR-*Glock*, § 28 Rn. 16). 21

Die Erfüllung der Aufgaben als Mitglied des Ausschusses ist Ausfluss des Amtes als Betriebsratsmitglied (s. ausführlich § 27 Rn. 45). 22

VI. Aufgaben und Befugnisse der Ausschüsse des Betriebsrats

1. Festlegung der Aufgaben

23 Welche Aufgaben Ausschüsse des Betriebsrats zu erfüllen haben, bestimmt *ausschließlich* der **Betriebsrat**. Er kann einem Ausschuss bestimmte Aufgaben lediglich zur Vorbereitung für eigene Beschlüsse übertragen, so dass der Ausschuss keine Entscheidungsbefugnis hat. Er kann aber auch mit Ausnahme des Abschlusses von Betriebsvereinbarungen bestimmte Aufgaben zur selbstständiger Erledigung übertragen, wenn ein Betriebsausschuss vorhanden ist; Übertragung und Widerruf müssen dann jedoch mit der Mehrheit der Stimmen aller Betriebsratsmitglieder, also mit absoluter Stimmenmehrheit, beschlossen werden und bedürfen der Schriftform (Abs. 1 Satz 3; s. auch § 27 Rn. 58 ff.).

2. Verhältnis zur Zuständigkeit des Betriebsausschusses

24 Problematisch ist, ob einem Ausschuss Angelegenheiten übertragen werden können, die zu den **laufenden Geschäften** des Betriebsrats gehören. Nach § 27 Abs. 2 Satz 1 führt nämlich der Betriebsausschuss die laufenden Geschäfte des Betriebsrats; ihm ist insoweit von Gesetzes wegen ein eigener Zuständigkeitsbereich zugewiesen. Der Betriebsrat kann zwar jederzeit ohne besonderen Beschluss eine laufende Angelegenheit an sich ziehen; er kann aber die laufenden Geschäfte nicht auf einen anderen Ausschuss des Betriebsrats übertragen. Doch bestehen keine Bedenken dagegen, dass ein Ausschuss des Betriebsrats im Rahmen des ihm übertragenen Aufgabenbereichs auch Angelegenheiten wahrnimmt, die zu den laufenden Geschäften gehören, z. B. wenn eine Akkordkommission eingesetzt wird. Dann ist der Betriebsausschuss für die Erledigung der übertragenen Aufgaben auch nicht insoweit zuständig, als sie zu den laufenden Geschäften des Betriebsrats gehören. Doch darf durch die Einsetzung weiterer Ausschüsse der Betriebsausschuss nicht aus der ihm durch das Gesetz übertragenen Aufgabe, die laufenden Geschäfte zu erledigen, ausgeschaltet werden, weil das mit dem Sinn der Einrichtung eines Betriebsausschusses nicht verträglich wäre (s. auch § 27 Rn. 59).

24 a Keine Probleme bestehen, wenn ein **Betriebsausschuss nicht besteht**, denn hier ist ein Kompetenzkonflikt nicht gegeben. Die laufenden Geschäfte können daher übertragen werden, wenn auch nicht zur selbstständigen Entscheidung.

3. Verhältnis zur Zuständigkeit des Betriebsrats

25 Soweit ein Ausschuss des Betriebsrats zur selbstständigen Erledigung ihm übertragener Aufgaben zuständig ist, handelt er an Stelle des Betriebsrats. Dadurch wird dieser aber nicht für den Bereich, der in den Aufgabenkreis des Ausschusses fällt, von eigener Beratung und Entscheidung ausgeschlossen (s. § 27 Rn. 65 f.). Ist der Errichtungsakt oder die Aufgabenübertragung fehlerhaft erfolgt, so gilt Gleiches wie bei einer fehlerhaften Aufgabenübertragung auf den Betriebsausschuss (s. § 27 Rn. 67); überschreitet der Ausschuss seine Kompetenz, so gilt ebenfalls Gleiches wie bei einer Zuständigkeitsüberschreitung durch den Betriebsausschuss (s. § 27 Rn. 67).

VII. Entsendung von Betriebsratsmitgliedern in gemeinsame Ausschüsse von Betriebsrat und Arbeitgeber

1. Zweck und Rechtsnatur der gemeinsamen Ausschüsse

26 a) Die Beteiligung des Betriebsrats lässt sich in bestimmten Angelegenheiten am zweckmäßigsten dadurch verwirklichen, dass ein Ausschuss gebildet wird, dessen Mit-

VII. Entsendung von Betriebsratsmitgliedern in gemeinsame Ausschüsse § 28

glieder vom Betriebsrat und vom Arbeitgeber benannt werden, z. B. bei der Verwaltung von Sozialeinrichtungen (§ 87 Abs. 1 Nr. 8) und vor allem bei der Festsetzung der Akkordsätze (§ 87 Abs. 1 Nr. 11). Durch Abs. 2 wird mittelbar anerkannt, dass die **Mitbestimmung** durch einen **gemeinsam vom Arbeitgeber und Betriebsrat zu besetzenden Ausschuss** ausgeübt werden kann (**Form der mittelbaren Mitbestimmungsausübung**). Abs. 2 bestimmt, dass in diesem Fall die Befugnis des Betriebsrats zur Mitbestimmung auf die Mitglieder des Betriebsrats im gemeinsamen Ausschuss zur selbständigen Entscheidung übertragen werden kann.

b) Der gemeinsame Ausschuss ist **kein Organ des Betriebsrats**, sondern eine **eigenständige Einrichtung der Betriebsverfassung** (ebenso BAG 20. 10. 1993 AP BetrVG 1972 § 28 Nr. 5; *Fitting*, § 28 Rn. 41; GK-*Raab*, § 28 Rn. 36; HWK-*Reichold*, § 28 Rn. 8). Darin liegt der Gegensatz zu den nach Abs. 1 gebildeten Ausschüssen. 27

2. Bildung eines gemeinsamen Ausschusses

a) Die **Übertragung von Aufgaben zur selbstständigen Entscheidung** auf Mitglieder des Betriebsrats in einem **gemeinsam von Arbeitgeber und Betriebsrat zu besetzenden Ausschuss** ist **nur zulässig, wenn ein Betriebsausschuss besteht,** also nicht in kleineren Betrieben, deren Betriebsrat keinen Betriebsausschuss bilden kann (Abs. 2, Abs. 1 Satz 3; s. auch Rn. 4 f.). Hier kann eine gemeinsame Kommission nur eingesetzt werden, um Entscheidungen des Betriebsrats im Rahmen der ihm obliegenden Mitwirkung oder Mitbestimmung in bestimmten Angelegenheiten vorzubereiten. 28

Für Inhalt und Umfang der Aufgabenübertragung gelten die gleichen Schranken wie für eine Übertragung auf den Betriebsausschuss oder einen anderen Ausschuss des Betriebsrats; insbesondere kann nicht der Abschluss von Betriebsvereinbarungen übertragen werden (Abs. 2, Abs. 1 Satz 3 i. V. mit § 27 Abs. 2 Satz 2; s. Rn. 23). 29

b) Die Bildung eines gemeinsamen Ausschusses beruht auf einer **Absprache zwischen den Betriebspartnern** (ebenso *Fitting*, § 28 Rn. 38; HSWGNR-*Glock*, § 28 Rn. 30). Auch bei Wahrung der Schriftform handelt es sich nicht um eine Betriebsvereinbarung i. S. des § 77. Die Absprache ist vielmehr ein Organisationsakt für die Wahrnehmung der Betriebsratsaufgaben. 30

Voraussetzung ist daher, dass der **Betriebsrat** seinerseits durch einen betriebsratsinternen Organisationsakt die entsprechenden Voraussetzungen geschaffen hat. Soweit er **Aufgaben zur selbstständigen Erledigung** überträgt, muss er den **Beschluss mit der Mehrheit der Stimmen seiner Mitglieder**, also mit absoluter Mehrheit fassen; die Übertragung bedarf der Schriftform (Abs. 2, Abs. 1 Satz 3 i. V. mit § 27 Abs. 2 Satz 2 und 3; s. auch Rn. 23 und § 27 Rn. 58 ff.). Dasselbe gilt für den Widerruf der Übertragung (Abs. 2, Abs. 1 Satz 2 i. V. mit § 27 Abs. 2 Satz 4; s. auch § 27 Rn. 68). 31

c) **Arbeitgeber und Betriebsrat** bestimmen **gemeinsam** die **Mitgliederzahl** (ebenso BAG 20. 10. 1993 AP BetrVG 1972 § 28 Nr. 5). 32

Für die **Wahl der Betriebsratsmitglieder** gilt Gleiches wie für die Wahl in den Betriebsausschuss oder einen sonstigen Ausschuss des Betriebsrats (s. Rn. 14 ff.). 33

3. Organisation und Geschäftsführung des gemeinsamen Ausschusses

a) Wie für die Ausschüsse nach Abs. 1 trifft das Gesetz für die **Organisation** eines gemeinsamen Ausschusses **keine besondere Bestimmung.** Man kann hier jedoch nicht ohne weiteres die Regeln anwenden, die für die Ausschüsse eines Betriebsrats nach Abs. 1 gelten; denn der gemeinsame Ausschuss ist kein zusätzliches Organ des Betriebsrats (s. Rn. 27). Daher kann der Betriebsrat nicht bestimmen, welches Mitglied den Vorsitz führt, sondern die Mitglieder des Ausschusses wählen ihren Vorsitzenden selbst. 34

b) Für die **Geschäftsführung** hat man zu beachten, dass Aufgaben des Betriebsrats zur selbstständigen Entscheidung auf dessen Mitglieder im gemeinsamen Ausschuss übertragen werden. Soweit nicht dem Betriebsrat angehörende Personen ein Teilnahmerecht an 35

Sitzungen von Ausschüssen des Betriebsrats haben, ist es daher auch hier anzuerkennen. Deshalb gilt § 95 Abs. 4 Satz 1 SGB IX auch für die Teilnahme an Sitzungen gemeinsamer Ausschüsse (ebenso BAG 21. 4. 1993 AP SchwbG 1986 § 25 Nr. 4).

4. Delegation der Befugnis zur selbständigen Entscheidung auf die vom Betriebsrat entsandten Mitglieder

36 Der Betriebsrat kann die **Befugnis zur selbständigen Erledigung** nicht auf den gemeinsamen Aussschuss, sondern **nur auf die von ihm entsandten Mitglieder** übertragen. Deshalb kann ein Beschluss, durch den zugleich eine Aufgabe des Betriebsrats wahrgenommen wird, nicht gegen die Mehrheit der vom Betriebsrat entsandten Mitglieder gefasst werden (ebenso *Joost*, MünchArbR § 218 Rn. 42 f.; HaKo-BetrVG/*Blanke*, § 28 Rn. 16; *Hanau*, BB 1973, 1274, 1277; a.A. *Fitting*, § 28 Rn. 45; GK-*Raab*, § 28 Rn. 27; HSWGNR-*Glock*, § 28 Rn. 33 f.; DKK-*Wedde*, § 28 Rn. 17; *Wlotzke/Preis*, § 28 Anm. 3; *Kallmeyer*, DB 1978, 98; offengelassen BAG 12. 7. 1984 AP BetrVG 1972 § 102 Nr. 32). Jedoch ist nicht die Mehrheit aller vom Betriebsrat entsandten Mitglieder erforderlich, sondern es genügt in entsprechender Anwendung des § 33 Abs. 1 und 2, dass sich für den Beschluss die Mehrheit der anwesenden Mitglieder ausspricht, sofern mindestens die Hälfte der vom Betriebsrat entsandten Mitglieder an der Beschlussfassung teilnimmt. Sofern Arbeitgeber und Betriebsrat nichts anderes vereinbaren, ist auch für die Arbeitgeberseite davon auszugehen, dass überall dort, wo das Gesetz für die Ausübung der Mitbestimmung die Einigung zwischen Arbeitgeber und Betriebsrat verlangt, ein Beschluss des gemeinsamen Ausschusses nur dann Bindungswirkung hat, wenn auch bei den vom Arbeitgeber entsandten Mitgliedern die einfache Stimmenmehrheit erreicht wird. Die Abstimmung muss deshalb getrennt nach Bänken durchgeführt werden (zust. *Joost*, MünchArbR § 218 Rn. 42; *Hanau*, BB 1973, 1274, 1277; s. auch § 87 Rn. 91 f.; a. A.: HWK-*Reichold*, § 28 Rn. 11).

VIII. Streitigkeiten

37 Streitigkeiten über die Errichtung und Auflösung der Ausschüsse des Betriebsrats nach Abs. 1, die Übertragung bestimmter Aufgaben auf Ausschüsse des Betriebsrats sowie über Größe und Zusammensetzung dieser Ausschüsse und die Wahl und Abberufung ihrer Mitglieder entscheidet das Arbeitsgericht im Beschlussverfahren (§ 2a Abs. 1 Nr. 1, Abs. 2 i. V. mit §§ 80 ff. ArbGG; s. zur Wahlanfechtung ausführlich § 27 Rn. 32 ff.). Gleiches gilt, wenn Streit darüber herrscht, ob bestimmte Angelegenheiten zur selbstständigen Entscheidung auf Mitglieder des Betriebsrats in gemeinsam vom Arbeitgeber und Betriebsrat besetzte Ausschüsse übertragen werden können, oder sonst Streit über die Entsendung in derartige Ausschüsse besteht.

§ 28 a Übertragung von Aufgaben auf Arbeitsgruppen

(1) ¹In Betrieben mit mehr als 100 Arbeitnehmern kann der Betriebsrat mit der Mehrheit der Stimmen seiner Mitglieder bestimmte Aufgaben auf Arbeitsgruppen übertragen; dies erfolgt nach Maßgabe einer mit dem Arbeitgeber abzuschließenden Rahmenvereinbarung. ²Die Aufgaben müssen im Zusammenhang mit den von der Arbeitsgruppe zu erledigenden Tätigkeiten stehen. ³Die Übertragung bedarf der Schriftform. ⁴Für den Widerruf der Übertragung gelten Satz 1 erster Halbsatz und Satz 3 entsprechend.

(2) ¹Die Arbeitsgruppe kann im Rahmen der ihr übertragenen Aufgaben mit dem Arbeitgeber Vereinbarungen schließen; eine Vereinbarung bedarf der Mehrheit der Stimmen der Gruppenmitglieder. ²§ 77 gilt entsprechend. ³Können sich Arbeitgeber und

I. Vorbemerkung

§ 28a

Arbeitsgruppe in einer Angelegenheit nicht einigen, nimmt der Betriebsrat das Beteiligungsrecht wahr.

Schrifttum: *Blanke,* Arbeitsgruppen und Gruppenarbeit in der Betriebsverfassung, RdA 2003, 140; *Busch,* Arbeitsgruppen und Gruppenarbeit im Betriebsverfassungsgesetz, Diss. Mannheim, 2006; *Engels,* Der neue § 28a BetrVG, FS Wißmann 2005, S. 302; 140; *Federlin,* Arbeitsgruppen im Betrieb als neue Größe der Betriebsverfassung, NZA-Sonderheft 2001, 22; *ders.,* Arbeitsgruppen im Betrieb, Festschrift Leinemann 2006, S. 505; *Franzen,* Die Freiheit der Arbeitnehmer zur Selbstbestimmung nach dem neuen BetrVG, ZfA 2001, 423; *Linde,* § 28a BetrVG – nur „Sand im Getriebe"? – Eine empirische Bestandsaufnahme, AiB 2004, 334; *ders.,* Übertragung von Aufgaben des Betriebsrats auf Arbeitsgruppen gemäß § 28a BetrVG, Diss. Köln, 2005; *Müller,* Die Übertragung von Betriebsratsaufgaben an Arbeitsgruppen (§ 28a BetrVG), Diss Frankfurt, 2004; *Natzel,* Die Delegation von Aufgaben an Arbeitsgruppen nach dem neuen § 28a BetrVG, DB 2001, S. 1362; *Nill,* Selbstbestimmung in der Arbeitsgruppe? Die Regelungen zur Gruppenarbeit im Betriebsverfassungs-Reformgesetz, Diss. Tübingen, 2005; *Pfister,* Die Übertragung von Aufgaben auf Arbeitsgruppen gemäß § 28a BetrVG, Diss. Frankfurt, 2007; *Raab,* Die Arbeitsgruppe als neue betriebsverfassungsrechtliche Beteiligungsebene – Der neue § 28a BetrVG, NZA 2002, 474; *Thüsing,* Arbeitsgruppen nach § 28a BetrVG, ZTR 2002, 3; *Tüttenberg,* Die Arbeitsgruppe nach § 28a BetrVG, Diss. Mainz, 2006; *Wedde,* Übertragung von Betriebsratsaufgaben gemäß § 28a BetrVG auf Arbeitsgruppen, AuR 2002, 122; *ders.,* Rahmenvereinbarung gemäß § 28a BetrVG, AiB 2001, 630; *Zumbeck,* Arbeitsgruppenvereinbarungen nach dem neuen § 28a BetrVG, 2004.

Übersicht

	Rn.
I. Vorbemerkung	1
II. Voraussetzungen der Übertragung	4
1. Betriebsgröße	5
2. Arbeitsgruppe	8
3. Rahmenvereinbarung	13
III. Beschluss und Widerruf der Übertragung	19
1. Beschluss	19
2. Widerruf	21
IV. Inhalt der Übertragung	22
1. Zusammenhang zur Tätigkeit der Arbeitsgruppe	23
2. Selbständige Erledigung	25
3. Vereinbarungen nach Abs. 2	26
4. Eintritt des Betriebsrats im Fall der Nichteinigung	31
V. Betriebsverfassungsrechtliche Stellung der Gruppenmitglieder	32a
VI. Streitigkeiten	33

I. Vorbemerkung

Die durch das **BetrVerf-Reformgesetz** vom 23. 7. 2001 (BGBl. I S. 1852) neu eingestellte Vorschrift regelt die Delegation von Aufgaben des Betriebsrats an Arbeitsgruppen in Betrieben mit mehr als 100 Arbeitnehmern. Sie soll den Bedürfnissen der Praxis und dem Wunsch der Arbeitnehmer nach mehr unmittelbarer Beteiligung Rechnung tragen (BT-Drucks. 14/5741, S. 40). Der Gesetzgeber folgte damit einem Vorschlag des DGB (§ 87 Abs. 4 DGB-Entwurf). **1**

Ähnliche Vorschriften waren in vorangegangenen Gesetzesvorhaben gescheitert (so die Einführung eines Arbeitsgruppensprechers BT-Drucks VI/2729, S. 15; hierzu auch GK-*Raab,* § 28a Rn. 1). Die Vorschrift bringt damit Elemente direkter Demokratie in die Betriebsverfassung (ebenso *Jaeger/Röder/Heckelmann/Kappenhagen,* Kap. 5 Rn. 130). Dies ist neu, entfernte Parallelen für eine solche **Ergänzung des Repräsentationsprinzips** **2** gab es jedoch schon vorher etwa in § 1 Abs. 4 Satz 2 KSchG a. F., der in der Zeit zwischen Arbeitsrechtlichem Beschäftigungsförderungsgesetz und Korrekturgesetz dem Tarifvertrag und der Betriebsvereinbarung bei der Bewertung der einzelnen Elemente zur Rechtfertigung der Sozialauswahl die mit Mehrheit von zwei Dritteln der Belegschaft akzeptierten Richtlinien des Arbeitgebers zur Seite stellte.

3   Die **Norm** wurde bereits vor Erlass verschiedentlich **kritisiert**. Man hielt ihr entgegen, die Bestimmung führe zu weiteren Freistellungen, Schulungsansprüchen und insgesamt zu einer weiteren Kostenbelastung der Betriebe (*Schiefer/Korte*, NZA 2001, 71, 79; *dies.*, NZA 2001, 351, 354; abwägend *Natzel*, DB 2001, S. 1362). Auch bestehe die größere Gefahr einer Majorisierung von Minderheiten (GK-*Raab*, § 28 a Rn. 4; *Däubler*, AuR 20 901, 285, 289; *Richardi*, NZA 2001, 346, 351). Diese Kritik ist in der Sache nicht von der Hand zu weisen, aber man mag dies wie einige andere Mehrbelastungen des Arbeitgebers in Kauf nehmen zugunsten einer effektiveren Betriebsverfassung und Mitarbeiterbeteiligung. Problematisch ist jedoch, dass die Norm ein neues Konzept vorstellt, das sich nur schwer in das BetrVG einfügt. Insbesondere die Kompetenzabgrenzung zwischen Betriebsrat und Arbeitsgruppe lässt viele Fragen offen, und eine etwas detailreichere Normierung wäre wünschenswert gewesen (*Rieble*, ZIP 2001, S. 142). Die Kritik ist bislang nicht widerlegt worden, jedoch hat sie ihre Bedeutung verloren. In der Praxis wird von den Möglichkeiten des § 28 a soweit ersichtlich kein Gebrauch gemacht (s. auch *Linde*, AiB 2004, 334). Rechtsprechung fehlt gänzlich. Die Norm ist *dead letter law*.

II. Voraussetzungen der Übertragung

4   Die Übertragung setzt eine bestimmte Betriebsgröße, eine Arbeitsgruppe im Sinne des Gesetzes und eine Rahmenvereinbarung mit dem Arbeitgeber voraus.

1. Betriebsgröße

5   a) Die Übertragung von Aufgaben auf Arbeitsgruppen ist nur zulässig, wenn im Betrieb mehr als 100 Arbeitnehmer beschäftigt sind (krit. *Nill*, Selbstbestimmung in der Arbeitsgruppe?, S. 66 ff.). Abzustellen ist hier – trotz des insoweit abweichenden Wortlauts – wie bei § 9, § 28 und § 106 auf die Zahl der **in der Regel beschäftigten Arbeitnehmer** (GK-*Raab*, § 28 a Rn. 10; DKK-*Wedde*, § 28 a Rn. 12); kurzfristiges Überschreiten der Hunderter-Grenze reicht ebenso wenig, wie ein kurzfristiges Unterschreiten schadet (s. auch § 1 Rn. 114, § 9 Rn. 10 ff.). Bei der Beurteilung, ob diese Zahl erreicht ist, hat der Betriebsrat einen Beurteilungsspielraum (§ 9 Rn. 10; § 106 Rn. 11). **Leitende Angestellte** sind nicht mit zu zählen (s. auch § 106 Rn. 11; ebenso Jaeger/Röder/Heckelmann/*Kappenhagen*, Kap. 5 Rn. 133) und ebenso **Leiharbeitnehmer**, auch wenn sie wahlberechtigt sind. Hier kann die Rechtsprechung nicht anders werten als bei der Bestimmung der Betriebsratsgröße und der Zahl der Freistellungen, s. § 9 Rn. 14 ff., § 38 Rn. 6 ff. (a. A. *Fitting*, § 28 a Rn. 8: Leiharbeitnehmer zählen mit, wenn im Betrieb in der Regel entsprechende Zahl eingesetzt wird).

6   b) Maßgeblich für die Ermittlung des Schwellenwerts ist der Zeitpunkt der Übertragung (*Fitting*, § 28 a Rn. 9; DKK-*Wedde*, § 28 a Rn. 13; ErfK-*Eisemann/Koch*, § 28 a Rn. 1). **Sinkt die Zahl der regelmäßig Beschäftigten** auf in der Regel 100 Arbeitnehmer und weniger, so sagt das Gesetz nichts über den Fortbestand der Rahmenvereinbarung oder das Erlöschen einer **Übertragung** von Aufgaben und die Gültigkeit einer Vereinbarung nach Abs. 2. Die Lücke ist in Analogie zur herrschenden Meinung beim Verlust der Betriebsratsfähigkeit (§ 21 Rn. 23 ff.) zu schließen: Die Rahmenvereinbarung endet ohne Nachwirkung (ebenso GK-*Raab*, § 28 a Rn. 27) und auch die Übertragung auf die Arbeitsgruppe endet, ohne dass es eines Widerrufes durch den Betriebsrat bedarf. Der

II. Voraussetzungen der Übertragung § 28 a

Betriebsrat übernimmt dann wieder die Aufgaben der Arbeitsgruppe. Eine Schutzlücke tritt nicht ein, lediglich eine nahtlose organisatorische Anpassung an die veränderten Umstände (s. auch zum Wirtschaftsausschuss § 106 Rn. 11 und dortige Nachweise zu abweichenden Meinungen). Allerdings steht dies im gewissen Gegensatz zu § 13 Abs. 2 Nr. 2, der für Betriebsräte eine Organkontinuität vorsieht, solange die betrieblichen Veränderungen nicht gravierend sind. Hier geht es jedoch nicht um den Fortbestand einer Repräsentation, sondern um den Fortbestand der betriebsverfassungsrechtlichen Einheit selbst.

Anders verhält es sich mit **Vereinbarungen**, die **nach Abs. 2** geschlossen werden. 7
Allerdings sieht der Gesetzgeber selbst die analoge Anwendung des § 77 vor. Damit will er eine weitgehende Angleichung an das Recht der Betriebsvereinbarung: Verliert der Betriebsrat die Betriebsratsfähigkeit, dann endet auch die normative Wirkung der Betriebsvereinbarung; anzuerkennen ist lediglich eine Nachwirkung (s. § 77 Rn. 165). Hier geht es jedoch nicht um die Befähigung der Arbeitsgruppe zum Abschluss der Vereinbarung, sondern um die Befähigung des Betriebsrats zur Delegation von Aufgaben. Die muss nur im Zeitpunkt der Delegation vorliegen. Die Vereinbarungen nach Abs. 2 gelten daher unverändert fort, auch wenn der Betrieb nur noch über 100 Arbeitnehmer oder weniger verfügt.

2. Arbeitsgruppe

a) Das Gesetz definiert den Begriff der Arbeitsgruppe nicht, die Gesetzgebungsmate- 8
rialien geben allerdings gewisse Hinweise. Eine Übertragung komme „insbesondere bei Gruppenarbeit im Sinne von § 87 Abs. 1 Nr. 13 BetrVG, aber auch bei sonstiger **Team- und Projektarbeit** sowie für bestimmte Beschäftigungsarten und Arbeitsbereiche in Frage" (BT-Drucks. 14/5741, S. 40). Das ist recht vage, denn welches die „bestimmten" Beschäftigungsarten und Arbeitsbereiche sind, bleibt offen. Eine Eingrenzung scheint nur möglich durch Ausgrenzung: Anders als beim Betrieb ist nicht erforderlich, dass es sich um eine **dauerhafte organisatorische Verfestigung** handelt, denn Projektarbeit ist ihrer Natur nach auf ein bestimmtes Projekt bezogen und damit von vornherein zeitlich begrenzt. Auch ist nicht erforderlich, dass die Arbeitsgruppe in den betrieblichen Arbeitsablauf eingegliedert ist; sie kann vielmehr parallel zur Arbeitsorganisation des Betriebs bestehen (ErfK-*Eisemann/Koch*, § 28 a Rn. 2; *Engels*, FS Wißmann, 2005, S. 302; a. A. DKK-*Wedde*, § 28 a Rn. 20). Denn durch diese Merkmale charakterisiert die Gesetzesbegründung zu § 87 Abs. 1 Nr. 13 die Projektgruppe, die von der zwingenden Mitbestimmung des Betriebsrats zwar nicht erfasst ist, aber von § 28 a nach dessen Begründung sehr wohl (BT-Drucks. 14/5741, S. 40; BT-Drucks. 14/5741, S. 51). Auf der anderen Seite ist jede Gruppe, die Gruppenarbeit im Sinne des § 87 Abs. 1 Nr. 13 verrichtet, auch Arbeitsgruppe im Sinne des § 28 a (*Fitting*, § 28 a Rn. 10; DKK-*Wedde*, § 28 a Rn. 16). Damit ist jede Gruppe, die im Rahmen des betrieblichen Arbeitsablaufs eine ihr übertragene Gesamtaufgabe im Wesentlichen eigenverantwortlich erledigt, möglicher Adressat einer Kompetenzübertragung. Vorläufig kann also gesagt werden, welche Gruppen sicher von § 28 a erfasst sind, und welche es sicher nicht sind. Die Grauzone dazwischen bleibt allerdings unklar. Der Versuch einer Definition, der dennoch versucht werden soll, knüpft an die Funktion des § 28 a an: Arbeitsgruppe ist jede Gruppe von Arbeitnehmern, bei der ein Bedarf nach eigenständiger Regelung aufgabenbezogener Sachverhalte vorliegt. Das ist sehr weit gefasst, entspricht aber der weiten Vorgabe des Gesetzes (in die gleiche Richtung *Fitting*, § 28 a Rn. 12). Weitere Merkmale ergeben sich dann aus der systematischen Einordnung in den Kontext des BetrVG:

b) Das Gesetz sagt nicht, ob die Arbeitsgruppe **betriebsübergreifend** organisiert sein 9
kann. Das ist ihrer Natur nach durchaus möglich, insb. wenn man kurzfristig zusammengestellte Projektgruppen einbezieht. Da der Wortlaut des Gesetzes hier nicht einschränkt und sein Zweck ein engeres Verständnis nicht gebietet, dürfte auch die betriebs-

übergreifend organisierte Arbeitsgruppe möglicher Adressat einer Kompentenzübertragung nach § 28 a sein (ebenso DKK-*Wedde,* § 28 a Rn. 18). Fraglicher ist, ob nicht auch die **unternehmensübergreifend** organisierte Arbeitsgruppe von § 28 a erfasst ist. Dafür spricht sicherlich, dass solche unternehmensübergreifenden Arbeitsgruppen, wie sie etwa bei Produktionsparks oder anderen Formen moderner Fabrikationsgestaltung entstehen können, ein vergleichbares Interesse an einer eigenständigen Wahrnehmung der Mitbestimmungsrechte haben. Auch zeigt der neue § 3 Abs. 3 Nr. 2 und 3, der ganz allgemein – und nicht unbedenklich – die Bildung von unternehmensübergreifenden Strukturen auf Grund Betriebsvereinbarung oder Tarifvertrag vorsieht, dass unternehmensübergreifend strukturierte Einheiten des Betriebsverfassungsrechts nicht gänzlich ausgeschlossen sind, auch wenn die verschiedenen Unternehmen keinen Konzern bilden (zurecht kritisch *Buchner,* NZA 2001, 633; *Rieble,* ZIP 2001, 133, 138). Eher aber empfiehlt sich wohl doch eine einschränkende Auslegung der Norm: Haben die Tarifvertragsparteien oder Betriebsparteien von den Möglichkeiten des § 3 Nr. 2 und 3 Gebrauch gemacht, dann ist innerhalb dieses neu definierten Betriebs auch eine Delegation an eine unternehmensübergreifende Arbeitsgruppe zulässig (ebenso Jaeger/Röder/Heckelmann/*Kappenhagen,* BetrVerfR, Kap. 5 Rn. 133). Diese Betriebe sind grundsätzlich den sonstigen Betrieben gleichgestellt; das Gesetz billigt hier die unternehmensübergreifende Mitbestimmung, und diese Billigung gilt dann auch für die Arbeitsgruppe. Gleiches gilt für die Arbeitsgruppe innerhalb eines gemeinsamen Betriebs, denn auch hier hat das BetrVG eine unternehmensübergreifende Mitbestimmung ausdrücklich normiert. Unternehmensübergreifende Arbeitsgruppen sind also immer dann von § 28 a erfasst, wenn sie betriebsintern sind. Ein Grenzfall mag eine unternehmensübergreifende Arbeitsgruppe innerhalb eines Konzerns sein, denn auch hier lässt sich mit dem Konzernbetriebsrat ein (wenn auch entfernter) Anknüpfungspunkt für unternehmensübergreifende Mitbestimmung benennen. In allen anderen Fällen muss es aber dabei bleiben, dass das Unternehmen grundsätzlich die äußere Schranke der Organisation betrieblicher Mitbestimmung ist (s. auch *Windbichler,* Arbeitsrecht im Konzern, S. 285 ff.; *Wiedemann,* Gesellschaftsrecht, S. 231 ff.). Wo die betriebsverfassungsrechtliche Struktur diese Grenze überschreiten soll, muss das Gesetz es ausnahmsweise anordnen; dieser besondere Geltungsbefehl fehlt aber bei § 28 a.

10 c) Auch ist es nicht erforderlich, dass Arbeitnehmer **ausschließlich einer Gruppe** zugeordnet sind. Ebenso wie es Arbeitnehmer gibt, die in mehreren Betrieben arbeiten, kann es Arbeitnehmer geben, die mehreren Arbeitsgruppen angehören. Das gilt nicht nur für arbeitsplatzvariable Arbeitnehmer, sondern auch für solche, deren einheitlich ausgeführte Funktion mehreren Arbeitsgruppen dient.

11 d) Hat einmal eine Übertragung auf eine Arbeitsgruppe stattgefunden, so stellt sich die Frage, welche Auswirkungen **Veränderungen in deren personellen Zusammensetzung** haben. Ähnlich wie bei strukturellen Veränderungen auf Betriebsebene ist – weil funktionell vergleichbar – hier danach zu unterscheiden, ob trotz des Ausscheidens oder Eintritts von Arbeitnehmern die Arbeitsgruppe ihre *Identität* behält. Ist dies der Fall, dann bleibt die Übertragung wirksam, wo dem nicht so ist, erlischt sie. Kriterien, die Identität der Arbeitsgruppe zu bestimmen sind neben ihrer Aufgabe und Funktion auch ihre personelle Zusammensetzung: Scheiden alle Mitarbeiter aus, ist auch dann nicht mehr von einem Fortbestand der Arbeitsgruppe auszugehen, wenn sie durch neue ersetzt werden (dem folgend DKK-*Wedde,* § 28 a Rn. 72; a. A. *Fitting,* § 28 a Rn. 12 b); bekommt die Arbeitsgruppe eine neue Funktion und organisiert sie sich neu, dann ist es auch dann eine neue Arbeitsgruppe i. S. des § 28 a, wenn ihr viele Arbeitnehmer angehören, die zuvor eine andere Arbeitsgruppe bildeten (*Fitting,* § 28 a Rn. 12 b). Für die Praxis empfiehlt es sich, in der Rahmenvereinbarung festzulegen, wie die Identität der Arbeitsgruppe zu bestimmen ist.

12 e) Das Gesetz gibt keine Vorgaben dahingehend, wie die **Willensbildung innerhalb der Arbeitsgruppe** erfolgt: „Von Vorgaben zur inneren Struktur von Arbeitsgruppen wird abgesehen" heißt es in den Bundestagsdrucksachen (BT-Drucks. 14/5741, S. 40). Da sie jedoch Partner zum Abschluss von Vereinbarungen mit dem Arbeitgeber sein kann, muss sie Vertretungsstrukturen entwickeln, um nach außen hin handeln zu können. Auch muss gewahrt sein, dass es zu einer demokratischen Willensbildung innerhalb der Arbeitsgruppe kommt. Sinnvoll erscheint es, sich hier an den für die Konstituierung eines Ausschusses nach § 28 geltenden Regeln zu orientieren bzw. an die Regeln zur Beschlussfassung nach § 33. Die gesetzlichen Regelungen über die Stellung des Betriebsrats sind im Rahmen der übertragenen Aufgaben grundsätzlich auf die Arbeitsgruppe entsprechend anzuwenden (*Fitting*, § 28a Rn. 38; DKK-*Wedde*, § 28a Rn. 69 ff.). Dies gilt etwa für die Grundsätze der §§ 2 und 74. Insbesondere die Verfahrensvorschriften bieten eine Orientierung: Die Arbeitsgruppe hat grundsätzlich die §§ 29 bis 34 zu beachten. Bei § 31 reicht für das Teilnahmerecht von Gewerkschaftsvertretern der Antrag von einem Viertel der Gruppenmitglieder; § 33 Abs. 3 ist nicht anzuwenden wegen des Teilnahmerechts jugendlicher Arbeitnehmer (*Fitting*, § 28a Rn. 38). Bei allen hiervon abweichenden Festsetzungen in einer Geschäftsordnung der Arbeitsgruppe (entsprechend § 36) oder bereits in der Rahmenvereinbarung muss die demokratische Willensbildung sichergestellt bleiben. Es wird jedoch oftmals nicht die gleiche Förmlichkeit erforderlich sein; unverzichtbar sind lediglich die Gleichheit des Stimmrechts und ähnlich gewichtige Wahlprinzipien. Es empfiehlt sich, diese Struktur schon beim Abschluss einer Rahmenvereinbarung mit dem Arbeitgeber festzulegen, als Bedingung einer wirksamen Übertragung. Nicht erforderlich ist, dass alle Mitglieder der Arbeitsgruppe einem Beschluss zustimmen; gemäß Abs. 2 S. 1 reicht für den Abschluss einer Gruppenvereinbarung – aber ist auch erforderlich – die Mehrheit der Gruppenmitglieder. Dies wird auf andere Beschlüsse der Gruppe übertragbar sein. Auf die Wahlberechtigung kommt es entsprechend dem Wortlaut der Norm nicht an (GK-*Raab*, § 28a Rn. 45), so dass jugendliche Arbeitnehmer mitstimmen können und ebenso Leiharbeitnehmer; außen vor bleibt jedoch der Personenkreis des § 5 Abs. 2 bis 4 (ebenso *Fitting*, § 28a Rn. 35). Möglich ist eine Abstimmung im Umlaufverfahren (GK-*Raab*, § 28a Rn. 48; *Fitting*, § 28a Rn. 36; a. A. DKK-*Wedde*, § 28a Rn. 74), soweit eine ausreichende Unterrichtung der Mitglieder über den Abstimmungsgegenstand sichergestellt ist. Ob der Verstoß gegen Geschäftsordnung und Vorgaben der Rahmenvereinbarung die Nichtigkeit der Gruppenvereinbarung zur Folge hat, kann nicht einheitlich beantwortet werden. Die für den fehlerhaften Betriebsratsbeschluss geltenden Regeln dürften hier entsprechend anwendbar sein, s. § 33 Rn. 34 ff.

3. Rahmenvereinbarung

a) Die **Rahmenvereinbarung**, die Grundlage für die Übertragung an Arbeitsgruppen ist, ist eine Betriebsvereinbarung. Eine bloße formlose, mündliche **Regelungsabrede reicht nicht** zur Übertragung von Kompetenzen: Wenn die Übertragung selber schriftlich erfolgen muss (§ 28a Abs. 1 Satz 3), dann erst recht die Vereinbarung, die hierfür die Grundlage schafft (ebenso *Richardi*, NZA 2001, 351; *Wendeling-Schröder*, NZA-Sonderheft 2001, 32; *Fitting*, § 28a Rn. 18; HWK-*Reichold*, § 28a Rn. 9; *Engels*, FS Wißmann, 2005, S. 302, 307; Jaeger/Röder/Heckelmann/*Kappenhagen*, BetrVerfR, Kap. 5 Rn. 136; a. A. GK-*Raab*, § 28a Rn. 26; *Natzel*, DB 2001, 1362; *Schaub*, ZTR 2001, 439). Es gelten daher grundsätzlich alle für die Betriebsverfassung geltenden Vorschriften (s. § 77 Rn. 17 ff.). Insbesondere bedarf es – anders als die Übertragung – keines qualifizierten Mehrheitsbeschlusses (*Fitting*, § 28a Rn. 20). 13

b) **Partner der Rahmenvereinbarung** ist der Arbeitgeber und der Betriebsrat, dessen Betrieb die Arbeitsgruppe zugehört. Handelt es sich um eine Arbeitsgruppe, die betriebsübergreifend organisiert ist, dann müssen sämtliche betroffenen Betriebsräte am Abschluss der Rahmenvereinbarung beteiligt sein. Ist die Arbeitsgruppe unternehmensübergreifend organisiert (sofern dies möglich ist s. Rn. 9), dann müssen alle betroffenen 14

Arbeitgeber Partner der Rahmenvereinbarung sein (*Fitting*, § 28 a Rn. 12 a). Es entsteht dann eine mehrgliedrige Betriebsvereinbarung, entsprechend dem mehrgliedrigen Tarifvertrag: Sie ist wirksam nur, wenn sie von allen betroffenen Betriebsräten und Arbeitgebern unterschrieben wird, sie endet erst, wenn sie von allen betroffenen Betriebsräten und Arbeitgebern gekündigt wird (ebenso HaKo-BetrVG/*Blanke*, § 28 a Rn. 16; zum mehrgliedrigen Tarifvertrag ausführlich *Wiedemann*, TVG § 1 Rn. 176 ff.). Ein Abschluss durch den Gesamtbetriebsrat oder Konzernbetriebsrat scheidet dahingegen aus. Es handelt sich um eine Delegation von Rechten, die sonst der Betriebsrat wahrnehmen würde; also muss er selber delegieren. Zudem fehlt in den §§ 51 Abs. 1, 59 Abs. 1 der Hinweis auf § 28 a (DKK-*Wedde*, § 28 a Rn. 18). Die Rahmenvereinbarung kann Grundlage zur Übertragung auf mehrere Arbeitsgruppen sein, jedoch empfiehlt sich der Abschluss einer gesonderten Rahmenvereinbarung für jeweils eine Arbeitsgruppe (*Fitting*, § 28 a Rn. 17).

15   c) Die Gesetzesbegründung erwähnt lediglich, die Rahmenvereinbarung solle festlegen, „welchen Arbeitsgruppen in welchem Umfang Aufgaben übertragen werden sollen" (BT-Drucks. 14/5741, S. 40). Auch dies ist recht vage. Den **notwendigen Inhalt einer Rahmenvereinbarung** wird man daher am ehesten in Ansehung der zu § 50 Abs. 2 Satz 1 entwickelten Rechtsprechung und die dort geregelte Übertragung von Kompetenzen auf den Gesamtbetriebsrat bzw. zu § 27 und der Übertragung von Aufgaben auf den Betriebsausschuss bestimmen können. Die Übertragung sollte konkret beschrieben sein (s. § 27 Rn. 58 ff.). Eine bloße Wiederholung des Gesetzeswortlautes („alle mit der von der Arbeitsgruppe zu erledigenden Tätigkeiten im Zusammenhang stehenden Aufgaben") reicht daher nicht. Erforderlich ist es zumindest, den personellen und fachlichen Zuschnitt der Arbeitsgruppe zu beschreiben und den sachlichen Inhalt der Übertragung (s. auch *Fitting*, § 28 a Rn. 14; HaKo-BetrVG/*Blanke*, § 28 a Rn. 32; s. auch den Katalog DKK-*Wedde*, § 28 a Rn. 21). Zulässig wäre es z. B. die Arbeitsgruppe Küchenpersonal Kantine, bestehend aus den Mitarbeitern x,y,z, zur Verhandlung und zum Abschluss von Vereinbarungen über die Arbeitszeit oder über Urlaubsregelungen zu ermächtigen. Im Zweifel ist eine möglichst präzise Beschreibung anzuraten. Sinnvoll, aber nicht erforderlich ist es, dass die Rahmenvereinbarung Verfahrensregelungen enthält, wie die Arbeitsgruppe die ihr übertragenen Aufgaben wahrzunehmen hat.

16   d) **Fehlt eine Rahmenvereinbarung** oder ist sie so vage formuliert, dass nicht mit hinreichender Sicherheit gesagt werden kann, welche Aufgaben von der Beauftragung erfasst sind, dann ist die Beauftragung unwirksam. Das gilt auch für die nichtsdestotrotz abgeschlossenen Vereinbarungen nach Abs. 2.

17   e) Wird die **Rahmenvereinbarung gekündigt oder aufgehoben,** dann erlischt auch das Mandat der Arbeitsgruppe. Bestehende Vereinbarungen nach Abs. 2 bleiben jedoch wirksam, denn im Zeitpunkt des Abschlusses war eine Vollmacht gegeben, und nur hierfür ist sie erforderlich. Es gilt nichts anderes als bei Absinken des Betriebs auf 100 und weniger Arbeitnehmer, s. Rn. 6. Weil andernfalls eine Ewigkeitsgarantie solcher Vereinbarungen bestünde, wird man dem Betriebsrat ein Eintrittsrecht ähnlich Abs. 2 Satz 3 zubilligen müssen: Eine Kündigung, die ehemals die Arbeitsgruppe hätte aussprechen können, kann nun er selber aussprechen.

18   f) Die **Rahmenvereinbarung ist nicht erzwingbar.** Die Übertragung auf Arbeitsgruppen kann daher nicht gegen den Willen des Arbeitgebers erfolgen. Eine zwingende Mitbestimmung kann sich insb. nicht auf den neuen § 87 Abs. 1 Nr. 13 stützen, da der nur die Gruppenarbeit, nicht aber die Mitbestimmung der Arbeitsgruppe betrifft (s. auch § 87 Rn. 952; ebenso GK-*Raab*, § 28 a Rn. 20; *Fitting*, § 28 a Rn. 19; HWK-*Reichold*, § 28 a Rn. 10; ErfK-*Eisemann/Koch*, § 28 a Rn. 2; *Däubler*, AuR 2001, 289; *Konzen*, RdA 2001, 85; *Löwisch* BB 2001, 1740; *Natzel*, DB 2001, S. 1362, 1363). Die Forderung, für die Ablehnung einer Rahmenvereinbarung bedürfe es sachlicher Gründe (GK-*Raab*, § 28 a Rn. 22), hat im geltenden Recht keine hinreichende Stütze. Insb. die Förderungspflicht nach § 75 Abs. 2 S. 3 ist hierfür zu vage. Weil die Rahmenverein-

barung nicht erzwingbar ist, **wirkt sie auch nicht nach** (s. § 77 Abs. 6), solange anderes nicht vereinbart ist (ErfK-*Eisemann/Koch*, § 28 a Rn. 2; *Fitting,* § 28 a Rn. 20).

III. Beschluss und Widerruf der Übertragung

1. Beschluss

Die Übertragung muss **schriftlich** erfolgen (Abs. 1 Satz 3; ebenso GK-*Raab*, § 28 a Rn. 30; *Fitting,* § 28 a Rn. 22; *Löwisch,* BB 2001, 1740), und sie bedarf der **Mehrheit der Mitglieder des Betriebsrats** (Abs. 1 Satz 1). Es gilt damit das Gleiche wie bei der Übertragung von Aufgaben auf den Betriebsausschuss nach § 27 Abs. 2 Satz 2 und 3 oder auf den Gesamtbetriebsrat nach § 50 Abs. 2 oder; s. Kommentierungen dort (§ 27 Rn. 61 f.; § 50 Rn. 59 ff.). Auch wenn mehrere Betriebsräte beteiligt sind, muss die Ermächtigung in einem Schriftstück ausgesprochen sein. Ein ermächtigter Vertreter eines jeden Betriebsrats hat zu unterschreiben. Ebenso inhaltlich bestimmt wie die Rahmenvereinbarung muss die Übertragung selbst sein (s. Rn. 15). Wenn Zweifel über die Beschlussfassung oder Unklarheiten über den Inhalt bestehen, kann der Arbeitgeber die Vorlage des Übertragungsbeschlusses verlangen (s. auch § 27 Rn. 63). Betriebsratsmitglieder, die der Arbeitsgruppe angehören, sind bei der Übertragung nicht befangen, weil nicht die eigene Rechtsstellung und das eigene Arbeitsverhältnis, sondern nur seine betriebsverfassungsrechtliche Einordnung betroffen ist (ebenso DKK-*Wedde,* § 28 a Rn. 41). 19

Anders als in einer Rahmenvereinbarung kann der Beschluss zur Übertragung nicht mit **Auflagen** verbunden werden oder Vorgaben zur Willensbildung innerhalb der Gruppe (a. A. DKK-*Wedde,* § 28 a Rn. 47). Diese können nur von Arbeitgeber und Betriebsrat gemeinsam festgelegt werden. Unzulässig sind auch inhaltliche Vorgaben hinsichtlich der zu regelnden Materie. Kommt es zu einer Übertragung, dann ist hierfür die Arbeitsgruppe zuständig, nicht aber der Betriebsrat. Sie entscheidet über Inhalt, Dauer und Kündbarkeit einer Vereinbarung nach Abs. 2. 19 a

Fehlt eine Übertragung oder ist sie **formell fehlerhaft,** dann fehlt der Arbeitsgruppe das Mandat zum Handeln (ebenso Jaeger/Röder/Heckelmann/*Kappenhagen*, Kap. 5 Rn. 142; s. aber zu einer Zurechnung nach Vertrauensgesichtspunkten § 27 Rn. 67; allgemein zu den Auswirkungen von Formfehlern auf die Wirksamkeit des Beschlusses § 33 Rn. 34 ff.). Vereinbarungen nach Abs. 2 sind dann nichtig; der Betriebsrat kann sie jedoch nachträglich genehmigen, wenn er auf Grund wirksamer Rahmenvereinbarung eine wirksame Übertragung hätte aussprechen können (ErfK-*Eisemann/Koch,* § 28 a Rn. 2; ebenso DKK-*Trittin,* § 50 Rn. 77 für die unwirksame Übertragung auf den Gesamtbetriebsrat). 20

2. Widerruf

Auch der Widerruf bedarf der Schriftform und der Mehrheit der gesetzlichen Mitglieder des Betriebsrats (Abs. 1 Satz 4). Als *actus contrarius* kann auch sonst nichts anderes für ihn gelten als für die Übertragung selbst. Der Widerruf bedarf keines rechtfertigenden Grundes (für eine Bindung an die Billigkeit entsprechend § 75 Abs. 2 Satz 2 BetrVG allerdings *Natzel,* DB 2001, 1362; GK-*Raab,* § 28 a Rn. 39) und beeinflusst nicht die Wirksamkeit der nach Abs. 2 abgeschlossenen Vereinbarungen (*Fitting,* § 28 a Rn. 27; *Franzen,* ZfA 2001, 435; *Raab,* NZA 2002, 481; *Engels,* FS Wißmann, S. 302, 311). Der Betriebsrat hat die Entscheidung – wie jede Entscheidung – nach pflichtgemäßem Ermessen zu treffen (*Fitting,* § 28 a Rn. 26). Wird die Übertragung widerrufen, fällt das Recht zur Kündigung einer von der Arbeitsgruppe abgeschlossenen Vereinbarung an den Betriebsrat. Ein außerordentliches Kündigungsrecht wegen Widerruf der Übertragung besteht nicht; zur Möglichkeit, eine Betriebsvereinbarung abzuschließen s. Rn. 28. 21

IV. Inhalt der Übertragung

22 Die wohl größten praktischen Schwierigkeiten dürften beim Inhalt der Übertragung bestehen. Hier wird Rechtssicherheit wohl erst durch die Spruchpraxis der Gerichte geschaffen werden können.

1. Zusammenhang zur Tätigkeit der Arbeitsgruppe

23 a) Der **Zusammenhang zur Tätigkeit der Arbeitsgruppe** ist ein gänzlich neues Kriterium im Betriebsverfassungsrecht. Orientiert man sich einzig am Wortlaut, bleibt das Ergebnis offen: Im Zusammenhang, d. h. in irgendeinem, wie auch immer gearteten Zusammenhang zur Tätigkeit der Arbeitsgruppe steht nahezu jede Regelung, die eine Betriebsvereinbarung enthalten kann, und mehr noch: Jeder Umstand, der in irgendeiner Weise Einfluss auf die Arbeitsleistung nimmt. Das Kriterium wäre durch seine beliebige Weite ohne Funktion. Es bedarf daher ergänzender Überlegungen, den zu weit geratenen Normtext näher einzugrenzen (für eine enge Interpretation auch DKK-*Wedde*, § 28 a Rn. 44; tendenziell weit *Neef*, NZA 2001, 363). Die Gesetzesbegründung nennt Beispiele: Zulässig sind Regelungen zu „Arbeitszeitfragen, Pausenregelungen, Urlaubsplanung, Arbeitsgestaltung, und ähnlichen tätigkeits- oder aufgabenbezogenen Sachverhalten". Weitere **Beispiele** von übertragbaren Inhalten sind die Regelung gruppenspezifischer Überwachungseinrichtungen und u. U. auch Fragen der Lohngestaltung, soweit diese einheitlich und spezifisch für die Gruppe erfolgt. Unzulässig sei es dahingegen, dass der Betriebsrat z. B. bei einer Betriebsänderung dem davon betroffenen Arbeitsbereich die Beteiligungsrechte nach §§ 111 ff. überträgt (BT-Drucks. 14/5741, S. 40; ebenso *Fitting*, § 28 a Rn. 24; GK-*Raab*, § 28 a Rn. 34; DKK-*Wedde*, § 28 a Rn. 68; *Löwisch*, BB 2001, 1741). Man mag daran zweifeln, ob das letztgenannte Beispiel in jeder Hinsicht zutrifft, und so weist *Annuß* (NZA 2001, 367, 370 Fn. 25) zutreffend darauf hin, dass bei Betriebsänderungen, die durch die Änderungen von Arbeitsbedingungen allein von Mitgliedern einer Arbeitsgruppe entstehen, es durchaus sinnvoll sein kann und durch den Wortlaut der Norm nicht ausgeschlossen ist, dass nur auf Arbeitsgruppenebene die Rechte der §§ 111 ff. wahrgenommen werden. Folgt man jedoch der Gesetzesbegründung wird man wird den zugrundeliegenden Gedanken verallgemeinern können: Im Zusammenhang zur Tätigkeit der Arbeitsgruppe steht zumindest alles was individualvertraglich mit den Mitgliedern der Arbeitsgruppe vereinbart werden könnte, also Inhaltsnorm einer entsprechenden Betriebsvereinbarung wäre (ebenso *Jaeger/Röder/Heckelmann/Kappenhagen*, Kap. 5 Rn. 143). Weil aber ein Zusammenhang gerade zur Tätigkeit der Arbeitsgruppe, nicht zu der ihrer einzelnen Mitglieder verlangt wird, ist darüber hinaus zu fordern, dass die Regelung zweckmäßigerweise einheitlich für alle Mitglieder vereinbart werden würde. Entsprechend steht auch alles das im Zusammenhang zur Tätigkeit der Arbeitsgruppe, was Betriebsnorm einer Betriebsvereinbarung wäre, die sinnvoller Weise in einheitlicher Regelung ausschließlich die Arbeitsgruppe erfasst. In Übereinstimmung mit dem Grundgedanken der Subsidiarität, der auch im Betriebsverfassungsrecht an verschiedenen Stellen seinen Niederschlag gefunden hat (s. z. B. § 50 und das Verhältnis von Betriebsrat und Gesamtbetriebsrat), ist darüber hinaus stets danach zu fragen, ob eine Regelung durch die Arbeitsgruppe selbst nicht geeigneter ist als eine Regelung durch den Betriebsrat. Aufgaben, die sinnvoller weise betriebseinheitlich geregelt werden, sollten demgegenüber beim Betriebsrat verbleiben. Dies dürfte freilich eher Regel geglückter betriebsverfassungsrechtlicher Praxis als zwingender Rechtssatz sein.

24 b) Bei der Feststellung, ob ein hinreichender Zusammenhang zur Tätigkeit der Arbeitsgruppe vorliegt, haben Arbeitgeber und Betriebsrat eine **Einschätzungsprärogative,** die einer nur eingeschränkten Überprüfung durch die Gerichte unterliegt (*Engels*, FS Wißmann 2005, S. 302, 309). Es ist nicht anzunehmen, dass bei der Frage einer sinnvollen

IV. Inhalt der Übertragung § 28 a

Abgrenzung der Aufgaben der Arbeitgeber in Vereinbarung mit dem Betriebsrat eher irrt als das Arbeitsgericht. Die Tatsache, dass durch den Abschluss der Rahmenvereinbarung beide Seiten der neuen betriebsverfassungsrechtlichen Organisation zugestimmt haben, deutet regelmäßig darauf hin, dass hier auch tatsächlich eine zweckmäßige Lösung gefunden wurde. **Regelmäßig nicht übertragbar** sind Aufgaben im Rahmen der personellen Mitbestimmung. Diese Regelungsfragen stellen sich oftmals nicht isoliert für die Arbeitsgruppe und auch handelt es sich nicht um eine die Arbeitsgruppe in ihrer Gemeinsamkeit betreffende Angelegenheit (GK-*Raab*, § 28 a Rn. 34; ErfK-*Eisemann/Koch*, § 28 a Rn. 2; HaKo-BetrVG/*Blanke*, § 28 a Rn. 20; *Löwisch*, BB 2001, 1734, 1740).

2. Selbständige Erledigung

Der Zusammenhang zur Tätigkeit der Arbeitsgruppe ist ein Kriterium, das einzig den 25 sachlichen Bereich der Übertragung eingrenzt, nicht aber einzelne Mitbestimmungsrechte. Daher können der Arbeitsgruppe auch Aufgaben zur selbständigen Erledigung übertragen werden, wie insbesondere das Recht zum Abschluss von Vereinbarungen nach Abs. 2 zeigt; die Grenzen, die diesbezüglich bei den Ausschüssen nach § 28 bestehen können, gibt es hier also nicht. Der Betriebsrat kann sich jedoch in der Übertragung darauf beschränken, dass analog § 50 Abs. 2 Satz 2 die Arbeitsgruppe nur die Verhandlungen zu führen hat, der Betriebsrat sich aber die Entscheidung vorbehält.

3. Vereinbarungen nach Abs. 2

a) Vereinbarungen nach Abs. 2 teilen weitgehend den **Rechtscharakter der Betriebs-** 26 **vereinbarung.** Der Gesetzgeber ordnet dies durch die analoge Anwendung des § 77 für wichtige Fragen ausdrücklich an. Das Fehlende wird man im gleichen Sinne ergänzen müssen, ist doch die Vereinbarung nach Abs. 2 nichts anderes als die „Betriebsvereinbarung der Arbeitsgruppe" (nicht aber eine Betriebsvereinbarung im eigentlichen Sinne, schon weil sie nur die Arbeitsgruppe und nicht den Betrieb erfasst; a. A. jedoch *Richardi*, NZA 2001, 246, 351; *Natzel*, DB 2001, 1363): Der Betriebsrat überträgt hier seine Normsetzungskompetenz, die sich durch Übertragung nicht ändert. Auch bei der Frage, wieweit rückwirkende Vereinbarungen zulässig sind (s. § 77 Rn. 128 ff.) oder bei der Frage der Grundrechtsbindung (s. § 77 Rn. 100 ff.), wird man daher entsprechend zur Betriebsvereinbarung argumentieren müssen, und genauso wie ein Verstoß gegen eine Betriebsvereinbarung eine grobe Pflichtverletzung des Arbeitgebers sein kann (s. § 23 Rn. 88 f.), kann es auch ein Verstoß gegen eine Vereinbarung nach Abs. 2 sein. Wurde an mehrere Arbeitsgruppen Aufgaben übertragen, so können diese jeweils nur eigenständig eine Gruppenvereinbarung abschließen (*Fitting*, § 28 a Rn. 33; a. A. *Natzel*, DB 2001, 1363). Dass es neben einer Gruppenvereinbarung mit normativem Charakter auch eine Regelungsabrede geben kann, wird zT angenommen (GK-*Raab*, § 28 a Rn. 43) lässt sich dem Wortlaut der Norm jedoch nicht entnehmen.

b) Hinsichtlich der **Form der Vereinbarung** schreibt das Gesetz eine entsprechende 27 Anwendung des § 77 Abs. 2 vor. Damit ist die Vereinbarung schriftlich zu schließen, grundsätzlich von beiden Seiten zu unterzeichnen und im Betrieb bekannt zu machen. Auf Seiten der Arbeitsgruppe braucht nicht jedes Mitglied zu unterzeichnen. Es reicht, wenn ein Bevollmächtigter für alle seine Unterschrift leistet. Diese Bevollmächtigung kann in der Wahl zum Arbeitsgruppensprecher liegen (s. hierzu *Trümner*, Festschrift Däubler, S. 291), oder aber speziell für den Abschluss der Vereinbarung ausgesprochen werden. Zur Frage zulässiger Verweisungen sowie den Folgen eines Verstoßes gegen Schriftform und Bekanntgabeverpflichtung gilt nichts anderes als bei der Betriebsvereinbarung; auf die einschlägigen Kommentare kann verwiesen werden, s. § 77 Rn. 33 ff. (*Fitting*, § 77 Rn. 21 ff.; DKK-*Berg*, § 77 Rn. 27 ff.).

c) Ein wichtiges Problem bleibt in den Gesetzgebungsmaterialien ohne jeden Hinweis. 28 Daher muss sich aus dem Zusammenhang des BetrVG das **Verhältnis einer Vereinbarung** nach Abs. 2 zum Arbeitsvertrag, zur Betriebsvereinbarung und zum Tarifvertrag erschließen. Ein schrittweises Vorgehen erscheint ratsam: Weil § 77 analog gilt, ist eine Vereinbarung nach Abs. 2 unzulässig gemäß § 77 Abs. 3, wenn eine entsprechende Regelung im Tarifvertrag enthalten ist oder tarifüblich ist. Ein Konkurrenzverhältnis zum Tarifvertrag tritt damit nicht auf. Weil insgesamt die Vereinbarung nach Abs. 2 weitgehend parallel zur Betriebsvereinbarung zu behandeln ist, dürfte darüber hinaus das Verhältnis zwischen Arbeitsvertrag und Vereinbarung nach Abs. 2 dem Verhältnis zwischen Betriebsvereinbarung und Arbeitsvertrag entsprechen. Es gilt damit das Günstigkeitsprinzip und bei kollektiven arbeitsvertraglichen Regelungen in der Praxis (zur massiven Kritik an dieser Rechtsfigur vgl. § 77 Rn. 152 ff. sowie *Annuß*, NZA 2001, 753) das kollektive Günstigkeitsprinzip. Das Verhältnis zwischen Vereinbarung nach Abs. 2 und Betriebsvereinbarung ist jedoch nach eigenständigen Erwägungen aufzulösen, und hier wird wohl die größte Unsicherheit für die Praxis bestehen. Mögliche Ansätze wären alternativ die Zeitkollisionsregel mit dem Ergebnis wechselseitigen Ablösung, das Spezialitätsprinzip (so *Fitting*, § 28 a Rn. 34; ErfK-*Eisemann/Koch*, § 28 a Rn. 3; *Natzel*, DB 2001, 1363; *Neef*, NZA 2001, 363; *Nill*, Selbstbestimmung in der Arbeitsgruppe?, S. 97 ff.) mit dem Vorrang der Vereinbarung nach Abs. 2, oder aber der Vorrang der Betriebsvereinbarung als der ranghöheren Vereinbarung. Für alles drei lassen sich Argumente finden: Für die Zeitkollisionsregel spricht die grundsätzliche Gleichwertigkeit und Gleichbehandlung zur Betriebsvereinbarung, für eine Anwendung des Spezialitätsprinzips der Grundgedanken der Subsidiarität, für einen Vorrang der Betriebsvereinbarung lässt sich eine Analogie zum Verhältnis einer Betriebsvereinbarung des Gesamtbetriebsrats zur Betriebsvereinbarung des Betriebsrats anführen. Die Entscheidung fällt schwer, vorzugswürdig scheint jedoch der Vorrang der Betriebsvereinbarung. Die Begründung muss etwas weiter ausholen: Die Arbeitsgruppe ist nur ermächtigt zu Vereinbarungen, soweit ihr dies durch den Betriebsrat übertragen wurde. Diese Übertragung kann jederzeit und ohne jeden Grund widerrufen werden, s. Rn. 21. Wird *nach Abschluss* einer Vereinbarung nach Abs. 2 eine entsprechende Betriebsvereinbarung abgeschlossen, ohne dass darauf hingewiesen wird, dass erstere ihre Gültigkeit behalten soll, dann liegt darin regelmäßig ein konkludenter Widerruf der Übertragung (ebenso *Jaeger/Röder/Heckelmann/Kappenhagen*, BetrVerfR, Kap. 5 Rn. 147; vorsichtiger ErfK-*Eisemann/Koch*, § 28 a Rn. 3). Da bei Widerruf der Übertragung die Arbeitsgruppe keine Möglichkeit mehr hat, die bestehende Vereinbarung nach Abs. 2 zu ändern oder aufzuheben, der Vereinbarung aber durch Widerruf der Übertragung keine Ewigkeitsgarantie verliehen werden soll, muss es nach Widerruf der Übertragung dem Betriebsrat möglich sein, die Vereinbarung in Übereinkunft mit dem Arbeitgeber selbst abzuändern. Eben dies geschieht durch die Betriebsvereinbarung (im Ergebnis ebenso *Engels/Trebinger/Löhr-Steinhaus*, DB 2001, 532, 537). Wird *zuerst eine Betriebsvereinbarung* abgeschlossen, und dann eine entsprechende Vereinbarung nach Abs. 2 geschlossen, dann richtet sich der Vorrang nach der Auslegung der Übertragung (s. auch ErfK-*Eisemann/Koch*, § 28 a Rn. 3). Ermächtigt diese auch zum Abschluss von Vereinbarungen, die zur Betriebsvereinbarung abweichende Regelungen enthalten, dann werden die ehemals geltenden Regelungen durch die neuen ersetzt. Wenn dem nicht so ist, dann gilt die Betriebsvereinbarung unverändert weiter.

29   d) Eine **Inhaltskontrolle der Vereinbarungen** nach Abs. 2 ist eher anzuerkennen als bei der Betriebsvereinbarung. Bei der Betriebsvereinbarung ist sie – abgesehen vom Sonderfall der betrieblichen Altersversorgung – abzulehnen, wo sie nicht Rechtskontrolle ist, auch wenn die Diktion des BAG hier nicht eindeutig ist; s. jetzt auch § 310 Abs. 4 BGB (s. § 77 Rn. 117 ff.). Bei der Vereinbarung nach Abs. 2 wird man vorsichtiger sein müssen: Die Mitglieder einer Arbeitsgruppe genießen als Arbeitnehmer nicht die gleiche Unabhängigkeit wie Betriebsratsmitglieder, insb. fehlt ihnen der besondere Kündigungsschutz. Damit aber entfällt ein wichtiger Grund, auf den die h. M. zurecht ihre Vorbehalte gegen eine Inhaltskontrolle von Betriebsvereinbarungen stützt. Das Bedürfnis, ein Verhandlungsungleichgewicht zwischen Arbeitgeber und Arbeitsgruppe auszugleichen,

mag hier also im Einzelfall größer sein (s. auch BAG 30. 1. 1970 AP BGB § 242 Nr. 142 zu Ruhegehalt). Die zukünftige Rechtsentwicklung bleibt abzuwarten.

e) Wird die **Arbeitsgruppe aufgelöst**, etwa weil das Projekt abgeschlossen wurde, dann erlischt auch die Vereinbarung nach Abs. 2 (ebenso *Fitting*, § 28 a Rn. 27, der auf die Grundsätze des Wegfalls der Geschäftsgrundlage abstellt). Das gilt auch dann, wenn die Arbeitsgruppe gespalten oder mit anderen Gruppen zusammengefasst wird und dadurch ihre Identität verliert. Der Sachverhalt ist leichter zu fassen als das Fortgelten von Betriebsvereinbarungen bei Spaltung oder Zusammenlegen von Betrieben (s. § 77 Rn. 214 ff.), denn hier werden in aller Regel inhaltliche Fragen geregelt werden, die spezifisch auf die Arbeitsweise der Gruppe abgestimmt sind. Diese verlieren ihren Sinn bei grundlegenden strukturellen Änderungen. Der **Widerruf der Übertragung** berührt demgegenüber nicht die Wirksamkeit bestehender Vereinbarungen (GK-*Raab*, § 28 a Rn. 56; ErfK-*Eisemann/Koch*, § 28 a Rn. 2). Das Gleiche gilt für das Absinken des Betriebs auf weniger als 100 Arbeitnehmer, s. Rn. 6. 30

4. Eintritt des Betriebsrats im Fall der Nichteinigung

a) Der Betriebsrat nimmt das Beteiligungsrecht der Arbeitsgruppe wahr, wenn sich Arbeitgeber und Arbeitsgruppe nicht einigen können. Damit hat der Betriebsrat auch die Möglichkeit die Frage ggf. vor die Einigungsstelle zu bringen (BT-Drucks. 14/5741, S. 40). Er handelt dann **im eigenen Namen, nicht stellvertretend** für die Arbeitsgruppe: Erreicht der Betriebsrat eine Vereinbarung oder spricht die Einigungsstelle, dann kommt also eine Betriebsvereinbarung zustande und nicht eine Vereinbarung nach Abs. 2. Für deren Änderungen, Ergänzung oder Kündigungen ist der Betriebsrat zuständig, nicht die Arbeitsgruppe. Allerdings ist insoweit der Wortlaut des Gesetzes nicht eindeutig, jedoch ist die Wortwahl der Gesetzesbegründung klarer: Sie spricht davon, dass die Zuständigkeit an den Betriebsrat „zurückfällt" (BT-Drucks. 14/5741, S. 40). Damit handelt er aus eigener Kompetenz, nicht in Ausfüllung einer weiterhin delegierten Kompetenz. Das Recht, die Einigungsstelle anzurufen, steht nicht allein dem Betriebsrat zu. Nimmt er die Beteiligungsrechte des Ausschusses war, dann kann dies auch der Arbeitgeber. Allerdings fehlt hier ein Hinweis in der Gesetzesbegründung, doch es entspricht der Symmetrie einer gleichgewichtigen Verhandlung und wird durch die Gesetzesbegründung, die auf den Arbeitgeber nicht eingeht, nicht ausgeschlossen (s. auch *Richardi/Annuß*, DB 2001, 41, 44). 31

b) Das Gesetz lässt unbestimmt, ab welchem **Zeitpunkt** der Verhandlungen davon ausgegangen werden kann, dass Arbeitsgruppe und Arbeitgeber sich nicht einigen können. Ähnlich wie bei der Anrufung der Einigungstelle durch den Betriebsrat oder Arbeitgeber gemäß § 87 Abs. 2 wird man dies in das freie Ermessen der Parteien stellen müssen – wie auch Versuche, hier objektive Maßstäbe zu finden, in anderen Bereichen gescheitert sind (so zum Scheitern der Verhandlungen als Voraussetzung des Streiks, vgl. ErfK-*Dieterich*, Art. 9 GG Rn. 126). Sowohl Arbeitsgruppe als auch Arbeitgeber können daher jederzeit feststellen, dass eine Einigung nicht möglich ist, mit der Folge, dass der Betriebsrat eine Einigung versuchen kann oder – im Bereich der erzwingbaren Mitbestimmung – seinerseits direkt die Einigungsstelle anrufen bzw. deren Errichtung beantragen kann. 32

V. Betriebsverfassungsrechtliche Stellung der Gruppenmitglieder

Einen besonderen betriebsverfassungsrechtlichen Schutz für Mitglieder der Arbeitsgruppe oder ihren Sprecher gibt es nicht. Auch der besondere Schutz von Betriebsratsmitgliedern, insb. § 103, § 15 KSchG sind nicht übertragbar (GK-*Raab*, § 28 a Rn. 8; HWK-*Reichold*, § 28 a Rn. 5; ErfK-*Eisemann/Koch*, § 28 a Rn. 3; HaKo- 32 a

BetrVG/*Blanke*, § 28 a Rn. 33; Jaeger/Röder/Heckelmann/*Kappenhagen*, BetrVerfR, Kap. 5 Rn. 146; *Natzel*, DB 2001, 1362; *Nill*, Selbstbestimmung in der Arbeitsgruppe?, S. 82 f.). Es gelten jedoch die allgemeinen Regeln. Aufgrund der Wahrnehmung betriebsverfassungsrechtlicher Rechte darf das Gruppenmitglied keinen Nachteil erleiden. § 37 Abs. 1 bis 3 und § 78 gelten daher entsprechend auch für das Gruppenmitglied (ErfK-*Eisemann/Koch*, § 28 a Rn. 3; *Fitting*, § 28 a Rn. 39). Der Arbeitgeber ist verpflichtet, die zur ordnungsgemäßen Wahrnehmung der der betriebsverfassungsrechtlichen Aufgaben erforderlichen Kosten der Arbeitsgruppe nach § 40 zu tragen. Dies gilt auch für Sachmittel nach § 40 Abs. 2 jedoch wird die Erforderlichkeit auf Grund der eingeschränkten Aufgaben der Arbeitsgruppe sehr viel strenger als beim Betriebsrat zu beurteilen sein (a. A. GK-*Raab*, § 28 a Rn. 8: keine analoge Anwendung). Auf der anderen Seite gilt das Verschwiegenheitsgebot nach § 79 auch für das Gruppenmitglied entsprechend; strafbewehrt nach § 120 ist dies freilich nicht (*Fitting*, § 28 a Rn. 39). Ein Anspruch auf Teilnahme an Schulungs- und Bildungsveranstaltungen nach § 37 Abs. 6, 7 besteht nicht (GK-*Raab*, § 28 a Rn. 8; *Fitting*, § 28 a Rn. 39; ErfK-*Eisemann/Koch*, § 28 a Rn. 3; *Jaeger/Röder/Heckelmann/Kappenhagen*, BetrVerfR, Kap. 5 Rn. 146).

VI. Streitigkeiten

33 Streitigkeiten über die Wirksamkeit einer Übertragung oder einer Bevollmächtigung entscheidet das Arbeitsgericht im Beschlussverfahren (§ 2 a Abs. 1 Nr. 1, Abs. 2 i. V. mit §§ 80 ff. ArbGG). Antragsberechtigt ist der Arbeitgeber und der Betriebsrat, aber auch die Arbeitsgruppe. Letztere ist auch antragsberechtigt im Streit um die Wirksamkeit oder Auslegung einer Vereinbarung nach Abs. 2 (*Fitting*, § 28 a Rn. 40; GK-*Raab*, § 328 a Rn. 63; *Löwisch/Kaiser*, § 28 a Rn. 28; a. A. DKK-*Wedde*, § 28 a Rn. 82; *Stege/Weinspach/Schiefer*, § 28 a Rn. 6). Hier gilt das Gleiche wie bei der Betriebsvereinbarung, s. § 77 Rn. 115 ff., 220 ff., 313 ff. Die vom Gesetzgeber gewollte Berechtigung in der Sache führt zwingend auch zur Berechtigung im Verfahren. Die Gewerkschaften sind daher antragsberechtigt, soweit es um die Wirksamkeit einer Vereinbarung im Verhältnis zum Tarifvertrag geht und ein Unterlassungsanspruch nach Art. 9 Abs. 3 GG i. V. mit §§ 1004, 823 BGB besteht.

§ 29 Einberufung der Sitzungen

(1) [1]Vor Ablauf einer Woche nach dem Wahltag hat der Wahlvorstand die Mitglieder des Betriebsrats zu der nach § 26 Abs. 1 vorgeschriebenen Wahl einzuberufen. [2]Der Vorsitzende des Wahlvorstands leitet die Sitzung, bis der Betriebsrat aus seiner Mitte einen Wahlleiter bestellt hat.

(2) [1]Die weiteren Sitzungen beruft der Vorsitzende des Betriebsrats ein. [2]Er setzt die Tagesordnung fest und leitet die Verhandlung. [3]Der Vorsitzende hat die Mitglieder des Betriebsrats zu den Sitzungen rechtzeitig unter Mitteilung der Tagesordnung zu laden. [4]Dies gilt auch für die Schwerbehindertenvertretung sowie für die Jugend- und Auszubildendenvertreter, soweit sie ein Recht auf Teilnahme an der Betriebsratssitzung haben. [5]Kann ein Mitglied des Betriebsrats oder der Jugend- und Auszubildendenvertretung an der Sitzung nicht teilnehmen, so soll es dies unter Angabe der Gründe unverzüglich dem Vorsitzenden mitteilen. [6]Der Vorsitzende hat für ein verhindertes Betriebsratsmitglied oder für einen verhinderten Jugend- und Auszubildendenvertreter das Ersatzmitglied zu laden.

I. Vorbemerkung **§ 29**

(3) Der Vorsitzende hat eine Sitzung einzuberufen und den Gegenstand, dessen Beratung beantragt ist, auf die Tagesordnung zu setzen, wenn dies ein Viertel der Mitglieder des Betriebsrats oder der Arbeitgeber beantragt.

(4) ¹Der Arbeitgeber nimmt an den Sitzungen, die auf sein Verlangen anberaumt sind, und an den Sitzungen, zu denen er ausdrücklich eingeladen ist, teil. ²Er kann einen Vertreter der Vereinigung der Arbeitgeber, der er angehört, hinzuziehen.

Übersicht

	Rn.
I. Vorbemerkung	1
II. Die konstituierende Sitzung	2
1. Einberufung	3
2. Selbstversammlungsrecht	10
3. Durchführung und Beendigung der konstituierenden Sitzung	12
III. Einberufung der weiteren Sitzungen	16
1. Kompetenz zur Einberufung	16
2. Pflicht zur Einberufung	18
3. Pflicht zur Aufnahme eines Gegenstands in die Tagesordnung	23
4. Rechtsfolgen bei pflichtwidrigem Verhalten des Vorsitzenden	25
IV. Ladung unter Mitteilung der Tagesordnung	26
1. Personenkreis	26
2. Tagesordnung	34
3. Frist und Form der Ladung	36
4. Rechtsfolgen bei nicht rechtzeitiger Ladung und nicht ordnungsmäßiger Mitteilung der Tagesordnung	39
V. Leitung der Sitzung	42
1. Leitungskompetenz	42
2. Inhalt der Leitungsmacht	43
VI. Teilnahme des Arbeitgebers an Betriebsratssitzungen	46
1. Voraussetzungen	46
2. Rechtsstellung des Arbeitgebers	47
3. Hinzuziehung eines Beauftragten der Arbeitgebervereinigung	52
4. Sitzungen des Betriebsausschusses und der Ausschüsse des Betriebsrats nach § 28	54
VII. Teilnahme anderer Personen an Betriebsratssitzungen	55
VIII. Streitigkeiten	57

I. Vorbemerkung

Die Bestimmung behandelt die **Einberufung der Betriebsratssitzungen** und das **Teil-** 1 **nahmerecht des Arbeitgebers.** Gegenüber dem BetrVG 1952 wurde klargestellt, dass der Vorsitzende des Wahlvorstands die **konstituierende Betriebsratssitzung** leitet, bis der Betriebsrat aus seiner Mitte einen Wahlleiter bestellt hat. Abs. 2 wurde dahin ergänzt, dass außer den Mitgliedern des Betriebsrats die Schwerbehindertenvertretung und, soweit die Jugend- und Auszubildendenvertreter ein Recht auf Teilnahme haben, auch sie zu Sitzungen des Betriebsrats zu laden sind. Die Sätze 5 und 6 in Abs. 2 sollen der ordnungsgemäßen Durchführung der Betriebsratsarbeit dienen, indem sie bei Verhinderung eines Mitglieds des Betriebsrats oder der Jugend- und Auszubildendenvertretung, an einer Betriebsratssitzung teilzunehmen, die rechtzeitige Ladung des Ersatzmitglieds sicherstellen (BT-Drucks. VI/1786, S. 40). Abs. 3 gibt nach Streichung des Satzes 2 durch das **BetrVerf-Reformgesetz** vom 23. 7. 2001 (BGBl. I S. 1852) den formellen Anspruch auf Einberufung einer Betriebsratssitzung (ebenso wie schon BetrVG 1952) nur einem Viertel der Mitglieder des Betriebsrats und dem Arbeitgeber, nicht auch der Mehrheit der Vertreter einer Gruppe. Die Änderung war eine Folgeänderung auf Grund der Aufgabe des Gruppenprinzips. Das Teilnahmerecht des Arbeitgebers an Betriebsratssitzungen ist in Abs. 4 wie im BetrVG 1952 geregelt.

1a Entsprechende Vorschriften: § 34 BPersVG, § 12 Abs. 1 bis 4 SprAuG, § 13 Abs. 1 und 2, § 25 Abs. 1 Satz 1 EBRG.

II. Die konstituierende Sitzung

2 Die **erste Sitzung** nach der Wahl des Betriebsrats dient seiner **Konstituierung durch die Wahl des Vorsitzenden und seines Stellvertreters** (Abs. 1 Satz 1).

1. Einberufung

3 a) Die konstituierende Sitzung wird durch den **Wahlvorstand** einberufen, der seinerseits durch seinen Vorsitzenden vertreten wird (Abs. 1 Satz 1). Zum BetrVG 1952 war streitig, ob dieser auch berechtigt ist, die konstituierende Sitzung des Betriebsrats zu leiten und an ihr teilzunehmen (verneinend BAG 28. 2. 1958 AP BetrVG § 29 Nr. 1). Die Meinungsverschiedenheit wird durch die ausdrückliche Bestimmung in Abs. 1 Satz 2 behoben: Der Vorsitzende des Wahlvorstands leitet die konstituierende Sitzung, bis der Betriebsrat aus seiner Mitte einen Wahlleiter bestellt hat. Damit erlischt sein Recht, an der Sitzung teilzunehmen. Findet die Wahl des Vorsitzenden und seines Stellvertreters unter der Leitung des Wahlvorstands statt, so ist sie fehlerhaft und kann auf Antrag durch das Arbeitsgericht im Beschlussverfahren für unwirksam erklärt werden (vgl. BAG AP BetrVG § 29 Nr. 1).

4 b) Die konstituierende Sitzung des Betriebsrats muss **innerhalb einer Woche** nach dem Wahltag, diesen nicht mitgerechnet, **einberufen** werden. Dagegen braucht die Sitzung nicht innerhalb der Wochenfrist *stattzufinden*, wie sich aus dem Wortlaut der Bestimmung eindeutig ergibt (ebenso *Fitting*, § 29 Rn. 11; HSWGNR-*Glock*, § 29 Rn. 3; DKK-*Wedde*, § 29 Rn. 5; a. A. GK-*Raab*, § 29 Rn. 8). Nur die Ladungen zur konstituierenden Sitzung müssen innerhalb der Wochenfrist an die Betriebsratsmitglieder ergehen.

5 c) Den **Tag der Sitzung** selbst bestimmt der Wahlvorstand nach pflichtgemäßen Ermessen; er hat darauf zu achten, dass sich der neugewählte Betriebsrat sobald wie möglich konstituiert. Daher kann die konstituierende Sitzung des Betriebsrats stattfinden, **bevor die Amtszeit des bisherigen Betriebsrats abgelaufen** ist (ebenso *Fitting*, § 29 Rn. 11; GK-*Raab*, § 29 Rn. 9; HSWG-*Glock*, § 29 Rn. 3; DKK-*Wedde*, § 29 Rn. 4; HaKo-BetrVG/*Blanke*, § 29 Rn. 5; *Fr. W. Kraft*, AuR 1968, 66, 68; a. A. *Bitzer*, Organe und Geschäftsführung des Betriebsrats, S. 9 = BUV 1972, 125, 126). Der neue Betriebsrat kann also bereits vor Beginn seiner Amtszeit seinen Vorsitzenden und dessen Stellvertreter (gegebenenfalls auch einen Betriebsausschuss) wählen; allerdings beginnt deren Amt erst mit Ablauf der Amtsperiode des noch im Amt befindlichen Betriebsrats.

6 d) **Zu laden** sind **alle als gewählt festgestellten Kandidaten.** Wer die Wahl ablehnt (§ 18 Abs. 2 WO), gilt als nicht gewählt. An Stelle eines verhinderten Mitglieds ist auch zu dieser konstituierenden Sitzung das für dieses in Betracht kommende Ersatzmitglied zu laden (s. auch Rn. 32 f.).

7 Der Wahlvorstand kann zu dieser Sitzung weder den **Arbeitgeber** (§ 29 Abs. 4) noch **Gewerkschaftsvertreter** (§ 31) einladen (ebenso GL-*Marienhagen*, § 29 Rn. 5; GK-*Raab*, § 29 Rn. 17; HSWGNR-*Glock*, § 29 Rn. 10; a. A. für den Arbeitgeber LAG Düsseldorf [Köln] 14. 6. 1961, BB 1961, 900; für Gewerkschaftsbeauftragte DKK-*Wedde*, § 29 Rn. 10; HaKo-BetrVG/*Blanke*, § 29 Rn. 7). Die Entscheidung, ob außer den Betriebsratsmitgliedern auch andere Personen zu laden sind, muss dem Betriebsrat bzw. dessen Vorsitzenden vorbehalten bleiben und kann daher erst nach der Konstituierung des Betriebsrats getroffen werden. Wegen der begrenzten Zielsetzung der konstituierenden Sitzung braucht der Wahlvorstand auch nicht die **Schwerbehindertenvertretung** und die **Jugend- und Auszubildendenvertretung** zu laden (ebenso *Wiese*, *Marienhagen* [für die Jugend- und Auszubildendenvertretung], *Glock*, jeweils a. a. O.; a. A. *Wedde*, a. a. O.).

II. Die konstituierende Sitzung § 29

Jedoch bestehen keine Bedenken dagegen, dass die Schwerbehindertenvertretung bereits an der konstituierenden Sitzung teilnimmt (§ 32) und die Jugend- und Auszubildendenvertretung einen Vertreter entsendet (§ 67 Abs. 1 Satz 1; ebenso *Glock*, a. a. O.; HaKo-BetrVG/*Blanke*, § 29 Rn. 7; a. A. *Raab*, a. a. O.).

Die Bestimmung, dass der Betriebsrat dem **Sprecherausschuss der leitenden Angestellten** oder dessen Mitglieder das Recht einräumen kann, an Sitzungen teilzunehmen (§ 2 Abs. 2 Satz 2 SprAuG), setzt die Konstituierung des Betriebsrats voraus. Deshalb können der Sprecherausschuss oder einzelne seiner Mitglieder nicht zur konstituierenden Sitzung eingeladen werden (ebenso GK-*Raab*, § 29 Rn. 17). 8

e) Sind die **Betriebsratsmitglieder** zu der vom Wahlvorstand einberufenen Sitzung **nicht** oder **nicht wenigstens zur Hälfte erschienen,** so hat der Wahlvorstand sie nochmals einzuberufen. 9

2. Selbstversammlungsrecht

Kommt der **Wahlvorstand** seiner **Verpflichtung zur Einberufung der Sitzung nicht** nach, so müssen die Mitglieder des Betriebsrats aus **eigener Initiative** zusammentreten (ebenso *Brecht*, § 29 Rn. 4; *Fitting*, § 29 Rn. 9; GK-*Raab*, § 29 Rn. 13; DKK-*Wedde*, § 29 Rn. 7; *Nikisch*, Bd. III S. 133 f.; *Nipperdey/Säcker* in *Hueck/Nipperdey*, Bd. II/2 S. 1197 Fn. 5; a. A. BAG 23. 8. 1984 AP BetrVG 1972 § 102 Nr. 36 [da die Betriebsratsmitglieder nicht verpflichtet seien, der Einladung Folge zu leisten]; HSWGNR-*Glock*, § 29 Rn. 7; *Joost*, MünchArbR § 219 Rn. 4 – nur Recht, nicht Pflicht). Die Möglichkeit, den Wahlvorstand durch das Arbeitsgericht ersetzen zu lassen (§ 18 Abs. 1 Satz 2), scheidet aus, weil die Wahl bereits abgeschlossen ist. Gleiches gilt, soweit statt des Selbstversammlungsrechts jedem gewählten Betriebsratsmitglied gegen den Wahlvorstand ein Anspruch auf ordnungsgemäße Einberufung der konstituierenden Sitzung eingeräumt wird (so *Glock*, a. a. O.). 10

Die **Initiative zur Einberufung der konstituierenden Sitzung** kann von **jedem Mitglied** ausgehen; es leitet die Sitzung, bis der Betriebsrat aus seiner Mitte einen Wahlleiter bestellt hat. 11

3. Durchführung und Beendigung der konstituierenden Sitzung

Der **Vorsitzende** des **Wahlvorstands** leitet die **Sitzung, bis** der Betriebsrat aus seiner Mitte einen **Wahlleiter bestellt** hat (Abs. 1 Satz 2). 12

Gegenstand der Sitzung sind ausschließlich die „nach § 26 Abs. 1 vorgeschriebenen Wahlen" (Abs. 1 Satz 1), also die **Wahl des Vorsitzenden und seines Stellvertreters** (s. ausführlich § 26 Rn. 3 ff.). 13

Mit der **Wahl des Vorsitzenden und seines Stellvertreters** ist die **konstituierende Sitzung beendet.** Funktionsfähig ist der Betriebsrat aber bereits, sobald der Vorsitzende gewählt ist (s. zur Bedeutung für die Mitbestimmungsausübung § 26 Rn. 1). Das ist vor allem zu beachten, wenn der Vorsitzende ordnungsgemäß gewählt, sein Stellvertreter aber nicht gewählt wird. 14

Der Betriebsrat kann nach der Wahl des Vorsitzenden und seines Stellvertreters noch **weitere Gegenstände** beraten. Eine Beschlussfassung über sie ist jedoch grundsätzlich ausgeschlossen, weil sie eine Mitteilung auf der Ladung voraussetzt (ebenso im Ergebnis GK-*Raab*, § 29 Rn. 22; s. auch Rn 39). Zur Festsetzung einer Tagesordnung über die Wahl des Vorsitzenden und seines Stellvertreters hinaus ist der einladende Wahlvorstand nicht befugt. Insoweit kann die Wahl der freizustellenden Betriebsratsmitglieder gem. § 38 im Anschluss an die Wahl des Betriebsratsvorsitzenden und seines Stellvertreters nicht wirksam beschlossen werden, sofern die Amtszeit des neu gewählten Betriebsrats noch nicht begonnen hat (vgl. LAG Hamburg 23. 7. 2007 – 3 TaBV 13/06, juris; ebenso *Fitting*, § 29 Rn. 11; GK-*Raab*, § 29 Rn. 9, 21). Eine Ausnahme ist nur für die **Wahl des Betriebsausschusses** anzuerkennen, weil dessen Wahl notwendig ist, wenn der Betriebs- 15 rat die erforderliche Zahl von Mitgliedern umfasst (s. § 27 Rn. 9). Der Wahlvorstand kann diese Wahl auf die Tagesordnung setzen; aber nur wenn das geschehen ist oder alle Betriebsratsmitglieder erschienen und damit einverstanden sind, kann der Betriebsausschuss in dieser Sitzung gewählt werden.

III. Einberufung der weiteren Sitzungen

1. Kompetenz zur Einberufung

16 Die weiteren Sitzungen des Betriebsrats werden vom **Vorsitzenden des Betriebsrats** einberufen (Abs. 2 Satz 1). Wenn er verhindert ist, tritt an seine Stelle sein Stellvertreter (s. § 26 Rn. 53 ff.). Ist auch er verhindert und für diesen Fall kein weiterer Stellvertreter bestimmt (s. § 26 Rn. 55), hat der Betriebsrat ein **Selbstversammlungsrecht,** das von jedem Betriebsratsmitglied ausgeübt werden kann (ebenso *Fitting,* § 29 Rn. 24; DKK-*Wedde,* § 29 Rn. 15). Andere Personen sind dazu nicht berechtigt.

17 Ein Selbstversammlungsrecht des Betriebsrats in dem Sinn, dass er Beschlüsse fassen kann, wenn die Mehrheit sich zusammenfindet, besteht nicht. Ein Beschluss, der auf einer solchen nicht ordnungsgemäß anberaumten Sitzung gefasst würde, wäre nichtig (ebenso HSWGNR-*Glock,* § 29 Rn. 16). Eine Ausnahme gilt nur, wenn alle Betriebsratsmitglieder – an Stelle eines verhinderten Mitglieds das eintrittsberechtigte Ersatzmitglied – zusammentreten; sie können auch ohne vorhergehende Ladung sich zu einer Sitzung konstituieren, vorausgesetzt, dass *alle* damit einverstanden sind (ebenso LAG Saarbrücken, AP BetrVG § 29 Nr. 2; LAG Hamm, DB 1975, 1851; *Fitting,* § 29 Rn. 45; GK-*Raab,* § 29 Rn. 25; HSWGNR-*Glock,* § 29 Rn. 17; *Nikisch,* Bd. III S. 178; *Nipperdey/Säcker* in *Hueck/Nipperdey,* Bd. II/2 S. 1197 Fn. 6; vgl. auch LAG Düsseldorf [Köln] 7. 3. 1975, DB 1975, 733). Es genügt nicht, dass alle *Teilnehmer der Zusammenkunft* einverstanden sind. Eine Betriebsratssitzung liegt auch dann nicht vor, wenn die Hälfte der Betriebsratsmitglieder zufällig zusammentritt und der Rest vorher davon Kenntnis erhält (ebenso GK-*Raab,* § 29 Rn. 25; a. A. *Neumann-Duesberg,* S. 249) oder ausdrücklich seine Einwilligung zur Abhaltung einer ad hoc-Sitzung erklärt (a. A. GK-*Raab,* § 29 Rn. 25). Das würde Unklarheiten schaffen, aber auch Machenschaften Tür und Tor öffnen.

2. Pflicht zur Einberufung

18 a) Die Anberaumung der Sitzung obliegt **grundsätzlich dem pflichtgemäßen Ermessen des Vorsitzenden,** der von jedem Betriebsratsmitglied, aber auch von jedem Angehörigen des Betriebs durch entsprechenden Antrag angeregt werden kann. Der Vorsitzende missbraucht sein Ermessen, wenn er dem Arbeitgeber verspricht, während dessen Urlaub keine Betriebsratssitzungen durchzuführen, weil Betriebsratsaufgaben sich auch dann stellen können, wenn der Arbeitgeber persönlich abwesend ist (vgl. ArbG Minden 24. 9. 1970, DB 1971, 150).

19 b) Einen formellen **Anspruch auf Einberufung** haben lediglich ein **Viertel der Mitglieder des Betriebsrats** und der **Arbeitgeber** (Abs. 3). An Stelle eines verhinderten Betriebsratsmitglieds tritt auch für diesen Antrag das für ihn einrückende Ersatzmitglied; denn die Stellung des Antrags gehört zu den aus dem Amt sich ergebenden Aufgaben, so dass auch hier eine Vertretung in Betracht kommt, wenn ein Betriebsratsmitglied zeitweilig verhindert ist (§ 25 Abs. 1 Satz 2).

20 **Andere Personen** haben **kein formelles Recht,** die Einberufung des Betriebsrats zu einer Sitzung zu verlangen, weder die Belegschaft in ihrer Präsentation als Betriebsversammlung noch ein bestimmter Teil der Arbeitnehmer noch eine im Betrieb vertretene Gewerkschaft. Von ihnen vorgetragene Wünsche haben nur die Bedeutung einer *Anregung* an den Vorsitzenden.

III. Einberufung der weiteren Sitzungen § 29

Im Gegensatz zu § 34 Abs. 3 BPersVG haben auch in Angelegenheiten, die besonders 21
die von ihnen vertretenen Arbeitnehmer betreffen, weder die **Schwerbehindertenvertretung** noch die Mehrheit der Mitglieder der **Jugend- und Auszubildendenvertretung** das Recht, eine Sitzung des Betriebsrats zu beantragen. Der RegE hatte die „Jugendvertretung" zwar noch als Antragsberechtigte bezeichnet (BT-Drucks. VI/1786, S. 8, 40); das Gesetz erwähnt sie aber nicht mehr (vgl. den Bericht des BT-Ausschusses für Arbeit und Sozialordnung, *zu* BT-Drucks. VI/2729, S. 22). Die Schwerbehindertenvertretung kann jedoch beantragen, Angelegenheiten, die einzelne Schwerbehinderte oder die Schwerbehinderten als Gruppe besonders betreffen, auf die **Tagesordnung der nächsten Sitzung** zu setzen (§ 95 Abs. 4 Satz 1 Halbsatz 2 SGB IX). Entsprechend kann die Jugend- und Auszubildendenvertretung beim Betriebsrat beantragen, Angelegenheiten, die besonders die in § 60 Abs. 1 genannten Arbeitnehmer betreffen und über die sie beraten hat, auf die nächste Tagesordnung zu setzen (§ 67 Abs. 3 Satz 1; s. auch dort Rn. 26 ff.).

c) Der **Antrag** auf Einberufung einer Sitzung ist an den Vorsitzenden zu richten und 22
muss den Gegenstand nennen, dessen Beratung beantragt wird. Soweit ein formeller Anspruch auf Einberufung besteht, muss der Vorsitzende dem Antrag stattgeben. Er kann die Einberufung des Betriebsrats nicht verweigern, weil er die zur Erörterung gestellten Fragen nicht für wichtig genug hält, um eine Sitzung zu rechtfertigen. Sein Prüfungsrecht erstreckt sich nur darauf, ob die Voraussetzungen für den formellen Anspruch auf Einberufung gegeben sind und ob der Gegenstand zum Aufgabenbereich des Betriebsrats gehört. Kommt er im letzteren Fall zu einem negativen Ergebnis, darf er dem Antrag nicht stattgeben.

3. Pflicht zur Aufnahme eines Gegenstands in die Tagesordnung

Der **Anspruch auf Einberufung einer Betriebsratssitzung** zielt darauf, dass der Be- 23
triebsrat sich mit dem **beantragten Gegenstand zu befassen** hat. Er hat also einen *doppelten Inhalt:* Es kann die *Einberufung einer Sitzung* und die *Aufnahme des Gegenstands in die Tagesordnung* verlangt werden. Deshalb enthält der Anspruch auch das Recht, dass eine Frage auf die Tagesordnung einer *bereits einberufenen* oder *einzuberufenden* Sitzung gesetzt wird (ebenso *Fitting*, § 29 Rn. 29; *GK-Raab*, § 29 Rn. 29; HSWGNR-*Glock*, § 29 Rn. 22; DKK-*Wedde*, § 29 Rn. 30; *Nikisch*, Bd. III S. 178; vgl. auch BVerwG 29. 8. 1975 E 49, 144, 147 f. = PersV 1976, 386; 29. 8. 1975, PersV 1976, 389).

Daraus folgt zugleich, dass das **einzelne Betriebsratsmitglied** kein Recht hat, die 24
Aufnahme eines Beratungsgegenstands in die Tagesordnung zu verlangen (ebenso HaKo-BetrVG/*Blanke*, § 29 Rn. 10; zur gleichen Regelung im BPersVG: BVerwG 29. 8. 1975 E 49, 144, 147 f. = PersV 1976, 386; PersV 1976, 389). Dieses Recht haben aber unter den gesetzlichen Voraussetzungen die **Schwerbehindertenvertretung** und die Mehrheit der Mitglieder der **Jugend- und Auszubildendenvertretung** (s. Rn. 21).

4. Rechtsfolgen bei pflichtwidrigem Verhalten des Vorsitzenden

Der Vorsitzende handelt pflichtwidrig, wenn er trotz eines ordnungsgemäß gestellten 25
Antrags der Antragsberechtigten keine Sitzung einberuft und nicht den beantragten Gegenstand auf die Tagesordnung setzt. Bei Wiederholung kann die Pflichtwidrigkeit sich zu einer groben Amtspflichtverletzung verdichten, die, wenn eine Abberufung durch den Betriebsrat nicht erfolgt, den **Ausschluss aus dem Betriebsrat** durch das Arbeitsgericht rechtfertigt (ebenso ArbG Eßlingen, AuR 1964, 249; *Fitting*, § 29 Rn. 32; GL-*Marienhagen*, § 29 Rn. 13; GK-*Raab*, § 29 Rn. 31; HSWGNR-*Glock*, § 29 Rn. 23; DKK-*Wedde*, § 29 Rn. 32). Die Antragsteller können aber nicht von sich aus die Betriebsratssitzung einberufen (ebenso *Fitting, Wiese/Raab, Glock, Wedde,* jeweils a. a. O.). Setzt der Vorsitzende den beantragten Gegenstand nicht auf die Tagesordnung, so kann er nur zur Beschlussfassung gestellt werden, wenn alle Mitglieder erschienen

und damit einverstanden sind (ebenso GL-*Marienhagen,* § 29 Rn. 14; für Zulässigkeit, wenn die Mehrheit der Betriebsratsmitglieder zustimmt, *Fitting,* § 29 Rn. 33; GK-*Raab,* § 29 Rn. 32; s. auch Rn. 39). Es kann lediglich beschlossen werden, dass eine neue Sitzung einberufen wird, um den beantragten Gegenstand zu behandeln. Anderenfalls kann nur durch einstweilige Verfügung im Beschlussverfahren der Vorsitzende verpflichtet werden, eine Betriebsratssitzung einzuberufen und den beantragten Gegenstand in die Tagesordnung aufzunehmen.

IV. Ladung unter Mitteilung der Tagesordnung

1. Personenkreis

26 a) Die **Einberufung der Sitzung** erfolgt **durch Ladung der Mitglieder des Betriebsrats** (Abs. 2 Satz 3).

27 Weiterhin ist stets zu laden, sofern im Betrieb vorhanden, die **Schwerbehindertenvertretung** (Abs. 2 Satz 4), weil sie das Recht hat, an allen Sitzungen des Betriebsrats beratend teilzunehmen (§ 32).

28 Stets zu laden ist auch die **Jugend- und Auszubildendenvertretung** (Abs. 2 Satz 4), wobei die Ladung an den Vorsitzenden der Jugend- und Auszubildendenvertretung zu richten ist; denn die Jugend- und Auszubildendenvertretung kann zu allen Betriebsratssitzungen einen Vertreter entsenden (§ 67 Abs. 1 Satz 1). Zu den Tagesordnungspunkten, die besonders die in § 60 Abs. 1 genannten Arbeitnehmer betreffen, sind alle Jugend- und Auszubildendenvertreter zu laden, weil sie insoweit ein Recht auf Teilnahme an der Sitzung haben (§ 67 Abs. 1 Satz 2). Soweit vorhanden, ist, wenn Angelegenheiten behandelt werden, die auch die Zivildienstleistenden betreffen, zu diesen Tagesordnungspunkten der **Vertrauensmann der Zivildienstleistenden** zu laden, da er insoweit ein Teilnahmerecht hat (§ 3 Abs. 1 ZDVG; ebenso *Fitting,* § 29 Rn. 36; HWK-*Reichold,* § 29 Rn. 12; GK-*Raab,* § 29 Rn. 40; HSWGNR-*Glock,* § 29 Rn. 31; DKK-*Wedde,* § 29 Rn. 23; HaKo-BetrVG/*Blanke,* § 29 Rn. 9).

29 Weiterhin ist der **Arbeitgeber** zu laden, wenn er die Sitzung beantragt hat (s. Rn. 19) oder wenn der Betriebsrat seine Einladung beschlossen hat (s. auch Rn. 47). Der Vorsitzende kann den Arbeitgeber aber auch auf Grund seiner Kompetenz, die Betriebsratssitzung vorzubereiten, einladen, wenn er dessen Teilnahme für geboten hält.

30 Für den Fall, dass ein Gewerkschaftsbeauftragter teilnehmen kann (§ 31), ist auch die **Gewerkschaft** zu laden, die einen Beauftragten entsenden kann (s. § 31 Rn. 17).

31 Soweit der Betriebsrat dem **Sprecherausschuss der leitenden Angestellten** oder dessen Mitgliedern das Recht eingeräumt hat, an Sitzungen des Betriebsrats teilzunehmen (§ 2 Abs. 2 Satz 2 SprAuG), sind auch sie zu laden. Die Ladung ist im ersteren Fall an den Vorsitzenden des Sprecherausschusses zu richten (§ 11 Abs. 2 Satz 2 SprAuG). Sofern ein Unternehmenssprecherausschuss besteht, tritt er an die Stelle eines betrieblichen Sprecherausschusses (§ 20 Abs. 4 SprAuG). Zu der gemeinsamen Sitzung des Sprecherausschusses und des Betriebsrats, die nach § 2 Abs. 2 Satz 3 SprAuG einmal im Kalenderjahr stattfinden soll, werden, sofern Betriebsrat und Sprecherausschuss keine andere Regelung treffen, die Mitglieder des Betriebsrats und des Sprecherausschusses jeweils von ihren Vorsitzenden geladen (ebenso *Fitting,* § 29 Rn. 42).

32 b) An Stelle eines verhinderten Betriebsratsmitglieds ist das für ihn in den Betriebsrat nachrückende **Ersatzmitglied** zu laden (Abs. 2 Satz 6). Kann ein geladenes Mitglied an der Sitzung nicht teilnehmen, so soll es dies unter Angabe der Gründe *unverzüglich,* d. h. ohne schuldhaftes Zögern, dem Vorsitzenden mitteilen (Abs. 2 Satz 5). Durch die Angabe der Gründe soll dem Vorsitzenden die Nachprüfung erleichtert werden, ob die Stellvertretung notwendig ist (s. dazu § 25 Rn. 15). Kommt der Vorsitzende zu dem Ergebnis, dass kein zwingender Grund vorliegt, der die Annahme einer zeitweiligen

IV. Ladung unter Mitteilung der Tagesordnung § 29

Verhinderung gestattet, so darf er das Ersatzmitglied nicht laden, weil es eine gewillkürte Stellvertretung nicht gibt (s. auch BAG 23. 8. 1984 AP BetrVG 1972 § 103 Nr. 17; LAG Nürnberg 14. 10. 1997, LAGE Nr. 2 zu § 29 BetrVG 1972; LAG Hamm 28. 7. 2006, 10 TaBV 12/06, juris; *Stege/Weinspach/Schiefer*, § 29 Rn. 6).

Sind Mitglieder der Jugend- und Auszubildendenvertretung verhindert, an einer Sitzung teilzunehmen, obwohl sie ein Teilnahmerecht haben (s. Rn. 28), so gilt Gleiches wie bei einem verhinderten Betriebsratsmitglied (Abs. 2 Satz 5 und 6). 33

2. Tagesordnung

Die **Ladung** erfolgt **unter Mitteilung der Tagesordnung** (Abs. 2 Satz 3). Grundsätzlich ist sie mit der Ladung bekanntzugeben, doch schadet eine nachträgliche Mitteilung oder Ergänzung nicht, wenn sie rechtzeitig erfolgt (s. auch Rn. 36). Die Tagesordnung muss so genau mitgeteilt werden, dass jeder sich ein Bild machen kann, welche Fragen zur Beratung gestellt sind (vgl. auch BVerwG 29. 8. 1975 E 49, 144, 151 = PersV 1976, 387; PersV 1976, 390). Die Mitteilung eines Tagesordnungspunktes „Verschiedenes" steht insoweit dem Fehlen einer Tagesordnung gleich (ebenso BAG 28. 10. 1992 AP BetrVG 1972 § 29 Nr. 4). 34

Die **Tagesordnung** wird vom **Vorsitzenden des Betriebsrats festgelegt** (Abs. 2 Satz 2). Er hat darüber nach pflichtgemäßen Ermessen zu entscheiden. Ein Viertel der Mitglieder oder der Arbeitgeber können verlangen, dass ein bestimmter Gegenstand auf die Tagesordnung gesetzt wird (s. Rn. 23). Das gleiche Recht haben gemäß § 95 Abs. 4 Satz 1 Halbsatz 2 SGB IX die Schwerbehindertenvertretung und, sofern es sich um eine Angelegenheit handelt, die besonders die in § 60 Abs. 1 genannten Arbeitnehmer betrifft und über die sie beraten hat (§ 67 Abs. 3 Satz 1), die Jugend- und Auszubildendenvertretung (s. auch Rn. 21). 35

3. Frist und Form der Ladung

a) Die Ladung hat **rechtzeitig** zu erfolgen (Abs. 2 Satz 3). Eine bestimmte Frist ist im Gesetz nicht vorgesehen; die Ladung muss jedoch so rechtzeitig ergehen, dass die Betriebsratsmitglieder und die anderen Personen, die ein Teilnahmerecht haben, sich auf die Sitzung vorbereiten können. In einem Eilfall kann allerdings auch ohne Einhaltung einer Frist geladen werden (ebenso im Ergebnis, soweit sie eine kurzfristige Einladung für zulässig halten: *Fitting*, § 29 Rn. 44; HSWGNR-*Glock,* § 29 Rn. 25; DKK-*Wedde*, § 29 Rn. 17; siehe auch LAG Köln 3. 3. 2008, BB 2008, 1570; LAG Düsseldorf 26. 10. 2007 – 9 TaBV 54/07, juris: versandt, ist die Mitteilung des Tagesordnungspunkts „Abberufung eines Betriebsratsmitglieds von der Freistellung" eineinhalb Tage vor Beginn der Betriebsratssitzung nicht rechtzeitig, soweit keine Eilbedürftigkeit besteht). 36

b) Eine **besondere Form** ist für die Ladung im Gesetz ebenfalls **nicht vorgeschrieben**. Sie kann daher auch mündlich erfolgen. Es genügt rechtzeitige Mitteilung von Ort und Zeit der Sitzung. Mit der Ladung ist die Tagesordnung bekanntzugeben. Eine nachträgliche Mitteilung oder Ergänzung muss so rechtzeitig erfolgen, dass die Mitglieder des Betriebsrats sich auf die in der Tagesordnung aufgeführten Gegenstände vorbereiten können. Nicht verlangt werden kann, dass mit der Tagesordnung Abschriften aller dem Betriebsrat vorliegenden Unterlagen übersandt oder sonstige Informationen gegeben werden (ebenso, aber nur insoweit zutreffend zum BPersVG: BVerwG 29. 8. 1975 E 49, 144, 150 ff. = PersV 1976, 387; PersV 1976, 390). Die Mitglieder des Betriebsrats haben aber das Recht, die Unterlagen des Betriebsrats und seiner Ausschüsse jederzeit einzusehen (§ 34 Abs. 3; s. dort Rn. 24 ff.). 37

c) Die **Geschäftsordnung** des Betriebsrats (§ 36) kann für die Ladung Formen und Fristen, z. B. schriftliche Einladung, Bestimmungen über die Bekanntmachung der Tagesordnung, aufstellen. Sie kann auch turnusmäßig wiederkehrende Sitzungen vorsehen. Sind für sie bestimmte Termine festgelegt, so ist eine besondere Ladung zu ihnen nicht 38 erforderlich; denn in der Festsetzung der Termine durch die Geschäftsordnung liegt die Ladung. Dadurch erübrigt sich aber nicht die rechtzeitige Mitteilung der Tagesordnung, und außerdem sind die in Betracht kommenden Ersatzmitglieder zu laden, wenn ein Mitglied des Betriebsrats oder der Jugend- und Auszubildendenvertretung an der Sitzung nicht teilnehmen kann. Die Einhaltung der in der Geschäftsordnung festgelegten Bestimmungen ist im Allgemeinen als wesentlich für die Frage der Ordnungsmäßigkeit der Ladung anzusehen.

4. Rechtsfolgen bei nicht rechtzeitiger Ladung und nicht ordnungsmäßiger Mitteilung der Tagesordnung

39 a) **Rechtzeitige Ladung und ordnungsmäßige Mitteilung der Tagesordnung** sind Voraussetzung eines ordnungsgemäß gefassten Beschlusses (ebenso BAG 28. 4. 1988 AP BetrVG 1972 § 29 Nr. 2; BAG 19. 1. 2005 – 7 ABR 24/04, juris; bereits LAG Saarbrücken, AP BetrVG § 29 Nr. 2; vgl. auch BVerwG 29. 8. 1975 E 49, 144, 151 = PersV 1976, 387; PersV 1976, 390 f.; BAG 3. 8. 1999 Nr. 7 zu § 25 BetrVG 1972 [Ladung von Ersatzmitgliedern]). Ist ein Gegenstand nicht rechtzeitig bekanntgemacht, so darf über ihn kein Beschluss gefasst werden. Eine Ausnahme gilt nur, wenn alle Mitglieder erschienen und mit der Beschlussfassung einverstanden sind, wobei an Stelle eines verhinderten Mitglieds das Ersatzmitglied tritt (ebenso BAG 28. 4. 1988 AP BetrVG 1972 § 29 Nr. 2; bestätigt durch BAG 28. 10. 1992 AP BetrVG 1972 § 29 Nr. 4 und BAG 24. 5. 2006, NZA 2006, 1364; weiterhin LAG Düsseldorf 26. 10. 2007 – 9 TaBV 54/07, juris; LAG Hamm 16. 5. 2007 – 10 TaBV 101/06, juris; LAG Nürnberg 10. 10. 2006, NZA-RR 2007, 136; LAG Hamburg 6. 10. 2006, 6 TaBV 12/06, juris; Hessisches LAG 1. 6. 2006, 9 TaBV 164/05, juris; LAG Köln 25. 11. 1998, NZA-RR 1999, 245 = LAGE Nr. 2 zu § 33 BetrVG 1972; LAG Saarbrücken 11. 11. 1964, AP BetrVG § 29 Nr. 2; GL-*Marienhagen*, § 29 Rn. 22; ErfK-*Eisemann/Koch*, § 29 Rn. 3; *Stege/Weinspach/Schiefer*, § 29 Rn. 6, 8; a. A. HSWGNR-*Glock*, § 29 Rn. 37, nach dem Änderungen und Ergänzungen zulässig sind, wenn alle *erschienenen* Mitglieder zustimmen; *Stege/Weinspach/Schiefer*, § 29 Rn. 6; *Joost*, MünchArbR § 219 Rn. 14; – für Zulässigkeit, wenn die *Mehrheit der Mitglieder des Betriebsrats* zustimmt, *Fitting*, § 29 Rn. 48; DKK-*Wedde*, § 29 Rn. 20 a; bereits bei einem *Mehrheitsbeschluss* gemäß § 33: *Brecht*, § 29 Rn. 7; GK-*Raab*, § 29 Rn. 52 ff.; *Bobrowski*, DB 1957, 21, 22). Es gehört zu den Grundsätzen einer ordnungsgemäßen Beschlussfassung, dass alle Betriebsratsmitglieder vorher in Kenntnis gesetzt werden, in welcher Angelegenheit eine Abstimmung erfolgen soll. Dass der Betriebsrat mit der Mehrheit seiner Mitglieder sich für eine Änderung der Tagesordnung entscheidet, kann daran nichts ändern, denn es ist nicht auszuschließen, dass er auf Grund der Äußerungen eines durch die Tagesordnung vorbereiteten Mitgliedes anders abgestimmt hätte, als er es nach spontaner Änderung der Tagesordnung getan hat. Das Erfordernis einer ordnungsgemäßen Tagesordnung sichert damit die Möglichkeit jedes Betriebsratsmitglieds, sich bestmöglich auf die Sitzungen vorzubereiten. Es geht daher nicht nur darum, einen Missbrauch durch geplantes Nachschieben von Tagesordnungpunkten zu verhindern (darauf stellt ab DKK-*Wedde*, § 29 Rn. 20 c; im Ergebnis wie hier BAG 28. 4. 1988 AP BetrVG 1972 § 29 Nr. 2; BAG 24. 5. 2006, NZA 2006, 1364; LAG Hamburg 6. 10. 2006, 6 TaBV 12/06, juris; LAG Düsseldorf [Köln] 16. 1. 1975, DB 1975, 743). Das gilt auch für Jugend- und Auszubildendenvertreter, soweit sie ein Stimmrecht haben (§ 67 Abs. 2; s. auch dort Rn. 20 ff.). Unabhängig von den unterschiedlichen Standpunkten im Einzelnen dürfte es allgemeine Meinung sein, dass jedenfalls bei Fehlen jeglicher Tagesordnung und allgemein beim Fehlen einer ordnungsgemäßen Ladung eine nachträgliche Beschlussfassung über die Tagesordnung insgesamt nicht zulässig ist, wenn nicht alle Mitglieder des Betriebsrats dem zustimmen (*Fitting*, § 29 Rn. 45, 48; DKK-*Wedde*, § 29 Rn. 22). Zudem kann ein durch verfahrenswidrige nachträgliche Ergänzung der Tagesordnung zustande gekommener Beschluss aus den oben genannten Gründen auch nicht durch einen späteren genehmigenden Beschluss geheilt werden (ebenso Hessisches LAG 1. 6. 2006, 9 TaBV 164/05, juris). Wird demgegenüber ein wegen Ladungsmängeln möglicherweise unwirksamer Betriebsratsbeschluss nachträglich durch einen später ordnungsgemäß zustande gekommenen Betriebsratsbeschluss genehmigt, dann ist die Unwirksamkeit geheilt: Es macht keinen Unterschied, ob der Beschluss wiederholt oder der vorangegangene Beschluss genehmigt wird (LAG Nürnberg 23. 9. 1997, LAGE Nr. 2 zu § 29 BetrVG 1972).

Soweit für die **Jugend- und Auszubildendenvertretung** nur ein **Teilnahmerecht ohne** **40** **Stimmrecht** besteht (§ 67 Abs. 1), ist die Sitzung zwar rechtsfehlerhaft einberufen, wenn eine rechtzeitige und ordnungsmäßige Ladung unterbleibt. Dieser Mangel berührt aber **nicht** die **Wirksamkeit der Beschlussfassung** (s. § 67 Rn. 19). Gleiches gilt, wenn trotz eines Teilnahmerechts der **Arbeitgeber**, eine **Gewerkschaft** oder die **Schwerbehindertenvertretung** nicht rechtzeitig und ordnungsgemäß geladen wird (ebenso *Fitting*, § 33 Rn. 22; GK-*Raab*, § 33 Rn. 55; HSWGNR-*Glock*, § 33 Rn. 12).

b) Der **Mangel rechtzeitiger und ordnungsmäßiger Ladung** kann **nicht** von demjenigen **41** **geltend gemacht** werden, der gleichwohl zur **Betriebsratssitzung** erschienen ist und in ihr nicht beanstandet hat, dass die Ladung oder die Mitteilung der Tagesordnung nicht rechtzeitig oder nicht ordnungsgemäß erfolgt ist (s. zur Möglichkeit einer gerichtlichen Nachprüfung, ob ein Betriebsratsbeschluss ordnungsgemäß zustandegekommen ist, ausführlich § 33 Rn. 38 ff.). Wird an Stelle eines verhinderten Mitglieds ein Ersatzmitglied nicht geladen, weil die Verhinderung nicht bekannt war, oder wird das Ersatzmitglied an Stelle des Mitglieds geladen, weil der Vorsitzende irrtümlich annahm, dass dieses noch verhindert sei, so ist die Ladung gleichwohl ordnungsgemäß erfolgt.

V. Leitung der Sitzung

1. Leitungskompetenz

Die Leitung der Sitzung obliegt dem **Vorsitzenden des Betriebsrats** (Abs. 2 Satz 2). **42** Nur wenn er verhindert ist, tritt an seine Stelle sein Stellvertreter. Ist auch dieser verhindert, so bestimmen die anwesenden Betriebsratsmitglieder durch Beschluss, wer aus ihrer Mitte die Sitzung leitet, wenn nicht für diesen Verhinderungsfall ein weiteres Mitglied bereits zum Stellvertreter bestimmt ist (ebenso *Fitting*, § 29 Rn. 49; GK-*Raab*, § 29 Rn. 57; im Ergebnis auch HSWGNR-*Glock*, § 29 Rn. 56; s. zur Wahl eines weiteren Stellvertreters § 26 Rn. 55).

2. Inhalt der Leitungsmacht

Zur Leitung gehört, dass der Vorsitzende die Sitzung eröffnet und schließt, die **43** Beschlussfähigkeit feststellt, bei der Beratung das Wort erteilt und entzieht, die Abstimmungen durchführt und feststellt, ob und mit welchem Inhalt ein Beschluss gefasst worden ist. Er hat weiterhin für die Niederschrift zu sorgen (§ 34).

Aus der Leitungsmacht ergibt sich, dass der Vorsitzende die **Maßnahmen** ergreifen **44** kann, die erforderlich sind, um einen **störungsfreien Ablauf der Sitzung** zu gewährleisten. Geht die Störung von einem Mitglied aus, so ist er nicht nur darauf beschränkt, ihm einen Ordnungsruf zu erteilen oder das Wort zu entziehen, sondern er kann den Störer auch von der **Teilnahme an der Sitzung ausschließen**, wenn die Störung so erheblich ist, dass auf andere Weise kein ordnungsgemäßer Sitzungsablauf gewährleistet ist; es gilt insoweit der Grundsatz der *Erforderlichkeit* und *Verhältnismäßigkeit* (ebenso GK-*Raab*, § 29 Rn. 61; weiterhin *Brecht*, § 29 Rn. 9; HSWG-*Glock*, § 29 Rn. 55; *Nikisch*, Bd. III S. 183; nur wenn die Geschäftsordnung dies vorsieht, GL-*Marienhagen*, § 29 Rn. 24; a. A. *Fitting*, § 29 Rn. 50; *Weiss/Weyand*, § 29 Rn. 7; *Joost*, MünchArbR,

§ 219 Rn. 36; *Hässler*, Die Geschäftsführung des Betriebsrates, S. 30; wohl auch *Frauenkron*, § 29 Rn. 14).

45 Der **Arbeitgeber** ist **nicht berechtigt**, in die **Leitung der Sitzung einzugreifen**, auch wenn in ihr vom Gesetz abgewichen wird. Während der Sitzung steht vielmehr dem Vorsitzenden die Ausübung des **Hausrechts** zu (ebenso *Brecht*, § 29 Rn. 9; *Fitting*, § 29 Rn. 49; GK-*Raab*, § 29 Rn. 59; HSWGNR-*Glock*, § 29 Rn. 55; DKK-*Wedde*, § 29 Rn. 25; s. ausführlich zum Begriff des Hausrechts hier § 42 Rn. 24).

VI. Teilnahme des Arbeitgebers an Betriebsratssitzungen

1. Voraussetzungen

46 Der Arbeitgeber nimmt an den **Sitzungen, die auf sein Verlangen** anberaumt sind, und an den Sitzungen, zu denen er **ausdrücklich eingeladen** ist, teil (Abs. 4 Satz 1). Hat der Arbeitgeber eine Ergänzung der Tagesordnung beantragt (s. Rn. 23), so hat er während der Beratung dieses Tagesordnungspunktes ein Teilnahmerecht. Sofern der Arbeitgeber die Einberufung der Sitzung verlangt hat, hat der Vorsitzende des Betriebsrats auch ihn rechtzeitig unter Mitteilung der Tagesordnung zu laden, obwohl dies im Gesetzestext nicht besonders ausgesprochen wird. Beschränkt sich das Verlangen auf die Behandlung bestimmter Tagesordnungspunkte, so braucht die Tagesordnung, die dem Arbeitgeber mit der Ladung bekanntzugeben ist, nur diese Punkte zu enthalten. Ob der Arbeitgeber zu sonstigen Sitzungen des Betriebsrats eingeladen wird, liegt dagegen im Ermessen des Betriebsrats; jedoch kann auch der Vorsitzende von sich aus in Erfüllung seiner Aufgabe, die Sitzungen ordnungsgemäß vorzubereiten, eine Einladung aussprechen. Die Ladung an den Arbeitgeber ergeht aber in jedem Fall durch den Vorsitzenden und bei seiner Verhinderung durch seinen Stellvertreter; andere Betriebsratsmitglieder sind nicht befugt, sie auszusprechen.

2. Rechtsstellung des Arbeitgebers

47 a) Der Arbeitgeber hat ein **Teilnahmerecht** an Sitzungen des Betriebsrats **nur unter den hier genannten Voraussetzungen**. Ist der Arbeitgeber eine juristische Person oder eine Personengesamtheit, so ist jeder nach Gesetz oder Gesellschaftsvertrag zu ihrer Vertretung Berechtigte auch zur Teilnahme an der Sitzung berechtigt.

48 Problematisch ist, ob den Arbeitgeber eine **Pflicht zur Teilnahme** trifft. Der Gesetzestext beschränkt sich auf die Feststellung, dass er an den dort genannten Sitzungen *teilnimmt*. Man kann aus ihm daher keine Pflicht zur Teilnahme begründen; andererseits entspricht es ihm aber auch nicht, es in das Belieben des Arbeitgebers zu stellen, ob er teilnimmt. Für die Interpretation ist vielmehr das Gebot der vertrauensvollen Zusammenarbeit zu beachten; nach ihm bestimmt sich, ob und in welchem Umfang eine Teilnahmepflicht anzuerkennen ist (ebenso *Fitting*, § 29 Rn. 56, GK-*Raab*, 29 Rn. 69; HSWGNR-*Glock*, § 29 Rn. 42; DKK-*Wedde*, § 29 Rn. 36; HWK-*Reichold*, § 29 Rn. 14; HaKo-BetrVG/*Blanke*, § 29 Rn. 13; *Joost*, MünchArbR, § 219 Rn. 25). Wurde die Sitzung auf Verlangen des Arbeitgebers anberaumt, so entspricht es dem Gebot der vertrauensvollen Zusammenarbeit, dass er an ihr teilnimmt; auch einer Einladung wird er regelmäßig Folge leisten müssen (ebenso *Nikisch*, Bd. III S. 179; soweit darauf abgestellt wird, dass der Arbeitgeber sich der Teilnahme nicht ohne triftigen Grund entziehen könne, DKK-*Wedde*, § 29 Rn. 36).

49 b) Zweck seiner Teilnahme ist, dass der Arbeitgeber seine Ansicht zu den Tagesordnungspunkten äußern kann, deretwegen er die Einberufung der Sitzung verlangt hat oder zu ihr ausdrücklich eingeladen worden ist. Deshalb kann er sich auch an der **Beratung beteiligen** (ebenso GK-*Raab*, § 29 Rn. 67; HSWGNR-*Glock*, § 29 Rn. 46; DKK-*Wedde*, § 29 Rn. 38). Teilweise wird zwar betont, der Arbeitgeber habe anders als

der Gewerkschaftsbeauftragte keine *beratende Stimme* gegenüber dem Betriebsrat (vgl. *Fitting*, § 29 Rn. 59; *Weiss/Weyand*, § 29 Rn. 13). Das BetrVG 1972 verwendet aber im Gegensatz zu 31 BetrVG 1952 nicht mehr den Begriff der „beratenden Stimme"; denn wem lediglich die Befugnis zur Beratung zusteht, hat eben kein Stimmrecht. Es heißt vielmehr in §§ 31, 32, dass der Gewerkschaftsbeauftragte bzw. die Schwerbehindertenvertretung beratend teilnehmen kann. Für den Arbeitgeber fehlt diese Ergänzung; jedoch kann daraus kein materieller Unterschied begründet werden (ebenso *Wiese*, a. a. O.). Es ist vielmehr zu beachten, dass sein Teilnahmerecht sich nur auf Sitzungen bezieht, deren Einberufung er verlangt hat, oder zu denen er ausdrücklich eingeladen ist. Zweck der Teilnahme ist keineswegs, dass der Arbeitgeber im Betriebsrat gehört wird, sondern dass er sich an der Beratung beteiligt. Dabei ist selbstverständlich und keineswegs unzulässig, dass der Arbeitgeber die Mitglieder des Betriebsrats für seine Ansicht zu gewinnen versucht (ebenso *Wiese*, a. a. O.; *Nikisch*, Bd. III S. 179). Da der Betriebsrat aber nicht verpflichtet ist, einen Beschluss zu fassen, auch wenn die Angelegenheit auf Verlangen des Arbeitgebers auf der Tagesordnung steht, sondern stets die Möglichkeit vorhanden ist, die Angelegenheit auf eine Sitzung zu vertagen, die unter Ausschluss des Arbeitgebers stattfindet, hat er auch das Recht, die Beratung in Abwesenheit des Arbeitgebers fortzusetzen und insbesondere die Beschlussfassung ohne Teilnahme des Arbeitgebers vorzunehmen.

Der Arbeitgeber hat **kein Stimmrecht.** Ihm kann auch **nicht** die **Leitung der Sitzung übertragen** werden (ebenso *Fitting*, § 29 Rn. 59 f.; *GL-Marienhagen*, § 29 Rn. 29; *GK-Raab*, § 29 Rn. 57, 67; HSWGNR-*Glock*, § 29 Rn. 46; HWK-*Reichold*, § 29 Rn. 14). 50

c) Der Arbeitgeber kann sich **vertreten** lassen, aber nur durch eine Person, die an der Leitung des Betriebs verantwortlich beteiligt ist (ebenso *Fitting*, § 29 Rn. 58; *GL-Marienhagen*, § 29 Rn. 30; GK-*Raab*, § 29 Rn. 65; HSWGNR-*Glock*, § 29 Rn. 44; DKK-*Wedde*, § 29 Rn. 36; *Nikisch*, Bd. III S. 179; vgl. auch BAG 11. 12. 1991 AP BetrVG 1972 § 90 Nr. 2). Er kann zu seiner Unterstützung auch Sachbearbeiter mitbringen, soweit es sich um die Behandlung von Fragen handelt, für die deren Sachverstand erforderlich wird; jedoch darf es sich bei ihnen nur um Betriebsangehörige handeln, sofern der Betriebsrat der Hinzuziehung einer betriebsfremden Person nicht zustimmt (ebenso *Fitting*, § 29 Rn. 58; GL-*Marienhagen*, § 29 Rn. 32; GK-*Raab*, § 29 Rn. 66). 51

3. Hinzuziehung eines Beauftragten der Arbeitgebervereinigung

Der Arbeitgeber kann, wenn er an der Sitzung teilnimmt, einen Beauftragten der Arbeitgebervereinigung hinzuziehen, der er angehört (Abs. 4 Satz 2). Die Zustimmung des Betriebsrats ist nicht erforderlich. Eine Entsendung des Beauftragten einer Arbeitgebervereinigung in Vertretung des Arbeitgebers ist ausgeschlossen. Die Zuziehung ist aber auch zulässig, wenn der Arbeitgeber sich vertreten lässt. 52

Der Beauftragte der Arbeitgebervereinigung ist keineswegs darauf beschränkt, lediglich den Arbeitgeber zu beraten, sondern er kann, soweit er zur Teilnahme berechtigt ist, sich an der Beratung beteiligen (ebenso GL-*Marienhagen*, § 29 Rn. 31; GK-*Raab*, § 29 Rn. 75; HSWGNR-*Glock*, § 29 Rn. 50; a. A. *Fitting*, § 29 Rn. 64; DKK-*Wedde*, § 29 Rn. 41; s. auch § 46 Rn. 22). Der Vorsitzende hat ihm deshalb unter den gleichen Voraussetzungen das Wort zu erteilen wie dem Arbeitgeber selbst, wenn dieser es wünscht (vgl. auch BAG 19. 5. 1978 AP BetrVG 1972 § 43 Nr. 3). 53

4. Sitzungen des Betriebsausschusses und der Ausschüsse des Betriebsrats nach § 28

Abs. 4 gilt entsprechend für Sitzungen des Betriebsausschusses und der weiteren Ausschüsse des Betriebsrats (s. § 27 Rn. 40). 54

VII. Teilnahme anderer Personen an Betriebsratssitzungen

55 Ein Teilnahmerecht an Betriebsratssitzungen hat stets die **Schwerbehindertenvertretung** (§ 32). Weiterhin kann die **Jugend- und Auszubildendenvertretung** zu allen Betriebsratssitzungen einen Vertreter entsenden, und für den Fall, dass Angelegenheiten behandelt werden, die besonders die in § 60 Abs. 1 genannten Arbeitnehmer betreffen, haben alle Mitglieder zu diesen Tagesordnungspunkten ein Teilnahmerecht (§ 67 Abs. 1). Sofern im Betrieb vorhanden, hat der **Vertrauensmann der Zivildienstleistenden** ein Teilnahmerecht, wenn Angelegenheiten behandelt werden, die auch die Dienstleistenden betreffen (§ 3 Abs. 1 ZDVG). Der Betriebsrat kann dem **Sprecherausschuss der leitenden Angestellten** oder Mitgliedern des Sprecherausschusses das Recht einräumen, an Sitzungen des Betriebsrats teilzunehmen (§ 2 Abs. 2 Satz 2 SprAuG). Einmal im Kalenderjahr soll eine gemeinsame Sitzung des Sprecherausschusses und des Betriebsrats stattfinden (§ 2 Abs. 2 Satz 3 SprAuG, s. auch Rn. 31). Schließlich kann eine **im Betriebsrat vertretene Gewerkschaft** unter den Voraussetzungen des § 31 einen Beauftragten zur Teilnahme entsenden.

56 **Andere Personen** haben dagegen **kein Teilnahmerecht** (s. auch § 30 Rn. 11). Daraus folgt aber nicht notwendigerweise, dass ihre Hinzuziehung mit dem Grundsatz der Nichtöffentlichkeit nicht vereinbar ist (s. dazu § 30 Rn. 12).

VIII. Streitigkeiten

57 Streitigkeiten über die Ordnungsmäßigkeit der Ladung und der Mitteilung der Tagesordnung, über den Vorsitz, die Rechtsstellung des Wahlvorstands hinsichtlich der konstituierenden Sitzung, das Teilnahmerecht des Arbeitgebers und der Beauftragten eines Arbeitgeberverbands entscheidet das Arbeitsgericht im Beschlussverfahren (§ 2 a Abs. 1 Nr. 1, Abs. 2 i. V. mit §§ 80 ff. ArbGG).

§ 30 Betriebsratssitzungen

¹Die Sitzungen des Betriebsrats finden in der Regel während der Arbeitszeit statt. ²Der Betriebsrat hat bei der Ansetzung von Betriebsratssitzungen auf die betrieblichen Notwendigkeiten Rücksicht zu nehmen. ³Der Arbeitgeber ist vom Zeitpunkt der Sitzung vorher zu verständigen. ⁴Die Sitzungen des Betriebsrats sind nicht öffentlich.

Übersicht

	Rn.
I. Vorbemerkung	1
II. Zeitpunkt der Betriebsratssitzungen	2
1. Zeitliche Lage	2
2. Berücksichtigung der betrieblichen Notwendigkeiten	3
3. Verständigung des Arbeitgebers	6
4. Fortzahlung der Arbeitsentgelts und Freizeitausgleich	8
III. Nichtöffentlichkeit der Betriebsratssitzungen	9
1. Zwingende Vorschrift	9
2. Teilnahme Dritter	10
3. Geheimhaltungspflicht	14
4. Rechtswirksamkeit der vom Betriebsrat gefassten Beschlüsse bei Verletzung der Nichtöffentlichkeit	17
IV. Streitigkeiten	18

I. Vorbemerkung

Die Vorschrift entspricht inhaltlich dem § 30 BetrVG 1952. Sie gilt entsprechend für Sitzungen des Betriebsausschusses und der vom Betriebsrat gebildeten Ausschüsse nach § 28; denn es handelt sich um Gremien, die Aufgaben des Betriebsrats wahrnehmen. Entsprechende Vorschriften: § 35 BPersVG, § 12 Abs. 4 SprAuG, § 27 EBRG. **1**

II. Zeitpunkt der Betriebsratssitzungen

1. Zeitliche Lage

Die Sitzungen des Betriebsrats finden in der Regel **während der Arbeitszeit** statt (Satz 1). Bei ihr handelt es sich nicht um die individuelle Arbeitszeit der einzelnen Betriebsratsmitglieder, sondern die Betriebsnutzungszeit. Ein Arbeitsausfall ist aber durch die Amtstätigkeit bedingt. Die Betriebsratsmitglieder haben Anspruch auf Arbeitsbefreiung unter Fortzahlung ihres Arbeitsentgelts (§ 37 Abs. 2). Sie bedürfen nicht der Erlaubnis zur Entfernung vom Arbeitsplatz, haben sich aber abzumelden (s. § 37 Rn. 26 ff.). Das gilt aber nur für die Mitglieder des Betriebsrats, nicht für hinzugezogene Sachverständige und sonstige Auskunftspersonen. Bei ihnen ist Voraussetzung, dass der Arbeitgeber Arbeitsbefreiung erteilt. Nur wenn die Hinziehung durch den Betriebsrat mit dem Arbeitgeber vereinbart worden war (§ 80 Abs. 3 Satz 1), haben Sachverständige und sonstige Auskunftspersonen, die in einem Arbeitsverhältnis zum Arbeitgeber stehen, Anspruch auf Arbeitsbefreiung ohne Minderung ihres Arbeitsentgelts, ohne dass es einer besonderen Erklärung des Arbeitgebers bedarf. **2**

2. Berücksichtigung der betrieblichen Notwendigkeiten

a) Der Betriebsrat hat bei der **Ansetzung von Betriebsratssitzungen** auf die **betrieblichen Notwendigkeiten Rücksicht zu nehmen** (Satz 2). Da der Betriebsratsvorsitzende die Sitzungen ansetzt (§ 29 Abs. 2 Satz 1), obliegt vor allem ihm diese Pflicht. Sie bezieht sich auf die Festlegung des *Zeitpunkts* sowie auf die *Zahl* und *Dauer* der *während* der Arbeitszeit stattfindenden Sitzungen. Legt der Betriebsrat selber den Zeitpunkt der Betriebsratssitzung fest, hat er auf die betrieblichen Notwendigkeiten Rücksicht zu nehmen (GK-*Raab*, § 30 Rn. 6; *Fitting*, § 30 Rn. 11). **3**

b) Aus den betrieblichen Notwendigkeiten kann sich ergeben, dass eine Sitzung überhaupt **außerhalb der Arbeitszeit** stattfinden muss. Nach ihnen bestimmt sich also, ob Sitzungen des Betriebsrats ausnahmsweise nicht während der Arbeitszeit stattfinden. Die betrieblichen Notwendigkeiten können gebieten, dass ein Betriebsrat seine Sitzungen regelmäßig nur außerhalb der Arbeitszeit abhalten kann, z. B. in einem Kleinbetrieb, wenn dort ein Betriebsratsmitglied an seinem Arbeitsplatz nicht entbehrt werden kann (ebenso *Brecht*, § 30 Rn. 5; GK-*Raab*, § 30 Rn. 9; HSWGNR-*Glock*, § 30 Rn. 6; im Ergebnis auch *Fitting*, § 30 Rn. 10). Jedoch gilt dies nur, wenn es für den Arbeitgeber ausgeschlossen oder unzumutbar ist, den Betriebsablauf so zu gestalten, dass die Betriebsratssitzungen während der Arbeitszeit stattfinden können. Im Allgemeinen kommt daher nur in Betracht, dass eine Berücksichtigung der betrieblichen Notwendigkeiten es gebietet, dass einzelne Sitzungen *außerhalb* der Arbeitszeit angesetzt werden. Entsprechendes gilt für die Festlegung eines Tagungsortes außerhalb des Betriebes. Auch dies kann nur im Ausnahmefall gerechtfertigt sein (ebenso Hessisches LAG 29. 3. 2007 – 9 TaBVGa 68/07, juris). **4**

c) Da das Gesetz voraussetzt, dass die Betriebsratsmitglieder ihre Aufgaben während ihrer Arbeitszeit erfüllen (s. § 37 Rn. 13 ff.), bezieht sich das Gebot der Rücksichtnahme auf die betrieblichen Notwendigkeiten vor allem auf die **zeitliche Lage und Dauer** einer **5**

Betriebsratssitzung während der Arbeitszeit. Der Betriebsratsvorsitzende hat sie so anzuberaumen, dass Zeitpunkt und Dauer einer Sitzung für die Mitglieder möglichst während ihrer individuellen Arbeitszeit liegt, so dass ihnen nicht mehr Freizeitaufwand als notwendig abverlangt wird (ebenso *Fitting*, § 30 Rn. 6; HSWGNR-*Glock*, § 30 Rn. 9; DKK-*Wedde*, § 30 Rn. 8). Dabei sind insoweit auch die Belange des Arbeitgebers zu beachten, die eine Ausnahme rechtfertigen können. Danach beurteilt sich, ob Betriebsratssitzungen an das Ende der Betriebsnutzungszeit zu legen sind.

3. Verständigung des Arbeitgebers

6 Der Arbeitgeber ist vom **Zeitpunkt der Sitzung vorher zu verständigen** (Satz 3), damit er die Dispositionen treffen kann, die durch die Abwesenheit der Betriebsratsmitglieder notwendig werden. Ein Widerspruchsrecht steht ihm nicht zu, aber selbstverständlich das Recht, anzuregen, die Sitzungen zu verlegen, weil der vorgesehene Termin mit den Interessen des Betriebs in Widerspruch steht.

7 Eine **Betriebsvereinbarung** über die zeitliche Lage der Betriebsratssitzungen ist zulässig. Wenn sich aus ihr deren Zeitpunkt ergibt, ist eine vorherige Verständigung des Arbeitgebers nicht notwendig. Davon unberührt bleibt die Erforderlichkeit einer Ladung, wenn der Arbeitgeber ein Teilnahmerecht hat (§ 29 Abs. 4; s. dort Rn. 46). Durch Betriebsvereinbarung kann aber nicht das Recht zur Abhaltung von Betriebsratssitzungen beschränkt werden (ebenso GK-*Raab*, § 30 Rn. 11). Soweit weitere Betriebsratssitzungen abgehalten werden, ist der Arbeitgeber deshalb von ihrem Zeitpunkt vorher zu verständigen.

7a Kommt der Betriebsrat seiner Mitteilungspflicht nicht nach, dann hat der Arbeitgeber ein Anspruch auf **nachträgliche Mitteilung der Sitzungszeiten**. Allerdings kann er dann Dispositionen im Hinblick auf die Sitzung nicht mehr treffen, jedoch kann eine solche Mitteilung von Interesse sein, etwa um die Angaben einzelner Betriebsratsmitglieder hinsichtlich der Ab- und Anmeldung zur Arbeit nachzuvollziehen. Die Annahme, mit Durchführung der Sitzung erlösche der Anspruch auf Mitteilung, ist fehlgehend. Die Mitteilungspflicht des Satz 3 ist Bestandteil der vertrauensvollen Zusammenarbeit zwischen Arbeitgeber und Betriebsrat, und solange der Arbeitgeber ein legitimes Interesse an der Mitteilung hat, ist der Betriebsrat verpflichtet, sie zu leisten. Ansonsten könnte er sich durch schlichtes Unterlassen der Mitteilung seiner Verpflichtung entziehen (unzutreffend daher ArbG Hamburg 8. 9. 1999, AiB 2000, 103).

4. Fortzahlung des Arbeitsentgelts und Freizeitausgleich

8 Betriebsratsmitglieder haben für die Zeit der Teilnahme während ihrer Arbeitszeit Anspruch auf Fortzahlung ihres Arbeitsentgelts (§ 37 Abs. 2; s. dort Rn. 12 ff.). Das gilt auch für den Vertrauensmann bzw. die Vertrauensfrau der Schwerbehinderten (§ 96 Abs. 4 Satz 1 SGB IX) und die teilnahmeberechtigten Jugend- und Auszubildendenvertreter (§ 65 Abs. 1). Soweit die Teilnahme aus betriebsbedingten Gründen in die Freizeit fällt, z. B. bei Beschäftigung in einer Wechselschicht, kann Freizeitausgleich verlangt werden (§ 37 Abs. 3; s. ausführlich dort Rn. 37 ff.).

III. Nichtöffentlichkeit der Betriebsratssitzungen

1. Zwingende Vorschrift

9 Die Vorschrift, dass die Sitzungen des Betriebsrats **nicht öffentlich** sind (Satz 4), war bereits im BRG 1920 und BetrVG 1952 enthalten. Durch den Ausschluss der Öffentlichkeit soll sichergestellt werden, dass bei der Beratung keine Rücksicht auf Zuhörer genommen und sie daher sachlich geführt wird. Die Vorschrift ist zwingend. Der Betriebsrat darf die Öffentlichkeit nicht zulassen, auch nicht im Einverständnis mit dem Arbeitgeber.

III. Nichtöffentlichkeit der Betriebsratssitzungen § 30

2. Teilnahme Dritter

a) Außer den Mitgliedern des Betriebsrats nimmt die **Schwerbehindertenvertretung** an 10 der Sitzung teil (§ 32). Die **Jugend- und Auszubildendenvertreter** dürfen nur anwesend sein, soweit sie ein Teilnahmerecht haben (§ 67 Abs. 1; s. dort Rn. 5 ff., 12 ff.). Gleiches gilt, soweit vorhanden, für den **Vertrauensmann der Zivildienstleistenden** (s. § 29 Rn. 28). Neben diesem Personenkreis haben ein Teilnahmerecht der **Arbeitgeber**, wenn die Sitzung auf seinen Antrag einberufen oder er ausdrücklich eingeladen worden ist (§ 29 Abs. 4 Satz 1; s. dort Rn. 46 ff.), und für den Fall seiner Teilnahme der von ihm hinzugezogene **Beauftragte der Arbeitgebervereinigung** (§ 29 Abs. 4 Satz 2; s. dort Rn. 52 f.) sowie auf Antrag eines Viertels der Betriebsratsmitglieder oder auf Grund eines Betriebsratsbeschlusses ein **Beauftragter einer im Betriebsrat vertretenen Gewerkschaft** (§ 31; s. dort Rn. 3 ff.).

Andere Personen haben dagegen **kein Teilnahmerecht**. Das gilt auch für die **Mitglieder** 11 **eines Gesamtbetriebsrats** oder **Konzernbetriebsrats**, sofern sie nicht gleichzeitig dem Betriebsrat angehören (s. jedoch Rn. 12). Auch Ersatzmitglieder können an Sitzungen des Betriebsrats nur teilnehmen, wenn sie für ein ausgeschiedenes Mitglied nachgerückt oder für ein zeitweilig verhindertes Mitglied als Stellvertreter eingerückt sind (ebenso *Fitting*, § 30 Rn. 16; GK-*Raab*, § 30 Rn. 21; DKK-*Wedde*, § 30 Rn. 11).

b) Mit dem Grundsatz der Nichtöffentlichkeit ist vereinbar, dass der Betriebsrat **Sach-** 12 **verständige** und sonstige **Auskunftspersonen**, die an sich nicht teilnahmeberechtigt sind, zur Erörterung einer bestimmten Frage hinzuzieht, z. B. bei der Behandlung von Arbeitsschutzmaßnahmen einen Betriebsarzt oder Ingenieur oder bei Behandlung einer personellen Maßnahme den von ihr betroffenen Arbeitnehmer. Sachverständige kann der Betriebsrat aber nur nach näherer Vereinbarung mit dem Arbeitgeber hinzuziehen (§ 80 Abs. 3 Satz 1; s. aber auch § 111 Abs. 1 Satz 2). Zulässig ist weiterhin, dass der Arbeitgeber, wenn er an der Sitzung teilnimmt, Sachbearbeiter mitbringt (s. § 29 Rn. 51). Die Sachverständigen und Auskunftspersonen dürfen anders als der Arbeitgeber und die Vertreter der Koalitionen sich nicht an der Beratung beteiligen (ebenso *Fitting*, § 30 Rn. 19; HSWGNR-*Glock*, § 30 Rn. 22; GK-*Raab*, § 30 Rn. 19 f.). Sie dürfen nur so lange anwesend sein, wie der Betriebsrat dies wünscht, um von ihnen Auskünfte erhalten zu können. Bei der Beschlussfassung dürfen Sachverständige und sonstige Auskunftspersonen anwesend sein, jedenfalls solange jedes Betriebsratsmitglied damit einverstanden ist (zu eng aber, soweit Auskunftspersonen bereits während der Beratung nicht anwesend sein dürfen, GK-*Raab*, § 30 Rn. 20; zu der gleichen Vorschrift im BlnPersVG BVerwG 14. 7. 1977 E 54, 195, 197 = PersV 1978, 127).

Aus dem Gebot der Nichtöffentlichkeit ergibt sich, dass **Protokollführer** nur ein 13 Mitglied des Betriebsrats sein kann; jedoch ist mit ihm vereinbar, dass zu seiner Unterstützung eine Schreibkraft hinzugezogen werden kann (s. ausführlich § 34 Rn. 5).

3. Geheimhaltungspflicht

Die Pflicht zur **Geheimhaltung von Betriebs- oder Geschäftsgeheimnissen** trifft in 14 gleicher Weise wie die Betriebsratsmitglieder auch die anderen Personen, die ein Teilnahmerecht haben, wie sich aus § 79 Abs. 2 ergibt (s. dort Rn. 118 ff.). Sie gilt, wie § 80 Abs. 3 Satz 2 ausdrücklich bestimmt, auch für die hinzugezogenen Sachverständigen. Für Auskunftspersonen fehlt eine ausdrückliche Regelung. Jedoch ergibt sich eine Pflicht zur Verschwiegenheit regelmäßig bereits aus dem Rechtsverhältnis, aus dem heraus sie zugezogen werden, für den Gewerbeaufsichtsbeamten etwa aus seiner Dienstpflicht, für einen Arbeitnehmer aus seinem Arbeitsverhältnis. Außerdem gibt es keinen vernünftigen Grund, die entsprechende Geltung des § 79 nur auf Sachverständige zu beschränken. Der Betriebsrat ist außerdem verpflichtet, bei der Hinzuziehung darauf zu achten, dass Auskunftspersonen keine Betriebs- oder Geschäftsgeheimnisse bekannt werden (ebenso

Fitting, § 30 Rn. 20). Sollten sie gleichwohl bekannt werden, obwohl sie vom Arbeitgeber ausdrücklich als geheimhaltungsbedürftig bezeichnet worden sind, hat der Betriebsrat darauf hinzuweisen dass eine Geheimhaltungspflicht besteht (ebenso im Ergebnis *Fitting*, a. a. O., soweit der Betriebsrat diesen Personen eine besondere Verschwiegenheitspflicht aufzuerlegen hat; a. A. GK-*Raab*, § 30 Rn. 27, jedoch insoweit zutreffend, als angenommen wird, dass der Betriebsrat keine derartige Verschwiegenheitspflicht originär begründen kann; sie besteht aber auf Grund des § 79).

15 Über § 79 hinaus wird in §§ 99 Abs. 1 Satz 3, 102 Abs. 2 Satz 5 den Mitgliedern des Betriebsrats die Pflicht auferlegt, über persönliche Verhältnisse und Angelegenheiten der Arbeitnehmer, die ihrer Bedeutung oder ihrem Inhalt nach einer vertraulichen Behandlung bedürfen, die ihnen aber im Rahmen des Beteiligungsverfahrens bekannt werden, Stillschweigen zu bewahren. Die gleiche Pflicht trifft, wenn diese Umstände in einer Betriebsratssitzung bekannt werden, obwohl dies im Gesetz nicht ausdrücklich angeordnet wird, die sonstigen teilnahmeberechtigten Personen und die hinzugezogenen Sachverständigen und Auskunftspersonen (ebenso GK-*Raab*, § 30 Rn. 26; a. A. mit der Annahme einer Lücke im Rechtsschutz HSWGNR-*Glock*, § 30 Rn. 26).

16 Darüber hinaus besteht **keine Pflicht**, über den **Verlauf von Betriebsratssitzungen Stillschweigen zu bewahren;** eine so weitgehende Pflicht kann nicht aus dem Gebot der Nichtöffentlichkeit abgeleitet werden (ebenso BAG 5. 9. 1967 AP BetrVG § 23 Nr. 8; LAG München, DB 1978, 895; *Fitting*, § 30 Rn. 21; GK-*Raab*, § 30 Rn. 27; HSWGNR-*Glock*, § 30 Rn. 27; DKK-*Wedde*, § 30 Rn. 13; HWK-*Reichold*, § 30 Rn. 5). Dies berechtigt freilich nicht zur detaillierten Schilderung der Sitzung; mehr als abstrakte Wertungen und Beurteilungen dürften unzulässig sein.

4. Rechtswirksamkeit der vom Betriebsrat gefassten Beschlüsse bei Verletzung der Nichtöffentlichkeit

17 Die Bestimmung über die Nichtöffentlichkeit ist eine **Ordnungsvorschrift** (ebenso BAG 28. 2. 1958 AP BetrVG § 29 Nr. 1). Wird gegen sie verstoßen, so ist ein Beschluss nur dann unwirksam, wenn nachgewiesen wird, dass bei ihrer Beachtung der Beschluss anders ausgefallen wäre (ebenso *Fitting*, § 30 Rn. 22; weiterhin *Brecht*, § 30 Rn. 7; GK-*Raab*, § 33 Rn. 58; HWK-*Reichold*, § 30 Rn. 6; a. A. stets für Wirksamkeit HSWGNR-*Glock*, § 30 Rn. 29).

IV. Streitigkeiten

18 Streitigkeiten darüber, wann eine Sitzung stattfinden kann bzw. darf, wer ein Teilnahmerecht hat und wer hinzugezogen werden kann, entscheidet das Arbeitsgericht im Beschlussverfahren (§ 2 a Abs. 1 Nr. 1, Abs. 2 i. V. mit §§ 80 ff. ArbGG).

19 Beachtet der Betriebsrat bei der Ansetzung von Betriebsratssitzungen nicht die betrieblichen Notwendigkeiten, so kann der Arbeitgeber dem Betriebsrat die Abhaltung der Sitzung durch **einstweilige Verfügung** verbieten. Bei wiederholtem Verstoß kann eine schwere Amtspflichtverletzung vorliegen, die eine Auflösung des Betriebsrats durch das Arbeitsgericht rechtfertigt (§ 23 Abs. 1). Gleiches gilt, wenn der Arbeitgeber fortwährend vom Zeitpunkt der Sitzungen nicht vorher verständigt wird oder die Sitzungen öffentlich abgehalten werden.

§ 31 Teilnahme der Gewerkschaften

Auf Antrag von einem Viertel der Mitglieder des Betriebsrats kann ein Beauftragter einer im Betriebsrat vertretenen Gewerkschaft an den Sitzungen beratend teilnehmen; in diesem Fall sind der Zeitpunkt der Sitzung und die Tagesordnung der Gewerkschaft rechtzeitig mitzuteilen.

II. Voraussetzungen für die Hinzuziehung eines Gewerkschaftsbeauftragten § 31

Schrifttum: *Däubler,* Gewerkschaftsrechte im Betrieb, 10. Aufl. 2000; *Klein,* Die Stellung der Minderheitsgewerkschaften in der Betriebsverfassung, Diss. Freiburg, 2007.

Übersicht

	Rn.
I. Vorbemerkung	1
II. Voraussetzungen für die Hinzuziehung eines Gewerkschaftsbeauftragten	3
1. Doppelte Bedeutung der Vorschrift	3
2. Sitzungen des Betriebsrats	4
3. Vertretung der Gewerkschaft im Betriebsrat	5
4. Antrag auf Hinzuziehung	7
5. Keine „Generaleinladung"	14
III. Entsendung eines Beauftragten durch die hinzugezogene Gewerkschaft	17
1. Ladung	17
2. Recht der Gewerkschaft	18
3. Rechtsstellung des Gewerkschaftsbeauftragten in der Betriebsratssitzung	21
4. Geheimhaltungspflicht	23
5. Zutrittsrecht zum Betrieb	24
IV. Teilnahme an Sitzungen des Betriebsausschusses und sonstiger Ausschüsse des Betriebsrats	25
V. Streitigkeiten	29

I. Vorbemerkung

Das BetrVG stellt nicht den allgemeinen Grundsatz auf, dass die Betriebsräte ihre **1** Aufgaben in Zusammenarbeit mit den Gewerkschaften durchzuführen haben (s. dazu ausführlich § 2 Rn. 71 ff.). Aber das schließt nicht aus, dass enge Beziehungen zwischen den Gewerkschaften und einzelnen Betriebsratsmitgliedern bestehen. Das BetrVG geht sogar davon aus, dass die Betriebsräte in enger Verbindung zu den Gewerkschaften stehen und in Verbindung mit ihnen wirken. Die Beteiligung der Gewerkschaften an der Betriebsverfassung ist koalitionsrechtlich gewährleistet (s. dazu § 2 Rn. 80 ff.); ihr rechtlicher Status in der Betriebsverfassung wird aber gesetzlich nicht durch eine Generalklausel umschrieben, sondern durch ein System besonderer Unterstützungs- und Kontrollrechte gestaltet. Zu ihnen gehört das Recht, dass Beauftragte einer im Betriebsrat vertretenen Gewerkschaft an Betriebsratssitzungen beratend teilnehmen können, wenn der Betriebsrat es beschließt oder ein Viertel seiner Mitglieder es verlangt.

Die Bestimmung entspricht § 31 BetrVG 1952. Der 1972 zur Verbesserung des Min- **2** derheitenschutzes eingefügte Passus, dass bereits die Mehrheit der Angestelltenvertreter oder der Arbeitervertreter im Betriebsrat die Hinzuziehung eines Gewerkschaftsbeauftragten beantragen kann, wurde durch das **BetrVerf-Reformgesetz** vom 23. 7. 2001 (BGBl. I S. 1852) wegen Aufgabe des Gruppenprinzips aufgehoben (BT-Drucks. 14/5741, S. 40). Nicht gefolgt ist der Gesetzgeber dem Vorschlag des DGB, ein Teilnahmerecht der Gewerkschaft unabhängig vom Antrag der Betriebsratsmitglieder zu schaffen (Novellierungsvorschläge des DGB zum BetrVg 1972, 1998, § 31). Auch die hier vorgesehene Ausdehnung auf mehrere Beauftragte hat der Gesetzgeber nicht nachvollzogen (s. Rn. 18).

Entsprechende Vorschrift: § 36 BPersVG.

II. Voraussetzungen für die Hinzuziehung eines Gewerkschaftsbeauftragten

1. Doppelte Bedeutung der Vorschrift

Ein **Beauftragter einer im Betriebsrat vertretenen Gewerkschaft** kann an Sitzungen des **3** Betriebsrats **beratend teilnehmen,** wenn ein **Viertel der Mitglieder des Betriebsrats es verlangt** (Satz 1). Wird der Antrag gestellt, so muss der Betriebsratsvorsitzende ihm stattgeben. Andererseits ist die Teilnahme eines Gewerkschaftsbeauftragten auch nur unter den hier genannten Voraussetzungen zulässig. Die Vorschrift regelt daher nicht nur, unter welchen Voraussetzungen die Pflicht zur Hinzuziehung eines Gewerkschaftsbeauftragten gegeben ist, sondern sie legt damit zugleich auch die Voraussetzungen fest, wann ein Gewerkschaftsbeauftragter an einer Sitzung des Betriebsrats teilnehmen kann.

2. Sitzungen des Betriebsrats

4   Die Vorschrift gilt **nur** für die Teilnahme an **förmlichen Sitzungen des Betriebsrats** (s. für die Teilnahme an Sitzungen des Betriebsausschusses und der Ausschüsse des Betriebsrats nach § 28 sowie des Wirtschaftsausschusses Rn. 25 ff.). **Nicht** unter sie fallen die **informellen Besprechungen mit dem Arbeitgeber;** bei ihnen kann der Betriebsrat die Hinzuziehung eines Gewerkschaftsbeauftragten nur verlangen, wenn auch der Arbeitgeber einverstanden ist (ebenso *Fitting*, § 31 Rn. 21; GK-*Raab*, § 31 Rn. 18; HSWGNR-*Glock*, § 31 Rn. 3; *Nikisch*, Bd. III S. 182; a. A. DKK-*Wedde*, § 31 Rn. 13; s. auch § 74 Rn. 11).

3. Vertretung der Gewerkschaft im Betriebsrat

5   Es kann nur ein Beauftragter einer **im Betriebsrat vertretenen Gewerkschaft** hinzugezogen werden (vgl. BAG 28. 2. 1990 AP BetrVG 1972 § 31). Es genügt also nicht wie sonst im Gesetz, dass die Gewerkschaft im *Betrieb* vertreten ist; sie muss vielmehr mindestens ein Mitglied des *Betriebsrats* zu ihren Mitgliedern zählen. Damit ist die Teilnahmemöglichkeit nur den Gewerkschaften eröffnet, die durch die Wahl eines ihrer Mitglieder eine entsprechende Legitimation durch die Belegschaft erhalten haben.

6   Beauftragte einer Gewerkschaft, der kein Mitglied des Betriebsrats angehört, können nur als Sachverständige unter den Voraussetzungen des § 80 Abs. 3 oder als Auskunftspersonen herangezogen werden, sofern der Betriebsrat dies beschließt (s. auch § 30 Rn. 12). Dasselbe gilt für Vereinigungen von Arbeitnehmern mit sozial- oder berufspolitischer Zwecksetzung i. S. von § 11 Abs. 1 Satz 3 ArbGG, auch wenn ein Mitglied des Betriebsrats zu ihnen gehört.

4. Antrag auf Hinzuziehung

7   a) Der Antrag muss von einem **Viertel aller Mitglieder** des Betriebsrats, nicht nur der etwa in der Sitzung anwesenden, gestellt werden.

8   Nicht erforderlich ist, dass der Antragsteller der Gewerkschaft angehört, von welcher ein Beauftragter hinzugezogen werden soll (ebenso *Brecht*, § 31 Rn. 4; *Fitting*, § 31 Rn. 13; GK-*Raab*, § 31 Rn. 8; HaKo-BetrVG/*Blanke*, § 31 Rn. 3; *Nikisch*, Bd. III S. 180). An Stelle eines zeitweilig verhinderten Mitglieds kann sich ein Ersatzmitglied an der Antragstellung beteiligen (s. zu den Voraussetzungen einer Stellvertretung § 25 Rn. 5 ff.).

9   b) Der **Antrag** ist so **rechtzeitig vor der Sitzung** zu stellen, dass ihr Zeitpunkt und die Tagesordnung der Gewerkschaft rechtzeitig mitgeteilt werden können (s. auch Rn. 17). Der Antrag kann zwar auch noch **während der Sitzung** gestellt werden. Aber wenn in diesem Fall die Hinzuziehung nicht mehr möglich ist oder wegen nicht ausreichender Vorbereitung von der Gewerkschaft abgelehnt wird, braucht die Sitzung nicht unterbrochen oder vertagt zu werden; denn sonst könnte eine Minderheit durch einen derartigen Antrag eine Beschlussfassung zu einem bestimmten Tagesordnungspunkt verhindern (ebenso GK-*Raab*, § 31 Rn. 10; DKK-*Wedde*, § 31 Rn. 9; ErfK-*Eisemann/Koch*, § 31 Rn. 1).

10   Der Antrag muss angeben, von **welcher Gewerkschaft** ein Beauftragter hinzugezogen werden soll. Es besteht keine Verpflichtung, *jede* im Betriebsrat vertretene Gewerkschaft zur Entsendung eines Beauftragten aufzufordern, sobald der Beauftragte

auch nur einer Gewerkschaft an der Betriebsratssitzung teilnehmen soll (anders § 35 PersVG 1955; wie hier dagegen nunmehr § 36 BPersVG). Andererseits ist nicht notwendig, dass der Antrag sich auf die Zuziehung der Beauftragten nur einer Gewerkschaft beschränkt. Es kann die Teilnahme des Beauftragten *mehrerer* Gewerkschaften beantragt werden, sofern diese im Betriebsrat vertreten sind (ebenso *Brecht*, § 31 Rn. 5; *Fitting*, § 31 Rn. 15; GL-*Marienhagen*, § 31 Rn. 4; GK-*Raab*, § 31 Rn. 13; HSWGNR-*Glock*, § 31 Rn. 9). Ohne einen derartigen Antrag kann der Vorsitzende des Betriebsrats nicht von sich aus die Einladung auf andere Gewerkschaften ausdehnen (s. auch Rn. 12).

Der Antrag ist an den Vorsitzenden des Betriebsrats zu richten. Dieser muss ihm stattgeben, wenn ihn die notwendige Zahl der Betriebsratsmitglieder stellt. Weder er noch der Betriebsrat können die Hinzuziehung ablehnen (s. auch Rn. 12). **11**

c) Auch der **Betriebsrat** kann **durch Beschluss** die Teilnahme eines Beauftragten einer im Betriebsrat vertretenen Gewerkschaft zulassen (ebenso BAG 28. 2. 1990 AP BetrVG 1972 § 31 Nr. 1; *Fitting*, § 31 Rn. 5; GL-*Marienhagen*, § 31 Rn. 5, 8; GK-*Raab*, § 31 Rn. 12; HWK-Reichold, § 31 Rn. 5; *Nikisch*, Bd. III S. 180; *G. Müller*, ZfA 1972, 213, 227). Ohne einen derartigen Beschluss darf der Gewerkschaftsbeauftragte an der Sitzung nicht teilnehmen. Der Beschluss kann auch gefasst werden, wenn er, wie regelmäßig, nicht auf der Tagesordnung steht; das folgt daraus, dass bereits ein Viertel der Mitglieder des Betriebsrats die Hinzuziehung verlangen kann (ebenso GK-*Raab*, § 31 Rn. 12; jedenfalls durch Mehrheitsbeschluss aller Betriebsratsmitglieder DKK-*Wedde*, § 31 Rn. 4; a. A. *Galperin/Siebert*, § 31 Rn. 4 a). **12**

Die legislative Grundwertung, nur den *im Betriebsrat* vertretenen Gewerkschaften ein Teilnahmerecht an den Betriebsratssitzungen einzuräumen, ist auch für den Betriebsrat als Organ verbindlich, und zwar unabhängig davon, ob die Hinzuziehung des Gewerkschaftsbeauftragten auf einem mit einfacher oder mit absoluter Mehrheit gefassten Beschluss beruht (ebenso BAG 28. 2. 1990 AP BetrVG 1972 § 31 Nr. 1). **13**

5. Keine „Generaleinladung"

Die Hinzuziehung eines Gewerkschaftsbeauftragten kann nur für eine **bestimmte** oder **mehrere bestimmte Sitzungen** verlangt oder beschlossen werden, **nicht für alle Sitzungen des Betriebsrats** (ebenso *Brecht*, § 31 Rn. 5; GL-*Marienhagen*, § 31 Rn. 8, 11; GK-*Raab*, § 31 Rn. 19; HSWGNR-*Glock*, § 31 Rn. 7 b; *Stege/Weinspach/Schiefer*, § 31 Rn. 1; *Nikisch*, Bd. III S. 180; *Neumann-Duesberg*, S. 252; *Klosterkemper*, Zugangsrecht der Gewerkschaften, S. 15; a. A. BAG 28. 2. 1990 AP BetrVG 1972 § 31 Nr. 1; HaKo-BetrVG/*Blanke*, § 31 Rn. 4; *Däubler*, Gewerkschaftsrechte, Rn. 142; *G. Müller*, ZfA 1972, 213, 227; *Kremp*, AuR 1973, 193, 196; bei einem Beschluss durch den Betriebsrat auch *Fitting*, § 31 Rn. 7; ebenso *Düttmann*, ArbRGegw. 17 [1980], 71, 75). Dem Zweck der begrenzten Teilnahmemöglichkeit widerspricht nicht nur, dass eine Minderheit die generelle Hinzuziehung von Gewerkschaftsbeauftragten erzwingen kann, sondern auch, dass der Betriebsrat selbst eine derartige Öffnung zu den im Betriebsrat vertretenen Gewerkschaften vornimmt; denn das Betriebsratsamt ist so gestaltet, dass keine institutionelle Bindung an die im Betriebsrat vertretenen Gewerkschaften besteht, sondern aus dem Betriebsrat muss die Initiative hervorgehen, die Gewerkschaften an der Betriebsratsarbeit zu beteiligen. Die institutionelle Unabhängigkeit wird preisgegeben, wenn dem Betriebsrat durch einen Antrag oder Beschluss die Bindung auferlegt wird, dass er seine Sitzungen nur in Anwesenheit eines Beauftragten einer oder aller im Betriebsrat vertretenen Gewerkschaften abhalten kann. **14**

Der Betriebsrat kann nicht in seiner **Geschäftsordnung** festlegen, dass den im Betriebsrat vertretenen Gewerkschaften ein generelles Teilnahmerecht an den Betriebsratssitzungen zusteht (a. A. BAG 28. 2. 1990 AP BetrVG 1972 § 31 Nr. 1). **15**

16 Die Hinzuziehung zu der Sitzung kann auf einen **bestimmten Beratungsgegenstand** beschränkt werden (ebenso GL-*Marienhagen*, § 31 Rn. 7; GK-*Raab*, § 31 Rn. 21; HSWGNR-*Glock*, § 31 Rn. 7 a).

III. Entsendung eines Beauftragten durch die hinzugezogene Gewerkschaft

1. Ladung

17 Sind die Voraussetzungen für die Teilnahme eines Gewerkschaftsbeauftragten gegeben, weil ein entsprechender Antrag gestellt oder ein Beschluss des Betriebsrats vorliegt, dann hat der Betriebsratsvorsitzende der Gewerkschaft den **Zeitpunkt der Sitzung** und die **Tagesordnung** rechtzeitig mitzuteilen (s. dazu § 29 Rn. 26 ff.). Dadurch soll sichergestellt werden, dass die Gewerkschaft einen geeigneten Beauftragten auswählen und dieser sich auf die Betriebsratssitzung ordnungsgemäß vorbereiten kann. Jedoch ist es zulässig, auch noch während einer Sitzung den Antrag zu stellen oder einen Mehrheitsbeschluss zu fassen, einen Gewerkschaftsbeauftragten hinzuzuziehen (s. dazu auch Rn. 9).

2. Recht der Gewerkschaft

18 Die Gewerkschaft kann **einen Beauftragten** entsenden, nicht *mehrere* (ebenso *Brecht*, § 31 Rn. 5; HSWGNR-*Glock*, § 31 Rn. 14; *Sahmer*, § 31 Rn. 6; GK-*Raab*, § 31 Rn. 16; a. A. *Fitting*, § 31 Rn. 19; GL-*Marienhagen*, § 31 Rn. 15; DKK-*Wedde*, § 31 Rn. 14; ErfK-*Eisemann/Koch*, § 31 Rn. 1; *Däubler*, Gewerkschaftsrechte, Rn. 135; *Klosterkemper*, Zugangsrecht der Gewerkschaften, S. 16). Das Gesetz ist insoweit eindeutig: Es spricht von einem Beauftragten – und hätte es dennoch mehrere zulassen wollen, hätte es darlegen müssen, wie viele es höchstens sein dürfen. Hierfür fehlt ein Hinweis, und auch besteht kein Bedürfnis nach stärkerer Präsenz der Gewerkschaften, durch die die Willensbildung des Betriebsrat in ihrer Autonomie eingeschränkt werden könnte.

19 Die **Auswahl**, wen sie entsenden will, steht der Gewerkschaft zu. Es ist nicht notwendig, dass es sich um einen Angestellten der Gewerkschaft handelt; sie kann vielmehr jedes ihrer Mitglieder, auch einen Arbeitnehmer des Betriebs, z. B. einen Angehörigen der gewerkschaftlichen Vertrauensleute, entsenden (ebenso *Brecht*, § 31 Rn. 6; *Fitting*, § 31 Rn. 18; GL-*Marienhagen*, § 31 Rn. 14; GK-*Raab*, § 31 Rn. 16; HSWGNR-*Glock*, § 31 Rn. 13; DKK-*Wedde*, § 31 Rn. 14; *Nikisch*, Bd. III S. 181). Es muss sich aber um ein Mitglied der Gewerkschaft handeln. Mitglieder einer anderen Gewerkschaft können nicht beauftragt werden. Ist der Gewerkschaftsbeauftragte Arbeitnehmer eines Konkurrenzunternehmens, so kann der Arbeitgeber ihm den Zutritt zum Betrieb verweigern (ebenso im Ergebnis *Fitting*, § 31 Rn. 18; GL-*Marienhagen*, § 31 Rn. 14; GK-*Raab*, § 31 Rn. 16; HSWGNR-*Glock*, § 31 Rn. 13 a; a. A. DKK-*Wedde*, § 31 Rn. 14; *Weiss/Weyand*, § 31 Rn. 6; s. auch Rn. 24). Der Arbeitgeber kann ebenso ausnahmsweise unter dem Gesichtspunkt des Rechtsmissbrauchs einem bestimmten Gewerkschaftsbeauftragten den Zutritt zum Betrieb verweigern, wenn der Beauftragte in der Vergangenheit den Betriebsfrieden nachhaltig gestört oder den Arbeitgeber grob beleidigt hat und eine Wiederholung des Verhaltens zu befürchten steht (LAG Hamm 3. 6. 2005 ArbuR 2005, 465).

20 Sowohl der Betriebsrat als auch der Arbeitgeber können den **Nachweis einer Beauftragung** durch die Gewerkschaft verlangen (ebenso *Fitting*, § 31 Rn. 20; GL-*Marienhagen*, § 31 Rn. 18; GK-*Raab*, § 31 Rn. 17; HSWGNR-*Glock*, § 31 Rn. 18; a. A. für den Arbeitgeber DKK-*Wedde*, § 31 Rn. 15).

3. Rechtsstellung des Gewerkschaftsbeauftragten in der Betriebsratssitzung

21 Der Gewerkschaftsbeauftragte kann an der Betriebsratssitzung **beratend teilnehmen**. Er ist nicht nur auf eine Anhörung beschränkt, sondern kann sich an der Beratung

beteiligen, und zwar zu allen Tagesordnungspunkten, wenn seine Hinzuziehung nicht auf bestimmte Tagesordnungspunkte beschränkt ist.

Der Gewerkschaftsbeauftragte hat **kein Stimmrecht,** und es kann ihm auch nicht durch Beschluss des Betriebsrats eingeräumt werden. Jedoch bestehen keine Bedenken dagegen, dass er während der Abstimmung anwesend ist (ebenso *Fitting,* § 31 Rn. 22; GL-*Marienhagen,* § 31 Rn. 17; GK-*Raab,* § 31 Rn. 22; HSWGNR-*Glock,* § 31 Rn. 19; DKK-*Wedde,* § 31 Rn. 16; HWK-Reichold, § 31 Rn. 8). Die Leitung der Sitzung kann ihm nicht übertragen werden (ebenso ArbG Stuttgart 22. 12. 1952, AR-Blattei: Betriebsverfassung X, Entsch. 1). Da er kein Stimmrecht hat, kann er auch keine Anträge stellen (ebenso GL-*Marienhagen,* § 31 Rn. 17; HSWGNR-*Glock,* § 31 Rn. 19; DKK-*Wedde,* § 31 Rn. 16). 22

4. Geheimhaltungspflicht

Der Beauftragte der Gewerkschaft unterliegt der Geheimhaltungspflicht über Betriebs- oder Geschäftsgeheimnisse wie die Betriebsratsmitglieder (§ 79 Abs. 2). Diese Pflicht trifft ihn auch **gegenüber der Gewerkschaft** (s. § 79 Rn. 27). Soweit Betriebsratsmitglieder sonst nach dem Gesetz Stillschweigen zu bewahren haben (§§ 99 Abs. 1 Satz 3, 102 Abs. 2 Satz 5), gilt dies auch, wenn ein Gewerkschaftsbeauftragter während der Sitzung von den Umständen, die der Verschwiegenheitspflicht unterliegen, Kenntnis erhält (s. § 30 Rn. 15). 23

5. Zutrittsrecht zum Betrieb

Der Arbeitgeber kann dem Beauftragten der Gewerkschaft den **Zutritt zum Betrieb,** um an der **Betriebsratssitzung teilzunehmen,** nicht verweigern. Es besteht für ihn eine entsprechende Duldungspflicht. § 31 enthält für die Gewerkschaften im Verhältnis zu der allgemeinen Regelung des Zugangsrechts in § 2 Abs. 2 eine Sonderbestimmung (ebenso *Fitting,* § 2 Rn. 64, § 31 Rn. 23; *Hanau,* BB 1971, 485, 486; *Buchner,* DB 1972, 1236, 1238; *Richardi,* Anm. zu AP BetrVG 1972 § 2 Nr. 1; a. A. *Brecht,* § 2 Rn. 23, 27, § 31 Rn. 8; GK-*Raab,* § 31 Rn. 23; HSWGNR-*Glock,* § 31 Rn. 15; HaKo-BetrVG/*Blanke,* § 31 Rn. 5; *Klosterkemper,* Zugangsrecht der Gewerkschaften, S. 20 f.; von seinem Standpunkt aus, dass § 2 Abs. 2 nicht das Zugangsrecht selbst regelt, sondern eine Verfahrens- und Grenzregelung gibt, *Schwerdtner,* JZ 1974, 455, 458 f.; s. auch § 2 Rn. 100). Es besteht zwar auch hier die Pflicht, den Arbeitgeber oder seinen Vertreter von der Teilnahme des Gewerkschaftsbeauftragten zu unterrichten, wenn die Betriebsratssitzung wie üblich im Betrieb stattfindet (s. Rn. 20). Die Unterrichtung kann aber sowohl durch die Gewerkschaft als auch durch den Betriebsrat erfolgen. Der Arbeitgeber kann den Zutritt zum Betrieb nicht wie nach § 2 Abs. 2 versagen, weil unumgängliche Notwendigkeiten des Betriebsablaufs, zwingende Sicherheitsvorschriften oder der Schutz von Betriebsgeheimnissen entgegenstehen (a. A. ArbG Elmshorn 28. 5. 1999, AiB 1999, 521). Ein Versagungsrecht besteht lediglich, wenn es *rechtsmissbräuchlich* ist, dass die Gewerkschaft gerade diese Person entsendet (s. auch § 2 Rn. 116), also nur unter außergewöhnlichen Umständen, nämlich wenn eine unerlaubte Handlung zu befürchten ist oder wenn zu erwarten ist, dass der Beauftragte der Gewerkschaft bei der Beratung den dem Betriebsrat gesetzten Aufgabenbereich überschreitet. Jedoch muss dafür ein konkreter Anhaltspunkt vorhanden sein, was regelmäßig nur der Fall sein wird, wenn das Verhalten gerade dieses Gewerkschaftsbeauftragten bisher schon zu Beanstandungen Anlass gegeben hat (vgl. dazu auch die Schranken, die das BAG für das Teilnahmerecht eines Gewerkschaftsbeauftragten in Betriebsversammlungen entwickelt hat; s. ausführlich § 46 Rn. 14 f.). Gleiches gilt, wenn als Beauftragter einer Gewerkschaft ein Arbeitnehmer aus einem Konkurrenzunternehmen entsandt wird (s. auch Rn. 19). 24

IV. Teilnahme an Sitzungen des Betriebsausschusses und sonstiger Ausschüsse des Betriebsrats

25 Die Bestimmung gilt unmittelbar nur für Sitzungen des Betriebsrats. Unter welchen Voraussetzungen ein Gewerkschaftsbeauftragter an Sitzungen des Betriebsausschusses, des Wirtschaftsausschusses oder der Ausschüsse des Betriebsrats nach § 28 teilnehmen kann, ist **im Gesetz nicht geregelt**. Doch lässt § 31 keinen Umkehrschluss zu, dass Gewerkschaftsbeauftragte zu den Sitzungen der Ausschüsse des Betriebsrats nicht hinzugezogen werden können. Das Gesetz geht vielmehr davon aus, dass die Betriebsräte ihre Aufgaben in Zusammenarbeit mit den Gewerkschaften erledigen. Da es die Möglichkeit eröffnet, Aufgaben des Betriebsrats auf den Betriebsausschuss und andere Ausschüsse des Betriebsrats sogar zur selbstständigen Erledigung zu übertragen (§ 27 Abs. 2 Satz 2 bis 4, 28 Abs. 1 und 2), ist anzuerkennen, dass diese Gremien sich ebenso wie der Betriebsrat in seiner Gesamtheit der beratenden Unterstützung der im Betriebsrat vertretenen Gewerkschaften bedienen können (ebenso BAG 18. 11. 1980 AP BetrVG 1972 § 108 Nr. 2; bestätigt BAG 25. 6. 1987 AP BetrVG 1972 § 108 Nr. 6; *Fitting*, § 31 Rn. 26; GK-*Raab*, § 31 Rn. 3; HSWGNR-*Glock*, § 31 Rn. 21; DKK-*Wedde*, § 31 Rn. 19; *Weiss/Weyand*, § 31 Rn. 9, *Joost*, MünchArbR § 219 Rn. 24; *Däubler*, Gewerkschaftsrechte, Rn. 143; *Klosterkemper*, Zugangsrecht der Gewerkschaften, S. 16 f.; *Klinkhammer*, DB 1977, 1139, 1140; *Richardi*, EzA, § 108 BetrVG 1972 Nr. 3, S. 34; a. A. GL-*Marienhagen*, § 31 Rn. 20). Entsprechend kann auch zu den Sitzungen des **Wirtschaftsausschusses** ein Beauftragter einer im Betriebsrat vertretenen Gewerkschaft hinzugezogen werden (ebenso BAG 18. 11. 1980 AP BetrVG 1972 § 108 Nr. 2; BAG 25. 6. 1987 AP BetrVG 1972 § 108 Nr. 6; s. ausführlich Rn. 23 ff.).

26 Problematisch ist, unter **welchen Voraussetzungen** das Teilnahmerecht eines Gewerkschaftsbeauftragten gegeben ist. Nahezu einhellig wird die Auffassung vertreten, dass die Hinzuziehung vom Betriebsrat beschlossen oder von einem Viertel der Mitglieder des Betriebsrats verlangt werden kann (vgl. *Fitting*, § 31 Rn. 27; GK-*Raab*, § 31 Rn. 4; DKK-*Wedde*, § 31 Rn. 20; *Joost*, MünchArbR § 219 Rn. 24; a. A. HSWGNR-*Glock*, § 31 Rn. 23). Aber auch der **Ausschuss** selbst kann die Hinzuziehung des Beauftragten einer im Betriebsrat vertretenen Gewerkschaft beschließen (ebenso *Fitting, Wiese/Raab, Wedde, Joost*, hier auch *Glock*, jeweils a. a. O.; *Däubler*, Gewerkschaftsrechte, Rn. 144; *Klosterkemper*, Zugangsrecht der Gewerkschaften, S. 17; für den Wirtschaftsausschuss, jedenfalls wenn der Betriebsrat eine entsprechende Ermächtigung erteilt hat, BAG 18. 11. 1980 AP BetrVG 1972 § 108 Nr. 2). Die entsprechende Anwendung legt es nahe, dass die Hinzuziehung auch dann zu erfolgen hat, wenn sie von einem Viertel der Ausschussmitglieder beantragt wird (ebenso *Wiese/Raab, Joost, Däubler, Klosterkemper*, jeweils a. a. O.; *Fitting*, § 31 Rn. 27, unter Aufgabe seiner bisherigen Gegenansicht).

27 **Nicht notwendig** ist, dass die Gewerkschaft **im Ausschuss** vertreten ist, also ein Ausschussmitglied ihr angehört; sie muss im Betriebsrat vertreten sein.

28 Die Hinzuziehung eines Gewerkschaftsbeauftragten kann nur für eine **bestimmte** oder **mehrere bestimmte Sitzungen** verlangt oder beschlossen werden, nicht für alle Sitzungen des Ausschusses (so für den Wirtschaftsausschuss BAG 25. 6. 1987 AP BetrVG 1972 § 108 Nr. 6; s. auch Rn. 14).

V. Streitigkeiten

29 Streitigkeiten über die Teilnahme eines Gewerkschaftsbeauftragten an Sitzungen des Betriebsrats oder Ausschüssen des Betriebsrats entscheidet das Arbeitsgericht im Beschlussverfahren (§ 2a Abs. 1 Nr. 1, Abs. 2 i. V. mit §§ 80 ff. ArbGG). In diesem Verfahren ist auch die betreffende Gewerkschaft beteiligt (ebenso *Nikisch*, Bd. III S. 181).

I. Vorbemerkung § 32

Allerdings ist zu berücksichtigen, dass ihr kein selbstständiges Teilnahmerecht zusteht, sondern nur ein Recht, dessen Ausübung vom Willen des Betriebsrats bzw. einer Minderheit der Betriebsratsmitglieder abhängt. Die Gewerkschaft ist daher nur dann antragsberechtigt, wenn sie geltend macht, dass die Voraussetzungen gegeben sind, unter denen ihr Beauftragter an der Sitzung teilnehmen kann (vgl. BAG 18. 11. 1980 AP BetrVG 1972 § 108 Nr. 2; *Fitting*, § 31 Rn. 29; GK-*Raab*, § 31 Rn. 28; HSWGNR-*Glock*, § 31 Rn. 24).

Das Arbeitsgericht entscheidet auch im Beschlussverfahren, wenn der Arbeitgeber 30 einem Beauftragten der Gewerkschaft den Zutritt zum Betrieb verweigert oder streitig ist, ob die Gewerkschaft einen bestimmten Beauftragten entsenden darf (s. ausführlich zu dem Problem § 46 Rn. 24). Der Erlass einer einstweiligen Verfügung kann vom Betriebsrat, aber auch von der hinzugezogenen Gewerkschaft beantragt werden (§ 85 Abs. 2 ArbGG).

§ 32 Teilnahme der Schwerbehindertenvertretung

Die Schwerbehindertenvertretung (§ 94 des Neunten Buches Sozialgesetzbuch) kann an allen Sitzungen des Betriebsrats beratend teilnehmen.

Übersicht

	Rn.
I. Vorbemerkung	1
II. Die Schwerbehindertenvertretung	3
1. Rechtsnatur	3
2. Wahl und Amtszeit der Schwerbehindertenvertretung	4
3. Persönliche Rechte und Pflichten der Vertrauensmänner und Vertrauensfrauen der schwerbehinderten Menschen	9
4. Aufgaben und Befugnisse der Schwerbehindertenvertretung	12
5. Gesamt- und Konzernschwerbehindertenvertretung	15
III. Teilnahme an Sitzungen des Betriebsrats und seiner Ausschüsse	18
1. Recht und Pflicht zur Teilnahme	18
2. Rechtsstellung in der Sitzung des Betriebsrats und dessen Ausschüsse	21
3. Geheimhaltungspflicht	23
4. Teilnahmerecht an Sitzungen des Gesamtbetriebsrats und des Konzernbetriebsrats	24
IV. Streitigkeiten	25

I. Vorbemerkung

Das Gesetz gibt der Schwerbehindertenvertretung das Recht, an allen Sitzungen des 1 Betriebsrats beratend teilzunehmen. Der ursprüngliche Text des BetrVG 1972 sprach noch vom „Vertrauensmann der Schwerbeschädigten". Durch die grundlegende Reform durch das Gesetz zur Weiterentwicklung des Schwerbeschädigtenrechts vom 24. 4. 1974 (BGBl. I S. 981) wurde der Begriff des Schwerbeschädigten durch den des Schwerbehinderten ersetzt; seit der Einfügung des Schwerbehindertengesetzes in das SGB am 19. 6. 2001 (BGBl. I S. 1046) spricht das Gesetz von den schwerbehinderten Menschen. Die Vorschrift des § 32 wurde zunächst in § 22 Abs. 4 Satz 1 SchwbG i. d. F. vom 29. 4. 1974 nach der Neubekanntmachung vom 26. 8. 1986 (BGBl. I S. 1421) in § 25 Abs. 4 Satz 1 SchwbG wiederholt und findet sich nunmehr in § 95 Abs. 4 Satz 1 SGB IX wieder. Durch sie wird klargestellt, dass die Schwerbehindertenvertretung auch das Recht hat, an allen Sitzungen der Betriebsratsausschüsse beratend teilzunehmen (s. auch Rn. 18 ff.).

Thüsing

2 Der RegE des BetrVG 1972 wollte das Teilnahmerecht ursprünglich nur geben, wenn Fragen behandelt werden, welche die Interessen der Schwerbeschädigten berühren (vgl. BT-Drucks. VI/1786, S. 8, 40); der Gesetzgeber sah aber auf Grund der Stellungnahme des Bundesrats von dieser Einschränkung ab, weil die vom Betriebsrat zu beratenden Gegenstände in der Regel auch für die Schwerbehinderten von Bedeutung sind (vgl. BT-Drucks. VI/1786, S. 63; Bericht des BT-Ausschusses für Arbeit und Sozialordnung, *zu* BT-Drucks. VI/2729, S. 22).

2a Durch Art. 39 Nr. 1 des Sozialgesetzbuches – Neuntes Buch – (SGB IX) vom 16. 6. 2001 wurde der bisherige Verweis auf das Schwerbehindertengesetz, das durch Art. 20 des gleichen Gesetzes aufgehoben wurde, durch den nunmehr zutreffenden Verweis auf die entsprechende Norm im SGB IX ersetzt (BGBl. I S. 1046). Das **BetrVerf-Reformgesetz** vom 23. 7. 2001 wiederholte dann (überflüssigerweise) noch einmal diese Änderung in Nr. 37a (BGBl. I S. 1856).

2b Entsprechende Vorschrift: § 40 BPersVG.

II. Die Schwerbehindertenvertretung

1. Rechtsnatur

3 Die Schwerbehindertenvertretung hat die Eingliederung schwerbehinderter Menschen in den Betrieb zu fördern, deren Interessen im Betrieb zu vertreten und ihnen beratend und helfend zur Seite zu stehen (§ 95 Abs. 1 Satz 1 SGB IX). Sie ist **kein Organ des Betriebsrats**, sondern eine von Gesetzes wegen eingerichtete *zusätzliche betriebsverfassungsrechtliche Vertretung* der Arbeitnehmer. Man kann sie daher auch als Betriebsverfassungsorgan qualifizieren (ebenso BAG 21. 9. 1989 AP SchwbG 1986 § 25 Nr. 1; a. A. BAG 16. 8. 1977 AP SchwbG § 23 Nr. 1). Jedoch stehen ihr keine eigenen Beteiligungsrechte zu (insoweit zutreffend BAG AP SchwbG § 23 Nr. 1); Mitwirkungs- und Mitbestimmungsrechte werden, auch soweit sie schwerbehinderte Arbeitnehmer betreffen, nicht von ihr, sondern allein vom Betriebsrat ausgeübt.

2. Wahl und Amtszeit der Schwerbehindertenvertretung

4 a) Eine Schwerbehindertenvertretung wird in **allen Betrieben** gebildet, in denen **wenigstens fünf schwerbehinderte Menschen** nicht nur vorübergehend beschäftigt sind (§ 94 Abs. 1 Satz 1 SGB IX). Gewählt werden eine **Vertrauensperson** und wenigstens **ein Stellvertreter**, der die Vertrauensperson im Fall der Verhinderung vertritt.

5 **Wahlberechtigt** sind alle im Betrieb beschäftigten schwerbehinderten Menschen (§ 94 Abs. 2 SGB IX). Ein bestimmtes Mindestalter oder sonstige Erfordernisse sind nicht vorgeschrieben. **Wählbar** sind alle im Betrieb nicht nur vorübergehend Beschäftigten, die am Wahltag das 18. Lebensjahr vollendet haben und dem Betrieb seit sechs Monaten angehören; besteht der Betrieb weniger als ein Jahr, so bedarf es für die Wählbarkeit nicht der sechsmonatigen Zugehörigkeit (§ 94 Abs. 3 Satz 1 SGB IX). Nicht erforderlich ist, dass der Bewerber schwerbehinderter Mensch ist. Allerdings ist nicht wählbar, wer kraft Gesetzes dem Betriebsrat nicht angehören kann (§ 94 Abs. 3 Satz 2 SGB IX). Daher kann ein leitender Angestellter (§ 5 Abs. 3) nicht gewählt werden (überholt deshalb LAG Frankfurt 23. 10. 1973, DB 1974, 244), und ebenfalls kann nicht gewählt werden, wer infolge strafgerichtlicher Verurteilung die Fähigkeit, Rechte aus öffentlichen Wahlen zu erlangen, nicht besitzt (§ 8 Abs. 1 Satz 3; s. dort Rn. 40).

6 Die Vertrauensperson und der Stellvertreter werden in **geheimer und unmittelbarer Wahl nach den Grundsätzen der Mehrheitswahl** gewählt; die Vorschriften über das Wahlverfahren, den Wahlschutz und die Wahlkosten bei der Wahl des Betriebsrats sind sinngemäß anzuwenden (§ 94 Abs. 6 SGB IX). Im Übrigen enthält § 94 Abs. 7 SGB IX die Ermächtigungsgrundlage dafür, durch Rechtsverordnung das Wahlverfahren zu

II. Die Schwerbehindertenvertretung § 32

regeln. Das ist durch die Erste Verordnung zur Durchführung des Schwerbehindertengesetzes geschehen (Wahlordnung Schwerbehindertenvetretungen – SchwbWO) i. F. vom 23. 4. 1990 (BGBl. I S. 811), zuletzt geändert durch Art. 54 des Gesetzes vom 19. Juni 2001, BGBl. I S. 1046.

b) Die **Amtszeit** beträgt vier Jahre (§ 94 Abs. 8 Satz 1 SGB IX); sie beginnt mit der Bekanntgabe des Wahlergebnisses oder, wenn die Amtszeit der bisherigen Schwerbehindertenvertretung noch nicht beendet ist, mit deren Ablauf und endet auf alle Fälle mit dem Ablauf von vier Jahren, gerechnet vom Beginn des Amtes, so dass der letzte Amtstag der ist, der seiner Bezeichnung nach dem Tag des Amtsbeginns entspricht (§ 188 Abs. 2 BGB). Das Amt erlischt vorzeitig, wenn die Vertrauensperson es niederlegt, aus dem Arbeitsverhältnis ausscheidet oder die Wählbarkeit verliert (§ 94 Abs. 8 Satz 2 SGB IX). 7

Außerdem kann die Schwerbehindertenvertretung ihres **Amtes enthoben** werden, wenn sie ihre Pflichten gröblich verletzt; die Absetzung erfolgt auf Antrag eines Viertels der wahlberechtigten schwerbehinderten Menschen durch den Widerspruchsausschuss bei dem Integrationsamt (§ 94 Abs. 7 Satz 5 i. V. mit § 119 SGB IX). Ein Antragsrecht des Arbeitgebers ist nicht vorgesehen. Die Entscheidung unterliegt der Kontrolle im Verwaltungsrechtsweg. Nach erfolglosem Widerspruch, sofern man ihn überhaupt für erforderlich hält, können der Vertrauensmann oder die Vertrauensfrau die Anfechtungsklage bzw. die schwerbehinderten Menschen, die erfolglos einen Antrag auf Amtsenthebung gestellt haben, die Verpflichtungsklage vor dem Verwaltungsgericht nach § 42 VwGO erheben. 8

3. Persönliche Rechte und Pflichten der Vertrauenspersonen der schwerbehinderten Menschen

a) Die Vertrauenspersonen führen ihr **Amt unentgeltlich als Ehrenamt** (§ 96 Abs. 1 SGB IX). Sie dürfen in der Ausübung ihres Amtes nicht behindert werden oder wegen ihres Amtes nicht benachteiligt oder begünstigt werden; dies gilt auch für ihre berufliche Entwicklung (§ 96 Abs. 2 SGB IX, der § 78 BetrVG entspricht). Die Vertrauenpersonen genießen den gleichen Kündigungsschutz wie ein Mitglied des Betriebsrats; ihnen gegenüber kommt also grundsätzlich nur eine außerordentliche Kündigung in Betracht, die der Zustimmung des Betriebsrats bedarf (§ 96 Abs. 3 SGB IX i. V. mit §§ 15, 16 KSchG, § 103 BetrVG). Ebenso wie ein Betriebsratsmitglied sind auch die Vertrauenspersonen von ihrer beruflichen Tätigkeit ohne Minderung des Arbeitsentgelts zu befreien, wenn und soweit es zur Durchführung seiner Aufgaben erforderlich ist (§ 96 Abs. 4 Satz 1 SGB IX, der § 37 Abs. 2 BetrVG entspricht; s. dazu auch § 37 Rn. 13 ff.). Sie sind ebenso wie das Betriebsratmitglied verpflichtet sich bei ihrem Vorgesetzten ab- und wieder anzumelden, wenn sie den Arbeitsplatz hier verlassen (s. auch *Fitting*, § 32 Rn. 26; DKK-*Wedde*, § 32 Rn. 11). Weiterhin sind sie unter Fortzahlung ihres Arbeitsentgelts für die Teilnahme an Schulungs- und Bildungsveranstaltungen freizustellen, soweit diese Kenntnisse vermitteln, die für die Arbeit der Schwerbehindertenvertretung erforderlich sind (§ 96 Abs. 4 Satz 2 SGB IX); es besteht deshalb für sie der gleiche Anspruch wie nach § 37 Abs. 6 BetrVG (s. auch § 37 Rn. 79 ff.). Sind Vertrauenspersonen freigestellt, so sichert § 96 Abs. 5 SGB IX, dass die Freistellung nicht zu einer Beeinträchtigung ihres beruflichen Werdegangs führt; die Vorschrift, die dies regelt, deckt sich mit § 38 Abs. 4 (s. dazu dort Rn. 62 ff.). Die Vertrauenspersonen haben zum Ausgleich für ihre Tätigkeit, die aus betriebsbedingten Gründen außerhalb der Arbeitszeit durchzuführen ist, Anspruch auf entsprechende Arbeitsbefreiung unter Fortzahlung des Arbeitsentgelts (§ 96 Abs. 6 SGB IX; s. zu den Voraussetzungen auch § 37 Rn. 38 ff.). 9

b) Die durch die Tätigkeit der Schwerbehindertenvertretung entstehenden **Kosten** trägt der Arbeitgeber (§ 96 Abs. 8 SGB IX). Die Räume und der Geschäftsbedarf, die der Arbeitgeber dem Betriebsrat für dessen Sitzungen, Sprechstunden und laufende 10

Geschäftsführung zur Verfügung stellt, stehen für die gleichen Zwecke auch der Schwerbehindertenvertretung zur Verfügung, soweit ihr hierfür nicht eigene Räume und sächliche Mittel zur Verfügung gestellt werden (§ 96 Abs. 9 SGB IX).

11 c) Soweit die Vertrauenspersonen die **Fortzahlung ihres Arbeitsentgelts** für eine amtsbedingte Arbeitsversäumnis verlangen, entscheidet das **Arbeitsgericht im Urteilsverfahren** (§ 2 Abs. 1 Nr. 3 lit. a, Abs. 5 i. V. mit §§ 46 ff. ArbGG; s. auch § 37 Rn. 182). Verlangten sie dagegen **Kostenerstattung**, z. B. Ersatz von Schulungskosten, so findet nicht das Urteilsverfahren, sondern das **Beschlussverfahren** vor dem Arbeitsgericht statt; denn es handelt sich nicht um eine bürgerliche Rechtsstreitigkeit aus dem Arbeitsverhältnis, sondern um eine Streitigkeit, die im weiteren Sinn als betriebsverfassungsrechtliche Frage anzusehen ist (§ 2 a Abs. 1 Nr. 1, Abs. 2 i. V. mit §§ 80 ff. ArbGG; vgl. BAG 21. 9. 1989 AP SchwbG 1986 § 25 Nr. 1; a. A. – jedoch überholt – BAG 16. 8. 1977 AP SchwbG § 23 Nr. 1).

4. Aufgaben und Befugnisse der Schwerbehindertenvertretung

12 a) Die Schwerbehindertenvertretung **ersetzt** für die schwerbehinderten Menschen **nicht den Betriebsrat**. Sie hat auch keine besonderen Mitwirkungs- und Mitbestimmungsrechte. Ihre Aufgaben sind aber gleichwohl weit gespannt; denn sie hat die Interessen der Schwerbehinderten im Betrieb zu vertreten und ihnen beratend und helfend zur Seite zu stehen, also insbesondere darüber zu wachen, dass die zugunsten der Schwerbehinderten geltenden Gesetze, Verordnungen, Tarifverträge und Betriebsvereinbarungen durchgeführt werden (§ 95 Abs. 1 Satz 1 und Satz 2 Nr. 1 SGB IX). Die Schwerbehindertenvertretung ist vom Arbeitgeber in allen Angelegenheiten, die einen einzelnen schwerbehinderten Menschen oder die Schwerbehinderten als Gruppe berühren, rechtzeitig und umfassend zu unterrichten und vor einer Entscheidung zu hören; die getroffene Entscheidung ist ihr unverzüglich mitzuteilen (§ 95 Abs. 2 Satz 1 SGB IX). Die Anhörung ist zwar keine Wirksamkeitsvoraussetzung für Maßnahmen des Arbeitgebers; deren Durchführung oder Vollziehung ist aber auszusetzen (§ 95 Abs. 2 Satz 2 SGB IX; vgl. *Heenen*, MünchArbR § 313 Rn. 49). Bei einer Kündigung ist zu beachten, dass sie der vorherigen Zustimmung des Integrationsamts bedarf (§ 85 SGB IX). Dieses hat, bevor es eine Entscheidung trifft, neben einer Stellungnahme des Betriebsrats und des zuständigen Arbeitsamtes auch eine Stellungnahme der Schwerbehindertenvertretung einzuholen (§ 87 Abs. 2 SGB IX). Wird die Zustimmung erteilt, ohne dass die Schwerbehindertenvertretung gehört wurde, so kann der schwerbehinderte Mensch die Zustimmung, da sie ihm gegenüber einen Verwaltungsakt darstellt, im Verwaltungsrechtsweg anfechten, also zunächst Widerspruch beim Widerspruchsausschuss des Integrationsamts einlegen und, wenn er erfolglos blieb, anschließend Anfechtungsklage nach § 42 VwGO vor dem Verwaltungsgericht erheben.

13 Das **Verhältnis zum Betriebsrat** wird vor allem dadurch verklammert, dass die Schwerbehindertenvertretung ein Teilnahmerecht an allen Sitzungen des Betriebsrats und seiner Ausschüsse hat und ihr gegen Beschlüsse des Betriebsrats, die sie als eine erhebliche Beeinträchtigung wichtiger Interessen der schwerbehinderten Menschen erachtet, ein suspensives Vetorecht zusteht (§ 95 Abs. 4 Satz 2 SGB IX; vgl. auch hier § 32 und § 35 Abs. 3).

14 b) Die Schwerbehindertenvertretung hat das Recht, mindestens einmal im Kalenderjahr eine **Versammlung der schwerbehinderten Menschen** im Betrieb durchzuführen; die für die Betriebsversammlung geltenden Vorschriften finden entsprechende Anwendung (§ 95 Abs. 6 Satz 2 SGB IX).

5. Gesamt- und Konzernschwerbehindertenvertretung

15 Besteht ein Gesamtbetriebsrat, so wählen die Schwerbehindertenvertretungen der einzelnen Betriebe für den Bereich des Unternehmens eine **Gesamtschwerbehindertenvertretung** (§ 97 Abs. 1 Satz 1 SGB IX; s. § 52 Rn. 4 ff.). Ist eine Schwerbehinderten-

vertretung nur in einem der Betriebe gewählt, so nimmt sie die Rechte und Pflichten der Gesamtschwerbehindertenvertretung wahr (§ 97 Abs. 1 Satz 2 SGB IX).

Eine dem Konzernbetriebsrat entsprechende **Konzernschwerbehindertenvertretung** ist zu errichten, wenn für mehrere Unternehmen eines Konzerns ein Konzernbetriebsrat besteht (§ 97 Abs. 2 SGB IX; s. auch § 59a Rn. 5). 16

Der Gesamtschwerbehindertenvertretung hat das Recht, mindestens einmal im Kalenderjahr eine **Versammlung der betrieblichen Vertrauensleute** durchzuführen (§ 97 Abs. 8 i. V. mit § 95 Abs. 6 SGB IX); diese Institution entspricht der Betriebsräteversammlung (§ 53). Ein entsprechendes Recht der Konzernschwerbehindertenvertretung, Versammlungen der Gesamtvertrauenspersonen durchzuführen, besteht dagegen nicht. 17

III. Teilnahme an Sitzungen des Betriebsrats und seiner Ausschüsse

1. Recht und Pflicht zur Teilnahme

a) Die Schwerbehindertenvertretung kann an **allen Sitzungen des Betriebsrats** beratend teilnehmen. Wie sich aus § 95 Abs. 4 Satz 1 SGB IX ergibt, hat sie auch das Recht, an allen **Sitzungen des Betriebsausschusses** und der **Ausschüsse des Betriebsrats** beratend teilzunehmen, ferner an den Sitzungen aller paritätisch besetzten Gremien, denen auf Grund Vereinbarung der Betriebsparteien bestimmte Angelegenheiten übertragen werden (BAG 21. 4. 1993 AP SchwbG 1986 § 26 Nr. 4 [Akkordkommission]; DKK-*Wedde*, § 32 Rn. 4). Da der **Wirtschaftsausschuss** nach seiner gesetzgeberischen Konzeption ein Ausschuss des Betriebsrats ist, kann sie auch an seinen Sitzungen teilnehmen (ebenso BAG 4. 6. 1987 AP SchwbG § 22 Nr. 2; ebenso *Fitting*, § 32 Rn. 18; ErfK-*Eisemann/Koch*, § 32 Rn. 1; a. A. HSWGNR-*Glock*, § 32 Rn. 16 im Hinweis auf den unterschiedlichen Zweck von Behindertenvertretung und Wirtschaftsausschuss). Auch für **Vertretungen nach § 3 Abs. 1 Nr. 4–5** wird man, auch wenn die Betriebsvereinbarung oder der Tarifvertrag keine entsprechende Regelung enthält, ein Teilnahmerecht bejahen müssen (ähnlich zum alten § 3 DKK-*Wedde*, § 32 Rn. 5; enger *Fitting*, § 32 Rn. 3; GK-*Raab*, § 32 Rn. 4, die eine entsprechende Regelung für erforderlich halten. Für sonstige Besprechungen oder Gespräche zwischen Betriebsratsmitgliedern und Arbeitgeberseite besteht kein Teilnahmerecht. Der Gesetzgeber hat das Beratungsrecht der Schwerbehindertenvertretung ausdrücklich auf „Sitzungen des Betriebsrats" beschränkt (ebneso LAG Schleswig-Holstein 10. 9. 2008, DB 2008, 2839). 18

b) Die Schwerbehindertenvertretung kann an **allen Sitzungen** teilnehmen, nicht nur an Sitzungen, die sich im Hinblick auf § 80 Abs. 1 Nr. 4 mit Fragen befassen, welche die Interessen der schwerbehinderten Menschen berühren. Der Vorsitzende des Betriebsrats (oder des Ausschusses) hat deshalb die Schwerbehindertenvertretung zu allen Sitzungen rechtzeitig unter Mitteilung der Tagesordnung zu laden (§ 29 Abs. 2 Satz 4; s. dort Rn. 34 ff.). Sie ist aber nicht verpflichtet, an allen Sitzungen teilzunehmen, sondern eine Amtspflicht besteht nur insoweit, als sie sich aus dem SGB IX ergibt, also insbesondere dann, wenn sich aus der Tagesordnung ergibt, dass Fragen verhandelt werden sollen, die sich auf eine Durchführung der zugunsten der schwerbehinderten Menschen geltenden Vorschriften beziehen oder sonst die Eingliederung oder berufliche Entwicklung und Förderung der schwerbehinderten Menschen betreffen (ebenso *Fitting*, § 32 Rn. 25; GK-*Raab*, § 32 Rn. 14; HSWGNR-*Glock*, § 32 Rn. 13). 19

c) Die Schwerbehindertenvertretung hat **kein formelles Recht** auf **Einberufung einer Sitzung**. Sie kann aber beantragen, Angelegenheiten, die Einzelne schwerbehinderte Menschen oder die schwerbehinderten Menschen als Gruppe besonders betreffen, auf die **Tagesordnung der nächsten Sitzung** zu setzen (§ 95 Abs. 4 Satz 1 Halbsatz 2 SGB IX; s. auch § 29 Rn. 21). 20

d) Wird die **Schwerbehindertenvertretung nicht** oder nicht rechtzeitig zur Sitzung des Betriebsrats **geladen,** dann handelt der Betriebsrat pflichtwidrig, was gegebenfalls Sanktionen nach § 23 Abs. 1 nach sich ziehen kann. Die **Beschlüsse** werden jedoch **nicht unwirksam,** und zwar auch dann, wenn sie Angelegenheiten regeln, die insbesondere Behinderte betreffen (ebenso *Fitting,* § 32 Rn. 24; a. A. für diese Fall GL-*Marienhagen,* § 32 Rn. 12). Die Grenze zur Unwirksamkeit dürfte erst da überschritten sein, wo die Ladung bewusst ausbleibt, gerade um ohne die Schwerbehindertenvertretung diese Fragen zu entscheiden. Bei solchen dolosen Verfahrensverstößen reichen die Konsequenzen des § 23 Abs. 1 nicht aus (HSWGNR-*Glock,* § 32 Rn. 12; DKK-*Wedde,* § 32 Rn. 8).

2. Rechtsstellung in der Sitzung des Betriebsrats und dessen Ausschüsse

21 Die Schwerbehindertenvertretung kann an der Sitzung des Betriebsrats oder dessen Ausschüsse **beratend teilnehmen.** Sie ist nicht auf eine Anhörung beschränkt, sondern kann sich an der Beratung beteiligen. Dieses Recht hat sie in allen Angelegenheiten, nicht nur bei Fragen der schwerbehinderten Menschen (ebenso *Fitting,* § 32 Rn. 28; GK-*Raab,* § 32 Rn. 16; a. A. *Frauenkron,* § 32 Rn. 4). Die Schwerbehindertenvertretung hat **kein Stimmrecht;** sie kann deshalb auch keinen Antrag zur Abstimmung stellen (s. aber Rn. 20). Jedoch bestehen keine Bedenken dagegen, dass sie während der Abstimmung anwesend ist (ebenso *Fitting,* § 32 Rn. 28; HSWGNR-*Glock,* § 32 Rn. 14).

22 Den Vertrauensmann oder die Vertrauensfrau vertritt im Fall der Verhinderung der **Stellvertreter,** sofern mehrere Stellvertreter bestellt sind, derjenige, der nach der festgelegten Reihenfolge zur Stellvertretung berufen ist (§ 94 Abs. 1 Satz 1 SGB IX).

3. Geheimhaltungspflicht

23 Die **Geheimhaltungspflicht** der Schwerbehindertenvertretung regelt § 96 Abs. 7 SGB IX; sie entspricht in Inhalt und Umfang der den Betriebsratsmitgliedern obliegenden Geheimhaltungspflicht.

4. Teilnahmerecht an Sitzungen des Gesamtbetriebsrats und des Konzernbetriebsrats

24 Der Gesamtschwerbehindertenvertretung, nicht den auf Betriebsebene gewählten Vertrauenspersonen, steht das Recht zu, an allen Sitzungen des Gesamtbetriebsrats und seiner Ausschüsse beratend teilzunehmen (§ 52). Gleichsam besteht ein Teilnahmerecht an Sitzungen des Konzernbetriebsrats nur für die Konzernvertrauenspersonen und nicht auch für die Vertrauens- oder Gesamtvertrauenspersonen.

IV. Streitigkeiten

25 Streitigkeiten über die Teilnahme der Schwerbehindertenvertretung an Sitzungen des Betriebsrats, des Betriebsausschusses und der Ausschüsse des Betriebsrats nach § 28 sowie des Wirtschaftsausschusses entscheidet das Arbeitsgericht im Beschlussverfahren (§ 2a Abs. 1 Nr. 1, Abs. 2 i. V. mit §§ 80 ff. ArbGG).

§ 33 Beschlüsse des Betriebsrats

(1) ¹Die Beschlüsse des Betriebsrats werden, soweit in diesem Gesetz nichts anderes bestimmt ist, mit der Mehrheit der Stimmen der anwesenden Mitglieder gefasst. ²Bei Stimmengleichheit ist ein Antrag abgelehnt.

I. Vorbemerkung § 33

(2) Der Betriebsrat ist nur beschlussfähig, wenn mindestens die Hälfte der Betriebsratsmitglieder an der Beschlussfassung teilnimmt; Stellvertretung durch Ersatzmitglieder ist zulässig.

(3) Nimmt die Jugend- und Auszubildendenvertretung an der Beschlussfassung teil, so werden die Stimmen der Jugend- und Auszubildendenvertreter bei der Feststellung der Stimmenmehrheit mitgezählt.

Schrifttum: *Grosjean,* Die Rechtsprechung zur formellen (Un-)Wirksamkeit von Betriebsratsbeschlüssen, NZA-RR 2005, 113.

Übersicht

	Rn.
I. Vorbemerkung	1
II. Allgemeine Voraussetzungen der Beschlussfassung, insbesondere Beschlussfähigkeit	2
1. Beschlussfassung nur in einer Sitzung	2
2. Ladung und Mitteilung der Tagesordnung	3
3. Beschlussfähigkeit	4
4. Vertretung durch ein Ersatzmitglied	12
III. Beschlussfassung	13
1. Stimmberechtigung	13
2. Stimmenmehrheit	16
3. Notwendigkeit einer absoluten Mehrheit	20
4. Stimmverbot	22
5. Abstimmungsverfahren	23
IV. Zurechnung bei fehlendem Betriebsratsbeschluss	25
1. Beschluss bei Schweigen der Betriebsratsmitglieder	25
2. Zurechnung des Schweigens	28
3. Zurechnung nach den Grundsätzen der Vertrauenshaftung	31
V. Beseitigung eines Beschlusses	34
1. Aufhebung und inhaltliche Änderung	34
2. Anfechtung	35
3. Zurücknahme	37
VI. Gerichtliche Nachprüfung von Betriebsratsbeschlüssen	38
1. Gerichtliche Rechtskontrolle	38
2. Gesetzesverletzungen mit der Sanktion der Nichtigkeit	41
3. Zuständigkeit und Verfahrensart	47

I. Vorbemerkung

Der Betriebsrat als Kollegialorgan trifft seine Entscheidungen durch **Beschluss.** § 33 **1** behandelt die Beschlussfassung. Er entspricht im Wesentlichen § 32 BetrVG 1952; eingefügt wurde lediglich die Regelung in Abs. 3, nach der die Stimmen der Jugend- und Auszubildendenvertreter, soweit sie Stimmrecht haben (§ 67 Abs. 2), bei der Feststellung der Stimmenmehrheit das gleiche Stimmgewicht haben wie die der Betriebsratsmitglieder. Im Rahmen von Abs. 1 wird berücksichtigt, dass das Gesetz in einigen Fällen für Beschlüsse des Betriebsrats eine qualifizierte Mehrheit vorsieht, z. B. § 27 Abs. 2 Satz 2, § 36 und § 107 Abs. 3 Satz 1. Außerdem stellt die Regelung der Beschlussfähigkeit in Abs. 2 nicht wie § 32 Abs. 2 BetrVG 1952 darauf ab, dass mindestens die Hälfte der Betriebsratsmitglieder anwesend sein muss, sondern verlangt, dass mindestens die Hälfte der Betriebsratsmitglieder an der Beschlussfassung teilnimmt.

Entsprechende Vorschriften: §§ 37, 38 BPersVG, § 13 Abs. 1 und 2 SprAuG, § 28 **1a** EBRG.

Thüsing

II. Allgemeine Voraussetzungen der Beschlussfassung, insbesondere Beschlussfähigkeit

1. Beschlussfassung nur in einer Sitzung

2 Die Beschlüsse des Betriebsrats können nur in einer Sitzung gefasst werden. **Beschlussfassung im Umlaufverfahren ist ausgeschlossen.** Bei ihm findet eine mündliche Beratung nicht statt. Deshalb ist institutionell nicht gesichert, dass die Mitglieder des Betriebsrats die Meinung der anderen Mitglieder kennen und auf die Willensbildung einwirken können (ebenso LAG Hamm 17. 8. 2007, EzAÜG BetrVG Nr. 100; LAG Köln 25. 11. 1998, LAGE BetrVG 1972 § 33 Nr. 2; LAG Baden-Württemberg 13. 9. 1965, BB 1965, 1395; *Brecht*, § 33 Rn. 6; *Fitting*, § 33 Rn. 21; GK-*Raab*, § 33 Rn. 10; *ders.*, FS Karl Molitor 1988, S. 365, 372; HSWGNR-*Glock*, § 33 Rn. 4; DKK-*Wedde*, § 33 Rn. 3, 10; *Nikisch*, Bd. III S. 177, 184; *Fitting*, BetrV 1957, 22, 24; ErfK-*Eisemann/Koch*, § 33 Rn. 4; ausführlich *Reitze*, Der Betriebsratsbeschluss S. 47; *Heinze*, DB 1973, 2089, 2091; vgl. auch BAG 4. 8. 1975 AP BetrVG 1972 § 102 Nr. 4; *Buchner*, DB 1976, 532, 534; – a. A. LAG München 6. 8. 1974, DB 1975, 1228 = BB 1975, 968; G. *Müller*, RdA 1950, 206, 207; für den Fall, dass alle Mitglieder damit einverstanden sind, *Galperin/Siebert*, § 32 Rn. 18). Eine schriftliche, telegrafische oder fernmündliche Beschlussfassung, wie sie in § 108 Abs. 4 AktG für den Aufsichtsrat vorgesehen ist, scheidet deshalb hier aus (ebenso *Fitting*, § 33 Rn. 21 a). Ebenso ausgeschlossen ist eine Beschlussfassung über Telefon- oder Videokonferenz oder Online-talk: Wie auch beim Umlaufverfahren wäre die Nichtöffentlichkeit der Sitzung nicht gewahrt (ebenso DKK-*Wedde*, § 33 Rn. 10; *Reitze*, Der Betriebsratsbeschluss, S. 47). Verfehlt ist es allerdings anzunehmen, der Arbeitgeber habe eine Verpflichtung, den Betriebsrat ggf. auf die Unwirksamkeit solcher Beschlüsse hinzuweisen. Die Rechtskenntnis kann sich der Betriebsrat selbst verschaffen; der Arbeitgeber ist hierfür nicht verantwortlich (unzutreffend daher LAG Frankfurt 21. 2. 1991, AuR 1992, 222; zust. DKK-*Wedde*, § 33 Rn. 10, gestützt auf § 2 Abs. 1).

2. Ladung und Mitteilung der Tagesordnung

3 Ein Beschluss kann **nur bei ordnungsmäßiger Ladung und rechtzeitiger Mitteilung der Tagesordnung** erfolgen (ebenso LAG Düsseldorf [Köln] 16. 1. 1975, DB 1975, 744; *Fitting*, § 33 Rn. 22 und 24; GK-*Raab*, § 33 Rn. 9; HWK-*Reichold*, § 33 Rn. 4; *Nikisch*, Bd. III S. 184; *Nipperdey/Säcker* in *Hueck/Nipperdey*, Bd. II/2 S. 1200; s. ausführlich § 29 Rn. 39 ff.). Ein Beschluss kann daher nicht bei informellen Besprechungen mit dem Arbeitgeber oder bei sonstigen Zusammenkünften der Betriebsratsmitglieder gefasst werden (ebenso *Fitting*, § 33 Rn. 20; GK-*Raab*, § 33 Rn. 9; HSWGNR-*Glock*, § 33 Rn. 4; DKK-*Wedde*, § 33 Rn. 9). Steht fest, dass ein Mitglied verhindert ist, so ist das Ersatzmitglied zu laden (§ 29 Abs. 2 Satz 6; s. dort Rn. 32 f., 41).

3. Beschlussfähigkeit

4 Ein Beschluss kann nur gefasst werden, wenn **mindestens die Hälfte der Betriebsratsmitglieder an der Beschlussfassung teilnimmt** (Abs. 2).

5 a) Maßgebend ist die **Zahl des ordnungsmäßig besetzten Betriebsrats**. Kann ein ausgeschiedenes Mitglied nicht mehr durch ein Ersatzmitglied ersetzt werden, so dass eine Neuwahl durchzuführen ist (§ 13 Abs. 2 Nr. 2), so ist, solange der Betriebsrat noch im Amt ist (§ 21 Satz 5, 22), von der Zahl der noch vorhandenen Betriebsratsmitglieder auszugehen (ebenso BAG 18. 8. 1982 AP BetrVG 1972 § 102 Nr. 24; s. auch LAG Nürnberg 10. 10. 2006, NZA-RR 2007, 136; *Fitting*, § 33 Rn. 12; GK-*Raab*, § 33 Rn. 13; HSWGNR-*Glock*, § 33 Rn. 6 a; DKK-*Wedde*, § 33 Rn. 5; *Reitze*, Der Betriebsratsbeschluss, S. 50).

II. Allgemeine Voraussetzungen der Beschlussfassung, insbesondere Beschlussfähigkeit § 33

b) Die Hälfte der Mitglieder des Betriebsrats muss **an der Beschlussfassung teilnehmen**. **6**
§ 32 Abs. 2 BetrVG 1952 verlangte dagegen, dass mindestens die Hälfte der Mitglieder *anwesend* sein muss (ebenso auch noch § 37 Abs. 2 BPersVG); in Anlehnung an die Regelung der Beschlussfähigkeit von Organen in neueren Gesetzen stellt das Gesetz seit 1972 auf die *Teilnahme* an der Beschlussfassung ab (so die Begründung des RegE, BT-Drucks. VI/1786, S. 40). Dabei wurde offensichtlich nicht berücksichtigt, dass Teilnahme an der Beschlussfassung auch vorliegen kann, wenn jemand in der Sitzung nicht anwesend ist, sich aber durch schriftliche Stimmabgabe an der Beschlussfassung beteiligt, so z. B. nach § 108 Abs. 3 Satz 1 AktG. Das ist hier aber nicht gemeint (s. Rn. 2); vielmehr wird lediglich klargestellt, dass die **Anwesenheit der vorgeschriebenen Mindestzahl** bei Beginn der Sitzung nicht genügt, sondern bei **jeder einzelnen Abstimmung** vorliegen muss (so bereits zu § 32 Abs. 2 BetrVG 1952 *Galperin/Siebert*, § 32 Rn. 7; ebenso *Brecht*, § 33 Rn. 3; *Fitting*, § 33 Rn. 15; GK-*Raab*, § 33 Rn. 18; HSWGNR-*Glock*, § 33 Rn. 8; DKK-*Wedde*, § 33 Rn. 8; ErfK-*Eisemann/Koch*, § 33 Rn. 2).

Voraussetzung ist weiterhin, dass die **anwesenden Betriebsratsmitglieder** an der Be- **7** **schlussfassung teilnehmen**. Die bloße Anwesenheit während der Abstimmung genügt also nicht, sondern die vorgeschriebene Mindestzahl muss sich an der Stimmabgabe beteiligen; das kann auch dadurch geschehen, dass jemand sich der Stimme enthält (ebenso *Brecht*, § 33 Rn. 4; *Fitting*, § 33 Rn. 13; GK-*Raab*, § 33 Rn. 15; HSWGNR-*Glock*, § 33 Rn. 7; ausführlich *Löwisch*, BB 1996, 1006). Von der Stimmenthaltung ist deshalb die *Nichtteilnahme an der Abstimmung* zu unterscheiden. Sie braucht nicht ausdrücklich erklärt zu werden (GK-*Raab*, § 33 Rn. 16; a. A. *Fitting*, § 33 Rn. 13; DKK-*Wedde*, § 33 Rn. 6; ErfK-*Eisemann/Koch*, § 33 Rn. 4; HaKo-BetrVG/*Blanke*, § 33 Rn. 6). Sie kann sich aus den Umständen ergeben. Schläft ein anwesendes Betriebsratsmitglied, so nimmt es an der Beschlussfassung nicht teil (ebenso *Wiese/Raab*, a. a. O.; a. A. *Reitze*, Der Betriebsratsbeschluss, S. 51). Die Erklärung eines Betriebsratsmitglieds, es beteilige sich nicht an der Beschlussfassung, widerspricht dem in § 162 BGB enthaltenen Rechtsgrundsatz, wenn es dadurch vereiteln will, dass eine Abstimmung nicht in seinem Sinn zustande kommt.

Ist ein Betriebsratsmitglied von der **Stimmabgabe persönlich ausgeschlossen** (s. **8** Rn. 22), so kann es zwar nicht an der Beschlussfassung teilnehmen; es widerspräche aber dem Zweck des *Stimmverbots*, wollte man zu dem Ergebnis kommen, dass dadurch die Beschlussunfähigkeit des Betriebsrats eintreten kann. Deshalb ist es gleichwohl mitzuzählen, wenn es um die Frage geht, ob der Betriebsrat für einen Beschluss in dieser Angelegenheit beschlussfähig ist (a. A. GK-*Raab*, § 33 Rn. 19; *Reitze*, Der Betriebsratsbeschluss, S. 64). Überwiegend wird allerdings die Auffassung vertreten, dass das Betriebsratsmitglied zeitweilig verhindert sei, so dass an seine Stelle ein Ersatzmitglied als Stellvertreter in den Betriebsrat eintritt (s. § 25 Rn. 9).

c) Für die **Beschlussfähigkeit** kommt es *ausschließlich* auf die Zahl der **Betriebsrats-** **9** **mitglieder** an. Das gilt auch, soweit ein Beschluss überwiegend die in § 60 Abs. 1 genannten Arbeitnehmer betrifft und daher auch die Jugend- und Auszubildendenvertreter ein Stimmrecht haben (§ 67 Abs. 2). Nur zur Feststellung, welche Zahl für eine Stimmenmehrheit erforderlich ist, um den Beschluss zu fassen, werden sie mitgezählt, soweit sie an der Beschlussfassung teilnehmen (Abs. 3), nicht dagegen bei der Feststellung, ob der Betriebsrat *beschlussfähig* ist (ebenso *Brecht*, § 33 Rn. 5, 12; *Fitting*, § 33 Rn. 18, 39; GK-*Raab*, § 33 Rn. 12, 22; HSWGNR-*Glock*, § 33 Rn. 6; DKK-*Wedde*, § 33 Rn. 4; HWK-*Reichold*, § 33 Rn. 5).

Bei den **privatisierten Postunternehmen** bilden die Beamtenvertreter bei der Organisa- **10** tion und Geschäftsführung des Betriebsrats keine eigene Gruppe. Soweit aber ein Beteiligungsrecht in Personalangelegenheiten der Beamten besteht (§ 28 Abs. 1 Satz 1 PostPersRG), sind nach gemeinsamer Beratung im Betriebsrat nur die Beamtenvertreter zur Beschlussfassung berufen (§ 28 Abs. 1 Satz 2 PostPersRG). Abs. 2 gilt daher entsprechend (§ 28 Abs. 1 Satz 3 PostPersRG).

Thüsing

11 d) Die **Beschlussfähigkeit** bzw. die Beschlussunfähigkeit des Betriebsrats braucht **nicht besonders festgestellt** zu werden; sie tritt von selbst ein. Da aber für den Nachweis nicht die Anwesenheitsliste genügt, die der Sitzungsniederschrift beizufügen ist (§ 34 Abs. 1 Satz 3), empfiehlt es sich, in das Protokoll nicht nur die Stimmenmehrheit, mit der ein Beschluss gefasst ist, aufzunehmen, sondern auch Stimmenthaltungen und Erklärungen von Mitgliedern, an der Abstimmung nicht teilzunehmen (ebenso *Fitting*, § 33 Rn. 14; GK-*Raab*, § 33 Rn. 17).

4. Vertretung durch ein Ersatzmitglied

12 Trotz der Formulierung in Halbsatz 2 des Abs. 2 kommt eine individuelle Vertretung dergestalt, dass ein Mitglied des Betriebsrats sich beliebig durch ein Ersatzmitglied vertreten lassen kann, nicht in Betracht. Ein Ersatzmitglied rückt vielmehr nur dann als Stellvertreter in den Betriebsrat ein, wenn ein Betriebsratsmitglied zeitweilig verhindert ist (§ 25 Abs. 1 Satz 2; s. dort Rn. 5 ff.), wobei sich aus § 25 Abs. 2 und 3 ergibt, welches Ersatzmitglied die Stellvertretung übernimmt (s. § 25 Rn. 16 ff.).

III. Beschlussfassung

1. Stimmberechtigung

13 Der Beschluss wird, soweit das Gesetz nicht etwas anderes bestimmt, mit der **Mehrheit der Stimmen der anwesenden Mitglieder** gefasst (Abs. 1 Satz 1).

14 Bei den **privatisierten Postunternehmen** sind in Personalangelegenheiten der Beamten nach gemeinsamer Beratung im Betriebsrat nur die Beamtenvertreter zur Beschlussfassung berufen (§ 28 Abs. 1 Satz 2 PostPersRG). Abs. 1 gilt entsprechend (§ 28 Abs. 1 Satz 3 PostPersRG).

15 Betrifft ein Beschluss überwiegend die in § 60 Abs. 1 genannten Arbeitnehmer (s. § 67 Rn. 18 ff.), haben die **Jugend- und Auszubildendenvertreter** ein Stimmrecht (§ 67 Abs. 2; s. zur Feststellung der Stimmenmehrheit Rn. 18).

2. Stimmenmehrheit

16 a) Für den Beschluss genügt, soweit das Gesetz nichts anderes bestimmt (s. Rn. 20), die Mehrheit der Stimmen der anwesenden Mitglieder (**einfache Stimmenmehrheit**). Ein Antrag ist also angenommen, wenn die Mehrheit der anwesenden stimmberechtigten Mitglieder des Betriebsrats ihn unterstützt. Bei **Stimmengleichheit** ist ein **Antrag abgelehnt** (Abs. 1 Satz 2). Ein Stichentscheid durch den Vorsitzenden ist ausgeschlossen und kann auch nicht durch die Geschäftsordnung eingeführt werden.

17 **Stimmenthaltung** ist zulässig. Wer sich jedoch der Stimme enthält, wird gleichwohl **mitgezählt**; da ein Antrag nur angenommen ist, wenn er die Billigung der Mehrheit der anwesenden Mitglieder gefunden hat, wirkt die Stimmenthaltung wie eine *Ablehnung* (so ausdrücklich § 37 Abs. 1 Satz 2 BPersVG; ebenso *Brecht*, § 33 Rn. 9; GGK-*Raab*, § 33 Rn. 29; HSWGNR-*Glock*, § 33 Rn. 16; *Nikisch*, Bd. III S. 184). Erklärt ein Mitglied dagegen, dass es an der Beschlussfassung nicht teilnehme, obwohl es bei der Abstimmung anwesend ist, so wird es bei der Ermittlung der Stimmenmehrheit nicht mitgezählt (ebenso *Fitting*, § 33 Rn. 34; DKK-*Wedde*, § 33 Rn. 16; a. A. GL-*Marienhagen*, § 33 Rn. 11; GK-*Raab*, § 33 Rn. 29). Etwas anderes gilt nur, soweit der in § 162 BGB niedergelegte Grundsatz eingreift (s. Rn. 7). In diesem Fall wird das Betriebsratsmitglied so behandelt, als hätte es sich der Stimme enthalten.

18 b) Soweit die **Jugend- und Auszubildendenvertreter** ein **Stimmrecht** haben (§ 67 Abs. 2) und an der Beschlussfassung teilnehmen, werden ihre Stimmen **bei der Feststellung der Stimmenmehrheit mitgezählt** (Abs. 3). Ein Antrag ist also nur dann ange-

nommen, wenn die Mehrheit der anwesenden Betriebsratsmitglieder und Jugend- und Auszubildendenvertreter ihn billigt; nicht erforderlich ist, dass die Mehrheit der Jugend- und Auszubildendenvertreter gesondert sich für ihn ausspricht. Keine Rolle spielt auch, wieviel Jugend- und Auszubildendenvertreter an der Sitzung teilnehmen.

c) Besteht ein **Stimmverbot** (s. Rn. 22), so wird der Betreffende für die Feststellung, welche Zahl für eine Stimmenmehrheit notwendig ist, nicht mitgezählt (s. zur Stellvertretung durch ein Ersatzmitglied in diesem Fall § 25 Rn. 9). 19

3. Notwendigkeit einer absoluten Mehrheit

Das Gesetz lässt in besonders wichtigen Fällen die einfache Stimmenmehrheit nicht genügen, sondern verlangt, dass der Beschluss mit der **Mehrheit der Stimmen der Betriebsratsmitglieder** gefasst wird (**absolute Mehrheit**), und zwar in folgenden Fällen: beim Rücktritt des Betriebsrats (§ 13 Abs. 2 Nr. 3), der Übertragung von Aufgaben zur selbstständigen Erledigung durch den Betriebsausschuss (§ 27 Abs. 2 Satz 2) oder der Ausschüsse des Betriebsrats (§ 28 Abs. 1 Satz 2) oder die Mitglieder des Betriebsrats in gemeinsamen Ausschüssen (§ 28 Abs. 2), bei der Übertragung von Aufgaben auf Arbeitsgruppen nach § 28 a, beim Erlass einer Geschäftsordnung (§ 36), der Beauftragung des Gesamtbetriebsrats oder Konzernbetriebsrats, eine Angelegenheit für den Betriebsrat mit der Unternehmens- bzw. Konzernleitung zu behandeln (§§ 50 Abs. 2, 58 Abs. 2) oder bei der Übertragung der Aufgaben des Wirtschaftsausschusses auf einen Ausschuss des Betriebsrats (§ 107 Abs. 3 Satz 1). Da die Mehrheit aller Betriebsratsmitglieder sich in diesen Fällen für den Beschluss aussprechen muss, sind die Voraussetzungen, die an die Beschlussfähigkeit gestellt werden, stets erfüllt. 20

Durch die **Geschäftsordnung** kann dagegen **keine andere Stimmenmehrheit** festgelegt werden, als im Gesetz verlangt wird; insbesondere kann auch keine qualifizierte Stimmenmehrheit vorgeschrieben werden, so dass überall dort, wo im Gesetz nichts anderes bestimmt ist, die einfache Stimmenmehrheit zwar erforderlich, aber auch genügend ist (ebenso *Fitting*, § 33 Rn. 7; GK-*Raab*, § 33 Rn. 34; HaKo-BetrVG/*Blanke*, § 33 Rn. 11; *Nikisch*, Bd. III S. 191). 21

4. Stimmverbot

Das Betriebsratsmitglied ist von seiner Organtätigkeit ausgeschlossen bei Entscheidungen, die ihn individuell und unmittelbar betreffen. Das folgt aus dem allgemeinen Grundsatz, dass zur Vermeidung von Interessenkollisionen niemand „Richter in eigener Sache" sein kann. Der Betriebsrat hat als Organ die Interessen der von ihm repräsentierten Belegschaft zu artikulieren. Diese Funktion ist nicht mehr gesichert, wenn bei der Beschlussfassung die eigenen Interessen von Betriebsratsmitgliedern so stark sind, dass diese gegenüber den Interessen der Belegschaft in den Vordergrund treten (BAG 3. 8. 1999 AP BetrVG 1972 § 25 Nr 7; BAG 19. 3. 2003 AP BetrVG 1972 § 40 Nr. 77). Liegt eine derartige Interessenkollision bei einem Betriebsratsmitglied vor, ist es gehindert, an der Beratung und Beschlussfassung teilzunehmen (BAG 3. 8. 1999 a. a. O.; BAG 19. 3. 2003 a. a. O.; *Fitting*, § 25 Rn. 18). Ein Mitglied des Betriebsrats oder der Jugend- und Auszubildendenvertretung kann also in einer Angelegenheit, an der es **persönlich beteiligt** ist, z. B. seine Versetzung, oder bei einem Beschluss, von dem es unmittelbar in seiner persönlichen Rechtsstellung betroffen wird, wie bei der Zustimmung zu seiner außerordentlichen Kündigung oder beim Antrag auf Amtsenthebung, sich an der Abstimmung nicht beteiligen (ebenso bereits BAG 25. 3. 1976 AP BetrVG 1972 § 103 Nr. 6; 23. 8. 1984 AP BetrVG 1972 § 103 Nr. 17; bereits RAG 4. 11. 1928 und 22. 10. 1929 BenshSlg. 4, 348, 349; 7, 423, 426; *Fitting*, § 33 Rn. 37; GL-*Marienhagen*, § 33 Rn. 15; GK-*Raab*, § 33 Rn. 23; HSWGNR-*Glock*, § 33 Rn. 18; HWK-*Reichold*, § 33 Rn. 13; *Heinze*, DB 1973, 2089, 2091; s. auch § 25 Rn. 9 f.). Dasselbe gilt bei der unmittelbaren **Betroffenheit eines nahen Angehörigen**. Ein Betriebsratsmitglied ist wegen 22

Interessenkollision verhindert, an einer die Umgruppierung und die Versetzung betreffenden Beschlussfassung des Betriebsrats teilzunehmen, wenn diese personellen Maßnahmen gemäß § 99 Abs 1 Satz 1 seinen Ehepartner betreffen (LAG Düsseldorf 16. 12. 2004, DB 2005, 954 – auch zur vorhergehenden Beratung): Die Gefahr, dass die von dem Organmitglied zu wahrenden kollektiven Interessen von eigenen Interessen überlagert werden, besteht auch dann, wenn die Entscheidung einer ihm nahe stehenden Person einen unmittelbaren Vor- oder Nachteil bringen kann. Eine derartige Interessenkollision besteht jedenfalls bei personellen Einzelmaßnahmen i. S. des § 99 Abs. 1 Satz 1, also bei Versetzungen und Umgruppierungen, wenn diese allein den Ehepartner eines Betriebsratsmitglieds betreffen und mit einem Vermögensnachteil verbunden sind. Für weitere Ausdehnungen auf andere Angehörige und andere Mitbestimmungstatbestände wird man vorsichtig sein müssen. Maßstab kann im Hinblick auf die personelle Reichweite trotz des anders gelagerten Regelungszweck § 5 Abs. 2 Nr. 5 sein, im Hinblick auf die möglichen Vorteil wird es vor allem darauf ankommen, ob der Angehörige Teil einer größeren Gruppe regelungsbetroffener Arbeitnehmer ist, oder er allein bzw. mit wenigen anderen betroffen ist.

5. Abstimmungsverfahren

23 Über die **Art der Abstimmung** enthält das Gesetz keine Vorschriften. Der Betriebsrat kann beschließen, ob sie mündlich oder schriftlich, ob sie geheim durch Stimmzettel oder offen erfolgt. Der Beschluss ist mit der Feststellung des Beschlussergebnisses vollendet, die regelmäßig dem Vorsitzenden als Verhandlungsleiter obliegt. Die Modalitäten sollen in der Geschäftsordnung des Betriebsrats geregelt werden (§ 36).

24 Über den Beschluss ist eine **Niederschrift** anzufertigen (§ 34). Trotz der zwingenden Vorschrift ist die Protokollierung keine Wirksamkeitsvoraussetzung (s. § 34 Rn. 20 f.). Die Niederschrift stellt fest, ob ein Beschluss zustande gekommen ist, welchen Wortlaut er hat und mit welcher Stimmenmehrheit er gefasst ist; sie ist aber nicht Teil der Beschlussfassung selbst.

IV. Zurechnung bei fehlendem Betriebsratsbeschluss

1. Beschluss bei Schweigen der Betriebsratsmitglieder

25 Einen **stillschweigenden Beschluss** gibt es **nicht**. Im Zusammenhang mit der h. L., die für jede unter § 87 Abs. 1 fallende Maßnahme die Zustimmung des Betriebsrats als Wirksamkeitsvoraussetzung verlangt, hat man auch eine formlose Einigung, d. h. eine formlose Zustimmung des Betriebsrats für möglich und ausreichend erachtet (s. § 87 Rn. 75 ff.). Diese soll auch stillschweigend erfolgen können, wenn der Betriebsrat Kenntnis erlangt, dass eine mitbestimmungspflichtige Angelegenheit vom Arbeitgeber in einer bestimmten Weise geregelt worden ist, und dazu schweigt. Aber dieses *Schweigen* kann nicht als *Beschluss* gedeutet werden (so bereits RAG 11. 5. 1932 BenshSlg. 15, 421); es wird nämlich übersehen, dass der Annahme einer stillschweigenden Willenserklärung die Vorschriften über die Willensbildung des Betriebsratskollegiums entgegenstehen (vgl. *Adomeit*, RdA 1963, 263, 265 f.; zust. *Nikisch*, Bd. III S. 372; *Dietz*, Probleme des Mitbestimmungsrechts, 1966, S. 10; *Richardi*, Kollektivgewalt, S. 285; GK-*Kreutz*, § 77 Rn. 11; GK-*Wiese*, § 87 Rn. 91). Es fehlt bereits an einer Tagesordnung, die Voraussetzung dafür ist, dass über einen bestimmten Gegenstand ein Beschluss gefasst werden kann; vor allem aber ist es unmöglich, die für eine Abstimmung unerlässlichen Feststellungen darüber zu treffen, inwieweit Beschlussfähigkeit, Zustimmung, Ablehnung und gegebenenfalls eine Stimmenthaltung gegeben sind (so für die gleich gelagerte Problematik hinsichtlich der Zulässigkeit eines stillschweigenden Aufsichtsratsbeschlusses BGH 11. 7. 1953 und 6. 4. 1964 BGHZ 10, 187, 194 und 41, 282, 286).

IV. Zurechnung bei fehlendem Betriebsratsbeschluss § 33

Durch Schweigen der Betriebsratsmitglieder kann ein Beschluss lediglich dann zustande kommen, wenn in einer ordnungsgemäß einberufenen beschlussfähigen Sitzung gefragt wird, wer dagegen stimme oder sich seiner Stimme enthalte (ebenso GK-*Raab*, § 33 Rn. 38; HaKo-BetrVG/*Blanke*, § 33 Rn. 9); hier ist das Schweigen eine „Erklärung ohne Worte" (*Flume*, Allgemeiner Teil des Bürgerlichen Rechts, Bd. II, 3. Aufl. 1979, S. 64). Eine Zustimmung des Betriebsrats durch konkludentes Verhalten seiner Mitglieder liegt dann vor, wenn er in einer anderen Angelegenheit einen Beschluss fasst, aus dem sich mittelbar sein Einverständnis ergibt; auch hier liegt ein Akt finaler Rechtsgestaltung seitens des Betriebsrats vor. 26

Nicht mehr **als Beschluss** kann dagegen gedeutet werden, wenn der Betriebsrat sich überhaupt **nicht erklärt.** Das gilt sowohl für den Fall, dass gegen eine Maßnahme des Arbeitgebers sich kein Widerspruch erhebt, wie auch für den Fall, dass alle Betriebsratsmitglieder außerhalb einer Sitzung ihre Zustimmung erklären; denn jeder rechtsgeschäftliche Lösungsversuch scheitert daran, dass der Betriebsrat in einer ordnungsgemäß einberufenen Sitzung unter Teilnahme mindestens der Hälfte der Betriebsratsmitglieder einen Mehrheitsbeschluss herbeiführen muss. Es kann daher lediglich darum gehen, dem Betriebsrat sein Schweigen zuzurechnen, als ob er seine Zustimmung erklärt hätte (s. Rn. 31 ff.). 27

2. Zurechnung des Schweigens

a) Dem Betriebsrat wird bei **Einstellungen, Versetzungen, Ein- und Umgruppierungen** sowie bei **Kündigungen** von Gesetzes wegen sein Schweigen als Zustimmung zugerechnet, wenn er die gesetzlich vorgesehene Frist verstreichen lässt, ohne einen Widerspruch zu erklären oder Bedenken mitzuteilen (§ 99 Abs. 3 Satz 2, § 102 Abs. 2 Satz 2). Soweit die außerordentliche Kündigung im Rahmen des betriebsverfassungsrechtlichen Kündigungsschutzes der Zustimmung des Betriebsrats bedarf, gilt dessen Schweigen nach Ablauf von drei Tagen als *Zustimmungsverweigerung* (s. § 103 Rn. 45). 28

b) In den **sonstigen Fällen,** also überall dort, wo dem Betriebsrat für die Wahrnehmung seines Beteiligungsrechts keine Frist gesetzt ist, stellt sich die Frage, ob, unter welchen Voraussetzungen und mit welchen Rechtsfolgen ihm sein Schweigen zugerechnet werden kann. Unterliegt die Maßnahme der Mitbestimmung des Betriebsrats, so ist davon auszugehen, dass der Arbeitgeber sich nicht über das Schweigen des Betriebsrats hinwegsetzen darf, sondern das Einigungsverfahren einleiten muss, um einen Spruch der Einigungsstelle herbeizuführen, der die Einigung zwischen ihm und dem Betriebsrat ersetzt. Der Betriebsrat handelt zwar pflichtwidrig; aber daraus ergibt sich nicht, dass der Arbeitgeber so gestellt wird, als hätte der Betriebsrat zugestimmt, sondern als Sanktion kommt lediglich dessen Auflösung durch Beschluss des Arbeitsgerichts in Betracht (§ 23 Abs. 1). 29

Jedoch gelten auch im Betriebsverfassungsrecht die **Grundsätze der Vertrauenshaftung** (LAG Baden-Württemberg 13. 9. 2004 – 15 Sa 35/04, EzA-SD 2005, Nr. 1, 11; MünchArbR/*Joost*, § 218 Rn. 9 ff.; s. Rn. 20 ff.); denn es wird vom Gebot vertrauensvoller Zusammenarbeit zwischen Arbeitgeber und Betriebsrat beherrscht (§ 2 Abs. 1), das eine besondere Ausprägung des Grundsatzes von Treu und Glauben darstellt (s. § 2 Rn. 4 ff.). 30

3. Zurechnung nach den Grundsätzen der Vertrauenshaftung

Für die Zurechnung nach den Grundsätzen der Vertrauenshaftung kommt es entscheidend darauf an, wie der *Vertrauenstatbestand* beschaffen ist. Dabei ist zu unterscheiden, ob der Betriebsrat einen zurechenbaren Scheintatbestand gesetzt hat, so dass die *Rechtsscheinhaftung* gilt, oder ob das Schweigen des Betriebsrats lediglich deshalb zugerechnet werden muss, weil ein Beharren, es habe ein Betriebsratsbeschluss nicht vorgelegen, sich unter dem Gesichtspunkt der *Vertrauenshaftung kraft widersprüchlichen Verhaltens* als 31

Verstoß gegen Treu und Glauben darstellt (vgl. *Canaris*, Die Vertrauenshaftung im deutschen Privatrecht, 1971, S. 264 f.).

32 a) Die **Rechtsscheinhaftung** greift ein, wenn der Betriebsrat den Schein gesetzt hat, dass er einen Beschluss gefasst hat, der die Erklärungen seines Vorsitzenden deckt, oder dass er ihn entsprechend bevollmächtigt oder ermächtigt hat. Voraussetzung ist, dass die Mehrheit der Betriebsratsmitglieder von dem Auftreten des Vorsitzenden gewusst hat oder hätte wissen müssen (ebenso *Dietz*, RdA 1968, 439, 442; nur bei Kenntnis *Canaris*, a. a. O., S. 51, 264 f.; s. auch § 26 Rn. 49 ff.). Es ist nicht Aufgabe des Arbeitgebers, den Betriebsrat zu überwachen. Kann daher der Arbeitgeber nach den Umständen keinen Zweifel haben, dass Erklärungen des Vorsitzenden sich im Rahmen des vom Betriebsrat gefassten Beschlusses halten, so verdient sein Vertrauen Schutz; das gilt insbesondere, wenn die Maßnahme, die der Mitbestimmung des Betriebsrats unterliegt, unter Kenntnis der Betriebsratsmitglieder durchgeführt wird.

33 b) Soweit die Voraussetzungen für eine Rechtsscheinhaftung nicht gegeben sind, also eine Ermächtigung oder Bevollmächtigung des Betriebsratsvorsitzenden nach ihrem Umfang gar nicht möglich ist (s. § 26 Rn. 54) oder der Betriebsratsvorsitzende überhaupt keine Erklärung abgegeben hat, greift ergänzend die **Vertrauenshaftung kraft widersprüchlichen Verhaltens** ein (ebenso *Canaris*, a. a. O., S. 265). Sie gilt auch, wenn zwar objektiv der Eindruck eines Betriebsratsbeschlusses hervorgerufen wird, aber eine Zurechnung nach der Rechtsscheinhaftung ausscheidet, weil die subjektiven Zurechenbarkeitsvoraussetzungen nicht gegeben sind. Im Gegensatz zur Rechtsscheinhaftung ist hier aber nur ein verhältnismäßig schwacher Vertrauenstatbestand gegeben (vgl. auch *Canaris*, a. a. O., S. 477). Das Vertrauen des Arbeitgebers ist daher nur schutzwürdig, wenn der Betriebsrat sich mit seinem bisherigen Verhalten treuwidrig in Widerspruch setzt. Das kann insbesondere der Fall sein, wenn einem Rechtsirrtum des Arbeitgebers auch Betriebsratsmitglieder erlagen und deshalb ein Beschluss unterblieb.

V. Beseitigung eines Beschlusses

1. Aufhebung und inhaltliche Änderung

34 Der Betriebsrat kann einen Beschluss nur **aufheben** oder **ändern**, solange aus ihm noch **keine Rechtswirkungen nach außen**, d. h. außerhalb des Betriebsrats, entstanden sind. So kann etwa der Beschluss, durch den er dem Vorschlag des Arbeitgebers auf Abschluss einer Betriebsvereinbarung bestimmten Inhalts zustimmt, von ihm aufgehoben werden – auch in einer neuen Sitzung mit anders zusammengesetzter Mehrheit –, solange dem Arbeitgeber das Ergebnis des ersten Beschlusses nicht mitgeteilt worden ist (ebenso BAG 15. 12. 1961 AP BGB § 615 Nr. 1 Kurzarbeit; LAG Berlin 6. 5. 1991, DB 1991, 2593, 2594; LAG Hamm, DB 1992, 483; *Brecht*, § 33 Rn. 13; *Fitting*, § 33 Rn. 45; GL-*Marienhagen*, § 33 Rn. 16; GK-*Raab*, § 33 Rn. 42; HSWGNR-*Glock*, § 33 Rn. 32; *Nikisch*, Bd. III S. 186).

2. Anfechtung

35 Der **Beschluss als solcher** kann **nicht angefochten** werden (ebenso GK-*Raab*, § 33 Rn. 49; HSWGNR-*Glock*, § 33 Rn. 23; HWK-*Reichold*, § 33 Rn. 16).

36 Die **Stimmabgabe** unterliegt dagegen den **Bestimmungen über die Nichtigkeit und Anfechtung von Willenserklärungen**; sie kann daher nach § 119, 123 BGB angefochten werden (ebenso DKK-*Wedde*, § 33 Rn. 23; GK-*Raab*, § 33 Rn. 49; HSWGNR-*Glock*, § 33 Rn. 24; *Südkamp*, Interne Fehler bei Willenserklärungen des Betriebsrates, S. 37 ff.; *Heinze*, DB 1973, 2089, 2092; s. auch *Reitze*, Der Betriebsratsbeschluss, S. 61 ff.). Die Anfechtung der Stimmabgabe berührt aber niemals die Wirksamkeit des Beschlusses; sie kann vielmehr nur zur Folge haben, dass die für die Beschlussfassung erforderliche

Stimmenmehrheit sich ändert, so dass sich ein positiver Beschluss inhaltlich in einen negativen wandelt oder umgekehrt (so zutreffend *Heinze*, DB 1973, 2093). Da für den Inhalt des Beschlusses aber maßgebend ist, wie ihn der Vorsitzende als Leiter der Abstimmung festgestellt hat, behält ein Beschluss, der bereits zur Ausführung gelangt ist, seine Verbindlichkeit mit dem bei der Beschlussfassung festgestellten Inhalt. Der Bestandsschutz hat hier den Vorrang vor dem Schutz fehlerfreier Willensbildung (ebenso im Ergebnis GK-*Raab*, § 33 Rn. 48; a. A. HSWGNR-*Glock*, § 33 Rn. 24).

3. Zurücknahme

Ein Beschluss, der bereits Rechtswirkungen nach außen entfaltet, kann auch nicht zurückgenommen werden. Die Rechtsgrundsätze über den Widerruf von Verwaltungsakten können hier nicht übertragen werden (ebenso *Nikisch*, Bd. III S. 188; zust. GK-*Raab*, § 33 Rn. 43). **37**

VI. Gerichtliche Nachprüfung von Betriebsratsbeschlüssen

1. Gerichtliche Rechtskontrolle

Die Möglichkeit einer gerichtlichen Nachprüfung war unter der Geltung des BRG 1920 nur in sehr beschränktem Maße zugelassen (s. ausführlich 5. Aufl., § 33 Rn. 26). **38**

Für das geltende Recht ist davon auszugehen, dass der **gerichtlichen Rechtskontrolle** unterliegt, ob ein **Beschluss des Betriebsrats rechtswidrig** ist. Das Gesetz trifft keine Regelung über die Geltendmachung der Fehlerhaftigkeit. Da die Notwendigkeit einer gerichtlichen Anfechtung für betriebsratsinterne Wahlen angenommen wird (s. § 26 Rn. 16 ff., § 27 Rn. 32 ff.), muss man Gleiches anerkennen, soweit es sich bei den Beschlüssen um einen betriebsratsinternen Organisationsakt handelt. Sieht man von ihnen ab, so kann ein Beschluss nicht angefochten werden, sondern es geht ausschließlich darum, dass das Arbeitsgericht im Beschlussverfahren seine Nichtigkeit feststellt (vgl. BAG 3. 4. 1979 AP BetrVG 1972 § 13 Nr. 1; ebenso *Fitting*, § 33 Rn. 51 f.; GL-*Marienhagen*, § 33 Rn. 18 f.; GK-*Raab*, § 33 Rn. 67). Nicht jeder Fehler berührt aber die Wirksamkeit eines Beschlusses (s. Rn. 41 ff.). Daraus folgt jedoch nicht, dass die Beschlüsse des Betriebsrats nur in beschränktem Umfang der Nachprüfung durch das Arbeitsgericht unterliegen (so GL-*Marienhagen*, § 33 Rn. 18; wie hier GK-*Raab*, § 33 Rn. 67). **39**

Der Beschluss unterliegt nur der gerichtlichen **Rechtskontrolle**; eine **Nachprüfung der Zweckmäßigkeit** und damit des Ermessens ist **ausgeschlossen** (ebenso *Brecht*, § 33 Rn. 14; *Fitting*, § 33 Rn. 50; GL-*Marienhagen*, § 33 Rn. 22; GK-*Raab*, § 33 Rn. 67; DKK-*Wedde*, § 33 Rn. 23; ErfK-*Eisemann/Koch*, § 33 Rn. 6). Der Gerichtskontrolle unterliegen aber Ermessensüberschreitung und Ermessensmissbrauch; denn in diesen Fällen handelt der Betriebsrat ermessensfehlerhaft und damit rechtsfehlerhaft (vgl. auch, aber zu weitgehend BVerwG 10. 10. 1957 E 5, 263, 267 f., wenn dort die gerichtliche Überwachung darauf erstreckt wird, „dass der Personalrat bei der Ausübung seines Ermessens die diesem nach dem Sinne des Gesetzes innewohnende zweckbestimmte Begrenzung beachtet"; allerdings obliegt dem Gericht auch nach Auffassung des BVerwG nicht, in eine Wertung der Motivierung einzutreten, die für die Ermessensentscheidung der Personalratsmitglieder bestimmend gewesen ist, BVerwG 22. 3. 1963 E 16, 12, 14 = AP PersVG § 42 Nr. 3). **40**

2. Gesetzesverletzungen mit der Sanktion der Nichtigkeit

a) Ein Beschluss ist nichtig, wenn er durch seinen **Inhalt** gegen das Gesetz oder die guten Sitten verstößt. Dagegen hat nicht jeder geringe **Formverstoß** die Nichtigkeit des Beschlusses zur Folge; es muss sich vielmehr um eine Überschreitung der Zuständigkeit **41** oder um die Verletzung von Verfahrensvorschriften handeln, die für das ordnungsmäßige Zustandekommen eines Betriebsratsbeschlusses wesentlich sind (ebenso BAG 23. 8. 1984 AP BetrVG 1972 § 103 Nr. 17; *Fitting,* § 33 Rn. 52 ff.; GL-*Marienhagen,* § 33 Rn. 19 f.; GK-*Raab,* § 33 Rn. 51; HSWGNR-*Glock,* § 33 Rn. 25; HWK-*Reichold,* § 33 Rn. 19; *Nikisch,* Bd. III S. 188 f.; *Nipperdey/Säcker* in *Hueck/Nipperdey,* Bd. II/2 S. 1201 f.; *Joost,* MünchArbR § 219 Rn. 46 ff.; vgl. auch *Oetker,* BlStSozArbR 1984, 129 ff. mit der These einer entsprechenden Anwendung des § 44 Abs. 1 VwVfG; dagegen aber *Südkamp,* Interne Fehler bei Willenserklärungen des Betriebsrates, S. 49 ff.).

42 Über die **Verfahrensvoraussetzungen,** die für das ordnungsmäßige Zustandekommen eines Betriebsratsbeschlusses wesentlich sind und deren Nichtbeachtung daher die Nichtigkeit des Beschlusses zur Folge hat, ist man sich weitgehend einig. Zu ihnen gehören:
– eine rechtzeitige Ladung unter Mitteilung der Tagesordnung (§ 29 Abs. 2 Satz 3; s. dort Rn. 26 ff.),
– Beschlussfassung nur durch die Betriebsratsmitglieder – soweit die Beschlüsse überwiegend die in § 60 Abs. 1 genannten Arbeitnehmer betreffen, unter Einschluss der Jugend- und Auszubildendenvertreter (Abs. 3, § 67 Abs. 2; s. Rn. 16),
– Teilnahme mindestens der Hälfte der Betriebsratsmitglieder an der Beschlussfassung (s. Rn. 4 ff.),
– Billigung des Beschlusses durch Stimmenmehrheit (s. Rn. 16 ff.),
– Zuständigkeit des Betriebsrats für die in dem Beschluss behandelte Frage,
– Schriftform des Beschlusses (§ 27 Abs. 2, § 28 Abs. 1, § 36).

43 Keine Wirksamkeitsvoraussetzung ist die Niederschrift über den gefassten Beschluss (s. ausführlich § 34 Rn. 20 f.). Auch eine Verletzung der Bestimmung über die Nichtöffentlichkeit der Sitzung berührt grundsätzlich nicht die Wirksamkeit eines Beschlusses (s. § 30 Rn. 17).

44 Hat ein **Nichtberechtigter** an der **Beschlussfassung mitgewirkt,** so ist der Beschluss unwirksam, wenn nicht auszuschließen ist, dass seine Mitwirkung offensichtlich keinen Einfluss auf den Beschluss haben konnte. Eine derartige Mitwirkung liegt vor, wenn sich an der Stimmabgabe beteiligt, wer kein Stimmrecht hat, z. B. ein Gewerkschaftsbeauftragter oder die Schwerbehindertenvertretung. Besteht für ein Betriebsratsmitglied ein Stimmverbot (s. Rn. 23), hat es sich aber gleichwohl an der Stimmabgabe beteiligt, so ist der Beschluss jedenfalls dann nichtig, wenn das Ergebnis zugunsten des selbst betroffenen Betriebsratsmitglieds ausgefallen ist (so *Oetker,* ZfA 1984, 409, 438 ff.; vgl. auch BAG 23. 8. 1984 AP BetrVG 1972 § 103 Nr. 17; nur wenn sich die notwendige Stimmenmehrheit ändert, *Fitting,* § 33 Rn. 56). Mitwirkung ist nicht nur Stimmabgabe, sondern jede unzulässige Beeinflussung des Abstimmungsverhaltens, z. B. auch die Leitung der Abstimmung durch eine dazu nicht befugte Person. Der Beweis wird durch die Sitzungsniederschrift geführt. Bei geheimer Abstimmung ist eine Zeugenvernehmung, wie jemand abgestimmt hat, nicht zulässig.

45 b) Die **Wirksamkeit eines Betriebsratsbeschlusses** wird nicht dadurch berührt, dass die **Wahl des Betriebsrats** mit Erfolg **angefochten** wird; denn die Anfechtung hat nur eine ex-nunc-Wirkung, d. h. die bisher vom Betriebsrat gefassten Beschlüsse sind und bleiben wirksam (s. § 19 Rn. 61 ff.). Dagegen sind alle Beschlüsse eines Betriebsrats unwirksam, der aus einer **nichtigen Wahl** hervorgegangen ist (s. § 19 Rn. 77).

46 c) Die **Rechtsfolge der Nichtigkeit** wird nicht dadurch eingeschränkt, dass Gegenstand des Beschlusses die **Ausübung eines Beteiligungsrechts** ist. Der Betriebsrat muss sich aber sein Verhalten nach den Grundsätzen der Vertrauenshaftung zurechnen lassen; insbesondere gilt die Rechtsscheinhaftung, wenn der Betriebsratsvorsitzende oder sonst ein befugtes Betriebsratsmitglied mitteilt, dass der Betriebsrat einen entsprechenden Beschluss gefasst habe.

d) Eine **Heilung nichtiger Betriebsratsbeschlüsse** ist nicht möglich. Die Unwirksamkeit eines Betriebsratsbeschlusses über die Einleitung eines Beschlussverfahrens und die Beauftragung eines Rechtsanwalts kann durch einen ordnungsgemäßen späteren Beschluss, wenn er noch vor Abschluss der ersten Instanz gefasst wird, überwunden werden (BAG 18. 2. 2003 AP BetrVG 1972 § 77 Nr 11 Betriebsvereinbarung; BAG 5. 4. 2000 AP BetrVG 1972 § 78 a Nr. 33; GK-*Raab*, § 33 Rn. 65 f.; *Fitting*, § 33 Rn. 57; *Grosjean*, NZA-RR 2005, 113, 120; s. aber *Reitze*, NZA 2002, 492, 493). Er wirkt dann jedoch nur *ex nunc*, nicht *ex tunc*. Es tritt keine Heilung, sondern eine Ersetzung durch einen neuen, nun wirksamen Beschluss ein. Der Betriebsrat kann jedoch durch eine nachträgliche Beschlussfassung eine von dem Betriebsratsvorsitzenden zuvor ohne Rechtsgrundlage im Namen des Betriebsrats getroffene Vereinbarung genehmigen, s. § 26 Rnr. 47.

3. Zuständigkeit und Verfahrensart

Bei Streitigkeiten über die Wirksamkeit eines Betriebsratsbeschlusses entscheidet das **Arbeitsgericht im Beschlussverfahren** (§ 2 a Abs. 1 Nr. 1, Abs. 2 i. V. mit §§ 80 ff. ArbGG). Voraussetzung ist, dass an der Feststellung ein Rechtsschutzinteresse besteht. **47**

Antragsberechtigt ist, wer von dem Beschluss unmittelbar berührt wird. Die im Betrieb vertretenen Gewerkschaften haben kein Antragsrecht bei rein intern wirkenden Geschäftsführungsbeschlüssen des Betriebsrats (ebenso BAG 16. 2. 1973 AP BetrVG 1972 § 19 Nr. 1). **48**

Da die Feststellung der Rechtsunwirksamkeit nicht an ein besonderes gerichtliches Verfahren gebunden wird, kann sie als Vorentscheidung auch im Rahmen eines anderen gerichtlichen Verfahrens getroffen werden. **49**

§ 34 Sitzungsniederschrift

(1) ¹Über jede Verhandlung des Betriebsrats ist eine Niederschrift aufzunehmen, die mindestens den Wortlaut der Beschlüsse und die Stimmenmehrheit, mit der sie gefasst sind, enthält. ²Die Niederschrift ist von dem Vorsitzenden und einem weiteren Mitglied zu unterzeichnen. ³Der Niederschrift ist eine Anwesenheitsliste beizufügen, in die sich jeder Teilnehmer eigenhändig einzutragen hat.

(2) ¹Hat der Arbeitgeber oder ein Beauftragter einer Gewerkschaft an der Sitzung teilgenommen, so ist ihm der entsprechende Teil der Niederschrift abschriftlich auszuhändigen. ²Einwendungen gegen die Niederschrift sind unverzüglich schriftlich zu erheben; sie sind der Niederschrift beizufügen.

(3) Die Mitglieder des Betriebsrats haben das Recht, die Unterlagen des Betriebsrats und seiner Ausschüsse jederzeit einzusehen.

Übersicht

	Rn.
I. Vorbemerkung	1
II. Inhalt und Form der Niederschrift	3
1. Inhalt	3
2. Protokollführung	4
3. Formalitäten der Protokollierung	6
4. Unterzeichnung	9
5. Anwesenheitsliste	10
III. Aushändigung einer Abschrift an Arbeitgeber und Gewerkschaftsbeauftragte	11
IV. Einwendungen gegen die Niederschrift	14
V. Rechtliche Bedeutung der Sitzungsniederschrift	19
1. Rechtlicher Charakter	19
2. Zuordnung und Verwahrung	22

	Rn.
VI. Einsicht in die Unterlagen des Betriebsrats und seiner Ausschüsse	24
1. Einsichtsrecht	24
2. Unterlagen des Betriebsrats und seiner Ausschüsse	25
3. Einsichtnahme	27
4. Anspruchsgegner	29
VII. Streitigkeiten	30

I. Vorbemerkung

1 Die Vorschrift entspricht § 33 BetrVG 1952. Nicht übernommen wurde lediglich, dass dem Arbeitgeber, sofern er an der Sitzung des Betriebsrats teilgenommen hat, der entsprechende Teil der Niederschrift zur Unterzeichnung vorzulegen ist, weil das Protokoll eine interne Angelegenheit des Betriebsrats sei (so die Begründung zum RegE, BT-Drucks. VI/1786, S. 40). Neu eingefügt wurde, dass ebenso wie dem Arbeitgeber auch dem Beauftragten einer Gewerkschaft, der an der Sitzung teilgenommen hat, der entsprechende Teil der Niederschrift abschriftlich auszuhändigen ist, dass Einwendungen gegen die Niederschrift unverzüglich schriftlich zu erheben sind und dann der Niederschrift beigefügt werden müssen und dass die Mitglieder des Betriebsrats das Recht haben, die Unterlagen des Betriebsrats und seiner Ausschüsse jederzeit einzusehen.

2 Die Bestimmungen über das Protokoll gelten auch für die Sitzungen des Betriebsausschusses und der Ausschüsse des Betriebsrats nach § 28 sowie des Wirtschaftsausschusses; denn auch in diesen Ausschüssen werden Beschlüsse gefasst.

2a Entsprechende Vorschriften: § 41 BPersVG, § 13 Abs. 3 und 4 SprAuG.

II. Inhalt und Form der Niederschrift

1. Inhalt

3 Die Niederschrift ist über die gesamte Verhandlung anzufertigen (Abs. 1 Satz 1). Es muss sich aus ihr ergeben, **welche Fragen behandelt** worden sind. Die Aufnahme jeder Äußerung ist jedoch ebenso wenig notwendig wie die Angabe, wie sich jeder geäußert hat. Unter allen Umständen aber muss **jeder gefasste Beschluss** festgestellt werden, und zwar im Wortlaut, darüber hinaus, mit welcher Mehrheit er angenommen worden ist. Nicht notwendig ist die Angabe, wie jedes Mitglied gestimmt hat, aber zulässig, falls die Abstimmung nicht geheim war (s. § 33 Rn. 23). Auch die Ablehnung eines förmlichen Antrags ist ein Beschluss und muss mit der Angabe des Wortlauts des Antrags protokolliert werden. Eine Niederschrift über die Sitzung des Betriebsrats ist auch notwendig, wenn kein formeller Beschluss gefasst worden ist, sondern nur Beratungen stattgefunden haben (ebenso *Fitting*, § 34 Rn. 6; GK-*Raab*, § 34 Rn. 6; HSWGNR-*Glock*, § 34 Rn. 4; *Nikisch*, Bd. III S. 185).

2. Protokollführung

4 Für die Ordnungsmäßigkeit der Niederschrift hat der **Vorsitzende des Betriebsrats** als Leiter der Sitzung zu sorgen, bei seiner Verhinderung sein Stellvertreter.

5 Aus dem Kreis der Betriebsratsmitglieder kann ein **Protokollführer** bestellt werden, der für die Niederschrift verantwortlich ist. Nichtmitglieder, wie der Arbeitgeber (§ 29 Abs. 4 Satz 1) oder der Beauftragte einer im Betriebsrat vertretenen Gewerkschaft (§ 31), scheiden als Protokollführer aus. Die **Hinzuziehung einer Schreibkraft** ist **zulässig**, auch wenn sie nicht dem Betriebsrat angehört (ebenso *Fitting*, § 34 Rn. 11; GL-

Marienhagen, § 34 Rn. 8; HaKo-BetrVG/*Blanke,* § 34 Rn. 5; *Joost,* MünchArbR, § 219 Rn. 66; a. A. wegen der Nichtöffentlichkeit der Sitzung GK-*Raab,* § 34 Rn. 8). Die Nichtöffentlichkeit der Sitzung steht nicht entgegen; denn das Gesetz bestimmt in § 40 Abs. 2 ausdrücklich, dass der Arbeitgeber für die Sitzungen des Betriebsrats Büropersonal zur Verfügung zu stellen hat. Damit wird mittelbar anerkannt, dass die Hinzuziehung einer Schreibkraft mit der Nichtöffentlichkeit der Sitzung durchaus vereinbar ist (vgl. auch *Nikisch,* Bd. III S. 185 Fn. 42). Wer als Bürokraft zur Verfügung gestellt wird, bestimmt der Arbeitgeber, nicht der Betriebsrat (ebenso BAG 17. 10. 1990 AP BetrVG 1972 § 108 Nr. 8).

3. Formalitäten der Protokollierung

Besondere Vorschriften über die Art der Protokollierung stellt das Gesetz im Übrigen nicht auf. Die Niederschrift kann in einem Buch stattfinden oder auch auf einzelnen Blättern erfolgen. **6**

Nicht notwendig ist, dass die Niederschrift während der Sitzung erfolgt (ebenso *Fitting,* § 34 Rn. 12; GL-*Marienhagen,* § 34 Rn. 8; GK-*Raab,* § 34 Rn. 8; HSWGNR-*Glock,* § 34 Rn. 6). Sie kann nachträglich an Hand von vorläufigen Notizen angefertigt werden, doch muss sichergestellt sein, dass der Wortlaut der Beschlüsse genau festgehalten ist, so dass es sich empfiehlt, ihn bereits während der Sitzung schriftlich niederzulegen (ebenso *Glock,* a. a. O.). Tonbandaufnahmen zu Protokollzwecken sind zulässig, wenn alle Anwesenden zustimmen (ebenso *Fitting,* § 34 Rn. 12; GK-*Raab,* § 34 Rn. 17; DKK-*Wedde,* § 34 Rn. 7). **7**

Die Geschäftsordnung (§ 36) kann für die Protokollierung besondere Vorschriften vorsehen. **8**

4. Unterzeichnung

Der **Vorsitzende** bzw. der stellvertretende Vorsitzende hat die Niederschrift zu **unterzeichnen** und außerdem ein **weiteres Mitglied des Betriebsrats** (Abs. 1 Satz 2). Die Geschäftsordnung kann auch darüber Bestimmungen treffen, wer dieses andere Mitglied sein soll. Fehlt es an einer solchen Bestimmung, so kann jedes Mitglied unterzeichnen; es bedarf keiner besonderen Beauftragung durch Beschluss des Betriebsrats. Wurde jedoch ein besonderer Schriftführer bestellt, so hat er die Niederschrift zu unterzeichnen (vgl. auch *Fitting,* § 34 Rn. 19; GK-*Raab,* § 34 Rn. 18; HSWGNR-*Glock,* § 34 Rn. 10). Gemäß ihrem Zweck darf die Unterschrift nur von jemandem geleistet werden, der an der Sitzung auch teilgenommen hat (ebenso GK-*Raab,* § 34 Rn. 18). **9**

Bedarf es für einen wirksamen Beschluss der **Schriftform** (§ 27 Abs. 2 S. 3, § 36), dann genügt es, dass der Beschluss in die Niederschrift aufgenommen wird und diese ordnungsgemäß unterzeichnet worden ist (*Fitting,* § 34 Rn. 20; s. auch § 27 Rn. 75). **9a**

5. Anwesenheitsliste

Der **Niederschrift** ist eine **Anwesenheitsliste beizufügen,** in die sich jeder Teilnehmer selbst einzutragen hat (Abs. 1 Satz 3). Teilnehmer sind auch der Vertrauensmann oder die Vertrauensfrau der Schwerbehinderten, der Vertrauensmann der Zivildienstleistenden und die Jugend- und Auszubildendenvertreter, weiterhin der Arbeitgeber, der Beauftragte einer Gewerkschaft und eines Arbeitgeberverbandes sowie andere Personen, die als Sachverständiger oder Auskunftsperson hinzugezogen werden. Die Anwesenheitsliste ist Bestandteil der Sitzungsniederschrift. **10**

III. Aushändigung einer Abschrift an Arbeitgeber und Gewerkschaftsbeauftragte

11 Hat der **Arbeitgeber** an einer Sitzung teilgenommen, so ist ihm eine **Abschrift der Niederschrift**, soweit diese sich auf die Fragen bezieht, die in seiner Anwesenheit beraten oder beschlossen worden sind, **auszuhändigen** (Abs. 2 Satz 1). Dasselbe kann der **Beauftragte einer Gewerkschaft** verlangen, der an der Sitzung teilgenommen hat. Die übrigen Teilnehmer, z. B. der Vertrauensmann oder die Vertrauensfrau der Schwerbehinderten und die Jugend- und Auszubildendenvertreter, haben dagegen diesen Anspruch nicht (ebenso *Fitting*, § 34 Rn. 24; HSWGNR-*Glock*, § 34 Rn. 18), auch nicht die Mitglieder des Betriebsrats (ebenso GK-*Raab*, § 34 Rn. 24; im Ergebnis auch, soweit sie einen Anspruch nur geben, wenn die Mitglieder des Betriebsrats die Abschrift für ihre Tätigkeit benötigen, GL-*Marienhagen*, § 34 Rn. 15; HSWGNR-*Glock*, § 34 Rn. 18; DKK-*Wedde*, § 34 Rn. 16; s. auch Rn. 24 ff.).

12 Die Abschrift muss vom Betriebsratsvorsitzenden unterschrieben sein (ebenso *Fitting*, § 34 Rn. 23; GK-*Raab*, § 34 Rn. 23; HSWGNR-*Glock*, § 34 Rn. 16). Der Arbeitgeber hat den Anspruch auf eine Abschrift des Sitzungsprotokolls auch dann, wenn ein von ihm ordnungsgemäß delegierter Vertreter (s. § 29 Rn. 51) an der Sitzung teilgenommen hat. Aber es genügt nicht, dass der Arbeitgeber berechtigt gewesen wäre, an ihr teilzunehmen; auch der Beauftragte einer Gewerkschaft kann eine Abschrift des Sitzungsprotokolls nur verlangen, wenn er an der Sitzung teilgenommen hat, nicht schon bereits dann, wenn er nach § 31 an ihr hätte teilnehmen können. Haben sie zeitweise teilgenommen, so braucht die Abschrift nur den entsprechenden Teil der Niederschrift zu enthalten, also nur die Protokollierung der Tagesordnungspunkte, die in ihrer Anwesenheit beraten oder beschlossen worden sind.

13 Unterzeichnet der Arbeitgeber die ihm ausgehändigte Abschrift eines protokollierten Beschlusses des Betriebsrats, so ist zugleich der Formvorschrift des § 77 Abs. 2 für **Betriebsvereinbarungen** Genüge getan, wenn seinerseits der Arbeitgeber die von ihm abzugebende Vertragserklärung zum Ausdruck gebracht hat (ebenso *Fitting*, § 34 Rn. 23; GK-*Raab*, § 34 Rn. 23; DKK-*Wedde*, § 34 Rn. 14; *Richardi*, Kollektivgewalt, S. 286). Das gilt jedoch nur, wenn die Abschrift auch vom Betriebsratsvorsitzenden unterzeichnet ist. Es genügt also nicht, dass der Arbeitgeber die Fotokopie eines Betriebsratsbeschlusses unterzeichnet, selbst wenn das Original die Unterschrift des Betriebsratsvorsitzenden trägt (so zutreffend LAG Berlin 6. 5. 1991, DB 1991, 2593 f.).

IV. Einwendungen gegen die Niederschrift

14 Gegen die **Richtigkeit** der Niederschrift können aus verschiedenen Gründen Einwendungen erhoben werden, z. B. dass der Wortlaut des Beschlusses nicht richtig wiedergegeben ist, die Stimmenmehrheit bei Beschlussfassung eine andere war, als im Protokoll angegeben ist, oder die Anwesenheitsliste falsch ist.

15 Aus dem systematischen Zusammenhang der Bestimmung in Abs. 2 Satz 2 könnte geschlossen werden, dass nur der Arbeitgeber oder ein Gewerkschaftsbeauftragter, die an der Sitzung teilgenommen haben, dazu berechtigt ist. Eine restriktive Interpretation widerspricht aber dem Zweck der Bestimmung. **Jeder, der an der Betriebsratssitzung teilgenommen hat**, kann gegen die Richtigkeit der Niederschrift Einwendungen erheben, insbesondere auch die Mitglieder des Betriebsrats (ebenso *Fitting*, § 34 Rn. 29; DKK-*Wedde*, § 34 Rn. 17; ErfK-*Eisemann/Koch*, § 34 Rn. 2; GK-*Raab*, § 34 Rn. 25; HSWGNR-*Glock*, § 34 Rn. 20; HWK-*Reichold*, § 34 Rn. 12; *Stege/Weinspach/Schiefer*, § 34 Rn. 3 a).

16 Einwendungen sind **unverzüglich**, d. h. ohne schuldhaftes Zögern, und **schriftlich** beim Vorsitzenden des Betriebsrats zu erheben. Nur dann besteht die Pflicht, die Einwendungen der Niederschrift beizufügen; anderenfalls haben sie nur die Bedeutung einer Anregung an den Betriebsratsvorsitzenden, die Richtigkeit der Niederschrift zu überprüfen und die Angelegenheit dem Betriebsrat vorzulegen. Das gilt insbesondere, wenn die Einwendungen erst in der nächsten Sitzung erhoben werden.

Die rechtzeitig erhobenen Einwendungen sind der **Niederschrift** auch dann **beizufügen**, wenn der Betriebsratsvorsitzende sie nicht für berechtigt hält. 17

Halten der für die Niederschrift verantwortliche Vorsitzende und das Mitglied, das sie unterzeichnet hat, die Einwendungen für berechtigt, so darf die **Niederschrift** entsprechend **korrigiert** werden. Von der Korrektur sind die Mitglieder des Betriebsrats zu unterrichten, Abschriften entsprechend zu berichtigen. Auch bei Korrektur sind aber die Einwendungen der Niederschrift beizufügen. Der Betriebsrat selbst kann nicht durch Beschluss eine Korrektur der Niederschrift anordnen, sondern es kommt lediglich in Betracht, dass der Betriebsrat einen Beschluss darüber herbeiführt, ob er die Einwendungen für berechtigt hält. Auf Grund der Niederschrift der Sitzung, in der ein entsprechender Beschluss gefasst worden ist, kann sodann eine *berichtigte Sitzungsniederschrift* hergestellt werden. 18

V. Rechtliche Bedeutung der Sitzungsniederschrift

1. Rechtlicher Charakter

Die Niederschrift ist **Privaturkunde** i. S. des § 416 ZPO (ebenso BAG 3. 11. 1977 AP BPersVG § 75 Nr. 1). Sie begründet nur Beweis dafür, dass der Protokollführer und der sonst noch Unterschreibende diese Erklärung, etwa über den Inhalt eines Beschlusses, abgegeben haben – nicht auch, dass der Inhalt des Beschlusses richtig wiedergegeben ist. Die Niederschrift ist auch Urkunde im Sinne des § 267 StGB. Gleiches gilt für die Anwesenheitsliste. 19

Die Niederschrift ist **nicht Wirksamkeitsvoraussetzung** für die Rechtsgültigkeit eines Beschlusses (ebenso BAG 8. 2. 1977 AP BetrVG 1972 § 80 Nr. 10; *Fitting*, § 34 Rn. 26; GL-*Marienhagen*, § 34 Rn. 13; GK-*Raab*, § 34 Rn. 9; *Nikisch*, Bd. III S. 185; so bereits RAG 4. 11. 1928 BenshSlg. 4, 348, 350; s. auch die Nachweise zur instanzgerichtlichen Rspr. *Grosjean*, NZA-RR 2005, 113, 117; a. A. *G. Müller*, RdA 1950, 206, 209; ähnlich LAG Köln 25. 11. 1998, NZA-RR 1999, 245). Das kann auch durch die Geschäftsordnung nicht angeordnet werden. Die Niederschrift ist nur Beweis dafür, dass ein solcher Beschluss gefasst worden ist; er kann aber jederzeit widerlegt werden (s. Rn. 19). Im Übrigen kann der Beweis auch anders als durch die Niederschrift i. S. des § 34 geführt werden (ebenso BAG AP BetrVG 1972 § 80 Nr. 10; a. A. OLG Düsseldorf, AP BetrVG § 78 Nr. 1[*Dietz*]). 20

Eine Ausnahme kommt nur dann in Betracht, wenn der Beschluss des Betriebsrats der Schriftform bedarf (ebenso *Fitting*, § 34 Rn. 27; GK-*Raab*, § 34 Rn. 10; HSWGNR-*Glock*, § 34 Rn. 12 a), wie der Erlass der Geschäftsordnung (§ 36) oder die Übertragung von Aufgaben zur selbstständigen Erledigung auf den Betriebsausschuss (§ 27 Abs. 2 Satz 2 und 3), einen sonstigen Ausschuss des Betriebsrats (§ 28 Abs. 1) oder einen gemeinsamen Ausschuss (§ 28 Abs. 2) sowie die Delegation von Aufgaben auf Arbeitsgruppen (§ 28 Abs. 1 Satz 3). Hier genügt die Aufnahme in das Protokoll. Sie hat dann konstitutive Wirkung, so dass die Niederschrift Wirksamkeitsvoraussetzung für die Rechtsgültigkeit des Beschlusses ist. 21

2. Zuordnung und Verwahrung

a) Die Niederschriftsurkunde und ein Protokollbuch stehen und bleiben im **Eigentum des Arbeitgebers,** nicht im Eigentum des Betriebsrats, weil dieser insoweit nicht vermögensfähig ist. Sie stehen auch nicht im Eigentum des jeweiligen Vorsitzenden oder der 22

§ 34

Mitglieder des Betriebsrats zur gesamten Hand (s. auch § 40 Rn. 74 ff.). Das Eigentum des Arbeitgebers ist aber durch die **Zweckbestimmung der Urkunde** bzw. des Protokollbuchs **beschränkt**. Der Arbeitgeber kann weder über sie verfügen, noch kann er sonst Rechte aus dem Eigentum oder Besitz gegenüber dem Betriebsrat geltend machen. Er hat auch kein Recht auf Einsichtnahme; nur soweit die Niederschrift sich auf die Verhandlungen bezieht, an denen er oder sein Vertreter teilgenommen hat, ist ihm eine Abschrift auszuhändigen (s. Rn. 11 f.).

23 Die Niederschriftsurkunde und das Protokollbuch sind bei den Akten des Betriebsrats zu **verwahren**, und zwar nicht nur für die Amtsdauer des jeweiligen Betriebsrats; denn die Auswirkungen eines Beschlusses, z. B. über die Zustimmung zu einer Maßnahme des Arbeitgebers, überdauern das Amt des jeweils amtierenden Betriebsrats (ebenso *Fitting*, § 34 Rn. 17; GK-*Raab*, § 34 Rn. 36; HSWGNR-*Glock*, § 34 Rn. 15). Sie sind daher aufzubewahren, solange sie noch von rechtlicher Bedeutung sind. Im Allgemeinen wird man den in § 257 Abs. 4 HGB für die Aufbewahrung von Handelsbüchern vorgeschriebenen Zeitraum von zehn Jahren, beginnend mit dem Schluss des Kalenderjahres, in dem die letzte Eintragung gemacht wurde, auch hier für ausreichend ansehen können.

VI. Einsicht in die Unterlagen des Betriebsrats und seiner Ausschüsse

1. Einsichtsrecht

24 Die Mitglieder des Betriebsrats haben das Recht, die Unterlagen des Betriebsrats und seiner Ausschüsse jederzeit einzusehen (Abs. 3). Dieses Recht haben alle Betriebsratsmitglieder, aber auch **nur Betriebsratsmitglieder,** also nicht die Jugend- und Auszubildendenvertreter, der Vertrauensmann oder die Vertrauensfrau der Schwerbehinderten, der Vertrauensmann der Zivildienstleistenden oder der Arbeitgeber, auch nicht ein Gewerkschaftsbeauftragter, der zu einer Betriebsratssitzung hinzugezogen wird (ebenso *Fitting*, § 34 Rn. 35; GL-*Marienhagen*, § 34 Rn. 14; GK-*Raab*, § 34 Rn. 29; HSWGNR-*Glock*, § 34 Rn. 25). Dadurch wird aber nicht ausgeschlossen, dass der Betriebsrat diesem Personenkreis Einblick gewährt, soweit er benötigt wird, um die übertragene Aufgabe sinnvoll auszuüben; jedoch darf nicht die Geheimhaltungspflicht nach § 79 entgegenstehen (ebenso *Fitting, Wiese, Glock,* jeweils a. a. O.). Die Jugend- und Auszubildendenvertretung kann außerdem nach § 70 Abs. 2 verlangen, dass ihr der Betriebsrat die Unterlagen zur Verfügung stellt, die zur Durchführung ihrer Aufgaben erforderlich sind (s. § 70 Rn. 22 ff.).

2. Unterlagen des Betriebsrats und seiner Ausschüsse

25 Zu den Unterlagen gehören nicht nur die **Sitzungsniederschriften,** sondern **alle Akten** des Betriebsrats, d. h. alle schriftlichen Aufzeichnungen, die der Betriebsrat angefertigt hat oder die ihm für seine Geschäftsführung zur Verfügung stehen. Dazu zählen auch elektronisch gespeicherte Dateien (LAG Niedersachsen 17. 12. 2007 – 12 TaBV 86/07, juris). Darüber hinaus gehört zu den Unterlagen auch das Material, das der Arbeitgeber nach § 40 Abs. 2 dem Betriebsrat zur Verfügung stellt, wie Gesetzestexte, Tarifverträge, Zeitschriften und nicht zuletzt ein – vielleicht auch dieser – Kommentar zum BetrVG (s. § 40 Rn. 66 ff.).

26 Das Einsichtsrecht beschränkt sich nicht auf die Unterlagen des **Betriebsrats,** sondern es erstreckt sich auch auf die Unterlagen **seiner Ausschüsse;** denn jedes Betriebsratsmitglied soll sich über die Vorgänge im Betriebsrat informieren können, auch wenn Betriebsratsaufgaben von den Ausschüssen erledigt werden. Die Vorschrift des Abs. 3 beinhaltet auch einen **Minderheitenschutz,** der es ermöglichen soll, aus Sicht von einzelnen Betriebsratsmitgliedern bestimmte Verfahrensweisen zur Diskussion zu stel-

len. Deshalb kann ein Mitglied auch Einblick in die Unterlagen von Ausschüssen verlangen, denen es selbst nicht angehört (ebenso *Fitting,* § 34 Rn. 38; GK-*Raab,* § 34 Rn. 33; HSWGNR-*Glock,* § 34 Rn. 26; HaKo-BetrVG/*Blanke,* § 34 Rn. 10). Das gilt auch für die Unterlagen von Betriebsratsmitgliedern, die einem gemeinsamen Ausschuss angehören (ebenso *Fitting,* § 34 Rn. 39; GK-*Raab,* § 34 Rn. 33; HSWGNR-*Glock,* § 34 Rn. 26). Probleme des Datenschutzes können angesichts der dem Betriebsratsmitglied obliegenden Geheimhaltungspflicht des § 79 keine entscheidende Rolle spielen. Eine Ausnahme besteht wegen der Funktion und Aufgabenstellung lediglich für die Unterlagen des **Wirtschaftsausschusses;** hier haben ein Einblicksrecht nur dessen Mitglieder (ebenso HSWGNR-*Glock,* § 34 Rn. 26 a; s. auch § 107 Rn. 31 a. A. DKK-*Wedde,* § 34 Rn. 19; HaKo-BetrVG/*Blanke,* § 34 Rn. 10). Gleiches gilt, wenn die Aufgaben des Wirtschaftsausschusses einem Ausschuss des Betriebsrats übertragen sind (§ 107 Abs. 3).

3. Einsichtnahme

Das Betriebsratsmitglied kann **jederzeit** die Unterlagen einsehen; insbesondere hängt 27 das Recht nicht davon ab, dass es ein besonderes Interesse darlegt (LAG Niedersachsen 16. 2. 2001, NZA-RR 2001, 249). Eine immanente Schranke ergibt sich lediglich daraus, dass durch die Ausübung des Einsichtsrechts nicht die Betriebsratstätigkeit oder die Tätigkeit der Ausschüsse des Betriebsrats gestört oder behindert werden darf (ebenso *Fitting,* § 34 Rn. 33; HSWGNR-*Glock,* § 34 Rn. 27 a). Nicht zulässig ist aber ein Beschluss des Betriebsrats, durch den die Ausübung des Einsichtsrechts von bestimmten Voraussetzungen abhängig gemacht wird; auch im Einzelfall kann einem Betriebsratsmitglied nicht durch Beschluss des Betriebsrats verboten werden, in die Unterlagen einzusehen (ebenso *Brecht,* § 34 Rn. 12; *Fitting,* § 34 Rn. 40). Ein Beschluss, der das Zugriffsrecht nur den jeweiligen Ausschussmitgliedern einräumt, steht daher § 34 Abs. 3 entgegen (LAG Niedersachsen 17. 12. 2007 – 12 TaBV 86/07, juris).

Dem Betriebsratsmitglied ist nur die **Einsicht** in die Unterlagen gestattet; es kann nicht 28 verlangen, dass ihm die Unterlagen zur Verfügung gestellt werden. Doch kann es sich ohne weiteres Abschriften machen und Unterlagen, die nicht geheimhaltungsbedürftig sind, auch ablichten (ebenso *Fitting,* § 34 Rn. 34; GK-*Raab,* § 34 Rn. 31; DKK-*Wedde,* § 34 Rn. 23; HWK-*Reichold,* § 34 Rn. 17; HaKo-BetrVG/*Blanke,* § 34 Rn. 11; *Pramann,* DB 1983, 1922, 1924). Das BAG (27. 5. 1982 AP BetrVG 1972 § 34 Nr. 1) entschied im Hinblick auf die Kopien abweichend, weil das Recht, Kopien anzufertigen, voraussetze, dass die Unterlagen dem Betriebsrat zur Verfügung gestellt werden. Das ist jedoch nicht zwingend der Fall. Für die kurze Zeit, die eine Kopie braucht, ist eine gemeinsame Sachherrschaft von Arbeitgeber und Betriebsrat möglich. Zum entsprechenden Recht bei § 80 Abs. 2 s. § 80 Rn. 65 ff.

4. Anspruchsgegner

Das Einsichtsrecht folgt aus dem Betriebsratsamt. Es besteht gegenüber demjenigen, 29 der die Unterlagen des Betriebsrats bzw. die Unterlagen der Ausschüsse des Betriebsrats aufbewahrt.

VII. Streitigkeiten

Streitigkeiten über die Notwendigkeit und die Ordnungsmäßigkeit der Niederschrift, 30 über den Anspruch des Arbeitgebers auf Aushändigung einer Abschrift, über ein Einsichtsrecht, das Besitzrecht an den Akten und die damit zusammenhängenden Fragen entscheidet das Arbeitsgericht im Beschlussverfahren (§ 2 a Abs. 1 Nr. 1, Abs. 2 i. V. mit §§ 80 ff. ArbGG).

§ 35 Aussetzung von Beschlüssen

(1) Erachtet die Mehrheit der Jugend- und Auszubildendenvertretung oder die Schwerbehindertenvertretung einen Beschluss des Betriebsrats als eine erhebliche Beeinträchtigung wichtiger Interessen der durch sie vertretenen Arbeitnehmer, so ist auf ihren Antrag der Beschluss auf die Dauer von einer Woche vom Zeitpunkt der Beschlussfassung an auszusetzen, damit in dieser Frist eine Verständigung, gegebenenfalls mit Hilfe der im Betrieb vertretenen Gewerkschaften, versucht werden kann.

(2) ¹Nach Ablauf der Frist ist über die Angelegenheit neu zu beschließen. ²Wird der erste Beschluss bestätigt, so kann der Antrag auf Aussetzung nicht wiederholt werden; dies gilt auch, wenn der erste Beschluss nur unerheblich geändert wird.

Übersicht

	Rn.
I. Vorbemerkung	1
II. Aussetzungsantrag	2
1. Antragsrecht	2
2. Aussetzungsgrund	7
3. Gegenstand des Aussetzungsantrags	9
4. Frist und Form des Antrags	12
5. Rechtsmissbrauch als Schranke des Aussetzungsrechts	14
III. Aussetzung und erneute Beschlussfassung	16
1. Aussetzung des Beschlusses	16
2. Hinzuziehung von Gewerkschaften	18
3. Erneute Beschlussfassung	19
IV. Rechtswirkungen der Aussetzung	22
V. Aussetzungsrecht gegenüber Beschlüssen des Betriebsausschusses und sonstiger Ausschüsse des Betriebsrats	25
VI. Streitigkeiten	26

I. Vorbemerkung

1 Bereits § 34 BetrVG 1952 gab der Mehrheit der Vertreter einer Gruppe das hier eingeräumte Recht. 1972 wurde es auf die Mehrheit der Jugend- und Auszubildendenvertretung und die Schwerbehindertenvertretung erstreckt, das **BetrVerf-Reformgesetz** vom 23. 7. 2001 (BGBl. I S. 1852) hat es dann mit Aufgabe des Gruppenprinzips auf diese beiden Gremien beschränkt, und das ehemals in Abs. 3 normierte Aussetzungsrecht der Schwerbehindertenvertretung in Abs. 1 verankert. Bei dem Recht auf Aussetzung handelt es sich um ein **suspensives Vetorecht** gegen Beschlüsse des Betriebsrats.

1a Entsprechende Vorschrift: § 39 BPersVG.

II. Aussetzungsantrag

1. Antragsrecht

2 a) Die **Mehrheit der Jugend- und Auszubildendenvertretung** oder die **Schwerbehindertenvertretung** kann durch ihren Einspruch herbeiführen, dass ein Beschluss auszusetzen ist und über die Angelegenheit neu beschlossen werden muss, wenn sie geltend machen, dass der angegriffene Beschluss wichtige Interessen der von ihnen vertretenen Arbeitnehmer erheblich beeinträchtigt.

3 b) **Mehrheit der Jugend- und Auszubildendenvertretung.** Das Aussetzungsrecht hat die Jugend- und Auszubildendenvertretung, obwohl ihre Mitglieder nicht dem Betriebsrat angehören. Der Antrag muss von der *Mehrheit* der Jugend- und Auszubildendenvertretung gestellt werden, d. h. es müssen sich an ihm die Mehrheit der *Jugend- und*

II. Aussetzungsantrag § 35

Auszubildendenvertreter beteiligen; denn anderenfalls hätte der Gesetzestext sich darauf beschränken können, dass der Antrag von der Jugend- und Auszubildendenvertretung gestellt wird. Das Gesetz spricht in der korrespondierenden Bestimmung des § 66 Abs. 1 ausdrücklich von der Mehrheit der Jugend- und Auszubildendenvertreter. Es genügt also nicht, dass die Jugend- und Auszubildendenvertretung in einer ordnungsgemäß einberufenen und beschlussfähigen Sitzung mit einfacher Stimmenmehrheit einen entsprechenden Beschluss fasst; andererseits ist auch nicht erforderlich, dass überhaupt eine Sitzung der Jugend- und Auszubildendenvertretung stattfindet (ebenso GL-*Marienhagen*, § 35 Rn. 6, § 66 Rn. 3; GK-*Raab*, § 35 Rn. 12; HSWGNR-*Rose*, § 66 Rn. 6; *Natzel*, Berufsbildungsrecht, S. 549; *Reitze*, Der Betriebsratsbeschluss, S. 27; a. A. für Notwendigkeit einer förmlichen Beschlussfassung *Fitting*, § 66 Rn. 3; GK-*Oetker*, § 66 Rn. 6). Nicht notwendig ist, dass die Jugend- und Auszubildendenvertreter, die sich an dem Antrag beteiligen, bei der Beschlussfassung anwesend und unterlegen waren (ebenso HSWGNR-*Glock*, § 35 Rn. 6; a. A. *Fitting*, § 35 Rn. 8; s. auch Rn. 8).

c) **Schwerbehindertenvertretung.** Das Gesetz gibt außerdem noch **der Schwerbehindertenvertretung** das Antragsrecht, um eine sachgerechte Berücksichtigung der besonderen Belange der schwerbehinderten Arbeitnehmer zu gewährleisten (Abs. 1 Satz 1, ehemals Abs. 3; ebenso § 95 Abs. 4 Satz 2 SGB IX; s. dazu aber auch Rn. 15). 4

d) Für **anders zusammengesetzte Minderheiten** besteht **kein Einspruchsrecht.** Sie können ihre gegenteilige Ansicht auch nicht anders zum Ausdruck bringen; sie haben insbesondere nicht das Recht, ein Minderheitsvotum abzugeben und die abweichende Stellungnahme dem Arbeitgeber mitzuteilen (ebenso GK-*Raab*, § 35 Rn. 31; a. A. aber für den Fall, dass in der Geschäftsordnung ein Minderheitsvotum zugelassen wird, *Galperin/Siebert*, § 34 Rn. 6). Allerdings besteht keine absolute Geheimhaltungspflicht (s. § 30 Rn. 16). Daher ist es zulässig, dass ein Betriebsratsmitglied auch dem Arbeitgeber gegenüber seinen gegenteiligen Standpunkt zum Ausdruck bringt (ebenso GK-*Raab*, § 35 Rn. 31). 5

Kein Einspruchsrecht hat auch der **Sprecherausschuss der leitenden Angestellten** (vgl. *Fitting*, § 35 Rn. 12). 6

2. Aussetzungsgrund

Der Antrag kann nur darauf gestützt werden, dass der Beschluss **wesentliche Interessen** der von den Antragstellern vertretenen Arbeitnehmer **erheblich beeinträchtigt.** Sie müssen angeben, worin sie diese erhebliche Beeinträchtigung sehen. Ob objektiv eine Beeinträchtigung der Interessen vorliegt, ist gleichgültig; es genügt die Meinung der Antragsteller (ebenso *Brecht*, § 35 Rn. 6; GL-*Marienhagen*, § 35 Rn. 10, § 66 Rn. 4; GK-*Raab*, § 35 Rn. 19; GK-*Oetker*, § 66 Rn. 8; HSWGNR-*Glock*, § 35 Rn. 12; HaKo-BetrVG/*Düwell*, § 35 Rn. 4). 7

Stellt den Antrag die Mehrheit der **Jugend- und Auszubildendenvertretung,** so muss er damit begründet werden, dass der Beschluss wichtige Interessen der in § 60 Abs. 1 genannten Arbeitnehmer erheblich beeinträchtigt. Voraussetzung ist deshalb hier, dass er sich auf Angelegenheiten bezieht, die besonders oder sogar überwiegend diese Arbeitnehmer betreffen; denn nur dann kann davon die Rede sein, dass ein Beschluss des Betriebsrats wichtige Interessen der in § 60 Abs. 1 genannten Arbeitnehmer erheblich beeinträchtigt. Betrifft die Angelegenheit überwiegend diese Arbeitnehmer, so hatten die Jugend- und Auszubildendenvertreter Stimmrecht (§ 67 Abs. 2; s. dort Rn. 20 ff.), so dass hier das Aussetzungsrecht vor allem dann in Betracht kommt, wenn sie gesetzwidrig nicht an der Abstimmung beteiligt oder überstimmt wurden (s. aber auch Rn. 14 f.). Ein Beschluss kann allerdings auch dann wichtige Interessen der in § 60 Abs. 1 genannten Arbeitnehmer erheblich beeinträchtigen, wenn die Angelegenheit nicht überwiegend sie betrifft (s. § 66 Rn. 5). Bereits aus diesem Grund ist keine Voraussetzung für den Antrag, dass die Mehrheit der Jugend- und Auszubildendenvertreter gegen den Beschluss ge- 8 stimmt hatte (ebenso GL-*Marienhagen*, 35 Rn. 11; a. A. *Fitting*, § 35 Rn. 8; HSWGNR-*Glock*, § 35 Rn. 6).

3. Gegenstand des Aussetzungsantrags

9 a) Das Aussetzungsrecht besteht nur gegenüber einem **Beschluss des Betriebsrats**.

10 b) **Kein Beschluss** im eigentlichen Sinn ist die **Wahl des Vorsitzenden und seines Stellvertreters**; § 35 gilt auch nicht analog, weil hier mit der Wahl des Vorsitzenden und seines Stellvertreters eine unmittelbare Wirkung eintritt, so dass eine Aussetzung schon deshalb nicht in Betracht kommt (ebenso BAG 20. 4. 1956 AP BetrVG § 27 Nr. 3; *Brecht*, § 35 Rn. 3; *Fitting*, § 35 Rn. 5; GK-*Raab*, § 35 Rn. 18). Für die Jugend- und Auszubildendenvertreter und die Schwerbehindertenvertretung fehlt es ohnehin an den Voraussetzungen des Aussetzungsrechts, weil die Wahl des Vorsitzenden und seines Stellvertreters ausschließlich einen inneren Organisationsakt des Betriebsrats darstellt.

11 Das Gleiche gilt für die Bildung des **Betriebsausschusses** und der **anderen Ausschüsse** des Betriebsrats (ebenso *Brecht*, § 35 Rn. 3; *Fitting*, § 35 Rn. 5; GK-*Raab*, § 35 Rn. 6), nicht aber für deren Beschlüsse (s. Rn. 25).

4. Frist und Form des Antrags

12 a) Der Antrag kann sofort, d. h. noch während der Sitzung gestellt werden und ist dann zu protokollieren. Er kann auch nachträglich gestellt werden; eine **zeitliche Grenze** ergibt sich aber daraus, dass der Beschluss nur auf die Dauer von einer Woche vom Zeitpunkt der Beschlussfassung an ausgesetzt werden kann. Durch diese ausdrückliche Bestimmung wird die Meinungsverschiedenheit zu § 34 BetrVG 1952 behoben, ob die Wochenfrist, für die der Beschluss ausgesetzt werden muss, mit der Beschlussfassung beginnt (so vor allem *Fitting/Kraegeloh/Auffarth*, § 34 Rn. 8) oder ob sie vom Antrag an gerechnet werden muss (so vor allem *Dietz*, § 34 Rn. 7 a; *Nikisch*, Bd. III S. 189). Für den Antrag ist zwar ausdrücklich keine Frist im Gesetz vorgesehen; ihm wird aber nach Ablauf einer Woche die Grundlage entzogen, weil der Beschluss nur auf die Dauer von einer Woche vom Zeitpunkt der Beschlussfassung an ausgesetzt werden kann. Eine weitere Grenze ergibt sich daraus, dass für den Antrag kein Raum mehr ist, wenn der Beschluss bereits durchgeführt wurde (ebenso LAG Berlin 24. 6. 1974, ARST 1975 Nr. 119; *Brecht*, § 35 Rn. 5; *Fitting*, § 35 Rn. 15; GL-*Marienhagen*, § 35 Rn. 8; GK-*Raab*, § 35 Rn. 17; DKK-*Wedde*, § 35 Rn. 8; a. A. HSWGNR-*Glock*, § 35 Rn. 23). Der Antrag kann jederzeit zurückgenommen werden (DKK-*Wedde*, § 35 Rn. 12; *Fitting*, § 35 Rn. 17).

13 b) Einer besonderen **Form** bedarf der Antrag nicht. Er ist, soweit er nicht innerhalb der Sitzung gestellt wird, an den Vorsitzenden des Betriebsrats schriftlich oder mündlich zu richten. Es muss nur feststehen, dass es sich um die Mehrheit der Jugend- und Auszubildendenvertreter bzw. der Schwerbehindertenvertreter handelt, und außerdem muss vorgetragen werden, worin die Antragsteller eine erhebliche Beeinträchtigung wesentlicher Interessen der durch sie vertretenen Arbeitnehmer erblicken.

5. Rechtsmissbrauch als Schranke des Aussetzungsrechts

14 Das Aussetzungsrecht dient **nicht** dazu, die **Stimmabgabe zu korrigieren**. Daher ist es rechtsmissbräuchlich, wenn sich an dem Antrag jemand beteiligt, der für den Beschluss gestimmt hat (ebenso GK-*Raab*, § 35 Rn. 12; HSWGNR-*Glock*, § 35 Rn. 6; *Brecht*, § 35 Rn. 4). Das gilt nach Wegfall des Antragsrechts einer Gruppe nur noch für Mitglieder der Jugend- und Auszubildendenvertretung, soweit diese ein Stimmrecht hatten (s. auch Rn. 3). Hat eine geheime Abstimmung stattgefunden, so ist allerdings niemand verpflichtet, den Inhalt seiner Stimmabgabe zu offenbaren (ebenso *Joost*, MünchArbR § 219 Rn. 57).

Hatten die Jugend- und Auszubildendenvertreter kein Stimmrecht, waren sie aber 15
berechtigt, an der Betriebsratssitzung teilzunehmen, so kann ein Rechtsmissbrauch darin
liegen, dass sie trotz Teilnahme an der Sitzung keine Bedenken vor der Beschlussfassung
geltend gemacht haben (vgl. auch *Fitting*, § 35 Rn. 9; GK-*Raab*, § 35 Rn. 13; a. A. GL-
Marienhagen, § 35 Rn. 11; *Reitze*, Der Betriebsratsbeschluss, S. 27). Gleiches gilt für
einen Aussetzungsantrag der Schwerbehindertenvertretung (vgl. *Fitting*, § 35 Rn. 10;
GK-*Raab*, § 35 Rn. 14).

III. Aussetzung und erneute Beschlussfassung

1. Aussetzung des Beschlusses

Wird der Antrag gestellt, so hat der **Betriebsratsvorsitzende** die **Durchführung des** 16
Beschlusses auszusetzen; es handelt sich um eine *Pflicht* des Vorsitzenden. Gleichgültig
ist, ob er die Einwendung für berechtigt hält oder nicht (ebenso HSWGNR-*Glock*, § 35
Rn. 17; DKK-*Wedde*, § 35 Rn. 10; *Stege/Weinspach/Schiefer*, § 35 Rn. 4; s. auch *Fitting*, § 35 Rn. 19; ähnlich GK-*Raab*, § 35 Rn. 20; *Oetker*, BlStSozArbR 1983, 289,
291). Der Vorsitzende hat lediglich zu prüfen, ob die Antragsberechtigung vorliegt und
ob eine erhebliche Beeinträchtigung wesentlicher Interessen geltend gemacht wird (s.
Rn. 7 f.); er hat nur ein **formelles, grundsätzlich kein materielles Prüfungsrecht** (s. zur
Rechtslage bei Ausübung eines Beteiligungsrechts innerhalb einer Frist s. Rn. 24). Bei
evident rechtsmissbräuchlichen und offensichtlich unbegründeten Anträgen wird man
dem Betriebsratvorsitzenden jedoch nicht verpflichten können, den Antrag wider besseres Wissen auszusetzen (ähnlich GK-*Raab*, § 35 Rn. 20; *Fitting*, § 35 Rn. 19; für eine
Unterscheidung zwischen offensichtlich unbegründet und rechtsmißräuchlich: DKK-
Wedde, § 35 Rn. 10). Dass damit das Recht der Minderheit auf Nachprüfung von vagen
Kriterien abhängt (HSWGNR-*Glock*, § 35 Rn. 17; DKK-*Wedde*, § 35 Rn. 10; *Reitze*,
Der Betriebsratsbeschluss, S. 32), ist hinzunehmen, denn zum einen ist dieses Kriterium
so unbestimmt nicht, zum anderen ist in solchen Fällen der Ausschluss der Sache nach
geboten: Wenn ein Antrag offensichtlich unbegründet ist, ist er auch nicht schützenswert.

Der Beschluss wird auf die **Dauer von einer Woche** vom Zeitpunkt der Beschluss- 17
fassung an ausgesetzt, d. h. es kann erst nach Ablauf dieser Frist über die Angelegenheit
erneut beschlossen werden. Während dieser Frist ist zu versuchen, die Meinungsverschiedenheit beizulegen, und zwar grundsätzlich durch Verhandlungen zwischen den
Betriebsratsmitgliedern und, wenn der Aussetzungsantrag von ihnen gestellt wurde, den
Jugend- und Auszubildendenvertretern und der Schwerbehindertenvertretung. Regelmäßig wird dazu die Einberufung einer neuen Sitzung notwendig sein, um eine Verständigung zu erreichen; über den Einspruch selbst kann aber erst nach Ablauf der Wochenfrist beschlossen werden (s. dazu Rn. 19).

2. Hinzuziehung von Gewerkschaften

Das Gesetz sieht vor, dass zur Beilegung der Meinungsverschiedenheit die **Hilfe der im** 18
Betrieb vertretenen Gewerkschaften in Anspruch genommen werden kann (Abs. 1). Die
Hinzuziehung erfolgt durch die Betriebsratmitglieder bzw. die Jugend- und Auszubildendenvertreter und die Schwerbehindertenvertretung. Nicht notwendig ist ein besonderer
Beschluss des Betriebsrats, sondern jedes Betriebsratsmitglied und jeder sonst am Aussetzungsverfahren Beteiligte kann die Hilfe der Gewerkschaften unmittelbar in Anspruch
nehmen (ebenso *Fitting*, § 35 Rn. 22; GK-*Raab*, 35 Rn. 24; HSWGNR-*Glock*, § 35
Rn. 27). Hinzugezogen werden kann jede im *Betrieb* vertretene Gewerkschaft (s. zum
Begriff § 2 Rn. 40 ff. und 66 ff.); nicht notwendig ist also, dass sie im *Betriebsrat*
vertreten ist (anders § 39 Abs. 1 Satz 2 BPersVG, wo verlangt wird, dass die Gewerk-

schaft unter den Mitgliedern des Personalrats oder der Jugend- und Auszubildendenvertretung vertreten sein muss). Ein selbständiges Recht, hinzugezogen zu werden, haben die Gewerkschaften nicht (ebenso GK-*Raab*, § 35 Rn. 24; HSWGNR-*Glock*, § 35 Rn. 27; *Klosterkemper*, Das Zugangsrecht der Gewerkschaften zum Betrieb, 1980, S. 22).

3. Erneute Beschlussfassung

19 a) Nach Ablauf der Wochenfrist ist über die Angelegenheit **neu** zu **beschließen** (Abs. 2 Satz 1), und zwar nicht nur dann, wenn die Meinungsverschiedenheit nicht beigelegt werden konnte, sondern auch dann, wenn es außerhalb einer Betriebsratssitzung zu einer Verständigung gekommen ist (ebenso GK-*Raab*, § 35 Rn. 25; HSWGNR-*Glock*, § 35 Rn. 29; HWK-*Reichold*, § 35 Rn. 7). Das Gesetz verlangt ausdrücklich einen neuen Beschluss über die Angelegenheit, falls nicht die Antragsteller den Antrag zurückgezogen haben. Der Vorsitzende hat daher zu einer Sitzung möglichst bald nach Ablauf der Frist einzuladen. Es ist über den alten Beschluss zu entscheiden, nicht etwa über den Antrag. Es muss also die Aufrechterhaltung des angegriffenen Beschlusses zum Gegenstand der Beschlussfassung gemacht werden, allerdings auch in der Form, dass die Regelung, die Gegenstand des Beschlusses gewesen ist, anders gestaltet wird. Nur wenn der alte Beschluss mit Stimmenmehrheit bestätigt ist, bleibt er in Wirksamkeit.

20 b) Hat der Betriebsrat den Beschluss **bestätigt**, so ist damit der **Einspruch zurückgewiesen**. Der Antrag auf Aussetzung kann nicht *wiederholt* werden (Abs. 2 Satz 2), auch wenn sich an einem neuen Antrag andere Personen beteiligen (ebenso *Fitting*, § 35 Rn. 26; GK-*Raab*, § 35 Rn. 28; HSWGNR-*Glock*, § 35 Rn. 31).

21 Wenn dagegen ein **neuer Beschluss** in der gleichen Angelegenheit ergeht, so besteht auch von neuem die Möglichkeit, seine Aussetzung zu beantragen. Dies gilt, wie das Gesetz klarstellt, lediglich dann nicht, wenn der erste Beschluss nur unerheblich geändert wird, also in seinem wesentlichen Inhalt bestätigt wird. Gegen diesen Beschluss kann der Einspruch nicht wiederholt werden.

IV. Rechtswirkungen der Aussetzung

22 Das Recht, die Aussetzung eines Beschlusses zu verlangen, ist *materiell* ein **suspensives Vetorecht**. Die Aussetzung bedeutet nicht wie nach § 34 BetrVG 1952, dass lediglich die Durchführung des Beschlusses um eine Woche hinausgeschoben wird. Es wird vielmehr der Beschluss selbst suspendiert: Der Betriebsrat muss über die Angelegenheit neu beschließen.

23 Die Aussetzung hat **keine Verlängerung einer Frist** zur Folge. Es wird zwar im Gesetz nicht ausdrücklich angeordnet, ergibt sich aber für den Aussetzungsantrag der Schwerbehindertenvertretung unmittelbar aus § 95 Abs. 4 Satz 3 SGB IX, gilt aber entsprechend auch für einen von der Mehrheit der Jugend- und Auszubildendenvertretung gestellten Aussetzungsantrag; § 39 Abs. 1 Satz 3 BPersVG, der dies ausdrücklich vorsieht, gilt insoweit analog (ebenso HSWGNR-*Glock*, § 35 Rn. 24; im Ergebnis *Fitting*, § 35 Rn. 30; GK-*Raab*, § 35 Rn. 22 f.; DKK-*Wedde*, § 35 Rn. 11; a. A. *Oetker*, BlStSozArbR 1983, 289, 292 f.).

24 Problematisch ist deshalb die Rechtslage, wie zu verfahren ist, wenn der Betriebsrat ein **Beteiligungsrecht nur innerhalb einer bestimmten Frist** ausüben kann, z. B. sein Mitbestimmungsrecht nach § 99, das Recht zur Stellungnahme im Rahmen des Anhörungsverfahrens vor einer Kündigung nach § 102 Abs. 2 und das Widerspruchsrecht bei einer ordentlichen Kündigung nach § 102 Abs. 3. Wird in diesen Fällen die Frist nicht gewahrt, so gilt die Zustimmung des Betriebsrats als erteilt (§§ 99 Abs. 3 Satz 2, 102 Abs. 2 Satz 2). Ist man der Auffassung, dass die Aussetzung dem Beschluss jede Wirksamkeit nimmt, so würde man deshalb in diesen Fällen stets zu dem Ergebnis kommen, dass die Zustimmung des Betriebsrats als erteilt gilt. Da ein derartiges Ergebnis widersinnig ist, bleibt der Vorsitzende auch dann, wenn ein Aussetzungsantrag gestellt wird, verpflichtet, den Beschluss im Rahmen der zur Verfügung stehenden Frist durchzuführen, sofern der Betriebsrat seine Zustimmung zu der vom Arbeitgeber beabsichtigten Maßnahme verweigert bzw. im Anhörungsverfahren Bedenken äußert oder einer ordentlichen Kündigung widerspricht. Hat er dagegen beschlossen, die Zustimmung zu erteilen bzw. von einer Äußerung von Bedenken abzusehen, so gilt ohnehin nach Ablauf der für die Ausübung des Beteiligungsrechts vorgesehenen Frist die Zustimmung als erteilt; hier ist deshalb der Vorsitzende verpflichtet, den Versuch der Vereinbarung einer Fristverlängerung mit dem Arbeitgeber herbeizuführen. Scheitert dieser Versuch, so muss man dem Vorsitzenden das Recht zugestehen, dass er die von den Antragstellern vorgetragenen Gründe übernimmt und für den Betriebsrat die Erklärung abgibt, dass die Zustimmung vorläufig verweigert werde, bis der Betriebsrat über die Angelegenheit erneut Beschluss gefasst habe; allerdings werden dadurch die gesetzlich vorgesehenen Fristen weder *unterbrochen* noch *gehemmt* (ebenso im Ergebnis Fitting, § 35 Rn. 30; GK-*Raab*, § 35 Rn. 22; HSWGNR-*Glock*, § 35 Rn. 24; *Weiss/Weyand*, § 35 Rn. 8; zu § 103 wegen der Zweiwochenfrist gemäß § 626 Abs. 2 BGB für eine Woche *Eich* DB 1978, 586, 588 f.).

V. Aussetzungsrecht gegenüber Beschlüssen des Betriebsausschusses und sonstiger Ausschüsse des Betriebsrats

Für die Beschlüsse des Betriebsausschusses und der sonstigen Ausschüsse des Betriebsrats gilt diese Bestimmung analog, weil sonst das Aussetzungsrecht durch eine Verlagerung der Betriebsratsaufgaben in selbstständig entscheidende Ausschüsse entwertet würde (ebenso *Brecht*, § 35 Rn. 2; *Fitting*, § 35 Rn. 32; GL-*Marienhagen*, 35 Rn. 2; GK-*Raab*, § 35 Rn. 6; HSWGNR-*Glock*, § 35 Rn. 34; DKK-*Wedde*, § 35 Rn. 1). Der Aussetzungsantrag ist auch in diesen Fällen stets an den Vorsitzenden des Betriebsrats zu richten (ebenso *Fitting*, § 35 Rn. 32; GK-*Raab*, § 35 Rn. 6; a. A. HSWGNR-*Glock*, § 35 Rn. 34). Gegenüber Beschlüssen des Wirtschaftsausschusses besteht dagegen kein Aussetzungsrecht; das gilt auch, wenn dessen Aufgaben einem Ausschuss des Betriebsrats übertragen sind (s. auch auch § 108).

VI. Streitigkeiten

Über Streitigkeiten entscheidet das Arbeitsgericht im Beschlussverfahren (§ 2 a Abs. 1 Nr. 1, Abs. 2 i. V. mit §§ 80 ff. ArbGG). Die Entscheidung hat sich darauf zu beschränken, ob dem Antrag auf Aussetzung zu entsprechen ist, ob also die Mehrheit der Jugend- und Auszubildendenvertretung oder die Schwerbehindertenvertretung sich an dem Antrag beteiligt haben und ob der Antrag rechtzeitig und ordnungsgemäß gestellt war. Da für das Aussetzungsrecht keine Rolle spielt, ob der angegriffene Beschluss objektiv die Interessen der von den Antragstellern vertretenen Arbeitnehmern beeinträchtigt, ist lediglich von Bedeutung, dass eine derartige Beeinträchtigung geltend gemacht wird. Zulässig ist auch der Erlass einer einstweiligen Verfügung (§ 85 Abs. 2 ArbGG). Da der Vorsitzende des Betriebsrats pflichtwidrig handelt, wenn er einem zulässig gestellten Aussetzungsantrag nicht entspricht, kommt gegebenenfalls sein Ausschluss aus dem Betriebsrat durch Beschluss des Arbeitsgerichts in Betracht (§ 23 Abs. 1), wenn der Betriebsrat ihn nicht abberuft (ebenso *Fitting*, § 35 Rn. 19; GK-*Raab*, § 35 Rn. 20; HSWGNR-*Glock*, § 35 Rn. 19).

§ 36 Geschäftsordnung

Sonstige Bestimmungen über die Geschäftsführung sollen in einer schriftlichen Geschäftsordnung getroffen werden, die der Betriebsrat mit der Mehrheit der Stimmen seiner Mitglieder beschließt.

Übersicht

	Rn.
I. Vorbemerkung	1
II. Inhalt der Geschäftsordnung	3
1. Regelung sonstiger Bestimmungen über die Geschäftsführung	3
2. Geschäftsführung des Betriebsausschusses und der sonstigen Ausschüsse des Betriebsrats	8
III. Erlass und Wirkung der Geschäftsordnung	9
1. Erlass	9
2. Wirkung	12
3. Aufhebung und Durchbrechung der Geschäftsordnung	13
4. Geltungsdauer der Geschäftsordnung	15
IV. Streitigkeiten	16

I. Vorbemerkung

1 Der Betriebsrat soll sich eine Geschäftsordnung geben. Die Kannvorschrift des § 36 BetrVG 1952 wurde in eine **Sollvorschrift** umgewandelt, weil es wegen der Bedeutung der Geschäftsordnung für den ordnungsgemäßen Ablauf der Betriebsratstätigkeit zweckmäßig erschien, auf den Erlass einer Geschäftsordnung hinzuwirken (BT-Drucks. VI/1786, S. 40).

2 Das Gesetz verlangt außerdem anders als nach § 36 BetrVG 1952, dass für den Erlass der Geschäftsordnung die absolute Stimmenmehrheit notwendig ist, und bestimmt ausdrücklich die Schriftform.

II. Inhalt der Geschäftsordnung

1. Regelung sonstiger Bestimmungen über die Geschäftsführung

3 Die Geschäftsordnung kann nur Vorschriften über die **Führung der Geschäfte** enthalten, d. h. Bestimmungen über **technische Fragen,** in welcher Art und Weise der Betriebsrat seine Aufgaben erfüllen will. Sie kann dem Betriebsrat dagegen keine Aufgaben übertragen, die ihm nicht schon kraft Gesetzes obliegen. Es können in der Geschäftsordnung insbesondere nicht Fragen geregelt werden, deren Gestaltung des Einvernehmens mit dem Arbeitgeber bedürfen, also Gegenstand einer Vereinbarung mit ihm sein müssen, z. B. Abhaltung von Sprechstunden, zusätzliche Freistellung von Betriebsratsmitgliedern (ebenso BAG 16. 1. 1979 AP BetrVG 1972 § 38 Nr. 5; *Brecht,* § 36 Rn. 4; *Fitting,* § 36 Rn. 8; GK-*Raab,* § 36 Rn. 12; HSWGNR-*Glock,* § 36 Rn. 7; DKK-*Wedde,* § 36 Rn. 4; a. A. *Nikisch,* Bd. III S. 190 Fn. 72). Andererseits kann aber auch eine Frage, die Gegenstand der Geschäftsordnung ist, nicht durch eine Betriebsvereinbarung geregelt werden (ebenso *Brecht,* § 36 Rn. 5; *Fitting,* § 36 Rn. 8; GK-*Raab,* § 36 Rn. 13; HSWGNR-*Glock,* § 36 Rn. 7; a. A. *Galperin/Siebert,* § 36 Rn. 6). Das schließt allerdings nicht aus, dass sich beide ergänzen, so eine Vereinbarung mit dem Arbeitgeber über das Zurverfügungstellen eines Raumes zu bestimmten Zeiten und die Bestimmung der Geschäftsordnung, dass zu diesen Zeiten dort die Betriebsratssitzungen stattfinden sollen (ebenso *Fitting,* § 36 Rn. 8; HSWGNR-*Glock,* § 36 Rn. 7).

II. Inhalt der Geschäftsordnung　　　　　　　　　　　　　　　　§ 36

Zu den **Bestimmungen,** die **in der Geschäftsordnung** getroffen werden sollen, gehören 4
vor allem die Regelung der Ordnung der Betriebsratssitzungen, Vorschriften über die
Ladung, ihre Form, die Frist, die Mitteilung der Tagesordnung (BAG 28. 4. 1988 AP
BetrVG 1972 § 29 Nr. 2; BAG 28. 10. 1992 AP BetrVG 1972 § 29 Nr. 4), über die
Abstimmung (schriftlich oder mündlich, offen oder geheim, Reihenfolge der Abstimmung), Erteilung und Entziehung des Wortes, Schließung der Debatte, Festlegung fester
Termine für die Betriebsratssitzungen, Bestimmungen über die Aufbewahrung von Niederschriften, Regelungen zur Verschwiegenheitspflicht über betriebsratsinterene Vorgänge, die Art der Bekanntgabe der Beschlüsse an die Belegschaft u. ä. mehr. Darüber hinaus
kann der Betriebsrat auch eine Vertretungsregelung für den Fall der Verhinderung seiner
gesetzlichen Vertreter schaffen (Hessisches LAG 18. 9. 2007, ArbuR 2008, 77).

Die Geschäftsordnung kann jedoch auch in der Gestaltung der Geschäftsführung **nicht** 5
von den gesetzlichen Vorschriften abweichen, sondern diese **nur ergänzen** (ebenso
Fitting, § 36 Rn. 5, HSWGNR-*Glock*, § 36 Rn. 4; HWK-*Reichold*, § 36 Rn. 3; *Nikisch*,
Bd. III S. 190; s. auch LAG Hamburg 6. 10. 2006 – 6 TaBV 12/06, juris). Die Geschäftsordnung kann deshalb nicht festlegen, dass für Beschlüsse auch dort die einfache
Stimmenmehrheit genügt, wo das Gesetz die absolute Mehrheit fordert. Aber auch
umgekehrt kann sie nicht die Vorschrift des § 33, dass der Betriebsrat seine Beschlüsse
mit einfacher Stimmenmehrheit fassen muss, für einzelne Beschlüsse dahin ändern, dass
qualifizierte Mehrheit erforderlich ist, z. B. für die Abberufung des Vorsitzenden (ebenso
Nikisch, Bd. III S. 190 f.). Zu den gesetzlichen Bestimmungen sind auch allgemein
anerkannte demokratische Grundsätze zu rechnen. Eine Ergänzung der Tagesordnung in
der Sitzung des Betriebsrates ist daher nur bei Anwesenheit und Zustimmung aller
Betriebsratsmitglieder zulässig. Eine abweichende Regelung in der Geschäftsordnung ist
unwirksam (LAG Hamburg 17. 2. 2006 – 6 TaBV 6/05, juris). Ebenso kann die
Geschäftsordnung eines Betriebsrats kann nicht von der Verfahrensvorschrift des § 29
Abs 2 S 3 abweichen (LAG Hamburg 6. 10. 2006 – 6 TaBV 12/06, juris).Die gesetzlichen Voraussetzungen für die Teilnahme an Betriebsratssitzungen sind ebenfalls bindend. Deshalb kann der Betriebsrat in seiner Geschäftsordnung nicht regeln, dass den im
Betrieb vertretenen Gewerkschaften ein generelles Teilnahmerecht an den Betriebsratssitzungen zusteht (a. A. BAG 28. 2. 1990 AP BetrVG 1972 § 31 Nr. 1; s. auch § 31
Rn. 15). Vorschriften über die Gestaltung der Geschäftsführung enthalten nicht nur der
Dritte Abschnitt des Zweiten Teils, sondern auch andere Bestimmungen des Gesetzes,
z. B. § 43 über den Tätigkeitsbericht des Betriebsrats in den vierteljährlichen Betriebsversammlungen.

Zulässig ist eine Regelung, welche Geschäfte *nicht* als **laufende Geschäfte** anzusehen 6
sind, die also *nicht* vom **Betriebsausschuss** behandelt werden sollen. Doch darf es sich
dabei nur um eine Grenzziehung handeln. Der Betriebsausschuss kann nicht allgemein
aus der ihm durch das Gesetz übertragenen Aufgabe, die laufenden Geschäfte zu
erledigen, ausgeschaltet werden (s. § 27 Rn. 59). Die Geschäftsordnung kann dem
Betriebsausschuss über die Führung der laufenden Geschäfte hinaus bestimmte **Aufgaben** zur selbstständigen Erledigung **übertragen,** weil auch sie nur mit der Mehrheit der
Stimmen der Betriebsratsmitglieder zustande kommt und der Schriftform bedarf; dies
gilt aber nicht für die Befugnis, eine Betriebsvereinbarung abzuschließen (s. § 27 Abs. 2
und dort Rn. 64).

Ebenso kann die Geschäftsordnung die **Bildung von Ausschüssen** vorsehen, die sich 7
mit bestimmten Fragen zu beschäftigen haben, z. B. einen Ausschuss für Sozialfragen,
für Unfallverhütungsfragen usw. Jedoch ist das nur möglich, wenn der Betriebsrat einen
Betrieb mit in der Regel mehr als 100 Arbeitnehmer repräsentiert (§ 28 Abs. 1 Satz 1).
Dagegen ist es nicht zulässig, dass die Geschäftsordnung einzelnen Mitgliedern des
Betriebsrats bestimmte Aufgaben zur Erledigung überträgt, z. B. eine Mitwirkung bei
Arbeitsschutzmaßnahmen oder bei der Verwaltung von Sozialeinrichtungen; aus § 28
ergibt sich vielmehr mittelbar, dass zu diesem Zweck Ausschüsse gebildet werden

müssen. Dadurch wird aber nicht ausgeschlossen, dass der Betriebsrat einzelne Mitglieder ermächtigt oder bevollmächtigt, bestimmte Aufgaben zu erledigen (s. § 26 Rn. 57 f.); jedoch kann das nicht in der Geschäftsordnung geschehen.

2. Geschäftsführung des Betriebsausschusses und der sonstigen Ausschüsse des Betriebsrats

8   Zu der Regelung, die der Betriebsrat in einer Geschäftsordnung treffen soll, gehören nicht nur die Bestimmungen über seine Geschäftsführung, sondern auch Bestimmung über die Geschäftsführung des Betriebsausschusses und der von ihm gebildeten sonstigen Ausschüsse (s. § 27 Rn. 44). Soweit der Betriebsrat nicht diese Aufgabe erfüllt, kann der Ausschuss selbst sich eine Geschäftsordnung geben (s. § 27 Rn. 44).

III. Erlass und Wirkung der Geschäftsordnung

1. Erlass

9   Die Geschäftsordnung wird durch **Beschluss des Betriebsrats** festgelegt. Für ihn gilt § 33; jedoch genügt nicht die einfache Stimmenmehrheit, sondern es ist die Mehrheit der Stimmen seiner Mitglieder, also die **absolute Mehrheit** erforderlich.

10   Außerdem bedarf die Geschäftsordnung der **Schriftform**, d. h. sie muss in einer Urkunde schriftlich niedergelegt sein, die vom Vorsitzenden des Betriebsrats eigenhändig durch Namensunterschrift unterzeichnet ist. Es genügt aber auch, dass sie im Protokoll enthalten ist; eine besondere Ausfertigung der Geschäftsordnung ist nicht erforderlich. Die Aufnahme in das Protokoll hat hier aber, wenn eine besondere Ausfertigung unterbleibt, konstitutive Wirkung. Eine Bekanntmachung der Geschäftsordnung ist nicht erforderlich.

11   Dem Arbeitgeber braucht die Geschäftsordnung nicht mitgeteilt zu werden (ebenso *Fitting*, § 36 Rn. 11; GK-*Raab*, § 36 Rn. 9; HSWGNR-*Glock*, § 36 Rn. 11; HaKo-BetrVG/*Wolmerath*, § 36 Rn. 5; s. aber bei Übertragung einer Aufgabe zur selbstständigen Erledigung auf einen Ausschuss § 27 Rn. 63).

2. Wirkung

12   Die Geschäftsordnung enthält insoweit **statutarisches Recht**, als sie die Mitglieder des Betriebsrats, nicht den Betriebsrat bindet (s. Rn. 13). Ihre Bestimmungen sind insbesondere für den Vorsitzenden verbindlich; er kann sich nicht selbst von ihrer Einhaltung dispensieren. Eine Verletzung der in der Geschäftsordnung niedergelegten Bestimmungen über die Ladung zu einer Betriebsratssitzung kann daher einen wesentlichen Verstoß gegen die Vorschriften über das ordnungsgemäße Zustandekommen eines Beschlusses bedeuten (LAG Frankfurt 25. 3. 2004 – 9 TaBV 117/03, juris; ebenso *Nikisch*, Bd. III S. 191; s. auch § 33 Rn. 42 f.). Das gilt jedoch nicht, wenn es sich lediglich um eine Ordnungsvorschrift handelt, die nicht beachtet wurde, z. B. wenn die Ladung zu einer Betriebsratssitzung nicht, wie in der Geschäftsordnung vorgesehen, schriftlich, sondern mündlich ergangen ist (ebenso *Fitting*, § 36 Rn. 14; *Joost*, MünchArbR 307 Rn. 89; *Nikisch*, Bd. III S. 191; GK-*Raab*, § 36 Rn. 18; HSWGNR-*Glock*, § 36 Rn. 14; DKK-*Wedde*, § 36 Rn. 10; ErfK-*Eisemann/Koch*, § 36 Rn. 1).

3. Aufhebung und Durchbrechung der Geschäftsordnung

13   Der Betriebsrat kann jederzeit die Geschäftsordnung **aufheben** oder von ihr **abweichen**. Jedoch bedarf es dazu der *absoluten Mehrheit*, weil das Gesetz sie für den Erlass der Geschäftsordnung verlangt und deshalb auch für deren Aufhebung nichts anderes

gelten kann (ebenso *Brecht*, § 36 Rn. 6; *Fitting*, § 36 Rn. 13; GK-*Raab*, § 36 Rn. 10; HSWGNR-*Glock*, § 36 Rn. 13). Der Betriebsrat kann daher bei einer Beschlussfassung sich auch nicht ohne weiteres über sie hinwegsetzen, sondern ohne vorherige Änderung bedarf es des Einverständnisses aller Betriebsratsmitglieder, wenn der Betriebsrat von ihr abweicht (a. A. lediglich für Notwendigkeit einer absoluten Mehrheit auch in diesem Fall *Fitting, Wiese/Weber, Glock,* jeweils a. a. O.; wie hier dagegen bereits zum BetrVG 1952: *Nikisch*, Bd. III S. 191).

Wird ein Beschluss unter Verletzung einer Vorschrift der Geschäftsordnung gefasst, so **14** wird er dadurch in seiner Wirksamkeit aber nur beeinträchtigt, wenn nicht lediglich gegen eine Ordnungsvorschrift verstoßen wurde, die auf das Ergebnis der Beschlussfassung keinen Einfluss haben kann (s. Rn. 12).

4. Geltungsdauer der Geschäftsordnung

Die Geschäftsordnung gilt, bis sie aufgehoben ist, für den Betriebsrat als solchen, **15** nicht für den gerade im Amt befindlichen, sondern auch für den **nachfolgenden Betriebsrat** (ebenso ArbG Stuttgart, AR-Blattei: Betriebsverfassung X, Entsch. 1; *Stege/Weinspach/Schiefer*, § 36 Rn. 3; *Weiss/Weyand*, § 36 Rn. 5; a. A. *Brecht*, § 36 Rn. 7; *Fitting*, § 36 Rn. 12; GK-*Raab*, § 36 Rn. 17; HSWGNR-*Glock*, § 36 Rn. 12; DKK-*Wedde*, § 36 Rn. 11; *Nikisch*, Bd. III S. 191 f.; *Bobrowski*, DB 1957, 21; ebenso zum BRG 1920: *Flatow/Kahn-Freund*, § 34 Erl. 4). Vom gegenteiligen Standpunkt aus wird angenommen, der neue Betriebsrat könne die Geschäftsordnung seines Vorgängers übernehmen, was praktisch zu dem gleichen Ergebnis führt, wenn man für ausreichend hält, dass ein entsprechender Wille aus dem Verhalten des Vorsitzenden und der sonstigen Beteiligten hervorgeht (so *Nikisch*, a. a. O.; a. A. für Notwendigkeit einer förmlichen Übernahme durch Beschluss mit der Mehrheit aller Mitglieder: *Raab, Glock*, jeweils a. a. O.; für Bindung, wenn sich aus der Geschäftsordnung eine allgemeine Übung entwickelt habe, *Fitting*, a. a. O.). Für die hier vertretene Auffassung spricht, dass der Betriebsrat zwar mit seinem Vorgänger nicht identisch ist, aber die *Kontinuität des Betriebsratsamts* gewahrt bleibt. Es bedeutet eine wesentliche Vereinfachung, wenn man vom neuen Betriebsrat nicht einen positiven Beschluss darüber verlangt, ob er die Geschäftsordnung seines Vorgängers übernehmen will, sondern negativ einen Beschluss darüber, dass sie nicht mehr verbindlich sein soll. Die Weitergeltung bedeutet also lediglich, dass der Vorsitzende und die Mitglieder an die in der Geschäftsordnung aufgestellte Regelung gebunden sind, bis der neue Betriebsrat sie aufgehoben hat. Diese teleologische Wertung wird auch vom gegenteiligen Standpunkt aus gebilligt, sofern man eine stillschweigende Übernahme für möglich hält oder der Meinung ist, dass sich aus der Geschäftsordnung eine Übung ergeben kann, die auch ein späterer Betriebsrat zu beachten hat.

IV. Streitigkeiten

Streitigkeiten im Zusammenhang mit der Geschäftsordnung entscheidet das Arbeits- **16** gericht im Beschlussverfahren (§ 2 a Abs. 1 Nr. 1, Abs. 2 i. V. mit §§ 80 ff. ArbGG).

§ 37 Ehrenamtliche Tätigkeit, Arbeitsversäumnis

(1) Die Mitglieder des Betriebsrats führen ihr Amt unentgeltlich als Ehrenamt.

(2) Mitglieder des Betriebsrats sind von ihrer beruflichen Tätigkeit ohne Minderung des Arbeitsentgelts zu befreien, wenn und soweit es nach Umfang und Art des Betriebs zur ordnungsgemäßen Durchführung ihrer Aufgaben erforderlich ist.

(3) ¹Zum Ausgleich für Betriebsratstätigkeit, die aus betriebsbedingten Gründen außerhalb der Arbeitszeit durchzuführen ist, hat das Betriebsratsmitglied Anspruch auf entsprechende Arbeitsbefreiung unter Fortzahlung des Arbeitsentgelts. ²Betriebsbedingte Gründe liegen auch vor, wenn die Betriebsratstätigkeit wegen der unterschiedlichen Arbeitszeiten der Betriebsratsmitglieder nicht innerhalb der persönlichen Arbeitszeit erfolgen kann. ³Die Arbeitsbefreiung ist vor Ablauf eines Monats zu gewähren; ist dies aus betriebsbedingten Gründen nicht möglich, so ist die aufgewendete Zeit wie Mehrarbeit zu vergüten.

(4) ¹Das Arbeitsentgelt von Mitgliedern des Betriebsrats darf einschließlich eines Zeitraums von einem Jahr nach Beendigung der Amtszeit nicht geringer bemessen werden als das Arbeitsentgelt vergleichbarer Arbeitnehmer mit betriebsüblicher beruflicher Entwicklung. ²Dies gilt auch für allgemeine Zuwendungen des Arbeitgebers.

(5) Soweit nicht zwingende betriebliche Notwendigkeiten entgegenstehen, dürfen Mitglieder des Betriebsrats einschließlich eines Zeitraums von einem Jahr nach Beendigung der Amtszeit nur mit Tätigkeiten beschäftigt werden, die den Tätigkeiten der in Absatz 4 genannten Arbeitnehmer gleichwertig sind.

(6) ¹Die Absätze 2 und 3 gelten entsprechend für die Teilnahme an Schulungs- und Bildungsveranstaltungen, soweit diese Kenntnisse vermitteln, die für die Arbeit des Betriebsrats erforderlich sind. ²Betriebsbedingte Gründe im Sinne des Absatzes 3 liegen auch vor, wenn wegen Besonderheiten der betrieblichen Arbeitszeitgestaltung die Schulung des Betriebsratsmitglieds außerhalb seiner Arbeitszeit erfolgt; in diesem Fall ist der Umfang des Ausgleichsanspruchs unter Einbeziehung der Arbeitsbefreiung nach Absatz 2 pro Schulungstag begrenzt auf die Arbeitszeit eines vollzeitbeschäftigten Arbeitnehmers. ³Der Betriebsrat hat bei der Festlegung der zeitlichen Lage der Teilnahme an Schulungs- und Bildungsveranstaltungen die betrieblichen Notwendigkeiten zu berücksichtigen. ⁴Er hat dem Arbeitgeber die Teilnahme und die zeitliche Lage der Schulungs- und Bildungsveranstaltungen rechtzeitig bekannt zu geben. ⁵Hält der Arbeitgeber die betrieblichen Notwendigkeiten für nicht ausreichend berücksichtigt, so kann er die Einigungsstelle anrufen. ⁶Der Spruch der Einigungsstelle ersetzt die Einigung zwischen Arbeitgeber und Betriebsrat.

(7) ¹Unbeschadet der Vorschrift des Absatzes 6 hat jedes Mitglied des Betriebsrats während seiner regelmäßigen Amtszeit Anspruch auf bezahlte Freistellung für insgesamt drei Wochen zur Teilnahme an Schulungs- und Bildungsveranstaltungen, die von der zuständigen obersten Arbeitsbehörde des Landes nach Beratung mit den Spitzenorganisationen der Gewerkschaften und der Arbeitgeberverbände als geeignet anerkannt sind. ²Der Anspruch nach Satz 1 erhöht sich für Arbeitnehmer, die erstmals das Amt eines Betriebsratsmitglieds übernehmen und auch nicht zuvor Jugend- und Auszubildendenvertreter waren, auf vier Wochen. ³Absatz 6 Satz 2 bis 6 findet Anwendung.

Schrifttum: 1. Allgemein: *Besgen*, Die Auswirkungen des AGG auf das Betriebsverfassungsrecht, BB 2007, 213; *Fischer*, Arbeitgeber verweigert Schulungsteilnahme, AiB 2005, 88; *ders*. Das Ehrenamtsprinzip der Betriebsverfassung „post Hartzem" – antiquiert oder Systemerfordernis?, NZA 2007, 489; *Greßlin*, Teilzeitbeschäftigte Betriebsratsmitglieder, Diss. Frankfurt, 2004; *Hunold*, Die Bürokraft für den Betriebsrat, NZA 2005, 1149; *Natzel*, Rechtsstellung des freigestellten Betriebsratsmitglieds, NZA 2000, 77; *Peter*, Seminarkosten, AiB 2004, 279.

2. Teilnahme an Schulungs- und Bildungsveranstaltungen: *Däubler*, Handbuch Schulung und Fortbildung, 5. Aufl. 2004; *Gronimus*, Notwendige Schulungen für die Personalratsarbeit, PersR 2007, 224; *Korinth*, BR-Schulung und einstweilige Verfügung – Hinweise zur Antragsgestaltung, ArbRB 2008, 30; *Schiefer*, Betriebsratsschulungen – geänderte Spielregeln, DB 2008, 2649; *Schneider/Sittard*, Die Erforderlichkeit von Betriebsratsschulungen und ihre Erzwingung im Wege der einstweiligen Verfügung, ArbRB 2007, 241.

Übersicht

	Rn.
I. Vorbemerkung	1
1. Zweck der Vorschrift	1
2. Überblick über den Inhalt	4
II. Ehrenamtliche Tätigkeit	5
1. Betriebsratsamt als privates Amt	5
2. Betriebsratsamt als unentgeltlich geführtes Ehrenamt	6
3. Verbot des Entgelts	7
4. Gleichstellung der Amtstätigkeit mit der arbeitsvertraglich zu leistenden Arbeit	12
III. Versäumnis von Arbeitszeit zur Erfüllung von Betriebsratsaufgaben	13
1. Grundsatz	13
2. Erfüllung von Betriebsratsaufgaben	15
3. Erforderlichkeit und Verhältnismäßigkeit für die Inanspruchnahme von Arbeitszeit	21
4. Arbeitsbefreiung	26
5. Verbot der Minderung des Arbeitsentgelts	30
6. Rechtsfolgen bei nicht notwendiger Arbeitsversäumnis	36
IV. Freizeitausgleich für Betriebratstätigkeit	37
1. Vorgeschichte	37
2. Voraussetzungen	38
3. Freizeitausgleich	49
4. Abgeltung des Freizeitausgleichs	56
5. Teilnahme an einer Betriebs- oder Abteilungsversammlung	61
V. Arbeitsentgelt- und Tätigkeitsgarantie	62
1. Zweck und Sonderstellung im gesetzessystematischen Zusammenhang	62
2. Arbeitsentgeltgarantie	63
3. Tätigkeitsgarantie	73
VI. Teilnahme an Schulungs- und Bildungsveranstaltungen zur Erlangung der für die Arbeit des Betriebsrats erforderlichen Kenntnisse (Abs. 6)	79
1. Vorgeschichte	79
2. Normzweck	80
3. Schulungsinhalt	84
4. Behandlung anderer Themen	96
5. Teilnehmerzahl und Schulungsdauer	98
6. Träger der Schulung	102
7. Teilnehmerkreis	105
8. Anspruchsberechtigung	106
VII. Verfahren bei einer Freistellung nach Abs. 6 – Rechtsfolgen	113
1. Festlegungen durch den Betriebsrat	113
2. Unterrichtung des Arbeitgebers	121
3. Anrufung und Kompetenz der Einigungsstelle	125
4. Rechtsfolgen bei Anrufung der Einigungsstelle	130
5. Arbeitsbefreiung unter Fortzahlung des Arbeitsentgelts	132
6. Unfallschutz	136
7. Kostenerstattung	137
VIII. Bildungsurlaub für Betriebsratsmitglieder (Abs. 7)	138
1. Rechtsnatur des Anspruchs	138
2. Geeignete Schulungs- und Bildungsveranstaltungen	141
3. Anerkennungsverfahren	149
4. Anerkennungsbescheid	156
5. Anspruch auf bezahlte Freistellung	162
6. Festlegung der zeitlichen Lage	171
7. Fortzahlung des Arbeitsentgelts	177
8. Unfallschutz	178
9. Kostenerstattung	179
IX. Streitigkeiten	180
1. Streitigkeiten zwischen dem Arbeitgeber und dem Betriebsrat	180
2. Streitigkeiten zwischen dem Arbeitgeber und einem Betriebsratsmitglied	181
3. Streitigkeiten zwischen dem Betriebsrat und seinen Mitgliedern	188
4. Streitigkeiten wegen der Teilnahme an einer Schulungs- und Bildungsveranstaltung	189
5. Anerkennung der Geeignetheit einer Schulungs- und Bildungsveranstaltung	196

I. Vorbemerkung

1. Zweck der Vorschrift

1 Die Bestimmung konkretisiert den in § 78 Satz 2 enthaltenen allgemeinen **Grundsatz**, dass **Betriebsratsmitglieder wegen ihrer Tätigkeit nicht benachteiligt oder begünstigt** werden dürfen. Sie wird durch § 38 ergänzt, der die **Freistellung von Betriebsratsmitgliedern** regelt.

2 Der **ehrenamtliche Charakter** und die **Unentgeltlichkeit der Amtsführung** sollen die *innere Unabhängigkeit* gewährleisten und damit zugleich sicherstellen, dass das Betriebsratsmitglied nicht aus der Gruppe herausgelöst wird, der es angehört; denn nur wenn diese Voraussetzungen gesichert sind, kann die Repräsentation der Belegschaft durch den Betriebsrat funktionieren und dieser seine Integrationsaufgabe erfüllen. Die Betriebsratsmitglieder sollen durch ihr Amt aber auch keine Schmälerung ihres Einkommens erleiden. Deshalb sind sie von ihrer beruflichen Tätigkeit ohne Minderung des Arbeitsentgelts zu befreien, wenn und soweit es nach Umfang und Art des Betriebs zur ordnungsgemäßen Durchführung ihrer Aufgaben erforderlich ist (§ 37 Abs. 2); notwendige Aufwendungen sind ihnen zu ersetzen, weil sie Kosten der Betriebsratstätigkeit sind (§ 40 Abs. 1).

3 Ergänzt wird diese Regelung durch den Kündigungsschutz im Rahmen der Betriebsverfassung (§ 103 und §§ 15, 16 KSchG) und eine Arbeitsentgelt- und Tätigkeitsgarantie (§ 37 Abs. 4 und 5), um die *äußere Unabhängigkeit* sicherzustellen.

2. Überblick über den Inhalt

4 Die Bestimmung entspricht in ihren Grundzügen § 37 BetrVG 1952. Sie hat die persönliche Rechtsstellung der Betriebsratsmitglieder wesentlich verbessert und in Abs. 4 und 5 Bestimmungen eingefügt, die das Betriebsratsmitglied auch nach Beendigung seiner Amtszeit vor Nachteilen im Arbeitsverhältnis schützen. Die Regelung in Abs. 3 gibt einem Betriebsratsmitglied, das sein Amt aus betriebsbedingten Gründen außerhalb der Arbeitszeit ausüben muss, einen Anspruch auf Freizeitausgleich. In Abs. 6 wird das zu § 37 BetrVG 1952 umstrittene Problem, ob die Teilnahme an einem Schulungskurs zu den Amtsobliegenheiten des Betriebsrats gehört, durch eine besondere Regelung gelöst; außerdem hat jedes Betriebsratsmitglied während seiner regelmäßigen Amtszeit einen Anspruch auf bezahlte Freistellung für die Dauer von insgesamt drei bzw. vier Wochen zur Teilnahme an Schulungs- und Bildungsveranstaltungen, die von der obersten Arbeitsbehörde eines Landes nach Beratung mit den Spitzenorganisationen der Gewerkschaften und der Arbeitgeberverbände als geeignet anerkannt sind (Abs. 7). Das **BetrVerf-Reformgesetz** vom 23. 7. 2001 (BGBl. I S. 1852) hat auch hier Neuerungen gebracht: Neu eingefügt wurden Abs. 3 Satz 2 und Abs. 6 Satz 2, wodurch insbesondere die ehemals umstrittene Frage des Zeitausgleichs für teilzeitbeschäftigte Betriebsratsmitglieder geregelt wurde (s. Rn. 48). Die hierdurch bedingte Einschränkung des Ehrenamtsprinzips ist mit guten Argumenten kritisiert worden (*Buchner*, NZA 2001, 637; *Berger-Delhey*, ZTR 2001, 111; versöhnlicher *Fitting*, § 37 Rn. 2).

4a Entsprechende Vorschriften: § 46 BPersVG, § 14 Abs. 1 SprAuG, § 40 EBRG.

II. Ehrenamtliche Tätigkeit

1. Betriebsratsamt als privates Amt

5 Nach dem in Abs. 1 festgelegten Grundsatz führen die Mitglieder des Betriebsrats ihr Amt unentgeltlich als Ehrenamt. Darin kommt zum Ausdruck, dass der Betriebsrat seine

II. Ehrenamtliche Tätigkeit § 37

Aufgaben und Befugnisse als **Amtswalter** wahrnimmt (s. Einl. Rn. 98 ff.). Unter dieser Zweckbestimmung steht auch die Tätigkeit des einzelnen Betriebsratsmitglieds, soweit es seine Aufgaben als Mitglied des Betriebsrats erfüllt. Sein Amt ist kein Amt im öffentlich-rechtlichen Sinn, sondern es gehört zum **Privatrecht** (ebenso *Fitting,* § 37 Rn. 6; GL-*Marienhagen,* § 37 Rn. 8; GK-*Weber,* § 37 Rn. 7; HSWGNR-*Glock,* § 37 Rn. 5; HWK-*Reichold,* § 37 Rn. 4; *Joost,* MünchArbR § 220 Rn. 1). Die Wahrnehmung der Arbeitnehmerbelange ist dem Betriebsrat zwar nicht privatautonom-mandatarisch übertragen, sondern eine Form der Zwangsrepräsentation; sie dient aber der funktionsgerechten Erhaltung der Privatautonomie (vgl. vor allem *Belling,* Haftung des Betriebsrats, S. 170 ff.; s. auch Einl. Rn. 103).

2. Betriebsratsamt als unentgeltlich geführtes Ehrenamt

Das Amt des Betriebsratsmitgliedes ist ein **Ehrenamt**. Es wird **unentgeltlich** geführt. **6** Die Wahrung der Unabhängigkeit des Betriebsratsmitglieds verlangt *strenge Auslegung* des Begriffs der *Unentgeltlichkeit* (RAG 8. 2. 1928 BenshSlg. 2, 36, 38). Das Betriebsratsmitglied darf aus seiner Mitgliedschaft keinen Vorteil ziehen, den nicht das Gesetz mit ihr verbindet. Es soll aber auch keinen Nachteil erleiden. Durch die Amtsführung während der Arbeitszeit darf keine Minderung des Arbeitsentgelts eintreten; betriebsbedingte Inanspruchnahme von Freizeit ist in gewissen Grenzen durch entsprechende Arbeitsbefreiung unter Fortzahlung des Arbeitsentgelts auszugleichen. Unentgeltlichkeit des Amtes und Verhinderung eines Nachteils infolge der Amtsausübung ergänzen sich gegenseitig und bestimmen in ihrem Zusammenhang den Charakter des Amtes als Ehrenamt.

3. Verbot des Entgelts

a) Das Gesetz **verbietet** die **Gewährung eines Entgelts für die Betriebsratstätigkeit.** **7** Daher ist die Zahlung von Sitzungsgeldern unzulässig. Verboten ist auch jedes mittelbare oder versteckte Entgelt, also jede Zuwendung eines geldwerten Vorteils. Insbesondere darf auch das Arbeitsentgelt nicht erhöht werden, so dass mehr als bisher gezahlt wird oder als Arbeitnehmer in vergleichbarer Stellung erhalten. Allzu rascher Anstieg der Vergütung nach Übernahme des Betriebsratsamts indiziert daher die Rechtswidrigkeit: Beförderungsfrequenzen, die in der Belegschaft nicht üblich sind, dürfen auch nicht beim Betriebsrat unterstellt werden. Wenn allerdings das Betriebsratsmitglied wegen seiner Amtspflichten seine bisherige Tätigkeit nicht mehr ausüben kann und eine minderentlohnte Arbeit übernehmen muss, so hat der Arbeitgeber die Lohndifferenz zu zahlen (so bereits RAG 30. 4. 1928 BenshSlg. 2, 211; LAG Berlin, AP 53 Nr. 167; ebenso *Fitting,* § 37 Rn. 9; HSWGNR-*Glock,* § 37 Rn. 10; DKK-*Wedde,* § 37 Rn. 5; *Nikisch,* Bd. III S. 156; vgl. aber auch Abs. 5; dazu unten Rn. 63 ff.). Kann dagegen das Betriebsratsmitglied infolge eines in seiner Person liegenden Umstands, z. B. seines Gesundheitszustandes, nicht mehr die bisherige, sondern nur eine geringer bezahlte Arbeit leisten, so kann es das bisherige Arbeitsentgelt nur verlangen, wenn dies unabhängig vom Betriebsratsamt tarifvertraglich oder einzelvertraglich festgelegt ist; anderenfalls liegt in der Weiterzahlung des bisherigen Arbeitsentgelts ein Indiz, dass ihm wegen der Mitgliedschaft im Betriebsrat ein Sondervorteil zugewendet wird (ebenso im Ergebnis HSWGNR-*Glock,* § 37 Rn. 10). Auch ein Freizeitausgleich darf nur gewährt werden, wenn aus betriebsbedingten Gründen Betriebsratsaufgaben außerhalb der Arbeitszeit erfüllt werden müssen (Abs. 3; s. Rn. 37 ff.). Verboten ist deshalb, wegen der Betriebsratstätigkeit einen verlängerten Urlaub zu gewähren. Erhält ein Betriebsratsmitglied Sonderleistungen, die anderen Arbeitnehmern in vergleichbarer Stellung nicht gewährt werden, so spricht eine *tatsächliche* Vermutung dafür, dass sie wegen der Mitgliedschaft im Betriebsrat erbracht werden.

Thüsing 621

8 Die versteckte Gewährung eines Entgelts kann auch darin liegen, dass dem Betriebsratsmitglied eine *pauschale Aufwandsentschädigung* ohne Rücksicht darauf, ob im Einzelfall wirklich Aufwendungen in dieser Höhe entstanden sind, gezahlt wird (ebenso GK-*Weber*, § 37 Rn. 10; HSWGNR-*Glock*, § 37 Rn. 12; *Rüthers*, RdA 1976, 61, 63; s. ausführlich § 40 Rn. 46). Eine Pauschalabgeltung kommt nur in Betracht, wenn bestimmte Aufwendungen nach der Verkehrsanschauung durch die Festlegung einer Pauschale abgegolten werden können, ohne dass darin die Gewährung eines Sondervorteils zu erblicken ist.

9 b) Nicht nur das *Gewähren*, d.h. die *Leistung* eines besonderen Entgelts, sondern auch das **Versprechen** ist unzulässig. Eine derartige Vereinbarung ist verboten und nach § 134 BGB nichtig (so bereits RAG 8. 2. 1928 BenshSlg. 2, 36, 38). Ein bereits geleisteter Betrag kann zurückgefordert werden; denn § 817 Satz 2 BGB ist restriktiv zu interpretieren, wenn wie hier der Zweck der Nichtigkeitsnorm es gebietet, dass die Vermögensverschiebung nicht aufrechterhalten bleibt (ebenso GK-*Weber*, § 37 Rn. 15; HSWGNR-*Glock*, § 37 Rn. 14; vgl. auch BAG 28. 7. 1982 AP BBiG § 5 Nr. 3; a.A. *Fitting*, § 37 Rn. 11; GL-*Marienhagen*, § 37 Rn. 14; 6. Aufl. dieses Kommentars, § 37 Rn. 8).

10 c) Auch der **Erlass von Pflichten**, die einem Betriebsratsmitglied aus dem Arbeitsverhältnis obliegen, ist **mit der Unentgeltlichkeit der Betriebsratstätigkeit unvereinbar;** denn die Betriebsratsmitglieder bleiben Arbeitnehmer mit allen Pflichten, die sich aus dem Arbeitsverhältnis ergeben. Deshalb ist eine allgemeine Freistellung von der Arbeit ohne Rücksicht darauf, ob Pflichten aus dem Amt wahrgenommen werden, unzulässig. Zwar geht die Erfüllung der Aufgaben aus dem Amt als Betriebsratsmitglied der Erfüllung der Arbeitspflicht vor; aber das gilt nur, soweit die Arbeitsversäumnis zur Erfüllung der Amtsobliegenheiten erforderlich ist (s. Rn. 13 ff.). Nur insoweit haben die Betriebsratsmitglieder einen Anspruch, von ihrer beruflichen Tätigkeit befreit zu werden. Bei Freistellungen, die über die Grenze des § 38 hinausgehen und auch nicht dadurch gerechtfertigt werden können, dass sie nach Umfang und Art des Betriebs zur ordnungsgemäßen Durchführung der Betriebsratsaufgaben erforderlich sind (s. § 38 Rn. 15 ff.), liegt in der Fortzahlung des Arbeitsentgelts für nicht notwendige Arbeitsversäumnis ein verstecktes und damit verbotenes Entgelt. Daher darf Entgelt auch nicht in der Form von Freizeit gewährt werden (ebenso BAG 21. 6. 1957 AP BetrVG § 37 Nr. 5).

11 d) Wird durch Tarifvertrag oder Betriebsvereinbarung die **Arbeitszeit gekürzt** oder Kurzarbeit eingeführt, so muss auch ein Betriebsratsmitglied sich die dadurch bedingte Verschlechterung seiner Arbeitsbedingungen gefallen lassen; denn anderenfalls wird gegen die Unentgeltlichkeit der Betriebsratstätigkeit verstoßen (ebenso GK-*Weber*, § 37 Rn. 12; HSWGNR-*Glock*, § 37 Rn. 11; ArbG Dresden 3. 4. 1998, NZA-RR 1999, 532); im Übrigen hat das Betriebsratsmitglied, wie jeder andere Arbeitnehmer, einen Anspruch auf Kurzarbeitergeld gegen die Bundesanstalt für Arbeit. Aber wenn eine einseitige Änderung der Arbeitsbedingungen nicht möglich, sondern eine **Änderungskündigung** notwendig ist, findet der besondere Kündigungsschutz im Rahmen der Betriebsverfassung Anwendung (so jedenfalls BAG 29. 1. 1981 AP KSchG 1969 § 15 Nr. 10; 9. 4. 1987 AP KSchG 1969 § 15 Nr. 28; s. auch § 78 Rn. 27 ff.).

4. Gleichstellung der Amtstätigkeit mit der arbeitsvertraglich zu leistenden Arbeit

12 Zur Wahrnehmung des Betriebsratsamtes ist ein Betriebsratsmitglied zwar nicht auf Grund des Arbeitsverhältnisses verpflichtet. Seine Amtstätigkeit steht aber, soweit sie sich im Rahmen des Gesetzes hält, der arbeitsvertraglich zu leistenden Arbeit gleich (ebenso *Fitting*, § 37 Rn. 14; GK-*Weber*, § 37 Rn. 8). Deshalb ist ein Unfall, den ein Betriebsratsmitglied bei der Wahrnehmung von Rechten oder der Erfüllung von Pflichten nach diesem Gesetz erleidet, ein *Arbeitsunfall*, für den es Leistungen aus der sozialen

Unfallversicherung gibt (ebenso *Fitting*, § 37 Rn. 14; GK-*Weber*, § 37 Rn. 14; DKK-*Wedde*, § 37 Rn. 8; vgl. auch BSG 20. 5. 1976, BB 1976, 980). Betriebsratstätigkeit gilt auch sonst in der **Sozialversicherung** als Beschäftigung. Sie ist aber nicht mit der Arbeitsleistung identisch. Deshalb ist sie im **Arbeitszeugnis** grundsätzlich nur auf Wunsch des Arbeitnehmers zu erwähnen (ebenso LAG Hamm 12. 4. 1976, DB 1976, 1112; ArbG Kassel 18. 6. 1976, DB 1976, 1487; ArbG Ludwigshafen 18. 3. 1987, DB 1987, 1364; *Fitting*, § 37 Rn. 15; GK-*Weber*, § 37 Rn. 14; HWK-*Reichold*, § 37 Rn. 4; *Schleßmann*, BB 1988, 1320, 1321; *Becker/Schaffner*, BB 1989, 2105, 2107; zu Ausnahmen s. § 78 Rn. 25; zur Erwähnung der ehrenamtlichen Tätigkeit nach dem BPersVG in einer dienstlichen Regelbeurteilung BAG 19. 8. 1992 AP BpersVG § 8 Nr. 5).

III. Versäumnis von Arbeitszeit zur Erfüllung von Betriebsratsaufgaben

1. Grundsatz

Durch die Wahl zum Betriebsratsmitglied ändern sich nicht die Rechte und Pflichten aus dem Arbeitsverhältnis. Betriebsratsmitglieder haben wie alle Arbeitnehmer ihrer Verpflichtung zur Arbeitsleistung nachzukommen. Sie sind aber, wie Abs. 2 ausdrücklich bestimmt, von ihrer beruflichen Tätigkeit ohne Minderung des Arbeitsentgelts zu befreien, wenn und soweit es nach Umfang und Art des Betriebs zur ordnungsgemäßen Durchführung ihrer Aufgaben erforderlich ist. Neben der reinen Arbeitsfreistellung können aber auch andere Maßnahmen geboten sein, um eine ordnungsgemäße Wahrnehmung der Betriebsratsarbeit zu ermöglichen (BAG 27. 6. 1990 AP BetrVG 1972 § 37 Nr. 78; LAG Schleswig-Holstein 30. 8. 2005, DB 2005, 2415 f.). Dies gilt insbesondere für die Versetzung eines Betriebsratsmitglieds aus der Wechsel- in die Tagesschicht oder vom Außen- in den Innendienst (BAG 3. 6. 1969 AP BetrVG § 37 Nr. 11; BAG 13. 11. 1964 AP BetrVG § 37 Nr. 9; DKK-*Wedde*, § 37 Rn. 12). Die Bestimmung erhielt ihre Fassung erst durch den Ausschussentwurf (BT-Drucks. VI/2729, S. 16). Sie entspricht wörtlich § 38 Abs. 1 Satz 1 RegE (BT-Drucks. VI/1786, S. 9), während die bisher in § 37 Abs. 2 BetrVG 1952 enthaltene und auch noch vom Regierungsentwurf übernommene Bestimmung, nach der Versäumnis von Arbeitszeit, die nach Umfang und Art des Betriebs zur ordnungsmäßigen Durchführung der Aufgaben des Betriebsrats erforderlich ist, den Arbeitgeber nicht zur Minderung des Arbeitsentgelts berechtigt, ersatzlos gestrichen wurde. 13

Trotz seines missverständlichen Wortlauts erfasst Abs. 2 nicht in erster Linie die Befreiung von der beruflichen Tätigkeit, damit das Betriebsratsmitglied die Möglichkeit erhält, sich seinem Betriebsratsamt zu widmen; denn für die Freistellung von beruflicher Tätigkeit ist in § 38 eine besondere Regelung getroffen. Abs. 2 gilt vielmehr vor allem für die nicht freigestellten Betriebsratsmitglieder: **Notwendige Arbeitsversäumnis berechtigt nicht zur Minderung des Arbeitsentgelts** (vgl. auch BAG 30. 1. 1963 AP BetrVG 1972 § 37 Nr. 1 [*Richardi*]). Er beschränkt sich aber nicht darauf, sondern enthält auch die Kriterien für eine Befreiung einzelner Betriebsratsmitglieder von ihrer beruflichen Tätigkeit entweder insgesamt oder nur für einige Tage im Monat oder in der Woche oder auch nur für einige Stunden des Tages, soweit die Freistellungsstaffel des § 38 Abs. 1 nicht ausreicht, um die Betriebsratsaufgaben ordnungsgemäß zu erfüllen (s. § 38 Rn. 15 ff.). 14

2. Erfüllung von Betriebsratsaufgaben

a) Voraussetzung für die Befreiung von beruflicher Tätigkeit ist, dass Geschäfte wahrgenommen werden, die zu den **Amtsobliegenheiten** eines Betriebsratsmitglieds gehören. Wenn der Betriebsrat oder das Betriebsratsmitglied sich mit Angelegenheiten befassen, die nicht in den gesetzlich zugewiesenen Aufgabenbereich fallen, besteht kein Anspruch 15 auf Arbeitsbefreiung. Das gilt auch dann, wenn das Betriebsratsmitglied **irrtümlich** eine Angelegenheit zu den Amtsobliegenheiten zählt (ebenso BAG 31. 8. 1994 AP BetrVG 1972 § 37 Nr. 98; GK-*Weber*, § 37 Rn. 21; HSWGNR-*Glock*, § 37 Rn. 25; a. A., wenn sich das Betriebsratsmitglied in einem entschuldbaren Irrtum befand, LAG Bremen 28. 6. 1989, DB 1990, 742; *Fitting*, § 37 Rn. 33; *Neumann-Duesberg*, S. 303 ff.; *ders.*, RdA 1962, 291 f.). Dabei ist allerdings zu beachten, dass ihm wegen der häufig unbestimmten Rechtsbegriffe ein *Beurteilungsspielraum* einzuräumen ist (ebenso BAG, a. a. O.; *Joost*, MünchArbR § 220 Rn. 21; GK-*Weber*, § 37 Rn. 21 (Aufgabe der bisherigen a. A.); *Frohner*, BlStSozArbR 1979, 65, 66). Nach der Rechtsprechung ist ein solcher allerdings nur für die Frage der Erforderlichkeit beachtlich. Ob die Arbeitsbefreiung überhaupt der Durchführung der Aufgaben des Betriebsrates dient, sei hingegen eine vollständig überprüfbare Rechtsfrage (so jetzt ausdrücklich: BAG 21. 6. 2006 AuR 2006, 454). Die Trennung dieser beiden Fragen mag aus der Systematik des Gesetzes begründbar sein, widerspricht jedoch der einheitlichen Perspektive des Betriebsratsmitglieds.

16 Zu den Aufgaben eines Betriebsratsmitglieds gehört vor allem die **Teilnahme an den Sitzungen des Betriebsrats,** des Betriebsausschusses und der sonstigen Ausschüsse des Betriebsrats sowie an Betriebs- und Abteilungsversammlungen. Weiterhin zählt zu ihnen, sofern das Betriebsratsmitglied dorthin entsandt ist, die Teilnahme an den Sitzungen des Gesamtbetriebsrats, des Konzernbetriebsrats und des Wirtschaftsausschusses. Darin erschöpfen sich die Aufgaben aber nicht; zu ihnen gehören vielmehr auch, soweit der Betriebsrat ein Mitglied damit betraut hat, die **Beteiligung an Betriebsbesichtigungen** der Gewerbeaufsichtsbeamten, die Überprüfung der Einhaltung von Unfallverhütungsvorschriften, die Teilnahme an einem Arbeitsmarktgespräch auf Einladung des Arbeitsamts (vgl. BAG 23. 9. 1982 AP BetrVG 1972 § 37 Nr. 42), die Abhaltung von Sprechstunden, die Entgegennahme von Anregungen und Beschwerden, Besprechungen mit Gewerkschaftsbeauftragten, soweit diese nach § 2 Abs. 1 um Unterstützung gebeten werden. Die Teilnahme an Schulungs- und Bildungsveranstaltungen kann man ebenfalls zu den Betriebsratsaufgaben zählen, soweit dort Kenntnisse vermittelt werden, die für die Tätigkeit im Betriebsrat erforderlich sind; jedoch besteht insoweit eine besondere Regelung in Abs. 6 (s. ausführlich Rn. 79 ff.). Soweit Betriebsratsarbeit gem. § 37 Abs. nach Umfang und Art des Betriebes zur ordnungsgemäßen Durchführung der Aufgaben des Betriebsrates erforderlich ist, hat der Betriebsrat nicht nur Anspruch auf Arbeitsbefreiung unter Fortzahlung seiner Vergütung, sondern auch auf Zutritt zum Betrieb, damit er seine Aufgaben als Betriebsrat im Betrieb vornehmen kann (LAG München 28. 9. 2005 AuR 2006, 213).

17 b) **Nicht** zu den **Aufgaben des Betriebsrats** gehört es, einen **Arbeitnehmer vor Gericht zu vertreten** (vgl. BAG 9. 10. 1970 AP BetrVG § 63 Nr. 4; 19. 5. 1983 AP BetrVG 1972 § 37 Nr. 44; für den Personalrat BVerwG 13. 2. 1976 E 50, 176, 183 und 186, 196 f.; BAG 14. 6. 1974 AP BGB § 670 Nr. 20); ebenso die **Beratung** von Arbeitnehmern **in sozialversicherungsrechtlichen oder steuerrechtlichen Fragen** (LAG Köln 30. 6. 2000, AuA 2000, 602). Deshalb ist er auch nicht berechtigt, Betriebsratsmitglieder als Beobachter zu einem Termin in dem Kündigungsrechtsstreit eines Betriebsangehörigen zu entsenden, auch wenn der Rechtsstreit von allgemeiner Bedeutung für die Ordnung des Betriebs ist (ebenso BAG 19. 5. 1983 AP BetrVG 1972 § 37 Nr. 44). Die **Teilnahme an einer Gerichtsverhandlung** gehört zu den Amtsobliegenheiten nur, wenn der Betriebsrat selbst Beteiligter in einem Beschlussverfahren ist (ebenso BAG 19. 5. 1983 AP BetrVG 1972 § 37 Nr. 44; LAG Düsseldorf 3. 1. 1975, DB 1975, 651). Tritt dagegen ein Betriebsratsmitglied sonst als **Zeuge vor Gericht** auf, so handelt es sich nicht um Betriebsratstätigkeit (vgl. LAG Düsseldorf 10. 9. 1971, DB 1971, 2315; *Fitting*, § 37 Rn. 29; GK-*Weber*, § 37 Rn. 26; *Frohner*, BlStSozArbR 1979, 65, 66). Das Betriebsratsmitglied muss seinen Lohnausfall gegen den Staat geltend machen; es gilt das Gesetz über die Entschädigung von Zeugen und Sachverständigen i. F. vom 1. 10. 1969 (BGBl. I S. 1756).

III. Versäumnis von Arbeitszeit zur Erfüllung von Betriebsratsaufgaben § 37

Zu den Aufgaben eines Betriebsratsmitglieds gehört auch nicht, an **Tarifverhandlun-** 18
gen teilzunehmen (vgl. RAG 7. 5. 1930 BenshSlg. 9, 342). Das gilt auch dann, wenn es sich um den Abschluss eines Firmentarifvertrags handelt und das Betriebsratsmitglied der Tarifkommission angehört (ebenso *Fitting*, § 37 Rn. 31; GK-*Weber*, § 37 Rn. 30). Bei der Teilnahme eines Betriebsratsmitgliedes an einem von einer Gewerkschaft organisierten Arbeitskreis sind die Voraussetzungen des § 37 Abs 2 BetrVG ebenfalls regelmäßig nicht erfüllt (LAG Hamm 13. 5. 2005 AuA 2005, 744). Auch die **Wahrnehmung sonstiger Ehrenämter**, z. B. als ehrenamtliche Richter bei Arbeits- oder Sozialgerichten oder in Organen der sozialen Selbstverwaltungskörperschaften, gehört nicht zu den Aufgaben des Betriebsrats (ebenso *Fitting*, § 37 Rn. 31; GL-*Marienhagen*, § 37 Rn. 25; GK-*Weber*, § 37 Rn. 28; *Frohner*, BlStSozArbR 1979, 65, 66).

Die **Vorbereitung einer Betriebsratswahl** fällt ebenfalls nicht in den Aufgabenbereich 19
des Betriebsrats, sondern des Wahlvorstands (ebenso BAG 10. 11. 1954 AP BetrVG § 37 Nr. 2; *Fitting*, § 37 Rn. 31; GK-*Weber*, § 37 Rn. 31; *Frohner*, BlStSozArbR 1979, 65, 66).

c) Durch **Tarifvertrag** oder **Betriebsvereinbarung** kann **nicht** festgelegt werden, dass 20
eine Angelegenheit zu den **Amtsobliegenheiten eines Betriebsrats** gehört; in Betracht kommt lediglich, dass der gesetzliche Aufgabenbereich des Betriebsrats durch sie *konkretisiert* wird. Soweit jedoch eine Angelegenheit zu den Amtsobliegenheiten gehört, kann auch durch Tarifvertrag nicht festgestellt werden, dass sie im konkreten Fall als Betriebsratsaufgabe ausscheidet, z. B. wenn der Tarifvertrag eine besondere Regelung vorsieht, indem er die Kontrolle über die Richtigkeit von Beschwerden in Akkordsachen einer zu diesem Zweck gebildeten paritätischen Akkordkommission überträgt (bedenklich deshalb BAG 6. 7. 1962 AP BetrVG § 37 Nr. 7).

3. Erforderlichkeit und Verhältnismäßigkeit für die Inanspruchnahme von Arbeitszeit

a) Steht fest, dass es sich um Betriebsratstätigkeit handelt, so verlangt Abs. 2 wei- 21
terhin, dass zu ihrer ordnungsgemäßen Erledigung Arbeitsbefreiung **nach Umfang und Art des Betriebs erforderlich** ist. Für die Inanspruchnahme von Arbeitszeit gilt also insoweit der Grundsatz der Erforderlichkeit und Verhältnismäßigkeit (ebenso *Blomeyer*, FS 25 Jahre BAG 1979, S. 17, 33).

In einigen Fällen ergibt sich unmittelbar aus dem Gesetz, dass eine **Arbeitsversäumnis** 22
notwendig ist, so für die **Teilnahme an Sitzungen** des **Betriebsrats, des Betriebsausschusses** oder **weiterer Ausschüsse des Betriebsrats**; denn die Sitzungen finden in der Regel während der Arbeitszeit statt (§ 30). Wenn bei der Ansetzung auch auf betriebliche Notwendigkeiten Rücksicht zu nehmen ist, so hat doch das einzelne Mitglied darauf keinen Einfluss, da die Ladung durch den Vorsitzenden erfolgt. Gleiches gilt für die Teilnahme an Sitzungen des Gesamtbetriebsrats, des Konzernbetriebsrats und des Wirtschaftsausschusses. Ist zu diesem Zweck eine Reise notwendig, so ist die **An- und Abreise** Betriebsratstätigkeit, für die Arbeitszeit in Anspruch genommen werden kann (ebenso BAG 11. 7. 1978 AP BetrVG 1972 § 37 Nr. 57; LAG Hamm 11. 1. 1989, DB 1989, 1422; *Fitting*, § 37 Rn. 42; GK-*Weber*, § 37 Rn. 45; HSWGNR-*Glock*, § 37 Rn. 34; DKK-*Wedde*, § 37 Rn. 41; zum Freizeitausgleich s. aber Rn. 46).

Auch die **sonstigen Aufgaben** soll ein Betriebsratsmitglied während der allgemeinen 23
Arbeitszeit erledigen können; das ergibt sich aus der Bewertung, wie sie Abs. 3 zugrunde liegt, der einen Freizeitausgleich gewährt, wenn eine Betriebsratstätigkeit aus betriebsbedingten Gründen außerhalb der Arbeitszeit durchzuführen ist. Für Amtsobliegenheiten, die außerhalb einer Betriebsratssitzung wahrgenommen werden, muss aber stets geprüft werden, ob eine Arbeitsversäumnis *notwendig* ist. Dabei wird entscheidend auf *Umfang und Art des Betriebs* abgestellt. Deshalb muss auch das Interesse des Arbeitgebers an einer ordnungsgemäßen Ausführung der übertragenen Arbeit,

zu der die Betriebsratsmitglieder als Arbeitnehmer verpflichtet sind, berücksichtigt werden (BAG 6. 7. 1962 AP BetrVG § 37 Nr. 7; bestätigt BAG 3. 6. 1969 AP BetrVG § 37 Nr. 11). Eine erhebliche Rolle spielt weiterhin, ob Betriebsratsmitglieder freigestellt sind, um sich der Betriebsratsarbeit zu widmen. Ist dies der Fall, so kann ein nicht freigestelltes Betriebsratsmitglied nur bei besonderer Sachkunde oder wegen der Besonderheit des Einzelfalles mit der Erledigung von Aufgaben betraut werden, die außerhalb einer Betriebsratssitzung wahrgenommen werden (vgl. auch LAG Hamm 24. 8. 1979, EzA § 37 BetrVG 1972 Nr. 66 = DB 1980, 694). Ist der Betriebsrat Beteiligter in einem Beschlussverfahren, so wird regelmäßig das Auftreten des Betriebsratsvorsitzenden allein ausreichen. Dasselbe gilt für Verhandlungen mit dem Gewerbeaufsichtsamt. Auch für die Schlichtung von Streitigkeiten, die im Betrieb während der Arbeitszeit ausbrechen, genügt im Allgemeinen das Erscheinen des Betriebsratsvorsitzenden (vgl. dazu auch BAG 8. 3. 1957 AP BetrVG § 37 Nr. 4). Jedoch ist es nicht Sache des Arbeitgebers, sondern allein des *Betriebsrats*, wie die Arbeitsteilung innerhalb des Betriebsrats vorzunehmen ist; eine Schranke ergibt sich lediglich daraus, dass er bei der Gestaltung seiner Tätigkeit auch die Belange des Betriebs im Auge behalten und deshalb die rationellste Gestaltung anstreben muss (so BAG 1. 3. 1963 AP BetrVG § 37 Nr. 8).

24   b) Für die **Beurteilung**, ob Arbeitsversäumnis nach Umfang und Art des Betriebs erforderlich ist, um die Aufgaben als Betriebsratsmitglied ordnungsgemäß zu erfüllen, sind weder rein objektive Momente, noch ist die subjektive Ansicht des einzelnen Betriebsratsmitglieds maßgebend. Entscheidend ist vielmehr, dass das Betriebsratsmitglied bei **gewissenhafter Überlegung** und bei **vernünftiger Würdigung aller Umstände** die Arbeitsversäumnis **für notwendig halten durfte**, um den gestellten Aufgaben gerecht zu werden (so BAG 6. 8. 1981 AP BetrVG 1972 § 37 Nr. 38 und 40; im Ergebnis bereits zu § 37 Abs. 2 BetrVG 1952 BAG 8. 3. 1957 AP BetrVG § 37 Nr. 4; 6. 7. 1962 AP BetrVG § 37 Nr. 7; 1. 3. 1963 AP BetrVG § 37 Nr. 8; *Fitting*, § 37 Rn. 38; GK-*Weber*, § 37 Rn. 33; HSWGNR-*Glock*, § 37 Rn. 26; *Joost*, MünchArbR § 220 Rn. 13; zum BRG 1920: RAG 30. 4. 1928 und 25. 6. 1930 BenshSlg. 2, 250, 254 und 9, 334, 339). Dazu kann es nach einigen instanzgerichtlichen Entscheidungen auch gehören, dass ein Betriebsratsmitglied, welches in seiner Freizeit an einer Betriebsratssitzung teilnimmt, nicht mehr zur Gänze an der folgenden (Nacht-)Schicht teilnehmen muss (ArbG Lübeck 7. 12. 1999, NZA-RR 2000, 427). Hier wird man freilich vorsichtig sein müssen: Eine anschließende oder vorausgegangene Arbeit wird regelmäßig nur dann unzumutbar sein, wenn andernfalls gegen das AZG verstoßen wird. Ansonsten geht der Gesetzgeber von der Zumutbarkeit aus.

25   Da die Erledigung von Betriebsratsaufgaben einer Geschäftsführung mit fremdem Risiko entspricht, ist als entscheidend anzusehen, ob der Betreffende nach pflichtgemäßem Ermessen *(subjektiv)* auf Grund der gegebenen *(objektiv)* Tatsachen eine Arbeitsversäumnis unter Berücksichtigung der Belange des Arbeitgebers für notwendig halten durfte, um die ihm als Betriebsratsmitglied obliegenden Aufgaben und Pflichten ordnungsgemäß zu erfüllen. Abzustellen ist auf das *einzelne Betriebsratsmitglied*, nicht auf eine Beurteilung durch den Betriebsrat als Kollegialorgan (ebenso BAG 6. 8. 1981 AP BetrVG 1979 § 37 Nr. 39). Da das Betriebsratsmitglied Arbeitszeit auch dann für die Betriebsratstätigkeit in Anspruch nehmen kann, wenn der Arbeitgeber sich weigert, eine Arbeitsbefreiung formell zu erteilen (s. Rn. 26), kann man die Beurteilung zwar nicht seiner subjektiven Sicht überlassen; es ist aber ebenso wenig möglich, sie von einer objektiven Feststellung ex post abhängig zu machen, weil damit jedes verantwortungsfreudige Handeln unterbunden und damit eine unabhängige Amtsführung beeinträchtigt würde. Da deshalb nicht ausschlaggebend ist, ob bei einer nachträglichen Beurteilung die objektive Notwendigkeit zu verneinen ist, hat das Betriebsratsmitglied einen *Beurteilungsspielraum* (ebenso *Joost*, MünchArbR § 220 Rn. 13).

4. Arbeitsbefreiung

a) Liegen die Voraussetzungen des Abs. 2 vor, so ist das Betriebsratsmitglied nach dem Wortlaut des Gesetzes von seiner **beruflichen Tätigkeit** ohne Minderung des Arbeitsentgelts **zu befreien**. Diese Formulierung legt es nahe, dass die Arbeitsbefreiung von einem Gestaltungsakt des Arbeitgebers abhängt (vgl. *Dütz*, DB 1976, 1428, 1430). Da es aber mit der Unabhängigkeit des Betriebsratsamtes unvereinbar wäre, wenn vom Willen des Arbeitgebers abhinge, ob eine bestimmte Betriebsratsaufgabe rechtzeitig erfüllt werden kann, bedarf es **keiner Zustimmung des Arbeitgebers zur Arbeitsbefreiung des Betriebsratsmitglieds** (vgl. BAG 6. 8. 1981 AP BetrVG 1972 § 39 Nr. 39; 15. 7. 1992 AP BGB § 611 Nr. 9 Abmahnung; 15. 3. 1995 AP BetrVG 1972 § 37 Nr. 105 (zust. *Wietek*, SAE 1996, 287).

26

b) Für die Erfüllung von Betriebsratsaufgaben während der Arbeitszeit ist deshalb ausreichend, aber auch erforderlich, dass das Betriebsratsmitglied sich **vor Verlassen des Arbeitsplatzes ordnungsgemäß abmeldet** (ebenso BAG 8. 3. 1957 AP BetrVG § 37 Nr. 4; 6. 8. 1981 AP BetrVG § 37 Nr. 39; 23. 6. 1983 AP BetrVG § 37 Nr. 45; 15. 7. 1992 AP BGB § 611 Nr. 9 Abmahnung; 15. 3. 1995 AP BetrVG 1972 § 37 Nr. 105; BAG 13. 5. 1997 AP BetrVG 1972 § 37 Nr. 119). Bei der Abmeldung hat es dem Arbeitgeber **Ort** und voraussichtliche **Dauer der beabsichtigten Betriebsratstätigkeit mitzuteilen**. Das BAG hatte in st. Rspr. zunächst außerdem verlangt, dass Angaben auch zur Art der Betriebsratstätigkeit gemacht werden, wobei es eine stichwortartige Beschreibung genügen ließ (vgl. BAG 23. 6. 1983 AP BetrVG 1972 § 37 Nr. 45); es hat insoweit aber seine Rechtsprechung aufgegeben (BAG 15. 3. 1995 AP BetrVG 1972 § 37 Nr. 105; dazu auch *Hamm*, AuR 1996, 16; s. aber zur Prüfung des Entgeltfortzahlungsanspruchs Rn. 30). Eine **persönliche Meldung** kann der Arbeitgeber nicht verlangen (BAG 23. 6. 1983 AP BetrVG 1972 § 37 Nr. 45).

27

Die Pflicht, sich vor Beginn der Betriebsratstätigkeit beim Arbeitgeber abzumelden, ist nicht nur eine Pflicht aus der Betriebsverfassung, sondern auch eine **Pflicht aus dem Arbeitsverhältnis**. Ihre Verletzung kann daher Gegenstand und Inhalt einer Abmahnung durch den Arbeitgeber sein (ebenso BAG 15. 7. 1992 AP BGB § 611 Nr. 9 Abmahnung; HWK-*Reichold*, § 37 Rn. 12; *Fitting*, § 37 Rn. 56). Bei fortgesetzten bzw. beharrlichen Verstößen kommt dementsprechend eine außerordentliche Kündigung in Betracht (vgl. LAG Hamm 8. 6. 2007 – 10 TaBV 31/07, juris).

28

Die nähere Regelung des Abmeldungsverfahrens unterliegt **nicht der Mitbestimmung nach § 87 Abs. 1 Nr. 1**; denn der Arbeitgeber hat kein Weisungsrecht hinsichtlich der Ausübung der Betriebsratstätigkeit (ebenso BAG 23. 6. 1983 AP BetrVG 1972 § 37 Nr. 45; 13. 5. 1997 EzA § 37 BetrVG 1972 Nr. 135; GK-*Weber*, § 37 Rn. 52; HSWGNR-*Glock*, § 37 Rn. 41; DKK-*Wedde*, § 37 Rn. 46; ErfK-*Eisemann/Koch*, § 37 Rn. 6; *Stege/Weinspach/Schiefer*, § 37 Rn. 11 d; *Joost*, MünchArbR § 220 Rn. 18; *Fitting*, § 37 Rn. 53).

29

5. Verbot der Minderung des Arbeitsentgelts

a) Für die Zeit der Arbeitsversäumnis hat das Betriebsratsmitglied den **Anspruch auf Fortzahlung seines Arbeitsentgelts**. Anspruchsnorm ist insoweit § 611 Abs. 1 BGB (ebenso BAG 30. 1. 1973 AP BetrVG 1972 § 37 Nr. 1). Soweit die Arbeitsleistung nicht erbracht wird, genügt nicht eine ordnungsgemäße Abmeldung, sondern notwendig ist, dass das Betriebsratsmitglied während der Arbeitsbefreiung Betriebsratsaufgaben erledigt hat, für deren Wahrnehmung es die Inanspruchnahme der Arbeitszeit unter Berücksichtigung der Belange des Arbeitgebers für notwendig halten durfte (s. Rn. 24 f.). Für das Vorliegen dieser Tatbestandsvoraussetzungen ist das Betriebsratsmitglied darlegungs- und beweispflichtig (ebenso BAG 15. 3. 1995 AP BetrVG 1972 § 37 Nr. 105), auch wenn er bei der Abmeldung selber keine Stichworte seiner Betriebsratstätigkeit

30

benennen muss. Im Ergebnis wird der Arbeitnehmer daher diese Anhaltspunkte schon bei der Abmeldung von sich aus geben; die Folgen der Rechtsprechungsänderung (Rn. 27) sind also gering (krit. deshalb *Hamm*, AuR 1996, 16).

30a Zum fortzuzahlenden Arbeitsentgelt gehören auch **Sachleistungen und Deputate**. Nach der Rechtsprechung des BAG hat daher auch ein von der beruflichen Tätigkeit vollständig befreites Betriebsratsmitglied Anspruch auf **Überlassung eines Firmenfahrzeugs** zur privaten Nutzung, wenn ihm der Arbeitgeber vor der Freistellung zur Erfüllung seiner dienstlichen Aufgaben ein Firmenfahrzeug zur Verfügung gestellt hatte und er dieses auf Grund einer vertraglichen Vereinbarung auch privat nutzen durfte (BAG 23. 6. 2004 AP BetrVG 1972 § 37 Nr 139). Die Entscheidung geht sehr weit: Was früher ein Dienstfahrzeug war, wird nun ein reines Privatfahrzeug. Nimmt die Aufgaben des jetzigen Betriebsratsmitglieds nun ein anderer Arbeitnehmer wahr, dann muss ein neuer Wagen angeschafft werden. Zulässig muss daher eine Klausel im Vertrag sein, die hier eine finanzielle Abgeltung vorsieht (so erwogen durch die Vorinstanz LAG Köln 3. 7. 2004, DB 2004, 82), oder generell die Gewährung des Dienstwagens an den betrieblichen Bedarf bindet. Der Arbeitnehmer steht dann nach seiner Freistellung als Betriebsratsmitglied genauso da, wie ein Arbeitnehmer, der auf einen Innendienstposten versetzt wurde (a. A. BAG a. a. O. wegen unzulässiger Abdingung des § 37 Abs. 2). Auch die Rechtsprechung ist aber der Ansicht, dass der Arbeitgeber, der dem Arbeitnehmer ein Firmenfahrzeug ausschließlich zur Durchführung der arbeitsvertraglich geschuldeten Tätigkeit zur Verfügung stellt, nicht verpflichtet ist, ein Fahrzeug zum Zwecke der Wahrnehmung von Betriebsratstätigkeit zur Verfügung zu stellen; hier liegt kein Entgelt vor (BAG 25. 2. 2009 – 7 AZR 954/07, juris).

31 b) Soweit der Anspruch auf Fortzahlung des Arbeitsentgelts besteht, sind die Bezüge zu zahlen, die es erhalten hätte, wenn es während dieser Zeit gearbeitet hätte; es gilt das **Lohnausfallprinzip**. Weitergezahlt wird nur das auf Grund des Arbeitsverhältnisses geschuldete Arbeitsentgelt. Wird ein Betriebsratsmitglied regelmäßig über die vertraglich geschuldete Arbeitsleistung hinaus zu weiteren Arbeitseinsätzen herangezogen, ist während der Teilnahme an Betriebsratsschulungen das Entgelt auch für die ausgefallenen zusätzlichen Arbeitseinsätze fortzuzahlen (BAG 3. 12. 1997 AP BetrVG 1972 § 37 Nr. 124). Der Arbeitgeber ist dagegen nicht verpflichtet, den Ausfall eines Entgelts, das von ihm nicht geschuldet wird, zu ersetzen, z. B. ein Trinkgeld, das dem Bedienungspersonal in Gaststätten von den Gästen freiwillig gegeben wird (BAG 28. 6. 1995 AP BetrVG 1972 § 37 Nr. 112; *Fitting*, § 37 Rn. 65; ErfK-*Eisemann/Koch*, § 37 Rn. 8). Das stimmt mit der Rechtsprechung bei der Lohnfortzahlung infolge Krankheit überein, wonach ebenfalls ein Anspruch auf Ersatz der entgangenen Trinkgelder nur besteht, wenn sich der Arbeitgeber im Arbeitsvertrag hierzu verpflichtet hat (*Schmitt*, § 4 EFZG, Rn. 86; ErfK-*Dörner*, EFZG, § 4 Rn. 12). Erhält der Arbeitnehmer ein zeitbezogenes Arbeitsentgelt (Monatsgehalt, Wochenlohn) so ist die Berechnung einfach: Die Zeit der Versäumnis wird wie Arbeitszeit behandelt. Soweit Zulagen auf die Erbringung der Arbeitsleistung abstellen, sind sie weiterzuzahlen, z. B. Schwerarbeiter- oder Schmutzzulagen (RAG 13. 1. 1932 BenshSlg. 14, 50, 52). Ebenso sind Überstunden und Nachtarbeit, die ein Arbeitnehmer wegen seiner Amtstätigkeit nicht erbringen kann, mit dem besonderen, auf sie entfallenden Entgeltsatz zu vergüten (BAG 21. 6. 1957 AP BetrVG § 37 Nr. 5; 7. 2. 1985 AP BPersVG § 46 Nr. 3; s. auch LAG Köln 17. 10. 2003 – 12 Sa 804/03: Ein Betriebsratsmitglied, das wegen Betriebsratstätigkeit Nachtschichten nicht ableisten konnte, kann die dafür vorgesehenen Nachtzuschläge beanspruchen. Etwas anderes wäre es, wenn das Betriebsratsmitglied zielgerichtet von ihm zu erbringende Nachtschichten stets in die durch Betriebsratstätigkeit bedingte Abwesenheit gelegt hätte). Bei Akkordarbeit kann dagegen die Berechnung des Verdienstes Schwierigkeiten bereiten, da er nicht allein von der Zeit abhängig ist. Hier ist entweder der zuletzt in der gleichen Zeit verdiente Akkordlohn zugrunde zu legen oder der Durchschnittsverdienst aller Akkordleistenden während der Arbeitsversäumnis (RAG 10. 8. 1928 BenshSlg. 3,

III. Versäumnis von Arbeitszeit zur Erfüllung von Betriebsratsaufgaben § 37

210, 212). Dem wirklichen Verdienstentgang käme am nächsten ein Lohnbetrag, der zu dem Durchschnittsverdienst aller Akkordleistenden während der Arbeitsversäumnis im gleichen Verhältnis steht wie der Letzte in der gleichen Zeiteinheit vom Betriebsratsmitglied verdiente Akkordlohn zum damaligen Durchschnittsverdienst aller Akkordleistenden. Da eine derartige Berechnung nur schwer durchgeführt werden kann, ist, soweit feststellbar, die Bezahlung des zuletzt verdienten Akkordlohnes zugrunde zu legen, weil bei ihr die Berechnung dem konkreten Lohnausfall am nächsten kommt; die Zugrundelegung des Durchschnittsverdienstes aller Akkordarbeitnehmer nimmt dagegen auf die Arbeitsleistung gerade dieses Betriebsratsmitglieds keine Rücksicht (GK-*Weber*, § 37 Rn. 59; *Fitting*, § 37 Rn. 68, der primär auf eine bisherige durchschnittliche Arbeitsleistung des Betriebsratsmitglieds abstellt; HSWGNR-*Glock*, § 37 Rn. 44; zum Gruppenakkord: RAG 10. 8. 1928 BenshSlg. 3, 210, 211 f.). Auch bei anderen leistungs- oder erfolgsbezogenen Zahlungen kann die Festsetzung schwierig sein. Gegebenenfalls hat der Arbeitsrichter hier eine größere Freiheit, die Summe analog § 287 Abs. 2 ZPO zu schätzen (zu Jahressonderzahlungen s. *Gaul*, BB 1998, 101).

Vereinbarungen über die Festsetzung des Lohnes sind nur insoweit zulässig, als sie lediglich eine rechnerische Erleichterung, aber nicht eine Lohngarantie darstellen. Bei allzu großen Abweichungen ist freilich Vorsicht geboten. Die Einigung muss eine gutgläubige Schätzung des gesetzlichen Anspruchs wiedergeben. **31a**

Fällt während der Betriebsratstätigkeit die **Arbeit aus**, ohne dass dies der Arbeitgeber nach den Grundsätzen der Betriebsrisikolehre zu vertreten hat, so besteht kein Anspruch auf das Arbeitsentgelt (vgl. zum Arbeitsausfall wegen Schlechtwetters im Baugewerbe BAG 23. 4. 1974 AP BetrVG 1972 § 37 Nr. 11). Das gilt auch, wenn es während dieser Zeit Betriebsratstätigkeit verrichtet (vgl. BAG 31. 7. 1986 AP BetrVG 1972 § 37 Nr. 55). **32**

c) Das Betriebsratsmitglied hat keinen Anspruch auf solche Beträge, die nicht Arbeitsentgelt, sondern Ersatz besonderer **Aufwendungen** sind, wenn diese infolge der Arbeitsversäumnis entfallen, z. B. Wegegelder, Auslösungen, wenn es den Weg zur Arbeitsstätte wegen der Erfüllung seiner Amtsobliegenheiten spart (BAG 9. 11. 1955 AP KRG Art. IX Nr. 22, Nr. 1; 9. 11. 1971 AP ArbGG 1953 § 8 Nr. 2; 10. 2. 1988 AP BetrVG 1972 § 37 Nr. 64; 28. 8. 1991 AP BPersVG § 46 Nr. 16; 18. 9. 1991 AP BetrVG 1972 § 37 Nr. 82; *Fitting*, § 37 Rn. 66; GK-*Weber*, § 37 Rn. 11; HSWGNR-*Glock*, § 37 Rn. 47; *Nikisch*, Bd. III S. 161). Voraussetzung ist dabei selbstverständlich, dass es sich um einen wirklichen Aufwendungsersatz, nicht nur um einen besonderen Teil des Lohns handelt, der wegen der besonderen Belastung, die mit der Arbeitsleistung verbunden ist, zusätzlich gewährt wird (zum steuerpflichtigen Teil der Nahauslösung gem. § 7 Bundesmontagetarifvertrag BAG 10. 2. 1988 AP BetrVG 1972 § 37 Nr. 64; zur nach der Richtlinie für die Gewährung der Aufwandsentschädigung für Lokomotivführer und Zugbegleiter der Deutschen Bundesbahn gewährten Fahrentschädigung BAG 5. 4. 2000 AP BetrVG 1972 § 37 Nr. 131; anders für die Fernauslösung nach § 6 Bundesmontagetarifvertrag BAG 18. 9. 1991 AP BetrVG 1972 § 37 Nr. 82). Aber auch wenn es sich lediglich um einen Ersatz besonderer Aufwendungen handelt, entfällt der Anspruch nur dann, wenn die Aufwendungen infolge der durch die Betriebsratstätigkeit notwendigen Arbeitsversäumnis nicht entstanden sind. Das Betriebsratsmitglied muss also wegen Erfüllung seiner Amtsobliegenheiten die Auslagen gespart haben, die es sonst im Rahmen seines Arbeitsverhältnisses gemacht hätte. Die Rechtslage ist dagegen anders, wenn die Aufwendungen, die ein Betriebsratsmitglied im Rahmen seines Arbeitsverhältnisses macht, trotz der Betriebsratstätigkeit fortbestehen. Auch wenn man Abs. 2 hier unmittelbar nicht anwenden will, ergibt sich ein Erstattungsanspruch aus dem allgemeinen Grundsatz, dass ein Betriebsratsmitglied wegen seiner Tätigkeit weder benachteiligt noch begünstigt werden darf (§ 78 Satz 2); der Anspruch des Arbeitnehmers auf Ersatz seiner Aufwendungen nach § 670 i. V. mit § 675 BGB bleibt also in diesem Fall bestehen (*Richardi*, Anm. zu AP ArbGG 1953 § 8 Nr. 2). **33**

§ 37	Ehrenamtliche Tätigkeit, Arbeitsversäumnis

34	Eine Besonderheit gilt für Betriebsratsmitglieder, die im Bergbau unter Tage beschäftigt werden. Obwohl die **Bergmannsprämie** nach dem Gesetz über Bergmannsprämien (BPG) i. F. vom 12. 5. 1969 (BGBl. I S. 434; zuletzt geändert durch das Vierte Gesetz für moderne Dienstleistungen am Arbeitsmarkt vom 24. 12. 2003, BGBl. I S. 2954) arbeitsrechtlich nicht als Bestandteil des Lohns gilt (§ 4 BPG), erhalten auch sie die Bergmannsprämie für die versäumten Untertageschichten, für die der Arbeitgeber wegen der Betriebsratstätigkeit Lohnausfall zu erstatten hat (§ 5 Abs. 2 der Verordnung zur Durchführung des Gesetzes über Bergmannsprämien [BergPDV] i. F. vom 20. 12. 1977, BGBl. I S. 3136).

35	d) Von den Bezügen, die das Betriebsratsmitglied für die Zeit seiner Arbeitsversäumnis erhält, sind die **Lohnsteuer** und die **Beiträge für die Sozialversicherung** einzubehalten und abzuführen. Da nur Zuschläge für tatsächlich geleistete Sonntags-, Feiertags- oder Nachtarbeit steuerfrei sind (§ 3 b EStG), gehören diese Zuschläge, wenn sie lediglich unter dem Gesichtspunkt des Verbots der Einkommensminderung gewährt werden, zum steuerpflichtigen Arbeitslohn (vgl. BFH 3. 5. 1974, DB 1974, 1991 f.). Das BAG hielt deshalb den Arbeitgeber ursprünglich für verpflichtet, die Beträge, die er an Lohnsteuer auf Sonntags- und Nachtzuschläge einbehalten und an das Finanzamt abgeführt hat, zusätzlich an den Arbeitnehmer auszuzahlen (BAG 10. 6. 1969 AP BetrVG § 37 Nr. 12); es hat diese Rechtsprechung aber aufgegeben (BAG vom 29. 7. 1980 AP BetrVG 1972 § 37 Nr. 37; bestätigt BAG 22. 8. 1985 AP BetrVG 1972 § 37 Nr. 50). Eine derartige Verpflichtung kann nämlich weder aus Abs. 2 noch aus § 78 Satz 2 begründet werden (ebenso LAG Schleswig-Holstein 16. 1. 1978, AP BetrVG 1972 § 37 Nr. 32; LAG Niedersachsen 1. 8. 1979, EzA § 37 BetrVG 1972 Nr. 68; *Fitting*, § 37 Rn. 71; HSWGNR-*Glock*, 37 Rn. 53; a. A. DKK-*Wedde*, § 37 Rn. 52; *Becker-Schaffner*, BB 1982, 498, 501; *Schneider*, NZA 1984, 21, 23).

6. Rechtsfolgen bei nicht notwendiger Arbeitsversäumnis

36	Nicht notwendige Arbeitsversäumnis gibt nicht nur keinen Anspruch auf Arbeitsentgelt (s. auch Rn. 30), sondern bedeutet auch **Verletzung der Pflicht aus dem Arbeitsverhältnis wie aus dem Betriebsratsamt**. Sie kann daher zur Amtsenthebung nach § 23 Abs. 1 berechtigen, wenn es sich um eine grobe Verletzung handelt. Eine außerordentliche Kündigung des Arbeitsverhältnisses, die nach § 15 KSchG zulässig ist, aber der Zustimmung des Betriebsrats bedarf (§ 103), kommt dagegen regelmäßig nicht in Betracht; eine Ausnahme ist nur dann anzunehmen, wenn ein Betriebsratsmitglied Arbeitszeit versäumt, um Tätigkeiten zu verrichten, die nicht zu den Betriebsratsaufgaben gehören und dies ihm auch bekannt ist, während Fehlbeurteilungen, insbesondere ein Irrtum darüber, ob die Arbeitsversäumnis notwendig war, um das Betriebsratsamt ordnungsgemäß auszuüben, keinen wichtigen Grund darstellen, um ein Betriebsratsmitglied fristlos zu entlassen (s. auch § 23 Rn. 19 ff.).

IV. Freizeitausgleich für Betriebratstätigkeit

1. Vorgeschichte

37	§ 35 BRG 1920 und § 37 BetrVG 1952 gaben lediglich einen Anspruch auf Fortzahlung des Arbeitsentgelts, wenn eine Arbeitsversäumnis notwendig war, um eine Betriebsratsaufgabe ordnungsgemäß zu erfüllen. Bei Ausübung des Betriebsratsamtes während der Freizeit bestand dagegen kein Anspruch. Das erschien unbillig, wenn ein Betriebsratsmitglied wegen der Besonderheit seines Arbeitsverhältnisses die Betriebsratsarbeit in erheblichem Umfang nur außerhalb seiner Arbeitszeit erledigen konnte. Das BAG nahm an, dass § 37 Abs. 3 BetrVG 1952 nicht nur die Freistellung von jeder Arbeit, sondern auch die Freistellung von einer bestimmten Arbeit, z. B. der Arbeit in

IV. Freizeitausgleich für Betriebratstätigkeit § 37

Wechselschicht ermöglicht, wenn die Freistellung zur ordnungsmäßigen Durchführung der Betriebsratsaufgaben deshalb erforderlich ist, weil es für das Betriebsratsmitglied eine unzumutbare Belastung darstellt, seine Aufgaben im Wesentlichen während seiner Freizeit erledigen zu müssen (vgl. BAG 13. 11. 1964 und 3. 6. 1969 AP BetrVG § 37 Nr. 9 und 11); es ging dann noch einen Schritt weiter, indem es als Mittel zur Abhilfe unzumutbarer Belastung und die Vorinstanz einen Anspruch auf Freizeitausgleich gewährte, wenn dadurch den Belangen des Arbeitgebers erkennbar besser Rechnung getragen wird als durch eine Umsetzung (BAG 3. 6. 1969 AP BetrVG § 37 Nr. 11 und die Vorinstanz LAG Düsseldorf [Köln] 22. 11. 1968, BB 1969, 1538). Vor diesem Hintergrund ist Abs. 3 auszulegen, der für Betriebsratstätigkeit außerhalb der Arbeitszeit den Anspruch auf Freizeitausgleich regelt.

2. Voraussetzungen

Der Anspruch besteht nur für **Betriebsratstätigkeit,** die aus **betriebsbedingten Gründen** 38 **außerhalb der Arbeitszeit** durchzuführen ist.

a) Bei der Tätigkeit, die ein Betriebsratsmitglied außerhalb seiner Arbeitszeit durch- 39 führt, muss es sich um die **Erfüllung einer Amtsobliegenheit** handeln (s. dazu Rn. 15 ff.). Ebenso erfasst wird die Teilnahme an einer Schulungs- und Bildungsveranstaltung, wenn sie für die Betriebsratsarbeit notwendig ist; denn nach Abs. 6 gilt nicht nur Abs. 2, sondern seit der Neufassung durch das BetrVerf-Reformgesetz auch Abs. 3 entsprechend (zum alten Recht a. A. BAG 18. 9. 1973 AP BetrVG 1972 § 37 Nr. 3; s. Rn. 134 f.).

Der Zusammenhang mit Abs. 2 gebietet, dass eine Betriebsratstätigkeit, die zum Frei- 40 zeitausgleich berechtigt, nur vorliegen, wenn zu ihrer **ordnungsgemäßen Durchführung** während der Arbeitszeit eine Arbeitsbefreiung **nach Umfang und Art des Betriebs erforderlich** wäre (s. dazu Rn. 21 ff.; ebenso *Fitting,* § 37 Rn. 76; GK-*Weber,* § 37 Rn. 72; DKK-*Wedde,* § 37 Rn. 56; ErfK-*Eisemann/Koch,* § 37 Rn. 10; *Bengelsdorf,* NZA 1989, 905, 906). Diese Einschränkung ergibt sich aus dem Gesichtspunkt, dass durch die Freizeitgewährung nur Nachteile ausgeglichen werden sollen, die ein Betriebsratsmitglied deshalb erleidet, weil es aus betriebsbedingten Gründen seine Aufgaben nicht während, sondern außerhalb der Arbeitszeit durchführen muss. Daher muss es sich um eine Betriebsratstätigkeit handeln, für deren ordnungsgemäße Durchführung nach Umfang und Art des Betriebs Versäumnis von Arbeitszeit notwendig wäre, wenn das Betriebsratsmitglied nicht aus betriebsbedingten Gründen dazu gezwungen wäre, sie außerhalb der Arbeitszeit zu erledigen. Wollte man anders entscheiden, so wäre ein Betriebsratsmitglied, das aus betriebsbedingten Gründen seine Amtsobliegenheiten außerhalb der Arbeitszeit wahrnehmen muss, im Verhältnis zu den anderen Mitgliedern des Betriebsrats privilegiert, die für ihre Tätigkeit keinen Ausgleich erhalten, wenn eine Arbeitsversäumnis zur Erledigung ihrer Aufgaben nach Umfang und Art des Betriebs nicht erforderlich ist.

Reisezeiten oder zusätzliche **Wegezeiten** sind der Betriebsratstätigkeit zuzuordnen, 41 wenn und soweit ein Betriebsratsmitglied für sie gemäß Abs. 2 Arbeitszeit in Anspruch nehmen kann (s. Rn. 22; offengelassen BAG 26. 1. 1994 AP BetrVG 1972 § 37 Nr. 93; wie hier *Fitting,* § 37 Rn. 77; GK-*Weber,* § 37 Rn. 87; s. aber auch Rn. 46). Aus dem Begünstigungs- und Benachteiligungsverbot des § 78 folgt, dass für die Bewertung von Reisezeiten im Rahmen der Betriebsratsarbeit keine anderen Maßstäbe gelten dürfen als für Reisezeiten, die ansonsten im Interesse des Arbeitgebers anfallen. Diese Bewertung richtet sich in erste Linie nach tariflichen oder betrieblichen Regelungen (BAG 16. 4. 2003 AP BetrVG 1972 § 37 Nr. 138; 10. 11. 2004 AP BetrVG 1972 § 37 Nr. 140; 21. 6. 2006 NZA 2006, 1417). Reisezeiten, die ein **teilzeitbeschäftigtes Betriebsratsmitglied** außerhalb seiner Arbeitszeit aufwendet, um an einer erforderlichen Schulungsveranstaltung teilzunehmen, können einen Anspruch auf entsprechende Arbeitsbefreiung unter Fortzahlung der Vergütung nur dann begründen, wenn die Teilzeitbeschäftigung die Ursache dafür ist, dass die Reise außerhalb der Arbeitszeit durchgeführt wurde. Daran fehlt es, wenn die Reise auch dann außerhalb der Arbeitszeit stattgefunden hätte, wenn das Betriebsratsmitglied vollzeitbeschäftigt gewesen wäre (BAG 10. 11. 2004, AuR 2004, 464).

42 b) Weitere Voraussetzung ist, dass die Betriebsratstätigkeit aus **betriebsbedingten Gründen außerhalb der Arbeitszeit** durchgeführt werden muss. Maßgebend ist nicht die betriebsübliche, sondern die **individuelle Arbeitszeit** des Betriebsratsmitglieds (ebenso BAG 31. 10. 1985 und 3. 12. 1987 AP BetrVG 1972 § 37 Nr. 52 und 62).

43 Der Arbeitnehmer muss aus **betriebsbedingten Gründen** zur Betriebsratstätigkeit außerhalb seiner Arbeitszeit gezwungen sein. Derartige Gründe liegen vor, wenn wegen der **Eigenart des Betriebs** oder der **Gestaltung des Arbeitsablaufs** das Betriebsratsmitglied gezwungen ist, Amtsobliegenheiten außerhalb seiner Arbeitszeit zu erfüllen (ebenso BAG 11. 7. 1978 AP BetrVG 1972 § 37 Nr. 57; 31. 10. 1985 und 3. 12. 1987 AP BetrVG 1972 § 37 Nr. 52 und 62; 5. 12. 1989 und 26. 1. 1994 AP BetrVG 1972 § 37 Nr. 70 und 93; *Fitting*, § 37 Rn. 79; GK-*Weber*, § 37 Rn. 78; HSWGNR-*Glock*, § 37 Rn. 58; DKK-*Wedde*, § 37 Rn. 58; *Stege/Weinspach/Schiefer*, § 37 Rn. 23; *Joost*, MünchArbR § 220 Rn. 30 ff.).

44 Aus betriebsbedingten Gründen wird ein in **Wechselschicht** beschäftigter Arbeitnehmer außerhalb seiner Arbeitszeit tätig, wenn er Freizeit opfern muss, um an den außerhalb der Schichtzeit liegenden Betriebsratssitzungen teilzunehmen. Nicht notwendig ist aber, dass nur für das betroffene Betriebsratsmitglied betriebsbedingte Gründe dazu führen, dass es außerhalb seiner Arbeitszeit Betriebsratstätigkeit erfüllt, sondern betriebsbedingte Gründe sind auch gegeben, wenn aus betrieblichen Notwendigkeiten Betriebsratssitzungen nicht während der Arbeitszeit angesetzt werden (s. § 30 Rn. 4 f.) oder eine Betriebs- oder Abteilungsversammlung wegen der Eigenart des Betriebs nicht während der Arbeitszeit stattfindet (s. § 44 Rn. 8 ff.). Die Ursache für die erforderliche Betriebsratsmehrarbeit muss also in Umständen liegen, die vom Arbeitgeber veranlasst werden, also dem *Arbeitgeberbereich* zuzuordnen sind (so BAG 21. 5. 1974 AP BetrVG 1972 § 37 Nr. 14).

45 **Betriebsratsbedingte Gründe** sind keine betriebsbedingten Gründe. Der Anspruch besteht nicht, wenn lediglich die Gestaltung der *Betriebsratsarbeit* erfordert, dass ein Betriebsratsmitglied Freizeit opfert, um sein Amt auszuüben (ebenso BAG 21. 5. 1974 AP BetrVG 1972 § 37 Nr. 14; *Fitting*, § 37 Rn. 88; GK-*Weber*, § 37 Rn. 85; HWK-*Reichold*, § 37 Rn. 19). Eine Vereinbarung mit dem Arbeitgeber, wonach betriebsratsbedingte Gründe ausreichen sollen, um unmittelbar einen Vergütungsanspruch zu begründen, ist wegen Verstoßes gegen § 78 S. 2 unwirksam, denn dies führt zu einer gesetzesübersteigenden Kompensation, und damit zu einer Begünstigung (LAG Köln 6. 3. 1998, NZA-RR 1999, 247). Andernfalls könnte der Betriebsrat nach dem Willen des Arbeitgebers eine mehr als 100%ige Vergütung erreichen, die er ohne sein Betriebsrat nicht erreicht hätte. Das wird dem Lohnausfallprinzip, das dem § 37 Abs. 2, 3 BetrVG zugrunde liegt, widersprechen. Kein Freizeitausgleich kann deshalb verlangt werden, wenn der Betriebsrat eine Sitzung über die Arbeitszeit hinaus fortsetzt oder sie von vornherein außerhalb der Arbeitszeit abhält. Etwas anderes gilt aber, wenn Notwendigkeiten des Betriebsablaufs dies erfordern, insbesondere wenn die Arbeitnehmer in Wechselschicht arbeiten, so dass für einen Teil der Betriebsratsmitglieder die Betriebsratssitzungen außerhalb ihrer Arbeitszeit stattfinden (ebenso LAG Hamm 11. 1. 1989, DB 1989, 1422).

46 Nimmt das Betriebsratsmitglied einen **auswärtigen Termin** wahr, z. B. für die Teilnahme an einer Sitzung des Gesamtbetriebsrats oder einer Betriebsräteversammlung, so hat es einen Anspruch auf Freizeitausgleich nur insoweit, als es wegen der Eigenart des Betriebs oder der Gestaltung des Arbeitsablaufs die Reise nicht während seiner Arbeitszeit antreten kann (ebenso BAG 11. 7. 1978 AP BetrVG 1972 § 37 Nr. 57; *Bengelsdorf*, NZA 1989, 905 (912); *Fitting*, § 37 Rn. 91; GK-*Weber*, § 37 Rn. 87; *Stege/Weinspach/*

IV. Freizeitausgleich für Betriebratstätigkeit § 37

Schiefer, § 37 Rn. 23 c; a. A. LAG Bremen 11. 11. 1974, BB 1975, 838) Unterbricht ein Betriebsratsmitglied seinen Urlaub, um an einer Betriebsratssitzung teilzunehmen, so ist dies nicht betriebsbedingt; es besteht kein Anspruch auf entsprechende Verlängerung des Urlaubs (a. A., allerdings nicht aus Abs. 3, *Ochsmann*, BB 1978, 562). Die **Inanspruchnahme von Erholungsurlaub** ist grundsätzlich nur ein persönlicher Grund (ArbG Bonn 6. 11. 2008 -3 Ca 1643/08, juris).

c) Soweit ein Arbeitnehmer seine Arbeit **außerhalb des Betriebs** erbringt und den Umfang und die Lage seiner Arbeitszeit **selbst bestimmen** kann, bereitet die Abgrenzung Schwierigkeiten, ob eine Betriebsratstätigkeit während oder außerhalb seiner Arbeitszeit erfolgt. Man kann sie nicht uneingeschränkt der Arbeitszeit zuordnen, weil sonst die hier aufgestellte Grenze eines Freizeiteinsatzes aus betriebsbedingten Gründen für den Freizeitausgleich leerliefe. Deshalb ist anzunehmen, dass die Betriebsratstätigkeit außerhalb der Arbeitszeit erfolgt, insoweit aber betriebsbedingte Gründen vorliegen, wenn das Betriebsratsmitglied die beabsichtigte Betriebsratstätigkeit außerhalb der Arbeitszeit anzeigt, der Arbeitgeber aber keine Möglichkeit zu ihrer Ausübung während der Arbeitszeit gegeben hat (vgl. BAG 3. 12. 1987 AP BetrVG 1972 § 37 Nr. 62). Daraus zu folgern, dass **Lehrer** für die erforderliche Betriebsratsarbeit nur in der Weise freigestellt werden können, dass sie in bestimmtem Umfang von der Unterrichtspflicht entbunden werden (so LAG Niederachsen 13. 11. 2001, ZTR 2002, 146) ist nicht überzeugend. Die Tätigkeit als Betriebsratsmitglied ist ein Ehrenamt und wenn nach regelmäßigem Ablauf kein Konflikt zu den Arbeitsverpflichtungen besteht, ist ein Ausgleich nicht geboten. Ansonsten würde derjenige, der seine Zeit frei bestimmen kann, unangemessen bevorzugt gegenüber dem Arbeitnehmer, der zeitlich in die betriebliche Organisation eingebunden ist. Das Betriebsratsmitglied hat auch hier anzugeben, wann seine regelmäßigen selbstgewählten Arbeitszeiten sind, und nur soweit diese betroffen sind hat ein Ausgleich stattzufinden. Nach den gleichen Regeln bestimmt sich die Tätigkeit eines Betriebsratsmitglieds mit **Gleitzeit** für Betriebsratsarbeit außerhalb der Kernarbeitszeit (großzügiger *Fitting*, § 37 Rn. 91).

d) Die Tatsache der **Teilzeitbeschäftigung** allein genügte nach **früherem Recht** nicht, um zu dem Ergebnis zu gelangen, dass eine Betriebsratstätigkeit außerhalb der individuellen Arbeitszeit auf betriebsbedingten Gründen beruht (so zutreffend GK-*Wiese*, 6. Aufl., § 37 Rn. 74, wohl jetzt auch GK-*Weber* § 37 Rn. 79). Umstritten war jedoch, ob dies auch gilt, wenn eine Betriebsratssitzung (wie im Regelfall) während der betrieblichen Arbeitszeit durchgeführt wird (§ 30 Satz 1), ein Teilzeitbeschäftigter aber wegen der zeitlichen Lage seiner Arbeit Freizeit opfert, um an der Sitzung teilzunehmen. Nach richtiger Ansicht sind die dafür maßgebenden Umstände als vom Arbeitgeber veranlasst und damit als betriebsbedingt zu werten, so dass ein Anspruch auf Freizeitausgleich schon nach der ehemaligen Fassung des Gesetzes anzunehmen war, soweit die anderen Betriebsratsmitglieder nach Abs. 2 Arbeitsbefreiung ohne Minderung des Arbeitsentgelts verlangen können (ebenso im Ergebnis LAG Frankfurt a. M. 3. 3. 1988, NZA 1988, 740; LAG Niedersachsen 30. 5. 1985, AiB 1986, 94; *Fitting*, § 37 Rn. 84; enger GK-*Weber*, § 37 Rn. 74; a. A. *Bengelsdorf*, NZA 1989, 905, 911, 913; *Rath*, BB 1989, 2326, 2328).

Der neugeschaffene Abs. 3 Satz 2 hat die bisherige Erörterung weitgehend zu Makulatur werden lassen: Die Gesetzesbegründung stellt fest, dass die jeweilige Form der betrieblichen Arbeitszeitgestaltung Teil der betrieblichen Organisation ist. Um zu verhindern, dass sich unterschiedliche Arbeitszeiten nachteilig auf die Arbeit des Betriebsrats oder die persönliche Rechtsstellung seiner Mitglieder auswirken, soll klargestellt werden, dass erforderliche Betriebsratsarbeit, die wegen unterschiedlicher Arbeitszeiten der Betriebsratsmitglieder nicht innerhalb der persönlichen Arbeitszeit des einzelnen Betriebsratsmitglieds durchgeführt werden kann, die Ausgleichsansprüche des Abs. 3 auslöst (BT-Drucks. 14/5741, S. 40; s. auch *Engels/Trebinger/Löhr-Steinhaus*, DB 2001, 532, 537). Abs. 3 Satz 2 erfasst sowohl die unterschiedliche Lage als auch die unterschiedliche Dauer der Arbeitszeit (*Hanau*, ZIP 2001, 1981, 1983). **Damit ist nur noch erforderlich, dass die Betriebsratstätigkeit innerhalb der betrieblichen Arbeitszeit liegt** (a. A. zuletzt zum ehemals geltenden Recht ausführlich BAG 5. 3. 1997 AP BetrVG § 37 Nr. 123). Unerheblich ist, ob die Teilzeitarbeit auf beiderseitigem Wunsch oder aber Verlangen des Arbeitnehmers gemäß § 8 TzBfG beruht (*Fitting*, § 37 Rn. 83; a. A. *Reichold*, NZA 2001, 861; *Hanau*, RdA 2001, 71).

3. Freizeitausgleich

49 a) Das Betriebsratsmitglied hat **Anspruch auf entsprechende Arbeitsbefreiung unter Fortzahlung des Arbeitsentgelts** (Abs. 3 Satz 1).

50 Die **Arbeitsbefreiung** muss den **gleichen Umfang** haben, wie Freizeit aufgewendet wurde, um die Betriebsratsaufgaben außerhalb der Arbeitszeit zu erfüllen. Daraus, dass bei Unmöglichkeit einer Arbeitsbefreiung die aufgewendete Zeit wie Mehrarbeit zu vergüten ist (s. Rn. 56 ff.), kann nicht geschlossen werden, dass die Arbeitsbefreiung sich um einen *Freizeitzuschlag* erhöht, wie er beim Abfeiern von Mehrarbeit üblich ist (ebenso BAG 19. 7. 1977 AP BetrVG 1972 § 37 Nr. 29 [zust. *Schlüter*]; LAG Düsseldorf 12. 2. 1974, DB 1974, 1630 und 2488; *Fitting*, § 37 Rn. 98; GL-*Marienhagen*, § 37 Rn. 49; GK-*Weber*, § 37 Rn. 100; HSWGNR-*Glock*, § 37 Rn. 65; *Eich*, BB 1974, 1443). Für teilzeitbeschäftigte Betriebsratsmitglieder gilt nichts anderes (s. auch Rn. 48). Freizeitausgleich erhält das Betriebsratsmitglied auch für die *Reise- und Wegezeiten,* die es zur Durchführung der Betriebsratstätigkeit benötigt, sofern diese Zeiten ebenfalls aus betriebsbedingten Gründen außerhalb seiner Arbeitszeit aufgewendet werden müssen (s. zur Teilzeitbeschäftigung auch Rn. 48).

51 Für die Zeit der Arbeitsbefreiung hat das Betriebsratsmitglied den Anspruch auf **Fortzahlung seines Arbeitsentgelts;** es gilt wie bei einer Arbeitsversäumnis nach Abs. 2 das *Lohnausfallprinzip* (s. Rn. 31 ff.). Das Betriebsratsmitglied erhält also nicht die außerhalb seiner Arbeitszeit durchgeführte Betriebsratstätigkeit als Mehrarbeit vergütet; denn ein derartiger Anspruch besteht nur, wenn ein Freizeitausgleich aus betriebsbedingten Gründen nicht möglich ist (s. Rn. 56 ff.). Es hat vielmehr einen Anspruch nur auf das Arbeitsentgelt, das es erhalten hätte, wenn es während der Zeit der Arbeitsbefreiung gearbeitet hätte (ebenso BAG 19. 7. 1977 AP BetrVG 1972 § 37 Nr. 29 [zust. *Schlüter*]; *Fitting*, § 37 Rn. 102; HSWGNR-*Glock*, § 37 Rn. 71; a. A. DKK-*Wedde*, § 37 Rn. 69 [Einbeziehung von Mehrarbeitszuschlägen]).

52 b) Die **Arbeitsbefreiung** ist **vor Ablauf eines Monats** zu gewähren (Abs. 3 Satz 2). Die Frist beginnt mit Entstehen des Anspruchs, also in dem Zeitpunkt, in dem die Betriebsratstätigkeit außerhalb der Arbeitszeit durchgeführt wird; für die Berechnung gelten §§ 187 Abs. 1, 188 Abs. 2 BGB, so dass die Frist mit Ablauf des Tages des folgenden Monats endet, der durch seine Zahl dem Tag entspricht, an dem die Amtshandlung durchgeführt wurde (ebenso *Fitting*, § 37 Rn. 103; GK-*Weber*, § 37 Rn. 93; HSWGNR-*Glock*, § 37 Rn. 68; DKK-*Wedde*, § 37 Rn. 70).

53 Das Betriebsratsmitglied hat dem Arbeitgeber, sofern dieser davon keine Kenntnis hat, mitzuteilen, wann und wie lange es außerhalb der Arbeitszeit Betriebsratsaufgaben durchgeführt hat. Da die Arbeitsbefreiung innerhalb eines Monats zu gewähren ist, hat die Anzeige unverzüglich, d. h. ohne schuldhaftes Zögern, zu erfolgen (ebenso *Fitting*, § 37 Rn. 94). Die Nichtbeachtung dieser Obliegenheit hat aber lediglich für die Geltendmachung der *Abgeltung* Bedeutung (s. Rn. 56); sie führt *nicht* zum *Verlust des Anspruchs*. Auch die Monatsfrist ist **keine Ausschlussfrist** für den Anspruch auf Freizeitausgleich (ebenso *Fitting*, § 37 Rn. 104; GK-*Weber*, § 37 Rn. 91; DKK-*Wedde*, § 37 Rn. 70; ErfK-*Eisemann/Koch*, § 37 Rn. 11; HWK-*Reichold*, § 37 Rn. 20; a. A. GL-*Marienhagen*, § 37 Rn. 46; s. auch Rn. 57). Der Anspruch auf Freizeitausgleich unterliegt aber den tarifvertraglichen Ausschlussfristen (vgl. BAG 16. 4. 2003 AP BetrVG 1972 § 37 Nr. 138).

IV. Freizeitausgleich für Betriebratstätigkeit § 37

c) Der **Arbeitgeber** hat ein *einseitiges Gestaltungsrecht*, die **Arbeitsbefreiung zeitlich** **54** **festzulegen**. Das Betriebsratsmitglied ist nicht berechtigt, den Anspruch eigenmächtig durchzusetzen und von der Arbeit fernzubleiben (ebenso *Fitting*, § 37 Rn. 95; GL-*Marienhagen*, § 37 Rn. 47; GK-*Raab*, § 37 Rn. 94; HSWGNR-*Glock*, § 37 Rn. 67; DKK-*Wedde*, § 37 Rn. 66; ErfK-*Eisemann/Koch*, § 37 Rn. 11; *Dütz*, DB 1976, 1480). Die Bestimmung trifft der Arbeitgeber nach *billigem Ermessen;* er ist aber verpflichtet, die Arbeitsbefreiung innerhalb eines Monats zu gewähren, und der Arbeitnehmer ist verpflichtet sie in diesem Zeitraum zu nehmen. Wegen der kurz bemessenen Frist kann deshalb hier das Gebot der Wunschberücksichtigung nicht in dem gleichen Sinne gelten wie im Urlaubsrecht (s. § 87 Rn. 464; ebenso GK-*Raab*, § 37 Rn. 94; *Dütz*, DB 1976, 1480; a. A. *Fitting*, § 37 Rn. 95, 101). Der Ausgleich kann auch vor der auszugleichenden Tätigkeit liegen (LAG Niedersachsen 13. 3. 2001, AuR 2001, 238). Der Arbeitgeber ist zwar verpflichtet, bei der zeitlichen Festlegung die Wünsche des Betriebsratsmitglieds zu berücksichtigen, soweit ihnen nicht die betrieblichen Belange entgegenstehen. Anders als im Urlaubsrecht ist er aber berechtigt, den Zeitpunkt auch gegen den Wunsch des Betriebsratsmitglieds festzulegen, sofern die Bestimmung in den Grenzen billigen Ermessens erfolgt. Die Arbeitsbefreiung braucht nicht zusammenhängend zu erfolgen; sie kann auch geteilt gewährt werden (ebenso GL-*Marienhagen*, § 37 Rn. 48). Doch darf sie nicht derart atomisiert werden, dass der Effekt eines Freizeitausgleichs nicht eintritt.

Das Betriebsratsmitglied darf die **Freizeitnahme** auch dann **nicht eigenmächtig** verwirklichen, wenn der Arbeitgeber sein Bestimmungsrecht nicht innerhalb der Monatsfrist ausübt (ebenso GL-*Marienhagen*, § 37 Rn. 47; GK-*Raab*, § 37 Rn. 90; HSWGNR-*Glock*, § 37 Rn. 67; a. A. *Fitting*, § 37 Rn. 96; DKK-*Wedde*, § 37 Rn. 66; *Lichtenstein*, BetrR 1972, 152). Andererseits erlischt der Anspruch auch dann nicht, wenn das Betriebsratsmitglied ihn nicht rechtzeitig geltend gemacht hat (s. Rn. 53). Er **verjährt** vielmehr mit dem Ablauf von drei Jahren, gerechnet vom Schluss des Jahres an, in welchem der Anspruch entstanden ist und das Betriebsratsmitglied von den den Anspruch begründenden Umständen Kenntnis erlangt hat (§ 199 BGB), also in dem die Amtshandlung durchgeführt wurde (ebenso *Fitting*, § 37 Rn. 105; GK-*Raab*, § 37 Rn. 101; HSWGNR-*Glock*, § 37 Rn. 70; für den Fall rechtzeitiger Geltendmachung durch das Betriebsratsmitglied GL-*Marienhagen*, § 37 Rn. 50). Nur wenn der Arbeitgeber den Freizeitausgleich ordnungsgemäß gewährt, der Arbeitnehmer ihn aber nicht genommen hat, erlischt der Anspruch (ebenso GK-*Weber*, § 37 Rn. 92; DKK-*Wedde*, § 37 Rn. 70). Davon abgesehen, kann ihm aber der Einwand der unzulässigen Rechtsausübung entgegengehalten werden, wenn ein Betriebsratsmitglied die Geltendmachung des Freizeitausgleichs verzögert, um durch eine Kumulierung seiner Ansprüche auf Freizeitausgleich seinen Erholungsurlaub zu verlängern (zu weitgehend aber, wenn dies bereits stets nach Ablauf der Monatsfrist angenommen wird, GL-*Marienhagen*, § 37 Rn. 46).

4. Abgeltung des Freizeitausgleichs

a) Ist aus betriebsbedingten Gründen eine **Arbeitsbefreiung innerhalb eines Monats** **56** **nicht möglich, so ist die für die Betriebsratstätigkeit aufgewendete Zeit wie Mehrarbeit zu vergüten** (Abs. 3 Satz 2 Halbsatz 2). Eine Abgeltung kommt also nur dann in Betracht, wenn **betriebsbedingte Gründe** (s. Rn. 142 ff.) einer Befreiung von der Arbeitstätigkeit entgegenstehen. Das Betriebsratsmitglied kann also nicht statt des Freizeitausgleichs die Abgeltung verlangen, und auch der Arbeitgeber kann nicht statt des Freizeitausgleichs die Abgeltung gewähren (ebenso *Fitting*, § 37 Rn. 106; GK-*Weber*, § 37 Rn. 88, 101; HSWGNR-*Glock*, § 37 Rn. 64, 72; DKK-*Wedde*, § 37 Rn. 71). Rechtsdogmatisch handelt es sich nicht um zwei Ansprüche, einen primär gewährten Anspruch auf Freizeitausgleich und einen subsidiär eingeräumten Anspruch auf Abgeltung, sondern es handelt sich um einen einheitlichen Anspruch, der in erster Linie durch Freizeitausgleich zu erfüllen ist, unter der Voraussetzung, dass dies aus betriebsbedingten Gründen innerhalb eines Monats nicht möglich ist, aber auch durch eine Abgeltung erfüllt werden kann. Daraus folgt, dass es sich bei der Abgeltung um eine *facultas alternativa* des Arbeitgebers handelt.

57 Das Betriebsratsmitglied kann deshalb nicht unter Hinweis darauf, dass eine Arbeitsbefreiung vor Ablauf eines Monats aus betriebsbedingten Gründen nicht möglich ist, Abgeltung verlangen, sondern es kann lediglich der Arbeitgeber, wenn betriebliche Erfordernisse einer Befreiung von der Arbeitstätigkeit entgegenstehen, statt des Freizeitausgleichs die für die Betriebsratstätigkeit aufgewendete Zeit wie Mehrarbeit vergüten. Wenn aber ein Freizeitausgleich nicht innerhalb eines Monats erfolgt ist, kann das Betriebsratsmitglied davon ausgehen, dass betriebsbedingte Gründe entgegenstehen und seinerseits Abgeltung verlangen. Der Arbeitgeber würde gegen Treu und Glauben verstoßen, wenn er diesem Begehren entgegenhalten würde, dass ein Freizeitausgleich möglich sei; denn er handelt pflichtwidrig, wenn er nicht innerhalb eines Monats Freizeitausgleich gewährt, obwohl betriebsbedingte Gründe nicht entgegenstehen. Voraussetzung ist allerdings, dass er von der Betriebsratstätigkeit Kenntnis hat. Ist dies nicht der Fall, so kann das Betriebsratsmitglied nicht durch eine Verzögerung der Mitteilung den Anspruch auf Abgeltung erlangen, sondern der Arbeitgeber kann es auf den Freizeitausgleich verweisen.

Eine analoge Anwendung des § 37 Abs 3 S 3 BetrVG für ein für den restmandatierten Betriebsrat tätiges Mitglied, das sich bereits im Ruhestand befindet, scheidet aus, weil in einem solchen Fall gar keine Arbeitszeiten mehr einzuhalten sind (LAG Saarland 14. 5. 2008 – 2 Sa 100/07, juris).

58 b) Sind die Voraussetzungen für eine Abgeltung gegeben, so ist die für die Betriebsratstätigkeit aufgewendete Zeit **wie Mehrarbeit zu vergüten**. Das gilt auch für Reise- und Wegezeiten, die aus betriebsbedingten Gründen für die Durchführung der Betriebsratstätigkeit außerhalb der Arbeitszeit notwendig sind (s. auch Rn. 41). Eine gesetzliche Regelung des Mehrarbeitszuschlags wie in § 15 Abs. 2 AZO ist im Arbeitszeitgesetz vom 6. 6. 1994 (BGBl. I S. 1170) nicht mehr enthalten. Maßgebend ist also, ob durch Tarifvertrag oder Einzelarbeitsvertrag für Mehrarbeit, die auch als Überarbeit oder Überstunden bezeichnet sein kann, Zuschläge vorgesehen sind.

59 Hat ein in **Teilzeitarbeit** tätiges Betriebsratsmitglied Betriebsratstätigkeit außerhalb der Arbeitszeit durchgeführt und ist eine entsprechende Arbeitsbefreiung nicht möglich, so bestimmt sich die hierfür zu zahlende Vergütung (vorbehaltlich abweichender Regelung im Tarifvertrag oder Arbeitsvertrag) bis zur Grenze der von einem vollbeschäftigten Arbeitnehmer zu leistenden Tätigkeit nach der für die regelmäßig Arbeitszeit zu berechnende Vergütung (BAG 7. 2. 1985 AP BetrVG 1972 § 37 Nr. 48; bestätigt BAG 25. 8. 1999 AP BetrVG 1972 § 37 Nr. 130). Auch die Neuregelungen des BetrVerf-Reformgesetzes ändern hieran nichts, denn dem teilzeitbeschäftigten Mitglied einen Überstundenzuschlag bereits bei Überschreiten der individuellen, nicht der betrieblichen Arbeitszeit zuzubilligen, wäre keine Gleichstellung, sondern Besserstellung (ebenso *Hanau*, ZIP 2001, 1981, 1984).

60 Nach der nicht unumstrittenen Rechtsprechung des BAG muss das durch Abs. 3 Satz 3 erzielte höhere Einkommen bei der **Berechnung von Urlaubsgeld** berücksichtigt werden (BAG 11. 1. 1995 AP BetrVG 1972 § 37 Nr. 103; *Fitting*, § 37 Rn. 113; DKK-*Wedde*, § 37 Rn. 71). Eine Besserstellung ist damit nicht verbunden, wenn man Betriebsratstätigkeit als Arbeitszeit ansieht. Das ist fraglich, soll doch durch § 37 nur der finanzielle Nachteil durch nicht geleistete Arbeit ausgeglichen werden ohne etwas am Charakter als Ehrenamt zu ändern. Hält man dennoch die Prämisse des BAG für zutreffend, dann dürfte das Gleiche für alle sonstigen Lohnersatzleistungen gelten, deren Höhe sich nach dem Referenzperiodenprinzip bestimmt (so *Fitting*, *Wedde*, a. a. O.).

5. Teilnahme an einer Betriebs- oder Abteilungsversammlung

Nimmt ein Betriebsratsmitglied an einer Betriebs- oder Abteilungsversammlung außerhalb seiner Arbeitszeit teil und hat es unter den hier genannten Voraussetzungen Anspruch auf Freizeitausgleich, so kann es daraus gleichwohl **keine Sonderstellung gegenüber den übrigen Arbeitnehmern** ableiten (a. A. LAG Düsseldorf 8. 12. 1992, EzA § 44 BetrVG 1972 Nr. 1, S. 4; GK-*Raab*, § 37 Rn. 104). Auch für das Betriebsratsmitglied ist wie für jeden anderen Arbeitnehmer die Zeit der Teilnahme außerhalb der Arbeitszeit nur wie Arbeitszeit (§ 44 Abs. 1 Satz 2; s. dort Rn. 26 ff.) oder überhaupt nicht (s. § 44 Rn. 45) zu vergüten. Etwas anderes gilt nur soweit es sich um die Teilnahme an einer Abteilungsversammlung handelt, die für einen Betriebsteil durchgeführt wird, dem das Betriebsratsmitglied nicht angehört.

61

V. Arbeitsentgelt- und Tätigkeitsgarantie

1. Zweck und Sonderstellung im gesetzessystematischen Zusammenhang

Auf Empfehlung des BT-Ausschusses für Arbeit und Sozialordnung sind Abs. 4 und 5 eingefügt worden, um allgemein sicherzustellen, „dass die Mitglieder des Betriebsrates weder in wirtschaftlicher noch in beruflicher Hinsicht gegenüber vergleichbaren Arbeitnehmer mit betriebsüblicher beruflicher Entwicklung Nachteile erleiden" (zu BT-Drucks. VI/2729, S. 23). Gesetzessystematisch ist der Standort dieser Bestimmungen verfehlt, weil sie den Zusammenhang zwischen Abs. 2 und 3 mit Abs. 6 und 7 zerreißen und teleologisch eine Konkretisierung des Benachteiligungsverbots in 78 darstellen (zust. GL-*Marienhagen*, 37 Rn. 55; HSWGNR-*Glock*, § 37 Rn. 76). Sie *ergänzen* den **besonderen Kündigungsschutz** des § 15 KSchG, sichern also die *äußere Unabhängigkeit*, indem sie den sozialen Bestandsschutz des Arbeitsverhältnisses durch eine Sicherung des Arbeitsentgelts und eine Tätigkeitsgarantie ausbauen. Wie dort ist deshalb die Garantie auf einen Zeitraum von einem Jahr nach Beendigung der Amtszeit erstreckt worden. Damit wird berücksichtigt, dass ein Betriebsratsmitglied durch die Belastungen seines Amtes Nachteile allein deshalb erleiden kann, weil es an der beruflichen Entwicklung nicht in der Intensität teilnehmen kann wie mit ihm vergleichbare Arbeitnehmer. Da dies für freigestellte Betriebsratsmitglieder in besonderem Maß gilt, wird die hier gegebene Regelung für sie durch § 38 Abs. 3 und 4 ergänzt.

62

2. Arbeitsentgeltgarantie

a) Der **Arbeitsentgeltschutz** in Abs. 4 sichert, dass die **Bemessungsgrundlage für das Arbeitsentgelt** sich nicht deshalb verschlechtert, weil das Betriebsratsmitglied wegen der Übernahme des Amtes nicht oder nicht in dem gleichen Umfang in den Arbeitsprozess eingegliedert ist und daher auch nicht die normale berufliche Entwicklung nimmt wie ein mit ihm vergleichbarer Arbeitnehmer. Während Abs. 2 verhindert, dass eine Minderung des Arbeitsentgelts deshalb eintritt, weil für die ordnungsmäßige Durchführung der Betriebsratstätigkeit Versäumnis von Arbeitszeit erforderlich ist, bezweckt Abs. 4, dass das Betriebsratsmitglied keine Schmälerung seines Einkommens deshalb erleidet, weil es wegen der Übernahme des Betriebsratsamtes nicht oder nur unter Einschränkungen seiner beruflichen Tätigkeit nachgehen kann. Zugleich sichert Abs. 4 aber auch die Unentgeltlichkeit des Betriebsratsamtes; denn aus dem Gebot, als Bemessungsgrundlage das Arbeitsentgelt vergleichbarer Arbeitnehmer mit betriebsüblicher beruflicher Entwicklung zugrunde zu legen, ergibt sich als Verbot, das Arbeitsentgelt nach der Bewertung der *Betriebsratstätigkeit* zu bemessen (vgl. dazu *Rüthers*, RdA 1976, 61, 63). Das Betriebsratsmitglied soll in seinem Arbeitsentgelt so gestellt werden, wie es stehen würde, wenn es das Betriebsratsamt nicht übernommen hätte. Das Gesetz verlangt also eine

63

§ 37   Ehrenamtliche Tätigkeit, Arbeitsversäumnis

hypothetische Betrachtungsweise, für die *zwingend* vorgeschrieben ist, dass sie sich an dem Arbeitsentgelt vergleichbarer Arbeitnehmer mit betriebsüblicher beruflicher Entwicklung zu orientieren hat (ebenso *Fitting,* § 37 Rn. 116; GK-*Weber,* § 37 Rn. 111; *Rüthers,* RdA 1976, 61, 63).

Die Vorschrift garantiert dem Betriebsratsmitglied allerdings nicht die **der Höhe nach absolut gleiche Vergütung,** die vergleichbare Arbeitnehmer erhalten. Nach dem Zweck der Vorschrift, das Betriebsratsmitglied vor finanziellen Nachteilen wegen der Ausübung der Betriebsratstätigkeit zu schützen, kommt es vielmehr darauf an, ob die Gehaltsentwicklung des Betriebsratsmitglieds während der Dauer seiner Betriebsratstätigkeit in Relation zu derjenigen vergleichbarer Arbeitnehmer zurückgeblieben ist (BAG 17. 5. 1977 BetrVG 1972 § 37 Nr. 28 zu 3 der Gründe; 17. 8. 2005 AP BetrVG 1972 § 37 Nr. 142). Andernfalls würde das Betriebsratsmitglied wegen seines Amtes begünstigt, was nach § 78 Satz 2 unzulässig ist. Das Betriebsratsmitglied hat daher während der Dauer seiner Amtszeit Anspruch auf Gehaltserhöhungen in dem Umfang, in dem die Gehälter vergleichbarer Arbeitnehmer mit betriebsüblicher beruflicher Entwicklung erhöht werden. Werden die Vergütungen innerhalb der Vergleichsgruppe um einen bestimmten **Prozentsatz** angehoben, hat das Betriebsratsmitglied Anspruch auf dieselbe prozentuale Erhöhung seines Gehalts. Fallen die Gehaltserhöhungen innerhalb der Vergleichsgruppe unterschiedlich aus, kommt es darauf an, in welchem Umfang die Gehälter der Mehrzahl der der Vergleichsgruppe angehörenden Arbeitnehmer angehoben werden. Handelt es sich um eine sehr kleine Vergleichsgruppe und lässt sich deshalb nicht feststellen, dass die Gehälter der Mehrzahl der vergleichbaren Arbeitnehmer in gleichem Umfang erhöht wurden, kann für den Gehaltsanpassungsanspruch des Betriebsratsmitglieds der Durchschnitt der den Angehörigen der Vergleichsgruppe gewährten Gehaltserhöhungen maßgebend sein, wenn nur auf diese Weise eine nach § 78 Satz 2 unzulässige Begünstigung oder Benachteiligung des Betriebsratsmitglieds vermieden werden kann (BAG 19. 1. 2005, AuA 2005, 436).

64   b) Maßgebend ist das **Arbeitsentgelt der Arbeitnehmer,** deren Tätigkeit bei **Übernahme des Betriebsratsamtes** mit der des Betriebsratsmitglieds **vergleichbar** ist (ebenso BAG 17. 5. 1977, 21. 4. 1983 und 15. 1. 1992, AP BetrVG 1972 § 37 Nr. 28, 43 und 84; *Fitting,* § 37 Rn. 118; GL-*Marienhagen,* § 37 Rn. 57; GK-*Weber,* § 37 Rn. 111, 117). Bei Ersatzmitgliedern kommt es auf den Zeitpunkt des Nachrückens in den Betriebsrat an (ebenso BAG AP BetrVG 1972 § 37 Nr. 84). **Vergleichbar** sind die Arbeitnehmer, die im Zeitpunkt der Übernahme des Betriebsratsamtes ähnliche, im Wesentlichen gleich qualifizierte Tätigkeiten wie das Betriebsratsmitglied ausgeübt haben und dafür in ähnlicher Art und Weise wie das Betriebsratsmitglied fachlich und persönlich qualifiziert waren (ebenso BAG 19. 1. 2005, AuA 2005, 436; BAG 17. 5. 1977, 21. 4. 1983 und 15. 1. 1992 AP BetrVG 1972 § 37 Nr. 28, 43 und 84).

65   Dabei kommt es auf die fachlichen und persönlichen Voraussetzungen nur insoweit an, als sie die objektivierte Stellung des Arbeitnehmers innerhalb der betrieblichen Organisation bestimmen. Ist ein Betriebsratsmitglied besonders qualifiziert und übt es daher eine überdurchschnittliche Tätigkeit aus, so sind zwar mit ihm vergleichbar nur die Arbeitnehmer, die ebenfalls entsprechend qualifiziert sind und eine entsprechende überdurchschnittliche Tätigkeit verrichten (ebenso BAG 21. 4. 1983 und 13. 11. 1987 AP BetrVG 1972 § 37 Nr. 43 und 61; *Fitting,* § 37 Rn. 120; GK-*Weber,* § 37 Rn. 112). Voraussetzung ist aber, was in Rechtsprechung und Literatur nicht hinreichend deutlich wird, dass die Qualifikation und die Tätigkeit sich auf die *Bemessung des Arbeitsentgelts* auswirken. Deshalb sind in den Vergleich nicht Arbeitnehmer einzubeziehen, die eine vergleichbare Qualifikation aufweisen, aber eine andere, höher bezahlte Tätigkeit ausüben. Aber auch Zulagen, die vergleichbaren Arbeitnehmern im Regelfall gewährt werden, auf die das Betriebsratsmitglied aber vor Übernahme seines Betriebsratsamtes keinen Anspruch hatte, bleiben bei der Bestimmung der Bemessungsgrundlage außer

V. Arbeitsentgelt- und Tätigkeitsgarantie § 37

Betracht; denn ihre Einbeziehung wäre mit dem Begünstigungsverbot des § 78 Satz 2 unvereinbar (ebenso BAG 17. 5. 1977 AP BetrVG 1972 § 37 Nr. 28).

Bei der Bemessung nach dem Arbeitsentgelt vergleichbarer Arbeitnehmer ist deren **betriebsübliche berufliche Entwicklung einzubeziehen.** Betriebsüblich ist die Entwicklung, die bei objektiv vergleichbarer Tätigkeit Arbeitnehmer mit vergleichbarer fachlicher und persönlicher Qualifikation bei Berücksichtigung der normalen betrieblichen und personellen Entwicklung in beruflicher Hinsicht genommen haben (BAG 13. 11. 1987; 15. 1. 1992 AP BetrVG 1972 § 37 Nr. 84; 19. 1. 2005, AuA 2005, 436; 17. 8. 2005 AP BetrVG 1972 § 37 Nr. 142). Der Begriff „üblich" erfasst sprachlich nur den Normalfall, nicht aber Ausnahmefälle (so zutreffend BAG AP BetrVG 1972 § 37 Nr. 84). Die Betriebsüblichkeit in diesem Sinne entsteht auf Grund eines gleichförmigen Verhaltens des Arbeitgebers und einer von ihm aufgestellten Regel. Bloße Vergleichbarkeit der beruflichen Entwicklung der Arbeitnehmer in der Vergangenheit ist nicht ausreichend (BAG 17. 8. 2005 AP BetrVG 1972 § 37 Nr. 142).Es reicht also nicht aus, sich darauf zu berufen, dass irgendein vergleichbarer Arbeitnehmer des Betriebes einen bestimmten beruflichen Aufstieg genommen hat, sondern von Betriebsüblichkeit kann nur gesprochen werden, wenn dies bei der Mehrzahl aller vergleichbaren Mitarbeiter der Fall ist (LAG Köln 13. 3. 2002, AR-Blattei ES 530.8 Nr 44; zu großzügig daher LAG Düsseldorf 16. 7. 2004, DB 2005, 400: Orientierung an nur einem Arbeitnehmer). 66

Da § 37 Abs. 4 das Benachteiligungsverbot des § 78 Satz 2 konkretisiert, darf die Anwendung der Vorschrift auch nicht zu einer Begünstigung des Betriebsratsmitglieds gegenüber anderen Arbeitnehmern führen (BAG 15. 1. 1992 AP BetrVG 1972 § 37 Nr. 84; AP BetrVG 1972 § 37 Nr. 142). Deshalb ist die **Übertragung höherwertiger Tätigkeiten** nur dann betriebsüblich im Sinne von § 37 Abs. 4, wenn nach den betrieblichen Gepflogenheiten dem Betriebsratsmitglied die höherwertige Tätigkeit hätte übertragen werden müssen, oder die Mehrzahl der vergleichbaren Arbeitnehmer einen solchen Aufstieg erreicht. Nicht ausreichend ist es deshalb, dass das Betriebsratsmitglied bei der Amtsübernahme in seiner bisherigen beruflichen Entwicklung einem vergleichbaren Arbeitnehmer vollkommen gleich gestanden hat, oder die Besserstellung eines oder mehrerer vergleichbarer Arbeitnehmer auf individuellen, nur auf diese bzw. diesen Arbeitnehmer persönlich zugeschnittenen Gründen beruht (BAG 13. 11. 1987 AP BetrVG 1972 § 37 Nr. 61; AP BetrVG 1972 § 37 Nr. 142). 66a

Haben die bei Übernahme des Betriebsratsamtes mit dem Betriebsratsmitglied vergleichbaren Arbeitnehmer eine **zusätzliche Qualifikation** erworben und üben sie deshalb eine andere Tätigkeit aus, so gehören sie grundsätzlich nicht mehr zu den vergleichbaren Arbeitnehmern mit betriebsüblicher beruflicher Entwicklung. Eine Ausnahme gilt nur, wenn die vergleichbaren Arbeitnehmer im Allgemeinen die zusätzliche Qualifikation erworben haben, z. B. wenn allgemein betriebliche Fortbildungs- oder Schulungskurse durchgeführt werden und sich deshalb generell das Tätigkeitsfeld der vergleichbaren Arbeitnehmer ändert; jedoch gilt dies nur, wenn das Betriebsratsmitglied wegen seiner Betriebsratstätigkeit nicht die Qualifikation erwerben konnte, z. B. nicht an der betrieblichen Fort- und Weiterbildung teilnehmen konnte (ebenso *Fitting*, § 37 Rn. 121; GK-*Weber*, § 37 Rn. 117). 66b

Auch wenn „festgelegt" wurde, dass sich die künftige Gehaltsentwicklung eines Betriebsratsmitglieds für die Dauer seiner Freistellung am Einkommen von **speziell benannten Personen** „zu orientieren" habe und ein Großteil jener im Laufe der Zeit ausgeschieden sind, bedeutet das nicht zwangsläufig, dass sich das Einkommen des freigestellten Betriebsratsmitglieds ausschließlich an der Einkommensentwicklung des oder der verbliebenen Arbeitnehmer(s) zu orientieren hätte. Auch hier kommt es maßgeblich darauf an, ob die verbleibende(n) Person(en) als repräsentativ hinsichtlich ihrer beruflichen Entwicklung im Rahmen der Vergleichsgruppe angesehen werden kann (LAG München 22. 12. 2005 – 4 Sa 736/05, juris). Wenn jedoch unklar bleibt, ob dies so ist, trägt die Last des non liquet der Betriebsrat. 66c

Thüsing

67 Wird wegen der Betriebsratstätigkeit eine **Versetzung des Betriebsratsmitglieds** notwendig, so bemisst sich sein Arbeitsentgelt gleichwohl nach dem Arbeitsentgelt der nach seinem **bisherigen Arbeitsplatz vergleichbaren Arbeitnehmer** mit betriebsüblicher beruflicher Entwicklung. Gleiches gilt, wenn der Arbeitsplatz des Betriebsratsmitglieds fortfällt und nicht durch einen gleichartigen oder gleichwertigen Arbeitsplatz ersetzt werden kann (ebenso BAG 17. 5. 1977 AP BetrVG 1972 § 37 Nr. 28; GK-*Weber*, § 37 Rn. 115).

68 c) Das Betriebsratsmitglied kann verlangen, dass sein Arbeitsentgelt dem **Arbeitsentgelt vergleichbarer Arbeitnehmer** mit betriebsüblicher beruflicher Entwicklung **laufend angepasst** wird (ebenso BAG 21. 4. 1983 AP BetrVG 1972 § 37 Nr. 43; *Brecht*, § 37 Rn. 8; *Fitting*, § 37 Rn. 124; GK-*Weber*, § 37 Rn. 119; HWK-*Reichold*, § 37 Rn. 27). Das gilt nicht nur, soweit das Betriebsratsmitglied für die Zeit einer Arbeitsbefreiung oder Freistellung die Fortzahlung des Arbeitsentgelts verlangen kann, sondern vor allem auch, wenn ein Betriebsratsmitglied arbeitet, aber infolge seiner Betriebsratstätigkeit nicht das gleiche Arbeitsentgelt erzielt wie vergleichbare Arbeitnehmer mit betriebsüblicher beruflicher Entwicklung. Daher ist bei einer wegen der Betriebsratstätigkeit notwendigen Umsetzung von Akkord- in Zeitarbeit der Akkordverdienst dieser Arbeitnehmer zugrunde zu legen (ebenso *Fitting*, § 37 Rn. 124; HSWGNR-*Glock*, § 37 Rn. 88 a). Zu Sicherstellung dieses Anspruchs hat das Betriebsratsmitglied nach der Rechtsprechung des BAG einen aus § 242 BGB hergeleiteten **Auskunftsanspruch** gegen den Arbeitgeber hinsichtlich der Gehaltsentwicklung vergleichbarer Arbeitnehmer mit betriebsüblicher beruflicher Entwicklung (BAG 19. 1. 2005, AuA 2005, 436). Gibt es mehrere vergleichbare Arbeitnehmer, so kann der Arbeitgeber sich auf eine Darstellung in anonymisierter Form beschränken.

69 Nicht berücksichtigt werden bei der Ermittlung der Bemessungsgrundlage Vergütungen für *zusätzliche Arbeitsleistungen*, z. B. eine Vergütung für Mehrarbeit, die von vergleichbaren Arbeitnehmern erbracht wird (ebenso LAG Hamburg 24. 1. 1977, DB 1977, 1098; *Fitting*, § 37 Rn. 125; GK-*Weber*, § 37 Rn. 121; HSWGNR-*Glock*, § 37 Rn. 88). Ein Anspruch auf die Mehrarbeitsvergütung ergibt sich vielmehr nach Abs. 2, wenn das Betriebsratsmitglied eine auch für seinen Arbeitsplatz angeordnete Mehrarbeit nicht leisten konnte, weil es wegen der Erfüllung einer Amtsobliegenheit verhindert war, und ein freigestelltes Betriebsratsmitglied hat den Anspruch auf Mehrarbeitsvergütung, wenn diese den Bestandteil seines individuellen Arbeitsentgelts bildet, das es erhalten hätte, wenn es nicht freigestellt worden wäre, sondern seine bisherige betriebliche Tätigkeit weiter hätte leisten müssen (ebenso LAG Hamburg, DB 1977, 1097 f.; s. auch § 38 Rn. 54).

70 Die Arbeitsentgeltgarantie erstreckt sich deshalb auch nur, wie Abs. 4 Satz 2 klarstellt, auf **allgemeine Zuwendungen des Arbeitgebers.** Hierunter fallen Gratifikationen, Abschlussvergütungen, Jubiläumszuwendungen und auch vermögenswirksame Leistungen, die der Arbeitgeber vergleichbaren Arbeitnehmern mit betriebsüblicher beruflicher Entwicklung gewährt (ebenso *Fitting*, § 37 Rn. 127; GL-*Marienhagen*, § 37 Rn. 60; GK-*Weber*, § 37 Rn. 122; HSWGNR-*Glock*, § 37 Rn. 89; DKK-*Wedde*, § 37 Rn. 83). Sachleistungen, wie die Zurverfügungstellung eines Firmenwagens, fallen hingegen nicht unter Abs. 4. Sie erfüllen nicht die Voraussetzung einer Geldleistung (VG Ansbach 9. 4. 2008 – AN 11 K 06.01560, juris).

Unklar ist, inwieweit auch **Entgeltansprüche, die Arbeitnehmern gegen Dritte zustehen,** von der Garantie des Abs. 4 erfasst sind. Hat ein freigestelltes Betriebsratsmitglied neben seinem Arbeitsverhältnis von der Muttergesellschaft auf der Basis eines Aktienoptionsplans Aktienoptionen bezogen, so kann daraus ein unmittelbarer Anspruch gegenüber dem Arbeitgeber aus Abs. 4 auf Verschaffung solcher Optionen während der Zeit der Freistellung von der beruflichen Tätigkeit erwachsen. Entscheidend ist insoweit, ob der Dritte sie nach der Abrede der Arbeitsvertragsparteien anstelle oder neben dem zwischen ihnen vereinbarten Arbeitsentgelt erbringen soll. Erfüllt der Dritte gegenüber

V. Arbeitsentgelt- und Tätigkeitsgarantie § 37

dem Arbeitnehmer die von ihm in Hinblick auf das Bestehen des Arbeitsverhältnisses übernommene Verpflichtung nicht, so kann an seiner Stelle der Arbeitgeber zur Leistung verpflichtet sein (vgl. BAG 16. 1. 2008 AP BetrVG 1972 § 37 Nr. 144).

d) Die Arbeitsentgeltgarantie besteht nicht nur während der Mitgliedschaft im Betriebsrat, sondern auch noch **innerhalb eines Zeitraums von einem Jahr nach Beendigung der Amtszeit**. Wie zum nachwirkenden Kündigungsschutz war auch hier streitig, ob mit der Beendigung der Amtszeit die Beendigung des Amtes des Betriebsrats gemeint ist (so *Fitting*, 12. Aufl., § 37 Rn. 57) oder ob es auf das Erlöschen der Mitgliedschaft im Betriebsrat ankommt. Der RegE des Arbeitsrechtlichen EG-Anpassungsgesetzes (BT-Drucks. 8/3317) wollte deshalb § 15 Abs. 1 und 2 KSchG und entsprechend hier Abs. 4 und 5 sowie § 38 Abs. 3 um den Satz ergänzen, dass der Beendigung der Amtszeit gleichstehe, wenn die Mitgliedschaft infolge des Übergangs eines Betriebs oder eines Betriebsteils auf einen anderen Arbeitgeber erlösche. Da das BAG aber zwischenzeitlich erkannt hatte, dass der nachwirkende Kündigungsschutz auch Betriebsratsmitgliedern zusteht, die ihr Betriebsratsamt niedergelegt haben (AP KSchG 1969 § 15 Nr. 6), wurde die geplante Ergänzung nicht in das Arbeitsrechtliche EG-Anpassungsgesetz übernommen; denn dem BT-Ausschuss für Arbeit und Sozialordnung erschien sie, nachdem die Entscheidung des BAG vorlag, überflüssig, wobei er zu Recht die Befürchtung hegte, dass eine unveränderte Verabschiedung die Auslegung zuließe, der Gesetzgeber habe die Rechtsprechung des BAG korrigieren wollen (BT-Drucks. 8/4259, S. 9 f.). Abs. 4 und 5 sowie § 38 Abs. 3 sind deshalb nicht anders als § 15 Abs. 1 Satz 2 KSchG auszulegen. Wie dort ist deshalb auf das *Erlöschen der Mitgliedschaft im Betriebsrat* abzustellen (ebenso nunmehr auch *Fitting*, § 37 Rn. 129; GK-*Weber*, § 37 Rn. 124; HSWGNR-*Glock*, § 37 Rn. 90 f.). Die dort enthaltene Einschränkung ist aber auch hier zu machen, so dass die Nachwirkung nicht eintritt, wenn die Beendigung der Mitgliedschaft auf einer gerichtlichen Entscheidung beruht (ebenso GK-*Weber*, § 37 Rn. 125; HSWGNR-*Glock*, § 37 Rn. 90; a. A. *Fitting*, § 37 Rn. 129; DKK-*Wedde*, § 37 Rn. 84).

Bei Mitgliedern des Betriebsrats, die drei volle aufeinander folgende Amtszeiten freigestellt waren, erhöht sich der Zeitraum auf zwei Jahre nach Ablauf der Amtszeit (§ 38 Abs. 3; s. dort Rn. 57 ff.).

e) Aus § 37 Abs. 4 resultierende Ansprüche auf Gehaltsanpassung beruhen auf § 611 BGB und dem Arbeitsvertrag. Es handelt sich daher um Vergütungsansprüche aus dem Arbeitsverhältnis und nicht um Aufwendungen aus der Tätigkeit als Betriebsratsmitglied (was wichtig sein kann im Hinblick auf mögliche Ausschlussfristen: BAG 19. 1. 2005, AuA 2005, 436; s. auch BAG 30. 1. 1973 AP BetrVG 1972 § 40 Nr. 3).

3. Tätigkeitsgarantie

a) Die Arbeitsentgeltgarantie wird durch den **Tätigkeitsschutz** in Abs. 5 ergänzt: Mitglieder des Betriebsrats dürfen nur mit Tätigkeiten beschäftigt werden, die den **Tätigkeiten vergleichbarer Arbeitnehmer mit betriebsüblicher beruflicher Entwicklung gleichwertig** sind, **soweit nicht zwingende betriebliche Notwendigkeiten entgegenstehen**. Zweck des Gebots ist es, zu verhindern, dass einem Betriebsratsmitglied deshalb, weil es mit der Betriebsratstätigkeit belastet ist, eine Tätigkeit zugewiesen wird, die mit der Arbeit vergleichbarer Arbeitnehmer mit betriebsüblicher Entwicklung nicht gleichwertig ist.

b) Mit der Tätigkeit ist nicht nur die berufliche Stellung im Betrieb gemeint, sondern die **konkrete Tätigkeit**, die das Betriebsratsmitglied ausübt (ebenso *Fitting*, § 37 Rn. 132; GK-*Weber*, § 37 Rn. 128). Gewährleistet wird nicht eine Beschäftigung mit einer *gleichen*, sondern mit einer **gleichwertigen Tätigkeit**. Mit der Gleichwertigkeit wird nicht nur gesichert, dass keine Tätigkeit übertragen werden darf, die einen Wechsel in der Vergütungsgruppe auslöst oder den Tätigkeitsmerkmalen einer anderen Vergütungsgruppe entspricht (so der Begriff der höher oder niedriger zu bewertenden Tätigkeit in

§ 75 Abs. 1 Nr. 2 BPersVG; vgl. *Dietz/Richardi*, BPersVG, § 75 Rn. 28 f.); gewährleistet wird vielmehr auch, dass die übertragene Tätigkeit im Betrieb als gleichwertig angesehen wird, auch wenn mit der Übertragung keine vergütungsrechtlichen Auswirkungen verbunden sind (ebenso GK-*Weber*, § 37 Rn. 128). Das unterscheidet die Gleichwertigkeit hier von der Gleichwertigkeit des § 612 Abs. 3 BGB (hierzu ausführlich *Thüsing*, NZA 2000, S. 570). Ob Gleichwertigkeit gegeben ist, beurteilt sich nach der in den beteiligten Berufsgruppen herrschenden Verkehrsauffassung (vgl. LAG Frankfurt 14. 8. 1986, DB 1987, 442); besteht jedoch im Betrieb ein strengerer Maßstab als dort, so ist er zugrunde zu legen (offengelassen LAG Frankfurt a. M., a. a. O.; wie hier, aber nur für Beurteilung nach der in den beteiligten Berufsgruppen herrschenden Verkehrsauffassung *Fitting*, § 37 Rn. 132; ErfK-*Eisemann/Koch*, § 37 Rn. 14; DKK-*Wedde*, § 37 Rn. 86; a. A. stets für Beurteilung nach den Anschauungen der im Betrieb Beschäftigten GK-*Weber*, § 37 Rn. 128; HSWGNR-*Glock*, § 37 Rn. 93).

75 Das Kriterium der Gleichwertigkeit bezieht sich auf die Tätigkeiten der **vergleichbaren Arbeitnehmer mit betriebsüblicher beruflicher Entwicklung** (s. dazu Rn. 64 ff.). Daher ist deren betriebsübliche berufliche Entwicklung einzubeziehen (s. auch Rn. 66). Daraus kann sich im Einzelfall ein Anspruch des Betriebsratsmitglieds auf Zuweisung einer höherwertigen Tätigkeit ergeben, nämlich wenn alle vergleichbaren Arbeitnehmer mit betriebsüblicher beruflicher Entwicklung eine höherwertige Tätigkeit als bei Übernahme des Betriebsratsamtes ausüben (ebenso *Fitting*, § 37 Rn. 133; GL-*Marienhagen*, § 37 Rn. 64; HSWGNR-*Glock*, § 37 Rn. 94; DKK-*Wedde*, § 37 Rn. 89). Maßgebend ist also, dass die Tätigkeit des Betriebsratsmitglieds mit der vergleichbarer Arbeitnehmer mit betriebsüblicher beruflicher Entwicklung gleichwertig *bleibt*. Daher darf ein Betriebsratsmitglied nicht vom beruflichen Aufstieg ausgeschlossen werden (ebenso HSWGNR-*Glock*, § 37 Rn. 95; hierzu LAG Köln 13. 3. 2002, AR-Blattei ES 530.8 Nr 44). Wenn jedoch das Betriebsratsmitglied die erforderliche berufliche Qualifikation nicht besitzt, kann es nicht verlangen, dass ihm eine höherwertige Tätigkeit übertragen wird; denn es darf wegen seiner Betriebsratstätigkeit auch in seiner beruflichen Entwicklung nicht begünstigt werden (§ 78 Satz 2). Auch wenn das Betriebsratsmitglied wegen seiner Betriebsratstätigkeit nicht die Qualifikation erwerben konnte, z. B. nicht an der betrieblichen Fort- und Weiterbildung teilnehmen konnte, besteht kein Anspruch auf Übertragung einer höherwertigen Tätigkeit, solange die für sie erforderliche Qualifikation nicht erworben ist (ebenso *Fitting*, § 37 Rn. 133; GK-*Weber*, § 37 Rn. 129; HSWGNR-*Glock*, § 37 Rn. 95). Allerdings darf in diesem Fall das *Arbeitsentgelt* des Betriebsratsmitglieds nicht geringer bemessen werden als das Arbeitsentgelt der mit ihm vergleichbaren Arbeitnehmer (ebenso *Fitting*, *Wiese/Weber*, *Glock*, jeweils a. a. O.; s. Rn. 66).

76 c) Der Anspruch auf Beschäftigung mit gleichwertiger Tätigkeit besteht nur, soweit nicht **zwingende betriebliche Notwendigkeiten** entgegenstehen. Diese Schranke ist dem Anspruch immanent, weil anderenfalls das Betriebsratsmitglied wegen seiner Betriebsratstätigkeit begünstigt wird. Jedoch gebietet der Zweck der Tätigkeitsgarantie, dass sie eng ausgelegt wird (ebenso *Fitting*, § 37 Rn. 134; GK-*Weber*, § 37 Rn. 130; HSWGNR-*Glock*, § 37 Rn. 95; HWK-*Reichold*, § 37 Rn. 30; DKK-*Wedde*, § 37 Rn. 87; *Joost*, MünchArbR § 220 Rn. 144). Betriebliche Notwendigkeiten sind nur gegeben, wenn die Betriebsorganisation oder der technische Betriebsablauf einer Beschäftigung mit einer gleichwertigen Tätigkeit entgegensteht, und außerdem müssen sie zwingend sein, also derart beschaffen sein, dass anderenfalls das Betriebsratsmitglied überhaupt nicht beschäftigt werden kann. Sind diese Voraussetzungen gegeben, so kann das Betriebsratsmitglied auch mit einer nicht gleichwertigen Tätigkeit beschäftigt werden. Es kann also nicht verlangen, dass für ihn ein gleichwertiger Arbeitsplatz eingerichtet wird (ebenso *Fitting*, *Wiese/Weber*, *Glock*, *Joost*, jeweils a. a. O.). Für die Bemessung des Arbeitsentgelts gilt aber in diesem Fall Abs. 4 (s. auch Rn. 67). Muss das Betriebsratsmitglied also eine Tätigkeit übernehmen, die nicht gleichwertig ist und daher schlechter entlohnt wird

als die Tätigkeit vergleichbarer Arbeitnehmer mit betriebsüblicher beruflicher Entwicklung, so hat der Arbeitgeber die Lohndifferenz zu zahlen.

d) Die **Tätigkeitsgarantie besteht nicht nur während der Mitgliedschaft im Betriebsrat,** sondern auch noch **innerhalb eines Zeitraums von einem Jahr nach Beendigung der Amtszeit** (s. Rn. 71). 77

e) Für **freigestellte Betriebsratsmitglieder** entfaltet die Tätigkeitsgarantie während ihrer Freistellung keine Rechtswirkungen. Sie greift also erst ein, wenn die Freistellung aufgehoben ist. Da jedoch die Übertragung einer gleichwertigen Tätigkeit nur bei entsprechender Qualifikation verlangt werden kann (s. Rn. 75), gilt ergänzend § 38 Abs. 4 (s. dort Rn. 62 ff.). Für Mitglieder des Betriebsrats, die drei volle aufeinander folgende Amtszeiten freigestellt waren, verlängert sich die Tätigkeitsgarantie auf zwei Jahre nach Ablauf der Amtszeit (§ 38 Abs. 3); entsprechend erhöht sich der Zeitraum, in dem einem Betriebsratsmitglied Gelegenheit zu geben ist, eine wegen der Freistellung unterbliebene betriebsübliche berufliche Entwicklung nachzuholen (§ 38 Abs. 4 Satz 3; s. dort Rn. 57 ff., 64). 78

VI. Teilnahme an Schulungs- und Bildungsveranstaltungen zur Erlangung der für die Arbeit des Betriebsrats erforderlichen Kenntnisse (Abs. 6)

1. Vorgeschichte

Im BetrVG 1952 fehlte eine Regelung über die Teilnahme an Schulungs- und Bildungsveranstaltungen. Das BAG vertrat aber die Auffassung, dass zur Durchführung der Aufgaben eines Betriebsrats nicht nur deren konkrete Wahrnehmung, sondern auch das Wissen um die Aufgaben und um die vom Gesetz geforderte Art und Weise ihrer Durchführung im Betrieb gehört; es gab daher den Anspruch auf Fortzahlung des Arbeitsentgelts nach § 37 Abs. 2 BetrVG 1952, wenn bei Bestehen eines „konkreten betriebsbezogenen Anlasses" eine Schulung durchgeführt wurde, die sich unmittelbar und ausschließlich mit den Aufgaben des Betriebsrats und ihrer Verwirklichung im Betrieb nach dem BetrVG befasste (vgl. BAG 10. 11. 1954 AP BetrVG § 37 Nr. 1; 22. 1. 1965 AP BetrVG § 37 Nr. 10; zust. *Fitting*, § 37 Rn. 17; *Galperin/Siebert*, § 37 Rn. 26; *Nikisch*, Bd. III S. 160 f.; a. A. *Dietz*, § 37 Rn. 10). Der Gesetzgeber hat die Rspr. des BAG gebilligt; zu den Amtsobliegenheiten gehört auch die Teilnahme an Schulungs- und Bildungsveranstaltungen, soweit diese Kenntnisse vermitteln, die für die Arbeit des Betriebsrats erforderlich sind (ebenso BAG 31. 10. 1972 AP BetrVG 1972 § 40 Nr. 2; s. ausführlich § 40 Rn. 30 f.). Abs. 6 regelt die Freistellung zur Teilnahme an Schulungen, die für die Betriebsratsarbeit erforderlich sind; er konkretisiert den schon vom BAG anerkannten Anspruch. Abs. 7 gibt dagegen darüber hinaus jedem Betriebsratsmitglied während seiner regelmäßigen Amtszeit einen Anspruch auf bezahlte Freistellung für insgesamt drei bzw. vier Wochen zur Teilnahme an als geeignet anerkannten Schulungs- und Bildungsveranstaltungen. 79

2. Normzweck

Die **unterschiedliche Regelung** der Teilnahme an Schulungs- und Fortbildungsveranstaltungen nach Abs. 6 und Abs. 7 ist nur vor dem Hintergrund der Rspr. des BAG zu § 37 Abs. 2 BetrVG 1952 zu verstehen (ebenso *Dütz/Säcker*, DB 1972 Beil. 17 S. 9). Für die **Interpretation des Abs. 6** ist deshalb die **Notwendigkeit der Kenntniserlangung für die Betriebsratsarbeit** der maßgebende Gesichtspunkt; die Schulung muss einen unmittelbaren Zusammenhang mit der Betriebsratstätigkeit haben. Abs. 7 gibt dagegen jedem Betriebsratsmitglied einen zeitlich begrenzten Anspruch auf Freistellung zur Teilnahme an als geeignet anerkannten Schulungen; er gewährt also einen amtsbezogenen Bildungsurlaub. 80

81 Normzweck von Abs. 6 und Abs. 7 ist **nicht** die **Herstellung intellektueller Waffengleichheit** zwischen Arbeitgeber und Betriebsrat (wohl allg. M.: DKK-*Wedde*, § 37 Rn. 91 ff.; *Teichmüller*, Einzelfragen des § 37 Abs. 6 BetrVG, S. 23; im Ansatz auch *Fitting*, § 37 Rn. 136; *Eich*, BB 1973, 1032; *Streckel*, DB 1974, 335; abl. LAG Berlin 11. 12. 1989, DB 1990, 696; LAG Köln, DB 1993, 789; GK-*Weber*, § 37 Rn. 137; HSWGNR-*Glock*, § 37 Rn. 98; *Loritz*, NZA 1993, 2, 5; *Schiefer*, NZA 1995, 454). Es geht vielmehr ausschließlich darum, dass die Verwirklichung einer Mitbestimmungsordnung in der Betriebsverfassung nur dann funktioniert, wenn ihre Funktionsträger die notwendigen Kenntnisse haben. Durch Abs. 6 und Abs. 7 sollen die Betriebsratsmitglieder keineswegs zu Führungskräften des Unternehmens geschult werden, sondern sie sollen in die Lage versetzt werden, die Mitbestimmung der Arbeitnehmer sinnvoll zu verwirklichen (ebenso *Eich*, BB 1973, 1032; *Streckel*, DB 1974, 335, 336). Deshalb geht es auch nicht um Waffengleichheit wie in der vom Konfrontationsmodell geprägten Tarifautonomie mit arbeitskampfrechtlicher Konfliktlösung. Auch soweit das BetrVG Vorkehrungen trifft, um eine effektive Ausübung der Beteiligungsrechte zu sichern, ist es verfehlt, darin einen Grundsatz der intellektuellen Waffengleichheit zu erblicken. Einen anderen Begriffsinhalt erhält aber der Begriff der Waffengleichheit, wenn *Däubler* die Geltung eines Grundsatzes der intellektuellen Waffengleichheit darauf stützen will, dass das BetrVG auf Ausgleichung und gegenseitige Verständigung, nicht jedoch auf Kampf und machtmäßige Auseinandersetzung angelegt sei (*Däubler*, Schulung, 5. Aufl. 2004, Rn. 99). Mit dem Begriff der intellektuellen Waffengleichheit wird deshalb nicht zutreffend bestimmt, was der Gesetzgeber mit seiner Regelung in Abs. 6 und Abs. 7 bezweckt.

82 Mit einem Gebot intellektueller Waffengleichheit zwischen Arbeitgeber und Betriebsrat lässt sich vor allem das Verhältnis zwischen Abs. 6 und Abs. 7 nicht so bestimmen, wie Gesetzestext und Entstehungsgeschichte es nahelegen. Würde man in Abs. 6 das Kriterium, dass die Kenntnisse für die Arbeit des Betriebsrats *erforderlich* sein müssen, dahin interpretieren, dass erforderlich sei, was das Gleichgewicht herstelle, so bliebe, wie *Däubler* selbst zugibt, für Abs. 7 kein Raum mehr (*Däubler*, Schulung, 5. Aufl. 2004, Rn. 123). Daher soll nach seiner Auffassung Abs. 6 alle Veranstaltungen erfassen, die „betriebsratsspezifisches" Wissen zum Gegenstand haben, die solche Informationen und Fähigkeiten vermitteln, die in der Betriebsratstätigkeit unmittelbar nutzbar gemacht werden können (*Däubler*, Schulung, Rn. 153), während er den Veranstaltungen nach Abs. 7 die Aufgabe zuweist, den Rückstand der Betriebsräte im Allgemeinwissen abzubauen, ihnen diejenigen Informationen und Fertigkeiten zu vermitteln, die bei der anderen Seite mit Rücksicht auf ihre Vorbildung und ihre Stellung im Arbeitsprozess als selbstverständlich vorausgesetzt werden (*Däubler*, Schulung, 5. Aufl. 2004, Rn. 123). Damit wird aber das Kriterium der *Erforderlichkeit für die Betriebsratsarbeit* in Abs. 6 eliminiert, wenn letztlich jede Lehrveranstaltung, deren Thema eine Beziehung zur Betriebsratstätigkeit aufweist, einen zeitlich nicht begrenzten Freistellungsanspruch zu rechtfertigen vermag. Vor allem wird Abs. 7 aus dem Zusammenhang mit der Betriebsratstätigkeit gelöst; denn die These *Däublers*, diese Bestimmung bezwecke, den Rückstand im Allgemeinwissen abzubauen, um insoweit die intellektuelle Waffengleichheit zum Arbeitgeber herzustellen, findet im Gesetzestext keine ausreichende Stütze und wird auch von den Gesetzesmaterialien des BetrVG nicht gedeckt (vgl. die Begründung des RegE, BT-Drucks. VI/1786, S. 35). Wenn Abs. 7 verlangt, dass eine Schulungs- und Bildungsveranstaltung als *geeignet* anerkannt ist, kann man davon ausgehen, dass damit Lehrveranstaltungen gemeint sind, die eine Beziehung zur *Betriebsratstätigkeit* aufweisen, die also für die Betriebsratsarbeit geeignet sind (vgl. auch BAG 6. 4. 1976 AP BetrVG 1972 § 37 Nr. 23).

83 Sowohl für Abs. 6 als auch für Abs. 7 gilt deshalb, dass ein **Bezug zur Betriebsratstätigkeit** bestehen muss; der Unterschied besteht lediglich darin, dass nach Abs. 6 die vermittelten Kenntnisse für die Arbeit des Betriebsrats **erforderlich** sind, während Abs. 7 darauf abstellt, dass die Schulung als **geeignet** anerkannt ist (vgl. BAG 6. 11. und 18. 12.

VI. Teilnahme an Schulungs- und Bildungsveranstaltungen § 37

1973 AP BetrVG 1972 § 37 Nr. 5 und 7; 27. 11. 1973 AP ArbGG 1953 § 89 Nr. 9; 6. 4. 1976 AP BetrVG 1972 § 37 Nr. 23; s. ausführlich Rn. 84 ff. und Rn. 141 ff.). Die nach den Bildungsurlaubsgesetzen einzelner Länder möglichen Themen sind, wie das BAG ausdrücklich hervorhebt, „noch nicht ohne weiteres auch geeignete Veranstaltungen i. S. des § 37 Abs. 7 BetrVG oder gar Veranstaltungen, die erforderliche Kenntnisse i. S. des § 37 Abs. 6 BetrVG vermitteln" (AP BetrVG 1972 § 37 Nr. 23, Bl. 3).

3. Schulungsinhalt

Der Anspruch in Abs. 6 besteht für die Teilnahme an Schulungs- und Bildungsveranstaltungen, soweit diese **Kenntnisse** vermitteln, die **für die Arbeit des Betriebsrats erforderlich** sind (Abs. 6 Satz 1). 84

a) Voraussetzung ist also stets, dass eine Schulung Kenntnisse vermittelt, die sich auf die **Aufgaben des Betriebsrats** und deren **Durchführung im Betrieb** beziehen. Bildungsveranstaltungen, die sich auf wirtschafts- und rechtspolitische, gewerkschaftspolitische oder allgemeinpolitische Fragen beziehen, scheiden schon deshalb für eine Freistellung nach Abs. 6 aus. Themen, die nicht Gegenstand einer Schulungs- und Bildungsveranstaltung nach Abs. 7 sein können (s. dazu Rn. 141 ff.), entfallen erst recht für Veranstaltungen, die erforderliche Kenntnisse i. S. des Abs. 6 vermitteln. 85

Voraussetzung ist weiterhin, dass die Erlangung der Kenntnisse für die Arbeit des Betriebsrats **erforderlich** ist. Für die Interpretation dieses Kriteriums ist zu beachten, dass durch Abs. 6 der vom BAG bereits zum BetrVG 1952 anerkannte Anspruch konkretisiert, aber nicht die teleologische Ausrichtung der für die Teilnahme an Schulungen maßgebenden Grundsätze geändert werden sollte (s. auch Rn. 79). Deshalb und wegen des gesetzessystematischen Zusammenhangs mit dem Freistellungsanspruch nach Abs. 7 genügt es nicht, dass die vermittelten Kenntnisse für die Arbeit des Betriebsrats nützlich sind, es sich also um *betriebsratsspezifisches Wissen* handelt, sondern Voraussetzung ist, dass der **Betriebsrat** die Kenntnisse unter **Berücksichtigung der konkreten Situation im Betrieb und Betriebsrat sofort oder** doch auf Grund einer typischen Fallgestaltung **demnächst benötigt,** um seine Aufgaben sachgemäß wahrnehmen zu können (ebenso BAG 9. 10. und 6. 11. 1973 AP BetrVG 1972 § 37 Nr. 4 und 5; 27. 11. 1973 AP ArbGG 1953 § 89 Nr. 9; st. Rspr.; vgl. BAG 14. 9. 1994, 15. 2. 1995 und 19. 7. 1995 AP BetrVG 1972 § 37 Nr. 99, 106 und 110). Entscheidend sind also die Verhältnisse im konkreten Betrieb oder konkreten Betriebsrat. Maßgebend ist nicht, wie eine isolierte Textinterpretation ergeben könnte, aber durch den systematischen Zusammenhang mit Abs. 7 widerlegt wird, ob ein einzelnes Mitglied für seine Tätigkeit im Betriebsrat die Kenntnisse benötigt, sondern es ist darauf abzustellen, ob die Kenntnisse für die Arbeit des Betriebsrats als *Kollegialorgan* erforderlich sind. Auf die Notwendigkeit der Kenntnis für ein einzelnes Mitglied kommt es allerdings dann an, wenn ihm nach der Funktionsverteilung im Betriebsrat die Erledigung bestimmter Betriebsratsaufgaben obliegt (vgl. BAG 25. 4. 1978 AP BetrVG 1972 § 37 Nr. 33; bestätigt BAG 15. 2. 1995 AP BetrVG 1972 § 37 Nr. 106; zu großzügig ArbG Berlin 4. 2. 1998, AiB 1998, 694, das aus dem Fehlen einer Kompetenzabgrenzung einen Schulungsbedarf für alle Betriebsratsmitglieder herleitet). Bestehen solche besonderen Umstände gerade für das **einzelne Betriebsratsmitglied,** dann kann dies Schulungen erforderlich machen, die für andere Betriebsratsmitglieder nicht erforderlich wären (BAG 24. 5. 1995 AP BetrVG 1972 § 37 Nr. 109: Die Teilnahme eines Betriebratsmitglieds an einer Schulungsveranstaltung „Diskussionsführung und Verhandlungstaktik" ist nur dann als erforderlich anzusehen, wenn das entsandte Betriebsratsmitglied im Betriebsrat eine derart herausgehobene Stellung einnimmt, dass gerade seine Schulung für die Betriebsratsarbeit notwendig ist; unzutreffend a. A. ArbG Bremen 25. 2. 2000, AiB 2000, 288, das einen allgemeinen Schulungsanspruch in diesen Fähigkeiten annimmt; s. auch LAG Schleswig-Holstein 10. 12. 1998, NZA-RR 1999, 643 = LAGE Nr. 52 zu § 37 BetrVG 1972). Auf der 86

Thüsing 645

anderen Seite hat der Betriebsrat bei seinem Beschluss über die Festlegung der **zeitlichen Lage der Teilnahme eines Betriebsratsmitglieds** an einer als geeignet anerkannten Bildungsveranstaltung kurz vor Ablauf der Amtsperiode im Betriebsrat zu prüfen, ob das Betriebsratsmitglied die auf der Schulung vermittelten Kenntnisse noch während seiner Amtszeit in die Betriebsratsarbeit einbringen kann (BAG 28. 8. 1996 BetrVG 1972 § 37 Nr. 117 – wo allerdings zu großzügig eine verbleibende Zeit von 3 Wochen nach einer dreitägigen Schulungsveranstaltung als ausreichend gewertet wurde; für einen Zeitraum von 8 Monaten bei einem sechstägigen Seminar LAG Köln 11. 4. 2002, ZTR 2002, 504; ähnlich LAG Hamm – 10 Sa 1053/06, juris, n. rk. s. auch Rn. 117).

87 Für die Beurteilung der Erforderlichkeit wesentlich ist, dass die Kenntniserlangung nicht nur abstrakt, sondern wegen der konkreten Situation im Betrieb geboten ist, damit die Betriebsratsmitglieder ihre Amtsobliegenheiten sachgerecht wahrnehmen können. Nicht notwendig ist es, dass die Kenntnis sofort benötigt wird, sondern es genügt, dass bei sachgerechter Betriebsratstätigkeit damit gerechnet werden muss, dass sich in Zukunft Aufgaben stellen, für deren Erfüllung der Betriebsrat die Kenntnis benötigt. Entscheidend ist in diesem Fall außerdem die konkrete Situation im Betriebsrat. Von der Materie hängt ab, welche Kenntnis der Betriebsrat benötigt und ob es genügt, dass nicht alle Betriebsratsmitglieder über die Kenntnis verfügen.

88 Bei seiner Beschlussfassung hat der Betriebsrat die Frage der Erforderlichkeit nicht nach seinem subjektiven Ermessen zu beantworten. Vielmehr muss er sich auf den **Standpunkt eines vernünftigen Dritten** stellen, der die Interessen des Betriebs einerseits, der Betriebsrat und der Arbeitnehmerschaft anderseits gegeneinander abwägt. Entscheidend ist dabei der Zeitpunkt der Beschlussfassung des Betriebsrats. Unerheblich ist, ob aus späterer Sicht rückblickend betrachtet die Teilnahme an der Schulungsveranstaltung im streng objektiven Sinn erforderlich war. Die gerichtliche Kontrolle muss sich darauf beschränken, ob ein vernünftiger Dritter unter den im Zeitpunkt der Beschlussfassung gegebenen Umständen ebenfalls eine derartige Entscheidung getroffen hätte (BAG 15. 2. 1995 AP BetrVG 1972 § 37 Nr. 106; BAG 20. 10. 1993 AP BetrVG 1972 § 37 Nr. 91; s. auch Rn. 34).

89 b) **Erforderlichkeit einer Kenntnis bei allen Betriebsratsmitgliedern für die Arbeit des Betriebsrats.** Die Vermittlung der **Grundkenntnisse des Betriebsverfassungsrechts** als der gesetzlichen Grundlage für die Tätigkeit des Betriebsrats rechtfertigt die Teilnahme an einer Schulung nach Abs. 6, wenn eine Kenntnis auf Grund allgemeiner Umstände oder der besonderen Situation des Betriebsrats nicht erwartet werden kann. Die These, dass eine Schulung nur dann i. S. des Abs. 6 erforderlich sei, wenn sie aufbauend auf allgemeinen Grundkenntnissen spezielle Kenntnisse vermittle, die für die konkrete Tätigkeit des Betriebsrats notwendig seien, während für die Erlangung der Grundkenntnisse lediglich die Schulungsmöglichkeit nach Abs. 7 in Betracht komme (so LAG Hamm 23. 10. 1972, EzA § 37 BetrVG 1972 Nr. 3 = DB 1972, 2489, 2491 = BB 1973, 40), ist nicht gesetzeskonform (ebenso BAG 6. 11. 1973 AP BetrVG 1972 § 37 Nr. 5 [zust. *Kittner*]; 27. 11. 1973 AP ArbGG 1953 § 89 Nr. 9 [zust. *Richardi*]; bestätigt durch BAG 29. 1. 1974 AP BetrVG 1972 § 40 Nr. 5 und AP BetrVG 1972 § 37 Nr. 9; 27. 9. 1974, 26. 8. 1975, 8. 2. 1977 und 21. 11. 1978 AP BetrVG 1972 § 37 Nr. 18, 21, 26 und 35).

90 Das BAG hat daher anerkannt, dass Schulungen im Betriebsverfassungsrecht in der Zeit nach Inkrafttreten des BetrVG 1972 unter Abs. 6 fielen (vgl. BAG 31. 10. 1972 AP BetrVG 1972 § 40 Nr. 2; 6. 11. 1973 AP BetrVG 1972 § 37 Nr. 5; 27. 11. 1973 AP ArbGG 1953 § 89 Nr. 9; 27. 9. 1974 und 8. 2. 1977 AP BetrVG 1972 § 37 Nr. 18 und 26; 19. 4. 1989 AP BetrVG 1972 § 37 Nr. 68; so bereits zum BetrVG 1952: BAG 10. 11. 1954 AP BetrVG § 37 Nr. 1 zu § 37 BetrVG). Dies musste dann auch für Schulungen zum BetrVerf-Reformgesetz 2001 gelten (ArbG Berlin 17. 10. 2001, AiB 2002, 566; LAG Hamm 17. 10. 2003, AuR 2005, 37). Die Notwendigkeit der Kenntnisvermittlung wurde aber auch dann anerkannt, wenn ein neugewählter Betriebsrat sich ganz überwiegend aus Mitgliedern zusammensetzt, die bisher noch keinem Betriebsrat angehört haben (vgl. BAG 21. 11. 1978 AP BetrVG 1972 § 37 Nr. 35). Zwar erhöht sich nach Abs. 7 die zeitliche Begrenzung des dort vorgesehenen Freistellungsanspruchs für die Teilnahme an als geeignet anerkannten Schulungen auf vier Wochen, wenn ein Arbeitnehmer erstmals das Amt eines Betriebsratsmitglieds übernimmt und auch nicht zuvor Jugend- und Auszubildendenvertreter war. Soweit es sich aber um Grundlagenkenntnisse des Betriebsverfassungsrechts handelt, kann ein neugewähltes Betriebsratsmitglied, das bisher noch keinem Betriebsrat angehört hat, nicht auf den Freistellungsanspruch nach Abs. 7 verwiesen werden; denn die Kenntnis des BetrVG als der gesetzlichen Grundlage der Tätigkeit des Betriebsrats ist unabdingbare Notwendigkeit für dessen Arbeit und muss daher in dem für eine Mitwirkung im Betriebsrat notwendigen Mindestmaß bei jedem Betriebsratsmitglied vorhanden sein. Daher ist die Vermittlung von Grundkenntnissen über das Betriebsverfassungsrecht i. S. des Abs. 6 notwendig, wenn ein Arbeitnehmer erstmals neu in den Betriebsrat gewählt wird; eine Ausnahme gilt nur, wenn feststeht, dass das erstmals gewählte Betriebsratsmitglied bereits vor seiner Schulung ausreichende Kenntnisse erlangt hat (ebenso 21. 11. 1978 AP BetrVG 1972 § 37 Nr. 35; zu eng, wenn für Wahlvorstandsmitglieder erwartet wird, dass sie die zur ordnungsgemäßen Wahrnehmung dieses Amts erforderlichen Kenntnisse mitbringen, BAG 26. 6. 1973 AP BetrVG 1972 § 20 Nr. 3 [und Nr. 4]; ähnlich LAG Nürnberg 28. 5. 2002, NZA-RR 2002, 438: Wochenschulungen mit den Themen „Einführung ins Betriebsverfassungsrecht", „Mitbestimmungsrechte bei Kündigung", „Mitbestimmung bei personellen Einzelmaßnahmen" und „Mitbestimmungsrechte nach § 87 BetrVG" können für neu gewählte Betriebsratsmitglieder erforderlich i. S. des Abs. 6 sein). Auch die Erläuterung der **aktuellen Rechtsprechung des BAG** zu betriebsverfassungsrechtlichen Fragen und deren Umsetzung in die betriebliche Praxis kann ein erforderlicher Schulungsinhalt sein. Hierfür muss sich der Betriebsrat nicht auf ein Selbststudium anhand der ihm zur Verfügung stehenden Fachzeitschriften verweisen lassen (BAG 20. 12. 1995 AP BetrVG § 37 Nr. 113; ähnlich *Däubler,* Schulung, Rn. 165 – dort auch für regelmäßigen Schulungsbedarf; anders allerdings das LAG Hamm 27. 1. 2006 – 10 TaBV 121/05, juris: für eine Schulungsveranstaltung „Rechtsprechung – aktuell").

Hinsichtlich der **Dauer** einer derartiger Schulungen gibt es generell weder einen Anspruch auf drei Wochen Grundlagenschulung noch eine Begrenzung auf zwei Wochen (so aber LAG Köln 12. 4. 1996 LAGE BetrVG 1972 § 37 Nr. 48). Die Beurteilung der Erforderlichkeit ist vielmehr immer eine Frage der Verhältnismäßigkeit und damit der Umstände des Einzelfalles. Sie hängt davon ab, um welche Branche es geht, auf welchem Niveau die Zusammenarbeit des Betriebsrats mit dem Arbeitgeber stattfindet, vom Inhalt des Themenplanes, dem Angebot auf dem Schulungsmarkt etc. (Hessisches LAG 15. 9. 2005 – 9 TaBV 189/04, juris; siehe auch: Rn. 100 f.). **90 a**

Keiner näheren Darlegung der Erforderlichkeit i. S. des Abs. 6 bedarf weiterhin die Vermittlung von **Grundkenntnissen des Arbeitsrechts,** sofern ein Betriebsratsmitglied über derartige persönliche Grundkenntnisse nicht verfügt (ebenso BAG 7. 5. 2008 AP BetrVG 1972 § 37 Nr. 145; BAG 16. 10. 1986 AP BetrVG 1972 § 37 Nr. 58 unter Aufgabe von BAG 25. 4. 1978 AP BetrVG 1972 § 37 Nr. 33; a. A. bei langjährigen Betriebsratsmitgliedern LAG Schleswig-Holstein 15. 5. 2007, EzA-SD 2007, Nr. 14.14; a. A. bei bald endender Amtsperiode LAG Hamm 8. 11. 2006 – 10 Sa 1053/06, juris). Das allgemeine Arbeitsrecht ist nämlich mit dem Betriebsverfassungsrecht als der gesetzlichen Grundlage für die Tätigkeit des Betriebsrats eng verflochten, so dass eine ordnungsgemäße Ausübung der Beteiligungsrechte nur erfolgen kann, wenn das zur Mitentscheidung aufgerufene Betriebsratsmitglied Grundkenntnisse über den Abschluss und Inhalt von Arbeitsverträgen unter Beachtung der geltenden Tarifverträge, die wechselseitigen Rechte und Pflichten des Arbeitnehmers und des Arbeitgebers während des Arbeitsverhältnisses und über die Beendigungsmöglichkeit hat (vgl. BAG 16. 10. 1986 AP BetrVG 1972 § 37 Nr. 58). Zu den Grundkenntnissen des Arbeitsrechts dürften nunmehr auch Schulungen zum AGG zählen. Durch diese wird der Betriebsrat erst in die **91**

§ 37 Ehrenamtliche Tätigkeit, Arbeitsversäumnis

Lage versetzt, seiner Überwachungspflicht aus § 80 Abs. 1 effektiv nachzukommen. Daher ist hier regelmäßig von einer Erforderlichkeit auszugehen (ebenso Hessisches LAG 25. 10. 2007, AuA 2008, 442 – zu großzügig aber im Hinblick auf eine viertägige Schulung; *Besgen,* BB 2007, 213).

91 a Ist ein **Betriebsratsmitglied schon längere Zeit im Amt,** so kann regelmäßig davon ausgegangen werden, dass Grundkenntnisse des Arbeitsrechts bereits vorhanden sind. Hier ist die Erforderlichkeit näher darzulegen und ggf. zu verneinen (BAG 16. 10. 1986 AP BetrVG 1972 § 37 Nr. 58; LAG Köln 9. 6. 2000, FA 2000, 392 = ARST 2001, 18; LAG Hamm 9. 3. 2007 – 10 TaBV 34/06, juris; LAG Hamm 22. 6. 2007 – 10 TaBV 25/07, juris; LAG Schleswig-Holstein 15. 5. 2007, MDR 2007, 1143; tendenziell großzügiger LAG Schleswig-Holstein 4. 1. 2000, AiB 2000, 287; ArbG Düsseldorf 3. 9. 2004, AiB 2004, 757 mit recht substanzloser Begründung). Die Dauer von vier Jahren Zugehörigkeit zum Betriebsrat reicht für sich genommen jedoch noch nicht aus, um aus der während dieser Zeit ausgeübten Betriebsratstätigkeit auf den Erwerb des erforderlichen Grundwissens auf dem Gebiet des allgemeinen Arbeitsrechts schließen zu können (vgl. BAG 19. 3. 2008, AuR 2008, 362).

Schulungen zum AGG für langjährige Betriebsratsmitglieder erscheinen daher nur erforderlich, wenn die Vermittlung allgemeiner arbeitsrechtlicher Grundkenntnisse nicht überwiegt (vgl. auch Rn. 96). Insoweit ist auf Spezialveranstaltungen zu verweisen. Auch ist davon auszugehen, dass in der Regel eine **einmalige Schulung genügt,** auch wenn sie einige Jahre zurückliegt (LAG Köln a. a. O.). Es ist dem Betriebsratsmitglied zuzumuten, sein Wissen selber aufzufrischen, ggf. anhand der Kursunterlagen. Ein zweiter Besuch der gleichen oder einer ähnlichen Schulung würde den Vorkenntnissen des Betriebsrats nicht gerecht werden und stellt nicht das effektivere Mittel dar.

92 c) **Vermittlung von Spezialkenntnissen.** Besteht der Schulungsinhalt in der Vermittlung von Spezialkenntnissen, so ist Erforderlichkeit i. S. des Abs. 6 nur anzunehmen, wenn der Betriebsrat sie unter Berücksichtigung der konkreten betrieblichen Situation benötigt, um seine derzeitigen oder demnächst anfallenden Aufgaben sachgerecht wahrnehmen zu können. Kenntnisse, die für die Betriebsratsarbeit nur **verwertbar und nützlich** sind, erfüllen diese Voraussetzungen nicht (vgl. BAG 14. 9. 1994, NZA 1995, 381; BAG 20. 10. 1993, AP BetrVG 1972 § 37 Nr. 91; BAG 16. 3. 1988, AP BetrVG 1972 § 37 Nr. 63). Für die Frage, ob eine sachgerechte Wahrnehmung der Betriebsratsaufgaben die Schulung gerade des zu der Schulungsveranstaltung entsandten Betriebsratsmitglieds erforderlich macht, ist darauf abzustellen, ob nach den aktuellen Verhältnissen des einzelnen Betriebes Fragen **anstehen oder in absehbarer Zukunft anstehen werden,** die der Beteiligung des Betriebsrats unterliegen und für die im Hinblick auf den Wissensstand des Betriebsrats und unter Berücksichtigung der Aufgabenverteilung im Betriebsrat eine Schulung gerade dieses Betriebsratsmitglieds geboten erscheint (BAG 7. 6. 1989 AP BetrVG § 37 Nr. 67, m. w. N.). Von der Materie und der Organisation der Betriebsratsarbeit hängt ab, ob alle Betriebsratsmitglieder denselben Kenntnisstand haben müssen. Bei Spezialwissen wird man dies regelmäßig verneinen können, weil es genügt, dass geschulte Betriebsratsmitglieder die Kenntnis den anderen Betriebsratsmitgliedern vermitteln (vgl. *Künzl,* ZfA 1993, 341, 346).

92 a Beachtet man diese Einschränkung, so können recht unterschiedliche Schulungen unter Abs. 6 fallen. Die Rechtsprechung ist hier tendenziell großzügig und hat als erforderlich im Einzelfall anerkannt: **Schulungen über die Arbeitssicherheit** (vgl. BAG 23. 4. 1974, AuR 1974, 186; 14. 6. 1977 AP BetrVG 1972 § 37 Nr. 30), Schulungen zum **Recht des Sozialplans** bei bevorstehenden Betriebsänderungen (LAG Niedersachen 10. 9. 2004, AuR 2005, 37); Arbeitszeit (AG Passau 8. 10. 1992, BB 1992, 2431; LAG Hamm 25. 6. 2004 – 10 Sa 2025/03, juris); Seminar **„Rechte und Pflichten des Betriebsrats im Arbeitskampf",** wenn ein solcher droht (LAG Hamm 11. 8. 2003, NZA-RR 2004, 82, zum selben Seminar LAG Düsseldorf 12. 6. 2003, LAGE § 37 BetrVG 2001 Nr 2); Seminar „Protokoll- und Schriftführung im Betriebsrat", da derartige Schulungen

VI. Teilnahme an Schulungs- und Bildungsveranstaltungen   § 37

Kenntnisse für einen nicht unwesentlichen Teil des Betriebsverfassungsrechts vermitteln (LAG Hamm 22. 6. 2007 – 10 TaBV 25/07, juris), **Rhetorikseminare** und **„Schriftliche Kommunikationstechniken"** für einen Betriebsratsvorsitzenden oder seinen Stellvertreter (BAG 15. 2. 1995 AP BetrVG 1972 § 37 Nr. 106: erforderlich kann die Teilnahme an derartigen Schulungsveranstaltungen aber nur dann sein, wenn das entsandte Betriebsratsmitglied im Betriebsrat eine derart herausgehobene Stellung einnimmt, dass gerade seine Schulung für die Betriebsratsarbeit notwendig ist; ebenso: BAG 24. 5. 1995 AP BetrVG 1972 § 37 Nr. 109; LAG Hamm 13. 1. 2006, NZA-RR 2006, 249; ArbG Dortmund 17. 6. 1999, AiB 2000, 628; anders noch BAG 20. 10. 1993, AP BetrVG 1972 § 37 Nr 91; zurecht streng LAG Köln 20. 10. 2007 – 10 Ta BV 53/07, juris: „nützlich, aber in der Regel nicht notwendig"), den **Datenschutz im Betrieb** (vgl. LAG Niedersachsen 28. 9. 1979, EzA § 37 BetrVG 1972 Nr. 64) und den **Einsatz eines PC** für die Erledigung von Betriebsaufgaben (vgl. BAG 19. 7. 1995 AP BetrVG 1972 § 37 Nr. 110; s. auch ArbG Stuttgart 16. 3. 1983, DB 1983, 1718; LAG Düsseldorf 7. 3. 1990, DB 1990, 1243; ArbG Hamburg 5. 8. 2008, AuR 2008, 407: EDV Systeme); **Mobbing,** sofern eine betriebliche Konfliktlage besteht, aus der sich ein Handlungsbedarf des Betriebsrats zur Wahrnehmung seiner gesetzlichen Aufgabenstellung ergibt und zu der das auf der Schulung vermittelte Wissen benötigt wird (BAG 15. 1. 1997 AP BetrVG 1972 § 37 Nr. 118; s. auch ArbG Kiel 27. 2. 1997, NZA-RR 1998, 212 = AuR 1997, 252; ArbG Bremen 17. 12. 2003, NZA-RR 2004, 538; LAG Hamm 7. 7. 2006, AuR 2006, 454; LAG Mecklenburg-Vorpommern 18. 3. 2009 – 2 TaBV 18/08, juris; großzügig ArbG Weiden dbr 2006, Nr. 3, 37 ohne den Nachweis der konkreten Erforderlichkeit) sowie für den Fall, dass im Betrieb im Akkord gearbeitet wird, Schulungen über die **Akkordentlohnung** und das ihr zugrunde liegende arbeitswissenschaftliche System (vgl. BAG 9. 10. 1973 AP BetrVG 1972 § 37 Nr. 4; 29. 1. 1974 AP BetrVG 1972 § 37 Nr. 9; LAG Düsseldorf 31. 10. 1974, DB 1975, 795; LAG Hamm 7. 6. 1984, EzA § 37 BetrVG 1972 Nr. 47); Schichtplangestaltung (LAG Hamm 7. 4. 2006 – 13 Sa 2298/05, juris); **sexuelle Belästigung am Arbeitsplatz** (ArbG Wesel 31. 3. 1993, DB 1993, 1096); **Suchtkrankheiten am Arbeitsplatz** (LAG Düsseldorf 9. 8. 1995, BB 1995, 2531); **betrieblicher Arbeits- und Gesundheitsschutz** (ArbG Berlin 4. 2. 1998, AiB 1998, 643); **wirtschaftliche Rahmenbedingungen und Unternehmensstrategie** (LAG Baden-Württemberg 8. 11. 1996, BB 1997, 1207; wohl zu Recht a. A. betriebswirtschaftliche Fragen in Unternehmen, in denen kein Wirtschaftsausschuss besteht: LAG Niedersachsen 27. 9. 2000, AiB 2001, 228); u. U. auch **Aids-Erkrankungen und HIV–Infektion,** wenn ein besonderer Bezug zum Betrieb gegeben ist (LAG Frankfurt 7. 3. 1991, NZA 1991, 981); **effektive Gremienarbeit** im Betriebsrat (ArbG Wiesbaden 15. 9. 1999, AuR 2000, 37); sehr weitgehend ArbG Essen 23. 12. 1997, AiB 1999, 75: Einführung ins **Sozialrecht** (a. A. ArbG Kiel 8. 7. 1997, NZA-RR 1998, 169; s. auch Rn. 93 zur Geeignetheit s. Rn. 145); **Personalinformationssystem, Datenschutz** und **Bildschirmtext** (ArbG Stuttgart 16. 3. 1983, BB 1983, 1215) Kenntnisse über das am 1. 1. 2002 neu in Kraft getretene **Altersvermögensgesetz** (ArbG Darmstadt 24. 9. 2001, AiB 2002, 306). Zu weitgehend: **„Konflikte mit dem Arbeitgeber lösen",** wenn Konflikte mit dem Arbeitgeber bestehen (ArbG Heilbronn 14. 3. 2001, AiB 2002, 108; ähnlich jetzt auch LAG Niedersachsen 9. 2. 2005, dbr 2005, Nr. 10, 36, allerdings unter der Einschränkung, dass auf Grund der Konfliktsituation eine vertrauensvolle Zusammenarbeit zwischen Arbeitgeber und Betriebsrat verhindert wird; zurecht ablehnend für **Mediation,** wenn der Arbeitgeber dieses Verfahren ablehnt ArbG Bochum 9. 9. 2005, AE 2006, 202). Plant der Arbeitgeber die Einführung eines **Qualitätsmanagementsystems nach DIN/ISO 9000–9004,** können sowohl praktische als auch theoretische Schulungsinhalte erforderlich sein (LAG Rheinland-Pfalz 19. 11. 1996, ArbuR 1997, 257). Bei einer **Schulung über die menschengerechte Gestaltung von Arbeitsplatz, Arbeitsablauf und Arbeitsumgebung** ist zu berücksichtigen, dass der Betriebsrat hier nur beteiligt ist, wenn Änderungen oder Planungen im Betrieb konkret anstehen, so dass eine Erforderlichkeit der Kenntniserlangung nur in diesem Fall anzunehmen ist (ebenso BAG 14. 6. 1977 AP BetrVG 1972 § 37 Nr. 30). Es genügt also auch hier nicht, dass die Kenntniserlangung möglicherweise irgendwann einmal für den Betriebsrat notwendig wird, also lediglich die *abstrakte* Möglichkeit besteht, dass die Kenntnis für die Betriebsratsarbeit notwendig wird (vgl. BAG 9. 10. 1973 AP BetrVG 1972 § 37 Nr. 4). Unter diesen Voraussetzungen werden auch Betriebsratsschulungen zu dem Themenkreis **Innovation zum Zwecke der Beschäftigungssicherung und -förderung** (vgl. § 80 Abs. 1 Nr. 8, § 92 a) teilweise von der instanzgerichtlichen Rechtsprechung als erforderlich i. S. d. § 37 Abs. 6 BetrVG anerkannt (LAG Hamm 31. 5. 2006 ArbuR 2007, 105).

93 Eine Schulungsveranstaltung, in der **Lohnsteuerrichtlinien** behandelt werden, fällt niemals unter Abs. 6 (vgl. auch BAG 11. 12. 1973 AP BetrVG 1972 § 80 Nr. 5); denn es ist zwar Sache des Betriebsrats, die Ordnungsmäßigkeit der *Lohnsteuerabführung*, nicht aber die Richtigkeit der *Berechnung* zu überwachen (so zutreffend *Thiele*, Anm. AP BetrVG 1972 § 80 Nr. 5). Das Gleiche gilt für eine zweiwöchige Schulung, die die **sozialen Sicherungssysteme** einschließlich der Sozialversicherung in einem weitgespannten Überblick darstellt (BAG 4. 6. 2003 AP BetrVG 1972 § 37 Nr 136), denn die Beratung von Arbeitnehmern in sozialversicherungsrechtlichen Fragen gehört nach dem BetrVG nicht zu den Aufgaben des Betriebsrats. Dessen Überwachungspflicht nach § 80 Abs. 1 Nr. 1 erstreckt sich allenfalls auf die Einhaltung der sozialversicherungsrechtlichen Melde- und Abführungspflichten des Arbeitgebers. Nicht erfasst werden weiterhin Seminare, die der Vermittlung von **Sprechtechniken** dienen (vgl. BAG 20. 10. 1993 AP BetrVG 1972 § 37 Nr. 91; bereits BAG 6. 11. 1973 AP BetrVG 1972 § 37 Nr. 6), oder eine Tagung zum **Staatsangehörigenrecht,** mag der Betrieb auch einen hohen Anteil ausländischer Arbeitnehmer haben (ArbG Marburg 8. 9. 1999, NZA-RR 2000, 248); ebenso eine Schulung in **Bilanzanalyse**, jedenfalls wenn der Arbeitgeber im Rahmen seiner Unterrichtungspflichten (§§ 92, 111 BetrVG) keine Bilanzen vorlegt (LAG Köln 13. 6. 1997, AiB 1998, 697; generell gegen Erforderlichkeit LAG Köln 18. 1. 2002, AuR 2002, 357). **Schulung über Gesetzentwürfe** ist nicht erforderlich i. S. des Abs. 6, wenn nach dem Stand des Gesetzgebungsverfahrens nicht damit gerechnet werden kann, dass der Gesetzentwurf ohne wesentliche Änderungen verabschiedet wird (vgl. BAG 16. 3. 1988 AP BetrVG 1972 § 37 Nr. 63), ebenso Schulungen über schon seit Jahren unverändert bestehende Gesetze (ArbG Kassel 16. 8. 1973, DB 1973, 1854). Hat der Arbeitgeber die Einführung eines **Altersteilzeitmodells** zuvor ausdrücklich abgelehnt, so ist auch eine diesbezügliche Schulung nicht mehr erforderlich, da es an einem konkreten Anlass fehlt (LAG Rheinland-Pfalz – 4 TaBV 14/05, juris). An der Erforderlichkeit kann es nicht zuletzt auch bei der Teilnahme an der **Jahrestagung des Fachverbandes Glücksspielsucht.** fehlen (LAG Berlin-Brandenburg 8. 2. 2008 – 22 TaBV 1900/07, juris).

94 Bei der Vermittlung von Spezialkenntnissen ist eine Schulung für die Arbeit des Betriebsrats nur dann erforderlich, wenn sie im Betriebsrat nicht vorhanden sind. Der Betriebsrat muss seine **innere Organisation** so einrichten, dass die Mitglieder, die über die notwendigen Kenntnisse und Erfahrungen verfügen, entsprechend eingesetzt werden, bevor er von der Schulungsmöglichkeit nach Abs. 6 Gebrauch macht. Der Betriebsrat wird dadurch aber nicht gezwungen, die Arbeit auf wenige kenntnisreiche Mitglieder zu konzentrieren. Deshalb ist eine Schulung auch dann i. S. von Abs. 6 notwendig, wenn zwar ein Mitglied die erforderliche Kenntnis hat, aber eine sinnvolle Organisation der Betriebsratsarbeit es gebietet, mit der Aufgabenwahrnehmung auch Mitglieder zu betrauen, die in einem Einzelfall das notwendige Spezialwissen erst durch eine Schulung erhalten. So kann die gleichzeitige Schulung mehrerer Betriebsratsmitglieder über Spezialkenntnisse unter engen Voraussetzungen in großen Betriebsräten erforderlich sein, wenn der Betriebsrat in zulässiger Weise Arbeitsgruppen oder Ausschüsse gebildet hat, die bestimmte Betriebsratsaufgaben wahrnehmen und eine sachgerechte Unterrichtung durch andere Betriebsratsmitglieder nicht gewährleistet ist (ähnlich LAG Hamm 8. 7. 2005 – 10 Sa 2053/04, juris). Denn verantwortliche Betriebsratsarbeit in Ausschüssen

VI. Teilnahme an Schulungs- und Bildungsveranstaltungen § 37

oder Arbeitsgruppen kann nur dann geleistet werden, wenn alle Ausschussmitglieder über Mindestkenntnisse für die mit ihrem Amt verbundenen Aufgaben verfügen.

d) Eine Schulung kann auch dann i. S. von Abs. 6 erforderlich sein, wenn **Vorkennt-** 95 **nisse** bereits vorhanden sind, es also darum geht, sie zu **vertiefen** und **auszubauen.** Voraussetzung ist allerdings, dass das bisher erworbene Wissen nicht oder nicht mehr genügt, um die Betriebsratsarbeit ordnungsgemäß durchzuführen. Regelmäßig muss deshalb ein bestimmter *konkreter betriebsbezogener Anlass* gegeben sein. Bei Themen, mit denen der Betriebsrat im Rahmen seiner Aufgaben und Befugnisse ständig konfrontiert wird, genügt, dass eine **neue Rechtslage** eintritt. Diese kann auch auf einem Wandel in der einschlägigen Rechtsprechung beruhen (so bereits zum BetrVG 1952: BAG 22. 1. 1965 AP BetrVG § 37 Nr. 10). Bloße Wiederholungsveranstaltungen genügen im Allgemeinen aber nicht, und außerdem muss berücksichtigt werden, dass neben einer Schulung nach Abs. 6 auch der Freistellungsanspruch für eine Schulung nach Abs. 7 besteht. Das gilt vor allem für das Grundwissen im Betriebsverfassungsrecht. Hier kann, wenn ein Arbeitnehmer erstmals das Betriebsratsamt übernimmt, eine Schulung i. S. von Abs. 6 erforderlich sein (s. Rn. 90). Ist aber einmal die Grundlage gelegt, so kann man davon ausgehen, dass durch eine praktizierte Mitarbeit im Betriebsrat der Kenntnisstand erhalten und ausgebaut wird. Zwar kann von einem neugewählten Betriebsratsmitglied ein Selbststudium des BetrVG wegen der Fülle der mit diesem Gesetz auch im Grundsätzlichen zusammenhängenden Zweifelsfragen, die überdies sich aus dem Gesetzestext weder erschließen noch lösen lassen, nicht erwartet werden (ebenso BAG 21. 11. 1978 AP BetrVG 1972 § 37 Nr. 35); Gleiches gilt für alle Betriebsratsmitglieder bei einer grundlegenden Änderung des BetrVG (vgl. zu den Schulungen in der Zeit unmittelbar nach Inkrafttreten des BetrVG BAG 27. 11. 1973 AP ArbGG 1953 § 89 Nr. 9). Aber sieht man von diesen Fällen ab, so muss für die Interpretation der Erforderlichkeit i. S. von Abs. 6 respektiert werden, dass das BetrVG von einem *begrenzten Ausbildungsaufwand* für die Betriebsratstätigkeit ausgeht (ebenso BAG 27. 9. 1974 und 8. 2. 1977 AP BetrVG 1972 § 37 Nr. 18 und 26). Daher muss, um sich auf dem laufenden zu halten, die Fähigkeit und Bereitschaft zum Selbststudium erwartet werden (vgl. GL-*Marienhagen,* § 37 Rn. 73; HSWGNR-*Glock,* § 37 Rn. 113) und außerdem ist gerade zu diesem Zweck der Freistellungsanspruch zu einer als geeignet anerkannten Schulung nach Abs. 7 eingeräumt.

4. Behandlung anderer Themen

a) Werden in einer Schulung **teils erforderliche, teils nicht erforderliche Kenntnisse** 96 vermittelt, so ist eine Arbeitsbefreiung ohne Minderung des Arbeitsentgelts nur insoweit notwendig, als die für die Betriebsratsarbeit notwendigen Themen behandelt werden. Kann dagegen wegen der Themengestaltung oder wegen des Zeitplans keine derartige Aufteilung vorgenommen werden, so kommt es nach Ansicht des BAG für die Gesamtschulung darauf an, ob die **erforderlichen Themen überwiegen** (BAG 28. 5. 1976 AP BetrVG 1972 § 37 Nr. 24 unter Aufgabe der Geprägetheorie in BAG 10. 5. 1974 AP BetrVG 1972 § 65 Nr. 4; dem folgend LAG Hamm 27. 1. 2006 – 10 TaBV 121/05, juris; zurecht einschränkend LAG Köln 9. 11. 1999, AuR 2000, 357: nur wenn teilweise Teilnahme nicht möglich; kritisch, aber im Ergebnis zust. *Hanau,* FS Gerhard Müller, S. 169, 183 ff.; a. A. HSWGNR-*Glock,* § 37 Rn. 125 a; *Loritz,* NZA 1993, 2, 3 f.; *Schiefer,* NZA 1995, 454; zust. *Däubler,* Schulung, Rn. 272). Jedoch kann es dabei nicht auf die Zahl der Themen ankommen, sondern es muss nach dem Zeitplan die Vermittlung der für die Betriebsratsarbeit notwendigen Kenntnisse überwiegen (so zutreffend *Otto,* EzA § 37 BetrVG 1972 Nr. 49). Damit wird aber letztlich darauf abgestellt, wenn auch unter Reduzierung auf eine quantitative Betrachtungsweise, dass die notwendige Kenntniserlangung der Schulung das Gepräge geben muss. Nur so lässt sich auch erklären, dass nach Auffassung des BAG immer dann, wenn der überwiegende Teil der

Schulung erforderlich ist, der Rest aus Praktikabilitätsgründen als erforderlich fingiert wird, wobei dies nur für den *Freistellungsanspruch* gelten soll, während es den *Kostenerstattungsanspruch* nur teilweise einräumt (vgl. BAG AP BetrVG 1972 § 37 Nr. 24; dazu auch § 40 Rn. 41).

97 b) Die **Teilnahme an einer als geeignet anerkannten Schulung** kann zugleich i. S. von Abs. 6 **erforderlich** sein (ebenso BAG 6. 11. 1974 AP BetrVG 1972 § 37 Nr. 5 und 6, 26. 8. 1975 und 25. 4. 1978 AP BetrVG 1972 § 37 Nr. 21 und 33; LAG Düsseldorf, DB 1975, 795; HWK-*Reichold*, § 37 Rn. 37; *Kraft*, DB 1973, 2519, 2522; *Wiese*, BlStSozArbR 1974, 353, 357). Das ist vor allem für die Kostentragungspflicht von Bedeutung, sofern man nicht dem hier vertretenen Standpunkt folgt, dass die Kosten auch für die Teilnahme an einer Schulung nach Abs. 7 vom Arbeitgeber zu tragen sind (s. § 40 Rn. 32 f.).

5. Teilnehmerzahl und Schulungsdauer

98 a) Das Gesetz enthält **keine ausdrückliche Bestimmung** über die **Zahl der freizustellenden Mitglieder** und die **Dauer der Teilnahme**. Das Kriterium der *Erforderlichkeit* im Gesetzestext des Abs. 6 bezieht sich nur auf die *Themenabgrenzung*. Da aber bei einer Schulung zur Erlangung der für die Arbeit des Betriebsrats erforderlichen Kenntnisse für die Teilnahme Abs. 2 entsprechend gilt, ist auch entsprechend anzuwenden, dass Mitglieder nur insoweit freizustellen sind, als ihre Teilnahme nach Umfang und Art des Betriebs erforderlich ist, um die für die Arbeit des Betriebsrats notwendigen Kenntnisse zu erhalten; es gilt daher für die Zahl der zu entsendenden Betriebsratsmitglieder und die Dauer des Schulungskurses der *Grundsatz der Erforderlichkeit und Verhältnismäßigkeit* (s. Rn. 21). Für die Kostentragungspflicht des Arbeitgebers wird dies vom BAG auch anerkannt (vgl. BAG 27. 9. 1974 und 8. 2. 1977 AP BetrVG 1972 § 37 Nr. 18 und 26). Dies muss aber auch für den Anspruch auf Arbeitsbefreiung gelten (bedenklich deshalb BAG 8. 5. 1976 AP BetrVG 1972 § 37 Nr. 24 zu § 37); denn die Fortzahlung des Arbeitsentgelts ist eine Bürde, die im Allgemeinen den Arbeitgeber sogar noch mehr belastet als die Erstattung der Schulungskosten. Außerdem ergibt sich die Schranke auch aus Abs. 2, auf den in Abs. 6 ausdrücklich verwiesen wird.

99 b) Da der Freistellungsanspruch nach Abs. 6 voraussetzt, dass die Schulung für die Arbeit des Betriebsrats erforderlich ist, richtet sich nach diesem Maßstab auch die **Zahl der freizustellenden Mitglieder**. Dabei ist zu berücksichtigen, dass die Funktionsfähigkeit des Betriebsrats keineswegs gleiche Kenntnis aller Mitglieder in allen Angelegenheiten erfordert. Dies gilt vielmehr nur für das notwendige Grundwissen im Betriebsverfassungsrecht als der Basis einer ordnungsgemäßen Betriebsratstätigkeit. Für den Umfang der Freistellungen bietet deshalb einen Anhaltspunkt die Unterscheidung zwischen Grundwissen und Spezialwissen; denn das Grundwissen müssen, soweit es sich auf das Betriebsverfassungsrecht bezieht, alle Mitglieder haben, um die Betriebsratsaufgaben ordnungsgemäß zu erfüllen, während für die Spezialkenntnisse entscheidend ist, wie der Betriebsrat seine Tätigkeit gestaltet (s. ausführlich Rn. 89 ff.).

100 c) Für die **Dauer einer Schulungsveranstaltung** gilt zwar, dass im Gesetzestext des Abs. 6 der Begriff der Erforderlichkeit sich nur auf die Kenntnisse bezieht, die in einer Schulung vermittelt werden, er also nicht den *Zeitfaktor*, die Schulungsdauer, betrifft; insoweit gilt aber für den Freistellungs- und Entgeltfortzahlungsanspruch Abs. 2 und für den Kostenerstattungsanspruch § 40 Abs. 1 (vgl. auch BAG 27. 9. 1974 und 8. 5. 1976 AP BetrVG 1972 § 38 Nr. 18 und 24). Es ist deshalb für den Zeitaufwand der Grundsatz der *Verhältnismäßigkeit* zu beachten (s. Rn. 98; nicht zutreffend deshalb, soweit die Dauer sich ausschließlich nach der Erforderlichkeit der Schulung bestimmen soll, *Fitting*, § 37 Rn. 171; GL-*Marienhagen*, § 37 Rn. 82; HSWGNR-*Glock*, § 37 Rn. 124; DKK-*Wedde*, § 37 Rn. 118; *Däubler*, Schulung, Rn. 287 ff.; wie hier dagegen GK-*Weber*, § 37 Rn. 182; tendeziell auch ErfK-*Eisemann/Koch*, § 37 Rn. 20, allerdings

V. Teilnahme an Schulungs- und Bildungsveranstaltungen § 37

nur als Korrektiv in Ausnahmefällen; jedenfalls für den Kostenerstattungsanspruch BAG 27. 9. 1974 und 8. 5. 1976 AP BetrVG 1972 § 37 Nr. 18 und 24). Daraus folgt aber keineswegs, dass unter Abs. 6 nur kurzfristige Schulungen fallen; entscheidend ist vielmehr, dass der Zeitaufwand in einem vertretbaren Verhältnis zur notwendigen Kenntniserlangung steht (vgl. auch *Fitting*, § 37 Rn. 172; GL-*Marienhagen*, § 37 Rn. 82; HSWGNR-*Glock*, § 37 Rn. 118, 124; s. auch LAG Nürnberg 28. 5. 2002, NZA-RR 2002, 641).

Das BAG hatte bei einer Schulung über das neue BetrVG keine Bedenken gegen eine Dauer von fünf Tagen (BAG 6. 11. 1973 AP BetrVG 1972 § 37 Nr. 5) oder bei einer über fünf Monate sich erstreckenden Schulung gegen eine Dauer von insgesamt sechs Tagen sogar für alle Mitglieder eines Betriebsrats (BAG 27. 11. 1973 AP ArbGG 1953 § 89 Nr. 9). Es hatte sogar gegen eine vierzehntägige Schulungsveranstaltung über das neue BetrVG für den Vorsitzenden eines Betriebsrats keine Bedenken (BAG 8. 2. 1977 AP BetrVG 1972 § 37 Nr. 26). Eine Dauer von zwei Wochen für eine Schulung nach Abs. 6 kann daher in besonderen Fällen in Betracht kommen, allerdings regelmäßig nur für den Betriebsratsvorsitzenden oder ein freigestelltes Mitglied. Ein wichtiger Anhaltspunkt ist, dass der Gesetzgeber für den Freistellungsanspruch in Abs. 7 einen zeitlichen Höchstrahmen von drei bzw. vier Wochen für die gesamte Dauer der regelmäßigen Amtszeit eines Betriebsratsmitglieds vorsieht; es darf dieser Vorschrift nicht durch Rückgriff auf Abs. 6 ihre grenzziehende Bedeutung genommen werden (vgl. auch ArbG Würzburg 23. 7. 1974, DB 1974, 1774). 101

6. Träger der Schulung

Wer Träger der Schulungs- und Bildungsveranstaltung ist, spielt im Rahmen von Abs. 6 keine Rolle; maßgebend ist allein, dass Kenntnisse vermittelt werden, die für die Arbeit des Betriebsrats erforderlich sind (ebenso *Fitting*, § 37 Rn. 169; GL-*Marienhagen*, § 37 Rn. 84; GK-*Weber*, § 37 Rn. 147; HSWGNR-*Glock*, § 37 Rn. 104; DKK-*Wedde*, § 37 Rn. 119; *Däubler*, Schulung, Rn. 330 ff.; *Dütz/Säcker*, DB Beil. 17/1972, 9). In Betracht kommen vor allem die **Gewerkschaften**, die Arbeitskammern in Bremen und im Saarland, aber auch die **Arbeitgeberverbände** sowie kirchliche Einrichtungen, Universitäten und private Veranstalter. Im Gegensatz zu Abs. 7 ist hier keine staatliche Anerkennung Voraussetzung. Das schließt aber nicht aus, dass die nach Abs. 6 erforderliche Kenntnis auf einer i. S. von Abs. 7 als geeignet anerkannten Schulung erworben wird (s. Rn. 97). Wenn auch wünschenswert, kann dem Gesetz nicht, auch nicht als *lex imperfecta* oder als Programmsatz entnommen werden, dass die beiderseitigen Verbände im Allgemeinen die Schulungs- und Bildungsveranstaltungen gemeinsam zu tragen haben (vgl. in diesem Sinn den Vorschlag von *G. Müller*, ZfA 1972, 213, 221 f.; wie hier *Däubler*, Schulung, Rn. 330). 102

Bedenken bestehen auch nicht unter dem Gesichtspunkt der Kostentragungspflicht dagegen, dass die Schulung von einer Gewerkschaft durchgeführt wird (s. ausführlich § 40 Rn. 35 ff.). 103

Bei konkurrierenden Schulungsangeboten und Schulungsträgern entscheidet der Betriebsrat über die **Auswahl der konkreten Schulung;** denn seiner Beurteilung unterliegt, ob die Kenntnisse für seine Arbeit erforderlich sind. Es besteht hier eine Grenze aber insoweit, als bei gleichartigen und gleichwertigen Veranstaltungen der Betriebsrat nicht die Teilnahme an einer bestimmten Veranstaltung vorschreiben kann, sondern es hat in diesem Fall das Betriebsratsmitglied die Wahl (ebenso GK-*Weber*, § 37 Rn. 262; *Dütz/Säcker*, DB Beil. 17/1972, 10). Durch Beschluss des Betriebsrats kann daher insbesondere auch nicht festgelegt werden, dass die Schulung nur einer bestimmten Gewerkschaft besucht werden darf, wie es auch umgekehrt unzulässig wäre, die Gewerkschaften von Schulungen i. S. von Abs. 6 auszuschließen (s. zur Koalitionsgarantie in der Betriebsverfassung § 2 Rn. 80 ff.). 104

7. Teilnehmerkreis

105 Nicht erforderlich ist, dass an der Schulung nur Arbeitnehmer teilnehmen, für die der Anspruch auf Freistellung nach Abs. 6 besteht. Wer teilnahmeberechtigt ist, entscheidet vielmehr allein der Träger des Schulungskurses. Die Teilnahme von Arbeitnehmern, die kein Amt in der Betriebsverfassung bekleiden, führt auch nicht dazu, dass die Veranstaltung ihren Charakter als Schulung i. S. von Abs. 6 verliert (ebenso *Fitting*, § 37 Rn. 170; GL-*Marienhagen*, § 37 Rn. 84 a; GK-*Weber*, § 37 Rn. 150; HSWGNR-*Glock*, § 37 Rn. 104; DKK-*Wedde*, § 37 Rn. 120; *Däubler*, Schulung, Rn. 340 f.).

8. Anspruchsberechtigung

106 a) Anspruchsberechtigt ist der **Betriebsrat,** aber auch das **einzelne Betriebsratsmitglied.** Eine Besonderheit besteht für den Anspruch des einzelnen Mitglieds lediglich insoweit, als der Betriebsrat bei den Anspruchsvoraussetzungen beteiligt ist: Ihm obliegt die gerichtlich nachprüfbare Feststellung, ob die in einer Schulung angebotene Kenntnisvermittlung für die Arbeit des Betriebsrats erforderlich ist; er hat weiterhin eine Entscheidung darüber zu treffen, wer auf Grund des Schulungsangebots freizustellen ist, und ob die zeitliche Lage der Teilnahme den betrieblichen Notwendigkeiten entspricht (s. Rn. 113 ff.). Sind diese Voraussetzungen erfüllt, so hat aber nicht nur der Betriebsrat, sondern auch das Betriebsratsmitglied selbst gegen den Arbeitgeber den Anspruch auf Freistellung unter Fortzahlung seines Arbeitsentgelts.

107 Dieser Zusammenhang wird rechtsdogmatisch nicht zutreffend erfasst, wenn man ausführt, **Träger des Schulungsanspruchs** nach Abs. 6 sei zunächst der **Betriebsrat** und **nicht** von vornherein das **einzelne Betriebsratsmitglied;** dieses habe vielmehr nur einen aus dem Kollektivbeschluss abgeleiteten Individualanspruch (so *Fitting*, § 37 Rn. 161; GL-*Marienhagen*, § 37 Rn. 85; GK-*Weber*, § 37 Rn. 143; DKK-*Wedde*, § 37 Rn. 114; ErfK-*Eisemann/Koch*, § 37 Rn. 26; *Künzl*, ZfA 1993, 341, 354; im Ergebnis auch HSWGNR-*Glock*, § 37 Rn. 131, 134). Der Anspruch des Betriebsrats gegen den Arbeitgeber entsteht unter den gleichen Voraussetzungen wie der Anspruch des einzelnen Mitglieds: Erst wenn der Betriebsrat einen Beschluss über die Notwendigkeit der Schulung, die zeitliche Lage und die personelle Auswahl der freizustellenden Mitglieder getroffen hat, kann er vom Arbeitgeber die Freistellung verlangen, wie aber auch ein Betriebsratsmitglied erst unter dieser Voraussetzung den Anspruch gegen den Arbeitgeber erhält. Solange der Betriebsrat noch nicht die erforderlichen Feststellungen getroffen hat, können weder er noch das Betriebsratsmitglied vom Arbeitgeber eine Freistellung verlangen. Nur wenn man dies beachtet, kann man von einem *abgeleiteten* Individualanspruch des einzelnen Betriebsratsmitglieds auf Teilnahme an der Schulung sprechen (so die Formulierung in BAG 6. 11. 1973 AP BetrVG 1972 § 37 Nr. 5, wo zugleich klargestellt ist, dass die Anspruchsberechtigung sich nicht auf den Betriebsrat beschränkt). Die Besonderheit des Anspruchs besteht darin, dass er nicht einem Individualinteresse dient, sondern ausschließlich zu dem Zweck gewährt wird, dass der Erwerb der Kenntnisse durch eine Schulung für die Arbeitsfähigkeit des Betriebsrats notwendig ist.

108 b) Der Anspruch auf Freistellung nach Abs. 6 besteht für die **Mitglieder des Betriebsrats.**

109 Für **Ersatzmitglieder** besteht der Anspruch nur dann, wenn die Arbeitsfähigkeit des Betriebsrats es erfordert, das Ersatzmitglied zu einer Schulungsveranstaltung zu entsenden (vgl. BAG 15. 5. 1986 AP BetrVG 1972 § 37 Nr. 53; BAG 19. 9. 2001 AP BetrVG 1972 § 25 Nr. 9). Dabei ist zu beachten, dass die gelegentliche Vertretung durch ein Ersatzmitglied nicht ausreicht (so BAG 15. 5. 1986 AP BetrVG 1972 § 37 Nr. 53; s. auch LAG Köln 10. 2. 2000, NZA-RR 2001, 142: Hinzuziehung über einen längeren Zeitraum zu ca. der Hälfte der Betriebsratssitzungen führt regelmäßig zur Erforderlichkeit der Vermittlung von Grundkenntnissen; aufgehoben durch BAG 19. 9. 2001, AP BetrVG 1972 § 25 Nr. 9; s. auch LAG Mannheim 19. 1. 2000, AiB 2000, 506). Die zu erwartende Dauer und Häufigkeit der Heranziehung des Ersatzmitglieds spielt eine wesentliche Rolle. Der Betriebsrat hat hier einen Prognosespielraum. Die tatsächlichen Grundlagen der Prognose sind jedoch auszuweisen und der gerichtlichen Beurteilung nicht entzogen (BAG 19. 9. 2001 AP BetrVG 1972 § 25 Nr. 9).

c) Abs. 6 gilt für die **Jugend- und Auszubildendenvertretung** entsprechend (§ 65 Abs. 1). Deshalb haben den Anspruch auf Freistellung zur Teilnahme an einer i. S. von Abs. 6 erforderlichen Schulung auch die Jugend- und Auszubildendenvertreter (s. § 65 Rn. 40 ff.). **110**

Für **Mitglieder eines Wahlvorstands** fehlt im Gesetz die ausdrückliche Anordnung einer entsprechenden Anwendung des Abs. 6; da Abs. 6 aber lediglich konkretisiert, was sich bereits aus Abs. 2 ergibt (s. Rn. 79), gehört zur Betätigung im Wahlvorstand auch die Teilnahme an einer Schulung, soweit sie erforderlich ist, um die Betriebsratswahlen ordnungsgemäß durchzuführen (s. § 20 Rn. 37 f.; s. auch ArbG Frankfurt a. M. 3. 3. 1999, AiB 1999, 401). **111**

Abs. 6 gilt jedoch grundsätzlich **nicht** entsprechend für **Mitglieder eines Wirtschaftsausschusses für ihre Tätigkeit als Mitglied des Wirtschaftsausschusses**, und zwar auch wenn sie Mitglieder des Betriebsrats sind, denn diese müssen, damit sie entsandt werden können, ein entsprechendes Wissen bereits besitzen (BAG 11. 11. 1998 AP BetrVG 1972 § 37 Nr. 129 – dort auch zu möglichen Ausnahmen; ebenso LAG Köln 13. 6. 1997, AiB 1998, 697; LAG Köln 1. 12. 2008- 5 TaBV 45/08, juris; a. A. LAG Hamm 16. 7. 1997, BB 1997, 2007; LAG Hamm 13. 10. 1999, NZA-RR 2000, 641; LAG Hamm 10. 6. 2005 ArbRB 2005, 289 = AiB 2006, 174; LAG Hamm 22. 6. 2007 – 10 TaBV 25/07, juris; LAG Köln 1. 12. 2008 – 5 TaBV 45/08, juris: zu möglichen Ausnahmen s. § 107 Rn. 28). **111a**

Die **Vertrauenspersonen der schwerbehinderten Menschen** haben ebenfalls einen Anspruch auf Befreiung von ihrer beruflichen Tätigkeit ohne Minderung des Arbeitsentgelts für die Teilnahme an Schulungs- und Bildungsveranstaltungen, soweit diese Kenntnisse vermitteln, die für die Arbeit der Schwerbehindertenvertretung erforderlich sind (§ 96 Abs. 4 SGB IX; vgl. dazu *Däubler*, Schulung, Rn. 404 f.). **112**

VII. Verfahren bei einer Freistellung nach Abs. 6 – Rechtsfolgen

1. Festlegungen durch den Betriebsrat

Das Gesetz gibt eine Regelung über das Freistellungsverfahren nur insoweit, als der Betriebsrat bei der **Festlegung der zeitlichen Lage** der Teilnahme an Schulungs- und Bildungsveranstaltungen die **betrieblichen Notwendigkeiten zu berücksichtigen** hat (Abs. 6 Satz 3 bis 6). **113**

a) Bevor der Betriebsrat darüber eine Entscheidung trifft, hat er zu prüfen, ob die in der Schulung vermittelten **Kenntnisse für die Betriebsratsarbeit erforderlich** sind (s. Rn. 84 ff.), ob zur Erlangung der notwendigen Kenntnisse die **Teilnahme aller oder nur einzelner Mitglieder** oder lediglich eines Mitglieds unter Berücksichtigung der Belange des Arbeitgebers erforderlich ist (s. Rn. 97 f.) und ob die **Dauer der Schulung** unter dem Gesichtspunkt der Erforderlichkeit und Verhältnismäßigkeit gerechtfertigt ist (s. Rn. 100 f.). Der Betriebsrat hat insoweit einen *Beurteilungsspielraum* (ebenso BAG 9. 10. 1973 und 6. 11. 1973 AP BetrVG 1972 § 37 Nr. 4 und 5; 27. 11. 1973 AP ArbGG 1953 § 89 Nr. 9; 27. 9. 1974 und 8. 2. 1977 AP BetrVG 1972 § 37 Nr. 18 und 26; 15. 5. 1986 AP BetrVG 1972 § 37 Nr. 53; *Fitting*, § 37 Rn. 174; GK-*Weber*, § 37 Rn. 181; a.A. HSWGNR-*Glock*, § 37 Rn. 134a). Es gilt Gleiches wie für eine Freistellung nach Abs. 2 (s. Rn. 24 f.). Maßgebend ist also nicht die subjektive Sicht des **114**

Betriebsrats, aber auch nicht, ob, rückblickend gesehen, die Teilnahme im streng objektiven Sinn erforderlich war, sondern es ist darauf abzustellen, ob der Betriebsrat vom Standpunkt eines vernünftigen Dritten aus gesehen sowohl den Inhalt der Schulung als auch die Teilnehmerzahl und den Zeitaufwand für erforderlich halten konnte (ebenso BAG 6. 11. 1983 AP BetrVG 1972 § 37 Nr. 5; vgl. auch BAG 27. 11. 1973 AP ArbGG 1953 § 89 Nr. 9; 15. 5. 1986 AP BetrVG 1972 § 37 Nr. 53; 8. 2. 1977 AP BetrVG 1972 § 37 Nr. 26). Der Betriebsrat braucht aber nicht die rechtliche Qualifizierung vorzunehmen, dass die Schulungsteilnahme unter Abs. 6 fällt (vgl. LAG Hamm, EzA § 37 BetrVG 1972 Nr. 47).

115 b) Der Betriebsrat beschließt über die Teilnahme an der Schulung, indem er deren **zeitliche Lage** festlegt (Abs. 6 Satz 2). Dabei hat er die **betrieblichen Notwendigkeiten zu berücksichtigen**, d. h. durch die Teilnahme darf der Betriebsablauf nicht beeinträchtigt werden (ebenso im Ergebnis HSWGNR-*Glock,* § 37 Rn. 135; nicht zutreffend, soweit angenommen wird, an die Interpretation der betrieblichen Notwendigkeiten seien strenge Maßstäbe anzulegen, *Fitting,* § 37 Rn. 238; DKK-*Wedde,* § 37 Rn. 126; *Däubler,* Schulung, Rn. 310; *Künzl,* ZfA 1993, 341, 358; im Ergebnis auch GK-*Weber,* § 37 Rn. 266). Es gilt deshalb auch insoweit der Grundsatz der *Verhältnismäßigkeit*. Die Berücksichtigung der betrieblichen Notwendigkeiten bei der Festlegung der zeitlichen Lage spielt jedoch nur eine Rolle, wenn Teilnehmer ein nicht freigestelltes Betriebsratsmitglied sein soll (ebenso GK-*Weber,* § 37 Rn. 266).

116 In diesem Fall hat der Betriebsrat, wenn eine Schulung zu verschiedenem Zeitpunkt angeboten wird, den Zeitpunkt so zu legen, dass eine Teilnahme am wenigsten den Betriebsablauf beeinträchtigt (ebenso *Däubler,* Schulung, 5. Aufl. 2004, Rn. 310). Besteht dagegen keine Ausweichmöglichkeit, so kann, wenn die sonstigen gesetzlichen Voraussetzungen gegeben sind, die Teilnahme an einer Schulung nicht daran scheitern, dass sie sich auf den Betriebsablauf belastend auswirkt (ebenso *Fitting,* § 37 Rn. 239; *Däubler,* a. a. O.; *Künzl,* ZfA 1993, 341, 359). Es kann sich aber daraus eine Rückwirkung auf die *Auswahlentscheidung* des Betriebsrats ergeben, wer von seinen Mitgliedern zur Teilnahme freizustellen ist. Selbst wenn die Schulung aller Mitglieder i. S. von Abs. 6 notwendig ist, ist deshalb eine personelle Beschränkung vorzunehmen, wenn die betrieblichen Notwendigkeiten es gebieten, so dass in diesem Fall eine Schulung nur sukzessive erfolgen kann. Genügt für die Erforderlichkeit der Kenntniserlangung, dass nur einzelne Mitglieder oder nur ein Mitglied teilnimmt, so sind bei gleicher Eignung die Mitglieder zu entsenden, deren Freistellung den Betriebsablauf am wenigsten beeinträchtigt. Bei unterschiedlicher Eignung gebietet der Grundsatz der Erforderlichkeit und Verhältnismäßigkeit aber, dass der Betriebsrat sich für das Mitglied entscheidet, das er für am geeignetsten hält. Die Berücksichtigung der betrieblichen Notwendigkeiten kann daher bei der zeitlichen Festlegung hier nur dann zu einer zeitweiligen Rückstellung führen, wenn die Schulung zu einem späteren Zeitpunkt angeboten wird.

116a Die betriebsübliche Arbeitszeit nicht für den gesamten Betrieb einheitlich geregelt sein, vielmehr kann sie für verschiedene Arbeitsbereiche oder Arbeitnehmergruppen unterschiedlich festgelegt sein (BAG 23. 7. 1996 AP BetrVG 1972 § 87 Arbeitszeit Nr. 68 zu B II 1 der Gründe). Für die Beurteilung, ob eine Besonderheit iSd. § 37 Abs. 6 Satz 2 vorliegt, ist in einem solchen Fall auf die betriebsübliche Arbeitszeit des Arbeitsbereichs oder der Arbeitnehmergruppe abzustellen, dem oder der das Betriebsratsmitglied angehört (BAG 10. 11. 2004 AP § 37 BetrVG 1972 Nr. 140, zu II 1 der Gründe; BAG 16. 2. 2005 AP § 37 BetrVG 1972 Nr. 141).

117 Eine Schranke für die Festlegung der zeitlichen Lage ergibt sich daraus, dass die Kenntnisvermittlung für die Betriebsratsarbeit erforderlich sein muss. Daran kann es fehlen, wenn eine Schulung **kurz vor Beendigung der Amtszeit** durchgeführt wird. Erfolgt eine Schulungsveranstaltung zur Vermittlung von Grundkenntnissen erst kurz vor Ablauf der Amtszeit des Betriebsrats, ist eine besondere Darlegung der Erforderlichkeit i. S. d. § 37 Abs 6 BetrVG nicht erforderlich (vgl. BAG 7. 5. 2008 AP BetrVG 1972

§ 37 Nr. 145 unter Aufgabe von BAG 7. 6. 1989 AP BetrVG 1972 § 37 Nr. 67; ebenso *Däubler*, Schulung, Rn. 311). Das durch die Grundschulungen vermittelte Wissen aus den Bereichen des Betriebsverfassungsrechts und des allgemeinen Arbeitsrechts sollen das Betriebsratsmitglied in die Lage versetzen, die sich aus dem Gesetz ergebenden Betriebsratsaufgaben sachgerecht wahrzunehmen. Der Betriebsrat kann seine gesetzlichen Aufgaben nur erfüllen, wenn bei allen seinen Mitgliedern zumindest ein Mindestmaß an Wissen über die Rechte und Pflichten einer Arbeitnehmervertretung vorhanden ist. Aus diesem Grund überwiegt regelmäßig das Interesse des Betriebsrats an der Vermittlung des erforderlichen Grundwissens das Interesse des Arbeitgebers an einer effizienten und kostengünstigen Betriebsführung. Zudem unterliegt es wegen des dem Betriebsrat bei der Beschlussfassung nach § 37 Abs. 6 zustehenden Beurteilungsspielraums seiner Einschätzung, ob er die Vermittlung von Grundwissen für die Betriebsratsarbeit an ein erstmalig gewähltes Betriebsratsmitglied für erforderlich hält. Der Beurteilungsspielraum des Betriebsrats ist erst überschritten, wenn für ihn absehbar ist, dass das zu schulende Betriebsratsmitglied in seiner verbleibenden Amtszeit das vermittelte Wissen nicht mehr benötigt. Dies setzt eine hinreichend sichere Einschätzung des Betriebsrats über die bis zum Ende der Amtszeit noch anfallenden Betriebsratsaufgaben voraus. Kann der Betriebsrat Art und Umfang der beteiligungspflichtigen Angelegenheiten, die voraussichtlich bis zu dem Amtszeitende des zu schulenden Betriebsratsmitglieds anfallen werden, nicht beurteilen, kann er die Teilnahme eines erstmalig in den Betriebsrat gewählten Betriebsratsmitglieds - von Missbrauchsfällen abgesehen - als erforderlich iSd. § 37 Abs. 6 ansehen.

Dauert die Amtszeit des Betriebsratsmitglieds nach der Schulung noch mindestens acht bis zehn Monate an, kann der Betriebsrat bei seiner Beschlussfassung jedenfalls davon ausgehen, dass das Betriebsratsmitglied die bei der Schulung erworbenen Kenntnisse bei seiner Betriebsratstätigkeit noch verwerten kann (vgl. BAG 19. 3. 2008, AuR 2008, 362). **117a**

c) Der Betriebsrat trifft weiterhin die **Auswahlentscheidung**, wer an der Schulung teilnimmt (ebenso *Fitting*, § 37 Rn. 234; GK-*Weber*, § 37 Rn. 255 ff.; *Däubler*, Schulung Rn. 323 ff.). Er ist in der personellen Auswahl aber nicht frei; insbesondere hat er kein Sperr-Recht, einzelne Mitglieder von der Teilnahme an den Schulungen auszuschließen. Für seine Auswahlentscheidung sind vielmehr die folgenden Entscheidungskriterien verbindlich: Da die Schulung für die Arbeit des Betriebsrats erforderlich sein muss (s. Rn. 84 ff.), ist die Auswahl danach zu treffen, welche Aufgaben und Funktionen ein Mitglied im Betriebsrat wahrnimmt (ebenso *Fitting*, § 37 Rn. 235; GL-*Marienhagen*, § 37 Rn. 87; HSWGNR-*Glock*, § 37 Rn. 134a). Kommen alle oder mehrere Mitglieder in Betracht, so richtet sich ihre Zahl nach dem Grundsatz der Erforderlichkeit und Verhältnismäßigkeit (s. Rn. 97 f.), und eine weitere Schranke für die Auswahl ergibt sich daraus, dass bei der Festlegung der zeitlichen Lage der Teilnahme die betrieblichen Notwendigkeiten zu berücksichtigen sind (s. Rn. 115 ff.). **118**

In diesen Grenzen kann der Betriebsrat festlegen, wer von seinen Mitgliedern an der Schulung teilnimmt. Er hat dabei die Grundsätze des § 75 Abs. 1 zu beachten, darf also insbesondere keine unterschiedliche Behandlung auf Grund der gewerkschaftlichen Mehrheitsverhältnisse im Betriebsrat vornehmen (ebenso *Fitting*, 37 Rn. 235; GL-*Marienhagen*, § 37 Rn. 87; HSWGNR-*Glock*, § 37 Rn. 134a; *Däubler*, Schulung, Rn. 326). Soziale Gesichtspunkte spielen dagegen, weil es um die für die Betriebsratsarbeit erforderlichen Kenntnisse geht, keine Rolle; insbesondere sind Schulungen nach Abs. 6 nicht dazu vorgesehen, einen Nachholbedarf in bildungsmäßiger Hinsicht auszugleichen (ebenso HSWGNR-*Glock*, § 37 Rn. 134a; HWK-*Reichold*, § 37 Rn. 39; a. A. *Däubler*, Schulung, Rn. 328; zust. *Fitting*, § 37 Rn. 236, allerdings unter der zutreffenden Einschränkung, dass man sich bewusst bleiben müsse, dass Schulungen nach Abs. 6 und auch nach Abs. 7 keine Allgemeinbildung der Betriebsratsmitglieder zum Ziel hätten; s. auch Rn. 81 f.). Dabei muss allerdings beachtet werden, dass der **119**

Betriebsrat keineswegs gezwungen ist, seine Aufgabenerledigung auf wenige kenntnisreiche Mitglieder zu konzentrieren. Er darf lediglich nicht ein weniger geeignetes Mitglied nur deshalb auswählen, weil es einer Gruppe mit besonders großem Nachholbedarf in bildungsmäßiger Hinsicht angehört. Damit darf aber nicht verwechselt werden, dass eine Schulung auch dann i. S. von Abs. 6 notwendig sein kann, wenn Mitglieder nicht das für die Betriebsratsarbeit erforderliche Grundwissen haben. Jedoch geht es in diesem Fall nicht um eine *Auswahlentscheidung*, sondern um die Schulung dieses *Personenkreises* zur Erlangung der für die Arbeit des Betriebsrats als Kollegialorgan erforderlichen Kenntnisse.

120   d) Der Betriebsrat trifft seine Entscheidung durch **Beschluss** (§ 33). Das Mitglied, das an der Schulung teilnehmen soll, ist von der Stimmabgabe nicht ausgeschlossen; denn es ist in der Angelegenheit nicht persönlich beteiligt, sondern die Notwendigkeit seiner Schulung zur Erlangung der für die Arbeit des Betriebsrats erforderlichen Kenntnisse betrifft die Sphäre des Betriebsratsamtes.

2. Unterrichtung des Arbeitgebers

121   a) Der Betriebsrat hat dem Arbeitgeber die Teilnahme und die **zeitliche Lage** der Schulungs- und Bildungsveranstaltungen **rechtzeitig bekanntzugeben** (Abs. 6 Satz 4). Rechtzeitig ist die Mitteilung im Regelfall nur dann, wenn der Arbeitgeber ausreichend Zeit hat, um sich auf die Abwesenheit der Betriebsratsmitglieder einzurichten und gegebenenfalls ein Verfahren vor der Einigungsstelle einzuleiten (ebenso BAG 18. 3. 1977 AP BetrVG 1972 § 37 Nr. 27; ArbG Hamm, DB 1973, 2250; *Fitting*, § 37 Rn. 240; GL-*Marienhagen*, § 37 Rn. 89; GK-*Weber*, § 37 Rn. 268; HWK-*Reichold*, § 37 Rn. 40).

122   Der Betriebsrat ist verpflichtet, dem Arbeitgeber **mitzuteilen,** wann die Schulung stattfindet, wie lange sie dauert, mit welchen Themen sie sich befasst und wer an ihr teilnimmt (ebenso *Fitting*, § 37 Rn. 241; GL-*Marienhagen*, § 37 Rn. 89; GK-*Weber*, § 37 Rn. 269; HSWGNR-*Glock*, § 37 Rn. 138; *Streckel*, DB 1974, 335, 338; a. A. *Däubler*, Schulung, Rn. 569). Berücksichtigt man, dass der Betriebsrat bei der Frage, ob eine Schulung erforderlich ist, einen Beurteilungsspielraum hat (s. Rn. 114), so ist es angemessen, ihm die Obliegenheit aufzuerlegen, die Gründe mitzuteilen, weshalb er die Teilnahme für erforderlich hält; denn der Arbeitgeber wird für diesen Fall verpflichtet, eine Freistellung vorzunehmen und die Kosten zu tragen (ebenso GK-*Weber*, § 37 Rn. 269; HSWGNR-*Glock*, § 37 Rn. 138; nur für zweckmäßig hält die Angabe der Gründe *Fitting*, § 37 Rn. 241).

123   b) **Unterlässt** der Betriebsrat die **Unterrichtung des Arbeitgebers,** so handelt er pflichtwidrig. Geschieht dies mehrmals, so liegt darin eine grobe Amtspflichtverletzung, die zur Auflösung des Betriebsrats nach § 23 Abs. 1 berechtigt (ebenso *Fitting*, § 37 Rn. 242; GL-*Marienhagen*, § 37 Rn. 90; GK-*Weber*, § 37 Rn. 270). War die Unterrichtung nicht rechtzeitig erfolgt, so trifft den Arbeitgeber die Obliegenheit, dies unverzüglich geltend zu machen.

124   Das **Betriebsratsmitglied** ist **nicht von seiner Arbeitspflicht befreit, solange** der Betriebsrat seine **Mitteilungspflicht nicht erfüllt** hat. Nimmt es dennoch an einer Schulung teil, so verletzt es, sofern der Arbeitgeber keine Freistellung vorgenommen hat, nicht nur seine Pflichten aus dem *Betriebsratsamt*, sondern auch seine Pflichten aus dem *Einzelarbeitsverhältnis;* es hat für die Teilnahme **keinen Anspruch auf Fortzahlung des Arbeitsentgelts und Ersatz der Schulungskosten** (ebenso *Joost*, MünchArbR § 220 Rn. 103; *Wichert*, DB 1997, 2325; a. A. *Fitting*, § 37 Rn. 242; GK-*Weber*, § 37 Rn. 270; ErfK-*Eisemann/Koch*, § 37 Rn. 27; DKK-*Wedde*, § 37 Rn. 130). Soweit der gegenteilige Standpunkt damit begründet wird, die Unterrichtung des Arbeitgebers sei keine zusätzliche anspruchsbegründende Voraussetzung (so z. B. *Fitting* und *Wedde*, jeweils a. a. O.), wird übersehen, dass die Suspendierung von der Arbeitspflicht nur unter Beachtung des

VII. Verfahren bei einer Freistellung nach Abs. 6 – Rechtsfolgen § 37

hier geregelten Freistellungsverfahrens eintritt (ebenso im Ergebnis *Joost*, MünchArbR § 220 Rn. 103).

3. Anrufung und Kompetenz der Einigungsstelle

a) Hält der Arbeitgeber die **betrieblichen Notwendigkeiten** für **nicht ausreichend berücksichtigt,** so kann er die **Einigungsstelle** anrufen, um einen **verbindlichen Spruch** herbeizuführen (Abs. 6 Satz 5 und 6). 125

Die **Einigungsstelle** entscheidet **nur,** ob bei der Festlegung der zeitlichen Lage und der personellen Auswahl die **betrieblichen Notwendigkeiten ausreichend berücksichtigt** sind. Bestreitet der Arbeitgeber dagegen, dass in der Schulung für die Betriebsratsarbeit **notwendige Kenntnisse** vermittelt werden oder dass der **personelle** oder **zeitliche Umfang der Teilnahme** der Erforderlichkeit und Verhältnismäßigkeit entspricht, so ist nicht die Einigungsstelle, sondern das **Arbeitsgericht** zur Entscheidung im Beschlussverfahren zuständig (ebenso *Fitting*, § 37 Rn. 243; GK-*Weber*, § 37 Rn. 271; HSWG-*Glock*, § 37 Rn. 143; LAG Hessen – 8 Sa 788/05, juris). Die Einigungsstelle kann dazu nur im Rahmen ihrer *Vorfragenkompetenz* Stellung nehmen (s. § 76 Rn. 104 f.). Jedoch ist auch möglich, dass ein *freiwilliges Einigungsverfahren* nach § 76 Abs. 6 durchgeführt wird (s. § 76 Rn. 36 f.; zust. *Fitting*, § 37 Rn. 243; GL-*Marienhagen*, § 37 Rn. 91; GK-*Weber*, § 37 Rn. 271; HSWGNR-*Glock*, § 37 Rn. 143). 126

b) Für die **Anrufung der Einigungsstelle** ist im Gesetz keine Frist vorgesehen. Deshalb ist davon auszugehen, dass der Arbeitgeber ohne schuldhaftes Zögern, also *unverzüglich,* das Einigungsverfahren einleiten muss (ebenso GL-*Marienhagen*, § 37 Rn. 92; *Bleistein*, DB Beil. 1/1975, 4; a. A. für entsprechende Anwendung des § 38 Abs. 2 Satz 4, so dass die Einigungsstelle innerhalb einer Frist von zwei Wochen nach Bekanntgabe angerufen werden kann: LAG Niedersachsen, AiB 1988, 284; ArbG Hamm, BB 1974, 37 = DB 1973, 2249; *Fitting*, § 37 Rn. 244; *Künzl*, ZfA 1993, 341, 361; gegen eine Analogie spricht aber, dass die Freistellung von beruflicher Tätigkeit ein anderes Gewicht hat als die Freistellung zur Teilnahme an einer Schulung, bei der eine Anrufungsfrist von zwei Wochen zu einer erheblichen Verzögerung einer aus konkretem Anlass notwendigen Schulung führen kann, zumal dann auch noch die Entscheidung der Einigungsstelle abgewartet werden muss; unter Rückgriff auf den Grundsatz der vertrauensvollen Zusammenarbeit für Äußerung des Arbeitgebers in angemessener Zeit GK-*Weber*, § 37 Rn. 272; offengelassen BAG 18. 3. 1977 AP BetrVG 1972 § 37 Nr. 27). 127

Antragsberechtigt ist **nur der Arbeitgeber,** nicht der Betriebsrat; denn für den Fall, dass der Arbeitgeber nicht unverzüglich protestiert und die Einigungsstelle anruft, kann so verfahren werden, wie der Betriebsrat es beschlossen hat. Verweigert dennoch der Arbeitgeber die Freistellung, so kann der **Betriebsrat** beim Arbeitsgericht eine **einstweilige Verfügung** beantragen, die im Beschlussverfahren erlassen wird (§ 2 a Abs. 1 Nr. 1, Abs. 2 i. V. mit § 85 Abs. 2 ArbGG). 128

c) Der **Spruch der Einigungsstelle ersetzt** die **fehlende Einigung zwischen Arbeitgeber und Betriebsrat** (Abs. 6 Satz 6). Er unterliegt der **arbeitsgerichtlichen Rechtskontrolle** im Beschlussverfahren (s. Rn. 195). Die Einigungsstelle trifft eine *Rechtsentscheidung,* soweit sie die Frage beantwortet, ob der Betriebsrat die betrieblichen Notwendigkeiten bei der Festlegung der zeitlichen Lage der Teilnahme an der Schulung ausreichend berücksichtigt hat. Bestätigt sie nicht den Beschluss des Betriebsrats, so kann sie sich aber nicht darauf beschränken, ihn lediglich aufzuheben, sondern sie muss selbst die Entscheidung an Stelle des Betriebsrats treffen, also eine *Regelung* vornehmen, für die neben der allgemeinen Rahmenbegrenzung nach § 76 Abs. 5 Satz 3 die hier in Abs. 6 enthaltene besondere Schranke maßgebend ist, dass die betrieblichen Notwendigkeiten zu berücksichtigen sind (ebenso *Dütz*, DB 1971, 674, 675; *ders.*, DB 1972, 383, 386; zust. *Fitting*, § 37 Rn. 246; GK-*Weber*, § 37 Rn. 276). 129

4. Rechtsfolgen bei Anrufung der Einigungsstelle

130 a) Hat der Arbeitgeber die Einigungsstelle angerufen, d. h. hat er das Einigungsverfahren eingeleitet, weil er die betrieblichen Notwendigkeiten für nicht ausreichend berücksichtigt hält, so ist der **Beschluss des Betriebsrats über die Teilnahme suspendiert.** Das Betriebsratsmitglied ist nicht berechtigt, an der Schulung teilzunehmen, solange kein Spruch der Einigungsstelle vorliegt (ebenso BAG 18. 3. 1977 AP BetrVG 1972 § 37 Nr. 27; *Fitting*, § 37 Rn. 248; GL-*Marienhagen*, § 37 Rn. 93; GK-*Weber*, § 37 Rn. 274; HSWGNR-*Glock*, § 37 Rn. 146; DKK-*Wedde*, § 37 Rn. 132; *Joost*, MünchArbR § 220 Rn. 105; *Kopp*, AuR 1976, 333, 336; *Däubler*, Schulung, Rn. 454). Gleiches gilt, wenn dem Arbeitgeber keine ausreichende Zeit blieb, um die Einigungsstelle anzurufen (s. Rn. 127), sofern er gegenüber dem Betriebsrat der Teilnahme an der Schulung widersprochen hat (ebenso BAG AP BetrVG 1972 § 37 Nr. 27; *Marienhagen*, a. a. O.). Durch die Anrufung der Einigungsstelle kann deshalb eine Verzögerung eintreten, die eine Teilnahme an der Schulung unmöglich macht. In diesem Fall kann der Betriebsrat nur dann eine **einstweilige Verfügung** beantragen, wenn eine Schulung gerade zum beantragten Zeitpunkt erforderlich ist, etwa eine Schulung zum Betriebsübergang und Sozialplan, wenn entsprechende betriebliche Strukturänderungen unmittelbar bevorstehen (ArbG Frankfurt [Oder] 27. 1. 2000, LAGE Nr. 54 zu § 37 BetrVG 1972 = AiB 2000, 435). Demgegenüber kann die Tatsache, dass eine Gewerkschaft einen Schulungskurs durchführt, der nicht wiederholt werden soll, eine einstweilige Verfügung nicht rechtfertigen, denn es reicht, wenn ein anderer Veranstalter – wie regelmäßig – zumindest ähnliche Schulungen anbietet. Dem Schulungsbedürfnis ist damit hinreichend Rechnung getragen (a. A. LAG Hamm 23. 11. 1972, DB 1972, 2489 = BB 1972, 1560; ArbG Darmstadt 24. 9. 2001, AiB 2002, 307; wohl wie hier ArbG Dortmund 7. 9. 2001, AiB 2001, 727; *Fitting*, § 37 Rn. 252; GL-*Marienhagen*, § 37 Rn. 93; GK-*Weber*, § 37 Rn. 277; DKK-*Wedde*, § 37 Rn. 133; *Dütz/Säcker*, DB Beil. 17/1972, 14 f.; strenger noch HSWGNR-*Glock*, § 37 Rn. 146a; *Heinze*, RdA 1986, 273, 287; s. auch ArbG Detmold 30. 4. 1998, AiB 1998, 405). Dass die einstweilige Verfügung den Spruch der Einigungsstelle vorwegnimmt, steht ihrem Erlass nicht entgegen (s. ausführlich § 76 Rn. 34), jedoch wird man hier **einen strengeren Maßstab** bei der Frage der Erforderlichkeit anlegen müssen.

131 b) **Bestreitet der Arbeitgeber** dagegen, dass es sich um eine **Schulung i. S. von Abs. 6** handelt oder dass die Zahl der Teilnehmer oder der Zeitaufwand der Erforderlichkeit und Verhältnismäßigkeit entspricht, so ist, da es sich nicht um einen Einigungsstellenfall handelt (s. Rn. 126), der **Beschluss des Betriebsrats** über die Teilnahme **wirksam.** Das gilt auch dann, wenn Arbeitgeber oder Betriebsrat bereits ein Beschlussverfahren eingeleitet haben; das Beschlussverfahren hat für den Beschluss keine aufschiebende Wirkung (ebenso LAG Hamm 24. 10. 1974, DB 1974, 2487; *Fitting*, § 37 Rn. 251; DKK-*Wedde*, § 37 Rn. 133 f.; ErfK-*Eisemann/Koch*, § 37 Rn. 28; *Däubler*, Schulung 5. Aufl. 2004, Rn. 458; a. A. GK-*Weber*, § 37 Rn. 280; HSWGNR-*Glock*, § 37 Rn. 140; wie hier jedenfalls für den Fall, dass der Betriebsrat vor Beginn der Schulung in der ersten Instanz eine obsiegende Entscheidung erwirkt hat, BAG 6. 5. 1975 AP BetrVG 1972 § 65 Nr. 5). Der Arbeitgeber kann aber den Erlass einer einstweiligen Verfügung im Beschlussverfahren beantragen, um dem Betriebsratsmitglied die Teilnahme zu untersagen, wenn zu besorgen ist, dass es eigenmächtig der Arbeit fernbleibt (ebenso *Fitting*, § 37 Rn. 252; *Dütz*, DB 1976, 1428, 1433). Eine einstweilige Verfügung des Betriebsrats auf Freistellung ist hier jedoch unzulässig, denn das Betriebsratsmitglied braucht keine Erlaubnis des Arbeitgebers für die Teilnahme an der Schulungsveranstaltung und einen Kostenvorschuss kann er nicht verlangen (LAG Hamm 21. 5. 2008 – 10 TaBVGa 7/08, juris; LAG Hamm 10. 5. 2004 – 10 TaBV 41/04, juris; LAG Düsseldorf 6. 9. 1995, LAGE BetrVG 1972 § 37 Nr. 44; LAG Köln 22. 11. 2003, DB 2004, 551; ebenso *Heinze*, RdA 1986, 273, 287; *Corts*, NZA 1998, 357, 358; *Schneider/Sittard*, ArbRB 2007, 241;

VII. Verfahren bei einer Freistellung nach Abs. 6 – Rechtsfolgen § 37

Wlotzke/Preis-*Kreft*, § 37 Rn. 70; *Walker*, einstweiliger Rechtsschutz, 1993, Rn. 821 ff., 824; a. A. LAG Frankfurt 19. 8. 2004 dbr 2005, Nr. 4, 35; LAG Hamm 23. 11. 1972, DB 1972, 2489; wohl auch *Fitting*, § 37 Rn. 253). Ob die Schulung erforderlich war oder nicht kann auch anschließend geklärt werden; hierfür ist die summarische Prüfung des vorläufigen Rechtsschutzes nicht geeignet. Wenn sie es war, dann war das Betriebsratsmitglied auch zur Teilnahme berechtigt.

5. Arbeitsbefreiung unter Fortzahlung des Arbeitsentgelts

a) Sind die materiellen und formellen Voraussetzungen für die Teilnahme an einer Schulung nach Abs. 6 gegeben, so ist das Betriebsratsmitglied von seiner **beruflichen Tätigkeit** ohne Minderung des Arbeitsentgelts **zu befreien,** damit es an der Schulung teilnehmen kann (Abs. 6 Satz 1 i. V. mit Abs. 2). Es gilt insoweit Gleiches wie nach Abs. 2 (s. Rn. 26 ff.). **132**

b) Durch die zulässige Teilnahme an einer Schulung darf keine Minderung des Arbeitsentgelts eintreten, d. h. der Arbeitnehmer hat den **Anspruch auf das Arbeitsentgelt,** das er erlangt hätte, wenn er während dieser Zeit gearbeitet hätte (s. Rn. 30 ff.). Überschreitet die Dauer der Lehrveranstaltung seine Arbeitszeit, so steht ihm aber insoweit kein Anspruch auf Vergütung zu; denn das Gesetz schließt lediglich aus, dass durch die Betriebsratstätigkeit eine Schmälerung des Betriebseinkommens eintritt (ebenso BAG 19. 7. 1977 AP BetrVG 1972 § 37 Nr. 31; 27. 6. 1990 und 20. 10. 1993 AP BetrVG 1972 § 37 Nr. 76 und 90; s. auch Rn. 30). Das gilt auch für **Reise- und Wegezeiten,** die ein Betriebsratsmitglied außerhalb seiner Arbeitszeit aufwendet, um zur Schulung an- und abzureisen (vgl. BAG 19. 7. 1977 AP BetrVG 1972 § 37 Nr. 31; s. auch Rn. 134). **133**

Reisezeiten, die ein teilzeitbeschäftigtes Betriebsratsmitglied außerhalb seiner Arbeitszeit aufwendet, um an einer erforderlichen Schulungsveranstaltung teilzunehmen, können nur dann nach § 37 Abs. 6 Satz 1 und 2 iVm. § 37 Abs. 3 Satz 1 einen Anspruch auf entsprechende Arbeitsbefreiung unter Fortzahlung der Vergütung begründen, wenn die Teilzeitbeschäftigung die Ursache dafür ist, dass die Reise außerhalb der Arbeitszeit durchgeführt wurde. Daran fehlt es, wenn die Reise auch dann außerhalb der Arbeitszeit stattgefunden hätte, wenn das Betriebsratsmitglied vollzeitbeschäftigt gewesen wäre (BAG 11. 10. 2004 AP BetrVG 1972 § 37 Nr. 140). **133 a**

c) Das Betriebsratsmitglied hat, wenn die Schulung außerhalb seiner Arbeitszeit durchgeführt wird, auch einen **Anspruch auf Freizeitausgleich;** denn nach Abs. 6 ist seit seiner Ergänzung durch das **BetrVerf-Reformgesetz** vom 23. 7. 2001 nicht nur Abs. 2, sondern auch Abs. 3 entsprechend anzuwenden (abweichend zur alten Rechtslage BAG 18. 9. 1973 AP BetrVG 1972 § 37 Nr. 3 [abl. *Weiss*]; für die zur An- und Rückkreise benötigten Reisezeiten BAG 19. 7. 1977 AP BetrVG 1972 § 37 Nr. 31; bestätigt durch BAG 27. 6. 1990 und 20. 10. 1993 AP BetrVG 1972 § 37 Nr. 76 und 90). **134**

Die Anwendung des Absatzes 3 auch bei erforderlichen Schulungen nach Abs. 6 bedeutet **nicht,** dass **jede Schulung eines Betriebsratsmitglieds** außerhalb seiner persönlichen Arbeitszeit einen Ausgleichsanspruch auslöst. Erforderlich ist stets, dass betriebsbedingte Gründe vorliegen, welche die Durchführung der Schulung außerhalb der persönlichen Arbeitszeit des Betriebsratsmitglieds bedingen. In diesem Sinne stellt der neue Abs. 6 Satz 2 erster Halbsatz ausdrücklich klar, dass auch Besonderheiten der betrieblichen Arbeitszeitgestaltung als betriebsbedingte Gründe anzusehen sind. **135**

Als Besonderheit der betrieblichen Arbeitszeitgestaltung ist auch die Beschäftigung von **Teilzeitarbeitnehmern** anzusehen (BAG, 10. 11. 2004 AP BetrVG 1972 § 37 Nr. 140; 16. 2. 2005 AP BetrVG 1972 § 37 Nr. 141). Denn die Beschäftigung ist Teil der betrieblichen Organisation und gehört damit grundsätzlich zur Sphäre des Betriebs (enger *Löwisch*, BB 2001, 1734, 1742; dazu auch *Hanau*, ZIP 2001, 1981, 1984). Aus diesem Grund – so ausdrücklich die Gesetzesbegründung – steht teilzeitbeschäftigten **135 a**

Betriebsratsmitgliedern, die über ihre tägliche Arbeitszeit hinaus an einer Schulungsveranstaltung teilnehmen, ein entsprechender Ausgleichsanspruch zu, jedoch nur bis zur Höhe eines entsprechenden Vollzeitarbeitnehmers (BT-Drucks. 14/5741, S. 41; s. auch Rn. 59) Bei der Bestimmung der maßgeblichen Arbeitszeit können tarifvertragliche Festlegungen als Orientierung dienen. Betriebliche Arbeitszeiten, die wesentlich geringer sind als in einschlägigen Tarifverträgen festgelegte regelmäßige Arbeitszeiten, können allerdings nicht als Arbeitszeit vollzeitbeschäftigter Arbeitnehmer angesehen werden (BAG 16. 2. 2005 AP BetrVG 1972 § 37 Nr. 141). **Kein Ausgleichsanspruch,** weil nicht aus betriebsbedingten Gründen veranlasst, besteht in den Fällen, in denen die Schulung eines vollzeitbeschäftigten Betriebsratmitglieds an einem Schulungstag einmal länger als die betriebliche Arbeitszeit dauert oder wenn ein Betriebsratsmitglied eines von Montag bis Freitag arbeitenden Betriebs an einem arbeitsfreien Samstag an einer Schulung teilnimmt (s. BAG 10. 11. 2004, 16. 2. 2005, AP § 37 BetrVG 1972 Nr. 140, 141; BT-Drucks. 14/5741, S. 41; s. auch Rn. 116 a).

6. Unfallschutz

136 Erleidet ein Betriebsratsmitglied während der Teilnahme an einer Schulung oder auf dem Weg zu und von der Schulung einen Unfall, so erhält es Leistungen aus der sozialen Unfallversicherung (ebenso *Fitting,* § 37 Rn. 186; s. auch Rn. 12).

7. Kostenerstattung

137 Kosten, die dem Betriebsratsmitglied durch die Teilnahme an einer Schulung i. S. von Abs. 6 entstehen, gehören zu den durch die Tätigkeit des Betriebsrats entstehenden Kosten, die nach § 40 Abs. 1 der Arbeitgeber trägt; Abs. 6 trifft insoweit keine Sonderregelung (s. ausführlich § 40 Rn. 30 ff.).

VIII. Bildungsurlaub für Betriebsratsmitglieder (Abs. 7)

1. Rechtsnatur des Anspruchs

138 a) Nach Abs. 7 hat **jedes Mitglied des Betriebsrats** während seiner regelmäßigen Amtszeit **Anspruch auf bezahlte Freistellung** für insgesamt drei Wochen, bei Erstmitgliedern sogar für insgesamt vier Wochen, um an **Schulungs- und Bildungsveranstaltungen** teilzunehmen, die von der zuständigen obersten Arbeitsbehörde des Landes nach Beratung mit den Spitzenorganisationen der Gewerkschaften und der Arbeitgeberverbände als **geeignet anerkannt** sind. Damit gibt das Gesetz den Betriebsratsmitgliedern einen Anspruch auf durch das Betriebsratsamt bestimmten Bildungsurlaub, der neben dem Anspruch auf Arbeitsbefreiung nach Abs. 6 zur Teilnahme an für die Betriebsratsarbeit notwendigen Schulungs- und Bildungsveranstaltungen steht (kritisch zur Verwendung des Begriffs des Bildungsurlaubs in diesem Fall *Kraft,* DB 1973, 2519 und dort Fn. 3; jedoch hat er sich weitgehend als Kurzbezeichnung für die bezahlte Freistellung nach Abs. 7 durchgesetzt; vgl. BAG 6. 11. 1973 AP BetrVG 1972 § 37 Nr. 5; 8. 2. 1977 AP BetrVG 1972 § 37 Nr. 26; HSWGNR-*Glock,* § 37 Rn. 153 b; *Kopp,* AuR 1976, 333).

139 Den Anspruch hat jedes Betriebsratmitglied; es handelt sich um einen *individualrechtlichen* Anspruch, der seine Rechtsgrundlage nicht im Arbeitsverhältnis, sondern im *Betriebsratsamt* hat (ebenso *Fitting,* § 37 Rn. 195; GL-*Marienhagen,* § 37 Rn. 101; GK-*Weber,* § 37 Rn. 215; HSWGNR-*Glock,* § 37 Rn. 153 a; DKK-*Wedde,* § 37 Rn. 139; ErfK-*Eisemann/Koch,* § 37 Rn. 23; *Schwegler,* BlStSozArbR 1972, 305, 312, *Kraft,* DB 1973, 2519, 2520, *Kopp,* AuR 1976, 333, 334). Er richtet sich gegen den Arbeitgeber auf Freistellung von der Arbeit unter Fortzahlung des Arbeitsentgelts, setzt aber die zeitliche Festlegung durch den Betriebsrat voraus (vgl. Abs. 7 Satz 3 i. V. mit Abs. 6

VIII. Bildungsurlaub für Betriebsratsmitglieder (Abs. 7) § 37

Satz 3 bis 6; s. auch Rn. 113 ff.). Dennoch ist er von dem Anspruch des Abs. 6 wesensverschieden. Ihn hat nicht der Betriebsrat, sondern nur das einzelne Betriebsratsmitglied. Bei ihm geht es nicht darum, ob Kenntnisse vermittelt werden, die für die konkrete Arbeit des Betriebsrats notwendig sind, sondern das Gesetz gibt den Anspruch für als geeignet anerkannte Schulungs- und Bildungsveranstaltungen. Bei der Auswahl kommt es auch nicht darauf an, ob der Betriebsrat sie als nützlich erachtet, sondern darüber entscheidet allein das einzelne Betriebsratsmitglied. Eine Schranke ergibt sich lediglich daraus, dass über die zeitliche Lage der Teilnahme der Betriebsrat entscheidet.

b) Abs. 7 enthält zu Lasten des Arbeitgebers eine **Berufsausübungsregelung i.S. des** 140 **Art. 12 Abs. 1 GG.** Die staatliche Anerkennung der Geeignetheit sichert, dass die Bildungsveranstaltungen inhaltlich den gesetzlichen Zielvorstellungen entsprechen. Deshalb ist die Aufbürdung der Freistellungs- und Lohnzahlungslast mit Art. 12 Abs. 1 GG vereinbar; denn die Regelung des Abs. 7 dient einer funktionierenden Betriebsverfassung und ist deshalb durch hinreichende Gründe des Allgemeinwohls gerechtfertigt, und sie ist geeignet und erforderlich, um das gesetzgeberische Ziel einer Steigerung der Qualifikation der Betriebsratsmitglieder zu erreichen, damit das Betriebsratsamt mit seinen quantitativ und qualitativ wachsenden Aufgaben und Anforderungen sach- und fachgerecht ausgeübt wird (ebenso BAG 30. 8. 1989 AP BetrVG 1972 § 37 Nr. 73).

2. Geeignete Schulungs- und Bildungsveranstaltungen

a) Der Anspruch besteht für die Teilnahme an einer als **geeignet anerkannten Schu-** 141 **lungs- und Bildungsveranstaltung.** Notwendig ist, dass die zuständige oberste Arbeitsbehörde des Landes sie als geeignet anerkannt hat (s. Rn. 149 ff.). Die Anerkennung bezieht sich auf die *Schulungs- und Bildungsveranstaltung.* Es genügt also nicht, die Eignung des *Veranstaltungsträgers* (ebenso BAG 18. 12. 1973, 6. 4. 1976 und 11. 8. 1993 AP BetrVG 1972 § 37 Nr. 7, 23 und 92). Über einen **rechtzeitig gestellten Antrag** auf Anerkennung einer Schulungs- und Bildungsveranstaltung kann die zuständige oberste Arbeitsbehörde eines Landes auch nach Veranstaltungsbeginn entscheiden (BAG 11. 10. 1995 AP BetrVG 1972 § 37 Nr. 115).

b) Die **Themen** müssen einen **Bezug zur Betriebsratstätigkeit im Rahmen des Betriebs-** 142 **verfassungsrechts** aufweisen (ebenso BAG 11. 8. 1993 AP BetrVG 1972 § 37 Nr. 92 [*Schiefer*]; s. auch Rn. 80 ff.). Aufgabe einer Schulung nach Abs. 7 ist daher nicht, wie *Däubler,* Schulung, Rn. 123) meint, den Rückstand der Betriebsräte im Allgemeinwissen abzubauen, so dass eine Beziehung zur Betriebsratstätigkeit fehlen kann (ebenso BAG 11. 8. 1993 AP BetrVG 1972 § 37 Nr. 92; bereits BAG 6. 4. 1976 AP BetrVG 1972 § 37 Nr. 23; *Fitting,* § 37 Rn. 197; GK-*Weber,* § 37 Rn. 219 ff.; HSWGNR-*Glock,* § 37 Rn. 155 ff.; *Joost,* MünchArbR § 220 Rn. 115; *Kraft,* DB 1973, 2519 ff.; *Schiefer,* DB 1991, 1453, 1456 f.; *Loritz,* NZA 1993, 2, 5).

Zwar spricht der Gesetzestext nur von der Anerkennung als „geeignet"; aber gemeint 143 ist, wie sich aus dem gesetzessystematischen Zusammenhang ergibt, dass die Schulung für die *Betriebsratsarbeit* geeignet sein muss, weil die Gewährung eines allgemeinen Bildungsurlaubs nur an Betriebsratsmitglieder nicht mit dem das Betriebsratsamt prägenden Grundsatz der Unentgeltlichkeit der Amtsführung und dem ihm entsprechenden Begünstigungsverbot vereinbar wäre (ebenso BAG 6. 4. 1976 AP BetrVG 1972 § 37 Nr. 23; *Kraft,* DB 1973, 2519). Allerdings verzichtet auch *Däubler* nicht darauf, den Charakter einer Schulung i.S. des Abs. 7 inhaltlich zu bestimmen: Ziel dieser Schulungs- und Bildungsbemühungen müsse die „Mündigkeit" i.S. der Fähigkeit zu eigenverantwortlicher Gestaltung der Umwelt sein, während die Vermittlung bildungsbürgerlicher Inhalte auszuscheiden habe (*Däubler,* Schulung, Rn. 123 und 279). Auch diese Abgrenzung zeigt, dass *Däubler* letztlich für die Interpretation des Abs. 7 keinen Zusammenhang zur Betriebsverfassung herzustellen vermag, abgesehen davon, dass nicht verbindlich festgelegt werden kann, wann Bildung zur „Mündigkeit" erzieht und wann sie lediglich bildungsbürgerlichen Inhalt hat, sofern man nicht insoweit von einer ideologisch vorgeprägten Position ausgeht (vgl. dazu *Richardi*, Anm. zu BAG, AP BetrVG 1972 § 40 Nr. 2).

144 Für die Geeignetheit kann, da über sie die zuständige oberste Arbeitsbehörde entscheidet, keine Rolle spielen, ob Kenntnisse vermittelt werden, die für die Arbeit eines konkreten Betriebsrats erforderlich sind, sondern entscheidend kann nur sein, dass die vermittelten Kenntnisse **für die Betriebsratstätigkeit nützlich** sind, ohne dass es darauf ankommt, dass die Kenntnisse für die konkrete Arbeit des Betriebsrats im konkreten Betrieb auch benötigt werden (ebenso BAG 18. 12. 1973 AP BetrVG 1972 § 37 Nr. 7 [*Richardi*]; 30. 8. 1989 AP BetrVG 1972 § 37 Nr. 73; 9. 9. 1992 AP BetrVG 1972 § 37 Nr. 86; 11. 8. 1993 AP BetrVG 1972 § 37 Nr. 92; vgl. auch BAG 6. 11. 1973 AP BetrVG 1972 § 37 Nr. 5 und 6; 27. 11. 1973 AP ArbGG 1953 § 89 Nr. 9; 6. 4. 1976 AP BetrVG 1972 § 37 Nr. 23). Die vermittelten Kenntnisse müssen zwar nicht zum notwendigen Rüstzeug eines Betriebsratsmitglieds zählen; sie müssen aber „nach Zielsetzung und Inhalt darauf angelegt sein, für eine sach- und fachgerechte Ausübung der im geltenden Recht vorgesehenen Betriebsratstätigkeit zu sorgen" (BAG 11. 8. 1993 AP BetrVG 1972 § 37 Nr. 92). Die Veranstaltung darf daher „nicht vornehmlich anderen Zwecken wie etwa einer gewerkschaftspolitischen, allgemeinpolitischen oder allgemeinbildenden Schulung dienen" (BAG, a. a. O.).

145 c) **Geeignet** sind vor allem Schulungen, die der Vermittlung **betriebsverfassungsrechtlicher Grundlagenkenntnisse** dienen. Bei ihnen kann eine Schulung sogar i. S. von Abs. 6 erforderlich sein (s. Rn. 89 f., 97). Außerdem sind in jedem Fall als geeignet Lehrveranstaltungen anzuerkennen, die sich mit Themen aus den folgenden Sachgebieten befassen:

- **Arbeitsrecht;** hierzu gehört nicht nur das Betriebsverfassungsrecht, sondern generell das gesamte Gebiet des individuellen wie des kollektiven Arbeitsrechts einschließlich des Koalitionsrechts (Art. 9 Abs. 3 GG) und der Bedeutung des verfassungsrechtlichen Sozialstaatsprinzips für das Arbeitsrecht, z. B. „Einführung in das Arbeitsrecht" (vgl. BAG 25. 4. 1978 AP BetrVG 1972 § 37 Nr. 33),
- **allgemeines Sozialrecht,** insbesondere das Recht der Kranken-, Renten- und Unfallversicherung,
- **wirtschaftliche** und **betriebswirtschaftliche Fragen,**
- **Arbeitswissenschaft** (vgl. die Themengestaltung in BAG 14. 6. 1977 AP BetrVG 1972 § 37 Nr. 30),
- **Personalplanung,**
- **Arbeitsbewertung,**
- **Versammlungspraxis und Versammlungsleitung** (zum Rhetorikseminar aber s. Rn. 92 f.).
- **betrieblicher Umweltschutz** (BAG 11. 10. 1995 AP BetrVG 1972 § 37 Nr. 115).

146 Dazu gehören auch Themen sozialpolitischer und wirtschaftlicher Art sowie der Sozialordnung, die auf die Tätigkeit des Betriebsrats und der Jugend- und Auszubildendenvertretung im Betrieb einen Bezug haben. Wegen des funktionellen Zusammenhangs der Betriebsverfassung mit der unternehmensbezogenen Mitbestimmung sind weiterhin auch geeignet Themen aus dem Mitbestimmungs- und Gesellschaftsrecht (ebenso *Fitting*, § 37 Rn. 200; HSWGNR-*Glock,* § 37 Rn. 156).

147 Dagegen scheiden Veranstaltungen, die gezielt der gewerkschaftlichen Funktionärsschulung dienen, aus; das Gleiche gilt für Veranstaltungen mit allgemeinpolitischen, gewerkschaftspolitischen oder kirchlichen Themen, weil die Vermittlung dieser Kenntnisse keinen genügenden Bezug zur Betriebsratstätigkeit hat (so BAG 18. 12. 1973 AP BetrVG 1972 § 37 Nr. 7 [*Richardi*]). Das BAG hat deshalb ein Seminar nicht **als geeignet** angesehen, das folgende Themen behandelte: „Lernen wie man lernt", „Macht und Herrschaft in der industriellen Gesellschaft der Gegenwart", „Demokratische Organisa-

VIII. Bildungsurlaub für Betriebsratsmitglieder (Abs. 7) § 37

tionsstruktur einer Großorganisation dargestellt am Beispiel der ÖTV", „Wesen und Bedeutung der Massenmedien: Manipulation oder meinungsbildender Faktor unserer Zeit?", „Grundzüge und Kritik der kapitalistischen Wirtschaftsordnung" (BAG 18. 12. 1973 AP BetrVG 1972 § 37 Nr. 7). Keinen Bezug zu den Aufgaben und Befugnisse des Betriebsrats hatte ein Seminar mit den Themen „Grundbegriffe des Marxismus", „Bürgerliche und sozialistische Demokratie", „Die politische und wirtschaftliche Entwicklung in der DDR" (BAG 6. 4. 1976 AP BetrVG 1972 § 37 Nr. 23). Nicht geeignet war eine ausschließlich sozialgeschichtliche Schulung ohne ausreichenden Bezug zu der im BetrVG geregelten Betriebsratstätigkeit (BAG 11. 8. 1993 AP BetrVG 1972 § 37 Nr. 92). Weitere Beispielsfälle bei *Schiefer*, DB 1991, 1453; großzügiger *Däubler*, Schulung, Rn. 197 ff.

d) Da nach Abs. 7 anders als nach Abs. 6 durch staatliche Anerkennung festgelegt wird, ob eine Schulung geeignet ist, kann im Anerkennungsverfahren verhindert werden, dass zum Programm der Schulung **Themen** gehören, die **nicht i. S. von Abs. 7 geeignet** sind. Für die Anerkennung genügt nicht, dass die geeigneten Themen *überwiegen*. Das BAG hat deshalb zutreffend angenommen, dass die zu Abs. 6 ergangene Rechtsprechung sich nicht auf Abs. 7 übertragen lässt (BAG 11. 8. 1993 AP BetrVG 1972 § 37 Nr. 92; s. auch Rn. 96 und 160). 148

3. Anerkennungsverfahren

a) Das Gesetz beschränkt sich auf die Aussage, dass die Schulungs- und Bildungsveranstaltung von der **zuständigen obersten Arbeitsbehörde** des Landes als geeignet anerkannt sein muss (Abs. 7 Satz 1). Zuständig ist also niemals das Bundesministerium für Arbeit und Sozialordnung. Oberste Arbeitsbehörde eines Landes ist das Staats- bzw. Landesministerium, in dessen Geschäftsbereich die Arbeitgeber-Arbeitnehmer-Beziehungen fallen, z. B. im Freistaat Bayern das Staatsministerium für Arbeit und Sozialordnung, Familie, Frauen und Gesundheit, in den Stadtstaaten der Senator bzw. die Senatorin für Arbeit. 149

Das Gesetz regelt nicht, nach welchen Gesichtspunkten das Bundesland zu bestimmen ist, dessen oberste Arbeitsbehörde für die Anerkennung **zuständig** ist. Zweifelhaft ist deshalb, ob die oberste Arbeitsbehörde des Bundeslandes zuständig ist, in dem die *Schulungs-* und *Bildungsveranstaltung* durchgeführt wird *(Ortsprinzip)*, oder ob die Kompetenz bei der obersten Arbeitsbehörde des Bundeslandes liegt, in dem der Veranstaltungsträger seinen Sitz hat *(Trägerprinzip)*. Der Gesetzeswortlaut lässt beide Auslegungen zu (ebenso BAG 18. 12. 1973 AP BetrVG 1972 § 37 Nr. 7; *Fitting*, § 37 Rn. 212). Nach Auffassung des BAG sprechen Zweckmäßigkeitsgründe für das **Trägerprinzip**, so dass die oberste Arbeitsbehörde zuständig ist, in deren Gebiet der für den Lehrinhalt verantwortliche Träger der Veranstaltung seinen Sitz hat (vgl. BAGE 18. 12. 1973 AP BetrVG 1972 § 37 Nr. 7; bestätigt BAG 5. 11. 1974 AP BetrVG 1972 § 37 Nr. 19; ebenso *Fitting*, § 37 Rn. 212; GL-*Marienhagen*, § 37 Rn. 107; GK-*Weber*, § 37 Rn. 227; HSWGNR-*Glock*, § 37 Rn. 161; HWK-*Reichold*, § 37 Rn. 36; DKK-*Wedde*, § 37 Rn. 148; *Joost*, MünchArbR § 220 Rn. 114; *Däubler*, Schulung, Rn. 529). 150

Für das Ortsprinzip spricht der gesetzessystematische Zusammenhang; denn es muss die Schulungs- und Bildungsveranstaltung als geeignet anerkannt sein, während der RegE die Anerkennung auf die Einrichtung im Hinblick auf die von ihr durchgeführten Schulungs- und Bildungsveranstaltungen bezogen hatte (§ 37 Abs. 4 RegE, BT-Drucks. VI/1786, S. 9). Das BAG gibt für seine Auffassung lediglich die Begründung, Sinn und Zweck der gesetzlichen Regelung, insbesondere das Prinzip der Sachnähe geböten eine Bestimmung der Zuständigkeit nach dem Trägerprinzip, und außerdem sprächen auch Zweckmäßigkeitsgründe für diese Auffassung; denn bei Anwendung des Ortsprinzips bestünde die Gefahr, dass Veranstaltungen mit gleicher Thematik, die in verschiedenen Bundesländern durchgeführt würden, von der einen obersten Landesbehörde als geeig- 151 net, von einer anderen dagegen nicht als geeignet anerkannt würden (BAG 18. 12. 1973 AP BetrVG 1972 § 37 Nr. 7). Diese Feststellung ändert aber nichts daran, dass der Gesetzgeber letztlich offengelassen hat, welche oberste Arbeitsbehörde für die Anerkennung zuständig ist. Damit hat er nicht dem rechtsstaatlichen Gebot entsprochen, dass die Zuständigkeit einer Behörde für den Erlass eines staatlichen Hoheitsaktes durch Gesetz oder auf Grund eines Gesetzes festgelegt sein muss.

152 b) Die Anerkennung setzt einen **Antrag** des Trägers der Veranstaltung voraus. Nach dem Gesetz ist zwar keine besondere Form vorgeschrieben. Da die Behörde aber die Anerkennung nur erteilen kann, wenn sie die Angaben erhält, die sie benötigt, um ihrer materiellen Prüfungspflicht nachzukommen, muss der Antrag folgende Angaben über die Veranstaltung enthalten: Bezeichnung und Sitz des Trägers, Angabe von Zeit und Ort, nähere Beschreibung des Programms nach Inhalt und zeitlichem Ablauf sowie Bezeichnung des Teilnehmerkreises und der Lehrkräfte (ebenso *Fitting*, 37 Rn. 210; GL-*Marienhagen*, 37 Rn. 108; HSWGNR-*Glock*, § 37 Rn. 162).

153 Eine Frist ist im Gesetz ebenfalls nicht festgelegt. Die Grundsätze zur vorläufigen Regelung des Anerkennungsverfahrens, wie sie zwischen den zuständigen obersten Arbeitsbehörden der Länder und dem Bundesarbeitsministerium abgesprochen sind, verlangen aber, dass der Antrag in schriftlicher Form unter Beifügung der für die Anerkennung erforderlichen Unterlagen in jeweils von der obersten Arbeitsbehörde festgesetzten mehrfachen Ausfertigungen in der Regel spätestens acht Wochen vor Beginn der Veranstaltung oder der Veranstaltungsreihe bei der für die Anerkennung zuständigen Behörde zu stellen ist.

154 c) Die oberste Arbeitsbehörde entscheidet nach **Beratung mit den Spitzenorganisationen der Gewerkschaften und der Arbeitgeberverbände** (Abs. 7 Satz 1; s. zum Begriff der Spitzenorganisation § 2 Rn. 63). Da die Prüfung der Geeignetheit einer Schulungs- und Bildungsveranstaltung den obersten Arbeitsbehörden der Länder übertragen ist, sind die **Spitzenorganisationen der Koalitionen auf Landesebene** zu beteiligen; nur wenn auf Landesebene keine selbstständige Spitzenorganisation besteht, tritt an ihre Stelle die Spitzenorganisation auf Bundesebene (ebenso BAG 18. 12. 1973 AP BetrVG 1972 § 37 Nr. 7; 5. 11. 1974 AP BetrVG 1972 § 37 Nr. 19; *Fitting*, § 37 Rn. 213; GK-*Weber*, § 37 Rn. 232; HSWGNR-*Glock*, § 37 Rn. 163). Deshalb ist auf Arbeitgeberseite die überfachliche Landesvereinigung zur Beratung hinzuzuziehen, und zwar die Landesvereinigung des Bundeslandes, dessen oberste Arbeitsbehörde für die Anerkennung zuständig ist (vgl. BAG AP BetrVG 1972 § 37 Nr. 19), nicht die Bundesvereinigung der Deutschen Arbeitgeberverbände (vgl. AP BetrVG 1972 § 37 Nr. 7). Auf Gewerkschaftsseite sind dagegen der DGB und die DAG zu beteiligen; denn ihre Untergliederungen auf Landesebene sind keine eigenständigen Vereinigungen. Sie treten deshalb an die Stelle der entsprechenden Spitzenorganisation auf Landesebene, können sich aber durch die Landesorganisation vertreten lassen (ebenso AP BetrVG 1972 § 37 Nr. 7; AP BetrVG 1972 § 37 Nr. 19).

155 Die Beratung erfordert im Allgemeinen eine mündliche Erörterung; im Einverständnis aller Beteiligten kann aber auf sie verzichtet werden (ebenso *Fitting*, § 37 Rn. 214; GL-*Marienhagen*, § 37 Rn. 109; GK-*Weber*, § 37 Rn. 233; HSWGNR-*Glock*, § 37 Rn. 163; DKK-*Wedde*, § 37 Rn. 148). Weichen die Stellungnahmen aber in einem für die Eignungsprüfung wesentlichen Gesichtspunkt voneinander ab, so gebietet der Zweck der Beratung, dass die oberste Arbeitsbehörde eine mündliche Anhörung durchführt.

4. Anerkennungsbescheid

156 a) Die Entscheidung, ob die Schulungs- und Bildungsveranstaltung als geeignet anerkannt wird, ist ein **Verwaltungsakt** gegenüber dem Träger der Schulungs- und Bildungsveranstaltung. Das kann zweifelhaft erscheinen, soweit es sich um die Erteilung der Anerkennung handelt; denn die Anerkennung wirkt sich mittelbar auch auf den Frei-

VIII. Bildungsurlaub für Betriebsratsmitglieder (Abs. 7) § 37

stellungsanspruch eines Betriebsratsmitglieds gegenüber dem Arbeitgeber aus, so dass sie insoweit eine unbestimmte Vielzahl von Personen betrifft. Für die Beurteilung, ob ein Verwaltungsakt oder ein Rechtsetzungsakt vorliegt, genügt aber nicht die mittelbare Betroffenheit. Die Anerkennung ist vielmehr die Regelung eines Einzelfalles und deshalb Verwaltungsakt (§ 35 Satz 1 VwVfG; ebenso BAG 6. 4. 1976 AP BetrVG 1972 § 37 Nr. 23; 30. 8. 1989 AP BetrVG 1972 § 37 Nr. 73).

Die Anerkennung oder deren Versagung ist nicht nur ein Verwaltungsakt **gegenüber** **157** **dem Träger der Schulungs- und Bildungsveranstaltung**, sondern auch gegenüber den **im Anhörungsverfahren beteiligten Spitzenorganisationen der Gewerkschaften und der Arbeitgeberverbände** (ebenso, da deren Anfechtungsbefugnis anerkannt wird, BAG 6. 4. 1976 und 30. 8. 1989 AP BetrVG 1972 § 37 Nr. 23 und 73; bereits BAG 5. 11. 1974 AP BetrVG 1972 § 37 Nr. 19; weiterhin *Finkelnburg*, DB 1973, 968, 970).

Die Anerkennung, nicht deren Versagung ist ein Verwaltungsakt auch **gegenüber dem** **158** **einzelnen Arbeitgeber.** Durch Anerkennungsbescheid werden zwar im Verhältnis zu ihm keine unmittelbaren Rechtsbeziehungen geschaffen (insoweit zutreffend BAG 25. 6. 1981 AP BetrVG 1972 § 37 Nr. 38). Da der Arbeitgeber aber dem Betriebsratsmitglied nicht entgegenhalten kann, die Schulung sei nicht geeignet i. S. des Abs. 7, wenn sie als geeignet anerkannt worden ist (so BAG 17. 12. 1981 AP BetrVG 1972 § 37 Nr. 41; bestätigt BAG 30. 8. 1989 AP BetrVG 1972 § 37 Nr. 73), entfaltet der Anerkennungsbescheid seine Rechtswirkung als feststellender Verwaltungsakt auch ihm gegenüber. Mit dem Grundrecht auf Gerichtsschutz in Art. 19 Abs. 4 GG wäre es deshalb nicht vereinbar, wenn der Arbeitgeber eine bezahlte Freistellung auch dann gewähren muss, wenn eine Schulung fehlerhaft als geeignet anerkannt wird. Hält man daran fest, dass die Anerkennung für den Freistellungsanspruch des Betriebsratsmitglieds eine Tatbestandswirkung entfaltet, so dass wegen der Bindungswirkung des Verwaltungsakts keine Inzidentkontrolle erfolgen kann, so muss dem mittelbar betroffenen Arbeitgeber ermöglicht werden, die Anerkennung selbstständig anzufechten (ebenso *Fitting*, § 37 Rn. 265; GK-*Weber*, § 37 Rn. 235, 306; *Joost*, MünchArbR § 220 Rn. 125; *St. Müller*, DB 1985, 704 f.; *Schiefer*, DB 1991, 1453, 1463 f.; *Loritz*, BB 1982, 1368, 1371 f.; offengelassen BAG 30. 8. 1989 AP BetrVG 1972 § 37 Nr. 73).

b) Der Antragsteller hat ein **materiell subjektives Recht** auf Anerkennung, wenn die **159** Voraussetzungen gegeben sind, um eine Schulungs- und Bildungsveranstaltung als geeignet anzuerkennen. Die oberste Arbeitsbehörde hat aber bei der Feststellung der Eignung einen *Beurteilungsspielraum;* denn der Begriff der Geeignetheit ist ebenso wie der der Erforderlichkeit i. S. des Abs. 6 ein unbestimmter Rechtsbegriff (ebenso BAG 18. 12. 1973 AP BetrVG 1972 § 37 Nr. 7).

c) Für die **Anerkennung als geeignet** ist Voraussetzung, dass die **Themen der Schulung** **160** einen hinreichenden Bezug zu den gesetzlichen Aufgaben des Betriebsrats aufweisen (s. ausführlich Rn. 141 ff.). Es genügt nicht, dass die Behandlung derartiger Themen der Veranstaltung das Gesamtgepräge gibt, oder ihren zeitlichen Schwerpunkt bildet. Wenn sie sich teilweise mit Themen befasst, die i. S. des Abs. 7 nicht geeignet sind, muss entweder die Anerkennung verweigert oder durch entsprechende Nebenbestimmungen sichergestellt werden, dass die Veranstaltung in vollem Umfang geeignet ist (ebenso BAG 11. 8. 1993 AP BetrVG 1972 § 37 Nr. 92; s. auch Rn. 148).

Für die Anerkennung ist zwar nicht genügend, aber erforderlich, dass der **Veranstalter** **161** und das mit der Schulung betraute **Lehrpersonal** befähigt sind, die Schulung durchzuführen; denn die Veranstaltung muss nach ihrem Inhalt, d. h. ihrem *Programm* und dessen *Durchführung* geeignet sein (ebenso BAG 18. 12. 1973 AP BetrVG 1972 § 37 Nr. 7). Jedoch genügt für die Prüfung, ob der Träger der Veranstaltung nach seiner Organisation und nach seiner Ziel- und Zwecksetzung die Gewähr dafür bietet, dass die Schulung für die Betriebsratsmitglieder geeignet ist. In diesem Fall kann, sofern nicht Anhaltspunkte auf das Gegenteil hinweisen, davon ausgegangen werden, dass der Veranstalter geeignete Referenten auswählt (vgl. auch *Fitting*, § 37 Rn. 205 f.; GK-*Weber*,

§ 37 Rn. 226; *Däubler*, Schulung, Rn. 536). Die erforderliche Gewähr bieten die Bildungswerke des öffentlichen Dienstes und der Gewerkschaften; aber auch die Verwaltungs- und Wirtschaftsakademien und die Universitäten kommen in Betracht. Bei sonstigen Veranstaltern, die grundsätzlich parteipolitische, kulturelle oder kirchliche Ziele verfolgen oder die auf erwerbswirtschaftlicher Basis tätig sind, ist dagegen entscheidend, welche Lehrkräfte mit der Schulung betraut werden. In keinem Fall kann aber dem Veranstalter die *Auswahl* des Referenten vorgeschrieben werden, sondern die Prüfung hat sich darauf zu beschränken, ob die mit der Schulung betrauten Lehrkräfte *geeignet* sind (im Ergebnis wie hier *Fitting*, § 37 Rn. 206; wohl auch *Däubler*, Schulung, Rn. 536 f.).

5. Anspruch auf bezahlte Freistellung

162   a) Den Anspruch auf Freistellung nach Abs. 7 haben nur die **Mitglieder des Betriebsrats** und nach § 65 Abs. 1 auch die **Jugend- und Auszubildendenvertreter**, nicht dagegen andere Arbeitnehmer, auch soweit sie ein betriebsverfassungsrechtliches Amt übernehmen, z. B. Mitglieder des Wahlvorstands. Doch spielt keine Rolle, ob an der Lehrveranstaltung Personen teilnehmen, die nicht zu dem anspruchsberechtigten Kreis gehören (ebenso GK-*Weber*, § 37 Rn. 215; *Wölfer*, ArbuSozR 1972, 207, 211; s. auch Rn. 105).

163   Keinen Anspruch haben **Ersatzmitglieder,** solange sie nicht endgültig nachgerückt sind (s. auch Rn. 167). Es genügt also nicht, dass sie lediglich ein zeitweilig verhindertes Betriebsratsmitglied vertreten (ebenso BAG 14. 12. 1994 AP BetrVG 1972 § 37 Nr. 100; *Fitting*, § 37 Rn. 178; GL-*Marienhagen*, § 37 Rn. 115; GK-*Weber*, § 37 Rn. 245; HWK-*Reichold*, § 37 Rn. 46; a. A. *Däubler*, Schulung, Rn. 355).

164   b) Der Anspruch besteht für jedes Mitglied des Betriebsrats während seiner regelmäßigen Amtsdauer **für insgesamt drei Wochen** (s. für Jugend- und Auszubildendenvertreter § 65 Rn. 47). Trotz einer Verlängerung der Amtszeit auf vier Jahre durch das Änderungsgesetz 1989 blieb der zeitliche Umfang des Freistellungsanspruchs unverändert. Er erhöht sich für Arbeitnehmer, die **erstmals das Amt eines Betriebsratsmitglieds** übernehmen und auch nicht zuvor Jugend- und Auszubildendenvertreter waren, auf **vier Wochen.** Der Mitgliedschaft im Betriebsrat steht gleich, wenn der Arbeitnehmer zuvor Mitglied eines Personalrats war (ebenso *Fitting*, § 37 Rn. 219; GK-*Weber*, § 37 Rn. 237; *Däubler*, Schulung, Rn. 303; *Kopp*, AuR 1976, 333, 335).

165   Wird ein Betriebsrat **außerhalb der regelmäßigen Betriebsratswahlen neu gewählt** (§ 13 Abs. 2), so ist zweifelhaft, ob der Anspruch auf bezahlte Freistellung auch in diesem Fall stets für die Dauer von drei bzw. vier Wochen entsteht, obwohl die Amtszeit des Betriebsrats weniger oder mehr als vier Jahre beträgt (so DKK-*Wedde*, § 37 Rn. 153; für eine automatische Verlängerung bzw. Verkürzung *Däubler*, Schulung, Rn. 305 m. w. N.), oder ob die Dauer des Bildungsurlaubs anteilig nach der Amtszeit verkürzt oder verlängert wird (so *Fitting*, § 37 Rn. 221; GL-*Marienhagen*, § 37 Rn. 110; GK-*Weber*, § 37 Rn. 241 ff.; HSWGNR-*Glock*, § 37 Rn. 168; *Joost*, MünchArbR § 220 Rn. 120). Mit dem Gesetzestext sind beide Ansichten vereinbar, doch erscheint es sinnvoll, dass der Anspruch sich entsprechend verkürzt oder verlängert, wenn die regelmäßige Amtszeit ausnahmsweise nicht vier Jahre beträgt, wobei für die Dauer des Bildungsurlaubs jeweils auf das angefangene Jahr abzustellen ist.

166   Nur für **Erstmitglieder** wird man insoweit eine Ausnahme anerkennen müssen, als die Erhöhung des Freistellungsanspruchs auf vier Wochen wegen ihrer besonderen Schulungsbedürftigkeit erfolgt ist (vgl. den Bericht des BT-Ausschusses für Arbeit und Sozialordnung, zu BT-Drucks. VI/2729, S. 23). Der Zweck der Regelung gebietet hier, dass diese Betriebsratsmitglieder den **erhöhten Anspruch von einer Woche unabhängig** davon haben, **wie lange die Amtsperiode des Betriebsrats** dauert (ebenso BAG 19. 4. 1989 AP BetrVG 1972 § 87 Nr. 68; *Fitting*, § 37 Rn. 221 – jeweils mit Fehlinterpretation der vermeintlich hier entgegenstehenden Auffassung; zutreffend GK-*Weber*, § 37 Rn. 245).

VIII. Bildungsurlaub für Betriebsratsmitglieder (Abs. 7) § 37

Da für den zeitlichen Umfang des Freistellungsanspruchs weniger die Amtszeit des 167
Betriebsrats als vielmehr die Amtszeit des einzelnen Mitglieds ausschlaggebend ist, gilt
Gleiches für den Fall, dass ein **Ersatzmitglied** endgültig in den Betriebsrat nachrückt.
Ihm steht der Anspruch nur anteilig für die verbleibende Amtszeit zu, wobei er sich um
eine Woche erhöht, wenn es sich um ein Erstmitglied handelt.

c) Der Anspruch besteht nur, **solange** das **Betriebsratsmitglied noch im Amt** ist. Er 168
erlischt, wenn die Amtszeit des Betriebsrats beendet oder das Mitglied aus dem Betriebsrat ausgeschieden ist (ebenso *Fitting*, § 37 Rn. 223; GK-*Weber*, § 37 Rn. 244; *Kopp*,
AuR 1976, 333, 335; a. A. DKK-*Wedde*, § 37 Rn. 155; unter begrenzter Analogie zu
§ 7 Abs. 3 Satz 2 BUrlG *Däubler*, Schulung, Rn. 300).

d) Der Bildungsurlaub kann für die **Teilnahme an mehreren Schulungs- und Bildungs-** 169
veranstaltungen verlangt werden, sofern die Freistellung insgesamt nicht die Dauer von
drei bzw. vier Wochen überschreitet. Er kann also **zusammenhängend,** aber auch **geteilt**
genommen werden (ebenso *Fitting*, § 37 Rn. 222; GL-*Marienhagen*, § 37 Rn. 116;
HSWGNR-*Glock*, § 37 Rn. 172; DKK-*Wedde*, § 37 Rn. 154).

e) Der Anspruch auf Freistellung gemäß Abs. 7 besteht „unbeschadet der Vorschrift 170
des Absatzes 6", d. h. eine **Freistellung nach Abs. 6** wird auf die Dauer des Bildungsurlaubs **nicht angerechnet** (ebenso BAG 5. 4. 1984 AP BetrVG 1972 § 37 Nr. 46). Ein
Zusammenhang zwischen den beiden Vorschriften besteht nur insoweit, als im Rahmen
des Abs. 6 die Notwendigkeit der Kenntniserlangung entfallen kann, wenn das Betriebsratsmitglied bereits die erforderlichen Kenntnisse auf einer Veranstaltung i. S. des Abs. 7
erlangt hat. Das bedeutet allerdings nicht, dass die Betriebsratsmitglieder den Bildungsurlaub nach Abs. 7 ausgeschöpft haben müssen, bevor der Betriebsrat zur Erlangung
notwendiger Kenntnisse eine Freistellung nach Abs. 6 verlangen kann (ebenso *Fitting*,
§ 37 Rn. 229; HSWGNR-*Glock*, § 37 Rn. 171; DKK-*Wedde*, § 37 Rn. 111; 139; *Kraft*,
DB 1973, 2519, 2522). Das gilt auch für den Fall, dass eine Freistellung nach Abs. 6
verlangt wird, um an einer als geeignet anerkannten Schulung teilzunehmen (ebenso
BAG AP BetrVG 1972 § 37 Nr. 46; a. A. GK-*Weber*, § 37 Rn. 216).

6. Festlegung der zeitlichen Lage

a) Wie im Rahmen von Abs. 6 ist der **Betriebsrat** auch hier bei den Anspruchsvoraus- 171
setzungen insoweit beteiligt, als er die **zeitliche Lage der Teilnahme festzulegen** hat
(Abs. 7 Satz 3 i. V. mit Abs. 6 Satz 3). Dabei hat er die betrieblichen Notwendigkeiten
zu berücksichtigen (s. Rn. 115 ff.). Im Gegensatz zu Abs. 6 hat hier aber jedes Betriebsratsmitglied den zeitlich begrenzten Freistellungsanspruch zur Teilnahme an einer als
geeignet anerkannten Schulung. Die Kompetenz des Betriebsrats in Abs. 7 beschränkt
sich ausschließlich auf die Prüfung, ob der Teilnahme betriebliche Notwendigkeiten
entgegenstehen, wobei als Vorfrage zu beantworten ist, ob es sich um eine Schulungsund Bildungsveranstaltung handelt, die von der zuständigen obersten Arbeitsbehörde
des Landes als geeignet anerkannt ist. Der Betriebsrat hat dagegen keine Kompetenz zur
Prüfung, ob die Schulung geeignet ist, und er kann die Festlegung der zeitlichen Lage
auch nicht davon abhängig machen, ob er die Teilnahme des Mitglieds und den Zeitaufwand für sinnvoll hält. Die Auswahl der Schulung liegt vielmehr ausschließlich im
Ermessen des Betriebsratsmitglieds. Eine Schranke ergibt sich aber daraus, dass auch
eine Schulung nach Abs. 7 dem Zweck dient, das Betriebratsmitglied in die Lage zu
versetzen, seine betriebsverfassungsrechtlichen Aufgaben besser erfüllen zu können. Eine
Schulungsteilnahme, die für die Betriebsratstätigkeit nicht mehr nützlich sein kann, fällt
nicht mehr unter Abs. 7, z. B. wenn die Amtszeit des Betriebsratsmitglieds am letzten
Tag der Schulung endet (so BAG 9. 9. 1992 AP BetrVG 1972 § 87 Nr. 86; vgl. aber auch
BAG 28. 8. 1996 NZA 1997, 169).

b) Das **Betriebsratsmitglied,** das an einer Schulungs- und Bildungsveranstaltung i. S. 172
des Abs. 7 teilnehmen will, muss **beim Betriebsrat** die **Feststellung beantragen,** dass

hinsichtlich des **Zeitpunkts** und der **Dauer seiner Teilnahme keine Bedenken** bestehen. Der Betriebsrat entscheidet durch Beschluss (§ 33). Zwar hängt von dem Beschluss ab, dass das Betriebsratsmitglied seinen Freistellungsanspruch gegen den Arbeitgeber verwirklichen kann; da der Bildungsurlaub aber im Betriebsratsamt begründet ist, erscheint es auch in diesem Fall nicht gerechtfertigt, das Mitglied von der Stimmabgabe auszuschließen (ebenso HSWGNR-*Glock,* § 37 Rn. 175; *Oetker,* ZfA 1984, 409, 427).

173   Der Betriebsrat hat dem Arbeitgeber die Teilnahme und die zeitliche Lage der Schulungs- und Bildungsveranstaltung bekanntzugeben (Abs. 7 Satz 3 i. V. mit Abs. 6 Satz 4). Doch bestehen keine Bedenken dagegen, dass das einzelne Betriebsratsmitglied mit der Geltendmachung des Anspruchs auf Freistellung mitteilt, dass der Betriebsrat gegen die zeitliche Lage der Teilnahme an der Lehrveranstaltung keine Bedenken erhoben hat. Die Bekanntgabe muss aber in jedem Fall rechtzeitig erfolgen, damit der Arbeitgeber genügend Zeit hat, um sich auf die Abwesenheit des Betriebsratsmitglieds einzurichten, um nachzuprüfen, ob die Schulungs- und Bildungsveranstaltung als geeignet anerkannt ist, und gegebenenfalls ein Verfahren vor der Einigungsstelle einzuleiten (s. auch Rn. 121 ff.).

174   Hält der Arbeitgeber die **betrieblichen Notwendigkeiten für nicht ausreichend berücksichtigt,** so kann er die **Einigungsstelle** anrufen, um einen verbindlichen Spruch herbeizuführen (Abs. 7 Satz 3 i. V. mit Abs. 6 Satz 5 und 6; s. auch Rn. 125 ff.).

175   Bestreitet der Arbeitgeber dagegen, dass es sich um eine als geeignet anerkannte Schulungs- und Bildungsveranstaltung handelt oder dass das Betriebsratsmitglied noch Anspruch auf den Bildungsurlaub hat, z. B. weil eine Freistellung für insgesamt drei Wochen zur Teilnahme an Schulungs- und Bildungsveranstaltungen i. S. des Abs. 7 bereits erfolgt sei, so ist für diese Meinungsverschiedenheiten das **Arbeitsgericht** zuständig, das im Beschlussverfahren entscheidet, weil es sich um eine betriebsverfassungsrechtliche Streitigkeit handelt (s. auch Rn. 196).

176   c) Das Betriebsratsmitglied hat den **Anspruch auf Freistellung gegen den Arbeitgeber.** Für das Freistellungsverfahren gilt Gleiches wie nach Abs. 6 (s. Rn. 132). Verweigert der Arbeitgeber die Freistellung, so kann das Betriebsratsmitglied sich selbstständig entfernen, um an der Schulung teilzunehmen, sofern der Arbeitgeber nicht die Einigungsstelle angerufen hat. Sofern er aber bestreitet, dass es sich um eine Schulungs- und Bildungsveranstaltung handelt, die von der obersten Arbeitsbehörde des Landes als geeignet anerkannt ist oder dass das Betriebsratsmitglied Anspruch auf den Bildungsurlaub hat, z. B. weil eine Freistellung für insgesamt drei Wochen zur Teilnahme an Schulungen i. S. des Abs. 7 bereits erfolgt sei, handelt das Betriebsratsmitglied aber auf eigene Gefahr.

7. Fortzahlung des Arbeitsentgelts

177   Für die Zeit der Freistellung hat das Betriebsratsmitglied Anspruch auf Fortzahlung seines Arbeitsentgelts; es gilt Gleiches wie für die Teilnahme an einer Schulung i. S. von Abs. 6 (s. Rn. 133 f.).

8. Unfallschutz

178   Erleidet ein Betriebsratsmitglied während der Teilnahme an einer Schulung oder auf dem Weg zu und von der Schulung einen Unfall, so erhält es wie bei einer Teilnahme nach Abs. 6 ebenfalls Leistungen aus der sozialen Unfallversicherung; denn der Bildungsurlaub ist die Wahrnehmung eines Rechts aus dem BetrVG.

9. Kostenerstattung

179   Kosten, die dem Betriebsratsmitglied durch die Teilnahme an einer Schulung nach Abs. 7 entstehen, sind nach der hier vertretenen Meinung vom Arbeitgeber zu tragen (s. § 40 Rn. 32 f.). Vom gegenteiligen Standpunkt aus besteht die Kostentragungspflicht

nur, soweit die vermittelten Kenntnisse zugleich erforderliche Kenntnisse i. S. des Abs. 6 sind (so jedenfalls BAG 6. 11. 1973 AP BetrVG 1972 § 37 Nr. 6).

IX. Streitigkeiten

1. Streitigkeiten zwischen dem Arbeitgeber und dem Betriebsrat

Streitigkeiten zwischen dem Arbeitgeber und dem Betriebsrat sind vor dem Arbeitsgericht im **Beschlussverfahren** auszutragen (§ 2 a Abs. 1 Nr. 1, Abs. 2 i. V. mit §§ 80 ff. ArbGG). Der Betriebsrat kann nur eigene Ansprüche, nicht die Ansprüche seiner Mitglieder geltend machen, also nicht den Anspruch auf Vergütung oder Freizeitausgleich. Möglich ist jedoch, dass ein Anspruch sowohl dem einzelnen Betriebsratsmitglied als auch dem Betriebsrat zusteht (s. Rn. 106 f.). Ist dies nicht der Fall, so kann der Betriebsrat gegen den Arbeitgeber nur ein Zwangsverfahren nach § 23 Abs. 3 einleiten, wenn die Nichterfüllung der Ansprüche seiner Mitglieder einen groben Verstoß des Arbeitgebers gegen dessen Verpflichtungen aus dem BetrVG darstellt (s. § 23 Rn. 72 ff.).

2. Streitigkeiten zwischen dem Arbeitgeber und einem Betriebsratsmitglied

Für Streitigkeiten zwischen dem Arbeitgeber und einem Betriebsratsmitglied sind die Arbeitsgerichte im **Urteilsverfahren** zuständig, soweit es sich um bürgerliche Rechtsstreitigkeiten aus dem Arbeitsverhältnis handelt (§ 2 Abs. 1 Nr. 3 lit. a, Abs. 5 i. V. mit §§ 46 ff. ArbGG). Handelt es sich dagegen um Angelegenheiten aus dem BetrVG, so ist für sie das **Beschlussverfahren** die richtige Verfahrensart (§ 2 a Abs. 1 Nr. 1, Abs. 2 i. V. mit §§ 80 ff. ArbGG). Für die Abgrenzung entscheidend ist das *prozessuale Begehren*, der Streitgegenstand: Hat der Anspruch seine Grundlage im *Arbeitsverhältnis*, so ist das Urteilsverfahren die richtige Verfahrensart; ergibt er sich aus dem *Betriebsratsamt*, so findet das Beschlussverfahren statt.

a) Verlangt das Betriebsratsmitglied die **Fortzahlung des Arbeitsentgelts** für die Teilnahme an einer Schulung, so ist deshalb der Anspruch im **Urteilsverfahren** geltend zu machen, auch wenn lediglich streitig ist, ob die Schulung i. S. von Abs. 6 notwendig war (vgl. BAG 30. 1. 1973 AP BetrVG 1972 § 37 Nr. 11 972; 11. 5. 1973 und 5. 3. 1974 AP BetrVG 1972 § 20 Nr. 2 und 5), während über den Anspruch auf Ersatz der Aufwendungen im Beschlussverfahren zu entscheiden ist (vgl. BAG 31. 10. 1972 AP BetrVG 1972 § 40 Nr. 2; s. auch § 40 Rn. 85). Das LAG Hamm (30. 11. 1972, DB 1973, 434) vertrat zwar die Auffassung, dass in einem derartigen Fall Streitigkeiten über die Fortzahlung des Arbeitsentgelts ebenfalls im Beschlussverfahren zu entscheiden sind, weil § 2 a Abs. 1 Nr. 1 ArbGG nach der durch § 124 erfolgten Neugestaltung eine Generalklausel für alle Angelegenheiten aus dem BetrVG enthalte (so auch für den Anspruch auf Freizeitausgleich LAG Hamm 13. 9. 1973, BB 1973, 1355). Es ist aber nicht Sinn und Zweck der Generalklausel, das Verhältnis zum Urteilsverfahren anders als bisher zu bestimmen, insbesondere Streitigkeiten aus dem Arbeitsverhältnis nur deshalb dem Beschlussverfahren zuzuweisen, weil es sich um einen Lohnanspruch für wegen Betriebsratstätigkeit versäumte Arbeitszeit handelt (ebenso BAG 30. 1. 1973 AP BetrVG 1972 § 37 Nr. 1 [zust. *Richardi*]; zust. auch *Dütz*, AR-Blattei: Arbeitsgerichtsbarkeit XII, Entsch. 58; *Bohn*, SAE 1973, 238 f.; weiterhin BAG 11. 5. 1973 und 5. 3. 1974 AP BetrVG 1972 § 20 Nr. 2 und 5; 18. 6. 1974 und 17. 9. 1974 AP BetrVG 1972 § 37 Nr. 16 und 17; *Fitting*, § 37 Rn. 253; GL-*Marienhagen*, § 37 Rn. 117; GK-*Weber*, § 37 Rn. 285; HSWGNR-*Glock*, § 37 Rn. 180).

Die **betriebsverfassungsrechtlichen Voraussetzungen** des Anspruchs hat das Arbeitsgericht als **Vorfrage** zu prüfen. Soweit aber lediglich zweifelhaft ist, ob eine Arbeitsversäumnis nach Abs. 2 notwendig oder eine Schulung nach Abs. 6 erforderlich war, ist es zulässig, dass diese Streitfrage zum Gegenstand eines Beschlussverfahrens gemacht wird (s. auch Rn. 190). Die Entscheidung im Beschlussverfahren ist in diesem Fall für ein anschließendes Urteilsverfahren, in dem das Betriebsratsmitglied sein Arbeitsentgelt einklagt, präjudiziell. Die Lohnklage ist aber keinesfalls davon abhängig, dass vorher in einem Beschlussverfahren über die Notwendigkeit der Arbeitsversäumnis entschieden ist.

184 b) Der **Anspruch auf Freizeitausgleich** ist ebenfalls im **Urteilsverfahren** geltend zu machen; denn erstrebt wird nicht eine Freistellung zur Betriebsratstätigkeit, sondern der Ausgleich für die außerhalb der Arbeitszeit durchgeführte Betriebsratstätigkeit (ebenso BAG 21. 5. 1974 AP BetrVG 1972 § 37 Nr. 12; 21. 5. 1974 und 28. 5. 1976 AP BetrVG 1972 § 37 Nr. 14 und 29; a. A. von seinem Standpunkt aus folgerichtig: LAG Hamm, BB 1973, 1355 [aufgehoben durch BAG 21. 5. 1974 AP BetrVG 1972 § 37 Nr. 12]). Dasselbe gilt für Ansprüche auf Abgeltung des Freizeitopfers durch Mehrarbeitsvergütung (ebenso BAG 18. 9. 1973 AP BetrVG 1972 § 37 Nr. 3; 21. 5. 1974 AP BetrVG 1972 § 37 Nr. 12).

185 c) Meinungsverschiedenheiten darüber, ob das **Arbeitsentgelt eines Betriebsratsmitglieds richtig bemessen** ist (Abs. 4) oder ob es **mit gleichwertiger Tätigkeit beschäftigt** wird (Abs. 5), entscheidet das Arbeitsgericht ebenfalls im **Urteilsverfahren** (ebenso *Fitting*, § 37 Rn. 253; GK-*Weber*, § 37 Rn. 288 f.; *Bulla*, RdA 1978, 209, 212 f.).

186 d) Verlangt das Betriebsratsmitglied **Freistellung von der Arbeit zur Wahrnehmung einer Betriebsratsaufgabe** oder zur **Teilnahme an einer Schulung nach Abs. 6,** so ist für diese Streitigkeit das **Beschlussverfahren** die richtige Verfahrensart. Gleiches gilt, soweit ein Betriebsratsmitglied Befreiung von einer bestimmten Arbeit verlangt, um seine Betriebsratstätigkeit ordnungsgemäß durchzuführen (vgl. BAG 13. 11. 1964 und 3. 6. 1969 AP BetrVG § 37 Nr. 9 und 11).

187 e) Wird ein Anspruch in der **falschen Verfahrensart** geltend gemacht, so ist die Sache auf Antrag noch in der Revisions- oder Rechtsbeschwerdeinstanz an das im ersten Rechtszug zuständige Arbeitsgericht zur Verhandlung und Entscheidung in der richtigen Verfahrensart **abzugeben** (ebenso für einen im Urteilsverfahren anhängig gemachten, jedoch im Beschlussverfahren geltend zu machenden Anspruch BAG 9. 11. 1971 AP ArbGG 1953 § 8 Nr. 2 *[Richardi];* für den umgekehrten Fall eines im Beschlussverfahren anhängig gemachten, jedoch im Urteilsverfahren geltend zu machenden Anspruchs BAG 13. 1. 1973 AP BetrVG 1972 § 37 Nr. 1; 11. 5. 1973 AP BetrVG 1972 § 20 Nr. 2 [jeweils Anm. von *Richardi*]; 21. 5. 1974 AP BetrVG 1972 § 37 Nr. 12).

3. Streitigkeiten zwischen dem Betriebsrat und seinen Mitgliedern

188 Das Arbeitsgericht entscheidet im **Beschlussverfahren** über Streitigkeiten zwischen dem Betriebsrat und seinen Mitgliedern (§ 2 a Abs. 1 Nr. 1, Abs. 2 i. V. mit §§ 80 ff. ArbGG). Voraussetzung ist, dass das Betriebsratsmitglied geltend macht, durch eine Handlung oder ein Unterlassen des Betriebsrats in seinen Rechten als *Betriebsratsmitglied* verletzt zu sein *(betriebsverfassungsrechtliche Organstreitigkeit).* In Betracht kommt die Nichtberücksichtigung bei der Auswahl für die Freistellung von beruflicher Tätigkeit. Weiterhin kann Gegenstand einer betriebsverfassungsrechtlichen Organstreitigkeit sein, dass der Betriebsrat nicht die nach Abs. 6 und 7 erforderlichen Entscheidungen trifft, von denen der Anspruch auf Freistellung zur Teilnahme an einer Schulung abhängt.

4. Streitigkeiten wegen der Teilnahme an einer Schulungs- und Bildungsveranstaltung

189 a) Bei Streitigkeiten wegen der Teilnahme an einer Schulungs- und Bildungsveranstaltung muss der **Anspruch auf das Arbeitsentgelt im Urteilsverfahren,** der **Anspruch auf Aufwendungsersatz im Beschlussverfahren** geltend gemacht werden (s. auch § 40 Rn. 85), auch wenn lediglich streitig ist, ob der Besuch i. S. des Abs. 6 notwendig war (s. Rn. 182). Das Betriebsratsmitglied hat auch in diesem Fall keine Wahlmöglichkeit

zwischen dem Urteils- und Beschlussverfahren, und es können auch nicht wegen der Identität des Tatsachenkomplexes beide Streitigkeiten zur Entscheidung im Beschlussverfahren miteinander verbunden werden (a. A. *Etzel*, RdA 1974, 215, 223 f.; wie hier *Bulla*, RdA 1978, 209, 216 f.).

Soweit lediglich zweifelhaft ist, ob eine Schulung nach Abs. 6 notwendig war, lässt sich eine Verdoppelung der Verfahren und damit die Gefahr divergierender Entscheidungen dadurch vermeiden, dass die Streitfrage selbst zum Streitgegenstand gemacht wird, also im **Beschlussverfahren** geklärt wird, ob der **Besuch nach Abs. 6 notwendig** war. Die Rechtskraft der hier ergehenden Entscheidung entfaltet *Präjudizialitätswirkung* auch auf einen Rechtsstreit, der im Urteilsverfahren entschieden wird, so dass bei einer späteren Lohnklage zwischen Arbeitgeber und Arbeitnehmer bindend festgestellt ist, ob die Teilnahme an der Schulung eine Arbeitsversäumnis ohne Minderung des Arbeitsentgelts rechtfertigt (ebenso BAG 6. 5. 1975 AP BetrVG 1972 § 65 Nr. 5; *Dütz*, AR-Blattei: Arbeitsgerichtsbarkeit XII, Anm. zu Entsch. 58 und 81; *Richardi*, Anm. zu AP BetrVG 1972 § 20 Nr. 2). **190**

Ist Gegenstand des Beschlussverfahrens lediglich die Frage, ob der Besuch der Schulung nach Abs. 6 notwendig war, so kann im Beschlussverfahren auch noch der **Antrag auf Kostenerstattung** gestellt werden, und zwar auch von dem Betriebsratsmitglied, dem durch die Teilnahme Aufwendungen entstanden sind. Der Antrag kann noch im Beschwerdeverfahren nach Ablauf der Beschwerdefrist gestellt werden; die ehemals gegenteilige Auffassung des BAG (vgl. BAG 6. 11. 1973 AP ArbGG 1953 § 89 Nr. 8; modifiziert in BAG 20. 1. 1976 AP ArbGG 1953 § 89 Nr. 10) ist durch § 87 Abs. 2 Satz 3 ArbGG i. F. vom 2. 7. 1979 überholt. **191**

Ein **Rechtsschutzinteresse** entfällt nicht schon deshalb, weil die Schulungs- und Bildungsveranstaltung inzwischen stattgefunden hat; das gilt vor allem, wenn die Frage der Lohnfortzahlung oder der Kostenerstattung zwischen den Beteiligten noch streitig ist oder ähnliche Streitigkeiten jederzeit wieder auftreten können (ebenso BAG 9. 10. 1973 und 6. 11. 1973 AP BetrVG 1972 § 37 Nr. 4 und 5; 6. 11. 1973 AP ArbGG 1953 § 89 Nr. 8; 27. 11. 1973 AP ArbGG 1953 § 89 Nr. 9; 16. 3. 1976 AP BetrVG 1972 § 37 Nr. 22; *Schlüter*, SAE 1975, 159). **192**

Das Arbeitsgericht muss für die Feststellung, ob es sich um eine Schulung handelt, die unter Abs. 6 fällt, die konkrete Situation im Betrieb erörtern, um festzustellen, ob die Veranstaltung i. S. dieser Vorschrift erforderlich war. Nach Auffassung des BAG haben wie der Betriebsrat auch die Tatsacheninstanzen einen Beurteilungsspielraum (vgl. BAG 6. 11. 1973 AP BetrVG 1972 § 37 Nr. 5). Den Beurteilungsspielraum hat aber nur der Betriebsrat (s. Rn. 114), während es sich bei den Tatsacheninstanzen um das Problem der *freien Beweiswürdigung* handelt, ob die tatsächlichen Voraussetzungen für Abs. 6 gegeben sind. Das Arbeitsgericht muss daher konkret begründen, auf Grund welcher Umstände es zu dem Ergebnis gekommen ist, dass die Schulung Kenntnisse vermittelt, die unter Berücksichtigung der konkreten Situation des einzelnen Betriebs sofort oder doch auf Grund einer typischen Fallgestaltung demnächst benötigt werden, um die Betriebsratsaufgaben ordnungsgemäß zu erfüllen (vgl. BAG 6. 11. 1973 AP ArbGG 1953 § 89 Nr. 8; 16. 3. 1976 AP BetrVG 1972 § 37 Nr. 22). **193**

b) Bestreitet der Arbeitgeber, dass der Betriebsrat bei einem Beschluss über die **zeitliche Lage** der Teilnahme an Schulungs- und Bildungsveranstaltungen nach Abs. 6 oder 7 die betrieblichen Notwendigkeiten ausreichend berücksichtigt hat, so ist nicht das Arbeitsgericht, sondern die **Einigungstelle** zuständig (Abs. 6 Satz 5). Ist aber zu besorgen, dass durch das Einigungsverfahren eine Teilnahme an der Schulung unmöglich gemacht wird, so kann der Betriebsrat eine einstweilige Verfügung beantragen, die das Arbeitsgericht im Beschlussverfahren erlässt (s. Rn. 128); auch der Arbeitgeber kann, sofern er rechtzeitig die Einigungsstelle angerufen hat, den Erlass einer einstweiligen Verfügung erwirken, wenn zu befürchten ist, dass das Betriebsratsmitglied eigenmächtig den Freistellungsanspruch verwirklicht. **194**

195 Der Spruch der Einigungsstelle unterliegt der **arbeitsgerichtlichen Rechtskontrolle im Beschlussverfahren**. Wird geltend gemacht, die Einigungsstelle habe die Grenzen des Ermessens überschritten, so ist die Zweiwochenfrist des § 76 Abs. 5 Satz 4 zu wahren. Hier stellt sich die schwierige Frage, ob diese Frist auch einzuhalten ist, wenn geltend gemacht wird, die Einigungsstelle habe bei ihrer Entscheidung verkannt, was unter ausreichender Berücksichtigung der betrieblichen Notwendigkeiten zu verstehen ist. Hat die Einigungsstelle den Beschluss des Betriebsrats ersetzt, so liegt eine *Regelungsentscheidung* vor, bei der die Grenzen des Ermessens durch die in Abs. 6 enthaltene besondere Schranke lediglich verstärkt werden, so dass hier die Zweiwochenfrist zu wahren ist (s. auch Rn. 129). Bestätigt dagegen die Einigungsstelle den Beschluss des Betriebsrats, so ist dies eine *Rechtsentscheidung*. Dennoch wäre es nicht sinnvoll, hier von der Bindung an die Zweiwochenfrist abzusehen, weil für das Betriebsratsmitglied feststehen muss, ob es an der Schulungsveranstaltung teilnehmen kann.

5. Anerkennung der Geeignetheit einer Schulungs- und Bildungsveranstaltung

196 a) Für Streitigkeiten um die Anerkennung der Geeignetheit einer Schulungs- und Bildungsveranstaltung i. S. des Abs. 7 sind nach Auffassung des BAG die **Arbeitsgerichte** zur Entscheidung im **Beschlussverfahren** zuständig (vgl. BAG 18. 12. 1973 AP BetrVG 1972 § 37 Nr. 7 [abl. *Richardi*]; bestätigt BAG 6. 4. 1976 AP BetrVG 1972 § 37 Nr. 23; 30. 8. 1989 AP BetrVG 1972 § 37 Nr. 73; 11. 8. 1993 AP BetrVG 1972 § 37 Nr. 92; ebenso *Fitting*, § 37 Rn. 263; GK-*Weber*, § 37 Rn. 303; HWK-*Reichold*, § 37 Rn. 48). Nach § 40 Abs. 1 Satz 1 VwGO ist zwar in allen öffentlich-rechtlichen Streitigkeiten nichtverfassungsrechtlicher Art der Verwaltungsrechtsweg gegeben; aber das gilt nur, soweit die Streitigkeiten nicht durch Bundesgesetz einem anderen Gericht ausdrücklich zugewiesen sind. Eine derartige Zuweisungsnorm soll nach Auffassung des BAG die Generalklausel in § 2a Abs. 1 Nr. 1 ArbGG enthalten. Die Ersetzung des bis zum BetrVG 1972 geltenden Enumerationsprinzips durch eine Generalklausel kann aber nicht als *Rechtswegzuweisung* interpretiert werden. Die Vorschriften des ArbGG über das Beschlussverfahren sind nicht auf die Überprüfung eines Verwaltungsakts zugeschnitten, sondern sie beziehen sich auf „Streitfragen der betriebsverfassungsrechtlichen Ordnung" (BAG 19. 2. 1975 AP BetrVG 1972 § 5 Nr. 9; *Bötticher*, RdA 1978, 133, 135). Der Streit um die Anerkennung einer Schulungs- und Bildungsveranstaltung ist aber kein Streit aus der Ordnung der Betriebsverfassung, sondern eine typische verwaltungsrechtliche Streitigkeit. Diese Gesichtspunkte sprechen dafür, es bei dem Grundsatz zu belassen, dass die Verwaltungsgerichte zuständig sind (ebenso *Richardi*, Anm. zu AP BetrVG 1972 § 37 Nr. 7; *Schiefer*, DB 1991, 1453, 1461 f.). Da aber das BVerwG den Standpunkt des BAG gebilligt hat (vgl. BVerwG 3. 12. 1976, BB 1977, 899), ist für die Praxis die Streitfrage zugunsten des Rechtswegs zu den Gerichten für Arbeitssachen entschieden.

197 b) **Antragsberechtigt** ist bei Versagung der Anerkennung der **Träger der Schulungs- und Bildungsveranstaltung**.

198 Antragsberechtigt sind auch die für das Beteiligungsverfahren zuständigen **Spitzenorganisationen der Gewerkschaften und der Arbeitgeberverbände**, und zwar nicht nur, wenn ihr Anhörungsrecht nicht beachtet wurde, sondern auch dann, wenn nicht in ihrem Sinn entschieden worden ist (ebenso BAG 6. 4. 1976 und 30. 8. 1989 AP BetrVG 1972 § 37 Nr. 23 und 73). Kein Antragsrecht hat aber ein **Arbeitgeberverband**, der im Anerkennungsverfahren nicht zu beteiligen war und auch nicht beteiligt worden ist, auch wenn ihm Arbeitgeber angehören, die von der Anerkennung mittelbar betroffen werden (ebenso BAG 5. 11. 1974 AP BetrVG 1972 § 37 Nr. 19).

199 Soweit es sich um eine Anerkennung handelt, ist auch ein **Arbeitgeber** antragsberechtigt. Sieht man nämlich den Zweck der Anerkennung darin, dass der Arbeitgeber dem einzelnen Betriebsratsmitglied nicht entgegenhalten kann, die Schulung sei nicht geeignet, und schließt man insoweit auch eine Inzidentkontrolle durch die Arbeitsgerichte im Rechtsstreit zwischen dem Arbeitgeber und dem einzelnen Betriebsratsmitglied aus, so gebietet die Gerichtsschutzgarantie des Grundgesetzes, dass der von einer Anerkennung mittelbar betroffene Arbeitgeber antragsberechtigt ist, ein Beschlussverfahren über die Anerkennung einzuleiten (s. ausführlich Rn. 158).

c) Ein **Vorverfahren** vor Einleitung des Beschlussverfahrens ist gesetzlich nicht vorgesehen. Aber auch wenn man den Verwaltungsrechtsweg für gegeben hält, so dass §§ 68 ff. VwGO Anwendung finden, braucht vor Erhebung der Anfechtungs- bzw. Verpflichtungsklage kein Widerspruch eingelegt zu werden; denn es findet kein Vorverfahren statt, weil der Verwaltungsakt von einer obersten Landesbehörde erlassen wird (§ 68 Abs. 1 Satz 2 Nr. 1, Abs. 2 VwGO; ebenso *Finkelnburg*, DB 1973, 968, 969). 200

d) Eine **Frist** für die Einleitung des Beschlussverfahrens ist ebenfalls gesetzlich nicht vorgeschrieben. 201

e) **Beteiligte des Beschlussverfahrens** sind der Antragsteller und, sofern mit ihm nicht identisch, der Veranstaltungsträger und die im Anerkennungsverfahren beteiligten Spitzenorganisationen der Gewerkschaften und der Arbeitgeberverbände sowie als Antragsgegner das Bundesland, dessen Arbeitsbehörde den Anerkennungsbescheid erlassen hat oder erlassen soll; die oberste Arbeitsbehörde selbst ist nur dann beteiligt, wenn das Landesrecht ihre Beteiligtenfähigkeit bestimmt (analog § 61 Nr. 3 VwGO). Über diesen Kreis hinaus sind einzelne Arbeitgeber nur dann beteiligungsberechtigt, wenn sie auf Grund der Anerkennung einer Veranstaltung auf Fortzahlung des Arbeitsentgelts in Anspruch genommen werden (vgl. BAG 6. 4. 1976 AP BetrVG 1972 § 37 Nr. 23). 202

f) Die Anfechtung des Anerkennungsbescheides durch Einleitung eines Beschlussverfahrens hat **aufschiebende Wirkung**; § 80 Abs. 1 Satz 1 VwGO gilt analog (ebenso GK-*Weber*, § 37 Rn. 308; HSWGNR-*Glock*, § 37 Rn. 193; a. A. *Däubler/Peter*, Schulung, Rn. 426). Der Arbeitgeber kann deshalb die Freistellung verweigern, solange über die Anerkennung noch keine rechtskräftige Entscheidung vorliegt. Jedoch ist möglich, dass die Behörde, die den Anerkennungsbescheid erlassen hat, dessen sofortige Vollziehung anordnet; auch insoweit ist § 80 VwGO entsprechend anzuwenden (ebenso *Wiese/Weber* und *Glock*, jeweils a. a. O.). 203

§ 38 Freistellungen

(1) ¹Von ihrer beruflichen Tätigkeit sind mindestens freizustellen in Betrieben mit in der Regel

200 bis 500 Arbeitnehmern ein Betriebsratsmitglied,
501 bis 900 Arbeitnehmern 2 Betriebsratsmitglieder,
901 bis 1500 Arbeitnehmern 3 Betriebsratsmitglieder,
1501 bis 2000 Arbeitnehmern 4 Betriebsratsmitglieder,
2001 bis 3000 Arbeitnehmern 5 Betriebsratsmitglieder,
3001 bis 4000 Arbeitnehmern 6 Betriebsratsmitglieder,
4001 bis 5000 Arbeitnehmern 7 Betriebsratsmitglieder,
5001 bis 6000 Arbeitnehmern 8 Betriebsratsmitglieder,
6001 bis 7000 Arbeitnehmern 9 Betriebsratsmitglieder,
7001 bis 8000 Arbeitnehmern 10 Betriebsratsmitglieder,
8001 bis 9000 Arbeitnehmern 11 Betriebsratsmitglieder,
9001 bis 10 000 Arbeitnehmern 12 Betriebsratsmitglieder.

²In Betrieben mit über 10 000 Arbeitnehmern ist für je angefangene weitere 2000 Arbeitnehmer ein weiteres Betriebsratsmitglied freizustellen. ³Freistellungen können auch in Form von Teilfreistellungen erfolgen. ⁴Diese dürfen zusammengenommen nicht den Umfang der Freistellungen nach den Sätzen 1 und 2 überschreiten. ⁵Durch Tarifvertrag oder Betriebsvereinbarung können anderweitige Regelungen über die Freistellung vereinbart werden.

(2) ¹Die freizustellenden Betriebsratsmitglieder werden nach Beratung mit dem Arbeitgeber vom Betriebsrat aus seiner Mitte in geheimer Wahl und nach den Grundsätzen der Verhältniswahl gewählt. ²Wird nur ein Wahlvorschlag gemacht, so erfolgt die Wahl nach den Grundsätzen der Mehrheitswahl; ist nur ein Betriebsratsmitglied freizustellen, so wird dieses mit einfacher Stimmenmehrheit gewählt. ³Der Betriebsrat hat die Namen der Freizustellenden dem Arbeitgeber bekannt zu geben. ⁴Hält der Arbeitgeber eine Freistellung für sachlich nicht vertretbar, so kann er innerhalb einer Frist von zwei Wochen nach der Bekanntgabe die Einigungsstelle anrufen. ⁵Der Spruch der Einigungsstelle ersetzt die Einigung zwischen Arbeitgeber und Betriebsrat. ⁶Bestätigt die Einigungsstelle die Bedenken des Arbeitgebers, so hat sie bei der Bestimmung eines anderen freizustellenden Betriebsratsmitglieds auch den Minderheitenschutz im Sinne des Satzes 1 zu beachten. ⁷Ruft der Arbeitgeber die Einigungsstelle nicht an, so gilt sein Einverständnis mit den Freistellungen nach Ablauf der zweiwöchigen Frist als erteilt. ⁸Für die Abberufung gilt § 27 Abs. 1 Satz 5 entsprechend.

(3) Der Zeitraum für die Weiterzahlung des nach § 37 Abs. 4 zu bemessenden Arbeitsentgelts und für die Beschäftigung nach § 37 Abs. 5 erhöht sich für Mitglieder des Betriebsrats, die drei volle aufeinander folgende Amtszeiten freigestellt waren, auf zwei Jahre nach Ablauf der Amtszeit.

(4) ¹Freigestellte Betriebsratsmitglieder dürfen von inner- und außerbetrieblichen Maßnahmen der Berufsbildung nicht ausgeschlossen werden. ²Innerhalb eines Jahres nach Beendigung der Freistellung eines Betriebsratsmitglieds ist diesem im Rahmen der Möglichkeiten des Betriebs Gelegenheit zu geben, eine wegen der Freistellung unterbliebene betriebsübliche berufliche Entwicklung nachzuholen. ³Für Mitglieder des Betriebsrats, die drei volle aufeinander folgende Amtszeiten freigestellt waren, erhöht sich der Zeitraum nach Satz 2 auf zwei Jahre.

Schrifttum: *Busch*, Anzahl und Auswahl der gem. § 38 BetrVG freizustellenden Betriebsratsmitglieder, ZBVR 2000, 234; *Denecke*, Freigestellte Betriebsratsmitglieder, AuA 2006, 24; *Gillen/Vahle*, Umfang und Grenzen pauschaler Freistellungsansprüche des Betriebsrats, BB 2006, 2749; *Henning*, Freistellungen des Arbeitnehmers, AR-Blattei SD 725; *Löwisch*, Monopolisierung durch Mehrheitswahl?, BB 2001, 726; *Natzel*, Die Rechtsstellung des freigestellten Betriebsratsmitglieds, NZA 2000, 77.

Übersicht

	Rn.
I. Vorbemerkung	1
II. Freistellung von Betriebsratsmitgliedern	5
1. Begriff der Freistellung	5
2. Freistellungsstaffel	6
3. Umfang des Freistellungsanspruchs – Teilfreistellungen	14
4. Freistellung in Betrieben mit in der Regel unter 200 Arbeitnehmern	15
5. Zusätzliche Freistellung weiterer Betriebsratsmitglieder	16
6. Problem einer Ersatzfreistellung	18
7. Anderweitige Regelungen durch Tarifvertrag oder Betriebsvereinbarung	20
8. Keine Freistellung in der Geschäftsordnung des Betriebsrats	25
III. Freistellungsverfahren	26
1. Auswahl der freizustellenden Betriebsratsmitglieder	26
2. Beratung mit dem Arbeitgeber	27

I. Vorbemerkung **§ 38**

	Rn.
3. Auswahl durch Wahl der freizustellenden Betriebsratsmitglieder	30
4. Notwendigkeit einer Einverständniserklärung des freizustellenden Betriebsratsmitglieds	31
5. Unterrichtung des Arbeitgebers	32
6. Anrufung der Einigungsstelle durch den Arbeitgeber	33
7. Zuständigkeit der Einigungsstelle	36
8. Freistellung der ausgewählten Betriebsratsmitglieder	40
9. Einstweiliger Rechtsschutz	42
10. Änderung der Freistellung	43
IV. Rechtsstellung der freigestellten Betriebsratsmitglieder	48
1. Pflichten aus dem Arbeitsverhältnis	48
2. Freizeitausgleich für Betriebsratstätigkeit außerhalb der Arbeitszeit	51
3. Fortzahlung des Arbeitsentgelts	53
4. Teilnahme an Schulungs- und Bildungsveranstaltungen	55
5. Rechtsfolgen bei Verwendung der Freistellungszeit zu anderen Zwecken als zur Erfüllung von Betriebsratsaufgaben	56
V. Besonderer Schutz der freigestellten Betriebsratsmitglieder	57
1. Arbeitsentgelt- und Tätigkeitsgarantie	57
2. Kein Ausschluss von Maßnahmen der Berufsbildung	62
3. Gelegenheit zur Nachholung einer betriebsüblichen beruflichen Entwicklung	63
VI. Streitigkeiten	66

I. Vorbemerkung

Die Vorschrift regelt die **Mindestzahl** der von ihrer beruflichen Tätigkeit freizustellenden Betriebsratsmitglieder (Abs. 1) und das **Verfahren der Freistellung** (Abs. 2); außerdem gibt sie Bestimmungen über die Rechtsstellung der freigestellten Betriebsratsmitglieder (Abs. 3 und 4). **1**

Während nach § 37 Abs. 3 BetrVG 1952 Mitglieder des Betriebsrats von ihrer beruflichen Tätigkeit freizustellen waren, wenn und soweit es nach Umfang und Art des Betriebs zur ordnungsmäßigen Durchführung ihrer Aufgaben erforderlich war, legt das Gesetz eine nach der Betriebsgröße gestaffelte Mindestzahl freizustellender Betriebsratsmitglieder fest, um Streitigkeiten zwischen Betriebsrat und Arbeitgeber zu vermeiden (so die Begründung zum RegE, BT-Drucks. VI/1786, S. 41). Durch die besondere Hervorhebung des Wortes *mindestens,* das im RegE noch fehlte, wird klargestellt, dass die vorgesehene Freistellungsstaffel nur Mindestzahlen der freizustellenden Betriebsratsmitglieder enthält, so dass einerseits weitergehende Regelungen zwischen Arbeitgeber und Betriebsrat möglich sind und andererseits auch ohne eine derartige Vereinbarung weitere Betriebsratsmitglieder zusätzlich freizustellen sind, wenn und soweit dies nach Umfang und Art des Betriebs zur ordnungsgemäßen Erfüllung der Betriebsratsaufgaben notwendig ist (vgl. dazu auch die Begründung des BT-Ausschusses für Arbeit und Sozialordnung, BT-Drucks. VI/2729, S. 24). Das Gesetz gibt die Möglichkeit, durch Tarifvertrag oder Betriebsvereinbarung von der Freistellungsstaffel abzuweichen, um eine Regelung zu finden, die an die betrieblichen Bedürfnisse angepasst ist. **2**

Durch die **Novelle vom 20. 12. 1988** (BGBl. I S. 2312) wurde Abs. 2 geändert und ergänzt, um die **Minderheitenrechte** bei der Freistellung zu **verstärken** (Art. 1 Nr. 13; vgl. Begründung des GesetzE, BT-Drucks. 11/2503, S. 33 f.). Während das BetrVG 1972 sich auf die Bestimmung beschränkte, dass der Betriebsrat nach Beratung mit dem Arbeitgeber über die Freistellung beschließt, musste nun in geheimer Wahl bestimmt werden, wer freigestellt wird, wobei im Regelfall nach den Grundsätzen der Verhältniswahl gewählt wird (ehemaliger Abs. 2 Satz 1 und 2). Es genügte auch nicht mehr, dass die Gruppen angemessen zu berücksichtigen sind (Abs. 2 Satz 2 a F), sondern das Gesetz verlangte, dass die Gruppen entsprechend dem Verhältnis ihrer Vertretung im Betriebsrat zu berücksichtigen sind (ehemaliger Abs. 2 Satz 3). Dass jede Gruppe die auf **3** sie entfallenden freizustellenden Betriebsratsmitglieder wählt, galt nicht erst, wenn jeder Gruppe im Betriebsrat mehr als ein Drittel, sondern schon wenn ihr mindestens ein Drittel der Mitglieder angehörte (ehemaliger Abs. 2 Satz 4).

4 Das **BetrVerf-Reformgesetz vom 23. 7. 2001** (BGBl. I S. 1852) brachte weitere Neuerungen und hob einige Änderungen der Novelle vom 20. 12. 1988 auf: Das Gruppenprinzip wurde aufgegeben und daher auch die hierzu in Abs. 2 formulierten Wahlvorschriften. Umstrittener waren die erweiterten Freistellungen, die durch ein Absenken der Schwellenwerte möglich wurden. Die in der Rechtsprechung nur in engen Grenzen anerkannte Möglichkeit der Teilfreistellung wurde nun ausdrücklich normiert und generell zugelassen (s. Rn. 14).

Entsprechende Vorschrift: § 46 Abs. 4 BPersVG.

II. Freistellung von Betriebsratsmitgliedern

1. Begriff der Freistellung

5 Der Begriff der Freistellung von beruflicher Tätigkeit, wie er hier verwandt wird, bezieht sich auf die **Befreiung von der beruflichen Tätigkeit**, damit das Betriebsratsmitglied die Möglichkeit erhält, sich der Betriebsratsarbeit zu widmen. Er steht zu dem Begriff der Befreiung von beruflicher Tätigkeit, wie er in § 37 Abs. 2 zugrunde gelegt wird, insoweit im Gegensatz, als dort vor allem der Fall der notwendigen Arbeitsversäumnis erfasst wird, um aus *konkretem* Anlass Betriebsratsaufgaben zu erfüllen (vgl. auch *Fitting*, § 38 Rn. 7; *Jülicher*, AuR 1973, 161). Andererseits enthält **§ 37 Abs. 2** die **Grundregel**, die **durch § 38 lediglich konkretisiert** wird (ebenso *Fitting*, § 38 Rn. 7; GL-*Marienhagen*, § 38 Rn. 5; GK-*Weber*, § 38 Rn. 8; vgl. auch BAG 22. 5. 1973 AP BetrVG 1972 § 38 Nr. 2 *[Richardi]*; 9. 10. 1973 AP BetrVG 1972 § 38 Nr. 3 *[Buchner]*; 2. 4. 1974 AP BetrVG 1972 § 37 Nr. 10; ausführlich Rn. 14 ff.).

2. Freistellungsstaffel

6 a) Für Betriebe mit in der Regel 200 und mehr Arbeitnehmern ist eine Mindestzahl der Freistellungen festgelegt, die sich nach der Zahl der regelmäßig im Betrieb beschäftigten Arbeitnehmer staffelt (Abs. 1 Satz 1 und 2). Das Gesetz geht davon aus, dass Freistellungen bis zu der in der Staffel festgelegten Zahl erforderlich sind, um die Betriebsratsarbeit ordnungsgemäß zu erledigen.

7 Für Betriebe **bis in der Regel 10 000 Arbeitnehmern** ergibt sich die **Mindestzahl der Freistellungen unmittelbar aus der Tabelle** in Abs. 1 Satz 1. Das Gesetz enthält aber keine Begrenzung der Mindestzahl von einer bestimmten Betriebsgröße an, sondern aus Abs. 1 Satz 2 ergibt sich, dass in Betrieben mit über 10 000 Arbeitnehmern die Zahl der freizustellenden Betriebsratsmitglieder sich für je angefangene weitere 2000 Arbeitnehmer um ein Betriebsratsmitglied erhöht. Daraus folgt, dass in Betrieben mit
10 001 bis 12 000 Arbeitnehmern 13 Betriebsratsmitglieder,
12 001 bis 14 000 Arbeitnehmern 14 Betriebsratsmitglieder,
14 001 bis 16 000 Arbeitnehmern 15 Betriebsratsmitglieder,
16 001 bis 18 000 Arbeitnehmern 16 Betriebsratsmitglieder,
18 001 bis 20 000 Arbeitnehmern 17 Betriebsratsmitglieder usw.
freizustellen sind.

8 b) Die erforderliche **Arbeitnehmerzahl** muss dem Betrieb angehören, für den der Betriebsrat gebildet ist; es gilt insoweit die betriebsverfassungsrechtliche Abgrenzung, so dass Betriebsteile unter den Voraussetzungen des § 4 Abs. 2 als selbständige Betriebe gelten und Betriebesteile unter den Voraussetzungen des § 4 Abs. 1 zum Betrieb gehören. Wer Arbeitnehmer ist, richtet sich nach dem betriebsverfassungsrechtlichen Arbeitnehmerbegriff (§ 5 Abs. 1); es werden also die in § 5 Abs. 2 genannten Personen und auch

leitende Angestellte i. S. des § 5 Abs. 3 Satz 2 **nicht mitgezählt** (ebenso *Fitting*, § 38 Rn. 9; HSWGNR-*Glock*, § 38 Rn. 10; HWK-*Reichold*, § 38 Rn. 4).

Das Gesetz verlangt, dass die *regelmäßige Zahl* der dem Betrieb angehörenden Arbeitnehmer zugrunde gelegt wird, d. h. es werden auch vorübergehend beschäftigte Arbeitnehmer mitgezählt, soweit eine bestimmte Zahl regelmäßig zum Betrieb gehört (s. auch § 9 Rn. 12). **Leiharbeitnehmer** zählen nach der – zweifelhaften – Rechtsprechung des BAG nicht mit, auch wenn sie wählen dürfen (BAG 22. 10. 2003 AP BetrVG 1972 § 38 Nr 28; BAG 16. 4. 2003 AP BetrVG 2002 § 9 Nr. 1), s. auch § 9 Rn. 7. 9

Teilzeitbeschäftigte zählen ebenfalls mit, und zwar nach Köpfen; das Gesetz stellt nicht auf *Arbeitsplätze* ab, so dass keine Rolle spielt, ob sich zwei Arbeitnehmer einen Arbeitsplatz teilen (LAG Saarland 4. 7. 2001, AuA 2002, 285; ebenso *Fitting*, § 38 Rn. 9; DKK-*Wedde*, § 38 Rn. 9; *Joost*, MünchArbR § 220 Rn. 47; Wlotzke/Preis-*Kreft*, § 38 Anm. 7). 10

Maßgebend ist die **Zahl der bei der Freistellung,** also gegenwärtig in der Regel **zum Betrieb gehörenden Arbeitnehmer,** also nicht wie nach § 9 für die Bestimmung der Betriebsratsgröße die Zahl am Tag des Erlasses des Wahlausschreibens; denn die Freistellung erfolgt zur ordnungsgemäßen Erfüllung der Betriebsratsarbeit, die von der Zahl der zu betreuenden Arbeitnehmer abhängt (ebenso BAG 26. 7. 1989 AP BetrVG 1972 § 38 Nr. 10 [unter B I 1]). **Erhöht oder verringert** sich die **Zahl der Arbeitnehmer** nicht nur vorübergehend **während der Amtszeit** des Betriebsrats, so wirkt sich dies auf die Mindestzahl der Freistellungen aus, wenn die in der Mindeststaffel vorgesehene Zahl überschritten oder unterschritten wird (ebenso ArbG Hagen 18. 12. 1977, DB 1975, 699; ErfK-*Eisemann/Koch*, § 38 Rn. 1; GK-*Weber*, § 38 Rn. 13 f.; HSWGNR-*Glock*, § 38 Rn. 11; *Joost*, MünchArbR § 220 Rn. 52; beim Absinken der Belegschaftsstärke nur, wenn sich auch die Aufgaben des Betriebsrats verringert haben, *Fitting*, § 38 Rn. 15; DKK-*Wedde*, § 38 Rn. 10; a. A. *Frauenkron*, § 38 Rn. 9). 11

Nicht immer wird eine **neue Wahl** erforderlich sein: Bei Erhöhung der Freistellungen kann der Betriebsrat beschließen, die zuvor bei Mehrheitswahl nicht mehr berücksichtigten Betriebsratsmitglieder in der Reihenfolge ihrer Stimmenzahl freizustellen (ebenso *Fitting*, § 38 Rn. 16). Ist allerdings in Verhältniswahl gewählt worden oder sinkt die Zahl der Freistellungen, dann ist eine Neuwahl aller Freigestellten notwendig (ebenso DKK-*Wedde*, § 38 Rn. 59 f.; HSWGNR-*Glock*, § 38 Rn. 11; a. A. GK-*Weber*, § 38 Rn. 14; *Fitting*, § 38 Rn. 17 für den Fall der Verringerung der Freizustellenden: Freistellung der Letzten bei der Wahl noch berücksichtigten Bewerber wird aufgehoben). Gleiches gilt, wenn sich das Verhältnis der Listen durch den Listenwechsel von Betriebsratsmitgliedern ändert LAG Niedersachsen 12. 12. 2005, AE 2007, 167). Möglich ist aber auch die Abberufung des einzelnen freigestellten Betriebsratsmitglieds. Dies wird regelmäßig der zweckmäßigere Weg sein; eine Neuwahl ist dann nicht erforderlich (*Fitting*, § 38 Rn. 17). S. auch Rn. 47. 12

c) Freigestellt werden können nur **Betriebsratsmitglieder,** also nicht vor einem endgültigen Nachrücken in den Betriebsrat Ersatzmitglieder. 13

3. Umfang des Freistellungsanspruchs – Teilfreistellungen

Der Umfang der Freistellungen wird durch die **Arbeitszeit eines vollbeschäftigten Arbeitnehmers** bestimmt. Bei Freistellung eines teilzeitbeschäftigten Betriebsratsmitglieds besteht ein Anspruch auf zusätzliche Freistellungen, um auf die entsprechende Zahl Vollzeit-Freistellungen zu kommen. Arbeitet ein Arbeitnehmer regelmäßig über den Umfang eines Vollarbeitsverhältnisses hinaus und wird dann freigestelltes Betriebsratsmitglied, dann müsste dieser Logik entsprechend eine Minderung der übrigen Freistellungen erfolgen, jedenfalls wenn er sich nun im gleichen zeitlichen Umfang im Betriebsrat einsetzt. Da dies das Gesetz jedoch nicht vorsieht, muss solche Mehrarbeit unberücksichtigt bleiben, damit nicht der zeitliche Gesamtumfang der Freistellungen von der 14

Auswahl der Freigestellten abhängt (unzutreffend daher – noch für die alte Fassung – ArbG Nienburg 20. 10. 1999, AiB 2000, 250).

14 a Vor Neufassung durch das BetrVerf-Reformgesetz ließ die Rechtsprechung **Teilfreistellungen** nur zu, wenn sie zur ordnungsgemäßen Durchführung der Betriebsratsaufgaben erforderlich waren und schützenswürdige Belange des Arbeitgebers dem nicht entgegenstanden (s. BAG 26. 6. 1996 AP BetrVG 1972 § 38 Nr. 17; GK-*Weber*, § 38 Rn. 27; anders bereits vorher das kirchliche Recht: § 15 Abs. 3 MAVO: generell Freistellung nur zur Hälfte der persönlichen Arbeitszeit). Weitergehende Änderungen waren nur auf Grund Tarifvertrag oder Betriebsvereinbarung möglich (*Lipke*, NZA 1990, 758, 760). Diese Beschränkung ist im Wortlaut der neugefassten Norm nicht enthalten. Man wird dennoch eine äußere Schranke der Freistellungen annehmen müssen: Jede Aufteilung einer Freistellung auf mehrere Mitglieder kann zu einer zusätzlichen Belastung des Betriebsablaufs führen. Die „Atomisierung" der Freistellungen ist daher weiterhin unzulässig, wenn gerade die Aufteilung der Freistellungen der ordnungsgemäßen Durchführung der Betriebsratsaufgaben entgegensteht.

4. Freistellung in Betrieben mit in der Regel unter 200 Arbeitnehmern

15 Für Betriebe mit in der Regel weniger als 200 Arbeitnehmern ist anders als in § 38 Abs. 1 Satz 2 RegE (BT-Drucks. VI/1786, S. 9) und anders als der erneute Vorschlag des DGB (Novellierungsvorschläge des DGB zum BetrVG 1972, 1998, § 38 Abs. 1 Satz 5) **keine feste Freistellung für bestimmte Stundenzahlen** vorgesehen. Daraus folgt aber nicht, dass hier keine Freistellung von beruflicher Tätigkeit in Betracht kommt, sondern dies beurteilt sich ausschließlich nach § 37 Abs. 2, sofern keine anderweitige Regelung durch Tarifvertrag oder Betriebsvereinbarung getroffen wird (ebenso BAG 2. 4. 1974 AP BetrVG 1972 § 37 Nr. 10; 16. 1. 1979 AP BetrVG 1972 § 38 Nr. 5; 13. 11. 1991 AP BetrVG 1972 § 37 Nr. 80 *[Boemke]; Fitting*, § 38 Rn. 25; GL-*Marienhagen*, § 38 Rn. 21; GK-*Weber*, § 38 Rn. 24; *Buchner*, Anm. zu AP BetrVG 1972 § 38 Nr. 3; *Hanau*, Anm. zu EzA § 38 BetrVG 1972 Nr. 3 und 4, S. 32; *Auffarth*, AuR 1972, 33, 35; *Jülicher*, AuR 1973, 161, 163 f.; vgl. auch den Bericht des BT-Ausschusses für Arbeit und Sozialordnung, zu BT-Drucks. VI/2729, S. 24; wie hier auch DKK-*Wedde*, § 38 Rn. 15, der offenlässt, ob § 37 Abs. 2 Rechtsgrundlage ist; a. A. HSWGNR-*Glock*, § 38 Rn. 16 ff.). Voraussetzung ist, dass eine Arbeitsbefreiung aus konkretem Anlass nicht genügt, um die Betriebsratsarbeit ordnungsgemäß zu erfüllen. Der erforderliche Umfang der Freistellung kann nicht nach sog. Richtwerten in Anlehnung an die Freistellungsstaffel des Abs. 1 bemessen werden (ebenso BAG 21. 11. 1978 AP BetrVG 1972 § 37 Nr. 34; a. A. *Ottow*, SAE 1979, 299).

5. Zusätzliche Freistellung weiterer Betriebsratsmitglieder

16 Auch soweit ein Betrieb unter die **Freistellungsstaffel** fällt, wird nur eine **Mindestzahl** für die freizustellenden Betriebsratsmitglieder festgelegt. Der Betriebsrat hat einen Anspruch auf **zusätzliche Freistellung** weiterer Betriebsratsmitglieder, **wenn und soweit sie zur ordnungsgemäßen Wahrnehmung der dem Betriebsrat obliegenden Aufgaben** erforderlich ist (ebenso BAG 22. 5. 1973 AP BetrVG 1972 § 38 Nr. 2 [zust. *Richardi*]; 9. 10. 1973 AP BetrVG 1972 § 38 Nr. 3 [zust. *Buchner*]; 26. 7. 1989 und 26. 6. 1996 AP BetrVG 1972 § 38 Nr. 10 und 17; *Fitting*, § 38 Rn. 19; GL-*Marienhagen*, § 38 Rn. 19; GK-*Weber*, § 38 Rn. 17 ff.; *Jülicher*, AuR 1973, 161, 162 f.; a. A. HSWGNR-*Glock*, § 38 Rn. 12 ff.). Rechtsgrundlage ist § 37 Abs. 2, wobei offen bleiben kann, ob er unmittelbar oder nur entsprechend Anwendung findet. Er enthält jedenfalls die Maßstäbe, nach denen zu beurteilen ist, ob die in der Staffel festgelegte Mindestzahl ausreicht (vgl. *Richardi*, Anm. zu AP BetrVG 1972 § 38 Nr. 1 und 2). Angesichts der in den Zahlen des § 38 festgeschriebenen Einschätzung des Gesetzgebers für den Regelfall dürfen nicht allzu großzügige Konzessionen gemacht werden. Hierbei sind an die Darlegungslast bei einer erhöhten Freistellung für die gesamte Dauer der Amtsperiode höhere Anforderungen zu stellen, als wenn es lediglich um eine vorübergehende zusätzliche Freistellung ginge. Eine zusätzliche Freistellung nach § 38 Abs 1 kommt bei rechnerisch deutlicher Unterschreitung der gesetzlichen Staffelungsgröße des § 38 Abs 1 BetrVG nicht in Betracht (LAG Rheinland-Pfalz 19. 12. 2003 – 8 TaBV 558/03, juris).

Der Betriebsrat kann nicht ohne **Zustimmung des Arbeitgebers** über die in Abs. 1 vorgegebenen Zahlen hinaus zusätzlich weitere Betriebsratsmitglieder freistellen (ebenso BAG 22. 5. 1973 AP BetrVG 1972 § 38 Nr. 2; ausführlich *Jülicher,* AuR 1973, 161, 165 ff.). Der Arbeitgeber ist aber *verpflichtet,* weitere Betriebsratsmitglieder zusätzlich freizustellen, soweit Arbeitsbefreiungen im Einzelfall nicht ausreichen, um die Betriebsratsarbeit ordnungsgemäß zu erledigen. Voraussetzung ist, dass wegen der Besonderheit des Betriebsablaufs oder der Betriebsorganisation oder wegen der Besonderheit des Betriebsrats die gesetzliche Mindestzahl der Freistellungen nicht ausreicht, um die Betriebsratstätigkeit ordnungsgemäß durchzuführen. Das Gesetz legt keine Obergrenze der zulässigen Freistellungen fest; mittelbar ergibt sie sich aber daraus, dass die Festlegung einer Freistellungsstaffel nicht sinnvoll ist, wenn sie im Regelfall überschritten werden kann. Bei Meinungsverschiedenheiten über die Notwendigkeiten einer zusätzlichen Freistellung ist nicht wie im Freistellungsverfahren die Einigungsstelle zuständig, sondern es entscheidet das Arbeitsgericht im Beschlussverfahren (s. Rn. 66; GK-*Weber,* § 38 Rn. 19; DKK-*Wedde,* § 38 Rn. 12; ErfK-*Eisemann/Koch,* § 38 Rn. 2; BAG 12. 2. 1997 AP TVG § 2 Nr. 46 = NZA 1997, 1064). Bezweifelt der Arbeitgeber die Erforderlichkeit von Betriebsratstätigkeit muss er eine substantiierte Begründung geben (s. aber zurecht LAG Berlin 20. 3. 1997, NZA-RR 1998, 20: Erbringt ein nicht freigestellter Vorsitzender eines Betriebsrats in einem Betrieb mit 110 Arbeitnehmern über einen Zeitraum von mehreren Jahren keinen einzigen Arbeitstag seiner vertraglich geschuldeten Arbeitsleistung unter Hinweis auf erforderliche Betriebsratstätigkeit, so ist an die Begründungslast des Arbeitgebers kein hoher Maßstab anzulegen, auch wenn der Betriebsratsvorsitzende zugleich Mitglied des Gesamtbetriebsrat ist).

Gewährt der Arbeitgeber dem Betriebsrat eine über die Zahlenstaffel des § 38 Abs. 1 Satz 1 BetrVG hinausgehende zusätzliche Freistellung „bis zum Ende der regelmäßigen Amtszeit", wird diese Zusage grundsätzlich nicht mit dem vorzeitigen Ende der Amtszeit des amtierenden Betriebsrats wegen Rücktritts und der Konstituierung eines neu gewählten Betriebsrats während der laufenden Amtsperiode (§ 22 i.V. mit § 13 Abs. 2 Nr. 3) hinfällig (siehe dazu ArbG Köln 21. 2. 2008, BB 2008, 945).

6. Problem einer Ersatzfreistellung

Eine Ersatzfreistellung kann notwendig werden, wenn ein **freigestelltes Betriebsratsmitglied zeitweilig verhindert** ist, seine Betriebsratstätigkeit auszuüben. Das als Stellvertreter nachrückende Ersatzmitglied tritt nicht in die Freistellung ein. Der Betriebsrat kann aber verlangen, dass während des Verhinderungsfalls ein weiteres Betriebsratsmitglied zusätzlich freigestellt wird, sofern dessen Arbeitsbefreiung aus konkretem Anlass nach § 37 Abs. 2 nicht ausreicht, um die Betriebsratsaufgaben ordnungsgemäß zu erfüllen (vgl. BAG 22. 5. 1973 AP BetrVG 1972 § 38 Nr. 1 *[Richardi];* AP BetrVG 1972 § 37 Nr. 2 *[Meisel]*). Es genügt daher nicht schon jede kurzfristige Verhinderung, sondern notwendig ist, dass wegen des Verhinderungsfalls der Betriebsrat die ihm nach dem BetrVG obliegenden Aufgaben nicht mehr ordnungsgemäß durchführen kann (BAG 7. 9. 1997, AP BetrVG 1972 § 38 Nr. 23; BAG 12. 2. 1997 AP BetrVG 1972 § 38 Nr. 19; ebenso im Ergebnis *Fitting,* § 38 Rn. 27; GK-*Weber,* § 38 Rn. 37). Eine Ersatzfreistellung ist jedoch ohne Einschränkung zulässig, wenn der Betriebsrat die Mindeststaffel noch nicht ausgeschöpft hat. Aber auch soweit dies geschehen ist, kann die Ersatzfreistellung nicht wie eine *zusätzliche Freistellung* beurteilt werden; denn bei zeitweiliger Verhinderung eines freigestellten Betriebsratsmitglieds sinkt die Zahl der freigestellten Betriebsratsmitglieder, deren Aufgabe es ist, sich ausschließlich der Betriebsratsarbeit zu widmen.

19 Zwar ist davon auszugehen, dass der Gesetzgeber bei der Aufstellung der Mindeststaffel **Fehlzeiten** der freigestellten Betriebsratsmitglieder bereits insoweit berücksichtigt hat, als sie durch Urlaub oder Krankheit im Regelfall eintreten. Aber bei einer zeitweiligen Verhinderung, die in diesem Sinn auf einer nicht bloß kurzfristigen Abwesenheit beruht, ist die Ersatzfreistellung nicht einer zusätzlichen Freistellung gleichzustellen. Die Dauer der Verhinderung kann es erfordern, dass ein weiteres Betriebsratsmitglied freigestellt wird, wenn die übrigen freigestellten Betriebsratsmitglieder wegen der Art, Organisation und räumlichen Lage der Betriebsstätten die dem Betriebsrat nach dem BetrVG obliegenden Aufgaben nicht mehr ordnungsgemäß durchführen können. Das BAG ist der Meinung, dass die Darlegungspflicht des Betriebsrats für eine Ersatzfreistellung geringer ist als bei einer zusätzlichen Freistellung auf Dauer und zieht die Grundsätze des Beweises des ersten Anscheins heran, um bei Verhinderung von zwei der vier freigestellten Betriebsratsmitglieder während einer Urlaubszeit von fast zehn Wochen in einem Dreischichtenbetrieb mit räumlich getrennten Betriebsstätten die Notwendigkeit einer Ersatzfreistellung anzuerkennen (vgl. BAG 22. 5. 1973 AP BetrVG 1972 § 38 Nr. 1).

7. Anderweitige Regelungen durch Tarifvertrag oder Betriebsvereinbarung

20 a) Durch Tarifvertrag oder Betriebsvereinbarung können anderweitige Regelungen über die Freistellung vereinbart werden (Abs. 1 Satz 4). Ein Tarifvertrag kann nicht erkämpft, eine Betriebsvereinbarung nicht über einen Spruch der Einigungsstelle erzwungen werden; es handelt sich vielmehr um freiwillige Regelungen in der Form eines Tarifvertrags oder einer Betriebsvereinbarung (ebenso GK-*Weber*, § 38 Rn. 31; für die Erstreikbarkeit von Tarifregelungen dagegen *Fitting*, § 38 Rn. 31; HSWGNR-*Glock*, § 38 Rn. 21; HWK-*Reichold*, § 38 Rn. 12 f.; DKK-*Wedde*, § 38 Rn. 25; ErfK-*Eisemann/ Koch*, § 38 Rn. 5; s. zur Erstreikbarkeit der Tarifverträge nach § 3 Abs. 1 s. § 3 Rn. 39).

21 b) Durch Tarifvertrag oder Betriebsvereinbarung kann die **Mindestzahl der Freistellungen erhöht,** aber auch **verringert** werden; denn das Gesetz lässt generell *anderweitige Regelungen* über die Freistellung zu (BAG 11. 6. 1997, AP BetrVG § 38 Nr. 22 [zust. Brors, SAE 1998, 51]; ebenso *Brecht*, § 38 Rn. 7; *Fitting*, § 38 Rn. 28, 30; GL-*Marienhagen*, § 38 Rn. 31; GK-*Weber*, § 38 Rn. 32; HSWGNR-*Glock*, § 38 Rn. 20; DKK-*Wedde*, § 38 Rn. 26). Die Öffnungsklausel bezieht sich nicht nur auf Betriebe, die unter die Freistellungsstaffel fallen, sondern auch auf Betriebe mit in der Regel weniger als 200 Arbeitnehmern (ebenso *Fitting*, 38 Rn. 28; GK-*Weber*, § 38 Rn. 32; HSWGNR-*Glock*, § 38 Rn. 20). Da es sich um eine anderweitige Regelung handeln muss, ist ein bloßer Ausschluss der gesetzlich vorgesehenen Freistellung durch Tarifvertrag oder Betriebsvereinbarung unzulässig (ebenso *Fitting*, § 38 Rn. 30, GK-*Weber*, § 38 Rn. 33; HSWGNR-*Glock*, § 38 Rn. 20). Sowohl die Verringerung der Freistellung muss die Arbeitsfähigkeit des Betriebsrats vor Augen haben als auch die Erhöhung. Pauschale Freistellungen weit über dem gesetzlich als angemessen fixierten Bedarf können Indiz einer unzulässigen Begünstigung von Betriebsräten sein.

22 c) Durch Tarifvertrag oder Betriebsvereinbarung kann geregelt werden, inwieweit die Betriebsratsmitglieder nur **teilweise** von ihrer **beruflichen Tätigkeit freigestellt** werden. Das ist vor allem dann von Bedeutung, wenn sich für eine vollständige Freistellung nicht genügend Betriebsratsmitglieder finden oder die Betriebsratsarbeit auf mehr Mitglieder verteilt werden soll, als nach der gesetzlichen Mindestzahl freizustellen sind. Auch kann eine Beschränkung oder ein Ausschluss von Teilzeitfreistellungen erfolgen.

23 d) Besteht bereits eine **tarifvertragliche Regelung,** so ist eine **Betriebsvereinbarung unzulässig,** unabhängig davon, ob der Freistellungsanspruch erweitert oder beschränkt wird. Allerdings gilt hier nicht § 77 Abs. 3 (ebenso *Fitting*, § 38 Rn. 32; GK-*Weber*,

§ 38 Rn. 34; a. A. GL-*Marienhagen*, § 38 Rn. 32; HSWGNR-*Glock*, § 38 Rn. 22; allgemein s. § 77 Rn. 252 ff.), obwohl es sich um die Regelung von formellen Arbeitsbedingungen im weiteren Sinne handelt. Das Gesetz sieht jedoch die Abänderung durch Betriebsvereinbarung ausdrücklich vor; die Regelung geht als *lex specialis* vor. Der Tarifvertrag ist jedoch die höherrangige Norm, und wenn damit eine Regelung gesetzt wurde, dann kann die Betriebsvereinbarung dies nicht nach oben oder unten abdingen, solange der Tarifvertrag dies nicht durch Öffnungsklausel zulässt. Daher kommt es nicht darauf an, ob die Freistellungen erweitert oder beschränkt werden (a. A. *Fitting*, § 38 Rn. 32; GK-*Weber*, § 38 Rn. 34): Die im Tarifvertrag festgelegte Zahl kann nach dem Willen der Tarifvertragsparteien regelmäßig nicht als eine Mindestnummer verstanden werden, sondern muss als ein abschließender Kompromiss begriffen werden, der nicht zur Disposition durch die Betriebsparteien steht.

e) Ist durch Tarifvertrag oder Betriebsvereinbarung eine anderweitige Regelung über die Freistellung erfolgt, so ist davon auszugehen, dass diese Regelung **abschließend** ist, also weitere Freistellungen gemäß § 37 Abs. 2 nicht erforderlich sind (ebenso *Fitting*, § 38 Rn. 33; GK-*Weber*, § 38 Rn. 35; DKK-*Wedde*, § 38 Rn. 29). Sind sie doch erforderlich, so trifft den Betriebsrat eine erhöhte Darlegungslast. Handelt es sich um einen längerfristigen Bedarf, so hat der Betriebsrat anders lautende Betriebsvereinbarungen zu kündigen. 24

8. Keine Freistellung in der Geschäftsordnung des Betriebsrats

Da eine Freistellung über die Mindeststaffel hinaus der Einverständniserklärung des Arbeitgebers bedarf, auch wenn der Betriebsrat auf deren Erteilung einen Rechtsanspruch hat (s. Rn. 16 f.), kann eine über Abs. 1 Satz 1 und 2 hinausgehende Freistellung **nicht** durch die Geschäftsordnung des Betriebsrats geregelt werden (ebenso BAG 16. 1. 1979 AP BetrVG 1972 § 38 Nr. 5). 25

III. Freistellungsverfahren

1. Auswahl der freizustellenden Betriebsratsmitglieder

Steht die Zahl der freizustellenden Betriebsratsmitglieder fest, so erfolgt deren Auswahl nach Abs. 2. Vor der Novelle vom 20. 12. 1988 hieß es in Abs. 2 Satz 1, dass der Betriebsrat über die Freistellung beschließt. Dennoch war das BAG wegen des gesetzessystematischen Zusammenhangs mit Abs. 1 zu dem Ergebnis gelangt, dass die Bestimmung dem Betriebsrat nicht die Befugnis einräumte, die Zahl der freizustellenden Betriebsratsmitglieder einseitig festzulegen, sondern ihm lediglich die Kompetenz zuwies, wer von den Betriebsratsmitgliedern freigestellt wird (BAG 22. 5. 1973 AP BetrVG 1972 § 38 Nr. 2; 9. 10. 1973 und 16. 1. 1979 AP BetrVG 1972 § 38 Nr. 3 und 5). Die Novelle vom 20. 12. 1988 gab Abs. 2 eine Fassung, die dies klarstellt; die Neufassung durch das BetrVerf-Reformgesetz hat daran festgehalten. 26

2. Beratung mit dem Arbeitgeber

Die **Auswahl** der freizustellenden Betriebsratsmitglieder erfolgt **nach Beratung mit dem Arbeitgeber** (Abs. 2 Satz 1). Die Beratung hat daher der Wahl vorauszugehen (ebenso BAG 29. 4. 1992 AP BetrVG 1972 § 38 Nr. 15; *Fitting*, § 38 Rn. 45; GK-*Weber*, § 38 Rn. 43; HSWGNR-*Glock*, § 38 Rn. 25; DKK-*Wedde*, § 38 Rn. 36). Sie muss mit dem gesamten Betriebsrat erfolgen; es genügt also nicht, dass der Betriebsratsvorsitzende sich mit dem Arbeitgeber berät (ebenso BAG 29. 4. 1992 AP BetrVG 1972 § 38 Nr. 15). Deshalb muss eine Sitzung einberufen werden, an der der Arbeitgeber 27 teilnimmt (ebenso *Fitting,* § 38 Rn. 45; HSWGNR-*Glock,* § 38 Rn. 26; DKK-*Wedde,* § 38 Rn. 36; a. A. GK-*Weber,* § 38 Rn. 43).

28 Da die Auswahl im geheimer Wahl erfolgt, für die alle Betriebsratsmitglieder **Wahlvorschläge** machen können, soll die Beratung im Betriebsrat vermeiden, dass Betriebsratsmitglieder für die Freistellung benannt und gewählt werden, deren Freistellung der Arbeitgeber für sachlich nicht vertretbar hält. Durch die Beratung wird sichergestellt, dass der Betriebsrat nicht erst nach der Freistellungswahl mit Einwendungen des Arbeitgebers konfrontiert wird, die zur Anrufung der Einigungsstelle führen.

29 Unterbleibt die **Beratung,** so ist die **Auswahl der freizustellenden Betriebsratsmitglieder** durch den Betriebsrat **für den Arbeitgeber nicht bindend;** dieser ist also nicht genötigt, die Einigungsstelle anzurufen, um zu verhindern, dass sein Einverständnis mit den Freistellungen i. S. des Abs. 2 Satz 7 als erteilt gilt (ebenso HSWGNR-*Glock,* § 38 Rn. 27; bereits zur Rechtslage vor der Novelle vom 20. 12. 1988 ArbG Hagen, DB 1973, 191; GL-*Marienhagen,* § 38 Rn. 10; *Böhm,* DB 1974, 723, 725; a. A. *Fitting,* § 38 Rn. 46; GK-*Weber,* § 38 Rn. 45; DKK-*Wedde,* § 38 Rn. 38; offengelassen BAG 29. 4. 1992 AP BetrVG 1972 § 38 Nr. 15). Eine Ausnahme hiervon gilt nur dann, wenn der Betriebsrat die freizustellenden Betriebsratsmitglieder in der Vergangenheit stets ohne vorherige Beratung mit dem Arbeitgeber gewählt hat und dies vom Arbeitgeber nicht beanstandet wurde. In dem Fall würde es dem Grundsatz der vertrauensvollen Zusammenarbeit (§ 2 Abs. 1) zuwiderlaufen, wenn sich der Arbeitgeber gleichsam ohne „Vorankündigung" mit Erfolg auf das Unterbleiben des Beratungserfordernisses berufen könnte (ArbG Köln 21. 2. 2008, BB 2008, 945).

3. Auswahl durch Wahl der freizustellenden Betriebsratsmitglieder

30 Die freizustellenden Betriebsratsmitglieder werden nach Beratung mit dem Arbeitgeber vom Betriebsrat aus seiner Mitte in **geheimer Wahl** und nach den Grundsätzen der **Verhältniswahl** gewählt, Abs. 2 Satz 1 (zum Regierungsentwurf des BetrVerf-Reformgesetzes, der die obligatorische Verhältniswahl abschaffen wollte *Löwisch,* BB 2001, 726). Vom Erfordernis der geheimen Wahl kann auch nicht durch einstimmigen Betriebsratsbeschluss abgewichen werden (ArbG Düsseldorf 23. 9. 2004 – 11 BV 84/04, ZBVR 2005, 34). Eine gemeinsame Wahl ist ebenso zwingend erforderlich und daher die Wahl der Freistellungen getrennt nach Standorten unwirksam (ArbG Düsseldorf a. a. O.). Nur wenn nur ein Wahlvorschlag gemacht wird, erfolgt die Wahl nach den Grundsätzen der **Mehrheitswahl;** ist nur ein Betriebsratsmitglied freizustellen, so wird dieses mit **einfacher Stimmenmehrheit** gewählt. Schon wenn zwei Wahlvorschläge vorhanden sind, hat die Wahl nach den Grundsätzen der Verhältniswahl in einem Wahlgang zu erfolgen (LAG Hamm 10. 6. 2005 – 13 TaBV 26/05, juris). Die Verhältniswahl ist Listenwahl. Es gilt insoweit das Gleiche wie für die Bildung des Betriebsausschusses und der Ausschüsse des Betriebsrats nach § 28 (s. § 27 Rn. 11 ff.).

4. Notwendigkeit einer Einverständniserklärung des freizustellenden Betriebsratsmitglieds

31 Voraussetzung für eine Freistellung ist, dass das Betriebsratsmitglied, das in Aussicht genommen wird, sich bereit erklärt, sich von seiner beruflichen Tätigkeit freistellen zu lassen; **eine Freistellung wider Willen** ist **ausgeschlossen** (ebenso BAG 11. 3. 1992 AP BetrVG 1972 § 38 Nr. 11). Die Wahl selbst ist zwar in ihrer Gültigkeit nicht davon abhängig, dass die Einverständniserklärung vorliegt. Die Freistellung kann aber Rechtswirksamkeit erst erlangen, wenn das Betriebsratsmitglied sich einverstanden erklärt; mit der Übernahme des Betriebsratsamtes ist keineswegs die Verpflichtung verbunden, sich freistellen zu lassen, wenn die gesetzlichen Voraussetzungen für eine Freistellung gegeben sind.

III. Freistellungsverfahren § 38

5. Unterrichtung des Arbeitgebers

Der Betriebsrat hat die **Namen der Freizustellenden dem Arbeitgeber bekanntzugeben** 32 (Abs. 2 Satz 3). Die Mitteilung erfolgt durch den Betriebsratsvorsitzenden, im Verhinderungsfall durch seinen Stellvertreter (§ 26 Abs. 2 Satz 1). Die Unterrichtung ist deshalb erforderlich, weil nicht der Betriebsrat, sondern der Arbeitgeber als Gläubiger des Arbeitnehmers die Freistellung durch einen einseitigen Gestaltungsakt vorzunehmen hat. Der Betriebsrat ist nicht berechtigt, von sich aus die Freistellung vorzunehmen; denn er darf nicht durch einseitige Handlungen in die Leitung des Betriebs eingreifen (§ 77 Abs. 1 Satz 2).

6. Anrufung der Einigungsstelle durch den Arbeitgeber

Hält der Arbeitgeber eine Freistellung für sachlich nicht vertretbar, so kann er innerhalb einer **Frist von zwei Wochen** nach seiner Bekanntgabe die **Einigungsstelle anrufen** 33 (Abs. 2 Satz 4). Die Frist ist eine Ausschlussfrist. Sie beginnt nach § 187 Abs. 1 BGB mit dem Tag, an dem die Mitteilung des Betriebsrats dem Arbeitgeber zugeht, diesen Tag nicht mitgerechnet, und endet nach Ablauf von zwei Wochen an dem Tag, der demjenigen entspricht, an dem die Namen dem Arbeitgeber bekanntgegeben worden sind (§ 188 Abs. 2 BGB). Ist dieser Tag ein Samstag, Sonntag oder ein gesetzlicher Feiertag, so verlängert sich die Frist bis zum Ablauf des nächsten Wochentages (§ 193 BGB). Besteht eine ständige Einigungsstelle, so muss der Antrag des Arbeitgebers innerhalb dieser Frist ihrem Vorsitzenden zugehen; anderenfalls ist innerhalb dieser Frist an den Betriebsrat die Aufforderung zu richten, eine Einigungsstelle zu bilden (s. dazu § 76 Rn. 41 ff.).

Der Gesetzestext lässt offen, unter welchen Voraussetzungen eine **Freistellung sach-** 34 **lich nicht vertretbar** ist. Aus dem gesetzessystematischen Zusammenhang ergibt sich aber, dass es nur um die *personelle Auswahl* gehen kann (ebenso bereits BAG 9. 10. 1973 AP BetrVG 1972 § 38 Nr. 3). Die Bedenken können sich dagegen richten, dass bei ihr die betrieblichen Notwendigkeiten nicht ausreichend berücksichtigt wurden. Der Arbeitgeber braucht die Freistellung nur insoweit anzugreifen, als er sie sachlich nicht für vertretbar hält; er kann daher die Anrufung der Einigungsstelle auf die Freistellung eines einzelnen *Betriebsratsmitglieds* beschränken, wenn nach seiner Meinung nur dessen Auswahl nicht sachlich vertretbar ist (ebenso *Fitting*, § 38 Rn. 64; GL-*Marienhagen*, § 38 Rn. 25; GK-*Weber*, § 38 Rn. 61; HSWGNR-*Glock*, § 38 Rn. 39; DKK-*Wedde*, § 38 Rn. 47).

Richten die Bedenken des Arbeitgebers sich gegen die **Zahl der freizustellenden** 35 **Betriebsratsmitglieder,** so kann er insoweit **nicht** die **Einigungsstelle** anrufen, sondern es entscheidet das **Arbeitsgericht im Beschlussverfahren** (s. auch Rn. 66).

7. Zuständigkeit der Einigungsstelle

a) Soweit die Einigungsstelle im verbindlichen Einigungsverfahren angerufen wird, 36 kann sie nur über die Auswahl der freizustellenden Betriebsratsmitglieder entscheiden. Auch im Rahmen der ihr zustehenden *Vorfragenkompetenz* darf sie keine Entscheidung darüber treffen, ob der Betriebsrat die Mindestzahl der Freistellungen nach der Freistellungsstaffel richtig bestimmt hat oder ob er die zusätzliche Freistellung weiterer Betriebsratsmitglieder verlangen kann; denn erhebt der Arbeitgeber insoweit keinen Widerspruch, so ist für die Einigungsstelle der Umfang der Freistellungen verbindlich. Macht er aber Bedenken geltend, so ist zunächst zu prüfen, ob Arbeitgeber und Betriebsrat sich insoweit einem freiwilligen Einigungsverfahren unterwerfen. Wenn dies nicht der Fall ist, kann die Einigungsstelle auch im Rahmen der Vorfragenkompetenz keine Entscheidung über den Umfang der Freistellungen gegen den Willen des Arbeitgebers treffen.

37 Die Einigungsstelle entscheidet nicht in einer Rechtsstreitigkeit, sondern in einer **Regelungsstreitigkeit**. Es besteht hier ein Unterschied zu § 37 Abs. 6 Satz 5, wo der Einigungsstelle die Beurteilung zugewiesen ist, ob betriebliche Notwendigkeiten der Teilnahme an einer Schulung entgegenstehen (s. dort Rn. 125 ff.; a. A. *Henssler*, RdA 1991, 268, 273). Hier dagegen genügt für die Anrufung der Einigungsstelle, dass der Arbeitgeber eine Freistellung für sachlich nicht vertretbar hält. Deshalb wird die Zuständigkeit der Einigungsstelle auch nicht darauf beschränkt, dass zwingende betriebliche Notwendigkeiten einer Freistellung entgegenstehen müssen (so *Fitting*, § 38 Rn. 61; GK-*Weber*, § 38 Rn. 60 f.). Lediglich soweit es um die Grenzen ihres Ermessens geht, darf die Einigungsstelle sich darüber hinwegsetzen, dass für die Auswahl primär der Betriebsrat das Bestimmungsrecht hat.

38 b) Der **Spruch der Einigungsstelle** ersetzt die Einigung zwischen Arbeitgeber und Betriebsrat (Abs. 2 Satz 5). Bestätigt die Einigungsstelle die Bedenken des Arbeitgebers, so kann sie sich nicht darauf beschränken, die Wahl für ungültig zu erklären, sondern sie muss selbst die **Auswahlentscheidung** treffen. Sie hat bei der Bestimmung eines anderen freizustellenden Betriebsratsmitglieds „auch den Minderheitenschutz i. S. des Satz 1 zu beachten" (Abs. 2 Satz 6). Die Formulierung ist dunkel; sie begrenzt nicht die Grenzen des Ermessens, sondern setzt eine Rechtsschranke, weil der sich aus den Grundsätzen der Verhältniswahl ergebende Minderheitenschutz nicht zur Disposition der Einigungsstelle steht. Dieses Kriterium hat keine absolute Priorität; es ist eine umfassende Abwägung im Einzelfall vorzunehmen (so auch für die alte Gesetzesfassung vor dem BetrVerf-Reformgesetz: ErfK-*Eisemann/Koch*, § 38 Rn. 9; *Fitting*, § 38 Rn. 67; GK-*Weber*, § 38 Rn. 63; DKK-*Wedde*, § 38 Rn. 50).

39 Der Spruch der Einigungsstelle unterliegt der **arbeitsgerichtlichen Rechtskontrolle**. Wird geltend gemacht, die Einigungsstelle habe bei der Auswahl der freizustellenden Betriebsratsmitglieder die Grenzen des Ermessens überschritten, so ist die Zweiwochenfrist des § 76 Abs. 5 Satz 4 zu wahren.

8. Freistellung der ausgewählten Betriebsratsmitglieder

40 Ruft der **Arbeitgeber** die Einigungsstelle nicht an, so gilt sein **Einverständnis** mit den Freistellungen nach Ablauf der Zwei-Wochen-Frist für die Anrufung der Einigungsstelle als erteilt (Abs. 2 Satz 6). Gemeint ist, dass das Betriebsratsmitglied nach diesem Zeitpunkt der Arbeit fernbleiben kann, um sich ausschließlich der Betriebsratsarbeit zu widmen.

41 Ruft der Arbeitgeber rechtzeitig die Einigungsstelle an, so tritt die Fiktion erst ein, wenn die Einigungsstelle entschieden hat, wobei unerheblich ist, ob der Arbeitgeber den Spruch der Einigungsstelle gerichtlich angreift; denn insoweit ist die Rechtslage wie auch sonst bei der Fehlerhaftigkeit betriebsratsinterner Wahlen. Der Spruch der Einigungsstelle kann nur für die Zukunft aufgehoben werden.

9. Einstweiliger Rechtsschutz

42 Soweit Streitigkeiten über den Umfang der Freistellungen oder die personelle Auswahl der freizustellenden Betriebsratsmitglieder zu einer wesentlichen Erschwerung der Betriebsratsarbeit führen, kann der Betriebsrat im Beschlussverfahren eine **einstweilige Verfügung** beantragen (§ 85 Abs. 2 ArbGG i. V. mit § 940 ZPO; s. zur Zulässigkeit einer einstweiligen Verfügung, soweit die Einigungsstelle zuständig ist, § 76 Rn. 105).

10. Änderung der Freistellung

43 a) Die Freistellung erfolgt für die Amtsperiode des Betriebsrats. Die Notwendigkeit einer Änderung ist nur dann gegeben, wenn die Zahl der in der Regel beschäftigten

III. Freistellungsverfahren § 38

Arbeitnehmer sich so erheblich ändert, dass mehr oder weniger Betriebsratsmitglieder freizustellen sind, als geschehen ist (s. Rn. 11).

b) Das **freigestellte Betriebsratsmitglied** kann jederzeit erklären, dass es eine **berufliche** 44 **Tätigkeit aufnehmen** will. Mit seinem Widerruf endet die Freistellung. Da die Freistellung aber der Funktionsfähigkeit der Betriebsratsarbeit dient, ist das freigestellte Betriebsratsmitglied aus seinem Mandat verpflichtet, den Widerruf so rechtzeitig mitzuteilen, dass ein anderes Betriebsratsmitglied zur Fortsetzung einer ordnungsgemäßen Betriebsratstätigkeit freigestellt werden kann (ebenso *Fitting*, § 38 Rn. 70; GK-*Weber*, § 38 Rn. 76).

c) Auch der Betriebsrat kann die personelle Auswahl der freizustellenden Betriebsrats- 45 mitglieder ändern. Da dadurch die Freistellung widerrufen wird, bezeichnet das Gesetz dies als *Abberufung* (Abs. 2 Satz 8).

Für die **Abberufung** gilt § 27 Abs. 1 Satz 5 entsprechend. Daraus folgt, dass bei der 46 Auswahl der freizustellenden Betriebsratsmitglieder nach den Grundsätzen der **Verhältniswahl** der Beschluss über die Abberufung in **geheimer** Abstimmung gefasst wird. Zur Absicherung der Verhältniswahl bedarf es einer **Mehrheit von drei Viertel der Stimmen der Mitglieder des Betriebsrats** (Abs. 2 Satz 8 i. V. mit § 27 Abs. 1 Satz 5). Einer solchen Absicherung bedarf es jedoch nur, wenn lediglich ein Teil der freizustellenden Betriebsratsmitglieder ersetzt werden soll. Werden dagegen die freizustellenden Betriebsratsmitglieder insgesamt neu gewählt, so treten die Neugewählten an die Stelle der früher Gewählten, ohne dass diese erst mit qualifizierter Mehrheit des Betriebsrats abberufen werden müssten (ebenso BAG 29. 4. 1992 AP BetrVG 1972 § 38 Nr. 15; BAG 20. 4. 2005 AP BetrVG 1972 § 38 Nr. 30; LAG Düsseldorf 5. 8. 2004 LAGE § 38 BetrVG 2001 Nr 1). Einer vorherigen Abberufung der freigestellten Betriebsratsmitglieder bedarf auch dann nicht, wenn die Anzahl der freizustellenden Betriebsratsmitglieder während der Amtszeit des Betriebsrats erhöht wird. In diesem Fall ist ohnehin eine Neuwahl aller freizustellenden Betriebsratsmitglieder erforderlich, wenn die Freistellungswahl nach den Grundsätzen der Verhältniswahl durchgeführt wurde (BAG 20. 4. 2005, AP BetrVG 1972 § 38 Nr. 29). Das Erfordernis einer qualifizierten Mehrheit besteht schließlich ebenfalls nicht, wenn eine Mehrheitswahl stattgefunden hat. Es gilt insoweit das Gleiche wie bei der Abberufung aus dem Betriebsausschuss oder einem Ausschuss nach § 28 (s. § 27 Rn. 26 f.).

d) Nach der **Rechtsprechung des BAG** ist bei Ausscheiden eines im Wege der Verhält- 47 niswahl in die Freistellung gewählten Betriebsratsmitglieds das ersatzweise freizustellende Mitglied in entsprechender Anwendung des § 25 Abs. 2 Satz 1 ohne erneute Wahl der Vorschlagliste zu entnehmen, der das zu ersetzende Mitglied angehörte. Erst bei Erschöpfung der Liste ist das ersatzweise freizustellende Mitglied im Wege der Mehrheitswahl zu wählen (BAG 16. 3. 2005 AP BetrVG 1972 § 28 Nr. 6 [krit. *Lange*, SAE 2005, 349]; BAG 14. 11. 2001, AP BetrVG 1972 § 38 Nr. 24; BAG 25. 4. 2001 AP BetrVG 1972 § 25 Nr. 8; offengelassen BAG 28. 10. 1992 AP BetrVG 1972 § 38 Nr. 16 [dort Erschöpfung der Liste]; a. A. *Fitting*, § 38 Rn. 53, der den Freizustellenden aus der Vorschlagsliste entnehmen will, auf die nach dem d'Hondschen System die nächste Höchstzahl entfallen ist; HWK-*Reichold*, § 38 Rn. 25; DKK-*Wedde*, § 38 Rn. 58: Freizustellender der Vorschlagsliste zu entnehmen, auf die die nächste Freistellung entfallen wäre). Letzteres gilt dann erst recht, wenn das zu ersetzende Mitglied durch Mehrheitswahl gewählt wurde, und die Grundsätze lassen sich auch auf den Fall übertragen, dass sich Laufe einer Wahlperiode die Zahl der regelmäßig beschäftigten über die Grenze des § 38 Abs. 1 hinaus erhöht, und daher eine weitere Freistellung erforderlich wird.

Dem ist jedoch bereits im Ansatz nicht zu folgen: Die Besonderheit des Freistellungs- 47 a verfahrens verbietet es, dass für die freigestellten Betriebsratsmitglieder **Ersatzfreistellungen** in dem Sinne bestimmt werden, dass sie bei Aufhebung der Freistellung nachrücken (ebenso die Vorinstanz LAG Bremen 22. 2. 2000, DB 2000, 1232 = LAGE Nr. 9 zu § 38 BetrVG 1972; LAG Nürnberg 19. 11. 1997, BB 1998, 427; *Joost*,

MünchArbR, § 220 Rn. 63 f.; a. A. *Fitting,* § 38 Rn. 50 ff.; GK-*Weber,* § 38 Rn. 74 – unter Aufgabe der bisherigen Auffassung; s. auch Rn. 18). Wird die Freistellung aufgehoben, so muss daher eine **Nachwahl** stattfinden, deren Durchführung sich danach richtet, ob die freigestellten Mitglieder zuvor nach den Grundsätzen der Verhältniswahl oder der Mehrheitswahl gewählt wurden. Bei Mehrheitswahl genügt es, dass vom Betriebsrat ein neues freigestelltes Mitglied gewählt wird, bei der Verhältniswahl ist eine Nachwahl sämtlicher Freistellungen erforderlich, es sei denn sämtliche Betriebsratsmitglieder sind mit einer Nachwahl einer Freistellung einverstanden (ebenso *Fitting,* § 38 Rn. 55; jetzt a. A. GK-*Weber,* § 38 Rn. 74 f., wonach jedoch eine isolierte Nachwahl dann erforderlich sein soll, wenn die Vorschlaglisten erschöpft sind; ErfK-*Eisemann/Koch,* § 38 Rn. 6).

Folgt der Betriebsrat dem hier vertretenen Weg, indem er ungeachtet der Rechtsprechung des BAG gleichwohl eine separate „Nachwahl" durchführt, ist diese Wahl nach instanzgerichtlicher Rechtsprechung nicht nichtig, sondern im Hinblick auf die durch Uneinigkeit in Schrifttum und Rechtsprechung bedingte Rechtsunsicherheit lediglich anfechtbar entsprechend § 19 (LAG Düsseldorf 24. 6. 2004, FA 2004, 375).

IV. Rechtsstellung der freigestellten Betriebsratsmitglieder

1. Pflichten aus dem Arbeitsverhältnis

48 Das freigestellte Betriebsratsmitglied ist **nur** von seiner **beruflichen Tätigkeit befreit,** nicht von sonstigen Pflichten aus dem Arbeitsverhältnis.

49 Das freigestellte Betriebsratsmitglied ist daher verpflichtet, während der vertraglichen Arbeitszeit **im Betrieb anwesend** zu sein und sich für dort anfallende Betriebsratstätigkeit bereitzuhalten (ebenso BAG 13. 6. 2007, AP BetrVG 1972 § 38 Nr. 31; BAG 31. 5. 1989 AP BetrVG 1972 § 38 Nr. 9). Die vertragliche Arbeitszeit ist nur insoweit maßgebend, als sie sich auf den zeitlichen Umfang der Arbeitsleistung bezieht. Geht es dagegen um die Lage der Arbeitszeit, so ist zu beachten, dass das freigestellte Betriebsratsmitglied Betriebsratsaufgaben erfüllt und deshalb die **betriebsübliche Arbeitszeit** einhalten muss (LAG Rheinland-Pfalz 8. 11. 2007 – 9 TaBV 37/07, juris; LAG Düsseldorf 26. 5. 1993 – LAGE § 38 BetrVG 1972 Nr 6, juris; ebenso wohl BAG 20. 8. 2002, AP BetrVG 1972 § 38 Nr. 27: ebenso *Fitting,* § 38 Rn. 77; GK-*Weber,* § 38 Rn. 77). Für ihn gelten die **Urlaubsregelungen,** die anzuwenden wären, wenn er nicht freigestellt wäre (BAG 20. 8. 2002, AP BetrVG 1972 § 38 Nr. 27). Regelungen, die seine Betriebsanwesenheit kontrollieren, hat das freigestellte Betriebsratsmitglied zu beachten. Dagegen unterliegt es nicht dem Weisungsrecht des Arbeitgebers, wie es die Betriebsratstätigkeit gestaltet; denn dies verbietet die Unabhängigkeit *des Betriebsratsamtes.* Der Arbeitgeber kann deshalb einen Nachweis, dass in der Freistellungszeit Betriebsratsaufgaben wahrgenommen werden, nur verlangen, wenn die durch Tatsachen begründete Besorgnis besteht, dass die Freistellungszeit zu einem anderen Zweck verwandt wird, insbesondere um im Betrieb reine Koalitionsaufgaben zu erfüllen.

50 **Verlässt** das Betriebsratsmitglied während der Arbeitszeit den Betrieb, so muss es sich **abmelden** (ebenso BAG 31. 5. 1989 AP BetrVG 1972 § 38 Nr. 9). Auf Verlangen des Arbeitgebers hat es nachzuweisen, dass es außerhalb des Betriebs Betriebsratsaufgaben wahrnimmt (ebenso LAG Hamm 19. 12. 1974, DB 1975, 699; *Fitting,* § 38 Rn. 82; auch ohne besondere Aufforderung des Arbeitgebers GL-*Marienhagen,* § 38 Rn. 35; a. A. DKK-*Wedde,* § 38 Rn. 65; s. auch BAG 15. 3. 1995 AP BetrVG 1972 § 37 Nr. 105 Leitsatz 3: Abgestufte Darlegungslast). Wird im Betrieb **Mehrarbeit** geleistet, so braucht das freigestellte Betriebsratsmitglied während dieser Zeit nicht anwesend zu sein (ebenso GK-*Weber,* § 38 Rn. 78; HSWGNR-*Glock,* § 38 Rn. 44; s. aber auch Rn. 54).

2. Freizeitausgleich für Betriebsratstätigkeit außerhalb der Arbeitszeit

Muss ein freigestelltes Betriebsratsmitglied für die Betriebsratstätigkeit Freizeit opfern, 51
so kann es einen **Freizeitausgleich** vornehmen, indem es seine **Betriebsanwesenheit während der betriebsüblichen Arbeitszeit** entsprechend verkürzt. § 37 Abs. 3 Satz 1 findet keine Anwendung, weil das freigestellte Betriebsratsmitglied ohnehin bereits von seiner beruflichen Tätigkeit befreit ist; entsprechend ist deshalb hier der Freizeitausgleich auch nicht darauf beschränkt, dass betriebsbedingte Gründe die Durchführung der Betriebsratstätigkeit außerhalb der Arbeitszeit gebieten (a. A. *Fitting*, § 38 Rn. 81; GK-*Weber*, § 38 Rn. 87; HSWGNR-*Glock*, § 38 Rn. 52; wohl wie hier DKK-*Wedde*, § 38 Rn. 64).

Verlangt das freigestellte Betriebsratsmitglied **Abgeltung des Freizeitausgleichs**, so 52
muss es nachweisen, dass aus betriebsbedingten Gründen die Betriebsratstätigkeit außerhalb seiner durch die Bindung an die tägliche Arbeitszeit bestimmte Betriebsanwesenheit durchzuführen war (s. dazu § 37 Rn. 38 ff.), und es muss außerdem darlegen, dass eine ordnungsgemäße Erledigung der Betriebsratsarbeit es unmöglich macht, einen Freizeitausgleich innerhalb eines Monats durchzuführen. Nur in diesen Grenzen kann ein freigestelltes Betriebsratsmitglied in entsprechender Anwendung des § 37 Abs. 3 Satz 2 für die aufgewendete Zeit Mehrarbeitsvergütung verlangen; denn sonst wäre es im Verhältnis zu den sonstigen Betriebsratsmitgliedern begünstigt (ebenso im Ergebnis BAG 21. 5. 1974 AP BetrVG 1972 § 37 Nr. 14; allerdings wird nicht klar herausgearbeitet, dass § 37 Abs. 3, der einen Anspruch auf Arbeitsbefreiung gibt und für deren Abgeltung voraussetzt, dass eine Arbeitsbefreiung aus betriebsbedingten Gründen nicht möglich ist, insoweit auf ein freigestelltes Betriebsratsmitglied schon deshalb keine Anwendung finden kann, weil es bereits von der Arbeit befreit ist und deshalb im Gegensatz zu den sonstigen Betriebsratsmitgliedern selbst bestimmen kann, wann es den Freizeitausgleich nimmt; ebenso insoweit *Fitting*, § 38 Rn. 81; GL-*Marienhagen*, 38 Rn. 36; DKK-*Wedde*, § 38 Rn. 64; a. A. wohl HSWGNR-*Glock*, § 38 Rn. 52 a. E.). Durch die Ergänzungen des § 37 durch das BetrVerf-Reformgesetz hat sich hieran nichts geändert. Das Gesagte gilt auch für freigestellte Teilzeitarbeitnehmer.

3. Fortzahlung des Arbeitsentgelts

Das freigestellte Betriebsratsmitglied hat den **Anspruch auf das Arbeitsentgelt**, das es 53
erhalten hätte, wenn es nicht freigestellt worden wäre, sondern gearbeitet hätte; es gilt wie für die Arbeitsbefreiung nach § 37 Abs. 2 das *Lohnausfallprinzip* (s. dort Rn. 30 ff.). Jedoch bereitet gerade hier die Feststellung des individuellen Arbeitsentgelts Schwierigkeiten, weil das Betriebsratsmitglied nicht in den Arbeitsablauf des Betriebs eingegliedert ist. Deshalb ist vor allem für freigestellte Betriebsratsmitglieder die Regelung in § 37 Abs. 4 von grundlegender Bedeutung, dass ihr Arbeitsentgelt nicht geringer bemessen werden darf als das Arbeitsentgelt vergleichbarer Arbeitnehmer mit betriebsüblicher beruflicher Entwicklung (s. ausführlich § 37 Rn. 63 ff.).

Leisten die Vergleichspersonen **Mehrarbeit**, so hat das freigestellte Betriebsratsmitglied 54
den Anspruch auf ein entsprechend erhöhtes Arbeitsentgelt nur, wenn es ohne die Befreiung von seiner beruflichen Tätigkeit die Mehrarbeit hätte leisten müssen (s. auch § 37 Rn. 31), wobei keine Voraussetzung ist, dass auch im Rahmen der *Betriebsratstätigkeit* Mehrarbeit anfällt (ebenso BAG 12. 12. 2000 AP TVG § 1 Nr. 27 Tarifverträge: Textilindustrie; LAG Hamm 11. 2. 1998, DB 1998, 1569; LAG Hamburg 24. 1. 1977, DB 1977, 1097; *Fitting*, § 38 Rn. 88; GL-*Marienhagen*, § 38 Rn. 40; ErfK-*Eisemann/Koch*, § 38 Rn. 11; einschränkend *Aden*, RdA 1980, 259). Keine Rolle spielt deshalb, ob das freigestellte Betriebsratsmitglied sich ebenso lange im Betrieb aufhält wie die Arbeitnehmer, die die Mehrarbeit leisten (ebenso LAG Hamburg, a. a. O.); wenn es aber während dieser Zeit Betriebsratsaufgaben wahrnehmen kann, die es außerhalb

seiner Arbeitszeit erfüllt, so muss es sich die Zeit der Mehrarbeit als Freizeitausgleich anrechnen lassen. Insbesondere kann es nicht verlangen, dass eine Betriebsratstätigkeit, die es während der Mehrarbeit aus betriebsbedingten Gründen durchführen musste, in entsprechender Anwendung des § 37 Abs. 3 wie Mehrarbeit abgegolten wird, wenn es für diesen Zeitraum wegen des Lohnausfallprinzips eine Mehrarbeitsvergütung erhält (ebenso LAG Hamburg 24. 1. 1977, DB 1977, 1098; *Fitting*, § 38 Rn. 88; GL-*Marienhagen*, § 38 Rn. 40; *ders.*, BUV 1972, 321, 325).

4. Teilnahme an Schulungs- und Bildungsveranstaltungen

55   Freigestellte Betriebsratsmitglieder können an Schulungs- und Bildungsveranstaltungen nur unter den gleichen Voraussetzungen teilnehmen wie sonstige Betriebsratsmitglieder; sie sind ihnen gegenüber nicht privilegiert (ebenso BAG 21. 7. 1978 AP BetrVG 1972 § 38 Nr. 4). Entsendet der Betriebsrat ein freigestelltes Betriebsratsmitglied zu einer Schulung, so besteht daher der Anspruch auf Fortzahlung des Arbeitsentgelts und auf Kostenerstattung nur dann, wenn die Voraussetzungen des § 37 Abs. 6 erfüllt sind, es sich also um eine Schulung handelt, die für die Arbeit des Betriebsrats erforderliche Kenntnisse vermittelt (ebenso BAG AP BetrVG 1972 § 38 Nr. 4; HSWGNR-*Glock*, § 38 Rn. 50).

5. Rechtsfolgen bei Verwendung der Freistellungszeit zu anderen Zwecken als zur Erfüllung von Betriebsratsaufgaben

56   Verwendet das Betriebsratsmitglied die Freistellungszeit zu anderen Zwecken als zur Erfüllung von Betriebsratsaufgaben, so liegt darin nicht nur eine **Amtspflichtverletzung**, sondern zugleich auch eine **Verletzung der Pflichten aus dem Arbeitsverhältnis** (vgl. auch BAG 22. 8. 1974 AP BetrVG 1972 § 103 Nr. 1). Da in diesem Fall die Nichterbringung der Arbeitsleistung nicht durch die Betriebsratstätigkeit gerechtfertigt ist, **entfällt** auch der **Anspruch auf das Arbeitsentgelt** (ebenso BAG 21. 7. 1978 AP BetrVG 1972 § 38 Nr. 4 [Teilnahme an Schulungen, die keine für die Betriebsratsarbeit erforderlichen Kenntnis i. S. des § 37 Abs. 6 vermitteln]; 19. 5. 1983 E 42, 405 = AP BetrVG 1972 § 38 Nr. 44 [Teilnahme als Zuhörer an einer Gerichtsverhandlung über eine Änderungskündigung]).

V. Besonderer Schutz der freigestellten Betriebsratsmitglieder

1. Arbeitsentgelt- und Tätigkeitsgarantie

57   Betriebsratsmitglieder, die sich ausschließlich der Betriebsarbeit widmen, ohne beruflicher Tätigkeit nachzugehen, werden ihrem Arbeitsplatz entfremdet. Daher **erweitert** das Gesetz die in § 37 Abs. 4 und 5 enthaltene **Arbeitsentgelt- und Tätigkeitsgarantie auf zwei Jahre** nach Ablauf der Amtszeit, wenn Mitglieder des Betriebsrats drei volle aufeinander folgende Amtszeiten freigestellt waren (Abs. 3; s. zur Arbeitsentgeltgarantie § 37 Rn. 63 ff.; zur Tätigkeitsgarantie § 37 Rn. 73 ff.).

58   a) Es genügt nicht, dass ein Betriebsratsmitglied nur *teilweise* freigestellt war, sondern erforderlich ist die völlige Freistellung, weil nur in diesem Fall die Entbindung von der Arbeitspflicht die Entfremdung vom Arbeitsplatz bewirkt, derentwegen die Arbeitsentgelt- und Tätigkeitsgarantie zeitlich erweitert wird (ebenso *Fitting*, § 38 Rn. 93; GK-*Weber*, § 38 Rn. 91).

59   Die Freistellung muss sich über **drei volle** aufeinander folgende **Amtszeiten** erstreckt haben. Voraussetzung ist also, dass das Betriebsratsmitglied während der *ganzen* Amtsperiode des Betriebsrats freigestellt war, also nicht erst zu einem späteren Zeitpunkt für den *Rest* einer Amtsperiode freigestellt wurde. Eine volle Amtszeit ist im Regelfall auch

nur die *regelmäßige Amtsperiode* von vier Jahren. Für die erste Amtszeit liegt aber eine volle Amtszeit auch dann vor, wenn der Betriebsrat außerhalb der regelmäßigen Betriebsratswahlen gewählt worden war und deshalb eine verkürzte Amtszeit hatte, weil er nach § 13 Abs. 3 Satz 1 in dem auf die Wahl folgenden nächsten Zeitraum der regelmäßigen Betriebsratswahlen neu zu wählen war (a. A. *Fitting*, § 38 Rn. 94; GK-*Weber*, § 38 Rn. 90; HSWGNR-*Glock*, § 38 Rn. 55; DKK-*Wedde*, § 38 Rn. 73); denn das Gesetz spricht nicht von *zwölf Jahren*, sondern von *drei vollen aufeinander folgenden Amtszeiten*. Entsprechend zählt daher auch eine Amtszeit, die wegen der Wiedereingliederung in den für die regelmäßigen Betriebsratswahlen festgelegten Zeitraum verlängert ist (§ 21 Satz 4 i. V. mit § 13 Abs. 3 Satz 2), am Beginn nur als eine volle Amtszeit (ebenso hier, weil die verlängerte Amtszeit eine Amtsperiode von vier Jahren umfasst, *Fitting*, *Weber*, *Glock* und *Wedde*, jeweils a. a. O.). Hat ein Betriebsrat infolge *vorzeitiger Neuwahl* eine verkürzte Amtszeit, so bildet sie zusammen mit der Amtszeit des aus der vorzeitigen Neuwahl hervorgegangenen Betriebsrats eine volle Amtszeit, allerdings nur, wenn dieser bei den nächsten regelmäßigen Betriebsratswahlen neu zu wählen ist; es liegen dagegen zwei volle Amtszeiten vor, wenn die Amtszeit des neugewählten Betriebsrats sich bis zu den übernächsten regelmäßigen Betriebsratswahlen verlängert hat (ebenso *Fitting*, § 38 Rn. 94). Entsprechend ist daher auch zu differenzieren, soweit es um den Ablauf der dritten vollen Amtszeit geht; ist die Amtszeit verkürzt, so zählt sie nur dann als volle Amtszeit, wenn der neugewählte Betriebsrat nicht in dem auf die Wahl folgenden nächsten Zeitraum der regelmäßigen Betriebsratswahlen neu zu wählen ist.

Die Amtszeiten, in denen das Betriebsratsmitglied freigestellt war, müssen weiterhin **60 aufeinandergefolgt** sein. Es darf keine volle Amtszeit eines Betriebsrats, in der das Betriebsratsmitglied nicht freigestellt war, dazwischen liegen. Jedoch ist nicht erforderlich, dass die Amtszeiten der Betriebsräte nahtlos aneinander schließen; ein kurzer Zwischenraum, z. B. wegen einer Verzögerung der Wahl, ist unerheblich (ebenso *Fitting*, § 38 Rn. 95; GK-*Weber*, § 38 Rn. 92 ff.; HSWGNR-*Glock*, § 38 Rn. 56; DKK-*Wedde*, § 38 Rn. 74).

b) Die Zweijahres-Frist beginnt, wie sich aus dem Gesetzestext ergibt, nach Ablauf der **61** Amtszeit. Gemeint ist wie in § 37 Abs. 4 und 5 das *Erlöschen der Mitgliedschaft im Betriebsrat* (ebenso GK-*Weber*, § 38 Rn. 95; s. auch § 37 Rn. 71 und 77). Voraussetzung ist aber, dass das Betriebsratsmitglied vor Ablauf seiner Amtszeit von beruflicher Tätigkeit *freigestellt* war; denn Zweck der Erhöhung der nachwirkenden Schutzfrist ist, dass ein freigestelltes Betriebsratsmitglied größere Schwierigkeiten hat, sich in den Arbeitsablauf des Betriebs einzugliedern und dort eine gleiche Position zu erlangen wie vergleichbare Arbeitnehmer mit betriebsüblicher beruflicher Entwicklung. Diese Voraussetzung ist aber nicht mehr gegeben, wenn das Betriebsratsmitglied während der *letzten* Amtsperiode, in der es dem Betriebsrat angehörte, *nicht* von beruflicher Tätigkeit freigestellt war. Die Erhöhung der nachwirkenden Schutzfrist tritt also nur ein, wenn das Betriebsratsmitglied während der letzten Amtsperiode freigestellt war und nicht in den neuen Betriebsrat gewählt wird (ebenso *Fitting*, § 38 Rn. 96; GL-*Marienhagen*, § 38 Rn. 44; HSWGNR-*Glock*, § 38 Rn. 57; a. A. GK-*Weber*, § 38 Rn. 95; DKK-*Wedde*, § 38 Rn. 75). Auch wenn ein Betriebsratsmitglied während der Amtsperiode aus dem Betriebsrat ausscheidet, ist, sofern man dem hier vertretenen Standpunkt folgt, Voraussetzung für die Erhöhung der nachwirkenden Schutzfrist, dass das Betriebsratsmitglied zuletzt noch freigestellt war; allerdings zählt in diesem Fall die Mitgliedschaft in dem letzten Betriebsrat nicht als volle Amtszeit, das Betriebsratsmitglied muss also in jedem Fall vorher drei volle aufeinander folgende Amtszeiten freigestellt gewesen sein.

2. Kein Ausschluss von Maßnahmen der Berufsbildung

Freigestellte Betriebsratsmitglieder dürfen von inner- und außerbetrieblichen Maß- **62** nahmen der Berufsbildung nicht ausgeschlossen werden (Abs. 4 Satz 1). Für die

Teilnahme an Berufsbildungsmaßnahmen ist also kein Auswahlkriterium, dass das freigestellte Betriebsratsmitglied augenblicklich keine Arbeit leistet und daher die im normalen Arbeitsablauf des Betriebes eingegliederten Arbeitnehmer den Vorrang haben. Das Gesetz verlangt andererseits nicht, dass die freigestellten Betriebsratsmitglieder bei inner- und außerbetrieblichen Maßnahmen der Berufsbildung bevorzugt werden; es konkretisiert also lediglich das Benachteiligungsverbot des § 78 Satz 2 (ebenso *Fitting*, § 38 Rn. 98; GK-*Weber*, § 38 Rn. 97; HSWGNR-*Glock*, § 38 Rn. 61).

3. Gelegenheit zur Nachholung einer betriebsüblichen beruflichen Entwicklung

63 Das Gesetz berücksichtigt weiterhin, dass ein Betriebsratsmitglied, das von beruflicher Tätigkeit freigestellt wird, wegen der Inanspruchnahme durch die Betriebsratsarbeit häufig daran gehindert sein wird, an Maßnahmen der Berufsbildung teilzunehmen. Deshalb ist ihm **innerhalb eines Jahres nach Beendigung der Freistellung** im Rahmen der Möglichkeiten des Betriebs **Gelegenheit** zu geben, **eine wegen der Freistellung unterbliebene betriebsübliche berufliche Entwicklung nachzuholen** (Abs. 4 Satz 2). Das Gesetz konkretisiert in dieser Bestimmung den in § 78 Satz 2 enthaltenen Grundsatz, dass das Benachteiligungsverbot auch für die berufliche Entwicklung der Betriebsratsmitglieder gilt. Voraussetzung ist, dass wegen der *Freistellung* eine betriebsübliche berufliche Entwicklung unterblieb, also nicht aus Gründen in der Person (ebenso *Fitting*, § 38 Rn. 99; GK-*Weber*, § 38 Rn. 98; HSWGNR-*Glock*, § 38 Rn. 63). Der Anspruch dient nur der Nachholung der betriebsüblichen beruflichen Entwicklung (s. zu dem Maßstab § 37 Rn. 66). Außerdem besteht die Verpflichtung des Arbeitgebers nur im Rahmen der Möglichkeiten des Betriebs, d. h. eine entsprechende Schulung des Betriebsratsmitglieds darf für den Arbeitgeber hinsichtlich des finanziellen Aufwandes nicht unzumutbar sein (ebenso *Fitting*, § 38 Rn. 102; GK-*Weber*, § 38 Rn. 100; HSWGNR-*Glock*, § 38 Rn. 65; DKK-*Wedde*, § 38 Rn. 78).

64 Die Gelegenheit zur Nachholung einer unterbliebenen betriebsüblichen beruflichen Entwicklung ist **innerhalb eines Jahres nach Beendigung der Freistellung** dem Betriebsratsmitglied zu geben, d. h. der Anspruch besteht unabhängig davon, ob das Betriebsratsmitglied noch dem Betriebsrat angehört (ebenso GK-*Weber*, § 38 Rn. 101; DKK-*Wedde*, § 38 Rn. 79). Er besteht ohne Rücksicht auf die Dauer der Freistellung (ebenso *Fitting*, § 38 Rn. 100; GL-*Marienhagen*, § 38 Rn. 50; HSWGNR-*Glock*, § 38 Rn. 64). War das Betriebsratsmitglied **drei volle aufeinander folgende Amtszeiten freigestellt,** so erhöht sich der Zeitraum auf **zwei Jahren** (Abs. 4 Satz 3). Drei volle aufeinander folgende Amtszeiten sind hier ebenso zu verstehen wie im Rahmen von Abs. 3 (s. Rn. 57 ff.); im Unterschied zu dort beginnt hier aber die erhöhte Schutzfrist bereits mit Beendigung der *Freistellung* (ebenso *Fitting*, § 38 Rn. 101).

65 Hat das Betriebsratsmitglied die wegen der Freistellung unterbliebene betriebsübliche berufliche Entwicklung nachgeholt, so ist es im Rahmen der Möglichkeiten des Betriebes mit einer Tätigkeit zu beschäftigen, die der nachgeholten betriebsüblichen beruflichen Entwicklung entspricht (ebenso *Fitting*, § 38 Rn. 103; GK-*Weber*, § 38 Rn. 102; HSWGNR-*Glock*, § 38 Rn. 66; DKK-*Wedde*, § 38 Rn. 78); allerdings hat es keinen Anspruch darauf, gegenüber vergleichbaren Arbeitnehmern mit betriebsüblicher beruflicher Entwicklung bevorzugt zu werden.

VI. Streitigkeiten

66 Streitigkeiten zwischen Arbeitgeber und Betriebsrat über den **Umfang der Freistellungen** entscheidet das **Arbeitsgericht im Beschlussverfahren** (§ 2 a Abs. 1 Nr. 1,

Abs. 2 i. V. mit §§ 80 ff. ArbGG). Nach ständiger Rechtsprechung des BAG kann die Wahl freizustellender Betriebsratsmitglieder in entsprechender Anwendung des § 19 fristgerecht nach Abschluss der Wahl angefochten werden, wenn gegen wesentliche Wahlvorschriften verstoßen worden ist und eine Berichtigung des Wahlergebnisses nicht erfolgte, es sei denn, dass der Fehler auf das Wahlergebnis keinen Einfluss gehabt haben kann (BAG 11. 3. 1992 AP BetrVG 1972 § 38 Nr. 11; BAG 25. 4. 2001 AP BetrVG 1972 § 25 Nr. 8; BAG 20. 4. 2005 AP BetrVG 1972 § 38 Nr. 30). Die Frist zur Anfechtung beginnt mit der Feststellung des Wahlergebnisses durch den Betriebsrat (BAG 20. 4. 2005 AP BetrVG 1972 § 38 Nr. 30).

Hält der Arbeitgeber dagegen die **Auswahl der freizustellenden Betriebsratsmitglieder** 67 für sachlich nicht vertretbar, so ist die **Einigungsstelle** zuständig, deren Spruch der arbeitsgerichtlichen Rechtskontrolle im Beschlussverfahren unterliegt (s. ausführlich Rn. 36 ff.). Wird die **Wahl angefochten,** so entscheidet das Arbeitsgericht im Beschlussverfahren. Antragsberechtigt ist hier jedes Betriebsratsmitglied (ebenso LAG Düsseldorf, DB 1975, 1898), nicht aber eine im Betrieb vertretene Gewerkschaft (ebenso BAG 16. 2. 1973 AP BetrVG 1972 § 19 Nr. 1; LAG Düsseldorf, DB 1975, 1897 f.). Auch der Arbeitgeber ist, soweit es um die Wahlanfechtung geht, nicht antragsberechtigt, da insoweit seine Interessen nicht berührt werden.

Soweit **Meinungsverschiedenheiten** zwischen dem Arbeitgeber und einem freigestellten 68 Betriebsratsmitglied über die **Betriebsanwesenheit** oder die **Fortzahlung des Arbeitsentgelts** sowie über die Arbeitsentgelt- und Tätigkeitsgarantie sowie deren Nachwirkungszeitraum bestehen, handelt es sich um Streitigkeiten aus dem Einzelarbeitsverhältnis, die das **Arbeitsgericht im Urteilsverfahren** zu entscheiden hat (§ 2 Abs. 1 Nr. 3 lit. a, Abs. 5 i. V. mit §§ 46 ff. ArbGG; s. auch § 37 Rn. 181). Gleiches gilt für Streitigkeiten über die Teilnahme an einer Berufsbildungsmaßnahme.

§ 39 Sprechstunden

(1) ¹Der Betriebsrat kann während der Arbeitszeit Sprechstunden einrichten. ²Zeit und Ort sind mit dem Arbeitgeber zu vereinbaren. ³Kommt eine Einigung nicht zustande, so entscheidet die Einigungsstelle. ⁴Der Spruch der Einigungsstelle ersetzt die Einigung zwischen Arbeitgeber und Betriebsrat.

(2) Führt die Jugend- und Auszubildendenvertretung keine eigenen Sprechstunden durch, so kann an den Sprechstunden des Betriebsrats ein Mitglied der Jugend- und Auszubildendenvertretung zur Beratung der in § 60 Abs. 1 genannten Arbeitnehmer teilnehmen.

(3) Versäumnis von Arbeitszeit, die zum Besuch der Sprechstunden oder durch sonstige Inanspruchnahme des Betriebsrats erforderlich ist, berechtigt den Arbeitgeber nicht zur Minderung des Arbeitsentgelts des Arbeitnehmers.

Übersicht

	Rn.
I. Vorbemerkung	1
II. Einrichtung der Sprechstunden	2
1. Zweck	2
2. Einrichtung durch den Betriebsrat	3
3. Einigung mit dem Arbeitgeber nur über Zeit und Ort	4
4. Gestaltung der Sprechstunde	11
5. Sachaufwand	13
III. Teilnahme eines Vertreters der Jugend- und Auszubildendenvertretung	14
1. Eigene Sprechstunden der Jugend- und Auszubildendenvertretung	14
2. Teilnahme an Sprechstunden des Betriebsrats	15

§ 39

	Rn.
IV. Versäumnis von Arbeitszeit durch Abhaltung und Besuch der Sprechstunden	19
1. Arbeitsversäumnis eines Betriebsratsmitglieds	19
2. Arbeitsversäumnis eines Arbeitnehmers wegen Besuchs der Sprechstunde oder sonstiger Inanspruchnahme des Betriebsrats	21
V. Haftung für Auskünfte	29
VI. Aufsuchen der Arbeitnehmer am Arbeitsplatz	30
VII. Streitigkeiten	31

I. Vorbemerkung

1   Nach § 38 BetrVG 1952 konnte der Betriebsrat nur in Betrieben, die mehr als 100 Arbeitnehmer beschäftigten, nach näherer Vereinbarung mit dem Arbeitgeber Sprechstunden während der Arbeitszeit einrichten. Diese Betriebsgrößengrenze ist weggefallen, um auch in kleineren Betrieben Sprechstunden des Betriebsrats während der Arbeitszeit zu ermöglichen. Zugleich wird klargestellt, dass nur Zeit und Ort mit dem Arbeitgeber zu vereinbaren sind; kommt keine Einigung zustande, so entscheidet die Einigungsstelle. Da die Rechte der Jugendvertretung, nunmehr Jugend- und Auszubildendenvertretung ausgebaut wurden, ist vorgesehen, dass an den Sprechstunden des Betriebsrats ein Mitglied der Jugend- und Auszubildendenvertretung zur Beratung der in § 60 Abs. 1 genannten Arbeitnehmer teilnehmen kann, wenn die Jugend- und Auszubildendenvertretung keine eigenen Sprechstunden durchführt (vgl. § 69; s. dort Rn. 3 ff.). Außerdem stellt das Gesetz klar, dass der Arbeitnehmer, der die Sprechstunde aufsucht oder sonst den Betriebsrat während der Arbeitszeit in Anspruch nimmt, für Versäumnis von Arbeitszeit, die zu diesem Zweck erforderlich ist, die Fortzahlung seines Arbeitsentgelts verlangen kann.

Entsprechende Vorschrift: § 43 BPersVG.

II. Einrichtung der Sprechstunden

1. Zweck

2   Die Einrichtung der Sprechstunde dient der **Kommunikation zwischen dem Betriebsrat und den einzelnen Arbeitnehmern.** Durch sie wird organisatorisch gesichert, dass der Arbeitnehmer Anregungen und Beschwerden dem Betriebsrat vortragen kann. Er kann mit ihm alles erörtern, was in den Aufgabenbereich des Betriebsrats fällt, ihn insoweit auch um Rechtsrat angehen, sofern der Betriebsrat ihn zu geben vermag (ebenso GK-*Weber*, § 39 Rn. 8; HSWGNR-*Glock,* § 39 Rn. 4). Die Sprechstunde darf aber nicht zur gewerkschaftlichen Mitgliederbetreuung und -werbung im Betrieb benützt werden (ebenso GK-*Weber,* § 39 Rn. 9; HSWGNR-*Glock,* § 39 Rn. 4).

2. Einrichtung durch den Betriebsrat

3   Der Betriebsrat entscheidet nach **pflichtgemäßem Ermessen,** ob er **während der Arbeitszeit Sprechstunden einrichtet** (ebenso *Fitting,* § 39 Rn. 5; GL-*Marienhagen,* § 39 Rn. 4; GK-*Weber,* § 39 Rn. 11; HSWGNR-*Glock,* § 39 Rn. 5; DKK-*Wedde,* § 39 Rn. 3). Er kann sie einrichten; eine gesetzliche Verpflichtung besteht aber nicht (ebenso *Marienhagen, Glock,* jeweils a. a. O.; *Fitting,* § 39 Rn. 6; *Brill,* BB 1979, 1247; a. A. für den Fall eines offensichtlichen Bedürfnisses GK-*Weber,* § 39 Rn. 11). Das Recht, während der Arbeitszeit Sprechstunden einzurichten, besteht für den Betriebsrat jedoch nur in dem Rahmen, den § 37 Abs. 2 zieht: Häufigkeit und Dauer der Sprechstunden bestimmen sich danach, ob sie nach Umfang und Art des Betriebs zur ordnungsgemäßen Durchführung der Betriebsratsaufgaben erforderlich sind (zust. *Brill,* BB 1979, 1247 f.).

3. Einigung mit dem Arbeitgeber nur über Zeit und Ort

a) Ob eine Sprechstunde und ob sie während der Arbeitszeit eingerichtet wird, bestimmt allein der Betriebsrat durch Beschluss (§ 33); dazu bedarf er nicht der Zustimmung des Arbeitgebers (ebenso *Brecht*, § 39 Rn. 3; *Fitting*, § 39 Rn. 5, 11; GL-*Marienhagen*, § 39 Rn. 5; HSWGNR-*Glock*, § 39 Rn. 5; DKK-*Wedde*, § 39 Rn. 3; bereits zum BetrVG 1952: *Nikisch*, Bd. III S. 192; *Neumann-Duesberg*, S. 319).

b) Dagegen sind Zeit und Ort mit dem Arbeitgeber zu vereinbaren (Abs. 1 Satz 2). Das gilt aber nur für die Festlegung des Zeitpunkts der Sprechstunde und die Bestimmung des Raums, wo die Sprechstunde abgehalten wird. Bei einer Meinungsverschiedenheit über die Dauer der Sprechstunde ist zu beachten, dass über den *Zeitaufwand* der Betriebsrat in den Grenzen der Erforderlichkeit und Verhältnismäßigkeit allein entscheidet (DKK-*Wedde*, § 39 Rn. 12; a. A. *Fitting*, § 39 Rn. 12; GK-*Weber*, § 39 Rn. 15; HSWGNR-*Glock*, § 39 Rn. 8). Betrifft sie dagegen die *zeitliche Lage*, so ist sie mit dem Arbeitgeber zu vereinbaren.

Die Notwendigkeit einer Vereinbarung mit dem Arbeitgeber besteht nur, wenn der Betriebsrat eine Sprechstunde *während* der Arbeitszeit einrichtet, nicht dagegen, wenn er sie außerhalb der Arbeitszeit durchführt (ebenso GL-*Marienhagen*, § 39 Rn. 9; GK-*Weber*, § 39 Rn. 14). Die Möglichkeit, eine Sprechstunde außerhalb der Arbeitszeit abzuhalten, bleibt auch dann bestehen, wenn der Betriebsrat Sprechstunden während der Arbeitszeit einrichtet.

Die **Einigung mit dem Arbeitgeber** erfolgt zweckmäßigerweise in der Form einer **Betriebsvereinbarung** (ebenso *Fitting*, § 39 Rn. 11; GK-*Weber*, § 39 Rn. 15).

c) Kommt über Zeit und Ort der Sprechstunde keine Einigung des Betriebsrats mit dem Arbeitgeber zustande, so entscheidet die Einigungsstelle (Abs. 1 Satz 3). Sie kann von jeder Seite angerufen werden (§ 76 Abs. 5; s. dort Rn. 41 ff.).

Die Einigungsstelle ist im verbindlichen Einigungsverfahren nur zuständig, wenn Arbeitgeber und Betriebsrat sich nicht über die zeitliche Lage, die Dauer oder den Ort der Sprechstunde einigen können (s. auch Rn. 5 f.). Bestreitet der Arbeitgeber dagegen den *Anspruch* des Betriebsrats, macht er z. B. geltend, dass Zahl und Dauer der Sprechstunden nicht dem Gebot der Erforderlichkeit und Verhältnismäßigkeit entsprechen (s. Rn. 3), so entscheidet darüber das Arbeitsgericht im Beschlussverfahren (§ 2a Abs. 1 Nr. 1, Abs. 2 i. V. mit §§ 80 ff. ArbGG). Bei einem Streit über Zeit und Ort der Sprechstunden hat aber die Einigungsstelle als *Vorfrage* auch zu beantworten, ob der Betriebsrat das Recht hat, die Sprechstunden während der Arbeitszeit einzurichten, insbesondere ob er dabei die betrieblichen Notwendigkeiten berücksichtigt hat; denn die Festlegung von Zeit und Ort der Sprechstunden setzt voraus, dass Zahl und Dauer der Sprechstunden nach Umfang und Art des Betriebs zur ordnungsgemäßen Durchführung der Betriebsratsaufgaben erforderlich sind (s. zur Vorfragenkompetenz der Einigungsstelle § 76 Rn. 105 f.).

Der **Spruch der Einigungsstelle** ersetzt die **Einigung zwischen Arbeitgeber und Betriebsrat** (Abs. 1 Satz 4). Er unterliegt der **arbeitsgerichtlichen Rechtskontrolle**. Dabei ist zu berücksichtigen, dass die Einigungsstelle stets eine *Regelungsentscheidung* zu treffen hat, so dass das Arbeitsgericht nur innerhalb der Zweiwochenfrist gemäß § 76 Abs. 5 Satz 4 angerufen werden kann.

4. Gestaltung der Sprechstunde

Wer mit der Durchführung der Sprechstunde beauftragt wird und wie sie gestaltet wird, liegt ausschließlich im **Ermessen des Betriebsrats** (ebenso *Fitting*, § 39 Rn. 8; GK-*Weber*, § 39 Rn. 17; *Brill*, BB 1979, 1247, 1248). Der Betriebsrat hat aber zu respektieren, dass ein Anspruch auf Arbeitsbefreiung seiner Mitglieder nur in den Grenzen des § 37 Abs. 2 besteht (s. auch Rn. 20). Die Abhaltung von Sprechstunden gehört zu den *laufenden Geschäften,* die der Betriebsausschuss führt (§ 27 Abs. 2 Satz 1; s. dort Rn. 51; ebenso GK-*Weber,* § 39 Rn. 18; *Brill,* BB 1979, 1247, 1248). Sind Betriebsratsmitglieder freigestellt, so genügt regelmäßig, dass sie die Sprechstunden wahrnehmen. Bei einer Aufgabenverteilung unter einzelne Betriebsratsmitglieder kann der Betriebsrat aber auch in den Grenzen der Erforderlichkeit und Verhältnismäßigkeit festlegen, dass die in bestimmten Angelegenheiten sachverständigen Betriebsratsmitglieder Sprechstunden abhalten.

12 Soweit Mitglieder des Betriebsrats nicht in der Lage sind, sachgerecht Auskunft zu erteilen, kann der Betriebsrat gemäß § 80 Abs. 3 nach näherer Vereinbarung mit dem Arbeitgeber **Sachverständige** hinzuziehen (ebenso *Fitting,* § 39 Rn. 9; GK-*Weber,* § 39 Rn. 20; HSWGNR-*Glock,* § 39 Rn. 18; DKK-*Wedde,* § 39 Rn. 10). Sachverständiger kann auch ein **Gewerkschaftsbeauftragter** sein; er kann als *Sachverständiger* aber nur mit Zustimmung des Arbeitgebers hinzugezogen werden (ebenso *Marienhagen, Wiesel Weber,* jeweils a. a. O.; a. A. *Glock,* a. a. O.; s. auch § 80 Rn. 85). Nimmt dagegen ein Gewerkschaftsbeauftragter in Erfüllung der den im Betrieb vertretenen Gewerkschaften obliegenden Unterstützungsaufgabe auf Ersuchen des Betriebsrats an der Sprechstunde teil, so ist eine Vereinbarung mit dem Arbeitgeber nicht erforderlich; dieser ist vielmehr nach § 2 Abs. 2 lediglich von der beabsichtigten Teilnahme an der Sprechstunde zu unterrichten (ebenso LAG Baden-Württemberg 25. 6. 1974, BB 1974, 1206; *Fitting,* § 39 Rn. 9; GK-*Weber,* § 39 Rn. 20; HSWGNR-*Glock,* § 39 Rn. 18; vgl. BAG 6. 4. 1976 AP ArbGG 1953 § 83 Nr. 7; a. A. GL-*Marienhagen,* § 39 Rn. 8). Der Betriebsrat kann nicht generell festlegen, dass an den Sprechstunden des Betriebsrats Gewerkschaftsbeauftragte teilnehmen. Gegen eine generelle Zulassung spricht die institutionelle Unabhängigkeit des Betriebsratsamtes (s. auch § 31 Rn. 14), insbesondere das Gebot gewerkschaftsneutraler Amtsführung; jeder Arbeitnehmer muss die Möglichkeit haben, die Sprechstunde des Betriebsrats aufzusuchen, ohne dort mit der Anwesenheit eines Gewerkschaftsbeauftragten konfrontiert zu sein.

5. Sachaufwand

13 Für die Sprechstunden hat der Arbeitgeber **Räume und Einrichtungen** in erforderlichem Umfang zur Verfügung zu stellen (§ 40 Abs. 2; s. dort Rn. 61 ff.). Dies gilt nicht nur für Sprechstunden während der Arbeitszeit, sondern auch für Sprechstunden außerhalb der Arbeitszeit (ebenso *Fitting,* § 39 Rn. 16; GK-*Weber,* § 39 Rn. 27).

III. Teilnahme eines Vertreters der Jugend- und Auszubildendenvertretung

1. Eigene Sprechstunden der Jugend- und Auszubildendenvertretung

14 In Betrieben, die in der Regel mehr als fünfzig der in § 60 Abs. 1 genannten Arbeitnehmer beschäftigen, kann die Jugend- und Auszubildendenvertretung Sprechstunden während der Arbeitszeit einrichten (§ 69).

2. Teilnahme an Sprechstunden des Betriebsrats

15 a) Führt die Jugend- und Auszubildendenvertretung keine eigenen Sprechstunden durch, so kann an den Sprechstunden des Betriebsrats ein Mitglied der Jugend- und Auszubildendenvertretung teilnehmen, um die in § 60 Abs. 1 genannten Arbeitnehmer zu beraten (Abs. 2). Dabei spielt keine Rolle, ob die Jugend- und Auszubildendenvertretung nicht berechtigt ist, selbst Sprechstunden während der Arbeitszeit einzurichten, oder ob sie von diesem Recht lediglich keinen Gebrauch macht (ebenso *Brecht,* § 39 Rn. 4; *Fitting,* § 39 Rn. 18; GL-*Marienhagen,* § 39 Rn. 11; GK-*Weber,* § 39 Rn. 22).

16 Sofern die Jugend- und Auszubildendenvertretung Sprechstunden einrichten kann, entscheidet sie durch Beschluss, ob sie von diesem Recht Gebrauch macht oder lediglich

ein Mitglied zur Teilnahme an Sprechstunden des Betriebsrats entsendet. Auch wenn sie Sprechstunden nicht einrichtet oder nicht einrichten kann, liegt es in ihrem pflichtgemäßen Ermessen, ob sie sich an den Sprechstunden des Betriebsrats beteiligt; es besteht keine gesetzliche Verpflichtung (ebenso *Fitting*, § 39 Rn. 19; HSWGNR-*Glock*, § 39 Rn. 14; a. A. GK-*Weber*, § 39 Rn. 25).

b) Die Jugend- und Auszubildendenvertretung bestimmt durch Beschluss, **wer** von den **17** Jugend- und Auszubildendenvertretern **beauftragt** wird (ebenso *Fitting*, § 39 Rn. 19; GK-*Weber*, § 39 Rn. 24; HSWGNR-*Glock*, § 39 Rn. 14; HWK-*Reichold*, § 39 Rn. 6). Sofern ein derartiger Beschluss nicht vorliegt, nimmt diese Aufgabe der Vorsitzende der Jugend- und Auszubildendenvertretung oder dessen Stellvertreter wahr, wie es entsprechend bei Sprechstunden der Jugend- und Auszubildendenvertretung in § 69 Satz 4 für den Betriebsratsvorsitzenden bestimmt ist, wenn nicht ein Betriebsratsmitglied mit der Teilnahme beauftragt ist (ebenso im Ergebnis *Fitting*, § 39 Rn. 19; GK-*Weber*, § 39 Rn. 24; a. A. HSWGNR-*Glock*, § 39 Rn. 14).

c) Das Teilnahmerecht besteht **nur** zur **Beratung der in § 60 Abs. 1 genannten Arbeit- 18 nehmer**, also nicht, wenn andere Arbeitnehmer die Sprechstunde aufsuchen (ebenso *Fitting*, § 39 Rn. 20; GL-*Marienhagen*, § 39 Rn. 11; a. A. GK-*Weber*, § 39 Rn. 26). Der Betriebsrat ist daher berechtigt, die Sprechstunde so zu organisieren, dass für die in § 60 Abs. 1 genannten Arbeitnehmer getrennte Sprechstunden abgehalten werden. Zeit und Ort sind auch in diesem Fall mit dem Arbeitgeber zu vereinbaren; es gilt aber Abs. 1 Satz 2 bis 4 auch in diesem Fall (s. Rn. 5 ff.).

IV. Versäumnis von Arbeitszeit durch Abhaltung und Besuch der Sprechstunden

1. Arbeitsversäumnis eines Betriebsratsmitglieds

Sofern die Sprechstunde nicht von einem freigestellten Betriebsratsmitglied abgehalten **19** wird, haben die mit ihrer Durchführung betrauten Betriebsratsmitglieder für die Versäumnis der Arbeitszeit, die zur Abhaltung der Sprechstunde erforderlich ist, Anspruch auf **Fortzahlung des Arbeitsentgelts** (§ 37 Abs. 2). Gleiches gilt für das Mitglied der Jugend- und Auszubildendenvertretung, das zur Beratung der in § 60 Abs. 1 genannten Arbeitnehmer gemäß Abs. 2 an den Sprechstunden des Betriebsrats teilnimmt (§ 65 Abs. 1 i. V. mit § 37 Abs. 2).

Die Abhaltung von Sprechstunden gehört zu den Amtsobliegenheiten; jedoch ist auch **20** hier zu prüfen, ob eine Arbeitsversäumnis nach Umfang und Art des Betriebs notwendig ist, um diese Aufgabe ordnungsgemäß zu erfüllen. Nicht erforderlich ist insbesondere, dass alle Betriebsratsmitglieder Sprechstunden abhalten, jedenfalls wenn sie von den Arbeitnehmern jederzeit angesprochen werden können (s. auch Rn. 11). Wer die Sprechstunde abhält, muss zwar nicht mit dem Arbeitgeber vereinbart werden; aber es ist zweckmäßig, dass der Betriebsrat die Einzelheiten auch insoweit mit dem Arbeitgeber regelt. Kommt es darüber zu keiner Einigung, so hat allerdings nicht die Einigungsstelle die Kompetenz zur Zwangsschlichtung, sondern es entscheidet das Arbeitsgericht im Beschlussverfahren (§ 2 a Abs. 1 Nr. 1, Abs. 2 i. V. mit §§ 80 ff. ArbGG). Doch kann die Angelegenheit mit Zustimmung beider Seiten auch vor die Einigungsstelle gebracht werden (§ 76 Abs. 6; s. dort Rn. 36 f.).

2. Arbeitsversäumnis eines Arbeitnehmers wegen Besuchs der Sprechstunde oder sonstiger Inanspruchnahme des Betriebsrats

a) Auch der Arbeitnehmer, der die Sprechstunde aufsucht, kann für Arbeitsversäum- **21** nis, die zu diesem Zweck erforderlich ist, die Fortzahlung seines Arbeitsentgelts verlangen (Abs. 3).

22 Gleiches gilt, wie ausdrücklich klargestellt wird, wenn ein Arbeitnehmer den **Betriebsrat** in **sonstiger Weise in Anspruch nimmt**. Das ist vor allem von Bedeutung, wenn der Betriebsrat keine Sprechstunden abhält oder wenn nach der internen Geschäftsverteilung ein Betriebsratsmitglied zuständig ist, das nicht mit der Wahrnehmung der Sprechstunde beauftragt ist, z. B. für die Entgegennahme einer Beschwerde im Rahmen des kollektiven Beschwerdeverfahrens nach § 85 (s. Rn. 24).

23 b) Der Arbeitnehmer, der zur Sprechstunde gehen oder sonst an den Betriebsrat herantreten will, hat **nicht** das **Recht, eigenmächtig den Arbeitsplatz zu verlassen**. Das Gesetz geht zwar davon aus, dass ein Arbeitnehmer während seiner Arbeitszeit die Sprechstunden des Betriebsrats besuchen oder ihn sonst in Anspruch nehmen kann. Das entbindet ihn aber nicht von der Pflicht, den Arbeitgeber bzw. dessen Vertreter um Freistellung zu ersuchen; das versteht sich aus der Notwendigkeit, die Ordnung des Betriebs und den Fortgang der Arbeit sicherzustellen (s. zur entsprechenden Verpflichtung der Betriebsratsmitglieder § 37 Rn. 26 ff.). Dabei braucht der Arbeitnehmer nicht den Grund anzugeben, weshalb er an den Betriebsrat herantreten will, sondern es genügt die Angabe des Zeitpunkts (ebenso *Fitting*, § 39 Rn. 26; G GK-*Weber*, § 39 Rn. 31 f.). Wird dem Arbeitnehmer ohne triftigen Grund die Freistellung verweigert, so kann er sich selbstständig entfernen, um die Sprechstunde aufzusuchen oder sonst an den Betriebsrat heranzutreten (ebenso *Fitting*, § 39 Rn. 28; GL-*Marienhagen*, § 39 Rn. 15; GK-*Weber*, § 39 Rn. 33; *Nikisch*, Bd. III S. 193; a. A. *Dütz*, DB 1976, 1428, 1480, 1481, der auch bei rechtsgrundloser Verweigerung den Arbeitnehmer an das Arbeitsgericht verweist, um eine einstweilige Verfügung zu erwirken). Der Arbeitnehmer muss sich aber in jedem Fall ordnungsgemäß ab- und zurückmelden. Welche Formalitäten er dabei zu beachten hat, unterliegt der Mitbestimmung des Betriebsrats nach § 87 Abs. 1 Nr. 1 (ebenso GK-*Weber*, § 39 Rn. 31, 33).

24 c) Die Versäumnis der Arbeitszeit muss **erforderlich** sein, um die Sprechstunde zu besuchen oder sonst an den Betriebsrat heranzutreten. Der Anspruch auf Arbeitsbefreiung besteht daher nicht, wenn ein Querulant ständig die Sprechstunde aufsuchen will (ebenso *Brecht*, § 39 Rn. 6; *Fitting*, § 39 Rn. 29; GL-*Marienhagen*, § 39 Rn. 15; GK-*Weber*, § 39 Rn. 29). Nicht erforderlich ist der Besuch der Sprechstunde, wenn der Arbeitnehmer sich nur über eine Frage kollektiver Bedeutung (z. B. Arbeitszeit für alle Arbeitnehmer, zukünftige Betriebsstilllegung oder Änderung arbeitsrechtlicher Gesetze, Information durch den Betriebsrat über den Stand von Tarifverhandlungen, ArbG Osnabrück 17. 1. 1995, NZA 1995, 1013) informieren will, wenn hierfür andere Hilfsmittel im Betrieb zur Verfügung stehen, z. B. Anschlag am Schwarzen Brett (vgl. LAG Niedersachsen 1. 7. 1986, NZA 1987, 33 f.; ebenso für die Information über einen zukünftigen Tarifvertrag ArbG Mannheim 20. 12. 1978, BB 1979, 833). Nicht erforderlich ist die Versäumnis von Arbeitszeit auch dann, wenn der Besuch der Sprechstunde als kollektive Aktion durchgeführt wird, z. B. um dem Betriebsrat „Dampf zu machen" (ebenso ArbG Kassel 12. 11. 1986, NZA 1987, 534; *Stege/Weinspach/Schiefer*, § 39 Rn. 7 a; a. A. DKK-*Wedde*, § 39 Rn. 25).

25 Da die Einrichtung der Sprechstunde bezweckt, die Kontaktaufnahme mit dem Betriebsrat organisatorisch sicherzustellen, zugleich aber auch an eine bestimmte Organisation zu binden, ist eine **sonstige Inanspruchnahme des Betriebsrats** in der Regel nicht erforderlich, wenn der Arbeitnehmer die Sprechstunde des Betriebsrats während seiner Arbeitszeit aufsuchen kann (ebenso GK-*Weber*, § 39 Rn. 35). Es besteht aber keine Pflicht des Betriebsratsmitglieds, den Arbeitnehmer auf die Sprechstunde zu verweisen (ebenso BAG 23. 6. 1983 AP BetrVG 1972 § 37 Nr. 45 [*Löwisch/Reimann*]; *Fitting*, § 39 Rn. 30; ErfK-*Eisemann/Koch*, § 39 Rn. 2). Das Vorhandensein einer Sprechstunde schließt auch die sonstige Inanspruchnahme eines Betriebsratsmitglieds während der Arbeitszeit nicht aus, *soweit* dies erforderlich ist (so auch BAG 23. 6. 1983 AP BetrVG 1972 § 37 Nr. 45, wo auf §§ 82 Abs. 2 Satz 2, 83 Abs. 1 Satz 2 und § 84 Abs. 1 Satz 2

hingewiesen wird, nach denen der Arbeitnehmer nach freier Wahl ein Mitglied des Betriebsrats zu seiner Unterstützung beiziehen kann).

Der Arbeitnehmer muss unmittelbar **nach dem Besuch der Sprechstunde** oder der sonstigen Kontaktaufnahme mit dem Betriebsrat an seinen **Arbeitsplatz zurückkehren** (ebenso GK-*Weber*, § 39 Rn. 29). Die Rückkehr ist dem Vorgesetzten mitzuteilen.

d) Der Arbeitnehmer hat für die Zeit der notwendigen Arbeitsversäumnis den Anspruch auf **Fortzahlung seines Arbeitsentgelts**; es gilt das *Lohnausfallprinzip* (s. auch § 37 Rn. 30 ff.).

Erleidet der Arbeitnehmer während des Besuchs der Sprechstunde oder der sonstigen Inanspruchnahme des Betriebsrats einen **Unfall**, so erhält er **Leistungen aus der sozialen Unfallversicherung** (ebenso *Fitting*, § 39 Rn. 33).

V. Haftung für Auskünfte

Betriebsratsmitglieder haften für Auskünfte und Rat, die sie den Arbeitnehmern in und außerhalb der Sprechstunde erteilen, nur, wenn eine unerlaubte Handlung vorliegt (vgl. § 676 BGB; ebenso *Fitting*, § 39 Rn. 34; GK-*Weber*, § 39 Rn. 39; HSWGNR-*Glock*, § 39 Rn. 28; *Joost*, MünchArbR § 220 Rn. 96; a. A. *Neumann-Duesberg*, S. 341, der bereits bei fahrlässig falscher Auskunft einen Anspruch aus einem zwischen dem Betriebsratsmitglied und dem einzelnen Arbeitnehmer bestehenden Sozialrechtsverhältnis annimmt). Allerdings hat die Rechtsprechung seit Erlass des § 676 BGB eine Vielzahl von Tatbeständen anerkannt, in denen quasivertragliche Vertrauens- oder Berufshaftung Verpflichtungsgrund ist (ausführlich *Thüsing/Schneider*, JA 1996, 807). Eine solche Haftung auch hier anzunehmen wäre jedoch insoweit systemwidrig, als ansonsten anerkannt ist, dass der Betriebsrat als solcher nicht haftet, das einzelne Betriebsratsmitglied aber nur für durch ihn begangene unerlaubte Handlungen (s. Vorbem. vor § 26 Rn. 8 ff.). Auch eine Haftung des Arbeitgebers für die Auskunfts- und Raterteilung der Betriebsratsmitglieder scheidet aus, weil der Betriebsrat und seine Mitglieder bei der Wahrnehmung ihrer Amtsobliegenheiten in eigener Verantwortung tätig werden, so dass ihr Verhalten nicht dem Arbeitgeber zugerechnet werden kann.

VI. Aufsuchen der Arbeitnehmer am Arbeitsplatz

Der Betriebsrat kann während der Arbeitszeit Sprechstunden einrichten, und die Arbeitnehmer sind berechtigt, die Sprechstunden zu besuchen oder sonst an den Betriebsrat heranzutreten. Der Betriebsrat hat nicht seinerseits das Recht, nach seinem Ermessen die Arbeitnehmer ohne oder gegen den Willen des Arbeitgebers an ihrem Arbeitsplatz aufzusuchen (ebenso *Schlochauer*, FS G. Müller, S. 459, 463; weiterhin GK-*Weber*, § 39 Rn. 38; zum SaarlPersVG: OVG Saarlouis 30. 7. 1975, NJW 1975, 2222 = PersV 1977, 146; zust. *Hanau*, Saarländische Kommunal-Zeitschrift 1976, 77; weiterhin VGH Baden-Württemberg, AR-Blattei: Personalvertretung VII, Entsch. 1; a. A. *Fitting*, § 39 Rn. 31). Zur Durchführung seiner Aufgaben hat er ein Informationsrecht gegen den Arbeitgeber (§ 80 Abs. 2), muss sich also in erster Linie an ihn halten. Außerdem dient die Einrichtung der Sprechstunden während der Arbeitszeit der Kommunikation zwischen Betriebsrat und einzelnem Arbeitnehmer. Mit der Regelung, dass Zeit und Ort mit dem Arbeitgeber zu vereinbaren sind (Abs. 1 Satz 2; s. Rn. 5 ff.), wäre nicht vereinbar, wenn der Betriebsrat das Recht hätte, jederzeit ohne Zustimmung des Arbeitgebers alle Arbeitnehmer an ihrem Arbeitsplatz aufzusuchen. Eine derartige Befugnis entspräche auch nicht dem Grundsatz, dass der Betriebsrat nicht durch einseitige Handlungen in die Leitung des Betriebs eingreifen darf (§ 77 Abs. 1 Satz 2). Neben dem Rechtsanspruch auf rechtzeitige und umfassende Unterrichtung durch den Arbeitgeber und der Einrichtung der Sprechstunden ist die Abhaltung von Betriebs- und Abteilungsversammlungen der gesetzlich vorgesehene Weg, um mit der Belegschaft in Kontakt zu treten. Nur soweit im konkreten Fall der Betriebsrat von den besonderen Verhältnissen eines Arbeitsplatzes Kenntnis haben muss, um seine Aufgaben ordnungsgemäß zu erfüllen, kann er Arbeitnehmer an ihrem Arbeitsplatz aufsuchen, hat davon aber den Arbeitgeber rechtzeitig vorher zu unterrichten (vgl. ausführlich *Schlochauer,* FS G. Müller, S. 459, 463 ff.).

VII. Streitigkeiten

31 Streitigkeiten über die Einrichtung der Sprechstunden entscheidet das **Arbeitsgericht im Beschlussverfahren** (§ 2 a Abs. 1 Nr. 1, Abs. 2 i. V. mit §§ 80 ff. ArbGG), **Meinungsverschiedenheiten über Zeit und Ort** dagegen die **Einigungsstelle** im verbindlichen Einigungsverfahren (s. Rn. 8).

32 Streitigkeiten über die Freistellung eines Betriebsratsmitglieds zur Abhaltung von Sprechstunden entscheidet das Arbeitsgericht ebenfalls im Beschlussverfahren. Gleiches gilt, soweit ein Arbeitnehmer Arbeitsbefreiung verlangt, um die Sprechstunden des Betriebsrats zu besuchen oder sonst an ihn heranzutreten. Streitigkeiten über die Pflicht des Arbeitgebers, das Arbeitsentgelt für die Zeit der Arbeitsversäumnis zu zahlen, werden dagegen im Urteilsverfahren ausgetragen (§ 2 Abs. 1 Nr. 3 lit. a, Abs. 5 i. V. mit §§ 46 ff. ArbGG); das gilt nicht nur für den Anspruch des Arbeitnehmers, der die Sprechstunde aufsucht, sondern auch für den Anspruch des Betriebsratsmitglieds, das die Sprechstunde abhält (s. § 37 Rn. 181 ff.).

§ 40 Kosten und Sachaufwand des Betriebsrats

(1) Die durch die Tätigkeit des Betriebsrats entstehenden Kosten trägt der Arbeitgeber.

(2) Für die Sitzungen, die Sprechstunden und die laufende Geschäftsführung hat der Arbeitgeber in erforderlichem Umfang Räume, sachliche Mittel, Informations- und Kommunikationstechnik sowie Büropersonal zur Verfügung zu stellen.

Schrifttum: 1. Allgemein: *Besgen,* Sachmittelanspruch des Betriebsrats nach § 40 Abs. 2 BetrVG bezogen auf moderne Kommunikationseinrichtungen, FS Leinemann 2006, S. 471; *ders.* Blackberry und Homepage für den Betriebsrat?, NZA 2006, 959; *Fischer,* Arbeitgeber verweigert Schulungsteilnahme, AiB 2005, 88; *Gehrke/Pfeiffer,* Der Betriebsrat im Intranet, AiB 2003, 522; *Hopfner/Schrock,* Die Gewerkschaften im elektronischen Netzwerk des Arbeitgebers, DB 2004, 1558; *Hunold,* Sach- und Personalkosten, AuA 2006, 335; *ders.,* Der Internetzugang für den Betriebsrat – Auf ein Neues, NZA 2007, 314; *Jansen,* Anspruch des Betriebsrats auf Intranetnutzung?, BB 2003, 1726; *Korinth,* Das Recht des Betriebsrates zur Hinzuziehung eines Rechtsanwaltes, ArbRB 2008, 53; *Kossens,* PC, Internet und Intranet für den Betriebsrat, ArbRB 2004, 277; *Lewek,* Die Nutzung von Internet und E-Mail durch den Personalrat, PersR 2008, 388; *Müller-Boruttau,* Die Kostentragungspflicht des Arbeitgebers für Rechtsanwaltskosten des Betriebsrats im Rahmen von § 40 Abs. 1 BetrVG, Diss. Würzburg 2000; *Rieble,* Die Betriebsratsvergütung, NZA 2008, 276; *v. Steinau-Steinrück/Glanz,* Betriebsrat – Welche Kosten muss der Arbeitgeber tragen?, NJW-Spezial 2008, 210; *Weber,* Erforderlichkeit von Computer und Internet für die Betriebsratsarbeit?, NZA 2008, 280; *Wolff,* Vergütung von Betriebsratsmitgliedern, AuA 2008, 534; *Wolke,* Die Bekanntgabe der Betriebsratskosten durch den Arbeitgeber und dessen Recht auf freie Meinungsäußerung im Betrieb, Diss. Kiel 2000; *Zumkeller/Lüber,* Der Betriebsrat als „Arbeitgeber" – Umfang und Grenzen des Weisungsrechts gegenüber im Betriebsratsbereich beschäftigtem Büropersonal, BB 2008, 2067.

2. Teilnahme an Schulungs- und Bildungsveranstaltungen: *Däubler,* Handbuch Schulung und Fortbildung – Gesamtdarstellung für betriebliche Interessenvertreter, 5. Aufl. 2005; *Schiefer,* Betriebsratsschulungen – geänderte Spielregeln, DB 2008, 2649.

Übersicht

	Rn.
I. Vorbemerkung	1
II. Kostentragungspflicht des Arbeitgebers	3
1. Grundsatz für die Kostentragung der Betriebsratstätigkeit	3
2. Voraussetzungen der Kostentragungspflicht	4
3. Aufwendungen der Betriebsratsmitglieder	10
III. Kostentragungspflicht bei Rechts- und Regelungsstreitigkeiten	16
1. Zuordnung von Rechtsstreitigkeiten zur Betriebsratstätigkeit	16
2. Hinzuziehung eines Rechtsanwalts	23
3. Kosten der Einigungsstelle	29
IV. Schulungskosten als Kosten der Betriebsratstätigkeit	30
1. Kostentragungspflicht des Arbeitgebers	30
2. Gewerkschaft als Schulungsveranstalter	35
3. Erforderlichkeit und Verhältnismäßigkeit des Kostenaufwands	39
V. Inhalt der Kostentragungspflicht	42
1. Gesetzliches Schuldverhältnis	42
2. Problem des Pauschalaufwendungsersatzes	45
3. Ersatz von Betriebsratsauslagen	47
4. Erstattung der persönlichen Aufwendungen eines Betriebsratsmitglieds	48
5. Unfallschäden als Aufwendungen	53
6. Ausschlussfristen und Verjährung	56
7. Pfändung und Abtretung	57
8. Zinsen	58
9. Insolvenz des Arbeitgebers	59
VI. Bereitstellung von Räumen, Sachmitteln, Informations- und Kommunikationstechnik sowie Büropersonal	61
1. Verhältnis von Abs. 2 zu Abs. 1	61
2. Bereitstellung von Räumen	63
3. Bereitstellung von Sachmitteln sowie Informations- und Kommunikationstechnik	66
4. Büropersonal	71
5. Besitz und Eigentum	74
VII. Bereitstellung eines Schwarzen Bretts	77
1. Pflicht des Arbeitgebers zur Überlassung	77
2. Recht des Arbeitgebers	78
3. Informationsblatt des Betriebsrats – Email – Homepage	80
VIII. Streitigkeiten	84
1. Rechtsweg und Verfahrensart	84
2. Kosten eines Rechtsstreits	89
3. Einstweilige Verfügung	90
IX. Strafandrohung	91

I. Vorbemerkung

Der Arbeitgeber trägt sowohl die **sachlichen** wie die **persönlichen Kosten**, die durch 1 die Tätigkeit des Betriebsrats entstehen. Die Vorschrift ergänzt § 37, der für die im Rahmen der Betriebsratstätigkeit notwendige Arbeitsversäumnis die Vergütungspflicht regelt und bei Betriebsratstätigkeit, die aus betriebsbedingten Gründen außerhalb der Arbeitszeit durchzuführen ist, einen Anspruch auf Freizeitausgleich gibt. Die Regelung des § 40 bezieht sich daher auf die Kosten der Betriebsratstätigkeit, die *zusätzlich* entstehen. Der Arbeitgeber hat insbesondere, wie in Abs. 2 hervorgehoben wird, Räume, sachliche Mittel und Büropersonal in erforderlichem Umfang zur Verfügung zu stellen, damit der Betriebsrat seine Aufgaben erfüllen kann. Die Bestimmung entspricht § 39 BetrVG 1952; durch den Entwurf des BT-Ausschusses für Arbeit und Sozialordnung wurde lediglich in Abs. 2 eine redaktionelle Änderung vorgenommen und klargestellt, dass auch Büropersonal zur Verfügung zu stellen ist (*zu* BT-Drucks. VI/2729, S. 24).

Das **BetrVerf-Reformgesetz vom 23. 7. 2001** (BGBl. I S. 1852) hat nur geringfügige 2 Änderung gebracht: Es ergänzte Abs. 2 um den Hinweis, dass dem Betriebsrat auch

Informations- und Kommunikationstechnik zur Verfügung zu stellen ist. Dazu gehören nach der Gesetzesbegründung vor allem Computer mit entsprechender Software, aber auch die Nutzung im Betrieb vorhandener moderner Kommunikationsmöglichkeiten (BT-Drucks. 14/5741, S. 41). Inhaltlich hat sich hierdurch nichts geändert; die Ergänzung sollte lediglich die bisherige Rechtslage „klarstellen" (BT-Drucks. a. a. O.). S. auch Rn. 66 ff.

Entsprechende Vorschriften: § 44 BPersVG; § 14 Abs. 2 SprAuG, §§ 16, 30 EBRG.

II. Kostentragungspflicht des Arbeitgebers

1. Grundsatz für die Kostentragung der Betriebsratstätigkeit

3   Da der Betriebsrat für seine Zwecke von den Arbeitnehmern keine Beiträge erheben darf (§ 41), andererseits den Betriebsratsmitgliedern aus ihrer Tätigkeit keine Nachteile entstehen dürfen (§ 78 Satz 2), hat die gesamte Kostenlast für die Betriebsratstätigkeit der Arbeitgeber zu tragen (Abs. 1). Dazu gehören vor allem die Kosten für die Geschäftsführung des Betriebsrats und die notwendigen Aufwendungen der einzelnen Betriebsratsmitglieder.

2. Voraussetzungen der Kostentragungspflicht

4   a) Kosten, die der Arbeitgeber trägt, müssen durch die Tätigkeit des Betriebsrats entstanden sein. Keine Rolle spielt, ob dessen Wahl angefochten worden ist; denn der Betriebsrat bleibt im Amt, bis der Beschluss des Arbeitsgerichts, durch den seine Wahl für ungültig erklärt wird, in Rechtskraft erwachsen ist (s. § 19 Rn. 63). Ist dagegen die Wahl nichtig, so entsteht eine Kostenerstattungspflicht des Arbeitgeber nur insoweit, als die Arbeitnehmer nach Treu und Glauben von der Gültigkeit ihrer Wahl überzeugt sein konnten (ebenso GK-*Weber*, § 40 Rn. 7; s. auch Rn. 16). Die Kostentragungspflicht besteht auch dann noch, wenn der Betriebsrat ein Übergangs- oder Restmandat wahrnimmt (ebenso *Fitting*, § 40 Rn. 7; GK-*Weber*, § 40 Rn. 7). Haben sich in einem Unternehmen zwei Gesamtbetriebsräte konstituiert, die jeweils die Legitimität des anderen in Frage stellen, so können Mitglieder des nicht wirksam bestellten Gesamtbetriebsrats gleichwohl vom Arbeitgeber Kostenerstattung verlangen, jedenfalls dann, wenn die Bildung des Gesamtbetriebsrats nicht offenkundig unzulässig war (LAG Köln 10. 11. 2005, AE 2007, 167).

5   b) Die **Tätigkeit**, durch die Kosten entstanden sind, muss sich **innerhalb des dem Betriebsrat vom Gesetz zugewiesenen Aufgabenbereichs** halten und damit der Erfüllung seiner Amtsobliegenheiten dienen. Für den Besuch eines erkrankten Arbeitnehmers kann deshalb Kostenerstattung nur verlangt werden, wenn der Krankenbesuch im Rahmen einer Unfalluntersuchung erforderlich war (vgl. BVerwG 24. 10. 1969 E 34, 143, 146). Auch der Erwerb der Mitgliedschaft im Deutschen Mieterbund ist nicht mehr vom Aufgabenbereich des Betriebsrats gedeckt (ebenso BAG 27. 9. 1974 AP BetrVG 1972 § 40 Nr. 8 [*Weimar*]). Hingegen ist der Betriebsrat nach § 111 S. 2 bei Interessenausgleichsverhandlungen berechtigt, einen externen Berater hinzuzuziehen. Dieses Recht des Betriebsrats ist weder auf die Hinzuziehung einer natürlichen Person noch auf die Beratung durch lediglich einen Berater beschränkt. Etwaige Kosten sind mithin ersatzfähig. Ob § 111 S. 2 die Erforderlichkeit der Heranziehung externer Beratung generell unterstellt, oder ob die Erforderlichkeit im Einzelfall überprüft werden muss, ist allerdings noch unklar (LAG Hamm 26. 8. 2005, ZIP 2005, 2269).

6   c) Die Kosten müssen für die Erfüllung der Betriebsratsaufgaben **notwendig** sein. Das wird zwar im Gesetz nicht ausdrücklich bestimmt, ergibt sich aber aus dem Zusammenhang mit § 37 Abs. 2, der den Anspruch auf Fortzahlung des Arbeitsentgelts nur für den Fall gibt, dass die Versäumnis von Arbeitszeit zur ordnungsgemäßen Durchführung der

II. Kostentragungspflicht des Arbeitgebers § 40

Betriebsratsaufgaben *erforderlich* ist (s. § 37 Rn. 21 ff.). Der Arbeitgeber ist also nur dann verpflichtet, die durch die Tätigkeit des Betriebsrats entstehenden Kosten zu tragen, wenn sie zur ordnungsgemäßen Amtsausübung notwendig sind (ebenso BAG 27. 9. 1974 AP BetrVG 1972 § 40 Nr. 8; 19. 4. 1989 AP BetrVG 1972 § 80Nr. 35; bereits BAG 18. 4. 1967 AP BetrVG § 39 Nr. 7; 24. 6. 1969 AP BetrVG § 39 Nr. 8; weiterhin *Fitting*, § 40 Rn. 9; GL-*Marienhagen*, § 40 Rn. 6; GK-*Weber*, § 40 Rn. 10; *Joost*, MünchArbR § 220 Rn. 5 ff.).

Der Betriebsrat hat weiterhin zu berücksichtigen, ob die Kosten zur ordnungsgemäßen 7 Erfüllung seiner Aufgaben *vertretbar* sind; es gilt auch hier der in § 37 Abs. 2 niedergelegte Maßstab, dass der **Grundsatz der Verhältnismäßigkeit** der Inanspruchnahme von Arbeitgebermitteln Grenzen setzt (ebenso *Blomeyer*, FS 25 Jahre BAG, S. 17, 33; vgl. auch BAG 18. 4. 1967 AP BetrVG § 39 Nr. 7; 31. 10. 1972 AP BetrVG 1972 § 40 Nr. 2; 29. 1. 1974, 27. 9. 1974 und 28. 5. 1976 AP BetrVG 1972 § 37 Nr. 8, 18 und 24; 8. 10. 1974 AP BetrVG 1972 § 40 Nr. 7; 30. 3. 1994 AP BetrVG 1972 § 40 Nr. 42; *Pahlen*, Grundsatz der Verhältnismäßigkeit, S. 24 ff., 119 f.).

Maßgebend ist, ob der Betriebsrat die Kosten bei pflichtgemäßer Beurteilung der 8 objektiven Sachlage für erforderlich und vertretbar halten durfte; die Kosten brauchen sich also nicht bei einer Beurteilung ex post als objektiv notwendig zu erweisen (ebenso BAG 18. 4. 1967 AP BetrVG § 39 Nr. 7; 24. 6. 1969 AP BetrVG § 39 Nr. 8; *Fitting*, § 40 Rn. 9; GL-*Marienhagen*, § 40 Rn. 6; GK-*Weber*, § 40 Rn. 11; *Nikisch*, Bd. III S. 195; *Nipperdey/Säcker* in *Hueck/Nipperdey*, Bd. II/2 S. 1204). § 670 BGB gilt insoweit entsprechend (vgl. auch *Wiese*, SAE 1969, 122).

Soweit der Betriebsrat Aufwendungen für erforderlich und vertretbar halten darf, 9 benötigt er **nicht** die **Zustimmung des Arbeitgebers** (ebenso *Fitting*, § 40 Rn. 11; GL-*Marienhagen*, § 40 Rn. 7; GK-*Weber*, § 40 Rn. 13; HSWGNR-*Glock*, § 40 Rn. 9; HWK-*Reichold*, § 40 Rn. 7; so für Reisen von Personalratsmitgliedern BVerwG 22. 6. 1962 E 14, 282, 285 = AP PersVG § 44 Nr. 3). Da es hier aber leicht zu Fehlbeurteilungen kommen kann (vgl. BAG 24. 6. 1969 AP BetrVG § 39 Nr. 8), ist es zweckmäßig, über die Notwendigkeit der Aufwendungen einen Beschluss des Betriebsrats herbeizuführen. Der Grundsatz der vertrauensvollen Zusammenarbeit gebietet, bei **außergewöhnlichen Aufwendungen** sich mit dem Arbeitgeber ins Benehmen zu setzen, um ihm Gelegenheit zur Stellungnahme zu geben (ebenso BAG 18. 4. 1967 AP BetrVG § 39 Nr. 7: zur Erforderlichkeit der Kosten für einen Gewerkschaftssekretär als Beisitzer der Einigungsstelle; *Fitting*, § 40 Rn. 11; GL-*Marienhagen*, § 40 Rn. 7; GK-*Weber*, § 40 Rn. 15; HSWGNR-*Glock*, § 40 Rn. 9; DKK-*Wedde*, § 40 Rn. 6).

3. Aufwendungen der Betriebsratsmitglieder

a) Zu den Kosten, die durch die Tätigkeit des Betriebsrats entstehen, gehören auch die 10 notwendigen Aufwendungen der einzelnen Betriebsratsmitglieder (ebenso BAG 3. 4. 1979 AP BetrVG 1972 § 40 Nr. 16 und BetrVG 1972 § 13 Nr. 1; 18. 1. 1989 AP BetrVG 1972 § 40 Nr. 28; *Fitting*, § 40 Rn. 40; GL-*Marienhagen*, § 40 Rn. 18; GK-*Weber*, § 40 Rn. 33; HSWGNR-*Glock*, § 40 Rn. 38; HWK-*Reichold*, § 40 Rn. 18; DKK-*Wedde*, § 40 Rn. 36). Voraussetzung ist, dass dem Betriebsratsmitglied wegen seiner Mitgliedschaft im Betriebsrat Aufwendungen entstanden sind, die zur ordnungsgemäßen Erfüllung seiner Amtsobliegenheiten unter Berücksichtigung der Belange des Arbeitgebers erforderlich sind. In diesem Fall hat der Arbeitgeber auch die persönlichen Aufwendungen zu erstatten, z. B. die Fahrtkosten, wenn das Betriebsratsmitglied zu einer Betriebsratssitzung außerhalb seiner üblichen Arbeitszeit fahren muss (vgl. BAG 16. 1. 2008, AP BetrVG 1972 § 40 Nr. 92; BAG 19. 1. 1989 AP BetrVG 1972 § 40 Nr. 28; LAG München 22. 7. 2004, NZA-RR 2005, 29) oder wenn es in einem auswärtigen Betriebsteil zu tun hat, dort essen muss, telefonieren muss, Portoauslagen hat. Das gilt auch während der ohne Erwerbstätigkeit in Anspruch genommenen Elternzeit des

Betriebsratsmitglieds. Die Elternzeit führt weder zum Erlöschen der Mitgliedschaft im Betriebsrat nach § 24 Nr 3 BetrVG noch zu einer zeitweiligen Verhinderung nach § 25 Abs. 1 S. 2 BetrVG (BAG 25. 5. 2005 AP BetrVG 1972 § 24 Nr. 13 = NZA 2005, 1002). Auch – angemessene – Kinderbetreuungskosten können als persönliche Aufwendungen zu den vom Arbeitgeber zu tragenden Kosten der Tätigkeit des Betriebsrats gehören, sofern sie ihm ohne seine Tätigkeit als Betriebsrat bei Arbeitsleistung als Arbeitnehmer nicht entstanden wären (ähnlich Hessisches LAG 22. 7. 1997, NZA-RR 1998, 121). Sie sind allerdings nicht erforderlich, wenn die Kinderbetreuung von einer anderen im Haushalt lebenden Person hätte übernommen werden können (ebenso LAG Nürnberg 27. 11. 2008 – 5 TaBV 79/07, juris).

11 b) Die Aufwendungen müssen im Zusammenhang mit einer **Tätigkeit** entstanden sein, die objektiv zum **Aufgabenbereich des Betriebsrats** gehört (s. dazu § 37 Rn. 15 ff.). Hierher gehört auch die Tätigkeit in einem Gesamtbetriebsrat, Konzernbetriebsrat und im Wirtschaftsausschuss, nicht dagegen die Tätigkeit als Mitglied eines Aufsichtsrats. Die Tätigkeit muss weiterhin nach Umfang und Art des Betriebs **erforderlich** sein, um die Aufgaben als Betriebsratsmitglied ordnungsgemäß zu erfüllen (s. § 37 Rn. 21 ff.). Unter die Erstattungspflicht fallen nicht nur Aufwendungen, die *durch* die Tätigkeit zur ordnungsgemäßen Erfüllung der Betriebsratsaufgaben entstehen, sondern auch Aufwendungen, die *wegen* der Betriebsratstätigkeit entstehen, z. B. Kosten eines Amtsenthebungsverfahrens (s. auch Rn. 19).

12 Voraussetzung ist aber, dass dem Betriebsratsmitglied die Aufwendungen in seiner Eigenschaft als *Betriebsratsmitglied* entstanden sind. Unter die Kostentragungspflicht des § 40 fallen nicht Aufwendungen, die einem Betriebsratsmitglied lediglich deshalb entstehen, weil es als Arbeitnehmer wegen seiner Tätigkeit im Betriebsrat nicht Vergünstigungen in Anspruch nehmen kann, die der Arbeitgeber allen Belegschaftsangehörigen gewährt, z. B. die Beförderung mit werkseigenen Bussen zur Arbeitsstätte (vgl. LAG Düsseldorf [Köln] 28. 10. 1968, BB 1969, 1086). Aber auch diese Aufwendungen dürfen das Betriebsratsmitglied letztlich nicht belasten; denn nach § 78 Satz 2 soll es wegen seiner Tätigkeit im Betriebsrat weder benachteiligt noch begünstigt werden (s. § 78 Rn. 21).

13 Zur Betriebsratstätigkeit gehören dagegen Aufwendungen, die einem Betriebsratsmitglied aus **Streitigkeiten in einer betriebsverfassungsrechtlichen Angelegenheit** entstehen (s. auch Rn. 21). Das gilt nicht nur für Streitigkeiten mit dem Arbeitgeber, sondern auch für **Streitigkeiten mit dem Betriebsrat**, wenn z. B. geltend gemacht wird, ein Beschluss, durch den der Betriebsrat in die Rechtsstellung eines einzelnen Betriebsratsmitglieds eingreift, sei fehlerhaft zustande gekommen (ebenso BAG 3. 4. 1979 AP BetrVG 1972 § 13 Nr. 1; *Fitting*, § 40 Rn. 60; GL-*Marienhagen*, § 40 Rn. 36; GK-*Weber*, § 40 Rn. 88; HSWGNR-*Glock*, § 40 Rn. 49; DKK-*Wedde*, § 40 Rn. 52 f.).

14 **Kosten eines Urteilsverfahrens** sind niemals Kosten der Betriebsratstätigkeit, auch wenn ein Betriebsratsmitglied aus betriebsratsbedingter Arbeitsversäumnis eine Leistungsklage auf Zahlung seines Arbeitsentgelts erhebt (ebenso BAG 14. 10. 1982 AP BetrVG 1972 § 40 Nr. 19; LAG Rheinland-Pfalz 23. 5. 2008 – 6 Sa 187/08, juris; LAG Hamm, EzA § 40 BetrVG 1972 Nr. 33; GL-*Marienhagen*, § 40 Rn. 36; GK-*Weber*, § 40 Rn. 92; a. A. LAG Hamm, DB 1992, 1833; DKK-*Wedde*, § 40 Rn. 54; a. A. *Fitting*, § 40 Rn. 65). Das gilt auch, wenn das Betriebsratsmitglied gegen den Arbeitgeber im Urteilsverfahren vorgeht, obwohl der maßgebliche Streitpunkt im Beschlussverfahren geklärt werden kann, z. B. wenn ein Betriebsratsmitglied für die Teilnahme an einer Schulung nach § 37 Abs. 6 die Zahlung des Arbeitsentgelts einklagt, obwohl es ausschließlich darum geht, ob die Schulung notwendig ist, so dass zur Klärung dieser Streitfrage ein Beschlussverfahren eingeleitet werden kann (s. § 37 Rn. 190). Wenn das Betriebsratsmitglied dennoch das Urteilsverfahren wählt, trägt es das Risiko seiner Fehlentscheidung (ebenso LAG Hamm 29. 4. 1998, EzA § 40 BetrVG 1972 Nr. 33).

III. Kostentragungspflicht bei Rechts- und Regelungsstreitigkeiten **§ 40**

c) **Aufwendungen eines Betriebsratsmitglieds,** die zur Betriebsratstätigkeit gehören, 15 braucht der Arbeitgeber aber nur zu tragen, wenn sie **zur ordnungsgemäßen Amtsausübung erforderlich und vertretbar** sind (s. auch Rn. 6). Es genügt auch hier, dass das Betriebsratsmitglied bei **pflichtgemäßer Beurteilung der objektiven Sachlage** die Aufwendungen für erforderlich und verhältnismäßig halten durfte (ebenso BAG 9. 11. 1955 AP KRG Art. IX Nr. 22, Nr. 1; 24. 6. 1969 AP BetrVG § 38 Nr. 8; 3. 4. 1979 AP BetrVG 1972 § 13 Nr. 1; s. auch Rn. 8). Daher steht auch einem **nichtig gewählten Betriebsratsmitglied** ein Anspruch auf Erstattung tatsächlicher Aufwendungen nach betriebsverfassungsrechtlichen Grundsätzen zu, wenn die Nichtigkeit einer Betriebsratswahl nicht offenkundig ist (BAG 29. 4. 1998 AP BetrVG 1972 § 40 Nr. 58 [Verkennung des Geltungsbereichs des BetrVG im kirchlichen Betrieb]).

III. Kostentragungspflicht bei Rechts- und Regelungsstreitigkeiten

1. Zuordnung von Rechtsstreitigkeiten zur Betriebsratstätigkeit

a) Zu den Kosten der Betriebsratstätigkeit gehören die Kosten von Rechtsstreitigkeiten, 16 die der Betriebsrat mit dem Arbeitgeber in betriebsverfassungsrechtlichen Angelegenheiten zu führen hat. Die Kostenlast wird zwar dadurch verringert, dass im Beschlussverfahren Kosten nicht erhoben werden (§ 12 Abs. 5 ArbGG). Diese Anordnung bezieht sich aber nur auf die Gerichtskosten; sie gilt nicht für die außergerichtlichen Kosten. Ob der Arbeitgeber sie zu tragen hat, ist nicht im Prozessrecht geregelt, sondern beurteilt sich allein nach § 40. Daher spielt keine Rolle, ob er in dem Prozess obsiegt.

b) **Ob** und in welchem **Umfang** der Arbeitgeber die Kosten zu tragen hat, die dem 17 Betriebsrat oder einem Betriebsratsmitglied durch ein Beschlussverfahren entstanden sind, ist ausschließlich danach zu beurteilen, ob die **Voraussetzungen der betriebsverfassungsrechtlichen Kostentragungspflicht** erfüllt sind.

aa) Die Rechtsstreitigkeit muss sich auf eine **Betriebsratstätigkeit** beziehen oder mit 18 der Amtsausübung in einem inneren Zusammenhang stehen. Die Kostentragungspflicht kommt daher auch bei einer Rechtsstreitigkeit über die **Organisation und Geschäftsführung des Betriebsrats** in Betracht, z. B. über die Wahl des Vorsitzenden und seines Stellvertreters sowie über die Bildung und Zusammensetzung des Betriebsausschusses und der sonstigen Ausschüsse des Betriebsrats (ebenso *Fitting,* § 40 Rn. 21; vgl. auch BVerwG 6. 3. 1959 E 8, 202 = AP PersVG § 44 Nr. 1).

Unter die Kostentragungspflicht kann weiterhin ein Beschlussverfahren fallen, durch 19 das ein **Betriebsrat aufgelöst** oder ein **Mitglied seines Amtes enthoben** werden soll (§ 23 Abs. 1). Da es sich in diesen Fällen um die Grundbedingungen für eine Betriebsratstätigkeit handelt, kann nicht danach unterschieden werden, ob die Pflichtverletzung als erwiesen oder nicht erwiesen festgestellt wird, so dass eine Kostentragungspflicht auch dann bestehen kann, wenn der Antrag auf Auflösung des Betriebsrats oder Amtsenthebung eines Betriebsratsmitglieds Erfolg hat (ebenso BAG 19. 4. 1989 AP BetrVG 1972 § 40 Nr. 29 [zust. *v. Hoyningen-Huene*] [abl. *Krichel* SAE 1990, 301] [krit. *Rieble,* SAE 1990, 11]).

Gleiches gilt auch für die Kosten des Betriebsrats aus einem Beschlussverfahren über 20 die Ersetzung der Zustimmung des Betriebsrats zur außerordentlichen Kündigung eines Betriebsratsmitglieds, aber nicht für die dem beteiligten Betriebsratsmitglied entstehenden Kosten; denn seine Beteiligung ist lediglich wegen des besonders ausgestalteten Kündigungsschutzes seines Arbeitsverhältnisses vorgesehen (ebenso BAG 3. 4. 1979 AP BetrVG 1972 § 40 Nr. 16).

Zur Betriebsratstätigkeit gehören auch Rechtsstreitigkeiten, die ein **Betriebsratsmit-** 21 **glied** zur **Wahrnehmung seiner Aufgaben und Rechte aus der Betriebsverfassung** führt. Deshalb fällt unter die Kostenerstattungspflicht des Arbeitgebers, dass einem Betriebsratsmitglied Aufwendungen durch ein Beschlussverfahren über die Kostentragungspflicht von Schulungskosten entstanden sind (ebenso BAG 3. 10. 1978 AP BetrVG 1972 § 40 Nr. 14; vgl. für Mitglieder eines Wahlvorstands BAG 26. 11. 1974 AP BetrVG 1972 § 20 Nr. 6). Zur Betriebsratstätigkeit können auch Rechtsstreitigkeiten gegen den Betriebsrat gehören; denn das Betriebsratsmitglied führt sein Amt in eigener Verantwortung (ebenso BAG 3. 4. 1979 AP BetrVG 1972 § 13 Nr. 1; s. auch Rn. 12).

22 bb) Voraussetzung ist weiterhin, dass der Betriebsrat oder das Betriebsratsmitglied die **Führung des Rechtsstreits** nach den Gegebenheiten für **erforderlich** halten durfte (ebenso BAG 3. 4. 1979 AP BetrVG 1972 § 13 Nr. 1; s. auch Rn. 8 und 15). Daher besteht im Prinzip Einigkeit darüber, dass eine Kostentragungspflicht dann nicht besteht, wenn die Rechtsverfolgung, also die Einleitung eines Beschlussverfahrens oder die Einlegung von Rechtsmitteln, bei verständiger Würdigung des Falles als aussichtslos erscheinen muss (vgl. BAG 19. 4. 1989 AP BetrVG 1972 § 40 Nr. 29; bereits RAG 4. 2. und 9. 12. 1931 BenshSlg. 11, 269, 271; und 13, 503, 506; GK-*Weber*, § 40 Rn. 86). Die Notwendigkeit ist aber auch dann zu verneinen, wenn im Unternehmen bereits ein Parallelverfahren über einen gleichgelagerten Sachverhalt anhängig ist (a. A. wohl BAG 28. 9. 1978 AP BetrVG 1972 § 40 Nr. 14; wie hier aber LAG Hamm, EzA § 40 BetrVG 1972 Nr. 31; *Grunsky*, Anm. zu AP BetrVG 1972 § 40 Nr. 14; *Hanau*, SAE 1979, 220; für den Fall, dass der Arbeitgeber erklärt, die Entscheidung auch für Parallelfälle als maßgebend anzuerkennen GK-*Weber*, § 40 Rn. 87). Ein gerichtliches Verfahren zur Einsetzung einer Einigungsstelle ist ebenso nicht erforderlich, wenn der Arbeitgeber sich grundsätzlich zur Einrichtung einer Einigungsstelle bereit erklärt, jedoch bezüglich der zugrundeliegenden Thematik nachfragt und der Betriebsrat daraufhin, ohne die Mitteilung nachzuholen, das gerichtliche Verfahren einleitet (LAG Düsseldorf AE 2006, 124). Auch soweit betriebsverfassungsrechtliche Streitigkeiten massiert auftreten, kann dem Betriebsrat zumutbar sein, den Ausgang eines Musterprozesses abzuwarten, bevor er selbst ein Beschlussverfahren einleitet (vgl. *Hanau*, SAE 1979, 220). Kein Kriterium ist dagegen, ob ein Beschlussverfahren im überwiegenden Verbandsinteresse einer Gewerkschaft geführt wird, denn auch wenn eine Gewerkschaft die Einleitung eines Beschlussverfahrens anregt, nimmt sie die ihr übertragene Hilfsfunktion im Rahmen der Betriebsverfassung wahr (a. A. *Stege*, DB 1974, 2204).

2. Hinzuziehung eines Rechtsanwalts

23 a) Kosten für die Hinzuziehung eines Rechtsanwalts fallen unter die Erstattungspflicht, soweit die Prozessvertretung durch einen Rechtsanwalt gesetzlich vorgeschrieben ist, wie für die Unterzeichnung der Rechtsbeschwerdeschrift und der Rechtsbeschwerdebegründung (§ 94 Abs. 1 ArbGG). Darüber hinaus kann der Betriebsrat einen Rechtsanwalt mit der Wahrnehmung seiner Interessen beauftragen, wenn er dies nach Abwägung aller Umstände für sachlich notwendig erachten darf. Eine Erstattungspflicht besteht aber nur soweit der Betriebsrat einen ordnungsgemäßen Beschluss über die Beauftragung des Rechtsanwalts gefasst hat (BAG 8. 3. 2000 AP BetrVG 1972 § 40 Nr. 68; BAG 19. 3. 2003 AP BetrVG 1972 § 40 Nr. 77; BAG 18. 1. 2006, dbr 2006, Nr. 7, 38; LAG Hamm 10. 3. 2006, NZA-RR 2006, 581 ebenso *Fitting* § 40 Rn. 32). Hinsichtlich der Beauftragung entscheidet der Betriebsrat nach pflichtgemäßem Ermessen (ebenso BAG 26. 11. 1974 AP BetrVG 1972 § 20 Nr. 6; 3. 10. 1978 AP BetrVG 1972 § 40 Nr. 14; 19. 4. 1989 AP BetrVG 1972 § 40 Nr. 29; 14. 2. 1996 AP BetrVG 1972 § 76 a Nr. 5; LAG Schleswig-Holstein 20. 7. 1999, AiB 2000, 162; *Fitting*, § 40 Rn. 24; GL-*Marienhagen*, § 40 Rn. 12; GK-*Weber*, § 40 Rn. 95 ff.). Das kann auch sein, wenn ein Rechtsstreit noch nicht droht, aber nur dann, wenn sich gerade durch die Hinzuziehung eines Anwalts der Streit eher friedlich regeln lässt also ohne (zu großzügig daher LAG Schleswig-Holstein 20. 7. 1999, AiB 2000, 162; s. auch ArbG Lübeck 21. 1. 1999, DB 1999, 1276.

III. Kostentragungspflicht bei Rechts- und Regelungsstreitigkeiten § 40

Die Notwendigkeit der Hinzuziehung eines Rechtsanwalts kann nicht damit verneint 24 werden, dass die Prozessvertretung durch einen **Gewerkschaftsvertreter** möglich ist (ebenso BAG 26. 11. 1974 AP BetrVG 1972 § 20 Nr. 6; 3. 10. 1978 AP BetrVG 1972 § 40 Nr. 14; 4. 12. 1979 AP BetrVG 1972 § 40 Nr. 18; *Fitting*, § 40 Rn. 26 f.; *Heckelmann*, EzA § 20 BetrVG 1972 Nr. 7, S. 37 ff.; *Klinkhammer*, AuR 1977, 144, 147 f.; *Hanau*, SAE 1979, 220; a. A. *Stege*, DB 1974, 2204, 2205 f.; *Gerauer*, NZA Beil. 4/ 1988, 19, 20 f.). Die Gewerkschaften sind nicht auf Grund des § 2 Abs. 1 verpflichtet, einem Betriebsrat Rechtsschutz zu gewähren (ebenso BAG 3. 10. 1978 AP BetrVG 1972 § 40 Nr. 14; AP BetrVG 1972 § 40 Nr. 18; dazu, dass auch vereinsrechtlich kein Anspruch auf Rechtsschutz besteht, *Kittner*, EzA § 40 BetrVG 1972 Nr. 28, S. 125). Selbst wenn die im Betrieb vertretenen Gewerkschaften verpflichtet wären, Rechtsschutz zu gewähren, ließe sich daraus nicht für den Betriebsrat die Pflicht ableiten, ihn auch in Anspruch zu nehmen. Sofern die sonstigen Voraussetzungen gegeben sind, besteht die Kostenerstattungspflicht nicht nur, wenn dem Betriebsrat gewerkschaftlicher Rechtsschutz nicht gewährt wird (vgl. LAG Hamm, EzA § 40 BetrVG 1972 Nr. 31 = DB 1977, 778), sondern auch dann, wenn der Betriebsrat den gewerkschaftlichen Rechtsschutz nicht in Anspruch nehmen will; denn er ist in seiner Entscheidung frei, ob er sich der Vertretung durch die Gewerkschaft oder eines Rechtsanwalts bedienen will (ebenso BAG 3. 10. 1978 AP BetrVG 1972 § 40 Nr. 14). Auch unter dem Gesichtspunkt der Kostentragungspflicht ergibt sich keine Einschränkung; denn wird statt eines Rechtsanwalts ein Gewerkschaftsvertreter mit der Führung des Rechtsstreits beauftragt, so kann die Gewerkschaft verlangen, dass ihr die dadurch entstehenden Kosten erstattet werden (vgl. auch *Heckelmann*, EzA § 20 BetrVG 1972 Nr. 7, S. 43).

b) Soweit Prozessvertretung durch einen Rechtsanwalt nicht gesetzlich vorgeschrieben 25 ist (s. Rn. 23), ist bei der Prüfung, ob die Hinzuziehung eines Rechtsanwalts notwendig erscheint, darauf abzustellen, ob der **Rechtsstreit nach der Sach- und Rechtslage Schwierigkeiten aufweist** (ebenso BAG 26. 11. 1974 AP BetrVG 1972 § 20 Nr. 6; LAG Hamm 8. 10. 1976, EzA § 40 BetrVG 1972 Nr. 31 = DB 1977, 778). Das gilt bereits auch für die *erste Instanz;* es kann nicht unterstellt werden, dass die Einleitung eines Beschlussverfahrens nach dessen typischer Sach- und Rechtslage keine Schwierigkeiten aufweist (so zutreffend BAG 3. 10. 1978 AP BetrVG 1972 § 40 Nr. 14). Soweit das BAG eine Einschränkung angenommen hatte, wenn der Verfahrenswert unter 300 DM liegt (so wegen des § 11 Abs. 1 Satz 2 und Satz 5 ArbGG a. F. BAG 3. 10. 1978 AP BetrVG 1972 § 40 Nr. 14), ist diese Grenze für die Zulassung eines Rechtsanwalts im arbeitsgerichtlichen Verfahren durch die ArbGG-Novelle 1979 weggefallen. In der *zweiten Instanz* ist die Beauftragung eines Rechtsanwalts jedenfalls insoweit als erforderlich anzusehen, als die Beschwerdeschrift von einem Rechtsanwalt oder einem Gewerkschaftsvertreter unterzeichnet sein muss (§ 89 Abs. 1 ArbGG), die Notwendigkeit der Beauftragung eines Rechtsanwalts aber nicht unter Hinweis auf die Möglichkeit der Hinzuziehung eines Gewerkschaftsvertreters bestritten werden kann (vgl. BAG 4. 12. 1979 AP BetrVG 1972 § 40 Nr. 18). **Nicht erforderlich** ist die Beauftragung eines Rechtsanwalts, wenn Begehren oder Verteidigung des Betriebsrats oder des Betriebsratsmitglieds von vornherein als offensichtlich aussichtslos erscheinen muss, z. B. bei einem Antrag auf Amtsenthebung, wenn das dem Betriebsratsmitglied vorgeworfene Verhalten von ihm ernsthaft nicht bestritten werden kann und die rechtliche Würdigung dieses Verhaltens unzweifelhaft eine zum Ausschluss aus dem Betriebsrat führende grobe Pflichtverletzung i. S. des § 23 Abs. 1 ergibt (so BAG 19. 4. 1989 AP BetrVG 1972 § 40 Nr. 29).

c) Soweit der Betriebsrat das **Rechtsgutachten eines Rechtsanwalts** einholt, handelt es 26 sich um Sachverständigentätigkeit i. S. des § 80 Abs. 3 (ebenso BAG 25. 4. 1978 AP BetrVG 1972 § 80 Nr. 11; s. § 80 Rn. 84 ff.). Ebenso wird ein **Rechtsanwalt, der vom Betriebsrat zur Beratung hinzugezogen wird,** als Sachverständiger i. S. d § 80 Abs. 3 tätig, so dass die dabei entstehenden Kosten nur unter den weiteren Voraussetzungen des § 80 Abs. 3 BetrVG erstattungsfähig sind (LAG Frankfurt 17. 6. 2004, FA 2004,

305). Die Abgrenzung ist im Einzelfall zuweilen schwer (s. LAG Schleswig-Holstein 20. 7. 1999 LAGE § 40 BetrVG 1972 Nr. 63 a; LAG Schleswig-Holstein 20. 9. 2001, AiB 2002, 632). Entscheidend ist, ob der Anwalt vom Betriebsrat zumindest auch zur Vorbereitung eines Rechtsstreits, zur Wahrung und Verteidigung von Rechten des Betriebsrats oder allein deshalb beauftragt wird, um ihm notwendige Rechtskenntnisse zu vermitteln, die er – unabhängig von einer gerichtlichen oder außergerichtlichen Auseinandersetzung mit dem Arbeitgeber – für seine Betriebsratsarbeit benötigt oder die für ihn zur Bewältigung seiner Aufgaben erforderlich sind (BAG 15. 11. 2000, EzA § 40 BetrVG 1972 Nr. 92; BAG 12. 8. 1982 – 6 ABR 95/79, juris; LAG Schleswig-Holstein 20. 7. 1999, LAGE § 40 BetrVG 1972 Nr. 63 a).

27   d) Der Arbeitgeber braucht nicht die Kosten zu tragen, die einer **Gewerkschaft** oder **anderen Personen** aus der Beteiligung an einem Beschlussverfahren entstehen.

28   e) Die Beauftragung eines Rechtsanwalts durch den Betriebsrat darf grundsätzlich nur bis zur **Höhe des RVG–Satzes** erfolgen. Eine Honorarzusage, die zu einer höheren Vergütung führt, insbesondere auch die Vereinbarung eines Zeithonorars, darf der Betriebsrat regelmäßig nicht für erforderlich halten. Ausnahmen scheinen nur da gerechtfertigt, wo der Streitwert so gering ist, dass ein Rechtsbeistand auf Basis der RVG nicht zu finden ist (BAG 20. 10. 1999 AP BetrVG 1972 § 40 Nr. 67). Ähnliches gilt bei der Beauftragung eines auswärtigen Anwalts: Die hierdurch verursachten Mehrkosten sind erst dann erforderlich, wenn ein ortsansässiger Anwalt mit der Streitfrage angemessenen arbeitsrechtlichen Kenntnissen nicht gefunden werden kann (BAG 15. 11. 2000 EzA BetrVG 1972 § 40 Nr. 92; BAG 20. 10. 1999 AP BetrVG 1972 § 40 Nr. 67). Denn die Fachkompetenz eines beauftragten auswärtigen Anwaltes rechtfertigt für sich gesehen, noch nicht die Kostentragungspflicht des Arbeitgebers.

3. Kosten der Einigungsstelle

29   Zu den Kosten, die durch die Tätigkeit des Betriebsrats entstehen, gehören die Kosten der Einigungsstelle. Durch die Novelle vom 20. 12. 1988 (BGBl. I S. 2312) wurde § 76 a in das Gesetz aufgenommen, der in Abs. 1 die Kostentragungspflicht des Arbeitgebers ausdrücklich klarstellt und in den Abs. 2 bis 5 Regelungen über die den Mitgliedern der Einigungsstelle zustehende Vergütung trifft.

IV. Schulungskosten als Kosten der Betriebsratstätigkeit

1. Kostentragungspflicht des Arbeitgebers

30   a) § 37 Abs. 6 und 7 regelt nur, dass unter den dort genannten Voraussetzungen eine Freistellung von der Arbeit unter Fortzahlung des Arbeitsentgelts erfolgt, nicht dagegen, ob der Arbeitgeber auch die Schulungskosten zu tragen hat. Nach Inkrafttreten des BetrVG 1972 wurde deshalb teilweise die Auffassung vertreten, dass kein Anspruch auf Ersatz der Kosten besteht, die den Betriebsratsmitgliedern durch die Teilnahme an den Schulungen entstehen (so vor allem LAG Düsseldorf [Köln] 26. 6. 1972 EzA § 40 BetrVG 1972 Nr. 2 = DB 1972, 1924; LAG Hamm 27. 7. 1972 EzA § 40 BetrVG 1972 Nr. 1 = DB 1972, 1729 aus dem Schrifttum: *Erdmann/Jürging/Kammann*, § 40 Rn. 8; *Buchner*, DB 1972, 1236, weitere Nachweise 6. Aufl., § 40 Rn. 26). Begründet wurde dieses Ergebnis vor allem damit, dass der Besuch eines Schulungskurses keine Tätigkeit des Betriebsrats sei und dass § 37 Abs. 6 und 7 für die Teilnahme an Schulungs- und Bildungsveranstaltungen eine abschließende Regelung enthielten.

31   Das BAG hat diese Überlegungen nicht überzeugt; es hat für **Betriebsratsschulungen gemäß § 37 Abs. 6** eine **Kostentragungspflicht des Arbeitgebers** anerkannt (grundlegend BAG 31. 10. 1972 AP BetrVG 1972 § 40 Nr. 2 [zust. *Richardi*]; bestätigt zuletzt BAG 15. 1. 1992 AP BetrVG 1972 § 40 Nr. 41; 30. 3. 1994 AP BetrVG 1972 § 40 Nr. 42;

IV. Schulungskosten als Kosten der Betriebsratstätigkeit § 40

ebenso *Fitting,* § 40 Rn. 66 ff.; GK-*Weber,* § 40 Rn. 45 ff.; *Däubler,* Schulung, Rn. 458; vor allem *Dütz/Säcker,* DB 1972 Beil. 17; zur Vereinbarkeit mit dem Grundgesetz BVerfG 14. 2. 1978 E 47, 191, 197 = AP BetrVG 1972 § 40 Nr. 13; s. auch Rn. 35 ff.). Jedenfalls soweit der Betriebsrat das Wissen benötigt, um seine Amtstätigkeit ordnungsgemäß auszuüben, ist die Schulung mit der Tätigkeit des Betriebsrats so eng verbunden, dass sie sachlich nicht voneinander getrennt werden können (so zutreffend BAG 29. 1. 1974 AP BetrVG 1972 § 40 Nr. 5). Dass im Rahmen von § 37 die Teilnahme an Schulungen in besonderen Absätzen geregelt wird, rechtfertigt ebenfalls keine Ausklammerung aus der Kostentragungspflicht. Durch die Einbeziehung der Schulungen in § 37 wird vielmehr anerkannt, dass der Schulungsbesuch eines Betriebsratsmitglieds rechtlich auf der *gleichen Stufe* steht wie die sonstige Betriebsratstätigkeit (vgl. *Richardi,* Anm. zu AP BetrVG 1972 § 40 Nr. 2, Bl. 5; zust. AP BetrVG 1972 § 40 Nr. 5). § 37 Abs. 6 und 7 enthalten keine abschließende Regelung für die Rechtsfolgen einer Teilnahme an Schulungs- und Bildungsveranstaltungen. § 37 regelt vielmehr nur die Auswirkungen der Betriebsratstätigkeit auf das *Arbeitsverhältnis* eines Betriebsratsmitglieds, § 40 dagegen die *Kostentragungspflicht für die Betriebsratstätigkeit.* § 37 und § 40 regeln also verschiedene Rechtsfolgen; sie finden nebeneinander Anwendung. Berücksichtigt man weiterhin, dass die Betriebsratsmitglieder ihr Amt unentgeltlich als Ehrenamt führen (§ 37 Abs. 1), so ist es die Konsequenz dieses teleologischen Gesichtspunkts, dass ein Arbeitnehmer notwendige Aufwendungen, die er als Betriebsratsmitglied macht, nicht selbst zu tragen braucht, wobei kein Unterschied bestehen kann, ob er in Erfüllung seiner Amtsaufgaben tätig wird oder von Rechten Gebrauch macht, die ihm als Amtsträger zustehen; denn er soll durch das Betriebsratsamt weder einen Vorteil noch einen Nachteil haben (ebenso AP BetrVG 1972 § 40 Nr. 5; vgl. auch *Dütz/Säcker,* DB Beil. 17/ 1972, 5 f.).

b) Nach Auffassung des BAG beschränkt die Kostentragungspflicht des Arbeitgebers **32** sich auf die Teilnahme an Schulungs- und Bildungsveranstaltungen i. S. des § 37 Abs. 6, während bei Teilnahme an einer **Schulung gemäß 37 Abs. 7** ein Betriebsratsmitglied Anspruch auf Kostenerstattung nur haben soll, wenn zugleich *erforderliche Kenntnisse* i. S. des § 37 Abs. 6 vermittelt werden (vgl. BAG 6. 11. 1973 AP BetrVG 1972 § 37 Nr. 6 [zust. *Wiese/Weber*]; ebenso *Fitting,* § 40 Rn. 70; ErfK-*Eisemann/Koch,* § 40 Rn. 9; GL-*Marienhagen,* § 40 Rn. 35; GK-*Weber,* § 40 Rn. 71 ff.; HSWGNR-*Glock,* § 40 Rn. 60 f.; *Joost,* MünchArbR § 221 Rn. 10; s. dazu auch § 37 Rn. 80 ff. und 142 ff.). Zu dieser Differenzierung gelangt man, weil die Kostentragungspflicht damit begründet wird, dass es sich um Kenntnisse handeln muss, die für die Betriebsratsarbeit notwendig sind; es sei daher mit dem Charakter des Betriebsratsamts als Ehrenamt und dem damit in Zusammenhang stehenden Verbot einer Begünstigung unvereinbar, wollte man den Arbeitgeber auch mit den Kosten für die nur förderlichen Veranstaltungen nach § 37 Abs. 7 belasten (so vor allem BAG 6. 11. 1973 AP BetrVG 1972 § 37 Nr. 6). Ergebnis und Begründung vermögen jedoch nicht zu überzeugen.

Geht man wie das BAG davon aus, dass nicht nur bei § 37 Abs. 6, sondern auch bei **33** § 37 Abs. 7 die Themen der Schulungsveranstaltung einen Zusammenhang mit der Betriebsratstätigkeit haben müssen (s. § 37 Rn. 144), so entfällt das Argument, § 37 Abs. 7 räume den Betriebsratsmitgliedern eine Vergünstigung ein, wie sie ohne die ausdrückliche Regelung in § 37 Abs. 7 mit dem Charakter des Betriebsratsamtes als Ehrenamt und dem damit in Zusammenhang stehenden Verbot einer Begünstigung unvereinbar wäre. Sinn der Regelung in § 37 Abs. 7 ist vielmehr, dass das Betriebsratsmitglied für seine Aufgabe als *Betriebsratsmitglied* geschult wird. Hinsichtlich der Kostentragungspflicht kann deshalb nicht zwischen Schulungen i. S. des § 37 Abs. 6 und 7 unterschieden werden; denn in beiden Fällen fällt die Teilnahme an Schulungen in den Grenzen des § 37 Abs. 6 und 7 in den Amtsbereich eines Betriebsratsmitglieds. Deshalb sind dem Betriebsratsmitglied auch bei einer Teilnahme an Schulungs- und Bildungsveranstaltungen nach § 37 Abs. 7 die notwendigen Aufwendungen zu erstatten (ebenso

LAG Düsseldorf 14. 5. 1973, DB 1973, 2048; DKK-*Wedde,* § 40 Rn. 58; *Schwegler,* BlStSozArbR 1972, 305, 312; *Schoden,* AuR 1974, 287; vgl. auch den Bericht des Innenausschusses zu dem parallel gestalteten § 46 Abs. 6 und 7 BPersVG, BT-Drucks. 7/ 1373, S. 5; dazu auch mit weiteren Angaben *Dietz/Richardi,* BPersVG, § 44 Rn. 19).

34 c) Der Anspruch des Betriebsrats gegen den Arbeitgeber auf Übernahme von Kosten nach § 40 Abs. 1 BetrVG, die einem Betriebsratsmitglied anlässlich einer Schulungsveranstaltung entstanden sind, setzt einen **Beschluss des Betriebsrats** zur Teilnahme an der vom Betriebsratsmitglied gebuchten Veranstaltung voraus. Ein vorrangehender Beschluss über die Teilnahme an einem anderen Seminar genügt ebenso wenig wie ein Beschluss, der nach dem Besuch der Schulung gefasst wird (BAG v. 8. 3. 2000 AP BetrVG 1972 § 40 Nr. 68, unter Aufgabe von BAG 28. 10. 1992 AP BetrVG 1972 § 29 Nr. 4; s. auch *Reitze,* NZA 2002, 492).

2. Gewerkschaft als Schulungsveranstalter

35 a) Dem Anspruch auf Kostenerstattung steht nicht entgegen, dass die Schulungs- und Bildungsveranstaltung von einer Gewerkschaft durchgeführt wird (ebenso BAG 31. 10. 1972 AP BetrVG 1972 § 40 Nr. 2 [zust. *Richardi*]; vor allem BAG 29. 1. 1974 AP BetrVG 1972 § 40 Nr. 5 [abl. *Kraft*]; 15. 1. 1992 AP BetrVG 1972 § 40 Nr. 41; ArbG Marburg 12. 12. 1997, DB 1998, 427; BAG 17. 6. 1998 AP BetrVG 1972 § 40 Nr. 61, 62, 63; GK-*Weber,* § 40 Rn. 67; *Pahlen,* Grundsatz der Verhältnismäßigkeit, S. 49; s. auch Rn. 31; a. A. ursprünglich LAG Düsseldorf [Köln] 2. 5. 1973, DB 1973, 1357; *Hiersemann,* BB 1973, 287; *Ohlgardt,* BB 1973, 334; ders., BB 1973, 1260; *Eich,* DB 1974, 91). Die im Betrieb vertretenen Gewerkschaften üben, wie in § 2 Abs. 1 anerkannt wird, eine Hilfsfunktion im Rahmen der Betriebsverfassung aus. Da die Beteiligung der Gewerkschaften im Rahmen der Betriebsverfassung koalitionsrechtlich gesichert ist (s. § 2 Rn. 80 ff.), handelt es sich bei der Schulung von Betriebsratsmitgliedern zwar auch um eine eigene Aufgabe der Gewerkschaften; das schließt aber nicht aus, dass die Betriebsratsmitglieder gegen den Arbeitgeber einen Kostenerstattungsanspruch haben, wenn die gewerkschaftliche Schulungsveranstaltung sich auf die Vermittlung von Kenntnissen beschränkt, die für die Betriebsratsarbeit erforderlich sind, oder es sich um eine Schulungs- und Bildungsveranstaltung handelt, die als geeignet anerkannt ist. Der Bezug zur Betriebsratstätigkeit zieht die Grenze zu den sonstigen gewerkschaftlichen Schulungen, bei denen eine Kostentragungspflicht des Arbeitgebers nicht besteht und auch nicht mit Art. 9 Abs. 3 GG vereinbar wäre. Die Kostentragungspflicht für Schulungen nach § 37 Abs. 6 und 7 verletzt dagegen nicht das Grundrecht der Koalitionsfreiheit (ebenso BVerfG 14. 2. 1978 E 47, 191, 197 = AP BetrVG 1972 § 40 Nr. 13).

36 b) Eine sich **aus den Grundsätzen des Koalitionsrechts** ergebende **immanente Schranke** für die Kostentragungspflicht besteht nur insoweit, als die Gewerkschaft ihre Hilfsfunktion im Rahmen der Betriebsverfassung nicht ausüben darf, um *finanziellen* Gewinn zu erzielen (ebenso BAG 31. 10. 1972 AP BetrVG 1972 § 40 Nr. 2; st. Rspr. vgl. BAG 15. 1. 1992 AP BetrVG 1972 § 40 Nr. 41; 30. 3. 1994 AP BetrVG 1972 § 40 Nr. 42; ArbG Marburg 12. 12. 1997, DB 1998, 427; BAG 17. 6. 1998 AP BetrVG 1972 § 40 Nr. 61, 62, 63). Daraus ergibt sich aber nicht nach der Rechtsprechung des BAG nicht, dass ein Teilnehmerbeitrag generell von der Kostenerstattungspflicht ausgeschlossen ist (BAG 31. 10. 1972 AP BetrVG 1972 § 40 Nr. 2; enger *Thüsing,* SAE 1996, 283). Der Arbeitgeber hat jedoch lediglich die *tatsächlichen Kosten* zu tragen, die der Gewerkschaft durch die konkrete Schulung entstehen (ebenso BAG 15. 1. 1992 AP BetrVG 1972 § 40 Nr. 41; BAG 17. 6. 1998, AP BetrVG 1972 § 40 Nr. 61). Das Fehlen eines Gewinns ergibt sich nicht schon daraus, dass der für die Unterbringung in Rechnung gestellte Tagessatz den steuerlichen Pauschbeträgen entspricht (so BAG 15. 1. 1992 AP BetrVG 1972 § 40 Nr. 41). Tragender Gedanke, der die Grenzen der Ersatzpflicht

IV. Schulungskosten als Kosten der Betriebsratstätigkeit § 40

bestimmt, ist der Grundsatz, dass der Arbeitgeber nicht zur Finanzierung seines Gegenspieles verpflichtet werden kann. Das ist weniger aus dem Gebot der **Gegnerunabhängigkeit** herzuleiten (so aber BAG AP BetrVG 1972 § 40 Nr. 11 und 17) – denn eine Einflussnahme auf die Gewerkschaft ist hiermit nicht verbunden – als vielmehr aus der **Unzumutbarkeit dieser Zahlungspflicht** selbst: *nemo tenetur armari adversario* (ausführlich *Thüsing*, SAE 1996, 289).

Nicht zu ersetzen sind deshalb die Kosten, die unabhängig von der konkreten Schulung entstehen, also die Kosten, die man unter einem Sammelbegriff als **Vorhaltekosten** oder Generalunkosten bezeichnet; denn die Schulungseinrichtungen dienen einer Gewerkschaft in erster Linie zur Mitgliederbetreuung und -werbung (ebenso BAG 28. 5. 1976 und 3. 4. 1979 AP BetrVG 1972 § 40 Nr. 11 und 17; offengelassen BAG 15. 1. 1992 AP BetrVG 1972 § 40 Nr. 41). Soweit **zusätzliche schulungsbedingte Kosten** bei der Durchführung betriebsverfassungsrechtlicher Seminare abgrenzbar sind, sind sie jedoch nach der Rechtsprechung des BAG zu ersetzen (BAG 28. 6. 1995 AP BetrVG 1972 § 40 Nr. 48). Der Arbeitgeber kann die Kostenerstattung davon abhängig machen, dass die erstattungsfähigen tatsächlichen Kosten im Einzelnen angegeben werden, und zwar nicht nur, wenn die Gewerkschaft den ihr abgetretenen Kostenanspruch geltend macht (so in BAG 15. 1. 1992 AP BetrVG 1972 § 40 Nr. 41), sondern auch wenn der Betriebsrat oder die einzelnen Schulungsteilnehmer die Kostenerstattung verlangen (so BAG 30. 3. 1994 AP BetrVG 1972 § 40 Nr. 42; 28. 6. 1995 AP BetrVG 1972 § 40 Nr. 47 und 48). Soweit ein Veranstalter den Bereich der betriebsverfassungsrechtlichen Schulungen organisatorisch, finanziell und personell von dem der übrigen Bildungsangebote trennt, soll nach Ansicht des BAG, wenn es um Schulungen nach § 37 Abs. 6 geht, genügen, dass der Veranstalter die Kosten aller betriebsverfassungsrechtlichen Schulungen eines Jahres gemeinsam ermittelt und daraus den auf die jeweilige Schulungsveranstaltung entfallenden teilnehmerbezogenen Betrag feststellt (BAG 28. 6. 1995 AP BetrVG 1972 § 40 Nr. 48; BAG 17. 6. 1998, AP BetrVG 1972 § 40 Nr. 63). Das BAG spricht hier von **Grenzkosten,** und schafft damit scheinbar eine dritte Kategorie von Kosten, für das es exemplarisch Strom, Wasser und Reinigung nennt. Das ist mißverständlich: Entweder es handelt sich um zusätzliche Kosten, die gerade durch das Seminar entstehen, oder aber um Sowieso-Kosten, die auch ohne das Seminar entstanden wären. Während erstere ersetzbar sind, sind es letztere nicht (s. auch *Thüsing*, SAE 1996, 290; großzügiger *Wedde*, AuR 1994, 51).

Die koalitionsrechtlich gebotene Einschränkung beschränkt sich nicht auf die Gewerkschaften als Schulungsträger, sondern erfasst auch **gewerkschaftsnahe Veranstaltungen** (vgl. BAG 30. 3. 1994 AP BetrVG 1972 § 40 Nr. 42 [zustim. *Loritz,* SAE 1997, 152]; 28. 6. 1995 AP BetrVG 1972 § 40 Nr. 47 und 48 [ablehn. *Bakker,* EzA Nr. 75 zu § 40 BetrVG 1972]). Nicht notwendig ist die Allein- oder Mehrheitsbeteiligung der Gewerkschaft am Schulungsträger, sondern es genügt, dass sie kraft satzungsmäßiger Rechte und personeller Verflechtungen maßgeblichen Einfluss auf den Inhalt, die Organisation und die Finanzierung der Bildungsarbeit nimmt (vgl. BAG AP BetrVG 1972 § 40 Nr. 47 und 48; ArbG Marburg 12. 12. 1997, DB 1998, 427; 17. 6. 1998 AP BetrVG 1972 § 40 Nr. 61, 62, 63). Bloße gewerkschaftliche Beteiligung am Schulungsträger soll nicht genügen, auch wenn die maßgeblichen Entscheidungsträger Gewerkschaftsmitglieder sind (BAG AP BetrVG 1972 § 40 Nr. 61). Beschränkt sich ein in der Rechtform eines gemeinnützigen Vereins geführter gewerkschaftlicher Schulungsveranstalter auf die Durchführung betriebsverfassungsrechtlicher Schulungen, so kommt nach dem BAG eine Aufschlüsselung pauschaler Schulungsgebühren erst bei Vorliegen konkreter Anhaltspunkte für eine Gegnerfinanzierung in Betracht (AP BetrVG 1972 § 40 Nr. 62). Das ist nicht unproblematisch, denn auch hier kann eine Gegnerfinanzierung eintreten, etwa durch überdurchschnittlich hohe Honorare gewerkschaftlicher Referenten, die geringere Referentenhonorare auf rein gewerkschaftlichen Seminaren ausgleichen.

3. Erforderlichkeit und Verhältnismäßigkeit des Kostenaufwands

39 Auch soweit eine Kostentragungspflicht besteht, braucht der Arbeitgeber nur die **notwendigen Kosten** zu erstatten; **für Umfang und Höhe** gilt der **Grundsatz der Verhältnismäßigkeit** (ebenso BAG 31. 10. 1972 AP BetrVG 1972 § 40 Nr. 2 [zust. *Richardi*]; vor allem BAG 27. 9. 1974 AP BetrVG 1972 § 37 Nr. 18 [*Halberstadt*]; 8. 10. 1974 AP BetrVG 1972 § 40 Nr. 7; vgl. auch BAG 28. 5. 1976 und 8. 2. 1977 AP BetrVG 1972 § 37 Nr. 24 und 26; 15. 1. 1992 AP BetrVG 1972 § 40 Nr. 41; 30. 3. 1994 AP BetrVG 1972 § 40 Nr. 42; 28. 6. 1995 AP BetrVG 1972 § 40 Nr. 47 und 48; aus dem Schrifttum: *Fitting*, § 40 Rn. 72 f.; GL-*Marienhagen*, § 40 Rn. 26; GK-*Weber*, § 40 Rn. 65; HSWGNR-*Glock*, § 40 Rn. 68 f.; *Joost*, MünchArbR § 221 Rn. 11; ausführlich *Pahlen*, Der Grundsatz der Verhältnismäßigkeit und die Erstattung von Schulungskosten nach dem BetrVG 72, 1979; s. auch Rn. 6 ff.).

40 Hat das Betriebsratsmitglied die **Wahl zwischen völlig gleichwertigen Schulungen**, so hat es an der Veranstaltung teilzunehmen, die die geringsten Kosten verursacht (ebenso LAG Düsseldorf 21. 10. 1975, DB 1976, 1115; LAG Schleswig-Holstein 23. 9. 1987, BB 1988, 1389; GK-*Weber*, § 40 Rn. 58; a. A. LAG Köln 11. 4. 2002, ZTR 2002, 504). Wird das gleiche Seminar einmal in der Nähe und einmal weit entfernt angeboten, so ist schon zur Minderung der Reisekosten das nähergelegene, bei dem u. U. Übernachtungskosten entfallen (a. A. LAG Köln 11. 4. 2002, ZTR 2002, 504). Werden Schulungen von unterschiedlicher Qualität angeboten, so liegt es bei einer Schulung nach § 37 Abs. 6 im pflichtgemäßen Ermessen des Betriebsrats, an welcher Veranstaltung das Betriebsratsmitglied teilnimmt; er hat insoweit einen Beurteilungsspielraum. **Allzu großzügig ist das BAG:** Ihm ist zuzustimmen, dass der Betriebsrat nicht gehalten ist, an Hand einer umfassenden Marktanalyse den günstigsten Anbieter zu ermitteln und ohne Rücksicht auf andere Erwägungen auch auszuwählen. Seine Auswahlentscheidung kann er bei vergleichbaren Seminarinhalten aber nicht vom Veranstalter selbst abhängig machen. Anzunehmen, der Betriebsrat dürfe trotz höherer Kosten berücksichtigen, dass gewerkschaftliche oder gewerkschaftsnahe Anbieter eine an den praktischen Bedürfnissen der Betriebsratsarbeit ausgerichtete Wissensvermittlung erwarten lassen und eine gemeinsame Gewerkschaftszugehörigkeit ein Klima gegenseitigen Vertrauens schafft, das den Schulungserfolg fördert, setzt hohe Floskeln und Gewerkschaftsförderung an die Stelle von klar begründbaren Kostenargumenten (BAG 15. 5. 1986, AP BetrVG 1972 § 37 Nr. 54; BAG 28. 6. 1995 AP BetrVG 1972 § 40 Nr. 48; dem BAG zustimmend *Fitting*, § 40 Rn. 74; wie hier GK-*Weber*, § 40 Rn. 59).

40 a Die Erforderlichkeit einer Schulungsmaßnahme kann bei erheblicher Preisdifferenz zu anderen Schulungsangeboten auch nicht allein damit begründet werden, dass dem Betriebsrat der Referent bereits auf Grund einer früheren Teilnahme von Betriebsratsmitgliedern an Schulungsveranstaltungen bekannt ist und in den Ausschreibungen anderer Veranstaltungen die Referenten nicht namentlich benannt sind (ebenso LAG Hamm 10. 12. 2008 – 10 TaBV 125/08, juris). Aus einer relativ geringfügig längeren Gesamtdauer einer Schulungsveranstaltung lässt sich nicht herleiten, dass es sich hierbei um eine intensivere oder gar qualitativ bessere Schulung handelt. Entscheidend ist diesbezüglich allein die tatsächliche Unterrichts- bzw. Schulungszeit, d. h. die tatsächliche Anzahl der Seminarstunden (zurecht streng LAG Rheinland-Pfalz 11. 7. 2007 – 8 TaBV 10/07, juris). Für die Verhältnismäßigkeit ist von Bedeutung, ob die Dauer der Schulung die Inanspruchnahme von Arbeitgeberleistungen rechtfertigt; ein übermäßiger Zeitaufwand bedeutet zugleich, dass der Kostenaufwand nicht dem Grundsatz der Verhältnismäßigkeit entspricht (vgl. auch BAG 27. 9. 1974 AP BetrVG 1972 § 37 Nr. 18; 8. 10. 1974 AP BetrVG 1972 § 40 Nr. 7). Die Kostenerstattungspflicht besteht nur insoweit, als die für eine Schulung anfallenden Kosten noch mit der Größe und Leistungsfähigkeit des Betriebs zu vereinbaren sind und der mit der Schulung erstrebte Zweck in einem vertretbaren Verhältnis zu den bisher für Schulungen aufgewandten oder noch aufzuwendenden Mitteln steht (so zutreffend BAG 8. 2. 1977 AP BetrVG 1972 § 37 Nr. 26).

Werden in einer Schulung neben Themen, die i. S. des § 37 Abs. 6 erforderlich sind, **41** auch **andere Themen** behandelt, so hat der Arbeitgeber nur die Kosten zu tragen, die zur Erlangung der für die Betriebsratsarbeit erforderlichen Kenntnisse entstehen (vgl. LAG Düsseldorf 26. 7. 1974, DB 1974, 2486); eine Ausnahme gilt nur, wenn man dem hier vertretenen Standpunkt folgt, dass die Kostenerstattungspflicht auch bei einer Teilnahme an Schulungen i. S. des § 37 Abs. 7 besteht und die Schulung als geeignet anerkannt ist, sofern das Betriebsratsmitglied für die Teilnahme den ihm in § 37 Abs. 7 eingeräumten Bildungsurlaub in Anspruch nimmt. Kann eine Schulung nicht teilweise besucht werden, so ist entscheidend, ob die i. S. des § 37 Abs. 6 erforderlichen Themen überwiegen (s. § 37 Rn. 96). Aber auch wenn dies der Fall ist, kann die Kostenbelastung, die durch die Teilnahme an einer derartigen Schulung entsteht, sich als unverhältnismäßig erweisen, so dass der Arbeitgeber nur einen Teil der Kosten zu erstatten braucht (ebenso BAG 28. 5. 1976 AP BetrVG 1972 § 37 Nr. 24).

V. Inhalt der Kostentragungspflicht

1. Gesetzliches Schuldverhältnis

Durch die Kostentragungspflicht entsteht ein **gesetzliches Schuldverhältnis zwischen** **42** **dem Arbeitgeber und dem Betriebsrat** (ebenso *Fitting*, § 40 Rn. 90; GK-*Weber*, § 40 Rn. 16; HSWGNR-*Glock*, § 40 Rn. 72 a; HWK-*Reichold*, § 40 Rn. 3; vor allem *Rosset*, Rechtssubjektivität des Betriebsrats, S. 42; *Dütz/Säcker*, DB Beil. 17/1972, 7). Gläubiger ist der Betriebsrat, der insoweit als vermögensfähig anzusehen ist. Soweit die Betriebsratsmitglieder wegen der Kostentragungspflicht des Arbeitgebers einen Anspruch auf Freistellung oder Aufwendungsersatz haben, handelt es sich um einen aus dem Kollektivanspruch des Betriebsrats abgeleiteten Individualanspruch des einzelnen Betriebsratsmitglieds gegen den Arbeitgeber (vgl. auch *Rosset*, a. a. O., S. 46).

Der Betriebsrat kann als primärer Gläubiger des Kostenerstattungsanspruchs entspre- **43** chend dem Grundgedanken des § 669 BGB für die ihm und seinen Mitgliedern voraussichtlich entstehenden Aufwendungen einen angemessenen **Vorschuss** verlangen (ebenso *Fitting*, § 40 Rn. 91; GK-*Weber*, § 40 Rn. 23; HSWGNR-*Glock*, § 40 Rn. 73; DKK-*Wedde*, § 40 Rn. 12; siehe auch ArbG Berlin 24. 10. 2007, AiB 2008, 613). Deshalb kann ihm ein Dispositionsfonds zur Verfügung gestellt werden, aus dem er die ihm oder seinen Mitgliedern entstehenden Kosten bezahlen kann (ebenso *Fitting*, a. a. O.; GK-*Weber*, § 40 Rn. 24; HSWGNR-*Glock*, § 40 Rn. 73 a; DKK-*Wedde*, § 40 Rn. 12; *Joost*, MünchArbR § 221 Rn. 26).

Durch die Kostentragungspflicht des Arbeitgebers hat der Betriebsrat **keine Verpflich-** **44** **tungsermächtigung** oder **Vertretungsmacht**, für den Arbeitgeber zu handeln. Der Betriebsrat hat vielmehr lediglich einen Freistellungsanspruch gegen den Arbeitgeber, soweit er Geschäfte innerhalb seines Wirkungskreises tätigt, die unter die Kostentragungspflicht des Arbeitgebers fallen. Beschließt der Betriebsrat allerdings seinen Freistellungsanspruch abzutreten an seinen Gläubiger, dann wandelt er sich mit dem ordnungsgemäßen Beschluss zu einem **Zahlungsanspruch** des Gläubigers gegen den Arbeitgeber (BAG 24. 10. 2001 AP BetrVG 1972 § 40 Nr. 71; BAG 13. 5. 1998 AP BetrVG 1972 § 80 Nr. 55; LAG Niedersachsen 24. 1. 2000 LAGE Nr. 65 zu § 40 BetrVG 1972 = NZA-RR 2000, 309).

Die Unabhängigkeit des Betriebsratsamtes gebietet, dass der Betriebsrat derartige **44a** Geschäfte **ohne Zustimmung des Arbeitgebers** tätigen kann. Daher liegt es nahe, wie den Freistellungsanspruch auch die Rechte und Pflichten aus diesen Rechtsgeschäften unmittelbar dem Betriebsrat zuzuordnen, für den der Betriebsratsvorsitzende oder sonst ein bevollmächtigtes Betriebsratsmitglied handelt. Die fehlende Rechtsfähigkeit des Betriebsrats wirkt sich dahin aus, dass derjenige, der für ihn handelt, persönlich haftet (analog § 54 Satz 2 BGB, § 41 Abs. 1 Satz 2 AktG, § 11 Abs. 2 GmbHG). Daraus folgt aber keineswegs, dass die Rechte nicht dem Betriebsrat, sondern nur den Betriebsratsmitgliedern zugeordnet werden können; denn diese sind weder als Bruchteilsgemeinschaft noch als Gesamthand anzusehen, zumal es auch nicht dem Gesetz entspricht, neben dem Betriebsrat unter vermögensrechtlichem Aspekt eine Gesamtheit der Betriebsratsmitglieder zu etablieren (s. auch Rn. 75). Die einfachste rechtsdogmatische Erklärung ist, den Betriebsrat in seinem Wirkungskreis als *teilrechtsfähig* und insoweit als vermögensfähig anzusehen (s. auch Einl. Rn. 106).

2. Problem des Pauschalaufwendungsersatzes

45 Der Arbeitgeber hat nur die **wirklich entstandenen Kosten** zu ersetzen.

46 **Die Vereinbarung eines Pauschalaufwendungsersatzes** ist daher **unzulässig**. Den Betriebsratsmitgliedern darf keine pauschale Aufwandsentschädigung ohne Rücksicht darauf gezahlt werden, ob im Einzelfall ein Betriebsratsmitglied wirklich Aufwendungen in dieser Höhe hat (ebenso RAG 2. 5. 1928 BenshSlg. 3, 13; bestätigt RAG 13. 4. 1929 BenshSlg. 6, 187, 192; weiterhin *Rick*, AuR 1956, 12; *Rüthers*, RdA 1976, 61, 63; tendenziell großzügiger *Kehrmann*, Festschrift Wlotzke, S. 357; anders das Ausland, s. *Thüsing*, NZA 2000, 700 [Niederlande]; *Junker*, 2001, 225, 240 [Frankreich]). Denn ist die Pauschalsumme größer als die tatsächlichen und wirklich notwendigen Aufwendungen des Betriebsratsmitglieds, so handelt es sich in Wahrheit um ein Entgelt für die Amtsführung. Sind dagegen die tatsächlichen und notwendigen Aufwendungen größer als der Pauschalbetrag, so kann die Differenz gefordert werden, denn **§ 40 Abs. 2 ist zwingendes Recht**, das (anders als § 38 Abs. 1, s. dort Rn. 20 ff.) nicht zur Disposition der Betriebsparteien oder der Tarifvertragsparteien steht (BAG 9. 6. 1999 AP BetrVG 1972 § 40 Nr. 66; *Fitting*, § 40 Rn. 3; GK-*Weber*, § 40 Rn. 4). Die Vereinbarung eines Pauschalaufwendungsersatzes wird zwar überwiegend für zulässig gehalten, wenn der Pauschalbetrag im Wesentlichen dem Durchschnitt der tatsächlich entstandenen Aufwendungen entspricht (vgl. *Brecht*, § 37 Rn. 4; *Fitting*, § 37 Rn. 10; GL-*Marienhagen*, 40 Rn. 2, 18; GK-*Weber*, § 40 Rn. 21; *Joost*, MünchArbR § 221 Rn. 24; HSWGNR-*Glock*, § 40 Rn. 77; DKK-*Wedde*, § 40 Rn. 11; *Nipperdey/Säcker* in *Hueck/Nipperdey*, Bd. II/2 S. 1165; *Neumann-Duesberg*, S. 328). Auch das BAG lässt die Vereinbarung einer Pauschalabgeltung zu, soweit durch sie regelmäßig wiederkehrende Aufwendungen abgedeckt werden (vgl. BAG 9. 11. 1955 AP KRG Art. IX Nr. 22 Nr. 1). Diese Auffassung kann jedoch nur unter Einschränkungen gebilligt werden. Die Festlegung eines einheitlichen Pauschalbetrages für alle Betriebsratsmitglieder ist nicht möglich; denn die Annahme, jedes Betriebsratsmitglied habe die gleichen Aufwendungen, widerspricht aller Erfahrung (so zutreffend *Rick*, AuR 1956, 12, 13). Andererseits ist nicht jede Pauschalierung unzulässig; es kommt vielmehr darauf an, ob bestimmte Aufwendungen nach der Verkehrsanschauung durch die Festlegung einer Pauschale abgegolten werden können, ohne dass darin die Gewährung eines Sondervorteils liegt (vgl. *Richardi*, Anm. zu AP ArbGG 1953 § 8 Nr. 2; ähnlich *Nikisch*, Bd. III S. 196). Daher kann für Reisen eine Reisekostenpauschale gezahlt werden, insbesondere, wenn im Betrieb auch sonst für Reisen der Arbeitnehmer eine pauschalierende Reisekostenordnung für die Erstattung der Aufwendungen zugrunde gelegt wird (s. auch Rn. 49 f.). Zulässig ist weiterhin die Gewährung eines Pauschalbetrages als Vorschuss auf die Erstattungsansprüche für erfahrungsgemäß in gleicher Höhe wiederkehrende Auslagen der Betriebsratsmitglieder (s. Rn. 43).

3. Ersatz von Betriebsratsauslagen

47 Soweit ein Betriebsratsmitglied Mittel ausgelegt hat, damit der Betriebsrat seine Aufgaben ordnungsgemäß erfüllen kann, muss der Arbeitgeber sie unter dem Gesichtspunkt

V. Inhalt der Kostentragungspflicht § 40

der **Geschäftsführung ohne Auftrag** ersetzen. Das gilt auch, wenn die Geschäftsbesorgung gegen den wirklichen oder mutmaßlichen Willen des Arbeitgebers erfolgt, sofern ohne die Geschäftsführung eine Betriebsratsaufgabe nicht ordnungsgemäß erfüllt werden kann (§ 679 BGB). Allerdings muss der Kostenaufwand erforderlich und verhältnismäßig sein (s. Rn. 6 ff.). Bei Sachaufwand ist zu berücksichtigen, dass der Arbeitgeber ihn nach Abs. 2 in erforderlichem Umfang zur Verfügung zu stellen hat. Der Betriebsrat darf sich ihn nicht eigenmächtig beschaffen (s. Rn. 61). Daraus folgt aber nicht, dass ein Anspruch auf Aufwendungsersatz unter dem Gesichtspunkt der Geschäftsführung ohne Auftrag ausscheidet (so GK-*Weber,* § 40 Rn. 112). Es darf lediglich ein der Geschäftsführung entgegenstehender Wille des Arbeitgebers nicht gebrochen werden. Aber auch insoweit ist eine Einschränkung geboten, wenn die Anschaffung von Sachmitteln notwendig und unaufschiebbar ist, damit der Betriebsrat überhaupt tätig werden kann.

4. Erstattung der persönlichen Aufwendungen eines Betriebsratsmitglieds

Zu den Kosten, die durch die Tätigkeit des Betriebsrats entstehen, gehören insbesondere auch die persönlichen Aufwendungen eines Betriebsratsmitglieds (s. Rn. 10 ff.). Vor allem bei ihnen ist zu beachten, dass der Arbeitgeber nur die Kosten zu tragen hat, die *wirklich* entstanden sind (s. Rn. 45), und die Aufwendungen *erforderlich* und *verhältnismäßig* sein müssen (s. Rn. 6 ff., 15). 48

Soweit **Reisen notwendig** sind, fehlt eine Regelung wie in § 44 Abs. 1 Satz 2 BPersVG, der für Personalratsmitglieder die Vergütung der Reisekosten nach dem Bundesreisekostengesetz anordnet, wobei die Bemessung einheitlich nach den für Beamte der Besoldungsgruppe A 15 geltenden Bestimmungen erfolgt. Besteht aber eine für alle Arbeitnehmer verbindliche **Reisekostenregelung,** so ergibt sich aus § 78 Satz 2, dass sie auch für Betriebsratsmitglieder verbindlich ist (ebenso BAG 17. 9. 1974 und 23. 6. 1975 AP BetrVG 1972 § 40 Nr. 6 und 10; 19. 1. 1989 AP BetrVG 1972 § 40 Nr. 28; zuletzt BAG 28. 3. 2007 AP BetrVG 1972 § 40 Nr. 89; *Fitting*, § 40 Rn. 54; GK-*Weber*, § 40 Rn. 40; DKK-*Wedde*, § 40 Rn. 45; *Däubler*, Schulung, Rn. 478). Reise- und Verpflegungskosten, die über die Grenze einer solchen Reisekostenregelung hinausgehen, sind daher nur erstattungsfähig, wenn das Betriebsratsmitglied die Höhe der Kosten nicht beeinflussen konnte. Etwa wenn der Seminarveranstalter die Übernachtungs- und Verpflegungskosten pauschal von den Teilnehmern fordert (LAG Baden-Württemberg 1. 2. 2006, EzA-SD 2006, Nr. 8, 10). Besteht hingegen keine besondere betriebliche Reisekostenregelung, ist es aber üblich, für die Erstattung der Reisekosten die Lohnsteuerrichtlinien zugrunde zu legen, so gilt dies auch für Betriebsratsmitglieder (ebenso BAG 29. 1. 1974 AP BetrVG 1972 § 37 Nr. 8). Die Reisekostenvergütung erfolgt anders als nach § 44 Abs. 1 Satz 2 BPersVG nicht für alle Betriebsratsmitglieder einheitlich nach derselben Bemessungsgrundlage (ebenso BAG 23. 6. 1975 AP BetrVG 1972 § 40 Nr. 10); aus § 78 Satz 2 ergibt sich vielmehr, dass ein Betriebsratsmitglied Reisekostenerstattung nur in dem Umfang verlangen kann, der ihm auch sonst bei einer Außentätigkeit gewährt wird (ebenso BAG 17. 9. 1974 und 23. 6. 1975 AP BetrVG 1972 § 40 Nr. 6 und 10). Betriebsratsmitglieder haben daher Anspruch auf Benutzung der 1. Klasse der Bundesbahn nur, wenn der Arbeitgeber ihnen oder vergleichbaren Arbeitnehmern bei Reisen im betrieblichen Interesse die Vergütung für die 1. Klasse gewährt (ebenso BAG 29. 4. 1975 AP BetrVG 1972 § 40 Nr. 9). Mehraufwendungen muss daher ein Betriebsratsmitglied selbst tragen. 49

Eine Einschränkung ergibt sich allerdings insoweit, als bei **Reisen mehrerer Betriebsratsmitglieder** zur gleichen Veranstaltung eine Differenzierung nach der Stellung im Betrieb nicht zugemutet werden kann. Es würde dem Geist der Zusammenarbeit völlig widersprechen, wenn bei einer auswärtigen Sitzung oder Schulung das Betriebsratsmitglied, das Angestellter ist, in dem seiner sonstigen Lebensweise entsprechenden Hotel, der Arbeiter dagegen in einem anderen seiner Lebensweise entsprechenden Gasthof sein Abendbrot einnehmen würde. Sofern in einem derartigen Fall keine besondere Verein- 50 barung mit dem Arbeitgeber getroffen wird, ist für die Reisekostenvergütung der gemeinsam fahrenden Betriebsratsmitglieder eine mittlere Bemessung zugrunde zu legen, die auch noch einem Betriebsratsmitglied zumutbar ist, das sonst eine höhere Aufwandsentschädigung verlangen kann (ebenso im Ergebnis *Fitting*, § 40 Rn. 55; DKK-*Wedde*, § 40 Rn. 49; a. A. GK-*Weber*, § 40 Rn. 42).

51 Erfolgt die Reisekostenvergütung nicht nach Pauschalbeträgen, so sind die **Aufwendungen im Einzelnen nachzuweisen** (ebenso *Fitting*, § 40 Rn. 56; GK-*Weber*, § 40 Rn. 44). Werden eigene **Aufwendungen erspart**, so sind sie anzurechnen, z. B. bei der Geltendmachung von Verzehrkosten die *Haushaltsersparnis* (vgl. BAG 29. 1. 1974 AP BetrVG 1972 § 37 Nr. 8; BAG 30. 3. 1994 AP BetrVG 1972 § 40 Nr. 42, BAG 28. 6. 1995 AP BetrVG 1972 § 40 Nr. 48; zuletzt BAG 28. 3. 2007 AP BetrVG 1972 § 40 Nr. 89; s. auch LAG Baden-Württemberg 20. 9. 2007 – 11 TaBV 5/07, juris); wenn aber der geltend gemachte Tagessatz nicht den Pauschalbetrag für Mehraufwendungs- und Übernachtungskosten innerhalb der steuerlich anzuerkennenden steuerfreien Pauschalbeträge überschreitet, findet kein Abzug für Haushaltsersparnis statt, weil sie bereits in der Kostenpauschale berücksichtigt ist (vgl. BAG 29. 1. 1974 AP BetrVG 1972 § 37 Nr. 9; s. auch LAG Nürnberg 26. 7. 2004, AR-Blattei ES 530.8.1 Nr 90 für eine Orientierung an § 1 Abs 1 und Abs 3 SachbezVO; LAG Hamm 13. 1. 2006, NZA-RR 2006, 249; ähnlich LAG Nürnberg 12. 2. 2003, ARST 2003, 244; strenger noch LAG Baden-Württemberg 6. 2. 2003 – 19 TaBV 3/02, juris; LAG Baden-Württemberg 20. 9. 2007 – 11 TaBV 5/07, juris). Bei Hotelkosten ist demnach grundsätzlich zwischen **Übernachtungs- und Verpflegungskosten** zu unterscheiden. Aus einem einheitlichen Preis für Vollpension sind zur Ermittlung der grundsätzlich voll erstattungsfähigen Übernachtungskosten die Kosten für Verpflegung und Getränke herauszurechnen. Verpflegungskosten sind nur in Höhe der steuerlichen Verpflegungsbeträge erstattungsfähig, also nur insoweit, als in ihnen kein Lohnbestandteil enthalten ist, es sei denn, es besteht eine weitergehende betriebliche Reisekostenregelung (LAG Köln 11. 4. 2002, ZTR 2002, 504). Die Lohnsteuerrichtlinien finden zwar unmittelbar keine Anwendung, doch vermitteln sie Erfahrungswerte (ebenso BAG 29. 4. 1975 AP BetrVG 1972 § 40 Nr. 9). Zusätzliche Aufwendungen für Getränke und Tabakwaren gehören zu den Kosten der persönlichen Lebensführung und sind daher nicht nach Abs. 1 erstattungsfähig, auch wenn sie anlässlich einer Schulungsveranstaltung für Betriebsratsmitglieder entstanden sind (ebenso BAG 21. 5. 1974 AP BetrVG 1972 § 37 Nr. 12; vgl. auch BAG 29. 1. 1974 AP BetrVG 1972 § 40 Nr. 5).

52 Bei **Teilnahme an einer Schulung** gehören zu den Aufwendungen, die dem Betriebsratsmitglied zu erstatten sind, nicht nur die Fahr- und Verpflegungskosten, sondern auch **weitere Auslagen**, soweit sie notwendig sind, um an der Schulung teilzunehmen. Bei gewerkschaftlichen oder gewerkschaftsnahen Schulungsträgern ist die Kostenerstattungspflicht des Arbeitgebers durch den koalitionsrechtlichen Grundsatz eingeschränkt, dass aus den Schulungsveranstaltungen kein Gewinn erzielt werden darf (s. Rn. 36 ff.). Das Honorar für einen Referenten kann deshalb nur anteilig auf die Schulungsteilnehmer umgelegt werden, wenn es zusätzlich anfällt (vgl. BAG 3. 4. 1979 AP BetrVG 1972 § 40 Nr. 17). **Stornokosten**, die dadurch entstanden sind, dass ein Betriebsratsmitglied die zunächst angemeldete Teilnahme an einer Schulung wieder abgesagt hat, sind vom Arbeitgeber allenfalls dann zu erstatten, wenn im Falle der Teilnahme die Schulungskosten erstattungspflichtig gewesen wären (LAG Köln 18. 1. 2002, AuR 2002, 357). Zudem muss der Betriebsrat prüfen, ob ein anderes Mitglied sinnvollerweise die Schulung warnehmen kann, und auch darf die Stornierung nicht bei Buchung voraussehbar gewesen sein.

5. Unfallschäden als Aufwendungen

53 Den Kosten, die durch die Tätigkeit des Betriebsrats entstehen, sind Schäden zuzuordnen, die ein Betriebsratsmitglied in Ausübung seines Amtes unfreiwillig erleidet. Man

kann insoweit auf die Rechtsprechung zu § 670 BGB zurückgreifen, nach der der Aufwendungsersatz auch die Erstattung von Schäden umfasst, wenn mit der Ausführung des Auftrags die Gefahr eines derartigen Schadens notwendig verbunden oder mit ihr zu rechnen war (vgl. RG 26. 2. 1920 RGZ 98, 195, 199 f.; BGH 7. 11. 1960 und 27. 11. 1962 BGHZ 33, 251, 257 und 38, 270, 277; BAG [GS] 10. 11. 1961 AP BGB § 611 Nr. 2 Gefährdungshaftung des Arbeitgebers; ebenso GK-*Weber*, § 40 Rn. 78). Ersatz des Zufallsschadens kann aber nur verlangt werden, wenn ein adäquater Zusammenhang mit der Betriebsratstätigkeit besteht, der Schaden also auf ein besonderes, ein tätigkeitsspezifisches Risiko zurückzuführen ist (so allgemein *Canaris*, RdA 1966, 41, 46, 48, für das Prinzip der Risikohaftung bei Tätigkeit in fremdem Interesse; das Betriebsratsmitglied wird zwar nicht im Interesse des Arbeitgebers tätig, sondern in Erfüllung seiner Amtsobliegenheiten; hier greift jedoch § 40 ein, der mit der Kostenlast auch das Risiko auf den Arbeitgeber überwälzt).

Soweit es sich um **Personenschäden** handelt, greift aber das **sozialversicherungsrechtliche Haftungsprivileg** nach § 104 Abs. 1 SGB VII für den Unternehmer ein. Ein Unfall bei der Ausübung einer Tätigkeit als Betriebsratsmitglied ist nämlich zugleich ein *Arbeitsunfall* nach § 8 Abs. 1 i. V. mit § 2 Abs. 1 Nr. 1 SGB VII, so dass ein Anspruch auf Leistungen aus der gesetzlichen Unfallversicherung besteht. Das Betriebsratsmitglied kann daher auch nicht über eine analoge Anwendung des § 670 BGB zu einem Anspruch auf „Schadensersatz" gelangen, soweit der Haftungsausschluss nach den §§ 104, 105 SGB VII besteht (ebenso GK-*Weber*, § 40 Rn. 80; *Hanau*, RdA 1979, 324, 326). 54

Bei einem **Unfallschaden am eigenen Pkw** kann das Betriebsratsmitglied Ersatz verlangen, wenn der Arbeitgeber die Benutzung ausdrücklich gewünscht hat oder diese erforderlich war, damit das Betriebsratsmitglied seine gesetzlichen Aufgaben wahrnehmen konnte (BAG 3. 3. 1983 AP BetrVG 1972 § 20 Nr. 8 [zust. *Löwisch*]; ebenso GK-*Weber*, § 40 Rn. 79; HWK-*Reichold*, § 40 Rn. 18; s. auch LAG Hamm 16. 4. 1997, BB 1997, 2007). Die Rechtsprechung geht damit weiter als bei § 670 BGB und die hierzu entwickelte Unterscheidung zwischen allgemeinem Lebensrisiko und handlungsspezifischer Gefährdung, die auf Schäden angewandt wird, die ein Arbeitnehmer während einer Dienstfahrt am eigenen PKW erleidet (s. BAG 8. 5. 1980 AP BGB § 611 Nr. 6 Gefährdungshaftung). Das ist von der Sache nicht zwingend geboten, insbesondere ergibt sich dies nicht aus dem Begriff der Kosten, wie das BAG argumentiert: Wo sich das allgemeine Lebensrisiko verwirklicht, handelt es sich um Kosten, aber nicht um Kosten gerade der Betriebsratsarbeit. Viel spricht daher dafür, die Dienstfahrt des Betriebsrats und die Dienstfahrt des Arbeitnehmers gleich zu behandeln (ebenso *Fitting*, § 40 Rn. 46; ErfK-*Eisemann/Koch*, § 40 Rn. 7). 55

6. Ausschlussfristen und Verjährung

Da der Anspruch auf Kostenerstattung sich aus dem Betriebsratsamt ergibt, unterliegt er **nicht** einer **tarifvertraglichen Ausschlussfrist**, nach der alle Ansprüche aus dem Arbeitsverhältnis verfallen, wenn sie nicht innerhalb einer Frist nach Fälligkeit geltend gemacht werden (ebenso BAG 30. 1. 1973 AP BetrVG 1972 § 40 Nr. 3 [zust. *Buchner*]). Es gilt die regelmäßige Verjährungsfrist von drei Jahren (§§ 195, 199 BGB). Eine Verwirkung kommt nur in Betracht, wenn die verspätete Geltendmachung Treu und Glauben widerspricht und daher eine unzulässige Rechtsausübung darstellt (vgl. BAG 14. 11. 1978 AP BGB § 242 Nr. 39 Verwirkung; LAG Schleswig-Holstein 31. 5. 1976, BB 1976, 1418). 56

7. Pfändung und Abtretung

Der Anspruch auf Kostenerstattung ist **nicht pfändbar** (§ 850a Nr. 3 ZPO). Daher kann gegenüber dieser Forderung auch nicht aufgerechnet werden (LAG Hamm 15. 6. 2005 ArbuR 2006, 74). Trotz § 400 BGB kann aber der Anspruch **abgetreten** werden, 57 wenn der Zessionar dem Betriebsratsmitglied für die abgetretene Forderung einen Barbetrag in deren Höhe gewährt, weil insoweit der Schutzzweck des § 400 BGB einer Abtretung nicht entgegensteht (grundlegend BGH [GSZ] 10. 12. 1951 BGHZ 4, 153). Daher kann die Forderung auf Kostenerstattung an eine Gewerkschaft abgetreten werden, wenn sie dem Betriebsratsmitglied die ihm entstandenen Aufwendungen erstattet (ebenso BAG 30. 1. 1973 AP BetrVG 1972 § 40 Nr. 3; bestätigt BAG 29. 1. 1974 AP BetrVG 1972 § 40 Nr. 5; 15. 1. 1992 AP BetrVG 1972 § 40 Nr. 41). Der Anspruch bleibt ein betriebsverfassungsrechtlicher Anspruch und ist daher von dem Zessionar im Beschlussverfahren geltend zu machen (so auch BAG, a. a. O.; vgl. auch *Kraft,* Anm. zu AP BetrVG 1972 § 40 Nr. 5; *Etzel,* RdA 1974, 215, 218). Ansprüche des Betriebsrats auf Freistellung von Honorarforderungen eines Rechtsanwalts gehen mit der Auflösung des Betriebsrats nicht ersatzlos unter. Der ehemalige Betriebsrat in seiner letzten Besetzung kann sie etwa an den beauftragten Rechtsanwalt abtreten; hierdurch wandeln sich die Freistellungsansprüche in Zahlungsansprüche des Rechtsanwalts gegen den Arbeitgeber um (BAG 24. 10. 2001 AP BetrVG 1972 § 40 Nr. 71).

8. Zinsen

58   Erstattet der Arbeitgeber die einem Betriebsratsmitglied entstehenden Aufwendungen trotz einer Mahnung oder innerhalb von 30 Tagen nach Erhalt einer Zahlungsaufstellung nicht, so fällt er in **Schuldnerverzug** (§ 286 Abs. 1 und Abs. 3 BGB). Der Kostenerstattungsanspruch ist, sofern Aufwendungen geltend gemacht werden, die bereits entstanden sind, z. B. das Betriebsratsmitglied eine von ihm eingegangene Verbindlichkeit bereits erfüllt hat oder Reisekosten gemacht hat, während des Verzuges, spätestens vom Eintritt der Rechtshängigkeit an, mit acht Prozentpunkten über den Basiszinssatz nach § 247 BGB zu verzinsen (§§ 288 Abs. 2, 291 BGB; ebenso BAG 18. 1. 1989 AP BetrVG 1972 § 40 Nr. 28 unter Aufgabe von BAG 21. 11. 1978 und 24. 7. 1979 AP BetrVG 1972 § 37 Nr. 35 und BetrVG 1972 § 51 Nr. 1; *Fitting,* § 40 Rn. 94; GK-*Weber,* § 40 Rn. 19). § 288 Abs. 2 BGB ist anwendbar, da das Betriebsratsmitglied kein Verbraucher ist. Die Anwendung des § 288 Abs. 2 BGB ist jedoch sinnwidrig; die Vorschrift bezweckt, das Interesse von Kaufleuten und Unternehmern an einer zeitnahmen Verfügbarkeit von Geld zu schützen. Hat das Betriebsratsmitglied eine Verbindlichkeit noch nicht erfüllt, so ist der Anspruch auf Übernahme der Kosten ein *Freistellungsanspruch,* auf den, weil er keine Geldschuld darstellt, § 288, 291 BGB bereits keine Anwendung finden (insoweit zutreffend BAG AP BetrVG 1972 § 37 Nr. 35; und AP BetrVG 1972 § 51 Nr. 1). Kommt es deshalb gegenüber seinem Gläubiger in Verzug, so umfasst der Freistellungsanspruch aber auch die Verzugszinsen, die es ihm zu zahlen hat (ebenso BAG 3. 10. 1978 AP BetrVG 1972 § 40 Nr. 14). Gleiches gilt, falls der Gläubiger das Betriebsratsmitglied verklagt, für die ihm von dem Eintritt der Rechtshängigkeit an zustehenden Prozesszinsen (ebenso *Fitting,* § 40 Rn. 94; GK-*Weber,* § 40 Rn. 19).

9. Insolvenz des Arbeitgebers

59   In der Insolvenz des Arbeitgebers sind bei Eröffnung des Insolvenzverfahrens bereits begründete Kostenerstattungsansprüche **einfache Insolvenzforderungen** (ebenso bereits zur KO: BAG 16. 10. 1986 AP BetrVG 1972 § 40 Nr. 26 [*Uhlenbruck*] unter Aufgabe von BAG 12. 2. 1965 AP BetrVG § 39 Nr. 1).

Kostenerstattungsansprüche, die *nach* Insolvenzeröffnung durch die Betriebsratstätigkeit entstehen, sind **Massenschulden nach § 55 Abs. 1 Nr. 1 InsO,** wenn die Betriebsratstätigkeit durch Handlungen des Insolvenzverwalters veranlasst wird, um das Vermögen des Gemeinschuldners zu erfassen, zu verwalten und zu verwerten (vgl. LAG Hamm, EzA § 40 BetrVG 1972 Nr. 42; *Fitting,* § 40 Rn. 102; zu den Kosten einer Einigungsstelle, die im Konkurs einen Sozialplan aufzustellen hat, BAG 15. 12. 1978 AP BetrVG 1972 § 76 Nr. 5). Kostenerstattungsansprüche, die nach Eröffnung des Insolvenzverfahrens durch die Betriebsratstätigkeit aus einem anderen Grund entstehen, sind Masseschulden in entsprechender Anwendung des § 55 Abs. 1 Nr. 2 Alt. 2 InsO (LAG München 10. 5. 2007, ZIP 2008, 35; GK-*Wiese/Weber*, § 40 Rn. 198); jedoch sind in diesem Fall an die Erforderlichkeit und Verhältnismäßigkeit des Kostenaufwandes strenge Maßstäbe zu stellen. Nimmt der Insolvenzverwalter ein vom Arbeitgeber eingeleitetes, in erster Instanz anhängiges, durch die Eröffnung des Insolvenzverfahrens über das Vermögen des Arbeitgebers nach § 240 ZPO unterbrochenes arbeitsgerichtliches Beschlussverfahren auf und führt dieses fort, sind die dem Betriebsrat entstandenen, nach § 40 Abs 1 BetrVG vom Arbeitgeber zu tragenden Rechtsanwaltskosten Masseverbindlichkeiten nach § 55 Abs 1 Nr 1 InsO. Das gilt auch für Rechtsanwaltsgebühren, die bereits vor Eröffnung des Insolvenzverfahrens entstanden sind (BAG 17. 8. 2005 AP InsO § 55 Nr. 10 = NZA 2006, 109).

Zur Gesamtvollstreckungsordnung und zur Konkursordnung s. 7. Aufl. Rn. 56 f. **60**

VI. Bereitstellung von Räumen, Sachmitteln, Informations- und Kommunikationstechnik sowie Büropersonal

1. Verhältnis von Abs. 2 zu Abs. 1

Während Abs. 1 die allgemeine Regelung über die Kostentragung für Betriebsratstä- **61** tigkeit enthält, bestimmt Abs. 2, dass für die Sitzungen, die Sprechstunden und die laufende Geschäftsführung der **Arbeitgeber** in erforderlichem Umfang **Räume, sachliche Mittel und Büropersonal zur Verfügung zu stellen** hat. Die von ihm hierzu erforderlichen Handlungen müssen also von ihm selbst vorgenommen werden. Nach dem BAG enthält daher Abs. 2 keine Konkretisierung der in Abs. 1 enthaltenen Kostentragungspflicht, sondern ist eine **Sonderregelung**, die in ihrer Rechtswirkung die Anwendung von Abs. 1 ausschließt (BAG 21. 4. 1983 AP BetrVG 1972 § 40 Nr. 20 *[Naendrup]*; vgl. auch *Kreutz*, EzA § 40 BetrVG 1972 Nr. 53, S. 267 ff.). Dem BAG ist darin zu folgen, dass Abs. 2 eine *eigenständige Regelung* enthält. Soweit der Arbeitgeber verpflichtet wird, Räume, sachliche Mittel und Büropersonal zur Verfügung zu stellen, wird dadurch zugleich festgelegt, dass der Betriebsrat nicht berechtigt ist, sie sich *eigenmächtig* zu beschaffen (so zutreffend *Kreutz*, a. a. O., S. 268).

Der Arbeitgeber hat Räume, sachliche Mittel und Büropersonal in **erforderlichem** **62** **Umfang** zur Verfügung zu stellen. Kommt er dieser Verpflichtung nicht nach, so kann der Betriebsrat nach § 85 Abs. 2 ArbGG eine **einstweilige Verfügung** erwirken (ebenso *Fitting*, § 40 Rn. 105). Dadurch wird nicht ausgeschlossen, dass ein Betriebsratsmitglied für den Arbeitgeber unter dem Gesichtspunkt der Geschäftsführung ohne Auftrag tätig wird und insoweit Aufwendungsersatz verlangen kann (s. Rn. 47).

2. Bereitstellung von Räumen

Von der Größe des Betriebs und von den Besonderheiten der Aufgaben hängt ab, ob **63** dem Betriebsrat **Räume im Betrieb** ausschließlich oder nur zu bestimmten Zeiten überlassen werden müssen (ebenso *Fitting*, § 40 Rn. 108; GK-*Weber*, § 40 Rn. 120). Nur in besonders gelagerten Fällen genügt es, wenn der Arbeitgeber Räume außerhalb des Betriebsgebäudes zur Verfügung stellt; entscheidend ist, ob wegen der Art des Betriebs der Betriebsrat durch eine Unterbringung an einem anderen Ort in der Wahrnehmung seiner Aufgaben nicht behindert wird. Die Zurverfügungstellung eines allgemeinen Pausenraums, der auf Grund von Schichtarbeit von der Belegschaft ständig genutzt wird, ist als Notlösung nur dann ausreichend, wenn alle anderen Möglichkeiten unter Einschluss der Anmietung einer geeigneten Räumlichkeit in der Nähe unmöglich oder unzumutbar sind und deshalb ausscheiden (LAG München 8. 7. 2005 – 3 TaBV 79/03, juris).

63 a Auch die Größe der überlassenen Räumlichkeiten muss sich an den Besonderheiten des Betriebes orientieren. Sie ist so zu bemessen, dass eine ordnungsgemäße Erfüllung der Aufgaben des Betriebsrates gewährleistet ist. Von der instanzgerichtlichen Rechtsprechung wurde einem dreiköpfigen Betriebsrat ein Anspruch auf einen Büroraum mit einer Grundfläche von mindestens 9qm zugebilligt (LAG München 8. 7. 2005 – 3 TaBV 79/03, juris). Für einen fünfköpfigen Betriebsrat wird eine Grundfläche von mindestens 20 qm als notwendig erachtet (LAG Schleswig-Holstein 19. 9. 2007, NZA-RR 2008, 187).

64 Die Verpflichtung zur Bereitstellung von Räumen umfasst auch deren **Einrichtung, Beleuchtung und Heizung.** Die Räume müssen funktionsgerecht ausgestattet sein und dem betrieblichen Standard entsprechen (ebenso *Fitting*, § 40 Rn. 109; *Kort*, NZA 1990, 598; *Ehrich/Hoß*, NZA 1996, S. 1075, 1082; siehe auch LAG Schleswig-Holstein 19. 9. 2007, NZA-RR 2008, 187). Die Räume, insbesondere auch Besprechungsräume, müssen optisch und akustisch soweit abgeschirmt sein, dass sie von Zufallszeugen von außen nicht eingesehen oder abgehört werden können (LAG Schleswig-Holstein 19. 9. 2007, NZA-RR 2008, 187; LAG Köln vom 19. 1. 2001, NZA-RR 2001, 482; ArbG Frankfurt 3. 12. 2002, AuR 2003, 124).

65 Das **Hausrecht** in den Räumen steht dem Betriebsrat zu, solange sie ihm für seine Sitzungen, Sprechstunden oder sonstige Geschäftätigkeit zur Verfügung gestellt sind (ebenso *Fitting*, § 40 Rn. 112; GK-*Weber*, § 40 Rn. 123; HSWGNR-*Glock*, § 40 Rn. 84; DKK-*Wedde*, § 40 Rn. 92). Das bedeutet aber nicht, dass dem Arbeitgeber jede Verfügungsmacht über diese Räume genommen ist. Er kann dem Betriebsrat andere Räume zur Verfügung stellen, wenn er die bisher von diesem benutzten Räume zu anderen betrieblichen Zwecken benötigt (ebenso *Fitting, Marienhagen, Glock*, jeweils a. a. O.; GK-*Weber*, § 40 Rn. 123). Das Hausrecht steht dem Betriebsrat auch nur insoweit zu, als für ihn die Räume zur Erfüllung seiner Aufgaben erforderlich sind. Der Betriebsrat kann deshalb nicht allgemein und ohne weiteres vom Arbeitgeber verlangen, dass dieser vom Betriebsrat eingeladenen Journalisten Zutritt zum Betriebsratsbüro auf dem Betriebsgelände gewährt (ebenso BAG 18. 9. 1991 AP BetrVG 1972 § 40 Nr. 40).

3. Bereitstellung von Sachmitteln sowie Informations- und Kommunikationstechnik

66 a) Zu den sachlichen Mitteln, die der Betriebsrat zur ordentlichen Erfüllung seiner Aufgaben braucht, gehören auch die erforderlichen Kommunikationsmittel. Zur Begründung der Erforderlichkeit reicht nicht der Hinweis, ein bestimmtes Kommunikationsmittel gehöre zur Grund- bzw. Normalausstattung eines Büros, oder die Vermutung, es diene einer rationellen Betriebsratsarbeit. Vielmehr müssen – wie allgemein – die laufenden Aufgaben der Geschäftsführung ohne die beanspruchten Mittel nicht mehr sachgerecht erfüllt werden können. Dieser Maßstab gilt für alle Sachmittel, auch wenn die Rechtsprechung ihn in unterschiedlicher Prüfungsdichte auf die unterschiedlichen Sachmittel anwendet. Indizien, die nach der Rechtsprechung herangezogen werden, sind die Größe, die Art und die technische Ausstattung des Betriebs sowie die Möglichkeit der Mitbenutzung bereits vorhandener Geräte des Arbeitgebers (s. auch *Beckschulze*, DB 1998, 1815).

66 a b) **Schreibpapier** (vgl. LAG Frankfurt a. M. 28. 3. 1973, DB 1973, 2451), **Schreibmaschinen** und verschliessbare Vorrichtungen zur Aufbewahrung der Akten und sonstigen Unterlagen sind stets erforderlich. Soweit keine zentrale Freistempelung besteht, sind die Briefmarken zu überlassen.

67 c) **Die Mitbenutzung des Telefons** ist zu gestatten, wobei je nach Umfang und Art des Betriebs ein Nebenanschluss einzurichten ist, der einen ungestörten Fernsprechverkehr auch nach außen ermöglicht. Nicht verlangt werden kann ein eigener Amtsanschluss (ebenso BAG 1. 8. 1990 AP ZA-NATO-Truppenstatut Art. 56 Nr. 11 = AuR 1991, 188

[*Wohlgemuth*]; LAG Frankfurt a. M. 18. 3. 1986, NZA 1986, 650; *Kort,* NZA 1990, 598; a. A. in größeren Betrieben *Fitting,* § 40 Rn. 128; jetzt auch GK-*Weber,* § 40 Rn. 156; sowie bei Betrieben mit räumlich von einander entfernten Verkaufsstellen BAG 19. 1. 2005, ZBVR 2005, 110; ähnlich LAG Baden-Württemberg 30. 4. 2008, DB 2008, 1440). Soweit im Betrieb vorhanden, ist dem Betriebsrat zu gestatten, ein **Telefax**-Gerät zu benutzen (LAG Rheinland-Pfalz 8. 10. 1997, NZA-RR 1998, 403 = BB 1998, 1211; s. aber LAG Hamm 14. 5. 1997, BB 1997, 2052: Anspruch auf eigenes Fax, wenn Mitbenutzung unzumutbar, insb. wenn Faxnummern und/oder Text gespeichert wird; ebenso ArbG Braunschweig 14. 10. 1998, NZA-RR 1999, 489; für einen Anspruch auf ein eigenes Telefax, wenn Betrieb insgesamt 6 Geräte vorhanden sind und eine Kommunikation über Telefax zum betrieblichen Standard gehört LAG Niedersachwen 27. 5. 2002, NZA-RR 2003, 250). Auch bei der Anschaffung von Faxgeräten für den Betriebsrat ist die Überprüfung der Erforderlichkeit im konkreten Einzelfall nicht entbehrlich (a. A. LAG Hamm, 14. 5. 1997 LAGE § 40 BetrVG 1972 Nr 59; wie hier LAG Hamm 6. 6. 2001 – 10 TaBV 85/00, juris; s. auch BAG, 12. 5. 1999, AP BetrVG 1972 § 40 Nr 65; BAG, 9. 6. 1999, AP BetrVG 1972 § 40. Nr. 66; BAG 15. 11. 2000, 7 ABR 9/99, AuA 2001, 38). Der Arbeitgeber ist berechtigt, den Telefon- und Telefaxanschluss des Betriebsrats an eine Computeranlage zu binden, um die Fernsprecheinheiten zu zählen. Ein Abhören zur Kontrolle ist nicht zulässig. Auch die Unterbrechung mittels einer Aufschaltanlage hat nicht nur das Persönlichkeitsrecht der Gesprächspartner zu respektieren (vgl. BAG 1. 3. 1973 AP BGB § 611 Nr. 1 Persönlichkeitsrecht [*Wiese*]), sondern ist, da Telefongespräche des Betriebsrats keine Privatgespräche sind, wegen des Behinderungsverbots nur zulässig, wenn ein besonderer Anlass besteht (ebenso *Wiese,* Anm. zu AP BGB § 611 Nr. 1 Persönlichkeitsrecht). Ebenso wichtig wie das Erreichen können ist die **Erreichbarkeit des Betriebsrats:** Der Betriebsrat kann einen Anspruch gegen den Arbeitgeber haben, eine an den Arbeitsplätzen der einzelnen Betriebsratsmitglieder vorhandene Telefonanlage fernsprechtechnisch so einrichten zu lassen, dass die Arbeitnehmer des Betriebs dort anrufen können (BAG 27. 11. 2002, Nr 75, 76 zu § 40 BetrVG 1972) Der Informations- und Meinungsaustausch zwischen Betriebsrat und Arbeitnehmer bei räumlich weit voneinander liegenden Verkaufsstellen ist ohne die Möglichkeit einer telefonischen Kontaktaufnahme beeinträchtigt.

d) Soweit im Betrieb **Kopiergeräte** bestehen, darf der Betriebsrat sie mitbenutzen. Der **68** Arbeitgeber kann ihm dies nur verwehren, wenn er ihm ein eigenes Kopiergerät zur Verfügung stellt. Gleiches gilt für die Mitbenutzung eines **Computers** (ebenso LAG Düsseldorf 6. 1. 1995, LAGE Nr. 45 zu § 40 BetrVG 1972 = BB 1995, 879; *Fitting,* § 40 Rn. 131; GK-*Weber,* § 40 Rn. 127, 153 f.). Ist ein hinreichender Bedarf vorhanden – was oftmals der Fall sein wird – sind dem Betriebsrat eigene Computer zur Verfügung zu stellen. Dies bietet sich an, insbesondere schon damit eine hinreichende Vertraulichkeit seiner Daten gewährleistet werden kann (ebenso *Fitting,* § 40 Rn. 131). Die Rechtsprechung ist hier tendenziell streng: Der Bedarf ist konkret darzulegen (BAG 11. 3. 1998 AP BetrVG 1972 § 40 Nr. 57; BAG 11. 11. 1998 AP BetrVG 1972 § 40 Nr. 64; BAG 3. 9. 2003 AP BetrVG 1972 § 40 Nr. 79; BAG 1. 12. 2004 AP BetrVG 1972 § 40 Nr. 82; BAG 16. 5. 2007 AP BetrVG 1972 § 40 Nr 90). Die bloße Erleichterung der Betriebsratsarbeit oder der Verweis darauf, dass ein PC heutzutage zur Grundausstattung gehört, reicht nicht aus (so jedenfalls noch BAG 11. 3. 1998 AP BetrVG 1972 § 40 Nr. 57; ebenso aber immer noch BAG 16. 5. 2007 AP BetrVG 1972 § 40 Nr 90; siehe auch LAG Düsseldorf 23. 8. 2005, NZA-RR 2006, 139). Vielmehr besteht ein Anspruch erst, wenn der Betriebsrat andernfalls seine gesetzlichen Pflichten nicht erfüllen könnte (BAG 12. 5. 1999 AP BetrVG 1972 § 40 Nr. 65 – selbst für den Fall eines mehrköpfigen Betriebsrats; abwägend LAG Köln 29. 4. 2002, ZTR 2002, 554). Nicht auszureichend ist es, wenn der Betriebsrat ihm obliegende Aufgaben mit Hilfe eines PC effektiver und rationeller erledigen kann als mit einem anderen ihm bereits zur Verfügung stehenden Sachmittel (BAG 16. 5. 2007 AP BetrVG 1972 § 40 Nr 90). Obwohl die Gesetzesänderung durch das BetrVerf-Reformgesetz vom 23. 7. 2001 nur deklaratorischen Charakter hat, und das bestehende Recht nicht ändert (s. Rn. 1), kann der Hinweis in den Gesetzgebungsmaterialien auf die Bereitstellung gerade von Computern als ein Wegweiser verstanden werden, mit deren zunehmender Verbreitung auch dem Betriebsrat eher entgegen zu kommen (s. auch *Däubler,* AuR 2001, 5; LAG Düsseldorf 21. 11. 2002, FA 2003, 151). Alles andere stünde in einem Widerspruch zur tendenziell großzügigeren Rechtsprechung beim Ersatz etwa von Fachliteratur, s. Rn. 69 f. In kleineren Betrieben sind höhere Anforderungen an die Darlegung des Betriebsrats zu stellen als in größeren (s. aber repräsentativ für die neuere Rechtsprechung Hessisches LAG 7. 2. 2008- 9 TaBV 247/07, juris: „Die Benutzung eines PC durch den Betriebsrat ist für einen vernünftigen und angemessenen Einsatz menschlicher Arbeitskraft unabdingbar"; stärker auf die konkreten Gegebenheiten des Betrieb abstellend LAG München 19. 12. 2007 – 11 TaBV 45/07, juris; aus der älteren Rechtsprechung s. u. a. LAG Nürnberg 8. 3. 1999, NZA-RR 1999, 310; LAG Düsseldorf 6. 1. 1995, LAGE Nr. 45 zu § 40 BetrVG 1972; LAG Hamm 12. 2. 1997, LAGE Nr. 55 zu § 40 BetrVG 1972; s. auch ArbG Wiesbaden 21. 12. 1999, NZA-RR 2000, 195; ArbG Frankfurt a. M. 30. 6. 1999, AuR 2000, 39; strenger LAG Köln 21. 8. 1997, LAGE Nr. 57 zu § 40 BetrVG 1972; s. aber auch *Fischer,* BB 1999, 1920; *Klebe/Wedde,* DB 1999, 1954 f.). Ein **Laptop** braucht demgegenüber regelmäßig nicht zur Verfügung gestellt werden, denn betriebliche Situationen, in denen gerade die Transportfähigkeit des Computers erforderlich zur sachgerechten Durchführung der Betriebsratsaufgaben ist, werden selten sein (ebenso LAG Köln 17. 10. 1997, NZA-RR 1998, 163; nun differenzierter *Fitting,* § 40 Rn. 132, wonach ein Anspruch auf einen Laptop von dem betrieblichen Standard und den Erfordernissen des BR abhängig gemacht werden soll; HWK-*Reichold,* § 40 Rn. 35; *Stege/Weinspach/Schiefer,* § 40 Rn. 34 b; *Joost,* MünchArbR, § 221 Rn. 43). Einige Instanzgerichte haben dem Betriebsrat **Mobiltelefone** zuerkannt (zuletzt ArbG Karlsruhe 11. 6. 2008 – 4 BV 15/07, juris; heute nicht mehr aktuell ArbG Wesel 14. 4. 1999, AuR 2000, 37; ArbG Frankfurt a. M. 12. 8. 1997, AiB 1998, 225; tendenziell wohl auch LAG Baden-Württemberg 3. 3. 2006 E BetrVG 2001 § 40 Nr. 6, allerdings nicht im Wege einer einstweiligen Verfügung; nicht anerkannt auch vom LAG München 20. 12. 2005 – 8 TaBV 57/05, juris). Auch hier wird man zurückhaltend sein müssen (und erst recht bei **Blackberrys** und noch aufwändigeren Kommunikationsmitteln): Eine Rundum-die-Uhr-Erreichbarkeit des Betriebsrats verlangt das Gesetz nicht. Einen Anspruch des Betriebsrats auf Zugang zum **Internet** bejaht das BAG zumindest dort, wo hierdurch keine zusätzlichen Kosten entstehen (BAG 3. 9. 2003 AP BetrVG 1972 § 40 Nr 78, 79; s. hierzu *Hunold,* NZA 2004, 370; *Beckschulze,* SAE 2005, 131; *Jansen,* BB 2003, 1726; *Wedde,* AuR 2005, 111; *Hopfner/Schrock,* DB 2004, 1558; teilweise reicht aber auch die Nutzungsmöglichkeit des Intranets des Arbeitgebers LAG Rheinland-Pfalz 23. 6. 2006 – 8 TaBV 4/06, juris;ähnlich LAG München 21. 5. 2008 – 3 TaBV 19/08, juris; LAG Nürnberg 19. 3. 2008 – 4 TaBV 35/07, juris; sehr großzügig LAG Berlin-Brandenburg 9. 7. 2008, DB 2008, 2143). Daraus folgt jedoch nicht ohne weiteres, dass der Arbeitgeber jedem einzelnen Betriebsratsmitglied an seinem PC-Arbeitsplatz einen Internetzugang und einen externen E-Mail-Account einrichten muss (vgl. LAG Düsseldorf 2. 9. 2008, NZA-RR 2009, 198). Ausreichend ist vielmehr, dass dem Betriebsrat an sich die Möglichkeit der Internetnutzung eingeräumt wird. Konkrete betriebliche Verhältnisse können sogar dazu führen, dass ein Internetzugang für die sich stellenden gesetzlichen Aufgaben nicht erforderlich ist (BAG 23. 8. 2006, NZA 2007, 337; hierzu *Hunold,* NZA 2007, 314). Die allgemeine Üblichkeit der Nutzung des Internets begründet nicht ohne weiteres auch die Erforderlichkeit (LAG Köln 19. 1. 2006, NZA-RR 2006, 472). Auch nach der Neufassung des § 40 Abs. 2 hat der Betriebsrat, der einen Internetanschluss an den ihm zur Verfügung gestellten Personalcomputer verlangt, im Einzelnen vorzutragen, dass ein Internetanschluss zur Erledigung der Betriebsarbeit erforderlich ist (LAG Hamm 15. 7. 2005, NZA-RR 2005, 638).

e) Zu den Sachmitteln gehört auch **Fachliteratur,** wie die Textausgaben der einschlägigen arbeits- und sozialrechtlichen Gesetze, die Texte der für den Betrieb geltenden Tarifverträge und Unfallverhütungsvorschriften, Kommentare, Fachzeitschriften und Entscheidungssammlungen. Was der Betriebsrat benötigt, richtet sich nach Art und Umfang der Aufgaben, die er im Betrieb zu erledigen hat. Rechtsgrundlage seines Anspruchs ist Abs. 2, nicht Abs. 1 (ebenso BAG 21. 4. 1983 AP BetrVG 1972 § 40 Nr. 20; s. auch Rn. 61). Der **Betriebsrat** darf **nicht** ohne Absprache mit dem Arbeitgeber die Fachliteratur **bestellen** oder eine Zeitung abonnieren (BAG 21. 4. 1983 AP BetrVG 1972 § 40 Nr. 20), er braucht sich aber auch nicht ausschließlich am Interesse des Arbeitgebers an einer möglichst geringen Kostenbelastung leiten lassen. Letzteres hat das BAG selbst für eine Sammlung arbeitsrechtlicher **Gesetzestexte** entschieden, die sich preislich von einer anderen Sammlung bei vergleichbarem Inhalt um ca. 300% unterschied (BAG 24. 1. 1996, AP BetrVG § 40 Nr. 52 – erworben wurde ein Exemplar aus einem gewerkschaftsnahen Verlag). Dies ist – sehr berechtigt – auf Kritik gestoßen (*Stege/Weinspach/Schiefer,* § 40 Rn. 36). Es ist jedenfalls zu weitgehend, jedem Betriebsratsmitglied eine solche teuere Sammlung zuzubilligen (ebenso *Fitting,* § 40 Rn. 119).

Da das BetrVG die Grundlage der Zusammenarbeit zwischen Arbeitgeber und Betriebsrat bildet, ist regelmäßig erforderlich, dass dem Betriebsrat ein **Kommentar zum BetrVG** zur Verfügung gestellt wird, wobei ihm die Auswahl zu lassen ist (ebenso BAG 26. 10. 1994 AP BetrVG 1972 § 40 Nr. 43; bereits zum BRG 1920 RAG 21. 12. 1927 BenshSlg. 1, 73, 75). Nicht erforderlich ist es, jedem Betriebsratsmitglied einen Kommentar zuzubilligen (ebenso ArbG Düsseldorf 18. 11. 2003, NZA-RR 2004, 311). Bei Kommentaren sonstiger Gesetze, deren Durchführung der Überwachungsaufgabe des Betriebsrats unterliegt (§ 80 Abs. 1 Nr. 1), genügt dagegen regelmäßig, dass ihm die Mitbenutzung gestattet wird. Gleiches gilt auch für eine arbeitsrechtliche Entscheidungssammlung und Fachzeitschriften. Wegen der Bedeutung der Rechtsprechung und der Vermehrung der Aufgaben nach diesem Gesetz in Betrieben mit in der Regel mehr als zwanzig wahlberechtigten Arbeitnehmern ist es aber dort in der Regel erforderlich, eine **Fachzeitschrift mit aktuellem Rechtsprechungsnachweis** für den Betriebsrat zu halten. Hierzu hat die Rechtsprechung auch die Zeitschrift „Arbeitrecht im Betrieb" gezählt (BAG 21. 4. 1983 AP BetrVG 1972 § 40 Nr. 20 [Verfassungsbeschwerde nicht zur Entscheidung angenommen BVerfG 10. 12. 1985 AP BetrVG 1972 § 40 Nr. 20 a]; ebenso BAG 17. 10. 1985, AuR 1985, 395). Ob das heute noch gilt, erscheint fraglich, denn seitdem hat sich die Zeitschrift nach Art und Inhalt spürbar verändert; Argumente, die sich auf den tendenziösen Charakter der Zeitschrift stützen, und Bedenken gegen die Verpflichtung zur Finanzierung einer erkennbar gewerkschaftsorientierten Zeitschrift haben daher an Gewicht gewonnen (s. auch BVerwG 30. 1. 1991 AP BPersVG § 44 Nr. 10; *Stege/Weinspach/Schiefer,* § 40 Rn. 38). Solche Einwände außen vor zu lassen entspricht weder dem Zweck des § 40 noch dem Gebot der vertrauensvollen Zusammenarbeit (unzutreffend daher DKK-*Wedde,* § 40 Rn. 116; LAG Niedersachsen 15. 2. 1989, AiB 1989, 254). Keinen Anspruch hat der Betriebsrat darauf, eine **Tageszeitung** zu abonnieren (so für die Zeitung „Handelsblatt" BAG 29. 11. 1989 AP BetrVG 1972 § 40 Nr. 32; vgl. *Kort,* NZA 1990, 598, 599 f.); nicht erforderlich ist die Überlassung einer Lohnabzugstabelle, weil die Kontrolle des Lohnsteuerabzuges nicht zu den Aufgaben des Betriebsrats gehört (ebenso LAG Düsseldorf 22. 8. 1968, BB 1970, 79; vgl. auch BAG 11. 12. 1973 AP BetrVG 1972 § 80 Nr. 5). Grenzfälle dürften das Arbeitsrechts-Handbuch von *Schaub* sein (bejahend: ArbG Bremen 3. 5. 1996, NZA 1996, 1288; abl. *Stege/Weinspach/Schiefer,* § 40 Rn. 36), sowie mwA eine arbeitsrechtliche Entscheidungssammlung (verneinend für die AP LAG Düsseldorf 27. 6. 1978, BB 1978, 1413). Auch hier wird es auf die Größe des Betriebs und die Struktur seiner Belegschaft ankommen; sie bestimmen die Erforderlichkeit (ohne Begründung a. A. DKK-*Wedde,* § 40 Rn. 116). Ebenso ist die Frage zu entscheiden, ob dem Betriebsrat eine zweite arbeitsrechtliche oder andere Fachzeitschrift zuzubilligen ist. Die Kasuistik der Rechtsprechung hat hier keine einheitliche Linie gefunden (s. LAG Düsseldorf 30. 9. 1997, BB 1998, 2002 [kein Anspruch auf „Computer Fachwissen für Betriebs- und Personalräte"]; BAG 25. 1. 1995 AP BetrVG 1972 § 40 Nr. 46 = NZA 1995, 591 [kein Anspruch auf „Arbeit & Ökologie-Briefe"]; LAG Düsseldorf 30. 9. 1997, CR 1998, 461 [Anspruch auf die Zeitschrift „Computer"]; zur Anschaffung einer weiteren juristischen Fachzeitschrift BAG 30. 1. 1991 AP BPersVG § 44 Nr. 10 [„Der Personalrat" zusätzlich zu „Die Personalvertretung"]). Ermöglicht der Arbeitgeber dem Betriebsrat die Mitbenutzung entsprechender Fachzeitschriften und Kommentare der Personalabteilung, dann wird – zumindest in kleineren und mittleren Betrieben – damit den Erfordernissen des § 40 Abs. 2 genüge getan (ebenso *Stege/Weinspach/Schiefer*, § 40 Rn. 37). Will der Betriebsrat Spezialliteratur anschaffen, kann dies durch die Besonderheiten des Betriebes gerechtfertigt sein; an die Darlegung der Erforderlichkeit sind jedoch höhere Anforderungen zu stellen (z. B. ArbG Darmstadt, 5. 3. 1996, AiB 1996, 482 [Monographie zum Ordnungswidrigkeitenrecht]; LAG Rheinland-Pfalz 18. 11. 1999 LAGE Nr. 64 zu § 40 BetrVG 1972 = AuR 2000, 197 [Kommentar zum Mutterschutzgesetz bei der Beschäftigung überwiegend weiblicher Arbeitnehmer]; Wörterbücher bei der Beschäftigung zahlreicher fremdsprachiger Arbeitnehmer).

4. Büropersonal

71 Soweit es zur ordnungsgemäßen Erfüllung der Betriebsratsaufgaben erforderlich ist, hat der Arbeitgeber dem Betriebsrat auch **Büropersonal zur Verfügung zu stellen**. Gemeint sind vornehmlich Hilfskräfte, von denen die Schreibarbeit ausgeführt wird; in Betracht kommen aber auch andere Hilfstätigkeiten, z. B. Vervielfältigungsarbeiten (ebenso LAG 25. 11. 1987 Baden-Württemberg, AuR 1989, 93 f.; LAG Düsseldorf 8. 1. 2004, NZA-RR 2004, 358; Hessisches LAG 19. 2. 2008 – 4 TaBV 147/07 n. rk., juris; s. auch BAG 20. 4. 2005 AP BetrVG 1972 § 40 Nr 84). Dem steht nicht entgegen, dass das Betriebsratsbüro zur Erleichterung der Schreibarbeit bereits mit Personalcomputern ausgerüstet ist. Der Betriebsrat hat allerdings darzulegen, welche bei ihm anfallenden Bürotätigkeiten einer Bürokraft übertragen werden sollen und welchen zeitlichen Aufwand diese Bürotätigkeiten erfordern (BAG 20. 4. 2005 AP BetrVG 1972 § 40 Nr 84; LAG Düsseldorf 18. 5. 2006 – 11 TaBV 33/03, juris;). Nicht hierher gehören Angestellte, die eine andere Bürotätigkeit erledigen, insbesondere also nicht die Sachbearbeiter. Nach dem Arbeitsanfall beurteilt sich, ob dem Betriebsrat ganz oder teilweise – für einige Stunden oder für einige Tage in der Woche – eine Schreibkraft zuzuteilen ist (ebenso *Fitting*, § 40 Rn. 135; GL-*Marienhagen*, 40 Rn. 49; GK-*Weber*, § 40 Rn. 169). Der Anspruch auf Bereitstellung von Büropersonal besteht auch dann, wenn sich unter den freigestellten Betriebsratsmitgliedern eine Bürokraft befindet. Ist die vom Arbeitgeber zur Verfügung gestellte Bürokraft ihrerseits Betriebsratsmitglied, wird sie nicht auf die nach § 38 Abs. 1 vorgeschriebene Anzahl freizustellender Betriebsratsmitglieder angerechnet (ebenso *Fitting*, § 40 Rn. 135; GK-*Weber*, § 40 Rn. 168 ff.; HSWGNR-*Glock*, § 40 Rn. 104; DKK-*Wedde*, § 40 Rn. 122; a. A. GL-*Marienhagen*, § 40 Rn. 49; *Hunold*, NZA 2005, 1149).

72 Der **Betriebsrat** hat bei der Bestimmung des Büropersonals **kein Auswahlrecht**; er kann aber verlangen, dass ihm keine Schreibkraft zugewiesen wird, die nicht sein Vertrauen genießt, weil anderenfalls der Arbeitgeber gegen das Gebot der vertrauensvollen Zusammenarbeit verstößt (ebenso BAG 5. 3. 1997 AP BetrVG 1972 § 40 Nr. 56; GK-*Weber*, § 40 Rn. 170; HSWGNR-*Glock*, § 40 Rn. 102; *Joost*, MünchArbR § 221 Rn. 44; unter Einräumung eines Mitspracherechts des Betriebsrats *Fitting*, § 40 Rn. 136; ErfK-*Eisemann/Koch*, § 40 Rn. 18; insoweit offengelassen BAG 17. 10. 1990 AP BetrVG 1972 § 108 Nr. 8).

73 Auch wenn eine Bürokraft ausschließlich für den Betriebsrat arbeitet, bleibt sie im **Arbeitsverhältnis zum Arbeitgeber;** jedoch unterliegt sie, da das Direktionsrecht des

VI. Bereitstellung von Räumen, Sachmitteln, Informations- und Kommunikationstechnik § 40

Arbeitgebers sich nicht auf die Betriebsratsarbeit erstreckt, den **Arbeitsanweisungen des Betriebsrats** (BAG 20. 4. 2005 AP BetrVG 1972 § 40 Nr. 84; ebenso *Fitting*, § 40 Rn. 137; GL-*Marienhagen*, § 40 Rn. 50; GK-*Weber*, § 40 Rn. 171; HSWGNR-*Glock*, § 40 Rn. 103; *Joost*, MünchArbR § 221 Rn. 45). Werden einer Schreibkraft bei der Tätigkeit für den Betriebsrat Betriebs- oder Geschäftsgeheimnisse bekannt, so ist sie aus dem Arbeitsverhältnis zur **Verschwiegenheit** verpflichtet, obwohl § 79 unmittelbar keine Anwendung findet (ebenso BAG 17. 10. 1990 AP BetrVG 1972 § 108 Nr. 8; GK-*Weber*, § 40 Rn. 172; *Joost*, MünchArbR § 221 Rn. 45; unter Empfehlung einer ausdrücklichen Klarstellung im Arbeitsvertrag *Fitting*, § 40 Rn. 137; GL-*Marienhagen*, § 40 Rn. 50; HSWGNR-*Glock*, § 40 Rn. 103). Das nach Abs. 2 zur Verfügung gestellte Büropersonal darf **nur** für die **Erledigung der Betriebsratsaufgaben,** nicht aber für sonstige Aufgaben eingesetzt werden (ebenso GK-*Weber*, § 40 Rn. 171; HSWGNR-*Glock*, § 40 Rn. 103; *Stege/Weinspach/Schiefer*, § 40 Rn. 33). Der Arbeitgeber kann von seinem Betriebsrat nicht verlangen, einen bestimmten Arbeitnehmer als Bürokraft zu beschäftigen (BAG 7. 3. 1997 AP BetrVG 1972 § 40 Nr. 56). Der Betriebsrat kann aber auch keinen anderen Arbeitnehmer als Ersatz für eine bisherige Bürokraft verlangen, die sein Vertrauen verloren hat und für deren Kündigung aber keine hinreichenden Gründe vorliegen.

5. Besitz und Eigentum

Der **Arbeitgeber** bleibt **Eigentümer der Einrichtungen,** die dem Betriebsrat zur Verfügung gestellt werden (ebenso *Fitting*, § 40 Rn. 107; GL-*Marienhagen*, § 40 Rn. 47; GK-*Weber*, § 40 Rn. 178; HSWGNR-*Glock*, § 40 Rn. 100; *Joost*, MünchArbR § 221 Rn. 49). Wegen der sich aus Abs. 2 ergebenden Zweckbindung ist aber das Eigentum entsprechend beschränkt (vgl. auch *Böhm*, RdA 1974, 88, 90). Der Arbeitgeber kann das Mobiliar und die Schreibgeräte auswechseln, soweit in der Maßnahme keine Behinderung der Betriebsratstätigkeit liegt. Ein Einsichtsrecht in die Akten oder Niederschriften steht ihm nicht zu (s. § 34 Rn. 24). Aber auch sie bleiben im Eigentum des Arbeitgebers. Der Betriebsrat kann an ihnen kein Eigentum erwerben, weil er lediglich beschränkt vermögensfähig ist (s. Einl. Rn. 109). 74

Der Arbeitgeber wird auch Eigentümer neuer Sachen, die durch Umbildung oder Verarbeitung überlassener Sachen entstehen (§ 950 BGB; ebenso GK-*Weber*, § 40 Rn. 180; *Joost*, MünchArbR § 221 Rn. 49). Der Betriebsrat kommt als Zuordnungssubjekt nicht in Betracht; aber auch die Gesamtheit der Betriebsratsmitglieder scheidet aus (so aber *Fitting*, § 40 Rn. 107; *Nikisch*, Bd. III S. 199; *Schaub*, § 222 III 6). Der Annahme, dass das Eigentum auf die jeweiligen Mitglieder des Betriebsrats zur gesamten Hand übergehe (so *Nikisch*, Bd. III S. 199), steht entgegen, dass der Betriebsrat kein sozialrechtlicher Verband ist, wie ihn die Zuordnungsform der gesamten Hand voraussetzt. Die Zuordnung eines Rechts an mehrere Personen erfolgt, soweit gesetzlich nicht ein anderes vorgesehen ist, nach den Grundsätzen der Bruchteilsgemeinschaft (§§ 741 ff. BGB). Diese können hier aber keine Geltung beanspruchen, da die Anerkennung eines Miteigentumsanteils der einzelnen Betriebsratsmitglieder die Möglichkeit einer Übertragung auf Personen außerhalb des Betriebsrats beinhaltet (§ 747 Satz 1 BGB); eine Abspaltung wäre jedoch mit dem Betriebsratsamt unvereinbar. Rechtsdogmatisch kann daher ohne Veränderung weder die Gemeinschaft zur gesamten Hand noch die Bruchteilsgemeinschaft herangezogen werden. 75

Keine Bedenken bestehen dagegen, dem **Betriebsrat** ein **Recht zum Besitz** zuzuweisen und ihn auch innerhalb des Besitzrechts als **Besitzer** anzuerkennen. Der Betriebsrat ist Rechtssubjekt, soweit er in seinem Wirkungskreis handelt. Soweit ihm nach Abs. 2 Räume und Sachmittel zur Verfügung zu stellen sind, hat er in den Grenzen, die den Arbeitgeber berechtigen, andere Räume oder Sachmittel zur Verfügung zu stellen, ein Recht zum Besitz. Das der Betriebsrat als solcher auch Besitzer sein kann, ergibt sich zum einen daraus, dass durch den Besitz eine vorläufige Zuordnung der Sachen erfolgt, 76 es also entscheidend darum geht, wer sich verbotener Eigenmacht erwehren kann. Es gibt keinen Grund, dem Betriebsrat diese Befugnis zu versagen. Die Besitzlage ist ebenso zu bestimmen wie auch sonst bei einer juristischen Person.

VII. Bereitstellung eines Schwarzen Bretts

1. Pflicht des Arbeitgebers zur Überlassung

77 Dem Betriebsrat sind im Betrieb **geeignete Plätze für Bekanntmachungen und Anschläge** zur Verfügung zu stellen, wie zwar nicht hier, aber in § 44 Abs. 3 BPersVG ausdrücklich klargestellt ist. Der Arbeitgeber hat also dem Betriebsrat ein *Schwarzes Brett* zu überlassen (ebenso BAG 21. 11. 1978 AP BetrVG 1972 § 40 Nr. 15; *Joost*, MünchArbR, § 221 Rn. 39; ErfK-*Eisemann/Koch,* § 40 Rn. 17; DKK-*Wedde*, § 40 Rn. 94), in größeren Betrieben auch mehrere Schwarze Bretter. Geschieht dies nicht, so darf der Betriebsrat die Bretter benutzen, die für Bekanntmachungen und Anschläge des Arbeitgebers bestimmt sind. Die Plätze, die dem Betriebsrat für Bekanntmachungen und Anschläge zur Verfügung gestellt werden, müssen geeignet, d. h. allen Arbeitnehmern des Betriebs zugänglich und für diese auch leicht wahrnehmbar sein. Zu anderen Formen der Bekanntmachung durch moderne Kommunikationssysteme s. Rn. 80.

2. Recht des Arbeitgebers

78 Welche Anschläge der Betriebsrat für zweckmäßig hält, entscheidet er im Rahmen seiner Aufgaben und seiner Zuständigkeit; es bedarf für sie **nicht der Zustimmung des Arbeitgebers** (vgl. RAG 28. 3. 1928 BenshSlg. 2, 153; LAG Hamburg, DB 1978, 118 = BB 1978, 610; LAG Baden-Württemberg, DB 1978, 799; LAG Berlin, DB 1980, 1704; *Fitting*, § 40 Rn. 116; GL-*Marienhagen*, § 40 Rn. 45; GK-*Weber*, § 40 Rn. 142). Außerhalb seines Aufgabenbereichs und seiner Zuständigkeit hat der Betriebsrat nicht das Recht, sich in seiner Eigenschaft als Betriebsrat an die Arbeitnehmer zu wenden. Das gilt insbesondere für politische und parteipolitische Anschläge (s. § 74 Rn. 57 ff.). Auch eine Werbung für die Gewerkschaft ist keine Aufgabe des Betriebsrats (s. § 74 Rn. 75 ff.; zum Recht der im Betrieb vertretenen Gewerkschaften auf Plakatwerbung § 2 Rn. 156). Der Betriebsrat handelt nicht außerhalb seiner Zuständigkeit, wenn er Kritik an Maßnahmen des Arbeitgebers übt; jedoch muss die Form dem Gebot der vertrauensvollen Zusammenarbeit entsprechen (vgl. auch LAG Baden-Württemberg 10. 11. 1977, DB 1978, 799 f.). Außerdem hat der Betriebsrat die betriebsverfassungsrechtliche Friedenspflicht zu respektieren (§ 74 Abs. 2 Satz 2). Der Aushang des Schriftwechsels zwischen Arbeitgeber und Betriebsrat über Streitfragen ist daher unzulässig, wenn der Arbeitgeber dadurch an den Pranger gestellt werden soll (vgl. LAG Düsseldorf 25. 5. 1976, DB 1977, 453).

79 Der Arbeitgeber kann verlangen, dass Anschläge **entfernt** werden, deren **Inhalt außerhalb des Aufgabenbereichs und der Zuständigkeit des Betriebsrats** liegt oder sonst gegen ein Gesetz verstößt. Geschieht dies nicht, so kann er beim Arbeitsgericht eine einstweilige Verfügung im Beschlussverfahren erwirken. Nur wenn der Inhalt des Anschlags eine Straftat oder unerlaubte Handlung enthält, kann der Arbeitgeber den Anschlag unter den Voraussetzungen der Notwehr oder Nothilfe unmittelbar verhindern oder selbst entfernen (ebenso LAG Berlin 23. 6. 1980, DB 1980, 1704; GK-*Weber*, § 40 Rn. 144; weiterhin *Fitting*, § 40 Rn. 117; HSWGNR-*Glock*, § 40 Rn. 98; für ein Selbsthilferecht bereits im Fall einer Gefährdung des Betriebsfriedens GL-*Marienhagen*, § 40 Rn. 45; für den Fall eines wilden Plakatierens s. § 2 Rn. 157).

3. Informationsblatt des Betriebsrats – Email – Homepage

80 a) Der Betriebsrat ist nicht darauf beschränkt, die Belegschaft allein durch Anschläge am Schwarzen Brett oder auf Betriebs- und Abteilungsversammlungen zu unterrichten;

VII. Bereitstellung eines Schwarzen Bretts § 40

er kann seine Informationspflicht vielmehr auch durch **schriftliche Mitteilungen**, insbesondere ein **Informationsblatt** an die Belegschaft erfüllen (ebenso BAG 21. 11. 1978 AP BetrVG 1972 § 40 Nr. 15). Der Arbeitgeber ist aber in der Regel nicht verpflichtet, dem Betriebsrat die Nutzung eines betrieblichen EDV-gestützten Kommunikationssystems zu gestatten (s. Rn. 68), sondern es genügt, dass er sonstige Hilfsmittel zur Verfügung stellt. Soweit für schriftliche Mitteilungen Kosten entstehen, ist der Arbeitgeber zur Übernahme der Kosten nur verpflichtet, wenn für die Information der Belegschaft nach den konkreten Verhältnissen des einzelnen Betriebs eine Bekanntmachung am Schwarzen Brett nicht genügt, die Abhaltung einer Betriebs- oder Abteilungsversammlung wegen der Dringlichkeit nicht ausreicht oder nicht erforderlich ist und der Kostenaufwand vertretbar ist; er hat also keineswegs generell die Kosten in Betrieben mit mehr als 20 Arbeitnehmern zu tragen (ebenso BAG AP BetrVG 1972 § 40 Nr. 15; zu eng, soweit unter Hinweis auf das Schwarze Brett und die Betriebs- und Abteilungsversammlungen die durch die Herausgabe eines Informationsblatts entstehenden Kosten generell als nicht erforderlich angesehen werden, LAG Düsseldorf, DB 1976, 2021 [aufgehoben vom BAG, a. a. O.]; LAG Hamburg 6. 6. 1977, DB 1978, 118 = BB 1978, 610; vgl. auch HSWGNR-*Glock*, § 40 Rn. 49 f.).

Der Gesamtbetriebsrat ist dagegen nicht berechtigt, auf Kosten des Arbeitgebers ein **81** Informationsblatt herauszugeben; denn es genügt, wenn der einzelne Betriebsrat die Belegschaft mit seinen Informationsmitteln über die Tätigkeit des Gesamtbetriebsrats unterrichtet (ebenso BAG 21. 11. 1978 AP BetrVG 1972 § 50 Nr. 4; s. auch § 51 Rn. 39).

b) Nach bisheriger Rechtsprechung kann der Betriebsrat nicht verlangen, dass ein **82** Arbeitgeber, der seine Arbeitnehmer durch ein elektronisches **Kommunikationssystem** mit Mailbox unter Benutzung eines sonst gesperrten Schlüssels „an alle" informiert, auch ihm dasselbe Informationssystem mit demselben Schlüssel uneingeschränkt zur Verfügung stellt (vgl. BAG 17. 2. 1993 AP BetrVG 1972 § 40 Nr. 37; krit. *Engels/ Trebinger/Löhr-Steinhaus*, DB 2001, 532; *Junker/Band/Feldmann*, BB 2000, Beilage Nr. 10, 14; *Hilber/Frik*, RdA 2002, 89). Nach der instanzgerichtlichen Rechtsprechung soll jedoch der Betriebsrat einen Anspruch auf einen Internetzugang haben (ArbG Paderborn 29. 1. 1998, DB 1998, 678; zustimmend *Kappenhagen*, K & R 1998, 269; *Klebe/Wedde*, AiB 1998, 282; *Dübbers*, ArbuR 1998, 343; kritisch *Rieble*, ZIP 2001, 137; *Hennige*, MMR 1998, 377, *Mühlhausen*, NZA 1999, 136). Dies kann jedoch nur gelten, wenn die Erforderlichkeit eines solchen Anschlusses positiv dargelegt wurde. Regelmäßig werden andere Quellen zur Verfügung stehen, um eine ausreichende Information des Betriebsrats zu gewährleisten (ähnlich LAG Köln 27. 9. 2001, NZA-RR 2002, 251: Auch nach der Neufassung des Abs 2 ist zu prüfen, ob ein Internetanschluss für die Betriebsratsarbeit „erforderlich" ist.). Wenn dem aber nicht so ist, und auch wenn die Natur des Betriebes eine Kommunikation mit der Belegschaft via **Email** als Mittel der Wahl erscheinen lässt, dürfte der Betriebsrat auch einen Anspruch auf Zugang zu diesem Kommunikationsmittel – dessen Kosten ja nicht teurer als das Telefon sind – haben: Wenn der Arbeitgeber keine „Schwarzen Bretter" mehr nutzt, dann muss es auch nicht der Betriebsrat (s. auch LAG Baden Württemberg 26. 9. 1997, DB 1998, 887). Hierfür hat der Arbeitgeber dem Betriebsrat ggf. auch einen **Email-Verteiler** mit den Adressen sämtlicher Mitarbeiter zu überlassen – zumindest, wenn der schon vorhanden ist und vom Arbeitgeber auch in Mitbestimmungsfragen genutzt wird (strenger LAG München 21. 5. 2008 – 3 TaBV 19/08, juris). Er hat jedoch keinen Anspruch darauf, eine **eigene Homepage** zu unterhalten. Diese dient nicht der Information des Betriebsrats und ist auch kein geeignetes Mittel der Kommunikation mit der Belegschaft, jedenfalls solange außenstehende Dritte freien Zugang zur Seite haben. Es ist nicht Aufgabe des Betriebsrats den Betrieb nach außen hin darzustellen. Unterhält ein Unternehmen ein **Intranet**, so kommt eine Homepage eher in Betracht; auch hier stellt sich dann aber die Frage der Erforderlichkeit, und ob nicht mit geringerem

Aufwand eine ähnlich effektive Kommunikation mit der Belegschaft möglich ist (im Ergebnis ebenso *Mühlhausen* NZA 1999, 136; s. auch BAG 1. 12. 2004 AP BetrVG 1972 § 40 Nr. 82; BAG 3. 9. 2003 AP BetrVG 1972 § 40 Nr. 78; LAG Rheinland-Pfalz 14. 5. 2003, NZA-RR 2004, 310). Soweit der Arbeitgeber dem Betriebsrat ein betriebsinternes Intranet zur eigenen Nutzung zur Verfügung stellt, entscheidet der Betriebsrat allein ohne Zustimmung des Arbeitgebers über den Inhalt der Bekanntmachungen und Informationen der Belegschaft, sofern er sich im Rahmen seiner Aufgaben und Zuständigkeiten hält (LAG Hamm 12. 3. 2004, RDV 2004, 223). Ist für den Betriebsrat neben der Nutzung aller gängigen Informationsmittel (Schwarzes Brett, Rundbrief, Betriebsversammlung) auch der Zugriff auf ein elektronisches Informations- und Kommunikationsmittel, nämlich durch das Versenden von e-Mails möglich, dann ist die Nutzung des Intranet nicht erforderlich (ArbG Frankfurt 13. 11. 2001, NZA-RR 2002, 252). Der Betriebsrat kann einen Anspruch haben, dass ein an den Arbeitsplätzen der Arbeitnehmer vorhandenes **Telefon** durch eine vom Arbeitgeber zu veranlassende gesonderte fernsprechtechnische Schaltung für den innerbetrieblichen Dialog nutzbar gemacht wird: Wenn ein Telefon vorhanden ist, das der Arbeitgeber anrufen kann, muss es auch der Betriebsrat können, solange keine unzumutbare Störung betrieblicher Abläufe eintritt (BAG 9. 6. 1999 AP BetrVG 1972 § 40 Nr. 66 [eine der vielen Schlecker-Entscheidungen; zust. *Kort*]; aus den instanzgerichtlichen Entscheidungen: LAG Schleswig-Holstein 6. 10. 1998, LAGE Nr. 63 zu § 40 BetrVG 1972 = BB 1999, 902). Die Nutzung einer Telefonanlage zum Informationsaustausch mit den von ihm vertretenen Mitarbeitern betrifft die Erfüllung gesetzlicher Aufgaben des Betriebsrats (BAG 19. 1. 2005, ZBVR 2005, 110; BAG 27. 11. 2002 AP BetrVG 1972 § 40 Nr. 75, zu B II 3 b der Gründe; BAG 27. 11. 2002 AP BetrVG 1972 § 40 Nr. 76, zu B II 2 a aa der Gründe, s. auch Rn. 67).

83   Aus der **Gesetzesänderung durch das BetrVerf-Reformgesetz** (s. Rn. 1) kann jedenfalls kein allgemeines Argument für einen erweiterten Anspruch auf Kommunikationsmittel hergeleitet werden, denn diese sollte das bisherige Recht nicht ändern, vielmehr nach der Gesetzesbegründung nur „klarstellend" regeln.

VIII. Streitigkeiten

1. Rechtsweg und Verfahrensart

84   a) Streitigkeiten über die Kostentragungspflicht des Arbeitgebers für die Betriebsratstätigkeit entscheidet das Arbeitsgericht im Beschlussverfahren (§ 2 a Abs. 1 Nr. 1, Abs. 2 i. V. mit §§ 80 ff. ArbGG). Das gilt auch, wenn in der Insolvenz des Arbeitgebers streitig ist, ob ein Kostenerstattungsanspruch zu den Masseschulden gehört oder lediglich eine einfache Insolvenzforderung darstellt (ebenso BAG 14. 11. 1978 AP KO § 59 Nr. 6). Das Arbeitsgericht entscheidet weiterhin im Beschlussverfahren Streitigkeiten, ob der Arbeitgeber in erforderlichem Umfang Räume, sachliche Mittel und Büropersonal zur Verfügung stellt oder ein Aushang des Betriebsrats am Schwarzen Brett zulässig ist.

85   Auch der Anspruch auf **Erstattung der Aufwendungen** ist im Beschlussverfahren geltend zu machen. Das gilt nicht nur, wenn der Betriebsrat als solcher Erstattungsansprüche erhebt, sondern auch dann, wenn ein **einzelnes Betriebsratsmitglied** Erstattung ihm entstandener Kosten verlangt, z. B. wegen Teilnahme an einer Schulungsveranstaltung nach § 37 Abs. 6 (ebenso BAG 31. 10. 1972 AP BetrVG 1972 § 40 Nr. 2 [*Richardi*]; s. ausführlich § 37 Rn. 181 ff.). Die zum BRG 1920 vom RAG gemachte Unterscheidung, wonach über die Notwendigkeit der Aufwendungen im Beschlussverfahren zu entscheiden, der Anspruch selbst aber im Urteilsverfahren geltend zu machen war (vgl. RAG 4. 12. 1929, 12. 7. 1930 und 9. 12. 1931, BenshSlg. 7, 453; 10, 14; 13,

VIII. Streitigkeiten § 40

503; vgl. auch noch BAG 9. 11. 1955 AP KRG Art. XI Nr. 22 Nr. 1), entspricht nicht mehr dem geltenden Recht; denn auch der Erstattungsanspruch wurzelt im Amt des Betriebsratsmitglieds, nicht im Arbeitsverhältnis. Die Verweisung der Entscheidung über ihn ins Urteilsverfahren war eine Notlösung, um dem Betriebsratsmitglied zu einem Vollstreckungstitel zu verhelfen. Nachdem § 85 Abs. 1 ArbGG die Möglichkeit eröffnet, aus einem rechtskräftigen Beschluss, der einem Beteiligten eine Verpflichtung auferlegt, zu vollstrecken, entfällt die Notwendigkeit dieser systemwidrigen Konstruktion. Über den Anspruch auf Erstattung von Aufwendungen ist ausschließlich im Beschlussverfahren zu entscheiden (ebenso bereits zum BetrVG 1952 BAG 24. 6. 1969 AP BetrVG § 39 Nr. 8, aber ohne Begründung, nachdem BAG 12. 2. 1965 AP BetrVG § 39 Nr. 1 noch die Beantwortung dieser Frage offengelassen hatte).

b) Sofern dem Betriebsratsmitglied die **Kosten entstanden** sind, steht ihm, nicht dem **86** Betriebsrat der Erstattungsanspruch zu (vgl. auch *Wiese*, Anm. zu AP BetrVG 1972 § 37 Nr. 6, unter I 2). Aus dem zwischen dem Arbeitgeber und dem Betriebsrat bestehenden betriebsverfassungsrechtlichen Grundverhältnis heraus ist aber auch der **Betriebsrat berechtigt**, ein **Beschlussverfahren über die Erstattung der seinen Mitgliedern entstandenen Aufwendungen einzuleiten;** er kann aber nur die Erstattung der Kosten an seine Mitglieder verlangen (vgl. BAG 9. 9. 1975 AP ArbGG 1953 § 83 Nr. 6). Hat das Betriebsratsmitglied die von ihm eingegangene Verbindlichkeit noch nicht erfüllt, so haben sowohl der Betriebsrat als auch das Betriebsratsmitglied einen Freistellungsanspruch gegen den Arbeitgeber (vgl. BAG 27. 3. 1979 AP ArbGG 1953 § 80 Nr. 7). Hatte der Arbeitgeber dem Betriebsrat einen Fonds zur Verfügung gestellt (s. Rn. 43), so ist, solange der Vorschuss die Kosten deckt, der Anspruch auf Kostenübernahme gegen den Arbeitgeber nicht begründet. Betriebsratsmitglieder können vielmehr die Erstattung ihrer notwendigen Aufwendungen nur vom Betriebsrat verlangen und müssen daher gegen ihn das Beschlussverfahren einleiten (ebenso *Dütz*, AuR 1973, 353, 371).

Macht ein **Betriebsratsmitglied** gegen den Arbeitgeber einen **Freistellungs-** oder **Erstat- 87 tungsanspruch** geltend, so ist in dem Beschlussverfahren der **Betriebsrat notwendiger Beteiligter** (ebenso BAG 13. 7. 1977 AP ArbGG 1953 § 83 Nr. 8); das gilt auch, wenn der Betriebsrat nicht mehr im Amt ist, weil der gegenwärtig im Amt befindliche Betriebsrat als Funktionsnachfolger das Recht hat, die Interessen seines Vorgängers und dessen Mitglieder wahrzunehmen (vgl. BAG 25. 4. 1978 AP BetrVG 1972 § 80 Nr. 11; 3. 4. 1979 AP BetrVG 1972 § 13 Nr. 1).

Eine **Gewerkschaft** kann die Erstattung ihrer Auslagen im Beschlussverfahren nur **88** verlangen, wenn der Betriebsrat für die Erstattung gemäß Abs. 1 einen Freistellungsanspruch gegen den Arbeitgeber hat (s. Rn. 44), und ihr abgetreten hat. Sie hat keinen Durchgriffsanspruch gegen den Arbeitgeber (ebenso LAG Düsseldorf 21. 10. 1975, DB 1976, 1115).

2. Kosten eines Rechtsstreits

Bei einer Rechtsstreitigkeit des Betriebsrats oder eines Betriebsratsmitglieds in einer **89** betriebsverfassungsrechtlichen Angelegenheit kann eine Entscheidung über die Kosten nicht im Hauptsacheverfahren selbst ergehen; denn für eine Kostenentscheidung ist im Beschlussverfahren kein Raum (vgl. BAG 7. 7. 1954 AP BetrVG § 13 Nr. 1; 21. 6. 1957 AP ArbGG 1953 § 81 Nr. 2; 21. 6. 1957 AP ArbGG 1953 § 92 Nr. 9; 31. 10. 1972 AP BetrVG 1972 § 40 Nr. 2). Wer die Kosten zu tragen hat, beurteilt sich allein nach *materiellem Recht*, also im Verhältnis zwischen dem Arbeitgeber und dem Betriebsrat bzw. einem Betriebsratsmitglied nach Abs. 1, nicht nach *Prozessrecht*. Deshalb muss über die Pflicht des Arbeitgebers, die Kosten für die Führung eines Rechtsstreits zu tragen, bei Meinungsverschiedenheiten in einem besonderen Beschlussverfahren entschieden werden.

3. Einstweilige Verfügung

90 Soweit Streitigkeiten über die Notwendigkeit und Höhe von Aufwendungen zu einer Behinderung der Betriebsratsarbeit führen, kann der Betriebsrat im Beschlussverfahren eine einstweilige Verfügung beantragen (§ 85 Abs. 2 ArbGG i. V. mit § 940 ZPO; ebenso *Fitting*, § 40 Rn. 148; GL-*Marienhagen*, § 40 Rn. 53; GK-*Weber*, § 40 Rn. 199; HKW-*Reichold*, § 40 Rn. 38).

IX. Strafandrohung

91 Verletzt der Arbeitgeber seine ihm nach § 40 obliegende Pflicht und behindert er dadurch die Arbeit des Betriebsrats, so droht Strafe nach § 119 Abs. 1 Nr. 2 (ebenso *Fitting*, § 40 Rn. 149; GK-*Weber*, § 40 Rn. 200).

§ 41 Umlageverbot

Die Erhebung und Leistung von Beiträgen der Arbeitnehmer für Zwecke des Betriebsrats ist unzulässig.

Schrifttum: *Leuze*, Bemerkungen zum Umlageverbot (§ 41 BetrVG) und zum Beitragsverbot (§ 45 BPersVG), ZTR 2006, 476.

Übersicht

	Rn.
I. Vorbemerkung	1
II. Beiträge für Zwecke des Betriebsrats	2
1. Beiträge der Arbeitnehmer	2
2. Zuwendungen des Arbeitgebers und Dritter	5
III. Sammlungen für andere Zwecke	7

I. Vorbemerkung

1 Die Kosten, die durch die Tätigkeit des Betriebsrats entstehen, trägt der Arbeitgeber. Ergänzend bestimmt § 41 wie bereits § 37 BRG 1920 und § 40 BetrVG 1952, dass die Erhebung und Leistung von Beiträgen der Arbeitnehmer für Zwecke des Betriebsrats unzulässig ist. Die Bestimmung wurde in das BRG 1920 eingefügt, um der damals drohenden Zersplitterung der Gewerkschaften durch die Betriebsrätebewegung entgegenzutreten (vgl. *Flatow/Kahn-Freund*, § 37 Erl. 1). Weder der Betriebsrat noch die Betriebsversammlung können daher eine Betriebsratsumlage beschließen. Ein Kontrastmodell bietet für einen Vergleich die Rechtslage in Österreich; denn dort ist der Betriebsinhaber grundsätzlich nur verpflichtet, dem Betriebsrat die zur Erfüllung seiner Aufgaben notwendigen Räumlichkeiten und sonstigen Sacherfordernisse in einem der Größe des Betriebs und den Bedürfnissen des Betriebsrats angemessenen Ausmaß unentgeltlich zur Verfügung zu stellen (§ 72 ArbVG). Zur Deckung der Kosten der Geschäftsführung des Betriebsrats kann dagegen von den Arbeitnehmern eine Betriebsumlage eingehoben werden (§ 73 ArbVG). Die Eingänge aus der Betriebsumlage bilden den mit Rechtspersönlichkeit ausgestatteten Betriebsratsfonds (§ 74 ArbVG).

II. Beiträge für Zwecke des Betriebsrats

1. Beiträge der Arbeitnehmer

a) Die Vorschrift verbietet Beiträge der Arbeitnehmer für die Zwecke der Betriebs- 2
ratstätigkeit. Sie sind unzulässig, ohne Rücksicht darauf, ob sie freiwillig gegeben werden oder nicht.

b) Nicht nur die Erhebung, sondern auch die Leistung von Beiträgen ist verboten. Ein 3
Beschluss des Betriebsrats oder der Betriebsversammlung, Beiträge zu leisten, ist nichtig. Verbotswidrig geleistete Beiträge können zurückgefordert werden; denn das Umlageverbot richtet sich nach seinem Zweck gegen die *Annahme* von Beiträgen durch den Betriebsrat. Es kann deshalb hier nichts anderes gelten als nach § 45 BPersVG, wo es heißt, dass der Personalrat für seinen Zweck von den Beschäftigten keine Beiträge erheben oder annehmen darf (vgl. *Dietz/Richardi*, BPersVG, § 45 Rn. 3). Der Zweck des § 41 steht deshalb einer Anwendung des § 817 Satz 2 BGB entgegen (ebenso GK-*Weber*, § 41 Rn. 4; HSWGNR-*Glock*, § 41 Rn. 4; *Joost*, MünchArbR § 221 Rn. 50; ErfK-*Eisemann/Koch*, § 41 Rn. 1; a. A. *Fitting*, § 41 Rn. 6; GL-*Marienhagen*, § 41 Rn. 5; DKK-*Wedde*, § 41 Rn. 2).

Verboten ist nicht nur, dass **Beiträge abgeführt** werden, sondern erfasst wird auch, 4
dass ihre **Ansprüche gekürzt** werden (ebenso BAG 24. 7. 1991 AP BetrVG 1972 § 41 Nr. 1). Notwendig ist lediglich, dass die Beitragsleistung aus dem *Vermögen der Arbeitnehmer* fließt. Wenn deshalb die Betriebsratstätigkeit aus Zuwendungen finanziert wird, die in das Vermögen des Arbeitgebers fallen, z. B. bei Spielbanken aus dem Tronc (so jedenfalls nach dem Spielbankengesetz Nordrhein-Westfalen), liegt kein Verstoß gegen das Umlageverbot vor (ebenso für Personalkosten des Betriebsrats BAG 24. 7. 1991 AP BetrVG 1972 § 41 Nr. 1; a. A. jedoch für § 5 Abs. 3 Satz 1 SpielbankG SH und Sachkosten des Betriebsrats: BAG 14. 8. 2002 AP BetrVG 1972 § 41 Nr. 2).

2. Zuwendungen des Arbeitgebers und Dritter

Der Betriebsrat hat auch gegen den **Arbeitgeber** keinen Anspruch auf Beiträge nach 5
der Zahl der Arbeitnehmer. Er kann vielmehr lediglich einen Vorschuss verlangen (s. § 40 Rn. 43). Weitere Zuwendungen sind dagegen unzulässig, wenn sie die durch die Tätigkeit des Betriebsrats entstehenden Kosten übersteigen; denn ihre Gewährung und Annahme widerspricht dem Grundsatz der Unentgeltlichkeit des Betriebsratsamtes als Ehrenamt.

Auch **Dritte**, z. B. die Gewerkschaften, politischen Parteien oder sonstige Einrichtun- 6
gen, dürfen dem Betriebsrat keine Zuwendungen machen (ebenso *Fitting*, 41 Rn. 5; GK-*Weber*, § 41 Rn. 8; HSWGNR-*Glock*, § 41 Rn. 3; *Nikisch*, Bd. III S. 194; *Leuze*, ZTR 2006, 476). Das Gesetz spricht zwar nur von Beiträgen der Arbeitnehmer; die Vorschrift gilt aber entsprechend auch für die Zuwendungen Dritter, weil durch sie die Unabhängigkeit des Betriebsratsamtes gefährdet wird (ebenso GK-*Weber*, a. a. O.).

III. Sammlungen für andere Zwecke

Sammlungen für andere Zwecke als die des Betriebsrats werden durch § 41 zwar nicht 7
ausdrücklich untersagt, aber sie sind bereits deshalb unzulässig, weil der Betriebsrat durch sie seinen Aufgabenbereich und seine Zuständigkeit überschreitet. Deshalb ist eine **Erhebung von Gewerkschaftsbeiträgen** durch den Betriebsrat **unzulässig**; sie gehört nicht zu seinen Aufgaben und ist mit dem Gebot gewerkschaftsneutraler Amtsführung nicht vereinbar (ebenso *Fitting*, § 41 Rn. 10; GL-*Marienhagen*, § 41 Rn. 3; GK-*Weber*, § 41 Rn. 7; HSWGNR-*Glock*, § 41 Rn. 6; *Leuze*, ZTR 2006, 476). Jedoch bestehen keine

Bedenken dagegen, dass ein Betriebsratsmitglied außerhalb der Ausübung seines Amtes diese Aufgabe übernimmt (§ 74 Abs. 3; ebenso *Fitting, Marienhagen, Wiese/Weber, Glock,* jeweils a. a. O.; s. auch § 74 Rn. 75 ff.; kritisch dagegen *Leuze,* ZTR 2006, 476).

8   Bei Sammlungen, durch die einer sittlichen Pflicht oder einer auf den Anstand zu nehmenden Rücksicht entsprochen wird, wie bei Sammlungen für ein **Jubiläumsgeschenk** oder einen Kranz zu Ehren eines verstorbenen Kollegen, kann der Betriebsrat die Organisation übernehmen, jedoch nicht deshalb, weil derartige Sammlungen in seinen gesetzlichen Aufgaben- und Zuständigkeitsbereich fallen, sondern lediglich deshalb, weil es sich um Angelegenheiten rein gesellschaftlicher Natur handelt (ebenso *Fitting,* § 41 Rn. 8; GL-*Marienhagen,* § 41 Rn. 6; HSWGNR-*Glock,* § 41 Rn. 5; a. A. *Joost,* MünchArbR § 221 Rn. 52; ähnlich GK-*Weber,* § 41 Rn. 6; der der Ansicht von *Dietz,* § 40 Rn. 6, zustimmt, dass der Betriebsrat auch insoweit nicht als solcher in Erscheinung treten darf, sondern nur die einzelnen Betriebsratsmitglieder diese Angelegenheiten für ihre Person in die Hand nehmen können; ablehnend auch *Leuze,* ZTR 2006, 476, der es allerdings für zulässig erachtet, wenn der Arbeitgeber bei der Organisation auf Mitglieder des Betriebsrats zurückgreift). Der Betriebsrat darf aber auch zu diesem Zweck keine eigenen Mittel ansammeln oder sogar eine eigene Kasse unterhalten (bedenklich deshalb BAG 22. 4. 1960 AP ArbGG 1953 § 2 Nr. 1 Betriebsverfassungsstreit; ebenso *Fitting,* § 41 Rn. 9).

Vierter Abschnitt. Betriebsversammlung

Vorbemerkung

Abgekürzt zitiertes Schrifttum: *Engels,* Die Betriebsversammlung – Geschichtliche Entwicklung, Zuständigkeit und Rechtsnatur dieser betriebsverfassungsrechtlichen Institution, Diss. Köln 1969; *Giese,* Die Betriebsversammlung (hrsg. von der BDA), oJ (1976); *Hunold,* Betriebsversammlung, Abteilungsversammlung, AR-Blattei SD 530.11; *Lunk,* Die Betriebsversammlung – das Mitgliederorgan des Belegschaftsverbandes, (Diss. Kiel 1990) 1991; *Mießner,* Die Betriebsversammlung und das Hausrecht des Arbeitgebers, Diss. Köln 1970; *Vogt,* Die Betriebs- und Abteilungsversammlung, 3. Aufl. 1977.

Übersicht

	Rn.
I. Begriff und Rechtsstellung der Betriebsversammlung	1
1. Begriff	1
2. Rechtsnatur	2
3. Zuständigkeit	3
4. Abteilungsversammlung als Form der Betriebsversammlung	4
II. Ordentliche und außerordentliche Betriebsversammlungen	6
1. Überblick	6
2. Einberufung durch den Betriebsrat	7
III. Betriebsversammlungen im Ausland	9
IV. Sonstige Versammlungen im Betrieb	10
1. Betriebe ohne Betriebsrat	10
2. Sonstige Versammlungen in Betrieben mit Betriebsrat, Abdingbarkeit	11
V. Rechtstatsächliches	14

I. Begriff und Rechtsstellung der Betriebsversammlung

1. Begriff

Die Betriebsversammlung ist die Versammlung der Belegschaft, in der der Betriebsrat 1 als deren Repräsentant Rechenschaft über seine Tätigkeit abzulegen hat (§ 43 Abs. 1 Satz 1). Der Begriff der Betriebsversammlung ist im Gesetz ein Oberbegriff für die in ihm näher ausgestalteten Versammlungsarten der Vollversammlung der gesamten Belegschaft (§ 42 Abs. 1 Satz 1), der Teilversammlung (§ 42 Abs. 1 Satz 3) und der Abteilungsversammlung (§ 42 Abs. 2).

2. Rechtsnatur

Die Betriebsversammlung ist eine **Institution der Betriebsverfassung.** Überwiegend 2 sieht man in ihr ein **Organ der Betriebsverfassung** (vgl. BAG 27. 5. 1982 AP BetrVG 1972 § 42 Nr. 3; 5. 5. 1987 AP BetrVG 1972 § 44 Nr. 4; *Fitting,* § 42 Rn. 9; bereits *Flatow/Kahn-Freund,* Vorbem. vor § 45 Erl. II), oder spricht von einem *Organ der Belegschaft* (vgl. *Dietz,* Vorbem. vor § 41 Rn. 1, § 41 Rn. 2, § 44 Rn. 2; *Lunk,* Betriebsversammlung, S. 84 ff.: Mitgliederorgan des Belegschaftsverbands; ausführlich zum Meinungsstand dort S. 35 ff.; vgl. auch GK-*Weber,* § 42 Rn. 8 f.; ähnlich *Maus,* § 41 Rn. 2). Bedenken richten sich vor allem gegen die Annahme einer Organstellung (vgl. *Nikisch,* Bd. III S. 211; zust. MünchArbR-*Joost,* § 223 Rn. 4). Nach *Nikisch* (a. a. O.) ist die Betriebsversammlung „die Belegschaft selbst in einer bestimmten, gesetzlich geordneten

Erscheinungsform". Damit wird zutreffend umschrieben, dass in der Betriebsversammlung die Gemeinschaft der Arbeitnehmer in konkrete Erscheinung tritt; sie ist aber nicht mit der Belegschaft selbst identisch. Während der Betriebsrat die Belegschaft repräsentiert, ist die Betriebsversammlung die *konstitutionelle Funktionsform*, in der die Belegschaft sich unmittelbar präsentiert.

3. Zuständigkeit

3   Die Zuständigkeit der Betriebsversammlung deckt sich mit dem **Aufgabenbereich des Betriebsrats** (s. § 45 Rn. 24 ff.). Mit allen Fragen, die in diesen Bereich fallen, aber auch nur mit ihnen, kann sie sich befassen. Sie ist dem Betriebsrat nicht übergeordnet, kann ihm keine Weisungen erteilen (BAG 27. 6. 1989 AP BetrVG 1972 § 42 Nr. 5), ihm weder das Vertrauen entziehen noch ihn absetzen. Ihre Beschlüsse haben nur die Bedeutung von Anregungen für ihn, wenn sie auch in aller Regel für ihn von besonderem Gewicht sein mögen. Die Betriebsversammlung hat **keine nach außen wirkende Funktion**. Sie kann nicht Erklärungen abgeben oder entgegennehmen. Sie kann insbesondere keine Betriebsvereinbarung schließen (BAG 27. 6. 1989 AP BetrVG 1972 § 42 Nr. 5) und auch nicht in Vertretung der Arbeitnehmer rechtsgeschäftliche Erklärungen abgeben, z. B. über den Erlass von Lohnansprüchen. Das gilt nicht nur, wenn es sich um einen Mehrheitsbeschluss handelt, sondern auch für einstimmige Beschlüsse; denn auch dann handelt es sich nicht um rechtsgeschäftliche Erklärungen der Arbeitnehmer innerhalb ihrer Arbeitsverhältnisse.

4. Abteilungsversammlung als Form der Betriebsversammlung

4   Zu der **Betriebsversammlung** treten **alle Arbeitnehmer** zusammen, die zur **Belegschaft des Betriebs** gehören. Sie ist grundsätzlich als *Vollversammlung* durchzuführen; nur wenn wegen der Eigenart des Betriebs eine Versammlung aller Arbeitnehmer zum gleichen Zeitpunkt nicht stattfinden kann, sind *Teilversammlungen* abzuhalten (§ 42 Abs. 1 Satz 3).

5   Daneben sieht das Gesetz **Abteilungsversammlungen** vor, zu denen **Arbeitnehmer organisatorisch oder räumlich abgegrenzter Betriebsteile** vom Betriebsrat zusammenzufassen sind, wenn dies für die Erörterung der besonderen Belange der Arbeitnehmer erforderlich ist (§ 42 Abs. 2 Satz 1). Die Abteilungsversammlung ist nur eine *besondere Form* der Betriebsversammlung, wie auch das Gesetz bestätigt, wenn es in § 43 Abs. 1 Satz 2 bestimmt, dass der Betriebsrat unter den dort genannten Voraussetzungen in jedem Kalenderjahr zwei regelmäßige Betriebsversammlungen als Abteilungsversammlungen durchzuführen hat. Für die Abteilungsversammlungen gilt deshalb dasselbe wie für die Betriebsversammlung. Auch sie sind grundsätzlich als *Vollversammlung* durchzuführen; jedoch kommt auch bei ihnen in Betracht, sie als *Teilversammlungen* abzuhalten.

II. Ordentliche und außerordentliche Betriebsversammlungen

1. Überblick

6   Das Gesetz unterscheidet zwischen **regelmäßigen** und **sonstigen Betriebsversammlungen** (§ 43). Mit dieser Abgrenzung deckt sich nicht die Unterscheidung in ordentliche und außerordentliche Betriebsversammlungen. Rechtsdogmatisch sinnvoll ist es jedoch, auch insoweit eine Trennung vorzunehmen (vgl. MünchArbR-*Joost* § 223 Rn. 5 ff.). Als **ordentliche Betriebsversammlung** kann man die Versammlungen bezeichnen, die einmal im Kalendervierteljahr zusammentreten und in denen der Betriebsrat einen Tätigkeitsbericht zu erstatten hat, während die Versammlungen, die jeweils nach besonderem

Bedarf zusammenzurufen sind, die **außerordentlichen Betriebsversammlungen** darstellen. In jedem Kalenderhalbjahr kann der Betriebsrat eine außerordentliche Betriebs- oder Abteilungsversammlung abhalten, die einer regelmäßigen Betriebsversammlung gleichgestellt ist, also während der Arbeitszeit stattzufinden hat, soweit nicht die Eigenart des Betriebs eine andere Regelung zwingend erfordert, und bei der die Zeit der Teilnahme den Arbeitnehmern wie Arbeitszeit zu vergüten ist. Dasselbe gilt für außerordentliche Betriebs- oder Abteilungsversammlungen, die auf *Wunsch des Arbeitgebers* einberufen werden. Auch die *Belegschaftsversammlung,* die nach §§ 14 a, 17 den *Wahlvorstand* zu bestellen hat, wenn kein Betriebsrat besteht, wird hinsichtlich der zeitlichen Lage und der Rechtsfolgen für den einzelnen Arbeitnehmer, der an ihr teilnimmt, wie eine regelmäßige Betriebsversammlung behandelt.

2. Einberufung durch den Betriebsrat

Die Betriebs- und Abteilungsversammlungen werden vom Betriebsrat einberufen, die 7 ordentlichen im gewöhnlichen Turnus (§ 43 Abs. 1 Satz 1), die außerordentlichen, wenn er sie für erforderlich hält (vgl. § 43 Abs. 1 Satz 4 und Abs. 3 Satz 1). Der Arbeitgeber und ein Viertel der wahlberechtigten Arbeitnehmer können die Einberufung einer außerordentlichen Betriebsversammlung verlangen (§ 43 Abs. 3 Satz 1). Wenn im vorhergegangenen Kalenderhalbjahr keine Betriebsversammlung und keine Abteilungsversammlung durchgeführt worden sind, kann jede im Betrieb vertretene Gewerkschaft beantragen, dass eine ordentliche Betriebsversammlung einberufen wird (§ 43 Abs. 4). Diesem Verlangen hat der Betriebsrat nachzukommen.

Eine besondere Betriebsversammlung ist die **Betriebsversammlung zur Wahl eines** 8 **Wahlvorstands,** wenn in einem betriebsratsfähigen Betrieb kein Betriebsrat besteht (§ 17). Durch die Bestellung des Wahlvorstands hat hier die Betriebsversammlung ausnahmsweise eine Befugnis, die rechtsgestaltend wirkt. Da ein Betriebsrat nicht vorhanden ist, können zu dieser Betriebsversammlung **drei wahlberechtigte Arbeitnehmer** des Betriebs oder eine **im Betrieb vertretene Gewerkschaft** einladen (§ 17 Abs. 3); aber auch der Arbeitgeber kann sie einberufen (s. § 17 Rn. 11). Im vereinfachten Wahlverfahren nach § 14 a ist insoweit § 17 a Nr. 3 zu beachten.

III. Betriebsversammlungen im Ausland

Soweit im Ausland tätige Arbeitnehmer zu einem inländischen Betrieb gehören und 9 daher unter das BetrVG fallen (s. Einl. Rn. 70 ff.), kann der Betriebsrat für sie eine Betriebsversammlung im Ausland abhalten, z. B. auf einer Auslandsbaustelle (ebenso LAG Hamm 12. 3. 1980 DB 1980, 1030, 1031; *Fitting,* § 42 Rn. 55; *Lunk,* Betriebsversammlung, S. 210 ff.; *Birk,* RdA 1984, 129, 137; *Boemke,* NZA 1992, 112, 116; a. A. BAG 27. 5. 1982 AP BetrVG 1972 § 42 Nr. 3 [abl. *Beitzke*]; HSWGNR-*Worzalla,* § 42 Rn. 3; MünchArbR- *Joost,* § 224 Rn. 7). Die Betriebsversammlung wird als *Teilversammlung* durchgeführt, weil wegen der Eigenart des Betriebs eine Versammlung aller Arbeitnehmer zum gleichen Zeitpunkt nicht stattfinden kann (ebenso LAG Hamm, a. a. O.). Aber auch eine Teilversammlung setzt voraus, dass ein Belegschaftsteil vorhanden ist. Der Betriebsrat ist nicht berechtigt, die an verschiedenem Ort im Ausland beschäftigten Arbeitnehmer zu einer Betriebsversammlung zusammenzufassen. Außerdem gilt für die Kostenbelastung der Grundsatz der Erforderlichkeit und Verhältnismäßigkeit. Die Regelung, dass den Arbeitnehmern Fahrkosten, die ihnen durch die Teilnahme an ordentlichen oder ihnen gleichgestellten Betriebsversammlungen entstehen, vom Arbeitgeber zu erstatten sind (§ 44 Abs. 1 Satz 3 Halbsatz 2), geht von dem typischen Fall aus, dass die Arbeitnehmer im Inland beschäftigt sind und dort an diesen Versammlungen teilnehmen. Die im Ausland tätigen Arbeitnehmer können deshalb grundsätzlich nicht verlangen, dass sie auf Kosten des Arbeitgebers an einer Betriebsversammlung im Inland teilnehmen.

IV. Sonstige Versammlungen im Betrieb

1. Betriebe ohne Betriebsrat

10 Betriebsversammlungen i. S. des Gesetzes sind nur in Betrieben möglich, in denen ein Betriebsrat besteht. Eine Ausnahme gilt nur in betriebsratsfähigen Betrieben für die Betriebsversammlung zur Wahl des Wahlvorstands (§§ 14 a, 17; s. Rn. 6). Treten in betriebsratslosen Betrieben die Arbeitnehmer zu einer Versammlung zusammen, so finden auf eine derartige Versammlung §§ 42 bis 46 keine Anwendung.

2. Sonstige Versammlungen in Betrieben mit Betriebsrat, Abdingbarkeit

11 a) Wie in Betrieben ohne Betriebsrat können auch in Betrieben mit Betriebsrat die Arbeitnehmer zu einer Versammlung ohne Einberufung durch den Betriebsrat zusammentreten. §§ 42 bis 46 enthalten insoweit keine Schranke, finden aber auf derartige Versammlungen auch keine Anwendung (ebenso *Fitting*, § 42 Rn. 11 f.; GK-*Weber*, § 42 Rn. 11; HSWGNR-*Worzalla*, § 42 Rn. 6; MünchArbR-*Joost*, § 223 Rn. 17; s. auch § 42 Rn. 72 ff.).

12 b) Das Gesetz kennt neben der Betriebsversammlung bzw. der ihr nach § 115 Abs. 5 gleichgestellten Bordversammlung nur noch die **Betriebsräteversammlung**, die eine Arbeitnehmerrepräsentantenversammlung darstellt (§ 53), und die **betriebliche Jugend- und Auszubildendenversammlung**, die die Jugend- und Auszubildendenvertretung vor oder nach jeder Betriebsversammlung im Einvernehmen mit dem Betriebsrat einberufen kann (§ 71). Gesetzlich vorgesehen sind weiterhin die **Versammlung der leitenden Angestellten** (§ 15 SprAuG) und die **Versammlung der schwerbehinderten Menschen im Betrieb** (§ 95 Abs. 6 SGB IX).

13 c) Bei den Bestimmungen der §§ 42 ff. handelt es sich um zwingendes Organisationsrecht, das auch durch Tarifvertrag oder Betriebsvereinbarung nicht abbedungen werden kann (DKK-*Berg*, § 42 Rn. 3 a; *Fitting*, § 42 Rn. 5), was allerdings eine innerhalb des gesetzlichen Rahmens bleibende nähere Ausgestaltung nicht ausschließt.

V. Rechtstatsächliches

14 Nach einer auf das Jahr 1998 bezogenen Untersuchung von *Niedenhoff* (Die Praxis der betrieblichen Mitbestimmung, 1998, S. 50 ff.) fanden in den dem BetrVG unterfallenden Betrieben jährlich durchschnittlich 3,5 Betriebsversammlungen statt, wobei der industrielle Sektor mit einem Durchschnittswert von 2,8 deutlich hinter der für den Dienstleistungsbereich ermittelten Zahl von durchschnittlich 3,8 Betriebsversammlungen zurückblieb. Durchschnittlich nahmen nur etwa 53,5 Prozent aller Arbeitnehmer eines Betriebs an den jeweiligen Betriebsversammlungen teil, die im statistischen Mittel jeweils 1,7 Stunden dauerten.

§ 42 Zusammensetzung, Teilversammlung, Abteilungsversammlung

(1) ¹Die Betriebsversammlung besteht aus den Arbeitnehmern des Betriebs; sie wird von dem Vorsitzenden des Betriebsrats geleitet. ²Sie ist nicht öffentlich. ³Kann wegen der Eigenart des Betriebs eine Versammlung aller Arbeitnehmer zum gleichen Zeitpunkt nicht stattfinden, so sind Teilversammlungen durchzuführen.

I. Vorbemerkung

(2) ¹Arbeitnehmer organisatorisch oder räumlich abgegrenzter Betriebsteile sind vom Betriebsrat zu Abteilungsversammlungen zusammenzufassen, wenn dies für die Erörterung der besonderen Belange der Arbeitnehmer erforderlich ist. ²Die Abteilungsversammlung wird von einem Mitglied des Betriebsrats geleitet, das möglichst einem beteiligten Betriebsteil als Arbeitnehmer angehört. ³Absatz 1 Satz 2 und 3 gilt entsprechend.

Abgekürzt zitiertes Schrifttum: *Dudenbostel,* Hausrecht, Leitungsmacht und Teilnahmebefugnis in der Betriebsversammlung, (Diss. Münster) 1978; *Mießner,* Die Betriebsversammlung und das Hausrecht des Arbeitgebers, Diss. Köln 1970; *Säcker,* Informationsrechte der Betriebs- und Aufsichtsratsmitglieder und Geheimsphäre des Unternehmens, 1979;

Übersicht

	Rn.
I. Vorbemerkung	1
II. Zusammensetzung der Betriebsversammlung	3
1. Arbeitnehmer des Betriebs	3
2. Teilnahmerecht sonstiger Personen	8
III. Einberufung der Betriebsversammlung	10
1. Zuständigkeit des Betriebsrats	10
2. Form und Frist	12
3. Ort der Versammlung	16
IV. Leitung und Durchführung der Betriebsversammlung	19
1. Zuständigkeit für die Leitung	19
2. Leitungsbefugnis und Hausrecht	20
3. Kosten und Sachaufwand	30
V. Nichtöffentlichkeit der Betriebsversammlung	32
1. Zweck des Gebots	32
2. Teilnahme betriebsfremder Personen	34
3. Aufzeichnungen und Lautsprecheranlagen	40
4. Verstöße gegen das Gebot der Nichtöffentlichkeit	44
5. Verschwiegenheitspflicht	45
VI. Vollversammlung oder Teilversammlung	46
1. Abgrenzung der Teilversammlung von der Abteilungsversammlung	46
2. Voraussetzungen für die Durchführung von Teilversammlungen	47
3. Durchführung einer Teilversammlung	53
VII. Begriff und Organisation der Abteilungsversammlung	58
1. Begriff und Rechtsnatur	58
2. Voraussetzungen	61
3. Durchführung einer Abteilungsversammlung	67
VIII. Sonstige Versammlungen	72
1. Gesetzlich vorgesehene Versammlungen	72
2. Sonstige Versammlungen im Betrieb	73
IX. Streitigkeiten	76

I. Vorbemerkung

§ 42 Abs. 1 handelt von der Zusammensetzung der Betriebsversammlung, ihrer Leitung und der Möglichkeit von Teilversammlungen. Er entspricht § 41 BetrVG 1952. Neu eingefügt wurde die Durchführung von Abteilungsversammlungen (s. Vorbem. vor § 42 Rn. 5). § 42 Abs. 2 bestimmt den Begriff der Abteilungsversammlung und regelt deren Leitung; die Regelung ist flexibler als nach dem RegE (BT-Drucks. VI/1786, S. 10), weil der Betriebsrat über die Erforderlichkeit und den betrieblichen Bereich, für den die Abteilungsversammlung abgehalten werden soll, zu befinden hat (vgl. den Bericht des BT-Ausschusses für Arbeit und Sozialordnung, *zu* BT-Drucks. VI/2729, S. 13, 24). **1**

Die Versammlung der leitenden Angestellten ist in § 15 SprAuG geregelt. Im **Personalvertretungsrecht** enthält § 48 BPersVG eine ähnliche Regelung. **2**

II. Zusammensetzung der Betriebsversammlung

1. Arbeitnehmer des Betriebs

3   Die Betriebsversammlung besteht aus den Arbeitnehmern des Betriebs. Es kommt auf den **Betrieb i. S. der §§ 1, 4 bzw. die nach § 3 Abs. 5 als Betrieb geltenden Einheiten** an. Es gehören daher auch die Arbeitnehmer von Betriebsteilen und Kleinstbetrieben, soweit diese nach § 4 als Teile des Betriebs anzusehen sind, hierher (s. § 4 Rn. 8 ff., 41 ff.). Für mehrere selbständige Betriebe kann eine Betriebsversammlung nicht einberufen werden, sofern sie nicht zu einer nach § 3 Abs. 5 als Betrieb geltenden Repräsentationseinheit zusammengefasst worden sind.

4   Die Betriebsversammlung besteht aus **allen Arbeitnehmern,** die zur Belegschaft des Betriebs gehören, nicht nur aus den wahlberechtigten, so dass auch Arbeitnehmer unter 18 Jahren und solche, die aus anderen Gründen nicht wahlberechtigt sind, zur Teilnahme berechtigt sind. Die nicht wahlberechtigten Arbeitnehmer sind innerhalb der Betriebsversammlung auch stimmberechtigt (s. § 45 Rn. 28). Eine Verpflichtung der Arbeitnehmer zur Teilnahme an der Betriebsversammlung besteht nicht. **Gekündigte Arbeitnehmer** haben nach Auslaufen der Kündigungsfrist nur dann einen Anspruch auf Teilnahme, wenn sie nach § 102 Abs. 5 weiterzubeschäftigen sind oder aus sonstigen Gründen tatsächlich weiterbeschäftigt werden (weitergehend GK-*Weber*, § 42 Rn. 16, der das Teilnahmerecht immer dann gewährt, wenn ein Kündigungsschutzprozess anhängig ist).

5   Zu den **Arbeitnehmern i. S. des BetrVG** gehören nicht die in § 5 Abs. 2 genannten Betriebsangehörigen. Sie sind daher auch nicht berechtigt, an den Betriebsversammlungen teilzunehmen, sofern sie nicht als Arbeitgeber (§ 5 Abs. 2 Nr. 2) oder als gesetzliche Vertreter des Arbeitgebers (§ 5 Abs. 2 Nr. 1) ein Teilnahmerecht haben oder vom Arbeitgeber zu seiner Unterstützung als Sachbearbeiter zugezogen werden (s. § 43 Rn. 52). Unerheblich ist, ob sich die Arbeitnehmer in Urlaub (BAG 5. 5. 1987 AP BetrVG 1972 § 44 Nr. 5; s. zur Vergütung § 44 Rn. 26 ff.), Elternzeit (BAG 31. 5. 1989 DB 1990, 793) oder im Streik (BAG 5. 5. 1987 AP BetrVG 1972 § 44 Nr. 5; s. näher § 44 Rn. 34) befinden.

6   Ebenfalls nicht als Arbeitnehmer teilnahmeberechtigt sind die **leitenden Angestellten** i. S. des § 5 Abs. 3 Satz 2; denn auf sie findet das Gesetz, soweit in ihm nicht ausdrücklich etwas anderes bestimmt ist, keine Anwendung (§ 5 Abs. 3 Satz 1). Deshalb sind leitende Angestellte nur teilnahmeberechtigt, wenn sie als Vertreter des Arbeitgebers oder zu seiner Unterstützung erscheinen (ebenso *Fitting,* § 42 Rn. 15; GK-*Weber,* § 42 Rn. 18; HSWGNR-*Worzalla,* § 42 Rn. 12 a; DKK-*Berg,* § 42 Rn. 4).

7   Zweifelhaft mag sein, ob auch Arbeitnehmer anderer Arbeitgeber, die nach § 7 Satz 2 wahlberechtigt sind, zu den Teilnahmeberechtigten gehören, da sie in § 7 den in dessen Satz 1 genannten Arbeitnehmern „des Betriebs" gegenübergestellt werden. Im Ergebnis ist dies angesichts der auf die Tätigkeit des Betriebsrats bezogenen Funktion der Betriebsversammlung zu bejahen. Leiharbeitnehmer sind im Übrigen im Entleiherbetrieb bereits nach Art. 1 § 14 Abs. 2 Satz 2 AÜG teilnahmeberechtigt.

2. Teilnahmerecht sonstiger Personen

8   Abgesehen von den Arbeitnehmern des Betriebs, die zur Belegschaft gehören, besteht ein Teilnahmerecht nur für den **Arbeitgeber** bei den ordentlichen und ihnen gleichgestellten Betriebsversammlungen und bei den außerordentlichen Betriebsversammlungen, die auf seinen Antrag einberufen worden sind (s. ausführlich § 43 Rn. 45 ff.), für einen **Beauftragten der Arbeitgebervereinigung,** der der Arbeitgeber angehört, wenn er selbst an der Betriebsversammlung teilnimmt (§ 46 Abs. 1 Satz 2), und für **Beauftragte der im Betrieb vertretenen Gewerkschaften** an allen Betriebsversammlungen (§ 46 Abs. 1 Satz 1).

Andere Personen haben **kein Teilnahmerecht**. Das gilt auch für Mitglieder eines Gesamt- oder Konzernbetriebsrats und Mitglieder des Wirtschaftsausschusses sowie Arbeitnehmervertreter im Aufsichtsrat, wenn sie nicht zur Belegschaft des Betriebs gehören (s. auch Rn. 35). 9

III. Einberufung der Betriebsversammlung

1. Zuständigkeit des Betriebsrats

Der **Betriebsrat** beschließt, ob, wann und wo eine Betriebsversammlung stattfindet und ob sie als Vollversammlung, Teilversammlung oder Abteilungsversammlung abgehalten wird (§ 33; s. zur zeitlichen Lage § 44 Rn. 2 ff.; zum Ort hier Rn. 16 ff.; zur Versammlungsart hier Rn. 46 ff. und 58 ff.). Die Einberufung der ordentlichen Betriebsversammlungen gehört zu den laufenden Geschäften des Betriebsrats, die der Betriebsausschuss führt (§ 27 Abs. 2 Satz 1; ebenso HSWGNR-*Worzalla*, § 42 Rn. 26; a. A. *Fitting*, § 42 Rn. 28). Der Vorsitzende allein hat nicht das Recht, sie einzuberufen, und zwar auch dann nicht, wenn nach dem Gesetz die Pflicht besteht, eine Betriebsversammlung einzuberufen; eine Ausnahme gilt nur in Kleinbetrieben, wenn ihm die Führung der laufenden Geschäfte übertragen ist (§ 27 Abs. 3; ebenso *Vogt*, S. 32). Der Vorsitzende, im Verhinderungsfall sein Stellvertreter, hat aber den Einberufungsbeschluss auszuführen (§ 26 Abs. 2 Satz 1), indem er namens des Betriebsrats zur Betriebsversammlung lädt (ebenso *Fitting*, § 42 Rn. 28; GK-*Weber*, § 42 Rn. 28; HSWGNR-*Worzalla*, § 42 Rn. 26). 10

Ein **Selbstversammlungsrecht** besteht **nicht**. Eine nicht vom Betriebsrat einberufene Versammlung der Arbeitnehmer ist keine Betriebsversammlung i. S. des Gesetzes (ebenso *Fitting*, § 42 Rn. 12; GK-*Weber*, § 42 Rn. 11; HSWGNR-*Worzalla*, § 42 Rn. 6). Auch wer die Einberufung einer Betriebsversammlung verlangen kann, wie der Arbeitgeber und ein Viertel der wahlberechtigten Arbeitnehmer (§ 43 Abs. 3) oder eine im Betrieb vertretene Gewerkschaft (§ 43 Abs. 4), ist nicht berechtigt, eine Betriebsversammlung einzuberufen; der Anspruch gibt kein Selbsthilferecht (ebenso *Vogt*, S. 32). Eine Ausnahme gilt nur für die Betriebsversammlung zur Wahl des Wahlvorstands (§§ 14 a, 17; s. auch Vorbem. vor § 42 Rn. 8). 11

2. Form und Frist

a) Die Betriebsversammlung ist **rechtzeitig** einzuberufen. Eine bestimmte Frist braucht nicht eingehalten zu werden, sondern es ist auf die Umstände des Einzelfalls abzustellen. Dabei muss so viel Zeit bleiben, dass unter normalen Umständen alle Arbeitnehmer die Möglichkeit der Beteiligung haben und dem Arbeitgeber sowie den im Betrieb vertretenen Gewerkschaften eine angemessene Vorbereitung möglich ist (ebenso LAG Düsseldorf 11. 4. 1989 DB 1989, 2284 [bei regelmäßigen Betriebsversammlungen 3 Tage]; GK-*Weber*, § 42 Rn. 29; HSWGNR-*Worzalla*, § 42 Rn. 27). 12

b) Für die **Form der Ladung** enthält das Gesetz ebenfalls keine Vorschrift; es genügt der Aushang am Schwarzen Brett (ebenso HSWGNR-*Worzalla*, § 42 Rn. 27) oder eine andere betriebsübliche Bekanntmachungsform, wozu auch der Versand per E-Mail gehören kann. 13

Obwohl das Gesetz schweigt, ist die im Einberufungsbeschluss festgelegte **Tagesordnung** bekanntzugeben (ebenso *Fitting*, § 42 Rn. 32; HSWGNR-*Worzalla*, § 42 Rn. 27). In der Gestaltung der Tagesordnung ist der Betriebsrat grundsätzlich frei; er ist aber verpflichtet, einmal in jedem Kalendervierteljahr einen Tätigkeitsbericht zu erstatten (§ 43 Abs. 1 Satz 1), und muss einen vom Arbeitgeber oder einem Viertel der wahlberechtigten Arbeitnehmer beantragten Beratungsgegenstand auf die Tagesordnung setzen (§ 43 Abs. 3 Satz 1). 14

15 Eine besondere Ladung unter Mitteilung der Tagesordnung ergeht nur an den Arbeitgeber (§ 43 Abs. 2 Satz 1; s. dort Rn. 42 ff.) und die im Betriebsrat vertretenen Gewerkschaften (§ 46 Abs. 2; s. dort Rn. 7 f.).

3. Ort der Versammlung

16 a) Die Betriebsversammlung hat **grundsätzlich,** d. h. soweit möglich, **im Betrieb** stattzufinden. Der Arbeitgeber ist in entsprechender Anwendung des § 40 Abs. 2 verpflichtet, einen **geeigneten Raum** und die für die Abhaltung der Betriebsversammlung notwendigen Einrichtungen zur Verfügung zu stellen (ebenso *Fitting*, § 42 Rn. 31; HSWGNR-*Worzalla*, § 42 Rn. 30 f.; MünchArbR-*Joost*, § 224 Rn. 25; *Vogt*, S. 50, *Rüthers*, ZfA 1974, 207, 220; GK-*Weber*, § 42 Rn. 22). Welcher Raum zur Verfügung gestellt wird, bestimmt der Arbeitgeber, nicht der Betriebsrat (a. A. DKK-*Berg*, § 42 Rn. 8); denn aus der Verpflichtung, einen geeigneten Raum bereitzustellen, ergibt sich nicht, dass der Arbeitgeber sein Verfügungsrecht über die Räume des Betriebs verliert und der Betriebsrat den Raum bestimmen kann (ebenso HSWGNR-*Worzalla*, § 42 Rn. 30; *Nikisch*, Bd. III S. 216; *Vogt*, S. 50; GK-*Weber*, § 42 Rn. 22; a. A. wohl, soweit Einvernehmen des Betriebsrats mit dem Arbeitgeber verlangt wird, *Fitting*, § 42 Rn. 31). Mit dem Gebot der vertrauensvollen Zusammenarbeit ist aber nicht vereinbar, dass der Arbeitgeber einen Raum zuweist, den der Betriebsrat nicht für geeignet hält. Dieser kann sich weigern, dort eine Betriebsversammlung abzuhalten, und vom Arbeitgeber verlangen, dass ihm ein anderer Raum zur Verfügung gestellt wird. Kommt der Arbeitgeber seiner Verpflichtung nicht nach, so kann der Betriebsrat nicht selbst den Raum festlegen, in dem die Betriebsversammlung stattfindet (ebenso im Ergebnis auch, da Einvernehmen mit dem Arbeitgeber verlangt wird, *Fitting*, § 42 Rn. 31). Der Betriebsrat kann im Beschlussverfahren eine einstweilige Verfügung erwirken (§ 85 Abs. 2 ArbGG).

17 b) **Fehlt im Betrieb** ein **geeigneter Raum,** so muss der Arbeitgeber einen **Raum außerhalb des Betriebs** zur Verfügung stellen. Eine Versammlung unter freiem Himmel kommt nur unter besonderen Umständen und je nach der Jahreszeit in Betracht (ebenso HSWGNR-*Worzalla*, § 42 Rn. 30; *Vogt*, S. 50). Die Verlegung nach außen ist nicht ohne weiteres deshalb zulässig, weil im Betrieb nur Raum für Teilversammlungen vorhanden ist (s. Rn. 48).

18 Der Betriebsrat kann, wenn er im Betrieb keinen geeigneten Raum erhält, ihn nicht selbst außerhalb des Betriebs mieten (ebenso MünchArbR-*Joost*, § 224 Rn. 25; a. A. ErfK-*Eisemann/Koch*, § 43 Rn. 6; *Fitting*, § 42 Rn. 31; DKK-*Berg*, § 42 Rn. 8). Da § 40 Abs. 2 entsprechend gilt, hat der Betriebsrat nur einen Überlassungsanspruch (s. auch dort Rn. 61). Erfüllt der Arbeitgeber aber seine Pflicht nicht, so kann der Betriebsrat eine einstweilige Verfügung im Beschlussverfahren erwirken (§ 85 Abs. 2 ArbGG).

IV. Leitung und Durchführung der Betriebsversammlung

1. Zuständigkeit für die Leitung

19 Die Betriebsversammlung wird vom **Vorsitzenden des Betriebsrats geleitet** (Abs. 1 Satz 1 Halbsatz 2), im Verhinderungsfall von seinem Stellvertreter (§ 26 Abs. 2). Sind beide verhindert, kann der Betriebsrat die Versammlungsleitung durch Beschluss auf ein anderes Betriebsratsmitglied übertragen (BAG 19. 5. 1978 AP BetrVG 1972 § 43 Nr. 3; DKK-*Berg*, § 42 Rn. 9; ErfK-*Eisemann/Koch*, § 42 Rn. 7; GK-*Weber*, § 42 Rn. 32). Auf andere Personen kann die Leitung nicht übertragen werden, weder durch den Betriebsrat noch durch die Betriebsversammlung. Lediglich wenn die Betriebsversammlung als Abteilungsversammlung abgehalten wird, kann die Leitung einem Mitglied des Betriebsrats übertragen werden (Abs. 2 Satz 2; s. auch Rn. 69); Gleiches muss entsprechend dann gelten, wenn statt einer Betriebs-Vollversammlung Teilversammlungen durch-

IV. Leitung und Durchführung der Betriebsversammlung § 42

geführt werden (s. Rn. 54). Die Übertragung der Leitungskompetenz auf den Arbeitgeber oder Beauftragte einer im Betrieb vertretenen Gewerkschaft ist dagegen auch dann unzulässig, wenn die Betriebsversammlung auf Wunsch des Arbeitgebers bzw. auf Antrag der Gewerkschaft einberufen ist.

2. Leitungsbefugnis und Hausrecht

a) Das Gesetz gibt über den **Inhalt der Leitungsmacht** keine Bestimmung. Es gelten 20 deshalb die allgemeinen Regeln für die Leitung einer Versammlung. Der Versammlungsleiter erteilt das Wort und leitet die Abstimmung.

Die Betriebsversammlung kann sich durch Beschluss eine **Geschäftsordnung** geben, in 21 der die Modalitäten für ihre Durchführung geregelt sind, wie Wortmeldung, Redezeit, Entziehung des Wortes und Beendigung der Debatte (ebenso *Fitting*, § 42 Rn. 37; GK-*Weber*, § 42 Rn. 42; a.A. HSWGNR-*Worzalla*, § 42 Rn. 33, § 45 Rn. 26; wie hier dagegen im Ergebnis *Nikisch*, Bd. III S. 227, der zwar der Meinung ist, dass die Aufstellung einer Geschäftsordnung nicht der Betriebsversammlung überlassen werden dürfe, sondern es für besser hält, wenn der Betriebsrat der Versammlung eine schon fertig ausgearbeitete Geschäftsordnung bekanntgibt; aber auch er verlangt, dass der Betriebsrat sich ihr Einverständnis bestätigen lässt). Die Geschäftsordnung kann insbesondere festlegen, dass eine **Niederschrift** zu fertigen ist, aus der sich ergibt, welche Gegenstände behandelt und welche Beschlüsse gefasst worden sind. Fehlt eine derartige Festlegung in der Geschäftsordnung, so besteht zwar keine rechtliche Verpflichtung; es empfiehlt sich aber auch dann, für eine Protokollierung zu sorgen (ebenso *Fitting*, § 42 Rn. 37; GK-*Weber*, § 42 Rn. 33; HSWGNR-*Worzalla*, § 42 Rn. 32; MünchArbR-*Joost*, § 224 Rn. 44).

b) Die Kompetenz, die Betriebsversammlung zu leiten, umfasst vor allem das **Recht** 22 und die **Pflicht, für ihren rechtmäßigen und störungsfreien Ablauf zu sorgen** (ebenso *Fitting*, § 42 Rn. 35; HSWGNR-*Worzalla*, § 42 Rn. 32; vgl. auch *Dudenbostel*, Hausrecht, S. 45 ff.).

Der Versammlungsleiter übt in der Betriebsversammlung das **Hausrecht** aus, und zwar 23 auch dann, wenn der Arbeitgeber teilnimmt (ebenso BAG 18. 3. 1964 AP BetrVG § 45 Nr. 1; BAG 13. 9. 1977 AP BetrVG 1972 § 42 Nr. 1; LAG Hamm 17. 3. 2005 – 10 TaBV 51/05; *Fitting*, § 42 Rn. 36; *Nikisch*, Bd. III S. 223; *Vogt*, S. 78 f.; ausführlich über Rechtsprechung und Schrifttum *Dudenbostel*, Hausrecht, S. 19 ff.). Der Begriff des Hausrechts ist allerdings wenig eindeutig (vgl. dazu auch GK-*Weber*, § 42 Rn. 34 ff.; *Dudenbostel*, a.a.O., S. 64 ff.; *Schlüter/Dudenbostel*, DB 1974, 2350 ff.). Unklarheit besteht weiterhin in der Frage, aus welcher Rechtsnorm die als Hausrecht bezeichnete Befugnis herzuleiten ist.

Unter dem Begriff des Hausrechts wird allgemein die **Befugnis** verstanden, **darüber zu** 24 **bestimmen, wer in einem Raum anwesend sein darf** (vgl. *Dudenbostel*, Hausrecht, S. 65, 77). Grundlage des Hausrechts ist deshalb der unmittelbare *Besitz* (*Dudenbostel*, a.a.O., S. 80 ff.; a.A. GK-*Weber*, § 42 Rn. 34: die rechtliche Grundlage sei betriebsverfassungsrechtlicher Natur). Die Unabhängigkeit des Betriebsratsamtes gebietet, dass der Leiter einer Betriebsversammlung in eigener Verantwortung für Ordnung sorgt und daher auch gegenüber dem Arbeitgeber die Entscheidungsgewalt hat. Zur Begründung dieses Ergebnisses braucht man aber nicht den (unmittelbaren) Besitz auf den Betriebsrat oder Betriebsratsvorsitzenden übergehen zu lassen (ebenso MünchArbR-*Joost*, § 224 Rn. 46; a.A. *Dudenbostel*, a.a.O., S. 99; *Schlüter/Dudenbostel*, DB 1974, 2350, 2353; vgl. auch GK-*Fabricius*, 6. Aufl., § 42 Rn. 52). Der Arbeitgeber bleibt vielmehr unmittelbarer Besitzer des Versammlungsraums und hat insoweit auch die Besitzschutzrechte. Er darf durch deren Ausübung aber nicht in das Leitungsrecht des Versammlungsleiters eingreifen.

25 c) Das **Hausrecht des Arbeitgebers ruht für die Dauer der Betriebsversammlung.** Das gilt aber nur, wenn der Betriebsratsvorsitzende oder sonstige Leiter der Versammlung den gesetzmäßigen Ablauf der Betriebsversammlung sicherzustellen vermag (ebenso *Fitting*, § 42 Rn. 36).

26 Das Hausrecht kann der Arbeitgeber jedoch nicht schon dann ausüben, wenn bei der Durchführung einer Betriebsversammlung erheblich gegen das Gesetz verstoßen wird, z. B. wenn Themen behandelt werden, die nicht Gegenstand einer Betriebsversammlung sein dürfen, oder wenn das Gebot der Nichtöffentlichkeit verletzt wird. Vielfach wird zwar die Auffassung vertreten, dass der Arbeitgeber in derartigen Fällen sein Hausrecht wieder ausüben könne, weil eine Betriebsversammlung bei Verstößen gegen das BetrVG ihren Charakter als Betriebsversammlung verliere (vgl. vor allem *Dietz*, § 41 Rn. 9, 22 b, § 44 Rn. 12; ähnlich GL-*Marienhagen*, § 42 Rn. 23; *Neumann-Duesberg*, S. 223; *Vogt*, S. 79; zum Ursprung der These vom Verlust des Betriebsversammlungscharakters *Dudenbostel*, Hausrecht, S. 61 f.). Dem ist aber entgegenzuhalten, dass eine Betriebsversammlung, in der es nicht korrekt zugeht, eine Betriebsversammlung bleibt (so bereits *Nikisch*, Bd. III, 223 Fn. 75, vgl. auch dort S. 217, 226; kritisch zur These vom Verlust des Betriebsversammlungscharakters auch GK-*Weber*, § 42 Rn. 40; *Nipperdey/Säcker* in *Hueck/Nipperdey*, Bd. II/2 S. 1214 Fn. 5 a; *Dudenbostel*, a. a. O., S. 51 ff.; *Schlüter/Dudenbostel*, DB 1974, 2350, 2351). Der Versammlungsleiter hat nicht nur bei kleinen, sondern vor allem bei großen Störungen das Recht und die Pflicht, einen gesetzmäßigen Rahmen für den Ablauf der Betriebsversammlung sicherzustellen (vgl. auch *Schlüter/Dudenbostel*, DB 1974, 2350, 2352). Die These vom Verlust des Betriebsversammlungscharakters soll auch weniger die Leitungskompetenz des Versammlungsleiters einschränken als vielmehr erklären, dass der Arbeitgeber bei groben Verstößen das Hausrecht wieder ausüben kann (vgl. auch DKK-*Berg*, § 42 Rn. 9; *Fitting*, § 42 Rn. 36). Um zu diesem Ergebnis zu gelangen, braucht man der Versammlung aber nicht den Charakter einer Betriebsversammlung zu nehmen, wenn in ihr gegen wesentliche Grundsätze erheblich verstoßen wird (ebenso *Nikisch*, Bd. III S. 223). Auch gegen das Ergebnis bestehen Bedenken; denn selbst bei erheblicher Rechtsverletzung in der Betriebsversammlung ist es mit der Unabhängigkeit des Betriebsratsamtes unvereinbar, wenn der Arbeitgeber über die Leitungsbefugnis des Versammlungsleiters hinweg für Ordnung sorgt (so zutreffend *Dudenbostel*, a. a. O., S. 97).

27 Nur wenn offensichtlich wird, dass der Versammlungsleiter einen gesetzmäßigen Ablauf der Betriebsversammlung nicht mehr sicherstellen kann oder sicherstellen will, insbesondere die Versammlung ihre tatbestandlichen Voraussetzungen einer Betriebsversammlung verliert, kann der Arbeitgeber auf Grund seines Hausrechts für Abhilfe sorgen. Unberührt bleibt in jedem Fall sein Recht zur Notwehr, wenn während einer Betriebsversammlung Räume und Inventar beschädigt werden (so auch HSWGNR-*Worzalla*, § 42 Rn. 34).

28 d) Das **Hausrecht des Versammlungsleiters** richtet sich nicht nur gegen Personen, die kein Teilnahmerecht an der Betriebsversammlung haben, sondern es besteht auch **gegenüber den teilnahmeberechtigten Arbeitnehmern des Betriebs und den sonstigen Personen, die ein Teilnahmerecht haben** (ebenso *Dudenbostel*, Hausrecht, S. 116 f.).

29 Das Hausrecht des Versammlungsleiters erstreckt sich **nicht** auf den **Zugang zu dem Raum,** in dem die Betriebsversammlung stattfindet; denn es besteht nur als *Folge* der Befugnis, die Betriebsversammlung zu leiten (ebenso ErfK-*Eisemann/Koch*, § 42 Rn. 7; *Dudenbostel*, Hausrecht, S. 100 ff.; *Schlüter/Dudenbostel*, DB 1974, 2350, 2354; a. A. *Fitting*, § 42 Rn. 36). Für den Zugang hat der Arbeitgeber das Hausrecht; er ist aber verpflichtet, dem Personenkreis, der an der Betriebsversammlung teilnehmen darf, den Zugang zu gewähren (s. zum Zugang zum Betrieb § 46 Rn. 14 ff.; vgl. auch BAG 20. 10. 1999 – 7 ABR 37/98 hinsichtlich des Zugangs eines Rechtsanwalts zum Betriebsratsbüro).

3. Kosten und Sachaufwand

Der **Arbeitgeber** hat nicht nur den **erforderlichen Raum** zur Verfügung zu stellen (s. Rn. 16 ff.), sondern er hat auch die sonstigen **Kosten der Betriebsversammlung** zu tragen, z. B. für Beleuchtung und Heizung, u. U. auch die Kosten einer Übersetzung des vom Betriebsrat zu erstattenden Tätigkeitsberichts (vgl. LAG Düsseldorf [Köln] 30. 1. 1981 DB 1981, 1093; ArbG München 14. 3. 1974 DB 1974, 1118 *Brötzmann*, BB 1990, 1055, 1058; ebenso *Fitting*, § 42 Rn. 52; GK-*Weber*, § 42 Rn. 22 ff.). 30

Der Anspruch des einzelnen Arbeitnehmers auf Bezahlung für die Zeit der Teilnahme an einer Betriebsversammlung richtet sich nach § 44 (s. dort Rn. 26 ff.). 31

V. Nichtöffentlichkeit der Betriebsversammlung

1. Zweck des Gebots

Die Betriebsversammlung ist **nicht öffentlich** (Abs. 1 Satz 2). Durch die Nichtöffentlichkeit sollen betriebsfremde Einflüsse auf die Betriebsversammlung ausgeschaltet werden; zugleich soll verhindert werden, dass außerbetriebliche Angelegenheiten erörtert werden. Außerdem soll durch das Gebot der Nichtöffentlichkeit erreicht werden, dass eine unbefangene Aussprache unter den Arbeitnehmern erfolgen kann, bei der nicht jedes Wort auf die Goldwaage gelegt werden muss, weil die Öffentlichkeit mithört (vgl. BAG 13. 9. 1977 AP BetrVG 1972 § 42 Nr. 1; zur Entstehungsgeschichte GK-*Weber*, § 42 Rn. 47). 32

Die Bestimmung, dass die Betriebsversammlung nicht öffentlich ist, ist **zwingend**. 33

2. Teilnahme betriebsfremder Personen

a) Das Gesetz bezweckt mit dem Grundsatz der Nichtöffentlichkeit **keine absolute Fernhaltung von betriebsfremden Personen** (so zutreffend BAG 28. 11. 1978 AP BetrVG 1972 § 42 Nr. 2). Es lässt die Teilnahme von Gewerkschaftsbeauftragten und die Hinzuziehung eines Beauftragten der Arbeitgebervereinigung durch den Arbeitgeber zu (§ 46 Abs. 1). Diese Auflockerung der Nichtöffentlichkeit entspricht der Unterstützungsfunktion der Koalitionen im Rahmen der Betriebsverfassung (§ 2 Abs. 1). 34

Beachtet man, dass die Aufgaben im Rahmen der Mitbestimmungsordnung nicht nur vom Betriebsrat, sondern auch vom Gesamtbetriebsrat, Konzernbetriebsrat und Wirtschaftsausschuss sowie dem daneben stehenden Europäischen Betriebsrat wahrgenommen werden und die Aufsichtsratmitbestimmung die Beteiligung der Arbeitnehmer auf die Auswahl und Kontrolle der Unternehmensleitung erstreckt, so liegt es auf der im Gesetz angelegten Linie, wie sie auch in § 79 zum Ausdruck kommt, die betriebsfremden Mitglieder dieser Gremien nicht als Außenstehende zu betrachten (vgl. auch *Hanau*, EzA § 45 BetrVG 1972 Nr. 1, S. 16). Die **Anwesenheit von betriebsfremden Mitgliedern des Gesamtbetriebsrats, Konzernbetriebsrats und Wirtschaftsausschusses** und von betriebsfremden **Aufsichtsratsmitgliedern der Arbeitnehmerseite oder Mitgliedern des Europäischen Betriebsrats** in der Betriebsversammlung ist deshalb mit deren **Nichtöffentlichkeit vereinbar** (ebenso *Fitting*, § 42 Rn. 18; GK-*Weber*, § 42 Rn. 49; MünchArbR-*Joost*, § 224 Rn. 39; für betriebsfremde Gesamtbetriebsratsmitglieder, wobei offengelassen wird, ob dies auch anzunehmen ist, wenn sie ohne Einladung oder gar gegen den Willen des Betriebsrats teilnehmen, BAG 28. 11. 1978 AP BetrVG 1972 § 42 Nr. 2; nur für den Fall, dass die Teilnahme für eine ordnungsgemäße Erfüllung der Aufgaben der Betriebsversammlung sachdienlich und mit dem Arbeitgeber abgestimmt sei, GL-*Marienhagen*, § 42 Rn. 9; a. A. HSWGNR-*Worzalla*, § 42 Rn. 22). Zu weit geht es allerdings, die Teilnahme von Mitgliedern des Betriebs- 35 rats oder vergleichbarer Interessenvertretungsorgane ausländischer Betriebe oder Unternehmen, die mit dem Unternehmen, dem der einladende Betrieb angehört, verbunden sind, ohne weiteres für zulässig zu halten (so aber LAG Baden-Württemberg 16. 1. 1998 AuR 1998, 286; DKK-*Berg*, § 42 Rn. 5).

36　b) Die Nichtöffentlichkeit gebietet nicht, die Teilnahme solcher Personen auszuschließen, „deren **Anwesenheit im Rahmen der Zuständigkeit der Betriebsversammlung sachdienlich ist**" (BAG 13. 9. 1977 AP BetrVG 1972 § 42 Nr. 1; vgl. dazu *Hanau*, EzA § 45 BetrVG 1972 Nr. 1). Maßgebend ist, „dass die Anwesenheit Außenstehender der besseren Information der Belegschaft, aber nicht der Öffentlichkeit oder einzelner außenstehender Personen dienen soll" (so zutreffend *Hanau*, a. a. O., S. 17). Mit dem Gebot der Nichtöffentlichkeit ist deshalb vereinbar, Personen, die kein Teilnahmerecht haben, als **Sachverständige** oder als **Auskunftspersonen** zu hören; denn werden sie in dieser Eigenschaft hinzugezogen, so nehmen sie nicht an der Betriebsversammlung teil, sondern sind lediglich zum Zweck der Anhörung zeitlich und sachlich begrenzt anwesend (ebenso BAG 13. 9. 1977 AP BetrVG 1972, § 42 Nr. 1; *Fitting*, § 42 Rn. 19 f.; GK-*Weber*, § 42 Rn. 50). Erfordert die Behandlung eines Gegenstands die Teilnahme eines **Sachverständigen**, so kann der Betriebsrat ihn gemäß § 80 Abs. 3 **nach näherer Vereinbarung mit dem Arbeitgeber** hinzuziehen (ebenso BAG AP BetrVG 1972, § 42 Nr. 1; bestätigt BAG 19. 4. 1989 AP BetrVG 1972 § 80 Nr. 35). Dessen Zustimmung ist jedoch nur erforderlich, soweit der Sachverständige als solcher auftritt. Sie ist nicht erforderlich, soweit er nicht in dieser Funktion, sondern als Auskunftsperson oder als sachkundiger Referent für ein Thema auftritt, das sich im Rahmen der Angelegenheiten nach § 45 Satz 1 hält (ebenso BAG AP BetrVG 1972, § 42 Nr. 1).

37　Die **Hinzuziehung von Dolmetschern** ist zulässig, wenn sich in der Belegschaft Arbeitnehmer befinden, die der deutschen Sprache nicht mächtig sind (ebenso *Fitting*, § 42 Rn. 22; GK-*Weber*, § 42 Rn. 50; vgl. auch LAG Düsseldorf [Köln] 30. 1. 1981 DB 1981, 1093, 1094). Die Kostentragungspflicht richtet sich nach § 40 Abs. 1, so dass § 80 Abs. 3 keine – auch keine entsprechende – Anwendung findet (GK-*Weber*, § 42 Rn. 31; a. A. *Richardi*, 7. Aufl., Rn. 35; *Brötzmann*, BB 1990, 1055, 1058). Das gilt auch, soweit eine Simultananlage installiert wird.

38　c) Mit dem Gebot der Nichtöffentlichkeit ist **unvereinbar,** betriebsfremde Personen, die kein Teilnahmerecht haben und deren Anwesenheit auch nicht im Rahmen der Zuständigkeit der Betriebsversammlung sachdienlich ist, als Gäste zu einer Betriebsversammlung einzuladen. **Presse, Film, Funk und Fernsehen** sind deshalb **nicht zugelassen,** um über den Verlauf einer Betriebsversammlung zu berichten; es ist auch nicht zulässig, Presseberichterstatter oder sonstige Medienvertreter einzuladen (ebenso *Fitting*, § 42 Rn. 44; HSWGNR-*Worzalla*, § 42 Rn. 24; MünchArbR-*Joost*, § 224 Rn. 38; *Vogt*, S. 57; a. A. mit Einwilligung, aber nur bei Zustimmung aller gesetzlich zur Teilnahme Berechtigten, GK-*Weber*, § 42 Rn. 48; ähnlich HWK-*Diller*, § 42 Rn. 26; a. A. für Ermessensentscheidung des Betriebsrats DKK-*Berg*, § 42 Rn. 15; differenzierend *Simitis/Kreuder*, NZA 1992, 1009, 1012). Zulässig ist allerdings eine nachträgliche Information der Presse, soweit dem nicht eine aus sonstigen Gründen zu beachtende Geheimhaltungspflicht (s. Rn. 45) entgegensteht (vgl. GK-*Weber*, § 42 Rn. 56).

39　Ist die Versammlung von vornherein dazu bestimmt, die Rede eines Außenstehenden über ein Thema anzuhören, das sich nicht im Rahmen der Angelegenheiten nach § 45 Satz 1 hält, so ist sie auch dann, wenn sie vom Betriebsrat einberufen wird, keine Betriebsversammlung i. S. des Gesetzes (vgl. *Nikisch*, Bd. III S. 207). Jedoch bedeutet die bloße Anwesenheit außenstehender Personen noch nicht, dass bereits dadurch die Versammlung ihren Charakter als Betriebsversammlung verliert; es ist vielmehr die Aufgabe des Betriebsratsvorsitzenden als Versammlungsleiter, dafür zu sorgen, dass das Gebot der Nichtöffentlichkeit gewahrt bleibt (s. Rn. 22 ff.).

3. Aufzeichnungen und Lautsprecheranlagen

Tonbandaufnahmen oder **Aufzeichnungen auf Bildträger** über den Verlauf der Betriebs- 40
versammlung verstoßen zwar nicht gegen das Gebot der Nichtöffentlichkeit (ebenso
Neumann-Duesberg, S. 227 f.). Sie sind aber nur mit **Einverständnis des Versammlungsleiters**, also im Regelfall des Betriebsratsvorsitzenden, zulässig (ebenso *Fitting*, § 42
Rn. 45; HSWGNR-*Worzalla*, § 42 Rn. 41; GK-*Weber*, § 42 Rn. 53; a. A. GK-*Fabricius*,
6. Aufl., § 42 Rn. 42; *Gaul*, DB 1975, 978, 980, nach dem der Einsatz eines Tonbandgerätes nicht gegen den Willen eines einzelnen berechtigten Teilnehmers durchgeführt werden
kann, der also *Einstimmigkeit* verlangt, aber Schweigen auf eine Frage des Betriebsratsvorsitzenden als Zustimmung deutet). Die Tatsache einer Aufnahme muss **vorher angekündigt** worden sein (ebenso LAG München 15. 11. 1977, DB 1978, 895), und außerdem
kann **jeder Teilnehmer** verlangen, dass **für seine Äußerungen das Aufnahmegerät abgeschaltet** wird (ebenso *Fitting*, § 42 Rn. 45; GK-*Weber*, § 42 Rn. 53; HSWGNR-*Worzalla*,
§ 42 Rn. 41; *Vogt*, S. 59). Unbefugte Tonbandaufnahmen sind nach § 201 StGB strafbar;
denn die Verhandlung in der Betriebsversammlung ist nicht öffentlich und daher jeder
Diskussionsbeitrag ein „nichtöffentlich gesprochenes Wort" i. S. des § 201 StGB (ebenso
LAG Düsseldorf 28. 3. 1980 DB 1980, 2396; *Fitting*, § 42 Rn. 45; GK-*Weber*, § 42
Rn. 53; HSWGNR-*Worzalla*, § 42 Rn. 41; *Gaul*, DB 1975, 978, 980).

Der Betriebsratsvorsitzende muss Tonbänder und Bildaufzeichnungen für den Betriebs- 41
rat in Besitz nehmen und für eine sichere Aufbewahrung sorgen, so dass sie nicht Dritten
zugänglich sind (ebenso *Fitting*, § 42 Rn. 45; HSWGNR-*Worzalla*, § 42 Rn. 42).

Die **schriftliche Aufzeichnung** über den Verlauf einer Betriebsversammlung ist, wenn 42
sie für eigene Zwecke erfolgt, zulässig (ebenso LAG Baden-Württemberg 27. 10. 1978
DB 1979, 316; LAG Düsseldorf, DB 1980, 2397; *Gaul*, DB 1975, 978, 982). Der
Versammlungsleiter ist berechtigt, möglicherweise sogar verpflichtet, dafür zu sorgen,
dass ein Protokoll aufgenommen wird (s. Rn. 21). Nicht zulässig ist, dass der Arbeitgeber den Verlauf einer Betriebsversammlung in ihren Einzelheiten stenographisch protokollieren lässt (vgl. LAG Hamm 9. 7. 1986 NZA 1986, 842; *Fitting*, § 42 Rn. 47;
Carl/Herrfahrdt, BlStSozArbR 1978, 241; a. A. LAG Baden-Württemberg [Freiburg],
DB 1979, 316; *Loritz*, FS Wiese 1998, S. 279, 292; wohl auch, da insoweit keine
Einschränkung gemacht wird, *Mußler*, NZA 1985, 445, 446). Der Arbeitgeber kann
vom Versammlungsleiter auch nicht die Anfertigung eines Wortlautprotokolls verlangen,
sondern die Entscheidung darüber steht in dessen freiem Ermessen (ähnlich *Fitting*, § 42
Rn. 47). Zu weit geht es allerdings, auch die stichwortartige Protokollierung der Redebeiträge von Arbeitnehmern durch den Arbeitgeber für unzulässig zu halten (so aber
DKK-*Berg*, § 42 Rn. 14). Denn solche Aufzeichnungen können nicht zuletzt zur angemessenen Wahrnehmung des Rederechts nach § 43 Abs. 2 Satz 2 erforderlich sein (siehe
auch LAG Düsseldorf 4. 9. 1991 LAGE § 43 BetrVG 1972 Nr. 1, wonach der Betriebsrat die Fertigung stichwortartiger Aufzeichnungen durch den Arbeitgeber mit der Maßgabe zu dulden hat, dass darin ohne Einwilligung der betreffenden Arbeitnehmer keine
Namensnennung erfolgt).

Gegen die Verwendung von **Lautsprecheranlagen** bestehen keine Bedenken. Es ist 43
auch zulässig, die Verhandlung in der Betriebsversammlung durch Lautsprecher in
andere Räume zu übertragen, sofern sich in ihnen nur teilnahmeberechtigte Personen
aufhalten (ebenso *Fitting*, § 42 Rn. 46; GK-*Weber*, § 42 Rn. 55; HSWGNR-*Worzalla*,
§ 42 Rn. 44; *Neumann-Duesberg*, S. 228; kritisch WP-*Roloff*, § 42 Rn. 8).

4. Verstöße gegen das Gebot der Nichtöffentlichkeit

Verstöße gegen das Gebot der Nichtöffentlichkeit haben in der Regel nicht zur Folge, 44
dass die Arbeitnehmer den Anspruch auf Vergütung der Teilnahme bzw. auf Fortzahlung
ihres Arbeitsentgelts verlieren (s. § 44 Rn. 51).

5. Verschwiegenheitspflicht

45 Das Gesetz enthält keine besondere Regelung der Verschwiegenheitspflicht für die Teilnehmer einer Betriebsversammlung, wenn man einmal von der Regelung des § 79 für die dort genannten Personen absieht. Allein aus dem Grundsatz der Nichtöffentlichkeit ergibt sich keine allgemeine Verschwiegenheitspflicht (DKK-*Berg*, § 42 Rn. 17; ErfK-*Eisemann/Koch*, § 42 Rn. 8; GK-*Weber*, § 42 Rn. 56). Hat allerdings der Arbeitgeber auf die Geheimhaltungsbedürftigkeit von ihm verlautbarter Tatsachen ausdrücklich hingewiesen, folgt die Geheimhaltungspflicht aus der jeweiligen arbeitsvertraglichen Nebenpflicht (GK-*Weber*, § 42 Rn. 56; *Fitting*, § 42 Rn. 51; s. auch GL-*Löwisch*, § 42 Rn. 32, a. A. DKK-*Berg*, § 42 Rn. 17).

VI. Vollversammlung oder Teilversammlung

1. Abgrenzung der Teilversammlung von der Abteilungsversammlung

46 Die **Betriebsversammlung als Vollversammlung aller Arbeitnehmer eines betriebsratsfähigen Betriebs** ist die Regel. Kann jedoch **wegen der Eigenart des Betriebs** eine Versammlung aller Arbeitnehmer zum gleichen Zeitpunkt **nicht stattfinden,** so sind **Teilversammlungen** durchzuführen (Abs. 1 Satz 3). Sie sind von den **Abteilungsversammlungen** zu unterscheiden, zu denen Arbeitnehmer organisatorisch oder räumlich abgegrenzter Betriebsteile vom Betriebsrat zusammenzufassen sind, wenn dies für die Erörterung der besonderen Belange der Arbeitnehmer erforderlich ist (Abs. 2 Satz 1; s. auch Rn. 60). Eine Abteilungsversammlung ist ihrerseits grundsätzlich als *Vollversammlung* durchzuführen. Auch für sie gilt, dass Teilversammlungen nur durchzuführen sind, wenn wegen der Eigenart des organisatorisch oder räumlich abgegrenzten Betriebsteils eine Versammlung aller Arbeitnehmer zum gleichen Zeitpunkt nicht stattfinden kann (Abs. 2 Satz 3 i. V. mit Abs. 1 Satz 3; s. auch Rn. 67).

2. Voraussetzungen für die Durchführung von Teilversammlungen

47 Die Betriebsversammlung findet **grundsätzlich als Vollversammlung** statt; denn sie besteht aus den Arbeitnehmern des Betriebs (Abs. 1 Satz 1). Das Gesetz lässt eine Aufgliederung in **Teilversammlungen** nur zu, wenn wegen der Eigenart des Betriebs eine Versammlung aller Arbeitnehmer zum gleichen Zeitpunkt nicht stattfinden kann (Abs. 1 Satz 3). Es steht nicht im freien Ermessen des Betriebsrats, ob er eine Betriebsvollversammlung oder Teilversammlungen einberufen will (ebenso *Fitting*, § 42 Rn. 54; MünchArbR-*Joost*, § 224 Rn. 1; *Rüthers*, ZfA 1974, 207, 209; *Rieble*, AuR 1995, 245, 249). Wohl aber hat der Betriebsrat einen Beurteilungsspielraum im Hinblick auf die Frage, inwieweit die Durchführung von Teilversammlungen zwingend geboten ist (ebenso GK-*Weber*, § 42 Rn. 61).

48 a) Die **Notwendigkeit von Teilversammlungen** muss sich aus der **Eigenart des Betriebs** ergeben. Mit dem Begriff der Eigenart erfasst das Gesetz die *organisatorisch-technische Besonderheit* des Arbeitsablaufs eines Betriebs, die eine Durchführung von Teilversammlungen erfordert (vgl. BAG 9. 3. 1976 AP BetrVG 1972 § 44 Nr. 3). Das Gesetz spricht nicht wie § 45 Abs. 2 BRG 1920 von der Natur oder Größe des Betriebs; aber auch die Größe der Belegschaft kann die Eigenart des Betriebs bestimmen. Die Notwendigkeit von Teilversammlungen kann deshalb gegeben sein, wenn die Arbeitnehmerschaft so groß ist, dass eine sachgemäße Aussprache nicht durchführbar erscheint (vgl. RAG 16. 5. 1928 BenshSlg. 3, 7, 10; ebenso *Fitting*, § 42 Rn. 54; HSWGNR-*Worzalla*, § 42 Rn. 46; DKK-*Berg*, § 42 Rn. 19; *Rüthers*, ZfA 1974, 207, 209; vgl. ArbG Wuppertal 9. 7. 1996 AiB 1997, 347, wo eine Größe von 500 Arbeitnehmern insoweit als nicht ausreichend angesehen wurde). Teilversammlungen

VI. Vollversammlung oder Teilversammlung   § 42

sind auch dann durchzuführen, wenn wegen der Größe der Belegschaft kein Raum im
Betrieb für eine Vollversammlung zur Verfügung steht (a. A. GK-*Fabricius*, 6. Aufl.,
§ 42 Rn. 80); das gilt wegen des Vorrangs der Vollversammlung aber nur, wenn für sie
ein betriebsfremder Raum angemietet werden müsste und dies nicht möglich oder
wegen der Kostenbelastung für den Arbeitgeber nicht zumutbar ist (ebenso *Fitting*,
§ 42 Rn. 54; HSWGNR-*Worzalla*, § 42 Rn. 46; GK-*Weber*, § 42 Rn. 60; ohne diese
Einschränkung für Teilversammlungen, wenn für die Abhaltung einer Vollversammlung
die Anmietung eines betriebsfremden Raumes notwendig wäre: GL-*Marienhagen*, § 42
Rn. 12; *Nikisch*, Bd. III S. 215).

Dagegen sind Teilversammlungen nicht schon deshalb zulässig, weil die **Betriebsstät-** 49
ten räumlich auseinander liegen (ebenso *Fitting*, § 42 Rn. 54). Hier ist nämlich zu
berücksichtigen, dass nach § 43 Abs. 1 auch dann, wenn für räumlich abgegrenzte
Betriebsteile Abteilungsversammlungen durchzuführen sind, nicht alle Betriebsversammlungen in dieser Versammlungsart abgehalten werden dürfen. Daraus folgt, dass die
räumliche Abgrenzung nicht genügt, um Teilversammlungen durchzuführen. Etwas
anderes gilt nur, wenn die Betriebsstätten räumlich so weit voneinander entfernt sind,
dass Transportschwierigkeiten bestehen und daher wegen der Eigenart des Betriebs eine
Versammlung aller Arbeitnehmer zum gleichen Zeitpunkt nicht stattfinden kann, z. B.
bei einer **Auslandsbaustelle** (vgl. LAG Hamm 12. 3. 1980 DB 1980, 1030, 1031 vgl.
auch LAG Mecklenburg-Vorpommern 15. 10. 2008 – 2 TaBV 2/08; *Fitting*, § 42
Rn. 55; s. Vorbem. vor § 42 Rn. 9).

Bei **Betrieben mit mehreren Schichten** werden häufig Teilversammlungen notwendig 50
sein, wenn eine Unterbrechung des Arbeitsablaufs nach der Besonderheit des Betriebs
nicht möglich ist, z. B. im Bergbau (vgl. BAG 26. 10. 1956 AP BetrVG § 43 Nr. 1), bei
Verkehrsbetrieben und Krankenhäusern (ebenso *Fitting*, § 42 Rn. 54; HSWGNR-*Worzalla*, § 42 Rn. 47). Gleiches gilt bei Versicherungsunternehmen mit Außendienstange-
stellten. Teilversammlungen sind aber nicht schon deshalb zulässig, weil Besonderheiten
der *betrieblichen Arbeitszeitgestaltung* es ausschließen, dass die Betriebsversammlung
für alle Arbeitnehmer in ihre persönliche Arbeitszeit fällt (s. § 44 Rn. 7). Wie bei § 44
Abs. 1 Satz 1 (s. dort Rn. 9 f.) ist auch hier zweifelhaft, ob **wirtschaftliche Erwägungen**
für die Bestimmung der Eigenart des Betriebs maßgebend sind. Soweit man die Eigenart
des Betriebs auf dessen organisatorisch-technische Besonderheit bezieht, kann es nicht
darum gehen, dass in diesem Fall die Teilversammlungen stets zulässig sind, wenn eine
auch nur geringfügige Änderung des Arbeitsablaufs für die Abhaltung einer Vollversammlung notwendig ist, sondern entscheidend ist die *wirtschaftliche Belastung des
Arbeitgebers*. Dann aber müssen wirtschaftliche Erwägungen für sich ausreichen, wenn
sie nach den Besonderheiten des Betriebs so gewichtig sind, dass die Durchführung einer
Vollversammlung höhere Aufwendungen erfordert oder zu größeren Verlusten führt, als
im gesetzlich vorausgesetzten Regelfall zumutbar ist (so zutreffend MünchArbR-*Joost*,
§ 224 Rn. 6; a. A. DKK-*Berg*, § 42 Rn. 18).

b) Kann eine **Vollversammlung** zwar durchgeführt werden, aber wegen der Eigenart 51
des Betriebs **nur außerhalb der Arbeitszeit** (s. § 44 Rn. 8 ff.), so steht es im Ermessen des
Betriebsrats, **Teilversammlungen** durchzuführen, wenn sie *während* der Arbeitszeit stattfinden können (s. ausführlich § 44 Rn. 13). Die Betriebsversammlung darf jedoch nicht
in eine Vielzahl von Teilversammlungen aufgespalten werden, wenn eine Vollversammlung außerhalb der Arbeitszeit durchgeführt werden kann. Dann erfordert vielmehr die
Eigenart des Betriebs, dass sie außerhalb der Arbeitszeit stattfinden muss (vgl. auch LAG
Saarland 21. 12. 1960 AP BetrVG § 43 Nr. 2).

c) **Unzulässig** ist eine **Teilung** der Betriebsversammlung **nach Gruppen der Arbeitneh-** 52
mer. Eine solche Teilung könnte sich höchstens mit Rücksicht auf die zur Erörterung
stehenden Fragen als zweckmäßig erweisen; sie kann sich aber nicht aus der Eigenart des
Betriebs ergeben. Daher können aus diesem Gesichtspunkt keine Teilversammlungen
stattfinden (ebenso *Fitting*, § 42 Rn. 58; GK-*Weber*, § 42 Rn. 64; HSWGNR-*Worzalla*,

§ 42 Rn. 50; DKK-*Berg*, § 42 Rn. 20; *Nikisch*, Bd. III S. 214; *Rieble*, AuR 1995, 245, 247 f.). Gesetzlich vorgesehen sind nur die betriebliche Jugend- und Auszubildendenversammlung (§ 71), die Versammlung der leitenden Angestellten (§ 15 SprAuG) und die Versammlung der schwerbehinderten Menschen im Betrieb (§ 95 Abs. 6 SGB IX), nicht dagegen die Versammlung sonstiger Gruppen, etwa der nichtständigen Arbeitnehmer, Heimarbeiter, Gastarbeiter, Frauen. Die Gruppenversammlung ist keine Versammlungsart der Betriebsversammlung. Die gegenteilige Meinung (*Flatow/Kahn-Freund*, § 45 Erl. 3, und *Meissinger*, § 41 Rn. 6), die es als unnötige Belastung bezeichnet, wenn für Angelegenheiten, die nur eine bestimmte Gruppe interessiert, die gesamte Belegschaft zusammentreten muss, übersieht, dass eine solche Teilversammlung mit dem Sinn der Betriebsversammlung nicht verträglich ist. Keineswegs wird dadurch die Erörterung von Fragen, die nur eine Gruppe berühren, ausgeschlossen; aber sie soll nur innerhalb der Gemeinschaft der Betriebsangehörigen ohne Differenzierung nach Gruppen oder Arbeitsbereichen geschehen. Daher kann der Betriebsrat auch eine Versammlung für Gastarbeiter nicht als Betriebsversammlung abhalten (ebenso GK-*Weber*, § 42 Rn. 64).

3. Durchführung einer Teilversammlung

53 **a)** Da es sich bei den Teilversammlungen um die Aufgliederung einer Betriebsversammlung handelt, die wegen der Eigenart des Betriebs nicht für alle Arbeitnehmer zum gleichen Zeitpunkt stattfinden kann, sollen sie **möglichst gleichzeitig** abgehalten werden (in der Tendenz ebenso DKK-*Berg*, § 42 Rn. 19; HWK-*Diller*, § 42 Rn. 31; *Fitting*, § 42 Rn. 60: möglichst enger zeitlicher Zusammenhang). § 43 Abs. 1 Satz 3 gilt zwar unmittelbar nur für die Abteilungsversammlungen, doch ist der ihn tragende Gedanke auch hier heranzuziehen; denn durch die Teilversammlungen wird die Betriebsvollversammlung ersetzt (ebenso *Rüthers*, ZfA 1974, 207, 211).

54 **b)** Die Teilversammlung wird vom **Betriebsratsvorsitzenden**, im Verhinderungsfall von seinem Stellvertreter, **geleitet**; Abs. 1 Satz 1 Halbsatz 2 gilt auch für sie (ebenso *Fitting*, § 42 Rn. 61; GK-*Weber*, § 42 Rn. 67). Da Teilversammlungen aber möglichst gleichzeitig stattfinden sollen, kann auch ein Betriebsratsmitglied, das vom Betriebsrat bestimmt wird, den Vorsitz der Teilversammlung führen (ebenso *Fitting*, a.a.O.; a.A. LAG Hamm, DB 1980, 1031).

55 Die Teilversammlung besteht nur aus den **Arbeitnehmern, für die sie abgehalten wird**, und aus dem **Betriebsratsvorsitzenden** bzw. dem als Versammlungsleiter bestimmten Betriebsratsmitglied (ebenso BVerwG 5. 5. 1973 AP PersVG § 46 Nr. 3). Wer von den Arbeitnehmern nicht zu diesem Personenkreis gehört, hat kein Teilnahmerecht und damit auch kein Stimmrecht in der Teilversammlung (ebenso *Fitting*, § 42 Rn. 62; GK-*Weber*, § 42 Rn. 67). Eine Ausnahme gilt nur für Betriebsratsmitglieder, weil sie ein Repräsentationsmandat für die gesamte Belegschaft wahrnehmen; sie sind stets teilnahmeberechtigt, aber stimmberechtigt nur, wenn sie zu den Arbeitnehmern gehören, für die die Teilversammlung abgehalten wird (ebenso *Fitting*, *Weber*, jeweils a.a.O.; a.A. HSWGNR-*Worzalla*, § 42 Rn. 51).

56 **c)** Ob die Betriebsversammlung als Vollversammlung oder in Teilversammlungen durchzuführen ist, bestimmt der **Betriebsrat** durch Beschluss (s. Rn. 10). Die Entscheidung, ob die Voraussetzungen für die Abhaltung von Teilversammlungen gegeben sind, gehört nicht zu den laufenden Geschäften des Betriebsrats, sondern nur, wenn in den Voraussetzungen keine Änderung eintritt, die wiederholte Einberufung. Bestreitet der Arbeitgeber die Notwendigkeit von Teilversammlungen oder verlangt er, dass statt einer Vollversammlung Teilversammlungen durchgeführt werden, so entscheidet das Arbeitsgericht im Beschlussverfahren (s. Rn. 76).

57 **d)** Im Übrigen gelten für die Teilversammlungen die gleichen Vorschriften wie für die Betriebsversammlungen, die als Vollversammlungen durchgeführt werden.

VII. Begriff und Organisation der Abteilungsversammlung

1. Begriff und Rechtsnatur

a) Die Abteilungsversammlung ist als **besondere Versammlungsart der Betriebsver-** 58
sammlung erst durch das BetrVG 1972 eingerichtet worden, „um den Arbeitnehmern in den einzelnen Betriebsabteilungen die Erörterung ihrer gemeinsamen Belange, die in der großen Betriebsversammlung häufig nicht angesprochen werden können, zu ermöglichen" (so die Begründung des RegE, BT-Drucks. VI/1786, S. 41).

Die Abteilungsversammlung ist die Versammlungsart, zu der **Arbeitnehmer eines oder** 59
mehrerer organisatorisch oder räumlich abgegrenzter Betriebsteile vom Betriebsrat zusammengefasst sind, weil dies für die Erörterung der besonderen Belange der Arbeitnehmer erforderlich ist (Abs. 2 Satz 1). Im Gegensatz zum RegE (BT-Drucks. VI/1786, S. 10) bilden die Arbeitnehmer der organisatorisch oder räumlich abgegrenzten Betriebsteile nicht von sich aus die Abteilungsversammlung, sondern es entscheidet der Betriebsrat „über die Erforderlichkeit und den betrieblichen Bereich, für den die Abteilungsversammlung abgehalten werden soll" (Bericht des BT-Ausschusses für Arbeit und Sozialordnung, *zu* BT-Drucks. VI/2729, S. 24; ebenso *Rüthers*, ZfA 1974, 207, 212).

b) Die Abteilungsversammlung unterscheidet sich von der **Teilversammlung** (Abs. 1 60
Satz 3) dadurch, dass bei ihr die Arbeitnehmer organisatorisch oder räumlich abgegrenzter Betriebsteile zu einer Versammlung zusammengefasst werden. Bei Teilversammlungen, die an die Stelle einer Betriebsvollversammlung treten, ist zwar ebenfalls möglich, dass Arbeitnehmer organisatorisch oder räumlich abgegrenzter Betriebsteile zusammengefasst werden; jedoch geschieht dies allein deshalb, weil wegen der Eigenart des Betriebs eine Versammlung aller Arbeitnehmer zum gleichen Zeitpunkt nicht stattfinden kann (s. Rn. 46 ff.). Die Teilversammlung ist daher eine Ausnahmeerscheinung. Im Unterschied zur Abteilungsversammlung ist sie aber der Erörterung der *Gesamtbelange* gewidmet. Die Wesensverschiedenheit wird also nicht durch die *organisatorische Abgrenzung*, sondern durch den *unterschiedlichen Zweck* begründet (ebenso *Rüthers*, ZfA 1974, 207, 215). Eine Teilversammlung, zu der Arbeitnehmer organisatorisch oder räumlich abgegrenzter Betriebsteile zusammengezogen werden, ist daher, wenn nur die Sonderbelange dieser Arbeitnehmer erörtert werden, eine Abteilungsversammlung, die auch bei gleichzeitiger Abhaltung anderer entsprechend organisierter Teilversammlungen keine notwendige Betriebsvollversammlung ersetzt, sondern eine Ersetzungsfunktion nur insoweit hat, als in jedem Kalenderjahr zwei regelmäßige Betriebsversammlungen als Abteilungsversammlungen durchzuführen sind (§ 43 Abs. 1 Satz 2). Andererseits ist in diesem Fall aber auch keine Voraussetzung, dass wegen der Eigenart des Betriebs eine Versammlung aller Arbeitnehmer zum gleichen Zeitpunkt nicht stattfinden kann. Diese Voraussetzung muss vielmehr nur erfüllt sein, wenn Teilversammlungen eine Versammlung aller Arbeitnehmer des Betriebs ersetzen sollen.

2. Voraussetzungen

a) Die Zusammenfassung der Arbeitnehmer zu Abteilungsversammlungen setzt vo- 61
raus, dass der Betrieb in **Betriebsteile** gegliedert ist. Der Begriff des Betriebsteils ist mit dem in § 4 Abs. 1 Satz 1 identisch (s. § 4 Rn. 8 ff.). Das Gesetz verlangt weiterhin, dass ein Betriebsteil **organisatorisch** oder **räumlich** abgegrenzt ist. Mit diesen Merkmalen bestimmt es die *organisatorische Einheit,* deren Arbeitnehmer zu einer Abteilungsversammlung zusammengefasst werden können, während in § 4 Abs. 1 Satz 1 mit der räumlich weiten Entfernung vom Hauptbetrieb oder der Eigenständigkeit durch Aufgabenbereich und Organisation qualifizierende Merkmale genannt sind, die eine betriebsverfassungsrechtliche Selbständigkeit des Betriebsteils begründen. Daher ist im

Ergebnis wegen des Unterschieds in den *zusätzlichen Merkmalen* der Tatbestand hinsichtlich der erfassten Betriebsteile weiter als der des § 4 Abs. 1 Satz 1 (ebenso *Fitting*, § 42 Rn. 65; DKK-*Berg*, § 42 Rn. 24; MünchArbR-*Joost*, § 224 Rn. 11; *Rieble*, AuR 1995, 245, 246 f.). Erfüllt die räumliche und organisatorische Abgrenzung zugleich die Voraussetzungen des § 4 Abs. 1 Satz 1 und besteht deshalb in dem Betriebsteil ein Betriebsrat, so bilden die zu ihm gehörenden Arbeitnehmer eine *Betriebsversammlung*. Für die Zusammenfassung zu einer Abteilungsversammlung genügt dagegen jede organisatorische oder räumliche Abgrenzung eines Betriebsteils.

62   Die **organisatorische Abgrenzung** richtet sich nach der Organisationsstruktur des Betriebs (ebenso *Fitting*, § 42 Rn. 66; HSWGNR-*Worzalla*, § 42 Rn. 57 f.; *Rieble*, AuR 1995, 245, 247; GK-*Weber*, § 42 Rn. 69; a. A. GK-*Fabricius*, 6. Aufl., § 42 Rn. 92, wonach eine personell-fachliche Sicht ausreichen sollte). Organisatorisch abgegrenzte Betriebsteile bilden in der Regel Verwaltung und Produktionsbetrieb, in einer Webstuhlfabrik Eisengießerei und Maschinenherstellung, in der Automobilindustrie die Motorenwerkstatt und die Karosseriebauwerkstatt, in einem chemischen Betrieb die Erzeugung von Medikamenten und von Düngemitteln.

63   Bei **räumlicher Abgrenzung** ist auf die örtliche Lage abzustellen (ebenso *Fitting*, § 42 Rn. 67; HSWGNR-*Worzalla*, § 42 Rn. 59; MünchArbR-*Joost*, § 224 Rn. 10). Nicht erforderlich ist räumlich *weite* Entfernung, weil in diesem Fall bereits die betriebsverfassungsrechtliche Selbständigkeit des Betriebsteils in Betracht kommt (§ 4 Abs. 1 Satz 1 Nr. 1). Räumlich abgegrenzte Betriebsteile können auch dann vorliegen, wenn sie nicht organisatorisch abgegrenzt sind, z. B. wenn ein Teil der Verwaltung oder in der Automobilindustrie ein Teil der Motorenwerkstatt an verschiedenem Ort untergebracht sind.

64   b) **Weitere Voraussetzung** ist, dass die Zusammenfassung zu einer Abteilungsversammlung für die **Erörterung der besonderen Belange** der Arbeitnehmer **erforderlich** ist. Besondere Belange liegen vor, wenn es sich um spezifische Interessen der Arbeitnehmer eines oder mehrerer Betriebsteile handelt, deren Erörterung in einer Betriebsvollversammlung nicht angemessen erscheint (ebenso *Fitting*, § 42 Rn. 69; GK-*Weber*, § 42 Rn. 72 f.; HSWGNR-*Worzalla*, § 42 Rn. 60 f.; *Rüthers*, ZfA 1974, 207, 212). Das Gesetz verlangt, dass für die Erörterung dieser besonderen Belange die Zusammenfassung zu einer Abteilungsversammlung *erforderlich* ist. Für das Kriterium der Erforderlichkeit ist aber zu beachten, dass die Hälfte der ordentlichen Betriebsversammlungen nach § 43 Abs. 1 Satz 2 als Abteilungsversammlungen durchzuführen ist. Zwar gilt dies nur, wie dort ausdrücklich bestimmt wird, wenn die Voraussetzungen des § 42 Abs. 2 Satz 1 vorliegen; aber aus der dortigen Regelung ergibt sich, dass die Abteilungsversammlung nicht wie die Teilversammlung nur ein Ausnahmefall ist, sondern sie ist bei Gliederung eines Betriebs in organisatorisch oder räumlich abgegrenzte Betriebsteile eine *regelmäßige Versammlungsart,* um die in den Betriebsteilen bestehenden besonderen Probleme und Interessen zu erörtern. Mit dem Kriterium der Erforderlichkeit wird vor allem festgelegt, welche organisatorisch oder räumlich abgegrenzten Arbeitnehmergruppen der Betriebsrat zu einer Abteilungsversammlung zusammenfassen kann.

65   **Nicht erforderlich** ist, dass die besonderen Belange durch strukturelle, d. h. ihrem Wesen nach auf **Dauer angelegte Merkmale** bedingt sind (ebenso *Fitting*, § 42 Rn. 69; GK-*Weber*, § 42 Rn. 74; HSWGNR-*Worzalla*, § 42 Rn. 62; *Rüthers*, ZfA 1974, 207, 213; a. A. *Vogt*, S. 29 f.). Es ist nicht einmal notwendig, dass für die **überwiegende Zahl der Betriebsteile** die Durchführung von Abteilungsversammlungen erforderlich ist (ebenso GL-*Marienhagen*, § 42 Rn. 16; HSWGNR-*Worzalla*, § 42 Rn. 62). Soweit in der Literatur das Gegenteil vertreten wird, ist stets nur gemeint, dass die besonderen Belange der Arbeitnehmer eines einzigen oder nur weniger Betriebsteile es nicht rechtfertigen, auch den anderen Betriebsteilen statt einer Vollversammlung Abteilungsversammlungen aufzuzwingen (vgl. *Fitting*, § 42 Rn. 70; GK-*Weber*, § 43 Rn. 21; DKK-*Berg*, § 42 Rn. 28; *Rüthers*, ZfA 1974, 207, 213). In einem derartigen Fall können trotz § 43 Abs. 1 Satz 2 die regelmäßigen Betriebsversammlungen nicht als Abteilungsversammlungen durch-

geführt werden. Aber es liegt, wie auch keineswegs verkannt wird, ein besonderer Grund vor, der es rechtfertigt, für die Arbeitnehmer der Betriebsteile, in denen Sonderbelange anstehen, eine zusätzliche Abteilungsversammlung abzuhalten (§ 43 Abs. 1 Satz 4; ebenso *Fitting*, § 42 Rn. 70; *Rüthers*, ZfA 1974, 207, 213; a. A. *Vogt*, S. 29). Rechtsdogmatisch ergibt sich daraus, dass für die hier in Abs. 2 Satz 1 geregelte Zulässigkeit einer Abteilungsversammlung nicht entscheidend ist, ob in der Mehrzahl der Betriebsteile Sonderprobleme zu erörtern sind, sondern dies ist lediglich Voraussetzung für die Durchführung regelmäßiger Abteilungsversammlungen, die gegenüber einer Vollversammlung eine Ersetzungsfunktion haben (a. A. insoweit HSWGNR-*Worzalla*, § 42 Rn. 62). Für die Abhaltung einer außerordentlichen Abteilungsversammlung ist aber keine Voraussetzung, dass regelmäßige Abteilungsversammlungen als ständige Einrichtungen bestehen (so zutreffend *Rüthers*, ZfA 1974, 207, 213).

c) Ob die Voraussetzungen für eine Zusammenfassung zu Abteilungsversammlungen bestehen, entscheidet der **Betriebsrat** durch Beschluss (§ 33). Er hat insoweit einen **Beurteilungsspielraum** (ebenso *Fitting*, § 42 Rn. 71; GK-*Weber*, § 42 Rn. 75; MünchArbR-*Joost*, § 224 Rn. 13; *Rüthers*, ZfA 1974, 207, 212; *Rieble*, AuR 1995, 245, 246). Im Streitfall entscheidet das Arbeitsgericht im Beschlussverfahren (s. Rn. 76 ff.). 66

3. Durchführung einer Abteilungsversammlung

a) Die Abteilungsversammlung ist **grundsätzlich** für die **gesamte Belegschaft des Betriebsteils** bzw. der zusammengefassten Betriebsteile einheitlich durchzuführen. Da jedoch Abs. 1 Satz 3 nach ausdrücklicher Bestimmung in Abs. 2 Satz 3 entsprechend gilt, kommt auch hier eine Aufgliederung in Teilversammlungen in Betracht (ebenso *Fitting*, § 42 Rn. 71; GK-*Weber*, § 42 Rn. 76; *Rüthers*, ZfA 1974, 207, 216). Sie ist aber nur zulässig, wenn das nach der Eigenart des Betriebsteils oder der zusammenfassten Betriebsteile notwendig ist (s. Rn. 48 ff.). 67

b) **Ob** und **wann** eine Abteilungsversammlung stattfindet, **beschließt der Betriebsrat** (§ 33; ebenso *Fitting*, § 42 Rn. 71; GK-*Weber*, § 42 Rn. 75; *Rüthers*, ZfA 1974, 207, 215). Für die Einberufung gilt daher Gleiches wie auch sonst für die Einberufung einer Betriebsversammlung (s. Rn. 10 ff.). Abteilungsversammlungen, die für eine ordentliche Betriebsversammlung durchgeführt werden (§ 43 Abs. 1 Satz 2), sollen möglichst gleichzeitig stattfinden (§ 43 Abs. 1 Satz 3; s. dort Rn. 6). 68

c) Die Abteilungsversammlung wird von einem **Mitglied des Betriebsrats geleitet**, das möglichst einem beteiligten Betriebsteil als Arbeitnehmer angehört (Abs. 2 Satz 2). Die Leitung obliegt nicht wie bei der Betriebsversammlung von Gesetzes wegen dem Vorsitzenden oder einem bestimmten Mitglied des Betriebsrats. Die Bestimmung des Versammlungsleiters erfolgt vielmehr durch Beschluss des Betriebsrats, nicht durch die Abteilungsversammlung (ebenso *Fitting*, § 42 Rn. 72). Der Betriebsrat trifft die Auswahl nach billigem Ermessen, wobei eine Schranke nur insoweit besteht, als ein Mitglied des Betriebsrats zu bestimmen ist, das möglichst einem beteiligten Betriebsteil als Arbeitnehmer angehört. Die Übertragung der Leitung auf Nichtbetriebsratsmitglieder ist unzulässig (ebenso *Fitting*, § 42 Rn. 72; GL-*Marienhagen*, § 42 Rn. 20; HSWGNR-*Worzalla*, § 42 Rn. 65; *Rüthers*, ZfA 1974, 207, 217). Der vom Betriebsrat bestimmte Versammlungsleiter hat die gleiche Rechtsstellung wie der Vorsitzende des Betriebsrats in der Betriebsversammlung (s. Rn. 19 ff.). Das gilt auch, wenn der Betriebsrat willkürlich ein Mitglied übergeht, das dem Betriebsteil als Arbeitnehmer angehört. Darin liegt zwar ein Ermessensfehlgebrauch; er berührt aber nicht die Wirksamkeit der Übertragung, sofern der ausgewählte Versammlungsleiter ein Mitglied des Betriebsrats ist. 69

d) Die Abteilungsversammlung ist ebenfalls **nicht öffentlich** (Abs. 2 Satz 3 i. V. mit Abs. 1 Satz 2; s. Rn. 32 ff.). Tonbandaufnahmen und schriftliche Aufzeichnungen sind unter den gleichen Voraussetzungen wie in der Betriebsversammlung zulässig (s. Rn. 40 ff.). 70

71 e) Der Arbeitgeber hat auch für die Abteilungsversammlung den erforderlichen Raum zur Verfügung zu stellen (s. Rn. 16 ff.) und die mit ihr verbundenen Kosten zu tragen (s. Rn. 30). Für die Teilnahme haben die Arbeitnehmer Anspruch auf Arbeitsentgelt gemäß § 44 (s. dort Rn. 26 ff.).

VIII. Sonstige Versammlungen

1. Gesetzlich vorgesehene Versammlungen

72 Nur eine Versammlung, die den Vorschriften des § 42 entspricht, ist eine Betriebsversammlung i. S. des Gesetzes. Neben ihr sind – außer der ihr durch § 115 Abs. 5 gleichgestellten Bordversammlung – gesetzlich vorgesehen nur noch die **Betriebsräteversammlung** (§ 53), die **betriebliche Jugend- und Auszubildendenversammlung** (§ 71), die **Versammlung der leitenden Angestellten** (§ 15 SprAuG) und die **Versammlung der schwerbehinderten Menschen** im Betrieb (§ 95 Abs. 6 SGB IX). Für die Betriebsräteversammlung und die betriebliche Jugend- und Auszubildendenversammlung gelten die meisten Vorschriften über die Betriebsversammlung entsprechend (§§ 53 Abs. 3, 71 Satz 2); auf die Versammlung der schwerbehinderten Menschen im Betrieb finden, ohne dass eine weitere Einschränkung gemacht wird, die für Betriebsversammlungen geltenden Vorschriften entsprechende Anwendung (§ 95 Abs. 6 Satz 2 SGB IX).

2. Sonstige Versammlungen im Betrieb

73 **Nicht ausgeschlossen** wird, dass auch **sonstige Versammlungen innerhalb des Betriebs** stattfinden. Insbesondere kann auch der Arbeitgeber Angehörige des Betriebs zu einer Versammlung zusammenrufen (BAG 27. 6. 1989 AP BetrVG 1972 § 42 Nr. 5; *Fitting*, § 42 Rn. 11; s. dazu auch LAG Düsseldorf 15. 2. 1985 NZA 1985, 294, mit dem zutreffenden und geradezu selbstverständlichen Hinweis darauf, dass der Versammlungsablauf in diesen Fällen allein im Ermessen des Arbeitgebers liege); er darf dadurch aber nicht in das Recht des Betriebsrats eingreifen, eine Betriebs- oder Abteilungsversammlung einzuberufen. Deshalb darf er, wenn im Betrieb ein Betriebsrat besteht, auf einer von ihm einberufenen Versammlung nicht Fragen behandeln, die zum Aufgabenbereich des Betriebsrats und damit einer Betriebsversammlung i. S. des Gesetzes gehören; das Gesetz gibt ihm vielmehr für diesen Fall das Recht, vom Betriebsrat die Einberufung einer Betriebs- oder Abteilungsversammlung zu verlangen (§ 43 Abs. 3; ebenso *Lichtenstein*, BetrR 1972, 271, 281; vgl. auch *Rieble*, AuR 1995, 245, 249 f.). Unzulässig ist es auch, eine Mitarbeiterversammlung als „Gegenveranstaltung" zu der vom Betriebsrat geplanten Betriebsversammlung einzuberufen (BAG 27. 6. 1989 AP BetrVG 1972 § 42 Nr. 5).

74 Die **Bestimmungen des Gesetzes über die Betriebsversammlung** finden auf die gesetzlich nicht vorgesehenen Versammlungen **keine Anwendung** (ebenso GL-*Marienhagen*, § 42 Rn. 2; *Nipperdey/Säcker* in *Hueck/Nipperdey*, Bd. II/2 S. 1214 f.). Das gilt auch für eine Versammlung der Mitglieder zusätzlicher betriebsverfassungsrechtlicher Vertretungen, die gemäß § 3 Abs. 1 Nr. 5 durch Tarifvertrag errichtet sind, und auch sonst sind Versammlungen betrieblicher Vertrauensleute im Betrieb oder in den Betriebsabteilungen keine Versammlungen, auf die §§ 42 bis 46 unmittelbar oder entsprechend Anwendung finden (ebenso *Rüthers*, ZfA 1974, 207, 218). Es besteht kein Anspruch gegen den Arbeitgeber auf Bereitstellung von Räumen oder auf Abhaltung der Versammlung während der Arbeitszeit. Es ist kein Anwesenheitsrecht der Gewerkschaften gegeben.

75 Findet eine gesetzlich nicht vorgesehene Versammlung im Einvernehmen mit dem Arbeitgeber während der Arbeitszeit statt, so folgt daraus nicht, dass die Arbeitnehmer Anspruch auf Fortzahlung ihres Arbeitsentgelts für die versäumte Arbeitszeit haben.

§ 44 Abs. 2 Satz 2 gilt für eine derartige Versammlung auch nicht entsprechend. Ein Anspruch auf Arbeitsentgelt für die versäumte Arbeitszeit ist nur anzuerkennen, wenn der Arbeitgeber die Versammlung selbst einberufen hat.

IX. Streitigkeiten

Streitigkeiten, die mit der Abhaltung der Betriebsversammlung zusammenhängen, entscheidet das **Arbeitsgericht im Beschlussverfahren** (§ 2a Abs. 1 Nr. 1, Abs. 2 i. V. mit §§ 80 ff. ArbGG). Dazu gehören insbesondere Meinungsverschiedenheiten, ob die Voraussetzungen für eine Teilversammlung oder eine Abteilungsversammlung gegeben sind und wer teilnahmeberechtigt ist. Das Arbeitsgericht entscheidet weiterhin im Beschlussverfahren, ob der vom Arbeitgeber zur Verfügung gestellte Raum angemessen ist und welchen Kostenaufwand der Arbeitgeber für eine Betriebsversammlung zu tragen hat. 76

Wird durch die Meinungsverschiedenheit die Durchführung einer Betriebsversammlung verhindert oder wesentlich erschwert, so kann der Betriebsrat eine einstweilige Verfügung im Beschlussverfahren erwirken (§ 85 Abs. 2 ArbGG). 77

Der **Anspruch der Versammlungsteilnehmer auf Vergütung** wegen der Teilnahme an der Betriebsversammlung ist vor dem Arbeitsgericht durch Klage im **Urteilsverfahren** geltend zu machen; Gleiches gilt für den Anspruch auf Erstattung der Fahrkosten, die einem Arbeitnehmer durch die Teilnahme an einer Betriebsversammlung entstehen (§ 2 Abs. 1 Nr. 3 lit. a, Abs. 5 i. V. mit §§ 46 ff. ArbGG; s. dazu § 44 Rn. 57). 78

§ 43 Regelmäßige Betriebs- und Abteilungsversammlungen

(1) ¹Der Betriebsrat hat einmal in jedem Kalendervierteljahr eine Betriebsversammlung einzuberufen und in ihr einen Tätigkeitsbericht zu erstatten. ²Liegen die Voraussetzungen des § 42 Abs. 2 Satz 1 vor, so hat der Betriebsrat in jedem Kalenderjahr zwei der in Satz 1 genannten Betriebsversammlungen als Abteilungsversammlungen durchzuführen. ³Die Abteilungsversammlungen sollen möglichst gleichzeitig stattfinden. ⁴Der Betriebsrat kann in jedem Kalenderhalbjahr eine weitere Betriebsversammlung oder, wenn die Voraussetzungen des § 42 Abs. 2 Satz 1 vorliegen, einmal weitere Abteilungsversammlungen durchführen, wenn dies aus besonderen Gründen zweckmäßig erscheint.

(2) ¹Der Arbeitgeber ist zu den Betriebs- und Abteilungsversammlungen unter Mitteilung der Tagesordnung einzuladen. ²Er ist berechtigt, in den Versammlungen zu sprechen. ³Der Arbeitgeber oder sein Vertreter hat mindestens einmal in jedem Kalenderjahr in einer Betriebsversammlung über das Personal- und Sozialwesen einschließlich des Stands der Gleichstellung von Frauen und Männern im Betrieb sowie der Integration der im Betrieb beschäftigten ausländischen Arbeitnehmer, über die wirtschaftliche Lage und Entwicklung des Betriebs sowie über den betrieblichen Umweltschutz zu berichten, soweit dadurch nicht Betriebs- oder Geschäftsgeheimnisse gefährdet werden.

(3) ¹Der Betriebsrat ist berechtigt und auf Wunsch des Arbeitgebers oder von mindestens einem Viertel der wahlberechtigten Arbeitnehmer verpflichtet, eine Betriebsversammlung einzuberufen und den beantragten Beratungsgegenstand auf die Tagesordnung zu setzen. ²Vom Zeitpunkt der Versammlungen, die auf Wunsch des Arbeitgebers stattfinden, ist dieser rechtzeitig zu verständigen.

(4) Auf Antrag einer im Betrieb vertretenen Gewerkschaft muss der Betriebsrat vor Ablauf von zwei Wochen nach Eingang des Antrags eine Betriebsversammlung nach Absatz 1 Satz 1 einberufen, wenn im vorhergegangenen Kalenderhalbjahr keine Betriebsversammlung und keine Abteilungsversammlungen durchgeführt worden sind.

§ 43 Regelmäßige Betriebs- und Abteilungsversammlungen

Übersicht

	Rn.
I. Vorbemerkung	1
II. Ordentliche Betriebsversammlung	3
1. Zeitpunkt	3
2. Tätigkeitsbericht des Betriebsrats	7
3. Lagebericht des Arbeitgebers	14
4. Weitere Angelegenheiten als Gegenstand einer ordentlichen Betriebsversammlung	21
5. Pflicht des Betriebsrats zur Einberufung	22
III. Außerordentliche Betriebs- und Abteilungsversammlungen	25
1. Einberufungsmöglichkeit durch den Betriebsrat	25
2. Antragsrecht des Arbeitgebers und eines Viertels der wahlberechtigten Arbeitnehmer	29
3. Zeitliche Lage der außerordentlichen Betriebs- und Abteilungsversammlungen	37
4. Sanktion bei Nichteinberufung einer außerordentlichen Betriebs- oder Abteilungsversammlung	41
IV. Rechte und Pflichten des Arbeitgebers in der Betriebs- oder Abteilungsversammlung	42
1. Ladung des Arbeitgebers	42
2. Teilnahmerecht des Arbeitgebers	45
3. Rechte des Arbeitgebers in der Betriebs- oder Abteilungsversammlung	54
V. Initiativrecht der Gewerkschaft zur Sicherung der Abhaltung der ordentlichen Betriebsversammlungen	56
1. Voraussetzungen	56
2. Einberufung einer Betriebsversammlung auf Antrag einer Gewerkschaft	57
3. Rechtsfolgen bei Nichteinberufung durch den Betriebsrat	61
VI. Streitigkeiten	63

I. Vorbemerkung

1 Das Gesetz unterscheidet zwischen **ordentlichen Betriebsversammlungen**, die regelmäßig einmal in jedem Kalendervierteljahr stattfinden müssen, und **außerordentlichen Betriebsversammlungen**, die je nach Bedarf der Betriebsrat nach pflichtgemäßem Ermessen oder auf Antrag des Arbeitgebers bzw. eines Viertels der wahlberechtigten Arbeitnehmer einzuberufen hat.

2 Die Bestimmung entspricht im Wesentlichen § 42 BetrVG 1952. Neu eingefügt wurde, dass zwei ordentliche Betriebsversammlungen in jedem Kalenderjahr als Abteilungsversammlungen durchzuführen sind, wenn der Betrieb in organisatorisch oder räumlich selbständige Betriebsteile gegliedert ist (§ 42 Abs. 2; s. dort Rn. 61 ff.); dadurch soll eine bessere Kommunikation zwischen dem Betriebsrat und den Arbeitnehmern des Betriebs erreicht werden, weil die Themen der Abteilungsversammlungen auf die speziellen Belange der Arbeitnehmer der jeweiligen Abteilung zugeschnitten werden können (Begründung des RegE, BT-Drucks. VI/1786, S. 42). Der ordentlichen Betriebsversammlung gleichgestellt wird eine Betriebs- oder Abteilungsversammlung, die der Betriebsrat über die regelmäßigen Betriebs- und Abteilungsversammlungen hinaus einmal in jedem Kalenderhalbjahr durchführt, wenn dies aus besonderen Gründen zweckmäßig erscheint. Der besseren Information der Arbeitnehmer durch den Arbeitgeber über sie unmittelbar berührende Angelegenheiten und Entwicklungen innerhalb des Betriebs soll die Verpflichtung des Arbeitgebers dienen, einmal in jedem Kalenderjahr in einer Betriebsversammlung über das Personal- und Sozialwesen sowie über die wirtschaftliche Lage und Entwicklung des Betriebs zu berichten (vgl. Bericht des BT-Ausschusses für Arbeit und Sozialordnung, *zu* BT-Drucks. VI/2729, S. 25). Außerdem hat jede im Betrieb vertretene Gewerkschaft das Initiativrecht erhalten, eine Betriebsversammlung herbeizuführen, wenn der Betriebsrat im vorhergegangenen Kalenderhalbjahr weder eine Betriebsversammlung noch Abteilungsversammlungen durchgeführt hat. Abs. 2 Satz 3 wurde neu-

gefasst durch das BetrVerf-Reformgesetz vom 23. 7. 2001 (BGBl. I S. 1852). Vgl. auch § 49 BPersVG bzw. § 15 Abs. 3 SprAuG.

II. Ordentliche Betriebsversammlung

1. Zeitpunkt

a) Die ordentliche Betriebsversammlung hat in **jedem Kalendervierteljahr** stattzufinden. Innerhalb dieses Zeitraums bestimmt der Betriebsrat den Termin (s. § 42 Rn. 10). Die genaue Einhaltung eines Zwischenraums von drei Monaten ist nicht erforderlich, aber im Allgemeinen, wenn nicht besondere Umstände die Einberufung der Versammlung zu einem bestimmten Zeitpunkt als sachdienlich erscheinen lassen, zweckmäßig und entspricht dem Sinn des Gesetzes (ebenso *Fitting*, § 43 Rn. 8; GK-*Weber*, § 43 Rn. 2; HSWGNR-*Worzalla*, § 43 Rn. 7 a; MünchArbR-*Joost*, § 224 Rn. 16). 3

b) Liegen die Voraussetzungen zur Abhaltung von **Abteilungsversammlungen** vor (§ 42 Abs. 2; s. dort Rn. 61 ff.), so hat der Betriebsrat in **jedem Kalenderjahr** zwei ordentliche Betriebsversammlungen als Abteilungsversammlungen durchzuführen (Abs. 1 Satz 2). 4

Nicht erforderlich ist, dass die Abteilungsversammlungen einmal in jedem Kalenderhalbjahr einberufen werden (so noch der RegE, BT-Drucks. VI/1786, S. 10). Es genügt vielmehr, dass zwei der ordentlichen Betriebsversammlungen, die vierteljährlich abzuhalten sind, in jedem Kalenderjahr als Abteilungsversammlungen durchgeführt werden. Deshalb ist es zulässig, die ordentliche Betriebsversammlung zweimal hintereinander in der Form von Abteilungsversammlungen stattfinden zu lassen (ebenso *Fitting*, § 43 Rn. 6; GK-*Weber*, § 43 Rn. 19; HSWGNR-*Worzalla*, § 43 Rn. 22). 5

Da die Abteilungsversammlung nur eine besondere Versammlungsart darstellt, in der eine ordentliche Betriebsversammlung durchgeführt wird, sollen die Abteilungsversammlungen **möglichst gleichzeitig** stattfinden (Abs. 1 Satz 3). 6

2. Tätigkeitsbericht des Betriebsrats

a) In der **ordentlichen Betriebsversammlung** hat der Betriebsrat einen **Tätigkeitsbericht zu erstatten** (Abs. 1 Satz 1). Wird sie in der Form von Abteilungsversammlungen durchgeführt, so hat das in ihnen zu geschehen (ebenso *Fitting*, § 43 Rn. 15; GK-*Weber*, § 43 Rn. 22; HSWGNR-*Worzalla*, § 43 Rn. 25; a. A. *Sahmer*, § 43 Rn. 1). 7

b) Die Berichterstattung obliegt dem **Betriebsrat** als Gremium, nicht dem Betriebsratsvorsitzenden. Der Tätigkeitsbericht muss daher durch den Betriebsrat festgelegt werden. Dieser muss über ihn einen Beschluss fassen (§ 33). Dazu ist nicht notwendig, dass ein schriftlich formulierter Entwurf im Betriebsrat beraten und im Einzelnen beschlossen wird; es ist ausreichend, aber auch erforderlich, dass der Inhalt durch einen Beschluss des Betriebsrats gedeckt wird (ebenso HSWGNR-*Worzalla*, § 43 Rn. 11; im Ergebnis auch GK-*Weber*, § 43 Rn. 3; wie hier für den Tätigkeitsbericht eines Personalrats OVG Münster 31. 7. 1975 ZBR 1975, 357). 8

c) Der **Tätigkeitsbericht** muss ein umfassendes Bild der **Arbeit des Betriebsrats im abgelaufenen Kalendervierteljahr** enthalten; er muss sich auf alle Gebiete erstrecken, auf denen der Betriebsrat eine Tätigkeit entwickelt hat. Dazu gehört insbesondere auch die Tätigkeit des Betriebsausschusses und der weiteren Ausschüsse des Betriebsrats sowie die Mitwirkung des Betriebsrats bei der Errichtung eines Gesamt- oder Konzernbetriebsrats (ebenso *Fitting*, § 43 Rn. 13; GK-*Weber*, § 43 Rn. 6; HSWGNR-*Worzalla*, § 43 Rn. 13; MünchArbR-*Joost*, § 224 Rn. 50). Die Berichterstattung hat sich weiterhin auf die **Tätigkeit der Betriebsratsmitglieder in einem Gesamtbetriebsrat oder Konzernbetriebsrat** zu erstrecken; denn diese Gremien werden durch Entsendung aus den Betriebsräten gebildet, so dass ihre Tätigkeit mittelbar noch der Betriebsratstätigkeit zugerechnet werden kann (ebenso *Fitting*, *Weber*, *Worzalla*, jeweils a. a. O.; DKK-*Berg*, 9

§ 43 Rn. 7; MünchArbR-*Joost*, § 224 Rn. 50 f.). Der Bericht muss deshalb insbesondere auch den **Tätigkeitsbericht des Gesamtbetriebsrats** umfassen, den dieser mindestens einmal in jedem Kalenderjahr in der Betriebsräteversammlung zu erstatten hat (§ 53 Abs. 2 Nr. 1; s. dort Rn. 13 f.).

10 Die **Tätigkeit der Arbeitnehmervertreter im Aufsichtsrat** ist dagegen **nicht Gegenstand des Tätigkeitsberichts**, den der Betriebsrat zu erstatten hat (ebenso BAG 1. 3. 1966 AP BetrVG § 69 Nr. 1; kritisch *Herschel*, AuR 1967, 63 f.; *Rumpff*, MitbGespr. 1966, 151; wie hier GK-*Weber*, § 43 Rn. 6; HSWGNR-*Worzalla*, § 43 Rn. 15; *Vogt*, S. 72; s. auch § 45 Rn. 16). Dasselbe ist auch für die **Tätigkeit des Wirtschaftsausschusses** anzunehmen, und zwar auch dann, wenn die Aufgaben des Wirtschaftsausschusses einem Ausschuss des Betriebsrats übertragen sind (§ 107 Abs. 3 Satz 1); denn die Unterrichtung der Arbeitnehmer über die wirtschaftliche Lage und Entwicklung des Unternehmens hat ebenfalls mindestens einmal in jedem Kalendervierteljahr durch den Unternehmer zu erfolgen (§ 110; ebenso GL-*Marienhagen*, § 43 Rn. 13; GK-*Weber*, § 43 Rn. 6; HSWGNR-*Worzalla*, § 43 Rn. 14; *Vogt*, S. 72; a. A. *Fitting*, § 43 Rn. 13; DKK-*Berg*, § 43 Rn. 7; MünchArbR-*Joost*, § 224 Rn. 51).

11 Wie weit der Betriebsrat in seinem Tätigkeitsbericht auf Einzelheiten eingehen will, hat er zu entscheiden und ergibt sich aus den Umständen. Bei größeren Betrieben wird es genügen, wenn er eine allgemeine Schilderung seiner Tätigkeit und der Lage gibt, wobei einzelne Fragen als symptomatisch herausgestellt werden können. In kleineren Betrieben wird häufig auch die Erörterung von Einzelfragen in Betracht kommen. Gleiches gilt für die Behandlung von Sonderbelangen in einer Abteilungsversammlung. Der Bericht hat sich nicht nur auf die eigentliche Geschäftsführung des Betriebsrats zu beschränken, sondern soll auch ein Bild des betrieblichen Geschehens bzw. bei einer Abteilungsversammlung des Geschehens in der zu ihr zusammengefassten Organisationseinheit geben. Er braucht sich nicht auf Tatsachen zu beschränken, sondern kann auch eine Beurteilung dieser Tatsachen enthalten, z. B. über die Lage des Betriebs, seine Entwicklungsmöglichkeiten u. ä. mehr, so wie der Betriebsrat sie sieht. Angaben über Betriebs- oder Geschäftsgeheimnisse dürfen im Tätigkeitsbericht nicht erwähnt werden; Gleiches gilt für sonstige vertrauliche Angaben, über die nach dem Gesetz Stillschweigen zu bewahren ist (§§ 79 Abs. 1, 82 Abs. 2 Satz 3, 83 Abs. 1 Satz 3, 99 Abs. 1 Satz 3, 102 Abs. 2 Satz 5; ebenso *Fitting*, § 43 Rn. 13; GK-*Weber*, § 43 Rn. 7; HSWGNR-*Worzalla*, § 43 Rn. 16).

12 d) Der **Vortrag des Tätigkeitsberichts** in der Betriebsversammlung ist **Aufgabe des Betriebsratsvorsitzenden**, bei seiner Verhinderung die seines Stellvertreters (§ 26 Abs. 2 Satz 1). Wird der Tätigkeitsbericht in einer Abteilungsversammlung erstattet, so trägt ihn, wenn der Vorsitzende und sein Stellvertreter nicht anwesend sind, das Betriebsratsmitglied vor, dem die Leitung der Abteilungsversammlung übertragen ist. Gleiches gilt bei einer Teilversammlung, die nicht vom Betriebsratsvorsitzenden oder seinem Stellvertreter geleitet wird. Der Betriebsrat kann aber stets auch ein anderes Mitglied mit dieser Aufgabe betrauen (ebenso *Fitting*, § 43 Rn. 16; DKK-*Berg*, § 43 Rn. 8; HSWGNR-*Worzalla*, § 43 Rn. 12).

13 Wie sich aus § 45 Satz 2 ergibt, kann über den Tätigkeitsbericht eine **Aussprache** in der Betriebsversammlung stattfinden. Jeder Teilnehmer kann, sofern er ein Teilnahmerecht an der Betriebsversammlung hat, Fragen stellen und eine Ergänzung in bestimmter von ihm aufgeworfener Richtung verlangen. Ein Anspruch auf Beantwortung besteht aber nicht. Der Versammlungsleiter kann Fragen jedoch nur zur Aufrechterhaltung der Ordnung zurückweisen. Bestehen unter den Betriebsratsmitgliedern Meinungsverschiedenheiten, ob und mit welchem Inhalt eine Frage für den Betriebsrat beantwortet werden soll, so entscheidet dieser durch Beschluss (§ 33). Die Betriebsversammlung selbst hat dagegen keine Kompetenz, durch Beschluss die Beantwortung einer Frage zu erzwingen oder zu verbieten. Ein Beschluss über die Billigung des Tätigkeitsberichtes ist möglich, aber nicht notwendig.

II. Ordentliche Betriebsversammlung § 43

3. Lagebericht des Arbeitgebers

a) Der **Arbeitgeber** oder sein Stellvertreter hat mindestens einmal in **jedem Kalenderjahr** in einer Betriebsversammlung über das **Personal- und Sozialwesen des Betriebs** einschließlich des Stands der **Gleichstellung von Frauen und Männern** im Betrieb sowie der **Integration der** im Betrieb beschäftigten **ausländischen Arbeitnehmer** und über die **wirtschaftliche Lage und Entwicklung des Betriebs** sowie über den betrieblichen **Umweltschutz zu berichten** (Abs. 2 Satz 3). Die Berichtspflicht des Arbeitgebers hinsichtlich des Personal- und Sozialwesens sowie die wirtschaftliche Lage und Entwicklung des Betriebs wurde auf Anregung der CDU/CSU (vgl. § 113 CDU/CSU-Entw., BT-Drucks. VI/1806, S. 22, 47) in das Gesetz übernommen (vgl. den Bericht des BT-Ausschusses für Arbeit und Sozialordnung, *zu* BT-Drucks. VI/2729, S. 25). Sie überschneidet sich mit der Pflicht nach § 110, die Arbeitnehmer über die wirtschaftliche Lage und Entwicklung des Unternehmens zu unterrichten. Der Arbeitgeber kann, soweit er als Unternehmer die Arbeitnehmer nicht schriftlich zu unterrichten hat (§ 110 Abs. 2), durch den hier geregelten Lagebericht in der Betriebsversammlung zugleich auch die Pflicht zur Unterrichtung nach § 110 erfüllen (s. dort Rn. 8). Durch das BetrVerf-Reformgesetz wurde die Berichtspflicht auf den betrieblichen Umweltschutz erstreckt und vorgesehen, dass sich der Bericht über das betriebliche Personalwesen insbesondere auch auf den Stand der Gleichstellung der Geschlechter sowie die Integration der im Betrieb beschäftigten ausländischen Arbeitnehmer zu beziehen hat.

14

b) Der Arbeitgeber kann den Lagebericht in einer **ordentlichen Betriebsversammlung**, aber auch in einer **auf seinen Wunsch einberufenen außerordentlichen Betriebsversammlung** erstatten. Da er sich insgesamt auf den Betrieb bezieht, kommt aber nicht eine Abteilungsversammlung, sondern allein eine Betriebsversammlung in Betracht, die nur unter den engen Voraussetzungen des § 42 Abs. 1 Satz 3 in Teilversammlungen durchgeführt werden darf (ebenso *Fitting*, § 43 Rn. 19; HSWGNR-*Worzalla*, § 43 Rn. 20).

15

c) Der **Lagebericht** muss vor allem über das **Personal- und Sozialwesen des Betriebs** und über die **wirtschaftliche Lage und Entwicklung des Betriebs im Unternehmen** informieren; es genügt nicht, sofern das Unternehmen sich in mehrere Betriebe gliedert, dass lediglich wiedergegeben wird, was der nach § 110 zu erstattende Bericht über die wirtschaftliche Lage und Entwicklung des Unternehmens enthält (ebenso *Fitting*, § 43 Rn. 24). Zum Personal- und Sozialwesen des Betriebs gehören insbesondere die Maßnahmen, die das Gesetz zu den sozialen und personellen Angelegenheiten zählt und an denen der Betriebsrat zu beteiligen ist. Der Bericht über den Stand der Gleichstellung der Geschlechter bezieht sich ebenso wie derjenige über die Integration ausländischer Arbeitnehmer nur auf die vorhandene Belegschaft. Über die Gleichstellung der Geschlechter ist jeweils nach Hierarchieebenen und Betriebsabteilungen getrennt zu unterrichten. Auch die prozentuale Verteilung von Voll- und Teilzeitpositionen auf die Geschlechter sowie das Geschlechterverhältnis innerhalb der verschiedenen Vergütungsgruppen und die Durchführung von Förderungsmaßnahmen gehören hierher (vgl. auch GK-*Weber*, § 43 Rn. 13). Im Hinblick auf die Interpretation der ausländischen Arbeitnehmer gilt Entsprechendes (DKK-*Berg*, § 43 Rn. 21 a; GK-*Weber*, § 43 Rn. 14). Soweit über die wirtschaftliche Lage und Entwicklung des Betriebs im Unternehmen zu berichten ist, geht es vor allem um die Funktion des Betriebs innerhalb des Unternehmens und die verwirklichten oder geplanten Betriebsänderungen. Die Berichtpflicht hinsichtlich des betrieblichen Umweltschutzes wird durch die Legaldefinition des § 89 Abs. 3 näher ausgestaltet und begrenzt. Es geht daher um eine Darstellung der zum Schutz der Umwelt durchgeführten oder geplanten Maßnahmen sowie insbesondere um einen Bericht über den Vollzug der einschlägigen Umweltschutzbestimmungen im Betrieb (s. § 89 Abs. 1). Der Arbeitgeber hat nur zu berichten, soweit dadurch nicht Betriebs- oder Geschäftsgeheimnisse gefährdet werden (s. dazu auch § 79 Rn. 4 f.). § 43 Abs. 2 Satz 3 verlangt vom Arbeitgeber nicht, sich auf einer Betriebsversammlung zu den Kosten des Betriebsrats-

16

arbeit zu äußern. Äußert er sich dennoch, darf er durch die Art und Weise der Informationsgestaltung und -vermittlung den Betriebsrat nicht in seiner Amtsführung beeinträchtigen (BAG 19. 7. 1995 AP BetrVG 1972 § 23 Nr. 25).

17   d) Der **Arbeitgeber** muss den Lagebericht **mündlich** erstatten (ebenso *Fitting*, § 43 Rn. 20; GK-*Weber*, § 43 Rn. 5 und 8; HSWGNR-*Worzalla*, § 43 Rn. 19; a. A. Münch-ArbR-*Joost*, § 224 Rn. 62; differenzierend ErfK-*Eisemann/Koch*, § 43 Rn. 7). Das gilt auch, wenn die Angaben bereits in dem Lagebericht enthalten sind, den er als Unternehmer nach § 110 zu erstatten hat. Der Vortrag in einer Betriebsversammlung soll nämlich die Möglichkeit eröffnen, dass dem Bericht eine Aussprache folgt, in der die Teilnehmer zustimmend oder kritisch Stellung nehmen. Der Arbeitgeber braucht zwar nicht jede Frage zu beantworten, insbesondere wenn dadurch Betriebs- oder Geschäftsgeheimnisse gefährdet werden; andererseits darf er sich nicht der Diskussion entziehen, indem er sich nur auf den Vortrag beschränkt, sondern muss auf die Fragen eingehen, die ihm in Zusammenhang mit dem Personal- und Sozialwesen des Betriebs und der wirtschaftlichen Lage und Entwicklung des Betriebs im Unternehmen gestellt werden (ebenso *Fitting*, § 43 Rn. 27). Dagegen braucht er nicht die gesamte Unternehmenspolitik zu erläutern, soweit sie mit dem Betrieb in keinem Zusammenhang steht.

18   Den Bericht hat der Arbeitgeber selbst oder sein Vertreter vorzutragen; es genügt also nicht, dass ihn ein leitender Angestellter erstattet, sondern es muss sich bei dem Berichterstatter für den Arbeitgeber um seinen Vertreter handeln, also entweder um den gesetzlichen Vertreter oder einen Bevollmächtigten, der dem Arbeitgeber bzw. dem zur gesetzlichen Vertretung des Unternehmens befugten Organ unmittelbar unterstellt und zur Ausübung der Vertretungsmacht für den gesamten Geschäftsbereich ermächtigt ist. In einem gemeinsamen Betrieb trifft die Berichtspflicht alle daran beteiligten Unternehmen (GK-*Weber*, § 43 Rn. 8; vgl. auch LAG Hamburg 15. 12. 1988 BB 1989, 628).

19   e) Der Arbeitgeber ist auch in **Tendenzunternehmen** verpflichtet, in der Betriebsversammlung den jährlichen Lagebericht zu erstatten; denn er kann ihn inhaltlich so gestalten, dass der Tendenzschutz nicht gefährdet wird (ebenso BAG 8. 3. 1977 AP BetrVG 1972 § 43 Nr. 1).

20   f) Kommt der Arbeitgeber seiner Pflicht, den Lagebericht in einer Betriebsversammlung jährlich zu erstatten, nicht nach, so kann darin ein grober Verstoß gegen seine Verpflichtungen aus dem Gesetz liegen. Der Betriebsrat oder eine im Betrieb vertretene Gewerkschaft haben in diesem Fall das Recht, gegen ihn ein Zwangsverfahren nach § 23 Abs. 3 einzuleiten (ebenso *Fitting*, § 43 Rn. 27; HSWGNR-*Worzalla*, § 43 Rn. 21 e).

4. Weitere Angelegenheiten als Gegenstand einer ordentlichen Betriebsversammlung

21   Die Betriebsversammlung braucht sich nicht auf die Entgegennahme des Tätigkeitsberichts des Betriebsrats und seine Beratung sowie bei Erstattung des Lageberichts des Arbeitgebers auf seine Entgegennahme und Beratung zu beschränken. Es können vielmehr weitere Angelegenheiten auf die Tagesordnung gesetzt werden, sofern sie sich im Rahmen des § 45 halten (s. dort Rn. 5 ff.). Der Betriebsrat entscheidet nach billigem Ermessen über die Gestaltung der Tagesordnung. Aber auch der Arbeitgeber oder ein Viertel der wahlberechtigten Arbeitnehmer können die Ergänzung der Tagesordnung auf bestimmte, von ihnen beantragte Beratungsgegenstände verlangen; es ist nicht notwendig, dass dafür eine besondere Betriebsversammlung einberufen wird (s. auch Rn. 34 f.).

5. Pflicht des Betriebsrats zur Einberufung

22   Es besteht eine Pflicht des Betriebsrats, die vierteljährlichen Betriebsversammlungen einzuberufen und in ihnen einen Tätigkeitsbericht zu erstatten. Eine pflichtwidrige Säumnis kann nach § 23 Abs. 1 zur Auflösung des Betriebsrats berechtigen; doch braucht nicht jede Säumnis eine grobe Pflichtverletzung zu bedeuten (vgl. LAG Hamm

25. 9. 1959 DB 1959, 1227; LAG Mainz 5. 4. 1960 BB 1960, 982; LAG Frankfurt 12. 8. 1993 BetrR 1994, 39; *Fitting*, § 43 Rn. 10; HSWGNR-*Worzalla*, § 43 Rn. 10; DKK-*Berg*, § 43 Rn. 4 *Vogt*, S. 33 f.).

Außerdem kann jede im Betrieb vertretene Gewerkschaft die Einberufung einer ordentlichen Betriebsversammlung verlangen, wenn im vorhergegangenen Kalenderhalbjahr keine Betriebsversammlung und keine Abteilungsversammlung durchgeführt worden sind (Abs. 4; s. ausführlich Rn. 56 ff.). **23**

Die ordentlichen Betriebsversammlungen finden grundsätzlich während der Arbeitszeit statt (§ 44 Abs. 1 Satz 1; s. dort Rn. 2). **24**

III. Außerordentliche Betriebs- und Abteilungsversammlungen

1. Einberufungsmöglichkeit durch den Betriebsrat

Eine außerordentliche Betriebsversammlung kann der **Betriebsrat jederzeit einberufen,** wenn er es für erforderlich hält (Abs. 3 Satz 1). Ausdrücklich wird im Gesetz bestimmt, dass der Betriebsrat in jedem Kalenderhalbjahr eine weitere Betriebsversammlung oder einmal weitere Abteilungsversammlungen durchführen kann, wenn dies aus besonderen Gründen zweckmäßig erscheint (Abs. 1 Satz 4; s. Rn. 27). Dadurch wird er aber nicht in seinem Recht beschränkt, darüber hinaus noch weitere außerordentliche Betriebs- oder Abteilungsversammlungen einzuberufen (s. Rn. 28). **25**

Der Betriebsrat beschließt nach **pflichtgemäßem Ermessen,** ob neben den ordentlichen Betriebs- und Abteilungsversammlungen eine außerordentliche Betriebs- oder Abteilungsversammlung notwendig ist. Wegen des Grundsatzes der Verhältnismäßigkeit für die Kostenbelastung hat er zu beachten, dass eine außerordentliche Betriebs- oder Abteilungsversammlung grundsätzlich nur in Betracht kommt, wenn Fragen erörtert werden müssen, die für den Betrieb bzw. die Belegschaft von so wesentlicher Bedeutung sind, dass eine Aussprache nicht bis zur nächsten ordentlichen Betriebsversammlung verschoben werden kann (BAG 23. 10. 1991 AP BetrVG 1972 § 43 Nr. 5). Sind die Voraussetzungen für die Abhaltung von Abteilungsversammlungen gegeben (§ 42 Abs. 2; s. dort Rn. 61 ff.), so entscheidet der Betriebsrat ebenfalls nach pflichtgemäßem Ermessen, ob die Betriebsversammlung in der Form von Abteilungsversammlungen durchgeführt wird. Handelt es sich um Sonderbelange der Arbeitnehmer eines oder mehrerer Betriebsteile, so hat der Betriebsrat nur die von ihnen betroffenen Arbeitnehmer zu einer außerordentlichen Abteilungsversammlung zusammenzufassen (s. auch § 42 Rn. 65). **26**

Wird neben den ordentlichen Betriebs- und Abteilungsversammlungen in einem **Kalenderhalbjahr** eine **weitere – außerordentliche – Betriebs- oder Abteilungsversammlung durchgeführt,** so wird diese zusätzliche Versammlung einer **ordentlichen Betriebs- oder Abteilungsversammlung gleichgestellt,** wenn ihre Durchführung aus besonderen Gründen zweckmäßig erscheint (Abs. 1 Satz 4). Diese Voraussetzung liegt nur vor, wenn die Angelegenheit, die mit der Belegschaft erörtert werden soll, so bedeutend und dringend ist, dass ein sorgfältig amtierender Betriebsrat unter Berücksichtigung der konkreten Situation im Betrieb die Einberufung einer weiteren Betriebsversammlung für sinnvoll und angemessen halten darf (ebenso BAG 23. 10. 1991 AP BetrVG 1972 § 43 Nr. 5). **27**

Der Betriebsrat wird durch Abs. 1 Satz 4 nicht gehindert, auch noch **weitere außerordentliche Betriebs- oder Abteilungsversammlungen** einzuberufen; aber die Schranke, dass dies aus besonderen Gründen zweckmäßig erscheint, gilt auch für sie, und zwar vor allem im Interesse der Arbeitnehmer, da eine sonstige außerordentliche Betriebs- oder Abteilungsversammlung, die nicht als zusätzliche Versammlung nach Abs. 1 Satz 4 durchgeführt wird, außerhalb der Arbeitszeit ohne Anspruch auf Vergütung stattfindet (§ 44 Abs. 2). Daher dürfen außerordentliche Betriebs- oder Abteilungsversammlungen nicht durchgeführt werden, wenn der Betriebsrat keine besonderen Gründe hat, die ihre **28**

Abhaltung zweckmäßig erscheinen lassen (*Fitting*, § 43 Rn. 38; weitergehend WP-*Roloff*, § 43 Rn. 14; GK-*Weber*, § 43 Rn. 44; HSWGNR-*Worzalla*, § 43 Rn. 28).

2. Antragsrecht des Arbeitgebers und eines Viertels der wahlberechtigten Arbeitnehmer

29 a) Eine außerordentliche Betriebsversammlung ist einzuberufen, wenn es der **Arbeitgeber** oder ein **Viertel der wahlberechtigten Arbeitnehmer** wünschen (Abs. 3 Satz 1). Dieser Wunsch begründet eine **Verpflichtung des Betriebsrats zur Einberufung der Betriebsversammlung**. Der Wunsch ist in Wahrheit ein Antrag. Eine Prüfung, ob die Abhaltung der Betriebsversammlung zweckmäßig ist, steht dem Betriebsrat nicht zu, wohl aber darüber, ob sie zulässig ist, insbesondere also, ob die Fragen, die zur Erörterung gestellt werden sollen, überhaupt zur Zuständigkeit der Betriebsversammlung gehören. Das Viertel der wahlberechtigten Arbeitnehmer ist von der Zahl der wahlberechtigten Arbeitnehmer zurzeit des Antrags, nicht zurzeit der Wahl des Betriebsrats zu berechnen (ebenso *Fitting*, § 43 Rn. 40; HSWGNR-*Worzalla*, § 43 Rn. 29; s. zur Wahlberechtigung § 7 Rn. 2 ff.). Da aber der Betriebsrat auch aus eigenem Entschluss eine Betriebsversammlung einberufen kann, ist es unschädlich, wenn das Viertel nicht richtig berechnet ist und die Betriebsversammlung einberufen wird.

30 Eine **besondere Form** für den Antrag des Arbeitgebers und der Arbeitnehmer ist **nicht notwendig**. Sind Antragsteller aber Arbeitnehmer, so ist der Betriebsrat zur Einberufung der Betriebsversammlung nur verpflichtet, wenn ihm nachgewiesen wird, dass wirklich ein Viertel der Wahlberechtigten den Wunsch geäußert hat. Der Nachweis kann durch eine Unterschriftensammlung erbracht werden, die ohne Minderung des Arbeitsentgelts während der Arbeitszeit durchgeführt werden kann (ebenso ArbG Stuttgart, BB 1977, 1304; *Fitting*, § 43 Rn. 40; GK-*Weber*, § 43 Rn. 41; a. A. HSWGNR-*Worzalla*, § 43 Rn. 29).

31 Der oder die Antragsteller haben **anzugeben,** über **welche Fragen** in der Betriebsversammlung beraten werden soll, d. h. den **Gegenstand der Tagesordnung;** denn der Betriebsrat muss die Möglichkeit der Nachprüfung haben, ob der Gegenstand überhaupt in einer Betriebsversammlung behandelt werden kann (ebenso *Fitting*, § 43 Rn. 42; GK-*Weber*, § 43 Rn. 41).

32 b) Obwohl im Gesetz ein ausdrücklicher Hinweis fehlt, kann der **Arbeitgeber** auch die **Einberufung einer Abteilungsversammlung** verlangen (ebenso *Fitting*, § 43 Rn. 45; GK-*Weber*, § 43 Rn. 42; HSWGNR-*Worzalla*, § 43 Rn. 28; a. A. *Brecht*, § 43 Rn. 6). Jedoch müssen die Voraussetzungen für die Zusammenfassung zu einer Abteilungsversammlung gegeben sein (s. § 42 Rn. 61 ff.); da der Betriebsrat insoweit einen Beurteilungsspielraum hat (vgl. § 42 Rn. 66), besteht eine Verpflichtung zur Einberufung einer Abteilungsversammlung nur, wenn die Versammlung für eine Organisationseinheit abgehalten werden soll, für die auch sonst regelmäßig eine Abteilungsversammlung durchgeführt wird. Außerdem ist erforderlich, dass der beantragte Beratungsgegenstand *Sonderbelange* dieser Organisationseinheit betrifft. Der Arbeitgeber kann nämlich nicht verlangen, dass eine von ihm beantragte außerordentliche Betriebsversammlung in der Form von Abteilungsversammlungen durchgeführt wird, sondern er kann lediglich für eine Organisationseinheit, deren Arbeitnehmer bei Erforderlichkeit zur Erörterung von Sonderbelangen zu einer Abteilungsversammlung zusammenzufassen sind, die Einberufung einer außerordentlichen Abteilungsversammlung beantragen.

33 Dasselbe Recht wie der Arbeitgeber hat auch ein **Viertel der wahlberechtigten Arbeitnehmer** (ebenso ArbG Stuttgart 13. 5. 1977 BB 1977, 1304; *Fitting*, § 43 Rn. 45; GK-*Weber*, § 43 Rn. 42; a. A. *Brecht*, § 43 Rn. 6). Bei der Bestimmung des Viertels ist nicht von der Zahl der wahlberechtigten Arbeitnehmer des Betriebs auszugehen, sondern von der Zahl der wahlberechtigten Arbeitnehmer in der Organisationseinheit, für die eine Abteilungsversammlung zur Erörterung von Sonderbelangen durchgeführt werden soll (ebenso *Fitting*, § 43 Rn. 45; GK-*Weber*, § 43 Rn. 43; a. A. *Fitting*, 21. Aufl., § 43 Rn. 45).

III. Außerordentliche Betriebs- und Abteilungsversammlungen § 43

c) **Arbeitgeber** und ein **Viertel der wahlberechtigten Arbeitnehmer** können jederzeit 34
auch eine **Ergänzung der Tagesordnung** einer einberufenen oder einzuberufenden Betriebsversammlung verlangen, gleichgültig, ob es sich um eine ordentliche oder um eine außerordentliche Betriebsversammlung handelt. Der Betriebsrat hat dem Antrag auf Ergänzung der Tagesordnung stattzugeben, wenn der Gegenstand zum Zuständigkeitsbereich der Betriebsversammlung gehört (ebenso GL-*Marienhagen*, § 43 Rn. 25). Gleiches gilt bei einer Abteilungsversammlung, sofern der beantragte Beratungsgegenstand Sonderbelange der Arbeitnehmer betrifft, die zu der Abteilungsversammlung zusammengefasst sind (s. zur Bestimmung des Viertels der wahlberechtigten Arbeitnehmer in diesem Fall Rn. 33).

Andererseits kann der **Betriebsrat** auch von sich aus die **Tagesordnung** einer auf 35
Antrag des Arbeitgebers oder eines Viertels der wahlberechtigten Arbeitnehmer einberufenen Betriebs- oder Abteilungsversammlung **ergänzen** (ebenso *Fitting*, § 43 Rn. 44).

d) **Andere Personen** als der Arbeitgeber und – unter der Voraussetzung, dass die 36
gesetzlich vorgesehene Mindestzahl erreicht wird – die Arbeitnehmer des Betriebs haben **kein Recht**, die **Einberufung einer außerordentlichen Betriebsversammlung** zur Erörterung eines von ihnen beantragten Beratungsgegenstands zu verlangen; sie haben auch kein formelles Antragsrecht auf **Ergänzung der Tagesordnung**. Das gilt auch für eine im Betrieb vertretene Gewerkschaft; sie hat unter den Voraussetzungen des Abs. 4 nur den Anspruch auf Einberufung einer ordentlichen Betriebsversammlung, um sicherzustellen, dass der Betriebsrat seiner gesetzlichen Aufgabe nachkommt, die ordentlichen Betriebsversammlungen abzuhalten (s. Rn. 61). Jedoch kann jeder teilnahmeberechtigte Arbeitnehmer des Betriebs während der Betriebsversammlung eine Ergänzung der Tagesordnung anregen; über sie entscheidet die Betriebsversammlung durch Beschluss.

3. Zeitliche Lage der außerordentlichen Betriebs- und Abteilungsversammlungen

a) Beruft der Betriebsrat neben den ordentlichen Betriebs- und Abteilungsversamm- 37
lungen **zusätzlich** in einem Kalenderhalbjahr eine **außerordentliche Betriebs- oder Abteilungsversammlung** ein, so findet diese zusätzliche Versammlung grundsätzlich **während der Arbeitszeit** statt (§ 44 Abs. 1 Satz 1; s. dort Rn. 2); die Zeit der Teilnahme an dieser Versammlung einschließlich der zusätzlichen Wegezeiten ist den Arbeitnehmern wie Arbeitszeit zu vergüten (§ 44 Abs. 1 Satz 2; s. dort Rn. 26, 36).

Beruft der Betriebsrat **weitere außerordentliche Betriebs- oder Abteilungsversamm-** 38
lungen ein, so finden sie **außerhalb der Arbeitszeit** statt; sie können nur im Einvernehmen mit dem Arbeitgeber während der Arbeitszeit durchgeführt werden (§ 44 Abs. 2; s. dort Rn. 45).

b) Die auf **Antrag des Arbeitgebers** einzuberufende außerordentliche Betriebs- oder 39
Abteilungsversammlung hat dagegen stets grundsätzlich **während der Arbeitszeit** stattzufinden (§ 44 Abs. 1 Satz 1); die Zeit der Teilnahme an dieser Versammlung ist den Arbeitnehmern wie Arbeitszeit zu vergüten (§ 44 Abs. 1 Satz 2; s. dort Rn. 26). Sie ist keine zusätzliche Versammlung i. S. des Abs. 1 Satz 4, sondern wird ihr in § 44 Abs. 1 lediglich gleichgestellt. Deshalb kann der Betriebsrat auch, wenn eine außerordentliche Betriebs- oder Abteilungsversammlung auf Wunsch des Arbeitgebers im Kalenderhalbjahr bereits abgehalten ist, nach Abs. 1 Satz 4 eine zusätzliche außerordentliche Betriebs- oder Abteilungsversammlung durchführen, für die ebenfalls § 44 Abs. 1 gilt.

Die auf **Wunsch eines Viertels der wahlberechtigten Arbeitnehmer** einberufene Be- 40
triebs- oder Abteilungsversammlung kann dagegen ohne Zustimmung des Arbeitgebers nur **außerhalb der Arbeitszeit** stattfinden, es sei denn, dass der Betriebsrat mit der Einberufung zugleich beschließt, dass durch sie sein Recht ausgeübt wird, eine zusätzliche Betriebs- oder Abteilungsversammlung in jedem Kalenderhalbjahr durchzuführen. Jedoch wird man davon ausgehen können, dass er von diesem Recht Gebrauch machen

will, wenn er die Betriebs- oder Abteilungsversammlung in die Arbeitszeit legt. Hat der Betriebsrat bereits nach Abs. 1 Satz 4 eine zusätzliche Betriebs- oder Abteilungsversammlung abgehalten, so kann die auf Wunsch eines Viertels der wahlberechtigten Arbeitnehmer einberufene Betriebs- oder Abteilungsversammlung nur im Einvernehmen mit dem Arbeitgeber während der Arbeitszeit durchgeführt werden (§ 44 Abs. 2).

4. Sanktion bei Nichteinberufung einer außerordentlichen Betriebs- oder Abteilungsversammlung

41 Kommt der Betriebsrat dem Antrag des Arbeitgebers oder eines Viertels der wahlberechtigten Arbeitnehmer auf Einberufung einer außerordentlichen Betriebs- oder Abteilungsversammlung pflichtwidrig nicht nach, so hängt von den Umständen des Einzelfalls ab, ob darin eine grobe Pflichtverletzung liegt, die zur Auflösung des Betriebsrats auf Antrag durch Beschluss des Arbeitsgerichts berechtigt (§ 23 Abs. 1), was allerdings im Regelfall anzunehmen sein dürfte (ebenso *Fitting*, § 43 Rn. 43; vgl. auch HSWGNR-*Worzalla*, § 43 Rn. 39; undifferenziert DKK-*Berg*, § 43 Rn. 34, der jedenfalls bei einem zugrundeliegenden Antrag der Gewerkschaft ohne weiteres eine grobe Pflichtverletzung annimmt).

IV. Rechte und Pflichten des Arbeitgebers in der Betriebs- oder Abteilungsversammlung

1. Ladung des Arbeitgebers

42 a) Der Arbeitgeber ist zu den **ordentlichen** und **ihnen gleichgestellten** außerordentlichen **Betriebs- und Abteilungsversammlungen** unter **Mitteilung der Tagesordnung zu laden** (Abs. 2 Satz 1).

43 b) Außerdem ist er vom **Zeitpunkt der außerordentlichen Betriebs- und Abteilungsversammlungen**, die **auf seinen Wunsch** stattfinden, **rechtzeitig zu verständigen** (Abs. 3 Satz 2). Die Mitteilung der Tagesordnung ist hier nicht erforderlich, weil der Arbeitgeber den Beratungsgegenstand selbst beantragt hat, der auf die Tagesordnung zu setzen ist (s. Rn. 31).

44 Obwohl im Gesetz nicht ausdrücklich bestimmt, hat der Betriebsrat den Arbeitgeber auch vom Zeitpunkt der sonstigen außerordentlichen Betriebs- oder Abteilungsversammlungen, also der Versammlungen, die weder unter Abs. 1 Satz 4 fallen noch auf Wunsch des Arbeitgebers stattfinden, rechtzeitig zu verständigen. Zwar können diese Betriebs- oder Abteilungsversammlungen nur im Einvernehmen mit dem Arbeitgeber während der Arbeitszeit stattfinden (§ 44 Abs. 2); aber auch bei Abhaltung außerhalb der Arbeitszeit braucht der Arbeitgeber einen Raum nur zur Verfügung zu stellen, wenn es sich um eine Betriebs- oder Abteilungsversammlung i. S. des Gesetzes handelt. Der Betriebsrat kann nicht selbständig Räume in Anspruch nehmen (s. § 42 Rn. 16).

2. Teilnahmerecht des Arbeitgebers

45 a) Nach Abs. 2 Satz 2 ist der Arbeitgeber berechtigt, in den **ordentlichen und ihnen gleichgestellten** außerordentlichen **Betriebs- und Abteilungsversammlungen** zu sprechen. Er hat daher das Recht der Anwesenheit in diesen Versammlungen.

46 Gleiches gilt auch für **außerordentliche Betriebs- und Abteilungsversammlungen,** die auf **seinen Wunsch** einberufen werden. Wenn das Gesetz hier nur davon spricht, dass er vom Zeitpunkt dieser Versammlungen rechtzeitig zu verständigen ist (Abs. 3 Satz 2), so setzt es offensichtlich voraus, dass er an diesen Versammlungen teilnehmen kann; denn regelmäßig wird er den Antrag stellen, um zu einer Frage vor der Belegschaft zu sprechen (ebenso *Fitting*, § 43 Rn. 49; GK-*Weber*, § 43 Rn. 48; *Vogt*, S. 44). Hat der Arbeitgeber

IV. Rechte und Pflichten des Arbeitgebers §43

eine Ergänzung der Tagesordnung bei einer nicht auf seinen Wunsch einberufenen Betriebs- oder Abteilungsversammlung beantragt, so hat er während der Beratung dieses Gegenstands ein Teilnahmerecht.

b) Bei **sonstigen außerordentlichen Betriebs- und Abteilungsversammlungen**, die nicht auf Wunsch des Arbeitgebers abgehalten werden und auch nicht unter Abs. 1 Satz 4 fallen (s. Rn. 27), hat der Arbeitgeber **kein Teilnahmerecht kraft Gesetzes** (BAG 27. 6. 1989 AP BetrVG 1972 § 42 Nr. 5; ebenso *Fitting*, § 43 Rn. 50; a. A. WP-*Roloff*, § 43 Rn. 17; GK-*Weber*, § 43 Rn. 49; HSWGNR-*Worzalla*, § 43 Rn. 42; DKK-*Berg*, § 43 Rn. 15). Zwar bestimmt Abs. 2 Satz 1 und 2, dass der Arbeitgeber zu den Betriebs- und Abteilungsversammlungen zu laden ist und in ihnen sprechen kann. Der Gesetzestext ist aber zu weit gefasst; nach der Begründung zum RegE soll die Regelung inhaltlich dem § 42 Abs. 1 Satz 2 BetrVG 1952 entsprechen, wo in Zusammenhang mit der Bestimmung, dass der Betriebsrat einmal in jedem Kalendervierteljahr in einer Betriebsversammlung einen Tätigkeitsbericht zu erstatten hat, vorgesehen war, dass der Arbeitgeber „hierzu" unter Mitteilung der Tagesordnung einzuladen ist. Die redaktionelle Änderung und Verselbständigung der Vorschrift in einem besonderen Absatz bedeutet keine materielle Änderung der Rechtslage. Dafür spricht auch, dass bei außerordentlichen Betriebsversammlungen, die auf Wunsch des Arbeitgebers einberufen werden, in Abs. 3 Satz 2 bestimmt ist, dass der Arbeitgeber vom Zeitpunkt dieser Versammlungen rechtzeitig zu verständigen ist, was überflüssig wäre, wenn nach dem Willen des Gesetzgebers Abs. 2 Satz 1 und 2 allgemein für Betriebs- und Abteilungsversammlungen gelten soll. 47

Aus dem systematischen Zusammenhang des Abs. 2 mit der Bestimmung in Abs. 1 ist aber zu folgern, dass der Arbeitgeber das **Recht der Anwesenheit** und der Rede in den **zusätzlichen Betriebs- und Abteilungsversammlungen** hat, die der Betriebsrat nach Abs. 1 Satz 4 durchführt (ebenso *Fitting*, § 43 Rn. 49; GK-*Weber*, § 43 Rn. 47; HSWGNR-*Worzalla*, § 43 Rn. 42, 45; a. A. allerdings ohne eindeutige Stellungnahme *Vogt*, S. 44). Will der Betriebsrat also ohne Anwesenheit des Arbeitgebers eine Betriebsversammlung abhalten, so darf er nicht von seinem Recht nach Abs. 1 Satz 4 Gebrauch machen, sondern hat die Betriebsversammlung zu einem Zeitpunkt außerhalb der Arbeitszeit einzuberufen; eine Betriebsversammlung, an der der Arbeitgeber nicht teilnehmen soll, kann also während der Arbeitszeit nur im Einvernehmen mit ihm durchgeführt werden (§ 44 Abs. 2). 48

c) Der **Betriebsrat** kann den **Arbeitgeber** jederzeit auch zu Betriebs- und Abteilungsversammlungen **einladen**, in denen dieser kraft Gesetzes **kein Teilnahmerecht** hat. Dann hat er die gleiche Stellung wie in einer ordentlichen oder auf seinen Wunsch einberufenen Betriebs- oder Abteilungsversammlung (ebenso *Fitting*, § 43 Rn. 50; HSWGNR-*Worzalla*, § 43 Rn. 43, 46). Die Zustimmung der Betriebsversammlung ist für seine Teilnahme nicht erforderlich (so aber GK-*Weber*, § 43 Rn. 49). 49

d) Ist der **Arbeitgeber** eine **juristische Person** oder eine **Personengemeinschaft**, so haben, wenn für ihn ein Teilnahmerecht besteht, alle gesetzlichen Vertreter bzw. die nach Satzung oder Gesellschaftsvertrag vertretungsberechtigten Personen (§ 5 Abs. 2 Nr. 1 und 2) ein Anwesenheitsrecht, nicht etwa nur derjenige, der im gesetzlichen Vertretungsorgan für die Personal- und Sozialangelegenheiten zuständig ist, z. B. der Arbeitsdirektor. 50

Nimmt der Arbeitgeber an einer Betriebs- oder Abteilungsversammlung teil, so kann er einen **Beauftragten der Arbeitgebervereinigung**, der er angehört, hinzuziehen (§ 46 Abs. 1 Satz 2; s. ausführlich dort Rn. 17 ff.). 51

Der Arbeitgeber kann auch **Sachbearbeiter** aus dem Unternehmen zu seiner Beratung hinzuziehen, ohne Rücksicht darauf, ob es sich um leitende Angestellte i. S. des § 5 Abs. 3 handelt (ebenso *Fitting*, § 43 Rn. 30; GK-*Weber*, § 43 Rn. 53; HSWGNR-*Worzalla*, § 43 Rn. 48). 52

e) Die **Teilnahmeberechtigung** bedeutet nicht, dass der **Arbeitgeber zur Teilnahme verpflichtet** ist (ebenso *Fitting*, § 43 Rn. 29; GK-*Fabricius*, 6. Aufl., § 43 Rn. 48; 53

HSWGNR-*Worzalla*, § 43 Rn. 44). Eine **Ausnahme** gilt nur für die **Erstattung des Lageberichts nach Abs. 2 Satz 3** (s. ausführlich Rn. 14 ff.). Jedoch auch in diesem Fall ist er nicht zu einem persönlichen Erscheinen verpflichtet; den Bericht kann vielmehr sein Vertreter geben (vgl. oben Rn. 18). Daraus folgt aber zugleich, dass der Arbeitgeber sich auch sonst nicht bei der Wahrnehmung seines Teilnahmerechts von einer beliebigen Person vertreten lassen kann; denn dies wäre mit dem Gebot der vertrauensvollen Zusammenarbeit nicht vereinbar. Das Teilnahmerecht gibt kein Recht, lediglich einen Beobachter zu entsenden (a. A. GK-*Fabricius*, 6. Aufl., § 43 Rn. 54), sondern ist ein Recht auf Teilnahme in der Betriebsversammlung, das der Arbeitgeber entweder selbst oder durch seinen Vertreter wahrzunehmen hat; jedoch genügt es, wenn er sich durch eine an der Leitung des Betriebs verantwortlich beteiligte Person vertreten lässt.

3. Rechte des Arbeitgebers in der Betriebs- oder Abteilungsversammlung

54 a) Soweit der Arbeitgeber an der Betriebs- oder Abteilungsversammlung teilnimmt, ist er **berechtigt**, in ihr **zu sprechen** (vgl. Abs. 2 Satz 2). Er kann auch zum Tätigkeitsbericht des Betriebsrats Stellung nehmen (ebenso *Fitting*, § 43 Rn. 31; MünchArbR-*Joost*, § 224 Rn. 77). Mindestens einmal in jedem Kalenderjahr hat er in einer Betriebsversammlung über das **Personal- und Sozialwesen sowie über die wirtschaftliche Lage und Entwicklung des Betriebs zu berichten** (Abs. 2 Satz 3; s. ausführlich Rn. 14 ff.). Fragen können ebenfalls an ihn gerichtet werden, und zwar nicht nur bei Erstattung des Lageberichts; er ist jedoch grundsätzlich nicht verpflichtet, sie zu beantworten (a. A. *Fitting*, § 43 Rn. 31; GK-*Weber*, § 43 Rn. 50; s. zum Lagebericht allerdings Rn. 17).

55 b) Der Arbeitgeber kann auch **Anträge** stellen (ebenso GK-*Weber*, § 43 Rn. 50; a. A. HWK-*Diller*, § 43 Rn. 16; *Fitting*, § 43 Rn. 32; HSWGNR-*Worzalla*, § 43 Rn. 45; DKK-*Berg*, § 43 Rn. 19; *Weiss/Weyand*, § 43 Rn. 12). Dieses Recht hat er, weil er die Einberufung einer Betriebsversammlung und die Ergänzung der Tagesordnung zur Beratung über eine von ihm aufgeworfene Frage verlangen kann (Abs. 3 Satz 1; s. auch Rn. 29 und 34). Ein **Stimmrecht** steht dem Arbeitgeber aber **nicht** zu (ebenso *Fitting*, § 43 Rn. 32; GK-*Weber*, § 43 Rn. 50; HSWGNR-*Worzalla*, § 43 Rn. 45).

V. Initiativrecht der Gewerkschaft zur Sicherung der Abhaltung der ordentlichen Betriebsversammlungen

1. Voraussetzungen

56 Auf **Antrag einer im Betrieb vertretenen Gewerkschaft** muss der Betriebsrat eine Betriebsversammlung nach Abs. 1 Satz 1 einberufen, wenn **im vorhergegangenen Kalenderhalbjahr keine Betriebsversammlung und keine Abteilungsversammlungen** durchgeführt worden sind (Abs. 4). Voraussetzung ist, dass in einem Kalenderhalbjahr, also in der Zeit vom 1. Januar bis zum 30. Juni bzw. vom 1. Juli bis zum 31. Dezember weder eine Betriebsversammlung noch Abteilungsversammlungen abgehalten wurden; es genügt also nicht, dass in den letzten sechs Monaten vor Antragstellung keine solche Versammlung stattgefunden hat (ebenso *Fitting*, § 43 Rn. 53; HSWGNR-*Worzalla*, § 43 Rn. 35). Das Antragsrecht ist daher auch dann nicht gegeben, wenn im vorhergegangenen Kalenderhalbjahr zwar keine Betriebsversammlung, aber Abteilungsversammlungen durchgeführt worden sind. Jedoch genügt nicht, dass lediglich außerordentliche Betriebs- oder Abteilungsversammlungen stattgefunden haben (ebenso GK-*Weber*, § 43 Rn. 25; a. A. HSWGNR-*Worzalla*, § 43 Rn. 36; DKK-*Berg*, § 43 Rn. 32). Das Initiativrecht der Gewerkschaft soll nämlich sicherstellen, dass der Betriebsrat seinen Tätigkeitsbericht in einer Betriebsversammlung erstattet, wie sich aus dem ausdrücklichen Hinweis auf eine „Betriebsversammlung nach Abs. 1 Satz 1" in Abs. 4 ergibt. Deshalb ist das Antragsrecht auch bei Abhaltung von Abteilungsversammlungen im vorhergegangenen Kalen-

V. Initiativrecht der Gewerkschaft § 43

derhalbjahr gegeben, wenn durch sie nicht eine ordentliche Betriebsversammlung ersetzt wurde, also nicht die gesetzlich vorgesehene vierteljährliche Betriebsversammlung nach Abs. 1 Satz 2 als Abteilungsversammlungen durchgeführt wurde, sondern lediglich außerordentliche Abteilungsversammlungen stattgefunden haben (s. dazu auch § 42 Rn. 65; ebenso bei einigen wenigen Abteilungsversammlungen für eine geringe Arbeitnehmerzahl GL-*Marienhagen*, § 43 Rn. 37; im Ergebnis HSWGNR-*Worzalla*, § 43 Rn. 35, soweit er verlangt, dass sämtliche Mitglieder der Betriebsversammlung von den durchgeführten Abteilungsversammlungen erfasst gewesen sein müssen; einschränkend DKK-*Berg*, § 43 Rn. 32; *Fitting*, § 43 Rn. 54, die einen Ausschluss bereits annehmen, wenn für die „ganz überwiegende Zahl" der Arbeitnehmer des Betriebs Abteilungsversammlungen durchgeführt worden sind; im Ergebnis wie hier GK-*Weber*, § 43 Rn. 24). Nur wenn ausnahmsweise in einer außerordentlichen Betriebsversammlung im vorhergegangenen Kalenderhalbjahr der Betriebsrat seinen Tätigkeitsbericht erstattet hatte, entfällt die Antragsberechtigung, weil in diesem Fall der Zweck der Norm gewahrt ist (ebenso im Ergebnis *Fitting*, § 43 Rn. 54).

2. Einberufung einer Betriebsversammlung auf Antrag einer Gewerkschaft

a) **Antragsberechtigt** ist jede im Betrieb vertretene Gewerkschaft (s. zum Begriff § 2 Rn. 40 ff. und 66 ff.). Der Antrag ist an den Betriebsrat zu richten und bedarf keiner besonderen Form (ebenso *Fitting*, § 43 Rn. 55, HSWGNR-*Worzalla*, § 43 Rn. 36; DKK-*Berg*, § 43 Rn. 33). Für die Gewerkschaft kann den Antrag nur stellen, wer auch sonst für sie zu handeln berechtigt ist, also nicht ohne weiteres ein gewerkschaftliches Vertrauensmitglied im Betrieb. 57

b) Der Betriebsrat muss **vor Ablauf von zwei Wochen** nach Eingang des Antrags die Betriebsversammlung einberufen. Das Gesetz bezieht die Frist auf die *Einberufung*, nicht auf die Abhaltung der Betriebsversammlung. Deshalb ist es unschädlich, wenn die Betriebsversammlung erst nach Ablauf der Frist stattfindet (ebenso *Fitting*, § 43 Rn. 56; GK-*Weber*, § 43 Rn. 28; HSWGNR-*Worzalla*, § 43 Rn. 37; DKK-*Berg*, § 43 Rn. 34; MünchArbR-*Joost*, § 223 Rn. 15; a. A. GL-*Marienhagen*, § 43 Rn. 39). 58

Für die Fristberechnung gelten §§ 187, 188 BGB, so dass der Tag des Zugangs des Antrags beim Betriebsratsvorsitzenden nicht mitzählt (ebenso *Fitting*, § 43 Rn. 58; HSWGNR-*Worzalla*, § 43 Rn. 37 a). 59

c) Der Betriebsrat kann, wenn die Gewerkschaft von ihrem Initiativrecht Gebrauch macht, die Betriebsversammlung **nicht als Abteilungsversammlungen durchführen** (ebenso *Fitting*, § 43 Rn. 57; GK-*Weber*, § 43 Rn. 28; HSWGNR-*Worzalla*, § 43 Rn. 38; MünchArbR-*Joost* § 223 Rn. 15). Er hat vielmehr, da er nach Abs. 4 eine Betriebsversammlung nach Abs. 1 Satz 1 einberufen muss, eine Vollversammlung abzuhalten, in der er einen Tätigkeitsbericht zu erstatten hat. Teilversammlungen können nur stattfinden, wenn wegen der Eigenart des Betriebs eine Versammlung aller Arbeitnehmer zum gleichen Zeitpunkt nicht möglich ist (§ 42 Abs. 1 Satz 3; s. dort Rn. 47 ff.). Da es sich um eine Betriebsversammlung nach Abs. 1 Satz l handelt, findet sie grundsätzlich auch während der Arbeitszeit statt (§ 44 Abs. 1 Satz 1). 60

3. Rechtsfolgen bei Nichteinberufung durch den Betriebsrat

Die **Gewerkschaft** selbst ist **nicht berechtigt**, eine **Betriebsversammlung einzuberufen**. Dieses Recht hat vielmehr nur der Betriebsrat, wenn man von der Betriebsversammlung zur Wahl eines Wahlvorstands absieht (§§ 14a, 17, 17a Nr. 3; s. auch Vorbem. vor § 42 Rn. 8). Die Gewerkschaft hat aber einen Anspruch gegen den Betriebsrat auf Einberufung einer Betriebsversammlung zur Erstattung eines Tätigkeitsberichts. Sie kann daher im Beschlussverfahren eine **einstweilige Verfügung** beantragen (s. auch Rn. 63). 61

62 Außerdem kann sie, da die **Nichteinberufung einer beantragten Betriebsversammlung** regelmäßig eine **grobe Pflichtverletzung** darstellt, im Beschlussverfahren vor dem Arbeitsgericht beantragen, den Betriebsrat aufzulösen (ebenso *Fitting*, § 43 Rn. 59; GK-*Weber*, § 43 Rn. 31; HSWGNR-*Worzalla*, § 43 Rn. 39; dazu, dass auch ohne Antrag der Gewerkschaft die Nichteinberufung der ordentlichen Betriebs- und Abteilungsversammlungen eine Pflichtverletzung darstellt, s. Rn. 22).

VI. Streitigkeiten

63 Streitigkeiten über die Notwendigkeit oder Zulässigkeit einer Betriebs- oder Abteilungsversammlung entscheidet das **Arbeitsgericht im Beschlussverfahren** (§ 2 a Abs. 1 Nr. 1, Abs. 2 i. V. mit §§ 80 ff. ArbGG). Es entscheidet im Beschlussverfahren auch darüber, ob einem Antrag des Arbeitgebers oder eines Teils der Belegschaft oder einer im Betrieb vertretenen Gewerkschaft zu entsprechen ist, weiterhin darüber, ob ein Gegenstand auf die Tagesordnung gesetzt werden muss oder nicht gesetzt werden darf, und darüber, ob der Arbeitgeber oder sein Vertreter ein Teilnahmerecht hat und ob er Sachbearbeiter hinzuziehen kann.

§ 44 Zeitpunkt und Verdienstausfall

(1) ¹Die in den §§ 14 a, 17 und 43 Abs. 1 bezeichneten und die auf Wunsch des Arbeitgebers einberufenen Versammlungen finden während der Arbeitszeit statt, soweit nicht die Eigenart des Betriebs eine andere Regelung zwingend erfordert. ²Die Zeit der Teilnahme an diesen Versammlungen einschließlich der zusätzlichen Wegezeiten ist den Arbeitnehmern wie Arbeitszeit zu vergüten. ³Dies gilt auch dann, wenn die Versammlungen wegen der Eigenart des Betriebs außerhalb der Arbeitszeit stattfinden; Fahrkosten, die den Arbeitnehmern durch die Teilnahme an diesen Versammlungen entstehen, sind vom Arbeitgeber zu erstatten.

(2) ¹Sonstige Betriebs- oder Abteilungsversammlungen finden außerhalb der Arbeitszeit statt. ²Hiervon kann im Einvernehmen mit dem Arbeitgeber abgewichen werden; im Einvernehmen mit dem Arbeitgeber während der Arbeitszeit durchgeführte Versammlungen berechtigen den Arbeitgeber nicht, das Arbeitsentgelt der Arbeitnehmer zu mindern.

Übersicht

	Rn.
I. Vorbemerkung	1
II. Zeitliche Lage der Betriebsversammlungen	2
1. Grundsatz	2
2. Abweichung wegen der Eigenart des Betriebs	8
3. Verlegung einer von Gesetzes wegen außerhalb der Arbeitszeit stattfindenden Versammlung in die Arbeitszeit	17
4. Festlegung des Zeitpunkts und der Dauer einer Betriebs- oder Abteilungsversammlung	18
5. Betriebs- oder Abteilungsversammlungen während eines Arbeitskampfs	23
6. Pflichtwidrige Festlegung des Zeitpunkts durch den Betriebsrat	24
III. Arbeitsbefreiung und Vergütungsanspruch	26
1. Überblick	26
2. Vergütungsregelung nach Abs. 1 Satz 2 und 3	29
3. Berechnung der Teilnahmevergütung	37
4. Erstattung der Fahrkosten	41
5. Teilnahme an außerordentlichen Betriebs- oder Abteilungsversammlungen, die ohne Zustimmung des Arbeitgebers nur außerhalb der Arbeitszeit durchgeführt werden können	45

	Rn.
6. Behandlung anderer Themen in einer auf Verlangen des Arbeitgebers abgehaltenen außerordentlichen Betriebs- oder Abteilungsversammlung	50
7. Rechtsfolgen bei Verlust des rechtlichen Charakters als Betriebsversammlung	51
8. Vergütungspflicht nur bei Teilnahme an der Betriebs- oder Abteilungsversammlung	53
IV. Unfall während einer Betriebs- oder Abteilungsversammlung	55
V. Streitigkeiten	56

I. Vorbemerkung

Die Bestimmung entspricht im Wesentlichen § 43 BetrVG 1952. Sie wurde durch das BetrVerf-Reformgesetz vom 23. 7. 2001 (BGBl. I S. 1852) um die Verweisung auf § 14a ergänzt. Klargestellt wird, dass auch die Betriebsversammlung, die nach §§ 14a, 17 den Wahlvorstand wählt, grundsätzlich während der Arbeitszeit stattfindet. Betriebs- oder Abteilungsversammlungen, die in die Arbeitszeit zu legen sind, sollen nicht zu einem Einkommensverlust für die Arbeitnehmer führen, auch wenn sie wegen der Eigenart des Betriebs außerhalb der Arbeitszeit stattfinden. Deshalb bestimmt Abs. 1 Satz 2 und 3, dass die Zeit der Teilnahme und zusätzlichen Wegezeiten wie Arbeitszeit zu vergüten sind, und Fahrkosten, die den Arbeitnehmern durch die Teilnahme an diesen Versammlungen entstehen, vom Arbeitgeber zu erstatten sind. Sonstige Betriebs- oder Abteilungsversammlungen können nur im Einvernehmen mit dem Arbeitgeber während der Arbeitszeit durchgeführt werden, wobei klargestellt wird, dass in diesem Fall die Teilnahme an einer derartigen Versammlung den Arbeitgeber nicht berechtigt, das Arbeitsentgelt der Arbeitnehmer zu mindern. Vgl. auch § 50 BPersVG bzw. § 15 Abs. 2 SprAuG.

II. Zeitliche Lage der Betriebsversammlungen

1. Grundsatz

a) Gemäß Abs. 1 finden folgende Betriebsversammlungen grundsätzlich während der Arbeitszeit statt:
- die ordentliche vierteljährliche Betriebsversammlung, auch wenn sie als Abteilungsversammlungen durchgeführt wird (§ 43 Abs. 1 Sätze 1 und 2),
- die auf Wunsch des Arbeitgebers einberufenen außerordentlichen Betriebs- oder Abteilungsversammlungen (§ 43 Abs. 3; s. dort Rn. 29 und 32),
- in jedem Kalenderhalbjahr eine vom Betriebsrat einberufene weitere Betriebs- bzw. Abteilungsversammlung (§ 43 Abs. 1 Satz 4),
- die Wahlversammlung nach §§ 14a, 17 (s. § 17 Rn. 17).

Die anderen Betriebs- oder Abteilungsversammlungen finden dagegen grundsätzlich außerhalb der Arbeitszeit statt (Abs. 2; s. Rn. 17). Das gilt auch dann, wenn der Arbeitgeber eine Ergänzung der Tagesordnung beantragt hat (s. § 43 Rn. 34); es darf sich aber nur um eine Ergänzung handeln, weil anderenfalls der Betriebsrat das Recht hat, eine besondere Betriebsversammlung einzuberufen, die, weil sie auf Wunsch des Arbeitgebers stattfindet, während der Arbeitszeit abgehalten werden kann.

b) Die Arbeitszeit i. S. des Abs. 1 Satz 1 und Abs. 2 ist die betriebliche Arbeitszeit, nicht die persönliche Arbeitszeit des einzelnen Arbeitnehmers (ebenso BAG 9. 3. 1976 und 27. 11. 1987 AP BetrVG 1972 § 44 Nr. 3 und 7; *Fitting*, § 44 Rn. 8; DKK-*Berg*, § 44 Rn. 5; MünchArbR-*Joost*, § 224 Rn. 18; *Dütz/Schulin*, ZfA 1975, 103, 109 f.; *Brötzmann*, BB 1990, 1055, 1059; GK-*Weber*, § 44 Rn. 8; a. A. HSWGNR-*Worzalla*, § 44 Rn. 4).

5 Schwierigkeiten ergeben sich, wenn ein Betrieb in **mehreren Schichten** arbeitet. In diesem Fall findet während der Arbeitszeit eine Versammlung statt, wenn die Mehrheit der Belegschaft im Betrieb anwesend ist; ist bei keiner Schicht diese Voraussetzung erfüllt, so handelt es sich um einen Fall, in dem die Eigenart des Betriebs eine andere Regelung zwingend erfordert (s. Rn. 8 ff.), weil eine Versammlung notwendigerweise für einen Teil der Arbeitnehmer außerhalb ihrer Arbeitszeit stattfindet (s. auch Rn. 13). Im Rahmen der Schichtplanung ist die Teilnahme von Arbeitnehmern an Betriebsversammlungen als Arbeitszeit im Sinne des ArbZG zu berücksichtigen (VG Düsseldorf 15. 4. 2008 – 3 K 4887/07)

6 Arbeitet der Betrieb in **gleitender Arbeitszeit,** so ist der Betriebsrat berechtigt, eine Versammlung, die er während der Arbeitszeit abhalten kann, in die Kernarbeitszeit zu legen (ebenso *Fitting,* § 44 Rn. 8; HSWGNR-*Worzalla,* § 44 Rn. 7). Handelt es sich dagegen um eine Versammlung, die außerhalb der Arbeitszeit stattfindet, so genügt nicht, dass sie außerhalb der Kernarbeitszeit abgehalten wird; denn die Gleitzeiten gehören ebenfalls zur betrieblichen Arbeitszeit.

7 Da für die Lage der Versammlung die betriebliche Arbeitszeit, nicht die persönliche Arbeitszeit des einzelnen Arbeitnehmers maßgebend ist, spielt keine Rolle, dass auf Grund der betrieblichen Arbeitszeitgestaltung für einzelne Arbeitnehmer oder eine bestimmte Arbeitnehmergruppe, z. B. **Teilzeitarbeitnehmer,** die Versammlung für sie in deren Freizeit fällt. Entscheidend ist allein, den Zeitpunkt für eine Versammlung so zu wählen, dass der überwiegende Teil der Belegschaft an ihr während seiner persönlichen Arbeitszeit teilnehmen kann (ebenso BAG 27. 11. 1987 AP BetrVG 1972 § 44 Nr. 7; *Lipke,* NZA 1990, 758, 762).

2. Abweichung wegen der Eigenart des Betriebs

8 Von dem Grundsatz, dass die ordentlichen oder ihnen gleichgestellten Betriebs- oder Abteilungsversammlungen (s. Rn. 2) während der Arbeitszeit stattfinden, darf nur abgewichen werden, soweit die Eigenart des Betriebs eine andere Regelung zwingend erfordert (Abs. 1 Satz 1).

9 a) Das BAG verlangt besondere Umstände, die in der **technischen Organisation des Betriebs** begründet sind (BAG 26. 10. 1956 AP BetrVG § 43 Nr. 1 [zust. *Dietz*]; bestätigt BAG 9. 3. 1976 und 27. 11. 1987 AP BetrVG 1972 § 44 Nr. 3 und 7). Maßgebend sind aber nicht technische Schwierigkeiten, sondern die wirtschaftlichen Auswirkungen, die in der technischen Organisation des Betriebs ihre Grundlage haben müssen, z. B. wenn ein Betrieb in mehreren Schichten arbeitet, so dass jede Betriebsversammlung notwendigerweise für einen Teil der Arbeitnehmer außerhalb ihrer Arbeitszeit stattfindet. In der technischen Organisation des Betriebs ist auch begründet, wenn ein Fließband stillgelegt werden muss. Notwendig ist aber, dass dadurch wirtschaftliche Auswirkungen eintreten, die für den Arbeitgeber eine unzumutbare Belastung darstellen (nur bei absoluter wirtschaftlicher Unzumutbarkeit BAG AP BetrVG 1972 § 44 Nr. 3 [abl. *Meisel*]; offengelassen BAG AP BetrVG 1972 § 44 Nr. 7). Andererseits ist nicht erforderlich, dass die Gründe sich aus der technischen Gestaltung des Betriebsablaufs ergeben, sondern die Eigenart des Betriebs kann auch dann eine andere Regelung erfordern, wenn der *Betriebszweck* der Abhaltung einer Betriebsversammlung während der Arbeitszeit entgegensteht. In Betracht kommen daher auch Betriebe, die zur Erfüllung des Betriebszwecks während der Arbeitszeit ihrer Arbeitnehmer den Dienstbetrieb nicht unterbrechen können, wie Wach- und Schließgesellschaften, Großküchen oder ein Taxi-Unternehmen, das als einziges am Ort tätig ist (vgl. auch GK-*Weber,* § 44 Rn. 18).

10 Da in diesen Fällen die Grenze zur wirtschaftlichen Unzumutbarkeit fließend wird, andererseits aber technische Schwierigkeiten nur dann von Bedeutung sind, wenn sie wirtschaftliche Auswirkungen haben, genügt auch ein **erheblicher Produktionsausfall.**

II. Zeitliche Lage der Betriebsversammlungen § 44

Bei Dienstleistungsunternehmen ist darauf abzustellen, ob **Umsatzeinbußen** durch die Abhaltung einer Betriebsversammlung während der Arbeitszeit eintreten. Die Eigenart des Betriebs richtet sich daher nicht primär nach dem Schwierigkeitsgrad im arbeitstechnischen Bereich, sondern nach *wirtschaftlichen Erwägungen* (ebenso MünchArbR-*Joost*, § 224 Rn. 21).

b) Die Eigenart des Betriebs muss die Abhaltung der Betriebsversammlung außerhalb der Arbeitszeit **zwingend** erfordern. Es genügt also nicht der normale Arbeits- und Produktionsausfall, der mit jeder Betriebsunterbrechung verbunden ist und den der Arbeitgeber tragen muss, sondern es muss eine „wirtschaftliche Unmöglichkeit" eintreten (*Herschel*, DB 1962, 237, 238; ebenso *Nikisch*, Bd. III S. 218 f.; *Vogt*, S. 55; *Meisel*, BB 1962, 763, 765). Den Arbeitgeber muss also eine erhebliche Mehrbelastung treffen, z. B. wenn durch die Unterbrechung einer Schicht der Rhythmus im Fortgang der Arbeit für den ganzen Betrieb, d. h. auch die anderen Schichten oder der eingespielte technischorganisatorische Arbeitsablauf überhaupt untragbar gestört wird, wie vielfach im Kohlenbergbau (vgl. BAG 26. 10. 1956 AP BetrVG § 43 Nr. 1; LAG Saarbrücken 21. 12. 1960 AP BetrVG § 43 Nr. 2). Allein aus einem öffentlich-rechtlichen Auftrag des Unternehmens, wie etwa dem Infrastruktur- und Dienstleistungsauftrag der Deutschen Post AG lässt sich die spezifische Eigenart des Betriebs allerdings nicht begründen (LAG Schleswig-Holstein 28. 10. 1996 AiB 1997, 348). 11

Bei **Betrieben des Einzelhandels** deckt sich die betriebliche Arbeitszeit im Wesentlichen mit der Ladenöffnungszeit. Eine Betriebsvollversammlung während der Arbeitszeit führt zur Schließung des Betriebs. Bei einer lediglich an der arbeitstechnischen Gestaltung des Betriebs orientierten Beurteilung läge es deshalb nahe, dass eine Betriebsversammlung als Vollversammlung nur außerhalb der Arbeitszeit abgehalten werden kann. Zutreffend wird jedoch überwiegend das Gegenteil angenommen (vgl. BAG 9. 3. 1976 AP BetrVG 1972 § 44 Nr. 3; LAG Berlin 26. 10. 1962 DB 1963, 1327; *Fitting*, § 44 Rn. 18; *Strümper*, NZA 1984, 315 ff.), wobei auch der Charakter des Abs. 1 Satz 1 als „Schutzbestimmung zugunsten der Belegschaft" (BAG 27. 11. 1987 AP BetrVG 1972 § 44 Nr. 7) in den Blick gerät. Entscheidend ist aber auch dann, dass die Gestaltung der betrieblichen Arbeitszeit unmittelbar Bedeutung für die Erzielung des Umsatzes hat. Mit dem Kriterium des zwingenden Erfordernisses wird darauf abgestellt, ob die wirtschaftliche Zumutbarkeit für den Betriebsinhaber es gebietet, die Betriebsversammlung außerhalb der Arbeitszeit zu halten. Für Betriebe des Einzelhandels ist aber eine unzumutbare wirtschaftliche Belastung trotz der Eigenart dieser Betriebe vermeidbar, wenn die Betriebsversammlung in umsatzschwache Zeiten der betrieblichen Öffnungszeiten gelegt wird (ebenso MünchArbR-*Joost*, § 224 Rn. 22; nicht überzeugend BAG 9. 3. 1976 AP BetrVG 1972 § 44 Nr. 3, soweit es verlangt, „die Betriebsversammlung auf den letzten Teil der Arbeitszeit mit angemessenem Abstand zum Arbeitsende zu legen"). Das Kriterium nichtvertretbarer Umsatzeinbußen ermöglicht auch, festzulegen, wann im Jahresrhythmus eine Betriebsversammlung nur außerhalb der Arbeitszeit in Betracht kommt (z. B. während des Winterschlussverkaufs ArbG Wuppertal, DB 1975, 1084; ca. drei Wochen vor Ostern LAG Baden-Württemberg 12. 7. 1979 BB 1980, 1267; ähnlich *Fitting*, § 44 Rn. 18, der die Abhaltung einer Betriebsversammlung allgemein in „umsatzschwächeren Geschäftszeiten" für tragbar hält, allerdings kaum in Hauptgeschäftszeiten oder während der „Saison"). 12

Zweifelhaft ist, ob eine **Vollversammlung außerhalb der Arbeitszeit** nur durchgeführt werden kann, wenn dies nicht durch die Abhaltung von **Teilversammlungen während der Arbeitszeit** vermieden werden kann (so LAG Hamm 22. 10. 1959 BB 1960, 288; GK-*Fabricius*, 6. Aufl., § 44 Rn. 9 ff.; vor allem *Rüthers*, ZfA 1974, 207, 210 f.), oder ob umgekehrt Teilversammlungen nur zulässig sind, wenn eine Vollversammlung außerhalb der Arbeitszeit nicht stattfinden kann (so *Dietz*, § 43 Rn. 3 b; *Herschel*, DB 1962, 237, 240). Das Gesetz verlangt einerseits, dass die Eigenart des Betriebs eine Abhaltung 13 außerhalb der Arbeitszeit zwingend erfordert (Abs. 1 Satz 1), und erlaubt andererseits Teilversammlungen auch nur, wenn wegen der Eigenart des Betriebs eine Versammlung aller Arbeitnehmer zum gleichen Zeitpunkt nicht stattfinden kann (§ 42 Abs. 1 Satz 3). Das der Betriebsversammlung gestellte Integrationsziel spricht dafür, der Vollversammlung außerhalb der Arbeitszeit den Vorrang vor der Möglichkeit der Abhaltung von Teilversammlungen innerhalb der Arbeitszeit zu geben. Daher ist es nicht überzeugend, Abs. 1 Satz 1 so zu interpretieren, dass auch Teilversammlungen während der Arbeitszeit wegen der Eigenart des Betriebs nicht durchgeführt werden können (so aber GK-*Fabricius*, 6. Aufl., § 44 Rn. 10, 14; *Rüthers*, ZfA 1974, 207, 210 f.). Für den Vorrang der Teilversammlungen während der Arbeitszeit spricht allerdings das Interesse der Arbeitnehmer, durch den Besuch der Betriebsversammlung nicht in ihrer Freizeit belastet zu werden. Normativ hat jedoch keiner der beiden Gesichtspunkte den Vorrang. Deshalb hat der **Betriebsrat** einen **Ermessensspielraum,** der es ihm ermöglicht, die Besonderheit der anstehenden Themen und die Mentalität der Belegschaft zu berücksichtigen (ebenso *Fitting*, § 42 Rn. 56, § 44 Rn. 19; DKK-*Berg*, § 44 Rn. 11; GK-*Weber*, § 44 Rn. 22; *Weiss/Weyand*, § 44 Rn. 5; vgl. auch BAG 9. 3. 1976 AP BetrVG 1972 § 44 Nr. 3, wo der Senat zwar bekundet, „dass Vollversammlungen wegen der besseren Kommunikationsmöglichkeiten grundsätzlich Vorrang vor Teilversammlungen haben sollten", aber im Ergebnis wohl den hier vertretenen Standpunkt teilt; vgl. auch LAG Baden-Württemberg 10. 5. 2002 AiB 2003, 627).

14 c) Die hier aufgestellten Grundsätze gelten auch für eine **Abteilungsversammlung;** jedoch ist von Bedeutung, dass die Eigenart des Betriebsteils oder der Betriebsteile, die zu einer Abteilungsversammlung zusammengefasst werden, eine andere Regelung zwingend erfordert.

15 d) Was für die Betriebs- oder Abteilungsversammlung als Vollversammlung gilt, kommt schließlich auch in Betracht, wenn wegen der Eigenart des Betriebs nur **Teilversammlungen** oder wegen der Eigenart der für eine Abteilungsversammlung maßgeblichen Organisationseinheit nur Abteilungsteilversammlungen abgehalten werden können. Auch sie finden, soweit sie unter Abs. 1 Satz 1 fallen (s. Rn. 2), während der Arbeitszeit statt, soweit nicht die Eigenart des Betriebs oder des Betriebsteils bzw. der zu einer Organisationseinheit zusammengefassten Betriebsteile eine andere Regelung zwingend erfordert.

16 e) Die hier gegebene Regelung ist **zwingend;** etwas anderes kann weder durch **Betriebsvereinbarung** noch durch **Tarifvertrag** vorgesehen werden (ebenso ArbG Hamburg 16. 5. 1960 BB 1960, 704; *Brecht*, § 44 Rn. 8; *Fitting*, § 44 Rn. 3, 14; HSWGNR-*Worzalla*, § 44 Rn. 2; DKK-*Berg*, § 44 Rn. 3; a. A. hinsichtlich einer Betriebsvereinbarung über die Dauer der Betriebsversammlung *Rüthers*, ZfA 1974, 207, 224). Modalitäten, z. B. Ort oder Zeit, können aber, soweit die gesetzliche Regelung nicht verändert wird, durch Betriebsvereinbarung geregelt werden.

3. Verlegung einer von Gesetzes wegen außerhalb der Arbeitszeit stattfindenden Versammlung in die Arbeitszeit

17 Außerordentliche Betriebs- oder Abteilungsversammlungen, die von Gesetzes wegen außerhalb der Arbeitszeit stattfinden (Abs. 2 Satz 1; s. Rn. 3), können nur im **Einvernehmen mit dem Arbeitgeber** in die **Arbeitszeit gelegt** werden (Abs. 2 Satz 2). Das Einverständnis kann in einer Betriebsvereinbarung getroffen werden, aber auch formlos erklärt werden (ebenso *Neumann-Duesberg*, S. 210; a. A. *Schauber*, RdA 1963, 375, 380, der den Abschluss einer Betriebsvereinbarung verlangt). Erteilt der Arbeitgeber seine Zustimmung, so ist damit zwingend verbunden, dass durch die Teilnahme für die Arbeitnehmer keine Minderung ihres Arbeitsentgelts eintritt (s. ausführlich Rn. 45 ff.).

4. Festlegung des Zeitpunkts und der Dauer einer Betriebs- oder Abteilungsversammlung

a) Den **Zeitpunkt** der Betriebsversammlung, also Tag und Stunde, **bestimmt** der **18** Betriebsrat; das gilt auch für die Abteilungsversammlungen. Soweit die Versammlungen in die Arbeitszeit zu legen sind (s. Rn. 2) oder gelegt werden dürfen (s. Rn. 17), ist es ein Gebot der vertrauensvollen Zusammenarbeit, dass der Betriebsrat versucht, mit dem Arbeitgeber zu einem Einverständnis zu kommen, damit dieser die erforderlichen betrieblichen Dispositionen treffen kann (ebenso LAG Düsseldorf 24. 10. 1972 DB 1972, 2212; *Fitting*, § 44 Rn. 9 f., 13; HSWGNR-*Worzalla*, § 44 Rn. 5; *Nikisch*, Bd. III S. 220; *Meisel*, BB 1962, 763, 764; *Rüthers*, ZfA 1974, 207, 221). Kommt es zu keiner Einigung, so setzt der Betriebsrat den Zeitpunkt der Versammlung fest. Er hat aber auf die Bedürfnisse des Betriebs Rücksicht zu nehmen und deshalb dafür zu sorgen, dass ein möglichst geringer Ausfall an Arbeitszeit eintritt. Daher empfiehlt es sich, die Versammlung an das Ende der Arbeitszeit zu legen (ebenso BAG 9. 3. 1976 AP BetrVG 1972 § 44 Nr. 3; LAG Düsseldorf 24. 10. 1972 DB 1972, 2212; *GK-Weber*, § 42 Rn. 25, § 44 Rn. 10 f.; HSWGNR-*Worzalla*, § 44 Rn. 6; *Meisel*, BB 1962, 763, 764; *Rüthers*, ZfA 1974, 207, 221). Das gilt jedoch nicht für Betriebe im Einzelhandel, soweit es sich um den umsatzstärksten Teil der Ladenöffnungszeit handelt (nicht zutreffend deshalb insoweit BAG 9. 3. 1976 AP BetrVG 1972 § 44 Nr. 3). Betriebsversammlungen sind im Rahmen des Möglichen zusammenhängend und an einem Tag abzuhalten (LAG Mecklenburg-Vorpommern 15. 10. 2008 – 2 TaBV 2/08).

Wird bei einem **mehrschichtigen Betrieb** die Betriebsversammlung als gemeinsame **19** Versammlung abgehalten, so wird der Betriebsrat darauf bedacht sein, die Betriebsversammlung so anzusetzen, dass sie nicht immer für die gleiche Gruppe der Arbeitnehmer außerhalb der Arbeitszeit liegt (ebenso *Fitting*, § 44 Rn. 11; DKK-*Berg*, § 44 Rn. 12; *Neumann-Duesberg*, S. 217; *Meisel*, BB 1962, 763, 764; a. A. GK-*Weber*, § 44 Rn. 21; für eine Pflicht zur Einberufung auf der Nahtstelle zwischen Früh- und Spätschicht: LAG Niedersachsen 30. 8. 1982 DB 1983, 1312; LAG Schleswig-Holstein 30. 5. 1991 DB 1991, 2247).

Handelt es sich um eine **außerordentliche Betriebs- oder Abteilungsversammlung**, die **20** **nur im Einvernehmen mit dem Arbeitgeber während der Arbeitszeit** abgehalten werden kann (s. Rn. 17), so hat der **Betriebsrat** das **Letztentscheidungsrecht hinsichtlich des Zeitpunkts** nur, wenn die Betriebs- oder Abteilungsversammlung **außerhalb der Arbeitszeit** stattfindet; denn kann die Betriebs- oder Abteilungsversammlung nur im Einvernehmen mit dem Arbeitgeber während der Arbeitszeit stattfinden, so hat dieser die Möglichkeit, seine Zustimmung davon abhängig zu machen, dass ihm Tag und Stunde der Betriebs- oder Abteilungsversammlung mitgeteilt werden, so dass in diesem Fall auch die zeitliche Lage innerhalb der Arbeitszeit nur mit Zustimmung des Arbeitgebers festgelegt werden kann (s. auch Rn. 22).

b) Das Gesetz enthält keine ausdrückliche Vorschrift über die **Dauer der Betriebs- oder** **21** **Abteilungsversammlung**. Der Betriebsrat darf nur die wirklich erforderliche Zeit in Ansatz bringen. Doch ist es unzulässig, planmäßig die Dauer der ordentlichen und ihnen gleichgestellten Versammlungen und der auf Wunsch des Arbeitgebers stattfindenden Versammlungen auf eine bestimmte Höchstdauer, etwa eine Stunde zu beschränken (ebenso LAG Saarland 21. 10. 1960 AP BetrVG § 43 Nr. 2; zust. *Fitting*, § 44 Rn. 12; HSWGNR-*Worzalla*, § 44 Rn. 11; *Rüthers*, ZfA 1974, 207, 222).

Lediglich für eine außerordentliche Betriebs- oder Abteilungsversammlung, die nicht **22** von Gesetzes wegen während der Arbeitszeit stattfindet, aber im Einvernehmen mit dem Arbeitgeber in die Arbeitszeit gelegt wird, kann eine Höchstdauer festgesetzt werden; denn der Arbeitgeber braucht überhaupt nicht zu dulden, dass sie während der Arbeitszeit abgehalten wird (ebenso *Fitting*, § 44 Rn. 21; HSWGNR-*Worzalla*, § 44 Rn. 17; s. auch Rn. 45 f.). Im Übrigen muss man sich an Erfahrungswerten orientieren, die sich bei ordnungsgemäß abgehaltenen Betriebs- oder Abteilungsversammlungen zu bestimmten Themenbereichen herausgebildet haben (s. auch vor § 42 Rn. 14). Deshalb bestehen keine Bedenken dagegen, dass eine ordentliche Betriebsversammlung zwei bis drei Stunden dauert (vgl. auch *Rüthers,* ZfA 1974, 207, 223; vgl. auch vor § 42 Rn. 14).

5. Betriebs- oder Abteilungsversammlungen während eines Arbeitskampfs

23   Betriebsversammlungen können während eines Arbeitskampfs stattfinden (ebenso BAG 5. 5. 1987 AP BetrVG 1972 § 44 Nr. 4). Das gilt auch, wenn Arbeitnehmer des Betriebs am Arbeitskampf beteiligt sind; denn „der Kreis derjenigen Arbeitnehmer, die sich am Arbeitskampf beteiligen, braucht nicht identisch zu sein mit dem Kreis der Arbeitnehmer, die ein Recht auf Teilnahme an einer Betriebsversammlung haben" (BAG 5. 5. 1987 AP BetrVG 1972 § 44 Nr. 4). Wenn dagegen alle Arbeitnehmer streiken oder der Arbeitgeber wegen eines Teilstreiks im Betrieb arbeitswillige Arbeitnehmer nicht beschäftigt (s. § 74 Rn. 44 ff.), kann während dieser Zeit keine Betriebsversammlung abgehalten werden. Nicht generell ausgeschlossen ist allerdings, dass der Streik nur zur Abhaltung einer Betriebsversammlung unterbrochen wird (s. Rn. 34). Kein Hinderungsgrund liegt darin, dass wegen der Fernwirkungen eines Arbeitskampfs im Betrieb nur verkürzt gearbeitet wird (ebenso BAG 5. 5. 1987 AP BetrVG 1972 § 44 Nr. 6).

6. Pflichtwidrige Festlegung des Zeitpunkts durch den Betriebsrat

24   Legt der Betriebsrat eine Versammlung, die außerhalb der Arbeitszeit stattzufinden hat, in die Arbeitszeit, ohne die Zustimmung des Arbeitgebers einzuholen, oder legt er den Zeitpunkt einer Versammlung, die während der Arbeitszeit stattfindet, willkürlich ohne Rücksicht auf die Bedürfnisse des Betriebs fest, so liegt darin die Verletzung einer Amtspflicht (ebenso GL-*Marienhagen,* § 44 Rn. 10). Handelt es sich um eine grobe Verletzung, so kann der Betriebsrat auf Antrag durch Beschluss des Arbeitsgerichts aufgelöst werden (§ 23 Abs. 1). Dagegen verliert die Versammlung noch nicht deswegen, weil der Betriebsrat sie pflichtwidrig angesetzt hat, den Charakter einer Betriebsversammlung (a. A. *Meisel,* BB 1962, 763, 765; s. dazu auch Rn. 51 f.).

25   Die unzulässige Anberaumung einer Betriebs- oder Abteilungsversammlung während der Arbeitszeit rechtfertigt keine Arbeitsniederlegung. Dem Arbeitgeber obliegt aber, die Versammlungsteilnehmer darauf aufmerksam zu machen, dass der Betriebsrat die Betriebs- oder Abteilungsversammlung nicht während der Arbeitszeit abhalten darf (s. Rn. 48).

III. Arbeitsbefreiung und Vergütungsanspruch

1. Überblick

26   a) Durch die Teilnahme an einer Betriebs- und Abteilungsversammlung soll für die Arbeitnehmer **keine Einbuße an Arbeitsentgelt** eintreten. Deshalb bestimmt das Gesetz für die **ordentlichen** und ihnen **gleichgestellten Betriebs-** und **Abteilungsversammlungen,** dass sie grundsätzlich während der Arbeitszeit stattfinden, der Arbeitnehmer also von der **Arbeitspflicht befreit ist, soweit** er an ihr **teilnimmt,** und dass die **Zeit der Teilnahme wie Arbeitszeit zu vergüten** ist (Abs. 1 Satz 2). Aber auch dann, wenn diese Versammlungen wegen der Eigenart des Betriebs nicht während der Arbeitszeit stattfinden, sollen die Arbeitnehmer wegen dieser Besonderheit keinen Nachteil hinnehmen müssen. Deshalb bestimmt das Gesetz, dass die Zeit der Teilnahme an diesen Versammlungen den Arbeitnehmern ebenfalls wie Arbeitszeit zu vergüten ist (Abs. 1 Satz 3).

III. Arbeitsbefreiung und Vergütungsanspruch **§ 44**

Abs. 1 Satz 2 und 3 enthält insoweit eine **eigenständige, in sich geschlossene Regelung** 27
der Vergütung für die Zeiten der Teilnahme (ebenso BAG 5. 5. 1987 AP BetrVG 1972
§ 44 Nr. 4; GK-*Weber*, § 44 Rn. 30 mit Darstellung und Kritik der Gegenansicht in
Rn 31 ff.; s. auch *Lunk*, Die Betriebsversammlung, S. 123 ff.). Die Ansprüche sind nur
davon abhängig, dass die Arbeitnehmer an den hier erfassten Versammlungen teilnehmen. Das Lohnausfallprinzip gilt insoweit daher nicht (*Fitting*, § 44 Rn. 26; *Lunk*, Die
Betriebsversammlung, S. 134; *Stege/Weinspach/Schiefer*, §§ 42–46, Rn. 49 a).

b) **Wesentlich anders** ist dagegen die Rechtslage bei Teilnahme an einer **außerordentli-** 28
chen Betriebs- oder **Abteilungsversammlung**, die **nicht** einer ordentlichen Versammlung
gleichgestellt wird. Eine derartige Veranstaltung darf **nur mit Zustimmung des Arbeitgebers während der Arbeitszeit** stattfinden (s. auch Rn. 45), und für diesen Fall darf den
Arbeitnehmern ebenfalls keine Einbuße an Arbeitsentgelt entstehen. Doch bestimmt das
Gesetz nicht, dass die Zeit der Teilnahme wie Arbeitszeit zu vergüten ist, sondern es
ordnet lediglich an, dass der Arbeitgeber **nicht** zur **Minderung des Arbeitsentgelts**
berechtigt ist (Abs. 2 Satz 2 letzter Halbsatz). Die Arbeitnehmer haben nur den Anspruch auf Lohn, als ob sie weitergearbeitet hätten; es soll also lediglich kein Ausfall an
Arbeitsentgelt eintreten (s. ausführlich Rn. 46 f.).

2. Vergütungsregelung nach Abs. 1 Satz 2 und 3

a) Abs. 1 Satz 2 und Satz 3 enthält eine **eigenständige Anspruchsnorm** für die Teil- 29
nahme an einer Betriebs- oder Abteilungsversammlung, die unter Abs. 1 Satz 1 fällt.
Erfasst werden die in den §§ 14 a, 17 und 43 Abs. 1 bezeichneten und die auf Wunsch
des Arbeitgebers einberufenen Versammlungen, also neben der Wahlversammlung die
ordentlichen und **gleichgestellten Betriebs-** und **Abteilungsversammlungen** (s. Rn. 2).

Voraussetzung des eigenständigen Vergütungsanspruchs ist weiterhin, dass diese Ver- 30
sammlungen **während der betriebsüblichen Arbeitszeit** abgehalten werden (ebenso BAG
5. 5. 1987 AP BetrVG 1972 § 44 Nr. 4). Liegt die Versammlung **ganz oder teilweise**
außerhalb der betrieblichen Arbeitszeit, richtet sich die Vergütungspflicht des Arbeitgebers nach Abs. 1 Satz 3. Notwendig ist also, dass die Versammlung wegen der Eigenart des Betriebs außerhalb der Arbeitszeit stattfindet, wobei insoweit auf Abs. 1 Satz 1
zurückzugreifen ist, dass die Eigenart des Betriebs diese zeitliche Lage zwingend erfordert (ebenso BAG 5. 5. 1987 AP BetrVG 1972 § 44 Nr. 4; weiterhin BAG 5. 5. 1987 AP
BetrVG 1972 § 44 Nr. 5 und 6). Den Arbeitgeber trifft aber die Obliegenheit, die
Arbeitnehmer darauf hinzuweisen, dass nach seiner Auffassung nicht die Voraussetzungen gegeben sind, die Betriebs- oder Abteilungsversammlung außerhalb der – betrieblichen – Arbeitszeit abzuhalten (vgl. BAG 7. 11. 1987 AP BetrVG 1972 § 44 Nr. 7).

Beruft der Betriebsrat ordnungsgemäß eine Versammlung während der betrieblichen 31
Arbeitszeit ein, wird sie aber über deren Ende hinaus fortgesetzt, so besteht die Vergütungspflicht nur, wenn für die Fortsetzung der Versammlung ein begründeter Anlass
besteht, beispielsweise um die Tagesordnung abzuwickeln (ebenso *Fitting*, § 44 Rn. 27;
GL-*Marienhagen*, § 44 Rn. 22; a. A. ohne Notwendigkeit eines begründeten Anlasses
HSWGNR-*Worzalla*, § 44 Rn. 29; einschränkend auch GK-*Weber*, § 44 Rn. 3).

b) Sind die in Abs. 1 Satz 2 und 3 genannten Anspruchsvoraussetzungen erfüllt, so ist 32
unerheblich, ob die Teilnahme an der Versammlung in die **persönliche Arbeitszeit eines**
Arbeitnehmers fällt. Abs. 1 Satz 2 und 3 enthält nicht nur eine Lohngarantie (ebenso
BAG 5. 5. 1987 AP BetrVG 1972 § 44 Nr. 4). Deshalb spielt keine Rolle, ob durch die
Teilnahme ein Lohnausfall eingetreten wäre (a. A. *Buchner*, SAE 1988, 10 ff.).

Die Vergütungspflicht besteht deshalb, wenn ein Arbeitnehmer am Tag der Betriebs- 33
oder Abteilungsversammlung keine Arbeit zu leisten hatte (ebenso BAG 5. 5. 1987 AP
BetrVG 1972 § 44 Nr. 4). Sie ist daher bei Teilnahme auch in Fällen der Krankheit
gegeben, sofern der Arbeitnehmer zwar ihretwegen arbeitsunfähig ist, aber an der
Betriebsversammlung teilnehmen kann (ebenso BAG, a. a. O.). Er hat jedoch in diesem

Fall insoweit keinen Anspruch auf Entgeltfortzahlung; denn die Zeit der Teilnahme einschließlich der zusätzlichen Wegezeiten wird wie *Arbeitszeit* vergütet. Nach Ansicht des BAG hat den hier geregelten Vergütungsanspruch auch ein Arbeitnehmer, der während seines **Erholungsurlaubs** (BAG 5. 5. 1987 AP BetrVG 1972 § 44 Nr. 5) oder während der **Elternzeit** (zum Erziehungsurlaub BAG 31. 5. 1989 AP BetrVG 1972 § 44 Nr. 9) an einer Betriebs- oder Abteilungsversammlung i. S. des Abs. 1 Satz 1 teilnimmt.

34   Soweit eine **Betriebsversammlung während eines Arbeitskampfs** stattfindet (s. Rn. 23), haben nach Ansicht des BAG die teilnehmenden Arbeitnehmer auch dann den Anspruch auf Vergütung nach Abs. 1 Satz 2 oder 3, wenn sie sich an dem Streik berechtigterweise beteiligen (BAG 5. 5. 1987 AP BetrVG 1972 § 44 Nr. 4) oder im Betrieb wegen arbeitskampfbedingter Störungen nur verkürzt gearbeitet wird (BAG 5. 5. 1987 AP BetrVG 1972 § 44 Nr. 6; zustimmend GK-*Weber*, § 44 Rn. 37 m. w. N.). Da durch die Streikteilnahme aber das Arbeitsverhältnis suspendiert wird, kann die Teilnahme auch nicht wie Arbeitszeit vergütet werden. Es besteht daher während der Streikteilnahme keine Vergütungspflicht des Arbeitgebers. Allerdings ist es nicht ausgeschlossen, dass die Streikteilnahme (nur) für die Dauer der Betriebsversammlung unterbrochen wird, was jedoch entsprechende Erklärungen an den Arbeitgeber voraussetzt. Die Rechtsprechung des BAG zur Unterbrechung eines Streiks an Feiertagen (BAG 31. 5. 1988, AP FeiertagslohnzahlungsG § 1 Nr. 56; BAG 1. 3. 1995 AP FeiertagslohnzahlungsG § 1 Nr. 68) ist insoweit nicht einschlägig, da hier – anders als dort – die Unterbrechung des Streiks zur Teilnahme an der Betriebsversammlung betrieblichen Zwecken dient.

35   Zu den das **Kurzarbeitergeld** mindernden Zeiten, für die Arbeitsentgelt gezahlt wird, gehören auch die innerhalb des Gewährungszeitraums liegenden Zeiten, die der Arbeitgeber nach Abs. 1 wie Arbeitszeit vergütet (BSG 24. 8. 1988 NZA 1989, 284).

36   c) Nicht nur die Teilnahme an diesen Versammlungen, sondern auch die **zusätzlichen Wegezeiten** sind wie Arbeitszeit zu vergüten (Abs. 1 Satz 2). Die Wegezeiten müssen *zusätzlich* entstehen, also durch die Teilnahme an der Betriebs- oder Abteilungsversammlung veranlasst sein (ebenso BAG 5. 5. 1987 AP BetrVG 1972 § 44 Nr. 4). Sie fallen deshalb nicht an, wenn die Versammlung während der persönlichen Arbeitszeit des Arbeitnehmers im Betrieb stattfindet (ebenso HSWGNR-*Worzalla*, § 44 Rn. 33). Sie können aber bereits entstehen, wenn die Versammlung unmittelbar vor oder nach der persönlichen Arbeitszeit abgehalten wird oder über die normale persönliche Arbeitszeit hinaus andauert und der Arbeitnehmer deshalb – etwa wegen schlechterer Anschlussmöglichkeiten der Verkehrsmittel – einen längeren Heimweg hat (ebenso BAG 5. 5. 1987 AP BetrVG 1972 § 44 Nr. 4). Da auf die persönliche Arbeitszeit des Arbeitnehmers abzustellen ist, fallen zusätzliche Wegezeiten insbesondere an, wenn die Versammlung zwar während der (betrieblichen) Arbeitszeit stattfindet, der Arbeitnehmer aber nicht während dieser Zeit im Betrieb anwesend sein muss, wie sie umgekehrt entfallen, wenn die Versammlung zwar außerhalb der (betrieblichen) Arbeitszeit abgehalten wird, der Arbeitnehmer aber im konkreten Fall sonst regelmäßig während dieser Zeit zur Arbeit verpflichtet ist. Entscheidend ist also, ob der Arbeitnehmer neben seiner Arbeitszeit Freizeit in Anspruch nehmen muss, um von seiner Wohnung zum Ort der Versammlung hin und zurück zu gelangen. Bei Durchführung der Versammlung außerhalb des Betriebs können zusätzliche Wegezeiten dadurch entstehen, dass der Arbeitnehmer außerhalb seiner Arbeitszeit vom Betrieb zum Ort der Betriebs- oder Abteilungsversammlung fahren muss (ebenso *Fitting*, § 44 Rn. 36; HSWGNR-*Worzalla*, § 44 Rn. 33; *Rüthers*, ZfA 1974, 207, 219).

3. Berechnung der Teilnahmevergütung

37   a) Die Zeit der Teilnahme einschließlich der notwendigen zusätzlichen Wegezeiten ist dem Arbeitnehmer **wie Arbeitszeit zu vergüten**; er hat also den Anspruch auf sein Arbeitsentgelt, das er erlangt hätte, wenn er während dieser Zeit gearbeitet hätte. Für

III. Arbeitsbefreiung und Vergütungsanspruch § 44

die Berechnung ist deshalb das individuelle Arbeitsentgelt einschließlich etwaiger Schmutz- oder Erschwerniszulagen bzw. Sonn- oder Feiertagszuschläge zugrunde zu legen; es gelten die gleichen Grundsätze wie für den Arbeitsentgeltanspruch von Betriebsratsmitgliedern, die zur Erfüllung ihrer Amtsobliegenheiten von ihrer beruflichen Tätigkeit zu befreien sind (s. § 37 Rn. 63 ff.).

b) Die Zeit der Teilnahme und die Wegezeiten sind aber andererseits auch **nur wie** 38 **Arbeitszeit** zu vergüten. Findet die Versammlung wegen der Eigenart des Betriebs außerhalb der Arbeitszeit statt, wird sie über das Ende der Arbeitszeit hinaus fortgesetzt oder liegt die Versammlung außerhalb der individuellen Arbeitszeit eines Arbeitnehmers, so ist der dadurch bedingte Zeitaufwand **nicht wie Mehrarbeit zu vergüten**; der Arbeitnehmer hat keinen Anspruch auf Überstunden- und Mehrarbeitszuschläge (ebenso BAG AP BetrVG 1972 § 44 Nr. 1 [abl. *Kreutz*]; BAG 1. 10. 1974 AP BetrVG 1972 § 44 Nr. 2; *Fitting*, § 44 Rn. 33; GK-*Weber*, § 44 Rn. 54; HSWGNR-*Worzalla*, § 44 Rn. 31; a. A. DKK-*Berg*, § 44 Rn. 15). Daher hat ein Schichtarbeiter auch keinen Anspruch auf einen tariflichen Sonntagszuschlag, wenn er während seiner Freischicht an einer Betriebs- oder Abteilungsversammlung teilnimmt, die an einem Sonntag abgehalten wird (ebenso BAG 1. 10. 1974 AP BetrVG 1972 § 44 Nr. 2). Nicht folgerichtig ist aber, dass das BAG den Anspruch auf eine Überstundenvergütung gibt, wenn bei Fortgang der Arbeit im Betrieb eine derartige Vergütung angefallen wäre (BAG 18. 9. 1973 AP BetrVG 1972 § 44 Nr. 1; *Fitting*, § 44 Rn. 33); denn es wird nicht beachtet, dass während der Versammlung keine Mehrarbeit geleistet wird. Darin liegt der Unterschied zum Anspruch der Betriebsratsmitglieder, wenn diese wegen ihrer Amtstätigkeit keine Mehrarbeit leisten können und daher nach dem Lohnausfallprinzip eine Überstundenvergütung erhalten (s. § 37 Rn. 69). Die Teilnahme an einer Versammlung ist aber nicht *Arbeitszeit*, sondern sie wird lediglich *wie* Arbeitszeit vergütet. Deshalb sind zwar Zulagen, die das individuelle Arbeitsentgelt bestimmen, wie Schmutzzulagen und Erschwerniszulagen, zu gewähren, aber nicht Zulagen, die ausschließlich *zeitabhängig* sind, wie Überstunden-, Nacht- oder Sonntagszulagen.

c) Betriebsratsmitglieder, die als Arbeitnehmer an der Versammlung teilnehmen, 39 haben ebenfalls für die Zeit der Teilnahme und die Wegezeiten nur den Anspruch auf Vergütung wie Arbeitszeit, auch wenn die Versammlung außerhalb ihrer individuellen Arbeitszeit stattfindet. Da die Teilnahme bei ihnen jedoch zugleich auch Betriebsratstätigkeit ist, kann unter den Voraussetzungen des § 37 Abs. 3 ein Freizeitausgleich in Betracht kommen, der bei Abgeltung wie Mehrarbeit zu vergüten ist (s. § 37 Rn. 37 ff.). Wegen des Begünstigungsverbotes (§ 78 Satz 2) ist aber § 37 Abs. 3 teleologisch auf den Fall zu beschränken, dass ein Betriebsratsmitglied nicht zu dem Teil der Belegschaft gehört, aus dem die Versammlung sich zusammensetzt, während es sonst keine Besserstellung im Vergleich zu den anderen Arbeitnehmern verlangen kann (s. § 37 Rn. 61).

d) Die Vergütung für die Zeit der Teilnahme und die Wegezeiten gehört zum **steuer-** 40 **und sozialversicherungspflichtigen Arbeitseinkommen;** von dem ausgezahlten Betrag sind also die Lohnsteuer und die Beiträge für die Sozialversicherung abzuführen.

4. Erstattung der Fahrkosten

Soweit dem Arbeitnehmer durch die **Teilnahme an einer ordentlichen** oder **ihr gleich-** 41 **gestellten Versammlung** (s. Rn. 2) **Fahrkosten entstehen,** sind sie ihm **vom Arbeitgeber zu erstatten.** Das ist ausdrücklich bestimmt für den Fall der Teilnahme an einer Versammlung, die wegen der Eigenart des Betriebs *außerhalb* der Arbeitszeit stattfindet (Abs. 1 Satz 3 Halbsatz 2), muss aber auch dann gelten, wenn eine Versammlung zwar *während* der (betrieblichen) Arbeitszeit, nicht aber während der individuellen Arbeitszeit eines Arbeitnehmers abgehalten wird, so dass zusätzliche Wegezeiten und daher auch Fahrkosten entstehen (ebenso für entsprechende Anwendung des Abs. 1 Satz 3 Halbsatz 2 BAG 5. 5. 1987 AP BetrVG 1972 § 44 Nr. 4; für unmittelbare Anwendung, weil außerhalb der Arbeitszeit hier *außerhalb der persönlichen Arbeitszeit des einzelnen Arbeitnehmers* bedeute, was jedoch im Widerspruch zur allgemein anerkannten Interpretation der Arbeitszeit in Abs. 1 Satz 1 steht, *Fitting*, § 44 Rn. 39; *Rüthers*, ZfA 1974, 207, 219).

42 Die hier gegebene Regelung über die Erstattung der Fahrkosten gilt entsprechend, wenn eine **Versammlung** zwar während der Arbeitszeit, aber **außerhalb des Betriebs** abgehalten wird, oder wenn bei einem weitverzweigten Betrieb, z. B. einem Forstbetrieb, die Betriebsversammlung an einem zentralen Ort stattfindet, so dass den Arbeitnehmern deshalb Fahrkosten entstehen (ebenso *Fitting*, § 44 Rn. 40; GK-*Weber*, § 44 Rn. 46; HSWGNR-*Worzalla*, § 44 Rn. 39; *Rüthers*, ZfA 1974, 207, 219; a. A. GL-*Marienhagen*, § 44 Rn. 33 ff.). Der Arbeitgeber hat die Fahrkosten auch dann zu ersetzen, wenn es sich um die Teilnahme der Arbeitnehmer eines Nebenbetriebs oder eines Betriebsteils handelt, der abseits liegt und trotzdem nach § 4 zum Betrieb gehört. Den Erstattungsanspruch haben auch Arbeitnehmer, die außerhalb der Betriebsstätte tätig sind, wie etwa Montage- oder Außendienstarbeiter, ohne dass die Erstattungspflicht generell auf Inlandsreisekosten beschränkt wäre (ebenso *Fitting*, § 44 Rn. 41; a. A. *Lunk*, Die Betriebsversammlung, S. 212). Allerdings ist zu beachten, dass der Anspruch nur besteht, soweit dies mit dem Grundsatz der Verhältnismäßigkeit vereinbar ist.

43 Fahrkosten sind nur zu **erstatten**, soweit sie **tatsächlich zusätzlich entstanden** sind. Bei Benutzung eines eigenen PKW oder Kraftrads können die Sätze zugrunde gelegt werden, die nach dem Einkommensteuerrecht bei der Lohnsteuer als Werbungskosten zu berücksichtigen sind (ebenso *Fitting*, § 44 Rn. 41). Für die Benutzung eines anderen angemessenen Verkehrsmittels sind die Aufwendungen in tatsächlich entstandener Höhe zu ersetzen. Der Arbeitgeber kann aber, was vor allem dann in Betracht kommen wird, wenn die Betriebsversammlung nicht im Betrieb stattfindet, einen Bus zur Verfügung stellen, der die Arbeitnehmer zum Ort der Versammlung fährt; macht ein Arbeitnehmer von diesem Angebot keinen Gebrauch, so kann er nicht verlangen, dass der Arbeitgeber die ihm entstandenen Fahrkosten ersetzt (ebenso HSWGNR-*Worzalla*, § 44 Rn. 39 a).

44 Die Erstattung der Fahrkosten ist, wenn in ihr kein verstecktes Arbeitsentgelt liegt, steuerfrei und wird auch bei der Bemessung der Beiträge für die Sozialversicherung nicht berücksichtigt.

5. Teilnahme an außerordentlichen Betriebs- oder Abteilungsversammlungen, die ohne Zustimmung des Arbeitgebers nur außerhalb der Arbeitszeit durchgeführt werden können

45 a) Fällt eine **außerordentliche Betriebs-** oder **Abteilungsversammlung** nicht unter § 43 Abs. 1 Satz 4 und ist sie auch nicht auf Wunsch des Arbeitgebers einberufen, so findet sie **außerhalb der Arbeitszeit** statt, wenn hiervon nicht im Einvernehmen mit dem Arbeitgeber abgewichen wird (Abs. 2 Satz 1 und Satz 2 Halbsatz 1). Gemeint ist hier wie auch sonst in § 44 die *betriebliche Arbeitszeit*. Die Arbeitnehmer haben in diesem Fall, wie sich mittelbar aus Abs. 2 Satz 2 Halbsatz 2 ergibt, **keinen Anspruch auf Vergütung**. Das gilt auch, wenn die Teilnahme in ihre *persönliche Arbeitszeit* fällt, so dass sie gegen den Arbeitgeber nur einen Anspruch auf Arbeitsbefreiung unter Wegfall des Arbeitsentgelts haben.

46 b) Eine **Ausnahme** gilt lediglich, wenn diese Versammlungen **im Einvernehmen mit dem Arbeitgeber in die Arbeitszeit** gelegt werden. Stimmt der Arbeitgeber der Abhaltung während der betrieblichen Arbeitszeit zu (s. Rn. 17), so ist er nicht berechtigt, das **Arbeitsentgelt der Arbeitnehmer zu mindern** (Abs. 2 Satz 2 Halbsatz 2). Anders als bei den Versammlungen, die grundsätzlich während der (betrieblichen) Arbeitszeit stattfinden müssen, soll den Arbeitnehmern durch die Teilnahme jedoch lediglich kein Ausfall an Arbeitsentgelt entstehen. Der Anspruch auf Arbeitsentgelt besteht daher nicht, soweit die Versammlung sich über das Ende der (betrieblichen) Arbeitszeit hinaus aus-

III. Arbeitsbefreiung und Vergütungsanspruch § 44

dehnt. Er ist aber auch nicht gegeben, soweit die Versammlung nicht in die jeweilige *persönliche Arbeitszeit* eines Arbeitnehmers fällt (ebenso DKK-*Berg*, § 44 Rn. 27).

Die Bestimmung, nach der die Teilnahme an einer Versammlung, die der Betriebsrat 47 nur im Einvernehmen mit dem Arbeitgeber während der Arbeitszeit durchführen kann, den Arbeitgeber, wenn er seine Zustimmung dazu erteilt hat, nicht berechtigt, das Arbeitsentgelt der Arbeitnehmer zu mindern, besteht im Interesse der Arbeitnehmer, die an einer derartigen Versammlung während der Arbeitszeit teilnehmen; sie ist deshalb **zwingend.** Der Arbeitgeber kann sein Einverständnis nicht darauf beschränken, dass eine Versammlung während der Arbeitszeit stattfinden kann, aber für die Zeit der Durchführung kein Anspruch auf Arbeitsentgelt bestehen soll. Der Arbeitgeber kann jedoch mit dem Betriebsrat eine Höchstdauer für die Abhaltung einer derartigen außerordentlichen Versammlung festlegen (s. Rn. 22), bei deren Überschreiten er einen Lohnausfall nicht mehr zu ersetzen braucht (ebenso GL-*Marienhagen*, § 44 Rn. 23; HSWGNR-*Worzalla*, § 44 Rn. 17).

c) **Fehlt** das **Einverständnis des Arbeitgebers,** so bedeutet es eine Verletzung der Amts- 48 pflicht, wenn der Betriebsrat die Betriebs- oder Abteilungsversammlung trotzdem in die Arbeitszeit legt oder für den Fall, dass Betriebsrat und Arbeitgeber eine Höchstdauer vereinbart haben, bei deren Überschreiten fortführt. Der Arbeitnehmer hat in diesem Fall **keinen Anspruch auf das Arbeitsentgelt.** Wenn der Arbeitgeber aber duldet, dass der Betriebsrat eine Versammlung während der Arbeitszeit abhält, so ist er aus dem Arbeitsverhältnis verpflichtet, die Arbeitnehmer auf die Unzulässigkeit einer solchen Versammlung während der Arbeitszeit hinzuweisen. Versäumt er dies, so hat er nach Ansicht des BAG einen *zurechenbaren Rechtsschein* gesetzt, so dass ihm sein Schweigen als Einverständnis zuzurechnen sei, soweit Arbeitnehmer darauf vertraut haben, dass der Betriebsrat die Versammlung während der Arbeitszeit abhalten durfte (BAG 27. 11. 1987 AP BetrVG 1972 § 44 Nr. 7; s. auch BAG 23. 10. 1991 AP BetrVG 1972 § 43 Nr. 5; zu dem gleichen Ergebnis gelangt, wer eine Verletzung der Fürsorgepflicht annimmt und den Beschäftigten einen Anspruch auf Verdienstausfall unter dem Gesichtspunkt des Schadensersatzes gibt; so *Dietz,* § 43 Rn. 14; *Nikisch*, Bd. III S. 221; *Meisel*, BB 1962, 763, 765 f.; *Säcker*, DB 1965, 1856, 1858; a. A. *Neumann-Duesberg*, S. 216). Hinsichtlich des Vertrauenstatbestands sei zu unterscheiden, ob der Arbeitnehmer wie im Regelfall davon ausgehen konnte, dass es sich um eine Versammlung i. S. des Abs. 1 Satz 1 oder nur um eine sonstige Versammlung i. S. des Abs. 2 Satz 1 handelt; denn im ersteren Fall ergebe sich aus dem Gesichtspunkt der Vertrauenshaftung ein Anspruch auf Teilnahmevergütung und Erstattung der anfallenden Fahrkosten (BAG AP BetrVG 1972 § 44 Nr. 7), während im letzteren Fall der Vertrauenstatbestand sich nur darauf beziehe, dass ein Einvernehmen mit dem Arbeitgeber vorlag.

Die Teilnahme an einer rechtswidrig in die betriebliche Arbeitszeit gelegten Versamm- 49 lung bedeutet, wenn sie zu einer Arbeitsversäumnis des Arbeitnehmers führt, zugleich einen **Verstoß gegen die Arbeitspflicht** aus dem Arbeitsverhältnis, soweit dem Arbeitgeber nicht sein Schweigen nach den hier entwickelten Grundsätzen zuzurechnen ist (s. Rn. 48). Eine außerordentliche Kündigung aus wichtigem Grund nach § 626 BGB kommt aber nur in besonders gelagerten Fällen in Betracht (vgl. BAG 14. 10. 1960 AP GewO § 123 Nr. 24).

6. Behandlung anderer Themen in einer auf Verlangen des Arbeitgebers abgehaltenen außerordentlichen Betriebs- oder Abteilungsversammlung

Eine Besonderheit gilt, wenn eine außerordentliche Betriebs- oder Abteilungsver- 50 sammlung auf Verlangen des Arbeitgebers stattfindet und in ihr Angelegenheiten behandelt werden, die über die vom Arbeitgeber gewünschte oder gebilligte Tagesordnung hinausgehen. Die Versammlung wird nur insoweit einer ordentlichen Betriebsversammlung gleichgestellt, als sie die vom Arbeitgeber gewünschte Tagesordnung behandelt; im

Übrigen ist sie aber als sonstige außerordentliche Betriebsversammlung zu behandeln, für die Abs. 2 gilt (vgl. dazu auch *Neumann-Duesberg*, RdA 1968, 443). Der Arbeitgeber kann verlangen, dass die Versammlung abgebrochen wird, wenn die von ihm gewünschte Tagesordnung erschöpft ist. Findet die Versammlung wegen der Eigenart des Betriebs außerhalb der Arbeitszeit statt, so ist er nur verpflichtet, den Arbeitnehmern die Zeit der Teilnahme solange wie Arbeitszeit zu vergüten, wie die von ihm gewünschte Tagesordnung behandelt wird. Bei einer Versammlung, die während der Arbeitszeit stattfindet, ist aber davon auszugehen, dass der Arbeitgeber die Erweiterung der von ihm gewünschten Tagesordnung billigt, wenn er in der Versammlung anwesend ist und nicht widerspricht; sein Schweigen ist ihm als Zustimmung i. S. des Abs. 2 zuzurechnen, so dass er nicht berechtigt ist, das Arbeitsentgelt der Arbeitnehmer für diese Zeit der Teilnahme zu mindern (ebenso *Neumann-Duesberg*, RdA 1968, 443, 445).

7. Rechtsfolgen bei Verlust des rechtlichen Charakters als Betriebsversammlung

51 a) Verliert die Versammlung ihren Charakter als Betriebsversammlung, so **entfällt** die **Vergütungspflicht des Arbeitgebers.** Das gilt aber nur, wenn die Versammlung ihrem eigentlichen Zweck entfremdet wird, während ein Verstoß gegen Verfahrensvorschriften nicht ausreicht, um der Versammlung den Charakter als Betriebsversammlung zu nehmen (ebenso LAG Düsseldorf [Köln] 22. 1. 1963 AP BetrVG § 43 Nr. 7; *Fitting*, § 44 Rn. 34 f.; HSWGNR-*Worzalla*, § 44 Rn. 27; *Nikisch*, Bd. III S. 217, 226 f.; *Schlüter/ Dudenbostel*, DB 1974, 2473; kritisch MünchArbR-*Joost*, § 224 Rn. 92).

52 b) Aber auch wenn die Versammlung ihren Charakter als Betriebsversammlung i. S. dieses Gesetzes verliert, kann der Arbeitgeber **dennoch** zur **Zahlung des Arbeitsentgelts** verpflichtet sein. Hier ist nämlich zu berücksichtigen, dass auch den Arbeitgeber eine Verantwortung dafür trifft, dass die im Rahmen seines Betriebs durchgeführten Versammlungen mit dem Gesetz in Einklang stehen. Auch soweit er an einer Betriebsversammlung kein Teilnahmerecht hat (s. § 43 Rn. 47), ist er vom Zeitpunkt der Betriebs- oder Abteilungsversammlung rechtzeitig zu verständigen (s. § 43 Rn. 47). Deshalb hat er dafür Sorge zu tragen, dass die Arbeitnehmer auf eine Gesetzesverletzung hingewiesen werden. Unterbleibt dies, so ergibt sich bei Zugrundelegung der Ansicht des BAG eine Vergütungspflicht aus der Vertrauenshaftung (s. Rn. 48; vgl. auch GK-*Weber*, § 44 Rn. 55 ff.).

8. Vergütungspflicht nur bei Teilnahme an der Betriebs- oder Abteilungsversammlung

53 Der gesetzliche Anspruch auf Vergütung besteht nur, wenn der Arbeitnehmer tatsächlich an der Versammlung teilgenommen hat. Wer nicht teilnimmt, aber von der Arbeit wegbleibt, hat keinen Anspruch auf das Arbeitsentgelt für die Ausfallzeit. Etwas anderes gilt aber grundsätzlich, wenn der Arbeitnehmer bereit ist zu arbeiten, jedoch wegen der Betriebsversammlung nicht beschäftigt werden kann. Hier ergibt sich ein Anspruch auf das Arbeitsentgelt regelmäßig aus dem Gesichtspunkt des Annahmeverzuges (§ 615 BGB), denn die Durchführung von Betriebsversammlungen gehört zum Organisationsrisiko des Arbeitgebers (ebenso ErfK-*Eisemann/Koch*, § 44 Rn. 12; *Fitting*, § 44 Rn. 35; MünchArbR-*Joost*, § 224 Rn. 102; a. A. *Richardi*, 7. Aufl., Rn. 52; WP-*Roloff*, § 44 Rn. 16; GK-*Weber*, § 44 Rn. 65; HSWGNR-*Worzalla*, § 44 Rn. 22; DKK-*Berg*, § 44 Rn. 21; *Stege/Weinspach/Schiefer*, §§ 42–46, Rn. 53; *Vogt*, S. 115; *Nikisch*, Bd. III S. 221).

54 Auch wenn eine Betriebs- oder Abteilungsversammlung zu Unrecht während der Arbeitszeit stattfindet und der Arbeitgeber deshalb die arbeitswilligen Arbeitnehmer nicht beschäftigen kann, ist er ihnen gegenüber zur Fortzahlung des Arbeitsentgelts verpflichtet (a. A. *Neumann-Duesberg*, S. 216). Keinesfalls ergibt sich aus der Betriebs-

risikolehre, dass der Arbeitgeber in diesem Fall das Recht zur Lohnverweigerung hat; denn ein derartiges Recht besteht nur als Gegenrecht des Arbeitgebers in einem Arbeitskampf (s. dazu auch § 74 Rn. 43).

IV. Unfall während einer Betriebs- oder Abteilungsversammlung

Erleidet ein Arbeitnehmer während der Teilnahme an einer Betriebs- oder Abteilungsversammlung einen Unfall, so liegt ein Arbeitsunfall vor (§ 8 Abs. 1 i. V. mit § 2 Abs. 1 Nr. 1 SGB VII); der Arbeitnehmer hat Anspruch auf Leistungen aus der sozialen Unfallversicherung. Das gilt aber nur für Personenschäden, nicht für Sachschäden. Ein Anspruch kann sich insoweit aber aus der Sorgepflicht des Arbeitgebers für eingebrachtes Arbeitnehmereigentum ergeben. Diese erstreckt sich auch auf Sachen, die ein Arbeitnehmer zur Betriebsversammlung mitbringt (ebenso LAG Hamm 2. 11. 1956 AP BGB § 618 Nr. 5). Aber auch wenn keine Verletzung der Fürsorgepflicht vorliegt, kann die Erstattung eines Sachschadens in Betracht kommen, soweit ein adäquater Zusammenhang mit der Teilnahme an der Versammlung besteht und sein Eintritt außergewöhnlich ist; es gilt insoweit Gleiches wie für Betriebsratsmitglieder (s. § 40 Rn. 53 ff.). 55

V. Streitigkeiten

Streitigkeiten darüber, ob die Betriebsversammlung oder eine Abteilungsversammlung in die Arbeitszeit gelegt werden kann bzw. wann sie stattfinden soll, entscheidet das **Arbeitsgericht im Beschlussverfahren** (§ 2a Abs. 1 Nr. 1, Abs. 2 i. V. mit §§ 80 ff. ArbGG). 56

Streitigkeiten über den Anspruch der Arbeitnehmer auf das **Arbeitsentgelt** oder die **Erstattung ihrer Fahrkosten** für die Teilnahme an einer Betriebs- oder Abteilungsversammlung werden dagegen vom **Arbeitsgericht im Urteilsverfahren** entschieden (§ 2 Abs. 1 Nr. 3 lit. a, Abs. 5 i. V. mit §§ 46 ff. ArbGG; ebenso BAG 18. 9. 1973 AP BetrVG 1972 § 44 Nr. 1; 1. 10. 1974 AP BetrVG 1972 § 44 Nr. 2). 57

§ 45 Themen der Betriebs- und Abteilungsversammlungen

¹Die Betriebs- und Abteilungsversammlungen können Angelegenheiten einschließlich solcher tarifpolitischer, sozialpolitischer, umweltpolitischer und wirtschaftlicher Art sowie Fragen der Förderung der Gleichstellung von Frauen und Männern und der Vereinbarkeit von Familie und Erwerbstätigkeit sowie der Integration der im Betrieb beschäftigten ausländischen Arbeitnehmer behandeln, die den Betrieb oder seine Arbeitnehmer unmittelbar betreffen; die Grundsätze des § 74 Abs. 2 finden Anwendung. ²Die Betriebs- und Abteilungsversammlungen können dem Betriebsrat Anträge unterbreiten und zu seinen Beschlüssen Stellung nehmen.

Abgekürzt zitiertes Schrifttum: *Engels*, Die Betriebsversammlung – Geschichtliche Entwicklung, Zuständigkeit und Rechtsnatur dieser betriebsverfassungsrechtlichen Institution, Diss. Köln 1969; *Wiesmüller*, Die Zuständigkeit der Betriebsversammlung, Diss. Erlangen 1963.

Übersicht

	Rn.
I. Vorbemerkung	1
II. Themen der Betriebs- und Abteilungsversammlungen	5
1. Grundsatz	5
2. Behandlungsgegenstände	9

	Rn.
3. Tarifpolitische, sozialpolitische, umweltpolitische und wirtschaftliche Angelegenheiten sowie Fragen der Förderung der Gleichstellung von Frauen und Männern und der Vereinbarkeit von Familie und Erwerbstätigkeit sowie der Integration der im Betrieb beschäftigten ausländischen Arbeitnehmer	11
4. Unzulässige Themen	18
III. Zuständigkeit der Betriebsversammlung	24
1. Verhältnis zum Betriebsrat	24
2. Rechte der Betriebsversammlung	25
3. Beschlussfassung	27
4. Rechtswirkungen eines Beschlusses	31
5. Rechtsfolgen bei Überschreitung der Zuständigkeit	32
IV. Streitigkeiten	34

I. Vorbemerkung

1 Die Vorschrift umschreibt die Angelegenheiten, mit denen eine Betriebs- oder Abteilungsversammlung sich befassen kann. Sie bestimmt zugleich die Aufgaben und Rechte der Betriebsversammlung. Sie geht auf § 44 BetrVG 1952 zurück, wurde aber durch das BetrVG im Jahre 1972 neu gefasst, um klarer als bisher zum Ausdruck zu bringen, was zum Themenkreis einer Betriebsversammlung gehört. Auf Grund der vom BT-Ausschuss für Arbeit und Sozialordnung beschlossenen Fassung des Entwurfs wurde in das Gesetz eingefügt, dass die Grundsätze des § 74 Abs. 2 Anwendung finden. Damit wird klargestellt, dass für die Betriebsversammlung dieselben Bindungen bestehen wie für den Betriebsrat, insbesondere das Verbot parteipolitischer Betätigung gilt (vgl. Bericht des BT-Ausschusses für Arbeit und Sozialordnung, *zu* BT-Drucks. VI/2729, S. 13, 25).

2 Durch Art. 5 Nr. 2 des Gesetzes zur Durchsetzung der Gleichberechtigung von Männern und Frauen (Zweites Gleichberechtigungsgesetz – 2. GleiBG) vom 24. 6. 1994 (BGBl. I S. 1406) wurden nach den Worten „wirtschaftlicher Art" die Worte „sowie Fragen der Frauenförderung und der Vereinbarkeit von Familie und Beruf" eingefügt.

3 Durch Art. 1 Nr. 34 des BetrVerf-Reformgesetzes vom 23. 7. 2001 (BGBl. I S. 1852) wurden als ausdrücklich genannte mögliche Versammlungsgegenstände die Angelegenheiten umweltpolitischer Art sowie die Integration der im Betrieb beschäftigten ausländischen Arbeitnehmer ergänzt. Der Begriff der Frauenförderung wurde durch denjenigen der Förderung der Gleichstellung von Frauen und Männern ersetzt. Darüber hinaus wurde der Begriff „Beruf" durch „Erwerbstätigkeit" ersetzt.

4 Für den Bereich des Personalvertretungsrechts enthält § 51 BPersVG eine ähnliche Bestimmung. § 15 Abs. 4 Satz 1 SprAuG entspricht inhaltlich Satz 2.

II. Themen der Betriebs- und Abteilungsversammlungen

1. Grundsatz

5 a) Die Betriebs- und Abteilungsversammlungen können **alle Angelegenheiten** behandeln, die den **Betrieb** oder **seine Arbeitnehmer unmittelbar betreffen**, wobei Satz 1 eine beispielhafte Aufzählung einiger in Betracht kommender Angelegenheiten enthält. Eine restriktive Interpretation der zulässigen Beratungsgegenstände, wie sie sich zu § 44 BetrVG 1952 aus der Gesetzesformulierung ergeben hatte, dass die Betriebsversammlung *nur* Angelegenheiten behandeln darf, die den Betrieb oder seine Arbeitnehmer berühren, entspricht nicht mehr dem Gesetz.

6 b) Das Gesetz zieht der Behandlung von Angelegenheiten, auch soweit sie tarifpolitischer, sozialpolitischer, umweltpolitischer oder wirtschaftlicher Art sind oder Fragen der Gleichstellungsförderung und der Vereinbarkeit von Familie und Erwerbstätigkeit sowie der Integration der im Betrieb beschäftigten ausländischen Arbeitnehmer betreffen, **zwei Grenzen** (so zutreffend *Rüthers*, ZfA 1974, 207, 226):

– Die Angelegenheit muss den **Betrieb** oder **seine Arbeitnehmer unmittelbar betreffen.** 7 Das Gesetz hat sich nicht mit der Formulierung des RegE begnügt, dass die Angelegenheiten den Betrieb oder seine Arbeitnehmer unmittelbar *berühren* (BT-Drucks. VI/ 1786, S. 11), um klarer zum Ausdruck zu bringen, „dass die Zulässigkeit der Behandlung der im Einzelnen aufgeführten Themenkreise einen unmittelbaren Bezug zum Betrieb oder seinen Arbeitnehmern voraussetzt" (*zu* BT-Drucks., VI/2729, S. 25). Die Angelegenheit muss also für die Arbeitnehmer in ihrer Eigenschaft als *Arbeitnehmer des konkreten Betriebs* von Bedeutung sein; es genügt nicht, dass sie von ihr in ihrer Eigenschaft als Staatsbürger oder als Gewerkschaftsmitglieder oder in ihren sonstigen Interessen betroffen werden (vgl. auch *Fitting*, § 45 Rn. 7; HSWGNR-*Worzalla*, § 45 Rn. 5; *Lunk*, Betriebsversammlung, S. 179 f.; *Rüthers*, ZfA 1974, 207, 226; *Hanau*, EzA § 45 BetrVG 1972 Nr. 1, S. 19). Hierher gehören deshalb in erster Linie Themen, die sich aus dem Aufgabenbereich des Betriebsrats ergeben. Eine gesetzliche Regelung betrifft den Betrieb oder seine Arbeitnehmer nur dann unmittelbar, wenn er oder die Belegschaft von der Regelung konkret erfasst wird (so zutreffend GK-*Weber*, § 45 Rn. 14; zust. *Hanau*, EzA § 45 BetrVG 1972 Nr. 1, S. 19). Die Betriebsversammlung hat in der Betriebsverfassung eine klar umrissene Funktion, die nicht dadurch verwässert werden darf, dass in ihr Angelegenheiten behandelt werden, die nur mittelbar den Betrieb und seine Belegschaft betreffen.

– Die **Grundsätze des § 74 Abs. 2** finden Anwendung. Daraus ergibt sich, dass eine 8 Betriebs- oder Abteilungsversammlung nicht die Plattform für Kampfmaßnahmen bieten darf; denn für die Betriebsverfassung gilt ein Kampfverbot (§ 74 Abs. 2 Satz 1). Auch soweit hierdurch Arbeitskämpfe tariffähiger Parteien nicht berührt werden, ist es mit der Funktion der Betriebsversammlung in der Betriebsverfassung nicht vereinbar, in ihr gewerkschaftliche Kampfmaßnahmen zu erörtern; Abstimmungen über die Aufnahme eines Streiks oder seine Beendigung sind in einer Betriebs- oder Abteilungsversammlung unzulässig (ebenso ArbG Göttingen, DB 1982, 334 [Erörterung der Frage der Rechtmäßigkeit sog. Warnstreiks]; *Brecht*, § 45 Rn. 3; *Fitting*, § 45 Rn. 23; GL-*Marienhagen*, § 45 Rn. 12; GK-*Weber*, § 45 Rn. 26; HSWGNR-*Worzalla*, § 45 Rn. 14; *Nikisch*, Bd. III S. 225; *Richardi*, NJW 1962, 1374, 1376). Aber auch sonst besteht die betriebsverfassungsrechtliche Friedenspflicht in einer Betriebs- oder Abteilungsversammlung; es dürfen keine Themen erörtert werden, durch die der Frieden des Betriebs beeinträchtigt wird (§ 74 Abs. 2 Satz 2; s. auch dort Rn. 45 ff.). Vor allem wird klargestellt, dass das Verbot parteipolitischer Betätigung im Betrieb auch für eine Betriebs- oder Abteilungsversammlung gilt (§ 74 Abs. 2 Satz 3; s. auch Rn. 18).

2. Behandlungsgegenstände

Behandlungsgegenstand einer Betriebsversammlung sind insbesondere der **Tätigkeits-** 9 **bericht des Betriebsrats** (§ 43 Abs. 1 Satz 1; s. dort Rn. 7 ff.) und der **Lagebericht des Arbeitgebers** (§ 43 Abs. 2 Satz 3; s. dort Rn. 14 ff.), darüber hinaus alle **Angelegenheiten, die zum Aufgabenbereich des Betriebsrats** gehören, wobei zu beachten ist, dass der Aufgabenbereich des Betriebsrats sich nicht nur in der Wahrnehmung der Mitwirkungs- und Mitbestimmungsrechte erschöpft, sondern auch Angelegenheiten umfasst, in denen der Betriebsrat kein entsprechendes Beteiligungsrecht hat; denn durch das Gebot der vertrauensvollen Zusammenarbeit zum Wohl der Arbeitnehmer und des Betriebs in § 2 Abs. 1 wird nicht nur das Verhältnis des Betriebsrats zum Arbeitgeber, sondern mittelbar zugleich auch der Aufgabenbereich des Betriebsrats festgelegt. In § 80 Abs. 1 werden allgemeine Aufgaben des Betriebsrats umschrieben, bei denen eine Initiative vom Betriebsrat erwartet wird, es also zu seinen Amtspflichten gehört, sich darum zu kümmern

(s. Vorbem. vor § 74 Rn. 2). Daher kann auch die Betriebsversammlung sich mit allen Angelegenheiten befassen, die das Verhältnis zwischen dem Arbeitgeber und den Arbeitnehmern des Betriebs zum Gegenstand haben. Das gilt auch für **tarifvertraglich geregelte Arbeitsbedingungen;** denn die Überwachung der Durchführung eines Tarifvertrags gehört zu den Aufgaben des Betriebsrats (§ 80 Abs. 1 Nr. 1). Der Bereich der zulässigen Themen beschränkt sich nicht auf die Arbeitsbedingungen innerhalb des Betriebs, sondern erstreckt sich auf alle Fragen, die den Betrieb oder seine Arbeitnehmer unmittelbar betreffen, auch wenn sie ihre Grundlage nicht im Verhältnis zwischen Arbeitgeber und Arbeitnehmer haben.

10   Bei Durchführung einer **Abteilungsversammlung** sind nach dem Zweck ihrer Einrichtung vor allem die besonderen Belange der Arbeitnehmer zu erörtern, die zur Abteilungsversammlung zusammengefasst sind (s. § 42 Rn. 60; ebenso *Rüthers,* ZfA 1974, 207, 226).

3. Tarifpolitische, sozialpolitische, umweltpolitische und wirtschaftliche Angelegenheiten sowie Fragen der Förderung der Gleichstellung von Frauen und Männern und der Vereinbarkeit von Familie und Erwerbstätigkeit sowie der Integration der im Betrieb beschäftigten ausländischen Arbeitnehmer

11   a) Angelegenheiten tarifpolitischer Art sind bei einer Interpretation nach der Wortbedeutung Bestrebungen, die sich auf den Abschluss oder die inhaltliche Änderung von Tarifverträgen beziehen (ebenso GK-*Weber,* § 45 Rn. 13). Berücksichtigt man, dass die Tarifpolitik den Tarifvertragsparteien vorbehalten ist, so gehören hierher vor allem die Angelegenheiten, die in § 51 Satz 1 BPersVG als *Tarifangelegenheiten* bezeichnet werden, also die Fragen, die sich auf den Inhalt und die Durchführung der für den Betrieb maßgeblichen Tarifverträge beziehen.

12   Zum BetrVG 1952 war streitig, ob die Betriebsversammlung nur zuständig ist, soweit es sich um **Fragen der Durchführung der tariflichen Arbeitsbedingungen** handelt (so *Dietz,* § 44 Rn. 11 a; *Neumann-Duesberg,* S. 211) oder ob auch Fragen der Tarifpolitik beraten werden können (so Radke, AuR 1957, 129, 135 f.; *Schmittner,* AuR 1968, 353, 361 f.; weiterhin *Galperin/Siebert,* § 44 Rn. 3; *Nikisch,* Bd. III S. 225). Das Gesetz stellt klar, dass zur Zuständigkeit der Betriebsversammlung auch Angelegenheiten *tarifpolitischer Art* gehören, die den Betrieb oder seine Arbeitnehmer unmittelbar betreffen. Deshalb kann auch eine **angestrebte** Tarifgestaltung erörtert werden, insbesondere also über den Stand einer Tarifverhandlung (ebenso LAG Baden-Württemberg 25. 9. 1991 AiB 1992, 96; *Fitting,* § 45 Rn. 9; GL-*Marienhagen,* § 45 Rn. 6; HSWGNR-*Worzalla,* § 45 Rn. 8; *Rüthers,* ZfA 1974, 207, 227) oder über mögliche Auswirkungen von Arbeitskämpfen in Zuliefererbetrieben (LAG Baden-Württemberg 25. 9. 1991 AiB 1992, 96) unterrichtet werden. Eine Schranke ergibt sich daraus, dass die Tarifpolitik ebenso wenig, wie sie zum Aufgabenbereich des Betriebsrats gehört, in die Zuständigkeit einer Betriebsversammlung fällt; die Abgrenzung ist dieselbe wie für den Betriebsrat nach § 74 Abs. 2 Satz 3 (s. dort Rn. 62 ff.). Deshalb darf die Betriebsversammlung keine tarifpolitischen Stellungnahmen abgeben (a. A. *Fitting,* § 45 Rn. 9) oder Empfehlungen für die Verhandlungsführung der Gewerkschaften geben; sie darf insbesondere nicht die Möglichkeit von Kampfmaßnahmen erörtern, weil sie insoweit wegen der Verweisung auf § 74 Abs. 2 sogar ausdrücklich an das Kampfverbot auf der Ebene der Betriebsverfassung gebunden ist (s. Rn. 19). Auch die Einberufung einer zusätzlichen Betriebsversammlung zur Unterrichtung über den Stand der Tarifverhandlungen ist nicht zulässig (ebenso ArbG Wilhelmshaven 27. 10. 1988 NZA 1989, 571; a. A. ArbG Oldenburg 29. 5. 1989 NZA 1989, 652 f.).

13   b) Soweit sie den Betrieb oder seine Arbeitnehmer unmittelbar betreffen, können auch **Angelegenheiten sozialpolitischer, umweltpolitischer** und **wirtschaftlicher Art** behandelt

werden. Sozialpolitischer Art sind alle Fragen, die sich auf den Schutz der Arbeitnehmer und deren Integration in die gesellschaftliche Ordnung beziehen, wie Maßnahmen und Regelungen des Arbeits- und Unfallschutzes, der beruflichen Bildung, der Sozialversicherung, der Vermögensbildung, der Eingliederung älterer oder ausländischer Arbeitnehmer (ebenso *Fitting*, § 45 Rn. 10; HSWGNR-*Worzalla*, § 45 Rn. 9; DKK-*Berg*, § 45 Rn. 5 ff.).

Der Begriff der Angelegenheiten **umweltpolitischer Art**, die den Betrieb oder seine Arbeitnehmer unmittelbar betreffen, geht über den in § 89 Abs. 3 gesetzlich definierten Begriff des betrieblichen Umweltschutzes hinaus (ebenso GK-*Weber*, § 45 Rn. 16). So kommen als Beratungsgegenstand grundsätzlich auch umweltpolitische unternehmerische Entscheidungen mit einem unmittelbaren Bezug zum Betrieb in Betracht. Die Betriebsversammlung ist insbesondere nicht auf solche Fragen der Umweltpolitik beschränkt, die sich im Zusammenhang mit dem Normvollzug umweltrechtlicher Bestimmungen im Betrieb stellen.

14

Wirtschaftlicher Art sind Angelegenheiten, die sich auf die **wirtschaftliche Lage des Betriebs** oder **Unternehmens** beziehen, also insbesondere der Bericht des Arbeitgebers über die wirtschaftliche Lage und Entwicklung des Betriebs (§ 43 Abs. 2 Satz 3; s. dort Rn. 14 ff.). Hierher gehören Auswirkungen der wirtschaftspolitischen Gesetzgebung auf den Betrieb und das Unternehmen, wie bei einem exportorientierten Betrieb Wechselkurs- und Aufwertungsprobleme und Subventionen (ebenso *Fitting*, § 45 Rn. 15; *Rüthers*, ZfA 1974, 207, 229) oder die Änderung des Ladenschlussgesetzes (ebenso *Fitting*, § 45 Rn. 11). Die Wirtschaftspolitik selbst gehört aber nicht zu den Angelegenheiten wirtschaftlicher Art; sie ist kein zulässiger Behandlungsgegenstand auf einer Betriebsversammlung (ebenso GK-*Weber*, § 45 Rn. 17).

15

Bei den Angelegenheiten sozialpolitischer, umweltpolitischer und wirtschaftlicher Art ist zu beachten, dass sie einen **konkreten Bezug zum Betrieb und seiner Belegschaft** haben müssen (s. auch Rn. 7). Die Betriebsversammlung ist kein Gremium zur Debatte allgemeiner sozialpolitischer Vorhaben, sondern die Diskussion über Gesetze und Gesetzesvorhaben sozialpolitischen Inhalts ist nur zulässig, soweit sie die Arbeitnehmer des Betriebs unmittelbar betreffen (weiter wohl DKK-*Berg*, § 45 Rn. 6). Ebenso ist eine Erörterung umweltpolitischer Fragen oder Gestaltungsalternativen nur zulässig, soweit sie bzw. ihre Realisierung unmittelbare Auswirkungen auf die Betriebsorganisation oder die Einzelnen im Betrieb beschäftigten Arbeitnehmer als solche haben können. Angelegenheiten wirtschaftlicher Art müssen unmittelbar Bedeutung für die wirtschaftliche Lage des Unternehmens haben. Deshalb kann insbesondere unter Wahrung des Geheimnisschutzes aus der Arbeit des Wirtschaftsausschusses berichtet werden. Auch die Aufsichtsratsmitglieder der Arbeitnehmer können über ihre Tätigkeit Informationen geben, soweit nicht die Geheimhaltungspflicht nach § 116 i.V. mit § 93 Abs. 1 Satz 2 AktG entgegensteht (ebenso HSWGNR-*Worzalla*, § 45 Rn. 10; *Fitting/Wlotzke/Wißmann*, MitbestG, § 25 Rn. 111; *Säcker*, Informationsrechte, S. 85 f.; *v. Hoyningen-Huene*, DB 1979, 2422, 2423 f.). Es besteht insoweit aber keine Berichtspflicht des Betriebsrats (s. § 43 Rn. 10); denn der Betriebsrat und die Arbeitnehmervertreter im Aufsichtsrat sind selbständige, in der Wahrnehmung ihrer Aufgaben voneinander unabhängige Mitbestimmungsträger. § 43 Abs. 1 Satz 1 kann auch nicht dahingehend entsprechend angewandt werden, dass die Arbeitnehmervertreter im Aufsichtsrat verpflichtet sind, auf jeder Betriebsversammlung einen Tätigkeitsbericht zu erstatten; denn dass eine Berichtspflicht der Aufsichtsratsmitglieder der Arbeitnehmer nicht im MitbestG und den anderen gesetzlichen Regelungen der unternehmensbezogenen Mitbestimmung vorgesehen ist, beruht nicht auf einer Regelungslücke (ebenso im Ergebnis *Fitting*, § 43 Rn. 14; a.A. *Däubler*, BlStSozArbR 1976, 184, 186; *Reich/Lewerenz*, AuR 1976, 353, 361).

16

c) Das Gesetz hebt daneben besonders hervor, dass die Betriebs- und Abteilungsversammlungen **Fragen der Förderung der Gleichstellung von Frauen und Männern** und der **Vereinbarkeit von Familie und Erwerbstätigkeit** sowie der **Integration der im Betrieb**

17

beschäftigten ausländischen Arbeitnehmer behandeln können. Soweit es um die Integration der im Betrieb beschäftigten ausländischen Arbeitnehmer geht, ist die unmittelbare Betroffenheit des Betriebs oder seiner Arbeitnehmer definitionsgemäß immer gegeben, während sie im Übrigen besonders festzustellen ist. Bei dieser Themenaufzählung handelt es sich gleichsam um eine „Klarstellung der Klarstellung", da sämtliche Fälle bereits von den Angelegenheiten sozialpolitischer Art erfasst werden (s. dazu auch *Pfarr*, RdA 1995, 204, 206).

4. Unzulässige Themen

18 a) Da die Grundsätze des § 74 Abs. 2 für die Betriebsversammlung gelten, wird ausdrücklich klargestellt, dass jede **parteipolitische Betätigung** in der Betriebsversammlung zu unterbleiben hat. Verboten ist danach nur die Betätigung für eine bestimmte politische Partei oder deren Programm und Vorstellungen. Über dieses Verbot können sich Arbeitgeber und Betriebsrat auch nicht einvernehmlich hinwegsetzen (GK-*Weber*, § 45 Rn. 31). Möglich bleibt hingegen die Behandlung politischer Themen, mögen sie auch im parteipolitischen Streit stehen (BAG 13. 9. 1977 AP BetrVG 1972 § 42 Nr. 1; ErfK-*Eisemann/Koch*, § 45 Rn. 5; GK-*Weber*, § 45 Rn. 28 f.). Nicht gefolgt werden kann daher insbesondere der von *Richardi* vertretenen Ansicht (7. Aufl., Rn. 16; s. auch § 74 Rn. 62), die Behandlung sämtlicher politischer Fragen mit Ausnahme solcher, die den in § 74 Abs. 2 Satz 3, 2. Halbsatz und in § 45 ausdrücklich genannten Politikfeldern zuzuordnen sind, sei unzulässig (wie hier im Ansatz GK-*Weber*, § 45 Rn. 21, der darauf hinweist, dass praktisch nur solche politischen Themen unmittelbaren Bezug zum Betrieb hätten, die in § 45 genannt seien). Denn sie missachtet, dass das Verbot der parteipolitischen Betätigung nicht einer parteipolitisch neutralen Behandlung politischer Fragen entgegenstehen kann. Sie setzt sich ferner zu der Grundfeststellung in Widerspruch, dass die in § 45 erfolgte Nennung von Angelegenheiten tarifpolitischer, sozialpolitischer, umweltpolitischer und wirtschaftlicher Art nur klarstellenden Charakter hat und das Einzige materielle Differenzierungskriterium die Frage bildet, ob eine Angelegenheit den Betrieb oder seine Arbeitnehmer unmittelbar betreffen kann. § 74 Abs. 2 Satz 3 steht der hier vertretenen Ansicht nicht entgegen, sondern bestätigt sie vielmehr. Denn § 74 Abs. 2 Satz 3, 2. Halbsatz bedeutet nicht etwa eine Einschränkung des Verbots parteipolitischer Betätigung, sondern nichts anderes als eine bekräftigende exemplarische Klarstellung des bereits nach allgemeinen Auslegungsgrundsätzen aus dem 1. Halbsatz zu gewinnenden Ergebnisses, dass eine parteipolitisch neutrale Behandlung politischer Fragen nicht vom Verbotstatbestand erfasst wird (der klarstellende Charakter des § 74 Abs. 2 Satz 3, 2. Halbsatz wird in der Begründung des BetrVerf-Reformgesetzes ausdrücklich betont; vgl. Begr. RegE, BT-Drucks. 14/5741, S. 45). Dies lässt sich freilich bei politischen Fragen, die in der parteipolitischen Auseinandersetzung stehen, regelmäßig nur dann realisieren, wenn die Erörterung auf das Sachthema beschränkt wird und die Positionen der einzelnen Parteien nicht in Erscheinung treten (ähnlich MünchArbR-*Joost* § 224 Rn. 69).

19 Auch jede **koalitionspolitische Betätigung** hat zu unterbleiben. Das ergibt sich zwar nicht unmittelbar aus der im Gesetz angeordneten entsprechenden Anwendung der Grundsätze des § 74 Abs. 2; aber hier ist zu beachten, dass diese Bestimmung systematisch in enger Verbindung zum betriebsverfassungsrechtlichen Neutralitätsgebot steht (s. ausführlich § 74 Rn. 59). Koalitionspolitische Gegensätze dürfen nicht in einer Betriebsversammlung ausgetragen werden. Andererseits ist jedoch zu beachten, dass der Betriebsrat und die im Betrieb vertretenen Gewerkschaften zusammenwirken und daher die Kontroll- und Unterstützungsfunktion der Gewerkschaft im Gesetz anerkannt wird. Die Zusammenarbeit zwischen dem Betriebsrat und den im Betrieb vertretenen Gewerkschaften kann deshalb in der Betriebsversammlung zur Diskussion gestellt werden (ebenso *Schmittner*, AuR 1968, 353, 362); es kann darüber hinaus auf gewerkschaftliche

II. Themen der Betriebs- und Abteilungsversammlungen § 45

Einrichtungen hingewiesen werden, die für den Betrieb und seine Arbeitnehmer unmittelbar von Bedeutung sind, und es kann auch über die Vorteile berichtet werden, die mit der Zugehörigkeit zu einer Gewerkschaft verbunden sind. Die Betriebsversammlung darf aber nicht als Forum benutzt werden, um Mitglieder zu werben. Keine grundsätzlichen Bedenken bestehen aber gegen Referate von Gewerkschaftsbeauftragten über die Arbeit der gewerkschaftlichen Vertrauensleute im Betrieb (ebenso LAG Düsseldorf 10. 3. 1981 DB 1981, 1729; LAG Hamm 3. 12. 1986 DB 1987, 2659; DKK-*Berg*, § 45 Rn. 8; GK-*Weber*, § 45 Rn. 22; im Ergebnis auch MünchArbR-*Joost*, § 224 Rn. 68 mit Fn. 78; a. A. *Richardi*, 7. Aufl., Rn. 17; HSWGNR-*Worzalla*, § 45 Rn. 6).

b) Die **Schranken für die zulässige Erörterung** in einer Betriebsversammlung **gelten für alle Beteiligten**, also nicht nur für den **Betriebsrat** und den **Arbeitgeber**, sondern auch für die **Beauftragten der Gewerkschaften** und den **Beauftragten einer Arbeitgebervereinigung**. Sie binden insbesondere auch den **einzelnen Arbeitnehmer**, der an einer Betriebsversammlung teilnimmt (GK-Weber, § 45 Rn. 25; a. A. *Fitting*, § 45 Rn. 23: nur mittelbare Bindung dadurch, dass der Betriebsrat die Erfüllung seiner Verpflichtung mit Hilfe seiner Leitungsgewalt sicherstellen müsse; ebenso ErfK-*EisemannKoch*, § 45 BetrVG Rn. 5). Das gilt auch für das Verbot parteipolitischer Betätigung, obwohl es sich nach § 74 Abs. 2 Satz 3 nur gegen den Arbeitgeber und den Betriebsrat richtet, aber nicht unmittelbar für die Arbeitnehmer gilt (s. § 74 Rn. 68 ff.). Wenn aber ein Arbeitnehmer in der Betriebsversammlung redet, so nimmt er eine Funktion im Rahmen der Betriebsverfassung wahr und ist deshalb insoweit an das Verbot parteipolitischer Betätigung gebunden. Der Versammlungsleiter hat ihm das Wort zu entziehen, wenn er nicht die Grenzen beachtet, die der Erörterung in einer Betriebsversammlung gezogen sind. 20

Die Schranken für die Wahl eines Themas und dessen Behandlung in der Betriebsversammlung sind auch zu beachten, wenn eine **außenstehende Person** mit der **Erstattung eines Referats** betraut wird. Unzulässig ist in jedem Fall, wenn der Referent ein Thema behandelt, das keinen konkreten Bezug zum Betrieb und seiner Belegschaft aufweist, also insbesondere ein Spitzenpolitiker im Betrieb eine Wahlkampfrede hält. Wird dagegen ein Thema behandelt, das von Satz 1 gedeckt ist, so bestehen grundsätzlich keine Bedenken, einen Gast zur Erstattung eines Referats einzuladen; insbesondere steht die Einladung auch nicht in Widerspruch zum Gebot der Nichtöffentlichkeit, sofern die Anwesenheit auf die Abhaltung des Referats und eine sich daran anschließende, vom Thema des Referats her begrenzte Diskussion beschränkt wird (s. auch § 42 Rn. 34 ff.). Aber auch wenn ein Referat sich mit einem zulässigen Thema befasst, kann seine Abhaltung in einer Betriebsversammlung unzulässig sein, wenn der Referent ein Politiker ist. Nach zutreffender Ansicht des BAG liegt eine unzulässige parteipolitische Betätigung vor, wenn ein derartiges Referat gerade und nur zu Zeiten des Wahlkampfs von einem Spitzenpolitiker in seinem Wahlkreis im Rahmen seiner Wahlkampfstrategie gehalten wird (BAG 13. 9. 1977 AP BetrVG 1972 § 42 Nr. 1; zust. *Hanau*, EzA § 45 BetrVG 1972 Nr. 1, S. 19 ff.; ebenso *Fitting*, § 45 Rn. 26; HSWGNR-*Worzalla*, § 45 Rn. 17; *Löwisch*, DB 1976, 676; *Meisel*, RdA 1976, 38, 41; a. A. LAG Düsseldorf 8. 7. 1975 DB 1975, 1851 [aufgehoben durch BAG, a. a. O.]). 21

Soweit das Thema und die Auswahl des Referenten sich in den zulässigen Grenzen halten, fällt die Einladung in die Kompetenz des Betriebsrats bei Festlegung der Tagesordnung für die Betriebsversammlung. Der Arbeitgeber braucht die Kosten des Referats aber nur zu tragen, wenn der Betriebsrat den Referenten als Sachverständigen nach näherer Vereinbarung mit dem Arbeitgeber hinzugezogen hat (§ 80 Abs. 3; § 42 Rn. 36). 22

c) § 45 enthält eine **zulässige Begrenzung des Grundrechts der freien Meinungsäußerung**; er ist ein „allgemeines Gesetz" i. S. des Art. 5 Abs. 2 GG (ebenso GK-*Weber*, § 45 Rn. 9 f.; vgl. auch *Richardi*, NJW 1962, 1374; *Schmittner*, AuR 1968, 353, 360 f.). Das gilt auch, soweit die Grundsätze des § 74 Abs. 2 Anwendung finden (ebenso BAG 13. 9. 1977 AP BetrVG 1972 § 42 Nr. 1 im Anschluss an BVerfG 28. 4. 1976 AP BetrVG 1972 23

§ 74 Nr. 2; GK-*Weber,* § 45 Rn. 9, 25). Damit verliert aber das Grundrecht der freien Meinungsäußerung nicht jede Bedeutung. Auch wenn ein Grundrecht nur in den Schranken der „allgemeinen Gesetze" gewährleistet ist, verlangt eine verfassungskonforme Interpretation, dass die allgemeinen Gesetze in ihrer das Grundrecht beschränkenden Wirkung ihrerseits im Licht der Bedeutung dieses Grundrechts gesehen werden (vgl. BVerfG 15. 1. 1958 E 7, 198, 208; insbesondere auch BVerfG 28. 4. 1976 AP BetrVG 1972 § 74 Nr. 2; s. auch § 74 Rn. 71).

III. Zuständigkeit der Betriebsversammlung

1. Verhältnis zum Betriebsrat

24   Die **Betriebsversammlung ist dem Betriebsrat nicht übergeordnet,** kann ihm keine Weisungen geben, ihn weder absetzen noch ihm das Vertrauen entziehen. Sie kann auch keinen Antrag auf Auflösung stellen, sondern dieses Recht hat bei grober Amtspflichtverletzung neben dem Arbeitgeber und den im Betrieb vertretenen Gewerkschaften nur ein Viertel der wahlberechtigten Arbeitnehmer (§ 23 Abs. 1). Dadurch wird gesichert, dass der **Betriebsrat kein imperatives Mandat,** sondern ein **Repräsentationsmandat** innehat (vgl. auch BVerfG 27. 3. 1979 AP GG Art. 9 Nr. 31; ebenso *Fitting,* § 45 Rn. 32; HSWGNR-*Worzalla,* § 45 Rn. 22). Die Betriebsversammlung hat auch keine Kompetenz, für die Belegschaft zu handeln; denn Repräsentant der Belegschaft ist der Betriebsrat. Nur wenn in einem betriebsratsfähigen Betrieb kein Betriebsrat besteht, hat sie insoweit eine nach außen wirkende Funktion, als in ihr ein Wahlvorstand gewählt wird (§§ 14 a, 17).

2. Rechte der Betriebsversammlung

25   Die Betriebsversammlung ist nicht darauf beschränkt, **Erklärungen des Betriebsrats,** insbesondere dessen Tätigkeitsbericht, oder **Erklärungen des Arbeitgebers,** insbesondere dessen Lagebericht, **entgegenzunehmen;** sie ist innerhalb der durch § 45 gezogenen Grenzen vielmehr das **Forum der freien Meinungsäußerung in allen Angelegenheiten,** die **den Betrieb und seine Arbeitnehmer unmittelbar betreffen** (s. Rn. 5 ff.). Daher haben die Arbeitnehmer nicht nur das Recht, Fragen zu stellen, sondern sie können zu den aufgeworfenen Fragen auch Stellung nehmen. Jeder kann sich zu Wort melden und seine Meinung äußern. Kritik darf nicht nur an Missständen im Betrieb, sondern auch an den Personen geübt werden, die für diese Missstände verantwortlich sind; sie muss aber so vorgebracht werden, dass Ehrverletzungen und Störungen des Betriebsfriedens vermieden werden (ebenso BAG 22. 10. 1964 AP KSchG § 1 Verhaltensbedingte Kündigung Nr. 4; s. auch Rn. 8).

26   Die Betriebsversammlung kann dem Betriebsrat **Anträge unterbreiten** und zu seinen **Beschlüssen Stellung nehmen** (Satz 2). So kann sie etwa den Abschluss einer Betriebsvereinbarung beantragen oder zu einer vom Betriebsrat abgeschlossenen Betriebsvereinbarung Stellung nehmen. Das gilt nicht nur bei einer Betriebsvollversammlung, sondern auch dann, wenn die Betriebsversammlung als Teilversammlung oder Abteilungsversammlung durchgeführt wird. Antrag und Stellungnahme sind von einem Antrag und der Stellungnahme eines Teilnehmers zu unterscheiden; sie sind Antrag oder Stellungnahme der Betriebsversammlung gegenüber dem Betriebsrat und erfolgen deshalb durch Beschluss, d. h. durch Abstimmung (a. A. *Nikisch,* Bd. III S. 228, der eine Beschlussfassung wegen der fehlenden Verbindlichkeit für unnötig hält, dabei aber übersieht, dass ohne Beschluss auch nicht von einem Antrag oder einer Stellungnahme der Betriebsversammlung die Rede sein kann; wie hier GK-*Weber,* § 45 Rn. 32 f.; HSWGNR-*Worzalla,* § 45 Rn. 23).

III. Zuständigkeit der Betriebsversammlung § 45

3. Beschlussfassung

a) Beschlossen wird über **Anträge, die vom Betriebsrat** oder von einem **Arbeitnehmer** 27
gestellt werden, der zur vom Betriebsrat repräsentierten Belegschaft gehört. Doch gilt
das nur für formell gestellte Anträge, d. h. wenn Abstimmung verlangt wird. Formell
antragsberechtigt ist auch der **Arbeitgeber;** das folgt daraus, dass er die Einberufung
einer Betriebsversammlung und eine Ergänzung der Tagesordnung verlangen kann, und
zwar auch mit dem Ziel, dass über die Fragen abgestimmt wird (s. § 43 Rn. 29 ff.).
Andere zur Teilnahme berechtigte Personen, also die Beauftragten einer Gewerkschaft
und der Vertreter einer Arbeitgebervereinigung, haben kein Antragsrecht, aber selbstverständlich kann jederzeit eine von ihnen gemachte Anregung durch einen Antragsberechtigten als Antrag aufgenommen werden.

b) **Stimmberechtigt** ist jeder **anwesende Arbeitnehmer,** der zur **vom Betriebsrat reprä-** 28
sentierten Belegschaft des Betriebs gehört, ohne Rücksicht darauf, ob er zum Betriebsrat
wahlberechtigt ist (ebenso *Fitting,* § 42 Rn. 38; HSWGNR-*Worzalla,* § 45 Rn. 24;
Neumann-Duesberg, S. 209; bereits zum BRG 1920: *Flatow/Kahn-Freund,* § 45 Erl. 3;
Mansfeld, § 45 Erl. 1). Die Mitglieder des Betriebsrats sind auch stimmberechtigt, wenn
es sich um einen Beschluss handelt, der sich mit der Geschäftsführung des Betriebsrats
befasst (ebenso *Fitting,* § 42 Rn. 38; HSWGNR-*Worzalla,* § 45 Rn. 24; a. A. *Erdmann/
Jürging/Kammann,* § 45 Rn. 15; *Rothe,* BlStSozArbR 1960, 90, 92; noch *Richardi,*
6. Aufl., Rn. 22). Der Arbeitgeber und die von ihm hinzugezogenen Sachbearbeiter sind,
wenn es sich um leitende Angestellte i. S. des § 5 Abs. 3 handelt, nicht stimmberechtigt;
ebenso haben die Beauftragten der Gewerkschaften oder einer Arbeitgebervereinigung
keine Stimme.

c) Der **Antrag** ist **angenommen,** wenn die Mehrheit sich für ihn ausgesprochen hat. 29
Maßgebend ist die **Mehrheit der anwesenden stimmberechtigten Teilnehmer.** Das gilt
auch bei einer Teilversammlung oder Abteilungsversammlung. Eine genaue Auszählung
ist nur notwendig, wenn die Mehrheitsverhältnisse zweifelhaft sind. Stimmenthaltung ist
zulässig; wer sich der Stimme enthält, wird für die Frage, ob der Antrag die Mehrheit
erhalten hat, nicht mitgerechnet.

Die **Anwesenheit einer Mindestzahl,** etwa der Hälfte, ist im Gegensatz zur Beschluss- 30
fassung des Betriebsrats (§ 33 Abs. 2) **nicht erforderlich;** eine ordnungsgemäß geladene
Versammlung ist eine Betriebs- oder Abteilungsversammlung, auch wenn nur wenige
Arbeitnehmer an ihr teilnehmen (ebenso *Fitting,* § 42 Rn. 39; HSWGNR-*Worzalla,* § 45
Rn. 25; *Rothe,* BlStSozArbR 1960, 90, 92; a. A. *Meissinger,* § 44 Rn. 2, der Anwesenheit von wenigstens der Hälfte der teilnahmeberechtigten Arbeitnehmer fordert; missverständlich LAG Saarland 21. 12. 1960 AP BetrVG § 43 Nr. 2, nach dem es sich nicht
mehr um eine Betriebsversammlung, wie sie das BetrVG voraussetzt, handelt, wenn an
ihr nur eine betriebliche Minderheit von 35 Prozent der Arbeitnehmer teilnehmen kann,
aber damit lediglich begründen will, dass in diesem Fall keine Aufgliederung in Teilversammlungen möglich ist, sondern die Betriebsversammlung außerhalb der Arbeitszeit
stattfinden muss).

4. Rechtswirkungen eines Beschlusses

Der Beschluss der Betriebsversammlung hat **keine unmittelbar bindende Wirkung für** 31
den Betriebsrat, sondern nur die Bedeutung einer Anregung. Er kann nicht einen
Beschluss des Betriebsrats aufheben. Der Betriebsrat hat vielmehr nach eigenem pflichtgemäßem Ermessen und unter eigener Verantwortung zu entscheiden, ob er dem Antrag
der Betriebsversammlung nachkommen will. Jedoch trifft den Betriebsrat die Pflicht, sich
innerhalb angemessener Zeit mit dem Antrag zu befassen (ähnlich GK-*Weber,* § 45
Rn. 36), ohne dass dafür allerdings feste Fristen existieren. Schwerwiegende Verstöße
können von § 23 Abs. 1 BetrVG erfasst werden. Im Übrigen kann sich der Beschluss der

Betriebsversammlung im Einzelfall als Unterstützung eines Beratungsvorschlags eines Arbeitnehmers nach § 86 a darstellen. In diesem Fall hat der Betriebsrat den Vorschlag innerhalb von zwei Monaten auf die Tagesordnung einer Betriebsratssitzung zu setzen. Eine **Betriebsvereinbarung** wird in ihrer Geltung nicht dadurch berührt, dass sie von der Betriebsversammlung abgelehnt wird.

5. Rechtsfolgen bei Überschreitung der Zuständigkeit

32 Der Leiter der Versammlung hat dafür zu sorgen, dass die Betriebsversammlung nicht ihren Zuständigkeitsbereich überschreitet; er hat insbesondere darauf zu achten, dass keine unzulässigen Themen erörtert werden und die sich aus § 74 Abs. 2 ergebenden Schranken beachtet werden. Teilnehmer, die nach einer Abmahnung seinen Weisungen keine Folge leisten, kann er von der Teilnahme ausschließen (ebenso *Fitting*, § 45 Rn. 28; s. § 42 Rn. 22 ff.). Lässt er zu, dass unzulässige Themen erörtert oder die Grundsätze des § 74 Abs. 2 nicht beachtet werden, so begeht er selbst eine **Amtspflichtverletzung**, die in einem schwerwiegenden Fall, wenn der Betriebsrat selbst nicht für Abhilfe sorgt, dazu berechtigt, dass er auf Antrag durch Beschluss des Arbeitsgerichts aus dem Betriebsrat ausgeschlossen wird (§ 23 Abs. 1; ebenso BAG 4. 5. 1955 AP BetrVG § 44 Nr. 1; *Fitting*, § 45 Rn. 28; *Rüthers*, ZfA 1974, 207, 231; *Schlüter/Dudenbostel*, DB 1974, 2473, 2475).

33 Durch die Erörterung unzulässiger Themen und eine Nichtbeachtung der für die Betriebsversammlung geltenden immanenten Schranken kann die Versammlung ihren Charakter als Betriebsversammlung verlieren (ebenso *Fitting*, § 45 Rn. 29; *Rüthers*, ZfA 1974, 207, 231). Die Folge ist in diesem Fall, dass die Arbeitnehmer ihren Anspruch auf **Vergütung** bzw. **Fortzahlung des Arbeitsentgelts** verlieren können (s. ausführlich § 44 Rn. 51 f.). Der Charakter der Betriebsversammlung wird allerdings nicht aufgehoben, wenn im Rahmen eines Diskussionsbeitrags zu einem zulässigen Gegenstand der Betriebsversammlung Ausführungen gemacht werden, die ein unzulässiges Thema berühren oder gegen die Grundsätze des § 74 Abs. 2 verstoßen. Erforderlich ist vielmehr, dass durch die Gesetzwidrigkeit eine für die Dauer der Betriebsversammlung erhebliche Zeit in Anspruch genommen wird (vgl. auch LAG Düsseldorf [Köln] 22. 1. 1963 AP BetrVG § 43 Nr. 7; *Fitting*, § 45 Rn. 29; *Rüthers*, ZfA 1974, 207, 231; zu eng GL-*Marienhagen*, § 45 Rn. 16, allerdings wird auch dort verlangt, dass es sich um eine ins Gewicht fallende Behandlung eines unzulässigen Beratungsgegenstands oder um eine klare Verletzung der vorgeschriebenen Formen handele; s. zur These vom Verlust des Charakters als Betriebsversammlung auch § 42 Rn. 26).

IV. Streitigkeiten

34 Streitigkeiten über die Zuständigkeit, den zulässigen Themenkreis und die Schranken bei Erörterung zulässiger Themen sowie über die Gültigkeit und die Bedeutung von Beschlüssen der Betriebsversammlung entscheidet das Arbeitsgericht im Beschlussverfahren (§ 2 a Abs. 1 Nr. 1, Abs. 2 i. V. mit §§ 80 ff. ArbGG).

§ 46 Beauftragte der Verbände

(1) [1]An den Betriebs- oder Abteilungsversammlungen können Beauftragte der im Betrieb vertretenen Gewerkschaften beratend teilnehmen. [2]Nimmt der Arbeitgeber an Betriebs- oder Abteilungsversammlungen teil, so kann er einen Beauftragten der Vereinigung der Arbeitgeber, der er angehört, hinzuziehen.

(2) Der Zeitpunkt und die Tagesordnung der Betriebs- oder Abteilungsversammlungen sind den im Betriebsrat vertretenen Gewerkschaften rechtzeitig schriftlich mitzuteilen.

Übersicht

	Rn.
I. Vorbemerkung	1
II. Teilnahme von Gewerkschaftsbeauftragten	4
1. Recht der im Betrieb vertretenen Gewerkschaften	4
2. Ladung	7
3. Bestimmung der teilnahmeberechtigten Personen durch die Gewerkschaft	9
4. Rechtsstellung der Gewerkschaftsbeauftragten in der Betriebs- oder Abteilungsversammlung	11
5. Verhältnis zum Betriebsrat	13
6. Zutrittsrecht zum Betrieb	14
III. Teilnahme des Beauftragten einer Arbeitgebervereinigung	17
1. Kein selbständiges Recht der Arbeitgebervereinigung	17
2. Voraussetzungen für eine Hinzuziehung	18
3. Rechtsstellung des Beauftragten in der Betriebs- oder Abteilungsversammlung	22
IV. Streitigkeiten	24

I. Vorbemerkung

Die Vorschrift regelt die **Teilnahme der Koalitionen an Betriebs- und Abteilungsversammlungen.** Sie konkretisiert deren allgemeine Unterstützungsaufgabe in der Betriebsverfassung. Während die Gewerkschaften ein eigenes Recht haben, Beauftragte zur Teilnahme an einer Betriebs- oder Abteilungsversammlung zu entsenden, steht den Arbeitgebervereinigungen kein derartiges Recht zu. Nur der Arbeitgeber ist berechtigt, bei Teilnahme an einer Betriebs- oder Abteilungsversammlung einen Beauftragten der Arbeitgebervereinigung, der er angehört, hinzuzuziehen. 1

Die Bestimmung entspricht bis auf redaktionelle Änderungen § 45 BetrVG 1952. Lediglich Abs. 2 wurde angefügt, um sicherzustellen, dass wenigstens die im Betriebsrat vertretenen Gewerkschaften von Zeitpunkt und Tagesordnung der Versammlungen rechtzeitig Kenntnis erhalten. 2

Anders als im SprAuG findet sich im Personalvertretungsrecht eine entsprechende, im Einzelnen jedoch gewisse Abweichungen aufweisende Bestimmung in § 52 BPersVG. 3

II. Teilnahme von Gewerkschaftsbeauftragten

1. Recht der im Betrieb vertretenen Gewerkschaften

Im Gegensatz zur Teilnahme an den Sitzungen des Betriebsrats (§ 31) haben die Gewerkschaften ein **selbständiges Recht zur Teilnahme an Betriebs- oder Abteilungsversammlungen.** Dieses Recht steht auch nicht nur den im Betriebsrat vertretenen Gewerkschaften zu, sondern jede im Betrieb vertretene Gewerkschaft kann Beauftragte entsenden (vgl. LAG Düsseldorf 14. 12. 1957 BB 1958, 412, bejahend hinsichtlich der Christlichen Gewerkschaftsbewegung Deutschlands; vgl. auch LAG Hamm 12. 6. 1975 EzA § 46 BetrVG 1972 Nr. 1; zu den Voraussetzungen der Gewerkschaftseigenschaft BAG 19. 9. 2006 AP BetrVG 1972 § 2 Nr. 5; dazu *Rieble*, RdA 2008, 35; sowie § 2 Rn. 40 ff.). Eine Gewerkschaft ist im Betrieb vertreten, wenn bei ihr ein Arbeitnehmer des Betriebs organisiert ist, sofern er zu der vom Betriebsrat repräsentierten Belegschaft gehört (s. § 2 Rn. 67). Nicht erforderlich ist, dass ein Betriebsratsmitglied der Gewerkschaft angehört (s. aber unten Rn. 7). Sofern eine Gewerkschaft im Betrieb vertreten ist, kann sie Beauftragte auch zu allen Teil- und Abteilungsversammlungen entsenden, selbst 4 wenn sie unter den Arbeitnehmern, für die eine Teilversammlung abgehalten wird, bzw. in dem Betriebsteil oder den Betriebsteilen, für die eine Abteilungsversammlung durchgeführt wird, keine Mitglieder hat (ebenso *Fitting*, § 46 Rn. 6; *G. Müller*, ZfA 1972, 213, 216 Fn. 7).

5 Den Gewerkschaften stehen Spitzenverbände gleich, wobei es lediglich darauf ankommt, dass eine der angeschlossenen Gewerkschaften im Betrieb vertreten ist; gleichgültig ist, ob der Spitzenverband nach seiner Satzung tariffähig ist (ebenso GL-*Marienhagen*, § 46 Rn. 6).

6 Das Recht zur Teilnahme besteht nicht nur **gegenüber dem Arbeitgeber**, sondern auch gegenüber der **Betriebs-** oder **Abteilungsversammlung**. Der Versammlungsleiter hat die Beauftragten der im Betrieb vertretenen Gewerkschaften zuzulassen; es bedarf keines besonderen Zulassungsbeschlusses des Betriebsrats oder der Betriebsversammlung (s. auch Rn. 13).

2. Ladung

7 Soweit eine **Gewerkschaft im Betriebsrat vertreten** ist, sind ihr der **Zeitpunkt** und die **Tagesordnung** der Betriebs- oder Abteilungsversammlung **rechtzeitig schriftlich mitzuteilen** (Abs. 2). Dafür genügt auch die Übermittlung per Telefax (so auch *Fitting*, § 46 Rn. 15) oder E-Mail; die Einhaltung der Schriftform gemäß § 126 BGB ist also nicht notwendig (vgl. *Raab*, FS Konzen, 2006, 719, 733). Die Beschränkung auf die im *Betriebsrat* vertretenen Gewerkschaften (s. dazu § 31 Rn. 5 f.) soll dem Betriebsrat die Unterrichtungspflicht erleichtern. Daraus folgt aber nicht, dass ihm verwehrt ist, auch den anderen im Betrieb vertretenen Gewerkschaften Zeitpunkt und Tagesordnung mitzuteilen; denn auch sie haben ein Recht, Beauftragte zur beratenden Teilnahme zu entsenden (ebenso GK-*Weber*, § 46 Rn. 14; HSWGNR-*Worzalla*, § 46 Rn. 5).

8 Die Ladung spricht für den Betriebsrat der Betriebsratsvorsitzende, im Verhinderungsfall sein Stellvertreter, aus (s. auch § 42 Rn. 19). Sie soll sicherstellen, dass die Gewerkschaft geeignete Beauftragte auswählt und diese sich auf die Versammlung ordnungsgemäß vorbereiten.

3. Bestimmung der teilnahmeberechtigten Personen durch die Gewerkschaft

9 **Wer entsandt** wird, bestimmt die **Gewerkschaft** (ebenso BAG 18. 3. 1964 AP BetrVG § 45 Nr. 1; BAG 14. 2. 1967 AP BetrVG § 45 Nr. 2; *Fitting*, § 46 Rn. 7; GK-*Weber*, § 46 Rn. 5; HSWGNR-*Worzalla*, § 46 Rn. 11; DKK-*Berg*, § 46 Rn. 5; *Nikisch*, Bd. III S. 212; *Neumann-Duesberg*, S. 220 f.). Der Beauftragte braucht nicht Angestellter der Gewerkschaft zu sein; insbesondere ist nicht erforderlich, dass er eine Funktion in der Gewerkschaft ausübt. Notwendig ist nicht einmal, dass die Gewerkschaft ein Mitglied als Beauftragten entsendet (s. auch § 2 Rn. 115); sie ist vielmehr in ihrem Auswahlrecht frei, sofern sie es nicht rechtsmissbräuchlich ausübt, also jemand entsendet, der zu ihr so wenig in Kontakt steht, dass durch ihn die Gewerkschaft ihre Unterstützungsaufgabe in der Betriebsverfassung nicht erfüllen kann (vgl. LAG Hamm 3. 6. 2005 – 13 TaBV 58/05).

10 Im Gegensatz zu § 47 BRG 1920 kann die Gewerkschaft **mehrere Beauftragte** entsenden. Eine Begrenzung ergibt sich aber aus dem Zweck des Teilnahmerechts, nämlich der Aufgabe, beratend mitzuwirken, so dass sich die Zahl der Beauftragten in dem Rahmen halten muss, der eine Beratung sinnvoll ermöglicht (ebenso *Fitting*, § 46 Rn. 7; HSWGNR-*Worzalla*, § 46 Rn. 10; *Nikisch*, Bd. III S. 212; vgl. auch GK-*Weber*, § 46 Rn. 6, der die Anzahl auf das erforderliche Mindestmaß beschränken und mehrere Beauftragte nur dann zulassen will, wenn die Tagesordnung dies gebietet).

4. Rechtsstellung der Gewerkschaftsbeauftragten in der Betriebs- oder Abteilungsversammlung

a) Die Beauftragten der Gewerkschaften haben das **Recht, das Wort zu ergreifen** und zu den aufgeworfenen Fragen Stellung zu nehmen (ebenso LAG Berlin 28. 2. 1961 BB 1961, 716). Sie müssen aber die begrenzte Zuständigkeit der Betriebsversammlung respektieren, insbesondere dürfen sie keine unzulässigen Themen erörtern (s. § 45 Rn. 18 ff.). Überschreiten sie diesen Bereich, so hat ihnen der Versammlungsleiter das Wort zu entziehen. Bei einem erheblichen Verstoß kann er verlangen, dass der Gewerkschaftsbeauftragte die Versammlung verlässt (s. § 42 Rn. 22 ff.). 11

b) Die Gewerkschaftsbeauftragten können nur **beratend teilnehmen**; sie haben also **kein Stimmrecht** bei Beschlüssen der Betriebsversammlung und daher auch nicht das Recht, einen Antrag zur Beschlussfassung zu stellen, sondern können insoweit lediglich eine Anregung geben (ebenso *Fitting*, § 46 Rn. 11; GK-*Weber*, § 46 Rn. 10; HSWGNR-*Worzalla*, § 46 Rn. 14; DKK-*Berg*, § 46 Rn. 6). 12

5. Verhältnis zum Betriebsrat

Der **Betriebsrat** kann die **Teilnahme von Gewerkschaftsbeauftragten nicht verbieten**. Verhindert er die Teilnahme, so liegt darin eine grobe Pflichtverletzung, die zu einer Auflösung nach § 23 Abs. 1 berechtigt (ebenso ArbG Esslingen 21. 5. 1964 AuR 1964, 249). Nur wenn eine Gewerkschaft bei der Auswahl des Beauftragten rechtsmissbräuchlich handelt (s. dazu auch Rn. 9), kann der Betriebsrat, nicht der Betriebsratsvorsitzende, die Teilnahme dieses Beauftragten untersagen. Erteilt der Betriebsratsvorsitzende als Versammlungsleiter (s. auch § 42 Rn. 19) einem Gewerkschaftsbeauftragten nicht das Wort oder entzieht er es ihm in unzulässiger Weise, so kann darin, wenn es wiederholt geschieht, eine grobe Pflichtverletzung liegen, die der Gewerkschaft das Recht gibt, den Ausschluss aus dem Betriebsrat nach § 23 Abs. 1 zu beantragen, wenn der Betriebsrat nicht für Abhilfe sorgt, indem er seinen Vorsitzenden abwählt (so auch HSWGNR-*Worzalla*, § 46 Rn. 17). 13

6. Zutrittsrecht zum Betrieb

Den von der Gewerkschaft entsandten Beauftragten hat der Arbeitgeber **Zugang zum Betrieb** zu gewähren, um an der **Betriebs- oder Abteilungsversammlung** teilzunehmen. Das Zutrittsrecht ist hier Folge des Teilnahmerechts an der Betriebsversammlung. Abs. 1 enthält für die Gewerkschaften im Verhältnis zu § 2 Abs. 2 eine Sonderbestimmung (ebenso *Fitting*, § 46 Rn. 8; DKK-*Berg*, § 46 Rn. 4; *Hanau*, BB 1971, 485, 486; GK-*Weber*, § 46 Rn. 8; a. A. *Brecht*, § 2 Rn. 23, 27, § 46 Rn. 2; HSWGNR-*Worzalla*, § 46 Rn. 12; *Vogt*, S. 47; *Klosterkemper*, Zugangsrecht der Gewerkschaften, S. 20 f.; *Lunk*, Betriebsversammlung, S. 196; von seinem Standpunkt aus, dass § 2 Abs. 2 nicht das Zugangsrecht selbst regelt, sondern eine Verfahrens- und Grenzregelung gibt, *Schwerdtner*, JZ 1974, 455, 458 f.). Daraus folgt aber nicht, dass keine Unterrichtungspflicht gegenüber dem Arbeitgeber besteht (so aber *Fitting*, § 46 Rn. 8; DKK-*Berg*, § 46 Rn. 4); denn der Arbeitgeber muss wissen, wem er Zutritt zum Betrieb gewähren muss (ebenso GK-*Weber*, § 46 Rn. 8). Keine Anwendung findet deshalb nur, dass der Arbeitgeber den Zugang nach § 2 Abs. 2 versagen kann, weil unumgängliche Notwendigkeiten des Betriebsablaufs, zwingende Sicherheitsvorschriften oder der Schutz von Betriebsgeheimnissen entgegenstehen (s. auch § 2 Rn. 113). 14

Der Arbeitgeber braucht **keinen Zugang zum Betrieb** zu gewähren, soweit zu erwarten ist, dass die von der Gewerkschaft ausgewählte Person sich nicht an die Grenzen hält, die das Gesetz dem Recht auf Teilnahme an einer Betriebs- oder Abteilungsversammlung zieht (vgl. BAG 18. 3. 1964 AP BetrVG § 45 Nr. 1). Von Bedeutung ist insbesondere, 15 dass das **betriebsverfassungsrechtliche Gebot der vertrauensvollen Zusammenarbeit** auch für den **Gewerkschaftsbeauftragten** gilt, wenn dieser an einer Betriebs- oder Abteilungsversammlung beratend teilnimmt (so vor allem BAG 14. 2. 1967 AP BetrVG § 45 Nr. 2; vgl. auch BAG 18. 3. 1964 AP BetrVG § 45 Nr. 1; zust. *Nikisch*, Bd. III S. 213); er hat außerdem die Grundsätze des § 74 Abs. 2 zu respektieren, also sich insbesondere an das **Verbot parteipolitischer Betätigung** zu halten (ebenso *Fitting*, § 46 Rn. 11; *Klosterkemper*, Zugangsrecht der Gewerkschaften, S. 68; *Rüthers*, ZfA 1974, 207, 232). Dadurch wird aber keineswegs Kritik ausgeschlossen, wenn sie sich in den zulässigen Grenzen hält (vgl. BAG 14. 2. 1967 AP BetrVG § 45 Nr. 2). Nach Ansicht des BAG ist entscheidend, ob durch die Entsendung gerade dieses Gewerkschaftsbeauftragten Störungen im Bereich des Betriebsgeschehens ernstlich zu befürchten sind (BAG 14. 2. 1967 AP BetrVG § 45 Nr. 2). Für die Beantwortung der Frage, ob eine unzulässige Rechtsausübung vorliegt, sind nicht nur Vorfälle in Betracht zu ziehen, die sich innerhalb des Betriebs abgespielt haben und mit der Stellung und Aufgabe der Gewerkschaft innerhalb der Betriebsverfassung zusammenhängen, sondern es können auch Umstände herangezogen werden, die außerhalb des betrieblichen Geschehens liegen, also auch das Verhalten eines Gewerkschaftsbeauftragten während eines Arbeitskampfs (zu eng deshalb zunächst BAG 18. 3. 1974 AP BetrVG § 45 Nr. 1); es kann keine Rolle spielen, „worin eine solche von der fraglichen Persönlichkeit ausgehende Störung letztlich ihre Quelle hat" (so ausdrücklich BAG 14. 2. 1967 AP BetrVG § 45 Nr. 2). Daraus folgt aber nicht, dass die Vorbereitung und Führung eines gewerkschaftlichen Streiks bereits einen Grund darstellt, der dem Arbeitgeber ein Einspruchsrecht gibt. Rechtsmissbräuchlich ist nur die Entsendung eines Beauftragten, der die Grenzen des zulässigen Arbeitskampfs erheblich überschritten hat, der, wie das BAG formuliert, einen „erheblichen Exzess" begangen hat (BAG 14. 2. 1967 AP BetrVG § 45 Nr. 2). Unzulässig ist grundsätzlich auch die Entsendung solcher Gewerkschaftsbeauftragter, die in einem Konkurrenzunternehmen beschäftigt sind (*Brötzmann*, BB 1990, 1055, 1056; a. A. LAG Hamburg 28. 11. 1986 DB 1987, 1595; *Fitting*, § 46 Rn. 9), soweit nicht ausnahmsweise die für ihre Entsendung sprechenden Gründe die schutzwürdigen Interessen des Arbeitgebers überwiegen.

16 Entscheidend ist, ob in der Entsendung des Betreffenden noch aktuell ein Rechtsmissbrauch liegt (vgl. *Dietz*, Anm. zu AP BetrVG § 45 Nr. 1). Wenn über einen Vorfall Gras gewachsen ist, kann auf ihn nicht mehr zurückgegriffen werden.

III. Teilnahme des Beauftragten einer Arbeitgebervereinigung

1. Kein selbständiges Recht der Arbeitgebervereinigung

17 Nimmt der **Arbeitgeber an der Betriebs-** oder **Abteilungsversammlung teil**, so kann er einen **Beauftragten** der Vereinigung der Arbeitgeber, der er angehört, **hinzuziehen** (Abs. 1 Satz 2). Im Gegensatz zu den Gewerkschaften hat die Arbeitgebervereinigung also kein selbständiges Recht zur Entsendung eines Beauftragten (ebenso *Fitting*, § 46 Rn. 17; DKK-*Berg*, § 46 Rn. 10). Während die Beauftragten der Gewerkschaft ihr Recht zur Anwesenheit aus dem Entsendungsrecht der Gewerkschaft ableiten, handelt es sich bei dem Beauftragten der Arbeitgebervereinigung nur um eine Reflexberechtigung aus dem Recht des Arbeitgebers (ebenso BAG 19. 5. 1978 AP BetrVG 1972 § 43 Nr. 3). Der Begriff der Arbeitgebervereinigung setzt dabei Tariffähigkeit voraus (s. § 2 Rn. 62), so dass OT-Verbände nicht in Betracht kommen (ebenso *Fitting*, § 46 Rn. 17). Der nicht einschlägig organisierte Arbeitgeber kann auch nicht einen **Rechtsanwalt als Berater** hinzuziehen (ErfK-*Eisemann/Koch*, § 46 Rn. 5; *Fitting*, § 46 Rn. 17; *Lunk*, Die Betriebsversammlung, S. 204; DKK-*Berg*, § 46 Rn. 11; a. A. *Bauer*, NJW 1988, 1130, 1131; differenzierend *Brötzmann*, BB 1990, 1055, 1058; *Henssler*, RdA 1999, 38, 47).

III. Teilnahme des Beauftragten einer Arbeitgebervereinigung § 46

2. Voraussetzungen für eine Hinzuziehung

a) Voraussetzung für die Hinzuziehung des Beauftragten einer Arbeitgebervereinigung 18
ist, dass der **Arbeitgeber** an der Betriebs- oder Abteilungsversammlung **tatsächlich teilnimmt**. Keine Rolle spielt, ob es sich um eine Versammlung handelt, bei der er von Gesetzes wegen ein Teilnahmerecht hat, oder ob er vom Betriebsrat zur Teilnahme lediglich eingeladen worden ist (s. § 43 Rn. 45 ff.). Nicht notwendig ist, dass der Arbeitgeber persönlich teilnimmt; er kann sich auch durch eine an der Leitung des Betriebs verantwortlich beteiligte Person vertreten lassen (s. § 43 Rn. 53; ebenso für die Hinzuziehungsmöglichkeit, wenn der Arbeitgeber sich vertreten lässt: *Fitting*, § 46 Rn. 17; GL-*Marienhagen*, § 46 Rn. 22; GK-*Weber*, § 46 Rn. 16).

Hinzugezogen werden kann nur ein **Beauftragter der Arbeitgebervereinigung,** der der 19
Arbeitgeber angehört. Der Arbeitgebervereinigung steht auch hier ein Spitzenverband gleich, wenn der Arbeitgeber ein Mitglied einer angeschlossenen Arbeitgebervereinigung ist (s. Rn. 5).

Der Arbeitgeber kann **nur einen Beauftragten** hinzuziehen, auch wenn mehrere Ge- 20
werkschaftsbeauftragte anwesend sind (ebenso GK-*Weber*, § 46 Rn. 16). Das gilt auch, wenn er zwei oder mehreren Arbeitgebervereinigungen angehört (ebenso HSWGNR-*Worzalla*, § 46 Rn. 18). Wen die Arbeitgebervereinigung entsendet, kann letztlich der Arbeitgeber selbst bestimmen; denn entspricht die Person nicht seiner Wahl, so kann er davon absehen, sie hinzuzuziehen. Die Arbeitgebervereinigung ist aber im Allgemeinen vereinsrechtlich nicht verpflichtet, die vom Arbeitgeber ausgewählte Person als Beauftragten zu entsenden.

b) Der **Betriebsrat** ist **nicht verpflichtet,** der **Arbeitgebervereinigung Zeitpunkt** und 21
Tagesordnung der Betriebs- oder Abteilungsversammlungen mitzuteilen, sondern dies obliegt dem Arbeitgeber, wenn er einen Beauftragten hinzuziehen will. Sind die gesetzlichen Voraussetzungen gegeben, so kann der Betriebsrat die Teilnahme eines Beauftragten der Arbeitgebervereinigung nicht ablehnen; etwas anderes gilt nur, wenn die Hinzuziehung einer bestimmten Person sich als unzulässige Rechtsausübung darstellt. Davon abgesehen handelt der Versammlungsleiter pflichtwidrig, wenn er den Beauftragten der Arbeitgebervereinigung nicht teilnehmen lässt, obwohl der Arbeitgeber es wünscht.

3. Rechtsstellung des Beauftragten in der Betriebs- oder Abteilungsversammlung

a) Der Beauftragte der Arbeitgebervereinigung kann in der Betriebs- oder Abteilungs- 22
versammlung das **Wort ergreifen.** Da der Arbeitgeber berechtigt ist, in den Versammlungen zu sprechen (§ 43 Abs. 2 Satz 2), muss man dasselbe Recht auch für den Beauftragten der Arbeitgebervereinigung anerkennen, den der Arbeitgeber hinzuzieht. Doch handelt der Beauftragte einer Arbeitgebervereinigung anders als ein Gewerkschaftsbeauftragter nicht aus *eigenem Recht,* sondern aus dem *Teilnahmerecht des Arbeitgebers,* das seine Hinzuziehung umfasst (s. Rn. 17). Deshalb kann der Arbeitgeber verlangen, dass dem von ihm hinzugezogenen Beauftragten das Wort erteilt wird (ebenso BAG 19. 5. 1978 AP BetrVG 1972 § 43 Nr. 3). Daraus folgt, dass der Beauftragte der Arbeitgebervereinigung sich an der Aussprache in der Betriebs- oder Abteilungsversammlung beteiligen kann. Es besteht insoweit ein eigenständiger Anspruch gegenüber dem Betriebsrat, der zwar nicht der Arbeitgebervereinigung, sondern dem Arbeitgeber zusteht, der aber inhaltlich nicht auf ein Recht zur Worterteilung im Einzelfall verkürzt werden darf, sondern so weit reicht, wie auch der Arbeitgeber berechtigt ist, in der Versammlung zu sprechen; denn dies ist der Zweck der Hinzuziehung durch den Arbeitgeber. Eine Interpretation, die den Beauftragten der Arbeitgebervereinigung darauf beschränkt, während der Versammlung lediglich dem Arbeitgeber beratend zur Seite zu

stehen, entspricht nicht § 2 Abs. 1, der die Unterstützungsaufgabe nicht auf die im Betrieb vertretenen Gewerkschaften begrenzt, sondern die Arbeitgebervereinigungen einbezieht; auch der sonst geltende Grundsatz der Koalitionsparität spricht dafür, dass der Beauftragte der Arbeitgebervereinigung die gleichen Rechte und Pflichten wie die Gewerkschaftsbeauftragten hat. Ein Unterschied ergibt sich lediglich daraus, dass er aus dem Recht des Arbeitgebers handelt, also nicht er oder die Arbeitgebervereinigung, sondern ausschließlich der Arbeitgeber gegenüber dem Betriebsrat den Anspruch hat, den Beauftragten der Arbeitgebervereinigung in der Versammlung sprechen zu lassen (ebenso GL-*Marienhagen*, § 46 Rn. 22; *Stege/Weinspach/Schiefer*, §§ 42 bis 46 Rn. 18; *Nikisch*, Bd. III S. 212; *Vogt*, S. 46; wie hier im Begründungsansatz BAG 19. 5. 1978 AP BetrVG 1972 § 43 Nr. 3; a. A. soweit angenommen wird, dass der Beauftragte im Gegensatz zu den Gewerkschaftsbeauftragten keine beratende Funktion in der Betriebsversammlung hat, *Brecht*, § 46 Rn. 3; *Fitting*, § 46 Rn. 19; GK-*Weber*, § 46 Rn. 18; DKK-*Berg*, § 46 Rn. 12).

23   b) Dem Beauftragten der Arbeitgebervereinigung steht selbstverständlich **weder** ein **Antrags- noch** ein **Stimmrecht** zu.

IV. Streitigkeiten

24   Streitigkeiten über das Teilnahmerecht der Beauftragten einer Gewerkschaft oder einer Arbeitgebervereinigung entscheidet das **Arbeitsgericht im Beschlussverfahren** (§ 2 a Abs. 1 Nr. 1, Abs. 2 i. V. mit §§ 80 ff. ArbGG). Das gilt auch, wenn der Arbeitgeber einer Gewerkschaft das Recht bestreitet, einen bestimmten Beauftragten zu entsenden, und ihm den Zutritt zum Betrieb verweigert. Auch soweit er den Anspruch auf sein Eigentum (§ 1004 BGB) oder seinen Besitz (§ 862 BGB) stützt, sind nicht die ordentlichen Gerichte zuständig, sondern der Arbeitgeber hat auch diesen Unterlassungsanspruch vor dem Arbeitsgericht im Beschlussverfahren durchzusetzen (so bereits zum BetrVG 1952 BAG 18. 3. 1964 AP BetrVG § 45 Nr. 1). Auch wenn streitig ist, welche Rechtsstellung ein Gewerkschaftsbeauftragter oder ein hinzugezogener Beauftragter einer Arbeitgebervereinigung hat, entscheidet das Arbeitsgericht im Beschlussverfahren (ebenso BAG 19. 5. 1978 AP BetrVG 1972 § 43 Nr. 3).

25   In diesen Verfahren sind auch die **Gewerkschaften,** um deren Teilnahme es sich handelt, Beteiligte und **antragsberechtigt** (ebenso BAG 18. 3. 1964 AP BetrVG § 45 Nr. 1), nicht dagegen die Arbeitgebervereinigung, weil sie kein selbständiges Teilnahmerecht hat (ebenso BAG 19. 5. 1978 AP BetrVG 1972 § 43 Nr. 3).

26   Wird einem Arbeitnehmerverband die Gewerkschaftseigenschaft bestritten, so kann er eine **einstweilige Verfügung** im Beschlussverfahren beantragen, um Beauftragte zur Teilnahme an Betriebs- und Abteilungsversammlungen entsenden zu können (ebenso LAG Hamm 12. 6. 1975 EzA § 46 BetrVG 1972 Nr. 1).

Wird in einem Beschlussverfahren über das Zutrittsrecht eines möglicherweise nicht tariffähigen Arbeitnehmerverbandes gestritten, ist dieser Arbeitnehmerverband angesichts der Doppelrelevanz dieser Frage ohne weiteres parteifähig i. S. d. § 10 ArbGG (BAG 19. 9. 2006 AP BetrVG 1972 § 2 Nr. 5).

Fünfter Abschnitt. Gesamtbetriebsrat

Vorbemerkung

Abgekürzt zitiertes Schrifttum: *Robrecht,* Die Gesamtbetriebsvereinbarung, 2008; *Störmann,* Der Gesamtbetriebsrat nach dem Betriebsverfassungsgesetz, Diss. Köln 1961.

I. Der Gesamtbetriebsrat als Repräsentant der Arbeitnehmer auf Unternehmensebene

Während § 50 BRG 1920 und § 46 BetrVG 1952 lediglich die Möglichkeit vorsahen, einen Gesamtbetriebsrat zu errichten, seine Bildung also im Ermessen der Einzelbetriebsräte lag, schreibt das Gesetz die Errichtung eines Gesamtbetriebsrats zwingend vor, wenn in einem Unternehmen mehrere Betriebsräte bestehen (§ 47 Abs. 1). Diese Voraussetzung ist nur gegeben, wenn das Unternehmen sich in mehrere Betriebe gliedert. Da der Betriebsrat für den Betrieb errichtet wird, muss für Maßnahmen mit betriebsübergreifender Auswirkung, wie sowohl in der Begründung zum RegE als auch im Bericht des BT-Ausschusses für Arbeit und Sozialordnung hervorgehoben wird, „der Unternehmensleitung ein für das gesamte Unternehmen zuständiges Vertretungsorgan der Arbeitnehmer gegenüberstehen" (so BT-Drucks. VI/1786, S. 42; vgl. auch *zu* BT-Drucks. VI/2729, S. 25). 1

Der Gesamtbetriebsrat steht neben den Betriebsräten der einzelnen Betriebe. Der Gesamtbetriebsrat hat keinerlei Ähnlichkeit mit den Stufenvertretungen nach dem BPersVG (§§ 53 ff. BPersVG). Die Stellung der Einzelbetriebsräte wird durch den Gesamtbetriebsrat nicht berührt (§ 50 Abs. 1 Satz 2), wenigstens soweit es sich um Aufgaben handelt, die nur einen Betrieb oder die Einzelbetriebe je für sich betreffen. Der Gesamtbetriebsrat ist nur zuständig, wenn es sich um Angelegenheiten handelt, die das Gesamtunternehmen oder mehrere Betriebe betreffen und deren Regelung auf Unternehmensebene erforderlich ist, wobei sich seine Zuständigkeit insoweit auch auf Betriebe ohne Betriebsrat erstreckt (§ 50 Abs. 1 Satz 1; s. dort Rn. 49 ff.). 2

Soweit ein unternehmenseinheitlicher Betriebsrat nach § 3 Abs. 1 Nr. 1 a errichtet wird, kommt die Bildung eines Gesamtbetriebrats nicht in Betracht, da dann im gesamten Unternehmen nur ein Betriebsrat besteht (§ 3 Abs. 5; s. näher § 47 Rn. 4). 3

II. Inhalt des Fünften Abschnitts

Das Gesetz regelt im Fünften Abschnitt nur zwei betriebsverfassungsrechtliche Institutionen auf Unternehmensebene, den **Gesamtbetriebsrat** (§§ 47 bis 52) und die **Betriebsräteversammlung** (§ 53). Als zusätzliche betriebsverfassungsrechtliche Vertretung sieht es außerdem die **Gesamt-Jugend- und Auszubildendenvertretung** vor (§§ 72, 73). Dem Gesamtbetriebsrat entspricht für die leitenden Angestellten der **Gesamtsprecherausschuss**, der in einem Unternehmen errichtet wird, wenn mehrere Sprecherausschüsse bestehen (§ 16 Abs. 1 SprAuG). Alternativ zur Bildung von Betriebssprecherausschüssen eröffnet § 20 SprAuG unter leichteren Voraussetzungen als § 3 Abs. 1 Nr. 1 a die Möglichkeit, einen **Unternehmenssprecherausschuss** zu bilden. Für die schwerbehinderten Menschen wählen, wenn ein Gesamtbetriebsrat errichtet ist, die Schwerbehindertenvertretungen der einzelnen Betriebe eine **Gesamtschwerbehindertenvertretung** (§ 97 Abs. 1 Satz 1 SGB IX). 4

§ 47[1] Voraussetzungen der Errichtung, Mitgliederzahl, Stimmengewicht

(1) Bestehen in einem Unternehmen mehrere Betriebsräte, so ist ein Gesamtbetriebsrat zu errichten.

(2) [1]In den Gesamtbetriebsrat entsendet jeder Betriebsrat mit bis zu drei Mitgliedern eines seiner Mitglieder; jeder Betriebsrat mit mehr als drei Mitgliedern entsendet zwei seiner Mitglieder. [2]Die Geschlechter sollen angemessen berücksichtigt werden.

(3) Der Betriebsrat hat für jedes Mitglied des Gesamtbetriebsrats mindestens ein Ersatzmitglied zu bestellen und die Reihenfolge des Nachrückens festzulegen.

(4) Durch Tarifvertrag oder Betriebsvereinbarung kann die Mitgliederzahl des Gesamtbetriebsrats abweichend von Absatz 2 Satz 1 geregelt werden.

(5) Gehören nach Absatz 2 Satz 1 dem Gesamtbetriebsrat mehr als vierzig Mitglieder an und besteht keine tarifliche Regelung nach Absatz 4, so ist zwischen Gesamtbetriebsrat und Arbeitgeber eine Betriebsvereinbarung über die Mitgliederzahl des Gesamtbetriebsrats abzuschließen, in der bestimmt wird, dass Betriebsräte mehrerer Betriebe eines Unternehmens, die regional oder durch gleichartige Interessen miteinander verbunden sind, gemeinsam Mitglieder in den Gesamtbetriebsrat entsenden.

(6) [1]Kommt im Fall des Absatzes 5 eine Einigung nicht zustande, so entscheidet eine für das Gesamtunternehmen zu bildende Einigungsstelle. [2]Der Spruch der Einigungsstelle ersetzt die Einigung zwischen Arbeitgeber und Gesamtbetriebsrat.

(7) [1]Jedes Mitglied des Gesamtbetriebsrats hat so viele Stimmen, wie in dem Betrieb, in dem es gewählt wurde, wahlberechtigte Arbeitnehmer in der Wählerliste eingetragen sind. [2]Entsendet der Betriebsrat mehrere Mitglieder, so stehen ihnen die Stimmen nach Satz 1 anteilig zu.

(8) Ist ein Mitglied des Gesamtbetriebsrats für mehrere Betriebe entsandt worden, so hat es so viele Stimmen, wie in den Betrieben, für die es entsandt ist, wahlberechtigte Arbeitnehmer in den Wählerlisten eingetragen sind; sind mehrere Mitglieder entsandt worden, gilt Absatz 7 Satz 2 entsprechend.

(9) Für Mitglieder des Gesamtbetriebsrats, die aus einem gemeinsamen Betrieb mehrerer Unternehmen entsandt worden sind, können durch Tarifvertrag oder Betriebsvereinbarung von den Absätzen 7 und 8 abweichende Regelungen getroffen werden.

Abgekürzt zitiertes Schrifttum: *Peix*, Errichtung und Fortbestand des Gesamtbetriebsrates unter besonderer Berücksichtigung von gewillkürten Arbeitnehmervertretungen und Unternehmensumstrukturierungen, 2008;

Übersicht

	Rn.
I. Vorbemerkung	1
II. Voraussetzungen für die Errichtung des Gesamtbetriebsrats	4
1. Gliederung des Unternehmens in mehrere Betriebe	4
2. Problemfälle	10
3. Mehrere Betriebsräte als weitere Voraussetzung	16
4. Keine weiteren Voraussetzungen	18
5. Auslandsbezug	19
III. Errichtung, Beendigung, Mitgliederzahl und Zusammensetzung des Gesamtbetriebsrats	23
1. Errichtung und Beendigung	23

---

[1] Amtl. Anm.: Gemäß Artikel 14 Satz 2 des Gesetzes zur Reform des Betriebsverfassungsgesetzes (BetrVerf-Reformgesetz) vom 23. Juli 2001 (BGBl. I S. 1852) gilt § 47 Abs. 2 (Artikel 1 Nr. 35 Buchstabe a des BetrVerf-Reformgesetzes) für im Zeitpunkt des Inkrafttretens bestehende Betriebsräte erst bei deren Neuwahl.

II. Voraussetzungen für die Errichtung des Gesamtbetriebsrats § 47

	Rn.
2. Entsendung durch den Betriebsrat und Mitgliederzahl	28
3. Übernahme und Niederlegung des Amtes im Gesamtbetriebsrat	34
4. Abberufung	36
5. Ersatzmitglieder	37
6. Rechtsfolgen bei Nichtentsendung durch den Betriebsrat	40
IV. Abweichende Regelung über die Mitgliederzahl des Gesamtbetriebsrats	43
1. Überblick	43
2. Inhalt der Regelungsbefugnis	44
3. Regelung durch Tarifvertrag oder Betriebsvereinbarung	47
4. Änderung der Mitgliederzahl	54
5. Verfahren der Entsendung als Regelungsgegenstand	58
V. Notwendigkeit einer Verkleinerung des Gesamtbetriebsrats	60
1. Voraussetzungen	60
2. Tarifvorrang	61
3. Zuständigkeit des Gesamtbetriebsrats für den Abschluss einer Betriebsvereinbarung	62
4. Einigungsverfahren	63
5. Zusammenfassung der Betriebsräte mehrerer Betriebe zu gemeinsamer Entsendung	67
6. Geltungsdauer der Gesamtbetriebsvereinbarung	69
VI. Stimmrecht der entsandten Mitglieder im Gesamtbetriebsrat	70
1. Stimmengewicht bei gesetzlicher Mitgliederzahl	70
2. Stimmengewicht bei veränderter Mitgliederzahl	72
3. Stimmrechtsausübung	73
4. Post-Privatisierung	75
VII. Entsendung von Mitgliedern aus einem gemeinsamen Betrieb	76
VIII. Streitigkeiten	82

I. Vorbemerkung

Das Gesetz schreibt im Gegensatz zum früheren Recht die **Errichtung** eines Gesamt- **1** betriebsrats **zwingend** vor. Die Vorschrift regelt die Errichtung des Gesamtbetriebsrats, dessen Zusammensetzung und Mitgliederzahl und das Stimmengewicht der Mitglieder bei einer Beschlussfassung des Gesamtbetriebsrats.

Durch **Tarifvertrag** oder **Betriebsvereinbarung** kann wie nach § 47 Abs. 2 BetrVG **2** 1952 die **Mitgliederzahl** des Gesamtbetriebsrats **abweichend vom Gesetz geregelt** werden, um eine den Bedürfnissen im einzelnen Unternehmen entsprechende Gestaltung der zahlenmäßigen Zusammensetzung des Gesamtbetriebsrats zu ermöglichen. Gehören dem Gesamtbetriebsrat mehr als vierzig Mitglieder an, so muss wie nach § 47 Abs. 3 BetrVG 1952 eine Regelung der Mitgliederzahl erfolgen. Besteht keine tarifliche Regelung, so ist zwischen Gesamtbetriebsrat und Arbeitgeber eine Betriebsvereinbarung zu schließen; kommt eine Einigung nicht zustande, so entscheidet eine für das Gesamtunternehmen zu bildende Einigungsstelle.

Die Vorschrift wurde durch das BetrVerf-Reformgesetz vom 23. 7. 2001 (BGBl. I **3** S. 1852) in Folge der Aufgabe des Gruppenprinzips grundlegend geändert. Aufgehoben wurden damit insbesondere auch jene Bestimmungen, die durch die Novelle vom 20. 12. 1988 (BGBl. I S. 2312) zur Stärkung des Gruppenschutzes eingeführt worden waren (s. dazu näher 7. Aufl., Rn. 1 ff.).

II. Voraussetzungen für die Errichtung des Gesamtbetriebsrats

1. Gliederung des Unternehmens in mehrere Betriebe

a) Ein Gesamtbetriebsrat ist zu errichten, wenn in einem Unternehmen **mehrere** **4** **Betriebsräte** bestehen (Abs. 1). Da in einem Betrieb i. S. des Gesetzes nur ein Betriebsrat bestehen kann, ist demnach Voraussetzung, dass **ein Unternehmen** sich in **mehrere selbständige Betriebe** gliedert (ebenso BAG 5. 12. 1975 AP BetrVG 1972 § 47 Nr. 1). Es genügt die betriebsverfassungsrechtliche Selbständigkeit, so dass ein Gesamtbetriebsrat auch dann zu bilden ist, wenn es sich lediglich um Betriebsteile handelt, die die Voraussetzungen des § 4 Abs. 1 Satz 1 erfüllen (s. dort Rn. 13 ff.) oder wenn Organisationseinheiten nach § 3 Abs. 5 als Betriebe i. S. des BetrVG gelten. Ein Gesamtbetriebsrat ist auch dann zu errichten, wenn auf Grund fehlerhafter Betriebsabgrenzung mehrere Betriebsräte gewählt worden sind (ebenso GK-*Kreutz*, § 47 Rn. 4). Mangels Existenz mehrerer Betriebe i. S. des Gesetzes kann ein Gesamtbetriebsrat nicht gebildet werden, wenn ein unternehmenseinheitlicher Betriebsrat nach § 3 Abs. 1 Nr. 1a errichtet worden ist.

5   b) Der **Begriff des Unternehmens** wird vom Gesetz als gegeben vorausgesetzt. Nach der Zweckbestimmung bezeichnet er die **Repräsentationsstufe für die Bildung einer Arbeitnehmervertretung** (s. § 1 Rn. 11). Da das Gesetz nicht die Vermögensordnung ändert, bezieht sich hier der Unternehmensbegriff auf den Rechtsträger der Betriebe. Der Unternehmer und der Inhaber der zu dem Unternehmen gehörenden Betriebe müssen – abgesehen vom Sonderfall des gemeinsamen Betriebs – identisch sein (ebenso BAG 29. 11. 1989 AP ArbGG 1979 § 10 Nr. 3; bereits BAG 5. 12. 1975 AP BetrVG 1972 § 47 Nr. 1 [zust. *Wiedemann/Strohn*]; 11. 12. 1987 AP BetrVG 1972 § 47 Nr. 7; BAG 9. 8. 2000 AP BetrVG 1972 § 47 Nr. 9). Die Bildung eines Gesamtbetriebsrates für mehrere Unternehmen ist nicht möglich (BAG 13. 2. 2007 AP § 47 BetrVG 1972 Nr. 17; BAG 23. 1. 2008 AP § 77 BetrVG 1972 Betriebsvereinbarung Nr. 40).

6   Die Errichtung eines Gesamtbetriebsrats ist nur in dem Umfang möglich, wie der Träger des Unternehmens eine **rechtliche Einheit** bildet (ebenso BAG 9. 8. 2000 AP BetrVG 1972 § 47 Nr. 9; bereits vorher BAG 29. 11. 1989 AP ArbGG 1979 § 10 Nr. 3; 5. 12. 1975 AP BetrVG 1972 § 47 Nr. 1; BAG 11. 12. 1987 AP BetrVG 1972 § 47 Nr. 7; *Fitting*, § 47 Rn. 9 f.; BAG 13. 2. 2007 – 1 AZR 184/06; GK-*Kreutz*, § 47 Rn. 13 [Identität von Arbeitgeber und Unternehmer]; HSWGNR-*Glock*, § 47 Rn. 8; DKK-*Trittin*, § 47 Rn. 15). Eine bloß wirtschaftliche Verflechtung von Betrieben genügt nicht. Erforderlich, aber auch ausreichend, ist vielmehr die *rechtliche Selbständigkeit*. Das Gesetz unterscheidet nämlich für die Bildung der Arbeitnehmerrepräsentanten, die neben den auf der Ebene des Betriebs gebildeten Betriebsräten für die Mitbestimmungsausübung zuständig sind (§§ 50, 58), vom Unternehmen den „Konzern" (§ 54 Abs. 1 Satz 1). Eine Konzernbindung genügt deshalb nicht, damit von einem einheitlichen Unternehmen die Rede sein kann, da die Konzernunternehmen ihre rechtliche Selbständigkeit behalten.

7   Eine rechtliche Einheit liegt nicht nur vor, wenn der Rechtsträger des Unternehmens eine **natürliche** oder **juristische Person** ist, sondern auch dann, wenn er eine **Gesamthandsgemeinschaft** darstellt. Bei einer OHG oder KG, aber auch bei einer BGB-Gesellschaft besteht keine Identität mit den Gesellschaftern; denn das Unternehmen wird von den Gesellschaftern als Personengemeinschaft betrieben, der als Gesamthand Rechte und Pflichten unmittelbar zugeordnet werden. Das gilt nicht nur wegen § 124 Abs. 1 HGB für OHG und KG, sondern wegen des Gesamthandsprinzips auch für die BGB-Gesellschaft (vgl. zur Gesamthand *Flume*, Allgemeiner Teil des Bürgerlichen Rechts, Bd. I/1, 1977, S. 50 ff. und passim). Abzulehnen sind jedoch Tendenzen, die Gesamthandsgemeinschaften den juristischen Personen anzugleichen (s. insbes. *Raiser*, AcP 194 (1994), 495 ff.; *Timm*, NJW 1995, 3290; vgl. zu dieser Problematik auch BGH 29. 1. 2000 NJW 2001, 1056; BGH 18. 2. 2002 NJW 2002, 1207; *Habersack*, BB 2001, 477 [m. w. N.], die der Personengesellschaft grundsätzlich Rechtsfähigkeit, wenngleich nicht den Charakter einer juristischen Person, zuerkennen; beachte auch § 14 Abs. 2 BGB; vgl. aus arbeitsrechtlicher Sicht *Diller*, NZA 2003, 401 ff.).

8   c) Nach unbestrittener Ansicht kann eine **juristische Person nur ein Unternehmen** betreiben, so dass hier die Einheit von Unternehmen und Unternehmer stets gegeben ist

II. Voraussetzungen für die Errichtung des Gesamtbetriebsrats § 47

(ebenso BAG 5. 12. 1975 AP BetrVG 1972 § 47 Nr. 1 [zust. *Wiedemann/Strohn*]; bestätigt BAG 29. 11. 1989 AP ArbGG 1979 § 10 Nr. 3; BAG 9. 8. 2000 AP BetrVG 1972 § 47 Nr. 9). Das Gleiche gilt für die **OHG, KG** und **BGB-Gesellschaft** (ebenso BAG 29. 11. 1989 AP ArbGG 1979 § 10 Nr. 3). Auch wenn eine Kapitalgesellschaft oder Genossenschaft nach dem Divisionsprinzip organisiert ist und auf verschiedenen Gebieten unternehmerisch tätig wird, handelt es sich stets nur um ein Unternehmen. Das kommt auch darin zum Ausdruck, dass jede Handelsgesellschaft nur eine Firma führen kann (st. Rspr., vgl. RGZ 85, 397, 399; zuletzt BGH 21. 9. 1976 WM 1976, 1052; Nachweise zum Streitstand bei *Canaris*, Handelsrecht, 24. Aufl, § 11 IV, S. 215 ff.). Zum notwendigen Inhalt der Satzung oder des Statuts gehört, dass der Gegenstand des Unternehmens angegeben wird (s. § 23 Abs. 3 Nr. 2 AktG, § 3 Abs. 1 Nr. 2 GmbHG, § 6 Nr. 2 GenG). Selbst wenn man Bedenken dagegen hat, daraus unmittelbar auf die betriebsverfassungsrechtliche Unternehmenseinheit zu schließen (so vor allem *Leipold*, SAE 1977, 140 f.), verdient Beachtung, dass die juristische Person eine rechtlich verselbständigte Organisationseinheit darstellt, und auch die Gesamthand nimmt als Organisationseinheit der in ihr verbundenen Personen am Rechtsleben teil (so vor allem *Flume*, Allgemeiner Teil des Bürgerlichen Rechts, Bd. I/1, 1977, S. 56 und passim). Diese Organisationseinheit bildet das Unternehmen und kann daher auch betriebsverfassungsrechtlich nicht in mehrere Unternehmen zerlegt werden, zumal eine derartige Aufspaltung dem Zweck der Errichtung eines Gesamtbetriebsrats widerspricht.

Die früher wohl vorherrschende Ansicht nahm jedoch an, dass eine **natürliche Person** 9 mehrere Unternehmen betreiben könne, sofern sie über unterschiedliche Organisationseinheiten mit jeweils verschiedenen Leitungsapparaten verfüge (s. etwa *Richardi*, 7. Aufl., Rn. 8; *Hueck*/Nipperdey, Arbeitsrecht I, S. 97; *Nikisch*, Arbeitsrecht I, S. 157; *Wiedemann/Strohn*, Anm. AP BetrVG 1972 § 47 Nr. 1; ebenso DKK-*Trittin*, § 47 Rn. 17; s. auch § 1 Rn. 52). Daran ist in jüngerer Zeit Kritik geäußert worden, die sich jedenfalls mit Blick auf das Organisationsstatut des BetrVG auf gute Gründe berufen kann. Denn hier geht es um die Erfassung des gesamten unternehmerischen Tätigkeitsbereichs eines Rechtsträgers, ohne dass sich dem Gesetz insoweit Hinweise auf eine unterschiedliche Behandlung von natürlichen Personen und sonstigen Unternehmensträgern entnehmen lassen. Deshalb ist zumindest für das betriebsverfassungsrechtliche Organisationsstatut davon auszugehen, dass auch eine natürliche Person nur ein Unternehmen betreiben kann (so im Ergebnis *Joost*, Betrieb und Unternehmen als Grundbegriffe im Arbeitsrecht, 1988, S. 218 ff.; *ders.*, MünchArbR § 225 Rn. 11; *Konzen*, Unternehmensaufspaltungen und Organisationsänderungen im Betriebsverfassungsrecht, 1986, S. 93; GK-*Kreutz*, § 47 Rn. 13 ff.; WP-*Roloff*, § 47 Rn. 3; *Umnuss*, Organisation der Betriebsverfassung und Unternehmerautonomie, 1993, S. 146).

2. Problemfälle

a) Problematisch ist die Rechtslage, wenn zwei oder mehrere Gesellschaften zur 10 gemeinsamen Führung der vorhandenen Betriebe eine sog. **Betriebsführungsgesellschaft** (Unternehmensführungsgesellschaft) bilden; denn in diesem Fall ist in der Betriebsführungsgesellschaft ein einheitlicher Unternehmer vorhanden, aber dennoch ist zweifelhaft, ob dort ein Gesamtbetriebsrat zu errichten ist. Wird der Betrieb im Namen der jeweils überlassenden Gesellschaft (Eigentümer-Gesellschaft) fortgeführt (sog. echter Betriebsführungsvertrag), so hat dies auf die rechtliche Zuordnung des Betriebs keinen Einfluss, so dass er nicht der Betriebsführungsgesellschaft zugeordnet werden kann. Wegen der Verschiedenheit des Unternehmers ist daher bei der Betriebsführungsgesellschaft die Errichtung eines Gesamtbetriebsrats auch dann nicht möglich, wenn diese eigenes Führungspersonal beschäftigt (ebenso *Fitting*, § 47 Rn. 14; GK-*Kreutz*, § 47 Rn. 24; HSWGNR-*Glock*, § 47 Rn. 11; DKK-*Trittin*, § 47 Rn. 18; *Rüthers*, BB 1977, 605, 612). Allenfalls kommt die Errichtung eines Konzernbetriebsrats in Betracht, sofern beide Unternehmen unter der einheitlichen Leitung eines herrschenden Unternehmens (§ 18 Abs. 1 AktG) zusammengefasst sind (s. § 54 Rn. 3 ff.). Wenn dagegen kraft ausdrücklicher Vereinbarung die Betriebsführungsgesellschaft Arbeitgeberin wird, ist für alle Betriebe der überlassenden Gesellschaften die Gemeinsamkeit des Unternehmers gegeben, so dass bei der Betriebsführungsgesellschaft mehrere Betriebe bestehen und daher ein Gesamtbetriebsrat zu bilden ist (ebenso BAG 29. 11. 1989 AP ArbGG 1979 § 10 Nr. 3 [*Reuter*]; GK-*Kreutz*, § 47 Rn. 24). Bei Abschluss eines echten **Betriebspachtvertrags** gehen die Arbeitsverhältnisse nach § 613a BGB auf die Pachtgesellschaft über (vgl. BAG 2. 10. 1974 AP BGB § 613a Nr. 1; BAG 12. 5. 1976 AP BGB § 613a Nr. 3; s. dazu Staudinger-*Annuß*, § 613a Rn. 101), so dass eine Identität des Unternehmers gegeben.

11 Von einer Betriebsführungsgesellschaft zu unterscheiden ist der sog. **gemeinsame Betrieb mehrerer Unternehmen** (s. § 1 Rn. 60 ff.). Er ist selbst kein Unternehmen i. S. des BetrVG, sondern eine mehreren Unternehmen zugeordnete einheitliche Arbeitsorganisation (s. zu seiner Vertretung im Gesamtbetriebsrat näher Rn. 76 ff.).

12 b) In einem **Franchise-System** wird zwischen dem Franchise-Geber und dem Franchise-Nehmer **keine Unternehmenseinheit** begründet (vgl. zum Franchise-Vertrag MünchArbR-*Richardi* § 17 Rn. 67 ff.). Der Franchise-Nehmer ist ein selbständiger Unternehmer. Deshalb kann ein bei ihm bestehender Betriebsrat nicht mit einem beim Franchise-Geber vorhandenen Betriebsrat einen Gesamtbetriebsrat errichten oder sich an einem dort bestehenden Gesamtbetriebsrat beteiligen (ebenso GK-*Kreutz*, § 47 Rn. 25; *Fitting*, § 47 Rn. 11; a. A. teilweise *Buschbeck-Bülow*, BB 1989, 352, 353; s. dazu auch *Skaupy*, BB 1990, 134).

13 c) Keine Sonderstellung nimmt die **GmbH & Co. KG** ein. Gleichgültig, ob eine typische Gestaltung vorliegt, bei der sich die Aufgabe der GmbH in der regelmäßig ohne eigene Arbeitnehmer wahrgenommenen Geschäftsführung für die KG erschöpft, oder ob die GmbH eine eigene Betriebsorganisation unterhält, stets sind Komplementär-GmbH und KG zwei verschiedene Unternehmen. Die Bildung eines einheitlichen Gesamtbetriebsrats kommt daher nicht in Betracht (DKK-*Trittin*, § 47 Rn. 16). Allerdings ist hier besonders sorgfältig zu prüfen, ob nicht ein gemeinsamer Betrieb beider Gesellschaften (§ 1 Abs. 1 Satz 2) vorliegt (vgl. dazu insgesamt *Wiedemann/Strohn*, Anm. BAG AP BetrVG 1972 § 47 Nr. 1).

14 d) Bei einem **Wohlfahrtsverband** hängt die Errichtung eines Gesamtbetriebsrats für seinen Bereich davon ab, ob die Einrichtungen Betriebe desselben oder verschiedener Rechtsträger sind (a. A. zunächst BAG 23. 9. 1980 AP BetrVG 1972 § 47 Nr. 4; wie hier dagegen BAG 29. 11. 1989 AP ArbGG 1979 § 10 Nr. 3 [*Reuter*]). Der Errichtung eines Gesamtbetriebsrats steht nicht entgegen, dass es sich nach § 118 Abs. 1 Satz 1 um ein **Tendenzunternehmen** handelt (ebenso BAG AP BetrVG 1972 § 47 Nr. 4).

15 e) Bei **politischen Parteien** ist die Unternehmenseigenschaft der einzelnen Gebietsverbände anhand der Vorschriften des ParteiG zur Gliederung demokratischer Parteien sowie deren Umsetzung in den jeweiligen Organisationsstatuten der Parteien zu beurteilen (BAG 9. 8. 2000 AP BetrVG 1972 § 47 Nr. 9). Demgemäß ergibt sich z. B. für die SPD, dass ihre Bezirke und Landesverbände rechtlich selbständige nicht eingetragene Zweigvereine innerhalb der SPD und damit ihrerseits Unternehmen i. S. des § 47 Abs. 1 BetrVG sind, weshalb die für sie gebildeten Betriebsräte beim Bundesvorstand der SPD keinen Gesamtbetriebsrat errichten können (BAG 9. 8. 2000 AP BetrVG 1972 § 47 Nr. 9; ebenso *Preis*, FS Däubler 1999, S. 261, 270).

3. Mehrere Betriebsräte als weitere Voraussetzung

16 Das Gesetz stellt darauf ab, dass in einem Unternehmen **mehrere Betriebsräte** bestehen. Es genügt also nicht, dass ein Unternehmen sich in mehrere selbständige Betriebe gliedert; denn der Gesamtbetriebsrat wird von den Betriebsräten der einzelnen Betriebe

gebildet (ebenso *Fitting*, § 47 Rn. 20; DKK-*Trittin*, § 47 Rn. 21). Bis an die Grenze der Nichtigkeit der Betriebsratswahlen spielt auch keine Rolle, ob den bestehenden Betriebsräten eine richtige Betriebsabgrenzung zugrundeliegt, da § 47 nicht auf das Bestehen mehrerer Betriebe, sondern allein auf die Existenz mehrerer Betriebsräte im Unternehmen abstellt (GK-*Kreutz*, § 47 Rn. 4). Ob der Betrieb einen Betriebsrat aus mehreren Personen oder nur einer Person hat, ist unerheblich. Nicht erforderlich ist, dass in jedem Betrieb ein Betriebsrat besteht, sondern es genügt, dass in mindestens zwei Betrieben (zum Begriff § 1 Rn. 15 ff.) Betriebsräte vorhanden sind.

Der **betriebsratslose Betrieb** ist **im Gesamtbetriebsrat nicht vertreten**. Da der Gesamtbetriebsrat aber für das Unternehmen gebildet wird, erstreckt sich seine originäre Zuständigkeit nach § 50 Abs. 1 auch auf die Betriebe ohne Betriebsrat (§ 50 Abs. 1 Satz 1, 2. Halbsatz). Der Gesamtbetriebsrat hat in diesem Fall jedoch keine Ersatzzuständigkeit für die betriebsratslosen Betriebe, so dass er nicht befugt ist, dort die Beteiligungsrechte auszuüben, deren Wahrnehmung in die Zuständigkeit eines Einzelbetriebsrats fällt (s. ausführlich § 50 Rn. 51). 17

4. Keine weiteren Voraussetzungen

Weitere Voraussetzungen für die Errichtung eines Gesamtbetriebsrats sind nicht aufgestellt. Im Gegensatz zu § 50 BRG 1920 verlangt das Gesetz nicht, dass die Betriebe in räumlicher Nähe zueinander liegen, dass sie gleichartig sind oder nach dem Betriebszweck zusammengehören. Der Gesamtbetriebsrat wird vielmehr für alle Betriebe des Unternehmens gebildet, gleichgültig wo sie liegen und welche technischen Aufgaben sie haben. Auch wenn das Unternehmen aus einem Betrieb am Bodensee und einem in Flensburg besteht, ist, wenn in den Betrieben Betriebsräte gewählt sind, ein Gesamtbetriebsrat zu errichten; denn Aufgabe des Gesamtbetriebsrats ist, auf der Ebene des Unternehmensträgers die Mitwirkung und Mitbestimmung der Arbeitnehmer zu realisieren. Dafür ist unerheblich, wo die einzelnen Betriebe liegen und wie ihre technische Zuordnung zueinander gestaltet ist. Auswirkungen können sich lediglich auf den Umfang der Angelegenheiten ergeben, die in die Zuständigkeit des Gesamtbetriebsrats fallen, weil sie im Verhältnis zur Zuständigkeit der Einzelbetriebsräte in einem Subsidiaritätsverhältnis steht (§ 50 Abs. 1; s. dort Rn. 3 ff.). 18

5. Auslandsbezug

a) Hat ein inländisches Unternehmen einen oder mehrere **Betriebe im Ausland**, so sind die dort nach fremdem Recht gebildeten Betriebsvertretungen **nicht an der Errichtung des Gesamtbetriebsrats zu beteiligen**; denn der Gesamtbetriebsrat kann keine Beteiligungsrechte ausüben, die sich auf die im Ausland gelegenen Betriebe beziehen, sondern insoweit gilt ausschließlich das ausländische Recht (ebenso *Fitting*, § 47 Rn. 22; *Franzen*, AR-Blattei, SD 920 Rn. 269 ff.; HSWGNR-*Glock*, § 47 Rn. 14; GK-*Kreutz*; § 47 Rn. 8; *Simitis*, FS Kegel 1977, S. 153, 179; a. A. *Birk*, FS Schnorr v. Carolsfeld 1973, S. 61, 83; *ders.*, RdA 1984, 129, 137; *Grasmann*, ZGR 1973, 317, 325; *Däubler*, RabelsZ Bd. 39 [1975], 444, 462 ff.; die Mitbestimmung ist selbst in den europäischen Staaten so unterschiedlich gestaltet, dass bei Einbeziehung der ausländischen Betriebe außerordentliche Schwierigkeiten bereitet, wem das Entsendungsrecht zusteht; wenig Klarheit bietet jedenfalls, wenn man wie *Däubler*, S. 464, auf das Gremium abstellt, das die größte Affinität zum deutschen Betriebsrat hat; außerdem will *Däubler*, S. 465 f., ausländische Betriebsvertretungen ausschließen, wenn die Wahrnehmung von Arbeitnehmerinteressen in dem Land mit Gefahren für Leib und Leben verbunden sei, wenn die Vertretung nicht gewählt, sondern ernannt werde und wenn zwar eine Wahl stattfinde, der einzelne Arbeitnehmer jedoch weder bei der Aufstellung der Kandidaten noch beim Wahlakt selbst eigene Vorstellungen zum Ausdruck bringen und zwischen Alternativen entscheiden könne; dann aber entspricht es mehr dem Gedanken der Rechtssicher- 19 heit, die im Ausland gelegenen Betriebe wie betriebsratslose Betriebe anzusehen). Das gilt auch, wenn die ausländischen Betriebe im Bereich der **Europäischen Union** liegen.

20 Für die im Ausland gelegenen Betriebe erfolgt eine Zuordnung ausschließlich nach dem **Gesetz über Europäische Betriebsräte** vom 28. 10. 1996 (BGBl. I S. 1548) oder über das SE-Beteiligungsgesetz vom 22. 12. 2004 (BGBl. I S. 3675).

21 b) Hat ein **ausländisches Unternehmen** mehrere **Betriebe in den Grenzen der Bundesrepublik Deutschland** und bestehen hier in mindestens zwei Betrieben Betriebsräte, so ist nach überwiegender Ansicht ein **Gesamtbetriebsrat zu bilden** (*Richardi*, 7. Aufl. Rn. 20; *Fitting*, § 1 Rn. 13, § 47 Rn. 23; *Franzen*, AR-Blattei, SD 920 Rn. 286; HSWGNR-*Glock*, § 47 Rn. 15; MünchArbR-*Oetker* § 11 Rn. 128; *Simitis*, FS Kegel 1977, S. 153, 179; *Grasmann*, ZGR 1973, 317, 323; a. A. *Gaul*, AWD 1974, 471; *Lipperheide*, Die Arbeitnehmervertretungen und ihre Bedeutung bei einem deutschen Betrieb eines Unternehmers mit Sitz im Ausland, Diss. Frankfurt/Main 1980, S. 90 ff.; *Walz*, Multinationale Unternehmen und internationaler Tarifvertrag, Diss. Baden-Baden 1981, S. 70 ff.; für die Bildung eines Wirtschaftsausschusses BAG 1. 10. 1974 AP BetrVG 1972 § 106 Nr. 1; 31. 10. 1975 AP BetrVG 1972 § 106 Nr. 2; s. § 106 Rn. 14), dem nur Vertreter der inländischen Betriebe angehören können. Zutreffend dürfte es hingegen sein, die Pflicht zur Errichtung eines Gesamtbetriebsrats nur anzunehmen, soweit eine überbetriebliche Organisation besteht, die als Adressat einer betriebsübergreifenden Beteiligung in Betracht kommt (so *Hohenstatt*, Willemsen/Hohenstatt/Schweibert/Seibt, Umstrukturierung und Übertragung von Unternehmen, D 148; *Röder/Powietzka*, DB 2004, 542, 544; mit dieser Tendenz auch *Schubert*, Anm. EzA § 54 BetrVG 2001 Nr. 3; vgl. auch § 54 Rn. 35).

22 c) Da für die Errichtung eines Gesamtbetriebsrats ausschließlich maßgebend ist, dass zwei oder mehrere Betriebe desselben Unternehmens einer im Inland belegenen überbetrieblichen Organisation unterstehen, ist für die **Qualifizierung als inländisches oder ausländisches Unternehmen unerheblich**, ob man bei einer Gesellschaft auf das **Recht des tatsächlichen Verwaltungssitzes** (Sitztheorie) oder den statutarischen Sitz (Inkorporations- oder Gründungstheorie) abstellt (siehe dazu EuGH – Centros – 9. 3. 1999 ZIP 1999, 438; EuGH – Überseering – 5. 11. 2002 NJW 2002, 3614 ff., sowie daran anschließend BGH 13. 3. 2003 NJW 2003, 1461 f.; vgl. auch EuGH – Inspire Art – 30. 9. 2003 ZIP 2003, 1885 ff.; EuGH – Cartesio – 16. 12. 2008 NZG 2009, 61 ff.). Auch bei einem in Deutschland ansässigen Unternehmen ausländischer Rechtsform kann daher ein Gesamtbetriebsrat gebildet werden (vgl. *Röder/Powietzka*, DB 2004, 542, 544).

III. Errichtung, Beendigung, Mitgliederzahl und Zusammensetzung des Gesamtbetriebsrats

1. Errichtung und Beendigung

23 a) Die Errichtung des Gesamtbetriebsrats ist **zwingend** vorgeschrieben. Es besteht daher eine Rechtspflicht aller Betriebsräte, ihn zu bilden (ebenso *Fitting*, § 47 Rn. 7; GK-*Kreutz*, § 47 Rn. 29; HSWGNR-*Glock*, § 47 Rn. 17; DKK-*Trittin*, § 47 Rn. 4). Eine übereinstimmende Beschlussfassung von Betriebsräten, die eine qualifizierte Mehrheit der Arbeitnehmer des Unternehmens repräsentieren, wie sie nach § 46 Satz 2 BetrVG 1952 Voraussetzung für die Errichtung eines Gesamtbetriebsrats war, ist deshalb nicht erforderlich. Vielmehr hat der Betriebsrat der Hauptverwaltung des Unternehmens, oder, soweit ein solcher Betriebsrat nicht besteht, der Betriebsrat des nach der Zahl der wahlberechtigten Arbeitnehmer größten Betriebs zu der Wahl des Vorsitzenden und des stellvertretenden Vorsitzenden des Gesamtbetriebsrats einzuladen, um dadurch die Errichtung des Gesamtbetriebsrats zu realisieren (§ 51 Abs. 2 Satz 1; s. auch dort Rn. 24).

b) Für ein Unternehmen kann **nur ein Gesamtbetriebsrat gebildet** werden. Darin liegt ein wesentlicher Unterschied zu § 50 BRG 1920, nach dem innerhalb eines Unternehmens für mehrere gleichartige oder nach dem Betriebszweck zusammengehörige Betriebe innerhalb einer Gemeinde oder wirtschaftlich zusammenhängender, nahe beieinander liegender Gemeinden je ein Gesamtbetriebsrat gebildet werden konnte. Dass es innerhalb eines Unternehmens mehrere Gesamtbetriebsräte gibt, soll allerdings ausnahmsweise in Betracht kommen, wenn gegenüber den Einzelbetriebsräten nicht das Unternehmen Arbeitgeber im betriebsverfassungsrechtlichen Sinn ist, sondern die Arbeitgeberposition auf mehrere nach Unternehmensteilen gegliederte Betriebsführungsgesellschaften aufgespalten ist (*Richardi*, 7. Aufl., Rn. 23; *Zöllner*, ZfA 1983, 93, 98 f.). 24

c) Der Gesamtbetriebsrat wird durch **Entsendung von Mitgliedern der im Unternehmen bestehenden Betriebsräte gebildet** (Abs. 2 Satz 1). Zu entsenden sind auch Mitglieder aus Betriebsräten im Übergangsmandat gemäß § 21a BetrVG. Gleiches gilt für Betriebsräte im Restmandat (a. A. *Peix*, Errichtung und Fortbestand des Gesamtbetriebsrates, 2008, S. 269), die zur Wahrnehmung ihrer Tätigkeit als Mitglieder des Gesamtbetriebsrates (einschließlich Stimmrecht) allerdings auf die Restaufgaben i. S. d. § 21b beschränkt sind. Der Gesamtbetriebsrat ist auch dann errichtet, wenn sich an ihm nicht alle Betriebsräte des Unternehmens beteiligen; es genügt, dass zwei Betriebsräte Mitglieder entsenden. Konstituiert ist er, sobald die entsandten Betriebsratsmitglieder den Vorsitzenden und stellvertretenden Vorsitzenden gewählt haben (vgl. § 51 Abs. 2). 25

Der Gesamtbetriebsrat ist, wenn er einmal gebildet ist, eine **Dauereinrichtung mit wechselnder Mitgliedschaft;** er hat keine Amtszeit (ebenso BAG 16. 3. 2005 AP BetrVG 1972 § 51 Nr. 5; 15. 12. 1961 AP BetrVG § 47 Nr. 1; ArbG Stuttgart, DB 1976, 1160; *Fitting*, § 47 Rn. 26, § 49 Rn. 5; HSWGNR-*Glock*, § 47 Rn. 64; *Stege/Weinspach/Schiefer*, §§ 47–52 Rn. 6; im Ergebnis auch GK-*Kreutz*, § 47 Rn. 49; a. A. *Sahmer*, Erl. zu § 49). Er bleibt über die Wahlperiode der einzelnen Betriebsräte hinaus bestehen; eine Abhängigkeit von der Amtszeit der einzelnen Betriebsräte ergibt sich lediglich daraus, dass nach § 13 die Betriebsräte im Vierjahresrhythmus gewählt werden. Aber auch in diesem Fall endet das Amt des Gesamtbetriebsrats nicht mit dem 31. Mai des Jahres, in das die regelmäßigen Betriebsratswahlen fallen. Mit dem Amtsende der Einzelbetriebsräte endet vielmehr lediglich die *Mitgliedschaft* der entsandten Mitglieder im Gesamtbetriebsrat (s. auch § 49 Rn. 4). 26

Das **Amt des Gesamtbetriebsrats** als solches kann nur dadurch **beendet** werden, dass die **Voraussetzungen seiner Errichtung entfallen** – sei es, dass die Dezentralisierung des Unternehmens in mehrere selbständige Betriebe aufgehoben wird, sei es, dass beispielsweise infolge einer Betriebsübertragung nicht in mehr als einem Betrieb ein Betriebsrat besteht (*Kreutz*, FS Birk 2008, S. 495, 501 f.; *Hohenstatt*, Willemsen/Hohenstatt/Schweibert/Seibt, Umstrukturierung und Übertragung von Unternehmen, so inzwischen auch D 99, ähnlich *Hohenstatt/Müller-Bonanni*, NZA 2003, 766, 467 f., vgl. auch *Jacobs*, FS Konzen 2006, S. 345 ff.). Soweit die Ansicht vertreten wird, auf den Bestand des Gesamtbetriebsrats sei ohne Einfluss, wenn nur vorübergehend in mehr als einem Betrieb des Unternehmens Betriebsräte vorhanden sind, beispielsweise wegen nicht rechtzeitiger Einleitung der Wahlen oder einer erfolgreichen Wahlanfechtung (BAG 18. 9. 2002 AP BetrVG 1972 § 77 Betriebsvereinbarung Nr. 7; *Fitting*, § 47 Rn. 27; DKK-*Trittin*, § 47 Rn. 23i), dürfte dem nicht zu folgen sein (wie hier *Kreutz*, FS Birk 2008, S. 495, 504). Denn § 47 Abs. 1 knüpft allein an die tatsächliche Existenz mehrerer Betriebsräte im Unternehmen an. Der Gesamtbetriebsrat geht nach Ansicht des BAG jedenfalls dann nicht auf einen neuen Rechtsträger über, „wenn nicht sämtliche Betriebe eines Unternehmens auf den neuen Inhaber übertragen werden oder das übernehmende Unternehmen bereits einen oder mehrere Betriebe hat und sich die betrieblichen Strukturen im übernehmenden Unternehmen durch Integration der neuen Betriebe in das Unternehmen entsprechend ändern" (BAG 5. 6. 2002 AP BetrVG 1972 27

§ 47 Nr. 11; ebenso BAG 22. 6. 2005 – 7 ABR 30/04). Ausdrücklich offen gelassen hat das BAG allerdings, was gilt, wenn ein neues Unternehmen bislang über keine eigenen Betriebe verfügt und alle Betriebe des alten Unternehmens übernimmt (vgl. dazu BAG 5. 6. 2002 AP BetrVG 1972 § 47 Nr. 11; BAG 18. 9. 2002 AP BetrVG 1972 § 77 Betriebsvereinbarung Nr. 7). Nach Ansicht des BAG sollen der Fortbestand des Gesamtbetriebsrats oder seine fortbestehende Zuständigkeit keine zwingende Voraussetzung für die Fortgeltung der von ihm geschaffenen betrieblichen Normen sein (BAG 18. 9. 2002 AP BetrVG 1972 § 77 Betriebsvereinbarung Nr. 7). Eine Gesamtbetriebsvereinbarung gestalte die kollektive Ordnung der von ihr betroffenen Betriebe nicht anders als eine Einzelbetriebsvereinbarung. Werde nur ein einziger Betrieb unter Wahrung seiner Identität von einem neuen Inhaber übernommen, gelte darin eine bisherige Gesamtbetriebsvereinbarung als Einzelbetriebsvereinbarung fort. Gleiches soll gelten, wenn ein Betriebsteil vom neuen Inhaber als selbständiger Betrieb fortgeführt wird. Werde hingegen eine „gesamtbetriebsratsfähige Anzahl der Betriebe" von einem Unternehmen übernommen, das bis dahin keinen eigenen Betrieb führte, so bestehe die Gesamtbetriebsvereinbarung als solche kollektivrechtlich fort (BAG 18. 9. 2002 AP BetrVG 1972 § 77 Betriebsvereinbarung Nr. 7; vgl. auch den differenzierenden Ansatz bei *Rieble/Gutzeit*, NZA 2003, 233, 236; s. ferner *Bachner*, NJW 2003, 2861; *Jacobs*, FS Konzen 2006, S. 345 ff.; *Kreft*, FS Wißmann 2005, S. 347 ff.; vgl. auch LAG Baden-Württemberg 26. 3. 2004 – 5 TaBV 6/03 n. v.). Der Gesamtbetriebsrat als Organ ist in seiner Existenz indes an den jeweiligen Rechtsträger gebunden. Der Fortbestand eines Gesamtbetriebsrates bei einem anderen Rechtsträger kommt deshalb auch dann nicht in Betracht, wenn dieser sämtliche Betriebe des bisherigen Rechtsträgers übernommen hat und davor über keine eigenen Betriebe verfügte (zutreffend *Kreutz*, FS Birk 2008, S. 495, 503; a. A. *Peix*, Errichtung und Fortbestand des Gesamtbetriebsrates, 2008, S. 294 ff., unter unzutreffender Berufung auch auf Art. 6 Abs. 1 UA 1 RL 2001/23/EG; *Salamon*, RdA 2008, 24, 28; *Schnitker/Grau*, ZIP 2008, 394, 399, für Fälle der Anwachsung).

2. Entsendung durch den Betriebsrat und Mitgliederzahl

28 In den Betriebsrat entsenden die Betriebsräte des Unternehmens mit bis zu drei Mitgliedern jeweils eines ihrer Mitglieder und die Betriebsräte des Unternehmens mit mehr als drei Mitgliedern jeweils zwei ihrer Mitglieder (Abs. 2). Dadurch wird zugleich die Mitgliederzahl des Gesamtbetriebsrats festgelegt. Durch Tarifvertrag oder Betriebsvereinbarung kann sie aber abweichend geregelt werden (Abs. 4; s. ausführlich Rn. 43 ff.). Gehören dem Gesamtbetriebsrat mehr als vierzig Mitglieder an, so ist die Herabsetzung zwingend vorgeschrieben (Abs. 5 und 6; s. ausführlich Rn. 60 ff.).

29 Der **Betriebsrat in seiner Gesamtheit** bestimmt, wer aus seiner Mitte in den Gesamtbetriebsrat entsandt wird. Die Auswahl kann nicht dem Betriebsausschuss oder einem sonstigen Ausschuss des Betriebsrats zur selbständigen Erledigung übertragen werden (ebenso *Fitting*, § 47 Rn. 28; a. A. GK-*Kreutz*, § 47 Rn. 39). Die Bestimmung erfolgt durch Beschluss des Betriebsrats (BAG 21. 7. 2004 AP BetrVG 1972 § 47 Nr. 13; BAG 21. 7. 2004 AP BetrVG 1972 § 51 Nr. 4). Allerdings kann der Betriebsrat sich auch für eine förmliche Wahl entscheiden und vorsehen, dass in den Gesamtbetriebsrat gewählt ist, wer die relative Mehrheit der Stimmen auf sich vereinigt (*Fitting*, § 47 Rn. 33; *Löwisch*, BB 2002, 1366, 1367; a. A. HSWGNR-*Glock*, § 47 Rn. 43; GK-*Kreutz*, § 47 Rn. 38).

30 Besteht der **Betriebsrat nur aus einer Person**, so gehört diese automatisch dem Gesamtbetriebsrat an (ebenso GK-*Kreutz*, § 47 Rn. 37; HSWGNR-*Glock*, § 47 Rn. 44).

31 Die Betriebsräte sollen bei der Entsendung von Mitgliedern in den Gesamtbetriebsrat die **Geschlechter angemessen berücksichtigen** (Abs. 2 Satz 2). Im Gegensatz zu § 15 Abs. 2 handelt es sich nicht um eine zwingende Bestimmung, sondern lediglich um eine

III. Errichtung, Beendigung, Mitgliederzahl und Zusammensetzung des GBR § 47

Sollvorschrift. Ihre Nichtbefolgung hat keinen Einfluss auf die Wirksamkeit der Bestellung des Gesamtbetriebsrats.

Die Bestimmung des Abs. 2 wurde durch das BetrVerf-Reformgesetz wesentlich geändert. Deshalb sieht Art. 14 Satz 2 BetrVerf-Reformgesetz vor, dass die Neuregelung über die Entsendung von Mitgliedern in den Gesamtbetriebsrat **für im Zeitpunkt des Inkrafttretens** des BetrVerf-Reformgesetzes am 28. 7. 2001 **bestehende Betriebsräte erst bei deren Neuwahl gilt,** so dass bis dahin Abs. 2 in seiner bisherigen Fassung Anwendung findet. 32

In den **privatisierten Postunternehmen** muss den gemäß Abs. 2 in den Gesamtbetriebsrat zu entsendenden Betriebsratsmitgliedern ein **Vertreter der Beamten** angehören, der nicht gegen die Mehrheit der Vertreter der Beamten bestimmt werden kann (§ 32 Abs. 1 Nr. 1 PostPersRG). Diese Vorschrift ist im Zusammenhang mit der in § 26 PostPersRG auch nach den Änderungen durch das BetrVerf-Reformgesetz weiterhin verankerten Gruppeneinteilung von Beamten und Arbeitnehmern zu sehen. 33

3. Übernahme und Niederlegung des Amtes im Gesamtbetriebsrat

Eine **Pflicht zur Übernahme** der Mitgliedschaft im Gesamtbetriebsrat besteht **nicht.** Die Entsendung ist daher ein **zustimmungsbedürftiger Organisationsakt des Betriebsrats** (ebenso GK-*Kreutz*, § 47 Rn. 42). 34

Das entsandte Mitglied kann jederzeit sein Amt als Mitglied des Gesamtbetriebsrats **niederlegen** (§ 49). Eine Pflicht, sich an der Errichtung eines Gesamtbetriebsrats zu beteiligen, besteht nur für den Betriebsrat als Kollegialorgan. Besteht der Betriebsrat aber nur aus einer Person, so ist mit dem Betriebsratsamt die Vertretung im Gesamtbetriebsrat verbunden. Zwar kann auch diese Person das Amt als Mitglied im Gesamtbetriebsrat niederlegen. Da der Betrieb dann jedoch im Gesamtbetriebsrat nicht mehr vertreten wird, liegt darin in der Regel eine grobe Amtspflichtverletzung, die zur Amtsenthebung des Betriebsratsmitglieds berechtigt (§ 23 Abs. 1). 35

4. Abberufung

Die **Entsendung** erfolgt **für die Amtsperiode des Betriebsrats.** Eine **Abberufung** aus dem Gesamtbetriebsrat ist aber – ohne besondere Gründe – **jederzeit zulässig** (§ 49; s. dort Rn. 9). Für den Abberufungsbeschluss genügt die einfache Stimmenmehrheit (§ 33 Abs. 1); sie ist hier jedoch stets erforderlich, weil es – anders als bei der Entsendung – nicht um die Auswahl unter mehreren Kandidaten geht (s. Rn. 28 f.). Es wird hier also anders als nach § 27 Abs. 1 Satz 5 kein Beschluss verlangt, der in geheimer Abstimmung gefasst wird und einer Mehrheit von drei Vierteln der Stimmen der Mitglieder des Betriebsrats bedarf. 36

5. Ersatzmitglieder

a) Damit die Kontinuität der Gesamtbetriebsratsarbeit gewahrt bleibt, bestimmt das Gesetz, dass der Betriebsrat **für jedes Mitglied des Gesamtbetriebsrats** mindestens ein **Ersatzmitglied** zu bestellen hat und die Reihenfolge des Nachrückens festlegen muss (Abs. 3). 37

Da Mitglied des Gesamtbetriebsrats nur sein kann, wer einem Betriebsrat angehört, kann der Betriebsrat die Ersatzmitglieder nur aus seiner Mitte bestimmen (ebenso *Fitting,* § 47 Rn. 43; GK-*Kreutz,* § 47 Rn. 52). Da Ersatzmitglieder für den Betriebsrat nicht Ersatzmitglied eines bestimmten Betriebsratsmitglieds sind, können sie nicht Ersatzmitglied eines Gesamtbetriebsratsmitglieds sein. Lediglich wenn eine Wahl ausscheidet, also der Betriebsrat nur aus einer Person besteht, ist dessen Ersatzmitglied (§ 25) auch das Ersatzmitglied für den Gesamtbetriebsrat. 38

Annuß

39 b) Das **Ersatzmitglied rückt nach,** wenn das entsandte **Mitglied aus dem Gesamtbetriebsrat ausscheidet.** Ist das entsandte Mitglied **zeitweilig verhindert,** so wird es durch das Ersatzmitglied vertreten (§ 51 Abs. 1 Satz 1 i. V. mit § 25 Abs. 1; s. zum Ausscheiden § 49 und dort Rn. 4 ff.).

6. Rechtsfolgen bei Nichtentsendung durch den Betriebsrat

40 Jeder Betriebsrat ist **verpflichtet,** entsprechend seiner Größe **Mitglieder in den Gesamtbetriebsrat zu entsenden,** für jedes entsandte Mitglied mindestens ein Ersatzmitglied zu bestellen und bei Bestellung mehrerer Ersatzmitglieder die Reihenfolge ihres Nachrückens festzulegen. Unterlässt er dies und ist daher ein Betriebsrat nicht ordnungsgemäß im Gesamtbetriebsrat vertreten, so liegt darin eine **grobe Pflichtverletzung,** die eine Auflösung des Betriebsrats rechtfertigt (§ 23 Abs. 1; ebenso *Brecht,* § 47 Rn. 4; *Fitting,* § 47 Rn. 8; GK-*Kreutz,* § 47 Rn. 30; HSWGNR-*Glock,* § 47 Rn. 17).

41 Der Gesamtbetriebsrat ist **errichtet,** auch wenn sich an ihm nur zwei Betriebsräte beteiligen und die sonstigen Betriebsräte ihre Pflicht nicht erfüllen (ebenso GK-*Kreutz,* § 47 Rn. 48). Er ist jedoch erst *konstituiert,* wenn der Gesamtbetriebsrat seinen Vorsitzenden und stellvertretenden Vorsitzenden gewählt hat (s. ausführlich § 51 Rn. 26; kritisch zu dieser Unterscheidung GK-*Kreutz,* § 47 Rn. 47). Sobald dies geschehen und er damit funktionsfähig ist, kann er im Rahmen seiner Zuständigkeit die ihm obliegenden Aufgaben wahrnehmen, auch wenn deren Erledigung sich auf die Betriebe erstreckt, die keine Mitglieder in ihn entsandt haben (s. auch § 50 Rn. 49 ff.).

42 Wird ein Gesamtbetriebsrat **nicht durch Entsendung gebildet,** so ist seine **Errichtung ungültig** (ebenso BAG 15. 8. 1978 AP BetrVG 1972 § 47 Nr. 3; s. ausführlich Rn. 83).

IV. Abweichende Regelung über die Mitgliederzahl des Gesamtbetriebsrats

1. Überblick

43 Im Gegensatz zum Einzelbetriebsrat, bei dem die Zahl der Mitglieder zwingend festgelegt ist (§ 9), kann die Mitgliederzahl des Gesamtbetriebsrats durch **Tarifvertrag** oder **Betriebsvereinbarung abweichend vom Gesetz** geregelt werden (Abs. 4). Damit trägt das Gesetz dem Umstand Rechnung, dass der Gesamtbetriebsrat bei strikter Anwendung des Abs. 2 Satz 1 eine Größe erhalten kann, die seine Funktion als repräsentatives Mitbestimmungsorgan beeinträchtigt. Bei einem Unternehmen, das sich aus wenigen Großbetrieben zusammensetzt, besteht ein Missverhältnis zwischen der Mitgliederzahl und dem Stimmengewicht der Mitglieder (Abs. 7). Dies kann vor allem dann zu Verzerrungen führen, wenn neben Großbetrieben mehrere Mittel- oder Kleinbetriebe bestehen, weil dann die Stimmenmacht einzelner entsandter Mitglieder so gewaltig sein kann, dass eine Willensbildung im Gesamtbetriebsrat selbst praktisch nicht mehr stattfindet. Andererseits kann bei einem Unternehmen, das sich in eine Vielzahl von Betrieben gliedert, der Gesamtbetriebsrat eine Größe erhalten, die ihn funktionsunfähig macht. Für den Fall, dass dem **Gesamtbetriebsrat** nach Abs. 2 Satz 1 **mehr als vierzig Mitglieder** angehören, belässt es daher das Gesetz nicht bei der Möglichkeit, sondern macht zur **Pflicht,** eine **Regelung über die Mitgliederzahl des Gesamtbetriebsrats** zu treffen (Abs. 5 und 6; s. ausführlich Rn. 60 ff.).

2. Inhalt der Regelungsbefugnis

44 Durch Tarifvertrag oder Betriebsvereinbarung kann **nur** die **Mitgliederzahl** abweichend vom Gesetz geregelt werden. Daraus folgt, dass nur von der Repräsentation des Betriebsrats durch ein oder zwei Mitglieder im Gesamtbetriebsrat abgewichen werden

IV. Abweichende Regelung über die Mitgliederzahl des Gesamtbetriebsrats § 47

kann (ebenso *Brecht*, § 47 Rn. 11; *Fitting*, § 47 Rn. 45 f.; GK-*Kreutz*, § 47 Rn. 65; HSWGNR-*Glock*, § 47 Rn. 22; DKK-*Trittin*, § 47 Rn. 42 ff.).

Ausgeschlossen ist daher beispielsweise eine **andere Bestellung als durch Entsendung** 45 seitens der Betriebsräte (ebenso BAG 15. 8. 1978 AP BetrVG 1972 § 47 Nr. 3, BAG 25. 5. 2005 AP BetrVG 1972 § 47 Nr. 16; s. auch Rn. 58 f.). Auch davon, dass die Mitglieder des Gesamtbetriebsrats nur Mitglieder der Betriebsräte der einzelnen Betriebe sein können, kann nicht abgewichen werden (ebenso *Fitting*, § 47 Rn. 47).

Die **Voraussetzungen**, unter denen ein **Gesamtbetriebsrat zu errichten** ist, und **seine** 46 **Zuständigkeit** sind ebenfalls **keiner Änderung** durch Tarifvertrag oder Betriebsvereinbarung **zugänglich** (ebenso *Fitting*, § 47 Rn. 46; HSWGNR-*Glock*, § 47 Rn. 22).

3. Regelung durch Tarifvertrag oder Betriebsvereinbarung

Die abweichende Regelung der Mitgliederzahl kann durch Tarifvertrag oder durch 47 Betriebsvereinbarung erfolgen.

a) Eine **tarifvertragliche Regelung** verlangt, dass alle Betriebe des Unternehmens von 48 dem Tarifvertrag erfasst werden (ebenso *Fitting*, § 47 Rn. 49; vgl. auch HSWGNR-*Glock*, § 47 Rn. 29 ff). Voraussetzung ist nicht nur, dass sie unter den Geltungsbereich des Tarifvertrags fallen, sondern es muss auch Tarifgebundenheit bestehen. Sie ist gegeben, wenn der Arbeitgeber den Tarifvertrag entweder selbst geschlossen hat oder dem tarifschließenden Arbeitgeberverband angehört. Da es sich um eine betriebsverfassungsrechtliche Frage handelt, kommt es nur auf die **Tarifgebundenheit des Arbeitgebers** an, die der Arbeitnehmer ist ohne Bedeutung (§ 3 Abs. 2 TVG; vgl. BAG 25. 5. 2005 AP BetrVG § 47 Rn. 16). Da die hier eingeräumte Regelungskompetenz der Besonderheit der Unternehmensorganisation im konkreten Fall Rechnung trägt (s. Rn. 43), kann im Regelfall nur für ein bestimmtes Unternehmen eine Regelung getroffen werden, sofern bei Tarifabschluss die Voraussetzungen für die Errichtung eines Gesamtbetriebsrats bereits gegeben sind. Allerdings wird nicht grundsätzlich ausgeschlossen, dass eine tarifvertragliche Regelung schon vor Aufgliederung eines Unternehmens in mehrere Betriebe getroffen wird oder von ihrem Geltungsbereich mehrere Unternehmen erfasst werden (DKK-*Trittin*, § 47 Rn. 55; a. A. für Notwendigkeit eines konkret betriebs- und unternehmensbezogenen Tarifabschlusses GK-*Kreutz*, § 47 Rn. 76 f.).

Fällt nur ein Teil der Betriebe in den Geltungsbereich des Tarifvertrags, so ist eine 49 Erstreckung der tariflichen Regelung auf die nicht vom Tarifvertrag erfassten Betriebe durch Betriebsvereinbarung möglich (ebenso *Fitting*, § 47 Rn. 50; HSWGNR-*Glock*, § 47 Rn. 30; bereits *Galperin/Siebert*, § 47 Rn. 5). Die Gestaltung beruht dann aber auf der Betriebsvereinbarung, nicht auf dem Tarifvertrag; denn eine Ausdehnung des Geltungsbereichs eines Tarifvertrags durch eine Betriebsvereinbarung ist nicht möglich (ebenso *Fitting*, § 47 Rn. 50). Kommen dagegen mehrere Tarifverträge in Betracht, liegt also eine Tarifkonkurrenz vor, so ist diese nach den allgemeinen Grundsätzen zu lösen (s. ausführlich § 2 Rn. 26; vgl. dazu auch *Annuß*, NZA 2002, 290, 293).

Die hier den **Tarifvertragsparteien eingeräumte Regelungskompetenz** ist eine **besonde-** 50 **re, durch das BetrVG eingeräumte Normsetzungsermächtigung** (vgl. *Richardi*, Kollektivgewalt, S. 251; zust. GK-*Fabricius* [Erstbearbeitung], § 47 Rn. 97; GK-*Kreutz*, § 47 Rn. 78). Hinsichtlich der Erstreikbarkeit der tarifvertraglichen Regelung ergeben sich dennoch keine Besonderheiten, weshalb auch mit Blick auf sie Arbeitskampfmaßnahmen grundsätzlich zulässig sind (ebenso *Fitting*, § 47 Rn. 52; GK-*Kreutz*, § 47 Rn. 78; HSWGNR-*Glock*, § 47 Rn. 32; DKK-*Trittin*, § 47 Rn. 54; a. A. *Richardi*, 7. Aufl., Rn. 54; GK-*Fabricius*, [Erstbearbeitung], § 47 Rn. 97).

b) Liegt keine tarifvertragliche Regelung vor, so kann eine **Betriebsvereinbarung** 51 zwischen dem Arbeitgeber und dem Gesamtbetriebsrat getroffen werden. Partei der Betriebsvereinbarung sind der Arbeitgeber und der Gesamtbetriebsrat, nicht etwa die Betriebsräte der einzelnen Betriebe. Das wird für den Fall einer notwendigen Betriebsvereinbarung in Abs. 5 ausdrücklich klargestellt, gilt aber auch für den Fall einer freiwilligen Betriebsvereinbarung. Deshalb muss der Gesamtbetriebsrat zunächst nach den Vorschriften des Gesetzes, d. h. nach Abs. 2 i. V. mit § 51 Abs. 2 gebildet werden (ebenso *Brecht*, § 47 Rn. 11; *Fitting*, § 47 Rn. 53; HSWGNR-*Glock*, § 47 Rn. 34; DKK-*Trittin*, § 47 Rn. 52; *Lichtenstein*, BetrR 1972, 207, 214; a. A. *Erdmann/Jürging/Kammann*, § 47 Rn. 14, die es für zulässig halten, dass die Betriebsvereinbarung mit den Betriebsräten der Einzelbetriebe abgeschlossen wird; so auch zum BetrVG 1952: *Nikisch*, Bd. III S. 203; *Neumann-Duesberg*, DB 1962, 1009, 1010; dagegen verlangten übereinstimmende Betriebsvereinbarungen mit allen Betriebsräten der Einzelbetriebe: *Galperin/Siebert*, § 47 Rn. 6 f., und *Ruffner*, DB 1953, 533; wie hier aber LAG Saarbrücken, BB 1959, 632; *Dietz*, § 47 Rn. 27; *Erdmann*, § 47 Rn. 7; *Maus*, § 47 Rn. 20; *Melzer*, AuR 1953, 325, 328; wohl auch *Halberstadt*, BB 1964, 808, 812).

52   **Besteht** eine **tarifvertragliche Regelung,** so ist für eine **Betriebsvereinbarung** grundsätzlich **kein Raum,** es sei denn, der Tarifvertrag lässt sie ausdrücklich zu, oder es handelt sich um die Ergänzung in einem nicht geregelten Punkt. § 77 Abs. 3 findet zwar keine Anwendung, doch kommt das grundsätzlich auch für das Verhältnis von Tarifnormen zu Betriebsvereinbarungen geltende Günstigkeitsprinzip (§ 4 Abs. 3 TVG) hier nicht zum Zuge, da ein Günstigkeitsvergleich nicht vorgenommen werden kann und deshalb eine günstigere Regelung durch Betriebsvereinbarung ausscheidet (ebenso GK-*Kreutz*, § 47 Rn. 83; im Ergebnis auch BAG 30. 10. 1986 AP BetrVG 1972 § 47 Nr. 6; *Fitting*, § 47 Rn. 48; HSWGNR-*Glock*, § 47 Rn. 30; DKK-*Trittin*, § 47 Rn. 54). Zulässig ist eine Betriebsvereinbarung, die die Regelung des Tarifvertrags übernimmt und sie auch für die nicht in den Geltungsbereich des Tarifvertrags fallenden Betriebe einführt (s. Rn. 49).

53   c) Die **Regelung durch Tarifvertrag** oder **Betriebsvereinbarung** bleibt so lange **in Kraft,** bis sie aufgehoben wird oder die Voraussetzungen für das Bestehen eines Gesamtbetriebsrats entfallen (ebenso *Fitting*, § 47 Rn. 54). Die Nachwirkung einer entsprechenden tariflichen Regelung gemäß § 4 Abs. 5 TVG kommt nicht in Betracht (GK-*Kreutz*, § 47 Rn. 79; a. A. *Fitting*, § 47 Rn. 54; vgl. zur Nachwirkung einer Betriebsvereinbarung auch Abs. 5 Rn. 69).

4. Änderung der Mitgliederzahl

54   a) Soweit kein Regelungszwang besteht (s. Rn. 60 ff.), kann die **Mitgliederzahl** nicht nur gesenkt, sondern auch **erhöht** werden.

55   Eine **Schranke** für die Regelung durch Betriebsvereinbarung besteht lediglich insoweit, als der **Gesamtbetriebsrat nicht mehr als vierzig Mitglieder** haben soll; denn für diesen Fall bestimmt das Gesetz, dass eine Regelung über die Mitgliederzahl des Gesamtbetriebsrats zu treffen ist (ebenso *Sahmer*, § 47 Rn. 5; *G. Hueck*, FS Westermann 1974, S. 241, 257; a. A. *Fitting*, § 47 Rn. 55; DKK-*Trittin*, § 47 Rn. 45; für eine Regelung durch Tarifvertrag auch *Frauenkron*, § 47 Rn. 14; s. ausführlich Rn. 66).

56   b) Ohne weiteres kann die **Mitgliederzahl verringert** werden. Dafür muss wie bei einer Regelungsnotwendigkeit nach Abs. 5 festgelegt werden, welche Betriebe gemeinsam Mitglieder in den Gesamtbetriebsrat entsenden, wobei darauf abzustellen ist, dass die Betriebe regional oder durch gleichartige Interessen miteinander verbunden sind (ebenso *Fitting*, § 47 Rn. 57 ff.; GK-*Kreutz*, § 47 Rn. 86). Denkbar ist aber auch eine Regelung, wonach Betriebsräte mit mehr als drei Mitgliedern nur ein Mitglied entsenden (*Fitting*, § 47 Rn. 58; GK-*Kreutz*, § 47 Rn. 92; vgl. auch BAG 25. 5. 2005 AP BetrVG 1972 § 47 Nr. 16).

57   Entsandt werden kann nur, wer Mitglied eines das Entsendungsgremium bildenden Betriebsrats ist. Die Bestimmung der zu entsendenden Mitglieder erfolgt in einer gemeinsamen Sitzung, zu der, wenn nicht Tarifvertrag oder Betriebsvereinbarung eine besondere Regelung geben, die Vorsitzenden der Betriebsräte parallel laden. Bei der Beschluss-

fassung über die Entsendung hat jedes Mitglied eines Betriebsrats eine Stimme (ebenso *Fitting*, § 47 Rn. 63; GK-*Kreutz*, § 47 Rn. 99).

5. Verfahren der Entsendung als Regelungsgegenstand

Der Tarifvertrag oder die Betriebsvereinbarung können innerhalb des gesetzlichen 58
Rahmens **Regelungen über das Verfahren der Entsendung** treffen (BAG 25. 5. 2005 AP BetrVG 1972 § 47 Nr. 16). Insbesondere kann bei gemeinsamer Entsendung mehrerer Betriebsräte festgelegt werden, dass die Wahl durch Delegierte erfolgt (ebenso *Döring*, DB 1976, 821, 823; *Fitting*, § 47 Rn. 64; a. A. *Streckel*, SAE 1979, 163; DKK-*Trittin*, § 47 Rn. 51). **Unzulässig** ist aber, dass das Entsendungsrecht dem nach Abs. 2 gebildeten **Gesamtbetriebsrat übertragen** wird (ebenso BAG 15. 8. 1978 AP BetrVG 1972 § 47 Nr. 3; *Döring*, DB 1976, 822). Es braucht nicht sichergestellt zu werden, dass jeder Betriebsrat mit zumindest einem Mitglied im Gesamtbetriebsrat vertreten ist. Es reicht aus, wenn jeder Betriebsrat bei der Bestimmung seiner Vertreter im Gesamtbetriebsrat mitwirken kann (BAG 25. 5. 2005 AP BetrVG 1972 § 47 Nr. 16).

Jedoch bestehen keine Bedenken dagegen, dass die **zusammengefassten Betriebsräte** 59
die **Entsendung durch Delegierte** vornehmen. Der Grundsatz der unmittelbaren Wahl ist hier nämlich keine Schranke der Gestaltungsfreiheit; er gilt nur für die Betriebsratswahl (§ 14 Abs. 1). Für die Entsendung in den Gesamtbetriebsrat ist er bereits von Gesetzes wegen durchbrochen, weil die Bestimmung der Mitglieder durch die Einzelbetriebsräte, also nicht durch die Arbeitnehmer der Einzelbetriebe erfolgt, obwohl der Gesamtbetriebsrat nicht darauf beschränkt ist, die Tätigkeit der Einzelbetriebsräte zu koordinieren, sondern einen eigenen Zuständigkeitsbereich hat (§ 50 Abs. 1). Deshalb ist es zulässig, dass bei einer gemeinsamen Entsendung jeder Betriebsrat Delegierte bestellt.

V. Notwendigkeit einer Verkleinerung des Gesamtbetriebsrats

1. Voraussetzungen

Gehören dem **Gesamtbetriebsrat** nach dem Gesetz **mehr als vierzig Mitglieder** an, so 60
muss durch Betriebsvereinbarung eine Regelung über die Mitgliederzahl des Gesamtbetriebsrats getroffen werden (Abs. 5), wenn keine tarifliche Regelung besteht.

2. Tarifvorrang

Nur wenn eine tarifliche Regelung fehlt, ist zwischen Gesamtbetriebsrat und Arbeit- 61
geber eine Betriebsvereinbarung über die Mitgliederzahl des Gesamtbetriebsrats abzuschließen. Der **Tarifvertrag** hat also **Vorrang**. Dies gilt selbst dann, wenn der Tarifvertrag die Zahl der Mitglieder des Gesamtbetriebsrates nicht verringert hat (ebenso *Fitting*, § 47 Rn. 67; GK-*Kreutz*, § 47 Rn. 89; DKK-*Trittin*, § 47 Rn. 58; *Lichtenstein*, BetrR 1972, 207, 213; *Mengel*, NZA 2002, 409, 410; a. A. noch 11. Aufl. m. w. N.).

3. Zuständigkeit des Gesamtbetriebsrats für den Abschluss einer Betriebsvereinbarung

Für den Abschluss der Betriebsvereinbarung ist, wie sich aus dem Gesetzestext ergibt, 62
der **Gesamtbetriebsrat** zuständig (ebenso BAG 15. 8. 1978 AP BetrVG 1972 § 47 Nr. 3 [zust. *Löwisch/Hetzel*]; zu Abs. 5 einhellige Lehre; vgl. *Fitting*, § 47 Rn. 71; GK-*Kreutz*, § 47 Rn. 87; HSWGNR-*Glock*, § 47 Rn. 34; bereits zum BetrVG 1952: *Galperin/ Siebert*, § 47 Rn. 8; *Nikisch*, Bd. III S. 203; *Neumann-Duesberg*, DB 1962, 1009, 1010;

a. A. nur *Ruffner,* DB 1953, 533, 534). Deshalb ist er zunächst nach den Vorschriften des Gesetzes, also nach Abs. 2 i. V. mit § 51 Abs. 2, zu errichten (ebenso BAG 15. 8. 1978 AP BetrVG 1972 § 47 Nr. 3). Obwohl er nur gebildet wird, um eine Betriebsvereinbarung über die Mitgliederzahl abzuschließen, ist er dennoch rechtswirksam errichtet; seine Funktion erschöpft sich nicht darin, die Betriebsvereinbarung über die Verringerung der Mitgliederzahl abzuschließen, sondern er nimmt alle Aufgaben und Befugnisse eines Gesamtbetriebsrats wahr (ebenso HSWGNR-*Glock,* § 47 Rn. 39, 41). Er bleibt bis zur Konstituierung des auf der Grundlage der Gesamtbetriebsvereinbarung gebildeten Gesamtbetriebsrats im Amt (ebenso *Fitting,* § 47 Rn. 71; HSWGNR-*Glock,* § 47 Rn. 39). Nach Ansicht des ArbG München kann nicht ein bereits verkleinerter, sondern nur ein nach § 47 Abs. 2 zusammengetretener Gesamtbetriebsrat wirksam eine Betriebsvereinbarung nach Abs. 4 und 5 abschließen (ArbG München 8. 5. 2003 – 11 BV 211/02).

4. Einigungsverfahren

63 a) Kommt **keine Einigung** zustande, so entscheidet eine **für das Gesamtunternehmen zu bildende Einigungsstelle** (Abs. 6 Satz 1). Die Einigungsstelle wird nicht von Amts wegen, sondern nur auf Antrag gebildet; doch genügt wie auch sonst im Rahmen des verbindlichen Einigungsverfahrens, dass eine Seite, der Arbeitgeber oder der Gesamtbetriebsrat, den Antrag stellt (§ 76 Abs. 5 Satz 1). Für die andere Seite besteht Einlassungszwang. Die Einigungsstelle wird für das Gesamtunternehmen gebildet; denn der Gesamtbetriebsrat ist eine Institution der Betriebsverfassung auf Unternehmensebene. Für die Zusammensetzung und das Verfahren gilt § 76. Hier ist aber zu berücksichtigen, dass auf der Arbeitnehmerseite der nach dem Gesetz gebildete Gesamtbetriebsrat zuständig ist und die Beisitzer der Arbeitnehmerseite bestimmt. Wird über die Zahl der Beisitzer oder die Person des Vorsitzenden der Einigungsstelle keine Einigung erzielt, so entscheidet deshalb das Arbeitsgericht, in dessen Bezirk das Unternehmen seinen Sitz hat (§ 82 Satz 2 ArbGG; s. im Übrigen § 76 Rn. 55).

64 Da das Gesetz davon ausgeht, dass § 76 für Bildung, Zusammensetzung und Verfahren der Einigungsstelle gilt, ist auch § 76 Abs. 8 anzuwenden. Durch Tarifvertrag kann deshalb bestimmt werden, dass an die Stelle der Einigungsstelle eine tarifliche Schlichtungsstelle tritt; denn wie ein Tarifvertrag überhaupt die Mitgliederzahl des Gesamtbetriebsrats regeln kann, so kann er sich auch darauf beschränken, die Regelung zwar einer Betriebsvereinbarung zu überlassen, aber für den Fall einer Nichteinigung die Entscheidung durch eine Schlichtungsstelle vorzusehen.

65 b) Die **Entscheidung der Einigungsstelle** bzw. tariflichen Schlichtungsstelle **ersetzt** eine **Gesamtbetriebsvereinbarung** (Abs. 6 Satz 2).

66 Zweck der erzwingbaren Betriebsvereinbarung ist, dass die **Mitgliederzahl des Gesamtbetriebsrats verringert** wird. Da die Regelungsnotwendigkeit nur gegeben ist, wenn dem Gesamtbetriebsrat nach Abs. 2 Satz 1 mehr als vierzig Mitglieder angehören, kann ihr Zweck lediglich sein, die Mitgliederzahl nicht über diese Grenze wachsen zu lassen. Für die Kompetenz der Einigungsstelle besteht deshalb eine Schranke insoweit, als die Mitgliederzahl nicht mehr als vierzig betragen darf; denn obwohl im Gesetz nicht ausdrücklich angeordnet, ist dies der Sinn der Verpflichtung zur Regelung (ebenso GL-*Marienhagen,* § 47 Rn. 23; *Kammann*/Hess/Schlochauer, § 47 Rn. 38; *Sahmer,* § 47 Rn. 5; *G. Hueck,* FS Westermann 1974, S. 241, 256 ff.; a. A. *Brecht,* § 47 Rn. 12; *Fitting,* § 47 Rn. 68; HSWGNR-*Glock,* § 47 Rn. 36; DKK-*Trittin,* § 47 Rn. 60; *Lichtenstein,* BetrR 1972, 207, 213; *Streckel,* SAE 1979, 163; *Klasen,* DB 1993, 2180, 2181; offengelassen BAG 15. 8. 1978 AP BetrVG 1972 § 47 Nr. 3). Aber auch soweit eine freiwillige Betriebsvereinbarung zustande kommt, empfiehlt sich, die Höchstzahl von vierzig Mitgliedern nicht zu überschreiten. Das Gesetz enthält zwar nicht wie § 79

V. Notwendigkeit einer Verkleinerung des Gesamtbetriebsrats § 47

Abs. 3 Satz 2 und Abs. 4 Satz 2 CDU/CSU-Entw. (BT-Drucks. VI/1806, S. 17) die ausdrückliche Vorschrift, dass die Mitgliederzahl vierzig Mitglieder nicht übersteigen soll; aber eine derartige Sollvorschrift ist auch entbehrlich, weil bei einer freiwilligen Betriebsvereinbarung ein Verstoß ohne Sanktion bleibt. Nur wenn keine Einigung zustande kommt, ist für die Kompetenz der Einigungsstelle von Bedeutung, dass wegen der Voraussetzungen der Regelungsnotwendigkeit die Zahl von vierzig Mitgliedern eine Höchstgrenze setzt.

5. Zusammenfassung der Betriebsräte mehrerer Betriebe zu gemeinsamer Entsendung

a) Dass nur eine Verkleinerung des Gesamtbetriebsrats in Betracht kommt, wenn eine Pflicht zur Regelung der Mitgliederzahl besteht, ergibt sich weiterhin auch daraus, dass das Gesetz eine Betriebsvereinbarung verlangt, in der bestimmt wird, dass **Betriebsräte mehrerer Betriebe** eines Unternehmens, die **regional** oder durch **gleichartige Interessen miteinander verbunden** sind, **gemeinsam Mitglieder in den Gesamtbetriebsrat entsenden** (Abs. 5). Regionale Verbundenheit ist weiter zu verstehen als die räumliche Nähe im Sinne des § 4 Abs. 1 Nr. 1 (zutreffend Hess. LAG 5. 6. 2008 – 9 TaBV 44/07). Eine Verbundenheit durch gleichartige Interessen besteht, wenn mehrere Betriebe einen gleichartigen arbeitstechnischen Zweck oder eine gleiche Struktur der Belegschaft aufweisen (ebenso *Brecht*, § 47 Rn. 13; *Fitting*, § 47 Rn. 69; DKK-*Trittin*, § 47 Rn. 59). Trotz räumlich weiter Entfernung können daher insbesondere nach § 4 Abs. 1 Satz 1 Nr. 1 verselbständigte Betriebsteile mit dem Hauptbetrieb verbunden werden. Arbeitgeber und Gesamtbetriebsrat bzw. bei Nichteinigung die Einigungsstelle haben einen Beurteilungsspielraum (ebenso *Fitting*, § 47 Rn. 69; vgl. auch *Mengel*, NZA 2002, 409, 412). 67

b) Anders als im Fall des Abs. 4 (s. dazu Rn. 58 f.) kann nach Abs. 5 nicht vorgesehen werden, dass Betriebsräte mit mehr als drei Mitgliedern lediglich ein Mitglied in den Gesamtbetriebsrat entsenden (*Fitting*, § 47 Rn. 61). Letztlich bleibt dies aber theoretisch, da das Verkleinerungsgebot gemäß Abs. 5 nicht mehr eingreift, sobald der Gesamtbetriebsrat auf Grund einer entsprechenden Regelung gemäß Abs. 4 nicht mehr als vierzig Mitglieder hat. Gegen eine Kombination von Regelungen gemäß Abs. 4 und Abs. 5 in einer Vereinbarung bestehen keine Bedenken (Hess. LAG 5. 6. 2008 – 9 TaBV 44/07). 68

6. Geltungsdauer der Gesamtbetriebsvereinbarung

Die Gesamtbetriebsvereinbarung bzw. die durch den Spruch der Einigungsstelle getroffene Regelung bleibt, wenn nichts anderes in ihr bestimmt ist, so lange in Geltung, wie die Voraussetzungen gegeben sind, die ihr zugrunde gelegt wurden. Dies gilt auch dann, wenn weitere Betriebe hinzukommen (BAG 16. 3. 2005 AP BetrVG 1972 § 51 Nr. 5). Sie kann nur gegenstandslos werden, wenn ihre Anwendung keinen Sinn mehr ergibt (BAG 16. 3. 2005 AP BetrVG 1972 § 51 Nr. 5). Sie kann aber jederzeit durch eine tarifvertragliche Regelung oder eine andere Gesamtbetriebsvereinbarung ersetzt werden. Außerdem kann sie mit einer Frist von drei Monaten gekündigt werden (§ 77 Abs. 5); jedoch gilt in diesem Fall ihre Regelung weiter, bis sie durch eine andere Abmachung ersetzt wird (§ 77 Abs. 6; dafür auch *Fitting*, § 47 Rn. 73; *Klasen*, DB 1993, 2180, 2186; tendenziell auch *Mengel*, NZA 2002, 409, 415; a. A. ErfK-*Eisemann/Koch*, § 47 BetrVG Rn. 14; GK-*Kreutz*, § 47 Rn. 101). Zur Fortgeltung von Gesamtbetriebsvereinbarungen bei strukturellen Veränderungen näher § 77 Rn. 218 und *Jacobs*, FS Konzen, 2006, S. 345 ff.; vgl. auch *Gussen*, FS Leinemann, 2006, S. 207 ff. 69

VI. Stimmrecht der entsandten Mitglieder im Gesamtbetriebsrat

1. Stimmengewicht bei gesetzlicher Mitgliederzahl

70　Jedes Mitglied des Gesamtbetriebsrats hat so viele Stimmen, wie in dem Betrieb, in dem es gewählt wurde, wahlberechtigte Arbeitnehmer in der Wählerliste eingetragen sind (Abs. 7 Satz 1). Entsendet ein Betriebsrat mehrere Mitglieder in den Gesamtbetriebsrat, so stehen ihnen die Stimmen jeweils anteilig zu (Abs. 7 Satz 2). Eine Übergangsvorschrift wie zu Abs. 2 (s. Rn. 32) existiert insoweit nicht, so dass in Fällen, in denen ein Betriebsrat einen Arbeiter und einen Angestellten in den Gesamtbetriebsrat entsandt hat, sich diese die Gesamtzahl der Stimmen seit In-Kraft-Treten des BetrVerf-ReformG paritätisch teilen (*Löwisch*, BB 2001, 1734, 1744).

71　Maßgebend für das **Stimmengewicht** ist nicht die Zahl der gegenwärtig beschäftigten wahlberechtigten Arbeitnehmer, sondern die **Zahl der wahlberechtigten Arbeitnehmer bei der Betriebsratswahl,** aus der der Betriebsrat hervorgegangen ist. Entscheidend ist **allein** die **Eintragung in die Wählerliste** (Abs. 7), nicht die Teilnahme an der Betriebsratswahl (ebenso *Fitting*, § 47 Rn. 75; HSWGNR-*Glock*, § 47 Rn. 58). Wahlberechtigte Arbeitnehmer anderer Arbeitgeber nach § 7 Satz 2 zählen mit (vgl. aber BAG 16. 4. 2003 AP BetrVG 1972 § 9 Nr. 7; danach sollen Leiharbeitnehmer zwar nach § 7 Satz 2 wahlberechtigt sein, jedoch bei der Ermittlung des Schwellenwerts gem. § 9 BetrVG nicht zu berücksichtigen sein).

2. Stimmengewicht bei veränderter Mitgliederzahl

72　Ist ein **Mitglied des Gesamtbetriebsrats für mehrere Betriebe** entsandt worden, was vor allem in Betracht kommt, wenn der Gesamtbetriebsrat nach Abs. 5 zu verkleinern ist, so hat dieses Mitglied **so viele Stimmen,** wie in den **Betrieben,** für die es entsandt ist, **wahlberechtigte Arbeitnehmer in den Wählerlisten eingetragen** sind (Abs. 8). Werden für mehrere Betriebsräte mehrere Mitglieder nach Abs. 8, 1. Halbsatz entsandt, stehen auch ihnen die Stimmen jeweils anteilig zu (Abs. 8, 2. Halbsatz i. V. mit Abs. 7 Satz 2).

3. Stimmrechtsausübung

73　a) Das Mitglied des Gesamtbetriebsrats hat seine Stimmen nach **eigener Verantwortung** abzugeben. Es ist an Aufträge des entsendenden Betriebsrats bzw. der entsendenden Betriebsräte nicht gebunden, mag auch eine vorherige Aussprache über eine im Gesamtbetriebsrat anstehende Frage stattgefunden haben. Der Beschluss des Gesamtbetriebsrats soll auf Grund der in ihm gepflogenen Beratung gefasst werden. Der Gesamtbetriebsrat ist keine Versammlung von Vertretern, die nur einen Auftrag ausführen. Es besteht zwischen ihm und den Einzelbetriebsräten ein ähnliches Verhältnis wie zwischen dem Betriebsrat und der Betriebsversammlung, wie § 53 bestätigt; es gibt **kein imperatives Mandat** (ebenso *Fitting*, § 47 Rn. 76; HSWGNR-*Glock*, § 47 Rn. 63).

74　b) Jedes Mitglied im Gesamtbetriebsrat hat seine **Stimmen einheitlich abzugeben.** Eine Aufgliederung ist ausgeschlossen (ebenso *Fitting*, § 47 Rn. 74; HSWGNR-*Glock*, § 47 Rn. 62). Das gilt auch für den Fall, dass ein Mitglied des Gesamtbetriebsrats für mehrere Betriebe entsandt worden ist. Sind für einen oder mehrere Betriebe mehrere Mitglieder entsandt worden, denen die Stimmen nach Abs. 7 Satz 2 jeweils anteilig zustehen, hat jedes Mitglied die ihm zustehenden Stimmen einheitlich abzugeben. Nicht erforderlich ist aber, dass sämtliche von demselben Betrieb oder denselben Betrieben entsandten Mitglieder einheitlich abstimmen.

4. Post-Privatisierung

Soweit der Gesamtbetriebsrat in Angelegenheiten des § 28 Abs. 1 Satz 1 PostPersRG ausnahmsweise für die Mitbestimmungsausübung zuständig ist, sind zur Beschlussfassung nach gemeinsamer Beratung nur die Vertreter der Beamten berufen (§ 32 Abs. 2 i. V. mit § 28 Abs. 1 Satz 2 PostPersRG). Der Vertreter der Beamten hat so viele Stimmen, wie in dem Betrieb, in dem er gewählt wurde, wahlberechtigte Beamte in der Wählerliste eingetragen sind; Abs. 8 gilt entsprechend (§ 32 Abs. 1 Nr. 2 PostPersRG).

75

VII. Entsendung von Mitgliedern aus einem gemeinsamen Betrieb

Jedenfalls bis zum Inkrafttreten des BetrVerf-Reformgesetzes **war außerordentlich umstritten**, ob und **wie ein gemeinsamer Betrieb für die Bildung von Gesamtbetriebsräten** bei den an ihm beteiligten Unternehmen **zu berücksichtigen ist**. Während einige Stimmen insbesondere zur Vermeidung von Mitbestimmungslücken die Berücksichtigung aller Arbeitnehmer des gemeinsamen Betriebs bei jedem der beteiligten Unternehmen forderten (*Richardi*, 7. Aufl., § 1 Rn. 64; *Däubler*, FS Zeuner 1994, S. 19, 29; *Fromen*, FS Gaul 1992, S. 151, 184 f.; *Joost*, Betrieb und Unternehmen als Grundbegriffe im Arbeitsrecht, 1988, S. 264; *Säcker*, Wahlordnungen, Rn. 209; *Sick*, BB 1992, 1129, 1133), lehnten andere die Beteiligung von gemeinsamen Betrieben an den Gesamtbetriebsräten der einzelnen Unternehmen aus unterschiedlichen Gründen ab (*Richardi*, 6. Aufl., § 1 Rn. 86; *Hanau*, FS Kissel 1994, S. 347, 351 ff.; *Herrmann*, Der gemeinsame Betrieb mehrerer Unternehmen, 1993, S. 143 f.; *Hohenstatt*, Willemsen/Hohenstatt/Schweibert, Umstrukturierung und Übertragung von Unternehmen, 1. Aufl., D 81 f.; *Konzen*, Unternehmensaufspaltungen und Organisationsänderungen im Betriebsverfassungsrecht, 1986, S. 119; *Windbichler*, Arbeitsrecht im Konzern, S. 294 f.).

76

Das BetrVerf-Reformgesetz hat den Begriff des gemeinsamen Betriebs ausdrücklich in das BetrVG eingeführt (s. neben Abs. 9 auch § 1 Abs. 1 Satz 2, Abs. 2), ohne allerdings die damit verbundenen Probleme einer eindeutigen Lösung zuzuführen. So wird insbesondere weiterhin nicht klar geregelt, wie gemeinsame Betriebe bei der Bildung von Gesamtbetriebsräten zu behandeln sind (kritisch auch *Konzen*, RdA 2001, 76, 80 f.). Im **Grundsatz** geht das Gesetz davon aus, **dass für den gemeinsamen Betrieb** auch insoweit **nichts anderes als für jeden anderen Betrieb gilt,** wie Abs. 9 mittelbar bestätigt (*Schmidt*, FS Küttner, 2006, S. 499, 502; unklar allerdings HSWGNR-*Glock*, § 47 Rn. 61); auch wenn einzelne Unternehmen mehrere gemeinsame Betriebe führen, kann für sie kein besonderer, unternehmensübergreifender Gesamtbetriebsrat gebildet werden (BAG 13. 2. 2007 AP BetrVG 1972 § 47 Nr. 17). Keine Antwort gibt das Gesetz aber insbesondere auf die im Ergebnis zu bejahende Frage, ob die aus einem gemeinsamen Betrieb in den Gesamtbetriebsrat entsandten Mitglieder **dem jeweiligen Unternehmen** angehören müssen. Nicht entsandt werden können daher Arbeitnehmer, die einem anderen am gemeinsamen Betrieb beteiligten Unternehmen angehören, selbst wenn dadurch im Einzelfall eine Beteiligung des gemeinsamen Betriebs am Gesamtbetriebsrat eines beteiligten Unternehmen nicht möglich sein sollte (ebenso *Hohenstatt*, Willemsen/Hohenstatt/Schweibert/Seibt, Umstrukturierung und Übertragung von Unternehmen, D 117; a. A. *Fitting*, § 47 Rn. 81; *Herrmann*, Der gemeinsame Betrieb mehrerer Unternehmen, 1993, 150 f.; GK-*Kreutz*, § 47 Rn. 110; Wlotzke/Preis/*Roloff*, § 47 Rn. 11; *Schmidt*, FS Küttner, 2006, S. 499, 503 f.; unklar *Joost*, Betrieb und Unternehmen als Grundbegriffe im Arbeitsrecht, 1988, S. 264, der es aber in Fn. 161 für erwägenswert hält, „ob das Entsendungsrecht des Betriebsrates auf solche Mitglieder beschränkt ist, die zu dem Arbeitgeber in einem Arbeitsverhältnis stehen, bei dem der Gesamtbetriebsrat gebildet wird"; vgl. in diesem Zusammenhang zur Wirkung von Gesamtbetriebsvereinbarungen im gemeinsamen Betrieb auch § 50 Rn. 72).

77

78 Mit Blick auf die durch Abs. 9 bestätigte Regel, dass Abs. 7 und 8 auch auf gemeinsame Betriebe Anwendung finden und in den Gesamtbetriebsräten der beteiligten Unternehmen demgemäß jeweils sämtliche in der Wählerliste eingetragenen Arbeitnehmer des gemeinsamen Betriebs für die Ermittlung der Stimmenzahl der entsandten Mitglieder zu berücksichtigen sind, ist zu beachten, **dass der gemeinsame Betrieb nicht weiter reicht als die von den beteiligten Unternehmen gemeinsam getragene Betriebsorganisation.** Setzen daher beispielsweise ein Automobilzulieferer und ein Automobilhersteller innerhalb dessen Automobilwerks mit insgesamt 10 000 Arbeitnehmern im Bereich der Herstellung von Fahrerkonsolen 100 Arbeitnehmer gemeinsam ein und beschränkt sich die einheitliche Leitung auf diesen Bereich, so werden nur diese und nicht etwa die gesamten 10 000 Arbeitnehmer durch einen beim Zulieferer gebildeten Gesamtbetriebsrat vertreten (vgl. BAG 14. 12. 2004 – 1 AZR 504/03, wo allerdings nicht ausreichend berücksichtigt wird, dass der gemeinsame Betrieb in diesen Konstellationen einen von der sonstigen Betriebsorganisation getrennten eigenständigen Betrieb darstellt).

79 Abs. 9 sieht vor, dass durch Tarifvertrag oder Betriebsvereinbarung, wobei jeweils nur eine Gesamtbetriebsvereinbarung in Betracht kommt, von dem ansonsten nach dem Willen des Gesetzgebers maßgeblichen **Grundsatz der Vollrepräsentation** des gemeinsamen Betriebs in den Gesamtbetriebsräten der beteiligten Unternehmen abgewichen werden kann. Abs. 9 **bezieht sich also nur auf eine Veränderung der Stimmenzahl**, nicht auch auf die Veränderung des Stimmengewichts je repräsentiertem Arbeitnehmer (zutreffend GK-*Kreutz*, § 47 Rn. 110) oder sonstiger Organisationsgrundsätze und -regeln.

80 Nach der Entwurfsbegründung soll Abs. 9 namentlich ermöglichen, in Angelegenheiten, die ausschließlich das jeweilige Unternehmen betreffen, die Stimmenzahl allein unter Berücksichtigung der diesem Unternehmen angehörenden Arbeitnehmer zu ermitteln (Begr. RegE, BT-Drucks. 14/5741, S. 42). Möglich ist eine Beschränkung sowohl generell als auch für einzelne konkrete Angelegenheiten (GK-*Kreutz*, § 47 Rn. 113). Unzulässig sein dürfte hingegen eine Regelung, wonach die Arbeitnehmer des gemeinsamen Betriebs bei Abstimmungen im Gesamtbetriebsrat überhaupt keine Berücksichtigung finden. Nicht möglich erscheint auch eine Regelung, die den aus dem gemeinsamen Betrieb in den Gesamtbetriebsrat entsandten Mitgliedern weniger Stimmen gewährt, als Arbeitnehmer des jeweiligen Unternehmens in der Wählerliste des gemeinsamen Betriebs eingetragen sind (mangels materieller Bestimmungen über die Stimmengewichtung für verfassungswidrig hält die Bestimmung *Giesen*, Tarifvertragliche Rechtsgestaltung für den Betrieb, S. 315).

81 Für das Verhältnis zwischen Tarifvertrag und Gesamtbetriebsvereinbarung gilt auch im Rahmen des Abs. 9 der Grundsatz des Tarifvorrangs (s. Rn. 61).

VIII. Streitigkeiten

82 Streitigkeiten, die mit der Bildung und Zusammensetzung des Gesamtbetriebsrats zusammenhängen oder die sich auf das Stimmengewicht seiner Mitglieder beziehen, entscheidet das **Arbeitsgericht im Beschlussverfahren** (§ 2a Abs. 1 Nr. 1, Abs. 2 i. V. mit §§ 80 ff. ArbGG). Zuständig ist das Arbeitsgericht, in dessen Bezirk das Unternehmen seinen Sitz hat (§ 82 Satz 2 ArbGG).

83 Die **Errichtung des Gesamtbetriebsrats,** die Entsendung und Abberufung seiner Mitglieder sind **gerichtlich nachprüfbar;** das Gesetz gibt aber keine Bestimmung, die die Geltendmachung von Gesetzesverletzungen an ein besonderes Verfahren bindet. Man muss hier differenzieren. Da der Gesamtbetriebsrat kein gewähltes, sondern ein aus entsandten Betriebsratsmitgliedern bestehendes Organ ist, kann man nur begrenzt bei einem Gesetzesverstoß die Auswirkungen so beurteilen wie sonst bei betriebsratsinternen Wahlen (s. § 26 Rn. 58, § 27 Rn. 79 und § 38 Rn. 66 ff.). Betrifft die Gesetzesverletzung die Voraussetzungen für die Errichtung eines Gesamtbetriebsrats, so ist eine rechtsfehler-

I. Vorbemerkung § 48

hafte Errichtung nichtig. Die Verkennung des Unternehmensbegriffs kann deshalb hier nicht so behandelt werden wie die Verkennung des Betriebsbegriffs bei Betriebsratswahlen (im Ergebnis a. A. GK-*Kreutz*, § 47 Rn. 120 für den Fall, dass „ein fehlerhaft errichteter Gesamtbetriebsrat über einen längeren Zeitraum sein Amt unbeanstandet ausgeübt hat und die Unwirksamkeit seiner Errichtung nicht evident ist"; *Fitting*, § 47 Rn. 84). Die Zwei-Wochen-Frist des § 19 (s. § 19 Rn. 44 ff.) ist daher nicht zu beachten (ebenso GK-*Kreutz*, § 47 Rn. 120; a. A. DKK-*Trittin*, § 47 Rn. 79).

Soweit es dagegen um die **Entsendung** oder **Abberufung von Betriebsratsmitgliedern** **84** **in den Gesamtbetriebsrat** geht, handelt es sich um **betriebsratsinterne Wahlen** (BAG 16. 3. 2005 AP BetrVG 1972 § 47 Nr. 14 mwN; vgl. auch BAG 25. 5. 2005 AP BetrVG 1972 § 47 Nr. 16). Für sie gilt deshalb Gleiches wie für die Wahl des Betriebsratsvorsitzenden und seines Stellvertreters (s. § 26 Rn. 3 ff.), die Wahl von Betriebsratsmitgliedern in den Betriebsausschuss oder einen weiteren Ausschuss des Betriebsrats (s. § 27 Rn. 6 ff.) und die Freistellung von Betriebsratsmitgliedern (s. § 38 Rn. 30).

Antragsberechtigt sind, soweit die Voraussetzungen für die Errichtung eines Ge- **85** samtbetriebsrats streitig sind, die beteiligten Einzelbetriebsräte und der Arbeitgeber. Geht es dagegen um die Entsendung oder Abberufung, so ist antragsberechtigt das davon betroffene Mitglied des Betriebsrats, nicht dagegen der Arbeitgeber. Der entsendungs- bzw. abberufungsberechtigte Betriebsrat selbst ist insoweit nicht antragsberechtigt.

Keine Antragbefugnis haben die **im Unternehmen vertretenen Gewerkschaften** (eben- **86** so BAG 30. 10. 1986 AP BetrVG 1972 § 47 Nr. 6 [kritisch *Dütz*]; vgl. bereits vorher BAG 29. 8. 1985 AP ArbGG 1979 § 83 Nr. 13 unter Aufgabe der gegenteiligen Meinung in BAG 15. 8. 1978 AP BetrVG 1972 § 47 Nr. 3; s. zur Begründung § 26 Rn. 33).

Beteiligungsbefugt sind der Gesamtbetriebsrat selbst, dessen rechtmäßige Errichtung **87** den Gegenstand des Beschlussverfahrens bildet (ebenso BAG 5. 12. 1975 AP BetrVG 1972 § 47 Nr. 1; BAG 15. 8. 1978 AP BetrVG 1972 § 47 Nr. 3), und der Arbeitgeber (ebenso BAG 15. 8. 1978 AP BetrVG 1972 § 47 Nr. 3).

§ 48 Ausschluss von Gesamtbetriebsratsmitgliedern

Mindestens ein Viertel der wahlberechtigten Arbeitnehmer des Unternehmens, der Arbeitgeber, der Gesamtbetriebsrat oder eine im Unternehmen vertretene Gewerkschaft können beim Arbeitsgericht den Ausschluss eines Mitglieds aus dem Gesamtbetriebsrat wegen grober Verletzung seiner gesetzlichen Pflichten beantragen.

Übersicht

	Rn.
I. Vorbemerkung	1
II. Amtspflichtverletzung als Voraussetzung für den Ausschluss aus dem Gesamtbetriebsrat	3
III. Ausschluss aus dem Gesamtbetriebsrat	6
1. Entscheidung des Arbeitsgerichts im Beschlussverfahren	6
2. Antragsberechtigung	7
3. Amtsenthebung durch Beschluss des Arbeitsgerichts	12
4. Rechtsnachfolge im Gesamtbetriebsrat	14

I. Vorbemerkung

Zum BetrVG 1952 war zweifelhaft, ob ein Betriebsratsmitglied wegen grober Verlet- **1** zung seiner gesetzlichen Pflichten durch Beschluss des Arbeitsgerichts aus dem Gesamtbetriebsrat ausgeschlossen werden kann (verneinend BAG 15. 12. 1961 AP BetrVG § 47 Nr. 1; bejahend *Dietz*, § 47 Rn. 19 b). Das Gesetz gibt deshalb ausdrücklich die Möglichkeit, bei groben Pflichtverletzungen ein Betriebsratsmitglied aus dem Gesamtbetriebsrat auszuschließen, ohne dass damit notwendigerweise eine Amtsenthebung als Betriebsratsmitglied verbunden ist. Die Bestimmung ist § 23 Abs. 1 nachgebildet. Eine Auflösung des Gesamtbetriebsrats durch Beschluss des Arbeitsgerichts kommt dagegen auch bei einer groben Verletzung seiner Pflichten nicht in Betracht (ebenso *Brecht*, § 48 Rn. 4; *Fitting*, § 48 Rn. 5; HSWGNR-*Glock*, § 48 Rn. 1; im Ergebnis, wenn auch unter Annahme einer Lücke im Gesetz GL-*Marienhagen*, § 48 Rn. 6); denn der Gesamtbetriebsrat ist eine Dauereinrichtung, solange die Voraussetzungen bestehen, die zu seiner Errichtung geführt haben (s. § 47 Rn. 26 f.; mit abweichender Begründung im Ergebnis ebenso GK-*Kreutz*, § 48 Rn. 2). Er kann sich auch nicht durch Beschluss selbst auflösen (s. § 49 Rn. 3). Doch ist möglich, dass sämtliche Mitglieder eines Gesamtbetriebsrats ihres Amtes als Gesamtbetriebsratsmitglied enthoben werden, wenn sie sich gemeinschaftlich einer groben Pflichtverletzung schuldig gemacht haben (ebenso *Fitting*, § 48 Rn. 6; HSWGNR-*Glock*, § 48 Rn. 1 und 5). Aber auch in diesem Fall ist nicht der Gesamtbetriebsrat aufgelöst, sondern es rücken die Ersatzmitglieder nach (s. Rn. 14).

2 Auf die Gesamt-Jugend- und Auszubildendenvertretung ist § 48 gemäß § 73 Abs. 2 entsprechend anzuwenden. Für den Konzernbetriebsrat findet sich eine Sonderbestimmung in § 56. Für den Gesamtsprecherausschuss enthält § 17 Abs. 1 SprAuG eine vergleichbare Regelung, für den Gesamtpersonalrat sind insoweit die §§ 56, 54 Abs. 1, 28 BPersVG und für die Gesamt-Schwerbehindertenvertretung die § 97 Abs. 7 i. V. mit § 94 Abs. 7 Satz 5 SGB IX zu beachten.

II. Amtspflichtverletzung als Voraussetzung für den Ausschluss aus dem Gesamtbetriebsrat

3 Voraussetzung für einen Ausschluss aus dem Gesamtbetriebsrat ist eine **grobe Verletzung der gesetzlichen Pflichten** des Gesamtbetriebsratsmitglieds. Für die Pflichtverletzung gilt Gleiches wie im Rahmen von § 23 Abs. 1 (s. dort Rn. 9 ff.). Doch muss sich hier die Pflichtverletzung auf die **Tätigkeit als Mitglied des Gesamtbetriebsrats** beziehen. Hat das Gesamtbetriebsratsmitglied eine grobe Pflichtverletzung begangen, die sich lediglich auf seine Tätigkeit als Mitglied des Einzelbetriebsrats bezieht, so kann darauf nicht ein Ausschluss aus dem Gesamtbetriebsrat gestützt werden (ebenso *Fitting*, § 48 Rn. 9; GK-*Kreutz*, § 48 Rn. 18, 21; HSWGNR-*Glock*, § 48 Rn. 4). Wird aber in einem derartigen Fall das Betriebsratsmitglied nach § 23 Abs. 1 seines Amtes enthoben, so erlischt damit auch die Mitgliedschaft im Gesamtbetriebsrat; denn diese ist an die Mitgliedschaft im Einzelbetriebsrat gebunden (§ 49). Andererseits rechtfertigt eine Pflichtverletzung als Mitglied des Gesamtbetriebsrats nicht ohne weiteres eine Amtsenthebung nach § 23 Abs. 1. Das Gesetz geht vielmehr davon aus, dass der Pflichtenkreis als Mitglied des Gesamtbetriebsrats gegenüber dem Pflichtenkreis als Mitglied des Einzelbetriebsrats selbständig ist (ebenso *Fitting*, § 48 Rn. 9; HSWGNR-*Glock*, § 48 Rn. 4). Es ist durchaus möglich, dass ein Betriebsratsmitglied den Aufgaben als Mitglied des Einzelbetriebsrats gewachsen ist, nicht aber den Aufgaben als Mitglied des Gesamtbetriebsrats.

4 Auch hier muss es sich um eine **grobe Amtspflichtsverletzung** handeln, d.h. der Verstoß muss **objektiv erheblich** sein (s. § 23 Rn. 27).

5 Jedoch genügt auch hier kein objektiver Verstoß, sondern es muss sich um ein **schuldhaftes Verhalten** handeln (s. § 23 Rn. 28).

III. Ausschluss aus dem Gesamtbetriebsrat

1. Entscheidung des Arbeitsgerichts im Beschlussverfahren

Der Ausschluss aus dem Gesamtbetriebsrat erfolgt durch Entscheidung des Arbeitsgerichts im Beschlussverfahren, und zwar auf Antrag eines Antragsberechtigten – nicht von Amts wegen (§ 2a Abs. 1 Nr. 1, Abs. 2 i. V. mit §§ 80 ff. ArbGG). Der Antrag ist an keine Frist gebunden. **6**

2. Antragsberechtigung

a) Antragsberechtigt ist ein **Viertel der wahlberechtigten Arbeitnehmer des Unternehmens**. Es genügt also nicht, dass ein Viertel der Arbeitnehmer eines Betriebs des Unternehmens den Antrag stellt. Maßgebend ist die Zahl der wahlberechtigten Arbeitnehmer zurzeit der Stellung des Antrags, nicht zurzeit der Errichtung des Gesamtbetriebsrats (ebenso *Fitting*, § 48 Rn. 11; HSWGNR-*Glock*, § 48 Rn. 6). Abzustellen ist mithin nicht auf den „Regelstand" der Unternehmensstärke (so aber DKK-*Trittin*, § 48 Rn. 7). Gleichgültig ist aber, welches Quorum in den einzelnen Betrieben erzielt wird. Erforderlich ist lediglich, dass im Unternehmen das notwendige Quorum erreicht wird. Arbeitnehmer von betriebsratslosen Betrieben zählen mit (ebenso DKK-*Trittin*, § 48 Rn. 7; ErfK-*Eisemann/Koch*, § 48 Rn. 2; GK-*Kreutz*, § 48 Rn. 11; differenzierend *Joost*, Betrieb und Unternehmen als Grundbegriffe im Arbeitsrecht, S. 214). Die Mindestzahl muss während des ganzen Verfahrens gewahrt sein; jedoch ist keine Voraussetzung, dass die Wahlberechtigung bestehen bleibt (a. A. GK-*Kreutz*, § 48 Rn. 7, 13; s. § 23 Rn. 33). **7**

b) Antragsberechtigt ist auch der **Arbeitgeber**. **8**

c) Antragsberechtigt ist weiterhin der **Gesamtbetriebsrat**. Stellt der Gesamtbetriebsrat den Antrag, so ist ein Beschluss erforderlich, für den § 51 Abs. 3 gilt. Das Mitglied, um dessen Ausschluss es sich handelt, ist bei diesem Beschluss nicht stimmberechtigt. Folgt man der h. L., so ist es bei der Beratung auch nicht teilnahmeberechtigt, so dass an seine Stelle das für ihn nach § 47 Abs. 3 bestellte Ersatzmitglied nachrückt (§ 51 Abs. 1 Satz 1 i. V. mit § 25 Abs. 1 Satz 2; ebenso *Fitting*, § 48 Rn. 15; GK-*Kreutz*, § 48 Rn. 15; HSWGNR-*Glock*, § 48 Rn. 7; DKK-*Trittin*, § 48 Rn. 9; s. aber auch § 23 Rn. 36; ausführlich zu der Problematik § 25 Rn. 9). Dem betroffenen Mitglied ist vor der Beschlussfassung Gelegenheit zur Stellungnahme zu geben (ErfK-*Eisemann/Koch*, § 48 Rn. 2; GK-*Kreutz*, § 48 Rn. 15; DKK-*Trittin*, § 48 Rn. 9). **9**

d) Antragsberechtigt ist außerdem **jede im Unternehmen vertretene Gewerkschaft**. Es genügt, dass die Gewerkschaft mindestens einen Arbeitnehmer des Unternehmens zu ihren Mitgliedern zählt (s. im Übrigen § 2 Rn. 66 ff., nur mit dem Unterschied, dass dort darauf abgestellt wird, dass die Gewerkschaft im Betrieb vertreten ist). Nicht erforderlich ist insbesondere, dass die Gewerkschaft in dem Betrieb vertreten ist, dem das entsandte Mitglied angehört (ebenso *Fitting*, § 48 Rn. 17; GK-*Kreutz*, § 48 Rn. 17; HSWGNR-*Glock*, § 48 Rn. 9). Spitzenverbänden der Gewerkschaften steht das Antragsrecht nicht zu (GK-*Kreutz*, § 48 Rn. 17). **10**

e) Die **Einzelbetriebsräte** haben dagegen **kein Antragsrecht**; denn der Betriebsrat, der das Mitglied entsandt hat, kann es abberufen (s. § 47 Rn. 36 und § 49 Rn. 9), und für die anderen Betriebsräte fehlt die Legitimation, den Ausschluss eines fremden Mitglieds aus dem Gesamtbetriebsrat zu beantragen (ebenso *Fitting*, § 48 Rn. 16; GK-*Kreutz*, § 48 Rn. 16). **11**

3. Amtsenthebung durch Beschluss des Arbeitsgerichts

Das Arbeitsgericht muss das Gesamtbetriebsratsmitglied **aus dem Gesamtbetriebsrat ausschließen**, wenn es eine **grobe Verletzung seiner gesetzlichen Pflichten** als erwiesen **12** ansieht (s. auch § 23 Rn. 47). Der **Verlust des Amtes** tritt erst mit der **Rechtskraft des Beschlusses** ein. Durch einstweilige Verfügung kann aber die Amtsausübung bis zur rechtskräftigen Entscheidung untersagt werden (s. § 23 Rn. 49).

13 Mit der Amtsenthebung als Mitglied des Gesamtbetriebsrats endet **nicht** die **Mitgliedschaft im Einzelbetriebsrat.** Jedoch führt das Erlöschen der Mitgliedschaft im Gesamtbetriebsrat zur Beendigung der Mitgliedschaft im Konzernbetriebsrat, wenn das Gesamtbetriebsratsmitglied in den Konzernbetriebsrat entsandt war (§ 57). Gleiches gilt für die Mitgliedschaft im Gesamtbetriebsausschuss und in einem Ausschuss des Gesamtbetriebsrats.

4. Rechtsnachfolge im Gesamtbetriebsrat

14 Für das ausgeschlossene Mitglied rückt das **Ersatzmitglied** nach (§ 51 Abs. 1 Satz 1 i. V. mit § 25 Abs. 1 Satz 1; s. auch § 47 Rn. 39).

15 Ist kein Ersatzmitglied vorhanden, so kann der Betriebsrat ein **anderes Mitglied in den Gesamtbetriebsrat entsenden.** Ausgeschlossen ist lediglich, dass er das Mitglied bestellt, das wegen seiner groben Amtspflichtverletzung aus dem Gesamtbetriebsrat ausgeschlossen wurde (ebenso *Fitting*, § 48 Rn. 19, 23; GK-*Kreutz*, § 48 Rn. 24; HSWGNR-*Glock*, § 48 Rn. 12). Etwas anderes gilt lediglich, wenn der Betriebsrat neu gewählt ist und ihm auch das aus dem Gesamtbetriebsrat ausgeschlossene Mitglied angehört; denn hier ist zu berücksichtigen, dass eine Betriebsratswahl stattgefunden hat und dadurch für das ausgeschlossene Mitglied eine erneute demokratische Legitimation gegeben ist (ebenso *Fitting*, § 48 Rn. 24; *Kreutz* und *Glock*, jeweils a. a. O.). Damit wird aber nicht ausgeschlossen, dass ein Gesamtbetriebsratsmitglied wegen einer groben Amtspflichtverletzung auch dann noch aus dem Gesamtbetriebsrat ausgeschlossen werden kann, wenn in der Zwischenzeit eine Betriebswahl stattgefunden hat und das Mitglied wiedergewählt und in den Gesamtbetriebsrat entsandt wird. Die Rechtslage ist hier die gleiche wie bei der Amtsenthebung nach § 23 Abs. 1 (s. dort Rn. 31).

§ 49 Erlöschen der Mitgliedschaft

Die Mitgliedschaft im Gesamtbetriebsrat endet mit dem Erlöschen der Mitgliedschaft im Betriebsrat, durch Amtsniederlegung, durch Ausschluss aus dem Gesamtbetriebsrat aufgrund einer gerichtlichen Entscheidung oder Abberufung durch den Betriebsrat.

Übersicht

	Rn.
I. Vorbemerkung	1
II. Ende des Amtes als Gesamtbetriebsratsmitglied	3
1. Keine Amtszeit für den Gesamtbetriebsrat	3
2. Beendigungsgründe	4
3. Rechtsfolgen des Amtsverlusts	10
III. Streitigkeiten	12

I. Vorbemerkung

1 Eine Vorschrift über die Beendigung der Mitgliedschaft im Gesamtbetriebsrat war im BetrVG 1952 nicht enthalten. Erlöschen kann nur die Mitgliedschaft im Gesamtbetriebsrat, während eine Auflösung des Gesamtbetriebsrats ausscheidet, weil er eine Dauereinrichtung darstellt (s. Rn. 3).

Für die Gesamt-Jugend- und Auszubildendenvertretung gilt § 49 gemäß § 73 Abs. 2 **2** entsprechend. Für den Gesamt-Sprecherausschuss ist § 17 Abs. 2 SprAuG zu beachten, für den Gesamtpersonalrat sind die §§ 56, 54, 29 BPersVG einschlägig. Vergleichbare Bestimmungen für die Gesamt-Schwerbehindertenvertretung enthalten § 97 Abs. 7 i. V. mit § 94 Abs. 7 Satz 3, 5 SGB IX.

II. Ende des Amtes als Gesamtbetriebsratsmitglied

1. Keine Amtszeit für den Gesamtbetriebsrat

Der Gesamtbetriebsrat hat **keine Amtszeit**; er ist, wenn er einmal gebildet wird, eine **3** **Dauereinrichtung** (s. § 47 Rn. 26). Er kann deshalb auch nicht mit der Mehrheit seiner Mitglieder seinen Rücktritt beschließen (ebenso *Brecht*, § 48 Rn. 4, § 49 Rn. 6; *Fitting*, § 49 Rn. 7; DKK-*Trittin*, § 49 Rn. 8). Hier kommt vielmehr nur eine Amtsniederlegung der einzelnen Gesamtbetriebsratsmitglieder in Betracht; jedoch endet dann nicht das Amt des Gesamtbetriebsrats als solches, sondern es rücken die Ersatzmitglieder in den Gesamtbetriebsrat nach. Das Gesetz kennt auch keine Auflösung des Gesamtbetriebsrats, sondern nur den Ausschluss aus dem Gesamtbetriebsrat durch arbeitsgerichtlichen Beschluss (§ 48). Das Amt des Gesamtbetriebsrats als solches kann nur dadurch beendet werden, dass die Voraussetzungen seiner Errichtung entfallen – sei es, dass die Dezentralisierung des Unternehmens in mehrere selbständige Betriebe aufgehoben wird, sei es, dass nicht in mehr als einem Betrieb ein Betriebsrat besteht – oder sämtliche Betriebsräte keine Mitglieder in den Gesamtbetriebsrat entsenden; in letzterem Fall handeln aber die Einzelbetriebsräte pflichtwidrig (s. § 47 Rn. 40).

2. Beendigungsgründe

a) Die Mitgliedschaft im Gesamtbetriebsrat endet mit dem **Erlöschen der Mitglied-** **4** **schaft im Betriebsrat;** denn das Amt als Gesamtbetriebsratsmitglied ist untrennbar mit der Mitgliedschaft im entsendenden Betriebsrat verbunden.

Die Tatbestände, die zum Erlöschen der Mitgliedschaft im Betriebsrat führen, sind in **5** § 24 enthalten; es handelt sich im Einzelnen um die folgenden Beendigungsgründe:

- Ablauf der Amtszeit; mit dem Ablauf der Amtszeit erfasst das Gesetz nicht nur die Fälle, in denen die ordentliche Amtsperiode endet, sondern auch die Fälle, in denen das Amt des Betriebsrats vorzeitig endet (s. § 24 Rn. 2).
- Niederlegung des Betriebsratsamtes (s. § 24 Rn. 8 ff.).
- Beendigung des Arbeitsverhältnisses (s. § 24 Rn. 11 ff.).
- Verlust der Wählbarkeit, d. h. abgesehen von der Beendigung des Arbeitsverhältnisses werden hier weitere Fälle erfasst, die zum Verlust der Wählbarkeit führen, vor allem das Ausscheiden aus der Belegschaft (s. § 24 Rn. 20 ff.).
- Ausschluss aus dem Betriebsrat oder Auflösung des Betriebsrats auf Grund einer gerichtlichen Entscheidung (s. ausführlich § 23 Rn. 27).
- Gerichtliche Entscheidung über die Feststellung der Nichtwählbarkeit, die auch nach Ablauf der Anfechtungsfrist für die Betriebsratswahl noch möglich ist, wenn der die Nichtwählbarkeit begründende Mangel noch besteht (s. § 24 Rn. 28 ff.).

b) Ein Beendigungsgrund ist auch die **Amtsniederlegung.** Gemeint ist hier die *Nieder-* **6** *legung des Amtes als Gesamtbetriebsratsmitglied* unter Beibehaltung des Betriebsratsamtes; denn die Niederlegung des Betriebsratsamtes führt bereits wegen Erlöschens der Mitgliedschaft im Betriebsrat zur Beendigung der Mitgliedschaft im Gesamtbetriebsrat. Die auf die Mitgliedschaft im Gesamtbetriebsrat beschränkte Amtsniederlegung ist ebenso wie die Niederlegung des Betriebsratsamtes jederzeit möglich, und zwar auch schon unmittelbar nach der Entsendung in den Gesamtbetriebsrat. Sie erfolgt durch formlose Mitteilung an den Vorsitzenden – im Fall dessen Verhinderung an den stellvertretenden Vorsitzenden – des Gesamtbetriebsrats (ebenso *Brecht*, § 49 Rn. 3; *Fitting*, § 49 Rn. 11; HSWGNR-*Glock*, § 49 Rn. 7; a. A. Erklärung gegenüber dem Vorsitzenden des entsendenden Betriebsrats *Frauenkron*, § 49 Rn. 2; s. im Übrigen § 24 Rn. 8 ff.). Die Niederlegung des Amtes des Vorsitzenden oder des stellvertretenden Vorsitzenden im Gesamtbetriebsrat oder der Mitgliedschaft im Gesamtbetriebsausschuss oder einem weiteren Ausschuss des Gesamtbetriebsrats berührt jedoch die Mitgliedschaft im Gesamtbetriebsrat selbst nicht. Die Amtsniederlegung muss unbedingt und eindeutig ausgesprochen werden. Mit Zugang wird sie wirksam; jedoch ist es möglich, dass die Amtsniederlegung für einen späteren Termin erklärt wird. Eine Anfechtung ist ausgeschlossen, gleichgültig, ob sie auf Irrtum, Drohung oder arglistige Täuschung gestützt werden soll, ebenso ein Widerruf (ebenso ErfK-*Eisemann/Koch*, § 49 Rn. 1; *Fitting*, § 49 Rn. 11; differenzierend GK-*Kreutz*, § 49 Rn. 11, der einen Ausschluss hier erst ab Vollzug der Niederlegung annimmt; s. dazu auch § 24 Rn. 10). Die Amtsniederlegung steht einer erneuten Entsendung nicht entgegen, auch wenn diese nach kurzer Zeit erfolgt.

7 Auch wenn der **Betriebsrat nur aus einer Person** besteht oder ihm nur ein Gruppenvertreter angehört, so dass die Mitgliedschaft im Gesamtbetriebsrat keinen konstitutiven Entsendungsakt erfordert (s. § 47 Rn. 30), können diese Personen ihr Amt als Mitglied im Gesamtbetriebsrat niederlegen; jedoch liegt darin regelmäßig eine grobe Amtspflichtverletzung, die zur Amtsenthebung berechtigt (§ 23 Abs. 1).

8 c) Die Mitgliedschaft im Gesamtbetriebsrat endet weiterhin durch **Ausschluss aus dem Gesamtbetriebsrat** auf Grund eines arbeitsgerichtlichen Beschlusses mit dessen Rechtskraft (§ 48).

9 d) Außerdem kann die Beendigung der Mitgliedschaft im Gesamtbetriebsrat dadurch eintreten, dass der **Einzelbetriebsrat** das **von ihm entsandte Mitglied abberuft**. Die Abberufung verlangt einen Beschluss des Einzelbetriebsrats. Sie wird mit Zugang der Mitteilung gegenüber dem entsandten Mitglied wirksam (zutreffend GK-*Kreutz*, § 49 Rn. 18), ohne dass die Erklärung gegenüber dem Gesamtbetriebsratsvorsitzenden bzw. – im Verhinderungsfalle – dessen Stellvertreter Wirksamkeitsvoraussetzung wäre (wie hier *Fitting*, § 49 Rn. 18; ErfK-*Eisemann/Koch*, § 49 Rn. 1; a. A. DKK-*Trittin*, § 49 Rn. 9).

3. Rechtsfolgen des Amtsverlusts

10 Mit dem Verlust des Amtes als Gesamtbetriebsratsmitglied **entfallen** alle **Ämter,** die die **Zugehörigkeit zum Gesamtbetriebsrat voraussetzen,** vor allem die Mitgliedschaft im Gesamtbetriebsausschuss und in einem Konzernbetriebsrat.

11 Für das ausgeschiedene Mitglied rückt das **Ersatzmitglied** in den Gesamtbetriebsrat nach (§ 51 Abs. 1 Satz 1 i. V. mit § 25 Abs. 1; s. auch § 47 Rn. 39). Doch kann der Betriebsrat auch ein anderes Mitglied in den Gesamtbetriebsrat entsenden (s. zur Entsendung eines aus dem Gesamtbetriebsrat ausgeschlossenen Mitglieds § 48 Rn. 15).

III. Streitigkeiten

12 Streitigkeiten darüber, ob das Amt als Mitglied des Gesamtbetriebsrats erloschen ist, entscheidet das Arbeitsgericht im Beschlussverfahren (§ 2 a Abs. 1 Nr. 1, Abs. 2 i. V. mit §§ 80 ff. ArbGG). Zuständig ist das Arbeitsgericht, in dessen Bezirk das Unternehmen seinen Sitz hat (§ 82 Satz 2 ArbGG). Uneinigkeit herrscht darüber, ob das auch dann gilt, wenn um die Wirksamkeit des Abberufungsbeschlusses des entsendeten Betriebsrats oder das Erlöschen der Mitgliedschaft im Betriebsrat gestritten wird (bejahend GK-*Kreutz*, § 49 Rn. 25).

I. Vorbemerkung § 50

§ 50 Zuständigkeit

(1) ¹Der Gesamtbetriebsrat ist zuständig für die Behandlung von Angelegenheiten, die das Gesamtunternehmen oder mehrere Betriebe betreffen und nicht durch die einzelnen Betriebsräte innerhalb ihrer Betriebe geregelt werden können; seine Zuständigkeit erstreckt sich insoweit auch auf Betriebe ohne Betriebsrat. ²Er ist den einzelnen Betriebsräten nicht übergeordnet.

(2) ¹Der Betriebsrat kann mit der Mehrheit der Stimmen seiner Mitglieder den Gesamtbetriebsrat beauftragen, eine Angelegenheit für ihn zu behandeln. ²Der Betriebsrat kann sich dabei die Entscheidungsbefugnis vorbehalten. ³§ 27 Abs. 2 Satz 3 und 4 gilt entsprechend.

Abgekürzt zitiertes Schrifttum: *Grotkamp,* Die Bedeutung des Gesamtbetriebsrats und die Abgrenzung seiner Beständigkeit zu den Einzelbetriebsräten im Rahmen des Strukturwandels in der deutschen Wirtschaft, 1999; *Kassmann,* Die Zuständigkeit des Gesamtbetriebsrates nach dem Betriebsverfassungsgesetz und seine Tätigkeit in der Praxis, 1968; *Siebert,* Die Zuständigkeit des Gesamtbetriebsrats, 1999; *Störmann,* Der Gesamtbetriebsrat nach dem BetrVG, Diss. Köln 1961;

Übersicht

	Rn.
I. Vorbemerkung	1
II. Die gesetzliche Abgrenzung der Zuständigkeit des Gesamtbetriebsrats	3
1. Wortlaut und Entstehungsgeschichte	3
2. Überbetriebliche Angelegenheiten als erste Voraussetzung	6
3. Nichtregelnkönnen durch die einzelnen Betriebsräte innerhalb ihrer Betriebe als zweite Voraussetzung	7
4. Einzelfallbeurteilung für die Anerkennung einer originären Zuständigkeit des Gesamtbetriebsrats	19
5. Zuständigkeit kraft besonderer gesetzlicher Zuweisung	38
6. Verhältnis zur Zuständigkeit der einzelnen Betriebsräte	44
7. Zuständigkeit des Gesamtbetriebsrats für betriebsratslose Betriebe	49
8. Keine Abbedingung durch Tarifvertrag oder Betriebsvereinbarung	52
III. Zuständigkeit des Gesamtbetriebsrats auf Grund einer Delegation des Einzelbetriebsrats	53
1. Zweck der Beauftragungsmöglichkeit	53
2. Gegenstand der Beauftragung	54
3. Formelle Voraussetzungen der Beauftragung	59
4. Verpflichtung des Gesamtbetriebsrats zur Wahrnehmung der Beauftragung	63
5. Rechtsstellung des Arbeitgebers	64
6. Beauftragung durch mehrere oder alle Betriebsräte	66
IV. Aufgabenerledigung durch den Gesamtbetriebsrat	67
1. Entsprechende Geltung der Vorschriften über die Rechte und Pflichten des Betriebsrats	67
2. Vereinbarung mit dem Arbeitgeber	68
3. Verhältnis einer Gesamtbetriebsvereinbarung zu einer Einzelbetriebsvereinbarung	71
4. Gesamtbetriebsvereinbarungen und gemeinsamer Betrieb	72
V. Streitigkeiten	73

I. Vorbemerkung

Die **Aufgaben des Gesamtbetriebsrats** sind grundsätzlich die gleichen wie die des **1** Betriebsrats der Einzelbetriebe (§ 51 Abs. 5). Daher ist von entscheidender Bedeutung, wer zuständig ist. Das Gesetz bestimmt ausdrücklich, dass der Gesamtbetriebsrat den einzelnen Betriebsräten nicht übergeordnet ist; er ist ihnen aber auch nicht untergeordnet, sondern hat einen **eigenen Zuständigkeitsbereich**. Die Abgrenzung erfolgt durch

§ 50 Zuständigkeit

Abs. 1, der mit Ausnahme des Abs. 1 Satz 1, 2. Halbsatz wörtlich dem § 48 Abs. 1 BetrVG 1952 entspricht, wenn man davon absieht, dass die dort enthaltene Einschränkung durch das Wort „nur" nicht übernommen wurde. Ergänzt wird die gesetzliche Zuständigkeitsabgrenzung durch die in Abs. 2 vorgesehene Möglichkeit des Einzelbetriebsrats, den Gesamtbetriebsrat mit der Wahrnehmung einzelner Angelegenheiten zu beauftragen, wobei der Betriebsrat die Delegation auf die Durchführung der Verhandlung beschränken und sich die Entscheidungsbefugnis vorbehalten kann.

2   Durch Art. 1 Nr. 36 BetrVerf-Reformgesetz vom 23. 7. 2001 (BGBl. I S. 1852) wurde an § 50 Abs. 1 Satz 1 der zweite Halbsatz angefügt und in Abs. 2 eine geringfügige redaktionelle Änderung vorgenommen.

II. Die gesetzliche Abgrenzung der Zuständigkeit des Gesamtbetriebsrats

1. Wortlaut und Entstehungsgeschichte

3   a) Das Gesetz geht von einer **Primärzuständigkeit der Einzelbetriebsräte** aus (ebenso BAG 6. 4. 1976 AP BetrVG 1972 § 50 Nr. 2 [Bl. 2 R]; MünchArbR-*Joost*, § 225 Rn. 32; *Ehrich*, ZfA 1993, 427, 430; kritisch GK-*Kreutz*, § 50 Rn. 19). Der **eigene Zuständigkeitsbereich des Gesamtbetriebsrats** ist deshalb nach dem **Subsidiaritätsprinzip** abgegrenzt: Der Gesamtbetriebsrat ist zuständig für die Behandlung von Angelegenheiten, die das Gesamtunternehmen oder mehrere Betriebe betreffen und nicht durch die einzelnen Betriebsräte innerhalb ihrer Betriebe geregelt werden können (Abs. 1 Satz 1, 1. Halbsatz; vgl. zur tatsächlichen Aufgabenverteilung zwischen den Betriebsratsebenen die empirische Untersuchung von *Behrens/Kädtler*, WSI-Mitteilungen 2008, 297).

4   Die Zuständigkeit des Gesamtbetriebsrats ist daher von **zwei Voraussetzungen** abhängig:
– Die Angelegenheit muss das Gesamtunternehmen oder mehrere Betriebe betreffen (s. Rn. 6), und
– es ist weiterhin erforderlich, dass diese Angelegenheit nicht durch die einzelnen Betriebsräte innerhalb ihrer Betriebe geregelt werden kann (s. Rn. 7 ff.).

5   b) Zweifelhaft ist, wie Sinn und Zweck der Zuständigkeitsabgrenzung teleologisch aufzufassen sind. Ein Antrag, die Zuständigkeit des Gesamtbetriebsrats daran zu knüpfen, dass „eine einheitliche Regelung im Interesse der Arbeitnehmer des Unternehmens oder des Unternehmens selbst erforderlich ist", wurde vom BT-Ausschuss für Arbeit und Sozialordnung abgelehnt, weil man in dieser Formulierung eine zu starke Zuständigkeitsverlagerung zu Lasten der einzelnen Betriebsräte sah (vgl. *zu* BT-Drucks. VI/2729, S. 26). Doch wäre es verfehlt, daraus einen Umkehrschluss zu ziehen; denn das Gesetz hat andererseits darauf verzichtet, das die Zuständigkeit des Gesamtbetriebsrats einschränkende Wort „nur" aus § 48 Abs. 1 BetrVG 1952 zu übernehmen. Der Fortfall dieses Wortes bedeutet zwar nicht, dass der Gesetzgeber die Zuständigkeit des Gesamtbetriebsrats erweitern wollte (so zutreffend BAG 23. 9. 1975 AP BetrVG 1972 § 50 Nr. 1); es ist damit aber auch für eine restriktive Interpretation seiner Zuständigkeit jeder Anhaltspunkt entfallen (vgl. auch *Fuchs*, Der Konzernbetriebsrat, 1974, S. 74; *W. Blomeyer*, ZfA 1975, 243, 276; *Galperin*, SAE 1976, 100; *Körnig*, SAE 1977, 44).

2. Überbetriebliche Angelegenheiten als erste Voraussetzung

6   Zum eigenen Zuständigkeitsbereich des Gesamtbetriebsrats können nur Angelegenheiten gehören, die entweder das **Gesamtunternehmen** betreffen oder sich doch auf einen **Bereich** beziehen, der **über den einzelnen Betrieb** hinausgeht. Schon diese Voraussetzung sichert, dass Maßnahmen mit nur *betriebsinterner* Auswirkung nicht in den Zuständigkeitsbereich des Gesamtbetriebsrats fallen. In Betracht kommen nur Maßnahmen mit *betriebsübergreifender* Auswirkung (ebenso *Fitting*, § 50 Rn. 18; GK-*Kreutz*, § 50

II. Die gesetzliche Abgrenzung der Zuständigkeit des Gesamtbetriebsrats § 50

Rn. 22 ff.; MünchArbR-*Joost,* § 225 Rn. 31). Mit Angelegenheiten, die nur einen Betrieb betreffen, kann der Gesamtbetriebsrat sich nur befassen, wenn der Betriebsrat ihn damit beauftragt (s. Rn. 53 ff.). Eine Vereinbarung etwa über die Lage der Arbeitszeit in einem Einzelbetrieb zwischen Arbeitgeber und Gesamtbetriebsrat wäre unwirksam. Eine nachträgliche Genehmigung durch den Einzelbetriebsrat kommt – da es sich nicht lediglich um schwebende Unwirksamkeit handelt – nicht in Betracht (so aber *Fitting,* § 50 Rn. 19); vielmehr bedarf es eines Neuabschlusses. Andererseits braucht es sich nicht um Fragen zu handeln, die für alle Betriebe des Unternehmens aufgeworfen und beantwortet werden müssen. Es genügt, dass sie mehrere Betriebe betreffen. Jedoch ist dies nicht quantitativ, sondern qualitativ zu interpretieren.

3. Nichtregelnkönnen durch die einzelnen Betriebsräte innerhalb ihrer Betriebe als zweite Voraussetzung

Das Gesetz verlangt, dass die Angelegenheit, die das Gesamtunternehmen oder mehrere Betriebe betrifft, **nicht** durch die **einzelnen Betriebsräte** innerhalb ihrer Betriebe **geregelt werden kann**. Problematisch ist, wie man diese sibyllinisch formulierte Einschränkung zu verstehen hat. 7

a) Denkgesetzlich wäre es möglich, dass alle das Gesamtunternehmen betreffenden Angelegenheiten durch Parallelvereinbarungen geregelt werden (so zutreffend *Pleyer,* SAE 1965, 195). Würde man also verlangen, dass eine Gestaltung durch eine Abrede mit den Einzelbetriebsräten schlechthin unmöglich ist, so wäre der Gesamtbetriebsrat nie zuständig; er hätte nur die Befugnisse, die das Gesetz ihm ausdrücklich zuweist (vgl. § 54 und § 107 Abs. 2 Satz 2, Abs. 3 Satz 6 sowie §§ 38, 49 WO 1953). Daher kann **nicht** darauf abgestellt werden, dass eine **Regelung auf betrieblicher Ebene denkgesetzlich unmöglich** ist (ebenso BAG 23. 9. 1975 AP BetrVG 1972 § 50 Nr. 1; *Fitting,* § 50 Rn. 21; GK-*Kreutz,* § 50 Rn. 27; HSWGNR-*Glock,* § 50 Rn. 10; *Nipperdey/Säcker* in *Hueck/Nipperdey,* Bd. II/2 S. 1209 Fn. 6 e; *W. Meyer,* AuR 1964, 362, 364; *W. Blomeyer,* DB 1967, 2221, 2222; *Mayer-Maly,* RdA 1969, 223, 226; *G. Müller,* FS Küchenhoff, Bd. I S. 283, 290). 8

b) Ob eine Angelegenheit nicht durch die einzelnen Betriebsräte innerhalb ihrer Zuständigkeit geregelt werden kann, ist in erster Linie danach zu beantworten, ob es dem Einzelbetriebsrat nach der ihm eingeräumten Rechtsposition unmöglich ist, die Angelegenheit innerhalb des Betriebs zu regeln. **Die Rechtsprechung versucht hier eine Kategorisierung,** wenn sie feststellt, dass dies nicht nur der Fall sei, wenn die Regelung den Einzelbetriebsräten **objektiv unmöglich** ist, sondern gleichermaßen, wenn ein **zwingendes Erfordernis** für eine unternehmenseinheitliche oder jedenfalls betriebsübergreifende Regelung besteht (BAG 6. 12. 1988 AP BetrVG 1972 § 87 Lohngestaltung Nr. 37; 18. 10. 1994 AP BetrVG § 87 Lohngestaltung Nr. 70; 9. 12. 2003 AP BetrVG 1972 § 50 Nr. 27; 26. 4. 2005 NZA 2005, 892; s. dazu *Joost,* Anm. BAG AP BetrVG 1972 § 87 Lohngestaltung Nr. 70, der obj. Unmöglichkeit annehmen will, wenn ein solches zwingendes Erfordernis besteht). Ferner bestehe eine originäre Zuständigkeit des Gesamtbetriebsrats auch dann, wenn den Einzelbetriebsräten eine Regelung **subjektiv unmöglich** ist (BAG 6. 12. 1988 AP BetrVG 1972 § 87 Lohngestaltung Nr. 37; 18. 10. 1994 AP BetrVG § 87 Lohngestaltung Nr. 70; 26. 4. 2005 NZA 2005, 892; eine lediglich dichotomische Unterscheidung von obj. und subj. Unmöglichkeit findet sich hingegen in BAG 11. 2. 1992 AP BetrVG 1972 § 76 Nr. 50 vgl. dazu *Kreutz,* FS Buchner 2009, S. 511, 513). Eine handhabbare Definition der obj. und subj. Unmöglichkeit in dem hier maßgeblichen Sinne sucht man in der Rechtsprechung allerdings vergebens. 9

Enger als die Rechtsprechung meint *Kreutz,* dass **nur in Fällen objektiver und subjektiver Unmöglichkeit** einer Regelung durch die Einzelbetriebsräte die Zuständigkeit des Gesamtbetriebsrats begründet sei (GK-*Kreutz,* § 50 Rn. 26). Indes zeigen seine weiteren Ausführungen, dass diesen Begriffen bei ihm letztlich keine Differenzierungs- 10 kraft eignet. Soweit *Kreutz* für das Vorliegen objektiver Unmöglichkeit verlangt, dass „eine Maßnahme ihrem Gegenstand nach ausschließlich unternehmensbezogen ist und auch gedanklich nicht in Teilakte zerlegt werden kann" (GK-*Kreutz*, § 50 Rn. 28), und ferner den Begriff der subjektiven Unmöglichkeit in wertender Betrachtung insbesondere danach bestimmen will, ob eine betriebsübergreifende Regelung zwingend erforderlich ist, wird deutlich, dass es ihm letztlich ebenfalls allein um eine Wertungsentscheidung geht (vgl. auch GK-*Kreutz*, § 58 Rn. 25).

11 In seinen theoretischen Grundannahmen noch enger ist der Ansatz von *Trittin*, der nur objektive und subjektive Unmöglichkeit ausreichen lassen will, hierbei jedoch kein Wertungselement anerkennt, sondern ausdrücklich betont, dass ein dringendes Erfordernis für eine unternehmenseinheitliche Regelung weder eine objektive noch eine subjektive Unmöglichkeit darstelle und deshalb nicht genüge (DKK-*Trittin*, § 50 Rn. 24). Eine Kompetenzverlagerung von dem BR auf den GBR müsse auf das unbedingt Erforderliche beschränkt bleiben (DKK-*Trittin*, § 50 Rn. 27). Da eine inhaltliche Anreicherung der objektiven und subjektiven Unmöglichkeit bei *Trittin* nicht erfolgt, bleiben die konkreten Auswirkungen seiner Ansicht sehr vage und ergeben sich Zweifel an ihrer praktischen Handhabbarkeit.

12 Ebenso wenig vermögen im Ergebnis jene Ansichten zu überzeugen, die offen darauf abstellen, ob sich die Notwendigkeit einer betriebsübergreifenden einheitlichen Regelung aus der **Natur der Sache** aufdrängt, was dann der Fall sei, wenn eine unterschiedliche Regelung der Angelegenheit sachlich oder rechtlich nicht zu rechtfertigen ist (ErfK-*Eisemann/Koch*, § 50 Rn. 3, allerdings unter unzutreffender Berufung auf BAG 6. 12. 1988 AP BetrVG 1972 § 87 Lohngestaltung Nr. 37; s. auch *Stege/Weinspach/Schiefer*, §§ 47–52 Rn. 8, sowie BAG 23. 9. 1975 AP BetrVG 1972 § 50 Nr. 1).

13 c) Der Versuch einer **Kategorisierung nach objektiver und subjektiver Unmöglichkeit erweist sich als untauglich** zur Abgrenzung der Zuständigkeiten von Einzelbetriebsräten und Gesamtbetriebsrat (ablehnend auch *Ehrich*, ZfA 1993, 427, 442). Auch die Befürworter einer solchen Unterscheidung kommen nicht ohne letztlich allein entscheidungsleitende Hilfskriterien aus. Die Rechtsprechung hat dies im Ergebnis klar erkannt und zieht in der Sache zutreffend als **einziges materielles Differenzierungskriterium** die Frage heran, ob ein **zwingendes Erfordernis** für eine unternehmenseinheitliche oder zumindest betriebsübergreifende Regelung besteht (BAG 6. 12. 1988, 14. 12. 1999 AP BetrVG 1972 § 87 Lohngestaltung Nr. 37, 104; BAG 30. 8. 1995 AP BetrVG 1972 § 87 Gesundheitsschutz Nr. 29; BAG 16. 6. 1998 AP BetrVG 1972 § 87 Gesundheitsschutz Nr. 7; BAG 11. 12. 2001 AP BetrVG 1972 § 50 Nr. 22; BAG 15. 1. 2002 AP BetrVG 1972 § 50 Nr. 23; BAG 23. 10. 2002 AP BetrVG 1972 § 50 Nr. 26; BAG 21. 1. 2003 NZA 2003, 992; BAG 26. 4. 2005 AP BetrVG 1972 § 87 Nr. 12; BAG 3. 5. 2006 AP BetrVG 1972 § 50 Nr. 29; BAG 10. 10. 2006 AP BetrVG 1972 § 77 Tarifvorbehalt Nr. 24; vgl. auch BAG 19. 6. 2007 AP BetrVG 1972 § 58 Nr. 4), wobei das BAG dem Richter insoweit einen Beurteilungsspielraum zugesteht (s. nur BAG 26. 1. 1993 AP BetrVG 1972 § 99 Nr. 102). Denn letztlich geht es allein um die einer abstrakten Beantwortung unzugängliche Frage (*Ehrich*, ZfA 1993, 427, 443; vgl. auch *Fischer*, SAE 2003, 44, 45; ferner *ders.*, RdA 2003, 114, 115 f.), ob die Einzelbetriebsräte den durch eine bestimmte Maßnahme ausgelösten Mitbestimmungsbedarf erschöpfen können, ohne deren Wesen zu verändern, was immer dann nicht gegeben ist, wenn unter Beachtung der unternehmerisch-wirtschaftlichen Belange des Arbeitgebers ein zwingendes Bedürfnis für eine betriebsübergreifende Regelung besteht. Ein solches ist insbesondere anzunehmen, wenn der mit einer betriebsübergreifenden Maßnahme verfolgte Zweck durch unterschiedliche betriebliche Regelungen vereitelt würde oder wenn unausweichliche unternehmerische Sachzwänge existieren, etwa falls dem Arbeitgeber durch Einzelregelungen Nachteile von erheblichem Gewicht erwachsen würden (MünchArbR-*Joost*, § 225 Rn. 34) oder wenn die Regelung der betreffenden Frage in einem einzelnen Betrieb Daten für die Regelung der gleichen Frage in einem anderen Betrieb setzt (*Ehrich*, ZfA

II. Die gesetzliche Abgrenzung der Zuständigkeit des Gesamtbetriebsrats   § 50

1993, 427, 443; s. auch *Löwisch/Mikosch,* Anm. BAG AP BetrVG 1972 § 50 Nr. 1 und 2). Hingegen **genügt es nicht,** wenn die einheitliche Regelung durch den Gesamtbetriebsrat **lediglich zweckmäßig** erscheint (BAG 16. 1. 1993 AP BetrVG 1972 § 99 Nr. 102; BAG 30. 8. 1995 AP BetrVG 1972 § 87 Überwachung Nr. 29; BAG 11. 11. 1998 AP BetrVG 1972 § 50 Nr. 19; BAG 14. 12. 1999 AP BetrVG 1972 § 87 Lohngestaltung Nr. 104; BAG 11. 12. 2001 AP BetrVG 1972 § 50 Nr. 22; BAG 15. 1. 2002 AP BetrVG 1972 § 50 Nr. 23; BAG 21. 1. 2003 EzA BetrVG 2001 § 50 Nr. 2; BAG 9. 12. 2003 AP BetrVG 1972 § 50 Nr. 27; ErfK-*Eisemann/Koch,* § 50 Rn. 3; *Fitting,* § 50 Rn. 23; MünchArbR-*Joost,* § 225 Rn. 33; GK-*Kreutz,* § 50 Rn. 35; DKK-*Trittin,* § 50 Rn. 24) oder einem **schlichten Koordinierungsinteresse des Unternehmers** (BAG 23. 9. 1975, 28. 4. 1992 AP BetrVG 1972 § 50 Nr. 1, 11; BAG 26. 1. 1993 AP BetrVG 1972 § 99 Nr. 102; vgl. auch BAG 9. 12. 2003 AP BetrVG 1972 § 50 Nr. 27; BAG 19. 6. 2007 AP BetrVG 1972 § 58 Nr. 4; *Fitting,* § 50 Rn. 23; MünchArbR-*Joost,* § 225 Rn. 33; GK-*Kreutz,* § 50 Rn. 35) bzw. seinem **Wunsch nach einer Konzentration der Entscheidungskompetenz** bei der Unternehmensleitung (BAG 18. 10. 1994 AP BetrVG 1972 § 87 Lohngestaltung Nr. 70; *Fitting,* § 50 Rn. 27; GK-*Kreutz,* § 50 Rn. 35; *Stege/Weinspach/Schiefer,* §§ 47–52 Rn. 8; DKK-*Trittin,* § 50 Rn. 24a) entspringt. Auch der wirtschaftliche Zwang zur Unternehmenssanierung begründe als solcher keinen überbetrieblichen Regelungsbedarf (BAG 15. 1. 2002 AP BetrVG 1972 § 50 Nr. 23). Die Notwendigkeit, den (unternehmensbezogenen) Gleichbehandlungsgrundsatz zu beachten, kann die Zuständigkeit des Gesamtbetriebsrates nicht begründen (BAG 3. 5. 2006 AP BetrVG 1972 § 50 Nr. 29; *Kreutz,* FS Buchner 2009, S. 511, 528).

d) Eine **je gesonderte Behandlung** in den einzelnen Betrieben ist ohne Gefährdung des mit der Maßnahme insgesamt verfolgten Zwecks beispielsweise **dann nicht möglich,** wenn eine **Sozialeinrichtung** nicht für einen Betrieb, sondern für das gesamte Unternehmen oder mehrere Betriebe errichtet werden soll. Nach § 87 Abs. 1 Nr. 8 BetrVG bezieht sich das Mitbestimmungsrecht nur auf die Form, Ausgestaltung und Verwaltung von Sozialeinrichtungen, deren Wirkungsbereich auf den Betrieb, das Unternehmen oder den Konzern beschränkt ist. Hingegen ist die Entscheidung über das „Ob" der Errichtung als solche mitbestimmungsfrei (s. § 87 Rn. 626). Sie wird ausdrücklich als Gegenstand einer freiwilligen Betriebsvereinbarung genannt (§ 88 Nr. 2 BetrVG). Die vom Arbeitgeber vorgegebene Reichweite der Sozialeinrichtung ist deshalb dem Mitbestimmungsverfahren vorgelagert. Bezieht der Arbeitgeber den Wirkungsbereich einer Sozialeinrichtung auf mehrere Betriebe oder das Unternehmen, so ergibt sich aus einem vom Arbeitgeber vorgegebenen betriebsübergreifenden Charakter, dass über ihre Form, Ausgestaltung und Verwaltung nicht die Einzelbetriebsräte mitbestimmen können, sondern die Kompetenz dafür ausschließlich beim Gesamtbetriebsrat liegt (ebenso GK-*Kreutz,* § 50 Rn. 28).   14

Ebenso ist, sofern der Arbeitgeber eine **Vergütungsregelung,** z. B. die Gewährung von Provisionen, betriebsübergreifend gestalten möchte, schon allein wegen dieser Grundentscheidung für die Mitbestimmung nach § 87 Abs. 1 Nr. 10 der Gesamtbetriebsrat zuständig (ebenso BAG 29. 3. 1977 AP BetrVG 1972 § 87 Provisionen Nr. 1; 6. 12. 1988 AP BetrVG 1972 § 87 Lohngestaltung Nr. 37; s. auch BAG 14. 12. 1999 AP BetrVG 1972 § 87 Lohngestaltung Nr. 104; für Jahressondervergütungen BAG 11. 2. 1992 AP BetrVG 1972 § 76 Nr. 50; 21. 1. 2003 von EzA BetrVG 2001 § 50 Nr. 2; 13. 3. 2001; 9. 12. 2003 AP BetrVG 1972 § 50 Nr. 27; 26. 4. 2005 AP BetrVG 1972 § 87 Nr. 12; BAG 10. 10. 2006 AP BetrVG 1972 § 77 Tarifvorbehalt Nr. 24; GK-*Kreutz,* § 50 Rn. 29; *Kreutz,* FS Buchner 2009, S. 511 ff; s. auch § 87 Rn. 866). Hingegen in Fällen, in denen den Arbeitnehmern keine zusätzlichen Leistungen gewährt, sondern die ihnen tariflich zustehenden Leistungen mit Zustimmung des Betriebsrates gekürzt oder die Rechte beschränkt werden sollen, nach Ansicht des BAG nicht gerechtfertigt, dem Arbeitgeber die Disposition über seinen Verhandlungspartner einzuräumen (BAG 19. 6. 2007 AP BetrVG 1972 § 58 Nr. 8).   15

16 Die vorangehenden Überlegungen lassen sich für den gesamten Bereich **freiwilliger Betriebsvereinbarungen** verallgemeinern. Auch hier gilt die Zuständigkeitsnorm des § 50 Abs. 1 Satz 1, 1. Halbsatz. Der Arbeitgeber kann deshalb keine Regelung mit dem Gesamtbetriebsrat für eine Angelegenheit treffen, die nur *einen Betrieb* betrifft. Notwendig ist vielmehr, dass die Angelegenheit, über die der Arbeitgeber mit dem Gesamtbetriebsrat eine freiwillige Betriebsvereinbarung abschließen will, das Gesamtunternehmen oder mehrere Betriebe betrifft. Sind aber diese Voraussetzungen bei der vom Arbeitgeber geplanten Maßnahme gegeben, resultiert aus der Planung selbst, dass der Einzelbetriebsrat die Angelegenheit nicht regeln kann (zust. GK-*Kreutz*, § 50 Rn. 29). Soweit eine Angelegenheit nicht der erzwingbaren Mitbestimmung unterliegt, ist der Gesamtbetriebsrat daher immer dann originär zuständig, wenn der Arbeitgeber nur zu einer Regelung auf überbetrieblicher Ebene bereit ist (siehe bereits BAG 6. 12. 1988 AP BetrVG 1972 § 87 Lohngestaltung Nr. 37, 28. 4. 1992 AP BetrVG 1972 § 50 Nr. 11; 21. 1. 2003 EzA BetrVG 2001 § 50 Nr. 2; 13. 3. 2001; 9. 12. 2003 AP BetrVG 1972 § 50 Nr. 27; 26. 4. 2005 NZA 2005, 892).

17 e) Problematisch kann die Rechtslage insoweit sein, als der Betriebsrat nach § 87 nicht nur ein Zustimmungsrecht, sondern auch ein **als Mitbestimmungsrecht gestaltetes Initiativrecht** hat. Hier stellt sich die Frage, ob der Einzelbetriebsrat dieses Recht ausüben kann, wenn die Angelegenheit für das Gesamtunternehmen oder mehrere Betriebe geregelt ist. Das gleiche Problem tritt auf, wenn die Angelegenheit zwar nicht geregelt ist, der Arbeitgeber aber dem Initiativrecht des Einzelbetriebsrats mit dem Begehren entgegentritt, sie für das Gesamtunternehmen oder mehrere Betriebe regeln zu wollen. Es stellt sich die Frage, ob dadurch die Zuständigkeit des Gesamtbetriebsrats herbeigeführt werden kann. Die Antwort ergibt sich daraus, ob der Arbeitgeber wie bei Entgeltleistungen deren Umfang und Zweck mitbestimmungsfrei festlegen kann. Wenn für die Bemessung des Arbeitsentgelts die Zugehörigkeit zu einem bestimmten Betrieb keine Rolle spielt, sondern nach der Zweckbestimmung die Leistungen einem Arbeitnehmerkreis zugewendet werden, der im Gesamtunternehmen oder in mehreren Betrieben vorhanden ist, liegt die Kompetenz zur Ausübung des Mitbestimmungsrechts nicht bei den Einzelbetriebsräten, sondern beim Gesamtbetriebsrat. Anderenfalls wäre nämlich nicht gewährleistet, dass die Gewährung der Leistungen dem Gleichbehandlungsgrundsatz entspricht (s. dazu BAG 6. 4. 1978 AP BetrVG 1972 § 50 Nr. 2; a. A. wohl LAG Hamm 5. 12. 1997 – 10 Sa 1143/97, n. v.). Der Betriebsrat seinerseits kann aber durch sein Mitbestimmungsrecht bei der Entgeltfindung keine höheren und auch keine anderen Entgeltleistungen erzwingen, als der Arbeitgeber sie nach ihrem Umfang und Zweck erbringen will.

18 f) Von den Mitbestimmungsrechten, zu deren Voraussetzung eine mitbestimmungsfreie Entscheidung des Arbeitgebers gehört, sind die Beteiligungsrechte zu unterscheiden, bei denen der **Gesamtkomplex der Angelegenheit beteiligungspflichtig** ist. Das gilt für die meisten Fälle, in denen der Betriebsrat ein Mitwirkungs- und Mitbestimmungsrecht hat. Ein Weg zur Gewinnung brauchbarer Kriterien für die Zuständigkeitsabgrenzung führt hier nur über den Ansatz, das Nichtregelnkönnen der Einzelbetriebsräte nicht aus der *Unmöglichkeit einer Regelung auf Betriebsebene,* sondern aus der auf Grund wertender Betrachtung zu ermittelnden **Erforderlichkeit einer betriebsübergreifenden Regelung** zu bestimmen.

4. Einzelfallbeurteilung für die Anerkennung einer originären Zuständigkeit des Gesamtbetriebsrats

19 Wann ein zwingendes Erfordernis für eine unternehmenseinheitliche Regelung vorliegt, entzieht sich einer abstrakten Bestimmung, da jeweils die Umstände des konkreten Einzelfalls ausschlaggebend sind. Im Einzelnen sind jedoch die folgenden Leitlinien und Entscheidungen zugrunde zu legen:

II. Die gesetzliche Abgrenzung der Zuständigkeit des Gesamtbetriebsrats § 50

a) Soziale Angelegenheiten. Die Rechtsprechung des BAG wird auch hier durch die 20
Grundannahme geprägt, dass die **Zuständigkeit im Zweifelsfall bei den Einzelbetriebsräten** liegt.

In seiner Grundsatzentscheidung zur originären Zuständigkeit des Gesamtbetriebs- 21
rats hat das BAG für ein Energieversorgungsunternehmen mit mehreren Betrieben für
das Mitbestimmungsrecht über die **Lage der Arbeitszeit** eine Kompetenz des Gesamtbetriebsrats verneint; sie soll nur in Betracht kommen, wenn wegen **produktionstechnischer Abhängigkeiten mehrerer Betriebe** voneinander eine einheitliche Regelung aus
sachlichen Gründen zwingend erforderlich sei, z. B. „bei fehlender einheitlicher Regelung eine technisch untragbare Störung eintreten würde, die zu unangemessenen betrieblichen oder wirtschaftlichen Auswirkungen führen könnte" (BAG 23. 9. 1975 AP
BetrVG 1972 § 50 Nr. 1; s. auch BAG 20. 4. 1982 DB 1982, 1674; vgl. ferner BAG
9. 12. 2003 AP BetrVG 1972 § 50 Nr. 27; ebenso ErfK-*Eisemann/Koch*, § 50 Rn. 4;
Fitting, § 50 Rn. 37; hinsichtlich der Ausnahme bei „produktionstechnischer Abhängigkeit" kritisch DKK-*Trittin*, § 50 Rn. 34). Ebenso sollen für die **Einführung von
Kurzarbeit** grundsätzlich die einzelnen Betriebsräte zuständig sein (BAG 29. 11. 1978
AP BGB § 611 Bergbau Nr. 18; *Fitting*, § 50 Rn. 38). Allerdings fällt eine unternehmensweit einheitliche Regelung des Ordnungsverhaltens (**Ethikrichtlinien**, etc.) in die
originäre Zuständigkeit des Gesamtbetriebsrats (vgl. LAG Düsseldorf 14. 11. 2005
NZA 2006, 63 vgl. auch BAG 22. 7. 2008 AP BetrVG 1972 § 87 Nr. 14 – dort
allerdings zum Konzernbetriebsrat).

Gleiches soll im Regelfall für **Torkontrollen** (LAG Düsseldorf 14. 12. 1979 EzA § 50 22
BetrVG 1972) sowie allgemein für Fragen der **betrieblichen Ordnung** (DKK-*Trittin*, § 50
Rn. 33; s. aber auch *Ehrich*, ZfA 1993, 427, 444 ff.) gelten.

Für Fragen der **Auszahlung der Arbeitsentgelte** nach § 87 Abs. 1 Nr. 4 sind grundsätz- 23
lich die Einzelbetriebsräte zuständig (BAG 20. 4. 1982 DB 1982, 1674: Erstattung der
Kontoführungsgebühren; BAG 15. 1. 2002 AP § 50 BetrVG 1972 Nr. 23; s. jedoch zu
einem Ausnahmefall LAG Berlin 10. 9. 1979 DB 1979, 2091, wo für die Einführung
bargeldloser Lohn- und Gehaltszahlung die Zuständigkeit des Gesamtbetriebsrats angenommen wurde; dieser Entscheidung zustimmend *Fitting*, § 50 Rn. 39).

Die Aufstellung des **Urlaubsplans** fällt nur dann in die Zuständigkeit des Gesamt- 24
betriebsrats, wenn eine betriebsübergreifende Koordination zwingend erforderlich ist
(*Fitting*, § 50 Rn. 40; s. zu § 56 BetrVG 1952 auch BAG 5. 2. 1965 AP BetrVG Urlaubsplan § 56 Nr. 1; a. A. DKK-*Trittin*, § 50 Rn. 36, der stets eine Zuständigkeit der Einzelbetriebsräte annimmt).

Hingegen hat das BAG in den Grundsatzentscheidungen zur Mitbestimmung bei **tech-** 25
nischen Kontrolleinrichtungen nach § 87 Abs. 1 Nr. 6 die Zuständigkeit des Gesamtbetriebsrats für die Mitbestimmungsausübung anerkannt (BAG 6. 12. 1983 und 14. 9.
1984 AP BetrVG 1972 § 87 Überwachung Nr. 7 [Bildschirmentscheidung] und Nr. 9
[Technikerberichtssystem]). Gleiches hat es bei der Einführung einer **unternehmenseinheitlichen Telefonanlage** (BAG 11. 11. 1998 AP BetrVG 1972 § 50 Nr. 19) sowie eines
Reservierungssystems für Flüge (BAG 30. 8. 1995 AP BetrVG 1972 § 87 Überwachung
Nr. 29) angenommen (zur originären Zuständigkeit bei einem unternehmensweiten Zeiterfassungssystem LAG Rheinland-Pfalz 25. 5. 2007 – 6 TaBV 7/07). Gleiches gilt für die
unternehmensweit einheitliche Einführung eines **EDV-Systems** (BAG 14. 11. 2006 AP
BetrVG 1972 § 87 Überwachung Nr. 43). Auch bei Nutzung eines unternehmensweit
einheitlichen EDV-Programms verlangen mögliche Folgeregelungen i. S. d. § 87 Abs. 1
Nr. 7 BetrVG allerdings nach einer auf den jeweiligen Betrieb bezogenen Betrachtung
(BAG 8. 6. 2004 AP BetrVG 1972 § 76 Einigungsstelle Nr. 20; vgl. aber auch Rn. 47).
Die Nutzung des **Intranets** soll von den Betriebsräten jeweils gesondert geregelt werden
können (BAG 1. 12. 2004 AP BetrVG 1972 § 40 Nr. 82).

Sofern **Arbeitsanweisungen** unternehmensweit einheitliche Montagearbeiten betreffen, 26
ist für die Wahrnehmung der Mitbestimmungsrechte nach § 87 Abs. 1 Nr. 7 BetrVG der

§ 50 Zuständigkeit

Gesamtbetriebsrat zuständig (BAG 16. 6. 1998 AP BetrVG 1972 § 87 Gesundheitsschutz Nr. 7). Nach Ansicht des LAG Hamburg soll hinsichtlich des **Gesundheitsschutzes** bzw. des Gesundheitsschutzes bei der Arbeit mit Bildschirmgeräten jedenfalls keine über den Abschluss von Rahmenvereinbarungen (s. dazu Rn. 47) hinausgehende originäre Zuständigkeit des Gesamtbetriebsrats gegeben sein (LAG Hamburg 7. 6. 1999 – 7 TaBV 3/98, n. v.).

27 Soweit es um die Aufstellung unternehmensweiter Zuteilungs- und Nutzungsbedingungen von **Werkmietwohnungen** geht, ist grundsätzlich der Gesamtbetriebsrat zuständig, und zwar auch soweit es um die Beteiligung bei der Zuweisung einzelner Wohnungen oder bei Kündigungen geht (*Ehrich*, ZfA 1993, 427, 454; a. A. DKK-*Trittin*, § 50 Rn. 40 d). Zu **Sozialeinrichtungen** siehe bereits Rn. 14.

28 Soweit der Betriebsrat bei der **Regelung der Arbeitsentgelte** mitzubestimmen hat, ist die Zuständigkeit des Gesamtbetriebsrats anerkannt worden, wenn die Regelung unternehmenseinheitlich gelten soll (so zur **betrieblichen Altersversorgung** BAG 12. 6. 1975 AP BetrVG 1972 § 87 Altersversorgung Nr. 2 [ohne Begründung]; 5. 5. 1977 AP BetrVG 1972 § 50 Nr. 3, wo festgestellt wurde, dass den Einzelbetriebsräten kein Mitbestimmungsrecht bei der betrieblichen Altersversorgung des Unternehmens zustehe und daher eine gewillkürte Prozessstandschaft des Gesamtbetriebsrats gemäß § 50 Abs. 2 BetrVG ausscheide; jüngst auch BAG 21. 1. 2003 EzA BetrVG 2001 § 50 Nr. 2; s. noch vor Inkrafttreten des BetrVG 1972 grundlegend BAG 30. 1. 1970 AP BGB § 242 Ruhegehalt Nr. 142, wo entscheidend darauf abgestellt wurde, dass Versorgungsordnungen in aller Regel wegen ihrer finanziellen und steuerlichen Bedeutung einheitlich für das gesamte Unternehmen aufgestellt werden müssten; 25. 3. 1971 AP BetrVG § 57 Nr. 5; für die Vergabe von **Arbeitgeberdarlehen** BAG 6. 4. 1976 AP BetrVG 1972 § 50 Nr. 2 mit pauschaler Begründung, die in dem Satz gipfelt: „Unter Berücksichtigung des Gleichbehandlungsgrundsatzes muss dann die Gewährung von Arbeitgeberdarlehen nicht nur aus Zweckmäßigkeitsgründen einheitlich geregelt werden, sondern diese einheitliche Regelung ist gerade auch aus Rechtsgründen geboten, selbst wenn rein denkgesetzlich eine Regelung durch die Einzelbetriebsräte noch möglich erscheinen mag", wobei der Senat unter den Rechtsgründen hier die Geltung des Gleichbehandlungsgrundsatzes versteht; denn Differenzierungen von Betrieb zu Betrieb wären willkürlich, wenn Arbeitgeberdarlehen einheitlich für die Arbeitnehmer aller gleichartigen Betriebe gewährt würden).

29 Für die **Provisionsgewährung** an Außendienstangestellte eines Versicherungsunternehmens hat das BAG eine originäre Zuständigkeit des Gesamtbetriebsrats damit begründet, dass es Sache des Unternehmers sei, die Vergütung zentral für das gesamte Unternehmen zu regeln; bei einer Mitbestimmung der einzelnen Betriebsräte bestünde die Gefahr, dass zentrale Entscheidungen nicht mehr erfolgen, sondern unterschiedliche Ordnungen für einzelne Betriebe Platz greifen (BAG 29. 3. 1977 AP BetrVG 1972 § 87 Provision Nr. 1; vgl. auch ohne Begründung für Zuständigkeit des Gesamtbetriebsrats BAG 28. 7. 1982 AP BetrVG 1972 § 87 Provision Nr. 2; BAG 13. 3. 1984 AP BetrVG 1972 § 87 Provision Nr. 4; BAG 26. 7. 1988 AP BetrVG 1972 § 87 Provision Nr. 6). Anerkannt wurde, dass dem Gesamtbetriebsrat bei Gehalts-, Provisions- und Prämienregelungen des Arbeitgebers für Vertriebsbeauftragte ein Mitbestimmungsrecht zusteht (BAG 6. 12. 1988 AP BetrVG 1972 § 87 Lohngestaltung Nr. 37, wobei das BAG nach wörtlicher Übernahme der Begründung in BAG 29. 3. 1977 AP BetrVG 1972 § 87 Provision Nr. 1 ergänzend darauf abstellt, dass bei unternehmenseinheitlicher Festlegung des Entgeltsystems für alle Vertriebsbeauftragten es keine Frage bloßer Zweckmäßigkeit, sondern eine Frage der Lohngerechtigkeit sei, „dass dann auch das Verhältnis von festen Gehaltsbestandteilen zu variablen Einkommensbestandteilen und das Verhältnis der Einzelnen variablen Einkommensbestandteile untereinander einheitlich für das gesamte Unternehmen festgelegt wird"). Entsprechend nimmt das BAG für die Gewährung einer **Jahressondervergütung** an, dass bei deren Abhängigkeit von einer betriebsübergreifen-

II. Die gesetzliche Abgrenzung der Zuständigkeit des Gesamtbetriebsrats § 50

den Lohnregelung ein Abstimmungsbedarf entstehe, der eine sachgerechte Ausübung des Mitbestimmungsrechts auf einzelbetrieblicher Ebene ausschließe (BAG 11. 2. 1992 AP BetrVG 1972 § 76 Nr. 50).

b) **Gestaltung von Arbeitsplatz, Arbeitsablauf und Arbeitsumgebung.** Der Gesamtbetriebsrat ist zuständig, wenn die in § 90 Abs. 1 genannten Planungsvorhaben betriebsübergreifend sind und eine von Betrieb zu Betrieb jeweils unterschiedliche Gestaltung ausscheidet. Für die Wahrnehmung des korrigierenden Mitbestimmungsrechts nach § 91 ist der Gesamtbetriebsrat nur zuständig, wenn die beanstandete Änderung der Arbeitsplätze, des Arbeitsablaufs oder der Arbeitsumgebung nicht nur in einem Betrieb vorgenommen wurde und deshalb Maßnahmen zur Abwendung, Milderung oder zum Ausgleich der Belastung wegen der produktionstechnischen Abhängigkeit der betroffenen Betriebe voneinander eine einheitliche Regelung erfordern oder die Gefahr verschiedener Maßnahmen in den einzelnen Betrieben den Grundsatz der Gleichbehandlung der von der Belastung betroffenen Arbeitnehmer verletzt. 30

c) Im Rahmen der **personellen Angelegenheiten** ist vor allem zwischen den allgemeinen personellen Angelegenheiten und der Berufsbildung einerseits und den personellen Einzelmaßnahmen andererseits zu unterscheiden: 31

(1) Die **Personalplanung** erfolgt in einem in mehrere Betriebe gegliederten Unternehmen stets auf der Ebene der Unternehmensleitung (mit ähnlicher Tendenz *Fitting*, § 50 Rn. 51). Deshalb hat der Arbeitgeber über sie den Gesamtbetriebsrat zu unterrichten, und dieser ist auch für die Wahrnehmung des Beratungsrechts nach § 92 zuständig. Jedoch wird dadurch nicht die Kompetenz des Betriebsrats verdrängt, soweit bestimmte Maßnahmen in dem Betrieb durchgeführt werden sollen, dessen Belegschaft er repräsentiert. Jeder Einzelbetriebsrat hat auch das Vorschlagsrecht für die Einführung und Durchführung einer Personalplanung. 32

Bei der Gestaltung der **Personalfragebogen**, der Formularverträge und der **Aufstellung allgemeiner Beurteilungsgrundsätze** (§ 94) sowie bei der Festlegung der **Auswahlrichtlinien** (§ 95) ist der Gesamtbetriebsrat zuständig, wenn eine überbetriebliche Regelung erfolgt (vgl. BAG 31. 5. 1983 AP BetrVG 1972 § 95 Nr. 2; BAG 31. 1. 1984 AP BetrVG 1972 § 95 Nr. 3). Soweit das Mitbestimmungsrecht aber als Initiativrecht gestaltet ist, kann für die Zuständigkeit keine Rolle spielen, ob der Arbeitgeber eine unternehmenseinheitliche Regelung treffen will (so für Auswahlrichtlinien BAG 3. 5. 1984 AP BetrVG 1972 § 95 Nr. 5). Das gilt auch für die **Ausschreibung von Arbeitsplätzen** nach § 93; soll sie jedoch in allen oder mehreren Betrieben des Unternehmens erfolgen, so ist insoweit der Gesamtbetriebsrat zuständig (s. zu den Grenzen § 93 Rn. 16). 33

(2) Für die Beteiligung in der **Berufsbildung** ist der Gesamtbetriebsrat zuständig, wenn die Regelung als Teil der Personalplanung auf der Ebene der Unternehmensleitung erfolgt (vgl. BAG 12. 11. 1991 AP BetrVG 1972 § 98 Nr. 8). 34

(3) Bei den **personellen Einzelmaßnahmen**, der Einstellung, Eingruppierung, Umgruppierung, Versetzung und Kündigung, handelt es sich um Angelegenheiten, die regelmäßig nur den einzelnen Betrieb betreffen. Handelt es sich um die **Versetzung in einen anderen Betrieb**, so bedeutet sie von diesem aus gesehen eine Einstellung, vom bisherigen aus betrachtet ein Ausscheiden, das eine Versetzung i. S. des § 95 Abs. 3 darstellt, soweit es nicht vorübergehend ist und auf dem Wunsch des Arbeitnehmers beruht (s. § 99 Rn. 117 ff.). Dabei zielt die Beteiligung des Betriebsrats auf die Wahrung des Kollektivinteresses des jeweils betroffenen Betriebs, weshalb auch bei betriebsübergreifenden Versetzungen nicht die Zuständigkeit des Gesamtbetriebsrats gegeben ist (ebenso BAG 30. 4. 1981 AP BetrVG 1972 § 99 Nr. 12 BAG 30. 9. 1990 AP BetrVG 1972 § 99 Nr. 84; 26. 1. 1993 AP BetrVG 1972 § 99 Nr. 102; *Fitting*, § 50 Rn. 55; *Konzen*, FS *Wiese* 1998, S. 199, 213; GK-*Kreutz*, § 50 Rn. 43; a. A. *Richardi*, 7. Aufl., Rn. 23 *Nikisch*, Bd. III S. 473; *Thüsing*, § 99 Rn. 124). Zur mangelnden Zuständigkeit des Gesamtbetriebsrats bei Insichbeurlaubungen BAG 10. 12. 2002 AP BetrVG 1972 § 95 Nr. 42. 35

§ 50 Zuständigkeit

36   d) In **wirtschaftlichen Angelegenheiten** ist der Gesamtbetriebsrat für alle Fragen zuständig, die mit dem **Wirtschaftsausschuss** zusammenhängen. Er bestimmt dessen Mitglieder (§ 107 Abs. 2 Satz 2), und er entscheidet darüber, ob die Aufgaben des Wirtschaftsausschusses anderweitig wahrgenommen werden sollen (§ 107 Abs. 3 Satz 6). Doch auch sonst ist, soweit in Zusammenhang mit dem Wirtschaftsausschuss vom Betriebsrat die Rede ist, zur Wahrnehmung der ihm zugewiesenen Rechte und Pflichten der Gesamtbetriebsrat zuständig (vgl. § 108 Abs. 4 und 5, § 109 und § 110; ebenso HSWGNR-*Glock*, § 50 Rn. 36; *Fitting*, § 50 Rn. 58). Zuständig ist der Gesamtbetriebsrat auch für die **Unterrichtung nach §§ 10 Abs. 5 Satz 2, 27 Abs. 3 Satz 2 WpÜG.**

37   Bei **Betriebsänderungen** (§§ 111 bis 113) richtet sich die Zuständigkeitsabgrenzung im Hinblick auf den Interessenausgleich nach dem **Gegenstand der vom Unternehmer geplanten Maßnahme,** nicht nach dem Inhalt eines letztlich erst im Beteiligungsverfahren gefundenen Interessenausgleichs (ebenso BAG 20. 4. 1994 AP BetrVG 1972 § 113 Nr. 27; BAG 11. 12. 2001 AP BetrVG 1972 § 50 Nr. 22; differenzierend *Fischer* SAE 2003, 44, 47). Betrifft die unternehmerische Planung mehrere Betriebe und erfordert sie eine einheitliche Regelung, so ist für den Interessenausgleich der Gesamtbetriebsrat zuständig (BAG 24. 1. 1996 AP BetrVG 1972 § 50 Nr. 16; 8. 6. 1999 AP BetrVG 1972 § 111 Nr. 47; BAG 11. 12. 2001 AP BetrVG 1972 § 50 Nr. 22; BAG 23. 10. 2002 AP BetrVG 1972 § 50 Nr. 26). Der Gesamtbetriebsrat ist deshalb nicht zuständig, wenn eine grundlegende Änderung der Betriebsanlagen nur die Hauptverwaltung des Unternehmens und nicht dessen sonstige Betriebe betrifft (BAG 26. 10. 1982 AP BetrVG § 111 Nr. 10). Das BAG hat sie dagegen anerkannt, wenn im Konkurs sämtliche Betriebe eines Unternehmens stillgelegt werden (BAG 17. 2. 1981 AP BetrVG 1972 § 112 Nr. 11) oder wenn der Unternehmer die Verlegung eines Betriebs und dessen Zusammenlegung mit einem anderen Betrieb plant (BAG 24. 1. 1996 AP BetrVG 1972 § 50 Nr. 16) oder wenn er den über mehrere Betriebe verteilten gesamten Außenbetrieb stilllegen möchte (BAG 8. 6. 1999 AP BetrVG 1972 § 111 Nr. 47). Dabei steht es der Zuständigkeit des Gesamtbetriebsrats nicht entgegen, wenn von der unternehmensweiten Betriebsänderung Arbeitnehmer in unterschiedlichen Regionen in jeweils unterschiedlicher Intensität und unterschiedlichem Ausmaß betroffen werden (so aber ArbG Mannheim [Heidelberg] 2. 7. 1987 NZA 1987, 682; wie hier *Schweibert*, Willemsen/Hohenstatt/Schweibert/Seibt, Umstrukturierung und Übertragung von Unternehmen, C 317). Nach gegenwärtig herrschender Ansicht soll die Zuständigkeit des Betriebsrats für den Interessenausgleich nicht automatisch seine Zuständigkeit auch für den Sozialplan begründen (*Fitting*, § 50 Rn. 60). Vielmehr habe insoweit eine gesonderte Betrachtung zu erfolgen (BAG 11. 12. 2001 AP BetrVG 1972 § 50 Nr. 22; BAG 23. 10. 2002 AP BetrVG 1972 § 50 Nr. 26; BAG 3. 5. 2006 AP BetrVG 1972 § 50 Nr. 29; BAG 2. 8. 2006 – 10 AZR 572/05; 11. Aufl. Rn. 37; *Joussen*, RdA 2007, 114, 115; *Wißmann*, FS 25 Jahre ArbG ArbR, 2006, S. 1037, 1041 ff.; a. A. *Schmitt-Rolfes*, FS 50 Jahre BAG, 2004, S. 1081, 1089). Dabei sei für die Sozialplanzuständigkeit stets das Ergebnis des Interessenausgleichsverfahrens zugrunde zu legen (vgl. aber auch *Siebert*, Die Zuständigkeit des Gesamtbetriebsrates, 1999, nach dessen Ansicht die Zuständigkeit für den Sozialplan stets bei den Einzelbetriebsräten liegt). Nur wenn die im Interessenausgleich vereinbarten Betriebsänderungen mehrere Betriebe erfassen und die Durchführung des Interessenausgleichs abhängig von betriebsübergreifend einheitlichen Kompensationsregeln in dem noch abzuschließenden Sozialplan ist, sei diese Aufgabe dem Gesamtbetriebsrat zugewiesen (BAG 23. 10. 2002 AP BetrVG 1972 § 50 Nr. 26; vgl. auch BAG 15. 1. 2002 AP BetrVG 1972 § 50 Nr. 23: „Auf Grund der besonderen Vereinbarungen im Interessenausgleich folgte daraus auch [die] Zuständigkeit [des Gesamtbetriebsrats] für den Abschluss des Sozialplans").

37a   Die herrschende Auffassung beruht auf der Annahme, dass die zu regelnde „Angelegenheit" i. S. d. § 50 Abs. 1 nicht die Betriebsänderung als solche ist, sondern einerseits

II. Die gesetzliche Abgrenzung der Zuständigkeit des Gesamtbetriebsrats § 50

der Interessenausgleich und andererseits der Sozialplan. Die ältere Rechtsprechung des BAG hatte eine solche Aufspaltung hingegen nicht vorgenommen, sondern als beteiligungspflichtige „Angelegenheit" einheitlich die Betriebsänderung angesehen (BAG 17. 12. 1981 BetrVG 1972 AP § 112 Nr. 11; BAG 24. 11. 1996 AP BetrVG 1972 § 50 Nr. 16; ähnlich auch BAG 20. 4. 1994 AP BetrVG 1972 § 113 Nr. 27). Bei näherem Hinsehen erscheint es richtig, als beteiligungsrelevante „Angelegenheit" gem. § 50 Abs. 1 nicht den Interessenausgleich oder den Sozialplan, sondern die Betriebsänderung anzusehen. Charakteristikum des § 112 BetrVG ist, dass er nicht selbst einen Beteiligungstatbestand enthält, sondern nur das Ziel des in § 111 verankerten Beteiligungstatbestandes definiert und die Wege zur Erreichung dieses Ziels rechtlich strukturiert. Gegenstand der Betriebsratsbeteiligung ist die Durchführung einer Betriebsänderung, also das Gestaltungsanliegen des Arbeitgebers. Im Gegensatz dazu bilden sowohl die Unterrichtung nach § 111 als auch das Gebot, einen Interessenausgleich zu versuchen und einen Sozialplan abzuschließen, nur Aspekte bzw. Ziele des Beteiligungsverfahrens. Im Ergebnis bedeutet dies, dass die Zuständigkeit für Interessenausgleich und Sozialplan auf Betriebsratsseite nur einheitlich bestimmt werden kann und sich nach der Reichweite der geplanten Betriebsänderung richtet (näher demnächst *Annuß*, FS Kreutz 2009).

Die Zuständigkeit für die Aufstellung einer **Namensliste gem. § 1 Abs. 5 KSchG** 37b richtet sich nach der Zuständigkeit für den Interessenausgleich betreffend die jeweilige Betriebsänderung (*Fitting*, § 50 Rn. 60; APS-*Kiel*, § 1 KSchG Rn. 795; *Ohlendorf/Salamon*, NZA 2006, 131 ff.; *Zimmer/Rupp*, FA 2005, 259, 260 f.; a. A. LAG Mecklenburg-Vorpommern 29. 6. 2006 – 1 Sa 349/05; im Ergebnis wie hier BAG 19. 6. 2007 AP KSchG 1969 § 1 Nr. 16).

5. Zuständigkeit kraft besonderer gesetzlicher Zuweisung

Kraft besonderer gesetzlicher Zuweisung ist der Gesamtbetriebsrat in folgenden Fällen 38 an der Organisation der Betriebsverfassung und der unternehmensbezogenen Mitbestimmungsordnung beteiligt:

a) Gehört das Unternehmen zu einem Unterordnungskonzern, so ist er an der Entscheidung beteiligt, ob ein **Konzernbetriebsrat** errichtet wird (§ 54). Die Entsendung und Abberufung der Mitglieder in den Konzernbetriebsrat obliegt dem Gesamtbetriebsrat (§ 55). 39

b) Der Gesamtbetriebsrat bestellt die inländischen Arbeitnehmervertreter im Europäischen Betriebsrat (§ 23 Abs. 1 Satz 1 EBRG; vgl. daneben auch §§ 11 Abs. 1, 35 Abs. 1 EBRG); vgl. zur SE auch § 8 Abs. 3 i. V. m. § 23 Abs. 1 SEBG. 40

c) Ist das Unternehmen eine **Kapitalgesellschaft** oder eine **Genossenschaft** und fällt es 41 unter das **Mitbestimmungsstatut** nach dem Drittelbeteiligungsgesetz, so hat der Gesamtbetriebsrat für die Wahl der Arbeitnehmervertreter in den Aufsichtsrat den Wahlvorstand zu bestellen (§ 26 Abs. 2 WoDrittelbG). Bei ihm ist der Antrag einzureichen, durch den eine Abstimmung über die Abberufung eines Arbeitnehmervertreters im Aufsichtsrat eingeleitet wird § 39 Abs. 1 Nr. 1 WoDrittelbG), und außerdem ist der Gesamtbetriebsrat berechtigt, obwohl es im Gesetz nicht ausdrücklich genannt wird, Wahlvorschläge zu machen und die Wahl anzufechten.

Fällt das Unternehmen unter das MitbestG 1976, so ist der Gesamtbetriebsrat an der 42 Vorbereitung für die Wahl der Aufsichtsratsmitglieder der Arbeitnehmer insoweit beteiligt, als er die Mitglieder des Unternehmenswahlvorstands bestellt (§ 4 Abs. 4 2. WOMitbestG) und für die Wahl in den Aufsichtsrat des herrschenden Unternehmens eines Unterordnungskonzerns bei Nichtbestehen eines Konzernbetriebsrats an der Bestellung des Hauptwahlvorstands beteiligt ist (§ 4 Abs. 4 Satz 2 3. WOMitbestG). Bei ihm ist der Antrag einzureichen, durch den eine Abstimmung über die Abberufung eines Arbeitnehmervertreters im Aufsichtsrat eingeleitet wird (§ 88 Abs. 1 2. WOMitbestG;

auch für Einleitung des Abberufungsverfahrens aus dem Aufsichtsrat eines herrschenden Unternehmens bei Nichtbestehen eines Konzernbetriebsrats § 88 Abs. 1 Satz 2 3. WOMitbestG). Der Gesamtbetriebsrat ist zur Wahlanfechtung berechtigt (§ 22 Abs. 2 Nr. 2 bis 5 MitbestG). Ist streitig oder ungewiss, nach welchen gesetzlichen Vorschriften der Aufsichtsrat zusammenzusetzen ist, so kann er das Landgericht zur Entscheidung anrufen (§ 6 Abs. 2 Satz 1 MitbestG i. V. mit § 98 Abs. 2 Nr. 4 bis 7 AktG).

43 Fällt das Unternehmen unter das Montan-Mitbestimmungsergänzungsgesetz, so ergeben sich entsprechende Bestimmungen aus der Wahlordnung zum Mitbestimmungsergänzungsgesetz vom 10. 10. 2005 (§§ 3, 79).

6. Verhältnis zur Zuständigkeit der einzelnen Betriebsräte

44 Das Gesetz bestimmt ausdrücklich, dass der **Gesamtbetriebsrat** den **Betriebsräten der Einzelbetriebe nicht übergeordnet** ist (Abs. 1 Satz 2). Das bedeutet vor allem, dass er ihnen keine Weisungen geben kann. Er hat auch keine Richtlinienkompetenz, kann also nicht verbindliche Richtlinien für die Betriebsvereinbarungen und die sonstige Erledigung von Angelegenheiten durch die Betriebsräte festlegen (ebenso *Fitting*, § 50 Rn. 5; GK-*Kreutz*, § 50 Rn. 13; HSWGNR-*Glock*, § 50 Rn. 5). Der Gesamtbetriebsrat kann aber auf eine Koordinierung der Tätigkeit der Einzelbetriebsräte in gleichgelagerten Fällen hinwirken; denn die Wahrnehmung einer Koordinierungsfunktion ist sogar ein Zweck seiner Einrichtung (ebenso *Fitting*, § 50 Rn. 5; HSWGNR-*Glock*, § 50 Rn. 5 a. E.). Aus diesen Grundsätzen folgt nach Ansicht des BAG, dass der Arbeitgeber, sofern er mit dem Betriebsrat in einer Angelegenheit der freiwilligen Mitbestimmung eine Betriebsvereinbarung abgeschlossen hat, wegen ihrer Aufhebung stets mit dem betreffenden Betriebsrat zu verhandeln habe. Dem GBR fehle hier die Kompetenz, in Vereinbarungen der betrieblichen Ebene verschlechternd einzugreifen und sie durch abweichende überbetriebliche Regelungen zu ersetzen (BAG 11. 12. 2001 AP BetrVG 1972 § 50 Nr. 22; BAG 15. 1. 2002 AP BetrVG 1972 § 50 Nr. 23). Gehöre die Gesamtbetriebsvereinbarung hingegen zum Bereich der erzwingbaren Mitbestimmung, so verdränge sie bei gegebener Zuständigkeit des Gesamtbetriebsrats einfache Betriebsvereinbarungen desselben Regelungsbereichs unabhängig davon, ob diese dem Gebiet der freiwilligen oder erzwingbaren Mitbestimmung zuzuordnen seien (BAG 11. 12. 2001 AP BetrVG 1972 § 50 Nr. 22; vgl. auch Rn. 71; siehe auch die insoweit zutreffende Kritik von *Fischer*, RdA 2003, 114, 116 f., der an dieser Rechtsprechung eine Verwirrung von Regelungskompetenz und Regelungsinhalt bemängelt). Zur Fortgeltung von Gesamtbetriebsvereinbarungen bei Umstrukturierungen vgl. § 47 Rn. 27.

45 Der Gesamtbetriebsrat ist andererseits den Einzelbetriebsräten **nicht untergeordnet**, sondern hat einen eigenen Zuständigkeitsbereich. Daher stellt sich die Frage, ob die Zuständigkeit der Einzelbetriebsräte dadurch ausgeschlossen wird, dass eine Zuständigkeit des Gesamtbetriebsrats gegeben ist. Nach Ansicht des BAG schließen **originäre Mitbestimmungsrechte des Gesamtbetriebsrats** und entsprechende **Mitbestimmungsrechte der Einzelbetriebsräte** sich gegenseitig aus (BAG 6. 4. 1976 AP BetrVG 1972 § 50 Nr. 2; ebenso BAG 3. 5. 1984 AP BetrVG 1972 § 95 Nr. 5: Maßnahmen bedürfen „entweder der Zustimmung des Betriebsrats oder der des Gesamtbetriebsrats je nach deren gesetzlichen Zuständigkeit"; BAG 14. 11. 2006 AP BetrVG 1972 § 87 Überwachung Nr. 3). *Richardi* hat in der 7. Auflage die Ansicht vertreten, dass diese exklusive Zuständigkeitsabgrenzung nur für solche Fälle zwingend zu beachten sei, in denen kraft Gesetzes eine ausschließliche Zuständigkeit des Gesamtbetriebsrats besteht, wie insbesondere bei der Errichtung des Konzernbetriebsrats (§ 54) und bei der Bestellung des Wirtschaftsausschusses (§ 107 Abs. 2 Satz 2). Dies ergebe sich daraus,

II. Die gesetzliche Abgrenzung der Zuständigkeit des Gesamtbetriebsrats § 50

dass die Zuständigkeit des Gesamtbetriebsrats zu derjenigen der Einzelbetriebsräte in einem Verhältnis der Subsidiarität stehe (*Richardi*, 7. Aufl., Rn. 32).

Eine Auffangzuständigkeit der Einzelbetriebsräte lässt sich mit der Bestimmung des **46** § 50 Abs. 1 Satz 1, 1. Halbsatz indes nicht vereinbaren (ebenso *Ehrich*, ZfA 1993, 427, 430; *Fitting*, § 50 Rn. 10; *Keim*, BB 1987, 962, 964; GK-*Kreutz*, § 50 Rn. 17; *Röder/Gragert*, DB 1996, 1674, 1675 f.; a. A. *Richardi* 7. Aufl. Rn. 32). Denn ein Vergleich mit Abs. 2 zeigt, dass es um die Herbeiführung einer exklusiven Abgrenzung der originären Zuständigkeiten geht. Bestätigt wird dies durch Abs. 1 Satz 2, der erkennen lässt, dass es sich im Verhältnis zwischen Gesamtbetriebsrat und den einzelnen Betriebsräten nicht um eine vertikale, sondern um eine horizontale Kompetenzabgrenzung handelt, womit die Vorstellung nicht vereinbar ist, dass es im Falle der Nichtwahrnehmung einer dem Gesamtbetriebsrat zugewiesenen Kompetenz zu einem „Rückfall" auf die Einzelbetriebsräte kommt. Subsidiär ist die Regelungszuständigkeit des Gesamtbetriebsrats nur insofern, als sie erst dann besteht, wenn eine Regelung durch die Einzelbetriebsräte nicht erfolgen kann. Ist die Zuständigkeit jedoch eröffnet, so ist sie ausschließlich, so dass für ein Tätigwerden der einzelnen Betriebsräte insoweit kein Raum mehr ist. Darüber hinaus sind bei Vorliegen der Voraussetzungen für die Errichtung eines Gesamtbetriebsrats nach § 47 Abs. 1 die Einzelbetriebsräte von einer Regelung im originären Zuständigkeitsbereich des Gesamtbetriebsrats auch dann ausgeschlossen, wenn ein Gesamtbetriebsrat gesetzwidrig nicht errichtet worden ist (*Fitting*, § 50 Rn. 10; GK-*Kreutz*, § 50 Rn. 19) oder er seine Zuständigkeit tatsächlich nicht wahrgenommen hat (GK-*Kreutz*, § 50 Rn. 18; HSWGNR-*Glock*, § 50 Rn. 5; *Röder/Gragert*, DB 1996, 1674, 1675 f.). Existiert allerdings in einem Unternehmen mit mehreren betriebsratsfähigen Betrieben nur ein Betriebsrat und kann daher ein Gesamtbetriebsrat nicht gebildet werden, so ist der Einzige im Unternehmen bestehende Betriebsrat zu beteiligen, sofern die Maßnahme auch seinen Betrieb betrifft.

Ist der Gesamtbetriebsrat für die Regelung einer Angelegenheit originär zuständig, so **47** ist er auch dann nicht auf die Regelung der unternehmenseinheitlichen Rahmenbedingungen beschränkt, wenn Detailfragen für einzelne Betriebe unterschiedlich geregelt werden können (BAG 14. 11. 2006 AP BetrVG 1972 § 87 Überwachung Nr. 43; *Fitting*, § 50 Rn. 28; *Ohlendorf/Salamon*, NZA 2006, 131, 135; a. A. 10. Aufl.; *Kittner*, BlStSozArbR 1976, 232, 235; GK-*Kreutz*, § 50 Rn. 38; WP-*Roloff*, § 50 Rn. 7; wohl auch *Ehrich*, ZfA 1993, 427, 432; und im Ergebnis wohl auch BAG 3. 5. 1984 AP BetrVG 1972 § 95 Nr. 5). Eine einheitliche mitbestimmungspflichtige Angelegenheit kann nicht nach Regelungsinhalten aufgespalten werden in Teile, die in die Regelungszuständigkeit des Gesamtbetriebsrats fallen, und Teile, die in die Zuständigkeit der Einzelbetriebsräte fallen (BAG 14. 11. 2006 AP BetrVG 1972 § 87 Überwachung Nr. 43). Die Regelungskompetenz verbleibt selbst dann beim Gesamtbetriebsrat, wenn er keine abschließende Regelung getroffen hat (BAG 14. 11. 2006 AP BetrVG 1972 § 87 Überwachung Nr. 43; *Fitting*, § 50 Rn. 28).

Bestehen **Zweifel über die originäre Zuständigkeit**, so muss der Arbeitgeber die in **48** Betracht kommenden Betriebsvertretungen zur Klärung der Zuständigkeitsfrage auffordern (so BAG 24. 1. 1996 AP BetrVG 1972 § 50 Nr. 16). Einigen sich ein Einzelbetriebsrat und der Gesamtbetriebsrat auf dessen Zuständigkeit, so ist nach Ansicht des BAG der Gesamtbetriebsrat in der Regel schon deshalb der richtige Verhandlungspartner, weil dann zumindest eine Beauftragung des Gesamtbetriebsrats nach Abs. 2 anzunehmen sei (so BAG, a. a. O. [unter II 1 b]); übersehen wird mit dieser Begründung aber, dass die Beauftragung an formelle Voraussetzungen gebunden ist (s. Rn. 59 ff.). Richtig ist lediglich, dass dem Arbeitgeber eine Fehlbeurteilung nicht vorgehalten werden kann, wenn er die in Betracht kommenden Betriebsvertretungen in die Entscheidungsfindung einbezogen hat. Das gilt nicht nur für den Fall, dass der Gesamtbetriebsrat und ein Einzelbetriebsrat sich einigen, sondern auch für den Fall, dass zwischen ihnen keine Einigung zustande kommt, sofern die Entscheidung des Arbeitgebers unter Berücksichtigung der Entscheidungssituation nachvollziehbar erscheint (so auch BAG, a. a. O. [unter II 1 b]).

7. Zuständigkeit des Gesamtbetriebsrats für betriebsratslose Betriebe

49 Früher war umstritten, ob sich die originäre Zuständigkeit des Gesamtbetriebsrats auch auf **Betriebe ohne Betriebsrat** erstreckt (bejahend *Richardi*, 7. Aufl., Rn. 35; GL-*Marienhagen*, § 47 Rn. 11; *Bührig*, § 46 Rn. 4; *Meißinger*, § 46 Rn. 4; *Nipperdey/Säcker* in *Hueck/Nipperdey*, Bd. II/2 S. 1207; verneinend BAG 16. 8. 1983 AP BetrVG 1972 § 50 Nr. 5; BAG 3. 5. 1984 AP BetrVG 1972 § 95 Nr. 5; *Kissel*, Freundesgabe Söllner 1990, S. 143, 157; zum BetrVG 1952: *Dietz*, § 46 Rn. 2; *Galperin/Siebert*, § 46 Rn. 7, 14; *Maus*, § 46 Rn. 8; vor allem *W. Blomeyer*, DB 1967, 2221, 2225). Begründet wurde die ablehnende Ansicht damit, dass der Gesamtbetriebsrat nicht für das gesamte Unternehmen gebildet werde, sondern nur für die Betriebe, die einen Betriebsrat hätten (so *Kissel*, a. a. O., S. 157).

50 Der Gesetzgeber hat diese Streitfrage mit der Anfügung des zweiten Halbsatzes an Abs. 1 Satz 1 durch Art. 1 Nr. 36 des BetrVerf-Reformgesetzes vom 23. 7. 2001 (BGBl. I S. 1852) entgegen der bisherigen Rechtsprechung des BAG entschieden und **ausdrücklich angeordnet**, dass sich die Macht des Gesamtbetriebsrats im Bereich der originären Zuständigkeit nach Abs. 1 Satz 1, 1. Halbsatz **auch auf die** von der betriebsübergreifenden Maßnahme jeweils betroffenen **betriebsratslosen Betriebe** erstreckt (für verfassungswidrig hält die Bestimmung *Giesen*, Tarifvertragliche Rechtsgestaltung für den Betrieb, S. 316). Ausweislich der Entwurfsbegründung soll dadurch erreicht werden, „dass die dort beschäftigten Arbeitnehmer in überbetrieblichen Angelegenheiten mit Arbeitnehmern aus Betrieben mit einem Betriebsrat gleichbehandelt werden" (Begr. RegE, BT-Drucks. 14/5741, S. 42 f.). Insoweit wird man auch die Berufung der in einem betriebsratslosen Betrieb beschäftigten Arbeitnehmer auf § 113 Abs. 3 anerkennen müssen (vgl. aber BAG 16. 8. 1983 AP BetrVG 1972 § 50 Nr. 5). Soweit die Auffassung vertreten wird, Gesamtbetriebsvereinbarungen, die vor dem In-Kraft-Treten des BetrVerf-ReformG geschlossen wurden, seien nicht ohne weiteres automatisch in allen betriebsratslosen Betrieben anwendbar (so etwa *Fitting*, § 50 Rn. 31 ff.), ist das auch unter Zugrundelegung der vorstehend in Rn. 49 abgelehnten Auffassung irreführend. Richtig ist allein, dass eine Erstreckung auf betriebsratslose Betriebe – ebenso wie auf verfasste Betriebe – nicht in Betracht kommt, soweit der Regelungsgegenstand der Gesamtbetriebsvereinbarung diese Betriebe nicht erfasst.

51 Der Gesamtbetriebsrat hat allerdings **keine Ersatzzuständigkeit in betriebsratslosen Betrieben** (ebenso *Fitting*, § 50 Rn. 34; GK-*Kreutz*, § 50 Rn. 50), so dass er nicht berechtigt ist, „in betriebsratslosen Betrieben die Rolle des örtlichen Betriebsrats zu übernehmen und rein betriebsratsbezogene Angelegenheiten zu regeln" (Begr. RegE, BT-Drucks. 14/5741, S. 43). Das gilt auch, wenn der Betrieb nicht betriebsratsfähig ist.

8. Keine Abbedingung durch Tarifvertrag oder Betriebsvereinbarung

52 Die gesetzliche Verteilung der Zuständigkeit zwischen Gesamtbetriebsrat und Einzelbetriebsrat ist **zwingend**; sie kann weder durch Tarifvertrag noch durch Betriebsvereinbarung abbedungen werden (ebenso BAG 28. 4. 1992, 11. 11. 1998 AP BetrVG 1972 § 50 Nr. 11, 16; BAG 21. 1. 2003 – 3 ABR 26/02; BAG 9. 12. 2003 AP BetrVG 1972 § 50 Nr. 27; *Fitting*, § 50 Rn. 10; GK-*Kreutz*, § 50 Rn. 6; *Richardi*, FS Gitter 1995, S. 789, 790).

III. Zuständigkeit des Gesamtbetriebsrats auf Grund einer Delegation des Einzelbetriebsrats

1. Zweck der Beauftragungsmöglichkeit

Durch die Vorschrift des Abs. 2 wird den Einzelbetriebsräten die Möglichkeit gegeben, in einzelnen Angelegenheiten den Gesamtbetriebsrat einzuschalten, auch wenn nach der gesetzlichen Abgrenzung nicht dieser, sondern der Einzelbetriebsrat zuständig ist und es lediglich als zweckmäßig angesehen wird, dass der Gesamtbetriebsrat tätig wird, weil, wie es in der Begründung zum RegE heißt, ihm wegen seines unmittelbaren Kontakts zur Unternehmensleitung vielfach bessere Verhandlungsmöglichkeiten zur Verfügung stehen (BT-Drucks. VI/1786, S. 43). Doch entscheidet über die Zweckmäßigkeit nicht der Gesamtbetriebsrat, sondern der Einzelbetriebsrat, der ihn mit der Wahrnehmung einer bestimmten Angelegenheit beauftragt. Das Gesetz gibt die Grundlage für die schon bisher vom BAG anerkannte Ermächtigung des Gesamtbetriebsrats durch die Einzelbetriebsräte, auch in Angelegenheiten tätig zu werden, die seine Zuständigkeit überschreiten (vgl. BAG 1. 3. 1966 AP BetrVG § 69 Nr. 1; s. bereits BAG 5. 2. 1965 AP BetrVG § 56 Urlaubsplan Nr. 1). 53

2. Gegenstand der Beauftragung

a) Die Delegation beschränkt sich darauf, dass der Gesamtbetriebsrat eine Angelegenheit für den Einzelbetriebsrat behandelt, d. h. es kann ihm nicht wie dem Betriebsausschuss oder einem sonstigen Ausschuss des Betriebsrats ein Aufgabenkomplex zur selbständigen Erledigung übertragen werden, sondern die Ermächtigung bezieht sich auf die **Behandlung einer** oder auch **mehrerer bestimmter** oder **zumindest bestimmbarer Angelegenheiten** (BAG 26. 1. 1993 AP BetrVG 1972 § 99 Nr. 102: keine „teilweise Selbstabdankung" des Betriebsrats; ebenso *Fitting*, § 50 Rn. 65; GK-*Kreutz*, § 50 Rn. 65; HSWGNR-*Glock*, § 50 Rn. 43; DKK-*Trittin*, § 50 Rn. 75; MünchArbR-*Joost*, § 225 Rn. 47). Es gelten hier die gleichen Grundsätze wie für die Ermächtigung oder Bevollmächtigung des Betriebsratsvorsitzenden oder anderer Mitglieder des Betriebsrats, bestimmte Aufgaben zu erledigen (s. § 26 Rn. 44). Vgl. zur Frage, welche Betriebe von einer Übertragung ausgenommen sind, *Rieble*, RdA 2005, 26, 28 ff. 54

Ein Einzelbetriebsrat kann dem Gesamtbetriebsrat insbesondere die Prozessführungsbefugnis übertragen, so dass dieser im eigenen Namen Rechte des Einzelbetriebsrats gegen den Arbeitgeber in einem Beschlussverfahren geltend macht (**gewillkürte Prozessstandschaft**; ebenso BAG 6. 4. 1976 AP BetrVG 1972 § 50 Nr. 2; BAG 27. 6. 2000 AP § 2 TVG Nr. 56; *Fitting*, § 50 Rn. 71; bereits zum BetrVG 1952 BAG 1. 3. 1966 E 18, 182, 186 = AP BetrVG § 69 Nr. 1). 55

b) Der Betriebsrat kann den Gesamtbetriebsrat beauftragen, die übertragene Angelegenheit für ihn mit **verbindlicher Wirkung** zu regeln. Er kann also mit dem Arbeitgeber eine Betriebsvereinbarung abschließen, die unmittelbar für den Einzelbetriebsrat und die Arbeitnehmer des Betriebs gilt (ebenso *Brecht*, § 50 Rn. 10; *Fitting*, § 50 Rn. 73; HSWGNR-*Glock*, § 50 Rn. 44). Die Beauftragung begründet in diesem Fall also eine Vertretungsmacht des Gesamtbetriebsrats (ebenso GK-*Kreutz*, § 50 Rn. 55; *Ehrich*, AuR 1993, 68, 69). 56

Die Beauftragung kann sich darauf beschränken, dass der Gesamtbetriebsrat **nur die Verhandlungen zu führen** hat, der Einzelbetriebsrat sich aber die Entscheidungsbefugnis vorbehält (Abs. 2 Satz 2). Dann kann der Gesamtbetriebsrat keine Betriebsvereinbarung über die Angelegenheit abschließen. 57

Deshalb kann der Einzelbetriebsrat auch, wenn er sich die Entscheidungsbefugnis nicht vorbehält, Empfehlungen für die Regelung der Angelegenheit geben. Er kann aber 58 nicht verbindlich vorschreiben, wie der Gesamtbetriebsrat die Angelegenheit zu regeln hat; denn der Gesamtbetriebsrat ist kein Organ des Betriebsrats, sondern handelt, auch wenn er auf Grund einer Delegation des Einzelbetriebsrats tätig wird, in eigener Verantwortung (ebenso *Fitting*, § 50 Rn. 68; HSWGNR-*Glock*, § 50 Rn. 45; DKK-*Trittin*, § 50 Rn. 81; a. A. GK-*Kreutz*, § 50 Rn. 66; *Grotkamp*, Die Bedeutung des Gesamtbetriebsrats, S. 165). Will der Einzelbetriebsrat vermeiden, dass der Gesamtbetriebsrat abweichend von seinen Empfehlungen eine Regelung mit verbindlicher Wirkung trifft, so muss er sich die Entscheidungsbefugnis vorbehalten. Aber auch in diesem Fall widerspricht es dem Zweck der Delegation, für ihn eine Angelegenheit zu behandeln, wenn er verbindliche Richtlinien festlegt, die der Gesamtbetriebsrat bei der Behandlung der Angelegenheit zu befolgen hat. Das LAG Düsseldorf geht deshalb davon aus, dass der Einzelbetriebsrat die Anrufung der Einigungsstelle nicht aus der Übertragung ausnehmen kann (LAG Düsseldorf 3. 7. 2002 DB 2002, 1784). Auch wenn der Betriebsrat sich die Entscheidungsbefugnis vorbehalten habe, bedürfe die Anrufung der Einigungsstelle keiner Zustimmung des beauftragenden Betriebsrats (LAG Düsseldorf 3. 7. 2002 DB 2002, 1784 [denkbar sei es allerdings, dass die Einigungsstelle wegen des Entscheidungsvorbehalts erfolglos bleibe]; ErfK-*Eisemann/Koch*, § 50 Rn. 9; DKK-*Trittin*, § 50 Rn. 69). Dem Gesamtbetriebsrat ist es ohne Zustimmung des jeweiligen Betriebsrats nicht gestattet, die ihm übertragene Kompetenz gem. § 58 Abs. 2 auf einen etwa bestehenden Konzernbetriebsrat weiter zu übertragen (s. näher § 58 Rn. 31).

3. Formelle Voraussetzungen der Beauftragung

59 a) Die Beauftragung erfolgt durch **Beschluss des Betriebsrats**, der mit der **Mehrheit der Stimmen aller Betriebsratsmitglieder** gefasst werden muss (Abs. 2 Satz 1; s. im Übrigen § 27 Rn. 61). Die Delegationsentscheidung kann weder dem Betriebsausschuss noch einem sonstigen Ausschuss oder einer Arbeitsgruppe i. S. d. § 28a überlassen werden (*Rieble*, RdA 2005, 26, 29).

60 Die Übertragung bedarf der **Schriftform**, d. h. sie muss in einer Urkunde schriftlich niedergelegt sein, die vom Vorsitzenden des Betriebsrats eigenhändig durch Namensunterschrift unterzeichnet ist (Abs. 2 Satz 3 i. V. mit § 27 Abs. 2 Satz 3; s. auch dort Rn. 62). Hier genügt aber anders als nach § 27 Abs. 2 Satz 3 nicht, dass die Beauftragung im Protokoll enthalten ist; es ist vielmehr eine besondere Ausfertigung erforderlich, die für den Gesamtbetriebsrat bestimmt ist. Die Beauftragung ist wirksam, sobald die sie enthaltende Urkunde dem Vorsitzenden des Gesamtbetriebsrats zugeht (ebenso ErfK-*Eisemann/Koch*, § 50 Rn. 10; *Fitting*, § 50 Rn. 64; GK-*Kreutz*, § 50 Rn. 50f.; HSWGNR-*Glock*, § 50 Rn. 42). Die schriftliche Form kann hier durch die **elektronische Form** ersetzt werden (§§ 126 Abs. 3, 126a BGB; ebenso GK-*Kreutz*, § 50 Rn. 59).

61 Erfolgt die Beauftragung nicht in der gesetzlich vorgeschriebenen Form, so ist sie unwirksam (ebenso GK-*Kreutz*, § 50 Rn. 60; DKK-*Trittin*, § 50 Rn. 67; *Behne*, AiB 1990, 321, 323; *Ehrich*, AuR 1993, 68; s. für eine Zurechnung nach den Grundsätzen der Vertrauenshaftung § 27 Rn. 67).

62 b) Die Beauftragung kann jederzeit ohne besonderen Grund **widerrufen** werden. Wie für die Beauftragung ist ein Beschluss erforderlich, der mit der Mehrheit der Stimmen aller Betriebsratsmitglieder gefasst wird, und wie die Beauftragung bedarf auch der Widerruf der Schriftform (Abs. 2 Satz 3 i. V. mit § 27 Abs. 2 Satz 4; s. auch dort Rn. 68). Ein besonderer sachlicher Grund ist nicht erforderlich (so aber *Behrens/Kramer*, DB 1994, 94, 95; wie hier *Fitting*, § 50 Rn. 72; GK-*Kreutz*, § 50 Rn. 61; DKK-*Trittin*, § 50 Rn. 70).

4. Verpflichtung des Gesamtbetriebsrats zur Wahrnehmung der Beauftragung

63 Die Beauftragung gibt dem Gesamtbetriebsrat die rechtliche **Befugnis**, die Angelegenheit für den Betriebsrat zu behandeln. Sie ist eine Ermächtigung, erschöpft sich aber nicht nur darin, dem Gesamtbetriebsrat eine Rechtsmacht zu geben, sondern hier ist auch zu berücksichtigen, dass der Gesamtbetriebsrat als betriebsverfassungsrechtliche Institution eine Funktion innerhalb der Betriebsverfassung ausübt. Der Gesamtbetriebsrat ist daher **verpflichtet**, mit den Einzelbetriebsräten zusammenzuarbeiten. Daraus folgt, dass er nicht grundlos eine Beauftragung durch einen Einzelbetriebsrat ablehnen kann (ebenso *Fitting*, § 50 Rn. 70; GK-*Kreutz*, § 50 Rn. 57; HSWGNR-*Glock*, § 50 Rn. 47; DKK-*Trittin*, § 50 Rn. 72; MünchArbR-*Joost*, § 225 Rn. 52; *Brill*, AuR 1983, 169, 173; a. A.; GL-*Marienhagen*, § 50 Rn. 15; *Rieble*, RdA 2005, 26, 30 f.), sondern nur dann, wenn die Delegation unzulässig ist oder den an sie zu stellenden Formvorgaben nicht genügt.

5. Rechtsstellung des Arbeitgebers

Aus dem Gebot der vertrauensvollen Zusammenarbeit ergibt sich die **Verpflichtung** des Einzelbetriebsrats, dem Arbeitgeber die **Beauftragung des Gesamtbetriebsrats bzw. den Widerruf unverzüglich mitzuteilen** (ebenso GL-*Marienhagen*, § 50 Rn. 19; HSWGNR-*Glock*, § 50 Rn. 49). 64

Der Arbeitgeber kann wegen des Gebots der vertrauensvollen Zusammenarbeit nicht ablehnen, mit dem Gesamtbetriebsrat über die delegierte Angelegenheit zu verhandeln. Das gilt auch für den Fall, dass die Angelegenheit im Rahmen der Kompetenzverteilung des Unternehmens auf die einzelnen Betriebsleitungen zur Entscheidung delegiert ist. 65

6. Beauftragung durch mehrere oder alle Betriebsräte

Durch die Delegationsmöglichkeit werden Schwierigkeiten bei der Zuständigkeitsabgrenzung vermieden; denn ebenso wie ein Einzelbetriebsrat den Gesamtbetriebsrat beauftragen kann, können auch mehrere oder alle Betriebsräte den Gesamtbetriebsrat beauftragen, wenn sie eine Regelung für mehrere Betriebe oder sogar eine unternehmenseinheitliche Regelung für zweckmäßig halten (ebenso GK-*Kreutz*, § 50 Rn. 54). Jedoch wird der Arbeitgeber dadurch nicht gezwungen, das Koordinierungsinteresse der Belegschaft anzuerkennen; er kann mit dem Gesamtbetriebsrat auch für die Betriebe unterschiedliche Regelungen treffen. 66

IV. Aufgabenerledigung durch den Gesamtbetriebsrat

1. Entsprechende Geltung der Vorschriften über die Rechte und Pflichten des Betriebsrats

Die Vorschriften über die Rechte und Pflichten des Betriebsrats gelten entsprechend für den Gesamtbetriebsrat, soweit dieses Gesetz keine besonderen Vorschriften enthält (§ 51 Abs. 5). Auch die Form, in der der Gesamtbetriebsrat seine Aufgaben erledigt, ist die gleiche wie beim Einzelbetriebsrat. Für die Beschlussfähigkeit und die Beschlussfassung gilt § 51 Abs. 3 (s. dort Rn. 41 ff.). 67

2. Vereinbarung mit dem Arbeitgeber

Soweit eine Vereinbarung mit dem Arbeitgeber in Betracht kommt, kann sie eine Betriebsvereinbarung oder eine formlose Betriebsabsprache sein (s. ausführlich § 77 Rn. 17 ff., 224 ff.). 68

Die mit dem Gesamtbetriebsrat im Rahmen seiner originären Zuständigkeit nach Abs. 1 abgeschlossene Betriebsvereinbarung bezeichnet man üblicherweise als **Gesamtbetriebsvereinbarung**. Handelt der Gesamtbetriebsrat hingegen auf Grund einer Beauftragung durch einen Betriebsrat oder mehrere Betriebsräte (s. Rn. 53 ff.), so stützt er sich auf eine von der Zuständigkeit der Einzelbetriebsräte abgeleitete Kompetenz und schließt insoweit einfache Betriebsvereinbarungen. Das Gesetz kennt diese begriffliche Unterscheidung freilich nicht. Zur **Kündigung** von Gesamtbetriebsvereinbarungen ist 69 allein der Gesamtbetriebsrat berufen, während von ihm im Rahmen des Abs. 2 abgeschlossene Betriebsvereinbarungen nur von den jeweiligen Einzelbetriebsräten gekündigt werden können, sofern nicht der Gesamtbetriebsrat zur Kündigung ermächtigt ist (ErfK-*Eisemann/Koch*, § 50 Rn. 11; GK-*Kreutz*, § 50 Rn. 68).

70 Die Normen einer Gesamtbetriebsvereinbarung haben die gleiche Rechtswirkung wie die Normen einer Betriebsvereinbarung zwischen dem Arbeitgeber und dem Betriebsrat eines Einzelbetriebs (s. § 77 Rn. 132 ff.). Es gelten die gleichen Schranken für die Betriebsvereinbarungsautonomie (s. § 77 Rn. 64 ff.), und auch hier tritt eine Nachwirkung unter den gleichen Voraussetzungen ein (s. § 77 Rn. 64 ff.). Für das Verhältnis zum Tarifvertrag gilt dasselbe wie bei einer Betriebsvereinbarung mit dem Einzelbetriebsrat (s. § 77 Rn. 239 ff.).

3. Verhältnis einer Gesamtbetriebsvereinbarung zu einer Einzelbetriebsvereinbarung

71 Für das Verhältnis einer Gesamtbetriebsvereinbarung zu einer Einzelbetriebsvereinbarung ist die **gesetzliche Zuständigkeitsabgrenzung** entscheidend. Ergibt diese eine Zuständigkeit des Gesamtbetriebsrats, so wird dadurch ausgeschlossen, dass in der gleichen Angelegenheit Einzelbetriebsräte eine Regelungskompetenz haben (s. näher Rn. 45 ff.). Dennoch kann sich im Einzelfall ergeben, dass dieselbe Angelegenheit im originären Zuständigkeitsbereich des Gesamtbetriebsrats sowohl durch Betriebs- als auch durch Gesamtbetriebsvereinbarung geregelt ist, etwa dann, wenn der vereinbarende Betriebsrat zunächst der Einzige im gesamten Unternehmen war und sich die Zuständigkeit des Gesamtbetriebsrats erst später durch die Gründung weiterer Betriebsräte in anderen Betrieben ergibt. Zur Auflösung eines solchen Konflikts können die für die *Tarifkonkurrenz* entwickelten Grundsätze nicht – auch nicht entsprechend – angewandt werden (so aber *Nipperdey/Säcker* in *Hueck/Nipperdey*, Bd. II/2 S. 1300; *G. Müller*, FS Küchenhoff 1972, Bd. I S. 283, 299). Das Verhältnis einer Gesamtbetriebsvereinbarung zu einer Einzelbetriebsvereinbarung kann auch nicht nach dem *Günstigkeitsprinzip* bestimmt werden, so dass in der Betriebsvereinbarung eines Einzelbetriebs von den Bestimmungen einer Gesamtbetriebsvereinbarung zugunsten der Arbeitnehmer abgewichen werden kann (so aber *Dietz*, § 48 Rn. 11; dagegen auch *G. Müller*, a. a. O., S. 299). Maßgebend ist vielmehr allein die in § 50 Abs. 1 vorgenommene Zuständigkeitsabgrenzung, so dass bei Eintritt der Voraussetzungen für die Bildung eines Gesamtbetriebsrats die Zuständigkeit eines bis dahin etwa regelungsbefugten Einzelbetriebsrats entfällt und demgemäß von ihm geschlossene Betriebsvereinbarungen bereits in diesem Moment – und nicht erst nach Abschluss entsprechender Vereinbarungen mit dem Gesamtbetriebsrat – ihre unmittelbare und zwingende Wirkung verlieren, soweit es sich um Angelegenheiten handelt, die in die originäre Zuständigkeit des GBR gemäß Abs. 1 fallen (ebenso LAG Nürnberg, 3. 5. 2002, NZA-RR 2003, 21,22; a. A. *Fischer,* SAE 2003, 44, 50; *Peix*, Errichtung und Fortbestand des Gesamtbetriebsrates, 2008, S. 240 ff.; *Robrecht*, Die Gesamtbetriebsvereinbarung, 2008, S. 125 f.; wohl auch GK-*Kreutz*, § 50 Rn. 73; vgl. auch BAG 15. 1. 2002 AP BetrVG 1972 § 50 Nr. 23; BAG 11. 12. 2001 AP BetrVG 1972 § 50 Nr. 22; LAG Hamburg 14. 2. 2001 – 5 Sa 94/00 n. v.). Für den Fall des Verlusts der Regelungszuständigkeit des Gesamtbetriebsrates wirken Gesamtbetriebsvereinbarungen im Bereich der erzwingbaren Mitbestimmung gemäß § 77 Abs. 6 BetrVG nach (LK-*Löwisch*, § 50 Rn. 24; *Robrecht*, Die Gesamtbetriebsvereinbarung, 2008, S. 189 f.).

4. Gesamtbetriebsvereinbarungen und gemeinsamer Betrieb

72 Hinsichtlich der Wirkung der von an einem gemeinsamen Betrieb beteiligten Unternehmen im jeweiligen originären Zuständigkeitsbereich abgeschlossenen Gesamtbetriebsvereinbarungen auf die im gemeinsamen Betrieb beschäftigten Arbeitnehmer ist

zu unterscheiden. Handelt es sich um eine Angelegenheit, bei der die parallele Existenz unterschiedlicher Regelungen nicht in Betracht kommt, fehlt insoweit bereits die Zuständigkeit der Gesamtbetriebsräte, da eine Regelung nur auf Betriebs- und nicht auch auf Unternehmensebene getroffen werden kann (zustimmend *Robrecht*, Die Gesamtbetriebsvereinbarung, 2008, S. 166 f; a. A. *Fitting*, § 47 Rn. 80, wonach der Gesamtbetriebsrat des Trägerunternehmens zuständig sein soll, das in dem Gemeinschaftsbetrieb die meisten Mitarbeiter beschäftigt; unklar *Salamon*, RdA 2008, 24, 31). Selbst wenn in diesen Fällen nur in einem der beteiligten Unternehmen eine solche Gesamtbetriebsvereinbarung (etwa über Pausenzeiten oder die Lage der Arbeitszeit) existieren sollte und im gemeinsamen Betrieb keine entsprechende Betriebsvereinbarung vorhanden wäre, erlangte die Gesamtbetriebsvereinbarung für die im gemeinsamen Betrieb beschäftigten unternehmensangehörigen Arbeitnehmer keine Geltung. Handelt es sich hingegen um Regelungen, die innerhalb eines Betriebs konfliktfrei nebeneinander bestehen können, wie das etwa bei solchen über Sozialeinrichtungen oder die Verteilung freiwilliger Leistungen der Fall ist, so wirken die Gesamtbetriebsvereinbarungen auch im Verhältnis zu den jeweils unternehmensangehörigen Arbeitnehmern des gemeinsamen Betriebs (ähnlich GK-*Kreutz*, § 50 Rn. 77; *Robrecht*, Die Gesamtbetriebsvereinbarung, 2008, S. 166 f.; *Schmidt*, FS Küttner, 2006, S. 499, 505 ff.). Beauftragt hingegen der Betriebsrat des gemeinsamen Betriebs einen von mehreren Gesamtbetriebsräten gemäß Abs. 2, so gilt die sodann getroffene Regelung prinzipiell für alle Arbeitnehmer des gemeinsamen Betriebs (GK-*Kreutz*, § 50 Rn. 77).

V. Streitigkeiten

Streitigkeiten über die Zuständigkeit des Gesamtbetriebsrats entscheidet das Arbeitsgericht im Beschlussverfahren (§ 2a Abs. 1 Nr. 1, Abs. 2 i. V. mit §§ 80 ff. ArbGG; vgl. BAG 9. 12. 2003 AP BetrVG 1972 § 50 Nr. 27). Geht es um den eigenen Zuständigkeitsbereich, so ist das Arbeitsgericht zuständig, in dessen Bezirk das Unternehmen seinen Sitz hat (§ 82 Satz 2 ArbGG; vgl. auch BAG 19. 6. 1986 AP ArbGG 1979 § 82 Nr. 1). 73

Betrifft der Streit dagegen die Beauftragung durch einen Einzelbetriebsrat, so ist das Arbeitsgericht zuständig, in dessen Bezirk der Betrieb liegt (§ 82 Satz 1 ArbGG; ebenso *Fitting*, § 50 Rn. 79; GK-*Kreutz*, § 50 Rn. 87; HSWGNR-*Glock*, § 50 Rn. 53). Das Gleiche gilt, wenn der Gesamtbetriebsrat eine Angelegenheit wahrnimmt, deren Erledigung ihm ein Einzelbetriebsrat übertragen hat; denn durch die Delegation kann nicht die gesetzliche Zuständigkeitsregelung geändert werden (vgl. BAG 27. 6. 2000 AP TVG § 2 Nr. 56). In diesen Fällen bleibt der Betriebsrat Beteiligter, doch ist eine gewillkürte Prozessstandschaft des Gesamtbetriebsrats möglich (ebenso *Fitting*, § 50 Rn. 71; siehe auch *Jacobs*, Anm. BAG AP BetrVG 1972 § 50 Nr. 18, der von einer primären Beteiligtenstellung des Gesamtbetriebsrats ausgeht; a. A. *Laux*, Die Antrags- und Beteiligtenbefugnis im arbeitsgerichtlichen Beschlussverfahren, 1985, S. 68; MünchArbR-*Brehm*, 2. Aufl., § 392 Rn. 23, die in diesen Fällen die Beteiligtenfähigkeit der Einzelbetriebsräte verneinen). 74

Bei einem Rechtsstreit über den betriebsverfassungsrechtlichen Status eines Arbeitnehmers ist nur der Betriebsrat, nicht der Gesamtbetriebsrat beteiligungsbefugt (a. A. LAG Düsseldorf [Köln] 27. 8. 1994 EzA § 83 ArbGG Nr. 10 [insoweit abl. *Dütz*]). Geht während eines Beschlussverfahrens die Zuständigkeit für die Wahrnehmung des im Verfahren umstrittenen Mitbestimmungsrechts auf den Gesamtbetriebsrat über, so wird er Beteiligter des anhängigen Beschlussverfahrens (Beteiligtenwechsel; vgl. BAG 18. 10. 1988 AP ArbGG 1979 § 81 Nr. 10). 75

Zur Prüfung der Zuständigkeit des Gesamtbetriebsrats als Vorfrage im **Urteilsverfahren** BAG 20. 2. 2001 AP BetrVG 1972 § 77 Tarifvorbehalt Nr. 15; BAG 29. 10. 2002 AP BetrVG 1972 § 77 Tarifvorbehalt Nr. 18 jeweils. 76

§ 51 Geschäftsführung

(1) ¹Für den Gesamtbetriebsrat gelten § 25 Abs. 1, die §§ 26, 27 Abs. 2 und 3, § 28 Abs. 1 Satz 1 und 3, Abs. 2, die §§ 30, 31, 34, 35, 36, 37 Abs. 1 bis 3 sowie die §§ 40 und 41 entsprechend. ²§ 27 Abs. 1 gilt entsprechend mit der Maßgabe, dass der Gesamtbetriebsausschuss aus dem Vorsitzenden des Gesamtbetriebsrats, dessen Stellvertreter und bei Gesamtbetriebsräten mit

9 bis 16 Mitgliedern aus 3 weiteren Ausschussmitgliedern,
17 bis 24 Mitgliedern aus 5 weiteren Ausschussmitgliedern,
25 bis 36 Mitgliedern aus 7 weiteren Ausschussmitgliedern,
mehr als 36 Mitgliedern aus 9 weiteren Ausschussmitgliedern

besteht.

(2) ¹Ist ein Gesamtbetriebsrat zu errichten, so hat der Betriebsrat der Hauptverwaltung des Unternehmens oder, soweit ein solcher Betriebsrat nicht besteht, der Betriebsrat des nach der Zahl der wahlberechtigten Arbeitnehmer größten Betriebs zu der Wahl des Vorsitzenden und des stellvertretenden Vorsitzenden des Gesamtbetriebsrats einzuladen. ²Der Vorsitzende des einladenden Betriebsrats hat die Sitzung zu leiten, bis der Gesamtbetriebsrat aus seiner Mitte einen Wahlleiter bestellt hat. ³§ 29 Abs. 2 bis 4 gilt entsprechend.

(3) ¹Die Beschlüsse des Gesamtbetriebsrats werden, soweit nichts anderes bestimmt ist, mit Mehrheit der Stimmen der anwesenden Mitglieder gefasst. ²Bei Stimmengleichheit ist ein Antrag abgelehnt. ³Der Gesamtbetriebsrat ist nur beschlussfähig, wenn mindestens die Hälfte seiner Mitglieder an der Beschlussfassung teilnimmt und die Teilnehmenden mindestens die Hälfte aller Stimmen vertreten; Stellvertretung durch Ersatzmitglieder ist zulässig. ⁴§ 33 Abs. 3 gilt entsprechend.

(4) Auf die Beschlussfassung des Gesamtbetriebsausschusses und weiterer Ausschüsse des Gesamtbetriebsrats ist § 33 Abs. 1 und 2 anzuwenden.

(5) Die Vorschriften über die Rechte und Pflichten des Betriebsrats gelten entsprechend für den Gesamtbetriebsrat, soweit dieses Gesetz keine besonderen Vorschriften enthält.

Übersicht

	Rn.
I. Vorbemerkung	1
II. Vorsitz des Gesamtbetriebsrats	3
1. Bestellung	3
2. Wahl des Vorsitzenden und seines Stellvertreters	4
3. Ende des Vorsitzes	8
4. Rechtsstellung des Vorsitzenden und seines Stellvertreters	9
III. Gesamtbetriebsausschuss und weitere Ausschüsse	10
1. Pflicht zur Bildung eines Gesamtbetriebsausschusses	10
2. Größe und Zusammensetzung	11
3. Wahl der nicht kraft Amtes angehörenden Ausschussmitglieder	13
4. Verlust der Mitgliedschaft im Gesamtbetriebsausschuss	17
5. Rechtsstellung und Geschäftsführung des Gesamtbetriebsausschusses	21
6. Weitere Ausschüsse des Gesamtbetriebsrats	22
IV. Konstituierung und Geschäftsführung des Gesamtbetriebsrats	24
1. Konstituierung des Gesamtbetriebsrats	24
2. Sitzungen des Gesamtbetriebsrats	29
3. Beschlüsse des Gesamtbetriebsrats	35
4. Sonstige Bestimmungen über die Geschäftsführung	37
V. Besonderheiten für die Beschlussfassung im Gesamtbetriebsrat	41
1. Beschlussfähigkeit	41
2. Beschlussfassung	42
3. Aussetzung von Beschlüssen	46

II. Vorsitz des Gesamtbetriebsrats **§ 51**

Rn.
4. Beschlussfassung des Gesamtbetriebsausschusses und der weiteren Ausschüsse des Gesamtbetriebsrats 47
VI. Rechtsstellung der Gesamtbetriebsratsmitglieder 48
1. Bestandteil der Betriebsratstätigkeit 48
2. Freistellung 51
3. Amtsenthebung und Kündigungsschutz 52
VII. Rechte und Pflichten des Gesamtbetriebsrats 53
VIII. Streitigkeiten 54

I. Vorbemerkung

Die Vorschrift regelt **Organisation** und **Geschäftsführung des Gesamtbetriebsrats**. Sie **1** gibt detaillierte Bestimmungen für die Wahl des Vorsitzenden und seines Stellvertreters, die Bestellung des Gesamtbetriebsausschusses, die Konstituierung des Gesamtbetriebsrats und seine Beschlussfassung und stellt klar, dass die Vorschriften über die Rechte und Pflichten des Betriebsrats entsprechend für den Gesamtbetriebsrat gelten, soweit dieses Gesetz keine besonderen Vorschriften enthält. Durch die Novelle vom 20. 12. 1988 (BGBl. I S. 2312) war der Gruppenschutz durch Änderungen in Abs. 1 und dem früheren Abs. 2 ausgebaut worden (s. dazu Begr. RegE, BT-Drucks. 11/2503, S. 34). Mit der Abschaffung des Gruppenprinzips durch das BetrVerf-Reformgesetz vom 23. 7. 2001 (BGBl. I S. 1852) wurden verschiedene redaktionelle Änderungen in Abs. 1 sowie die ersatzlose Streichung des vormaligen Abs. 2 erforderlich.

Auf die Gesamt-Jugend- und Auszubildendenvertretung finden § 51 Abs. 2 bis 5 **2** entsprechende Anwendung (§ 73 Abs. 2), für den Konzernbetriebsrat gelten § 51 Abs. 1 Satz 2 und Abs. 3 bis 5 entsprechend (§ 59 Abs. 1). Im Personalvertretungsrecht finden sich entsprechende Regelungen in §§ 56, 54 Abs. 1, 1. Halbsatz BPersVG; im Sprecherausschussgesetz enthält § 19 eine vergleichbare Regelung.

II. Vorsitz des Gesamtbetriebsrats

1. Bestellung

Der Gesamtbetriebsrat hat wie der Betriebsrat der Einzelbetriebe einen **Vorsitzenden** **3** und einen **stellvertretenden Vorsitzenden** (Abs. 1 Satz 1 i. V. mit § 26 Abs. 1).

2. Wahl des Vorsitzenden und seines Stellvertreters

Für die Wahl gelten die gleichen Grundsätze wie bei der Wahl des Vorsitzenden des **4** Betriebsrats und dessen Stellvertreter (Abs. 1 Satz 1 i. V. mit § 26 Abs. 1).

a) **Wahlberechtigt** sind nur die Mitglieder des Gesamtbetriebsrats, und auch **gewählt** **5** werden kann nur ein **Mitglied des Gesamtbetriebsrats**. Bei zeitweiliger Verhinderung eines Mitglieds hat der für ihn eingerückte Ersatzmann mitzuwählen, kann aber nicht zum Vorsitzenden oder stellvertretenden Vorsitzenden gewählt werden. Die gewerkschaftliche Zugehörigkeit spielt keine Rolle (s. auch § 26 Rn. 10).

b) Der Gesamtbetriebsrat muss beschlussfähig sein, d. h. es müssen mindestens die **6** Hälfte seiner Mitglieder an der Beschlussfassung teilnehmen und die Teilnehmenden mindestens die Hälfte aller Stimmen vertreten (Abs. 3 Satz 3; s. ausführlich Rn. 41). Gewählt ist, wer die meisten Stimmen auf sich vereinigt, wobei relative Mehrheit genügt (ebenso GK-*Kreutz*, § 51 Rn. 22; *Fitting*, § 51 Rn. 14; a. A. MünchArbR-*Joost*, § 225 Rn. 58; s. auch § 26 Rn. 7). Für das **Stimmengewicht** gelten auch hier § 47 Abs. 7 bis 9 (s. dort Rn. 70 ff.).

c) Die Wahl des Vorsitzenden wie des Stellvertreters erfolgt in der **konstituierenden** **7** **Sitzung des Gesamtbetriebsrats** (Abs. 2). Zu ihr hat der Betriebsrat der Hauptverwaltung des Unternehmens oder, soweit ein solcher Betriebsrat nicht besteht, der Betriebsrat des nach der Zahl der wahlberechtigten Arbeitnehmer größten Betriebs einzuladen (s. auch Rn. 24 ff.). Die Wahl von Vorsitzendem und Stellvertreter erfolgt in getrennten Wahlgängen (GK-*Kreutz*, § 51 Rn. 21; DKK-*Trittin*, § 51 Rn. 13). Über den Wahlmodus entscheidet der Gesamtbetriebsrat. Über die Wahl ist aber eine Niederschrift anzufertigen, die von dem Wahlleiter und dem gewählten Vorsitzenden zu unterzeichnen ist.

3. Ende des Vorsitzes

8   Da der Gesamtbetriebsrat keine Amtszeit hat (s. § 47 Rn. 26), verlieren der Vorsitzende und sein Stellvertreter ihr Amt **nur** durch **Erlöschen der Mitgliedschaft im Gesamtbetriebsrat** (§ 49), **Niederlegung des Vorsitzes** oder **Absetzung durch den Gesamtbetriebsrat**. Eine Synchronisierung mit den regelmäßigen Betriebsratswahlen ergibt sich aber daraus, dass mit Ablauf der Amtszeit des entsendenden Betriebsrats die Mitgliedschaft im Gesamtbetriebsrat endet. Bei Wiederentsendung in den Gesamtbetriebsrat nach einer Neuwahl des Betriebsrats lebt nicht das Amt als Vorsitzender oder stellvertretender Vorsitzender wieder auf, sondern es sind der Vorsitzende und sein Stellvertreter neu zu wählen (ebenso ArbG Stuttgart 13. 1. 1976 DB 1976, 1160; GK-*Kreutz*, § 51 Rn. 24). Der Vorsitzende und sein Stellvertreter können ihr Amt jederzeit niederlegen, und sie können jederzeit ohne besondere Begründung abberufen werden. Für die Abwahl genügt ein Beschluss des Gesamtbetriebsrats (s. auch § 26 Rn. 28).

4. Rechtsstellung des Vorsitzenden und seines Stellvertreters

9   Der Vorsitzende oder im Falle seiner Verhinderung sein Stellvertreter **vertritt den Gesamtbetriebsrat im Rahmen der von ihm gefassten Beschlüsse** (Abs. 1 Satz 1 i. V. mit § 26 Abs. 2). Es gilt das Gleiche wie für die Rechtsstellung des Betriebsratsvorsitzenden und seines Stellvertreters (s. ausführlich § 26 Rn. 33 ff.). Hat der Gesamtbetriebsrat weniger als neun Mitglieder, so dass er einen Gesamtbetriebsausschuss nicht bilden kann, so kann dem Vorsitzenden oder anderen Mitgliedern des Gesamtbetriebsrats die **Führung der laufenden Geschäfte** durch Beschluss des Gesamtbetriebsrats **übertragen** werden (Abs. 1 Satz 1 i. V. mit § 27 Abs. 3; s. dort Rn. 73 ff.).

III. Gesamtbetriebsausschuss und weitere Ausschüsse

1. Pflicht zur Bildung eines Gesamtbetriebsausschusses

10   Da der Gesamtbetriebsrat sehr groß sein kann, wenn ein Unternehmen eine besonders dezentralisierte Struktur aufweist oder wenn durch Tarifvertrag oder Betriebsvereinbarung die Mitgliederzahl erhöht ist, besteht auch hier die Notwendigkeit, einen Gesamtbetriebsausschuss zu bilden, der die laufenden Geschäfte führt (Abs. 1 Satz 2 i. V. mit § 27 Abs. 2 Satz 1). Die Bestellung ist **Pflicht des Gesamtbetriebsrats,** wenn die Voraussetzungen dafür vorliegen, der Gesamtbetriebsrat also **neun oder mehr Mitglieder** hat. Andererseits kann ein Gesamtbetriebsausschuss auch nur gebildet werden, wenn der Gesamtbetriebsrat mindestens neun Mitglieder hat (s. zu sonstigen Ausschüssen Rn. 22). Die Nichtwahl des Gesamtbetriebsausschusses kann aber nicht zur Auflösung des Gesamtbetriebsrats durch Beschluss des Arbeitsgerichts führen, weil eine derartige Auflösung nicht möglich ist.

2. Größe und Zusammensetzung

11   a) Die **Zahl der Mitglieder des Gesamtbetriebsausschusses** richtet sich nach der Größe des Gesamtbetriebsrats. Wie viel Mitglieder ihm angehören, ergibt sich aus der in Abs. 1

III. Gesamtbetriebsausschuss und weitere Ausschüsse § 51

Satz 2 festgelegten Staffel. Die Veränderung der Mitgliederzahl des Gesamtbetriebsrats wirkt sich auf die Zahlenstaffel des § 51 Nr. 1 BetrVG unmittelbar aus. Falls die Mitgliederzahl des Gesamtbetriebsrats nicht nur vorübergehend unter neun sinkt, endet das Amt des Gesamtbetriebsausschusses ohne weiteres (BAG 16. 3. 2005 AP BetrVG 1972 § 51 Nr. 5).

b) Der **Vorsitzende des Gesamtbetriebsrats** und sein **Stellvertreter** gehören dem Gesamtbetriebsausschuss **kraft Amtes** an; die übrigen Mitglieder sind zu wählen. Ausschussmitglied kann nur ein Mitglied des Gesamtbetriebsrats sein. Ein Ersatzmitglied kann nicht gewählt werden, auch wenn es wegen zeitweiliger Verhinderung des Gesamtbetriebsratsmitglieds in den Gesamtbetriebsrat eingerückt ist (s. § 27 Rn. 8). Wählbar ist es nur, wenn es endgültig an die Stelle des Gesamtbetriebsratsmitglieds gerückt ist (Abs. 1 Satz 1 i. V. mit § 25 Abs. 1 Satz 1). Im Falle einer Veränderung der Größe des Gesamtbetriebsausschusses sind sämtliche zu wählenden Mitglieder neu zu wählen, so dass insbesondere im Falle der Vergrößerung nicht nur eine Nachwahl erfolgt (BAG 16. 3. 2005 AP BetrVG 1972 § 51 Nr. 5). 12

3. Wahl der nicht kraft Amtes angehörenden Ausschussmitglieder

a) Die Ausschussmitglieder werden von allen Gesamtbetriebsratsmitgliedern gewählt. Das Gesetz verlangt, dass bei mehreren Wahlvorschlägen die Wahl nach den **Grundsätzen der Verhältniswahl** erfolgt (BAG 21. 7. 2004 AP BetrVG 1972 § 51 Nr. 4; ErfK-*Eisemann/Koch*, § 51 Rn. 6; *Fitting*, § 51 Rn. 20; GK-*Kreutz*, § 51 Rn. 29; *Löwisch*, BB 2002, 1366, 1368); § 27 Abs. 1 Satz 3 bis 5 sind entsprechend anwendbar. Wird nur ein Wahlvorschlag gemacht, erfolgt die Wahl daher nach den Grundsätzen der Mehrheitswahl. Vergrößert sich die Zahl der Mitglieder des Gesamtbetriebsrats und dadurch auch die Zahl der Mitglieder des Gesamtbetriebsausschusses, sind all seine ihm nicht kraft Amtes angehörenden Mitglieder nach dem gleichen Prinzip neu zu wählen; ein Nachrücken von Ersatzmitgliedern oder eine Neuwahl, beschränkt auf die zusätzlichen Sitze, ist unzulässig (BAG 16. 3. 2005 AP BetrVG 1972 § 51 Nr. 5). 13

b) Die **Wahl** erfolgt stets in einer **Sitzung des Gesamtbetriebsrats**. Obwohl nicht notwendig, wird sie zweckmäßigerweise mit der Wahl des Vorsitzenden und des stellvertretenden Vorsitzenden verbunden. Die Wahl muss geheim erfolgen (§ 27 Abs. 1 Satz 3). Der Gesamtbetriebsrat muss beschlussfähig sein, d. h. es müssen mindestens die Hälfte seiner Mitglieder an der Beschlussfassung teilnehmen und die Teilnehmenden mindestens die Hälfte aller Stimmen vertreten (Abs. 3 Satz 3; s. auch Rn. 41). An Stelle eines verhinderten Mitglieds kann ein Ersatzmitglied teilnehmen. Über die Wahl und ihr Ergebnis ist eine Niederschrift anzufertigen. 14

c) Die Wahl von **Ersatzmitgliedern** ist nicht vorgesehen, aber zulässig (GK-*Kreutz*, § 51 Rn. 33; DKK-*Trittin*, § 51 Rn. 19; a. A. HSWGNR-*Glock*, § 51 Rn. 39; *Fitting*, § 51 Rn. 21; wie hier im Ergebnis letztlich wohl BAG 21. 7. 2004 AP BetrVG 1972 § 51 Nr. 4; BAG 16. 3. 2005 AP BetrVG 1972 § 51 Nr. 5; s. auch § 27 Rn. 16 ff.). 15

d) Für die **gerichtliche Nachprüfbarkeit** der Wahl des Gesamtbetriebsausschusses gilt Gleiches wie für die Bestellung des Betriebsausschusses (s. § 27 Rn. 32 ff.). 16

4. Verlust der Mitgliedschaft im Gesamtbetriebsausschuss

a) Da keine Verpflichtung zur Übernahme des Amtes besteht (s. auch § 27 Rn. 22), kann jedes Mitglied jederzeit sein **Amt im Gesamtbetriebsausschuss niederlegen** (s. auch § 27 Rn. 23). 17

b) Der **Verlust des Amtes als Gesamtbetriebsratsmitglied** (§ 49) führt ohne weiteres zum Verlust der Zugehörigkeit zum Gesamtbetriebsausschuss. 18

c) Sind die weiteren Ausschussmitglieder nach den Grundsätzen der Verhältniswahl bestimmt worden, können sie unter Beachtung des § 27 Abs. 1 Satz 5, im Übrigen durch gewöhnlichen Beschluss des Gesamtbetriebsrats abberufen werden. Besonderheiten gel- 19 ten hingegen für den Vorsitzenden des Gesamtbetriebsrats und dessen Stellvertreter, da sie kraft Amtes dem Gesamtbetriebsausschuss angehören (s. § 27 Rn. 24).

20 d) Der **Gesamtbetriebsausschuss** selbst kann **kein Mitglied ausschließen**. Ebenso ist der Ausschluss allein aus dem Gesamtbetriebsausschuss durch eine Entscheidung des Arbeitsgerichts nach § 48 nicht möglich (ebenso GK-*Kreutz*, § 51 Rn. 38). Jedoch kann ein Ausschluss aus dem Gesamtbetriebsrat auch darauf gestützt werden, dass die grobe Amtspflichtverletzung bei der Tätigkeit im Gesamtbetriebsausschuss erfolgt ist.

5. Rechtsstellung und Geschäftsführung des Gesamtbetriebsausschusses

21 Der Gesamtbetriebsausschuss ist keine besondere Betriebsvertretung, sondern nur ein **Organ des Gesamtbetriebsrats,** das die laufenden Geschäfte führt und dem Aufgaben zur selbständigen Erledigung, nicht aber der Abschluss von Betriebsvereinbarungen, übertragen werden können (Abs. 1 Satz 1 i. V. mit § 27 Abs. 2; s. dort Rn. 47 ff.). Den Vorsitz im Gesamtbetriebsausschuss hat der Vorsitzende des Gesamtbetriebsrats (s. auch § 27 Rn. 39). Für das Teilnahmerecht eines Gewerkschaftsbeauftragten gilt Gleiches wie beim Betriebsausschuss (s. § 31 Rn. 25 ff.); es genügt, dass die Gewerkschaft in einem Einzelbetriebsrat vertreten ist (s. Rn. 31). Für die Beschlussfassung des Gesamtbetriebsausschusses ist von Bedeutung, dass jedes Ausschussmitglied nur eine Stimme hat; auf die Beschlussfassung ist § 33 Abs. 1 und 2 anzuwenden (Abs. 4; s. auch Rn. 47).

6. Weitere Ausschüsse des Gesamtbetriebsrats

22 Seit der Änderung des § 28 Abs. 1 durch das BetrVerf-Reformgesetz vom 23. 7. 2001 (BGBl. I S. 1852) bereitet die in Abs. 1 Satz 1 unverändert erhalten gebliebene Verweisung auf § 28 Abs. 1 Satz 1 und 3 gewisse Schwierigkeiten. Denn § 28 Abs. 1 Satz 1 sieht nunmehr vor, dass der Betriebsrat in Betrieben mit mehr als 100 Arbeitnehmern Ausschüsse bilden und ihnen bestimmte Aufgaben übertragen kann. Die in Abs. 1 Satz 1 enthaltene Verweisung wurde offensichtlich nicht auf die im Referentenentwurf noch nicht vorgesehene (siehe bei *Schiefer/Korte*, NZA 2001, 71, 78), sondern erst im Regierungsentwurf zu findende Beschränkung des Rechts zur Bildung von Ausschüssen auf Betriebe mit mehr als 100 Arbeitnehmern abgestimmt. Eine sinnvolle Interpretation ist nicht möglich, insbesondere kann sie nicht dahin verstanden werden, dass statt auf die Betriebs- auf die Unternehmensgröße abzustellen ist (so ErfK-*Eisemann/Koch*, § 51 Rn. 6; DKK-*Trittin*, § 51 Rn. 29), da dann unter Umständen die Bildung eines Ausschusses bereits bei Gesamtbetriebsräten mit drei Mitgliedern möglich wäre. Auch erscheint es nicht möglich, die Bildung eines Ausschusses schon immer dann zuzulassen, wenn dem Gesamtbetriebsrat mindestens 7 Mitglieder angehören (vgl. § 9), da § 28 Abs. 1 Satz 1 gerade nicht an der Größe des Gremiums, sondern an derjenigen der Repräsentationseinheit anknüpft (vgl. in diesem Zusammenhang etwa § 9 Rn. 16 f.). Man wird daher die Bildung eines Ausschusses – um dem Willen des Gesetzgebers so weit wie möglich zur Geltung zur verhelfen – entsprechend § 28 Abs. 1 Satz 1 hier nur zulassen können, wenn dem Unternehmen mehr als 100 Arbeitnehmer angehören und der Gesamtbetriebsrat aus mindestens sieben Mitgliedern besteht (ebenso *Fitting*, § 51 Rn. 22). Darüber hinaus kann der Gesamtbetriebsrat informelle Arbeitsgruppen bilden, denen allerdings nicht generell bestimmte Aufgaben zur Vorbereitung übertragen werden können (vgl. auch GK-*Raab*, § 28 Rn. 18; s. § 28 Rn. 23).

23 Siehe zu der Frage, ob der Gesamtbetriebsrat auf Grund einer Rahmenvereinbarung mit dem Arbeitgeber Kompetenzen auch nach § 28a auf betriebsübergreifende Arbeitsgruppen übertragen kann § 28a Rn. 14.

IV. Konstituierung und Geschäftsführung des Gesamtbetriebsrats

1. Konstituierung des Gesamtbetriebsrats

a) Sind die Voraussetzungen dafür gegeben, dass ein Gesamtbetriebsrat zu errichten ist, so hat der **Betriebsrat der Hauptverwaltung** zur konstituierenden Sitzung **einzuladen,** um den Vorsitzenden und den stellvertretenden Vorsitzenden des Gesamtbetriebsrats zu wählen (Abs. 2 Satz 1). Die Einladung geht an die übrigen Betriebsräte des Unternehmens und enthält die Aufforderung, gemäß § 47 Abs. 2 die Mitglieder für den Gesamtbetriebsrat zu bestellen. Ist die Hauptverwaltung des Unternehmens kein betriebsratsfähiger Betrieb oder besteht in ihr kein Betriebsrat, so erfolgt die Einladung durch den Betriebsrat des nach der Zahl der wahlberechtigten Arbeitnehmer größten Betriebs. Für die Zahl ist auch hier die Eintragung in der Wählerliste bei der letzten Betriebsratswahl maßgebend (ebenso *Fitting,* § 51 Rn. 9; GK-*Kreutz,* § 51 Rn. 8). 24

Wenn die **Hauptverwaltung des Unternehmens mit einem Produktionsbetrieb derart verbunden** ist, dass sie betriebsverfassungsrechtlich einen Betrieb darstellen (s. § 1 Rn. 45), so kann zweifelhaft sein, ob auch in diesem Fall der Betriebsrat dieses Betriebes unabhängig von der Betriebsgröße zuständig ist (bejahend ErfK-*Eisemann/Koch,* § 51 Rn. 1; *Fitting,* § 51 Rn. 8; GK-*Kreutz,* § 51 Rn. 9; HSWGNR-*Glock,* § 51 Rn. 13; DKK-*Trittin,* § 51 Rn. 6; verneinend *Brecht,* § 51 Rn. 9;). Für den teleologischen Zweck, dass nach dem Gesetz primär der Betriebsrat der Hauptverwaltung des Unternehmens zuständig ist, ist jedoch unerheblich, ob die Hauptverwaltung als selbständiger Betrieb organisiert ist oder zusammen mit einer Produktionsstätte einen Betrieb bildet. In beiden Fällen besteht die Nähe zur Unternehmensleitung, die für das Gesetz offenbar der Grund war, den Betriebsrat der Hauptverwaltung des Unternehmens mit der Bildung des Gesamtbetriebsrats zu betrauen. 25

b) Der **Vorsitzende des einladenden Betriebsrats** hat die **Sitzung zu leiten,** bis der Gesamtbetriebsrat aus seiner Mitte einen **Wahlleiter bestellt** hat (Abs. 2 Satz 2). Ist dies geschehen, so erlischt das Teilnahmerecht für den Vorsitzenden des einladenden Betriebsrats, wenn er nicht selbst dem Gesamtbetriebsrat angehört (ebenso *Fitting,* § 51 Rn. 12; GK-*Kreutz,* § 51 Rn. 14; HSWGNR-*Glock,* § 51 Rn. 18). Der Gesamtbetriebsrat ist konstituiert, sobald der Vorsitzende und sein Stellvertreter gewählt sind. Doch kann in der konstituierenden Sitzung bereits im Anschluss an die Wahl des Vorsitzenden und seines Stellvertreters die Bestellung des Gesamtbetriebsausschusses erfolgen. Auch kann bei einem Gesamtbetriebsrat, dem mehr als 40 Mitglieder nach dem Gesetz angehören, für den Fall, dass keine tarifliche Regelung besteht, ein Beschluss über die notwendige Betriebsvereinbarung mit dem Arbeitgeber herbeigeführt werden (§ 47 Abs. 5; s. ausführlich dort Rn. 60 ff.). Die Sitzung wird insoweit von dem gewählten Vorsitzenden des Gesamtbetriebsrats geleitet. 26

c) Da der Gesamtbetriebsrat keine Amtsperiode hat, sondern eine Dauereinrichtung darstellt, kommt seine Konstituierung, streng genommen, nur einmal in Betracht (a. A. GK-*Kreutz,* § 51 Rn. 16). Auch bei einer **Neuwahl der Einzelbetriebsräte** endet nicht der Gesamtbetriebsrat, sondern es erlischt lediglich die Mitgliedschaft im Gesamtbetriebsrat. Da jedoch die Einzelbetriebsräte im Vierjahresrhythmus während des Zeitraums für die regelmäßigen Betriebsratswahlen neu gewählt werden (§ 13 Abs. 1 und 3), wechseln auch die Mitglieder des Gesamtbetriebsrats, wenn man von dem in § 13 Abs. 3 Satz 2 enthaltenen Sonderfall absieht, dass ein Einzelbetriebsrat erst in dem nächsten Zeitraum der regelmäßigen Betriebsratswahlen neu zu wählen ist. Daher ist § 51 Abs. 2 auch auf diesen Fall **entsprechend anzuwenden** (ebenso ArbG Stuttgart, DB 1976, 1161; *Fitting,* § 51 Rn. 7; HSWGNR-*Glock,* § 51 Rn. 14 f.; für unmittelbare Geltung von seinem Standpunkt aus folgerichtig GK-*Kreutz,* § 51 Rn. 16). 27

28 d) Ergreift der nach dem Gesetz zuständige Betriebsrat **nicht** die **Initiative zur Konstituierung des Gesamtbetriebsrats,** so handelt er pflichtwidrig. Es kann gegen ihn nach § 23 Abs. 1 vorgegangen werden (ebenso *Fitting,* § 51 Rn. 10; GK-*Kreutz,* § 51 Rn. 15). Unterbleibt die Einladung zur konstituierenden Sitzung, so ist es aber auch zulässig, dass die Einzelbetriebsräte von sich aus die Mitglieder des Gesamtbetriebsrats bestellen und diese aus eigener Initiative zusammentreten (ebenso ErfK-*Eisemann/Koch,* § 51 Rn. 1; *Fitting,* § 51 Rn. 11; GK-*Kreutz,* § 51 Rn. 15; a. A. HSWGNR-*Glock,* § 51 Rn. 17).

2. Sitzungen des Gesamtbetriebsrats

29 a) Der Gesamtbetriebsrat kann ebenso wie der Betriebsrat seine **Aufgaben** grundsätzlich **nur in einer ordnungsmäßig einberufenen Sitzung erfüllen;** als Kollegialorgan trifft er seine Entscheidungen durch Beschluss. Die Einberufung erfolgt durch den Vorsitzenden des Gesamtbetriebsrats; für sie gelten die Bestimmungen in § 29 Abs. 2 entsprechend (Abs. 2 Satz 3; s. ausführlich § 29 Rn. 16). Den formellen Anspruch auf Einberufung hat neben dem Arbeitgeber ein Viertel der Mitglieder des Gesamtbetriebsrats, letzteres jedoch nur, wenn die Antragsteller zugleich ein Viertel aller Stimmen repräsentieren; Abs. 3 Satz 3 ist entsprechend anzuwenden (ebenso HSWGNR-*Glock,* § 51 Rn. 25 GL-*Marienhagen,* § 51 Rn. 21; GK-*Kreutz,* § 51 Rn. 49). Die Einzelbetriebsräte können nicht verlangen, dass eine Sitzung des Gesamtbetriebsrats einberufen wird oder eine Angelegenheit auf die nächste Tagesordnung der Gesamtbetriebsratssitzung gesetzt wird. Nicht eine betriebliche Jugend- und Auszubildendenvertretung, sondern nur die Gesamt-Jugend- und Auszubildendenvertretung kann beim Gesamtbetriebsrat beantragen, Angelegenheiten, die besonders die in § 60 Abs. 1 genannten Arbeitnehmer betreffen und über die sie beraten hat, auf die nächste Tagesordnung zu setzen (§ 73 Abs. 2 i. V. mit § 67 Abs. 3). Für die Gesamtschwerbehindertenvertretung ergibt sich Gleiches aus § 97 Abs. 7 i. V. mit § 95 Abs. 4 Satz 1, 2. Halbsatz SGB IX. Für die zeitliche Lage und die Nichtöffentlichkeit der Sitzungen gilt Gleiches wie für eine Betriebsratssitzung (Abs. 1 Satz 1 i. V. mit § 30).

30 b) Außer den Mitgliedern des Gesamtbetriebsrats nimmt der **Arbeitgeber** aus eigener Zuständigkeit an den Sitzungen teil, die auf sein Verlangen anberaumt sind, und an den Sitzungen, zu denen er ausdrücklich eingeladen ist (Abs. 2 Satz 3 i. V. mit § 29 Abs. 4 Satz 1). Hat der Arbeitgeber eine Ergänzung der Tagesordnung beantragt, so hat er während der Beratung dieses Tagesordnungspunktes ein Teilnahmerecht. Im Übrigen gilt Gleiches wie bei der Teilnahme an einer Betriebsratssitzung (s. § 29 Rn. 46 ff.). Auch hier kann der Arbeitgeber, wenn er an der Sitzung teilnimmt, einen Beauftragten der Arbeitgebervereinigung hinzuziehen, der er angehört (Abs. 2 Satz 3 i. V. mit § 29 Abs. 4 Satz 2; s. dort Rn. 52 f.; s. zum Begriff der Arbeitgebervereinigung auch § 46 Rn. 17).

31 c) Da § 31 entsprechend gilt (Abs. 1 Satz 1), kann unter den dort genannten, hier entsprechend geltenden Voraussetzungen ein **Beauftragter einer Gewerkschaft** an den Sitzungen des Gesamtbetriebsrats beratend teilnehmen. Erforderlich ist nicht, dass die Gewerkschaft im Gesamtbetriebsrat vertreten ist, also ein Mitglied des Gesamtbetriebsrats ihr angehört, sondern es genügt wie im Rahmen von § 31, dass die Gewerkschaft in einem *Einzelbetriebsrat* vertreten ist; denn anderenfalls könnte der entsendende Einzelbetriebsrat durch Mehrheitsentscheidung mittelbar festlegen, welche Gewerkschaft ein Entsendungsrecht hat (ebenso *Fitting,* § 51 Rn. 37; DKK-*Trittin,* § 51 Rn. 45; *Klosterkemper,* Das Zugangsrecht der Gewerkschaften zum Betrieb, 1980, S. 18; a. A. ErfK-*Eisemann/Koch,* § 51 Rn. 4; GK-*Kreutz,* § 51 Rn. 59; HSWGNR-*Glock,* § 51 Rn. 29). Für die Antragsberechtigung ist allein darauf abzustellen, ob die Antragsteller ein Viertel aller Stimmen repräsentieren; Abs. 3 Satz 3 gilt anders als bei dem formellen Anspruch auf Einberufung einer Sitzung nicht entsprechend, weil es hier nicht darum geht, eine beschlussfähige Mitgliederzahl zu erreichen. Die Anwendung des § 47 Abs. 7 bis 9 bedarf deshalb keiner teleologischen Korrektur; es ist allein auf das *Stimmengewicht*, nicht auf die *Zahl der Mitglieder* abzustellen (ebenso *Fitting*, § 51 Rn. 36; GK-*Kreutz*, § 51 Rn. 59; HSWGNR-*Glock*, § 51 Rn. 29; *Klosterkemper*, a. a. O., S. 18; a. A. im Ergebnis GL-*Marienhagen*, § 51 Rn. 23; allein auf die Zahl der Mitglieder abstellend *Frauenkron*, § 51 Rn. 4).

d) Ein Teilnahmerecht hat weiterhin die **Gesamtschwerbehindertenvertretung (§ 52;** s. 32 daneben § 97 Abs. 7 i. V. mit § 95 Abs. 4 SGB IX). Sie ist entsprechend § 29 Abs. 2 Satz 4 zu laden.

e) Die **Gesamt-Jugend- und Auszubildendenvertretung** kann zu allen Sitzungen des 33 Gesamtbetriebsrats einen Vertreter entsenden (§ 73 Abs. 2 i. V. mit § 67 Abs. 1). Für den Fall, dass Angelegenheiten behandelt werden, die besonders die in § 60 Abs. 1 genannten Arbeitnehmer betreffen, haben zu diesen Tagesordnungspunkten alle Mitglieder der Gesamt-Jugend- und Auszubildendenvertretung ein Teilnahmerecht (s. auch § 73 Rn. 23). Sie sind dann entsprechend § 29 Abs. 2 Satz 4 zu laden.

f) **Andere Personen** haben **kein Teilnahmerecht.** Mit dem Gebot der Nichtöffentlich- 34 keit, das auch für Sitzungen des Gesamtbetriebsrats gilt (Abs. 1 Satz 1 i. V. mit § 30), ist aber vereinbar, dass der Gesamtbetriebsrat Sachverständige und sonstige Auskunftspersonen, die an sich nicht teilnahmeberechtigt sind, zur Erörterung einer bestimmten Frage hinzuzieht (s. § 30 Rn. 12), **Sachverständige** jedoch nur nach näherer Vereinbarung mit dem Arbeitgeber (Abs. 5 i. V. mit § 80 Abs. 3; s. ausführlich § 80 Rn. 84 ff.).

3. Beschlüsse des Gesamtbetriebsrats

Der Gesamtbetriebsrat kann wie der Einzelbetriebsrat seine **Beschlüsse nur in einer** 35 **Sitzung** fassen; Beschlussfassung im Umlaufverfahren ist ausgeschlossen. Die **Grundsätze für die Beschlussfassung und die Beschlussfähigkeit** werden **durch Abs. 3** modifiziert, um die Besonderheiten der Stimmengewichtung im Gesamtbetriebsrat zu berücksichtigen (s. ausführlich Rn. 41 ff.). Zweckmäßig ist, dass der Gesamtbetriebsrat seine Sitzungen am Ort der Hauptverwaltung eines Unternehmens durchführt; doch ist er nicht verpflichtet, sie dort einzuberufen, sondern kann sie auch in anderen Einzelbetrieben des Unternehmens, in denen Betriebsräte gebildet sind, abhalten (ebenso BAG 24. 7. 1979 AP BetrVG 1972 § 51 Nr. 1).

Der Gesamtbetriebsrat hat über jede Verhandlung eine **Niederschrift** aufzunehmen 36 (Abs. 1 Satz 1 i. V. mit § 34; s. ausführlich dort Rn. 3 ff.).

4. Sonstige Bestimmungen über die Geschäftsführung

Sonstige Bestimmungen über die Geschäftsführung sollen wie beim Einzelbetriebsrat 37 in einer schriftlichen **Geschäftsordnung** getroffen werden, die der Gesamtbetriebsrat mit der Mehrheit der Stimmen seiner Mitglieder beschließt (Abs. 1 Satz 1 i. V. mit § 36).

Da § 39 nicht für entsprechend anwendbar erklärt wird, kann der Gesamtbetriebsrat 38 während der Arbeitszeit **keine Sprechstunden** einrichten. Doch ist es zulässig, dass er sie außerhalb der Arbeitszeit abhält. Möglich ist auch, dass Arbeitgeber und Gesamtbetriebsrat eine freiwillige Regelung darüber treffen, Sprechstunden während der Arbeitszeit einzurichten (ebenso *Fitting*, § 51 Rn. 45; GK-*Kreutz*, § 51 Rn. 56; HSWGNR-*Glock*, § 51 Rn. 59).

Die durch die Tätigkeit des Gesamtbetriebsrats entstehenden **Kosten** trägt der Arbeit- 39 geber (Abs. 1 Satz 1 i. V. mit §§ 40 und 41). Es gilt insoweit Gleiches wie für die Kosten, die durch die Tätigkeit eines Betriebsrats entstehen; insbesondere ist der Grundsatz der Erforderlichkeit und Verhältnismäßigkeit zu beachten (s. § 40 Rn. 3 ff.). Deshalb ist der Gesamtbetriebsrat nicht berechtigt, auf Kosten des Arbeitgebers ein Informationsblatt herauszugeben (a. A. *Fitting*, § 51 Rn. 47 m.w. N.; vgl. näher § 40 Rn. 81). Da der Gesamtbetriebsrat eine Koordinierungsfunktion im Verhältnis zu den Einzelbetriebsräten erfüllt (s. § 50 Rn. 44), sind die dadurch entstehenden Kosten zu erstatten; insbesondere kann der Besuch eines auswärtigen Betriebs durch den Vorsitzenden des Gesamtbetriebsrats erforderlich sein (vgl. LAG Berlin 1. 10. 1973 BB 1974, 1439).

40 Die hinsichtlich der Geschäftsführung in § 51 Abs. 1 bis 4 enthaltenen Verweisungen sind erschöpfend und können nicht unter Berufung auf Abs. 5 erweitert werden (*Fitting*, § 51 Rn. 27; a. A. DKK-*Trittin*, § 51 Rn. 57; s. auch Rn. 53).

V. Besonderheiten für die Beschlussfassung im Gesamtbetriebsrat

1. Beschlussfähigkeit

41 Für die Beschlussfähigkeit des Gesamtbetriebsrats genügt wegen des unterschiedlichen Stimmengewichts nicht wie nach § 33 Abs. 2 (s. dort Rn. 4 ff.), dass mindestens die Hälfte seiner Mitglieder an der Beschlussfassung teilnimmt; es wäre andererseits aber auch mit dem Charakter eines Kollegialorgans nicht vereinbar, lediglich darauf abzustellen, dass die Teilnehmenden mindestens die Hälfte aller Stimmen repräsentieren. Deshalb verlangt das Gesetz für die Beschlussfähigkeit, dass beide Voraussetzungen **kumulativ** gegeben sind, also **mindestens die Hälfte der Gesamtbetriebsratsmitglieder an der Beschlussfassung teilnimmt** und die Teilnehmenden **mindestens die Hälfte aller Stimmen vertreten** (Abs. 3 Satz 3). Wie viele Stimmen ein Gesamtbetriebsratsmitglied hat, richtet sich nach § 47 Abs. 7 bis 9 (s. dort Rn. 70 ff.). Die Stellvertretung durch Ersatzmitglieder ist zulässig (Abs. 3 Satz 3 Halbsatz 2). Jedoch ist auch hier wie bei der Beschlussfassung im Einzelbetriebsrat Voraussetzung, dass das Gesamtbetriebsratsmitglied zeitweilig verhindert ist (Abs. 1 Satz 1 i. V. mit § 25 Abs. 1 Satz 2). Eine gewillkürte Stellvertretung kommt nicht in Betracht (s. auch § 33 Rn. 12).

2. Beschlussfassung

42 Der **Beschluss** wird, soweit das Gesetz nicht etwas anderes bestimmt, mit **Mehrheit der Stimmen der anwesenden Mitglieder** gefasst (Abs. 3 Satz 1). Für die Zahl der Stimmen, die ein Mitglied hat, ist § 47 Abs. 7 bis 9 maßgebend (s. dort Rn. 70 ff.). Bei Stimmengleichheit ist ein Antrag abgelehnt (Abs. 3 Satz 2). Im Übrigen gilt Gleiches wie für die Beschlussfassung des Einzelbetriebsrats (s. § 33 Rn. 13 ff.).

43 In besonders wichtigen Fällen lässt das Gesetz die einfache Stimmenmehrheit nicht genügen, sondern verlangt, dass der Beschluss mit der Mehrheit der Stimmen *aller* Mitglieder gefasst wird, z. B. wenn dem Gesamtbetriebsausschuss oder einem weiteren Ausschuss des Gesamtbetriebsrats Aufgaben zur selbständigen Erledigung übertragen werden (Abs. 1 Satz 1 i. V. mit § 27 Abs. 2 Satz 2 und § 28 Abs. 1 Satz 3, Abs. 2), wenn die Geschäftsordnung erlassen wird (Abs. 1 Satz 1 i. V. mit § 36), wenn der Konzernbetriebsrat mit der Wahrnehmung einer Angelegenheit beauftragt wird (§ 58 Abs. 2) oder wenn der Gesamtbetriebsrat die anderweitige Wahrnehmung der Aufgaben des Wirtschaftsausschusses beschließt (§ 107 Abs. 3 Satz 6; s. dort Rn. 41 ff.). Wegen des unterschiedlichen Stimmengewichts ist nicht erforderlich, aber auch nicht ausreichend, dass die absolute Mehrheit der Mitglieder des Gesamtbetriebsrats zustimmt, sondern maßgebend ist, dass die Mitglieder ihre Zustimmung erteilen, die mehr als die Hälfte aller Stimmen im Gesamtbetriebsrat haben (ebenso *Fitting*, § 51 Rn. 51; GK-*Kreutz*, § 51 Rn. 68; HSWGNR-*Glock*, § 51 Rn. 10).

44 Soweit die zu fassenden Beschlüsse überwiegend die in § 60 Abs. 1 genannten Arbeitnehmer betreffen, haben auch die **Mitglieder der Gesamt-Jugend- und Auszubildendenvertretung** ein **Stimmrecht** (§ 73 Abs. 2 i. V. mit § 67 Abs. 2). Ihre Stimmen werden in diesem Fall bei der Feststellung der Stimmenmehrheit mitgezählt; § 33 Abs. 3 gilt entsprechend (Abs. 3 Satz 4), wobei auch hier zu berücksichtigen ist, dass die Mitglieder der Gesamt-Jugend- und Auszubildendenvertretung ein unterschiedliches Stimmenge-

wicht haben (§ 72 Abs. 7). Für die Beschlussfähigkeit des Gesamtbetriebsrats werden sie dagegen nicht mitgezählt (*Fitting,* § 51 Rn. 56; HSWGNR-*Glock,* § 51 Rn. 23, 10 a; GK-*Kreutz,* § 51 Rn. 66; DKK-*Trittin,* § 51 Rn. 34; s. auch § 33 Rn. 9); es kommt insoweit ausschließlich auf die Zahl und das Stimmengewicht der Gesamtbetriebsratsmitglieder an, auch wenn ein Beschluss überwiegend die in § 60 Abs. 1 genannten Arbeitnehmer betrifft (s. Rn. 41).

Soweit bei den **Post-Aktiengesellschaften** für die Ausübung des Beteiligungsrechts in **45** Personalangelegenheiten der Beamten (§ 28 Abs. 1 Satz 1 PostPersRG) ausnahmsweise der Gesamtbetriebsrat zuständig ist, sind, wenn dem Gesamtbetriebsrat Beamtenvertreter angehören, nur sie nach gemeinsamer Beratung im Gesamtbetriebsrat zur Beschlussfassung berufen (§ 32 Abs. 2 i. V. mit § 28 Abs. 1 Satz 2 PostPersRG). Der Vertreter der Beamten im Gesamtbetriebsrat hat so viele Stimmen, wie in dem Betrieb, in dem er gewählt wurde, wahlberechtigte Beamte in der Wählerliste eingetragen sind (§ 32 Abs. 1 Nr. 2 Satz 1 PostPersRG).

3. Aussetzung von Beschlüssen

Gegen Beschlüsse des Gesamtbetriebsrats haben die Gesamt-Jugend- und Auszubil- **46** dendenvertretung (§ 73 Abs. 2 i. V. mit § 66) und die Gesamtschwerbehindertenvertretung (§ 97 Abs. 7 i. V. mit § 95 Abs. 4 Satz 2 SGB IX) ein **suspensives Vetorecht** (s. auch Abs. 1 Satz 1 i. V. mit § 35), wobei auch hier für die Feststellung der Mehrheit allein darauf abzustellen ist, ob die Antragsteller mehr als die Hälfte aller Stimmen repräsentieren (ebenso GL-*Marienhagen,* § 51 Rn. 31; GK-*Kreutz,* § 51 Rn. 73; HSWGNR-*Glock,* § 51 Rn. 33). Der Beschluss ist auszusetzen, sofern die Antragsteller geltend machen, dass er wichtige Interessen der durch sie vertretenen Arbeitnehmer erheblich beeinträchtigt (s. auch § 35 Rn. 7).

4. Beschlussfassung des Gesamtbetriebsausschusses und der weiteren Ausschüsse des Gesamtbetriebsrats

Für die Beschlussfassung des Gesamtbetriebsausschusses und der weiteren Ausschüsse **47** des Gesamtbetriebsrats ist, wie Abs. 4 ausdrücklich anordnet, § 33 Abs. 1 und 2 anzuwenden. Hier hat also jedes Ausschussmitglied nur eine Stimme; denn das unterschiedliche Stimmengewicht der Gesamtbetriebsratsmitglieder kann hier keine Rolle spielen, weil der Ausschuss als Organ des Gesamtbetriebsrats tätig wird (ebenso *Fitting,* § 51 Rn. 59; GK-*Kreutz,* § 51 Rn. 77).

VI. Rechtsstellung der Gesamtbetriebsratsmitglieder

1. Bestandteil der Betriebsratstätigkeit

Die Tätigkeit im Gesamtbetriebsrat ist **Ausfluss der Tätigkeit im Betriebsrat des** **48** **einzelnen Betriebs.** Sie erfolgt **unentgeltlich als Ehrenamt** (Abs. 1 Satz 1 i. V. mit § 37 Abs. 1).

Wenn und soweit es nach Umfang und Art des Unternehmens zur ordnungsgemäßen **49** Durchführung der Aufgaben als Gesamtbetriebsratsmitglied erforderlich ist, besteht ein Anspruch auf **Arbeitsbefreiung ohne Minderung des Arbeitsentgelts** (Abs. 1 Satz 1 i. V. mit § 37 Abs. 2; s. ausführlich dort Rn. 13 ff.). Kann die Tätigkeit als Mitglied des Gesamtbetriebsrats aus betriebsbedingten Gründen nur außerhalb der Arbeitszeit durchgeführt werden, so hat das Mitglied Anspruch auf entsprechende Arbeitsbefreiung unter Fortzahlung des Arbeitsentgelts (Abs. 1 Satz 1 i. V. mit § 37 Abs. 3; s. dort Rn. 37 ff.).

Das Gesetz hat davon abgesehen, § 37 Abs. 4 bis 7 für entsprechend anwendbar zu **50** erklären. Das ist auch nicht erforderlich, weil die Tätigkeit im Gesamtbetriebsrat zu den

Amtsobliegenheiten des Betriebsratsmitglieds gehört, das in den Gesamtbetriebsrat entsandt wird. Eine Lücke besteht lediglich insoweit, als offen ist, unter welchen Voraussetzungen ein Gesamtbetriebsratsmitglied Anspruch auf **Teilnahme an einer Schulung nach § 37 Abs. 6** hat. Da in Unternehmen mit mehreren Betrieben die Betriebsratsaufgaben sich auf den Gesamtbetriebsrat und die Einzelbetriebsräte verteilen, kann eine Schulung nach § 37 Abs. 6 auch dann erforderlich sein, wenn der Gesamtbetriebsrat die Kenntnisse für seine Arbeit benötigt (ebenso *Fitting*, § 51 Rn. 43; GK-*Kreutz*, § 51 Rn. 54; HSWGNR-*Glock*, § 51 Rn. 56; vgl. auch BAG 10. 6. 1975 AP BetrVG 1972 § 73 Nr. 1). Die Entscheidung obliegt insoweit dem Gesamtbetriebsrat; für das Freistellungsverfahren gilt aber § 37 Abs. 6 Satz 3 bis 6 unmittelbar, so dass dem Einzelbetriebsrat obliegt, die zeitliche Lage der Teilnahme festzulegen (s. § 37 Rn. 113 ff.; ohne Differenzierung für Zuständigkeit des Einzelbetriebsrats zur Entsendung *Fitting*, § 51 Rn. 43; HSWGNR-*Glock*, § 51 Rn. 56; soweit es für die Entsendung eines Jugendvertreters, der der Gesamtjugendvertretung angehörte, nicht den Gesamtbetriebsrat, sondern den Einzelbetriebsrat für zuständig hielt, BAG 10. 6. 1975 AP BetrVG 1972 § 73 Nr. 1). Die Mitgliedschaft im Gesamtbetriebsrat führt nicht zur Erhöhung des in § 37 Abs. 7 geregelten Bildungsurlaubs (ebenso GK-*Kreutz*, § 51 Rn. 54; HSWGNR-*Glock*, § 51 Rn. 57).

2. Freistellung

51 Die **Regelung des § 38 über die Freistellung von beruflicher Tätigkeit** findet auf den Gesamtbetriebsrat **keine Anwendung.** Es besteht keine Mindeststaffel für Freistellungen. Da aber § 37 Abs. 2 als Generalklausel auch für den Gesamtbetriebsrat entsprechend gilt (Abs. 1 Satz 1), hat dieser einen Anspruch auf Freistellung eines oder mehrerer Mitglieder, wenn und soweit sie zur ordnungsgemäßen Wahrnehmung der dem Gesamtbetriebsrat obliegenden Aufgaben erforderlich ist (LAG München 19. 7. 1990 NZA 1991, 905; s. auch § 38 Rn. 5, 14 ff.). Für das Freistellungsverfahren ist zur Lückenschließung § 38 Abs. 2 entsprechend anzuwenden (s. dort Rn. 26 ff.), wobei hier an Stelle des Einzelbetriebsrats der Gesamtbetriebsrat tritt, weil die personelle Auswahl nur durch ihn, nicht durch den entsendenden Einzelbetriebsrat erfolgen kann (ebenso *Fitting*, § 51 Rn. 44; *Löwisch*, BB 2002, 1366, 1368; DKK-*Trittin*, § 51 Rn. 51; a. A. *Brecht*, § 51 Rn. 3; MünchArbR-*Joost*, § 225 Rn. 78; GK-*Kreutz*, § 51 Rn. 55; HSWGNR-*Glock*, § 51 Rn. 58).

3. Amtsenthebung und Kündigungsschutz

52 Bei Verletzung der sich aus der Zugehörigkeit zum Gesamtbetriebsrat ergebenden Pflichten kommt ein **Ausschluss aus dem Gesamtbetriebsrat** durch Beschluss des Arbeitsgerichts in Betracht (§ 48); soweit dadurch zugleich die Pflichten als Mitglied des Einzelbetriebsrats verletzt sind, ist auch eine Amtsenthebung nach § 23 Abs. 1 möglich (s. dazu auch § 48 Rn. 3). Da das Gesamtbetriebsratsmitglied stets zugleich Mitglied eines Einzelbetriebsrats ist, hat es – neben dem besonderen Versetzungsschutz nach § 103 Abs. 3 – auch den **besonderen Kündigungsschutz im Rahmen der Betriebsverfassung** (§ 103 Abs. 1 i. V. mit §§ 15, 16 KSchG). Zulässig ist daher grundsätzlich nur die außerordentliche Kündigung, die der Zustimmung des Betriebsrats, nicht des Gesamtbetriebsrats bedarf (ebenso *Brecht*, § 48 Rn. 5; *Fitting*, § 48 Rn. 21).

VII. Rechte und Pflichten des Gesamtbetriebsrats

53 Für den Gesamtbetriebsrat gelten grundsätzlich die gleichen Rechte und Pflichten wie für den Einzelbetriebsrat, wie in Abs. 5 ausdrücklich klargestellt wird. Abs. 5 ermöglicht allerdings keine Anwendung der Bestimmungen über Organisation und Geschäftsfüh-

I. Vorbemerkung **§ 52**

rung des Betriebsrats, da insoweit die in §§ 47 bis 53 enthaltenen Bestimmungen eine abschließende Regelung enthalten (ebenso ErfK-*Eisemann/Koch*, § 51 Rn. 5; *Fitting*, § 51 Rn. 64; GK-*Kreutz*, § 51 Rn. 79; a. A. DKK-*Trittin*, § 51 Rn. 57). Die Abgrenzung, wer zuständig ist, erfolgt nach § 50. Nur in einigen wenigen Fällen ist durch Gesetz ausdrücklich bestimmt, dass allein der Gesamtbetriebsrat zuständig ist (s. § 50 Rn. 38 ff.).

VIII. Streitigkeiten

Streitigkeiten, die sich auf die Organisation oder Geschäftsführung des Gesamtbetriebsrats beziehen, entscheidet das Arbeitsgericht im Beschlussverfahren (§ 2 a Abs. 1 Nr. 1, Abs. 2 i. V. mit §§ 80 ff. ArbGG). Zuständig ist das Arbeitsgericht, in dessen Bezirk das Unternehmen seinen Sitz hat (§ 82 Satz 2 ArbGG). Soweit ein Gesamtbetriebsratsmitglied Arbeitsentgelt für Arbeitsversäumnis oder Freizeitausgleich verlangt, entscheidet darüber das Arbeitsgericht im Urteilsverfahren (§ 2 Abs. 1 Nr. 3 lit. a, Abs. 5 i. V. mit §§ 46 ff. ArbGG; s. ausführlich § 37 Rn. 181). Bei Streitigkeiten über die Wirksamkeit der Wahl des Gesamtbetriebsratsvorsitzenden oder seines Stellvertreters bzw. über diejenige der weiteren Mitglieder des Gesamtbetriebsausschusses oder der Mitglieder sonstiger Ausschüsse sind die allgemeinen für betriebsratsinterne Wahlen geltenden Grundsätze zu beachten, so dass bei Zugrundelegung der Rechtsprechung des BAG insbesondere die in § 19 Abs. 2 Satz 2 festgelegte Anfechtungsfrist von zwei Wochen gewahrt sein muss (ebenso GK-*Kreutz*, § 51 Rn. 90). Antragsberechtigt ist abweichend von § 19 Abs. 2 Satz 1 jedes Mitglied des Gesamtbetriebsrats (BAG 31. 7. 2004 AP BetrVG 1972 § 51 Nr. 4; vgl. zur Anfechtungsberechtigung im Übrigen näher § 26 Rn. 25). 54

§ 52 Teilnahme der Gesamtschwerbehindertenvertretung

Die Gesamtschwerbehindertenvertretung (§ 97 Abs. 1 des Neunten Buches Sozialgesetzbuch) kann an allen Sitzungen des Gesamtbetriebsrats beratend teilnehmen.

Übersicht

	Rn.
I. Vorbemerkung	1
II. Die Gesamtschwerbehindertenvertretung	4
1. Rechtsnatur	4
2. Errichtung	5
3. Zuständigkeit	6
4. Persönliche Rechtsstellung	7
III. Rechtsstellung in der Betriebsverfassung	8
IV. Streitigkeiten	12

I. Vorbemerkung

Das Gesetz gibt der Gesamtschwerbehindertenvertretung das Recht, an allen Sitzungen des Gesamtbetriebsrats beratend teilzunehmen. Die gleiche Regelung enthält § 97 Abs. 7 i. V. mit § 95 Abs. 4 Satz 1 SGB IX. Die Bestimmung ist dem § 32 nachgebildet. Ebenso wie dort sollte das Teilnahmerecht nach dem RegE zum BetrVG nur gegeben sein, wenn Fragen verhandelt werden, welche die Interessen der Schwerbeschädigten berühren (vgl. BT-Drucks. VI/1786, S. 12, 43). Auf Anregung des Bundesrats übernahm der Gesetzgeber diese Einschränkung nicht (vgl. BT-Drucks. VI/1786, S. 63 und *zu* BT-Drucks. VI/2729, S. 26; zur Weiterentwicklung s. § 32 Rn. 1). Die Bestimmung wurde 1 durch Art. 39 Nr. 2 Sozialgesetzbuch – Neuntes Buch vom 19. 6. 2001 (BGBl. I S. 1046, 1118) an die Ablösung des Schwerbehindertengesetzes durch das SGB IX mit Wirkung zum 1. 7. 2001 redaktionell angepasst. Dies hat der Gesetzgeber des BetrVerf-Reformgesetzes vom 23. 7. 2001 (BGBl. I S. 1852) übersehen, als er in Art. 1 Nr. 37a anordnete, dass in § 52 die Angabe „(§ 27 Abs. 1 des Schwerbehindertengesetzes)" durch die Angabe „(§ 97 Abs. 1 des Neunten Buches Sozialgesetzbuch)" ersetzt wird.

2 Die Vorschrift ist zwingend und kann daher weder durch Tarifvertrag noch durch Betriebsvereinbarung abbedungen werden. Für die Konzernschwerbehindertenvertretung enthält § 59a eine entsprechende Vorschrift.

3 Für den Bereich des Personalvertretungsrechts enthalten die §§ 56, 54 Abs. 1, 1. Halbsatz, 40 Abs. 1 BPersVG eine vergleichbare, allerdings etwas engere Regelung. Im Sprecherausschussgesetz gibt es keine entsprechende Vorschrift.

II. Die Gesamtschwerbehindertenvertretung

1. Rechtsnatur

4 Wie die betriebliche Schwerbehindertenvertretung kein Organ des Betriebsrats ist, so ist auch die Gesamtschwerbehindertenvertretung kein Organ des Gesamtbetriebsrats, sondern eine von Gesetzes wegen eingerichtete **zusätzliche betriebsverfassungsrechtliche Vertretung der Arbeitnehmer auf Unternehmensebene** (s. auch § 32 Rn. 3).

2. Errichtung

5 Während eine betriebliche Schwerbehindertenvertretung auch dann zu wählen ist, wenn kein Betriebsrat besteht, kann eine Gesamtschwerbehindertenvertretung **nur bestellt** werden, wenn für mehrere Betriebe eines Arbeitgebers ein **Gesamtbetriebsrat errichtet** ist (§ 97 Abs. 1 SGB IX). Sie wird von den Vertrauenspersonen der einzelnen Betriebe gewählt. Wählbar ist nicht nur eine Vertrauensperson, sondern jeder, der als Vertrauensperson gewählt werden kann (§ 97 Abs. 7 i. V. mit § 94 Abs. 3 SGB IX; s. § 32 Rn. 5). Für jede Gesamt-Vertrauensperson wird mindestens ein Stellvertreter gewählt (§ 97 Abs. 5 SGB IX). Die Wahl erfolgt geheim und unmittelbar nach den Grundsätzen der Mehrheitswahl, wobei im Übrigen die Vorschriften über das Wahlverfahren, den Wahlschutz und die Wahlkosten bei der Betriebsratswahl sinngemäß anzuwenden sind (§ 97 Abs. 7 i. V. mit § 94 Abs. 7 SGB IX). Die Einzelheiten regelt § 22 SchwbVWO (s. auch § 32 Rn. 6). Die Amtszeit beträgt vier Jahre (§ 97 Abs. 7 i. V. mit § 94 Abs. 7 Satz 1 SGB IX; s. auch § 32 Rn. 7).

3. Zuständigkeit

6 Die Gesamtschwerbehindertenvertretung hat die **gleichen Rechte und Pflichten wie** die **betriebliche Schwerbehindertenvertretung.** Ein Unterschied ergibt sich lediglich daraus, dass die Gesamtschwerbehindertenvertretung die Interessen der Schwerbehinderten in Angelegenheiten vertritt, die das Gesamtunternehmen oder mehrere Betriebe des Arbeitgebers betreffen und von den Schwerbehindertenvertretungen der einzelnen Betriebe nicht geregelt werden können (§ 97 Abs. 6 Satz 1 SGB IX). Die **Zuständigkeitsabgrenzung** erfolgt also nach den **gleichen Grundsätzen wie im Verhältnis zwischen Gesamtbetriebsrat und Einzelbetriebsrat** nach § 50 Abs. 1 Satz 1 (s. dort Rn. 3 ff.). Die Gesamtschwerbehindertenvertretung vertritt auch die **Interessen der Schwerbehinderten, die in einem Betrieb** tätig sind, für die eine **Schwerbehindertenvertretung nicht gewählt** werden kann oder gewählt worden ist (§ 97 Abs. 6 Satz 1 SGB IX). Die Gesamtschwerbehindertenvertretung hat das Recht, mindestens einmal im Kalenderjahr eine Versammlung der

Vertrauenspersonen durchzuführen (§ 97 Abs. 8 i. V. mit § 95 Abs. 6 SGB IX); diese Institution entspricht der Betriebsräteversammlung (§ 53).

4. Persönliche Rechtsstellung

Wer die Aufgabe der Gesamtschwerbehindertenvertretung übernimmt, hat die gleiche persönliche Rechtsstellung wie die Vertrauenspersonen der Schwerbehinderten; die durch die Tätigkeit entstehenden Kosten trägt der Arbeitgeber (§ 97 Abs. 7 i. V. mit § 96 SGB IX; s. auch § 32 Rn. 9 ff.). 7

III. Rechtsstellung in der Betriebsverfassung

Die Gesamtschwerbehindertenvertretung kann an **allen Sitzungen des Gesamtbetriebsrats** beratend, also ohne Stimmrecht, **teilnehmen,** nicht nur an solchen Sitzungen, die sich im Hinblick auf § 80 Abs. 1 Nr. 4 mit Fragen befassen, welche die Interessen der Schwerbehinderten berühren. Der Vorsitzende des Gesamtbetriebsrats hat deshalb auch sie zu allen Sitzungen rechtzeitig unter Mitteilung der Tagesordnung zu laden (§ 51 Abs. 2 Satz 3 i. V. mit § 29 Abs. 2 Satz 4). Im Übrigen gilt Gleiches wie für die Teilnahme der betrieblichen Schwerbehindertenvertretung an einer Betriebsratssitzung (s. § 32 Rn. 18 ff.). 8

Die Gesamtschwerbehindertenvertretung hat keinen Anspruch darauf, dass eine Gesamtbetriebsratssitzung einberufen wird. Sie kann aber gemäß §§ 97 Abs. 7, 95 Abs. 4 Satz 1, 2. Halbsatz SGB IX beantragen, Angelegenheiten, die Einzelne oder die schwerbehinderten Menschen als Gruppe besonders betreffen, auf die Tagesordnung der nächsten Sitzung zu setzen. 9

Die Gesamtschwerbehindertenvertretung kann verlangen, dass ein Beschluss des Gesamtbetriebsrats ausgesetzt wird, wenn sie in ihm eine erhebliche Beeinträchtigung wichtiger Interessen der Schwerbehinderten sieht (§ 51 Abs. l Satz 1 i. V. mit § 35 Abs. 1; § 97 Abs. 7 i. V. mit § 95 Abs. 4 Satz 2 und 3 SGB IX; s. auch § 35 Rn. 2 ff.). 10

Die Gesamtschwerbehindertenvertretung hat das Recht, auch an allen Sitzungen des **Gesamtbetriebsausschusses** und der **sonstigen Ausschüsse des Gesamtbetriebsrats** beratend **teilzunehmen** (§ 97 Abs. 7 i. V. mit § 95 Abs. 4 Satz 1 SGB IX; s. auch § 32 Rn. 18). In diesem Falle wird man aus den gleichen Gründen wie beim Teilnahmerecht der Jugend- und Auszubildendenvertretung eine proportionale Verkleinerung des Kreises der Teilnahmeberechtigten verlangen müssen (s. § 67 Rn. 18). 11

IV. Streitigkeiten

Streitigkeiten über die Teilnahme der Gesamtschwerbehindertenvertretung an Sitzungen des Gesamtbetriebsrats, des Gesamtbetriebsausschusses und der sonstigen Ausschüsse des Gesamtbetriebsrats sowie des Wirtschaftsausschusses entscheidet das Arbeitsgericht im Beschlussverfahren (§ 2a Abs. 1 Nr. 1, Abs. 2 i. V. mit §§ 80 ff. ArbGG). Gleiches gilt, wenn die Gesamtschwerbehindertenvertretung Kostenerstattung verlangt, während der Anspruch auf Fortzahlung des Arbeitsentgelts für die Zeit der Teilnahme im Urteilsverfahren geltend zu machen ist (s. § 32 Rn. 11). 12

§ 53 Betriebsräteversammlung

(1) ¹Mindestens einmal in jedem Kalenderjahr hat der Gesamtbetriebsrat die Vorsitzenden und die stellvertretenden Vorsitzenden der Betriebsräte sowie die weiteren Mitglieder der Betriebsausschüsse zu einer Versammlung einzuberufen. ²Zu dieser Ver-

sammlung kann der Betriebsrat abweichend von Satz 1 aus seiner Mitte andere Mitglieder entsenden, soweit dadurch die Gesamtzahl der sich für ihn nach Satz 1 ergebenden Teilnehmer nicht überschritten wird.

(2) In der Betriebsräteversammlung hat
1. der Gesamtbetriebsrat einen Tätigkeitsbericht,
2. der Unternehmer einen Bericht über das Personal- und Sozialwesen einschließlich des Stands der Gleichstellung von Frauen und Männern im Unternehmen, der Integration der im Unternehmen beschäftigten ausländischen Arbeitnehmer, über die wirtschaftliche Lage und Entwicklung des Unternehmens sowie über Fragen des Umweltschutzes im Unternehmen, soweit dadurch nicht Betriebs- und Geschäftsgeheimnisse gefährdet werden,

zu erstatten.

(3) ¹Der Gesamtbetriebsrat kann die Betriebsräteversammlung in Form von Teilversammlungen durchführen. ²Im Übrigen gelten § 42 Abs. 1 Satz 1 zweiter Halbsatz und Satz 2, § 43 Abs. 2 Satz 1 und 2 sowie die §§ 45 und 46 entsprechend.

Übersicht

	Rn.
I. Vorbemerkung	1
II. Zusammensetzung und Teilnahmerecht	4
1. Betriebsräte	4
2. Weitere Teilnehmer	8
III. Aufgaben der Betriebsräteversammlung	12
1. Tätigkeitsbericht des Gesamtbetriebsrats	13
2. Lagebericht des Unternehmers	15
3. Weitere Behandlungsgegenstände	17
IV. Einberufung und Durchführung der Betriebsräteversammlung	18
1. Zeitpunkt	18
2. Vollversammlung oder Teilversammlungen	23
3. Ladung	24
4. Leitung	31
5. Nichtöffentlichkeit	33
6. Rechte und Pflichten des Arbeitgebers	34
7. Teilnahme eines Gewerkschaftsbeauftragten	38
8. Beschlüsse	39
V. Wahrnehmung einer Betriebsratsaufgabe durch die Teilnahme an einer Betriebsräteversammlung	40
VI. Streitigkeiten	41

I. Vorbemerkung

1 Durch diese Bestimmung hat das Gesetz die Betriebsräteversammlung als **betriebsverfassungsrechtliche Einrichtung** geschaffen. Sie **ersetzt auf Unternehmensebene die Betriebsversammlung.** Sie dient dem Zweck, die Tätigkeit des Gesamtbetriebsrats für die Einzelbetriebsräte transparent zu machen. An ihr nehmen zwar nicht alle Betriebsratsmitglieder teil, wie es der RegE vorgesehen hatte (BT-Drucks. VI/1786, S. 12, 43), sondern nur eine beschränkte Zahl der Betriebsratsmitglieder; aber es wird sich in der Regel um diejenigen handeln, die in den Einzelbetriebsräten die Hauptlast der Arbeit tragen (vgl. dazu auch den Bericht des BT-Ausschusses für Arbeit und Sozialordnung, *zu* BT-Drucks. VI/2729, S. 26). Die Betriebsräteversammlung als *Parlament der Betriebsräte des Unternehmens* ist der Ort, wo der Gesamtbetriebsrat seinen Tätigkeitsbericht zu erstatten hat und der Unternehmer über das Personal- und Sozialwesen sowie über die wirtschaftliche Lage und Entwicklung des Unternehmens und Fragen des Umweltschutzes im Unternehmen berichtet. Dadurch soll die Zusammenarbeit zwischen dem Gesamtbetriebsrat und den Einzelbetriebsräten intensiviert werden.

II. Zusammensetzung und Teilnahmerecht §53

Durch Art. 12 Abs. 68 Postneuordnungsgesetz vom 14. 9. 1994 (BGBl. I S. 2325) **2**
wurde der Satz 1 in Abs. 3 eingefügt. Er erlaubt, die Betriebsräteversammlung in Form
von Teilversammlungen abzuhalten. Durch Art. 1 Nr. 38 des BetrVerf-Reformgesetzes
vom 23. 7. 2001 (BGBl. I S. 1852) wurde in Abs. 2 Nr. 2 ausdrücklich festgeschrieben,
dass sich der Bericht über das Personal- und Sozialwesen insbesondere auch auf den
Stand der Gleichstellung von Frauen und Männern im Unternehmen sowie den Stand
der Integration der im Unternehmen beschäftigten ausländischen Arbeitnehmer zu erstrecken
hat, und ergänzt, dass auch ein Bericht über Fragen des Umweltschutzes im
Unternehmen zu erstatten ist.

Weder das BPersVG noch das SprAuG enthalten entsprechende Vorschriften. **3**

II. Zusammensetzung und Teilnahmerecht

1. Betriebsräte

a) Die **Betriebsräteversammlung** besteht aus den **Vorsitzenden** und **stellvertretenden** **4**
Vorsitzenden (§ 26) der Betriebsräte sowie den **weiteren Mitgliedern der Betriebsausschüsse**
(§ 27). Hat ein Betriebsrat keinen Betriebsausschuss, so sind nur der Betriebsratsvorsitzende
und sein Stellvertreter teilnahmeberechtigt. Besteht der Betriebsrat nur
aus einer Person, so ist sie Mitglied der Betriebsräteversammlung (ebenso HSWGNR-
Glock, § 53 Rn. 4; *Brill*, AuR 1979, 138, 139). Mitglieder von fakultativ errichteten
weiteren Ausschüssen nach § 28 gehören der Betriebsräteversammlung nicht an (GK-
Kreutz, § 53 Rn. 9).

b) **Zwingend** festgelegt ist **nur die Zahl der Mitglieder,** die ein Betriebsrat in die **5**
Betriebsräteversammlung entsenden kann. Der Einzelbetriebsrat kann von der gesetzlichen
Zusammensetzung abweichen und aus seiner Mitte andere Mitglieder entsenden,
soweit dadurch die gesetzliche Teilnehmerzahl nicht überschritten wird (Abs. 1 Satz 2).

Erforderlich ist ein Beschluss des Betriebsrats, der mit einfacher Stimmenmehrheit **6**
gefasst wird (§ 33). Auch wenn der Betriebsrat keinen Betriebsausschuss hat, kann er
statt seines Vorsitzenden und des Stellvertreters andere Mitglieder des Betriebsrats für
die Betriebsräteversammlung bestellen. Lediglich wenn der Betriebsrat aus einer Person
besteht, kommt diese Wahlmöglichkeit nicht in Betracht; sie kann keinen anderen
Arbeitnehmer des Betriebs als ihren Vertreter entsenden. Bei zeitweiliger Verhinderung
tritt an ihre Stelle das gewählte Ersatzmitglied (ebenso *Brill*, AuR 1979, 138, 139).

c) Im Übrigen kommt eine Vertretung durch die **Ersatzmitglieder** des Betriebsrats nicht **7**
in Betracht; denn bei zeitweiliger Verhinderung ist das Ersatzmitglied nicht auch der
Vertreter im Betriebsausschuss. Das gilt auch für den Fall, dass der Betriebsrat andere als
die in Abs. 1 Satz 1 genannten Mitglieder für die Betriebsräteversammlung bestimmt.
Jedoch ist es zulässig, dass die Betriebsräte für die Mitglieder der Betriebsräteversammlung
Ersatzmitglieder bestellen, die an die Stelle der in erster Linie berufenen Mitglieder
treten, wenn diese an der Betriebsräteversammlung nicht teilnehmen; denn zwingend
festgelegt ist nur die Teilnehmerzahl, nicht aber wer Teilnehmer ist, so dass der Betriebsrat
den Kreis der Teilnehmer im Interesse einer großen Informationsbreite wechseln kann.
Sowohl zum Mitglied als auch zum Ersatzmitglied der Betriebsräteversammlung kann
aber nur ein Betriebsratsmitglied bestellt werden, nicht ein Ersatzmitglied, sofern es nicht
an die Stelle des verhinderten oder ausgeschiedenen Betriebsratsmitglieds getreten ist
(ebenso *Fitting*, § 53 Rn. 9; GK-*Kreutz*, § 53 Rn. 12; HSWGNR-*Glock*, § 53 Rn. 5; *Brill*,
AuR 1979, 138, 140; nur bei endgültigem Nachrücken GL-*Marienhagen*, § 53 Rn. 7).

2. Weitere Teilnehmer

a) Neben den Personen, aus denen die Betriebsräteversammlung sich zusammensetzt, **8**
haben ein Teilnahmerecht die **Mitglieder des Gesamtbetriebsrats;** denn der Gesamt-

betriebsrat hat in der Betriebsräteversammlung seinen Tätigkeitsbericht zu erstatten. Auch wenn ein Betriebsrat abweichend von Abs. 1 Satz 1 andere Mitglieder als den Vorsitzenden und den stellvertretenden Vorsitzenden und die Mitglieder des Betriebsausschusses entsendet, werden die dem Gesamtbetriebsrat angehörenden Mitglieder nicht auf die Gesamtzahl der teilnahmeberechtigten Betriebsratsmitglieder angerechnet (ebenso *Fitting*, § 53 Rn. 8; GK-*Kreutz*, § 53 Rn. 14; HSWGNR-*Glock*, § 53 Rn. 4; *Brill*, AuR 1979, 138, 140).

9   b) Teilnahmeberechtigt ist weiterhin der **Arbeitgeber**, der in der Betriebsräteversammlung gemäß Abs. 2 Nr. 2 zu berichten hat. Der Arbeitgeber ist unter Mitteilung der Tagesordnung einzuladen und berechtigt, in der Versammlung zu sprechen (vgl. Abs. 3 i. V. mit § 43 Abs. 2 Satz 1 und 2). Nimmt er an der Betriebsräteversammlung teil, so kann er einen **Beauftragten der Arbeitgebervereinigung**, der er angehört, hinzuziehen (Abs. 3 i. V. mit § 46 Abs. 1 Satz 2; zum Begriff der Arbeitgebervereinigung s. § 46 Rn. 17).

10 c) An der Betriebsräteversammlung können weiterhin **Beauftragte der in den Betrieben vertretenen Gewerkschaften** beratend teilnehmen (Abs. 3 i. V. mit § 46 Abs. 1 Satz 1). Es genügt, dass die Gewerkschaft in einem der Betriebe vertreten ist (ebenso *Fitting*, § 53 Rn. 13; GL-*Marienhagen*, § 53 Rn. 16; HSWGNR-*Glock*, § 53 Rn. 9; s. zum Begriff der im Betrieb vertretenen Gewerkschaft § 2 Rn. 40 ff. und 66 ff.).

11 d) Andere Personen haben **kein Teilnahmerecht**; denn die Öffentlichkeit ist ausgeschlossen. Teilnahmeberechtigt sind weder die Gesamtschwerbehindertenvertretung (a. A. *Fitting*, § 53 Rn. 14; GK-*Kreutz*, § 53 Rn. 41) noch die Gesamt-Jugend- und Auszubildendenvertretung, und auch Mitglieder eines Konzernbetriebsrats und eines Wirtschaftsausschusses sowie Arbeitnehmervertreter im Aufsichtsrat haben kein Teilnahmerecht; doch ist ihre Anwesenheit in der Betriebsräteversammlung mit der Nichtöffentlichkeit vereinbar (ebenso *Fitting*, § 53 Rn. 15; s. auch § 42 Rn. 34 ff.).

III. Aufgaben der Betriebsräteversammlung

12 Die Betriebsräteversammlung hat auf der Ebene des Unternehmens eine ähnliche Funktion wie die Betriebsversammlung auf der Ebene des Betriebs. Sie kann dem Gesamtbetriebsrat Anträge unterbreiten und zu seinen Beschlüssen Stellung nehmen (Abs. 3 i. V. mit § 45 Satz 2).

1. Tätigkeitsbericht des Gesamtbetriebsrats

13 Der **Gesamtbetriebsrat** hat in der Betriebsräteversammlung einen **Tätigkeitsbericht zu erstatten** (Abs. 2 Nr. 1). Die Berichterstattung obliegt dem Gesamtbetriebsrat im Ganzen, nicht dem Vorsitzenden des Gesamtbetriebsrats. Der Tätigkeitsbericht muss daher durch den Gesamtbetriebsrat festgelegt werden. Dieser muss über den wesentlichen Inhalt des Berichts einen Beschluss fassen (§ 51 Abs. 3; ebenso GK-*Kreutz*, § 53 Rn. 19; DKK-*Trittin*, § 53 Rn. 17). Nicht notwendig ist, dass ein schriftlich formulierter Entwurf im Gesamtbetriebsrat beraten und im Einzelnen beschlossen wird; es ist ausreichend, aber auch erforderlich, dass der Inhalt durch einen Beschluss des Gesamtbetriebsrats gedeckt wird.

14 Im Übrigen gilt für Inhalt und Erstattung des Tätigkeitsberichts Gleiches wie für den Tätigkeitsbericht, den der Betriebsrat in der Betriebsversammlung zu erstatten hat (s. ausführlich § 43 Rn. 7 ff.).

2. Lagebericht des Unternehmers

15 Außerdem hat der Unternehmer einen Bericht über das **Personal- und Sozialwesen** einschließlich des Standes der Gleichstellung von Frauen und Männern im Unternehmen

und der Integration der im Unternehmen beschäftigten ausländischen Arbeitnehmer sowie über Fragen des Umweltschutzes im Unternehmen und über die **wirtschaftliche Lage und Entwicklung des Unternehmens** zu erstatten, soweit dadurch nicht Betriebs- und Geschäftsgeheimnisse gefährdet werden (Abs. 2 Nr. 2). Das Personal- und Sozialwesen ist ausdrücklich hervorgehoben, weil gerade der Stand und die Entwicklung dieser Bereiche für die Arbeitnehmer und die Arbeit der Betriebsräte von besonderem Interesse sind (so der Bericht des BT-Ausschusses für Arbeit und Sozialordnung, *zu* BT-Drucks. VI/2729, S. 26). Bei dem Bericht ist hier vor allem auf die Lage des Unternehmens abzustellen; denn die besonderen Auswirkungen auf einen Einzelbetrieb sind bereits Gegenstand der Pflicht des Arbeitgebers zur Berichterstattung in der Betriebsversammlung nach § 43 Abs. 2 Satz 3. Besonders betont wird der Unternehmensbezug in den durch das BetrVerf-Reformgesetz eingefügten Klarstellungen über die Berichtspflicht hinsichtlich der Gleichstellung der Geschlechter sowie der Integration der ausländischen Arbeitnehmer. Im Übrigen gilt Gleiches wie dort (s. § 43 Rn. 16). Hinsichtlich des Umweltschutzes ist die Berichtspflicht nach Abs. 2 Nr. 2 auch gegenständlich weiter als diejenige nach § 43 Abs. 2 Satz 3. Anders als dort ist hier nämlich nicht nur über den in § 89 Abs. 3 gesetzlich definierten betrieblichen Umweltschutz zu berichten, sondern über alle Fragen des Umweltschutzes im Unternehmen. Die Berichtspflicht ist also nicht auf den status quo beschränkt, sondern erstreckt sich insbesondere auch auf alle umweltrelevanten Planungen des Unternehmens.

Eine **Schranke der Berichtspflicht** besteht, sofern anderenfalls **Betriebs- oder Geschäftsgeheimnisse gefährdet** würden (s. zum Begriff der Betriebs- und Geschäftsgeheimnisse § 79 Rn. 4). Soweit der Wortlaut von Betriebs- *und* Geschäftsgeheimnissen spricht, handelt es sich um ein Versehen des Gesetzgebers. Dass für alle Teilnehmer der Betriebsräteversammlung eine Geheimhaltungspflicht besteht, wie sich aus § 79 ergibt, ändert daran nichts. Ob ein Betriebs- oder Geschäftsgeheimnis vorliegt, entscheidet der Unternehmer nach pflichtgemäßem Ermessen. Eine Kontrolle ergibt sich aber daraus, dass hier ebenso wie bei der Unterrichtungspflicht des Unternehmers nach § 110 immer dann, wenn zwischen Unternehmer und Gesamtbetriebsrat keine Einigung darüber erzielt wird, ob die Unterrichtung Betriebs- und Geschäftsgeheimnisse gefährdet, nach § 109 die Einigungsstelle verbindlich entscheidet (s. zu dem Problem § 109 Rn. 6 f.). 16

3. Weitere Behandlungsgegenstände

Für die Betriebsräteversammlung gilt § 45 entsprechend (Abs. 3). Daraus folgt, dass die Betriebsräteversammlung alle Angelegenheiten behandeln kann, die das Unternehmen oder seine Arbeitnehmer unmittelbar betreffen (s. auch § 45 Rn. 5 ff.). Auch für die Betriebsräteversammlung gelten das Verbot parteipolitischer Betätigung und das Gebot, die betriebsverfassungsrechtliche Friedenspflicht zu wahren (Abs. 3 i. V. mit §§ 45 Satz 1 Halbsatz 2, 74 Abs. 2; s. ausführlich § 45 Rn. 18). 17

IV. Einberufung und Durchführung der Betriebsräteversammlung

1. Zeitpunkt

Die Betriebsräteversammlung findet **mindestens einmal in jedem Kalenderjahr** statt (Abs. 1 Satz 1). Soweit die Umstände es erfordern, kann der Gesamtbetriebsrat aber auch zweimal oder mehrmals eine Betriebsräteversammlung einberufen (ebenso *Fitting*, § 53 Rn. 30; GK-*Kreutz*, § 53 Rn. 27; HSWGNR-*Glock*, § 53 Rn. 20; *Brill*, AuR 1979, 138, 140; weitergehend für Abhaltung von zwei Versammlungen auch ohne besonderen Anlass GK-*Fabricius* [Erstbearbeitung], § 53 Rn. 27). 18

a) Den **Zeitpunkt** bestimmt der Gesamtbetriebsrat durch Beschluss. Nicht erforderlich ist, dass die Betriebsräteversammlung in jedem Kalenderjahr zu demselben Zeitpunkt 19 stattfindet; hierüber entscheidet vielmehr der Gesamtbetriebsrat nach pflichtgemäßem Ermessen (ebenso *Fitting*, § 53 Rn. 32; GK-*Kreutz*, § 53 Rn. 29; *Brill*, AuR 1979, 138, 141).

20 b) Unterlässt der **Gesamtbetriebsrat** die **Einberufung der Betriebsräteversammlung**, so kann darin eine **grobe Amtspflichtverletzung** liegen, die zum Ausschluss der Mitglieder aus dem Gesamtbetriebsrat berechtigt, nicht zur Auflösung des Gesamtbetriebsrats; denn dieser ist eine Dauereinrichtung (§ 48; ebenso *Fitting*, § 53 Rn. 34; GK-*Kreutz*, § 53 Rn. 37; *Brill*, AuR 1979, 138, 142).

21 Anders als bei der Betriebsversammlung haben die in den Einzelbetrieben vertretenen Gewerkschaften nicht den förmlichen Anspruch auf Einberufung einer Betriebsräteversammlung, wenn die gesetzlich vorgesehene Betriebsräteversammlung nicht durchgeführt wird.

22 c) Weder die **Betriebsräte** noch der **Arbeitgeber** können vom Gesamtbetriebsrat verlangen, dass eine Betriebsräteversammlung einberufen wird. Das Gesetz gibt **kein Antragsrecht** auf Einberufung einer Betriebsräteversammlung (*Fitting*, § 53 Rn. 33; GK-*Kreutz*, § 53 Rn. 37; vgl. auch DKK-*Trittin*, § 53 Rn. 14).

2. Vollversammlung oder Teilversammlungen

23 Seit der Neufassung des Abs. 3 durch Art. 12 Abs. 68 PTNeuOG sieht das Gesetz vor, dass der Gesamtbetriebsrat die Betriebsräteversammlung in Form von Teilversammlungen durchführen kann (Abs. 3 Satz 1). § 42 Abs. 1 Satz 3 ist nicht für entsprechend anwendbar erklärt. Deshalb besteht für den Gesamtbetriebsrat keine Schranke bei seiner nach pflichtgemäßem Ermessen zu treffenden Entscheidung, ob die Betriebsräteversammlung als Vollversammlung oder in Form von Teilversammlungen durchgeführt wird (ebenso *Fitting*, § 53 Rn. 31), auch wenn dem Zweck der Betriebsräteversammlungen am besten durch Vollversammlungen Rechnung getragen wird.

3. Ladung

24 a) Den Einberufungsbeschluss führt der **Vorsitzende des Gesamtbetriebsrats** durch, indem er namens des Gesamtbetriebsrats zur Betriebsräteversammlung einlädt.

25 Die Ladung ist an die **Einzelbetriebsräte** zu richten, d. h. an die Betriebsratsvorsitzenden in ihrer Eigenschaft als Vertreter des Betriebsrats (§ 26 Abs. 2 Satz 2). Nicht erforderlich ist, dass eine Einladung an alle in Abs. 1 Satz 1 genannten Betriebsratsmitglieder ergeht; denn wer für den Betriebsrat an der Betriebsräteversammlung teilnimmt, kann im Rahmen der zwingend festgelegten Teilnehmerzahl der Betriebsrat selbst bestimmen.

26 b) Die Betriebsräteversammlung ist **rechtzeitig** einzuberufen. Eine bestimmte Frist braucht zwar nicht eingehalten zu werden; doch muss so viel Zeit gelassen werden, dass die Einzelbetriebsräte einen Beschluss darüber herbeiführen können, ob an Stelle der gesetzlich festgelegten Personen andere Mitglieder des Betriebsrats in die Betriebsräteversammlung entsandt werden.

27 c) Obwohl das Gesetz schweigt, ist die **Tagesordnung** bekanntzugeben. Daraus folgt jedoch nicht, dass Fragen, die nicht auf die Tagesordnung gesetzt sind, nicht erörtert werden können. Es kann jederzeit in der Betriebsräteversammlung aus dem Teilnehmerkreis eine Frage zur Beratung und auch zur Abstimmung gestellt werden. Das folgt daraus, dass ein Beschluss der Betriebsräteversammlung nur die Bedeutung hat, deren Meinung kundzutun, aber keine unmittelbare, den Betriebsrat bindende Kraft hat (s. auch Rn. 39).

28 d) Der **Arbeitgeber** ist zu der Betriebsräteversammlung unter Mitteilung der Tagesordnung einzuladen (Abs. 3 Satz 2 i. V. mit § 43 Abs. 2 Satz 1).

IV. Einberufung und Durchführung der Betriebsräteversammlung § 53

e) Da § 46 durch Abs. 3 Satz 2 für entsprechend anwendbar erklärt wird, sind Zeitpunkt und Tagesordnung der Betriebsräteversammlung auch den in den einzelnen Betriebsräten vertretenen **Gewerkschaften** rechtzeitig schriftlich mitzuteilen (ebenso GK-*Kreutz*, § 53 Rn. 36; a. A. Pflicht zur Ladung nur der im Gesamtbetriebsrat vertretenen Gewerkschaften: *Fitting*, § 53 Rn. 13; HSWGNR-*Glock*, § 53 Rn. 28; DKK-*Trittin*, § 53 Rn. 25; s. auch § 51 Rn. 31). 29

f) Der Unternehmer hat für die Betriebsräteversammlung einen **geeigneten Raum** zur Verfügung zu stellen, die notwendigen Einrichtungen zu schaffen und die erforderlichen Kosten zu tragen (§ 40). 30

4. Leitung

Die Leitung der Betriebsräteversammlung obliegt dem **Vorsitzenden des Gesamtbetriebsrats**, bei seiner Verhinderung dem stellvertretenden Vorsitzenden (Abs. 3 Satz 2 i. V. mit § 42 Abs. 1 Satz 1 zweiter Halbsatz). Sind beide verhindert, kann der Gesamtbetriebsrat die Leitung durch Beschluss einem anderen Gesamtbetriebsratsmitglied übertragen (a. A. GK-*Kreutz*, § 53 Rn. 38: Betriebsversammlung bestimmt aus ihrer Mitte den Versammlungsleiter; wie hier wohl HSWGNR-*Glock*, § 53 Rn. 32). Eine Übertragung der Leitung auf andere Personen ist nicht möglich, weder durch den Gesamtbetriebsrat noch durch die Betriebsräteversammlung. Das Gesetz hat für die Leitung keine besonderen Vorschriften gegeben, so dass die allgemeinen Regeln für die Leitung einer Versammlung gelten. 31

Das Hausrecht in dem Raum der Versammlung übt der Vorsitzende des Gesamtbetriebsrats aus, und zwar auch dann, wenn der Unternehmer teilnimmt. Es gelten hier die gleichen Grundsätze wie in einer Betriebsversammlung (s. ausführlich § 42 Rn. 20 ff.). 32

5. Nichtöffentlichkeit

Die Betriebsräteversammlung ist nicht öffentlich (Abs. 3 Satz 2 i. V. mit § 42 Abs. 1 Satz 2). Es ist Amtspflicht des Versammlungsleiters, dafür zu sorgen, dass die Bestimmungen über die Nichtöffentlichkeit eingehalten werden. Es gilt insoweit Gleiches wie bei einer Betriebsversammlung (s. § 42 Rn. 32 ff.). 33

6. Rechte und Pflichten des Arbeitgebers

a) Der **Arbeitgeber** hat das **Recht der Teilnahme** und ist **berechtigt, in der Betriebsräteversammlung zu sprechen** (Abs. 3 Satz 2 i. V. mit § 43 Abs. 2 Satz 2). Er kann auch Anträge stellen. 34

Ist der Arbeitgeber eine juristische Person oder ein nicht rechtsfähiger Verband, so haben alle gesetzlichen Vertreter bzw. die nach Satzung oder Gesellschaftsvertrag vertretungsberechtigten Personen (§ 5 Abs. 2 Nr. 1 und 2) ein Anwesenheitsrecht. Der Arbeitgeber kann sich auch durch jemanden vertreten lassen, der an der Unternehmensleitung verantwortlich beteiligt ist. 35

b) Eine **Pflicht zur Teilnahme** ist für den Arbeitgeber im Gesetz nicht angeordnet. Sie besteht nur insoweit, als der Unternehmer einen **Bericht über das Personal- und Sozialwesen sowie über Fragen des Umweltschutzes im Unternehmen und über die wirtschaftliche Lage und Entwicklung des Unternehmens** zu erstatten hat (ebenso *Fitting*, § 53 Rn. 11). Anders als in § 43 Abs. 2 Satz 3 ist hier nicht ausdrücklich festgelegt, dass die Berichterstattung auch durch *seinen* Vertreter erfolgen kann. Daraus ergibt sich aber kein Unterschied. Denn die Berichtspflicht trifft den Arbeitgeber in seiner Funktion als Unternehmer, so dass er sich hier in gleichem Umfang wie auch sonst bei seinen betriebsverfassungsrechtlichen Aufgaben vertreten lassen kann (so zutreffend MünchArbR-*Joost*, § 226 Rn. 19; ders., FS Zeuner 1994, S. 67, 75 f.; a. A. LAG Frankfurt a. M. 36

12. 4. 1989 DB 1989, 1473; *Fitting*, § 53 Rn. 20; GK-*Kreutz*, § 53 Rn. 50; HSWGNR-*Glock*, § 53 Rn. 39). Im Übrigen ist für die Frage, ob der Arbeitgeber anwesend sein muss, ausschließlich das in § 2 Abs. 1 verankerte Gebot zur vertrauensvollen Zusammenarbeit maßgebend (s. § 43 Rn. 53).

37 c) Nimmt der Arbeitgeber an der Betriebsräteversammlung teil, so kann er einen **Beauftragten der Vereinigung der Arbeitgeber,** der er angehört, hinzuziehen (Abs. 3 Satz 2 i. V. mit § 46 Abs. 1 Satz 2). Es gilt hier Gleiches wie bei der Teilnahme eines Beauftragten der Arbeitgeberverbände in der Betriebsversammlung (s. § 46 Rn. 17 ff.).

7. Teilnahme eines Gewerkschaftsbeauftragten

38 Die in den **Betrieben des Unternehmens vertretenen Gewerkschaften** haben in der Betriebsräteversammlung ein **selbständiges Recht zur Anwesenheit** (Abs. 3 Satz 2 i. V. mit § 46). Sie haben aber kein Initiativrecht, wenn der Gesamtbetriebsrat pflichtwidrig keine Betriebsräteversammlungen einberuft (s. Rn. 21). Wer entsandt wird, bestimmt die Gewerkschaft; es gilt insoweit Gleiches wie bei der Teilnahme an einer Betriebsversammlung (vgl. § 46 Rn. 9). Die Beauftragten der Gewerkschaften haben das Recht, das Wort zu ergreifen und zu den aufgeworfenen Fragen Stellung zu nehmen, vorausgesetzt, dass die angesprochenen Fragen zur Zuständigkeit der Betriebsräteversammlung gehören. Überschreiten sie diesen Bereich, so ist ihnen das Wort zu entziehen.

8. Beschlüsse

39 Die Betriebsräteversammlung ist nicht darauf beschränkt, Erklärungen des Gesamtbetriebsrats oder Erklärungen des Arbeitgebers entgegenzunehmen; sie ist vielmehr das Forum der freien Meinungsäußerung in allen Angelegenheiten, die das Unternehmen und seine Arbeitnehmer unmittelbar betreffen. Die Betriebsräteversammlung kann insbesondere dem Gesamtbetriebsrat Anträge unterbreiten und zu seinen Beschlüssen Stellung nehmen (Abs. 3 Satz 2 i. V. mit § 45 Satz 2). Antrag und Stellungnahme erfolgen durch Beschluss, d. h. durch Abstimmung. Der Beschluss der Betriebsräteversammlung hat aber **keine unmittelbar bindende Wirkung für den Gesamtbetriebsrat,** sondern nur die Bedeutung einer Anregung. Deshalb spielt für die Beschlussfassung auch keine Rolle, wie viele Arbeitnehmer von den entsandten Betriebsratsmitgliedern repräsentiert werden. Allerdings wird man auch hier grundsätzlich eine Pflicht des Gesamtbetriebsrats annehmen müssen, sich binnen angemessener Frist mit einem Antrag der Betriebsräteversammlung zu befassen. Der Beschluss der Betriebsräteversammlung wird mit einfacher Stimmenmehrheit gefasst, wobei jedes Mitglied nur eine Stimme hat (ebenso *Fitting*, § 53 Rn. 44; GK-*Kreutz*, § 53 Rn. 57). An die Beschlussfähigkeit sind angesichts des unverbindlichen Charakters eines Beschlusses der Betriebsräteversammlung keine besonderen Anforderungen zu stellen. Insbesondere passt die entsprechende Anwendung des § 33 Abs. 2 nicht (so aber ErfK-*Eisemann/Koch*, § 53 Rn. 3; *Fitting*, § 53 Rn. 44; GK-*Kreutz*, § 53 Rn. 58).

V. Wahrnehmung einer Betriebsratsaufgabe durch die Teilnahme an einer Betriebsräteversammlung

40 Die Teilnahme eines Betriebsratsmitglieds in der Betriebsräteversammlung ist Ausfluss seines Betriebsratsamts. Eine Lohneinbuße darf nicht eintreten (§ 37 Abs. 2); fällt die Betriebsräteversammlung aus betriebsbedingten Gründen in seine Freizeit, so hat das Betriebsratsmitglied den Anspruch auf Freizeitausgleich (§ 37 Abs. 3).

VI. Streitigkeiten

Streitigkeiten darüber, ob eine Betriebsräteversammlung durchzuführen ist und mit welchen Angelegenheiten sie sich zu befassen hat, entscheidet das Arbeitsgericht im Beschlussverfahren (§ 2a Abs. 1 Nr. 1, Abs. 2 i. V. mit §§ 80 ff. ArbGG). Das gilt auch, wenn Streit darüber herrscht, ob der Arbeitgeber bestimmte Räume und Einrichtungen zur Verfügung zu stellen hat und welche Kosten er tragen muss. Den Anspruch auf Arbeitsentgelt für die Zeit seiner Teilnahme an einer Betriebsräteversammlung hat der Arbeitnehmer aber im Urteilsverfahren geltend zu machen (§ 2 Abs. 1 Nr. 3 lit. a, Abs. 5 i. V. mit §§ 46 ff. ArbGG; s. auch § 37 Rn. 181 ff.). **41**

Sechster Abschnitt. Konzernbetriebsrat

Vorbemerkung

Abgekürzt zitiertes Schrifttum: *Fuchs*, Der Konzernbetriebsrat – Funktion und Kompetenz, 1974; *Laudi*, Der betriebsverfassungsrechtliche Arbeitgeber im Konzern, 2003; *Wetzling*, Der Konzernbetriebsrat – Geschichtliche Entwicklung und Kompetenz, 1978.

I. Der Konzernbetriebsrat als Repräsentant der Arbeitnehmer auf Konzernebene

1 Das BetrVG 1972 hat mit dem Konzernbetriebsrat eine neue betriebsverfassungsrechtliche Institution geschaffen. Dafür war ausschlaggebend, dass in einem Konzern wichtige Entscheidungen außerhalb des Unternehmens von der Konzernspitze getroffen werden (vgl. zur geschichtlichen Entwicklung *Wetzling*, Konzernbetriebsrat, S. 8 ff.). Für den Unternehmensbegriff in der Betriebsverfassung ist die Planungs- und Entscheidungsautonomie keine Voraussetzung; die rechtliche Selbständigkeit zieht vielmehr eine Grenze (s. § 1 Rn. 52 f.). Daher kann ein Gesamtbetriebsrat nicht für mehrere Unternehmen errichtet werden, auch wenn sie unter einer einheitlichen Leitungsgewalt zusammengefasst sind und daher eine wirtschaftliche Wirkungseinheit darstellen. Wird bei einer derartigen Unternehmensverbindung die einheitliche Leitung aber von einem herrschenden Unternehmen ausgeübt, so werden die von ihm abhängigen Unternehmen in Planung und Leitung fremdbestimmt. Deshalb soll als Repräsentant aller im Konzern beschäftigten Arbeitnehmer ein Konzernbetriebsrat gebildet werden können. Das Gesetz gibt aber überall dort keine konzerndimensionalen Mitwirkungs- und Mitbestimmungsrechte, wo auf der Zwischenstufe in einem Konzern Planungs-, Leitungs- und Organisationsentscheidungen fallen, sondern die Konzernmitbestimmung ist in das System der Betriebsverfassung eingebaut.

2 Der Konzernbetriebsrat ist nur eine **fakultative Einrichtung**. Es besteht lediglich die Möglichkeit, ihn zu errichten; denn nicht in allen Konzernen wird ein Bedürfnis für einen Konzernbetriebsrat bestehen.

II. Inhalt des Sechsten Abschnitts

3 Das Gesetz verlangt, dass sich für die Errichtung des Konzernbetriebsrats die Gesamtbetriebsräte der Konzernunternehmen ausgesprochen haben, in denen insgesamt mehr als 50 Prozent aller Arbeitnehmer des Konzerns beschäftigt sind; hat ein Konzernunternehmen nur einen Betriebsrat, so tritt dieser selbstverständlich an die Stelle eines Gesamtbetriebsrats, sofern er alle Arbeitnehmer des Unternehmens repräsentiert (s. ausführlich Rn. 53 ff.). Die Vorschriften über den Konzernbetriebsrat lehnen sich an die Regelung über den Gesamtbetriebsrat an; es gibt hier aber keine Gesamtbetriebsräteversammlung als selbständige betriebsverfassungsrechtliche Institution. Für die gesetzliche Regelung ist kennzeichnend, dass sie die Besonderheit eines Konzerns nicht berücksichtigt, also übersieht, dass der Konzern aus rechtlich selbständigen Unternehmen besteht, die lediglich unter einheitlicher Leitung zusammengefasst sind, und dass deshalb verschiedene Arbeitgeber vorhanden sind. Die gesetzliche Regelung ist daher in erheblichem Maß lückenhaft. Im Zusammenhang mit den Bestimmungen über den Konzern-

I. Vorbemerkung **§ 54**

betriebsrat sind diejenigen über die Konzernschwerbehindertenvertretung (§ 59 a, § 97 Abs. 2 SGB IX) sowie über die Konzern-Jugend- und Auszubildendenvertretung (§ 73 a f.) zu sehen.

§ 54 Errichtung des Konzernbetriebsrats

(1) ¹Für einen Konzern (§ 18 Abs. 1 des Aktiengesetzes) kann durch Beschlüsse der einzelnen Gesamtbetriebsräte ein Konzernbetriebsrat errichtet werden. ²Die Errichtung erfordert die Zustimmung der Gesamtbetriebsräte der Konzernunternehmen, in denen insgesamt mehr als 50 vom Hundert der Arbeitnehmer der Konzernunternehmen beschäftigt sind.

(2) Besteht in einem Konzernunternehmen nur ein Betriebsrat, so nimmt dieser die Aufgaben eines Gesamtbetriebsrats nach den Vorschriften dieses Abschnitts wahr.

Abgekürzt zitiertes Schrifttum: *Klinkhammer*, Mitbestimmung im Gemeinschaftsunternehmen, 1977; *Marchand*, Abhängigkeit und Konzernzugehörigkeit von Gemeinschaftsunternehmen, Berlin 1985; *Nick*, Konzernbetriebsrat und Sozialplan im Konzern, (Diss. Hohenheim 1991) 1992; *Richardi*, Konzernzugehörigkeit eines Gemeinschaftsunternehmens nach dem Mitbestimmungsgesetz, 1977; *Schmidbauer*, Der Konzernbegriff im Aktien- und Betriebsverfassungsrecht, Diss. Regensburg 1975; *Schwald*, Die Legitmation der Konzernbetriebsverfassung, 2005; *Windbichler*, Arbeitsrecht im Konzern, 1989.

Übersicht

	Rn.
I. Vorbemerkung	1
II. Konzern als Voraussetzung für die Errichtung eines Konzernbetriebsrats	3
1. Betriebsverfassungsrechtlicher Konzernbegriff	3
2. Konzern im Konzern	10
3. Mehrmütterherrschaft	18
4. Faktischer Konzern	25
III. Weitere Voraussetzungen für die Errichtung eines Konzernbetriebsrats	32
1. Betriebsvertretungen für die Konzernunternehmen	32
2. Auslandsbezug	34
IV. Errichtung des Konzernbetriebsrats	36
1. Keine Rechtspflicht zur Errichtung	36
2. Quorum für die Errichtung	37
3. Errichtung bei Erreichen des Quorums	43
V. Bestand und Auflösung des Konzernbetriebsrats	45
1. Konzernbetriebsrat als Dauereinrichtung	45
2. Auflösung des Konzernbetriebsrats durch Beschluss	47
3. Beendigung des Konzernbetriebsrats aus sonstigen Gründen	49
VI. Konzernunternehmen mit nur einem betriebsratsfähigen Betrieb	54
1. Generalklausel	54
2. Voraussetzung für die Zuständigkeit eines Betriebsrats	55
3. Gemeinsamer Betrieb	57
VII. Streitigkeiten	58

I. Vorbemerkung

Die Errichtung eines Konzernbetriebsrats ist **fakultativ**. Auch wenn die Voraussetzungen für seine Bildung gegeben sind, braucht er nicht errichtet zu werden; die Entscheidung hängt vielmehr von den Gesamtbetriebsräten der Konzernunternehmen ab, weil nicht in allen Konzernen ein Bedürfnis für einen Konzernbetriebsrat bestehen wird (so die Begründung zum RegE, BT-Drucks. VI/1786, S. 43). Die im Referentenentwurf des BetrVerf-Reformgesetzes noch vorgesehene Änderung dahingehend, den Konzern- **1** betriebsrat zu einer obligatorischen Einrichtung zu machen, wurde nicht Gesetz. Die Gestaltung des Verfahrens lehnt sich an die Regelung an, die § 46 BetrVG 1952 für die Errichtung des damals lediglich fakultativen Gesamtbetriebsrats getroffen hatte. Durch die Bestimmung in Abs. 2 wird klargestellt, dass überall dort, wo in einem Konzernunternehmen nur ein Betriebsrat besteht, dieser zuständig ist, soweit im Rahmen der §§ 54 ff. einem Gesamtbetriebsrat Aufgaben zugewiesen sind.

2 Das BPersVG enthält keine entsprechenden Vorschriften; das SprAuG regelt den Konzernsprecherausschuss in §§ 21–24 SprAuG. Zur Konzernschwerbehindertenvertretung siehe § 59 a sowie § 97 Abs. 2 SGB IX; zur Konzern-Jugend- und Auszubildendenvertretung vgl. § 73 a Abs. 1.

II. Konzern als Voraussetzung für die Errichtung eines Konzernbetriebsrats

1. Betriebsverfassungsrechtlicher Konzernbegriff

3 a) Ein Konzernbetriebsrat kann nur für einen **Konzern (§ 18 Abs. 1 des Aktiengesetzes)** errichtet werden (Abs. 1 Satz 1). Der in Bezug genommene § 18 Abs. 1 AktG enthält eine Definitionsnorm für den sog. **Unterordnungskonzern.** Notwendig ist, dass ein herrschendes und ein oder mehrere abhängige Unternehmen unter der einheitlichen Leitung des herrschenden Unternehmens zusammengefasst sind (§ 18 Abs. 1 Satz 1 AktG). Es genügt also nicht, dass mehrere rechtlich selbständige Unternehmen unter einer einheitlichen Leitung stehen. **Nicht erfasst** wird deshalb der sog. **Gleichordnungskonzern,** bei dem rechtlich selbständige Unternehmen unter einheitlicher Leitung zusammengefasst sind, ohne dass das eine Unternehmen von dem anderen abhängig ist (§ 18 Abs. 2 AktG). Für ihn kann **kein Konzernbetriebsrat** gebildet werden (ebenso BAG 22. 11. 1995 AP BetrVG 1972 § 54 Nr. 7; BAG 23. 8. 2006 AP BetrVG 1972 § 54 Nr. 12; BAG 14. 2. 2007 AP BetrVG 1972 § 54 Nr. 13; *Fitting,* § 54 Rn. 9; GK-*Kreutz,* § 54 Rn. 8; HSWGNR-*Glock,* § 54 Rn. 9; MünchArbR-*Joost,* § 227 Rn. 19; *Richardi,* Konzernzugehörigkeit, S. 13; *Martens,* ZfA 1973, 297, 301). Darüber hinaus gilt die „definitorische Außenverweisung" in Abs. 1 Satz 1 (*Oetker,* ZfA 1986, 177, 181; ähnlich *Konzen,* FS Wiese 1998, S. 199, 201; GK-*Kreutz,* § 54 Rn. 12; vgl. auch § 8 Abs. 1 Satz 2) für den gesamten Bereich des BetrVG, so dass der Gleichordnungskonzern für die Anwendung des BetrVG keine Rolle spielt (kritisch dazu *Friese,* RdA 2003, 92, 94 m. w. N.; s. auch § 112 a Rn. 19).

4 Der entscheidende Gesichtspunkt für die Anerkennung einer Konzernbelegschaft, die von einem Konzernbetriebsrat repräsentiert werden kann, ist daher nicht, dass eine Unternehmensgruppe unter *einheitlicher Leitung* steht, sondern die *einheitliche Leitung durch ein herrschendes Unternehmen.* Durch die Verweisung auf § 18 Abs. 1 AktG wird nicht nur dies klargestellt, sondern die Verweisungsnorm bezieht auch die Konzernvermutungstatbestände in Satz 2 und 3 des § 18 Abs. 1 AktG ein (BAG 22. 11. 1995 AP BetrVG 1972 § 54 Nr. 7; *Konzen,* FS Wiese 1998, S. 199, 201). Durch sie tritt das Merkmal der *Abhängigkeit* in den Vordergrund. Unternehmen, zwischen denen ein Beherrschungsvertrag (§ 291 AktG) besteht oder von denen das eine in das andere eingegliedert ist (§ 319 AktG), sind als unter einheitlicher Leitung zusammengefasst anzusehen (§ 18 Abs. 1 Satz 2 AktG). Besteht aus einem anderen Grund die Fähigkeit eines Unternehmens, auf ein anderes Unternehmen unmittelbar oder mittelbar einen beherrschenden Einfluss auszuüben (§ 17 AktG), so wird von dem abhängigen Unternehmen vermutet, dass es mit dem herrschenden Unternehmen einen Konzern bildet (§ 18 Abs. 1 Satz 3 AktG). In diesem Fall kommt die Errichtung eines Konzernbetriebsrats nur dann nicht in Betracht, wenn der Nachweis gelingt, dass trotz der Fähigkeit, einen beherrschenden Einfluss auszuüben, keine einheitliche Leitung nach konzernrechtlichen Maßstäben stattfindet.

II. Konzern als Voraussetzung für die Errichtung eines Konzernbetriebsrats § 54

b) Trotz der Verweisung auf § 18 Abs. 1 AktG ist **keine Voraussetzung**, dass der 5
Konzern **unter das Aktiengesetz** fällt. Die Definitionsnormen der §§ 15 ff. AktG sind
rechtsformneutral (*Emmerich*/Habersack, Aktien- und GmbH-Konzernrecht, § 15
Rn. 5, 11), also keineswegs auf Aktiengesellschaften beschränkt; es wird vielmehr der
Unternehmensbegriff verwandt (BAG 13. 10. 2004 AP BetrVG 1972 § 54 Nr. 9; BAG
23. 8. 2006 AP BetrVG 1972 § 54 Nr. 12; BAG 16. 5. 2007 AP § 96a ArbGG 1979
Nr. 3).

Unternehmen im konzernrechtlichen Sinn sind neben der Aktiengesellschaft die ande- 6
ren **Kapitalgesellschaften** (KGaA, GmbH, eG, VVaG) und die **Personengesellschaften**
(OHG, KG, Gesellschaft bürgerlichen Rechts). Als herrschendes Unternehmen kommt
auch eine **natürliche Person** in Betracht (BAG 13. 10. 2004 AP BetrVG 1972 § 54
Nr. 9).

Unternehmen im konzernrechtlichen Sinn kann auch der **Staat** oder eine **öffentlich-** 7
rechtliche Körperschaft, Anstalt oder Stiftung sein, z. B. die Bundesrepublik Deutschland
(BGH 13. 10. 1977 – VEBA/Gelsenberg – BGHZ 69, 334, 338 ff.). Da jedoch das
BetrVG keine Anwendung auf Betriebe des Bundes, der Länder, der Gemeinden und
sonstiger Körperschaften, Anstalten und Stiftungen des öffentlichen Rechts findet
(§ 130), kommt bei ihnen zwar die Errichtung eines Konzernbetriebsrats in Betracht,
doch werden insoweit nur solche Unternehmen einbezogen, die einen privatrechtlich
organisierten Träger haben (ebenso *Windbichler*, Arbeitsrecht im Konzern, S. 310).

c) **Keine Rolle** spielt, ob die **Konzernleitungsmacht rechtlich begründet** ist oder nur 8
tatsächlich besteht (ebenso *Fitting*, § 54 Rn. 19; *Fuchs*, Konzernbetriebsrat, S. 43; *Richardi*, Konzernzugehörigkeit, S. 14 f.). Es ist daher unerheblich, ob es sich um einen
Vertragskonzern, Eingliederungskonzern oder *faktischen Konzern* handelt. Ein Vertragskonzern entsteht, wenn eine Gesellschaft ihre Leitung einem anderen Unternehmen
durch einen sog. Beherrschungsvertrag unterstellt (vgl. § 291 AktG). Eine rechtliche
Unterstellung erfolgt auch bei der sog. Eingliederung, die nur auf Aktiengesellschaften
Anwendung findet (§ 319 AktG). Die Unterscheidung vom bloß faktischen Konzern ist
deshalb notwendig, weil nur bei Bestehen eines Beherrschungsvertrages (§ 291 AktG)
oder bei Eingliederung eines Unternehmens in das andere Unternehmen (§ 319 AktG)
das Bestehen einer einheitlichen Leitung unwiderleglich vermutet wird (§ 18 Abs. 1
Satz 2 AktG). Hingegen wird bei einer bloß tatsächlich bestehenden Abhängigkeit
widerlegbar vermutet, dass das Unternehmen mit dem herrschenden Unternehmen einen
Konzern bildet (§ 18 Abs. 1 Satz 3 AktG). Zugleich ergibt sich aus § 17 Abs. 2 AktG
die widerlegbare Vermutung der Abhängigkeit eines in Mehrheitsbesitz stehenden Unternehmens von dem an ihm mit Mehrheit beteiligten Unternehmen.

Unerheblich für die Möglichkeit der Bildung eines Konzernbetriebsrats ist, ob die 9
Konzernierung rechtmäßig oder rechtswidrig ist (ebenso *Windbichler*, Arbeitsrecht im
Konzern, S. 314 f.).

2. Konzern im Konzern

a) Wird die einheitliche Leitung durch die Vermittlung eines oder mehrerer abhängiger 10
Unternehmen ausgeübt, so handelt es sich um einen **mehrstufigen, vertikal gegliederten
Konzern,** für den unter Einschluss der mittelbar abhängigen Unternehmen ein Konzernbetriebsrat errichtet werden kann.

b) Nach Ansicht des BAG kann neben dem Konzernbetriebsrat für den Gesamtkon- 11
zern ein **Konzernbetriebsrat bei einem abhängigen Tochterunternehmen** gebildet werden, wenn ihm ein **betriebsverfassungsrechtlich relevanter Spielraum für die bei ihm und
für die von ihm abhängigen Unternehmen zu treffenden Entscheidungen** verbleibt (BAG
21. 10. 1980 AP BetrVG 1972 § 54 Nr. 1; BAG 14. 2. 2007 AP BetrVG 1972 § 54
Nr. 13; BAG 16. 5. 2007 AP § 96a ArbGG 1979 Nr. 3; ebenso *Fitting*, § 54 Rn. 32 f.;
GK-*Kreutz*, § 54 Rn. 32 ff.; HSWGNR-*Glock*, § 54 Rn. 17; DKK-*Trittin*, § 54 Rn. 14;

Konzen, FS Wiese 1998, S. 199, 209; *Klinkhammer,* Mitbestimmung im Gemeinschaftsunternehmen, S. 134; *Kort,* NZA 2009, 464, 467 f.; *Pflüger,* NZA 2009, 130; *Schmidbauer,* Der Konzernbegriff im Aktien- und Betriebsverfassungsrecht, S. 257 ff.; h. L.; a. A. *Fuchs,* Der Konzernbetriebsrat, S. 175; GL-*Marienhagen,* § 54 Rn. 12; MünchArbR-*Joost,* § 227 Rn. 13; *ders.,* Betrieb und Unternehmen, S. 229 ff.; *Monjau,* BB 1972, 839, 840 f.; *Windbichler,* Arbeitsrecht im Konzern, S. 318 ff.; *Richardi,* FS Zeuner 1994, S. 147, 152 ff.). Danach wäre es zulässig, dass in einem Konzern mehrere Konzernbetriebsräte bestehen, nämlich für den Gesamtkonzern und jeweils für die einer Teilkonzernspitze zugeordneten Unterkonzerne (s. dazu LAG Düsseldorf 6. 2. 2001 – 3 TaBV 79/00, n. v., wonach die §§ 54 ff. BetrVG auf die Bildung von Konzernbetriebsräten in Unterkonzernen entsprechend anwendbar sein sollen); anerkennt man mit der h. L. die Möglichkeit der Errichtung von Teilkonzernbetriebsräten an, so ist wesentlich, dass der Teilkonzernbegriff des Betriebsverfassungsrechts von demjenigen des Unternehmensmitbestimmungsrechts zu unterscheiden ist (insoweit *Pflüger,* NZA 2009, 130; den Unterscheid zwischen Betriebsverfassungs- und Unternehmensmitbestimmungsrecht betont auch *Kort,* NZA 2009, 464, 466).

12 Soweit maßgebend sein soll, ob das Tochterunternehmen im personal- und sozialpolitischen Bereich maßgebliche, die nachgeordneten Unternehmen bindende Entscheidungen eigenständig trifft, wird zweierlei übersehen:

13 *Erstens* kann eine derartige Feststellung zu dem Ergebnis führen, dass zu der Muttergesellschaft überhaupt keine Konzernbindung besteht. Dann kann zwar der Konzernbetriebsrat für das Tochterunternehmen und die ihm nachgeordneten Unternehmen gebildet werden; es ist aber nicht folgerichtig, diese Unternehmen an der Bildung eines Konzernbetriebsrats für den Gesamtkonzern zu beteiligen. Gelangt man dagegen zu dem Ergebnis, dass trotz Eigenständigkeit der Entscheidung im personal- und sozialpolitischen Bereich eine Konzernbindung der Tochtergesellschaft zur Muttergesellschaft besteht, so ist die Bildung eines Konzernbetriebsrats auf der Ebene des Konzerns im Konzern nicht stimmig, wenn man für die Bildung eines Konzernbetriebsrats darauf abstellt, „die Ebene zu erfassen, auf der keine unfreiwillige Außensteuerung stattfindet" (*Windbichler,* a. a. O., S. 321).

14 *Zweitens* verwendet das BAG mit dem Rückgriff auf einen betriebsverfassungsrechtlich relevanten Spielraum für beteiligungspflichtige Entscheidungen dasselbe Kriterium wie für die Anerkennung eines *gemeinsamen Betriebs* mehrerer Unternehmen (s. § 1 Rn. 64 ff.) bzw. für die Betriebsabgrenzung generell (ebenso *Joost,* Betrieb und Unternehmen, S. 230). Es erscheint inkonsistent, zwei auf völlig verschiedene Repräsentationsstufen bezogene Repräsentationsbereiche durch denselben Gesichtspunkt erfassen zu wollen (so auch MünchArbR-*Joost,* § 227 Rn. 13).

15 Nicht zuletzt spricht gegen die Anerkennung eines betriebsverfassungsrechtlichen Konzerns im Konzern, dass der Organisationsaufbau der Betriebsvertretung die gesetzlich vorgesehenen Konturen verliert. Innerhalb eines Unternehmens kommt nur ein zweistufiger Organisationsaufbau in Betracht, der im Konzernbetriebsrat durch eine dritte Stufe erweitert werden kann, wenn das Unternehmen zu einem Unterordnungskonzern i. S. des § 18 Abs. 1 AktG gehört (Sympathie für dieses Argument bei *Bachmann,* RdA 2008, 107, 109).

16 Eine Regelungslücke ergibt sich bei Ablehnung des „Konzerns im Konzern" nicht, weil im Konzernbetriebsrat für den Gesamtkonzern eine Betriebsvertretung besteht, die nach der Kompetenzabgrenzung in § 58 Abs. 1 auch dann originär zuständig ist, wenn die Angelegenheit Konzernunternehmen betrifft, die im Gesamtkonzern zu demselben Teilkonzern gehören (ebenso *Hanau,* ZGR 1984, 468, 478; MünchArbR-*Joost,* § 227 Rn. 14). Darüber hinaus gibt es für die Anerkennung der Teilkonzernspitze als herrschendes Unternehmen auch betriebsverfassungsrechtlich keinen Grund; denn ihre Leitungsbefugnis beruht ausschließlich auf der Leitungsentscheidung der ihr gegenüber unabhängigen Konzernspitze. Es ist daher **sachlich nicht gerechtfertigt,** den **Konzern-**

begriff für die Betriebsverfassung insoweit **abweichend vom Gesellschaftsrecht zu bestimmen,** wo ein „Konzern im Konzern" ganz überwiegend nicht anerkannt wird (vgl. MünchKommAktG/*Bayer,* § 18 Rn. 42; *Emmerich*/Habersack, Aktien- und GmbH-Konzernrecht, § 18 Rn. 19; *Koppensteiner,* Kölner Kommentar zum AktG, § 18 Rn. 22; *v. Hoyningen-Huene,* ZGR 1978, 515 ff.; a. A. *K. Schmidt,* FS Lutter 2000, S. 1176, 1189 ff.).

Nur dieses Verständnis trägt auch dem Charakter der definitorischen Außenverweisung auf § 18 Abs. 1 AktG Rechnung, welcher eine grundsätzliche Bindung an den Normgehalt der in Bezug genommenen Vorschrift verlangt (insoweit zutreffend *Konzen,* FS Wiese 1998, S. 199, 201). Nur soweit eine systemkonforme Handhabung der in Bezug genommenen Bestimmung innerhalb des verweisenden Regelungssystems nicht möglich ist, sind interpretatorische Modifikationen gestattet (*Konzen,* FS Wiese 1998, S. 199, 201). Solche sind jedoch hier gerade nicht erforderlich, da ein Abstellen auf den gesellschaftsrechtlichen Konzernbegriff die Durchführung des im BetrVG verankerten Systems der Arbeitnehmerbeteiligung nicht beeinträchtigt. **17**

3. Mehrmütterherrschaft

a) Sind an einem Unternehmen zwei oder mehrere Unternehmen beteiligt, so handelt es sich um ein **Gemeinschaftsunternehmen,** wenn die beteiligten Unternehmen mit ihm eine gemeinsame Zielsetzung verfolgen. § 36 Abs. 2 Satz 2 GWB setzt voraus, dass eine mehrfache Abhängigkeit i. S. des § 17 AktG bestehen kann, und bestimmt für diesen Fall, dass jedes beteiligte Unternehmen als herrschendes Unternehmen gilt, wenn die beteiligten Unternehmen auf Grund einer Vereinbarung oder in sonstiger Weise derart zusammenwirken, dass sie gemeinsam einen beherrschenden Einfluss auf das Gemeinschaftsunternehmen ausüben können. Diese Mehrmütterklausel bezieht sich auf die Fusionskontrolle; es handelt sich insoweit um einen „eigenständigen Beherrschungstatbestand" (BGH 8. 5. 1979 BGHZ 74, 359, 363). Allerdings hat der BGH anerkannt, dass auch *konzerngesellschaftsrechtlich* ein Abhängigkeitsverhältnis zu *mehreren* Unternehmen bestehen kann (grundlegend Seitz-Urteil BGH 4. 3. 1974 BGHZ 62, 193, 196 f. [Abhängigkeitsbericht nach § 312 AktG]; weiterhin BGH 16. 2. 1981 und 16. 9. 1985 BGHZ 80, 69, 73 und 95, 330, 349; BGH 19. 9. 1994 NJW 1994, 3288; offengelassen in BGH 15. 6. 1992 BGHZ 119, 1, 5; die Anerkennung mehrfacher Abhängigkeit ist zutreffend und entspricht der überwiegenden Ansicht, vgl. *Emmerich*/Habersack, Aktien- und GmbH-Konzernrecht, § 17 Rn. 28 ff.). Selbst wenn daraus für den Bereich des Gesellschaftsrechts eine mehrfache *Konzernzugehörigkeit* notwendig folgen sollte (ablehnend *Richardi,* 7. Aufl., Rn. 15; *ders.,* Konzernzugehörigkeit, S. 31 ff.; offengelassen BGH 4. 3. 1972 BGHZ 62, 193, 196; bejahend *Säcker,* NJW 1980, 801, 805; wohl auch MünchArbR-*Joost,* § 227 Rn. 25), kann dies jedenfalls für den Anwendungsbereich des BetrVG nicht ohne weiteres angenommen werden (a. A. BAG 13. 10. 2004 AP BetrVG 1972 § 54 Nr. 9; BAG 30. 10. 1986 AP BetrVG 1972 § 55 Nr. 1; zu § 76 BetrVG 1952 BAG 18. 6. 1970 AP BetrVG [1952] § 76 Nr. 20). **18**

Vielmehr ist unter Berücksichtigung des mit dem BetrVG verfolgten Zwecks zu bestimmen, ob abweichend vom Gesetzestext des § 18 Abs. 1 AktG eine **Mehrmütterherrschaft** anzuerkennen ist. Für die Konzernbetriebsverfassung ist ausschlaggebend, dass mit dem Konzernbegriff eine **Organisationseinheit** abgegrenzt wird, die **unter einer vertikal gegliederten einheitlichen Leitung** steht. Auch wenn für die Muttergesellschaften des Gemeinschaftsunternehmens eine ausreichend sichere Grundlage für die Ausübung gemeinsamer Herrschaft besteht, kann das Gemeinschaftsunternehmen nicht in zwei oder mehrere Konzerne eingegliedert werden, ohne dass zugleich besondere Vorkehrungen getroffen werden, für die das BetrVG allerdings keine Grundlage bietet. So gibt das Gesetz beispielsweise keine Antwort darauf, wie ein Konflikt von Konzernbetriebsvereinbarungen der verschiedenen an dem Gemeinschaftsunternehmen beteiligten Konzerne **19**

§ 54

aufzulösen ist (für Zeitkollisionsregel DKK-*Trittin*, § 58 Rn. 15; für Abstimmungsverfahren GK-*Kreutz*, § 54 Rn. 41; s. zum ähnlichen Problem der Kollision von Gesamtbetriebsvereinbarungen bei gemeinsamen Betrieben § 50 Rn. 72). Würde man die Belegschaft des Gemeinschaftsunternehmens insgesamt jeder Muttergesellschaft zurechnen, so erhielten die Arbeitnehmer des Gemeinschaftsunternehmens gegenüber den Arbeitnehmern der anderen Konzernunternehmen im Übrigen einen unverhältnismäßigen Mitbestimmungseinfluss; es stünde einem *Weniger an Beherrschungsmacht* geradezu ein *Mehr an Mitbestimmungseinfluss* gegenüber. Eine Mehrmütterherrschaft kann deshalb nicht bewirken, dass die Arbeitnehmer des Gemeinschaftsunternehmens für die Betriebsverfassung denselben Rechtsstatus erhalten wie die Arbeitnehmer der anderen Konzernunternehmen.

20 Da der Konzernbetriebsrat aber nur dem Konzern zugeordnet ist, bei dem er gebildet wird, und keine Aufgaben in einem anderen Konzern erfüllen kann, ergibt sich daraus, dass bei einer Mehrmütterherrschaft kein für den jew. Konzern eines Mutterunternehmens etwa gebildeter Konzernbetriebsrat berechtigt ist, für das Gemeinschaftsunternehmen tätig zu werden. Auch deshalb ist das Gemeinschaftsunternehmen nicht an der Errichtung eines Konzernbetriebsrats bei seinen „Müttern" zu beteiligen (a. A. BAG 13. 10. 2004 AP BetrVG 1972 § 54 Nr. 9; 30. 10. 1986 AP BetrVG 1972 § 55 Nr. 1; BAG 14. 2. 2007 – 7 ABR 26/06; *Dörner*, FS Leinemann, 2006, S. 487, 499; *Fitting*, § 54 Rn. 31; GK-*Kreutz*, § 54 Rn. 41; HSWGNR-*Glock*, § 54 Rn. 15; DKK-*Trittin*, § 54 Rn. 20; *Henssler*, ZIAS 1995, 551, 558 ff.; MünchArbR-*Joost*, § 227 Rn. 25; *Gansweid*, Gemeinsame Tochtergesellschaften, S. 201 ff.; WP-*Roloff*, § 54 Rn. 8 wie hier LAG Düsseldorf 25. 11. 1974 BB 1977, 795 = EzA § 18 AktG Nr. 1 [bestätigt durch Ablehnung einer Divergenz zu BAG 18. 6. 1970 AP BetrVG [1952] § 76 Nr. 20 durch BAG vom 23. 6. 1975 – 1 ABR 35/75, mitgeteilt in EzA § 18 AktG Nr. 1]; *Dzida*/*Hohenstatt*, NZA 2007, 945, 949; GL-*Marienhagen*, § 54 Rn. 7 ff.; *Marchand*, Abhängigkeit und Konzernzugehörigkeit von Gemeinschaftsunternehmen, S. 187 ff.; *Kammann*/Hess/Schlochauer [2. Aufl.], § 54 Rn. 10; *Richardi*, Konzernzugehörigkeit, S. 68 ff.; *Windbichler*, Arbeitsrecht im Konzern, S. 316 ff.; *Neuman-Bock*, BB 1977, 852 ff.; letztlich auch *Hohenstatt*, Willemsen/Hohenstatt/Schweibert/Seibt, Umstrukturierung und Übertragung von Unternehmen, D 130 f.; trotz Anerkennung einer mehrfachen Konzernbindung zu den beteiligten Obergesellschaften wie hier wegen fehlender Kompetenz der Konzernbetriebsräte für ein Gemeinschaftsunternehmen: *Klinkhammer*, Mitbestimmung im Gemeinschaftsunternehmen, S. 108 ff.; *Schmidbauer*, Konzernbegriff, S. 259 ff.; *Buchner*, RdA 1975, 9, 12; im Ergebnis auch *Fuchs*, Konzernbetriebsrat, S. 162 f.).

21 b) Möglich ist, dass das **Gemeinschaftsunternehmen mit einem an ihm beteiligten Unternehmen** einen **Unterordnungskonzern** bildet. Diese Voraussetzung ist erfüllt, wenn bei der gemeinsamen Leitung des Gemeinschaftsunternehmens eines der an ihr beteiligten Unternehmen den Ausschlag gibt. Dann bildet das Gemeinschaftsunternehmen mit ihm einen Konzern i. S. des § 18 Abs. 1 AktG (ebenso GK-*Kreutz*, § 54 Rn. 40; DKK-*Trittin*, § 54 Rn. 21; *Richardi*, Konzernzugehörigkeit, S. 35).

22 c) Bei **Gemeinschaftsunternehmen mit mehr als zwei paritätisch beteiligten Unternehmen** genügt für die Anerkennung einer Konzernbindung zu ihnen nicht, dass die beteiligten Unternehmen sich zu gemeinsamer Leitung des Gemeinschaftsunternehmens zusammengeschlossen haben, wenn über wesentliche Fragen der Geschäftspolitik nach dem *Mehrheitsprinzip* entschieden wird. Zwar wird gegenüber dem Gemeinschaftsunternehmen eine einheitliche Leitung ausgeübt; aber keines der beteiligten Unternehmen ist in der Lage, planmäßig auf die Geschäftsführung des Gemeinschaftsunternehmens Einfluss zu nehmen. Deshalb ist hier *kein* beteiligtes Unternehmen herrschendes Unternehmen i. S. des § 17 Abs. 1 AktG, und daher bildet das Gemeinschaftsunternehmen auch mit keinem von ihnen einen Unterordnungskonzern (ebenso GL-*Marienhagen*, § 54 Rn. 6; GK-*Kreutz*, § 54 Rn. 39; *Richardi*, Konzernzugehörigkeit, S. 48 f.; *Schulze-Osterloh*, Die Wirtschaftsprüfung 1968, 85, 88 f.; *Säcker*, NJW 1980, 801, 805; a. A. *Klinkhammer*, Mitbestimmung im Gemeinschaftsunternehmen, S. 75 ff.).

d) Zweifelhaft mag die Rechtslage für den praktisch bedeutsamen Fall erscheinen, **23** dass zwei oder ausnahmsweise auch mehrere zu unterschiedlichen Konzernen gehörende Unternehmen unter Sicherstellung eines Gesamtwillens bei Ausschluss einer Mehrheitsentscheidung Einfluss auf die Geschäftspolitik des Gemeinschaftsunternehmens nehmen, wie es insbesondere bei einem **50:50-Unternehmen** der Fall sein kann (so in dem Fall der Aufsichtsratsmitbestimmung BAG 18. 6. 1970 AP BetrVG [1952] § 76 Nr. 20; für die Beteiligung am Konzernbetriebsrat einer Beteiligungsgesellschaft BAG 30. 10. 1986 AP BetrVG 1972 § 55 Nr. 1). Hier hat kein beteiligtes Unternehmen ein Alleinbestimmungsrecht, wenn die einheitliche Leitung nur mit Zustimmung aller ausgeübt werden kann oder bereits bei Widerspruch eines beteiligten Unternehmens unterbleiben muss. In diesem Fall ist ein bei dem Gemeinschaftsunternehmen bestehender Betriebsrat oder Gesamtbetriebsrat an der Bildung von Konzernbetriebsräten in den Konzernen der beteiligten Obergesellschaften nicht zu beteiligen (s. die Nachweise in Rn. 20).

Ein Konzernbetriebsrat kann auch nicht bei dem **Konsortium** gebildet werden, das bei **24** einer Mehrmütterherrschaft regelmäßig die einheitliche Leitung über das Gemeinschaftsunternehmen ausübt (iE BAG 13. 10. 2004 AP BetrVG 1972 § 54 Nr. 9); denn auch wenn man seine Unternehmensqualität anerkennt, ist für die Errichtung eines Konzernbetriebsrats Voraussetzung, dass das Konsortium einen von dem des Gemeinschaftsunternehmens verschiedenen Betrieb unterhält, in dem ein Betriebsrat besteht (vgl. *Richardi*, Konzernzugehörigkeit, S. 69 f.; iE auch *Klinkhammer*, Mitbestimmung im Gemeinschaftsunternehmen, S. 113 ff.; a. A. *Fuchs*, Konzernbetriebsrat, S. 166 f.). Etwas anderes gilt, wenn das Konsortium selbst Arbeitnehmer beschäftigt und einen Betriebsrat hat oder mehrere Gemeinschaftsunternehmen betreut. In diesem Fall können die Betriebsvertretungen einen Konzernbetriebsrat bilden (vgl. *Windbichler*, Arbeitsrecht im Konzern, S. 317).

4. Faktischer Konzern

a) Da der Konzernbegriff in § 18 Abs. 1 AktG rechtsformneutral definiert wird (s. **25** Rn. 5), kommen als herrschendes Unternehmen auch **natürliche Personen** in Betracht. Keine Rolle spielt, ob sie selbst Arbeitnehmer beschäftigen. Für die Konzernhaftung haben der BGH und ihm folgend das BAG anerkannt, dass der Gesellschafter einer GmbH herrschendes Unternehmen sein kann (BGH 16. 9. 1985 BGHZ 95, 330 [Autokran]; 23. 9. 1991 BGHZ 115, 187 = AP AktG § 303 Nr. 1 [Video]; 29. 3. 1993 AP AktG § 303 Nr. 2 [TBB]; 13. 12. 1993 AP AktG § 303 Nr. 5). Der BGH hat seine Überlegungen zur Haftung im qualifizierten faktischen Konzern beginnend mit der „TBB-Entscheidung" (BGH 29. 3. 1993 AP AktG § 303 Nr. 2) erheblich abgewandelt und in der „Bremer-Vulkan-Entscheidung" (BGH 17. 9. 2001 NJW 2001, 3622) aufgegeben (vgl. dazu im Vorfeld bereits *Röhricht*, FS 50 Jahre BGH, 2000, S. 83, 121; zur Entscheidung sodann etwa *Altmeppen*, NJW 2002, 321; *K. Schmidt*, NJW 2001, 3577; abweichende Einschätzung bei *Ulmer*, ZIP 2001, 2021) und zugunsten eines Rückgriffs auf den Gedanken der allgemeinen Missbrauchshaftung verfestigt („KBV"; BGH 24. 6. 2002 NJW 2002, 3024; dazu *Altmeppen*, ZIP 2002, 1553; *Wilhelm*, NJW 2003, 175; siehe auch BGH 20. 9. 2004 NJW 2005, 145; BGH 13. 12. 2004 NZG 2005, 177; BGH 14. 11. 2005 NJW 2006, 1344). Inwieweit sich auch das BAG dadurch zu einer Änderung seiner Rechtsprechung zur Haftung im qualifizierten faktischen Konzern (s. § 112 Rn. 146) veranlasst sehen wird, bleibt abzuwarten (vgl. BAG 31. 7. 2002 NZA 2003, 213; BAG 14. 12. 2004 AP § 611 BGB Haftung des Arbeitgebers Nr. 32; BAG 28. 7. 2005 AP BetrAVG § 16 Nr. 59).

26 Die für die Haftung im qualifizierten faktischen Konzern entwickelten Grundsätze sind als solche für die **Errichtung eines Konzernbetriebsrats** ohne Bedeutung. Entscheidend ist für § 54 allein die Existenz eines – auch lediglich faktischen – Unterordnungskonzerns, ohne dass es auf dessen besondere Verdichtung („Qualifizierung") ankommt (*Fitting*, § 54 Rn. 28). Allerdings soll als herrschendes Unternehmen auch hier eine natürliche Person in Betracht kommen (BAG 22. 11. 1995 AP BetrVG 1972 § 54 Nr. 7 [zust. *A. Junker*]). Notwendig sind auch dann mindestens zwei für verschiedene Unternehmen gebildete Betriebsvertretungen (Gesamtbetriebsräte bzw. gemäß Abs. 2 Betriebsräte). Beherrscht der Gesellschafter daher nur eine Gesellschaft, so kommt ein Konzernbetriebsrat nur in Betracht, wenn er selbst mindestens einen betriebsratsfähigen Betrieb mit einem dort bestehenden Betriebsrat unterhält.

27 b) Da die Voraussetzungen des § 18 Abs. 1 AktG erfüllt sein müssen, genügt nicht die Beherrschungsmöglichkeit, sondern es muss eine Zusammenfassung unter **einheitlicher Leitung des herrschenden Unternehmens** bestehen. Dass jemand Allein- oder Mehrheitsgesellschafter ist, genügt noch nicht. Die Möglichkeit einer Beherrschung reicht nicht aus, weil durch sie nur ein Abhängigkeitsverhältnis i. S. des § 17 Abs. 1 AktG begründet wird. Jedoch greift in diesem Fall die Konzernvermutung des § 18 Abs. 1 Satz 3 AktG ein, für deren Widerlegung der rechtlich schwierig zu erbringende Nachweis zu fordern ist, dass trotz eines beherrschenden Einflusses keine Zusammenfassung unter einheitlicher Leitung besteht (so BAG 22. 11. 1995 AP BetrVG 1972 § 54 Nr. 7 [unter B II 1 d]). Ausdrücklich hat das LAG Stuttgart festgestellt, dass dazu nicht der Nachweis des Fehlens einer einheitlichen Leitung in personellen und sozialen Angelegenheiten genüge, sondern nachgewiesen werden müsse, dass sämtliche Unternehmensentscheidungen ohne beherrschende Einflussnahme des Mehrheitsbeteiligten getroffen werden (LAG Stuttgart 6. 7. 2001 – 5 TaBV 2/99). Dieser Nachweis sei bei Bestehen einer steuerrechtlichen Organschaft nicht zu führen.

28 Bei **Vorhandensein einer Mehrheitsbeteiligung** wird die Abhängigkeit des in Mehrheitsbesitz stehenden Unternehmens vermutet (§ 17 Abs. 2 AktG). Diese Vermutung gilt nicht nur für eine AG, sondern auch für andere Gesellschaften (s. Rn. 6). Bei einer Personengesellschaft führt Mehrheitsbesitz hingegen nicht typischerweise zur Beherrschung der Gesellschaft, weshalb nach ganz überwiegender Ansicht die Vermutung des § 17 Abs. 2 im Personengesellschaftsrecht grundsätzlich keine Anwendung findet. Vielmehr ist jeweils auf Grund des Gesellschaftsvertrags zu entscheiden, ob ein Gesellschafter infolge ihm eingeräumter besonderer Befugnisse beherrschenden Einfluss auf die Gesellschaft ausüben kann (vgl. näher *H. Haas*, Konzernrecht der Personengesellschaften, 2000, S. 15 f.). Ist allerdings bei einer **GmbH & Co. KG** die GmbH der einzige Komplementär und allein zur Geschäftsführung berufen (vgl. § 164 HGB), genügt für die Begründung der Abhängigkeit die mehrheitliche Beteiligung an der Komplementär-GmbH (ebenso BAG 22. 11. 1995 AP BetrVG 1972 § 54 Nr. 7).

29 c) Die Einbeziehung einer natürlichen Person in den konzernrechtlichen Unternehmensbegriff, auch wenn sie ihre Interessen in keinem eigenen einzelkaufmännischen Unternehmen verfolgt, ist teleologisch begründet; denn der konzernrechtliche Unternehmensbegriff will den Gefahren begegnen, die sich für die Gläubiger und Minderheitsgesellschafter abhängiger Gesellschaften durch eine weitere unternehmerische Betätigung des Mehrheits- oder Alleingesellschafters ergeben können.

30 Diese Gefahrenlage besteht aber dann nicht, wenn ein Gesellschafter an zwei oder mehreren **offenen Handelsgesellschaften** oder als **Komplementär an zwei oder mehreren Kommanditgesellschaften** beteiligt ist. Denn hier benötigt kein anderer Gesellschafter einen über das ohnehin schon gesellschaftsrechtlich gegebene Maß hinausgehenden Schutz, und auch kein Gesellschaftsgläubiger muss durch Anerkennung einer besonderen Konzernhaftung geschützt werden, die über das hinausgeht, was sich ohnehin aus § 128 HGB ergibt. Unter dem Blickwinkel der Konzernhaftung erfüllen daher natürliche

Personen, die persönlich haftende Gesellschafter einer OHG oder KG sind, **nicht die Voraussetzungen des konzernrechtlichen Unternehmensbegriffs.**

Was für die Konzernhaftung gilt, kann für die Errichtung eines Konzernbetriebsrats **31** nicht anders beurteilt werden; denn die Begrenzung der Arbeitnehmerrepräsentation auf das Unternehmen wird – wie sich aus der Verweisung des Konzernbegriffs aus § 18 Abs. 1 AktG ergibt – nur durchbrochen, wenn die Unternehmensleitung nicht selbst die für die Mitbestimmung maßgeblichen Entscheidungen trifft, sondern insoweit einer strukturell gesicherten Außensteuerung unterliegt. Die Ansätze, die für die Konzernhaftung eine Rolle spielen, sind deshalb auch für die Bildung eines Konzernbetriebsrats von Bedeutung (so zutreffend BAG 22. 11. 1995 AP BetrVG 1972 § 54 Nr. 7 [unter B II 1 a]). Wenn aber kein Schutzbedürfnis für Mitgesellschafter und Gesellschaftsgläubiger besteht, fehlt auch ein Ansatz dafür, betriebsverfassungsrechtlich einen Unterordnungskonzern anzuerkennen. Der Konzernbegriff der Betriebsverfassung ist kein eigenständiger Begriff: Was gesellschaftsrechtlich nicht als Konzern in Betracht kommt, ist es auch nicht betriebsverfassungsrechtlich. Für den Regelfall gilt daher, dass auch betriebsverfassungsrechtlich kein Grund besteht, bei Beteiligung einer natürlichen Person an einer OHG oder KG in ihr ein herrschendes Unternehmen i. S. des § 18 Abs. 1 AktG zu erblicken, weshalb auch bei Gesellschafteridentität mehrerer offener Handelsgesellschaften oder Kommanditgesellschaften grundsätzlich kein Konzernbetriebsrat gebildet werden kann.

III. Weitere Voraussetzungen für die Errichtung eines Konzernbetriebsrats

1. Betriebsvertretungen für die Konzernunternehmen

a) Für die Errichtung eines Konzernbetriebsrats genügt nicht, dass rechtlich selb- **32** ständige Unternehmen zu einem Konzern i. S. des § 18 Abs. 1 AktG zusammengefasst sind (s. Rn. 3 ff.), sondern notwendig sei, dass in dem Konzern mehrere, **mindestens zwei Gesamtbetriebsräte** bestehen (ErfK-*Eisemann*/Koch, § 54 Rn. 6; *Fitting*, § 54 Rn. 39; siehe auch die Nachweise bei *Kreutz*, NZA 2008, 259, 261 Fn. 9). Dem ist jüngst *Peter Kreutz* entgegengetreten (NZA 2008, 259 ff.). Nach seiner Ansicht ist Voraussetzung für die Errichtung eines Konzernbetriebsrates nicht die Existenz mehrerer Gesamtbetriebsräte bzw. funktionell zuständiger Betriebsräte ist. Vielmehr genüge ein Gesamtbetriebsrat bzw. funktionell zuständiger Betriebsrat, sofern er nur mehr als 50 Prozent der Arbeitnehmer der Konzernunternehmen repräsentiert (*Kreutz*, NZA 2008, 259, 261 ff.). Diese Auffassung steht indes in Widerspruch zum gesetzlichen Regelungskonzept, wie es der Gesetzgeber mit der Einführung des § 73 a im Jahr 2001 noch einmal ausdrücklich bestätigt hat. Danach kann ein Konzernbetriebsrat nur für Konzerne gebildet werden, in denen mindestens zwei Gesamtbetriebsräte bzw. funktionell zuständige Betriebsräte vorhanden sind. Besteht in einem Konzernunternehmen nur ein Betriebsrat, so ist dieser anstelle des Gesamtbetriebsrates funktionell zuständig (Abs. 2). Das gilt aber nur für Unternehmen, die nicht in zwei oder mehrere betriebsratsfähige Betriebe gegliedert sind und deshalb keinen Gesamtbetriebsrat haben können (s. auch Rn. 55). Möglich ist deshalb, dass in einem Konzern überhaupt kein Gesamtbetriebsrat besteht, aber dennoch ein Konzernbetriebsrat errichtet werden kann, nämlich wenn sämtliche Unternehmen zentralistisch organisiert sind, so dass sie sich nicht in mehrere Betriebe gliedern (ebenso *Stege/Weinspach/Schiefer*, §§ 54 bis 59 a Rn. 5; *Monjau*, BB 1972, 839, 841).

b) **Keine Voraussetzung** ist, dass im **herrschenden Unternehmen** des Konzerns ein **33** **Gesamtbetriebsrat oder Betriebsrat** besteht, wie mittelbar § 59 Abs. 2 Satz 1 bestätigt, wenn dort die Ladung zur konstituierenden Sitzung des Konzernbetriebsrats dem Gesamtbetriebsrat des nach der Zahl der wahlberechtigten Arbeitnehmer größten Konzernunternehmens übertragen wird, wenn das herrschende Unternehmen keinen Gesamtbetriebsrat (oder Betriebsrat) hat. Deshalb kann ein Konzernbetriebsrat auch errichtet werden, wenn das herrschende Unternehmen selbst keine eigenen Arbeitnehmer beschäftigt (ebenso *Martens*, ZfA 1973, 297, 305).

2. Auslandsbezug

34 a) Liegen **Konzernunternehmen im Ausland,** so können die dort nach fremdem Recht gebildeten Betriebsvertretungen sich nicht an der Errichtung eines Konzernbetriebsrats beteiligen (ebenso *Fitting*, § 54 Rn. 37; *Franzen*, AR-Blattei, SD 920 Rn. 269 ff.; GK-*Kreutz*, § 54 Rn. 42; MünchArbR-*Oetker* § 11 Rn. 128; *Simitis*, FS Kegel 1977, S. 153, 179; a. A. *Fuchs*, Konzernbetriebsrat, S. 183; *Grasmann*, ZGR 1973, 317, 325; *Däubler*, RabelsZ 39 [1975], 444, 462 f.; s. dazu aber auch § 47 Rn. 19 ff.). Haben solche Unternehmen einen Betrieb im Inland, soll nach verschiedentlich vertretener Ansicht dessen Betriebsrat gemäß § 54 Abs. 2 an der Bildung des KBR mitwirken (*Fitting*, 21. Aufl. 2002, § 54 Rn. 37, MünchArbR-*Joost*, § 227, Rn. 32; DKK-*Trittin*, § 54 Rn. 34).

35 b) Liegt das **herrschende Unternehmen** eines Konzerns **im Ausland,** so kann unter gewissen Voraussetzungen gleichwohl ein Konzernbetriebsrat errichtet werden, wenn zum Konzern mehrere, mindestens zwei inländische Unternehmen gehören. Die normative Wertung, die § 5 Abs. 3 MitbestG sowie § 11 Abs. 3 PublG zugrunde liegt, gilt hier entsprechend (*Gaumann/Liebermann*, DB 2006, 1157, 1159; s. auch *Hanau*, ZGR 1984, 468, 479, der den allgemeinen Grundsatz aufstellt, „dass bei rechtlicher Unmöglichkeit eines Konzernbetriebsrats ein Zwischenkonzernbetriebsrat zu errichten ist, wenn die jeweilige Zwischenobergesellschaft selbständige betriebsverfassungsrechtliche Befugnisse gegenüber abhängigen Gesellschaften hat"), wenngleich eine analoge Anwendung von § 5 Abs. 3 MitbestG wegen ihres auf die Besonderheiten des Unternehmensmitbestimmungsrechts reagierenden Zuschnitts nicht möglich ist (BAG 14. 2. 2007 AP BetrVG 1972 § 54 Nr. 13; BAG 16. 5. 2007 AP § 96 a ArbGG 1979 Nr. 3; *Kort*, NZA 2009, 464, 466; *Schubert*, Anm. EzA § 54 BetrVG 2001 Nr. 3; vgl. auch *Dzida/ Hohenstatt*, NZA 2007, 945, 947). Voraussetzung für die Bildung eines Konzernbetriebsrats ist daher, dass es sich um einen mehrstufigen Konzern handelt und innerhalb Deutschlands eine Teilkonzernspitze besteht (insoweit auch BAG 14. 2. 2007 AP BetrVG 1972 § 54 Nr. 13; BAG 16. 5. 2007 AP § 96 a ArbGG 1979 Nr. 3; *Kort*, NZA 2009, 464, 469). Ein Konzernbetriebsrat kann deshalb nicht errichtet werden, wenn das ausländische Unternehmen die einheitliche Leitung nicht durch Zwischenschaltung einer inländischen Zwischen- oder Teilkonzernspitze, sondern unmittelbar ausübt (ebenso BAG 14. 2. 2007 AP BetrVG 1972 § 54 Nr. 13; BAG 16. 5. 2007 AP § 96 a ArbGG 1979 Nr. 3; *Dzida/Hohenstatt*, NZA 2007, 945, 947 f.; HSWGNR-*Glock*, § 54 Rn. 19; *Henssler*, ZfA 2005, 289, 310 ff.; GK-*Kreutz*, § 54 Rn. 43; WP-*Roloff*, § 54 Rn. 11; im Ergebnis auch *Hohenstatt*, Willemsen/Hohenstatt/Schweibert/Seibt, Umstrukturierung und Übertragung von Unternehmen, D 146 f.; wohl auch ErfK-*Eisemann/Koch*, § 54 Rn. 7; a. A. *Richardi*, 7. Aufl., Rn. 32; *Birk*, FS Schnorr v. Carolsfeld 1973, S. 70, 85; *Gaumann/Liebermann*, DB 2006, 1157, 1158 f.; *Löwisch/Kaiser*, § 54 Rn. 7; *Mayer*, AuR 2006, 303, 306; *Simitis*, FS Kegel 1977, S. 153, 179; *Zöllner*, Colloque international sur le droit international privé des groupes de sociétés, 1974, S. 215; *Grasmann*, ZGR 1973, 317, 323; abweichend auch *Fuchs*, Konzernbetriebsrat, S. 184 f., der die Errichtung eines Konzernbetriebsrats ebenfalls nur in Erwägung zieht, wenn sämtliche abhängigen Unternehmen sich im Geltungsbereich des BetrVG befinden, die Konzernleitung aber ins Ausland verlegt ist, um der Mitbestimmung zu entgehen; kritisch *Fitting*, § 54 Rn. 34; vgl. zum EBR BAG 30. 3. 2004 AP EBRG § 5 Nr. 3; BAG 29. 6. 2004 AP EBRG § 5 Nr. 6; EuGH 13. 1. 2004 – Kühne & Nagel – AP EWG-Richtlinie Nr. 94/45 Nr. 3; EuGH 15. 7. 2004 – ADS Anker – AP EBRG § 5 Nr. 5).

IV. Errichtung des Konzernbetriebsrats

1. Keine Rechtspflicht zur Errichtung

Das Gesetz gibt **lediglich die Möglichkeit**, einen **Konzernbetriebsrat zu bilden**, wenn die Voraussetzungen dafür gegeben sind; es besteht kein Errichtungszwang. Die Initiative zur Errichtung eines Konzernbetriebsrats liegt ausschließlich bei den Gesamtbetriebsräten bzw. Betriebsräten der Konzernunternehmen. Anderen, etwa dem herrschenden Unternehmen oder einer Gewerkschaft, steht sie nicht zu; sie können höchstens eine Anregung geben.

36

2. Quorum für die Errichtung

Die Errichtung des Konzernbetriebsrats erfolgt durch **Beschlüsse der einzelnen Gesamtbetriebsräte** des Konzerns (Abs. 1 Satz 1). Der Konzernbetriebsrat ist errichtet, sobald die Gesamtbetriebsräte der Konzernunternehmen, in denen insgesamt **mehr als 50 Prozent aller Arbeitnehmer** der Konzernunternehmen beschäftigt sind, sich dafür ausgesprochen haben (Abs. 1 Satz 2). Dieses Quorum ist auch dann erfüllt, wenn nur ein Gesamtbetriebsrat sich für die Errichtung eines Konzernbetriebsrates ausgesprochen hat, sofern in dem betreffenden Unternehmen mehr als 50 Prozent der Arbeitnehmer der Konzernunternehmen beschäftigt sind (vgl. Rn. 41). Gliedert sich ein Konzernunternehmen nicht in zwei oder mehrere Betriebe, so tritt an die Stelle des Gesamtbetriebsrats der dort im Betrieb gewählte Betriebsrat (Abs. 2).

37

a) **Jeder Gesamtbetriebsrat hat selbständig** einen Beschluss über die Errichtung eines **Konzernbetriebsrats** zu fassen; für den Beschluss gilt § 51 Abs. 3. Soweit nach Abs. 2 ein Betriebsrat funktionell zuständig ist, gilt für den Beschluss § 33; besteht der Betriebsrat nur aus einer Person, so steht ihre Entscheidung einem Beschluss gleich. Jedes Unternehmen wird als Einheit bewertet.

38

b) Für die Frage, ob die Unternehmen, deren Betriebsvertretungen sich für die Errichtung aussprechen, **mehr als 50 Prozent der Arbeitnehmer** beschäftigen, kommt es auf die **Zahl zurzeit des Beschlusses** an. Nicht maßgeblich ist die regelmäßige Beschäftigtenzahl i. S. des § 9; es werden vielmehr alle Arbeitnehmer gezählt, ohne Rücksicht darauf, ob es sich um ständig oder nicht ständig beschäftigte, um wahlberechtigte oder nicht wahlberechtigte Arbeitnehmer handelt. Personen, die unter § 5 Abs. 2 fallen oder zu den leitenden Angestellten gemäß § 5 Abs. 3 gehören, scheiden jedoch auch hier aus (ebenso *Fitting*, § 54 Rn. 46; GK-*Kreutz*, § 54 Rn. 52; HSWGNR-*Glock* § 54 Rn. 23).

39

Mitgezählt werden die **Arbeitnehmer aller Konzernunternehmen**, die im Geltungsbereich des BetrVG liegen. Einbezogen werden auch die Arbeitnehmer der Betriebe, in denen ein Betriebsrat nicht besteht (ebenso BAG 11. 8. 1993 AP BetrVG 1972 § 54 Nr. 6; *Fitting*, § 54 Rn. 46; DKK-*Trittin*, § 54 Rn. 39; HSWGNR-*Glock*, § 54 Rn. 23; GK-*Kreutz*, § 54 Rn. 53; a. A. *Behrens/Schaude*, DB 1991, 278 ff.). Gehört der Betrieb zu einem sich in mehrere Betriebe gliedernden Unternehmen, so ergibt sich dies bereits daraus, dass der Gesamtbetriebsrat im Rahmen seiner Zuständigkeit die gesamte Belegschaft des Unternehmens repräsentiert, also auch die Arbeitnehmer der Betriebe ohne Betriebsrat (s. § 50 Rn. 49 ff.). Aber auch wenn ein Konzernunternehmen nur aus einem Betrieb besteht, dort aber kein Betriebsrat vorhanden ist, der sich an der Errichtung eines Konzernbetriebsrats beteiligen kann, werden die dort beschäftigten Arbeitnehmer gleichwohl mitgezählt. Gleiches gilt, wenn ausnahmsweise für ein Konzernunternehmen aus mehreren Betrieben kein Gesamtbetriebsrat besteht. In einem gemeinsamen Betrieb beschäftigte Arbeitnehmer werden nur berücksichtigt, wenn sie einem konzernangehörigen Unternehmen zuzuordnen sind.

40

41 Es kommt nur auf die **Zahl der Arbeitnehmer** an, **nicht** auf die **der Unternehmen**. Hat ein Konzern sechs Unternehmen, von denen zwei zusammen 60 Prozent der Arbeitnehmerschaft des Konzerns beschäftigen, so genügt es, wenn die Gesamtbetriebsräte dieser beiden Unternehmen sich für die Errichtung des Konzernbetriebsrats aussprechen. Aber auch wenn ein Unternehmen innerhalb des Konzerns mehr als 50 Prozent der Arbeitnehmerschaft beschäftigt und sein Gesamtbetriebsrat bzw. unter den Voraussetzungen des Abs. 2 sein Betriebsrat sich für die Errichtung des Konzernbetriebsrats ausspricht, genügt das für die Errichtung des Konzernbetriebsrats. Dass von der Zustimmung der Gesamtbetriebsräte der Konzernunternehmen die Rede ist, spricht nicht dagegen (vgl. *Brecht*, § 54 Rn. 4; *Fitting*, § 54 Rn. 43; GK-*Kreutz*, § 54 Rn. 51; HSWGNR-*Glock*, § 54 Rn. 25; DKK-*Trittin*, § 54 Rn. 36; vgl. aber auch Rn. 32). Besteht allerdings nur ein Gesamtbetriebsrat, so kann dieser auch dann, wenn seine Zustimmung bereits ausreichen würde, um einen Konzernbetriebsrat zu bilden, keinen Konzernbetriebsrat errichten; denn wie sich aus § 55 ergibt, müssen in einem Konzern mind. zwei Unternehmen einen Gesamtbetriebsrat bzw. einen dessen Funktion ausübenden Betriebsrat haben (vgl. *Fitting*, § 54 Rn. 39; HSWGNR-*Glock* § 54 Rn. 21).

42 c) Fasst ein **Gesamtbetriebsrat** bzw. unter den Voraussetzungen des Abs. 2 ein Betriebsrat **keinen Beschluss über die Errichtung eines Konzernbetriebsrats**, so ist das als **Ablehnung** aufzufassen. Darin, dass ein Gesamtbetriebsrat bzw. ein funktionell zuständiger Betriebsrat sich gegen die Errichtung eines Konzernbetriebsrats ausspricht oder zu der von einem anderen Gesamtbetriebsrat bzw. Betriebsrat aufgeworfenen Frage der Errichtung eines Konzernbetriebsrats überhaupt nicht Stellung nimmt, liegt noch keine Amtspflichtverletzung (ebenso *Fitting*, § 54 Rn. 44). Anders ist es dagegen, wenn der Vorsitzende des Gesamtbetriebsrats bzw. Betriebsrats diese Frage überhaupt nicht zur Beschlussfassung stellt; dann begeht er eine Amtspflichtverletzung, die zum Ausschluss aus dem Gesamtbetriebsrat nach § 48 bzw. zur Amtsenthebung gemäß § 23 Abs. 1 führen kann (ebenso *Fitting*, § 54 Rn. 44).

3. Errichtung bei Erreichen des Quorums

43 Sobald die Gesamtbetriebsräte bzw. die hier funktionell zuständigen Betriebsräte der Konzernunternehmen, in denen insgesamt mehr als 50 Prozent aller Arbeitnehmer der Konzernunternehmen beschäftigt sind, der Errichtung eines Konzernbetriebsrats zugestimmt haben, ist der Konzernbetriebsrat „errichtet". Er ist also **kraft Gesetzes errichtet**, auch wenn damit noch nicht feststeht, wer ihm als Mitglied angehört, und zwar für den gesamten Konzern, auch für die Unternehmen, deren Gesamtbetriebsräte oder Betriebsräte widersprochen oder sich überhaupt nicht geäußert haben (ebenso *Fitting*, § 54 Rn. 45, 49; GK-*Kreutz*, § 54 Rn. 54 f.; HSWGNR-*Glock*, § 54 Rn. 26 f.; a. A. GK-*Fabricius* [Erstbearbeitung], § 54 Rn. 26, der die Errichtung erst mit der Entsendung der Mitglieder als vollzogen ansieht). Soweit die originäre Zuständigkeit des Konzernbetriebsrats gegeben ist, erstreckt sie sich sogar auch auf Unternehmen ohne Gesamtbetriebsrat bzw. ohne Betriebsrat, der nach Abs. 2 die Aufgaben eines Gesamtbetriebsrats zu erfüllen hätte, sowie auf Betriebe der Konzernunternehmen ohne Betriebsrat (s. auch § 58 Rn. 22).

44 Es bedarf **keiner Zustimmung** oder Mitwirkung **des herrschenden Unternehmens** oder aller Konzernunternehmen. Die **Einberufung des Konzernbetriebsrats zur Konstituierung** hat der **Gesamtbetriebsrat des herrschenden Unternehmens** oder, soweit ein solcher Gesamtbetriebsrat nicht besteht, der Gesamtbetriebsrat des nach der Zahl der wahlberechtigten Arbeitnehmer größten Konzernunternehmens zu übernehmen (§ 59 Abs. 2; s. ausführlich dort Rn. 17 ff.).

V. Bestand und Auflösung des Konzernbetriebsrats

1. Konzernbetriebsrat als Dauereinrichtung

Der Konzernbetriebsrat ist, wenn er einmal gebildet wird, eine Dauereinrichtung; er 45 hat wie der Gesamtbetriebsrat **keine Amtszeit** (ebenso *Fitting*, § 54 Rn. 50, § 57 Rn. 4; HSWGNR-*Glock*, § 54 Rn. 29, § 57 Rn. 2; DKK-*Trittin*, § 54 Rn. 51; im Ergebnis GK-*Kreutz*, § 54 Rn. 57 f.; a. A. GK-*Fabricius* [Erstbearbeitung], § 54 Rn. 41, § 55 Rn. 4; s. auch § 47 Rn. 26). Nur mittelbar besteht eine Abhängigkeit von der Amtszeit der einzelnen Betriebsräte, weil diese nach § 13 im Vierjahresrhythmus gewählt werden; denn in diesem Fall endet mit der Amtszeit der Einzelbetriebsräte die Mitgliedschaft der entsandten Mitglieder im Gesamtbetriebsrat und deshalb auch im Konzernbetriebsrat.

Der Konzernbetriebsrat kann, weil er eine Dauereinrichtung darstellt, **nicht** mit der 46 Mehrheit seiner Mitglieder seinen **Rücktritt** beschließen (ebenso *Fitting*, § 54 Rn. 53, § 57 Rn. 4; GK-*Kreutz*, § 54 Rn. 59; DKK-*Trittin*, § 54 Rn. 53). Hier kommt vielmehr nur eine Amtsniederlegung der einzelnen Konzernbetriebsratsmitglieder in Betracht (§ 57); jedoch endet dann nicht das Amt des Konzernbetriebsrats als solches, sondern es rücken die Ersatzmitglieder in den Konzernbetriebsrat nach (§ 55 Abs. 2, § 59 Abs. 1 i. V. mit § 25 Abs. 1).

2. Auflösung des Konzernbetriebsrats durch Beschluss

Da der Konzernbetriebsrat eine fakultative Einrichtung der Betriebsverfassung ist, 47 kann er durch entsprechende **Beschlüsse der Gesamtbetriebsräte** bzw. funktionell zuständigen Betriebsräte der Konzernunternehmen **wieder aufgelöst** werden (ebenso *Brecht*, § 54 Rn. 4; *Fitting*, § 54 Rn. 52; HSWGNR-*Glock*, § 54 Rn. 33; DKK-*Trittin*, § 54 Rn. 54; *Lichtenstein*, BetrR 1972, 233, 237).

Dafür gelten die allgemeinen Grundsätze, so dass eine Zustimmung der Gesamt- 48 betriebsräte bzw. funktionell zuständigen Betriebsräte erforderlich ist, die mindestens 50% der Arbeitnehmer der Konzernunternehmen repräsentieren; nicht erforderlich ist, dass die für die Auflösung stimmenden Gesamtbetriebsräte bzw. funktionell zuständigen Betriebsräte mehr als 50% der Arbeitnehmer der Konzernunternehmen vertreten (anders noch 11. Aufl.; anders auch *Kreutz*, FS Birk 2008, S. 495, 505). Auch dieses Quorum ist entsprechend der Grundkonzeption des Gesetzes nicht nach der Zahl der Gesamtbetriebsräte bzw. funktionell zuständigen Betriebsräte, sondern nach der Zahl der Arbeitnehmer in den Konzernunternehmen zu berechnen, deren Repräsentanten sich für oder gegen den Fortbestand des Konzernbetriebsrats aussprechen (hinsichtlich der Berechnungsbasis ebenso *Fitting*, § 54 Rn. 52; GK-*Kreutz*, § 54 Rn. 60; HSWGNR-*Glock*, § 54 Rn. 33; *Lichtenstein*, BetrR 1972, 233, 237).

3. Beendigung des Konzernbetriebsrats aus sonstigen Gründen

a) Der Konzernbetriebsrat endet weiterhin, wenn die **Voraussetzungen für seine Er-** 49 **richtung** entfallen (BAG 23. 8. 2006 – 7 ABR 51/05). Dies ist insbesondere der Fall, wenn der Konzern aufgelöst wird (ebenso *Fitting*, § 57 Rn. 5; s. auch Rn. 51 ff.).

b) Dagegen scheidet eine Auflösung des Konzernbetriebsrats durch Beschluss des 50 Arbeitsgerichts aus; denn das Gesetz kennt nur den Ausschluss aus dem Konzernbetriebsrat nach § 56 (ebenso *Fitting*, § 54 Rn. 54, § 57 Rn. 4; HSWGNR-*Glock*, § 54 Rn. 34).

c) Nicht geregelt ist, wie es sich auf den Konzernbetriebsrat auswirkt, wenn nach 51 seiner Errichtung ein **Unternehmen in den Konzern eintritt** oder ihn **verlässt**. Grundsätzlich bleibt der Konzernbetriebsrat bei einer Änderung in der Konzernzusammensetzung bestehen (ebenso *Fitting*, § 57 Rn. 7; HSWGNR-*Glock*, § 54 Rn. 31). Bei Eintritt eines

Unternehmens in den Konzern entsendet der dort bestehende Gesamtbetriebsrat Mitglieder in den Konzernbetriebsrat (ebenso *Fitting*, § 57 Rn. 7; HSWGNR-*Glock*, § 54 Rn. 31). Bei Ausscheiden eines Unternehmens aus dem Konzern endet der Konzernbetriebsrat nur, wenn dadurch der Konzern zu bestehen aufhört oder in ihm nicht mindestens zwei Gesamtbetriebsräte bzw. funktionell zuständige Betriebsräte fortbestehen(*Löwisch/Kaiser*, § 54 Rn. 10; vgl. Rn. 32; s. auch Rn. 53). Ansonsten erlischt lediglich die Mitgliedschaft der vom Gesamtbetriebsrat dieses Unternehmens entsandten Mitglieder im Konzernbetriebsrat (ebenso *Fitting*, § 57 Rn. 7; HSWGNR-*Glock*, § 54 Rn. 31). Damit bleiben grundsätzlich auch die **Konzernbetriebsvereinbarungen** unberührt. Im Einzelfall kann sich aber ergeben, dass sie nur für den Konzern in seiner bei Abschluss der Vereinbarung existenten Form Geltung haben sollen. Dann hängt es bei Hinzukommen neuer Unternehmen von den jeweiligen Umständen ab, ob die Vereinbarung nur für die bisher konzernangehörigen Unternehmen fortgilt oder ein Wegfall der Geschäftsgrundlage anzunehmen ist.

52 **Erstreckt** ein **Unternehmen** die **einheitliche Leitung** auf Grund eines Beherrschungsverhältnisses auf **das bisher herrschende Unternehmen eines Konzerns,** so endet der bei diesem gebildete Konzernbetriebsrat; denn es gibt nach dem hier vertretenen Standpunkt keinen Konzern im Konzern (s. Rn. 10 ff.; vgl. aber zur Situation bei Zugrundelegung der h. M. Kreutz, FS Birk 2008, S. 495, 510). Besteht im Konzern, dem der bisherige Konzern nunmehr als Unterkonzern angehört, ein Konzernbetriebsrat, so entsenden die Gesamtbetriebsräte der Unternehmen des Unterkonzerns Mitglieder in den Konzernbetriebsrat. Ansonsten besteht lediglich die Möglichkeit, einen Konzernbetriebsrat für den Konzern zu errichten. Wird hingegen nur die Konzernspitzengesellschaft innerhalb des fortbestehenden Konzerns ausgewechselt, so besteht der Konzernbetriebsrat grundsätzlich fort (*Kreutz*, FS Birk 2008, S. 495, 510).

53 Zweifelhaft ist, wie sich auf den Konzernbetriebsrat auswirkt, wenn nach **Änderung in der Konzernzusammensetzung nicht mehr** die Zustimmung der Gesamtbetriebsräte der Konzernunternehmen vorliegt, in denen insgesamt **mehr als 50 Prozent der Arbeitnehmer der Konzernunternehmen** beschäftigt sind. Wird ein Unternehmen in den Konzern aufgenommen, so kann man in der Entsendung, sofern sie freiwillig erfolgt, die konkludente Zustimmung zur Errichtung des Konzernbetriebsrats erblicken. Aber für den Bestand des Konzernbetriebsrats ist keineswegs notwendig, dass nach Eintritt oder Ausscheiden eines Unternehmens aus dem Konzern der Konzernbetriebsrat sich noch auf die Zustimmung der Gesamtbetriebsräte stützen kann, die ursprünglich mehr als 50 Prozent der Arbeitnehmer des Konzerns repräsentierten; denn es besteht jederzeit die Möglichkeit, den Konzernbetriebsrat durch entsprechende Beschlüsse der Gesamtbetriebsräte bzw. funktionell zuständigen Betriebsräte der Konzernunternehmen aufzulösen (s. Rn. 47; zustimmend im Ergebnis *Kreutz*, FS Birk 2008, S. 495, 506). Solange das nicht geschehen ist, ist der Gesamtbetriebsrat eines Unternehmens bzw. unter den Voraussetzungen des Abs. 2 der Betriebsrat verpflichtet, Mitglieder in den Konzernbetriebsrat zu entsenden (s. auch § 55 Rn. 13). Der Konzernbetriebsrat findet sein Ende allerdings dann, wenn mindestens 50 Prozent der Arbeitnehmer des Konzernunternehmen nicht mehr durch Gesamtbetriebsräte bzw. funktionell zuständige Betriebsräte vertreten sind (ebenso HWK-*Hohenstatt/Dzida*, § 54 Rn. 17).

VI. Konzernunternehmen mit nur einem betriebsratsfähigen Betrieb

1. Generalklausel

54 Das Gesetz geht von dem Fall aus, dass die Konzernunternehmen sich in mehrere Betriebe gliedern und deshalb jeweils ein Gesamtbetriebsrat besteht. Daher berücksichtigen die folgenden Vorschriften der §§ 55 bis 59 in ihrem Wortlaut nur den Gesamt-

VI. Konzernunternehmen mit nur einem betriebsratsfähigen Betrieb § 54

betriebsrat. Wenn ein Unternehmen aber einheitlich-zentralistisch organisiert oder in ihm nach § 3 Abs. 1 Nr. 1 a ein unternehmenseinheitlicher Betriebsrat gebildet ist, verfügt es nur über einen Betrieb. Hier besteht kein Gesamtbetriebsrat, sondern nur ein Betriebsrat. Für diesen Fall bestimmt das Gesetz in Abs. 2, dass dieser Betriebsrat die Aufgaben eines Gesamtbetriebsrats nach den Vorschriften dieses Abschnitts wahrnimmt. Dadurch wird also eine Generalklausel aufgestellt, dass überall dort, wo in einem Konzernunternehmen nur ein Betriebsrat besteht, dieser für die Aufgaben und Befugnisse funktionell zuständig ist, die das Gesetz im Rahmen seiner Regelung über den Konzernbetriebsrat einem Gesamtbetriebsrat zuweist.

2. Voraussetzung für die Zuständigkeit eines Betriebsrats

Trotz des missverständlichen Gesetzeswortlauts, der darauf abstellt, ob in einem Konzernunternehmen nur ein Betriebsrat besteht, ist Voraussetzung, dass dieser Betriebsrat die **Arbeitnehmer des Unternehmens** repräsentiert. Deshalb gilt die in Abs. 2 enthaltene Generalklausel nur für ein einheitlich-zentralistisch organisiertes Unternehmen, nicht dagegen für ein dezentralisiert organisiertes Unternehmen, das sich in mehrere betriebsratsfähige Betriebe gliedert, in dem aber dennoch nur ein Betriebsrat besteht, sofern es sich nicht um einen unternehmenseinheitlichen Betriebsrat handelt. Denn ein solcher Betriebsrat ist nicht Repräsentant der Arbeitnehmer des *Unternehmens*, sondern nur Repräsentant der Arbeitnehmer des *Betriebs*, für den er gebildet wird. Daher ist ausgeschlossen, dass er die Aufgaben und Befugnisse wahrnimmt, die im Rahmen der Regelung über den Konzernbetriebsrat einem Gesamtbetriebsrat zugewiesen sind. Er ist für die Aufgaben eines Gesamtbetriebsrats nicht funktionell zuständig (ebenso GL-*Marienhagen*, § 54 Rn. 26; *Kammann*/Hess/Schlochauer [2. Aufl.], § 54 Rn. 25; WP-*Roloff*, § 54 Rn. 13; a. A. *Brecht*, § 54 Rn. 4; DKK-*Trittin*, § 54 Rn. 59; *Lichtenstein*, BetrR 1972, 233, 235; unter Beschränkung darauf, dass der Betriebsrat bei der Stimmengewichtung im Konzernbetriebsrat nur die Arbeitnehmer des Betriebs repräsentiert, für den er gebildet ist: *Fitting*, § 54 Rn. 58; GK-*Kreutz*, § 54 Rn. 53; HSWGNR-*Glock*, § 54 Rn. 35, *Monjau*, BB 1972, 839, 841; *Schwald*, Die Legitimation der Konzernbetriebsverfassung, S. 37). 55

Die Generalklausel in Abs. 2 findet, wie sich bereits aus dem Gesetzestext ergibt, weiterhin keine Anwendung, wenn in einem Unternehmen **mehrere Betriebsräte** bestehen, diese aber, obwohl zwingend vorgeschrieben (s. § 47 Rn. 23), **keinen Gesamtbetriebsrat gebildet** haben (ebenso *Fitting*, § 54 Rn. 59; GK-*Kreutz*, § 54 Rn. 66; HSWGNR-*Glock*, § 54 Rn. 36; *Monjau*, BB 1972, 839, 841). Diese Betriebsräte können sich an der Bildung des Konzernbetriebsrats nicht beteiligen; sie haben vielmehr zunächst ihre gesetzliche Pflicht zu erfüllen, einen Gesamtbetriebsrat zu bilden. 56

3. Gemeinsamer Betrieb

Betreiben ein oder mehrere Unternehmen gemeinsam mit konzernfremden Unternehmen jeweils einen gemeinsamen Betrieb oder mehrere gemeinsame Betriebe, ist fraglich, wie sie für die Errichtung des Konzernbetriebsrats zu berücksichtigen sind (s. dazu ausführlich § 1 Rn. 60 ff.). Dabei setzen sich diejenigen Schwierigkeiten fort, die bei der Bildung von Gesamtbetriebsräten auftreten (s. § 47 Rn. 76 ff.). Zu beachten ist jedoch die Grundentscheidung des Gesetzgebers, der bei den durch das BetrVerf-Reformgesetz in § 47 Abs. 9 und § 55 Abs. 4 Satz 2 vorgenommenen Änderungen eine Repräsentation der Arbeitnehmer eines gemeinsamen Betriebs in den Konzernbetriebsräten sämtlicher durch Konzernunternehmen an ihm beteiligten Konzerne i. S. des § 18 Abs. 1 AktG vorausgesetzt und lediglich Modifikationen bei der Stimmengewichtung zugelassen hat (s. dazu § 55 Rn. 25 f.). An diese gesetzgeberische Grundentscheidung ist der Rechtsanwender gebunden. Zur Auflösung der Kollision von Konzernbetriebsvereinbarungen siehe die 57

Ausführungen zur insoweit vergleichbaren Situation der Kollision von Gesamtbetriebsvereinbarungen § 50 Rn. 71 (vgl. ferner *Dörner,* FS Leinemann, 2006, S. 487, 500 ff.).

VII. Streitigkeiten

58 Streitigkeiten über die Errichtung eines Konzernbetriebsrats oder seine Auflösung entscheidet das **Arbeitsgericht im Beschlussverfahren** (§ 2 a Abs. 1 Nr. 1, Abs. 2 i. V. mit §§ 80 ff. ArbGG). Zuständig ist das Arbeitsgericht, in dessen Bezirk das herrschende Unternehmen seinen Sitz hat (§ 82 Satz 2 ArbGG; ebenso *Brecht* § 54 Rn. 5; *Fitting,* § 54 Rn. 61; HSWGNR-*Glock,* § 54 Rn. 38). Befindet sich der Sitz im Ausland, ist der Sitz der inländischen Zwischenkonzernspitze (vgl. Rn. 35) maßgeblich (a. A. – von einem abweichenden Grundansatz aus – DKK-*Trittin,* § 54 Rn. 64: Sitz des inländischen Konzernunternehmens mit den meisten Arbeitnehmern).

59 Die **Errichtung des Konzernbetriebsrats** ist **gerichtlich nachprüfbar;** das Gesetz gibt aber keine Bestimmung, die die Geltendmachung von Gesetzesverletzungen an ein besonderes Verfahren bindet. Die rechtsfehlerhafte Errichtung des Konzernbetriebsrats bedeutet nicht notwendigerweise, dass sie nichtig ist. Deshalb ist im Regelfall davon auszugehen, dass der Konzernbetriebsrat so lange sein Amt ausüben kann, bis durch das Arbeitsgericht rechtskräftig festgestellt wird, dass seine Errichtung ungültig ist (enger wohl BAG 23. 8. 2006 AP BetrVG 1972 § 54 Nr. 12; *Ullrich,* DB 2007, 2710, 2712; vgl. auch *Kort,* NZA 2009, 464, 469). Eine Ausnahme gilt lediglich, wenn so wesentliche Mängel vorliegen, dass seine Tätigkeit auch nicht vorübergehend toleriert werden kann. Dies ist anzunehmen, wenn die Voraussetzungen des § 54 nicht vorliegen (ebenso BAG 23. 8. 2006 AP BetrVG 1972 § 54 Nr. 12), also insbesondere, wenn die Gesamtbetriebsräte bzw. Betriebsräte, die der Errichtung eines Konzernbetriebsrats zugestimmt haben, nicht mehr als 50 Prozent der Arbeitnehmerschaft des Konzerns repräsentieren, oder wenn statt der Gesamtbetriebsräte, ohne dass die Voraussetzungen in Abs. 2 gegeben sind, die Betriebsräte die Errichtung eines Konzernbetriebsrats beschlossen haben. Auch wenn ein Konzernbetriebsrat für Unternehmen gebildet wird, die keinen Unterordnungskonzern i. S. des § 18 Abs. 1 AktG bilden, ist die Errichtung nichtig.

60 **Antragsberechtigt** sind jeder **Gesamtbetriebsrat** bzw. für die Errichtung eines Konzernbetriebsrats funktionell zuständige Betriebsrat und der **Arbeitgeber, nicht** aber **eine im Konzern vertretene Gewerkschaft** (s. auch § 47 Rn. 86 sowie zur Begründung § 26 Rn. 33). Beteiligungsbefugt ist auch der Konzernbetriebsrat selbst (s. § 47 Rn. 87). Nach Ansicht des ArbG Braunschweig (1. 10. 1998 NZA-RR 1999, 88) fehlt dem Antrag eines (Gesamt-)Betriebsrats auf Feststellung der Konzernzugehörigkeit des Unternehmens sowie des Rechts auf Mitwirkung bei der Bildung eines Konzernbetriebsrats das Feststellungsinteresse gemäß § 256 ZPO, solange nicht die (Gesamt-)Betriebsräte des (potentiellen) Konzerns der Errichtung eines Konzernbetriebsrats mit dem Quorum des § 54 Abs. 1 zugestimmt haben.

§ 55 Zusammensetzung des Konzernbetriebsrats, Stimmengewicht

(1) [1]In den Konzernbetriebsrat entsendet jeder Gesamtbetriebsrat zwei seiner Mitglieder. [2]Die Geschlechter sollen angemessen berücksichtigt werden.

(2) Der Gesamtbetriebsrat hat für jedes Mitglied des Konzernbetriebsrats mindestens ein Ersatzmitglied zu bestellen und die Reihenfolge des Nachrückens festzulegen.

(3) Jedem Mitglied des Konzernbetriebsrats stehen die Stimmen der Mitglieder des entsendenden Gesamtbetriebsrats je zur Hälfte zu.

(4) ¹Durch Tarifvertrag oder Betriebsvereinbarung kann die Mitgliederzahl des Konzernbetriebsrats abweichend von Absatz 1 Satz 1 geregelt werden. ²§ 47 Abs. 5 bis 9 gilt entsprechend.

Schrifttum: *G. Hueck*, Zwei Probleme der Konzernmitbestimmung, in: FS Westermann, 1974, S. 241.

Übersicht

	Rn.
I. Vorbemerkung	1
II. Mitgliederzahl und Zusammensetzung des Konzernbetriebsrats	3
1. Entsendungsrecht	3
2. Entsendungsverfahren	5
3. Übernahme und Niederlegung des Amtes im Konzernbetriebsrat	8
4. Abberufung	10
5. Ersatzmitglieder	11
6. Rechtsfolgen bei Nichtentsendung	13
III. Abweichende Regelung über die Mitgliederzahl des Konzernbetriebsrats	15
1. Regelung durch Tarifvertrag oder Betriebsvereinbarung	15
2. Notwendigkeit einer Verkleinerung des Konzernbetriebsrats	19
3. Erhöhung oder Verringerung der Mitgliederzahl als Regelungsgegenstand	20
IV. Stimmengewicht der entsandten Mitglieder im Konzernbetriebsrat	22
1. Stimmengewicht bei gesetzlicher Mitgliederzahl	22
2. Stimmengewicht bei Verringerung oder Erhöhung der Mitgliederzahl	24
3. Einbeziehung gemeinsamer Betriebe	25
4. Ausübung des Stimmrechts	28
5. Post-Aktiengesellschaften	30
V. Streitigkeiten	31

I. Vorbemerkung

Die Vorschrift regelt für den Konzernbetriebsrat die Mitgliederzahl und Zusammensetzung, die Bestellung von Ersatzmitgliedern und die Stimmengewichtung in Anlehnung an die für den Gesamtbetriebsrat vorgesehenen Bestimmungen (§ 47). Mit der Abschaffung des Gruppenprinzips durch das BetrVerf-Reformgesetz vom 23. 7. 2001 (BGBl. I S. 1852) wurde eine weitgehende Änderung des § 55 erforderlich. Gleichzeitig wurde die angemessene Berücksichtigung der Geschlechter als Sollgebot in Abs. 1 Satz 2 aufgenommen. 1

Im SprAuG finden sich ähnliche Regelungen in § 21 Abs. 2 bis 4, während das BPersVG keine vergleichbaren Regelungen enthält. Für die Konzern-Jugend- und Auszubildendenvertretung sind die Bestimmungen in § 73 a Abs. 2 bis 4 zu beachten. 2

II. Mitgliederzahl und Zusammensetzung des Konzernbetriebsrats

1. Entsendungsrecht

Der **Gesamtbetriebsrat jedes Konzernunternehmens** hat **zwei seiner Mitglieder** in den Konzernbetriebsrat zu entsenden (Abs. 1 Satz 1). Dadurch wird zugleich die Mitgliederzahl des Konzernbetriebsrats festgelegt. Durch Tarifvertrag oder Betriebsvereinbarung kann sie aber abweichend geregelt werden (Abs. 4 Satz 1; s. ausführlich Rn. 15 ff.); gehören dem Konzernbetriebsrat mehr als vierzig Mitglieder an, so muss sie sogar herabgesetzt werden (Abs. 4 Satz 2 i. V. mit § 47 Abs. 5 und 6; s. Rn. 19). Auswirkun- 3 gen auf die Mitgliederzahl hat es weiterhin, wenn ein Unternehmen in den Konzern eintritt oder ihn verlässt (s. § 54 Rn. 51 ff.).

4 Besteht für ein Konzernunternehmen kein Gesamtbetriebsrat, sondern ist nur ein Betriebsrat vorhanden, der die Arbeitnehmer des Unternehmens repräsentiert (s. dazu § 54 Rn. 53 ff.), so entsendet er Mitglieder in den Konzernbetriebsrat (§ 54 Abs. 2). Hat ein Konzernunternehmen nur einen aus einer Person bestehenden Betriebsrat, so ist sie kraft Amtes Mitglied des Konzernbetriebsrats (s. § 47 Rn. 30).

2. Entsendungsverfahren

5 Der **Gesamtbetriebsrat bestimmt in seiner Gesamtheit,** wer aus seiner Mitte in den Konzernbetriebsrat entsandt wird. Die Auswahl kann nicht dem Gesamtbetriebsausschuss oder einem sonstigen Ausschuss des Gesamtbetriebsrats zur selbständigen Erledigung übertragen werden (s. auch § 47 Rn. 29). Er soll dabei nach Abs. 1 Satz 2 die Geschlechter angemessen berücksichtigen. Hierbei handelt es sich um ein nicht besonders sanktioniertes Soll-Gebot.

6 Die **Wahl** erfolgt in einer **Sitzung des Gesamtbetriebsrats** bzw. des Betriebsrats. Sie kann formlos erfolgen, geheime Wahl ist nicht notwendig. Es muss aber feststehen, wer gewählt ist. Bei Entsendung durch einen Gesamtbetriebsrat setzt die Durchführung der Wahl voraus, dass mindestens die Hälfte der Gesamtbetriebsratsmitglieder an der Beschlussfassung teilnehmen und die Teilnehmenden mindestens die Hälfte aller Stimmen vertreten (§ 51 Abs. 3 Satz 3; s. dort Rn. 42 ff.). Erfolgt die Wahl durch einen Betriebsrat, so muss er beschlussfähig sein (§ 33 Abs. 2). An die Stelle eines verhinderten Mitglieds tritt ein Ersatzmitglied. Über die Wahl und ihr Ergebnis ist eine Niederschrift anzufertigen.

7 Die Wahl hat **für jedes Mitglied gesondert** stattzufinden. Gewählt ist, wer jeweils die meisten Stimmen auf sich vereinigt; dabei kann vorgesehen werden, dass die relative Stimmenmehrheit genügt (s. § 47 Rn. 29).

3. Übernahme und Niederlegung des Amtes im Konzernbetriebsrat

8 Eine **Pflicht zur Übernahme** der Mitgliedschaft im Konzernbetriebsrat besteht **nicht.** Die Entsendung ist daher ein **zustimmungsbedürftiger Organisationsakt** des Gesamtbetriebsrats bzw. Betriebsrats (s. im Übrigen § 47 Rn. 34).

9 Das entsandte Mitglied kann jederzeit sein Amt als Mitglied des Konzernbetriebsrats auch **niederlegen** (§ 57; s. auch § 47 Rn. 35).

4. Abberufung

10 Die **Entsendung** erfolgt für die **Amtsperiode des Gesamtbetriebsrats bzw. Betriebsrats;** jedoch ist eine **Abberufung** aus dem Konzernbetriebsrat **zulässig** (§ 57). Für das Verfahren gelten dieselben Regeln wie für die Entsendung (s. im Übrigen § 47 Rn. 36).

5. Ersatzmitglieder

11 Damit die Kontinuität der Konzernbetriebsratsarbeit gewahrt bleibt, bestimmt das Gesetz, dass der Gesamtbetriebsrat bzw. der funktionell zuständige Betriebsrat **für jedes Mitglied des Konzernbetriebsrats** mindestens ein **Ersatzmitglied** zu bestellen und die Reihenfolge des Nachrückens festzulegen hat (Abs. 2). Die Bestellung der Ersatzmitglieder erfolgt nach denselben Grundsätzen wie die Bestimmung der in den Konzernbetriebsrat zu entsendenden Mitglieder (s. Rn. 5 ff.; s. auch § 47 Rn. 37 ff.).

12 Das Ersatzmitglied rückt nach, wenn das entsandte Mitglied aus dem Konzernbetriebsrat ausscheidet (§ 57); es ist sein Vertreter, wenn das Konzernbetriebsratsmitglied zeitweilig verhindert ist (§ 59 Abs. 1 i. V. mit § 25 Abs. 1; s. ausführlich § 25 Rn. 5 ff.).

6. Rechtsfolgen bei Nichtentsendung

Ist ein Konzernbetriebsrat errichtet, d. h. haben sich für ihn die Gesamtbetriebsräte bzw. Betriebsräte der Unternehmen ausgesprochen, die mehr als 50 Prozent der Arbeitnehmer der Konzernunternehmen repräsentieren (s. § 54 Rn. 37 ff.), so ist **jeder Gesamtbetriebsrat** bzw. entsendungsberechtigte Betriebsrat **verpflichtet, Mitglieder in den Konzernbetriebsrat zu entsenden,** auch wenn er der Errichtung eines Konzernbetriebsrats nicht zugestimmt hat (ebenso *Fitting,* § 55 Rn. 4; HSWGNR-*Glock,* § 55 Rn. 2). Die Verpflichtung erstreckt sich auch darauf, für jedes Mitglied des Konzernbetriebsrats mindestens ein Ersatzmitglied zu bestellen und die Reihenfolge des Nachrückens festzulegen. Geschieht dies nicht und ist daher ein Gesamtbetriebsrat bzw. Betriebsrat nicht ordnungsgemäß im Konzernbetriebsrat vertreten, so bedeutet dies eine grobe Pflichtverletzung. In jedem Fall repräsentiert der Konzernbetriebsrat im Rahmen seiner nach § 58 festgelegten Zuständigkeit auch die Arbeitnehmer der Konzernunternehmen, die kein Mitglied entsandt haben (s. § 58 Rn. 22). 13

Wird ein Konzernbetriebsrat nicht durch Entsendung gebildet, so ist er nicht ordnungsgemäß zusammengesetzt (s. auch Rn. 32). 14

III. Abweichende Regelung über die Mitgliederzahl des Konzernbetriebsrats

1. Regelung durch Tarifvertrag oder Betriebsvereinbarung

a) Das Gesetz erlaubt wie beim Gesamtbetriebsrat, dass durch Tarifvertrag oder Betriebsvereinbarung die **Mitgliederzahl abweichend vom Gesetz** geregelt wird. Die abweichende Regelung darf sich auch hier nur auf die Mitgliederzahl, **nicht** auf die **Zusammensetzung** beziehen; es gilt insoweit Gleiches wie beim Gesamtbetriebsrat (s. § 47 Rn. 43 ff.; ebenso *Fitting,* § 55 Rn. 22; HSWGNR-*Glock,* § 55 Rn. 6). 15

b) Das Gesetz lässt offen, mit wem der **Tarifvertrag** abgeschlossen werden muss. Überwiegend lässt man genügen, dass Vertragspartner der Gewerkschaft das **herrschende Unternehmen** ist (*Fitting,* § 55 Rn. 20; GL-*Marienhagen,* § 55 Rn. 10; HSWGNR-*Glock,* § 55 Rn. 7; WP-*Roloff,* § 55 Rn. 3; DKK-*Trittin,* § 55 Rn. 20; a. A. GK-*Kreutz,* § 55 Rn. 29 f., nach dem alle Konzernunternehmen einen einheitlichen Tarifvertrag oder inhaltsgleiche Tarifverträge abschließen müssen). Wenn auch die Konzernleitungsmacht keine arbeitsrechtliche Weisungsbefugnis beinhaltet, sprechen Praktikabilitätsgesichtspunkte für diese Annahme. Möglich ist aber auch, dass der Tarifvertrag mit dem Arbeitgeberverband abgeschlossen wird, dem das herrschende Unternehmen angehört (§ 3 Abs. 1 TVG). Ein spezifisch konzernbezogener Tarifvertrag ist hierzu nicht unbedingt erforderlich (a. A. GK-*Kreutz,* § 55 Rn. 29; wohl auch ErfK-*Eisemann/Koch,* § 55 Rn. 2). 16

Problematisch ist, ob die **Gewerkschaft** für alle Konzernunternehmen **tarifzuständig** sein muss. Würde man diese Frage bejahen, so würde für gemischte Konzerne ein Tarifvertrag in der Regel ausscheiden, weil die im DGB organisierten Gewerkschaften überwiegend nach dem Industrieverbandsprinzip organisiert sind. Da hier die abhängigen Konzernunternehmen unter der Leitung eines herrschenden Unternehmens stehen, ist auch die Ausgangslage anders als bei einem Tarifvertrag über die Mitgliederzahl eines Gesamtbetriebsrats (s. § 47 Rn. 47 ff.). Deshalb genügt es, dass die Gewerkschaft **für das herrschende Unternehmen tarifzuständig** bzw., da zumeist bei der Regelung der Tarifzuständigkeit auf die Betriebe abgestellt wird, überwiegend tarifzuständig ist (ebenso im Ergebnis, wenn nicht gefordert wird, dass die Gewerkschaft in den Betrieben sämtlicher Konzernunternehmen vertreten sein muss, *Fitting,* § 55 Rn. 20; GL- 17

Marienhagen, § 55 Rn. 10; WP-*Roloff,* § 55 Rn. 3; a. A. HWK-*Hohenstatt/Dzida,* § 55 Rn. 5).

18 c) Liegt keine tarifvertragliche Regelung vor, so kann eine **Betriebsvereinbarung** über die Mitgliederzahl des Konzernbetriebsrats getroffen werden. Hier ist aber zu berücksichtigen, dass mehrere rechtlich selbständige Unternehmen zu einem Konzern zusammengefasst sind. Da ein Konzernbetriebsrat nur in einem Unterordnungskonzern gebildet werden kann, genügt es, ist aber auch erforderlich, dass der nach dem Gesetz gebildete Konzernbetriebsrat die Betriebsvereinbarung mit dem herrschenden Unternehmen abschließt (ebenso *Fitting,* § 55 Rn. 21; HSWGNR-*Glock,* § 55 Rn. 8; s. zur Konzernbetriebsvereinbarung § 58 Rn. 44 ff.).

2. Notwendigkeit einer Verkleinerung des Konzernbetriebsrats

19 Durch Abs. 4 Satz 2 wird angeordnet, dass § 47 Abs. 5 entsprechend gilt. Daraus folgt, dass eine Regelung über die Mitgliederzahl notwendig ist, wenn dem Konzernbetriebsrat nach dem Gesetz mehr als vierzig Mitglieder angehören. Eine Regelungspflicht besteht also nur dann, wenn der Konzern aus mindestens 21 rechtlich selbständigen Unternehmen besteht (vgl. dazu auch *G. Hueck,* FS Westermann 1974, S. 241, 256). Für das Verfahren gilt das Gleiche wie bei einer notwendigen Regelung über die Mitgliederzahl des Gesamtbetriebsrats (s. § 47 Rn. 60 ff.).

3. Erhöhung oder Verringerung der Mitgliederzahl als Regelungsgegenstand

20 a) **Soweit keine Regelungsnotwendigkeit** besteht, kann durch Tarifvertrag oder Betriebsvereinbarung die **Mitgliederzahl gegenüber dem Gesetz** nicht nur gesenkt, sondern auch **erhöht** werden. Eine Schranke besteht lediglich insoweit, als der Konzernbetriebsrat nicht mehr als vierzig Mitglieder haben soll; denn für diesen Fall bestimmt das Gesetz, dass eine Regelung über die Mitgliederzahl des Konzernbetriebsrats zu treffen ist. Berücksichtigt man, dass immer dann, wenn der Konzernbetriebsrat nach dem Gesetz gebildet wird, eine Regelungsnotwendigkeit nur selten in Betracht kommen wird, so hat die Begrenzung der Mitgliederzahl praktisch vor allem dann Bedeutung, wenn durch Tarifvertrag oder Konzernbetriebsvereinbarung die Mitgliederzahl erhöht werden soll. Wenn daher der Gesetzgeber die Bestimmung in § 47 Abs. 5 sogar auf den Konzernbetriebsrat für entsprechend anwendbar erklärt, so kann dies nur bedeuten, dass insoweit eine äußerste Grenze für die Mitgliederzahl festgelegt wird, an die auch ein Tarifvertrag und eine Konzernbetriebsvereinbarung gebunden sind (s. auch § 47 Rn. 66; ebenso *G. Hueck,* FS Westermann 1974, S. 241, 256 f., 261).

21 b) Vor allem kann die **Mitgliederzahl beschränkt** werden. Soweit nach dem Gesetz eine Regelung durch Konzernbetriebsvereinbarung notwendig ist (s. Rn. 19), muss die Betriebsvereinbarung sogar eine Regelung dahin treffen, dass die Mitgliederzahl nicht mehr als vierzig beträgt; es gilt insoweit Gleiches wie für den Gesamtbetriebsrat (s. § 47 Rn. 60 ff.). Die entsprechende Anwendung des § 47 Abs. 5 bedeutet in diesem Zusammenhang, dass die Gesamtbetriebsräte bzw. unter den Voraussetzungen des § 54 Abs. 2 die Betriebsräte derjenigen Unternehmen, die regional oder durch gleichartige Interessen miteinander verbunden sind, gemeinsam Mitglieder in den Konzernbetriebsrat entsenden. Regionale Verbundenheit besteht, wenn die Betriebe der in Betracht kommenden Unternehmen nicht räumlich weit voneinander entfernt sind. Eine Verbundenheit durch gleichartige Interessen besteht, wenn die Unternehmen gleichartige Betriebe haben und daher eine gleiche Struktur der Belegschaft aufweisen (ebenso GK-*Kreutz,* § 55 Rn. 34).

IV. Stimmengewicht der entsandten Mitglieder im Konzernbetriebsrat

1. Stimmengewicht bei gesetzlicher Mitgliederzahl

Wie im Gesamtbetriebsrat richtet sich auch im Konzernbetriebsrat das Stimmengewicht der entsandten Mitglieder nach der Zahl der Arbeitnehmer, die von ihnen repräsentiert werden. Abs. 3 sieht vor, dass jedem Mitglied des Konzernbetriebsrats die Stimmen der Mitglieder des entsendenden Gesamtbetriebsrats je zur Hälfte zustehen. Insoweit ist ein unmittelbarer Rückgriff auf § 47 Abs. 7 (vgl. Abs. 4 Satz 2) ausgeschlossen. Da aber das Stimmengewicht der Mitglieder im Gesamtbetriebsrat von der Zahl der in die Wählerliste eingetragenen wahlberechtigten Arbeitnehmer abhängt, die von ihnen repräsentiert werden, ist das tatsächliche Stärkeverhältnis der einzelnen Konzernunternehmen auch für die Stimmengewichtung im Konzernbetriebsrat maßgebend. 22

Problematisch ist die Rechtslage, wenn gemäß § 54 Abs. 2 ein **Betriebsrat** Mitglieder in den Konzernbetriebsrat **entsendet**. Würde man hier Abs. 3 analog anwenden, so käme man zu dem Ergebnis, dass das Mitglied nur so viele Stimmen hat, wie dem Betriebsrat, der es entsandt hat, Mitglieder angehören. Eine Abhängigkeit von der Zahl der Arbeitnehmer wäre nur mittelbar gegeben, nämlich insoweit, als die Größe des Betriebsrats sich nach der Zahl der Arbeitnehmer richtet (§ 9). Da aber für das Stimmengewicht auch im Konzernbetriebsrat die Zahl der von den entsandten Mitgliedern repräsentierten Arbeitnehmer maßgebend sein soll, ist hier § 47 Abs. 7 analog anzuwenden. Dafür spricht, dass in Abs. 4 Satz 2 diese Bestimmung ausdrücklich für entsprechend anwendbar erklärt wird, was für den Fall, dass ein Gesamtbetriebsrat Mitglieder in den Konzernbetriebsrat entsendet, überflüssig ist, weil für diesen Fall bereits Abs. 3 eine Regelung enthält. Werden also von dem einzigen Betriebsrat des Konzernunternehmens Mitglieder in den Konzernbetriebsrat entsandt, so richtet sich ihr Stimmengewicht nach § 47 Abs. 7 (ebenso *Fitting*, § 55 Rn. 16; GK-*Kreutz*, § 55 Rn. 22; HSWGNR-*Glock*, § 55 Rn. 18). 23

2. Stimmengewicht bei Verringerung oder Erhöhung der Mitgliederzahl

Wird ein **Mitglied für mehrere Konzernunternehmen entsandt** (s. Rn. 21), so hat es so viele Stimmen, wie in den Unternehmen, für die es entsandt ist, wahlberechtigte Arbeitnehmer in den Wählerlisten eingetragen sind. Werden mehrere Gesamtbetriebsratsmitglieder für mehrere Unternehmen einheitlich entsandt, stehen ihnen die Stimmen anteilig zu (Abs. 4 Satz 2 i. V. mit § 47 Abs. 8). 24

3. Einbeziehung gemeinsamer Betriebe

Gewisse Auslegungsschwierigkeiten bereitet die in Abs. 4 Satz 2 vorgesehene entsprechende Anwendung des § 47 Abs. 9. Nach der Begründung zum Regierungsentwurf soll damit insbesondere ermöglicht werden, dass in Fällen, in denen Konzernunternehmen gemeinsame Betriebe mit konzernfremden Unternehmen gebildet haben, die konzernfremden Arbeitnehmer bei der Ermittlung des Stimmengewichts der Konzernbetriebsratsmitglieder unberücksichtigt bleiben (s. Begr. RegE, BT-Drucks. 14/5741, S. 43). Im Regelfall bestimmt sich das Stimmengewicht der Konzernbetriebsratsmitglieder nun allerdings ohne die Notwendigkeit eines Rückgriffs auf Abs. 4 Satz 2 i. V. mit § 47 Abs. 7, 8 unmittelbar nach Abs. 3, weshalb es scheint, als sei davon mit Blick auf gemeinsame Betriebe keine Abweichung möglich. Indes zeigen die innere Teleologie des Gesetzes sowie die dem Gesetzgebungsverfahren zugrundeliegende Begründung des Regierungsentwurfs ausreichend deutlich, dass mit Blick auf gemeinsame Betriebe auch eine Abweichung von der Grundregel des Abs. 3 möglich sein soll (ebenso Düwell-*Tautphäus*, § 55 Rn. 17; DKK-*Trittin*, § 55 Rn. 19). 25

26 Die Entscheidung über die Berücksichtigung der in gemeinsamen Betrieben beschäftigten Arbeitnehmer kann für den Konzern unabhängig von etwa in den einzelnen Konzernunternehmen nach § 47 Abs. 9 getroffenen Entscheidungen erfolgen (a. A. GK-*Kreutz*, § 55 Rn. 41; GK-*Oetker*, § 73 a Rn. 38; wohl auch *Fitting*, § 55 Rn. 30). Unzulässig dürfte es dabei sein, den im Gesamtbetriebsrat repräsentierten gemeinsamen Betrieb bei der Stimmengewichtung überhaupt nicht zu berücksichtigen oder ihm weniger Stimmen beizumessen, als in ihm konzernangehörige und im jeweiligen Gesamtbetriebsrat zwingend zu berücksichtigende Arbeitnehmer tätig sind (vgl. auch § 47 Rn. 76 ff.). Nach Ansicht von *Kreutz* soll eine entsprechende Anwendung des § 47 Abs. 9 „mangels möglicher Stimmgewichtsverzerrungen" immer dann generell ausscheiden, wenn am gemeinsamen Betrieb nur Konzernunternehmen beteiligt sind (GK-*Kreutz*, § 55 Rn. 40). Hingegen kann gerade in diesen Fällen der „Grundsatz der Vollrepräsentation" (s. § 47 Rn. 77) zu unbefriedigenden Ergebnissen führen. Beachtenswert sind die Überlegungen bei WP-*Roloff*, § 55 Rn. 7, wonach in einem konzerninternen gemeinsamen Betrieb die Stimmen der im gemeinsamen Betrieb beschäftigten Wahlberechtigten entsprechend der Unternehmenszugehörigkeit auf die Mitglieder des Konzernbetriebsrats verteilt werden.

27 Für die Berücksichtigung von **Gemeinschaftsunternehmen,** an denen sowohl konzernangehörige als auch konzernfremde Unternehmen beteiligt sind, kann aus der entsprechenden Anwendbarkeit von § 47 Abs. 9 nichts hergeleitet werden, so dass darin insbesondere keine gesetzliche Anerkennung der mehrfachen Zugehörigkeit eines Gemeinschaftsunternehmens zu den Konzernen der an ihm beteiligten Unternehmen zu erblicken ist (ebenso *Fitting*, § 55 Rn. 28).

4. Ausübung des Stimmrechts

28 a) Das Mitglied des Konzernbetriebsrats hat seine Stimmen nach **eigener Verantwortung** abzugeben. Der Konzernbetriebsrat ist ebenso wie der Gesamtbetriebsrat keine Versammlung von Vertretern, die nur einen Auftrag ausführen; es gibt **kein imperatives Mandat** (ebenso *Fitting*, § 55 Rn. 18; s. auch § 47 Rn. 73).

29 b) Jedes Mitglied des Konzernbetriebsrats kann seine **Stimmen nur einheitlich abgeben**; eine Aufgliederung ist ausgeschlossen (ebenso *Fitting*, § 55 Rn. 17; GK-*Kreutz*, § 55 Rn. 23; vgl. auch DKK-*Trittin*, § 55 Rn. 15 f.; s. auch § 47 Rn. 74).

5. Post-Aktiengesellschaften

30 Soweit die Post-Aktiengesellschaften einen Konzern bilden und der Konzernbetriebsrat ausnahmsweise zur Mitbestimmung in Angelegenheiten des § 28 Abs. 1 Satz 1 PostPersRG zuständig ist, sind zur Beschlussfassung nach gemeinsamer Beratung nur die Vertreter der Beamten berufen (§ 33 Abs. 2 i. V. mit § 28 Abs. 1 Satz 2 PostPersRG). Der Vertreter der Beamten hat so viele Stimmen wie die Vertreter der Beamten im Gesamtbetriebsrat insgesamt Stimmen haben (§ 33 Abs. 1 Nr. 2 PostPersRG).

V. Streitigkeiten

31 Streitigkeiten, die mit der Zusammensetzung des Konzernbetriebsrats und mit der Entsendung der Mitglieder in den Konzernbetriebsrat zusammenhängen oder die sich auf das Stimmgewicht der Mitglieder beziehen, entscheidet das **Arbeitsgericht im Beschlussverfahren** (§ 2a Abs. 1 Nr. 1, Abs. 2 i. V. mit §§ 80 ff. ArbGG). Zuständig ist das Arbeitsgericht, in dessen Bezirk das herrschende Unternehmen seinen Sitz hat (§ 82 Satz 2 ArbGG; ebenso *Fitting*, § 55 Rn. 31; GK-*Kreutz*, § 55 Rn. 43; HSWGNR-*Glock*, § 55 Rn. 22).

Die **Entsendung** der Mitglieder in den Konzernbetriebsrat und ihre **Abberufung** sind **32** **gerichtlich nachprüfbar;** es gilt hier Gleiches wie auch sonst bei betriebsratsinternen Wahlen (s. auch § 47 Rn. 84).

Antragsberechtigt sind die entsendungsberechtigten **Gesamtbetriebsräte** bzw. Betriebs- **33** räte und der **Arbeitgeber,** ein **Gesamtbetriebsratsmitglied** oder Betriebsratsmitglied nur dann, wenn es durch die Entsendung oder Abberufung in seiner Rechtsstellung als Mitglied des Gesamtbetriebsrats oder Betriebsrats betroffen wird. **Kein Antragsrecht** haben die im Konzern vertretenen **Gewerkschaften** (s. § 54 Rn. 59).

§ 56 Ausschluss von Konzernbetriebsratsmitgliedern

Mindestens ein Viertel der wahlberechtigten Arbeitnehmer der Konzernunternehmen, der Arbeitgeber, der Konzernbetriebsrat oder eine im Konzern vertretene Gewerkschaft können beim Arbeitsgericht den Ausschluss eines Mitglieds aus dem Konzernbetriebsrat wegen grober Verletzung seiner gesetzlichen Pflichten beantragen.

Übersicht

	Rn.
I. Vorbemerkung	1
II. Ausschluss aus dem Konzernbetriebsrat	3
1. Grobe Pflichtverletzung als Konzernbetriebsratsmitglied	3
2. Ausschluss durch Beschluss des Arbeitsgerichts	4
3. Rechtsfolgen der Amtsenthebung	10

I. Vorbemerkung

Die Vorschrift über den Ausschluss von Mitgliedern aus dem Konzernbetriebsrat **1** entspricht der Regelung, wie sie in § 48 für den Gesamtbetriebsrat gegeben wird. Eine Auflösung des Konzernbetriebsrats durch Beschluss des Arbeitsgerichts kommt auch bei einer groben Verletzung seiner Pflichten nicht in Betracht; denn der Konzernbetriebsrat ist eine Dauereinrichtung, solange die Voraussetzungen bestehen, die zu seiner Errichtung geführt haben (s. § 54 Rn. 45 ff.).

Das SprAuG enthält eine entsprechende Regelung in § 22 Abs. 1, während im **2** BPersVG keine vergleichbare Vorschrift vorhanden ist.

II. Ausschluss aus dem Konzernbetriebsrat

1. Grobe Pflichtverletzung als Konzernbetriebsratsmitglied

Voraussetzung für einen Ausschluss aus dem Konzernbetriebsrat ist eine grobe Verlet- **3** zung der gesetzlichen Pflichten als Konzernbetriebsratsmitglied. Es gilt hier insoweit Gleiches wie für den Ausschluss aus dem Gesamtbetriebsrat (s. § 48 Rn. 3 ff.). Die Pflichtverletzung muss sich auf die Tätigkeit als Mitglied des Konzernbetriebsrats beziehen. Das Gesetz geht davon aus, dass der Pflichtenkreis als Mitglied des Konzernbetriebsrats gegenüber dem Pflichtenkreis als Mitglied des Gesamtbetriebsrats und als Mitglied des Einzelbetriebsrats selbständig ist (vgl. auch *Fitting,* § 56 Rn. 5; GK-*Kreutz,* § 56 Rn. 11 ff.).

2. Ausschluss durch Beschluss des Arbeitsgerichts

4 Der Ausschluss erfolgt durch Beschluss des Arbeitsgerichts, aber nur auf Antrag eines Antragsberechtigten, nicht von Amts wegen.

5 a) **Antragsberechtigt** ist ein **Viertel der wahlberechtigten Arbeitnehmer der Konzernunternehmen.** Es gilt hier Entsprechendes wie im Rahmen von § 48 (s. dort Rn. 7 ff.). Es zählen daher auch Arbeitnehmer mit, die in betriebs- bzw. gesamtbetriebsratslosen Betrieben oder Unternehmen beschäftigt sind (ebenso *Fitting,* § 56 Rn. 6; a. A. *DKK-Trittin,* § 56 Rn. 4). Gleichgültig ist, welches Quorum in den einzelnen Konzernunternehmen erzielt wird. Die Mindestzahl muss während des ganzen Verfahrens gewahrt sein; jedoch ist keine Voraussetzung, dass die Wahlberechtigung bestehen bleibt (s. § 23 Rn. 33).

6 Antragsberechtigt ist auch, wie das Gesetz sagt, der „**Arbeitgeber**". Die Verwendung dieses Begriffs ist eine gesetzestechnische Fehlleistung, weil übersehen wird, dass die in einer Konzernbindung stehenden Unternehmen rechtlich selbständig sind, also mehrere Arbeitgeber bestehen. Gemeint ist hier mit dem Arbeitgeber das **herrschende Unternehmen,** nicht die zum Konzern gehörenden Unternehmen, die unter seiner Leitung stehen (ebenso *Fitting,* § 56 Rn. 8; GK-*Kreutz,* § 56 Rn. 7; HSWGNR-*Glock,* § 56 Rn. 6).

7 Antragsberechtigt ist weiterhin der **Konzernbetriebsrat.** Die Gesamtbetriebsräte bzw. ein nach § 54 Abs. 2 funktionell zuständiger Betriebsrat haben kein Antragsrecht. Sie können vielmehr lediglich die von ihnen entsandten Mitglieder abberufen. Stellt der Konzernbetriebsrat den Antrag, so ist ein Beschluss erforderlich, für den § 51 Abs. 3 entsprechend gilt (§ 59 Abs. 1; s. auch § 48 Rn. 9).

8 Antragsberechtigt ist außerdem **jede im Konzern vertretene Gewerkschaft.** Nicht erforderlich ist, dass sie im herrschenden Unternehmen vertreten ist, sondern es genügt, dass sie in einem der Konzernunternehmen vertreten ist (ErfK-*Eisemann/Koch,* § 56 Rn. 1), also mindestens einen in den Konzernunternehmen beschäftigten Arbeitnehmer zu ihren Mitgliedern zählt (s. im Übrigen § 2 Rn. 66 ff. mit dem Unterschied, dass hier ausreichend ist, dass die Gewerkschaft im Konzern vertreten ist).

9 b) Das Arbeitsgericht muss das Konzernbetriebsratsmitglied aus dem Konzernbetriebsrat ausschließen, wenn es eine grobe Verletzung dessen gesetzlicher Pflichten als erwiesen ansieht. Die Entscheidung erfolgt im **Beschlussverfahren** (§ 2a Abs. 1 Nr. 1, Abs. 2 i. V. mit §§ 80 ff. ArbGG). Der Verlust des Amtes tritt mit der Rechtskraft der Entscheidung ein (s. § 48 Rn. 12).

3. Rechtsfolgen der Amtsenthebung

10 Mit der Amtsenthebung als Mitglied des Konzernbetriebsrats endet **weder die Mitgliedschaft im Gesamtbetriebsrat noch die Mitgliedschaft im Einzelbetriebsrat.** Jedoch führt das Erlöschen der Mitgliedschaft im Konzernbetriebsrat zur Beendigung der Mitgliedschaft im Konzernbetriebsausschuss und anderen Ausschüssen des Konzernbetriebsrats.

11 Für das ausgeschlossene Mitglied rückt das **Ersatzmitglied** nach (§ 59 Abs. 1 i. V. mit § 25 Abs. 1; s. auch § 55 Rn. 12).

12 Ist **kein Ersatzmitglied** vorhanden, so kann der Gesamtbetriebsrat bzw. Betriebsrat ein **anderes Mitglied in den Konzernbetriebsrat entsenden.** Ausgeschlossen ist lediglich, dass er das Mitglied bestellt, das wegen seiner groben Amtspflichtverletzung aus dem Konzernbetriebsrat ausgeschlossen wurde; etwas anderes gilt lediglich, wenn nach einer Betriebsratswahl das Mitglied wieder in den Gesamtbetriebsrat entsandt wurde bzw. dem Betriebsrat angehört (s. § 48 Rn. 15).

§ 57 Erlöschen der Mitgliedschaft

Die Mitgliedschaft im Konzernbetriebsrat endet mit dem Erlöschen der Mitgliedschaft im Gesamtbetriebsrat, durch Amtsniederlegung, durch Ausschluss aus dem Konzernbetriebsrat aufgrund einer gerichtlichen Entscheidung oder Abberufung durch den Gesamtbetriebsrat.

Übersicht

	Rn.
I. Vorbemerkung	1
II. Ende des Amtes als Konzernbetriebsratsmitglied	2
1. Beendigung des Amtes eines Konzernbetriebsrats als solches	2
2. Erlöschensgründe für die Mitgliedschaft im Konzernbetriebsrat	4
3. Rechtsfolgen des Amtsverlusts	8
III. Streitigkeiten	10

I. Vorbemerkung

Die Bestimmung ist der Vorschrift des § 49 über das Erlöschen der Mitgliedschaft im Gesamtbetriebsrat nachgebildet. Das SprAuG enthält eine entsprechende Regelung in § 22 Abs. 2, während im BPersVG keine vergleichbare Vorschrift vorhanden ist. **1**

II. Ende des Amtes als Konzernbetriebsratsmitglied

1. Beendigung des Amtes eines Konzernbetriebsrats als solches

Der Konzernbetriebsrat hat **keine Amtszeit;** er ist, wenn er einmal gebildet wird, eine **Dauereinrichtung** (s. § 54 Rn. 45). Er kann auch nicht mit der Mehrheit seiner Mitglieder seinen Rücktritt beschließen (s. § 54 Rn. 46). Hier kommt vielmehr nur eine Amtsniederlegung der einzelnen Konzernbetriebsratsmitglieder in Betracht; jedoch endet dann nicht das Amt des Konzernbetriebsrats als solches, sondern es rücken die Ersatzmitglieder in den Konzernbetriebsrat nach. Das Gesetz kennt auch keine Auflösung des Konzernbetriebsrats, sondern nur den Ausschluss aus dem Konzernbetriebsrat durch arbeitsgerichtlichen Beschluss (§ 56). **2**

Der **Konzernbetriebsrat** kann nur durch entsprechende Beschlüsse der Gesamtbetriebsräte der Konzernunternehmen bzw. der nach § 54 Abs. 2 zuständigen Einzelbetriebsräte **aufgelöst** werden. Dann endet das Amt, sobald sich die Gesamtbetriebsräte bzw. Betriebsräte der Konzernunternehmen dafür aussprechen, die mindestens als fünfzig Prozent der Arbeitnehmer beschäftigen (s. ausführlich § 54 Rn. 47 f.). Das Amt des Konzernbetriebsrats endet weiterhin auch dadurch, dass die Voraussetzungen seiner Errichtung entfallen – sei es, dass die Konzernbindung aufgehoben wird, sei es, dass nicht länger in einem Konzernunternehmen ein Gesamtbetriebsrat oder ein gemäß § 54 Abs. 2 funktionell zuständiger Betriebsrat besteht – oder sämtliche Gesamtbetriebsräte und entsendungsberechtigte Betriebsräte keine Mitglieder in den Konzernbetriebsrat entsenden (im Ergebnis ebenso GK-*Kreutz*, § 57 Rn. 5; a. A. für den Fall der Nichtentsendung ErfK-*Eisemann/Koch*, § 57 Rn. 1; *Fitting*, § 57 Rn. 6; DKK-*Trittin*, § 57 Rn. 6: Konzernbetriebsrat als Gremium bleibt bestehen, so dass durch schlichten Beschluss der Gesamtbetriebsräte jederzeit wieder eine Entsendung von Mitgliedern möglich ist); dabei ist unerheblich, dass in letzterem Fall pflichtwidrig gehandelt wird (s. § 55 Rn. 13). **3**

2. Erlöschensgründe für die Mitgliedschaft im Konzernbetriebsrat

4 Die Mitgliedschaft im Konzernbetriebsrat endet mit dem **Erlöschen der Mitgliedschaft im Gesamtbetriebsrat**; denn das Amt als Konzernbetriebsratsmitglied ist untrennbar mit der Mitgliedschaft im entsendenden Gesamtbetriebsrat verbunden (s. ausführlich § 49 Rn. 4 ff.). Soweit gemäß § 54 Abs. 2 ein Betriebsrat die Aufgaben eines Gesamtbetriebsrats wahrnimmt, endet die Zugehörigkeit des entsandten Mitglieds zum Konzernbetriebsrat, wenn das Mitglied aus dem Betriebsrat ausscheidet (§ 24).

5 Ein Beendigungsgrund ist dagegen die **Amtsniederlegung**. Gemeint ist hier die Niederlegung des Amtes als Konzernbetriebsratsmitglied unter Beibehaltung der Mitgliedschaft im Gesamtbetriebsrat bzw. im Betriebsrat (s. dazu auch § 49 Rn. 6).

6 Die Mitgliedschaft im Konzernbetriebsrat endet weiterhin durch **Ausschluss aus dem Konzernbetriebsrat** auf Grund eines arbeitsgerichtlichen Beschlusses (§ 56).

7 Außerdem kann die Beendigung der Mitgliedschaft im Konzernbetriebsrat dadurch eintreten, dass der **Gesamtbetriebsrat** bzw. der entsendungsberechtigte Einzelbetriebsrat das **von ihm entsandte Mitglied abberuft**. Die Abberufung erfolgt durch Beschluss des Gesamtbetriebsrats und wird wirksam, sobald sie dem betreffenden Mitglied mitgeteilt wird (ebenso *Fitting*, § 57 Rn. 12; GK-*Kreutz*, § 57 Rn. 12).

3. Rechtsfolgen des Amtsverlusts

8 Mit dem Verlust des Amtes als Konzernbetriebsratsmitglied **entfallen** alle **Ämter, die die Zugehörigkeit zum Konzernbetriebsrat voraussetzen**, also die Mitgliedschaft im Konzernbetriebsausschuss oder einem sonstigen Ausschuss des Konzernbetriebsrats.

9 Für das ausgeschiedene Mitglied rückt das **Ersatzmitglied** in den Konzernbetriebsrat nach (§ 59 Abs. 1 i. V. mit § 25 Abs. 1). Doch kann unter den Voraussetzungen des § 55 Abs. 1 auch ein anderes Mitglied in den Konzernbetriebsrat entsandt werden (s. auch § 56 Rn. 12).

III. Streitigkeiten

10 Streitigkeiten darüber, ob das Amt als Mitglied des Konzernbetriebsrats erloschen ist, entscheidet das Arbeitsgericht im Beschlussverfahren (§ 2a Abs. 1 Nr. 1, Abs. 2 i. V. mit §§ 80 ff. ArbGG). Zuständig ist das Arbeitsgericht, in dessen Bezirk das herrschende Unternehmen seinen Sitz hat (§ 82 Satz 2 ArbGG).

§ 58 Zuständigkeit

(1) ¹Der Konzernbetriebsrat ist zuständig für die Behandlung von Angelegenheiten, die den Konzern oder mehrere Konzernunternehmen betreffen und nicht durch die einzelnen Gesamtbetriebsräte innerhalb ihrer Unternehmen geregelt werden können; seine Zuständigkeit erstreckt sich insoweit auch auf Unternehmen, die einen Gesamtbetriebsrat nicht gebildet haben, sowie auf Betriebe der Konzernunternehmen ohne Betriebsrat. ²Er ist den einzelnen Gesamtbetriebsräten nicht übergeordnet.

(2) ¹Der Gesamtbetriebsrat kann mit der Mehrheit der Stimmen seiner Mitglieder den Konzernbetriebsrat beauftragen, eine Angelegenheit für ihn zu behandeln. ²Der Gesamtbetriebsrat kann sich dabei die Entscheidungsbefugnis vorbehalten. ³§ 27 Abs. 2 Satz 3 und 4 gilt entsprechend.

I. Vorbemerkung § 58

Abgekürzt zitiertes Schrifttum: *Dross,* Besonderheiten des Sozialplans im Konzern, 1999; *Fuchs,* Der Konzernbetriebsrat – Funktion und Kompetenz, 1974; *Güllich,* Die unmittelbare Geltung von Betriebsvereinbarungen im Konzern zu Lasten von beherrschten Gesellschaften, Diss. Erlangen-Nürnberg 1978; *Nick,* Konzernbetriebsrat und Sozialplan im Konzern, Diss. Hohenheim (1991), 1992; *Wetzling,* Der Konzernbetriebsrat – Geschichtliche Entwicklung und Kompetenz, 1978; *Wiedemann,* Die Unternehmensgruppe im Privatrecht, 1988; *Windbichler,* Arbeitsrecht im Konzern, 1989.

Übersicht

	Rn.
I. Vorbemerkung	1
II. Die gesetzliche Abgrenzung der Zuständigkeit des Konzernbetriebsrats	5
1. Parallelabgrenzung zur Zuständigkeit des Gesamtbetriebsrats	5
2. Reichweite der Zuständigkeitsabgrenzung	6
3. Kriterien für die originäre Zuständigkeit des Konzernbetriebsrats	7
4. Einzelfallbeurteilung für die Anerkennung einer originären Zuständigkeit des Konzernbetriebsrats	9
5. Zuständigkeit kraft besonderer gesetzlicher Zuweisung	16
6. Verhältnis zur Zuständigkeit der bei den Konzernunternehmen bestehenden Betriebsvertretungen	21
7. Zuständigkeit des Konzernbetriebsrats für vertretungslose Unternehmen	22
III. Zuständigkeit des Konzernbetriebsrats auf Grund einer Delegation	24
1. Beauftragung durch einen Gesamtbetriebsrat	24
2. Beauftragung durch einen Einzelbetriebsrat	31
IV. Regelungsbefugnis des Konzernbetriebsrats	32
1. Entsprechende Geltung der Vorschriften über die Rechte und Pflichten des Betriebsrats	32
2. Besonderheiten wegen der rechtlichen Selbständigkeit der Konzernunternehmen	33
3. Konzernbetriebsvereinbarung	44
V. Streitigkeiten	47

I. Vorbemerkung

Die **Aufgaben des Konzernbetriebsrats** sind im Rahmen seiner Zuständigkeit nach Meinung des Gesetzgebers die Gleichen wie die des Gesamtbetriebsrats und des Betriebsrats der Einzelbetriebe innerhalb ihrer jeweiligen Zuständigkeit; denn § 59 Abs. 1 bestimmt ausdrücklich, dass auch für den Konzernbetriebsrat § 51 Abs. 5 entsprechend gilt. Daher stellt sich hier das gleiche Problem der **Zuständigkeitsabgrenzung wie im Verhältnis zwischen dem Gesamtbetriebsrat und dem Einzelbetriebsrat.** 1

Die Parallelbehandlung mit dem Gesamtbetriebsrat ist darauf zurückzuführen, dass der Gesetzgeber von der **Existenz eines Konzernarbeitgebers** ausgegangen ist (vgl. auch GK-*Kreutz,* § 58 Rn. 10; *Wetzling,* Konzernbetriebsrat, S. 196; *Biedenkopf,* Liber amicorum Sanders 1972, S. 1, 8). Er hat übersehen, dass der **Konzern selbst nicht Arbeitgeber** ist. Die Arbeitsverhältnisse bestehen vielmehr mit den Konzernunternehmen; der Konzerntatbestand bewirkt nicht, dass das herrschende Unternehmen oder andere Konzernunternehmen, sofern sie nicht Partei des Arbeitsvertrags sind, in das Arbeitsverhältnis einbezogen werden (vgl. MünchArbR-*Richardi* § 23 Rn. 8 ff.). 2

Entsprechend der in § 50 vorgenommenen Änderung wurde durch das BetrVerf-Reformgesetz vom 23. 7. 2001 (BGBl. I S. 1852) in Abs. 1 Satz 1 der 2. Halbsatz angefügt. 3

Das SprAuG enthält in § 23 eine vergleichbare Regelung, während im BPersVG keine entsprechende Bestimmung existiert. Die Zuständigkeit der Konzernschwerbehindertenvertretung ist in § 97 Abs. 6 Satz 2 SGB IX geregelt. Hinsichtlich der Konzern-Jugend- und Auszubildendenvertretung siehe § 73 b Abs. 1. 4

II. Die gesetzliche Abgrenzung der Zuständigkeit des Konzernbetriebsrats

1. Parallelabgrenzung zur Zuständigkeit des Gesamtbetriebsrats

5   Der Konzernbetriebsrat ist zuständig für die Behandlung von **Angelegenheiten,** die den **Konzern** oder **mehrere Konzernunternehmen** betreffen und **nicht durch die einzelnen Gesamtbetriebsräte innerhalb ihrer Unternehmen geregelt werden können** (Abs. 1 Satz 1, 1. Halbsatz). Die Bestimmung der Zuständigkeit hat der Gesetzgeber der Zuständigkeitsabgrenzung zwischen dem Gesamtbetriebsrat und den Einzelbetriebsräten nachgebildet (vgl. Begründung des RegE, BT-Drucks. VI/1786, S. 44). Für die Zuständigkeit des Konzernbetriebsrats gelten deshalb die gleichen Kriterien, die nach § 50 Abs. 1 Satz 1, 1. Halbsatz für die Zuständigkeit des Gesamtbetriebsrats maßgeblich sind (ebenso BAG 20. 12. 1995 AP BetrVG 1972 § 58 Nr. 1; BAG 12. 11. 1997 AP BetrVG 1972 § 58 Nr. 2; s. § 50 Rn. 3 ff.; vgl. auch *Schwald,* Die Legitimation der Konzernbetriebsverfassung, S. 75 ff.).

2. Reichweite der Zuständigkeitsabgrenzung

6   Trotz des Wortlauts ist zu beachten, dass die Zuständigkeitsabgrenzung nicht nur im **Verhältnis zu den Gesamtbetriebsräten,** sondern auch im **Verhältnis zu den Einzelbetriebsräten** von Bedeutung ist, und zwar nicht nur für den Fall des § 54 Abs. 2, sondern ganz allgemein. Der Konzernbetriebsrat ist nicht für die Behandlung von Angelegenheiten zuständig, die mehrere Betriebe verschiedener Konzernunternehmen betreffen, wenn sie durch die Einzelbetriebsräte geregelt werden können. Daraus folgt aber andererseits, dass seine Zuständigkeit gegeben ist, wenn eine für den Konzern einheitliche Regelung erforderlich ist, auch wenn im Verhältnis zwischen dem Gesamtbetriebsrat der Konzernunternehmen und den Einzelbetriebsräten nur letztere zuständig wären, weil es sich in den Konzernunternehmen lediglich um eine Angelegenheit handelt, deren Bedeutung nicht über den einzelnen Betrieb hinausgeht.

3. Kriterien für die originäre Zuständigkeit des Konzernbetriebsrats

7   a) **Erste Voraussetzung** ist, dass es sich um eine Angelegenheit handelt, die entweder den **Konzern,** d. h. alle Konzernunternehmen, oder doch zumindest **mehrere Konzernunternehmen** betrifft. Doch wie bei der Zuständigkeitsabgrenzung zwischen dem Gesamtbetriebsrat und den Einzelbetriebsräten verlangt das Gesetz als **zweite Voraussetzung,** dass die Angelegenheit **nicht** durch die einzelnen Gesamtbetriebsräte bzw. die nach § 54 Abs. 2 zuständigen Betriebsräte **innerhalb ihrer Unternehmen geregelt werden kann.** Die Einschränkung verfolgt hier den gleichen Zweck wie in § 50 Abs. 1 Satz 1, 1. Halbsatz. Für die Heranziehung der dort entwickelten Kriterien ist aber zu beachten, dass der Konzernbetriebsrat einer **Mehrheit von Arbeitgebern** zugeordnet ist, die lediglich in ihrer wirtschaftlichen Entscheidungsautonomie als Unternehmen unter der einheitlichen Leitung eines herrschenden Unternehmens zusammengefasst sind. Bei restriktiver Interpretation der Kompetenz des Konzernbetriebsrats unter Beschränkung auf die Kriterien, die für das Verhältnis des Gesamtbetriebsrats zu den Einzelbetriebsräten Verwendung finden, besteht deshalb die Gefahr, dass für den Konzernbetriebsrat ein Funktionsverlust eintritt, der nicht durch eine entsprechende Regelungszuständigkeit der Gesamt- oder Einzelbetriebsräte kompensiert wird; denn Beteiligungsrechte haben Gesamtbetriebsrat und Betriebsrat nur gegen den Arbeitgeber, nicht gegen ein *anderes Unternehmen.* Wird der Arbeitgeber aber in seiner Unternehmensplanung und -leitung durch eine Konzernbindung *fremdbestimmt,* so ist damit auch ihre Einwirkungsmöglichkeit begrenzt. Deshalb ermöglicht das Gesetz durch die Einrichtung des Konzernbetriebsrats, dass die Mitbestimmung dort wahrgenommen wird, wo die maßgebliche

II. Die gesetzliche Abgrenzung der Zuständigkeit des Konzernbetriebsrats § 58

Entscheidung fällt. Dieser Zielsetzung widerspricht es, wenn man die Zuständigkeit des Konzernbetriebsrats so weit einschränkt, dass er die ihm zugedachte Funktion nicht erfüllen kann (vgl. auch *Wetzling,* Konzernbetriebsrat, S. 79 ff.; *G. Müller,* FS Küchenhoff 1972, Bd. I S. 283, 292 f., 300).

b) Dennoch darf die **Kompetenz des Konzernbetriebsrats** nur mit Zurückhaltung angenommen werden; denn die gesetzliche Zuständigkeitsabgrenzung ist **nach dem Subsidiaritätsprinzip gestaltet** (vgl. *Wetzling,* Konzernbetriebsrat, S. 95 f.), was freilich als solches nichts über die tatsächliche Reichweite der dem Konzernbetriebsrat zustehenden Kompetenzen sagt (insoweit zutreffend *Buchner,* FS Zöllner 1998, S. 697, 699). Vielmehr ist auch hier allein entscheidend, ob ein zwingendes Bedürfnis für die konzerneinheitliche oder unternehmensübergreifende Regelung besteht (BAG 19. 6. 2007 AP BetrVG 1972 § 58 Nr. 4), was nach einer wertenden Beurteilung verlangt (s. § 50 Rn. 18). Keineswegs ist sie bereits allein deshalb zu bejahen, weil die Initiative zu einer beteiligungspflichtigen Maßnahme von der Konzernleitung getragen wird (so aber *Wetzling,* a. a. O., S. 94). Deren Koordinierungsinteresse genügt nicht (ebenso BAG 20. 12. 1995 AP BetrVG 1972 § 58 Nr. 1; BAG 12. 11. 1997 AP BetrVG 1972, § 58 Nr. 2; BAG 19. 6. 2007 AP BetrVG 1972 § 58 Nr. 4). Kein Kriterium für die Zuständigkeitsabgrenzung ist eine Trennung von Verhandlungs- und Unterzeichnungszuständigkeit (so aber *Wetzling,* Konzernbetriebsrat, S. 99 ff.). Ist der Gesamt- oder Einzelbetriebsrat zuständig, so ergibt sich nämlich aus Abs. 2 Satz 1 und 2, dass er den Konzernbetriebsrat mit der Behandlung der Angelegenheit beauftragen und sich dabei die Entscheidungsbefugnis vorbehalten kann; es hängt also von seiner Initiative ab, ob der Konzernbetriebsrat zuständig ist. Ergibt sich dessen Zuständigkeit aber bereits aus Abs. 1 Satz 1, so ist er nicht auf eine Verhandlungskompetenz beschränkt.

4. Einzelfallbeurteilung für die Anerkennung einer originären Zuständigkeit des Konzernbetriebsrats

a) Im Rahmen der **sozialen Angelegenheiten** ist der Konzernbetriebsrat zuständig bei der Errichtung, Form, Ausgestaltung und Verwaltung von Sozialeinrichtungen, deren Wirkungsbereich nicht nur auf ein Konzernunternehmen beschränkt ist, sondern den Konzern erfasst (§ 87 Abs. 1 Nr. 8, § 88 Nr. 2; vgl. auch BAG 21. 6. 1979 AP BetrVG 1972 § 87 Sozialeinrichtung Nr. 1). Gleiches gilt für konzerninterne Ethik- oder Verhaltensrichtlinien (BAG 22. 7. 2008 AP § 57 BetrVG 1972 Nr. 14). Im Allgemeinen handelt es sich aber um Fragen, die im Einzelbetrieb gelöst werden können, so dass in der Regel eine Zuständigkeit des Gesamtbetriebsrats und damit erst recht eine Zuständigkeit des Konzernbetriebsrats ausscheidet (s. § 50 Rn. 20 ff.). Soweit ausnahmsweise im Verhältnis zu den Einzelbetriebsräten ein Gesamtbetriebsrat zuständig ist, verlagert sich die Kompetenz auf den Konzernbetriebsrat, wenn ein zwingendes Erfordernis für eine konzerneinheitliche oder zumindest unternehmensübergreifende Regelung besteht (so für den Austausch von Mitarbeiterdaten zwischen Konzernunternehmen BAG 20. 12. 1995 AP BetrVG 1972 § 58 Nr. 1). Möglich ist aber auch, dass innerhalb eines Unternehmens nur ein Betrieb betroffen wird, so dass bei einem Unternehmen außerhalb eines Konzerns nicht der Gesamtbetriebsrat, sondern der Einzelbetriebsrat zuständig wäre, hier aber wegen des Erfordernisses einer unternehmensübergreifenden Regelung der Konzernbetriebsrat zuständig ist. Allein der Wunsch nach einer unternehmensübergreifenden, konzerneinheitlichen Kürzung des 13. Monatsgehaltes begründet keine originäre Zuständigkeit des Konzernbetriebsrates (BAG 19. 6. 2007 AP BetrVG 1972 § 58 Nr. 4). In Fällen, in denen der Arbeitnehmer keine zusätzlichen Leistungen gewährt, sondern die ihnen zustehenden Leistungen mit Zustimmung des Betriebsrates gekürzt oder ihre Rechte beschränkt werden sollen, besteht nach Ansicht des BAG kein Anlass, dem Arbeitgeber die Disposition über seinen Verhandlungspartner einzuräumen (BAG 19. 6. 2007 AP BetrVG 1972 § 58 Nr. 4).

10 b) Für die Beteiligung bei **Gestaltung von Arbeitsplatz, Arbeitsablauf und Arbeitsumgebung** ist der Konzernbetriebsrat nur zuständig, wenn die geplante Maßnahme mehrere Betriebe verschiedener Konzernunternehmen betrifft (s. auch § 50 Rn. 30).

11 c) Im Rahmen der **personellen Angelegenheiten** kommt eine Zuständigkeit des Konzernbetriebsrats in Betracht, wenn es sich um Maßnahmen der **Personalplanung** handelt, die von der Konzernspitze getroffen werden. Deshalb ist es hier sogar möglich, dass bei der Gestaltung der **Personalfragebogen**, der Formularverträge und der **Aufstellung allgemeiner Beurteilungsgrundsätze** (§ 94) sowie bei der Festlegung der **Auswahlrichtlinien** (§ 95) der Konzernbetriebsrat zuständig ist, wenn wegen der Gleichartigkeit der zu den verschiedenen Konzernunternehmen gehörenden Betriebe eine konzerneinheitliche Regelung erfolgt (ebenso *Fuchs*, Konzernbetriebsrat, S. 139 ff.; s. auch *Wetzling*, Konzernbetriebsrat, S. 168 ff.). Durch die Verlagerung der Zuständigkeit auf den Konzernbetriebsrat tritt aber keine Ausweitung des Mitbestimmungsrechts ein, was vor allem im Rahmen von § 95 zu beachten ist (s. auch § 50 Rn. 33). Soll die **Ausschreibung von Arbeitsplätzen** nach § 93 in mehreren Betrieben verschiedener Konzernunternehmen erfolgen, so ist insoweit für das Initiativrecht der Konzernbetriebsrat zuständig (ebenso *Fuchs*, Konzernbetriebsrat, S. 138 f.; a. A. *Wetzling*, Konzernbetriebsrat, S. 167; s. auch § 50 Rn. 33).

12 Für die Beteiligung in der **Berufsbildung** ist der Konzernbetriebsrat zuständig, wenn die Regelung als Teil der Personalplanung konzerneinheitlich durch die Konzernleitung erfolgt; es gilt hier im Übrigen Gleiches wie für das Verhältnis des Gesamtbetriebsrats zu den Einzelbetriebsräten (s. § 50 Rn. 34; weiterhin *Fuchs*, Konzernbetriebsrat, S. 145 f.).

13 Bei den **personellen Einzelmaßnahmen**, der Einstellung, Eingruppierung, Umgruppierung, Versetzung und Kündigung, ist nicht der Konzernbetriebsrat zuständig (ebenso *Fitting*, § 58 Rn. 14; s. auch § 50 Rn. 35). Das gilt auch für die Versetzung in den Betrieb eines anderen Konzernunternehmens.

In den **privatisierten Postunternehmen** sind Sonderregelungen zu beachten (vgl. § 33 Abs. 2 i. V. mit §§ 28 ff. PostPersRG).

14 d) In **wirtschaftlichen Angelegenheiten** sieht das Gesetz einen **Wirtschaftsausschuss nur auf Unternehmensebene** vor (§§ 106 ff.). Deshalb kann der **Konzernbetriebsrat keinen Wirtschaftsausschuss** errichten (BAG 23. 8. 1989 AP BetrVG 1972 § 106 Nr. 7; a. A. DKK-*Trittin*, § 58 Rn. 37; s. § 106 Rn. 9). Der noch im Referentenentwurf des BetrVerf-Reformgesetzes in § 109 a vorgesehene obligatorische Konzernwirtschaftsausschuss (s. *Schiefer/Korte*, NZA 2001, 71, 87) fand keinen Eingang ins Gesetz.

15 Das Mitbestimmungsrecht bei **Betriebsänderungen** hat das Gesetz in die einzelnen Betriebe verlegt (s. auch § 50 Rn. 37). Eine originäre Zuständigkeit des Konzernbetriebsrats ist nur anzuerkennen, wenn die geplante Betriebsänderung Betriebe verschiedener Konzernunternehmen betrifft, z. B. der Zusammenschluss mit dem Betrieb eines anderen Konzernunternehmens (zustimmend *Dross*, Besonderheiten des Sozialplans im Konzern, 1999, S. 84).

5. Zuständigkeit kraft besonderer gesetzlicher Zuweisung

16 Kraft besonderer Zuweisung ist der Konzernbetriebsrat in folgenden Fällen an der **Organisation der unternehmensbezogenen Mitbestimmungsordnung** beteiligt:

17 Fällt das herrschende Unternehmen unter das **Mitbestimmungsgesetz** (vgl. § 5), so bestellt der Konzernbetriebsrat den Hauptwahlvorstand (§ 4 Abs. 4 3. WOMitbestG). Bei ihm ist der Antrag einzureichen, durch den eine Abstimmung über die Abberufung eines Arbeitnehmervertreters im Aufsichtsrat eingeleitet wird (§ 88 3. WOMitbestG). Der Konzernbetriebsrat ist zur Wahlanfechtung berechtigt (§ 22 Abs. 2 Nr. 2 MitbestG).

18 Der Konzernbetriebsrat ist im Hinblick auf Wahlen zum drittmitbestimmten Aufsichtsrat gem. § 26 Abs. 3 WODrittelbG zur Bestellung der Mitglieder des Hauptwahlvorstands berufen. Der Antrag auf Abberufung eines Arbeitnehmervertreters ist gemäß § 39 Abs. 1 Nr. 2 WODrittelbG bei ihm einzureichen.

Ist ein Unternehmen, dessen Aufsichtsrat nach dem **Montan-Mitbestimmungsgesetz** 19 zusammenzusetzen ist, herrschendes Unternehmen eines Konzerns, so wird der Konzernbetriebsrat gemäß § 1 Abs. 4 Montan-MitbestG berücksichtigt. Bei Geltung des **Montan-Mitbestimmungsergänzungsgesetzes** ist der Konzernbetriebsrat ebenfalls in die Wahl der Arbeitnehmervertreter eingeschaltet (vgl. § 3 Abs. 4 und § 101 WOMitbestErgG). Der Konzernbetriebsrat ist zur Wahlanfechtung berechtigt (§ 101 Abs. 2 Nr. 2 MitbestErgG).

Ferner ist der Konzernbetriebsrat für die Bestellung und Abberufung der auf das 20 Inland entfallenden Arbeitnehmervertreter für den **Europäischen Betriebsrat** zuständig (vgl. §§ 18 Abs. 2, 23 Abs. 2, 4 EBRG; vgl. auch § 11 Abs. 2 EBRG); vgl. auch §§ 8, 23 SEBG für den SE-Betriebsrat.

6. Verhältnis zur Zuständigkeit der bei den Konzernunternehmen bestehenden Betriebsvertretungen

Das Gesetz bestimmt ausdrücklich, dass der **Konzernbetriebsrat** den **einzelnen Ge-** 21 **samtbetriebsräten nicht übergeordnet** ist (Abs. 1 Satz 2). Der Konzernbetriebsrat ist aber auch den Gesamtbetriebsräten **nicht untergeordnet**, sondern hat einen **eigenen Zuständigkeitsbereich.** Was im Zweifelsfall gilt, beurteilt sich nach demselben Maßstab wie für die Zuständigkeitsabgrenzung zwischen dem Gesamtbetriebsrat und den Einzelbetriebsräten (s. § 50 Rn. 44 ff.). Die Zuständigkeit der Gesamtbetriebsräte ist deshalb bei Vorliegen der Voraussetzungen des Abs. 1 Satz 1 auch dann ausgeschlossen, wenn ein Konzernbetriebsrat nicht errichtet ist (*Kort*, NZA 2009, 464, 465 f.; GK-*Kreutz*, § 58 Rn. 8; *Peix*, Errichtung und Fortbestand des Gesamtbetriebsrates, 2008, S. 207 f., 232 f.; a. A. auch *Robrecht*, Die Gesamtbetriebsvereinbarung, 2008, s. 112 f.; s. auch *Dzida*, NZA 2008, 1265, 1267; *Röder/Gragert*, DB 1996, 1674, 1678; vgl. auch BAG 14. 12. 1993 AP BetrAVG § 7 Nr. 81; BAG 14. 2. 2007 AP BetrVG 1972 § 54 Nr. 13).

7. Zuständigkeit des Konzernbetriebsrats für vertretungslose Unternehmen

Soweit der **Konzernbetriebsrat** nach Abs. 1 Satz 1 für eine Angelegenheit **originär** 22 zuständig ist, erstreckt sich seine Zuständigkeit ausweislich des durch das BetrVerf-Reformgesetz vom 23. 7. 2001 (BGBl. I S. 1852) eingefügten Abs. 1 Satz 1, 2. Halbsatz ausdrücklich auch auf Unternehmen, die einen Gesamtbetriebsrat nicht gebildet haben sowie auf Betriebe der Konzernunternehmen ohne Betriebsrat (s. zur früher insoweit bestehenden Streitfrage 7. Aufl., Rn. 22 und *Däubler*, DB 2001, 1669, 1670). Keine Rolle spielt auch, ob einzelne Betriebsvertretungen der Errichtung eines Konzernbetriebsrats widersprochen haben (zur früheren Rechtslage siehe GK-*Kreutz*, § 58 Rn. 33 f.).

Der Konzernbetriebsrat hat hingegen **keine Ersatzzuständigkeit in Unternehmen ohne** 23 **Betriebsvertretung** (s. auch § 50 Rn. 51).

III. Zuständigkeit des Konzernbetriebsrats auf Grund einer Delegation

1. Beauftragung durch einen Gesamtbetriebsrat

a) Wie beim Gesamtbetriebsrat besteht auch hier die Möglichkeit, in einzelnen Ange- 24 legenheiten den Konzernbetriebsrat einzuschalten, obwohl nach der gesetzlichen Abgrenzung nicht dieser, sondern der Gesamtbetriebsrat zuständig ist und es lediglich als zweckmäßig angesehen wird, dass der Konzernbetriebsrat tätig wird. Auch hier liegt es im **Ermessen des Gesamtbetriebsrats,** ob er den Konzernbetriebsrat beauftragt.

25 b) Für **Inhalt und Umfang der Ermächtigung** gilt Gleiches wie für eine Ermächtigung des Gesamtbetriebsrats durch den Einzelbetriebsrat (s. § 50 Rn. 54 ff.).

26 c) Die Ermächtigung erfolgt durch **Beschluss des Gesamtbetriebsrats,** der mit der **Mehrheit der Stimmen seiner Mitglieder** gefasst werden muss; es genügt also nicht die einfache Stimmenmehrheit, sondern es ist die absolute Mehrheit erforderlich. Für die Zahl der Stimmen, die jedes Mitglied des Gesamtbetriebsrats hat, ist § 47 Abs. 7 bis 9 maßgebend. Wegen des unterschiedlichen Stimmengewichts ist nicht erforderlich, aber auch nicht ausreichend, dass die absolute Mehrheit der Mitglieder des Gesamtbetriebsrats zustimmt, sondern maßgebend ist, dass die Mitglieder ihre Zustimmung erteilen, die mehr als die Hälfte aller Stimmen im Gesamtbetriebsrat haben.

27 Die Übertragung bedarf der **Schriftform;** es gilt insoweit Gleiches wie bei der Beauftragung eines Gesamtbetriebsrats durch einen Einzelbetriebsrat (s. § 50 Rn. 59 ff.).

28 d) Die Ermächtigung kann jederzeit ohne besonderen Grund **widerrufen** werden (Abs. 2 Satz 3 i. V. mit § 27 Abs. 2 Satz 4). Der Widerruf setzt aber einen Beschluss des Gesamtbetriebsrats voraus, der mit der absoluten Mehrheit der Stimmen seiner Mitglieder gefasst wird. Außerdem bedarf er wie die Ermächtigung der Schriftform.

29 e) Die Beauftragung gibt dem Konzernbetriebsrat ebenso wie im Rahmen von § 50 Abs. 2 dem Gesamtbetriebsrat nicht nur eine **Rechtsmacht,** sondern es tritt auch eine **Verpflichtung** ein, die **übertragene Angelegenheit zu erledigen** (s. ausführlich § 50 Rn. 63).

30 Das bedeutet zugleich, dass die Konzernunternehmen wegen des Gebots der vertrauensvollen Zusammenarbeit nicht ablehnen können, mit dem Konzernbetriebsrat über die delegierte Angelegenheit zu verhandeln (s. auch § 50 Rn. 64 f.). Die Beauftragung des Konzernbetriebsrats gemäß Abs. 2 führt nicht zu einer Zuständigkeitsverschiebung auf Arbeitgeberseite, so dass weiterhin die einzelnen Konzernunternehmen zuständig bleiben (BAG 12. 11. 1997 AP BetrVG 1972 § 58 Nr. 2; *Fitting,* § 58 Rn. 42; a. A. GK-*Kreutz,* § 58 Rn. 47; a. A. DKK-*Trittin,* § 58 Rn. 51: Wahlrecht des KBR).

2. Beauftragung durch einen Einzelbetriebsrat

31 Soweit ein **Betriebsrat** die **Aufgaben eines Gesamtbetriebsrats wahrnimmt** (§ 54 Abs. 2), kann er wie ein Gesamtbetriebsrat den **Konzernbetriebsrat beauftragen,** eine Angelegenheit für ihn zu behandeln (s. zu den formellen Voraussetzungen der Beauftragung § 50 Rn. 59 ff.). Dagegen ist sonst ein **Betriebsrat nicht berechtigt,** den **Konzernbetriebsrat zu beauftragen,** sondern er kann lediglich den Gesamtbetriebsrat einschalten (ebenso BAG 12. 11. 1997 AP BetrVG 1972 § 58 Nr. 2). Kommt dieser zu dem Ergebnis, dass ein Tätigwerden des Konzernbetriebsrats zweckmäßig erscheint, so ist er nicht ohne Zustimmung des Einzelbetriebsrats berechtigt, den Konzernbetriebsrat mit der Wahrnehmung der Angelegenheit zu beauftragen (ebenso HSWGNR-*Glock,* § 58 Rn. 21; GK-*Kreutz,* § 58 Rn. 44; DKK-*Trittin,* § 58 Rn. 50; a. A. *Richardi,* 7. Aufl., Rn. 30; gänzlich ablehnend hingegen HSG-*Glaubitz,* 5. Aufl. § 58 Rn. 19).

IV. Regelungsbefugnis des Konzernbetriebsrats

1. Entsprechende Geltung der Vorschriften über die Rechte und Pflichten des Betriebsrats

32 Die Vorschriften über die Rechte und Pflichten des Betriebsrats gelten entsprechend für den Konzernbetriebsrat, soweit dieser zuständig ist (§ 59 Abs. 1 i. V. mit § 51 Abs. 5). Auch die Form, in der der Konzernbetriebsrat seine Aufgaben erledigt, ist die Gleiche wie beim Einzel- und Gesamtbetriebsrat. Für die Beschlussfähigkeit und die Beschlussfassung gilt § 51 Abs. 3 entsprechend (§ 59 Abs. 1; s. dort Rn. 27 ff.).

IV. Regelungsbefugnis des Konzernbetriebsrats § 58

2. Besonderheiten wegen der rechtlichen Selbständigkeit der Konzernunternehmen

a) Eine Besonderheit ergibt sich daraus, dass der Konzernbetriebsrat einer **Vielzahl** 33
von Arbeitgebern gegenübersteht; denn der Konzern besteht aus mehreren rechtlich
selbständigen Unternehmen. Deshalb stellt sich die Frage, mit wem er eine Regelung
treffen kann.

Verhandlungspartner ist in erster Linie die Konzernleitung, also das **herrschende** 34
Unternehmen des Konzerns. Möglich ist aber auch, dass der Konzernbetriebsrat im
Rahmen seiner Zuständigkeit mit einem abhängigen Unternehmen eine Betriebsvereinbarung abschließt.

b) Der **Konzernbetriebsrat** ist nach dem Gesetz im Rahmen seines originären Zustän- 35
digkeitsbereichs **Repräsentant der betriebsverfassungsrechtlich organisierten Konzernbelegschaft,** ist also insoweit befugt, für die zu ihr gehörenden Arbeitnehmer eine Betriebsvereinbarung zu schließen. Soweit es dagegen um die **Arbeitgeberseite** geht, ergeben sich
Schwierigkeiten, die daraus resultieren, dass der Gesetzgeber fehlerhaft von der Existenz
eines Konzernarbeitgebers ausgegangen ist. Wie das Problem der Zuständigkeitsbestimmung auf Arbeitgeberseite zu lösen ist, ist bis heute außerordentlich umstritten (zum
Ganzen *Schwald,* Die Legitimation der Konzernbetriebsverfassung, S. 53 ff.). Verlässliche Rechtsprechung zu dieser Frage fehlt bislang (vgl. allerdings BAG 12. 11. 1997 AP
BetrVG 1972 § 58 Nr. 2; siehe neuerdings BAG 22. 1. 2002 AP BetrVG 1972 § 77
Betriebsvereinbarung Nr. 4, wo sich ohne weitere Erörterung die Aussage findet: „An
eine Konzernbetriebsvereinbarung sind auch die Tochtergesellschaften gebunden"). Das
Schrifttum ist mehrfach gespalten.

aa) Entscheidet man sich für den **Vorrang des Konzerngesellschaftsrechts,** so erscheint 36
die rechtliche Selbständigkeit der einzelnen Konzernunternehmen unüberwindbar, so
dass der Konzernbetriebsrat Betriebsvereinbarungen nur mit den Unternehmensleitungen der einzelnen Konzernunternehmen abschließen kann. Nicht möglich ist nach dieser
Ansicht, dass der Konzernbetriebsrat nur mit dem herrschenden Unternehmen eine
Regelung trifft, die auch für die beherrschten Unternehmen unmittelbare Verbindlichkeit
erlangt (*Buchner,* AG 1971, 189, 190 [a. A. aber *ders.,* FS Zöllner 1998, S. 697];
MünchArbR-*Joost,* § 227 Rn. 59 ff.; *Wiedemann,* Die Unternehmensgruppe im Privatrecht 1988, S. 124 f.; *Windbichler,* Arbeitsrecht im Konzern, S. 360; *dies.,* RdA 1999,
146, 151). Basis dieser Überlegungen ist die These, dass der Gesetzgeber mit der
Einführung des Konzernbetriebsrats nicht die Absicht verfolgt habe, für das Arbeitsrecht
eine Konzernzentralgewalt zu schaffen (s. ausdrücklich *Wiedemann,* Die Unternehmensgruppe im Privatrecht, 1988, S. 124).

bb) Andere wollen **danach unterscheiden, ob es sich um einen Vertragskonzern oder** 37
lediglich um einen faktischen Konzern handelt. Auch sie gehen davon aus, dass der
Gesetzgeber mit der Schaffung des Konzernbetriebsrats nicht zugleich eine konzernrechtliche Regelung treffen wollte (*Biedenkopf,* Liber amicorum Sanders 1972, S. 1,
10; *Richardi,* 7. Aufl., Rn. 34), weshalb sich die in § 58 vorausgesetzte Zuständigkeit
des „Konzernarbeitgebers" nur aus den Regeln des Konzerngesellschaftsrechts ergeben
könne (*Biedenkopf,* a. a. O., S. 1, 11). Insoweit sei aber zu beachten, dass es durch die
Eingliederung sowie den Abschluss eines Beherrschungsvertrags zu einer wesentlichen
Änderung der gesellschaftsrechtlichen Strukturen komme und die beteiligten Unternehmen „in gewisser Weise unter einer neuen einheitlichen Satzung zusammengefasst
werden, die im Falle eines Beherrschungsvertrages unter anderem die zentrale Leitung
der Konzernunternehmen durch die Konzernmutter beinhalte" (*Biedenkopf,* a. a. O.,
S. 1, 12). Hier könne deshalb angenommen werden, dass Vereinbarungen einschließlich
Betriebsvereinbarungen, welche die Konzernleitung für den Konzern schließe, den Konzern unmittelbar binden. In diesem Fall komme es daher auch zu einer unmittelbaren
Wirkung der zwischen Konzernbetriebsrat und Konzernleitung abgeschlossenen Kon-

zernbetriebsvereinbarung für alle Arbeitnehmer des Konzerns (*Biedenkopf*, a.a.O., S. 1, 12; zustimmend *Richardi*, 7. Aufl., Rn. 35; *Konzen*, RdA 1984, 65, 76; *ders.*, FS Wiese 1998, S. 199, 211; *Wetzling*, Konzernbetriebsrat, S. 198 f.). Anders sei es hingegen im faktischen Konzern, da hier die Kontrolle des herrschenden Unternehmens nicht auf einem besonderen Rechtsverhältnis, sondern allein auf der durch Mehrheitsbeteiligung vermittelten Herrschaftsgewalt beruhe, so dass eine unmittelbare Wirkung von Vereinbarungen der Konzernleitung in den einzelnen Konzerngesellschaften ausscheide. Die Konzernmutter sei daher darauf beschränkt, ihre Tochtergesellschaften anzuweisen, die Wirksamkeit durch entsprechende Vereinbarungen mit der jeweiligen Arbeitnehmervertretung herbeizuführen (*Biedenkopf*, a.a.O., S. 1, 13; *Richardi*, 7. Aufl., Rn. 36; *Konzen*, FS Wiese 1998, S. 199, 211 f.; *Wetzling*, Konzernbetriebsrat, S. 204).

38 cc) Demgegenüber differenziert *Martens* allein danach, ob es sich um „**horizontale**" oder „**vertikale**" **Konzernregelungen** handele (*Martens*, ZfA 1973, 297 ff.). Erstere lägen dann vor, wenn angesichts der erstrebten breitflächigen Wirkung das Regelungsziel auch durch Abschluss mit den einzelnen Konzerngesellschaften erreichbar sei, während von „vertikalen" Regelungen auszugehen sei, sofern der erstrebte Regelungseffekt nur verwirklicht werden könne, falls der Konzernbetriebsrat als Repräsentationsorgan der gesamten Konzernarbeitnehmerschaft mit dem Konzern als Verpflichtungsadressaten eine entsprechende Vereinbarung schließt (*Martens*, ZfA 1973, 297, 309). In „horizontalen" Konzernangelegenheiten sei eine konzernweite Regelungszuständigkeit der Obergesellschaft abzulehnen (*Martens*, ZfA 1973, 297, 311), doch gelte anderes im Bereich vertikaler Konzernregelungen, da hier der Konzernkonflikt nicht anders regelbar sei und deshalb der Konzernbetriebsrat insoweit Vereinbarungen mit unmittelbar bindender Wirkung für die einzelnen Konzernunternehmen abschließen können müsse (*Martens*, ZfA 1973, 297, 316 f.).

39 dd) Schließlich wird von einigen ein grundsätzlicher **Vorrang des Betriebsverfassungsrechts** vertreten und angenommen, dass Konzernbetriebsvereinbarungen zwischen herrschendem Unternehmen und Konzernbetriebsrat jedenfalls im originären Zuständigkeitsbereich nach Abs. 1 unmittelbare Wirkung für die sachlich erfassten Arbeitsverhältnisse in allen Konzernunternehmen zukomme (*Fitting*, § 58 Rn. 35; GK-*Kreutz*, § 58 Rn. 11; *Kort*, NZA 2009, 464, 470; WP-*Roloff*, § 58 Rn. 12; s. auch *Bacher*, NZA 1995, 256, 259; *Buchner*, FS Zöllner 1998, S. 697; *Hanau*, ZGR 1984, 367, 481 ff.; *Monjau*, BB 1972, 839, 842; DKK-*Trittin*, § 58 Rn. 8 ff). Insoweit habe sich der Gesetzgeber für die Arbeitgeberstellung des Konzerns entschieden, weshalb das speziellere Betriebsverfassungsrecht die allgemeinen Leitungs- und Zurechnungsmechanismen des Gesellschaftsrechts überlagere (GK-*Kreutz*, § 58 Rn. 14) bzw. den konzernrechtlichen Zurechnungsmechanismus durch eine eigenständige betriebsverfassungsrechtliche Zurechnung ergänze (*Hanau*, ZGR 1984, 467, 483). Differenzierend *Wißmann*, FS 25 Jahre ArbG ArbR, 2006, S. 1037, 1046, der zwischen Regelungen mit und ohne normative Wirkung unterscheidet.

40 ee) **Stellungnahme:** Nicht zu folgen ist zunächst jenen Ansichten, die nach der Konzernform unterscheiden und eine unmittelbare Zuständigkeit der Konzernmutter für die Tochterunternehmen nur bei Vorliegen eines Vertrags- oder Eingliederungskonzerns annehmen wollen. Denn auch bei solcherart formal verdichteten Konzernstrukturen bleibt es dabei, dass die jeweilige Binnenorganisation der verbundenen Unternehmen ebenso wenig geändert wird wie in den Fällen faktischer Konzernierung und insbesondere der Vertretungsumfang der abhängigen Unternehmen keine Beschränkung erfährt (zutreffend MünchArbR-*Joost*, § 227 Rn. 62; *Wiedemann*, Die Unternehmensgruppe im Privatrecht, 1988, S. 124; *Windbichler*, Arbeitsrecht im Konzern, 1989, S. 359, mit dem Hinweis darauf, dass auch in engsten Konzernverbindungen Weisungen und nicht die organschaftliche Vertretung als Steuerungsinstrument dienen).

IV. Regelungsbefugnis des Konzernbetriebsrats　　　　　　　　　　　　　　　§ 58

Auch der differenzierte Ansatz von *Martens* verdient keine Zustimmung. Soweit er 41 eine qualifizierte Unterscheidung nach dem jeweiligen Regelungsgegenstand innerhalb des originären Zuständigkeitsbereichs nach Abs. 1 befürwortet, handelt es sich um eine freie Rechtsfortbildung, für die keine dogmatische Verankerung in Sicht ist. Denn dem Gesetz ist auch unter Berücksichtigung seiner Entstehungsgeschichte eindeutig zu entnehmen, dass jedenfalls innerhalb des originären Zuständigkeitsbereichs des Konzernbetriebsrats keine weitere qualitative Differenzierung hinsichtlich der Regelungszuständigkeit erfolgen sollte.

Somit bleibt allein die Entscheidung zwischen den Alternativen des Vorrangs des 42 Konzerngesellschaftsrechts einerseits und dem Vorrang des Betriebsverfassungsrechts andererseits. Im Wesentlichen unumstritten ist hier, dass dem Gesetzgeber die Problematik der Zuständigkeit auf Arbeitgeberseite nicht bewusst war, sondern er ohne weiteres davon ausging, dass die mit dem herrschenden Unternehmen abgeschlossenen Konzernbetriebsvereinbarungen in sämtlichen betroffenen Konzernunternehmen unmittelbar gelten würden. Allerdings kann daraus nicht abgeleitet werden, der Gesetzgeber habe in jedem Falle die unmittelbare Geltung der Konzernbetriebsvereinbarungen herbeiführen und zu diesem Zweck ggf. auch einen tiefen Eingriff in die Grundstrukturen des Konzerngesellschaftsrechts vornehmen wollen (so aber wohl BAG 22. 1. 2002 AP BetrVG 1972 § 77 Betriebsvereinbarung Nr. 4). Vielmehr ist angesichts des Fehlens jedweder Aussage zur Auflösung des mit der Einführung der Regelungen über den Konzernbetriebsrat verbundenen Konflikts mit dem Konzerngesellschaftsrecht davon auszugehen, dass dem Gesetzgeber zur Verdrängung der im Konzerngesellschaftsrecht geltenden Grundsätze der Regelungswille fehlte, weshalb sie durch § 58 nicht beiseite geschoben werden (im Ergebnis ebenso MünchArbR-*Joost*, § 227 Rn. 58 ff.; *Wiedemann*, Die Unternehmensgruppe im Privatrecht, 1988, S. 124 f.; *Windbichler*, Arbeitsrecht im Konzern, 1989, S. 360 f.; *dies.*, RdA 1999, 146, 151).

Die beherrschten Unternehmen können daher an Konzernbetriebsvereinbarungen nur 43 dadurch unmittelbar beteiligt werden, dass sie die Vereinbarung entweder selbst mit abschließen oder eine entsprechende Abschlussvollmacht erteilen. Geschieht das nicht, ist das herrschende Unternehmen auf Grund der von ihm abgeschlossenen Konzernbetriebsvereinbarung dazu verpflichtet, seine Konzernleitungsmacht einzusetzen, um entsprechende Regelungen in den beherrschten Unternehmen herbeizuführen (vgl. auch *Böhm/Pawlowski*, NZA 2005, 1377, 1382 f., zu konzernweitem Kündigungsschutz mit zweifelhaftem Ansatz). Der Konzernbetriebsrat ist hieran selbstverständlich nicht beteiligt (ebenso MünchArbR-*Joost*, § 227 Rn. 65; *Windbichler*, Arbeitsrecht im Konzern, 1989, S. 361 ff.).

3. Konzernbetriebsvereinbarung

a) Der Konzernbetriebsrat kann im Rahmen seiner Zuständigkeit Regelungen nicht 44 nur mit dem **herrschenden Unternehmen,** sondern auch mit den **abhängigen Konzernunternehmen** treffen. Er kann insoweit sowohl Betriebsvereinbarungen als auch formlose Betriebsabsprachen schließen.

b) Üblicherweise bezeichnet man die mit dem Konzernbetriebsrat in dessen originärem 45 Zuständigkeitsbereich abgeschlossene Betriebsvereinbarung als **Konzernbetriebsvereinbarung** (GK-*Kreutz*, § 58 Rn. 49). Handelt der Konzernbetriebsrat hingegen auf Grund einer Delegation nach Abs. 2, so stützt er sich auf eine von der Zuständigkeit des Gesamt- bzw. Einzelbetriebsrats abgeleitete Kompetenz, weshalb man insoweit üblicherweise von einer gewöhnlichen Gesamtbetriebsvereinbarung bzw. Betriebsvereinbarung spricht, die nur mit den jeweils beauftragenden Konzernunternehmen abzuschließen ist. Auf einen Abschluss mit dem herrschenden Unternehmen hat der Konzernbetriebsrat im Rahmen seiner abgeleiteten Zuständigkeit nach Abs. 2 keinen Anspruch (BAG 12. 11. 1997 AP BetrVG 1972 § 58 Nr. 2; ErfK-*Eisemann/Koch*, § 58 Rn. 11; *Fitting*, § 58

Rn. 42; a. A. *Hanau*, ZGR 1984, 468, 482 mit Fn. 49; a. A. DKK-*Trittin*, § 58 Rn. 51: Wahlrecht).

46 c) Für das **Verhältnis** einer Konzernbetriebsvereinbarung **zu einer Gesamt- oder Einzelbetriebsvereinbarung** ist **die gesetzliche Zuständigkeitsabgrenzung** entscheidend. Insoweit gilt Gleiches wie für das Verhältnis zwischen Gesamt- und Einzelbetriebsvereinbarung (§ 50 Rn. 44 ff.; s. aber auch Rn. 21). Zur Weitergeltung von Vereinbarungen des Konzernbetriebsrats beim Betriebsübergang nach § 613 a BGB *Gussen*, FS Leinemann, 2006, S. 207 ff.

V. Streitigkeiten

47 Streitigkeiten über die Zuständigkeit des Konzernbetriebsrats entscheidet das Arbeitsgericht im Beschlussverfahren (§ 2 a Abs. 1 Nr. 1, Abs. 2 i. V. mit §§ 80 ff. ArbGG). Geht es um den eigenen Zuständigkeitsbereich, so ist das Arbeitsgericht zuständig, in dessen Bezirk das herrschende Unternehmen seinen Sitz hat (§ 82 Satz 2 ArbGG). Betrifft der Streit dagegen die Beauftragung durch einen Gesamt- oder Einzelbetriebsrat, so richtet sich die örtliche Zuständigkeit nach dem Sitz des Unternehmens, dem der Gesamtbetriebsrat bzw. Betriebsrat zugeordnet ist (ebenso HSWGNR-*Glock*, § 58 Rn. 25; s. auch § 50 Rn. 74). Nach Ansicht des LAG Hessen kommt der Erlass einer einstweiligen Verfügung nicht in Betracht, wenn die Zuständigkeit des antragstellenden Konzernbetriebsrats nicht eindeutig geklärt ist (LAG Hessen 21. 6. 2001 – 5 Ta BV Ga 45/01, n. v.).

§ 59 Geschäftsführung

(1) Für den Konzernbetriebsrat gelten § 25 Abs. 1, die §§ 26, 27 Abs. 2 und 3, § 28 Abs. 1 Satz 1 und 3, Abs. 2, die §§ 30, 31, 34, 35, 36, 37 Abs. 1 bis 3 sowie die §§ 40, 41 und 51 Abs. 1 Satz 2 und Abs. 3 bis 5 entsprechend.

(2) ¹Ist ein Konzernbetriebsrat zu errichten, so hat der Gesamtbetriebsrat des herrschenden Unternehmens oder, soweit ein solcher Gesamtbetriebsrat nicht besteht, der Gesamtbetriebsrat des nach der Zahl der wahlberechtigten Arbeitnehmer größten Konzernunternehmens zu der Wahl des Vorsitzenden und des stellvertretenden Vorsitzenden des Konzernbetriebsrats einzuladen. ²Der Vorsitzende des einladenden Gesamtbetriebsrats hat die Sitzung zu leiten, bis der Konzernbetriebsrat aus seiner Mitte einen Wahlleiter bestellt hat. ³§ 29 Abs. 2 bis 4 gilt entsprechend.

Übersicht

	Rn.
I. Vorbemerkung	1
II. Vorsitz des Konzernbetriebsrats	5
1. Bestellung	5
2. Rechtsstellung	9
III. Konzernbetriebsausschuss und weitere Ausschüsse	10
1. Pflicht zur Bildung eines Konzernbetriebsausschusses	10
2. Größe und Zusammensetzung	11
3. Wahl der nicht kraft Amtes angehörenden Ausschussmitglieder	12
4. Rechtsstellung und Geschäftsführung des Konzernbetriebsausschusses	15
5. Weitere Ausschüsse des Konzernbetriebsrats	16
IV. Konstituierung und Geschäftsführung des Konzernbetriebsrats	17
1. Konstituierung des Konzernbetriebsrats	17
2. Sitzungen des Konzernbetriebsrats	21
3. Beschlüsse des Konzernbetriebsrats	27
4. Sonstige Bestimmungen über die Geschäftsführung	33
V. Rechtsstellung der Konzernbetriebsratsmitglieder	36
VI. Streitigkeiten	37

I. Vorbemerkung

Die Vorschrift verweist für die **Organisation** und **Geschäftsführung** des Konzernbetriebsrats auf die entsprechenden Bestimmungen für den Gesamtbetriebsrat. Auch die Errichtung eines Konzernbetriebsausschusses und die Möglichkeit der Bildung weiterer Ausschüsse des Konzernbetriebsrats, denen Aufgaben zur selbständigen Erledigung übertragen werden können, ist vorgesehen, obwohl der RegE darauf verzichten wollte, weil hierfür beim Konzernbetriebsrat ein Bedürfnis nicht bestehen dürfte (vgl. BT-Drucks. VI/1786, S. 44; *zu* BT-Drucks. IV/2729, S. 26).

Die Novelle vom 20. 12. 1988 (BGBl. I S. 2312) hat in Abs. 2 die fehlerhafte Bezeichnung des Gesamtbetriebsrats des herrschenden Unternehmens als „Gesamtbetriebsrat der Hauptverwaltung des Konzerns" behoben (Art. 1 Nr. 17 lit. b); es gibt weder eine Hauptverwaltung des Konzerns noch einen Gesamtbetriebsrat einer Hauptverwaltung.

Durch das BetrVerf-Reformgesetz vom 23. 7. 2001 (BGBl. I S. 1852) hat Abs. 1 infolge der Abschaffung des Gruppenprinzips verschiedene redaktionelle Änderungen erfahren. Bedeutsam ist, dass die Verweisung auf § 51 Abs. 1 Satz 2 nunmehr eine Bezugnahme auf den gesamten § 27 Abs. 1 enthält, so dass jetzt auch der Konzernbetriebsausschuss bei Vorliegen mehrerer Wahlvorschläge nach den Grundsätzen der geheimen Verhältniswahl zu bestellen ist.

Während das BPersVG keine vergleichbare Regelung enthält, ist im SprAuG § 24 zu beachten. Für die Konzern-Jugend- und Auszubildendenvertretung ist insoweit auf § 73 b Abs. 2 und für die Konzernschwerbehindertenvertretung auf § 97 Abs. 7 SGB IX hinzuweisen.

II. Vorsitz des Konzernbetriebsrats

1. Bestellung

a) Der Konzernbetriebsrat hat einen **Vorsitzenden** und einen **stellvertretenden Vorsitzenden** (Abs. 1 i. V. mit § 26 Abs. 1).

b) Für die **Wahl** gelten die gleichen Grundsätze wie bei der Wahl des Vorsitzenden des Gesamtbetriebsrats und dessen Stellvertreter (Abs. 1 i. V. mit §§ 26 Abs. 1; s. ausführlich § 51 Rn. 4 ff.).

Die Wahl erfolgt in der **konstituierenden Sitzung** des Konzernbetriebsrats (Abs. 2). Zu ihr hat der Gesamtbetriebsrat des herrschenden Unternehmens oder, soweit ein solcher Gesamtbetriebsrat nicht besteht, der Gesamtbetriebsrat des nach der Zahl der wahlberechtigten Arbeitnehmer größten Konzernunternehmens oder, wenn in ihm nur ein Betriebsrat besteht, dieser einzuladen (s. auch Rn. 17 ff.).

c) Da der Konzernbetriebsrat **keine Amtszeit** hat (s. § 54 Rn. 45), verlieren der Vorsitzende und sein Stellvertreter ihr Amt nur durch Erlöschen der Mitgliedschaft im Konzernbetriebsrat (§ 57), Niederlegung des Vorsitzes oder Absetzung durch den Konzernbetriebsrat. Es gilt hier Gleiches wie beim Gesamtbetriebsrat (s. § 51 Rn. 8).

2. Rechtsstellung

Der **Vorsitzende** oder im Falle seiner Verhinderung sein Stellvertreter **vertritt** den **Konzernbetriebsrat im Rahmen der von ihm gefassten Beschlüsse**; es gilt hier das Gleiche wie für die Rechtsstellung des Vorsitzenden eines Gesamtbetriebsrats oder Einzelbetriebsrats und seines Stellvertreters (s. § 51 Rn. 9; ausführlich § 26 Rn. 33 ff.). Besteht kein Konzernbetriebsausschuss, so kann dem Vorsitzenden oder anderen Mitgliedern des Konzernbetriebsrats die Führung der laufenden Geschäfte durch Beschluss des Konzernbetriebsrats übertragen werden (Abs. 1 i. V. mit § 27 Abs. 3; s. dort Rn. 73 ff.).

III. Konzernbetriebsausschuss und weitere Ausschüsse

1. Pflicht zur Bildung eines Konzernbetriebsausschusses

10 Ein Konzernbetriebsausschuss ist zu errichten, wenn dem **Konzernbetriebsrat mindestens neun Mitglieder** angehören (Abs. 1 i. V. mit §§ 51 Abs. 1 Satz 2, 27 Abs. 1 Satz 1). Die Bestellung ist Pflicht des Konzernbetriebsrats, wenn die Voraussetzungen dafür vorliegen, obwohl die Errichtung des Konzernbetriebsrats selbst nur fakultativ ist.

2. Größe und Zusammensetzung

11 Für die Größe und Zusammensetzung des Konzernbetriebsausschusses gilt dasselbe wie für den Gesamtbetriebsausschuss (Abs. 1 i. V. mit § 51 Abs. 1 Satz 2; s. ausführlich § 51 Rn. 11 f.).

3. Wahl der nicht kraft Amtes angehörenden Ausschussmitglieder

12 Der **Vorsitzende des Konzernbetriebsrats** und sein **Stellvertreter** gehören dem Konzernbetriebsausschuss **kraft Amtes** an; die **übrigen Mitglieder** sind **zu wählen**.

13 Die **Wahl** erfolgt in einer **Sitzung des Konzernbetriebsrats**; es gilt hier Gleiches wie für die Wahl der Mitglieder des Gesamtbetriebsausschusses (s. § 51 Rn. 14).

14 Auch im Übrigen gilt Gleiches wie für den Gesamtbetriebsausschuss (s. § 51 Rn. 13 ff.).

4. Rechtsstellung und Geschäftsführung des Konzernbetriebsausschusses

15 Wie der Betriebsausschuss und der Gesamtbetriebsausschuss ist auch der Konzernbetriebsausschuss keine besondere Betriebsvertretung, sondern nur ein **Organ des Konzernbetriebsrats,** das die laufenden Geschäfte führt und dem Aufgaben zur selbständigen Erledigung, nicht aber der Abschluss von Betriebsvereinbarungen übertragen werden können (Abs. 1 i. V. mit § 27 Abs. 2; s. dort Rn. 47 ff.). Den Vorsitz im Konzernbetriebsausschuss hat der Vorsitzende des Konzernbetriebsrats (s. auch § 51 Rn. 21). Für die Beschlussfassung ist, da § 51 Abs. 4 entsprechend gilt, § 33 Abs. 1 und 2 anzuwenden; jedes Ausschussmitglied hat also nur eine Stimme (s. § 51 Rn. 47).

5. Weitere Ausschüsse des Konzernbetriebsrats

16 Ist ein Konzernbetriebsausschuss gebildet, so kann der Konzernbetriebsrat weitere Ausschüsse einsetzen und ihnen bestimmte Aufgaben auch zur selbständigen Erledigung übertragen (Abs. 1 Satz 1 i. V. mit § 28 Abs. 1 Satz 3). Für die Zusammensetzung und Bestellung der weiteren Ausschüsse gilt dasselbe wie für die Bestellung des Konzernbetriebsausschusses (s. auch § 51 Rn. 22 f.). Die in Abs. 1 Satz 1 enthaltene Verweisung auf § 28 Abs. 1 Satz 1 ist ebenso missglückt wie bei § 51 Abs. 1 Satz 1 (s. § 51 Rn. 22). Die Bildung von Ausschüssen entsprechend § 28 Abs. 1 Satz 1 setzt daher voraus, dass im Konzern mehr als 100 Arbeitnehmer beschäftigt sind und der Konzernbetriebsrat aus mindestens 7 Mitgliedern besteht (*Fitting,* § 59 Rn. 10; *DKK-Trittin,* § 59 Rn. 15; a. A. *Düwell-Tautphäus,* § 59 Rn. 11; die allein verlangen, dass im Konzern mehr als 100 Arbeitnehmer beschäftigt sind).

IV. Konstituierung und Geschäftsführung des Konzernbetriebsrats

1. Konstituierung des Konzernbetriebsrats

17 a) Haben sich so viel Gesamtbetriebsräte bzw. gemäß § 54 Abs. 2 funktionell zuständige Betriebsräte der Konzernunternehmen für die **Errichtung eines Konzernbetriebsrats**

IV. Konstituierung und Geschäftsführung des Konzernbetriebsrats § 59

ausgesprochen, dass die in § 54 Abs. 1 Satz 2 vorgesehene qualifizierte Mehrheit erreicht wird, so ist der Konzernbetriebsrat damit errichtet (s. § 54 Rn. 43). Er ist sodann zu seiner **konstituierenden Sitzung einzuberufen.** Nach Abs. 2 obliegt diese Aufgabe in erster Linie dem **Gesamtbetriebsrat des herrschenden Unternehmens** (s. auch Rn. 7). Besteht im herrschenden Unternehmen nur ein Betriebsrat (§ 54 Abs. 2), so obliegt ihm diese Aufgabe (ebenso *Fitting,* § 59 Rn. 15; GK-*Kreutz,* § 59 Rn. 7; HSWGNR-*Glock,* § 59 Rn. 8).

Nur soweit im herrschenden Unternehmen keine funktionell zuständige Betriebsvertretung besteht, hat der **Gesamtbetriebsrat des nach der Zahl der wahlberechtigten Arbeitnehmer größten Konzernunternehmens** zur konstituierenden Sitzung einzuladen, um den Vorsitzenden und den stellvertretenden Vorsitzenden des Konzernbetriebsrats zu wählen. Für die Zahl der wahlberechtigten Arbeitnehmer ist die Eintragung in die Wählerlisten bei den letzten Wahlen zu den einzelnen Betriebsräten maßgebend (s. auch § 51 Rn. 24). Besteht in einem Betrieb kein Betriebsrat, so ist auf die Zahl der gegenwärtig dort beschäftigten wahlberechtigten Arbeitnehmer abzustellen; denn anderenfalls würden diese Betriebe für die Ermittlung des nach der Zahl der wahlberechtigten Arbeitnehmer größten Konzernunternehmens nicht mitgezählt werden können (ebenso *Fitting,* § 59 Rn. 14; GK-*Kreutz,* § 59 Rn. 8; a. A. HSWGNR-*Glock,* § 59 Rn. 7).

18

b) Der **Vorsitzende des einladenden Gesamtbetriebsrats** bzw., wenn ein Betriebsrat nach § 54 Abs. 2 zuständig ist, der Vorsitzende dieses Betriebsrats hat die **Sitzung zu leiten,** bis der Konzernbetriebsrat aus seiner Mitte einen **Wahlleiter bestellt** hat. Ist dies geschehen, so erlischt das Teilnahmerecht für den Vorsitzenden des einladenden Gesamtbetriebsrats bzw. Betriebsrats, wenn er nicht selbst dem Konzernbetriebsrat angehört. Der Konzernbetriebsrat ist konstituiert, sobald der Vorsitzende und sein Stellvertreter gewählt sind.

19

c) Im Übrigen gilt hier Gleiches wie beim Gesamtbetriebsrat (s. § 51 Rn. 24 ff.).

20

2. Sitzungen des Konzernbetriebsrats

a) Der Konzernbetriebsrat kann ebenso wie der Gesamtbetriebsrat und der Betriebsrat seine **Aufgaben** grundsätzlich **nur in einer ordnungsmäßig einberufenen Sitzung erfüllen;** als Kollegialorgan trifft er seine Entscheidungen durch Beschluss. Die Einberufung erfolgt durch den Vorsitzenden des Konzernbetriebsrats; für sie gelten die Bestimmungen in § 29 Abs. 2 bis 4 entsprechend (Abs. 2 Satz 3; s. ausführlich § 29 Rn. 16 ff.). Für den formellen Anspruch auf Einberufung ist aber hier darauf zu achten, dass das Stimmengewicht sich ausschließlich nach § 55 Abs. 3 bzw. nach § 55 Abs. 4 Satz 2 i. V. mit § 47 Abs. 7 bis 9 bestimmt (s. § 51 Rn. 31). Die Gesamtbetriebsräte und die gemäß § 54 Abs. 2 zuständigen Betriebsräte können nicht verlangen, dass eine Sitzung des Konzernbetriebsrats einberufen wird oder eine Angelegenheit auf die nächste Tagesordnung der Konzernbetriebsratssitzung gesetzt wird. Dasselbe gilt für die Jugend- und Auszubildendenvertretung und die Gesamt-Jugend- und Auszubildendenvertretung. Hingegen kann die Konzern-Jugend- und Auszubildendenvertretung nach § 73 b Abs. 2 mit § 67 Abs. 3 Satz 1 beantragen, Angelegenheiten, die besonders die in § 60 Abs. 1 genannten Arbeitnehmer betreffen und über die sie beraten hat, auf die nächste Tagesordnung zu setzen. Für die Konzernschwerbehindertenvertretung ergibt sich Gleiches aus § 97 Abs. 7 i. V. mit § 95 Abs. 4 Satz 1, 2. Halbsatz SGB IX. Für die Ansetzung der Sitzung gilt Gleiches wie bei der Betriebsratssitzung (§ 30).

21

b) Das Gesetz regelt das **Teilnahmerecht an einer Konzernbetriebsratssitzung** durch Verweisung auf § 29 Abs. 4 (Abs. 2 Satz 3) und § 31 (Abs. 1). Nach § 29 Abs. 4 hat der **Arbeitgeber** ein Teilnahmerecht an den Betriebsratssitzungen, die auf sein Verlangen einberufen sind oder zu denen er ausdrücklich eingeladen worden ist. Problematisch kann hier sein, wer für eine Sitzung des Konzernbetriebsrats als Arbeitgeber anzusehen ist; denn der Konzern besteht aus mindestens zwei rechtlich selbständigen Unternehmen,

22

hat also verschiedene Arbeitgeber. Da der Konzernbetriebsrat nicht nur auf die Behandlung von Angelegenheiten beschränkt ist, die von der Konzernspitze, also dem herrschenden Unternehmen, entschieden werden, kommen als Arbeitgeber sowohl für die Ladung zu einer Sitzung als auch für das Teilnahmerecht in einer Sitzung alle Konzernunternehmen in Betracht (nicht zutreffend deshalb *Fitting*, § 58 Rn. 6; wie hier im Ergebnis GL-*Marienhagen*, § 59 Rn. 16). Jedes Konzernunternehmen kann verlangen, dass eine Sitzung anberaumt wird, an der sein gesetzlicher Vertreter ein Teilnahmerecht hat, und entsprechend kann der Konzernbetriebsrat jedes Konzernunternehmen ausdrücklich zu einer Sitzung einladen. Soweit der Arbeitgeber unabhängig von seinem Teilnahmerecht vom Zeitpunkt einer Sitzung vorher zu verständigen ist (Abs. 1 i. V. mit § 30 Satz 3), genügt es, dass das Konzernunternehmen unterrichtet wird, in dessen Bereich die Sitzung stattfindet.

23 Ein **Beauftragter einer Gewerkschaft** kann an Sitzungen des Konzernbetriebsrats beratend teilnehmen, wenn ein Viertel der Mitglieder des Konzernbetriebsrats es verlangt, wobei auch hier das Stimmengewicht ausschlaggebend ist (Abs. 1 i. V. mit § 31). Erforderlich ist nicht, dass die Gewerkschaft im Konzernbetriebsrat vertreten ist, also ein Mitglied des Konzernbetriebsrats ihr angehört, sondern es genügt, dass die Gewerkschaft in einem Gesamtbetriebsrat oder gar bloß in einem Einzelbetriebsrat vertreten ist (ebenso *Fitting*, § 59 Rn. 19; *Kammann*/Hess/Schlochauer [2. Aufl.], § 59 Rn. 15; *Klosterkemper*, Zugangsrecht der Gewerkschaften, S. 18; a. A. HWK-*Hohenstatt/Dzida*, § 59 Rn. 6; GK-*Kreutz*, § 59 Rn. 26; HSWGNR-*Glock*, § 59 Rn. 24; s. auch § 51 Rn. 31).

24 Die Konzern-Jugend- und Auszubildendenvertretung kann zu allen Sitzungen des Konzernbetriebsrats einen Vertreter entsenden (§ 73 b Abs. 2 i. V. mit § 67 Abs. 1 Satz 1). Werden Angelegenheiten behandelt, die besonders die in § 60 Abs. 1 genannten Arbeitnehmer betreffen, haben zu diesen Tagesordnungspunkten alle Mitglieder der Konzern-Jugend- und Auszubildendenvertretung ein Teilnahmerecht (§ 73 b Abs. 2 i. V. mit § 67 Abs. 1 Satz 2). Der Vorsitzende des Konzernbetriebsrats hat entsprechend § 29 Abs. 2 Satz 4 zu laden.

25 Die Konzernschwerbehindertenvertretung hat ein Teilnahmerecht nach § 59 a sowie nach § 97 Abs. 7 i. V. mit § 95 Abs. 4 Satz 1 SGB IX. Der Vorsitzende des Konzernbetriebsrats hat entsprechend § 29 Abs. 2 Satz 4 zu laden.

26 **Andere Personen** haben **kein Teilnahmerecht**; jedoch kann der Konzernbetriebsrat Sachverständige und sonstige Auskunftspersonen, die an sich nicht teilnahmeberechtigt sind, zur Erörterung einer bestimmten Frage hinzuziehen (s. auch § 51 Rn. 34), Sachverständige aber nur nach näherer Vereinbarung mit dem Arbeitgeber, d. h. hier wegen der Kostentragungspflicht mit dem herrschenden Unternehmen (Abs. 1 i. V. mit §§ 51 Abs. 5, 80 Abs. 3; s. auch § 80 Rn. 89).

3. Beschlüsse des Konzernbetriebsrats

27 a) Der Konzernbetriebsrat kann wie der Gesamtbetriebsrat und der Einzelbetriebsrat seine **Beschlüsse nur in einer Sitzung** fassen; **Beschlussfassung im Umlaufverfahren** ist **ausgeschlossen**.

28 Zweckmäßig ist, dass der Konzernbetriebsrat seine Sitzungen am Ort der Konzernleitung durchführt; doch ist er nicht verpflichtet, sie dort einzuberufen, sondern er kann sie auch in anderen Betrieben der Konzernunternehmen und erforderlichenfalls auch außerhalb der Betriebsstätten abhalten (s. auch § 51 Rn. 35).

29 b) Wie beim Gesamtbetriebsrat werden auch hier die **Grundsätze für die Beschlussfassung** und die **Beschlussfähigkeit** durch § 51 Abs. 3 modifiziert (Abs. 1). Für die Zahl der Stimmen, die ein Mitglied hat, ist § 55 Abs. 3 bzw. § 55 Abs. 4 i. V. mit § 47 Abs. 7 bis 9 maßgebend (s. § 55 Rn. 22 ff.). Im Übrigen gilt Gleiches wie beim Gesamtbetriebsrat (s. § 51 Rn. 41 ff.).

VI. Streitigkeiten | § 59

Soweit die zu fassenden Beschlüsse überwiegend die in § 60 Abs. 1 genannten Arbeitnehmer betreffen, haben auch die Mitglieder der Konzern-Jugend- und Auszubildendenvertretung ein Stimmrecht (§ 73 b Abs. 2 i. V. mit § 67 Abs. 2). Ihre Stimmen werden in diesem Fall bei der Feststellung der Stimmenmehrheit mitgezählt; § 33 Abs. 3 gilt entsprechend (Abs. 1 i. V. mit § 51 Abs. 3 Satz 4), wobei auch hier zu berücksichtigen ist, dass die Mitglieder der Konzern-Jugend- und Auszubildendenvertretung ein unterschiedliches Stimmengewicht haben (§ 73 a Abs. 3). Für die Beschlussfähigkeit werden sie dagegen nicht mitgezählt (vgl. auch § 51 Rn. 44). 30

Soweit bei den **Post-Aktiengesellschaften** für die Beteiligung des Betriebsrats in Personalangelegenheiten der Beamten (§ 28 Abs. 1 Satz 1 PostPersRG) ausnahmsweise der Konzernbetriebsrat zuständig ist, sind, wenn dem Konzernbetriebsrat Beamtenvertreter angehören, nur sie nach gemeinsamer Beratung im Konzernbetriebsrat zur Beschlussfassung berufen (§ 33 Abs. 2 i. V. mit § 28 Abs. 1 Satz 2 PostPersRG). Der Vertreter der Beamten im Konzernbetriebsrat hat so viele Stimmen, wie die Vertreter der Beamten im Gesamtbetriebsrat insgesamt Stimmen haben (§ 33 Abs. 1 Nr. 2 PostPersRG). 31

c) Der Konzernbetriebsrat hat über jede Verhandlung eine **Niederschrift** aufzunehmen; § 34 gilt entsprechend (Abs. 1; s. § 34 Rn. 3 ff.). 31a

d) Gegen Beschlüsse des Konzernbetriebsrats besteht ebenfalls ein **suspensives Vetorecht** (Abs. 1 i. V. mit § 35) der Konzern-Jugend- und Auszubildendenvertretung sowie der Konzernschwerbehindertenvertretung (s. hinsichtlich letzterer auch § 97 Abs. 7 i. V. mit § 95 Abs. 4 Satz 2 und 3 SGB IX). 32

4. Sonstige Bestimmungen über die Geschäftsführung

Sonstige Bestimmungen über die Geschäftsführung sollen wie beim Gesamtbetriebsrat und beim Einzelbetriebsrat in einer schriftlichen **Geschäftsordnung** getroffen werden, die der Konzernbetriebsrat mit der Mehrheit der Stimmen seiner Mitglieder beschließt (Abs. 1 i. V. mit § 36; s. die Ausführungen zu § 36). Dabei ist auch hier zu beachten, dass weder erforderlich noch ausreichend ist, dass mehr als die Hälfte der Mitglieder den Beschluss fassen, sondern es müssen die Mitglieder des Konzernbetriebsrats ihre Zustimmung erteilt haben, die mehr als die Hälfte aller Stimmen im Konzernbetriebsrat haben. 33

Wie der Gesamtbetriebsrat kann auch der Konzernbetriebsrat während der Arbeitszeit keine **Sprechstunden** einrichten (s. auch § 51 Rn. 38). 34

Die durch die Tätigkeit des Konzernbetriebsrats entstehenden **Kosten** trägt das **herrschende Unternehmen** (ebenso BAG 23. 8. 2006 – 7 ABR 51/05; *Fitting*, § 59 Rn. 21; HSWGNR-*Glock*, § 59 Rn. 41). 35

V. Rechtsstellung der Konzernbetriebsratsmitglieder

Für die Rechtsstellung der Konzernbetriebsratsmitglieder gilt Gleiches wie für die Rechtsstellung der Gesamtbetriebsratsmitglieder (s. § 51 Rn. 48 ff.). Eine Besonderheit ergibt sich lediglich daraus, dass Konzernbetriebsratsmitglieder verschiedene Arbeitgeber haben können. Den Anspruch auf Arbeitsbefreiung, Fortzahlung ihres Arbeitsentgelts und Freizeitausgleich können sie nur gegen ihren jeweiligen Arbeitgeber richten, weil diese Ansprüche sich auf das Arbeitsverhältnis beziehen, während der Kostenerstattungsanspruch gegen das herrschende Unternehmen besteht. 36

VI. Streitigkeiten

Streitigkeiten, die sich auf die Organisation oder Geschäftsführung des Konzernbetriebsrats beziehen, entscheidet das Arbeitsgericht im Beschlussverfahren (§ 2 a Abs. 1 Nr. 1, Abs. 2 i. V. mit §§ 80 ff. ArbGG). Zuständig ist das Arbeitsgericht, in dessen 37

Bezirk das herrschende Unternehmen seinen Sitz hat (§ 82 Satz 2 ArbGG). Soweit ein Konzernbetriebsratsmitglied Arbeitsentgelt für Arbeitsversäumnis oder Freizeitausgleich verlangt, entscheidet darüber das Arbeitsgericht, das für seine Streitigkeiten aus dem Arbeitsverhältnis zuständig ist, im Urteilsverfahren (§ 2 Abs. 1 Nr. 3 lit. a, Abs. 5 i. V. mit §§ 46 ff. ArbGG; s. ausführlich § 37 Rn. 181 ff.).

§ 59a Teilnahme der Konzernschwerbehindertenvertretung

Die Konzernschwerbehindertenvertretung (§ 97 Abs. 2 des Neunten Buches Sozialgesetzbuch) kann an allen Sitzungen des Konzernbetriebsrats beratend teilnehmen.

Übersicht

	Rn.
I. Vorbemerkung	1
II. Die Konzernschwerbehindertenvertretung	4
1. Rechtsnatur	4
2. Errichtung	5
3. Zuständigkeit	6
4. Persönliche Rechtsstellung	7
III. Rechtsstellung in der Betriebsverfassung	8
IV. Streitigkeiten	12

I. Vorbemerkung

1 Das Gesetz gibt der Konzernschwerbehindertenvertretung das Recht, an allen Sitzungen des Konzernbetriebsrats beratend teilzunehmen. Die durch das BetrVerf-Reformgesetz vom 23. 7. 2001 (BGBl. I S. 1852) eingefügte Bestimmung trägt dem Umstand Rechnung, dass im SGB IX vom 19. 6. 2001 (BGBl. I S. 1046) mit Wirkung vom 1. 7. 2001 eine Konzernschwerbehindertenvertretung (§ 97 Abs. 2 SGB IX) vorgesehen wurde, die gebildet werden muss, sofern für mehrere Unternehmen ein Konzernbetriebsrat errichtet worden ist. Die gleiche Regelung wie § 59a enthält § 97 Abs. 7 i. V. mit § 95 Abs. 4 Satz 1 SGB IX. Die Bestimmung ist den §§ 32, 52 nachgebildet.

2 Die Vorschrift ist zwingend und kann daher weder durch Tarifvertrag noch durch Betriebsvereinbarung abbedungen werden.

3 Im Bereich des Personalvertretungsrechts sowie im Sprecherausschussgesetz gibt es keine entsprechenden Vorschriften.

II. Die Konzernschwerbehindertenvertretung

1. Rechtsnatur

4 Wie die betriebliche Schwerbehindertenvertretung kein Organ des Betriebsrats und die Gesamtschwerbehindertenvertretung kein Organ des Gesamtbetriebsrats ist, so ist auch die Konzernschwerbehindertenvertretung kein Organ des Konzernbetriebsrats, sondern eine von Gesetzes wegen eingerichtete **zusätzliche betriebsverfassungsrechtliche Vertretung der Arbeitnehmer auf Konzernebene** (s. auch § 32 Rn. 3 u. § 52 Rn. 4).

2. Errichtung

5 Während eine betriebliche Schwerbehindertenvertretung auch dann zu wählen ist, wenn kein Betriebsrat besteht, kann eine Konzernschwerbehindertenvertretung **nur bestellt werden, wenn für mehrere Unternehmen eines Konzerns ein Konzernbetriebsrat**

III. Rechtsstellung in der Betriebsverfassung § 59a

errichtet ist (§ 97 Abs. 2 SGB IX). Sie wird von den Gesamtschwerbehindertenvertretungen der einzelnen Unternehmen gewählt. Wählbar ist nicht nur eine Vertrauens- oder Gesamtvertrauensperson, sondern jeder, der als Vertrauensperson gewählt werden kann (§ 97 Abs. 7 i. V. mit § 94 Abs. 3 SGB IX; s. § 32 Rn. 5). Für jede Konzernvertrauensperson wird mindestens ein Stellvertreter gewählt (§ 97 Abs. 5 SGB IX). Die Wahl erfolgt geheim und unmittelbar nach den Grundsätzen der Mehrheitswahl, wobei im Übrigen die Vorschriften über das Wahlverfahren, den Wahlschutz und die Wahlkosten bei der Betriebsratswahl sinngemäß anzuwenden sind (§ 97 Abs. 7 i. V. mit § 94 Abs. 7 SGB IX). Die Einzelheiten regelt § 22 SchwbVWO (s. auch § 32 Rn. 6). Die Amtszeit beträgt vier Jahre (§ 97 Abs. 7 i. V. mit § 94 Abs. 7 Satz 1 SGB IX; s. auch § 32 Rn. 7). Die regelmäßigen Wahlen finden alle vier Jahre in der Zeit vom 1. Februar bis 31. März statt (§ 97 Abs. 7 SGB IX); die nächsten turnusgemäßen Wahlen stehen im Jahr 2010 bevor (vgl. näher GK-*Kreutz*, § 59 a Rn. 8).

3. Zuständigkeit

Die Konzernschwerbehindertenvertretung hat die **gleichen Rechte und Pflichten wie** 6 die **betriebliche Schwerbehindertenvertretung.** Ein Unterschied ergibt sich lediglich daraus, dass die Konzernschwerbehindertenvertretung die Interessen der Schwerbehinderten in Angelegenheiten vertritt, die den Konzern oder mehrere Unternehmen des Konzerns betreffen und von den Gesamtschwerbehindertenvertretungen der einzelnen Unternehmen nicht geregelt werden können (§ 97 Abs. 6 Satz 2 i. V. mit Satz 1 SGB IX). Die **Zuständigkeitsabgrenzung** erfolgt also nach den **gleichen Grundsätzen wie im Verhältnis zwischen Konzernbetriebsrat und Gesamtbetriebsrat** nach § 58 Abs. 1 Satz 1, 1. Halbsatz (s. dort Rn. 5 ff.). Die Konzernschwerbehindertenvertretung vertritt auch die **Interessen der Schwerbehinderten, die in einem Unternehmen** tätig sind, für die eine **Gesamtschwerbehindertenvertretung nicht gewählt** werden kann oder gewählt worden ist (§ 97 Abs. 6 Satz 1 SGB IX), auch wenn darüber hinaus im jeweiligen Betrieb keine Schwerbehindertenvertretung gebildet ist oder gebildet werden kann. Die Konzernschwerbehindertenvertretung hat nicht das Recht, Versammlungen der Gesamtvertrauenspersonen durchzuführen, wie daraus zu ersehen ist, dass sie in § 97 Abs. 8 SGB IX keine Erwähnung findet (§ 97 Abs. 8 i. V. mit § 95 Abs. 6 SGB IX).

4. Persönliche Rechtsstellung

Wer die Aufgabe der Konzernschwerbehindertenvertretung übernimmt, hat die gleiche 7 persönliche Rechtsstellung wie die Vertrauenspersonen der Schwerbehinderten; die durch die Tätigkeit entstehenden Kosten trägt der Arbeitgeber (§ 97 Abs. 7 i. V. mit § 96 SGB IX; s. auch § 32 Rn. 9 ff.).

III. Rechtsstellung in der Betriebsverfassung

Die Konzernschwerbehindertenvertretung kann an **allen Sitzungen des Konzern-** 8 **betriebsrats** beratend, also ohne Stimmrecht, **teilnehmen,** nicht nur an solchen Sitzungen, die sich im Hinblick auf § 80 Abs. 1 Nr. 4 mit Fragen befassen, welche die Interessen der Schwerbehinderten berühren. Der Vorsitzende des Konzernbetriebsrats hat deshalb auch sie zu allen Sitzungen rechtzeitig unter Mitteilung der Tagesordnung entsprechend § 29 Abs. 2 Satz 4 zu laden. Ein Verstoß hiergegen macht die Beschlussfassung in der jeweiligen Sitzung indes nicht unwirksam, da die Konzernschwerbehindertenvertretung dort kein Stimmrecht hat (DKK-*Trittin*, § 59 a Rn. 12). Im Übrigen gilt Gleiches wie für die Teilnahme der betrieblichen Schwerbehindertenvertretung an einer Betriebsratssitzung (s. § 32 Rn. 18 ff.).

9 Die Konzernschwerbehindertenvertretung hat keinen Anspruch darauf, dass eine Konzernbetriebsratssitzung einberufen wird. Sie kann aber gemäß §§ 97 Abs. 7, 95 Abs. 4 Satz 1, 2. Halbsatz SGB IX beantragen, Angelegenheiten, die Einzelne oder die schwerbehinderten Menschen als Gruppe besonders betreffen, auf die Tagesordnung der nächsten Sitzung zu setzen.

10 Die Konzernschwerbehindertenvertretung kann verlangen, dass ein Beschluss des Konzernbetriebsrats ausgesetzt wird, wenn sie in ihm eine erhebliche Beeinträchtigung wichtiger Interessen der Schwerbehinderten sieht (§ 59 Abs. 1 i. V. mit § 35 Abs. 1; § 97 Abs. 7 i. V. mit § 95 Abs. 4 Satz 2 und 3 SGB IX; s. auch § 35 Rn. 2 ff.).

11 Die Konzernschwerbehindertenvertretung hat das Recht, auch an allen Sitzungen des **Konzernbetriebsausschusses** und der **sonstigen Ausschüsse** des Konzernbetriebsrats beratend **teilzunehmen** (§ 97 Abs. 7 i. V. mit § 95 Abs. 4 Satz 1 SGB IX; s. auch § 32 Rn. 18). Dabei gilt Gleiches wie zu § 52 (s. § 52 Rn. 11). Sie ist zu allen Besprechungen des Konzernarbeitgebers mit dem Konzernbetriebsrat i. S. des § 59 Abs. 1 i. V. mit §§ 51 Abs. 5, 74 Abs. 1 hinzuzuziehen (§ 97 Abs. 7 i. V. mit § 95 Abs. 5 SGB IX).

IV. Streitigkeiten

12 Streitigkeiten über die Teilnahme der Konzernschwerbehindertenvertretung an Sitzungen des Konzernbetriebsrats, des Konzernbetriebsausschusses und der sonstigen Ausschüsse des Konzernbetriebsrats entscheidet das Arbeitsgericht im Beschlussverfahren (§ 2 a Abs. 1 Nr. 1, Abs. 2 i. V. mit §§ 80 ff. ArbGG). Gleiches gilt, wenn die Konzernschwerbehindertenvertretung Kostenerstattung verlangt, während der Anspruch auf Fortzahlung des Arbeitsentgelts für die Zeit der Teilnahme im Urteilsverfahren geltend zu machen ist (s. § 32 Rn. 11).

Dritter Teil. Jugend- und Auszubildendenvertretung

Vorbemerkung

Abgekürzt zitiertes Schrifttum: *Düttmann/Zachmann,* Die Jugendvertretung, 1972; *Rotermund,* Die Interessenwahrnehmung durch Jugendliche und Auszubildende in der Betriebsverfassung, 2004.

Übersicht

	Rn.
I. Inhalt des Dritten Teils	1
1. Entstehungsgeschichte	1
2. Überblick	4
II. Rechtsnatur und Zweck der Jugend- und Auszubildendenvertretung	11

I. Inhalt des Dritten Teils

1. Entstehungsgeschichte

Der Dritte Teil des Gesetzes ist der **Jugend- und Auszubildendenvertretung** gewidmet. Bereits das BetrVG 1952 kannte die **Jugendvertretung;** es hatte sie aber nur in Grundzügen und an verschiedenen Stellen verstreut behandelt (zur Situation vor 1952 GK-*Oetker,* vor § 60 Rn. 1 f.). Erst das BetrVG 1972 hat die für sie maßgeblichen Bestimmungen in einem eigenen Teil zusammengefasst, damit die Regelung für die jugendlichen Arbeitnehmer durchschaubar wird (vgl. Begründung zum RegE, BT-Drucks. VI/1786, S. 44; Bericht des BT-Ausschusses für Arbeit und Sozialordnung, *zu* BT-Drucks. VI/2729, S. 15 f.). Es gab ihr mehr Rechte als bisher, um die Teilnahme der jugendlichen Arbeitnehmer am betrieblichen Geschehen zu aktivieren. 1

Das **Gesetz zur Bildung von Jugend- und Auszubildendenvertretungen in den Betrieben** vom 13. 7. 1988 (BGBl. I S. 1034) hat die Jugendvertretung zur Jugend- und Auszubildendenvertretung weiterentwickelt (vgl. Gesetzentw., BT-Drucks. 11/1134; Beschlussempfehlung und Bericht des BT-Ausschusses für Arbeit und Sozialordnung, BT-Drucks. 11/2474). Da immer weniger Arbeitnehmer, die jünger als 18 Jahre alt sind, in den Betrieben beschäftigt und ausgebildet wurden, war der von der Jugendvertretung betreute Personenkreis und damit auch die Zahl der Jugendvertretungen stark zurückgegangen. Der Ausbau der Jugendvertretung zu einer Jugend- und Auszubildendenvertretung zog die Konsequenz aus dieser Entwicklung. Neben jugendlichen Arbeitnehmern wurden die zu ihrer Berufsausbildung Beschäftigten, die bereits älter als 18 Jahre sind, in diese Sondervertretung einbezogen. Um aber den Charakter der Jugend- und Auszubildendenvertretung als einer Vertretung junger Arbeitnehmer sicherzustellen, sieht das Gesetz für das aktive und passive Wahlrecht der Auszubildenden eine Altersgrenze vor (§§ 60 Abs. 1, 61). 2

Durch das BetrVerf-Reformgesetz vom 23. 7. 2001 (BGBl. I S. 1852) wurden verschiedene Änderungen im Recht der Jugend- und Auszubildendenvertretung vorgenommen und insbesondere die Bestimmungen über die Konzern-Jugend- und Auszubildendenvertretung (§§ 73 a f.) ergänzt. 3

2. Überblick

a) Das Gesetz unterscheidet die **betriebliche Jugend- und Auszubildendenvertretung** (§§ 60 bis 71) von der **Gesamt-Jugend- und Auszubildendenvertretung,** die wie der 4

Vor § 60 Vorbemerkung

Gesamtbetriebsrat durch Entsendung gebildet wird, wenn in einem Unternehmen mehrere Jugend- und Auszubildendenvertretungen bestehen (§§ 72, 73). Daneben kann bei Bestehen mehrerer Gesamt-Jugend- und Auszubildendenvertretungen in einem Unterordnungskonzern (§ 18 Abs. 1 AktG) durch Entsendung eine **Konzern-Jugend- und Auszubildendenvertretung** gebildet werden (§§ 73 a, 73 b). Die Vorschriften über Jugend- und Auszubildendenvertretungen gelten im Bereich Seeschifffahrt nur für Landbetriebe (§ 114 Abs. 5).

5 b) Das Gesetz spricht von der **Jugend- und Auszubildendenvertretung,** wenn es die *betriebliche Jugend- und Auszubildendenvertretung* meint. Sie wird in Betrieben mit in der Regel mindestens fünf Arbeitnehmern gewählt, die das 18. Lebensjahr noch nicht vollendet haben (jugendliche Arbeitnehmer) oder die zu ihrer Berufsausbildung beschäftigt sind, sofern sie das 25. Lebensjahr noch nicht vollendet haben (§ 60 Abs. 1).

6 Bereits das BetrVG 1972 hat die **Zusammenarbeit mit dem Betriebsrat institutionell verstärkt.** Die Jugend- und Auszubildendenvertretung kann zu allen Betriebsratssitzungen einen Vertreter entsenden; werden Angelegenheiten behandelt, die besonders jugendliche oder die sonst in § 60 Abs. 1 genannten Arbeitnehmer betreffen, so haben zu diesen Tagesordnungspunkten sogar alle Jugend- und Auszubildendenvertreter ein Teilnahmerecht (§ 67 Abs. 1). Außerdem sind Beschlüsse des Betriebsrats, die überwiegend diese Arbeitnehmer betreffen, mit den Stimmen der Jugend- und Auszubildendenvertreter zu fassen (§ 67 Abs. 2), und die Jugend- und Auszubildendenvertretung kann beim Betriebsrat beantragen, dass Angelegenheiten, die besonders den in § 60 Abs. 1 genannten Personenkreis betreffen und über die sie vorberaten hat, auf die Tagesordnung der nächsten Betriebsratssitzung gesetzt werden, wobei umgekehrt der Betriebsrat Angelegenheiten, die besonders diesen Personenkreis betreffen, der Jugend- und Auszubildendenvertretung zur Beratung zuleiten soll (§ 67 Abs. 3). Außerdem besteht ein Aussetzungsrecht gegenüber Beschlüssen des Betriebsrats (§§ 35, 66). Führt der Betriebsrat Besprechungen mit dem Arbeitgeber über Angelegenheiten, die besonders die in § 60 Abs. 1 Genannten betreffen, so hat er die Jugend- und Auszubildendenvertretung beizuziehen (§ 68). Außerdem ist festgelegt, dass die Jugend- und Auszubildendenvertretung in Betrieben, die in der Regel mehr als fünfzig der in § 60 Abs. 1 genannten Arbeitnehmer beschäftigen, Sprechstunden während der Arbeitszeit einrichten kann (§ 69).

7 c) Die Jugend- und Auszubildendenvertretung kann eigene **Jugend- und Auszubildendenversammlungen** abhalten (§ 71).

8 d) Die **Gesamt-Jugend- und Auszubildendenvertretung** ist dem Gesamtbetriebsrat (§§ 72, 73), die **Konzern-Jugend- und Auszubildendenvertretung** dem Konzernbetriebsrat (§§ 73 a, 73 b) zugeordnet.

9 e) Mitglieder der Jugend- und Auszubildendenvertretung unterliegen dem besonderen **Kündigungsschutz** nach § 15 KSchG sowie dem Kündigungs- und Versetzungsschutz nach § 103. § 78 a gewährt ihnen einen **Anspruch auf Übernahme in ein Arbeitsverhältnis** auf unbestimmte Zeit nach Beendigung des Berufsausbildungsverhältnisses.

10 f) Die Bestimmungen der §§ 61 ff. sind grundsätzlich zwingendes Organisationsrecht und daher weder durch Tarifvertrag noch durch Betriebsvereinbarung abdingbar (GK-*Oetker*, vor § 60 Rn. 34 ff.). Möglich ist aber die Bildung zusätzlicher Vertretungen für Jugendliche und Auszubildende nach § 3 Abs. 1 Nr. 4, 5.

II. Rechtsnatur und Zweck der Jugend- und Auszubildendenvertretung

11 Aufgabe der Jugend- und Auszubildendenvertretung ist die Wahrnehmung der besonderen Belange der jugendlichen oder sonst zu ihrer Berufsausbildung beschäftigten Arbeitnehmer (§ 60 Abs. 2). Sie ist aber **kein eigenständiger Repräsentant** für die in § 60 Abs. 1 genannten Arbeitnehmer, der für diese die Mitwirkungs- und Mitbestimmungs-

II. Rechtsnatur und Zweck der Jugend- und Auszubildendenvertretung **Vor § 60**

rechte ausübt (s. § 60 Rn. 13). Vielmehr ist auch insoweit der Betriebsrat der Repräsentant dieser Arbeitnehmer (ebenso BAG 20. 11. 1973 AP BetrVG 1972 § 65 Nr. 1; BAG 10. 5. 1974 AP BetrVG 1972 § 65 Nr. 3 und 4; BAG 8. 2. 1977 AP BetrVG 1972 § 80 Nr. 10; BAG 24. 8. 2004 AP BetrVG 1972 § 98 Nr. 12). Die Jugend- und Auszubildendenvertretung ist deshalb nur eine **zusätzliche betriebsverfassungsrechtliche Vertretung**, die im Gesetz ausdrücklich vorgesehen ist, die aber durch Tarifvertrag oder Betriebsvereinbarung (§ 3 Abs. 2) durch weitere Vertretungen der Jugendlichen und Auszubildenden nach § 3 Abs. 1 Nr. 4, 5 ergänzt werden kann.

Seit dem Ausbau der Jugendvertretung zu einer Jugend- und Auszubildendenvertretung erfüllt diese Vertretung ihre Funktion, junge Arbeitnehmer entsprechend einer für sie bestehenden soziologischen Sonderstellung an der Mitbestimmung zu beteiligen. Bei den allgemeinen Aufgaben sind Fragen der Berufsbildung besonders hervorgehoben (s. § 70). **12**

Erster Abschnitt. Betriebliche Jugend- und Auszubildendenvertretung

§ 60 Errichtung und Aufgabe

(1) In Betrieben mit in der Regel mindestens fünf Arbeitnehmern, die das 18. Lebensjahr noch nicht vollendet haben (jugendliche Arbeitnehmer) oder die zu ihrer Berufsausbildung beschäftigt sind und das 25. Lebensjahr noch nicht vollendet haben, werden Jugend- und Auszubildendenvertretungen gewählt.

(2) Die Jugend- und Auszubildendenvertretung nimmt nach Maßgabe der folgenden Vorschriften die besonderen Belange der in Absatz 1 genannten Arbeitnehmer wahr.

Abgekürzt zitiertes Schrifttum: *Körner*, Die Mitwirkung der Jugendvertretung bei der Mitbestimmung im Betrieb, Diss. Würzburg 1977; *Moritz*, Die Stellung der Jugendvertretung im Rahmen der Betriebsverfassung, Diss. Berlin 1974; *Pulte*, Die Wahl der Jugend- und Auszubildendenvertretung, 1992.

Übersicht

	Rn.
I. Vorbemerkung	1
II. Voraussetzungen für die Errichtung einer Jugend- und Auszubildendenvertretung	3
1. Obligatorische betriebsverfassungsrechtliche Einrichtung	3
2. Mindestzahl von Wahlberechtigten im Betrieb	4
3. Bestehen eines Betriebsrats	11
III. Aufgaben und Rechtsstellung der Jugend- und Auszubildendenvertretung	12
1. Aufgaben	12
2. Rechtsstellung	13
IV. Streitigkeiten	16

I. Vorbemerkung

1   Bei Erlass des BetrVG 1972 entsprach Abs. 1 dem § 20 Abs. 2 Satz 1 BetrVG 1952; er war nur redaktionell neu gefasst worden. Durch das Gesetz zur Bildung von Jugend- und Auszubildendenvertretungen in den Betrieben vom 13. 7. 1988 (BGBl. I S. 1034) erhielt er die geltende Fassung, da die Jugendvertretung in die Jugend- und Auszubildendenvertretung umgestaltet wurde, um neben jugendlichen Arbeitnehmern die zu ihrer Berufsausbildung Beschäftigten einzubeziehen, sofern sie das 25. Lebensjahr noch nicht vollendet haben. Durch die Bestimmung in Abs. 2 wird klargestellt, dass es Aufgabe der Jugend- und Auszubildendenvertretung ist, die besonderen Interessen dieser Arbeitnehmer wahrzunehmen, und zwar nach Maßgabe der folgenden Vorschriften.

2   Im Personalvertretungsrecht findet sich eine entsprechende Bestimmung in § 57 BPersVG.

II. Voraussetzungen für die Errichtung einer Jugend- und Auszubildendenvertretung

1. Obligatorische betriebsverfassungsrechtliche Einrichtung

3   Die Jugend- und Auszubildendenvertretung ist keine fakultative, sondern eine **obligatorische betriebsverfassungsrechtliche Einrichtung** (ebenso *Fitting*, § 60 Rn. 10; GK-

II. Voraussetzungen für die Errichtung einer Jugend- und Auszubildendenvertretung § 60

Oetker, § 60 Rn. 4; DKK-*Trittin*, § 60 Rn. 13). Sie wird gewählt, wenn dem Betrieb in der Regel mindestens **fünf Arbeitnehmer** angehören, die das **18. Lebensjahr noch nicht vollendet** haben oder die zu ihrer **Berufsausbildung beschäftigt** sind und das 25. Lebensjahr noch nicht vollendet haben (Abs. 1). Maßgebend ist insoweit der Tag der letzten Stimmabgabe (s. § 61 Rn. 3). Sind die Voraussetzungen gegeben, so hat der Betriebsrat die Wahl der Jugend- und Auszubildendenvertretung vorzubereiten und durchzuführen (§ 80 Abs. 1 Nr. 5).

2. Mindestzahl von Wahlberechtigten im Betrieb

a) Dem Betrieb müssen **in der Regel mindestens fünf Arbeitnehmer** angehören, die zu dem **in Abs. 1 genannten Personenkreis** gehören. Zu ihm zählen die Arbeitnehmer, die das 18. Lebensjahr noch nicht vollendet haben. Nur für sie war ursprünglich die Jugendvertretung als zusätzliche betriebsverfassungsrechtliche Vertretung vorgesehen. Deshalb enthält Abs. 1 durch den Klammerzusatz noch eine Legaldefinition der jugendlichen Arbeitnehmer, weil auf diesen Begriff die Gesetzesregelung über die Jugendvertretung abstellte. Die Legaldefinition hat ihre Funktion verloren, weil schon in Abs. 2 und dann in den folgenden Bestimmungen der Begriff des jugendlichen Arbeitnehmers durch die Formulierung „der in Abs. 1 genannten Arbeitnehmer" ersetzt wurde. **4**

Den jugendlichen Arbeitnehmern gleichgestellt sind **die zu ihrer Berufsausbildung beschäftigten Arbeitnehmer, die das 25. Lebensjahr noch nicht vollendet** haben. Bei ihnen handelt es sich um die Arbeitnehmer, die in § 5 Abs. 1 als die zu ihrer Berufsausbildung Beschäftigten bezeichnet werden. Der betriebsverfassungsrechtliche Begriff der Berufsausbildung ist dabei weiter als derjenige nach § 1 Abs. 3 BBiG (s. § 5 Rn. 65). **5**

b) Die in Abs. 1 genannte Mindestzahl muss **in der Regel** dem Betrieb angehören. Dann ist eine Jugend- und Auszubildendenvertretung auch zu bilden, wenn im Zeitpunkt der Wahl gerade nur vier der in Abs. 1 genannten Arbeitnehmer beschäftigt werden, ebenso wie die Wahl einer Jugend- und Auszubildendenvertretung ausscheidet, wenn im Betrieb wegen außergewöhnlicher Umstände fünf oder mehr dieser Arbeitnehmer tätig sind, während regelmäßig weniger als fünf beschäftigt werden (ebenso *Fitting*, § 60 Rn. 12; GK-*Oetker*, § 60 Rn. 36; s. auch § 1 Rn. 114). **6**

c) Maßgebend ist der **Betrieb in der betriebsverfassungsrechtlichen Abgrenzung,** so dass Betriebsteile ihm nicht zuzurechnen sind, wenn sie nach § 4 Abs. 1 betriebsverfassungsrechtlich selbstständig sind, und umgekehrt Betriebe nach § 4 Abs. 2 dem Hauptbetrieb zuzurechnen sind, wenn sie selbst nicht betriebsratsfähig sind. Gilt eine Organisationseinheit nach § 3 Abs. 5 als Betrieb, so ist sie maßgeblich (GK-*Oetker*, vor § 60 Rn. 39; *Opolony*, BB 2001, 2055). **7**

Die Voraussetzungen eines eigenständigen Betriebs erfüllt zwar auch eine **überbetriebliche Ausbildungseinrichtung;** die **zu ihrer Berufsausbildung Beschäftigten** gehören in diesem Fall aber **nicht zur Belegschaft dieses Betriebs,** wie generell bei einem reinen Ausbildungsbetrieb die Auszubildenden nicht zur Belegschaft des Betriebs gehören (vgl. BAG 21. 7. 1993 AP BetrVG 1972 § 5 Ausbildung Nr. 8; BAG 26. 1. 1994 AP BetrVG 1972 § 5 Nr. 54; BAG 13. 6. 2007 AP BetrVG 1972 § 5 Ausbildung Nr. 12; BAG 13. 8. 2008 – 7 AZR 450/07; s. näher § 5 Rn. 67). **8**

Wird bei einem Auszubildenden die **betriebliche Berufsausbildung** abschnittsweise jeweils **in verschiedenen Betrieben** durchgeführt, jedoch von einem der Betriebe mit bindender Wirkung auch für die anderen Betriebe geleitet, so gehört der Arbeitnehmer während der gesamten Ausbildungszeit dem die Ausbildung leitenden Stammbetrieb an (ebenso BAG 13. 3. 1991 AP BetrVG 1972 § 60 Nr. 2). Die vorübergehende Beschäftigung in den anderen Betrieben begründet nicht die Zugehörigkeit zu diesen Betrieben (ebenso BAG 13. 3. 1991 AP BetrVG 1972 § 60 Nr. 2; a. A. LAG Hamm 16. 3. 1988 DB 1988, 2058; für Konzernsachverhalte DKK-*Trittin*, § 60 Rn. 18). Dennoch kann es sich im aufnehmenden Betrieb um eine beteiligungspflichtige Einstellung gem. § 99 **9** handeln (BAG 30. 9. 2008 – 1 ABR 81/07). Ist die Berufsausbildung mit dem laufenden Produktions- oder Dienstleistungsprozess des Betriebes verknüpft, wird der Auszubildende also mit Tätigkeiten beschäftigt, die zu den beruflichen Aufgaben der Arbeitnehmer des Ausbildungsbetriebes gehören, ist der Auszubildende grundsätzlich dem Ausbildungsbetrieb zuzuordnen (BAG 12. 5. 2005 AP BetrVG 1972 § 102 Nr. 145; vgl. auch BAG 13. 6. 2007 AP BetrVG 1972 § 5 Ausbildung Nr. 12). Auszubildende, deren praktische Berufsbildung in einer sonstigen Berufsausbildungseinrichtung der schulischen oder betrieblichen Berufsbildung gemäß § 2 Abs. 1 Nr. 3 BBiG mit in der Regel mindestens fünf Auszubildenden stattfindet und die nicht wahlberechtigt zum Betriebsrat, zur Jugend- und Auszubildendenvertretung oder zur Mitwirkungsvertretung gem. § 36 SGB IX sind, wählen gem. § 51 BBiG eine besondere Interessenvertretung.

10 Ebenfalls keine Betriebszugehörigkeit liegt vor, wenn der Betriebsinhaber einem Dritten vertraglich Einrichtungen seines Betriebs überlässt, damit dieser dort mit eigenen Lehrkräften die Berufsausbildung seiner Auszubildenden durchführen kann (vgl. BAG 4. 4. 1990 AP BetrVG 1972 § 60 Nr. 1).

3. Bestehen eines Betriebsrats

11 Obwohl im Gesetz nicht ausdrücklich genannt, ist weiterhin Voraussetzung für die Bildung einer Jugend- und Auszubildendenvertretung, dass in dem Betrieb ein Betriebsrat besteht (ebenso *Fitting*, § 60 Rn. 22; GK-*Oetker*, § 60 Rn. 37 ff.; *Opolony*, BB 2001, 2055; HSWGNR-*Rose*, § 60 Rn. 31; a. A. DKK-*Trittin*, § 60 Rn. 27; *Däubler*, Gewerkschaftsrechte im Betrieb, Rn. 105). Die Notwendigkeit des Bestehens eines Betriebsrats ergibt sich daraus, dass die Jugend- und Auszubildendenvertretung keine selbstständige Funktion im eigentlichen Sinn hat, sondern darauf beschränkt ist, ihre Aufgaben über den Betriebsrat zu erfüllen. In der parallelen Vorschrift des § 57 BPersVG ist klargestellt, dass eine Jugend- und Auszubildendenvertretung nur in Dienststellen errichtet werden kann, in denen Personalvertretungen gebildet sind. Auch für das BetrVG gilt, dass die Jugend- und Auszubildendenvertretung nur in Anlehnung an einen Betriebsrat bestehen kann. Nach § 63 Abs. 2 hat der Betriebsrat den Wahlvorstand zu bestimmen, und eine Ersatzbestellung durch das Arbeitsgericht oder den Gesamt- bzw. Konzernbetriebsrat kommt nur in Betracht, wenn der Betriebsrat den Wahlvorstand nicht oder nicht rechtzeitig bestellt. Dagegen trifft das Gesetz keine Bestimmung für den Fall, dass im Betrieb kein Betriebsrat besteht, so dass auch die Bestellung eines Wahlvorstands für die Wahl einer Jugend- und Auszubildendenvertretung ausscheidet und damit die Wahl selbst nicht durchgeführt werden kann. Erfolgt dennoch die Wahl einer Jugend- und Auszubildendenvertretung, so ist sie nichtig, weil sie ohne einen Wahlvorstand durchgeführt wurde (s. dazu auch § 16 Rn. 1). Besteht eine Jugend- und Auszubildendenvertretung, so ist aber unschädlich, dass vorübergehend ein Betriebsrat fehlt, z. B. weil dieser nach § 23 aufgelöst worden ist (ebenso *Fitting*, § 60 Rn. 23; HSWGNR-*Rose*, § 60 Rn. 35; im Ergebnis auch GK-*Oetker*, § 60 Rn. 43; kritisch HWK-*Schrader*, § 60 Rn. 13). Auch dann kann die Jugend- und Auszubildendenvertretung in der Übergangszeit jedoch nicht die Aufgaben des Betriebsrats wahrnehmen (a. A. DKK-*Trittin*, § 60 Rn. 30).

III. Aufgaben und Rechtsstellung der Jugend- und Auszubildendenvertretung

1. Aufgaben

12 Aufgabe der Jugend- und Auszubildendenvertretung ist die **Wahrnehmung der besonderen Belange der in Abs. 1 genannten Arbeitnehmer**, die im Betrieb beschäftigt werden (Abs. 2). Das geschieht nach Maßgabe der folgenden Vorschriften. Bestimmte allgemeine Aufgaben sind in § 70 Abs. 1 umschrieben, um damit festzulegen, in welchen Angele-

III. Aufgaben und Rechtsstellung der Jugend- und Auszubildendenvertretung   § 60

genheiten eine Initiative von der Jugend- und Auszubildendenvertretung erwartet wird, es also zu ihren Amtspflichten gehört, sich darum zu kümmern (s. § 70 Rn. 5 ff.).

2. Rechtsstellung

Die Jugend- und Auszubildendenvertretung ist eine **zusätzliche betriebsverfassungsrechtliche Vertretung,** die im Gesetz ausdrücklich vorgesehen ist, die aber durch Tarifvertrag oder Betriebsvereinbarung (§ 3 Abs. 2) um weitere zusätzliche Vertretungen i. S. des § 3 Abs. 1 Nr. 4, 5 ergänzt werden kann. Die Jugend- und Auszubildendenvertretung ist **nicht** als **eigenständiger Repräsentant der in Abs. 1 genannten Arbeitnehmer** gestaltet, sondern lediglich eine zusätzliche betriebsverfassungsrechtliche Einrichtung, deren Aufgabe es ist, die Betriebsratsarbeit in Jugendfragen und vor allem in Fragen der Berufsbildung wirksam zu unterstützen (vgl. BAG 20. 11. 1973 AP BetrVG 1972 § 65 Nr. 1 [zust. *Kraft*]; BAG 10. 5. 1974 AP BetrVG 1972 § 65 Nr. 2 und 3; BAG 6. 5. 1975 AP BetrVG 1972 § 65 Nr. 4; BAG 13. 3. 1991 AP BetrVG 1972 § 60 Nr. 2; *Lunk*, NZA 1992, 534, 536; GK-*Oetker*, vor § 60 Rn. 18 ff.; a. A. DKK-*Trittin*, § 60 Rn. 5).

13

Die Jugend- und Auszubildendenvertretung hat **keine Mitwirkungs- oder Mitbestimmungsrechte gegenüber dem Arbeitgeber;** sie kann **keine Betriebsvereinbarung** abschließen. Das gilt auch in Angelegenheiten, die besonders oder sogar überwiegend die in Abs. 1 genannten Arbeitnehmer betreffen. Die Jugend- und Auszubildendenvertretung ist vielmehr **dem Betriebsrat zugeordnet.** Im Mittelpunkt der gesetzlichen Regelung steht deshalb, die Zusammenarbeit der Jugend- und Auszubildendenvertretung mit dem Betriebsrat zu institutionalisieren: Die Jugend- und Auszubildendenvertretung kann beim Betriebsrat beantragen, dass Maßnahmen ergriffen werden, die den in Abs. 1 genannten Arbeitnehmern dienen, insbesondere in Fragen der Berufsbildung (§ 70 Abs. 1 Nr. 1; s. dort Rn. 5) sowie der Gleichstellung (§ 70 Abs. 1 Nr. 1a; s. dort Rn. 6). Neben dem Betriebsrat hat sie das Recht, darüber zu wachen, dass die zugunsten der in Abs. 1 genannten Arbeitnehmer geltenden Rechtsvorschriften durchgeführt werden (§ 70 Abs. 1 Nr. 2; s. dort Rn. 12 f.). Da ihre Aufgabe ist, die besonderen Belange dieser Arbeitnehmer wahrzunehmen, kann zu deren Beratung an den Sprechstunden des Betriebsrats ein Mitglied der Jugend- und Auszubildendenvertretung teilnehmen, sofern sie nicht selbst eigene Sprechstunden durchführt (§§ 39 Abs. 2, 69). Anregungen der in Abs. 1 genannten Arbeitnehmer hat sie entgegenzunehmen und, falls sie berechtigt erscheinen, beim Betriebsrat auf eine Erledigung hinzuwirken (§ 70 Abs. 1 Nr. 3; s. dort Rn. 14 ff.). Ferner hat sie die betriebliche Integration ausländischer, in § 60 Abs. 1 genannter Arbeitnehmer zu fördern (§ 70 Abs. 1 Nr. 4; s. dort Rn. 7 f.). Damit die Jugend- und Auszubildendenvertretung ihre Aufgaben ordnungsgemäß durchführen kann, ist sie durch den Betriebsrat rechtzeitig und umfassend zu unterrichten (§ 70 Abs. 2; s. dort Rn. 18 ff.).

14

Das Gesetz erschöpft sich nicht darin, nur bestimmte Rechte gegenüber dem Betriebsrat festzulegen, sondern es schaltet die Jugend- und Auszubildendenvertretung auch unmittelbar in die Betriebsratsarbeit ein, indem es ihr **abgestufte Rechte einer Beteiligung an den Entscheidungen des Betriebsrats** gibt: Die Jugend- und Auszubildendenvertretung kann zu allen Betriebsratssitzungen einen Vertreter entsenden (§ 67 Abs. 1 Satz 1; s. dort Rn. 5 ff.). Werden Angelegenheiten behandelt, die *besonders* die in Abs. 1 genannten Arbeitnehmer betreffen, so hat zu diesen Tagesordnungspunkten sogar die gesamte Jugend- und Auszubildendenvertretung ein Teilnahmerecht (§ 67 Abs. 1 Satz 2; s. dort Rn. 12 ff.). Außerdem soll der Betriebsrat diese Angelegenheiten der Jugend- und Auszubildendenvertretung zur Vorberatung zuleiten (§ 67 Abs. 3 Satz 2; s. dort Rn. 31 ff.). Die Jugend- und Auszubildendenvertretung kann ihrerseits beantragen, dass der Betriebsrat Angelegenheiten, die besonders die in Abs. 1 genannten Arbeitnehmer betreffen und über die sie beraten hat, auf seiner nächsten Sitzung behandelt (§ 67 Abs. 3 Satz 1; s. dort Rn. 26 ff.). Ergänzend bestimmt das Gesetz, dass der Betriebsrat bei Besprechun-

15

gen dieser Angelegenheiten mit dem Arbeitgeber außerhalb einer Betriebsratssitzung die Jugend- und Auszubildendenvertretung beizuziehen hat (§ 68). Ein Stimmrecht haben die Jugend- und Auszubildendenvertreter aber nur, soweit die Beschlüsse des Betriebsrats *überwiegend* die in Abs. 1 genannten Arbeitnehmer betreffen (§ 67 Abs. 2; s. dort Rn. 20 ff.). Die Mehrheit der Jugend- und Auszubildendenvertreter kann jedoch die Aussetzung eines Betriebsratsbeschlusses und eine erneute Beschlussfassung verlangen, wenn sie eine erhebliche Beeinträchtigung wichtiger Interessen der in Abs. 1 genannten Arbeitnehmer geltend macht (§ 35 Abs. 1 und 2, § 66).

IV. Streitigkeiten

16   Streitigkeiten über die Bildung einer Jugend- und Auszubildendenvertretung entscheidet das Arbeitsgericht im Beschlussverfahren (§ 2 a Abs. 1 Nr. 1, Abs. 2 i. V. mit §§ 80 ff. ArbGG).

§ 61 Wahlberechtigung und Wählbarkeit

(1) **Wahlberechtigt sind alle in § 60 Abs. 1 genannten Arbeitnehmer des Betriebs.**

(2) ¹**Wählbar sind alle Arbeitnehmer des Betriebs, die das 25. Lebensjahr noch nicht vollendet haben; § 8 Abs. 1 Satz 3 findet Anwendung.** ²**Mitglieder des Betriebsrats können nicht zu Jugend- und Auszubildendenvertretern gewählt werden.**

Übersicht

	Rn.
I. Vorbemerkung	1
II. Wahlberechtigung	3
III. Wählbarkeit	5
1. Altersgrenze	5
2. Verlust der Wählbarkeit bei strafgerichtlicher Verurteilung	9
3. Keine Doppelvertretung in der Jugend- und Auszubildendenvertretung und im Betriebsrat	10
4. Weitere Voraussetzungen	13
IV. Streitigkeiten	15

I. Vorbemerkung

1   Die Vorschrift regelt das aktive und das passive Wahlrecht zur Jugend- und Auszubildendenvertretung. Seit der Novellierung 1988 sind wahlberechtigt nicht nur die jugendlichen Arbeitnehmer, sondern auch Arbeitnehmer, die zu ihrer Berufsbildung beschäftigt werden, sofern sie das 25. Lebensjahr noch nicht vollendet haben. Für das passive Wahlrecht bestimmt das Gesetz generell, dass der Arbeitnehmer das 25. Lebensjahr noch nicht vollendet haben darf, während die Altersgrenze bis zur Novellierung bei der Vollendung des 24. Lebensjahres lag. Keine Voraussetzung der Wählbarkeit ist somit, dass der volljährige, aber unter 25 jährige Arbeitnehmer in einem Berufsausbildungsverhältnis steht. Klargestellt wird, dass Mitglieder des Betriebsrats nicht zu Jugend- und Auszubildendenvertretern gewählt werden können, wie für die Jugendvertretung bereits zum BetrVG 1952 überwiegend anerkannt war (vgl. *Dietz,* § 20 Rn. 27; *Fitting/Kraegeloh/Auffarth,* § 20 Rn. 41; *Nipperdey/Säcker* in *Hueck/Nipperdey,* Bd. II/2 S. 1221; a. A. *Popp,* BB 1953, 560).

2   Im Personalvertretungsrecht findet sich eine entsprechende Bestimmung in § 58 BPersVG.

II. Wahlberechtigung

Wahlberechtigt sind alle **in § 60 Abs. 1 genannten Arbeitnehmer des Betriebs** (s. § 60 Rn. 4 ff.). Voraussetzung ist auch hier, dass der Arbeitnehmer dem Betrieb eingeordnet ist (s. § 7 Rn. 5 ff.). Maßgebend ist, dass er am Tag der Wahl die Voraussetzungen seiner Wahlberechtigung erfüllt. Erstreckt sich die Wahl über mehrere Tage, so darf deshalb der Arbeitnehmer auch am letzten Tag noch nicht das 18. Lebensjahr bzw. bei Bestehen eines Berufsausbildungsverhältnisses das 25. Lebensjahr vollendet haben (ebenso *Fitting*, § 61 Rn. 5). Bei einem Minderjährigen steht der Wahlberechtigung nicht entgegen, dass er nur beschränkt geschäftsfähig ist (GK-*Oetker*, § 61 Rn. 13).

Weitere materielle Voraussetzungen sind **nicht aufgestellt**. Werden in § 60 Abs. 1 genannte Arbeitnehmer an einen anderen Arbeitgeber zur Arbeitsleistung überlassen, so sind sie in dessen Betrieb unter den Voraussetzungen des § 7 Satz 2 wahlberechtigt.

3

4

III. Wählbarkeit

1. Altersgrenze

Wählbar sind **alle Arbeitnehmer** des Betriebs, die das **25. Lebensjahr noch nicht vollendet** haben. Wie für das passive Wahlrecht zum Betriebsrat ist erforderlich, aber auch genügend, dass der Arbeitnehmer dem Betrieb angehört, für den die Jugend- und Auszubildendenvertretung gewählt werden soll. Ob er hauptberuflich tätig ist oder nicht, ob er ganztägig oder nur für einige Stunden am Tag beschäftigt wird, spielt keine Rolle (s. auch § 8 Rn. 8). Keine Voraussetzung für die Wählbarkeit ist das aktive Wahlrecht; denn die Wählbarkeit ist nicht auf Jugendliche oder zur ihrer Berufsausbildung Beschäftigte beschränkt, sondern es können alle Arbeitnehmer gewählt werden, sofern sie das 25. Lebensjahr noch nicht vollendet haben.

5

Maßgebender Zeitpunkt für die Höchstaltersgrenze ist hier anders als bei der aktiven Wahlberechtigung (s. Rn. 3) nicht der Tag der Wahl, sondern der Tag des **Beginns der Amtszeit**, d. h. der Tag der Bekanntgabe des Wahlergebnisses, oder, wenn zu diesem Zeitpunkt noch eine Jugend- und Auszubildendenvertretung besteht, der Tag nach Ablauf von deren Amtszeit (§ 64 Abs. 2). Dass der Beginn des Amtes entscheidend ist, ergibt sich aus der Bestimmung in § 64 Abs. 3, nach der ein Mitglied der Jugend- und Auszubildendenvertretung bis zum Ende der Amtszeit Mitglied der Jugend- und Auszubildendenvertretung bleibt, wenn es im Laufe der Amtszeit das 25. Lebensjahr vollendet, also bei Beginn der Amtszeit noch nicht 25 Jahre alt sein darf (ebenso *Fitting*, § 61 Rn. 11; GK-*Oetker*, § 61 Rn. 26; HSWGNR-*Rose*, § 61 Rn. 12; a. A. unter Nichtbeachtung des § 64 Abs. 3 *Sahmer*, § 61 Rn. 3; auf den Wahltag stellt dagegen ab § 58 Abs. 2 Satz 1 BPersVG; vgl. dazu *Dietz/Richardi*, BPersVG, § 58 Rn. 6).

6

Wählbar ist auch ein **Minderjähriger**. Das ergibt sich bereits daraus, dass die Jugend- und Auszubildendenvertretung von Arbeitnehmern gewählt wird, die das 18. Lebensjahr noch nicht vollendet haben. Eine Zustimmung der Erziehungsberechtigten ist nicht erforderlich, ohne dass es insoweit eines Rückgriffs auf § 113 BGB bedarf (ebenso *Fitting*, § 61 Rn. 9; GK-*Oetker*, § 61 Rn. 27 f.).

7

Nicht erforderlich ist, dass der Arbeitnehmer eine **bestimmte Dauer dem Betrieb** angehört.

8

2. Verlust der Wählbarkeit bei strafgerichtlicher Verurteilung

Da § 8 Abs. 1 Satz 3 Anwendung findet, ist nicht wählbar, wer infolge strafgerichtlicher Verurteilung die Fähigkeit, Rechte aus öffentlichen Wahlen zu erlangen, nicht besitzt (s. hierzu § 8 Rn. 40). Wegen §§ 1, 6 Abs. 1 Satz 1, Abs. 2 JGG kommt der

9

Ausschlusstatbestand (§ 45 Abs. 1 StGB) nur bei volljährigen Arbeitnehmern in Betracht (ebenso GK-*Oetker*, § 61 Rn. 42).

3. Keine Doppelvertretung in der Jugend- und Auszubildendenvertretung und im Betriebsrat

10 **Mitglieder des Betriebsrats** können **nicht** zu Jugend- und Auszubildendenvertretern **gewählt** werden, wie Abs. 2 Satz 2 ausdrücklich klarstellt. Der Ausschluss der Doppelmitgliedschaft im Betriebsrat und der Jugend- und Auszubildendenvertretung ist deshalb erforderlich, weil die Jugend- und Auszubildendenvertreter unter bestimmten Voraussetzungen ein Stimmrecht bei der Beschlussfassung des Betriebsrats haben (§ 67 Abs. 2).

11 Von der Wählbarkeit sind aber nur die Mitglieder des Betriebsrats ausgeschlossen, nicht die **Ersatzmitglieder** (ebenso *Fitting*, § 61 Rn. 14; GK-*Oetker*, § 61 Rn. 38; HSWGNR-*Rose*, § 61 Rn. 18; DKK-*Trittin*, § 61 Rn. 15; a. A. dagegen *Erdmann/Jürging/Kammann*, § 61 Rn. 6). Rückt aber ein Ersatzmitglied in den Betriebsrat nach, so scheidet es aus der Jugend- und Auszubildendenvertretung aus; seine Mitgliedschaft in der Jugend- und Auszubildendenvertretung erlischt durch Verlust der Wählbarkeit (§ 65 Abs. 1 i. V. mit § 24 Nr. 4). Tritt es nur für ein zeitweilig verhindertes Betriebsratsmitglied ein, so ist es seinerseits zeitweilig verhindert, das Amt als Jugend- und Auszubildendenvertreter auszuüben, so dass für ihn das Ersatzmitglied in die Jugend- und Auszubildendenvertretung nachrückt (§ 65 Abs. 1 i. V. mit § 25). Da es lediglich vorübergehend in den Betriebsrat nachrückt, bleibt es Jugend- und Auszubildendenvertreter; es verliert nicht seine Wählbarkeit, sondern ist nur zeitweilig verhindert. Mit Beendigung der Stellvertretung im Betriebsrat erlischt seine zeitweilige Verhinderung, das Amt als Jugend- und Auszubildendenvertreter auszuüben, und es tritt wieder in die Jugend- und Auszubildendenvertretung ein (ebenso DKK-*Trittin*, § 61 Rn. 16; *Lichtenstein*, BetrR 1978, 214, 221; a. A. mit der Begründung, durch das auch nur vorübergehende Einrücken als Ersatzmitglied in den Betriebsrat sei die Wählbarkeitsvoraussetzung nach Abs. 2 Satz 2 weggefallen, BAG 21. 8. 1979 AP BetrVG 1972 § 78a Nr. 6; *Fitting*, § 61 Rn. 14; *Fuchs*, BlStSozArbR 1976, 113, 114; ErfK-*Koch*, § 61 Rn. 3; MünchArbR-*Joost*, § 228 Rn. 93; im Ergebnis auch GK-*Oetker*, § 61 Rn. 41, der dem Ersatzmitglied das Recht einräumt, sich wegen des drohenden Amtsverlustes selbst für verhindert anzusehen, so dass die Stellvertretung nicht eintritt; auf der selben Linie auch LAG Frankfurt 6. 9. 2002 AuR 2002, 117: grundsätzlich habe der Doppelmandatierte klarzustellen, ob er sein Amt als Ersatzbetriebsrat oder als Mitglied der Jugend- und Auszubildendenvertretung weiter wahrnehmen will; es ist aber ein Unterschied, ob ein Ersatzmitglied endgültig oder lediglich als Stellvertreter in den Betriebsrat eintritt; es ist nicht einzusehen, dass ein Jugend- und Auszubildendenvertreter sein Amt endgültig verliert, wenn er nur für eine Sitzung wegen Verhinderung eines Betriebsratsmitglieds in den Betriebsrat einrückt, so aber BAG, a. a. O.; Fuchs, a. a. O.).

12 Nur die Mitgliedschaft im *Betriebsrat* ist eine *negative Wählbarkeitsvoraussetzung für die Jugend- und Auszubildendenvertretung,* **nicht** umgekehrt die **Mitgliedschaft in der Jugend- und Auszubildendenvertretung** eine **negative Wählbarkeitsvoraussetzung für den Betriebsrat.** Deshalb können Jugend- und Auszubildendenvertreter zum Betriebsrat kandidieren und gewählt werden (ebenso *Fitting*, § 61 Rn. 15; HSWGNR-*Rose*, § 61 Rn. 19; DKK-*Trittin*, § 61 Rn. 17). Mit der Wahl zum Betriebsrat scheidet das Mitglied aus der Jugend- und Auszubildendenvertretung aus (§ 65 Abs. 1 i. V. mit § 24 Nr. 4).

4. Weitere Voraussetzungen

13 **Weitere materielle Voraussetzungen** an die Wählbarkeit sind **nicht** aufgestellt. Der Kandidat braucht weder die deutsche Staatsangehörigkeit zu besitzen oder als Deutscher nach Art. 116 Abs. 1 GG anerkannt zu sein, noch aus einem Mitgliedstaat der Europäi-

schen Union zu stammen (einhellige Ansicht; siehe die Nachweise bei GK-*Oetker*, § 61 Rn. 34).

Formelle Voraussetzung für die Wählbarkeit ist hier nicht die Eintragung in die Wählerliste (a. A. für Arbeitnehmer, die wahlberechtigt sind, *Fitting*, § 61 Rn. 8; GK-*Oetker*, § 61 Rn. 43 f f.; DKK-*Trittin*, § 61 Rn. 18). 14

IV. Streitigkeiten

Die Entscheidung, ob jemand wahlberechtigt und wählbar ist, hat der Wahlvorstand zu treffen. Es gilt hier Gleiches wie bei der Wahl zum Betriebsrat (s. § 7 Rn. 58, § 8 Rn. 50). Meinungsverschiedenheiten über die Wahlberechtigung oder die Wählbarkeit können aber auch unabhängig von der Wahl einer Jugend- und Auszubildendenvertretung Gegenstand eines Beschlussverfahrens vor dem Arbeitsgericht sein (§ 2 a Abs. 1 Nr. 1, Abs. 2 i. V. mit §§ 80 ff. ArbGG). 15

§ 62 Zahl der Jugend- und Auszubildendenvertreter, Zusammensetzung der Jugend- und Auszubildendenvertretung

(1) Die Jugend- und Auszubildendenvertretung besteht in Betrieben mit in der Regel

5 bis 20	der in § 60 Abs. 1 genannten Arbeitnehmer aus einer Person,
21 bis 50	der in § 60 Abs. 1 genannten Arbeitnehmer aus 3 Mitgliedern,
51 bis 150	der in § 60 Abs. 1 genannten Arbeitnehmer aus 5 Mitgliedern,
151 bis 300	der in § 60 Abs. 1 genannten Arbeitnehmer aus 7 Migliedern,
301 bis 500	der in § 60 Abs. 1 genannten Arbeitnehmer aus 9 Mitgliedern,
501 bis 700	der in § 60 Abs. 1 genannten Arbeitnehmer aus 11 Mitgliedern,
701 bis 1000	der in § 60 Abs. 1 genannten Arbeitnehmer aus 13 Mitgliedern,
mehr als 1000	der in § 60 Abs. 1 genannten Arbeitnehmer aus 15 Mitgliedern.

(2) Die Jugend- und Auszubildendenvertretung soll sich möglichst aus Vertretern der verschiedenen Beschäftigungsarten und Ausbildungsberufe der im Betrieb tätigen in § 60 Abs. 1 genannten Arbeitnehmer zusammensetzen.

(3) Das Geschlecht, das unter den in § 60 Abs. 1 genannten Arbeitnehmern in der Minderheit ist, muss mindestens entsprechend seinem zahlenmäßigen Verhältnis in der Jugend- und Auszubildendenvertretung vertreten sein, wenn diese aus mindestens drei Mitgliedern besteht.

Übersicht

	Rn.
I. Vorbemerkung	1
II. Zahl der Jugend- und Auszubildendenvertreter	4
III. Zusammensetzung der Jugend- und Auszubildendenvertretung	8
IV. Streitigkeiten	10

I. Vorbemerkung

1   Die Vorschrift regelt die **Größe** und die **Zusammensetzung** der Jugend- und Auszubildendenvertretung. Bereits das BetrVG 1972 hat die in § 20 Abs. 2 Satz 2 BetrVG 1952 vorgesehene Mitgliederzahl der Jugendvertretung von höchstens fünf auf neun erhöht, weil die Aufgaben der Jugend- und Auszubildendenvertretung erweitert wurden und auch in Betrieben mit einer größeren Anzahl von jugendlichen Arbeitnehmern deren ausreichende Betreuung sichergestellt werden sollte (so die Begründung zum RegE, BT-Drucks. VI/1786, S. 44 und der Bericht des BT-Ausschusses für Arbeit und Sozialordnung, *zu* BT-Drucks. VI/2729, S. 27). In Großbetrieben erwies sich diese Begrenzung der Mitgliederzahl als zu niedrig. Deshalb ist nach der Beschlussempfehlung des BT-Ausschusses für Arbeit und Sozialordnung die Zahl der Jugend- und Auszubildendenvertreter in Abs. 1 durch das Gesetz zur Bildung von Jugend- und Auszubildendenvertretungen in den Betrieben vom 13. 7. 1988 (BGBl. I S. 1034) erhöht worden (vgl. BT-Drucks. 11/2474, S. 5, 11 und 13). Eine weitere Erhöhung brachte das BetrVerf-Reformgesetz vom 23. 7. 2001 (BGBl. I S. 1852).

2   Das Gesetz bestimmt in Anlehnung an § 15 Abs. 1 allgemein, dass die Jugend- und Auszubildendenvertretung sich möglichst aus Vertretern der verschiedenen Beschäftigungsarten und Ausbildungsberufe der im Betrieb tätigen in § 60 Abs. 1 genannten Arbeitnehmer zusammensetzen soll (Abs. 2), und sieht in dem durch das BetrVerf-Reformgesetz in Anlehnung an den neuen § 15 Abs. 2 geänderten Abs. 3 eine zwingende Quote zugunsten des unter den in § 60 Abs. 1 genannten Arbeitnehmern geringer vertretenen Geschlechts vor.

3   Im Personalvertretungsrecht findet sich eine entsprechende Bestimmung in § 59 BPersVG.

II. Zahl der Jugend- und Auszubildendenvertreter

4   Die Größe der Jugend- und Auszubildendenvertretung ergibt sich unmittelbar aus der **in Abs. 1 enthaltenen Tabelle.** Maßgebend ist die **regelmäßige Zahl der in § 60 Abs. 1 genannten Arbeitnehmer** im Betrieb (s. auch § 60 Rn. 6). Wenn die Zahl der in Betracht kommenden Arbeitnehmer besonders groß ist, bestehen hier die gleichen Schwierigkeiten, den Regelbestand festzustellen, wie bei der Bestimmung der Größe des Betriebsrats nach § 9 (s. dort Rn. 10 ff.).

5   Es ist von der Zahl der in § 60 Abs. 1 genannten Arbeitnehmer am **Tag des Erlasses des Wahlausschreibens** auszugehen (ebenso BAG 22. 11. 1984 AP BetrVG 1972 § 64 Nr. 1; *Fitting*, § 62 Rn. 6; GK-*Oetker*, § 62 Rn. 12; HSWGNR-*Rose*, § 62 Rn. 4; DKK-*Trittin*, § 62 Rn. 6). Ändert sich anschließend die Zahl der in § 60 Abs. 1 genannten Arbeitnehmer, so hat dies auf die Größe der Jugend- und Auszubildendenvertretung keinen Einfluss. Die neu eingetretenen jugendlichen Arbeitnehmer und Berufsauszubildenden unter 25 Jahren nehmen aber an der Wahl teil.

6   Eine Abweichung von der im Gesetz festgelegten Mitgliederzahl der Jugend- und Auszubildendenvertretung ergibt sich, wenn sich der Wahl weniger Kandidaten stellen, als die Jugend- und Auszubildendenvertretung nach dem Gesetz Mitglieder hat. Hier ist dann die nächstniedrigere Stufe für die Größe der Jugend- und Auszubildendenvertretung maßgebend (ebenso *Fitting*, § 62 Rn. 5; GK-*Oetker*, § 62 Rn. 15; HSWGNR-*Hess*, § 62 Rn. 6; s. auch § 11 Rn. 6).

7   Die **Mitgliederzahl der Jugend- und Auszubildendenvertretung** bleibt **für die ganze Dauer des Amtes** maßgebend, auch wenn sich die Zahl der in § 60 Abs. 1 genannten Arbeitnehmer nach der Wahl ändert. Auch bei erheblicher Vergrößerung oder Verkleinerung der Zahl dieser Arbeitnehmer findet keine Neuwahl statt; denn § 13 Abs. 2 Nr. 1

gilt für die Jugend- und Auszubildendenvertretung nicht entsprechend (§ 64 Abs. 1 Satz 2). Nur wenn die Zahl der in § 60 Abs. 1 genannten Arbeitnehmer, die in der Regel dem Betrieb angehören, unter fünf sinkt, also die Mindestzahl unterschreitet, bei der eine Jugend- und Auszubildendenvertretung überhaupt gewählt werden kann, endet damit auch das Amt der Jugend- und Auszubildendenvertretung (ebenso *Fitting*, § 62 Rn. 7; HSWGNR-*Rose*, § 62 Rn. 5).

III. Zusammensetzung der Jugend- und Auszubildendenvertretung

Wie nach § 15 Abs. 1 für den Betriebsrat, wird für die Jugend- und Auszubildendenvertretung gefordert, dass sie sich möglichst aus Vertretern der verschiedenen Beschäftigungsarten und Ausbildungsberufe zusammensetzen soll (Abs. 2). Hierbei handelt es sich lediglich um ein Sollgebot. Die Nichtbefolgung ist daher ohne Einfluss auf die Gültigkeit der Wahl; eine Anfechtung wegen Verstoßes gegen Abs. 2 ist nicht möglich. Es ist vielmehr durch die Aufstellung der Wahlvorschläge dafür zu sorgen, dass die Mitglieder der Jugend- und Auszubildendenvertretung möglichst verschiedenen Beschäftigungsarten und Ausbildungsberufen angehören (ebenso *Fitting*, § 62 Rn. 8; GK-*Oetker*, § 62 Rn. 24 f.; HSWGNR-*Rose*, § 62 Rn. 8). **8**

Im Gegensatz zu Abs. 2 verlangt Abs. 3 zwingend, dass sich das unter den in § 60 Abs. 1 genannten Arbeitnehmern in der Minderheit befindende Geschlecht in der Jugend- und Auszubildendenvertretung, sofern diese aus mindestens drei Mitgliedern besteht, mindestens entsprechend seinem zahlenmäßigen Verhältnis an den in § 60 Abs. 1 genannten Arbeitnehmern vertreten sein muss. Durch die Mindestregelung wird gewährleistet, dass das im Kreis der in § 60 Abs. 1 genannten Arbeitnehmer unterrepräsentierte Geschlecht überproportional vertreten sein kann (s. dazu näher § 15 Rn. 3). **9**

IV. Streitigkeiten

Bei Streitigkeiten über die Zahl der Mitglieder der Jugend- und Auszubildendenvertretung hat das Arbeitsgericht sie im Beschlussverfahren festzulegen (§ 2a Abs. 1 Nr. 1, Abs. 2 i. V. mit §§ 80 ff. ArbGG). Darüber hinaus kommt eine Anfechtung der Wahl nach § 63 Abs. 2 Satz 2 i. V. mit § 19 in Betracht, wenn der Wahlvorstand von einer unrichtigen Zahl der in § 60 Abs. 1 genannten Arbeitnehmer ausgegangen ist (s. dazu auch § 9 Rn. 27 f.). In dem Wahlanfechtungsverfahren ist nach Ansicht des BAG auch der Betriebsrat zu beteiligen, „weil die Jugendvertretung auch prozessual nicht allein handlungsfähig ist" (BAG 20. 2. 1986 AP BetrVG 1972 § 63 Nr. 1). **10**

Erfolgt keine Wahlanfechtung, so bleibt es für die Amtsperiode bei der vom Wahlvorstand festgelegten Mitgliederzahl der Jugend- und Auszubildendenvertretung. Werden also in einem Betrieb, in dem nur ein Mitglied der Jugend- und Auszubildendenvertretung zu wählen ist, irrtümlich drei Mitglieder gewählt und wird die Wahl nicht angefochten, so verbleibt es für die Dauer der Wahlperiode bei der Besetzung der Jugend- und Auszubildendenvertretung mit drei Mitgliedern (ebenso BAG 14. 1. 1972 AP BetrVG § 20 Jugend- und Auszubildendenvertreter Nr. 2; *Fitting*, § 62 Rn. 11; HSWGNR-*Rose*, § 62 Rn. 15). **11**

§ 63 Wahlvorschriften

(1) Die Jugend- und Auszubildendenvertretung wird in geheimer und unmittelbarer Wahl gewählt.

(2) ¹Spätestens acht Wochen vor Ablauf der Amtszeit der Jugend- und Auszubildendenvertretung bestellt der Betriebsrat den Wahlvorstand und seinen Vorsitzenden. ²Für die Wahl der Jugend- und Auszubildendenvertreter gelten § 14 Abs. 2 bis 5, § 16 Abs. 1 Satz 4 bis 6, § 18 Abs. 1 Satz 1 und Abs. 3 sowie die §§ 19 und 20 entsprechend.

(3) Bestellt der Betriebsrat den Wahlvorstand nicht oder nicht spätestens sechs Wochen vor Ablauf der Amtszeit der Jugend- und Auszubildendenvertretung oder kommt der Wahlvorstand seiner Verpflichtung nach § 18 Abs. 1 Satz 1 nicht nach, so gelten § 16 Abs. 2 Satz 1 und 2, Abs. 3 Satz 1 und § 18 Abs. 1 Satz 2 entsprechend; der Antrag beim Arbeitsgericht kann auch von jugendlichen Arbeitnehmern gestellt werden.

(4) ¹In Betrieben mit in der Regel fünf bis fünfzig der in § 60 Abs. 1 genannten Arbeitnehmer gilt auch § 14a entsprechend. ²Die Frist zur Bestellung des Wahlvorstands wird im Fall des Absatzes 2 Satz 1 auf vier Wochen und im Fall des Absatzes 3 Satz 1 auf drei Wochen verkürzt.

(5) In Betrieben mit in der Regel 51 bis 100 der in § 60 Abs. 1 genannten Arbeitnehmer gilt § 14a Abs. 5 entsprechend.

Übersicht

	Rn.
I. Vorbemerkung	1
II. Bestellung des Wahlvorstands	3
1. Bestellung durch den Betriebsrat	3
2. Ersatzbestellung durch das Arbeitsgericht oder Gesamt- bzw. Konzernbetriebsrat	10
3. Aufgabe und Rechtsstellung des Wahlvorstands	19
III. Wahlverfahren	22
1. Wahlgrundsätze	22
2. Wahlvorschläge	25
3. Wahlschutz und Wahlkosten	27
4. Wahlanfechtung und Wahlnichtigkeit	31
5. Vereinfachtes Wahlverfahren	33
IV. Streitigkeiten	35

I. Vorbemerkung

1 Die Vorschrift regelt die **Wahl der Jugend- und Auszubildendenvertretung**; sie wird ergänzt durch die Bestimmungen der Wahlordnung (§§ 38–40 WO). § 63 ist mehrfach geändert worden. Das Gesetz zur Bildung von Jugend- und Auszubildendenvertretungen in den Betrieben vom 13. 7. 1988 (BGBl. I S. 1034) brachte eine Änderung des Wahlsystems. Die ursprünglich in Abs. 1 vorgesehene Bestimmung, dass nach den Grundsätzen der Mehrheitswahl gewählt wird, wurde gestrichen; durch entsprechende Verweisungen in Abs. 2 wurde festgelegt, dass die Wahl wie bei der Betriebsratswahl grundsätzlich als Verhältniswahl durchgeführt wird. Die Novelle vom 20. 12. 1988 (BGBl. I S. 2312) passte die Verweisungen in Abs. 2 den geänderten Bestimmungen über die Betriebsratswahl an (Art. 1 Nr. 18 lit. a). Das Zweite Gleichberechtigungsgesetz vom 24. 6. 1994 (BGBl. I S. 1406) stellte klar, dass auch für den Wahlvorstand einer Jugend- und Auszubildendenvertretung die Bestimmung Anwendung findet, dass ihm Frauen und Männer angehören sollen (s. die Verweisung auf den heutigen § 16 Abs. 1 Satz 5). Das BetrVerf-Reformgesetz vom 23. 7. 2001 (BGBl. I S. 1852) nahm in Abs. 1 bis 3 redaktionelle Änderungen vor und fügte die Absätze 4 und 5 über das vereinfachte Wahlverfahren an.

2 Im Personalvertretungsrecht findet sich eine entsprechende Bestimmung in § 60 Abs. 1 BPersVG.

II. Bestellung des Wahlvorstands

1. Bestellung durch den Betriebsrat

a) Die **Wahl der Jugend- und Auszubildendenvertretung** ist durch einen **Wahlvorstand vorzubereiten und durchzuführen** (Abs. 2 Satz 2 i. V. mit § 18 Abs. 1 Satz 1). Eine nicht von einem Wahlvorstand durchgeführte Wahl ist nichtig (s. auch § 16 Rn. 1).

b) Die Bestellung des Wahlvorstands ist allein **Aufgabe des Betriebsrats** (Abs. 2 Satz 1). Besteht kein Betriebsrat, so kann ein Wahlvorstand nicht bestellt werden, und damit ist auch die Wahl einer Jugend- und Auszubildendenvertretung ausgeschlossen (s. § 60 Rn. 11).

Die Bestellung des Wahlvorstands hat **spätestens acht Wochen vor Ablauf der Amtszeit der Jugend- und Auszubildendenvertretung** zu erfolgen (zu den verkürzten Fristen in Kleinbetrieben s. Rn. 34). Das Ende der ordentlichen Amtszeit bestimmt sich nach § 64 Abs. 2 Satz 2. Endet das Amt der Jugend- und Auszubildendenvertretung vorzeitig und muss eine neue Jugend- und Auszubildendenvertretung gewählt werden, so hat der Betriebsrat unverzüglich einen Wahlvorstand zu bestellen. Die Bestellung des Wahlvorstands ist Pflicht des Betriebsrats. Kommt er ihr nicht nach, so liegt eine grobe Amtspflichtverletzung vor, die nach § 23 Abs. 1 zur Auflösung des Betriebsrats berechtigt (ebenso *Fitting*, § 63 Rn. 19; GK-*Oetker*, § 63 Rn. 9; HSWGNR-*Rose*, § 63 Rn. 31).

c) Das Gesetz enthält keine Bestimmung, **wie viele Mitglieder** dem Wahlvorstand angehören müssen; es liegt daher im pflichtgemäßen Ermessen des Betriebsrats, die Größe des Wahlvorstands festzulegen. Jedoch ist auch hier davon auszugehen, dass der Wahlvorstand in jedem Fall aus einer ungeraden Zahl von Mitgliedern bestehen muss (ebenso *Fitting*, § 63 Rn. 20; HSWGNR-*Rose*, § 63 Rn. 37; GK-*Oetker*, § 63 Rn. 18). Da das Gesetz ausdrücklich anordnet, dass der Betriebsrat den Wahlvorstand und seinen Vorsitzenden bestellt (Abs. 2 Satz 1), muss der Wahlvorstand mindestens aus drei Mitgliedern bestehen (s. auch § 16 Rn. 9).

Über die **Zusammensetzung des Wahlvorstands** trifft das Gesetz nur insoweit eine Bestimmung, als ihm Frauen und Männer angehören sollen (Abs. 2 Satz 2 i. V. mit § 16 Abs. 1 Satz 5). Der Betriebsrat ist keineswegs darauf beschränkt, nur Arbeitnehmer, die für die Jugend- und Auszubildendenvertretung das aktive oder passive Wahlrecht haben, als Mitglieder des Wahlvorstands zu bestellen, sondern Mitglieder des Wahlvorstands können auch sonstige Arbeitnehmer des Betriebs sein (ebenso *Fitting*, § 63 Rn. 20; HSWGNR-*Hess*, § 63 Rn. 40; *Fuchs*, BlStSozArbR 1976, 113, 114; s. auch Rn. 13). Dem Wahlvorstand muss mindestens ein nach § 8 wählbarer Arbeitnehmer angehören (§ 38 Satz 2 WO).

d) Mit der Anordnung der entsprechenden Anwendbarkeit von § 16 Abs. 1 Satz 4 durch das BetrVerf-Reformgesetz hat der Gesetzgeber in Einklang mit der schon bislang einhelligen Ansicht klargestellt, dass der Betriebsrat für jedes Mitglied des Wahlvorstands ein Ersatzmitglied bestellen kann.

e) Die Bestellung des Wahlvorstands erfolgt durch **Beschluss des Betriebsrats** in einer ordnungsgemäß einberufenen Sitzung; sie enthält materiell die Entscheidung, dass ein Wahlvorstand gebildet wird, und die Entscheidung, wer ihm angehört (s. dazu auch § 16 Rn. 8). Der Betriebsrat hat auch zu bestimmen, wer Vorsitzender des Wahlvorstands ist; geschieht dies nicht, so kann der Wahlvorstand mit Stimmenmehrheit aus seiner Mitte ein Mitglied zum Vorsitzenden wählen (ebenso *Fitting*, § 63 Rn. 22; GK-*Oetker*, § 63 Rn. 26; HSWGNR-*Rose*, § 63 Rn. 32; DKK-*Trittin*, § 63 Rn. 17).

2. Ersatzbestellung durch das Arbeitsgericht oder Gesamt- bzw. Konzernbetriebsrat

10 Bestellt der Betriebsrat den Wahlvorstand nicht oder nicht rechtzeitig, so gelten § 16 Abs. 2 Satz 1 und 2 sowie § 16 Abs. 3 Satz 1 entsprechend, wobei der Antrag beim Arbeitsgericht auch von jugendlichen Arbeitnehmern gestellt werden kann (Abs. 3). Das bedeutet im Einzelnen:

11 a) **Ersatzbestellung durch das Arbeitsgericht.** Bestellt der Betriebsrat den Wahlvorstand nicht, und zwar bis spätestens sechs Wochen vor Ablauf der Amtsperiode der Jugend- und Auszubildendenvertretung, so kommt eine **Ersatzbestellung durch das Arbeitsgericht** in Betracht (s. § 16 Rn. 32 ff.). Das gilt aber nur, **wenn im Betrieb ein Betriebsrat besteht;** denn sein Vorhandensein ist Voraussetzung für die Bildung einer Jugend- und Auszubildendenvertretung (ebenso *Fitting*, § 63 Rn. 25; GK-*Oetker*, § 63 Rn. 34; a. A. DKK-*Trittin*, § 63 Rn. 23; s. auch § 60 Rn. 11). Der Betriebsrat kann die Bestellung nachholen, solange die Ersatzbestellung durch das Arbeitsgericht noch nicht rechtskräftig geworden ist (s. auch § 16 Rn. 21).

12 Das Arbeitsgericht wird nicht von Amts wegen tätig, sondern nur auf Antrag eines Antragsberechtigten. **Antragsberechtigt** sind außer den in § 16 Abs. 2 genannten **Arbeitnehmern des Betriebs,** die zum Betriebsrat wahlberechtigt sind, und den im Betrieb vertretenen **Gewerkschaften** (s. § 16 Rn. 36) **jugendliche Arbeitnehmer,** also Arbeitnehmer, die das 18. Lebensjahr noch nicht vollendet haben. Die entsprechende Verweisung bedeutet, dass der Antrag von mindestens drei Arbeitnehmern des Betriebs gestellt werden muss, wobei es keine Rolle spielt, ob es sich um jugendliche Arbeitnehmer oder um Arbeitnehmer handelt, die bereits das aktive Wahlrecht für den Betriebsrat haben (ebenso *Fitting*, § 63 Rn. 27; HSWGNR-*Rose*, § 63 Rn. 34, DKK-*Trittin*, § 63 Rn. 28; a. A. GK-*Oetker*, § 63 Rn. 31, der bei den Arbeitnehmern die Antragsberechtigung auf die Arbeitnehmer beschränkt, die zur Jugend- und Auszubildendenvertretung wahlberechtigt sind; bei dieser Deutung der entsprechenden Verweisung ist dann aber unstimmig die hier in Abs. 3 genannte Anordnung, dass der Antrag auch von jugendlichen Arbeitnehmern gestellt werden kann).

13 Das Arbeitsgericht bestimmt die **Mitglieder des Wahlvorstands** nach freiem Ermessen. In dem Antrag können zwar Vorschläge für die Zusammensetzung des Wahlvorstands gemacht werden (Abs. 3 i. V. mit § 16 Abs. 2 Satz 2); das Arbeitsgericht ist aber an die im Antrag genannten Personen nicht gebunden. Da § 16 Abs. 2 Satz 3 nicht für entsprechend anwendbar erklärt wird, kann das Arbeitsgericht **nur Arbeitnehmer des Betriebs** in den Wahlvorstand berufen. Die Möglichkeit, auch Mitglieder einer im Betrieb vertretenen Gewerkschaft, die nicht Arbeitnehmer des Betriebs sind, zu Mitgliedern des Wahlvorstands zu bestellen, scheidet hier aus (ebenso *Fitting*, § 63 Rn. 26; GK-*Oetker*, § 63 Rn. 37; HSWGNR-*Rose*, § 63 Rn. 36; DKK-*Trittin*, § 63 Rn. 27). Da aber § 16 Abs. 1 Satz 6 entsprechend gilt (Abs. 2 Satz 2), kann **jede im Betrieb vertretene Gewerkschaft** zusätzlich einen dem Betrieb angehörenden Beauftragten als **nicht stimmberechtigtes Mitglied in den Wahlvorstand entsenden,** sofern ihr kein stimmberechtigtes Wahlvorstandsmitglied angehört.

14 Das Arbeitsgericht und nicht etwa der Wahlvorstand bestimmt auch den Vorsitzenden; das ergibt sich daraus, dass § 16 Abs. 2 Satz 1 für den Fall der Bestellung durch das Arbeitsgericht entsprechend gilt (Abs. 3; s. auch § 16 Rn. 42).

15 Bei der Einsetzung des Wahlvorstands durch das Arbeitsgericht handelt es sich um eine Entscheidung, die im **Beschlussverfahren** ergeht (s. auch § 16 Rn. 38).

16 b) **Ersatzbestellung durch den Gesamt- oder Konzernbetriebsrat.** Aufgrund der Anordnung der entsprechenden Anwendbarkeit des durch das BetrVerf-Reformgesetz eingefügten § 16 Abs. 3 Satz 1 in Abs. 3 kann auch der Gesamtbetriebsrat und im Falle dessen Nichtbestehens der Konzernbetriebsrat einen Wahlvorstand bestellen, sofern der

Betriebsrat ihn nicht bis spätestens sechs Wochen vor Ablauf der Amtsperiode der Jugend- und Auszubildendenvertretung bestellt hat.

Die Bestellung durch Gesamt- oder Konzernbetriebsrat kann auch noch nach Einleitung eines Beschlussverfahrens gemäß Abs. 3 i. V. mit § 16 Abs. 2 Satz 1 und 2 erfolgen, wodurch dieses seine Erledigung findet. 17

Auch hier kommen als Mitglieder des Wahlvorstands nur Arbeitnehmer des Betriebs in Betracht, wobei der Gesamt- bzw. Konzernbetriebsrat auch den Vorsitzenden bestimmt (vgl. näher § 16 Rn. 48). 18

3. Aufgabe und Rechtsstellung des Wahlvorstands

a) **Aufgabe des Wahlvorstands** ist es, unverzüglich nach seiner Bestellung die **Wahl zur Jugend- und Auszubildendenvertretung einzuleiten und durchzuführen** und das Wahlergebnis festzustellen (Abs. 2 Satz 2 i. V. mit § 18 Abs. 1 Satz 1; s. § 18 Rn. 3 ff.). 19

Kommt der Wahlvorstand dieser Verpflichtung nicht nach, so enthebt ihn das Arbeitsgericht seines Amtes und ersetzt ihn durch einen anderen Wahlvorstand (Abs. 3 i. V. mit § 18 Abs. 1 Satz 2; s. dort Rn. 10 ff.). Antragsberechtigt sind neben einer im Betrieb vertretenen Gewerkschaft drei Arbeitnehmer des Betriebs, wobei auch hier keine Rolle spielt, ob es sich um jugendliche Arbeitnehmer oder um Arbeitnehmer handelt, die für den Betriebsrat das aktive Wahlrecht haben (s. Rn. 12). Die Befugnis zur Amtsenthebung hat nur das Arbeitsgericht und nicht etwa auch der Betriebs- bzw. Gesamt- oder Konzernbetriebsrat. Allerdings wird man diesen, obwohl im Gesetz nicht ausdrücklich genannt, auch die Antragsberechtigung an das Arbeitsgericht zuerkennen müssen. 20

b) **Versäumnis von Arbeitszeit**, die zur **Betätigung im Wahlvorstand erforderlich** ist, berechtigt den Arbeitgeber **nicht** zur **Minderung des Arbeitsentgelts** (Abs. 2 Satz 2 i. V. mit § 20 Abs. 3 Satz 2; s. dort Rn. 41 ff.). Vor allem haben die Mitglieder des Wahlvorstands den **Kündigungsschutz des § 15 Abs. 3 KSchG**; denn das Gesetz macht keinen Unterschied zwischen dem Wahlvorstand bei der Jugend- und Auszubildendenvertretung und dem Wahlvorstand beim Betriebsrat. Solange sie ihr Amt ausüben, bedarf die nach dem KSchG zulässige außerordentliche Kündigung sowie eine zum Amtsverlust führende Versetzung der Zustimmung des Betriebsrats (§ 103). § 78 a findet dagegen auf Mitglieder des Wahlvorstands keine Anwendung (s. § 78 a Rn. 7). 21

III. Wahlverfahren

1. Wahlgrundsätze

a) Die Jugend- und Auszubildendenvertretung wird in **geheimer** und **unmittelbarer Wahl** gewählt (Abs. 1); es gilt hier das Gleiche wie bei der Betriebsratswahl (s. ausführlich § 14 Rn. 8 ff.). 22

b) Da § 14 Abs. 2 entsprechend gilt (Abs. 2 Satz 2), erfolgt die Wahl wie bei der Betriebsratswahl im Regelfall nach den **Grundsätzen der Verhältniswahl** (§ 14 Abs. 2 Satz 1; s. näher § 39 WO). 23

Wird **nur ein Wahlvorschlag** eingereicht oder findet das vereinfachte Wahlverfahren statt (Abs. 4, 5; s. dazu § 40 WO und Rn. 33 f.), so erfolgt die Wahl nach den **Grundsätzen der Mehrheitswahl** (Abs. 2 Satz 2 i. V. mit § 14 Abs. 2 Satz 2). 24

2. Wahlvorschläge

a) **Gewählt** kann nur werden, wer **auf einem Wahlvorschlag benannt** ist. Erfolgt die Wahl nicht auf Grund von Wahlvorschlägen, so ist sie nicht nur anfechtbar, sondern nichtig. 25

26 b) Das **Wahlvorschlagsrecht** haben die **in § 60 Abs. 1 genannten Arbeitnehmer des Betriebs** und die **im Betrieb vertretenen Gewerkschaften** (Abs. 2 Satz 2 i. V. mit § 14 Abs. 4, 5). Die Verweisung auf die „wahlberechtigten Arbeitnehmer" in § 14 Abs. 4 meint hier die zur Jugend- und Auszubildendenvertretung wahlberechtigten Arbeitnehmer, also die jugendlichen Arbeitnehmer und die zu ihrer Berufsausbildung Beschäftigten, die das 25. Lebensjahr noch nicht vollendet haben. Jeder Wahlvorschlag der in § 60 Abs. 1 genannten Arbeitnehmer muss von mindestens einem Zwanzigstel unterzeichnet sein, wobei in jedem Fall die Unterzeichnung durch fünfzig der in § 60 Abs. 1 genannten Arbeitnehmer genügt. In Betrieben mit in der Regel bis zu 20 der in § 60 Abs. 1 genannten Arbeitnehmer genügt die Unterzeichnung durch zwei Wahlberechtigte (Abs. 2 Satz 2 i. V. mit § 14 Abs. 4). Für den Wahlvorschlag einer Gewerkschaft gilt Gleiches wie bei der Betriebsratswahl (s. § 14 Rn. 58). Er muss von zwei Beauftragten der Gewerkschaft unterzeichnet sein (Abs. 2 Satz 2 i. V. mit § 14 Abs. 5).

3. Wahlschutz und Wahlkosten

27 a) Für die Wahl der Jugend- und Auszubildendenvertretung gilt in gleicher Weise wie für die Betriebsratswahl das **Verbot der Behinderung und der unzulässigen Beeinflussung** (Abs. 2 Satz 2 i. V. mit § 20; s. die Ausführungen zu § 20).

28 b) Die **Kosten der Wahl** trägt der Arbeitgeber (Abs. 2 Satz 2 i. V. mit § 20 Abs. 3 Satz 1).

29 c) **Versäumnis von Arbeitszeit**, die **zur Ausübung des Wahlrechts** erforderlich ist, berechtigt den Arbeitgeber **nicht zur Minderung des Arbeitsentgelts** (Abs. 2 Satz 2 i. V. mit § 20 Abs. 3 Satz 2).

30 d) Die **Wahlbewerber** genießen wie die Kandidaten für den Betriebsrat den **besonderen Kündigungsschutz des § 15 Abs. 3 KSchG**; denn es wird dort kein Unterschied gemacht, ob es sich um einen Wahlbewerber für den Betriebsrat oder um einen Wahlbewerber für die Jugend- und Auszubildendenvertretung handelt. Eine außerordentliche Kündigung von Wahlbewerbern während des Wahlverfahrens sowie eine zum Verlust der Wählbarkeit führende Versetzung bedürfen der Zustimmung des Betriebsrats (§ 103). § 78 a findet auf Wahlbewerber aber keine Anwendung.

4. Wahlanfechtung und Wahlnichtigkeit

31 Die **Wahl der Jugend- und Auszubildendenvertretung** kann unter den gleichen Voraussetzungen **wie die Betriebsratswahl angefochten** werden (Abs. 2 Satz 2 i. V. mit § 19). Zur Anfechtung berechtigt sind hier aber neben einer im Betrieb vertretenen Gewerkschaft oder dem Arbeitgeber nicht auch generell solche Arbeitnehmer, die für den Betriebsrat das aktive Wahlrecht haben, sondern die entsprechende Anwendung des § 19 bedeutet hier, dass es sich um drei der in § 60 Abs. 1 genannten Arbeitnehmer handeln muss. Die Antragsberechtigung ist hier also anders gestaltet als im Rahmen von Abs. 3 (s. Rn. 12; ebenso *Fitting*, § 63 Rn. 15; GK-*Oetker*, § 63 Rn. 77).

32 Wie die Betriebsratswahl kann auch die Wahl einer Jugend- und Auszubildendenvertretung **nichtig** sein. Das ist der Fall, wenn die Voraussetzungen für eine Wahl der Jugend- und Auszubildendenvertretung überhaupt nicht vorliegen oder wenn gegen allgemeine Grundsätze jeder ordnungsmäßigen Wahl in so hohem Maße verstoßen ist, dass auch der Anschein einer Wahl nicht mehr vorliegt (s. auch § 19 Rn. 72 ff.).

5. Vereinfachtes Wahlverfahren

33 Abs. 4 und 5 sehen die entsprechende Geltung der durch das BetrVerf-Reformgesetz als § 14 a eingefügten Regeln über das vereinfachte Wahlverfahren in Kleinbetrieben für

die Wahl der Jugend- und Auszubildendenvertretung vor. Sind in einem Betrieb regelmäßig zwischen **fünf und fünfzig der in § 60 Abs. 1 genannten Arbeitnehmer** beschäftigt, so ist das zweistufige Wahlverfahren nach § 14 a Abs. 1 bis 4 **obligatorisch** (s. dazu näher § 40 Abs. 1 WO sowie die Kommentierung zu § 14 a). Hingegen kommt es zu dessen Durchführung in Betrieben mit in der Regel **51 bis 100 der in § 60 Abs. 1 genannten Arbeitnehmer** nur, wenn Wahlvorstand und Arbeitgeber das **vereinbaren** (s. § 40 Abs. 2 WO). Eine solche Vereinbarung ist nicht erzwingbar.

Im vereinfachten Wahlverfahren hat der Betriebsrat den Wahlvorstand und seinen Vorsitzenden spätestens vier Wochen vor Ablauf der Amtszeit der Jugend- und Auszubildendenvertretung zu bestellen (Abs. 4 i. V. mit Abs. 2 Satz 1). Bestellt der Betriebsrat den Wahlvorstand nicht oder nicht spätestens drei Wochen vor Ablauf der Amtszeit der Jugend- und Auszubildendenvertretung, kann er vom Gesamtbetriebsrat bzw. im Falle dessen Nichtbestehens vom Konzernbetriebsrat bestellt werden oder ist auf Antrag von drei Arbeitnehmern des Betriebs einschließlich jugendlicher Arbeitnehmer (s. Rn. 12) oder einer Gewerkschaft vom Arbeitsgericht zu bestellen. **34**

IV. Streitigkeiten

Streitigkeiten, die sich auf die Wahl der Jugend- und Auszubildendenvertretung beziehen, entscheidet das Arbeitsgericht im Beschlussverfahren (§ 2 a Abs. 1 Nr. 1, Abs. 2 i. V. mit §§ 80 ff. ArbGG). **35**

§ 64 Zeitpunkt der Wahlen und Amtszeit

(1) ¹Die regelmäßigen Wahlen der Jugend- und Auszubildendenvertretung finden alle zwei Jahre in der Zeit vom 1. Oktober bis 30. November statt. ²Für die Wahl der Jugend- und Auszubildendenvertretung außerhalb dieser Zeit gilt § 13 Abs. 2 Nr. 2 bis 6 und Abs. 3 entsprechend.

(2) ¹Die regelmäßige Amtszeit der Jugend- und Auszubildendenvertretung beträgt zwei Jahre. ²Die Amtszeit beginnt mit der Bekanntgabe des Wahlergebnisses oder, wenn zu diesem Zeitpunkt noch eine Jugend- und Auszubildendenvertretung besteht, mit Ablauf von deren Amtszeit. ³Die Amtszeit endet spätestens am 30. November des Jahres, in dem nach Absatz 1 Satz 1 die regelmäßigen Wahlen stattfinden. ⁴In dem Fall des § 13 Abs. 3 Satz 2 endet die Amtszeit spätestens am 30. November des Jahres, in dem die Jugend- und Auszubildendenvertretung neu zu wählen ist. ⁵In dem Fall des § 13 Abs. 2 Nr. 2 endet die Amtszeit mit der Bekanntgabe des Wahlergebnisses der neu gewählten Jugend- und Auszubildendenvertretung.

(3) Ein Mitglied der Jugend- und Auszubildendenvertretung, das im Laufe der Amtszeit das 25. Lebensjahr vollendet, bleibt bis zum Ende der Amtszeit Mitglied der Jugend- und Auszubildendenvertretung.

Übersicht

	Rn.
I. Vorbemerkung	1
II. Zeitpunkt der regelmäßigen Wahlen	4
III. Wahl der Jugend- und Auszubildendenvertretung außerhalb des regelmäßigen Wahlzeitraums	7
1. Überblick	7
2. Gründe für eine Wahl außerhalb des regelmäßigen Wahlzeitraums	8
3. Anschluss an die regelmäßigen Wahlen	14
IV. Amtszeit der Jugend- und Auszubildendenvertretung	16
1. Dauer	16
2. Amtsbeginn	17

§ 64 Zeitpunkt der Wahlen und Amtszeit

	Rn.
3. Ablauf der Amtszeit	19
4. Vorzeitige Beendigung des Amtes	21
V. Vollendung des 25. Lebensjahres	26
VI. Streitigkeiten	28

I. Vorbemerkung

1   Ebenso wie für die Wahl des Betriebsrats hat das BetrVG 1972 bereits bei dessen Erlass für die Wahl der Jugendvertretung **einheitlich** den **Zeitpunkt für die regelmäßigen Wahlen** festgelegt; es hat aber die regelmäßige Amtszeit wie nach § 21 BetrVG 1952 bei **zwei Jahren** belassen. Auf Beschlussempfehlung des BT-Ausschusses für Arbeit und Sozialordnung hat das Gesetz zur Bildung von Jugend- und Auszubildendenvertretungen in den Betrieben vom 13. 7. 1988 (BGBl. I S. 1034) den Zeitraum vom 1. Mai bis 30. Juni in den Herbst verlegt, damit an der Wahl der Jugend- und Auszubildendenvertretung auch diejenigen jungen Arbeitnehmer teilnehmen können, die nach dem in den Sommer fallenden Schulabschluss neu in die Betriebe eingestellt worden sind (vgl. BT-Drucks. 11/2474, S. 10). Die erstmaligen Wahlen nach Umgestaltung der Jugendvertretung in die Jugend- und Auszubildendenvertretung fanden im Jahr 1988 statt (§ 125 Abs. 2 Satz 1). Im Gegensatz zur Amtszeit des Betriebsrats hat die Novelle zum BetrVG vom 20. 12. 1988 die Amtszeit der Jugend- und Auszubildendenvertretung nicht verlängert.

2   Außerhalb des regelmäßigen Wahlzeitraums ist eine Jugend- und Auszubildendenvertretung zu wählen, wenn ein in § 13 Abs. 2 Nr. 2 bis 6 genannter Grund vorliegt; dann gilt auch § 13 Abs. 3 entsprechend (Abs. 1 Satz 2). Die Amtszeit der Jugend- und Auszubildendenvertretung ist in Anlehnung an die Amtszeit des Betriebsrats geregelt (Abs. 2). Während aber sonst der Verlust der Wählbarkeit zum Erlöschen der Mitgliedschaft in der Jugend- und Auszubildendenvertretung führt (§ 65 Abs. 1 i. V. mit § 24 Nr. 4), bestimmt hier Abs. 3, dass die Vollendung des 25. Lebensjahres kein Grund für ein Ausscheiden aus der Jugend- und Auszubildendenvertretung darstellt; der Gesetzgeber gab im Hinblick auf die zweijährige Amtszeit dem Gesichtspunkt der Kontinuität der Jugend- und Auszubildendenvertretung den Vorrang (vgl. die Begründung zum RegE des BetrVG 1972, BT-Drucks. VI/1786, S. 44).

3   Im Personalvertretungsrecht findet sich eine entsprechende Regelung in § 60 Abs. 2 BPersVG, wonach die regelmäßigen Wahlen jeweils alle zwei Jahre in der Zeit vom 1. März bis 31. Mai stattfinden.

II. Zeitpunkt der regelmäßigen Wahlen

4   Die regelmäßigen Wahlen zur Jugend- und Auszubildendenvertretung finden einheitlich für alle Betriebe im **Zweijahresrhythmus** statt, und zwar, da sie nach § 125 Abs. 2 erstmals im Jahre 1988 waren, in allen Jahren mit einer geraden Endzahl. Damit endet auch die ordentliche Amtsperiode der Jugend- und Auszubildendenvertretung in allen Betrieben einheitlich in dem Jahr, in das der Zeitraum für die regelmäßigen Wahlen fällt (s. Rn. 19).

5   Die Wahlen werden in der **Zeit vom 1. Oktober bis zum 30. November** durchgeführt. Maßgeblich für den konkreten Zeitpunkt ist der Ablauf der ordentlichen Amtsperiode der vorherigen Jugend- und Auszubildendenvertretung. Von ihm aus bestimmt sich nach § 63 Abs. 2, wann der Wahlvorstand zu bestellen ist. Da dies spätestens acht Wochen vor Ablauf der Amtszeit der Jugend- und Auszubildendenvertretung durch den Betriebsrat zu geschehen hat, also auch bereits vorher erfolgen kann, werden die Wahlvorbereitungen im Regelfall schon vor dem 1. Oktober zu treffen sein. Die Jugend- und Aus-

III. Wahl der Jugend- und Auszubildendenvertretung § 64

zubildendenvertretung soll möglichst vor dem Ende der Amtszeit ihrer Vorgängerin gewählt werden. Die Festlegung des Zeitraums vom 1. Oktober bis zum 30. November bedeutet auch hier, dass in dieser Zeit die *Wahlhandlung* erfolgt (ebenso *Fitting*, § 64 Rn. 6; GK-*Oetker*, § 64 Rn. 8).

Wird dagegen bereits vor dem 1. Oktober gewählt, ohne dass ein Fall der in § 13 **6** Abs. 2 Nr. 2 bis 6 umschriebenen Art vorliegt, so fehlt eine Voraussetzung für die Wahl der Jugend- und Auszubildendenvertretung; es gilt hier Gleiches wie bei der Betriebsratswahl (s. § 13 Rn. 15). Die Wahl kann dagegen auch noch nach dem 30. November durchgeführt werden, wenn bis dahin keine Jugend- und Auszubildendenvertretung gewählt wurde. Die Bestimmung ist also insoweit lediglich eine Ordnungsvorschrift.

III. Wahl der Jugend- und Auszubildendenvertretung außerhalb des regelmäßigen Wahlzeitraums

1. Überblick

Für die Wahl der Jugend- und Auszubildendenvertretung außerhalb des regelmäßigen **7** Wahlzeitraums gilt § 13 Abs. 2 Nr. 2 bis 6 und Abs. 3 entsprechend (Abs. 1 Satz 2). Dadurch wird auch hier zugleich mittelbar geregelt, unter welchen Voraussetzungen eine vorzeitige Beendigung des Amts der Jugend- und Auszubildendenvertretung eintritt. Von Bedeutung ist, dass § 13 Abs. 2 Nr. 1 nicht für entsprechend anwendbar erklärt wird. Daraus folgt, dass eine Veränderung der Zahl der in § 60 Abs. 1 genannten Arbeitnehmer im Betrieb während der Amtsperiode auf den Bestand der Jugend- und Auszubildendenvertretung keinen Einfluss hat.

2. Gründe für eine Wahl außerhalb des regelmäßigen Wahlzeitraums

Außerhalb des regelmäßigen Wahlzeitraums ist die Jugend- und Auszubildendenver- **8** tretung neu zu wählen, wenn einer der folgenden Gründe gegeben ist:

a) **Sinken der Zahl der Jugend- und Auszubildendenvertreter unter die gesetzliche Zahl** **9** (Abs. 1 Satz 2 i. V. mit § 13 Abs. 2 Nr. 2). Eine Neuwahl findet aber nur statt, wenn die Jugend- und Auszubildendenvertretung auch durch Einrücken von Ersatzmitgliedern nicht mehr die vorgeschriebene Mitgliederzahl hat. Maßgebend ist die Zahl, die die Jugend- und Auszubildendenvertretung bei ihrer Wahl gehabt hat, d. h. bei Erlass des Wahlausschreibens (s. § 62 Rn. 5). Daher ist die Jugend- und Auszubildendenvertretung auch dann neu zu wählen, wenn sie der inzwischen verringerten Zahl der regelmäßig im Betrieb beschäftigten Arbeitnehmer entspricht, die in § 60 Abs. 1 genannt sind.

b) **Rücktritt durch Mehrheitsbeschluss** (Abs. 1 Satz 2 i. V. mit § 13 Abs. 2 Nr. 3). Die **10** Jugend- und Auszubildendenvertretung kann wie der Betriebsrat jederzeit durch Mehrheitsbeschluss ihren Rücktritt, d. h. den Rücktritt der gesamten Jugend- und Auszubildendenvertretung beschließen. Es gilt hier Gleiches wie für den Betriebsrat (s. § 13 Rn. 38 ff.).

c) **Erfolgreiche Anfechtung einer Wahl der Jugend- und Auszubildendenvertretung** **11** (Abs. 1 Satz 2 i. V. mit § 13 Abs. 2 Nr. 4). Die erfolgreiche Anfechtung einer Wahl der Jugend- und Auszubildendenvertretung ist nur dann ein Grund für eine vorzeitige Neuwahl, wenn das Arbeitsgericht die Wahl der Jugend- und Auszubildendenvertretung für unwirksam erklärt, nicht dagegen, wenn es das Wahlergebnis korrigiert; es gilt hier Gleiches wie bei der Betriebsratswahl (s. ausführlich § 13 Rn. 42 ff.).

d) **Auflösung durch das Arbeitsgericht** (Abs. 1 Satz 2 i. V. mit § 13 Abs. 2 Nr. 5). Eine **12** Neuwahl ist erforderlich, wenn das Arbeitsgericht durch rechtskräftigen Beschluss die Jugend- und Auszubildendenvertretung wegen einer groben Amtspflichtverletzung auflöst; es gilt auch hier Gleiches wie beim Betriebsrat (s. § 13 Rn. 46 ff.). Von Bedeutung ist aber, dass im Unterschied zur Auflösung des Betriebsrats das Arbeitsgericht nicht berechtigt ist, einen Wahlvorstand für die Neuwahl einzusetzen; denn für die Jugend-

und Auszubildendenvertretung gilt § 23 Abs. 2 nicht entsprechend (s. § 65 Abs. 1). Vielmehr hat in diesem Fall wie auch sonst der Betriebsrat den Wahlvorstand zu bestellen (§ 63 Abs. 2; s. dort Rn. 4).

13 e) **Nichtbestehen einer Jugend- und Auszubildendenvertretung** (Abs. 1 Satz 2 i. V. mit § 13 Abs. 2 Nr. 6). Wenn im Betrieb keine Jugend- und Auszubildendenvertretung besteht, kann sie jederzeit gebildet werden, sobald die Voraussetzungen dafür gegeben sind. Keine Rolle spielt, ob sie erstmals gewählt werden soll, weil bisher eine entsprechende Initiative nicht zustande kam oder durch Zusammenlegung mehrerer Betriebe ein neuer Betrieb entstand, oder ob bisher eine Jugend- und Auszubildendenvertretung bereits bestand, deren Amt endete, bevor eine neue Jugend- und Auszubildendenvertretung gewählt wurde oder gewählt werden konnte. Hierher gehört insbesondere auch der Fall, dass alle Jugend- und Auszubildendenvertreter einschließlich der Ersatzmitglieder ihr Amt niederlegen oder aus persönlichen Gründen ihr Amt verlieren (§ 65 Abs. 1 i. V. mit § 24 Abs. 1).

3. Anschluss an die regelmäßigen Wahlen

14 Die Wahlen der Jugend- und Auszubildendenvertretung sollen für alle Betriebe einheitlich während des regelmäßigen Wahlzeitraums stattfinden. Durch Verweisung auf § 13 Abs. 3 regelt das Gesetz den Anschluss einer Wahl, die außerhalb des regelmäßigen Wahlzeitraums stattgefunden hat, an die regelmäßigen Wahlen:

- War die Jugend- und Auszubildendenvertretung zu Beginn des regelmäßigen Wahlzeitraums **ein Jahr oder länger im Amt,** so ist sie in dem auf die Wahl folgenden **nächsten Zeitraum** der regelmäßigen Wahlen neu zu wählen.
- War die Jugend- und Auszubildendenvertretung dagegen zu Beginn des regelmäßigen Wahlzeitraums **noch kein Jahr im Amt,** begann also ihre Amtszeit erst nach dem 1. Oktober, so ist sie erst in dem **übernächsten Zeitraum** der regelmäßigen Wahlen neu zu wählen.

15 Für die Berechnung der Frist gilt Gleiches wie bei der Betriebsratswahl (s. § 13 Rn. 58).

IV. Amtszeit der Jugend- und Auszubildendenvertretung

1. Dauer

16 Die **regelmäßige Amtszeit** der Jugend- und Auszubildendenvertretung beträgt **zwei Jahre** (Abs. 2 Satz 1). Der Gesetzgeber hat damit die für die Jugendvertretung geltende Amtszeit von zwei Jahren beibehalten, wie sie bereits nach § 21 BetrVG 1952 vorgesehen war. Ihm erschien schon beim Erlass des BetrVG 1972 eine Angleichung an die Amtszeit des Betriebsrats nicht sachgerecht (vgl. Begründung zum RegE des BetrVG 1972, BT-Drucks. VI/1786, S. 44). Amtsbeginn und Amtsende sind ähnlich geregelt wie beim Betriebsrat.

2. Amtsbeginn

17 Besteht bei Bekanntgabe des Wahlergebnisses keine Jugend- und Auszubildendenvertretung, so beginnt die Amtszeit mit diesem Zeitpunkt (Abs. 2 Satz 2). Dabei spielt es keine Rolle, ob die Amtszeit der bisherigen Jugend- und Auszubildendenvertretung bereits beendet war, als die neue Jugend- und Auszubildendenvertretung gewählt wurde, oder ob in dem Betrieb erstmals eine Jugend- und Auszubildendenvertretung gewählt wird.

18 Besteht wie im Regelfall bei ordnungsgemäßer Durchführung der Wahl noch eine Jugend- und Auszubildendenvertretung, so beginnt die Amtszeit der neuen Jugend- und

IV. Amtszeit der Jugend- und Auszubildendenvertretung § 64

Auszubildendenvertretung erst mit dem Tag nach Ablauf der Amtsperiode der bisherigen Jugend- und Auszubildendenvertretung.

3. Ablauf der Amtszeit

Die Amtszeit der Jugend- und Auszubildendenvertretung endet spätestens am 30. November des Jahres, in dem die regelmäßigen Wahlen für die Jugend- und Auszubildendenvertretung stattfinden. Damit wird aber auch hier nur eine äußere Grenze festgelegt; es gilt Gleiches wie für die Amtszeit des Betriebsrats (s. ausführlich § 21 Rn. 11 ff.). 19

Wurde die Jugend- und Auszubildendenvertretung außerhalb des regelmäßigen Wahlzeitraums gewählt (Abs. 1 Satz 2), so ist ihre Amtszeit kürzer oder länger als zwei Jahre (s. Rn. 14). Sie endet spätestens am 30. November des Jahres, in dem die Jugend- und Auszubildendenvertretung während der regelmäßigen Wahlen neu zu wählen ist; es gilt hier sinngemäß das Gleiche wie beim Betriebsrat (s. § 21 Rn. 14 f.). 20

4. Vorzeitige Beendigung des Amtes

a) Die Amtszeit der Jugend- und Auszubildendenvertretung endet vor dem im Gesetz bestimmten Termin, wenn die **Gesamtzahl der Jugend- und Auszubildendenvertreter** nach Eintreten sämtlicher Ersatzmitglieder **unter die vorgeschriebene Zahl** der Jugend- und Auszubildendenvertreter **gesunken** ist (Abs. 1 Satz 2 i. V. mit § 13 Abs. 2 Nr. 2; s. Rn. 9); in diesem Falle endet die Amtszeit mit der **Bekanntgabe des Wahlergebnisses** der neu gewählten Jugend- und Auszubildendenvertretung (Abs. 2 Satz 5). 21

b) Eine vorzeitige Beendigung der Amtszeit tritt ein, wenn die Jugend- und Auszubildendenvertretung ihren **Rücktritt** beschließt (Abs. 1 Satz 2 i. V. mit § 13 Abs. 2 Nr. 3; s. Rn. 10). Da Abs. 2 Satz 5 nur den Fall des § 13 Abs. 2 Nr. 2 erwähnt, spricht der Wortlaut des Gesetzes dafür, dass die Amtszeit bereits mit dem Beschluss des Rücktritts endet. Da § 22 hier nicht entsprechend gilt, liegt anders als beim Betriebsrat auch keine widersprüchliche Regelung vor (s. § 21 Rn. 19). Dass das Gesetz in Abs. 2 Satz 5 den Fall des § 13 Abs. 2 Nr. 3 nicht erwähnt, kann nicht als Redaktionsversehen qualifiziert werden (ebenso GK-*Oetker*, § 64 Rn. 22; a. A. *Richardi*, 7. Aufl., Rn. 26). Deshalb endet die Amtszeit einer Jugend- und Auszubildendenvertretung, die ihren Rücktritt beschlossen hat, mit dem Rücktrittsbeschluss und nicht erst wie beim Betriebsrat, wenn die neue Jugend- und Auszubildendenvertretung gewählt und das Wahlergebnis bekannt gegeben ist (ebenso *Brecht*, § 64 Rn. 1; ErfK-*Koch*, § 64 Rn. 3; *Fitting*, § 64 Rn. 12; HSWGNR-*Rose*, § 64 Rn. 17; GK-*Oetker*, § 64 Rn. 21 ff.; a. A. DKK-*Trittin*, § 64 Rn. 10; *Richardi*, 7. Aufl., Rn. 26). 22

c) Das Amt der Jugend- und Auszubildendenvertretung endet weiterhin, wenn sie **durch das Arbeitsgericht** nach § 65 Abs. 1 i. V. mit § 23 Abs. 1 **aufgelöst** wird, mit der Rechtskraft dieser Entscheidung; dasselbe gilt bei **erfolgreicher Anfechtung der Wahl** (vgl. § 63 Abs. 2 Satz 2 i. V. mit § 19). Eine Weiterführung der Geschäfte bis zur Neuwahl einer Jugend- und Auszubildendenvertretung kommt hier nicht in Betracht. 23

d) Das Amt der Jugend- und Auszubildendenvertretung endet weiterhin, wenn die **Voraussetzungen für die Bildung einer Jugend- und Auszubildendenvertretung entfallen**, z. B. dem Betrieb nicht mehr regelmäßig mindestens fünf der in § 60 Abs. 1 genannten Arbeitnehmer angehören (ebenso LAG Berlin 15. 11. 1975 BB 1976, 363). Im Übrigen gilt hier Gleiches wie beim Betriebsrat (s. ausführlich § 21 Rn. 18 ff.). 24

e) Zu einer vorzeitigen Beendigung der Amtszeit der Jugend- und Auszubildendenvertretung kommt es auch dann, wenn der Betrieb seine Identität verliert. Ein Übergangs- oder Restmandat ist hier nicht anzuerkennen, wie die fehlende Verweisung auf §§ 21 a, 21 b bestätigt (*Fitting*, § 64 Rn. 13; GK-*Oetker*, § 64 Rn. 27). 25

V. Vollendung des 25. Lebensjahres

26 Wählbar ist, wer das 25. Lebensjahr noch nicht vollendet hat (§ 61 Abs. 2 Satz 1). Da der Verlust der Wählbarkeit zum Erlöschen der Mitgliedschaft in der Jugend- und Auszubildendenvertretung führt (§ 65 Abs. 1 i. V. mit § 24 Abs. 1 Nr. 4), war zum BetrVG 1952 streitig, ob ohne weiteres aus seinem Amt ausschied, wer als Jugendvertreter das damals als Altersgrenze vorgesehene 24. Lebensjahr vollendet hatte (bejahend *Dietz*, § 20 Rn. 27; *Galperin/Siebert*, § 20 Rn. 23; *Nikisch*, Bd. III S. 71; *Nipperdey/Säcker* in *Hueck/Nipperdey*, Bd. II/2 S. 1221; verneinend *Fitting/Kraegeloh/Auffarth*, § 20 Rn. 39; *Maus*, § 20 Rn. 21; *Popp*, BB 1953, 560). Durch die Vorschrift in Abs. 3 wird klargestellt, dass ein **Mitglied der Jugend- und Auszubildendenvertretung, das im Laufe der Amtszeit das 25. Lebensjahr vollendet,** bis zum Ende der Amtszeit Mitglied der Jugend- und Auszubildendenvertretung bleibt, um die Kontinuität der Jugend- und Auszubildendenvertretung zu sichern. Das gilt aber nur, wenn der Jugend- und Auszubildendenvertreter bei Beginn der Amtszeit noch nicht 25 Jahre alt ist. Vollendet der jugendliche Arbeitnehmer nach der Wahl, aber vor Amtsbeginn das 25. Lebensjahr, so ist er nicht wählbar, so dass die Wahl zur Jugend- und Auszubildendenvertretung aus diesem Grunde angefochten werden kann. Aber auch noch nach Ablauf der Anfechtungsfrist kann beim Arbeitsgericht geltend gemacht werden, dass der Jugend- und Auszubildendenvertreter nicht wählbar war und deshalb sein Amt als Jugend- und Auszubildendenvertreter nicht antreten konnte (ebenso *Fitting*, § 64 Rn. 14).

27 Da maßgebender Zeitpunkt für die Höchstaltersgrenze der Tag des Beginns der Amtszeit, nicht der Tag der Wahl ist, rückt ein **Ersatzmitglied**, das bei Ausscheiden des Mitglieds oder im Vertretungsfall das 25. Lebensjahr vollendet hat, nicht nach (ebenso LAG Düsseldorf 13. 10. 1992 NZA 1993, 474).

VI. Streitigkeiten

28 Streitigkeiten, die sich auf die Wahl und Amtszeit der Jugend- und Auszubildendenvertretung beziehen, entscheidet das Arbeitsgericht im Beschlussverfahren (§ 2 a Abs. 1 Nr. 1, Abs. 2 i. V. mit §§ 80 ff. ArbGG).

§ 65 Geschäftsführung

(1) Für die Jugend- und Auszubildendenvertretung gelten § 23 Abs. 1, die §§ 24, 25, 26, 28 Abs. 1 Satz 1 und 2, die §§ 30, 31, 33 Abs. 1 und 2 sowie die §§ 34, 36, 37, 40 und 41 entsprechend.

(2) ¹Die Jugend- und Auszubildendenvertretung kann nach Verständigung des Betriebsrats Sitzungen abhalten; § 29 gilt entsprechend. ²An diesen Sitzungen kann der Betriebsratsvorsitzende oder ein beauftragtes Betriebsratsmitglied teilnehmen.

Übersicht

	Rn.
I. Vorbemerkung	1
II. Auflösung der Jugend- und Auszubildendenvertretung sowie Amtsenthebung und Amtsverlust ihrer Mitglieder	5
1. Auflösung der Jugend- und Auszubildendenvertretung	5
2. Amtsenthebung eines Mitglieds	6
3. Amtsverlust eines Mitglieds aus sonstigen Gründen	7
4. Nachrücken von Ersatzmitgliedern	8
III. Organisation und Geschäftsführung der Jugend- und Auszubildendenvertretung	9
1. Organisation	9

II. Auflösung der Jugend- und Auszubildendenvertretung § 65

	Rn.
2. Recht zur Abhaltung eigener Sitzungen	12
3. Einberufung der Sitzungen	14
4. Durchführung der Sitzungen	20
5. Teilnahmerecht an Sitzungen	23
6. Beschlüsse der Jugend- und Auszubildendenvertretung	27
7. Weitere Regelung der Geschäftsführung und Kostentragung	31
IV. Rechtsstellung der Jugend- und Auszubildendenvertreter	35
1. Amtstätigkeit und Arbeitsverhältnis	35
2. Freistellung	38
3. Teilnahme an Schulungs- und Bildungsveranstaltungen	40
4. Bildungsurlaub für Jugend- und Auszubildendenvertreter	47
5. Gebot der finanziellen und beruflichen Gleichstellung	50
6. Besonderer Kündigungs- und Versetzungsschutz sowie Übernahmepflicht	51
V. Streitigkeiten	52

I. Vorbemerkung

Durch diese Vorschrift werden die meisten Bestimmungen, die sich auf die **Organisation** 1
und **Geschäftsführung** des Betriebsrats beziehen, für die Jugend- und Auszubildendenvertretung übernommen, soweit nicht Besonderheiten der Jugend- und Auszubildendenvertretung entgegenstehen. Die Jugend- und Auszubildendenvertretung hat das Recht, eigene Sitzungen abzuhalten. Der RegE zum BetrVG 1972 enthielt noch die Beschränkung, dass dies nur im Einvernehmen mit dem Betriebsrat geschieht (vgl. BT-Drucks. VI/1786, S. 14, 44); auf Empfehlung des BT-Ausschusses für Arbeit und Sozialordnung lässt das Gesetz genügen, dass der Betriebsrat vorher verständigt wird (vgl. *zu* BT-Drucks. VI/2729, S. 27). Durch diese Regelung und die Verweisung auf die für den Betriebsrat geltenden Vorschriften erhält die Jugend- und Auszubildendenvertretung eine Organisation, die der Jugendvertretung im BetrVG 1952 noch fehlte (vgl. *Dietz*, § 20 Rn. 29).

Durch das BetrVerf-Reformgesetz vom 23. 7. 2001 (BGBl. I S. 1852) wurde Abs. 1 2
redaktionell an die sich aus der Aufhebung des Gruppenprinzips ergebenden Änderungen angepasst. Darüber hinaus wurde die Anordnung der entsprechenden Geltung des § 28 Abs. 1 Satz 1 und 2 ergänzt.

Für die Gesamt-Jugend- und Auszubildendenvertretung ist § 73 zu beachten, für die 3
Konzern-Jugend- und Auszubildendenvertretung § 73 b Abs. 2.

Im Bereich des Personalvertretungsrechts enthält § 62 BPersVG neben § 61 Abs. 5 4
BPersVG eine entsprechende Vorschrift.

II. Auflösung der Jugend- und Auszubildendenvertretung sowie Amtsenthebung und Amtsverlust ihrer Mitglieder

1. Auflösung der Jugend- und Auszubildendenvertretung

Für die Jugend- und Auszubildendenvertretung gilt § 23 Abs. 1 entsprechend 5
(Abs. 1). Daraus folgt, dass die Jugend- und Auszubildendenvertretung bei **grober Verletzung ihrer gesetzlichen Pflichten** durch **Beschluss des Arbeitsgerichts** aufgelöst werden kann. Ob eine grobe Amtspflichtverletzung vorliegt, ist hier nach den gleichen Grundsätzen wie beim Betriebsrat zu entscheiden (s. § 23 Rn. 53 ff.). Antragsberechtigt sind mindestens ein Viertel der zu ihr wahlberechtigten Arbeitnehmer, der Arbeitgeber oder eine im Betrieb vertretene Gewerkschaft. Obwohl im Gesetz nicht ausdrücklich genannt, wird man davon ausgehen können, dass vor allem auch der Betriebsrat den Antrag auf Auflösung der Jugend- und Auszubildendenvertretung stellen kann (ebenso *Fitting*, § 65 Rn. 4; GK-*Oetker*, § 65 Rn. 9; HSWGNR-*Rose*, § 65 Rn. 8; a. A. DKK-*Trittin*, § 65 Rn. 3; *Weiss/Weyand*, § 65 Rn. 11). Wird die Jugend- und Auszubildendenvertretung aufgelöst, so gilt hier nicht § 23 Abs. 2 entsprechend; es setzt also nicht das Arbeits-

gericht einen Wahlvorstand für die Neuwahl ein, sondern diese Aufgabe obliegt dem Betriebsrat (§ 63 Abs. 2; ebenso *Fitting*, § 65 Rn. 4; HSWGNR-*Rose*, § 65 Rn. 12). Das Arbeitsgericht kann den Wahlvorstand erst dann bestellen, wenn der Betriebsrat seiner Pflicht zur Bestellung nicht nachkommt (ErfK-*Koch*, § 65 Rn. 2; *Fitting*, § 65 Rn. 4; GK-*Oetker*, § 65 Rn. 13).

2. Amtsenthebung eines Mitglieds

6   Begeht ein Jugend- und Auszubildendenvertreter eine **grobe Amtspflichtverletzung**, so kommt seine Amtsenthebung in entsprechender Anwendung des § 23 Abs. 1 in Betracht. Auch hier gilt für die Feststellung der groben Amtspflichtverletzung Gleiches wie bei der Amtsenthebung eines Betriebsratsmitglieds (s. § 23 Rn. 9 ff.). Antragsberechtigt sind, wie sich aus § 23 Abs. 1 ergibt, ein Viertel der in § 60 Abs. 1 genannten Arbeitnehmer des Betriebs, der Arbeitgeber oder eine im Betrieb vertretene Gewerkschaft. Soweit nach § 23 Abs. 1 Satz 2 der Ausschluss eines Mitglieds vom Betriebsrat beantragt werden kann, tritt hier an dessen Stelle die Jugend- und Auszubildendenvertretung; darüber hinaus wird man davon ausgehen können, dass der Betriebsrat ebenfalls antragsberechtigt ist (ebenso *Fitting*, § 65 Rn. 4; GK-*Oetker*, § 65 Rn. 9; HSWGNR-*Rose*, § 65 Rn. 8; a. A. *Rotermund*, Interessenwahrnehmung, S. 70 ff.; DKK-*Trittin*, § 65 Rn. 3; *Weiss/Weyand*, § 65 Rn. 11).

3. Amtsverlust eines Mitglieds aus sonstigen Gründen

7   Ein Amtsverlust tritt für ein Mitglied der Jugend- und Auszubildendenvertretung unter den gleichen Voraussetzungen wie für ein Betriebsratsmitglied ein; § 24 Abs. 1 gilt entsprechend (Abs. 1). Daher erlischt die Mitgliedschaft in der Jugend- und Auszubildendenvertretung durch Ablauf der Amtszeit, Niederlegung des Amtes als Mitglied der Jugend- und Auszubildendenvertretung, Beendigung des Arbeitsverhältnisses oder durch sonstigen Verlust der Wählbarkeit, wobei hier aber zu berücksichtigen ist, dass die Vollendung des 25. Lebensjahres während der Amtszeit nicht zur Amtsbeendigung führt (§ 64 Abs. 3; s. dort Rn. 26). Weiterhin erlischt die Mitgliedschaft in der Jugend- und Auszubildendenvertretung, wenn das Mitglied seines Amtes durch gerichtliche Entscheidung enthoben wird oder die Jugend- und Auszubildendenvertretung überhaupt durch Beschluss des Arbeitsgerichts aufgelöst wird oder wenn durch eine rechtskräftige gerichtliche Entscheidung festgestellt wird, dass das Mitglied der Jugend- und Auszubildendenvertretung nicht wählbar war, wobei keine Rolle spielt, ob dieser Mangel vor oder nach Ablauf der Anfechtungsfrist für die Wahl der Jugend- und Auszubildendenvertretung geltend gemacht wird.

4. Nachrücken von Ersatzmitgliedern

8   Scheidet ein Mitglied der Jugend- und Auszubildendenvertretung aus, so rückt ein Ersatzmitglied nach (Abs. 1 i. V. mit § 25 Abs. 1). Dasselbe gilt, wenn ein Jugend- und Auszubildendenvertreter zeitweilig verhindert ist (s. § 25 Rn. 5 ff.). Wer nachrückt, richtet sich nach § 25 Abs. 2 (Abs. 1). Das Ersatzmitglied darf, wenn es in die Jugend- und Auszubildendenvertretung nachrückt, noch nicht das 25. Lebensjahr vollendet haben (s. § 64 Rn. 27).

III. Organisation und Geschäftsführung der Jugend- und Auszubildendenvertretung

1. Organisation

9   a) Die Jugend- und Auszubildendenvertretung hat **nur** einen **Vorsitzenden** und einen **stellvertretenden Vorsitzenden** (Abs. 1 i. V. mit § 26 Abs. 1). Ein Betriebsausschuss der

III. Organisation und Geschäftsführung **§ 65**

Jugend- und Auszubildendenvertretung kann nicht gebildet werden, wie die fehlende Verweisung auf § 27 in Abs. 1 zeigt. Allerdings kann die Jugend- und Auszubildendenvertretung in Betrieben mit mehr als 100 der in § 60 Abs. 1 genannten Arbeitnehmer Ausschüsse bilden und ihnen bestimmte Aufgaben übertragen (Abs. 1 i. V. mit § 28 Abs. 1 Satz 1; s. auch § 28 Rn. 4 ff.). Daneben ist die Bildung informeller Arbeitsgruppen zur Behandlung punktueller Fragen ohne Weiteres möglich (GK-*Oetker*, § 65 Rn. 29). Eine Aufgabenübertragung zur selbstständigen Erledigung kommt jedoch auch auf die nach § 28 Abs. 1 Satz 1 gebildeten Ausschüsse mangels Verweisung auf § 28 Abs. 1 Satz 3 nicht in Betracht (*Fitting*, § 65 Rn. 7; *Rotermund*, Interessenwahrnehmung, S. 73 ff.). Für die Wahl und Abberufung der Ausschussmitglieder nach § 28 Abs. 1 gilt § 27 Abs. 1 Satz 3 bis 5 entsprechend (Abs. 1 i. V. mit § 28 Abs. 1 Satz 2).

b) Die Jugend- und Auszubildendenvertretung **wählt aus ihrer Mitte** den **Vorsitzenden** 10 **und dessen Stellvertreter**. Für die Wahl gilt Gleiches wie für die Wahl des Betriebsratsvorsitzenden und dessen Stellvertreter. Vorsitzender und Stellvertreter sind gesondert zu wählen; keineswegs ist, wer bei der Wahl zum Vorsitzenden die nächstniedrigere Stimmenzahl erhalten hat, dessen Stellvertreter.

c) Der **Vorsitzende** der Jugend- und Auszubildendenvertretung oder im Fall seiner 11 Verhinderung sein Stellvertreter **vertritt die Jugend- und Auszubildendenvertretung nur im Rahmen der von ihr gefassten Beschlüsse** (Abs. 1 i. V. mit § 26 Abs. 2). Für Erklärungen, die der Jugend- und Auszubildendenvertretung gegenüber abzugeben sind, ist der Vorsitzende der Jugend- und Auszubildendenvertretung oder im Fall seiner Verhinderung sein Stellvertreter zur Entgegennahme berechtigt. Das gilt insbesondere für Ladungen zu den Betriebsratssitzungen; nur soweit alle Mitglieder der Jugend- und Auszubildendenvertretung ein Teilnahmerecht haben, weil Angelegenheiten behandelt werden, die besonders die in § 60 Abs. 1 genannten Arbeitnehmer betreffen (§ 67 Abs. 1 Satz 2), sind alle Jugend- und Auszubildendenvertreter zu laden (s. § 29 Rn. 28). Da § 27 Abs. 3 nicht entsprechend gilt, kann weder dem Vorsitzenden noch anderen Mitgliedern der Jugend- und Auszubildendenvertretung die Führung der laufenden Geschäfte übertragen werden. Dabei ist aber zu berücksichtigen, dass die Jugend- und Auszubildendenvertretung ihre Aufgaben nur im Zusammenwirken mit dem Betriebsrat erfüllt und wegen ihrer Beratungsfunktion für den Betriebsrat für eine besondere Behandlung der laufenden Geschäfte kein Bedürfnis besteht.

2. Recht zur Abhaltung eigener Sitzungen

a) Die **Jugend- und Auszubildendenvertretung** erfüllt ihre Aufgaben nicht nur durch 12 Beteiligung an Sitzungen und Beschlüssen des Betriebsrats (§ 67 Abs. 1 und 2), sondern sie kann auch **selbst Sitzungen abhalten** (Abs. 2 Satz 1). Das ist vor allem von Bedeutung, soweit sie zur Wahrnehmung ihrer Aufgaben die Initiative ergreift, z. B. beim Betriebsrat beantragt, eine Angelegenheit auf die nächste Tagesordnung zu setzen (§ 67 Abs. 3 Satz 1), oder der Betriebsrat ihr Angelegenheiten, die besonders die in § 60 Abs. 1 genannten Arbeitnehmer betreffen, zur Beratung zuleitet (§ 67 Abs. 3 Satz 2). Wird die Jugend- und Auszubildendenvertretung nicht im Rahmen einer Betriebsratssitzung tätig, so kann sie ihren Willen nur durch Beschluss in einer eigenen Sitzung bilden; wie auch sonst ist eine Beschlussfassung im Umlaufverfahren ausgeschlossen. Das Recht, einen Beschluss zu fassen, bedeutet jedoch nicht, dass die Jugend- und Auszubildendenvertretung Befugnisse gegenüber dem Arbeitgeber wirksam ausüben kann; auch wenn eine Angelegenheit nur die in § 60 Abs. 1 genannten Arbeitnehmer betrifft, steht die Repräsentation der Belegschaft im Verhältnis zum Arbeitgeber ausschließlich dem Betriebsrat zu (ebenso BAG 20. 11. 1973 AP BetrVG 1972 § 65 Nr. 1; BAG 10. 5. 1974 AP BetrVG 1972 § 65 Nr. 3 und 4; s. auch § 60 Rn. 13 f.).

b) Das Recht der Jugend- und Auszubildendenvertretung, eigene Sitzungen abzuhal- 13 ten, ist **nicht** vom **Einvernehmen mit dem Betriebsrat** abhängig, sondern es genügt, dass er **vorher verständigt** wird, d. h. so rechtzeitig von einer Sitzung der Jugend- und Auszubildendenvertretung unterrichtet wird, dass der Betriebsratsvorsitzende oder ein beauftragtes Mitglied an ihr teilnehmen kann (Abs. 2). Die Verständigung des Betriebsrats ist lediglich eine Ordnungsvorschrift, keine Wirksamkeitsvoraussetzung für die Anerkennung als Sitzung der Jugend- und Auszubildendenvertretung (ebenso *Fitting*, § 65 Rn. 26; GK-*Oetker*, § 65 Rn. 67; HSWGNR-*Rose*, § 65 Rn. 34; *Brill*, BB 1975, 1642).

3. Einberufung der Sitzungen

14 a) Für die Einberufung der Sitzungen der Jugend- und Auszubildendenvertretung gilt § 29 entsprechend (Abs. 2 Satz 1 Halbsatz 2). Der Wahlvorstand hat deshalb vor Ablauf einer Woche nach dem Wahltag die gewählten Mitglieder der Jugend- und Auszubildendenvertretung zur **konstituierenden Sitzung** einzuladen (s. § 29 Rn. 2 ff.). In ihr sind der Vorsitzende der Jugend- und Auszubildendenvertretung und sein Stellvertreter zu wählen. Der Wahlvorstand hat den Betriebsrat vorher zu verständigen, also Zeitpunkt und Ort der konstituierenden Sitzung mitzuteilen. Der Vorsitzende des Wahlvorstands leitet die Sitzung, bis die Jugend- und Auszubildendenvertretung aus ihrer Mitte einen Wahlleiter bestellt hat (s. auch § 29 Rn. 12 ff.). Die Jugend- und Auszubildendenvertretung ist konstituiert, sobald der Vorsitzende und sein Stellvertreter gewählt sind.

15 b) Die **weiteren Sitzungen** beruft der Vorsitzende der Jugend- und Auszubildendenvertretung ein (Abs. 2 Satz 1 i. V. mit § 29 Abs. 2 Satz 1). Ob er eine Sitzung anberaumt, liegt grundsätzlich in seinem pflichtgemäßen Ermessen (s. auch § 29 Rn. 18 ff.).

16 Der Vorsitzende hat eine Sitzung einzuberufen und den Gegenstand, dessen Beratung beantragt ist, auf die Tagesordnung zu setzen, wenn dies ein **Viertel der Jugend- und Auszubildendenvertreter** oder der **Arbeitgeber beantragen** (Abs. 2 Satz 1 i. V. mit § 29 Abs. 3 Satz 1; ebenso *Fitting*, § 65 Rn. 29; HSWGNR-*Rose*, § 65 Rn. 37; a. A. für den Arbeitgeber *Frauenkron*, § 65 Rn. 7). Obwohl es im Gesetz nicht ausdrücklich gesagt wird, ist davon auszugehen, dass auch der **Betriebsrat** den formellen Anspruch auf Einberufung hat; denn Aufgabe der Jugend- und Auszubildendenvertretung ist vor allem, den Betriebsrat in Jugendfragen zu beraten (ebenso *Frauenkron*, § 65 Rn. 7; *Düttmann/Zachmann*, Nr. 229; a. A. *Fitting*, § 65 Rn. 29; GK-*Oetker*, § 65 Rn. 71; HSWGNR-*Rose*, § 65 Rn. 37; *Rotermund*, Interessenwahrnehmung, S. 89 f.; DKK-*Trittin*, § 65 Rn. 40). Der Betriebsrat soll nach § 67 Abs. 3 Satz 2 Angelegenheiten, die besonders die in § 60 Abs. 1 genannten Arbeitnehmer betreffen, der Jugend- und Auszubildendenvertretung zur Beratung zuleiten (s. § 67 Rn. 31 ff.). Geschieht dies, so hat der Vorsitzende eine Sitzung der Jugend- und Auszubildendenvertretung einzuberufen. Unterlässt er es, so bedeutet dies eine grobe Amtspflichtverletzung.

17 c) Die Anberaumung der Sitzung erfolgt durch **Ladung der Jugend- und Auszubildendenvertreter.** Von der Sitzung ist der Betriebsrat vorher zu verständigen (s. Rn. 13). Doch genügt es, wenn die Mitteilung zusammen mit der Ladung erfolgt, sofern diese so rechtzeitig geschieht, dass der Betriebsrat noch Gegenvorstellungen erheben und ein Mitglied mit der Teilnahme beauftragen kann (s. auch Rn. 23).

18 Der Arbeitgeber kann geladen werden; er ist zu laden, wenn die Sitzung auf sein Verlangen anberaumt wird. Dagegen entfällt die Notwendigkeit, die Schwerbehindertenvertretung zu laden; denn sie hat bei den Sitzungen der Jugend- und Auszubildendenvertretung kein Teilnahmerecht (ebenso GL-*Marienhagen*, § 65 Rn. 10; HSWGNR-*Rose*, § 65 Rn. 60). Soweit ein Gewerkschaftsbeauftragter hinzugezogen werden soll (s. Rn. 25), sind der Zeitpunkt der Sitzung und die Tagesordnung der Gewerkschaft rechtzeitig mitzuteilen (Abs. 1 i. V. mit § 31). Ist ein Mitglied der Jugend- und Auszubildendenvertretung verhindert, so hat es dies unverzüglich mitzuteilen; an seiner Stelle ist das für ihn in die Jugend- und Auszubildendenvertretung nachrückende Ersatzmitglied zu laden (Abs. 2 Satz 1 i. V. mit § 29 Abs. 2 Satz 6; s. dort Rn. 32).

Die Ladung erfolgt unter **Mitteilung der Tagesordnung,** die der Vorsitzende der Jugend- und Auszubildendenvertretung festsetzt (Abs. 2 Satz 1 i. V. mit § 29 Abs. 2 Satz 2 und 3; s. auch dort Rn. 34 f.). Wer jedoch die Einberufung einer Sitzung beantragen kann (s. Rn. 16), hat auch das Recht, dass seine Angelegenheit auf die Tagesordnung einer bereits einberufenen oder einzuberufenden Sitzung gesetzt wird (s. § 29 Rn. 23). 19

4. Durchführung der Sitzungen

a) Die Sitzungen finden in der Regel **während der Arbeitszeit** statt (Abs. 1 i. V. mit § 30 Satz 1). Bei der Ansetzung hat die Jugend- und Auszubildendenvertretung, d. h. hier der Vorsitzende, auf die betrieblichen Notwendigkeiten Rücksicht zu nehmen, und der Arbeitgeber ist deshalb, auch wenn er nicht geladen wird, vom Zeitpunkt der Sitzung vorher zu verständigen (Abs. 1 i. V. mit § 30 Satz 2 und 3). 20

b) Der **Vorsitzende der Jugend- und Auszubildendenvertretung leitet** die **Verhandlung** (Abs. 2 Satz 1 i. V. mit § 29 Abs. 2 Satz 2; s. dort Rn. 42 ff.). Er erteilt das Wort und stellt fest, ob und welcher Beschluss gefasst worden ist. Ihm obliegt die Ausübung des Hausrechts, auch wenn an der Sitzung der Betriebsratsvorsitzende teilnimmt. 21

c) Die Sitzung der Jugend- und Auszubildendenvertretung ist **nicht öffentlich** (Abs. 1 i. V. mit § 30 Satz 4). 22

5. Teilnahmerecht an Sitzungen

a) An den Sitzungen der Jugend- und Auszubildendenvertretung kann der **Betriebsratsvorsitzende** oder ein **beauftragtes Betriebsratsmitglied** teilnehmen (Abs. 2 Satz 2; s. auch § 69 Rn. 10 f.). 23

b) Der **Arbeitgeber** hat nur dann ein Teilnahmerecht, wenn die Sitzung auf sein Verlangen anberaumt wird oder wenn er ausdrücklich eingeladen ist (Abs. 2 Satz 1 i. V. mit § 29 Abs. 4 Satz 1). In diesem Fall kann der Arbeitgeber auch einen Vertreter der Vereinigung der Arbeitgeber (zum Begriff § 46 Rn. 17), der er angehört, hinzuziehen (Abs. 2 Satz 1 i. V. mit § 29 Abs. 4 Satz 2). 24

c) Ein Teilnahmerecht besteht vor allem für den **Gewerkschaftsbeauftragten,** der in entsprechender Anwendung des § 31 zu einer Sitzung hinzugezogen werden kann (Abs. 1). Nach dem Wortlaut des § 31 besteht dieses Recht nur für eine im Betriebsrat vertretene Gewerkschaft. Die entsprechende Anwendung dieser Bestimmung auf die Jugend- und Auszubildendenvertretung kann deshalb bedeuten, dass die Gewerkschaft in der Jugend- und Auszubildendenvertretung vertreten sein muss, ihr also mindestens ein Mitglied der Jugend- und Auszubildendenvertretung angehören muss (so GK-*Oetker*, § 65 Rn. 79 ff.; HSWGNR-*Rose*, § 65 Rn. 43; *Rotermund,* Interessenvwahrnehmung, S. 98 ff.; *Sahmer,* § 65 Rn. 8). Das kann jedoch schwerlich der Sinn der Verweisung sein; denn wegen der Beratungsfunktion der Jugend- und Auszubildendenvertretung für den Betriebsrat muss es auch hier genügen, dass die Gewerkschaft im Betriebsrat vertreten ist (s. § 31 Rn. 5; ebenso *Weiss/Weyand,* § 65 Rn. 13; wohl auch GL-*Marienhagen,* § 65 Rn. 10; – nur für den Fall, dass der Betriebsrat die Hinzuziehung beschließt, *Fitting, Hess* und *Trittin,* jeweils a. a. O.; a. A. auch insoweit GK-*Oetker,* § 65 Rn. 81). 25

Sonstige Personen haben **kein Teilnahmerecht;** dies gilt insbesondere für die Mitglieder der Schwerbehindertenvertretungen und den Vertrauensmann der Zivildienstleistenden (§ 3 Abs. 1 ZDVG; ebenso *Fitting,* § 65 Rn. 23; s. im Übrigen § 30 Rn. 11 ff.). 26

6. Beschlüsse der Jugend- und Auszubildendenvertretung

a) Für die **Beschlussfassung** und **Beschlussfähigkeit** der Jugend- und Auszubildendenvertretung gilt Gleiches wie beim Betriebsrat (Abs. 1 i. V. mit § 33 Abs. 1 und 2). Es genügt grundsätzlich die einfache Stimmenmehrheit; die absolute Mehrheit der Stimmen der Mitglieder der Jugend- und Auszubildendenvertretung ist nur erforderlich bei der 27

§ 65   Geschäftsführung

Auflösung der Jugend- und Auszubildendenvertretung durch Beschluss (§ 64 Abs. 1 i. V. mit § 13 Abs. 2 Nr. 3), der Festlegung der Geschäftsordnung (Abs. 1 i. V. mit § 36), der Beauftragung der Gesamt-Jugend- und Auszubildendenvertretung, eine Angelegenheit für die Jugend- und Auszubildendenvertretung zu behandeln (§ 73 Abs. 2 i. V. mit § 50 Abs. 2) und dem Antrag auf Aussetzung eines Betriebsratsbeschlusses (§§ 35 Abs. 1, 66 Abs. 1; s. § 35 Rn. 3).

28   Stimmberechtigt sind **nur die Mitglieder der Jugend- und Auszubildendenvertretung**, nicht der Betriebsratsvorsitzende oder das Betriebsratsmitglied, das mit der Teilnahme an der Sitzung der Jugend- und Auszubildendenvertretung beauftragt ist.

29   b) Die Jugend- und Auszubildendenvertretung hat über jede Verhandlung eine **Niederschrift** aufzunehmen; dafür hat der Vorsitzende zu sorgen. § 34 gilt entsprechend (Abs. 1; s. § 34 Rn. 3 ff.).

30   c) Gegenüber Beschlüssen der Jugend- und Auszubildendenvertretung besteht **kein Aussetzungsrecht;** es gibt keine dem § 35 entsprechende Vorschrift.

7. Weitere Regelung der Geschäftsführung und Kostentragung

31   a) Sonstige Bestimmungen über die Geschäftsführung sollen wie beim Betriebsrat in einer schriftlichen **Geschäftsordnung** getroffen werden (Abs. 1 i. V. mit § 36). Die Jugend- und Auszubildendenvertretung, nicht der Betriebsrat, beschließt sie mit der Mehrheit der Stimmen ihrer Mitglieder.

32   b) In Betrieben, die in der Regel mehr als fünfzig der in § 60 Abs. 1 genannten Arbeitnehmer beschäftigen, kann die Jugend- und Auszubildendenvertretung **Sprechstunden** während der Arbeitszeit einrichten (§ 69). Führt sie keine eigenen Sprechstunden durch, so kann an den Sprechstunden des Betriebsrats ein Mitglied der Jugend- und Auszubildendenvertretung zur Beratung jugendlicher Arbeitnehmer teilnehmen (§ 39 Abs. 2; s. dort Rn. 15 ff.).

33   c) Die durch die Tätigkeit der Jugend- und Auszubildendenvertretung entstehenden **Kosten** trägt der Arbeitgeber (Abs. 1 i. V. mit §§ 40 und 41). Das gilt auch für Kosten aus einem Rechtsstreit zwischen dem Betriebsrat und der Jugend- und Auszubildendenvertretung (vgl. BAG 29. 7. 1982 AuR 1982, 258 f.; LAG Berlin 28. 11. 1978 DB 1979, 2043 f., 2188; s. auch § 40 Rn. 16 ff.). Nicht zu den Kosten der Jugend- und Auszubildendenvertretung gehören Kosten der anwaltlichen Vertretung, die einem Mitglied der Jugend- und Auszubildendenvertretung in einem Verfahren nach § 78 a Abs. 4 entstanden sind (BAG 5. 4. 2000 AP BetrVG 1972 § 78 a Nr. 33).

34   Wie dem Betriebsrat sind auch der Jugend- und Auszubildendenvertretung geeignete Plätze für Bekanntmachungen und Anschläge zur Verfügung zu stellen (s. § 40 Rn. 77 ff.). Nicht notwendig ist, dass der Jugend- und Auszubildendenvertretung ein eigenes Schwarzes Brett überlassen wird, sondern es genügt, dass sie ihre Bekanntmachungen und Anschläge an dem für den Betriebsrat bestimmten Schwarzen Brett anbringen kann.

IV. Rechtsstellung der Jugend- und Auszubildendenvertreter

1. Amtstätigkeit und Arbeitsverhältnis

35   a) Da § 37 für die Jugend- und Auszubildendenvertretung entsprechend gilt (Abs. 1), haben die Mitglieder der Jugend- und Auszubildendenvertretung **grundsätzlich die gleiche Rechtsstellung wie die Betriebsratsmitglieder**. Wie diese führen auch sie ihr Amt unentgeltlich als Ehrenamt (s. § 37 Rn. 5 ff.).

36   b) Die Mitglieder der Jugend- und Auszubildendenvertretung sind von ihrer Arbeit **ohne Minderung des Arbeitsentgelts** zu befreien, wenn und soweit es nach Umfang und

IV. Rechtsstellung der Jugend- und Auszubildendenvertreter   § 65

Art des Betriebs zur ordnungsgemäßen Durchführung ihrer Aufgaben erforderlich ist (Abs. 1 i. V. mit § 37 Abs. 2; s. dort Rn. 13 ff.).

c) Führt das Mitglied der Jugend- und Auszubildendenvertretung seine Amtstätigkeit aus betriebsbedingten Gründen außerhalb der Arbeitszeit durch, so hat er Anspruch auf **Freizeitausgleich**, d. h. auf entsprechende Arbeitsbefreiung unter Fortzahlung des Arbeitsentgelts (Abs. 1 i. V. mit § 37 Abs. 3 Satz 1; s. dort Rn. 37 ff.). Betriebsbedingte Gründe liegen auch vor, wenn die Tätigkeit als Mitglied der Jugend- und Auszubildendenvertretung wegen der unterschiedlichen Arbeitszeiten ihrer Mitglieder nicht innerhalb der persönlichen Arbeitszeit erfolgen kann (Abs. 1 i. V. mit § 37 Abs. 3 Satz 2; s. dort Rn. 42 ff.). Kann die Freizeit aus betriebsbedingten Gründen nicht innerhalb eines Monats gewährt werden, so ist die aufgewendete Zeit wie Mehrarbeit zu vergüten (Abs. 1 i. V. mit § 37 Abs. 3 Satz 3; s. dort Rn. 56 ff.). Das gilt aber nicht für Jugend- und Auszubildendenvertreter, die das 18. Lebensjahr noch nicht vollendet haben; denn Mehrarbeit, die von ihnen geleistet wird, ist, ohne dass die Möglichkeit einer Abgeltung durch Mehrarbeitsvergütung besteht, durch entsprechende Verkürzung der Arbeitszeit innerhalb der folgenden drei Wochen auszugleichen (§ 21 Abs. 2 JArbSchG; a. A. wegen Nichtanwendbarkeit des JArbSchG GK-*Oetker*, § 65 Rn. 40; WP-*Roloff*, § 65 Rn. 11; DKK-*Trittin*, § 65 Rn. 19; im Ergebnis *Fitting*, § 65 Rn. 13).   37

2. Freistellung

Die für den Betriebsrat maßgebliche **Freistellungsstaffel** wird **nicht für entsprechend anwendbar erklärt**. Weder die Jugend- und Auszubildendenvertretung noch der Betriebsrat können deshalb verlangen, dass von einer bestimmten Zahl jugendlicher Arbeitnehmer im Betrieb ein Jugend- und Auszubildendenvertreter von seiner beruflichen Tätigkeit freizustellen ist, um sich ausschließlich den Aufgaben der Jugend- und Auszubildendenvertretung zu widmen. Wie beim Betriebsrat hat aber auch hier der für entsprechend anwendbar erklärte § 37 Abs. 2 die Bedeutung einer Generalklausel (s. § 37 Rn. 14 und § 38 Rn. 15). Deshalb kann eine Freistellung in Betracht kommen, wenn und soweit sie nach Umfang und Art des Betriebs zur ordnungsgemäßen Durchführung der Aufgaben der konkreten Jugend- und Auszubildendenvertretung erforderlich ist, wobei zu berücksichtigen ist, dass die Jugend- und Auszubildendenvertretung nur eine zusätzliche betriebsverfassungsrechtliche Vertretung darstellt (s. § 60 Rn. 13). Die Voraussetzungen für einen Freistellungsanspruch werden nur dann gegeben sein, wenn die Zahl der in § 60 Abs. 1 genannten Arbeitnehmer im Betrieb so erheblich ist, dass es trotz des begrenzten Aufgabenbereichs der Jugend- und Auszubildendenvertretung gerechtfertigt ist, einen Jugend- und Auszubildendenvertreter ganz oder teilweise freizustellen. Eine vorherige Beschlussfassung des Betriebsrats oder der Jugend- und Auszubildendenvertretung ist nicht erforderlich (GK-*Oetker*, § 65 Rn. 36). Im Streitfall kann der Freistellungsanspruch nicht von der Jugend- und Auszubildendenvertretung, sondern nur vom Betriebsrat geltend gemacht werden.   38

Die Freistellung darf **nicht zur Beeinträchtigung des beruflichen Werdegangs** führen. Ein Jugend- und Auszubildendenvertreter, der sich in Berufsausbildung befindet, kann deshalb nicht freigestellt werden.   39

3. Teilnahme an Schulungs- und Bildungsveranstaltungen

a) Da § 37 insgesamt entsprechend gilt, besteht für die Jugend- und Auszubildendenvertreter der Anspruch auf **Teilnahme an Schulungs- und Bildungsveranstaltungen** nach § 37 Abs. 6 und 7 (Abs. 1). Die Abgrenzung erfolgt nach den gleichen Kriterien wie beim Betriebsrat (s. ausführlich § 37 Rn. 84 ff. und 141 ff.).   40

b) Die **entsprechende Geltung des § 37 Abs. 6** für die Jugend- und Auszubildendenvertretung bedeutet, dass Jugend- und Auszubildendenvertreter einen Anspruch auf   41

§ 65   Geschäftsführung

Arbeitsbefreiung ohne Minderung ihres Arbeitsentgelts für die Teilnahme an Schulungs- und Bildungsveranstaltungen haben, soweit diese **Kenntnisse** vermitteln, die **für die Arbeit der Jugend- und Auszubildendenvertretung erforderlich** sind (ebenso BAG 20. 11. 1973 AP BetrVG 1972 § 65 Nr. 1; BAG 10. 5. 1974 AP BetrVG 1972 § 65 Nr. 4; BAG 6. 5. 1975 AP BetrVG 1972 § 65 Nr. 5; BAG 10. 6. 1975 AP BetrVG 1972 § 65 Nr. 6; *Fitting*, § 65 Rn. 14; HSWGNR-*Rose*, § 65 Rn. 50). Bei der Feststellung der Erforderlichkeit einer Schulung ist zu beachten, dass die Aufgaben der Jugend- und Auszubildendenvertretung begrenzter sind als die Aufgaben des Betriebsrats (so BAG AP BetrVG 1972 § 65 Nr. 4, 5 und 6; *Fitting*, § 65 Rn. 14; GK-*Oetker*, § 65 Rn. 49; WP-*Roloff*, § 65 Rn. 13; HSWGNR-*Rose*, § 65 Rn. 51; MünchArbR-*Joost*, § 228 Rn. 78; *Hohn*, DB 1977, 400, 401; a. A. *Weiss/Weyand*, § 65 Rn. 10; *Däubler/Peter*, Schulung, Rn. 276 ff.; *Teichmüller*, DB 1975, 446, 447). Die Jugend- und Auszubildendenvertretung hat auch eine andere Funktion; sie nimmt nicht Aufgaben und Befugnisse gegenüber dem Arbeitgeber wahr, sondern ist dem Betriebsrat zugeordnet (s. § 60 Rn. 13 f.). Diese Besonderheit muss für die richtige Bestimmung der Erforderlichkeit i. S. des § 37 Abs. 6 berücksichtigt werden (ebenso BAG, a. a. O.). Ein allgemein erhöhter Schulungsbedarf wegen der Jugend der Mitglieder ist nicht anzuerkennen (ebenso GL-*Marienhagen*, § 65 Rn. 15; GK-*Oetker*, § 65 Rn. 49; a. A. *Fitting*, § 65 Rn. 14; DKK-*Trittin*, § 65 Rn. 21 f.); denn durch die Schulungsmöglichkeit nach § 37 Abs. 6 soll allein sichergestellt werden, dass die Jugend- und Auszubildendenvertretung als betriebsverfassungsrechtliche Einrichtung ihre Aufgaben und Rechte gegenüber dem Betriebsrat wahrnehmen kann, während für fehlendes Wissen der einzelnen Jugend- und Auszubildendenvertreter die Einräumung des Anspruchs aus § 37 Abs. 7 bestimmt ist (s. Rn. 47).

42 Wie beim Betriebsrat ist für den **Begriff der Erforderlichkeit** unerheblich, ob es sich bei den in den Schulungsveranstaltungen vermittelten Kenntnissen um allgemeine Grundkenntnisse oder um Spezialkenntnisse handelt (ebenso BAG 6. 5. 1975 AP BetrVG 1972 § 65 Nr. 5; s. auch § 37 Rn. 89 ff. und 92 ff.). Schulungen über die **Aufgaben der Jugend- und Auszubildendenvertretung nach dem BetrVG** sind deshalb i. S. des § 37 Abs. 6 erforderlich, wenn die Jugend- und Auszubildendenvertreter erstmals in die Jugend- und Auszubildendenvertretung gewählt worden sind (vgl. BAG 10. 5. 1974 AP BetrVG 1972 § 65 Nr. 4; *Rotermund*, Interessenwahrnehmung, S. 81). Für den Zeitaufwand ist von Bedeutung, dass der Aufgabenbereich der Jugend- und Auszubildendenvertretung begrenzt ist. Jugend- und Auszubildendenvertreter bedürfen daher keiner so eingehenden Schulung und Einführung in das BetrVG wie Betriebsratsmitglieder (ebenso BAG 6. 5. 1975 AP BetrVG 1972 § 65 Nr. 5). Andererseits ist zu berücksichtigen, dass das BetrVG die Grundlage der Zusammenarbeit mit dem Betriebsrat darstellt.

43 Bei dem sonstigen **arbeitsrechtlichen Grundwissen** darf dagegen nicht unbeachtet bleiben, dass die Jugend- und Auszubildendenvertretung ihre Aufgaben in Zusammenarbeit mit dem Betriebsrat wahrnimmt und in diesem Rahmen die notwendige Kenntniserlangung möglich ist. Auch Schulungen über das BBiG und das JArbSchG sind deshalb im Regelfall nicht als notwendig i. S. des § 37 Abs. 6 anzusehen (ebenso BAG 10. 5. 1974 und 6. 5. 1975 AP BetrVG 1972 § 65 Nr. 4 und 5; *Rotermund*, Interessenwahrnehmung, S. 81 f.; a. A. *Fitting*, § 65 Rn. 15; *Däubler/Peter*, Schulung, Rn. 278; *Teichmüller*, DB 1975, 446, 447). Eine Ausnahme kommt aber in Betracht, wenn diese Rechtsmaterien neu gestaltet werden.

44 Werden neben Themen, die für die Jugend- und Auszubildendenvertretung erforderlich sind, auch **weitere Themen** behandelt, so ist die Teilnahme eines Jugend- und Auszubildendenvertreters nur erforderlich, wenn ein zeitweiser Besuch der Schulung möglich und sinnvoll ist und der Jugend- und Auszubildendenvertreter seine Teilnahme auf die Zeit beschränkt, in der die für die Tätigkeit der Jugend- und Auszubildendenvertretung erforderlichen Kenntnisse vermittelt werden (vgl. BAG 10. 5. 1974 AP

IV. Rechtsstellung der Jugend- und Auszubildendenvertreter   § 65

BetrVG 1972 § 65 Nr. 4; s. auch § 37 Rn. 96 f.). Nicht notwendig ist, dass es sich um eine spezielle Schulung für Mitglieder der Jugend- und Auszubildendenvertretung handelt (a. A. BAG 10. 6. 1975 AP BetrVG 1972 § 65 Nr. 6; s. auch § 37 Rn. 105). Da jedoch der Aufgabenbereich der Jugend- und Auszubildendenvertretung begrenzt ist, ist im Regelfall die Teilnahme von Mitgliedern der Jugend- und Auszubildendenvertretung an einer Betriebsratsschulung nicht erforderlich i. S. des § 37 Abs. 6, auch wenn das Thema in den Aufgabenbereich einer Jugend- und Auszubildendenvertretung fällt, z. B. „Mitbestimmung bzw. Mitwirkung bei Regelungen über Gesundheitsschutz im Betrieb" (ebenso im Ergebnis BAG AP BetrVG 1972 § 65 Nr. 6).

c) **Nicht** die **Jugend- und Auszubildendenvertretung**, sondern der **Betriebsrat beschließt über die Teilnahme an der Schulung**, indem er deren zeitliche Lage festlegt und die personelle Auswahl trifft (Abs. 1 i. V. mit § 37 Abs. 6 Satz 3; ebenso BAG 20. 11. 1973 AP BetrVG 1972 § 65 Nr. 1 [zust. *Kraft*]; bestätigt durch BAG 10. 5. 1974 AP BetrVG 1972 § 65 Nr. 3; BAG 10. 6. 1975 AP BetrVG 1972 § 73 Nr. 1; *Fitting*, § 65 Rn. 17; HSWGNR-*Rose*, § 65 Rn. 54; *Teichmüller*, DB 1975, 446; a. A. *Däubler/Peter*, Schulung, Rn. 271 ff.; s. zu den Einzelheiten § 37 Rn. 113 ff.). Freigestellt werden können nur Mitglieder der Jugend- und Auszubildendenvertretung, nicht Ersatzmitglieder (a. A. nur DKK-*Trittin*, § 65 Rn. 24), solange sie nicht endgültig nachgerückt sind oder die Sicherstellung der Arbeitsfähigkeit der Jugend- und Auszubildendenvertretung wegen konkret erforderlicher häufiger oder langandauernder Vertretungen eine Schulung der Ersatzmitglieder erfordert (vgl. dazu auch BAG 15. 5. 1986 AP BetrVG 1972 § 37 Nr. 53); das gilt auch für den Fall, dass die Jugend- und Auszubildendenvertretung nur aus einem Mitglied besteht (vgl. BAG 10. 5. 1974 AP BetrVG 1972 § 65 Nr. 2).

45

d) Für die **Kostentragung** gilt Gleiches wie bei Betriebsratsmitgliedern (s. ausführlich § 40 Rn. 30 ff.). Voraussetzung für den Kostenerstattungsanspruch ist, dass der Jugend- und Auszubildendenvertreter mit Zustimmung des Betriebsrats die Schulung besucht hat (ebenso BAG 10. 5. 1974 AP BetrVG 1972 § 65 Nr. 3).

46

4. Bildungsurlaub für Jugend- und Auszubildendenvertreter

a) Wie Betriebsratsmitglieder haben Jugend- und Auszubildendenvertreter den Anspruch auf **bezahlte Freistellung zur Teilnahme an einer Schulungs- und Bildungsveranstaltung nach § 37 Abs. 7** (Abs. 1). Obwohl die regelmäßige Amtszeit der Jugend- und Auszubildendenvertretung nicht vier Jahre, sondern lediglich zwei Jahre beträgt, haben die Jugend- und Auszubildendenvertreter den Anspruch für insgesamt drei Wochen; wenn sie erstmals das Amt eines Jugend- und Auszubildendenvertreters übernehmen, ohne, was kaum in Betracht kommen wird, zuvor Betriebsratsmitglied gewesen zu sein, erhöht sich der Anspruch sogar auf vier Wochen (ebenso *Fitting*, § 65 Rn. 18; GK-*Oetker*, § 65 Rn. 57; HSWGNR-*Rose*, § 65 Rn. 53; *Rotermund*, Interessenwahrnehmung, S. 84 f.; DKK-*Trittin*, § 65 Rn. 26; *Weiss/Weyand*, § 65 Rn. 6). Die entsprechende Geltung des § 37 Abs. 7 bedeutet streng genommen, dass die Schulung im Hinblick auf die Teilnahme von Jugend- und Auszubildendenvertretern als geeignet anerkannt ist; da aber hier genügt, dass nützliche Kenntnisse vermittelt werden, kann man davon ausgehen, dass Jugend- und Auszubildendenvertreter auch an Schulungen teilnehmen können, die im Hinblick auf die Betriebsratstätigkeit als geeignet anerkannt sind (s. § 37 Rn. 141 ff.).

47

b) **Nicht** die **Jugend- und Auszubildendenvertretung**, sondern der **Betriebsrat beschließt über die zeitliche Lage** der Teilnahme und unterrichtet den Arbeitgeber; am Einigungsverfahren ist nur der Betriebsrat, nicht die Jugend- und Auszubildendenvertretung beteiligt (Abs. 1 i. V. mit § 37 Abs. 6 Satz 3 bis 6, Abs. 7 Satz 4; s. auch Rn. 45; zum Freistellungsverfahren § 37 Rn. 171 ff.).

48

49 c) Folgt man dem BAG, so besteht **kein Anspruch auf Kostenerstattung**, wenn nicht zugleich erforderliche Kenntnisse i. S. des § 37 Abs. 6 vermittelt werden (vgl. BAG 6. 11. 1973 AP BetrVG 1972 § 37 Nr. 6; ausführlich § 40 Rn. 30 ff.).

5. Gebot der finanziellen und beruflichen Gleichstellung

50 Für die Jugend- und Auszubildendenvertreter gilt das Gebot der finanziellen und beruflichen Gleichstellung im Verhältnis zu vergleichbaren Arbeitnehmern mit betriebsüblicher beruflicher Entwicklung (Abs. 1 i. V. mit § 37 Abs. 4 und 5; s. dort Rn. 62 ff.).

6. Besonderer Kündigungs- und Versetzungsschutz sowie Übernahmepflicht

51 Jugend- und Auszubildendenvertreter haben den gleichen Kündigungsschutz wie Betriebsratsmitglieder (§ 15 Abs. 1, Abs. 4 und 5 KSchG). Grundsätzlich ist also nur eine außerordentliche Kündigung zulässig. Diese bedarf ebenso der Zustimmung des Betriebsrats wie eine zum Amtsverlust führende Versetzung (§ 103; s. dort). Jugend- und Auszubildendenvertreter, die in einem Berufsausbildungsverhältnis stehen, sind nach Beendigung des Berufsausbildungsverhältnisses gemäß § 78 a in ein Arbeitsverhältnis auf unbestimmte Zeit zu übernehmen, es sei denn, dass dem Arbeitgeber unter Berücksichtigung aller Umstände die Weiterbeschäftigung nicht zugemutet werden kann (s. Komm. zu § 78 a).

V. Streitigkeiten

52 Streitigkeiten über die Organisation und Geschäftsführung der Jugend- und Auszubildendenvertretung entscheidet das Arbeitsgericht im Beschlussverfahren (§ 2 a Abs. 1 Nr. 1, Abs. 2 i. V. mit §§ 80 ff. ArbGG). In einem Verfahren zwischen Arbeitgeber und Betriebsrat über die Erforderlichkeit der Teilnahme an einer Schulungsveranstaltung sind die Jugend- und Auszubildendenvertretung sowie das jeweils betroffene Mitglied beteiligungsbefugt (BAG 10. 5. 1974 AP BetrVG 1972 § 65 Nr. 2). In diesen Fällen ist auch der Betriebsrat aus eigenem Recht antragsbefugt (BAG 6. 5. 1975 AP BetrVG 1972 § 65 Nr. 5).

53 Verlangt der Jugend- und Auszubildendenvertreter für eine Amtstätigkeit oder die Teilnahme an einer Schulung Fortzahlung seines Arbeitsentgelts oder Freizeitausgleich, so entscheidet das Arbeitsgericht im Urteilsverfahren (§ 2 Abs. 1 Nr. 3 lit. a, Abs. 5 i. V. mit §§ 46 ff. ArbGG; s. ausführlich § 37 Rn. 180 ff.). Bei einem Rechtsstreit über die Übernahme in ein Arbeitsverhältnis auf unbestimmte Zeit entscheidet es dagegen im Beschlussverfahren (BAG 5. 4. 1984 AP BetrVG 1972 § 78 a Nr. 13; s. § 78 a Rn. 49).

§ 66 Aussetzung von Beschlüssen des Betriebsrats

(1) Erachtet die Mehrheit der Jugend- und Auszubildendenvertreter einen Beschluss des Betriebsrats als eine erhebliche Beeinträchtigung wichtiger Interessen der in § 60 Abs. 1 genannten Arbeitnehmer, so ist auf ihren Antrag der Beschluss auf die Dauer von einer Woche auszusetzen, damit in dieser Frist eine Verständigung, gegebenenfalls mit Hilfe der im Betrieb vertretenen Gewerkschaften, versucht werden kann.

(2) Wird der erste Beschluss bestätigt, so kann der Antrag auf Aussetzung nicht wiederholt werden; dies gilt auch, wenn der erste Beschluss nur unerheblich geändert wird.

Übersicht

	Rn.
I. Vorbemerkung	1
II. Aussetzungsantrag	3

II. Aussetzungsantrag **§ 66**

	Rn.
III. Aussetzung und erneute Beschlussfassung	8
IV. Aussetzungsrecht gegenüber Beschlüssen des Betriebsausschusses und sonstiger Ausschüsse des Betriebsrats	10
V. Streitigkeiten	11

I. Vorbemerkung

Die Vorschrift wiederholt im Interesse einer zusammenfassenden Regelung des Rechts 1
der Jugend- und Auszubildendenvertretung die Bestimmung des § 35, soweit sie die Jugend- und Auszubildendenvertretung betrifft. Für die Gesamt- (§ 73 Abs. 2) und Konzern-Jugend- und Auszubildendenvertretung (§ 73 b Abs. 2) gilt § 66 entsprechend.

Im Personalvertretungsrecht enthalten die §§ 61 Abs. 2, 39 BPersVG eine ähnliche 2
Regelung.

II. Aussetzungsantrag

Die Mehrheit der Jugend- und Auszubildendenvertreter hat gegen einen Beschluss des 3
Betriebsrats das **suspensive Vetorecht,** wenn sie in ihm eine erhebliche Beeinträchtigung wichtiger Interessen der in § 60 Abs. 1 genannten Arbeitnehmer sieht.

Das Gesetz verlangt, dass die **Mehrheit der Jugend- und Auszubildendenvertreter** den 4
Antrag stellt. Erforderlich ist also, dass die Jugend- und Auszubildendenvertretung in einer ordnungsgemäß einberufenen und beschlussfähigen Sitzung mit Stimmenmehrheit einen entsprechenden Beschluss fasst (ebenso *Fitting,* § 66 Rn. 3 f.; WP-*Roloff,* § 66 Rn. 6; a. A. 11. Aufl. Rn. 4; GL-*Marienhagen,* § 35 Rn. 6, § 66 Rn. 3; a. A. HSWGNR-*Rose,* § 66 Rn. 5; GK-*Oetker,* § 66 Rn. 4 f.).

Der Antrag muss damit begründet werden, dass der Beschluss des Betriebsrats **wichti-** 5
ge Interessen der in § 60 Abs. 1 genannten Arbeitnehmer erheblich beeinträchtigt. Der Wortlaut des Gesetzes enthält zwar nicht ausdrücklich die Einschränkung, dass es sich um einen Beschluss handeln muss, der besonders oder sogar überwiegend die in § 60 Abs. 1 genannten Arbeitnehmer betrifft. Doch kann nur unter dieser Voraussetzung, wie die Regelung des besonderen Teilnahmerechts in § 67 Abs. 1 Satz 2 und des Stimmrechts in § 67 Abs. 2 zeigt, davon die Rede sein, dass ein Beschluss des Betriebsrats wichtige Interessen der in § 60 Abs. 1 genannten Arbeitnehmer erheblich beeinträchtigt (a. A. WP-*Roloff,* § 66 Rn. 4). Die Antragsteller sollten angeben, worin sie die erhebliche Beeinträchtigung sehen. Die Begründung ist jedoch keine Wirksamkeitsvoraussetzung des Antrags, so dass er auch bei ihrem Fehlen die Suspensivwirkung entfaltet (ebenso *Fitting,* § 66 Rn. 6; DKK-*Trittin,* § 66 Rn. 7; a. A. GK-*Oetker,* § 66 Rn. 10; strenger hier § 35 Rn. 13). Weitergehende Folgen einer fehlenden Begründung lassen sich aus dem Gesetz nicht ableiten, und auch der Gesetzeszweck verlangt sie nicht, da eine Erläuterung im Rahmen des Verständigungsversuchs möglich ist. Nicht erforderlich ist, dass objektiv eine Beeinträchtigung der Interessen vorliegt; es genügt die Meinung der Antragsteller (s. § 35 Rn. 7).

Das Aussetzungsrecht dient nicht dazu, die Stimmabgabe zu korrigieren. Hatten die 6
Jugend- und Auszubildendenvertreter Stimmrecht (§ 67 Abs. 2), so ist es deshalb **rechtsmissbräuchlich,** wenn sich an dem Antrag jemand beteiligt, der für den Beschluss gestimmt hat (s. § 35 Rn. 14). Daraus folgt, dass der Antrag auf Aussetzung nicht gestellt werden kann, wenn die Jugend- und Auszubildendenvertretung mit der Mehrheit ihrer Mitglieder in einer Betriebsratssitzung einem Beschluss zugestimmt hat (ebenso *Fitting,* § 66 Rn. 4; GK-*Oetker,* § 66 Rn. 13; HSWGNR-*Rose,* § 66 Rn. 9). Auch wenn Jugend- und Auszubildendenvertreter kein Stimmrecht haben, aber teilnahmeberechtigt

sind, kann ein Rechtsmissbrauch vorliegen, wenn sie einen Aussetzungsantrag stellen, obwohl sie trotz Teilnahme an der Sitzung keine Bedenken vor der Beschlussfassung geltend gemacht haben (s. § 35 Rn. 15). Das Aussetzungsrecht kommt deshalb vor allem in Betracht, wenn der Betriebsrat bei der Behandlung von Angelegenheiten, die besonders oder sogar überwiegend die in § 60 Abs. 1 genannten Arbeitnehmer betreffen, die Jugend- und Auszubildendenvertreter entgegen § 67 Abs. 1 Satz 2 und Abs. 2 nicht hinzugezogen hat (ebenso *Fitting,* § 66 Rn. 5).

7   Im Übrigen kann zur Vermeidung von Wiederholungen auf das verwiesen werden, was bereits zu § 35 ausgeführt ist (s. dort Rn. 2 ff.).

III. Aussetzung und erneute Beschlussfassung

8   Wird der Antrag gestellt, so hat der **Vorsitzende des Betriebsrats** die **Durchführung des Betriebsratsbeschlusses auszusetzen.** Die Aussetzung erfolgt auf die Dauer von einer Woche, damit in dieser Frist eine Verständigung, gegebenenfalls mit Hilfe der im Betrieb vertretenen Gewerkschaften, versucht werden kann (s. ausführlich § 35 Rn. 16 ff.).

9   **Nach Ablauf der Wochenfrist** ist über die Angelegenheit **neu zu beschließen,** und zwar nicht nur dann, wenn die Meinungsverschiedenheit nicht beigelegt werden konnte, sondern auch dann, wenn es außerhalb einer Betriebsratssitzung zu einer Verständigung gekommen ist (s. im Übrigen § 35 Rn. 19). Wird der erste Beschluss bestätigt, so ist damit der Einspruch zurückgewiesen. Der Antrag auf Aussetzung kann nicht wiederholt werden, und zwar auch dann nicht, wenn der erste Beschluss geändert wird, die Änderung aber nur unerheblich ist, so dass der Beschluss in seinem wesentlichen Inhalt bestätigt wird (s. im Übrigen die Ausführungen zu § 35, dort insbesondere Rn. 20 f.).

IV. Aussetzungsrecht gegenüber Beschlüssen des Betriebsausschusses und sonstiger Ausschüsse des Betriebsrats

10   Für die Beschlüsse des Betriebsausschusses und der sonstigen Ausschüsse des Betriebsrats gilt diese Bestimmung analog, weil sonst das Aussetzungsrecht durch eine Verlagerung der Betriebsratsaufgaben in selbstständig entscheidende Ausschüsse entwertet würde (s. § 35 Rn. 25).

V. Streitigkeiten

11   Streitigkeiten darüber, ob dem Antrag der Jugend- und Auszubildendenvertreter auf Aussetzung zu entsprechen ist, entscheidet das Arbeitsgericht im Beschlussverfahren (§ 2 a Abs. 1 Nr. 1, Abs. 2 i. V. mit §§ 80 ff. ArbGG; s. § 35 Rn. 26).

§ 67 Teilnahme an Betriebsratssitzungen

(1) ¹Die Jugend- und Auszubildendenvertretung kann zu allen Betriebsratssitzungen einen Vertreter entsenden. ²Werden Angelegenheiten behandelt, die besonders die in § 60 Abs. 1 genannten Arbeitnehmer betreffen, so hat zu diesen Tagesordnungspunkten die gesamte Jugend- und Auszubildendenvertretung ein Teilnahmerecht.

(2) Die Jugend- und Auszubildendenvertreter haben Stimmrecht, soweit die zu fassenden Beschlüsse des Betriebsrats überwiegend die in § 60 Abs. 1 genannten Arbeitnehmer betreffen.

I. Vorbemerkung **§ 67**

(3) ¹Die Jugend- und Auszubildendenvertretung kann beim Betriebsrat beantragen, Angelegenheiten, die besonders die in § 60 Abs. 1 genannten Arbeitnehmer betreffen und über die sie beraten hat, auf die nächste Tagesordnung zu setzen. ²Der Betriebsrat soll Angelegenheiten, die besonders die in § 60 Abs. 1 genannten Arbeitnehmer betreffen, der Jugend- und Auszubildendenvertretung zur Beratung zuleiten.

Übersicht

	Rn.
I. Vorbemerkung	1
II. Recht der Jugend- und Auszubildendenvertretung auf Entsendung eines Vertreters zur Teilnahme an Betriebsratssitzungen (allgemeines Teilnahmerecht)	5
1. Recht der Jugend- und Auszubildendenvertretung	5
2. Ladung	8
3. Rechtsstellung des entsandten Mitglieds in der Betriebsratssitzung	9
4. Sitzungen des Betriebsausschusses und der weiteren Ausschüsse des Betriebsrats	10
5. Rechtsfolgen bei Nichtbeachtung	11
III. Teilnahmerecht der gesamten Jugend- und Auszubildendenvertretung (besonderes Teilnahmerecht)	12
1. Voraussetzungen	12
2. Inhalt und Reichweite des Teilnahmerechts	14
3. Ladung	16
4. Rechtsstellung in der Betriebsratssitzung	17
5. Sitzungen des Betriebsausschusses und der weiteren Ausschüsse des Betriebsrats	18
6. Rechtsfolgen bei Nichtbeachtung	19
IV. Stimmrecht der Mitglieder der Jugend- und Auszubildendenvertretung bei Betriebsratsbeschlüssen	20
1. Voraussetzungen	20
2. Verhältnis zum Teilnahmerecht	21
3. Beschlussfassung	22
4. Beschlüsse des Betriebsausschusses oder eines sonstigen Ausschusses des Betriebsrats	24
5. Rechtsfolgen bei Nichtbeachtung	25
V. Antragsrecht der Jugend- und Auszubildendenvertretung	26
1. Inhalt	26
2. Voraussetzungen	27
3. Pflicht des Betriebsrats	29
VI. Vorberatungsrecht der Jugend- und Auszubildendenvertretung	31
1. Voraussetzungen	31
2. Rechtsfolgen bei Nichtbeachtung	34
VII. Streitigkeiten	35

I. Vorbemerkung

Nach § 35 BetrVG 1952 hatten die Mitglieder der Jugendvertretung nur dann das **1** Recht, an Betriebsratssitzungen teilzunehmen, wenn Fragen zur Erörterung standen, die wesentliche Interessen der Jugendlichen betrafen. Ein Stimmrecht stand ihnen überhaupt nicht zu. Das BetrVG 1972 hat dagegen der Jugendvertretung ein nach der Intensität der für jugendliche Arbeitnehmer maßgeblichen Angelegenheit **abgestuftes Beteiligungsrecht an Entscheidungen des Betriebsrats** eingeräumt.

Die Umgestaltung in die Jugend- und Auszubildendenvertretung hat die Gesetzeslage **2** nicht geändert: Die Jugend- und Auszubildendenvertretung hat ein **gestaffeltes Recht zur Teilnahme an Betriebsratssitzungen.** Zu allen Betriebsratssitzungen kann sie einen Vertreter entsenden (**allgemeines Teilnahmerecht**); werden Angelegenheiten behandelt, die besonders die in § 60 Abs. 1 genannten Arbeitnehmer betreffen, so haben zu diesen Tagesordnungspunkten alle Jugend- und Auszubildendenvertreter ein Teilnahmerecht (**besonderes Teilnahmerecht**). Die Jugend- und Auszubildendenvertretung ist nur eine zusätzliche betriebsverfassungsrechtliche Vertretung; sie ersetzt für die in § 60 Abs. 1

genannten Arbeitnehmer nicht die Zuständigkeit des Betriebsrats. Deshalb entscheidet der Betriebsrat auch in deren Angelegenheiten. Das Gesetz gibt hier aber den Jugend- und Auszubildendenvertretern ein **Stimmrecht,** soweit die zu fassenden Beschlüsse des Betriebsrats überwiegend diese betreffen, um dadurch der Jugend- und Auszubildendenvertretung die Möglichkeit zu geben, in den speziellen Angelegenheiten der in § 60 Abs. 1 genannten Arbeitnehmer gleichberechtigt mitzuentscheiden. Nach dem RegE zum BetrVG 1972 sollte das Stimmrecht nur bestehen, soweit der Beschluss ausschließlich jugendliche Arbeitnehmer betrifft (BT-Drucks. VI/1786, S. 14, 45); da aber Angelegenheiten mit ausschließlichem Bezug auf diese Arbeitnehmer nach Ansicht des BT-Ausschusses für Arbeit und Sozialordnung selten vorkommen, wurde das Stimmrecht im Betriebsrat schon dann gegeben, soweit die zu fassenden Beschlüsse überwiegend jugendliche Arbeitnehmer betreffen (*zu* BT-Drucks. VI/2729, S. 27). Außerdem hat die Jugend- und Auszubildendenvertretung ein formelles **Antragsrecht gegenüber dem Betriebsrat** erhalten, Angelegenheiten, die besonders die in § 60 Abs. 1 genannten Arbeitnehmer betreffen und über die sie beraten hat, auf die nächste Tagesordnung zu setzen, und auch der Betriebsrat wird verpflichtet, Angelegenheiten, die besonders diese Arbeitnehmer betreffen, der Jugend- und Auszubildendenvertretung zur Beratung zuzuleiten. Dadurch soll eine sachgerechte Beteiligung der Jugend- und Auszubildendenvertretung gewährleistet werden (vgl. den Bericht des BT-Ausschusses für Arbeit und Sozialordnung, *zu* BT-Drucks. VI/2729, S. 27).

3   § 67 gilt für die Gesamt- (§ 73 Abs. 2) sowie für die Konzern-Jugend- und Auszubildendenvertretung (§ 73 b Abs. 2) entsprechend.

4   Im Bereich des Personalvertretungsrechts findet sich eine ähnliche Regelung in § 40 BPersVG.

II. Recht der Jugend- und Auszubildendenvertretung auf Entsendung eines Vertreters zur Teilnahme an Betriebsratssitzungen (allgemeines Teilnahmerecht)

1. Recht der Jugend- und Auszubildendenvertretung

5   Die Jugend- und Auszubildendenvertretung hat das Recht, zu **allen Betriebsratssitzungen** einen Vertreter zu entsenden, ohne Rücksicht darauf, ob Jugend- oder Berufsausbildungsfragen behandelt werden. Deshalb darf der Betriebsrat **keine Sitzung unter Ausschluss der Jugend- und Auszubildendenvertretung** abhalten. Eine Ausnahme ist nur für den Fall anzuerkennen, dass der Betriebsrat aus besonderem Anlass ein Verhalten der Jugend- und Auszubildendenvertretung oder sein Verhältnis zu ihr erörtert; hier ist ihm das Recht zu geben, die Angelegenheit ohne Anwesenheit von Mitgliedern der Jugend- und Auszubildendenvertretung zu behandeln (ebenso *Fitting,* § 67 Rn. 5; HSWGNR-*Rose,* § 67 Rn. 19; GK-*Oetker,* § 67 Rn. 10 f.; *Hromadka,* DB 1971, 1964, 1966; a. A. GK-*Kraft* [4. Aufl.], § 67 Rn. 4, WP-*Roloff,* § 67 Rn. 2; DKK-*Trittin,* § 67 Rn. 3). Jedoch ist davon die Jugend- und Auszubildendenvertretung in Kenntnis zu setzen (ebenso *Fitting,* § 67 Rn. 5).

6   Die Jugend- und Auszubildendenvertretung hat das **Recht, nicht** die **Pflicht,** einen **Vertreter zu entsenden** (ebenso *Fitting,* § 67 Rn. 5; HSWGNR-*Rose,* § 67 Rn. 8). Da Zweck des allgemeinen Teilnahmerechts aber ist, eine lückenlose Information der Jugend- und Auszubildendenvertretung über die Betriebsratstätigkeit sicherzustellen, handelt sie pflichtwidrig, wenn sie regelmäßig davon absieht, einen Vertreter zu entsenden.

7   **Nicht der Betriebsrat,** sondern die **Jugend- und Auszubildendenvertretung entscheidet, wer** von den Mitgliedern der Jugend- und Auszubildendenvertretung **entsandt** wird (ebenso *Fitting,* § 67 Rn. 8; HSWGNR-*Rose,* § 67 Rn. 9). Sie trifft die Entscheidung in einer Sitzung durch Beschluss, für den die einfache Stimmenmehrheit genügt. Die

II. Recht auf Entsendung eines Vertreters § 67

Jugend- und Auszubildendenvertretung kann von Fall zu Fall, aber auch generell im Voraus festlegen, welches Mitglied an den Betriebsratssitzungen teilnimmt, z. B. bestimmen, dass der Vorsitzende der Jugend- und Auszubildendenvertretung und im Fall seiner Verhinderung sein Stellvertreter das Teilnahmerecht hat; sie kann jedoch auch ein anderes Mitglied mit dieser Aufgabe betrauen. Trifft die Jugend- und Auszubildendenvertretung keine Vertretungsregelung für den Fall der Verhinderung des entsandten Mitglieds, so kann das Teilnahmerecht nicht wahrgenommen werden (GK-*Oetker*, § 67 Rn. 13).

2. Ladung

Der Vorsitzende des Betriebsrats hat die Jugend- und Auszubildendenvertretung zu jeder Sitzung des Betriebsrats rechtzeitig unter Mitteilung der Tagesordnung zu laden (§ 29 Abs. 2 Satz 4). Die Ladung ist an die Jugend- und Auszubildendenvertretung zu richten, d. h. zur Entgegennahme ist der **Vorsitzende der Jugend- und Auszubildendenvertretung** berechtigt, so dass er der richtige Adressat der Einladung ist (§ 65 Abs. 1 i. V. mit § 26 Abs. 2 Satz 2). Es ist dann seine Aufgabe, entweder einen entsprechenden Beschluss der Jugend- und Auszubildendenvertretung herbeizuführen, wer entsandt wird, oder die Ladung an das für die Teilnahme an Betriebsratssitzungen bestimmte Mitglied zu senden, sofern er nicht selbst für diese Aufgabe bestellt ist. 8

3. Rechtsstellung des entsandten Mitglieds in der Betriebsratssitzung

Das entsandte Mitglied der Jugend- und Auszubildendenvertretung kann sich an der **Beratung im Betriebsrat beteiligen**; es ist berechtigt, sich zu allen Tagesordnungspunkten zu äußern, und das Wort kann ihm nur unter den gleichen Voraussetzungen wie jedem Betriebsratsmitglied entzogen werden (ebenso *Fitting*, § 67 Rn. 9; HSWGNR-*Rose*, § 67 Rn. 13; GK-*Oetker*, § 67 Rn. 21). An der Beschlussfassung kann es sich aber nur beteiligen, wenn es nach Abs. 2 Stimmrecht hat (ebenso HSWGNR-*Rose*, § 67 Rn. 14; GK-*Oetker*, § 67 Rn. 22). 9

4. Sitzungen des Betriebsausschusses und der weiteren Ausschüsse des Betriebsrats

Nach dem Wortlaut des Gesetzes besteht das Teilnahmerecht nur an Betriebsratssitzungen, nicht an Sitzungen des Betriebsausschusses und der weiteren Ausschüsse des Betriebsrats. Doch handelt es sich insoweit um eine Regelungslücke, wie sie auch für das Teilnahmerecht des Arbeitgebers und die Hinzuziehung eines Gewerkschaftsbeauftragten besteht (s. § 27 Rn. 41 f., § 31 Rn. 25 ff.). Da das allgemeine Teilnahmerecht eine lückenlose Information der Jugend- und Auszubildendenvertretung über die Betriebsratstätigkeit sicherstellen soll, muss berücksichtigt werden, dass Betriebsratsaufgaben dem Betriebsausschuss oder einem anderen Ausschuss des Betriebsrats zur selbstständigen Erledigung übertragen werden können (§§ 27 Abs. 2 Satz 2, 28 Abs. 1 Satz 3, Abs. 2); auch bei der Führung der laufenden Geschäfte wird der Betriebsausschuss an Stelle des Betriebsrats tätig, sofern es sich nicht bloß um Vorbereitungsmaßnahmen handelt (s. zum Begriff der laufenden Geschäfte § 27 Rn. 49 ff.). Deshalb kann die Jugend- und Auszubildendenvertretung nicht nur zu Sitzungen des Betriebsrats, sondern auch zu **Sitzungen des Betriebsausschusses** und der **weiteren Ausschüsse** des Betriebsrats einen Vertreter entsenden, soweit in ihnen **Betriebsratsaufgaben selbstständig erledigt** werden (ebenso ErfK-*Koch*, § 67 Rn. 1; *Fitting*, § 27 Rn. 58, § 67 Rn. 18; *Moritz*, Die Stellung der Jugend- und Auszubildendenvertretung im Rahmen der Betriebsverfassung, Diss. Berlin 1973, S. 95; WP-*Roloff*, § 67 Rn. 2; a. A. HSWGNR-*Rose*, § 67 Rn. 18; wie hier, aber auch dann, wenn die Ausschüsse nur vorbereitend tätig werden, GK-*Oetker*, § 67 Rn. 7 f.; *Weiss/Weyand*, § 67 Rn. 3; ohne Differenzierung auch DKK- 10

Trittin, § 67 Rn. 7). Keine Rolle spielt, ob es sich um einen gemeinsamen Ausschuss i. S. des § 28 Abs. 2 handelt (a. A. GK-*Oetker*, § 67 Rn. 9).

5. Rechtsfolgen bei Nichtbeachtung

11   Obwohl eine Pflicht zur Hinzuziehung besteht, ist diese keine Wirksamkeitsvoraussetzung für einen Beschluss des Betriebsrats (s. auch § 29 Rn. 40).

III. Teilnahmerecht der gesamten Jugend- und Auszubildendenvertretung (besonderes Teilnahmerecht)

1. Voraussetzungen

12   Soweit in einer Betriebsratssitzung **Angelegenheiten** behandelt werden, die **besonders die in § 60 Abs. 1 genannten Arbeitnehmer** betreffen, hat zu diesen Tagesordnungspunkten die gesamte Jugend- und Auszubildendenvertretung ein Teilnahmerecht (Abs. 1 Satz 2). Nicht erforderlich ist, dass die Angelegenheit ausschließlich oder auch nur überwiegend jugendliche oder auszubildende Arbeitnehmer betrifft; in diesem Fall haben die Mitglieder der Jugend- und Auszubildendenvertretung sogar ein Stimmrecht (s. Rn. 20 ff.). Für das Teilnahmerecht genügt bereits, dass die Angelegenheit *besonders* die in § 60 Abs. 1 genannten Arbeitnehmer betrifft. Es spielt also keine Rolle, ob die Angelegenheit quantitativ mehr diese Arbeitnehmer betrifft als sonstige Arbeitnehmer des Betriebs, sondern Voraussetzung ist lediglich, dass die Angelegenheit gerade für jugendliche oder auszubildende Arbeitnehmer von besonderer Bedeutung ist. Nicht die Quantität, sondern bereits die Qualität entscheidet darüber, ob eine Angelegenheit besonders die in § 60 Abs. 1 genannten Arbeitnehmer betrifft (ebenso *Fitting*, § 67 Rn. 12; HSWGNR-*Rose*, § 67 Rn. 23; *Brill*, BB 1975, 1643; im Ergebnis auch, wenn verlangt wird, dass die Angelegenheit sich auf diese Arbeitnehmer qualitativ oder quantitativ auswirken muss, weil bei quantitativer Betroffenheit die Quantität in Qualität umschlagen kann, GK-*Oetker*, § 67 Rn. 26; *Weiss/Weyand*, § 67 Rn. 5; kritisch zur hier vorgenommenen Abgrenzung, wobei verkannt wird, dass durch sie nur klargestellt werden soll, dass eine Angelegenheit auch dann besonders die in § 60 Abs. 1 genannten Arbeitnehmer betreffen kann, wenn von ihr nicht überwiegend diese Arbeitnehmer erfasst werden, BVerwG 8. 7. 1977 PersV 1978, 309, 311).

13   Unerheblich ist, ob die besondere Betroffenheit deshalb besteht, weil Maßnahmen erörtert werden sollen, die sich auf die in § 60 Abs. 1 genannten Arbeitnehmer beziehen, es sich also um Angelegenheiten handelt, die mit der Durchführung des JArbSchG oder der Berufsausbildung zusammenhängen, oder ob sie deshalb gegeben ist, weil die Angelegenheit wegen ihrer altersspezifischen Bedeutung für diese Arbeitnehmer von besonderem Interesse ist, z. B. die Errichtung eines Sportplatzes als Sozialeinrichtung oder die Festlegung des Urlaubsplans unter Berücksichtigung der Berufsschulferien. Bei **personellen Einzelmaßnahmen** gegenüber einem jugendlichen oder auszubildenden Arbeitnehmer kann nicht danach differenziert werden, ob bei ihnen besondere jugend- und ausbildungsspezifische Gesichtspunkte eine Rolle spielen oder ob sie präjudizielle Bedeutung für diese Arbeitnehmer haben; da die Angelegenheit bei ihnen ausschließlich die in § 60 Abs. 1 genannten Arbeitnehmer betrifft und daher die Mitglieder der Jugend- und Auszubildendenvertretung sogar Stimmrecht haben (Abs. 2), ist die gesamte Jugend- und Auszubildendenvertretung hinzuzuziehen (ebenso *Brecht*, § 67 Rn. 1; DKK-*Trittin*, § 67 Rn. 15; WP-*Roloff*, § 67 Rn. 4; *Weiss/Weyand*, § 67 Rn. 5; *Körner*, Die Mitwirkung der Jugend- und Auszubildendenvertretung bei der Mitbestimmung im Betrieb, Diss. Würzburg 1975, S. 84; einschränkend *Fitting*, § 67 Rn. 14; a. A. GK-*Oetker*, § 67 Rn. 27; HSWGNR-*Rose*, § 67 Rn. 24, 31).

III. Teilnahmerecht der gesamten Jugend- und Auszubildendenvertretung § 67

2. Inhalt und Reichweite des Teilnahmerechts

Teilnahmeberechtigt sind **alle Jugend- und Auszubildendenvertreter**. Ist ein Jugend- 14
und Auszubildendenvertreter zeitweilig verhindert, so tritt an seine Stelle das nächstfolgende Ersatzmitglied (§ 65 Abs. 1 i. V. mit § 25 Abs. 1 Satz 2).

Das Teilnahmerecht besteht **nur insoweit**, als in der Betriebsratssitzung **Angelegenheiten** 15
behandelt werden, die **besonders die in § 60 Abs. 1 genannten Arbeitnehmer betreffen, nicht bei anderen Tagesordnungspunkten** (*Fitting*, § 67 Rn. 15; DKK-*Trittin*, § 67
Rn. 18). Der Betriebsrat darf eine Angelegenheit, bei der die gesamte Jugend- und
Auszubildendenvertretung ein Teilnahmerecht hat, nicht unter Ausschluss der Jugend- und Auszubildendenvertretung erörtern. Eine Ausnahme besteht aber für den Fall, dass
er aus besonderem Anlass ein Verhalten der Jugend- und Auszubildendenvertretung oder
sein Verhältnis zu ihr erörtern will (s. Rn. 5).

3. Ladung

Der Vorsitzende des Betriebsrats hat **alle Jugend- und Auszubildendenvertreter** zur 16
Teilnahme an der Betriebsratssitzung bei den Tagesordnungspunkten zu laden, zu denen
die gesamte Jugend- und Auszubildendenvertretung ein Teilnahmerecht hat. Geschieht
das nicht, so handelt er pflichtwidrig; er kann sich also nicht darauf beschränken, nur
die Jugend- und Auszubildendenvertretung, vertreten durch ihren Vorsitzenden, zu laden
und in der Ladung auf die Tagesordnungspunkte hinzuweisen, bei deren Behandlung die
gesamte Jugend- und Auszubildendenvertretung ein Teilnahmerecht hat.

4. Rechtsstellung in der Betriebsratssitzung

Die Jugend- und Auszubildendenvertreter können sich wie die Betriebsratsmitglieder 17
an der Beratung beteiligen; sie können das Wort ergreifen und zu der Angelegenheit
Stellung nehmen. An der Beschlussfassung können sie sich aber nur beteiligen, soweit sie
ein Stimmrecht haben, es sich also um eine Angelegenheit handelt, die nicht nur besonders, sondern auch überwiegend die in § 60 Abs. 1 genannten Arbeitnehmer betrifft (s.
auch Rn. 20 ff.).

5. Sitzungen des Betriebsausschusses und der weiteren Ausschüsse des Betriebsrats

Wie beim allgemeinen Teilnahmerecht (s. Rn. 10) ist bestritten, ob das besondere 18
Teilnahmerecht besteht, wenn eine Angelegenheit, die besonders die in § 60 Abs. 1
genannten Arbeitnehmer betrifft, in einer Sitzung des Betriebsausschusses oder eines
sonstigen Ausschusses des Betriebsrats behandelt wird (bejahend GK-*Oetker*, § 67
Rn. 30 ff. [mit Ausnahme eines gemeinsamen Ausschusses i. S. des § 28 Abs. 2]; verneinend GL-*Marienhagen*, § 67 Rn. 4a; *Löwisch*, § 67 Rn. 2). Für die Anerkennung des
Teilnahmerechts spricht, dass der Betriebsrat es sonst in der Hand hätte, ihm durch
Delegation der Angelegenheit auf den Betriebsausschuss oder einen Jugend- oder Berufsausbildungsausschuss den Boden zu entziehen. Da das Teilnahmerecht hier anders als
bei Abs. 1 Satz 1 nicht nur der Information der Jugend- und Auszubildendenvertretung,
sondern der Wahrung der Interessen der in § 60 Abs. 1 genannten Arbeitnehmer dient,
besteht es nicht nur, wenn die Angelegenheit dem **Ausschuss zur selbstständigen Erledigung** übertragen ist, sondern auch für **vorbereitende Ausschüsse**, weil deren Tätigkeit
für die Beratung im Betriebsrat eine präjudizierende Wirkung entfaltet (ebenso *Fitting*,
§ 67 Rn. 18; GK-*Oetker*, § 67 Rn. 32; DKK-*Trittin*, § 67 Rn. 20; a. A. ErfK-*Koch*, § 67
Rn. 3: nur, wenn Angelegenheiten auf Ausschüsse zur selbstständigen Erledigung übertragen sind). Gleiches gilt für vorbereitende Ausschüsse i. S. des § 28 Abs. 2 (a. A. GK-*Oetker*, § 67 Rn. 32). Zweifelhaft kann lediglich sein, ob **alle Jugend- und Auszubilden-**

denvertreter ein Teilnahmerecht haben oder ob im Ausschuss in etwa dasselbe zahlenmäßige Verhältnis zwischen Betriebsratsmitgliedern und Mitgliedern der Jugend- und Auszubildendenvertretung wie im Betriebsrat bestehen muss. Für ersteres könnte sprechen, dass die Jugend- und Auszubildendenvertretung keinen Ausschuss bilden und daher auch keine personelle Auswahlentscheidung treffen kann (so *Richardi*, 7. Aufl., Rn. 16). Indes ist zu beachten, dass das Beratungsrecht nach Abs. 1 Satz 2 häufig mit dem Stimmrecht nach Abs. 2 korrespondiert und daher für beide Fälle eine einheitliche Lösung zu entwickeln ist. Abgesehen davon kann zahlenmäßige Überrepräsentanz einer Gruppe im Rahmen der Beratungen das Beratungsergebnis entscheidend beeinflussen. Solche Verzerrungen vermeidet man nur, wenn man die nach Köpfen berechnete Proportion zwischen Betriebsratsmitgliedern und Mitgliedern der Jugend- und Auszubildendenvertretung so weit wie möglich auf die Ausschüsse überträgt (ErfK-*Koch*, § 67 Rn. 3; *Fitting*, § 67 Rn. 18; MünchArbR-*Joost*, § 228 Rn. 54; GK-*Oetker*, § 67 Rn. 31 f; *Rotermund*, Interessenwahrnehmung. S. 123 ff.; DKK-*Trittin*, § 67 Rn. 20, *Weiss/Weyand*, § 67 Rn. 6; a. A. WP-*Roloff*, § 67 Rn. 5). Die zu entsendenden Mitglieder werden durch Beschluss der Jugend- und Auszubildendenvertretung bestimmt (MünchArbR-*Joost*, § 228 Rn. 54; GK-*Oetker*, § 67 Rn. 32).

6. Rechtsfolgen bei Nichtbeachtung

19 Behandelt der Betriebsrat eine Angelegenheit, die besonders die in § 60 Abs. 1 genannten Arbeitnehmer betrifft, unter Ausschluss der Mitglieder der Jugend- und Auszubildendenvertretung, so handelt er pflichtwidrig (s. aber auch Rn. 5). Die Verletzung des Teilnahmerechts hat aber nicht zur Folge, dass ein Beschluss, der in der Angelegenheit gefasst wird, unwirksam ist (ebenso *Fitting*, § 67 Rn. 16; HSWGNR-*Rose*, § 67 Rn. 27; s. auch Rn. 25).

IV. Stimmrecht der Mitglieder der Jugend- und Auszubildendenvertretung bei Betriebsratsbeschlüssen

1. Voraussetzungen

20 Die Mitglieder der Jugend- und Auszubildendenvertretung haben Stimmrecht, soweit die zu fassenden Beschlüsse des Betriebsrats **überwiegend** die **in § 60 Abs. 1 genannten Arbeitnehmer** betreffen (Abs. 2). Der Begriff „überwiegend" wird hier anders als der Begriff „besonders" quantitativ verstanden (ebenso *Brecht*, § 67 Rn. 2; *Fitting*, § 67 Rn. 20; GK-*Oetker*, § 67 Rn. 38; HSWGNR-*Rose*, § 67 Rn. 30; DKK-*Trittin*, § 67 Rn. 21; im Ergebnis auch, wenn verlangt wird, dass es sich qualitativ um besondere Belange jugendlicher Arbeitnehmer und darüber hinaus um Angelegenheiten handeln muss, die auch quantitativ überwiegend jugendliche Arbeitnehmer berühren, GL-*Marienhagen*, § 67 Rn. 8; *Weiss/Weyand*, § 67 Rn. 7). Voraussetzung ist also, dass vom Beschluss zahlenmäßig mehr jugendliche und auszubildende Arbeitnehmer betroffen werden als sonstige Arbeitnehmer des Betriebs. Die Mitglieder der Jugend- und Auszubildendenvertretung haben deshalb ein Stimmrecht, wenn der Betriebsrat einen Beschluss über Beginn und Ende der täglichen Arbeitszeit für jugendliche Arbeitnehmer oder Berufsauszubildende trifft, wenn er sich auf die Errichtung, Form, Ausgestaltung und Verwaltung einer Lehrlingskantine bezieht, wenn es um die Einstellung, Versetzung und Entlassung jugendlicher oder auszubildender Arbeitnehmer geht oder wenn ein Mitglied der Jugend- und Auszubildendenvertretung zur Teilnahme an einer Schulungs- und Bildungsveranstaltung freigestellt werden soll (s. § 65 Rn. 45, 48).

IV. Stimmrecht der Mitglieder der Jugend- und Auszubildendenvertretung § 67

2. Verhältnis zum Teilnahmerecht

Da die Betroffenheit für die in § 60 Abs. 1 genannten Arbeitnehmer beim Stimmrecht quantitativ, bei dem Bestand eines Teilnahmerechts für alle Jugend- und Auszubildendenvertreter aber qualitativ bestimmt wird (s. Rn. 12), wird im Schrifttum zum Teil die Auffassung vertreten, dass das Stimmrecht nicht ein Teilnahmerecht aller Mitglieder der Jugend- und Auszubildendenvertretung voraussetzt, nämlich dann, wenn eine Angelegenheit die in § 60 Abs. 1 genannten Arbeitnehmer zahlenmäßig überwiegend, also quantitativ, nicht aber besonders, also qualitativ betrifft (vgl. *Brecht,* § 67 Rn. 2). In diesem Fall soll nur der nach Abs. 1 Satz 1 entsandte Jugend- und Auszubildendenvertreter das Stimmrecht haben. Teilnahmerecht und Stimmrecht werden also wie zwei Kreise bestimmt, die miteinander nichts zu tun haben. Diese Auffassung ist aber weder mit dem Wortlaut und der Entstehungsgeschichte noch mit dem Zweck der Bestimmung vereinbar. Das Gesetz gibt das Stimmrecht nicht der Jugend- und Auszubildendenvertretung, sondern den Mitgliedern der Jugend- und Auszubildendenvertretung, setzt also voraus, dass diese ein Teilnahmerecht haben. Berücksichtigt man weiterhin, dass nach dem RegE das Teilnahmerecht für alle Jugendvertreter davon abhängig gemacht wurde, dass der Betriebsrat Angelegenheiten behandelt, die überwiegend jugendliche Arbeitnehmer betreffen, und das Stimmrecht bestehen sollte, soweit die zu fassenden Beschlüsse des Betriebsrats ausschließlich jugendliche Arbeitnehmer betreffen (s. Rn. 2), so wird der **teleologische Zusammenhang zwischen dem Teilnahmerecht und dem Stimmrecht** deutlich. Durch den Wortlaut des Gesetzes sollen, wenn auch unvollkommen, verschiedene Stufen der Intensität einer Maßnahme für die Interessen der in § 60 Abs. 1 genannten Arbeitnehmer umschrieben werden. Eine Angelegenheit, die überwiegend, also quantitativ diese Arbeitnehmer betrifft, ist zugleich stets auch eine Angelegenheit, die sie qualitativ besonders betrifft. Handelt es sich also um Angelegenheiten, bei deren Behandlung die Jugend- und Auszubildendenvertretung nur einen Vertreter entsenden kann, so hat dieser niemals ein Stimmrecht. Das **Stimmrecht** besteht vielmehr nur, wenn alle Mitglieder (s. aber Rn. 18) der **Jugend- und Auszubildendenvertretung** das **Recht** haben, bei der **Behandlung des Tagesordnungspunkts teilzunehmen,** wobei nicht genügt, dass der Beschluss *besonders* die in § 60 Abs. 1 genannten Arbeitnehmer betrifft, sondern erforderlich ist, dass er zahlenmäßig, also *quantitativ,* überwiegend diese Arbeitnehmer betrifft; denn das Kriterium der überwiegenden Betroffenheit bezweckt, dass die Feststellung erleichtert wird, ob die Jugend- und Auszubildendenvertreter sich an der Beschlussfassung beteiligen können (ebenso GK-*Oetker,* § 67 Rn. 39; im Ergebnis auch *Fitting,* § 67 Rn. 20; wie hier zu dem gleich lautenden § 40 Abs. 1 BPersVG BVerwG 8. 7. 1977 PersV 1978, 309, 311; WP-*Roloff,* § 67 Rn. 7). Hingegen hat der Begriff der überwiegenden Betroffenheit keinen kollektiven Charakter (so aber GK-*Oetker,* § 67 Rn. 41; DKK-*Trittin,* § 67 Rn. 21), so dass er insbesondere auch personelle Einzelmaßnahmen gegenüber den in § 60 Abs. 1 genannten Arbeitnehmern erfasst.

21

3. Beschlussfassung

Da das Stimmrecht nur besteht, wenn der Beschluss überwiegend die in § 60 Abs. 1 genannten Arbeitnehmer betrifft, können verschiedene Angelegenheiten, die nur teilweise dem Stimmrecht der Mitglieder der Jugend- und Auszubildendenvertretung unterliegen, nicht gemeinsam Gegenstand eines Beschlusses sein (ebenso *Fitting,* § 67 Rn. 22; HSWGNR-*Rose,* § 67 Rn. 34; GK-*Oetker,* § 67 Rn. 42).

22

Nehmen die Jugend- und Auszubildendenvertreter an der Beschlussfassung teil, so werden ihre Stimmen bei der Feststellung der Stimmenmehrheit mitgezählt (§ 33 Abs. 3; s. dort Rn. 18). Für die Beschlussfähigkeit des Betriebsrats spielt aber keine Rolle, ob die Jugend- und Auszubildendenvertreter sich an der Beschlussfassung beteiligen (einhellige Meinung, vgl. die Nachweise bei GK-*Oetker,* § 67 Rn. 47; s. auch § 33 Rn. 9).

23

4. Beschlüsse des Betriebsausschusses oder eines sonstigen Ausschusses des Betriebsrats

24 Soweit der Betriebsausschuss oder ein sonstiger Ausschuss des Betriebsrats Beschlüsse fasst, die überwiegend die in § 60 Abs. 1 genannten Arbeitnehmer betreffen, haben die Mitglieder der Jugend- und Auszubildendenvertretung auch bei ihnen ein Stimmrecht. Dabei ist allerdings zu beachten, dass nicht alle Mitglieder der Jugend- und Auszubildendenvertretung ein Teilnahmerecht haben, sondern die Zahl der Teilnehmer nach dem Verhältnis der Betriebsratsmitglieder und Mitglieder der Jugend- und Auszubildendenvertretung im Betriebsrat zu bestimmen ist (s. Rn. 18).

5. Rechtsfolgen bei Nichtbeachtung

25 Hat der Betriebsrat die Jugend- und Auszubildendenvertreter nicht an der Beschlussfassung beteiligt, obwohl sie ein Stimmrecht haben, so ist der Beschluss nach überwiegender Ansicht unwirksam; eine Ausnahme soll nur dann gelten, wenn sich für den Beschluss so viel Betriebsratsmitglieder ausgesprochen haben, dass auch eine gegenteilige Stimmabgabe aller Mitglieder der Jugend- und Auszubildendenvertretung auf das Ergebnis der Beschlussfassung keinen Einfluss hätte (*Fitting*, § 67 Rn. 25; GK-*Oetker*, § 67 Rn. 44; WP-*Roloff*, § 67 Rn. 10; HSWGNR-*Rose*, § 67 Rn. 36; *Brill*, BB 1975, 1643; vgl. auch BAG 6. 5. 1975 AP BetrVG 1972 § 65 Nr. 5; a. A. für Wirksamkeit mit Annahme einer Ausnahme, wenn die Stimme der Jugendvertreter die Beschlussfassung hätte beeinflussen können GL-*Marienhagen*, § 67 Rn. 10; stets für Unwirksamkeit dagegen DKK-*Trittin*, § 67 Rn. 24). Haben sich andererseits Mitglieder der Jugend- und Auszubildendenvertretung an einem Beschluss beteiligt, obwohl sie kein Stimmrecht haben, so ist dieser Beschluss fehlerhaft gefasst; denn die Beschlussfassung erfolgt nur durch die Betriebsratsmitglieder, wenn man von dem Fall absieht, dass die Mitglieder der Jugend- und Auszubildendenvertretung ein Stimmrecht haben, weil der Beschluss überwiegend die in § 60 Abs. 1 genannten Arbeitnehmer betrifft.

V. Antragsrecht der Jugend- und Auszubildendenvertretung

1. Inhalt

26 Die Jugend- und Auszubildendenvertretung hat zwar nicht das Recht, die Einberufung des Betriebsrats zu einer Sitzung zu verlangen; sie kann aber beim Betriebsrat beantragen, Angelegenheiten, die besonders die in § 60 Abs. 1 genannten Arbeitnehmer betreffen und über die sie beraten hat, auf die **Tagesordnung der nächsten Betriebsratssitzung** zu setzen (Abs. 3 Satz 1). Durch die Einräumung dieses Antragsrechts wird sichergestellt, dass der Betriebsrat sich mit den Maßnahmen und Anregungen befasst, die ihm die Jugend- und Auszubildendenvertretung in Erfüllung ihrer Aufgaben nach § 70 Abs. 1 unterbreitet. Das Antragsrecht besteht angesichts des mit ihm verfolgten Zwecks, Belange der Jugend- und Auszubildendenvertretung zum Gegenstand der Betriebsratsarbeit zu machen, auch gegenüber den **Ausschüssen des Betriebsrats**, selbst wenn diese nur vorbereitend tätig werden (ebenso GK-*Oetker*, § 67 Rn. 63; DKK-*Trittin*, § 67 Rn. 25; a. A. *Fitting*, § 67 Rn. 29; *Richardi*, 7. Aufl., Rn. 24; WP-*Roloff*, § 67 Rn. 11: jeweils nur in Fällen der Aufgabenübertragung zur selbstständigen Erledigung).

2. Voraussetzungen

27 Voraussetzung ist, dass die Angelegenheit **besonders die in § 60 Abs. 1 genannten Arbeitnehmer** betrifft (s. dazu Rn. 12 f.); denn nur in diesem Fall hat die gesamte

VI. Vorberatungsrecht der Jugend- und Auszubildendenvertretung **§ 67**

Jugend- und Auszubildendenvertretung ein Teilnahmerecht in der Betriebsratssitzung, in der die Angelegenheit erörtert wird.

Das Antragsrecht ist aber an die **weitere Voraussetzung** gebunden, dass die Jugend- und Auszubildendenvertretung über die Angelegenheit **vorberaten** hat. Sie muss zu diesem Zweck eine Sitzung abhalten; jedoch ist nicht notwendig, dass sie in dieser Angelegenheit zu einer abschließenden Meinungsbildung gelangt ist (ebenso *Fitting*, § 67 Rn. 27; GK-*Oetker*, § 67 Rn. 57; HSWGNR-*Rose*, § 67 Rn. 39; DKK-*Trittin*, § 67 Rn. 27; *Weiss/Weyand*, § 67 Rn. 11). Durch das zusätzliche Erfordernis der Vorberatung wird verhindert, dass die Jugend- und Auszubildendenvertretung den Betriebsrat zwingt, sich mit Angelegenheiten zu befassen, über die sie sich selbst noch kein Bild gemacht hat. 28

3. Pflicht des Betriebsrats

Besteht das Antragsrecht und stellt die Jugend- und Auszubildendenvertretung einen entsprechenden Antrag, so ist der **Vorsitzende des Betriebsrats verpflichtet,** die Angelegenheit auf die **Tagesordnung der nächsten Betriebsratssitzung** zu setzen. Ist ein Ausschuss zuständig, so hat er, sofern er nicht selbst wie beim Betriebsausschuss den Vorsitz hat, den Antrag an den Vorsitzenden des Ausschusses weiterzuleiten; doch kann die Jugend- und Auszubildendenvertretung ihren Antrag auch unmittelbar bei diesem Ausschuss stellen (s. Rn. 26). Wird der Antrag nicht auf die Tagesordnung der nächsten Sitzung gesetzt, so liegt darin eine Pflichtwidrigkeit, die im Einzelfall, insbesondere bei Wiederholung, eine grobe Amtspflichtverletzung i. S. des § 23 Abs. 1 darstellen kann (ebenso *Fitting*, § 67 Rn. 28; DKK-*Trittin*, § 67 Rn. 29). Die Jugend- und Auszubildendenvertretung kann aber auch eine einstweilige Verfügung beantragen, um zu erreichen, dass die Angelegenheit in der nächsten Sitzung des Betriebsrats bzw. des zuständigen Ausschusses behandelt wird (§ 85 Abs. 2 ArbGG). 29

Zu dem beantragten Tagesordnungspunkt sind alle Mitglieder der Jugend- und Auszubildendenvertretung zu laden (§ 29 Abs. 2 Satz 3 i. V. mit § 67 Abs. 1 Satz 2). 30

VI. Vorberatungsrecht der Jugend- und Auszubildendenvertretung

1. Voraussetzungen

Befasst der Betriebsrat sich mit **Angelegenheiten, die besonders die in § 60 Abs. 1 genannten Arbeitnehmer** betreffen, so soll er sie der **Jugend- und Auszubildendenvertretung zur Beratung** zuleiten (Abs. 3 Satz 2). Die Pflicht des Betriebsrats, die Jugend- und Auszubildendenvertretung zur Durchführung ihrer Aufgaben rechtzeitig und umfassend zu unterrichten (§ 70 Abs. 2 Satz 1), wird hier dadurch ergänzt, dass der Betriebsrat der Jugend- und Auszubildendenvertretung die Möglichkeit geben soll, in einer eigenen Sitzung Angelegenheiten, die besonders jugendliche oder auszubildende Arbeitnehmer betreffen, zu beraten, bevor er sie behandelt und über sie abschließend beschließt. 31

Nicht erforderlich ist, dass der Betriebsrat einen Beschluss fasst, eine Stellungnahme der Jugend- und Auszubildendenvertretung herbeizuführen. Vielmehr gehört die Zuleitung einer Angelegenheit an die Jugend- und Auszubildendenvertretung zum Zwecke der Vorberatung zur ordnungsgemäßen Vorbereitung der Betriebsratssitzung, sofern der Vorsitzende zu dem Ergebnis kommt, dass sie besonders die in § 60 Abs. 1 genannten Arbeitnehmer betrifft (ebenso *Fitting*, § 67 Rn. 31; GK-*Oetker*, § 67 Rn. 67). Dabei empfiehlt es sich, der Jugend- und Auszubildendenvertretung für die Beratung eine Frist zu setzen (ebenso *Fitting*, § 67 Rn. 30; HSWGNR-*Rose*, § 67 Rn. 45). Wird dann die Angelegenheit im Betriebsrat behandelt, so haben zu diesem Tagesordnungspunkt alle Jugend- und Auszubildendenvertreter ein Teilnahmerecht (Abs. 1 Satz 2). 32

§ 68

33 Nimmt der **Betriebsausschuss** oder ein **sonstiger Ausschuss des Betriebsrats** an dessen Stelle Angelegenheiten wahr, die besonders die in § 60 Abs. 1 genannten Arbeitnehmer betreffen, so gilt für sie entsprechend, dass vor einer Beschlussfassung die Angelegenheit der Jugend- und Auszubildendenvertretung zur Beratung zugeleitet werden soll.

2. Rechtsfolgen bei Nichtbeachtung

34 Verstößt der Betriebsrat dagegen, Angelegenheiten, die besonders die in § 60 Abs. 1 genannten Arbeitnehmer betreffen, der Jugend- und Auszubildendenvertretung zur Beratung zuzuleiten, so kann darin eine grobe Amtspflichtverletzung liegen, sofern dies wiederholt geschieht (ebenso *Fitting*, § 67 Rn. 30). Allerdings berührt ein Verstoß gegen die Pflicht, eine Angelegenheit der Jugend- und Auszubildendenvertretung zur Beratung zuzuleiten, **nicht** die **Wirksamkeit eines Betriebsratsbeschlusses** (ebenso *Fitting*, § 67 Rn. 30; GK-*Oetker*, § 67 Rn. 70; HSWGNR-*Rose*, § 67 Rn. 46).

VII. Streitigkeiten

35 Streitigkeiten über das Teilnahmerecht der Jugend- und Auszubildendenvertretung und das Stimmrecht der Mitglieder der Jugend- und Auszubildendenvertretung entscheidet das Arbeitsgericht im Beschlussverfahren (§ 2 a Abs. 1 Nr. 1, Abs. 2 i. V. mit §§ 80 ff. ArbGG). Gleiches gilt, wenn Meinungsverschiedenheiten darüber bestehen, ob eine bestimmte Angelegenheit auf die Tagesordnung der nächsten Sitzung des Betriebsrats, des Betriebsausschusses oder eines sonstigen Ausschusses des Betriebsrats zu setzen ist und ob eine Angelegenheit der Jugend- und Auszubildendenvertretung zur Vorberatung zuzuleiten ist. Antragsberechtigt und beteiligungsbefugt ist in diesen Fällen die Jugend- und Auszubildendenvertretung. Es handelt sich um betriebsverfassungsrechtliche Streitigkeiten zwischen ihr und dem Betriebsrat.

§ 68 Teilnahme an gemeinsamen Besprechungen

Der Betriebsrat hat die Jugend- und Auszubildendenvertretung zu Besprechungen zwischen Arbeitgeber und Betriebsrat beizuziehen, wenn Angelegenheiten behandelt werden, die besonders die in § 60 Abs. 1 genannten Arbeitnehmer betreffen.

Übersicht

	Rn.
I. Vorbemerkung	1
II. Teilnahmerecht an gemeinsamen Besprechungen	4
1. Voraussetzung	4
2. Hinzuziehung durch den Betriebsrat	6
III. Streitigkeiten	10

I. Vorbemerkung

1 Die Vorschrift hat im BetrVG 1952 kein Vorbild. Durch sie soll sichergestellt werden, dass die Jugend- und Auszubildendenvertretung im gleichen Ausmaß bei den Besprechungen des Betriebsrats mit dem Arbeitgeber beteiligt wird, wie dies im Verhältnis zum Betriebsrat in § 67 Abs. 1 Satz 2 vorgesehen ist (so die Begründung zum RegE des BetrVG 1972, BT-Drucks. VI/1786, S. 45).

2 Auf die Gesamt- (§ 73 Abs. 2) und die Konzern-Jugend- und Auszubildendenvertretung (§ 73 b Abs. 2) findet § 68 entsprechende Anwendung.

Im Personalvertretungsrecht enthält § 61 Abs. 4 BPersVG eine entsprechende Regelung.   3

II. Teilnahmerecht an gemeinsamen Besprechungen

1. Voraussetzung

Der Betriebsrat hat die Jugend- und Auszubildendenvertretung zu Besprechungen mit   4
dem Arbeitgeber nur beizuziehen, wenn **Angelegenheiten** behandelt werden, die **besonders die in § 60 Abs. 1 genannten Arbeitnehmer** betreffen. Die Verpflichtung beschränkt sich also auf Fälle, bei denen alle Jugend- und Auszubildendenvertreter bei einer Behandlung in der Betriebsratssitzung ein Teilnahmerecht haben (vgl. § 67 Abs. 1 Satz 2; s. dort Rn. 12 ff.; ebenso *Fitting*, § 68 Rn. 4; GK-*Oetker*, § 68 Rn. 4; HSWGNR-*Rose*, § 68 Rn. 5).

Das Teilnahmerecht besteht für **alle Besprechungen zwischen Arbeitgeber und Betriebsrat**. Es beschränkt sich nicht auf die monatlichen Besprechungen i.S. des § 74   5
Abs. 1 Satz 1 (ebenso *Fitting*, § 68 Rn. 5; GK-*Oetker*, § 68 Rn. 6; HSWGNR-*Rose*, § 68 Rn. 8). Das Teilnahmerecht besteht nur insoweit, als Arbeitgeber und Betriebsrat Angelegenheiten, die besonders die in § 60 Abs. 1 genannten Arbeitnehmer betreffen, miteinander erörtern. Ist dies der Fall, besteht das Teilnahmerecht auch, wenn es sich nur um „gelegentliche" Besprechungen handelt (GK-*Oetker*, § 68 Rn. 6). Bei der Besprechung anderer Themen hat die Jugend- und Auszubildendenvertretung kein Teilnahmerecht; nur wenn sie in einer Betriebsratssitzung stattfindet, ist das nach § 67 Abs. 1 Satz 1 entsandte Mitglied teilnahmeberechtigt (ebenso *Fitting*, § 68 Rn. 5; HSWGNR-*Rose*, § 68 Rn. 6).

2. Hinzuziehung durch den Betriebsrat

Der **Betriebsrat** hat die Jugend- und Auszubildendenvertretung hinzuzuziehen, d. h. er   6
hat sie zu der **Besprechung mit dem Arbeitgeber zu laden.** Das Gesetz enthält keine Beschränkung, dass die Jugend- und Auszubildendenvertretung nur einen Vertreter entsenden kann. Deshalb sind alle Jugend- und Auszubildendenvertreter berechtigt, an der Besprechung zwischen dem Arbeitgeber und dem Betriebsrat teilzunehmen (ebenso *Fitting*, § 68 Rn. 8; GK-*Oetker*, § 68 Rn. 11; HSWGNR-*Rose*, § 68 Rn. 8). Das Teilnahmerecht schließt die aktive Beteiligung an der Erörterung ein (ebenso ErfK-*Koch*, § 68 Rn. 1; *Fitting*, § 68 Rn. 8; MünchArbR-*Joost*, § 228 Rn. 66; a. A. GK-*Oetker*, § 69 Rn. 17). Sie sind zur Teilnahme aber nicht verpflichtet (ebenso GK-*Oetker*, § 68 Rn. 11; HSWGNR-*Rose*, § 68 Rn. 11). Nicht erforderlich ist, dass der Betriebsrat einen Beschluss fasst; vielmehr hat, da es sich um eine Pflichtaufgabe des Betriebsrats handelt, deren Erfüllung keinen Beschluss voraussetzt, der Vorsitzende des Betriebsrats dafür zu sorgen, dass die Jugend- und Auszubildendenvertretung geladen wird.

Sofern die Besprechung nicht in einer Betriebsratssitzung erfolgt, an der nach § 67   7
Abs. 1 Satz 2 die gesamte Jugend- und Auszubildendenvertretung ein Teilnahmerecht hat, genügt für die Beiziehung, wenn die **Ladung an den Vorsitzenden der Jugend- und Auszubildendenvertretung** gerichtet wird (§ 65 Abs. 1 i.V.m. § 26 Abs. 2 Satz 2), der seinerseits die Jugend- und Auszubildendenvertreter von der Besprechung zu verständigen hat (ebenso *Fitting*, § 68 Rn. 7; GK-*Oetker*, § 68 Rn. 9; WP-*Roloff*, § 68 Rn. 3; HSWGNR-*Rose*, § 68 Rn. 10).

Die Jugend- und Auszubildendenvertretung ist auch dann beizuziehen, wenn die   8
Besprechung nicht vom gesamten Betriebsrat, sondern vom **Betriebsausschuss** oder einem **sonstigen Ausschuss des Betriebsrats** wahrgenommen wird, wobei auch in diesem Fall nur eine proportionale Beteiligung der Jugend- und Auszubildendenvertreter zulässig ist (s. § 67 Rn. 18; ebenso *Weiss/Weyand*, § 68 Rn. 2; a. A. *Fitting*, § 68 Rn. 9;

§ 69

unklar MünchArbR-*Joost*, § 228 Rn. 64 f. i. V. m. 53 f.). Dabei kann die Jugend- und Auszubildendenvertretung festlegen, wer von den Jugend- und Auszubildendenvertretern für sie an der Besprechung teilnimmt. Bei Besprechungen in einer formell einberufenen Betriebsratssitzung haben dagegen nach § 67 Abs. 1 Satz 2 alle Jugend- und Auszubildendenvertreter ein Teilnahmerecht, so dass die Jugend- und Auszubildendenvertretung keine Auswahlentscheidung treffen kann (ebenso GK-*Oetker*, § 68 Rn. 14; s. auch § 67 Rn. 12 ff.).

9   Die **Hinzuziehungspflicht** trifft den Betriebsrat, **nicht** den **Arbeitgeber**. Deshalb kann gegen ihn nicht nach § 23 Abs. 3 vorgegangen werden, wenn die Beteiligung der Jugend- und Auszubildendenvertretung unterbleibt.

III. Streitigkeiten

10   Streitigkeiten über die Teilnahme der Jugend- und Auszubildendenvertretung an gemeinsamen Besprechungen zwischen Arbeitgeber und Betriebsrat entscheidet das Arbeitsgericht im Beschlussverfahren (§ 2 a Abs. 1 Nr. 1, Abs. 2 i. V. mit §§ 80 ff. ArbGG). Die Jugend- und Auszubildendenvertretung kann eine einstweilige Verfügung beantragen, wenn sie nicht zu einer Besprechung eingeladen wird, um ihre Beteiligung durchzusetzen (§ 85 Abs. 2 ArbGG).

§ 69 Sprechstunden

¹In Betrieben, die in der Regel mehr als fünfzig der in § 60 Abs. 1 genannten Arbeitnehmer beschäftigen, kann die Jugend- und Auszubildendenvertretung Sprechstunden während der Arbeitszeit einrichten. ²Zeit und Ort sind durch Betriebsrat und Arbeitgeber zu vereinbaren. ³§ 39 Abs. 1 Satz 3 und 4 und Abs. 3 gilt entsprechend. ⁴An den Sprechstunden der Jugend- und Auszubildendenvertretung kann der Betriebsratsvorsitzende oder ein beauftragtes Betriebsratsmitglied beratend teilnehmen.

Übersicht

	Rn.
I. Vorbemerkung	1
II. Einrichtung der Sprechstunden	3
1. Voraussetzungen	3
2. Recht der Jugend- und Auszubildendenvertretung	4
3. Besuch der Sprechstunde	8
4. Teilnahme eines Vertreters der Jugend- und Auszubildendenvertretung an Sprechstunden des Betriebsrats	9
III. Teilnahmerecht des Vorsitzenden oder eines beauftragten Mitglieds des Betriebsrats	10
IV. Streitigkeiten	12

I. Vorbemerkung

1   Das Gesetz gibt der Jugend- und Auszubildendenvertretung die Möglichkeit, in Betrieben, die eine nicht unerhebliche Zahl von Jugendlichen und Auszubildenden beschäftigen, eigene Sprechstunden einzurichten. Zeit und Ort werden aber durch eine Vereinbarung zwischen Betriebsrat und Arbeitgeber festgelegt. Außerdem kann an den Sprechstunden der Jugend- und Auszubildendenvertretung der Betriebsratsvorsitzende oder ein beauftragtes Betriebsratsmitglied beratend teilnehmen, um dadurch die Jugend- und Auszubildendenvertretung zu unterstützen (vgl. dazu auch den Bericht des BT-Ausschusses für Arbeit und Sozialordnung, *zu* BT-Drucks. VI/2729, S. 27).

2   Im Personalvertretungsrecht enthalten § 62 i. V. mit § 43 BPersVG eine ähnliche Regelung.

II. Einrichtung der Sprechstunden

1. Voraussetzungen

Das Gesetz gibt der Jugend- und Auszubildendenvertretung das Recht, Sprechstunden 3 während der Arbeitszeit einzurichten, wenn im Betrieb **in der Regel mehr als fünfzig der in § 60 Abs. 1 genannten Arbeitnehmer beschäftigt** werden (Satz 1). Maßgebend ist die Zahl dieser regelmäßig im Betrieb beschäftigten Arbeitnehmer, also der Arbeitnehmer, die das 18. Lebensjahr noch nicht vollendet haben oder bei Erreichen dieser Altersgrenze zu ihrer Berufsausbildung beschäftigt sind und das 25. Lebensjahr noch nicht vollendet haben (§ 60 Abs. 1). Abzustellen ist auf den Betrieb in der betriebsverfassungsrechtlichen Abgrenzung (s. § 60 Rn. 7). In ihm müssen in der Regel, d. h. unter gewöhnlichen und normalen Umständen, mehr als fünfzig jugendliche oder auszubildende Arbeitnehmer beschäftigt werden; es genügt nicht, dass diese Zahl nur auf Grund außergewöhnlicher Umstände erreicht wird (s. auch § 1 Rn. 114). Das Recht zur Abhaltung von Sprechstunden entfällt auch nur, wenn in der Regel diese Zahl nicht mehr erreicht wird (ebenso *Fitting*, § 69 Rn. 4; GK-*Oetker*, § 69 Rn. 5; HSWGNR-*Rose*, § 69 Rn. 4; beachte in diesem Fall jedoch § 39 Abs. 2).

2. Recht der Jugend- und Auszubildendenvertretung

a) Liegen die Voraussetzungen vor, so kann die Jugend- und Auszubildendenvertre- 4 tung die Einrichtung einer Sprechstunde **während der Arbeitszeit** verlangen. Ob sie von ihrem Recht Gebrauch macht, liegt allein in ihrem Ermessen (ebenso *Fitting*, § 69 Rn. 5; GK-*Oetker*, § 69 Rn. 7; HSWGNR-*Rose*, § 69 Rn. 6; nicht zutreffend, soweit ein Beurteilungsspielraum angenommen wird, DKK-*Trittin*, § 69 Rn. 5). Sie bestimmt durch Beschluss, der der einfachen Stimmenmehrheit bedarf, ob überhaupt eine Sprechstunde und ob diese während der Arbeitszeit eingerichtet wird; dazu bedarf es weder der Zustimmung des Arbeitgebers noch der Zustimmung des Betriebsrats (ebenso *Fitting*, § 69 Rn. 5; GK-*Oetker*, § 69 Rn. 8 f.; HSWGNR-*Rose*, § 69 Rn. 9).

b) Lediglich **Zeit und Ort der Sprechstunden** sind durch **Betriebsrat und Arbeitgeber** 5 **zu vereinbaren** (Satz 2). Im Verhältnis zum Arbeitgeber ist nämlich auch sonst nicht die Jugend- und Auszubildendenvertretung, sondern nur der Betriebsrat regelungsbefugt. Betriebsrat und Arbeitgeber sind aber an den Beschluss der Jugend- und Auszubildendenvertretung gebunden, Sprechstunden während der Arbeitszeit einzurichten, wenn die gesetzlichen Voraussetzungen gegeben sind. Ihnen obliegt lediglich, Zeit, Häufigkeit und Ort der Sprechstunden der Jugend- und Auszubildendenvertretung festzulegen. Der Betriebsrat ist verpflichtet, darüber eine Regelung mit dem Arbeitgeber herbeizuführen, damit die Jugend- und Auszubildendenvertretung Sprechstunden abhalten kann. Bei der Beschlussfassung im Betriebsrat haben die Jugend- und Auszubildendenvertreter Stimmrecht (§ 67 Abs. 2); zu der Besprechung mit dem Arbeitgeber ist die Jugend- und Auszubildendenvertretung beizuziehen (§ 68).

Die Vereinbarung erfolgt zweckmäßigerweise in der Form einer **Betriebsvereinbarung** 6 (s. auch § 39 Rn. 7). Dabei sind die betrieblichen Notwendigkeiten zu berücksichtigen (s. auch § 39 Rn. 3). Kommt eine Einigung zwischen dem Arbeitgeber und dem Betriebsrat nicht zustande, so entscheidet die **Einigungsstelle;** deren Spruch ersetzt die Einigung zwischen Arbeitgeber und Betriebsrat (Satz 3 i. V. mit § 39 Abs. 1 Satz 3 und 4). Das gilt aber nur für die Meinungsverschiedenheiten zwischen Arbeitgeber und Betriebsrat über Zeit und Ort der Sprechstunden, nicht dagegen, wenn der Arbeitgeber der Jugend- und Auszubildendenvertretung das Recht bestreitet, Sprechstunden überhaupt während der Arbeitszeit einzurichten (s. auch § 39 Rn. 8 ff.). Anrufungsbefugt sind der Arbeitgeber und der Betriebsrat, jedoch nicht die Jugend- und Auszubildendenvertretung.

7   c) Die **Jugend- und Auszubildendenvertretung** ist an die **Vereinbarung zwischen Arbeitgeber und Betriebsrat gebunden,** kann also nicht abweichend Ort und Zeit ihrer Sprechstunden festlegen. **Wer** mit der Durchführung der Sprechstunde beauftragt wird und **wie** sie gestaltet wird, liegt aber **ausschließlich in ihrem Ermessen,** wobei sie zu respektieren hat, dass ein Anspruch auf Arbeitsbefreiung ihrer Mitglieder nur in den Grenzen des § 37 Abs. 2 besteht. Der mit der Abhaltung der Sprechstunde betraute Jugend- und Auszubildendenvertreter hat für die Versäumnis der Arbeitszeit Anspruch auf Fortzahlung seines Arbeitsentgelts (s. auch § 39 Rn. 19 f.).

3. Besuch der Sprechstunde

8   Die Sprechstunden der Jugend- und Auszubildendenvertretung sind **nur** für **jugendliche Arbeitnehmer** und **zur Berufsausbildung Beschäftigte unter 25 Jahren** eingerichtet. Diese werden dadurch aber nicht in ihrem Recht beschränkt, die Sprechstunden des Betriebsrats zu besuchen (ebenso *Fitting,* § 69 Rn. 6; GK-*Oetker,* § 69 Rn. 19; HSWGNR-*Rose,* § 69 Rn. 16). Der Arbeitnehmer, der die Sprechstunde aufsucht oder in sonstiger Weise die Jugend- und Auszubildendenvertretung in Anspruch nimmt, hat sich vor dem Verlassen des Arbeitsplatzes ordnungsgemäß abzumelden und kann für Arbeitsversäumnis, die zu diesem Zweck erforderlich ist, die Fortzahlung seines **Arbeitsentgelts** verlangen (Satz 3; i. V. mit § 39 Abs. 3; s. dort Rn. 21 ff.).

4. Teilnahme eines Vertreters der Jugend- und Auszubildendenvertretung an Sprechstunden des Betriebsrats

9   Sind die gesetzlichen Voraussetzungen nicht gegeben oder verzichtet die Jugend- und Auszubildendenvertretung darauf, Sprechstunden während der Arbeitszeit abzuhalten, so kann ein Mitglied der Jugend- und Auszubildendenvertretung an den Sprechstunden des Betriebsrats zur Beratung der in § 60 Abs. 1 genannten Arbeitnehmer teilnehmen (§ 39 Abs. 2; s. ausführlich dort Rn. 15 ff.).

III. Teilnahmerecht des Vorsitzenden oder eines beauftragten Mitglieds des Betriebsrats

10 Der Betriebsratsvorsitzende oder ein beauftragtes Betriebsratsmitglied kann an den Sprechstunden der Jugend- und Auszubildendenvertretung beratend teilnehmen, um dadurch die Tätigkeit der Jugend- und Auszubildendenvertretung zu unterstützen (Satz 4). Das Teilnahmerecht steht primär dem **Betriebsratsvorsitzenden** zu. Jedoch kann auch ein **anderes Mitglied** des Betriebsrats mit dieser Aufgabe **beauftragt** werden. Die Beauftragung erfolgt durch Beschluss des Betriebsrats (ebenso *Fitting,* § 69 Rn. 13; GK-*Oetker,* § 69 Rn. 23). Geschieht dies nicht, so ist der Betriebsratsvorsitzende berechtigt, an den Sprechstunden teilzunehmen. Ihm ist nicht gestattet, ein Betriebsratsmitglied damit zu beauftragen, sondern hierfür ist stets ein Beschluss des Betriebsrats als Gremium erforderlich, weil durch das Teilnahmerecht dessen Belange gewahrt werden sollen (im Ergebnis ebenso ErfK-*Koch,* § 69 Rn. 4; *Fitting,* § 69 Rn. 13; GK-*Oetker,* § 69 Rn. 23; WP-*Roloff,* § 69 Rn. 4; a. A. *Richardi,* 7. Aufl., Rn. 9).

11 Die Jugend- und Auszubildendenvertreter haben die **Anwesenheit des Betriebsratsvorsitzenden** oder eines **anderen beauftragten Betriebsratsmitglieds während der Sprechstunde zu dulden** (ebenso *Fitting,* § 69 Rn. 13). Der Betriebsratsvorsitzende oder das andere beauftragte Betriebsratsmitglied ist berechtigt, die mit der Abhaltung der Sprechstunden betrauten Jugend- und Auszubildendenvertreter und die in § 60 Abs. 1 genannten Arbeitnehmer, die die Sprechstunde aufsuchen, zu beraten (ebenso *Fitting,* § 69 Rn. 13; GK-*Oetker,* § 69 Rn. 26; HSWGNR-*Rose,* § 69 Rn. 25).

IV. Streitigkeiten

Streitigkeiten darüber, ob die Jugend- und Auszubildendenvertretung eigene Sprechstunden während der Arbeitszeit einrichten kann, entscheidet das **Arbeitsgericht im Beschlussverfahren** (§ 2a Abs. 1 Nr. 1, Abs. 2 i. V. mit §§ 80 ff. ArbGG). Wenn dagegen eine **Meinungsverschiedenheit über Zeit und Ort der Sprechstunde** besteht, hat die Jugend- und Auszubildendenvertretung damit den Betriebsrat zu befassen. Dieser muss nämlich mit dem Arbeitgeber darüber eine Vereinbarung herbeiführen. Kommt zwischen Arbeitgeber und Betriebsrat keine Einigung zustande, so entscheidet die **Einigungsstelle** bindend (Satz 3 i. V. mit § 39 Abs. 1 Satz 2 und 3). Deren Spruch kann aber im Beschlussverfahren vor dem Arbeitsgericht überprüft werden (s. auch § 76 Rn. 114 ff.). Das Beschlussverfahren kann jedoch in diesem Fall nur vom Betriebsrat oder vom Arbeitgeber, nicht von der Jugend- und Auszubildendenvertretung eingeleitet werden (ebenso *Fitting*, § 69 Rn. 14). 12

Besteht ein Streit darüber, ob jugendliche oder auszubildende Arbeitnehmer berechtigt sind, die Sprechstunden der Jugend- und Auszubildendenvertretung aufzusuchen, so entscheidet auch darüber das Arbeitsgericht im Beschlussverfahren. Streitigkeiten über die Pflicht des Arbeitgebers, das Arbeitsentgelt für die Zeit der Arbeitsversäumnis zu zahlen, werden aber im Urteilsverfahren ausgetragen; das gilt sowohl für den Anspruch der Mitglieder der Jugend- und Auszubildendenvertretung, die die Sprechstunde abhalten, wie für den Anspruch des Arbeitnehmers, der die Sprechstunde aufsucht (§ 2 Abs. 1 Nr. 3 lit. a, Abs. 5 i. V. mit §§ 46 ff. ArbGG; s. auch § 37 Rn. 181 ff.). 13

§ 70 Allgemeine Aufgaben

(1) Die Jugend- und Auszubildendenvertretung hat folgende allgemeine Aufgaben:
1. Maßnahmen, die den in § 60 Abs. 1 genannten Arbeitnehmern dienen, insbesondere in Fragen der Berufsbildung und der Übernahme der zu ihrer Berufsausbildung Beschäftigten in ein Arbeitsverhältnis, beim Betriebsrat zu beantragen;
1a. Maßnahmen zur Durchsetzung der tatsächlichen Gleichstellung der in § 60 Abs. 1 genannten Arbeitnehmer entsprechend § 80 Abs. 1 Nr. 2a und 2b beim Betriebsrat zu beantragen;
2. darüber zu wachen, dass die zugunsten der in § 60 Abs. 1 genannten Arbeitnehmer geltenden Gesetze, Verordnungen, Unfallverhütungsvorschriften, Tarifverträge und Betriebsvereinbarungen durchgeführt werden;
3. Anregungen von in § 60 Abs. 1 genannten Arbeitnehmern, insbesondere in Fragen der Berufsbildung, entgegenzunehmen und, falls sie berechtigt erscheinen, beim Betriebsrat auf eine Erledigung hinzuwirken. Die Jugend- und Auszubildendenvertretung hat die betroffenen in § 60 Abs. 1 genannten Arbeitnehmer über den Stand und das Ergebnis der Verhandlungen zu informieren;
4. die Integration ausländischer, in § 60 Abs. 1 genannter Arbeitnehmer im Betrieb zu fördern und entsprechende Maßnahmen beim Betriebsrat zu beantragen.

(2) ¹Zur Durchführung ihrer Aufgaben ist die Jugend- und Auszubildendenvertretung durch den Betriebsrat rechtzeitig und umfassend zu unterrichten. ²Die Jugend- und Auszubildendenvertretung kann verlangen, dass ihr der Betriebsrat die zur Durchführung ihrer Aufgaben erforderlichen Unterlagen zur Verfügung stellt.

Übersicht

	Rn.
I. Vorbemerkung	1
II. Die allgemeinen Aufgaben der Jugend- und Auszubildendenvertretung (Abs. 1)	5

§ 70 Allgemeine Aufgaben

	Rn.
1. Antragsrecht	5
2. Überwachungsrecht	12
3. Behandlung von Anregungen der in § 60 Abs. 1 genannten Arbeitnehmer	14
III. Unterrichtung der Jugend- und Auszubildendenvertretung durch den Betriebsrat	18
1. Recht gegenüber dem Betriebsrat	18
2. Inhalt und Umfang der Unterrichtung	19
3. Vorlage von Unterlagen	22
4. Geheimhaltungspflicht	29
5. Rechtsfolgen bei Nichtbeachtung	31
IV. Betätigungsrecht der Jugend- und Auszubildendenvertretung in der Betriebsverfassung	32
V. Streitigkeiten	34

I. Vorbemerkung

1   Die Bestimmung, die im BetrVG 1952 kein Vorbild hat, gibt Vorschriften über die allgemeinen Aufgaben der Jugend- und Auszubildendenvertretung, die sich an die für den Betriebsrat geltende Regelung in § 80 anlehnen; hervorgehoben werden **vor allem** als Aufgaben der Jugend- und Auszubildendenvertretung die **Fragen der Berufsbildung**. Die Jugend- und Auszubildendenvertretung nimmt ihre Aufgaben nicht unmittelbar gegenüber dem Arbeitgeber, sondern durch Vermittlung des Betriebsrats wahr. Deshalb wird durch die Regelung in Abs. 2 sichergestellt, dass die Jugend- und Auszubildendenvertretung zur Durchführung ihrer Aufgaben durch den Betriebsrat rechtzeitig und umfassend unterrichtet wird und der Betriebsrat ihr auf Verlangen die zur Durchführung ihrer Aufgaben erforderlichen Unterlagen zur Verfügung stellt.

2   Durch das BetrVerf-Reformgesetz vom 23. 7. 2001 (BGBl. I S. 1852) wurden Nr. 1 hinsichtlich der zu ihrer Berufsausbildung Beschäftigten erweitert und Nr. 1a sowie Nr. 4 ergänzt.

3   Obwohl weder in § 73 Abs. 2 noch in § 73b Abs. 2 ausdrücklich erwähnt, findet § 70 auch auf die Gesamt- (§ 73 Abs. 2 i. V. mit § 51 Abs. 5) sowie auf die Konzern-Jugend- und Auszubildendenvertretung (§ 73b Abs. 2 i. V. mit § 51 Abs. 5) entsprechende Anwendung.

4   Im Personalvertretungsrecht finden sich ähnliche Regelungen in § 61 Abs. 1, 3 BPersVG.

II. Die allgemeinen Aufgaben der Jugend- und Auszubildendenvertretung (Abs. 1)

1. Antragsrecht

5   a) Nach Nr. 1 hat die Jugend- und Auszubildendenvertretung das Recht, **Maßnahmen**, die den in § 60 Abs. 1 genannten Arbeitnehmern dienen, **insbesondere in Fragen der Berufsbildung und der Übernahme der zu ihrer Berufsausbildung Beschäftigten in ein Arbeitsverhältnis**, beim Betriebsrat zu beantragen. Durch die ausdrückliche Anerkennung dieses Antragsrechts betont das Gesetz, dass die Jugend- und Auszubildendenvertretung gegenüber dem Betriebsrat eine aktive Rolle spielen kann und soll. Das gilt vor allem für Fragen der Berufsbildung. Hierher gehört z. B. ein Antrag, dass der Betriebsrat in bestimmter Richtung von seinen Mitbestimmungsrechten bei der Durchführung betrieblicher Berufsausbildungsmaßnahmen Gebrauch macht (vgl. § 98). Die Jugend- und Auszubildendenvertretung ist aber nur zuständig, soweit es um die Berufsbildung der in § 60 Abs. 1 genannten Arbeitnehmer, insbesondere deren Berufsausbildung geht, nicht dagegen für die berufliche Fortbildung der anderen Arbeitnehmer. Zu den Maßnahmen,

II. Die allgemeinen Aufgaben der Jugend- und Auszubildendenvertretung (Abs. 1) § 70

die die Jugend- und Auszubildendenvertretung beim Betriebsrat zu beantragen hat, gehören außer den Fragen der Berufsbildung und der anschließenden Übernahme in ein Arbeitsverhältnis z. B. die Festlegung der täglichen Arbeitszeit unter Berücksichtigung der §§ 8 bis 18, 21 JArbSchG, die Aufstellung von Urlaubsgrundsätzen unter Berücksichtigung des § 19 JArbSchG oder die Schaffung von Sozialeinrichtungen, die für jugendliche Arbeitnehmer und Berufsauszubildende bestimmt sind, wie die Einrichtung eines Sportplatzes oder eines Ferienhauses.

b) Nach der Begründung des Regierungsentwurfs zum BetrVerf-Reformgesetz ist das Thema Gleichstellung der Geschlechter „gerade auch für die Jugendlichen in den Betrieben von besonderer Bedeutung" (Begr. RegE, BT-Drucks. 14/5741, S. 44). Darüber hinaus soll auch die Jugend- und Auszubildendenvertretung daran mitwirken, die Vereinbarkeit von Familie und Erwerbstätigkeit zu fördern. Demgemäß sieht Abs. 1 Nr. 1a vor, dass die Jugend- und Auszubildendenvertretung Maßnahmen zur Durchsetzung der tatsächlichen Gleichstellung der in § 60 Abs. 1 genannten Arbeitnehmer entsprechend § 80 Abs. 1 Nr. 2a und 2b beim Betriebsrat zu beantragen hat (s. näher § 80 Rn. 19 ff.). Auch wenn der Wortlaut der Verweisung etwas verunglückt ist, wird man sie nicht dahin verstehen dürfen, dass Maßnahmen i. S. des § 80 Abs. 1 Nr. 2b nur beantragt werden können, soweit sie zugleich zur Durchsetzung der tatsächlichen Gleichstellung der in § 60 Abs. 1 genannten Arbeitnehmer dienen. **6**

c) Nach den etwas pathetischen Worten der Begründung des Regierungsentwurfs zum BetrVerf-Reformgesetz werden die „Grundlagen für Toleranz gegenüber Ausländern und ein friedliches Miteinander (…) in der Jugend geschaffen" (Begr. RegE 14/5741, S. 44). Die durch das BetrVerf-Reformgesetz in Nr. 4 angefügte Regelung überträgt der Jugend- und Auszubildendenvertretung daher ausdrücklich die Aufgabe, die Integration ausländischer, in § 60 Abs. 1 genannter Arbeitnehmer im Betrieb zu fördern und entsprechende Maßnahmen beim Betriebsrat zu beantragen (zur erzieherischen Absicht der Bestimmung kritisch GK-*Oetker*, § 70 Rn. 16; *Picker*, RdA 2001, 257, 272 ff.). **7**

Die Integration solcher Arbeitnehmer kann beispielsweise dadurch gefördert werden, dass sie auf einer Jugend- und Auszubildendenversammlung nach § 71 thematisiert wird. Als Maßnahmen zur Förderung der Integration der in § 60 Abs. 1 genannten ausländischen Arbeitnehmer kommen beispielsweise Aktivitäten gegen „ausländerfeindliche Hetzflugblätter" (Begr. RegE, BT-Drucks. 14/5741, S. 31) oder die Forderung nach einer Entfernung von Arbeitnehmern in Betracht, „die den Betriebsfrieden wiederholt durch rassistische und fremdenfeindliche Betätigungen ernstlich stören" (Begr. RegE, BT-Drucks. 14/5741, S. 32; vgl. auch § 80 Abs. 1 Nr. 7 und dazu § 80 Rn. 24). **8**

d) Das Antragsrecht besteht **nur gegenüber dem Betriebsrat,** nicht gegenüber dem Arbeitgeber (ebenso *Brecht,* § 70 Rn. 2; *Fitting,* § 70 Rn. 5; GK-*Oetker,* § 70 Rn. 6; WP-*Roloff,* § 70 Rn. 1; HSWGNR-*Rose,* § 70 Rn. 4). Es ist aber nicht nur dann gegeben, wenn der Betriebsrat für die beantragte Maßnahme ein gesetzliches Mitwirkungs- oder Mitbestimmungsrecht hat, sondern auch dann, wenn der Betriebsrat seinerseits lediglich im Rahmen seines Antragsrechts nach § 80 Abs. 1 Nr. 2, 2a, 2b die Maßnahme beim Arbeitgeber beantragen kann. Eine Schranke besteht aber insoweit, als der Betriebsrat zuständig sein muss, sich mit der von der Jugend- und Auszubildendenvertretung beantragten Maßnahme zu befassen. Daraus folgt, dass das Antragsrecht nicht für außerbetriebliche oder sonstige Maßnahmen besteht, die nicht zum gesetzlichen Aufgabenbereich des Betriebsrats gehören, auch wenn sie dem Wohl der in § 60 Abs. 1 genannten Arbeitnehmer dienen (ebenso *Fitting,* § 70 Rn. 5; GK-*Oetker,* § 70 Rn. 13; HSWGNR-*Rose,* § 70 Rn. 11). **9**

e) Ein Antrag setzt voraus, dass die **Jugend- und Auszubildendenvertretung** darüber in einer ordnungsgemäß einberufenen Sitzung einen **Beschluss gefasst** hat (s. § 65 Rn. 27 ff.). Der Betriebsrat ist dann nach § 80 Abs. 1 Nr. 3 verpflichtet, den Antrag der Jugend- und Auszubildendenvertretung entgegenzunehmen und sich mit ihm zu befassen. Der Betriebsrat ist zwar an den Antrag nicht gebunden, sondern kann ihn, wenn die beantragte **10**

Maßnahme nicht zu seinem Aufgabenbereich gehört, als unzulässig oder als unbegründet oder nicht sachdienlich zurückweisen, wenn ihm das Anliegen in der Sache nicht berechtigt erscheint. Anderenfalls ist er aber verpflichtet, den Antrag der Jugend- und Auszubildendenvertretung aufzugreifen und durch Verhandlungen mit dem Arbeitgeber auf eine Erledigung hinzuwirken (ebenso *Fitting*, § 70 Rn. 11; GK-*Oetker*, § 70 Rn. 20 f.; HSWGNR-*Rose*, § 70 Rn. 15; DKK-*Trittin*, § 70 Rn. 14; *Weiss/Weyand*, § 70 Rn. 2).

11 f) Sofern die von der Jugend- und Auszubildendenvertretung beantragte Angelegenheit **besonders** die **in § 60 Abs. 1 genannten Arbeitnehmer** betrifft, hat die Jugend- und Auszubildendenvertretung über das allgemeine Antragsrecht hinaus sogar noch das **förmliche Antragsrecht** des § 67 Abs. 3: Sie kann **beim Betriebsrat beantragen,** den Antrag auf die **nächste Tagesordnung** zu setzen. Bei dem Tagesordnungspunkt haben dann alle Jugend- und Auszubildendenvertreter ein **Teilnahmerecht** (§ 67 Abs. 1 Satz 2). Soweit der in dieser Angelegenheit zu fassende Beschluss des Betriebsrats **überwiegend** die **in § 60 Abs. 1 genannten Arbeitnehmer** betrifft, haben die Jugend- und Auszubildendenvertreter sogar **Stimmrecht** (§ 67 Abs. 2). Bei den Besprechungen des Betriebsrats mit dem Arbeitgeber hat der Betriebsrat die Jugend- und Auszubildendenvertretung beizuziehen, da es sich regelmäßig bei dem Antrag um eine Angelegenheit handeln wird, die besonders jugendliche Arbeitnehmer betrifft (§ 68).

2. Überwachungsrecht

12 a) Nr. 2 macht der Jugend- und Auszubildendenvertretung ausdrücklich zur Pflicht, darüber zu wachen, dass die **zugunsten der in § 60 Abs. 1 genannten Arbeitnehmer geltenden Gesetze, Verordnungen, Unfallverhütungsvorschriften, Tarifverträge** und **Betriebsvereinbarungen durchgeführt** werden. Was zu den zugunsten dieser Arbeitnehmer geltenden Vorschriften gehört, ist hier wie im Rahmen von § 80 Abs. 1 Nr. 1 zu verstehen (s. § 80 Rn. 5 ff.). Die Überwachung bezieht sich auf alle Rechtsnormen, die zugunsten der jugendlichen und auszubildenden Arbeitnehmer bestehen; jedoch ist nicht erforderlich, dass sie ausschließlich für diese Arbeitnehmer gelten, sondern es genügt, dass sie auch sie erfassen (ebenso *Fitting*, § 70 Rn. 12; GK-*Oetker*, § 70 Rn. 27; HSWGNR-*Rose*, § 70 Rn. 26; DKK-*Trittin*, § 70 Rn. 15; *Hromadka*, DB 1971, 1964, 1965; zu eng *Brecht*, § 70 Rn. 4, wenn er verlangt, es müsse sich dabei um spezifische Angelegenheiten der jugendlichen Arbeitnehmer handeln). Hierher gehört vor allem die Durchführung des Jugendarbeitsschutzgesetzes und des Berufsbildungsgesetzes sowie die Durchführung der staatlichen Arbeitsschutzvorschriften und der Unfallverhütungsvorschriften, sofern sie sich auch auf jugendliche und auszubildende Arbeitnehmer beziehen.

13 b) Die Überwachung ist eine **Pflichtaufgabe der Jugend- und Auszubildendenvertretung;** sie hat nicht nur das Recht, sondern auch die Pflicht, darauf zu achten, dass die für jugendliche oder auszubildende Arbeitnehmer geltenden Vorschriften durchgeführt werden. Die Jugend- und Auszubildendenvertretung wird aber dadurch **nicht** zu einem **dem Arbeitgeber übergeordneten Kontrollorgan** (ebenso BAG 21. 1. 1982 AP BetrVG 1972 § 70 Nr. 1; *Fitting*, § 70 Rn. 14; HSWGNR-*Rose*, § 70 Rn. 28; *Hromadka*, DB 1971, 1964, 1965). Die Jugend- und Auszubildendenvertretung kann insbesondere nicht vom Arbeitgeber verlangen, dass untersucht wird, wie in jedem einzelnen Fall eine zum Schutz jugendlicher oder auszubildender Arbeitnehmer bestehende Vorschrift erfüllt wird. Falls Anlass für die Annahme besteht, dass der Arbeitgeber sie nicht durchführt, ist es Aufgabe der Jugend- und Auszubildendenvertretung, die jugendlichen oder auszubildenden Arbeitnehmer entsprechend zu beraten. Sie kann sich auch an den Arbeitgeber wenden, aber in erster Linie ist für sie der Betriebsrat zuständig, der nach § 80 Abs. 1 Nr. 1 ebenfalls die gleiche Überwachungsaufgabe hat und gemäß § 80 Abs. 1 Nr. 3 beim Arbeitgeber auf Abhilfe hinzuwirken hat. Die Jugend- und Auszubildendenvertretung kann zur Wahrnehmung ihrer Überwachungsaufgabe die Arbeitsplätze der in § 60 Abs. 1 genannten Arbeitnehmer aufsuchen, ohne dass sie einen konkreten Verdacht

III. Unterrichtung der Jugend- und Auszubildendenvertretung durch den Betriebsrat § 70

der Nichtbeachtung einer für diese Arbeitnehmer geltenden Vorschrift darlegen muss; sie bedarf jedoch insoweit der Zustimmung des Betriebsrats, wobei auch gegenüber dem Betriebsrat nicht die Darlegung eines konkreten Verdachts notwendig ist (ebenso BAG 21. 1. 1982 AP BetrVG § 70 Nr. 1; GK-*Oetker,* § 70 Rn. 43; a. A. HSWGNR-*Rose,* § 70 Rn. 28). Der Betriebsrat darf die Zustimmung nur erteilen, soweit eine Überwachungsaufgabe wahrgenommen wird; denn auch er hat kein generelles Zugangsrecht zu den Arbeitsplätzen der Arbeitnehmer (s. § 39 Rn. 30).

3. Behandlung von Anregungen der in § 60 Abs. 1 genannten Arbeitnehmer

a) Zu den allgemeinen Aufgaben der Jugend- und Auszubildendenvertretung gehört 14 vor allem gemäß Nr. 3, **Anregungen von in § 60 Abs. 1 genannten Arbeitnehmern,** insbesondere in **Fragen der Berufsbildung,** entgegenzunehmen und, falls sie berechtigt erscheinen, beim Betriebsrat auf eine Erledigung hinzuwirken. Obwohl der Begriff der Beschwerde hier nicht genannt wird, gehören hierher auch **Beschwerden** jugendlicher oder auszubildender Arbeitnehmer (ebenso *Fitting,* § 70 Rn. 15; GK-*Oetker,* § 70 Rn. 45; HSWGNR-*Rose,* § 70 Rn. 33); denn unter Anregungen fallen Vorschläge und Beschwerden (s. § 80 Rn. 32). Ein in § 60 Abs. 1 genannter Arbeitnehmer hat zwar ebenso wie jeder Arbeitnehmer des Betriebs das individuelle Beschwerderecht nach § 84, und er kann auch das in § 85 geregelte kollektive, betriebsverfassungsrechtliche Beschwerdeverfahren über den Betriebsrat wählen. Das schließt aber nicht aus, dass er seine Beschwerde bei der Jugend- und Auszubildendenvertretung anbringt, die ihrerseits, falls sie die Beschwerde für berechtigt hält, beim Betriebsrat auf eine Erledigung hinzuwirken hat.

b) Die **Jugend- und Auszubildendenvertretung** ist **verpflichtet, die Anregung entgegen-** 15 **zunehmen,** wobei auch hier das Gesetz Anregungen in Fragen der Berufsbildung besonders betont. Sie hat sich in einer Sitzung mit der Anregung zu befassen und, **falls sie berechtigt** erscheint, **beim Betriebsrat auf eine Erledigung hinzuwirken.** Da es sich hier stets um eine Angelegenheit handelt, die besonders die in § 60 Abs. 1 genannten Arbeitnehmer betrifft, kann sie beim Betriebsrat beantragen, die Angelegenheit auf die Tagesordnung der nächsten Betriebsratssitzung zu setzen (§ 67 Abs. 3 Satz 1). Es besteht in diesem Fall ein Teilnahmerecht für alle Jugend- und Auszubildendenvertreter (§ 67 Abs. 1 Satz 2), und bei den Besprechungen mit dem Arbeitgeber hat der Betriebsrat die Jugend- und Auszubildendenvertretung beizuziehen (§ 68).

c) Die Jugend- und Auszubildendenvertretung ist verpflichtet, die **betroffenen Arbeit-** 16 **nehmer über den Stand und das Ergebnis der Verhandlungen zu informieren** (Abs. 1 Nr. 3 Satz 2). Kann sie nicht in angemessener Frist mitteilen, zu welchem Ergebnis ihre Bemühungen geführt haben, so hat sie einen Zwischenbescheid zu erteilen.

d) Durch Nr. 3 wird lediglich eine Aufgabe der Jugend- und Auszubildendenvertre- 17 tung umschrieben. Der **jugendliche** oder **auszubildende Arbeitnehmer** braucht sich nicht mit Anregungen an sie zu wenden, sondern kann die Angelegenheit **unmittelbar dem Betriebsrat vortragen** (vgl. § 80 Abs. 1 Nr. 3; ebenso *Fitting,* § 70 Rn. 15; HSWGNR-*Rose,* § 70 Rn. 39; DKK-*Trittin,* § 70 Rn. 21).

III. Unterrichtung der Jugend- und Auszubildendenvertretung durch den Betriebsrat

1. Recht gegenüber dem Betriebsrat

Die Jugend- und Auszubildendenvertretung ist **vom Betriebsrat rechtzeitig und umfas-** 18 **send zu unterrichten,** um ihre Aufgaben nach diesem Gesetz durchführen zu können (Abs. 2 Satz 1). Die Unterrichtung obliegt allein dem Betriebsrat. Ein **Informationsrecht gegen den Arbeitgeber** hat die Jugend- und Auszubildendenvertretung **nicht** (ebenso

Fitting, § 70 Rn. 20; GK-*Oetker,* § 70 Rn. 56; HSWGNR-*Rose,* § 70 Rn. 44; DKK-*Trittin,* § 70 Rn. 27).

2. Inhalt und Umfang der Unterrichtung

19 a) Die Unterrichtungspflicht beschränkt sich nicht nur auf die in Abs. 1 genannten Aufgaben, sondern sie erstreckt sich auf **alle Aufgaben,** die der Jugend- und Auszubildendenvertretung nach dem Gesetz obliegen. Deshalb ist sie über alle Angelegenheiten zu informieren, bei denen besondere Belange der jugendlichen Arbeitnehmer oder der Berufsauszubildenden eine Rolle spielen. Die Unterrichtungspflicht bezieht sich auf Mitteilung über Tatsachen und Rechtsauskünfte (ebenso *Fitting,* § 70 Rn. 20; GK-*Oetker,* § 70 Rn. 61; HSWGNR-*Rose,* § 70 Rn. 45).

20 b) Der **Betriebsrat** hat die Jugend- und Auszubildendenvertretung **von sich aus zu unterrichten;** es bedarf keines besonderen Antrags der Jugend- und Auszubildendenvertretung (ebenso *Fitting,* § 70 Rn. 21; GK-*Oetker,* § 70 Rn. 57; HSWGNR-*Rose,* § 70 Rn. 45; DKK-*Trittin,* § 70 Rn. 32). Die Unterrichtung kann schriftlich, aber auch mündlich erfolgen, sofern nicht dem Unterrichtungszweck nur durch eine bestimmte Form genügt werden kann. Sie ist **rechtzeitig** vorzunehmen, so dass die Jugend- und Auszubildendenvertretung nicht vor vollendete Tatsachen gestellt wird, und sie hat **umfassend** zu geschehen, muss also so vollständig sein, dass die Jugend- und Auszubildendenvertretung die notwendige Kenntnis erlangt, um ihre Aufgaben nach diesem Gesetz durchzuführen.

21 c) Eine Konkretisierung der Unterrichtungspflicht ergibt sich daraus, dass für **Angelegenheiten,** die **besonders** die **in § 60 Abs. 1 genannten Arbeitnehmer** betreffen (s. dazu § 67 Rn. 12 f.), die Jugend- und Auszubildendenvertretung gegenüber dem Betriebsrat ein **Vorberatungsrecht** hat (§ 67 Abs. 3 Satz 2). Die Jugend- und Auszubildendenvertretung ist nicht darauf verwiesen, dass der Betriebsrat sie unterrichtet, sondern sie kann ihrerseits vom Betriebsrat verlangen, dass er ihr in einer Angelegenheit, die zu ihren Aufgaben gehört, die erforderlichen Informationen gibt.

3. Vorlage von Unterlagen

22 Die Jugend- und Auszubildendenvertretung kann verlangen, dass ihr der **Betriebsrat** die **zur Durchführung ihrer Aufgaben erforderlichen Unterlagen zur Verfügung stellt** (Abs. 2 Satz 2). Diese Pflicht ergänzt die Unterrichtungspflicht; sie besteht für den Betriebsrat aber nur **auf Verlangen der Jugend- und Auszubildendenvertretung.**

23 a) Der Anspruch der Jugend- und Auszubildendenvertretung bezieht sich auf die **zur Durchführung ihrer Aufgaben erforderlichen Unterlagen.** Es sind deshalb nur die Unterlagen zur Verfügung zu stellen, die sie benötigt, um ihre Aufgaben ordnungsgemäß wahrzunehmen (ebenso *Fitting,* § 70 Rn. 23; GK-*Oetker,* § 70 Rn. 59; HSWGNR-*Rose,* § 70 Rn. 49, 52).

24 b) Der Betriebsrat hat die Unterlagen **nur auf Verlangen der Jugend- und Auszubildendenvertretung** zur Verfügung zu stellen. Voraussetzung ist, dass er in der Lage ist, die geforderten Unterlagen vorzulegen. Doch ist hier zu berücksichtigen, dass ihm nach § 80 Abs. 2 Satz 1 auf sein Verlangen vom Arbeitgeber die zur Durchführung seiner Aufgaben erforderlichen Unterlagen zur Verfügung zu stellen sind. Deshalb ist er verpflichtet, an den Arbeitgeber heranzutreten, wenn er zu dem Ergebnis gelangt, dass für die Jugend- und Auszubildendenvertretung bestimmte Unterlagen erforderlich sind, damit diese ihre Aufgaben sachgerecht erfüllen kann (ebenso im Ergebnis *Fitting,* § 70 Rn. 23; GK-*Oetker,* § 70 Rn. 62; DKK-*Trittin,* § 70 Rn. 29).

25 Zu den **Unterlagen,** die auf Verlangen zur Verfügung zu stellen sind, können Gesetzestexte, Tarifbestimmungen und uU auch Literatur gehören, soweit sie einen Bezug zur Wahrnehmung der Aufgaben haben, die der Jugend- und Auszubildendenvertretung nach dem Gesetz obliegen. Soweit sie den Anspruch auf die Überwachungsaufgabe

III. Unterrichtung der Jugend- und Auszubildendenvertretung durch den Betriebsrat § 70

stützt, ist wie beim Anspruch des Betriebsrats gegen den Arbeitgeber keine Voraussetzung, dass sie Anlass für die Annahme hat, dass die zugunsten der jugendlichen oder auszubildenden Arbeitnehmer bestehenden Rechtsvorschriften nicht durchgeführt werden (s. auch § 80 Rn. 16).

Der hier in Abs. 2 Satz 2 geregelte Anspruch ist dem Anspruch des Betriebsrats nach 26 § 80 Abs. 2 Satz 2 nachgebildet. Da im Gegensatz zu dort keine Regelung über das Einsichtsrecht in die Bruttolohn- und -gehaltslisten gegeben wird, ist daraus abzuleiten, dass die Jugend- und Auszubildendenvertretung **nicht** verlangen kann, **Einsicht in die Listen über die Bruttolöhne und -gehälter** zu erhalten, auch soweit es lediglich um die Löhne oder Gehälter der in § 60 Abs. 1 genannten Arbeitnehmer geht (ebenso ErfK-*Koch*, § 70 Rn. 6; *Fitting*, § 70 Rn. 24; GK-*Oetker*, § 70 Rn. 68; HSWGNR-*Rose*, § 70 Rn. 52). Die Jugend- und Auszubildendenvertretung kann lediglich anregen, dass der Betriebsrat in die Bruttolohn- und -gehaltslisten nach § 80 Abs. 2 Satz 2 Einblick nehmen lässt und ihr das Ergebnis mitteilt (zu weitgehend, soweit angenommen wird, dass eine entsprechende Pflicht des Betriebsrats besteht, ErfK-*Koch*, § 70 Rn. 6; *Weiss/ Weyand*, § 70 Rn. 9; denn die Jugend- und Auszubildendenvertretung kann dem Betriebsrat keine Weisungen erteilen, sondern lediglich Anregungen geben, die der Betriebsrat nur zu verfolgen braucht, wenn er sie für berechtigt hält).

c) Die Unterlagen sind nur **zur Verfügung zu stellen.** Es gilt insoweit Gleiches wie nach 27 § 80 Abs. 2 Satz 2 Halbsatz 1 (s. dort Rn. 67). Adressat ist hier aber nicht der Arbeitgeber, sondern der Betriebsrat. Er muss die Unterlagen aus der Hand geben; jedoch darf dadurch die Betriebsratsarbeit nicht behindert werden (ebenso im Ergebnis GK-*Oetker*, § 70 Rn. 70; HSWGNR-*Rose*, § 70 Rn. 54).

d) Von der Pflicht des Betriebsrats, der Jugend- und Auszubildendenvertretung auf 28 Verlangen erforderliche Unterlagen zur Verfügung zu stellen, ist die **Pflicht des Arbeitgebers** zu unterscheiden, den **Sachaufwand für die Jugend- und Auszubildendenvertretung** zu tragen (§ 65 Abs. 1 i. V. mit § 40 Abs. 2). Bei der Erforderlichkeit des Sachaufwands ist zu berücksichtigen, dass die Jugend- und Auszubildendenvertretung in ihrer Aufgabenwahrnehmung dem Betriebsrat zugeordnet ist. Verlangt sie zur Erfüllung ihrer Aufgaben Räume, sachliche Mittel und Büropersonal, so richtet sich dieser Anspruch nicht gegen den Betriebsrat, sondern unmittelbar gegen den Arbeitgeber. Da die Jugend- und Auszubildendenvertretung aber allein keine gegenüber dem Arbeitgeber wirksamen Beschlüsse fassen kann (vgl. BAG 20. 11. 1973 AP BetrVG 1972 § 65 Nr. 1), kann den Anspruch nur der Betriebsrat geltend machen. Dieser hat aber ein entsprechendes Verlangen der Jugend- und Auszubildendenvertretung, wenn er es für begründet hält, gemäß § 80 Abs. 1 Nr. 3 an den Arbeitgeber weiterzuleiten, damit dieser der Sachaufwandspflicht für die Geschäftsführung der Jugend- und Auszubildendenvertretung genügt.

4. Geheimhaltungspflicht

Der Betriebsrat hat nach allgemeiner Ansicht die Unterrichtung und Vorlage von Unter- 29 lagen zu verweigern, wenn dadurch **Betriebs- und Geschäftsgeheimnisse** offenbart werden, die unter die Geheimhaltungspflicht fallen (§ 79; ebenso *Fitting*, § 70 Rn. 22; GK-*Oetker*, § 70 Rn. 64; HSWGNR-*Rose*, § 70 Rn. 55; WP-*Roloff*, § 70 Rn. 9; DKK-*Trittin*, § 70 Rn. 30; *Weiss/Weyand*, § 70 Rn. 11). Begründet wird diese Auffassung damit, dass in § 79 Abs. 1 Satz 4 die Jugend- und Auszubildendenvertretung nicht genannt wird. Die Schlussfolgerung, die daraus gezogen wird, ist allerdings nicht zwingend; denn die Mitglieder der Jugend- und Auszubildendenvertretung sind nach § 79 Abs. 2 ebenfalls zur Geheimhaltung verpflichtet. Bedenken können nur deshalb bestehen, weil Mitglied der Jugend- und Auszubildendenvertretung sein kann, wer noch minderjährig ist.

Eine weitere Schranke ergibt sich daraus, dass die Mitglieder des Betriebsrats ver- 30 pflichtet sind, über die ihnen bei personellen Einzelmaßnahmen bekannt gewordenen

§ 70   Allgemeine Aufgaben

persönlichen Verhältnisse und Angelegenheiten der Arbeitnehmer, die ihrer Bedeutung oder ihrem Inhalt nach einer vertraulichen Behandlung bedürfen, Stillschweigen zu bewahren (§§ 99 Abs. 1 Satz 3, 102 Abs. 2 Satz 5). Da jedoch Angelegenheiten, die besonders die in § 60 Abs. 1 genannten Arbeitnehmer betreffen, vom Betriebsrat unter Teilnahme aller Jugend- und Auszubildendenvertreter behandelt werden (§ 67 Abs. 1 Satz 2) und die Jugend- und Auszubildendenvertreter Stimmrecht haben, soweit ein Beschluss des Betriebsrats überwiegend diese Arbeitnehmer betrifft (§ 67 Abs. 2), kann, wenn eine Beteiligung der Jugend- und Auszubildendenvertreter in diesen Fällen nicht ausgeschlossen werden soll, nicht verhindert werden, dass Jugend- und Auszubildendenvertreter auch Kenntnis von persönlichen Verhältnissen und Angelegenheiten jugendlicher und auszubildender Arbeitnehmer erhalten; denn anderenfalls sind sie nicht in der Lage, an der Mitwirkung und Mitbestimmung des Betriebsrats sachgerecht teilzunehmen. Soweit sie im Rahmen ihrer Mitwirkung an Beschlüssen des Betriebsrats vertrauliche Angaben über die persönlichen Verhältnisse und Angelegenheiten eines Arbeitnehmers erhalten, sind sie aber, obwohl für sie eine ausdrückliche Bestimmung im Gesetz fehlt, zur Verschwiegenheit verpflichtet (ebenso *Fitting*, § 70 Rn. 22; DKK-*Trittin*, § 70 Rn. 30 f.).

5. Rechtsfolgen bei Nichtbeachtung

31 Soweit der Betriebsrat die ihm obliegende Unterrichtungs- und Vorlagepflicht nicht erfüllt, kann darin eine grobe Amtspflichtverletzung liegen, die zur Auflösung des Betriebsrats berechtigt (§ 23 Abs. 1; ebenso *Fitting*, § 70 Rn. 26; GK-*Oetker*, § 70 Rn. 72). Vernachlässigt die Jugend- und Auszubildendenvertretung die Aufgaben, die das Gesetz ihr auferlegt, so kann auch sie bei einem groben Verstoß durch Beschluss des Arbeitsgerichts aufgelöst werden (§ 65 Abs. 1 i. V. mit § 23 Abs. 1; s. § 65 Rn. 5).

IV. Betätigungsrecht der Jugend- und Auszubildendenvertretung in der Betriebsverfassung

32 Die Jugend- und Auszubildendenvertretung kann die ihr nach dem Gesetz obliegenden Aufgaben grundsätzlich nur im **Zusammenwirken mit dem Betriebsrat** erfüllen (vgl. BAG 20. 11. 1973 AP BetrVG 1972 § 65 Nr. 1; BAG 10. 5. 1974 AP BetrVG 1972 § 65 Nr. 2 und 3; BAG 8. 2. 1977 AP BetrVG 1972 § 80 Nr. 10; BAG 21. 1. 1982 AP BetrVG 1972 § 70 Nr. 1). Das schließt aber nicht aus, dass die Jugend- und Auszubildendenvertretung sich auch unmittelbar an den Arbeitgeber wenden kann, z. B. zur Wahrnehmung ihrer Überwachungsaufgabe (s. Rn. 13). Jedoch kann sie **nicht unmittelbar Rechte gegenüber dem Arbeitgeber** geltend machen; denn die Vertretung der Interessen aller Arbeitnehmer einschließlich der Jugendlichen und Auszubildenden gegenüber dem Arbeitgeber obliegt dem Betriebsrat. Deshalb ist die Jugend- und Auszubildendenvertretung auf seine Mitwirkung angewiesen, wenn sie zur Durchführung ihrer Aufgaben Maßnahmen für erforderlich hält, die in die Rechtssphäre des Arbeitgebers eingreifen.

33 Wie der Betriebsrat zur Wahrnehmung seiner Aufgaben eine **Befragungsaktion im Betrieb** durchführen kann (s. § 80 Rn. 60), so ist auch eine Befragung jugendlicher Arbeitnehmer durch die Jugend- und Auszubildendenvertretung zulässig, soweit sich die Fragen im Rahmen der ihr obliegenden Aufgaben halten und Betriebsablauf und Betriebsfrieden nicht gestört werden (ebenso BAG 8. 2. 1977 AP BetrVG 1972 § 80 Nr. 10; siehe ferner *Fitting*, § 70 Rn. 4; DKK-*Trittin*, § 70 Rn. 9). Eine derartige Befragungsaktion setzt aber voraus, dass der Betriebsrat ihr zustimmt; denn gegenüber dem Arbeitgeber ist allein er berechtigt, sie durchzuführen. Aber auch mit Zustimmung des Betriebsrats ist sie nur insoweit zulässig, als es die Einzelfragen sind (ebenso *Schlüter/ Belling*, SAE 1978, 49). Will die Jugend- und Auszubildendenvertretung überprüfen, ob

I. Vorbemerkung

die zugunsten der in § 60 Abs. 1 genannten Arbeitnehmer bestehenden Schutzvorschriften eingehalten werden, so kann sie ebenfalls ein Mitglied der Jugend- und Auszubildendenvertretung nur mit Zustimmung des Betriebsrats damit beauftragen, die jugendlichen Arbeitnehmer an ihrem Arbeitsplatz aufzusuchen (ebenso BAG 21. 1. 1982 AP BetrVG 1972 § 70 Nr. 1; s. auch Rn. 13).

V. Streitigkeiten

Streitigkeiten zwischen dem Betriebsrat und der Jugend- und Auszubildendenvertretung über die Abgrenzung und Durchführung der Aufgaben, die der Jugend- und Auszubildendenvertretung übertragen sind, sowie über die Unterrichtungs- und Vorlagepflicht des Betriebsrats entscheidet das Arbeitsgericht im Beschlussverfahren (§ 2 a Abs. 1 Nr. 1, Abs. 2 i. V. mit §§ 80 ff. ArbGG). Gleiches gilt, wenn der Arbeitgeber der Jugend- und Auszubildendenvertretung eine Betätigung im Betrieb bestreitet. Die betriebsverfassungsrechtliche Streitigkeit wird in diesem Fall aber zwischen dem Arbeitgeber und dem Betriebsrat ausgetragen; jedoch ist auch die Jugend- und Auszubildendenvertretung Beteiligter (ebenso BAG 8. 2. 1977 AP BetrVG 1972 § 80 Nr. 10). 34

§ 71 Jugend- und Auszubildendenversammlung

¹Die Jugend- und Auszubildendenvertretung kann vor oder nach jeder Betriebsversammlung im Einvernehmen mit dem Betriebsrat eine betriebliche Jugend- und Auszubildendenversammlung einberufen. ²Im Einvernehmen mit Betriebsrat und Arbeitgeber kann die betriebliche Jugend- und Auszubildendenversammlung auch zu einem anderen Zeitpunkt einberufen werden. ³§ 43 Abs. 2 Satz 1 und 2, die §§ 44 bis 46 und § 65 Abs. 2 Satz 2 gelten entsprechend.

Übersicht

	Rn.
I. Vorbemerkung	1
II. Begriff und Versammlungsart der betrieblichen Jugend- und Auszubildendenversammlung	5
1. Zusammensetzung und Teilnahmerecht	5
2. Vollversammlung, Teilversammlung und Abteilungsversammlung als Versammlungsarten	8
III. Einberufung und Durchführung der betrieblichen Jugend- und Auszubildendenversammlung	10
1. Einberufung durch die Jugend- und Auszubildendenvertretung	10
2. Zahl und zeitliche Lage	12
3. Durchführung der betrieblichen Jugend- und Auszubildendenversammlung	15
4. Themen der betrieblichen Jugend- und Auszubildendenversammlung	20
5. Arbeitsbefreiung und Vergütung	25
6. Sachaufwand und Kosten	29
IV. Streitigkeiten	30

I. Vorbemerkung

Durch das BetrVG 1972 wurde die Möglichkeit geschaffen, eine Betriebsjugendversammlung durchzuführen. Die terminologische Änderung in Jugend- und Auszubildendenversammlung brachte das Gesetz zur Bildung von Jugend- und Auszubildendenvertretungen in den Betrieben vom 13. 7. 1988 (BGBl. I S. 1034). Es hat auch die Regelung in Satz 2 eingefügt, dadurch aber lediglich festgeschrieben, was der Rechtsprechung entsprach (vgl. BAG 15. 8. 1978 AP BetrVG 1972 § 23 Nr. 1; ebenso GK-*Oetker*, § 71 Rn. 38; nicht zutreffend, soweit eine Verbesserung gegenüber dem bisherigen Rechts- 1 zustand angenommen wird, BT-Ausschuss für Arbeit und Sozialordnung, BT-Drucks. 11/2474, S. 12). Die Gesetzesregelung ist nach wie vor lückenhaft; jedoch kann dieser Mangel durch die entsprechende Anwendung der für die Betriebsversammlung geltenden Grundsätze behoben werden, wobei allerdings dem Strukturunterschied zwischen Betriebsversammlung einerseits und Jugend- und Auszubildendenvertretung andererseits Rechnung zu tragen ist (zutreffend *Lunk*, NZA 1992, 534, 535).

2 Der Arbeitgeber kann Mitarbeiterversammlungen beschränkt auf die in § 60 Abs. 1 genannten Arbeitnehmer durchführen, darf damit aber nicht in das Recht der Jugend- und Auszubildendenvertretung zur Abhaltung von Jugend- und Auszubildendenversammlungen eingreifen (vgl. § 42 Rn. 52, 73).

3 Die Vorschrift ist weder auf die Gesamt- noch auf die Konzern-Jugend- und Auszubildendenvertretung – auch nicht entsprechend – anwendbar.

4 Im Personalvertretungsrecht findet sich eine ähnliche Bestimmung in § 63 BPersVG.

II. Begriff und Versammlungsart der betrieblichen Jugend- und Auszubildendenversammlung

1. Zusammensetzung und Teilnahmerecht

5 Die betriebliche Jugend- und Auszubildendenversammlung besteht aus den **jugendlichen Arbeitnehmern** und den **zu ihrer Berufsausbildung Beschäftigten des Betriebs,** die das **25. Lebensjahr noch nicht vollendet** haben (§ 60 Abs. 1). Außerdem gehören zu ihnen die Mitglieder der Jugend- und Auszubildendenvertretung, auch wenn sie nicht unter § 60 Abs. 1 fallen. Das ist zwar im Gesetz nicht ausdrücklich angeordnet, ergibt sich aber aus dem Sinn und Zweck der betrieblichen Jugend- und Auszubildendenversammlung (ebenso *Fitting*, § 71 Rn. 6; GK-*Oetker*, § 71 Rn. 13; HSWGNR-*Rose*, § 71 Rn. 7; DKK-*Trittin*, § 71 Rn. 8).

6 Teilnahmeberechtigt sind auch Arbeitnehmer anderer Arbeitgeber, die nach § 7 Satz 2 wahlberechtigt sind und zu den in § 60 Abs. 1 genannten Personen gehören (s. auch § 42 Rn. 7). Daneben sind Leiharbeitnehmer, die zu den in § 60 Abs. 1 genannten Arbeitnehmern gehören, gemäß § 14 Abs. 2 Satz 2 AÜG teilnahmeberechtigt.

7 Ein **Teilnahmerecht** haben der **Betriebsratsvorsitzende** oder ein beauftragtes Betriebsratsmitglied (Satz 3 i. V. mit § 65 Abs. 2 Satz 2), der **Arbeitgeber** (Satz 3 i. V. mit § 43 Abs. 2 Satz 2; s. auch dort Rn. 45 ff.) und, wenn dieser an der betrieblichen Jugend- und Auszubildendenversammlung teilnimmt, ein Beauftragter der Arbeitgebervereinigung, der er angehört (Satz 3 i. V. mit § 46 Abs. 1 Satz 2; zum Begriff der Arbeitgebervereinigung s. § 46 Rn. 19) sowie vor allem die **Beauftragten der im Betrieb vertretenen Gewerkschaften** (Satz 3 i. V. mit § 46 Abs. 1 Satz 1). Andere Personen haben kein Teilnahmerecht; denn die betriebliche Jugend- und Auszubildendenversammlung ist nicht öffentlich (s. Rn. 19).

2. Vollversammlung, Teilversammlung und Abteilungsversammlung als Versammlungsarten

8 Die betriebliche Jugend- und Auszubildendenversammlung kann **vor** oder **nach jeder Betriebsversammlung** einberufen werden (Satz 1), gleichgültig ob diese als ordentliche oder außerordentliche Betriebsversammlung oder auf Wunsch des Arbeitgebers oder eines Viertels der wahlberechtigten Arbeitnehmer einberufen wird. Da das Gesetz keine Verweisung auf § 42 Abs. 1 Satz 3 und § 42 Abs. 2 enthält oder sonst eine entsprechende Anordnung trifft, dürfte der Konzeption des Gesetzgebers entsprechen, dass stets eine Vollversammlung einzuberufen ist. Allerdings muss eine Abhaltung von Teilversammlungen in analoger Anwendung von § 42 Abs. 1 Satz 3 als zulässig angesehen werden, wenn wegen der Eigenart des Betriebs eine Versammlung aller der in § 60 Abs. 1

genannten Arbeitnehmer zum gleichen Zeitpunkt nicht stattfinden kann. Anderenfalls würde in solchen Fällen der mit § 71 verfolgte Zweck, eine Informations- und Aussprachemöglichkeit für alle in § 60 Abs. 1 genannten Arbeitnehmer zu schaffen (vgl. Begr. RegE, BT-Drucks. VI/1786, S. 45: Die in § 60 Abs. 1 genannten Arbeitnehmer sollen Gelegenheit erhalten, „ihre Angelegenheiten unter sich zu erörtern") in nicht zu rechtfertigendem Ausmaß verfehlt (im Ergebnis ebenso ErfK-*Koch*, § 71 Rn. 1; *Fitting*, § 71 Rn. 8; GK-*Oetker*, § 71 Rn. 15 f.; *Lunk*, NZA 1992, 534, 540; a. A. *Brecht*, § 71 Rn. 3; MünchArbR-*Joost*, § 229 Rn. 12; HSWGNR-*Rose*, § 71 Rn. 17). Dabei ist allein auf die Verhältnisse bei den in § 60 Abs. 1 genannten Arbeitnehmern abzustellen, so dass eine Teilversammlung nicht schon immer dann zulässig ist, wenn die Betriebsversammlung ihrerseits als Teilversammlung stattgefunden hat (so aber *Richardi*, 7. Aufl., Rn. 4).

Nicht zulässig ist hingegen, dass eine betriebliche Jugend- und Auszubildendenversammlung als **Abteilungsversammlung** durchgeführt wird (ebenso *Brecht*, § 71 Rn. 3; *Fitting*, § 71 Rn. 8; MünchArbR-*Joost*, § 229 Rn. 12; *Lunk*, NZA 1992, 534, 540; GK-*Oetker*, § 71 Rn. 17 f.; WP-*Roloff*, § 71 Rn. 6; HSWGNR-*Rose*, § 71 Rn. 16; a. A. *Richardi*, 7. Aufl., Rn. 5; ErfK-*Koch*, § 71 Rn. 1; DKK-*Trittin*, § 71 Rn. 7; *Weiss/Weyand*, § 71 Rn. 3). Hier ist die vom Gesetz getroffene Entscheidung für eine Zusammenfassung der in § 60 Abs. 1 genannten Arbeitnehmer zu einer einheitlichen Interessengemeinschaft vorrangig.

III. Einberufung und Durchführung der betrieblichen Jugend- und Auszubildendenversammlung

1. Einberufung durch die Jugend- und Auszubildendenvertretung

Die Jugend- und Auszubildendenvertretung beruft die betriebliche Jugend- und Auszubildendenversammlung **im Einvernehmen mit dem Betriebsrat** ein (Satz 1). Sie hat darüber in einer Sitzung einen Beschluss zu fassen, für den die einfache Stimmenmehrheit genügt (§ 65 Abs. 1 i. V. mit § 33 Abs. 1 Satz 2). Es besteht für sie keine Pflicht, die Versammlung in bestimmten zeitlichen Abständen oder auf Verlangen einzuberufen, sondern es liegt allein in ihrem Ermessen, ob sie stattfinden soll (ebenso *Fitting*, § 71 Rn. 10; GK-*Oetker*, § 71 Rn. 25; HSWGNR-*Rose*, § 71 Rn. 28).

Der Betriebsrat muss der Einberufung zustimmen (ebenso *Fitting*, § 71 Rn. 11; GK-*Oetker*, § 71 Rn. 29; HSWGNR-*Rose*, § 71 Rn. 24). Das geschieht durch Beschluss in einer Sitzung des Betriebsrats, in der alle Jugend- und Auszubildendenvertreter ein Teilnahmerecht haben (§ 67 Abs. 1 Satz 2); da der Beschluss überwiegend die in § 60 Abs. 1 genannten Arbeitnehmer betrifft, haben alle Jugend- und Auszubildendenvertreter ein Stimmrecht bei der Beschlussfassung (§ 67 Abs. 2; ebenso *Fitting*, § 71 Rn. 11; GK-*Oetker*, § 71 Rn. 30; HSWGNR-*Rose*, § 71 Rn. 24). Das Einvernehmen mit dem Betriebsrat ist nicht nur darauf zu beziehen, ob überhaupt eine Versammlung durchgeführt wird, sondern hat sich auch darauf zu erstrecken, zu welchem Zeitpunkt sie stattfindet und was in ihr besprochen werden soll. Die Tagesordnung muss daher feststehen; eine nachträgliche Änderung der Tagesordnung bedarf der Zustimmung des Betriebsrats (ebenso *Fitting*, § 71 Rn. 11). Doch wird dadurch nicht ausgeschlossen, dass in der betrieblichen Jugend- und Auszubildendenversammlung auch andere Themen behandelt werden, wenn sie von den jugendlichen Arbeitnehmern gestellt werden.

2. Zahl und zeitliche Lage

a) Die betriebliche Jugend- und Auszubildendenversammlung kann **vor** oder **nach jeder Betriebsversammlung** stattfinden. Dadurch wird ihrer **Zahl** eine Grenze gezogen, die nur im Einvernehmen mit Betriebsrat und Arbeitgeber überschritten werden darf. Jedoch spielt keine Rolle, in welcher Versammlungsart eine Betriebsversammlung durchgeführt wird. Deshalb kann die Versammlung auch vor oder nach einer als Teil- oder Abteilungsversammlung abgehaltenen Betriebsversammlung stattfinden (ebenso *Fitting*, § 71 Rn. 13; a. A. § 71 Rn. 30; GK-*Oetker*, § 71 Rn. 24: die Abhaltung von Abteilungsversammlungen berechtigt nicht zur Durchführung einer Jugend- und Auszubildendenversammlung). Dabei kann grundsätzlich nur für alle jeweils sachlich parallelen Teil- oder Abteilungsversammlungen gemeinsam eine Jugend- und Auszubildendenversammlung einberufen werden.

13 b) Für die **zeitliche Lage** gilt, dass die betriebliche Jugend- und Auszubildendenversammlung nur vor oder nach jeder Betriebsversammlung einberufen werden kann. Davon kann auch **mit Zustimmung des Betriebsrats nicht abgewichen** werden. Im **Einvernehmen mit Betriebsrat und Arbeitgeber** kann die betriebliche Jugend- und Auszubildendenversammlung aber zu einem **anderen Zeitpunkt** einberufen werden (Satz 2; s. auch Rn. 12).

14 Die Jugend- und Auszubildendenvertretung entscheidet im **Einvernehmen mit dem Betriebsrat**, ob die betriebliche Jugend- und Auszubildendenversammlung **vor oder nach der Betriebsversammlung** durchgeführt wird. Wegen des zeitlichen Zusammenhanges mit der Betriebsversammlung ist sie aber grundsätzlich für den Tag einzuberufen, an dem die Betriebsversammlung stattfindet (ebenso BAG 15. 8. 1978 AP BetrVG 1972 § 23 Nr. 1; WP-*Roloff*, § 71 Rn. 6). Ausnahmen kommen beispielsweise in Betracht, um den Besuch der Berufsschule zu ermöglichen, da eine Jugend- und Auszubildendenversammlung keine Befreiung von der Berufsschulpflicht rechtfertigt (vgl. GK-*Oetker*, § 71 Rn. 9, 51; *Lunk*, NZA 1992, 534, 539). Bei der Wahl des Zeitpunkts, ob die Versammlung vor oder nach der Betriebsversammlung durchgeführt wird, ist weiterhin zu beachten, dass sie grundsätzlich während der Arbeitszeit stattfindet (Satz 3 i. V. mit § 44 Abs. 1 Satz 1; s. dort Rn. 2 ff.).

3. Durchführung der betrieblichen Jugend- und Auszubildendenversammlung

15 a) Den Einberufungsbeschluss führt der **Vorsitzende der Jugend- und Auszubildendenvertretung** durch, indem er namens der Jugend- und Auszubildendenvertretung die betriebliche Jugend- und Auszubildendenversammlung zu dem festgesetzten Zeitpunkt einberuft. Ist er verhindert, so hat sein Stellvertreter die Einberufung durchzuführen.

16 Die Ladung zu der Versammlung hat **rechtzeitig unter Mitteilung der Tagesordnung** zu erfolgen. Auch der Arbeitgeber ist zu ihr unter Mitteilung der Tagesordnung einzuladen (Satz 3 i. V. mit § 43 Abs. 2 Satz 1); außerdem sind Zeitpunkt und Tagesordnung den im Betriebsrat vertretenen Gewerkschaften rechtzeitig schriftlich mitzuteilen (Satz 3 i. V. mit § 46 Abs. 2). Es ist Aufgabe des Vorsitzenden der Jugend- und Auszubildendenvertretung, dafür zu sorgen, dass die Ladung ordnungsgemäß erfolgt.

17 b) Wie die Betriebsversammlung hat auch die betriebliche Jugend- und Auszubildendenversammlung grundsätzlich **im Betrieb** stattzufinden; es gilt hier Gleiches wie bei der Betriebsversammlung (s. § 42 Rn. 16 ff.).

18 c) Das Gesetz trifft keine Bestimmung darüber, wem die **Leitung** der betrieblichen Jugend- und Auszubildendenversammlung obliegt. Trotzdem kann man davon ausgehen, dass sie von dem **Vorsitzenden der Jugend- und Auszubildendenvertretung** geleitet wird; denn anderenfalls hätte es einer ausdrücklichen Bestimmung im Gesetz bedurft, wenn insoweit der Vorsitzende der Jugend- und Auszubildendenvertretung nicht die gleichen Befugnisse hätte wie in der Betriebsversammlung der Vorsitzende des Betriebsrats (ebenso *Brecht*, § 71 Rn. 2; *Fitting*, § 71 Rn. 18; GK-*Oetker*, § 71 Rn. 43; HSWGNR-*Rose*, 71 Rn. 32; DKK-*Trittin*, § 71 Rn. 17; abweichend aber *Hromadka*, DB 1971, 1964, 1966, nach dem die Leitung der Jugend- und Auszubildendenvertretung und dem Betriebsrat gemeinsam obliegt, weil das Gesetz nicht den Vorschlag des

III. Einberufung und Durchführung   § 71

DGB übernommen habe, wonach der Vorsitzende der Jugend- und Auszubildendenvertretung die Jugendversammlung leitet; dagegen *Lunk*, NZA 1992, 534, 540 f.). Ebenso wie in einer Sitzung der Jugend- und Auszubildendenvertretung übt deren Vorsitzender das **Hausrecht** in dem Raum der betrieblichen Jugend- und Auszubildendenversammlung aus, und zwar auch dann, wenn der Arbeitgeber teilnimmt. Es gilt insoweit Gleiches wie für das Hausrecht während einer Betriebsversammlung (s. § 42 Rn. 23 ff.).

d) Obwohl eine Verweisung auf § 42 Abs. 1 Satz 2 fehlt, ist auch die betriebliche Jugend- und Auszubildendenversammlung **nicht öffentlich**. Das Gebot der Nichtöffentlichkeit ist ein allgemeiner Rechtsgrundsatz für alle Sitzungen der betriebsverfassungsrechtlichen Institutionen und gilt deshalb auch für die betriebliche Jugend- und Auszubildendenversammlung (ebenso *Fitting*, § 71 Rn. 5; GK-*Oetker*, § 71 Rn. 45; HSWGNR-*Rose*, § 71 Rn. 11). Sachverständige und Auskunftspersonen kann die Jugend- und Auszubildendenvertretung nur mit Zustimmung des Betriebsrats hören (s. auch § 42 Rn. 36).

19

4. Themen der betrieblichen Jugend- und Auszubildendenversammlung

a) Die betriebliche Jugend- und Auszubildendenversammlung kann sich nur mit den **besonderen Belangen der im Betrieb beschäftigten jugendlichen und auszubildenden Arbeitnehmer** befassen, d. h. mit Fragen, die zum Aufgabenbereich der Jugend- und Auszubildendenvertretung gehören. Ihre Zuständigkeit deckt sich mit dem Tätigkeitskreis der Jugend- und Auszubildendenvertretung; jedenfalls ist das der Sinn der Verweisung auf § 45 in Satz 3 (ebenso *Fitting*, § 71 Rn. 21; GK-*Oetker*, § 71 Rn. 46; HSWGNR-*Rose*, § 71 Rn. 38; *Rotermund*, Interessenwahrnehmung, S. 165 ff.; a. A. MünchArbR-*Joost*, § 229 Rn. 15: „alle Angelegenheiten, die den Betrieb oder seine Arbeitnehmer unmittelbar betreffen").

20

Die Jugend- und Auszubildendenversammlung darf deshalb nur Themen behandeln, die unmittelbar die im Betrieb beschäftigten jugendlichen und auszubildenden Arbeitnehmer betreffen; unter dieser Einschränkung gehören hierher auch Angelegenheiten tarifpolitischer, sozialpolitischer und wirtschaftlicher Art. Es gilt hier für die Abgrenzung das Gleiche wie bei der Betriebsversammlung (s. § 45 Rn. 5 ff.). Ebenso darf die Jugend- und Auszubildendenversammlung Fragen der Geschlechtergleichstellung sowie der Vereinbarkeit von Beruf und Familie oder der Integration ausländischer Arbeitnehmer im Betrieb behandeln, sofern die Belange der in § 60 Abs. 1 genannten Arbeitnehmer betroffen sind. Hingegen ist die Behandlung allgemeiner Fragen des betrieblichen Umweltschutzes nicht gestattet, da die Jugend- und Auszubildendenvertretung insoweit keine Aufgaben hat, wie sich aus dem Fehlen einer der Bestimmung in § 80 Abs. 1 Nr. 9 vergleichbaren Regelung in § 70 Abs. 1 ergibt. Etwas anderes gilt allerdings dann, wenn Maßnahmen des betrieblichen Umweltschutzes die in § 60 Abs. 1 genannten Arbeitnehmer konkret betreffen.

21

Vor allem finden auch die **Grundsätze des § 74 Abs. 2** Anwendung (Satz 3 i. V. mit § 45). Es gilt insbesondere das **Verbot parteipolitischer Betätigung**.

22

Welche Folgen sich für den Charakter der betrieblichen Jugend- und Auszubildendenversammlung daraus ergeben, dass der Zuständigkeitsbereich überschritten wird, ist ebenso zu entscheiden wie bei der Betriebsversammlung (s. ausführlich § 45 Rn. 32 f.).

23

b) Die betriebliche Jugend- und Auszubildendenversammlung ist **nicht** darauf beschränkt, **Erklärungen des Betriebsratsvorsitzenden** oder eines mit der Teilnahme an der Versammlung beauftragten Betriebsratsmitglieds, **Erklärungen der Jugend- und Auszubildendenvertretung** oder Erklärungen des Arbeitgebers **entgegenzunehmen**; sie ist vielmehr das Forum der freien Meinungsäußerung in allen Angelegenheiten, die die besonderen Belange der in § 60 Abs. 1 genannten Arbeitnehmer des Betriebs unmittel-

24

bar betreffen. Daher haben die Arbeitnehmer nicht nur das Recht, Fragen zu stellen, sondern sie können zu den aufgeworfenen Fragen auch Stellung nehmen. Das Recht zur Stellungnahme haben alle Teilnahmeberechtigten und nicht nur die in § 60 Abs. 1 genannten Arbeitnehmer (ErfK-*Koch,* § 71 Rn. 3; GK-*Oetker,* § 71 Rn. 55). Die betriebliche Jugend- und Auszubildendenversammlung kann insbesondere der Jugend- und Auszubildendenvertretung **Anträge** unterbreiten und zu ihren Beschlüssen **Stellung nehmen** (Satz 3 i. V. mit § 45 Satz 2). Gleiches gilt auch gegenüber Beschlüssen des Betriebsrats, die für die in § 60 Abs. 1 genannten Arbeitnehmer besondere Bedeutung haben. Der Beschluss der betrieblichen Jugend- und Auszubildendenversammlung hat ebenso wie ein Beschluss der Betriebsversammlung keine unmittelbare bindende Wirkung, weder für die Jugend- und Auszubildendenvertretung noch für den Betriebsrat. Allerdings wird man auch hier annehmen müssen, dass sich die Jugend- und Auszubildendenvertretung binnen angemessener Zeit mit einem Antrag der Jugend- und Auszubildendenversammlung befassen muss. Stimmberechtigt sind in der Jugend- und Auszubildendenversammlung nur die in § 60 Abs. 1 genannten Arbeitnehmer, auch wenn andere Personen berechtigterweise teilnehmen.

5. Arbeitsbefreiung und Vergütung

25 a) Findet die betriebliche Jugend- und Auszubildendenversammlung während der Arbeitszeit statt, so haben die teilnahmeberechtigten Arbeitnehmer **Anspruch auf Arbeitsbefreiung.**

26 b) Die **Zeit der Teilnahme** einschließlich der zusätzlichen Wegezeiten ist den Arbeitnehmern **wie Arbeitszeit zu vergüten,** und die Fahrkosten sind ihnen zu erstatten, wenn die Versammlung vor oder nach einer der in § 43 Abs. 1 bezeichneten oder auf Wunsch des Arbeitgebers einberufenen Betriebsversammlungen stattfindet (Satz 3 i. V. mit § 44 Abs. 1 Satz 2 und 3; s. ausführlich dort Rn. 26 ff.; ebenso *Fitting,* § 71 Rn. 26; GK-*Oetker,* § 71 Rn. 52; HSWGNR-*Rose,* § 71 Rn. 36).

27 Findet die betriebliche Jugend- und Auszubildendenversammlung im Zusammenhang mit einer Betriebsversammlung statt, die nur im Einvernehmen mit dem Arbeitgeber in die Arbeitszeit gelegt werden kann (§ 44 Abs. 2), so haben die Arbeitnehmer für die Teilnahme, wenn die Versammlung außerhalb der Arbeitszeit stattfindet, Anspruch weder auf Arbeitsentgelt noch auf Fahrkostenerstattung. Nur wenn die Betriebsversammlung im Einvernehmen mit dem Arbeitgeber während der Arbeitszeit durchgeführt wird, berechtigt die Teilnahme an einer vorher oder nachher durchgeführten Jugend- und Auszubildendenversammlung den Arbeitgeber nicht, das Arbeitsentgelt zu mindern (Satz 3 i. V. mit § 44 Abs. 2 Satz 2). Die Zeit der Teilnahme außerhalb der Arbeitszeit wird aber nicht wie Arbeitszeit vergütet, und es besteht auch kein Anspruch auf Erstattung der Fahrkosten (s. § 44 Rn. 45 ff.; ebenso *Fitting,* § 71 Rn. 28; GK-*Oetker,* § 71 Rn. 52).

28 Wird die betriebliche Jugend- und Auszubildendenversammlung gemäß Satz 2 im Einvernehmen mit Betriebsrat und Arbeitgeber nicht vor oder nach einer Betriebsversammlung, sondern zu einem anderen Zeitpunkt einberufen, so ergeben sich daraus keine verschiedenen vergütungsrechtlichen Konsequenzen (ebenso GK-*Oetker,* § 71 Rn. 52; *Lunk,* NZA 1992, 534, 537 f.).

6. Sachaufwand und Kosten

29 Wie bei der Betriebsversammlung hat der Arbeitgeber für die betriebliche Jugend- und Auszubildendenversammlung die erforderlichen Räume und sachlichen Mittel zur Verfügung zu stellen; er trägt die Kosten für die Durchführung der Versammlung (s. § 42 Rn. 16 ff., 30).

IV. Streitigkeiten

Streitigkeiten über die Zulässigkeit und Durchführung einer betrieblichen Jugend- und Auszubildendenversammlung entscheidet das Arbeitsgericht im Beschlussverfahren (§ 2a Abs. 1 Nr. 1, Abs. 2 i. V. mit §§ 80 ff. ArbGG). Streitigkeiten über den Anspruch der Arbeitnehmer auf das Arbeitsentgelt oder die Erstattung ihrer Fahrkosten für die Teilnahme an einer derartigen Versammlung werden dagegen im Urteilsverfahren entschieden (§ 2 Abs. 1 Nr. 3 lit. a, Abs. 5 i. V. mit §§ 46 ff. ArbGG).

Zweiter Abschnitt. Gesamt-Jugend- und Auszubildendenvertretung

§ 72 Voraussetzungen der Errichtung, Mitgliederzahl, Stimmengewicht

(1) Bestehen in einem Unternehmen mehrere Jugend- und Auszubildendenvertretungen, so ist eine Gesamt-Jugend- und Auszubildendenvertretung zu errichten.

(2) In die Gesamt-Jugend- und Auszubildendenvertretung entsendet jede Jugend- und Auszubildendenvertretung ein Mitglied.

(3) Die Jugend- und Auszubildendenvertretung hat für das Mitglied der Gesamt-Jugend- und Auszubildendenvertretung mindestens ein Ersatzmitglied zu bestellen und die Reihenfolge des Nachrückens festzulegen.

(4) Durch Tarifvertrag oder Betriebsvereinbarung kann die Mitgliederzahl der Gesamt-Jugend- und Auszubildendenvertretung abweichend von Absatz 2 geregelt werden.

(5) Gehören nach Absatz 2 der Gesamt-Jugend- und Auszubildendenvertretung mehr als zwanzig Mitglieder an und besteht keine tarifliche Regelung nach Absatz 4, so ist zwischen Gesamtbetriebsrat und Arbeitgeber eine Betriebsvereinbarung über die Mitgliederzahl der Gesamt-Jugend- und Auszubildendenvertretung abzuschließen, in der bestimmt wird, dass Jugend- und Auszubildendenvertretungen mehrerer Betriebe eines Unternehmens, die regional oder durch gleichartige Interessen miteinander verbunden sind, gemeinsam Mitglieder in die Gesamt-Jugend- und Auszubildendenvertretung entsenden.

(6) [1]Kommt im Fall des Absatzes 5 eine Einigung nicht zustande, so entscheidet eine für das Gesamtunternehmen zu bildende Einigungsstelle. [2]Der Spruch der Einigungsstelle ersetzt die Einigung zwischen Arbeitgeber und Gesamtbetriebsrat.

(7) [1]Jedes Mitglied der Gesamt-Jugend- und Auszubildendenvertretung hat so viele Stimmen, wie in dem Betrieb, in dem es gewählt wurde, in § 60 Abs. 1 genannte Arbeitnehmer in der Wählerliste eingetragen sind. [2]Ist ein Mitglied der Gesamt-Jugend- und Auszubildendenvertretung für mehrere Betriebe entsandt worden, so hat es so viele Stimmen, wie in den Betrieben, für die es entsandt ist, in § 60 Abs. 1 genannte Arbeitnehmer in den Wählerlisten eingetragen sind. [3]Sind mehrere Mitglieder der Jugend- und Auszubildendenvertretung entsandt worden, so stehen diesen die Stimmen nach Satz 1 anteilig zu.

(8) Für Mitglieder der Gesamt-Jugend- und Auszubildendenvertretung, die aus einem gemeinsamen Betrieb mehrerer Unternehmen entsandt worden sind, können durch Tarifvertrag oder Betriebsvereinbarung von Absatz 7 abweichende Regelungen getroffen werden.

Übersicht

	Rn.
I. Vorbemerkung	1
II. Voraussetzungen für die Errichtung der Gesamt-Jugend- und Auszubildendenvertretung	3
III. Errichtung der Gesamt-Jugend- und Auszubildendenvertretung	6
IV. Mitgliederzahl und Zusammensetzung der Gesamt-Jugend- und Auszubildendenvertretung	10
1. Mitgliederzahl, Entsendung und Abberufung	10
2. Ersatzmitglieder	13
3. Rechtsfolgen bei Nichtbeachtung	14
V. Abweichende Regelung über die Mitgliederzahl der Gesamt-Jugend- und Auszubildendenvertretung	15
1. Abweichung durch Tarifvertrag oder Betriebsvereinbarung	15

	Rn.
2. Notwendigkeit einer Regelung	17
3. Erhöhung und Verringerung der Mitgliederzahl	19
VI. Stimmgewicht der entsandten Mitglieder in der Gesamt-Jugend- und Auszubildendenvertretung	21
1. Stimmgewicht bei gesetzlicher Mitgliederzahl	21
2. Stimmgewicht bei Verringerung oder Erhöhung der Mitgliederzahl	22
3. Entsendung aus einem gemeinsamen Betrieb	24
4. Ausübung des Stimmrechts	25
VII. Streitigkeiten	27

I. Vorbemerkung

Das BetrVG 1972 hat die Bildung einer Gesamtjugendvertretung für den Fall eingeführt, dass in einem Unternehmen mehrere Jugendvertretungen bestehen. Durch das Gesetz zur Bildung von Jugend- und Auszubildendenvertretungen in den Betrieben vom 13. 7. 1988 (BGBl. I S. 1034) erfolgte die Umbenennung in die Gesamt-Jugend- und Auszubildendenvertretung ohne sonstige Änderung des Regelungsinhalts. Die Vorschrift regelt die Voraussetzungen der Errichtung, die Mitgliederzahl und das Stimmgewicht in enger Anlehnung an die Bestimmungen über den Gesamtbetriebsrat. Durch das BetrVerf-Reformgesetz vom 23. 7. 2001 (BGBl. I S. 1852) wurden Abs. 5 Satz 2 ersatzlos gestrichen und Abs. 8 neu angefügt. 1

Im Personalvertretungsrecht findet sich eine ähnliche Bestimmung in § 64 Abs. 2 BPersVG. 2

II. Voraussetzungen für die Errichtung der Gesamt-Jugend- und Auszubildendenvertretung

Die Gesamt-Jugend- und Auszubildendenvertretung ist zu errichten, wenn in einem Unternehmen mehrere Jugend- und Auszubildendenvertretungen bestehen (Abs. 1). Voraussetzung ist also auch hier wie beim Gesamtbetriebsrat, dass ein Unternehmen sich in mehrere selbstständige Betriebe gliedert (s. § 47 Rn. 4 ff.). 3

Voraussetzung ist weiterhin, dass die Betriebe jeweils eine Jugend- und Auszubildendenvertretung haben; denn die Gesamt-Jugend- und Auszubildendenvertretung wird von den Jugend- und Auszubildendenvertretungen der einzelnen Betriebe gebildet. Hat ein Unternehmen neben Betrieben mit einer Jugend- und Auszubildendenvertretung auch einen oder mehrere Betriebe, die keine Jugend- und Auszubildendenvertretung haben, so wird die Gesamt-Jugend- und Auszubildendenvertretung nur von den Betrieben gebildet, die eine Jugend- und Auszubildendenvertretung haben (ebenso HSWGNR-*Rose*, § 72 Rn. 3; s. auch § 47 Rn. 16). 4

Nach dem Gesetzeswortlaut ist die Bildung einer Gesamt-Jugend- und Auszubildendenvertretung nicht davon abhängig, dass im Unternehmen ein Gesamtbetriebsrat besteht. Doch ist hierbei zu berücksichtigen, dass eine Jugend- und Auszubildendenvertretung nur gebildet werden kann, wenn ein Betriebsrat vorhanden ist (s. § 60 Rn. 11). Bestehen deshalb in einem Unternehmen mehrere Jugend- und Auszubildendenvertretungen, so sind auch mehrere Betriebsräte vorhanden, so dass ein Gesamtbetriebsrat zu errichten ist (§ 47 Abs. 1). Daher kann eine Gesamt-Jugend- und Auszubildendenvertretung nur bestehen, wenn auch ein Gesamtbetriebsrat zu bilden ist (ebenso *Fitting*, § 72 Rn. 11; GK-*Oetker*, § 72 Rn. 10; HSWGNR-*Rose*, § 72 Rn. 4; a. A. DKK-*Trittin*, § 72 Rn. 6). Ist die Konstituierung des Gesamtbetriebsrats entgegen der Errichtungspflicht unterblieben, so wird dadurch die Bildung einer Gesamt-Jugend- und Auszubildendenvertretung zwar nicht ausgeschlossen (so aber MünchArbR-*Joost*, § 230 Rn. 3; 5

WP-*Roloff*, § 72 Rn. 6); da diese aber nur über den Gesamtbetriebsrat tätig werden kann, führt sie ein Schattendasein (ebenso *Fitting*, § 72 Rn. 11; GK-*Oetker*, § 72 Rn. 11; HSWGNR-*Rose*, § 72 Rn. 4).

III. Errichtung der Gesamt-Jugend- und Auszubildendenvertretung

6   Die Errichtung der Gesamt-Jugend- und Auszubildendenvertretung ist zwingend vorgeschrieben. Es besteht daher eine Rechtspflicht aller Jugend- und Auszubildendenvertretungen, sie zu bilden; jedoch ist auch hier wie beim Gesamtbetriebsrat nicht erforderlich, dass die Jugend- und Auszubildendenvertretungen einen Errichtungsbeschluss fassen. Vielmehr hat die Jugend- und Auszubildendenvertretung der Hauptverwaltung des Unternehmens oder, soweit hier eine Jugend- und Auszubildendenvertretung nicht besteht, die Jugend- und Auszubildendenvertretung des nach der Zahl der jugendlichen Arbeitnehmer größten Betriebs zur Wahl des Vorsitzenden und des stellvertretenden Vorsitzenden der Jugend- und Auszubildendenvertreter einzuladen (§ 73 Abs. 2 i. V. mit § 51 Abs. 2; s. auch § 73 Rn. 4).

7   Für ein Unternehmen kann nur eine Gesamt-Jugend- und Auszubildendenvertretung bestellt werden; es gilt hier Gleiches wie beim Gesamtbetriebsrat (s. § 47 Rn. 24; ebenso *Fitting*, § 72 Rn. 10; HSWGNR-*Rose*, § 72 Rn. 9).

8   Die Gesamt-Jugend- und Auszubildendenvertretung ist, wenn sie einmal gebildet ist, ebenso wie der Gesamtbetriebsrat eine Dauereinrichtung; sie hat keine Amtszeit (ebenso *Fitting*, § 72 Rn. 13; GK-*Oetker*, § 72 Rn. 15; HSWGNR-*Rose*, § 72 Rn. 10; DKK-*Trittin*, § 72 Rn. 10). Sie bleibt über die Wahlperiode der einzelnen Jugend- und Auszubildendenvertretungen hinaus bestehen; eine Abhängigkeit von der Amtszeit der einzelnen Jugend- und Auszubildendenvertretungen ergibt sich lediglich daraus, dass diese im Zweijahresrhythmus gewählt werden (§ 64).

9   Die Gesamt-Jugend- und Auszubildendenvertretung kann sich nicht selbst auflösen. Ein entsprechender Beschluss ist nichtig (*Fitting*, § 72 Rn. 13; GK-*Oetker*, § 72 Rn. 16).

IV. Mitgliederzahl und Zusammensetzung der Gesamt-Jugend- und Auszubildendenvertretung

1. Mitgliederzahl, Entsendung und Abberufung

10   Jede Jugend- und Auszubildendenvertretung entsendet in die Gesamt-Jugend- und Auszubildendenvertretung **ein Mitglied** (Abs. 2). Ein Sollgebot hinsichtlich der angemessenen Berücksichtigung der Geschlechter wie in § 47 Abs. 2 Satz 2 existiert nicht.

11   Die **Bestimmung des Mitglieds,** das in die Gesamt-Jugend- und Auszubildendenvertretung entsandt wird, erfolgt in einer Sitzung der Jugend- und Auszubildendenvertretung (§ 65 Abs. 2). Überwiegend wird unter Hinweis auf § 65 Abs. 1 i. V. mit § 33 Abs. 1 ein Beschluss mit einfacher Stimmenmehrheit verlangt (vgl. *Fitting*, § 72 Rn. 16; GK-*Oetker*, § 72 Rn. 21; HSWGNR-*Rose*, § 72 Rn. 14); jedoch kann – wie bei der Entsendung in den Gesamtbetriebsrat – die Jugend- und Auszubildendenvertretung durch Beschluss festlegen, dass es genügt, wenn ein Mitglied die meisten Stimmen auf sich vereinigt (s. § 47 Rn. 29). Ist überhaupt nur ein Jugend- und Auszubildendenvertreter vorhanden, so ist dieser auch Mitglied der Gesamt-Jugend- und Auszubildendenvertretung.

12   Die **Abberufung** des Jugend- und Auszubildendenvertreters von seinem Amt als Mitglied der Gesamt-Jugend- und Auszubildendenvertretung ist zulässig (§ 73 Abs. 2 i. V. mit § 49). Ist ein Mitglied von mehreren Jugend- und Auszubildendenvertretungen gemeinsam entsandt worden, kann es auch nur gemeinsam abberufen werden (vgl. dazu Begr. RegE, BT-Drucks. 14/5741, S. 45, anlässlich der Streichung von Abs. 5 Satz 2).

2. Ersatzmitglieder

Wie beim Gesamtbetriebsrat bestimmt das Gesetz, dass die Jugend- und Auszubildendenvertretung für jedes Mitglied der Gesamt-Jugend- und Auszubildendenvertretung **mindestens ein Ersatzmitglied** zu bestellen hat und die **Reihenfolge des Nachrückens** festlegen muss (Abs. 3). Das Ersatzmitglied rückt nach, wenn das entsandte Mitglied aus der Gesamt-Jugend- und Auszubildendenvertretung ausscheidet; es ist sein Vertreter, wenn das Mitglied der Gesamt-Jugend- und Auszubildendenvertretung zeitweilig verhindert ist (§ 73 Abs. 2 i. V. mit § 25 Abs. 1; s. ausführlich § 73 Rn. 15). 13

3. Rechtsfolgen bei Nichtbeachtung

Sind die Voraussetzungen für die Errichtung einer Gesamt-Jugend- und Auszubildendenvertretung gegeben, so ist jede Jugend- und Auszubildendenvertretung verpflichtet, ein Mitglied in die Gesamt-Jugend- und Auszubildendenvertretung zu entsenden, für dieses Mitglied ein Ersatzmitglied zu bestellen und die Reihenfolge des Nachrückens festzulegen. Unterlässt sie dies, so bedeutet das eine grobe Pflichtverletzung, die nach § 65 Abs. 1 i. V. mit § 23 Abs. 1 zur Auflösung der Jugend- und Auszubildendenvertretung führen kann (ebenso *Fitting*, § 72 Rn. 18; GK-*Oetker*, § 72 Rn. 14). Ist nur ein Jugend- und Auszubildendenvertreter vorhanden, so dass dieser von Amts wegen Mitglied der Gesamt-Jugend- und Auszubildendenvertretung ist, und kommt er seinen Verpflichtungen als Mitglied der Gesamt-Jugend- und Auszubildendenvertretung nicht nach, so liegt darin nicht nur eine grobe Amtspflichtverletzung, die nach § 73 Abs. 2 i. V. mit § 48 zum Ausschluss aus der Gesamt-Jugend- und Auszubildendenvertretung berechtigt, sondern es ist zugleich eine grobe Amtspflichtverletzung gegeben, die nach § 65 Abs. 1 i. V. mit § 23 Abs. 1 zur Amtsenthebung berechtigt (s. auch § 65 Rn. 15). 14

V. Abweichende Regelung über die Mitgliederzahl der Gesamt-Jugend- und Auszubildendenvertretung

1. Abweichung durch Tarifvertrag oder Betriebsvereinbarung

Das Gesetz erlaubt wie beim Gesamtbetriebsrat, dass durch Tarifvertrag oder Betriebsvereinbarung die **Mitgliederzahl** der Gesamt-Jugend- und Auszubildendenvertretung **abweichend vom Gesetz** geregelt wird (Abs. 4). Dadurch soll verhindert werden, dass in einem Unternehmen aus wenigen Betrieben eine zu kleine Gesamt-Jugend- und Auszubildendenvertretung besteht, ebenso wie umgekehrt bei einem in sehr viele Betriebe gegliederten Unternehmen die Möglichkeit gegeben wird, die Mitgliederzahl der Gesamt-Jugend- und Auszubildendenvertretung zu verkleinern, um ein arbeitsfähiges Gremium zu schaffen. Gehören der Gesamt-Jugend- und Auszubildendenvertretung mehr als zwanzig Mitglieder an, so besteht sogar eine Regelungsnotwendigkeit (Abs. 5; s. Rn. 17). 15

Die abweichende Regelung kann durch **Tarifvertrag** oder durch **Betriebsvereinbarung** erfolgen. Es gilt hier Gleiches wie beim Tarifvertrag oder der Betriebsvereinbarung über die Mitgliederzahl eines Gesamtbetriebsrats (s. § 47 Rn. 47 ff.). Auch bei Abs. 4 ist der Tarifvorrang zu beachten (ErfK-*Koch*, § 72 Rn. 3; *Fitting*, § 72 Rn. 34; a. A. GK-*Oetker*, § 72 Rn. 36: Prioritätsprinzip). Die Betriebsvereinbarung ist zwischen dem Arbeitgeber und dem Gesamtbetriebsrat zu schließen; denn weder die Jugend- und Auszubildendenvertretung noch die Gesamt-Jugend- und Auszubildendenvertretung sind funktionell zuständig, eine Betriebsvereinbarung mit dem Arbeitgeber abzuschließen (ebenso *Brecht*, § 72 Rn. 6; *Fitting*, § 72 Rn. 35; GK-*Oetker*, § 72 Rn. 33; HSWGNR-*Rose*, § 72 Rn. 22; DKK-*Trittin*, § 72 Rn. 17). Bei der Beschlussfassung im 16

Gesamtbetriebsrat haben aber alle Mitglieder der Gesamt-Jugend- und Auszubildendenvertretung Stimmrecht (§ 73 Abs. 2 i. V. mit § 67 Abs. 2; s. zum Stimmengewicht Rn. 21).

2. Notwendigkeit einer Regelung

17 a) Gehören der **Gesamt-Jugend- und Auszubildendenvertretung** nach dem Gesetz **mehr als zwanzig Mitglieder** an, so muss eine **Regelung über ihre Mitgliederzahl** erfolgen (Abs. 5). Sie ist also nur dann notwendig, wenn das Unternehmen sich in mindestens 21 Betriebe gliedert. Die Regelung kann durch Tarifvertrag oder durch Gesamtbetriebsvereinbarung erfolgen. Der Tarifvertrag hat Vorrang (insoweit ebenso auch GK-*Oetker*, § 72 Rn. 38); nur wenn eine tarifliche Regelung fehlt, ist zwischen Gesamtbetriebsrat und Arbeitgeber eine Betriebsvereinbarung über die Mitgliederzahl der Jugend- und Auszubildendenvertretung abzuschließen. Auch hier ist wie beim Gesamtbetriebsrat davon auszugehen, dass Zweck der Regelungsnotwendigkeit die Verkleinerung der Gesamt-Jugend- und Auszubildendenvertretung ist (s. ausführlich § 47 Rn. 66).

18 b) Soweit eine **Regelung durch Betriebsvereinbarung notwendig** ist, entscheidet, wenn sie nicht zustande kommt, eine für das Gesamtunternehmen zu bildende **Einigungsstelle** (Abs. 6 Satz 1). Ihr Spruch ersetzt die Betriebsvereinbarung (Abs. 6 Satz 2). Wie für deren Abschluss ist im Einigungsverfahren auf der Arbeitnehmerseite der Gesamtbetriebsrat zuständig. Es gilt das Gleiche wie für das verbindliche Einigungsverfahren über die Mitgliederzahl eines Gesamtbetriebsrats (s. § 47 Rn. 63 ff.).

3. Erhöhung und Verringerung der Mitgliederzahl

19 Durch Tarifvertrag oder – soweit keine Regelungsnotwendigkeit besteht – Betriebsvereinbarung kann die **Mitgliederzahl gegenüber dem Gesetz erhöht** werden. Aus dem Zweck der Regelungsnotwendigkeit ergibt sich aber eine Grenze insoweit, als die Gesamt-Jugend- und Auszubildendenvertretung nicht mehr als zwanzig Mitglieder haben soll (s. auch § 47 Rn. 55; vgl. auch GK-*Oetker*, § 72 Rn. 40: „Bei einer Verringerung durch Betriebsvereinbarung muss die Zahl 21 unterschritten werden"). Durch die Erhöhung der Mitgliederzahl ändert sich nicht das Stimmengewicht (Abs. 7 Satz 3; s. auch Rn. 23).

20 Vor allem kann die Mitgliederzahl **verringert** werden; bei Regelungsnotwendigkeit muss sie verkleinert werden (s. Rn. 17). In der Gesamtbetriebsvereinbarung ist zu bestimmen, dass Jugend- und Auszubildendenvertretungen mehrerer Betriebe eines Unternehmens, die regional oder durch gleichartige Interessen miteinander verbunden sind, gemeinsam Mitglieder in die Gesamt-Jugend- und Auszubildendenvertretung entsenden (Abs. 5; s. dazu auch § 47 Rn. 56).

VI. Stimmengewicht der entsandten Mitglieder in der Gesamt-Jugend- und Auszubildendenvertretung

1. Stimmengewicht bei gesetzlicher Mitgliederzahl

21 Für das Stimmengewicht der Mitglieder der Gesamt-Jugend- und Auszubildendenvertretung wird ähnlich wie beim Gesamtbetriebsrat auf die **Zahl der von der Jugend- und Auszubildendenvertretung repräsentierten Arbeitnehmer** abgestellt. Jedes Mitglied der Gesamt-Jugend- und Auszubildendenvertretung hat so viele Stimmen, wie in dem Betrieb, in dem es gewählt wurde, in § 60 Abs. 1 genannte Arbeitnehmer in der Wählerliste eingetragen sind (Abs. 7 Satz 1). Maßgebend für das Stimmengewicht ist also auch hier nicht die Zahl der gegenwärtig beschäftigten Arbeitnehmer, sondern die Zahl der Arbeitnehmer bei der Wahl, aus der die Jugend- und Auszubildendenvertretung hervorgegangen ist. Ausschlaggebend ist allein die Eintragung in die Wählerliste, nicht die Teilnahme an der Wahl.

2. Stimmengewicht bei Verringerung oder Erhöhung der Mitgliederzahl

a) Ist ein Mitglied einer Jugend- und Auszubildendenvertretung für **mehrere Betriebe** entsandt worden, was nur bei einer entsprechenden Regelung durch Tarifvertrag oder Betriebsvereinbarung in Betracht kommt, so hat dieses Mitglied so viele Stimmen, wie in den Betrieben, für die es entsandt ist, in § 60 Abs. 1 genannte Arbeitnehmer in den Wählerlisten eingetragen sind (Abs. 7 Satz 2). Maßgebend sind die Wählerlisten bei der letzten Wahl der Jugend- und Auszubildendenvertretung in den Betrieben (ebenso *Fitting*, § 72 Rn. 38).

b) Wird durch Tarifvertrag oder Betriebsvereinbarung die **Mitgliederzahl** der Gesamt-Jugend- und Auszubildendenvertretung **gegenüber dem Gesetz erhöht,** sind also für einen Betrieb mehrere Mitglieder der Jugend- und Auszubildendenvertretung entsandt worden, so haben diese nur zusammen so viele Stimmen, wie in dem Betrieb, dessen Jugend- und Auszubildendenvertretung sie entsendet, in § 60 Abs. 1 genannte Arbeitnehmer in der Wählerliste eingetragen sind. Das Gesetz verlangt hier ebenso wie beim Gesamtbetriebsrat nicht, dass das Stimmrecht nur einheitlich von diesen Mitgliedern ausgeübt werden kann, sondern jedem Mitglied stehen die Stimmen anteilig zu (Abs. 7 Satz 3).

3. Entsendung aus einem gemeinsamen Betrieb

Wie § 47 Abs. 9 sieht der durch das BetrVerf-Reformgesetz angefügte Abs. 8 vor, dass für Mitglieder der Gesamt-Jugend- und Auszubildendenvertretung, die aus einem gemeinsamen Betrieb mehrerer Unternehmen entsandt worden sind, durch Tarifvertrag oder Betriebsvereinbarung von Abs. 7 abweichende Regelungen getroffen werden können und somit ein Abrücken von dem darin gleichzeitig vorausgesetzten Grundsatz der Vollrepräsentation gemeinsamer Betriebe in der Gesamt-Jugend- und Auszubildendenvertretung möglich ist. Auch Abs. 8 bezieht sich nur auf die Veränderung der Stimmenzahl und nicht auf die Veränderung sonstiger Organisationsgrundsätze und Regeln. Unzulässig ist auch hier eine Regelung, wonach die Arbeitnehmer des gemeinsamen Betriebs, sofern sie in der Gesamt-, Jugend- und Auszubildendenvertretung durch ein unternehmensangehöriges Mitglied repräsentiert werden, überhaupt nicht berücksichtigt werden oder die aus einem gemeinsamen Betrieb entsandten Mitglieder der Jugend- und Auszubildendenvertretung weniger Stimmen haben, als in § 60 Abs. 1 genannte Arbeitnehmer des jeweiligen Unternehmens in der Wählerliste des gemeinsamen Betriebs eingetragen sind (s. näher § 47 Rn. 44).

4. Ausübung des Stimmrechts

a) Das Mitglied der Gesamt-Jugend- und Auszubildendenvertretung hat seine Stimmen nach eigener Verantwortung abzugeben. Es ist an **Aufträge** der entsendenden Jugend- und Auszubildendenvertretung **nicht gebunden,** mag auch eine vorherige Aussprache über eine in der Gesamt-Jugend- und Auszubildendenvertretung anstehende Frage stattgefunden haben. Der Beschluss der Gesamt-Jugend- und Auszubildendenvertretung soll auf Grund der in ihr gepflogenen Beratung gefasst werden. Die Gesamt-Jugend- und Auszubildendenvertretung ist ebenso wie der Gesamtbetriebsrat keine Versammlung von Vertretern, die nur einen Auftrag ausführen (ebenso *Fitting*, § 72 Rn. 30; GK-*Oetker*, § 72 Rn. 48; HSWGNR-*Rose*, § 72 Rn. 28).

b) Jedes Mitglied der Gesamt-Jugend- und Auszubildendenvertretung hat seine **Stimmen einheitlich** abzugeben; eine Aufgliederung ist ausgeschlossen (ebenso *Fitting*, § 72

§ 73   Geschäftsführung und Geltung sonstiger Vorschriften

Rn. 30; GK-*Oetker*, § 72 Rn. 47; HSWGNR-*Rose*, § 72 Rn. 27). Das gilt auch für den Fall, dass ein Mitglied der Gesamt-Jugend- und Auszubildendenvertretung für mehrere Betriebe entsandt worden ist. Sind mehrere Mitglieder der Jugend- und Auszubildendenvertretung entsandt worden, so ist die Stimmenzahl gleichmäßig aufzuteilen.

VII. Streitigkeiten

27 Streitigkeiten, die mit der Bildung und Zusammensetzung der Gesamt-Jugend- und Auszubildendenvertretung zusammenhängen oder die sich auf das Stimmgewicht ihrer Mitglieder beziehen, entscheidet das Arbeitsgericht im Beschlussverfahren (§ 2 a Abs. 1 Nr. 1, Abs. 2 i. V. mit §§ 80 ff. ArbGG). Zuständig ist das Arbeitsgericht, in dessen Bezirk das Unternehmen seinen Sitz hat (§ 82 Satz 2 ArbGG; s. im Übrigen § 47 Rn. 82 ff.).

§ 73 Geschäftsführung und Geltung sonstiger Vorschriften

(1) ¹Die Gesamt-Jugend- und Auszubildendenvertretung kann nach Verständigung des Gesamtbetriebsrats Sitzungen abhalten. ²An den Sitzungen kann der Vorsitzende des Gesamtbetriebsrats oder ein beauftragtes Mitglied des Gesamtbetriebsrats teilnehmen.

(2) Für die Gesamt-Jugend- und Auszubildendenvertretung gelten § 25 Abs. 1, die §§ 26, 28 Abs. 1 Satz 1, die §§ 30, 31, 34, 36, 37 Abs. 1 bis 3, die §§ 40, 41, 48, 49, 50, 51 Abs. 2 bis 5 sowie die §§ 66 bis 68 entsprechend.

Übersicht

	Rn.
I. Vorbemerkung	1
II. Sitzungen der Gesamt-Jugend- und Auszubildendenvertretung	3
1. Recht zur Abhaltung eigener Sitzungen	3
2. Konstituierung der Gesamt-Jugend- und Auszubildendenvertretung	4
3. Einberufung der weiteren Sitzungen	6
4. Teilnahmerecht	7
5. Beschlussfassung und Sitzungsniederschrift	8
III. Sonstige Vorschriften über Organisation und Geschäftsführung der Gesamt-Jugend- und Auszubildendenvertretung	10
1. Vorsitz	10
2. Amtsenthebung und Amtsverlust	13
3. Keine Sprechstunden	16
4. Rechtsstellung der Mitglieder	17
5. Ausschüsse	18
6. Kosten	19
IV. Verhältnis der Gesamt-Jugend- und Auszubildendenvertretung zu den betrieblichen Jugend- und Auszubildendenvertretungen	20
1. Zuständigkeitsabgrenzung	20
2. Beauftragung durch eine betriebliche Jugend- und Auszubildendenvertretung	21
V. Verhältnis der Gesamt-Jugend- und Auszubildendenvertretung zum Gesamtbetriebsrat	22
1. Rechtsstellung der Gesamt-Jugend- und Auszubildendenvertretung	22
2. Beteiligung an der Geschäftsführung des Gesamtbetriebsrats	23
3. Teilnahme an gemeinsamen Besprechungen zwischen Gesamtbetriebsrat und Arbeitgeber	28
VI. Streitigkeiten	29

I. Vorbemerkung

1 Die Vorschrift regelt die Möglichkeit eigener Sitzungen der Gesamt-Jugend- und Auszubildendenvertretung und das Teilnahmerecht eines Mitglieds des Gesamtbetriebsrats an diesen Sitzungen in Anlehnung an die Bestimmung des § 65 Abs. 2 für die Jugend- und Auszubildendenvertretung. Außerdem wird festgelegt, welche Vorschriften, die für den Betriebsrat, den Gesamtbetriebsrat und die Jugend- und Auszubildendenvertretung aufgestellt sind, entsprechend für die Gesamt-Jugend- und Auszubildendenvertretung gelten. Die Bestimmung wurde durch das BetrVerf-Reformgesetz vom 23. 7. 2001 (BGBl. I S. 1852) redaktionell angepasst und um die Verweisung auf § 28 Abs. 1 Satz 1 ergänzt.

Im Bereich des Personalvertretungsrechts findet sich eine entsprechende Vorschrift in § 64 Abs. 2 Satz 2 BPersVG. 2

II. Sitzungen der Gesamt-Jugend- und Auszubildendenvertretung

1. Recht zur Abhaltung eigener Sitzungen

Wie die Jugend- und Auszubildendenvertretung erfüllt die Gesamt-Jugend- und Auszubildendenvertretung ihre Aufgaben nicht nur durch Beteiligung an Sitzungen und Beschlüssen des Gesamtbetriebsrats (Abs. 2 i. V. mit § 67 Abs. 1 und 2), sondern sie kann auch selbst **nach Verständigung des Gesamtbetriebsrats** Sitzungen abhalten (Abs. 1 Satz 1; s. auch § 65 Rn. 12 f.). 3

2. Konstituierung der Gesamt-Jugend- und Auszubildendenvertretung

Ist eine Gesamt-Jugend- und Auszubildendenvertretung zu errichten, so hat die **Jugend- und Auszubildendenvertretung der Hauptverwaltung** zur konstituierenden Sitzung **einzuladen,** um den Vorsitzenden und den stellvertretenden Vorsitzenden der Gesamt-Jugend- und Auszubildendenvertretung zu wählen (Abs. 2 i. V. mit § 51 Abs. 2 Satz 1). Da Abs. 1 bereits für die konstituierende Sitzung gilt, hat sie den Gesamtbetriebsrat davon zu verständigen. Die Einladung geht an die übrigen Jugend- und Auszubildendenvertretungen des Unternehmens und enthält die Aufforderung, gemäß § 72 Abs. 2 ein Mitglied der Jugend- und Auszubildendenvertretung in die Gesamt-Jugend- und Auszubildendenvertretung zu entsenden. Hat die Hauptverwaltung des Unternehmens keine Jugend- und Auszubildendenvertretung (s. dazu auch § 51 Rn. 24 f.), so erfolgt die Einladung durch die Jugend- und Auszubildendenvertretung des nach der Zahl der in § 60 Abs. 1 genannten Arbeitnehmer größten Betriebs; maßgebend ist die Eintragung in der Wählerliste bei der letzten Wahl zur Jugend- und Auszubildendenvertretung (ebenso *Fitting,* § 73 Rn. 8; GL-*Marienhagen,* § 73 Rn. 3). Der Vorsitzende der einladenden Jugend- und Auszubildendenvertretung hat die Sitzung zu leiten, bis die Gesamt-Jugend- und Auszubildendenvertretung aus ihrer Mitte einen Wahlleiter bestellt hat (Abs. 2 i. V. mit § 51 Abs. 2 Satz 2). Ist dies geschehen, so erlischt das Teilnahmerecht für den Vorsitzenden der einladenden Jugend- und Auszubildendenvertretung, wenn er nicht selbst der Gesamt-Jugend- und Auszubildendenvertretung angehört. Die Gesamt-Jugend- und Auszubildendenvertretung ist konstituiert, sobald der Vorsitzende und sein Stellvertreter gewählt sind. 4

Da die Gesamt-Jugend- und Auszubildendenvertretung ebenso wenig wie der Gesamtbetriebsrat eine Amtsperiode hat (s. § 72 Rn. 8), kommt eine Konstituierung streng genommen nur einmal in Betracht. Auch bei einer Neuwahl der Jugend- und Auszubildendenvertretungen endet nicht die Gesamt-Jugend- und Auszubildendenvertretung, sondern es erlischt lediglich die Mitgliedschaft in der Gesamt-Jugend- und Auszubildendenvertretung. Da jedoch die Jugend- und Auszubildendenvertretungen im Zweijahresrhythmus während des Zeitraums für die regelmäßigen Wahlen der Jugend- und Auszubildendenvertretung neu gewählt werden (§ 64), wechseln auch die Mitglieder der Gesamt-Jugend- und Auszubildendenvertretung, wenn man von dem Fall absieht, dass eine Jugend- und Auszubildendenvertretung erst in dem nächsten Zeitraum der regelmä- 5 ßigen Wahlen für die Jugend- und Auszubildendenvertretungen neu zu wählen ist. Daher ist § 51 Abs. 2 ebenso wie beim Gesamtbetriebsrat auch hier entsprechend anzuwenden (s. § 51 Rn. 27).

3. Einberufung der weiteren Sitzungen

6   Die weiteren Sitzungen beruft der **Vorsitzende der Gesamt-Jugend- und Auszubildendenvertretung** ein; für sie gelten die Bestimmungen in § 29 Abs. 2 bis 4 entsprechend (s. auch § 65 Rn. 15 f.). Außerdem ist der **Gesamtbetriebsrat von der Sitzung zu verständigen** (Abs. 1 Satz 1; s. auch § 65 Rn. 17). Selbstverständlich entfällt die Notwendigkeit, die Gesamtschwerbehindertenvertretung zu laden; denn sie hat bei den Sitzungen der Gesamt-Jugend- und Auszubildendenvertretung kein Teilnahmerecht. Bei dem formellen Anspruch auf Einberufung ist hier darauf zu achten, dass das Stimmengewicht der Mitglieder der Gesamt-Jugend- und Auszubildendenvertretung sich nach § 72 Abs. 7 und 8 bestimmt (s. dort Rn. 21 ff.). Obwohl es im Gesetz nicht ausdrücklich gesagt wird, ist wie bei der Jugend- und Auszubildendenvertretung davon auszugehen, dass wie dort der Betriebsrat hier der Gesamtbetriebsrat den formellen Anspruch auf Einberufung hat (a. A. GK-*Oetker*, § 73 Rn. 23); denn Aufgabe der Gesamt-Jugend- und Auszubildendenvertretung ist vor allem, den Gesamtbetriebsrat in Jugendfragen zu beraten (s. § 65 Rn. 16). Für die zeitliche Lage und die Nichtöffentlichkeit der Sitzungen gilt Gleiches wie für eine Betriebsratssitzung (Abs. 2 i. V. mit § 30).

4. Teilnahmerecht

7   Außer den Mitgliedern der Gesamt-Jugend- und Auszubildendenvertretung kann der **Vorsitzende des Gesamtbetriebsrats** oder ein beauftragtes Mitglied des Gesamtbetriebsrats an den Sitzungen teilnehmen (Abs. l Satz 2; s. zur Beauftragung § 69 Rn. 10). Ein Teilnahmerecht hat weiterhin der **Arbeitgeber,** wenn die Sitzung auf sein Verlangen anberaumt wird oder wenn er ausdrücklich eingeladen ist; er kann auch hier, wenn er an der Sitzung teilnimmt, einen Beauftragten der Arbeitgebervereinigung, der er angehört, hinzuziehen (Abs. 2 i. V. mit §§ 51 Abs. 2 Satz 3, 29 Abs. 4). Für die Teilnahme eines **Gewerkschaftsbeauftragten** gilt § 31 entsprechend (Abs. 2). Nicht erforderlich ist, dass die Gewerkschaft in der Gesamt-Jugend- und Auszubildendenvertretung vertreten ist (a. A. *Fitting*, § 73 Rn. 11; HSWGNR-*Rose*, § 73 Rn. 9, 18; DKK-*Trittin*, § 73 Rn. 10); es ist auch nicht notwendig, dass sie in einer Jugend- und Auszubildendenvertretung vertreten ist, sondern es genügt hier wie bei der Jugend- und Auszubildendenvertretung, dass die Gewerkschaft in einem Betriebsrat vertreten ist (s. § 65 Rn. 25; vgl. für den Gesamtbetriebsrat, § 51 Rn. 31). Ein Gewerkschaftsbeauftragter ist hinzuzuziehen, wenn ein Viertel der Mitglieder der Gesamt-Jugend- und Auszubildendenvertretung es beantragt, wobei auch hier das Stimmengewicht sich nach § 72 Abs. 7 und 8 richtet (s. dort Rn. 21 ff.). Sonstige Personen haben kein Teilnahmerecht; denn die Sitzung der Gesamt-Jugend- und Auszubildendenvertretung ist nicht öffentlich.

5. Beschlussfassung und Sitzungsniederschrift

8   Für die **Beschlussfassung** und **Beschlussfähigkeit** der Gesamt-Jugend- und Auszubildendenvertretung gilt Gleiches wie beim Gesamtbetriebsrat (Abs. 2 i. V. mit § 51 Abs. 3; s. auch dort Rn. 41 ff.). Die Gesamt-Jugend- und Auszubildendenvertretung ist nur beschlussfähig, wenn mindestens die Hälfte ihrer Mitglieder an der Beschlussfassung teilnimmt und die Teilnehmenden mindestens die Hälfte aller Stimmen vertreten. Für den Beschluss selbst genügt grundsätzlich die einfache Stimmenmehrheit, wenn man von dem Fall der Festlegung einer Geschäftsordnung in entsprechender Anwen-

III. Sonstige Vorschriften über Organisation und Geschäftsführung § 73

dung des § 36 absieht. Für die Zahl der Stimmen, die ein Mitglied hat, ist § 72 Abs. 7 und 8 maßgebend (s. dort Rn. 21 ff.). Der Gesamtbetriebsratsvorsitzende oder das Gesamtbetriebsratsmitglied, das mit der Teilnahme an der Sitzung der Gesamt-Jugend- und Auszubildendenvertretung beauftragt ist, hat kein Stimmrecht, sondern nur ein Beratungsrecht.

Die Gesamt-Jugend- und Auszubildendenvertretung hat über jede Verhandlung eine **9** **Niederschrift** aufzunehmen; dafür hat der Vorsitzende zu sorgen. § 34 gilt entsprechend (Abs. 2).

III. Sonstige Vorschriften über Organisation und Geschäftsführung der Gesamt-Jugend- und Auszubildendenvertretung

1. Vorsitz

a) Die Gesamt-Jugend- und Auszubildendenvertretung hat wie die Jugend- und Aus- **10** zubildendenvertretung nur einen **Vorsitzenden** und einen **stellvertretenden Vorsitzenden** (Abs. 2 i. V. mit § 26 Abs. 1).

b) Die Gesamt-Jugend- und Auszubildendenvertretung **wählt** auf ihrer konstituieren- **11** den Sitzung **aus ihrer Mitte** den Vorsitzenden und dessen Stellvertreter (s. Rn. 4 f.). Es gilt Gleiches wie bei der Jugend- und Auszubildendenvertretung; für die Zahl der Stimmen, die ein Mitglied hat, ist § 72 Abs. 7, 8 maßgebend (s. dort Rn. 21 ff.).

c) Der **Vorsitzende** der Gesamt-Jugend- und Auszubildendenvertretung oder im Fall **12** seiner Verhinderung sein Stellvertreter **vertritt** die **Gesamt-Jugend- und Auszubildendenvertretung** nur **im Rahmen der von ihr gefassten Beschlüsse;** für Erklärungen, die ihr gegenüber abzugeben sind, ist ihr Vorsitzender oder im Fall seiner Verhinderung sein Stellvertreter zur Entgegennahme berechtigt (Abs. 2 i. V. mit § 26 Abs. 2). Das gilt insbesondere für Ladungen zu den Sitzungen des Gesamtbetriebsrats; zu den Tagesordnungspunkten, die besonders die in § 60 Abs. 1 genannten Arbeitnehmer betreffen, sind aber alle Mitglieder der Gesamt-Jugend- und Auszubildendenvertretung zu laden (§ 51 Abs. 2 Satz 3 i. V. mit § 29 Abs. 2 Satz 4; s. auch dort Rn. 22 sowie hier Rn. 23). Da § 27 Abs. 3 nicht entsprechend gilt, kann weder dem Vorsitzenden noch anderen Mitgliedern der Gesamt-Jugend- und Auszubildendenvertretung die Führung der laufenden Geschäfte übertragen werden.

2. Amtsenthebung und Amtsverlust

a) Die **Gesamt-Jugend- und Auszubildendenvertretung** ist eine **Dauereinrichtung** (s. **13** § 72 Rn. 8). Sie kann deshalb nicht durch Beschluss des Arbeitsgerichts aufgelöst werden, sondern es kommt hier wie beim Gesamtbetriebsrat nur ein **Ausschluss aus der Gesamt-Jugend- und Auszubildendenvertretung** wegen grober Verletzung der Amtspflichten in Betracht (Abs. 2 i. V. mit § 48; s. ausführlich dort Rn. 3 ff.). Antragsberechtigt sind, was wegen der nur entsprechenden Geltung des § 48 zweifelhaft sein kann, sowohl der Gesamtbetriebsrat als auch die Gesamt-Jugend- und Auszubildendenvertretung neben den sonst dort genannten Antragsberechtigten (ebenso *Fitting*, § 73 Rn. 13; HSWGNR-*Rose*, § 73 Rn. 26).

b) Ein **Amtsverlust** tritt für das Mitglied der Gesamt-Jugend- und Auszubildenden- **14** vertretung unter den gleichen Voraussetzungen wie für ein Gesamtbetriebsratsmitglied ein; § 49 gilt entsprechend (Abs. 2).

c) Scheidet ein Mitglied aus der Gesamt-Jugend- und Auszubildendenvertretung aus, **15** so rückt das nach § 72 Abs. 3 bestellte **Ersatzmitglied** nach (Abs. 2 i. V. mit § 25 Abs. 1; s. auch § 72 Rn. 13). Dasselbe gilt, wenn ein Jugend- und Auszubildendenvertreter zeitweilig verhindert ist, sein Amt als Mitglied der Gesamt-Jugend- und Auszubildendenvertretung auszuüben. Ist in einem Betrieb nur ein Jugend- und Auszubildendenvertreter vorhanden und dieser deshalb zugleich von Amts wegen Mitglied der Gesamt-Jugend- und Auszubildendenvertretung, so rückt das Ersatzmitglied nach.

3. Keine Sprechstunden

16   Die Gesamt-Jugend- und Auszubildendenvertretung kann keine Sprechstunden während der Arbeitszeit einrichten. Da der Gesamtbetriebsrat ebenfalls während der Arbeitszeit keine Sprechstunden abhalten kann (s. § 51 Rn. 38), entfällt auch die Möglichkeit, dass ein Mitglied der Gesamt-Jugend- und Auszubildendenvertretung an ihnen teilnimmt.

4. Rechtsstellung der Mitglieder

17   Die Tätigkeit in der Gesamt-Jugend- und Auszubildendenvertretung ist **Ausfluss der Tätigkeit in der Jugend- und Auszubildendenvertretung des einzelnen Betriebs**. Sie hat daher ebenfalls ehrenamtlich zu erfolgen (Abs. 2 i. V. mit § 37 Abs. 1). § 37 Abs. 2 und 3 gilt auch für die Tätigkeit als Mitglied der Gesamt-Jugend- und Auszubildendenvertretung (Abs. 2). Dass das Gesetz § 37 Abs. 4 bis 7 nicht für entsprechend anwendbar erklärt, liegt daran, dass die Tätigkeit in der Gesamt-Jugend- und Auszubildendenvertretung zu den Amtsobliegenheiten des Jugend- und Auszubildendenvertreters gehört, der in die Gesamt-Jugend- und Auszubildendenvertretung entsandt wird (vgl. auch § 51 Rn. 49). Da ein Mitglied der Gesamt-Jugend- und Auszubildendenvertretung stets zugleich Mitglied einer Jugend- und Auszubildendenvertretung ist, hat es auch den besonderen Kündigungsschutz des § 15 KSchG. Zulässig ist grundsätzlich nur die außerordentliche Kündigung, die der Zustimmung des Betriebsrats, nicht des Gesamtbetriebsrats bedarf (§ 103; s. auch § 65 Rn. 51). Daneben ist der besondere Versetzungsschutz nach § 103 Abs. 3 zu beachten.

5. Ausschüsse

18   Mit der durch das BetrVerf-Reformgesetz eingefügten Anordnung der entsprechenden Anwendbarkeit von § 28 Abs. 1 Satz 1 in Abs. 2 „soll im Interesse einer größeren Effizienz ihrer Arbeit auch die Gesamt-Jugend- und Auszubildendenvertretung (...) die Möglichkeit der Errichtung von Ausschüssen erhalten" (Begr. RegE, BT-Drucks. 14/5741, S. 45). Auch hier kommt eine Übertragung von Aufgaben auf Ausschüsse zur selbstständigen Erledigung mangels Verweisung auf § 28 Abs. 1 Satz 3 nicht in Betracht (GK-*Oetker*, § 73 Rn. 17). Die missglückte Verweisung auf § 28 Abs. 1 Satz 1 ist dahin zu verstehen, dass die Bildung von Ausschüssen möglich ist, sofern im Unternehmen mehr als 100 der in § 60 Abs. 1 genannten Arbeitnehmer beschäftigt sind (s. dazu § 28 Rn. 4 f.) und die Gesamt-Jugend- und Auszubildendenvertretung mindestens 7 Mitglieder hat (a. A. *Fitting*, § 73 Rn. 11: Voraussetzung sei, dass mehr als 100 Arbeitnehmer i. S. d. § 60 Abs. 1 im Unternehmen beschäftigt sind; a. A. GK-*Oetker*, § 73 Rn. 18: es sei allein zu verlangen, dass die Gesamt-Jugend- und Auszubildendenvertretung aus mindestens 7 Mitgliedern bestehe; vgl. näher § 51 Rn. 22; unklar die Argumentation bei HWK-*Schrader*, § 73 Rn. 7).

6. Kosten

19   Die durch die Tätigkeit der Gesamt-Jugend- und Auszubildendenvertretung entstehenden Kosten trägt der Arbeitgeber (Abs. 2 i. V. mit §§ 40 und 41).

IV. Verhältnis der Gesamt-Jugend- und Auszubildendenvertretung zu den betrieblichen Jugend- und Auszubildendenvertretungen

1. Zuständigkeitsabgrenzung

Die Gesamt-Jugend- und Auszubildendenvertretung hat die **gleichen Rechte und** 20 **Pflichten wie eine Jugend- und Auszubildendenvertretung** (Abs. 2 i. V. mit § 51 Abs. 5). Daher spielt auch hier eine Rolle, wer von ihnen zur Erledigung bestimmter Angelegenheiten zuständig ist. Es gilt § 50 entsprechend (Abs. 2). Die Gesamt-Jugend- und Auszubildendenvertretung ist also von Gesetzes wegen für die Wahrnehmung der besonderen Belange der in § 60 Abs. 1 genannten Arbeitnehmer immer zuständig, wenn die Angelegenheit das Gesamtunternehmen oder mehrere Betriebe betrifft und eine Interessenwahrung nicht durch die einzelnen Jugend- und Auszubildendenvertretungen innerhalb ihrer Betriebe erfolgen kann. Insoweit vertritt sie dann auch in § 60 Abs. 1 genannte Arbeitnehmer, die in Betrieben ohne Jugend- und Auszubildendenvertretung tätig sind. Da die Gesamt-Jugend- und Auszubildendenvertretung ebenso wenig wie die Jugend- und Auszubildendenvertretungen Träger von Mitwirkungs- und Mitbestimmungsrechten ist, sondern darauf beschränkt ist, ihre Aufgaben gegenüber dem Gesamtbetriebsrat bzw. über den Gesamtbetriebsrat zu erfüllen, ist ihre Zuständigkeit stets dann gegeben, wenn der Gesamtbetriebsrat sich mit der Angelegenheit befassen kann (ebenso *Fitting*, § 73 Rn. 13).

2. Beauftragung durch eine betriebliche Jugend- und Auszubildendenvertretung

Außerdem kann eine Jugend- und Auszubildendenvertretung mit der **Mehrheit der** 21 **Stimmen ihrer Mitglieder** die Gesamt-Jugend- und Auszubildendenvertretung **beauftragen**, eine **Angelegenheit für sie zu behandeln** (Abs. 2 i. V. mit § 50 Abs. 2). Für den Beschluss und die Form der Delegation gilt Gleiches wie bei der Beauftragung eines Gesamtbetriebsrats durch einen Betriebsrat (s. § 50 Rn. 53 ff.). Keine Wirksamkeitsvoraussetzung ist, dass der Einzelbetriebsrat, dem die Jugend- und Auszubildendenvertretung zugeordnet ist, den Gesamtbetriebsrat mit der Behandlung der Angelegenheit beauftragt hat (vgl. *Fitting*, § 73 Rn. 13, mit dem zutreffenden Hinweis darauf, dass die Übertragung allerdings nur in diesem Fall sinnvoll sei; siehe ferner GK-*Oetker*, § 73 Rn. 44; HSWGNR-*Rose*, § 73 Rn. 29); denn bei Zuständigkeit des Gesamtbetriebsrats ist anzunehmen, dass die Gesamt-Jugend- und Auszubildendenvertretung bereits von Gesetzes wegen zuständig ist, weil bei Sitzungen des Gesamtbetriebsrats nicht Mitglieder einer betrieblichen Jugend- und Auszubildendenvertretung, sondern nur Mitglieder der Gesamt-Jugend- und Auszubildendenvertretung teilnahme- und stimmberechtigt sind (ebenso *Fitting*, § 73 Rn. 13; GK-*Oetker*, § 73 Rn. 43; vgl. auch Rn. 23, 25). Entsprechend gilt aber auch für das Verhältnis zu den Einzelbetriebsräten, dass in deren Sitzungen nur Mitglieder der ihnen zugeordneten Jugend- und Auszubildendenvertretung gemäß § 67 Abs. 1 und 2 teilnahme- und stimmberechtigt sind. Durch die Beauftragung erhalten die Mitglieder der Gesamt-Jugend- und Auszubildendenvertretung nicht an Stelle der betrieblichen Jugend- und Auszubildendenvertreter das Teilnahme- und Stimmrecht. Da die Jugend- und Auszubildendenvertretungen gegenüber dem Arbeitgeber keine Kompetenz haben, § 50 aber die Kompetenz zwischen dem Gesamtbetriebsrat und den Einzelbetriebsräten im Verhältnis zum Arbeitgeber regelt, ist missglückt, dass durch Verweisung auf diese Vorschrift das Verhältnis zwischen der Gesamt-Jugend- und Auszubildendenvertretung und den betrieblichen Jugend- und Auszubildendenvertretungen abgegrenzt wird; es ist vielmehr die Gesamt-Jugend- und Auszubildendenvertretung stets als zuständig anzusehen, wenn der Gesamtbetriebsrat die Kompetenz hat, sich mit der Angelegenheit zu befassen, wobei keine Rolle spielt, ob seine Zuständigkeit originär begründet ist oder sich aus einer Beauftragung ergibt.

V. Verhältnis der Gesamt-Jugend- und Auszubildendenvertretung zum Gesamtbetriebsrat

1. Rechtsstellung der Gesamt-Jugend- und Auszubildendenvertretung

22 Die Gesamt-Jugend- und Auszubildendenvertretung ist wie die Jugend- und Auszubildendenvertretung nur eine **zusätzliche betriebsverfassungsrechtliche Vertretung;** sie ersetzt für die in § 60 Abs. 1 genannten Arbeitnehmer nicht die Zuständigkeit des Gesamtbetriebsrats. Ihre Aufgabe liegt vielmehr darin, die Arbeit des Gesamtbetriebsrats in Jugend- und Berufsausbildungsfragen wirksam zu unterstützen. Andererseits soll die Gesamt-Jugend- und Auszubildendenvertretung dort, wo es um die Angelegenheiten jugendlicher und auszubildender Arbeitnehmer geht, besonders eingeschaltet werden. Deshalb gelten für sie auch die §§ 66 bis 68 entsprechend (Abs. 2).

2. Beteiligung an der Geschäftsführung des Gesamtbetriebsrats

23 a) Die Gesamt-Jugend- und Auszubildendenvertretung kann zu allen **Sitzungen des Gesamtbetriebsrats** einen **Vertreter entsenden** (Abs. 2 i. V. mit § 67 Abs. 1 Satz 1). Werden Angelegenheiten behandelt, die *besonders* die in § 60 Abs. 1 genannten Arbeitnehmer betreffen, so haben zu diesen Tagesordnungspunkten *alle* Mitglieder der Gesamt-Jugend- und Auszubildendenvertretung ein **Teilnahmerecht** (Abs. 2 i. V. mit § 67 Abs. 1 Satz 2). Es gilt hier Gleiches wie für die Teilnahme der Jugend- und Auszubildendenvertretung an Betriebsratssitzungen (s. ausführlich § 67 Rn. 12 ff.).

24 b) Die Gesamt-Jugend- und Auszubildendenvertretung hat auch ein **formelles Antragsrecht gegenüber dem Gesamtbetriebsrat,** dass Angelegenheiten, die *besonders* die in § 60 Abs. 1 genannten Arbeitnehmer betreffen und über die sie beraten hat, auf die Tagesordnung der nächsten Sitzung des Gesamtbetriebsrats gesetzt werden (Abs. 2 i. V. mit § 67 Abs. 3 Satz 1). Der Gesamtbetriebsrat seinerseits soll Angelegenheiten, die besonders die in § 60 Abs. 1 genannten Arbeitnehmer betreffen, der Gesamt-Jugend- und Auszubildendenvertretung zur Beratung zuleiten (Abs. 2 i. V. mit § 67 Abs. 3 Satz 2).

25 c) Soweit **Beschlüsse des Gesamtbetriebsrats** *überwiegend* die in § 60 Abs. 1 genannten Arbeitnehmer betreffen (s. dazu auch § 67 Rn. 20 f.), haben alle Mitglieder der Gesamt-Jugend- und Auszubildendenvertretung **Stimmrecht** (Abs. 2 i. V. mit § 67 Abs. 2). Auch hier ist maßgebend das Stimmengewicht, wie es sich aus § 72 Abs. 7 und 8 ergibt (s. dort Rn. 21 ff.). Für die Beschlussfähigkeit des Gesamtbetriebsrats ist hier aber allein § 51 Abs. 3 Satz 3 maßgebend, also nur erforderlich, dass mindestens die Hälfte der Gesamtbetriebsratsmitglieder an der Beschlussfassung teilnimmt und die Teilnehmenden mindestens die Hälfte aller Stimmen vertreten, ohne Rücksicht darauf, ob sich Mitglieder der Gesamt-Jugend- und Auszubildendenvertretung an der Beschlussfassung beteiligen.

26 d) Für das Teilnahme- und Stimmrecht im **Gesamtbetriebsausschuss** und **sonstigen Ausschüssen** gilt hier Gleiches wie bei der Jugend- und Auszubildendenvertretung (s. ausführlich § 67 Rn. 10, 18, 26).

27 e) Gegen Beschlüsse des Gesamtbetriebsrats hat die Gesamt-Jugend- und Auszubildendenvertretung ein **suspensives Vetorecht,** sofern sie geltend macht, dass der angegriffene Beschluss wichtige Interessen der in § 60 Abs. 1 genannten Arbeitnehmer erheblich beeinträchtigt (Abs. 2 i. V. mit § 66). Es gilt hier Gleiches wie für das Aussetzungsrecht der Jugend- und Auszubildendenvertreter gegenüber Beschlüssen des Betriebsrats (s. ausführlich § 66 Rn. 3 ff.). Von Bedeutung ist hier lediglich, dass für den Aussetzungs-

antrag das unterschiedliche Stimmengewicht der Mitglieder der Gesamt-Jugend- und Auszubildendenvertretung zu beachten ist, wie es sich aus § 72 Abs. 7 und 8 ergibt (s. dort Rn. 21 ff.).

3. Teilnahme an gemeinsamen Besprechungen zwischen Gesamtbetriebsrat und Arbeitgeber

Der Gesamtbetriebsrat hat die Gesamt-Jugend- und Auszubildendenvertretung zu Besprechungen mit dem Arbeitgeber beizuziehen, wenn Angelegenheiten behandelt werden, die besonders die in § 60 Abs. 1 genannten Arbeitnehmer betreffen (Abs. 2 i. V. mit § 68; s. näher dort Rn. 4 ff.). **28**

VI. Streitigkeiten

Streitigkeiten, die sich auf die Organisation oder Geschäftsführung der Gesamt-Jugend- und Auszubildendenvertretung oder ihr Verhältnis zum Gesamtbetriebsrat beziehen, hat das Arbeitsgericht im Beschlussverfahren zu entscheiden (§ 2 a Abs. 1 Nr. 1, Abs. 2 i. V. mit §§ 80 ff. ArbGG). Zuständig ist das Arbeitsgericht, in dessen Bezirk das Unternehmen seinen Sitz hat (§ 82 Satz 2 ArbGG). Soweit ein Mitglied Arbeitsentgelt für Arbeitsversäumnis oder Freizeitausgleich verlangt, entscheidet darüber das Arbeitsgericht, das für seine Streitigkeiten aus dem Arbeitsverhältnis zuständig ist, im Urteilsverfahren (§ 2 Abs. 1 Nr. 3 lit. a, Abs. 5 i. V. mit §§ 46 ff. ArbGG; s. ausführlich § 37 Rn. 181 ff.). **29**

Dritter Abschnitt. Konzern-Jugend- und Auszubildendenvertretung

§ 73a Voraussetzung der Errichtung, Mitgliederzahl, Stimmengewicht

(1) ¹Bestehen in einem Konzern (§ 18 Abs. 1 des Aktiengesetzes) mehrere Gesamt-Jugend- und Auszubildendenvertretungen, kann durch Beschlüsse der einzelnen Gesamt-Jugend- und Auszubildendenvertretungen eine Konzern-Jugend- und Auszubildendenvertretung errichtet werden. ²Die Errichtung erfordert die Zustimmung der Gesamt-Jugend- und Auszubildendenvertretungen der Konzernunternehmen, in denen insgesamt mindestens 75 vom Hundert der in § 60 Abs. 1 genannten Arbeitnehmer beschäftigt sind. ³Besteht in einem Konzernunternehmen nur eine Jugend- und Auszubildendenvertretung, so nimmt diese die Aufgaben einer Gesamt-Jugend- und Auszubildendenvertretung nach den Vorschriften dieses Abschnitts wahr.

(2) ¹In die Konzern-Jugend- und Auszubildendenvertretung entsendet jede Gesamt-Jugend- und Auszubildendenvertretung eines ihrer Mitglieder. ²Sie hat für jedes Mitglied mindestens ein Ersatzmitglied zu bestellen und die Reihenfolge des Nachrückens festzulegen.

(3) Jedes Mitglied der Konzern-Jugend- und Auszubildendenvertretung hat so viele Stimmen, wie die Mitglieder der entsendenden Gesamt-Jugend- und Auszubildendenvertretung insgesamt Stimmen haben.

(4) § 72 Abs. 4 bis 8 gilt entsprechend.

Übersicht

	Rn.
I. Vorbemerkung	1
II. Voraussetzungen für die Errichtung der Konzern-Jugend- und Auszubildendenvertretung	4
III. Errichtung der Konzern-Jugend- und Auszubildendenvertretung	8
IV. Bestand und Auflösung der Konzern-Jugend und Auszubildendenvertretung	11
V. Mitgliederzahl und Zusammensetzung der Konzern-Jugend- und Auszubildendenvertretung	14
1. Mitgliederzahl, Entsendung und Abberufung	14
2. Ersatzmitglieder	17
3. Rechtsfolgen bei Nichtentsendung	18
VI. Abweichende Regelung über die Mitgliederzahl der Konzern-Jugend- und Auszubildendenvertretung	19
1. Abweichung durch Tarifvertrag oder Betriebsvereinbarung	19
2. Notwendigkeit einer Regelung	21
3. Erhöhung und Verringerung der Mitgliederzahl	23
VII. Stimmengewicht der entsandten Mitglieder in der Konzern-Jugend- und Auszubildendenvertretung	25
1. Stimmengewicht bei gesetzlicher Mitgliederzahl	25
2. Stimmengewicht bei Verringerung oder Erhöhung der Mitgliederzahl	27
3. Entsendung aus einem gemeinsamen Betrieb oder einem gemeinsamen Unternehmen	29
4. Ausübung des Stimmrechts	31
VIII. Streitigkeiten	33

I. Vorbemerkung

1 Die Möglichkeit der Bildung einer Konzern-Jugend- und Auszubildendenvertretung wurde erst mit der Einfügung der §§ 73a, 73b durch das BetrVerf-Reformgesetz vom

23. 7. 2001 (BGBl. I S. 1852) eröffnet. Das Gesetz will damit insbesondere dem Umstand Rechnung tragen, dass grundsätzliche Entscheidungen über die Berufsbildung je nach Organisationsstruktur häufig nicht mehr im einzelnen Betrieb oder Unternehmen getroffen, sondern für den gesamten Konzern von der Konzernspitze vorgegeben werden (Begr. RegE, BT-Drucks, 14/5741, S. 31).

Die Errichtung einer Konzern-Jugend- und Auszubildendenvertretung ist **fakultativ**. 2 Auch wenn die Voraussetzungen für ihre Bildung gegeben sind, braucht sie nicht errichtet zu werden, vielmehr ist ihre Errichtung in das Ermessen der Gesamt-Jugend- und Auszubildendenvertretungen gestellt.

Im Personalvertretungsrecht findet sich keine vergleichbare Bestimmung. 3

II. Voraussetzungen für die Errichtung der Konzern-Jugend- und Auszubildendenvertretung

Eine Konzern-Jugend- und Auszubildendenvertretung kann nur für einen **Unterord-** 4 **nungskonzern (§ 18 Abs. 1 AktG)** errichtet werden, in dem ein herrschendes und ein oder mehrere abhängige Unternehmen unter der einheitlichen Leitung des herrschenden Unternehmens zusammengefasst sind (Abs. 1 Satz 1). Hingegen kann in einem sog. **Gleichordnungskonzern** keine Konzern-Jugend- und Auszubildendenvertretung errichtet werden (ebenso GK-*Oetker*, § 73 a Rn. 7). Hinsichtlich des Konzernbegriffs gilt Gleiches wie für die Errichtung eines Konzernbetriebsrats (s. § 54 Rn. 3).

Für die Errichtung einer Konzern-Jugend- und Auszubildendenvertretung ist weiterhin 5 erforderlich, dass in dem Konzern mehrere, **mindestens zwei Gesamt-Jugend- und Auszubildendenvertretungen** existieren. Besteht in einem Konzernunternehmen **nur eine Jugend- und Auszubildendenvertretung,** so ist diese funktionell zuständig (Abs. 1 Satz 3). Das gilt aber nur für Unternehmen, die nicht in zwei oder mehrere betriebsratsfähige Betriebe gegliedert sind und deshalb keinen Gesamtbetriebsrat haben können (s. näher § 54 Rn. 32).

Ausländische Konzernunternehmen können sich an der Bildung einer Konzern-Ju- 6 gend- und Auszubildendenvertretung in Deutschland nicht beteiligen. Liegt allerdings das herrschende Unternehmen eines Konzerns im Ausland, so kann gleichwohl eine Konzern-Jugend- und Auszubildendenvertretung errichtet werden, wenn es sich um einen mehrstufigen Konzern handelt und innerhalb Deutschlands eine Teilkonzernspitze besteht (s. § 54 Rn. 35).

Die Bildung einer Konzern-Jugend- und Auszubildendenvertretung **ist nicht davon** 7 **abhängig,** dass im Konzern **ein Konzernbetriebsrat besteht.** Besteht allerdings kein Konzernbetriebsrat, so wird dadurch zwar die Bildung einer Konzern-Jugend- und Auszubildendenvertretung nicht ausgeschlossen, doch führt sie notwendigerweise ein Schattendasein, da sie nur über den Konzernbetriebsrat tätig werden kann (ebenso *Oetker*, DB 2005, 1165, 1166; zur vergleichbaren Lage bei der Gesamt-Jugend- und Auszubildendenvertretung § 72 Rn. 5).

III. Errichtung der Konzern-Jugend- und Auszubildendenvertretung

Das Gesetz gibt lediglich die Möglichkeit, eine Konzern-Jugend- und Auszubildenden- 8 vertretung zu errichten, zwingt jedoch nicht dazu. Die Initiative zur Errichtung einer Konzern-Jugend- und Auszubildendenvertretung liegt ausschließlich bei den Gesamt-Jugend- und Auszubildendenvertretungen. Anderen, insbesondere dem Konzernbetriebsrat, dem herrschenden Unternehmen oder einer Gewerkschaft, steht sie nicht zu.

Die **Errichtung** der Konzern-Jugend- und Auszubildendenvertretung **erfolgt durch** 9 **Beschlüsse der einzelnen Gesamt-Jugend- und Auszubildendenvertretungen** (Abs. 1

Satz 1). Sie ist errichtet, wenn die Gesamt-Jugend- und Auszubildendenvertretungen der Konzernunternehmen, in denen insgesamt **mindestens 75 Prozent der in § 60 Abs. 1 genannten Arbeitnehmer** des gesamten Konzerns beschäftigt sind, sich dafür ausgesprochen haben (Abs. 1 Satz 2). Dabei gilt, insbesondere hinsichtlich der Beschlussfassung (§ 73 b i. V. mit § 51 Abs. 3), Gleiches wie für die Errichtung eines Konzernbetriebsrats (s. dazu § 54 Rn. 37 ff.).

10 Sobald das Quorum erfüllt ist, ist die Konzern-Jugend- und Auszubildendenvertretung **kraft Gesetzes errichtet,** auch wenn damit noch nicht feststeht, wer ihr als Mitglied angehört. Die Errichtung wirkt für den ganzen Konzern, und zwar auch für solche Unternehmen, in denen keine Gesamt-Jugend- und Auszubildendenvertretungen bestehen oder deren Gesamt-Jugend- und Auszubildendenvertretungen sich an der Errichtung nicht beteiligt oder ihr ausdrücklich widersprochen haben (s. Rn. 18 und § 73 b Rn. 4 f.).

IV. Bestand und Auflösung der Konzern-Jugend- und Auszubildendenvertretung

11 Die Konzern-Jugend- und Auszubildendenvertretung ist, wenn sie einmal errichtet ist, eine **Dauereinrichtung.** Sie hat wie die Gesamt-Jugend- und Auszubildendenvertretung keine Amtszeit. Nur mittelbar besteht eine Abhängigkeit von der Amtszeit der einzelnen Jugend- und Auszubildendenvertretungen, weil diese nach § 64 Abs. 1 Satz 1 im Zweijahresrhythmus gewählt werden; denn in diesem Fall endet mit der Amtszeit der Mitglieder der Jugend- und Auszubildendenvertretung die Mitgliedschaft der in die Gesamt-Jugend- und Auszubildendenvertretung entsandten Mitglieder und damit auch ihre Mitgliedschaft in der Konzern-Jugend- und Auszubildendenvertretung.

12 Die Konzern-Jugend- und Auszubildendenvertretung kann **nicht** als solche ihren **Rücktritt** beschließen (vgl. näher § 54 Rn. 46). Sie kann allerdings entsprechend ihrem Charakter als fakultative Einrichtung durch entsprechende Beschlüsse der Gesamt-Jugend- und Auszubildendenvertretungen wieder aufgelöst werden. Insoweit gilt Gleiches wie beim Konzernbetriebsrat (vgl. § 54 Rn. 47 f.).

13 Die Konzern-Jugend- und Auszubildendenvertretung endet grundsätzlich, wenn die **Voraussetzungen für ihre Errichtung entfallen,** insbesondere wenn der Konzern aufgelöst wird. Eine **Auflösung durch Beschluss des Arbeitsgerichts ist nicht möglich,** da das Gesetz in § 73 b Abs. 2 i. V. mit § 56 nur den Ausschluss einzelner Mitglieder kennt. Hinsichtlich der Auswirkungen des Eintritts neuer Unternehmen in den Konzern oder des Ausscheidens von Unternehmen aus dem Konzern gilt nichts anderes als für den Konzernbetriebsrat (vgl. § 54 Rn. 51 ff.).

V. Mitgliederzahl und Zusammensetzung der Konzern-Jugend- und Auszubildendenvertretung

1. Mitgliederzahl, Entsendung und Abberufung

14 Jede Gesamt-Jugend- und Auszubildendenvertretung entsendet in die Konzern-Jugend- und Auszubildendenvertretung **eines ihrer Mitglieder** (Abs. 2 Satz 1).

15 Die **Bestimmung des Mitglieds,** das in die Konzern-Jugend- und Auszubildendenvertretung entsandt wird, erfolgt in einer Sitzung der Gesamt-Jugend- und Auszubildendenvertretung (§ 73 Abs. 1 Satz 1) bzw. im Falle des Abs. 1 Satz 3 in einer Sitzung der Jugend- und Auszubildendenvertretung. Sie **kann** formlos und muss nicht notwendigerweise geheim erfolgen. Erforderlich ist die **einfache Stimmenmehrheit** (vgl. § 72 Abs. 7 Satz 1), jedoch kann vorgesehen werden, dass relative Mehrheit genügt. Bei Entsendung durch eine Gesamt-Jugend- und Auszubildendenvertretung setzt die Durchführung der

VI. Abweichende Regelung über die Mitgliederzahl　　　　　　　　　　§ 73 a

Wahl voraus, dass mindestens die Hälfte der Mitglieder an der Wahl teilnimmt und die Teilnehmenden mindestens die Hälfte aller Stimmen vertreten (§ 73 Abs. 2 i. V. mit § 51 Abs. 3 Satz 3). Werden – auf Grund einer Regelung nach Abs. 4 i. V. mit § 72 Abs. 4 – mehrere Vertreter von einer Gesamt-Jugend- und Auszubildendenvertretung entsandt, so sind sie in getrennten Wahlen zu bestimmen. Besteht in einem Konzernunternehmen nur eine einköpfige Jugend- und Auszubildendenvertretung, so ist deren Mitglied automatisch Mitglied der Konzern-Jugend- und Auszubildendenvertretung.

Die **Abberufung** eines Mitglieds der Gesamt-Jugend- und Auszubildendenvertretung von seinem Amt als Mitglied der Konzern-Jugend- und Auszubildendenvertretung ist zulässig (§ 73 b Abs. 2 i. V. mit § 57). Ist ein Mitglied von mehreren Gesamt-Jugend- und Auszubildendenvertretungen gemeinsam entsandt worden, kann es auch nur gemeinsam abberufen werden. 16

2. Ersatzmitglieder

Nach Abs. 2 Satz 2 hat jede Gesamt-Jugend- und Auszubildendenvertretung für jedes entsandte Mitglied mindestens ein Ersatzmitglied zu bestellen und die Reihenfolge des Nachrückens festzulegen. Das Ersatzmitglied rückt nach, wenn das entsandte Mitglied aus der Konzern-Jugend- und Auszubildendenvertretung ausscheidet; es ist sein Vertreter, wenn das Mitglied der Konzern-Jugend- und Auszubildendenvertretung zeitweilig verhindert ist (§ 73 b Abs. 2 i. V. mit § 25 Abs. 1; s. § 73 b Rn. 15). 17

3. Rechtsfolgen bei Nichtentsendung

Ist eine Konzern-Jugend- und Auszubildendenvertretung errichtet, d. h. haben sich für sie die Gesamt-Jugend- und Auszubildendenvertretungen bzw. Jugend- und Auszubildendenvertretungen der Unternehmen ausgesprochen, die mindestens 75 Prozent der in § 60 Abs. 1 genannten Arbeitnehmer des Konzerns repräsentieren, so ist jede Gesamt-Jugend- und Auszubildendenvertretung bzw. jede entsendungsberechtigte Jugend- und Auszubildendenvertretung verpflichtet, Mitglieder in die Konzern-Jugend- und Auszubildendenvertretung zu entsenden und jeweils mindestens ein Ersatzmitglied zu bestellen sowie die Reihenfolge des Nachrückens festzulegen. 18

VI. Abweichende Regelung über die Mitgliederzahl der Konzern-Jugend- und Auszubildendenvertretung

1. Abweichung durch Tarifvertrag oder Betriebsvereinbarung

Das Gesetz erlaubt wie bei der Gesamt-Jugend- und Auszubildendenvertretung, dass durch Tarifvertrag oder Betriebsvereinbarung die **Mitgliederzahl** der Konzern-Jugend- und Auszubildendenvertretung **abweichend vom Gesetz** geregelt wird (Abs. 4 i. V. mit § 72 Abs. 4). Gehören der Konzern-Jugend- und Auszubildendenvertretung mehr als zwanzig Mitglieder an, so besteht sogar eine Regelungsnotwendigkeit (Abs. 4 i. V. mit § 72 Abs. 5). 19

Die abweichende Regelung kann durch **Tarifvertrag** oder durch **Betriebsvereinbarung** erfolgen. Es gilt hier Gleiches wie beim Tarifvertrag oder der Betriebsvereinbarung über die Mitgliederzahl einer Gesamt-Jugend- und Auszubildendenvertretung (s. § 72 Rn. 15 ff.). Auch bei Abs. 4 ist der Tarifvorrang zu beachten. Die Betriebsvereinbarung ist zwischen dem Arbeitgeber und dem Konzernbetriebsrat zu schließen; bei der Beschlussfassung im Konzernbetriebsrat haben aber alle Mitglieder der Konzern-Jugend- und Auszubildendenvertretung Stimmrecht (§ 73 b Abs. 2 i. V. mit § 67 Abs. 2; s. zum Stimmengewicht Rn. 25 ff.). 20

2. Notwendigkeit einer Regelung

21 a) Gehören der **Konzern-Jugend- und Auszubildendenvertretung** nach dem Gesetz mehr als zwanzig Mitglieder an, so muss eine **Regelung über ihre Mitgliederzahl** erfolgen (Abs. 4 i. V. mit § 72 Abs. 5). Sie ist also nur dann notwendig, wenn sich der Konzern in mindestens 21 Unternehmen gliedert. Die Regelung kann durch Tarifvertrag oder durch Konzernbetriebsvereinbarung erfolgen (s. näher § 72 Rn. 16 ff.).

22 b) Kommt eine notwendige **Regelung durch Betriebsvereinbarung** zwischen Arbeitgeber und Konzernbetriebsrat, nicht zustande, so entscheidet eine für den Konzern zu bildende **Einigungsstelle** (Abs. 4 i. V. mit § 72 Abs. 6 Satz 1). Ihr Spruch ersetzt die Betriebsvereinbarung (Abs. 4 i. V. mit § 72 Abs. 6 Satz 2; s. auch § 72 Rn. 18).

3. Erhöhung und Verringerung der Mitgliederzahl

23 Durch Tarifvertrag oder – soweit keine Regelungsnotwendigkeit besteht – Betriebsvereinbarung kann die **Mitgliederzahl gegenüber dem Gesetz erhöht** werden. Aus dem Zweck der Regelungsnotwendigkeit ergibt sich dabei eine Grenze insoweit, als die Konzern-Jugend- und Auszubildendenvertretung nicht mehr als zwanzig Mitglieder haben soll (*Oetker*, DB 2005, 1165, 1166). Durch die Erhöhung der Mitgliederzahl ändert sich nicht das Stimmengewicht der einzelnen Gesamt-Jugend- und Auszubildendenvertretungen (Abs. 4 i. V. mit § 72 Abs. 7 Satz 3; s. auch Rn. 28).

24 Vor allem kann die Mitgliederzahl **verringert** werden; bei Regelungsnotwendigkeit muss sie verkleinert werden (s. Rn. 21). In der Konzernbetriebsvereinbarung ist zu bestimmen, dass Gesamt-Jugend- und Auszubildendenvertretungen mehrerer Unternehmen, die regional oder durch gleichartige Interessen miteinander verbunden sind, gemeinsam Mitglieder in die Konzern-Jugend- und Auszubildendenvertretung entsenden (Abs. 4 i. V. mit § 72 Abs. 5 Satz 2; s. dazu auch § 47 Rn. 59).

VII. Stimmengewicht der entsandten Mitglieder in der Konzern-Jugend- und Auszubildendenvertretung

1. Stimmengewicht bei gesetzlicher Mitgliederzahl

25 Nach der in Abs. 3 verankerten Grundregel über das Stimmengewicht hat jedes Mitglied der Konzern-Jugend- und Auszubildendenvertretung so viele Stimmen, wie die Mitglieder der entsendenden Gesamt-Jugend- und Auszubildendenvertretung insgesamt Stimmen haben. Insoweit ist ein Rückgriff auf § 72 Abs. 7 Satz 1 (i. V. mit Abs. 4) ausgeschlossen. Da aber das Stimmengewicht der Mitglieder in der Gesamt-Jugend- und Auszubildendenvertretung von der Zahl der in § 60 Abs. 1 genannten und in die Wählerliste eingetragenen wahlberechtigten Arbeitnehmer abhängt, die von ihnen repräsentiert werden, ist die tatsächliche Stärke der in § 60 Abs. 1 genannten Arbeitnehmer in den einzelnen Konzernunternehmen auch für die Stimmengewichtung im Konzernbetriebsrat maßgebend.

26 Entgegen dem missverständlichen Wortlaut kommt es, sofern eine Jugend- und Auszubildendenvertretung Mitglieder entsendet (Abs. 1 Satz 3), nicht auf die nach Kopfzahlen berechnete Stimmenzahl der Jugend- und Auszubildendenvertretung an, sondern auf die Zahl der von ihr repräsentierten Arbeitnehmer, die in § 60 Abs. 1 genannt sind (vgl. § 55 Rn. 22 f.).

2. Stimmengewicht bei Verringerung oder Erhöhung der Mitgliederzahl

27 a) Ist ein Mitglied einer Gesamt-Jugend- und Auszubildendenvertretung für **mehrere Unternehmen** entsandt worden, so hat dieses Mitglied so viele Stimmen, wie in den

VIII. Streitigkeiten §73a

Unternehmen, für die es entsandt ist, in § 60 Abs. 1 genannte Arbeitnehmer in den Wählerlisten eingetragen sind (Abs. 4 i. V. mit § 72 Abs. 7 Satz 2). Maßgebend sind die Wählerlisten bei der letzten Wahl der Jugend- und Auszubildendenvertretung in den Betrieben des Unternehmens (ebenso *Fitting*, § 73 a Rn. 35 i. V. m. § 72 Rn. 38).

b) Wird durch Tarifvertrag oder Betriebsvereinbarung die **Mitgliederzahl** der Konzern-Jugend- und Auszubildendenvertretung **gegenüber dem Gesetz erhöht,** sind also für Unternehmen mehrere Mitglieder der Gesamt-Jugend- und Auszubildendenvertretung entsandt worden, so haben diese nur zusammen so viele Stimmen, wie in dem Unternehmen, dessen Gesamt-Jugend- und Auszubildendenvertretung sie entsendet, in § 60 Abs. 1 genannte Arbeitnehmer in der Wählerliste eingetragen sind. Das Gesetz verlangt nicht, dass das Stimmrecht nur einheitlich von diesen Mitgliedern ausgeübt werden kann, sondern jedem Mitglied stehen die Stimmen anteilig zu (Abs. 4 i. V. mit § 72 Abs. 7 Satz 3). 28

3. Entsendung aus einem gemeinsamen Betrieb oder einem gemeinsamen Unternehmen

Die Entscheidung über die Berücksichtigung der in gemeinsamen Betrieben beschäftigten Arbeitnehmer kann für den Konzern unabhängig von etwa in den einzelnen Konzernunternehmen nach § 72 Abs. 8 getroffenen Entscheidungen erfolgen (a. A. GK-*Oetker*, § 73 a Rn. 38). Dabei ist nach Abs. 4 i. V. mit § 72 Abs. 8 nur eine Veränderung der Stimmenzahl und nicht auch eine Veränderung sonstiger Organisationsgrundsätze und Regeln zulässig. Unzulässig ist eine Regelung, wonach die Arbeitnehmer des gemeinsamen Betriebs, sofern sie in der Gesamt-, Jugend- und Auszubildendenvertretung repräsentiert sind, überhaupt nicht berücksichtigt werden oder die aus einem gemeinsamen Betrieb entsandten Mitglieder der Jugend- und Auszubildendenvertretung weniger Stimmen haben, als in § 60 Abs. 1 genannte Arbeitnehmer des jeweiligen Unternehmens in der Wählerliste des gemeinsamen Betriebs eingetragen sind (s. näher § 47 Rn. 58). 29

Da ein Gemeinschaftsunternehmen nach zutreffender Ansicht außerhalb der unter den mehreren Müttern jeweils gebildeten Konzerne steht (s. § 54 Rn. 18 ff.), sind aus den bei ihnen gebildeten Gesamt-Jugend- und Auszubildendenvertretungen jeweils keine Mitglieder in die Konzern-Jugend- und Auszubildendenvertretung zu entsenden. 30

4. Ausübung des Stimmrechts

a) Das Mitglied der Konzern-Jugend- und Auszubildendenvertretung hat seine Stimmen nach eigener Verantwortung abzugeben. Es gilt insoweit Gleiches wie für die Mitglieder der Gesamt-Jugend- und Auszubildendenvertretung (s. § 72 Rn. 25). 31

b) Jedes Mitglied der Konzern-Jugend- und Auszubildendenvertretung hat seine **Stimmen einheitlich** abzugeben; eine Aufgliederung ist ausgeschlossen. Das gilt auch für den Fall, dass ein Mitglied der Konzern-Jugend- und Auszubildendenvertretung für mehrere Unternehmen entsandt worden ist. Sind mehrere Mitglieder der Gesamt-Jugend- und Auszubildendenvertretung entsandt worden, so ist die Stimmenzahl gleichmäßig aufzuteilen. Insoweit ist keine einheitliche Stimmabgabe der Einzelnen entsandten Mitglieder erforderlich. 32

VIII. Streitigkeiten

Streitigkeiten, die mit der Bildung und Zusammensetzung der Konzern-Jugend- und Auszubildendenvertretung zusammenhängen oder die sich auf das Stimmengewicht ihrer Mitglieder beziehen, entscheidet das Arbeitsgericht im Beschlussverfahren (§ 2 a Abs. 1 Nr. 1, Abs. 2 i. V. mit §§ 80 ff. ArbGG). Zuständig ist das Arbeitsgericht, in dessen Bezirk das herrschende Unternehmen seinen Sitz hat (§ 82 Satz 2 ArbGG; s. im Übrigen § 54 Rn. 58). 33

§ 73b Geschäftsführung und Geltung sonstiger Vorschriften

(1) ¹Die Konzern-Jugend- und Auszubildendenvertretung kann nach Verständigung des Konzernbetriebsrats Sitzungen abhalten. ²An den Sitzungen kann der Vorsitzende oder ein beauftragtes Mitglied des Konzernbetriebsrats teilnehmen.

(2) Für die Konzern-Jugend- und Auszubildendenvertretung gelten § 25 Abs. 1, die §§ 26, 28 Abs. 1 Satz 1, die §§ 30, 31, 34, 36, 37 Abs. 1 bis 3, die §§ 40, 41, 51 Abs. 3 bis 5, die §§ 56, 57, 58, 59 Abs. 2 und die §§ 66 bis 68 entsprechend.

Übersicht

	Rn.
I. Vorbemerkung	1
II. Sitzungen der Konzern-Jugend- und Auszubildendenvertretung	3
1. Recht zur Abhaltung eigener Sitzungen	3
2. Konstituierung der Konzern-Jugend- und Auszubildendenvertretung	4
3. Einberufung der weiteren Sitzungen	6
4. Teilnahmerecht	7
5. Beschlussfassung und Sitzungsniederschrift	8
III. Sonstige Vorschriften über Organisation und Geschäftsführung der Konzern-Jugend- und Auszubildendenvertretung	10
1. Vorsitz	10
2. Amtsenthebung und Amtsverlust	13
3. Keine Sprechstunden	16
4. Rechtsstellung der Mitglieder	17
5. Ausschüsse	18
6. Kosten	19
IV. Verhältnis der Konzern-Jugend- und Auszubildendenvertretung zu den Gesamt-Jugend- und Auszubildendenvertretungen	20
1. Zuständigkeitsabgrenzung	20
2. Beauftragung durch eine Gesamt-Jugend- und Auszubildendenvertretung	21
V. Verhältnis der Konzern-Jugend- und Auszubildendenvertretung zum Konzernbetriebsrat	22
1. Rechtsstellung der Konzern-Jugend- und Auszubildendenvertretung	22
2. Beteiligung an der Geschäftsführung des Konzernbetriebsrats	23
3. Teilnahme an gemeinsamen Besprechungen zwischen Konzernbetriebsrat und Arbeitgeber	28
VI. Streitigkeiten	29

I. Vorbemerkung

1 Diese ebenfalls durch das BetrVerf-Reformgesetz vom 23. 7. 2001 (BGBl. I S. 1852) neu eingefügte Vorschrift regelt die Möglichkeit eigener Sitzungen der Konzern-Jugend- und Auszubildendenvertretung und das Teilnahmerecht eines Mitglieds des Konzernbetriebsrats an diesen Sitzungen in Anlehnung an die Bestimmung des § 65 Abs. 2 für die Jugend- und Auszubildendenvertretung und an § 73 Abs. 1 für die Gesamt-Jugend- und Auszubildendenvertretung. Außerdem wird festgelegt, welche Vorschriften, die für den Betriebsrat, den Gesamt- und Konzernbetriebsrat sowie für die Jugend- und Auszubildendenvertretung aufgestellt sind, entsprechend für die Konzern-Jugend- und Auszubildendenvertretung gelten.

2 Im Bereich des Personalvertretungsrechts existiert keine entsprechende Vorschrift.

II. Sitzungen der Konzern-Jugend- und Auszubildendenvertretung

1. Recht zur Abhaltung eigener Sitzungen

3 Wie die Gesamt-Jugend- und Auszubildendenvertretung erfüllt die Konzern-Jugend- und Auszubildendenvertretung ihre Aufgaben nicht nur durch Beteiligung an Sitzungen

II. Sitzungen der Konzern-Jugend- und Auszubildendenvertretung § 73b

und Beschlüssen des Konzernbetriebsrats (Abs. 2 i. V. mit § 67 Abs. 1 und 2), sondern sie kann auch selbst **nach Verständigung des Konzernbetriebsrats** Sitzungen abhalten (Abs. 1 Satz 1; s. auch § 65 Rn. 12 f.).

2. Konstituierung der Konzern-Jugend- und Auszubildendenvertretung

Ist eine Konzern-Jugend- und Auszubildendenvertretung zu errichten, so hat **die Ge-** **4** **samt-Jugend- und Auszubildendenvertretung des herrschenden** Unternehmens zur **konstituierenden Sitzung einzuladen**, um den Vorsitzenden und den stellvertretenden Vorsitzenden der Konzern-Jugend- und Auszubildendenvertretung zu wählen (Abs. 2 i. V. mit § 59 Abs. 2 Satz 1). Da Abs. 1 bereits für die konstituierende Sitzung gilt, hat sie den Konzernbetriebsrat davon zu verständigen. Existiert im herrschenden Unternehmen keine Gesamt-Jugend- und Auszubildendenvertretung bzw. eine an ihre Stelle tretende Jugend- und Auszubildendenvertretung (s. § 73 a Abs. 1 Satz 3), so hat die Gesamt-Jugend- und Auszubildendenvertretung des nach der Zahl der in § 60 Abs. 1 genannten Arbeitnehmer größten Konzernunternehmens einzuladen; maßgebend ist die Eintragung in der Wählerliste bei der letzten Wahl zur Jugend- und Auszubildendenvertretung. Die Einladung geht an die übrigen Gesamt-Jugend- und Auszubildendenvertretungen des Konzerns und enthält die Aufforderung, gemäß § 73 a Abs. 2 ein Mitglied der Gesamt-Jugend- und Auszubildendenvertretung in die Konzern-Jugend- und Auszubildendenvertretung zu entsenden. Der Vorsitzende der einladenden Gesamt-Jugend- und Auszubildendenvertretung hat die Sitzung zu leiten, bis die Konzern-Jugend- und Auszubildendenvertretung aus ihrer Mitte einen Wahlleiter bestellt hat (Abs. 2 i. V. mit § 59 Abs. 2 Satz 2). Ist dies geschehen, so erlischt das Teilnahmerecht für den Vorsitzenden der einladenden Gesamt-Jugend- und Auszubildendenvertretung, wenn er nicht selbst der Konzern-Jugend- und Auszubildendenvertretung angehört. Die Konzern-Jugend- und Auszubildendenvertretung ist konstituiert, sobald der Vorsitzende und sein Stellvertreter gewählt sind.

Da die Konzern-Jugend- und Auszubildendenvertretung ebenso wenig wie der Kon- **5** zernbetriebsrat eine Amtsperiode hat (s. § 73 a Rn. 11), kommt eine Konstituierung streng genommen nur einmal in Betracht. Auch bei einer Neuwahl der Jugend- und Auszubildendenvertretungen endet nicht die Jugend- und Auszubildendenvertretung, sondern es erlischt lediglich die Mitgliedschaft in der Gesamt-Jugend- und Auszubildendenvertretung und damit in der Konzern-Jugend- und Auszubildendenvertretung. Da jedoch die Jugend- und Auszubildendenvertretungen im Zweijahresrhythmus während des Zeitraums für die regelmäßigen Wahlen der Jugend- und Auszubildendenvertretung neu gewählt werden (§ 64), wechseln auch die Mitglieder der Gesamt-Jugend- und Auszubildendenvertretung und damit die Mitglieder der Konzern-Jugend- und Auszubildendenvertretung, wenn man von dem Fall absieht, dass eine Jugend- und Auszubildendenvertretung erst in dem nächsten Zeitraum der regelmäßigen Wahlen für die Jugend- und Auszubildendenvertretungen neu zu wählen ist. Daher ist § 59 Abs. 2 ebenso wie beim Gesamtbetriebsrat auch hier auf diesen Fall entsprechend anzuwenden (s. § 51 Rn. 24 ff.).

3. Einberufung der weiteren Sitzungen

Die weiteren Sitzungen beruft der **Vorsitzende der Konzern-Jugend- und Auszubilden-** **6** **denvertretung** ein; für sie gelten die Bestimmungen in § 29 Abs. 2 bis 4 entsprechend (s. auch § 65 Rn. 14 ff.). Außerdem ist der **Konzernbetriebsrat von der Sitzung zu verständigen** (Abs. 1 Satz 1; s. auch § 65 Rn. 13, 17). Selbstverständlich entfällt die Notwendigkeit, die Konzernschwerbehindertenvertretung zu laden; denn sie hat bei den Sitzungen der Konzern-Jugend- und Auszubildendenvertretung kein Teilnahmerecht. Bei dem formellen Anspruch auf Einberufung (Abs. 2 i. V. mit §§ 59 Abs. 2 Satz 3, 29 Abs. 3) ist hier darauf zu achten, dass das Stimmengewicht der Mitglieder der Konzern-Jugend- und Auszubildendenvertretung sich nach § 73 a Abs. 4 i. V. mit § 72 Abs. 7 und 8 bestimmt (s. § 72 Rn. 21 ff.). Obwohl es im Gesetz nicht ausdrücklich gesagt wird, ist wie bei der Gesamt-Jugend- und Auszubildendenvertretung davon auszugehen, dass auch der Konzernbetriebsrat den formellen Anspruch auf Einberufung hat (s. § 73 Rn. 6). Für die zeitliche Lage und die Nichtöffentlichkeit der Sitzungen gilt Gleiches wie für eine Betriebsratssitzung (Abs. 2 i. V. mit § 30).

4. Teilnahmerecht

7   Außer den Mitgliedern der Konzern-Jugend- und Auszubildendenvertretung kann der **Vorsitzende** oder ein **beauftragtes Mitglied des Konzernbetriebsrats** an den Sitzungen teilnehmen (Abs. 1 Satz 2; s. zur Beauftragung § 69 Rn. 10 f.). Ein Teilnahmerecht hat weiterhin der **Arbeitgeber,** wenn die Sitzung auf sein Verlangen anberaumt wird oder wenn er ausdrücklich eingeladen ist (vgl. § 29 Abs. 4); dabei kann angesichts der rechtlichen Selbstständigkeit der Konzernunternehmen problematisch sein, wer als Arbeitgeber anzusehen ist (s. dazu näher § 59 Rn. 22). Für die Teilnahme eines **Gewerkschaftsbeauftragten** gilt § 31 entsprechend (Abs. 2). Nicht erforderlich ist, dass die Gewerkschaft in der Konzern-Jugend- und Auszubildendenvertretung vertreten ist (a. A. GK-*Oetker*, § 73 b Rn. 30 m. w. N.); es ist auch nicht notwendig, dass sie in einer Gesamt-Jugend- und Auszubildendenvertretung oder einer Jugend- und Auszubildendenvertretung vertreten ist, sondern es genügt hier wie bei der Jugend- und Auszubildendenvertretung, dass die Gewerkschaft in einem Betriebsrat vertreten ist (s. § 65 Rn. 25; vgl. für den Konzernbetriebsrat § 59 Rn. 23). Ein Gewerkschaftsbeauftragter ist hinzuzuziehen, wenn ein Viertel der Mitglieder der Konzern-Jugend- und Auszubildendenvertretung es beantragt, wobei sich auch hier das Stimmengewicht nach §§ 73 a, 72 Abs. 7 und 8 richtet (s. § 72 Rn. 21 ff.). Sonstige Personen haben kein Teilnahmerecht; denn die Sitzung der Konzern-Jugend- und Auszubildendenvertretung ist nicht öffentlich.

5. Beschlussfassung und Sitzungsniederschrift

8   Für die **Beschlussfassung** und **Beschlussfähigkeit** der Konzern-Jugend- und Auszubildendenvertretung gilt Gleiches wie beim Gesamtbetriebsrat (Abs. 2 i. V. mit § 51 Abs. 3; s. auch dort Rn. 41 ff.). Die Konzern-Jugend- und Auszubildendenvertretung ist nur beschlussfähig, wenn mindestens die Hälfte ihrer Mitglieder an der Beschlussfassung teilnimmt und die Teilnehmenden mindestens die Hälfte aller Stimmen vertreten. Für den Beschluss selbst genügt grundsätzlich die einfache Stimmenmehrheit, wenn man von dem Fall der Festlegung einer Geschäftsordnung in entsprechender Anwendung des § 36 absieht. Für die Zahl der Stimmen, die ein Mitglied hat, sind §§ 73 a Abs. 4, 72 Abs. 7 und 8 maßgebend (s. dort Rn. 21 ff.). Der Konzernbetriebsratsvorsitzende oder das Konzernbetriebsratsmitglied, das mit der Teilnahme an der Sitzung der Konzern-Jugend- und Auszubildendenvertretung beauftragt ist, hat kein Stimmrecht, sondern nur ein Beratungsrecht.

9   Die Konzern-Jugend- und Auszubildendenvertretung hat über jede Verhandlung eine **Niederschrift** aufzunehmen; dafür hat der Vorsitzende zu sorgen. § 34 gilt entsprechend (Abs. 2).

III. Sonstige Vorschriften über Organisation und Geschäftsführung der Konzern-Jugend- und Auszubildendenvertretung

1. Vorsitz

10   a) Die Konzern-Jugend- und Auszubildendenvertretung hat wie die Jugend- und Auszubildendenvertretung nur einen **Vorsitzenden** und einen **stellvertretenden Vorsitzenden** (Abs. 2 i. V. mit § 26 Abs. 1).

III. Sonstige Vorschriften über Organisation und Geschäftsführung   § 73b

b) Die Konzern-Jugend- und Auszubildendenvertretung **wählt** auf ihrer konstituierenden Sitzung **aus ihrer Mitte** den Vorsitzenden und dessen Stellvertreter (s. Rn. 4). Es gilt Gleiches wie bei der Jugend- und Auszubildendenvertretung; für die Zahl der Stimmen, die ein Mitglied hat, sind §§ 73 a Abs. 4, 72 Abs. 7 maßgebend (s. § 72 Rn. 21 ff.). **11**

c) Der **Vorsitzende** der Konzern-Jugend- und Auszubildendenvertretung oder im Fall seiner Verhinderung sein Stellvertreter **vertritt** die **Konzern-Jugend- und Auszubildendenvertretung** nur **im Rahmen der von ihr gefassten Beschlüsse**; für Erklärungen, die ihr gegenüber abzugeben sind, ist ihr Vorsitzender oder im Fall seiner Verhinderung sein Stellvertreter zur Entgegennahme berechtigt (Abs. 2 i. V. mit § 26 Abs. 2). Das gilt insbesondere für Ladungen zu den Sitzungen des Konzernbetriebsrats; zu den Tagesordnungspunkten, die besonders die in § 60 Abs. 1 genannten Arbeitnehmer betreffen, sind aber alle Mitglieder der Konzern-Jugend- und Auszubildendenvertretung entsprechend § 29 Abs. 2 Satz 4 zu laden. Da § 27 Abs. 3 nicht entsprechend gilt, kann weder dem Vorsitzenden noch anderen Mitgliedern der Konzern-Jugend- und Auszubildendenvertretung die Führung der laufenden Geschäfte übertragen werden. **12**

2. Amtsenthebung und Amtsverlust

a) Die **Konzern-Jugend- und Auszubildendenvertretung** ist eine **Dauereinrichtung** (s. § 73 a Rn. 11). Sie kann deshalb nicht durch Beschluss des Arbeitsgerichts aufgelöst werden, sondern es kommt hier wie beim Konzernbetriebsrat nur ein **Ausschluss aus der Konzern-Jugend- und Auszubildendenvertretung** wegen grober Verletzung der Amtspflichten in Betracht (Abs. 2 i. V. mit § 56; s. ausführlich dort Rn. 3 ff.). Antragsberechtigt sind, was wegen der nur entsprechenden Geltung des § 56 zweifelhaft sein kann, sowohl der Konzernbetriebsrat als auch die Konzern-Jugend- und Auszubildendenvertretung neben den sonst dort genannten Antragsberechtigten. **13**

b) Ein **Amtsverlust** tritt für das Mitglied der Konzern-Jugend- und Auszubildendenvertretung unter den gleichen Voraussetzungen wie für ein Konzernbetriebsratsmitglied ein; § 57 gilt entsprechend (Abs. 2). **14**

c) Scheidet ein Mitglied aus der Konzern-Jugend- und Auszubildendenvertretung aus, so rückt das nach § 73 a Abs. 2 Satz 2 bestellte **Ersatzmitglied** nach (Abs. 2 i. V. mit § 25 Abs. 1; s. auch § 73 a Rn. 17). Dasselbe gilt, wenn ein Mitglied einer Gesamt-Jugend- und Auszubildendenvertretung zeitweilig verhindert ist, sein Amt als Mitglied der Konzern-Jugend- und Auszubildendenvertretung auszuüben. Ist in einem Unternehmen nur ein Jugend- und Auszubildendenvertreter vorhanden und dieser deshalb zugleich von Amts wegen Mitglied der Konzern-Jugend- und Auszubildendenvertretung, so rückt das Ersatzmitglied nach. **15**

3. Keine Sprechstunden

Die Konzern-Jugend- und Auszubildendenvertretung kann keine Sprechstunden während der Arbeitszeit einrichten. Da der Konzernbetriebsrat ebenfalls während der Arbeitszeit keine Sprechstunden abhalten kann (s. § 59 Rn. 34), entfällt auch die Möglichkeit, dass ein Mitglied der Konzern-Jugend- und Auszubildendenvertretung an ihnen teilnimmt. **16**

4. Rechtsstellung der Mitglieder

Die Tätigkeit in der Konzern-Jugend- und Auszubildendenvertretung ist letztlich **Ausfluss der Tätigkeit in der Jugend- und Auszubildendenvertretung des einzelnen Betriebs**. Sie hat daher ebenfalls ehrenamtlich zu erfolgen (Abs. 2 i. V. mit § 37 Abs. 1). § 37 Abs. 2 und 3 gilt auch für die Tätigkeit als Mitglied der Konzern-Jugend- und Auszubildendenvertretung (Abs. 2). Dass das Gesetz § 37 Abs. 4 bis 7 nicht für entsprechend anwendbar erklärt, liegt daran, dass die Tätigkeit in der Konzern-Jugend- und Auszubil- **17** dendenvertretung zu den Amtsobliegenheiten des Jugend- und Auszubildendenvertreters gehört, der in die Gesamt-Jugend- und Auszubildendenvertretung und von dieser in die Konzern-Jugend- und Auszubildendenvertretung entsandt wird. Da ein Mitglied der Konzern-Jugend- und Auszubildendenvertretung stets zugleich Mitglied einer Jugend- und Auszubildendenvertretung ist, hat es auch den besonderen Kündigungsschutz des § 15 KSchG. Zulässig ist grundsätzlich nur die außerordentliche Kündigung, die der Zustimmung des Betriebsrats, nicht des Gesamtbetriebsrats bedarf (§ 103; s. auch § 65 Rn. 51). Daneben ist der besondere Versetzungsschutz nach § 103 Abs. 3 zu beachten.

5. Ausschüsse

18 Auch Konzern-Jugend- und Auszubildendenvertretungen sollen Ausschüsse bilden können, wie die in Abs. 2 enthaltene Verweisung auf § 28 Abs. 1 Satz 1 zeigt. Eine Übertragung zur selbstständigen Erledigung kommt mangels Verweisung auf § 28 Abs. 1 Satz 3 nicht in Betracht. Diese missglückte Verweisung ist dahin zu verstehen, dass die Bildung von Ausschüssen möglich ist, sofern im Konzern mehr als 100 der in § 60 Abs. 1 genannten Arbeitnehmer beschäftigt sind (s. dazu § 28 Rn. 4 f.) und die Konzern-Jugend- und Auszubildendenvertretung mindestens 7 Mitglieder hat (*Fitting*, § 73 b Rn. 11; a. A. GK-*Oetker*, § 73 b Rn. 19: allein entscheidend sei, ob die Konzern-Jugend- und Auszubildendenvertretung aus mindestens 7 Mitgliedern bestehe; siehe ferner *Rotermund*, Interessenwahrnehmung, S. 221; vgl. näher § 59 Rn. 16).

6. Kosten

19 Die durch die Tätigkeit der Konzern-Jugend- und Auszubildendenvertretung entstehenden Kosten trägt der Arbeitgeber (Abs. 2 i. V. mit §§ 40 und 41).

IV. Verhältnis der Konzern-Jugend- und Auszubildendenvertretung zu den Gesamt-Jugend- und Auszubildendenvertretungen

1. Zuständigkeitsabgrenzung

20 Die Konzern-Jugend- und Auszubildendenvertretung hat die **gleichen Rechte und Pflichten wie eine Gesamt-Jugend- und Auszubildendenvertretung oder eine Jugend- und Auszubildendenvertretung** (Abs. 2 i. V. mit § 51 Abs. 5). Daher spielt auch hier eine Rolle, wer von ihnen zur Erledigung bestimmter Angelegenheiten zuständig ist. Hinsichtlich der Zuständigkeit der Konzern-Jugend- und Auszubildendenvertretung gilt § 58 entsprechend (Abs. 2). Die Konzern-Jugend- und Auszubildendenvertretung ist also von Gesetzes wegen für die Wahrnehmung der besonderen Belange der in § 60 Abs. 1 genannten Arbeitnehmer immer zuständig, wenn die Angelegenheit den Konzern oder mehrere Unternehmen betrifft und eine Interessenwahrung nicht durch die einzelnen Gesamt-Jugend- und Auszubildendenvertretungen innerhalb ihrer Betriebe erfolgen kann. Da die Konzern-Jugend- und Auszubildendenvertretung nicht Träger von Mitwirkungs- und Mitbestimmungsrechten ist, sondern darauf beschränkt ist, ihre Aufgaben gegenüber dem Konzernbetriebsrat bzw. über den Konzernbetriebsrat zu erfüllen, ist ihre Zuständigkeit stets dann gegeben, wenn der Konzernbetriebsrat sich mit der Angelegenheit befassen kann (GK-*Oetker*, § 73 b Rn. 44).

2. Beauftragung durch eine Gesamt-Jugend- und Auszubildendenvertretung

21 Außerdem kann eine Gesamt-Jugend- und Auszubildendenvertretung mit der **Mehrheit der Stimmen ihrer Mitglieder** die Konzern-Jugend- und Auszubildendenvertretung **beauftragen**, eine **Angelegenheit für sie zu behandeln** (Abs. 2 i. V. mit § 58 Abs. 2). Für den Beschluss und die Form der Delegation gilt Gleiches wie bei der Beauftragung eines

Konzernbetriebsrats durch einen Gesamtbetriebsrat (s. § 58 Rn. 24 ff.). Keine Wirksamkeitsvoraussetzung ist, dass der Gesamtbetriebsrat, dem die jeweilige Gesamt-Jugend- und Auszubildendenvertretung zugeordnet ist, den Konzernbetriebsrat mit der Behandlung der Angelegenheit beauftragt hat (a. A. zu § 73: HSWGNR-*Rose*, § 73 Rn. 29), wenngleich die Delegation in diesen Fällen wenig sachgerecht ist (GK-*Oetker*, § 73 b Rn. 45); denn bei Zuständigkeit des Konzernbetriebsrats ist anzunehmen, dass die Konzern-Jugend- und Auszubildendenvertretung bereits von Gesetzes wegen zuständig ist, weil bei Sitzungen des Konzernbetriebsrats nicht Mitglieder einer Gesamt-Jugend- und Auszubildendenvertretung, sondern nur Mitglieder der Konzern-Jugend- und Auszubildendenvertretung teilnahme- und stimmberechtigt sind. Entsprechend gilt aber auch für das Verhältnis zu den Gesamtbetriebsräten, dass in deren Sitzungen nur Mitglieder der ihnen zugeordneten Gesamt-Jugend- und Auszubildendenvertretung gemäß §§ 73 Abs. 2, 67 Abs. 1 und 2 teilnahme- und stimmberechtigt sind. Durch die Beauftragung erhalten die Mitglieder der Konzern-Jugend- und Auszubildendenvertretung nicht an Stelle der Gesamt-Jugend- und Auszubildendenvertreter das Teilnahme- und Stimmrecht. Da die Gesamt-Jugend- und Auszubildendenvertretungen gegenüber dem Arbeitgeber keine Kompetenz haben, § 58 aber die Kompetenz zwischen dem Konzernbetriebsrat und den Gesamtbetriebsräten im Verhältnis zum Arbeitgeber regelt, ist missglückt, dass durch Verweisung auf diese Vorschrift das Verhältnis zwischen der Konzern-Jugend- und Auszubildendenvertretung und den Gesamt-Jugend- und Auszubildendenvertretungen abgegrenzt wird; es ist vielmehr die Konzern-Jugend- und Auszubildendenvertretung stets als zuständig anzusehen, wenn der Konzernbetriebsrat die Kompetenz hat, sich mit der Angelegenheit zu befassen, wobei keine Rolle spielt, ob seine Zuständigkeit originär begründet ist oder sich aus einer Beauftragung ergibt (a. A. WP-*Roloff*, § 73 b Rn. 7).

V. Verhältnis der Konzern-Jugend- und Auszubildendenvertretung zum Konzernbetriebsrat

1. Rechtsstellung der Konzern-Jugend- und Auszubildendenvertretung

Die Konzern-Jugend- und Auszubildendenvertretung ist nur eine **zusätzliche betriebsverfassungsrechtliche Vertretung**; sie ersetzt für die in § 60 Abs. 1 genannten Arbeitnehmer nicht die Zuständigkeit des Konzernbetriebsrats. Ihre Aufgabe liegt vielmehr darin, die Arbeit des Konzernbetriebsrats in Jugend- und Berufsausbildungsfragen wirksam zu unterstützen. Andererseits soll die Konzern-Jugend- und Auszubildendenvertretung dort, wo es um die Angelegenheiten jugendlicher und auszubildender Arbeitnehmer geht, besonders eingeschaltet werden. Deshalb gelten für sie auch die §§ 66 bis 68 entsprechend (Abs. 2). 22

2. Beteiligung an der Geschäftsführung des Konzernbetriebsrats

a) Die Konzern-Jugend- und Auszubildendenvertretung kann zu allen **Sitzungen des Konzernbetriebsrats** einen **Vertreter entsenden** (Abs. 2 i. V. mit § 67 Abs. 1 Satz 1). Werden Angelegenheiten behandelt, die *besonders* die in § 60 Abs. 1 genannten Arbeitnehmer betreffen, so haben zu diesen Tagesordnungspunkten *alle* Mitglieder der Konzern-Jugend- und Auszubildendenvertretung ein **Teilnahmerecht** (Abs. 2 i. V. mit § 67 Abs. 1 Satz 2). Es gilt hier Gleiches wie für die Teilnahme der Jugend- und Auszubildendenvertretung an Betriebsratssitzungen (s. ausführlich § 67 Rn. 12 ff.). 23

b) Die Konzern-Jugend- und Auszubildendenvertretung hat auch ein **formelles Antragsrecht** gegenüber dem Konzernbetriebsrat, dass Angelegenheiten, die *besonders* die in § 60 Abs. 1 genannten Arbeitnehmer betreffen und über die sie beraten hat, auf die Tagesordnung der nächsten Sitzung des Konzernbetriebsrats gesetzt werden (Abs. 2 i. V. mit § 67 Abs. 3 Satz 1). Der Konzernbetriebsrat seinerseits soll Angelegenheiten, die 24

25 c) Soweit **Beschlüsse des Konzernbetriebsrats** *überwiegend* die in § 60 Abs. 1 genannten Arbeitnehmer betreffen (s. dazu auch § 67 Rn. 20 f.), haben alle Mitglieder der Konzern-Jugend- und Auszubildendenvertretung **Stimmrecht** (Abs. 2 i. V. mit § 67 Abs. 2). Auch hier ist maßgebend das Stimmengewicht, wie es sich aus §§ 73 Abs. 4, 72 Abs. 7 und 8 ergibt (s. dort Rn. 21 ff.). Für die Beschlussfähigkeit des Konzernbetriebsrats ist hier aber allein § 51 Abs. 3 Satz 3 maßgebend, also nur erforderlich, dass mindestens die Hälfte der Konzernbetriebsratsmitglieder an der Beschlussfassung teilnimmt und die Teilnehmenden mindestens die Hälfte aller Stimmen vertreten, ohne Rücksicht darauf, ob sich Mitglieder der Konzern-Jugend- und Auszubildendenvertretung an der Beschlussfassung beteiligen.

26 d) Für das Teilnahme- und Stimmrecht im **Konzernbetriebsausschuss** und **sonstigen Ausschüssen** gilt hier Gleiches wie bei der Jugend- und Auszubildendenvertretung (s. ausführlich § 67 Rn. 18, 24).

27 e) Gegen Beschlüsse des Konzernbetriebsrats hat die Konzern-Jugend- und Auszubildendenvertretung ein **suspensives Vetorecht**, sofern sie geltend macht, dass der angegriffene Beschluss wichtige Interessen der in § 60 Abs. 1 genannten Arbeitnehmer erheblich beeinträchtigt (Abs. 2 i. V. mit § 66). Es gilt hier Gleiches wie für das Aussetzungsrecht der Jugend- und Auszubildendenvertreter gegenüber Beschlüssen des Betriebsrats (s. ausführlich § 66 Rn. 3 ff.). Von Bedeutung ist hier lediglich, dass für den Aussetzungsantrag das unterschiedliche Stimmengewicht der Mitglieder der Konzern-Jugend- und Auszubildendenvertretung zu beachten ist, wie es sich aus §§ 73 Abs. 4, 72 Abs. 7 und 8 ergibt (s. dort Rn. 21 ff.).

3. Teilnahme an gemeinsamen Besprechungen zwischen Konzernbetriebsrat und Arbeitgeber

28 Der Konzernbetriebsrat hat die Konzern-Jugend- und Auszubildendenvertretung zu Besprechungen mit dem Arbeitgeber beizuziehen, wenn Angelegenheiten behandelt werden, die besonders die in § 60 Abs. 1 genannten Arbeitnehmer betreffen (Abs. 2 i. V. mit § 68; s. näher dort Rn. 16 ff.).

VI. Streitigkeiten

29 Streitigkeiten, die sich auf die Organisation oder Geschäftsführung der Konzern-Jugend- und Auszubildendenvertretung oder ihr Verhältnis zum Konzernbetriebsrat beziehen, hat das Arbeitsgericht im Beschlussverfahren zu entscheiden (§ 2 a Abs. 1 Nr. 1, Abs. 2 i. V. mit §§ 80 ff. ArbGG; vgl. auch § 54 Rn. 58). Zuständig ist das Arbeitsgericht, in dessen Bezirk das herrschende Unternehmen seinen Sitz hat (§ 82 Satz 2 ArbGG). Soweit ein Mitglied Arbeitsentgelt für Arbeitsversäumnis oder Freizeitausgleich verlangt, entscheidet darüber das Arbeitsgericht, das für seine Streitigkeiten aus dem Arbeitsverhältnis zuständig ist, im Urteilsverfahren (§ 2 Abs. 1 Nr. 3 lit. a, Abs. 5 i. V. mit §§ 46 ff. ArbGG; s. ausführlich § 37 Rn. 181 ff.).

Vierter Teil. Mitwirkung und Mitbestimmung der Arbeitnehmer

Vorbemerkung zum Vierten Teil

Übersicht

	Rn.
I. Betriebsverfassungsrechtliche Mitbestimmungsordnung	1
1. Begrenzung des Gesetzes auf die betriebsverfassungsrechtliche Mitbestimmung	1
2. Aufgaben und Beteiligungsrechte	2
II. Bereich der Mitwirkungs- und Mitbestimmungsrechte	6
1. Legalordnung	6
2. Soziale Angelegenheiten	7
3. Personelle Angelegenheiten	11
4. Wirtschaftliche Angelegenheiten	16
III. Formen der Beteiligung	21
1. Beteiligungsrecht als Oberbegriff der Mitwirkungs- und Mitbestimmungsrechte	21
2. Recht auf Unterrichtung	22
3. Recht auf Anhörung und Recht auf Beratung als Mitwirkungsrecht	25
4. Mitbestimmungsrecht in verschiedenen Ausprägungen	27
IV. Mitwirkung und Mitbestimmung als Legitimation für Maßnahmen des Arbeitgebers	31

I. Betriebsverfassungsrechtliche Mitbestimmungsordnung

1. Begrenzung des Gesetzes auf die betriebsverfassungsrechtliche Mitbestimmung

Der **Vierte Teil des Gesetzes** umschreibt den Aufgabenbereich des Betriebsrats, d. h. **1** das Gebiet, in dem die betriebsverfassungsrechtlichen Repräsentanten der Arbeitnehmerschaft zur **Mitwirkung und Mitbestimmung an der Betriebs- und Unternehmensleitung** berufen sind. Das Gesetz regelt anders als das BetrVG 1952 nur die Mitbestimmung innerhalb der Betriebsverfassung und enthält keine Vorschriften über die Beteiligung der Arbeitnehmervertreter in Organen des Unternehmens. Der Gesetzentwurf der Fraktion der CDU/CSU enthielt im Gegensatz zum RegE in seinem Achten Teil Vorschriften über die Vertretung der Arbeitnehmer im Aufsichtsrat (BT-Drucks. VI/1806). Für Kapitalgesellschaften, die in der Regel mehr als 2000 Arbeitnehmer beschäftigen, sollte vorgesehen werden, dass sich der Aufsichtsrat aus mindestens zwölf Mitgliedern zusammensetzt, von denen sieben Vertreter der Anteilseigner und fünf Vertreter der Arbeitnehmer sein müssen. Man war sich im BT-Ausschuss für Arbeit und Sozialordnung zwar darin einig, „dass eine Reform des Unternehmensverfassungsrechts im Hinblick auf die Beteiligung der Arbeitnehmer in Unternehmensorganen notwendig sei, um auch in diesem Bereich die Arbeitnehmer besser zu integrieren" (*zu* BT-Drucks. VI/2729, S. 18). Die Mehrheit des Ausschusses war aber der Meinung, dass die Diskussion über die Mitbestimmung in Unternehmen noch nicht abgeschlossen sei, und vertrat überdies die Auffassung, dass die arbeitsrechtliche Konzeption des BetrVG die Übernahme unternehmensverfassungsrechtlicher Vorschriften nicht vertrage (vgl. den Bericht des BT-Ausschusses für Arbeit und Sozialordnung, *zu* BT-Drucks. VI/2729, S. 18).

2. Aufgaben und Beteiligungsrechte

2 Der **Aufgabenbereich des Betriebsrats** beschränkt sich nicht auf die Mitwirkung und Mitbestimmung im eigentlichen Sinne; er hat nicht nur die im Gesetz umschriebenen Beteiligungsrechte auszuüben, sondern seine Aufgaben sind sehr viel weiter gespannt, als sie im System der gesetzlich strukturierten Mitwirkungs- und Mitbestimmungsrechte festgelegt sind. Der Betriebsrat hat mit dem Arbeitgeber ganz allgemein vertrauensvoll zum Wohl der Arbeitnehmer und des Betriebs zusammenzuarbeiten (§ 2 Abs. 1) und gemeinsam mit ihm darüber zu wachen, dass alle im Betrieb tätigen Personen nach den Grundsätzen von Recht und Billigkeit behandelt werden (§ 75). § 80 Abs. 1 umschreibt in einer Generalklausel die Aufgaben, bei denen das Gesetz erwartet, dass der Betriebsrat von sich aus die Initiative ergreift, ohne damit zugleich entsprechende Beteiligungsrechte zu geben. Soweit der Aufgabenbereich besteht, hat der Betriebsrat gegenüber dem Arbeitgeber ein umfassendes Informationsrecht (§ 80 Abs. 2).

3 Für die Regelungsbefugnis von Arbeitgeber und Betriebsrat ist von entscheidender Bedeutung, dass ein **Arbeitskampfverbot** besteht (§ 74 Abs. 2). Für die betriebsverfassungsrechtliche Ordnung gilt eine **absolute Friedenspflicht** als Ergänzung des Gebots zur vertrauensvollen Zusammenarbeit. Soweit der Betriebsrat paritätisch beteiligt wird, entscheidet bei Nichteinigung zwischen Arbeitgeber und Betriebsrat, soweit dieser seine Zustimmung nur aus bestimmten Gründen verweigern kann, das Arbeitsgericht im Beschlussverfahren (§ 99 Abs. 4), sonst eine Einigungsstelle; an die Stelle des Arbeitskampfes tritt hier also die **Zwangsschlichtung**.

4 Durch die **Mitwirkung und Mitbestimmung,** wie sie im Gesetz umschrieben ist, sollen die Arbeitnehmer an **bestimmten Entscheidungen des Arbeitgebers** – also der Betriebs- bzw. Unternehmensleitung – **beteiligt** werden. Es handelt sich nicht um Rechte der einzelnen Arbeitnehmer, sondern um Rechte, die dem Betriebsrat als Arbeitnehmerrepräsentant zugewiesen sind (s. Einl. Rn. 83 ff.).

5 Ein **Betrieb,** der **nicht betriebsratsfähig** ist, hat deshalb **keine Mitbestimmungsordnung.** Aber auch wenn in einem betriebsratsfähigen Betrieb kein Betriebsrat gebildet wird, können in ihm die Mitwirkungs- und Mitbestimmungsrechte nicht ausgeübt werden; er steht deshalb in der Mitbestimmungsordnung bis zur Bestellung eines Betriebsrats einem nicht betriebsratsfähigen Betrieb gleich (s. § 1 Rn. 106 f.). Gliedert sich das Unternehmen in mehrere Betriebe oder gehört das Unternehmen zu einem Konzern, so kann für die Ausübung der Beteiligungsrechte ein Gesamtbetriebsrat oder Konzernbetriebsrat zuständig sein (§§ 50, 58). Besteht in einem Betrieb aber kein Betriebsrat, so kann an seine Stelle nicht ein Gesamtbetriebsrat oder Konzernbetriebsrat treten, um die Beteiligungsrechte des Betriebsrats auszuüben.

II. Bereich der Mitwirkungs- und Mitbestimmungsrechte

1. Legalordnung

6 Die **Mitwirkungs- und Mitbestimmungsrechte** erstrecken sich auf **soziale, personelle** und **wirtschaftliche Angelegenheiten.** Diese Unterscheidung entspricht der Legalordnung des BetrVG 1952. Sie ist auch für das geltende Gesetz rechtsdogmatisch sinnvoll, obwohl das Gesetz neben den sozialen, personellen und wirtschaftlichen Angelegenheiten einen Abschnitt dem **Mitwirkungs- und Beschwerderecht des Arbeitnehmers** und einen weiteren Abschnitt der **Gestaltung von Arbeitsplatz, Arbeitsablauf und Arbeitsumgebung** widmet. Dabei ist zu berücksichtigen, dass die Bestimmungen, die das Mitwirkungs- und Beschwerderecht des Arbeitnehmers regeln, individualrechtlichen, nicht betriebsverfassungsrechtlichen Charakter haben. Mit der Gestaltung von Arbeitsplatz, Arbeitsablauf

II. Bereich der Mitwirkungs- und Mitbestimmungsrechte **Vorbem z. 4. Teil**

und Arbeitsumgebung werden Angelegenheiten erfasst, die man im weitesten Sinne zu den Arbeitsbedingungen und damit zu den sozialen Angelegenheiten zählen kann.

2. Soziale Angelegenheiten

a) Unter sozialen Angelegenheiten versteht das Gesetz alle **mit der Gestaltung der** **7** **Arbeitsbedingungen im weitesten Sinne zusammenhängenden Fragen,** insbesondere die Bestimmung der **Arbeitsbedingungen,** und zwar sowohl nach der materiellen wie nach ihrer formellen Seite, also sowohl die der Löhne, Arbeitszeit, Urlaub, Kündigungsfristen usw., wie solcher, die mit dem Verhalten der Arbeitnehmer innerhalb des Betriebs und mit der Ordnung des Betriebs zusammenhängen. Es ordnet zu den sozialen Angelegenheiten weiterhin den gesamten Bereich des Arbeitsschutzes und der Unfallverhütung im Betrieb sowie – seit dem BetrVerf-ReformG 2001 – des betrieblichen Umweltschutzes. Schließlich werden auch die Errichtung und Gestaltung der Sozialeinrichtungen vom Gesetz hierher gerechnet. Nicht mehr zu den sozialen Angelegenheiten zählt dagegen das Gesetz die Mitwirkung und Mitbestimmung des Betriebsrats bei der Gestaltung von Arbeitsplatz, Arbeitsablauf und Arbeitsumgebung. Doch bestehen die Beteiligungsrechte hier, um eine menschengerechte Gestaltung der Arbeit sicherzustellen, und deshalb gehören sie auch zum sozialen Bereich.

b) Innerhalb des sozialen Bereichs hat der Betriebsrat nach dem BAG eine **umfassende** **8** **funktionelle Zuständigkeit** (vgl. bereits BAG [GS] 16. 3. 1956 AP BetrVG [1952] § 57 Nr. 1). Grundsätzlich können alle sozialen Angelegenheiten durch **Betriebsvereinbarung** gestaltet werden (s. ausführlich § 77 Rn. 64 ff.). In bestimmten, nicht nur für die Betriebsleitung, sondern auch für die Planung und Organisation eines Unternehmens wichtigen Angelegenheiten gibt das Gesetz ein **Mitbestimmungsrecht,** damit hier eine Gestaltung nur mit Zustimmung des Betriebsrats erfolgt (§ 87). Außerdem hat er ein korrigierendes Mitbestimmungsrecht, wenn eine Änderung der Arbeitsplätze, des Arbeitsablaufs, oder der Arbeitsumgebung gesicherten arbeitswissenschaftlichen Erkenntnissen über die menschengerechte Gestaltung der Arbeit offensichtlich widerspricht (§ 91). Daneben ist der Betriebsrat bei der Durchführung des Arbeitsschutzes beteiligt und hat für die Gestaltung von Arbeitsplatz, Arbeitsablauf und Arbeitsumgebung ein Unterrichtungs- und Beratungsrecht, soweit nicht bereits nach § 87 ein Mitbestimmungsrecht besteht.

c) Soweit der Betriebsrat ein **Mitbestimmungsrecht** hat, kann er oder der Arbeitgeber **9** die **Einigungsstelle** anrufen, um einen bindenden Spruch herbeizuführen, wenn zwischen ihnen eine Einigung nicht zustande kommt. Dabei spielt keine Rolle, ob es sich um einen *Regelungsstreit,* also um die Frage, was rechtens sein soll, also um einen Interessenausgleich handelt, oder ob Gegenstand der Meinungsverschiedenheit eine *Rechtsfrage* ist, bei deren Beantwortung der Betriebsrat ein Mitbeurteilungsrecht hat (s. dazu § 76 Rn. 26 ff.). Bei einer Meinungsverschiedenheit in Fällen, bei denen der Betriebsrat kein Mitbestimmungsrecht hat, kann dagegen die Einigungsstelle nur tätig werden, wenn beide Seiten es beantragen oder mit ihrem Tätigwerden einverstanden sind.

Streitigkeiten darüber, ob der Betriebsrat in einer Angelegenheit mitzuwirken oder **10** mitzubestimmen hat und ob die erfolgte Beteiligung ausreichend ist, entscheidet das Arbeitsgericht im Beschlussverfahren (§ 2 a Abs. 1 Nr. 1, Abs. 2 i. V. mit §§ 80 ff. ArbGG).

3. Personelle Angelegenheiten

a) Die **Mitbestimmung** des Betriebsrats ist in personellen Angelegenheiten **gegenüber** **11** **dem BetrVG 1952 erweitert und verstärkt.** Vor allem ist sie auch in ihrer Struktur verändert. Unter personellen Angelegenheiten verstand das BetrVG 1952 nur die dort in § 60 Abs. 2 aufgeführten Maßnahmen, also die Einstellung, Versetzung, Umgruppierung und Entlassung. Nur bei ihnen hatte der Betriebsrat mitzuwirken und mitzubestimmen. Die Entscheidungen, die diesen Maßnahmen vorgelagert sind, waren dagegen ausgeklammert. Das BetrVG 1972 hat dies geändert. Das BetrVerf-ReformG 2001 hat dem Betriebsrat in diesem Rahmen ein Vorschlagsrecht zur Sicherung und Förderung der Beschäftigung eingeräumt (§ 92 a).

12 b) Das Gesetz gliedert die personellen Angelegenheiten in drei Komplexe, die **allgemeinen personellen Angelegenheiten,** für die in den §§ 92 bis 95 Bestimmungen getroffen sind, die **Berufsbildung,** die in den §§ 96 bis 98 geregelt wird, und die **personellen Einzelmaßnahmen,** für die in den §§ 99 bis 104 die Mitwirkung und Mitbestimmung des Betriebsrats gestaltet wird.

13 c) Die **Struktur der Beteiligungsrechte** ist im personellen Bereich äußerst mannigfaltig. Nur ein bloßes Informationsrecht hat der Betriebsrat bei der Einstellung oder personellen Veränderung eines leitenden Angestellten (§ 105). Bei der Kündigung hat er ein *Recht auf Anhörung* (§ 102). Im Rahmen der Personalplanung und der Berufsbildung bestehen für ihn *Beratungsrechte* (§§ 92, 96 und 97 Abs. 1) und seit dem BetrVerf-ReformG 2001 zur Beschäftigungssicherung ein besonders gestaltetes Vorschlagsrecht (§ 92 a). Er hat Mitbestimmungsrechte in der Form eines *Zustimmungsrechts* (§§ 94, 95 Abs. 1) und eines *Zustimmungsverweigerungsrechts* (§ 99). Das Gesetz gibt dem Betriebsrat weiterhin in einigen Fällen ein als Mitbestimmungsrecht gestaltetes Initiativrecht (§§ 93, 95 Abs. 2 und § 104). Diese Qualität hat auch das seit dem BetrVerf-ReformG 2001 eingeräumte Recht zur Einführung von Maßnahmen der betrieblichen Berufsbildung, wenn der Arbeitgeber Maßnahmen geplant oder durchgeführt hat, die dazu führen, dass sich die Tätigkeit der betroffenen Arbeitnehmer ändert und ihre beruflichen Kenntnisse und Fähigkeiten zur Erfüllung ihrer Aufgaben nicht mehr ausreichen (§ 97 Abs. 2). Schließlich hat der Betriebsrat bei der Durchführung betrieblicher Bildungsmaßnahmen mitzubestimmen (§ 98).

14 d) Im Bereich der personellen Angelegenheiten berücksichtigt das BetrVG seit dem BetrVerf-ReformG 2001 die Betriebsgröße nur noch bei dem als Mitbestimmungsrecht gestalteten Initiativrecht zur Aufstellung von Auswahlrichtlinien bei Einstellungen, Versetzungen, Umgruppierungen und Kündigungen (§ 95 Abs. 2). Bei der **Einstellung, Eingruppierung, Umgruppierung** und **Versetzung** war nach dem BetrVG 1972 das Mitbestimmungsrecht davon abhängig, dass dem Betrieb in der Regel mehr als zwanzig wahlberechtigte Arbeitnehmer angehören; seit dem BetrVerf-ReformG 2001 ist an die Stelle des Betriebs das Unternehmen getreten.

15 e) Zwar wird auch im Bereich der personellen Angelegenheiten häufig die **Einigungsstelle** eingeschaltet, soweit das Gesetz dem Betriebsrat ein Mitbestimmungsrecht gibt und eine Einigung mit dem Arbeitgeber nicht zustande kommt, z. B. in §§ 94, 95, 97 Abs. 2, § 98 Abs. 4 und § 102 Abs. 6, aber kennzeichnend ist hier, dass das Mitbestimmungsrecht auch durch die Anrufung des **Arbeitsgerichts** verwirklicht wird, z. B. nach § 98 Abs. 5 und vor allem nach §§ 99, 100 sowie §§ 103, 104. Das Arbeitsgericht entscheidet im Beschlussverfahren (§ 2 a Abs. 1 Nr. 1, Abs. 2 i. V. mit §§ 80 ff. ArbGG).

4. Wirtschaftliche Angelegenheiten

16 Das **Mitwirkungs- und Mitbestimmungsrecht** der Arbeitnehmer **im wirtschaftlichen Bereich** ist in diesem Gesetz nur durch die Einrichtung des Wirtschaftsausschusses (§§ 106 bis 109) und durch die Beteiligung des Betriebsrats an Betriebsänderungen (§§ 111 bis 113) geregelt.

17 a) Das Gesetz sieht für alle Unternehmen mit in der Regel mehr als einhundert ständig beschäftigten Arbeitnehmern einen **Wirtschaftsausschuss** vor. Dieser ist aber nicht mehr wie nach § 68 BetrVG 1952 paritätisch aus Vertretern des Unternehmers und der Belegschaft zusammengesetzt, sondern die Mitglieder des Wirtschaftsausschusses werden ausschließlich vom Betriebsrat bzw. vom Gesamtbetriebsrat bestellt; außerdem kann der Betriebsrat bzw. der Gesamtbetriebsrat die Aufgaben des Wirtschaftsausschusses einem Ausschuss des Betriebsrats bzw. Gesamtbetriebsrats übertragen (§ 107).

Der Wirtschaftsausschuss ist ein **Informations- und Beratungsgremium.** Er ist dem Betriebsrat zugeordnet und wird für das Unternehmen, nicht für einen einzelnen Betrieb gebildet; denn wirtschaftliche Entscheidungen fallen nicht auf der Ebene des Betriebs, sondern auf der Ebene des Unternehmens. Dennoch gehört er ebenso wie der Gesamtbetriebsrat nicht zur Unternehmensverfassung, sondern ist Teil der Betriebsverfassung. **18**

b) Bei **Betriebsänderungen** hat der Betriebsrat ein besonders strukturiertes **Mitwirkungs- und Mitbestimmungsrecht** (§§ 111 bis 113). Der Gesetzgeber berücksichtigt bei seiner Einräumung die wirtschaftliche Belastbarkeit des Unternehmers, wobei er bis zum BetrVerf-ReformG 2001 darauf abstellte, ob dem Betrieb in der Regel mehr als zwanzig wahlberechtigte Arbeitnehmer angehören. Der maßgebliche Gesichtspunkt ist aber nicht die Betriebsgröße. Deshalb hat das BetrVerf-ReformG 2001 an die Stelle des Betriebs den Begriff des Unternehmens gesetzt. Gehört ihm die maßgebliche Arbeitnehmerzahl an, so trifft den Unternehmer die Obliegenheit, mit dem Betriebsrat einen Interessenausgleich über die geplante Betriebsänderung zu versuchen. Der Betriebsrat hat für diese wirtschaftlich-unternehmerische Entscheidung kein Mitbestimmungsrecht, sondern lediglich ein Mitwirkungsrecht. Kommt kein Interessenausgleich zustande, so besteht zwar die Möglichkeit, innerhalb einer Frist die Einigungsstelle anzurufen; diese ist aber nicht berechtigt, einen bindenden Spruch zu fällen. Der Unternehmer ist berechtigt, nach Beteiligung des Betriebsrats die Betriebsänderung so durchzuführen, wie er sie für richtig erachtet. Der Betriebsrat hat aber, soweit § 112a nicht eingreift, ein **Mitbestimmungsrecht bei der Aufstellung des Sozialplans,** damit die für die Arbeitnehmer infolge der geplanten Betriebsänderung entstehenden wirtschaftlichen Nachteile *ausgeglichen* oder *gemildert* werden. Kommt eine Einigung über den Sozialplan nicht zustande, so entscheidet die Einigungsstelle über dessen Aufstellung verbindlich. **19**

c) Zur Mitbestimmung in wirtschaftlichen Angelegenheiten gehört vor allem die **Mitbestimmung innerhalb der Unternehmensordnung.** Da das Gesetz sich auf die Betriebsverfassung beschränkt (s. Einl. Rn. 3), wurden die **Vorschriften des BetrVG 1952 über die Beteiligung der Arbeitnehmer im Aufsichtsrat,** die §§ 76 bis 77a, 81, 85 und 87, unter der Bezeichnung „Betriebsverfassungsgesetz 1952" aufrechterhalten (§ 129). Sie blieben auch nach dem Inkrafttreten des Mitbestimmungsgesetzes vom 4. 5. 1976 bestehen und sind ohne wesentliche Änderung in das Drittelbeteiligungsgesetz vom 18. 5. 2004 übernommen worden. Dieses Gesetz findet Anwendung, soweit ein Unternehmen nicht vom Montan-MitbestG, MitbestErgG oder MitbestG 1976 erfasst wird. Während die Mitbestimmungsordnung in der Betriebsverfassung dadurch verwirklicht wird, dass der Betrieb eine Repräsentativvertretung der Arbeitnehmer erhält, den Betriebsrat, der an bestimmten Entscheidungen des Arbeitgebers beteiligt wird (dualistisches Modell), wird bei der unternehmensbezogenen Mitbestimmung das gesellschaftsrechtlich für die Auswahl und Kontrolle der Unternehmensleitung maßgebliche Gremium mit Arbeitnehmervertretern besetzt (Einheitsmodell). Das Mitbestimmungsstatut ist hier rechtsformspezifisch gestaltet: Erfasst werden nur Kapitalgesellschaften, nicht Einzelunternehmer und Personengesellschaften. **20**

III. Formen der Beteiligung

1. Beteiligungsrecht als Oberbegriff der Mitwirkungs- und Mitbestimmungsrechte

Die Beteiligungsrechte des Betriebsrats sind unterschiedlich ausgeprägt. Man unterscheidet neben bloßen Informationsrechten **Mitwirkungsrechte,** die entweder als Anhörungsrecht oder als Beratungsrecht gestaltet sind, und **Mitbestimmungsrechte,** die dem **21**

Betriebsrat ein paritätisches Mitgestaltungs- bzw. Mitbeurteilungsrecht einräumen. Die Mitbestimmungsrechte sind unterschiedlich abgestuft, je nachdem, ob sie ein Initiativ- und Zustimmungsrecht gewähren oder lediglich als Zustimmungsrecht gestaltet sind. Außerdem besteht ein Unterschied zwischen Fällen, in denen der Betriebsrat seine Zustimmung nur aus bestimmten Gründen verweigern kann, und den Fällen, in denen es ausschließlich in seinem Ermessen liegt, ob er die Zustimmung erteilt. Mitwirkung und Mitbestimmung sind in der Legalordnung des BPersVG unter dem Oberbegriff der Beteiligung zusammengefasst. Entsprechend gebraucht man für all diese in ihrer Intensität sehr unterschiedlichen Rechte des Betriebsrats auf Teilnahme an den das betriebliche Geschehen betreffenden Entscheidungen den Begriff der Beteiligungsrechte (vgl. *Fitting*, § 1 Rn. 242; *Galperin/Siebert*, Vorbem. vor § 49 Rn. 10 ff.; *Matthes*, MünchArbR § 238 Rn. 1 ff.; *Nikisch*, Bd. III S. 342 f.; *Nipperdey/Säcker* in *Hueck/Nipperdey*, Bd. II/2 S. 1310; *Neumann-Duesberg*, S. 131).

2. Recht auf Unterrichtung

22   Bereits die Festlegung eines **Informationsrechts** des Betriebsrats, d. h. das Recht auf Unterrichtung, bedeutet die Einräumung eines Beteiligungsrechts im weiteren Sinne; denn durch das Unterrichtungsrecht kommt zum Ausdruck, dass die Angelegenheit nicht nur den Arbeitgeber, sondern auch die Arbeitnehmer angeht. Der Betriebsrat hat zur Durchführung seiner Aufgaben nach diesem Gesetz ein umfassendes Informationsrecht (§ 80 Abs. 2 Satz 1).

23   Neben diesem **akzessorischen Informationsrecht** bestehen **selbständige Informationsrechte**, z. B. über die Einstellung oder personelle Veränderung eines leitenden Angestellten (§ 105), oder wenn es darum geht, den Jahresabschluss dem Wirtschaftsausschuss unter Beteiligung des Betriebsrats zu erläutern (§ 108 Abs. 5).

24   Will der Arbeitgeber eine Maßnahme durchführen, an der er den Betriebsrat zu beteiligen hat, so ist dessen Unterrichtung eine **Vorstufe des Beteiligungsverfahrens;** denn die Unterrichtung ist Voraussetzung dafür, dass der Betriebsrat sein Beteiligungsrecht ausüben kann. Soweit das Gesetz dem Betriebsrat für die Ausübung seines Beteiligungsrechts eine Frist setzt, wie für die Mitbestimmung bei Einstellungen, Versetzungen, Eingruppierungen und Umgruppierungen (§ 99) und die Mitwirkung bei Kündigungen (§ 102), ist das Beteiligungsrecht nur gewahrt, wenn der Arbeitgeber den Betriebsrat ordnungsgemäß unterrichtet hat.

3. Recht auf Anhörung und Recht auf Beratung als Mitwirkungsrecht

25   a) Die Stufe eines **Mitwirkungsrechts im eigentlichen Sinn** ist erreicht, wenn der Arbeitgeber verpflichtet ist, den Betriebsrat **anzuhören.** Er muss ihm die Möglichkeit geben, Einwendungen zu erheben, und er muss, wenn sie geltend gemacht werden, sich mit ihnen auseinandersetzen, d. h. dem Betriebsrat obliegt die Initiative, dass sich aus der Anhörung eine Beratung entwickelt. Ein Anhörungsrecht besteht vor Kündigungen (§ 102 Abs. 1 und 2). Eine Anhörungspflicht kann sich aber auch daraus ergeben, dass der Betriebsrat sich mit einem Antrag oder einer Anregung an den Arbeitgeber wendet (s. § 80 Abs. 1 Nr. 2 und 3).

26   b) Das Mitwirkungsrecht verstärkt sich, wenn der Arbeitgeber eine Frage mit dem Betriebsrat zu **beraten** hat (z. B. §§ 90, 92 Abs. 1 Satz 2, §§ 96, 97 Abs. 1 und nicht zuletzt auch § 111, soweit es um den Interessenausgleich über die Betriebsänderung geht). Im Gegensatz zum Anhörungsrecht hat bei einem Beratungsrecht der Arbeitgeber die Initiative zu ergreifen, um Gründe und Gegengründe in einem Gespräch mit dem Betriebsrat gegeneinander abzuwägen. Bei dem zur Beschäftigungssicherung eingeräumten Vorschlagsrecht erschöpft sich die Beteiligung des Betriebsrats nicht in einer Beratung, sondern der Arbeitgeber hat, wenn er die Vorschläge des Betriebsrats für ungeeignet hält, dies ihm gegenüber zu begründen, wobei die Begründung im Betrieb mit mehr

als 100 Arbeitnehmern schriftlich erfolgt (§ 92a Abs. 2). Bei einer Betriebsänderung (§ 111) hat der Arbeitgeber, wenn eine Einigung mit dem Betriebsrat nicht zustande kommt, die Beratung vor der Einigungsstelle fortzusetzen, um einen Interessenausgleich zu versuchen (§ 112). Allerdings bleibt auch hier allein dem Arbeitgeber die Entscheidung. Nach Beratung darf er die Maßnahme so durchführen, wie er sie für richtig hält.

4. Mitbestimmungsrecht in verschiedenen Ausprägungen

a) Von den Formen der Beteiligung, bei denen der Betriebsrat zu unterrichten ist, zu den geplanten oder verlangten Maßnahmen seine Ansicht äußern und durch das Gewicht seiner Gründe auf die Entscheidung Einfluss gewinnen kann, die Entscheidung selbst aber immer dem Arbeitgeber allein bleibt, so dass hier nur eine Mitwirkung gegeben ist, sind die Formen der Beteiligung zu unterscheiden, die dem Betriebsrat ein **paritätisches Recht zur Mitgestaltung oder Mitbeurteilung** geben. Dieses Beteiligungsrecht kann in **verschiedenen Formen** auftreten: Bedarf der Arbeitgeber zu der Maßnahme positiv der Zustimmung des Betriebsrats und kann dieser eine Regelung auch gegen den Willen des Arbeitgebers erzwingen, indem bei Nichteinigung die Einigungsstelle entscheidet, so besteht das Mitbestimmungsrecht in seiner stärksten Ausprägung als **Initiativ- und Zustimmungsrecht.** Ein derartiges Mitbestimmungsrecht hat der Betriebsrat in den sozialen Angelegenheiten, die in § 87 Abs. 1 genannt sind, und seit dem BetrVerf-ReformG 2001 besteht ein entsprechendes Mitbestimmungsrecht bei der Einführung von Maßnahmen der betrieblichen Berufsbildung, wenn der Arbeitgeber Maßnahmen geplant oder durchgeführt hat, die dazu führen, dass sich die Tätigkeit der betroffenen Arbeitnehmer ändert und ihre beruflichen Kenntnisse und Fähigkeiten zur Erfüllung ihrer Aufgaben nicht mehr ausreichen (§ 97 Abs. 2). Ein als Initiativrecht gestaltetes Mitbestimmungsrecht hat der Betriebsrat auch bei der Aufstellung eines Sozialplans (§§ 112, 112a). Er kann, wie sich aus der Zuweisung als allgemeine Aufgabe in § 80 Abs. 1 Nr. 2 ergibt, zwar stets Maßnahmen, die dem Betrieb und der Belegschaft dienen, beim Arbeitgeber beantragen; aber soweit der Betriebsrat insoweit kein Mitbestimmungsrecht hat, ist der Arbeitgeber in seiner Entscheidung, ob er der Anregung folgt, frei.

b) Das Mitbestimmungsrecht kann daher nur als **Zustimmungsrecht** bestehen. In diesem Fall kann der Betriebsrat zwar keine Regelung gegen den Willen des Arbeitgebers erzwingen; ergreift aber der Arbeitgeber die Initiative zur Regelung, so bedarf die von ihm getroffene Maßnahme der Zustimmung des Betriebsrats, z.B. beim Personalfragebogen oder der Aufstellung allgemeiner Beurteilungsgrundsätze nach § 94.

Eine davon abweichende Gestaltungsform des Zustimmungsrechts liegt vor, wenn der Betriebsrat seine Zustimmung nur aus bestimmten Gründen verweigern kann; es handelt sich in diesem Fall um ein **Zustimmungsverweigerungsrecht,** wie es bei Einstellungen, Eingruppierungen, Umgruppierungen und Versetzungen in § 99 eingeräumt ist.

c) Während in diesen Fällen das Mitbestimmungsrecht in der Form des **positiven Konsensprinzips** gestaltet ist, war nach dem BetrVG 1952 die Beteiligung des Betriebsrats bei der Einstellung, Umgruppierung und Versetzung eines Arbeitnehmers als ein Beteiligungsrecht in der Form des **negativen Konsensprinzips gestaltet.** Der Betriebsrat konnte aus bestimmten Gründen der Personalmaßnahme widersprechen. Führte der Arbeitgeber sie dennoch durch, so konnte der Betriebsrat innerhalb einer Frist von zwei Monaten das Arbeitsgericht anrufen, um feststellen zu lassen, dass ein Grund zur Verweigerung der Zustimmung vorliegt; gab das Arbeitsgericht seinem Antrag statt, so endete das Arbeitsverhältnis spätestens vierzehn Tage nach der Rechtskraft des Beschlusses. Der Betriebsrat hatte hier also lediglich ein Einspruchsrecht. In diese Position hat das BetrVG 1972 den Arbeitgeber gebracht. Nach § 99 Abs. 4 obliegt ihm, die Zustimmung des Betriebsrats durch Beschluss des Arbeitsgerichts ersetzen zu lassen, wenn er der Auffassung ist, dass kein Grund zur Verweigerung der Zustimmung vorliegt. Der

Betriebsrat hat also nicht mehr nur ein Einspruchsrecht, sondern auch hier ein Mitbestimmungsrecht in der Form des positiven Konsensprinzips (vgl. *Richardi*, ZfA-Sonderheft 1972, 1, 9).

IV. Mitwirkung und Mitbestimmung als Legitimation für Maßnahmen des Arbeitgebers

31 Soweit der Betriebsrat zu beteiligen ist, **beschränkt** das Gesetz insoweit die **Regelungsbefugnis des Arbeitgebers.** Dieser ist nicht berechtigt, eine Regelung ohne Beteiligung des Betriebsrats zu treffen. Geschieht es dennoch, so hängt vom Beteiligungstatbestand und dem Zweck des Beteiligungsrechts ab, ob der Betriebsrat verlangen kann, dass der betriebsverfassungswidrige Zustand beseitigt wird. In Betracht kann daher ein sog. **Unterlassungsanspruch** kommen (vgl. *Thalhofer*, Betriebsverfassungsrechtlicher Beseitigungsanspruch, 1999, S. 23 ff.; *Richardi*, FS Wlotzke 1996, S. 407 ff.; *Lobinger*, FS 50 Jahre BAG 2004, S. 101 ff.).

32 Soweit ein Mitbestimmungsrecht als paritätisches Beteiligungsrecht besteht, kann der Arbeitgeber den betriebsverfassungsrechtlichen Einigungszwang nicht dadurch umgehen, dass er die Angelegenheit mit den einzelnen Arbeitnehmern vertraglich regelt. Er muss vielmehr die Formen beachten, die das BetrVG zur Lösung des Mitbestimmungskonflikts vorsieht. Daraus kann jedoch nicht abgeleitet werden, dass die Beteiligung des Betriebsrats stets eine **Wirksamkeitsvoraussetzung für einen Vertrag mit dem einzelnen Arbeitnehmer** darstellt; denn die Einräumung eines Beteiligungsrechts begrenzt nicht dessen Regelungsmacht. Das Gesetz regelt nur in den folgenden Fällen ausdrücklich, wie die Verletzung eines Beteiligungsrechts sich individualrechtlich auswirkt: Die Kündigung eines Arbeitnehmers durch den Arbeitgeber ist, wenn der Betriebsrat nicht vorher ordnungsgemäß angehört wurde, unwirksam (§ 102 Abs. 1 Satz 3), und bei Fehlen des Versuchs eines Interessenausgleichs mit dem Betriebsrat über eine beteiligungspflichtige Betriebsänderung hat der von ihr betroffene Arbeitnehmer einen Anspruch auf Nachteilsausgleich (§ 113 Abs. 3 Satz 1). Bei der Einstellung hängt dagegen die Wirksamkeit des Arbeitsvertrags nicht davon ab, dass der Betriebsrat nach § 99 ordnungsgemäß beteiligt wurde; denn der Mitbestimmung unterliegt nur die Einstellung, nicht der Abschluss des Arbeitsvertrags (vgl. BAG 28. 4. 1992 E 70, 147 = AP BetrVG 1972 § 99 Nr. 98). Handelt es sich dagegen um eine Versetzung, so spielt zwar für die Mitbestimmung nach § 99 keine Rolle, ob der Arbeitgeber auf Grund seines Direktionsrechts einseitig in der Lage ist, dem Arbeitnehmer einen anderen Arbeitsplatz zuzuweisen, oder ob es dazu der Änderung des Vertragsinhalts bedarf; eine Verletzung des Mitbestimmungsrechts gibt dem Arbeitnehmer aber das Recht, die Versetzungsanordnung auch dann nicht zu befolgen, wenn zu ihr der Arbeitgeber nach dem Arbeitsvertrag berechtigt ist (ebenso im Ergebnis BAG 26. 1. 1988 E 57, 242, 255 f. = AP BetrVG 1972 § 99 Nr. 50; bestätigt ohne Begründung durch BAG 26. 1. 1993 = AP BetrVG 1972 § 99 Nr. 102).

33 Fällt eine **Regelung unter den Katalog des § 87 Abs. 1**, so wird überwiegend angenommen, dass auch eine Regelung im Arbeitsvertrag nur wirksam ist, wenn der Betriebsrat ihr zugestimmt hat oder sie auf einem Spruch der Einigungsstelle beruht (s. § 87 Rn. 101 ff.). Durch die Sanktion mit einer Nichtigkeitsfolge werden aber nicht die Besonderheit der Mitbestimmungstatbestände und der Zweck der Mitbestimmung angemessen berücksichtigt. Für die Rechtswirkungen auf das Einzelarbeitsverhältnis ist vielmehr allein ausschlaggebend, dass eine **betriebsverfassungsrechtliche Pflichtwidrigkeit** dem Arbeitgeber **keinen Rechtsvorteil im Rahmen des Einzelarbeitsverhältnisses** geben darf (s. ausführlich § 87 Rn. 118).

Erster Abschnitt. Allgemeines

Vorbemerkung

Der Erste Abschnitt des Vierten Teils gibt Vorschriften über die Art und Weise, wie der Betriebsrat seine Mitwirkungs- und Mitbestimmungsrechte zu verwirklichen hat. Er enthält gleichsam einen Allgemeinen Teil. Die §§ 74, 75 regeln die **Grundsätze für die Zusammenarbeit** und für die **Behandlung der Betriebsangehörigen**. Dabei ist die wichtigste Bestimmung in diesem Zusammenhang, das Gebot der vertrauensvollen Zusammenarbeit zwischen Arbeitgeber und Betriebsrat, in § 2 Abs. 1 an die Spitze des Gesetzes gestellt worden. § 76 gibt Bestimmungen für Bildung, Zusammensetzung, Verfahren und Entscheidung der Einigungsstelle, deren Kompetenz im verbindlichen Einigungsverfahren an anderer Stelle im Gesetz geregelt ist; § 76 a trifft die Regelung über die Kosten der Einigungsstelle. Von erheblicher Bedeutung ist auch § 77, der Bestimmungen über die Betriebsvereinbarung gibt und das Verhältnis zur Tarifautonomie abgrenzt. § 78 enthält den Grundsatz, dass die Mitglieder des Betriebsrats und der anderen betriebsverfassungsrechtlichen Institutionen in der Ausübung ihrer Tätigkeit weder gestört noch behindert und wegen ihrer Tätigkeit weder benachteiligt noch begünstigt werden dürfen. § 78 a ist für Auszubildende, die dem Betriebsrat oder einer Jugend- und Auszubildendenvertretung angehören, eine besondere Ausformung des Benachteiligungsverbots, wie sie für andere Arbeitnehmer durch die Einräumung eines besonderen Kündigungsschutzes im Rahmen der Betriebsverfassung durch §§ 15, 16 KSchG verwirklicht wird. Die Vorschrift in § 79 regelt die Geheimhaltungspflicht, und durch die Bestimmungen in § 80 werden die allgemeinen Aufgaben des Betriebsrats geregelt; außerdem wird festgelegt, dass der Betriebsrat zur Durchführung seiner Aufgaben ein umfassendes Informationsrecht gegenüber dem Arbeitgeber hat. Von Bedeutung ist in diesem Zusammenhang vor allem, dass der Betriebsrat die allgemeine Aufgabe hat, darüber zu wachen, dass die zu Gunsten der Arbeitnehmer geltenden Gesetze, Verordnungen, Unfallverhütungsvorschriften, Tarifverträge und Betriebsvereinbarungen durchgeführt werden, er also gleichsam zum Hüter des Rechts im Betrieb wird und für Maßnahmen, die dem Betrieb und der Belegschaft dienen, ein allgemeines Antragsrecht hat.

§ 74 Grundsätze für die Zusammenarbeit

(1) ¹Arbeitgeber und Betriebsrat sollen mindestens einmal im Monat zu einer Besprechung zusammentreten. ²Sie haben über strittige Fragen mit dem ernsten Willen zur Einigung zu verhandeln und Vorschläge für die Beilegung von Meinungsverschiedenheiten zu machen.

(2) ¹Maßnahmen des Arbeitskampfes zwischen Arbeitgeber und Betriebsrat sind unzulässig; Arbeitskämpfe tariffähiger Parteien werden hierdurch nicht berührt. ²Arbeitgeber und Betriebsrat haben Betätigungen zu unterlassen, durch die der Arbeitsablauf oder der Frieden des Betriebs beeinträchtigt werden. ³Sie haben jede parteipolitische Betätigung im Betrieb zu unterlassen; die Behandlung von Angelegenheiten tarifpolitischer, sozialpolitischer, umweltpolitischer und wirtschaftlicher Art, die den Betrieb oder seine Arbeitnehmer unmittelbar betreffen, wird hierdurch nicht berührt.

(3) Arbeitnehmer, die im Rahmen dieses Gesetzes Aufgaben übernehmen, werden hierdurch in der Betätigung für ihre Gewerkschaft auch im Betrieb nicht beschränkt.

Abgekürzt zitiertes Schrifttum: *Belling,* Die Haftung des Betriebsrats und seiner Mitglieder für Pflichtverletzungen, 1990; *Däubler,* Gewerkschaftsrechte im Betrieb, 10. Aufl. 2000; *Germelmann,* Der Betriebsfrieden im Betriebsverfassungsrecht, 1972; *Hässler,* Beteiligungsrechte des Betriebsrats im Arbeitskampf, 1992; *R. Hofmann,* Das Verbot parteipolitischer Betätigung im Betrieb, (Diss. Heidelberg) 1984; *Vollmer,* Grenzen der politischen Betätigung im Betrieb, Diss. Bielefeld 1977.

Übersicht

	Rn.
I. Vorbemerkung	1
1. Gebot der vertrauensvollen Zusammenarbeit als Grundsatz des Betriebsverfassungsrechts	1
2. Überblick über den Inhalt der Vorschrift	2
II. Das Gebot der monatlichen Besprechung und die Pflicht zur Verhandlung bei Meinungsverschiedenheiten	4
1. Zweck und Gegenstand der Monatsbesprechung	4
2. Durchführung einer Monatsbesprechung	7
3. Pflicht zur Verhandlung bei Meinungsverschiedenheiten	12
III. Arbeitskampf und Betriebsverfassung	16
1. Betriebsverfassungsrechtliches Arbeitskampfverbot	16
2. Gegenstand des Arbeitskampfverbots	17
3. Adressaten des Arbeitskampfverbots	19
4. Bedeutung des Kampfverbots für Arbeitskämpfe tariffähiger Parteien	21
5. Betriebsratsamt während eines Arbeitskampfs	23
6. Rechtsstellung der Betriebsratsmitglieder im Arbeitskampf	26
7. Mitwirkungs- und Mitbestimmungsrechte im Arbeitskampf	32
IV. Die betriebsverfassungsrechtliche Friedenspflicht	44
1. Gesetzessystematischer Zusammenhang	44
2. Inhalt der Friedenspflicht	45
3. Adressaten der Friedenspflicht	50
4. Rechtsfolgen bei Verletzung der Friedenspflicht	52
V. Das Verbot parteipolitischer Betätigung im Betrieb	57
1. Zweck und gesetzessystematischer Zusammenhang	57
2. Reichweite und Inhalt des Verbots parteipolitischer Betätigung	60
3. Adressaten des Verbots	68
4. Verhältnis zum Grundrecht der Meinungsfreiheit	71
5. Rechtsfolgen eines Verstoßes	72
VI. Betriebsratsamt und gewerkschaftliche Betätigung	75
1. Zweck und Bedeutung des Abs. 3	75
2. Normadressaten	78
3. Abgrenzung zum Gebot gewerkschaftsneutraler Amtsführung	79
4. Koalitionsfreiheit und Betriebsratsamt	81
VII. Streitigkeiten	82

I. Vorbemerkung

1. Gebot der vertrauensvollen Zusammenarbeit als Grundsatz des Betriebsverfassungsrechts

1   Das Gebot der vertrauensvollen Zusammenarbeit zwischen Arbeitgeber und Betriebsrat zum Wohl der Arbeitnehmer und des Betriebs beherrscht die Betriebsverfassung. Es stand in § 49 Abs. 1 BetrVG 1952 an der Spitze der Bestimmungen über die Mitwirkung und Mitbestimmung der Arbeitnehmer. Wegen seiner grundlegenden Bedeutung ist es an die Spitze des Gesetzes gestellt worden; es steht in § 2 Abs. 1 (BT-Drucks. VI/1786, S. 46; *zu* BT-Drucks. VI/2729, S. 9; s. auch § 2 Rn. 1). Das BetrVerf-ReformG 2001 hat daran nichts geändert.

2. Überblick über den Inhalt der Vorschrift

Die Vorschrift **konkretisiert** und **ergänzt** das **Gebot der vertrauensvollen Zusammenarbeit zwischen Arbeitgeber und Betriebsrat**. Das BetrVerf-ReformG 2001 hat in Abs. 2 Satz 3 nach dem Wort „sozialpolitischer" lediglich das Wort „umweltpolitischer" eingefügt, um durch die Ergänzung klarzustellen, dass trotz des an Arbeitgeber und Betriebsrat gerichteten grundsätzlichen Verbots der parteipolitischen Betätigung im Betrieb auch die Behandlung von Angelegenheiten umweltpolitischer Art, die den Betrieb oder seine Arbeitnehmer unmittelbar betreffen, zulässig ist (vgl. Begründung des RegE, BT-Drucks. 14/5741, S. 45).

Abs. 1 entspricht § 49 Abs. 3 BetrVG 1952; geändert ist lediglich, dass die Besprechung „mindestens" einmal im Monat stattfinden soll. Abs. 2 enthält die **Grundsätze über die Friedenspflicht von Arbeitgeber und Betriebsrat**; er entspricht in den beiden ersten Sätzen § 49 Abs. 2 BetrVG 1952, wobei lediglich das Verbot, Maßnahmen des Arbeitskampfes gegeneinander zu ergreifen, vorangestellt wurde. Satz 3 des Abs. 2 übernimmt aus § 51 Satz 2 BetrVG 1952 das **Verbot jeder parteipolitischen Betätigung im Betrieb,** wobei klargestellt wird, dass die Behandlung von Angelegenheiten tarifpolitischer, sozialpolitischer, umweltpolitischer und wirtschaftlicher Art, die den Betrieb oder seine Arbeitnehmer unmittelbar betreffen, hierdurch nicht berührt wird (s. dazu ausführlich Rn. 57 ff.). Nach der in § 49 BetrVG 1952 noch nicht enthaltenen Bestimmung des Abs. 3 wird klargestellt, dass Arbeitnehmer, die im Rahmen dieses Gesetzes Aufgaben übernehmen, hierdurch in der Betätigung für ihre Gewerkschaft auch im Betrieb nicht beschränkt werden (s. dazu ausführlich Rn. 75 ff.). Nicht übernommen wurde § 49 Abs. 4 BetrVG 1952, der ausdrücklich vorschrieb, dass die Anrufung von Schiedsstellen und Behörden erst zulässig ist, nachdem eine Einigung im Betrieb nicht erzielt wurde. Damit ist jedoch keine materielle Rechtsänderung eingetreten; denn sein Gedanke ergibt sich, wie in der Begründung zum RegE ausdrücklich hervorgehoben wird, bereits aus dem in § 2 Abs. 1 enthaltenen Gebot der vertrauensvollen Zusammenarbeit (BT-Drucks. VI/1786, S. 46).

II. Das Gebot der monatlichen Besprechung und die Pflicht zur Verhandlung bei Meinungsverschiedenheiten

1. Zweck und Gegenstand der Monatsbesprechung

Das **Gebot der vertrauensvollen Zusammenarbeit** wird dadurch **konkretisiert,** dass **Arbeitgeber und Betriebsrat mindestens einmal im Monat** zu einer **Besprechung** zusammentreten sollen (Abs. 1 Satz 1). Daneben sieht das Gesetz vor, dass der Arbeitgeber an den Sitzungen des Betriebsrats teilnimmt, die auf seinen Wunsch einberufen sind oder zu denen er eingeladen ist (§ 29 Abs. 4). Durch das Gebot, mindestens einmal im Monat zu einer Besprechung zusammenzutreten, soll die Zusammenarbeit gleichsam institutionalisiert werden.

Die Besprechung beschränkt sich nicht auf die **Beilegung von Streitfragen,** sondern sie dient vor allem der **Unterrichtung durch den Arbeitgeber,** damit der Betriebsrat seine Aufgaben nach diesem Gesetz rechtzeitig und ordnungsgemäß erfüllen kann. Die Besprechungen haben eine präventive Funktion: Durch sie soll verhindert werden, dass zwischen dem Arbeitgeber und dem Betriebsrat Meinungsverschiedenheiten entstehen. Allerdings besteht ein Recht auf Erörterung nur insoweit, als es sich um Angelegenheiten handelt, die in den Aufgabenbereich des Betriebsrats fallen.

Sind Meinungsverschiedenheiten aufgetreten, so ist Zweck der Besprechung, dass sie beigelegt werden: Arbeitgeber und Betriebsrat haben über strittige Fragen **mit dem ernsten Willen zur Einigung zu verhandeln** und **Vorschläge für die Beilegung von**

Meinungsverschiedenheiten zu machen (Abs. 1 Satz 2). Es handelt sich insoweit um eine Pflicht beider Seiten (s. Rn. 12 ff.).

2. Durchführung einer Monatsbesprechung

7 a) Die Monatsbesprechung soll **zwischen dem Arbeitgeber und dem Betriebsrat in seiner Gesamtheit** erfolgen. Sie gehört nicht zu den laufenden Geschäften, die vom Betriebsausschuss oder in Kleinbetrieben bei entsprechender Übertragung vom Betriebsratsvorsitzenden geführt werden (ebenso GK-*Kreutz*, § 74 Rn. 14; ErfK-*Kania*, § 74 Rn. 5). Deshalb sind an der Besprechung alle Betriebsratsmitglieder zu beteiligen; denn die Monatsbesprechung dient nicht nur der Klärung gerade anstehender Fragen, sondern auch der Zusammenarbeit und dem gegenseitigen Vertrauen. Sie ist daher auch keine Aufgabe, die der Betriebsrat dem Betriebsausschuss oder einem sonstigen Ausschuss zur selbständigen Erledigung übertragen kann (ebenso GK-*Kreutz*, § 74 Rn. 14; a. A. *Fitting*, § 74 Rn. 5; DKK-*Berg*, § 74 Rn. 5; ErfK-*Kania*, § 74 Rn. 5; ausdrücklich offengelassen von BAG 19. 1. 1984 AP BetrVG 1972 § 74 Nr. 4). Sie ist vielmehr eine Form der Zusammenarbeit zwischen Arbeitgeber und Betriebsrat. Deshalb kommt eine Beschränkung auf den Betriebsausschuss oder einen anderen Ausschuss nur insoweit in Betracht, als Angelegenheiten erörtert werden, deren selbständige Erledigung dem Betriebsausschuss oder einem anderen Ausschuss übertragen ist.

8 b) Die Besprechung soll **mindestens einmal im Monat** stattfinden. Jede Seite kann daher von der anderen auch eine häufigere Zusammenkunft verlangen, wenn dies die Sachlage erfordert. Die Pflicht, einmal im Monat zu einer Besprechung zusammenzutreten, ist aber nicht davon abhängig, dass ein konkreter Anlass besteht (ebenso GK-*Kreutz*, § 74 Rn. 10). Aus der Formulierung als Sollvorschrift ergibt sich lediglich, dass sanktionslos bleibt, wenn Arbeitgeber und Betriebsrat eine Besprechung übereinstimmend nicht für erforderlich halten (ebenso GK-*Kreutz*, § 74 Rn. 11).

9 c) Die Monatsbesprechung kann im Rahmen einer Betriebsratssitzung stattfinden (ebenso *Fitting*, § 74 Rn. 6; GK-*Kreutz*, § 74 Rn. 23). Sie kann aber auch **formlos** durchgeführt werden. Eine Angabe der Tagesordnung ist empfehlenswert, aber nicht notwendig; eine Niederschrift ist ebenfalls nicht erforderlich.

10 d) Werden Angelegenheiten behandelt, die besonders jugendliche Arbeitnehmer oder Auszubildende betreffen, so hat der Betriebsrat die **Jugend- und Auszubildendenvertretung** beizuziehen (§ 68). In diesem Fall sind alle Jugend- und Auszubildendenvertreter berechtigt, an der Besprechung zwischen dem Arbeitgeber und dem Betriebsrat teilzunehmen. Die **Schwerbehindertenvertretung** wird ohne Einschränkung zur Monatsbesprechung hinzugezogen (§ 95 Abs. 5 SGB IX).

11 e) Die im Betrieb vertretenen **Gewerkschaften** haben **kein Recht auf Entsendung eines Beauftragten** zur Teilnahme an den Monatsbesprechungen. § 31 findet auf eine Besprechung, die nicht im Rahmen einer Betriebsratssitzung stattfindet, keine entsprechende Anwendung. Nur mit dem Einverständnis von Arbeitgeber und Betriebsrat können Beauftragte einer Gewerkschaft oder eines Arbeitgeberverbandes hinzugezogen werden (ebenso *Brecht*, § 74 Rn. 3; *Fitting*, § 74 Rn. 8; GK-*Kreutz*, § 74 Rn. 18; HSWGNR-*Worzalla*, § 74 Rn. 5; ErfK-*Kania*, § 74 Rn. 7). Aus der in § 2 Abs. 1 niedergelegten Pflicht zum Zusammenwirken mit den im Betrieb vertretenen Gewerkschaften und Arbeitgebervereinigungen ergibt sich aber, dass der Betriebsrat die Hinzuziehung eines Gewerkschaftsbeauftragten zu seiner Unterstützung verlangen kann, wie auch der Arbeitgeber vom Betriebsrat die Zustimmung zur Teilnahme eines Beauftragten seiner Arbeitgebervereinigung fordern kann, wenn die Besprechung sich auf Probleme der Durchführung eines Tarifvertrags bezieht oder sonst Angelegenheiten erörtert werden, bei denen eine Koalition eine Aufgabe im Rahmen der Betriebsverfassung wahrgenommen hat (vgl. auch *Fitting*, § 74 Rn. 8; GL-*Löwisch*, § 74 Rn. 3; GK-*Kreutz*, § 74 Rn. 18; HSWGNR-

II. Das Gebot der monatlichen Besprechung u. Verhandlung bei Meinungsverschiedenheiten § 74

Worzalla, § 74 Rn. 5; DKK-*Berg*, § 74 Rn. 6; ErfK-*Kania*, § 74 Rn. 7; *G. Müller*, ZfA 1972, 213, 218 f.).

3. Pflicht zur Verhandlung bei Meinungsverschiedenheiten

a) Arbeitgeber und Betriebsrat haben über strittige Fragen **mit dem ernsten Willen zur Einigung zu verhandeln** und **Vorschläge für die Beilegung von Meinungsverschiedenheiten** zu machen (Abs. 1 Satz 2). Nach dem gesetzessystematischen Zusammenhang bezieht sich diese Anordnung auf die Monatsbesprechung. Sie beschränkt sich aber nicht auf sie, sondern ist im Gegenteil zugleich eine Weisung, wenn notwendig auch mehrmals in einem Monat zu einer Besprechung zusammenzutreten. Es handelt sich um ein **Leitprinzip der Betriebsverfassung.** Die Pflicht zur Verhandlung besteht für beide Seiten. Sie bedeutet selbstverständlich nicht, dass unter allen Umständen auf einen Kompromiss hingearbeitet werden muss. Mit ihr ist durchaus verträglich, dass der Betriebsrat, aber auch der Arbeitgeber auf ihrem Standpunkt beharren, weil sie meinen, von ihm nicht abgehen zu können oder zu dürfen (vgl. BAG 27. 11. 1973 E 25, 415, 419 = AP BetrVG 1972 § 40 Nr. 4; *Dietz*, RdA 1969, 1, 7); es besteht keine Kompromisspflicht, sondern nur eine Einlassungs- und Erörterungspflicht (ebenso *Fitting*, § 74 Rn. 10; GL-*Löwisch*, § 74 Rn. 5; GK-*Kreutz*, § 74 Rn. 26; HSWGNR-*Worzalla*, § 74 Rn. 7; DKK-*Berg*, § 74 Rn. 10; ErfK-*Kania*, § 74 Rn. 8; *Söllner*, DB 1968, 571, 573; *Gröbing*, AuR 1969, 42; *Kreutz*, BlStSozArbR 1972, 44, 51). 12

Wer dem Gesetzesauftrag, sich um eine Beilegung der Meinungsverschiedenheit zu bemühen, zuwiderhandelt, sich also insbesondere weigert, bei einer Streitfrage überhaupt in Verhandlungen miteinander einzutreten, begeht eine Pflichtverletzung, die bei einem groben Verstoß, insbesondere bei Wiederholungen, die sich zu einer Sabotierung der Zusammenarbeit verdichten, gegenüber dem Betriebsrat eine Auflösung nach § 23 Abs. 1 und gegen den Arbeitgeber ein Zwangsverfahren nach § 23 Abs. 3 rechtfertigt (ebenso *Fitting*, § 74 Rn. 9; GL-*Löwisch*, § 74 Rn. 5; HSWGNR-*Worzalla*, § 74 Rn. 8; GK-*Kreutz*, § 74 Rn. 27; ErfK-*Kania*, § 74 Rn. 8). Ein derartiges Verhalten kann im Einzelfall sogar eine strafbare Behinderung der Betriebsratstätigkeit darstellen (§ 119 Abs. 1 Nr. 2; ebenso HSWGNR-*Worzalla*, § 74 Rn. 8). 13

b) Das Gesetz schreibt nicht mehr wie § 49 Abs. 4 BetrVG 1952 ausdrücklich vor, dass die **Anrufung einer Schiedsstelle oder einer Behörde** erst zulässig ist, nachdem eine Einigung im Betrieb nicht erzielt wurde. Das Gebot ergibt sich aber allgemein aus dem Grundsatz der vertrauensvollen Zusammenarbeit und insbesondere aus der Pflicht, strittige Fragen mit dem ernsten Willen zur Einigung zu verhandeln und Vorschläge für die Beilegung von Meinungsverschiedenheiten zu machen (vgl. auch die Begründung des RegE, BT-Drucks. VI/1786, S. 46). Das gilt vor allem in den Fällen, in denen der Spruch der Einigungsstelle die Einigung zwischen Arbeitgeber und Betriebsrat ersetzt (vgl. auch *G. Müller*, DB 1973, 76). Zum BetrVG 1952 war dies streitig; denn ein Teil der Lehre sah in der Einigungsstelle eine innerbetriebliche Einrichtung, deren Anrufung nicht unter § 49 Abs. 4 BetrVG 1952 fiel (so *Fitting/Kraegeloh/Auffarth*, § 49 Rn. 21; *Galperin/Siebert*, § 49 Rn. 26; *Erdmann*, § 49 Rn. 10; vgl. auch BAG 18. 4. 1967 AP BetrVG [1952] § 39 Nr. 7; a. A. *Dietz*, § 49 Rn. 24; *Nikisch*, Bd. III S. 233; *Nipperdey/Säcker* in *Hueck/Nipperdey*, Bd. II/2 S. 1342; *Neumann-Duesberg*, S. 439; s. auch § 76 Rn. 6). Da die Bestimmung in § 49 Abs. 4 BetrVG 1952 nicht übernommen wurde, beurteilt sich ausschließlich nach Abs. 1 Satz 2, ob die Einigungsstelle angerufen werden kann. Der Verhandlungs- und Einigungsversuch ist zwar keine Verfahrensvoraussetzung für die Anrufung der Einigungsstelle, aber Verfahrensvoraussetzung für die arbeitsgerichtliche Entscheidung über die Besetzung der Einigungsstelle nach § 76 Abs. 2 Satz 2 und 3 BetrVG i. V. mit § 98 ArbGG. 14

Auch vor der **Anrufung des Arbeitsgerichts** ist, wenn es sich um eine Streitigkeit zwischen Arbeitgeber und Betriebsrat handelt, der Versuch einer innerbetrieblichen 15

Einigung zu machen. Aber es handelt sich nicht um eine Prozessvoraussetzung oder um eine Einrede, die dem Antragsgegner erlaubt, die „Einlassung" zu verweigern (ebenso GL-*Löwisch,* § 74 Rn. 6). Jedoch kann die Verneinung eines Rechtsschutzbedürfnisses in Betracht kommen (vgl. *Dietz*/Nikisch, ArbGG, § 81 Rn. 20; a. A. GK-*Kreutz,* § 74 Rn. 28). Vor allem ist der Arbeitgeber nicht verpflichtet, die Auslagen für einen Rechtsstreit zu übernehmen, bei dem der Versuch einer innerbetrieblichen Einigung nicht gemacht wurde, wenn man von dem Fall absieht, dass nach Lage der Dinge der Versuch einer Einigung aussichtslos erschien.

III. Arbeitskampf und Betriebsverfassung

1. Betriebsverfassungsrechtliches Arbeitskampfverbot

16 **Maßnahmen des Arbeitskampfes** zwischen Arbeitgeber und Betriebsrat sind **unzulässig** (Abs. 2 Satz 1). Dadurch wird die betriebsverfassungsrechtliche Friedenspflicht konkretisiert und zugleich festgelegt, dass die Betriebsverfassung nicht von einem Konfrontationsmodell, sondern von einem Kooperationsmodell beherrscht wird, also primär auf dem Gedanken des Zusammenwirkens beruht (vgl. BVerfG 1. 3. 1979 E 50, 290, 372 = AP MitbestG § 1 Nr. 1). Das Arbeitskampfverbot ist deshalb Konsequenz der besonderen Ausgestaltung der Mitwirkung und Mitbestimmung des Betriebsrats. Daher werden hierdurch, wie das Gesetz klarstellt, Arbeitskämpfe tariffähiger Parteien nicht berührt.

2. Gegenstand des Arbeitskampfverbots

17 Das Arbeitskampfverbot bezieht sich **nur** auf die **Betriebsverfassung**. Kein Betriebspartner darf gegen den anderen zu Kampfmaßnahmen aufrufen, sie einleiten oder durchführen, um die Regelung einer betriebsverfassungsrechtlichen Streitfrage zu erzwingen. In der Betriebsverfassung scheidet der Arbeitskampf als *Rechtsinstitut* aus (ebenso BAG 17. 12. 1976 AP GG Art. 9 Arbeitskampf Nr. 52 [*Richardi*]). Das gilt auch, soweit der Betriebsrat eine Regelung oder sonst eine Maßnahme erzwingen kann; er darf keinen Druck durch Kampfmaßnahmen ausüben, sondern muss das gesetzliche Verfahren einhalten, also die Einigungsstelle anrufen, wenn nach dem Gesetz der Spruch der Einigungsstelle die Einigung zwischen Arbeitgeber und Betriebsrat ersetzt, oder ein Beschlussverfahren vor dem Arbeitsgericht einleiten (ebenso BAG, a. a. O.; *Fitting,* § 74 Rn. 12; GL-*Löwisch,* § 74 Rn. 7; GK-*Kreutz,* § 74 Rn. 36 ff.; HSWGNR-*Worzalla,* § 74 Rn. 12; *Nikisch,* Bd. III S. 242; *Nipperdey/Säcker* in *Hueck/Nipperdey,* Bd. II/2 S. 1343; *Neumann-Duesberg,* S. 442).

18 **Maßnahmen des Arbeitskampfes** sind nicht nur Streik und Aussperrung, sondern jede kollektiv organisierte Störung der Arbeitsbeziehungen, um dadurch Druck auszuüben (ebenso GK-*Kreutz,* § 74 Rn. 46; *Kissel,* Arbeitskampfrecht, § 36 Rn. 10). Das BAG sah in seinem Urteil vom 31. 10. 1958 zum schleswig-holsteinischen Metallarbeiterstreik als Kampfmaßnahmen, die eine tarifvertragliche Friedenspflicht verletzen, alle Maßnahmen an, „die den Verhandlungspartner bewusst und gewollt unter den unmittelbaren Druck eingeleiteter Arbeitskämpfe setzen und damit seine Entschließungsfreiheit beeinträchtigen sollen" (AP TVG § 1 Friedenspflicht Nr. 2; vgl. zu der dadurch ausgelösten Meinungsverschiedenheit im Schrifttum Brox/*Rüthers,* Arbeitskampfrecht, 2. Aufl. 1982, Rn. 233 ff.). Der Streit um die Abgrenzung der Kampfmaßnahme ist für das Betriebsverfassungsrecht unerheblich; denn Abs. 2 Satz 1 verbietet alle Maßnahmen des Arbeitskampfes, also auch jede Vorbereitungsmaßnahme (ebenso GL-*Löwisch,* § 74 Rn. 8; *Brox*/Rüthers, a. a. O., Rn. 410; *Germelmann,* Betriebsfrieden, S. 74 f.).

3. Adressaten des Arbeitskampfverbots

Das Kampfverbot gilt **nur** für den **Arbeitgeber in seiner betriebsverfassungsrechtlichen** 19
Funktion und den **Betriebsrat**; es richtet sich **nicht** gegen die **einzelnen Arbeitnehmer**
(ebenso GK-*Kreutz,* § 74 Rn. 40; ErfK-*Kania,* § 74 Rn. 12; *Kissel,* Arbeitskampfrecht,
§ 36 Rn. 18; *Seiter,* Streikrecht und Aussperrungsrecht, 1975, S. 396; a. A. BAG 17. 12.
1976 AP GG Art. 9 Arbeitskampf Nr. 52 [abl. *Richardi*]). Auch für die **einzelnen
Betriebsratsmitglieder** gilt es nur insoweit, als ein Arbeitnehmer nicht in seiner Eigenschaft als Betriebsratsmitglied zu Kampfmaßnahmen aufrufen darf, um eine betriebsverfassungsrechtliche Streitfrage zu regeln oder durchzusetzen (s. Rn. 26). Keineswegs
wird bereits durch das betriebsverfassungsrechtliche Kampfverbot ausgeschlossen, dass
die Arbeitsvertragsparteien Kampfmaßnahmen gegeneinander führen können, um ein
arbeitsvertragliches Regelungsziel zu erreichen. Insoweit handelt es sich ausschließlich
um das Problem, ob und unter welchen Voraussetzungen ein nicht gewerkschaftlicher
Streik geführt werden kann (s. dazu Rn. 21). Die Unzulässigkeit eines derartigen Streiks
kann man nicht aus dem betriebsverfassungsrechtlichen Kampfverbot begründen (vgl.
ausführlich *Seiter,* S. 395 ff.).

Dass in der Betriebsverfassung der Arbeitskampf als Rechtsinstitut ausscheidet, wirkt 20
nur mittelbar insoweit auf Arbeitgeber und Arbeitnehmer in ihrer Funktion als *Parteien
des Einzelarbeitsvertrags,* als auch ein Arbeitskampf mit *betriebsverfassungsrechtlichem
Regelungsziel* die Arbeitsvertragsparteien nicht zur Suspendierung ihrer Pflichten aus
dem Arbeitsverhältnis berechtigt. Wird dagegen der Arbeitskampf von *tariffähigen Parteien* geführt, so spielt keine Rolle, ob das Regelungsziel zugleich eine betriebsverfassungsrechtliche Streitfrage betrifft; denn das Bestehen eines betriebsverfassungsrechtlichen Mitbestimmungsrechts beschränkt nicht die Kampffreiheit. Der Betriebsrat hat
nach § 87 Abs. 1 sogar nur mitzubestimmen, soweit eine tarifliche Regelung nicht
besteht. Daraus, dass betriebsverfassungsrechtlich bei Nicht-Einigung zwischen Arbeitgeber und Betriebsrat ein verbindliches Einigungsverfahren vorgesehen ist (§ 87 Abs. 2),
kann auch nicht abgeleitet werden, dass eine tarifvertragliche Regelung zwar zulässig,
aber nicht durch einen Arbeitskampf herbeigeführt werden kann, weil im betriebsverfassungsrechtlichen Mitbestimmungskonflikt die Einigungsstelle verbindlich entscheidet
(§ 87 Abs. 2). Eine Schranke ergibt sich lediglich daraus, dass das BetrVG die Mitbestimmungsordnung abschließend regelt (s. Einl. Rn. 134 ff.); sie kann durch Tarifvertrag nicht revidiert werden und scheidet daher insoweit auch als Gegenstand eines
Arbeitskampfes tariffähiger Parteien aus (vgl. *Richardi,* Anm. zu BAG AP GG Art. 9
Arbeitskampf Nr. 52).

4. Bedeutung des Kampfverbots für Arbeitskämpfe tariffähiger Parteien

Arbeitskämpfe tariffähiger Parteien werden durch das betriebsverfassungsrechtliche 21
Kampfverbot **nicht berührt** (Abs. 2 Satz 1 Halbsatz 2). Dieser Klarstellung im Gesetzestext kann aber nicht als Umkehrschluss entnommen werden, dass nur diese Arbeitskämpfe rechtmäßig sind (ebenso *Nikisch,* Bd. II S. 120, 145 f.; *Seiter,* Streikrecht und
Aussperrungsrecht, 1975, S. 396 f.; *Säcker,* BB 1971, 962, 963; a. A. unter Berufung auf
Ernst Wolf, von diesem aber nirgends in diesem Verständnis veröffentlicht [vgl. *Wolf,*
RdA 1970, 54 f.]: *Kim,* Das Streikpostenstehen als rechtmäßiges oder rechtswidriges
Verhalten gegenüber dem bestreikten Arbeitgeber, 1969, S. 61 ff.; *van Gelder,* AuR
1969, 207, 209; *van Gelder/Böttner,* JuS 1969, 112, 115). Zutreffend ist lediglich, dass
wegen des Bezugs zur verfassungsrechtlich gewährleisteten Tarifautonomie Arbeitskämpfe tariffähiger Parteien rechtlich privilegiert sind (vgl. BVerfG 26. 6. 1991 E 84,
212, 225 = AP GG Art. 9 Arbeitskampf Nr. 117). Daraus folgt, dass ein nichtgewerkschaftlicher Streik um ein arbeitsvertragliches Regelungsziel nicht zur Arbeitsniederlegung während des Arbeitsverhältnisses berechtigt (vgl. *Seiter,* S. 191 ff., 387 ff.).

22 Durch das betriebsverfassungsrechtliche Kampfverbot wird ein Arbeitskampf tariffähiger Parteien auch dann nicht berührt, wenn er sich nur auf einen Betrieb bezieht, insbesondere wenn sein Ziel ist, den Arbeitgeber zum Abschluss eines Firmentarifvertrags zu zwingen (ebenso *Fitting,* § 74 Rn. 13; GK-*Kreutz,* § 74 Rn. 43; DKK-*Berg,* § 74 Rn. 15; *Nipperdey/Säcker* in *Hueck/Nipperdey,* Bd. II/2 S. 985; *Bulla,* RdA 1962, 385, 387 f.; *Hensche,* RdA 1971, 9, 16; *Heß,* ZfA 1976, 45, 63; a. A. *Boldt,* RdA 1971, 257, 267; vgl. auch *Mayer-Maly,* DB 1965, 32, 33 für den firmenbezogenen Verbandstarifvertrag; allgemein zu dem Problem, ob ein Streik um den Abschluss eines Firmentarifvertrags zulässig ist, *Kissel,* Arbeitskampfrecht, § 26 Rn. 118 ff.). Das Kampfverbot gilt auch nicht, wenn die Tarifforderung sich auf Angelegenheiten bezieht, bei denen im betriebsverfassungsrechtlichen Mitbestimmungskonflikt die Einigungsstelle verbindlich entscheidet (s. Rn. 20).

5. Betriebsratsamt während eines Arbeitskampfs

23 a) Da der **Betriebsrat** ein gewerkschaftlich unabhängiger Repräsentant der Belegschaft ist, kann er **nicht** der **kampfführenden Gewerkschaft zugerechnet** werden. Das **Betriebsratsamt** bleibt **während eines Arbeitskampfs** bestehen, seine **Funktionsfähigkeit** bleibt **gewahrt** (ebenso BAG 14. 2. 1978 AP GG Art. 9 Arbeitskampf Nr. 57 und 58; 6. 3. 1979 AP BetrVG 1972 § 102 Nr. 20; 24. 4. 1979 AP GG Art. 9 Arbeitskampf Nr. 63; 25. 10. 1988 AP GG Art. 9 Arbeitskampf Nr. 110; 10. 12. 2002 AP BetrVG 1972 § 80 Nr. 59).

24 b) Der Betriebsrat als solcher hat sich in einem Arbeitskampf streng **neutral** zu verhalten. Das gilt auch für einen Arbeitskampf tariffähiger Parteien (ebenso *Fitting,* § 74 Rn. 21; GK-*Kreutz,* § 74 Rn. 67; ErfK-*Kania,* § 74 Rn. 11; *Nikisch,* Bd. III S. 244; *Nipperdey/Säcker* in *Hueck/Nipperdey,* Bd. II/2 S. 1343; im Ergebnis *Kissel,* Arbeitskampfrecht, § 36 Rn. 16 f.). Im Verhältnis zwischen Arbeitgeber und Betriebsrat gilt während eines Arbeitskampfs tariffähiger Parteien das Neutralitätsgebot. Unzulässig ist daher eine Propaganda für die Arbeitsniederlegung oder die Überlassung der dem Betriebsrat zur Verfügung gestellten Räume und sonstigen Geschäftseinrichtungen, weiterhin auch die Sammlung von Geldern durch den Betriebsrat zu Gunsten von Streikenden anderer Betriebe (ebenso *Fitting,* § 74 Rn. 14; *Nikisch,* a. a. O.; vgl. auch *Germelmann,* Betriebsfrieden, S. 107 f.). Andererseits ist der Betriebsrat auch keine Einrichtung gegen den Arbeitskampf (*Sinzheimer,* Grundzüge, S. 232). Er darf daher die Belegschaft nicht auffordern, sich an einem Streik, der von der Gewerkschaft ausgerufen wird, nicht zu beteiligen (ebenso *Fitting,* § 74 Rn. 14; vgl. auch *Söllner* DB 1968, 571, 572; *Kempen,* NZA 2005, 185, 189; a. A. GK-*Kreutz,* § 74 Rn. 84).

25 Aus dem betriebsverfassungsrechtlichen Kampfverbot ergibt sich nicht, dass der Betriebsrat verpflichtet ist, gegen rechtswidrige Kampfmaßnahmen, insbesondere gegen einen nichtgewerkschaftlichen Streik einzuschreiten (ebenso LAG Hamm, DB 1976, 343 = BB 1976, 363; *Fitting,* § 74 Rn. 14; GL-*Löwisch,* § 74 Rn. 10; GK-*Kreutz,* § 74 Rn. 85; ErfK-*Kania,* § 74 Rn. 11; *v. Hoyningen-Huene,* MünchArbR § 214 Rn. 13; *Kempen,* NZA 2005, 185, 189; a. A. *Germelmann,* Betriebsfrieden, S. 112; s. auch Rn. 26 f.). Das betriebsverfassungsrechtliche Kampfverbot enthält nur eine Unterlassungspflicht. Aus dem Gebot zur vertrauensvollen Zusammenarbeit zum Wohl des Betriebes und seiner Arbeitnehmer ergibt sich aber, dass Arbeitgeber und Betriebsrat darauf hinzuwirken haben, dass rechtswidrige Kampfmaßnahmen der Belegschaft unterbleiben (so zutreffend *Germelmann,* a. a. O.; a. A. auch insoweit GK-*Kreutz,* § 74 Rn. 85). Deshalb ist der Betriebsrat berechtigt, mit den rechtswidrig streikenden Arbeitnehmern in Kontakt zu treten und Verhandlungen mit dem Arbeitgeber zur Beilegung des Streiks zu führen; er darf dabei aber den rechtswidrigen Streik nicht unterstützen (ebenso GL-*Löwisch,* § 74 Rn. 10; GK-*Kreutz,* § 74 Rn. 86).

6. Rechtsstellung der Betriebsratsmitglieder im Arbeitskampf

a) Das **Betriebsratsmitglied** ist in seiner Stellung als Mitglied des Betriebsrats ebenfalls zur **Neutralität verpflichtet,** darf also nicht unter Ausnützung seines Betriebsratsamtes den Arbeitskampf unterstützen, ebenso wenig wie es seine Aufgabe ist, ihn zu verhindern (ebenso *Fitting*, § 74 Rn. 15; GL-*Löwisch*, § 74 Rn. 12; GK-*Kreutz*, § 74 Rn. 38 f.; ErfK-*Kania*, § 74 Rn. 12; *Wiese*, FS 50 Jahre BAG 2005, S. 1125, 1138; im Ergebnis *Kissel*, Arbeitskampfrecht, § 36 Rn. 16 f.). Davon wird aber **nicht berührt,** dass ein Betriebsratsmitglied sich **als Arbeitnehmer an dem von einer Gewerkschaft geführten Streik beteiligen** kann. Da ein Arbeitnehmer durch die Übernahme des Betriebsratsamtes in der Betätigung für seine Gewerkschaft auch im Betrieb nicht beschränkt wird (Abs. 3), darf er sogar an führender Stelle tätig sein, also zum Streik aufrufen oder sich an der Organisation der Urabstimmung beteiligen (ebenso GK-*Kreutz*, § 74 Rn. 65; DKK-*Berg*, § 74 Rn. 17; *Kempen*, NZA 2005, 185, 190). Das Betriebsratsmitglied muss dabei aber alles vermeiden, was den Eindruck erweckt, als führe es als *Mitglied des Betriebsrats* den Streik. Das ist vor allem zu beachten, wenn es sich um einen Streik handelt, der um den Abschluss eines Firmentarifvertrags geführt wird; denn hier ist die Abgrenzung zwischen der Stellung als Mitglied des Betriebsrats und als Funktionär der Gewerkschaft besonders schwierig. Daher ist es unzulässig, dass in einem solchen Fall die Tarifkommission der Gewerkschaft, die letztlich über die Voraussetzungen entscheidet, ob es zu einem Arbeitskampf kommt, nur oder im Wesentlichen mit Betriebsratsmitgliedern besetzt ist (ebenso GL-*Löwisch*, § 74 Rn. 12). Gegen die Beteiligung einzelner Betriebsratsmitglieder in einer Tarifkommission, die über den Abschluss eines Verbandstarifvertrags verhandelt, bestehen aber keine Bedenken (vgl. *Hiersemann*, BB 1966, 252).

Beteiligt ein Betriebsratsmitglied sich an einem **rechtswidrigen Streik,** so verletzt es die in Abs. 2 Satz 2 auch ihm obliegende Friedenspflicht (s. Rn. 50).

b) Durch **Streikbeteiligung erlischt nicht** die **Mitgliedschaft im Betriebsrat.** Bei einem legitimen Streik werden lediglich die Rechte und Pflichten aus dem Arbeitsverhältnis suspendiert (grundlegend BAG [GS] 28. 1. 1955 AP GG Art. 9 Arbeitskampf Nr. 1). Gegenüber Betriebsratsmitgliedern kann auch nur eine suspendierende, niemals eine lösende Aussperrung erklärt werden (vgl. BAG [GS] 21. 4. 1971 AP GG Art. 9 Arbeitskampf Nr. 43; bestätigt durch BVerfG 19. 2. 1975 E 38, 386 = AP GG Art. 9 Arbeitskampf Nr. 50). Die Suspendierung des Arbeitsverhältnisses hat nicht zur Folge, dass die Mitgliedschaft im Betriebsrat ruht (ebenso BAG 25. 10. 1988 AP GG Art. 9 Arbeitskampf Nr. 110).

Handelt es sich um einen **rechtswidrigen Streik,** so kommt gegenüber Betriebsratsmitgliedern ebenfalls nur eine suspendierende Aussperrung in Betracht. Der Arbeitgeber kann aber gegen rechtswidrige Arbeitsniederlegungen auch auf individualrechtlichem Wege vorgehen und das Arbeitsverhältnis der streikenden Arbeitnehmer durch eine **außerordentliche Kündigung aus wichtigem Grund** fristlos auflösen (vgl. BAG [GS] 21. 4. 1971 AP GG Art. 9 Arbeitskampf Nr. 43; vgl. auch BAG 14. 2. 1978 AP GG Art. 9 Arbeitskampf Nr. 58). Man muss allerdings differenzieren, ob es sich um einen gewerkschaftlichen oder um einen nichtgewerkschaftlichen, also einen wilden Streik handelt; denn führt eine Gewerkschaft einen Streik, so wird vermutet, dass er die Regelung von Arbeits- und Wirtschaftsbedingungen zum Gegenstand hat und dass ein derartiger Streik rechtmäßig ist (vgl. BAG 19. 6. 1973 AP GG Art. 9 Arbeitskampf Nr. 47; dazu *Richardi*, SAE 1975, 180, 181 f.). Tarifkampf und wilder Streik sind daher wesensverschiedene Formen des Arbeitskampfs im Rahmen der Arbeitsverfassung. Wegen des Benachteiligungsverbots darf das einzelne Betriebsratsmitglied in Abwehr eines rechtswidrigen Streiks nicht diskriminiert werden. Daher kommt eine außerordentliche Kündigung nur in Betracht, wenn auch sonstige Streikteilnehmer fristlos entlassen werden oder das Betriebsratsmitglied den rechtswidrigen Streik organisiert hat. Bei einem legitimen Streik kann der Arbeitgeber das Arbeitsverhältnis mit einem Betriebsratsmitglied nur dann durch eine außerordentliche Kündigung, also ein individualrechtliches Gestaltungsmittel, fristlos auflösen, wenn das Betriebsratsmitglied über die schlichte Teilnahme am Streik hinaus Streikausschreitungen begeht (vgl. BAG 26. 10. 1971 AP GG Art. 9 Arbeitskampf Nr. 44).

30 Erklärt der Arbeitgeber zur Abwehr eines rechtswidrigen Streiks eine **außerordentliche Kündigung**, so ändert der Charakter als Kampfkündigung nichts daran, dass er die für eine außerordentliche Kündigung geltenden Rechtsvorschriften beachten muss, also auch § 103 bei Kampfkündigungen gegenüber Arbeitnehmern mit betriebsverfassungsrechtlichen Funktionen. Eine arbeitskampfkonforme Interpretation gebietet aber nach Auffassung des BAG, dass die **Zustimmung des Betriebsrats** nicht eingeholt zu werden braucht, weil es den Betriebsrat überfordere, während eines Arbeitskampfs die ihm in § 103 Abs. 1 für den Normalfall des betrieblichen Geschehens zugedachte Aufgabe wahrzunehmen; das BAG verlangt aber, dass die Zustimmung **durch Beschluss des Arbeitsgerichts** nach § 103 Abs. 2 **ersetzt** wird (BAG 14. 2. 1978 AP GG Art. 9 Arbeitskampf Nr. 57; 16. 12. 1982 AP KSchG 1969 § 15 Nr. 13).

31 c) Möglich ist, dass einem Betriebsratsmitglied durch **einstweilige Verfügung** im Beschlussverfahren die Amtsausübung untersagt wird, wenn es einen rechtswidrigen Streik unterstützt.

7. Mitwirkungs- und Mitbestimmungsrechte im Arbeitskampf

32 a) Das Gesetz enthält **keine Bestimmung über die Rechtsstellung des Betriebsrats in der Betriebsverfassung während eines Arbeitskampfs.** Da der Betriebsrat nicht nur organisatorisch verselbständigt, sondern als ein gewerkschaftlich unabhängiger Repräsentant der Belegschaft verfasst ist, bleibt **grundsätzlich** seine **Funktionsfähigkeit gewahrt** (s. Rn. 23).

33 Die **Mitwirkungs- und Mitbestimmungsrechte** bleiben deshalb während eines Arbeitskampfs grundsätzlich bestehen. Das gilt nicht nur für die Mitbestimmung in sozialen Angelegenheiten, sondern auch für eine Beteiligung bei personellen Maßnahmen des Arbeitgebers. Keineswegs gilt deshalb generell, dass, wie das BAG zunächst formuliert hat, während eines Streikgeschehens der Betriebsrat nicht in der Lage sei, bei Arbeitgebermaßnahmen wie Einstellungen, Versetzungen und Entlassungen mitzuwirken (BAG 26. 10. 1971 AP GG Art. 9 Arbeitskampf Nr. 44 [insoweit abl. *Richardi*]). Eine **Einschränkung** der betriebsverfassungsrechtlichen Mitbestimmung kommt vielmehr **nur insoweit** in Betracht, als eine **Beteiligung des Betriebsrats geeignet** ist, die **Kampffähigkeit des Arbeitgebers zu beeinflussen** (so bereits *Reuter*, AuR 1973, 1, 5). Voraussetzung ist, dass die Maßnahme des Arbeitgebers durch das Streikgeschehen bedingt ist. Dann muss geprüft werden, ob eine Beteiligung des Betriebsrats die Kampfparität beeinträchtigt. Dieser Gesichtspunkt erfordert nach den Worten des BAG eine *arbeitskampfkonforme Auslegung* der Beteiligungsrechte (BAG 14. 2. 1978 AP GG Art. 9 Arbeitskampf Nr. 57 und 58; 6. 3. 1979 AP BetrVG 1972 § 102 Nr. 20; BAG 24. 4. 1979 AP GG Art. 9 Arbeitskampf Nr. 63; bestätigt BAG 10. 12. 2002 AP BetrVG 1972 § 80 Nr. 59; zur Verfassungsmäßigkeit BVerfG [2. Kammer des 1. Senats] 7. 4. 1997 AP GG Art. 100 Nr. 11). Soweit dagegen Rechte des Betriebsrats den Arbeitgeber nicht daran hindern, sich unabhängig vom Willen des Betriebsrats arbeitskampfbezogen zu betätigen, besteht kein Grund für eine Einschränkung während des Arbeitskampfes. Das gilt insbesondere für die bloßen Unterrichtungsansprüche des Betriebsrats (ebenso BAG 10. 12. 2002 AP BetrVG 1972 § 80 Nr. 59).

34 b) Eine **arbeitskampfkonforme Interpretation** gebietet den **Wegfall der Mitbestimmung bei Maßnahmen zur Durchführung oder Abwehr eines Arbeitskampfs.** Es ist nämlich unerheblich, ob derartige Maßnahmen tatbestandlich unter einen betriebsverfassungsrechtlichen Beteiligungstatbestand fallen. Keinem Zweifel unterliegt, dass der

III. Arbeitskampf und Betriebsverfassung § 74

Betriebsrat kein Beteiligungsrecht bei **Aussperrungen** des Arbeitgebers hat. Das gilt auch für eine Aussperrung, die zu einer Einzellösung oder Gesamtlösung der Arbeitsverhältnisse führt (vgl. zur Zulässigkeit grundlegend BAG [GS] 21. 4. 1971 AP GG Art. 9 Arbeitskampf Nr. 43). Hält man die lösende Aussperrung nicht für zulässig und ersetzt sie deshalb durch eine ordentliche oder außerordentliche Kampfkündigung, so ergibt sich daraus betriebsverfassungsrechtlich kein Unterschied. Der Betriebsrat ist nicht unter dem Gesichtspunkt der Kündigung nach § 102 zu beteiligen.

Erklärt der Arbeitgeber wegen Beteiligung an einem rechtswidrigen Streik eine außerordentliche Kündigung (s. Rn. 29 f.), so handelt es sich bei ihr um eine Maßnahme zur Abwehr eines Arbeitskampfs. Bei einer derartigen **Kampfkündigung** entfällt eine Anhörung des Betriebsrats nach § 102 (ebenso BAG 14. 2. 1978 AP GG Art. 9 Arbeitskampf Nr. 58). 35

Bei **Kampfkündigungen gegenüber Betriebsratsmitgliedern**, Jugend- und Auszubildendenvertretern, Mitgliedern des Wahlvorstands oder Wahlbewerbern ist zwar ebenfalls nicht der Betriebsrat zu beteiligen; der Arbeitgeber hat aber wie in einem betriebsratslosen Betrieb in entsprechender Anwendung des § 103 Abs. 2 die Erteilung der Zustimmung beim Arbeitsgericht zu beantragen (s. Rn. 30). 36

Erfolgt die **Kündigung** eines Arbeitnehmers aus **anderen als arbeitskampfbedingten Gründen**, so besteht kein Grund, das Beteiligungsrecht des Betriebsrats einzuschränken. Auch wenn eine derartige Kündigung während eines Streiks ausgesprochen wird, bedarf sie zu ihrer Wirksamkeit der vorherigen Anhörung des Betriebsrats (§ 102 Abs. 1 Satz 3; ebenso BAG 14. 2. 1978 AP GG Art. 9 Arbeitskampf Nr. 60; 6. 3. 1979 AP BetrVG 1972 § 102 Nr. 20). 37

Bei **Einstellungen** und **Versetzungen** gebietet eine arbeitskampfkonforme Interpretation eine Einschränkung der Mitbestimmung nur insoweit, als der Arbeitgeber durch sie Arbeitsplätze streikender oder ausgesperrter Arbeitnehmer besetzt (zu weitgehend das obiter dictum, dass bei personellen Einzelmaßnahmen wie Einstellungen, Versetzungen und Entlassungen der Betriebsrat nicht mitzubestimmen habe, BAG 10. 12. 2002 AP BetrVG 1972 § 80 Nr. 59). 38

c) **Arbeitgebermaßnahmen zur Durchführung einer Aussperrung** sind **mitbestimmungsfrei**, auch wenn sie die Tatbestandsvoraussetzungen eines Beteiligungstatbestands erfüllen. Der Betriebsrat hat daher nicht nach § 87 Abs. 1 Nr. 1 mitzubestimmen, wenn der Arbeitgeber zur Unterscheidung ausgesperrter von nicht ausgesperrten Arbeitnehmern einen Werksausweis so verändert, dass dieser für die Dauer der Aussperrung den Ausweisinhaber als nicht ausgesperrten Arbeitnehmer kennzeichnet (so BAG 16. 12. 1986 AP BetrVG 1972 § 87 Ordnung des Betriebes Nr. 13). 39

Der Grundsatz der Kampfparität berechtigt den Arbeitgeber aber nicht, die Mitbestimmung über die Zusammensetzung der Belegschaft auch für die Zeit nach Beendigung des Arbeitskampfs auszuschalten (s. § 99 Rn. 23). Notwendig ist, dass sich der Arbeitgeber selbst im Arbeitskampf befindet. Es genügt nicht, dass ein Arbeitgeber mit der „Abgabe" von Arbeitnehmern an einen vom Arbeitskampf betroffenen Arbeitgeber helfen will, die Folgen des dortigen Arbeitskampfs abzumildern, z. B. durch Entsendung von Servierpersonal in ein bestreiktes Restaurant (so BAG 19. 2. 1991 AP BetrVG 1972 § 95 Nr. 26). 40

Bei einem **Teilstreik im Betrieb** entfällt das Mitbestimmungsrecht des Betriebsrats nach § 87 Abs. 1 Nr. 3, wenn der Arbeitgeber von arbeitswilligen Arbeitnehmern vorübergehend Überstunden leisten lässt, um dem Streik zu begegnen und dessen Auswirkungen möglichst gering zu halten (so BAG 24. 4. 1979 AP GG Art. 9 Arbeitskampf Nr. 63; bestätigt BAG 10. 12. 2002 AP BetrVG 1972 § 80 Nr. 59). Gleiches muss gelten, soweit der Arbeitgeber von seinem Recht Gebrauch macht, die Betriebstätigkeit während des Streiks einzustellen und deshalb insoweit die betriebsübliche Arbeitszeit vorübergehend verkürzt (vgl. zu dieser Befugnis grundlegend BAG 22. 3. 1994 AP GG Art. 9 Arbeitskampf Nr. 130). 41

42 d) Das **Gebot der Kampfparität** ist der **materielle Grund einer arbeitskonformen Interpretation der Beteiligungsrechte**. Die Kampfparität beruht ihrerseits auf der **Parität des Tarifvertragssystems**, das nicht durch die Einräumung von Beteiligungsrechten an den Betriebsrat eingeschränkt werden soll. Beachtung verdient dieser Gesichtspunkt für das Mitbestimmungsrecht des Betriebsrats in **sozialen Angelegenheiten**. Ist Kampfziel die Regelung einer Angelegenheit, die in den Katalog des § 87 Abs. 1 fällt, so ist der Betriebsrat während des Arbeitskampfs gehindert, ein Mitbestimmungsverfahren einzuleiten; denn nach dem Eingangshalbsatz des § 87 Abs. 1 hat er nur mitzubestimmen, soweit eine tarifliche Regelung nicht besteht (s. § 87 Rn. 150 ff.). Mit dem Tarifvorbehalt wäre es unvereinbar, wenn eine Tarifforderung, die Gegenstand eines Arbeitskampfs ist, zugleich den Gegenstand eines betriebsverfassungsrechtlichen Einigungsverfahrens bildete. Der Betriebsrat wäre nicht nur überfordert, seine Funktion als gewerkschaftlich unabhängiger Repräsentant auszuüben, sondern es wäre zugleich auch der Grundsatz der Waffengleichheit zwischen den Arbeitskampfparteien beeinträchtigt.

43 Da die Sicherung der Kampfparität sich nicht auf die Zuweisung von Rechten auf kampfbeteiligte Arbeitgeber beschränkt, sondern darüber hinaus bei **Fernwirkungen eines Arbeitskampfs** Rechte und Pflichten aus dem Arbeitsverhältnis durch die **Arbeitskampfrisikolehre** modifiziert (vgl. zu ihr BAG 22. 12. 1980 AP GG Art. 9 Arbeitskampf Nr. 70), ergeben sich auch daraus **Begrenzungen der betriebsverfassungsrechtlichen Mitbestimmungsordnung:** Können Arbeitnehmer als Folge eines Arbeitskampfs nicht beschäftigt werden (Betriebsrisiko-Fall) oder wird ihre Beschäftigung wegen Auftrags- oder Absatzmangels wirtschaftlich sinnlos (Wirtschaftsrisiko-Fall), so fällt eine dadurch notwendig werdende Arbeitszeitregelung unter den Mitbestimmungstatbestand der Nr. 2 und Nr. 3 des § 87 Abs. 1 (s. dort Rn. 382 ff.). Wenn in einem derartigen Fall die Fernwirkungen eines Arbeitskampfs das Kräfteverhältnis der kampfführenden Parteien beeinflussen können, trägt nach Auffassung des BAG nicht der Arbeitgeber das Betriebs- und das Wirtschaftsrisiko, sondern es tragen beide Seiten das sog. Arbeitskampfrisiko. Das bedeutet für die betroffenen Arbeitnehmer, dass sie für die Dauer der Störung keine Beschäftigungs- und Vergütungsansprüche haben. Diese Risikogrundsätze sind den Betriebspartnern nach Auffassung des BAG rechtlich vorgegeben, bilden also eine Schranke des Mitbestimmungsrechts, ohne es zu verdrängen (vgl. BAG 22. 12. 1980 AP GG Art. 9 Arbeitskampf Nr. 70 und 71; s. ausführlich § 87 Rn. 387 ff.). Voraussetzungen und Umfang einer kampfbedingten Arbeitszeitverkürzung unterliegen nicht der Mitbestimmung. Der Betriebsrat hat aber nach § 87 Abs. 1 Nr. 2 und 3 mitzubestimmen, wie die Arbeitszeitverkürzung durchgeführt und verteilt werden soll. Sein Mitbestimmungsrecht über die Regelung der Modalitäten einer Arbeitszeitverkürzung entfällt wegen der ihm obliegenden Neutralitätspflicht nur dann, wenn Teile der von ihm repräsentierten Belegschaft selbst streiken oder ausgesperrt werden (vgl. BAG 22. 12. 1980 AP GG Art. 9 Arbeitskampf Nr. 71; s. auch Rn. 41).

IV. Die betriebsverfassungsrechtliche Friedenspflicht

1. Gesetzessystematischer Zusammenhang

44 Arbeitgeber und Betriebsrat haben Betätigungen zu unterlassen, durch die der Arbeitsablauf oder der Frieden des Betriebs beeinträchtigt werden (Abs. 2 Satz 2). Konkretisiert wird dieses Gebot bereits dadurch, dass Maßnahmen des Arbeitskampfs zwischen Arbeitgeber und Betriebsrat unzulässig sind (Abs. 2 Satz 1; s. Rn. 16 ff.). Es gilt also innerhalb der Betriebsverfassung eine **absolute Friedenspflicht.** Mit ihr steht im Zusammenhang, dass Arbeitgeber und Betriebsrat jede parteipolitische Betätigung im Betrieb zu unterlassen haben (Abs. 2 Satz 3; s. Rn. 57 ff.). Die Friedenspflicht ergänzt und sichert das Gebot der vertrauensvollen Zusammenarbeit zwischen Arbeitgeber und Betriebsrat.

IV. Die betriebsverfassungsrechtliche Friedenspflicht　　　　　　　　　　§ 74

2. Inhalt der Friedenspflicht

a) Die betriebsverfassungsrechtliche Friedenspflicht erschöpft sich nicht nur in 45
einem Arbeitskampfverbot und dem Verbot parteipolitischer Betätigung im Betrieb,
sondern Arbeitgeber und Betriebsrat haben darüber hinaus **jede Betätigung** zu **unterlassen,** durch die der **Arbeitsablauf** oder der **Frieden des Betriebs beeinträchtigt**
werden.

Andererseits besteht die Friedenspflicht nur insoweit, als „Betätigungen" zu unterlas- 46
sen sind, „durch die der Arbeitsablauf oder der Frieden des Betriebs beeinträchtigt
werden", also anders als nach § 49 Abs. 2 Satz 1 BetrVG 1952 wird nicht verlangt,
„alles zu unterlassen, was geeignet ist, die Arbeit und den Frieden des Betriebs zu
gefährden" (vgl. dazu kritisch *Kreutz,* BlStSozArbR 1972, 44, 50). Voraussetzung ist
also, dass nicht bloß eine abstrakte Gefährdung vorliegt, sondern dass der Arbeitsablauf oder der Frieden des Betriebs gestört werden oder es im konkreten Fall erfahrungsgemäß zu einer Störung kommt (ebenso *Fitting,* § 74 Rn. 29; GL-*Löwisch,* § 74
Rn. 15; GK-*Kreutz,* § 74 Rn. 133; HSWGNR-*Worzalla,* § 74 Rn. 30; ErfK-*Kania,*
§ 74 Rn. 18; *Blomeyer,* ZfA 1972, 85, 119; *Kreutz,* BlStSozArbR 1972, 44, 50;
Jahnke, BlStSozArbR 1974, 164, 166; enger DKK-*Berg,* § 74 Rn. 22). Nur soweit das
Gesetz das Verbot parteipolitischer Betätigung im Betrieb anordnet (Abs. 2 Satz 3),
besteht eine Verhaltenspflicht, bei der bereits die abstrakte Gefährdung des Betriebsfriedens ausreicht.

b) Mit dem **Arbeitsablauf** meint das Gesetz die tatsächliche Verrichtung der Arbeit zur 47
Verwirklichung des Betriebszwecks im Rahmen der Betriebsorganisation. Beeinträchtigt
wird der Arbeitsablauf, wenn die Erbringung der Arbeitsleistung durch eine Betätigung
des Arbeitgebers oder des Betriebsrats unterbrochen wird. Eine an sich zulässige Fragebogenaktion unter den Arbeitnehmern darf deshalb nur so durchgeführt werden, dass
für die Ausfüllung der Fragebogen keine Arbeitszeit in Anspruch genommen wird (vgl.
auch BAG 8. 2. 1977 AP BetrVG 1972 § 80 Nr. 10).

Betätigungen sind auch dann zu unterlassen, wenn durch sie zwar nicht der 48
Arbeitsablauf, aber der **Frieden des Betriebs** beeinträchtigt wird. Dadurch wird ein
inhaltlicher Maßstab an das Verhalten der Betriebspartner gelegt. Der Betriebsfrieden
ist ein unbestimmter, offener Begriff (vgl. dazu ausführlich *Germelmann,* Betriebsfrieden, insbes. S. 94 ff.). Er steht in engem Zusammenhang mit den in dieser Vorschrift niedergelegten Bestimmungen, insbesondere mit der Verpflichtung, Meinungsverschiedenheiten mit dem ernsten Willen zur Einigung beizulegen (Abs. 1 Satz 2)
und dabei Maßnahmen des Arbeitskampfs zu unterlassen (Abs. 2 Satz 1), weiterhin
mit dem Gebot, zum Wohl der Arbeitnehmer und des Betriebs vertrauensvoll mit
dem Arbeitgeber zusammenzuarbeiten (§ 2 Abs. 1) und dafür Sorge zu tragen, dass
alle im Betrieb tätigen Personen nach den Grundsätzen von Recht und Billigkeit
behandelt werden, insbesondere jede diskriminierende Behandlung unterbleibt (§ 75
Abs. 1). Der Betriebsfrieden wird deshalb beeinträchtigt, wenn Arbeitgeber und Betriebsrat sich nicht der gesetzlichen Formen bedienen, um einen Interessenkonflikt zu
lösen (formelle Seite), und wenn eine Auseinandersetzung geführt wird, die nicht
unmittelbar ihre Grundlage im Betriebsgeschehen hat (materielle Seite). Daher ist es
unzulässig, Meinungsverschiedenheiten zwischen Arbeitgeber und Betriebsrat über
betriebliche Angelegenheiten der Belegschaft in einer Form zur Kenntnis zu bringen,
die dazu angetan ist, den Verhandlungspartner missliebig zu machen, z. B. durch
Aushang des Schriftwechsels am Schwarzen Brett (ebenso LAG Düsseldorf, BB 1977,
295).

c) Wie das Arbeitskampfverbot enthält auch das Verbot den Arbeitsablauf oder 49
Betriebsfrieden beeinträchtigender Betätigungen nur eine **Unterlassungspflicht.** Daher
kann auf diese Bestimmung nicht gestützt werden, dass der Betriebsrat verpflichtet ist,
auf die Wahrung des Betriebsfriedens einzuwirken (s. auch Rn. 25).

3. Adressaten der Friedenspflicht

50 Das Betätigungsverbot richtet sich an den **Arbeitgeber** und **Betriebsrat**. Es trifft auch die **einzelnen Betriebsratsmitglieder**, weil nicht nur der Betriebsrat als Kollegialorgan, sondern auch jedes Betriebsratsmitglied Inhaber des Betriebsratsamtes ist und daher sich bei seiner Betriebsratstätigkeit innerhalb der Grenzen zu halten hat, die dem Betriebsrat gezogen sind (vgl. BAG 5. 12. 1975 AP BetrVG 1972 § 87 Betriebsbuße Nr. 1; 21. 2. 1978 AP BetrVG 1972 § 74 Nr. 1; ebenso GK-*Kreutz*, § 74 Rn. 131).

51 Die Bestimmung gilt dagegen **nicht** unmittelbar für die **einzelnen Arbeitnehmer** (ebenso *Fitting*, § 74 Rn. 27; GK-*Kreutz*, § 74 Rn. 131; ErfK-*Kania*, § 74 Rn. 16; *Blomeyer*, ZfA 1972, 85, 117); jedoch ergibt sich für sie aus dem Arbeitsverhältnis eine dem Abs. 2 Satz 2 inhaltlich entsprechende Verpflichtung (vgl. BAG 26. 5. 1977 AP BGB § 611 Beschäftigungspflicht Nr. 5; ebenso *Fitting*, § 74 Rn. 27; GK-*Kreutz*, § 74 Rn. 131; ErfK-*Kania*, § 74 Rn. 16).

4. Rechtsfolgen bei Verletzung der Friedenspflicht

52 a) Bei einem Verstoß gegen das Betätigungsverbot besteht ein **Unterlassungsanspruch**, der **im Beschlussverfahren vor dem Arbeitsgericht geltend zu machen** ist (§ 2a Abs. 1 Nr. 1, Abs. 2 i. V. mit §§ 80 ff. ArbGG; ebenso BAG 22. 7. 1980 AP BetrVG 1972 § 74 Nr. 3; GL-*Löwisch*, § 74 Rn. 18; GK-*Kreutz*, § 74 Rn. 139; *Jahnke*, BlStSozArbR 1974, 164, 167 f.; a. A. LAG Baden-Württemberg, DB 1978, 798).

53 b) Der **Betriebsrat**, der die hier niedergelegte Friedenspflicht verletzt, kann durch Beschluss des Arbeitsgerichts **aufgelöst** werden, ein **Betriebsratsmitglied**, das gegen sie verstößt, z. B. durch Verteilung von Flugblättern gegen den Arbeitgeber, seines **Amtes enthoben** werden (§ 23 Abs. 1; ebenso *Buchner*, FS Gerhard Müller 1981, S. 93, 100). Voraussetzung ist aber, dass es sich um eine grobe Pflichtverletzung handelt.

54 Bei einem **Verstoß des Arbeitgebers** kann nicht nur der Betriebsrat, sondern auch jede im Betrieb vertretene Gewerkschaft das Zwangsverfahren nach § 23 Abs. 3 durchführen.

55 c) Arbeitgeber und Betriebsratsmitglieder verstoßen nicht nur gegen Pflichten aus diesem Gesetz, sondern sie verletzen auch ihre **Pflichten aus dem Arbeitsverhältnis** (vgl. BAG 26. 5. 1977 E 29, 195, 201 ff. = AP BGB § 611 Beschäftigungspflicht Nr. 5).

56 d) Abs. 2 Satz 1 und 2 sind **keine Schutzgesetze i. S. des § 823 Abs. 2 BGB** (ebenso GK-*Kreutz*, § 74 Rn. 94; *Isele*, RdA 1962, 373, 374; *Rosset*, Rechtssubjektivität des Betriebsrats und Haftung seiner Mitglieder, 1985, S. 137; vgl. auch *Belling*, Haftung des Betriebsrats, S. 307 ff.; a. A. *Fitting*, § 1 Rn. 229; HSWGNR-*Worzalla*, § 74 Rn. 16; *Dietz*, § 49 Rn. 16 [so auch noch *Dietz/Richardi*, 5. Aufl., § 74 Rn. 29]; *Erdmann*, § 49 Rn. 6; *Nikisch*, Bd. III S. 245). Sie dienen zwar auch dem Vermögensinteresse des Arbeitgebers, soweit sie sich an den Betriebsrat wenden; es handelt sich aber nicht um eine bloße Jedermannbeziehung, sondern um Regelungen einer rechtlichen Sonderbeziehung (vgl. auch *Belling*, S. 312 ff.). § 823 Abs. 2 BGB ist kein Einfallstor, um für ein Fehlverhalten des Betriebsrats innerhalb der Betriebsverfassung zu Schadensersatzansprüchen gegenüber den einzelnen Betriebsratsmitgliedern zu kommen. Das gilt auch dann, wenn nicht der Betriebsrat als Kollegialorgan, sondern ein einzelnes Betriebsratsmitglied die betriebsverfassungsrechtliche Friedenspflicht verletzt. Hier kann lediglich ein Schadensersatzanspruch aus dem Arbeitsverhältnis gegeben sein, wenn das Verhalten auch bei einem Arbeitnehmer, der innerhalb der Betriebsverfassung keine Funktion ausübt, einen Schadensersatzanspruch auslösen würde; denn ein Betriebsratsmitglied darf um seines Amtes willen weder benachteiligt noch bevorzugt werden (§ 78 Satz 2).

V. Das Verbot parteipolitischer Betätigung im Betrieb

1. Zweck und gesetzessystematischer Zusammenhang

Arbeitgeber und Betriebsrat haben jede parteipolitische Betätigung im Betrieb zu unterlassen (Abs. 2 Satz 3). Nach dem RegE sollten politische und insbesondere parteipolitische Betätigungen nicht mehr schlechthin unzulässig sein, sondern nur noch insoweit, als durch sie der Arbeitsablauf oder der Frieden des Betriebs beeinträchtigt werden (BT-Drucks. VI/1786, S. 15, 46). Dagegen wurden jedoch schwerwiegende Bedenken erhoben, weil diese Grenzziehung nicht geeignet ist, Störungen des Betriebsfriedens zu verhindern (*Galperin*, Der Regierungsentwurf eines neuen Betriebsverfassungsgesetzes, 1971, S. 27; *ders.*, BB 1971, 137, 139; *ders.*, DB 1971, 1305, 1306; *Hanau*, BB 1971, 485, 488; *Buchner*, AG 1971, 135, 140; vgl. auch *Rüthers*, Wirtschaftswoche 1970 Heft 48, S. 81 zu dem noch weitergehenden Referentenentwurf). Der Gesetzgeber hat deshalb das in § 51 Satz 2 BetrVG 1952 enthaltene Verbot übernommen, weil man im federführenden BT-Ausschuss für Arbeit und Sozialordnung einmütig zu der Ansicht gelangt war, „dass es im Interesse des Betriebsfriedens und der Zusammenarbeit im Betrieb vorzuziehen sei, parteipolitische Betätigungen von Arbeitgeber und Betriebsrat im Betrieb nicht zuzulassen" (*zu* BT-Drucks. VI/2729, S. 10; vgl. auch Verhandlungen des Deutschen Bundestages, 6. Wahlperiode, 150. Sitzung, S. 8593 A/B). 57

Das Verbot parteipolitischer Betätigung im Betrieb ist nicht nur eine **Konkretisierung der betriebsverfassungsrechtlichen Friedenspflicht,** sondern steht in enger Verbindung mit dem **Gleichbehandlungsgebot für Arbeitgeber und Betriebsrat** in § 75 Abs. 1. Dieser Zusammenhang kam in § 51 BetrVG 1952 darin zum Ausdruck, dass das Verbot der parteipolitischen Betätigung nicht im Anschluss an die Regelung der betriebsverfassungsrechtlichen Friedenspflicht aufgestellt, sondern in einer Bestimmung mit dem Gleichheitsgebot geregelt war. Seine Verankerung im Rahmen der betriebsverfassungsrechtlichen Friedenspflicht erklärt sich daraus, dass die parteipolitische Betätigung ursprünglich nur verboten werden sollte, soweit durch sie der Arbeitsablauf oder der Frieden des Betriebs beeinträchtigt werden (s. Rn. 57). Die Verankerung des Verbots der parteipolitischen Betätigung im Betrieb im Rahmen der Bestimmung über die betriebsverfassungsrechtliche Friedenspflicht bedeutet daher keine Änderung der materiellen Rechtslage, sondern ist zufällig, bedingt durch den Stand der Gesetzgebungsarbeit, als es in das Gesetz eingefügt wurde (vgl. auch *Blomeyer*, ZfA 1972, 85, 120; das übersieht *Kreutz*, BlStSozArbR 1972, 44, 49, wenn er meint, das Gesetz habe eine Gewichtsverlagerung vorgenommen). 58

Arbeitgeber und Betriebsrat werden durch das **Verbot der parteipolitischen Betätigung im Betrieb** nicht nur zu einer Friedenspflicht im Verhältnis zueinander, sondern zur **Neutralität gegenüber allen Betriebsangehörigen** verpflichtet. Das bedeutet im Rahmen von § 75 Abs. 1 positiv, dass sie darüber zu wachen haben, dass jede unterschiedliche Behandlung der Betriebsangehörigen wegen ihrer politischen Betätigung oder Einstellung unterbleibt, und zur Sicherung dieses Gebots im Rahmen von § 74 Abs. 2 negativ, dass sie jede parteipolitische Betätigung im Betrieb zu unterlassen haben. Diese systematische Verbindung ist für die Bedeutung und Auslegung von erheblicher Bedeutung; denn wenn man das Verbot parteipolitischer Betätigung im Betrieb nicht allein aus der Sicherung der Friedenspflicht erklärt, sondern in enge Verbindung zum Neutralitätsgebot von Arbeitgeber und Betriebsrat bringt, erhält die Bestimmung einen *eigenständigen* betriebsverfassungsrechtlichen Charakter (*Richardi*, NJW 1962, 1374; zust. *Nipperdey/Säcker* in Hueck/Nipperdey, Bd. II/2, S. 1347 f.; *Germelmann*, Betriebsfrieden, S. 83 f.; *Säcker*, AuR 1965, 353, 358 f.; *ders.*, DB 1967, 2075 f.; vgl. auch *Blomeyer*, ZfA 1972, 85, 120; *Löwisch*, DB 1976, 676; a. A. lediglich Konkretisierung der betriebsverfassungsrechtlichen Friedenspflicht: *Kreutz*, BlStSozArbR 1972, 44, 49; vgl. auch *Brecht*, § 74 Rn. 8; 59

Nikisch, Bd. III S. 235, 240; *Radke*, BB 1957, 1112; *Bäumer*, AuR 1960, 225). Das absolute Verbot parteipolitischer Betätigung hat nicht nur den Sinn, den Betriebsfrieden zu wahren, sondern sichert auch eine parteipolitische Neutralität, „weil die Arbeitnehmer des Betriebes im Kollektiv der Arbeitnehmerschaft, dem sie sich nicht entziehen können, in ihrer Meinungs- und Wahlfreiheit als Staatsbürger nicht beeinflusst werden sollen" (so BAG 13. 9. 1977 AP BetrVG 1972 § 42 Nr. 1; 21. 2. 1978 AP BetrVG 1972 § 74 Nr. 1; ebenso *Wiese*, FS 50 Jahre BAG 2004, S. 1125, 1140).

2. Reichweite und Inhalt des Verbots parteipolitischer Betätigung

60 a) Arbeitgeber und Betriebsrat haben **jede parteipolitische Betätigung im Betrieb zu unterlassen,** wobei klargestellt wird, dass hiervon die Behandlung von Angelegenheiten tarifpolitischer, sozialpolitischer und wirtschaftlicher Art, die den Betrieb oder seine Arbeitnehmer unmittelbar betreffen, nicht berührt wird (Abs. 2 Satz 3). Diese Abgrenzung und der Gesetzeszweck bestimmen die Reichweite und den Inhalt des Verbots.

61 b) **Verboten** ist **jede Betätigung für oder gegen eine bestimmte politische Partei,** beispielsweise die Werbung für ein Parteiprogramm oder für oder gegen die Wahl einer bestimmten Partei (so entschieden für das Tragen einer Anti-Strauß-Plakette im Betrieb LAG Düsseldorf, DB 1981, 1986). Es braucht sich nicht um eine Partei i. S. des Art. 21 GG und des Parteiengesetzes zu handeln, sondern es genügt eine politische Gruppierung, für die geworben oder die unterstützt wird (ebenso BAG 21. 2. 1978 AP BetrVG 1972 § 74 Nr. 1; GL-*Löwisch,* § 74 Rn. 20; GK-*Kreutz,* § 74 Rn. 109; ErfK-*Kania,* § 74 Rn. 25; *Meisel*, RdA 1976, 38, 39; a. A. DKK-*Berg,* § 74 Rn. 34; einschränkend auch *Fitting,* § 74 Rn. 48; ErfK-*Kania,* § 74 Rn. 25). Erfasst wird deshalb auch das Eintreten für oder gegen eine bestimmte politische Richtung (ebenso BAG, a. a. O.; GK-*Kreutz,* § 74 Rn. 110).

62 **Verboten** ist deshalb **grundsätzlich jede politische Betätigung;** denn alle politischen Fragen, mögen sie sich auf die Außenpolitik, die äußere oder innere Sicherheit, die Kultur, die Arbeit oder die Freizeit beziehen, fallen in den Bereich parteipolitischer Stellungnahmen (ebenso BAG 21. 2. 1978 AP BetrVG 1972 § 74 Nr. 1 [zust. *Löwisch*]; 12. 6. 1986 AP BetrVG 1972 § 74 Nr. 5 [abl. *Derleder*, AuR 1988, 17ff.]; bereits BAG 4. 5. 1955 AP BetrVG [1952] § 44 Nr. 1 [zust. *Dietz*]; GL-*Löwisch,* § 74 Rn. 21; *v. Hoyningen-Huene,* MünchArbR § 214 Rn. 26; *Wiese*, FS 50 BAG 2004, S. 1125, 1140; *Meisel*, RdA 1976, 38, 39; wohl auch ErfK-*Kania,* § 74 Rn. 25; zum BetrVG 1952: *Nikisch*, Bd. III S. 327 f.; *Nipperdey/Säcker* in *Hueck/Nipperdey,* Bd. II/2 S. 1347 Fn. 66, S. 1348; *Neumann-Duesberg,* S. 443 Fn. 20; *Richardi*, NJW 1962, 1374, 1375; *Hacker*, DB 1963, 962, 963; *Säcker*, AuR 1965, 353, 358). Von anderer Seite wird dagegen der Unterschied zwischen der verbotenen parteipolitischen und einer zulässigen allgemeinen politischen Betätigung betont; parteipolitisch sei eine Betätigung nur dann, wenn durch sie im Betrieb bewusst und gewollt die Auffassungen einer bestimmten Partei um des Parteiinteresses willen vertreten werden, wobei sogar der Nachweis erforderlich sei, dass die Auffassung im Interesse einer Partei vertreten werde, während eine bloß zufällige Übereinstimmung irrelevant sei (vgl. *Fitting;* § 74 Rn. 46, 50; GK-*Kreutz,* § 74 Rn. 111; DKK-*Berg,* § 74 Rn. 28; *Radke*, BB 1957, 1112, 1113; *Rüthers*, BB 1958, 778; *Diekhoff*, AuR 1958, 238, 239; *Bäumer*, AuR 1960, 225; *Lepke*, DB 1968, 1990, 2037, 2039; *Schmittner*, AuR 1968, 353, 359). Der Versuch, eine Abgrenzung dadurch zu erreichen, dass man die Beziehung zur Tätigkeit der politischen Parteiorganisationen herstellt, muss aber misslingen; denn wenn man das Verbot auf den Fall reduziert, dass die Betätigung im Interesse einer Partei erfolgt, nimmt man ihm jede Bedeutung, und stellt man auf die Übereinstimmung mit einer bestimmten Partei ab, so ist die Grenzziehung leer laufend, weil bei der Struktur der heutigen Parteien alle politischen Fragen in den Bereich der parteipolitischen Stellungnahme fallen (ebenso BAG AP BetrVG 1972 § 74 Nr. 1 und 5).

V. Das Verbot parteipolitischer Betätigung im Betrieb § 74

Das Gesetz hat deshalb konkretisiert, dass das Verbot der parteipolitischen Betätigung 63
nicht die **Behandlung von Angelegenheiten tarifpolitischer, sozialpolitischer, umweltpolitischer und wirtschaftlicher Art** berührt, **die den Betrieb oder seine Arbeitnehmer unmittelbar betreffen** (s. dazu § 45 Rn. 11 ff.). Keine Rolle spielt, ob dazu die Stellungnahme einer politischen Partei vorliegt oder nicht (ebenso BAG 13. 9. 1977 AP BetrVG 1972 § 42 Nr. 1; GK-*Kreutz*, § 74 Rn. 123; *ders.*, BlStSozArbR 1972, 44, 50). Der Gesetzgeber trägt damit dem sinnvariierenden Begriff des Politischen Rechnung. Art. 1 Nr. 50 BetrVerf-ReformG hat nach dem Wort „sozialpolitischer" das Wort „umweltpolitischer" eingefügt, weil das BetrVerf-ReformG 2001 dem Betriebsrat einen Auftrag für den betrieblichen Umweltschutz eingeräumt hat. Der Betriebsrat hat dadurch aber kein allgemeines umweltschutzpolitisches Mandat erhalten (vgl. Begründung des RegE, BT-Drucks. 14/5741, S. 48). Deshalb verdient auch bei der Behandlung von Angelegenheiten umweltpolitischer Art Beachtung, dass sie den Betrieb oder seine Arbeitnehmer unmittelbar betreffen müssen (s. die Legaldefinition des betrieblichen Umweltschutzes in § 89 Abs. 3).

Wenn Angelegenheiten den Betrieb oder seine Arbeitnehmer unmittelbar betreffen, so 64
handelt es sich um Aufgaben, deren Wahrnehmung in die Zuständigkeit des Arbeitgebers und des Betriebsrats fallen, auch soweit sie tarifpolitischer, sozialpolitischer, umweltpolitischer oder wirtschaftlicher Art sind. Allerdings wird gegen das Verbot der parteipolitischen Betätigung verstoßen, wenn dem Kandidaten einer politischen Partei im Wahlkampf die Gelegenheit gegeben wird, Angelegenheiten tarifpolitischer, sozialpolitischer, umweltpolitischer oder wirtschaftlicher Art im Betrieb zu erörtern, weil in diesem Fall mit dem Auftreten ein parteipolitischer Werbeeffekt verbunden ist (ebenso BAG 13. 9. 1977 AP BetrVG 1972 § 42 Nr. 1).

c) Verboten ist jede **parteipolitische Betätigung im Betrieb**. Sie ist daher nicht nur in 65
Sitzungen des Betriebsrats und in Betriebs- und Abteilungsversammlungen zu unterlassen, sondern schlechthin im Betrieb. Das Betriebsratsmitglied darf auch auf dem Arbeitsplatz oder während der Pause nicht parteipolitisch agitieren (so auch *Radke*, BB 1957, 1112, 1113). Aber auch der Arbeitgeber darf im Betrieb nicht parteipolitisch tätig werden. Das Verteilen von Flugblättern, Druckschriften parteipolitischen Inhalts, das Aufhängen von Plakaten, die Bildung von Wählerinitiativen, die Sammlung von Unterschriften für politische Resolutionen und von Geldspenden mit politischer Zielrichtung sind unzulässig.

Das Verbot gilt nur für die Betätigung im Betrieb. Sowohl dem Arbeitgeber wie 66
jedem Betriebsratsmitglied steht frei, sich außerhalb des Betriebes parteipolitisch zu betätigen. Die Begrenzung auf den Betrieb ist nicht nur räumlich als Verbot einer Betätigung auf dem Betriebsgelände zu verstehen, sondern sie steht auch in Zusammenhang mit dem Zweck des Verbots, dass Arbeitgeber und Betriebsrat in ihrer Funktion als Betriebspartner parteipolitische Neutralität zu wahren haben. Deshalb darf ein Betriebsratsmitglied auch nicht vor dem Fabriktor eine politische Befragung durchführen oder Flugschriften parteipolitischen Inhalts verteilen, weil es dadurch in den Betrieb hineinwirkt (ebenso BAG 13. 1. 1956 AP KSchG § 13 Nr. 4; 21. 2. 1978 AP BetrVG 1972 § 74 Nr. 1; GL-*Löwisch*, § 74 Rn. 22; GK-*Kreutz*, § 74 Rn. 115; *Wiese*, FS 50 Jahre BAG 2004, S. 1125, 1140 f.; *Glaubitz*, BB 1972, 1277, 1278; *Meisel*, RdA 1976, 38, 40). Der Arbeitgeber ist, wie sich bereits aus dem Gesetzestext ergibt, in jedem Betrieb seines Unternehmens an das Verbot gebunden. Für Betriebsratsmitglieder ist dagegen zu beachten, ob sie auch außerhalb des Betriebs, für den sie gewählt sind, Funktionen im Rahmen der Betriebsverfassung wahrnehmen können, z.B. als Mitglieder eines Gesamt- oder Konzernbetriebsrats oder eines Wirtschaftsausschusses. In diesem Fall gilt das Verbot für alle Betriebe, die zu ihrem Amtsbereich gehören (ebenso GK-*Kreutz*, § 74 Rn. 118; weitergehend *Lepke*, DB 1968, 1990, 2037, 2038; *Glaubitz*, BB 1972, 1277; *Meisel*, RdA 1976, 38, 42; a. A. *Säcker*, AuR 1965, 353, 360). Bei einer politischen Betätigung außerhalb des Funktionsbereichs gilt

dagegen nicht Abs. 2 Satz 3 (ebenso GK-*Kreutz*, § 74 Rn. 117; a.A. *Meisel*, RdA 1976, 38, 42).

67 d) Arbeitgeber und Betriebsrat haben eine **parteipolitische Betätigung** im Betrieb nur **zu unterlassen.** Jedoch kann auch in der **Duldung parteipolitischer Betätigung** eine eigene Betätigung des Arbeitgebers oder des Betriebsrats liegen (ebenso HSWGNR-*Worzalla*, § 74 Rn. 35; zum BetrVG 1952: *Galperin/Siebert*, § 51 Rn. 9 a. E.; *Nipperdey/Säcker* in *Hueck/Nipperdey*, Bd. II/2 S. 1348; *K. Molitor*, BB 1954, 134, 135; ders., BB 1955, 167; *Rüthers*, BB 1958, 778; *Hacker*, DB 1963, 962; a.A. *Radke*, BB 1957, 1112, 1113 und *Bäumer*, AuR 1960, 225, die ein aktives Tun, eine Einwirkung verlangen; vgl. auch GK-*Kreutz*, § 74 Rn. 114). Eine Betätigung braucht nicht nur in einem konkreten Tun zu bestehen; sie kann auch in einem bewussten Dulden anderen Tuns liegen. Es geht aber zu weit, daraus ableiten zu wollen, es bestünde eine Rechtspflicht des Arbeitgebers und Betriebsrats zum Einschreiten. Das Gesetz hat Arbeitgeber und Betriebsrat nicht mit einer Garantstellung belegt, dass jede parteipolitische Betätigung im Betrieb unterbleibt. Nur wenn die Betätigung Dritter im Betrieb durch das Unterlassen jeder Gegenstellungnahme als Betätigung des Arbeitgebers oder des Betriebsrats erscheinen muss, dürfen diese sie nicht dulden. Eine politische Tätigkeit anderer im Betrieb kann also nur dann als eigene politische Tätigkeit des Arbeitgebers oder Betriebsrats angesehen werden, wenn in dem Dulden objektiv vom Standpunkt eines verständigen Beurteilers aus eine bewusste Billigung zu erblicken ist. Dabei ist nicht erforderlich, dass Arbeitgeber oder Betriebsrat das Verhalten wirklich gebilligt haben; es genügt, dass objektiv dieser Schluss nahe liegt (vgl. dazu *Richardi*, NJW 1962, 1374, 1376; a. A. GK-*Kreutz*, § 74 Rn. 114). Wenn dieser Zuordnungstatbestand erfüllt ist, haben sie sich durch eine entsprechende Stellungnahme von der politischen Betätigung abzusetzen; denn Arbeitgeber und Betriebsrat dürfen nicht zulassen, dass der Betrieb als Forum parteipolitischer Auseinandersetzungen benützt wird.

3. Adressaten des Verbots

68 Das Verbot der parteipolitischen Betätigung im Betrieb richtet sich **nur gegen den Arbeitgeber und den Betriebsrat;** es gilt auch für die **einzelnen Betriebsratsmitglieder** (ebenso LAG Düsseldorf, DB 1981, 1986; GL-*Löwisch*, § 74 Rn. 23; GK-*Kreutz*, § 74 Rn. 101; *Buchner*, FS Gerhard Müller 1981, S. 93, 98). Entsprechend Anwendung findet es auf die Jugend- und Auszubildendenvertretung und deren Mitglieder (ebenso ArbG Kiel, DB 1974, 1965; GL-*Löwisch*, § 74 Rn. 23; GK-*Kreutz*, § 74 Rn. 103; *Meisel*, RdA 1976, 38, 40; vgl. auch BAG 11. 12. 1975 AP KSchG 1969 § 15 Nr. 1; a. A. DKK-*Berg*, § 74 Rn. 39).

69 Das Verbot richtet sich dagegen **nicht** an die **einzelnen Arbeitnehmer** des Betriebs, die keine Funktion im Rahmen der Betriebsverfassung ausüben (ebenso *Fitting*, § 74 Rn. 41; GL-*Löwisch*, § 74 Rn. 23; GK-*Kreutz*, § 74 Rn. 105; *v. Hoyningen-Huene*, MünchArbR § 214 Rn. 25; *R. Hofmann*, Verbot parteipolitischer Betätigung, S. 8 f.; *Kreutz*, BlStSozArbR 1972, 44, 50; *Meisel*, RdA 1976, 38, 43; *Gnade*, ArbRGegw. 14 [1977], 59, 67; offengelassen BAG 13. 10. 1977 AP KSchG 1969 § 1 Verhaltensbedingte Kündigung Nr. 1 [*Pfarr*]). Für die Arbeitnehmer besteht ein Verbot, sich im Betrieb parteipolitisch zu betätigen, nur insoweit, als die Arbeitspflicht beeinträchtigt oder der Betriebsfrieden gestört wird. Nur dann liegt eine Verletzung der Pflichten aus dem Arbeitsverhältnis vor, die bei schwerwiegendem Verstoß ein Recht zur außerordentlichen Kündigung gibt (vgl. BAG 9. 12. 1982 AP BGB § 626 Nr. 73).

70 Das Verbot richtet sich zwar nicht unmittelbar an die im Betrieb vertretenen **Gewerkschaften.** Eine ausdrückliche Anordnung ist aber auch nicht erforderlich; denn wird eine Gewerkschaft im Rahmen der Betriebsverfassung tätig, so ergibt sich bereits aus dem begrenzten Aufgabenbereich, den sie in der Betriebsverfassung hat, dass ihre Beauftragten bei deren Wahrnehmung sich nicht im Betrieb politisch betätigen dürfen (ebenso

V. Das Verbot parteipolitischer Betätigung im Betrieb   § 74

v. Hoyningen-Huene, MünchArbR § 214 Rn. 25; *Meisel*, RdA 1976, 38, 40). Soweit sie in einer Betriebsversammlung auftreten, findet Abs. 2 Satz 3 Anwendung (§ 45 Satz 1; s. dort Rn. 20 und § 46 Rn. 11). Wird eine Gewerkschaft zur Mitgliederbetreuung und -werbung im Betrieb tätig, so ist immanente Schranke dieser koalitionsrechtlichen Befugnis, dass eine politische Betätigung ohne Bezug zum Koalitionszweck unterbleibt (s. § 2 Rn. 159 ff.).

4. Verhältnis zum Grundrecht der Meinungsfreiheit

Das hier festgelegte Verbot der parteipolitischen Betätigung verstößt nicht gegen das Grundrecht der Meinungsfreiheit (Art. 5 GG; ebenso BVerfG 28. 4. 1976 E 42, 133, 140 = AP BetrVG 1972 § 74 Nr. 2; BAG 21. 2. 1978 AP BetrVG 1972 § 74 Nr. 1; GK-*Kreutz*, § 74 Rn. 97; *Wiese*, FS 50 Jahre BAG 2004, S. 1125, 1142 f.). Die Vorschrift gehört zu den allgemeinen Gesetzen, die der Freiheit der Meinungsäußerung nach Art. 5 Abs. 2 GG Schranken setzen; denn sie verbietet die politische Betätigung nicht wegen ihrer geistigen Zielsetzung, sondern dient der Erhaltung des Betriebsfriedens und wahrt die Neutralität der betriebsverfassungsrechtlichen Amtsträger.   71

5. Rechtsfolgen eines Verstoßes

a) Der Unterlassungspflicht entspricht ein **Unterlassungsanspruch,** der von der Gegenseite **im Beschlussverfahren vor dem Arbeitsgericht** geltend zu machen ist (§ 2 a Abs. 1 Nr. 1, Abs. 2 i. V. mit §§ 80 ff. ArbGG; s. auch Rn. 52).   72

b) Bei einem schweren Verstoß kann der **Betriebsrat** auf Antrag durch Beschluss des Arbeitsgerichts **aufgelöst** werden (§ 23 Abs. 1). Entsprechend gilt dies auch für eine Jugend- und Auszubildendenvertretung (§ 65 Abs. 1). Der grobe Verstoß eines **Betriebsratsmitglieds** oder eines Jugend- und Auszubildendenvertreters kann **Anlass zu einer Amtsenthebung** geben (§ 23 Abs. 1; ebenso BAG 21. 2. 1978 AP BetrVG 1972 § 74 Nr. 1; *Fitting*, § 74 Rn. 74; GK-*Kreutz*, § 74 Rn. 126, 139 ff.; *Nikisch*, Bd. III S. 240; *Nipperdey/Säcker* in *Hueck/Nipperdey*, Bd. II/2 S. 1348; *Buchner*, FS Gerhard Müller 1981, S. 93, 98; a. A. zu § 51 Satz 2 BetrVG 1952: *Radke*, BB 1957, 1112, 1114; *Rüthers*, BB 1958, 778, 779 mit dem Hinweis, dass ein Verstoß gegen den Gleichheitssatz nach Art. 3 GG vorliege, weil gegen den Arbeitgeber bei Verstoß gegen diese Bestimmung auch nicht vorgegangen werden könne; diese Bedenken sind wegen § 23 Abs. 3 nicht mehr gegeben, waren aber auch bisher nicht begründet; vgl. *Richardi*, NJW 1962, 1374, 1377). Bei der Feststellung, ob ein schwerwiegender Verstoß vorliegt, ist zu beachten, dass wegen der Bedeutung der verfassungsrechtlich garantierten Meinungsfreiheit auch die Sanktion des § 23 Abs. 1 und ihre Voraussetzungen im Licht des eingeschränkten Grundrechts zu sehen sind (BVerfG 28. 4. 1976 E 42, 133, 142 = AP BetrVG 1972 § 74 Nr. 2; BAG 21. 2. 1978 AP BetrVG 1972 § 74 Nr. 1 [zust. *Löwisch*]; GK-*Kreutz*, § 74 Rn. 126). Deshalb kam das BVerfG zu dem Ergebnis, dass die Amtsenthebung eines Betriebsratsvorsitzenden, der vor einer Wahl Handzettel seiner Gewerkschaft verteilt hatte, in denen alle Arbeitnehmer der Metallindustrie aufgerufen wurden, zur Wahl zu gehen und aktive Arbeitnehmer zu wählen, sein Grundrecht aus Art. 5 Abs. 1 GG verletzt (vgl. BVerfGE 42, 133 ff.). Soweit ein Betriebsratsmitglied oder Jugend- und Auszubildendenvertreter durch parteipolitische Betätigung im Betrieb nicht nur die ihm hier als Amtspflicht auferlegte Unterlassungspflicht, sondern darüber hinaus auch seine Pflicht aus dem Arbeitsverhältnis verletzt, also seine Arbeitspflicht vernachlässigt oder den Betriebsfrieden stört (s. Rn. 69), kommt auch eine außerordentliche Kündigung in Betracht. Sie kann erst erklärt werden, wenn die Zustimmung des Betriebsrats erteilt oder durch Beschluss des Arbeitsgerichts rechtskräftig ersetzt ist (§ 103).   73

Verstößt der **Arbeitgeber** gegen das Verbot parteipolitischer Betätigung im Betrieb, so können bei grober Pflichtverletzung, deren Feststellung ebenfalls im Licht des einge-   74 schränkten Grundrechts der Meinungsfreiheit zu beurteilen ist, der Betriebsrat oder eine im Betrieb vertretene Gewerkschaft ein **Zwangsverfahren** gegen den Arbeitgeber vor dem Arbeitsgericht einleiten (§ 23 Abs. 3).

VI. Betriebsratsamt und gewerkschaftliche Betätigung

1. Zweck und Bedeutung des Abs. 3

75 Arbeitnehmer, die **im Rahmen dieses Gesetzes Aufgaben übernehmen,** also vor allem Betriebsratsmitglieder, werden hierdurch in der **Betätigung für ihre Gewerkschaft** auch im Betrieb **nicht beschränkt** (Abs. 3). Die gleiche Bestimmung enthält § 67 Abs. 2 BPersVG 1974. Das BVerwG hatte zum PersVG 1955 gewerkschaftlich organisierten Personalratsmitgliedern untersagt, während der Dienstzeit in ihrer Dienststelle Mitglieder für ihre Gewerkschaft zu werben, weil dadurch das Vertrauen in eine objektive und gewerkschaftsneutrale Amtsführung erschüttert werde (BVerwG 1. 10. 1965 AP PersVG § 26 Nr. 7; bestätigt durch BVerwG 23. 10. 1970 AP PersVG § 26 Nr. 9). Das BVerfG hatte die Entscheidung des BVerwG bestätigt, weil, wenn der Gesetzgeber ein derartiges Verbot für Personalratsmitglieder aufstelle, Art. 9 Abs. 3 GG nicht verletzt werde (BVerfG 26. 5. 1970 E 28, 295, 308 = AP GG Art. 9 Nr. 16). Die Bestimmung des Abs. 3 bedeutet deshalb insbesondere, dass ein so weitgehendes Verbot, wie das BVerwG es angenommen hatte, nicht dem Gesetzesrecht entnommen werden kann (ebenso *Fitting*, § 74 Rn. 64; GK-*Kreutz*, § 74 Rn. 144; ErfK-*Kania*, § 74 Rn. 34; *Däubler*, Gewerkschaftsrechte im Betrieb, Rn. 464; *Gnade*, ArbRGegw. 14 [1977], 59, 73; a. A. zu § 67 Abs. 2 BPersVG BVerwG 6. 2. 1979, PersV 1980, 196, 198 f. und 205 f.).

76 Die Vorschrift soll nach der Begründung zum RegE des BetrVG 1972 klarstellen, „dass Arbeitnehmer, die nach diesem Gesetz Aufgaben übernehmen, hierdurch – unbeschadet der sich aus ihrem Amt ergebenden Pflichten – nicht gehindert sind, als Gewerkschaftsmitglieder für ihre Gewerkschaft tätig zu werden" (BT-Drucks. VI/1786, S. 46). Eine Klarstellung erfolgt dadurch aber nicht, worauf bereits in der Diskussion über den RegE hingewiesen wurde (*Hanau*, BB 1971, 485, 487 f.; *Buchner*, AG 1971, 135, 138); denn im Gesetzestext fehlt die Einschränkung, auf die es nach der Begründung zum RegE gerade ankommt, dass nämlich die Betätigung für die Gewerkschaft – unbeschadet der sich aus ihrem Amt als Betriebsratsmitglied ergebenden Pflichten – nicht beschränkt wird. Die Bestimmung könnte daher auch so interpretiert werden, dass sie in einen Wertungswiderspruch zu dem Gebot gewerkschaftsneutraler Amtsführung tritt. Dass dies nicht die Ansicht des Gesetzgebers ist, ergibt sich aus dem schriftlichen Bericht des BT-Ausschusses für Arbeit und Sozialordnung; dort heißt es: „Nach Ansicht des Ausschusses werden durch Abs. 3 die sich aus dem Betriebsratsamt ergebenden Pflichten der Betriebsratsmitglieder, insbesondere auch die Neutralitätspflicht nach § 75 nicht berührt. Der weitere Antrag der CDU/CSU-Fraktion, dies ausdrücklich im Gesetz klarzustellen, wurde von der Ausschussmehrheit als nicht erforderlich angesehen und abgelehnt" (*zu* BT-Drucks. VI/2729, S. 28). Auch eine verfassungskonforme Interpretation gebietet, dass die Koalitionsbetätigung eines Betriebsratsmitglieds nicht das Vertrauen in eine objektive und gewerkschaftsneutrale Amtsführung erschüttern darf; denn der Betriebsrat ist Repräsentant aller Arbeitnehmer, auch soweit diese nicht oder in anderen Gewerkschaften organisiert sind (vgl. BVerfG 27. 3. 1979 E 51, 77, 88 = AP GG Art. 9 Nr. 31).

77 Dennoch wird die Auffassung vertreten, dass Abs. 3 eine Spezialregelung gegenüber Abs. 1 und Abs. 2 sei; dadurch soll insbesondere klargestellt werden, dass die in Abs. 2 enthaltenen Pflichten nur den Betriebsrat, nicht aber die Betriebsratsmitglieder betreffen (*Becker/Leimert*, BlStSozArbR 1972, 37, 42). Damit wird aber verkannt, dass der

VI. Betriebsratsamt und gewerkschaftliche Betätigung § 74

Betriebsrat sich aus den Betriebsratsmitgliedern zusammensetzt, und eine Pflicht des Betriebsrats, die nicht auf das Verhalten der Betriebsratsmitglieder einwirkt, keine Bedeutung hätte. Vor allem wird durch Abs. 3 nur klargestellt, dass Arbeitnehmer durch die Amtsübernahme als Betriebsratsmitglied in der Betätigung für ihre Gewerkschaft im Betrieb nicht beschränkt werden; daraus folgt aber nicht, dass sie auch als *Betriebsratsmitglieder* für ihre Gewerkschaft tätig sein dürfen; denn insoweit hat das Gebot gewerkschaftsneutraler Amtsführung normativ den Vorrang (ebenso *Richardi*, RdA 1972, 8, 16; *Kreutz*, BlStSozArbR 1972, 44, 49; *G. Müller*, RdA 1976, 46, 48; *Gnade*, ArbRGegw. 14 [1977], 59, 74; im Ergebnis *Fitting*, § 74 Rn. 70; GK-*Kreutz*, § 74 Rn. 131; ErfK-*Kania*, § 74 Rn. 34).

2. Normadressaten

Die Vorschrift stellt klar, dass **Arbeitnehmer, die im Rahmen dieses Gesetzes Auf- 78 gaben übernehmen,** hierdurch **nicht gehindert** sind, **als Gewerkschaftsmitglieder** für ihre Gewerkschaft **tätig zu werden**. Das gilt vor allem für Betriebsratsmitglieder, aber auch für Arbeitnehmer, die sonst im Rahmen der Betriebsverfassung eine Funktion übernehmen, wie die Mitglieder einer Jugend- und Auszubildendenvertretung oder eines Wirtschaftsausschusses, die Wahlvorstandsmitglieder und die Wahlkandidaten. Ein Betriebsratsmitglied kann sich daher im Betrieb auch als Gewerkschaftsfunktionär betätigen, ohne bereits deshalb gegen das Gebot gewerkschaftsneutraler Amtsführung zu verstoßen. Es hat aber sein Verhalten so einzurichten, dass das Vertrauen der Arbeitnehmer in die Objektivität und Neutralität seiner Amtsführung nicht beeinträchtigt wird und jede Bevorzugung und Benachteiligung von Arbeitnehmern wegen ihrer gewerkschaftlichen Einstellung unterbleibt. Wenn es also für die Ziele seiner Gewerkschaft arbeitet, geschieht dies in Ausübung des ihm zustehenden persönlichen Grundrechts aus Art. 9 Abs. 3 GG, nicht hingegen in seiner Eigenschaft als Mitglied des Betriebsrats (vgl. BVerfG 27. 3. 1979 E 51, 77, 88 = AP GG Art. 9 Nr. 31; ebenso GL-*Löwisch*, § 74 Rn. 25; GK-*Kreutz*, § 74 Rn. 131; *Gnade*, ArbRGegw. 14 [1977], 59, 74).

3. Abgrenzung zum Gebot gewerkschaftsneutraler Amtsführung

Trotz der Klarstellung im Ansatz der Bewertung bereitet die **Grenzziehung** zwischen 79 einer zulässigen und einer mit dem Gebot gewerkschaftsneutraler Amtsführung nicht verträglichen Betätigung für die Gewerkschaft **erhebliche Schwierigkeiten**. Berücksichtigt man, dass das Gesetz die Beteiligungsrechte des Betriebsrats vor allem im personellen Bereich erheblich ausgebaut hat, so verdient die für Personalratsmitglieder getroffene Feststellung des BVerfG Beachtung, dass ein Personalratsmitglied in seiner Dienststelle und während der Dienstzeit seine Eigenschaft, Mitglied des Personalrats zu sein, nicht ablegen könne und daher jede gewerkschaftliche Werbung durch ein Personalratsmitglied in der Dienststelle, wenn auch unbeabsichtigt, für den werbend angesprochenen Bediensteten das Gewicht des Personalratsamtes mit ins Spiel bringe (BVerfG 26. 5. 1970 E 28, 295, 309 = AP GG Art. 9 Nr. 16; vgl. auch *Hanau*, BB 1971, 485, 488; *H. Krüger*, ZBR 1972, 97, 100; *G. Müller*, RdA 1976, 46; *Gnade*, ArbRGegw. 14 [1977], 59, 74). Mitglieder des Betriebsrats dürfen deshalb nach Auffassung des BAG in gewerkschaftliche Aktionen nur eingeschaltet werden, „wenn eine deutliche Scheidung von ihrem Betriebsratsamt zu erkennen ist" (BAG 14. 2. 1967 AP GG Art. 9 Nr. 10), wobei aber wegen Abs. 3 nicht mehr aufrecht erhalten werden kann, dass sie im Zweifelsfall als Betriebsratsmitglieder handeln (ebenso *Fitting*, § 74 Rn. 64; GK-*Kreutz*, § 74 Rn. 148; HSWGNR-*Worzalla*, § 74 Rn. 41; ErfK-*Kania*, § 74 Rn. 34). Zu eng ist andererseits, wenn man lediglich verbietet, dass der Amtsträger sein Amt nicht besonders hervorkehren und für die Zwecke seiner Gewerkschaft ausnützen dürfe (so GK-*Kreutz*, § 74 Rn. 149), oder gar die Grenze des Zulässigen erst dann als überschritten ansieht, wenn ein bestimmtes Betriebsratsverhalten in Aussicht gestellt wird (so *Däubler*, Gewerkschaftsrechte im Betrieb, Rn. 471 f.).

80 Im Spannungsfeld zwischen Betriebsratsamt und gewerkschaftlicher Betätigung empfiehlt sich, die folgende Abstufung zu beachten: Soweit ein Betriebsratsmitglied nach der Aufgabenverteilung im Betriebsrat den einzelnen Arbeitnehmern bei der Ausübung der Beteiligungsrechte gegenübertritt, hat es nicht nur bei vorbereitenden Gesprächen mit den Arbeitnehmern eine gewerkschaftliche Betätigung zu unterlassen, sondern es hat sich auch sonst bei gewerkschaftlichen Aktivitäten so zu verhalten, dass das Vertrauen der Arbeitnehmer in die Objektivität und Neutralität seiner Amtsführung nicht beeinträchtigt wird. Bei einem Betriebsratsmitglied, dessen Amtstätigkeit sich im Wesentlichen in der Teilnahme an Betriebsratssitzungen erschöpft, wird dagegen das Betriebsratsamt bei einer Betätigung für seine Gewerkschaft kein besonderes Gewicht haben, um auf den werbend angesprochenen Arbeitnehmer einzuwirken. Deshalb braucht es grundsätzlich nur die Zurückhaltung zu üben wie alle anderen Arbeitnehmer, die sich im Betrieb gewerkschaftlich betätigen. Soweit dieser Empfehlung entgegengehalten wird, der Gesetzgeber habe eine solche einschränkende Regelung gerade nicht getroffen (*Däubler*, Gewerkschaftsrechte im Betrieb, Rn. 470), bleibt unbeachtet, dass von der Aufgabenverteilung im Betriebsrat abhängt, ob und in welchem Umfang Mitglieder des Betriebsrats als Betriebsratsmitglied gegenüber der Belegschaft auftreten.

4. Koalitionsfreiheit und Betriebsratsamt

81 Die verfassungsrechtliche Gewährleistung der gewerkschaftlichen Mitgliederwerbung und Informationstätigkeit im Betrieb durch Art. 9 Abs. 3 GG befreit das Betriebsratsmitglied nicht von der Pflicht, sein Verhalten mit den Anforderungen in Einklang zu bringen, die an sein Amt gestellt werden (vgl. BVerfG 26. 5. 1970 E 28, 295, 308 f. = AP GG Art. 9 Nr. 16). Daran hat auch die Aufgabe der sog. Kernbereichslehre durch das BVerfG (14. 11. 1995 E 93, 352, 358 ff. = AP GG Art. 9 Nr. 80) nichts geändert (ebenso im Ergebnis ErfK-*Kania*, § 74 Rn. 36). Insbesondere wird das Verbot parteipolitischer Betätigung im Betrieb nicht dadurch relativiert, dass eine Stellungnahme der Gewerkschaft vorliegt (ebenso *K. Molitor*, BB 1954, 134, 135; *Richardi*, NJW 1962, 1374, 1376; a. A. *Radke*, BB 1957, 1112, 1114). Das gilt insbesonders auch für die Wahlwerbung einer Gewerkschaft vor allgemeinen politischen Wahlen; denn sie gehört nicht zu der durch Art. 9 Abs. 3 GG gewährleisteten spezifisch koalitionsgemäßen Betätigung (ebenso BVerfG 28. 4. 1976 E 42, 133, 138 f. = AP BetrVG 1972 § 74 Nr. 2). Aber auch wenn die gewerkschaftliche Betätigung unter den Schutz des Art. 9 Abs. 3 GG fällt, weil sie spezifisch koalitionsgemäß ist, kann ein Betriebsratsmitglied sich an ihr nur beteiligen, wenn es dabei das Gebot zu gewerkschaftsneutraler Amtsführung beachtet. Auch wenn man das Recht zur Mitgliederwerbung und Informationstätigkeit nicht nur als ein kollektives Betätigungsrecht der Gewerkschaft ansieht, sondern annimmt, dass sie immanenter Bestandteil des Rechts auf Koalitionsbildung ist, also zur originär garantierten individuellen Koalitionsfreiheit gehört (so *Gester/Kittner*, RdA 1971, 161, 167; vgl. auch *Löwisch/Rieble*, MünchArbR § 245 Rn. 24), folgt daraus nicht, dass die zur Begrenzung des Grundrechts führenden Gegenrechte ebenfalls nur solche mit Grundrechtsrang sein können (so aber *Gester/Kittner*, RdA 1971, 161, 172). Die Koalitionsfreiheit steht, soweit sie Kommunikationsgrundrecht ist, unter dem Vorbehalt des allgemeinen Gesetzes; für die Freiheit der Koalitionsbildung gelten also die Schranken der allgemeinen Gesetze (vgl. dazu *R. Scholz*, Koalitionsfreiheit als Verfassungsproblem, 1971, S. 335 ff.). Zu ihnen gehört das betriebsverfassungsrechtliche Gebot zu gewerkschaftsneutraler Amtsführung als Korrelat der Repräsentation aller Belegschaftsmitglieder durch den Betriebsrat; es ist ein allgemeines Gesetz, weil es für alle, für die organisierten und für die nichtorganisierten Betriebsratsmitglieder gilt (*Richardi*, RdA 1972, 8, 16).

VII. Streitigkeiten

Das Arbeitsgericht entscheidet im Beschlussverfahren über Streitigkeiten, ob die hier niedergelegten Grundsätze für die Zusammenarbeit zwischen Arbeitgeber und Betriebsrat verletzt sind und ob ein Betriebsratsmitglied die Grenzen zulässiger Koalitionsbetätigung überschritten hat (§ 2a Abs. 1 Nr. 1, Abs. 2 i. V. mit §§ 80 ff. ArbGG). 82

§ 75 Grundsätze für die Behandlung der Betriebsangehörigen

(1) Arbeitgeber und Betriebsrat haben darüber zu wachen, dass alle im Betrieb tätigen Personen nach den Grundsätzen von Recht und Billigkeit behandelt werden, insbesondere, dass jede Benachteiligung von Personen aus Gründen ihrer Rasse oder wegen ihrer ethnischen Herkunft, ihrer Abstammung oder sonstigen Herkunft, ihrer Nationalität, ihrer Religion oder Weltanschauung, ihrer Behinderung, ihres Alters, ihrer politischen oder gewerkschaftlichen Betätigung oder Einstellung oder wegen ihres Geschlechts oder ihrer sexuellen Identität unterbleibt.

(2) ¹Arbeitgeber und Betriebsrat haben die freie Entfaltung der Persönlichkeit der im Betrieb beschäftigten Arbeitnehmer zu schützen und zu fördern. ²Sie haben die Selbständigkeit und Eigeninitiative der Arbeitnehmer und Arbeitsgruppen zu fördern.

Abgekürzt zitiertes Schrifttum: *Belling*, Die Haftung des Betriebsrats und seiner Mitglieder für Pflichtverletzungen, 1990; *Hammer*, Die betriebsverfassungsrechtliche Schutzpflicht für die Selbstbestimmungsfreiheit des Arbeitnehmers, (Diss. Regensburg 1997), 1998; *v. Hoyningen-Huene*, Die Billigkeit im Arbeitsrecht, 1978; *G. Hueck*, Der Grundsatz der gleichmäßigen Behandlung im Privatrecht, 1958; *Otto*, Personale Freiheit und soziale Bindung, 1978.

Übersicht

	Rn.
I. Vorbemerkung	1
II. Bedeutungsgehalt des Gebots der Behandlung nach den Grundsätzen von Recht und Billigkeit	4
1. Inhalt des Überwachungsgebots	4
2. Normadressaten	6
3. Geschützter Personenkreis	7
4. Bedeutungsgehalt für die individualrechtlichen Beziehungen	10
III. Die Grundsätze von Recht und Billigkeit	13
1. Inhalt	13
2. Konkretisierung durch Benachteiligungsverbote	15
3. Benachteiligungsverbote	20
4. Tarifvertrag und Außenseiterwettbewerb	37
IV. Pflicht zum Schutz vor Benachteiligung wegen des Alters	40
V. Gewährleistung der freien Entfaltung der Persönlichkeit im Betrieb	44
1. Zielnorm für die Betriebsverfassung	44
2. Schutzauftrag und Förderungspflicht für die Selbstbestimmungsfreiheit des einzelnen Arbeitnehmers	46
3. Förderung der Selbständigkeit und Eigeninitiative der Arbeitsgruppen	48
VI. Rechtsfolgen bei Verletzung dieser Vorschrift	50
1. Betriebsverfassungsrechtliche Folgen	50
2. Individualrechtliche Folgen	52
VII. Besonderheiten bei Tendenzunternehmen	55
VIII. Streitigkeiten	57

I. Vorbemerkung

1 Die Vorschrift macht Arbeitgeber und Betriebsrat gemeinsam zur **Pflicht, darüber zu wachen, dass alle im Betrieb tätigen Personen nach den Grundsätzen von Recht und Billigkeit behandelt** werden (Abs. 1). Neben dem Gebot der vertrauensvollen Zusammenarbeit in § 2 Abs. 1 ist sie die **Magna Charta der Betriebsverfassung**. Sie enthält eine Drittdimension, weil sie Pflichten im Verhältnis zu den im Betrieb tätigen Personen festlegt (zust. ErfK-*Kania*, § 75 Rn. 1). Aus ihr ergeben sich immanente Schranken der betriebsverfassungsrechtlichen Regelungskompetenz, und sie setzt Maßstäbe für die Ausübung der Mitbestimmung.

2 Abs. 1 entspricht § 51 Satz 1 BetrVG 1952. Das in § 51 Satz 2 BetrVG 1972 enthaltene Verbot parteipolitischer Betätigung wurde in § 74 Abs. 2 Satz 3 eingefügt (s. § 74 Rn. 57 ff.). Bereits Art. 1 Nr. 51 lit. a BetrVerf-ReformG hat in Abs. 1 die beispielhafte Aufzählung um das Verbot jeder unterschiedlichen Behandlung von Personen wegen ihrer sexuellen Identität ergänzt. Damit wurde die **Richtlinie 2000/78/EG** des Rates vom 27. 11. 2000 zur Festlegung eines allgemeinen Rahmens für die Verwirklichung der Gleichbehandlung in Beschäftigung und Beruf hinsichtlich des Diskriminierungsverbots auf Grund der sexuellen Ausrichtung teilweise umgesetzt (vgl. Begründung des RegE, BT-Drucks. 14/5741, S. 45). Ebenfalls zur Umsetzung dieser Richtlinie hat Art. 3 Abs. 3 des Gesetzes zur Umsetzung europäischer Richtlinien zur Verwirklichung des Grundsatzes der Gleichbehandlung vom 14. 8. 2006 (BGBl. I S. 1897) den Wortlaut des Abs. 1 der Terminologie des Allgemeinen Gleichbehandlungsgesetzes angepasst und Satz 2 gestrichen, der den folgenden Wortlaut hatte: „Sie [Arbeitgeber und Betriebsrat] haben darauf zu achten, dass Arbeitnehmer nicht wegen Überschreitung bestimmter Altersstufen benachteiligt werden."

3 Die Vorschrift in Abs. 2 hat das BetrVG 1972 aufgenommen, um zum Ausdruck zu bringen, dass das **Grundrecht auf freie Entfaltung der Persönlichkeit** nicht an den Betriebstoren endet, sondern gerade im Arbeitsleben seine Bedeutung entfalten muss. Daraus ergibt sich auch für die Mitbestimmung des Betriebsrats eine immanente Schranke: Ihre Ausübung darf nicht zu einer Bevormundung der Arbeitnehmer führen, sondern soll ein höchstmögliches Maß persönlicher Selbstbestimmung ermöglichen. Durch Art. 1 Nr. 51 lit. b BetrVerf-ReformG wurde dem Abs. 2 der Satz 2 angefügt. Mit der Förderung der Selbständigkeit und Eigeninitiative der Arbeitnehmer und der Arbeitsgruppen im Rahmen der Betriebsverfassung werden Arbeitgeber und Betriebsrat verpflichtet, einen „Beitrag zu mehr Demokratie im Betrieb zu leisten" (Begründung des RegE, BT-Drucks. 14/5741, S. 45).

II. Bedeutungsgehalt des Gebots der Behandlung nach den Grundsätzen von Recht und Billigkeit

1. Inhalt des Überwachungsgebots

4 Arbeitgeber und Betriebsrat haben darüber zu wachen, dass alle im Betrieb tätigen Personen nach den **Grundsätzen von Recht und Billigkeit** behandelt werden, insbesondere, dass jede Benachteiligung von Personen aus den in Abs. 1 genannten Gründen unterbleibt. Wenn das Gesetz verlangt, dass Arbeitgeber und Betriebsrat darüber zu wachen haben, so bedeutet dies zunächst, dass sie selbst bei ihren **eigenen Maßnahmen und Entscheidungen** sich von diesen Prinzipien leiten lassen müssen (ebenso *Fitting*, § 75 Rn. 3; GK-*Kreutz*, § 75 Rn. 9; ErfK-*Kania*, § 75 Rn. 4; *Nikisch*, Bd. III, S. 257; *Nipperdey/Säcker* in *Hueck/Nipperdey*, Bd. II/2, 1345; *Neumann-Duesberg*, S. 444). Das gilt sowohl für den Betriebsrat wie für den Arbeitgeber. Der Betriebsrat hat bei seinem

II. Bedeutungsgehalt des Gebots der Behandlung § 75

Verhalten, insbesondere bei den Entscheidungen, die er in Ausübung der Mitbestimmung zu treffen hat, z. B. ob er einer Einstellung die Zustimmung verweigern will, von der Überlegung auszugehen, ob er damit dem Grundsatz von Recht und Billigkeit entspricht, und die hier aufgestellten Diskriminierungsverbote zu beachten. Auch der Arbeitgeber hat sich nach diesen Grundsätzen zu richten. Das gilt nicht nur für die Ausübung des Direktionsrechts, sondern allgemein für die Organisation des betrieblichen Geschehens.

Darüber hinaus haben Betriebsrat und Arbeitgeber dafür Sorge zu tragen, dass **alle** 5 **Betriebsangehörigen** sich nach den hier aufgestellten Grundsätzen verhalten. Daraus folgt mittelbar eine Obliegenheit, die für alle im Betrieb tätigen Personen gilt (s. dazu auch Rn. 11).

2. Normadressaten

Das Gebot, darüber zu wachen, dass die hier aufgestellten Grundsätze eingehalten 6 werden, richtet sich an den **Arbeitgeber** und **Betriebsrat**. Sie müssen zusammenwirken, um Verstöße zu verhindern, und haben, wenn die hier genannten Grundsätze verletzt sind, sich um Abhilfe zu bemühen (ebenso *Fitting*, § 75 Rn. 15; GK-*Kreutz*, § 75 Rn. 21; ErfK-*Kania*, § 75 Rn. 4). Arbeitgeber und Betriebsrat sind aber auch jeder für sich zur Überwachung verpflichtet. Der Betriebsrat hat auf die Arbeitnehmer einzuwirken, dass Verstöße unterbleiben. Hat ein Arbeitnehmer durch grobe Verletzung den Betriebsfrieden wiederholt gestört, so kann der Betriebsrat vom Arbeitgeber die Entlassung oder Versetzung verlangen (§ 104). Bei einer Einstellung oder Versetzung kann er die Zustimmung verweigern, wenn zu befürchten ist, dass der in Aussicht genommene Bewerber oder Arbeitnehmer den Betriebsfrieden durch eine grobe Verletzung der hier aufgestellten Grundsätze stören werde (§ 99 Abs. 2 Nr. 6).

3. Geschützter Personenkreis

Die Pflicht von Arbeitgeber und Betriebsrat bezieht sich auf **alle im Betrieb tätigen** 7 **Personen.** Sie beschränkt sich also nicht auf Arbeitnehmer, die zur Belegschaft i. S. dieses Gesetzes gehören. Sie gilt deshalb auch für **Leiharbeitnehmer,** die im Betrieb tätig sind (ebenso *Fitting*, § 75 Rn. 10; GL-*Löwisch*, § 75 Rn. 4; ErfK-*Kania*, § 75 Rn. 3; a. A. bei erlaubter gewerbsmäßiger Arbeitnehmerüberlassung GK-*Kreutz*, § 75 Rn. 13). In den Schutzbereich sind auch die in § 5 Abs. 2 genannten Personen einbezogen (ebenso *Fitting*, § 75 Rn. 11; a. A. GK-*Kreutz*, § 75 Rn. 13), **nicht** die **leitenden Angestellten** i. S. des § 5 Abs. 3 Satz 2; denn für sie gilt § 27 SprAuG, der eine dem § 75 entsprechende Überwachungspflicht von Arbeitgeber und Sprecherausschuss enthält (ebenso *Fitting*, § 75 Rn. 12; GK-*Kreutz*, § 75 Rn. 14; ErfK-*Kania*, § 75 Rn. 3; im Ergebnis HSWGNR-*Worzalla*, § 75 Rn. 3).

Nach dem Gesetzestext werden nur die im Betrieb tätigen Personen erfasst. Diese 8 Begrenzung bedeutet aber nicht, dass die hier aufgestellten Grundsätze, über deren Beachtung Arbeitgeber und Betriebsrat zu wachen haben. auf **Arbeitnehmer, die noch nicht im Betrieb tätig** sind, keine Anwendung finden. Die Norm enthält nämlich zweierlei: das Gebot der Behandlung nach Recht und Billigkeit, das durch die Diskriminierungsverbote konkretisiert wird, und das Gebot der Überwachung dieses Gebots. Eine Kompetenz zur Überwachung hat der Betriebsrat nur für Arbeitnehmer, die er repräsentiert oder bei Betriebszugehörigkeit repräsentieren würde. Dagegen besteht kein Grund, von der Geltung der Diskriminierungsverbote den Bewerber um einen Arbeitsplatz nur deshalb auszunehmen, weil er noch nicht im Betrieb tätig ist (ebenso bereits *Otto*, Personale Freiheit und soziale Bindung, S. 29 f.). Für die im Allgemeinen Gleichbehandlungsgesetz genannten Benachteiligungsverbote ergibt sich dies aus § 6 Abs. 1 Satz 2 AGG. Die hier aufgestellten Diskriminierungsverbote sind nicht Privileg der im Betrieb tätigen Personen, sondern konkretisieren neben den europarechtlichen Vorgaben Art. 3

Abs. 2 und 3 GG für die Arbeitgeber-Arbeitnehmer-Beziehungen. Deshalb gelten sie nicht nur für die Behandlung der im Betrieb tätigen Personen, sondern auch für die Behandlung noch nicht im Betrieb tätiger oder bereits ausgeschiedener Arbeitnehmer, soweit eine rechtliche Beziehung zum Betriebsinhaber besteht (z. B. bei einer Versetzung) oder bereits begründet ist (wie bei Anbahnung eines Arbeitsverhältnisses) oder noch fortbesteht (z. B. als Ruhestandsverhältnis). Die Diskriminierungsverbote sind deshalb bei der Aufstellung von Einstellungsrichtlinien zu beachten, und bei Einstellungen, die der Mitbestimmung unterliegen (§ 99 Abs. 1), kann der Betriebsrat bei einem Verstoß gegen sie seine Zustimmung nach § 99 Abs. 2 Nr. 1 verweigern (ebenso *Fitting*, § 75 Rn. 13; im Ergebnis auch GK-*Kreutz*, § 75 Rn. 44).

9   Die Bestimmung ist keine individualrechtliche Vorschrift. Die in ihr aufgestellten Grundsätze sollen aber auch die rechtlichen Beziehungen zwischen dem Arbeitgeber und dem Arbeitnehmer beherrschen. Daraus folgt jedoch nicht, dass der Bewerber um einen Arbeitsplatz bei einem Verstoß einen Einstellungsanspruch gegen den Arbeitgeber hat (ebenso GL-*Löwisch*, § 75 Rn. 5; GK-*Kreutz*, § 75 Rn. 23 f.; *Zöllner*, Verhandlungen des 52. DJT, Bd. I/D S. 81; a. A. *Otto*, Personale Freiheit und soziale Bindung, S. 29). Bei einem Verstoß gegen das Benachteiligungsverbot aus den in § 1 AGG genannten Gründen ist sogar durch § 15 Abs. 6 AGG klargestellt, dass kein Anspruch auf Begründung eines Arbeitsverhältnisses besteht; der benachteiligte Bewerber hat vielmehr einen Anspruch auf Schadensersatz und wegen eines Schadens, der nicht Vermögensschaden ist, auf angemessene Entschädigung in Geld (§ 15 Abs. 1 bis 4 AGG).

4. Bedeutungsgehalt für die individualrechtlichen Beziehungen

10   Die Vorschrift enthält **nicht die Rechtsgrundlage für eine Billigkeitskontrolle einzelvertraglicher Abreden** (ebenso *v. Hoyningen-Huene*, Billigkeit im Arbeitsrecht, S. 132 f.), und ihr ist auch nicht zu entnehmen, ob und inwieweit der **Grundsatz der Gleichbehandlung im Einzelarbeitsverhältnis** gilt (dazu bereits *G. Hueck*, Grundsatz der gleichmäßigen Behandlung, S. 92 ff.; s. auch Rn. 15 ff.).

11   Die hier aufgestellten Grundsätze verpflichten **nicht** unmittelbar den **einzelnen Arbeitnehmer im Verhältnis zu seinen Arbeitskollegen**. Eine Rechtsbindung besteht lediglich mittelbar insoweit, als der Betriebsrat vom Arbeitgeber die Entlassung oder Versetzung verlangen kann, wenn ein Arbeitnehmer durch grobe Verletzung der in Abs. 1 enthaltenen Grundsätze den Betriebsfrieden wiederholt ernstlich gestört hat (§ 104), und der Betriebsrat zu einer beabsichtigten Einstellung oder Versetzung seine Zustimmung verweigern kann, wenn zu befürchten ist, dass der Arbeitnehmer den Betriebsfrieden durch grobe Verletzung der hier genannten Grundsätze stören werde (§ 99 Abs. 2 Nr. 6).

12   Schließlich trifft den Arbeitgeber eine **Reaktionspflicht**, soweit Beschäftigte wegen eines in § 1 AGG genannten Grundes benachteiligt werden. Sie besteht gegenüber Beschäftigten, die gegen das Benachteiligungsverbot verstoßen, und gegenüber Dritten, durch die Beschäftigte bei der Ausübung ihrer Tätigkeit benachteiligt werden (§ 12 Abs. 3 und 4 AGG): Der Arbeitgeber hat die im Einzelfall geeigneten, erforderlichen und angemessenen Maßnahmen zur Unterbindung der Benachteiligung wie Abmahnung, Umsetzung, Versetzung oder Kündigung zu ergreifen bzw. die im Einzelfall geeigneten, erforderlichen und angemessenen Maßnahmen zum Schutz der Beschäftigten vorzunehmen.

III. Die Grundsätze von Recht und Billigkeit

1. Inhalt

13   Die Grundsätze von Recht und Billigkeit gebieten nicht nur, dass alle im Betrieb tätigen Personen ihr Recht erhalten, insbesondere die dem Arbeitnehmer zustehenden

III. Die Grundsätze von Recht und Billigkeit　　　　　　　　　　　　　　§ 75

Ansprüche erfüllt werden, sondern sie gebieten vor allem auch, dass die Gestaltung ihrer Rechte, d. h. die Regelung der Arbeitsbedingungen und der betrieblichen Ordnung im weitesten Sinne verstanden, der Gerechtigkeit und der Billigkeit entspricht.

Zu den Grundsätzen von Recht und Billigkeit gehört, dass das Arbeitsverhältnis **14** vom **Grundsatz der Vertragsfreiheit** beherrscht wird. Das Gebot der Billigkeit gilt zwar auch für Vertragsgestaltungen. Was billig ist, bestimmen aber grundsätzlich die Vertragsparteien selbst. Soweit keine Tarifverträge Anwendung finden, legt der Arbeitgeber aber im Allgemeinen von ihm vorformulierte einheitliche Arbeitsbedingungen den Arbeitsverhältnissen zu Grunde. Der einzelne Arbeitnehmer hat daher im Allgemeinen keine Einwirkungschance auf den Vertragsinhalt. Deshalb besteht eine **der Sittenwidrigkeitsschranke vorgelagerte Vertragsinhaltskontrolle** nach §§ 307–309, 310 Abs. 4 BGB.

2. Konkretisierung durch Benachteiligungsverbote

a) **Jahresköpfigkeit der Pflicht zur Gleichbehandlung.** Recht und Billigkeit verlangen **15** „insbesondere die Beachtung des Gleichbehandlungsgrundsatzes" (BAG 12. 11. 2002 AP BetrVG 1972 § 112 Nr. 159 [III 1]). Dieses Prinzip hat rechtsdogmatisch zwei verschiedene Ausprägungen. Zum einen bestimmt es den Pflichtenkreis des Arbeitgebers, ohne den Vorrang der Vertragsfreiheit für die Gestaltung der Rechtsbeziehungen zu berühren, und zum anderen bildet es durch die aus ihm entwickelten Benachteiligungsverbote die Grundlage für eine Schrankensetzung vertraglicher Ordnung. Im letzteren Fall geht es nicht bloß um den Gesichtspunkt des Fehlens einer Gleichgewichtslage zwischen den Arbeitsvertragsparteien, um eine Angemessenheit des vertraglichen Interessenausgleichs zu gewährleisten, sondern es werden auch Gesichtspunkte eingeschleust, wie sie den Gegenstand des Allgemeinen Gleichbehandlungsgesetzes bilden, wenn es dort in § 1 heißt, Ziel des Gesetzes sei, „Benachteiligungen aus Gründen der Rasse oder wegen der ethnischen Herkunft, des Geschlechts, der Religion oder Weltanschauung, einer Behinderung, des Alters oder der sexuellen Identität zu verhindern oder zu beseitigen". Ein Zusammenhang besteht nur insoweit, als Benachteiligungsverbote auch die Pflicht zur Gleichbehandlung konkretisieren; sie dürfen aber nicht mit ihr verwechselt werden.

b) Die **Pflicht des Arbeitgebers zur Gleichbehandlung** gehört zu den Grundpflichten **16** aus dem Arbeitsverhältnis. Im Gegensatz zu anderen schuldrechtlichen Austauschverhältnissen stehen bei Herstellung einer Arbeitsorganisation durch den Arbeitgeber die Arbeitsverhältnisse nicht isoliert nebeneinander, sondern haben einen Gemeinschaftsbezug, der in der Betriebsverfassung seine rechtliche Anerkennung findet. Die Pflicht zur Gleichbehandlung dient der *Vertragsergänzung*; sie greift nur ein, wenn der Arbeitgeber eine Regelung trifft, insbesondere Leistungen gewährt oder Zusagen macht, ohne zu ihnen rechtlich verpflichtet zu sein. Regelungen in einem Tarifvertrag, einer Betriebsvereinbarung oder im Einzelarbeitsvertrag haben Vorrang. Die Pflicht zur Gleichbehandlung bezieht sich also nicht auf die Angemessenheit von Leistung und Gegenleistung; sie dient vielmehr der Verwirklichung austeilender Gerechtigkeit.

Die **Pflicht zur Gleichbehandlung** hat daher notwendigerweise einen **kollektiven Bezug**, der sich daraus ergibt, dass der Arbeitgeber für die Leistungsgewährung oder sein Verhalten bestimmte Voraussetzungen oder Zwecke festlegt. Erfasst werden von der Pflicht zur Gleichbehandlung zunächst die Fallgestaltungen, in denen der Arbeitgeber eine von ihm aufgestellte Regel nicht so durchführt, wie es ihr entspricht. Die Pflicht zur Gleichbehandlung bezieht sich aber auch auf die Gruppenbildung und damit auf die Aufstellung der Norm, nach der ein Arbeitgeber verfährt. Bei ihr ist er zwar in der Entscheidung frei, ob er entsprechend verfahren will; für die Auswahl der Kriterien greifen aber bereits Benachteiligungsverbote – oder anders ausgedrückt Gleichstellungsgebote – ein, die seinen Gestaltungsspielraum beschränken. Insoweit geht es streng genommen nicht um die Pflicht zur Gleichbehandlung im Vollzug einer selbstgesetzten Norm, sondern um die Geltung von Differenzierungskriterien bei Aufstellung der Norm.

18 Daher bestimmen die hier in Abs. 1 genannten Benachteiligungsverbote auch die **Zulässigkeit der Gruppenbildung**. Für deren Abgrenzung ist aber entscheidend, dass die Unterscheidung nach dem Zweck der vom Arbeitgeber aufgestellten Regel gerechtfertigt ist. Daraus ergeben sich relative Differenzierungsverbote, die einer unterschiedlichen Behandlung entgegenstehen. Bei ihnen handelt es sich um Differenzierungen, die durch eine inadäquate Relation von Grund und Folge gekennzeichnet sind. Für die Beurteilung bildet bei ihnen den Ausgangspunkt der Zweck, den der Arbeitgeber mit der Aufstellung einer Regel verfolgt. Nach ihm richtet sich, ob eine Gruppenbildung sachlich gerechtfertigt ist.

19 Diese Fallgestaltungen sind vielfältig und können hier nicht im Einzelnen behandelt werden. Die Pflicht zur Gleichbehandlung kann nicht durch Vertrag ausgeschlossen werden. Ein Vorrang der Vertragsfreiheit besteht nur insoweit, als mit einem Arbeitnehmer vereinbart werden kann, dass er bestimmte Leistungen, die der Arbeitgeber bisher nach einer bestimmten Regel gewährt hat, nicht erhalten soll. Doch darf dadurch keines der hier genannten Benachteiligungsverbote verletzt werden.

3. Benachteiligungsverbote

20 a) Als Konkretisierung der Behandlung nach den Grundsätzen von Recht und Billigkeit gebietet das Gesetz insbesondere, dass **jede Benachteiligung von Personen aus Gründen ihrer Rasse oder wegen ihrer ethnischen Herkunft, ihrer Abstammung oder sonstigen Herkunft, ihrer Nationalität, ihrer Religion oder Weltanschauung, ihrer Behinderung, ihres Alters, ihrer politischen oder gewerkschaftlichen Betätigung oder Einstellung oder wegen ihres Geschlechts oder ihrer sexuellen Identität unterbleibt** (Abs. 1). Es setzt damit europarechtliche Vorgaben um (s. Rn. 2).

21 b) Das Gesetz nennt ausdrücklich die folgenden **Benachteiligungsverbote:**

22 – Rasse. Dieses Merkmal ist von der Antirassismusrichtlinie 2000/43/EG vorgegeben, die ihrerseits den Begriff dem Art. 13 Abs. 1 EGV entnommen hat. Als rassistisch wird z. B. die Bezeichnung als „Neger" angesehen. Die Abgrenzung bereitet Schwierigkeiten, ist aber auch überflüssig, weil das Merkmal der ethnischen Herkunft als Oberbegriff eingreift.

23 – Ethnische Herkunft, Abstammung oder sonstige Herkunft. Mit dem Merkmal der ethnischen Herkunft wird eine Verschiedenheit angesprochen, die sich aus genetischen Merkmalen ergeben. Ihr gleichgestellt ist die Abstammung, unter der die durch Eltern und Vorfahren vermittelte Zugehörigkeit zu einem „natürlichen Verband", einer Volksgruppe oder Familie zu verstehen ist. Schließlich werden weitere Unterscheidungsmerkmale, die eine Abgrenzung überflüssig machen, durch das Merkmal „sonstige Herkunft" bestimmt. Mit den Merkmalen „Abstammung" und „sonstige Herkunft" geht Abs. 1 weiter als § 1 AGG, der **diese beiden Merkmale in seiner enumerativen Aufzählung nicht nennt**.

24 – Nationalität. Ebenfalls nicht genannt ist in § 1 AGG die Nationalität. Mit ihr meint das Gesetz hier im Gegensatz zur Abstammung und Herkunft, die Staatsangehörigkeit (ebenso GL-*Löwisch*, § 75 Rn. 16; GK-*Kreutz*, § 75 Rn. 38). Soweit allerdings aus den Gesetzen sich eine andere Rechtsstellung von Ausländern ergibt, hat es dabei sein Bewenden (vgl. Aufenthaltsgesetz vom 30. 7. 2004, BGBl. I S. 1950).

25 – Religion oder Weltanschauung. Die Religion umfasst jedes religiöse, konfessionelle Bekenntnis. Sie ist nicht auf die Zugehörigkeit zu einer bestimmten Kirche oder sonstigen Religionsgemeinschaft beschränkt, sondern bezieht sich auf jede religiös fundierte Weltanschauung. Das Merkmal der Weltanschauung unterscheidet sich daher von der Religion nur dadurch, dass es von einer religiösen Fundierung absieht.

III. Die Grundsätze von Recht und Billigkeit **§ 75**

- **Behinderung.** Nach der Legaldefinition in § 2 Abs. 1 Satz 1 SGB IX sind Menschen **26** behindert, wenn ihre körperliche Funktion, geistige Fähigkeit oder seelische Gesundheit mit hoher Wahrscheinlichkeit länger als sechs Monate von dem für das Lebensalter typischen Zustand abweichen und daher ihre Teilnahme am Leben in der Gesellschaft beeinträchtigt ist. Der Begriff der Behinderung ist daher weiter als der Begriff der Schwerbehinderung.
- **Alter.** Der Begriff meint das Lebensalter. Das Merkmal beschränkt daher das Benach- **27** teiligungsverbot nicht wie in Abs. 1 Satz 2 a. F. auf das Überschreiten bestimmter Altersstufen, sondern erfasst auch das „junge Alter". Die Einführung dieses Benachteiligungsgrunds auf Grund europarechtlicher Vorgaben hat Auswirkungen, die im AGG nur höchst unvollkommen berücksichtigt sind.
- **Politische Betätigung oder Einstellung.** Sie ist nicht in § 1 AGG als Benachteiligungs- **28** verbot genannt. Mit ihr ist nicht nur die parteipolitische Betätigung gemeint, sondern wie in Art. 3 Abs. 3 GG jede politische Anschauung. Das Differenzierungsverbot sichert insoweit die Freiheit des politischen Denkens und der politischen Betätigung. Damit erhalten die im Betrieb tätigen Personen aber keinen Freibrief für eine politische Betätigung im Betrieb. Insbesondere ist Betriebsratsmitgliedern parteipolitische Betätigung schlechthin untersagt (§ 74 Abs. 1 Satz 3; s. ausführlich dort Rn. 57 ff.).
- **Gewerkschaftliche Betätigung oder Einstellung.** Sie ist in § 1 AGG ebenfalls nicht als **29** Benachteiligungsverbot genannt. Durch das Verbot einer Zurücksetzung wegen gewerkschaftlicher Betätigung oder Einstellung wird wiederholt, was sich für die Koalitionsfreiheit bereits unmittelbar aus Art. 9 Abs. 3 Satz 2 GG ergibt. Das Gesetz verbietet eine unterschiedliche Behandlung nicht nur wegen gewerkschaftlicher Betätigung, sondern auch wegen gewerkschaftlicher Einstellung. Dazu gehört insbesondere auch die Ablehnung einer Gewerkschaft oder der Gewerkschaften überhaupt (ebenso *Fitting*, § 75 Rn. 48; GL-*Löwisch*, § 75 Rn. 20; GK-*Kreutz*, § 75 Rn. 46; HSWGNR-*Worzalla*, § 75 Rn. 10; *Nikisch*, Bd. III, 255; *Nipperdey/Säcker* in *Hueck/Nipperdey*, Bd. II/2, 1346 Fn. 61; a. A. DKK-*Berg*, § 75 Rn. 17). Für die Betriebsverfassung spielt deshalb keine Rolle, ob Art. 9 Abs. 3 GG auch die negative Koalitionsfreiheit gewährleistet (so BVerfG 1. 3. 1979 E 50, 290, 367 = AP MitbestG § 1 Nr. 1; 26. 6. 1991 E 84, 212, 224 = AP GG Art. 9 Arbeitskampf Nr. 117; BAG [GS] 29. 11. 1967 AP GG Art. 9 Nr. 13).
- **Geschlecht.** Mit diesem Merkmal wird die geschlechtsbezogene Benachteiligung ver- **30** boten. Sie bezieht sich auf die Zielgruppe Frau/Mann. Erfasst wird auch eine geschlechtsneutrale Benachteiligung, die sich nur auf einen Mann oder eine Frau beziehen kann (verdeckte Diskriminierung). Eine unmittelbare Benachteiligung wegen des Geschlechts liegt, wie § 3 Abs. 1 Satz 2 AGG klarstellt auch vor, wenn eine Frau wegen Schwangerschaft oder Mutterschaft ungünstiger als ein Mann behandelt wird. Schließlich spielt gerade hier eine wesentliche Rolle, ob eine mittelbare Benachteiligung vorliegt. Dies ist der Fall, wenn, wie es in § 3 Abs. 2 AGG heißt „dem Anschein nach neutrale Vorschriften, Kriterien oder Verfahren Personen wegen eines in § 1 genannten Grundes gegenüber anderen Personen in besonderer Weise benachteiligen können, es sei denn, die betreffenden Vorschriften, Kriterien oder Verfahren sind durch ein rechtmäßiges Ziel sachlich gerechtfertigt und die Mittel sind zur Erreichung dieses Ziels angemessen und erforderlich". Hier geht es also nicht darum, dass eine geschlechtsneutrale Formulierung gewählt wird, um unter ihrem Deckmantel Personen des einen oder anderen Geschlechts zu bevorzugen oder zu benachteiligen, sondern es werden Kriterien zugrunde gelegt, die Frauen und Männer gleich behandeln, sich aber im Ergebnis unterschiedlich auswirken.
- **Sexuelle Identität.** Der Begriff der sexuellen Identität entspricht der in der EG-Richt- **31** linie 2000/78 in Übereinstimmung mit Art. 13 EGV verwendeten Bezeichnung „sexuelle Ausrichtung", mit der die sexuelle Orientierung eines Menschen gemeint ist.

Erfasst wird daher insbesondere die Homosexualität. Der Schutz ist aber nicht auf Personen beschränkt, die eine feste gleichgeschlechtliche Beziehung unterhalten, wie insbes. die Personen, die eine Lebenspartnerschaft nach dem Lebenspartnerschaftsgesetz begründet haben (ebenso GK-*Kreutz,* § 75 Rn. 76).

32 c) Die **Aufzählung** ist, wie sich aus dem Wort *insbesondere* ergibt, nur **beispielhaft.** Nicht besonders genannt ist das Verbot einer Unterscheidung nach der **ehelichen** oder **nichtehelichen Geburt;** jedoch ergibt sich bereits aus dem Verbot einer Unterscheidung nach der Herkunft, dass auch insoweit eine unterschiedliche Behandlung unzulässig ist.

33 Weitere absolute Differenzierungsverbote ergeben sich aus den **in Art. 6 GG enthaltenen Wertungen** (vgl. BAG 21. 10. 2003 AP BetrVG 1972 § 112 Nr. 163). Die gesetzlich vorgesehene **Elternzeit** ist Ausdruck der auf Art. 6 GG beruhenden Schutz- und Fürsorgepflicht des Staates. Dieser Schutzzweck würde beeinträchtigt, wenn Arbeitnehmer bei ihrer Entscheidung, Elternzeit in Anspruch zu nehmen, damit rechnen müssten, dass diese Zeiten bei der Bemessung von Sozialplanansprüchen nicht als Beschäftigungszeiten mitzählen (vgl. BAG 12. 11. 2002 AP BetrVG 1972 § 112 Nr. 159).

34 Ein **gesetzliches Benachteiligungsverbot** enthält schließlich § 4 TzBfG für **Teilzeitbeschäftigte** und Arbeitnehmer in einem **befristeten Arbeitsverhältnis.**

35 d) Von den hier genannten Benachteiligungsverboten sind die **relativen Differenzierungsverbote** zu unterscheiden. Die Grenze ist aber fließend. Wegen der Religion oder Weltanschauung und wegen des Alters ist eine unterschiedliche Behandlung unter den in § 9 bzw. § 10 AGG genannten Voraussetzungen zulässig.

36 Relative Benachteiligungsverbote ergeben sich aus der sachwidrigen Festlegung eines verschiedenen Bemessungsmaßstabs. Für die Beurteilung bildet bei ihnen den Ausgangspunkt der Zweck, den der Arbeitgeber mit der Aufstellung einer Regel verfolgt. Für die Gruppenbildung bei einem Sozialplan ist es sachwidrig, wenn die Gewährung des Anspruchs davon abhängig gemacht wird, dass ein Arbeitnehmer keine Feststellungsklage gegen die Rechtswirksamkeit einer Kündigung erhebt; denn nach dem Sinn und Zweck des Sozialplans, dem zugunsten der von einer Kündigung betroffenen Arbeitnehmer eine Ausgleichs- und Überbrückungsfunktion zukommt, ist es nicht gerechtfertigt, danach zu differenzieren, ob sie von der gerichtlichen Überprüfung der Wirksamkeit der Kündigung absehen (BAG 31. 5. 2005 AP BetrVG 1972 § 112 Nr. 175). Davon nicht berührt werden aber kollektive Regelungen außerhalb von Sozialplänen, in denen den Arbeitnehmern für den Verlust des Arbeitsplatzes eine Abfindung versprochen wird, die dann entfallen soll, wenn der Begünstigte Kündigungsschutzklage erhebt (sog. „Turboprämie"; vgl. BAG 3. 5. 2006 AP BGB § 612 a Nr. 17).

4. Tarifvertrag und Außenseiterwettbewerb

37 a) Das Verbot unterschiedlicher Behandlung wegen gewerkschaftlicher Betätigung oder Einstellung bedeutet nicht, dass Arbeitsentgelte und sonstige Arbeitsbedingungen für gewerkschaftlich **organisierte** und **nichtorganisierte Arbeitnehmer** gleich sein müssen; denn ein derartiges Gleichstellungsgebot widerspräche dem Tarifvertragsrecht, wonach die tarifvertraglichen Inhalts- und Abschlussnormen nur für die Arbeitsverhältnisse der beiderseits tarifgebundenen Arbeitgeber und Arbeitnehmer gelten (§ 3 Abs. 1 TVG). Das Diskriminierungsverbot dient nicht dazu, eine Allgemeinverbindlichkeit des Tarifvertrags auf betrieblicher Ebene herbeizuführen (ebenso *Fitting,* § 75 Rn. 51; GL-*Löwisch,* § 75 Rn. 20; GK-*Kreutz,* § 75 Rn. 56; *Nikisch,* Bd. I S. 510; *Nipperdey* in *Hueck/Nipperdey,* Bd. II/1 S. 479 f.; vgl. auch BAG 21. 1. 1987 AP GG Art. 9 Nr. 47).

38 b) Das hier niedergelegte Verbot einer unterschiedlichen Behandlung wegen gewerkschaftlicher Einstellung bedeutet aber, dass ein **Tarifvertrag nicht verbieten** kann, **organisierte** und **nichtorganisierte Arbeitnehmer gleich zu behandeln.** Deshalb sind

Tarifausschluss- und Differenzierungsklauseln, die verbieten, den nichtorganisierten Arbeitnehmern – arbeitsvertraglich – bestimmte, im Tarifvertrag vorgesehene Arbeitsbedingungen zu gewähren, und Abstands- oder Spannensicherungsklauseln, die gebieten, dass sie geringere Arbeitsbedingungen als die organisierten Arbeitnehmer erhalten, mit den Grundsätzen der Betriebsverfassung nicht verträglich. Sie führen zu einer Benachteiligung der Arbeitnehmer wegen gewerkschaftlicher Einstellung, die nur dann gerechtfertigt wäre, wenn sie durch höherrangiges Recht, nämlich durch die in Art. 9 Abs. 3 GG verfassungsrechtlich gewährleistete Tarifautonomie gefordert würde. Aber gerade das ist nicht der Fall; denn die Tarifautonomie ist kollektive Ausübung des Grundrechts der Koalitionsfreiheit, die als Freiheitsrecht garantiert wird (s. dazu § 2 Rn. 78).

Die Zulässigkeit derartiger Klauseln ist außerordentlich umstritten (vgl. *Richardi*, Kollektivgewalt, S. 203 ff.; *A. Hueck*, Tarifausschlussklausel und verwandte Klauseln im Tarifvertragsrecht, 1966; *Gamillscheg*, Die Differenzierung der Gewerkschaftszugehörigkeit, 1966; *Zöllner*, Tarifvertragliche Differenzierungsklauseln, 1967; *Leventis*, Tarifliche Differenzierungsklauseln nach dem Grundgesetz und dem Tarifvertragsgesetz, 1974; aus letzter Zeit *Däubler*, BB 2002, 1643 ff.; *Franzen*, RdA 2006, 1 ff.; *Wiedemann*, RdA 2007, 65, 67; *Hanau*, FS Hromadka 2008, S. 115 ff.). Nach Ansicht des Großen Senats des BAG wird die negative Koalitionsfreiheit verletzt; außerdem verlange die Gewerkschaft Unzumutbares, wenn sie von der Arbeitgeberseite fordere, bei der tariflichen Durchsetzung der Differenzierung zwischen Organisierten und Außenseitern mitzuwirken (BAG 29. 11. 1967 AP GG Art. 9 Nr. 13). 39

IV. Pflicht zum Schutz vor Benachteiligung wegen des Alters

Bis zur Neufassung des Abs. 1 war durch Satz 2 Arbeitgeber und Betriebsrat ausdrücklich aufgegeben, darauf zu achten, dass Arbeitnehmer nicht wegen Überschreitung bestimmter Altersstufen benachteiligt werden. Wegen der Einbeziehung des „jungen Alters" wurde die Bestimmung gestrichen (s. Rn. 27). Nach wie vor gilt aber und ergibt sich aus der Einbeziehung des Alters in Abs. 1, dass das Erreichen eines bestimmten Lebensalters kein sachlicher Grund ist, um einen Arbeitnehmer schlechter zu stellen als andere Arbeitnehmer. 40

Die Bestimmung hat vor allem Bedeutung bei der **Aufstellung von Richtlinien über die personelle Auswahl** bei Einstellungen, Versetzungen, Umgruppierungen und Kündigungen (§ 95). Das Überschreiten einer bestimmten Altersgrenze für sich ist niemals ein Grund, um die Zustimmung zu einer Einstellung oder Versetzung zu verweigern; etwas anderes gilt nur dann, wenn auf die Altersgrenze in einem Gesetz, einer Verordnung, einer Unfallverhütungsvorschrift, einem Tarifvertrag oder einer Betriebsvereinbarung nur deshalb abgestellt wird, um den Arbeitnehmer vor Gefahren für seine Gesundheit zu schützen. 41

Die Bestimmung ist relativiert, soweit **Kündigungen** unter den allgemeinen Kündigungsschutz fallen; denn bei einer betriebsbedingten Kündigung sind in die soziale Auswahl Arbeitnehmer nicht einzubeziehen, deren Weiterbeschäftigung zur Sicherung einer ausgewogenen Personalstruktur des Betriebs im berechtigten betrieblichen Interesse liegt (§ 1 Abs. 3 Satz 2 KSchG). Eine **Altersgrenze,** bei der die Arbeitnehmer ohne Kündigung aus dem Arbeitsverhältnis ausscheiden, kann aber nicht ohne weiteres durch Betriebsvereinbarung festgelegt werden (s. ausführlich § 77 Rn. 107 ff.). 42

Arbeitgeber und Betriebsrat haben nicht nur die Pflicht, darüber zu wachen, dass eine Benachteiligung von Personen wegen ihres Alters unterbleibt, sondern dem Betriebsrat ist in § 80 Abs. 1 Nr. 6 nach wie vor ausdrücklich als **allgemeine Aufgabe** zugewiesen, die **Beschäftigung älterer Arbeitnehmer im Betrieb zu sichern.** Arbeitgeber und Betriebsrat haben bei der Einrichtung von Arbeitsplätzen darauf zu achten, dass sie den Bedürf- 43 nissen älterer Arbeitnehmer, die auf ihnen beschäftigt werden, entspricht. Von besonderer Bedeutung ist weiterhin, dass nach § 96 Abs. 2 Satz 2 Arbeitgeber und Betriebsrat gemeinsam verpflichtet werden, bei betrieblichen oder außerbetrieblichen Maßnahmen der Berufsbildung auch die Belange älterer Arbeitnehmer zu berücksichtigen. Auch älteren Arbeitnehmern soll und muss Gelegenheit gegeben werden, sich beruflich fortzubilden.

V. Gewährleistung der freien Entfaltung der Persönlichkeit im Betrieb

1. Zielnorm für die Betriebsverfassung

44 Eine für die Betriebsverfassung konstitutive Zielnorm enthält die Bestimmung, dass **Arbeitgeber und Betriebsrat** die **freie Entfaltung der Persönlichkeit der im Betrieb beschäftigten Arbeitnehmer zu schützen und zu fördern** haben (Abs. 2 Satz 1). Dadurch betont das Gesetz, dass die vom Grundgesetz gewährleistete Freiheit der Einzelpersönlichkeit und deren Recht auf Selbstbestimmung bei der Gestaltung der betrieblichen Ordnung zu respektieren sind. Arbeitgeber und Betriebsrat haben sie nicht nur zu schützen, sondern auch zu fördern. Fortschreitende Technisierung und Rationalisierung dürfen also nicht dazu führen, dass der Arbeitnehmer nur als Inhaber eines Arbeitsplatzes gesehen wird, sondern es müssen die Voraussetzungen dafür geschaffen werden, dass der Arbeitnehmer auch im Betrieb die Möglichkeit erhält, eine Tätigkeit auszuüben, die seinen Kenntnissen und Fähigkeiten entspricht. Die Vorschrift hat plakativen Charakter. Zusammen mit der Regelung in Abs. 1 wird durch sie hervorgehoben, dass Freiheit und Gleichheit der Einzelpersönlichkeit die beherrschenden Grundwerte der Betriebsverfassung sind. Mit der ausdrücklichen Verpflichtung von Arbeitgeber und Betriebsrat, die freie Entfaltung der Persönlichkeit der im Betrieb beschäftigten Arbeitnehmer zu schützen und zu fördern, wird wie in Art. 2 Abs. 1 GG das „Hauptfreiheitsrecht" genannt und damit mittelbar legislatorisch bestätigt, dass die Freiheitsrechte des Grundgesetzes auch im Betrieb gelten (vgl. BAG 21. 8. 1990, 19. 1. 1999 und 28. 5. 2002 AP BetrVG 1972 § 87 Ordnung des Betriebes Nr. 17, 38 und 39; vor allem BAG 29. 6. 2004 und 4. 12. 2004 AP BetrVG 1972 Überwachung Nr. 41 und 42; *Hammer*, Schutzpflicht für die Selbstbestimmungsfreiheit des Arbeitnehmers, S. 20 ff.).

45 Das BetrVerf-ReformG 2001 hat diese Ausrichtung der Betriebsverfassung durch die Anfügung des Satzes 2 in Abs. 2 bestätigt (Art. 1 Nr. 51 BetrVerf-ReformG). Arbeitgeber und Betriebsrat haben, wie ausdrücklich festgelegt ist, die **Selbständigkeit und Eigeninitiative der Arbeitnehmer und Arbeitsgruppen zu fördern**. Nach der Begründung des RegE haben sie damit einen Beitrag zu mehr Demokratie im Betrieb zu leisten (BT-Drucks. 14/5741, S. 45). Dem diene, wie es in der Begründung heißt, „vor allem eine entsprechende Gestaltung der Betriebsorganisation und der Arbeit, die Freiräume für Entscheidungen, Eigenverantwortung und Kreativität der Arbeitnehmer und der Arbeitsgruppen schafft". Zugleich werde damit eine wesentliche Grundlage für die im BetrVerf-ReformG 2001 vorgesehenen Beteiligungsrechte der einzelnen Arbeitnehmer und der Arbeitsgruppen geschaffen und deren Bedeutung in der Betriebsverfassung hervorgehoben. Damit wird die Bedeutung der hier niedergelegten Schutz- und Förderungspflicht aber minimalisiert. Durch die betriebsverfassungsrechtliche Mitbestimmungsordnung wird der Arbeitnehmer nicht nur, wie es schon im Bericht der Mitbestimmungskommission vom 21. 1. 1970 heißt, „in die Lage versetzt, eigene Initiativen zur Wahrung seiner Interessen in dem Bereich zu entfalten, in dem nach arbeitsvertraglicher Regelung der Arbeitgeber allein entscheidet" (BT-Drucks. VI/334, S. 59). Die Schutz- und Förderungspflicht erschöpft sich auch nicht in der Gewährleistung einer Persönlichkeitsentfaltung innerhalb einer kollektiv bestimmten Ordnung,

V. Gewährleistung der freien Entfaltung der Persönlichkeit im Betrieb § 75

sondern sichert darüber hinaus den einzelnen Arbeitnehmern die „aktive Selbstgestaltung aller sie betreffenden Arbeitsbedingungen, einschließlich der Wahrung ihrer diesbezüglichen Vermögensinteressen" (*Hammer*, Schutzpflicht für die Selbstbestimmungsfreiheit, S. 27). Ihr Gegenstand ist die „Selbstbestimmungsfreiheit des Arbeitnehmers in einem umfassenden, alle Aspekte des Arbeitsverhältnisses beinhaltenden Sinn" (*Hammer*, a. a. O.; vgl. bereits *Richardi*, Betriebsverfassung und Privatautonomie, 1973; zur Vertragsrechtsakzessorietät der Betriebsverfassung *Reichold*, Betriebsverfassung als Sozialprivatrecht, 1995, S. 486 ff.).

2. Schutzauftrag und Förderungspflicht für die Selbstbestimmungsfreiheit des einzelnen Arbeitnehmers

Soweit es um die Selbstbestimmungsfreiheit des einzelnen Arbeitnehmers geht, bilden **46** die beiden Sätze in Abs. 2 trotz ihrer zeitlich versetzten Entstehung gesetzessystematisch eine Einheit. Abs. 2 Satz 2 konkretisiert die Regelung in Satz 1 dahin, dass zum Schutz und zur Förderung der freien Entfaltung der Persönlichkeit die **Selbständigkeit** und **Eigeninitiative der Arbeitnehmer** zu fördern ist (ebenso *Fitting*, § 75 Rn. 92; GK-*Kreutz*, § 75 Rn. 128). Die Bestimmung richtet sich gegen den Arbeitgeber und den Betriebsrat als Kollegialorgan. Sie begründet für sie eine kollektivrechtliche Pflicht, der kein Individualanspruch des Arbeitnehmers gegenübersteht (ebenso *Fitting*, § 75 Rn. 96 f.; GK-*Kreutz*, § 75 Rn. 126). Die Bestimmung hat zunächst die Bedeutung einer Auslegungsregel. Ergeben sich bei der Interpretation gesetzlicher Bestimmungen Zweifelsfragen, so ist stets die Auslegung vorzuziehen, bei der die freie Entfaltung der Persönlichkeit der im Betrieb beschäftigten Arbeitnehmer geschützt oder gefördert wird. Das gilt insbesondere für die Interpretation der Vorschriften über die Mitwirkung und Mitbestimmung des Betriebsrats.

Aus dem hier niedergelegten Schutzauftrag und der Förderungspflicht ergeben sich **47** daher immanente **Schranken für die Ausübung des Mitbestimmungsrechts** (vgl. BAG 19. 1. 1999 AP BetrVG § 87 Ordnung des Betriebes Nr. 28; 29. 6. 2004 und 4. 12. 2004 AP BetrVG 1972 § 87 Überwachung Nr. 41 und 42 [Video]). Da die Rechtswirkungen der Mitbestimmung für den betroffenen Arbeitnehmer eine Form der Drittbestimmung darstellen, bedarf sie vor dem Prinzip der Selbstbestimmung der Rechtfertigung. Sie kann darin liegen, dass der Vertragsmechanismus als Instrument des Interessenausgleichs versagt. Die Mitbestimmung begrenzt in diesem Fall die Regelungsmacht des Arbeitgebers, um die Selbstbestimmungsfreiheit des Arbeitnehmers zu sichern. Damit wäre es aber unvereinbar, wenn bei der Ausübung des Mitbestimmungsrechts die Freiheitsinteressen der betroffenen Arbeitnehmer keine Berücksichtigung erfahren. Im bilateralen Verhältnis des Arbeitgebers zum einzelnen Arbeitnehmer muss sich bei der Ausübung der Mitbestimmung ein Eingriff in die Selbstbestimmungsfreiheit eines Arbeitnehmers bei Abwägung mit den Freiheitsinteressen des betroffenen Arbeitnehmers als gerechtfertigt erweisen. Abs. 2 enthält insoweit eine **Verankerung des Übermaßverbots in der Betriebsverfassung** (vgl. BAG a. a. O.; *Hammer*, Schutzpflicht für die Selbstbestimmungsfreiheit, S. 114 ff.; weiterhin ErfK-*Kania*, § 75 Rn. 9; *Blomeyer*, FS 25 Jahre BAG 1979, S. 17, 25 ff.). Die hier verankerte Zielnorm entfaltet ihre Bedeutung auch dort, wo dem Vertragsmechanismus als Instrument des Interessenausgleichs Grenzen gesetzt sind, weil die Auswirkungen vertraglicher Regelungen wegen der Verflechtung der Arbeitsverhältnisse nicht auf die Vertragsparteien beschränkt bleiben, also insbesondere im **multilateralen Verhältnis der Arbeitnehmer zueinander**. Mit der hier niedergelegten Zielnorm ist es unvereinbar, durch freiwillige Betriebsvereinbarung Verpflichtungen für die Arbeitnehmer zu begründen, die sich nicht schon aus dem Arbeitsvertrag ergeben (so *Hammer*, S. 101 f.). Aber auch im Bereich gesetzlich legitimierter Mitbestimmung entfaltet Abs. 2 eine freiheitssichernde Funktion (vgl. *Hammer*, S. 103 ff.).

3. Förderung der Selbständigkeit und Eigeninitiative der Arbeitsgruppen

48 Abs. 2 Satz 2 stellt im Gesetzestext bei der Förderungspflicht der Selbständigkeit und Eigeninitiative einzelner Arbeitnehmer diejenige von Arbeitsgruppen gleich. Das ist gesetzgeberisch missglückt; denn die Arbeitsgruppe bildet eine kollektive Einheit (s. zum Begriff der Arbeitsgruppe § 28 a Rn. 8 ff.). Mit der Einbeziehung der Arbeitsgruppe wird keine Gleichstellung mit der Förderpflicht für Selbständigkeit und Eigeninitiative der einzelnen Arbeitnehmer begründet, sondern es geht lediglich darum, dass bei der Zusammenfassung von Arbeitnehmern zur Arbeitsgruppe zugleich auch die Selbständigkeit und Eigeninitiative der Arbeitnehmer gefördert werden kann. Unter diesem Blickwinkel besteht deshalb für Arbeitgeber und Betriebsrat eine entsprechende Amtspflicht.

49 Die Pflicht zur Förderung von Arbeitsgruppen steht in einem Zusammenhang mit dem in § 87 Abs. 1 Nr. 13 eingeräumten Mitbestimmungsrecht, das sich dort auf die Grundsätze über die Durchführung von Gruppenarbeit bezieht. Zweck der Mitbestimmung ist daher nicht die Verhinderung von Gruppenarbeit, sondern deren Ermöglichung, wobei für die Mitbestimmung als Zielnorm eingreift, dass durch sie die Selbständigkeit und Eigeninitiative der Arbeitsgruppe gefördert wird.

VI. Rechtsfolgen bei Verletzung dieser Vorschrift

1. Betriebsverfassungsrechtliche Folgen

50 Die in dieser Vorschrift niedergelegten Pflichten sind für Arbeitgeber und Betriebsrat gesetzliche Pflichten i.S. dieses Gesetzes. Bei einem groben Verstoß kann deshalb der Betriebsrat auf Antrag durch Beschluss des Arbeitsgerichts aufgelöst werden (§ 23 Abs. 1), z.B. wenn er auf Grund einer Betriebsvereinbarung bei der Entscheidung mitzuwirken hat, wer in ein Ferienheim aufgenommen werden soll, und dabei gewerkschaftlich organisierte Arbeitnehmer bevorzugt. Entsprechend kann der Betriebsrat oder eine im Betrieb vertretene Gewerkschaft gegen den Arbeitgeber bei einem groben Verstoß ein Zwangsverfahren durchführen, um ihm aufzugeben, sich so zu verhalten, wie das Gesetz es in § 75 verlangt (§ 23 Abs. 3).

51 Verstößt der Arbeitgeber bei Einstellungen, Eingruppierungen, Umgruppierungen und Versetzungen gegen die hier niedergelegten Grundsätze, so kann der Betriebsrat die Zustimmung nach § 99 Abs. 2 Nr. 1, unter bestimmten Voraussetzungen auch nach § 99 Abs. 2 Nr. 3 und 4 sowie Nr. 6 verweigern (s. auch Rn. 8).

2. Individualrechtliche Folgen

52 Bei Verletzung der hier niedergelegten Grundsätze durch den Arbeitgeber hat der einzelne Arbeitnehmer einen **Anspruch** oder ein **Leistungsverweigerungsrecht** nur insoweit, als damit zugleich auch **Pflichten aus dem Arbeitsverhältnis** verletzt werden. Ein Einstellungsanspruch besteht dagegen nicht (s. Rn. 9).

53 § 75 ist sowohl in seinem Abs. 1 als auch in seinem Abs. 2 **kein Schutzgesetz i.S. des § 823 Abs. 2 BGB** (ebenso GK-*Kreutz*, § 75 Rn. 138; HSWGNR-*Worzalla*, § 75 Rn. 18; vgl. auch *Belling*, Haftung des Betriebsrats, S. 213 ff.; a. A. *Fitting*, § 75 Rn. 98; GL-*Löwisch*, § 75 Rn. 38; HSWG-*Hess* [5. Aufl.], § 75 Rn. 18; zu Abs. 1 DKK-*Berg*, § 75 Rn. 44; wie hier dagegen bereits zu § 51 Satz 1 BetrVG 1952 *Isele*, RdA 1962, 373, 374). Die Bestimmung ist eine kollektivrechtliche, keine individualrechtliche Vorschrift. Die hier aufgestellten Grundsätze wirken zwar mittelbar auch auf die rechtlichen Beziehungen zwischen Arbeitgeber und Arbeitnehmer. Ihre Verletzung ist aber nicht unmittelbar eine unerlaubte Handlung gegenüber dem betroffenen Arbeitnehmer, sondern Rechtsgrundlage für Sanktionen bleibt primär das Einzelarbeitsverhältnis. Ein Schadensersatzanspruch aus unerlaubter Handlung kann deshalb nur wegen Verletzung des allgemeinen

Persönlichkeitsrechts nach § 823 Abs. 1 BGB oder wegen Verletzung des Koalitionsrechts (vgl. dazu auch *Nipperdey* in *Hueck/Nipperdey*, Bd. II/1 S. 131 ff.) in Betracht kommen.

Problematisch ist der Rechtsschutz des betroffenen Arbeitnehmers, wenn die Verletzung zu seinem Nachteil vom Betriebsrat ausgeht. Eine Haftung des Arbeitgebers kommt nur in Betracht, wenn der Betriebsrat als Erfüllungsgehilfe in das Arbeitsverhältnis einbezogen wird. Überlässt der Arbeitgeber bei der Gewährung von Leistungen dem Betriebsrat die Auswahl der Arbeitnehmer, so hat er für dessen Fehlverhalten nach § 278 BGB einzustehen. Die Beziehungen zwischen Betriebsrat und Arbeitnehmer sind dagegen vom Gesetz nicht so ausgestaltet, dass der Interessenwahrnehmung durch den Betriebsrat eine Rechtsposition des einzelnen Arbeitnehmers entspricht (a. A. *Belling*, Haftung des Betriebsrats, S. 41 ff.; s. auch Einl. Rn. 96 ff.). **54**

VII. Besonderheiten bei Tendenzunternehmen

Für sog. **Tendenzbetriebe**, die unter § 118 Abs. 1 fallen, findet § 75 nur insoweit Anwendung, als die Eigenart des Unternehmens oder des Betriebs dem nicht entgegensteht. Die Geschäftsstelle einer Partei kann die Einstellung von Arbeitnehmern von ihrer parteipolitischen Zugehörigkeit abhängig machen, ein Zeitungsverlag auf die politische oder religiöse Einstellung seiner Angehörigen abstellen; denn § 118 Abs. 1 soll eine Freiheitssphäre zur Entfaltung der Zielsetzung im politischen, kulturellen und religiösen Bereich gewährleisten und der Freiheit der Berichterstattung und Meinungsäußerung dienen, um die grundrechtlich verbürgte Wertverwirklichung im gesellschaftlichen Bereich abzusichern. Daraus ergeben sich auch Rechtswirkungen auf die Behandlung der im Betrieb tätigen Personen. Eine Gewerkschaft kann gewerkschaftliche Zugehörigkeit ihrer Arbeitnehmer verlangen (ebenso *Fitting*, § 75 Rn. 67). Aber die Bindung an die hier aufgestellten Grundsätze wird nur insoweit aufgehoben, als es die Zweckbestimmung des Tendenzunternehmens erfordert. **55**

Eine weitergehende Bindung kommt lediglich in Betracht, wenn jemand in Einrichtungen tätig ist, die nach dem Staatskirchenrecht des Grundgesetzes einer **Kirche** oder **sonstigen Religionsgemeinschaft** zugeordnet sind (vgl. *Richardi*, Arbeitsrecht in der Kirche, 5. Aufl. 2009, S. 67 ff.). **56**

VIII. Streitigkeiten

Streitigkeiten, ob § 75 verletzt ist, entscheidet das Arbeitsgericht im Beschlussverfahren (§ 2 a Abs. 1 Nr. 1, Abs. 2 i. V. mit §§ 80 ff. ArbGG). **57**

Antragsberechtigt sind nur der Arbeitgeber oder der Betriebsrat. Der von einer Verletzung der hier genannten Grundsätze betroffene Arbeitnehmer kann, soweit er geltend macht, dass zugleich eine Pflicht aus dem Arbeitsverhältnis verletzt wird, gegen den Arbeitgeber klagen. Über diesen Rechtsstreit entscheidet das Arbeitsgericht im Urteilsverfahren (§ 2 Abs. 1 Nr. 3 lit. a, Abs. 5 i. V. mit §§ 46 ff. ArbGG). **58**

§ 76 Einigungsstelle

(1) ¹Zur Beilegung von Meinungsverschiedenheiten zwischen Arbeitgeber und Betriebsrat, Gesamtbetriebsrat oder Konzernbetriebsrat ist bei Bedarf eine Einigungsstelle zu bilden. ²Durch Betriebsvereinbarung kann eine ständige Einigungsstelle errichtet werden.

(2) ¹Die Einigungsstelle besteht aus einer gleichen Anzahl von Beisitzern, die vom Arbeitgeber und Betriebsrat bestellt werden, und einem unparteiischen Vorsitzenden, auf dessen Person sich beide Seiten einigen müssen. ²Kommt eine Einigung über die Person

des Vorsitzenden nicht zustande, so bestellt ihn das Arbeitsgericht. [3] Dieses entscheidet auch, wenn kein Einverständnis über die Zahl der Beisitzer erzielt wird.

(3) [1] Die Einigungsstelle hat unverzüglich tätig zu werden. [2] Sie fasst ihre Beschlüsse nach mündlicher Beratung mit Stimmenmehrheit. [3] Bei der Beschlussfassung hat sich der Vorsitzende zunächst der Stimme zu enthalten; kommt eine Stimmenmehrheit nicht zustande, so nimmt der Vorsitzende nach weiterer Beratung an der erneuten Beschlussfassung teil. [4] Die Beschlüsse der Einigungsstelle sind schriftlich niederzulegen, vom Vorsitzenden zu unterschreiben und Arbeitgeber und Betriebsrat zuzuleiten.

(4) Durch Betriebsvereinbarung können weitere Einzelheiten des Verfahrens vor der Einigungsstelle geregelt werden.

(5) [1] In den Fällen, in denen der Spruch der Einigungsstelle die Einigung zwischen Arbeitgeber und Betriebsrat ersetzt, wird die Einigungsstelle auf Antrag einer Seite tätig. [2] Benennt eine Seite keine Mitglieder oder bleiben die von einer Seite genannten Mitglieder trotz rechtzeitiger Einladung der Sitzung fern, so entscheiden der Vorsitzende und die erschienenen Mitglieder nach Maßgabe des Absatzes 3 allein. [3] Die Einigungsstelle fasst ihre Beschlüsse unter angemessener Berücksichtigung der Belange des Betriebs und der betroffenen Arbeitnehmer nach billigem Ermessen. [4] Die Überschreitung der Grenzen des Ermessens kann durch den Arbeitgeber oder den Betriebsrat nur binnen einer Frist von zwei Wochen, vom Tage der Zuleitung des Beschlusses an gerechnet, beim Arbeitsgericht geltend gemacht werden.

(6) [1] Im Übrigen wird die Einigungsstelle nur tätig, wenn beide Seiten es beantragen oder mit ihrem Tätigwerden einverstanden sind. [2] In diesen Fällen ersetzt ihr Spruch die Einigung zwischen Arbeitgeber und Betriebsrat nur, wenn beide Seiten sich dem Spruch im Voraus unterworfen oder ihn nachträglich angenommen haben.

(7) Soweit nach anderen Vorschriften der Rechtsweg gegeben ist, wird er durch den Spruch der Einigungsstelle nicht ausgeschlossen.

(8) Durch Tarifvertrag kann bestimmt werden, dass an die Stelle der in Absatz 1 bezeichneten Einigungsstelle eine tarifliche Schlichtungsstelle tritt.

Abgekürzt zitiertes Schrifttum: *Bischoff,* Die Einigungsstelle im Betriebsverfassungsrecht, 1975; *Dütz,* Die gerichtliche Überprüfung der Sprüche von betriebsverfassungsrechtlichen Einigungs- und Vermittlungsstellen, 1966; *Gaul,* Die betriebliche Einigungsstelle, 2. Aufl., 1980; *Jäcker,* Die Einigungsstelle nach dem Betriebsverfassungsgesetz 1972, (Diss. Bonn) 1974; *Janzen,* Die Einigungsstelle nach dem Betriebsverfassungsgesetz, Arbeitsheft 922 der IG Metall, 4. Aufl., 1981; *Neft/Ocker/Bischoff,* Die Einigungsstelle im Betriebsverfassungsrecht, 2. Aufl. 1995; *Pünnel/Isenhardt,* Die Einigungsstelle des BetrVG 1972, 4. Aufl. 1997; *Rieble,* Die Kontrolle des Ermessens der betriebsverfassungsrechtlichen Einigungsstelle, (Diss. Freiburg) 1990; *Weber/Ehrich,* Einigungsstelle, 1999; *Wiesemann,* Die Einigungsstelle als Einrichtung zur Beilegung von Rechtsstreitigkeiten im Betriebsverfassungsrecht, (Diss. Jena) 2003.

Übersicht

	Rn.
A. Vorbemerkung	1
B. Rechtsnatur, Kompetenz und Funktion der Einigungsstelle	6
I. Rechtsnatur der Einigungsstelle	6
II. Kompetenz und Funktion der Einigungsstelle im verbindlichen Einigungsverfahren	8
1. Überblick	8
2. Funktion des verbindlichen Einigungsverfahrens	23
3. Regelungs- und Rechtsstreitigkeiten als Gegenstand des Einigungsverfahrens	26
4. Einlassungszwang	29
5. Rechtswirkungen des Spruchs der Einigungsstelle	30
6. Einstweiliger Rechts- und Interessenschutz	33

	Rn.
III. Kompetenz und Funktion der Einigungsstelle im Rahmen des freiwilligen Verfahrens	35
1. Überblick	35
2. Gegenstand der Meinungsverschiedenheit	36
3. Kein Einlassungszwang	38
4. Rechtswirkungen des Spruchs der Einigungsstelle	40
C. Errichtung und Organisation der Einigungsstelle	41
I. Errichtung der Einigungsstelle	41
1. Bildung bei Bedarf	41
2. Einigungsverfahren zur Bildung der Einigungsstelle	42
II. Zusammensetzung der Einigungsstelle	44
1. Mitgliederzahl	44
2. Bestellung und persönliche Voraussetzungen der Beisitzer	45
3. Bestellung und persönliche Voraussetzungen des Vorsitzenden	50
III. Kompetenz des Arbeitsgerichts bei Bildung einer Einigungsstelle (Bestellungsverfahren)	55
1. Unterscheidung zwischen verbindlichem und freiwilligem Einigungsverfahren	55
2. Antragsberechtigung	56
3. Frist und Form für die Anrufung des Arbeitsgerichts	59
4. Verfahren vor dem Arbeitsgericht	61
5. Beschlussverfahren über die Zuständigkeit der Einigungsstelle	71
6. Errichtung der Einigungsstelle bei Zuständigkeit im verbindlichen Einigungsverfahren	73
IV. Errichtung einer ständigen Einigungsstelle	74
1. Abgrenzung von anderen Einrichtungen	74
2. Funktion und Zuständigkeit einer ständigen Einigungsstelle	76
3. Zusammensetzung der ständigen Einigungsstelle	79
V. Ersatzmitglieder	80
D. Verfahren vor der Einigungsstelle	81
I. Verfahrensgrundsätze	81
1. Antrag	81
2. Verfahrensablauf	83
3. Verhandlungs- und Untersuchungsgrundsatz	90
4. Mitwirkung der Betriebspartner bei der Durchführung des Einigungsverfahrens	93
II. Beschlussfassung	96
1. Notwendigkeit mündlicher Beratung	96
2. Stimmenmehrheit	98
3. Stimmabgabe	101
4. Entscheidungsrahmen	104
5. Form der Beschlüsse	108
III. Rechtswirkungen eines Spruchs der Einigungsstelle	109
IV. Gerichtliche Überprüfung der Einigungssprüche	114
1. Gerichtliche Rechts- und Ermessenskontrolle	114
2. Zuständigkeit des Arbeitsgerichts	116
3. Gerichtskontrolle der im verbindlichen Einigungsverfahren ergangenen Einigungsstellensprüche	121
4. Spruch der Einigungsstelle im Rahmen des freiwilligen Einigungsverfahrens	129
5. Begrenzung der Geltendmachung einer Fehlerhaftigkeit	133
6. Entscheidung des Arbeitsgerichts	135
7. Wiederholung des verbindlichen Einigungsverfahrens	138
V. Kosten der Einigungsstelle und Rechtsstellung ihrer Mitglieder	139
1. Kosten der Einigungsstelle	139
2. Rechtsstellung der Mitglieder einer Einigungsstelle	140
E. Tarifliche Schlichtungsstelle	146
I. Ersetzung der Einigungsstelle durch eine tarifliche Schlichtungsstelle	146
II. Zusammensetzung und Verfahren	149
1. Zusammensetzung	149
2. Verfahren	150
3. Verdrängung der Einigungsstelle	151
4. Gerichtliche Überprüfung der Sprüche	152
5. Kosten der tariflichen Schlichtungsstelle und Rechtsstellung ihrer Mitglieder	153
F. Streitigkeiten	155

A. Vorbemerkung

1 Das Gesetz sieht ebenso wie bereits das BetrVG 1952 zur Beilegung von Meinungsverschiedenheiten zwischen Arbeitgeber und Betriebsrat eine besondere **betriebsverfassungsrechtliche Institution** vor, die **Einigungsstelle**. Die Bestimmung regelt Errichtung, Organisation und Verfahren der Einigungsstelle. Sie lehnt sich inhaltlich weitgehend an § 50 BetrVG 1952 an. Klargestellt wird, dass die Einigungsstelle auch bei Meinungsverschiedenheiten zwischen Arbeitgeber und Gesamtbetriebsrat oder Konzernbetriebsrat angerufen werden kann; außerdem ist die Möglichkeit geschaffen, durch Betriebsvereinbarung eine ständige Einigungsstelle zu errichten (Abs. 1 Satz 2). Weiterhin wird klargestellt, dass durch Betriebsvereinbarung weitere Einzelheiten des Verfahrens vor der Einigungsstelle geregelt werden können (Abs. 4).

2 Für das Verfahren ist wie nach § 50 BetrVG 1952 von grundlegender Bedeutung, ob es sich um ein **erzwingbares** oder **freiwilliges Einigungsverfahren** handelt. Auf Empfehlung des BT-Ausschusses für Arbeit und Sozialordnung zum BetrVG 1972 stellt das Gesetz für die Fälle, in denen der Spruch der Einigungsstelle die Einigung zwischen Arbeitgeber und Betriebsrat ersetzt, ausdrücklich fest, dass die Einigungsstelle ihre Beschlüsse unter angemessener Berücksichtigung der Belange des Betriebs und der betroffenen Arbeitnehmer nach billigem Ermessen fasst; die Überschreitung dieses Entscheidungsrahmens soll aber im Interesse des betrieblichen Rechtsfriedens nur binnen einer Ausschlussfrist von zwei Wochen nach Zuleitung beim Arbeitsgericht geltend gemacht werden können (Abs. 5 Sätze 3 und 4; vgl. auch *zu* BT-Drucks. VI/2729, S. 28).

3 Die betriebsverfassungsrechtliche Bedeutung der Einigungsstelle liegt vor allem dort, wo ihr Spruch die Einigung zwischen Arbeitgeber und Betriebsrat ersetzt. Nach dem BetrVG 1952 bestand lediglich eine beschränkte Zuständigkeit, die nur bei Regelungsstreitigkeiten, nicht bei Rechtsstreitigkeiten gegeben war; die Einigungsstelle entschied mit bindender Wirkung im organisatorischen Bereich, wenn über die Zahl der Mitglieder des Gesamtbetriebsrats keine Einigung erzielt wurde (§ 47 Abs. 4 BetrVG 1952), im sozialen Bereich bei einem Streit über die Regelung einer mitbestimmungspflichtigen Angelegenheit nach § 56 BetrVG 1952 und im wirtschaftlichen Bereich bei einem Streit, ob der Unternehmer dem Wirtschaftsausschuss eine Auskunft geben muss (§ 70 Abs. 2 BetrVG 1952), und außerdem konnte im wirtschaftlichen Bereich nach § 72 BetrVG 1952 eine besondere Vermittlungsstelle angerufen werden, die einen bindenden Einigungsvorschlag machen konnte, wenn zwischen Unternehmer und Betriebsrat keine Einigung über den Interessenausgleich zustande kam (§ 73 BetrVG 1952).

4 Das BetrVG 1972 hat die **Kompetenz der Einigungsstelle erheblich erweitert** und auch **strukturell verändert**. Die Zuständigkeitserweiterung ist einerseits darauf zurückzuführen, dass das Gesetz die Mitbestimmungstatbestände gegenüber dem BetrVG 1952 erheblich vermehrt hat. Jedoch ist nicht jeder Fall, in dem der Spruch der Einigungsstelle die Einigung zwischen Arbeitgeber und Betriebsrat ersetzt, ein Mitbestimmungstatbestand, sondern die Kompetenz der Einigungsstelle, einen bindenden Spruch zu fällen, besteht auch im organisatorischen Bereich. Vor allem lässt das Gesetz eindeutig erkennen, dass die Kompetenz der Einigungsstelle nicht auf Regelungsstreitigkeiten beschränkt ist, sondern auch Rechtsstreitigkeiten umfasst (s. dazu Rn. 27). Das BetrVG 1972 enthielt bei seinem Erlass noch keine Bestimmung über die **Kosten der Einigungsstelle**. Der BT-Ausschuss für Arbeit und Sozialordnung hat es jedoch für sachgerecht gehalten, die Festlegung der Vergütung für die Tätigkeit der Mitglieder der Einigungsstelle nicht wie bisher ungeregelt zu lassen, sondern durch Gesetz näher zu regeln; er hatte deshalb angeregt, dass die Bundesregierung eine entsprechende Vorlage macht (*zu* BT-Drucks. VI/2729, S. 10). Erst durch die Novelle vom 20. 12. 1988 (BGBl. I S. 2312) wurde dieser Empfehlung durch Einfügung des § 76 a entsprochen.

Trotz eines Reformbedarfs hat das **BetrVerf-ReformG 2001** die **Bestimmung nicht** 5
geändert. Durch Art. 8 Job-AQTIV-Gesetz vom 10. 12. 2001 (BGBl. I S. 3443)
wurde dem Abs. 3 als Satz 1 vorangestellt: „Die Einigungsstelle hat unverzüglich
tätig zu werden". Ebenfalls geändert wurde durch Art. 9 Job-AQTIV-Gesetz § 98
ArbGG, um das Einigungsstellenverfahren zu beschleunigen (vgl. Beschlussempfehlung und Bericht des BT-Ausschusses für Arbeit und Sozialordnung, BT-Drucks. 14/
7347, S. 84 f.).

B. Rechtsnatur, Kompetenz und Funktion der Einigungsstelle

I. Rechtsnatur der Einigungsstelle

Die Einigungsstelle ist eine **betriebsverfassungsrechtliche Institution eigener Art.** Sie ist 6
gegenüber Arbeitgeber und Betriebsrat, aber auch gegenüber den im Betrieb vertretenen
Gewerkschaften eine selbständige Schlichtungsstelle der Betriebsverfassung (ebenso
BAG 6. 4. 1973 AP BetrVG 1972 § 76 Nr. 1; *Fitting,* § 76 Rn. 3; ErfK-*Kania,* § 76
Rn. 1; *Leipold,* FS Schnorr v. Carolsfeld, S. 273, 276). Da sie zur Beilegung von Meinungsverschiedenheiten zwischen Arbeitgeber und Betriebsrat, Gesamtbetriebsrat oder
Konzernbetriebsrat gebildet wird, also jeweils nur für einen bestimmten Betrieb bzw. ein
bestimmtes Unternehmen oder einen bestimmten Konzern errichtet wird, bezeichnet
man sie vielfach als *innerbetriebliche Einrichtung* (vgl. BAG 18. 4. 1967 AP BetrVG
[1952] § 39 Nr. 7; 6. 4. 1973 AP BetrVG 1972 § 76 Nr. 1; 22. 1. 1980 AP BetrVG 1972
§ 87 Lohngestaltung Nr. 3; *Fitting,* § 76 Rn. 4; *Galperin/Siebert,* § 49 Rn. 26; *Jäcker,*
Einigungsstelle, S. 17; *Lepke,* BB 1977, 49). Diese Beurteilung ändert aber nichts daran,
dass die Einigungsstelle im verbindlichen Einigungsverfahren wegen ihres unparteiischen
Vorsitzenden und dessen faktischer Entscheidungsgewalt als *betriebsfremdes Entscheidungsorgan* angesehen werden muss (so zutreffend *Rüthers,* ZfA 1973, 399, 416). Bei
Bildung einer Einigungsstelle gegen den Willen der anderen Seite ist deshalb nicht zuletzt
wegen der Kostenbelastung des Arbeitgebers zu beachten, dass das Arbeitsgericht erst
angerufen wird, nachdem eine Einigung im Betrieb nicht erzielt wurde (s. auch Rn. 64
und § 74 Rn. 14).

Die Einigungsstelle ist weder ein Gericht noch eine Verwaltungsbehörde. Sie ist eine 7
privatrechtliche Einrichtung (ebenso BAG 22. 1. 1980 AP BetrVG 1972 § 87 Lohngestaltung Nr. 3; *Fitting,* § 76 Rn. 3; GL-*Löwisch,* § 76 Rn. 3; GK-*Kreutz,* § 76
Rn. 82). Auch soweit sie die Kompetenz zur Zwangsschlichtung hat, ist sie nicht mit
hoheitlicher Gewalt ausgestattet; es liegt keine Beleihung vor, so dass auch ihre Entscheidungen nicht die Qualität von Verwaltungsakten haben (so aber *Obermayer,* DB 1971,
1715, 1720; wie hier *Beuthien,* FS G. Müller 1981, S. 13, 22). Die Betriebsverfassung
ist vielmehr Bestandteil des Privatrechts, wobei die Einigungsstelle, auch soweit ihr
Spruch die Einigung zwischen Arbeitgeber und Betriebsrat ersetzt, lediglich eine Hilfsfunktion ausübt, um die Mitbestimmung der Arbeitnehmer bei der Gestaltung der
betrieblichen Ordnung zu gewährleisten, also letztlich der Aufgabe dient, das Modell
der Privatautonomie in der gesellschaftlichen Ordnung zu verwirklichen (vgl. gegen
Obermayer auch *Dütz,* DB 1972, 383, 390; *Schwerdtner,* BlStSozArbR 1972, 33, 37;
Leipold, FS Schnorr v. Carolsfeld 1973, S. 273, 279 ff.; *Richardi,* Betriebsverfassung
und Privatautonomie, 1973, S. 15; *Herschel,* AuR 1974, 257, 259; weiterhin *Richardi,*
Kollektivgewalt, S. 43, wo darauf hingewiesen wird, dass dem Gesetzgeber freisteht, zur
Gestaltung der Privatautonomie besondere Institutionen zu schaffen und sie abweichend
von den Grundsätzen der individuellen Vertragsfreiheit zu regeln, wenn auf Grund
vorgegebener Ordnungstatsachen die Privatautonomie nicht durch den individuellen
Schuldvertrag als ausschließlichen Akttyp verwirklicht werden kann).

II. Kompetenz und Funktion der Einigungsstelle im verbindlichen Einigungsverfahren

1. Überblick

8   Die **Einigungsstelle** hat vor allem dort ihre betriebsverfassungsrechtliche Bedeutung, wo ihr **Spruch** die **Einigung zwischen Arbeitgeber und Betriebsrat ersetzt**. Das Gesetz hat diese Fälle gegenüber dem BetrVG 1952 außerordentlich vermehrt, so dass die Einigungsstelle den Charakter einer zentralen Institution des Betriebsverfassungsrechts erhalten hat. Die Einigungsstelle ersetzt in den folgenden Fällen auf Antrag die Einigung zwischen Arbeitgeber und Betriebsrat, wenn eine gütliche Beilegung der Meinungsverschiedenheit scheitert:

9   a) **Organisatorischer Bereich – zeitliche Lage der Teilnahme an Schulungen:** Die Einigungsstelle entscheidet über die Teilnahme von Mitgliedern des Betriebsrats und der Jugend- und Auszubildendenvertretung an Schulungs- und Bildungsveranstaltungen, wenn der Arbeitgeber bei der Festlegung der zeitlichen Lage die betrieblichen Notwendigkeiten für nicht ausreichend berücksichtigt hält (§ 37 Abs. 6 und Abs. 7, § 65 Abs. 1).

10   – **Freistellungen:** Die Einigungsstelle entscheidet über die Freistellung der Betriebsratsmitglieder von ihrer beruflichen Tätigkeit, wenn der Arbeitgeber die Auswahl für sachlich nicht vertretbar hält (§ 38 Abs. 2 Satz 4 bis 6).

11   – **Sprechstunden des Betriebsrats und der Jugend- und Auszubildendenvertretung:** Die Einigungsstelle ist zuständig, wenn Arbeitgeber und Betriebsrat sich nicht über Zeit und Ort der Sprechstunden des Betriebsrats und der Jugend- und Auszubildendenvertretung einigen können (§§ 39 Abs. 1, 69 BetrVG).

12   – **Mitgliederzahl des Gesamt- und Konzernbetriebsrats** sowie **der Gesamt-Jugend- und Auszubildendenvertretung** und **der Konzern-Jugend- und Auszubildendenvertretung:** Bei einem Gesamtbetriebsrat, dem mehr als vierzig Mitglieder nach dem Gesetz angehören und für den keine tarifliche Regelung besteht, hat die Einigungsstelle das letzte Wort, wenn über die Mitgliederzahl des Gesamtbetriebsrats keine Einigung zwischen Arbeitgeber und Betriebsrat zustande kommt; dasselbe gilt für eine Herabsetzung der Mitgliederzahl bei der Bildung des Konzernbetriebsrats, der Gesamt-Jugend- und Auszubildendenvertretung und der Konzern-Jugend- und Auszubildendenvertretung (§§ 47 Abs. 6, 55 Abs. 4, 72 Abs. 6, 73 a Abs. 4).

13   b) **Behandlung von Beschwerden des Arbeitnehmers.** Bestehen zwischen Betriebsrat und Arbeitgeber Meinungsverschiedenheiten über die Berechtigung einer Beschwerde des Arbeitnehmers, so entscheidet ebenfalls die Einigungsstelle verbindlich, soweit Gegenstand der Beschwerde kein Rechtsanspruch ist (§ 85 Abs. 2).

14   c) **Mitbestimmung in sozialen Angelegenheiten.** Wie bereits nach dem BetrVG 1952 liegt das Schwergewicht der Kompetenz der Einigungsstelle im Bereich der sozialen Angelegenheiten. Dabei ist von Bedeutung, dass der Katalog der **mitbestimmungspflichtigen Angelegenheiten in § 87 Abs. 1** gegenüber § 56 Abs. 1 BetrVG 1952 erheblich erweitert wurde. Kommt eine Einigung zwischen Arbeitgeber und Betriebsrat nicht zustande, so entscheidet die Einigungsstelle (§ 87 Abs. 2).

15   Über einen Spruch der Einigungsstelle erzwingbar ist weiterhin das Mitbestimmungsrecht nach § 91, das dem Betriebsrat einen Einfluss auf die Gestaltung von Arbeitsplatz, Arbeitsablauf und Arbeitsumgebung gibt.

16   d) **Mitbestimmung in personellen Angelegenheiten.** Die Einigungsstelle ist in personellen Angelegenheiten vor allem im Rahmen der Personalplanung und der Berufsbildung eingeschaltet, während im Bereich der personellen Einzelmaßnahmen bei Meinungsverschiedenheiten grundsätzlich das Arbeitsgericht zu entscheiden hat (§ 99 Abs. 4, § 100 Abs. 2 Satz 3, § 103 Abs. 2, § 104; s. auch Rn. 19).

B. Rechtsnatur, Kompetenz und Funktion der Einigungsstelle § 76

Der Spruch der Einigungsstelle ersetzt die Einigung zwischen Arbeitgeber und Be- 17
triebsrat, wenn über den Inhalt von **Personalfragebogen**, über persönliche Angaben in
Formularverträgen und über die **Aufstellung allgemeiner Beurteilungsgrundsätze** keine
Einigung zustande kommt (§ 94). Dasselbe gilt, wenn keine Einigung bei der Aufstellung
von **Auswahlrichtlinien** bei Einstellungen, Versetzungen, Umgruppierungen und Kündigungen erzielt wird (§ 95).

Eine Kompetenz der Einigungsstelle besteht weiterhin bei der **Einführung von Maß-** 18
nahmen der betrieblichen Berufsbildung zur Qualifikationssicherung (§ 97 Abs. 2) sowie bei der **Durchführung betrieblicher Bildungsmaßnahmen** und bei der **Auswahl der**
Teilnehmer (§ 98 Abs. 4).

Im Rahmen der **personellen Einzelmaßnahmen** ist die Einigungsstelle nur eingeschal- 19
tet, wenn Arbeitgeber und Betriebsrat vereinbaren, dass **Kündigungen der Zustimmung**
des Betriebsrats bedürfen (§ 102 Abs. 6). Bei den **Post-Aktiengesellschaften** entscheidet,
soweit der Betriebsrat in Personalangelegenheiten der Beamten mitzubestimmen hat
(§ 29 Abs. 1 PostPersRG i. V. mit § 76 Abs. 1 BPersVG) die Einigungsstelle, ob ein
Grund zur Verweigerung der Zustimmung vorliegt (§ 29 Abs. 3 PostPersRG; s. zur
Zusammensetzung der Einigungsstelle in diesem Fall Rn. 47).

e) **Beteiligung in wirtschaftlichen Angelegenheiten.** Die Einigungsstelle entscheidet in 20
wirtschaftlichen Angelegenheiten, wenn der Unternehmer eine **Auskunft**, die er nach
§§ 106, 110 zu erteilen hat, entgegen dem **Verlangen des Wirtschaftsausschusses** nicht,
nicht rechtzeitig oder nur ungenügend erteilt und hierüber eine Einigung zwischen
Unternehmer und Betriebsrat nicht zustande kommt (§ 109).

Die Einigungsstelle ist vor allem bei geplanten **Betriebsänderungen** in das Beteiligungs- 21
verfahren eingeschaltet. Dem Unternehmer obliegt es, über sie einen Interessenausgleich
zu versuchen. Kann er sich mit dem Betriebsrat nicht einigen, so besteht die Möglichkeit,
die Einigungsstelle anzurufen. Kommt keine Einigung zustande, so hat der Unternehmer
den Interessenausgleich mit dem Betriebsrat versucht (vgl. § 112 Abs. 2 und 3, § 113
Abs. 3). Soweit § 112a nicht eingreift, hat aber die Einigungsstelle die Kompetenz zur
Aufstellung eines Sozialplans (§ 112 Abs. 4 und 5).

f) **Seebetriebsverfassung.** Eine Kompetenz der Einigungsstelle ergibt sich aus § 116 22
Abs. 3 Nr. 2, 4 und 8.

2. Funktion des verbindlichen Einigungsverfahrens

Soweit die Einigungsstelle die Kompetenz hat, eine für Arbeitgeber und Betriebsrat 23
verbindliche Entscheidung zu treffen, handelt es sich um **Zwangsschlichtung** (ebenso
BVerfG 18. 10. 1986 EzA § 76 BetrVG 1972 Nr. 38; GK-*Kreutz*, § 76 Rn. 6;
HSWGNR-*Worzalla*, § 76 Rn. 5; ErfK-*Kania*, § 76 Rn. 2; *Dütz*, DB 1972, 383, 387;
vgl. auch *Bischoff*, Einigungsstelle, S. 55). Soweit diese Klassifizierung bestritten wird
(vgl. vor allem *Hoffmann*, AuR 1971, 271, 276), geschieht dies aus Sorge vor einer
Übertragung der für den Bereich des Tarifvertrags- und Arbeitskampfrechts behaupteten
Verfassungswidrigkeit der Zwangsschlichtung auf den Bereich des BetrVG (vgl. auch
Fitting, § 76 Rn. 2).

Der Begriff der Zwangsschlichtung ist in Rechtsprechung und Literatur zum BetrVG 24
1952 unbeanstandet benützt worden, um das verbindliche Einigungsverfahren zu bezeichnen (vgl. BAG 9. 5. 1958 AP BetrVG § 56 Wohlfahrtseinrichtungen Nr. 3, Bl. 2;
Richardi, Festgabe v. Lübtow 1970, S. 755; Bezeichnung als Zwangsausgleich *Nikisch*,
Bd. III S. 319). Für die Wahl des Begriffs ist ausschließlich maßgebend, dass überall dort,
wo bei Gesamtstreitigkeiten zwischen der Arbeitgeberseite und der Arbeitnehmerseite
keine Einigung erzielt wird, die Konfliktlösung entweder durch einen *Arbeitskampf* oder
eine *Zwangsschlichtung* erfolgt, wenn nicht das letzte Wort der Arbeitgeber haben soll.
Da für die betriebsverfassungsrechtliche Ordnung eine absolute Friedenspflicht als Ergänzung des Gebots zur vertrauensvollen Zusammenarbeit gilt, Arbeitgeber und Be-

triebsrat also keinen Arbeitskampf gegeneinander führen dürfen, wird die Einigungsstelle eingeschaltet, die bei Nichteinigung zwischen Arbeitgeber und Betriebsrat verbindlich entscheidet, wenn der Betriebsrat das Recht zur Mitentscheidung hat: An die Stelle des Arbeitskampfes tritt also im Rahmen der Betriebsverfassung die Zwangsschlichtung. Dieser Funktionszusammenhang wird rechtsdogmatisch verschleiert, wenn man auf den Begriff der Zwangsschlichtung verzichtet.

25 **Institution und Funktion der Einigungsstelle** sind **mit dem Grundgesetz vereinbar.** Soweit sie unter verfassungsrechtlichem Aspekt beanstandet werden (vgl. *Galperin,* Der Regierungsentwurf eines neuen Betriebsverfassungsgesetzes, 1971, S. 48 ff.; *H. Krüger,* Der Regierungsentwurf eines Betriebsverfassungsgesetzes vom 29. Januar 1971 und das Grundgesetz, 1971; *Obermayer,* DB 1971, 1715, 1719 ff.; vgl. dazu die Kritik von *Schwerdtner,* BlStSozArbR 1972, 33 ff.), werden die Bedenken vor allem damit begründet, dass die Kompetenz der Einigungsstelle erheblich erweitert wurde. Damit richten sie sich aber gegen die Erweiterung der Mitbestimmung. Deshalb geht es ausschließlich darum, ob und inwieweit der Gesetzgeber berechtigt ist, die Betriebsautonomie unter Einräumung einer paritätischen Beteiligung des Betriebsrats auszubauen. Hier bestehen nicht nur Grenzen gegenüber der durch Art. 12 Abs. 1 und 14 Abs. 1 GG gesicherten Privatautonomie des Unternehmens, sondern vor allem auch Schranken im Verhältnis zur Tarifautonomie (vgl. BVerfG 1. 3. 1979 E 50, 290, 372 f., 376 ff. = AP MitbestG § 1 Nr. 1). Nicht zuletzt ist auch die Regelungszuständigkeit des einzelnen Arbeitnehmers für Begründung und Inhalt seines Arbeitsverhältnisses durch Art. 12 Abs. 1 GG gegenüber den Betriebsparteien verfassungsrechtlich garantiert.

3. Regelungs- und Rechtsstreitigkeiten als Gegenstand des Einigungsverfahrens

26 a) Die Einigungsstelle hat innerhalb der Betriebsverfassung die Funktion einer **Schlichtungsstelle.** Da die Schlichtungsverordnung vom 30. 10. 1923 nicht nur für Tarifstreitigkeiten, sondern unter Einbeziehung der Betriebsverfassung generell für Gesamtstreitigkeiten galt, hat *Jacobi* (Grundlehren, S. 148 f.) die Unterscheidung in **Regelungsstreitigkeiten** und **Rechtsstreitigkeiten** vorgenommen, um durch diese Abgrenzung klarzustellen, dass Rechtsstreitigkeiten nicht zu den Gesamtstreitigkeiten i. S. des Schlichtungsverfahrens zählen. Um Regelungsstreitigkeiten, auch bloße Interessenstreitigkeiten genannt, handelt es sich, soweit es darum geht, was künftig rechtens sein *soll.* Bei Rechtsstreitigkeiten geht es dagegen um die Feststellung, was Rechtens *ist.* Im letzteren Fall liegt die Kompetenz zur Entscheidung bei den Arbeitsgerichten. Zum BetrVG 1952 wurde daher überwiegend die Auffassung vertreten, dass die Unterscheidung zwischen Regelungs- und Rechtsstreitigkeiten für die Abgrenzung der Zuständigkeit zwischen der Einigungsstelle und dem Arbeitsgericht jedenfalls im Grundsatz maßgebend ist (vgl. *Dietz,* § 50 Rn. 5). Doch konnten auch damals Rechtsfragen der Einigungsstelle im freiwilligen Verfahren vorgelegt werden (vgl. dazu *Dütz,* Gerichtliche Überprüfung, S. 32 ff.). Für die Kompetenz der Einigungsstelle im verbindlichen Verfahren hatte dagegen die Abgrenzung Bedeutung; denn hier war die Einigungsstelle nur bei Regelungsstreitigkeiten zuständig, während eine Rechtsstreitigkeit das Arbeitsgericht im Beschlussverfahren zu entscheiden hatte (vgl. dazu *Dütz,* S. 17 ff.).

27 Das Gesetz hat die **Kompetenz der Einigungsstelle im verbindlichen Einigungsverfahren** nicht nur erweitert, sondern auch in ihrer Struktur verändert. Der Einigungsstelle sind nicht nur Regelungsstreitigkeiten und bloße Interessenstreitigkeiten zur Zwangsschlichtung zugewiesen, sondern sie hat auch in Rechtsfragen zu entscheiden (vgl. dazu *Dütz,* DB 1972, 383, 384 ff.). Dabei geht es nicht nur um ihre Vorfragenkompetenz und die Bindung an Gesetz und Recht, soweit in Regelungsstreitigkeiten ihr Spruch die Einigung zwischen Arbeitgeber und Betriebsrat ersetzt, sondern überall dort, wo das Mitbestimmungsrecht kein Mitgestaltungs-, sondern nur ein Mitbeurteilungsrecht ein-

B. Rechtsnatur, Kompetenz und Funktion der Einigungsstelle § 76

räumt, hat der Spruch der Einigungsstelle den Charakter einer Rechtsentscheidung (ebenso *Dütz*, DB 1972, 383, 385; *Söllner*, FS 25 Jahre BAG 1979, S. 605, 616).

b) Der Umfang der **arbeitsgerichtlichen Kontrolle** hängt davon ab, ob die Einigungs- 28 stelle eine Regelungsentscheidung oder eine Rechtsentscheidung getroffen hat (ebenso BAG 11. 3. 1976 AP BetrVG 1972 § 95 Nr. 1; *Dütz*, DB 1972, 383, 388 f.; *Söllner*, FS 25 Jahre BAG 1979, S. 605, 616; a. A. *Rieble*, Kontrolle des Ermessens, S. 173 ff.; s. ausführlich Rn. 114 ff.).

4. Einlassungszwang

In den Fällen, in denen der Spruch der Einigungsstelle die Einigung zwischen Arbeit- 29 geber und Betriebsrat ersetzt, wird die Einigungsstelle auf **Antrag einer Seite** tätig (Abs. 5 Satz 1). Sie kann auch gegen den Willen der anderen Seite gebildet werden, indem der Antragsteller das Arbeitsgericht anruft, um den Vorsitzenden bestellen und die Zahl der Beisitzer festlegen zu lassen (Abs. 2 Satz 2 und Satz 3; s. Rn. 55 ff.). Benennt die andere Seite keine Mitglieder, so besteht die Einigungsstelle aus dem Vorsitzenden und den vom Antragsteller benannten Beisitzern (Abs. 5 Satz 2; s. Rn. 100).

5. Rechtswirkungen des Spruchs der Einigungsstelle

Der **Spruch** der Einigungsstelle **ersetzt** die **Einigung zwischen Arbeitgeber und Be-** 30 **triebsrat**. Er hat deshalb die gleiche Bedeutung wie die Einigung, die er ersetzen soll, d. h. soweit es sich um normative Bestimmungen handelt, hat er die Rechtswirkungen einer **Betriebsvereinbarung**.

Soweit die Einigungsstelle eine Rechtsentscheidung zu treffen hat, konkurriert ihre 31 Kompetenz mit der Zuständigkeit der Arbeitsgerichte. Nur wenn es sich um eine Rechtsstreitigkeit handelt, für die nach dem Gesetz das verbindliche Einigungsverfahren vorgesehen ist, also Streitgegenstand des Einigungsverfahrens eine Rechtsstreitigkeit ist, können Arbeitgeber und Betriebsrat sich nicht an das Arbeitsgericht wenden, bevor ein Spruch der Einigungsstelle vorliegt. Ein Antrag auf Entscheidung des Arbeitsgerichts ist wegen Fehlens der primären Zuständigkeit als unzulässig abzuweisen (ebenso *Leipold*, FS Schnorr v. Carolsfeld 1973, S. 273, 286). Die primäre Zuständigkeit der Einigungsstelle versperrt auch nicht endgültig den Rechtsschutz; denn der Spruch der Einigungsstelle unterliegt der arbeitsgerichtlichen Rechtskontrolle. Das Einigungsverfahren hat deshalb hier lediglich den Charakter eines außergerichtlichen Vorverfahrens (ebenso *Dütz*, AuR 1973, 353, 365).

Keine Beschränkung des Rechtswegs tritt für **Rechtsansprüche der einzelnen Arbeit-** 32 **nehmer** ein, auch soweit es sich um Fälle handelt, die in die Kompetenz der Einigungsstelle im Rahmen der Zwangsschlichtung fallen (Abs. 7). Das ist vor allem von Bedeutung, wenn ein Arbeitnehmer auf Erteilung des Urlaubs klagt oder gegen die Kündigung einer Werkmietwohnung vorgeht, weil hier wegen des Mitbestimmungsrechts des Betriebsrats auch eine Kompetenz der Einigungsstelle im Rahmen der Zwangsschlichtung besteht. Der Spruch der Einigungsstelle ist keine Prozessvoraussetzung für die Klage des einzelnen Arbeitnehmers (ebenso *Fitting*, § 76 Rn. 112; GL-*Löwisch*, § 76 Rn. 41; GK-*Kreutz*, § 76 Rn. 179; HSWGNR-*Worzalla*, § 76 Rn. 67).

6. Einstweiliger Rechts- und Interessenschutz

a) Die **Einigungsstelle** kann bei Maßnahmen, die der Natur der Sache nach keinen 33 Aufschub dulden, bis zur endgültigen Entscheidung eine **vorläufige Regelung** treffen (ebenso *Fitting*, § 76 Rn. 62; *Joost*, MünchArbR § 320 Rn. 71; *Olderog*, NZA 1985, 753, 759; *Küttner/Schmidt*, DB 1988, 704, 706; *Heinze*, RdA 1990, 262, 279). Zuständig ist auch für sie die Einigungsstelle in ihrer Gesamtheit; ein Alleinentscheidungsrecht des Vorsitzenden besteht nicht. Wird die vorläufige Regelung nicht befolgt, so kann ihre

§ 76

Durchsetzung im Rahmen eines einstweiligen Verfügungsverfahrens vor dem Arbeitsgericht erfolgen (ebenso *Olderog*, NZA 1985, 753, 758 f.).

34 b) Da die Einigungsstelle im Regelfall erst noch zu bilden sein wird, kann durch sie ein **einstweiliger Rechts- und Interessenschutz** nicht gewährleistet werden. Deshalb kann auf Antrag das **Arbeitsgericht im Beschlussverfahren** eine einstweilige Verfügung erlassen (§ 85 Abs. 2 ArbGG i. V. mit §§ 937, 940 ZPO). Das gilt nicht nur für Rechtsstreitigkeiten, weil das Einigungsverfahren insoweit lediglich ein außergerichtliches Vorverfahren darstellt (s. Rn. 31; ebenso *Dütz*, ZfA 1972, 247, 258 f.), sondern auch für Regelungsstreitigkeiten; denn für den einstweiligen Rechtsschutz ist unerheblich, ob ein Recht auf Mitbeurteilung oder Mitgestaltung besteht (ebenso LAG Frankfurt a. M., NJW 1979, 783; *Dütz*, ZfA 1972, 247, 265 ff.; *ders.*, AuR 1973, 353, 372; *Stege/Weinspach/ Schiefer*, § 87 Rn. 10; *Bischoff*, Einigungsstelle, S. 57; *Henssler*, FS Hanau 1999, S. 413, 430 f.; *Hanau*, BB 1972, 499, 501; *ders.*, RdA 1973, 281, 292; *Säcker*, ZfA-Sonderheft 1972, 41, 60; ausführlich *Worzalla*, Die Mitbestimmung des Betriebsrats nach § 87 BetrVG in Eil- und Notfällen, Diss. Münster 1992, S. 69 ff.; – a. A. ArbG Siegburg, DB 1975, 555; *Fitting*, § 76 Rn. 126; GL-*Löwisch*, § 87 Rn. 23; HSWGNR-*Worzella*, § 87 Rn. 31, 36 a; DKK-*Klebe*, § 87 Rn. 22; *Weiss/Weyand*, § 87 Rn. 8; *Joost*, MünchArbR § 232 Rn. 132 f.; *Simitis/Weiss*, DB 1973, 1240, 1244; *Brill*, BlStSozArbR 1975, 175, 179; *Heinze*, RdA 1990, 262, 279; s. auch § 87 Rn. 61). Die einstweilige Verfügung wird vom zuständigen Arbeitsgericht erlassen. Kann es rechtzeitig nicht mehr erreicht werden, so kann das Amtsgericht der Zwangsbereitschaft angerufen werden (§ 85 Abs. 2 ArbGG i. V. mit § 942 Abs. 1 ZPO; ebenso *Dütz*, ZfA 1972, 247, 252).

III. Kompetenz und Funktion der Einigungsstelle im Rahmen des freiwilligen Verfahrens

1. Überblick

35 Die Zuständigkeit der Einigungsstelle ist nicht nur auf Fälle beschränkt, in denen ihr Spruch die Einigung zwischen Arbeitgeber und Betriebsrat ersetzt, sondern es können ihr auch sonstige Meinungsverschiedenheiten zwischen Arbeitgeber und Betriebsrat, Gesamtbetriebsrat oder Konzernbetriebsrat vorgelegt werden. Jedoch wird sie in diesen Fällen nur tätig, wenn beide Seiten es beantragen oder mit ihrem Tätigwerden einverstanden sind, und ihr Spruch ersetzt die Einigung zwischen Arbeitgeber und Betriebsrat nur, wenn beide Seiten sich dem Spruch im Voraus unterwerfen oder ihn nachträglich angenommen haben (Abs. 6).

2. Gegenstand der Meinungsverschiedenheit

36 Der Einigungsstelle können **sämtliche Meinungsverschiedenheiten** unterbreitet werden, also nicht nur **Regelungsstreitigkeiten**, sondern auch **Rechtsstreitigkeiten**. Zum BetrVG 1952 ist zwar fast einhellig die Ansicht vertreten worden, dass die Einigungsstelle es ausschließlich mit Regelungsstreitigkeiten zu tun hat, während Rechtsfragen in die Zuständigkeit der Arbeitsgerichte fallen (*Dietz*, § 50 Rn. 5; *Nikisch*, Bd. III S. 320; *Nipperdey* in *Hueck/Nipperdey*, Bd. II/1 S. 767 jeweils mwN; dagegen *Dütz*, Gerichtliche Überprüfung, S. 32 ff.). Man war aber überwiegend der Ansicht, dass bei Meinungsverschiedenheiten über die Geschäftsführung des Betriebsrats, auch soweit es sich um Rechtsfragen handelt, die Einigungsstelle als außergerichtliche Vermittlungsstelle angerufen werden kann. Ausgeschlossen sei lediglich, dass die Beteiligten sich im Voraus dem Spruch unterwerfen, weil das für die Entscheidung dieser Fragen zuständige Beschlussverfahren nicht die Möglichkeit eines schiedsgerichtlichen Verfahrens kenne; man hielt es aber für zulässig, dass Arbeitgeber und Betriebsrat gemeinsam eine Rechtsfrage der Einigungsstelle unterbreiten und nachträglich deren Spruch annehmen (*Dietz*,

§ 50 Rn. 8; ähnlich *Nipperdey* in *Hueck/Nipperdey*, Bd. II/1 S. 770 Fn. 59; dagegen aber *Nikisch*, Bd. III S. 321).

Nachdem das Gesetz die Kompetenz der Einigungsstelle im Rahmen der Zwangsschlichtung eindeutig auf Rechtsfragen erweitert hat (s. Rn. 27), ist auch für das freiwillige Verfahren von einer Zuständigkeit der Einigungsstelle in Regelungs- und in Rechtsfragen auszugehen (ebenso BAG 20. 11. 1990 AP BetrVG 1972 § 76 Nr. 43; *Fitting*, § 76 Rn. 80; HSWGNR-*Worzalla*, § 76 Rn. 13; *Dütz*, AuR 1973, 353, 358). Die Bestimmungen über den Ausschluss der Schiedsgerichtsbarkeit nach §§ 4, 101 ff. ArbGG stehen nicht entgegen; insbesondere bestehen auch keine Bedenken dagegen, dass Arbeitgeber und Betriebsrat sich bereits im Voraus dem Spruch der Einigungsstelle unterwerfen (ebenso bereits zum BetrVG 1952: *Bötticher*, FS A. Hueck 1959, S. 149, 163, 173; ausführlich *Dütz*, Gerichtliche Überprüfung, S. 56 ff.).

3. Kein Einlassungszwang

Das Einigungsverfahren kann nur auf **Antrag beider Seiten** eingeleitet werden, Arbeitgeber und Betriebsrat müssen also damit einverstanden sein, dass für eine Meinungsverschiedenheit eine Einigungsstelle gebildet wird oder, wenn eine ständige Einigungsstelle besteht, diese mit der Streitigkeit befasst wird.

Wie das Verfahren nur auf Antrag beider Parteien eingeleitet werden kann, so kann es auch nur mit ihrer Zustimmung durchgeführt werden. Sie haben nicht nur das Recht, den Schiedsspruch abzulehnen, sondern sie können jederzeit dadurch, dass sie ihre Beisitzer zurückrufen, den weiteren Gang des Verfahrens abbrechen.

4. Rechtswirkungen des Spruchs der Einigungsstelle

Der Spruch der Einigungsstelle hat nur die Bedeutung eines **Vorschlags** und ist für die Parteien **nicht bindend**. Letzteres ist er nur, wenn beide Parteien ihn anerkennen oder sich ihm im Voraus unterworfen haben. Die Unterwerfung und die Annahme können formlos erklärt werden; § 77 Abs. 2 gilt nicht entsprechend (ebenso *Fitting*, § 76 Rn. 91). Die Unterwerfung kann auch generell in einer Betriebsvereinbarung erfolgen, soweit für bestimmte Meinungsverschiedenheiten die bindende Einigung der Einigungsstelle verabredet ist; dagegen ist es nicht möglich, da mit dem Sinn des freiwilligen Einigungsverfahrens nicht vereinbar, dass Arbeitgeber und Betriebsrat sich im Voraus für alle Meinungsverschiedenheiten dem Spruch einer Einigungsstelle unterwerfen (insoweit a. A. *Fitting*, § 76 Rn. 91 und *Weiss/Weyand*, § 76 Rn. 4, wenn dort ohne weitere Einschränkung festgestellt wird, dass durch Betriebsvereinbarung die Unterwerfung für alle oder bestimmte Fälle im Voraus erfolgen könne; wie hier aber GK-*Kreutz*, § 76 Rn. 78 f.). Handelt es sich um eine Rechtsstreitigkeit, so ist der Spruch der Einigungsstelle nur bindend, wenn die Parteien über den Gegenstand verfügen können (ebenso GK-*Kreutz*, § 76 Rn. 22).

C. Errichtung und Organisation der Einigungsstelle

I. Errichtung der Einigungsstelle

1. Bildung bei Bedarf

Eine **Einigungsstelle** ist **bei Bedarf zu bilden** (Abs. 1 Satz 1). Das Gesetz geht davon aus, dass sie jeweils erst dann errichtet wird, wenn eine Meinungsverschiedenheit entsteht und nicht durch Verhandlung zwischen Arbeitgeber und Betriebsrat (§ 74 Abs. 1) beigelegt wird. Gleiches gilt für eine Meinungsverschiedenheit zwischen Arbeitgeber und Gesamtbetriebsrat oder Konzernbetriebsrat. Durch Betriebsvereinbarung kann aber auch eine **ständige Einigungsstelle** errichtet werden (Abs. 1 Satz 2; s. ausführlich Rn. 74 ff.).

2. Einigungsverfahren zur Bildung der Einigungsstelle

42 Besteht für die Beilegung der Meinungsverschiedenheit keine ständige Einigungsstelle, so ist dem **Einigungsverfahren vor der Einigungsstelle** das **Einigungsverfahren zur Bildung der Einigungsstelle vorgeschaltet.** Kann die Einigungsstelle auf Antrag nur einer Seite tätig werden (Abs. 5 Satz 1), so kann die Einigungsstelle auch gegen den Willen der anderen Seite errichtet werden. Kann sie dagegen nur tätig werden, wenn beide Seiten es beantragen (Abs. 6), so kann sie auch nicht gegen den Willen einer Seite errichtet werden. Für das Errichtungsverfahren ist deshalb von Bedeutung, ob die Einigungsstelle die Kompetenz zur Zwangsschlichtung hat (s. Rn. 8 ff.) oder vom Betriebsrat angerufen werden kann (§ 112 Abs. 2 Satz 2) oder ob lediglich ein freiwilliges Einigungsverfahren durchgeführt wird (s. Rn. 35 ff.).

43 Die Einigungsstelle wird **von beiden Seiten,** dem Arbeitgeber und Betriebsrat bzw. **Gesamtbetriebsrat oder Konzernbetriebsrat, gebildet** (Abs. 2 Satz 1). Sofern sie für eine Meinungsverschiedenheit noch nicht errichtet ist, enthält deshalb der Antrag auf Entscheidung der Einigungsstelle die Aufforderung, sich an deren Bildung zu beteiligen. Die Einigungsstelle wird errichtet, indem Arbeitgeber und Betriebsrat gemeinsam die Zahl ihrer Mitglieder festlegen und den Vorsitzenden bestellen sowie jede Seite die auf sie fallenden Beisitzer benennt. Kommt über die Person des Vorsitzenden oder die Zahl der Mitglieder keine Einigung zustande, so kann ein Einigungsverfahren nur durchgeführt werden, wenn die Einigungsstelle auf Antrag einer Seite tätig werden kann. Nur in diesem Fall kann nämlich das Arbeitsgericht den Vorsitzenden bestellen und die Zahl der Beisitzer festlegen (Abs. 2 Satz 2 und Satz 3; s. ausführlich Rn. 55 ff.).

II. Zusammensetzung der Einigungsstelle

1. Mitgliederzahl

44 Die Einigungsstelle besteht aus einer **gleichen Anzahl von Beisitzern** des Arbeitgebers und des Betriebsrats und einem **unparteiischen Vorsitzenden** (Abs. 2 Satz 1). Sie hat deshalb stets eine ungerade Zahl von Mitgliedern. Eine Höchstzahl ist nicht vorgesehen.

2. Bestellung und persönliche Voraussetzungen der Beisitzer

45 a) Besondere Voraussetzungen sind für die **Person der Beisitzer** nicht aufgestellt; sie müssen insbesondere nicht Betriebsangehörige sein. Es können daher auch **Gewerkschaftsfunktionäre** oder **Vertreter eines Arbeitgeberverbandes,** und zwar ohne Rücksicht darauf, ob der Arbeitgeber dem betreffenden Arbeitgeberverband angehört, Beisitzer der Einigungsstelle sein (vgl. auch BAG 18. 4. 1967 AP BetrVG § 39 [1952] Nr. 7; 6. 4. 1973, 11. 5. 1976, 15. 12. 1978 und 14. 12. 1988 AP BetrVG 1972 § 76 Nr. 1, 3, 6 und 30). Der Arbeitgeber und Mitglieder des Betriebsrats können ebenfalls Beisitzer sein (ebenso ArbG Heilbronn, BB 1975, 329; GK-*Kreutz,* § 76 Rn. 47; HSWGNR-*Worzalla,* § 76 Rn. 37; *Nikisch,* Bd. III S. 325; *Nipperdey* in *Hueck/Nipperdey,* Bd. II/1 S. 766; *Bischoff,* Einigungsstelle, S. 76 f.; a. A. *Erdmann,* § 50 Rn. 2). Zulässig ist auch, dass die Verfahrensbevollmächtigten zugleich Beisitzer sind; eine derartige Personalunion ist aber möglichst zu vermeiden, weil sie bei Nichteinigung die Entscheidungskompetenz der Einigungsstelle faktisch auf ihren Vorsitzenden verlagert (vgl. auch *Pünnel,* AuR 1973, 257, 260).

46 b) Die **Auswahl** der Beisitzer obliegt allein dem Arbeitgeber und Betriebsrat (bzw. Gesamtbetriebsrat oder Konzernbetriebsrat). Jede Seite bestellt die auf sie entfallenden

Beisitzer. Der Betriebsrat bestellt seine Beisitzer durch Beschluss (§ 33; ebenso BAG 19. 8. 1992 AP BetrVG 1972 § 76 a Nr. 3).

Eine Ausnahme besteht nur in Betrieben der **Post-Aktiengesellschaften** für die Bildung einer Einigungsstelle in Personalangelegenheiten der Beamten; denn in diesem Fall werden die auf den Betriebsrat entfallenden Beisitzer von den Vertretern der Beamten im Betriebsrat bestellt (§ 30 Satz 1 PostPersRG). Sind Beamte im Betriebsrat nicht vertreten, so erfolgt die Bestellung vom Betriebsrat in seiner Gesamtheit; es muss sich aber unter den von ihm zu bestellenden Beisitzern mindestens ein Beamter befinden (§ 30 Satz 3 PostPersRG). 47

Der Bestellungsbeschluss des Betriebsrats muss den allgemeinen Wirksamkeitsvoraussetzungen eines Betriebsratsbeschlusses genügen (ebenso BAG 19. 8. 1992 AP BetrVG 1972 § 76 a Nr. 3). Die Einhaltung der für ihn geltenden Verfahrensvorschriften ist daher eine Wirksamkeitsvoraussetzung für den Bestellungsakt (vgl. auch *Hanau/Reitze*, FS Kraft 1998, S. 167, 171 ff., die wegen der Rechtsfolgen für die Wirksamkeit eines Einigungsstellenspruchs eine Anfechtungslösung entsprechend § 19 befürworten). 48

c) **Keine Partei** kann die **von der anderen Seite benannten Beisitzer ablehnen** (vgl. LAG Baden-Württemberg [Mannheim], DB 1961, 1034; LAG Düsseldorf [Köln], BB 1981, 733; *Fitting*, § 76 Rn. 10; GK-*Kreutz*, § 76 Rn. 47; HSWGNR-*Worzalla*, § 76 Rn. 38; DKK-*Berg*, § 76 Rn. 29; *Dütz*, AuR 1973, 353, 359). Dies gilt auch dann, wenn durch die **Heranziehung einer bestimmten Person** seitens des Betriebsrats **Kosten** entstehen (vgl. BAG 11. 5. 1976, 15. 12. 1978, 13. 1. 1981, 14. 1. 1983, 1. 12. 1983, 3. 5. 1984, 31. 7. 1986 und 14. 12. 1988 AP BetrVG 1972 § 76 Nr. 3, 6, 8, 12, 13, 15, 19 und 30; 24. 4. 1996 AP BetrVG 1972 § 76 Einigungsstelle Nr. 5). Deshalb kann der Arbeitgeber zwar nicht die *Benennung*, aber möglicherweise die *Honorierung* eines betriebsfremden Beisitzers ablehnen (s. § 76 a Rn. 20). Bei der Auswahl der Beisitzer hat jede Seite das Gebot der vertrauensvollen Zusammenarbeit zu beachten. Benannt werden kann auch, wer wegen persönlicher Betroffenheit vom Stimmrecht ausgeschlossen ist (ebenso GK-*Kreutz*, § 76 Rn. 47; *Fitting*, § 76 Rn. 10; a. A. *Schmitt*, NZA 1987, 78, 82 f.). 49

3. Bestellung und persönliche Voraussetzungen des Vorsitzenden

a) Der **Vorsitzende der Einigungsstelle** wird **von Arbeitgeber und Betriebsrat** – nicht durch die von ihnen benannten Beisitzer – **gemeinsam bestellt** (Abs. 2 Satz 1; ebenso *Fitting*, § 76 Rn. 16; GK-*Kreutz*, § 76 Rn. 50; HSWGNR-*Worzalla*, § 76 Rn. 39; *Bischoff*, Einigungsstelle, S. 79 f.; *Dütz*, AuR 1973, 353, 359; a. A. *G. Müller*, DB 1973, 431; wie hier aber *ders.*, FS Barz 1974, S. 489, 492). Arbeitgeber und Betriebsrat können die Auswahl des Vorsitzenden aber auch den von ihnen bestellten Beisitzern übertragen (ebenso GL-*Löwisch*, § 76 Rn. 9; GK-*Kreutz*, § 76 Rn. 50). 50

Kommt keine Einigung zustande, so bestellt den Vorsitzenden das Arbeitsgericht (Abs. 2 Satz 2). Gleiches gilt auch, wenn die Einigung nicht wirksam ist (s. zur Willensbildung des Betriebsrats auch Rn. 48). Im verbindlichen Einigungsverfahren genügt für die Bestellung des Arbeitsgerichts der Antrag einer Partei, während beim freiwilligen Einigungsverfahren beide Parteien den Antrag stellen müssen (s. ausführlich Rn. 55 ff.). 51

b) Der Vorsitzende muss **unparteiisch** sein. Einigen sich die Parteien über seine Person, so kommt darin zugleich zum Ausdruck, dass sie ihn für unparteiisch halten (ebenso *Fitting*, § 76 Rn. 16; GL-*Löwisch*, § 76 Rn. 10; GK-*Kreutz*, § 76 Rn. 51; *Nikisch*, Bd. III S. 325; *Nipperdey* in *Hueck/Nipperdey*, Bd. II/1 S. 766; *Jäcker*, Einigungsstelle, S. 25; *Lepke*, BB 1977, 49, 51). Sie können deshalb mit dieser Aufgabe auch einen Betriebsangehörigen betrauen. Bestellt dagegen das Arbeitsgericht den Vorsitzenden, weil eine Einigung über seine Person nicht zustande kommt (s. Rn. 55 ff.), so kann er regelmäßig kein Betriebsangehöriger sein. Da der Vorsitzende die Schlüsselfigur des Einigungsverfahrens ist, hat das Arbeitsgericht gerade auf die Unparteilichkeit sein besonderes Augenmerk zu richten. Es darf weder einen Repräsentanten des Arbeitgebers 52

§ 76 Einigungsstelle

noch der Arbeitnehmerschaft, grundsätzlich auch keinen Funktionär eines Arbeitgeberverbandes oder einer Gewerkschaft bestellen (ebenso *Fitting*, § 76 Rn. 17, 24; GL-*Löwisch*, § 76 Rn. 10; HSWGNR-*Worzalla*, § 76 Rn. 41 b; *Pünnel*, AuR 1973, 257, 259; *Leinemann*, AuR 1975, 22, 26).

53 Erweist der Vorsitzende sich während des Einigungsverfahrens als parteiisch, so kann er, auch wenn Arbeitgeber und Betriebsrat ihn gemeinsam bestellt hatten, nicht einseitig vom Arbeitgeber oder Betriebsrat abberufen werden (ebenso GK-*Kreutz*, § 76 Rn. 52; a. A. für Möglichkeit einer Kündigung aus wichtigem Grund bei gemeinsamer Bestellung GL-*Löwisch*, § 76 Rn. 15). Möglich ist aber, dass er wegen Besorgnis der Befangenheit abgelehnt wird; § 1032 i. V. mit §§ 42 ff. ZPO finden entsprechend Anwendung (s. Rn. 89).

54 c) **Weitere Voraussetzungen** sind für die Person des Vorsitzenden **nicht aufgestellt**. Es kann aber ermessensfehlerhaft sein, wenn das Arbeitsgericht einen Vorsitzenden bestellt, der nicht über die erforderlichen arbeitsrechtlichen Grundkenntnisse verfügt. Ein Richter darf gemäß § 98 Abs. 1 Satz 5 ArbGG nur dann zum Vorsitzenden der Einigungsstelle bestellt werden, wenn auf Grund der Geschäftsverteilung ausgeschlossen ist, dass er mit der Überprüfung, Auslegung oder der Anwendung des Spruchs der Einigungsstelle befasst wird. Befassung meint dabei nicht allein die spätere Entscheidung über die Wirksamkeit des Spruchs oder die Zuständigkeit der Einigungsstelle, sondern auch jeden mittelbaren Kontakt, wie insbesondere die Auslegung des Spruchs im Rahmen späterer Individualverfahren, was namentlich bei der Frage der Reichweite eines Sozialplans erhebliche Bedeutung erlangen kann. Deshalb sind regelmäßig sämtliche Richter des zuständigen Arbeits- und Landesarbeitsgerichts sowie des Bundesarbeitsgerichts ausgeschlossen. Ein Verstoß führt zur Unwirksamkeit des Spruchs der Einigungsstelle, sofern sich nicht die Betriebspartner im Laufe des Einigungsstellenverfahrens auf den bestellten Richter einigen (ebenso GMPM-*Matthes*, ArbGG, § 98 Rn. 27). Für einen Beamten oder Angestellten des öffentlichen Dienstes ist die Übernahme des Vorsitzes einer Einigungsstelle eine genehmigungspflichtige Nebentätigkeit, die Genehmigung aber keine Voraussetzung für die Wirksamkeit der Bestellung.

III. Kompetenz des Arbeitsgerichts bei Bildung einer Einigungsstelle (Bestellungsverfahren)

1. Unterscheidung zwischen verbindlichem und freiwilligem Einigungsverfahren

55 Kommt eine Entscheidung über die **Person des Vorsitzenden** nicht zustande, so bestellt ihn auf Antrag das Arbeitsgericht (Abs. 2 Satz 2). Dieses entscheidet auf Antrag auch, wenn kein Einverständnis über die **Zahl der Beisitzer** erzielt wird (Abs. 2 Satz 3). Im verbindlichen Einigungsverfahren genügt der Antrag einer Partei, während beim freiwilligen Einigungsverfahren beide Parteien den Antrag stellen müssen; denn nur wenn die Einigungsstelle auf Antrag einer Seite tätig werden kann, kann auch die Bildung der Einigungsstelle gegen den Willen der anderen Seite erzwungen werden. Deshalb ist es von Bedeutung, ob die Einigungsstelle in einem Fall tätig wird, in dem ihr Spruch die Einigung zwischen Arbeitgeber und Betriebsrat ersetzt.

2. Antragsberechtigung

56 Stellt **nur eine Seite** den **Antrag,** so muss sich aus ihm ergeben, ob die Einigungsstelle im verbindlichen Einigungsverfahren tätig werden soll. Den Antrag kann stellen, wer *materiell berechtigt* ist, die Einigungsstelle anzurufen.

57 In den Fällen, in denen der **Spruch der Einigungsstelle** die **Einigung zwischen Arbeitgeber und Betriebsrat ersetzt,** kann **grundsätzlich jede Seite,** sowohl der Arbeitgeber als

C. Errichtung und Organisation der Einigungsstelle § 76

auch der Betriebsrat, den Antrag stellen (ebenso beim Versuch eines Interessenausgleichs nach § 112 Abs. 2 Satz 2; s. dort Rn. 229). Das Gesetz hat jedoch in einigen Fällen ausschließlich einer Seite die Befugnis gegeben, für den Fall der Nichteinigung die Einigungsstelle anzurufen. In den Fällen des § 37 Abs. 6, Abs. 7 und des § 38 Abs. 2 kann nur der Arbeitgeber, bei einer Meinungsverschiedenheit nach § 85 nur der Betriebsrat sich an die Einigungsstelle wenden. In den übrigen Fällen können dagegen beide Betriebspartner die Einigungsstelle anrufen.

Eine **immanente Schranke** besteht, wenn ein **Mitbestimmungsrecht nur als Zustimmungsrecht**, nicht auch als Initiativrecht gestaltet ist: Das Gesetz lässt dem Arbeitgeber die Initiative bei der Einführung von Personalfragebogen, Formularverträgen und der Aufstellung allgemeiner Beurteilungsgrundsätze sowie in Betrieben bis zu 1000 Arbeitnehmern bei der Einführung von Auswahlrichtlinien; der Betriebsrat hat hier ein Mitbestimmungsrecht nur, wenn der Arbeitgeber sie einführt oder verwendet (§ 94 und § 95 Abs. 1), und erst dann kann bei einer Meinungsverschiedenheit der Betriebsrat die Einigungsstelle anrufen. Umgekehrt ist es der **Initiative des Betriebsrats** überlassen, während der Arbeitszeit **Sprechstunden einzurichten**, so dass ein Antragsrecht für den Arbeitgeber erst besteht, wenn dies geschehen ist, aber über Zeit und Ort der Sprechstunden keine Einigung erzielt wird (§ 39; ebenso *Dütz*, DB 1972, 383, 388). In **sozialen Angelegenheiten**, die nach § 87 mitbestimmungspflichtig sind, hat der Betriebsrat nicht nur ein Zustimmungsrecht, sondern **grundsätzlich auch ein Initiativrecht** (s. ausführlich § 87 Rn. 65 ff.). Aus der Abgrenzung des Mitbestimmungstatbestandes kann sich aber eine immanente Begrenzung des Initiativrechts ergeben, z.B. bei der Errichtung von Sozialeinrichtungen und Werkmietwohnungen (s. § 87 Rn. 70 ff.). 58

3. Frist und Form für die Anrufung des Arbeitsgerichts

a) Für die Anrufung der Einigungsstelle wird in der Regel keine **Frist** gesetzt. Lediglich bei der Auswahl der freizustellenden Mitglieder durch den Betriebsrat kann der Arbeitgeber die Einigungsstelle nur innerhalb einer Frist von zwei Wochen nach Bekanntgabe anrufen (§ 38 Abs. 2 Satz 6). Können Arbeitgeber und Betriebsrat sich nicht über die Bildung der Einigungsstelle verständigen, so muss der Arbeitgeber innerhalb dieser Frist den Antrag beim Arbeitsgericht stellen, den Vorsitzenden und die Zahl der Beisitzer zu bestimmen. 59

b) Das Gesetz hat für den Antrag keine besondere **Form** vorgeschrieben. Da das Arbeitsgericht aber auf Antrag nur einer Seite lediglich im **verbindlichen Einigungsverfahren** tätig werden kann, bedarf in diesem Fall der Antrag einer **Begründung** (ebenso GMPM-*Matthes*, ArbGG, § 98 Rn. 18). Es muss sich aus dem Antrag ergeben, worauf die Meinungsverschiedenheit sich bezieht und dass trotz einer Verhandlung zu ihrer Beilegung keine Einigung erzielt wurde. 60

4. Verfahren vor dem Arbeitsgericht

a) Das **Arbeitsgericht** entscheidet im **Beschlussverfahren** über die Bestellung des Vorsitzenden und die Zahl der Mitglieder der Einigungsstelle (§ 2a Abs. 1 Nr. 1, Abs. 2 i.V. mit §§ 80 ff., insbesondere § 98 ArbGG). Zuständig ist das Arbeitsgericht, in dessen Bezirk der Betrieb seinen Sitz hat, bei einer Meinungsverschiedenheit mit dem Gesamtbetriebsrat oder dem Konzernbetriebsrat das Arbeitsgericht, in dessen Bezirk das Unternehmen bzw. das herrschende Unternehmen des Konzerns seinen Sitz hat (§ 82 ArbGG). 61

b) Die Entscheidung obliegt dem **Vorsitzenden allein** (§ 98 Abs. 1 Satz 1 ArbGG). Gemeint ist nicht der dienstaufsichtführende Vorsitzende des Arbeitsgerichts, sondern der Vorsitzende der Kammer, die nach dem Geschäftsverteilungsplan über betriebsverfassungsrechtliche Streitigkeiten zu entscheiden hat (ebenso LAG Hamm, AP BetrVG 1972 § 112 Nr. 1; LAG Frankfurt a.M., AuR 1977, 216). 62

63 c) Die **Beteiligten** sind vom Arbeitsgericht **zu hören** (§ 98 Abs. 1 Satz 3 i. V. mit § 83 Abs. 3 ArbGG). Nur mit ihrem Einverständnis kann das Gericht ohne mündliche Verhandlung entscheiden (§ 83 Abs. 4 Satz 3 ArbGG).

64 d) Soll die **Einigungsstelle im verbindlichen Einigungsverfahren** tätig werden, so hat das Arbeitsgericht, wenn nur eine Seite den Antrag stellt, zu prüfen, ob ein Verhandlungs- und Einigungsversuch nach § 74 Abs. 1 Satz 2 unternommen wurde (s. dort Rn. 14). Dem Antrag fehlt das **Rechtsschutzbedürfnis,** wenn er ohne den Versuch, die Meinungsverschiedenheit gütlich beizulegen, gestellt wird. Der Verhandlungs- und Einigungsversuch kann aber noch während des arbeitsgerichtlichen Verfahrens nachgeholt werden (ebenso LAG Niedersachsen 7. 12. 1998 – 1 TaBV 74/98).

65 Wegen fehlender **Zuständigkeit der Einigungsstelle** zur Entscheidung im verbindlichen Einigungsverfahren kann ein Antrag nur zurückgewiesen werden, wenn die Einigungsstelle **offensichtlich unzuständig** ist (§ 98 Abs. 1 Satz 2 ArbGG. Mit der Zuständigkeit ist hier gemeint, ob die Einigungsstelle die Kompetenz zum Erlass eines bindenden Spruchs hat. Maßgebend ist daher insbesondere, ob die Meinungsverschiedenheit eine Angelegenheit betrifft, über die der Betriebsrat nach § 87 Abs. 1 mitzubestimmen hat. Ein Antrag ist deshalb bei einem Mitbestimmungsstreit wegen offensichtlicher Unzuständigkeit der Einigungsstelle nicht begründet, wenn sofort erkennbar ist, dass er sich nicht unter die mitbestimmungspflichtigen Angelegenheiten des BetrVG subsumieren lässt. Die Offensichtlichkeitsprüfung bezieht sich allein auf die Rechtsfrage, ob sich aus dem zu Grunde liegenden Sachverhalt ein Mitbestimmungsrecht ergibt. Die setzt voraus, dass die Tatsachen umfassend aufgeklärt werden, wozu ggf. auch eine Beweisaufnahme durchzuführen ist (ebenso LAG Düsseldorf, 21. 8. 1987, NZA 1988, 211; GMPM-*Matthes,* ArbGG, § 98 Rn. 21; *Clemenz,* FS ARGE 2006, S. 815, 829 f.; a. A. LAG Berlin 18. 2. 1980, AP ArbGG 1979 § 98 Nr. 1; vgl. auch LAG Berlin 22. 6. 1998, LAGE § 98 ArbGG 1979 Nr. 32). Die Bestellung eines Vorsitzenden ist zulässig, wenn nach dem Tatsachenvortrag des Antragstellers das Bestehen eines Mitbestimmungsrechts nicht offensichtlich ausgeschlossen werden kann (so bei einer angestrebten Betriebsvereinbarung zum Thema Mobbing LAG München 20. 10. 2005 – 4 TaBV 61/05).

66 e) Die **Entscheidung** erfolgt **in der Form eines Beschlusses** (§ 98 Abs. 1 Satz 3 i. V. mit § 84 ArbGG). Wer zum Vorsitzenden der Einigungsstelle bestellt wird und wieviel Beisitzer ihr angehören, liegt im pflichtgemäßen Ermessen des Arbeitsgerichts. Die Überschreitung der Zahl von zwei Beisitzern bedarf allerdings einer besonderen Begründung, z. B. wegen der Komplexität des Regelungsgegenstands.

67 f) Gegen den **Beschluss über die Bestellung der Einigungsstelle** findet die **Beschwerde** an das Landesarbeitsgericht statt (§ 98 Abs. 2 Satz 1 ArbGG). Die Beschwerde ist innerhalb einer Frist von zwei Wochen nach Zustellung des Beschlusses einzulegen und zu begründen (§ 98 Abs. 2 Satz 2 ArbGG). Auch über sie entscheidet, wie § 98 Abs. 2 Satz 3 ArbGG klarstellt, an Stelle der Kammer des Landesarbeitsgerichts der Vorsitzende, d. i. nicht der Präsident des Landesarbeitsgerichts, sondern der Vorsitzende der nach dem Geschäftsverteilungsplan zuständigen Kammer des Landesarbeitsgerichts (ebenso LAG Hamm, AP BetrVG 1972 § 112 Nr. 1). Die **Rechtsbeschwerde** zum Bundesarbeitsgericht findet **nicht** statt (§ 98 Abs. 2 Satz 4 ArbGG).

68 Soweit gegen sonstige Entscheidungen des Arbeitsgerichts die Beschwerde stattfindet (§ 83 Abs. 5 i. V. mit § 78 ArbGG), gilt § 98 Abs. 2 Satz 3 ArbGG insoweit entsprechend, als auch in diesen Fällen unabhängig davon, ob eine mündliche Verhandlung stattfindet, der Vorsitzende der zuständigen Kammer des Landesarbeitsgerichts allein entscheidet.

69 g) Einigen die Beteiligten sich während des Verfahrens auf die Bestellung der Einigungsstelle, so **erledigt** sich das **Beschlussverfahren.** Bei übereinstimmender Erledigungserklärung ist es vom Vorsitzenden des Arbeitsgerichts einzustellen (§ 83a Abs. 2 und 3

C. Errichtung und Organisation der Einigungsstelle　　　　　　　　　§ 76

ArbGG). Bei einseitiger Erledigungserklärung hat das Arbeitsgericht über den Antrag durch Beschluss zu entscheiden.

h) Das **Verfahren** ist, wenn das Arbeitsgericht einen **Vorsitzenden bestellt, erst beendet,** wenn dieser sein Amt durch **Erklärung gegenüber dem Arbeitsgericht** annimmt (ebenso GK-*Kreutz*, § 76 Rn. 75, 85). Die Beteiligten können ihn auch durch übereinstimmende Erklärung nicht ablehnen, sondern lediglich durch gemeinsame Bestellung eines anderen Vorsitzenden ersetzen. Eine Abberufung durch das Arbeitsgericht ist in diesem Fall nicht erforderlich; denn durch die Ersetzung wird die Bestellung durch das Arbeitsgericht hinfällig (ebenso *Fitting*, § 76 Rn. 25; GL-*Löwisch*, § 76 Rn. 15; GK-*Kreutz*, § 76 Rn. 74). Können die Beteiligten sich nicht einigen, so kommt in Betracht, dass eine Betriebspartei den Vorsitzenden wegen Besorgnis der Befangenheit ablehnt (s. Rn. 89). 70

5. Beschlussverfahren über die Zuständigkeit der Einigungsstelle

a) Während des Beschlussverfahrens über die Bestellung der Einigungsstelle kann ein Beschlussverfahren über die Zuständigkeit der Einigungsstelle anhängig gemacht werden. Eine **Aussetzung des Bestellungsverfahrens** bis zum rechtskräftigen Abschluss dieses Beschlussverfahrens ist aber **nicht zulässig** (BAG 22. 10. 1981 und 24. 11. 1981 AP BetrVG 1972 § 76 Nr. 10 und 11; 25. 4. 1989 AP ArbGG § 98 Nr. 3; *Fitting*, § 76 Rn. 23; GK-*Kreutz*, § 76 Rn. 72; a. A. vor allem *Dütz*, AuR 1973, 353, 368; *Gaul*, ZfA 1979, 97, 117). § 148 ZPO findet keine Anwendung; denn das Aussetzungsrecht ist nicht mit dem Zweck des § 98 Abs. 1 ArbGG vereinbar, das Bestellungsverfahren beschleunigt durchzuführen. 71

b) Der **Beschluss über die Bestellung der Einigungsstelle** hat für einen Rechtsstreit, ob die Einigungsstelle im verbindlichen Einigungsverfahren zuständig ist, **keine präjudizielle Wirkung** (ebenso BAG 25. 4. 1989 AP ArbGG 1979 § 98 Nr. 3). Eine rechtskräftige Abweisung des Antrags lässt daher in einem Mitbestimmungsstreit nicht das Rechtsschutzinteresse des Betriebsrats an der Feststellung des umstrittenen Mitbestimmungsrechts entfallen. Bei einem rechtskräftigen Obsiegen kann, wenn dennoch keine Einigung über die Bildung einer Einigungsstelle zustande kommt, erneut die Bestellung eines Einigungsstellenvorsitzenden und die Festlegung der Mitgliederzahl im Verfahren nach § 98 ArbGG beantragt werden (ebenso BAG a. a. O.). 72

6. Errichtung der Einigungsstelle bei Zuständigkeit im verbindlichen Einigungsverfahren

Die Einigungsstelle ist errichtet, kann also angerufen werden, sobald der Vorsitzende bestellt und wenigstens eine Seite die auf sie entfallenden Beisitzer benannt hat. Denn benennt die andere Seite keine Mitglieder, so entscheiden der Vorsitzende und die erschienenen Mitglieder im verbindlichen Einigungsverfahren allein (Abs. 5 Satz 2; s. Rn. 100). 73

IV. Errichtung einer ständigen Einigungsstelle

1. Abgrenzung von anderen Einrichtungen

Durch **Betriebsvereinbarung** kann eine **ständige Einigungsstelle** errichtet werden (Abs. 1 Satz 2). Die Einigungsstelle als Dauereinrichtung kann insbesondere bei größeren Betrieben in Betracht kommen. Sie darf nicht mit einem gemeinsamen Ausschuss i. S. des § 28 Abs. 2 verwechselt werden, deren Mitglieder vom Betriebsrat und vom Arbeitgeber benannt werden und dem bestimmte Aufgaben zur selbständigen Erledigung 74 übertragen werden können, z. B. die Festsetzung der Akkordsätze, die nach § 87 Abs. 1 Nr. 11 dem Mitbestimmungsrecht des Betriebsrats unterliegt.

75 Keine Einigungsstelle liegt vor, wenn durch Betriebsvereinbarung eine betriebliche Schiedsstelle errichtet wird, die abweichend von Abs. 2 Satz 1 zusammengesetzt ist (ebenso BAG 19. 5. 1978 AP BetrVG 1972 § 88 Nr. 1). Nur für das Beschwerdeverfahren kann durch Tarifvertrag oder Betriebsvereinbarung bestimmt werden, dass an die Stelle der Einigungsstelle eine **betriebliche Beschwerdestelle** tritt (§ 86 Satz 2). Außerdem kann durch Tarifvertrag bestimmt werden, dass an die Stelle der Einigungsstelle eine **tarifliche Schlichtungsstelle** tritt (Abs. 8; s. Rn. 146 ff.).

2. Funktion und Zuständigkeit einer ständigen Einigungsstelle

76 Die ständige Einigungsstelle tritt **lediglich an die Stelle einer bei Bedarf zu bildenden Einigungsstelle.** Sie hat wie sie die gleiche Funktion im Einigungsverfahren. Deshalb ist auch für das Verfahren vor der ständigen Einigungsstelle von Bedeutung, ob es sich um ein verbindliches oder ein freiwilliges Einigungsverfahren handelt.

77 Eine ständige Einigungsstelle kann für **alle Meinungsverschiedenheiten** zwischen Arbeitgeber und Betriebsrat errichtet werden. Doch ist zulässig und empfiehlt sich, sie nur für **bestimmte Streitigkeiten** zu bilden.

78 Die ständige Einigungsstelle kann von einer Seite nur angerufen werden, wenn ihr Spruch die Einigung zwischen Arbeitgeber und Betriebsrat ersetzt (Abs. 5 Satz 1; s. Rn. 8 ff.). Im Übrigen wird sie nur tätig, wenn beide Seiten es beantragen oder mit ihrem Tätigwerden einverstanden sind (Abs. 6 Satz 1). Wenn aber die Betriebsvereinbarung mit der Errichtung der ständigen Einigungsstelle zugleich deren Zuständigkeit auf bestimmte Meinungsverschiedenheiten erstreckt, die in das freiwillige Einigungsverfahren fallen, ist eine Unterwerfung unter das Einigungsverfahren insoweit anzunehmen, als die ständige Einigungsstelle von einer Seite angerufen werden kann. Daraus folgt aber nicht, dass ihr Spruch die Einigung zwischen Arbeitgeber und Betriebsrat ersetzt, sondern insoweit ist erforderlich, dass beide Seiten sich für den konkreten Fall ihm im Voraus unterworfen haben.

3. Zusammensetzung der ständigen Einigungsstelle

79 Für die Zusammensetzung der ständigen Einigungsstelle gilt Gleiches wie für eine Einigungsstelle, die erst bei Bedarf zu bilden ist (s. Rn. 44 ff.). Die Betriebsvereinbarung muss die Zahl der Mitglieder festlegen und die Person des Vorsitzenden bestimmen, während die Auswahl der Beisitzer von jeder Seite selbständig getroffen wird.

V. Ersatzmitglieder

80 Arbeitgeber und Betriebsrat, aber auch das Arbeitsgericht können für den Vorsitzenden eine oder mehrere Ersatzpersonen bestellen, die bei Wegfall des Vorsitzenden den Vorsitz übernehmen. Für die Beisitzer kann jede Seite ebenfalls Ersatzmitglieder bestimmen und festlegen, in welcher Reihenfolge sie die Funktion eines Beisitzers der Einigungsstelle übernehmen. Ausgeschlossen ist lediglich, dass nur für eine Sitzung und jeweils erst vor deren Beginn bestimmt wird, wer Beisitzer ist, weil in diesem Fall nicht mehr gewährleistet ist, dass das Verfahren vor der Einigungsstelle ordnungsgemäß durchgeführt wird.

D. Verfahren vor der Einigungsstelle

I. Verfahrensgrundsätze

1. Antrag

Das **Verfahren vor der Einigungsstelle** kann **nur auf Antrag** eingeleitet werden. In den 81 Fällen, in denen der Spruch der Einigungsstelle die Einigung zwischen Arbeitgeber und Betriebsrat ersetzt (s. ausführlich Rn. 8 ff.), genügt der Antrag einer Partei (Abs. 5 Satz 1). Grundsätzlich kann jede Seite, sowohl der Arbeitgeber als auch der Betriebsrat, den Antrag stellen (s. Rn. 57 f.). In den sonstigen Fällen wird dagegen die Einigungsstelle nur tätig, wenn beide Seiten es beantragen oder mit ihrem Tätigwerden einverstanden sind (Abs. 6 Satz 1).

Der Antrag ist an den Vorsitzenden der Einigungsstelle zu richten. Er kann im 82 verbindlichen Einigungsverfahren gestellt werden, sobald der Vorsitzende bestellt ist und die das Verfahren betreibende Partei die auf sie entfallenden Beisitzer benannt hat (ebenso GK-*Kreutz*, § 76 Rn. 74). Der Antrag muss die Meinungsverschiedenheit benennen und Vorschläge zu ihrer Beilegung enthalten.

2. Verfahrensablauf

a) Das **Verfahren vor der Einigungsstelle** wird **im BetrVG nur unvollkommen geregelt.** 83 Abs. 3 ordnet lediglich an, dass die Einigungsstelle unverzüglich tätig zu werden hat (Satz 1), und schreibt die mündliche Beratung, die Abstimmung durch den Spruchkörper, den Abstimmungsmodus und die Niederlegung sowie Zuleitung der Beschlüsse vor (Satz 2 bis 4). Die Einigungsstelle bestimmt deshalb selbst über das von ihr einzuhaltende Verfahren (ebenso BAG 18. 4. 1989 AP BetrVG 1972 § 87 Arbeitszeit Nr. 34; 18. 1. 1994 AP BetrVG 1972 § 76 Nr. 51). Durch **Betriebsvereinbarung** können aber **Einzelheiten des Verfahrens geregelt** werden (Abs. 4).

Der dadurch den Betriebspartnern bzw. der Einigungsstelle eingeräumte **Freiraum zur** 84 **Gestaltung des Verfahrensablaufs** ist jedoch nicht unbeschränkt, sondern ist durch **allgemein anerkannte elementare Verfahrensgrundsätze** begrenzt (vgl. BAG 18. 4. 1989 AP BetrVG 1972 § 87 Arbeitszeit Nr. 34; 18. 1. 1994 AP BetrVG 1972 § 76 Nr. 51). Diese Grundsätze sind einerseits aus dem Rechtsstaatsgebot des Grundgesetzes (Art. 20 Abs. 1 und 3, Art. 28 Abs. 1) und andererseits auch aus der Funktion der Einigungsstelle als eines Organs, das normative Regelungen erzeugt, abzuleiten (so BAG a. a. O.).

b) Zu den **Sitzungen** hat der Vorsitzende die Mitglieder der Einigungsstelle und die 85 Beteiligten **unverzüglich,** d. h. ohne schuldhaftes Zögern (§ 121 BGB), **zu laden.** Die Beisitzer sind in dieser Funktion keine Vertreter des Arbeitgebers oder des Betriebsrats (vgl. BAG 27. 6. 1995 AP BetrVG 1972 § 76 Einigungsstelle Nr. 1). Hat im verbindlichen Einigungsverfahren eine Seite ihre Mitglieder noch nicht benannt, so hat der Vorsitzende mit der Ladung sie aufzufordern, dies nachzuholen, weil anderenfalls die Einigungsstelle in der Besetzung des Vorsitzenden und der erschienenen Mitglieder auch nur einer Seite allein entscheiden kann (s. Rn. 100).

c) Die Einigungsstelle muss beiden Parteien **Gehör gewähren,** d. h. jeder die Möglich- 86 keit geben, ihre Ansicht vorzutragen und Vorschläge zur Beilegung der Meinungsverschiedenheit zu machen (ebenso BAG 11. 2. 1992 AP BetrVG 1972 § 76 Nr. 50; *Fitting*, § 76 Rn. 46; GL-*Löwisch*, § 76 Rn. 27; GK-*Kreutz*, § 76 Rn. 100; DKK-*Berg*, § 76 Rn. 62; *Joost*, MünchArbR § 232 Rn. 35; *Hanau/Reitze*, FS Kraft 1998, S. 167, 176 f.). Vorgeschrieben ist lediglich, dass die Einigungsstelle ihre Beschlüsse nach mündlicher Beratung fasst (Abs. 3 Satz 2). Deshalb ist möglich, dass die Beteiligten sich nur schriftlich äußern, die Einigungsstelle also ohne mündliche Verhandlung entscheidet (ebenso

§ 76

GK-*Kreutz*, § 76 Rn. 101; ErfK-*Kania*, § 76 Rn. 18; HSWGNR-*Worzalla*, § 76 Rn. 44; *Hanau/Reitze*, FS Kraft 1998, S. 167, 177; *Dütz*, AuR 1973, 353, 363; a. A. DKK-*Berg*, § 76 Rn. 62; *Pünnel*, AuR 1973, 257, 261). In der Regel ist aber allein die mündliche Anhörung der Parteien angemessen (ebenso *Kreutz*, a. a. O.; *Hanau/Reitze*, a. a. O., S. 177 f.).

87 Die Parteien, denen Gehör zu gewähren ist, sind die **Betriebspartner** selbst. Es genügt also nicht, dass nur den Mitgliedern der Einigungsstelle rechtliches Gehör gewährt wird (so aber BAG 11. 2. 1992 AP BetrVG 1972 § 76 Nr. 50; wie hier GK-*Kreutz*, § 76 Rn. 100; DKK-*Berg*, § 76 Rn. 62; *Joost*, MünchArbR § 232 Rn. 36; *Hanau/Reitze*, FS Kraft 1998, S. 167, 176 f.). Die Parteien sind berechtigt, sich vertreten zu lassen, weil die Einigungsstelle auch über Rechtsfragen mitentscheidet (ebenso BAG 5. 11. 1981 AP BetrVG 1972 § 76 Nr. 9; GK-*Kreutz*, § 76 Rn. 102; GL-*Löwisch*, § 76 Rn. 26; HSWGNR-*Worzalla*, § 76 Rn. 44; *Pünnel/Isenhardt*, Einigungsstelle, Rn. 53, 70 ff.; *Dütz*, AuR 1973, 353, 363).

88 d) Das Verfahren vor der Einigungsstelle ist **parteiöffentlich** (ebenso BAG 18. 1. 1994 AP BetrVG 1972 § 76 Nr. 51; *Fitting*, § 76 Rn. 49; GK-*Kreutz*, § 76 Rn. 106; weitergehend für Öffentlichkeit DKK-*Berg*, § 76 Rn. 64; a. A. *Hanau/Reitze*, FS Kraft 1998, S. 167, 178 f.). Die mögliche Beratung und Beschlussfassung erfolgt aber in Abwesenheit der Betriebsparteien (s. Rn. 97).

89 e) Zu den allgemein anerkannten elementaren Verfahrensgrundsätzen gehört der Anspruch auf einen **unparteiischen Entscheidungsträger**. Der Vorsitzende der Einigungsstelle kann deshalb wegen **Besorgnis der Befangenheit** abgelehnt werden, wenn sich während des Verfahrens Anhaltspunkte für seine Parteilichkeit ergeben (ebenso BAG 9. 5. 1995 und 11. 9. 2001 AP BetrVG 1972 § 76 Einigungsstelle Nr. 2 und 15; ausführlich *Bertelsmann*, FS Wißmann 2005, S. 230 ff.). Da die Position des Vorsitzenden derjenigen eines Schiedsrichters im schiedsgerichtlichen Verfahren entspricht, hält das BAG eine entsprechende Anwendung der Vorschriften des schiedsgerichtlichen Verfahrens für geboten (BAG a. a. O.). Über die Ablehnung befindet die Einigungsstelle. Der Vorsitzende ist von der Teilnahme an der Beschlussfassung ausgeschlossen. Den Befangenheitsantrag können nur die Betriebsparteien selbst und nicht in ihrer Vertretung die in die Einigungsstelle entsandten Beisitzer stellen (ebenso BAG 29. 1. 2002 AP BetrVG 1972 § 76 Einigungsstelle Nr. 19). Lässt die Einigungsstelle einen Befangenheitsantrag gegen den Vorsitzenden unberücksichtigt, indem sie gleich zur Sache abstimmt, so liegt ein Verfahrensfehler vor, der zur Unwirksamkeit des Einigungsstellenspruchs führt (so LAG Köln 23. 1. 1997 AP BetrVG 1972 § 76 Einigungsstelle Nr. 6). Die Beteiligung des Vorsitzenden an der Abstimmung über den Befangenheitsantrag ist dagegen kein wesentlicher Verfahrensmangel, wenn feststeht, dass sie auf das Ergebnis im Abstimmungsverfahren einen Einfluss hatte (vgl. BAG 11. 9. 2001 AP BetrVG 1972 § 76 Einigungsstelle Nr. 15).

3. Verhandlungs- und Untersuchungsgrundsatz

90 Die Parteien sind aus ihrer Pflicht zur Zusammenarbeit (§ 2 Abs. 1) gebunden, der Einigungsstelle die **erforderlichen Unterlagen** zur Verfügung zu stellen.

91 Die Einigungsstelle kann **Beweise** erheben, insbesondere **Zeugen** und **Sachverständige** vernehmen (ebenso *Fitting*, § 76 Rn. 44; GK-*Kreutz*, § 76 Rn. 103; GL-*Löwisch*, § 76 Rn. 28; HSWGNR-*Worzalla*, § 76 Rn. 45). Ihr steht aber **kein Zwangsmittel** zu, weder gegenüber den Parteien noch gegenüber anderen Personen (ebenso *Fitting*, § 76 Rn. 45; GK-*Kreutz*, § 76 Rn. 104; weiterhin *Löwisch* und *Worzalla*, jeweils a. a. O.). Es besteht also keine Zeugnispflicht, eidliche Vernehmung ist ausgeschlossen, ebenso die Entgegennahme von eidesstattlichen Erklärungen. Die Einigungsstelle kann auch nicht ein Gericht um Zeugenvernehmung ersuchen. Die Vorschriften über das Schiedsgerichtsverfahren finden keine entsprechende Anwendung.

D. Verfahren vor der Einigungsstelle § 76

Die **Möglichkeiten der Einigungsstelle** reichen **nicht weiter als die Rechte der Betriebspartner** (so zutreffend *Joost,* MünchArbR § 232 Rn. 40). Da die Einigungsstelle auch ihnen gegenüber keine Zwangsmittel einsetzen kann, hängt die Aufklärung des für die Entscheidung erheblichen Sachverhalts von ihrer Mitwirkung ab. Deshalb trifft es nicht zu, dass die Einigungsstelle den Sachverhalt von Amts wegen aufzuklären hat (so aber *Fitting,* § 76 Rn. 44; DKK-*Berg* § 76 Rn. 69). Es ist aber auch nicht richtig, wenn man daraus ableitet, dass für die Einigungsstelle der Verhandlungsgrundsatz gelte (so *Joost,* MünchArbR § 232 Rn. 41). Die Einigungsstelle ist bei ihren Ermittlungen nicht daran gebunden, dass eine Betriebspartei entsprechende Beweisanträge stellt. Das gilt jedenfalls, soweit die Einigungsstelle im verbindlichen Einigungsverfahren tätig wird. 92

4. Mitwirkung der Betriebspartner bei der Durchführung des Einigungsverfahrens

a) Soweit das Verfahren nur auf **Antrag beider Parteien** eingeleitet werden kann, kann es auch **nur mit ihrer Zustimmung durchgeführt** werden. Sie haben nicht nur das Recht, den Spruch der Einigungsstelle abzulehnen, sondern sie können jederzeit dadurch, dass sie ihre Beisitzer zurückrufen, den weiteren Gang des Verfahrens abbrechen. 93

b) Kann dagegen die Einigungsstelle auf **Antrag einer Partei** tätig werden, so kann das Verfahren auch ohne **Zustimmung der anderen Seite durchgeführt** und abgeschlossen werden. Aber auch im verbindlichen Einigungsverfahren besteht jederzeit die Möglichkeit, dass die Parteien sich einigen und damit das Verfahren vor der Einigungsstelle erledigen. 94

Der Antragsteller kann seinen **Antrag** jederzeit **zurücknehmen.** Das Verfahren wird dadurch aber nur beendet, wenn nicht auch die Gegenseite die Einigungsstelle anrufen kann (s. Rn. 57 f.). Wenn nämlich wie im Regelfall jede Seite den Antrag stellen kann, muss auch der Antragsgegner zustimmen. 95

II. Beschlussfassung

1. Notwendigkeit mündlicher Beratung

Die Einigungsstelle fasst ihre Beschlüsse **nach mündlicher Beratung** (Abs. 3 Satz 2). Eine Entscheidung im Umlaufverfahren oder durch schriftliches Votum ist ausgeschlossen. Die Mitglieder der Einigungsstelle müssen vielmehr bei der der Entscheidung vorausgehenden Beratung anwesend sein (ebenso *Fitting,* § 76 Rn. 50; GK-*Kreutz,* § 76 Rn. 108; *Bischoff,* Einigungsstelle, S. 86; *Jäcker,* Einigungsstelle, S. 122, 128). 96

Beratung und Beschlussfassung erfolgen in **Abwesenheit der Betriebsparteien.** Ein Verstoß führt zur Unwirksamkeit des Einigungsstellenspruchs (ebenso BAG 18. 1. 1994 AP BetrVG 1972 § 76 Nr. 51). Ein Protokollführer, der nicht der Einigungsstelle angehört, darf sich an der Beratung nicht beteiligen (ebenso *Joost,* MünchArbR § 232 Rn. 46); gegen seine Anwesenheit bestehen aber keine Bedenken, wenn er sich auf die Protokollführung beschränkt (ebenso *Fitting,* § 76 Rn. 50; GK-*Kreutz,* § 76 Rn. 106; *Heinze,* RdA 1990, 262, 273). 97

2. Stimmenmehrheit

a) Die Einigungsstelle fasst ihre Beschlüsse mit **Stimmenmehrheit** (Abs. 3 Satz 2). Notwendig ist, dass ihr **Spruch in seiner Gesamtheit** von der Mehrheit der Mitglieder getragen wird (vgl. BAG 18. 4. 1989 AP BetrVG 1972 § 87 Arbeitszeit Nr. 34). 98

Stimmenmehrheit bedeutet, dass die Entscheidung die **Zustimmung der Mehrheit der Mitglieder** der Einigungsstelle gefunden haben muss (ebenso BAG 18. 4. 1989 AP BetrVG 1972 § 87 Arbeitszeit Nr. 34; GK-*Kreutz,* § 76 Rn. 109; *Weiss/Weyand,* § 76 99

Rn. 10; *Bischoff,* Einigungsstelle, S. 89 ff.). Daraus folgt aber nicht, dass die Einigungsstelle nur **beschlussfähig** ist, wenn alle Mitglieder anwesend sind (a. A. *Fitting,* § 76 Rn. 51; GK-*Kreutz,* § 76 Rn. 109; ErfK-*Kania,* § 76 Rn. 19).

100 b) Benennt im **verbindlichen Einigungsverfahren** eine Seite keine Mitglieder oder bleiben die von einer Seite genannten Mitglieder trotz rechtzeitiger Einladung der Sitzung fern, so entscheiden der **Vorsitzende** und die **erschienenen Mitglieder nach Maßgabe des Abs. 3** allein (Abs. 5 Satz 2). Trotz des missglückten Gesetzestextes bedeutet Stimmenmehrheit auch hier nicht Mehrheit der Stimmen der *erschienenen* Mitglieder (a. A. *Weiss/Weyand,* § 76 Rn. 16), sondern gemeint ist, dass die Einigungsstelle auch ohne Mitwirkung der Partei, gegen die das verbindliche Einigungsverfahren betrieben wird, funktionsfähig ist. Dadurch wird mittelbar ein Einlassungszwang begründet. Die Einigungsstelle ist also im verbindlichen Einigungsverfahren ordnungsgemäß zusammengesetzt, wenn der Vorsitzende bestellt und der Antragsteller die auf ihn entfallenden Beisitzer benannt hat. Benennt die andere Seite keine Mitglieder oder bleiben alle von ihr benannten Mitglieder trotz rechtzeitiger Einladung der Sitzung fern, so bestimmt die Stimmenmehrheit sich nach der *Zahl der von der betreibenden Seite benannten Beisitzer einschließlich des Vorsitzenden* der Einigungsstelle; erscheinen aber die von der anderen Seite benannten Mitglieder zwar nicht vollständig, aber teilweise, so sind sie bei der Feststellung der Stimmenmehrheit mitzuzählen (a. A. *Bischoff,* Einigungsstelle, S. 95 ff., der auch die nicht benannten bzw. nicht erschienenen Beisitzer mitzählt, damit aber für Abs. 5 Satz 2, wenn eine Seite keine Mitglieder benennt oder diese nicht erscheinen, im Ergebnis Einstimmigkeit verlangt).

3. Stimmabgabe

101 a) In Anlehnung an § 4 Abs. 3 Satz 2 HAG wird bestimmt, dass der **Vorsitzende** sich bei der Beschlussfassung **zunächst der Stimme zu enthalten** hat (Abs. 3 Satz 3). Das gilt auch, wenn die Einigungsstelle nach Abs. 5 Satz 2 nicht voll besetzt ist; denn dort ist ausdrücklich angeordnet, dass die Entscheidung nach Maßgabe des Abs. 3 erfolgt (ebenso HSWGNR-*Worzalla,* § 76 Rn. 47; *Jäcker,* Einigungsstelle, S. 133 f.; *Gaul,* Einigungsstelle, K III 16; *Brill,* BB 1972, 178, 179). Aus der Zweckbestimmung des Abs. 3 Satz 3 folgt, dass er nur für Sachentscheidungen gilt, nicht für bloß verfahrensleitende Beschlüsse (so zutreffend GK-*Kreutz,* § 76 Rn. 112).

102 Kommt eine **Stimmenmehrheit nicht** zustande, so erfolgt eine **weitere Beratung**; es braucht aber keine neue Sitzung stattzufinden (ebenso *Fitting,* § 76 Rn. 56; HSWGNR-*Worzalla,* § 76 Rn. 49). Bei der **erneuten Beschlussfassung** nimmt dann der **Vorsitzende** teil. Dieser soll mit seiner Stimme also erst dann den Ausschlag geben, wenn die von den Parteien benannten Beisitzer unter sich keine Einigung erzielen können (so die Begründung zum RegE, BT-Drucks. VI/1786, S. 46).

103 b) Die **Beisitzer** können sich **nicht der Stimme enthalten**; denn anderenfalls wäre der Zweck der gesetzlichen Regelung vereitelt, dass die Stimme des Vorsitzenden den Ausschlag gibt, wenn zwischen den Beisitzern Stimmengleichheit besteht (ebenso GL-*Löwisch,* § 76 Rn. 32; *Jäcker,* Einigungsstelle, S. 134 f.; *Gaul,* Einigungsstelle, K III 18 ff.; *Pünnel,* AuR 1973, 257, 263; *Dütz,* AuR 1973, 353, 364; *Gnade,* AuR 1973, 43, 44; *G. Müller,* DB 1973, 76, 77; – a. A. BAG 17. 9. 1991 AP BetrVG 1972 § 112 Nr. 58; *Brecht,* § 76 Rn. 5; *Fitting,* § 76 Rn. 58; GK-*Kreutz,* § 76 Rn. 110; HSWGNR-*Worzalla,* § 76 Rn. 47; ErfK-*Kania,* § 76 Rn. 20; für die Erste, nicht aber für die zweite Stufe der Abstimmung *Bischoff,* Einigungsstelle, S. 93 f.). Erfolgt dennoch eine **Stimmenthaltung**, so ist diese **als Ablehnung zu werten** (so auch GK-*Kreutz,* § 76 Rn. 111; a. A. BAG 17. 9. 1991 AP BetrVG 1972 § 112 Nr. 58; *Fitting,* § 76 Rn. 58; ErfK-*Kania,* § 76 Rn. 20; HSWGNR-*Worzalla,* § 76 Rn. 47; *Heinze,* RdA 1990, 262, 275).

4. Entscheidungsrahmen

Die Einigungsstelle ist **nicht an den Antrag eines Beteiligten gebunden** (ebenso BAG 30. 1. 1990 AP BetrVG 1972 § 87 Lohngestaltung Nr. 41; GK-*Kreutz*, § 76 Rn. 114; ErfK-*Kania*, § 76 Rn. 20; *Jäcker*, Einigungsstelle, S. 129; *Dütz*, AuR 1973, 353, 364; a. A. *Heinze*, RdA 1990, 262, 264, 274; *Behrens*, NZA Beil. 2/1991, 23, 26). Sie kann aber keine Angelegenheit mitentscheiden, auf die der Antrag sich nicht bezogen hat (ebenso *Jäcker*, a. a. O.; *Dütz*, AuR 1973, 353, 364 f.). Der Entscheidungsrahmen wird durch die Meinungsverschiedenheit bestimmt, zu deren Beilegung die Einigungsstelle angerufen wird.

104

Wird die **Zuständigkeit der Einigungsstelle bestritten,** so braucht sie **nicht** das Verfahren **einzustellen** oder **auszusetzen,** sondern kann selbst entscheiden, ob die Zuständigkeit gegeben ist; das Gleiche gilt, wenn im Rahmen des Verfahrens die Auslegung eines Gesetzes oder Tarifvertrages zweifelhaft wird. Die Einigungsstelle hat also die **Vorfragenkompetenz;** es besteht kein Zwang, das Verfahren auszusetzen, bis das Arbeitsgericht im Beschlussverfahren entschieden hat (ebenso BAG 18. 3. 1975 AP BetrVG 1972 § 111 Nr. 1; bestätigt BAG 3. 4. 1979 AP BetrVG 1972 § 87 Nr. 2; 15. 10. 1979 AP BetrVG 1972 § 111 Nr. 5; 22. 1. 1980 AP BetrVG 1972 § 87 Lohngestaltung Nr. 3; weiterhin *Fitting*, § 76 Rn. 83 f.; GK-*Kreutz*, § 76 Rn. 125; GL-*Löwisch*, § 76 Rn. 25; HSWGNR-*Worzalla*, § 76 Rn. 21; ErfK-*Kania*, § 76 Rn. 22; *Jäcker*, Einigungsstelle, S. 127; *Gaul*, Einigungsstelle, C II 10; *Leipold*, FS Schnorr v. Carolsfeld 1973, S. 273, 288 f.; *Dütz*, AuR 1973, 353, 368; *Lepke*, BB 1977, 49, 56; a. A. *Galperin*, Leitfaden, S. 142; *Pünnel*, AuR 1973, 257, 262). Da die Einigungsstelle aber kein Gericht ist, hat sie das *Recht zur Aussetzung* (ebenso *Kreutz, Löwisch, Kania*, jeweils a. a. O.; *Leipold*, FS Schnorr v. Carolsfeld 1973, S. 273, 289; *Lepke*, BB 1977, 49, 56; – nur bei Einverständnis aller Beteiligten *Fitting*, § 76 Rn. 84; DKK-*Berg*, § 76 Rn. 73).

105

Jede Partei kann **während des Einigungsverfahrens** das **Arbeitsgericht anrufen,** um im Beschlussverfahren klären zu lassen, ob die Einigungsstelle zuständig ist (ebenso BAG 3. 4. 1979 AP BetrVG 1972 § 87 Nr. 2; 15. 10. 1979 AP BetrVG 1972 § 111 Nr. 5; 4. 8. 1981 AP BetrVG 1972 § 87 Arbeitszeit Nr. 5; 16. 3. 1982 AP BetrVG 1972 § 87 Vorschlagswesen Nr. 2; *Fitting*, § 76 Rn. 93; GL-*Löwisch*, § 76 Rn. 25; ErfK-*Kania*, § 76 Rn. 35; *Lepke*, BB 1977, 49, 56). Die Einigungsstelle ist auch in diesem Fall nicht verpflichtet, das Einigungsverfahren auszusetzen (ebenso HSWGNR-*Worzalla*, § 76 Rn. 21; ErfK-*Kania*, § 76 Rn. 34; *Jäcker*, Einigungsstelle, S. 128; a. A. GL-*Löwisch*, § 76 Rn. 25; *Dütz*, AuR 1973, 353, 368). Die Entscheidung liegt vielmehr in ihrem pflichtgemäßen Ermessen, wobei sie zu berücksichtigen hat, ob ein Eilfall vorliegt. Die Partei, die das Beschlussverfahren eingeleitet hat, kann aber durch einstweilige Verfügung erreichen, dass die Einigungsstelle das Einigungsverfahren aussetzt (ebenso *Lepke*, BB 1977, 49, 56).

106

Die Einigungsstelle fasst ihre Beschlüsse unter angemessener Berücksichtigung der Belange des Betriebs und der betroffenen Arbeitnehmer nach **billigem Ermessen** (Abs. 5 Satz 3). Damit gibt das Gesetz eine äußerste rechtliche Begrenzung des Entscheidungsrahmens, dessen Überschreitung arbeitsgerichtlicher Kontrolle unterliegt, aber nur binnen einer Frist von zwei Wochen, vom Tage der Zuleitung des Beschlusses an gerechnet, beim Arbeitsgericht geltend gemacht werden kann (Abs. 5 Satz 4; s. ausführlich Rn. 128, 133).

107

5. Form der Beschlüsse

Die Beschlüsse der Einigungsstelle sind **schriftlich niederzulegen,** vom Vorsitzenden zu unterschreiben und Arbeitgeber und Betriebsrat zuzuleiten (Abs. 3 Satz 4). Eine Begründung ist im Gesetz nicht vorgeschrieben (ebenso BAG 8. 3. 1977 AP BetrVG 1972 § 87

108

Auszahlung Nr. 1; *Fitting*, § 76 Rn. 64; GK-*Kreutz*, § 76 Rn. 116; GL-*Löwisch*, § 76 Rn. 34; ErfK-*Kania*, § 76 Rn. 21). Da der Spruch der Einigungsstelle kein Verwaltungsakt ist (s. Rn. 7), findet § 39 Abs. 1 VwVfG keine Anwendung; er gilt auch nicht entsprechend (ebenso *Beuthien*, FS G. Müller 1981, S. 13, 22 ff.). Die Einigungsstelle kann in den Spruch eine Kündigungsfrist aufnehmen; insoweit gilt für den Spruch der Einigungsstelle nichts anderes als für eine Betriebsvereinbarung (ebenso BAG a. a. O.; *Fitting*, § 76 Rn. 89; GK-*Kreutz*, § 76 Rn. 137).

III. Rechtswirkungen eines Spruchs der Einigungsstelle

109 Die Rechtswirkungen, die ein Spruch der Einigungsstelle entfaltet, hängen davon ab, ob die Einigungsstelle die **Kompetenz zur Zwangsschlichtung** hat (s. Rn. 8 ff.). Nur in diesem Fall **ersetzt der Spruch die fehlende Einigung zwischen Arbeitgeber und Betriebsrat** (s. Rn. 30). Handelt es sich dagegen um ein freiwilliges Einigungsverfahren, so ist der Spruch der Einigungsstelle nur bindend, wenn beide Parteien ihn anerkennen oder sich ihm im Voraus unterworfen haben (Abs. 6 Satz 2; s. Rn. 40).

110 Bindungswirkung bedeutet, dass der Spruch der Einigungsstelle die gleiche **Rechtswirkung** hat, als wenn die **Parteien sich auf ihn geeinigt** hätten (ebenso BAG 22. 1. 1980 AP BetrVG 1972 § 87 Lohngestaltung Nr. 3). Der Arbeitgeber ist verpflichtet, die Maßnahme so durchzuführen, wie es der Spruch der Einigungsstelle festlegt, es sei denn, dass deren Entscheidung nur dahin geht, dass der Arbeitgeber die Maßnahme ergreifen darf.

111 Trifft der Spruch in einem Regelungsstreit eine Regelung, so kann er die Bedeutung einer **Betriebsvereinbarung** haben (ebenso BAG 8. 3. 1977 AP BetrVG 1972 § 87 Auszahlung Nr. 1; *Fitting*, § 76 Rn. 93; GK-*Kreutz*, § 76 Rn. 136; ErfK-*Kania*, § 76 Rn. 27; s. zur normativen Wirkung ausführlich § 77 Rn. 132 ff.). Diesen Charakter hat er, wenn der Regelungsstreit sich auf den Abschluss einer Betriebsvereinbarung bezieht oder wenn durch den Spruch Rechte und Pflichten der Arbeitnehmer begründet oder geändert werden (ebenso *Fitting*, § 76 Rn. 93). Vor allem für die Mitbestimmungsausübung nach § 87 Abs. 1 ist die Betriebsvereinbarung das geeignete Instrument, die Angelegenheit für den Betrieb zu regeln (so BAG 24. 2. 1987 AP BetrVG 1972 § 77 Nr. 21). Mit dieser Zweckbestimmung ist nicht vereinbar, dem Spruch nur den Charakter einer formlosen Betriebsabsprache oder Regelungsabrede beizulegen, und zwar auch dann nicht, wenn der Arbeitgeber die Maßnahme gegenüber den Arbeitnehmern im Rahmen des Direktionsrechts einseitig treffen kann (a. A. *Fitting*, § 76 Rn. 93). Der Spruch kann wie jede von den Beteiligten selbst geschlossene Betriebsvereinbarung durch gegenseitiges Übereinkommen, aber auch durch Kündigung aufgehoben werden, soweit diese überhaupt in Betracht kommt (s. dazu § 77 Rn. 199 ff.; bei Insolvenz des Arbeitgebers dort Rn. 203).

112 Trifft der Spruch in einem verbindlichen Einigungsverfahren eine Rechtsentscheidung (s. Rn. 27), so handelt es sich nicht um einen Schiedsspruch; denn die Einigungsstelle ist kein Schiedsgericht (ebenso GK-*Kreutz*, § 76 Rn. 138; *Dütz*, Gerichtliche Überprüfung, S. 65). Der Spruch hat vielmehr nur die Bedeutung wie auch sonst die Entscheidung in einem außergerichtlichen Vorverfahren.

113 Der **Spruch der Einigungsstelle** ist **kein Vollstreckungstitel**. Soweit er Rechte und Pflichten aus dem Arbeitsverhältnis gestaltet, entscheidet einen Rechtsstreit zwischen den Arbeitsvertragsparteien das Arbeitsgericht im Urteilsverfahren (§ 2 Abs. 1 Nr. 3 lit. a, Abs. 5 i. V. mit §§ 46 ff. ArbGG). Ob der Einigungsspruch rechtswirksam ist, unterliegt der Inzidentkontrolle. Das Urteilsverfahren ist nach § 148 ZPO auszusetzen, wenn der Spruch der Einigungsstelle im Beschlussverfahren angefochten wird (ebenso LAG Hamm, BB 1978, 1014; GK-*Kreutz*, § 76 Rn. 139).

IV. Gerichtliche Überprüfung der Einigungssprüche

1. Gerichtliche Rechts- und Ermessenskontrolle

Die Sprüche der Einigungsstelle unterliegen in vollem Umfang der **gerichtlichen** 114
Rechtskontrolle. Das ergibt sich bereits aus der Gerichtsschutzgarantie des Grundgesetzes (vgl. dazu *Dütz,* Rechtsstaatlicher Gerichtsschutz im Privatrecht, 1970), wird aber auch durch die wenig glücklich formulierte Bestimmung in Abs. 7 klargestellt (ebenso *Dütz,* DB 1972, 383, 389). Die Rechtskontrolle ist nicht auf die inhaltliche Prüfung des Spruchs beschränkt, sondern bezieht sich auch auf die Beachtung des vorgeschriebenen Verfahrens (vgl. BAG 18. 4. 1989 AP BetrVG 1972 § 87 Arbeitszeit Nr. 34; 18. 1. 1994 AP BetrVG 1972 § 76 Nr. 51; 27. 6. 1995 AP BetrVG 1972 § 76 Einigungsstelle Nr. 1).

Soweit die Einigungsstelle die Kompetenz zur Zwangsschlichtung hat, besteht nach 115
Abs. 5 Satz 4 eine zeitlich begrenzte **Ermessenskontrolle,** die zwar auch eine Form der Rechtskontrolle darstellt, aber zu beachten hat, dass der Einigungsstelle ein Entscheidungsspielraum normativ zugewiesen ist (vgl. *Rieble,* Die Kontrolle des Ermessens der betriebsverfassungsrechtlichen Einigungsstelle, 1990). Da durch den Spruch der Einigungsstelle die Einigung zwischen Arbeitgeber und Betriebsrat ersetzt wird, soll durch sie gewährleistet werden, dass die Einigungsstelle ihrer Entscheidung die richtigen Abwägungskriterien zu Grunde gelegt hat. Die Ermessenskontrolle ist daher auch von der sog. *Billigkeitskontrolle* zu unterscheiden, die das BAG gegenüber Betriebsvereinbarungen ausübt (so zutreffend *Rieble,* S. 213). Das ist insbesondere zu beachten, soweit der Spruch der Einigungsstelle eine Betriebsvereinbarung ersetzt; denn die Billigkeitskontrolle ist eine *Inhaltskontrolle,* die nach richtiger Beurteilung Rechtskontrolle ist (s. § 77 Rn. 117 ff.). Die fristgebundene Ermessenskontrolle besteht daher neben der gerichtlichen Rechtskontrolle (vgl. BAG 26. 5. 1988 AP BetrVG 1972 § 76 Nr. 26; s. auch Rn. 128).

2. Zuständigkeit des Arbeitsgerichts

a) Der Spruch der Einigungsstelle kann **selbständig angefochten** werden, so dass seine 116
Rechtswirksamkeit den Streitgegenstand bildet. Die Nachprüfung erfolgt im **arbeitsgerichtlichen Beschlussverfahren** (§ 2 a Abs. 1 Nr. 1, Abs. 2 i. V. mit §§ 80 ff. ArbGG).

Den **Antrag** kann nur eine **Partei des Einigungsverfahrens** stellen, nicht der von einem 117
Spruch der Einigungsstelle betroffene Arbeitnehmer (a. A. GK-*Kreutz,* § 76 Rn. 118). Auch eine im Betrieb vertretene Gewerkschaft ist nicht antragsberechtigt, selbst wenn sie geltend macht, dass ein Spruch der Einigungsstelle gegen einen mit ihr abgeschlossenen Tarifvertrag verstößt.

Die **Einigungsstelle** ist in einem Verfahren zur Überprüfung ihrer Sprüche **nicht betei-** 118
ligt; denn es handelt sich um einen Kompetenzstreit zwischen den Betriebspartnern (ebenso BAG 22. 1. 1980 AP BetrVG 1972 § 111 Nr. 7 und AP BetrVG 1972 § 87 Lohngestaltung Nr. 3; bestätigt durch BAG 28. 7. 1981 AP BetrVG 1972 § 87 Arbeitssicherheit Nr. 3; 31. 8. 1982 AP BetrVG 1972 § 87 Arbeitszeit Nr. 8).

b) Soweit der Spruch der Einigungsstelle rechtsunwirksam ist, weil er gegen geltende 119
Rechtsvorschriften verstößt, kann dies in jedem Verfahren geltend gemacht werden, also auch in einem **Rechtsstreit zwischen den Arbeitsvertragsparteien,** der im Urteilsverfahren entschieden wird (s. Rn. 113). Das Gericht hat als **Vorfrage** zu prüfen, ob der Spruch der Einigungsstelle rechtswirksam ist. Allerdings ist in diesem Zusammenhang zu beachten, dass der Arbeitgeber, der nach dem Spruch der Einigungsstelle verfährt, das Mitbestimmungsrecht des Betriebsrats beachtet hat, auch wenn sich nachträglich herausstellt, dass der Spruch der Einigungsstelle gegen geltendes Recht verstößt und daher nichtig ist, wie auch umgekehrt der Arbeitgeber das Mitbestimmungsrecht des Betriebsrats verletzt,

§ 76

wenn er sich über einen **Spruch der Einigungsstelle** hinwegsetzt, der sich nachträglich als **rechtsunwirksam** erweist. Die Kompetenz-Kompetenz hat nämlich nicht der Arbeitgeber, sondern das Arbeitsgericht.

120 c) Die Nachprüfung des Gerichts kann sich **nur** auf die **Rechtmäßigkeit, nicht** auf die **Zweckmäßigkeit des Spruchs** beziehen (ebenso *Fitting*, § 76 Rn. 105; GK-*Kreutz*, § 76 Rn. 154; ErfK-*Kania*, § 76 Rn. 31; *Dütz*, DB 1972, 383, 388 f.). Die Rechtsverletzung kann darin bestehen, dass wesentliche Verfahrensvorschriften verletzt sind oder der Inhalt des Spruches gegen das Gesetz verstößt. Der Umfang der Rechtskontrolle und die Rechtswirkungen eines Gesetzesverstoßes auf die Gültigkeit des Spruchs hängen davon ab, ob der Spruch im verbindlichen Einigungsverfahren ergangen ist (s. Rn. 8 ff.); denn beim freiwilligen Einigungsverfahren ist von Bedeutung, ob die Parteien sich dem Spruch bereits im Voraus unterworfen hatten oder ihn erst nachträglich angenommen haben (s. Rn. 35 ff.).

3. Gerichtskontrolle der im verbindlichen Einigungsverfahren ergangenen Einigungsstellensprüche

121 a) Soweit die Einigungsstelle die Befugnis hat, durch ihren Spruch eine Einigung zwischen Arbeitgeber und Betriebsrat zu ersetzen, ist regelmäßig ein **Entscheidungsspielraum** normativ vorgegeben, der eine gerichtliche Vollkontrolle der Einigungsstelle ausschließt (vgl. *Rieble*, Kontrolle des Ermessens, S. 163 ff.). Das gilt jedenfalls, soweit die Einigungsstelle durch ihren Spruch eine *Regelungsentscheidung* trifft. Das Gericht übt hier jedoch eine **Ermessenskontrolle** aus, soweit die Überschreitung der Grenzen des Ermessens vom Arbeitgeber oder Betriebsrat durch Einleitung eines Beschlussverfahrens innerhalb einer Frist von zwei Wochen, vom Tag der Zuleitung des Beschlusses an gerechnet, geltend gemacht wird (Abs. 5 Satz 4; s. Rn. 124 ff.).

122 Betrifft das verbindliche Einigungsverfahren eine **Rechtsstreitigkeit,** so ist auch hier zu beachten, ob die Betriebsparteien einen Entscheidungsspielraum haben, der in diesem Fall kein *Regelungsspielraum,* sondern ein *Beurteilungsspielraum* ist. Soweit es darum geht, ob man bei der Abwägung richtig vorgegangen ist, greift auch insoweit die zeitlich begrenzte **Ermessenskontrolle** ein (so zutreffend *Rieble,* Kontrolle des Ermessens, S. 173 ff.). Geht es aber darum, ob der festgelegte Inhalt mit der dem Beurteilungsspielraum enthaltenden Rechtsnorm vereinbar ist, so unterliegt der Spruch der Einigungsstelle insoweit in vollem Umfang der arbeitsgerichtlichen Rechtskontrolle.

123 b) Trifft die Einigungsstelle eine **Rechtsentscheidung,** so unterliegt sie in vollem Umfang der arbeitsgerichtlichen Kontrolle. Für die Beurteilung als Rechtsentscheidung spielt keine Rolle, ob den Gegenstand des verbindlichen Einigungsverfahrens eine Regelungs- oder Rechtsstreitigkeit bildet. So enthält der Spruch eine Rechtsentscheidung, wenn die Einigungsstelle aus Rechtsgründen von der von einer Betriebspartei beantragten Regelung absieht oder ihre Zuständigkeit im verbindlichen Einigungsverfahren für nicht gegeben hält.

124 c) Soweit die **Betriebsparteien** im verbindlichen Einigungsverfahren einen **Entscheidungsspielraum** (Regelungs- oder Beurteilungsspielraum) haben, gilt für die **Einigungsstelle** außerdem Abs. 5 Satz 3: Sie fasst ihre Beschlüsse unter **angemessener Berücksichtigung der Belange des Betriebs und der betroffenen Arbeitnehmer nach billigem Ermessen.** Soweit es um einen Mitbestimmungskonflikt geht, ergibt sich daraus keine hier verankerte Begrenzung des Mitbestimmungsrechts (ebenso BAG 31. 8. 1982 AP BetrVG 1972 § 87 Nr. 8). Es geht hier vielmehr ausschließlich um die *Abwägung der Mitbestimmungsausübung,* wenn Arbeitgeber und Betriebsrat sich nicht einigen.

125 Ob ein Spruch der Einigungsstelle die Grenzen des Ermessens wahrt, hängt davon ab, ob die getroffene Regelung die **Belange des Betriebs** und der **betroffenen Arbeitnehmer** angemessen berücksichtigt. Mit den Belangen des Betriebs erfasst das Gesetz das *Arbeitgeberinteresse* an der Gestaltung der mitbestimmten Regelung. Nicht das Mitbestim-

D. Verfahren vor der Einigungsstelle   § 76

mungsrecht wird dadurch den Belangen des Betriebs untergeordnet, sondern es geht um eine Grenze der Mitbestimmungsausübung, wenn keine Einigung mit dem Betriebsrat zustande kommt. Soweit nach dem Gesetz dem Mitbestimmungsrecht des Betriebsrats eine mitbestimmungsfreie Entscheidung vorgegeben ist, wird sie nicht durch die hier aufgestellte Ermessensrichtlinie eingeschränkt, sondern die mitbestimmungsfreie Entscheidung ist auch dem Spruch der Einigungsstelle vorgegeben. Trifft die Einigungsstelle über sie eine Entscheidung, so überschreitet sie ihre Zuständigkeit; ihr Spruch ist daher unwirksam, was ohne zeitliche Begrenzung geltend gemacht werden kann. Zu den Belangen des Betriebs, die hier als Grenzen des Ermessens mit den Belangen der betroffenen Arbeitnehmer abzuwägen sind, gehört deshalb für die Mitbestimmung in sozialen Angelegenheiten die Sicherung des Rentabilitätsinteresses an der arbeitstechnischen Verwirklichung einer mitbestimmten Regelung.

Für die **Aufstellung eines Sozialplans** wird der Ermessensspielraum durch § 112 Abs. 5 enger begrenzt, als hier in Abs. 5 Satz 3 statuiert ist (s. § 112 Rn. 139 ff.). **126**

Ein Ermessensfehler liegt vor, wenn sich der Spruch der Einigungsstelle selbst scheinbar innerhalb des Ermessens bewegt, die ihm zu Grunde liegenden Erwägungen aber ermessensfehlerhaft sind; denn in diesem Fall wird das Ermessen nur zum Schein gewahrt (ebenso im Ergebnis ErfK-*Kania*, § 76 Rn. 32; vgl. auch *Rieble*, Kontrolle des Ermessens, S. 163 ff.). **127**

d) **Ermessensfehler** können durch den Arbeitgeber oder den Betriebsrat nur binnen einer **Frist von zwei Wochen,** vom Tage der Zuleitung des Beschlusses an gerechnet, beim Arbeitsgericht geltend gemacht werden (Abs. 5 Satz 4). Für Rechtsfehler (s. Rn. 114 f.) enthält das Gesetz dagegen keine Ausschlussfrist (ebenso der Bericht des BT-Ausschusses für Arbeit und Sozialordnung, *zu* BT-Drucks. VI/2729, S. 28). Die Geltendmachung eines Ermessensfehlers ist eine der „Anfechtung" i. S. des § 19 vergleichbare Befugnis (so BAG 26. 5. 1988 AP BetrVG 1972 § 76 Nr. 26). Sie bildet einen besonderen Streitgegenstand. Deshalb genügt für die Wahrung der Frist nicht, dass innerhalb von zwei Wochen die Feststellung der Unwirksamkeit eines Spruchs beantragt wird, sondern es muss ein Ermessensfehler geltend gemacht werden (vgl. BAG a. a. O.). Da es sich bei der Frist um eine materiell-rechtliche Ausschlussfrist handelt, ist eine Wiedereinsetzung in den vorigen Stand ausgeschlossen (ebenso BAG a. a. O.; *Fitting*, § 76 Rn. 107; GK-*Kreutz*, § 76 Rn. 159). **128**

4. Spruch der Einigungsstelle im Rahmen des freiwilligen Einigungsverfahrens

a) Der **Spruch der Einigungsstelle** im Rahmen eines freiwilligen Verfahrens hat lediglich den Charakter eines **Einigungsvorschlags,** sofern die Parteien sich nicht im Voraus dem Spruch unterworfen haben. Da er keine Rechtswirkungen entfaltet, solange die Parteien ihn nicht angenommen haben, entfällt auch die Möglichkeit einer arbeitsgerichtlichen Kontrolle. **129**

Nehmen die Parteien den Einigungsvorschlag an, so kommt zwischen ihnen ein **Vertrag über den Inhalt des Vorschlags** zustande. Handelt es sich um eine Rechtsfrage, so scheidet die Möglichkeit einer gerichtlichen Kontrolle aus, sofern die Parteien über den Gegenstand verfügen können. Eine Korrektur durch das Arbeitsgericht wäre mit der Vertragsbindung nicht vereinbar. Das Arbeitsgericht kann lediglich eingeschaltet werden, wenn geltend gemacht wird, dass der Vertrag nichtig oder wirksam angefochten ist (vgl. *Dütz*, Gerichtliche Überprüfung, S. 84). **130**

Handelt es sich bei dem Spruch der Einigungsstelle um einen Regelungsvorschlag, so ist eine arbeitsgerichtliche Rechtskontrolle möglich; jedoch hängt das Ergebnis der Entscheidung davon ab, ob und inwieweit durch die nachträgliche Annahme des Spruchs Rechtsmängel geheilt sind (vgl. *Dütz*, Gerichtliche Überprüfung, S. 97). **131**

b) Wesentlich anders ist dagegen die Rechtslage, wenn der **Spruch der Einigungsstelle bindend** ist, weil **beide Parteien** sich ihm **im Voraus unterworfen** haben. Die Unterwer- **132** fung bezieht sich nicht auf eine rechtsfehlerhafte Entscheidung der Einigungsstelle. Bei Sprüchen in Rechtsfragen kann man hier § 110 ArbGG analog anwenden (ebenso *Dütz,* Gerichtliche Überprüfung, S. 84). Bei einem Regelungsspruch versagt dagegen die Parallele zum Schiedsgerichtsverfahren. Rechtsfehler können deshalb unbefristet geltend gemacht werden; das gilt hier auch, soweit der Spruch der Einigungsstelle deshalb rechtsfehlerhaft ist, weil ein Ermessensfehler vorliegt (ebenso GK-*Kreutz,* § 76 Rn. 99. 122).

5. Begrenzung der Geltendmachung einer Fehlerhaftigkeit

133 Das Gesetz unterscheidet nicht wie bei fehlerhaften Verwaltungsakten, ob ein fehlerhafter Einigungsspruch **nichtig** oder lediglich **aufhebbar** ist. Eine Begrenzung ergibt sich lediglich, wenn bei einem Spruch, der in einem verbindlichen Einigungsverfahren ergeht, eine **Überschreitung der Grenzen des Ermessens** geltend gemacht wird; denn nach Abs. 5 Satz 4 sind dazu lediglich der Arbeitgeber oder der Betriebsrat innerhalb von zwei Wochen berechtigt. Die Ermessensüberschreitung führt also **nur** zur **Anfechtbarkeit** (ebenso BAG 26. 5. 1988 AP BetrVG 1972 § 76 Nr. 26; *Leipold,* FS Schnorr v. Carolsfeld 1973, S. 273, 296; s. auch Rn. 128).

134 Auch bei **Verfahrensverstößen** sind nur Arbeitgeber und Betriebsrat, nicht aber die vom Spruch der Einigungsstelle betroffenen Arbeitnehmer berechtigt, diesen Mangel geltend zu machen (ebenso *Leipold,* FS Schnorr v. Carolsfeld, S. 273, 296). Verstößt der Spruch dagegen in seinem **Inhalt gegen ein Gesetz** oder einen **Tarifvertrag,** so kann dieser Mangel jederzeit und, freilich nur als Vorfrage in einem Urteilsverfahren, auch von jedem betroffenen Arbeitnehmer geltend gemacht werden.

6. Entscheidung des Arbeitsgerichts

135 Bildet der Spruch der Einigungsstelle den Streitgegenstand eines Beschlussverfahrens, so kann das Arbeitsgericht bei Fehlerhaftigkeit nur seine **Rechtsunwirksamkeit feststellen;** es kann ihn nicht aufheben (ebenso BAG 30. 10. 1979 AP BetrVG 1972 § 112 Nr. 9; 28. 2. 1984 AP BetrVG 1972 § 87 Tarifvorrang Nr. 4; 22. 10. 1985 AP BetrVG 1972 § 87 Leistungslohn Nr. 3; 27. 5. 1986 AP BetrVG 1972 § 87 Überwachung Nr. 15). Vor allem kann das Arbeitsgericht nicht selbst eine Regelung geben. Das gilt auch, wenn der Spruch eine Rechtsfrage betrifft (a. A. offenbar GK-*Kreutz,* § 76 Rn. 173 a. E.).

136 Wird eine **Ermessensüberschreitung** festgestellt, so darf das Arbeitsgericht **nicht** die von der Einigungsstelle vorgenommene Interessenabwägung durch eine **eigene Entscheidung nach billigem Ermessen** ersetzen (ebenso *Fitting,* § 76 Rn. 105, 108; GL-*Löwisch,* § 76 Rn. 43; GK-*Kreutz,* § 76 Rn. 173; HSWGNR-*Worzalla,* § 76 Rn. 64 a; a. A. *Leipold,* FS Schnorr v. Carolsfeld 1973, S. 273, 288; *G. Müller,* DB 1973, 76, 77).

137 Bei der Ermessenskontrolle prüft das Arbeitsgericht, welche Überlegungen die Einigungsstelle angestellt hat und von welchen Tatumständen sie sich bei ihrer Entscheidung hat leiten lassen (a. A. BAG 31. 8. 1982 AP BetrVG 1972 § 87 Arbeitszeit Nr. 8; abl. *Richardi,* EzA § 87 BetrVG 1972 Arbeitszeit Nr. 13, S. 102 m; weiterhin *Rieble,* Kontrolle des Ermessens, S. 30).

7. Wiederholung des verbindlichen Einigungsverfahrens

138 Stellt das Arbeitsgericht rechtskräftig fest, dass der Spruch der Einigungsstelle rechtsunwirksam ist bzw. erklärt es ihn bei der Ermessenskontrolle für rechtsunwirksam, so kann ein verbindliches Einigungsverfahren erneut durchgeführt werden, wenn nicht die Zuständigkeit der Einigungsstelle verneint wird. Nicht erforderlich ist, dass eine neue Einigungsstelle gebildet wird; insbesondere braucht das Vorverfahren zur Bestellung der Einigungsstelle nicht wiederholt zu werden. Eine Ausnahme gilt nur, wenn die Einigungsstelle fehlerhaft bestellt oder zusammengesetzt war und deshalb ihr Spruch rechts-

unwirksam ist. Die Einigungsstelle wird aber nicht von sich aus tätig, sondern muss erneut angerufen werden (ebenso GL-*Löwisch*, § 76 Rn. 46; *Jäcker*, Einigungsstelle, S. 151; *Gnade*, AuR 1973, 43, 47; a. A. für Fortsetzung des Verfahrens durch die Einigungsstelle *Fitting*, § 76 Rn. 108; GK-*Kreutz*, § 76 Rn. 174; *Bischoff*, Einigungsstelle, S. 165).

V. Kosten der Einigungsstelle und Rechtsstellung ihrer Mitglieder

1. Kosten der Einigungsstelle

Die Kosten der Einigungsstelle trägt der Arbeitgeber (§ 76 a Abs. 1; zu den Einzelheiten s. § 76 a). **139**

2. Rechtsstellung der Mitglieder einer Einigungsstelle

a) Soweit es um die **Vergütung für die Tätigkeit in der Einigungsstelle** geht, enthält die maßgebliche Regelung § 76 a Abs. 2 bis 5 (s. dort Rn. 11 ff.). **140**

b) Eine **Pflicht**, die **Mitgliedschaft in einer Einigungsstelle zu übernehmen**, besteht **nicht**. Das gilt auch für Betriebsratsmitglieder (a. A. *Wiese*, SAE 1978, 134). Wenn der Betriebsrat niemand findet, der bereit ist, für die Arbeitnehmer in der Einigungsstelle mitzuwirken, kann ein freiwilliges Einigungsverfahren nicht durchgeführt werden. Bei einem verbindlichen Einigungsverfahren ergibt sich aus § 76 Abs. 5 Satz 2, dass die Einigungsstelle auch dann entscheiden kann, wenn eine Seite keine Mitglieder benennt. **141**

Beamte und Angestellte des öffentlichen Dienstes bedürfen zur Übernahme der Mitgliedschaft in einer Einigungsstelle einer Nebentätigkeitsgenehmigung. Berufsrichter dürfen nur den Vorsitz in einer Einigungsstelle übernehmen (Umkehrschluss aus § 4 Abs. 2 Nr. 5 DRiG). Außerdem ergibt sich aus § 40 DRiG, dass eine Nebentätigkeit als Schlichter dem Richter nur genehmigt werden darf, wenn die Parteien ihn gemeinsam beauftragen oder wenn er von einer unbeteiligten Stelle benannt ist; die Genehmigung ist zu versagen, wenn der Richter zurzeit der Entscheidung über die Erteilung der Genehmigung mit der Sache befasst ist oder nach der Geschäftsverteilung befasst werden kann, z. B. bei gerichtlicher Nachprüfung des Einigungsspruchs. **142**

c) Die Mitglieder der Einigungsstelle dürfen in der Ausübung ihrer Tätigkeit **nicht gestört** oder **behindert** werden; sie dürfen wegen ihrer Tätigkeit **nicht benachteiligt** oder **begünstigt** werden (§ 78). Es gilt insoweit Gleiches wie für die Mitglieder des Betriebsrats. Jede Behinderung oder Störung der Tätigkeit in der Einigungsstelle ist nach § 119 Abs. 1 Nr. 2, jede Benachteiligung oder Begünstigung eines Mitglieds der Einigungsstelle um seiner Tätigkeit willen nach § 119 Abs. 1 Nr. 3 strafbar. **143**

d) Die Mitglieder der Einigungsstelle unterliegen der **Geheimhaltungspflicht** des § 79. **144**

e) Mitglieder der Einigungsstelle, die Betriebsangehörige sind, genießen **nicht** den **besonderen Kündigungsschutz im Rahmen der Betriebsverfassung**; §§ 15, 16 KSchG und § 103 finden auf sie in ihrer Funktion als Mitglieder der Einigungsstelle keine Anwendung. Aus § 78 ergibt sich für sie lediglich ein relativer Kündigungsschutz: Eine Kündigung, die wegen ihrer Tätigkeit in der Einigungsstelle ausgesprochen wird, ist nach § 134 BGB nichtig. **145**

E. Tarifliche Schlichtungsstelle

I. Ersetzung der Einigungsstelle durch eine tarifliche Schlichtungsstelle

Durch **Tarifvertrag** kann bestimmt werden, dass an die Stelle der Einigungsstelle eine **tarifliche Schlichtungsstelle** tritt (Abs. 8). Die **Zuständigkeit** der Einigungsstelle kann **146**

§ 76

aber **weder erweitert noch beschränkt** werden (ebenso *Fitting*, § 76 Rn. 115; GK-*Kreutz*, § 76 Rn. 181; HSWGNR-*Worzalla*, § 76 Rn. 26; ErfK-*Kania*, § 76 Rn. 33). Hält man es für zulässig, die Kompetenz der Einigungsstelle durch Tarifvertrag auf Angelegenheiten zu erstrecken, die nach dem Gesetz nicht mitbestimmungspflichtig sind (s. Einl. Rn. 142 ff.), so muss es auch möglich sein, dass insoweit nur eine tarifliche Schlichtungsstelle zuständig ist (so zutreffend GK-*Kreutz*, § 76 Rn. 181; ErfK-*Kania*, § 76 Rn. 33).

147 Im Gegensatz zu § 50 Abs. 5 BetrVG 1952 können die Tarifvertragsparteien **nicht das Verfahren abweichend vom Gesetz** gestalten (ebenso *Brecht*, § 76 Rn. 12; *Fitting*, § 76 Rn. 116; GL-*Löwisch*, § 76 Rn. 49; GK-*Kreutz*, § 76 Rn. 181; HSWGNR-*Worzalla*, § 76 Rn. 25; *Pünnel/Isenhardt*, Einigungsstelle, Rn. 135; a. A. DKK-*Berg*, § 76 Rn. 98; *Gnade*, AuR 1973, 43, 45; – wie hier auch die Begründung zum RegE, BT-Drucks. VI/1786, S. 47; s. Rn. 150).

148 Da der Tarifvertrag eine betriebsverfassungsrechtliche Frage ordnet, ist allein maßgebend, ob der **Arbeitgeber tarifgebunden** ist; auf die Tarifgebundenheit der Arbeitnehmer kommt es nicht an (§ 3 Abs. 2 TVG; ebenso HSWG-*Worzalla*, § 76 Rn. 25; GK-*Kreutz*, § 76 Rn. 185; ErfK-*Kania*, § 76 Rn. 33; a. A. *Rieble*, RdA 1993, 140, 143).

II. Zusammensetzung und Verfahren

1. Zusammensetzung

149 Soll an die Stelle einer Einigungsstelle eine tarifliche Schlichtungsstelle treten, so muss der Tarifvertrag festlegen, wie sie sich zusammensetzt und wer ihr angehört. Aus dem Zweck des betriebsverfassungsrechtlichen Einigungsverfahrens ergibt sich, dass sie von einem unparteiischen Vorsitzenden geleitet wird. Der Tarifvertrag muss festlegen, wer ihn bestellt. Das Arbeitsgericht ist dazu nicht ohne weiteres kraft Gesetzes befugt; denn § 98 ArbGG bezieht sich nur auf die Einigungsstelle i. S. des BetrVG. Aber der Tarifvertrag kann vorsehen, dass der Vorsitzende der Schlichtungsstelle bei Nichteinigung durch das Arbeitsgericht bestellt wird (ebenso GMPM-*Matthes*, ArbGG, § 98 Rn. 4; a. A. GK-*Kreutz*, § 76 Rn. 184).

2. Verfahren

150 Die Tarifvertragsparteien können das Verfahren zwar nicht abweichend vom Gesetz gestalten (s. Rn. 147); es gilt deshalb Abs. 3 auch für die tarifliche Schlichtungsstelle. Wie die Betriebspartner aber weitere Einzelheiten des Verfahrens vor der Einigungsstelle durch Betriebsvereinbarung regeln können (Abs. 4), sind auch die Tarifvertragsparteien berechtigt, in den Grenzen des Gesetzes Einzelheiten des Verfahrens vor der tariflichen Schlichtungsstelle zu regeln; insbesondere ist es zulässig, dass ein Instanzenzug eingerichtet wird (ebenso *Fitting*, § 76 Rn. 119; GK-*Kreutz*, § 76 Rn. 182; *Pünnel/Isenhardt*, Einigungsstelle, Rn. 135; a. A. *G. Müller*, ZfA 1972, 213, 235; *ders.*, FS Barz 1974, S. 489, 499).

3. Verdrängung der Einigungsstelle

151 Nach dem Grundsatz der unmittelbaren und zwingenden Wirkung tariflicher Normen, denen das Gesetz hier Vorrang vor seiner eigenen Regelung zuspricht, kann nur die tarifliche Schlichtungsstelle, nicht die Einigungsstelle nach diesem Gesetz tätig werden (vgl. auch BAG 23. 3. 1962 AP BetrVG [1952] § 56 Akkord Nr. 1, das allerdings darauf abstellt, dass nach den Einleitungsworten des § 87 Abs. 1, damals § 56 Abs. 1 BetrVG 1952, ein Mitbestimmungsrecht des Betriebsrats nicht gegeben ist, soweit eine tarifliche Regelung vorliegt). Nur ausnahmsweise, nämlich dann, wenn aus irgendeinem Grunde die Einrichtung der tariflichen Schlichtungsstelle nicht zustande kommt oder sie aktions-

F. Streitigkeiten § 76

unfähig ist, können Arbeitgeber und Betriebsrat auf die gesetzliche Einigungsstelle zurückgreifen, also von sich aus eine Einigungsstelle errichten (ebenso Wiedemann/ *Thüsing*, TVG, § 1 Rn. 958; a. A. GK-*Kreutz*, § 76 Rn. 186).

4. Gerichtliche Überprüfung der Sprüche

Die Sprüche tariflicher Schlichtungsstellen unterliegen in gleichem Umfang der gerichtlichen Überprüfung wie die Sprüche der Einigungsstellen (ebenso BAG 18. 8. 1987 AP BetrVG 1972 § 77 Nr. 23; *Fitting*, § 76 Rn. 120; GL-*Löwisch*, § 76 Rn. 50; GK-*Kreutz*, § 76 Rn. 186; HSWGNR-*Worzalla*, § 76 Rn. 29; ErfK-*Kania*, § 76 Rn. 33; *G. Müller*, ZfA 1972, 213, 235; *ders.*, DB 1973, 76, 78; *ders.*, FS Barz 1974, S. 489, 502 f.; *Rieble*, RdA 1993, 140, 151). Das gilt insbesondere auch für die Ermessenskontrolle. Die Sprüche haben nicht deshalb, weil eine tarifliche Schlichtungsstelle sie erlässt, die Vermutung der Richtigkeit für sich (so zutreffend GK-*Kreutz*, § 76 Rn. 186). 152

5. Kosten der tariflichen Schlichtungsstelle und Rechtsstellung ihrer Mitglieder

Da die tarifliche Schlichtungsstelle an die Stelle der Einigungsstelle tritt, trägt der Arbeitgeber ihre Kosten (Abs. 8 i. V. mit § 76 a Abs. 1). 153

Für die Mitglieder einer tariflichen Schlichtungsstelle gilt Gleiches wie für die Mitglieder der Einigungsstelle (s. Rn. 140 ff.). 154

F. Streitigkeiten

Streitigkeiten darüber, ob eine **Einigungsstelle auch gegen den Willen der anderen Seite errichtet** werden kann und ob sie die Kompetenz zur Zwangsschlichtung hat, entscheidet das Arbeitsgericht im Beschlussverfahren (§ 2a Abs. 1 Nr. 1, Abs. 2 i. V. mit §§ 80 ff. ArbGG). Das schließt nicht aus, dass die Einigungsstelle selbst ihre Zuständigkeit prüft, aber die endgültige Entscheidung liegt beim Arbeitsgericht, dem die Kompetenz-Kompetenz zusteht. Das Arbeitsgericht entscheidet auch, ob der **Spruch der Einigungsstelle** bindende Wirkung hat (s. ausführlich Rn. 116 ff.). 155

Verfahrensbegleitende Zwischenbeschlüsse der Einigungsstelle, die nicht deren Zuständigkeit zum Gegenstand haben, sind nicht gesondert gerichtlich anfechtbar (vgl. BAG 22. 1. 2002 AP BetrVG 1972 § 76 Einigungsstelle Nr. 16). Aber auch ein Zwischenbeschluss zur Zuständigkeit ist jedenfalls dann nicht mehr gesondert gerichtlich anfechtbar, wenn bereits vor der gerichtlichen Anhörung im Verfahren erster Instanz der abschließend regelnde Spruch der Einigungsstelle vorliegt (vgl. BAG, a. a. O.). 156

Beteiligte sind bei Streitigkeiten über die Zuständigkeit, das Verfahren oder die bindende Wirkung eines Spruchs der Einigungsstelle die Parteien der Meinungsverschiedenheit, also der Arbeitgeber und der Betriebsrat bzw. Gesamtbetriebsrat oder Konzernbetriebsrat. Die Einigungsstelle selbst ist in einem Verfahren über ihre Zuständigkeit nicht beteiligt (s. ausführlich Rn. 118). Das gilt auch, wenn ein Spruch noch nicht ergangen ist (vgl. BAG 28. 7. 1981 AP BetrVG 1972 § 87 Arbeitssicherheit Nr. 3; a. A. LAG Berlin, EzA § 87 BetrVG 1972 Nr. 6). 157

Tritt an die Stelle der Einigungsstelle eine tarifliche Schlichtungsstelle (s. Rn. 146 ff.), so gilt für Streitigkeiten Gleiches wie bei der Einigungsstelle (s. auch Rn. 152). 158

Legt der bindende Spruch der Einigungsstelle (bzw. der tariflichen Schlichtungsstelle) Pflichten für einen Betriebspartner fest, so ist er zwar nach seinem Inhalt vollstreckungsfähig, aber **kein Vollstreckungstitel**. Zur Durchsetzung ist daher eine Feststellung der Verpflichtung im arbeitsgerichtlichen Beschlussverfahren erforderlich 159 (vgl. *Dütz,* Gerichtliche Überprüfung, S. 64, 71). Die Vollstreckung richtet sich nach § 85 Abs. 1 ArbGG i. V. mit den Vorschriften des Achten Buches der Zivilprozessordnung.

160 Der Berechtigte kann zur Sicherung seines Anspruchs eine **einstweilige Verfügung** beantragen (§ 85 Abs. 2 ArbGG i. V. mit § 937 ZPO). Davon zu unterscheiden ist, ob eine einstweilige Verfügung auch erlassen werden kann, bevor die Einigungsstelle (bzw. die tarifliche Schlichtungsstelle) eine Entscheidung getroffen hat (s. Rn. 34).

§ 76a Kosten der Einigungsstelle

(1) **Die Kosten der Einigungsstelle trägt der Arbeitgeber.**

(2) [1] **Die Beisitzer der Einigungsstelle, die dem Betrieb angehören, erhalten für ihre Tätigkeit keine Vergütung; § 37 Abs. 2 und 3 gilt entsprechend.** [2] Ist die Einigungsstelle zur Beilegung von Meinungsverschiedenheiten zwischen Arbeitgeber und Gesamtbetriebsrat oder Konzernbetriebsrat zu bilden, so gilt Satz 1 für die einem Betrieb des Unternehmens oder eines Konzernunternehmens angehörenden Beisitzer entsprechend.

(3) [1] **Der Vorsitzende und die Beisitzer der Einigungsstelle, die nicht zu den in Absatz 2 genannten Personen zählen, haben gegenüber dem Arbeitgeber Anspruch auf Vergütung ihrer Tätigkeit.** [2] Die Höhe der Vergütung richtet sich nach den Grundsätzen des Absatzes 4 Satz 3 bis 5.

(4) [1] Das Bundesministerium für Arbeit und Soziales kann durch Rechtsverordnung die Vergütung nach Absatz 3 regeln. [2] In der Vergütungsordnung sind Höchstsätze festzusetzen. [3] Dabei sind insbesondere der erforderliche Zeitaufwand, die Schwierigkeit der Streitigkeit sowie ein Verdienstausfall zu berücksichtigen. [4] Die Vergütung der Beisitzer ist niedriger zu bemessen als die des Vorsitzenden. [5] Bei der Festsetzung der Höchstsätze ist den berechtigten Interessen der Mitglieder der Einigungsstelle und des Arbeitgebers Rechnung zu tragen.

(5) Von Absatz 3 und einer Vergütungsordnung nach Absatz 4 kann durch Tarifvertrag oder in einer Betriebsvereinbarung, wenn ein Tarifvertrag dies zulässt oder eine tarifliche Regelung nicht besteht, abgewichen werden.

Übersicht

	Rn.
I. Vorbemerkung	1
II. Kosten der Einigungsstelle	5
1. Kostentragungspflicht des Arbeitgebers	5
2. Inhalt und Umfang der Kostentragungspflicht	6
III. Vergütung der Mitglieder der Einigungsstelle	11
1. Betriebsangehörige Beisitzer	12
2. Vorsitzender und „betriebsfremde Beisitzer"	15
IV. Abweichende Regelung durch Tarifvertrag oder Betriebsvereinbarung	25
V. Streitigkeiten	27

I. Vorbemerkung

1 Die Vorschrift, die das BetrVerf-ReformG 2001 unverändert ließ, ist durch die **Novelle vom 20. 12. 1988** (BGBl. I S. 2312) **in das Gesetz eingefügt** worden. Sie beruht auf einer Empfehlung des BT-Ausschusses für Arbeit und Sozialordnung (BT-Drucks. 11/3618, S. 18). Bereits bei Erlass des BetrVG 1972 hatte er angeregt, die Vergütung für die Tätigkeit der Mitglieder der Einigungsstelle durch Gesetz näher zu regeln (*zu* BT-Drucks.

II. Kosten der Einigungsstelle §76a

VI/2729, S. 10). Trotz der Anregung, dass die Bundesregierung eine entsprechende Vorlage macht, unterblieb eine Gesetzesinitiative. Nach der Rechtsprechung des BAG trug aber der Arbeitgeber die Kosten (so bereits zum BetrVG 1952 BAG 18. 4. 1967 AP BetrVG [1952] § 39 Nr. 7; zum BetrVG 1972 BAG 5. 4. 1973 AP BetrVG 1972 § 76 Nr. 1). Das BAG hat den betriebsangehörigen Beisitzern – über Aufwendungsersatz und Verdienstausfall hinaus – keine Vergütung zuerkannt (vgl. BAG 11. 5. 1976 AP BetrVG 1972 § 76 Nr. 2). Für den Vorsitzenden und die außerbetrieblichen Beisitzer wurde aber anerkannt, dass sie gegen den Arbeitgeber einen Vergütungsanspruch haben, wobei die Höhe der Vergütung sich nach der Honorarvereinbarung richtete (vgl. BAG 11. 5. 1976 AP BetrVG 1972 § 76 Nr. 3). Bei Fehlen einer Vereinbarung zog das BAG die Bundesrechtsanwaltsgebührenordnung entsprechend heran (vgl. BAG 15. 12. 1978 AP BetrVG 1972 § 76 Nr. 5).

Diese **Rechtslage war unbefriedigend.** Im Bericht des BT-Ausschusses für Arbeit und Sozialordnung heißt es dazu (BT-Drucks. 11/3618): „Der für die Vergütungsfestsetzung nach der Bundesrechtsanwaltsgebührenordnung als Grundlage unerlässliche Gegenstandswert ist in Regelungsstreitigkeiten vor der Einigungsstelle oft nur schwer zu taxieren. Daher muss die Einigungsstelle diese Grundlage selbst schätzen und nimmt damit indirekten Einfluss auf die Höhe der Vergütung ihrer Mitglieder. Ferner sind die Gebühren nach der Bundesrechtsanwaltsgebührenordnung auf die anwaltliche Tätigkeit zugeschnitten und schließen dabei den Kostenaufwand für das vom Anwalt zu haltende Büro mit ein. Diese Kosten fallen bei den Mitgliedern der Einigungsstelle in aller Regel nicht an. Die Gebührenberechnung nach der Bundesrechtsanwaltsgebührenordnung versagt schließlich in den Fällen, in denen sie – wie z.B. bei Sozialplänen – wegen des nicht selten beträchtlichen Gegenstandswertes zu sehr hohen Vergütungen führt, die in keinem Verhältnis zum Arbeits- und Zeitaufwand stehen. Überhöhte Vergütungen schaden dem Ansehen der Richter der Arbeitsgerichtsbarkeit, die überwiegend zu Vorsitzenden der Einigungsstelle bestellt werden, und bringen auch die Institution der Einigungsstelle in Verruf." 2

Der Gesetzgeber hat deshalb die **Kostenregelung in das Gesetz aufgenommen,** wobei er in Abs. 1 an der Regelung festhält, dass der Arbeitgeber die Kosten der Einigungsstelle trägt. Abs. 2 und 3 regeln für den Vorsitzenden und die Beisitzer der Einigungsstelle den Anspruch auf Vergütung ihrer Tätigkeit. Die Höhe der Vergütung richtet sich nach den Grundsätzen des Abs. 4 Satz 3 bis 5 (Abs. 3 Satz 2). 3

Abs. 4 ermächtigt den Bundesminister für Arbeit und Sozialordnung, durch **Rechtsverordnung** die **Vergütung für den Vorsitzenden und die betriebsfremden Beisitzer der Einigungsstelle** zu regeln, wobei in der Vergütungsordnung Höchstsätze festzusetzen sind. Bisher hat er aber von dieser **Ermächtigungsnorm noch keinen Gebrauch gemacht.** Schließlich bestimmt Abs. 5, dass von der auf Gesetz oder Rechtsverordnung beruhenden Vergütungsregelung für diesen Personenkreis durch **Tarifvertrag** oder in einer Betriebsvereinbarung **abgewichen** werden kann, wenn ein Tarifvertrag dies zulässt oder eine tarifliche Regelung nicht besteht. 4

II. Kosten der Einigungsstelle

1. Kostentragungspflicht des Arbeitgebers

Die Kosten der Einigungsstelle trägt der Arbeitgeber (Abs. 1). Zu demselben Ergebnis war das BAG vor der Klarstellung durch Abs. 1 unter Hinweis auf § 20 Abs. 3 Satz 1, § 37 Abs. 2 bis 7, § 39 Abs. 3, §§ 40, 44 gelangt (vgl. BAG 15. 12. 1978 AP BetrVG 1972 § 76 Nr. 6; bestätigt BAG 27. 3. 1979 und 13. 1. 1981 AP BetrVG 1972 § 76 Nr. 7 und 8). 5

2. Inhalt und Umfang der Kostentragungspflicht

6 Zu den Kosten der Einigungsstelle gehört zunächst der **Geschäftsaufwand** (ebenso *Fitting,* § 76 a Rn. 6; GK-*Kreutz,* § 76 a Rn. 12). Trotz der Neuregelung enthält gerade insoweit das Gesetz eine Regelungslücke, die durch entsprechende Anwendung des § 40 Abs. 2 zu schließen ist: Der Arbeitgeber hat für die Sitzungen und die laufende Geschäftsführung der Einigungsstelle in erforderlichem Umfang Räume, sachliche Mittel und Büropersonal zur Verfügung zu stellen (s. auch § 40 Rn. 61 ff.).

7 Der Arbeitgeber trägt außerdem die **persönlichen Aufwendungen,** die den Mitgliedern der Einigungsstelle auf Grund ihrer Tätigkeit entstehen. Voraussetzung ist, dass sie für die ordnungsgemäße Durchführung des Einigungsverfahrens **notwendig** sind und der **Grundsatz der Verhältnismäßigkeit** beachtet wird.

8 Zu diesen Kosten gehören insbesondere Schreib-, Telefon- und Reisekosten. Der Arbeitgeber braucht sie aber nur zu erstatten, wenn das Mitglied bei pflichtgemäßer Beurteilung der objektiven Sachlage die Aufwendungen für erforderlich und verhältnismäßig halten durfte.

9 Nicht zu den Aufwendungen gehört der **Verdienstausfall,** den ein Mitglied durch seine Tätigkeit in der Einigungsstelle erleidet. Das Gesetz gibt aber insoweit eine Vergütungsregelung in Abs. 2 und 3 (s. Rn. 11 ff.).

10 Keine Kosten der Einigungsstelle sind die **Kosten eines Rechtsanwalts,** den der Betriebsrat zur Vertretung vor der Einigungsstelle heranzieht (ebenso *Fitting,* § 76 a Rn. 8; GK-*Kreutz,* § 76 a Rn. 16; ErfK-*Kania,* § 76 a Rn. 2). Es richtet sich vielmehr nach § 40 Abs. 1, ob der Arbeitgeber insoweit die Kosten zu erstatten hat (ebenso BAG 31. 6. 1989 AP BetrVG 1972 § 76 Nr. 34; 14. 2. 1996 AP BetrVG 1972 § 76 a Nr. 5). Der Betriebsrat ist berechtigt, einen Anwalt seines Vertrauens mit der Wahrnehmung seiner Interessen vor der Einigungsstelle zu beauftragen, wenn der Regelungsgegenstand schwierige Rechtsfragen aufwirft, die zwischen den Betriebspartnern umstritten sind, und kein Betriebsratsmitglied über den zur sachgerechten Interessenwahrnehmung notwendigen juristischen Sachverstand verfügt, wobei unbeachtlich ist, ob der Vorsitzende der Einigungsstelle die schriftliche Vorbereitung und die Darlegung des Standpunkts der Beteiligten vor der Einigungsstelle verlangt hat (BAG 31. 6. 1989 AP BetrVG 1972 § 76 Nr. 34, dort auch zur Höhe der Vergütung; dazu auch BAG 14. 2. 1996 AP BetrVG 1972 § 76 a Nr. 5).

III. Vergütung der Mitglieder der Einigungsstelle

11 Das Gesetz unterscheidet für die Vergütung zwischen den Beisitzern der Einigungsstelle, die dem Betrieb angehören (Abs. 2) und dem Vorsitzenden und den Beisitzern der Einigungsstelle, die nicht zu den in Abs. 2 genannten Personen zählen (Abs. 3 bis 5).

1. Betriebsangehörige Beisitzer

12 a) Die Beisitzer der Einigungsstelle, die dem Betrieb angehören, erhalten für ihre Tätigkeit **keine Vergütung** (Abs. 2 Satz 1 Halbsatz 1). Wie die Mitglieder des Betriebsrats nach § 37 Abs. 1 üben sie ein **unentgeltliches Ehrenamt** aus (ebenso *Fitting,* § 76 a Rn. 11; GK-*Kreutz,* § 76 a Rn. 22; ErfK-*Kania,* § 76 a Rn. 3). § 37 Abs. 2 und 3 gilt daher entsprechend (Abs. 2 Satz 1 Halbsatz 2), damit sie wie die Betriebsratsmitglieder gestellt sind, wenn sie ihre Aufgabe als Mitglied der Einigungsstelle erfüllen. Es besteht also insoweit kein Unterschied zur Tätigkeit eines Betriebsratsmitglieds, und daher ist es auch unerheblich, ob der Beisitzer zugleich Betriebsratsmitglied ist (ebenso GK-*Kreutz,* § 76 a Rn. 23).

III. Vergütung der Mitglieder der Einigungsstelle § 76 a

b) Besteht die Einigungsstelle auf **Unternehmens- oder Konzernebene,** wird sie also 13
zur Beilegung von Meinungsverschiedenheiten zwischen Arbeitgeber und Gesamtbetriebsrat oder Konzernbetriebsrat gebildet, so gilt Satz 1 des Abs. 2 „für die einem Betrieb des Unternehmens oder eines Konzernunternehmens angehörenden Beisitzer entsprechend" (Abs. 2 Satz 2). Daraus folgt trotz des missverständlichen Gesetzestextes, dass die Gleichstellung mit den betriebsangehörigen Beisitzern sich bei einem Einigungsverfahren zwischen Arbeitgeber und Gesamtbetriebsrat nur auf die einem **Betrieb des Unternehmens angehörenden Beisitzer** bezieht, während bei einem Einigungsverfahren zwischen Arbeitgeber und Konzernbetriebsrat alle Beisitzer einbezogen werden, die zu einem **Unternehmen des Konzerns** gehören (ebenso *Fitting,* § 76 a Rn. 13; ErfK-*Kania,* § 76 a Rn. 3).

Die Bestimmung in Abs. 2 Satz 2 rechtfertigt den Umkehrschluss, dass bei einer **für** 14
den Betrieb gebildeten Einigungsstelle, ein Beisitzer, der einem **anderen Betrieb des Unternehmens oder Konzerns** angehört, nicht unter Abs. 2 Satz 1 fällt und daher gemäß Abs. 3 bis 5 Vergütung verlangen kann (ebenso LAG Baden-Württemberg, DB 1989, 736; *Fitting,* § 76 a Rn. 13; GK-*Kreutz,* § 76 a Rn. 26; ErfK-*Kania,* § 76 a Rn. 3; *Bauer/Röder,* DB 1989, 224, 225; *Engels/Natter,* BB 1989 Beil. 8, S. 26; a. A. LAG Niedersachsen, NZA 1988, 290). Das erscheint nicht sinnvoll, weil auch sonst wegen der Vertragsbindung zu demselben Arbeitgeber der Betriebsangehörigkeit die Unternehmensangehörigkeit gleichgestellt wird. Der Gesetzgeber hat jedoch insoweit eine eindeutige Regelung getroffen, weil sonst die Grenzziehung in Abs. 2 Satz 2 keinen Sinn gäbe.

2. Vorsitzender und „betriebsfremde Beisitzer"

a) Der **Vorsitzende der Einigungsstelle** und die **Beisitzer, die nicht zu den in Abs. 2** 15
genannten Personen zählen, haben nach Abs. 3 Satz 1 gegenüber dem Arbeitgeber **Anspruch auf Vergütung** ihrer Tätigkeit. Das Entstehen des Anspruchs hängt nicht mehr – wie vor der Einfügung des § 76 a (vgl. BAG 6. 4. 1973 AP BetrVG 1972 § 76 Nr. 1; zuletzt BAG 20. 2. 1991 AP BetrVG 1972 § 76 Nr. 44) – von einer Honorarvereinbarung ab (ebenso BAG 12. 2. 1992 AP BetrVG 1972 § 76 a Nr. 2). Der Vergütungsanspruch ergibt sich vielmehr unmittelbar aus dem Gesetz. Er beruht auf dem *betriebsverfassungsrechtlichen Schuldverhältnis,* das durch die Bildung der Einigungsstelle zum Arbeitgeber begründet wird (ebenso BAG 27. 7. 1994 AP BetrVG 1972 § 76 a Nr. 4).

Den Vergütungsanspruch hat auch ein **Gewerkschaftsfunktionär,** den der Betriebsrat 16
zum Beisitzer bestellt (ebenso vor Einfügung des § 76 a für die Befugnis des Betriebsrats, zu Lasten des Arbeitgebers eine Honorarvereinbarung zu treffen, BAG 11. 5. 1976, 14. 1. 1983 und 3. 5. 1984 AP BetrVG 1972 § 76 Nr. 3, 12 und 15; auch für den Fall, dass der Beisitzer gegenüber der Gewerkschaft verpflichtet ist, das Honorar an sie oder eine gewerkschaftsnahe Stiftung abzuführen, BAG 14. 12. 1988 AP BetrVG 1972 § 76 Nr. 30). Die Beteiligung der im Betrieb vertretenen Gewerkschaften an der Betriebsverfassung nach § 2 Abs. 1 begründet nämlich keine Pflicht zur Mitwirkung in einem Einigungsverfahren.

Wird zum Vorsitzenden oder Beisitzer der Einigungsstelle ein **Rechtsanwalt** bestellt, so 17
wird er nicht in seiner Eigenschaft als Rechtsanwalt tätig (ebenso BAG 20. 2. 1991 AP BetrVG 1972 § 76 Nr. 44). Der Vergütung kann er deshalb nicht die Bundesrechtsanwaltsgebührenordnung zu Grunde legen, sondern auch für ihn gilt die hier im Gesetz enthaltene Vergütungsregelung.

b) Der **Vergütungsanspruch entsteht** mit der Begründung des betriebsverfassungs- 18
rechtlichen Schuldverhältnisses zum Arbeitgeber, also mit der **Bestellung zum Vorsitzenden** oder **Beisitzer der Einigungsstelle.** Bei Bestellung eines Beisitzers durch den Betriebsrat ist Voraussetzung, dass ein entsprechender Betriebsratsbeschluss ordnungsgemäß zustande gekommen ist (ebenso BAG 19. 8. 1992 AP BetrVG 1972 § 76 a Nr. 3; vgl. dazu aber auch *Hanau/Reitze,* FS Kraft 1998, S. 167, 168 ff.; s. auch § 76 Rn. 48).

§ 76 a

19 c) Nach der Konzeption des Gesetzes richtet sich die Höhe der Vergütung nach der gemäß Abs. 4 Satz 1 vom Bundesminister für Arbeit und Sozialordnung zu erlassenden **Rechtsverordnung**. In der Vergütungsordnung sind Höchstsätze festzusetzen (Abs. 4 Satz 2). Außerdem ist die Rechtsverordnung an die für sie in Abs. 4 Satz 3 bis 5 festgelegten Grundsätze gebunden.

20 **Solange** es an der **Rechtsverordnung nach Abs. 4 fehlt**, richtet sich die Höhe der Vergütung unmittelbar nach den **Grundsätzen des Abs. 4 Satz 3 bis 5** (Abs. 3 Satz 2). Dadurch wird aber nicht an Stelle einer privatautonomen Regelung die Höhe der Vergütung festgelegt. Solange die Rechtsverordnung nicht ergangen ist, kann über die Höhe der Vergütung eine vertragliche Vereinbarung mit dem Arbeitgeber getroffen werden. Kommt es zu keiner vertraglichen Vereinbarung, so ist es nach Ansicht des BAG Sache des Einigungsstellenmitglieds, den Umfang der Vergütung zu bestimmen, was durch Erklärung gegenüber dem Arbeitgeber geschieht (so BAG 12. 2. 1992 AP BetrVG 1972 § 76 a Nr. 2).

21 Die Bestimmung erfolgt **gemäß § 315 Abs. 1 BGB nach billigem Ermessen** (ebenso BAG 12. 2. 1992 AP BetrVG 1972 § 76 a Nr. 2; 28. 8. 1996 AP BetrVG 1972 § 76 a Nr. 7). Dabei hat das Mitglied die Ermessensgrundsätze des Abs. 4 Satz 3 bis 5 zu beachten. Maßgebend ist daher insbesondere der erforderliche Zeitaufwand, die Schwierigkeit der Streitigkeit sowie ein Verdienstausfall (Abs. 4 Satz 3). Zeitaufwand und Schwierigkeit der Streitigkeit stehen in einem unmittelbaren Zusammenhang (vgl. auch *Fitting*, § 76 a Rn. 19 f.). Soweit es um den Verdienstausfall als Bemessungskriterium geht, besteht ein Spannungsverhältnis zu dem Gesichtspunkt, dass die Beisitzer der Einigungsstelle dieselbe Aufgabe erfüllen. Insbesondere darf nicht über den Verdienstausfall als Bemessungskriterium bei einem Rechtsanwalt die Bundesrechtsanwaltsgebührenordnung herangezogen werden. Es ist ein Unterschied, ob ein Rechtsanwalt als Beisitzer in der Einigungsstelle tätig wird oder als Verfahrensbevollmächtigter vor der Einigungsstelle auftritt (vgl. BAG 20. 2. 1991 AP BetrVG 1972 § 76 Nr. 44). Die Festsetzung von Höchstbeträgen hat das Gesetz dem Verordnungsgeber vorbehalten (Abs. 4 Satz 2); es liegt keine planwidrige Gesetzeslücke vor, die von den Gerichten geschlossen werden kann (vgl. BAG 28. 8. 1996 AP BetrVG 1972 § 76 a Nr. 7).

22 Kommt es nicht zu einer vertraglichen Vereinbarung mit dem Arbeitgeber, so ist insbesondere bindend, dass die Vergütung der Beisitzer **niedriger zu bemessen** ist als die **des Vorsitzenden** (Abs. 3 Satz 2 i. V. mit Abs. 4 Satz 4). Bereits vor Einfügung des § 76 a in das Gesetz hat das BAG anerkannt, dass ein Abschlag von 3/10 gegenüber der Vorsitzendenvergütung im Allgemeinen dem Unterschied in den Aufgaben und der Beanspruchung des Vorsitzenden und der Beisitzer der Einigungsstelle ausreichend Rechnung trägt (vgl. BAG 20. 2. 1991 AP BetrVG 1972 § 76 Nr. 44; bereits BAG 6. 4. 1973 AP BetrVG 1972 § 76 Nr. 1). Dem § 76 a lässt sich kein Anhaltspunkt dafür entnehmen, eine andere Bezugsgröße für die Bemessung der Beisitzervergütung zu Grunde zu legen (ebenso BAG 12. 2. 1992 AP BetrVG 1972 § 76 a Nr. 2).

23 Für die **Bestimmung der Angemessenheit** ist **kein Kriterium die Honorarvereinbarung mit einem Beisitzer der Arbeitgeberseite** (ebenso GK-*Kreutz*, § 76 a Rn. 62; *Joost*, MünchArbR, § 232 Rn. 121; *Bauer/Röder*, DB 1989, 224, 226; a. A. *Fitting*, § 76 a Rn. 25; DKK-*Berg*, § 76 a Rn. 26; ErfK-*Kania*, § 76 a Rn. 6; *Löwisch*, DB 1989, 223, 224). Die Begründung der gegenteiligen Auffassung mit dem Grundsatz der Parität ist nur zutreffend, soweit überhaupt keine Vergütungsabrede getroffen wird. Man kann auch nicht ohne weiteres unterstellen, dass für einen Beisitzer der Arbeitgeberseite eine erhöhte Vergütung vereinbart wird. Denkbar ist auch, dass bei einer Dauerbeziehung das Gegenteil der Fall ist. Deshalb kann der Honorarvereinbarung nur eine Indizfunktion entnommen werden, dass die Honorarvereinbarung angemessen ist und daher unter dieser Voraussetzung den Umfang der Vergütung auch dann bestimmt, wenn es zu keiner vertraglichen Vereinbarung kommt.

d) **Kosten zur Durchsetzung des Vergütungsanspruchs** gehören nicht zu dessen Inhalt; 24
sie zählen auch **nicht** zu den **Kosten der Einigungsstelle** (ebenso BAG 27. 7. 1994 AP
BetrVG 1972 § 76 a Nr. 4). Sie können aber, da auf Grund des § 76 a zwischen den
Parteien ein gesetzliches Schuldverhältnis bestand, ein Verzugsschaden sein, der nach
§ 280 i. V. mit § 286 BGB zu ersetzen ist (so BAG a. a. O.).

IV. Abweichende Regelung durch Tarifvertrag oder Betriebsvereinbarung

Soweit es um den Vorsitzenden und die „betriebsfremden" Beisitzer der Einigungs- 25
stelle geht, kann durch **Tarifvertrag** von der Gesetzesregelung und auch einer durch
Rechtsverordnung erlassenen Vergütungsordnung abgewichen werden (Abs. 5). Die
tarifvertragliche Regelung ist eine *Betriebsverfassungsnorm*. Für die Geltung der tarifvertraglichen Regelung genügt daher die Tarifgebundenheit des Arbeitgebers (§§ 3
Abs. 2, 4 Abs. 1 Satz 2 TVG).

Die Abweichung kann auch in einer **Betriebsvereinbarung** erfolgen. Dies ist aber nur 26
möglich, wenn ein Tarifvertrag dies zulässt oder eine tarifliche Regelung nicht besteht.

V. Streitigkeiten

Streitigkeiten über die Kostentragungspflicht entscheidet das Arbeitsgericht im Be- 27
schlussverfahren (§ 2 a Abs. 1 Nr. 1, Abs. 1 i. V. mit §§ 80 ff. ArbGG).

Das Beschlussverfahren ist die richtige Verfahrensart auch für die Geltendmachung 28
des Vergütungsanspruchs nach Abs. 3; denn der Anspruch beruht auf dem betriebsverfassungsrechtlichen Schuldverhältnis zwischen dem Arbeitgeber und den Mitgliedern
der Einigungsstelle. Das gilt auch für den Anspruch auf Ersatz der Honorardurchsetzungskosten (ebenso BAG 27. 7. 1994 AP BetrVG 1972 § 76 a Nr. 4).

§ 77 Durchführung gemeinsamer Beschlüsse, Betriebsvereinbarungen

(1) ¹Vereinbarungen zwischen Betriebsrat und Arbeitgeber, auch soweit sie auf einem Spruch der Einigungsstelle beruhen, führt der Arbeitgeber durch, es sei denn, dass im Einzelfall etwas anderes vereinbart ist. ²Der Betriebsrat darf nicht durch einseitige Handlungen in die Leitung des Betriebs eingreifen.

(2) ¹Betriebsvereinbarungen sind von Betriebsrat und Arbeitgeber gemeinsam zu beschließen und schriftlich niederzulegen. ²Sie sind von beiden Seiten zu unterzeichnen; dies gilt nicht, soweit Betriebsvereinbarungen auf einem Spruch der Einigungsstelle beruhen. ³Der Arbeitgeber hat die Betriebsvereinbarungen an geeigneter Stelle im Betrieb auszulegen.

(3) ¹Arbeitsentgelte und sonstige Arbeitsbedingungen, die durch Tarifvertrag geregelt sind oder üblicherweise geregelt werden, können nicht Gegenstand einer Betriebsvereinbarung sein. ²Dies gilt nicht, wenn ein Tarifvertrag den Abschluss ergänzender Betriebsvereinbarungen ausdrücklich zulässt.

(4) ¹Betriebsvereinbarungen gelten unmittelbar und zwingend. ²Werden Arbeitnehmern durch die Betriebsvereinbarung Rechte eingeräumt, so ist ein Verzicht auf sie nur mit Zustimmung des Betriebsrats zulässig. ³Die Verwirkung dieser Rechte ist ausgeschlossen. ⁴Ausschlussfristen für ihre Geltendmachung sind nur insoweit zulässig, als sie in einem Tarifvertrag oder einer Betriebsvereinbarung vereinbart werden; dasselbe gilt für die Abkürzung der Verjährungsfristen.

§ 77 Durchführung gemeinsamer Beschlüsse, Betriebsvereinbarungen

(5) Betriebsvereinbarungen können, soweit nichts anderes vereinbart ist, mit einer Frist von drei Monaten gekündigt werden.

(6) Nach Ablauf einer Betriebsvereinbarung gelten ihre Regelungen in Angelegenheiten, in denen ein Spruch der Einigungsstelle die Einigung zwischen Arbeitgeber und Betriebsrat ersetzen kann, weiter, bis sie durch eine andere Abmachung ersetzt werden.

Abgekürzt zitiertes Schrifttum: *Adomeit*, Die Regelungsabrede, 2. Aufl. 1961; *ders.*, Rechtsquellenfragen im Arbeitsrecht, 1969; *Bakopoulus*, Zuständigkeitsverteilung zwischen tarifvertraglicher und innerbetrieblicher Normsetzung, (Diss. FU Berlin 1989) 1991; *Bayreuther*, Tarifautonomie als kollektiv ausgeübte Privatautonomie, 2005; *Belling*, Das Günstigkeitsprinzip im Arbeitsrecht, (Diss. Münster) 1984; *Dietz*, Probleme des Mitbestimmungsrechts, 1966; *Fischer*, Die tarifwidrigen Betriebsvereinbarungen, 1998; *Flatow*, Betriebsvereinbarung und Arbeitsordnung, 2. Aufl. 1923; *Friese*, Kollektive Koalitionsfreiheit und Betriebsverfassung (Diss. Jena); 2000; *Gast*, Tarifautonomie und die Normsetzung durch Betriebsvereinbarung, 1981; *Hammer*, Die betriebsverfassungsrechtliche Schutzpflicht für die Selbstbestimmungsfreiheit des Arbeitnehmers, (Diss. Regensburg) 1998; *H. Hanau*, Individualautonomie und Mitbestimmung in sozialen Angelegenheiten, (Diss. Tübingen) 1994 (dazu *Pallasch*, ZfA 1994, 723); *Hilger*, Das betriebliche Ruhegeld, 1959; *Holzer*, Strukturfragen des Betriebsvereinbarungsrechts, 1982; *v. Hoyningen-Huene*, Die Billigkeit im Arbeitsrecht, 1978; *Hromadka*, Die Arbeitsordnung im Wandel der Zeit, 1979; *G. Hueck*, Die Betriebsvereinbarung, 1952; *Jahnke*, Tarifautonomie und Mitbestimmung 1984; *Karakatsanis*, Die kollektivrechtliche Gestaltung des Arbeitsverhältnisses und ihre Grenzen, 1963; *Kreutz*, Grenzen der Betriebsautonomie, 1979; *Lambrich*, Tarif- und Betriebsautonomie – ein Beitrag zu den Voraussetzungen und Grenzen des Tarifvorbehalts, insbesondere dem Erfordernis der Tarifbindung des Arbeitgebers, 1999; *Moll*, Der Tarifvorrang im Betriebsverfassungsgesetz, 1980; *Müller-Franken*, Die Befugnis zu Eingriffen in die Rechtsstellung des einzelnen durch Betriebsvereinbarungen (Diss. Mainz 1996) 1997; *Nebel*, Die Normen des Betriebsverbandes am Beispiel der ablösenden Betriebsvereinbarung, (Diss. Kiel 1988) 1989; *Niebler*, Inhalt und Reichweite der Betriebsvereinbarungsautonomie – Meinungsstand und Bedeutung der dogmengeschichtlichen Entwicklung, Diss. Regensburg 1990; *Picker*, Privatautonomie und Kollektivautonomie – Arbeitsrecht als Freiheitsproblem, in: Picker/Rüthers (Hrsg.), Recht und Freiheit – Symposion zu Ehren von Reinhard Richardi, 2003, S. 24; *Reichold*, Betriebsverfassung als Sozialprivatrecht, 1995; *Reuter*, Vergütung von AT-Angestellten und betriebsverfassungsrechtliche Mitbestimmung, 1979; *Richardi*, Kollektivgewalt und Individualwille bei der Gestaltung des Arbeitsverhältnisses, 1968; *ders.*, Betriebsverfassung und Privatautonomie, 1973; *ders.*, Betriebsverfassungsrechtliche Mitbestimmung und Einzelarbeitsvertrag, 1986; *Rieble*, Arbeitsmarkt und Wettbewerb, 1996; *Robrecht*, Die Gesamtbetriebsvereinbarung, (Diss. Freiburg) 2008; *Säcker*, Gruppenautonomie und Übermachtkontrolle im Arbeitsrecht, 1972; *Salamon*, Das Schicksal von Gesamtbetriebsvereinbarungen bei Betriebs- und Betriebsteilveräußerungen, 2006; *Th. B. Schmidt*, Das Günstigkeitsprinzip im Tarifvertrags- und Betriebsverfassungsrecht, (Diss. Trier) 1994; *Schuldt*, Die Betriebsvereinbarung im Verhältnis zum Einzelarbeitsvertrag und zum Tarifvertrag, 1925; *Strasser*, Die Betriebsvereinbarung nach deutschem und österreichischem Recht, 1957; *Travlos-Tzanetatos*, Die Regelungsbefugnis der Betriebspartner und ihre Grenzen zum Einzelarbeitsverhältnis, (Diss. Berlin 1974; *Veit*, Die funktionelle Zuständigkeit des Betriebsrats, 1998; *Waltermann*, Rechtsetzung durch Betriebsvereinbarung zwischen Privatautonomie und Tarifautonomie, 1996; *Wlotzke*, Das Günstigkeitsprinzip im Verhältnis des Tarifvertrags zum Einzelarbeitsvertrag und zur Betriebsvereinbarung, 1957; *Wollgast*, Geltung, Wirkung und Nachwirkung von Betriebsvereinbarungen, (Diss. Hamburg 1998) 1999; *Zigan*, Betriebsvereinbarungen nach dem Kontrollratsgesetz Nr. 22 (Betriebsrätegesetz), 1948.

Übersicht

	Rn.
A. Vorbemerkung	1
B. Betriebsleitung und Durchführung betrieblicher Vereinbarungen	3
I. Durchführungspflicht des Arbeitgebers	3
II. Verbot des Eingriffs in die Betriebsleitung	8
1. Verbotsinhalt	8
2. Rechtsfolgen bei Verstoß	10
III. Streitigkeiten	15

	Rn.
C. Die Betriebsvereinbarung	17
I. Begriff und rechtlicher Charakter der Betriebsvereinbarung	17
1. Betriebsvereinbarung als Rechtsinstitut der Mitbestimmung und der Rechtsetzung auf betrieblicher Ebene	17
2. Entstehung und Bestimmung des im Gesetz vorausgesetzten Begriffs	21
3. Rechtsnatur	23
4. Parallelität und Verschiedenheit zum Tarifvertrag	26
5. Institution des Privatrechts	28
II. Abschluss einer Betriebsvereinbarung	30
1. Vertrag	30
2. Parteien der Betriebsvereinbarung	31
3. Form	33
4. Bekanntgabe	40
5. Anhörung des Sprecherausschusses der leitenden Angestellten	43
6. Nichtigkeit und Anfechtung	45
III. Regelungsinhalt einer Betriebsvereinbarung	50
1. Regelungsform gesetzlich festgelegter Betriebsautonomie	50
2. Vereinbarung von Rechtsnormen	51
3. Betriebsverfassungsnormen	56
4. Schuldrechtliche Abreden	59
5. Formzwang nur für den normativen Teil	63
IV. Umfang und Grenzen der Betriebsautonomie	64
1. Betriebsautonomie als Grundlage der Rechtsetzung durch Betriebsvereinbarung	64
2. Regelungsbefugnis der Betriebspartner	66
3. Personelle Reichweite der Betriebsautonomie	73
4. Sachliche Reichweite der Betriebsautonomie	81
5. Funktionelle Reichweite der Betriebsautonomie	91
6. Begrenzung auf generell-abstrakte Regelungen	95
7. Begrenzung der Betriebsautonomie durch einen kollektivfreien Individualbereich	97
8. Grundrechtsbindung der Betriebsparteien	100
9. Innenschranken der Betriebsvereinbarungsautonomie (Einzelheiten)	103
V. Auslegung und gerichtliche Nachprüfbarkeit der Betriebsvereinbarung	115
1. Auslegung von Betriebsvereinbarungen	115
2. Gerichtliche Inhaltskontrolle	117
VI. Geltungsbereich einer Betriebsvereinbarung	126
1. Räumlicher und personeller Geltungsbereich	126
2. Zeitlicher Geltungsbereich	128
VII. Rechtswirkungen der Betriebsvereinbarung	132
1. Lückenhafte Gesetzesregelung	132
2. Reichweite der Normengeltung	134
3. Unabdingbarkeit	138
4. Günstigkeitsprinzip als Schranke der Betriebsautonomie	141
5. Günstigkeitsprinzip als Kollisionsnorm bei bestehender Arbeitsvertragsregelung	151
6. Bedeutung der zwingenden Geltung für den Inhalt des Arbeitsvertrags	159
VIII. Weitergeltung nach Ablauf einer Betriebsvereinbarung	161
1. Differenzierung zwischen erzwingbaren und freiwilligen Betriebsvereinbarungen	161
2. Abgrenzung der Nachwirkung von der Weitergeltung	164
3. Rechtslage nach Ablauf einer Betriebsvereinbarung	166
4. Nachwirkung durch Betriebsvereinbarung	172
IX. Abänderung einer betriebseinheitlichen Regelung durch Betriebsvereinbarung	174
1. Ersetzung einer Betriebsvereinbarung	174
2. Ablösung sonstiger betriebseinheitlicher Regelungen	176
X. Verzicht und zeitliche Begrenzung der Rechte aus einer Betriebsvereinbarung	178
1. Verzicht	178
2. Vergleich	182
3. Verwirkung	185
4. Ausschlussfristen und Verkürzung gesetzlicher Verjährungsfristen	186
XI. Schuldrechtliche Wirkungen der Betriebsvereinbarung	190

	Rn.
XII. Beendigung der Betriebsvereinbarung	192
1. Beendigungstatbestände	192
2. Kündigung	199
3. Wegfall des Betriebsrats	209
4. Betriebsstilllegung, Betriebsverschmelzung und Betriebsspaltung	210
XIII. Fortgeltung von Betriebsvereinbarungen bei einem Wechsel des Betriebsinhabers	213
1. Überblick	213
2. Übertragung eines Betriebs oder Betriebsteils auf einen anderen Inhaber	214
3. Fortgeltung von Gesamtbetriebsvereinbarungen	218
XIV. Streitigkeiten	219
D. Die Betriebsabsprache und sonstige Betriebsregelungen	224
I. Die Betriebsabsprache	224
1. Begriff und Anwendungsbereich	224
2. Abschluss	227
3. Rechtswirkungen	228
4. Tarifvorbehalt	230
5. Beendigung	231
II. Allgemeine Arbeitsbedingungen im Betrieb	235
1. Geltungsgrund	235
2. Günstigkeitsprinzip als Kollisionsnorm	237
III. Streitigkeiten	238
E. Tarifautonomie und Betriebsvereinbarung	239
I. Vorbemerkung	239
1. Rechtssystematischer Zusammenhang	239
2. Abweichungen von § 59 BetrVG 1952	241
3. Forderungen nach Streichung oder Beschränkung des Abs. 3	242
II. Tarifvorbehalt als Zuständigkeitsabgrenzung	244
1. Normzweck	244
2. Verhältnis zum Tarifvorrang im Eingangshalbsatz des § 87 Abs. 1	247
III. Gegenstand und Voraussetzung der Sperrwirkung	252
1. Gegenstand der Sperrwirkung	252
2. Tarifvertragliche Regelung als Voraussetzung der Sperrwirkung	257
3. Tarifüblichkeit als Voraussetzung der Sperrwirkung	267
IV. Rechtsfolgen der Sperrwirkung	277
1. Beschränkung der Rechtsetzungsbefugnis durch Betriebsvereinbarung	277
2. Reichweite der Sperrwirkung	280
3. Übernahme einer tarifvertraglichen Regelung durch Betriebsvereinbarung	288
4. Geltung des Tarifvorbehalts für formlose Betriebsabsprachen	292
5. Keine Geltung des Tarifvorbehalts für betriebseinheitliche Regelungen auf individualrechtlicher Ebene	295
V. Öffnungsklauseln im Tarifvertrag	298
1. Zulässigkeit tarifvertraglicher Öffnungsklauseln	298
2. Zulassung ergänzender und abweichender Betriebsvereinbarungen	301
3. Notwendigkeit einer ausdrücklichen Zulassung nur für den Bereich der Sperrwirkung	304
4. Geltungsdauer der tarifvertraglichen Ermächtigung	306
5. Geltungsdauer der ergänzenden oder abweichenden Betriebsvereinbarung	307
6. Anspruch der Betriebsparteien auf Zulassung einer Öffnung	309
VI. Rechtsfolgen bei einem Verstoß gegen die Sperrwirkung	310
VII. Streitigkeiten	314

A. Vorbemerkung

1 Die Bestimmung befasst sich mit zwei verschiedenen Problemen: Abs. 1 regelt die **Durchführung der zwischen Betriebsrat und Arbeitgeber getroffenen Vereinbarungen** und bestimmt insbesondere, dass der Betriebsrat nicht durch einseitige Handlungen in die Leitung des Betriebs eingreifen darf. Abs. 2 bis Abs. 6 enthalten allgemeine Vorschriften über die Form, den Gegenstand, die Rechtswirkungen und die Beendigung einer **Betriebsvereinbarung**. Abs. 1 und Abs. 2 entspricht mit geringfügigen redaktionellen Änderungen dem § 52 BetrVG 1952. Der Gesetzgeber hat aus rechtssystematischen

B. Betriebsleitung und Durchführung betrieblicher Vereinbarungen § 77

Gründen die in § 59 BetrVG 1952 bei der Mitbestimmung in sozialen Angelegenheiten verankerte Bestimmung über den Tarifvorbehalt hier unter Erweiterung als Abs. 3 eingefügt. Die Abs. 4 bis 6 enthalten Bestimmungen über die bis zum BetrVG 1972 nicht gesetzlich geregelten Fragen zur Wirkung der Kündigung und der Nachwirkung einer Betriebsvereinbarung; sie lehnen sich an die Regelung für Tarifverträge im Tarifvertragsgesetz an (vgl. Begründung des RegE, BT-Drucks. VI/1786, S. 47).

Das **BetrVerf-ReformG 2001** hat die **Bestimmung nicht geändert**, obwohl ein Reformbedarf unter zwei Aspekten besteht: Inhalt und Reichweite der Betriebsvereinbarungsautonomie sind Gegenstand erheblicher Meinungsverschiedenheiten, und der Tarifvorbehalt steht in einem Spannungsverhältnis zu betrieblichen Bündnissen für Arbeit. Der gesetzgeberischen Klarstellung bedarf deshalb, ob man den Betriebsparteien die Möglichkeit eröffnet, ohne Einschaltung der Tarifvertragsparteien von einem Tarifvertrag abzuweichen, oder ob man einer systemimmanenten Lösung den Vorzug gibt, dass die Tarifvertragsparteien auf Verlangen von Arbeitgeber und Betriebsrat eine Ergänzung oder Abweichung von ihrer Regelung zu gestatten haben, soweit die wirtschaftliche Lage des Unternehmens unter Berücksichtigung der sozialen Belange der Arbeitnehmer eine Ergänzung oder Abweichung erfordert. 2

B. Betriebsleitung und Durchführung betrieblicher Vereinbarungen

I. Durchführungspflicht des Arbeitgebers

Vereinbarungen zwischen Betriebsrat und Arbeitgeber führt der Arbeitgeber durch (Abs. 1 Satz 1); denn die Leitung des Betriebs ist seine Angelegenheit (s. auch Rn. 8 ff.). 3

Das Gesetz spricht von Vereinbarungen zwischen Betriebsrat und Arbeitgeber und nicht mehr wie § 52 Abs. 1 BetrVG 1952 von *gemeinsamen Beschlüssen;* diese Formulierung ist nur noch in der Überschrift zu § 77 enthalten, eine redaktionelle Fehlleistung. Denn man war sich auch bisher einig, dass es sich bei den gemeinsamen Beschlüssen in Wahrheit um Vereinbarungen zwischen dem Arbeitgeber und dem Betriebsrat handelt (*Dietz,* § 52 Rn. 2; s. dazu aber auch Rn. 23 f.). Zu den Vereinbarungen i. S. dieser Bestimmung gehören nicht nur die *Betriebsvereinbarungen,* sondern alle Vereinbarungen zwischen dem Arbeitgeber und dem Betriebsrat überhaupt (s. dazu Rn. 224). Klargestellt wird, dass einer Vereinbarung ein Spruch der Einigungsstelle gleichsteht, der die Einigung zwischen Arbeitgeber und Betriebsrat ersetzt (s. § 76 Rn. 8 ff.). 4

Der Arbeitgeber vertritt nicht den Betrieb oder ein gemeinsames Direktorium, das aus ihm und dem Betriebsrat besteht, sondern er handelt in eigenem Namen, wenn er die Vereinbarungen mit dem Betriebsrat durchführt (nicht zutreffend *Galperin/Siebert,* § 52 Rn. 6, wenn sie davon sprechen, dass dem Arbeitgeber die Vertretungsbefugnis nach innen und nach außen zustehe). Der Arbeitgeber hat z. B. anzuschlagen, dass die Arbeit an dem betreffenden Tag ausfällt und wann sie nachzuholen ist, er weist dem Arbeitnehmer die Werksmietwohnung zu, er führt die Lohnvereinbarungen durch. 5

Der Betriebsrat ist zur Durchführung einer Vereinbarung nur dann berechtigt, wenn dies im Einzelfall vereinbart ist. So kann ihm die Verwaltung einer Sozialeinrichtung, z. B. einer Kantine, übertragen werden. Zu einer solchen Übertragung ist grundsätzlich eine ausdrückliche Vereinbarung nötig, es sei denn, es ergibt sich das aus der Natur der Sache, z. B. bei der Abhaltung der Sprechstunden. 6

Entscheidungen, die der Betriebsrat selbst treffen kann, für die also nicht eine Vereinbarung mit dem Arbeitgeber erforderlich ist, führt der Betriebsrat selbst durch (ebenso GL-*Löwisch,* § 77 Rn. 4; HSWGNR-*Worzalla,* § 77 Rn. 202; GK-*Kreutz,* § 77 Rn. 29; *Nipperdey/Säcker* in *Hueck/Nipperdey,* Bd. II/2 S. 1320 f.). Der Betriebsrat kann also seine eigenen Beschlüsse selbst durchführen, insbesondere hat er das Recht, sie bekannt 7 zu machen, z. B. die Bestellung des Wahlvorstandes (§ 16) und die Einberufung einer Betriebsversammlung (§ 43). Der Arbeitgeber muss ihm für diese Bekanntmachungen ein „Schwarzes Brett" zur Verfügung stellen (s. § 40 Rn. 77 ff.).

II. Verbot des Eingriffs in die Betriebsleitung

1. Verbotsinhalt

8 Der **Betriebsrat darf nicht in die Betriebsleitung eingreifen** (Abs. 1 Satz 2). Auch wenn der Arbeitgeber Vereinbarungen mit dem Betriebsrat nicht durchführt oder eine Maßnahme trifft, die der Mitwirkung oder Mitbestimmung des Betriebsrats unterliegt, darf der Betriebsrat nicht eigenmächtig in die Betriebsleitung eingreifen, sondern muss sich an den Arbeitgeber wenden. Auch das **Mitbestimmungsrecht** gibt **kein Mitdirektionsrecht** (ebenso *Fitting*, § 77 Rn. 8; GK-*Kreutz*, § 77 Rn. 26; HSWGNR-*Worzalla*, § 77 Rn. 203; *Nikisch*, Bd. III S. 294; *Nipperdey/Säcker* in *Hueck/Nipperdey*, Bd. II/2 S. 1319; *Neumann-Duesberg*, S. 383). Auch wenn eine Entscheidung des Arbeitgebers der Zustimmung des Betriebsrats bedarf, bleibt sie eine Entscheidung des *Arbeitgebers*; dieser hat für sie auch die Verantwortung zu tragen. Die sog. „Exekutive" im Betrieb ist also Angelegenheit des Arbeitgebers. Der Betriebsrat kann seine Rechte nur durchsetzen, indem er entweder die Einigungsstelle anruft, wenn sie nach dem Gesetz bei einem Streit zwischen Arbeitgeber und Betriebsrat zuständig ist, oder das Beschlussverfahren vor dem Arbeitsgericht einleitet. Er darf dagegen nicht seinerseits eine Anordnung treffen, wenn er der Auffassung ist, dass der Arbeitgeber sich nicht an eine Vereinbarung hält. Hat der Arbeitgeber etwa das Ende der Arbeitszeit auf 16 Uhr angesetzt, so kann der Betriebsrat den entsprechenden Anschlag nicht entfernen und durch einen anderen ersetzen, weil als Ende der Arbeitszeit 15 Uhr vereinbart worden ist.

9 Allerdings sind Maßnahmen des Arbeitgebers im Rahmen seines Direktionsrechts, die mit den normativen Bestimmungen einer Betriebsvereinbarung im Widerspruch stehen, unwirksam (s. auch Rn. 138 ff.).

2. Rechtsfolgen bei Verstoß

10 Der unberechtigte Eingriff in die Betriebsleitung bedeutet **Verletzung der Amtspflichten**. Bei einem groben Verstoß kann der Betriebsrat auf Antrag durch Beschluss des Arbeitsgerichts aufgelöst, ein Betriebsratsmitglied seines Amtes enthoben werden (§ 23 Abs. 1; ebenso *Fitting*, § 77 Rn. 10; GK-*Kreutz*, § 77 Rn. 27; GL-*Löwisch*, § 77 Rn. 5; HSWGNR-*Worzalla*, § 77 Rn. 204; *Nipperdey/Säcker* in *Hueck/Nipperdey*, Bd. II/2 S. 1320).

11 Der unberechtigte Eingriff in die Betriebsleitung kann auch einen wichtigen Grund zur außerordentlichen Kündigung darstellen; denn das Betriebsratsmitglied verletzt damit in aller Regel gleichzeitig die Pflichten aus dem Arbeitsverhältnis (ebenso *Fitting*, § 77 Rn. 10; GK-*Kreutz*, § 77 Rn. 27; GL-*Löwisch*, § 77 Rn. 5; nur bei vorsätzlich pflichtwidrigem Eingriff *Nipperdey/Säcker* in *Hueck/Nipperdey*, Bd. II/2 S. 1320).

12 Ob ein **Schadensersatzanspruch** gegen das Einzelne sich an dem Eingriff in die Betriebsleitung beteiligende Betriebsratsmitglied gegeben ist, bestimmt sich nach allgemeinen Vorschriften. Als solche kommen die über unerlaubte Handlungen in Betracht. Abs. 1 Satz 2 ist aber **kein Schutzgesetz i. S. des § 823 Abs. 2 BGB** (ebenso *Fitting*, § 77 Rn. 10; GK-*Kreutz*, § 77 Rn. 27; *Isele*, RdA 1962, 374; zum BRG 1920 *Mansfeld*, § 69 Erl. 3; a. A. HSWGNR-*Worzalla*, § 77 Rn. 205). Unter besonderen Umständen kann der Eingriff das Recht am eingerichteten und ausgeübten Gewerbebetrieb verletzen und dann nach § 823 Abs. 1 BGB zum Schadensersatz verpflichten (ebenso *Fitting*, § 77 Rn. 10; HSWGNR-*Worzalla*, § 77 Rn. 205; *Nipperdey/Säcker* in *Hueck/Nipperdey*, Bd. II/2 S. 1320). Das setzt aber voraus, dass der Arbeitgeber in der Durchführung des

Betriebes, sei es auch nur auf Zeit, gehindert ist (vgl. dazu, dass bei tatsächlicher Behinderung von Betriebshandlungen ein Eingriff in den eingerichteten und ausgeübten Gewerbebetrieb vorliegt, *Buchner,* Die Bedeutung des Rechts am eingerichteten und ausgeübten Gewerbebetrieb für den deliktsrechtlichen Unternehmensschutz, 1971, S. 136 ff.). Ausnahmsweise kann auch eine Haftung aus § 826 BGB in Betracht kommen, wenn es sich um eine vorsätzliche Schadenszufügung unter Verstoß gegen die guten Sitten handelt. Eine Verletzung der guten Sitten liegt aber noch nicht darin, dass gegen Abs. 1 Satz 2 verstoßen ist; es müssen weitere erschwerende Umstände hinzukommen.

Die Haftung trifft das **einzelne Betriebsratsmitglied**, nicht den Betriebsrat; denn dieser ist insoweit nicht vermögensrechtsfähig. 13

Soweit das einzelne Betriebsratsmitglied durch den Eingriff in die Betriebsleitung zugleich die Pflichten aus dem Arbeitsverhältnis verletzt, ergibt sich für ihn eine Schadensersatzpflicht aus positiver Forderungsverletzung. 14

III. Streitigkeiten

Streitigkeiten darüber, ob der Arbeitgeber eine Vereinbarung, insbesondere eine Betriebsvereinbarung, richtig ausführt, entscheidet das Arbeitsgericht im Beschlussverfahren (§ 2a Abs. 1 Nr. 1, Abs. 2 i. V. mit §§ 80 ff. ArbGG). 15

Auch für einen Streit darüber, ob der Betriebsrat unzulässigerweise in die Betriebsleitung eingegriffen hat, ist das Arbeitsgericht zur Entscheidung im Beschlussverfahren zuständig. Soweit der Arbeitgeber aber Schadensersatzansprüche gegen Betriebsratsmitglieder geltend macht, ist das Urteilsverfahren die richtige Verfahrensart (§ 2 Abs. 1 Nr. 3 lit. a und lit. d, Abs. 5 i. V. mit §§ 46 ff. ArbGG). 16

C. Die Betriebsvereinbarung

I. Begriff und rechtlicher Charakter der Betriebsvereinbarung

1. Betriebsvereinbarung als Rechtsinstitut der Mitbestimmung und der Rechtsetzung auf betrieblicher Ebene

Die Betriebsvereinbarung ist das klassische Mittel, um den Betriebsrat an der Gestaltung der betrieblichen Ordnung gleichberechtigt zu beteiligen. Sie setzt voraus, dass der Arbeitgeber und der Betriebsrat in der Ordnung bestimmter betrieblicher Angelegenheiten übereinstimmen und regelt diese mit verbindlicher Wirkung für die Belegschaftsangehörigen. Die Betriebsvereinbarung ist daher die gegebene **Form für die Ausübung des Mitbestimmungsrechts** (vgl. BAG 24. 2. 1987 AP BetrVG 1972 § 77 Nr. 21). 17

Vor allem ist sie das **Rechtsinstitut für die innerbetriebliche Rechtsetzung;** sie ist das einzige Gestaltungsmittel, um für alle Betriebsangehörigen mit normativer Wirkung einheitliche Arbeitsbedingungen zu schaffen. 18

Soweit der Betriebsrat nach § 87 Abs. 1 mitzubestimmen hat, genügt zwar für die Mitbestimmungsausübung die formlose Betriebsabsprache oder Regelungsabrede; da aber nur die Normen einer Betriebsvereinbarung unmittelbar und zwingend gelten (Abs. 4), ist allein die Betriebsvereinbarung geeignet, den zwingenden und unabdingbaren Schutz der Arbeitnehmer herbeizuführen, um dessentwillen § 87 Abs. 1 ein Mitbestimmungsrecht des Betriebsrats in den dort genannten Angelegenheiten begründet (so BAG 24. 2. 1987 AP BetrVG 1972 § 77 Nr. 21). Die Betriebsvereinbarung kommt aber auch dann für die Rechtsetzung auf betrieblicher Ebene in Betracht, wenn der Betriebsrat wegen Fehlens eines Mitbestimmungsrechts keine Regelung erzwingen kann *(freiwillige Betriebsvereinbarung).* 19

20 Trotz der hervorragenden Bedeutung, die sie für die betriebliche Mitbestimmung der Arbeitnehmer und die innerbetriebliche Rechtsetzung hat, gibt das **Gesetz keine Definition der Betriebsvereinbarung** und enthält für sie nur **wenige Bestimmungen** in Abs. 2 bis Abs. 6.

2. Entstehung und Bestimmung des im Gesetz vorausgesetzten Begriffs

21 Der **Begriff der Betriebsvereinbarung** war dem BRG 1920 noch nicht bekannt. *Georg Flatow* hat ihn in seiner Schrift „Betriebsvereinbarung und Arbeitsordnung", 1921, 2. Aufl. 1923, geschaffen, um mit ihm die verschiedenen Formen einer betrieblichen Gesamtregelung zwischen dem Arbeitgeber und dem Betriebsrat zu bezeichnen (vgl. *Waltermann*, Betriebsvereinbarung, S. 105 ff.). Der RegE zum BetrVG 1952 sprach in § 58, der dem § 52 BetrVG 1952 entspricht, von einer Betriebssatzung (BT-Drucks. I/1546, S. 17; abgedruckt in RdA 1950, 346). Der Gesetzgeber wählte aber im Hinblick auf die eingeführte Terminologie die Bezeichnung *Betriebsvereinbarung,* ohne damit zu der Streitfrage Stellung nehmen zu wollen, ob die Betriebsvereinbarung ein Vertrag oder ein durch übereinstimmende Beschlüsse von Arbeitgeber und Betriebsrat gesetztes Betriebsstatut sei (vgl. den Ausschussbericht zum BetrVG 1952, BT-Drucks. I/3585, S. 10; abgedruckt in RdA 1952, 288). Der Begriff der Betriebsvereinbarung ist im Betriebsverfassungsrecht so eingeführt, dass man bei den Vorarbeiten zum BetrVG 1972 eine andere Bezeichnung nicht einmal erwogen hat.

22 Das Gesetz spricht in Abs. 1 allgemein von *Vereinbarungen zwischen Betriebsrat und Arbeitgeber* und trifft in den folgenden Absätzen besondere Bestimmungen *nur* für die **Betriebsvereinbarung.** Deshalb ist der Begriff der Betriebsvereinbarung auf die *formgebundene Vereinbarung* i. S. des Abs. 2 zu beschränken und von ihr die *formlose Betriebsabsprache* zu unterscheiden (s. zu ihr Rn. 224 ff.). Ihre Bedeutung liegt in ihrer Wirkungsweise: Betriebsvereinbarungen gelten unmittelbar und zwingend (§ 77 Abs. 4 Satz 1).

3. Rechtsnatur

23 Nach der **Satzungstheorie** ist die Betriebsvereinbarung eine autonome Satzung, die durch parallele, getrennt gefasste Beschlüsse des Arbeitgebers und des Betriebsrats ähnlich wie ein Gesetz bei einem Zweikammernsystem zustande kommt (so vor allem *Herschel,* RdA 1948, 47, 49; *ders.,* BABl. 1954, 731; *ders.,* RdA 1956, 161, 168; *ders.,* in: Hundert Jahre deutsches Rechtsleben, 1960, Bd. I S. 305, 310; *ders.,* Juristen-Jahrbuch 1961/62, S. 80, 89; ihm grundsätzlich folgend *Galperin,* BB 1949, 374 und *Galperin/Siebert,* § 52 Rn. 23, der von einem körperschaftlichen Rechtsetzungsakt spricht, der von den Betriebspartnern als Organe einer übergeordneten Gemeinschaft erlassen wird; weiterhin *Radke,* RdA 1950, 338; *Bogs,* RdA 1956, 1, 5; vgl. auch *Adomeit,* BB 1962, 1246, der auf S. 1248 die Rechtsnatur der Betriebsvereinbarung mit dem kollektivrechtlichen Begriff des Beschlusses zu erklären versucht – *Beschlusstheorie;* anders aber Rechtsquellenfragen, S. 146 f.). Wie *Herschel* selbst zur Begründung anführt, setzt diese Ansicht voraus, dass der Betrieb als „überindividueller Organismus" anerkannt und Arbeitgeber und Betriebsrat als Organe des Betriebs angesehen werden. Ein derart übergeordneter Betriebsverband, dem Arbeitgeber und Betriebsrat als Organe eingefügt wären, besteht aber rechtlich nicht (s. auch Rn. 68).

24 Überwiegend sieht man deshalb in der Betriebsvereinbarung eine **rechtsgeschäftliche Vereinbarung** zwischen dem Arbeitgeber und dem Betriebsrat als dem Repräsentanten der Belegschaft, wobei lediglich streitig ist, ob sie sich als Vertrag oder als Vereinbarung darstellt (**Vertragstheorie:** *Nipperdey/Säcker* in *Hueck/Nipperdey,* Bd. II/2 S. 1272; *G. Hueck,* Betriebsvereinbarung, S. 42 ff.; *Strasser,* Betriebsvereinbarung, S. 93 ff.; *Bulla,* DB 1962, 1207; weiterhin *Travlos-Tzanetatos,* Regelungsbefugnis der Betriebspartner, S. 57 ff.; *Kreutz,* Grenzen der Betriebsautonomie, S. 15 f.; *Säcker,* AR-Blattei: Be-

triebsvereinbarung I, D I 2, 4; ursprünglich auch *Neumann-Duesberg*, Betriebsverfassungsrecht, S. 357. – **Vereinbarungstheorie:** begründet von *Jacobi*, Grundlehren, S. 350 ff., der in der Betriebsvereinbarung eine Regelungsvereinbarung als Sonderfall des kollektiven Rechtsgeschäfts sieht; der Vereinbarungslehre folgen: *Nikisch*, Bd. III S. 270 ff.; *Dietz*, FS Sitzler 1956, S. 131, 137 f.; *Neumann-Duesberg*, RdA 1962, 404, 409 f.; aus dem Schrifttum der Weimarer Zeit: *Flatow/Kahn-Freund*, § 66 Erl. 5 III; *Kaskel*, S. 56 f.; *Sinzheimer*, Grundzüge, S. 51; *Hiller*, Betriebsvereinbarung und Arbeitsvertrag, 1925, S. 40; vgl. auch *Schreuer*, Die Rechtsnatur der Betriebsvereinbarung, Diss. Köln 1930, S. 19 ff.). Rechtlich bedeutsame Folgen ergeben sich aus diesem Unterschied aber nicht (ebenso GK-*Kreutz*, § 77 Rn. 36; vgl. auch BAG [GS] 16. 3. 1956 AP BetrVG [1952] § 57 Nr. 1); denn Vertrag und Vereinbarung setzen eine Willenseinigung voraus, und nur auf diese kommt es an, wenn im bürgerlichen Recht vom Vertrag die Rede ist, unabhängig von der Willensbildung und der Interessenlage (vgl. *Richardi*, Kollektivgewalt, S. 310).

Die Betriebsvereinbarung lässt sich **nicht** in das **traditionelle Modell der Privatautono- 25 mie** einordnen; denn sie ist Akttyp der Betriebsverfassung, die das Gesetz intervenierend gestaltet hat, um eine Mitbestimmung der Arbeitnehmer zu verwirklichen (s. Rn. 70). Es ist aber dogmatisch ohne Erklärungswert, wenn *Bickel* (ZfA 1971, 193 ff.) in der Betriebsvereinbarung nur ein *gesetzliches Tatbestandselement* erblicken will, an dessen Eintritt das staatliche Gesetz die Rechtsnormwirkung anknüpft (ebenso *Säcker*, ZfA-Sonderheft 1972, 41, 51 f.). *Kreutz* (Grenzen der Betriebsautonomie, S. 99 ff.) zieht eine Parallele zu den rechtsgeschäftlichen Regelungen, die ein Vertreter von Gesetzes oder von Amts wegen innerhalb der ihm zustehenden Vertretungsmacht im Namen des Vertretenen trifft, und bezeichnet daher die Betriebsvereinbarung als *privatheteronomes Rechtsgeschäft*. Mit der Bildung einer derartigen Kategorie und der Einordnung der Betriebsvereinbarung bestätigt er, dass die Rechtsetzung durch Betriebsvereinbarung für die ihr unterworfenen Arbeitnehmer eine rechtsgeschäftliche *Fremdbestimmungsregel* darstellt (ebenso *Waltermann*, Betriebsvereinbarung, S. 131 ff.).

4. Parallelität und Verschiedenheit zum Tarifvertrag

Die Betriebsvereinbarung ist wie der Tarifvertrag ein **Normenvertrag** (grundlegend 26 zum Normenvertrag *A. Hueck*, IherJB 73 [1923], 33 ff.). Sie stellt neben ihm die andere Form der Gesamtvereinbarung dar und teilt mit ihm die Eigenschaft, dass ihrer Regelung eine **normative Wirkung** zukommen kann. Schon in der Weimarer Zeit hatte man daher Tarifvertrag und Betriebsvereinbarung als wesensverwandte Rechtsinstitute aufgefasst und für sie allgemeine Grundsätze aufgestellt (vgl. insbesondere *Dersch*, Die neue Schlichtungsverordnung 1924, S. 145 ff., der die Gesamtvereinbarung als ein einheitliches Rechtsinstitut erfassen wollte; dagegen aber *Jacobi*, Grundlehren, S. 153 Fn. 16, S. 244). Die Lehre neigt dazu, Grundsätze, die für den Tarifvertrag entwickelt sind, auch auf die Betriebsvereinbarung zu übertragen, und auch der Gesetzgeber teilt dieses dogmatische Vorverständnis, wie die Regelung in Abs. 4 und 6 zeigt, die sich eng an § 4 TVG anlehnt (s. dazu Rn. 132 ff.). Die Parallelbehandlung zum Tarifvertrag ist vor allem problematisch, sobald man sich der Frage zuwendet, über welche Angelegenheiten eine Betriebsvereinbarung abgeschlossen werden kann (s. dazu ausführlich Rn. 64 ff.).

Tarifvertrag und **Betriebsvereinbarung** beruhen auf **verschiedenen Ordnungsgrund- 27 sätzen** (s. Rn. 69 f.). Daher ist es nur als Ausdruck einer mangelnden dogmatischen Erschließung zu werten, dass die Betriebsvereinbarung, wie schon *Jacobi*, Grundlehren, S. 345 kritisch bemerkte, „das Bild eines auf die Stufe des Betriebs projizierten Tarifvertrages" bietet (vgl. auch *Nikisch*, Bd. III S. 263; für die teleologische Einheit des Gesamtvereinbarungsrechts aber *Säcker*, Gruppenautonomie und Übermachtkontrolle, S. 341 ff., *ders.*, ZfA-Sonderheft 1972, 41, 50 f.).

5. Institution des Privatrechts

28 Wer vom öffentlich-rechtlichen Charakter der Betriebsverfassung ausgeht, sieht in der Betriebsvereinbarung eine **öffentlich-rechtliche Vereinbarung** (*Dietz*, § 52 Rn. 47; *E. R. Huber*, Bd. II S. 521 f.; so schon *Flatow*, Betriebsvereinbarung und Arbeitsordnung, 2. Aufl. 1923, S. 19). Bei ihrem Zustandekommen fehlen aber sämtliche Elemente des öffentlichen Rechts (vgl. dazu *Richardi*, Kollektivgewalt, S. 317), insbesondere wird nicht einmal eine Rechtsaufsicht geübt, wie in der Weimarer Zeit beim Abschluss einer Betriebsvereinbarung über den Erlass der Arbeitsordnung nach §§ 134e Abs. 1, 134f GewO (*Flatow*, a. a. O., S. 30 ff.).

29 Die Betriebsvereinbarung ist deshalb ein **Institut des Privatrechts** (ebenso *Nikisch*, Bd. III S. 275; *Nipperdey/Säcker* in *Hueck/Nipperdey*, Bd. II/2 S. 1257, 1274; *Jacobi*, Grundlehren, S. 350; *G. Hueck*, Betriebsvereinbarung, S. 29; *Kreutz*, Grenzen der Betriebsautonomie, S. 99 ff.; *Waltermann*, Betriebsvereinbarung, S. 140 f.).

II. Abschluss einer Betriebsvereinbarung

1. Vertrag

30 Das Gesetz verlangt, dass Betriebsvereinbarungen von **Betriebsrat und Arbeitgeber gemeinsam zu beschließen** sind. Gemeint ist nicht ein gemeinsamer Beschluss von Betriebsrat und Arbeitgeber im Rahmen einer Sitzung des Betriebsrats; denn einen Beschluss, den Arbeitgeber und Betriebsrat fassen, indem sie gemeinsam über die betreffenden Angelegenheiten abstimmen, gibt es nicht. Es ist auch nicht so, dass Arbeitgeber und Betriebsrat jeder für sich einen gleichen Beschluss fassen, wie vom Standpunkt der Satzungstheorie aus angenommen wird (*Herschel*, RdA 1948, 47; vgl. auch *Galperin/Siebert*, § 52 Rn. 14), sondern es handelt sich in Wahrheit um *Vereinbarungen* zwischen dem Arbeitgeber und dem Betriebsrat. Diese kommen wie überall, so auch hier durch den Austausch zweier übereinstimmender bzw. sich ergänzender Willenserklärungen zustande. Wenn das Gesetz sagt, dass sie von Betriebsrat und Arbeitgeber gemeinsam zu beschließen sind, so handelt es sich um eine Formulierung, die in Anlehnung an § 52 Abs. 2 BetrVG 1952 getroffen ist; durch sie sollte lediglich hervorgehoben werden, dass die Betriebsvereinbarung, anders als die Betriebsordnung des AOG, nicht vom Arbeitgeber, sondern vom Arbeitgeber und Betriebsrat gemeinsam festgelegt wird.

2. Parteien der Betriebsvereinbarung

31 Partei der Betriebsvereinbarung kann auf Arbeitnehmerseite nur der **Betriebsrat** sein, nicht die Betriebsversammlung, auch nicht in einem betriebsratslosen Betrieb. Die Jugend- und Auszubildendenvertretung und der Wirtschaftsausschuss können ebenfalls keine Betriebsvereinbarung schließen. Dem Betriebsrat gleichgestellt sind dagegen der **Gesamtbetriebsrat** und der **Konzernbetriebsrat,** soweit sie zuständig sind (s. § 50 Rn. 3 ff., § 58 Rn. 5 ff.). Keinen Einfluss auf die Wirksamkeit einer Betriebsvereinbarung hat es, wenn die Wahl des Betriebsrats erfolgreich angefochten wird; die aus einer nichtigen Wahl der Arbeitnehmer hervorgegangene Vertretung ist aber kein Betriebsrat, die mit ihm getroffene Vereinbarung keine Betriebsvereinbarung (vgl. *Stadler*, BB 1971, 709). Soweit ein **Sprecherausschuss für leitende Angestellte** Vereinbarungen mit dem Arbeitgeber abschließt, handelt es sich ebenfalls **nicht** um **Betriebsvereinbarungen** (s. § 28 SprAuG). Wird im Rahmen eines betrieblichen „Bündnisses für Arbeit" ein „Konsolidierungsvertrag" von Betriebsrat, Arbeitgeber und zuständiger Gewerkschaft geschlossen, so handelt es sich im Regelfall um keine Betriebsvereinbarung, sondern um einen Firmentarifvertrag (vgl. BAG 17. 11. 2000 AP BetrVG 1972 § 77 Tarifvorbehalt Nr. 14).

C. Die Betriebsvereinbarung §77

Voraussetzung dafür, dass eine Betriebsvereinbarung abgeschlossen werden kann, ist, 32
dass ein entsprechender **Beschluss des Betriebsrats** vorliegt; denn der Vorsitzende oder
bei seiner Verhinderung sein Stellvertreter kann für den Betriebsrat eine Erklärung nur
im Rahmen der von ihm gefassten Beschlüsse abgeben (§ 26 Abs. 2 Satz 1). In dem
Umfang, in dem der Betriebsrat seinen Vorsitzenden oder auch ein anderes Mitglied
ermächtigen und bevollmächtigen kann, ist dies auch für den Abschluss einer Betriebsvereinbarung möglich. Der Betriebsrat kann eine von seinem Vorsitzenden oder einem
sonstigen Mitglied in Überschreitung ihrer Vollmacht abgeschlossene Betriebsvereinbarung genehmigen. Soweit der Betriebsrat dem Betriebsausschuss oder einem sonstigen
Ausschuss Aufgaben zur selbständigen Erledigung übertragen hat, erstreckt die Delegation sich aber nicht auf den Abschluss von Betriebsvereinbarungen (§§ 27 Abs. 2 Satz 2,
28 Abs. 1 Satz 3). Hat er sie aber in Betrieben mit mehr als 100 Arbeitnehmern nach
Maßgabe einer mit dem Arbeitgeber abzuschließenden Rahmenvereinbarung auf eine
Arbeitsgruppe übertragen (§ 28a Abs. 1), so kann diese im Rahmen der ihr übertragenen Aufgaben mit dem Arbeitgeber Vereinbarungen schließen, für die § 77 entsprechend
gilt (§ 28a Abs. 2). Die Gruppenvereinbarung bildet daher die **Sonderform einer Betriebsvereinbarung,** bei der Partei auf Arbeitnehmerseite nicht der Betriebsrat, sondern
die Arbeitsgruppe ist.

3. Form

a) Die Betriebsvereinbarung ist **schriftlich niederzulegen und von beiden Seiten zu** 33
unterzeichnen (Abs. 2 Satz 1 und Satz 2). Das Gesetz schreibt also die **Schriftform** für
den Abschluss einer Betriebsvereinbarung vor. Die schriftliche Form kann **nicht** durch
die **elektronische Form** ersetzt werden. Das Gesetz zur Anpassung der Formvorschriften
des Privatrechts und anderer Vorschriften an den modernen Rechtsgeschäftsverkehr
vom 13. 7. 2001 (BGBl. I S. 1542) berücksichtigt weder den Tarifvertrag noch die
Betriebsvereinbarung. Nahe läge deshalb die Anwendung des durch das Gesetz eingefügten § 126 Abs. 3 BGB, nach dem die schriftliche Form durch die elektronische Form
ersetzt werden kann, wenn sich nicht aus dem Gesetz ein anderes ergibt. Die hier in
Abs. 2 Satz 1 und Satz 2 geregelte Schriftform hat aber nach Sinn und Zweck gegenüber
§ 126 BGB einen eigenständigen Inhalt. § 126 Abs. 3 BGB findet deshalb keine Anwendung (ebenso GK-*Kreutz,* § 77 Rn. 44; *Raab,* FS Konzen, S. 719, 735; a. A. ErfK-*Kania,*
§ 77 Rn. 21; LK-*Löwisch,* § 77 Rn. 7).

Die Schriftform ist auch gewahrt, wenn in der Betriebsvereinbarung auf eine **andere** 34
schriftliche Regelung, insbesondere auf einen derzeit geltenden Tarifvertrag **Bezug genommen** wird, ohne dass die in Bezug genommenen Vorschriften wiederholt zu werden
brauchen oder als Anlage beigefügt werden müssen (ebenso BAG 27. 3. 1963 AP
BetrVG [1952] § 59 Nr. 9; bestätigt BAG 23. 6. 1992 AP BetrVG 1972 § 77 Nr. 55; bei
Verweisung auf eine schriftliche, den Arbeitnehmern bekannt gemachte Gesamtzusage
des Arbeitgebers BAG 3. 6. 1997 AP BetrVG 1972 § 77 Nr. 69; für den Tarifvertrag:
BAG 8. 10. 1959 AP BetrVG § 56 Nr. 14; 9. 7. 1980 AP TVG § 1 Form Nr. 7; weiterhin
Fitting, § 77 Rn. 23; GK-*Kreutz,* § 77 Rn. 46; GL-*Löwisch,* § 77 Rn. 11; HSWGNR-
Worzalla, § 77 Rn. 14; *Matthes,* MünchArbR § 239 Rn. 15; *Nikisch,* Bd. III S. 283,
anders noch zum Tarifvertrag, Bd. II S. 282 f., aber aufgegeben in Anm. zu AP TVG § 3
Verbandszugehörigkeit Nr. 12; *Nipperdey/Säcker* in *Hueck/Nipperdey,* Bd. II/2
S. 1278).

Grundsätzlich unzulässig sind **dynamische Blankettverweisungen.** Daher ist eine Be- 35
triebsvereinbarung unwirksam, wenn sie auf einen Tarifvertrag in seiner jeweils geltenden Fassung verweist (vgl. BAG 23. 6. 1992 AP BetrVG 1972 § 77 Nr. 55). Gleiches gilt
auch, wenn sie auf die jeweils gültige Betriebsvereinbarung eines anderen Betriebs
verweist, selbst wenn es sich um Verweisungen auf Betriebsvereinbarungen desselben
Unternehmens oder Konzerns handelt (vgl. BAG 22. 8. 2006 AP BetrVG 1972 § 77

Betriebsvereinbarung Nr. 30). Nach Ansicht des BAG entäußern die Betriebspartner sich durch eine dynamische Blankettverweisung ihrer gesetzlichen Normsetzungsbefugnis (BAG 23. 6. 1992 AP BetrVG 1972 § 77 Nr. 55; ebenso GK-*Kreutz*, § 77 Rn. 48). Nicht hinreichend wird bei dieser Begründung aber beachtet, dass in die Betriebsvereinbarungsautonomie fällt, ob überhaupt eine Regelung getroffen wird. Soweit darauf abgestellt wird, dass die Betriebspartner sich ihrer Regelungsaufgabe nicht dadurch entziehen könnten, dass sie die Gestaltung der betrieblichen Rechtsverhältnisse anderen überließen, bleibt unbeachtet, dass auch bei einer Blankettverweisung die Vertragsparteien „Herr der von ihnen gesetzten Verweisungsbestimmungen" (*Dietz*, FS Nipperdey 1965, Bd. II S. 156) bleiben (so BAG 9. 7. 1980 AP TVG § 1 Form Nr. 7). Es geht daher primär um die Funktion der Schriftform. Ihr ist nicht genügt, soweit die Betriebsvereinbarung auf Tarifverträge oder Betriebsvereinbarungen anderer Betriebe in ihrer jeweils geltenden Fassung verweist.

36 b) Bei der Vorschrift, dass die Betriebsvereinbarung schriftlich niederzulegen und von beiden Parteien zu unterzeichnen ist, handelt es sich um eine **konstitutive Formbestimmung**.

37 Erst mit der **schriftlichen Niederlegung** und der **Unterzeichnung durch beide Parteien** ist die Betriebsvereinbarung geschlossen. Die Unterzeichnung hat der Arbeitgeber oder sein bevollmächtigter Vertreter, von Seiten des Betriebsrats dessen Vorsitzender bzw. bei Verhinderung sein Stellvertreter vorzunehmen. Sie muss wie § 126 Abs. 2 Satz 1 BGB es bestimmt, handschriftlich auf **derselben Urkunde** erfolgen (ebenso BAG 14. 2. 1978 E 30, 96, 105 = AP GG Art. 9 Arbeitskampf Nr. 60). Der Austausch einseitig unterzeichneter Urkunden, wie § 126 Abs. 2 Satz 2 BGB ihn für Verträge zur Wahrung der Schriftform genügen lässt, reicht hier nicht aus; denn es muss wegen der Drittwirkung für die Arbeitnehmer in deren Interesse klargestellt sein, ob eine Betriebsvereinbarung vorliegt (ebenso LAG Berlin, DB 1991, 2593 f.; *Fitting*, § 77 Rn. 21; GK-*Kreutz*, § 77 Rn. 44; ErfK-*Kania*, § 77 Rn. 24; *Matthes*, MünchArbR § 239 Rn. 13; *Raab*, FS Konzen, S. 719, 734). Für die Wahrung der Schriftform genügt es daher nicht, wenn der Arbeitgeber die Fotokopie einer mit der Unterschrift des Betriebsratsvorsitzenden versehenen Ausfertigung unterzeichnet (ebenso LAG Berlin, a. a. O.). Die Schriftform ist aber eingehalten, wenn der Arbeitgeber die ihm nach § 34 Abs. 2 ausgehändigte Abschrift des Protokolls über den Betriebsratsbeschluss mit dem Wortlaut der Betriebsvereinbarung unterzeichnet, sofern die Abschrift auch die Unterschrift des Betriebsratsvorsitzenden trägt und der Arbeitgeber mit der Unterzeichnung die von ihm abzugebende Vertragserklärung zum Ausdruck gebracht hat (ebenso *Fitting*, § 34 Rn. 21; GK-*Raab*, § 34 Rn. 23; DKK-*Wedde*, § 34 Rn. 14; *Richardi*, Kollektivgewalt, S. 286). Anlagen müssen nicht gesondert unterzeichnet werden, wenn die Betriebsvereinbarung auf die Anlage Bezug nimmt und beide auch äußerlich erkennbar eine Einheit bilden, z. B. zusammengeheftet sind (vgl. BAG 11. 11. 1986 AP BetrVG 1972 § 77 Nr. 18).

38 c) **Bestimmungen in gemischten, von Arbeitgeber, Gewerkschaft und Betriebsrat gemeinsam unterzeichneten Vereinbarungen**, z. B. zur Sicherung des Standorts, sind unwirksam, wenn sich nicht aus ihnen zweifelsfrei ergibt, wer Urheber der einzelnen Regelungskomplexe ist und um welche Rechtsquellen es sich handelt (BAG 15. 4. 2008 AP BetrVG 1972 § 77 Nr. 96). Durch das Schriftformerfordernis soll nicht nur für Klarheit darüber gesorgt werden, was vereinbart ist, sondern auch darüber, wer die Vereinbarung getroffen hat und ob es sich demzufolge um eine Betriebsvereinbarung handelt. Bestehen insoweit keine Zweifel, führt die Mitunterzeichnung durch eine hierfür unzuständige Person nicht zur Gesamt- oder Teilnichtigkeit der Betriebsvereinbarung (so auch BAG a. a. O.).

39 c) Betriebsvereinbarungen können auch auf einem **Spruch der Einigungsstelle** beruhen (s. dazu § 76 Rn. 111); die Schriftform ist in diesem Fall dadurch gewahrt, dass nach § 76 Abs. 3 Satz 3 die Beschlüsse der Einigungsstelle schriftlich niederzulegen und vom Vorsitzenden der Einigungsstelle zu unterschreiben sind. Das Gesetz stellt daher in

C. Die Betriebsvereinbarung § 77

Abs. 2 klar, dass in diesem Fall eine besondere Ausfertigung und die Unterzeichnung durch den Betriebsratsvorsitzenden und den Arbeitgeber nicht erforderlich sind.

4. Bekanntgabe

Der **Arbeitgeber** hat die Betriebsvereinbarungen an **geeigneter Stelle im Betrieb auszulegen** (Abs. 2 Satz 3). Zweifelhaft war zu § 52 Abs. 2 BetrVG 1952, ob die Auslegung im Betrieb konstitutiv wirkt, ob also erst damit die Betriebsvereinbarung wirksam wird (so LAG Stuttgart, DB 1953, 556; LAG Frankfurt, DB 1958, 168; *Schnorr v. Carolsfeld*, S. 438; *E. R. Huber*, Wirtschaftsverwaltungsrecht Bd. II S. 522 f.; *Strasser*, Betriebsvereinbarung, S. 170; *Brecht*, BB 1952, 520; *Zöllner*, DVBl. 1958, 124, 127; *Adomeit*, BB 1962, 1246, 1250; a. A. die überwiegende Meinung im Schrifttum: vgl. *Fitting/Kraegeloh/Auffarth*, § 52 Rn. 40; *Galperin/Siebert*, § 52 Rn. 17; *Nikisch*, Bd. III S. 282; *Nipperdey/Säcker* in *Hueck/Nipperdey*, Bd. II/2 S. 1278 f.; *Neumann-Duesberg*, S. 369). Dagegen, dass es sich um ein konstitutives Formelement handelt, spricht vor allem, dass der Arbeitgeber allein die Betriebsvereinbarung auszulegen hat; er könnte das Wirksamwerden der Betriebsvereinbarung verzögern. Dass die Bestimmung, die den Arbeitgeber verpflichtet, die Betriebsvereinbarungen an geeigneter Stelle im Betrieb auszulegen, nur als **Ordnungsvorschrift** bewertet werden kann, wird nicht zuletzt auch dadurch bestätigt, dass der Gesetzgeber sie in einem besonderen Satz verselbständigt hat und durch die Wortstellung stärker als bisher betont, dass es sich nur um eine Pflicht des Arbeitgebers handelt (ebenso *Fitting*, § 77 Rn. 25; GK-*Kreutz*, § 77 Rn. 52; GL-*Löwisch*, § 77 Rn. 13; HSWGNR-*Worzalla*, § 77 Rn. 17; DKK-*Berg*, § 77 Rn. 33; ErfK-*Kania*, § 77 Rn. 25; *Matthes*, MünchArbR § 239 Rn. 18; a. A. *Zöllner/Loritz/Hergenröder*, § 48 II 2; *Zöllner*, DVBl. 1958, 124, 127; zust. *Heinze*, NZA 1994, 580, 582). 40

Die Betriebsvereinbarung ist so auszulegen, dass jeder Arbeitnehmer von ihr Kenntnis erlangen kann. Zweckmäßig ist der Aushang am Schwarzen Brett. Ist aber die Betriebsvereinbarung umfangreich, so genügt es, dass durch Aushang am Schwarzen Brett auf die Betriebsvereinbarung hingewiesen und angegeben wird, wo sie dem Arbeitnehmer zur Einsicht zugänglich ist (ebenso *Brecht*, § 77 Rn. 12); denn das Wort „auszulegen" ist nicht gleichzusetzen mit „aushängen", sondern lediglich mit „zugänglich machen" (BAG 5. 1. 1963 AP TVG § 1 Bezugnahme auf Tarifvertrag Nr. 1; ebenso *Fitting*, § 77 Rn. 25; GK-*Kreutz*, § 77 Rn. 53; HSWGNR-*Worzalla*, § 77 Rn. 17). Verletzt der Arbeitgeber diese Pflicht, so kann gegen ihn nach § 23 Abs. 3 vorgegangen werden. Abs. 2 Satz 3 ist kein Schutzgesetz i. S. des § 823 Abs. 2 BGB und konkretisiert auch nicht die Fürsorgepflicht des Arbeitgebers aus dem Arbeitsverhältnis (ebenso GK-*Kreutz*, § 77 Rn. 52 in Parallele zu § 8 TVG, der ebenfalls weder ein Schutzgesetz i. S. des § 823 Abs. 2 BGB noch eine Konkretisierung der Fürsorgepflicht darstellt; vgl. BAG 30. 9. 1970 AP BAT § 70 Nr. 2; *Wiedemann/Oetker*, TVG, § 8 Rn. 22 f f.). 41

Nach § 2 Abs. 1 Satz 2 Nr. 10 NachwG hat der Arbeitgeber in die **dem Arbeitnehmer auszuhändigenden Niederschrift** seiner wesentlichen Vertragsbedingungen einen in allgemeiner Form gehaltenen **Hinweis auf die Betriebsvereinbarungen aufzunehmen, die auf das Arbeitsverhältnis anzuwenden sind.** Ein Verstoß gegen diese Nachweispflicht ist die Verletzung einer Pflicht aus dem Arbeitsverhältnis und kann daher eine Schadensersatzpflicht begründen (ebenso ArbG Frankfurt/M. DB 1999, 2316, nicht zutreffend allerdings, soweit ein Schutzgesetz i. S. des § 823 Abs. 2 BGB angenommen wird; wie hier HSWGNR-*Worzalla*, § 77 Rn. 17a; unter Vermischung mit der in Abs. 2 Satz 3 festgelegten Auslegungspflicht *Fitting*, § 77 Rn. 26). Bei Verletzung der Nachweispflicht kann insbesondere die Unkenntnis einer in der Betriebsvereinbarung festgelegten Pflicht oder Obliegenheit nicht dem Arbeitnehmer zugerechnet werden. 42

5. Anhörung des Sprecherausschusses der leitenden Angestellten

43 Der Arbeitgeber hat vor Abschluss einer Betriebsvereinbarung, die rechtliche Interessen der leitenden Angestellten berührt, den Sprecherausschuss der leitenden Angestellten rechtzeitig anzuhören (§ 2 Abs. 1 Satz 2 SprAuG). Rechtliche Interessen der leitenden Angestellten sind berührt, wenn die Betriebsvereinbarung Regelungen enthält, die sich auf die Stellung der leitenden Angestellten als Arbeitnehmer auswirken (vgl. *Löwisch*, SprAuG, § 2 Rn. 7).

44 Die Anhörung des Sprecherausschusses ist **keine Wirksamkeitsvoraussetzung** (ebenso GK-*Kreutz*, § 77 Rn. 55; *Löwisch*, SprAuG, § 2 Rn. 8).

6. Nichtigkeit und Anfechtung

45 Für die Betriebsvereinbarung gelten grundsätzlich die **Vorschriften des BGB über Willenserklärungen und Rechtsgeschäfte.**

46 a) Die **Betriebsvereinbarung** ist daher **nichtig,** wenn die gesetzlich vorgeschriebene Schriftform nicht eingehalten wurde (§ 125 BGB). Nichtig ist die Vereinbarung aber nur als Betriebsvereinbarung, während sie als *Betriebsabsprache* wirksam sein kann (s. Rn. 224 ff.). Sie kann nur in besonders gelagerten Ausnahmefällen durch Umdeutung Inhalt des Einzelarbeitsvertrags der Arbeitnehmer werden (s. auch Rn. 295 ff.).

47 Die Betriebsvereinbarung ist nichtig, soweit die Betriebsvereinbarungspartner ihre Regelungszuständigkeit oder die sonstigen Schranken der Betriebsvereinbarungsautonomie überschreiten (s. Rn. 64 ff.). Sie ist nichtig, wenn ihr Inhalt gegen das Gesetz oder gegen die guten Sitten verstößt (§§ 134, 138 BGB). Außerdem darf sie sich nicht mit einem Tarifvertrag in Widerspruch setzen; sie ist jedoch nichtig nur insoweit, als die tarifvertragliche oder tarifübliche Regelung nach Abs. 3 die Regelungszuständigkeit der Betriebspartner beschränkt (s. Rn. 239 ff.). Die Betriebsvereinbarung ist weiterhin (schwebend) unwirksam, wenn der für den Arbeitgeber handelnde Vertreter keine Vollmacht hatte oder auf Arbeitnehmerseite kein entsprechender Beschluss des Betriebsrats vorliegt; sie wird jedoch wirksam, wenn eine Genehmigung erfolgt (s. Rn. 32).

48 Ist ein **Teil der Bestimmungen** einer Betriebsvereinbarung **unwirksam,** so ist zu entscheiden, ob vom Standpunkt einer vernünftigen Interpretation die anderen Bestimmungen eine selbständige Bedeutung haben und haben sollen. Dabei wird man jedoch anders als nach § 139 BGB davon auszugehen haben, dass die Nichtigkeit einer einzelnen Bestimmung nur dann die der anderen oder der ganzen Betriebsvereinbarung zur Folge hat, wenn der Rest einen ganz anderen Sinn erhält, also mit dem nichtigen Teil in unlösbarem Zusammenhang steht (ebenso BAG 15. 5. 1964 AP BetrVG [1952] § 56 Akkord Nr. 5; 29. 5. 1964 AP BetrVG § 59 [1952] Nr. 24; 28. 4. 1981 AP BetrVG 1972 § 87 Vorschlagswesen Nr. 1; 12. 10. 1994 AP BetrVG 1972 § 87 Arbeitszeit Nr. 6; 30. 8. 1995 AP BetrVG 1972 § 87 Überwachung Nr. 29; 15. 5. 2001 AP BetrVG 1972 § 87 Prämie Nr. 17; *Fitting*, § 77 Rn. 32; GK-*Kreutz*, § 77 Rn. 61; GL-*Löwisch*, § 77 Rn. 18; *Matthes*, MünchArbR § 239 Rn. 77; *Nikisch*, Bd. III S. 286; *Nipperdey/Säcker* in *Hueck/Nipperdey*, Bd. II/2 S. 1281 f.; *Neumann-Duesberg*, S. 370). Trotz Übereinstimmung im Ergebnis herrscht Streit darüber, ob § 139 BGB analog anzuwenden ist (bejahend BAG 15. 5. 1964 AP BetrVG [1952] § 56 Akkord Nr. 5, aber offengelassen in BAG 29. 5. 1964 AP BetrVG [1952] § 59 Nr. 24; HSWGNR-*Worzalla*, § 77 Rn. 232; verneinend *Neumann-Duesberg*, S. 370; wohl auch *Nikisch*, Bd. III S. 286; für die Normen, aber nicht die schuldrechtlichen Absprachen einer Betriebsvereinbarung GK-*Kreutz*, § 77 Rn. 61). Dabei wird nicht immer berücksichtigt, dass § 139 BGB eine Auslegungsregel gibt, die hier bei der Betriebsvereinbarung gerade nicht angewendet werden soll, soweit es um den normativen Teil geht (vgl. allgemein zur Teilnichtigkeit *Mayer-Maly*, Gedenkschrift Gschnitzer 1969, S. 265 ff.). Bei Teilnichtigkeit soll vielmehr das Prinzip der Restgültigkeit gelten (so zutreffend GK-*Kreutz*, § 77 Rn. 61).

C. Die Betriebsvereinbarung   § 77

b) Da die Vorschriften des BGB über Willenserklärungen und Rechtsgeschäfte grund- 49
sätzlich Anwendung finden, gelten auch die Vorschriften über die **Anfechtung wegen
eines Willensmangels** (§§ 119, 123 BGB). Da aber bei einer für Dritte verbindlichen
Normsetzung keine Rückwirkung in Betracht kommt, findet § 142 BGB keine Anwendung. Die Anfechtung wirkt nur für die Zukunft (ebenso BAG 15. 12. 1961 AP BGB
§ 615 Nr. 1; *Fitting*, § 77 Rn. 33; GK-*Kreutz*, § 77 Rn. 62; GL-*Löwisch*, § 77 Rn. 16;
Matthes, MünchArbR § 239 Rn. 49; a. A. bei der Anfechtung nach § 123 BGB, soweit
sonst Arglist und Drohung zum Erfolg kämen, ErfK-*Kania*, § 77 Rn. 25).

III. Regelungsinhalt einer Betriebsvereinbarung

1. Regelungsform gesetzlich festgelegter Betriebsautonomie

Eine Betriebsvereinbarung kann nur über Angelegenheiten abgeschlossen werden, die 50
nach dem BetrVG der Zuständigkeit des Betriebsrats unterliegen (s. Rn. 64 ff.). Hier
besteht keine Vertragsfreiheit; denn der Betriebsrat kann als Repräsentant der Belegschaft nur im Rahmen der vom Gesetz festgelegten funktionellen Zuständigkeit handeln.
Eine Betriebsvereinbarung kann daher überall dort abgeschlossen werden, wo das
Gesetz die Einigung zwischen dem Arbeitgeber und dem Betriebsrat verlangt, vor allem
über Angelegenheiten, die seinem Mitbestimmungsrecht unterliegen. Daraus folgt aber
nicht, dass der Betriebsrat nur über diese Angelegenheiten eine Regelung mit dem
Arbeitgeber treffen kann. In sozialen Angelegenheiten geht die funktionelle Zuständigkeit des Betriebsrats sehr viel weiter als sein Mitbestimmungsrecht.

2. Vereinbarung von Rechtsnormen

a) Die Betriebsvereinbarung kann **Rechtsnormen für den Inhalt und die Beendigung** 51
von Arbeitsverhältnissen enthalten.

Neben diesen **Inhaltsnormen** kann sie auch Regelungen über Fragen der Ordnung des 52
Betriebs treffen, ohne dass insoweit einem einzelnen Arbeitnehmer ein Anspruch oder
Leistungsverweigerungsrecht eingeräumt werden soll. Deshalb empfiehlt es sich diesen
Regelungskomplex wie bei den tarifvertraglichen Rechtsnormen als **Betriebsnormen** zu
bezeichnen.

Die besondere Bedeutung der beiden Regelungsarten liegt in ihrer Wirkungsweise: Sie 53
gelten nach Abs. 4 Satz 1 unmittelbar und zwingend, so dass insoweit die Betriebsvereinbarung als *Fremdbestimmungsordnung* für die Arbeitnehmer des Betriebs gilt (so
zutreffend *Waltermann*, Betriebsvereinbarung, S. 99; s. auch Rn. 65).

b) Die Betriebsvereinbarung kann Bestimmungen über **Einstellungen, nicht** aber über 54
den **Abschluss von Arbeitsverträgen** enthalten. Nach § 93 kann der Betriebsrat verlangen, dass Arbeitsplätze ausgeschrieben werden, und er hat nach § 95 sogar ein Mitbestimmungsrecht bei der Festlegung der Richtlinien über die personelle Auswahl bei
Einstellungen, Versetzungen, Umgruppierungen und Kündigungen.

Im Schrifttum bestehen Meinungsverschiedenheiten darüber, ob **Abschlussnormen** in 55
einer Betriebsvereinbarung mit unmittelbarer normativer Wirkung verabredet werden
können. Klarheit lässt sich in dieser Streitfrage nur gewinnen, wenn man die Rechtsfolgen auf der kollektivrechtlichen und auf der individualrechtlichen Ebene auseinander
hält (so zutreffend *Marzen*, RdA 1966, 296, 300). Abschlussverbote und Abschlussgebote geben, soweit sie Auswahlrichtlinien nach § 95 enthalten, dem Betriebsrat das
Recht, die Zustimmung zu einer personellen Einzelmaßnahme zu verweigern (§ 99
Abs. 2 Nr. 2); dasselbe gilt, wenn eine nach § 93 erforderliche Ausschreibung im Betrieb
unterblieben ist (§ 99 Abs. 2 Nr. 5). Dagegen haben die Abschlussnormen **keine unmittelbare Rechtswirkung auf die Begründung des Arbeitsverhältnisses;** denn die Wirkung
einer Betriebsvereinbarung kann sich nicht auf Arbeitnehmer erstrecken, die dem Betrieb

nicht angehören (ebenso LAG Saarbrücken, NJW 1966, 2137; *Nikisch,* Bd. III S. 277 f., 291 f.; *Richardi,* Kollektivgewalt, S. 318; a. A. für Abschlussgebote *Nipperdey/Säcker* in *Hueck/Nipperdey,* Bd. II/2 S. 1269; *Säcker,* AR-Blattei: Betriebsvereinbarung I, C III 1 c; *Marzen,* RdA 1966, 296, 301, der aber nur den Fall der Wiedereinstellungsklausel für Betriebsangehörige behandelt, dabei aber nicht berücksichtigt, dass bei Bestehen des Arbeitsverhältnisses die Wiedereinstellungsklausel eine Inhaltsnorm ist; s. zur Repräsentation ausgeschiedener Arbeitnehmer durch den Betriebsrat ausführlich Rn. 75 ff.).

3. Betriebsverfassungsnormen

56 Gegenstand einer Betriebsvereinbarung können weiterhin die Rechtsbeziehungen zwischen dem Arbeitgeber und dem Betriebsrat in **betriebsverfassungsrechtlichen Fragen** sein (s. dazu auch Rn. 137). Zu den betriebsverfassungsrechtlichen Bestimmungen gehören z. B. Vereinbarungen über die Freistellung bestimmter Betriebsratsmitglieder von ihrer Arbeit (§ 38 Abs. 1 Satz 3), über die Abhaltung von Sprechstunden während der Arbeitszeit (§ 39), über die Durchführung von Betriebs- und Abteilungsversammlungen (s. dazu § 44 Rn. 17), über die Mitgliederzahl des Gesamtbetriebsrats (§ 47 Abs. 4) und des Konzernbetriebsrats (§ 55 Abs. 4), über die Vergütung der Mitglieder der Einigungsstelle (§ 76 a Abs. 5), weiterhin Vereinbarungen, die die Mitbestimmung und Mitwirkung des Betriebsrats konkretisieren oder, soweit es im Gesetz zugelassen wird, seine Beteiligungsbefugnisse erweitern und verstärken (§ 102 Abs. 6).

57 Durch Betriebsvereinbarung kann eine **ständige Einigungsstelle** (§ 76 Abs. 1 Satz 2) und eine **betriebliche Beschwerdestelle** (§ 86 Satz 2) errichtet werden. Dagegen kann weder für Streitigkeiten aus dem Arbeitsverhältnis noch für betriebsverfassungsrechtliche Streitigkeiten die Arbeitsgerichtsbarkeit ausgeschlossen werden; die Betriebsvereinbarung kann nicht bestimmen, dass die Entscheidung durch ein Schiedsgericht erfolgen soll (§ 101 ArbGG; vgl. *Dietz/Nikisch,* ArbGG, § 101 Rn. 14). Daher kann für Rechtsstreitigkeiten keine betriebliche Schiedsstelle geschaffen werden. Durch Betriebsvereinbarung kann auch nicht festgelegt werden, dass zunächst die Einigungsstelle angerufen werden muss; nur soweit die Einigungsstelle nach dem Gesetz die Kompetenz hat, einen bindenden Spruch zu fällen (s. § 76 Rn. 8 ff.), hat das Einigungsverfahren für Rechtsstreitigkeiten den Charakter eines außerbetrieblichen Vorverfahrens (s. § 76 Rn. 122).

58 Hat die **Spaltung des Rechtsträgers eines Betriebs** auch dessen Spaltung zur Folge, dass für die aus der Spaltung hervorgegangenen Betriebe Rechte oder Beteiligungsrechte des Betriebsrats entfallen, so kann nach § 325 Abs. 2 UmwG durch Betriebsvereinbarung die **Fortgeltung dieser Rechte und Beteiligungsrechte** vereinbart werden; ausgenommen sind lediglich die in § 9 festgelegte Zahl der Betriebsratsmitglieder sowie die in § 27 eröffnete Möglichkeit zur Errichtung eines Betriebsausschusses (ebenso *Fitting,* § 77 Rn. 49; *Däubler,* RdA 1995, 136, 145). Deshalb kann bestimmt werden, dass die Beteiligungsrechte nach den §§ 99, 111 auch dann bestehen bleiben, wenn dem neuen Betrieb in der Regel weniger als 20 wahlberechtigte Arbeitnehmer angehören. Das muss auch gelten, wenn nur der Rechtsträger, nicht aber der Betrieb gespalten wird. Als § 325 Abs. 2 UmwG erging, stellten die §§ 99, 111 noch auf die Arbeitnehmerzahl des Betriebs ab, während seit der Neufassung durch Art. 1 Nr. 64 lit. a und Nr. 70 lit. a BetrVerf-ReformG die des Unternehmens maßgebend ist. Die dadurch entstandene Regelungslücke ist durch eine entsprechende Anwendung des § 325 Abs. 2 UmwG zu schließen.

4. Schuldrechtliche Abreden

59 a) Die Besonderheit der Betriebsvereinbarung liegt darin, dass sie unmittelbar und zwingend gilt (Abs. 4 Satz 1). Daraus folgt aber nicht, dass sie keine **schuldrechtlichen Abreden** zwischen den Betriebspartnern enthalten kann. Wie der Tarifvertrag kann deshalb auch die Betriebsvereinbarung einen *normativen* und einen lediglich *schuldrechtlichen* Teil haben (vgl. *Gamillscheg,* Kollektives Arbeitsrecht, Bd. II S. 760; GL-

C. Die Betriebsvereinbarung § 77

Löwisch, § 77 Rn. 59; *Neumann-Duesberg*, S. 359 f.; *ders.*, RdA 1962, 404, 410; *E. R. Huber*, Wirtschaftsverwaltungsrecht, Bd. II S. 520 f.; *G. Hueck*, Betriebsvereinbarung, S. 73 ff.; *Zigan*, Betriebsvereinbarung, S. 25; *Dietz*, RdA 1949, 161, 165; *ders.*, FS Sitzler 1956, S. 131, 138 ff.; *Sitzler*, AR-Blattei: Betriebsvereinbarung I, E III; so schon in der Weimarer Zeit: *Flatow/Kahn-Freund*, § 66 Erl. 5 III; *Kaskel*, S. 61; ursprünglich auch *Nipperdey* in *Hueck/Nipperdey*, 6. Aufl., Bd. II S. 780).

Jede obligatorische Abrede in einer Betriebsvereinbarung und jede schuldrechtliche **60** Wirkung wird dagegen vom Standpunkt der Satzungstheorie aus abgelehnt (*Galperin/Siebert*, § 52 Rn. 20; *Herschel*, RdA 1948, 47). Aber auch sonst wird die Ansicht vertreten, begrifflich liege keine Betriebsvereinbarung vor, wenn die Abrede sich ausschließlich auf schuldrechtliche Verpflichtungen zwischen Arbeitgeber und Betriebsrat beschränke (*Fitting*, § 77 Rn. 50; GK-*Kreutz*, § 77 Rn. 187; ErfK-*Kania*, § 77 Rn. 38; *Nikisch*, Bd. III S. 280 ff.; *Nipperdey* in *Hueck/Nipperdey*, Grundriss, S. 339; *Birk*, ZfA 1986, 73, 79; *Hanau*, RdA 1989, 207, 209; so schon in der Weimarer Zeit vom Standpunkt der Vereinbarungstheorie aus *Jacobi*, Grundlehren, S. 304 ff.). Bestritten wird aber nicht, dass eine Betriebsvereinbarung wie jeder Normenvertrag auch *schuldrechtliche Wirkungen* entfaltet (*Fitting*, § 77 Rn. 50; ErfK-*Kania*, § 77 Rn. 38). Bestritten wird auch nicht, dass die Betriebsparteien eine schuldrechtliche Abrede treffen können; es handele sich in diesem Fall aber nicht um eine Betriebsvereinbarung, sondern um eine Regelungsabrede (*Fitting*, § 77 Rn. 50; ErfK-*Kania*, § 77 Rn. 38) bzw. eine Rechte und Pflichten der Betriebspartner begründende Betriebsabsprache in der Form einer Betriebsvereinbarung (*Kreutz*, Betriebsautonomie, S. 42 ff., insbesondere S. 46 f.).

b) Bei der **Abgrenzung des Bereichs, der normativ gestaltet** werden kann, **von den** **61** **lediglich schuldrechtlich wirkenden** Abreden darf man nicht von einem zu engen Begriff der normativen Regelung ausgehen (so zutreffend *Nikisch*, Bd. III S. 281). Außer den Vorschriften, die auf die Arbeitsverhältnisse einwirken, gibt es Rechtsnormen, die das betriebliche Rechtsverhältnis gestalten (s. Rn. 52). Auch soweit aus ihnen Arbeitnehmer unmittelbar keinen Anspruch und auch kein Leistungsverweigerungsrecht erhalten, gehören sie zum normativen Teil (ebenso *Fitting*, § 77 Rn. 48; a. A. *Kreutz*, Betriebsautonomie, S. 49 f., der bei fehlender Geltungswirkung auf das Arbeitsverhältnis nur eine Betriebsabsprache annimmt, deren Durchführung der Betriebsrat vom Arbeitgeber verlangen kann, damit aber nicht im Ergebnis vom hier vertretenen Standpunkt abweicht). Bestimmungen einer Betriebsvereinbarung, die unmittelbar die Stellung des Betriebsrats innerhalb der Betriebsverfassung gestalten, haben ebenfalls normative Wirkung, z. B. wenn vorgesehen wird, dass der Betriebsrat zu bestimmten Zeiten Sprechstunden abhalten kann, oder wenn festgelegt wird, dass Kündigungen der Zustimmung des Betriebsrats bedürfen; in letzterem Fall liegt zugleich eine Inhaltsnorm vor (wie hier auch *Nipperdey/Säcker* in *Hueck/Nipperdey*, Bd. II/2 S. 1267; ebenso diejenigen, die obligatorische Abreden in einer Betriebsvereinbarung ablehnen: *Galperin/Siebert*, § 52 Rn. 56; *Nikisch*, Bd. III S. 280, 293).

Aus der Abgrenzung des Bereichs, der normativ gestaltet werden kann, ergibt sich, **62** dass es auch Vereinbarungen zwischen Arbeitgeber und Betriebsrat gibt, die lediglich obligatorischer Natur sind. Hierher rechnen z. B. Abreden, nach denen der Arbeitgeber dem Betriebsrat Einrichtungen für dessen Geschäftsführung in einem Einzelfall zusagt, das Versprechen des Arbeitgebers, Wohnraum für Arbeitnehmer zu schaffen, oder eine Vereinbarung über die Errichtung und Verwaltung einer Sozialeinrichtung, die als selbständige juristische Person gestaltet ist. Es wird lediglich der Begriff der Betriebsvereinbarung verengt, wenn man wegen der in Abs. 4 Satz 1 angeordneten Geltungswirkung eine schuldrechtliche Abrede zwischen den Betriebspartnern ausklammert, obwohl man sie für zulässig erachtet. Es ist nicht einzusehen, warum es den Betriebspartnern verwehrt sein soll, obligatorische Abreden in der Form einer Betriebsvereinbarung zu treffen (ebenso *Adomeit*, Rechtsquellenfragen, S. 145).

5. Formzwang nur für den normativen Teil

63 Aus der Zulässigkeit obligatorischer Abreden in einer Betriebsvereinbarung darf **nicht** geschlossen werden, dass Einigungen zwischen Arbeitgeber und Betriebsrat **nur in der Form einer Betriebsvereinbarung** möglich sind. Das Gesetz geht vielmehr davon aus, dass neben den formgebundenen Betriebsvereinbarungen auch formlose Vereinbarungen zwischen Betriebsrat und Arbeitgeber getroffen werden können; das ergibt der systematische Aufbau des § 77, wenn zunächst in Abs. 1 allgemein von Vereinbarungen zwischen Betriebsrat und Arbeitgeber gesprochen wird, die der Arbeitgeber durchzuführen hat und in den weiteren Absätzen der Sonderfall der Betriebsvereinbarung behandelt wird. Formlose Einigungen zwischen Arbeitgeber und Betriebsrat, sog. **Regelungsabreden** oder **Betriebsabsprachen,** werden also auch als Gestaltungsmittel der Betriebsverfassung anerkannt (s. dazu Rn. 224 ff.). Die Form einer Betriebsvereinbarung ist also nur dann zu wahren, wenn eine Regelung normative Wirkung haben soll (ebenso *Nipperdey/Säcker* in *Hueck/Nipperdey,* Bd. II/2 S. 1270).

IV. Umfang und Grenzen der Betriebsautonomie

1. Betriebsautonomie als Grundlage der Rechtsetzung durch Betriebsvereinbarung

64 Eine Betriebsvereinbarung kann nur über Angelegenheiten abgeschlossen werden, für die sich aus dem Gesetz eine Regelungskompetenz der Betriebspartner ableiten lässt. Es besteht also **keine Vertragsfreiheit** (ebenso *Nikisch,* Bd. III S. 276; *Richardi,* Kollektivgewalt, S. 322; bereits *Flatow/Kahn/Freund,* § 66 Erl. 5 III 1). Der Betriebsrat kann als ein innerhalb der Betriebsverfassung vom Gesetz mit bestimmten Aufgaben und Befugnissen ausgestatteter Funktionsträger nur im Rahmen seiner Zuständigkeit und nur in der gesetzlich vorgesehenen Weise tätig werden.

65 Arbeitgeber und Betriebsrat treffen, soweit dessen Zuständigkeit reicht, **rechtsgeschäftlich,** durch Einigung, eine **Regelung,** die für die **vom Betriebsrat repräsentierten Arbeitnehmer unmittelbar und zwingend gilt** (§ 77 Abs. 4 Satz 1). Die Betriebsvereinbarung ist für die Arbeitnehmer nicht Selbst-, sondern *Fremdbestimmungsordnung* (so zutreffend *Kreutz,* Betriebsautonomie, S. 74; zust. *H. Hanau,* Individualautonomie, S. 59 ff., 69 f.; *Waltermann,* Betriebsvereinbarung, S. 131 ff.; *Müller-Franken,* Befugnis durch Betriebsvereinbarungen, S. 45 ff.; *Veit,* Zuständigkeit des Betriebsrats, S. 169 ff.; weiterhin *Picker,* NZA 2002, 761, 769 f.; *ders.,* in: Recht und Freiheit – Symposion zu Ehren von Reinhard Richardi, 2003, S. 25, 83 ff.; bereits *Richardi,* Kollektivgewalt, S. 313). Die Betriebsratswahl ersetzt nicht einen individualrechtlichen Unterwerfungsakt (ebenso *Kreutz,* S. 66 ff.; *H. Hanau,* S. 61 f.; *Waltermann,* S. 91 f.; *Müller-Franken,* S. 59 ff.; *Veit,* S. 185 ff.; *Picker,* NZA 2002, 761, 769). Dennoch handelt es sich um *private Rechtsetzung* (so auch BAG 12. 12. 2006 AP BetrVG 1972 § 77 Nr. 94 [Rn. 16]). Wie die Tarifautonomie beruht auch die Betriebsautonomie **nicht** auf einer **Delegation staatlicher Regelungsmacht** (ebenso *Waltermann,* S. 113 ff.; s. auch Rn. 70).

2. Regelungsbefugnis der Betriebspartner

66 a) **BAG und h. L.** Eine Betriebsvereinbarung kann nur über Fragen abgeschlossen werden, die nach dem Gesetz der Zuständigkeit des Betriebsrats unterliegen (so *Fitting,* § 77 Rn. 45; *Gamillscheg,* Kollektives Arbeitsrecht, Bd. II S. 767; *Nikisch,* Bd. III S. 276; *Nipperdey/Säcker* in *Hueck/Nipperdey,* Bd. II/2 S. 1262; *G. Hueck,* Betriebsvereinbarung, S. 65 ff.; *Säcker,* Gruppenautonomie, S. 342 f.; *Beuthien,* ZfA 1984, 1, 8). Diese zutreffende Einschränkung für die Regelungsmacht der Betriebspartner erweist sich aber gerade bei der Gestaltung des Einzelarbeitsverhältnisses als leerlaufend, weil

C. Die Betriebsvereinbarung   § 77

das BAG unter Billigung des überwiegenden Schrifttums für den Bereich der **sozialen Angelegenheiten,** die die formellen und die materiellen Arbeitsbedingungen im weitesten Sinne umfassen, eine **unbeschränkte funktionelle Zuständigkeit des Betriebsrats** annimmt (BAG 12. 12. 2006 AP BetrVG 1972 § 77 Nr. 94 [Rn. 13 f.]; 26. 8. 2008 AP BetrVG 1972 § 75 Nr. 54 [Rn. 13]; bereits BAG [GS] 16. 3. 1956 AP BetrVG § 57 Nr. 1; weiterhin BAG 27. 3. 1963 AP BetrVG [1952] § 59 Nr. 9; 25. 3. 1971 AP BetrVG [1952] § 57 Nr. 5; 19. 5. 1978 AP BetrVG 1972 § 88 Nr. 1; 18. 8. 1987 AP BetrVG 1972 § 77 Nr. 23; 20. 11. 1987 AP BGB § 620 Altersgrenze Nr. 2; [GS] 7. 11. 1989 AP BetrVG 1972 § 77 Nr. 46; aus dem Schrifttum: *Fitting,* § 77 Rn. 46, § 88 Rn. 2; GL-*Löwisch,* § 88 Rn. 2; HSWGNR-*Worzalla,* § 77 Rn. 36; ErfK-*Kania,* § 77 Rn. 36; *Gamillscheg,* Kollektives Arbeitsrecht, Bd. II S. 767; *Neumann-Duesberg,* S. 363 ff.; *Säcker,* Gruppenautonomie, S. 341 ff.; *ders.,* ZfA-Sonderheft 1972, 41, 49 ff.; *Kreutz,* Betriebsautonomie, S. 208 ff.; *Buchner,* DB 1985, 913, 915 f.; *Zöllner,* ZfA 1988, 265, 276; *Henssler,* ZfA 1994, 487, 499; *Lieb,* NZA 1994, 289, 290; einschränkend *Schliemann,* FS Hanau 1999, S. 577, 599). Nach herrschendem Verständnis kann, soweit Abs. 3 nicht eingreift, **jede durch Tarifvertrag gemäß § 1 Abs. 1 TVG regelbare Angelegenheit** Gegenstand einer Betriebsvereinbarung sein (so ausdrücklich BAG [GS] 7. 11. 1989 AP BetrVG 1972 § 77 Nr. 46).

Die funktionelle Zuständigkeit des Betriebsrats zum Abschluss einer Betriebsverein- **67** barung beschränkt sich nicht auf nach § 87 Abs. 1 **mitbestimmungspflichtige Angelegenheiten,** sondern erfasst, wie sich aus § 88 ergibt, auch **Angelegenheiten im mitbestimmungsfreien Bereich.** Entsprechend unterscheidet man von der *erzwingbaren Betriebsvereinbarung* für die in § 87 Abs. 1 genannten Regelungsgegenstände die *freiwillige Betriebsvereinbarung.* Doch geht es zu weit, auf § 88, der Regelbeispiele für eine freiwillige Betriebsvereinbarung nennt, die „Annahme einer globalen Regelungskompetenz der Betriebsparteien" zu stützen (so aber BAG [GS] 7. 11. 1989 AP BetrVG 1972 § 77 Nr. 46 [C I 2 c]; ähnlich BAG 12. 12. 2006 AP BetrVG 1972 § 77 Nr. 94 [Rn. 14]). Aber auch Abs. 3 rechtfertigt nicht die These, dass die Betriebspartner befugt seien, den gesamten Inhalt eines Arbeitsverhältnisses durch Betriebsvereinbarung normativ zu regeln (so aber BAG 18. 8. 1987 AP BetrVG 1972 § 77 Nr. 23 [II 2]). Dem Abs. 3 kann nicht durch Umkehrschluss entnommen werden, dass Betriebsvereinbarungen über Arbeitsentgelte und sonstige Arbeitsbedingungen immer zulässig seien, wenn die Arbeitsbedingungen nicht durch Tarifvertrag geregelt sind oder üblicherweise geregelt werden. Abs. 3 dient der Sicherung der verfassungsrechtlich gewährleisteten Tarifautonomie vor konkurrierenden Gestaltungen durch Betriebsvereinbarung (s. Rn. 244). Ihm kann nicht durch Umkehrschluss eine Gesetzesgrundlage für Inhalt und Reichweite der Betriebsautonomie entnommen werden (vgl. *Richardi,* ZfA 1990, 211, 235 f.; zust. *Waltermann,* Betriebsvereinbarung, S. 18 ff.; *Veit,* Zuständigkeit des Betriebsrats, S. 207 ff.; so auch *Bayreuther,* Tarifautonomie, S. 536; a. A. *Kreutz,* Betriebsautonomie, S. 208 ff., 222).

b) Lehre von der Verbandsbeziehung zwischen Arbeitgeber und Arbeitnehmer zur **68** **Begründung einer primären Regelungsbefugnis der Betriebspartner.** Nach *Reuter* ist das Arbeitsverhältnis im betriebsratsfähigen Betrieb *„nicht mehr Austauschverhältnis, sondern Verbandsbeziehung"* (RdA 1991, 193, 197). Wegen des Verbandsbezugs der Arbeitsbedingungen sei deshalb das primäre Regelungsinstrument für deren Gestaltung die Betriebsvereinbarung (*Reuter,* RdA 1991, 193, 197; *ders.,* ZfA 1995, 1, 36). Diese Lehre ist aber mit den Ordnungsgrundsätzen einer rechtsgeschäftlichen Ordnung des Arbeitslebens, in deren Mittelpunkt das rechtsgeschäftliche Dienstleistungsversprechen des Arbeitnehmers steht, nicht vereinbar (vgl. *Richardi,* Verhandlungen des 61. DJT, Bd. I/B, S. 30 ff.; ebenso *Reichold,* Betriebsverfassung, S. 541; *Rieble,* Arbeitsmarkt und Wettbewerb, S. 271, 426; *ders.,* RdA 1996, 151, 152 f.; *Veit,* Zuständigkeit des Betriebsrats, S. 175 f.; *Bayreuther,* Tarifautonomie, S. 515 ff.; *v. Stebut,* FS Kissel 1994, S. 1135, 1147 f.; *Picker,* GedS Knobbe-Keuk 1997, S. 879, 924 f.; a. A. *Lambrich,* Tarif- und Betriebsautonomie, S. 183 ff.).

69 c) **Tarifvertrag und Betriebsvereinbarung als Rechtsinstitute unterschiedlich verfasster Gruppenautonomie.** Die Betriebsvereinbarung ist wie der Tarifvertrag eine *Gesamtvereinbarung*, und sie teilt mit ihm den Charakter eines *Normenvertrags*. Wie er entfaltet sie eine normative Wirkung. Die Regelung in Abs. 4 und 6 ist deshalb eng an § 4 TVG angelehnt. Diese parallele Behandlung zum Tarifvertrag darf aber nicht einebnen, dass die Betriebsvereinbarung ein Rechtsinstitut unterschiedlich verfasster Gruppenautonomie ist. Sie beruht insoweit auf **anderen Ordnungsgrundsätzen** (vgl. *Richardi,* Kollektivgewalt, S. 312 ff.; *Kreutz,* Betriebsautonomie, S. 79 ff.; *Rieble,* Arbeitsmarkt und Wettbewerb, S. 424 ff.; *Waltermann,* Betriebsvereinbarung, S. 136 ff.; *Veit,* Zuständigkeit des Betriebsrats, S. 101 ff.; *Bayreuther,* Tarifautonomie, S. 503 ff.; *Picker,* NZA 2002, 761, 768 ff.; *ders.,* in: Recht und Freiheit – Symposion zu Ehren von Reinhard Richardi, 2003, S. 25, 83 ff.; *Linsenmaier,* RdA 2008, 1, 4; s. auch BAG 12. 12. 2006 AP BetrVG 1972 § 77 Nr. 94 [Rn. 25]).

70 Die **Befugnis der Betriebspartner zur normativen Strukturierung der Arbeitsbedingungen** ist zwar keine staatlich delegierte Rechtsetzungsbefugnis; sie beruht aber auf einer **Staatsintervention zur Verteilung von Regelungsmacht zwischen der Arbeitgeber- und der Arbeitnehmerseite innerhalb der Arbeitsorganisation der Unternehmen.** Sie hat daher eine andere Basis als die Tarifautonomie, die aus der Privatautonomie hervorgegangen ist und auf der dem Einzelnen durch das Grundrecht der Koalitionsfreiheit gewährleisteten Möglichkeit beruht, durch organisierten Zusammenschluss Regelungen der Arbeitsentgelte und sonstigen Arbeitsbedingungen durch Vertrag zu treffen (vgl. *Richardi,* Verhandlungen des 61. DJT, Bd. I/B, S. 24 ff.; weiterhin BAG 12. 12. 2006 AP BetrVG 1972 § 77 Nr. 94 [R. 25]; *Rieble,* Arbeitsmarkt und Wettbewerb, S. 358 ff., 424 ff.; *Waltermann,* Betriebsvereinbarung, S. 113 ff.; *Bayreuther,* Tarifautonomie, S. 503 ff.; *Picker,* NZA 2002, 761, 768 ff.; *Linsenmaier,* RdA 2008, 1, 4).

71 d) **Begrenzung der Regelungszuständigkeit für die Arbeitnehmerseite.** Der Betriebsrat hat ein privatrechtliches Amt für eine Beteiligung an Entscheidungen der Betriebs- und Unternehmensleitung nach Maßgabe des Gesetzes; er ist aber kein gesetzlicher Vertreter der von ihm repräsentierten Arbeitnehmer. Daraus folgt eine begrenzte Regelungszuständigkeit, wie sie für die Arbeitgeberseite nicht besteht. Durch Vereinbarung mit dem Betriebsrat kann deshalb der Arbeitgeber Verbindlichkeiten gegenüber seinen Arbeitnehmern eingehen, auch wenn für den Regelungsgegenstand kein Mitbestimmungsrecht des Betriebsrats besteht (vgl. zur Verschiedenheit der Regelungszuständigkeit BAG 12. 8. 1982 AP BetrVG 1972 § 77 Nr. 4; dazu *Richardi,* Verhandlungen des 61. DJT, Bd. I/B S. 51 ff.). Geht es dagegen um eine Regelung mit Verpflichtungswirkung für den Arbeitnehmer, so ergibt sich zwar aus der gesetzlich gestalteten Mitbestimmungsordnung, dass auch insoweit eine Betriebsvereinbarung in Betracht kommt; die Betriebsautonomie kann aber wegen des Vorbehalts des Gesetzes bei Eingriffen in Grundrechte nur begrenzt den Pflichtenkreis eines Arbeitnehmers festlegen (vgl. *Richardi,* Verhandlungen des 61. DJT, Bd. I/B S. 49 ff.; *Waltermann,* Betriebsvereinbarung, S. 151 ff.; *Veit,* Zuständigkeit des Betriebsrats, S. 345 ff.; *Käppler,* FS Kissel 1994, S. 475, 478 ff.). Arbeitnehmer belastende Regelungen müssen dem Grundsatz der Verhältnismäßigkeit genügen (so BAG 12. 12. 2006 AP BetrVG 1972 § 77 Nr. 94 [Rn. 24 ff.]; s. auch Rn. 102).

72 e) Die Betriebspartner haben **keine Regelungsbefugnis, die den Arbeitsvertrag ersetzt.** Das rechtsgeschäftliche Leistungsversprechen des Arbeitnehmers im Arbeitsvertrag kann nicht durch eine abweichende Zusage des Betriebsrats ersetzt werden. Die **Art der versprochenen Arbeit und deren Umfang** sind der **Regelungskompetenz der Betriebspartner** vorgegeben (vgl. *Richardi,* ZfA 1990, 211, 240 ff.; *ders.,* ZfA 1992, 307, 326).

3. Personelle Reichweite der Betriebsautonomie

73 a) Der Gestaltungswirkung einer Betriebsvereinbarung unterliegen nur **Arbeitnehmer,** die zur **Belegschaft i. S. dieses Gesetzes** gehören, also nicht die in § 5 Abs. 2 genannten

C. Die Betriebsvereinbarung   § 77

Personen und auch **nicht** die **leitenden Angestellten** i. S. des § 5 Abs. 3 Satz 2 (ebenso *Fitting*, § 77 Rn. 35 f.; GK-*Kreutz*, § 77 Rn. 174 f.; ErfK-*Kania*, § 77 Rn. 32; für einen Sozialplan BAG 31. 1. 1979 AP BetrVG 1972 § 112 Nr. 8; bestätigt BAG 16. 7. 1985 AP BetrVG 1972 § 112 Nr. 32). Die Regelungskompetenz des Betriebsrats kann nicht durch Rückgriff auf den *Vertrag zugunsten Dritter* (§ 328 BGB) erweitert werden (so aber HWK-*Gaul*, § 77 Rn. 24; zunächst auch BAG 31. 1. 1979 AP BetrVG 1972 § 112 Nr. 8; aufgegeben durch BAG 16. 7. 1985 AP BetrVG 1972 § 112 Nr. 32). Deshalb können für leitende Angestellte auch nicht verbindlich vermögenswirksame Leistungen festgesetzt werden (ebenso GK-*Kreutz*, § 77 Rn. 175; GL-*Löwisch*, § 77 Rn. 31; a. A. *Säcker*, AR-Blattei: Betriebsvereinbarung I, C III). Für sie handelt vielmehr betriebsverfassungsrechtlich ihr Sprecherausschuss, der nach § 28 SprAuG mit dem Arbeitgeber Richtlinien für den Inhalt, den Abschluss und die Beendigung von Arbeitsverhältnissen der leitenden Angestellten schriftlich vereinbaren kann.

Die Regelungszuständigkeit des Betriebsrats wird nicht dadurch beschränkt, dass die **74** Betriebsvereinbarung rechtliche Interessen der leitenden Angestellten berührt (vgl. § 2 Abs. 1 Satz 2 SprAuG; s. Rn. 43 f.).

b) Zur Belegschaft gehören nicht mehr **Arbeitnehmer**, die **aus dem Betrieb ausgeschie- 75 den** sind. Deshalb erstreckt die Regelungskompetenz der Betriebspartner sich grundsätzlich nicht auf sie; eine Ausnahme gilt nur, soweit der Betriebsrat ein **Restmandat nach § 21 b** hat. Aber auch wenn keine Beschränkung auf ein Restmandat besteht, hat der Betriebsrat eine Regelungskompetenz zum Ausgleich oder zur Milderung der wirtschaftlichen Nachteile, die durch das Ausscheiden aus dem Betrieb eintreten. Ein **Sozialplan** kann daher die infolge der Betriebsänderung bereits entlassenen Arbeitnehmer einbeziehen (s. auch § 112 Rn. 76). Die Betriebspartner haben dagegen keine Regelungskompetenz, in Rechtsverhältnisse des Arbeitgebers mit aus dem Betrieb ausgeschiedenen Arbeitnehmern einzugreifen.

Das **Ruhestandsverhältnis** ist demnach einer **normativen Gestaltung durch Betriebs- 76 vereinbarung entzogen** (so BAG [GS] 16. 3. 1956 AP BetrVG [1952] § 57 Nr. 1; bestätigt für die Rechtslage nach dem BetrVG 1972 BAG 28. 4. 1977 AP BGB § 242 Ruhegehalt – Unterstützungskassen Nr. 7; BAG 15. 5. 1977 AP BGB § 242 Ruhegehalt Nr. 175; 17. 1. 1980 AP BGB § 242 Ruhegehalt Nr. 185; 25. 10. 1988 AP BetrAVG § 1 Betriebsvereinbarung Nr. 1; 13. 5. 1997 AP BetrVG 1972 § 77 Nr. 65; aus dem Schrifttum: HSWG-*Hess* [5. Aufl.], § 77 Rn. 10; *Nipperdey/Säcker* in *Hueck/Nipperdey*, Bd. II/2 S. 1259; *Blomeyer*, RdA 1977, 1, 10). Dieser Auffassung wird entgegengehalten, sie mache den Arbeitgeber zum alleinigen „Herrn" des Ruhestandsverhältnisses; soweit der Arbeitgeber auf das Ruhestandsverhältnis einwirken könne, sei daher im Wege richterlicher Rechtsfortbildung eine nachwirkende betriebsverfassungsrechtliche Zuständigkeit der Betriebsparteien zur Regelung der Ruhestandsverhältnisse der Ausgeschiedenen anzuerkennen (*Säcker*, Gruppenautonomie, S. 365; ebenso *Fitting*, § 77 Rn. 39; GL-*Löwisch*, § 77 Rn. 33; HSWGNR-*Worzalla*, § 77 Rn. 28 ff.; *Matthes*, MünchArbR § 238 Rn. 10; *Gamillscheg*, Kollektives Arbeitsrecht, Bd. II S. 775 f.; *Travlos-Tzanetatos*, Regelungsbefugnis der Betriebspartner, S. 116 ff.; *Konzen/Jacobs*, FS Dieterich 1999, S. 297, 318 ff.; *Schwerdtner*, ZfA 1975, 171, 177 ff.; *Dieterich*, NZA 1984, 273, 278; unter Verneinung der Erforderlichkeit einer Rechtsfortbildung zur Anerkennung einer nachwirkenden Regelungszuständigkeit des Betriebsrats GK-*Kreutz*, § 77 Rn. 180 ff.).

Die personelle Reichweite lässt sich jedoch in diesem Fall nicht von der sachlichen **77** Reichweite der Betriebsautonomie trennen. Für diese ist entscheidend, ob die Altersversorgung auf Grund eines Arbeitsverhältnisses mit dem Betriebsinhaber erbracht wird. Ein Ruhegeldanspruch hat in diesem Fall wie die Ruhegeldanwartschaft seinen Rechtsgrund im *Arbeitsverhältnis*. Soweit dessen Gestaltung in personeller Hinsicht unter die Regelungsbefugnis der Betriebspartner fällt, bleibt die Zuordnung zum Betrieb auch erhalten, wenn Vorschriften für Pensionäre und deren Hinterbliebene aufgestellt werden (ebenso *Waltermann*, Betriebsvereinbarung, S. 201 ff.). Wie auch sonst geht es ausschließlich darum, ob und inwieweit Ansprüche der Arbeitnehmer aufgehoben oder verschlechtert werden können (ebenso GK-*Kreutz*, § 87 Rn. 185; s. Rn. 121 ff.).

78 c) Die **Befugnis zur normativen Strukturierung** der Arbeitsbedingungen durch Betriebsvereinbarung hat **auf der Arbeitgeberseite** der **Betriebsinhaber**. Im Regelfall ist er mit dem Arbeitgeber als Partei des Arbeitsvertrags identisch. Beide Eigenschaften fallen aber auseinander, wenn ein Arbeitnehmer organisatorisch in einen Betrieb eingegliedert ist, mit dessen Inhaber nicht der Arbeitsvertrag besteht. Die Befugnis der Betriebsparteien zur normativen Strukturierung der Arbeitsbedingungen besteht nur insoweit, als diese das *Weisungsverhältnis zum Betriebsinhaber* betreffen. Sie können dagegen keine Regelung zu Lasten des *Vertragsarbeitgebers* treffen (vgl. *Richardi*, Verhandlungen des 61. DJT, Bd. I/B S. 27 f.).

79 Die Betriebsautonomie wird nicht personell dadurch erweitert, dass in einem **Konzern** i. S. des § 18 Abs. 1 AktG ein Konzernbetriebsrat besteht, der für den Abschluss der Betriebsvereinbarung zuständig ist (§ 58 Abs. 1 Satz 1; s. dort Rn. 5 ff.).

80 Sind **Leiharbeitnehmer** auf Grund erlaubter Arbeitnehmerüberlassung im Betrieb tätig, so bleiben sie sogar nach § 14 Abs. 1 AÜG Angehörige des entsendenden Betriebs des Verleihers. Dennoch besteht auch in diesem Fall ein Weisungsverhältnis zum Inhaber des *Entleiherbetriebs*. Soweit es um die Lage der Arbeitszeit geht, nimmt der Betriebsrat des Entleiherbetriebs das Mitbestimmungsrecht nach § 87 Abs. 1 Nr. 2 auch für die Leiharbeitnehmer wahr (ebenso BAG 15. 12. 1992 AP AÜG § 14 Nr. 7). Soweit zur Mitbestimmungsausübung eine Betriebsvereinbarung abgeschlossen wird, erstreckt sich daher die Normsetzungsbefugnis der Parteien des Entleiherbetriebs auch auf die dort beschäftigten Leiharbeitnehmer (ebenso *Waltermann*, Betriebsvereinbarung, S. 229 f.). Geht es dagegen um das Mitbestimmungsrecht bei der vorübergehenden Verkürzung oder Verlängerung der betriebsüblichen Arbeitszeit nach § 87 Abs. 1 Nr. 3, so bezieht das Mitbestimmungsrecht sich zwar auch auf den Einsatz der Leiharbeitnehmer; die Normsetzungsbefugnis der Parteien des Entleiherbetriebs steht hier aber unter dem Vorbehalt, dass der Leiharbeitnehmer gegenüber seinem Vertragsarbeitgeber verpflichtet ist, Kurzarbeit oder Überstunden zu leisten (ebenso *Waltermann*, S. 230 f.).

4. Sachliche Reichweite der Betriebsautonomie

81 a) Grundsätzlich können durch Betriebsvereinbarung nur **Arbeitsverhältnisse** und das **betriebliche Rechtsverhältnis** gestaltet werden (s. Rn. 51 ff.).

82 **Andere Rechtsverhältnisse** sind einer **normativen Gestaltung durch Betriebsvereinbarung nicht zugänglich**. Das bedeutet aber nicht, dass für sie in einer Betriebsvereinbarung keine Regelung getroffen werden kann; denn die Zuständigkeit des Betriebsrats ist nach dem Gesetz keineswegs nur auf die Gestaltung der Arbeitsverhältnisse und des betrieblichen Rechtsverhältnisses beschränkt. Dieser Bereich wird vielmehr überschritten, wenn der Betriebsrat sein Mitbestimmungsrecht bei der Form, Ausgestaltung und Verwaltung von Sozialeinrichtungen und bei der Zuweisung und Kündigung von Wohnräumen (§ 87 Abs. 1 Nr. 8 und 9) durch den Abschluss einer Betriebsvereinbarung ausübt; außerdem kann die Errichtung von Sozialeinrichtungen durch Betriebsvereinbarung geregelt werden (§ 88 Nr. 2). Nach § 87 Abs. 1 Nr. 9 hat der Betriebsrat sogar ein Mitbestimmungsrecht bei der allgemeinen Festlegung der Nutzungsbedingungen für Wohnräume, die den Arbeitnehmern mit Rücksicht auf das Bestehen ihres Arbeitsverhältnisses vermietet werden, so dass hier sogar eine Betriebsvereinbarung über den Inhalt eines Mietverhältnisses abgeschlossen werden kann.

83 Unabhängig davon, wie man den Bereich abgrenzt, der normativ gestaltet werden kann, ist für eine normative Wirkung Mindestvoraussetzung, dass das Rechtsverhältnis mit dem Arbeitgeber besteht (vgl. auch *Kreutz*, Betriebsautonomie, S. 48 f.). Das Mitbestimmungsrecht hat der Betriebsrat aber auch dann, wenn die Wohnräume den Arbeitnehmern von einem Dritten mit Rücksicht auf das Bestehen des Arbeitsverhält-

C. Die Betriebsvereinbarung § 77

nisses vermietet werden (s. dazu § 87 Rn. 694). Eine Betriebsvereinbarung hat in diesem Fall keine normative Wirkung, sondern verpflichtet den Arbeitgeber lediglich, auf den Dritten entsprechend einzuwirken. Dasselbe gilt für Abreden über die Verwaltung von Sozialeinrichtungen, die juristische Personen sind (s. § 87 Rn. 651 ff.). Ebenso wenig kann durch eine Betriebsvereinbarung eine Sozialeinrichtung errichtet werden, sondern maßgebend für den Errichtungsakt ist die rechtliche Form, die für die Sozialeinrichtung gewählt wird. Es handelt sich um dasselbe Problem wie in dem Fall, dass durch Tarifvertrag gemeinsame Einrichtungen der Tarifvertragsparteien vorgesehen und geregelt werden (§ 4 Abs. 2 TVG; vgl. dazu ausführlich *Bötticher*, Die gemeinsamen Einrichtungen der Tarifvertragsparteien, 1966, S. 26 ff.; *Zöllner*, Verhandlungen des 48. DJT 1970, Bd. I/G, S. 44 ff.).

b) Die Betriebsautonomie im Bereich der **sozialen Angelegenheiten** geht wesentlich weiter als das ihm in § 87 Abs. 1 verliehene Mitbestimmungsrecht. Durch Betriebsvereinbarung können nach § 88 „insbesondere" geregelt werden: zusätzliche Maßnahmen zur Verhütung von Arbeitsunfällen und Gesundheitsschädigungen, Maßnahmen des betrieblichen Umweltschutzes, die Errichtung von Sozialeinrichtungen, deren Wirkungsbereich auf den Betrieb, das Unternehmen oder den Konzern beschränkt ist, Maßnahmen zur Förderung der Vermögensbildung und Maßnahmen zur Integration ausländischer Arbeitnehmer sowie zur Bekämpfung von Rassismus und Fremdenfeindlichkeit im Betrieb. Für eine Regelung durch **freiwillige Betriebsvereinbarung** werden also nur Beispiele genannt (s. § 88 Rn. 10 ff.). Aus dieser Bestimmung hat man ableiten wollen, dass die Betriebsvereinbarung sich auf das *gesamte Arbeitsverhältnis* erstrecken kann (vgl. vor allem BAG [GS] 7. 11. 1989 AP BetrVG 1972 § 77 Nr. 46 [C I 2 c]; bereits zum Vorläufer des § 88, dem § 57 BetrVG 1952 BAG [GS] 16. 3. 1956 AP BetrVG [1952] § 57 Nr. 1; s. ausführlich Rn. 67). Teilweise begründet man auch aus § 77 Abs. 3, dass sämtliche Arbeitsbedingungen durch Betriebsvereinbarung geregelt werden können (so vor allem BAG [1. Senat] 18. 8. 1987 AP BetrVG 1972 § 77 Nr. 23). Weder § 88 noch § 77 Abs. 3 regeln aber die Reichweite der Betriebsvereinbarungsautonomie. Deshalb kann aus ihnen nicht abgeleitet werden, dass für die Gestaltung des Arbeitsverhältnisses eine der Tarifautonomie entsprechende Regelungskompetenz der Betriebspartner besteht (s. Rn. 67).

84

Handelt es sich wegen des Bestehens eines paritätischen Mitbestimmungsrechts des Betriebsrats um eine **erzwingbare Betriebsvereinbarung,** so wird insoweit die Regelungsbefugnis der Betriebspartner durch den Mitbestimmungstatbestand festgelegt. Die gesetzliche Mitbestimmungsordnung ist so abgegrenzt, dass sie im Allgemeinen Fälle erfasst, in denen dem Arbeitgeber gegenüber dem Arbeitnehmer ein Direktionsrecht zusteht. Der auf einen bilateralen Interessenausgleich zwischen dem Arbeitgeber und dem einzelnen Arbeitnehmer ausgerichtete Arbeitsvertrag versagt hier als Ordnungsinstrument, weil der Regelungsgegenstand das multilaterale Verhältnis der Arbeitnehmer zueinander und im Verhältnis zum Arbeitgeber betrifft (vgl. zu der Abgrenzung *Hammer,* Die betriebsverfassungsrechtliche Schutzpflicht für die Selbstbestimmungsfreiheit des Arbeitnehmers, 1998, S. 42 ff.). Das gilt für das Ordnungsverhalten der Arbeitnehmer (§ 87 Abs. 1 Nr. 1), die Arbeitszeitverteilung (§ 87 Abs. 1 Nr. 2), Grundsätze der Urlaubserteilung (§ 87 Abs. 1 Nr. 5), die Leistungs- und Verhaltenskontrolle der Arbeitnehmer durch technische Einrichtungen (§ 87 Abs. 1 Nr. 6), Regelungen im Bereich des gesetzlich geordneten Arbeitsschutzes (§ 87 Abs. 1 Nr. 7). Auch Verteilungsgrundsätze für Entgeltleistungen des Arbeitgebers stehen im Spannungsverhältnis einer Dreiecksbeziehung, so dass insoweit das Mitbestimmungsrecht eine Ausgleichsfunktion erfüllt (§ 87 Abs. 1 Nr. 8 bis Nr. 13). Betriebsvereinbarungen in Ausübung des Mitbestimmungsrechts unterscheiden sich aber nicht nur hinsichtlich ihres Regelungsgegenstandes, sondern auch durch eine verschiedene Wirkungsweise von den sog. freiwilligen Betriebsvereinbarungen (Abs. 6; s. dazu Rn. 161 ff.; ebenso ErfK-*Kania*, § 77 Rn. 10).

85

Nach der gesetzlichen Mitbestimmungsordnung unterliegt nicht dem Mitbestimmungsrecht des Betriebsrats die „Dauer der wöchentlichen Arbeitszeit" (BAG 18. 8.

86

1987 AP BetrVG 1972 § 77 Nr. 23). Gemeint ist nicht die Dauer der wöchentlichen Arbeitszeit, die sich aus der Verteilung des rechtsgeschäftlich zugesagten Arbeitszeitumfangs ergibt, sondern der **zeitliche Umfang der regelmäßig geschuldeten Arbeitsleistung**. Ein Mitbestimmungsrecht hat der Betriebsrat insoweit auch nur für eine vorübergehende Verkürzung oder Verlängerung (§ 87 Abs. 1 Nr. 3). Sieht man von diesem Fall ab, so können Arbeitgeber und Betriebsrat auch nicht durch eine freiwillige Betriebsvereinbarung die Art und den Umfang der Arbeitsleistung für einen Arbeitnehmer verbindlich festlegen. Für eine derartige Festlegung bildet der Arbeitsvertrag die Grenze. Arbeitgeber und Betriebsrat haben daher auch keine Normsetzungsbefugnis, den zeitlichen Umfang der regelmäßig geschuldeten Arbeitsleistung ohne Zustimmung des betroffenen Arbeitnehmers zu verkürzen oder zu verlängern (ebenso *Söllner*, Einseitige Leistungsbestimmung im Arbeitsverhältnis, 1966, S. 70, 73; *ders.*, in: Hromadka, Änderung von Arbeitsbedingungen, 1990, S. 25 ff.; *Reichold*, Betriebsverfassung, S. 518; *Richardi*, ZfA 1990, 211, 238 ff.; *Reuter*, RdA 1991, 193, 198; wohl auch *Zöllner*, ZfA 1988, 265, 276; *Kissel*, NZA 1995, 1, 5 [Grundlage für die Dauer der wöchentlichen Arbeitszeit sei – jedenfalls dogmatisch – der Einzelarbeitsvertrag]; a. A. aber BAG 18. 8. 1987 AP BetrVG 1972 § 77 Nr. 23; h. L., die hier nicht differenziert, sondern generell eine Betriebsautonomie im Bereich der sozialen Angelegenheiten anerkennt; s. Rn. 67).

87 Bei **Entgeltleistungen des Arbeitgebers** wird dagegen ihm bei einer freiwilligen Betriebsvereinbarung keine Pflicht gegen seinen Willen auferlegt. Deshalb sind insoweit der betriebsverfassungsrechtlichen Regelungsbefugnis keine Grenzen gesetzt. Da aber bei Entgeltleistungen über deren Bemessung der Betriebsrat nach § 87 Abs. 1 Nr. 10 mitzubestimmen hat und möglicherweise wie bei Erbringung von Sozialleistungen durch eine Sozialeinrichtung oder bei leistungsbezogenen Entgelten sogar noch ein weitergehendes Mitbestimmungsrecht besteht (§ 87 Abs. 1 Nr. 8 und 11), gelangt man zur Erscheinungsform einer **teilmitbestimmten Betriebsvereinbarung über freiwillige Leistungen** (BAG 26. 10. 1993 AP BetrVG 1972 § 77 Nachwirkung Nr. 6; 26. 8. 2008 AP BetrVG 1972 § 87 Nr. 15 [Rn. 15]; ErfK-*Kania*, § 77 Rn. 14 bis 18; s. auch Rn. 171).

88 Einen Sonderfall bilden **Ethikregeln**, auch Ethik-Richtlinien genannt. Sie erhielten Konjunktur, als der Sarbanes Oxley Act für alle an US-Börsen notierten Unternehmen und deren Töchter seit 2002 einen „Code of ethics" verlangte. Bei ihm handelt es sich wie beim Honeywell Code of Business Conduct um einen Verhaltenskodex mit höchst verschiedenem Inhalt, um ein rechtstreues Verhalten der Unternehmensleitung und der Mitarbeiter *(Compliance)* zu gewährleisten (vgl. BAG 22. 7. 2008 AP BetrVG 1972 § 87 Nr. 14). Ein derartiger Verhaltenskodex kann den Gegenstand einer Betriebsvereinbarung bilden, soweit in ihm Rechtspflichten und Empfehlungen für das Arbeitnehmerverhalten festgelegt werden. Dabei ist für jeden Regelungsgegenstand gesondert zu prüfen, ob die Ethik-Richtlinie wirksam festgelegt werden kann. Schranken setzt neben § 75 Abs. 1 das AGG (vgl. *Schlachter*, FS Richardi 2007, S. 1067, 1070 ff.). Vom Regelungsgegenstand hängt auch ab, ob ein Mitbestimmungsrecht besteht (s. § 87 Rn. 181, 196 und 199). Die Einbeziehung einer mitbestimmungspflichtigen Regelung hat nicht zur Folge, dass der Verhaltenskodex insgesamt der Mitbestimmung unterliegt (ebenso BAG 22. 7. 2008 AP BetrVG 1972 § 87 Nr. 14 [Rn. 41]; *Kort*, FS Buchner 2009, S. 477 ff.). Soweit Ethik-Richtlinien durch Betriebsvereinbarung geregelt werden können, sind sie daher in mitbestimmungspflichtige und mitbestimmungsfreie Teile zu untergliedern. Betreffen sie das Ordnungsverhalten des Arbeitnehmers, so sind sie nach § 87 Abs. 1 Nr. 1 mitbestimmungspflichtig (vgl. BAG a. a. O. [Rn. 41 ff.]; s. auch § 87 Rn. 199). Der Betriebsrat hat mitzubestimmen, soweit keine gesetzliche oder tarifliche Regelung besteht. Das Mitbestimmungsrecht entfällt also, soweit ein gesetzliches Verbot besteht, wie es sich aus den Bestimmungen des AGG ergibt (vgl. BAG a. a. O. [Rn. 72]). Soweit im Verhaltenskodex ein Daten verarbeitendes System eingesetzt wird, ergibt sich für den Betriebsrat ein Mitbestimmungsrecht nach § 87 Abs. 1 Nr. 6 (vgl. BAG a. a. O. [Rn. 77 ff.]).

c) Durch Betriebsvereinbarung können **Richtlinien für die Kündigung** festgelegt werden; hier besteht sogar ein Mitbestimmungsrecht des Betriebsrats nach § 95 (vgl. *Martin*, Mitbestimmung bei personellen Auswahlrichtlinien, Diss. Regensburg 2001). Außerdem kann durch Betriebsvereinbarung bestimmt werden, dass Kündigungen der Zustimmung des Betriebsrats bedürfen und dass bei Meinungsverschiedenheiten über die Berechtigung der Nichterteilung der Zustimmung die Einigungsstelle entscheidet (§ 102 Abs. 6). Die Gestaltung der Kündigungsbedingungen gehört daher zu dem Bereich, der durch Betriebsvereinbarung geregelt werden kann. Deshalb können Kündigungsfristen und Kündigungstermine, soweit sie nicht durch Tarifvertrag geregelt sind oder üblicherweise geregelt werden (Abs. 3), in einer Betriebsvereinbarung festgelegt werden; insbesondere kann auch bestimmt werden, dass eine Kündigung nur aus einem Grund erfolgen darf, der zur fristlosen Entlassung berechtigt (§ 626 BGB).

89

Durch Betriebsvereinbarung kann dagegen **keine Altersgrenze** eingeführt werden, bei der Arbeitnehmer ohne Kündigung aus dem Arbeitsverhältnis ausscheiden (s. ausführlich Rn. 107 ff.).

90

5. Funktionelle Reichweite der Betriebsautonomie

a) Die **Betriebsautonomie** hat nicht nur ihre **Rechtsgrundlage im Gesetz**, nämlich in diesem Gesetz, sondern sie steht auch sonst unter dem **Vorbehalt des Gesetzes**. Für die Gestaltung des Inhalts der Arbeitsverhältnisse ergibt sich eine Grenze aus dem **zwingenden Gesetzesrecht** (vgl. BAG 17. 1. 1974 AP BUrlG § 1 Nr. 3). Soweit gesetzliche Bestimmungen **tarifdispositiv** sind (vgl. § 7 ArbZG, § 622 Abs. 4 BGB, § 13 BUrlG und § 4 Abs. 4 EFZG), gilt dies **nicht für die Betriebsvereinbarung**. Keine unmittelbare Schranke setzt dagegen das **dispositive Gesetzesrecht**. Wenn aber eine Abweichung zum Nachteil der Arbeitnehmer nicht mit wesentlichen Grundgedanken einer dispositiven Gesetzesregelung zu vereinbaren ist, kann darin eine unangemessene Benachteiligung liegen, so dass insoweit die Betriebsvereinbarung unwirksam ist.

91

Auch vom **gesetzesvertretenden Richterrecht** kann eine Betriebsvereinbarung nicht abweichen (ebenso GK-*Kreutz*, § 77 Rn. 297; GL-*Löwisch*, § 77 Rn. 56; *Nipperdey/Säcker* in *Hueck/Nipperdey*, Bd. II/2 S. 1264; *Richardi*, GedS Dietz 1973, S. 269, 278). Das BAG hat zwar anerkannt, dass die von ihm entwickelten Grundsätze für die Vereinbarung einer **Rückzahlungsklausel bei Gewährung einer Gratifikation** (vgl. BAG 10. 5. 1962 AP BGB § 611 Gratifikation Nr. 22 und 23; 17. 3. 1982 AP BGB § 611 Gratifikation Nr. 110) nicht ohne weiteres verbindlich sind, wenn die Gratifikationszahlung auf einem Tarifvertrag beruht (BAG 31. 3. 1966 AP BGB § 611 Gratifikation Nr. 54; 23. 2. 1967 und 9. 10. 1969 AP BGB § 611 Gratifikation Nr. 57 und 68; zust. *Biedenkopf*, Anm. zu AP BGB § 611 Gratifikation Nr. 54); sie finden aber uneingeschränkt Anwendung, wenn die Gratifikationszahlung auf einer Betriebsvereinbarung beruht (BAG 16. 11. 1967 AP BGB § 611 Gratifikation Nr. 63; bestätigt BAG 22. 2. 1968, 17. 10. 1968 und 9. 10. 1969 AP BGB § 611 Gratifikation Nr. 64, 66 und 68; GK-*Kreutz*, § 77 Rn. 297; GL-*Löwisch*, § 77 Rn. 56; *Nipperdey/Säcker* in *Hueck/Nipperdey*, Bd. II/2 S. 1264; *Blomeyer/Buchner*, Rückzahlungsklauseln im Arbeitsrecht, 1969, S. 31 f.).

92

b) Nach h. M. besteht für die Betriebsautonomie Deckungsgleichheit mit der **tarifvertraglichen Regelungsbefugnis** (s. Rn. 66). Aber auch wenn man eine derartige globale Regelungskompetenz der Betriebspartner nicht anerkennt, kann die Regelung in einer Betriebsvereinbarung auch Gegenstand einer Tarifvertragsregelung sein. Den Tarifnormen sichert die durch § 4 Abs. 1 TVG festgelegte Unabdingbarkeit den Anwendungsvorrang nicht nur gegenüber einer arbeitsvertraglichen Abrede, sondern auch gegenüber einer Betriebsvereinbarung. Die Unabdingbarkeit ist aber bei Inhaltsnormen auf die beiderseits tarifgebundenen Arbeitsvertragsparteien begrenzt. Zur Sicherung der Tarifautonomie greift deshalb Abs. 3 ein, der die Betriebsautonomie unter einen Tarifvorbehalt stellt (s. ausführlich Rn. 239 ff.).

93

94 c) Schließlich kann eine Konkurrenz auch dadurch eintreten, dass der Arbeitgeber die Angelegenheit durch **Arbeitsvertrag mit dem einzelnen Arbeitnehmer** regelt. Soweit der Betriebsrat nach § 87 Abs. 1 mitzubestimmen hat, darf durch die Vertragsabrede aber nicht die betriebsverfassungsrechtliche Beteiligungsnotwendigkeit vereitelt werden (s. § 87 Rn. 118 ff.). Für die Betriebsautonomie ergibt sich umgekehrt eine Schranke daraus, dass dem Arbeitnehmer ein *Individualbereich* vorbehalten ist. Vor allem die **Art der Tätigkeit** und der **zeitliche Umfang der regelmäßig geschuldeten Arbeitsleistung** stehen nicht zur Disposition der Betriebsparteien, sondern fallen in den Regelungsbereich der Arbeitsvertragsparteien (s. Rn. 72 und 86). Außerdem zieht trotz fehlender Absicherung im Gesetzesrecht das **Günstigkeitsprinzip** der zwingenden Geltung der Betriebsvereinbarung eine Schranke (s. ausführlich Rn. 141 ff.).

6. Begrenzung auf generell-abstrakte Regelungen

95 Die h. M. beschränkt die Betriebsautonomie auf **generell-abstrakte Regelungen** (HSWGNR-*Worzalla*, § 77 Rn. 40; *Galperin/Siebert*, § 52 Rn. 48, Vorbem. vor § 56 Rn. 4 ff.; *Nikisch*, Bd. III S. 261 f.; *Jacobi*, Grundlehren, S. 303; *Neumann-Duesberg*, S. 353; *G. Hueck*, Betriebsvereinbarung, S. 70, 96 ff.; *Säcker*, Gruppenautonomie, S. 346 f.; *Hilger*, Verhandlungen des 43. DJT 1960, Bd. II/F S. 15; *Zöllner*, ZfA 1988, 265, 276). Wie für die Mitbestimmung nach § 87 Abs. 1 wird verlangt, dass Regelungsgegenstand ein **kollektiver, gruppenbezogener Sachverhalt** sein muss, wobei teilweise auch auf den Rechtssatzcharakter einer Betriebsvereinbarung abgestellt wird, um die Begrenzung auf generell-abstrakte Regelungen zu begründen. Wie aber bei der Mitbestimmung der Unterschied zwischen kollektiven und individuellen Maßnahmen kein geeignetes Kriterium für eine Grenzziehung darstellt (s. § 87 Rn. 21 ff.), so gilt dies auch hier für die Bestimmung der Betriebsautonomie. Auch aus dem Charakter privater Rechtsetzung lässt sich kein materielles Kriterium für Inhalt und Umfang der Betriebsautonomie ableiten (vgl. *Gamillscheg*, Kollektives Arbeitsrecht, Bd. II S. 773 f.; *Richardi*, Kollektivgewalt, S. 339 ff.; *Kreutz*, Betriebsautonomie, S. 228 ff.; *Waltermann*, Betriebsvereinbarung, S. 237 ff.).

96 Die Lehre von der Begrenzung auf generell-abstrakte Regelungen verhüllt den **materiellen Gehalt** der hier einschlägigen Schranke, nämlich die Bindung an den **betriebsverfassungsrechtlichen Gleichheitssatz** (§ 75 Abs. 1 Satz 1). Aus ihm ergibt sich, dass eine Betriebsvereinbarung keine besondere Regelung für einen einzelnen Arbeitnehmer treffen darf, wenn es im Betrieb noch andere völlig entsprechende Arbeitsverhältnisse gibt. Auch die Aussage, dass die Kompetenz zur Regelung durch Betriebsvereinbarung keine „das individuelle Arbeitsverhältnis betreffende Kompetenz" sei (*Zöllner*, ZfA 1988, 265, 276), darf man nicht auf die Unterscheidung zwischen genereller und individueller Regelung beziehen, sondern es geht bei ihr um den **Bereich individueller Selbstbestimmung**, der nicht zur Disposition kollektivvertraglicher Gestaltung steht (vgl. *Richardi*, ZfA 1990, 211, 239; zust. *Reichold*, Betriebsverfassung, S. 515).

7. Begrenzung der Betriebsautonomie durch einen kollektivfreien Individualbereich

97 In der Arbeitsrechtslehre versucht man immer wieder, die Tarifautonomie, Betriebsautonomie und die individuelle Vertragsfreiheit durch **Zuweisung einer bestimmten Funktion in der Arbeitsverfassung** voneinander abzugrenzen. Nach der von *Siebert* begründeten Lehre vom kollektivfreien Individualbereich ist die Schaffung einer einheitlichen Ordnung der Arbeitsbedingungen Aufgabe der Tarifvertragsparteien und der Betriebspartner, während der Einzelarbeitsvertrag die Aufgabe habe, das Leistungsprinzip, aber auch den Bedürftigkeitsgedanken oder andere individuelle Momente bei der Gestaltung des Arbeitsverhältnisses zur Geltung zu bringen (vgl. *Siebert*, FS Nipperdey 1955, S. 119 ff.; schon vorher *ders.*, BB 1953, 241 ff.). Entsprechend werden im Rahmen

C. Die Betriebsvereinbarung　　　　　　　　　　　　　　　　　　　　　§ 77

des Arbeitsverhältnisses *kollektivrechtliche* und *individualrechtliche Positionen* des Arbeitnehmers unterschieden, für deren Abgrenzung primär keine Rolle spielt, ob sie ihre Rechtsverbindlichkeit einer kollektivvertraglichen oder einem individualvertraglichen Gestaltungsfaktor entnehmen (ebenso *Hilger*, BB 1958, 417 ff.; *dieselbe*, Verhandlungen des 43. DJT 1960, Bd. II/F S. 17 ff.; *Karakatsanis*, Kollektivrechtliche Gestaltung, insbes. S. 41 ff., 115). *Siebert* unterscheidet innerhalb des Individualbereichs, der kollektivvertraglicher Gestaltung entzogen sei, *gewordene* und *ursprüngliche Individualrechte*. Zu den gewordenen Individualrechten zählt er sämtliche Ansprüche des Arbeitnehmers, die bereits entstanden sind und ihm die Mittel und Möglichkeiten für die private Lebensgestaltung liefern, vor allem die Ansprüche auf Lohn, auf Urlaub und auf Ruhegeld, auch soweit sie kollektivvertraglich begründet sind; sie sollen kollektivvertraglich nicht erlassen und auch nicht herabgesetzt oder gestundet werden können, weil sie sich bereits aus dem unmittelbaren Zusammenhang mit dem Arbeitsverhältnis gelöst hätten. Zu den ursprünglichen Individualrechten gehören dagegen Rechtspositionen des Arbeitnehmers, die die Entscheidungs- und Verfügungsbefugnis des Arbeitnehmers über seinen Arbeitslohn und über seine Freizeit zum Gegenstand haben; Lohnabtretungsverbote, Lohnverwendungsabreden – und zwar auch soweit der Arbeitnehmer durch sie gezwungen wird, einen Teil seines Lohnes vermögenswirksam zu sparen – sowie die Untersagung einer Nebenbeschäftigung sollen deshalb nicht durch Kollektivnorm vorgeschrieben werden können.

Die Lehre *Sieberts* **widerspricht dem geltenden Recht.** Bedenken richten sich schon **98** dagegen, dass die Normsetzungsbefugnis der Tarifvertragsparteien und Betriebspartner durch den Hinweis auf einen Individualbereich des einzelnen Arbeitnehmers generalisierend eingeschränkt wird. Ihre Grenzen können nicht aus der Anerkennung einer kollektivfreien Individualsphäre entwickelt werden, sondern umgekehrt ergibt sich nur aus ihnen der Umfang des Individualbereichs (so bereits *Nipperdey* in *Hueck/Nipperdey*, 6. Aufl. 1957, Bd. II S. 190; weiterhin *Karakatsanis*, Kollektivrechtliche Gestaltung, S. 80 f.; *Wiedemann*, RdA 1959, 454, 457). Dieser Mangel in der Begründung wäre aber nicht so wesentlich, wenn sich mit der Lehre *Sieberts* nicht zugleich eine dem Prinzip der Privatautonomie entgegengesetzte Konzeption des kollektiven Arbeitsrechts verbände. Prämisse ist das Bestehen einer *Verbandsbeziehung* mit der Fähigkeit zur Festsetzung objektiven Rechts. Das Arbeitsverhältnis untersteht aber nach geltendem Recht keiner gemeinschaftsgebundenen Ordnung, in der Tarifvertrag und Betriebsvereinbarung eine bestimmte Ordnungsfunktion zu erfüllen haben und die der Einzelpersönlichkeit nur einen Bereich zu individueller Gestaltung belässt, sondern Grundprinzip für das Arbeitsverhältnis ist die Privatautonomie, für die das Tarifvertragssystem und die betriebsverfassungsrechtliche Mitbestimmungsordnung eine das Prinzip der Selbstbestimmung sichernde und ergänzende Funktion erfüllen (vgl. *Richardi*, Kollektivgewalt, S. 336 ff.; weiterhin *Waltermann*, Betriebsvereinbarung, S. 169 ff.).

Dieselben Bedenken richten sich gegen die Lehre *Reuters* von der **Verbandsbeziehung** **99** **zwischen Arbeitgeber und Arbeitnehmer zur Begründung einer primären Regelungsbefugnis der Betriebsparteien** (vgl. *Reuter*, RdA 1991, 193 ff.; *ders.*, ZfA 1993, 221, 226 ff.; s. Rn. 68).

8. Grundrechtsbindung der Betriebsparteien

Die Grundrechte setzen der Regelungsbefugnis der Betriebspartner Schranken. Jedoch **100** beruht ihre Geltung nicht darauf, dass die Betriebspartner Gesetzgeber i. S. des Art. 1 Abs. 3 GG sind, und sie ergibt sich auch nicht aus der staatlichen Überlassung einer Rechtsetzungsbefugnis, sondern eine Schrankensetzung folgt aus der **Schutzgebotsfunktion der Grundrechte** (vgl. BVerfG 23. 4. 1986 E 73, 261, 268 f.; ebenso ErfK-*Dieterich*, GG Einl. Rn. 24, 59 ff.; DKK-*Berg*, § 77 Rn. 9; HWK-*Gaul*, § 77 Rn. 47; s. auch *Richardi*, MünchArbR § 12 Rn. 32 ff.).

101 Da Rechtsgrundlage der Betriebsautonomie das Gesetz ist (s. Rn. 70), ist der Staat zur Sicherung der Grundrechte innerhalb der Betriebsautonomie mehr in die Pflicht genommen als sonst bei Vereinbarungen auf Grund privatrechtlichen Handelns; denn der Betriebsrat ist nicht privatautonom, sondern durch Wahl nach dem Mehrheitsprinzip zur Rechtsetzung mit dem Betriebsinhaber legitimiert. Aber auch auf Seiten des Arbeitgebers muss berücksichtigt werden, dass bei Bestehen eines Mitbestimmungsrechts die Einigungsstelle im verbindlichen Einigungsverfahren eine Entscheidung treffen kann, an die der Arbeitgeber gebunden ist.

102 Dem sich aus Art. 2 Abs. 1, Art. 3 und Art. 12 Abs. 1 GG ergebenden Grundrechtsschutz dient insbesondere § 75 **Abs. 1, Abs. 2 Satz 1.** der die Betriebsparteien beim Abschluss von Betriebsvereinbarungen zur Wahrung der grundrechtlich geschützten Freiheitsrechte verpflichtet (BAG 12. 12. 2006 AP BetrVG 1972 § 77 Nr. 94 [Rn. 23]; 26. 8. 2008 AP BetrVG 1972 § 75 Nr. 54 [Rn. 14]; st. Rspr.; vgl. BAG [GS] 7. 11. 1989 AP BetrVG 1972 § 77 Nr. 46). Regelungen, welche die Arbeitnehmer belasten, müssen daher dem **Grundsatz der Verhältnismäßigkeit** genügen; sie müssen geeignet, erforderlich und unter Berücksichtigung des gewährleisteten Freiheitsrechts angemessen sein, um den mit der Regelung erstrebten Zweck zu erreichen (BAG 26. 8. 2008 AP BetrVG 1972 § 75 Nr. 54 [Rn. 18]; dazu auch *Linsenmaier*, RdA 2008, 1, 8 f.). Der Prüfungsmaßstab ist strenger als bei tarifvertraglichen Normen, da die Betriebsautonomie auf einer anderen Basis beruht (s. Rn. 69 f.).

9. Innenschranken der Betriebsvereinbarungsautonomie (Einzelheiten)

103 **Grenzen der betriebsverfassungsrechtlichen Regelungsbefugnis** haben vor allem in den folgenden Fällen Anerkennung gefunden:

104 a) Durch Betriebsvereinbarung kann **keine Bestimmung** darüber getroffen werden, **wie der Arbeitnehmer sein Leben außerhalb des Betriebs gestaltet;** hier fehlt bereits die funktionelle Zuständigkeit des Betriebsrats (BAG 12. 12. 2006 AP BetrVG 1972 § 77 Nr. 94 [Rn. 21]). Daher kann **kein Nebenbeschäftigungsverbot** erlassen und auch sonst nicht vorgeschrieben werden, wie der Arbeitnehmer seine arbeitsfreie Zeit und seinen Urlaub verbringt (ebenso *Fitting*, § 77 Rn. 56; GK-*Kreutz*, § 77 Rn. 331 ff.; GL-*Löwisch*, § 77 Rn. 49; *Travlos-Tzanetatos*, Regelungsbefugnis der Betriebspartner, S. 143 ff.; *Siebert*, FS Nipperdey 1955, S. 119, 139 ff.; a. A. für das Verbot einer Nebentätigkeit HSWGNR-*Worzalla*, § 77 Rn. 66). Auch über die **Verwendung des Arbeitsentgelts** kann mit Ausnahme von Maßnahmen zur Förderung der Vermögensbildung (§ 88 Nr. 3) keine Bestimmung getroffen werden (ebenso BAG 18. 7. 2006 AP ZPO § 850 Nr. 15 [Rn. 30]; auch soweit der Arbeitnehmer durch eine Lohnverwendungsabrede gezwungen wird, einen Teil seines Lohnes vermögenswirksam zu sparen, *Siebert*, a. a. O., S. 142 f.; a. A. für eine Betriebsvereinbarung über die Einziehung von Gewerkschaftsbeiträgen durch den Betriebsinhaber *Fitting*, a. a. O.; eine derartige Betriebsvereinbarung überschreitet aber die Regelungskompetenz der Betriebspartner und ist mit dem Neutralitätsgebot des Betriebsrats nicht vereinbar).

105 Dagegen kann durch Betriebsvereinbarung ein **Lohnabtretungsverbot** festgelegt werden; es handelt sich insoweit lediglich um eine Modalität des Lohnanspruchs, die als Lohnsicherungsmaßnahme dem Schutz des Arbeitnehmers dient, andererseits aber das Lohnbüro des Arbeitgebers entlasten soll (BAG 20. 12. 1957 und 5. 9. 1960 AP BGB § 399 Nr. 1 und 4; zust. *Fitting*, § 77 Rn. 58; GL-*Löwisch*, § 77 Rn. 51; HSWGNR-*Worzalla*, § 77 Rn. 61; *Nikisch*, Bd. III S. 286; *Nipperdey/Säcker* in Hueck/Nipperdey, Bd. II/2 S. 1265; *Richardi*, Kollektivgewalt, S. 321 f.; vgl. auch *Travlos-Tzanetatos*, Regelungsbefugnis der Betriebspartner, S. 124 ff., insbesondere S. 142 f.; – a. A. *Siebert*, BB 1953, 241, 243; ders., FS Nipperdey 1955, S. 119, 140 ff.; weiterhin GK-*Kreutz*, § 77 Rn. 333; ders., Betriebsautonomie, S. 249; *Karakatsanis*, Kollektivrechtliche Gestaltung, S. 87 ff.; *Biedenkopf*, Tarifautonomie, S. 228 f., 253; *Waltermann*, Betriebsver-

C. Die Betriebsvereinbarung § 77

einbarung, S. 169 ff.; *Veit,* Zuständigkeit des Betriebsrats, S. 398 ff.; *Canaris,* AuR 1966, 129, 133). Eine Grenze besteht hier aber insoweit, als das Lohnabtretungsverbot den Arbeitnehmer nicht unbillig belasten darf, es gelten hier dieselben rechtlichen Gesichtspunkte, die zu einer teleologischen Reduktion des § 400 BGB geführt haben (BGH 10. 12. 1951 und 31. 5. 1954 BGHZ 4, 153 und 13, 360). Wenn der Arbeitgeber ohne Grund keinen Lohn zahlt, ist daher das Lohnabtretungsverbot insoweit unwirksam, als ein Dritter dem Arbeitnehmer die zur Erhaltung seiner Existenz erforderlichen Mittel vorgeschossen hat (BAG 2. 6. 1966 AP BGB § 399 Nr. 8). Ein Lohneinbehalt für die Bearbeitung von **Lohn- und Gehaltspfändungen** kann dem Arbeitnehmer nicht durch Betriebsvereinbarung auferlegt werden (BAG 18. 7. 2006 AP ZPO § 850 Nr. 15; dazu *Linsenmaier,* RdA 2008, 1, 9 f.).

b) Ist der Arbeitnehmer auf Grund einer betrieblichen Regelung **unkündbar** geworden, **106** kann er also nur noch nach § 626 BGB aus wichtigem Grund entlassen werden, so kann ihm diese Rechtsposition nicht durch eine Betriebsvereinbarung entzogen werden (so für den Tarifvertrag BAG 16. 2. 1962 AP TVG § 4 Günstigkeitsprinzip Nr. 11). Durch Betriebsvereinbarung können weiterhin **keine Bestimmungen über die Beendigung eines Arbeitsverhältnisses** geschaffen werden, die den **Bestimmungen des Kündigungsschutzrechts widersprechen.** Die auf unbestimmte Zeit eingegangenen Arbeitsverhältnisse können nicht in befristete Arbeitsverhältnisse umgewandelt werden, so dass sie auch ohne Kündigung enden.

Dennoch kann nach Ansicht des BAG eine **Altersgrenze,** bei der die Arbeitnehmer ohne **107** Kündigung aus dem Arbeitsverhältnis ausscheiden, durch Betriebsvereinbarung festgelegt werden (BAG [GS] 7. 11. 1989 AP BetrVG 1972 § 77 Nr. 46; bereits BAG [2. Senat] 20. 11. 1987 AP BGB § 620 Altersgrenze Nr. 2; zum BetrVG 1952 BAG 25. 3. 1971 AP BetrVG [1952] § 57 Nr. 5; ebenso *Fitting,* § 77 Rn. 61; GL-*Löwisch,* § 88 Rn. 3; HSWG-*Worzalla,* § 77 Rn. 31, 33; *Säcker,* ZfA-Sonderheft 1972 41, 47 f.). Der Große Senat des BAG begründet die Zulässigkeit einer Altersgrenzenregelung mit der umfassenden Regelungskompetenz der Betriebsparteien für soziale und personelle Angelegenheiten; er leitet sie aus § 88 ab und sieht in § 77 Abs. 3 eine Bestätigung für eine solche Regelungskompetenz (BAG 7. 11. 1989 AP BetrVG 1972 § 77 Nr. 46; s. auch Rn. 66 f.). Eine Regelung ausschließlich zu Lasten des Arbeitnehmers, die das Arbeitsverhältnis entgegen dem Arbeitsvertrag unter eine Befristung stellt, ist aber nicht mehr von der Betriebsautonomie gedeckt (ebenso *Richardi,* Kollektivgewalt, S. 321 Fn. 59; *Kreutz,* Grenzen der Betriebsautonomie, S. 249 f.; *Canaris,* AuR 1966, 129, 134; ausführlich *Waltermann,* Betriebsvereinbarung, S. 157 ff.; *Veit,* Zuständigkeit des Betriebsrats, S. 407 ff.).

Nach § 10 Satz 3 Nr. 5 AGG ist eine **unterschiedliche Behandlung wegen des Alters** **108** **zulässig,** wenn sie eine Vereinbarung einschließt, die die Beendigung des Beschäftigungsverhältnisses ohne Kündigung zu einem Zeitpunkt vorsieht, zu dem der oder die Beschäftigte eine Rente wegen Alters beantragen kann. Demnach wird die bisherige Rechtsprechung für zulässig gehalten (*Bauer/Göpfert/Krieger,* AGG, 2. Aufl. 2008, § 10 Rn. 38 f.; *Linsenmaier,* RdA 2008, 1, 10; a. A. Däubler/Bertzbach/*Brors,* AGG, 2007, § 10 Rn. 96). Dies erscheint zweifelhaft. Die Richtlinie 2000/78/EG, die durch § 10 Satz 3 Nr. 5 AGG in deutsches Recht umgesetzt wurde, bestimmt zwar in Abschnitt 14 der Präambel, dass die Richtlinie nicht die einzelstaatlichen Bestimmungen über die Festsetzung der Altersgrenzen für den Eintritt in den Ruhestand berührt. Gemeint sind damit jedoch die einzelstaatlichen Regelungen zum Rentenalter, während es hier um die Festsetzung der Altersgrenzen für die Beendigung von Arbeitsverhältnissen geht. Die Ungleichbehandlung nach dem Lebensalter bedarf deshalb eines sachlichen Grundes. Aber auch wenn er vorliegen sollte, ergibt sich daraus noch keine Regelungskompetenz der Betriebsparteien für die Beendigung des Arbeitsverhältnisses (so bereits *Richardi,* Kollektivgewalt, S. 320 f.; ebenso im Ergebnis trotz Anerkennung einer Regelungsbefugnis der Betriebsparteien GK-*Kreutz,* § 77 Rn. 340; weiterhin *Waltermann,* Betriebsvereinbarung, S. 160 ff.; *Veit,* Zuständigkeit des Betriebsrats, S. 407 ff.).

109 Für die Betriebsautonomie gilt als Schranke auch, dass die Vollendung des 65. bzw. demnächst 67. Lebensjahres kein Grund in der Person des Arbeitnehmers ist, der eine ordentliche Kündigung nach § 1 KSchG sozial rechtfertig (vgl. BAG 28. 9. 1961 AP KSchG § 1 Personenbedingte Kündigung Nr. 1).

110 Die Festlegung einer Altersgrenze enthält **kein Verbot der Weiterbeschäftigung über die Altersgrenze hinaus** (vgl. BAG 10. 3. 1992 AP BetrVG 1972 § 99 Nr. 96).

111 c) Eine Betriebsvereinbarung darf **keine Regelung** enthalten, die **ausschließlich zu Lasten der Arbeitnehmer** wirkt (ebenso BAG 5. 3. 1959 AP BGB § 611 Fürsorgepflicht Nr. 26; 7. 8. 1975 AP BGB § 242 Ruhegehalt Nr. 169 [Sozialplan]; 10. 3. 1976 AP BGB § 618 Nr. 17; 1. 12. 1992 AP BetrVG 1972 § 87 Ordnung des Betriebes Nr. 20; *Fitting*, § 77 Rn. 66; GL-*Löwisch*, § 77 Rn. 47; *Neumann-Duesberg*, S. 371; *Säcker*, Gruppenautonomie, S. 454; a. A. *Matthes*, MünchArbR § 238 Rn. 50).

112 Eine Betriebsvereinbarung kann daher nicht nur in einem **Haftungsausschluss zugunsten des Arbeitgebers** bestehen (vgl. BAG 5. 3. 1959 AP BGB § 611 Fürsorgepflicht Nr. 26). Wenn aber der Arbeitgeber den Arbeitnehmern einen eigenen Parkplatz zur Verfügung stellt und in diesem Zusammenhang seine Haftung beschränkt, so kann auch dies durch Betriebsvereinbarung festgelegt werden (auch insoweit a. A. BAG, a. a. O.; wie hier *Fitting*, § 77 Rn. 66; GK-*Kreutz*, § 77 Rn. 347; *ders.*, Betriebsautonomie, S. 249; GL-*Löwisch*, § 77 Rn. 47; HSWGNR-*Worzalla*, § 77 Rn. 79; *Veit*, Zuständigkeit des Betriebsrats, S. 402 ff.).

113 Eine Betriebsvereinbarung kann, obwohl das Klauselverbot des § 309 Nr. 6 BGB keine Anwendung findet (§ 310 Abs. 4 Satz 1 BGB), grundsätzlich **keine Vertragsstrafen** für die Arbeitnehmer festlegen (a. A. BAG 6. 8. 1991 AP BetrVG 1972 § 77 Nr. 52; wie hier aber, wenn in der Betriebsvereinbarung bestimmt wird, dass einzelvertragliche Vertragsstrafen der Betriebsvereinbarung auch dann vorgehen, wenn sie für den Arbeitnehmer ungünstiger sind; s. aber auch § 87 Rn. 232 ff.). **Ausschlussfristen** für die Geltendmachung gesetzlicher und einzelvertraglicher Ansprüche können nach Ansicht des BAG durch Betriebsvereinbarung festgelegt werden; ihre Einhaltung darf den Arbeitnehmer aber nicht unverhältnismäßig belasten (BAG 12. 12. 2006 AP BetrVG 1972 § 77 Nr. 94; s. auch Rn. 189). Eine Ausschlussfrist ist daher unwirksam, wenn sie eine gerichtliche Geltendmachung von Annahmeverzugsansprüchen, die vom Ausgang eines Rechtsstreits über die Kündigung abhängen, bereits während des Rechtsstreits verlangt (BAG a. a. O.; dazu *Linsenmaier*, RdA 2008, 1, 9).

114 Soweit eine **Angelegenheit mitbestimmungspflichtig** ist, kann eine Betriebsvereinbarung eine Regelung zu Lasten der Arbeitnehmer treffen, wenn deren Festlegung mit dem Mitbestimmungstatbestand in einem unmittelbaren Zusammenhang steht; es genügt aber nicht, dass sie nur als Annexregelung erfolgt. Deshalb können bei der **Einführung einer einheitlichen Arbeitskleidung**, über die der Betriebsrat nach § 87 Abs. 1 Nr. 1 mitzubestimmen hat, die Betriebspartner nicht regeln, dass die Arbeitnehmer einen Teil der Kosten für die Gestellung der Arbeitskleidung zu tragen haben (BAG 1. 12. 1992 AP BetrVG 1972 § 87 Ordnung des Betriebes Nr. 20; ebenso *Veit*, Zuständigkeit des Betriebsrats, S. 404 ff.).

V. Auslegung und gerichtliche Nachprüfbarkeit der Betriebsvereinbarung

1. Auslegung von Betriebsvereinbarungen

115 Betriebsvereinbarungen sind nach den für die **Tarifauslegung geltenden Grundsätzen** auszulegen (BAG 27. 8. 1975 AP BetrVG 1972 § 112 Nr. 2; 13. 10. 1987 AP BetrVG 1972 § 77 Auslegung Nr. 2; 27. 10. 1988 AP BGB § 620 Bedingung Nr. 16; 8. 11. 1988 AP BetrVG 1972 § 112 Nr. 48). Wie für Tarifnormen sollen daher für Betriebsvereinbarungen nicht die Regeln über die Vertragsinterpretation, sondern die Regeln über die

C. Die Betriebsvereinbarung   § 77

Gesetzesinterpretation gelten. Lapidar heißt es im Allgemeinen: Betriebsvereinbarungen seien wie Gesetze auszulegen (so auch BAG 21. 1. 2003 AP BetrVG 1972 § 87 Lohngestaltung Nr. 117 [B II 1]; 2. 3. 2004 AP BetrVG 1972 § 77 Auslegung Nr. 13 [A I 1]; *Gamillscheg,* Kollektives Arbeitsrecht, Bd. II S. 771). Gesetzesinterpretation und Vertragsauslegung folgen jedoch keineswegs völlig verschiedenen Grundsätzen. Der Unterschied ergibt sich nicht aus den *Interpretationsmitteln,* sondern aus dem *Interpretationsobjekt.* Die Nähe zum Gesetz tritt nur ein, weil im Gegensatz zur Vertragsinterpretation Objekt nicht die Gesamtheit des Verhaltens der Vertragsparteien ist, sondern die von den Betriebsparteien festgelegte Regelung, bei der wegen der Normengeltung stets nur eine Rolle spielen kann, wie die Regelung aus der Sicht der Normunterworfenen zu verstehen ist.

Die Auslegung ist **betriebsbezogen** vorzunehmen (so zutreffend BAG 24. 1. 2006 AP **116** BetrVG 1972 § 77 Betriebsvereinbarung Nr. 27). Auszugehen ist von dem durch den Wortlaut vermittelten Wortsinn. Haben Begriffe in der Rechtsterminologie einen bestimmten Inhalt, so ist davon auszugehen, dass sie in diesem Sinn verstanden werden; entscheidend ist jedoch das Verständnis im Betrieb. Die Unklarheitenregel des § 305 c Abs. 2 BGB findet keine Anwendung (§ 310 Abs. 4 Satz 1 BGB). Sie gilt aber, wenn ein Arbeitgeber eine Betriebsvereinbarung in vorformulierte Vertragsbedingungen aufnimmt.

2. Gerichtliche Inhaltskontrolle

a) Das BAG erstreckte die für Arbeitsvertragsregelungen entwickelte Inhaltskontrolle **117** auf Betriebsvereinbarungen, wobei es für sie den Begriff der **Billigkeitskontrolle** wählte (BAG 30. 1. 1970 AP BGB § 242 Ruhegehalt Nr. 142; 25. 3. 1971 AP BetrVG [1952] § 57 Nr. 5; 13. 9. 1974 AP BGB § 611 Gratifikation Nr. 84; 11. 6. 1975 AP BetrVG 1972 § 77 Auslegung Nr. 1; 11. 3. 1976 AP BGB § 242 Ruhegehalt-Unverfallbarkeit Nr. 11; 17. 2. 1981 AP BetrVG 1972 § 112 Nr. 11; 8. 12. 1981 AP BetrAVG § 1 Ablösung Nr. 1; 9. 12. 1981 AP BetrVG 1972 § 112 Nr. 14; 17. 3. 1987 AP BetrAVG § 1 Ablösung Nr. 9; 20. 11. 1987 AP BGB § 620 Altersgrenze Nr. 2; 25. 4. 1991 AP BGB § 611 Gratifikation Nr. 138; 27. 8. 1996 AP BetrAVG § 1 Ablösung Nr. 22). Das BAG behandelte also die Betriebsvereinbarung anders als Tarifverträge; sie sei „nicht in demselben Maße wie der Tarifvertrag autonom und der gerichtlichen Inhaltskontrolle entzogen" (BAG 30. 1. 1970 AP BGB § 242 Ruhegehalt Nr. 142; bereits BAG 16. 11. 1967 und 17. 10. 1968 AP BGB § 611 Gratifikation Nr. 63 und 66). Daran hält das BAG fest: Der **gerichtliche Prüfungsmaßstab** sei für **Betriebsvereinbarungen ein anderer als für Tarifverträge** (BAG 12. 12. 2006 AP BetrVG 1972 § 77 Nr. 94 [Rn. 25]). Der Gesetzgeber hat dagegen die Bereichsausnahme aus der AGB-Regelung gleichermaßen auf Tarifverträge und Betriebsvereinbarungen erstreckt, ohne einen Unterschied zu machen (§ 310 Abs. 4 Satz 1 BGB).

Die Bezeichnung der gerichtlichen Inhaltskontrolle als Billigkeitskontrolle ist miss- **118** glückt. Mit dem Begriff der Billigkeitskontrolle erfasst nämlich das BAG zum einen die **Begrenzung der Zeitkollisionsregel bei Ablösung einer Betriebsvereinbarung** (so die Ausgangsentscheidung BAG 30. 1. 1970 AP BGB § 242 Ruhegehalt Nr. 142; weiterhin BAG 25. 3. 1971 AP BetrVG [1952] § 57 Nr. 5; 8. 12. 1981 und 17. 3. 1987 AP BetrAVG § 1 Ablösung Nr. 1 und 9); zum anderen ist mit ihr die gerichtliche Prüfung des **Regelungsinhalts einer Betriebsvereinbarung an „Binnenschranken"** gemeint, für die das BAG als Maßstab die in § 75 festgelegten Kriterien heranzieht (BAG 12. 12. 2006 AP BetrVG 1972 § 77 Nr. 94 [Rn. 22 ff.]; bereits BAG 9. 12. 1981 AP BetrVG 1972 § 112 Nr. 14). Damit ist zugleich klargestellt, dass es bei der Begrenzung des Ablösungsprinzips um die Aufstellung einer *Kollisionsnorm* geht, die das BAG an den Maßstäben der Verhältnismäßigkeit und des Vertrauensschutzes ausrichtet (s. Rn. 119 ff.), und auch bei der Nachprüfung des Regelungsinhalts einer Betriebsvereinbarung wird kein Maßstab herangezogen, der wie bei der Billigkeit i. S. des § 315 BGB ausschließlich bei individuellen Situationen relevant ist. Es geht also nicht um Billigkeit i. S. einer Einzelfallgerechtigkeit, sondern um *Rechtskontrolle* (s. auch Rn. 123 und 125).

119 b) Bei **Ablösung einer betriebseinheitlichen Regelung durch eine Betriebsvereinbarung** muss man unterscheiden: Es gilt das **Günstigkeitsprinzip,** wenn die durch Betriebsvereinbarung abgelöste Regelung eine **vertragliche Einheitsregelung (Gesamtzusage, allgemeine Arbeitsbedingungen)** ist (s. Rn. 152 ff.). Wenn es sich bei ihr um eine Betriebsvereinbarung handelt, gilt das **Ablösungsprinzip** (s. Rn. 174), mit dem nach einer alten Formulierung des BAG untrennbar der Grundsatz verbunden sei, dass zum Schutz der Arbeitnehmer die ablösende Betriebsvereinbarung allgemein der gerichtlichen Billigkeitskontrolle unterstehe (BAG 25. 3. 1971 AP BetrVG [1952] § 57 Nr. 5); eine gerichtliche Billigkeitskontrolle sei vor allem dann geboten, „wenn eine Betriebsvereinbarung bereits bestehende Rechtspositionen zum Nachteil der Arbeitnehmer verschlechtert" (BAG 8. 12. 1981 AP BetrAVG § 1 Ablösung Nr. 1).

120 Demnach geht es nicht um eine Korrektur des *Regelungsinhalts* nach Billigkeitsgesichtspunkten, sondern um die Aufstellung einer *Kollisionsnorm ohne Inhalt* zur Begrenzung des Ablösungsprinzips. Ihren Inhalt erhält die Kollisionsnorm dadurch, dass bereits entstandene Ansprüche nicht mehr unter die Verfügungsgewalt der Betriebspartner fallen und dass bei bedingtem Rechtserwerb der Grundsatz des Vertrauensschutzes eine Grenze für eine Verschlechterung der Entstehungsvoraussetzungen zieht (so nunmehr auch BAG 13. 3. 2007 AP BetrVG 1972 § 77 Betriebsvereinbarung Nr. 32 [Rn. 23]).

121 **Bereits entstandene Ansprüche** können durch Betriebsvereinbarung grundsätzlich **nicht erlassen, herabgesetzt** oder **gestundet** werden (ebenso LAG Baden-Württemberg [Freiburg], DB 1977, 1706; *Fitting*, § 77 Rn. 59; GK-*Kreutz*, § 77 Rn. 322; GL-*Löwisch*, § 77 Rn. 50; HSWGNR-*Worzalla*, § 77 Rn. 69; *Nikisch*, Bd. III S. 286; *Nipperdey/Säcker* in *Hueck/Nipperdey*, Bd. II/2 S. 1265; *Richardi*, Kollektivgewalt, S. 438 ff.; *Säcker*, Gruppenautonomie, S. 451 ff.).

122 Das BAG hat die **Zeitkollisionsregel** bei Ablösung einer Betriebsvereinbarung über eine betriebliche Altersversorgung durch die folgenden Abstufungen für die Versorgungsbesitzstände **begrenzt** (BAG 17. 3. 1987 AP BetrAVG § 1 Ablösung Nr. 9; st. Rspr.; vgl. BAG 11. 12. 2001 AP BetrAVG § 1 Ablösung Nr. 36; 9. 12. 2008 – 3 AZR 384/07 [Rn. 30]):

    a) Der bereits erdiente und nach den Grundsätzen des § 2 BetrAVG errechnete Teilbetrag darf nur in seltenen Ausnahmefällen gekürzt werden.

    b) Zuwächse, die sich aus variablen Berechnungsfaktoren ergeben, können nur aus triftigen Gründen geschmälert werden, soweit sie zeitanteilig erdient sind.

    c) Für Eingriffe in Zuwachsraten, die noch nicht erdient sind, genügen sachliche Gründe.

Rechtsdogmatisch handelt es sich dabei um *Rechtsschutz*. Nur so lässt sich auch erklären, dass das BAG diese Stufenregelung auf die Kündigung einer Betriebsvereinbarung übertragen hat (BAG 18. 4. 1989 AP BetrAVG § 1 Betriebsvereinbarung Nr. 2; st. Rspr.; vgl. BAG 11. 5. 1999 und 21. 8. 2001 AP BetrAVG § 1 Betriebsvereinbarung Nr. 6 und 8). Auch das BAG spricht daher hier nicht mehr von Billigkeitskontrolle, sondern bezeichnet die Inhaltskontrolle über die Einhaltung der Schranken einer ablösenden Betriebsvereinbarung ausdrücklich als *Rechtskontrolle* (BAG 22. 5. 1990 AP BetrAVG § 1 Betriebsvereinbarung Nr. 3; 23. 10. 1990 AP BetrAVG § 1 Ablösung Nr. 13; *Heither*, RdA 1993, 72, 77). Es verwendet die Formulierung, dass die auf Grund einer Betriebsvereinbarung erworbenen Versorgungsbesitzstände nach den **Grundsätzen der Verhältnismäßigkeit und des Vertrauensschutzes** gegenüber einer Kündigung gesichert seien (BAG 11. 5. 1999 und 21. 8. 2001 AP BetrAVG § 1 Betriebsvereinbarung Nr. 6 und 8).

123 Das **dreiteilige Prüfungsraster** konkretisiert den Vertrauensschutz und den Verhältnismäßigkeitsgrundsatz (BAG 26. 8. 1997 AP BetrAVG § 1 Ablösung Nr. 27; 21. 8. 2001 AP BetrAVG § 1 Betriebsvereinbarung Nr. 8; vgl. zu dieser Dreiteilung unter dem Titel

„Das Bundesarbeitsgericht und die Heilige Dreifaltigkeit" *Griebeling,* FS Wiese 1998, S. 139 ff.; s. auch Rn. 170).

c) Soweit es um den **Regelungsinhalt einer Betriebsvereinbarung** geht, ist die gerichtliche Inhaltskontrolle prinzipiell nicht anders zu bestimmen als bei Tarifverträgen (vgl. BAG 25. 4. 1991 AP BGB § 611 Gratifikation Nr. 138). Nur der Prüfungsmaßstab kann verschieden sein (vgl. BAG 12. 12. 2006 AP BetrVG 1972 § 77 Nr. 94 [Rn. 25]). Betriebsvereinbarungen werden nicht nur darauf hin überprüft, ob sie gegen die Verfassung, zwingendes Gesetzesrecht oder die guten Sitten verstoßen, sondern unterliegen „auch der Billigkeitskontrolle, wie sie in § 75 BetrVG beschrieben ist" (so die Formulierung des BAG AP BGB § 611 Gratifikation Nr. 138). Damit ist aber klargestellt, dass es sich bei der gerichtlichen Inhaltskontrolle über Betriebsvereinbarungen nicht um eine Kontrolle nach dem Maßstab der Billigkeit, sondern um eine Rechtskontrolle handelt. Die Gerichte haben **keine Kompetenz zur Vertragshilfe,** sondern können nur prüfen, ob die Betriebspartner bei Ausübung der ihnen zustehenden Regelungsbefugnis Rechtsnormen, die ihnen Schranken setzen, nicht oder nicht richtig angewandt haben. Diese Form gerichtlicher Nachprüfung ist *Rechtskontrolle.* Sie ändert ihren Charakter nicht dadurch, dass sie sich auf Regeln bezieht, die aus den Grundprinzipien der Betriebsverfassung mit den anerkannten Methoden der Rechtsfindung durch richterliche Rechtsfortbildung entwickelt sind.

Die **AGB-Kontrolle** nach §§ 305 ff. BGB findet wie auf Tarifverträge auch auf Betriebsvereinbarungen keine Anwendung (§ 310 Abs. 4 Satz 1 BGB). Das gilt auch bei einer Bezugnahme auf sie im Arbeitsvertrag, sofern die Betriebsvereinbarung für das Arbeitsverhältnis nach Abs. 4 unmittelbar und zwingend gilt (s. R. 135). Die in einer Betriebsvereinbarung geregelten Widerrufsvorbehalte fallen daher nicht unter § 308 Nr. 4 BGB; sie unterliegen aber einer gerichtlichen Ausübungskontrolle nach § 315 BGB (vgl. BAG 1. 2. 2006 AP BetrVG 1972 § 77 Betriebsvereinbarung Nr. 28).

VI. Geltungsbereich einer Betriebsvereinbarung

1. Räumlicher und personeller Geltungsbereich

Die **Betriebspartner bestimmen,** soweit ihre Regelungsbefugnis innerhalb der Betriebsautonomie reicht, den **räumlichen** und den **personellen Geltungsbereich** der Betriebsvereinbarung.

Schranken für die Festlegung des Geltungsbereichs ergeben sich nicht nur aus der Reichweite der Betriebsautonomie, sondern auch aus der **Zuständigkeitsregelung auf Arbeitnehmer- und Arbeitgeberseite.** Ist Betriebspartei ein Einzelbetriebsrat, so kann in den Geltungsbereich kein Betrieb oder Betriebsteil einbezogen werden, für den er nicht gebildet ist. Ist dagegen der Gesamtbetriebsrat oder der Konzernbetriebsrat gemäß § 50 bzw. § 58 zuständig, so braucht der Geltungsbereich sich nicht auf das Unternehmen bzw. den Konzern zu erstrecken; er kann sich auch auf einen bestimmten Betrieb beschränken. Auf der Arbeitgeberseite ist, wenn es sich um Personen- oder Kapitalgesellschaften handelt, die gesellschaftsrechtliche Zuständigkeitsordnung maßgebend. Aus ihr ergeben sich keine Schranken, ob der Geltungsbereich auf den Betrieb beschränkt wird oder auch mehrere Betriebe eines Unternehmens umfassen kann. Lediglich bei einer Konzernbetriebsvereinbarung ist zu beachten, dass bei einem Abschluss mit dem herrschenden Unternehmen von ihm abhängige Konzernunternehmen nur in den Geltungsbereich einbezogen werden können, wenn es eine entsprechende rechtliche Befugnis hat (s. § 58 Rn. 33 ff.).

2. Zeitlicher Geltungsbereich

Die **Betriebspartner bestimmen** den **zeitlichen Geltungsbereich** der Betriebsvereinbarung. Sie können ihrer Regelung auch **rückwirkende Kraft** beilegen (ebenso BAG

19. 9. 1995 E 81, 38, 43 = AP BetrVG 1972 § 77 Nr. 61; *Fitting*, § 77 Rn. 41; DKK-*Berg*, § 77 Rn. 41; *Matthes*, MünchArbR § 239 Rn. 29; a. A. GK-*Kreutz*, § 77 Rn. 195). Die Rückwirkung kann aber nur Arbeitnehmer erfassen, die noch unter die personelle Reichweite der Betriebsautonomie fallen (s. Rn. 75 ff.).

129 Von Rückwirkung kann man nur sprechen, wenn die Betriebsvereinbarung zu einem Zeitpunkt vor ihrem Abschluss in Kraft treten soll; eine Rückwirkung liegt dagegen nicht vor, wenn ein bereits abgeschlossener Tatbestand mit Rechtswirkung für die Zukunft geregelt wird, z. B. wenn in der Betriebsvereinbarung bestimmt wird, dass der bereits entstandene Anspruch auf Lohn gestundet oder zu einem Teilbetrag erlassen wird (*unechte Rückwirkung;* s. dazu Rn. 121). Eine Rückwirkung kommt nur in Betracht, wenn sie sich auf Rechte und Pflichten bezieht, die bei Abschluss der Betriebsvereinbarung noch erfüllt werden können (so zum Tarifvertrag *Nipperdey*, Beiträge zum Tarifrecht, 1924, S. 162). Deshalb können sämtliche Normen, die sich mit der betrieblichen Ordnung und dem betrieblichen Verhalten der Arbeitnehmer befassen (Betriebsnormen), nur mit Rechtswirkung für die Zukunft festgelegt werden (so zum Tarifvertrag *Nikisch*, Bd. II S. 380 f.; *Nipperdey* in *Hueck/Nipperdey*, Bd. II/1 S. 466; *Wiedemann/Wank*, TVG, § 4 Rn. 257).

130 Soweit eine Rückwirkung der Bestimmungen möglich ist, wird sie durch das BetrVG nicht ausgeschlossen. Die Betriebspartner müssen aber die **Schranken** beachten, die sich aus dem **Grundsatz des Vertrauensschutzes** ergeben, wie sie in ähnlichem Umfang auch den staatlichen Gesetzgeber binden. Bei einer Rückwirkung zu Lasten der Arbeitnehmer können insbesondere die Grundsätze herangezogen werden, die das BVerfG für die Rückwirkung belastender Gesetze entwickelt hat (vgl. dazu *Richardi*, Kollektivgewalt, S. 432 f.). Eine Änderung der Rechtslage zum Nachteil des Arbeitnehmers muss vorhersehbar und messbar sein (BAG 19. 9. 1995 AP BetrVG 1972 § 77 Nr. 61; für Gesetze BVerfG 19. 12. 1961 E 13, 261, 272; weiterhin BVerfG 31. 3. 1965 E 18, 429, 439; 16. 11. 1965 E 19, 187, 196). Betriebsvereinbarungen können sich daher vor allem für den Zeitraum Rückwirkung beilegen, in welchem die Betroffenen die Änderung der kollektivvertraglichen Ordnung voraussehen mussten; das ist der Fall, wenn die Betriebsvereinbarung abgelaufen ist (ebenso *Nipperdey/Säcker* in *Hueck/Nipperdey*, Bd. II/2 S. 1299; *Richardi*, Kollektivgewalt, S. 433 f.; a. A. *Neumann-Duesberg*, S. 401, der eine Kollektivvertragsrückwirkung auch in diesem Fall nur zugunsten der Arbeitnehmer für statthaft hält; dagegen wie hier für den Tarifvertrag: *Nikisch*, Bd. II S. 294; *Nipperdey* in *Hueck/Nipperdey*, Bd. II/1 S. 403, 465). Die Betriebspartner können daher der neuen Regelung rückwirkende Kraft regelmäßig bis zu dem Tag verleihen, an dem die alte abgelaufen war. Die Rückwirkung ist auch dann zulässig, wenn ein Vertrauenstatbestand für die Arbeitnehmer deshalb nicht anzuerkennen ist, weil die Rechtslage unklar und verworren ist (ebenso für Gesetze BVerfG 19. 12. 1961 E 13, 261, 272; vgl. auch BVerfG 24. 7. 1957 E 7, 89, 94; 5. 4. 1960 E 11, 61, 72 f.).

131 Bei einer Rückwirkung zu Lasten des Arbeitgebers ergeben sich diese Beschränkungen nicht, da er selbst die Betriebsvereinbarung abschließt. Etwas anderes gilt nur dann, wenn die Betriebsvereinbarung auf einem bindenden Spruch der Einigungsstelle beruht, wobei allerdings eine Rückwirkung nur in seltenen Fällen in Betracht kommt (ebenso HSWGNR-*Worzalla*, § 77 Rn. 41).

VII. Rechtswirkungen der Betriebsvereinbarung

1. Lückenhafte Gesetzesregelung

132 Das Gesetz gibt in Abs. 4 – anders als das BetrVG 1952 – Bestimmungen über die Rechtswirkungen einer Betriebsvereinbarung. Dabei lehnt es sich eng an § 4 TVG an, bestätigt also lediglich die auch schon vorher zum gesicherten Bestand von Rechtsprechung und Literatur gehörende Annahme, dass der Betriebsvereinbarung grundsätzlich im gleichen Sinne wie dem Tarifvertrag unabdingbare Wirkung zukommt (*Dietz*, § 52 Rn. 35 f.; *ders*., RdA 1949, 161, 163; *Fitting/Kraegeloh/Auffarth*, § 52 Rn. 21 ff.; *Galperin/Siebert*, § 52 Rn. 57; *Nikisch*, Bd. III S. 288; *Nipperdey/Säcker* in *Hueck/Nipperdey*, Bd. II/2 S. 1265 ff., 1290 ff.; *Neumann-Duesberg*, S. 371 ff.).

Die gesetzliche Regelung ist lückenhaft. Keineswegs ist es zutreffend, dass Betriebsvereinbarungen stets unmittelbar und zwingend gelten, sondern die Unabdingbarkeitswirkung beschränkt sich auf den normativen Teil der Betriebsvereinbarung (s. dazu Rn. 51 ff.). Eine dem § 4 Abs. 3 TVG entsprechende Bestimmung, nach der abweichende Abmachungen zulässig sind, soweit sie durch die Betriebsvereinbarung gestattet sind oder eine Änderung ihrer Regelung zu Gunsten des Arbeitnehmers enthalten, fehlt im Gesetz. 133

2. Reichweite der Normengeltung

a) Für die **Wirkungsweise einer Betriebsvereinbarung** beschränkt das Gesetz sich auf die Anordnung in Abs. 4 Satz 1: **Betriebsvereinbarungen gelten unmittelbar und zwingend.** Damit wird insbesondere festgelegt, dass die Betriebsvereinbarung unabhängig vom Willen des einzelnen Arbeitnehmers gesetzesgleich Wirkung auf den Inhalt des Arbeitsverhältnisses entfaltet. Soweit durch Betriebsvereinbarung Rechte und Pflichten der Arbeitnehmer festgelegt werden, bestimmt die Betriebsvereinbarung den Inhalt des Arbeitsverhältnisses, ohne in die Einzelarbeitsverträge einzugehen (ebenso BAG [GS] 16. 3. 1956 AP BetrVG [1952] § 57 Nr. 1; vgl. zur Dogmengeschichte *Richardi*, Kollektivgewalt, S. 386 ff.). Die Klausel einer Betriebsvereinbarung, dass deren Bestimmungen ein Teil der Arbeitsverträge werden, ändert nicht die Einzelarbeitsverträge; denn einzelvertragliche Vereinbarungen können nur zwischen den Partnern des Vertrages abgeschlossen werden (ebenso BAG 29. 5. 1964 AP BetrVG [1952] § 59 Nr. 24; vgl. auch BAG 19. 7. 1977 AP BetrVG 1972 § 77 Nr. 1). 134

Damit ist nicht gesagt, dass **Vorschriften einer Betriebsvereinbarung** nicht zum **Inhalt des Arbeitsvertrags** gemacht werden können. Voraussetzung ist jedoch, dass im Arbeitsvertrag auf sie **Bezug genommen** wird (vgl. *Rieble/Schul*, RdA 2006, 339 ff.). Eine solche Bezugnahme kann auch in der Aushändigung einer Betriebsvereinbarung mit einer derartigen Klausel und ihrer Entgegennahme durch den Arbeitnehmer liegen. Bedeutung hat sie vor allem, wenn etwa die Betriebsvereinbarung als solche keine Wirkung hat, z. B. weil sie gegen § 77 Abs. 3 verstößt (s. dazu Rn. 296 f.). Soweit eine Betriebsvereinbarung nur auf Grund einer Bezugnahme im Arbeitsvertrag Anwendung findet, fällt sie unter die AGB-Kontrolle; die Bereichsausnahme des § 310 Abs. 4 Satz 1 BGB gilt für sie in diesem Fall nicht (ebenso *Rieble/Schul*, RdA 2006, 339, 349 ff.). 135

b) Wird der Arbeitgeber durch Betriebsvereinbarung zu Maßnahmen verpflichtet, die dem **Schutz** und der **Fürsorge für die gesamte Belegschaft** oder für bestimmte Gruppen von Arbeitnehmern dienen, so soll der einzelne Arbeitnehmer in der Regel keinen individuellen Erfüllungsanspruch auf sie haben und auch nicht ein Leistungsverweigerungsrecht geltend machen können. Derartige Solidarbestimmungen haben dann nicht den Charakter von Inhaltsnormen, sondern gelten nur als Betriebsnormen. Wenn im Schrifttum vielfach nicht zwischen Inhalts- und Betriebsnormen im Rahmen einer Betriebsvereinbarung unterschieden und sogar die Auffassung vertreten wird, die besondere Kategorie der Betriebsnormen sei bei der Betriebsvereinbarung nicht von Bedeutung, weil diese ohnehin für alle Betriebsangehörigen gelte (so *Neumann-Duesberg*, S. 365; vgl. auch *Nipperdey/Säcker* in *Hueck/Nipperdey*, Bd. II/2 S. 1290 ff.), so wird übersehen, dass bei Inhalts- und Betriebsnormen der *Regelungsinhalt* verschieden sein kann (zutreffend *Nikisch*, Bd. III S. 279). Bestimmungen über die Entlüftung und Heizung der Arbeitsräume (§ 87 Abs. 1 Nr. 1), die Bereitstellung von Waschräumen und Baubuden, die Errichtung und Verwaltung von Kantinen sowie Pensions- und Urlaubskassen (§§ 87 136

Abs. 1 Nr. 8, 88 Nr. 2), die Pläne für die Ausbildung von Lehrlingen, Anlernlingen oder umzuschulenden Arbeitskräften (§ 98) sollen regelmäßig nicht unmittelbar den Inhalt des Arbeitsverhältnisses gestalten, sondern legen die Grundsätze für die Betriebsgestaltung fest.

137 **Bestimmungen** einer Betriebsvereinbarung, die unmittelbar die **Stellung des Betriebsrats innerhalb der Betriebsverfassung** gestalten, also betriebsverfassungsrechtliche Normen, haben ebenfalls normative Wirkung. Durch sie werden die Amtsbefugnisse der Betriebsratsmitglieder unmittelbar gestaltet, so dass diese bei deren Ausübung nicht ihre Pflichten aus dem Einzelarbeitsverhältnis verletzen. Die Unabdingbarkeitswirkung bedeutet hier, dass der Arbeitgeber mit den einzelnen Betriebsratsmitgliedern keine abweichende Vereinbarung treffen kann.

3. Unabdingbarkeit

138 Wie beim Tarifvertrag ist auch bei der Betriebsvereinbarung im Rahmen der Unabdingbarkeit zwischen der **unmittelbaren** und der **zwingenden Einwirkung** der Rechtsnormen zu unterscheiden. Mit der unmittelbaren Geltung wird umschrieben, dass die Betriebsvereinbarung eine Rechtsquelle ist, die autonomes Recht schafft. Die zwingende Geltung bedeutet, dass eine anderweitige einzelvertragliche Abmachung nicht getroffen werden kann; sie hat vor allem Bedeutung bei den Inhaltsnormen, spielt aber auch bei den Betriebs- und Betriebsverfassungsnormen eine Rolle, hat hier jedoch einen anderen Charakter, weil bei diesen Normen unmittelbare Rechtsfolgen nur auf der kollektivrechtlichen Ebene eintreten. Beispielsweise führt ein Verstoß gegen Einstellungsrichtlinien nicht dazu, dass der ihnen zuwider geschlossene Arbeitsvertrag nichtig ist, sondern gibt dem Betriebsrat lediglich im Rahmen der ihm obliegenden Mitbestimmung das Recht, seine Zustimmung zu der Einstellung zu verweigern (§ 99 Abs. 2 Nr. 2; s. auch Rn. 54).

139 Die unmittelbare und zwingende Geltung steht zur **Disposition der Betriebspartner**. Arbeitgeber und Betriebsrat können in der Betriebsvereinbarung ohne weiteres gestatten, dass von ihrer Regelung überhaupt, insbesondere auch zu Ungunsten des Arbeitnehmers abgewichen wird (ebenso GL-*Löwisch*, § 77 Rn. 93; *Kreutz*, Betriebsautonomie, S. 48). Der durch die Unabdingbarkeitswirkung geschaffene Vorrang der Kollektivmacht gilt nämlich für die Parteien der Betriebsvereinbarung nicht zwingend, sondern hängt von deren Willen ab. Dieser entscheidet darüber, ob die Bestimmungen der Betriebsvereinbarung unabdingbar oder lediglich dispositiv gelten. Weiterhin können die Parteien der Betriebsvereinbarung auch darüber befinden, ob ihrer Regelung überhaupt Normenwirkung zukommen oder lediglich zwischen ihnen eine schuldrechtliche Bindung bestehen soll.

140 Die Betriebsvereinbarung kann die **Abweichung** allgemein, **nur für bestimmte Fälle** oder nur **unter bestimmten Voraussetzungen** gestatten. Dadurch wird die zwingende Wirkung eingeschränkt, so dass insoweit für den Bereich ihrer Regelung die individuelle Vertragsfreiheit wiederhergestellt wird. Die Betriebsvereinbarung kann deshalb im Verhältnis zum Individualvertrag ähnlich wie der Tarifvertrag im Verhältnis zur Betriebsvereinbarung nach § 77 Abs. 3 Satz 2 eine **Öffnungsklausel** enthalten, durch die der Abschluss ergänzender Individualverträge zugelassen wird (s. ausführlich zur Öffnungsklausel Rn. 298 ff.). Jedoch sind auch hier ergänzende Vertragsabreden nur möglich, wenn die Betriebsvereinbarung sie ausdrücklich zulässt.

4. Günstigkeitsprinzip als Schranke der Betriebsautonomie

141 a) Das **Gesetz** enthält **keine Bestimmung** darüber, ob von den Bestimmungen einer Betriebsvereinbarung **zugunsten der Arbeitnehmer** abgewichen werden kann. Schon zum BetrVG 1952 und vorher war man aber fast einhellig der Ansicht, dass Abweichungen zugunsten der einzelnen Arbeitnehmer möglich sind und das *Günstigkeitsprinzip* für das Verhältnis zum Individualvertrag nicht nur eine Auslegungsregel, sondern eine

C. Die Betriebsvereinbarung § 77

Schranke der Kollektivmacht darstellt, so dass die Betriebsvereinbarung sich nicht selbst zweiseitig zwingenden Charakter zusprechen kann (*Dietz*, § 52 Rn. 36). Bereits § 30 AOG hatte für die Bestimmungen der Betriebsordnung festgelegt, dass sie für die Arbeitnehmer nur als Mindestbedingungen rechtsverbindlich sind; auch in einigen Betriebsrätegesetzen nach 1945 wurde die lediglich einseitig zwingende Wirkung festgelegt (§ 34 Abs. 3 BRG Bremen; § 40 Abs. 2 BRG Schleswig-Holstein; § 66 o Abs. 1 Satz 2 BRG Württemberg-Hohenzollern).

Da Art. 12 Abs. 1 GG als **Grundrecht gewährleistet, seinen Arbeitsplatz frei zu wählen,** und deshalb auch die Möglichkeit schützt, die Arbeitsbedingungen durch eine privatautonome Ordnung zu gestalten, wäre eine gesetzliche Regelung verfassungswidrig, die den Betriebspartnern gestatten würde, Arbeitsbedingungen als Fest- und Höchstbedingungen für die Arbeitnehmer zu vereinbaren, ohne die Möglichkeit zu einzelvertraglicher Abweichung zuzulassen (*Richardi*, Kollektivgewalt, S. 368; zust. *Kreutz*, Betriebsautonomie, S. 224 Fn. 136; vgl. zur verfassungsrechtlichen Gewährleistung des Günstigkeitsprinzips *Belling*, Günstigkeitsprinzip, S. 52 ff., besonders zur Betriebsautonomie S. 111 ff.). 142

Aus dem **Fehlen einer gesetzlichen Bestimmung** kann **nicht abgeleitet** werden, dass der Gesetzgeber das **Günstigkeitsprinzip** habe **ausschließen** wollen; auch aus den Gesetzesmaterialien ergibt sich kein Hinweis, dass durch die Anordnung der zwingenden Geltung ohne Einschränkung in Abs. 4 Satz 1 festgelegt werden sollte, dass die Betriebsvereinbarung zweiseitig zwingenden Charakter hat. Man wird es daher als Redaktionsversehen ansehen können, dass eine gesetzliche Bestimmung über das Günstigkeitsprinzip fehlt (ebenso *Fitting*, § 77 Rn. 196; *Kreutz*, Betriebsautonomie, S. 224; *Belling*, Günstigkeitsprinzip, S. 117; *Raatz*, DB Beil. 1/1972, 4; a. A. *Säcker*, ZfA-Sonderheft 1972, 54, er hält aber ein argumentum e contrario für unzulässig, weil damit der Wille des Gesetzgebers zu Vollständigkeit und Systemstrenge weit überschätzt würde; vgl. auch *H. Hanau*, Individualautonomie, S. 68 ff.). Auch der **Große Senat des BAG** kommt zu dem Ergebnis, dass die gesetzliche Regelung in Abs. 4 Satz 1 unvollständig sei; sie werde durch das Günstigkeitsprinzip ergänzt (BAG 16. 9. 1986 AP BetrVG 1972 § 77 Nr. 17). 143

b) Das **Günstigkeitsprinzip** bestimmt die Unabdingbarkeitswirkung; Bestimmungen einer Betriebsvereinbarung sind nur *einseitig zwingend* und haben *zugunsten* der Arbeitnehmer stets *dispositiven* Charakter (ebenso BAG [GS] 16. 9. 1986 und 7. 11. 1989 AP BetrVG 1972 § 77 Nr. 17 und 46; BAG 12. 12. 2006 AP BetrVG 1972 § 77 Nr. 94 [Rn. 21]; *Fitting*, § 77 Rn. 196; GK-*Kreutz*, § 77 Rn. 234; GL-*Löwisch*, § 77 Rn. 94; *Kreutz*, Betriebsautonomie, S. 47 f., S. 223 f.; *Belling*, Günstigkeitsprinzip, S. 107 ff.). 144

Voraussetzung für die Anwendung des Günstigkeitsprinzips ist, dass die **einzelvertragliche Abrede** von der Betriebsvereinbarung **abweicht**. Wenn bereits das nicht der Fall ist, so ist eine einzelvertragliche Vereinbarung zulässig, ohne dass es darauf ankommt, ob sie den Arbeitnehmer begünstigt oder belastet. Ein Günstigkeitsvergleich findet also nur dann statt, wenn zwischen der Betriebsvereinbarung und dem Einzelarbeitsvertrag eine Konkurrenz besteht; beide Gestaltungsfaktoren müssen denselben Gegenstand regeln können und regeln wollen. Für den Vergleich können die Grundsätze herangezogen werden, die im Rahmen des Tarifvertragsrechts entwickelt wurden (vgl. *Richardi*, Kollektivgewalt, S. 377 ff.). Ob zwischen den einschlägigen Bestimmungen ein Zusammenhang besteht, ist ein *Auslegungsproblem;* entscheidend ist, ob mit der abweichenden Abmachung andere Bestimmungen der einzelvertraglichen Vereinbarung derart zusammenhängen, dass die eine nicht ohne die andere getroffen worden wäre. Erst wenn feststeht, welche vertragliche Abrede von der Betriebsvereinbarung abweicht, kann *beurteilt* werden, ob sie eine Änderung zugunsten des Arbeitnehmers darstellt. 145

Der Günstigkeitsvergleich ist ein **Werturteil.** Da das Günstigkeitsprinzip nicht dazu dient, die Unabdingbarkeit der Betriebsvereinbarung zu beseitigen, es aber zugleich auch eine Schranke der betriebsverfassungsrechtlichen Regelungsbefugnis darstellt, kann für den Beurteilungsmaßstab weder der Wille der Arbeitsvertragsparteien noch der Wille 146 der Betriebspartner von Bedeutung sein, sondern der Beurteilungsmaßstab richtet sich nach objektiven Merkmalen. Da das Günstigkeitsprinzip, soweit es arbeitsvertragliche Abreden ermöglicht, als Vorbehalt für die *individuelle Vertragsfreiheit* wirkt, ist für den Günstigkeitsvergleich nicht das *Gesamtinteresse* der Belegschaft, sondern das Interesse des *einzelnen Arbeitnehmers* in dem zur Beurteilung stehenden Zeitraum maßgebend (vgl. *Richardi,* Kollektivgewalt, S. 380 ff.). Ist kein eindeutiges Günstigkeitsurteil möglich, gibt es keinen Grund, der Betriebsvereinbarung den Vorrang einzuräumen (ebenso *H. Hanau,* Individualautonomie, S. 117 ff., einschränkend aber, soweit die Betriebsvereinbarung eine Ausgleichsfunktion hat, S. 121 f.; s. auch Rn. 150).

147 Betrifft die Regelung eine **Entgeltleistung des Arbeitgebers**, so ist der **Vergleichsmaßstab**, auf den man die Günstigkeitsbeurteilung zu beziehen hat, das **Verhältnis von Leistung und Gegenleistung:** Er besteht darin, ob der Arbeitnehmer für dieselbe Arbeitsleistung ein erhöhtes Arbeitsentgelt erhält. Wenn dagegen Arbeitgeber und Arbeitnehmer eine längere oder kürzere als die in der Betriebsvereinbarung festgelegte **Arbeitszeit** vereinbaren, versagt dieser Maßstab. Die Verkürzung oder Verlängerung der Arbeitszeit bezieht sich nur auf den *Umfang der geschuldeten Arbeitsleistung,* ändert aber nicht das Verhältnis von Leistung und Gegenleistung. Ihre Festlegung wirkt sich auf eine Verringerung oder Erhöhung des Arbeitseinkommens nur mittelbar aus, weil das Arbeitsentgelt in einem Gegenseitigkeitsverhältnis zur Arbeitsleistung steht.

148 Wird durch Betriebsvereinbarung eine **Höchstarbeitszeit der Arbeitnehmer** festgelegt, z. B. zur Durchsetzung einer Arbeitszeitverkürzung (so nach dem Leber/Rüthers-Tarifkompromiss in der Metallindustrie 1984; vgl. BAG 18. 8. 1987 AP BetrVG 1972 § 77 Nr. 23), so handelt es sich um eine *Verbotsnorm.* Sie ist mit dem Günstigkeitsprinzip nicht vereinbar, soweit sie den Arbeitsvertragsparteien verbietet, eine andere Dauer der regelmäßigen Arbeitszeit zu vereinbaren. In Betracht kommt nur, dass bei Fehlen einer Vertragsabrede sich nach ihr die regelmäßige Arbeitszeit der vollzeitbeschäftigten Arbeitnehmer richtet. Aber auch für diesen Fall ist der Rechtsgrund für die Erbringung der Arbeitsleistung nicht die Betriebsvereinbarung, sondern das privatgeschäftliche Dienstleistungsversprechen. Die Arbeitsvertragsparteien, hier also insbesondere die Arbeitnehmer, haben die Festlegung der regelmäßigen Dauer der Arbeitszeit den Betriebspartnern lediglich *überlassen.* Wird die Arbeitszeit durch Betriebsvereinbarung verkürzt, ergibt sich aus dem zwingend festgelegten Günstigkeitsprinzip ein *Wahlrecht* für den einzelnen Arbeitnehmer (vgl. *Richardi,* Verhandlungen des 61. DJT, Bd. I/B S. 88 ff.).

149 Soweit man eine **Altersgrenzenregelung** durch Betriebsvereinbarung überhaupt anerkennt (s. Rn. 107 ff.), ergibt sich auch hier aus dem Günstigkeitsprinzip, dass der Arbeitnehmer ein Wahlrecht hat, wenn eine Betriebsvereinbarung eine niedrigere Altersgrenze festlegt als die arbeitsvertragliche Abrede über das Ende des Arbeitsverhältnisses (so BAG [GS] 7. 11. 1989 AP BetrVG 1972 § 77 Nr. 46).

150 c) Eine **immanente Schranke des Günstigkeitsprinzips** ergibt sich aus der **gesetzlich eingeräumten Mitbestimmung.** Sie greift nicht ein, soweit mit dieser eine vertragsrechtlich festgelegte Regelung vereinbar ist. Aber auch bei einer Nichtbeteiligung des Betriebsrats ist eine von der Betriebsvereinbarung zu Gunsten des Arbeitnehmers abweichende Vertragsabrede nicht nichtig (s. auch § 87 Rn. 123 ff.). Richtig ist lediglich, dass die individuelle Vertragsfreiheit keine Schranke des Mitbestimmungsrechts ist, soweit der Betriebsrat mitzubestimmen hat (so bereits *Richardi,* Betriebsverfassungsrechtliche Mitbestimmung und Einzelarbeitsvertrag, S. 21). Die dem Betriebsrat eingeräumte Mitbestimmung scheitert nicht an einer vertragsrechtlich festgelegten Regelung; sie verdrängt aber auch nicht den Arbeitsvertrag als Rechtsinstitut (*Richardi,* NZA 1990, 331, 334; zust. *Annuß,* NZA 2001, 756, 762). Nur soweit die Mitbestimmungsrechte auf einen Ausgleich widerstreitender Individualinteressen innerhalb der Belegschaft gerichtet sind, dürfen sie nicht durch eine vertragsrechtlich festgelegte Regelung entwertet werden (ebenso *Annuß,* NZA 2001, 756, 761 ff.; vgl. auch *H. Hanau,* Individualautonomie, S. 95 ff.; *Hammer,* Schutzpflicht für die Selbstbestimmungsfreiheit, S. 82 f.). Dabei hat

man allerdings zu unterscheiden, ob die Regelungsinitiative vom Arbeitgeber oder vom Arbeitnehmer ausgeht. Im letzteren Fall hat die Vertragsabrede Bestand, so dass eine Einschränkung nur dann in Betracht zu ziehen ist, wenn durch sie unmittelbar ein Nachteil für einen anderen Arbeitnehmer eintritt.

5. Günstigkeitsprinzip als Kollisionsnorm bei bestehender Arbeitsvertragsregelung

a) Das Günstigkeitsprinzip sichert nicht nur die Abweichung nach Inkrafttreten einer Betriebsvereinbarung, sondern, da es eine Regelungsschranke für die Betriebsautonomie ist, schützt es auch **Arbeitsvertragsregelungen** vor einer **Ablösung oder Verschlechterung durch Betriebsvereinbarung** (ebenso BAG [GS] 16. 9. 1986 AP BetrVG 1972 § 77 Nr. 17; bestätigt durch BAG [GS] 7. 11. 1989 AP BetrVG 1972 § 77 Nr. 46; *Richardi*, Kollektivgewalt, S. 392 ff.; a. A. vor allem *Säcker*, Gruppenautonomie, S. 48 ff., 355; dagegen aber *Canaris*, RdA 1974, 18, 24; jedoch will auch *Säcker* für einzelvertraglich ausgehandelte, individuelle Arbeitsbedingungen auf Grund der Unzulässigkeit von Individualnormen in einer Betriebsvereinbarung zu demselben Ergebnis gelangen; dem ist aber entgegenzuhalten, dass ein Verbot der Individualnorm nicht besteht, sondern sich nur Schranken aus der Bindung an den betriebsverfassungsrechtlichen Gleichbehandlungsgrundsatz ergeben [s. Rn. 95 f.]. Abgesehen davon, schützt ein Verbot von Individualnormen in Betriebsvereinbarungen auch einzelvertraglich ausgehandelte, individuelle Arbeitsbedingungen nicht vor einer Verschlechterung durch eine abstrakt-generell gestaltete Betriebsvereinbarung, die denselben Gegenstand regelt wie die einzelvertragliche Abrede. Deren Bestand ist vielmehr nur gesichert, wenn man anerkennt, dass das Günstigkeitsprinzip auch insoweit eine immanente Schranke der Betriebsvereinbarung ist; ebenso die h. L. zu § 4 Abs. 3 TVG; vgl. *Rieble/Klumpp*, MünchArbR § 183 Rn. 13; *Nikisch*, Bd. II S. 426; *Nipperdey* in *Hueck/Nipperdey*, Bd. II/1 S. 584; Wiedemann-*Wank*, TVG, § 4 Rn. 421).

b) Das Günstigkeitsprinzip gilt auch dann als Kollisionsnorm, wenn es sich um **allgemeine Arbeitsbedingungen** handelt, die entweder auf einer arbeitsvertraglichen Einheitsregelung beruhen oder sich aus betrieblicher Übung ergeben. Der Große Senat des BAG hat im Beschluss vom 16. 9. 1986 die abweichende Rspr. des BAG, nach der das als *Ordnungsprinzip* bezeichnete Ablösungsprinzip hier eingreife (vgl. BAG 26. 10. 1962 AP BGB § 242 Ruhegehalt Nr. 87; 30. 10. 1962 AP TVG § 4 Ordnungsprinzip Nr. 1; so insbesondere auch noch BAG 8. 12. 1981 AP BetrAVG § 1 Ablösung Nr. 1) aufgegeben (AP BetrVG 1972 § 77 Nr. 17; ablehnend *Gamillscheg*, Kollektives Arbeitsrecht, Bd. II S. 829). Zutreffend nimmt der Große Senat an, dass es sich auch dann um vertragliche Ansprüche handelt, wenn sie auf eine vom Arbeitgeber gesetzte **Einheitsregelung** oder eine **Gesamtzusage** zurückgehen oder sich der Arbeitnehmer zur Begründung eines Anspruchs auf eine **betriebliche Übung** beruft (AP BetrVG 1972 § 77 Nr. 17 [C II a]). Richtig erkennt er, dass es weder mit den Grundsätzen des Betriebsverfassungsrechts noch mit allgemeinen Rechtsgrundsätzen vereinbar wäre, wenn man in der Gesamtzusage des Arbeitgebers oder einer von ihm gesetzten Einheitsregelung eine selbständige kollektivrechtliche Gestaltungsmöglichkeit auf betrieblicher Ebene sähe (AP BetrVG 1972 § 77 Nr. 17 [C II 1 b] unter Hinweis auf *Richardi*, RdA 1983, 201, 211; s. zum Meinungsstand vor dem Beschluss des Großen Senats 6. Aufl. § 77 Rn. 120 bis 125).

Nach dem Großen Senat des BAG sind jedoch Ansprüche der Arbeitnehmer auf **Sozialleistungen,** die auf einer arbeitsvertraglichen Einheitsregelung, einer Gesamtzusage oder einer betrieblichen Übung beruhen, nur durch einen **kollektiven Günstigkeitsvergleich** vor einer ablösenden Betriebsvereinbarung geschützt (AP BetrVG 1972 § 77 Nr. 17 [C II 4]). Für den Inhalt des Günstigkeitsprinzips soll entscheidend sein, dass bei Ansprüchen, die sich aus einer derartigen Regelung ergeben, ein kollektiver Bezug bestehe, der die Eigenart der geschützten Rechtsposition eines einzelnen Arbeitnehmers kennzeichne. Deshalb soll insoweit § 77 Abs. 4 Satz 1 BetrVG anders als § 4 Abs. 3 TVG keinen individuellen Günstigkeitsvergleich verlangen, sondern es dürfe nur die Gesamtheit der Leistungen des Arbeitgebers, die aus einem bestimmten Anlass oder Zweck gewährt werden, vor und nach Abschluss einer Betriebsvereinbarung vergleichsweise gegenübergestellt werden. Auf dieser Interpretation des Günstigkeitsprinzips beruht die Unterscheidung des Großen Senats in **verschlechternde** und **umstrukturierende Betriebsvereinbarungen**. Eine umstrukturierende Betriebsvereinbarung soll auch dann zulässig sein, wenn dadurch die Rechtsposition eines einzelnen Arbeitnehmers verschlechtert wird. Die Ansprüche der Arbeitnehmer, die zuvor auf vertraglicher Grundlage beruhten, ergäben sich nunmehr aus der Betriebsvereinbarung.

154 Ein **kollektiver Günstigkeitsvergleich** verkehrt das **Günstigkeitsprinzip in sein Gegenteil**. Dass andere Arbeitnehmer günstiger als bisher gestellt werden, rechtfertigt keinen Einbruch in die individuelle Vertragsfreiheit. Die Konkretisierung des Günstigkeitsprinzips durch einen kollektiven Günstigkeitsvergleich wird deshalb überwiegend abgelehnt (vgl. GK-*Kreutz*, § 77 Rn. 258; *Belling*, DB 1987, 1888 ff.; *Blomeyer*, DB 1987, 634 ff.; *Däubler*, AuR 1987, 349, 353 ff.; *Richardi*, NZA 1987, 185, 187 f.; *Joost*, RdA 1989, 7, 18 ff.; *Annuß*, NZA 2001, 756, 761).

155 c) Beachtung verdient deshalb, dass der Große Senat den **kollektiven Günstigkeitsvergleich** auf **Sozialleistungen** begrenzt. Er gilt **nicht für Ansprüche auf das eigentliche Arbeitsentgelt als Gegenleistung für die geschuldete Arbeitsleistung und andere Fragen, die den Inhalt des Arbeitsverhältnisses bestimmen** (so bereits BAG 21. 9. 1989 AP BetrVG 1972 § 77 Nr. 43; bestätigt BAG 28. 3. 2000 AP BetrVG 1972 § 77 Nr. 83; für die Festlegung einer Altersgrenze BAG [GS] 7. 11. 1989 AP BetrVG 1972 § 77 Nr. 46). Für die Notwendigkeit eines kollektiven Günstigkeitsvergleichs sieht das BAG als entscheidend an, dass die den einzelnen Arbeitnehmern zukommenden Leistungen untereinander ein Bezugssystem bilden, das auf zwei Grundentscheidungen beruht, die der Einzelregelung vorangehen: der Entscheidung über die Höhe der insgesamt einzusetzenden finanziellen Mittel und der Bestimmung der Verteilungsgrundsätze (vgl. BAG 28. 3. 2000 AP BetrVG 1972 § 77 Nr. 83). Daraus folgt eine **weitere Einschränkung**: Nach Ansicht des BAG scheidet der kollektive Günstigkeitsvergleich auch bei Sozialleistungen aus, wenn deren Regelung in einem nicht trennbaren Zusammenhang mit den in der Betriebsvereinbarung geregelten übrigen Arbeitsbedingungen steht (BAG a. a. O. [II 2]). Nicht als entscheidend wird angesehen, dass die Sozialleistung in einem Bezugssystem zu gleichartigen Ansprüchen anderer Arbeitnehmer steht und aus einer vorgegebenen Finanzierungsmasse befriedigt wird, wenn die Betriebsvereinbarung nicht auf die Neuregelung bzw. Umstrukturierung der vertraglichen Regelung über die Sozialleistung beschränkt, sondern auf eine Neuregelung der Arbeitsbedingungen insgesamt gerichtet ist. Damit hat das BAG seiner Lehre vom kollektiven Günstigkeitsvergleich die praktische Bedeutung genommen und damit sichtbar gemacht, wie unzureichend ihr rechtsdogmatisches Fundament ist (ebenso *Annuß*, NZA 2001, 756, 760 f.; vgl. auch *Krause*, EzA § 77 BetrVG 1972 Ablösung Nr. 1, S. 11 ff.; *Konzen*, FS v. Maydell 2002, S. 341 ff.).

156 Schließlich hat der Große Senat des BAG noch eine weitere Schranke aufgestellt: Bei einer kostenneutralen Umstrukturierung soll eine Ablösung zum Nachteil des Arbeitnehmers nur zulässig sein, wenn für ihn die **kollektive Ausgestaltung der Leistung erkennbar** war (AP BetrVG 1972 § 77 Nr. 17 [C II 4 d]). Für die Erkennbarkeit unterscheidet der Große Senat zwischen einer Gesamtzusage und einer vertraglichen Einheitsregelung. Bei einer Gesamtzusage sei sie stets, bei einer vertraglichen Einheitsregelung regelmäßig gegeben. Wenn der Arbeitnehmer von dem kollektiven Bezug seines Anspruchs nichts wisse, dürfe er „auf die Vertragstreue des Arbeitgebers und damit auf seinen Besitzstand vertrauen". Das Günstigkeitsprinzip sichert in diesem Fall die Vertragsrechtsposition des Arbeitnehmers auch dann, wenn nur eine Neuverteilung der Sozialleistungen durch Betriebsvereinbarung vorgenommen wird. Der Sache nach wird daher letztlich *indivi-*

C. Die Betriebsvereinbarung § 77

dualrechtlich beurteilt, ob die Voraussetzungen für einen kollektiven Günstigkeitsvergleich vorliegen. Es geht also primär um die Anerkennung einer *Auslegungsregel* für die Zulässigkeit einer Abänderung durch Betriebsvereinbarung. Besteht ein derartiger Vorbehalt (s. dazu auch Rn. 158), so greift das Günstigkeitsprinzip überhaupt nicht ein. Daher besteht keine Veranlassung, ihm für Sozialleistungen einen anderen Inhalt zu geben.

Der Dritte Senat des BAG vertritt zur **betrieblichen Altersversorgung** in Anlehnung an den Beschluss des Großen Senats die Auffassung, dass eine vertragliche Einheitsregelung durch eine Betriebsvereinbarung abgelöst werden kann, wenn die Neuregelung insgesamt bei kollektiver Betrachtung nicht ungünstiger ist (kollektiver Günstigkeitsvergleich; so BAG 23. 10. 2001, 18. 3. 2003 und 17. 6. 2003 AP BetrAVG § 1 Ablösung Nr. 33, 41 und 44). Legitimiert wird der Eingriff durch den Gesichtspunkt der Verteilungsgerechtigkeit. Der Senat hat aber Grenzen errichtet, insbesondere die Wirksamkeit der Ablösung inhaltlich davon abhängig gemacht, dass der Eingriff der ablösenden Betriebsvereinbarung den Grundsatz der Verhältnismäßigkeit wahrt (BAG 23. 10. 2001 AP BetrAVG § 1 Ablösung Nr. 33). Daraus leitet er ab, dass individualvertragliche Rechtspositionen grundsätzlich nicht durch kollektivvertragliche Regelungen verschlechtert werden können. Von der sich hieraus ergebenden Unwirksamkeit verschlechternder Kollektivregelungen gegenüber vertraglichen Ansprüchen aus betrieblicher Übung oder Gesamtzusage lässt der Senat nur drei Ausnahmen zu: Verschlechternde Ablösungen seien möglich, wenn in der einzelvertraglichen Rechtsgrundlage selbst eine Möglichkeit für eine kollektivrechtliche Verschlechterung eröffnet worden sei; dasselbe gelte, wenn die kollektivvertragliche Neuregelung sich bei kollektiver Gesamtbetrachtung als nicht ungünstiger darstelle als das aus gebündeltem Individualverhalten erwachsene betriebliche Recht, und schließlich dann, wenn Gesamtzusage, vertragliche Einheitsregelung oder betriebliche Übung auf Grund einer wesentlichen Störung in ihrer Geschäftsgrundlage ihre Verbindlichkeit verloren hätten und hierdurch der Bedarf für eine betriebliche Neuregelung begründet worden sei (BAG 18. 3. 2003 AP BetrAVG § 1 Ablösung Nr. 41).

d) Damit steht zugleich fest, dass der Arbeitgeber auf der Ebene des Arbeitsvertrags die Möglichkeit einer Ablösung durch Betriebsvereinbarung sicherstellen kann (**Betriebsvereinbarungsoffenheit;** vgl. BAG 24. 1. 2006 AP BetrAVG § 1 Ablösung Nr. 50 [Rn. 44]; bereits BAG 12. 8. 1982 AP BetrVG 1972 § 77 Nr. 4). Allerdings genügt nicht der Hinweis, dass auf die Arbeitsbedingungen und -vergütungen Betriebsvereinbarungen Anwendung finden (vgl. BAG 17. 6. 2008 AP BGB § 133 Nr. 55 [Rn. 23]). Da diese ohnehin nach Abs. 4 Satz 1 unmittelbar und zwingend gelten, kann ihm nicht entnommen werden, dass eine Ablösung oder Verschlechterung vertraglicher Ansprüche zulässig ist. Soll eine Vertragsklausel diesen Inhalt haben, so bedarf dies einer entsprechenden Klarstellung. Soweit sie in vorformulierten Vertragsbedingungen enthalten ist, muss die Bestimmung dem Transparenzgebot genügen (§ 307 Abs. 1 Satz 2 BGB). Eine Öffnungsklausel im Arbeitsvertrag ist daher nur wirksam, wenn sie festgelegt, welche vertraglichen Ansprüche durch Betriebsvereinbarung abgelöst oder verschlechtert werden können (vgl. auch *Preis*, Arbeitsvertrag, II O 10 Rn. 5).

6. Bedeutung der zwingenden Geltung für den Inhalt des Arbeitsvertrags

Wegen ihrer zwingenden Geltung verdrängt die Betriebsvereinbarung eine arbeitsvertragliche Vereinbarung, soweit diese keine Abweichung zu Gunsten des Arbeitnehmers enthält. Dadurch wird aber **nicht der Inhalt des Arbeitsvertrags geändert.** Die zwingende Geltung führt vielmehr nur für die Dauer ihrer Wirkung zur Verdrängung der arbeitsvertraglichen Vereinbarung, macht diese aber nicht nichtig (ebenso BAG 21. 9. 1989 und 28. 3. 2000 AP BetrVG 1972 § 77 Nr. 43 und 83; vgl. *Richardi*, NZA 1990, 331 ff.; *Annuß*, NZA 2001, 756, 763; *Krause*, EzA § 77 BetrVG 1972 Nr. 1 Ablösung, S. 11, 25 ff.; a. A. *Kreutz*, FS Konzen 2006, S. 461 ff.).

160 Nur soweit nach dem BAG ein kollektiver Günstigkeitsvergleich möglich ist (BAG [GS] 16. 9. 1986 AP BetrVG 1972 § 77 Nr. 17 [C II 4]; s. auch Rn. 153 ff.), entfaltet die Betriebsvereinbarung für die Dauer ihrer Geltung eine ablösende Wirkung. Aber auch insoweit besteht **keine betriebsverfassungsrechtliche Änderungskompetenz.** Die Anordnung der zwingenden Geltung hat weder zur Folge, dass die Betriebsvereinbarung in die Einzelarbeitsverträge eingeht (vgl. *Richardi,* Kollektivgewalt, S. 386 ff.), noch begründet sie ein Verbot rechtsgeschäftlicher Gestaltung für die Arbeitsvertragsparteien (vgl. *Richardi,* MünchArbR § 152 Rn. 15). Sie führt daher nicht zur **Nichtigkeit,** sondern nur zur **Nichtanwendbarkeit** der arbeitsvertraglichen Abrede. Selbst dort, wo wegen der gesetzlich eingeräumten Mitbestimmung des Betriebsrats das Günstigkeitsprinzip begrenzt ist, genießt die Betriebsvereinbarung nur einen Anwendungsvorrang, so dass ihre Normen nur für die Dauer ihres Bestandes die individualrechtlichen Vereinbarungen verdrängen (ebenso *Annuß,* NZA 2001, 756, 763; vgl. auch BAG 28. 3. 2000 AP BetrVG 1972 § 77 Nr. 83).

VIII. Weitergeltung nach Ablauf einer Betriebsvereinbarung

1. Differenzierung zwischen erzwingbaren und freiwilligen Betriebsvereinbarungen

161 Nach **Ablauf einer Betriebsvereinbarung** gelten, wie Abs. 6 ausdrücklich bestimmt, ihre **Regelungen in Angelegenheiten,** in denen ein **Spruch der Einigungsstelle die Einigung zwischen Arbeitgeber und Betriebsrat ersetzen kann, weiter,** bis sie durch eine andere Abmachung ersetzt werden. Damit will das Gesetz die Streitfrage beantworten, ob die Bestimmungen einer Betriebsvereinbarung eine *Nachwirkung* entfalten, wie sie für die Rechtsnormen des Tarifvertrags in § 4 Abs. 5 TVG angeordnet ist (vgl. die Begründung zum RegE, BT-Drucks. VI/1786, S. 47). Nur eine Mindermeinung hatte sich zum BetrVG 1952 dafür ausgesprochen, § 4 Abs. 5 TVG auf die Betriebsvereinbarung analog anzuwenden (*Dietz,* § 52 Rn. 37; *Fitting/Kraegeloh/Auffarth,* § 52 Rn. 24; *Hilger,* Das betriebliche Ruhegeld, 1959, S. 203 ff., insbes. S. 205 und 207). Überwiegend nahm man aber an, dass es sich insoweit um eine Ausnahmebestimmung handelt, die dem Wesen der Normwirkung widerspricht (BAG [GS] 16. 3. 1956 AP BetrVG [1952] § 57 Nr. 1; weiterhin BAG 20. 12. 1961 AP BetrVG [1952] § 59 Nr. 7; 22. 6. 1962 AP BetrVG [1952] § 52 Nr. 2; 13. 11. 1964 AP BetrVG [1952] § 56 Nr. 25; *Galperin/Siebert,* § 52 Rn. 59; *Nikisch,* Bd. III S. 290; *Nipperdey/Säcker* in *Hueck/Nipperdey,* Bd. II/2 S. 1288; *G. Hueck,* Betriebsvereinbarung, S. 120 f.). Das BAG schränkte aber seine ablehnende Haltung dahin ein, dass jedenfalls bei freiwilligen Betriebsvereinbarungen nach ihrer Kündigung eine Nachwirkung nicht stattfinde (so in AP BetrVG § 56 Nr. 25) und näherte sich damit einer Mittelmeinung, nach der nur Betriebsvereinbarungen nach § 56 BetrVG 1952, nicht dagegen freiwillig abgeschlossene Betriebsvereinbarungen eine Nachwirkung entfalten (so *Neumann-Duesberg,* S. 391 ff.; *Bulla,* DB 1962, 1210 ff. = Beiträge zum Betriebsverfassungsrecht, 1962, S. 151 ff.; ähnlich *Nikisch,* Bd. III S. 290 f.).

162 Die **Weitergeltung** ist nach dem Gesetz nur für den Fall angeordnet, dass eine Betriebsvereinbarung Angelegenheiten regelt, in denen ein **Spruch der Einigungsstelle** die Einigung zwischen Arbeitgeber und Betriebsrat **ersetzen** kann (Abs. 6). Sie kommt vor allem in Betracht, wenn eine Betriebsvereinbarung Angelegenheiten zum Gegenstand hat, die nach § 87 Abs. 1 dem Mitbestimmungsrecht des Betriebsrats unterliegen; weiterhin tritt eine Weitergeltung ein, wenn durch Betriebsvereinbarung der Personalfragebogen gestaltet und allgemeine Beurteilungsgrundsätze aufgestellt werden (§ 94), Auswahlrichtlinien erlassen werden (§ 95), zur Beschäftigungssicherung Maßnahmen der betrieblichen Berufsbildung eingeführt werden (§ 97 Abs. 2), die Durchführung von Maßnahmen der

C. Die Betriebsvereinbarung　　　　　　　　　　　　　　　　　　　　　　　　§ 77

betrieblichen Berufsbildung geregelt wird (§ 98) oder ein Sozialplan aufgestellt wird (§ 112).

Für **freiwillige Betriebsvereinbarungen** sieht das Gesetz dagegen **keine Weitergeltung** 163 vor. Damit lässt das Gesetz aber unbeantwortet, ob sie eine *Nachwirkung* entfalten.

2. Abgrenzung der Nachwirkung von der Weitergeltung

Die **Anordnung der Weitergeltung** betrifft ein **anderes Ordnungsproblem als die** 164 **Anerkennung oder Versagung einer Nachwirkung** (ebenso *Kreutz,* Betriebsautonomie, S. 227; *Veit,* Zuständigkeit des Betriebsrats, S. 136; *Robrecht,* Gesamtbetriebsvereinbarung, S. 191; *Schwerdtner,* ZfA 1975, 171, 192; *Blomeyer,* DB 1990, 173, 174 f.; *Hilger/Stumpf,* BB 1990, 929, 930; *Loritz,* RdA 1991, 65, 75). Durch die Weitergeltung nach Ablauf der Betriebsvereinbarung soll verhindert werden, dass eine andere Gestaltung ohne den übereinstimmenden Willen des Arbeitgebers und des Betriebsrats herbeigeführt wird. Sie beschränkt sich daher auch nicht auf Betriebsvereinbarungen, die mitbestimmungspflichtige Angelegenheiten für den Inhalt des Arbeitsverhältnisses regeln, sondern sie gilt allgemein für die Regelung aller Angelegenheiten, in denen ein Spruch der Einigungsstelle die Einigung zwischen Arbeitgeber und Betriebsrat ersetzen kann (s. Rn. 162).

Bei der **Nachwirkung** geht es dagegen ausschließlich um die Beantwortung der Frage, 165 wie es sich auf den Inhalt des Arbeitsverhältnisses auswirkt, wenn die Betriebsvereinbarung abläuft. Für sie ist es völlig unerheblich, ob es sich um eine *erzwingbare* oder *freiwillige Betriebsvereinbarung* handelt. Da die Rechtsnormen einer Betriebsvereinbarung nicht Bestandteil des *Vertragsinhalts* werden, sondern als Rechtsquelle den Inhalt des Arbeitsverhältnisses beherrschen, hat ihr Ablauf eigentlich zur Folge, dass nicht nur die zwingende, sondern auch die unmittelbare Wirkung auf das Arbeitsverhältnis entfällt. Diese Konsequenz einer rechtsdogmatischen Begründung wird durch § 4 Abs. 5 TVG für den Tarifvertrag ausgeschlossen. Die Bestimmung kann nicht auf die Betriebsvereinbarung übertragen werden; denn für diese ist ausschlaggebend, ob für den Regelungsinhalt ein Mitbestimmungsrecht besteht. Soweit es sich um eine freiwillige Betriebsvereinbarung handelt, darf die Gestaltungsfreiheit nicht durch eine Nachwirkung in entsprechender Anwendung des § 4 Abs. 5 TVG konterkariert werden (so zutreffend *Reichold,* GedS Blomeyer 2003, S. 275, 293). Die bisher vertretene gegenteilige Meinung (vgl. 8. Aufl. Rn. 165) wird aufgegeben.

3. Rechtslage nach Ablauf einer Betriebsvereinbarung

a) **Soweit** der Betriebsrat ein **Mitbestimmungsrecht** hat, **gelten** Bestimmungen einer 166 Betriebsvereinbarung über den Inhalt der Arbeitsverhältnisse **weiter**, bis sie durch eine andere Abmachung ersetzt werden (Abs. 6). Sie gelten **auch für Arbeitnehmer, die nach Ablauf der Betriebsvereinbarung in den Betrieb eintreten.** Es handelt sich nämlich nicht um eine *Nachwirkung* i. S. des § 4 Abs. 5 TVG, sondern angeordnet ist die *Weitergeltung.* Sie bezieht sich vornehmlich auf die *betriebsverfassungsrechtliche Situation.* Durch sie soll erreicht werden, dass auch nach Ablauf der Betriebsvereinbarung entsprechend der in ihr enthaltenen Regelung weiterverfahren wird, wenn es sich um Angelegenheiten handelt, in denen ein Spruch der Einigungsstelle die Einigung zwischen Arbeitgeber und Betriebsrat ersetzen kann, bis sie durch eine andere Abmachung, Betriebsvereinbarung oder formlose Betriebsabsprache, ersetzt wird (vgl. auch *Kreutz,* Betriebsautonomie, S. 228).

Da die Betriebsvereinbarung nach ihrem Ablauf nicht mehr zwingend gilt, kann die 167 **andere Abmachung** auch eine *einzelvertragliche Abrede* sein. Betriebsverfassungsrechtlich ist aber erforderlich, dass sie durch eine entsprechende Betriebsabsprache legitimiert ist.

b) Handelt es sich dagegen um eine **freiwillige Betriebsvereinbarung**, so findet Abs. 6 168 keine Anwendung. Sie **gilt nicht weiter** (s. aber auch Rn. 171).

169 Nach dem BAG ist nicht nur die Weitergeltung, sondern auch eine **Nachwirkung ausgeschlossen** (vgl. BAG 9. 2. 1989 AP BetrVG 1972 § 77 Nr. 40; 18. 4. 1989 AP BetrAVG § 1 Betriebsvereinbarung Nr. 2; 21. 9. 1989 AP BetrVG 1972 § 77 Nr. 43; 26. 4. 1990, 21. 8. 1990 und 28. 4. 1998 AP BetrVG 1972 § 77 Nachwirkung Nr. 4, 5 und 11). Erbringt ein Arbeitgeber also Zahlungen auf Grund einer Betriebsvereinbarung, so hat deren Kündigung, soweit nicht die Mitbestimmung über die Entgeltgestaltung eingreift (s. Rn. 171), zur Folge, dass nach Ablauf der Kündigungsfrist die Verpflichtungswirkung entfällt.

170 Eine **Schranke** ziehen hier jedoch die **Grundsätze der Verhältnismäßigkeit und des Vertrauensschutzes** (so BAG 18. 4. 1989, 11. 5. 1999 und 19. 9. 2006 AP BetrVG 1972 § 77 Betriebsvereinbarung Nr. 2, 6 und 29). Der von BAG angenommene Schrankenvorbehalt bei Ablösung einer Betriebsvereinbarung durch eine neue Betriebsvereinbarung (s. Rn. 122) gilt auch dann, wenn der Arbeitgeber von dem einseitigen Lösungsmittel der Kündigung Gebrauch macht (s. Rn. 123). Deren Wirkung hat nicht zur Folge, dass die unter der Geltung der Betriebsvereinbarung erworbenen Ansprüche und Anwartschaften wegfallen; sie werden lediglich zum Beendigungszeitpunkt „festgeschrieben" (*Blomeyer*, SAE 2000, 230, 238; vgl. auch *Reichold*, GedS Blomeyer 2003, 275, 279 ff.). Soweit der Schrankenvorbehalt zu einer Bestandssicherung führt, bleibt die gekündigte Betriebsvereinbarung die Rechtsgrundlage (vgl. bereits *Richardi*, Anm. zu BAG AP BetrAVG § 1 Betriebsvereinbarung Nr. 2; ebenso *Käppler*, FS Kissel 1994, S. 475, 492; *Reichold*, GedS Blomeyer 2003, S. 275, 293 ff.; unzureichend dagegen BAG 18. 4. 1989 AP BetrAVG § 1 Betriebsvereinbarung Nr. 2, soweit es sich darauf beschränkt, dass die Besitzstände der Arbeitnehmer kraft Gesetzes geschützt seien).

171 **Betriebsvereinbarungen über eine Entgeltleistung** sind, da sie auch eine Regelung über die Entgeltgestaltung treffen, zugleich Betriebsvereinbarungen zur Ausübung der Mitbestimmung nach § 87 Abs. 1 Nr. 10. Der Erste Senat des BAG bezeichnet sie als **teilmitbestimmte Betriebsvereinbarungen** (BAG 26. 10. 1993 AP BetrVG 1972 § 77 Nachwirkung Nr. 6; zuletzt BAG 26. 8. 2008 AP BetrVG 1972 § 87 Nr. 15). Da aber der Tarifvorrang im Eingangshalbsatz des § 87 Abs. 1 die Mitbestimmung ausschließt, richtet sich nach ihm auch die Weitergeltung. Nur bei Tarifbindung des Arbeitgebers beschränkt sich die Mitbestimmung auf den nicht tariflich geregelten, freiwillig geleisteten übertariflichen Teil der Vergütung. Daraus folgt, dass nur dann keine Weitergeltung eintritt, wenn der Arbeitgeber mit der Kündigung beabsichtigt, die Entgeltleistung vollständig entfallen zu lassen, die Betriebsvereinbarung aber nachwirkt, wenn er mit einer Neuregelung den Verteilungsschlüssel ändert (so bereits BAG 26. 10. 1993 AP BetrVG 1972 § 77 Nachwirkung Nr. 6; offengelassen für den Bereich der betrieblichen Altersversorgung BAG 9. 12. 2008 – 3 AZR 384 [Rn. 50]). Die sich aus dem Tarifvorrang ergebenden Differenzierungen der Mitbestimmung entfallen, wenn der Arbeitgeber nicht tarifgebunden ist, auch wenn ein Tarifvertrag durch Bezugnahme im Arbeitsvertrag dem Arbeitsverhältnis zugrunde gelegt wird. In Betrieben ohne Tarifbindung gilt daher eine Betriebsvereinbarung gem. Abs. 6 auch dann weiter, wenn der Arbeitgeber mit der Kündigung beabsichtigt, eine bestimmte Entgeltleistung vollständig entfallen zu lassen (vgl. BAG 26. 8. 2008 AP BetrVG 1972 § 87 Nr. 15 [*Richardi*]).

4. Nachwirkung durch Betriebsvereinbarung

172 Die Betriebsparteien können die **Nachwirkung einer freiwilligen Betriebsvereinbarung** vereinbaren (grundlegend BAG 28. 4. 1998 AP BetrVG 1972 § 77 Nachwirkung Nr. 11). Die Zulässigkeit einer derartigen Vereinbarung ist im Schrifttum umstritten (vgl. die Nachw. in BAG a. a. O.; weiterhin *Jacobs*, NZA 2000, 69 ff.). Wenn es aber den Betriebsparteien gestattet ist, freiwillige Betriebsvereinbarungen mit zwingender normativer Wirkung zu schaffen, ist diesem Recht grundsätzlich auch die Befugnis zu entnehmen, den Normen eine eingeschränkte Weitergeltung beizulegen. Eine Grenze zieht aber das Recht zur außerordentlichen Kündigung.

C. Die Betriebsvereinbarung   § 77

Der Betriebsvereinbarung ist zu entnehmen, ob und inwieweit sie nach ihrem Ablauf **173**
eine eingeschränkte Weitergeltung entfalten soll. Das kann sich insbesondere auch aus
den Umständen ergeben. Schließen z. B. die Betriebspartner jährlich eine Betriebsvereinbarung über die für das Kalenderjahr zu zahlende Weihnachtsgratifikation und vereinbaren sie dabei jeweils ausdrücklich, dass es sich um eine freiwillige Leistung handelt,
aus deren Zahlung keine Ansprüche für künftige Jahre hergeleitet werden können, so
hat die Leistungszusage keine Nachwirkung für das folgende Kalenderjahr (so BAG
17. 1. 1995 AP BetrVG 1972 § 77 Nachwirkung Nr. 7).

IX. Abänderung einer betriebseinheitlichen Regelung durch Betriebsvereinbarung

1. Ersetzung einer Betriebsvereinbarung

Das Problem der Nachwirkung kommt nicht zum Tragen, wenn eine **Betriebsverein-** **174**
barung durch eine andere abgelöst wird. Durch die neue Betriebsvereinbarung wird die
bisherige Regelung ersetzt und aufgehoben (ebenso BAG [GS] 16. 9. 1986 AP BetrVG
1972 § 77 Nr. 17; bereits BAG [GS] 16. 3. 1956 AP BetrVG [1952] § 57 Nr. 1; weiterhin BAG 25. 3. 1971 AP BetrVG § 57 [1952] Nr. 5; 17. 3. 1987 und 23. 10. 1990
AP BetrAVG § 1 Ablösung Nr. 9 und 13). Diesen Grundsatz hat man zunächst als
Ordnungsprinzip bezeichnet (grundlegend *Nipperdey*, FS Heinrich Lehmann 1937,
S. 257 ff., weiterhin *Siebert*, FS Nipperdey 1955, S. 119, 126 f.; *Hilger*, Ruhegeld,
S. 225 ff.; *Richardi*, Kollektivgewalt, S. 391 f.). Der Begriff verdeutlicht, dass die Kollektivvertragsparteien die Herrschaft über die von ihnen geschaffene Ordnung behalten; es
geht um den rechtlichen Gesichtspunkt, der allgemein anerkannten Satz zu Grunde
liegt: „lex posterior derogat legi priori" (*Richardi*, Kollektivgewalt, S. 392). Deshalb
empfiehlt es sich, den hier maßgeblichen Rechtsgrundsatz **Ablösungsprinzip** zu nennen
(ebenso BAG 25. 3. 1971 AP BetrVG § 57 [1952] Nr. 5). Das BAG bezeichnet ihn auch
als „Zeitkollisionsregel" (BAG 17. 3. 1987 AP BetrAVG § 1 Ablösung Nr. 9).

Das Ablösungsprinzip ist wie das Günstigkeitsprinzip eine **Kollisionsnorm**. Aus ihr **175**
ergibt sich keine Erweiterung der Betriebsautonomie. Auch soweit Rechte der Arbeitnehmer durch Betriebsvereinbarung eingeräumt sind, können sie nicht durch Betriebsvereinbarung erlassen oder herabgesetzt werden. Gleiches gilt im Prinzip auch, wenn der
Anspruch zwar noch nicht entstanden, aber bereits begründet ist, so dass sein Entstehen
nur noch vom Eintritt einer aufschiebenden Bedingung abhängt. Es genügt aber nicht,
dass bloß eine Erwerbsaussicht besteht. Nach Ansicht des BAG müssen bei Ablösung
einer Betriebsvereinbarung nach der Zeitkollisionsregel die **Grundsätze der Verhältnismäßigkeit und des Vertrauensschutzes** beachtet werden (BAG 18. 4. 1989 AP BetrAVG
§ 1 Betriebsvereinbarung Nr. 2; 23. 1. 2008 und 15. 4. 2008 AP BetrVG 1972 § 77
Nr. 40 und 42; s. auch Rn. 122 ff.).

2. Ablösung sonstiger betriebseinheitlicher Regelungen

Das **Ablösungsprinzip** gilt, soweit es aus dem Satz „lex posterior derogat legi priori" **176**
begründet wird, nur für ranggleiche, **nicht** für **rangverschiedene Gestaltungsfaktoren**.
Für das Verhältnis zu einer arbeitsvertraglichen Abrede gilt als Kollisionsnorm das
Günstigkeitsprinzip (s. Rn. 141 ff.). Es findet auch auf allgemeine Arbeitsbedingungen
Anwendung, die auf einer arbeitsvertraglichen Einheitsregelung oder einer Gesamtzusage des Arbeitgebers beruhen oder sich aus betrieblicher Übung ergeben (s. Rn. 152 ff.).

Möglich ist, dass eine betriebseinheitliche Regelung *betriebsvereinbarungsoffen* ist. In **177**
diesem Fall kann sie durch eine Betriebsvereinbarung abgelöst oder verschlechtert werden. Es gelten in diesem Fall dieselben Grundsätze wie bei einem Widerrufsvorbehalt des
Arbeitgebers.

X. Verzicht und zeitliche Begrenzung der Rechte aus einer Betriebsvereinbarung

1. Verzicht

178 a) **Soweit** die Regelung in einer **Betriebsvereinbarung unabdingbar** ist, sind die **durch sie geschaffenen Rechte für den Arbeitnehmer** auch **unverzichtbar**. Ein Verzicht auf sie ist **nur mit Zustimmung des Betriebsrats zulässig** (Abs. 4 Satz 2). Damit hat der Gesetzgeber die von *Nipperdey,* Beiträge zum Tarifrecht, 1924, begründete Auffassung, dass was unabdingbar ist, auch unverzichtbar ist, ausdrücklich für die Betriebsvereinbarung bestätigt; es gilt dasselbe wie für den Tarifvertrag nach § 4 Abs. 4 TVG.

179 Handelt es sich um Ansprüche, insbesondere um Forderungen aus dem Arbeitsverhältnis, so ist unter Verzicht der Abschluss eines **Erlassvertrags** (§ 397 Abs. 1 BGB) oder die Vereinbarung eines negativen Schuldanerkenntnisses, insbesondere im Rahmen einer Ausgleichsquittung, zu verstehen. Kein Verzicht liegt vor, wenn Arbeitgeber und Arbeitnehmer sich über die Auflösung des Arbeitsverhältnisses einigen, und zwar auch dann nicht, wenn sie die in einer Betriebsvereinbarung vorgesehenen Kündigungsfristen nicht einhalten; denn es soll nicht die Freiheit eingeschränkt werden, durch einen Aufhebungsvertrag das Arbeitsverhältnis zu beenden.

180 b) Der Arbeitnehmer kann auch **nicht** im Rahmen eines anhängigen Rechtsstreits auf die durch Betriebsvereinbarung eingeräumten Rechte durch **Verzichterklärung nach § 306 ZPO** oder durch **Anerkenntnis des negativen Feststellungsbegehrens** gemäß § 307 ZPO wirksam verzichten (ebenso GK-*Kreutz,* § 77 Rn. 277; für den Tarifvertrag: *Nikisch,* Bd. II S. 460; *Nipperdey* in *Hueck/Nipperdey,* Bd. II/1 S. 619; *Wiedemann-Wank,* TVG, § 4 Rn. 658; a. A. *Löwisch/Rieble,* TVG, § 4 Rn. 351). Verzicht und Anerkenntnis beziehen sich zwar nur auf den prozessualen Anspruch, sind also reine Prozesshandlungen, deren Wirksamkeit sich allein nach Prozessrecht richtet (*Rosenberg/Schwab/Gottwald,* Zivilprozessrecht, 15. Aufl., 1993, S. 348). Aber da es sich um eine Rechtsbehauptung handelt, ist Voraussetzung, dass die Prozessparteien die Rechtsfolge nach materiellem Recht herbeiführen können. Daran fehlt es hier; denn es ist die Zustimmung des Betriebsrats erforderlich. Dagegen kann der Arbeitnehmer die Klage zurücknehmen (§ 269 ZPO), weil der Kläger hier nur sein Rechtsschutzbegehren fallen lässt (ebenso *Fitting,* § 77 Rn. 135; GK-*Kreutz* § 77 Rn. 237); auch gegen eine Verpflichtung zur Klagerücknahme bestehen keine Bedenken, wenn mit ihr nicht ein Verzicht auf den geltend gemachten Anspruch verbunden wird (ebenso *Nipperdey* in *Hueck/Nipperdey,* Bd. II/1 S. 619 und Fn. 17).

181 c) Der Verzicht ist zulässig, wenn der **Betriebsrat** ihm **zustimmt**. Für die Zustimmung gelten die §§ 182 ff. BGB; sie kann im Voraus (Einwilligung) oder auch nachträglich (Genehmigung) erteilt werden, aber immer nur für den einzelnen, konkreten Verzicht, also nicht allgemein für jeden Verzicht eines Arbeitnehmers auf Rechte, die in einer Betriebsvereinbarung mit unabdingbarer Wirkung eingeräumt sind (ebenso BAG 27. 1. 2004 AP BetrVG 1972 § 112 Nr. 166; *Fitting,* § 77 Rn. 132; GK-*Kreutz,* § 77 Rn. 273; HSWGNR-*Worzalla,* § 77 Rn. 182). Die Zustimmung setzt einen ordnungsgemäßen Beschluss des Betriebsrats (§ 33) voraus. Sie kann formlos erteilt und sowohl dem Arbeitnehmer als auch dem Arbeitgeber gegenüber erklärt werden, muss aber unmissverständlich zum Ausdruck bringen, dass der Betriebsrat mit dem Verzicht einverstanden ist (BAG 3. 6. 1997 AP BetrVG 1972 § 77 Nr. 69; 27. 1. 2004 AP BetrVG 1972 § 112 Nr. 166).

2. Vergleich

182 a) **Nicht erforderlich** ist, anders als nach § 4 Abs. 4 Satz 1 TVG, dass der **Verzicht in einem Vergleich** erfolgt. Jedoch gilt auch hier, dass die Zustimmung des Betriebsrats

C. Die Betriebsvereinbarung § 77

vorliegen muss, wenn der Vergleich einen Verzicht auf bereits entstandene Rechte aus einer Betriebsvereinbarung enthält (ebenso *Fitting*, § 77 Rn. 135; HSWGNR-*Worzalla*, § 77 Rn. 183).

Dabei spielt es keine Rolle, ob es sich um einen **Prozessvergleich** oder um einen **außergerichtlichen Vergleich** handelt. Fehlt die Zustimmung des Betriebsrats, so hat der Prozessvergleich auch keine prozessbeendigende Wirkung, wobei für dieses Ergebnis unerheblich ist, ob man der Ansicht ist, dass der Prozessvergleich zugleich Prozesshandlung und Rechtsgeschäft ist, so dass materiell-rechtliche Mängel auch prozessuale Wirkung haben (so die Lehre von der Doppelnatur; vgl. BAG 30. 5. 1956, 9. 5. 1957, 14. 7. 1960, 16. 3. 1961 und 20. 6. 1969 AP ZPO § 794 Nr. 2, 3, 8, 10 und 16) oder ob man der Meinung ist, dass die zur Beendigung des Prozesses und zur Vollstreckbarkeit führende Prozesshandlung selbständig neben dem materiellen Rechtsgeschäft steht und daher nur nach Prozessrecht beurteilt wird (so die Lehre vom Doppeltatbestand; vgl. vor allem *Pohle*, Anm. zu AP ZPO § 794 Nr. 3 und 10; *Baumgärtel*, Wesen und Begriff der Prozesshandlung einer Partei im Zivilprozess, 1957, S. 192 ff. mwN in Fn. 49). Folgt man dieser Auffassung, so gilt nämlich dasselbe wie für den Verzicht und das Anerkenntnis (s. Rn. 180). Ein ohne die Zustimmung des Betriebsrats geschlossener Vergleich ist *schwebend unwirksam*. Es empfiehlt sich, in diesem Falle eine Frist zu bestimmen, nach deren Ablauf der Prozess fortzusetzen ist, falls die Zustimmung nicht nachgewiesen wird. Geschieht das nicht, so fehlt dem Vergleich sowohl die materielle als auch die prozessuale Wirkung. 183

b) Das Verzichtsverbot ist ebenso wie im Rahmen von § 4 Abs. 4 Satz 1 TVG **nicht** auf den Fall anzuwenden, dass **Meinungsverschiedenheiten über die tatsächlichen Voraussetzungen** eines durch Betriebsvereinbarung geschaffenen Anspruchs durch Vereinbarung zwischen Arbeitgeber und Arbeitnehmer beseitigt werden, z. B. wenn über die Zahl der geleisteten Überstunden oder die Höhe des Akkordergebnisses Streit besteht (ebenso BAG 31. 7. 1996 AP BetrVG 1972 § 77 Nr. 63; *Fitting*, § 77 Rn. 135; GK-*Kreutz*, § 77 Rn. 278; GL-*Löwisch*, § 77 Rn. 39; HSWGNR-*Worzalla* § 77 Rn. 183; ErfK-*Kania*, § 77 Rn. 39; zu § 4 Abs. 4 Satz 1 TVG: *Nikisch*, Bd. II S. 464 f.; *Nipperdey* in *Hueck/Nipperdey*, Bd. II/1 S. 622 f.; Wiedemann-*Wank*, TVG, § 4 Rn. 680 ff. mwN aus dem Schrifttum; vgl. auch BAG 21. 12. 1972 AP LohnFG § 9 Nr. 1). Hier ist die Zustimmung des Betriebsrats nicht erforderlich; denn die mit den Tatsachen verbundene Rechtsfolge entspricht der Betriebsvereinbarung. Daraus folgt, dass die tatsächlichen Voraussetzungen ungewiss sein müssen; ist das nicht der Fall, so wird durch die Einigung über den Tatbestand das Verzichtsverbot umgangen, so dass die Vereinbarung der Zustimmung des Betriebsrats bedarf (ähnlich Wiedemann-*Wank*, TVG, § 4 Rn. 683). 184

3. Verwirkung

Die **Verwirkung von Rechten,** die für die Arbeitnehmer durch **Betriebsvereinbarung** **eingeräumt** sind, ist **ausgeschlossen** (Abs. 4 Satz 3). Es gilt insoweit Gleiches wie nach § 4 Abs. 4 Satz 2 TVG für die Verwirkung von tariflichen Rechten; jedoch ist hier durch den Gesetzestext klargestellt, dass nur die Rechte des *Arbeitnehmers,* nicht die Rechte des *Arbeitgebers* aus der Betriebsvereinbarung unter das Verwirkungsverbot fallen (ebenso *Fitting*, § 77 Rn. 137; GK-*Kreutz* § 77 Rn. 281; HSWGNR-*Worzalla*, § 77 Rn. 186). Der Begriff der Verwirkung ist hier ebenso wie in § 4 Abs. 4 Satz 2 TVG zu verstehen; es soll lediglich ausgeschlossen werden, dass der Arbeitnehmer seinen Anspruch bereits bei illoyaler Verspätung der Geltendmachung verliert, bevor die Verjährungsfrist oder eine in der Betriebsvereinbarung festgelegte Ausschlussfrist abgelaufen ist (ebenso *Fitting*, § 77 Rn. 137; GK-*Kreutz*, § 77 Rn. 282; GL-*Löwisch*, § 77 Rn. 40; HSWGNR-*Worzalla* § 77 Rn. 185). Dadurch wird aber nicht ausgeschlossen, dass die Geltendmachung des Anspruchs aus anderen Gründen eine un- 185 zulässige Rechtsausübung darstellt (ebenso *Fitting,* a. a. O.; GK-*Kreutz,* § 77 Rn. 283; *Säcker,* AR-Blattei: Betriebsvereinbarung I D II 3; zu § 4 Abs. 4 Satz 2 TVG: *Nikisch,* Bd. II S. 467 ff.; *Nipperdey* in *Hueck/Nipperdey,* Bd. II/1 S. 624 ff.; Wiedemann-*Wank,* TVG, § 4 Rn. 703 ff.). Der Einwand des Rechtsmissbrauchs darf also nicht darauf gestützt werden, dass der Anspruch während längerer Zeit nicht geltend gemacht wurde, so dass der Arbeitgeber sich nach Treu und Glauben darauf einrichten konnte, er werde nicht mehr geltend gemacht, sondern es muss sich darum handeln, dass „die Geltendmachung der Ansprüche im Hinblick auf das bisherige Verhalten des Gläubigers so sehr den Grundsätzen von Treu und Glauben und dem Anstandsgefühl aller billig und gerecht Denkenden widerspricht, dass es nicht angängig erscheint, der Geltendmachung der Ansprüche Rechtsschutz zu gewähren" (BAG 25. 7. 1962 AP TVG § 1 Auslegung Nr. 114, Bl. 5).

4. Ausschlussfristen und Verkürzung gesetzlicher Verjährungsfristen

186   a) Für **Ansprüche des Arbeitnehmers,** die durch **Betriebsvereinbarung** eingeräumt sind, können nur in einem **Tarifvertrag** oder einer **Betriebsvereinbarung Ausschlussfristen** vereinbart oder die **gesetzlichen Verjährungsfristen abgekürzt** werden (Abs. 4 Satz 4). Durch die Festlegung einer Ausschlussfrist wird bestimmt, dass der Anspruch erlischt, wenn er nicht innerhalb der Frist geltend gemacht wird, während der Ablauf der Verjährungsfrist den Anspruch nicht beseitigt, sondern lediglich ein Leistungsverweigerungsrecht gibt (§ 214 BGB). Daher sind Ausschlussfristen von Amts wegen zu beachten, während der Ablauf der Verjährungsfrist vom Arbeitgeber geltend gemacht werden muss.

187   Auch für bereits **bestehende Ansprüche** kann eine Ausschlussfrist festgelegt oder die Verjährungsfrist verkürzt werden (s. auch Rn. 121).

188   Im Übrigen gilt dasselbe wie nach § 4 Abs. 4 Satz 3 TVG, nach dem Ausschlussfristen für die Geltendmachung tariflicher Rechte nur im Tarifvertrag vereinbart werden können (vgl. Wiedemann-*Wank,* TVG, § 4 Rn. 712 ff.). Dadurch ist gesichert, dass im Einzelarbeitsvertrag keine Bestimmung getroffen werden kann, durch die für Ansprüche der Arbeitnehmer aus einem Tarifvertrag oder einer Betriebsvereinbarung Ausschlussfristen festgelegt oder die gesetzlichen Verjährungsfristen verkürzt werden.

189   b) Im Zweifel ist anzunehmen, dass die Ausschlussfristen oder die Abkürzung der Verjährungsfrist auch **Ansprüche** erfasst, soweit sie auf einer **einzelvertraglichen Abmachung** beruhen, die *zugunsten* des Arbeitnehmers von den Bestimmungen einer Betriebsvereinbarung abweicht. Problematisch ist aber, ob in die Betriebsvereinbarung eine Klausel aufgenommen werden kann, nach der alle Ansprüche aus dem Arbeitsverhältnis innerhalb einer Ausschlussfrist geltend gemacht werden müssen. Eine derartige Bestimmung gilt jedenfalls nicht für tarifliche Rechte, für deren Geltendmachung Ausschlussfristen nach § 4 Abs. 4 Satz 3 TVG nur im Tarifvertrag vereinbart werden können. Nach Auffassung des BAG kann ein Tarifvertrag Ausschlussfristen auch auf unabdingbare *gesetzliche* Ansprüche erstrecken (vgl. BAG 26. 8. 1960, 23. 6. 1961 und 30. 3. 1962 AP TVG § 4 Ausschlussfristen Nr. 6, 27 und 28; BAG 28. 10. 1960 AP BGB § 611 Urlaubsrecht Nr. 81; dazu Wiedemann-*Wank,* TVG, § 4 Rn. 715 ff., 752 f.; *Richardi,* RdA 1962, 62 ff.); auch die Einbeziehung von *einzelvertraglich* begründeten Ansprüchen aus dem Arbeitsverhältnis in eine tarifvertragliche Verfallklausel wird für zulässig erachtet (vgl. Wiedemann-*Wank,* TVG, § 4 Rn. 743 ff.; *Richardi,* Kollektivgewalt, S. 427). Die Betriebsvereinbarung kann aber nicht eine Ordnungsfunktion in dem gleichen Umfang wie ein Tarifvertrag entfalten. Deshalb kann sie nicht generell für gesetzliche und einzelvertragliche Ansprüche aus dem Arbeitsverhältnis Ausschlussfristen festlegen oder die gesetzlichen Verjährungsfristen abkürzen (a. A. für den Fall, dass ihre Einhaltung den Arbeitnehmer nicht unverhältnismäßig belastet, BAG 12. 12. 2006 AP BetrVG 1972 § 77 Nr. 94; s. auch Rn. 102).

XI. Schuldrechtliche Wirkungen der Betriebsvereinbarung

Die Betriebsvereinbarung entfaltet wie jeder Normenvertrag auch **schuldrechtliche** **190**
Wirkungen zwischen den Vertragsparteien (ebenso *Fitting*, § 77 Rn. 50; ErfK-*Kania*,
§ 77 Rn. 38; *Heinze*, NZA 1994, 580, 582). Im Schrifttum wird zwar vielfach jede
schuldrechtliche Wirkung der Betriebsvereinbarung abgelehnt (s. dazu Rn. 60); sie wird
für entbehrlich gehalten, weil die dem Tarifvertrag immanenten schuldrechtlichen Beziehungen, die Friedenspflicht und die Durchführungspflicht, sich im betrieblichen Bereich
bereits aus dem Gesetz ergeben, nämlich aus § 74 Abs. 2 und § 77 Abs. 1 (vgl. *Galperin/Siebert*, § 52 Rn. 20; *Herschel*, RdA 1948, 47; *Galperin*, BB 1949, 374). Dabei wird
aber übersehen, dass die Pflicht zur Vertragstreue weiter geht als die betriebsverfassungsrechtliche Friedenspflicht und die Durchführungspflicht des Arbeitgebers.

Beide Betriebspartner haben dafür zu sorgen, dass die von ihnen geschaffene Ordnung **191**
verwirklicht wird; diese Pflicht ist **notwendiger Bestandteil der Betriebsvereinbarung**
und trifft sowohl den Arbeitgeber wie den Betriebsrat (vgl. auch *Nikisch*, Bd. III
S. 294 f., obwohl er schuldrechtlich wirkende Abreden in einer Betriebsvereinbarung
ablehnt). Eine Verletzung dieser Pflicht führt zwar nicht zum Schadensersatz, da der
Betriebsrat insoweit nicht vermögensfähig ist. Arbeitgeber und Betriebsrat haben aber
einen Anspruch auf Unterlassung, der im Beschlussverfahren vor dem Arbeitsgericht
geltend zu machen ist (§ 2a Abs. 1 Nr. 1, Abs. 2 i. V. mit §§ 80 ff. ArbGG). Außerdem
besteht die Möglichkeit, da die Pflicht zur Vertragstreue aus einer Betriebsvereinbarung
eine Verpflichtung aus diesem Gesetz darstellt, bei einem groben Verstoß den Betriebsrat
auf Antrag durch Beschluss des Arbeitsgerichts aufzulösen (§ 23 Abs. 1) und gegen den
Arbeitgeber ein Zwangsverfahren einzuleiten (§ 23 Abs. 3).

XII. Beendigung der Betriebsvereinbarung

1. Beendigungstatbestände

a) Eine Betriebsvereinbarung endet mit **Ablauf der Zeit,** für die sie eingegangen ist. **192**

b) Fehlt eine ausdrückliche Befristung so kann sich eine **zeitliche Begrenzung aus dem** **193**
mit der Betriebsvereinbarung verfolgten Zweck ergeben (ebenso BAG 20. 12. 1961 AP
BetrVG [1952] § 59 Nr. 7; *Fitting*, § 77 Rn. 142; GK-*Kreutz* § 77 Rn. 354; GL-*Löwisch*, § 77 Rn. 60). Wird eine Betriebsvereinbarung auf Grund einer tarifvertraglichen
Öffnungsklausel abgeschlossen, so ist sie in ihrer Laufzeit auf die Dauer des Tarifvertrags sowie gegebenenfalls dessen Nachwirkungszeitraum beschränkt (so BAG 25. 8.
1983 AP BetrVG 1972 § 77 Nr. 7 im Anschluss BAG 14. 12. 1966 AP BetrVG [1952]
§ 59 Nr. 27).

c) Eine Betriebsvereinbarung kann jederzeit durch Vereinbarung zwischen dem Arbeit- **194**
geber und dem Betriebsrat **aufgehoben** werden. Der Aufhebungsvertrag bedarf der für
die Betriebsvereinbarung nach Abs. 2 vorgesehenen Schriftform. Eine Betriebsvereinbarung kann deshalb **nicht** durch eine **formlose Betriebsabsprache abgelöst** werden
(ebenso BAG 27. 6. 1985 AP BetrVG 1972 § 77 Nr. 14; 20. 11. 1990 AP BetrVG 1972
§ 77 Regelungsabrede Nr. 2; *Fitting*, § 77 Rn. 143; GK-*Kreutz*, § 77 Rn. 355;
HSWGNR-*Worzalla*, § 77 Rn. 225; *Adomeit*, BB 1962, 1246, 1250; a. A. *Nipperdey/
Säcker* in *Hueck/Nipperdey* Bd. II/2 S. 1283; *Säcker*, AR-Blattei: Betriebsvereinbarung I,
F II; *Bulla*, DB 1962, 1207, 1208; für Betriebsvereinbarungen, die sich nicht auf die
normative Wirkung, sondern auf ihre Wirkung unter den Betriebsparteien, insbesondere
den Ausschluss von Mitbestimmungsrechten beziehen, ErfK-*Kania*, § 77 Rn. 99).

d) Eine **Betriebsvereinbarung** endet, wenn sie **durch eine neue ersetzt** wird; es gilt das **195**
Ablösungsprinzip (s. Rn. 174 f.).

196 e) Die Betriebsvereinbarung endet vor allem durch eine zulässige **Kündigung** (s. dazu Rn. 199 ff.). Kein selbständiger Beendigungsgrund ist der **Wegfall der Geschäftsgrundlage**; denn die Betriebsvereinbarung endet nicht automatisch, sondern erst, wenn eine Partei sich deshalb von der Betriebsvereinbarung lossagt, also eine *außerordentliche Kündigung* erklärt (ebenso GK-*Kreutz*, § 77 Rn. 384; im Ergebnis *Fitting*, § 77 Rn. 152; a. A. *Säcker*, AR-Blattei: Betriebsvereinbarung I, F IV 2). Bei Fehlen der Geschäftsgrundlage hat die Lossagungserklärung keine rückwirkende Beseitigung der Betriebsvereinbarung zur Folge, sondern wirkt wie die Anfechtung nur für die Zukunft (ebenso für den Tarifvertrag BAG 23. 4. 1957 AP TVG § 1 Nr. 1).

197 f) Die Betriebsvereinbarung kann schließlich auf Grund **tatsächlicher Umstände** enden. Zu ihnen gehört der **Untergang des Betriebs**. Da er aber auf verschiedenen Maßnahmen – Stilllegung, Verschmelzung mit einem anderen Betrieb oder Spaltung – beruhen kann, sind die Auswirkungen auf den Fortbestand einer Betriebsvereinbarung verschieden (s. ausführlich Rn. 214 ff.).

198 Ein Betrieb geht nicht nur unter, wenn er stillgelegt, mit einem anderen Betrieb zu einem neuen Betrieb zusammengelegt oder in einen anderen Betrieb eingegliedert wird, sondern hierher gehört auch der Fall, dass ein Betrieb durch eine Regelung nach § 3 ersetzt wird oder ein nach § 4 Abs. 1 Satz 1 verselbständigter Betriebsteil seine betriebsverfassungsrechtliche Selbständigkeit verliert. Bei Eingliederung in einen anderen Betrieb erstrecken sich die Betriebsvereinbarungen des aufnehmenden Betriebs auf den nunmehr eingegliederten Betrieb oder Betriebsteil. Aber auch in diesem Fall behalten die Arbeitnehmer die durch die Betriebsvereinbarung eingeräumten Rechte. Diese können zwar durch eine neue Betriebsvereinbarung abgelöst werden; es bestehen aber insoweit Grenzen aus dem Vertrauensschutz (s. auch Rn. 130 f.).

2. Kündigung

199 a) Die Betriebsvereinbarung ist **kündbar,** soweit in ihr nichts anderes bestimmt ist oder sich aus dem Zweck ihrer Vereinbarung ergibt (vgl. zur Kündbarkeit *Käppler*, FS Kissel 1994, S. 475, 490 ff.). Eine Kündigung scheidet z. B. aus, wenn es sich um die Regelung eines *einmaligen Tatbestands* handelt (s. zur Möglichkeit einer außerordentlichen Kündigung Rn. 201 f.; vgl. BAG 22. 6. 1962 AP BetrVG § 52 [1952] Nr. 2).

200 Die Kündigung bedarf grundsätzlich **keines sachlichen Grundes** (ebenso BAG 26. 10. 1993 und 17. 1. 1995 AP BetrVG 1972 § 77 Nachwirkung Nr. 6 und 7; 11. 5. 1999 AP BetrAVG § 1 Betriebsvereinbarung Nr. 6; 17. 8. 1999 AP BetrVG 1972 § 77 Nr. 79; 21. 8. 2001 AP BetrAVG § 1 Betriebsvereinbarung Nr. 8; 18. 9. 2001 AP BetrAVG § 1 Ablösung Nr. 34; 19. 2. 2008 AP BetrVG 1972 § 77 Nr. 97; 19. 2. 2008 AP BetrVG 1972 § 77 Betriebsvereinbarung Nr. 41; GK-*Kreutz*, § 77 Rn. 359; ErfK-*Kania*, § 77 Rn. 100). Da nach Ansicht des BAG eine Betriebsvereinbarung keine Nachwirkung entfaltet, soweit es um die Verpflichtung des Arbeitgebers zur Erbringung der in ihr festgelegten Entgeltleistung geht, wird in der Literatur teilweise die Kündigungsmöglichkeit des Arbeitgebers eingeschränkt, um dadurch das Vertrauen der Arbeitnehmer auf die Erbringung der Entgeltleistung zu schützen (vgl. *Hilger/Stumpf*, BB 1990, 929, 931; *Hilger*, FS Gaul 1992, S. 327, 333 ff.; *Schaub*, BB 1990, 289 ff.; *Hanau/Preis*, NZA 1991, 81 ff.). Im BetrVG fehlt jedoch ein Anknüpfungspunkt, wie er im KSchG enthalten ist. Soweit keine Weitergeltung nach Abs. 6 eingreift, kann die Versagung einer Nachwirkung nicht durch die Einräumung eines Kündigungsschutzes kompensiert werden. Eine derartige Begrenzung des Kündigungsrechts kann insbesondere auch nicht aus dem Grundsatz des Vertrauensschutzes abgeleitet werden, weil die Betriebsvereinbarung entgegen Abs. 6 *fortgelten,* also nicht bloß *nachwirken* würde (vgl. auch *Loritz*, RdA 1991, 65 ff.).

201 Ist in der Betriebsvereinbarung keine Kündigungsfrist vereinbart, so kann sie mit einer **Frist von drei Monaten** gekündigt werden (Abs. 5). Die Betriebsvereinbarung kann aber auch **fristlos** gekündigt werden, wenn dazu ein *wichtiger Grund* vorliegt. Voraussetzung ist, dass die Bindung an die Betriebsvereinbarung selbst nur bis zum Ablauf der Kündigungsfrist nicht zugemutet werden kann (ebenso BAG 19. 7. 1957 AP BetrVG [1952] § 52 Nr. 1; 28. 4. 1992 AP BetrVG 1972 § 50 Nr. 11 [B IV]; *Fitting,* § 77 Rn. 151; GK-*Kreutz,* § 77 Rn. 366; HSWGNR-*Worzalla,* § 77 Rn. 215; *Nikisch,* Bd. III S. 297; *Nipperdey/Säcker* in *Hueck/Nipperdey,* Bd. II/2 S. 1284). Auch eine befristete Betriebsvereinbarung kann außerordentlich gekündigt werden (BAG 29. 5. 1964 AP BetrVG [1952] § 59 Nr. 24). Das BAG verlangt, dass an das Vorliegen eines wichtigen Grundes besonders strenge Anforderungen zu stellen seien (BAG 19. 7. 1957 AP BetrVG [1952] § 52 Nr. 1; 29. 5. 1964 AP BetrVG [1952] § 59 Nr. 24). Für die Annahme eines wichtigen Grundes gibt es aber keine Abstufungen; denn eine außerordentliche Kündigung ist ohnehin nur zulässig, wenn einer Partei unter Berücksichtigung aller Umstände des Einzelfalles das Festhalten an der Betriebsvereinbarung nicht zugemutet werden kann. Wenn das Festhalten unzumutbar ist, muss ihr das Recht zustehen, sich loszusagen (vgl. auch GK-*Kreutz,* § 77 Rn. 366; *Nikisch,* Bd. III S. 297 Fn. 191).

Aus diesem Grund ist das **außerordentliche Kündigungsrecht** auch **nicht abdingbar** (vgl. BAG 17. 1. 1995 AP BetrVG 1972 § 77 Nachwirkung Nr. 7). 202

b) Eine **Sonderregelung** gilt bei **Insolvenz des Arbeitgebers:** Sind in Betriebsvereinbarungen Leistungen vorgesehen, welche die Insolvenzmasse belasten, so sollen Insolvenzverwalter und Betriebsrat über eine einvernehmliche Herabsetzung der Leistungen beraten (§ 120 Abs. 1 Satz 1 InsO). Diese Betriebsvereinbarungen können auch dann mit einer Frist von drei Monaten gekündigt werden, wenn eine längere Frist vereinbart ist (§ 120 Abs. 1 Satz 2 InsO), wobei das Recht unberührt bleibt, die Betriebsvereinbarung aus wichtigem Grund ohne Einhaltung einer Kündigungsfrist zu kündigen (§ 120 Abs. 2 InsO). 203

c) Wird die Kündigung mit einem Änderungsangebot verbunden, handelt es sich also um eine sog. **Änderungskündigung,** so entfaltet die Kündigung ihre Auflösungswirkung nur, wenn das Änderungsangebot nicht angenommen wird. 204

d) Die **Kündigungserklärung** bedarf, soweit in der Betriebsvereinbarung nichts anderes vereinbart ist, **keiner besonderen Form.** Sie kann also insbesondere auch mündlich ausgesprochen werden (ebenso GK-*Kreutz,* § 77 Rn. 368). Soweit man das Schriftformerfordernis auf den Aufhebungsvertrag erstreckt (s. Rn. 194), liegt darin aber eine Unstimmigkeit; sie kann man nicht dadurch beheben, dass man eine im Gesetz nicht angeordnete Formvorschrift festlegt. Bei einer **Änderungskündigung** hat man aber zu beachten, dass eine Änderung der Betriebsvereinbarung schriftlich niederzulegen und von beiden Seiten zu unterzeichnen ist (Abs. 2 Satz 1 und 2). 205

e) Eine **Teilkündigung** ist zulässig, wenn sie in der Betriebsvereinbarung ausdrücklich zugelassen wird oder wenn es sich um selbständige Fragenkomplexe handelt und die Auslegung wie im Regelfall dafür spricht, dass die Parteien ein selbständiges Schicksal der verschiedenen Normengruppen für möglich gehalten haben (ebenso BAG 6. 11. 2007 AP BetrVG 1972 § 77 Betriebsvereinbarung Nr. 35; dazu auch die Anm. von *Richardi;* bereits BAG 17. 4. 1959 AP TVG § 4 Günstigkeitsprinzip Nr. 1; 29. 5. 1964 AP BetrVG [1952] § 59 Nr. 24; *Fitting,* § 77 Rn. 153; GK-*Kreutz,* § 77 Rn. 365; GL-*Löwisch,* § 77 Rn. 64; HSWGNR-*Worzalla,* § 77 Rn. 220; vgl. auch *G. Hueck,* RdA 1968, 201, 207 f.). 206

Von der Teilkündigung zu unterscheiden ist ein **Widerrufsvorbehalt,** den die Betriebsvereinbarung dem Arbeitgeber einräumen kann. Führt der Widerruf aber zu einer Änderung der Entgeltgestaltung, so ist er ohne Beteiligung des Betriebsrats unwirksam (s. § 87 Rn. 870). 207

f) Die Regeln über die Kündigung gelten auch, wenn es sich um eine Betriebsvereinbarung über **Angelegenheiten** handelt, in denen ein **Spruch der Einigungsstelle** die Einigung zwischen Arbeitgeber und Betriebsrat **ersetzen kann** (s. § 76 Rn. 8 ff.), insbesondere also auch für Betriebsvereinbarungen über Fragen, die nach § 87 Abs. 1 dem Mitbestimmungsrecht des Betriebsrats unterliegen (BAG 7. 12. 1962 AP BetrVG [1952] 208

§ 56 Nr. 3). Sie finden weiterhin auch dann Anwendung, wenn die Betriebsvereinbarung durch eine bindende Entscheidung der Einigungsstelle ersetzt ist (ebenso *Fitting,* § 77 Rn. 144; GK-*Kreutz,* § 77 Rn. 360; HSWGNR-*Worzalla,* § 77 Rn. 206; *Hanau,* NZA Beil. 2/1985, 3, 9).

3. Wegfall des Betriebsrats

209 Betriebsvereinbarungen sind **nicht** auf die **Amtszeit des jeweiligen Betriebsrats beschränkt** (ebenso BAG 28. 7. 1981 AP BetrVG 1972 § 87 Urlaub Nr. 2; *Fitting,* § 77 Rn. 175; GK-*Kreutz,* § 77 Rn. 382; GL-*Löwisch,* § 77 Rn. 65; HSWGNR-*Worzalla,* § 77 Rn. 233; *Kreft,* FS Wißmann 2005, S. 347, 349 f.). Unerheblich ist auch eine andere Zusammensetzung der Belegschaft (ebenso *Kreft,* FS Wißmann 2005, S. 347, 350). Auch wenn der Betrieb **betriebsratslos** wird, endet dadurch nicht die Betriebsvereinbarung (ebenso BAG 18. 9. 2002 AP BetrVG 1972 § 77 Betriebsvereinbarung Nr. 7; *Fitting,* § 77 Rn. 175; GK-*Kreutz,* § 77 Rn. 383). Da kein handlungsfähiges Betriebsverfassungsorgan mehr vorhanden ist, kann der Arbeitgeber die normative Wirkung der Betriebsvereinbarung dadurch beenden, dass er einheitlich gegenüber allen betroffenen Arbeitnehmern des Betriebs die Kündigung der Betriebsvereinbarung erklärt (so BAG 18. 9. 2002 AP BetrVG 1972 § 77 Betriebsvereinbarung Nr. 7). Wenn dagegen bei einer Gesamtbetriebsvereinbarung der Betriebsübergang zur Folge hat, dass der Gesamtbetriebsrat seine Zuständigkeit verliert, gilt die bisherige Gesamtbetriebsvereinbarung als Einzelbetriebsvereinbarung fort, und zwar auch beim Fortbestand des Gesamtbetriebsrats für die nicht übertragenen Betriebe (s. Rn. 218).

4. Betriebsstilllegung, Betriebsverschmelzung und Betriebsspaltung

210 a) Eine Betriebsvereinbarung kann durch Änderung der tatsächlichen Gegebenheiten gegenstandslos werden, z. B. **Stilllegung des Betriebs** (ebenso *Fitting,* § 77 Rn. 160; *Matthes,* MünchArbR § 239 Rn. 47). Davon wird aber eine Betriebsvereinbarung nicht berührt, die gerade für diesen Fall abgeschlossen wird.

211 b) Wird ein Betrieb **mit einem anderen Betrieb verschmolzen,** so gilt die Betriebsvereinbarung fort, bis sie durch eine für den neuen Betrieb geschlossene Betriebsvereinbarung abgelöst wird (s. auch Rn. 215). Wird der Betrieb (oder Betriebsteil) einem **anderen Betrieb eingegliedert,** so erstrecken sich die Betriebsvereinbarungen des Betriebs, in den die Eingliederung erfolgt, auf den eingegliederten Betrieb (oder Betriebsteil). Soweit dadurch keine Ersetzung erfolgt, bleibt eine Betriebsvereinbarung für die Arbeitnehmer des eingegliederten Betriebs (oder Betriebsteils) bestehen.

212 c) Bei einer **Betriebsspaltung** gilt Gleiches wie bei einer Verschmelzung, wenn abgespaltene Betriebsteile zu einem neuen Betrieb zusammengefasst oder einem anderen Betrieb eingegliedert werden (s. Rn. 211).

XIII. Fortgeltung von Betriebsvereinbarungen bei einem Wechsel des Betriebsinhabers

1. Überblick

213 Keinen Einfluss auf den Bestand einer Betriebsvereinbarung hat der Wechsel des Betriebsinhabers. Bei dessen Tod tritt sein Erbe nach § 1922 BGB in die Betriebsvereinbarung ein. Dasselbe gilt bei rechtsgeschäftlicher Betriebsübernahme, sofern die Identität des Betriebs gewahrt bleibt oder ein Betriebsteil als selbständiger Betrieb fortgeführt wird (vgl. BAG 18. 9. 2002 AP BetrVG 1972 § 77 Betriebsvereinbarung Nr. 7). Das ergibt sich nicht aus § 613 a BGB; denn diese Vorschrift bestimmt in Abs. 1 Satz 1 lediglich, dass der Nachfolger in die Rechte und Pflichten aus den im Zeitpunkt der

C. Die Betriebsvereinbarung § 77

Betriebsübernahme bestehenden Arbeitsverhältnissen eintritt, und regelt in den folgenden Sätzen 2 bis 4 die Fortgeltung einer Betriebsvereinbarung (vgl. ausführlich Staudinger-*Annuß*, BGB, Neubearbeitung 2005, § 613a Rn. 247 ff.). Bereits vor Inkrafttreten des § 613a Abs. 1 Satz 2 bis 4 BGB war aber anerkannt, dass bei einem Betriebsinhaberwechsel die Betriebsvereinbarungen normativ weitergelten, sofern die Identität des Betriebs gewahrt bleibt (BAG 19. 7. 1957 AP BetrVG [1952] § 52 Nr. 1). Da § 613a Abs. 1 Satz 2 bis 4 BGB nur **Auffangcharakter** hat, wenn nicht „die kollektivrechtlichen Verpflichtungen wie üblich vorgehen" (BT-Drucks. 8/3317, S. 11), gilt Gleiches nach wie vor, wenn der Betriebsinhaberwechsel sich im Geltungsbereich des BetrVG vollzieht (vgl. BAG 4. 2. 1991 AP BGB § 613a Nr. 89; 27. 7. 1994 AP BGB § 613a Nr. 118; für eine Gesamtbetriebsvereinbarung BAG 18. 9. 2002 AP BetrVG 1972 § 77 Betriebsvereinbarung Nr. 7).

2. Übertragung eines Betriebs oder Betriebsteils auf einen anderen Inhaber

a) Wird ein **Betrieb im Wege der Einzel- oder Gesamtrechtsnachfolge übernommen** und fortgeführt, so bleiben die im übertragenen Betrieb geltenden Betriebsvereinbarungen in Kraft; auch bei rechtsgeschäftlicher Betriebsübernahme findet § 613a Abs. 1 Satz 2 bis 4 BGB keine Anwendung (s. Rn. 213). 214

Der **Zusammenschluss mit einem anderen Unternehmen** hat ebenfalls, sofern der Betrieb als solcher bestehen bleibt, auf den Bestand einer Betriebsvereinbarung keinen Einfluss. Gleiches gilt für den Fall einer **Spaltung des Rechtsträgers,** wenn, wie nach § 1 Abs. 2 Nr. 2 vermutet wird, der Betrieb von den an der Spaltung beteiligten Rechtsträgern gemeinsam geführt wird. Aber auch wenn die Vermutung widerlegt wird, gilt eine Betriebsvereinbarung im aufgespaltenen Betrieb fort, wenn die an der Spaltung beteiligten Rechtsträger den von ihnen übernommenen Betriebsteil als Betrieb fortführen. § 613a Abs. 1 Satz 2 bis 4 BGB findet nur Anwendung, wenn die Teileinheiten nicht als Betrieb fortgeführt werden. 215

b) Bleibt die **Betriebsidentität nicht gewahrt,** z. B. weil nur ein Betriebsteil übernommen wird oder der Betrieb in einen anderen Betrieb eingegliedert wird, so ergibt sich aus § 613a Abs. 1 Satz 2 BGB, dass die Rechte und Pflichten, die durch Betriebsvereinbarung geregelt sind, „Inhalt des Arbeitsverhältnisses" zwischen dem neuen Inhaber und dem Arbeitnehmer werden; sie dürfen nicht vor Ablauf eines Jahres nach dem Zeitpunkt des Übergangs zum Nachteil des Arbeitnehmers geändert werden. Der Gesetzestext ist ebenso irreführend wie die unter Berufung auf ihn vertretene Auffassung, § 613a Abs. 1 Satz 2 BGB bewirke eine „individualrechtliche Fortgeltung" (*Hanau/Vossen,* FS Hilger/ Stumpf 1983, S. 271, 272; im Begründungsansatz auch noch BAG 14. 8. 2001 AP BetrVG 1972 § 77 Nr. 85). Doch ebenso wenig wie die normative Wirkung einer Betriebsvereinbarung den Inhalt des *Arbeitsvertrags* ändert, kommt es hier zu einer Transformation der Betriebsvereinbarung auf die arbeitsvertragliche Ebene (so aber *Henssler,* FS Schaub 1998, S. 311, 317). § 613a Abs. 1 Satz 2 BGB trifft eine normative Fortgeltungsanordnung (vgl. Staudinger-*Annuß*, BGB, Neubearbeitung 2005, § 613a Rn. 250; *Richardi,* GedS Blomeyer 2003, S. 299, 314). Geändert wird nicht der Inhalt des Arbeitsvertrags, sondern lediglich für die im Zeitpunkt des Übergangs bestehenden Arbeitsverhältnisse eine dem § 4 Abs. 5 TVG entsprechende Weitergeltung angeordnet, wobei im Unterschied zu dieser Bestimmung festgelegt ist, dass die Regelung nicht vor Ablauf eines Jahres nach dem Zeitpunkt des Übergangs zum Nachteil des Arbeitnehmers geändert werden darf. Es bleibt daher bei der normativen Geltung, wobei im Unterschied zu § 4 Abs. 5 TVG hinsichtlich verschlechternder Individualvereinbarungen die zwingende Geltung für die Dauer eines Jahres aufrechterhalten bleibt, so dass erst danach die durch Betriebsvereinbarung getroffene Regelung dispositiv ist. Dem hier vertretenen Standpunkt folgt im Ergebnis das BAG im Urteil vom 14. 8. 2001 (AP BetrVG 1972 § 77 Nr. 85). Zutreffend nimmt es an, dass eine Betriebsvereinbarung 216 auch dann, wenn sie nach § 613a Abs. 1 Satz 2 BGB Inhalt des Arbeitsverhältnisses geworden ist, nicht weiter geschützt ist als bei Fortbestehen der Betriebsidentität. Der Klarheit dient allerdings nicht, dass das BAG in seiner Begründung von einer individualrechtlichen Transformation ausgeht und nur wegen des kollektivrechtlichen Ursprungs das eigentlich im Verhältnis zu Arbeitsverträgen geltende Günstigkeitsprinzip durch das Ablösungsprinzip ersetzt. Durch § 613a Abs. 1 Satz 2 BGB erfolgt nicht eine „Beibehaltung der bisherigen Kollektivverträge auf individualvertraglicher Basis" (BAGE 98, 323, 332), sondern entscheidend ist, dass die „individualvertragliche Basis" nicht vorhanden ist. Basis ist vielmehr trotz des Betriebsübergangs und des Verlusts der betrieblichen Identität die *Betriebsvereinbarung*, für die der Gesetzgeber in § 613a Abs. 1 Satz 2 BGB eine *normative Fortgeltungsanordnung* getroffen hat (vgl. Richardi, GedS Blomeyer 2003, S. 299, 315).

217 Da die in § 613a Abs. 1 Satz 2 BGB getroffene Fortgeltungsanordnung keine individualrechtliche Transformation bewirkt, gilt sie gemäß § 613a Abs. 1 Satz 3 BGB folgerichtig nicht, wenn die Rechte und Pflichten bei dem neuen Inhaber durch eine andere Betriebsvereinbarung geregelt werden. Es kommt daher zu einer Ablösung, wobei hier das Gesetz eine verdeckte Regelungslücke enthält; denn auch für diesen Fall ergibt sich eine Schranke aus den Grundsätzen der Verhältnismäßigkeit und dem Vertrauensschutz. Daraus folgt für betriebliche Versorgungsanwartschaften, dass der bis zum Betriebsübergang erdiente Besitzstand aufrechterhalten bleibt (BAG 24. 7. 2001 AP BetrAVG § 1 Betriebsveräußerung Nr. 18).

3. Fortgeltung von Gesamtbetriebsvereinbarungen

218 Besteht im Unternehmen eine Gesamtbetriebsvereinbarung, so wird sie nach einem Betriebsübergang fortgeführt (vgl. BAG 18. 9. 2002 AP BetrVG 1972 § 77 Betriebsvereinbarung Nr. 7; dazu auch die Anm. von *Richardi/Kortstock*, RdA 2004, 173 ff.). Das unterliegt keinem Zweifel, soweit sämtliche Betriebe des Unternehmens übertragen und als betriebsverfassungsrechtliche Organisationseinheiten fortgeführt werden (vgl. *Salamon*, RdA 2007, 103, 107 f.). Aber auch wenn nur ein Betrieb übernommen wird, gilt Gleiches; die Gesamtbetriebsvereinbarung bleibt als Einzelbetriebsvereinbarung bestehen (vgl. BAG a. a. O). Maßgebend ist also nicht, dass die *Unternehmensidentität* gewahrt bleibt (ebenso *Kreft*, FS Wißmann 2005, S. 347, 357). Ausschlaggebend ist allein, dass der Rechtsträger wechselt, aber im Betrieb mit dem Betriebsrat eine Organisationseinheit erhalten bleibt, die betriebsverfassungsrechtlich funktionsfähig ist, um die auf die Betriebsvereinbarung bezogenen Rechte auszuüben. Es bedarf deshalb nicht der Fortgeltungsanordnung in § 613a Abs. 1 Satz 2 BGB. Das gilt auch, wenn ein übernommener Betriebsteil vom Erwerber als selbständiger Betrieb geführt wird (vgl. BAG 18. 9. 2002 AP BetrVG 1972 § 77 Betriebsvereinbarung Nr. 7). Notwendig für eine kollektivrechtliche Fortgeltung ist jedoch, dass in dem übernommenen Betrieb ein Betriebsrat besteht (vgl. *Robrecht*, Gesamtbetriebsvereinbarung, S. 205 f.).

XIV. Streitigkeiten

219 Besteht zwischen dem Arbeitgeber und dem Betriebsrat Streit darüber, ob eine Betriebsvereinbarung vorliegt und wie sie auszulegen ist, so entscheidet das **Arbeitsgericht im Beschlussverfahren** (§ 2a Abs. 1 Nr. 1, Abs. 2 i. V. mit §§ 80 ff. ArbGG). Soweit es sich dagegen um einen Anspruch aus dem Arbeitsverhältnis handelt, der durch die Betriebsvereinbarung normativ bestimmt wird, hat das Arbeitsgericht einen Streit über Bestand und Bedeutung der Betriebsvereinbarung als Vorfrage im Urteilsverfahren zu prüfen (§ 2 Abs. 1 Nr. 3 lit. a, Abs. 5 i. V. mit §§ 46 ff. ArbGG). Der Betriebsrat hat insoweit keine Prozessführungsbefugnis. Er kann deshalb auch im Beschlussverfahren

vom Arbeitgeber nicht die Erfüllung von Ansprüchen der Arbeitnehmer aus einer Betriebsvereinbarung verlangen (vgl. BAG 17. 10. 1989 AP BetrVG 1972 § 76 Nr. 39 und BetrVG 1972 § 112 Nr. 53; 18. 9. 2002 AP BetrVG 1972 § 77 Betriebsvereinbarung Nr. 7). Der Betriebsrat kann im Beschlussverfahren nur einen eigenen Anspruch gegen den Arbeitgeber geltend machen. Nur unter Beachtung dieser Begrenzung kann er im Beschlussverfahren beantragen, dem Arbeitgeber ein Verhalten aufzugeben, zu dem er nach dem Inhalt einer Betriebsvereinbarung verpflichtet ist, oder ein Verhalten zu untersagen, das zu unterlassen er sich nach dem Inhalt der Betriebsvereinbarung verpflichtet hat (vgl. BAG 24. 2. 1987 AP BetrVG 1972 § 77 Nr. 21; 10. 11. 1987 AP BetrVG 1972 § 77 Nr. 24; 18. 9. 2002 AP BetrVG 1972 § 77 Betriebsvereinbarung Nr. 7).

Kein Antragsrecht haben die **im Betrieb vertretenen Gewerkschaften** (s. aber auch Rn. 315). 220

Da es sich bei den Normen der Betriebsvereinbarung um **statutarisches Recht** handelt, gilt § 293 ZPO. Das Gericht braucht die Normen der Betriebsvereinbarung nicht von sich aus zu kennen, sie müssen ihm **nachgewiesen** werden. Jedoch gibt es keine eigentliche Beweisführung und Beweislast, bei der das Gericht darauf angewiesen ist, die ihm von den Parteien zugebrachten Beweismittel zu prüfen. Das Gericht hat von sich aus alle Erkenntnisquellen heranzuziehen und auszuschöpfen. 221

Über die Auslegung einer Betriebsvereinbarung ist ein **Zeugen- oder Sachverständigenbeweis ausgeschlossen;** denn es handelt sich um die Ausdeutung einer Rechtsvorschrift und nicht um die Feststellung von Tatsachen. 222

Die **Auslegung einer Betriebsvereinbarung** unterliegt der **Revisionskontrolle** (vgl. BAG 30. 8. 1963 AP BetrVG [1952] § 57 Nr. 4; 8. 11. 1988 AP BetrVG 1972 § 112 Nr. 48; s. auch Rn. 115 f.). 223

D. Die Betriebsabsprache und sonstige Betriebsregelungen

I. Die Betriebsabsprache

1. Begriff und Anwendungsbereich

Das Gesetz schreibt nicht vor, dass **Vereinbarungen zwischen Arbeitgeber und Betriebsrat** nur in der Form der Betriebsvereinbarung zu treffen sind. Schon aus der systematischen Anordnung des Abs. 1 zu den folgenden Absätzen im Rahmen dieser Bestimmung ergibt sich, dass die **Betriebsvereinbarung** nur einen **Unterfall der Vereinbarungen** zwischen Betriebsrat und Arbeitgeber darstellt. Das Gesetz kennt weiterhin in anderen Bestimmungen neben dem Begriff der Betriebsvereinbarung andere Ausdrücke für eine Übereinstimmung; es spricht vor allem sehr häufig bloß von einer *Einigung* (§ 37 Abs. 6, § 38 Abs. 2, § 39 Abs. 1, § 47 Abs. 6, § 72 Abs. 6, § 74 Abs. 1, § 76 Abs. 5 und 6, § 87 Abs. 2, §§ 91, 94 Abs. 1, § 95 Abs. 1 und 2, § 97 Abs. 2, § 98 Abs. 4 und 5, §§ 109, 112 Abs. 2, 3 und 4), daneben von einem *Einvernehmen* (§ 44 Abs. 2) von einem *Einverständnis* (§ 76 Abs. 2), und von einem *Interessenausgleich* (§ 112 Abs. 1 Satz 1, Abs. 2 und 3, § 113 Abs. 1 und 3) oder allgemein von einer *Vereinbarung* (§ 80 Abs. 3). Nur selten ergibt sich ausdrücklich aus dem Gesetz, dass mit der Einigung eine Betriebsvereinbarung gemeint ist, wie in § 47 Abs. 6 und § 72 Abs. 6. Ein Formzwang besteht für den Interessenausgleich (§ 112 Abs. 1 Satz 1; s. dort Rn. 27 ff.). Gleiches gilt für die Einigung über den Sozialplan (§ 112 Abs. 1 Satz 2). Eine Form ist sonst nicht vorgeschrieben. 224

Daher hat sich bereits unter der Geltung des BetrVG 1952 die Auffassung durchgesetzt, dass neben der Betriebsvereinbarung auch eine **formlose Einigung** zwischen Arbeitgeber und Betriebsrat eine rechtlich bindende Abmachung der Betriebspartner ist 225 (vgl. *Nikisch,* Bd. III S. 306 ff.; *Nipperdey/Säcker* in *Hueck/Nipperdey,* Bd. II/2 S. 1301 ff.; *Neumann-Duesberg,* S. 408 ff.; *Adomeit,* Die Regelungsabrede, 2. Aufl. 1961; *ders.,* Rechtsquellenfragen, S. 150 ff.). Von Bedeutung ist vor allem, dass nach ganz überwiegender Meinung eine formlose Einigung zwischen den Betriebspartnern ausreicht, um das Mitbestimmungsrecht des Betriebsrats in sozialen Angelegenheiten auszuüben (so bereits BAG 7. 9. 1956 AP BetrVG [1952] § 56 Nr. 2; weiterhin BAG 15. 12. 1961 AP BetrVG [1952] § 56 Arbeitszeit Nr. 1; zuletzt auch BAG 14. 2. 1991 AP BGB § 615 Kurzarbeit Nr. 4; *Fitting,* § 77 Rn. 223; GL-*Löwisch,* § 77 Rn. 100, § 87 Rn. 36; *Matthes,* MünchArbR § 242 Rn. 31, 34 f.; aus dem älteren Schrifttum: *Nikisch,* Bd. III S. 308 ff., 370; *Nipperdey/Säcker* in *Hueck/Nipperdey,* Bd. II/2 S. 1393; *Neumann-Duesberg,* S. 411 ff.; *Adomeit,* Regelungsabrede, S. 66 ff.; *ders.,* Rechtsquellenfragen, S. 143, 153 f.; *Molodovsky,* Formlose Absprachen als Rechtsform des Mitbestimmungsrechts in sozialen Angelegenheiten nach § 56 Betriebsverfassungsgesetz [„Betriebsabsprachen"], Diss. München 1959, S. 17 ff.; zum zeitgeschichtlichen Hintergrund *Adomeit,* FS Hanau 1999, S. 347 ff.).

226 Die formlose Einigung zwischen Arbeitgeber und Betriebsrat in betrieblichen Angelegenheiten wird als **Betriebsabsprache** bezeichnet (so *Molodovsky,* Betriebsabsprachen, Diss. München 1959, S. 76 f.; *Richardi,* Kollektivgewalt, S. 279; GK-*Wiese,* § 87 Rn. 80; *Nipperdey/Säcker* in *Hueck/Nipperdey,* Bd. II/2 S. 1301 und dort Fn. 2). Häufig spricht man auch von **betrieblicher Einigung** (*Neumann-Duesberg,* S. 408; *Adomeit,* Rechtsquellenfragen, S. 150) oder von **Regelungsabrede** (BAG 10. 3. 1992 AP BetrVG 1972 § 77 Regelungsabrede Nr. 1; *Matthes,* MünchArbR § 239 Rn. 97; *Nikisch,* Bd. III S. 306; vgl. auch *Fitting,* § 77 Rn. 216 ff.; GK-*Kreutz,* § 77 Rn. 8 ff.; GL-*Löwisch,* § 77 Rn. 100 ff.; ErfK-*Kania,* § 77 Rn. 127 ff.; *Adomeit,* Die Regelungsabrede, 2. Aufl. 1961).

2. Abschluss

227 Die Betriebsabsprache ist ein **Vertrag**. Sie wird wie eine Betriebsvereinbarung, aber **formlos** abgeschlossen. Daher kann sie auch durch ein schlüssiges Verhalten zustande kommen. Dabei ist aber zu berücksichtigen, dass Erklärungen des Betriebsratsvorsitzenden von einem Beschluss des Betriebsrats gedeckt sein müssen, wenn man von dem Fall absieht, dass ihm nach § 27 Abs. 4 die Führung der laufenden Geschäfte übertragen ist und er in ihrem Rahmen eine Erklärung abgibt. Für Erklärungen des Betriebsrats ist daher, auch wenn sie vom Betriebsratsvorsitzenden formlos abgegeben werden, zu beachten, dass sie an die Vorschriften über die Willensbildung in einem Kollegium gebunden sind, insbesondere ein ordnungsgemäß zustande gekommener Beschluss vorliegen muss (*Adomeit,* RdA 1963, 263, 265; zust. *Nikisch,* Bd. III S. 372; *Nipperdey/ Säcker* in *Hueck/Nipperdey,* Bd. II/2 S. 1306; *Dietz,* Probleme des Mitbestimmungsrechts, S. 10; *Richardi,* Kollektivgewalt, S. 285; ebenso *Fitting,* § 77 Rn. 218; GK-*Kreutz,* § 77 Rn. 11; GL-*Löwisch,* § 77 Rn. 103).

3. Rechtswirkungen

228 Die Betriebsabsprache wirkt unmittelbar lediglich zwischen Arbeitgeber und Betriebsrat. Sie hat **keine normative Wirkung** auf den Inhalt der Arbeitsverhältnisse (ebenso BAG 24. 2. 1987 AP BetrVG 1972 § 77 Nr. 21; 14. 2. 1991 AP BGB § 611 Kurzarbeit Nr. 4; *Fitting,* § 77 Rn. 217; GL-*Löwisch,* § 77 Rn. 101; HSWG-*Worzalla,* § 77 Rn. 96).

229 Eine formlose Betriebsabsprache kommt daher nicht in Betracht, wenn eine *normative Gestaltung* erfolgen soll. Das ist vor allem bei der Ausübung des Mitbestimmungsrechts in sozialen Angelegenheiten zu beachten (s. dazu ausführlich § 87 Rn. 75 ff.).

D. Die Betriebsabsprache und sonstige Betriebsregelungen § 77

4. Tarifvorbehalt

Arbeitsentgelte und sonstige Arbeitsbedingungen, die durch Tarifvertrag geregelt sind 230
oder üblicherweise geregelt werden, können nicht Gegenstand einer Betriebsabsprache
sein. Abs. 3 gilt zwar unmittelbar nur für eine Betriebsvereinbarung. Da sein Normzweck aber die Sicherung der Tarifautonomie vor einer konkurrierenden Regelungskompetenz auf betrieblicher Ebene ist, kann man die Sperrwirkung nicht auf die *normative Gestaltung* durch Betriebsvereinbarung beschränken, sondern muss sie auf die *Gestaltungsbefugnis* der Betriebspartner beziehen (s. Rn. 292 f.).

5. Beendigung

a) Die Betriebsabsprache endet wie eine Betriebsvereinbarung durch **Zweckerreichung** 231
oder mit **Ablauf der Zeit,** für die sie eingegangen ist. Sie kann durch eine neue **Betriebsabsprache ersetzt** werden; sie kann aber auch **durch eine Betriebsvereinbarung abgelöst** werden.

Die Betriebsabsprache ist schließlich auch **kündbar,** soweit in ihr nichts anderes 232
bestimmt ist oder sich aus dem Zweck ihrer Vereinbarung ergibt. Abs. 5 findet entsprechend Anwendung. Die Betriebsparteien können daher eine Betriebsabsprache mit einer
Frist von drei Monaten kündigen, sofern keine andere Kündigungsfrist vereinbart ist
(ebenso BAG 10. 3. 1992 AP BetrVG 1972 § 77 Regelungsabrede Nr. 1).

Schließlich kann die Betriebsabsprache aus den gleichen tatsächlichen Umständen 233
enden wie eine Betriebsvereinbarung. Hier ist außerdem auch ein Beendigungsgrund der
Wegfall des Betriebsrats; denn die Betriebsabsprache begründet nur Verpflichtungen
eines Betriebspartners gegenüber dem anderen; sie entfaltet keine normative Wirkung
auf die Arbeitsverhältnisse der betriebsangehörigen Arbeitnehmer.

b) Nach Ablauf einer Betriebsabsprache sind Arbeitgeber und Betriebsrat nicht mehr 234
an die in ihr getroffene Regelung gebunden. Da die Betriebsabsprache keine normative
Wirkung entfaltet, findet auch **Abs. 6** auf sie **keine entsprechende Anwendung** (ebenso
GK-*Kreutz,* § 77 Rn. 22; GL-*Löwisch,* § 77 Rn. 105; *Matthes,* MünchArbR § 239
Rn. 103; a. A. *Fitting,* § 77 Rn. 226). Anderenfalls wäre nämlich eine Kündigung ausgeschlossen, wenn die Betriebsabsprache mitbestimmungspflichtige Angelegenheiten
nach § 87 Abs. 1 regelt. In Betracht käme nur die Ersetzung durch eine Betriebsvereinbarung oder Betriebsabsprache oder durch einen Spruch der Einigungsstelle. Das
BAG hat anerkannt, dass die Betriebsparteien auch eine Betriebsabsprache über die
Regelung einer mitbestimmungspflichtigen Angelegenheit i. S. des § 87 Abs. 1 kündigen
können (BAG 10. 3. 1992 AP BetrVG 1972 § 77 Regelungsabrede Nr. 1). Wenn aber
die in der Betriebsabsprache getroffene Regelung nicht wegfallen soll, hat der Arbeitgeber bei einer Neuregelung das Mitbestimmungsverfahren einzuhalten, wie auch umgekehrt der Betriebsrat sie im Mitbestimmungsverfahren erzwingen kann.

II. Allgemeine Arbeitsbedingungen im Betrieb

1. Geltungsgrund

Neben einer Betriebsvereinbarung kann eine betriebseinheitliche Ordnung auf einem 235
Tarifvertrag oder **allgemeinen Vertragsbedingungen** beruhen. Soweit Tarifnormen nicht
unmittelbar und zwingend gelten (§ 4 Abs. 1 TVG), können sie auf Grund einer Einbeziehungsabrede im Arbeitsvertrag Anwendung finden. Wie bei den allgemeinen Vertragsbedingungen die nicht zwischen Arbeitgeber und Arbeitnehmer im Einzelnen ausgehandelt, sondern vom Arbeitgeber vorformuliert sind, fallen sie unter die Legaldefinition der Allgemeinen Geschäftsbedingungen i. S. des § 305 Abs. 1 BGB; denn es wird
dort nur darauf abgestellt, dass es sich um für eine Vielzahl von Verträgen vorformulier-

§ 77   Durchführung gemeinsamer Beschlüsse, Betriebsvereinbarungen

te Vertragsbedingungen handelt, die eine Vertragspartei der anderen Vertragspartei bei Abschluss eines Vertrags stellt.

236 Derartige Regelungen gehören nicht dem Kollektivrecht an, sondern sind **Bestandteil des Individualrechts;** sie gelten nur tatsächlich einheitlich im Betrieb, rechtlich ergibt sich ihre Verbindlichkeit aus den **Einzelarbeitsverträgen,** die der Arbeitgeber mit jedem einzelnen Arbeitnehmer abschließt (vgl. BAG [GS] 16. 9. 1986 AP BetrVG 1972 § 77 Nr. 17). Beruhen sie auf einem Tarifvertrag, so findet auf sie bei dessen Einschlägigkeit die AGB-Kontrolle keine Anwendung (§ 310 Abs. 4 Satz 1 BGB). Handelt es sich dagegen um sonstige Vertragsbedingungen, die den Arbeitsverhältnissen zugrunde gelegt werden, so greift die AGB-Kontrolle ein; es sind aber bei ihrer Anwendung die im Arbeitsrecht geltenden Besonderheiten angemessen zu berücksichtigen (§ 310 Abs. 4 Satz 2 BGB; vgl. zu einem Widerrufsvorbehalt BAG 12. 1. 2005 AP BGB § 308 Nr. 1; einem Freiwilligkeitsvorbehalt BAG 25. 4. 2007 AP BGB § 308 Nr. 7; zu Vertragsstrafenabreden BAG 4. 3. 2004 AP BGB § 309 Nr. 3; zu Ausschlussfristen BAG 25. 5. 2005 AP BGB § 310 Nr. 1; 28. 9. 2005 und 28. 11. 2007 AP BGB § 307 Nr. 7 und 33). Das gilt auch, wenn sie auf einer formlosen Betriebsabsprache (Regelungsabrede) mit dem Betriebsrat beruhen; denn die Bereichsausnahme in § 310 Abs. 4 Satz 1 BGB besteht wie für Tarifverträge nur noch für Betriebs- und Dienstvereinbarungen.

2. Günstigkeitsprinzip als Kollisionsnorm

237 Wird eine betriebseinheitliche Regelung auf individualrechtlicher Ebene verbindlich, so gilt für das Verhältnis zur Betriebsvereinbarung das Günstigkeitsprinzip als Kollisionsnorm (s. ausführlich Rn. 141 ff.).

III. Streitigkeiten

238 Streitigkeiten zwischen Arbeitgeber und Betriebsrat darüber, ob eine Betriebsabsprache (Regelungsabrede) vorliegt, die für sie rechtsverbindlich ist, insbesondere darüber, ob durch sie das Mitbestimmungsrecht ausgeübt ist, entscheidet das Arbeitsgericht im Beschlussverfahren (§ 2 a Abs. 1 Nr. 1, Abs. 2 i. V. mit §§ 80 ff. ArbGG). Soweit eine Betriebsabsprache auch für die Rechtsbeziehungen aus dem Arbeitsverhältnis von Bedeutung sein kann (s. § 87 Rn. 76), hat das Arbeitsgericht in dem im Urteilsverfahren auszutragenden Streit über einen Anspruch aus dem Arbeitsverhältnis den Bestand und die Bedeutung der Betriebsabsprache als Vorfrage zu prüfen.

E. Tarifautonomie und Betriebsvereinbarung

I. Vorbemerkung

1. Rechtssystematischer Zusammenhang

239 Die **Aufgaben der Tarifvertragsparteien** werden **durch dieses Gesetz nicht berührt** (§ 2 Abs. 3). Da die Rechtsnormen des Tarifvertrags unmittelbar und zwingend gelten (§ 4 Abs. 1 TVG), sichert bereits die gesetzliche Regelung des Tarifvertragsrechts, dass die Tarifnormen einer abweichenden Vereinbarung der Betriebspartner vorgehen. Nach dem in § 4 Abs. 3 TVG zwingend festgelegten Günstigkeitsprinzip sind abweichende Abmachungen aber zulässig, soweit sie eine Änderung der Regelungen zu Gunsten des Arbeitnehmers enthalten. Das Tarifvertragsrecht schließt deshalb die konkurrierende Zuständigkeit der Betriebspartner nicht aus und nimmt auch keine funktionelle Verteilung ihrer Aufgaben vor. Es verhindert insbesondere nicht, dass Arbeitgeber und Betriebsrat eine tarifvertragliche Gestaltung jeweils nach dem Grundsatz der Günstigkeit überspielen könnten; sie könnten ohne weitere Beschränkung alle Angelegenheiten, für die der Tarifvertrag keine Bestimmungen enthält, auf betrieblicher Ebene ordnen, und sie könnten schließlich die Betriebsvereinbarung zu einem „Ersatztarifvertrag" für die nicht organisierten Arbeitnehmer machen, da die tarifvertraglichen Normen für den Inhalt des Arbeitsverhältnisses nur für die beiderseits tarifgebundenen Arbeitgeber und Arbeitnehmer gelten (§§ 3 Abs. 1, 4 Abs. 1 Satz 1 TVG). Die Tarifautonomie wäre durch eine derart weitgehende Doppelgleisigkeit der betrieblichen Gestaltungsmöglichkeit in ihrer Funktionsfähigkeit entscheidend getroffen, wenn die Rechtsordnung es zuließe, dass die Betriebsvertretung der Arbeitnehmer sich als deren „Ersatzkoalition" betätigen könnte; denn die Gewerkschaften beziehen ihre Macht aus der Zahl ihrer freiwilligen Mitglieder, sie sind auf sie angewiesen, um ihre Ordnungsaufgabe zur Regelung der Arbeits- und Wirtschaftsbedingungen wahrzunehmen.

Deshalb sichert Abs. 3 durch den **Tarifvorbehalt** den Gewerkschaften den Initiativvorrang: Arbeitsentgelte und sonstige Arbeitsbedingungen, die durch Tarifvertrag geregelt sind oder üblicherweise geregelt werden, können ohne ausdrückliche Zulassung im Tarifvertrag nicht Gegenstand einer Betriebsvereinbarung sein. Ergänzt wird diese Regelungssperre durch den **Tarifvorrang** für die Mitbestimmung nach § 87 Abs. 1: Das Mitbestimmungsrecht des Betriebsrats in sozialen Angelegenheiten ist nur gegeben, soweit eine tarifliche Regelung nicht besteht. **240**

2. Abweichungen von § 59 BetrVG 1952

Abs. 3 entspricht bis auf redaktionelle Änderungen dem § 59 BetrVG 1952. Die Bestimmung wurde aus rechtssystematischen Gründen hier eingefügt. Die vom Wortlaut des § 59 BetrVG 1952 abweichende Formulierung soll verhindern, „dass der persönliche Geltungsbereich von Tarifverträgen auf einem anderen als dem hierfür vorgesehenen Weg der Allgemeinverbindlicherklärung nach dem Tarifvertragsgesetz ausgedehnt wird" (so die Begründung zum RegE, BT-Drucks. VI/1786, S. 47; s. ausführlich Rn. 288 ff.). Von Bedeutung ist weiterhin, dass die Zuständigkeit des Betriebsrats zum Abschluss einer Betriebsvereinbarung nicht nur dann beschränkt ist, wenn Arbeitsentgelte und sonstige Arbeitsbedingungen üblicherweise durch Tarifvertrag geregelt werden, sondern dass der Abschluss einer Betriebsvereinbarung bereits dann nicht mehr zulässig ist, wenn erstmals ein Tarifvertrag über sie abgeschlossen wird (so bereits zu § 59 BetrVG 1952 durch eine den Wortlaut des Gesetzes korrigierende Interpretation *Richardi*, Kollektivgewalt, S. 326 f.). Für das Verhältnis des Tarifvertrags zur Betriebsvereinbarung ist damit das Günstigkeitsprinzip beseitigt: Tarifvertragliche Normen können durch eine Betriebsvereinbarung weder zu Gunsten noch zuungunsten der Arbeitnehmer geändert werden, sofern der Tarifvertrag den Abschluss einer abweichenden Betriebsvereinbarung nicht ausdrücklich gestattet (s. Rn. 278 f.). **241**

3. Forderungen nach Streichung oder Beschränkung des Abs. 3

Um den **Betriebspartnern** einen **Regelungsspielraum gegen den Willen der Tarifvertragsparteien zu öffnen,** wird vielfach empfohlen, den Tarifvorbehalt zu lockern (so vor allem Deregulierungskommission, Marktöffnung und Wettbewerb, 1991, Nr. 197 [S. 149]) oder Abs. 3 überhaupt zu streichen (so *Reuter,* DWiR 1991, 221, 225, der in RdA 1991, 193, 199 f., Abs. 3 wegen Verletzung des Übermaßverbots sogar für unwirksam hält; im Ergebnis bereits de lege lata auch *Schmidt,* Günstigkeitsprinzip, S. 106 ff., 130 f.; ähnlich *Ehmann/Lambrich,* NZA 1996, 346 ff.). Bei Beseitigung des Abs. 3 bliebe jedoch für die beiderseits tarifgebundenen Arbeitsvertragsparteien der Vorrang der Tarifnormen vor der Betriebsvereinbarung nach dem Günstigkeitsprinzip unangetastet (vgl. *Richardi*, Verhandlungen des 61. DJT, Bd. I/B S. 48 f.). Lediglich bei der Nachwirkung der Tarifnormen würde der Wegfall des Tarifvorbehalts seine Bedeutung entfalten (ebenso *Hanau*, FS Börner 1992, S. 729, 736). Vor Ablauf eines Tarifvertrags entfiele **242** daher die Regelungssperre für eine Abweichung zu Lasten der Arbeitnehmer nur gegenüber Außenseitern, für die der Tarifvertrag ohnehin keine Tarifgeltung hat. Ist er aber wie im Regelfall auf Grund einer Einbeziehungsabrede Bestandteil des Arbeitsvertrags, so verbietet das für die Betriebsvereinbarung geltende Günstigkeitsprinzip die Ablösung (s. Rn. 151 ff.).

243 Man gelangt daher zu einer Verlagerung der Regelungsbefugnisse der Tarifvertragsparteien auf die Betriebspartner nur, wenn man die Unabdingbarkeit der Tarifnormen gegenüber Betriebsvereinbarungen begrenzt und zugleich auch die Befugnisse von Arbeitgeber und Betriebsrat gegenüber dem einzelnen Arbeitnehmer durch eine Einschränkung des für das Verhältnis der Betriebsvereinbarung zur Arbeitsvertragsregelung geltenden Günstigkeitsprinzips erweitert. Das Grundrecht der Koalitionsfreiheit verbietet aber dem Gesetzgeber, die Unabdingbarkeit der Tarifnormen gegenüber den Betriebsparteien zu beseitigen; in Betracht kommt nur eine sachlich gebotene Durchbrechung (vgl. *Richardi*, Verhandlungen des 61. DJT, Bd. I/B S. 43 ff.). Auch die der Betriebsautonomie durch das Günstigkeitsprinzip gezogene Schranke kann nicht beseitigt werden; sie ist zumindest in einem Kernbereich verfassungsrechtlich garantiert (s. Rn. 142).

II. Tarifvorbehalt als Zuständigkeitsabgrenzung

1. Normzweck

244 Abs. 3 beschränkt sich nicht nur darauf, wie § 78 Nr. 2 BRG 1920 das Konkurrenzverhältnis zwischen Tarifvertrag und Betriebsvereinbarung zu bestimmen, wenn beide Gestaltungsfaktoren denselben Gegenstand regeln, sondern er hat darüber hinaus wie schon bisher § 59 BetrVG 1952 eine **zuständigkeitsabgrenzende Funktion** (vgl. dazu die amtliche Begründung zu § 65 RegE zum BetrVG 1952 BT-Drucks. I/1546 S. 55 sowie den Ausschussbericht zu § 59 BetrVG 1952, BT-Drucks. I/3585, S. 11). Normzweck ist die **Sicherung der verfassungsrechtlich gewährleisteten Tarifautonomie** vor konkurrierenden Gestaltungen im Rahmen der betriebsverfassungsrechtlichen Mitbestimmungsordnung. Die Regelungssperre dient, wie das BAG formuliert, der „Sicherung der ausgeübten und aktualisierten Tarifautonomie" (BAG [GS] 3. 12. 1991 AP BetrVG 1972 § 87 Lohngestaltung Nr. 51 und 52; so bereits BAG 22. 5. 1979 AP BetrVG 1972 § 118 Nr. 13; 22. 1. 1980 AP BetrVG 1972 § 87 Lohngestaltung Nr. 3; 27. 1. 1987 AP BetrVG 1972 § 99 Nr. 42; 24. 2. 1987 AP BetrVG 1972 § 77 Nr. 21; zuletzt BAG 29. 10. 2002 AP BetrVG 1972 § 77 Tarifvorbehalt Nr. 18; 21. 1. 2003 AP BetrVG 1972 § 21 a Nr. 1; 22. 3. 2005 AP TVG § 4 Geltungsbereich Nr. 26; 30. 5. 2006 AP BetrVG 1972 § 77 Tarifvorbehalt Nr. 23 [Rn. 26]; *Fitting*, § 77 Rn. 67; GK-*Kreutz*, § 77 Rn. 78; ErfK-*Kania*, § 77 Rn. 41; HWK-*Gaul*, § 77 Rn. 48; *Moll*, Tarifvorrang, S. 37; *Richardi*, Betriebsverfassung und Privatautonomie, S. 16 ff.; *Veit*, Zuständigkeit des Betriebsrats, S. 212 ff.).

245 Zu § 59 BetrVG 1952 sah das BAG den Zweck der Regelung darin, den überbetrieblichen Sozialpartnern ein **Monopol zur einheitlichen Gestaltung der materiellen Arbeitsbedingungen** zu verschaffen; dadurch solle sichergestellt werden, dass die Tarifpolitik der Verbände nicht gestört und der Streit um die materiellen Arbeitsbedingungen aus dem Betrieb ferngehalten werde (BAG 6. 3. 1958 und 27. 3. 1963 AP BetrVG [1952] § 59 Nr. 1 und 9; ebenso *Dietz*, § 59 Rn. 1; *Galperin/Siebert*, § 59 Rn. 3; *Neumann-Duesberg*, S. 469; *Wlotzke*, Günstigkeitsprinzip, S. 129 f.; ausführlich *Wiese*, RdA 1968, 41 ff.). Nach anderer Auffassung soll die **Erhaltung der Funktions- und Leistungsfähigkeit der Sozialpartner** der maßgebliche Gesichtspunkt sein (vgl. *Biedenkopf*, Tarifautonomie, S. 282; zust. *Gamillscheg*, Die Differenzierung nach der Gewerkschaftszugehörigkeit, 1966, S. 85; *Wiese*, RdA 1968, 41, 43; ähnlich *Zöllner*, FS Nipperdey 1965, Bd. II S. 699, 703 f., der den Zweck der Bestimmung in der Gewährleistung des Rechtssetzungsmonopols für die Sozialpartner sieht; zust. *Hablitzel*, DB 1971, 2158, 2160 f.).

Mit diesen Begründungen werden jedoch lediglich Teilaspekte des ausschlaggebenden 246
Rechtsgedankens genannt, dass durch Abs. 3 der **Vorrang der auf der Koalitionsfreiheit aufbauenden kollektiven Ordnung der „Arbeitsentgelte und sonstigen Arbeitsbedingungen"** gegenüber der Betriebsautonomie gesichert werden soll (vgl. *Richardi*, Kollektivgewalt, S. 324 f.; *ders.*, Betriebsverfassung und Privatautonomie, S. 17 f.; *Waltermann*, Betriebsvereinbarung, S. 261 f.; *Wank*, RdA 1991, 129, 130).

2. Verhältnis zum Tarifvorrang im Eingangshalbsatz des § 87 Abs. 1

a) Das Konkurrenzproblem wurde bereits für das Verhältnis von § 56 und § 59 247
BetrVG 1952 diskutiert (vgl. für Geltung des § 59 im Rahmen des § 56 BetrVG 1952: *Dietz*, § 56 Rn. 71; *Fitting/Kraegeloh/Auffarth*, § 56 Rn. 12; *Nikisch*, Bd. III S. 381; für Vorrang des § 56 BetrVG 1952: *Strasser*, Betriebsvereinbarung, S. 58; *Höcker*, RdA 1956, 17, 18; *Hilger*, BB 1969, 450). Da aber § 56 Abs. 1 nur *formelle Arbeitsbedingungen* betreffen sollte (s. § 87 Rn. 32 f.), während § 59 nur auf *materielle Arbeitsbedingungen* angewandt wurde (s. Rn. 255), schlossen die beiden Gesetzesbestimmungen einander aus (vgl. BAG 31. 1. 1969 AP BetrVG [1952] § 56 Entlohnung Nr. 5; *Richardi*, Kollektivgewalt, S. 270 Fn. 131; *Hilger*, BB 1969, S. 448, 450). Nachdem § 87 Abs. 1 sich auch auf *materielle Arbeitsbedingungen* bezieht, z. B. auf die vorübergehende Verkürzung oder Verlängerung der betriebsüblichen Arbeitszeit (§ 87 Abs. 1 Nr. 3), und sich auch im Rahmen der Arbeitsentgelte nicht bloß auf die technische, die formelle Seite der Lohnfestsetzung beschränkt (s. dazu § 87 Rn. 32 ff.), kann man, auch wenn man die Sperrwirkung des Abs. 3 auf materielle Arbeitsbedingungen begrenzt, nicht mehr davon ausgehen, dass die beiden Gesetzesbestimmungen einander ausschließen (ebenso *Moll*, Tarifvorrang, S. 34 f.).

Dennoch nehmen die Vertreter der sog. **Vorrangtheorie** an, dass der Tarifvorbehalt in 248
Abs. 3 und der Tarifvorrang im Eingangssatz des § 87 Abs. 1 sich nicht überschneiden; letztere Vorschrift habe vielmehr den Vorrang, so dass unter Abs. 3 keine Arbeitsbedingungen fallen, für die nach § 87 Abs. 1 ein Mitbestimmungsrecht besteht (so vor allem *Säcker*, ZfA-Sonderheft 1972, S. 41, 65 f.; weiterhin *Reuter/Streckel*, Grundfragen, S. 33; *Simitis/Weiss*, DB 1973, 1240, 1247; *Farthmann*, RdA 1974, 65, 71 f.; *Birk*, EzA § 87 BetrVG 1972 Initiativrecht Nr. 2, S. 32; *Reuter*, SAE 1976, 17 f.; aus dem neueren Schrifttum DKK-*Berg*, § 77 Rn. 66; LK-*Löwisch*, § 77 Rn. 61; *Matthes*, MünchArbR § 238 Rn. 66 f.; *Lambrich*, Tarif- und Betriebsautonomie, S. 298 ff.). Die Möglichkeit der Überschneidung ist jedoch bereits im Gesetzestext angelegt. Hält man Abs. 3 auf die in § 87 Abs. 1 genannten Angelegenheiten für nicht anwendbar, so ist auch der Vorrang ihrer tarifvertraglichen Regelung nur unvollkommen gesichert; denn der im Eingangshalbsatz des § 87 Abs. 1 angeordnete Tarifvorrang bezieht sich nur auf die *Mitbestimmung*, nicht auf die *Regelungsbefugnis der Betriebspartner*. Bei Bestehen einer tariflichen Regelung entfällt zwar für die in § 87 Abs. 1 genannten Angelegenheiten das Mitbestimmungsrecht des Betriebsrats; es bliebe aber die Möglichkeit erhalten, durch eine freiwillige Betriebsvereinbarung eine vom Tarifvertrag abweichende Regelung zu treffen, die nach dem Günstigkeitsprinzip auch bei Geltung der Tarifvertragsregelung für die Arbeitsverhältnisse betriebsangehöriger Arbeitnehmer Vorrang hätte.

Wegen dieser Konsequenz vertritt die als **Zwei-Schranken-Theorie** bezeichnete Gegen- 249
meinung die Auffassung, dass Abs. 3 auch auf die in § 87 Abs. 1 genannten Angelegenheiten Anwendung findet (so zunächst h. M, vgl. LAG Berlin, EzA § 87 BetrVG 1972 Nr. 6 = DB 1978, 115; s. Nachw. 6. Aufl. § 77 Rn. 180; aus dem neueren Schrifttum GK-*Kreutz*, § 77 Rn. 118 ff.; *Waltermann*, Betriebsvereinbarung, S. 285 ff.; *Veit*, Zuständigkeit des Betriebsrats, S. 230 ff.; *Heither*, FS Dieterich 1999, S. 231, 239 ff.). Dadurch entsteht zwar ein doppelter Schrankenvorbehalt zu Gunsten der Tarifvertragsparteien; es ist aber gleichwohl missglückt, dies als *Zwei-Schranken-Theorie* zu bezeichnen (so *Säcker*, ZfA-Sonderheft 1972, 41, 64; ebenso auch BAG 24. 2. 1987 AP BetrVG

1972 § 77 Nr. 21). Übersehen wird, dass die Schranken sich auf einen verschiedenen *Gegenstand* beziehen: in Abs. 3 auf die *Regelungsbefugnis der Betriebsparteien,* im Eingangshalbsatz des § 87 Abs. 1 auf das *Mitbestimmungsrecht des Betriebsrats.* Problematisch ist daher vom Standpunkt der Zwei-Schranken-Theorie allein, dass bei nicht bestehender, aber üblicher Tarifvertragsregelung eine Betriebsvereinbarung ausscheidet, obwohl der Betriebsrat nach § 87 Abs. 1 mitzubestimmen hat, weil der Tarifvorrang im Eingangshalbsatz dieser Gesetzesbestimmung nicht eingreift.

250   b) Das **BAG** hat in seinem Grundsatzbeschluss vom 24. 1. 1987 die **Vorrangtheorie übernommen** (AP BetrVG 1972 § 77 Nr. 21). In seinem Beschluss vom 3. 12. 1991 hat der Große Senat diese Auffassung bestätigt (AP BetrVG 1972 § 87 Lohngestaltung Nr. 51 52 [jeweils C I). Der Tarifvorbehalt greift nicht ein, soweit es sich um Angelegenheiten handelt, die nach § 87 Abs. 1 der erzwingbaren Mitbestimmung des Betriebsrats unterliegen (st. Rspr., vgl. BAG 24. 1. 1996, 5. 3. 1997 und 29. 10. 2002 AP BetrVG 1972 § 77 Tarifvorbehalt Nr. 8, 10 und 18; 27. 11. 2002 AP BetrVG 1972 § 87 Tarifvorrang Nr. 34). Abs. 3 Satz 1 enthält demnach eine *verdeckte Regelungslücke,* weil für die Mitbestimmungsausübung gewährleistet ist, dass die Betriebspartner stets eine Betriebsvereinbarung abschließen können (so BAG 24. 1. 1987 AP BetrVG 1972 § 77 Nr. 21 [II 4 b bb]).

251   Hat der Betriebsrat kein Mitbestimmungsrecht, weil die Angelegenheit durch Tarifvertrag geregelt ist, greift also der Eingangshalbsatz des § 87 Abs. 1 ein, so entfällt der Grund für die Nichtanwendung des Abs. 3 (ebenso *Richardi,* Anm. zu BAG AP BetrVG 1972 § 77 Nr. 21; zust. *Matthes,* MünchArbR § 242 Rn. 22). Beim Tarifvorrang, der das Mitbestimmungsrecht verdrängt, gilt daher auch der Tarifvorbehalt, der den Betriebsparteien die Regelungsbefugnis für den Abschluss einer Betriebsvereinbarung nimmt. Wenn eine mitbestimmungspflichtige Angelegenheit durch Tarifvertrag geregelt ist, kann daher eine abweichende oder ergänzende Betriebsvereinbarung nur geschlossen werden, soweit der Tarifvertrag sie ausdrücklich zulässt. Gleiches gilt, soweit die Regelungsmaterie, wie z. B. die Entgelthöhe, nicht der erzwingbaren Mitbestimmung des Betriebsrats unterliegt (vgl. BAG 29. 10. 2002 AP BetrVG 1972 § 77 Tarifvorbehalt Nr. 18).

III. Gegenstand und Voraussetzung der Sperrwirkung

1. Gegenstand der Sperrwirkung

252   Die Sperrwirkung tarifvertraglicher oder tarifüblicher Regelung bezieht sich auf „Arbeitsentgelte und sonstige Arbeitsbedingungen".

253   a) Der Sperrwirkung unterliegen nicht nur **Arbeitsentgelte,** die nach Inhalt und Umfang in einem Gegenseitigkeitsverhältnis zur Arbeitsleistung stehen, sondern sie gilt für alle *vermögenswerten Arbeitgeberleistungen,* also nicht nur für den Lohn und das Gehalt im herkömmlichen Verständnis, sondern auch für sog. zusätzliche Sozialleistungen, wie Gratifikationen, Familienzulagen, Urlaubsgelder und Leistungen einer betrieblichen Altersversorgung. Da der Tarifvorbehalt zur Sicherung der Mitbestimmung eingeschränkt ist (s. Rn. 247 ff.), kann die Entgeltgestaltung zwar auch dann, wenn sie üblicherweise durch Tarifvertrag geregelt wird, Gegenstand einer Betriebsvereinbarung sein, solange eine tarifliche Regelung fehlt. Der Betriebsrat hat aber nach § 87 Abs. 1 Nr. 10 nicht über die Entgelthöhe mitzubestimmen, kann also insbesondere keine Entgeltleistung im Mitbestimmungsverfahren erzwingen (s. § 87 Rn. 832 ff.).

254   Durch Betriebsvereinbarung kann deshalb keine Tariflohnerhöhung vorweggenommen werden (vgl. BAG 30. 5. 2006 AP BetrVG 1972 § 77 Tarifvorbehalt Nr. 23; s. auch Rn. 281 f.).

255   b) Das Gesetz erstreckt die Sperrwirkung neben Arbeitsentgelten auf **sonstige Arbeitsbedingungen.** Unter ihnen waren zu der insoweit gleich lautenden Bestimmung des § 59

E. Tarifautonomie und Betriebsvereinbarung § 77

BetrVG 1952 nach Auffassung des BAG und der überwiegenden Meinung im Schrifttum nur die *materiellen Arbeitsbedingungen* zu verstehen, nicht dagegen die formellen Arbeitsbedingungen, die sich mit der Ordnung des Betriebes und dem damit zusammenhängenden Verhalten der Arbeitnehmer im Betrieb befassen (BAG 16. 9. 1960 AP ArbGG 1953 § 2 Betriebsvereinbarung Nr. 1; 13. 11. 1964 AP BetrVG [1952] § 56 Nr. 25; 21. 2. 1967 AP BetrVG [1952] § 59 Nr. 25; *Dietz,* § 59 Rn. 7 ff.; *Galperin/ Siebert,* § 59 Rn. 6; *Nikisch,* Bd. II S. 400, Bd. III S. 260 f., 277, 385; *Nipperdey/Säcker* in *Hueck/Nipperdey,* Bd. II/2 S. 1397; *Neumann-Duesberg,* S. 469; *Wlotzke,* Günstigkeitsprinzip, S. 134). Nur eine Mindermeinung vertrat die Ansicht, dass mit den „sonstigen Arbeitsbedingungen" die Arbeitsbedingungen gemeint sind, die nicht dem Mitbestimmungsrecht des Betriebsrats nach § 56 BetrVG 1952 unterliegen (so vor allem *Biedenkopf,* Tarifautonomie, S. 285). Dadurch, dass die Bestimmung in § 77 eingefügt und damit anders als bisher der Regelung der Mitbestimmung in sozialen Angelegenheiten vorangestellt wird, ist der Mindermeinung das aus der systematischen Anordnung im Gesetz folgende Argument genommen, es handele sich um die nicht von der Mitbestimmung des Betriebsrats erfassten „sonstigen Arbeitsbedingungen". Dennoch hat diese Auffassung zu § 77 Abs. 3 an Boden gewonnen (s. zur sog. Vorrangtheorie Rn. 248), nicht zuletzt deshalb, weil nach § 87 Abs. 1 auch materielle Arbeitsbedingungen Gegenstand des Mitbestimmungsrechts sein können (s. § 87 Rn. 32 ff.) und daher eine Überschneidung ausgeschlossen wird, wenn man unter den sonstigen Arbeitsbedingungen alle Arbeitsbedingungen versteht, die nicht Gegenstand eines Mitbestimmungsrechts nach § 87 Abs. 1 sind.

Für die Interpretation der sonstigen Arbeitsbedingungen muss Anknüpfungspunkt 256 sein, dass § 59 BetrVG 1952 aus gesetzessystematischen Gründen in § 77 als Abs. 3 eingefügt wurde, dadurch aber keinen anderen Regelungsinhalt erhalten sollte (vgl. Begründung zum RegE, BT-Drucks. VI/1786 S. 47). Aus der Gegenüber- und Zusammenstellung von „Arbeitsentgelten" und „sonstigen Arbeitsbedingungen" in Abs. 3 kann man wie zu § 59 BetrVG 1952 ableiten, dass von der Regelung nur die materiellen Arbeitsbedingungen betroffen werden (so zu § 59 BetrVG 1952 BAG 21. 2. 1967 AP BetrVG [1952] § 59 Nr. 25; ebenso Wiedemann-*Wank,* TVG, § 4 Rn. 572 f.). Dennoch gelangt das BAG in seinem Urteil vom 9. 4. 1991 zu dem Ergebnis, dass der Tarifvorbehalt sich nicht auf sie beschränkt, sondern mit den sonstigen Arbeitsbedingungen **alle Arbeitsbedingungen** gemeint seien (AP BetrVG 1972 § 77 Tarifvorbehalt Nr. 1). Bei tarifvertraglicher Festlegung von Ausschlussfristen soll den Betriebspartnern verwehrt sein, sie in einer Betriebsvereinbarung zu normieren. Im entschiedenen Fall war der Tarifvertrag, der eine Ausschlussfrist vorsah, für allgemeinverbindlich erklärt. Deshalb hätte für die Fallentscheidung genügt, § 4 Abs. 4 Satz 3 TVG heranzuziehen.

2. Tarifvertragliche Regelung als Voraussetzung der Sperrwirkung

a) Die Sperrwirkung tritt anders als nach § 59 BetrVG 1952 nicht erst ein, wenn 257 die tarifliche Regelung üblich ist, sondern schon dann, wenn eine **tarifliche Regelung besteht.** Der Abschluss einer Betriebsvereinbarung ist also bereits dann nicht mehr zulässig, wenn erstmals ein Tarifvertrag über die Arbeitsbedingung abgeschlossen wird.

Für die Sperrwirkung spielt keine Rolle, ob es sich um einen **Verbandstarifvertrag** oder 258 um einen **Firmentarifvertrag** handelt (ebenso BAG 21. 1. 2003 AP BetrVG 2002 § 21a Nr. 1; *Fitting,* § 77 Rn. 80; GK-*Kreutz,* § 77 Rn. 103; *Wiedemann/Wank,* TVG, § 4 Rn. 579; *Moll,* Tarifvorrang, S. 40; a. A. HSWGNR-*Worzalla,* § 77 Rn. 124: Firmentarifverträge fielen nicht unter Abs. 3, da durch ihre Einbeziehung zwar das den Gewerkschaften eingeräumte Monopol gewahrt würde, die Arbeitgeberverbände aber ihrer Monopolstellung entzogen würden, was die überbetriebliche Ordnung der Arbeitsbedingungen zerstören würde; Normzweck der Sperrwirkung ist aber nicht die Erhaltung einer *überbetrieblichen Ordnung*, sondern die Sicherung der *aktualisierten Tarifautonomie;* so zutreffend GK-*Kreutz*, § 77 Rn. 103).

259 b) Da es sich um eine Zuständigkeitsabgrenzung handelt, ist nach dem BAG und der h. L. **keine Voraussetzung, dass der Arbeitgeber tarifgebunden** ist (BAG 24. 1. 1996 AP BetrVG 1972 § 77 Tarifvorbehalt Nr. 8; 21. 1. 2003 AP BetrVG 2002 § 21a Nr. 1; 22. 3. 2005 AP TVG § 4 Geltungsbereich Nr. 26; 10. 10. 2006 AP BetrVG 1972 § 77 Tarifvorbehalt Nr. 24 [Rn. 21]; 26. 8. 2008 AP BetrVG 1972 § 87 Nr. 15 [Rn. 11]; *Brecht*, § 77 Rn. 25; *Fitting*, § 77 Rn. 78; GL-*Löwisch*, § 77 Rn. 81; HSWGNR-*Worzalla*, § 77 Rn. 118; ErfK-*Kania*, § 77 Rn. 40; HWK-*Gaul*, § 77 Rn. 49; *Matthes*, MünchArbR § 238 Rn. 64; *Gamillscheg*, Kollektives Arbeitsrecht, Bd. II S. 782; Wiedemann-*Wank*, TVG, § 4 Rn. 562; *Moll*, Tarifvorrang, S. 42; *Löwisch*, AuR 1978, 97, 107; *Bichler*, DB 1979, 1939, 1940; *v. Friesen*, DB Beil. 1/1980, 14; *Wank*, RdA 1991, 129, 133; – a. A. GK-*Kreutz*, § 77 Rn. 99 f., 118; *Lambrich*, Tarif- und Betriebsautonomie, S. 333 ff.; *Richardi*, FS Schaub 1998, S. 639 ff.; *Ehmann*, FS Zöllner 1998, S. 715 ff.; *Barwasser*, DB 1975, 2275; *Ehmann/Schmidt*, NZA 1995, 193, 196; vgl. auch *Fabricius*, RdA 1973, 126; *Nickel*, ZfA 1979, 394; – bereits zu § 59 BetrVG 1952: *Dietz*, § 59 Rn. 6b; *Galperin/Siebert*, § 59 Rn. 11; *Nikisch*, Bd. II S. 400, Bd. III S. 384; *Neumann-Duesberg*, S. 469; *Wlotzke*, Günstigkeitsprinzip, S. 143 f.; *Zöllner*, FS Nipperdey 1965, Bd. II S. 699, 714; *Schelp*, DB 1962, 1275; *Monjau*, BB 1965, 632, 633; a. A. *Erdmann*, § 59 Rn. 4; *E. R. Huber*, Wirtschaftsverwaltungsrecht, Bd. II S. 529; *Tödtmann*, Das Mitbestimmungsrecht der Arbeitnehmer in sozialen Angelegenheiten [§ 56 BetrVG], 2. Aufl., 1959, S. 41 f.; *Hablitzel*, DB 1971, 2158, 2161).

260 Folgerichtig wird daher angenommen, dass den Tarifvorrang auch nicht durch eine sog. OT-Mitgliedschaft im Arbeitgeberverband ausgewichen werden kann (HWK-*Gaul*, § 77 Rn. 49; a. A. ErfK-*Kania*, § 77 Rn. 40). Damit wird aber ein Arbeitgeber für den Abschluss von Betriebsvereinbarungen mittelbar einem Tarifvertrag unterstellt, für den ihm gegenüber der tarifschließende Arbeitgeberverband keine Tarifzuständigkeit hat. Von der Tarifgebundenheit des Arbeitgebers abzusehen, ist nicht zur Sicherung des verfassungsrechtlich gewährleisteten Tarifvertragssystems notwendig (vgl. *Friese*, Kollektive Koalitionsfreiheit und Betriebsverfassung, S. 330 ff.). Das Gegenteil ist vielmehr richtig; denn es widerspricht der Verfassungsgarantie der Koalitionsfreiheit (Art. 9 Abs. 3 GG), wenn ein Arbeitgeberverband ohne Rücksicht auf die Mitgliedschaft des Arbeitgebers ihm durch Abschluss eines Tarifvertrags die Möglichkeit verschließen kann, eine Betriebsvereinbarung abzuschließen (vgl. *Richardi*, FS Schaub 1998, S. 639 ff.). Die Tarifgebundenheit des Arbeitgebers muss daher gegeben sein, auch wenn sie sich nur noch aus § 3 Abs. 3 TVG ergibt.

261 Dagegen ist **nicht notwendig,** dass die **Arbeitnehmer,** die unter den Geltungsbereich des Tarifvertrags fallen, **tarifgebunden** sind.

262 c) **Keine Voraussetzung** ist, dass die Arbeitsbedingungen **üblicherweise durch Tarifvertrag** geregelt werden. Deshalb ist auch nicht erforderlich, dass die tarifliche Ordnung für die Branche repräsentativ sein muss (ebenso BAG 13. 8. 1980 AP BetrVG 1972 § 77 Nr. 2; s. auch Rn. 271). Wird der Betrieb also von einer tarifvertraglichen Regelung erfasst, so tritt die Sperrwirkung auch ein, wenn sonst in dem Wirtschafts- oder Gewerbezweig, zu dem der Betrieb gehört, keine entsprechenden tarifvertraglichen Regelungen bestehen.

263 Ebenfalls **keine Voraussetzung** ist, dass die **Gewerkschaft,** mit der der Tarifvertrag abgeschlossen wird, **für den Betrieb repräsentativ** ist (ebenso GK-*Kreutz*, § 77 Rn. 102; im Ergebnis auch *Fitting*, § 77 Rn. 79).

264 d) Soweit man mit der h. L. keine Tarifgebundenheit des Arbeitgebers fordert, kommt es entscheidend darauf an, ob der Betrieb unter den **räumlichen** und **betrieblichen Geltungsbereich** des Tarifvertrags fällt, der eine die Sperrwirkung auslösende Bestimmung enthält (vgl. BAG 9. 12. 1997 AP BetrVG 1972 § 77 Tarifvorbehalt Nr. 11; 21. 1. 2003 AP BetrVG 2002 § 21a Nr. 1).

E. Tarifautonomie und Betriebsvereinbarung § 77

Unabhängig davon ist notwendig, dass auch die **Arbeitnehmer**, obwohl deren Tarif- 265
gebundenheit keine Voraussetzung für den Tarifvorbehalt darstellt, unter den **Geltungsbereich des Tarifvertrags** fallen. Die Sperrwirkung tritt deshalb nicht für **außertarifliche
Angestellte** ein (s. zur Begriffsbestimmung § 5 Rn. 187). Die Nichtregelung ist keine
Negativregelung; sie begründet keine Sperrwirkung für eine Gestaltung durch Betriebsvereinbarung (ebenso BAG 22. 2. 1978 AP BetrVG 1972 § 87 Lohngestaltung Nr. 3).

e) Die tarifvertragliche Regelung darf sich **nicht** darin erschöpfen, dem Arbeitgeber 266
das Recht einzuräumen, die **Arbeitsbedingungen einseitig zu regeln** (ebenso *Moll*, Tarifvorrang, S. 42 f.; s. auch § 87 Rn. 164). Der Tarifvorrang stellt nicht die Regelungskompetenz auf Betriebsebene zur Disposition der Tarifvertragsparteien, sondern gibt
eine Zuständigkeitsabgrenzung (ebenso *Wiedemann*, GedS Kahn-Freund 1980, S. 343,
351).

3. Tarifüblichkeit als Voraussetzung der Sperrwirkung

a) Die Sperrwirkung tritt nicht nur ein, wenn eine tarifvertragliche Regelung besteht, 267
sondern auch dann, wenn sie nicht besteht, die Arbeitsentgelte und sonstigen Arbeitsbedingungen aber **üblicherweise durch Tarifvertrag geregelt** werden. Insoweit besteht die
gleiche Rechtslage wie nach § 59 BetrVG 1952. Die Sperrwirkung wird auch ausgelöst,
wenn ein Tarifvertrag eine bestimmte Angelegenheit nicht erfasst, obwohl deren Regelung
üblicherweise durch Tarifvertrag erfolgt (ebenso *Kirchner*, BB 1972, 1279, 1282). Sie
greift dagegen nicht ein, wenn für den Bereich des Arbeitgebers keine Tarifverträge
geschlossen werden (so für eine Gewerkschaft wegen ihrer Doppelstellung als Arbeitgeber
und Gewerkschaft BAG 20. 2. 2001 AP BetrVG 1972 § 87 Lohngestaltung Nr. 107).

b) Für die **Feststellung des Bereichs,** in dem die Arbeitsbedingungen üblicherweise 268
durch Tarifvertrag geregelt werden, hat das BAG zu § 59 BetrVG 1952 auf den Wirt-
schafts- oder Gewerbezweig abgestellt (BAG 16. 9. 1960 AP ArbGG 1953 § 2 Betriebsvereinbarung Nr. 1; 20. 12. 1961 und 1. 2. 1963 AP BetrVG [1952] § 59 Nr. 7 und 8).
Eine klare Abgrenzung ist aber nur möglich, wenn man von dem **Geltungsbereich des
Tarifvertrags** ausgeht, der die Tarifüblichkeit begründet (ebenso *Nikisch*, Bd. III S. 383;
Zöllner, FS Nipperdey 1965, Bd. II S. 699, 711; *Richardi*, SAE 1972, 140; *Cuntz*, Die
Unzulässigkeit von Betriebsvereinbarungen bei bestehender Tarifüblichkeit, Diss. Frank-
furt 1969, S. 65 f.).

Die Tarifvertragsparteien müssen für den **räumlichen Bereich,** zu dem der Betrieb 269
gehört, üblicherweise eine Regelung treffen (vgl. BAG 21. 2. 1967 AP BetrVG [1952]
§ 59 Nr. 26; *Fitting*, § 77 Rn. 90; GK-*Kreutz*, § 77 Rn. 118; *Nikisch*, Bd. III S. 383;
Nipperdey/Säcker in *Hueck/Nipperdey*, Bd. II/2 S. 1399; *Zöllner*, FS Nipperdey 1965,
Bd. II S. 699, 711). Erforderlich ist daher bei **Verbandstarifverträgen,** dass der Betrieb
unter den **betrieblichen Geltungsbereich** der Tarifverträge fällt, die die Tarifüblichkeit
begründen (ebenso *Fitting*, § 77 Rn. 90). Besteht die Tarifüblichkeit nur für Betriebe des
Einzelhandels, so kann ohne weiteres eine Betriebsvereinbarung in Betrieben des Ver-
sandhandels geschlossen werden (vgl. BAG 1. 2. 1963 AP BetrVG § 59 Nr. 8). Die
Tatsache, dass ein Arbeitgeber die Geltung eines Tarifvertrags, von dessen Geltungsbereich er nicht erfasst wird, einzelvertraglich mit seinen Arbeitnehmern vereinbart,
führt nicht dazu, dass in seinem Betrieb Arbeitsbedingungen i. S. des Abs. 3 übliche-
weise tariflich geregelt sind (ebenso BAG 27. 1. 1987 AP BetrVG 1972 § 99 Nr. 42).

Notwendig ist schließlich, dass der Arbeitgeber und die Arbeitnehmer, für deren 270
Arbeitsentgelte und sonstige Arbeitsbedingungen die Sperrwirkung für eine Betriebsvereinbarung eintritt, unter den **fachlichen** und **persönlichen** Geltungsbereich der die Tarifüblichkeit begründenden Tarifverträge fallen (s. Rn. 265).

Soweit nur die Tarifüblichkeit die Sperrwirkung begründet, genügt, wenn man dem 271
hier vertretenen Standpunkt folgt (s. Rn. 260), die **potenzielle Tarifgebundenheit** des
Arbeitgebers (vgl. zur Unterscheidung zwischen aktueller und potenzieller Tarifgebun-

denheit *Nikisch*, Bd. II S. 268 f., 271). Wenn man dagegen wie das BAG und die h. L. keine Tarifgebundenheit des Arbeitgebers fordert (s. Rn. 259), besteht das Problem, ob man verlangen kann, dass die tarifvertragliche Ordnung in ihrem Geltungsbereich für die von ihr erfassten Arbeitnehmer repräsentativ ist (verneinend *Fitting*, § 77 Rn. 90; bejahend ErfK-*Kania*, § 77 Rn. 42, die zwar nicht verlangt, dass die Zahl der in den tarifgebundenen Betrieben regelmäßig beschäftigten Arbeitnehmer größer ist als die Zahl der in den nichttarifgebundenen Betrieben regelmäßig beschäftigten Arbeitnehmern, der aber die Sperrwirkung solchen Tarifverträgen abspricht, denen nach der Zahl der beiderseits Tarifgebundenen keine wesentliche Bedeutung zukommt). Zur Tarifüblichkeit nach § 59 BetrVG 1952 verlangte das BAG, dass die Zahl der in den tarifgebundenen Betrieben regelmäßig beschäftigten Arbeitnehmer größer ist als die Zahl der Arbeitnehmer, die regelmäßig in den nichttarifgebundenen Betrieben beschäftigt werden (BAG 6. 12. 1963 AP BetrVG [1952] § 59 Nr. 23). Damit war mittelbar anerkannt, dass die Tarifgebundenheit des Arbeitgebers für den Tarifvorbehalt eine Rolle spielt. Zu einer stimmigen Lösung gelangt man nur, wenn man für die Sperrwirkung verlangt, dass der Arbeitgeber dem tarifschließenden Arbeitgeberverband angehört. Wird nämlich die Sperrwirkung allein durch die Tarifüblichkeit begründet, so kann nicht verlangt werden, dass der Arbeitgeber aktuell tarifgebunden ist; es ist vielmehr seine potentielle Tarifgebundenheit ausreichend, aber auch erforderlich.

272 Nach dem BAG und der h. L. kann die Tarifüblichkeit durch den Abschluss von **Firmentarifverträgen** begründet werden (BAG 16. 9. 1960 AP ArbGG 1953 § 2 Betriebsvereinbarung Nr. 1; *Fitting*, § 77 Rn. 92; GK-*Kreutz*, § 77 Rn. 117; *Moll*, Tarifvorrang, S. 40; *Zöllner*, FS Nipperdey 1965, Bd. II S. 699, 712). Firmentarifverträge können aber die Tarifüblichkeit nur für Betriebe herbeiführen, für die sie abgeschlossen sind, nicht für andere Betriebe, auch wenn in einem bestimmten geographischen Raum eine Regelung durch den Abschluss von Firmentarifverträgen erfolgt (ebenso BAG 27. 1. 1987 AP BetrVG 1972 § 99 Nr. 42; überholt deshalb BAG 6. 12. 1963 AP BetrVG [1952] § 59 Nr. 23: Anerkennung einer Tarifüblichkeit für die Fußball-Toto-Gesellschaft in Niedersachsen, obwohl für dieses Land ein Tarifvertrag noch nie abgeschlossen war). Verlangt man dagegen wie hier für den Tarifvorbehalt die Tarifgebundenheit des Arbeitgebers (s. Rn. 260), so muss folgerichtig ausscheiden, dass eine auf Firmentarifverträge gestützte Tarifüblichkeit eine Sperrwirkung für den Abschluss von Betriebsvereinbarungen begründet. Es reicht jedenfalls nicht aus, dass ein Arbeitgeber nach § 2 Abs. 1 TVG tariffähig ist und deshalb gemäß § 3 Abs. 1 TVG auch stets potentiell tarifgebunden ist.

273 c) Eine **tarifvertragliche Regelung** ist **üblich,** wenn sie sich *eingebürgert* hat (ebenso LAG Berlin, EzA § 87 BetrVG 1972 Nr. 6, S. 37 = DB 1978, 117, DB 1981, 1730 f.; GK-*Thiele* [3. Bearbeitung], § 77 Rn. 104; HSWG-*Worzalla*, § 77 Rn. 148; *Moll*, Tarifvorrang, S. 40; bereits zu § 59 BetrVG 1952: *Galperin/Siebert*, § 59 Rn. 10; *Nipperdey/Säcker* in *Hueck/Nipperdey*, Bd. II/2 S. 1399). Dabei handelt es sich jedoch nur um eine Faustregel (so zutreffend GK-*Kreutz*, § 77 Rn. 113, der sie deshalb auch für überflüssig hält). Tarifüblichkeit ist anzunehmen, wenn mehrere aufeinander folgende Tarifverträge die gleichen Arbeitsbedingungen erfasst haben. Aber auch der einmalige Abschluss eines Tarifvertrags kann bereits die Tarifüblichkeit begründen, wenn er lange genug gilt (ebenso BAG 6. 12. 1963 AP BetrVG [1952] § 59 Nr. 23; HSWGNR-*Worzalla*, § 77 Rn. 128; *Galperin/Siebert*, § 59 Rn. 10; *Nikisch*, Bd. III S. 383; *Nipperdey/Säcker* in *Hueck/Nipperdey*, Bd. II/2 S. 1399; *Neumann-Duesberg*, S. 471; *Wlotzke*, Günstigkeitsprinzip, S. 139; unklar, soweit die Laufdauer des ersten Tarifvertrags nicht maßgeblich sein soll, aber betont wird, dass Tarifüblichkeit vergangenheitsbezogen sei, GK-*Kreutz*, § 77 Rn. 115). *Zöllner* nimmt Tarifüblichkeit an, wenn „bei Zugrundelegung der durchschnittlichen Laufdauer von Lohntarifverträgen normalerweise ein dreimaliger Abschluss erfolgt wäre" (FS Nipperdey 1965, Bd. II S. 699, 708).

274 d) Die **Tarifüblichkeit entfällt,** wenn die Tarifvertragsparteien einen **Tarifvertrag abgeschlossen** haben, der die **entsprechenden Arbeitsbedingungen nicht mehr regelt**, sofern

E. Tarifautonomie und Betriebsvereinbarung   § 77

sie damit zu erkennen geben, dass sie diese Angelegenheiten nicht mehr regeln wollen. Das ist aber nicht anzunehmen, wenn eine Regelung nur deshalb unterbleibt, weil zurzeit eine Einigung über sie nicht möglich ist. Bleibt es jedoch beim tariflosen Zustand, so verliert die Regelung ihre Tarifüblichkeit, so dass der lediglich noch nachwirkende Tarifvertrag durch eine Betriebsvereinbarung ersetzt werden kann. Richtlinien über die zeitliche Dauer lassen sich nicht aufstellen, insbesondere ist es nicht möglich, die Zeitspanne, bis zu der Tarifüblichkeit bestehen soll, generell nach der Dauer der üblicherweise erfolgten Tarifregelung abzustufen (ebenso *Fitting*, § 77 Rn. 93; GK-*Kreutz*, § 77 Rn. 116; HSWGNR-*Worzalla*, § 77 Rn. 132; a. A. *Meinert*, BB 1976, 1615; vgl. auch *Zöllner*, FS Nipperdey 1965, Bd. II S. 699, 709, nach dem die Tarifüblichkeit spätestens beseitigt wird, wenn derjenige Zeitraum abgelaufen ist, der zur Begründung der Tarifüblichkeit notwendig ist; weiterhin *Cuntz*, Die Unzulässigkeit von Betriebsvereinbarungen bei bestehender Tarifüblichkeit, Diss. Frankfurt 1969, S. 61 ff.). Bei einer schwierigen Regelungsmaterie steht ein über mehrere Jahre dauernder tarifloser Zustand der Annahme einer Tarifüblichkeit nicht entgegen, wenn die Tarifvertragsparteien erkennbar eine neue Regelung anstreben (so LAG Berlin, EzA § 87 BetrVG 1972 Nr. 6 = DB 1978, 115; vgl. auch LAG Berlin, DB 1981, 1730 f.).

Die Üblichkeit tarifvertraglicher Regelung besteht auch dann nicht mehr, wenn eine **Tarifvertragspartei fortfällt** oder sich durch Änderung ihrer Satzung für tarifunfähig oder tarifunzuständig erklärt, so dass die Tarifgebundenheit endet (ebenso GK-*Kreutz*, § 77 Rn. 117; weil wegen Fehlens des bisherigen Tarifpartners ein Neuabschluss nicht zu erwarten sei, *Fitting*, § 77 Rn. 94).   275

Verlangt man wie hier für den Tarifvorbehalt die Tarifgebundenheit des Arbeitgebers (s. Rn. 260), so entfällt die Sperrwirkung für den Abschluss einer Betriebsvereinbarung, wenn der Arbeitgeber aus dem **Arbeitgeberverband ausscheidet,** der den die Tarifüblichkeit begründenden Tarifvertrag abgeschlossen hat. Scheidet er vor Ablauf des Tarifvertrags aus dem Arbeitgeberverband aus, so besteht die Tarifgebundenheit noch nach § 3 Abs. 3 TVG. In diesem Fall kann der Verbandstarifvertrag aber nach seinem Ablauf nicht mehr die Sperrwirkung für den Abschluss einer Betriebsvereinbarung begründen. Es gilt dann insoweit Gleiches wie für den Ablauf eines Firmentarifvertrags (s. auch Rn. 272).   276

IV. Rechtsfolgen der Sperrwirkung

1. Beschränkung der Rechtsetzungsbefugnis durch Betriebsvereinbarung

a) Soweit Arbeitsentgelte und sonstige Arbeitsbedingungen durch Tarifvertrag geregelt sind oder üblicherweise geregelt werden, können sie nur **Gegenstand einer Betriebsvereinbarung** sein, wenn der **Tarifvertrag den Abschluss ergänzender Betriebsvereinbarungen ausdrücklich zulässt** (s. zur Öffnungsklausel in Tarifverträgen Rn. 298 ff.).   277

b) Da die Sperrwirkung anders als nach § 59 BetrVG 1952 nicht erst eintritt, wenn die tarifliche Regelung üblich ist, sondern schon dann, wenn eine tarifliche Regelung besteht, wird für das Verhältnis des Tarifvertrags zur Betriebsvereinbarung das **Günstigkeitsprinzip beseitigt** (ebenso BAG 30. 5. 2006 AP BetrVG 1972 § 77 Tarifvorbehalt Nr. 23; *Fitting*, § 77 Rn. 97; GK-*Kreutz*, § 77 Rn. 129; GL-*Löwisch*, § 77 Rn. 84; HSWGNR-*Worzalla*, § 77 Rn. 134; Wiedemann-*Wank*, TVG, § 4 Rn. 556 ff.; *Richardi*, Verhandlungen des 61. DJT, Bd. I/B, S. 83; a. A. *Schmidt*, Günstigkeitsprinzip, S. 106 ff., 130 f.; *Ehmann/Lambrich*, NZA 1996, 346 ff.). Nach § 59 BetrVG 1952 wurde dies nur bei Tarifüblichkeit angenommen, während sonst für das Verhältnis der Betriebsvereinbarung zum Tarifvertrag das Günstigkeitsprinzip maßgebend sein sollte (vgl. BAG 17. 4. 1959 AP TVG § 4 Günstigkeitsprinzip Nr. 1; 14. 12. 1966 AP BetrVG [1952] § 59 Nr. 27; *Nikisch*, Bd. III S. 295; *Hueck/Nipperdey/Stahlhacke*, TVG, 4. Aufl. 1964, § 4 Rn. 183; *Wlotzke*, Günstigkeitsprinzip, S. 105 f., 119 f.; wie zum geltenden   278

Recht dagegen bereits *Richardi,* Kollektivgewalt, S. 327). Eine Betriebsvereinbarung kann von den Rechtsnormen eines Tarifvertrags trotz § 4 Abs. 3 TVG nicht zugunsten des Arbeitnehmers abweichen, sofern der Tarifvertrag den Abschluss einer Betriebsvereinbarung insoweit nicht ausdrücklich gestattet.

279 Die Sperrwirkung bezieht sich nicht nur auf künftige, nachtarifliche Betriebsvereinbarungen; sie gilt vielmehr auch für **vortarifliche Betriebsvereinbarungen.** Mit Inkrafttreten der tarifvertraglichen Regelung wird eine Betriebsvereinbarung abgelöst; es gilt wegen der in Abs. 3 erfolgten Kompetenzverteilung nicht das Günstigkeitsprinzip, sondern das *Ablösungsprinzip* (ebenso GK-*Kreutz,* § 77 Rn. 132; HSWG-*Worzalla,* § 77 Rn. 154; *Richardi,* Kollektivgewalt, S. 327; *Moll,* Tarifvorrang, S. 51).

2. Reichweite der Sperrwirkung

280 Die Sperrwirkung bezieht sich **nur insoweit** auf „Arbeitsentgelte und sonstige Arbeitsbedingungen", als eine **tarifvertragliche Regelung** über sie besteht oder üblich ist. Ob das der Fall ist, ergibt sich aus dem *Inhalt der Tarifbestimmung* und ist durch *deren Auslegung* festzustellen. Da die Sperrwirkung nur dann nicht besteht, wenn und soweit der Tarifvertrag den Abschluss ergänzender Betriebsvereinbarungen ausdrücklich zulässt (s. dazu auch Rn. 301 ff.), wird nicht nur eine *abweichende,* sondern auch eine *zusätzliche* Regelung ausgeschlossen.

281 a) Durch Betriebsvereinbarung können die **tarifvertraglich festgelegten Löhne und Gehälter nicht erhöht** werden (vgl. BAG 30. 5. 2006 AP BetrVG 1972 § 77 Tarifvorbehalt Nr. 23). Dies gilt auch für die Gewährung allgemeiner, nicht an besondere Voraussetzungen gebundener **Zulagen** (BAG a.a.O.). Nicht unter die Sperrwirkung fällt aber die Anrechnung einer Tariferhöhung auf übertarifliche Zulagen, zumal eine Mitbestimmung nach § 87 Abs. 1 Nr. 10 in Betracht kommen kann (s. § 87 Rn. 790 ff.).

282 Zulagen, die einen bestimmten Zweck verfolgen oder aus bestimmtem Anlass gewährt werden, wie Leistungs- und Sozialzulagen, Schmutz- und Erschwerniszuschläge, Weihnachtsgratifikationen und Jubiläumszuwendungen, werden nicht von der Sperrwirkung erfasst, soweit die tarifvertragliche Ordnung sich nur auf die Arbeitsentgelte bezieht (ebenso BAG 29. 5. 1964 AP BetrVG [1952] § 59 Nr. 24; 14. 11. 1974 AP BetrVG 1972 § 87 Nr. 1; 13. 8. 1980 AP BetrVG 1972 § 77 Nr. 2; 17. 12. 1985 AP BetrVG 1972 § 87 Tarifvorrang Nr. 5; *Fitting,* § 77 Rn. 88; GK-*Kreutz,* § 77 Rn. 111; GL-*Löwisch,* § 77 Rn. 77; *Nikisch,* Bd. III S. 385; *Monjau,* BB 1965, 632; *Zöllner,* FS Nipperdey 1965, Bd. II S. 699, 718; a. A. für Leistungszulagen *Säcker,* BB 1979, 1201, 1204). Bei Anwesenheits- und Pünktlichkeitsprämien handelt es sich um eine verdeckte Lohnzulage, die unter die Sperrwirkung fällt, wenn die Prämie nicht für eine besondere Leistung oder ein besonderes Verhalten des Arbeitnehmers, sondern lediglich für die Erfüllung seiner Pflichten aus dem Arbeitsverhältnis gewährt wird (ebenso BAG 29. 5. 1964 AP BetrVG [1952] § 59 Nr. 24; GK-*Kreutz,* § 77 Rn. 93).

283 Wird der **Zeitlohn durch Tarifvertrag geregelt** oder üblicherweise geregelt, so wird dadurch eine Betriebsvereinbarung über die **Entgeltsätze beim Akkord- oder Prämienlohn** nicht ausgeschlossen; hier besteht dann sogar ein Mitbestimmungsrecht nach § 87 Abs. 1 Nr. 11 (s. dort Rn. 873 ff.; wie hier hinsichtlich der Sperrwirkung: BAG 18. 3. 1964 AP BetrVG [1952] § 56 Entlohnung Nr. 4; *Schelp,* DB 1962, 1275, 1276; *Zöllner,* FS Nipperdey 1965, Bd. II S. 699, 718). Die Sperrwirkung tritt nur ein, wenn die Beschränkung der tariflichen Regelung auf den Zeitlohn zugleich bedeutet, dass eine Akkord- oder Prämienentlohnung ausgeschlossen sein soll. Eine Betriebsvereinbarung über eine Erschwerniszulage ist ebenfalls nicht zulässig, wenn die Erschwernis als besondere Situation bereits im Tariflohn berücksichtigt ist, etwa durch Abgrenzung der Lohngruppen oder bei der arbeitsanalytischen Bewertung.

284 Eine tarifvertragliche oder tarifübliche Regelung von Löhnen und Gehältern entfaltet dagegen keine Sperrwirkung für eine Betriebsvereinbarung über die zusätzliche Gewäh-

E. Tarifautonomie und Betriebsvereinbarung   § 77

rung von **vermögenswirksamen Leistungen,** obwohl es sich hier um die Gewährung eines Arbeitsentgelts handelt, das dem Arbeitnehmer nur in besonderer Weise zugewandt wird; entscheidend ist aber hier, dass Maßnahmen zur Förderung der Vermögensbildung, wie sich mittelbar aus § 88 Nr. 3 ergibt, als selbständige Regelungsmaterie anzusehen sind, für die eine tarifliche Ordnung die Sperrwirkung nur entfaltet, soweit sie Vorschriften über die Form der Vermögensbildung enthält (s. ausführlich § 88 Rn. 29).

Eine tarifliche oder tarifübliche Arbeitsentgeltregelung versperrt nicht, dass **Modalitä-** 285
ten des Lohnanspruchs durch Betriebsvereinbarung geregelt werden. So können Bestimmungen über *Zeit, Ort* und *Art der Auszahlung* der Arbeitsentgelte getroffen werden, für die der Betriebsrat nach § 87 Abs. 1 Nr. 4 sogar ein Mitbestimmungsrecht hat (s. dort Rn. 410 ff.), und es kann durch Betriebsvereinbarung auch ein Lohnabtretungsverbot festgelegt werden (vgl. BAG 20. 12. 1957 AP BGB § 399 Nr. 1; *Zöllner,* FS Nipperdey 1965, Bd. II S. 699, 718). Nicht unter die Sperrwirkung fällt auch eine Festlegung von Ausschlussfristen oder die Verkürzung der gesetzlichen Verjährungsfristen durch Betriebsvereinbarung (s. auch Rn. 186 ff.).

b) Ist die **regelmäßige Dauer der Arbeitszeit** durch Tarifvertrag geregelt oder wird sie 286
üblicherweise durch Tarifvertrag geregelt, so steht der Tarifvorbehalt, sofern man überhaupt eine Regelungsbefugnis der Betriebspartner insoweit anerkennt (s. Rn. 72), einer Regelung durch Betriebsvereinbarung entgegen. Die tarifvertragliche oder tarifübliche Regelung der regelmäßigen Arbeitszeit entfaltet aber keine Sperrwirkung für die Anerkennung bestimmter Fahrtzeiten eines Außendienstmitarbeiters als Arbeitszeit (so BAG 10. 10. 2006 AP BetrVG 1972 § 77 Tarifvorbehalt Nr. 24) oder für die **vorübergehende Verlängerung** oder **Verkürzung der betriebsüblichen Arbeitszeit** (vgl. BAG 3. 6. 2003 AP BetrVG 1972 § 77 Tarifvorbehalt Nr. 19; zur Einführung von Kurzarbeit bereits BAG 1. 2. 1957 AP SchwbG § 32 Nr. 1). Allerdings kann die Einführung von Mehrarbeit oder Kurzarbeit auch durch Tarifvertrag geregelt sein oder üblicherweise geregelt werden. Dann greift die Sperrwirkung nur bei tariflicher, nicht tarifüblicher Regelung ein; denn im letzteren Fall hat der Betriebsrat nach § 87 Abs. 1 Nr. 3 mitzubestimmen, so dass in diesem Fall, wenn man dem BAG folgt (s. Rn. 250), auch der Abschluss einer Betriebsvereinbarung möglich ist (a. A. zu § 59 BetrVG 1952, aber zum geltenden Recht überholt, weil es damals noch keinen dem § 87 Abs. 1 Nr. 3 BetrVG entsprechenden Mitbestimmungstatbestand gab, BAG 15. 12. 1961 AP BGB § 615 Kurzarbeit Nr. 1).

c) Wird der Urlaub durch Tarifvertrag geregelt, so kann er nicht durch Betriebsver- 287
einbarung verlängert werden. Es kann aber ein **Zusatzurlaub** eingeführt werden, wenn die betriebliche Regelung gegenüber der tariflichen Ordnung besondere Voraussetzungen aufstellt, also einen Zusatzurlaub für Schwerstarbeit oder zur Teilnahme an Bildungsveranstaltungen gewährt oder für Erholungszwecke aus Anlass längerer Betriebszugehörigkeit vorsieht (ebenso LAG Hamm, DB 1979, 2236; *Fitting,* § 77 Rn. 88; *Galperin/ Siebert,* § 59 Rn. 7; *Nikisch,* Bd. III S. 386; *Neumann-Duesberg,* S. 471; *Zöllner,* FS Nipperdey 1965, Bd. II S 699, 718 f.).

3. Übernahme einer tarifvertraglichen Regelung durch Betriebsvereinbarung

Betriebsvereinbarungen, die sich lediglich darauf beschränken, eine **tarifvertragliche** 288
Regelung zu übernehmen, so dass sie für alle Arbeitnehmer im Betrieb gilt, sind unzulässig.

Man nahm zu § 59 BetrVG 1952 fast einhellig an, dass es nicht gegen Sinn und 289
Zweck dieser Bestimmung verstößt, wenn eine Betriebsvereinbarung die tarifvertragliche Regelung lediglich übernimmt und damit auch auf die nichttarifgebundenen Arbeitsverhältnisse erstreckt (vgl. BAG 27. 3. 1963 AP BetrVG [1952] § 59 Nr. 9; *Dietz,* § 59 Rn. 9; *Fitting/Kraegeloh/Auffarth,* § 59 Rn. 12 a; *Galperin/Siebert,* § 59

Rn. 12; *Nikisch,* Bd. II S. 400, Bd. III S. 387; *Nipperdey/Säcker* in *Hueck/Nipperdey,* Bd. II/2 S. 1398; *Neumann-Duesberg,* S. 470). Auch dieser Auffassung stand der klare Wortlaut des § 59 BetrVG 1952 entgegen (vgl. *Richardi,* Kollektivgewalt, S. 274 f.). Daher kann zweifelhaft erscheinen, ob die Abweichung in der Formulierung genügt, um die Bestimmung anders als bisher auszulegen (vgl. *Richardi,* DB 1971, 621, 623; ebenso auch *Buchner,* AG 1971, 135, 140; *Hablitzel,* DB 1971, 2158, 2163; HSWG-*Hess,* [5. Aufl.], § 77 Rn. 162); denn der Gesetzgeber hat darauf verzichtet, eine Bestimmung zu übernehmen, wie sie in den Vorschlägen des DGB zur Novellierung des BetrVG (abgedruckt in AuR 1968, 146) und im „Entwurf eines Gesetzes zur Neuregelung der Betriebsverfassung" der Bundestagsfraktion der SPD vom 16. 12. 1968 (BT-Drucks. V/3658) enthalten war (abgedruckt in RdA 1969, 40). Dort war nämlich ausdrücklich angeordnet: „Betriebsvereinbarungen, welche die Anwendung tariflicher Regelungen auf nicht tarifgebundene Arbeitnehmer ausdehnen, sind unzulässig." Wie sich aus der Begründung zum RegE ergibt, hielt man jedoch den Wortlaut für ausreichend, um zu verhindern, „dass der persönliche Geltungsbereich von Tarifverträgen auf einem anderen als dem hierfür vorgeschlagenen Weg der Allgemeinverbindlicherklärung nach dem Tarifvertragsgesetz ausgedehnt wird" (BT-Drucks. VI/1786, S. 47; vgl. auch den Bericht des BT-Ausschusses für Arbeit und Sozialordnung, *zu* BT-Drucks. VI/2729, S. 11).

290 Damit bestätigt der Gesetzgeber die bisher vertretene Mindermeinung, dass die Sperrwirkung auch für eine Betriebsvereinbarung gilt, die die tarifliche Regelung mit Rechtswirkung für die Außenseiter übernimmt; denn die Betriebsvereinbarung ist nicht dafür *bestimmt* und nicht dazu *geeignet,* eine Allgemeinverbindlicherklärung des Tarifvertrags auf betrieblicher Ebene herbeizuführen (ebenso *Brecht,* § 77 Rn. 24, 28; *Fitting,* § 77 Rn. 98; GK-*Kreutz,* § 77 Rn. 131; GL-*Löwisch,* § 77 Rn. 85; DKK-*Berg,* § 77 Rn. 67; HSWGNR-*Worzalla,* § 77 Rn. 116; *Wiedemann/Wank,* TVG, § 4 Rn. 581 ff.; *Moll,* Tarifvorrang, S. 51 ff.; a. A. *Erdmann/Jürging/Kammann,* § 77 Rn. 67; HSWG-*Hess* [5. Aufl.], § 77 Rn. 162; *Stege/Weinspach/Schiefer,* § 77 Rn. 21; bei fehlender Tarifbindung ArbG Siegburg, DB 1978, 1281; – wie hier schon zu § 59 BetrVG 1952: *Biedenkopf,* Tarifautonomie, S. 281 f.; *Richardi,* Kollektivgewalt, S. 274 f.).

291 Beschränkt man wie hier den Tarifvorbehalt auf den Fall, dass der Arbeitgeber tarifgebunden ist (s. Rn. 260), so steht Abs. 3 nur in diesem Fall einer Übernahme des Tarifvertrags durch Betriebsvereinbarung entgegen. In den anderen Fällen ist die Übernahme eines Tarifvertrags durch Betriebsvereinbarung zulässig, sofern von der Betriebsautonomie gedeckt wird, dass die Betriebspartner eine entsprechende Regelung wie im Tarifvertrag treffen können.

4. Geltung des Tarifvorbehalts für formlose Betriebsabsprachen

292 Die Sperrwirkung bezieht sich nach dem Gesetzestext nur auf Betriebsvereinbarungen, nicht auf formlose Betriebsabsprachen. Deshalb ist zweifelhaft, ob bei tariflicher oder tarifüblicher Regelung Arbeitsentgelte und sonstige Arbeitsbedingungen Gegenstand einer formlosen Betriebsabsprache sein können (bejahend BAG 20. 4. 1999 AP GG Art. 9 Nr. 89 [abl. *Richardi*]; bestätigt BAG 21. 1. 2003 AP BetrVG 1972 § 21 a Nr. 1; *Fitting,* § 77 Rn. 102; *Küchenhoff,* § 77 Rn. 15; GK-*Kreutz,* § 77 Rn. 135; GK-*Wiese,* § 87 Rn. 53; *ders.,* Initiativrecht, S. 33; ErfK-*Kania,* § 77 Rn. 71; Wiedemann-*Wank,* TVG, § 4 Rn. 577; *Kreutz,* Betriebsautonomie, S. 221; *Moll,* Tarifvorrang, S. 55; *Jahnke,* Tarifautonomie, S. 150; *Fischer,* Betriebsvereinbarung, S. 217 f.; *Walker,* FS Wiese 1998, S. 603, 606 f.; *Kirchner,* BB 1972, 1279, 1282; *Heinze,* NZA 1995, 5, 6; *Waltermann,* RdA 1996, 129, 132; *Goethner,* NZA 2006, 303 ff.; zu § 59 BetrVG 1952: *Galperin/Siebert,* § 59 Rn. 14; *Adomeit,* Regelungsabrede, S. 77; *Säcker,* Gruppenautonomie, S. 298 Fn. 169; – verneinend GL-*Löwisch,* § 77 Rn. 91; GK-*Thiele* [3. Bearbeitung], § 77 Rn. 131; *Weiss/Weyand,* § 77 Rn. 36; *Matthes,* MünchArbR § 238

E. Tarifautonomie und Betriebsvereinbarung § 77

Rn. 69; *Gamillscheg,* Kollektives Arbeitsrecht, Bd. I S. 328; *ders.,* FS Stahlhacke 1995, S. 129, 145; *Berg,* FS Kehrmann 1997, S. 271, 276 ff.; *Hanau,* RdA 1973, 281, 285; *Bichler,* DB 1979, 1939, 1940 f.; *Zachert,* RdA 1996, 140, 145; *Annuß,* RdA 2000, 287, 291; *Thon,* NZA 2005, 858, 860; zu § 59 BetrVG 1952: *Dietz,* § 59 Rn. 11; *Schauber,* RdA 1963, 375, 379; *Nikisch,* DB 1964, 622, 623).

Da Normzweck die Sicherung der Tarifautonomie vor einer konkurrierenden Regelungskompetenz auf betrieblicher Ebene ist, kann man die **Sperrwirkung** nicht auf die *normative Gestaltung* durch Betriebsvereinbarung beschränken, sondern muss sie auf die **Gestaltungsbefugnis der Betriebspartner** beziehen (zust. *Annuß,* RdA 2000, 287, 291). Das übersieht das BAG, wenn es darauf abstellt, dass formlose Betriebsabsprachen keine normative Wirkung entfalten (BAG 20. 4. 1999 AP GG Art. 9 Nr. 89). Es ist daher auch nicht stimmig, dass das BAG den Tarifvorbehalt auf Betriebsvereinbarungen beschränkt, ein gegenüber den Tarifvertragsparteien rechtswidriges Verhalten des Arbeitgebers aber annimmt, wenn der Betriebsrat in irgendeiner Form bei der Schaffung oder Realisierung einer tarifwidrigen Arbeitsvertragsregelung aktiv beteiligt war. Es ist deshalb auch nicht überzeugend, wenn das BAG anführt, eine Erstreckung der Sperrwirkung auf formlose Betriebsabsprachen hätte kaum praktische Bedeutung. Sie könnte zwar zur Unwirksamkeit einer Regelungsabrede im Verhältnis zwischen den Betriebsparteien führen; die zur Umsetzung getroffenen Arbeitsverträge würden aber nicht berührt. Diese Rechtsfolgenanordnung trifft zwar zu, spricht aber nicht gegen eine entsprechende Anwendung, vor allem wenn man wie das BAG sogar der Gewerkschaft als Partei des Tarifvertrags einen Unterlassungsanspruch gegen den Arbeitgeber einräumt. 293

Die Sperrwirkung bezieht sich **nicht** auf die **Mitbestimmung.** Soweit nicht zugleich der Tarifvorrang im Eingangshalbsatz des § 87 Abs. 1 eingreift (s. dort Rn. 150 ff.), hat der Betriebsrat mitzubestimmen. Die Mitbestimmung kann durch Betriebsvereinbarung (s. Rn. 19), aber auch durch formlose Betriebsabsprache ausgeübt werden. 294

5. Keine Geltung des Tarifvorbehalts für betriebseinheitliche Regelungen auf individualrechtlicher Ebene

Von der Sperrwirkung werden nicht einheitliche Regelungen von Arbeitsbedingungen erfasst, die auf individualrechtlicher Ebene für die Arbeitsverhältnisse Geltung erlangen, und zwar auch dann nicht, wenn sie lediglich auf einer betrieblichen Übung beruhen (ebenso BAG 13. 8. 1980 AP BetrVG 1972 § 77 Nr. 2; zuletzt BAG 20. 4. 1999 AP GG Art. 9 Nr. 89; 21. 1. 2003 AP BetrVG 1972 § 21a Nr. 1; weiterhin *Fitting,* § 77 Rn. 101; GK-*Kreutz,* § 77 Rn. 134; GL-*Löwisch,* § 77 Rn. 89; Wiedemann-*Wank,* TVG, § 4 Rn. 561; *Nipperdey/Säcker* in *Hueck/Nipperdey,* Bd. II/2 S. 1399; bereits *Richardi,* RdA 1960, 401, 403; a.A. DKK-*Berg,* § 77 Rn. 78; *Denecke,* Anm. zu AP BGB § 242 Betriebliche Übung Nr. 2; *Zeuner,* BB 1957, 647, 649; *Nikisch,* Rechtsgutachten über die Bedeutung des tarifrechtlichen Günstigkeitsprinzips für die Vergütung der Musiker in den Kulturorchestern, Sonderschrift des Deutschen Bühnenvereins, 1963, S. 13; *Monjau,* BB 1965, 632, 633). 295

Deshalb ist es möglich, dass die **Bestimmungen einer unwirksamen Betriebsvereinbarung** trotz des Verbots in Abs. 3 auf **individualrechtlicher** Ebene Geltung erlangen, z. B. wenn sie Inhalt des Einzelarbeitsvertrags werden oder nach den Grundsätzen der Vertrauenshaftung zu einer Bindung des Arbeitgebers führen. Durch die Sperrwirkung wird lediglich verhindert, dass eine Rechtsbindung des Arbeitgebers im Verhältnis zum *Betriebsrat* eintritt, während für das Verhältnis zu den *betroffenen Arbeitnehmern* keine Schranke der Vertragsfreiheit aufgestellt wird. Eine unwirksame Betriebsvereinbarung kann deshalb durch **Umdeutung analog § 140 BGB** zum Inhalt des Einzelarbeitsvertrags der Arbeitnehmer werden (vgl. BAG 23. 8. 1989 AP BetrVG 1972 § 77 Nr. 42; 24. 1. 1996 AP BetrVG 1972 § 77 Tarifvorbehalt Nr. 8; 21. 1. 1997 AP BetrVG 1972 § 77 296

Nr. 64; 5. 3. 1997, 29. 10. 2002 und 30. 5. 2006 AP BetrVG 1972 § 77 Tarifvorbehalt Nr. 10, 18 und 23 [Rn. 34]). Eine unmittelbare Anwendung des § 140 BGB scheidet aus; denn nach dieser Bestimmung müssen zwei Voraussetzungen erfüllt sein: Das nichtige Rechtsgeschäft muss den Erfordernissen eines anderen Rechtsgeschäfts entsprechen, und es muss anzunehmen sein, dass dessen Geltung bei Kenntnis der Nichtigkeit gewollt wäre. Hier geht es aber um die Umdeutung einer Kollektiv- in eine Individualvereinbarung mit Parteiwechsel. Aber auch gegen eine entsprechende Anwendung bestehen Bedenken; denn bei einer Umdeutung in einen Arbeitsvertrag ist die Rechtsbindung des Arbeitgebers enger als bei einer Betriebsvereinbarung, die nach Ablauf keine Nachwirkung entfaltet, soweit es um die Verpflichtung zur Erbringung von Entgeltleistungen geht (vgl. Staudinger-*Roth*, BGB, 13. Aufl. 1996, § 140 Rn. 13).

297 Für die **Umdeutung in entsprechender Anwendung des § 140 BGB** hat das BAG die **folgenden Voraussetzungen aufgestellt:**

- Nur wenn der Erklärung des Arbeitgebers der hypothetische Wille entnommen werden kann, sich für den Fall des Scheiterns der an sich gewollten betriebsverfassungsrechtlichen Regelung vertraglich gegenüber den begünstigten Arbeitnehmern zu binden, kann die Erklärung in ein entsprechend gebündeltes Angebot umgedeutet werden, dessen Annahme regelmäßig keiner besonderen Erklärung der Arbeitnehmer bedarf (§ 151 BGB).
- Das umgedeutete Rechtsgeschäft kann in seinen Rechtswirkungen grundsätzlich nicht weiter gehen als das ursprünglich gewollte Rechtsgeschäft.

Das BAG verweist deshalb darauf, dass wegen der unterschiedlichen Erklärungsempfänger- und Wirkungsebenen der **hypothetische Wille des Arbeitgebers, sich vertraglich gegenüber den begünstigten Arbeitnehmern zu binden,** nur ausnahmsweise anzunehmen ist (BAG 5. 3. 1997 AP BetrVG 1972 § 77 Tarifvorbehalt Nr. 10; vgl. auch *Richardi*, FS Otto 2008, S. 451, 461 f.).

V. Öffnungsklauseln im Tarifvertrag

1. Zulässigkeit tarifvertraglicher Öffnungsklauseln

298 Die **Sperrwirkung** ist **für die Tarifvertragsparteien dispositiv.** Sie tritt nicht ein, „wenn ein Tarifvertrag den Abschluss ergänzender Betriebsvereinbarungen ausdrücklich zulässt" (Abs. 3 Satz 2).

299 Die Tarifvertragsparteien können deshalb in ihre Regelung **Öffnungsklauseln für den Abschluss einer Betriebsvereinbarung** aufnehmen. Sie können dadurch zugleich auch gemäß § 4 Abs. 3 TVG eine Abweichung nicht nur zu Gunsten, sondern auch zu Lasten der Arbeitnehmer zulassen. Für eine Reform des Flächentarifvertrags werden deshalb folgende Möglichkeiten vorgeschlagen:

- Lohntarifverträge beschränken sich auf Bandbreiten, wobei die endgültige Lohnhöhe durch Betriebsvereinbarung festgesetzt wird (Korridorlösung).
- Der Tarifvertrag legt nur einen oberen Grenzwert fest (z. B. eine Lohnerhöhung von 4,3 Prozent), der im Austausch für eine Beschäftigungssicherung oder für eine Flexibilität in der Arbeitszeit gesenkt werden kann (Optionslösung).
- Die Optionslösung kann dadurch eingeschränkt werden, dass nur bestimmte Optionen durch Betriebsvereinbarung festgelegt werden (Menuelösung).
- Der Tarifvertrag kann bei Vorliegen einer konkret festzustellenden Notsituation eine Abweichung durch Betriebsvereinbarung gestatten (Ausnahmeklausel).

300 Die Monopolkommission hat sogar empfohlen, diese Öffnungsklausel als Beschränkung des Tarifvorbehalts im Gesetz zu verankern (vgl. BT-Drucks. 12/8323; zu den Vorschlägen *Richardi*, Verhandlungen des 61. DJT, Bd. I/B S. 18 ff.).

2. Zulassung ergänzender und abweichender Betriebsvereinbarungen

a) Die Tarifvertragsparteien können **ergänzende**, aber auch **abweichende Betriebsvereinbarungen zulassen;** denn sie können auf die Sperrwirkung *verzichten* (ebenso im Ergebnis *Fitting*, § 77 Rn. 121; GK-*Kreutz*, § 77 Rn. 145; HSWGNR-*Worzalla*, § 77 Rn. 144). Deshalb können sie auch festlegen, dass eine ergänzende oder abweichende Betriebsvereinbarung nur bei Erfüllung bestimmter Voraussetzungen abgeschlossen werden kann (ebenso *Fitting*, § 77 Rn. 107), und sie können die Wirksamkeit der Betriebsvereinbarung von ihrer Zustimmung abhängig machen (ebenso *Fitting*, § 77 Rn. 122; GK-*Kreutz*, § 77 Rn. 157; GL-*Löwisch*, § 77 Rn. 87).

b) Der Tarifvertrag muss den Abschluss ergänzender (oder abweichender) Betriebsvereinbarungen **ausdrücklich zulassen.** Das BAG hat zu § 59 BetrVG 1952 betont, dass die Sperrwirkung weit, die ausdrückliche Zulassung ergänzender Betriebsvereinbarungen dagegen eng auszulegen sei (BAG 6. 3. 1958 AP BetrVG § 59 Nr. 1; 16. 9. 1960 AP ArbGG 1953 § 2 Betriebsvereinbarung Nr. 1, 6. 12. 1963 und 21. 2. 1967 AP BetrVG [1952] § 59 Nr. 23 und 26). Mit dieser formalen Auslegungsrichtlinie ist aber wenig gewonnen. Entscheidend ist vielmehr, dass eine Ergänzung (oder Abweichung) durch Betriebsvereinbarung nur dann zulässig ist, „wenn der in Frage kommende Tarifvertrag eine eindeutig positive Bestimmung enthält, nach der der Abschluss ergänzender Betriebsvereinbarungen für zulässig erklärt wird" (BAG AP BetrVG [1952] § 59 Nr. 26). Es genügt also nicht, dass im Wege der ergänzenden Auslegung die Zulassung als hypothetischer Parteiwille ermittelt wird; sie muss vielmehr im Tarifvertrag deutlich zum Ausdruck kommen, auch wenn dies nicht wörtlich geschehen muss (vgl. BAG 29. 10. 2002 AP BetrVG 1972 § 77 Tarifvorbehalt Nr. 18). Es ist also nicht erforderlich, dass der Begriff der Betriebsvereinbarung ausdrücklich genannt wird, sofern der ausdrücklich erklärte Parteiwille dem objektiven Sinn nach bedeutet, dass eine Ergänzung durch Betriebsvereinbarung zugelassen wird (ebenso GK-*Kreutz*, § 77 Rn. 151; HSWGNR-*Worzalla*, § 77 Rn. 143).

c) Die Öffnungsklausel ist eine **Zulassungsnorm.** Sie ist eine Betriebsverfassungsnorm i. S. des § 1 Abs. 1 TVG (BAG 18. 12. 1997 AP KSchG 1969 § 2 Nr. 46). Lässt man die in Abs. 3 Satz 1 angeordnete Sperrwirkung auch eingreifen, wenn der Arbeitgeber nicht tarifgebunden ist (s. Rn. 259), so gilt die Öffnungsklausel folgerichtig auch für Betriebe, deren Arbeitgeber nicht tarifgebunden sind (ebenso *v. Stebut*, RdA 1974, 332, 341).

3. Notwendigkeit einer ausdrücklichen Zulassung nur für den Bereich der Sperrwirkung

Die **ausdrückliche Zulassung** ist **nur erforderlich, soweit** es sich um eine **ergänzende oder abweichende Betriebsvereinbarung** handelt. Ob das der Fall ist, ergibt sich aus dem Inhalt der Tarifbestimmung (s. Rn. 280 ff.). Durch Auslegung des Tarifvertrags muss also zunächst festgestellt werden, ob ein Gegenstand auf Grund der Sperrwirkung des Abs. 3 der Regelung durch Betriebsvereinbarung entzogen ist. Um das zu entscheiden, kann auch im Wege der ergänzenden Auslegung der hypothetische Parteiwille der Tarifvertragsparteien herangezogen werden; insbesondere kann auf den Zweck der tariflichen Regelung abgestellt werden, um zu entscheiden, ob eine Betriebsvereinbarung unter die Sperrwirkung fällt. Erst wenn durch Auslegung des Tarifvertrags die *Sperrwirkung* des Abs. 3 zutreffend abgegrenzt ist, gilt für den *Bereich*, der unter die Sperrwirkung fällt, dass *abweichende* und *ergänzende* Betriebsvereinbarungen nur bei *ausdrücklicher Zulassung* durch den Tarifvertrag wirksam abgeschlossen werden können.

305 Ohne eine ausdrückliche Zulassung kann eine Betriebsvereinbarung auch nicht zur *Konkretisierung* der tariflichen Regelung getroffen werden; denn da eine Betriebsvereinbarung mit einem Tarifvertrag nicht in Widerspruch stehen kann, handelt es sich um eine ergänzende Betriebsvereinbarung, die nur abgeschlossen werden kann, wenn der Tarifvertrag sie ausdrücklich zulässt (vgl. BAG 21. 2. 1967 AP BetrVG [1952] § 59 Nr. 26; a. A. *Galperin/Siebert*, § 59 Rn. 8; *Nipperdey/Säcker* in *Hueck/Nipperdey*, Bd. II/2 S. 1398; *Säcker*, RdA 1967, 370, 373).

4. Geltungsdauer der tarifvertraglichen Ermächtigung

306 Die tarifvertragliche Ermächtigung zum Abschluss einer ergänzenden oder abweichenden Betriebsvereinbarung bleibt bestehen, bis ein **neuer Tarifvertrag** geschlossen worden ist. Wenn der Tarifvertrag lediglich abläuft, entfaltet die Öffnungsklausel eine Nachwirkung gemäß § 4 Abs. 5 TVG (ebenso *Fitting*, § 77 Rn. 123; GK-*Kreutz*, § 77 Rn. 162; DKK-*Berg*, § 77 Rn. 77). Im Nachwirkungszeitraum können daher auch noch vom Tarifvertrag ergänzende oder abweichende Betriebsvereinbarungen geschlossen werden.

5. Geltungsdauer der ergänzenden oder abweichenden Betriebsvereinbarung

307 Von der Geltungsdauer der tarifvertraglichen Öffnungsklausel ist die Geltungsdauer der auf ihrer Grundlage abgeschlossenen Betriebsvereinbarung zu unterscheiden. Sie endet spätestens mit Ablauf des Tarifvertrags bzw. bei dessen Nachwirkung mit Ablauf des Nachwirkungszeitraums (vgl. BAG 25. 8. 1983 AP BetrVG 1972 § 77 Nr. 7; bereits BAG 20. 12. 1961 und 14. 12. 1966 AP BetrVG § 59 [1952] Nr. 7 und 27). Etwas anderes gilt nur, wenn mit Außerkrafttreten des Tarifvertrags bzw. mit Ablauf des Nachwirkungszeitraums auch die Tarifüblichkeit endet.

308 Tritt ein **neuer Tarifvertrag** in Kraft, der die **gleiche Öffnungsklausel** enthält, so gelten, wenn der Tarifvertrag nicht das Gegenteil anordnet oder sich durch Auslegung aus ihm ergibt, die den früheren Tarifvertrag ergänzenden bzw. abweichenden Betriebsvereinbarungen weiter (ebenso GK-*Kreutz*, § 77 Rn. 164; GL-*Löwisch*, § 77 Rn. 88; Wiedemann-*Wank*, TVG, § 4 Rn. 601).

6. Anspruch der Betriebsparteien auf Zulassung einer Öffnung

309 Obwohl im Gesetzestext nicht ausdrücklich abgesichert, haben die Betriebsparteien einen Rechtsanspruch gegen die Tarifvertragsparteien auf Gestattung einer Ergänzung oder Abweichung, wenn die wirtschaftliche Lage des Unternehmens unter Berücksichtigung der sozialen Belange der Arbeitnehmer die Ergänzung oder Abweichung erfordert. Wie im Wirtschaftsrecht muss auch hier gelten, dass marktmächtige Organisationen, wie die Gewerkschaften und Arbeitgeberverbände sie auf dem Arbeitsmarkt darstellen, in ihrem Verhalten Rechtsbindungen unterliegen. Für den Tarifvorbehalt besteht insoweit eine immanente Schranke. Der von der CDU/CSU in den Bundestag eingebrachte, dort aber am Widerstand der SPD gescheiterte Entwurf eines Gesetzes zur Modernisierung des Arbeitsrechts (ArbRModG, BT-Drucks. 15/1182) ging darüber hinaus. Durch Art. 2 Nr. 5 sollte ein neuer § 88a eingefügt werden. Unter der Überschrift „Betriebliches Bündnis für Arbeit" sollte die Möglichkeit eröffnet werden, dass der Betriebsrat oder, falls kein Betriebsrat vorhanden ist, ein von den im Betrieb beschäftigten Arbeitnehmern Beauftragter mit dem Arbeitgeber eine **Vereinbarung zur Beschäftigungssicherung** trifft und dabei von einem für das Unternehmen geltenden Tarifvertrag abweicht. Die Wirksamkeit der Vereinbarung sollte davon abhängen, dass keine Tarifvertragspartei der Vereinbarung widerspricht. Nach der Begründung sollte der Geltungsbereich der Betriebsvereinbarung zur Beschäftigungssicherung auf die tarifgebundenen Arbeit-

nehmer beschränkt sein, wobei hervorgehoben wurde, dass von einer solchen kollektiven Regelung, die eine Abweichung vom Tarifvertrag beinhalte, andere Arbeitnehmer nicht erfasst werden könnten (BT-Drucks. 15/1182, S. 13). Mit dieser Zielsetzung wäre aber eine Gesetzesregelung mit Art. 9 Abs. 3 GG nicht vereinbar gewesen (vgl. *Richardi*, FS Küttner 2006, S. 453, 459 ff.). Bei einer Bezugnahme auf einen Tarifvertrag im Arbeitsvertrag kann nicht ohne weiteres unterstellt werden, dass die Bezugnahme auch eine Abweichung durch Betriebsvereinbarung deckt.

VI. Rechtsfolgen bei einem Verstoß gegen die Sperrwirkung

Bei einem Verstoß gegen die Sperrwirkung ist die Betriebsvereinbarung **unwirksam**. **310** Der Tarifvorbehalt ist keine Verbotsnorm i. S. des § 134 BGB (vgl. BAG 20. 4. 1999 AP BetrVG 1972 § 77 Tarifvorbehalt Nr. 12). Die zuständigen Tarifvertragsparteien können deshalb eine Betriebsvereinbarung auch rückwirkend genehmigen. Die Genehmigung hat die Qualität einer Öffnungsklausel i. S. des Abs. 3 Satz 2, die rückwirkend in Kraft gesetzt wird (vgl. zum Vertrauensschutz BAG, a. a. O.).

Bei einem Verstoß gegen die Sperrwirkung kann die Betriebsvereinbarung – anders als **311** bei einem Verstoß gegen das Schriftformerfordernis – nicht in eine **formlose Betriebsabsprache umgedeutet** werden, die für die Arbeitnehmer die Qualität eines Vertrags zugunsten Dritter hat (ebenso BAG 6. 3. 1958 AP BetrVG [1952] § 59 Nr. 1); denn die Sperrwirkung erstreckt sich nach dem hier vertretenen Standpunkt auch auf eine formlose Betriebsabsprache (s. Rn. 292 f.). Für die Mitbestimmungsausübung spielt das Problem keine Rolle, weil der hier niedergelegte Tarifvorbehalt im Bereich des § 87 Abs. 1 keine Anwendung findet (s. Rn. 294). Wenn man dagegen der Auffassung ist, dass Abs. 3 nicht formlose Betriebsabsprachen in den Tarifvorbehalt einbezieht, stellt sich das Problem einer Umdeutung. Allerdings eröffnet man dadurch die Möglichkeit tarifwidriger Regelungen auf Betriebsebene. Auch wenn man entgegen dem BAG keinen Unterlassungsanspruch anerkennt (s. Rn. 315 ff.), zeigt diese Konsequenz die Richtigkeit der hier vertretenen Auffassung. Der Arbeitgeber ist deshalb nicht verpflichtet, Leistungen auf Grund einer unwirksamen Betriebsvereinbarung zu erbringen. Er kann sie aber nicht zurückfordern, wenn er gewusst hat, dass er zur Leistung nicht verpflichtet war (§ 814 BGB).

Möglich ist, wenn auch nur in besonders gelagerten Ausnahmefällen, dass Bestim- **312** mungen einer unwirksamen Betriebsvereinbarung auf *individualrechtlicher Ebene* Geltung erlangen (s. auch Rn. 296 f.). Der Betriebsrat handelt, wenn er die Betriebsvereinbarung abschließt, nicht als Vertreter der einzelnen Arbeitnehmer; denn abgesehen davon, dass die Sperrwirkung des Abs. 3 entgegensteht, ist eine Betriebsvereinbarung nicht eine Bündelung arbeitsvertraglicher Abreden, sondern eine vom Einzelarbeitsvertrag wesensverschiedene Kollektivvereinbarung (ebenso BAG 29. 5. 1964 AP BetrVG [1952] § 59 Nr. 24). Deshalb kann eine individualrechtliche Bindung des Arbeitgebers nur eintreten, wenn die Regelung der Betriebsvereinbarung entweder rechtsgeschäftlich Inhalt des Einzelarbeitsvertrags geworden ist oder als betriebliche Übung auf Grund der Vertrauenshaftung verbindlichen Charakter erlangt.

Arbeitnehmer, die nach der Betriebsvereinbarung nicht zu dem anspruchsberechtigten **313** Personenkreis gehören, können nicht unter Hinweis auf die Nichtigkeit der Betriebsvereinbarung verlangen, dass sie die gleichen Leistungen erhalten, die der Arbeitgeber in Erfüllung der Betriebsvereinbarung anderen Arbeitnehmern erbracht hat; es besteht, da sie die Leistung nicht erhalten haben, keine Rechtsbindung aus betrieblicher Übung, und es kann auch aus dem Gleichbehandlungsgrundsatz kein Anspruch begründet werden, wenn der Arbeitgeber anderen Arbeitnehmern Leistungen in der irrigen Annahme erbringt, hierzu auf Grund der Betriebsvereinbarung verpflichtet zu sein (ebenso BAG 13. 8. 1980 AP BetrVG 1972 § 77 Nr. 2).

VII. Streitigkeiten

314 Einen Streit darüber, ob eine Betriebsvereinbarung wegen Verstoßes gegen Abs. 3 unwirksam ist, entscheidet das Arbeitsgericht im Beschlussverfahren (§ 2 a Abs. 1 Nr. 1, Abs. 2 i. V. mit §§ 80 ff. ArbGG). Doch kann die Nachprüfung auch incidenter im Urteilsverfahren erfolgen, wenn ein Arbeitnehmer unter Berufung auf eine derartige Betriebsvereinbarung Ansprüche erhebt.

315 Bei **Tarifwidrigkeit einer Betriebsregelung** gibt das BAG der **Gewerkschaft** einen **Unterlassungsanspruch** (BAG 20. 4. 1999 AP GG Art. 9 Nr. 89 [abl. *Richardi*]; zust. *Däubler*, AiB 1999, 481 ff.; abl. *Annuß*, RdA 2000, 287, 297; *Berg/Platow*, DB 1999, 2362 ff.; *Buchner*, NZA 1999, 897 ff.; *Löwisch*, BB 1999, 2080 ff.; *H.-P. Müller*, DB 1999, 2310 ff.; *Trappehl/Lambrich*, NJW 1999, 3217 ff.; *Richardi*, DB 2000, 42, 44 ff.; *Thüsing*, DB 1999, 1552 ff.). Die Durchsetzung dieses Anspruchs wird im arbeitsgerichtlichen Beschlussverfahren für möglich erachtet (BAG 13. 3. 2001 AP ArbGG 1979 § 2 a Nr. 17). Für den negatorischen Rechtsschutz lässt das BAG die bloße Tarifwidrigkeit nicht genügen, sondern verlangt eine Einschränkung oder Behinderung der Koalitionsfreiheit. Es stützt daher den von der Gewerkschaft geltend gemachten Unterlassungsanspruch auf §§ 1004, 823 BGB i. V. mit Art. 9 Abs. 3 GG. Wäre dies richtig, so stünde zugleich fest, dass ein auf dieser Rechtsgrundlage beruhender Anspruch nicht im Beschlussverfahren durchgesetzt werden kann.

316 Der Beschluss des BAG vom 20. 4. 1999 (AP GG Art. 9 Nr. 89) betraf den Fall Burda. Die Gewerkschaft verlangte von der Arbeitgeberseite, es zu unterlassen, Arbeitnehmer untertariflich gegen die Zusicherung einer Beschäftigungsgarantie zu beschäftigen. Das BAG entschied, dass ein solcher Unterlassungsanspruch bestehe, wenn der Arbeitgeber an die Tarifverträge gebunden sei. Ob dies der Fall sei, müsse vom LAG noch festgestellt werden. Dieses stellte aber fest, dass die Arbeitgeberseite nicht tarifgebunden war, und wies deshalb den Antrag ab (LAG Baden-Württemberg 24. 10. 2000 AP TVG § 3 Verbandszugehörigkeit Nr. 18). Die hiergegen gerichtete Rechtsbeschwerde der Gewerkschaft wurde kurz vor dem Termin zur mündlichen Anhörung der Beteiligten vor dem BAG zurückgenommen und das Rechtsbeschwerdeverfahren daraufhin eingestellt (BAG vom 19. 2. 2002 – 4 ABR 4/01).

§ 78 Schutzbestimmungen

[1] Die Mitglieder des Betriebsrats, des Gesamtbetriebsrats, des Konzernbetriebsrats, der Jugend- und Auszubildendenvertretung, der Gesamt-Jugend- und Auszubildendenvertretung, der Konzern-Jugend- und Auszubildendenvertretung, des Wirtschaftsausschusses, der Bordvertretung, des Seebetriebsrats, der in § 3 Abs. 1 genannten Vertretungen der Arbeitnehmer, der Einigungsstelle, einer tariflichen Schlichtungsstelle (§ 76 Abs. 8) und einer betrieblichen Beschwerdestelle (§ 86) sowie Auskunftspersonen (§ 80 Abs. 2 Satz 3) dürfen in der Ausübung ihrer Tätigkeit nicht gestört oder behindert werden. [2] Sie dürfen wegen ihrer Tätigkeit nicht benachteiligt oder begünstigt werden; dies gilt auch für ihre berufliche Entwicklung.

Schrifttum: *Lipp*, Honorierung und Tätigkeitsschutz von Betriebsratsmitgliedern, Diss. Passau 2008; *Rieble*, Gewerkschaftsnützige Leistungen an Betriebsräte, BB 2009, 1016; *Schweibert/Buse*, Rechtliche Grenzen der Begünstigung von Betriebsratsmitgliedern – Schattenbosse zwischen „Macht und Ohnmacht", NZA 2007, 1080; *Wolke*, Die Bekanntgabe der Betriebsratskosten durch den Arbeitgeber und dessen Recht auf freie Meinungsäußerung im Betrieb (Diss. Kiel), 2000.

Übersicht

	Rn.
I. Vorbemerkung	1
II. Zweck der Vorschrift	2
III. Geschützter Personenkreis	3
1. Einzelaufzählung	3
2. Schutz des Betriebsrats und der sonstigen Einrichtungen als Institution	8
3. Mitglieder der Wahlvorstände und Wahlbewerber	9
4. Gewerkschaftsbeauftragte	10
IV. Verbot der Störung und der Behinderung	11
1. Verbot gegen jedermann	11
2. Behinderung oder Störung	12
3. Weisung innerhalb des Arbeitsverhältnisses und Amtstätigkeit	18
V. Verbot der Benachteiligung und der Begünstigung	19
1. Abgrenzung vom Verbot der Störung und Behinderung	19
2. Benachteiligung	20
3. Bevorzugung	26
VI. Rechtsfolgen eines Verstoßes	34
VII. Streitigkeiten	39

I. Vorbemerkung

1 Die Vorschrift gibt eine allgemeine Schutzbestimmung, die im Wesentlichen § 53 BetrVG 1952 entspricht. Ihr Geltungsbereich wurde ausdrücklich auf die Mitglieder aller nach dem BetrVG möglichen Institutionen ausgedehnt, und es wurde der Hinweis auf die berufliche Entwicklung in den Gesetzestext aufgenommen (vgl. Begründung des RegE, BT-Drucks. VI/1786, S. 47). Durch das **BetrVerf-Reformgesetz** v. 23. 7. 2001 (BGBl. I S. 1852) wurde im Zuge der Neufassung des § 3 Abs. 1 auch der hierauf gerichtete Verweis neu gefasst; die vom Betriebsrat hinzugezogenen Auskunftspersonen und die neu geschaffene Konzern-Jugend- und Auszubildendenvertretung wurden in den Schutzbereich des § 78 einbezogen.

1a Entsprechende Vorschriften: § 8 BPersVG, § 3 Abs. 3 SprAuG und § 40 EBRG.

II. Zweck der Vorschrift

2 Die Vorschrift enthält einen allgemeinen Grundsatz, der überall in der Mitbestimmungsordnung gilt (vgl. für das Personalvertretungsrecht §§ 8, 107 BPersVG; für die unternehmensbezogene Mitbestimmung § 26 MitbestG). Normzweck ist die **Sicherung der Unabhängigkeit der Amtsausübung.** Wer eine Funktion in der betriebsverfassungsrechtlichen Mitbestimmungsordnung wahrnimmt, darf darin nicht gestört oder behindert werden, und er darf wegen seiner Tätigkeit weder benachteiligt noch begünstigt werden, weil anderenfalls die vom Gesetz geschaffene Mitbestimmungsordnung nicht funktionieren kann. Das hier aufgestellte Verbot wird durch §§ 37, 38 sowie durch den besonderen Kündigungsschutz im Rahmen der Betriebsverfassung gemäß § 103 i. V. mit §§ 15, 16 KSchG und durch § 78a konkretisiert. Die Bestimmung greift deshalb nur subsidiär ein, wenn eine Sonderregelung nicht erfolgt ist. Sie ist – zusammen mit § 119 und § 15 KSchG – ausreichend für die Umsetzung der Pflichten aus Art. 7 der Richtlinie 2002/14/EG zur Festlegung eines allgemeinen Rahmens für die Unterrichtung und Anhörung der Arbeitnehmer (s. auch *Reichold*, NZA 2003, 289, 298; strenger *Giesen*, RdA 2000, 298). Hierdurch wird dafür Sorge getragen, „dass die Arbeitnehmervertreter bei der Ausübung ihrer Funktion einen ausreichenden Schutz und ausreichende Sicherheiten genießen, die es ihnen ermöglichen, die ihnen übertragenen Aufgaben in angemessener Weise wahrzunehmen."

III. Geschützter Personenkreis

1. Einzelaufzählung

3 a) Der Gesetzestext zählt im Einzelnen auf, wer unter die Schutzbestimmungen fällt; es besteht also **keine Generalklausel** wie in §§ 8, 107 BPersVG, die den Schutz allgemein auf Personen, die Aufgaben oder Befugnisse nach dem Personalvertretungsrecht wahrnehmen, beziehen.

4 Unter die Vorschrift fallen die Mitglieder des Betriebsrats, des Gesamtbetriebsrats, des Konzernbetriebsrats, der Jugend- und Auszubildendenvertretung, der Gesamt-Jugend- und Auszubildendenvertretung, Konzern-Jugend- und Auszubildendenvertretung, der Bordvertretung und des Seebetriebsrats. Dass der Gesetzgeber ausdrücklich die Mitglieder des Gesamtbetriebsrats und des Konzernbetriebsrats nennt und auch die Gesamt- und Konzern-Jugend- und Auszubildendenvertretung erwähnt, obwohl deren Mitglieder stets Mitglieder eines Betriebsrats bzw. einer Jugend- und Auszubildendenvertretung sind, soll lediglich klarstellen, dass dieser Personenkreis auch in der Ausübung ihrer Amtstätigkeit als Mitglieder des Gesamtbetriebsrats, des Konzernbetriebsrats, der Gesamt-Jugend- und Auszubildendenvertretung und der Konzern-Jugend- und Auszubildendenvertretung nicht gestört oder benachteiligt werden darf.

5 Zu dem geschützten Personenkreis gehören weiterhin die Mitglieder des Wirtschaftsausschusses und der durch Tarifvertrag oder Betriebsvereinbarung geschaffenen zusätzlichen betriebsverfassungsrechtlichen Vertretungen der Arbeitnehmer (§ 3 Abs. 1 Nr. 4 und 5) sowie die Mitglieder einer durch Tarifvertrag oder Betriebsvereinbarung an Stelle eines Betriebsrats errichteten anderen Vertretung der Arbeitnehmer (§ 3 Abs. 1 Nr. 1 bis 3). Ebenfalls geschützt sind die Auskunftspersonen nach § 80 Abs. 2 Satz 3. Wer hierzu zählt kann zuweilen fraglich sein; s. § 80 Rn. 86.

6 Unter die Vorschrift fallen die Mitglieder der Einigungsstelle, einer tariflichen Schlichtungsstelle (§ 76 Abs. 8) und einer betrieblichen Beschwerdestelle (§ 86). Keine Rolle spielt, ob es sich um betriebsfremde Personen handelt (ebenso GK-*Kreutz*, § 78 Rn. 14).

7 b) **Ersatzmitglieder** werden insoweit geschützt, als es sich um ihre Tätigkeit im Betriebsrat oder der ihm gleichgestellten betriebsverfassungsrechtlichen Einrichtung handelt (ebenso *Fitting*, § 78 Rn. 2; GK-*Kreutz*, § 78 Rn. 11; DKK-*Buschmann*, § 78 Rn. 6).

2. Schutz des Betriebsrats und der sonstigen Einrichtungen als Institution

8 § 53 Abs. 1 BetrVG 1952 bezog das Verbot der Störung und der Behinderung auf den Betriebsrat, während Satz 1 die Mitglieder des Betriebsrats nennt. Daraus ergibt sich aber kein Unterschied; denn die Behinderung eines Mitglieds in seiner Amtstätigkeit ist zugleich eine Behinderung der Institution, der es angehört, bei der Erfüllung der ihr obliegenden Amtsaufgaben (ebenso GL-*Löwisch*, § 78 Rn. 8; GK-*Kreutz*, § 78 Rn. 17).

3. Mitglieder der Wahlvorstände und Wahlbewerber

9 Ergänzt wird § 78 durch § 20 Abs. 1 und 2, die für die Betriebsratswahl die entsprechenden Schutzbestimmungen enthalten (s. dort Rn. 2 f.). Deshalb werden die Mitglieder der Wahlvorstände und die Wahlbewerber hier nicht ausdrücklich genannt; aber auch für sie gilt, dass sie in der Ausübung ihrer Tätigkeit bzw. des passiven Wahlrechts nicht gestört oder behindert werden dürfen und dass sie deshalb nicht benachteiligt oder begünstigt werden dürfen.

4. Gewerkschaftsbeauftragte

Keine Bestimmung im Gesetz besteht für Gewerkschaftsbeauftragte, die Aufgaben 10 ihrer Gewerkschaft innerhalb der Betriebsverfassung erfüllen – soweit sie nicht gleichzeitig Auskunftspersonen nach § 80 Abs. 2 Satz 3 sind, was oftmals der Fall sein dürfte. Auf sie ist aber, da sie funktionell eine Betriebsverfassungstätigkeit ausüben, wenn sie Aufgaben oder Befugnisse nach diesem Gesetz wahrnehmen, § 78 entsprechend anzuwenden. Dafür spricht, dass die entsprechende Vorschrift in §§ 8, 107 BPersVG alle Personen, die Aufgaben oder Befugnisse nach dem Personalvertretungsrecht wahrnehmen, in den Schutz einbezieht (vgl. auch *Dietz/Richardi*, BPersVG, § 8 Rn. 7).

IV. Verbot der Störung und der Behinderung

1. Verbot gegen jedermann

Das Verbot der Störung und der Behinderung richtet sich nicht nur gegen den Arbeit- 11 geber und die für ihn handelnden Personen, vor allem die Repräsentanten des Arbeitgebers, die zu den leitenden Angestellten nach § 5 Abs. 3 zählen, sondern es besteht gegenüber jedermann; es richtet sich also auch gegen die übrigen Arbeitnehmer und gegen außerbetriebliche Personen und Stellen. Es besteht deshalb auch gegen eine Gewerkschaft (ebenso GL-*Löwisch*, § 78 Rn. 5; GK-*Kreutz*, § 78 Rn. 19; HSWGNR-*Worzalla*, § 78 Rn. 2). Auch der Betriebsrat als Gremium darf nicht die Tätigkeit einzelner Mitglieder behindern (vgl. HessVGH, PersV 1975, 64).

2. Behinderung oder Störung

a) Die Mitglieder des Betriebsrats und der anderen betriebsverfassungsrechtlichen 12 Einrichtungen dürfen **in ihrer Tätigkeit nicht behindert** oder **gestört** werden. Es darf z. B. auf ein Betriebsratsmitglied kein Druck ausgeübt werden, zurückzutreten, weil es aus seiner Gewerkschaft ausgeschieden ist oder weil es zu einer Frage eine bestimmte Meinung vertritt; jedoch werden dadurch nicht Sanktionen ausgeschlossen, die sich auf die Stellung als Gewerkschaftsmitglied beziehen (ebenso GL-*Löwisch*, § 78 Rn. 5; DKK-*Buschmann*, § 78 Rn. 10; s. auch hier zur Kandidatur auf der Liste einer konkurrierenden Gewerkschaft § 20 Rn. 22 ff.).

Geschützt ist nur die **ordnungsmäßige und pflichtgemäße Betätigung**; es liegt keine 13 Störung der Amtstätigkeit vor, wenn der Arbeitgeber dagegen einschreitet, dass in einer Betriebsversammlung vom Betriebsrat Angelegenheiten behandelt werden, die nicht den Betrieb oder seine Arbeitnehmer unmittelbar betreffen, insbesondere parteipolitische Fragen erörtert werden (ebenso *Fitting*, § 78 Rn. 8; HSWGNR-*Worzalla*, § 78 Rn. 5; *Neumann-Duesberg*, S. 277). Hindert der Arbeitgeber den Betriebsrat daran, seinen Aufgaben- und Zuständigkeitsbereich zu überschreiten, so liegt darin keine unzulässige Behinderung der Betriebsratstätigkeit (vgl. LAG Düsseldorf 7. 10. 1958, BB 1959, 632: Entfernung eines Anschlags des Betriebsrats, in dem er unzulässigerweise gegen eine Anordnung des Arbeitgebers Stellung nimmt; ebenso GL-*Löwisch*, § 78 Rn. 9).

Keine Behinderung der Betriebsratstätigkeit bedeutet die **Bildung eines Gremiums** 14 **gewerkschaftlicher Vertrauensleute** im Betrieb, sofern von ihm nicht Aufgaben wahrgenommen werden, die dem Betriebsrat zustehen.

b) Die Störung oder Behinderung kann sowohl in einem **positiven Tun** wie in einem 15 **Unterlassen** bestehen (ebenso *Fitting*, § 78 Rn. 9; GK-*Kreutz*, § 78 Rn. 27; HSWGNR-*Worzalla*, § 78 Rn. 3; HWK-*Schrader*, § 78 Rn. 4; zu § 8 BPersVG HessVGH, PersV 1975, 64). Sie kann beispielsweise darin liegen, dass der Arbeitgeber den erforderlichen Geschäftsbedarf nicht zur Verfügung stellt (§ 40 Abs. 2), dass er sich weigert, ein

§ 78 Schutzbestimmungen

Mitglied des Betriebsrats im Rahmen des § 37 Abs. 2 von der Arbeit zu befreien oder im Rahmen des § 38 von seiner beruflichen Tätigkeit freizustellen, dass er die Durchführung der Überwachungsaufgabe (§ 80 Abs. 1) erschwert, Mitglieder des Betriebsrats von der Teilnahme an Betriebsratssitzungen abhält oder bei der Einberufung von Betriebs- oder Abteilungsversammlungen Schwierigkeiten bereitet, weiterhin darin, dass Arbeitnehmer des Betriebs Sitzungen des Betriebsrats sprengen, um Druck auszuüben. Eine Behinderung ist aber bei Unterlassen nur gegeben, wenn der Betreffende verpflichtet ist, mitzuwirken. So bedeutet es keine Behinderung, wenn der Arbeitgeber kein Mitglied für die Einigungsstelle benennt (ebenso *Fitting*, § 78 Rn. 11). Handelt es sich um eine Entscheidung, die nach dem Gesetz nicht bindend ist, so kann die Einigungsstelle überhaupt nur im Einverständnis beider Parteien tätig werden. Jeder Partei steht es frei, ihre Mitwirkung zu versagen, wenn sich die Parteien nicht darauf geeinigt haben, dass eine Entscheidung der Einigungsstelle herbeigeführt werden soll. Soweit eine bindende Entscheidung in Betracht kommt, wird die Tätigkeit der Einigungsstelle durch das passive Verhalten der einen Partei nicht gehindert (vgl. § 76 Abs. 5 Satz 2 und dort Rn. 94).

16 c) Eine Störung oder Behinderung i. S. dieser Verbotsvorschrift liegt bereits bei **objektiver Beeinträchtigung** in der Ausübung der Amtstätigkeit vor; Verschulden ist nicht erforderlich (BAG 12. 11. 1997 AP BetrVG 1972 § 23 Nr. 27; LAG Hamburg 6. 10. 2005, AiB 2006, 238 f. ebenso ErfK-*Kania*, § 78 Rn. 4; *Fitting*, § 78 Rn. 12; GL-*Löwisch*, § 78 Rn. 10; GK-*Kreutz*, § 78 Rn. 27 f. (der zusätzlich ein rechtswidriges bzw. pflichtwidriges Verhalten für erforderlich hält); HSWGNR-*Worzalla*, § 78 Rn. 7; jetzt auch *Stege/Weinspach/Schiefer*, § 78 Rn. 4; a. A. *Brecht*, § 78 Rn. 5). Schon dann kann die Beseitigung der Beeinträchtigung verlangt werden oder für den Fall, dass sie nicht mehr besteht, aber eine Wiederholung zu besorgen ist, im arbeitsgerichtlichen Beschlussverfahren festgestellt werden, dass sie zu unterlassen ist. Eine Bestrafung nach § 119 Abs. 1 Nr. 2 setzt dagegen voraus, dass die Tätigkeit des Betriebsrats oder der ihm gleichgestellten betriebsverfassungsrechtlichen Einrichtungen vorsätzlich behindert oder gestört wurde. Dass Vorsatz gegeben sein muss, wird zwar in § 119 Abs. 1 Nr. 2 anders als in § 78 Abs. 1 lit. b BetrVG 1952 nicht mehr ausdrücklich erwähnt; aber nach § 15 StGB ist strafbar nur vorsätzliches Handeln, wenn nicht das Gesetz fahrlässiges Handeln ausdrücklich mit Strafe bedroht (ebenso *Fitting*, § 78 Rn. 13; GL-*Löwisch*, § 119 Rn. 5; GK-*Oetker*, § 119 Rn. 28 f.).

17 d) **Beispiele** einer Störung oder Behinderung hat die **Rechtsprechung** bislang in folgenden Fällen anerkannt:
- Verweigerung des Zugangs einzelner Organmitglieder zum Betriebsgelände, insb. zum Ort der Betriebsratssitzung (BAG 21. 9. 1989 AP BetrVG 1972 § 99 Nr. 72), und zwar auch dann, wenn dem Betriebsratsmitglied gekündigt wurde, der Kündigungsschutzprozess aber noch nicht entschieden ist (ArbG Hamburg 16. 6. 1997, AiB 1997, 659; LAG Hamm 25. 6. 2004 – 10 TaBV 61/04, juris; ausführlich hierzu § 24 Rn. 13 ff.);
- Versetzung eines Betriebsratsmitglieds unter Missachtung der Beteiligungsrechte (BAG 26. 1. 1993 AP BetrVG 1972 § 99 Nr. 102 = AuR 1993, 84);
- öffentlicher Aushang des Arbeitgebers mit der Empfehlung, eine Betriebsversammlung nicht zu besuchen (OLG Stuttgart 9. 9. 1988, BB 1988, 2245) und das Versprechen des Arbeitgebers, dem, der nicht an der Betriebsversammlung teilnimmt, einen halben Tag Urlaub zu gewähren (LAG Baden-Württemberg 30. 4. 1987 BetrR 1987, 420); erst recht das Verbot der Teilnahme an der Betriebsversammlung (ArbG Frankfurt a. M. 2. 3. 1988, AiB 1989, 78);
- Aufforderung an die Betriebsratsmitglieder, den Betriebsratssitzungen fern zu bleiben (ArbG Frankfurt 2. 3. 1988, AuR 1989, 151);
- bereits die bloße arbeitgeberseitige Befragung der Arbeitnehmer zur beabsichtigten Teilnahme an der geplanten Betriebsversammlung, auch wenn die Frage der Planung

IV. Verbot der Störung und der Behinderung § 78

der Produktion dient und in anonymisierter Form stattfindet (ArbG Bremen-Bremerhaven 7. 12. 2005, AiB 2006, 756)
- Veröffentlichung der Kosten der Betriebsratsarbeit durch den Arbeitgeber s. BAG 19. 7. 1995 AP BetrVG § 23 Nr. 25; BAG 12. 11. 1997 AP BetrVG § 23 Nr. 27 [krit. *Bengelsdorf*] – beide Entscheidungen zu weitgehend in der Einschränkung des Informationsrechts und der Meinungsäußerungsfreiheit des Arbeitgebers; dazu auch *Hunold*, BB 1999, 1492; *Bengelsdorf*, FS Hanau, S. 359; *Wolke*, Die Bekanntgabe der Betriebsratskosten); weitergehend aber noch instanzgerichtliche Rechtsprechung: Eine Behinderung auch bereits in Äußerungen des Arbeitgebers zur Betriebsratsarbeit und deren Folgen liegen (Hessisches LAG 31. 7. 2008 – 9/4 TaBV 24/08, juris). Man wird hier zwischen sachlichem Kommentar und Meinungsmache unterscheiden müssen. Was faktengestützt zutrifft, das darf der Arbeitgeber – ein legitimes Interesse an der Kundgabe vorausgesetzt – auch der Belegschaft mitteilen.
- Bewusste Öffnung oder unterlassene Weiterleitung der Post des Betriebsrats durch den Arbeitgeber (ArbG Elmshorn 27. 3. 1991, AiB 1991, 269);
- Bekanntgabe von Fehlzeiten des Betriebsrats durch den Arbeitgeber (ArbG Verden 14. 4. 1989, BB 1989, 1405 = DB 1989, 1580; ArbG Verden 25. 4. 1990, AuR 1990, 389);
- Verweigerung des Zugangs des Betriebsrats zu Arbeitnehmern an ihrem Arbeitsplatz, und zwar auch dann, wenn es sich um der Belegschaft nicht allgemein zugängliche Arbeitsplätze handelt (sehr weitgehend ArbG Hamburg 6. 5. 1997, NZA-RR 1998, 78 = AuR 1997, 374; zu Recht kritisch *Stege/Weinspach/Schiefer*, § 78 Rn. 2);
- Maßregelung der Belegschaft durch an sich zulässige Streichung von Vergünstigungen, weil der Betriebsrat rechtmäßig seine Mitbestimmungsrechte wahrnimmt (ArbG Darmstadt, 24. 3. 1994, AuR 1994, 381). Das muss selbst dann gelten, wenn der Betriebsrat sich rechtswidrig verhält – die Belegschaft ist kein Prügelknabe ihres Betriebsrats;
- Anbrüllen oder Androhung von körperlicher Gewalt gegen Betriebsratsmitglieder (LAG Frankfurt 14. 1. 1999, AuR 2000, 115);
- Sperrung von passwortgesichertem Account des Betriebsrats-Computers, auf dem sich für die Betriebsratsarbeit notwendige Daten befinden (ArbG Düsseldorf 8. 9. 1999, AiB 1999, 648);
- objektive Beeinträchtigung der Betriebsratstätigkeit durch herabsetzenden Äußerungen (LAG Niedersachsen 6. 4. 2004, DB 2004, 1735).
- Ankündigung des Arbeitgebers, er sehe sich gezwungen, zukünftig keine kostenlosen Parkplätze mehr zur Verfügung zu stellen, falls es nicht ohne Einigungsstelle zu einer Einigung über eine Parkplatzregelung komme (Hessisches LAG 31. 7. 2008 – 9/4 TaBV 24/08, juris).
- Die bewusste Zurverfügungstellung einer veralteten Schreibtechnik (zweifelhaft Hessisches LAG 7. 2. 2008 – 9 TaBV 247/07, juris).
- **nicht** die Suspendierung eines Betriebsratsmitglieds von seinen arbeitsvertraglichen Pflichten während eines Kündigungsschutzprozesses, solange der Gekündigte sein betriebsverfassungsrechtliches Mandat weiterhin ausfüllen kann (LAG Hamm 24. 10. 1974, BB 1974, 1638);
- **nicht** die automatische Erfassung der Telefongebühren des Telefons des Betriebsrats und der Zwang des Betriebsrats für alle Ferngespräche die Telefonvermittlung in Anspruch zu nehmen, jedenfalls dann, wenn dies auch sonst im Betrieb üblich ist (BAG 1. 8. 1990 AP ZA-NATO-Truppenstatut Art. 56 Nr. 20)
- **nicht** die Entfernung von beleidigenden oder verleumderischen Aushängen am Schwarzen Brett durch den Arbeitgeber (LAG Düsseldorf 7. 10. 1958, BB 1959, 632).

3. Weisung innerhalb des Arbeitsverhältnisses und Amtstätigkeit

18 Bei der Entscheidung, ob eine Störung oder Behinderung in der Ausübung der Amtstätigkeit vorliegt, muss die **Abgrenzung zwischen der Amtstätigkeit und dem Arbeitsverhältnis** beachtet werden, wie sie in § 37 Abs. 2 getroffen wird und über den engen Anwendungsbereich dieser Bestimmung hinaus allgemein gilt. Der Vorrang der Amtstätigkeit besteht im Verhältnis zu den Pflichten aus dem Arbeitsverhältnis nur insoweit, als er nach Umfang und Art des Betriebs zur ordnungsgemäßen Erledigung der Amtsobliegenheiten erforderlich ist (vgl. auch GK-*Kreutz*, § 78 Rn. 32; *Nikisch*, Bd. III S. 152). Wenn der Arbeitgeber ein Mitglied des Betriebsrats auf Montage schickt, so liegt darin noch keine Behinderung seiner Tätigkeit, mag auch während seiner Abwesenheit eine Betriebsratssitzung stattfinden. Das gilt selbst dann, wenn dies dem Arbeitgeber bekannt ist, allerdings unter der Voraussetzung, dass die Entsendung gerade dieses Mannes aus betrieblichen Gründen zu dieser Zeit nötig war (ebenso ArbG Oberhausen 10. 11. 1953, BB 1954, 97). Erfolgt dagegen die Entsendung auf Montage in der Absicht, den Betreffenden von der Sitzung fernzuhalten, oder könnte der Arbeitgeber ohne weiteres einen anderen Arbeitnehmer schicken, so liegt eine Störung vor. Dass bei legitimen betrieblichen Erfordernissen keine Störung oder Behinderung in der Ausübung der Amtstätigkeit vorliegt, bedeutet aber nicht, dass ein Verstoß nur bei gewollter Beeinträchtigung in Betracht kommt (so aber LAG Kiel 26. 8. 1953, BB 1953, 768 und HSWGNR-*Worzalla*, § 78 Rn. 6, die einen auf die Störung gerichteten Vorsatz verlangen). Es geht hier im Rahmen von § 78 nicht darum, dass die Störung oder Behinderung schuldhaft, d. h. vorwerfbar sein muss (s. Rn. 16). Die besondere Problematik bei dem Konflikt zwischen Amtstätigkeit und Erfüllung der Pflichten aus dem Arbeitsverhältnis ergibt sich daraus, dass der Arbeitgeber aus dem Einzelarbeitsverhältnis legitimiert sein kann, einseitig Weisungen zu treffen, die Wahrnehmung der Betriebsratsaufgaben aber in den Grenzen des § 37 Abs. 2 den Vorrang hat. Nur bei dem Konflikt zwischen Amtstätigkeit und den Pflichten aus dem Arbeitsverhältnis kann es deshalb für die Beeinträchtigung eine Rolle spielen, ob die Beeinträchtigung gewollt ist.

V. Verbot der Benachteiligung und der Begünstigung

1. Abgrenzung vom Verbot der Störung und Behinderung

19 Schützt Satz 1 die Amtstätigkeit, so verbietet Satz 2, die Betriebsratsmitglieder und die Mitglieder der mit dem Betriebsrat gleichgestellten Gremien (s. Rn. 4 f.) wegen ihrer Tätigkeit zu benachteiligen oder zu begünstigen, und zwar gilt dies, wie ausdrücklich bestimmt wird, auch für die berufliche Entwicklung. Das Benachteiligungs- und Begünstigungsverbot bezieht sich also auf die **persönliche Rechtsstellung**. Es richtet sich nicht nur gegen den Arbeitgeber, sondern wie das **Verbot** der Störung und Behinderung **gegen jedermann** (ebenso BAG 10. 6. 1969 AP BetrVG § 37 Nr. 12; s. auch Rn. 11).

2. Benachteiligung

20 a) Jede Form der Benachteiligung ist **verboten**. Eine besondere Konkretisierung findet das Benachteiligungsverbot in §§ 37 Abs. 4, 38 Abs. 3, nach denen das **Arbeitsentgelt** von Mitgliedern des Betriebsrats nicht geringer bemessen werden darf als das Arbeitsentgelt vergleichbarer Arbeitnehmer mit betriebsüblicher beruflicher Entwicklung, in §§ 37 Abs. 5, 38 Abs. 3, nach denen Mitgliedern des Betriebsrats nur Tätigkeiten zugewiesen werden dürfen, die der Tätigkeit vergleichbarer Arbeitnehmer gleichwertig sind, soweit nicht zwingende betriebliche Notwendigkeiten entgegenstehen, und weiterhin in § 38 Abs. 4, nach dem freigestellte Betriebsratsmitglieder von inner- und außerbetrieblichen Maßnahmen der Berufsbildung nicht ausgeschlossen werden dürfen. So-

V. Verbot der Benachteiligung und der Begünstigung § 78

weit diese Bestimmungen nicht auf Grund ausdrücklicher gesetzlicher Anordnung auch auf die Mitglieder anderer betriebsverfassungsrechtlicher Institutionen entsprechend anwendbar sind (vgl. für die Jugend- und Auszubildendenvertretung § 65), ergibt sich ein Schutz aus dem allgemeinen Benachteiligungsverbot. Doch muss hier der **Nachweis** erbracht werden, dass sie wegen ihrer Amtstätigkeit benachteiligt werden (für Arbeitsentgelt: BAG 17. 8. 2005 AP BetrVG 1972 § 37 Nr. 142). Die Benachteiligung muss aber **nicht schuldhaft,** vorwerfbar sein; es genügt, dass wegen der Amtstätigkeit eine Schlechterstellung im Verhältnis zu vergleichbaren Arbeitnehmern mit betriebsüblicher beruflicher Entwicklung eintritt (ebenso GL-*Löwisch*, § 78 Rn. 13; GK-*Kreutz*, § 78 Rn. 46; HWK-*Schrader*, § 78 Rn. 12; *Joost*, MünchArbR § 220 Rn. 129).

b) Das Benachteiligungsverbot des § 78 Satz 2 kann zur **Auslegung** und **Ergänzung** 21 **der im BetrVG enthaltenen Schutzbestimmungen** herangezogen werden (ebenso BAG 10. 6. 1969 AP BetrVG § 37 Nr. 12; vgl. auch BAG 17. 9. 1974 und 23. 6. 1975 AP BetrVG 1972 § 40 Nr. 6 und 10). Kann ein Arbeitnehmer wegen seiner Wahl zum Betriebsratsvorsitzenden nicht mehr auf seinem bisherigen Arbeitsplatz beschäftigt werden und wird er deshalb aus betriebsbedingten Gründen auf einen anderen Arbeitsplatz versetzt, so ist der Arbeitgeber verpflichtet, bei Minderverdienst den Lohn in bisheriger Höhe fortzuzahlen; sollte man Bedenken haben, ob § 37 Abs. 4 für diesen Fall unmittelbar gilt, so ergibt sich dies in jedem Fall aus dem allgemeinen Benachteiligungsverbot (vgl. LAG Düsseldorf 30. 7. 1970, DB 1970, 2035). Da die Benachteiligung nicht schuldhaft sein muss (s. Rn. 20), ist der Arbeitgeber verpflichtet, Aufwendungen zu ersetzen, die einem Betriebsratsmitglied lediglich deshalb entstehen, weil es als Arbeitnehmer wegen seiner Tätigkeit im Betriebsrat Vergünstigungen nicht in Anspruch nehmen kann, die der Arbeitgeber allen Belegschaftsangehörigen gewährt, z. B. die Beförderung mit werkseigenen Bussen zur Arbeitsstätte (vgl. LAG Düsseldorf [Köln] 28. 10. 1968, BB 1969, 1086; s. auch § 40 Rn. 12). Der Ausschluss eines Betriebsratsmitglieds von allgemeinen Zuwendungen des Arbeitgebers, auch wenn auf sie kein Rechtsanspruch besteht, ist bereits nach § 37 Abs. 4 Satz 2 unzulässig.

c) Sowohl unter das Behinderungs- als auch unter das Benachteiligungsverbot fallen 22 Kündigungen, die gegenüber Arbeitnehmern wegen ihrer Tätigkeit als Mitglieder des Betriebsrats oder der sonstigen betriebsverfassungsrechtlichen Einrichtungen ausgesprochen werden. Jedoch braucht für Mitglieder des Betriebsrats, der Jugend- und Auszubildendenvertretung, der Bordvertretung und des Seebetriebsrats sowie für Mitglieder eines Wahlvorstands und für Wahlbewerber nicht auf diese Vorschrift bzw. § 20 Abs. 1 und 2 zurückgegriffen zu werden, weil für sie der besondere Kündigungsschutz im Rahmen der Betriebsverfassung nach §§ 15, 16 KSchG besteht. Durch ihn wird das Verbot der Behinderung und der Benachteiligung für den Fall der Kündigung besonders gestaltet. Für die vom besonderen Kündigungsschutz im Rahmen der Betriebsverfassung nicht erfassten Personen, die hier genannt werden, ergibt sich aber aus § 78 ein **relativer Kündigungsschutz.** Der relative Kündigungsschutz ist jedoch nicht so zu verstehen, dass der besondere Kündigungsschutz im Rahmen der Betriebsverfassung, wie er in §§ 15, 16 KSchG geregelt ist, über seinen Geltungsbereich hinaus ausgedehnt wird (ebenso BAG 13. 10. 1977 AP KSchG 1969 § 1 Nr. 1 Verhaltensbedingte Kündigung [zust. *Pfarr*]). Die Kündigung ist vielmehr nur dann nichtig, wenn sie den Zweck verfolgt, die Personen bei der Wahrnehmung ihrer Aufgaben oder Befugnisse nach diesem Gesetz zu behindern oder zu stören oder wegen ihrer Tätigkeit zu benachteiligen. Die Anordnung der Nichtigkeit ergibt sich aus § 134 BGB, weil das Behinderungs- und Benachteiligungsverbot ein gesetzliches Verbot i. S. dieser Vorschrift ist (ebenso BAG, a. a. O.).

d) Das Benachteiligungsverbot gilt auch für die **berufliche Entwicklung** des geschütz- 23 ten Personenkreises. Der Arbeitgeber muss den Mitgliedern der in § 78 genannten Arbeitnehmervertretungen eine berufliche Entwicklung gewährleisten, die derjenigen entspricht, die sie ohne ihre Amtstätigkeit durchlaufen hätten. Dies gilt grundsätzlich auch für die damit einhergehende Vergütung (BAG 17. 8. 2005 AP BetrVG 1972 § 37

Thüsing 1159

Nr. 142). Ein Angestellter, der als Betriebsratsmitglied von seiner beruflichen Tätigkeit völlig freigestellt ist, darf daher wegen der Nichtausübung seiner Tätigkeit nicht vom sog. Bewährungsaufstieg ausgeschlossen werden (vgl. BAG 15. 5. 1968 AP BAT § 23 a Nr. 1; zum Personalvertretungsrecht BAG 29. 10. 1998 AP BPersVG § 46 Nr. 22 = AuR 1999, 241; s. auch *Hennecke,* RdA 1986, 241). Der Schutzzweck der Norm erfordert, dass in das Benachteiligungsverbot auch solche Maßnahmen einbezogen werden, die einem Betriebsratsmitglied eine konkrete Chance in der beruflichen Entwicklung vereiteln, die sich ohne die Maßregelung dem Arbeitnehmer geboten hätte (so BAG 12. 2. 1975 AP BetrVG 1972 § 78 Nr. 1; s. auch LAG Köln 13. 3. 2002 – 7 (10) Sa 1061/01, AR-Blattei ES 530.8 Nr. 44). Die Weigerung, einen Auszubildenden, der Mitglied der Jugend- und Auszubildendenvertretung oder des Betriebsrats ist, nach Beendigung des Berufsausbildungsverhältnisses in ein Arbeitsverhältnis zu übernehmen, kann daher gegen das Benachteiligungsverbot verstoßen, so dass bereits aus diesem Grund ein Anspruch auf Übernahme in ein Arbeitsverhältnis besteht (vgl. BAG, a. a. O.). Jedoch gilt in diesem Fall die besondere Regelung in § 78 a. Der Rückgriff auf das hier niedergelegte Benachteiligungsverbot kann aber von Bedeutung sein, wenn ein Betriebsratsmitglied lediglich in einem befristeten Arbeitsverhältnis steht; es kann sich aus ihm das Gebot ergeben, das Arbeitsverhältnis fortzusetzen, wenn dies regelmäßig auch bei den anderen Arbeitnehmern in vergleichbarer Lage geschieht (ebenso GL-*Löwisch,* § 78 Rn. 16). Ebenso verstößt die Nichtübernahme eines teilzeitbeschäftigten Betriebsratsmitgliedes in eine Vollzeitbeschäftigung gegen § 78, wenn sie gerade wegen der Betriebsratstätigkeit erfolgt (vgl. LAG Düsseldorf 3. 8. 2007, LAGE § 9 TzBfG Nr. 2).

24 e) Mit dem Benachteiligungsverbot ist vereinbar, wenn bei einer über die gesetzliche Regelung hinausgehenden **Arbeitnehmerbeteiligung in Unternehmensorganen durch Gesellschaftsvertrag oder Satzung** festgelegt wird, dass der **Arbeitnehmerrepräsentant nicht zugleich Mitglied eines Betriebsrats** des Unternehmens sein darf. Darin liegt auch kein Verstoß gegen das Behinderungsverbot; denn durch die Festlegung der Inkompatibilität wird das Betriebsratsmitglied nicht in der Ausübung seiner Tätigkeit als Betriebsratsmitglied behindert. Es kommt vielmehr nur ein Verstoß gegen das Benachteiligungsverbot in Betracht. Wird durch Satzung aber eine Mitbestimmungsordnung etabliert, so muss der Satzungsgeber ebenso frei sein wie der Gesetzgeber bei der Schaffung eines Mitbestimmungsstatuts. Für die Berücksichtigung von Betriebsratsmitgliedern können zwei diametral im Gegensatz stehende Ordnungsgesichtspunkte eine Rolle spielen und entsprechend bei der Gestaltung berücksichtigt werden: Soll einer Aufteilung der Mitbestimmungsfunktionen auf verschiedene Personen entgegengewirkt werden, so kann festgelegt werden, das Mandat in der Unternehmensmitbestimmung mit dem Betriebsratsamt zu verbinden, wie es im Gesetz über die Entsendung von Betriebsratsmitgliedern in den Aufsichtsrat vom 15. 2. 1922 geschehen ist. Das moderne Recht der unternehmensbezogenen Mitbestimmung hat sich allerdings gegen dieses Modell entschieden. Doch sieht kein Mitbestimmungsgesetz vor, dass ein Arbeitnehmervertreter im Aufsichtsrat nicht zugleich auch Betriebsratsmitglied sein kann. Das bedeutet aber keineswegs, dass nicht im Rahmen der Satzungsautonomie bei Schaffung eines Mitbestimmungsstatuts bezweckt werden kann, eine Inkompatibilität festzulegen, um dem Multifunktionärstum entgegenzuwirken. Deshalb ist es zulässig und kann nicht als Verstoß gegen das Benachteiligungsverbot angesehen werden, wenn in einer Satzung für eine autonome Mitbestimmungsordnung vorgesehen wird, dass Arbeitnehmervertreter nicht sein kann, wer zugleich einem Betriebsrat des Unternehmens angehört.

25 Dem Benachteiligungsverbot widerspricht lediglich, wenn einem Betriebsratsmitglied bereits die Wählbarkeit versagt wird, weil es in diesem Fall zum Arbeitnehmervertreter nur kandidieren kann, wenn es zuvor sein Amt als Betriebsratsmitglied niedergelegt hat. Auch dann, wenn es nicht gewählt wird, wäre die Mitgliedschaft im Betriebsrat erloschen; denn die Niederlegung des Amtes kann nicht unter eine Bedingung gestellt

V. Verbot der Benachteiligung und der Begünstigung § 78

werden. Deshalb wird auch vom Zweck des Benachteiligungsverbots erfasst, wenn ein Arbeitnehmer als Betriebsratsmitglied von der Kandidatur für Ämter ausgeschlossen wird, die anderen Arbeitnehmern offen stehen. Dagegen bestehen gegen eine Satzungsbestimmung keine Bedenken, die nicht die Wählbarkeit ausschließt, sondern lediglich sicherstellt, dass das Mandat im Aufsichtsrat nicht zugleich mit einem Betriebsratsamt verbunden werden kann. Das Betriebsratsmitglied stünde für den Fall seiner Wahl vor der Alternative, ob es sein Amt im Betriebsrat niederlegt oder die Wahl als Arbeitnehmervertreter im Aufsichtsrat ablehnt. Eine derartige Inkompatibilitätsklausel ist mit Satz 2 vereinbar.

f) Im Übrigen hat die **Rechtsprechung** an **Beispielen** einer Benachteiligung bislang erkannt:
- Kündigung nur von Betriebsratsmitgliedern, obwohl auch bei anderen Arbeitnehmern derselbe Grund für eine außerordentliche Kündigung vorliegt (BAG 22. 2. 1979 EzA Nr. 23 zu § 103 BetrVG 1972); ebenso die Abmahnung (ArbG Stralsund 21. 10. 2003, AuR 2004, 437);
- Nichtberücksichtigung eines Bewerbers für eine Beförderungsstelle, weil dieser für den Betriebsrat kandidiert; überhaupt darf der Arbeitgeber in einem Bewerbungsverfahren das Verhalten des Arbeitnehmers im Rahmen seiner Betriebsratstätigkeit nicht zu seinen Lasten bei der persönlichen Eignung berücksichtigen, soweit dies nicht auch Aussagen über die Qualität seiner Arbeitsleistung enthält (in diese Richtung, jedoch zu vorsichtig LAG Niedersachsen 21. 11. 2003, NZA-RR 2004, 414).
- Erwähnung der Betriebsratstätigkeit im Zeugnis des Arbeitnehmers (LAG Hamm 6. 3. 1991, LAGE Nr. 13 zu § 630 BGB; LAG Frankfurt 10. 3. 1977, DB 1978, 167; für das BPersVG ebenso BAG 19. 8. 1992 AP BPersVG § 8 Nr. 5 = EzA Nr. 13 zu § 630 BGB), es sei denn dies ist sein ausdrücklicher Wunsch (ArbG Ludwigshafen 18. 3. 1987, BB 1987, 1464 = DB 1987, 1364; s. auch LAG Köln 13. 3. 2002 – 7 (10) Sa 1061/01, AR-Blattei ES 530.8 Nr. 44). Handelt es sich jedoch um ein langjährig freigestelltes Betriebsratsmitglied, so kann die Wahrheitspflicht des Arbeitgebers beim qualifizierten Arbeitszeugnis doch die Erwähnung erfordern, denn eine Arbeitsleistung, die er bewerten kann, liegt dann nicht vor (ebenso *Brill*, BB 1981, 616; *Witt*, BB 1996, 2194; GK-*Kreutz*, § 78 Rn. 55);
- Zuweisung einer unangenehmeren Arbeit, wenn dies zur Maßregelung der Betriebsratsarbeit erfolgt (LAG Bremen 12. 8. 1982, AP BetrVG 1972 § 99 Nr. 15; LAG Frankfurt 14. 8. 1986, BB 1986, 2199); Gleiches gilt für schlechter bezahlte Arbeit (BAG 9. 6. 1982 AP BPersVG § 107 Nr. 1); s. auch BAG 13. 1. 1981 AP BPersVG § 46 Nr. 2: Widerruf einer vorübergehenden Übertragung einer höherwertigen Tätigkeit wegen Freistellung des Betriebsratsmitglieds;
- verweigerte Zahlung von Rechtsanwaltskosten im erfolgreichen Beschwerdeverfahren nach § 103 Abs. 2 (BAG 31. 1. 1990 AP BetrVG 1972 § 103 Nr. 28);
- Versagung von Vergünstigungen, die der übrigen Belegschaft gewährt werden (BAG 8. 10. 1981 AP BAT § 49 Nr. 2; LAG Rheinland-Pfalz 4. 2. 1998, NZA-RR 1998, 503 = AuR 1998, 378). Kann das Betriebsratsmitglied diese Vergünstigung auf Grund seiner Betriebsratsarbeit nicht wahrnehmen, so ist ihm hierfür ein Ausgleich zu gewähren (LAG Düsseldorf 28. 10. 1968, BB 1969, 1086: Werksbusse, die das Betriebsratsmitglied nicht nutzen kann). Dies dürfte jedoch nur gelten, soweit der Grund für die Vergünstigung auch auf das Betriebsratsmitglied zutrifft. Es gilt hier Gleiches wie bei den tätigkeitsbezogenen Zulagen, s. § 37 Rn. 66 und 70; Keine Benachteiligung daher, wenn dem Mitglied im Gegensatz zu anderen vergleichbaren Arbeitnehmern ein Dienstwagen versagt wird, diese aber dienstlich veranlasste Fahrten zurückzulegen haben (BAG 25. 2. 2009 – 7 AZR 954/07, juris).
- sehr fraglich: Vergütung eines Mitglieds der Einigungsstelle mit weniger als $1/3$ der Vergütung des Vorsitzenden (LAG München 11. 1. 1991, AuR 1991, 382). Ein

solcher Vergleich ist fehlgehend, wenn das Honorar des Beisitzers seiner absoluten Höhe nach angemessen ist;
- **nicht** die Abrechnung von Reisezeiten von Betriebsratsmitgliedern im Rahmen ihrer Betriebsratsarbeit nach den Maßstäben, die ansonsten für Reisetätigkeit im Dienste des Arbeitgebers gelten (Sächsisches LAG 4. 7. 2001, NZA 2002, 471; ähnlich LAG Köln 20. 12. 2007 – 10 Sa 1020/07, juris zur Frage tariflicher Zeitzuschläge für mit Betriebsratsarbeit zusammenhängende Reisezeiten bei entgegenstehender betrieblicher Regelung) – alles andere ist eine Benachteiligung oder Bevorzugung (GK-*Kreutz,* § 78 Rn. 67), s. auch Rn. 31;
- **nicht** die Kürzung einer Anwesenheitsprämie wegen Teilnahme an einer Schulungsveranstaltung nach § 37 Abs. 6 (LAG Hamm 20. 4. 1988, DB 1988, 2058; *Stege/Weinspach/Schiefer* § 78 Rn. 5). Die Tatsache, dass es sich hierbei um Wahrnehmung betriebsverfassungsrechtlicher Rechte handelt, steht dem nicht entgegen. Auch beim krankheitsbedingten Fernbleiben handelt der Arbeitnehmer rechtmäßig; dennoch darf die Anwesenheitsprämie gekürzt werden, § 4 a EFZG (s. auch BAG 26. 10. 1994 AP BGB § 611 Nr. 18 Anwesenheitsprämie [*Thüsing*]);
- **nicht** die Versetzung eines Betriebsratsmitglieds, wenn dafür arbeitstechnische Gründe maßgeblich sind (ArbG Oberhausen 10. 11. 1953, BB 1954, 97; ArbG Mannheim 25. 1. 1982, BB 1982, 1421);
- **nicht** die Sanktionierung arbeitsvertraglich unzulässigen Verhaltens (LAG Hamm 22. 12. 1978, ARSt 1980, Nr. 1031).

3. Bevorzugung

26 a) Nicht nur jede Benachteiligung, sondern auch **jede Bevorzugung** ist **verboten.** Der Arbeitgeber darf einem Betriebsratsmitglied **keine Zuwendungen** machen, die diesem nicht auf Grund seines Arbeitsverhältnisses zustehen. Insbesondere ist jede unmittelbare Bezahlung der Tätigkeit des Betriebsratsmitglieds und jedes versteckte Entgelt verboten, so etwa das Versprechen eines höheren Lohnes als bisher oder als vergleichbare Arbeitnehmer mit betriebsüblicher beruflicher Entwicklung erhalten. Sieht ein Tarifvertrag eine Lohnkürzung oder eine Betriebsvereinbarung die Verminderung einer Sozialleistung vor, lässt ein Tarifvertrag die Versetzung an einen geringer bezahlten Arbeitsplatz zu oder erlaubt ein Tarifvertrag oder eine Betriebsvereinbarung die Einführung von Kurzarbeit, so muss sich auch das Betriebsratsmitglied dies gefallen lassen. Da hier eine Kündigung nicht erforderlich ist, kommt § 15 KSchG nicht in Betracht.

27 b) Auch wenn eine einseitige Änderung der Arbeitsbedingungen nicht möglich, sondern eine **Änderungskündigung** notwendig ist, darf das Betriebsratsmitglied sich nicht auf den besonderen Kündigungsschutz im Rahmen der Betriebsverfassung (§ 103 i. V. mit §§ 15, 16 KSchG) berufen, um sich eine Sonderstellung gegenüber den gleichgestellten Arbeitnehmern zu erhalten. Das BAG will dagegen bei einer Massen- und Gruppenänderungskündigung keine teleologische Reduktion vornehmen und daher den besonderen Kündigungsschutz auch auf sie anwenden (vgl. BAG 29. 1. 1981 AP KSchG 1969 § 15 Nr. 10; 9. 5. 1987 AP KSchG 1969 § 15 Nr. 28; bereits BAG 24. 4. 1969 AP KSchG § 13 Nr. 18 [zust. *Wiese*]). Nach Ansicht des BAG können die Bestimmungen des BetrVG, also insbesondere das Gebot unentgeltlicher Amtsführung und das allgemeine Verbot jeder Bevorzugung, nicht eine Schutzbestimmung in Frage stellen, die sich aus dem Gesetz selbst ergibt, wie dies bei dem Kündigungsverbot des § 15 KSchG der Fall sei, zumal diese Vorschrift als eine *lex specialis* den Vorrang vor der allgemeinen Bestimmung des § 78 Satz 2 habe. Dem ist aber entgegenzuhalten, dass § 15 KSchG den Fall einer Massenänderungskündigung nicht ausdrücklich regelt, so dass hier ein Normenkonflikt vorliegt, der nicht mit dem Hinweis auf eine im Spezialitätsverhältnis stehende gesetzliche Bestimmung gelöst werden kann. Andererseits ist zu berücksichtigen, dass ein Betriebsratsmitglied, wenn es auch bei einer

V. Verbot der Benachteiligung und der Begünstigung § 78

Massen- oder Gruppenänderungskündigung sich auf den besonderen Kündigungsschutz des § 15 KSchG berufen kann, um seines Amtes willen bevorzugt wird, was § 78 Satz 2 gerade ausschließen will. Schließlich ist auch der Kündigungsschutz nach § 15 KSchG so gestaltet, dass er die Mitglieder des Betriebsrats nicht vor Maßnahmen schützt, die entweder alle Arbeitnehmer des Betriebs oder alle Arbeitnehmer einer Betriebsabteilung hinnehmen müssen.

Deshalb verdient die Ansicht den Vorzug, dass ein Mitglied des Betriebsrats und der 28 ihm gleichgestellten betriebsverfassungsrechtlichen Einrichtungen, ein Mitglied des Wahlvorstandes und ein Wahlbewerber sich nicht auf ihren Kündigungsschutz im Rahmen der Betriebsverfassung berufen können, wenn im Betrieb oder in der Betriebsabteilung allgemein die Arbeitsbedingungen geändert werden (ebenso *Fitting*, § 103 Rn. 12; GL-*Löwisch*, § 103 Rn. 49; HSWGNR-*Schlochauer*, § 103 Rn. 20; GK-*Raab*, § 103 Rn. 25; a. A. GK-*Kreutz*, § 78 Rn. 58; *v. Hoyningen-Huene/Linck*, KSchG, § 15 Rn. 60; KR-*Etzel*, § 15 KSchG Rn. 18; *Neumann-Duesberg*, S. 291 f.).

Bei einer **Massen-** oder **Gruppenänderungskündigung** haben Betriebsratsmitglieder 29 und die sonstigen nach § 15 KSchG geschützten Personen lediglich den **allgemeinen Kündigungsschutz**, wie er auch für die anderen Arbeitnehmer besteht, können also insbesondere das Angebot des Arbeitgebers unter dem Vorbehalt annehmen, dass die Änderung der Arbeitsbedingungen sozial gerechtfertigt ist, und damit den Rechtsstreit auf die Änderung der Arbeitsbedingungen beschränken (§§ 2, 4 KSchG; so auch bei einer einzelnen Änderungskündigung, da die Erklärung nach § 2 KSchG zuzumuten sei LAG Hamm 23. 6. 1978, EzA § 15 KSchG n. F. Nr. 20 = DB 1978, 1745; *Matthes*, DB 1980, 1165).

c) Keine unzulässige Bevorzugung liegt darin, dass ein Betriebsratsmitglied die **Ver-** 30 **günstigungen** in Anspruch nimmt, die ihm **als Betriebsratsmitglied** zustehen, z. B. gemäß § 37 Abs. 6 und 7 an Schulungs- und Bildungsveranstaltungen teilnimmt; denn diese Rechte dienen der Funktionsfähigkeit der Betriebsverfassung. Deshalb ist mit dem Begünstigungsverbot vereinbar, wenn das Arbeitsverhältnis eines Betriebsratsmitglieds nach Erreichen der Altersgrenze, bei der sonst die Arbeitsverhältnisse beendet werden (s. zur Festlegung einer Altersgrenze durch Betriebsvereinbarung § 77 Rn. 107 f.), bis zum Ablauf der Amtszeit des Betriebsrats fortgesetzt wird, wenn dadurch die Kontinuität der Betriebsratsarbeit gewahrt werden soll; der Arbeitgeber ist aber nicht verpflichtet, dem Arbeitnehmer ein entsprechendes Vertragsangebot zu machen (a. A. BAG 12. 12. 1968 AP BetrVG § 24 Nr. 6 [abl. *Herschel*]).

Dem Begünstigungsverbot widerspricht es, wenn einem Betriebsratsmitglied nicht 31 nur seine wirklichen und notwendigen **Aufwendungen,** sondern auch andere Ausgaben ersetzt werden (s. § 40 Rn. 45 f.). Aus Satz 2 ergibt sich auch, dass es Reisekostenerstattung nur in dem Umfang verlangen kann, der ihm auch sonst bei einer Außentätigkeit gewährt wird (ebenso BAG 17. 9. 1974 und 23. 6. 1975 AP BetrVG 1972 § 40 Nr. 6 und 10; LAG Baden-Württemberg 27. 7. 2006, AiB 2007, 299 s. auch § 40 Rn. 46 ff.; Rn. 25 und § 40 Rn. 46 ff.). Es würde eine ungerechtfertigte Besserstellung der Betriebsratsmitglieder darstellen, wenn diese für die im Zusammenhang mit der Ausübung von Betriebsratstätigkeit anfallende Reisetätigkeit höhere Beträge als andere Arbeitnehmer bei betrieblich veranlassten Reisen beanspruchen könnten, ohne dass hierfür ein sachlicher Grund besteht (BAG 28. 3. 2007 AP BetrVG 1972 § 40 Nr. 89).

d) Nicht nur die Gewährung von Vorteilen, sondern auch der **Erlass von Pflichten,** 32 die einem Betriebsratsmitglied oder sonstigem Funktionsinhaber als Arbeitnehmer obliegen, ist eine unzulässige Begünstigung. Arbeitsbefreiung, Freizeitausgleich und Freistellung von beruflicher Tätigkeit richten sich ausschließlich nach den Vorschriften dieses Gesetzes. Wird darüber hinaus eine Freistellung gewährt, z. B. bei Kandidaturen um ein politisches Mandat für den Wahlkampf, so kommt es entscheidend darauf an, dass andere Arbeitnehmer gleichbehandelt werden. Das Begünstigungsverbot steht in

Thüsing

engem Zusammenhang mit dem in § 37 Abs. 1 festgelegten Grundsatz, dass die Mitglieder des Betriebsrats ihr Amt unentgeltlich als Ehrenamt führen; es soll verhindern, dass die Wahrnehmung von Funktionen in der Betriebsverfassung Sondervorteile bringt. Freistellungen zur Betriebsratstätigkeit, die erheblich über das gesetzliche Maß hinausgehen, können daher – selbst wenn sie Betriebsvereinbarung oder ggf. auch durch einen Tarifvertrag legitimiert sind – eine unzulässige Begünstigung darstellen. Die Einigung mit dem Arbeitgeber entbindet nicht vom Nachweis der Notwendigkeit.

33 e) Im Übrigen hat die **Rechtsprechung** an **Beispielen** einer Begünstigung bislang erkannt:
- zusätzliche Abfindungen für Betriebsratsmitglieder im Falle einer Betriebsstilllegung i. S. von § 15 Abs. 4 und 5 KSchG (ArbG Nürnberg 27. 1. 1997, BB 1997, 2165);
- Zahlung überhöhter Entschädigungen oder sachlich unbegründete tarifliche Höhergruppierung (BAG 29. 1. 1974 AP BetrVG 1972 § 37 Nr. 8; BAG 23. 6. 1975 AP BetrVG 1972 § 40 Nr. 10); zur Pauschalierung von Aufwendungen s. § 40 Rn. 46;
- Arbeitgeber zahlt Rechtsanwaltskosten seines Betriebsratsmitglieds in einem Verfahren zur Durchsetzung seines Lohnanspruchs (BAG 14. 10. 1982 AP BetrVG 1972 § 40 Nr. 19 [abl. *Otto*]; LAG Hamm 4. 2. 1977, BB 1977, 395). Dies dürfte nach richtigem Verständnis wohl nur dann gelten, wenn das Verfahren nicht im Zusammenhang mit der Stellung des Klägers als Betriebsratsmitglied steht (so auch *Otto* a. a. O.);
- Auswahl eines Bewerbers für eine Aufstiegsposition, weil er als freigestelltes Betriebsratsmitglied schneller für die Arbeit einsetzbar ist als andere Arbeitnehmer (BAG 31. 10. 1985 AP BPersVG § 46 Nr. 5);
- Honorierung eines Betriebsratsmitglieds für seine Tätigkeit als Mitglied der Einigungsstelle (BAG 11. 5. 1976 AP BetrVG 1972 § 76 Nr. 2 = DB 1976, 1017);
- Die Zusicherung einer Tätigkeitsbezeichnung, die sich für das Betriebsratsmitglied aus seiner Sicht für ihn als vorteilhaft erweisen kann (Sächsisches LAG 27. 8. 20082 – Sa 752/07, juris, n.rk.).
- einem freigestellten Betriebsratsmitglied werden die Kosten für die regelmäßigen Fahrten vom Wohnort zum Sitz des Betriebsrats als Ort der Leistungserbringung erstattet (BAG 13. 6. 2007 AP BetrVG 1972 § 38 Nr. 31).
- **nicht** die Überlassung eines PKW zur privaten Nutzung auch während der Freistellung als Betriebsratsmitglied (BAG 23. 6. 2004 AP BetrVG 1972 § 37 Nr. 139 – sehr fraglich, s. auch § 37 Rn. 30);
- **nicht** die Erstreckung des Kündigungsschutz nach § 15 KSchG uneingeschränkt auch für sog Massenänderungskündigungen (BAG 7. 10. 2004 AP KSchG 1969 § 15 Nr. 56 – sehr fraglich, s. § 15 Anhang zu § 103 Rn. 29).

VI. Rechtsfolgen eines Verstoßes

34 Satz 2 ist, soweit er eine Benachteiligung verbietet, ein **Schutzgesetz i. S. des § 823 Abs. 2 BGB**; seine Verletzung macht – soweit sie schuldhaft erfolgt – **schadensersatzpflichtig** (ebenso BAG 12. 2. 1975 AP BetrVG 1972 § 78 Nr. 1; BAG 9. 6. 1982 AP BPersVG § 107 Nr. 1; BAG 31. 10. 1985 AP BPersVG § 46 Nr. 5; *Fitting*, § 78 Rn. 21; GL-*Löwisch*, § 78 Rn. 28; GK-*Kreutz*, § 78 Rn. 23; HWK-*Schrader*, § 78 Rn. 13; *Nikisch*, Bd. III S. 175; *Nipperdey/Säcker* in *Hueck/Nipperdey*, Bd. II/2 S. 1167). Nicht begünstigte Arbeitnehmer können nicht auf Gleichbehandlung klagen – eine Gleichbehandlung im Unrecht kann es nicht geben (LAG Düsseldorf 13. 9. 2001, BB 2002, 306 am Beispiel überhöhter Abfindungen bei Betriebsstilllegungen). Auch ist § 78 insoweit nicht Schutzgesetz. Das gilt auch im Hinblick auf das Behinderungsverbot.

Rechtsgeschäftliche Handlungen, die gegen § 78 verstoßen, sind **nach § 134 BGB** 35 **nichtig** (ebenso BAG 13. 10. 1977 AP KSchG 1969 § 1 Nr. 1 Verhaltensbedingte Kündigung; LAG Rheinland-Pfalz 8. 3. 2007 – 2 Sa 10/07, juris; *Fitting*, § 78 Rn. 21 und 23; GK-*Kreutz*, § 78 Rn. 21) und können nicht eingeklagt werden (LAG Hamm 22. 4. 2005, AuA 2005, 678 f.) Ist eine Begünstigung jedoch bereits gewährt, so ist die Rückforderung gemäß §§ 812 ff. BGB möglich (a. A. *Fitting*, § 78 Rn. 23; GL-*Löwisch*, § 78 Rn. 28). Der Anwendung des § 817 S. 2 BGB steht der Zweck des Begünstigungsverbots entgegen: Es ist gerade die Begünstigung, die verhindert werden soll (wie hier *Joost*, MünchArbR, § 220 Rn. 133; GK-*Kreutz*, § 78 Rn. 73; s. auch § 37 Rn. 9).

Erfolgt der Verstoß durch Mitglieder des Betriebsrats, so kommt eine **Amtsenthebung** 36 **nach § 23 Abs. 1** in Betracht. Gleiches gilt bei Zuwiderhandlungen durch ein Mitglied der Jugend- und Auszubildendenvertretung (§ 65 Abs. 1), der Bordvertretung (§ 115 Abs. 3) und des Seebetriebsrats (§ 116 Abs. 2).

Bei **groben Verstößen des Arbeitgebers** kann gegen ihn ein **Zwangsverfahren nach** 37 **§ 23 Abs. 3** durchgeführt werden. Das Arbeitsgericht kann ihm aufgeben, sein Verhalten so einzurichten, dass die Amtstätigkeit weder gestört noch behindert wird und wegen der Amtstätigkeit die Mitglieder des Betriebsrats und der anderen betriebsverfassungsrechtlichen Institutionen weder benachteiligt noch begünstigt werden. Daneben besteht ein **allgemeiner Unterlassungsanspruch** des Betriebsrats (grundlegend BAG 3. 5. 1994 AP BetrVG 1972 § 23 Nr. 23; speziell für § 78: LAG Hamburg 6. 10. 2005, AiB 2006, 238; Hessisches LAG 31. 7. 2008 - 9/4 TaBV 24/08, juris); hier ebenso DKK-*Buschmann*, § 78 Rn. 30; GK-*Kreutz*, § 78 Rn. 38; ErfK-*Kania*, § 78 Rn. 5). Für das behinderte Betriebsratsmitglied ergibt sich der Unterlassungsanspruch aus der drohenden Verletzung des Schutzgesetzes (im Ergebnis auch LAG Hamburg 6. 10. 2005, AiB 2006, 238).

Vorsätzliche Behinderung oder Störung wird nach § 119 Abs. 1 Nr. 2, **vorsätzliche** 38 **Benachteiligung oder Begünstigung** nach § 119 Abs. 1 Nr. 3 **bestraft** (s. dort Rn. 24 ff.). Die strafrechtliche Verfolgung tritt nur auf Antrag ein (§ 119 Abs. 2).

VII. Streitigkeiten

Streitigkeiten sind im arbeitsgerichtlichen Beschlussverfahren durchzuführen. Der Er- 39 lass einer einstweiligen Verfügung ist gemäß § 85 Abs. 2 ArbGG zulässig (LAG Köln 23. 10. 1985, LAGE Nr. 3 zu § 44 BetrVG 1972; GK-*Kreutz*, § 78 Rn. 39; *Fitting*, § 78 Rn. 25). Bei Wiederholungsgefahr erledigter Störungen ist wahlweise ein vorbeugender Feststellungsantrag oder ein vorbeugender Unterlassungsantrag möglich (GK-*Kreutz*, § 78 Rn. 39). Neben dem betroffenen Betriebsratsmitglied ist auch der Betriebsrat antragsberechtigt (*Fitting*, § 78 Rn. 25; DKK-*Buschmann*, § 78 Rn. 30; GK-*Kreutz*, § 78 Rn. 38; s. auch BAG 19. 7. 1995 AP BetrVG 1972 § 23 Nr. 25 = EzA Nr. 3 zu § 43 BetrVG 1972).

§ 78 a Schutz Auszubildender in besonderen Fällen

(1) Beabsichtigt der Arbeitgeber, einen Auszubildenden, der Mitglied der Jugend- und Auszubildendenvertretung, des Betriebsrats, der Bordvertretung oder des Seebetriebsrats ist, nach Beendigung des Berufsausbildungsverhältnisses nicht in ein Arbeitsverhältnis auf unbestimmte Zeit zu übernehmen, so hat er dies drei Monate vor Beendigung des Berufsausbildungsverhältnisses dem Auszubildenden schriftlich mitzuteilen.

(2) ¹Verlangt ein in Absatz 1 genannter Auszubildender innerhalb der letzten drei Monate vor Beendigung des Berufsausbildungsverhältnisses schriftlich vom Arbeitgeber

die Weiterbeschäftigung, so gilt zwischen Auszubildendem und Arbeitgeber im Anschluss an das Berufsausbildungsverhältnis ein Arbeitsverhältnis auf unbestimmte Zeit als begründet. ²Auf dieses Arbeitsverhältnis ist insbesondere § 37 Abs. 4 und 5 entsprechend anzuwenden.

(3) Die Absätze 1 und 2 gelten auch, wenn das Berufsausbildungsverhältnis vor Ablauf eines Jahres nach Beendigung der Amtszeit der Jugend- und Auszubildendenvertretung, des Betriebsrats, der Bordvertretung oder des Seebetriebsrats endet.

(4) ¹Der Arbeitgeber kann spätestens bis zum Ablauf von zwei Wochen nach Beendigung des Berufsausbildungsverhältnisses beim Arbeitsgericht beantragen,
1. festzustellen, dass ein Arbeitsverhältnis nach Absatz 2 oder 3 nicht begründet wird, oder
2. das bereits nach Absatz 2 oder 3 begründete Arbeitsverhältnis aufzulösen,

wenn Tatsachen vorliegen, aufgrund derer dem Arbeitgeber unter Berücksichtigung aller Umstände die Weiterbeschäftigung nicht zugemutet werden kann. ²In dem Verfahren vor dem Arbeitsgericht sind der Betriebsrat, die Bordvertretung, der Seebetriebsrat, bei Mitgliedern der Jugend- und Auszubildendenvertretung auch diese Beteiligte.

(5) Die Absätze 2 bis 4 finden unabhängig davon Anwendung, ob der Arbeitgeber seiner Mitteilungspflicht nach Absatz 1 nachgekommen ist.

Schrifttum: *Blaha/Mehlich,* Unbefristeter Arbeitsvertrag durch Wahl? Vertragsfreiheit vonta „Azubi-Schutz", NJW 2005, 667; *Houben,* § 78 a BetrVG – Schutz vor einer Schutznorm?, NZA 2006, 769; *Opolony,* Die Weiterbeschäftigung von Auszubildenden nach § 78 a BetrVG, BB 2003, 1329; *Reuter,* Betrieblich beschränkter Prüfungsmaßstab für Auflösungsanträge nach § 78 a Abs. 4 BetrVG, BB 2007, 2678; *Schulze,* Die Übernahmeverpflichtung von Auszubildenden nach Tarifvertrag, NZA 2007, 1329.

Übersicht

	Rn.
I. Vorbemerkung	1
1. Entstehungsgeschichte und Zweck	1
2. Vereinbarkeit mit dem Grundgesetz	3
II. Geschützter Personenkreis	4
1. Mitglieder von Betriebsverfassungsorganen in einem Berufsausbildungsverhältnis	4
2. Beendigung des Berufsausbildungsverhältnisses	8
3. Zeitliche Begrenzung	9
4. Ersatzmitglieder	11
III. Mitteilungspflicht des Arbeitgebers	12
1. Zweck	12
2. Frist und Form	13
3. Sanktion bei Verletzung	17
IV. Begründung eines Arbeitsverhältnisses	19
1. Weiterbeschäftigungsverlangen als Gestaltungsrecht	19
2. Frist des Weiterbeschäftigungsverlangens	20
3. Form des Weiterbeschäftigungsverlangens	23
4. Minderjährigkeit des Auszubildenden	24
5. Unabdingbarkeit des Übernahmerechts	25
6. Inhalt und Auflösung des durch Fiktion begründeten Arbeitsverhältnisses	26
V. Befreiung von der Übernahme in ein Arbeitsverhältnis durch das Arbeitsgericht	30
1. Besondere Verfahren	30
2. Frist	33
3. Unzumutbarkeit der Weiterbeschäftigung als Streitgegenstand	36
4. Entscheidung im Beschlussverfahren	44
VI. Streitigkeiten	49

I. Vorbemerkung

1. Entstehungsgeschichte und Zweck

Die Vorschrift ist durch das **Gesetz zum Schutze in Ausbildung befindlicher Mitglieder von Betriebsverfassungsorganen** vom 18. 1. 1974 (BGBl. I S. 85) in das BetrVG eingefügt worden; sie ist gemäß Art. 3 dieses Gesetzes am 23. 1. 1974 in Kraft getreten.

Nach dem Berufsbildungsgesetz endet das Berufsausbildungsverhältnis mit dem Ablauf der Ausbildungszeit bzw. mit dem Bestehen der Abschlussprüfung; der Arbeitgeber ist regelmäßig nicht verpflichtet, Auszubildende im Anschluss an das Berufsausbildungsverhältnis in ein Arbeitsverhältnis zu übernehmen (§ 21 BBiG). Für Mitglieder der Betriebsverfassungsorgane, die in einem Berufsausbildungsverhältnis stehen, bedeutet deshalb insoweit der **besondere Kündigungsschutz im Rahmen der Betriebsverfassung** (§ 103 i. V. mit §§ 15, 16 KSchG) keine Sicherung, weil das Berufsausbildungsverhältnis endet, ohne dass es einer Kündigung bedarf. Da der sich aus dem allgemeinen Benachteiligungsverbot (§ 78 Satz 2) ergebende Schutz als unzureichend angesehen wurde, brachten Abgeordnete der CDU/CSU-Fraktion einen Gesetzesentwurf ein, durch den ein § 15 a KSchG geschaffen werden sollte (BT-Drucks. 7/1170). Auf Empfehlung des BT-Ausschusses für Arbeit und Sozialordnung (vgl. BT-Drucks. 7/1334) erging das Gesetz zum Schutze in Ausbildung befindlicher Mitglieder von Betriebsverfassungsorganen vom 18. 1. 1974 (BGBl. I S. 85), um den Mitgliedern von Betriebsverfassungsorganen, die in einem Berufsausbildungsverhältnis stehen, durch Sicherung ihrer Übernahme in ein unbefristetes Arbeitsverhältnis dieselbe **Unabhängigkeit in ihrer Amtsführung** wie den übrigen Mitgliedern zu gewährleisten, deren Arbeitsverhältnis in seinem Bestand durch den besonderen Kündigungsschutz im Rahmen der Betriebsverfassung gesichert ist.

Entsprechende Vorschrift: § 9 BPersVG.

2. Vereinbarkeit mit dem Grundgesetz

Die Vorschrift gibt dem Auszubildenden ein **Gestaltungsrecht**, um auch **gegen den Willen des Arbeitgebers** die **Begründung eines Arbeitsverhältnisses** auf unbestimmte Zeit herbeizuführen. Die darin liegende Beschränkung der Vertragsfreiheit ist mit dem Grundgesetz vereinbar, insbesondere auch mit Art. 2 Abs. 1 GG, auch soweit dem Auszubildenden das Übernahmerecht noch ein Jahr nach Beendigung der Amtszeit des Betriebsrats, der Jugend- und Auszubildendenvertretung, der Bordvertretung oder des Seebetriebsrats gegeben wird (Abs. 3; ebenso *Fitting*, § 78 a Rn. 2; GL-*Löwisch*, § 78 a Rn. 2; GK-*Oetker*, § 78 a Rn. 8; DKK-*Kittner/Bachner*, § 78 a Rn. 3; *Schwerdtner*, ZfA 1977, 47, 66; APS-*Künzl*, § 78 a Rn. 10; a. A. H.-P. *Müller*, DB 1974, 1526; *Blaha/Mehlich*, NJW 2005, 667). Der hier niedergelegte Begründungszwang wird ebenso wie der besondere Kündigungsschutz im Rahmen der Betriebsverfassung durch das Sozialstaatsprinzip legitimiert.

II. Geschützter Personenkreis

1. Mitglieder von Betriebsverfassungsorganen in einem Berufsausbildungsverhältnis

Das Übernahmerecht haben alle **Mitglieder einer Betriebs- oder Jugend- und Auszubildendenvertretung**, die **in einem Berufsausbildungsverhältnis** nach dem Berufsbildungsgesetz stehen.

§ 78 a

5 a) Soweit die Vorschrift den **Begriff des Auszubildenden** verwendet, sind, wie sich aus der entsprechenden Legaldefinition in § 9 BPersVG ergibt, nur Arbeitnehmer gemeint, die in einem Berufsausbildungsverhältnis stehen, **nicht** dagegen **Volontäre** und **Praktikanten** (ebenso *Fitting*, § 78 a Rn. 6; GL-*Löwisch*, § 78 a Rn. 3; GK-*Oetker*, § 78 a Rn. 14; HWK-*Schrader*, § 78 a Rn. 3; a. A. für entsprechende Anwendung des § 78 a KR-*Weigand*, § 78 a Rn. 11; *Opolony*, BB 2003, 1329, 1330). Dies gilt jedenfalls für solche Volontäre, die vorrangig die vertraglich geschuldete Arbeitsleistung erbringen (BAG 1. 12. 2004, 7 AZR 129/04, NZA 2005, 779). Beschäftigte in einem anderen Vertragsverhältnis i. S. d. § 26 BBiG können dann den Schutz des § 78 a in Anspruch nehmen, wenn sie eingestellt worden sind, um berufliche Kenntnisse, Fertigkeiten oder Erfahrungen zu erwerben. Voraussetzung dafür ist, dass nach Ausbildungsvertrag oder tariflichen Vorschriften ein geordneter Ausbildungsgang vorgeschrieben ist und die Dauer der Ausbildung mindestens zwei Jahre beträgt (BAG a. a. O.). Der Begriff des Auszubildenden ist hier also enger als der Begriff der zu ihrer Berufsausbildung Beschäftigten in § 5 Abs. 1 und § 6 (s. § 5 Rn. 64 ff.). Wer zur Umschulung für einen anerkannten Ausbildungsberuf in ein Berufsausbildungsverhältnis tritt (vgl. §§ 58 ff. BBiG), gehört zu den Auszubildenden und fällt deshalb unter diese Vorschrift (ebenso *Fitting*, § 78 a Rn. 5; GK-*Oetker*, § 78 a Rn. 18; DKK-*Kittner/Bachner*, § 78 a Rn. 4; KR-*Weigand*, § 78 a Rn. 9; a. A. GL-*Löwisch*, § 78 a Rn. 18; HSWGNR-*Nicolai*, § 78 a Rn. 6).

6 Die Vorschrift geht davon aus, dass nach Maßgabe der §§ 10, 11 BBiG ein **Berufsausbildungsvertrag** geschlossen ist; ihr Zweck verlangt aber **nicht**, dass die Berufsausbildung auf einer **Ausbildungsordnung i. S. der §§ 4, 5 BBiG** beruht; es genügt vielmehr auch eine tarifliche Regelung (so für eine auf tariflicher Regelung beruhenden Ausbildung von mindestens zwei Jahren bei Redaktionsvolontären BAG 23. 6. 1983 AP BetrVG 1972 § 78 a Nr. 10 [abl. *Natzel*]; BAG 1. 12. 2004 – 7 AZR 129/04, NZA 2005, 779; BAG 17. 8. 2005, EzA § 78 a BetrVG 2001 Nr. 2; *Fitting*, § 78 a Rn. 6).

Der Auszubildende muss ein Auszubildender des Arbeitgebers sein. Es besteht daher kein Anspruch auf Übernahme in ein Arbeitsverhältnis gem § 78 a gegenüber dem praktischen Ausbildungsbetrieb, in dem er als Jugendvertreter gem §§ 60 ff. amtiert hat, wenn er einen Ausbildungsvertrag gemäß §§ 10 ff. BBiG mit einem Träger einer überbetrieblichen Ausbildung geschlossen hat und lediglich die praktische Ausbildung als Praktikant im Ausbildungsbetrieb absolviert hat, weil der Träger der überbetrieblichen Ausbildung über ausbildungsgeeignete Arbeitsplätze selbst nicht verfügt (BAG 17. 8. 2005 EzA § 78 a BetrVg 2001 Nr. 2; Vorinstanz LAG Brandenburg 24. 8. 2004, LAGE § 78 a BetrVG 2001 Nr 1). Die neben einem Berufsausbildungsvertrag abgeschlossene Vereinbarung zur Durchführung eines Praktikums in einem Ausbildungsbetrieb ist kein anderer Vertrag gemäß § 26 BBiG.

6 a § 78 a gilt auch im **Tendenzbetrieb**. Fordert der Auszubildende eine Weiterbeschäftigung als Tendenzträger, kann die Weiterbeschäftigung für den Arbeitgeber jedoch unter Tendenzgesichtspunkten unzumutbar sein (BAG AP BetrVG 1972 § 78 a Nr. 10). Da das BetrVG auf den kirchlichen Bereich keine Anwendung findet, kann ein Auszubildender in der Kirche keine Weiterbeschäftigung nach § 78 a BetrVG verlangen. Dem evangelischen Mitarbeitervertretungsgesetz fehlt eine vergleichbare Bestimmung. § 18 Abs. 4 MAVO enthält für die katholische Kirche eine solche Regelung (*Richardi*, Arbeitsrecht in der Kirche, 4. Aufl 2003, § 18 Rn. 77). Die Rechte des Auszubildenden sind aber schwächer ausgeprägt, insbesondere besteht kein einseitiges Gestaltungsrecht (vgl. *Bleistein/Thiel*, Kommentar zur Rahmenordnung für eine Mitarbeitervertretungsordnung, 2. Aufl. 1992, § 18 Rn. 26 ff.).

7 b) Das Übernahmerecht besteht nur für Auszubildende, die **Mitglied der Jugend- und Auszubildendenvertretung, des Betriebsrats, der Bordvertretung oder des Seebetriebsrats** sind, **nicht** aber für **Mitglieder der Wahlvorstände, Wahlbewerber** oder **Initianten einer Betriebsratswahl**. Insoweit ist der geschützte Personenkreis gegenüber der Regelung des besonderen Kündigungsschutzes nach § 15 KSchG eingeschränkt (ebenso *Fitting*, § 78 a

Rn. 7; GK-*Oetker,* § 78 a Rn. 23; DKK-*Kittner/Bachner,* § 78 a Rn. 5). Auszubildendenvertretungen, die in örtlichen, unterhalb der Ebene des Betriebes angesiedelten Berufsbildungsstellen gebildet werden, sind keine Jugend- und Auszubildendenvertretungen iSv §§ 60 ff., so dass § 78 a nicht anzuwenden ist (BAG 13. 8. 2008 - 7 AZR 450/07, juris).

2. Beendigung des Berufsausbildungsverhältnisses

Die Vorschrift gibt das Übernahmerecht bei Beendigung des Berufsausbildungsverhältnisses. Sie verlangt nicht wie § 9 BPersVG erfolgreiche Beendigung des Berufsausbildungsverhältnisses, setzt also nicht das **Bestehen der Abschlussprüfung** voraus, sondern gilt auch, wenn das Berufsausbildungsverhältnis durch **Ablauf der Ausbildungszeit** endet (§ 21 BBiG; ebenso LAG Baden-Württemberg [Mannheim] 13. 10. 1977, AP BetrVG § 78 a Nr. 4; *Fitting,* § 78 a Rn. 24; GL-*Löwisch,* § 78 a Rn. 7; GK-*Oetker,* § 78 a Rn. 66). Voraussetzung ist aber, dass das Berufsausbildungsverhältnis entweder mit Bestehen der Abschlussprüfung oder mit dem Ablauf der Ausbildungszeit endet. Das Übernahmerecht besteht deshalb nicht, wenn der Auszubildende das Berufsausbildungsverhältnis kündigt. Er kann also nicht durch Abbruch der Berufsausbildung die Übernahme in ein Arbeitsverhältnis auf unbestimmte Zeit erzwingen. 8

3. Zeitliche Begrenzung

Voraussetzung ist weiterhin, dass der **Auszubildende im Zeitpunkt der Beendigung des Berufsausbildungsverhältnisses** einer **Betriebs- oder Jugend- und Auszubildendenvertretung angehört.** 9

In Anlehnung an den nachwirkenden Kündigungsschutz nach § 15 Abs. 1 Satz 2 KSchG gilt die hier gegebene Schutzregelung auch, wenn das Berufsausbildungsverhältnis **vor Ablauf eines Jahres nach Beendigung der Amtszeit** der Jugend- und Auszubildendenvertretung, des Betriebsrats, der Bordvertretung oder des Seebetriebsrats endet (Abs. 3). Da die Einräumung des nachwirkenden Übernahmerechts demselben Zweck dient wie der nachwirkende Kündigungsschutz (s. Anhang zu § 103 Rn. 10), ist hier wie dort teleologisch eine Gesetzeskorrektur vorzunehmen. Trotz des eindeutigen Gesetzestextes gilt die Regelung auch, wenn das Berufsausbildungsverhältnis vor Ablauf eines Jahres nach *Beendigung der Mitgliedschaft* in einer Betriebs- oder Jugend- und Auszubildendenvertretung endet (ebenso BAG 21. 8. 1979 AP BetrVG § 78 a Nr. 6; *Fitting,* § 78 a Rn. 10; GL-*Löwisch,* § 78 a Rn. 4; GK-*Oetker,* § 78 a Rn. 25; KR-*Weigand,* § 78 a Rn. 35). 10

4. Ersatzmitglieder

Die Bestimmung gilt für **Ersatzmitglieder,** wenn diese für ein **ausgeschiedenes Mitglied nachrücken;** denn sie gehören dann endgültig der Betriebs- oder Jugend- und Auszubildendenvertretung an. Sie findet aber auch Anwendung, wenn das Ersatzmitglied bei Beendigung seines Berufsausbildungsverhältnisses als **Stellvertreter** für ein zeitweilig verhindertes Mitglied eingerückt ist, sofern diese Stellvertretung nicht von unbedeutender Dauer ist (ebenso BAG 15. 1. 1980 AP BetrVG 1972 § 78 a Nr. 8; GK-*Oetker,* § 78 a Rn. 32; APS-*Künzl,* § 78 a Rn. 33 f.; a. A. GL-*Löwisch,* § 78 a Rn. 4; s. auch *Opolony,* BB 2003, 1329, 1331, danach differenzierend, ob das Ersatzmitglied während der Vertretungszeit betriebsverfassungsrechtliche Aufgaben tatsächlich wahrgenommen haben). Folgt man der Rechtsprechung des BAG zum nachwirkenden Kündigungsschutz (BAG 6. 9. 1979 AP KSchG 1969 § 15 Nr. 7), so ist auch Abs. 3 anzuwenden, wenn ein Ersatzmitglied lediglich als Stellvertreter für ein verhindertes Mitglied dessen Funktion innerhalb des letzten Jahres vor Beendigung des Berufsausbildungsverhältnisses wahrgenommen hat (ebenso BAG 13. 3. 1986 AP BPersVG § 9 Nr. 2 und 3; *Fitting,* § 78 a Rn. 11; GK-*Oetker,* § 78 a Rn. 37; a. A. zu § 9 BPersVG BVerwG 25. 6. 1986, NZA 11

1986, 839 f.). Der Schutz des § 78 a entfällt, wenn der Vertretungsfall durch kollusive Absprachen zum Schein herbeigeführt wird oder das Ersatzmitglied weiß bzw. sich ihm aufdrängen muss, dass kein Vertretungsfall vorliegt (LAG Hamm 28. 3. 2007 10 SaGa 11/07, juris).

III. Mitteilungspflicht des Arbeitgebers

1. Zweck

12   Beabsichtigt der Arbeitgeber, einen Auszubildenden, der unter den Schutz dieser Vorschrift fällt, nach Beendigung des Berufsausbildungsverhältnisses **nicht** in ein **Arbeitsverhältnis auf unbestimmte Zeit zu übernehmen**, so hat er dies drei Monate vor Beendigung des Berufsausbildungsverhältnisses **dem Auszubildenden** schriftlich **mitzuteilen** (Abs. 1). Durch die Unterrichtungspflicht soll sichergestellt werden, dass die Auszubildenden, die der Arbeitgeber nach Beendigung der Ausbildung nicht in ein Arbeitsverhältnis übernehmen will, rechtzeitig hiervon Kenntnis erlangen, um ihnen einen angemessenen Überlegungszeitraum zu sichern, ob sie die Übernahme in ein Arbeitsverhältnis verlangen sollen (so die Begründung des SPD/FDP-Entw. eines Gesetzes zum Schutze in Ausbildung befindlicher Mitglieder von Betriebsverfassungsorganen, BT-Drucks. 7/1170, S. 3).

2. Frist und Form

13   a) Die Mitteilung hat nach dem Gesetzestext **drei Monate vor Beendigung des Berufsausbildungsverhältnisses** zu erfolgen. Da das Berufsausbildungsverhältnis vor Ablauf der Ausbildungszeit mit Bestehen der Abschlussprüfung enden kann (§ 21 Abs. 2 BBiG), ist der maßgebliche Zeitpunkt, von dem aus die Frist zu berechnen ist, der Termin, an dem das Bestehen der Abschlussprüfung festgestellt wird (s. auch Rn. 20; ebenso *Opolony*, BB 2003, 1329, 1332). Für die Berechnung gelten die Auslegungsregeln der §§ 187 bis 193 BGB. Die Frist für die Mitteilung ist im Gegensatz zur Frist für das Übernahmeverlangen eine *Mindestfrist;* jedoch entspricht es nicht dem Gesetzeszweck, wenn die Mitteilung schon bei Begründung des Berufsausbildungsverhältnisses oder zu einem erheblich früheren Zeitpunkt als drei Monate vor Beendigung des Berufsausbildungsverhältnisses erfolgt.

14   Für die Berechnung der Frist ist maßgebend, dass die Erklärung dem Auszubildenden bei Beginn der Dreimonatsfrist zugegangen ist (§ 130 BGB). Ist der Auszubildende noch minderjährig, so ist der gesetzliche Vertreter rechtzeitig zu unterrichten. Die Mitteilung ist zwar keine Willenserklärung, aber eine rechtsgeschäftsähnliche Handlung, auf die § 131 BGB entsprechend anzuwenden ist, weil das Berufsausbildungsverhältnis nicht unter § 113 BGB fällt (s. auch Rn. 24); die einem Minderjährigen gegenüber abgegebene Erklärung wird also nicht wirksam, bevor sie dem gesetzlichen Vertreter zugeht, weil sie dem Auszubildenden nicht lediglich einen Rechtsvorteil bringt.

15   b) Die Mitteilung muss **schriftlich** sein, d. h. sie muss die gesetzliche Schriftform (§ 126 BGB) wahren (a. A. *Opolony*, BB 2003, 1329, 1332: Telefax ausreichend); Textform dürfte meist genügen. Die Rechtsprechung zur Zustimmungsverweigerung nach § 99 dürfte nicht übertragbar sein (§ 99 Rn. 262).

16   c) Eine **Beteiligung des Betriebsrats** oder des Gremiums, dem der Auszubildende angehört oder innerhalb des letzten Jahres angehört hat, ist **nicht vorgesehen**.

3. Sanktion bei Verletzung

17   Die Anordnung der Unterrichtungspflicht hat lediglich die Bedeutung einer **Ordnungsvorschrift**. Von ihrer Erfüllung hängt nicht ab, ob der Auszubildende die Übernahme in

IV. Begründung eines Arbeitsverhältnisses § 78 a

ein Arbeitsverhältnis verlangen und der Arbeitgeber bei Unzumutbarkeit die Nichtbegründung oder Auflösung des Arbeitsverhältnisses beantragen kann (Abs. 5).

Die Verletzung der Mitteilungspflicht bedeutet aber eine positive Forderungsverletzung des durch diese Vorschrift inhaltlich modifizierten Berufsausbildungsverhältnisses, die den Arbeitgeber zum Schadensersatz verpflichtet. Da der Auszubildende, sofern er zum geschützten Personenkreis gehört, von der Übernahme in ein Arbeitsverhältnis auf unbestimmte Zeit ausgehen kann, wenn der Arbeitgeber seiner Mitteilungspflicht nicht nachgekommen ist, kann er noch nach Ablauf der in Abs. 2 vorgesehenen Frist seine Weiterbeschäftigung verlangen (s. Rn. 19). Ein Schaden kann aber dadurch eintreten, dass der Auszubildende wegen nicht rechtzeitiger Mitteilung der Nichtübernahme in ein Arbeitsverhältnis bereits eine ihm angebotene Stelle ausgeschlagen hat (ebenso *Fitting*, § 78 a Rn. 16; GL-*Löwisch*, § 78 a Rn. 6; GK-*Oetker*, § 78 a Rn. 47; APS-*Künzl*, § 78 Rn. 52; vgl. auch BAG 15. 1. 1980 AP BetrVG 1972 § 78 a Nr. 7). 18

IV. Begründung eines Arbeitsverhältnisses

1. Weiterbeschäftigungsverlangen als Gestaltungsrecht

Der Auszubildende kann innerhalb der Letzten drei Monate vor Beendigung des Berufsausbildungsverhältnisses schriftlich vom Arbeitgeber seine **Weiterbeschäftigung verlangen**. Mit **Zugang der Erklärung gilt** zwischen dem Auszubildenden und dem Arbeitgeber im Anschluss an das Berufsausbildungsverhältnis ein **Arbeitsverhältnis auf unbestimmte Zeit als begründet** (Abs. 2; s. Rn. 26 f.). Das Gesetz gibt dem Auszubildenden also ein *Gestaltungsrecht*, um auch gegen den Willen des Arbeitgebers die Begründung eines Arbeitsverhältnisses herbeizuführen. Rechtsdogmatisch handelt es sich nicht um einen Kontrahierungszwang; denn es genügt das Weiterbeschäftigungsverlangen, um unter den im Gesetz genannten Voraussetzungen die Begründung eines Arbeitsverhältnisses auch gegen den Willen des Arbeitgebers herbeizuführen. Gesetzestechnisch ist es nicht korrekt, dass die Begründung des Arbeitsverhältnisses in eine Fiktion gekleidet ist; denn fingiert werden könnte lediglich der Abschluss eines Arbeitsvertrags, nicht aber, wie es hier geschehen ist, die Begründung des Arbeitsverhältnisses. 19

2. Frist des Weiterbeschäftigungsverlangens

a) Der Auszubildende hat, sofern der Arbeitgeber seiner Mitteilungspflicht rechtzeitig und ordnungsgemäß nachgekommen ist, die Weiterbeschäftigung innerhalb der Letzten **drei Monate vor Beendigung des Berufsausbildungsverhältnisses** zu verlangen. Das Berufsausbildungsverhältnis endet mit dem Ablauf der Ausbildungszeit; besteht der Auszubildende vor diesem Zeitpunkt die Abschlussprüfung, so endet es mit Bestehen der Abschlussprüfung (§ 21 Abs. 1 und 2 BBiG). Für die Berechnung der Dreimonatsfrist ist deshalb vom **Zeitpunkt des Bestehens der Abschlussprüfung** auszugehen (ebenso BAG 31. 10. 1985 AP BetrVG 1972 § 78 a Nr. 15; *Fitting*, § 78 a Rn. 13 f.; GK-*Oetker*, § 78 a Rn. 44, 56). Die Auslegungsvorschriften der §§ 187 bis 193 BGB sind heranzuziehen; jedoch ist zu beachten, dass §§ 187, 188 BGB auf die Berechnung eines Fristendes bei feststehendem Beginn der Frist abstellen, hier jedoch der Beginn der Frist fraglich ist (ebenso BAG 15. 1. 1980 AP BetrVG 1972 § 78 a Nr. 7). 20

Ein **Weiterbeschäftigungsverlangen,** das **früher als drei Monate** vor Beendigung des Ausbildungsverhältnisses erklärt wird, ist **unwirksam** (ebenso BAG 15. 1. 1980 AP BetrVG 1972 § 78 a Nr. 7; GL-*Löwisch*, § 78 a Rn. 7; GK-*Oetker*, § 78 a Rn. 57; KR-*Weigand*, § 78 a Rn. 27; a.A. *Fitting*, § 78 a Rn. 19). Die Dreimonatsfrist dient dem gleichen Zweck wie die entsprechende zeitliche Begrenzung für die Zulässigkeit einer Weiterarbeitsklausel in § 12 Abs. 1 S. 2 BBiG; es soll verhindert werden, dass 21 der Auszubildende sich durch die Ausübung seines Gestaltungsrechts frühzeitig bindet. Ein Weiterbeschäftigungsverlangen, das vorzeitig erklärt wird, muss innerhalb der Dreimonatsfrist wiederholt werden. Nur wenn das Weiterbeschäftigungsverlangen drei Monate vor Ablegung der Abschlussprüfung erklärt wird, der Auszubildende aber die Abschlussprüfung nicht besteht, bleibt seine Erklärung wirksam, auch wenn sie drei Monate vor Ablauf der Ausbildungszeit erfolgt ist. Sie entfaltet aber keine Rechtswirkungen, wenn das Berufsausbildungsverhältnis sich auf Verlangen des Auszubildenden über den Ablauf der Ausbildungszeit verlängert (§ 21 Abs. 3 BBiG). In diesem Fall muss vielmehr das Weiterbeschäftigungsverlangen rechtzeitig wiederholt werden.

22 b) Die **Erklärung** muss dem Arbeitgeber **innerhalb der Dreimonatsfrist zugehen** (§ 130 Abs. 1 BGB). Eine **Ausnahme** gilt aber, wenn der **Arbeitgeber seiner Mitteilungspflicht nach Abs. 1 nicht nachgekommen** ist. In diesem Fall genügt, dass der Auszubildende die Weiterbeschäftigung erst verlangt, wenn das Berufsausbildungsverhältnis endet (a. A. *Fitting*, § 78 a Rn. 23; GK-*Oetker*, § 78 a Rn. 59). Der Auszubildende weiß nämlich in diesem Fall nicht, dass der Arbeitgeber die Übernahme in ein Arbeitsverhältnis nicht beabsichtigt (s. auch OVG Lüneburg 14. 5. 1986, PersR 1988, 56, das bei § 9 BPersVG entsprechend § 162 Abs. 1 BGB ein Weiterbeschäftigungsverlangen fingiert; s. aber BAG 15. 1. 1980 AP BetrVG 1972 § 78 a Nr. 7, das ein Weiterbeschäftigungsverlangen für erforderlich hält). Wird er im Anschluss an das Berufsausbildungsverhältnis beschäftigt, ohne dass hierüber ausdrücklich etwas anderes vereinbart worden ist, so ergibt sich bereits aus § 24 BBiG, dass ein Arbeitsverhältnis auf unbestimmte Zeit als begründet gilt. Sinn und Zweck des Übernahmerechts gebieten, dass bei Nichterfüllung der Mitteilungspflicht Gleiches gilt, der Arbeitgeber also nur nach Abs. 4 von der Übernahme in ein Arbeitsverhältnis auf unbestimmte Zeit entbunden werden kann.

22 a Ein **Widerruf** der Erklärung des Arbeitnehmers nach Zugang ist nicht möglich (so auch *Opolony*, BB 2003, 1329, 1333; *Pielsticker*, Der Schutz in Ausbildung, S. 78; a. A. GK-*Oetker*, § 78 a Rn. 62; *Fitting*, § 78 a Rn. 27; KR-*Weigand*, § 78 a Rn. 32; DKK-*Kittner/Bachner*, § 78 a Rn. 20; *Stege/Weinspach/Schiefer*, § 78 a Rn. 8 a). Das Gesetz erlaubt einen Widerruf gemäß § 130 Abs. 1 S. 2 BGB bloß bis zum Zugang der Erklärung. Außerdem handelt es sich um die Ausübung eines Gestaltungsrechts, durch das ein Arbeitsverhältnis begründet wird. Um dieses einseitig aufzuheben bedarf es erneut der Ausübung eines Gestaltungsrechts. Ein solches sieht das Gesetz aber nicht vor. Ein Widerruf wäre außerdem nicht interessengerecht. Der Arbeitgeber muss, nachdem der Auszubildende die Weiterbeschäftigung verlangt hat, disponieren können und vor allem den anderen Auszubildenden mitteilen, ob sie übernommen werden (*Opolony*, BB 2003, 1329, 1333).

22 b Als Willenserklärung ist das Weiterbeschäftigungsverlangen nach den §§ 119 ff. BGB **anfechtbar** (*Opolony*, BB 2003, 1329, 1333; GK-*Oetker*, § 78 a Rn. 64). Ein **Verzicht** auf den Schutz aus § 78 a ist in dem Zeitraum möglich, in dem das Gestaltungsrecht ausgeübt werden kann, also in den letzten drei Monaten des Ausbildungsverhältnisses (LAG Frankfurt 9. 8. 1974, BB 1975, 1205; *Fitting*, § 78 a Rn. 27; *Stege/Weinspach/Schiefer*, § 78 a Rn. 8 a; GK-*Oetker*, § 78 a Rn. 63; a. A. *Wiencke*, Der Schutz Auszubildender, S. 45, der einen Verzicht im Hinblick auf die §§ 12 Abs. 1, 25 BBiG für ausgeschlossen hält sowie *Witt*, AR-Blattei SD 530.13.1 Rn. 19, der den Schutzzweck des § 78 a heranzieht; *Opolony* hält dagegen einen Verzicht in den letzten sechs Monaten für möglich, vgl. § 12 Abs. 1 S. 2 BBiG, *Opolony*, BB 2003, 1329, 1333).

3. Form des Weiterbeschäftigungsverlangens

23 Das Gesetz ordnet an, dass der Auszubildende seine Weiterbeschäftigung **schriftlich** verlangt; seine Erklärung bedarf also der gesetzlichen Schriftform (§ 126 BGB). Die

IV. Begründung eines Arbeitsverhältnisses   § 78 a

Schriftform hat hier aber lediglich den Charakter einer Ordnungsvorschrift, ist also für die Ausübung des Gestaltungsrechts nicht konstitutiv (ebenso *Pielsticker*, Schutz nach 78 a BetrVG, S. 59 f.; a. A. *Fitting*, § 78 a Rn. 21; GK-*Oetker*, § 78 a Rn. 51; HWK-*Schrader*, § 78 a Rn. 17, 20; DKK-*Kittner/Bachner*, § 78 a Rn. 17; APS-*Künzl*, § 78 a Rn. 55). Der Arbeitgeber verstieße gegen Treu und Glauben, wenn er dem Auszubildenden entgegenhielte, dass die Übernahme in ein Arbeitsverhältnis daran scheitert, dass der Auszubildende die Weiterbeschäftigung von ihm nur mündlich, nicht aber schriftlich verlangt hat; denn der Arbeitgeber ist auf Grund der ihm gegenüber dem Auszubildenden obliegenden Fürsorgepflicht verpflichtet, ihn darauf aufmerksam zu machen, dass das Gesetz eine schriftliche Mitteilung verlangt. Versäumt der Arbeitgeber dies, so kann er aus seiner Pflichtwidrigkeit keinen Rechtsvorteil erlangen (ebenso im Ergebnis DKK-*Kittner/Bachner*, § 78 a Rn. 17). Die Anordnung der Schriftform ist aber gleichwohl nicht bedeutungslos; denn ist zwischen dem Arbeitgeber und dem Auszubildenden streitig, ob ein Weiterbeschäftigungsverlangen rechtzeitig gestellt wurde, so trägt der Auszubildende die Beweislast.

4. Minderjährigkeit des Auszubildenden

Ist der Auszubildende noch minderjährig, so bedarf die Erklärung, durch die ein Auszubildender seine Weiterbeschäftigung nach Beendigung des Berufsausbildungsverhältnisses verlangt, der **Zustimmung des gesetzlichen Vertreters** (ebenso GL-*Löwisch*, § 78 a Rn. 8; GK-*Oetker*, § 78 a Rn. 52; a. A. *Fitting*, § 78 a Rn. 26; DKK-*Kittner/Bachner*, § 78 a Rn. 14; KR-*Weigand*, § 78 a Rn. 29; *Moritz*, DB 1974, 1016, 1017). § 113 BGB findet keine Anwendung; denn abgesehen davon, dass diese Vorschrift nicht für die Eingehung eines Berufsausbildungsverhältnisses gilt (vgl. *Gitter*, MünchKomm. zum BGB, § 113 Rn. 7), erstreckt die Ermächtigung des gesetzlichen Vertreters sich nicht auf den Übergang des Berufsausbildungsverhältnisses in ein Arbeitsverhältnis auf unbestimmte Zeit (ebenso GL-*Löwisch*, § 78 a Rn. 8; GK-*Oetker*, § 78 a Rn. 52; a. A. *Fitting*, § 78 a Rn. 26). Dem Schutzzweck der Norm widerspräche es aber, das Weiterbeschäftigungsverlangen, das der Minderjährige ohne die erforderliche Einwilligung des gesetzlichen Vertreters erklärt, nach § 111 BGB als schlechthin unwirksam anzusehen. Andererseits handelt es sich aber auch nicht um ein einseitiges Rechtsgeschäft, durch das der Auszubildende lediglich einen rechtlichen Vorteil erlangt (§ 107 BGB). Der Minderjährige ist vielmehr so zu stellen, als hätte er einen Arbeitsvertrag ohne Zustimmung seines gesetzlichen Vertreters abgeschlossen, so dass dieser das Weiterbeschäftigungsverlangen noch genehmigen kann (§ 108 BGB).

5. Unabdingbarkeit des Übernahmerechts

Das Übernahmerecht ist ein zwingend eingeräumtes Gestaltungsrecht. Sobald der Auszubildende es aber ausüben kann, kann er von einer Ausübung auch wirksam absehen. Er kann deshalb einen Aufhebungsvertrag nur in den letzten drei Monaten des Ausbildungsverhältnisses abschließen (ebenso LAG Hessen 9. 8. 1974, BB 1975, 1205). Erst recht besteht keine Abdingbarkeit durch Tarifvertrag (LAG Köln 2. 11. 2006 – 5 TaBV 13/06, juris) oder Betriebsvereinbarung. Diese können die Verpflichtung nur erweitern, etwa – entgegen der unzutreffenden Rspr. des BAG zum gesetzlichen Anspruch (Rn. 39) – auf das ganze Unternehmen oder den Konzern ausweiten (LAG Köln 2. 11. 2006 – 5 TaBV 13/06, juris; ähnlich LAG Bremen 12. 10. 2006 – 3 TaBV 7/06, juris).

6. Inhalt und Auflösung des durch Fiktion begründeten Arbeitsverhältnisses

a) **Verlangt** der **Auszubildende rechtzeitig seine Weiterbeschäftigung, so** gilt zwischen ihm und dem Arbeitgeber im Anschluss an das Berufsausbildungsverhältnis ein

§ 78 a

Arbeitsverhältnis auf unbestimmte Zeit **als begründet** (Abs. 2 Satz 1). Auf dieses Arbeitsverhältnis ist insbesondere § 37 Abs. 4 und 5 entsprechend anzuwenden (Abs. 2 Satz 2). Deshalb ist für seinen Inhalt maßgebend, ob der Auszubildende die Abschlussprüfung bestanden hat. Der Auszubildende hat Anspruch auf ein Arbeitsentgelt, das vergleichbare Arbeitnehmer mit betriebsüblicher beruflicher Entwicklung erhalten (§ 37 Abs. 4; s. dort Rn. 63 ff.), und er darf nur mit Tätigkeiten beschäftigt werden, die den Tätigkeiten vergleichbarer Arbeitnehmer mit betriebsüblicher beruflicher Entwicklung gleichwertig sind, soweit nicht zwingende betriebliche Notwendigkeiten entgegenstehen (§ 37 Abs. 5; s. dort Rn. 73 ff.; LAG Nürnberg 25. 11. 2004 – 8 Sa 14/04, juris).

27 Das **Entstehen eines Arbeitsverhältnisses** nach Abs. 2 bzw. 3 wird **nicht** dadurch **ausgeschlossen,** dass der Arbeitgeber einen **Feststellungsantrag nach Abs. 4 Satz 1 Nr. 1** gestellt hat, dem bei Beendigung des Berufsausbildungsverhältnisses noch nicht rechtskräftig stattgegeben worden ist (ebenso BAG 28. 11. 1989 AP BetrVG 1972 § 78 a Nr. 20; bestätigt BAG 24. 7. 1991 AP BetrVG 1972 § 78 a Nr. 23; 11. 1. 1995 AP BetrVG 1972 § 78 a Nr. 24; s. auch Rn. 30 ff.). Bestreitet der Arbeitgeber, dass die Voraussetzungen des Abs. 2 oder 3 erfüllt sind, macht er insbesondere geltend, dass der Auszubildende entweder nicht zum geschützten Personenkreis gehört oder das Weiterbeschäftigungsverlangen nicht rechtzeitig war, so entscheidet das Arbeitsgericht im Urteilverfahren, gleichgültig ob der Auszubildende mit einem positiven Feststellungsantrag oder der Arbeitgeber mit einem negativen Feststellungsantrag das Verfahren betreibt (ebenso BAG 29. 11. 1989 AP BetrVG 1972 § 78 a Nr. 20; vgl. aber auch BAG AP BetrVG 1972 § 78 a Nr. 24; s. Rn. 49). Der Arbeitgeber kann gegen die Begründung des Arbeitsverhältnisses nicht einwenden, dass ihm die Weiterbeschäftigung nicht zumutbar sei; denn darüber entscheidet das Arbeitsgericht im Verfahren nach Abs. 4 (ebenso BAG 13. 11. 1987 AP BetrVG 1972 § 78 a Nr. 18). Die Trennung der beiden Verfahren hat jedoch zur Folge, dass bei Bestreiten eines kraft Gesetzes entstandenen Arbeitsverhältnisses der Auszubildende seine Weiterbeschäftigung vor rechtskräftigem Abschluss des Feststellungsstreits nur nach den Grundsätzen verlangen kann, die für eine Weiterbeschäftigung eines gekündigten Arbeitnehmers während des Kündigungsschutzprozesses gelten (vgl. BAG 14. 5. 1987 AP BPersVG § 9 Nr. 4).

28 b) Durch das Übernahmeverlangen entsteht kraft Gesetzes ein **Arbeitsverhältnis auf unbestimmte Zeit** (vgl. BAG 24. 7. 1991 AP BetrVG 1972 § 78 a Nr. 23). Die Begründung eines *befristeten Arbeitsverhältnisses* bedarf daher stets einer dahingehenden vertraglichen Vereinbarung (so BAG, a. a. O.). Eine solche Befristung ist nicht notwendig sachwidrig und damit unwirksam gemäß § 14 Abs. 1 TzBfG (so DKK-*Kittner/Bachner*, § 78 a Rn. 23). Es gelten vielmehr die allgemeinen Maßstäbe. Erforderlich ist allerdings, dass das befristete Arbeitsverhältnis innerhalb der letzten drei Monate und nach Hinweis des Arbeitgebers auf das Recht des § 78 a abgeschlossen wurde. Das kraft Gesetzes entstandene Arbeitsverhältnis ist jedenfalls dann ein **Vollzeitarbeitsverhältnis,** wenn auch das Berufsausbildungsverhältnis wie im Regelfall den Charakter eines Vollzeitarbeitsverhältnisses hatte (ebenso BAG 13. 11. 1987 AP BetrVG 1972 § 78 a Nr. 18). Kommt für den Arbeitgeber nur eine *befristete Weiterbeschäftigung* oder lediglich Teilzeitarbeit in Betracht, so muss er im Verfahren nach Abs. 4 den Feststellungs- bzw. Auflösungsantrag stellen (s. Rn. 30 ff.).

29 Das kraft Gesetzes begründete Arbeitsverhältnis kann, sofern es nicht nach Abs. 4 durch das Arbeitsgericht aufgelöst wird (s. Rn. 30 ff.), vom **Arbeitgeber einseitig nur durch Kündigung** aufgelöst werden; jedoch gilt insoweit, wenn der Betreffende noch einer Betriebs- oder Jugend- und Auszubildendenvertretung angehört oder der in § 15 Abs. 1 Satz 2 KSchG vorgesehene Nachwirkungszeitraum noch nicht abgelaufen ist, der besondere Kündigungsschutz im Rahmen der Betriebsverfassung (§ 103 i. V. mit §§ 15, 16 KSchG).

V. Befreiung von der Übernahme in ein Arbeitsverhältnis durch das Arbeitsgericht

1. Besondere Verfahren

Der Arbeitgeber kann spätestens bis zum Ablauf von zwei Wochen nach Beendigung 30 des Berufsausbildungsverhältnisses beim Arbeitsgericht **beantragen,**
1. festzustellen, dass ein **Arbeitsverhältnis nach Abs. 2 oder 3 nicht begründet** wird oder
2. das bereits nach Abs. 2 oder 3 begründete **Arbeitsverhältnis aufzulösen,**

wenn Tatsachen vorliegen, auf Grund derer dem Arbeitgeber unter Berücksichtigung aller Umstände die Weiterbeschäftigung nicht zugemutet werden kann (Abs. 4 Satz 1).

Die alternierende Umschreibung des Antrags im Gesetzestext erklärt sich daraus, 31 dass der Antrag bereits vor Beendigung des Berufsausbildungsverhältnisses gestellt werden kann. Dann lautet der Antrag auf Feststellung, dass ein Arbeitsverhältnis nicht begründet wird (Abs. 4 Satz 1 Nr. 1). Ist dagegen wegen Beendigung des Berufsausbildungsverhältnisses ein Arbeitsverhältnis bereits begründet, wird also der Antrag erst nach Beendigung des Berufsausbildungsverhältnisses gestellt, so hat der Arbeitgeber zu beantragen, das bereits nach Abs. 2 oder 3 begründete Arbeitsverhältnis aufzulösen (Abs. 4 Satz 1 Nr. 2). Die Verschiedenheit der vom Gesetz geforderten Antragstellung ist jedoch missglückt; denn soweit es um den Feststellungsantrag geht, muss beachtet werden, dass der Schutzmechanismus hier zweistufig aufgebaut ist: Die Vorschrift unterscheidet zwischen dem durch Abs. 2 kraft Gesetzes entstehenden Arbeitsverhältnis und den in Abs. 4 geregelten Einwendungen des Arbeitgebers, ihm sei die Beschäftigung des Auszubildenden in diesem Arbeitsverhältnis nicht zumutbar (vgl. BAG 13. 11. 1987 AP BetrVG 1972 § 78 a Nr. 18). Der Feststellungsantrag nach Abs. 4 Satz 1 Nr. 1 betrifft deshalb einen **anderen Streitgegenstand** als ein Feststellungsantrag über das Bestehen eines nach Abs. 2 oder 3 zustande gekommenen Arbeitsverhältnisses (ebenso BAG 29. 11. 1989 AP BetrVG 1972 § 78 a Nr. 20).

Feststellungsantrag und **Auflösungsantrag** betreffen in Abs. 4 **denselben Streitgegenstand** 32 (ebenso BAG 29. 11. 1989 AP BetrVG 1972 § 78 a Nr. 20). Wie der Auflösungsantrag ist hier auch der Feststellungsantrag auf eine *richterliche Rechtsgestaltung* gerichtet (vgl. BAG 29. 11. 1989 AP BetrVG 1972 § 78 a Nr. 20).

2. Frist

a) Der **Feststellungsantrag** kann nur vor Beendigung des Berufsausbildungsverhält- 33 nisses gestellt werden (ebenso BAG 29. 11. 1989 AP BetrVG 1972 § 78 a Nr. 20; a. A. *Matthes,* NZA 1989, 916, 917). Er kann bereits gestellt werden, bevor der Auszubildende die Weiterbeschäftigung verlangt (ebenso GL-*Löwisch,* § 78 a Rn. 11 und 12; GK-*Oetker,* § 78 a Rn. 115; HWK-*Schrader,* § 78 a Rn. 27; *Moritz,* DB 1974, 1016, 1017; a. A. *Fitting,* § 78 a Rn. 35; DKK-*Kittner/Bachner,* § 78 a Rn. 28; *Bengelsdorf,* NZA 1991, 543; *Reinecke,* DB 1981, 890). Da im Regelfall bei Beendigung des Berufsausbildungsverhältnisses über den Feststellungsantrag nicht rechtskräftig entschieden ist, entsteht unter den Voraussetzungen des Abs. 2 oder 3 im Anschluss an das Berufsausbildungsverhältnis ein Arbeitsverhältnis, das nur durch eine rechtskräftige gerichtliche Auflösungsentscheidung wieder beseitigt werden kann. Da der Feststellungs- und der Auflösungsantrag die gleiche Funktion haben und auf das gleiche Ziel gerichtet sind, bedarf es keiner förmlichen Antragsänderung; vielmehr wandelt sich der Feststellungsantrag seinem Gegenstand nach ohne weiteres in einen Auflösungsantrag (ebenso BAG 29. 11. 1989 AP BetrVG 1972 § 78 a Nr. 20; bereits zu § 9 Abs. 4 BPersVG BVerwG 30. 10. 1987 E 78, 223, 226).

34 b) Nach Beendigung des Berufsausbildungsverhältnisses kann der Arbeitgeber nur den **Auflösungsantrag** stellen, soweit er die Unzumutbarkeit der Weiterbeschäftigung nach Abs. 4 geltend macht (ebenso BAG 16. 1. 1979 AP BetrVG 1972 § 78 a Nr. 5; vgl. auch BAG 29. 11. 1989 AP BetrVG 1972 § 78 a Nr. 20). Bestreitet er die Entstehung eines Arbeitsverhältnisses nach Abs. 2 oder 3, so muss er die Feststellungsklage im Urteilsverfahren erheben (vgl. BAG 29. 11. 1989 AP BetrVG 1972 § 78 a Nr. 20; s. auch Rn. 27).

35 Der Antrag kann nur innerhalb einer **Ausschlussfrist von zwei Wochen** nach Beendigung des Berufsausbildungsverhältnisses gestellt werden. Da der Arbeitgeber mit Ablauf der Frist sein Gestaltungsklagerecht verliert, handelt es sich um eine materiell-rechtliche Ausschlussfrist (ebenso *Schäfer*, AuR 1978, 202, 206; a. A. prozessuale Zulässigkeitsvoraussetzung *Barwasser*, DB 1976, 2114, 2115). Für ihre Berechnung gelten die §§ 187, 188 BGB; für den Ablauf der Frist ist der Eingang des Antrags beim Arbeitsgericht maßgebend, sofern die Zustellung demnächst erfolgt (§ 46 Abs. 2 ArbGG i. V. mit §§ 495, 270 Abs. 3 ZPO).

3. Unzumutbarkeit der Weiterbeschäftigung als Streitgegenstand

36 a) Der Antrag des Arbeitgebers – der Feststellungsantrag (Nr. 1) oder der Auflösungsantrag (Nr. 2) – ist begründet, wenn Tatsachen vorliegen, auf Grund derer dem Arbeitgeber unter Berücksichtigung aller Umstände die **Weiterbeschäftigung nicht zugemutet** werden kann (Abs. 4 Satz 1). Die Formulierung der Voraussetzungen im Gesetzestext entspricht der Umschreibung des wichtigen Grundes in § 626 BGB (ebenso BAG 16. 1. 1979 AP BetrVG 1972 § 78 a Nr. 5 [zust. *Schwedes*]; für ein weiteres Verständnis auf Grund verfassungskonformer Auslegung *Blaha/Mehlich*, NJW 2005, 667). Die Anknüpfung liegt nahe, weil das Übernahmerecht dem gleichen Zweck dient wie der besondere Kündigungsschutz im Rahmen der Betriebsverfassung. Dennoch geht es hier um eine andere Zielsetzung. Die hier gegebene Regelung will den Schwierigkeiten Rechnung tragen, die für den Arbeitgeber daraus entstehen, dass er jemanden, den er zur Berufsausbildung eingestellt hat, nunmehr als Arbeitnehmer weiterbeschäftigen muss (so zutreffend *Löwisch*, DB 1975, 1893). Soweit es sich nämlich um Gründe in der Person des Auszubildenden handelt, kann bereits das Berufsausbildungsverhältnis durch außerordentliche Kündigung aus wichtigem Grund aufgelöst werden (§ 22 Abs. 2 BBiG), die, solange der Auszubildende der Betriebs- oder Jugend- und Auszubildendenvertretung angehört, der Zustimmung des Betriebsrats bedarf (§ 103). Es gilt insoweit nichts anderes als für sonstige Arbeitnehmer, die im Rahmen der Betriebsverfassung besonderen Kündigungsschutz genießen. Berücksichtigt man, dass der Arbeitgeber zur Rechtfertigung einer außerordentlichen Kündigung nicht auf Tatsachen zurückgreifen kann, die ihm länger als zwei Wochen bekannt sind (§ 22 Abs. 4 BBiG), so ergibt sich, sofern man dem Arbeitgeber nicht verwehrt, mit diesen Tatsachen die Unzumutbarkeit der Weiterbeschäftigung zu begründen, bereits daraus eine Distanz zu § 626 BGB, der für die Geltendmachung des wichtigen Grundes die gleiche Ausschlussfrist vorsieht. Diese Diskrepanz zu § 626 BGB sieht auch die **neuere Rechtsprechung des BAG**. Entscheidend sei, ob dem Arbeitgeber die Beschäftigung des Amtsträgers in einem unbefristeten Arbeitsverhältnis zumutbar sei, nicht aber, ob ihm die Fortsetzung des Arbeitsverhältnisses bis zum Ablauf der Kündigungsfrist oder bis zur vereinbarten Beendigung nicht zugemutet werden könne (BAG 25. 2. 2009 – 7 ABR 61/07, juris; BAG 16. 7. 2008 AP BetrVG 1972 § 78 a Nr. 50; BAG 6. 11. 1996 AP BetrVG 1972 § 78 a Nr. 26).

37 Für den **Begriff der Unzumutbarkeit** i. S. des Abs. 4 ist maßgebend, dass der Arbeitgeber nicht verpflichtet ist, durch organisatorische Maßnahmen Arbeitsplätze neu zu schaffen, um die Weiterbeschäftigung zu gewährleisten. Daher ist ihm eine Weiterbeschäftigung aus betrieblichen Gründen unzumutbar, wenn zum Zeitpunkt der Beendi-

V. Befreiung von der Übernahme in ein Arbeitsverhältnis durch das Arbeitsgericht   § 78 a

gung des Berufsausbildungsverhältnisses **kein freier Arbeitsplatz** vorhanden ist, auf dem der Auszubildende mit seiner in der Ausbildung erworbenen Qualifikation beschäftigt werden kann (vgl. BAG 16. 1. 1979 AP BetrVG 1972 § 78 a Nr. 5; bestätigt BAG 15. 1. 1980, 29. 11. 1989 und 24. 7. 1991 AP BetrVG 1972 § 78 a Nr. 9, 20 und 23; BAG 6. 11. 1996, 12. 11. 1997 AP BetrVG § 78 a Nr. 26, 31; LAG Brandenburg 18. 3. 1998, LAGE Nr. 16 zu § 78 a BetrVG 1972). An einem freien Arbeitsplatz fehlt es auch, wenn eine auf wirtschaftlichen Überlegungen basierende Organisationsentscheidung getroffen ist, ab einen bestimmten Stichtag kein zusätzlich eigenes Personal mehr einzusetzen sondern sich eines Drittunternehmens zu bedienen (LAG Nürnberg 28. 3. 2007 ZTR 2007, 514). Für den Willen, statt eigenen Personals Leiharbeitnehmer zu beschäftigen, gilt dies – entsprechend der Rechtsprechung zum Kündigungsrecht – nicht (zuletzt ausdrücklich klargestellt durch BAG 25. 2. 2009 – 7 ABR 61/07, juris; BAG 16. 7. 2008 AP BetrVG 1972 § 78 a Nr. 50; siehe schon die Vorinstanz LAG Nürnberg 21. 12. 2006, DB 2007, 980). Ist allein ein **niedriger qualifizierter Arbeitsplatz** vorhanden, so muss der Arbeitgeber diesen seinem Auszubildenden anbieten, denn der Wortlaut der Norm spricht allein von einer Weiterbeschäftigung (BAG 6. 11. 1996 AP BetrVG 1972 § 78 a Nr. 26; LAG Köln 28. 8. 1996, LAGE Nr. 14 zu § 78 a BetrVG 1972); das schließt nicht aus, hilfsweise eine Beschäftigung unterhalb der Qualifikation zu sichern, mit der Möglichkeit, bei Änderung der Stellensituation auf einen angemessenen Arbeitsplatz versetzt zu werden. Ist demgegenüber nur ein **höher qualifizierter Arbeitsplatz** frei, dann soll nach einer verbreiteten Meinung der Arbeitgeber zu zumutbaren Qualifikationsmaßnahmen verpflichtet sein (DKK-*Kittner/Bachner*, § 78 a Rn. 35; *Fitting*, § 78 a Rn. 51 nur für den Fall, dass zusätzliche Qualifikation in angemessener Einarbeitungszeit ggf. unter Inanspruchnahme betrieblicher Schulungsmaßnahmen gewonnen werden kann; enger GK-*Oetker*, § 78 a Rn. 102). Dem ist zuzustimmen. Der Kreis des Zumutbaren ist jedoch eng zu ziehen, ggf. ist der Auszubildende an den Kosten der zusätzlichen Qualifikation zu beteiligen (zutreffend daher ArbG Braunschweig 31. 7. 1980, EzA Nr. 31 zu § 78 a BetrVG 1972; einige Pegelstriche zu großzügig ArbG Freiburg 26. 10. 2004, AuR 2005, 118). Auch hier mag man sich am Kündigungsrecht orientieren (zur Weiterbeschäftigungsmöglichkeit bei der betriebsbedingten Kündigung BAG 29. 7. 1996 AP ZPO § 373 Nr. 1; BAG 7. 2. 1991 AP KSchG 1969 § 1 Nr. 1 Umschulung).

Ein Arbeitsplatz ist nicht bereits dann frei, wenn die Summe aller durchschnittlich **38** geleisteten **Überstunden** im Betrieb die Arbeitsleistung eines Vollzeitarbeitsverhältnisses ausmacht. Der Arbeitgeber ist nicht verpflichtet, seine Arbeitsorganisation zu ändern und statt dessen einen neuen Arbeitsplatz zu schaffen (vgl. BAG 25. 2. 2009 – 7 ABR 61/07, juris; BAG 16. 7. 2008 AP BetrVG 1972 § 78 a Nr. 50; BAG 12. 11. 1997 AP BetrVG 1972 § 78 a Nr. 30 = NZA-RR 1998, 1057; LAG Brandenburg a. a. O.; LAG Köln 4. 9. 1996, NZA-RR 97, 435; a. A. DKK-*Kittner/Bachner,* § 78 a Rn. 36; GK-*Oetker*, § 78 a Rn. 97). Die Gegenmeinung, die „zumutbare" Änderungen in der Betriebsorganisation verlangt, berücksichtigt nicht hinlänglich, dass die betriebliche Organisation im Kernbereich der unternehmerischen Entscheidungsfreiheit liegt; es gilt hier das Gleiche wie beim Kündigungsschutz und der Entscheidung, mit Vollzeitkräften oder Teilzeitkräften zu arbeiten (BAG 19. 5. 1993 AP KSchG 1969 § 2 Nr. 31 = NZA 1993, 1075). Aus der Orientierung am Kündigungsschutz folgt auch, dass der Auszubildende erst recht nicht verlangen kann, dass ein Arbeitsplatz **frei gekündigt** wird (ebenso *Opolony,* BB 2003, 1329, 1335 f.). Ebenfalls ist der Arbeitgeber nicht gezwungen, Arbeitsplätze, die seiner unternehmerischen Entscheidung nach entfallen, einzig wegen des Weiterbeschäftigungsanspruchs aufrecht zu erhalten (BAG 25. 2. 2009 – 7 ABR 61/07, juris; BAG 16. 7. 2008 AP BetrVG 1972 § 78 a Nr. 50; BAG 6. 11. 1996, 12. 11. 1997 AP BetrVG 1972 § 78 a Nr. 26, 31; *Fitting*, § 78 a Rn. 55). Auf der anderen Seite können geplante Einsparungen, die erst in Zukunft möglicherweise den Wegfall eines Arbeitsplatzes bedingen werden, die Unzumutbarkeit nicht begründen; der Wegfall des Arbeitsplatzes muss spätestens für den Zeitpunkt der Übernahme geplant sein (BAG

16. 8. 1995 AP BetrVG 1972 § 78 a Nr. 25; ErfK-*Kania,* § 78 a Rn. 9; *Fitting,* § 78 a BetrVG Rn. 55).

39 Der Übernahmeanspruch ist nach zutreffender Meinung auf das **gesamte Unternehmen** bezogen, nicht allein auf den Betrieb; auch hier ist maßgebliches Argument der Gleichklang zum Kündigungsschutz gegenüber der betriebsbedingten Kündigung (LAG Köln 18. 3. 2004, DB 2004, 1374; LAG Niedersachsen 26. 4. 1996, NZA-RR 1997, 14; LAG Rheinland-Pfalz 5. 7. 1996, LAGE Nr. 12 zu § 78 a BetrVG 1972; *Fitting,* § 78 a Rn. 54; ErfK-*Kania,* § 78 a Rn. 9; a. A. LAG Köln 4. 9. 1996, 28. 8. 1996, LAGE Nr. 13, 14 zu § 78 a BetrVG 1972; GK-*Oetker,* § 78 a Rn. 93, 106; unklar noch BAG AP BetrVG 1972 § 78 a Nr. 26, 31; a. A. und damit für eine betriebsbezogene Betrachtung BAG 15. 11. 2006 AP BetrVG 1972 § 78 a Nr. 38; BAG 8. 8. 2007 AP BetrVG 1972§ 78 a Nr. 42; BAG 5. 12. 2007 AP BetrVG 1972 § 78 a Nr. 46). Das gilt umso eher, als hier anders als in § 1 KSchG die Unzumutbarkeit der Weiterbeschäftigung schon nach dem Wortlaut der Norm nicht auf den Betrieb beschränkt ist. Eine „Betriebsbezogenheit des nach Abs, 2 entstehenden Arbeitsverhältnisses" (GK-*Oetker,* § 78 a Rn. 93) kann hieran nichts ändern; betriebsbezogen ist nur das Amt, nicht das Arbeitsverhältnis. Der vom BAG nunmehr für die betriebsbezogene Betrachtung hervorgehobene Normzweck der Ämterkontinuität der eine Weiterbeschäftigung nach § 78 a mit sich bringt, mag erwünschtes Nebenprodukt sein, Schutzweck der Norm ist es jedoch, den Auszubildenden vor drohenden Nachteilen seiner Betriebsratstätigkeit zu schützen. Dem entspricht insbesondere ein Gleichklang zum Kündigungsrecht (s. BAG 17. 4. 1984 AP BetrAVG § 1 Nr. 2 Zusatzversorgungskassen = EzA Nr. 32 zu § 1 KSchG 1969 Betriebsbedingte Kündigung; *Berkowsky,* MünchArbR, § 111 Rn. 6). Die Sichtweise des BAG führt daher letztlich zu einer unzulässigen Verengung des Schutzzwecks der Norm. Die Argumentation ist missverständlich insofern, als dass das es einerseits von einem gleichstufigen Verhältnis der Schutzzwecke zueinander ausgeht, andererseits wohl aber die Ämterkontinuität als ausschlaggebend ansieht. Zur Möglichkeit der Erweiterung durch Tarifvertrag s. Rn. 25.

39 a Arbeitgeber iS. des § 78 Abs. 4 ist immer nur der Vertragsarbeitgeber. Dem Arbeitgeber ist die Übernahme eines durch § 78 a geschützten Auszubildenden aus betrieblichen Gründen nicht allein deshalb unzumutbar, weil er sich entschließt, die in seinem Betrieb anfallenden Arbeitsaufgaben künftig Leiharbeitnehmern zu übertragen (im Parallelschluss zum Kündigungsrecht BAG 25. 2. 2009 – 7 ABR 61/07, juris). Zumutbar kann die Vollbeschäftigung eines Auszubildenden auch sein, wenn der Arbeitgeber zwar und Teilzeitarbeitsplätze hat, aber eben doch noch mehrere offene Teilzeitarbeitsplätze. Insoweit können im Einzelfall die gleichen Maßstäbe, die bei einem Aufstockungsverlangen nach § 9 TzBfG zu Grunde zu legen sind, auch die vollzeitige Beschäftigung nach § 78 a rechtfertigen (LAG Köln 15. 12. 2008, AuR 2009, 184).

40 Eine Beschäftigungsmöglichkeit besteht auch dann nicht, wenn einige Monate vor Beendigung des Ausbildungsverhältnisses freie **Arbeitsplätze mit Arbeitnehmern besetzt** wurden, die ihrerseits **vorzeitig die Ausbildung beendet** haben. Der Arbeitgeber ist zu diesem Zeitpunkt regelmäßig nicht verpflichtet zu bedenken, dass später nach § 78 a geschützte Auszubildende ihre Ausbildung beenden werden und ihre Übernahme verlangen könnten (BAG AP BetrVG 1972 § 78 a Nr. 31 = SAE 1999, 6 *[Natzel];* a. A. in einem ähnlichen Fall LAG Berlin 18. 7. 1995, LAGE Nr. 8 zu § 78 a BetrVG 1972; LAG Thüringen 27. 3. 1996, LAGE Nr. 11 zu § 78 a BetrVG 1972). Die zumutbare Frist, hier doch abzuwarten, liegt nach der nicht unproblematischen Rechtsprechung des BAG bei drei Monaten (BAG AP BetrVG 1972 § 78 a Nr. 30). Dies dürfte nur als Leitvorgabe richtig sein: Maßgeblich ist, ob der Arbeitgeber durch die vorgezogene Einstellung den Weiterbeschäftigungsanspruch des Auszubildenden ohne hinreichende wirtschaftliche Gründe gegenstandslos werden lässt. Ein vergleichender Pendelblick zum Kündigungsrecht liegt nahe (s. BAG 5. 6. 2008, NZA 2008, 1180): Ist im Zeitpunkt des Kündigungszugangs eine Beschäftigungsmöglichkeit nicht mehr vorhanden, wurde also ein

V. Befreiung von der Übernahme in ein Arbeitsverhältnis durch das Arbeitsgericht   § 78 a

freier Arbeitsplatz vor dem Zugang der Kündigung besetzt, so ist es dem Arbeitgeber gleichwohl nach dem Rechtsgedanken des § 162 BGB verwehrt, sich auf den Wegfall von Beschäftigungsmöglichkeiten im Kündigungszeitpunkt zu berufen, wenn dieser Wegfall treuwidrig herbeigeführt wurde. Der Arbeitgeber hat es nicht in der Hand den Kündigungsschutz dadurch leerlaufen zu lassen, dass er zunächst einen freien Arbeitsplatz besetzt und erst später eine Beendigungskündigung wegen einer fehlenden Weiterbeschäftigungsmöglichkeit ausspricht. Gebieten also besondere Umstände die sofortige Besetzung des Arbeitsplatzes, so ist die Einstellung auch im Hinblick auf § 78 a vorher zulässig; sonst nicht (*Fitting*, § 78 a Rn. 56; DKK-*Kittner/Bachner*, § 78 a Rn. 37).

Der **Leistungsvergleich** mit Mitbewerbern kann eine Unzumutbarkeit der Weiterbeschäftigung grundsätzlich nicht begründen. § 78 a spricht nicht lediglich ein Diskriminierungsverbot von Mandatsträgern aus, das eine Schlechterstellung gegenüber anderen Arbeitnehmern aus sachgerechten Gründen erlauben würde, sondern geht darüber hinaus: Das Gesetz nimmt eine Privilegierung in Kauf (LAG Berlin 18. 7. 1995, LAGE Nr. 8 zu § 78 a BetrVG 1972; LAG Thüringen 27. 3. 1996, LAGE Nr. 11 zu § 78 a BetrVG 1972; LAG Hamm 21. 12. 1992, LAGE Nr. 6 zu § 78 a BetrVG 1972; *Fitting*, § 78 a Rn. 49; ErfK-*Kania*, § 78 a Rn. 8; GK-*Oetker*, § 78 a Rn. 83). Unzumutbar wird eine Weiterbeschäftigung erst bei nicht bestandener, wiederholter Abschlussprüfung; dann ist der Auszubildende nicht hinreichend qualifiziert. Stehen dem Arbeitgeber jedoch auch Arbeitsplätze für unqualifizierte Arbeitnehmer zur Verfügung, dann hat der Auszubildende einen Anspruch auf Weiterbeschäftigung in dieser, seinen Anforderungen entsprechenden Position (*Fitting*, § 78 a Rn. 50; DKK-*Kittner/Bachner*, § 78 a Rn. 35; GK-*Oetker*, § 78 a Rn. 85). **41**

b) Für die **Beurteilung der Unzumutbarkeit** ist maßgebend, dass gemäß Abs. 2 oder 3 ein **Arbeitsverhältnis auf unbestimmte Zeit** entsteht. Eine Weiterbeschäftigung ist daher gemäß Abs. 4 unzumutbar, wenn nur eine **befristete Beschäftigungsmöglichkeit** vorhanden ist (so BAG 24. 7. 1991 AP BetrVG 1972 § 78 a Nr. 23; ebenso APS-*Künzl*, § 78 a Rn. 114). Soweit wie im Regelfall gemäß Abs. 2 oder 3 ein **Vollzeitarbeitsverhältnis** entsteht, ist das Arbeitsverhältnis gemäß Abs. 4 aufzulösen, wenn dem Arbeitgeber die **Weiterbeschäftigung nur im Rahmen eines Teilzeitarbeitsverhältnisses zumutbar** ist (so BAG 13. 11. 1987 AP BetrVG 1972 § 78 a Nr. 18; ebenso APS-*Künzl*, § 78 a Rn. 118). **42**

c) **Gründe in der Person oder im Verhalten des Auszubildenden** begründen für den Regelfall nicht die Unzumutbarkeit i. S. des Abs. 4; sie können aber eine außerordentliche Kündigung i. S. des § 626 BGB rechtfertigen. Für den Auszubildenden besteht insoweit der besondere Kündigungsschutz im Rahmen der Betriebsverfassung (§ 103 i. V. mit §§ 15, 16 KSchG). **43**

4. Entscheidung im Beschlussverfahren

a) Das Arbeitsgericht entscheidet über den Feststellungs- bzw. Auflösungsantrag des Arbeitgebers im **Beschlussverfahren** (§ 2 a Abs. 1 Nr. 1, Abs. 2 i. V. mit §§ 80 ff. ArbGG; ebenso BAG 5. 4. 1984 AP BetrVG 1972 § 78 a Nr. 13 unter Aufgabe seiner Rspr. seit BAG 3. 2. 1976 AP BetrVG 1972 § 78 a Nr. 2). **44**

In dem Verfahren vor dem Arbeitsgericht sind der **Betriebsrat** bzw. die Bordvertretung oder der Seebetriebsrat **beteiligt;** bei einem Mitglied der **Jugend- und Auszubildendenvertretung** ist auch diese Beteiligte (Abs. 4 Satz 2). **45**

b) Ist der **Feststellungsantrag (Nr. 1) zulässig und begründet,** so hat das **Arbeitsgericht festzustellen,** dass ein **Arbeitsverhältnis nicht begründet wird.** Diese Feststellung kann es nicht mehr treffen, wenn das Berufsausbildungsverhältnis bereits beendet ist; denn unter den Voraussetzungen des Abs. 2 oder 3 ist von Gesetzes wegen ein Arbeitsverhältnis auf unbestimmte Zeit entstanden. Soweit das Beschlussverfahren noch nicht abgeschlossen ist, wandelt sich jedoch der Feststellungsantrag seinem Gegenstand nach ohne weiteres in einen Auflösungsantrag (s. Rn. 33). **46**

47 Ist der **Auflösungsantrag (Nr. 2) zulässig und begründet**, so hat das **Arbeitsgericht** das nach Abs. 2 oder 3 begründete **Arbeitsverhältnis aufzulösen**. Es handelt sich um ein Gestaltungsurteil, das mit Rechtskraft der Entscheidung, also nicht rückwirkend zum Zeitpunkt der Antragstellung, die Gestaltungswirkung herbeiführt (ebenso BAG 15. 1. 1980 AP BetrVG 1972 § 78 a Nr. 9).

48 c) Der Arbeitgeber kann im Beschlussverfahren **nicht geltend machen**, dass die **Voraussetzungen des Abs. 2 oder 3 nicht erfüllt** sind (ebenso BAG 29. 11. 1989 AP BetrVG 1972 § 78 a Nr. 20). Das Verfahren ist eilbedürftig, damit der Arbeitgeber nicht länger als unvermeidbar an einem ihm unzumutbaren Arbeitsverhältnis festgehalten wird (so zutreffend BAG 29. 11. 1989 AP BetrVG 1972 § 78 a Nr. 20). Soweit er bestreitet, dass es überhaupt begründet wird oder begründet worden ist, ist er mit diesem Rechtsstreit auf das Urteilsverfahren verwiesen (s. Rn. 27 und 49).

48 a d) Eine Entbindung des Arbeitgebers von der Weiterbeschäftigungspflicht im Wege einer **einstweiligen Verfügung** ist zulässig (LAG Köln 31. 3. 2005, LAGE § 78 a BetrVG 2001 Nr. 2 ebenso *Fitting*, § 78 a Rn. 45; GK-*Kreutz*, § 78 a Rn. 129; ErfK-*Kania*, § 78 a Rn. 12; KR-*Weigand*, § 78 a Rn. 50; HSWG-*Nicolai*, § 78 a Rn. 37; a. A. mangels einer dem § 102 Abs. 5 Satz 2 entsprechenden Regelung: ArbG Wiesbaden DB 1978, 797; DKK-*Kittner/Bachner*, § 78 a Rn. 46; *Becker-Schaffner*, DB 1987, 2652). Dafür spricht bereits die Verweisung des § 85 Abs. 2 Satz 2 ArbGG nach der im arbeitsgerichtlichen Beschlussverfahren die Vorschriften des Achten Buches der Zivilprozessordnung über die einstweilige Verfügung entsprechende Anwendung finden.

VI. Streitigkeiten

49 Bestreitet der Arbeitgeber die **Voraussetzungen einer Übernahme in ein Arbeitsverhältnis auf unbestimmte Zeit**, so kann der Arbeitnehmer Klage auf Feststellung erheben, dass ein Arbeitsverhältnis besteht. Das Arbeitsgericht entscheidet über sie im **Urteilsverfahren** (§ 2 Abs. 1 Nr. 3 lit. b, Abs. 5 i. V. mit §§ 46 ff. ArbGG; ebenso BAG 9. 12. 1975 AP BetrVG 1972 § 78 a Nr. 1; st. Rspr.). Das gilt auch, wenn der Arbeitgeber das Arbeitsgericht anruft, um festzustellen zu lassen, dass kein Arbeitsverhältnis nach Abs. 2 oder 3 entsteht oder entstanden ist (ebenso BAG 29. 11. 1989 AP BetrVG 1972 § 78 a Nr. 20; vgl. aber auch Erwägung einer Entscheidung im Beschlussverfahren durch BAG 11. 1. 1995 AP BetrVG 1972 § 78 a Nr. 24). Er kann seine Feststellungsklage aber nicht darauf stützen, dass ihm eine Weiterbeschäftigung nach Abs. 4 nicht zumutbar ist, wie er dies auch nicht der Feststellungsklage des Auszubildenden entgegenhalten kann; denn das Gesetz verweist den Arbeitgeber zur Klärung der Zumutbarkeitsfrage auf das Verfahren nach Abs. 4 (ebenso BAG 13. 11. 1987 und 29. 11. 1989 AP BetrVG 1972 § 78 a Nr. 18 und 20).

50 Soweit der Arbeitgeber den **Feststellungs- bzw. Auflösungsantrag nach Abs. 4** stellt, entscheidet über ihn das Arbeitsgericht im **Beschlussverfahren** (§ 2 a Abs. 1 Nr. 1, Abs. 2 i. V. mit §§ 80 ff. ArbGG; s. Rn. 44 ff.).

§ 79 Geheimhaltungspflicht

(1) [1]Die Mitglieder und Ersatzmitglieder des Betriebsrats sind verpflichtet, Betriebs- oder Geschäftsgeheimnisse, die ihnen wegen ihrer Zugehörigkeit zum Betriebsrat bekannt geworden und vom Arbeitgeber ausdrücklich als geheimhaltungsbedürftig bezeichnet worden sind, nicht zu offenbaren und nicht zu verwerten. [2]Dies gilt auch nach dem Ausscheiden aus dem Betriebsrat. [3]Die Verpflichtung gilt nicht gegenüber Mitgliedern des Betriebsrats. [4]Sie gilt ferner nicht gegenüber dem Gesamtbetriebsrat, dem Konzernbetriebsrat, der Bordvertretung, dem Seebetriebsrat und den Arbeitnehmervertretern

I. Vorbemerkung   § 79

im Aufsichtsrat sowie im Verfahren vor der Einigungsstelle, der tariflichen Schlichtungsstelle (§ 76 Abs. 8) oder einer betrieblichen Beschwerdestelle (§ 86).

(2) Absatz 1 gilt sinngemäß für die Mitglieder und Ersatzmitglieder des Gesamtbetriebsrats, des Konzernbetriebsrats, der Jugend- und Auszubildendenvertretung, der Gesamt-Jugend- und Auszubildendenvertretung, der Konzern-Jugend- und Auszubildendenvertretung, des Wirtschaftsausschusses, der Bordvertretung, des Seebetriebsrats, der gemäß § 3 Abs. 1 gebildeten Vertretungen der Arbeitnehmer, der Einigungsstelle, der tariflichen Schlichtungsstelle (§ 76 Abs. 8) und einer betrieblichen Beschwerdestelle (§ 86) sowie für die Vertreter von Gewerkschaften oder von Arbeitgebervereinigungen.

Schrifttum: *Bruder*, Die Weitergabe von Insiderinformationen durch Arbeitnehmervertreter, Diss. München 2007; *Grimm*, Die Verschwiegenheitspflicht, AR-Blattei SD 770; *Leuze*, Die Öffentlichkeitsarbeit des Personalrats und des Betriebsrats zwischen Informationsrecht, -pflicht und Schweigepflicht, ZTR 2009, 6; *Oetker*, Verschwiegenheitspflichten des Unternehmers als Schranke für die Unterrichtungspflichten gegenüber Wirtschaftsausschuss und Betriebsrat in wirtschaftlichen Angelegenheiten, FS-Wißmann 2005, S. 396; *Weber*, Die Schweigepflicht des Betriebsrats (Diss. Münster), 2000; *Wiese*, Zur Freiheit der Meinungsäußerung des Betriebsrats und seiner Mitglieder im Außenverhältnis, FS-50 Jahre BAG; S. 1125.

Übersicht

	Rn.
I. Vorbemerkung	1
II. Gegenstand der Geheimhaltungspflicht	4
1. Betriebs- und Geschäftsgeheimnisse	4
2. Ausdrückliche Geheimhaltungserklärung	6
3. Kenntniserlangung als Betriebsratsmitglied	8
4. Negative Abgrenzung	9
III. Inhalt und Umfang der Geheimhaltungspflicht	11
1. Verbot der Offenbarung und Verwertung	11
2. Ausnahmen von der Geheimhaltungspflicht	12
3. Dauer der Geheimhaltungspflicht	15
4. Pflicht des Arbeitgebers zur Offenbarung von Betriebs- und Geschäftsgeheimnissen?	16
IV. Zur Geheimhaltung verpflichtete Personen	17
1. Adressatenkreis	17
2. Ausnahmen von der Geheimhaltungspflicht	27
3. Dauer der Geheimhaltungspflicht	30
V. Weitere Schweige- und Geheimhaltungspflichten	31
VI. Rechtsfolgen einer Verletzung der Geheimhaltungspflicht	34
1. Negatorischer Rechtsschutz	34
2. Amtsenthebung	36
3. Schadensersatz	38
4. Straftat	40
5. Verweigerung weiterer Auskunft	41
VII. Streitigkeiten	42

I. Vorbemerkung

Die umfassende Aufgabe des Betriebsrats in allen Bereichen des betrieblichen Geschehens, vor allem auch in wirtschaftlichen Fragen, bringt es insbesondere unter dem Gesichtspunkt der vertrauensvollen Zusammenarbeit von Arbeitgeber und Betriebsrat (§ 2 Abs. 1) mit sich, dass er in weitem Umfang Tatsachen erfährt, an deren Geheimhaltung der Arbeitgeber ein erhebliches, vielleicht für das Unternehmen entscheidendes Interesse hat und haben muss. Deshalb legt das Gesetz den Mitgliedern und Ersatzmitgliedern des Betriebsrats eine **besondere Schweigepflicht** über Betriebs- oder Geschäftsgeheimnisse auf, die sie im Zusammenhang mit ihrer Amtsführung erfahren

1

haben und bei denen der Arbeitgeber die Notwendigkeit der Geheimhaltung ausdrücklich erklärt hat.

2 Die Bestimmung entspricht weitgehend § 55 BetrVG 1952. Die Geheimhaltungspflicht wurde aber auf die **Mitglieder** und **Ersatzmitglieder aller Institutionen des BetrVG** ausgedehnt; sie bezieht sich aber nicht mehr auf alle vertraulichen Angaben, sondern nur noch auf **Betriebs- oder Geschäftsgeheimnisse**, die vom Arbeitgeber ausdrücklich als geheimhaltungsbedürftig bezeichnet worden sind. Klargestellt wird außerdem, dass die Geheimhaltungspflicht nicht zwischen den einzelnen Institutionen des BetrVG gilt (BT-Drucks. VI/1786, S. 47) und auch nicht gegenüber den Arbeitnehmervertretern im Aufsichtsrat als Vertreter der Arbeitnehmer in diesem Unternehmensorgan besteht (*zu* BT-Drucks. VI/2729, S. 29). Das **BetrVerf-Reformgesetz** vom 23. 7. 2001 (BGBl. I S. 1852) brachte nur geringfügige Änderungen: Infolge der Neufassung des § 3 (s. § 3 Rn. 9 ff.) sollten alle dort genannten Arbeitnehmervertretungen der Geheimhaltungspflicht in Bezug auf Betriebs- und Geschäftsgeheimnisse unterworfen sein; Abs. 2 wurde dementsprechend angepasst (BT-Drucks. 14/5741, 46). Zusätzlich wurde die neugeschaffene Konzern-Jugend- und Auszubildendenvertretung aufgenommen.

3 Die betriebsverfassungsrechtliche Geheimhaltungspflicht ist eine **Pflicht aus dem Amt.** Sie ergänzt die für jeden Arbeitnehmer aus seinem Arbeitsverhältnis sich ergebende Pflicht zur Verschwiegenheit über Geschäfts- und Betriebsgeheimnisse (vgl. *Reichold*, MünchArbR § 48 Rn. 32 ff.; Staudinger-*Richardi* [13. Bearb.], § 611 Rn. 409). Diese Pflicht wird durch § 79 weder erweitert noch gemindert.

3 a Entsprechende Vorschriften: § 10 BPersVG, § 29 SprAuG, § 39 Abs. 2 EBRG.

II. Gegenstand der Geheimhaltungspflicht

1. Betriebs- und Geschäftsgeheimnisse

4 Die Geheimhaltungspflicht bezieht sich nur auf **Betriebs- und Geschäftsgeheimnisse.** Was unter ihnen zu verstehen ist, wird **im Gesetz nicht definiert.** Der Begriff der Betriebs- und Geschäftsgeheimnisse ist dem Wettbewerbsrecht entnommen und deshalb wie in § 17 UWG zu bestimmen, der ebenfalls keine Legaldefinition gibt (vgl. *Fitting*, § 79 Rn. 3; GL-*Löwisch*, § 79 Rn. 6; HSWGNR-*Nicolai*, § 79 Rn. 3; GK-*Oetker*, § 79 Rn. 8). Ein Betriebs- oder Geschäftsgeheimnis liegt vor, „wenn Tatsachen im Zusammenhang mit einem Geschäftsbetrieb, die nur einem eng begrenzten Personenkreis bekannt und nicht offenkundig sind, nach dem Willen des Arbeitgebers und im Rahmen eines berechtigten wirtschaftlichen Interesses geheim gehalten werden sollen" (BAG 16. 3. 1982 AP BGB § 611 Nr. 1 Betriebsgeheimnis; ähnlich BAG 26. 2. 1987 AP BetrVG 1972 § 79 Nr. 2). Dem eingeweihten Personenkreis muss die Beziehung des Geheimnisses zum Geschäftsbetrieb bekannt sein. Es kann auch ein bekanntes Verfahren Betriebsgeheimnis sein, sofern geheim ist, dass sich das Unternehmen gerade dieses Verfahrens bedient und dadurch besondere Erfolge erzielt (ebenso soweit die Gehaltsdaten mit den Produktionskosten weitgehend identisch sind und damit wesentlicher Faktor der Gesamtkostenkalkulation LAG Hamm 21. 9. 2001, DB 2002, 1332; vgl. auch BAG 26. 2. 1987 AP BetrVG 1972 § 79 Nr. 2 *[Teplitzky]*; Jaeger/Röder/Heckelmann/*Schuster*, BetrVerfR, Kap. 4 Rn. 98). Beabsichtigte personelle Vorgänge, wie Entlassungen und Versetzungen sind bis zu ihrer Realisierung oder öffentlichen Bekanntmachung durch den Arbeitgeber Geschäftsgeheimnisse, sowohl was die betroffenen Personen als auch was ihr Ausmaß angeht (GK-*Oetker*, § 79 Rn. 11; ArbG Hamburg 13. 9. 1989, AiB 1992, 44).

5 Ob ein Betriebs- oder Geschäftsgeheimnis vorliegt, ist **objektiv feststellbar;** dadurch unterscheidet es sich von den vertraulichen Angaben, die nicht unter diese Bestimmung fallen. **Betriebsgeheimnisse** sind Geheimnisse, die sich auf die Erreichung des Betriebs-

zwecks beziehen, z. B. Fabrikationsverfahren, Konstruktionen, technische Geräte und Maschinen (vgl. LAG Köln 18. 12. 1987, LAGE § 611 BGB Betriebsgeheimnis Nr. 1). **Geschäftsgeheimnisse** beziehen sich auf das Know-how des Unternehmens, z. B. Kundenlisten, Jahresabschluss, Preisberechnungen. Zu ihnen können auch die Lohn- und Gehaltsdaten gehören; denn sie sind Teil der betriebswirtschaftlichen Kalkulation über Umsätze und Gewinnmöglichkeiten (vgl. BAG 26. 2. 1987 AP BetrVG 1972 § 79 Nr. 2 *[Teplitzky]*; BAG 13. 2. 2007 AP BetrVG 1972 § 118 Nr. 81).

2. Ausdrückliche Geheimhaltungserklärung

Die Betriebs- und Geschäftsgeheimnisse, die geheim zu halten sind, müssen **vom** **Arbeitgeber ausdrücklich als geheimhaltungsbedürftig bezeichnet** worden sein. Es genügt nicht wie im Falle des Geheimnisschutzes nach § 17 UWG, dass der Geheimhaltungswille sich nur aus den Umständen ergibt (ebenso *Fitting*, § 79 Rn. 5; ErfK-*Kania*, § 79 Rn. 7; GK-*Oetker*, § 79 Rn. 14 f.; HWK-*Schrader*, § 79 Rn. 6; DKK-*Buschmann*, § 79 Rn. 11). Ein Betriebs- oder Geschäftsgeheimnis *(materielles Geheimnis)* fällt deshalb nur unter die hier angeordnete Geheimhaltungspflicht, wenn es auch formell zum Geheimnis erklärt ist *(formelles Geheimnis).*

Die **Erklärung** muss **vom Arbeitgeber** ausgehen, wobei es genügt, dass sie ein Repräsentant des Arbeitgebers, also ein leitender Angestellter, abgibt (ebenso *Stege*, DB Beil. 8/ 1977, 4; im Ergebnis GL-*Löwisch*, § 79 Rn. 8; GK-*Oetker*, § 79 Rn. 17). Sie bedarf **keiner besonderen Form,** kann also mündlich geäußert werden (ebenso GK-*Oetker*, § 79 Rn. 16; *Stück/Wein*, DB 2005, 335). Der Normzweck verlangt auch nicht, dass die Bezeichnung als geheimhaltungsbedürftig mit diesem Wort erfolgt, sondern es genügt eine Erklärung, durch die der Wille deutlich zum Ausdruck kommt, z. B. wenn um die vertrauliche Behandlung eines Betriebs- oder Geschäftsgeheimnisses gebeten wird (ebenso GK-*Oetker*, § 79 Rn. 16; wohl strenger als hier DKK-*Buschmann*, § 79 Rn. 11; *Fitting*, § 79 Rn. 5). Das Gesetz will lediglich sicherstellen, dass der hier verpflichtete Personenkreis über die Geheimhaltungsbedürftigkeit in Kenntnis gesetzt wird, also nicht das Vorliegen eines Betriebs- oder Geschäftsgeheimnisses genügt, für das ebenfalls konstitutiv ist, dass ein Geheimhaltungswille besteht, aber ausreichend ist, dass er sich aus den Umständen ergibt. Nicht notwendig ist, dass die Bezeichnung als geheimhaltungsbedürftig gerade dem Betreffenden gegenüber erfolgt ist. Es genügt, wenn er weiß, dass der Arbeitgeber sie dem Betriebsrat oder einem Betriebsratsmitglied gegenüber als geheimhaltungsbedürftig bezeichnet hat, und er sie erfährt (*Fitting*, § 79 Rn. 7; Jaeger/Röder/Heckelmann/*Schuster*, BetrVerfR, Kap. 4 Rn. 98). Durch wen die Kenntnis vermittelt wurde, und sei es anonym durch Indiskretion, ist irrelevant. Möglich ist, dass die Bezeichnung als geheimhaltungsbedürftig erst nach Mitteilung eines Betriebs- oder Geschäftsgeheimnisses erfolgt; denn das Gesetz lässt genügen, dass ein Betriebs- oder Geschäftsgeheimnis bekannt wird, so dass in einem derartigen Fall die Geheimhaltungspflicht erst begründet wird, wenn der Arbeitgeber das bekannt gewordene Betriebs- oder Geschäftsgeheimnis ausdrücklich als geheimhaltungsbedürftig bezeichnet (ebenso GL-*Löwisch*, § 79 Rn. 10; GK-*Oetker*, § 79 Rn. 17; DKK-*Buschmann*, § 79 Rn. 12; *Stege*, DB Beil. 8/1977, 4).

3. Kenntniserlangung als Betriebsratsmitglied

Den Mitgliedern und Ersatzmitgliedern des Betriebsrats muss das Betriebs- oder Geschäftsgeheimnis **wegen ihrer Zugehörigkeit zum Betriebsrat bekannt geworden** sein, also bei Ausübung ihrer Tätigkeit als Betriebsratsmitglied, z. B. bei Sitzungen des Betriebsrats, bei Beratungen mit dem Arbeitgeber, bei Verhandlungen vor der Einigungsstelle. Bei Ersatzmitgliedern kommt es darauf an, ob sie diese Tatsache während ihrer Tätigkeit im Betriebsrat oder mit Rücksicht auf diese Tätigkeit erfahren haben, so dass es genügt, wenn die Mitteilung ihnen im Hinblick auf eine bevorstehende Vertretung im

§ 79 Geheimhaltungspflicht

Betriebsrat gemacht worden ist. Kennt das Betriebsratsmitglied den Inhalt des Betriebs- oder des Geschäftsgeheimnisses bereits, erlangt dann jedoch durch seine Betriebsratstätigkeit noch einmal Kenntnis hiervon und von der Geheimhaltungsbedürftigkeit, so ist er entsprechend dem Sinn der Norm und ihrem einschränkungslosen Wortlaut **ab diesem Zeitpunkt** zur Verschwiegenheit verpflichtet: Die zeitliche Reihenfolge ist ohne Bedeutung, denn auch das Betriebsratsmitglied, das später privat von einem Betriebs- oder Geschäftsgeheimnis Kenntnis erlangt, das es auf Grund seiner Betriebsratstätigkeit bereits kennt, ist von seiner Schweigepflicht nicht entbunden (enger wohl *Fitting*, § 79 Rn. 7; DKK-*Buschmann*, § 79 Rn. 12; GK-*Oetker*, § 79 Rn. 17). Erlangt der Betriebsrat auf Grund der Berichterstattung nach § 35 Abs. 1 EBRG Kenntnis über Betriebs und Geschäftsgeheimnisse, dann folgt ihre Geheimhaltungspflicht nicht aus § 79, sondern aus § 39 Abs. 3 Nr. 4 i. V. mit § 39 Abs. 2 EBRG. Zu möglichen Geheimhaltungspflichten bei **Kenntniserlangung außerhalb der Betriebsratstätigkeit** s. Rn. 31.

4. Negative Abgrenzung

9 Nicht unter die Geheimhaltungspflicht fallen **sonstige vertrauliche Angaben** des Arbeitgebers. Für sie kann sich aber aus dem Gebot der vertrauensvollen Zusammenarbeit eine Schweigepflicht ergeben (ebenso GL-*Löwisch*, § 79 Rn. 12; *Fitting*, § 79 Rn. 39; HSWGNR-*Nicolai*, § 79 Rn. 8; a. A. DKK-*Buschmann*, § 79 Rn. 13). Das ist vor allem auch dann zu beachten, wenn Mitglieder des Betriebsrats in Erfüllung ihrer Amtsobliegenheiten Kenntnis über Betriebs- und Geschäftsgeheimnisse erlangen, die der Arbeitgeber nicht ausdrücklich als vertraulich bezeichnet hat, weil die Kenntniserlangung zufällig erfolgt. Bei Weitergabe kommt es aber wesentlich auf die Umstände des Einzelfalles an, so dass eine Amtspflichtverletzung nur in Ausnahmefällen vorliegt, etwa bei Schädigungsabsicht. Der Unterschied ist weiterhin auch insoweit von Bedeutung, als nur der Bruch der Geheimhaltungspflicht, die sich aus § 79 ergibt, unter der Strafdrohung des § 120 steht (ebenso DKK-*Buschmann*, § 79 Rn. 13).

10 Die Geheimhaltungspflicht bezieht sich nicht auf **Vorgänge innerhalb des Betriebsrats** (ebenso BAG 5. 9. 1967 AP BetrVG § 23 Nr. 8; wie hier auch *Fitting*, § 79 Rn. 40). Eine Ausnahme ergibt sich aber, wenn die Betriebsratsmitglieder in Ausübung ihrer Amtstätigkeit Kenntnis über die persönlichen Verhältnisse und Angelegenheiten der Arbeitnehmer erlangen, die ihrer Bedeutung oder ihrem Inhalt nach einer vertraulichen Behandlung bedürfen (s. Rn. 31 f.).

III. Inhalt und Umfang der Geheimhaltungspflicht

1. Verbot der Offenbarung und Verwertung

11 Der Inhalt der Geheimhaltungspflicht besteht darin, das Betriebs- oder Geschäftsgeheimnis nicht zu offenbaren und nicht zu verwerten (Abs. 1 Satz 1).

2. Ausnahmen von der Geheimhaltungspflicht

12 Die Geheimhaltungspflicht besteht **grundsätzlich gegenüber jedermann**. Sie gilt lediglich nicht gegenüber Mitgliedern des Betriebsrats und auch nicht gegenüber dem Gesamtbetriebsrat, dem Konzernbetriebsrat, der Bordvertretung, dem Seebetriebsrat und den Arbeitnehmervertretern im Aufsichtsrat sowie im Verfahren vor der Einigungsstelle, der tariflichen Schlichtungsstelle (§ 76 Abs. 8) oder einer betrieblichen Beschwerdestelle (§ 86). Die Vertraulichkeit wird hier dadurch gesichert, dass der Personenkreis, dem gegenüber die Geheimhaltungspflicht nicht gilt, selbst der Geheimhaltungspflicht unterliegt (Abs. 2; s. Rn. 18 ff.). Obwohl das auch für den übrigen in Abs. 2 angesprochenen Personenkreis gilt, geht die h. M. zurecht davon aus, dass ihnen gegenüber eine Schwei-

III. Inhalt und Umfang der Geheimhaltungspflicht § 79

gepflicht besteht; maßgebliches Argument ist ein Gegenschluss zur ausdrücklichen Ausnahmeregelung in Abs. 1 Satz 3 und 4 (GK-*Oetker*, § 79 Rn. 35; ErfK-*Kania*, § 79 Rn. 13; kritisch DKK-*Buschmann*, § 79 Rn. 20; *Fitting*, § 79 Rn. 25).

Die Geheimhaltungspflicht besteht auch gegenüber den **nach § 3 Abs. 1 Nr. 4 und 5 gebildeten Vertretungen,** denn diese sind nicht von der Gleichstellung mit Betriebsräten in § 3 Abs. 5 erfasst. Der Gegenschluss liegt näher als die Analogie (für die anderen Vertretungen nach § 3 Abs. 1 Nr. 2 war dies strittig, s. *Fitting* [20. Aufl.], § 79 Rn. 25 einerseits und HSWG-*Hess*, [5. Aufl.] § 79 Rn. 11 andererseits). Überträgt der Betriebsrat die Aufgaben des Wirtschaftsausschusses nach **§ 103 Abs. 3 Satz 1** auf einen Ausschuss des Betriebsrats, dann besteht ihm gegenüber keine Geheimhaltungspflicht (*Fitting*, § 79 Rn. 25). Die Geheimhaltungspflicht besteht auch gegenüber dem Sprecherausschuss (GK-*Oetker*, § 79 Rn. 34; *Fitting*, § 79 Rn. 21; a. A. *Oetker*, ZfA 1990, 43, 53) und gegenüber Arbeitsgruppensprechern nach § 28 a (*Fitting*, § 79 Rn. 21). 12a

Das Betriebsratsmitglied kann sogar *verpflichtet* sein, die ihm im Rahmen seiner Tätigkeit als Mitglied des Betriebsrats gemachten vertraulichen Angaben über Betriebs- und Geschäftsgeheimnisse innerhalb des Betriebsrats zu offenbaren, wenn die Mitteilung für die Stellungnahme des Betriebsrats in der betreffenden Angelegenheit von Einfluss sein kann. Das Betriebsratsmitglied ist jedoch ebenso verpflichtet, die übrigen Mitglieder des Betriebsrats davon zu unterrichten, dass es sich um vertrauliche Angaben über Betriebs- und Geschäftsgeheimnisse handelt (*Fitting*, § 79 Rn. 31; GL-*Löwisch*, § 79 Rn. 18; GK-*Oetker*, § 79 Rn. 40). Ob eine Offenbarungspflicht auch gegenüber den anderen Institutionen des BetrVG besteht, richtet sich nach den Umständen (ebenso GK-*Oetker*, § 79 Rn. 41); sie besteht nicht gegenüber den Arbeitnehmervertretern im Aufsichtsrat, weil es sich hier um die Vertretung in einem Unternehmensorgan handelt, das unmittelbar selbst von der Unternehmensleitung die Offenbarung von Betriebs- und Geschäftsgeheimnissen verlangen kann. Ob der Betriebsrat an diesen Personenkreis Informationen weiterleitet, fällt in sein pflichtgemäßes Ermessen (LAG Hamm 21. 9. 2001, DB 2002, 1332). 13

Eine Geheimhaltungspflicht entfällt weiterhin, wenn eine Pflicht zum Reden besteht, z. B. als Zeuge, aber auch dann, wenn eine Pflicht zur Erstattung einer Anzeige zur Verhütung einer strafbaren Handlung gegeben ist wie bei einem Verbrechen nach § 138 StGB, oder im Rahmen der Mitwirkung des Betriebsrats bei der Bekämpfung von Unfall- und Gesundheitsgefahren (s. § 89 Rn. 5; ebenso *Wiese*, 50 Jahre BAG, 1125, 1134; *Fitting*, § 79 Rn. 30; GL-*Löwisch*, § 79 Rn. 19; ErfK-*Kania*, § 79 Rn. 13). Das Betriebsratsmitglied hat kein amtsbezogenes Zeugnisverweigerungsrecht nach § 53 Abs. 1 StPO (*Fitting*, § 79 Rn. 30; GK-*Oetker*, § 79 Rn. 32; zur Verfassungsmäßigkeit BVerfG, NJW 1979, 1286). Das bloße Anzeigerecht nach § 158 StPO, § 46 OWiG berechtigt jedoch den Betriebsrat noch nicht, die Angelegenheit öffentlich zu machen. Das Verbot des whistleblowing gilt auch hier. Es kommt darauf an, ob für ihn die zumutbare Möglichkeit besteht, auf den Arbeitgeber einzuwirken und dessen Handeln zu unterbinden (*Wiese*, FS 50 Jahre BAG, 1136; a. A. DKK-*Buschmann*, § 79 Rn. 26). 14

3. Dauer der Geheimhaltungspflicht

Die Geheimhaltungspflicht **endet nicht** mit dem **Erlöschen der Mitgliedschaft**; sie gilt auch nach dem Ausscheiden aus dem Betriebsrat (Abs. 1 Satz 2). Sie erlischt auch nicht mit Auflösung des Arbeitsverhältnisses, selbst wenn der Betrieb stillgelegt wird. 15

4. Pflicht des Arbeitgebers zur Offenbarung von Betriebs- und Geschäftsgeheimnissen?

Das Gesetz regelt nicht, ob und unter welchen Voraussetzungen der Arbeitgeber zur Offenbarung von Betriebs- und Geschäftsgeheimnissen verpflichtet ist. Lediglich für die Erstattung des Lageberichts gegenüber der Betriebsversammlung und Betriebs- 16 räteversammlung ist ausdrücklich angeordnet, dass der Arbeitgeber nur zu berichten hat, soweit dadurch nicht Betriebs- oder Geschäftsgeheimnisse gefährdet werden (§ 43 Abs. 2 Satz 3 und § 53 Abs. 2 Nr. 2); entsprechend hat der Unternehmer auch den Wirtschaftsausschuss über die wirtschaftlichen Angelegenheiten des Unternehmens nur insoweit zu unterrichten, als dadurch nicht die Betriebs- und Geschäftsgeheimnisse des Unternehmens gefährdet werden (§ 106 Abs. 2). Daraus darf aber nicht als Umkehrschluss abgeleitet werden, dass der Arbeitgeber sonst gegenüber dem Betriebsrat und den sonstigen betriebsverfassungsrechtlichen Institutionen zur Offenbarung von Betriebs- und Geschäftsgeheimnissen verpflichtet ist, weil deren Mitgliedern hier eine Geheimhaltungspflicht auferlegt ist (ebenso GK-*Oetker*, § 79 Rn. 41). Der Arbeitgeber kann aber andererseits eine Auskunft, zu deren Erteilung er gegenüber dem Betriebsrat verpflichtet ist, nicht deshalb verweigern, weil es sich um ein Betriebs- oder Geschäftsgeheimnis handelt. Entscheidend ist vielmehr allein, ob der Betriebsrat ein Informationsrecht hat. Soweit das Gesetz ihm kein besonderes Informationsrecht einräumt (s. § 80 Rn. 48), ist deshalb allein maßgebend, ob der Betriebsrat die Auskunft zur Durchführung seiner Aufgaben benötigt (§ 80 Abs. 2 Satz 1; s. auch dort Rn. 49 ff.). Das gilt auch, soweit Personen berechtigt anwesend sind, die nicht nach Abs. 1 zur Geheimhaltung verpflichtet sind, sondern unter Abs. 2 fallen, z. B. ein Gewerkschaftsvertreter oder ein Jugend- und Auszubildenden-Vertreter (ebenso *Fitting*, § 79 Rn. 26).

IV. Zur Geheimhaltung verpflichtete Personen

1. Adressatenkreis

17 a) Der Geheimhaltungspflicht unterliegen nach Abs. 1 die **Mitglieder** und **Ersatzmitglieder des Betriebsrats** (s. auch Rn. 8).

18 b) Die Geheimhaltungspflicht ist durch Abs. 2 auf die Mitglieder und Ersatzmitglieder aller Institutionen der Betriebsverfassung und die Vertreter von Gewerkschaften oder Arbeitgebervereinigungen erstreckt worden:

19 — Das Gesetz nennt die Mitglieder und Ersatzmitglieder des **Gesamtbetriebsrats** und des **Konzernbetriebsrats,** obwohl sie, da Gesamtbetriebsrat und Konzernbetriebsrat Entsendungsgremien sind, bereits als Betriebsratsmitglieder nach Abs. 1 der Geheimhaltungspflicht unterliegen. Für sie bedeutet deshalb die zusätzliche Auferlegung einer Geheimhaltungspflicht als Mitglieder und Ersatzmitglieder eines Gesamt- oder Konzernbetriebsrats, dass die Geheimhaltung sich auch auf ausdrücklich als geheimhaltungsbedürftig bezeichnete Betriebs- oder Geschäftsgeheimnisse erstreckt, die ihnen wegen ihrer Zugehörigkeit zum Gesamt- oder Konzernbetriebsrat bekannt geworden sind, also im Rahmen des Unternehmens bzw. Konzerns bestehen.

20 — Die gleiche Geheimhaltungspflicht haben die Mitglieder und Ersatzmitglieder der **Jugend- und Auszubildendenvertretung,** der **Gesamt-Jugend- und Auszubildendenvertretung,** der **Konzern-Jugend- und Auszubildendenvertretung,** des **Wirtschaftsausschusses,** der **Bordvertretung,** des **Seebetriebsrats** und der **Vertretungen der Arbeitnehmer,** die **durch Tarifvertrag** entweder **zusätzlich gebildet** werden (§ 3 Abs. 1 Nr. 1) oder **an Stelle der Betriebsräte errichtet** werden (§ 3 Abs. 1 Nr. 2).

21 — Die Geheimhaltungspflicht gilt weiterhin für die Mitglieder der **Einigungsstelle,** einer **tariflichen Schlichtungsstelle** (§ 76 Abs. 8) und einer **betrieblichen Beschwerdestelle** (§ 86), und zwar ohne Rücksicht darauf, ob sie dem Betrieb angehören oder nicht. Sie gilt auch für den Vorsitzenden; dabei ist gleichgültig, ob er von den Parteien oder vom Vorsitzenden des Arbeitsgerichts bestellt ist.

22 — Auch die Vertreter der **Gewerkschaften** und der **Arbeitgebervereinigungen** haben über alle als vertraulich bezeichneten Geschäfts- und Betriebsgeheimnisse zu schweigen, die

IV. Zur Geheimhaltung verpflichtete Personen § 79

ihnen im Zusammenhang mit ihrer Tätigkeit nach diesem Gesetz gemacht worden sind, die sie z. B. bei einer Sitzung des Betriebsrats erfahren haben. Das gilt auch bei formloser Beratung zwischen Arbeitgeber und Betriebsrat, zu der sie hinzugezogen sind.

c) Nicht erwähnt werden in Abs. 2 die **Schwerbehindertenvertretung** und die **Gesamtschwerbehindertenvertretung**. Aber auch die Vertrauensmänner und Vertrauensfrauen sind nach § 96 Abs. 7 Satz 1 Nr. 1 und 2 i. V. mit § 97 Abs. 7 verpflichtet, ihnen wegen ihres Amtes als Vertrauensmann bekannt gewordene und vom Arbeitgeber ausdrücklich als geheimhaltungsbedürftig bezeichnete Betriebs- oder Geschäftsgeheimnisse nicht zu offenbaren und nicht zu verwerten. 23

d) Die Geheimhaltungspflicht besteht auch für **Sachverständige und Auskunftspersonen,** die der Betriebsrat bei der Durchführung seiner Aufgaben nach näherer Vereinbarung mit dem Arbeitgeber hinzuzieht (§ 80 Abs. 4). 24

e) Für die **Arbeitnehmervertreter im Aufsichtsrat** enthält die Bestimmung keine Anordnung der Geheimhaltungspflicht. Für sie gilt vielmehr die *Verschwiegenheitspflicht eines Aufsichtsratsmitglieds* (vgl. für die AG und KGaA: § 116 i. V. mit § 93 Abs. 1 Satz 2 AktG; für die nach dem Montan-MitbestG mitbestimmte GmbH und bergrechtliche Gewerkschaft: § 3 Montan-MitbestG i. V. mit §§ 93 Abs. 1 Satz 2, 116 AktG; für die nach dem MitbestG 1976 mitbestimmte GmbH und bergrechtliche Gewerkschaft: § 25 Abs. 1 Nr. 2 MitbestG i. V. mit §§ 116, 93 Abs. 1 Satz 2 AktG; für die nach dem MitbestG 1976 mitbestimmte Genossenschaft § 25 Abs. 1 Nr. 3 MitbestG i. V. mit §§ 41, 34 Abs. 1 Satz 2 GenG; für die GmbH und bergrechtliche Gewerkschaft bei einem Mitbestimmungsstatut nach dem DrittelbG: § 1 Abs. 1 DrittelbG i. V. mit §§ 116, 93 Abs. 1 Satz 2 AktG; für die Genossenschaft bei einem Mitbestimmungsstatut nach dem DrittelbG: § 1 Abs. 1 DrittelbG i. V. mit § 34 Abs. 1 Satz 2 GenG). 25

Diese Pflicht geht wesentlich weiter als die Geheimhaltungspflicht nach § 79; sie bezieht sich auf alle vertraulichen Angaben und Geheimnisse der Gesellschaft bzw. Genossenschaft, die ihnen durch ihre Tätigkeit im Aufsichtsrat bekanntgeworden sind, wobei Betriebs- oder Geschäftsgeheimnisse nur namentlich hervorgehoben werden. Nicht erforderlich ist hier insbesondere, dass die vertraulichen Angaben und Geheimnisse ausdrücklich als geheimhaltungsbedürftig bezeichnet worden sind; denn als Mitglied eines Unternehmensorgans muss der Arbeitnehmervertreter im Aufsichtsrat selbst beurteilen, was im Interesse der Gesellschaft oder Genossenschaft vertraulich zu behandeln ist (vgl. zur Schweigepflicht der Arbeitnehmervertreter im Aufsichtsrat BAG 4. 4. 1974 AP BGB § 626 Nr. 1 Arbeitnehmervertreter im Aufsichtsrat *[G. Hueck]; Kittner,* ZHR 136, 208; *Säcker/Oetker,* NJW 1986, 803). 26

2. Ausnahmen von der Geheimhaltungspflicht

Für die Mitglieder der in Abs. 2 genannten betriebsverfassungsrechtlichen Institutionen gilt die Geheimhaltungspflicht wie für die Mitglieder des Betriebsrats nicht **gegenüber den Mitgliedern der Institution, der sie angehören,** und nicht gegenüber den **anderen Institutionen der Betriebsverfassung,** also nicht gegenüber dem Betriebsrat, dem Gesamtbetriebsrat, dem Konzernbetriebsrat, der Bordvertretung, dem Seebetriebsrat und nicht im Verfahren vor der Einigungsstelle, der tariflichen Schlichtungsstelle oder einer betrieblichen Beschwerdestelle; sie gilt weiterhin nicht **gegenüber den Arbeitnehmervertretern im Aufsichtsrat** (Abs. 2 i. V. mit Abs. 1 Satz 3 und 4; krit. *Schröder/Falter,* NZA 2008, 1097. 1101 im Hinblick auf das Risikobegrenzungsgesetz, s. dazu § 106 Rn. 55 a). Für die Vertreter der Gewerkschaften und Arbeitgebervereinigungen besteht aber die Geheimhaltungspflicht gegenüber der Gewerkschaft bzw. Arbeitgebervereinigung; denn die Koalitionen sind zwar zur Mitwirkung im Rahmen der Betriebsverfassung nach Maßgabe des Gesetzes berechtigt (§ 2 Abs. 1), aber keine Institutionen der Betriebsverfassung. 27

28 Bei den **Vertrauenspersonen der schwerbehinderten Menschen** gilt die Geheimhaltungspflicht nicht gegenüber der Bundesanstalt für Arbeit, den Integrationsämtern und den Rehabilitationsträgern, soweit deren Aufgaben den schwerbehinderten Menschen gegenüber es erfordern, und auch nicht gegenüber dem Betriebsrat bzw. Gesamtbetriebsrat (§ 96 Abs. 7 Satz 3 SGB IX).

29 Die für **Arbeitnehmervertreter im Aufsichtsrat** bestehende Verschwiegenheitspflicht gilt dagegen auch gegenüber den Betriebsratsmitgliedern und den Mitgliedern der anderen betriebsverfassungsrechtlichen Einrichtungen (s. dazu ausführlich *Dietz/Richardi*, 6. Aufl., § 76 BetrVG 1952 Rn. 165 ff.).

3. Dauer der Geheimhaltungspflicht

30 Die Geheimhaltungspflicht erlischt nicht nach dem Ausscheiden aus dem Betriebsrat bzw. der sonst hier erfassten Institution der Betriebsverfassung (Abs. 1 Satz 2; s. Rn. 15; für die Vertrauensleute der schwerbehinderten Menschen § 96 Abs. 7 Satz 2 SGB IX).

V. Weitere Schweige- und Geheimhaltungspflichten

31 Soweit den Mitgliedern des Betriebsrats im Rahmen der Mitbestimmung bei personellen Einzelmaßnahmen **persönliche Verhältnisse und Angelegenheiten der Arbeitnehmer** bekannt werden, die ihrer Bedeutung oder ihrem Inhalt nach einer vertraulichen Behandlung bedürfen, sind sie nach §§ 99 Abs. 1 Satz 3, 102 Abs. 2 Satz 5 verpflichtet, Stillschweigen zu bewahren; ausdrücklich ist angeordnet, dass § 79 Abs. 1 Satz 2 bis 4 insoweit entsprechend gilt. Außerdem besteht eine Schweigepflicht für das Mitglied des Betriebsrats, das der Arbeitnehmer zu seiner Unterstützung heranziehen kann, wenn er verlangt, dass ihm die Berechnung und Zusammensetzung seines Arbeitsentgelts erläutert und mit ihm die Beurteilung seiner Leistungen sowie die Möglichkeiten seiner beruflichen Entwicklung im Betrieb erörtert werden (§ 82 Abs. 2 Satz 3), oder wenn er Einsicht in die über ihn geführten Personalakten fordert (§ 83 Abs. 1 Satz 3).

32 Aber auch, soweit es im Gesetz nicht ausdrücklich angeordnet wird, sind vertrauliche Angaben über die Person eines Arbeitnehmers geheimzuhalten. Das ist vor allem zu beachten, wenn der Arbeitgeber den Betriebsrat über die Schwangerschaft einer Arbeitnehmerin informiert (s. auch § 80 Rn. 59). Das Gesetz enthält insoweit eine Lücke, die in Analogie zu §§ 82 Abs. 2 Satz 3, 83 Abs. 1 Satz 3, 99 Abs. 1 Satz 3 und 102 Abs. 2 Satz 5 geschlossen werden muss. Wegen des Analogieverbots im Strafrecht steht der Bruch der Geheimhaltung aber nicht unter der Strafandrohung des § 120 Abs. 2, weil nach dieser Bestimmung eine Strafbarkeit nur besteht, wenn ein Betriebsratsmitglied unbefugt ein fremdes Geheimnis eines Arbeitnehmers offenbart, über das nach den Vorschriften dieses Gesetzes Stillschweigen zu bewahren ist.

33 Für den Betriebsrat und seine Mitglieder gilt außerdem das **Datengeheimnis** nach § 5 BDSG (BAG 3. 6. 2003 AP BetrVG 1972 § 89 Nr. 1; ebenso *Fitting*, § 79 Rn. 35; GK-*Oetker*, § 79 Rn. 59; DKK-*Buschmann*, § 79 Rn. 31; s. auch § 80 Rn. 57).

VI. Rechtsfolgen einer Verletzung der Geheimhaltungspflicht

1. Negatorischer Rechtsschutz

34 Aus Abs. 1 Satz 1 ergibt sich ein Anspruch des Arbeitgebers auf Unterlassung der Offenbarung und Verwertung von Betriebs- oder Geschäftsgeheimnissen, soweit keine Ausnahme von der Geheimhaltungspflicht besteht. Die Vorschrift verpflichtet ausdrücklich nur die **Mitglieder und Ersatzmitglieder des Betriebsrats;** es besteht insoweit aber eine Regelungslücke. Da es sich um eine mit dem Betriebsratsamt verbundene Pflicht

VI. Rechtsfolgen einer Verletzung der Geheimhaltungspflicht § 79

handelt, besteht sie auch für den Betriebsrat als Organ der Betriebsverfassung. Der Unterlassungsanspruch richtet sich daher auch gegen den **Betriebsrat als Kollegialorgan** (ebenso BAG 26. 2. 1987 AP BetrVG 1972 § 79 Nr. 2).

Entsprechend besteht die Unterlassungspflicht nicht nur für die Mitglieder und Ersatzmitglieder der in Abs. 2 genannten Gremien, sondern auch für das Gremium selbst als Organ der Betriebsverfassung sowie für die Gewerkschaften und Arbeitgebervereinigungen, soweit ihre Vertreter nach Abs. 2 unter die Geheimhaltungspflicht fallen. 35

2. Amtsenthebung

Bruch der Geheimhaltung ist Verletzung des Amtes. Bei grober Pflichtverletzung eines Betriebsratsmitglieds berechtigt er zur **Amtsenthebung nach § 23 Abs. 1** (ebenso *Fitting*, § 79 Rn. 41; GL-*Löwisch*, § 79 Rn. 21; GK-*Oetker*, § 79 Rn. 42; HWK-*Schrader*, § 79 Rn. 22; vgl. auch ArbG Bamberg, MitbGespr. 1974, 10; ArbG Wesel 16. 10. 2008, NZA-RR 2009, 21). Die gerichtliche Auflösung des Betriebsrats nach § 23 Abs. 1 kommt dagegen nur in Betracht, ist dann aber auch möglich, wenn der Bruch der Geheimhaltung auf einer Entscheidung des Betriebsrats beruht oder sonst dem Betriebsrat als Kollegialorgan zuzuordnen ist (ebenso BAG 26. 2. 1987 AP BetrVG 1972 § 79 Nr. 2; *Fitting*, § 79 Rn. 41; GL-*Löwisch*, § 79 Rn. 21; ErfK-*Kania*, § 79 Rn. 19; GK-*Oetker*, § 79 Rn. 42; *Wochner*, BB 1975, 1541, 1542; DKK-*Buschmann*, § 79 Rn. 34; a. A. *Brecht*, § 79 Rn. 8). 36

In schweren Fällen wird der Bruch der Geheimhaltung einen Grund zur **außerordentlichen Kündigung** darstellen. Zwar handelt es sich in erster Linie um eine Verletzung der Amtspflicht. Hier kann aber der Bruch einer Schweigepflicht auch die Fortsetzung des Arbeitsverhältnisses unzumutbar erscheinen lassen, denn regelmäßig wird zugleich auch die sich aus dem Arbeitsverhältnis ergebende Verschwiegenheitspflicht verletzt (ebenso LAG Hannover 8. 12. 1958, BB 1959, 447; *Fitting*, § 79 Rn. 41; GL-*Löwisch*, § 79 Rn. 22; GK-*Oetker*, § 79 Rn. 46; *Nikisch*, Bd. III S. 171; *Nipperdey/Säcker* in *Hueck/Nipperdey*, Bd. II/2 S. 1172; *Wochner*, BB 1975, 1541, 1542). 37

3. Schadensersatz

Bei Bruch der Geheimhaltung hat der Arbeitgeber einen **Schadensersatzanspruch aus unerlaubter Handlung;** denn § 79 ist ein Schutzgesetz i. S. des § 823 Abs. 2 BGB (ebenso *Fitting*, § 79 Rn. 43; GL-*Löwisch*, § 79 Rn. 23; GK-*Oetker*, § 79 Rn. 43 f.; *Nikisch*, Bd. III S. 170; *Nipperdey/Säcker* in *Hueck/Nipperdey*, Bd. II/2 S. 1172; *Weiss*, RdA 1974, 269, 274; *Wochner*, BB 1975, 1541, 1543; *Stück/Wein*, DB 2005, 335; s. allgemein zur Haftung von Betriebsratsmitgliedern Vorbem. vor § 26 Rn. 14 ff.). Daneben kommt, soweit die sich aus dem Arbeitsverhältnis ergebende Verschwiegenheitspflicht verletzt wird, ein Schadensersatzanspruch aus **positiver Forderungsverletzung** in Betracht (s. auch Rn. 3). 38

Auch die sonstigen Bestimmungen, die den Betriebsratsmitgliedern eine Schweigepflicht auferlegen (§§ 82 Abs. 2 Satz 3, 83 Abs. 1 Satz 3, 99 Abs. 1 Satz 3, 102 Abs. 2 Satz 5), sind Schutzgesetze i. S. des § 823 Abs. 2 BGB, und zwar hier nicht zu Gunsten des Arbeitgebers, sondern zu Gunsten eines Arbeitnehmers oder eines Dritten (ebenso *Weiss*, RdA 1974, 269, 274; *Jaeger/Röder/Heckelmann/Schuster*, BetrVerfR, Kap. 4 Rn. 101). 39

4. Straftat

Zuwiderhandlungen gegen § 79 sind mit Freiheitsstrafe bis zu einem Jahr oder mit Geldstrafe bedroht; bei unbefugter Offenbarung gegen Entgelt oder in der Absicht, sich oder einen anderen zu bereichern oder einen anderen zu schädigen, oder bei unbefugter Verwertung erhöht sich die Strafe (§ 120 Abs. 1 und 3). Die Strafverfolgung setzt einen 40

Antrag des Verletzten voraus (§ 120 Abs. 5). Daneben kommt eine Bestrafung nach §§ 17, 18 und 20 UWG in Betracht.

5. Verweigerung weiterer Auskunft

41 Hat der Betriebsrat seine Geheimhaltungspflicht verletzt, dann kann der Arbeitgeber in besonders schwerwiegenden oder wiederholten Fällen weiteren Auskunftsverlangen des Betriebsrats den Einwand der unzulässigen Rechtsausübung entgegenhalten, bis der Betriebsrat sich zur künftigen Beachtung der Schweigepflicht ausdrücklich bereit erklärt (BAG 14. 5. 1987, DB 1988, 2569).

VII. Streitigkeiten

42 Streitigkeiten über das Bestehen und den Umfang einer Geheimhaltungspflicht nach dieser Vorschrift entscheidet das Arbeitsgericht im Beschlussverfahren (§ 2a Abs. 1 Nr. 1, Abs. 2 i. V. mit §§ 80 ff. ArbGG).

43 Macht der Arbeitgeber wegen Verletzung der Geheimhaltungspflicht nach dieser Vorschrift einen Schadensersatzanspruch geltend, so kann er ihn nur aus unerlaubter Handlung begründen (s. Rn. 38). Steht wie im Regelfall die nach dieser Vorschrift verpflichtete Person zu ihm in einem Arbeitsverhältnis, so ist ebenfalls das Arbeitsgericht zur Entscheidung zuständig; es entscheidet aber nicht im Beschlussverfahren, sondern im Urteilsverfahren, weil es sich nicht um eine Angelegenheit aus dem BetrVG handelt, sondern um eine unerlaubte Handlung, die, wenn auch nicht unmittelbar, so doch mittelbar mit dem Arbeitsverhältnis im Zusammenhang steht (§ 2 Abs. 1 Nr. 3 lit. d, Abs. 5 i. V. mit §§ 46 ff. ArbGG). Obwohl der Katalog des § 2 Abs. 1 und 2 ArbGG insoweit keine Regelung gibt, gilt Gleiches aber auch, wenn die nach dieser Vorschrift verpflichtete Person nicht in einem Arbeitsverhältnis zum Arbeitgeber steht, z. B. das Mitglied einer Einigungsstelle oder die Vertreter von Gewerkschaften oder von Arbeitgebervereinigungen.

§ 80 Allgemeine Aufgaben

(1) Der Betriebsrat hat folgende allgemeine Aufgaben:
1. darüber zu wachen, dass die zugunsten der Arbeitnehmer geltenden Gesetze, Verordnungen, Unfallverhütungsvorschriften, Tarifverträge und Betriebsvereinbarungen durchgeführt werden;
2. Maßnahmen, die dem Betrieb und der Belegschaft dienen, beim Arbeitgeber zu beantragen;
2a. die Durchsetzung der tatsächlichen Gleichstellung von Frauen und Männern, insbesondere bei der Einstellung, Beschäftigung, Aus-, Fort- und Weiterbildung und dem beruflichen Aufstieg, zu fördern;
2b. die Vereinbarkeit von Familie und Erwerbstätigkeit zu fördern;
3. Anregungen von Arbeitnehmern und der Jugend- und Auszubildendenvertretung entgegenzunehmen und, falls sie berechtigt erscheinen, durch Verhandlungen mit dem Arbeitgeber auf eine Erledigung hinzuwirken; er hat die betreffenden Arbeitnehmer über den Stand und das Ergebnis der Verhandlungen zu unterrichten;
4. die Eingliederung Schwerbehinderter und sonstiger besonders schutzbedürftiger Personen zu fördern;
5. die Wahl einer Jugend- und Auszubildendenvertretung vorzubereiten und durchzuführen und mit dieser zur Förderung der Belange der in § 60 Abs. 1 genannten Arbeitnehmer eng zusammenzuarbeiten; er kann von der Jugend- und Auszubildendenvertretung Vorschläge und Stellungnahmen anfordern;

Übersicht **§ 80**

 6. die Beschäftigung älterer Arbeitnehmer im Betrieb zu fördern;
 7. die Integration ausländischer Arbeitnehmer im Betrieb und das Verständnis zwischen ihnen und den deutschen Arbeitnehmern zu fördern sowie Maßnahmen zur Bekämpfung von Rassismus und Fremdenfeindlichkeit im Betrieb zu beantragen;
 8. die Beschäftigung im Betrieb zu fördern und zu sichern;
 9. Maßnahmen des Arbeitsschutzes und des betrieblichen Umweltschutzes zu fördern.

(2) ¹Zur Durchführung seiner Aufgaben nach diesem Gesetz ist der Betriebsrat rechtzeitig und umfassend vom Arbeitgeber zu unterrichten; die Unterrichtung erstreckt sich auch auf die Beschäftigung von Personen, die nicht in einem Arbeitsverhältnis zum Arbeitgeber stehen. ²Dem Betriebsrat sind auf Verlangen jederzeit die zur Durchführung seiner Aufgaben erforderlichen Unterlagen zur Verfügung zu stellen; in diesem Rahmen ist der Betriebsausschuss oder ein nach § 28 gebildeter Ausschuss berechtigt, in die Listen über die Bruttolöhne und -gehälter Einblick zu nehmen. ³Soweit es zur ordnungsgemäßen Erfüllung der Aufgaben des Betriebsrats erforderlich ist, hat der Arbeitgeber ihm sachkundige Arbeitnehmer als Auskunftspersonen zur Verfügung zu stellen; er hat hierbei die Vorschläge des Betriebsrats zu berücksichtigen, soweit betriebliche Notwendigkeiten nicht entgegenstehen.

(3) Der Betriebsrat kann bei der Durchführung seiner Aufgaben nach näherer Vereinbarung mit dem Arbeitgeber Sachverständige hinzuziehen, soweit dies zur ordnungsgemäßen Erfüllung seiner Aufgaben erforderlich ist.

(4) Für die Geheimhaltungspflicht der Auskunftspersonen und der Sachverständigen gilt § 79 entsprechend.

Übersicht

	Rn.
A. Vorbemerkung	1
I. Generalklausel für Aufgaben und Informationsrecht des Betriebsrats	1
II. Entstehungsgeschichte	2
B. Die allgemeinen Aufgaben des Betriebsrats in Abs.1	5
I. Überwachungsaufgabe	5
1. Gegenstand der Überwachung	6
2. Inhalt des Überwachungsrechts	16
II. Antragsrecht	19
1. Gegenstand des Antragsrechts	19
2. Pflicht des Arbeitgebers	25
III. Förderung der Durchsetzung der Gleichberechtigung von Frauen und Männern	27
1. Zweck der Regelung	28
2. Regelungsinhalt	29
IV. Förderung der Vereinbarkeit von Familie und Erwerbstätigkeit	30
V. Behandlung von Anregungen	31
1. Anregungen als Oberbegriff für Beschwerden und Vorschläge	32
2. Pflicht des Betriebsrats	33
VI. Besondere Schutzaufträge im Rahmen des allgemeinen Aufgabenkatalogs	36
1. Sorge für Schwerbehinderte und sonstige besonders schutzbedürftige Personen	36
2. Wahl der Jugend- und Auszubildendenvertretung	41
3. Förderung der Beschäftigung älterer Arbeitnehmer	42
4. Förderung der Integration ausländischer Arbeitnehmer	43
5. Förderung der Beschäftigung im Betrieb	44
6. Förderung des Arbeitsschutzes und des betrieblichen Umweltschutzes	45
VII. Streitigkeiten	46
C. Rechte des Betriebsrats zur Wahrnehmung seiner Aufgaben	47
I. Informationsrecht des Betriebsrats	47
1. Einräumung eines allgemeinen Informationsanspruchs	47
2. Aufgabenbezug	49
3. Art und Weise der Unterrichtung	52
4. Schranken der Unterrichtungspflicht des Arbeitgebers	56

	Rn.
5. Verhältnis des Informationsrechts zum Recht des Betriebsrats auf Informationsbeschaffung und Informationsaustausch	60
II. Anspruch auf Überlassung der erforderlichen Unterlagen	61
1. Verhältnis zum Informationsrecht	61
2. Unterlagen	63
3. Pflicht des Arbeitgebers	65
III. Einblicksrecht in die Bruttolohn- und -gehaltslisten	69
1. Einblicksrecht als Ergänzung des Informationsrechts	69
2. Einblicksrecht in Kleinbetrieben	70
3. Einblicksberechtigter Personenkreis	71
4. Einblicksrecht bei Zuständigkeit des Gesamtbetriebsrats oder des Konzernbetriebsrats	75
5. Gegenstand des Einblicksrechts	78
6. Aufgabenbezug als Voraussetzung und Grenze des Einblicksrechts	81
7. Inhalt des Einblicksrechts	82
IV. Hinzuziehung von Sachverständigen und Auskunftspersonen	84
1. Recht des Betriebsrats	84
2. Begriff des Sachverständigen	85
3. Voraussetzungen einer Hinzuziehung	87
4. Geheimhaltungspflicht	91
5. Kosten	92
V. Streitigkeiten	93

A. Vorbemerkung

I. Generalklausel für Aufgaben und Informationsrecht des Betriebsrats

1 Die Vorschrift regelt **zwei Komplexe: allgemeine Aufgaben** des Betriebsrats (Abs. 1) und das **Informationsrecht des Betriebsrats** (Abs. 2); ergänzend gibt sie eine Regelung über die Hinzuziehung von Sachverständigen und Auskunftspersonen (Abs. 3) und deren Geheimhaltungspflicht (Abs. 4). Gleichsam als Generalklausel für den ganzen Bereich seiner Tätigkeit und zur Ergänzung der im Einzelnen in den folgenden Abschnitten aufgeführten Obliegenheiten stellt das Gesetz dem Betriebsrat allgemeine Aufgaben, die er unabhängig davon zu erfüllen hat, ob ein besonders ausgebildetes Beteiligungsrecht hinsichtlich bestimmter Angelegenheiten besteht. Durch sie wird konkretisiert, in welchen Angelegenheiten das Gesetz eine Initiative vom Betriebsrat erwartet, um im Rahmen des Gebots der vertrauensvollen Zusammenarbeit mit dem Arbeitgeber einen Beitrag zum Wohl der Arbeitnehmer und des Betriebs zu leisten.

II. Entstehungsgeschichte

2 Die Bestimmung entspricht § 54 BetrVG 1952; der Katalog der **allgemeinen Aufgaben** wurde aber 1972 redaktionell überarbeitet und erweitert, insbesondere ist Nr. 3 gegenüber § 54 Abs. 1 lit. a BetrVG 1952 verändert worden, und neu eingefügt wurden die Nr. 5 bis 7 (vgl. BT-Drucks. VI/1786, S. 47, 63 f.; *zu* BT-Drucks. VI/2729, S. 29). Durch Art. 5 Nr. 4 des Gesetzes zur Durchsetzung der Gleichberechtigung von Frauen und Männern (Zweites Gleichberechtigungsgesetz – 2. GleiBG) vom 24. 6. 1994 (BGBl. I S. 1406) wurde Nr. 2 a in Abs. 1 eingefügt. Das BetrVG 1972 hat im Gegensatz zu § 54 BetrVG 1952 die Überwachungsaufgabe des Betriebsrats an die Spitze des Katalogs gestellt. Dennoch kommt dadurch nur unvollkommen zum Ausdruck, dass sie zu den Grundelementen der Synthese von Tarifautonomie und gesetzlicher Betriebsratsmitbestimmung zählt. Bereits im sog. *Stinnes-Legien*-Abkommen vom 18. 11. 1918, in dem die Gewerkschaften als berufene Vertreter der Arbeitnehmerschaft anerkannt wurden, war für die zu bildenden Arbeiterausschüsse vorgesehen, dass sie zusammen mit dem

B. Die allgemeinen Aufgaben des Betriebsrats in Abs. 1   § 80

Arbeitgeber die Durchführung der mit den Gewerkschaften getroffenen Kollektivvereinbarung überwachen sollten (vgl. *Ramm*, GedS Kahn-Freund 1980, 225 ff.). Das BetrVerf-Reformgesetz vom 23. 7. 2001 (BGBl. I S. 1852) brachte eine nicht unerhebliche Erweiterung des Zuständigkeitenkatalogs: Neu eingefügt wurde Abs. 1 Nr. 2 b (Förderung der Vereinbarkeit von Erwerbstätigkeit und Familie), ergänzt wurde Nr. 7 (Antragsrecht zur Bekämpfung von Rassismus und Fremdenfeindlichkeit), neu eingefügt wurde Nr. 8 (Beschäftigungsförderung) sowie Nr. 9 (betrieblicher Umweltschutz). Diese Erweiterung blieb hinter den Forderungen des DGB zurück (s. Novellierungsvorschlag 1998, § 80 Nr. 5, 10: Frauenförderpläne, Zusammenhalt zwischen Heimarbeitern und im Betrieb arbeitenden Arbeitnehmern), wurde aber dennoch von prominenten Vertretern des Betriebsverfassungsrechts als zum Teil unnötige und zweckwidrige Maßnahme kritisiert (*Hanau* RdA 2001, 73; *Konzen* 2001, 89; *Rieble*, ZIP 2001, 141 insb. zu Nr. 7).

Abs. 2 regelt den **allgemeinen Informationsanspruch des Betriebsrats**, insbesondere **3** wird klargestellt, dass der Betriebsausschuss oder ein nach § 28 gebildeter Ausschuss berechtigt ist, in die Listen über die Bruttolöhne und -gehälter Einblick zu nehmen (vgl. Bericht des BT-Ausschusses für Arbeit und Sozialordnung, *zu* BT-Drucks. VI/2729, S. 29). Neu eingefügt durch das **BetrVerf-Reformgesetz** vom 23. 7. 2001 wurde der Hinweis in Satz 1 2. Halbsatz. Die Gesetzesänderung war hier lediglich deklaratorisch, denn die h. M. vertrat bereits vorher diese Ansicht (s. Rn. 51). Ebenfalls neu eingefügt wurde Satz 3, der das Recht zur Hinzuziehung von Arbeitnehmern als Auskunftspersonen regelt. Auch diese Regelung wurde im Vorfeld der Gesetzgebung kritisiert, s. Rn. 86 und 90.

Abs. 3 gibt dem Betriebsrat zur Sicherung der ordnungsgemäßen Aufgabenerfüllung **4** das Recht, nach Vereinbarung mit dem Arbeitgeber **Sachverständige** hinzuzuziehen. Abs. 4, der seit dem **BetrVerf-Reformgesetz** den ehemaligen Abs. 3 Satz 2 ersetzt, regelt die Geheimhaltungspflicht der Sachverständigen und – neu – auch der Auskunftspersonen.

Entsprechende Vorschriften: § 68 BPersVG, § 25 SprAuG.   **4 a**

B. Die allg. Aufgaben des Betriebsrats in Abs. 1

I. Überwachungsaufgabe

Nr. 1 macht dem Betriebsrat ausdrücklich zur **Pflicht**, darüber zu wachen, dass die zu **5** Gunsten der Arbeitnehmer geltenden Gesetze, Verordnungen, Unfallverhütungsvorschriften, Tarifverträge und Betriebsvereinbarungen durchgeführt werden. Kein Gegenstand der Überwachung ist hingegen die Frage, ob diese Bestimmungen ihrerseits gegen höherrangiges Recht verstoßen (LAG Schleswig-Holstein 19. 8. 2008 LAGE § 80 BetrVG 2001 Nr. 5). Die Regelung ist nicht tarifdispositiv (BAG 21. 10. 2003 AP BetrVG 1972 § 80 Nr. 62). Dies gilt nach der Rechtsprechung des BAG auch da, wo es um die Überwachung tarifvertraglicher Pflichten geht. Das eine ist nicht ohne das andere zu haben. Wo diese Pflichten geschaffen werden, bestehen auch die Rechte des Betriebsrats aus § 80. Die Entscheidung wurde vielfach kritisiert (*Rieble*, BB 2004, 2462; zurückhaltender *Wiese*, Anmerk. AP BetrVG 1972 § 80 Nr. 62), ist aber konsequent.

1. Gegenstand der Überwachung

a) Zu den zu Gunsten der Arbeitnehmer geltenden **Gesetzen** und **Verordnungen** **6** gehören neben den einschlägigen Bestimmungen des Grundgesetzes vor allem die **öffentlich-rechtlichen Vorschriften der Arbeitsschutzgesetzgebung**, also die Bestimmungen des Gefahrenschutzes im Betrieb, wie das Arbeitsschutzgesetz, das Arbeitssicherheitsgesetz

§ 80 Allgemeine Aufgaben

und die Arbeitsstättenverordnung, das Arbeitszeitgesetz, das Mutterschutzgesetz (vgl. BAG 27. 2. 1968 AP BetrVG § 58 Nr. 1), das Jugendarbeitsschutzgesetz und das Schwerbehindertengesetz.

7 Gemeint sind nicht nur die Arbeitsschutzgesetze im rechtstechnischen Sinn, sondern alle Gesetze und Verordnungen zum Schutz der Arbeitnehmer im weitesten Sinn, so auch die **gesetzliche Regelung des Individualarbeitsrechts**, soweit sie **zwingenden Charakter** hat. Hierher gehört auch die Festsetzung von Mindestarbeitsbedingungen; denn sie erfolgt durch Rechtsverordnung. Entsprechendes gilt für die Festsetzung von Entgelten und sonstigen Arbeitsbedingungen nach § 19 HAG. Der Betriebsrat hat sich darum zu kümmern, dass diese Vorschriften wirklich realisiert werden. Zu den Gesetzen und Verordnungen gehört das Richterrecht, auch soweit es als Rechtserkenntnisquelle praeter oder auch contra legem entwickelt ist. Insbesondere fällt unter die Überwachungsaufgabe die Beachtung des *Gleichbehandlungsgrundsatzes* (vgl. BAG 11. 7. 1972 AP BetrVG 1972 § 80 Nr. 1 [zust. *Richardi*]; 18. 9. 1973 AP BetrVG 1972 § 80 Nr. 3 [zust. *Richardi*]; 30. 4. 1974 AP BetrVG 1972 § 118 Nr. 1; 10. 6. 1974 und 30. 4. 1981 AP BetrVG 1972 § 80 Nr. 8 und 13; *Fitting*, § 80 Rn. 6; ErfK-*Kania*, § 80 Rn. 3; GL-*Löwisch*, § 80 Rn. 7; GK-*Kraft/Weber*, § 80 Rn. 15; HSWGNR-*Nicolai*, § 80 Rn. 16; HWK-*Schrader*, § 80 Rn. 13). Die Überwachungspflicht des Betriebsrats erstreckt sich nunmehr auch auf das **AGG**, da sich dessen Vorschriften ebenfalls zugunsten der im Betrieb tätigen Arbeitnehmer auswirken.

8 Ein zu Gunsten der Arbeitnehmer geltendes Gesetz ist auch das **Bundesdatenschutzgesetz** (ebenso BAG 17. 3. 1987 AP BetrVG 1972 § 80 Nr. 29). Der Betriebsrat hat nicht nur darüber zu wachen, dass bei Erfüllung der gesetzlichen Voraussetzungen ein Datenschutzbeauftragter bestellt wird (§ 4 f BDSG), sondern seine Überwachungsaufgabe bezieht sich auch auf die Beachtung des Datenschutzes selbst. Die dem Datenschutzbeauftragten übertragene Aufgabe, die Einhaltung des BDSG sowie anderer Vorschriften über den Datenschutz sicherzustellen (§ 4 g BDSG), berührt nicht die Überwachungsaufgabe des Betriebsrats; sie verdoppelt vielmehr die Kontrolle (ebenso *Fitting*, § 80 Rn. 7; GK-*Kraft/Weber*, § 80 Rn. 14; DKK-*Buschmann*, § 80 Rn. 10).

9 Die dem Betriebsrat übertragene Überwachungspflicht erstreckt sich dagegen nicht auf die **Vorschriften des Lohnsteuerrechts** und die hierzu ergangenen Richtlinien; denn insoweit handelt es sich nicht um Gesetzesvorschriften zu Gunsten der Arbeitnehmer, sondern um eine öffentlich-rechtliche Verpflichtung des Arbeitgebers in seiner steuerrechtlichen Eigenschaft als Arbeitgeber gegenüber dem Staat (ebenso BAG 11. 12. 1973 AP BetrVG 1972 § 80 Nr. 5). Den Arbeitgeber trifft aber aus dem Arbeitsverhältnis eine **Fürsorgepflicht, die Steuern der Arbeitnehmer richtig zu berechnen und abzuführen** (vgl. BAG 1. 2. 1963 AP BGB § 670 Nr. 8). Diese Fürsorgepflicht wirkt zu Gunsten der Arbeitnehmer, und daher gehört es zu den Aufgaben des Betriebsrats, darüber zu wachen, dass die Lohnsteuer generell regelmäßig abgeführt wird, um zu vermeiden, dass die Arbeitnehmer von den Finanzbehörden unmittelbar in Anspruch genommen werden können (so zutr. *Thiele*, Anm. zu AP BetrVG 1972 § 80 Nr. 5; ebenso GL-*Löwisch*, § 80 Rn. 7; GK-*Kraft/Weber*, § 80 Rn. 16; HSWGNR-*Nicolai*, § 80 Rn. 14; DKK-*Buschmann*, § 80 Rn. 9).

10 b) Als Gegenstand der Überwachungspflicht ausdrücklich erwähnt werden die **Unfallverhütungsvorschriften,** die die Berufsgenossenschaften als Träger der gesetzlichen Unfallversicherung nach § 15 SGB VII erlassen.

11 c) Unter die Überwachungsaufgabe fällt vor allem die Durchführung der zu Gunsten der Arbeitnehmer geltenden **Tarifverträge** und **Betriebsvereinbarungen.** Dem Betriebsrat obliegt insbesondere, dafür zu sorgen, dass den **Betriebsnormen** entsprochen wird, aus denen ein Anspruch des einzelnen Arbeitnehmers nicht abgeleitet werden kann (s. dazu auch § 77 Rn. 52 und 82). Hier ist der Betriebsrat innerhalb des Betriebs berufen, für die Erfüllung der sich daraus für den Arbeitgeber ergebenden Pflichten einzutreten.

B. Die allgemeinen Aufgaben des Betriebsrats in Abs. 1 § 80

Der Betriebsrat hat aber auch darüber zu wachen, dass der Arbeitgeber die **Inhalts-** 12
normen einhält, soweit sie die Rechte und Pflichten aus dem Arbeitsverhältnis bestimmen. Die Inhalts- und Abschlussnormen von Tarifverträgen haben für die Arbeitnehmer nur dann *normative Wirkung,* wenn beiderseitige Tarifgebundenheit besteht (§§ 3 Abs. 1, 4 Abs. 1 Satz 2 TVG). Die Überwachungspflicht besteht aber auch, wenn die Tarifbindung lediglich auf *einzelvertraglicher Vereinbarung* beruht (ebenso BAG 18. 9. 1973 AP BetrVG 1972 § 80 Nr. 3). Bei den Tarifbestimmungen, die den Inhalt eines Arbeitsverhältnisses gestalten, ist jedoch zu berücksichtigen, dass hier dem einzelnen Arbeitnehmer ein entsprechender Anspruch zusteht, den er grundsätzlich selbst geltend machen muss. Dabei hat ihn der Betriebsrat zwar zu unterstützen; er hat auch von sich aus beim Arbeitgeber vorstellig zu werden, wenn er der Ansicht ist, dass der Tarifvertrag nicht eingehalten wird. Es gehört aber nicht zu den Aufgaben und Befugnissen des Betriebsrats, den Arbeitnehmer bei der Durchsetzung seines Anspruchs vor den Arbeitsgerichten zu vertreten (s. Rn. 8).

Keine Rolle spielt, ob die Tarifbestimmungen zum *normativen* oder zum *schuldrecht-* 13
lichen Teil eines Tarifvertrags gehören. Der Betriebsrat hat deshalb insbesondere darüber zu wachen, dass eine schuldrechtliche Abrede, die einen Konkretisierungsakt des Arbeitgebers erfordert, eingehalten wird, z. B. wenn ein Tarifvertrag bestimmt, dass den Angestellten Leistungszulagen zu gewähren sind, die im betrieblichen Durchschnitt einen bestimmten Prozentsatz der Tarifgehaltssumme erreichen müssen (vgl. BAG 11. 7. 1972 AP BetrVG 1972 § 80 Nr. 1 [zust. *Richardi*]; ebenso *Fitting,* § 80 Rn. 11; GL-*Löwisch,* § 80 Rn. 9; GK-*Kraft/Weber,* § 80 Rn. 19; HSWGNR-*Nicolai,* § 80 Rn. 19; *Wiese,* SAE 1974, 99; kritisch *Mayer-Maly,* DB 1979, 985, 986 f.).

d) Die Überwachungspflicht bezieht sich **nicht** auf die **individuelle Vertragsgestaltung;** 14
denn es gehört nicht zu den Aufgaben des Betriebsrats, sich mit Abmachungen zu befassen, die der Arbeitgeber mit den einzelnen Arbeitnehmern durch einzelvertragliche Abrede trifft (ebenso GL-*Löwisch,* § 80 Rn. 11; GK-*Kraft/Weber,* § 80 Rn. 18.; HSWGNR-*Nicolai,* § 80 Rn. 20; vgl. auch BAG 18. 9. 1973 AP BetrVG 1972 § 80 Nr. 3 [zust. *Richardi*]; 28. 5. 1974 AP BetrVG 1972 § 80 Nr. 6). Ein Kontrollrecht ergibt sich auch nicht aus der Überwachung der Einhaltung des Gleichbehandlungsgrundsatzes; denn Arbeitgeber und Arbeitnehmer sind bei einzelvertraglichen Abreden nicht an ihn gebunden (vgl. *Richardi,* MünchArbR § 9 Rn. 47).

Bei **vertragseinheitlicher Gestaltung** der Arbeitsbedingungen ist aber zu beachten, dass 15
der Arbeitgeber zur Gleichbehandlung verpflichtet ist, wenn er nach einer bestimmten Regel verfährt (vgl. *Richardi,* MünchArbR § 9 Rn. 15 ff.). Daraus folgt aber kein Recht zur *Mitgestaltung* allgemeiner Vertragsbedingungen, sondern der Betriebsrat hat nur darüber zu wachen, dass der Arbeitgeber den Gleichbehandlungsgrundsatz einhält, wenn er nach einer bestimmten Regel ein Vertragsangebot an die Arbeitnehmer macht. Das gilt vornehmlich bei **übertariflicher Entlohnung,** wenn sie einer Tariflohnerhöhung angepasst wird; hier unterliegt insbesondere auch der Überwachung, ob das Günstigkeitsprinzip des § 4 Abs. 3 TVG eingehalten ist (vgl. auch BAG 18. 9. 1973 AP BetrVG 1972 § 80 Nr. 3; 28. 5. 1974 und 12. 2. 1980 AP BetrVG 1972 § 80 Nr. 7 und 12; 30. 6. 1981 AP BetrVG 1972 § 80 Nr. 15). Aber auch bei der Vergütung **außertariflicher Arbeitnehmer** (s. zum Begriff § 5 Rn. 186) ist der Grundsatz der Gleichbehandlung zu beachten, falls es sich um sog. betriebliche Einheitsregelungen handelt (ebenso BAG 18. 9. 1973 AP BetrVG 1972 § 80 Nr. 3; s. auch Rn. 80). Allgemein gilt: Das Überwachungsrecht umfasst keine Zweckmäßigkeitskontrolle, sondern nur eine Rechtskontrolle der in den (Formular) Arbeitsverträgen enthaltenen Vertragsklauseln. Der Betriebsrat hat also allein die Aufgabe die in Formulararbeitsverträgen enthaltenen Bestimmungen auf ihre Vereinbarkeit mit den Vorgaben des Nachweisgesetzes sowie mit dem **Recht der AGB** zu überwachen (vgl. BAG 16. 11. 2005 AP BetrVG 1972 § 80 Nr. 64). Gleiches gilt für die Überprüfung auf die **AGG**-Konformität der Vertragsgestaltung (s. auch *Thüsing,* Arbeitsrechtlicher Diskriminierungsschutz, Rn. 610 ff.).

2. Inhalt des Überwachungsrechts

16 a) Die Überwachungsaufgabe macht den Betriebsrat **nicht** zu einem **dem Arbeitgeber übergeordneten Kontrollorgan** (ebenso BAG 11. 7. 1972 AP BetrVG 1972 § 80 Nr. 1 [zust. *Richardi*]. Daher hat der Betriebsrat kein Überwachungsrecht wie die Gewerbeaufsicht oder die Betriebsprüfung der Finanzämter (so bereits BAG 12. 7. 1957 AP BetrVG § 54 Nr. 1). Daraus darf aber nicht abgeleitet werden, dass der Betriebsrat die zur Durchführung seiner Überwachungsaufgabe bestehenden Rechte nur dann hat, wenn ein begründeter Zweifel hinsichtlich der betrieblichen Handhabung besteht (ebenso BAG 11. 7. 1972 AP BetrVG 1972 § 80 Nr. 1, wo ausdrücklich festgestellt wird, dass die von BAG 12. 7. 1957 AP BetrVG § 54 Nr. 1 gemachte Einschränkung für das geltende Recht entfallen sei; bestätigt durch BAG 18. 9. 1973 AP BetrVG 1972 § 80 Nr. 3 [zust. *Richardi*]; s. auch Rn. 65 f. und 81). Die Überwachung durch den Betriebsrat ist eine Aufgabe im Rahmen der vertrauensvollen Zusammenarbeit. Durch sie wird konkretisiert, dass der Betriebsrat auch von seiner Seite aus dafür Sorge zu tragen hat, dass die Gesetze, die Tarifverträge und die Bestimmungen einer Betriebsvereinbarung tatsächlich durchgeführt werden. Danach bestimmen sich Umfang und Art, wie er seiner Überwachungsaufgabe zu genügen hat.

17 Aus dem Überwachungsrecht ergibt sich **kein Recht auf Durchführung oder Mitdurchführung** einer zu Gunsten der Arbeitnehmer geltenden Regelung; das ist vielmehr ausschließlich Aufgabe des Arbeitgebers (ebenso HSWGNR-*Nicolai*, § 80 Rn. 22).

18 b) Aus der Überwachungsaufgabe folgt **kein eigener Anspruch des Betriebsrats gegen den Arbeitgeber auf Einhaltung und Durchführung einer Rechtsvorschrift** (BAG 10. 6. 1986 AP BetrVG 1972 § 80 Nr. 26; BAG 28. 5. 2002 AP BetrVG § 87 Nr. 39 Ordnung des Betriebs; s. auch unterinstanzliche Rsp.: LAG Hamm 4. 5. 2005 – 10 TaBV 54/05, juris; LAG Nürnberg 26. 7. 2005, LAGE § 80 BetrVG 2001 Nr. 3 und 19. 10. 2005, ZTR 2006, 226 f.). Ein auf § 80 gestützter Anspruch auf Beseitigung eines tarifwidrigen Zustands besteht nicht (BAG 9. 12. 2003 AP BetrVG 1972 § 33 Nr. 1). Der Betriebsrat hat für die von ihm repräsentierten Arbeitnehmer **keine gesetzliche Prozessführungsbefugnis** (BAG 17. 10. 1989 AP BetrVG 1972 § 112 Nr. 53; LAG Berlin 11. 11. 2005, ZTR 2006, 163; vgl. auch Einl. Rn. 116). Schon daher hat der Betriebsrat nicht die gesetzliche Kompetenz in einem Beschlussverfahren durch einen negativen Feststellungsantrag gegen den Arbeitgeber bestimmte Mitarbeiter von ihren individuellen Leistungen aus einem Sozialplan auszuschließen (LAG Hamm 22. 9. 1999, NZA-RR 2000, 195).

II. Antragsrecht

1. Gegenstand des Antragsrechts

19 a) Nach **Nr. 2** hat der Betriebsrat das **Recht, Maßnahmen, die dem Betrieb und der Belegschaft dienen, beim Arbeitgeber zu beantragen**, nach **Nr. 7** hat er ein Antragsrecht für Maßnahmen zur Bekämpfung von Rassismus und Fremdenfeindlichkeit.

20 Durch die ausdrückliche Anerkennung dieses Antragsrechts betont das Gesetz, dass der **Betriebsrat** im Rahmen der vertrauensvollen Zusammenarbeit eine **aktive Rolle** spielen kann und soll. Er kann von sich aus eine Gestaltung anregen oder eine Regelung verlangen und ist nicht darauf beschränkt, zu Vorschlägen des Arbeitgebers Stellung zu nehmen, sie anzunehmen oder abzulehnen oder ihm Gegenvorschläge zu unterbreiten.

21 b) Der Betriebsrat ist nicht auf bestimmte Maßnahmen beschränkt, die dem Betrieb oder der Belegschaft dienen. Er kann also **auch Maßnahmen** beantragen, für die im Gesetz **kein besonderes Vorschlagsrecht**, wie für die Einführung einer Personalplanung und ihre Durchführung (§ 92 Abs. 2) und zur Förderung der Berufsbildung (§ 96 Abs. 1 Satz 2 und 3), vorgesehen ist. Für die Maßnahme braucht also kein Mitwirkungs- oder

Mitbestimmungsrecht im Gesetz eingeräumt zu sein; es genügt, dass die Angelegenheit überhaupt zur Zuständigkeit des Betriebsrats gehört.

Nach dem Gesetzestext muss es sich um Maßnahmen handeln, „die dem Betrieb und der Belegschaft dienen". Es wird also nicht darauf abgestellt, dass es sich um Maßnahmen handelt, die dem Betrieb *oder* seiner Belegschaft dienen. Dennoch ist eine restriktive Interpretation, nach der die Maßnahme dem Betrieb und der Belegschaft dienen muss, teleologisch nicht gerechtfertigt; denn der Betriebsrat soll die Interessen der Arbeitnehmer auch dann wahrnehmen, wenn sie in einem Gegensatz zum Betriebsinteresse stehen. Trotz des Gesetzestextes muss man die Vorschrift deshalb dahin interpretieren, dass der Betriebsrat sowohl Maßnahmen beantragen kann, die dem Betrieb dienen, wie auch **Maßnahmen, die der Belegschaft und ihren Angehörigen dienen,** dass er aber bei der Wahrnehmung dieses umfassenden Antragsrechts die Schranken aus der Pflicht zur vertrauensvollen Zusammenarbeit nach § 2 Abs. 1 zu beachten hat. 22

Das hier eingeräumte Antragsrecht bezieht sich nach der Gesetzessystematik nicht auf rein individuelle Belange, sondern insoweit ist Nr. 3 einschlägig bzw. gilt die Sonderregelung über das Beschwerdeverfahren (§§ 84, 85; ebenso im Ergebnis GK-*Kraft/Weber,* § 80 Rn. 32; a. A. DKK-*Buschmann,* § 80 Rn. 23). 23

Das neu geschaffene Antragsrecht für **Maßnahmen gegen Rassismus und Fremdenfeindlichkeit** hat einen thematisch engeren Fokus. Auch hier darf jedoch nicht der Betriebsbezug übersehen werden: Der Betriebsrat hat kein allgemeinpolitisches Mandat, und wo ein betrieblicher Anlass nicht besteht, überschreiten Anträge, die auf die Integration von Ausländern im Allgemeinen abzielen, die Kompetenz des Betriebrats (s. auch *Konzen,* RdA 2001, 90; *Rieble,* ZIP 2001, 141; GK-*Kraft/Weber,* § 80 Rn. 48; tendenziell weiter DKK-*Buschmann,* § 80 Rn. 55). 24

2. Pflicht des Arbeitgebers

a) Dem Antragsrecht korrespondiert die **Pflicht des Arbeitgebers,** zu den Anträgen des Betriebsrats **Stellung zu nehmen,** sich mit seinen Wünschen und Anregungen auseinanderzusetzen, allerdings mit der Einschränkung, dass die Angelegenheiten überhaupt zur Zuständigkeit des Betriebsrats gehören. Der Betriebsrat kann nicht dadurch, dass er bestimmte Maßnahmen beantragt, den Arbeitgeber zur Erörterung von Angelegenheiten nötigen, die außerhalb seines Zuständigkeitsbereichs liegen. Zwar mag ein Betriebsratsmitglied auch in sonstigen Fragen dem Arbeitgeber Anregungen vortragen, aber dann nur für seine Person wie jeder andere auch. Ebenso kann der Arbeitgeber sich des Rats der Betriebsratsmitglieder auch in Fragen bedienen, die nicht zum Aufgabenbereich des Betriebsrats gehören. Insoweit werden aber die Betriebsratsmitglieder nicht kraft ihres Amtes, sondern nur persönlich tätig. 25

b) Das **Antragsrecht** des Betriebsrats nimmt eine **besondere Gestalt** an, wenn er verlangen und notfalls auch **gegen den Willen des Arbeitgebers durchsetzen** kann, dass eine **Angelegenheit gestaltet** oder eine von ihm geforderte Maßnahme durchgeführt wird. Dann wird es zum **Mitbestimmungsrecht in der Form des Initiativrechts.** Das ist insbesondere der Fall bei den Angelegenheiten, die der Mitbestimmung des Betriebsrats nach § 87 unterliegen, weiterhin nach § 91 bei besonderer Belastung der Arbeitnehmer durch Änderungen der Arbeitsplätze, des Arbeitsablaufs oder der Arbeitsumgebung, die den gesicherten arbeitswissenschaftlichen Erkenntnissen über die menschengerechte Gestaltung der Arbeit offensichtlich widersprechen, bei der Aufstellung von Richtlinien, über die bei der personellen Auswahl zu beachtenden fachlichen und persönlichen Voraussetzungen und sozialen Gesichtspunkte nach § 95 Abs. 2, im Rahmen der Durchführung betrieblicher Bildungsmaßnahmen nach § 98, bei der Entfernung betriebsstörender Arbeitnehmer nach § 104, und nicht zuletzt kann der Betriebsrat bei Meinungsverschiedenheiten zwischen Wirtschaftsausschuss und Unternehmer über den Umfang der Unterrichtung nach § 109 einen bindenden Spruch der Einigungsstelle herbeiführen, 26 und er kann bei Betriebsänderungen, die seinem Beteiligungsrecht unterliegen, die Aufstellung eines Sozialplans verlangen (vgl. §§ 112, 112 a). Zum neugeschaffenen Recht des Betriebsrats gemäß § 99 Abs. 2 Nr. 6 die Zustimmung zur Einstellung und Versetzung wegen befürchteter Verletzung des betrieblichen Friedens aus Anlass rassistischer oder fremdenfeindlicher Betätigungen zu verweigern s. § 99 Rn. 1, 240.

III. Förderung der Durchsetzung der Gleichberechtigung von Frauen und Männern

27   Eine Konkretisierung der Nr. 1 und Nr. 2 enthält die durch Art. 5 Nr. 4 2. GleiBG eingefügte **Nr. 2 a**, die dem Betriebsrat als Aufgabe auferlegt, **die Durchsetzung der tatsächlichen Gleichberechtigung von Frauen und Männern, insbesondere bei der Einstellung, Beschäftigung, Aus-, Fort- und Weiterbildung und dem beruflichen Aufstieg, zu fördern.** Das BetrVerf-Reformgesetz ersetzte Gleichberechtigung durch den Begriff Gleichstellung um einen einheitlichen Sprachgebrauch mit dem Regierungsentwurf zum Gesetz zur Gleichstellung von Frauen und Männern in der Bundesverwaltung und in den Gerichten des Bundes zu erreichen (BT-Drucks. 14/5147, 46).

1. Zweck der Regelung

28   Nach Art. 31 des Einigungsvertrags ist es Aufgabe des gesamtdeutschen Gesetzgebers, die Gesetzgebung zur Gleichberechtigung zwischen Männern und Frauen weiterzuentwickeln und angesichts unterschiedlicher rechtlicher und institutioneller Ausgangssituationen bei der Erwerbstätigkeit von Müttern und Vätern die Rechtslage unter dem Gesichtspunkt der Vereinbarkeit von Familie und Beruf zu gestalten. Die Bestimmung in Art. 3 Abs. 2 GG, dass Männer und Frauen gleichberechtigt sind, erhielt deshalb eine Ergänzung durch Satz 2: „Der Staat fördert die tatsächliche Durchsetzung der Gleichberechtigung von Frauen und Männern und wirkt auf die Beseitigung bestehender Nachteile hin." Entsprechend erging deshalb das Gesetz zur Durchsetzung der Gleichberechtigung von Frauen und Männern (2. Gleichberechtigungsgesetz – 2. GleiBG) vom 24. 6. 1994 (BGBl. I S. 1406). Durch die Einfügung der Nr. 2 a wird der Betriebsrat zu aktiver Förderung der Gleichstellungsmaßnahmen angehalten; denn wie die Vergangenheit gezeigt hat, ist es nicht ausreichend, dass in § 75 ein Diskriminierungsverbot wegen des Geschlechts enthalten ist (so die Begründung des RegE für die Einfügung in den Aufgabenkatalog durch Art. 5 Nr. 4 2. GleiBG, BT-Drucks. 12/5468, S. 42).

2. Regelungsinhalt

29   Die dem Betriebsrat gestellte Aufgabe ist eine **Zielvorgabe,** durch die ihm insbesondere zur Pflicht gemacht wird, die Möglichkeiten bei der Wahrnehmung seiner Mitbestimmung auszuschöpfen, durch die eine Durchsetzung der tatsächlichen Gleichberechtigung von Frauen und Männern gefördert wird. Hierzu gehört insbesondere, dass der Betriebsrat bei der Mitbestimmung über die Ausschreibung von Arbeitsplätzen anregen kann, dass Arbeitsplätze, die besetzt werden sollen, auch als Teilzeitarbeitsplätze ausgeschrieben werden (§ 93 Satz 2).

IV. Förderung der Vereinbarkeit von Familie und Erwerbstätigkeit

30   Eine systematisch vergleichbare Ergänzung der Nr. 2 enthält **Nr. 2 b**, die dem Betriebsrat zur Pflicht macht, die Vereinbarkeit von Familie und Erwerbstätigkeit zu fördern. Der Gesetzgeber griff durch das BetrVerf-Reformgesetz eine aktuelle Diskussion in der Rechtswissenschaft auf; der 60. DJT zeigte verschiedene Wege, diesem Petitum Geltung

B. Die allgemeinen Aufgaben des Betriebsrats in Abs. 1 § 80

zu verschaffen (s. Verhandlungen des 60. DJT 1994, Gutachten von *Birk* und *Fuchs*, Referate von *Lang, Simitis* und *Jaeger*). Die Gesetzgebungsmaterialien betonen insbesondere die familienfreundliche Gestaltung der betrieblichen Arbeitszeit, die es Arbeitnehmern erlaubt, ihre familiären Pflichten, wie z. B. die Betreuung kleiner Kinder oder pflegebedürftiger Angehöriger, mit ihren Pflichten aus dem Arbeitsverhältnis in Übereinstimmung zu bringen. Hier gewinnt also das Mitbestimmungsrecht aus § 87 Abs. 1 Nr. 2 besondere Bedeutung – nicht aber im sinne eines absoluten Vorrangs, jedoch als ein Argument in der Waagschale der Entscheidung (s. § 87 Rn. 254 ff., siehe auch BAG 16. 12. 2008, NZA 2009, 565). Im Übrigen gilt das Gleiche wie zu Nr. 2 a Gesagte: Die dem Betriebsrat gestellte Aufgabe ist eine **Zielvorgabe**, durch die ihm insbesondere zur Pflicht gemacht wird, die Möglichkeiten bei der Wahrnehmung seiner Mitbestimmung im Sinne dieses Gesetzesanliegens auszuschöpfen.

V. Behandlung von Anregungen

Eine Ergänzung der Nr. 2 enthält **Nr. 3**, die dem Betriebsrat zur Pflicht macht, **Anregungen** von Arbeitnehmern und der Jugend- und Auszubildendenvertretung **entgegenzunehmen** und, falls sie berechtigt erscheinen, durch Verhandlungen mit dem Arbeitgeber **auf eine Erledigung hinzuwirken**. 31

1. Anregungen als Oberbegriff für Beschwerden und Vorschläge

Die Bestimmung befasst sich im Gegensatz zu § 54 Abs. 1 lit. c BetrVG 1952 nicht mit den Beschwerden von Arbeitnehmern, sondern spricht ganz allgemein von Anregungen. Dennoch wäre es verfehlt, daraus schließen zu wollen, dass die Behandlung von **Beschwerden** nicht zu den Aufgaben des Betriebsrats zählt; das Gesetz hat vielmehr in **§§ 84, 85 eine Sonderregelung** getroffen und dem Betriebsrat sogar ein besonders gestaltetes Mitbestimmungsrecht eingeräumt (s. § 85 Rn. 8 ff.). In diesem Rahmen ist wie in § 54 Abs. 1 lit. c BetrVG 1952 bestimmt, dass der Betriebsrat Beschwerde von Arbeitnehmern entgegenzunehmen und, falls er sie für berechtigt erachtet, beim Arbeitgeber auf Abhilfe hinzuwirken hat (§ 85 Abs. 1). Dabei handelt es sich jedoch nur um die Beschwerden des Arbeitnehmers, der sich vom Arbeitgeber oder von Arbeitnehmern des Betriebs benachteiligt oder ungerecht behandelt oder in sonstiger Weise beeinträchtigt fühlt (s. § 85 Rn. 3). Zu den Anregungen von Arbeitnehmern und der Jugend- und Auszubildendenvertretung, deren Behandlung nach Nr. 3 zu den allgemeinen Aufgaben des Betriebsrats zählt, gehören dagegen auch Beschwerden, bei denen der Beschwerdeführer geltend macht, dass einem Arbeitskollegen Unrecht geschieht. Unter diese Bestimmung fällt weiterhin, wenn ein Arbeitnehmer sich ganz allgemein über eventuell bestehende Missstände beschwert. Vor allem gehören zu den Anregungen auch Vorschläge. Der Begriff der Anregung ist also der Oberbegriff für Vorschläge und Beschwerden (ebenso *Fitting*, § 80 Rn. 24; *Weiss/Weyand*, § 80 Rn. 8). 32

2. Pflicht des Betriebsrats

a) Der Betriebsrat hat die **Anregungen entgegenzunehmen.** Für die Jugend- und Auszubildendenvertretung enthält Abs. 1 Nr. 3 zugleich die Kompetenznorm, die § 70 Abs. 1 Nr. 1 ergänzt (ebenso GL-*Löwisch*, § 80 Rn. 20; s. zum Antragsrecht der Jugend- und Auszubildendenvertretung gegenüber dem Betriebsrat § 70 Rn. 5 ff.). Geht die Anregung von Arbeitnehmern aus, so braucht der Betriebsrat sich mit ihr nur zu befassen, wenn die Arbeitnehmer zur Belegschaft i. S. des BetrVG gehören, also nicht bei Anregungen von leitenden Angestellten gemäß § 5 Abs. 3 und von Personen, die unter § 5 Abs. 2 fallen. 33

34 b) Der Betriebsrat hat nach dem Wortlaut dieser Bestimmung, falls die Anregungen der Arbeitnehmer und der Jugend- und Auszubildendenvertretung berechtigt erscheinen, durch **Verhandlungen mit dem Arbeitgeber auf eine Erledigung hinzuwirken**. Der Formulierung ist anzumerken, dass sie ursprünglich auf die Behandlung von Beschwerden zugeschnitten war. Der Betriebsrat ist nicht nur verpflichtet, sich an den Arbeitgeber zu wenden, falls er die Anregung in des Wortlauts engster Bedeutung für berechtigt hält, sondern es genügt, dass sie für das Wohl des Betriebs und der Belegschaft sinnvoll ist. Die Bestimmung steht systematisch in engem Zusammenhang mit der Vorschrift in Nr. 2, nach der es zu den allgemeinen Aufgaben des Betriebsrats gehört, Maßnahmen, die dem Betrieb und der Belegschaft dienen, beim Arbeitgeber zu beantragen.

35 c) Der Betriebsrat ist verpflichtet, die **betreffenden Arbeitnehmer** bzw. die **Jugend- und Auszubildendenvertretung** über den Stand und das Ergebnis der Verhandlungen **zu unterrichten**. Der Betriebsrat hat also unter Umständen einen Zwischenbescheid zu erteilen, wenn die Verhandlungen mit dem Arbeitgeber sich hinziehen oder wenn die Angelegenheit nur im Laufe der Zeit erledigt werden kann (ebenso *Fitting*, § 80 Rn. 25; GK-*Kraft/Weber*, § 80 Rn. 37; HWK-*Schrader*, § 80 Rn. 39; DKK-*Buschmann*, § 80 Rn. 39).

VI. Besondere Schutzaufträge im Rahmen des allgemeinen Aufgabenkatalogs

1. Sorge für Schwerbehinderte und sonstige besonders schutzbedürftige Personen

36 Als besondere Pflicht wird in **Nr. 4** hervorgehoben, dass der Betriebsrat die **Eingliederung Schwerbehinderter und sonstiger besonders schutzbedürftiger Personen zu fördern** hat.

37 a) Vor allem handelt es sich dabei um die Unterbringung von **schwerbehinderten Menschen** nach dem SGB IX, dessen Durchführung zu überwachen bereits nach Nr. 1 zu den allgemeinen Aufgaben des Betriebsrats gehört. Wenn hier die Eingliederung Schwerbehinderter ausdrücklich genannt wird, so geht es darum, dass der Betriebsrat sich nicht nur auf eine passive Rolle beschränken soll, sondern aufgerufen wird, die Eingliederung der Schwerbehinderten zu fördern. Der Betriebsrat hat also nicht nur darauf hinzuwirken, dass der Arbeitgeber die Pflichtplätze tatsächlich mit Schwerbehinderten besetzt, sondern auch, dass passende Arbeitsplätze für die Schwerbehinderten ausgesucht, eventuell durch entsprechende Hilfsmittel für sie geeignet gemacht werden und dass über die Mindestplätze hinaus auch auf weiteren Arbeitsplätzen schwerbehinderte Menschen beschäftigt werden, sofern dies nach der Aufgabenstellung des Betriebs möglich erscheint (§ 81 Abs. 1 und 4 SGB IX). Der Förderungsauftrag entspricht der Pflicht des Arbeitgebers, die schwerbehinderten Menschen so zu beschäftigen, dass diese ihre Fähigkeiten und Kenntnisse möglichst voll verwerten und weiterentwickeln können (§ 81 Abs. 3 SGB IX).

38 Der Betriebsrat hat auch die Eingliederung sonstiger **besonders schutzbedürftiger Personen** zu fördern, also vor allem der Behinderten i. S. des Sozialrechts. Dadurch wird gesichert, dass einerseits nicht von der formellen Anerkennung als schwerbehinderter Mensch nach § 69 I SGB IX, andererseits aber auch nicht einmal vom Umfang einer auf einer Behinderung beruhenden Minderung der Erwerbsfähigkeit abhängen soll, ob jemand schutzbedürftig ist. Schutzbedürftig kann nämlich auch sein, wer zwar nicht in seiner Erwerbsfähigkeit gemindert ist, sondern sonst auf Grund besonderer Umstände Anpassungsschwierigkeiten hat, z.B. Aussiedler, Flüchtlinge, ehemalige Strafgefangene, aber auch chronisch Kranke, bei denen wegen der heute möglichen Therapie keine Einschränkungen in der Erwerbsfähigkeit eintreten, aber dennoch eine Rücksichtnahme notwendig ist. Die Schutzbedürftigkeit braucht sich nicht einmal aus einer körperlichen, geistigen oder seelischen Behinderung zu ergeben; sie kann auch aus einer besonderen Lage folgen, z. B. bei Jugendlichen und Frauen (vgl. für ältere Arbeitnehmer die ausdrückliche Bestimmung in Nr. 6, dazu Rn. 42, und für ausländische Arbeitnehmer die in Nr. 7, dazu Rn. 43).

b) Der hier niedergelegte Förderungsauftrag wirkt sich vor allem bei den Angelegenheiten aus, in denen der Betriebsrat formell zu beteiligen ist. Er gibt ihm eine **Richtlinie, wie er sein Mitwirkungs- und Mitbestimmungsrecht in sozialen Angelegenheiten und in Personalangelegenheiten auszuüben** hat, soweit von der Maßnahme die Eingliederung des geschützten Personenkreises abhängt. Nicht nur den Arbeitgeber trifft die Pflicht, schwerbehinderte Menschen zur Förderung ihres beruflichen Fortkommens bei innerbetrieblichen Maßnahmen der beruflichen Bildung bevorzugt zu berücksichtigen und ihre Teilnahme an außerbetrieblichen Maßnahmen in zumutbarem Umfang zu erleichtern (§ 81 Abs. 4 Satz Nr. 2 und 3 SGB IX), sondern auch der Betriebsrat hat das ihm in § 98 Abs. 3 und 4 eingeräumte Mitbestimmungsrecht unter dieser Pflichtbindung auszuüben. **39**

c) Die hier festgelegte Aufgabe wird in § 93 SGB IX wiederholt. Konkretisierend ist dort festgelegt, dass der Betriebsrat neben der Aufgabe, dass die dem Arbeitgeber obliegenden Verpflichtungen erfüllt werden, auf die **Wahl der Schwerbehindertenvertretung hinwirken** soll (s. zu deren Rechtsstellung, Aufgaben und Befugnissen § 32 Rn. 3 ff.). **40**

2. Wahl der Jugend- und Auszubildendenvertretung

Nr. 5 wiederholt, dass zu den Aufgaben des Betriebsrats gehört, die **Wahl einer Jugend- und Auszubildendenvertretung vorzubereiten und durchzuführen** (§ 63 Abs. 2; s. dort Rn. 3 ff.). Außerdem wird allgemein bestimmt, dass der Betriebsrat **mit der Jugend- und Auszubildendenvertretung zur Förderung der Belange der in § 60 Abs. 1 genannten Arbeitnehmer eng zusammenzuarbeiten** hat, wobei die Einzelheiten, die das Verhältnis zwischen Betriebsrat und Jugend- und Auszubildendenvertretung bestimmen, vor allem in den §§ 65, 70, weiterhin in §§ 29 Abs. 2 und 35 geregelt sind. Der Betriebsrat kann von der Jugend- und Auszubildendenvertretung Vorschläge und Stellungnahmen anfordern; denn er soll Angelegenheiten, die besonders die in § 60 Abs. 1 genannten Arbeitnehmer betreffen, der Jugend- und Auszubildendenvertretung zur Beratung zuleiten (§ 67 Abs. 3 Satz 2). **41**

3. Förderung der Beschäftigung älterer Arbeitnehmer

Nach **Nr. 6** wird als allgemeine Aufgabe besonders die Pflicht des Betriebsrats hervorgehoben, die **Beschäftigung älterer Arbeitnehmer im Betrieb zu fördern**. Durch diesen umfassenden Auftrag entspricht das Gesetz dem Schutzbedürfnis älterer Arbeitnehmer. Es hat den Betriebsrat auch an anderer Stelle verpflichtet, die Belange älterer Arbeitnehmer zu berücksichtigen (§ 75 Abs. 1 Satz 2 und § 96 Abs. 2 Satz 2; s. § 75 Rn. 29 ff. und § 96 Rn. 24). Die besondere Erwähnung im Katalog der allgemeinen Aufgaben bedeutet, dass der Betriebsrat im Rahmen der Zusammenarbeit mit dem Arbeitgeber aktiv tätig wird. In der sozialen Realität der achtziger und neunziger Jahre hat dieser Schutzauftrag nichts bewirkt, sofern die Betriebsräte ihn überhaupt wahrgenommen haben. **42**

4. Förderung der Integration ausländischer Arbeitnehmer

Nr. 7 beruht auf einer Anregung des Bundesrats (Anlage 2 zu BT-Drucks. VI/1786, S. 63 f.). Durch diese Vorschrift wird als besondere Pflicht des Betriebsrats hervorgehoben, die **Eingliederung ausländischer Arbeitnehmer im Betrieb und das Verständnis** **43**

zwischen ihnen und den deutschen Arbeitnehmern zu fördern. Der Schutzauftrag bezieht sich nicht auf eine Förderung der Einstellung ausländischer Arbeitnehmer, sondern er betrifft die im Betrieb tätigen Mitarbeiter. Der Betriebsrat hat vor allem darauf zu achten, dass ausländische Arbeitnehmer wie deutsche Mitarbeiter behandelt werden, wie es bereits der in § 75 Abs. 1 Satz 1 verankerte Gleichbehandlungsgrundsatz gebietet. Er hat sich darum zu bemühen, dass ausländische Arbeitnehmer die Gelegenheit erhalten, die deutsche Sprache zu erlernen, und er soll darauf hinwirken, dass in der Belegschaft Vorurteile gegen ausländische Arbeitnehmer nicht entstehen und dort, wo sie bestehen, abgebaut werden (vgl. auch *Fitting*, § 80 Rn. 32; GL-*Löwisch*, § 80 Rn. 25; GK-*Kraft/Weber*; § 80 Rn. 48). Das Antragsrecht für Maßnahmen gegen Rassismus und Fremdenfeindlichkeit (s. Rn. 24) ergänzt diese Pflicht.

5. Förderung der Beschäftigung im Betrieb

44 Nr. 8 beruht auf einer Ergänzung durch das BetrVerf-Reformgesetz vom 23. 7. 2001. Der Betriebsrat soll sich dafür einsetzen, dass die Arbeitnehmer nicht ihren Arbeitsplatz und damit ihre Lebensgrundlage verlieren. In Anbetracht der häufigen Umstrukturierungen und Fusionen von Unternehmen sowie des damit regelmäßig verbundenen Personalabbaus soll die Beschäftigungssicherung ein Schwerpunkt der Betriebsratsarbeit sein. Zur Erfüllung dieser Aufgabe werden dem Betriebsrat eine Reihe besonderer Beteiligungsrechte eingeräumt. Dazu gehört insbesondere das neugeschaffene Vorschlagsrecht zur Beschäftigungssicherung nach § 92 a (s. § 92 Rn. 1 ff.) sowie die Förderung der Berufsbildung nach § 96; s. auch § 97 und § 112 Abs. 5. Wie sich **Beschäftigungsförderung** und **Beschäftigungssicherung** zueinander verhalten, lässt das Gesetz offen. Man wird entsprechend dem generellen Mandat des Betriebsrats dem Schutz der bisherigen Belegschaft den Vorrang vor dem Schutz der Allgemeinheit einräumen müssen; ein Grundsatz, der seinen Ausdruck auch im neuen § 99 Abs. 2 Nr. 3, 2. Halbsatz gefunden hat (s. § 99 Rn. 1; zurecht kritisch *Hanau* RdA 2001, 72 f.). Es wäre daher nicht im Sinne der Norm, wenn ein Betriebsrat eine betriebsnotwendige Überstundenregelung mit dem Hinweis auf eine allgemeine Beschäftigungsförderungspflicht verweigern würde (*Konzen*, RdA 2001, 91); Gleiches gilt für eine Zustimmungsverweigerung nach § 99 Abs. 2 Nr. 1 etwa im Hinblick auf eine lediglich befristete Einstellung. Ebenso offen ist das Verhältnis zu den Aufgaben des Wirtschaftsausschusses. Dieser hat auch nach der Gesetzesänderung einen umfassenderen Unterrichtungsanspruch gegenüber dem Arbeitgeber (s. auch *Konzen*, RdA 2001, S. 91). Erst wenn kein Wirtschaftsausschuss existiert, kommt der Betriebsrat zum Zug (*Konzen*, RdA 2001, 91), s. auch Rn. 48. Wie allgemein im Katalog des Abs. 1 werden auch hier die Mitbestimmungsrechte des Betriebsrats nicht erweitert (DKK-*Buschmann*, § 80 Rn. 59; GK-*Kreutz*, § 80 Rn. 49). Ein allgemeines beschäftigungspolitisches Mandat wurde nicht geschaffen (ErfK-*Kania*, § 80 Rn. 16 a; *Fitting*, § 80 Rn. 44).

6. Förderung der Arbeitsschutzes und des betrieblichen Umweltschutzes

45 Auch **Nr. 9** beruht auf einer Ergänzung durch das BetrVerf-Reformgesetz vom 23. 7. 2001. Die Kompetenzerweiterung folgt einem Trend unserer Zeit, welcher die wachsende Bedeutung einer intakten Umwelt erkannt hat. Auch hier ist aber wiederum das Augenmerk auf den *betrieblichen* Aspekt zu lenken. Nicht Umweltschutz im Allgemeinen ist die Aufgabe, sondern – gemäß der nicht sonderlich geglückten, da weitgehend inhaltsleeren Legaldefinition des § 89 Abs. 3 – „alle personellen und organisatorischen Maßnahmen, sowie alle die betrieblichen Bauten, Räume, technische Anlagen, Arbeitsverfahren, Arbeitsabläufe und Arbeitsplätze betreffende Maßnahmen ..., die dem Umweltschutz dienen". Auch wenn also ein allgemein umweltpolitisches Mandat nicht besteht, besteht nicht nur eins für die betriebliche Umwelt (wo ein enger Zusammenhang zum Arbeitsschutz besteht), sondern – als wesentliche Aufgabenerweiterung – ebenso

C. Rechte des Betriebsrats zur Wahrnehmung seiner Aufgaben § 80

für die vom Betrieb beeinflusste Umwelt (s. auch die Begründung zu § 89 Abs. 3 BT-Drucks. 14/5741, 46; kritisch *Hanau*, RdA 2001, 73; *Reichold*, NZA 2001, 863 [„ausgesprochen missglückte Regelung"]; s. auch *Däubler*, AuR 2001, 1). Die Erweiterung des Zuständigkeitsbereichs hat seinen Niederschlag auch in den §§ 43 Abs. 2 Satz 3 (Berichtspflicht des Arbeitgebers), 45 Satz 2 (Befassungskompetenz für Betriebsversammlungen), 88 Nr. 1 a (freiwillige Betriebsvereinbarungen), 89 Abs. 1, 2 Satz 2, Abs. 3 (Beteiligung des Betriebsrats bei der Durchführung des betrieblichen Umweltschutzes) sowie in § 106 Abs. 3 Nr. 5 a (Auskunftsanspruch des Wirtschaftsausschusses) gefunden. Was Umweltschutz ist, beschreibt das Gesetz nicht näher. Der vorrechtliche Bedeutungsgehalt des Wortes dürfte daher maßgeblich sein: Jede Handlung, die den vorhandenen Bestand an Sachgütern, Naturgütern, Kulturgütern an Landschaft und Naturhaushalt sowie das zwischen ihnen bestehende Wirkungsgefüge bewahrt oder stärkt. Unter den Naturgütern sind dabei neben Boden, Wasser, Luft, Klima, Tieren und Pflanzen auch sonstige lebende Organismen, insbesondere menschliches Leben erfasst (s. auch § 2 Nr. 1 und 2 des Kommissionsentwurfs zur Kodifizierung eines allgemeinen Umweltgesetzbuches, hrsg. vom Bundesministerium für Umwelt, Naturschutz und Reaktorsicherheit, 1998).

VII. Streitigkeiten

Streitigkeiten zwischen dem Arbeitgeber und dem Betriebsrat über die Abgrenzung 46 und die Durchführung der dem Betriebsrat übertragenen Aufgaben entscheidet das Arbeitsgericht im Beschlussverfahren (§ 2 a Abs. 1 Nr. 1, Abs. 2 i. V. mit §§ 80 ff. ArbGG; s. auch Rn. 93 ff.).

C. Rechte des Betriebsrats zur Wahrnehmung seiner Aufgaben

I. Informationsrecht des Betriebsrats

1. Einräumung eines allgemeinen Informationsanspruchs

Zur Durchführung seiner Aufgaben nach diesem Gesetz ist der **Betriebsrat** rechtzeitig 47 und umfassend **vom Arbeitgeber zu unterrichten** (Abs. 2 Satz 1). Diese allgemeine Unterrichtungspflicht des Arbeitgebers ist eine *Konkretisierung des Gebots der vertrauensvollen Zusammenarbeit*. Es kann daher nicht auf § 2 Abs. 1 zurückgegriffen werden, um aus dieser Bestimmung Informationsrechte des Betriebsrats ohne Aufgabenbezug abzuleiten (ebenso *Kraft*, ZfA 1983, 171, 177 f.).

Neben dem allgemeinen Unterrichtungsrecht nach dieser Bestimmung hat der Be- 48 triebsrat im Rahmen seiner Mitwirkung und Mitbestimmung **besondere Unterrichtungsrechte** in den folgenden Fällen: Mitteilung der den Arbeitsschutz und die Unfallverhütung betreffenden Auflagen und Anordnungen gemäß § 89 Abs. 2 Satz 2, Planung bei Gestaltung von Arbeitsplatz, Arbeitsablauf und Arbeitsumgebung nach § 90, Personalplanung nach § 92 Abs. 1 Satz 1, beabsichtigte Einstellung oder personelle Veränderung leitender Angestellter nach § 105, weiterhin zur Ausübung der Mitbestimmung bei personellen Einzelmaßnahmen nach § 99 Abs. 1 und § 100 Abs. 2 Satz 1, zur Anhörung vor Kündigungen nach § 102 Abs. 1 Satz 2 und zur Beteiligung bei geplanten Betriebsänderungen nach § 111. Für die Unterrichtung in wirtschaftlichen Angelegenheiten gelten die besonderen Bestimmungen in §§ 106 ff., das Unterrichtungsrecht steht hier dem Wirtschaftsausschuss oder dem Ausschuss des Betriebsrats zu, dem die Aufgaben des Wirtschaftsausschusses übertragen sind (§ 107 Abs. 3). Ein besonderes Unterrichtungsrecht hat der Betriebsrat hier nur insoweit, als der Wirtschaftsausschuss oder der

§ 80

an seine Stelle tretende Betriebsratsausschuss über jede Sitzung dem Betriebsrat unverzüglich und vollständig zu berichten hat (§ 108 Abs. 4).

2. Aufgabenbezug

49 a) Die Pflicht zur Unterrichtung bezieht sich auf **sämtliche Aufgaben** des Betriebsrats, also auch auf Aufgaben, die in dem Katalog der allgemeinen Aufgaben nicht ausdrücklich genannt sind (ebenso *Brecht*, § 80 Rn. 9; *Fitting*, § 80 Rn. 51; ErfK-*Kania*, § 80 Rn. 17; GL-*Löwisch* § 80 Rn. 26; GK-*Kraft/Weber*, § 80 Rn. 52; HWK-*Schrader*, § 80 Rn. 63). Zu den Aufgaben des Betriebsrats gehört insbesondere die Mitbestimmung in den sozialen Angelegenheiten, die in § 87 Abs. 1 aufgeführt sind.

50 Die sonst im Gesetz **speziell vorgesehenen Unterrichtungsrechte** des Betriebsrats beziehen sich ebenfalls auf bestimmte Aufgaben, insbesondere auf die Wahrnehmung besonders eingeräumter Beteiligungsrechte (s. Rn. 48). Daraus folgt nicht, dass damit verbundene Begrenzungen das hier eingeräumte Informationsrecht verdrängen. Ein Konkurrenzverhältnis i. S. der Spezialität besteht daher nicht (ebenso für das Verhältnis zum Informationsanspruch nach § 106 BAG 5. 2. 1991 AP BetrVG 1972 § 106 Nr. 10; vgl. auch *Kraft*, ZfA 1983, 171, 184). Dass die Unterrichtung des Betriebsrats über den Inhalt des Arbeitsvertrags eines Arbeitnehmers nicht erforderlich ist, damit der Betriebsrat sein Mitbestimmungsrecht anlässlich der Einstellung dieses Arbeitnehmers wahrnehmen kann, hat deshalb nicht zur Folge, dass kein Anspruch auf Unterrichtung über vereinbarte Arbeitsbedingungen besteht; denn er ergibt sich hier aus Abs. 2 Satz 1, soweit es um die Wahrnehmung der Überwachungsaufgabe nach Abs. 1 Nr. 2 geht (ebenso BAG 18. 10. 1988 AP BetrVG 1972 § 99 Nr. 57).

51 b) Die Pflicht zur Unterrichtung geht andererseits nur so weit, wie der Betriebsrat nach diesem Gesetz Aufgaben hat. Der **Aufgabenbezug**, der den Informationsanspruch begründet, bildet zugleich die **immanente Schranke für den Inhalt und Umfang der Unterrichtungspflicht** (ebenso GK-*Kraft/Weber*, § 80 Rn. 57; *Kraft*, ZfA 1983, 171, 184 ff.). Die Unterrichtung soll den Betriebsrat zwar in die Lage versetzen, in eigener Verantwortung selbst zu prüfen, ob sich für ihn Aufgaben ergeben und ob er zur Wahrnehmung dieser Aufgaben tätig werden muss (vgl. BAG 31. 1. 1989 AP BetrVG 1972 § 80 Nr. 33; es muss aber, vor allem soweit es um die Frage geht, ob und in welchem Umfang er die Vorlage von Unterlagen verlangen kann (Abs. 2 Satz 2 Halbsatz 1; s. auch Rn. 65), ein Bezug zu möglichen Aufgaben des Betriebsrats bestehen (vgl. BAG 27. 6. 1989 AP BetrVG 1972 § 80 Nr. 37; BAG 21. 10. 2003 AP BetrVG 1972 § 80 Nr. 62: Informationsanspruch in Bezug auf Zielvereinbarungen, wenn Anhaltspunkte für Verletzung des Gleichbehandlungsgrundsatzes). Der Arbeitgeber hat immer dann Auskunft zu geben, wenn ein hinreichender Grad an Wahrscheinlichkeit besteht, dass die Information die Aufgaben des Betriebsrats betrifft (allg. M.: *Fitting*, § 80 Rn. 51; DKK-*Buschmann*, § 80 Rn. 66; *Löwisch/Kaiser*, § 80 Rn. 21). Für den erforderlichen Grad der Wahrscheinlichkeit ist auf den Blickwinkel des Betriebsrats abzustellen (*Oetker*, NZA 2003, 1236). Die Anforderungen sind umso niedriger, je weniger der Betriebsrat auf Grund der ihm bereits zugänglichen Informationen beurteilen kann, ob die begehrten Auskünfte tatsächlich zur Durchführung seiner Aufgaben erforderlich sind (BAG 15. 12. 1998 AP BetrVG 1972 § 80 Nr. 56; BAG 8. 6. 1999 AP BetrVG 1972 § 80 Nr. 57 für die Ergebnisse einer Mitarbeiterbefragung; BAG 30. 3. 2004 AP EBRG § 5 Nr. 3).

51a Die **Grenzen des Auskunftsanspruchs** liegen danach dort, „wo Anhaltspunkte dafür fehlen, dass ein Beteiligungsrecht in Betracht kommt" (BAG 8. 6. 1999 a. a. O.; BAG 24. 1. 2006 AP BetrVG 1972 § 80 Nr. 65; BAG 19. 2. 2008 AP BetrVG 1972 § 80 Nr. 69). Ausreichend für den Auskunftsanspruch ist „eine gewisse Wahrscheinlichkeit für das Bestehen von Aufgaben des Betriebsrats" (BAG 15. 12. 1998 a. a. O.; 8. 6. 1999 a. a. O.; 24. 1. 2006 a. a. O.). Bei der Beurteilung dieser Wahrscheinlichkeit ist vom jeweiligen Kenntnisstand des Betriebsrats auszugehen (BAG 8. 6. 1999 a. a. O.). Aus diesen Grundsätzen folgt eine **zweistufige Prüfung** darauf hin, ob überhaupt eine Aufgabe des Betriebsrats gegeben und ob im Einzelfall die begehrte Information zur Aufgabenwahrnehmung erforderlich ist (BAG 19. 2. 2008 AP BetrVG 1972 § 80 Nr. 69). Für die Kontrolle, ob der Arbeitgeber eine Betriebsvereinbarung einhält, bedarf es keiner greifbaren Anhaltspunkte, dass er sie verletzt hat (BAG a. a. O.); der Aufgabenbezug ergibt sich in jedem Fall aus der Betriebsvereinbarung.

Bei der Vergabe von Betriebsaufgaben an Fremdfirmen kann der Betriebsrat daher nicht verlangen, dass er über den Inhalt der Verträge mit den Fremdfirmen unterrichtet wird; etwas anderes gilt aber, wenn die Fremdfirmen durch Entsendung von Arbeitnehmern im Betrieb des Arbeitgebers tätig werden (vgl. BAG 31. 1. 1989 AP BetrVG 1972 § 80 Nr. 33; nach der BetrVG-Reform Hessisches LAG 5. 7. 2007, ArbuR 2007, 446; a. A. DKK-*Buschmann*, § 80 Rn. 69; *Fitting*, § 80 Rn. 49). Gewerblich oder nicht gewerblich überlassene **Leiharbeitnehmer** und Personen, die über eine gewisse Dauer als freie Mitarbeiter im Rahmen eines Dienstvertrags- oder auch Werkvertrags mit dem Betriebsinhaber beschäftigt werden (BAG 15. 12. 1998 AP BetrVG 1972 § 80 Nr. 562; ebenso bereits ArbG Hamburg 4. 6. 1997, AuR 1997, 497: freie Mitarbeiter als Redakteure), sind von der Unterrichtungspflicht erfasst, und daher auch die Ableistung von Stationen durch Rechtsreferendare; nicht aber Personen, die nur kurzfristig im Betrieb eingesetzt werden, wie z. B. der Elektriker, der eine defekte Stromleitung zu reparieren hat (BT-Drucks. a. a. O.). Hier liegt unzweifelhaft keine Einstellung vor, s. zum Einstellungsbegriff § 99 Rn. 59.

51 b

c) Eine weitergehende generelle Schranke der **Verhältnismäßigkeit des Auskunftsverlangens** ist abzulehnen (a. A. *Rieble/Gistel*, BB 2004, 2462). Entscheidend ist allein die Erforderlichkeit der Auskunft für eine ordnungsgemäße Betriebsratsarbeit. S. auch Rn. 56 ff. Von der Auskunftspflicht erfasst kann auch Vergangenes sein, auch wenn die Überwachungsaufgabe vorrangig gegenwarts- und zukunftsbezogen ist. Die rückwärtige zeitliche Grenze liegt dort, wo der Betriebsrat aus den gewünschten Informationen für sein Handeln keine sachgerechten Folgerungen mehr ziehen könnte (BAG 19. 2. 2008 AP BetrVG 1972 § 80 Nr. 69).

51 c

d) In Einzelfällen hat die Rechtsprechung eine **Beschränkung des Unterrichtungsrechts durch das Persönlichkeitsrecht der betroffenen Arbeitnehmer** anerkannt. Eine Schwangerschaft muss dem Betriebsrat nicht mitgeteilt werden, wenn die Arbeitnehmerin dies ausdrücklich nicht wünscht (ArbG Berlin 16. 12. 2007 – ; a. A. BAG 27. 2. 1968, DB 1968, 1224; LAG Niedersachsen 22. 1. 2007, NZA-RR 2007, 585). So sympathisch die Entscheidung sein mag – auf Grundlage der Rechtsprechung des BAG ist dies nicht haltbar. Die geht davon aus, dass die Rechte des Betriebsrats nicht zur Disposition des Arbeitnehmers stehen. Es besteht ein Schutz der Betriebsverfassung vor den durch die Betriebsverfassung Geschützen, s. auch Rnr. 58 a und zur vergleichbaren Problematik bei § 99 Rn. 46; zum Teilnahmerecht des Betriebsrat bei Personalgesprächen gegen den Willen des Arbeitnehmers § 82 Rnr. 14).

51 d

e) Zu möglichen **Grenzen des Tendenzschutzes** s. § 118 Rn. 140.

51 e

3. Art und Weise der Unterrichtung

Der **Arbeitgeber** hat den Betriebsrat **von sich aus rechtzeitig und umfassend zu unterrichten** (Abs. 2 Satz 1). Sie kann **grundsätzlich auch mündlich** erfolgen. Insbesondere bei umfangreichen und komplexen Angaben ist er allerdings nach § 2 Abs. 1 regelmäßig gehalten, die Auskunft schriftlich zu erteilen. Bei einer nur mündlichen Information wird es dem Betriebsrat in einem solchen Fall in der Regel nicht möglich sein zu prüfen, ob sich betriebsverfassungsrechtliche Aufgaben ergeben und wie er diese verantwortlich wahrnehmen kann. Maßgeblich sind die Umstände des Einzelfalls (BAG 10. 10. 2006, NZA 2007, 99; BAG 30. 9. 2008, DB 2009, 407).

52

§ 80

53 a) **Rechtzeitig** ist die Unterrichtung nur dann, wenn der Betriebsrat Gelegenheit hat, sich mit der Angelegenheit zu befassen; er darf also nicht vor vollendete Tatsachen gestellt werden. Maßgebend ist insoweit auch der Aufgabenbezug. Das ist vor allem zu beachten, soweit das Gesetz dem Betriebsrat Aufgaben erst zuweist, wenn der Arbeitgeber tätig wird oder eine beteiligungspflichtige Maßnahme plant (vgl. BAG 27. 6. 1989 AP BetrVG 1972 § 80 Nr. 37).

54 Die Unterrichtung hat **umfassend** zu geschehen, muss also so vollständig sein, dass der Betriebsrat die notwendige Kenntnis erlangt, um seine Aufgaben nach diesem Gesetz durchzuführen. Der Umfang der Unterrichtung hängt auch vom Aufgabenbezug ab (s. auch Rn. 51), nach Rechtsprechung des BAG jedoch nicht von den **eigenen Informationsmöglichkeiten des Betriebsrats:** Der Betriebsrat ist grundsätzlich nicht gehalten, sich benötigte Informationen selbst zu beschaffen, auch wenn er dazu objektiv in der Lage wäre. Eine Ausnahme gilt insoweit nach § 2 BetrVG lediglich dann, wenn der Betriebsrat die begehrte Information aus den ihm bereits übermittelten Daten ohne Weiteres auf rechnerisch einfachem Wege ableiten kann (BAG 24. 1. 2006, NZA 2006, 1050; BAG 30. 9. 2008, DB 2009, 407). Was der Betriebsrat freilich schon weiß, dass muss ihm nicht mitgeteilt werden (zum strengeren Maßstab bei § 102 s. dort Rn. 50).

55 b) Der Arbeitgeber hat den Betriebsrat **unaufgefordert**, also nicht erst auf dessen Verlangen, zu unterrichten. Hält der Betriebsrat die Unterrichtung durch den Arbeitgeber für unzureichend, so kann er verlangen, dass ihm die zur Durchführung seiner Aufgaben notwendigen Auskünfte erteilt werden. Das ergibt der Zusammenhang mit Abs. 2 Satz 2, nach welchem dem Betriebsrat auf Verlangen jederzeit die zur Durchführung seiner Aufgaben erforderlichen Unterlagen zur Verfügung zu stellen sind. Da dieses Recht jederzeit besteht, ist nicht erforderlich, dass der Betriebsrat zur Wahrnehmung seiner Überwachungsaufgabe Anlass für die Annahme hat, dass die zu Gunsten der Arbeitnehmer bestehenden Bestimmungen nicht durchgeführt werden (ebenso BAG 11. 7. 1972 AP BetrVG 1972 § 80 Nr. 1 [zust. *Richardi*]; bestätigt für das Einblicksrecht in die Bruttolohn- und -gehaltslisten durch BAG 18. 9. 1973 AP BetrVG 1972 § 80 Nr. 3 und 4; 30. 4. 1974 AP BetrVG 1972 § 118 Nr. 1; 28. 5. 1974 und 12. 2. 1980 AP BetrVG 1972 § 80 Nr. 7 und 12; s. ausführlich Rn. 65 f.; zum Einblicksrecht Rn. 81). Wäre der Anspruch des Betriebsrats davon abhängig, dass bestimmte Verdachtsmomente gegen die betriebliche Handhabung vorgetragen werden müssten, so wäre die vertrauensvolle Zusammenarbeit zwischen ihm und dem Arbeitgeber in erheblichem Maß belastet, weil jedes Unterrichtungsverlangen die Unterstellung implizieren würde, der Arbeitgeber handle nicht korrekt bei der Erfüllung der zu Gunsten der Arbeitnehmer bestehenden Regelungen. Der Betriebsrat kann seine Überwachungsaufgabe nur dann sinnvoll erfüllen, wenn man von ihm nicht verlangt, dass er Verdachtsmomente hinsichtlich eines erfolgten oder drohenden Verstoßes gegen die zu Gunsten der Arbeitnehmer ergangenen Regelungen vorträgt. Eine Schranke besteht lediglich insoweit, als das Verlangen des Betriebsrats nicht rechtsmissbräuchlich sein darf (ebenso BAG 11. 7. 1972 AP BetrVG 1972 § 80 Nr. 1).

4. Schranken der Unterrichtungspflicht des Arbeitgebers

56 a) Das Informationsrecht des Betriebsrats besteht nicht um seiner selbst willen; es erfüllt eine **Hilfsfunktion für die Durchführung der Betriebsratsaufgaben**. Der Aufgabenbezug ist daher Grund und Grenze für die Unterrichtungspflicht des Arbeitgebers (s. Rn. 51). Der Arbeitgeber muss nur die Informationen geben, die er selbst hat. Er ist nicht verpflichtet, sich weitere Informationen zu beschaffen, auch wenn der Betriebsrat sie für erforderlich hält, zu ihrer Beschaffung der Arbeitgeber jedoch nicht aus anderen Normen heraus gesetzlich verpflichtet ist (**a. A.** BAG 6. 5. 2003 AP BetrVG 1972 § 80 Nr. 61; Vorinstanz LAG Hamm 30. 10. 2001 – 13 TaBV 49/01, juris, eine Pflicht zur Informationsbeschaffung aus § 16 Abs. 2 S. 1 ArbZG bei Vertrauensarbeitszeit beja-

hend; damit wird die Vertrauensarbeitszeit für nicht leitende Angestellte unmöglich gemacht; wie hier GK-*Kraft*, 7. Aufl. § 80 Rn. 70; dem BAG zustimmend *Krabbe-Rachut*, AuR 2004, 72; GK-*Kraft/Weber*, § 80 Rn. 70; LAG Köln 7. 5. 2008, AuR 2008, 456).

b) Die Unterrichtungspflicht des Arbeitgebers wird nicht durch das **Bundesdatenschutzgesetz** eingeschränkt (ebenso LAG Bremen 1. 9. 1978, DB 1978, 2488; *Fitting*, § 80 Rn. 58; ErfK-*Kania*, § 80 Rn. 22; GK-*Kraft/Weber*, § 80 Rn. 74). Dieses Ergebnis kann aber nicht damit begründet werden, dass der Betriebsrat Teil der speichernden Stelle und kein Dritter i. S. des § 3 Abs. 8 Satz 2 BDSG sei (so aber *Fitting*, § 80 Rn. 58). Die Begriffsbestimmungen des § 3 BDSG geben insoweit keine Antwort. Wenn der Arbeitgeber personenbezogene Daten auf einem Datenträger aufbewahrt, ist nur er, nicht aber der Betriebsrat speichernde Stelle. Dass der Betriebsrat Organ der betrieblichen Mitbestimmung ist, macht ihn ebenfalls für das BDSG nicht zum Teil der speichernden Stelle (vgl. *Hesse*, Einfluss des BDSG auf die Betriebsratstätigkeit, S. 133 ff.). Begriffsjuristisch ist es jedoch auch, wenn man ihn deshalb als Dritten i. S. des § 3 Abs. 8 Satz 2 BDSG ansieht; denn soweit er Auskunft über personenbezogene Daten verlangen kann, ist er keine Stelle außerhalb der speichernden Stelle (ebenso im Ergebnis *Kroll*, DB 1979, 1182, 1183). Maßgebend ist daher allein, dass das BDSG nicht bezweckt, die Rechte des Betriebsrats, die ihm nach dem BetrVG zustehen, einzuschränken (ebenso LAG Bremen, DB 1978, 2488; vgl. BAG 17. 3. 1987 AP BetrVG 1972 § 80 Nr. 29). Soweit eine Auskunft nicht durch das BetrVG gedeckt ist, wird sie aber dem Betriebsrat als einem Dritten i. S. des § 3 Abs. 8 Satz 2 BDSG erteilt und ist ein Verstoß gegen das Datengeheimnis nach § 5 BDSG.

c) Der Arbeitgeber kann die Auskunft nicht deshalb verweigern, weil es sich um ein **Betriebs- oder Geschäftsgeheimnis** handelt, wenn seine Kenntnis für die Aufgabenwahrnehmung durch den Betriebsrat erforderlich ist (ebenso BAG 5. 2. 1991 AP BetrVG 1972 § 106 Nr. 10 und BGB § 613 a Nr. 89; *Fitting*, § 80 Rn. 60; DKK-*Buschmann*, § 80 Rn. 67; a. A. *Oetker/Lunk*, DB 1990, 2320, 2324; *Oetker*, NZA 2003, 1237; jeweils mit weit. Nachw. aus dem Schrifttum). Für die Betriebsratsmitglieder besteht nach § 79 die Pflicht zur Geheimhaltung.

Kein Informationsrecht besteht aber trotz Bestehens einer Aufgabe nach diesem Gesetz, wenn die Angelegenheit einen Arbeitnehmer betrifft und dieser die Einschaltung des Betriebsrats gegenüber dem Arbeitgeber ablehnt und berechtigterweise auch ablehnen kann (ebenso ArbG Berlin 19. 12. 2007, DB 2008, 536; a. A. für eine Unterrichtungspflicht über die Schwangerschaft einer Arbeitnehmerin, die den Arbeitgeber um Vertraulichkeit gebeten hatte: BAG 27. 2. 1968 AP BetrVG 1952 § 58 Nr. 1; GK-*Kraft/Weber*, § 80 Rn. 73; DKK-*Buschmann*, § 80 Rn. 76; *Fitting*, § 80 Rn. 61; *Leinemann*, DB 1970, 1735, 1737 f.; wie hier *Rieble/Gistel*, BB 2004, 2462, 2467; GL-*Löwisch*, § 80 Rn. 27; *Weiss/Weyand*, § 80 Rn. 13; HSWGNR-*Nicolai*, § 80 Rn. 49; *Dietz*, Anm. AP Nr. 1 zu § 58 BetrVG). Soweit der Arbeitgeber den Betriebsrat unterrichtet, sind dessen Mitglieder zur Verschwiegenheit verpflichtet (s. § 79 Rn. 32).

d) Der Unterrichtsanspruch des Betriebsrats besteht auch während der Dauer von **Arbeitskampfmaßnahmen** im Betrieb (BAG 10. 12. 2002 AP BetrVG 1972 § 80 Nr. 59). Die Arbeitskampffreiheit des Arbeitgebers wird dadurch nicht eingeschränkt. Aus § 74 Abs. 2 Satz 1 ergibt sich jedenfalls mittelbar, dass Arbeitskämpfe tariffähiger Parteien die Rechte und Pflichten des Betriebsrats grundsätzlich unberührt lassen. Eine Einschränkung von Mitbestimmungsrechten bei Maßnahmen zur Abwehr von Folgen eines Arbeitskampfs kommt dementsprechend in Betracht, wenn die Mitbestimmung des Betriebsrats unmittelbar und zwangsläufig zur Folge hätte, dass die Freiheit des Arbeitgebers, Arbeitskampfmaßnahmen zu ergreifen oder Folgen eines Arbeitskampfs zu begegnen, ernsthaft beeinträchtigt würde (BAG 10. 2. 1988 AP BetrVG 1972 § 98 Nr. 5, zu B II 3 c der Gründe; BAG 19. 2. 1991AP BetrVG § 95 Nr. 26, zu B II 1 der Gründe). Das ist bei Informationspflichten grundsätzlich nicht der Fall (so im Ergebnis auch LAG

§ 80

Köln 23. 6. 1992, LAGE GG Art. 9 Arbeitskampf Nr. 47; LAG Frankfurt 22. 2. 1990, DB 1991, 707; *Fitting*, § 74 Rn. 21; DKK-*Kittner/Bachner*, § 99 Rn. 24; *Löwisch/Kaiser* § 74 Rn. 8).

5. Verhältnis des Informationsrechts zum Recht des Betriebsrats auf Informationsbeschaffung und Informationsaustausch

60 Der Betriebsrat hat gegen den Arbeitgeber einen Anspruch auf Unterrichtung; er kann aber auch selbst sich die erforderlichen Informationen beschaffen, sofern er nicht durch die gewählte Art der Informationsbeschaffung oder des Informationsaustausches in die Rechtssphäre des Arbeitgebers eingreift (ebenso BAG 8. 2. 1977 AP BetrVG 1972 § 80 Nr. 10).

II. Anspruch auf Überlassung der erforderlichen Unterlagen

1. Verhältnis zum Informationsrecht

61 Dem Betriebsrat sind **auf Verlangen** jederzeit die zur Durchführung seiner Aufgaben **erforderlichen Unterlagen zur Verfügung zu stellen** (Abs. 2 Satz 2 Halbsatz 1). Handelt es sich bei den Unterlagen um die Listen über die Bruttolöhne und -gehälter, so gilt eine Sonderregelung insoweit, als nur ein Einblicksrecht besteht, das nicht der Betriebsrat in seiner Gesamtheit ausüben kann (Abs. 2 Satz 2 Halbsatz 2; s. ausführlich Rn. 69 ff.).

62 Den Anspruch auf Überlassung der erforderlichen Unterlagen hat der Betriebsrat nicht wie nach § 54 Abs. 2 BetrVG 1952 nur zur Durchführung seiner Überwachungsaufgabe nach Abs. 1 Nr. 1, sondern für die Wahrnehmung **sämtlicher Aufgaben**, die ihm nach diesem Gesetz obliegen. Die Vorschrift ist deshalb auch von Bedeutung, soweit das Gesetz besondere Unterrichtungsrechte einräumt (s. Rn. 48). Sie gilt also subsidiär, soweit nicht ausdrücklich, wie in § 99 Abs. 1, angeordnet ist, dass Unterlagen vorzulegen sind.

2. Unterlagen

63 Unterlagen sind **alle Aufzeichnungen.** Der Gesetzestext bezieht sich auf Schriftstücke, die zur Verfügung gestellt werden können. Die Vorschrift gilt aber auch, wenn Daten auf einem Datenträger aufbewahrt werden (vgl. BAG 17. 3. 1983 AP BetrVG 1972 § 80 Nr. 18). Der Arbeitgeber ist verpflichtet, auch sie dem Betriebsrat zugänglich zu machen, soweit dieser die Kenntnis zur Durchführung seiner Aufgaben benötigt. Zu den Unterlagen gehören auch Gesetzestexte, Tarifverträge und Literatur. Benötigt der Betriebsrat sie auf Dauer, so richtet sich nach der Pflicht zur Tragung des Sachaufwands gemäß § 40 Abs. 2, ob der Arbeitgeber sie ihm überlassen muss (s. § 40 Rn. 69).

64 Vom Begriff der Unterlagen werden zwar auch die **Personalakten** erfasst; aus § 83 Abs. 1 ergibt sich aber mittelbar, dass der Betriebsrat als Betriebsverfassungsorgan keinen Anspruch darauf hat, dass sie ihm zur Verfügung gestellt werden; er kann auch nicht verlangen, dass der Betriebsausschuss oder ein anderer Ausschuss des Betriebsrats Einblick erhält (ebenso LAG Hamm, BB 1975, 183 = DB 1975, 360; s. auch § 83 Rn. 25). Für **Bruttolohn- und -gehaltslisten** gilt die Sonderregelung nach Halbsatz 2 des Abs. 2 Satz 2 (s. Rn. 69 ff.).

64a Der Arbeitgeber muss dem Betriebsrat in Erfüllung des allgemeinen Informationsrechts nur solche Unterlagen zur Verfügung stellen, die beim Arbeitgeber vorhanden sind. Die Informationspflicht enthält keine Verpflichtung zur Erstellung von Unterlagen. § 80 Abs. 2 S. 2 ist **kein Herstellungs- oder Verschaffungsanspruch** (grundsätzlich ebenso BAG 30. 9. 2008, DB 2009, 407; ebenso die Instanzgerichte LAG München 24. 6. 2004 – 3 TaBV 63/03, juris; LAG Hamm 28. 7. 2002, NZA-RR 2003, 367; ArbG

Braunschweig 30. 3. 2007, AfP 2007, 392). Ausnahmen sind auch da nicht angebracht, wo es sich um Unterlagen konzernverbundener Unternehmen handelt. Dies muss unstreitig jedenfalls soweit gelten, als hier ein Mitbestimmungsrecht nicht besteht (hierzu LAG Nürnberg 22. 1. 2002, NZA-RR 2002, 247; s. auch Rn. 56, 65). Die Rechtsprechung geht mit den Ausnahmen etwas weiter: Reichen die Angaben in einer Bruttolohn- und -gehaltsliste iSv. § 80 Abs. 2 Satz 2 2. Halbs. nicht aus, um den Betriebsrat im erforderlichen Umfang zu unterrichten, ist der Arbeitgeber nach § 80 Abs. 2 Satz 1 zu weitergehenden, ggf. schriftlichen Auskünften verpflichtet; hier reicht es dann aber, dem Betriebsrat nur einsicht in die Schriftlichen Unterlagen zu geben (BAG 30. 9. 2008, DB 2009, 407, s. auch Rn. 52).

Die Erforderlichkeit ist gegebenenfalls vom Betriebsrat darzulegen. Die instanzgerichtliche Rechtsprechung ist hier regelmäßig recht großzügig. Der Betriebsrat hat danach etwa Anspruch auf Herausgabe der Namen und Adressen derjenigen Arbeitnehmer, die wegen Krankheit, Urlaub, Erziehungsurlaub, Mutterschutz usw nicht an ihrem Arbeitsplatz sind, wenn der Betriebsrat diese Unterlagen benötigt, um diese Arbeitnehmer über eine kurzfristig anberaumte außerordentliche Betriebsversammlung in Kenntnis zu setzen (ArbG Berlin 29. 1. 2004, NZA-RR 2004, 642). Bejaht wird die Vorlagepflicht darüber hinaus, wenn in einem Unternehmen eine monatliche Personalstatistik geführt wird, die einen Abgleich des Soll-Personalstandes mit dem Ist-Stand vornimmt und damit der Personalplanung dienen soll (LAG Niedersachsen 4. 6. 2007, AE 2008, 122). Abzulehnen ist die Erforderlichkeit zur Vorlage von Unterlagen jedoch, wenn der Betriebsrat mit Hilfe einer einfachen Rechenoperation in der Lage ist, die gewünschten Daten aus bereits vorhandenen Unterlagen selbst zu ermitteln. In diesem Fall muss er sich gemäß § 2 Abs. 1 auf die Möglichkeit der Selbstverschaffung verweisen lassen (BAG 24. 1. 2006 AP BetrVG 1972 § 80 Nr. 65).

3. Pflicht des Arbeitgebers

a) Den Anspruch, dass ihm die erforderlichen Unterlagen zur Verfügung zu stellen sind, hat der Betriebsrat **jederzeit.** Wie aber Voraussetzung ist, dass die Unterlagen zur Durchführung der Betriebsratsaufgaben erforderlich sind, hängt wie beim Informationsrecht des Betriebsrats die Pflicht des Arbeitgebers davon ab, dass zur Durchführung konkreter Aufgaben erforderlich ist, ihm die Unterlagen zur Verfügung zu stellen (s. Rn. 51; vgl. BAG 5. 2. 1991 AP BetrVG 1972 § 106 Nr. 10 und BGB § 613a Nr. 89). Der Arbeitgeber ist nicht verpflichtet, bei Unterrichtung von sich aus dem Betriebsrat die erforderlichen Unterlagen zur Verfügung zu stellen, sondern diese Pflicht besteht nur **auf Verlangen des Betriebsrats** (BAG 9. 7. 1991 AP BetrVG 1972 § 99 Nr. 94 = BB 1992, 72). Notwendig ist daher, dass der Betriebsrat den Aufgabenbezug konkret darlegt. Soweit sich für ihn Aufgaben erst dann stellen, wenn der Arbeitgeber eine Maßnahme ergreift oder plant, die Beteiligungsrechte des Betriebsrats auslöst, hängt sein Anspruch davon ab, dass der Arbeitgeber tätig wird und damit Aufgaben des Betriebsrats auslöst. Revisionsberichte, die solche Maßnahmen des Arbeitgebers lediglich anregen, sind daher nicht schon deswegen dem Betriebsrat zur Verfügung zu stellen (vgl. BAG 27. 6. 1989 AP BetrVG 1972 § 80 Nr. 37).

Soweit der Betriebsrat seinen Anspruch auf die Wahrnehmung der Überwachungsaufgabe nach Abs. 1 Nr. 1 stützt, ist keine Voraussetzung, dass objektiv Anlass für die Annahme besteht, der Arbeitgeber habe eine zu Gunsten des Arbeitnehmers bestehende Bestimmung nicht oder nicht ordnungsgemäß durchgeführt (so zu § 54 Abs. 2 BetrVG 1952 BAG 12. 7. 1957 AP BetrVG § 54 Nr. 1; bereits klargestellt durch BAG 11. 7. 1972 AP BetrVG 1972 § 80 Nr. 1).

b) Die Unterlagen sind zur **Verfügung zu stellen.** Es genügt also nicht wie nach § 54 Abs. 2 BetrVG 1952, dass sie dem Betriebsrat lediglich *vorgelegt* werden. Daraus folgt, dass der Arbeitgeber verpflichtet ist, die Unterlagen – zumindest in Abschrift – dem

Thüsing

Betriebsrat zu überlassen; er muss sie aus der Hand geben, so dass der Betriebsrat sie ohne Beisein des Arbeitgebers auswerten kann (so BAG 20. 11. 1984 AP BetrVG 1972 § 106 Nr. 3 zu § 106 BetrVG 1972 *[Kraft]*). Der Aufgabenbezug bestimmt auch hier die Pflicht des Arbeitgebers. Regelmäßig wird es genügen, dass er die Unterlagen nur vorübergehend dem Betriebsrat überlässt. Jedoch kann im Einzelfall auch die Pflicht bestehen, sie dem Betriebsrat auf Dauer zu überlassen. Das ist stets anzunehmen, soweit die Unterlagen, die der Betriebsrat zur Durchführung seiner Aufgaben benötigt, zugleich sachliche Mittel sind, die der Arbeitgeber nach § 40 Abs. 2 zur Verfügung zu stellen hat, wie insbesondere Gesetzestexte, Tarifbestimmungen und Literatur (s. § 40 Rn. 69 f.). Handelt es sich um Unterlagen, die wegen ihrer Bedeutung unentbehrlich sind oder wegen ihres Umfangs nicht überlassen werden können, so hat der Betriebsrat in jedem Fall das Recht, sich aus den ihm zur Verfügung gestellten Unterlagen schriftliche Aufzeichnungen zu machen, und er kann auch Fotokopien anfertigen (ebenso BAG 20. 11. 1984 AP BetrVG 1972 § 106 Nr. 3; GL-*Löwisch*, § 80 Rn. 33; GK-*Kraft/Weber*, § 80 Rn. 86; DKK-*Buschmann*, § 80 Rn. 96).

68 c) Der Anspruch des Betriebsrats wird nicht durch die Vorschriften des **Bundesdatenschutzgesetzes** eingeschränkt (s. auch Rn. 57). Im Gegenteil obliegt ihm darüber zu wachen, dass der Datenschutz respektiert wird (ebenso *Fitting*, § 80 Rn. 58).

III. Einblicksrecht in die Bruttolohn- und -gehaltslisten

1. Einblicksrecht als Ergänzung des Informationsrechts

69 Das Gesetz regelt in Abs. 2 Satz 2 Halbsatz 2 das Recht, in die Listen über die Bruttolöhne und -gehälter Einblick zu nehmen. Damit beantwortet es eine Streitfrage, die zu § 54 Abs. 2 BetrVG 1952 bestanden hat (vgl. dazu *Dietz*, § 54 Rn. 6; *Nikisch*, Bd. III S. 250 f.). Das Einblicksrecht in die Bruttolohn- und -gehaltslisten ist wie der Anspruch auf Überlassung der erforderlichen Unterlagen eine Ergänzung des Informationsrechts. Modifiziert wird nur die sonst bestehende Pflicht, die Unterlagen zur Verfügung zu stellen; im Übrigen gelten dieselben Voraussetzungen. § 80 Abs. 2 Satz 1 und § 80 Abs. 2 Satz 2 Halbs. 2 kommen daher nebeneinander in Betracht (BAG 30. 9. 2008, DB 2009, 407; BAG 10. 10. 2006 AP BetrVG 1972 § 80 Nr. 69). Anders als das Einblicksrecht setzt der Auskunftsanspruch nicht voraus, dass der Arbeitgeber über die begehrten Informationen in urkundlicher Form oder in Gestalt einer elektronischen Datei bereits verfügt. Der Anspruch kann schon dann bestehen, wenn der Arbeitgeber die entsprechenden Daten entweder tatsächlich kennt oder sie, weil sie einfach zugänglich sind, doch zur Kenntnis nehmen könnte (BAG 30. 9. 2008, DB 2009, 407).

69a Das Einblicksrecht besteht, wie es im Gesetzestext heißt, „in diesem Rahmen". Aus dem systematischen Zusammenhang ergibt sich eindeutig, dass das Einblicksrecht nur in dem Rahmen besteht, in dem auch das Informationsrecht gegeben ist, also nur insoweit, als der Betriebsrat nach dem Gesetz Aufgaben hat.

69b Abs. 2 Satz 2 Halbsatz 2 ist als lex specialis eng auszulegen. Der Arbeitgeber ist schon daher nicht verpflichtet dem Betriebsrat einen Zugang zum im Betrieb des Arbeitgebers gebräuchlichen SAP-Entgeltabrechnungssystem zu ermöglichen oder zu gewährleisten (LAG Nürnberg 4. 8. 2004 RDV 2006, 84. Dies wäre keine moderne Fortschreibung des Einblicksrechts, sondern eine substantielle Erweiterung.

2. Einblicksrecht in Kleinbetrieben

70 Nach dem Gesetzestext ist der **Betriebsausschuss** oder ein nach § 28 gebildeter **Ausschuss** berechtigt, in die Bruttolohn- und -gehaltslisten Einblick zu nehmen. Da ein Betriebsausschuss und auch ein sonstiger Ausschuss des Betriebsrats nur in Betrieben mit einer Mindestgröße von mehr als 200 bzw. 100 Arbeitnehmern gebildet werden kann,

war zweifelhaft, ob das Einblicksrecht auch in **kleineren Betrieben** besteht. Das BAG hat die Frage zutreffend für die Praxis entschieden: Das Gesetz enthält eine *offene Regelungslücke*, weil nach dem teleologischen Gesetzeszusammenhang es als planwidrig anzusehen ist, dass für Betriebsräte, die keinen Betriebsausschuss bilden, eine gesetzliche Regelung fehlt. Teleologisch lässt sich nicht rechtfertigen, sie durch ein argumentum e contrario zu schließen. Daher besteht das **Einsichtsrecht in die Bruttolohn- und -gehaltslisten auch für Betriebsräte, die keinen Betriebsausschuss oder Ausschuss nach § 28 bilden können** (ständige Rechtsprechung: BAG 23. 2. 1973 AP BetrVG 1972 § 80 Nr. 2 [zust. *Hanau*]; BAG 18. 9. 1973 AP BetrVG 1972 § 80 Nr. 3 und 4 [zust. *Richardi*], BAG 10. 2. 1987 und 16. 8. 1995 AP BetrVV 1972 § 80 Nr. 27, 55; *Fitting*, § 80 Rn. 71; GL-*Löwisch*, § 80 Rn. 37; GK-*Kraft/Weber*, § 80 Rn. 94 ff.; a. A. HSWGNR-*Nicolai*, § 80 Rn. 66).

3. Einblicksberechtigter Personenkreis

a) Hat ein **Betriebsrat einen Betriebsausschuss zu bilden**, so ist **nur** der **Betriebs-** 71 **ausschuss oder ein nach § 28 gebildeter Ausschuss berechtigt**, in die Bruttolohn- und -gehaltslisten Einblick zu nehmen. Wird ein Ausschuss nach § 28 mit dieser Aufgabe betraut, so hat nur er, nicht der Betriebsausschuss das Einblicksrecht (ebenso GK-*Thiele* [3. Bearbeitung], § 80 Rn. 54; *Mayer-Maly*, DB 1979, 985, 987).

b) In **Kleinbetrieben ohne Betriebsausschuss** oder nach § 28 gebildeten Ausschuss 72 steht das Einblicksrecht ebenfalls nicht dem Betriebsrat als Kollegialorgan zu; denn die Beschränkung des Einblicksrechts im Gesetz kann nicht als Sonderregelung für Betriebsräte interpretiert werden, die einen Betriebsausschuss haben, so dass bei Kleinbetrieben dem Betriebsrat als solchem das Einblicksrecht zusteht, wenn er nicht die laufenden Geschäfte nach § 27 Abs. 4 dem Betriebsratsvorsitzenden oder einem anderen Mitglied übertragen hat (so ursprünglich GK-*Thiele* [1. Bearbeitung], § 80 Rn. 52). Sofern man die Beschränkung auf den Betriebsausschuss oder einen nach § 28 gebildeten Ausschuss teleologisch nicht damit begründet, dass in Kleinbetrieben ein Einblicksrecht ausscheiden soll (s. Rn. 70), bleibt nur der Gesichtspunkt, dass ein Einblicksrecht des gesamten Betriebsrats ausscheiden soll und aus diesem Grund die Übertragung des Einblicksrechts auf den Betriebsausschuss bzw. einen nach § 28 gebildeten Ausschuss erfolgt ist. Deshalb kann man auch bei einem Betriebsrat, der keinen Betriebsausschuss bilden kann, nicht zulassen, dass das Einblicksrecht von allen Mitgliedern des Betriebsrats ausgeübt werden darf (ebenso BAG 18. 9. 1973 AP BetrVG 1972 § 80 Nr. 4 [zust. *Richardi*]; 15. 6. 1976 AP BetrVG 1972 § 80 Nr. 9).

Das Einblicksrecht kann vielmehr nur vom **Betriebsratsvorsitzenden** und im Fall 73 seiner Verhinderung von seinem Stellvertreter ausgeübt werden (so bereits BAG 23. 2. 1973, AP BetrVG 1972 § 80 Nr. 2 [zust. *Hanau*]; ErfK-*Kania*, § 80 Rn. 29; *Fitting*, § 80 Rn. 71; GK-*Kraft/Weber*, § 80 Rn. 96), der Betriebsrat kann jedoch an Stelle des Betriebsratsvorsitzenden und seines Stellvertreters auch ein **anderes Mitglied** beauftragen, Einblick in die Bruttolohn- und -gehaltslisten zu nehmen (so BAG 18. 9. 1973, AP BetrVG 1972 § 80 Nr. 3 und 4 [zust. *Richardi*]; zust. auch *Buchner*, EzA § 80 BetrVG 1972 Nr. 5). Die Ausübung des Einblicksrechts hängt nicht davon ab, ob der Betriebsrat die Führung der laufenden Geschäfte nach § 27 Abs. 4 delegiert hat. Missverständlich ist deshalb, wenn das BAG das Einblicksrecht dem „mit der Führung der laufenden Geschäfte beauftragten Betriebsratsvorsitzenden und/oder seinem Stellvertreter" zuspricht (so BAG 23. 2. 1973 AP BetrVG 1972 § 80 Nr. 2; weiterhin BAG 18. 9. 1973 AP BetrVG 1972 § 80 Nr. 3 und Nr. 4; insoweit abl. *Hanau*, Anm. AP BetrVG 1972 § 80 Nr. 2; *Buchner*, EzA § 80 BetrVG 1972 Nr. 5; *Mayer-Maly*, DB 1979, 985, 987), oder wenn es sogar feststellt, dass das Einblicksrecht „nur der Personenkreis des § 27 Abs. 4 BetrVG 1972" habe (so Leitsatz von BAG 18. 9. 1973 AP BetrVG 1972 § 80 Nr. 4; insoweit abl. *Richardi*, Anm. AP BetrVG 1972 § 80 Nr. 3 und 4).

§ 80 Allgemeine Aufgaben

74 Dennoch ist der Zusammenhang mit einer Übertragung der laufenden Geschäfte nach § 27 Abs. 4 keineswegs bedeutungslos. Mit der personellen Begrenzung des Einblicksrechts ist **nicht** vereinbar, dass der Betriebsrat **von Fall zu Fall ein Betriebsratsmitglied mit der Wahrnehmung des Einblicksrechts beauftragt**. Solange er keine Regelung über die Führung der laufenden Geschäfte trifft, hat nur der Betriebsratsvorsitzende oder im Verhinderungsfall sein Stellvertreter das Einblicksrecht. Hat der Betriebsrat dagegen die Führung der laufenden Geschäfte einem anderen Mitglied als dem Betriebsratsvorsitzenden übertragen, so hat nur dieses Mitglied das Einblicksrecht (vgl. *Richardi*, Anm. AP BetrVG 1972 § 80 Nr. 3 und 4). Hat er sie mehreren Mitgliedern übertragen (s. § 27 Rn. 77), so muss er festlegen, welches Mitglied berechtigt ist, Einblick in die Bruttolohn- und -gehaltslisten zu nehmen; denn durch die Übertragung der Führung der laufenden Geschäfte auf mehrere Mitglieder wird kein Betriebsausschuss gebildet. Andererseits gebietet der Normzweck, der für die lückenschließende Regelung maßgebend ist, dass die Ausübung des Einblicksrechts nur einer Person zusteht (ebenso *Mayer-Maly*, DB 1979, 985, 987).

4. Einblicksrecht bei Zuständigkeit des Gesamtbetriebsrats oder des Konzernbetriebsrats

75 a) Gliedert sich ein Unternehmen in mehrere Betriebe und besteht ein **Gesamtbetriebsrat**, so richtet sich die Zuständigkeit für die Ausübung des Einblicksrechts nach § 50 Abs. 1; die dort gegebene Regelung bringt zum Ausdruck, dass das Gesetz von einer Primärzuständigkeit der Einzelbetriebsräte ausgeht (s. § 50 Rn. 3 ff.). Da die gesetzliche Zuständigkeitsabgrenzung vor allem darauf abstellt, ob Angelegenheiten geregelt werden können, kann ihr für die Unterrichtungspflicht des Arbeitgebers nur insoweit ein Maßstab entnommen werden, als die Unterrichtung notwendig ist, damit der Betriebsrat seine Mitwirkungs- und Mitbestimmungsrechte sachgerecht ausüben kann. Geht es dagegen darum, dass die Unterrichtung erforderlich ist, um die dem Betriebsrat nach Abs. 1 gestellten allgemeinen Aufgaben zu erfüllen, so versagt die in § 50 Abs. 1 vorgesehene Zuständigkeitsregelung nach dem Subsidiaritätsverhältnis. Hier kommt eine Unterrichtung sowohl des Gesamtbetriebsrats als auch der Einzelbetriebsräte in Betracht. Entscheidend ist allein, ob die Unterrichtung notwendig ist, damit der Gesamtbetriebsrat bzw. die Einzelbetriebsräte ihre Aufgaben erfüllen können. Das gilt auch, soweit in diesem Rahmen das Recht besteht, in die Bruttolohn- und -gehaltslisten Einblick zu nehmen.

76 Besteht für den Gesamtbetriebsrat die Zuständigkeit, so gilt für die **Ausübung des Einblicksrechts** die für den Betriebsrat vorgesehene Begrenzung entsprechend: Besteht ein **Gesamtbetriebsausschuss**, so kann nicht der Gesamtbetriebsrat, sondern nur der Gesamtbetriebsausschuss oder ein nach § 51 Abs. 1 Satz 1 i. V. mit § 28 gebildeter Ausschuss Einblick in die Bruttolohn- und -gehaltslisten nehmen. Kann der **Gesamtbetriebsrat keinen Gesamtbetriebsausschuss** bilden, weil ihm nicht mindestens neun Mitglieder angehören, so gilt in Anlehnung an die Rechtsprechung des BAG für Betriebsräte, die keinen Betriebsausschuss bilden können, dass in diesem Fall **nur der Vorsitzende des Gesamtbetriebsrats** oder in seinem Verhinderungsfall sein Stellvertreter berechtigt ist, Einblick zu nehmen. Nur wenn nach § 51 Abs. 1 Satz 1 i. V. mit § 27 Abs. 4 die Führung der laufenden Geschäfte auf ein anderes Mitglied des Gesamtbetriebsrats als dem Vorsitzenden übertragen ist, hat diese Person das Einblicksrecht (s. auch Rn. 71 ff.).

77 b) Bei Kompetenz eines **Konzernbetriebsrats** (§ 58) gilt die gleiche Regelung entsprechend. Besteht ein Konzernbetriebsausschuss, so kann nur er oder ein nach § 59 Abs. 1 i. V. mit § 28 gebildeter Ausschuss das Einblicksrecht wahrnehmen; ist ein Konzernbetriebsausschuss nicht zu errichten, so ist nur der Vorsitzende des Konzernbetriebsrats oder im Verhinderungsfall sein Stellvertreter, bei Übertragung der Führung der laufenden Geschäfte auf ein anderes Mitglied nur diese Person berechtigt, Einblick in die Bruttolohn- und -gehaltslisten zu nehmen.

C. Rechte des Betriebsrats zur Wahrnehmung seiner Aufgaben § 80

5. Gegenstand des Einblicksrechts

a) Gegenstand des Einblicksrechts sind die **Bruttolohn- und -gehaltslisten**. Gemeint 78
sind die Aufzeichnungen über die Bruttoentgelte, also die den Arbeitnehmern zustehenden effektiven Arbeitsentgelte ohne die gesetzlichen Abzüge (ebenso BAG 30. 4. 1974 AP BetrVG 1972 § 80 Nr. 1). Der Betriebsrat hat keinen Anspruch auf Unterrichtung über die sich meist aus den familiären Verhältnissen oder persönlichen Umständen ergebende Höhe der Abzüge. Es ist ihm daher kein Einblick in die Listen über die *Nettoentgelte* zu gewähren.

b) Das Einblicksrecht erstreckt sich auf die **effektiven Bruttobezüge einschließlich der** 79
übertariflichen Zulagen (ebenso BAG 18. 9. 1973 AP BetrVG 1972 § 80 Nr. 3 [zust. *Richardi*]; bestätigt durch BAG 30. 7. 1974 AP BetrVG 1972 § 118 Nr. 1; 28. 5. 1974, 12. 2. 1980, 30. 6. 1981, 10. 2. 1987 und 26. 1. 1988 AP BetrVG 1972 § 80 Nr. 7, 12, 15, 27 und 31; LAG Niedersachsen 17. 8. 2001, LAGE Nr. 17 zu § 80 BetrVG 1972). Das BAG sah zunächst als entscheidend an, dass die übertariflichen, auf einer zusätzlichen einzelvertraglichen Vereinbarung beruhenden Lohn- und Gehaltsbestandteile regelmäßig in innerem Zusammenhang zu dem gewährten Tariflohn oder -gehalt stünden; sie ergäben sich zumeist aus einer kollektiv-ähnlichen Regelung, für deren Einhaltung gemäß § 75 Abs. 1 auch der Betriebsrat zu sorgen habe. Es sei auf Grund einer tatsächlichen Vermutung, die insbesondere für größere Betriebe gelte, davon auszugehen, dass die Zahlung übertariflicher Entgelte auf einer *kollektiven* oder *kollektivähnlichen Regelung* (arbeitsvertraglichen Einheitsregelung) beruhe, sofern nicht der Arbeitgeber einen konkreten gegenteiligen Sachvortrag bringe (so BAG 28. 4. 1974 AP BetrVG 1972 § 80 Nr. 7). Das BAG hat dann aber klargestellt, dass das Einblicksrecht sich in jedem Fall auf übertarifliche Vergütungen erstrecke, auch wenn sie nicht auf einer kollektiven Regelung aufbauen, sondern *individuell* vereinbart seien (BAG 12. 2. 1980 AP BetrVG 1972 § 80 Nr. 12; ebenso BAG 30. 6. 1981 und 10. 2. 1987 AP BetrVG 1972 § 80 Nr. 15 und 27). Das Einblicksrecht bezieht sich nicht auf Leistungen, die nicht vom Arbeitgeber herrühren (a. A. im Hinblick auf Poolzahlungen an Krankenhausärzte, die von liquidationsberechtigten Chefärzten herrühren LAG Hamm 26. 10. 2001, NZA-RR 2002, 302).

c) Das **Einblicksrecht** besteht **nicht bei leitenden Angestellten** (§ 5 Abs. 3 Satz 1; 80
ebenso BAG 18. 9. 1973 AP BetrVG 1972 § 80 Nr. 3; 10. 6. 1974 AP BetrVG 1972 § 80 Nr. 8); es ist aber bei den sog. **außertariflichen Angestellten** gegeben, also den Arbeitnehmern, die nicht unter den Geltungsbereich eines Tarifvertrags fallen. Das Fehlen eines Zusammenhangs mit einer tarifvertraglichen Gehaltsregelung ist kein Grund, ein Einblicksrecht zu versagen (vgl. BAG 30. 4. 1981 AP BetrVG 1972 § 80 Nr. 13). Das BAG nahm zunächst aber an, dass für eine kollektivähnliche Regelung der Gehälter von außertariflichen Angestellten keine tatsächliche Vermutung bestehe (BAG 18. 9. 1973 AP BetrVG 1972 § 80 Nr. 3). Dann ließ es genügen, dass für das Einblicksrecht vorgetragen wird, es würden für gleichartige Arbeitsplätze unterschiedliche Vergütungen gezahlt (BAG 28. 5. 1974 AP BetrVG 1972 § 80 Nr. 6). Schließlich hat es sogar auch diese Einschränkung aufgegeben und nimmt nunmehr an, dass das Einblicksrecht in die Gehaltslisten der außertariflich vergüteten Angestellten auch dann besteht, wenn die Vergütung individuell vereinbart ist (BAG 30. 6. 1981 AP BetrVG 1972 § 80 Nr. 15; 3. 12. 1981 AP BetrVG 1972 § 80 Nr. 16; s. auch Rn. 79).

6. Aufgabenbezug als Voraussetzung und Grenze des Einblicksrechts

Wie der Aufgabenbezug das Informationsrecht des Betriebsrats auslöst, aber zugleich 81
auch inhaltlich begrenzt (s. Rn. 51), gilt Gleiches im Prinzip auch für das Einblicksrecht; denn es beruht auf einer modifizierenden Sonderregelung, durch die es an die Stelle des Rechts auf Überlassung der erforderlichen Unterlagen tritt (s. Rn. 61). Soweit es um die

§ 80

Entgeltleistungen des Arbeitgebers geht, ergibt sich aber ein Aufgabenbezug nicht nur aus dem Überwachungsrecht des Betriebsrats nach Abs. 1 Nr. 1, sondern vor allem auch aus seinem Mitbestimmungsrecht nach § 87 Abs. 1 Nr. 10 und seinem Zustimmungsverweigerungsrecht bei Ein- und Umgruppierungen nach § 99. Das Einblicksrecht ist **nicht** davon abhängig, dass der Betriebsrat **Verdachtsmomente eines erfolgten oder drohenden Verstoßes** gegen die zu Gunsten der Arbeitnehmer ergangenen Regelungen **schlüssig vorträgt** (so bereits BAG 18. 9. 1973 AP BetrVG 1972 § 80 Nr. 3). Er braucht für das Einblicksrecht auch sonst **keinen besonderen Anlass** darzulegen (ebenso BAG 30. 6. 1981 AP BetrVG 1972 § 80 Nr. 15 unter Aufgabe von BAG 18. 9. 1973 und 28. 5. 1974 AP BetrVG 1972 § 80 Nr. 3 und AP BetrVG 1972 § 80 Nr. 7; bestätigt BAG 3. 12. 1981 und 10. 2. 1987 AP BetrVG 1972 § 80 Nr. 16 und 27). Freilich kann dem Einblicksrecht der **Einwand der unzulässigen Rechtsausübung** entgegenstehen (LAG Niedersachsen 17. 8. 2001, LAGE Nr. 17 zu § 80 BetrVG 1972, für den Fall, dass der Betriebsrat hierdurch die Gewerkschaftszugehörigkeit einzelner Arbeitnehmer erfahren will).

7. Inhalt des Einblicksrechts

82 Begrenzt ist durch Halbsatz 2 des Abs. 2 Satz 2 nicht nur der berechtigte Personenkreis, sondern das Recht ist vor allem auch nicht gleichbedeutend mit dem im Halbsatz 1 eingeräumten Anspruch. Es besteht nur ein **Recht auf Einblick**. Die Listen sind zur Einsicht vorzulegen; es kann nicht verlangt werden, dass sie ausgehändigt werden (ebenso BAG 15. 6. 1976 AP BetrVG 1972 § 80 Nr. 9; bestätigt BAG 3. 12. 1981 AP BetrVG 1972 § 80 Nr. 17). Der Arbeitgeber ist auch nicht verpflichtet, Fotokopien der Bruttolohn und -gehaltslisten zeitweilig zu überlassen (ebenso BAG, a. a. O.). Der Schutz der Individualsphäre als Normzweck für die Begrenzung des einblicksberechtigten Personenkreises ist nämlich auch hier zu beachten (so zutreffend *Mayer-Maly*, DB 1979, 985, 986). Deshalb kann der einblicksberechtigte Personenkreis sich zwar aus den Bruttolohn- und -gehaltslisten Notizen machen; das Einblicksrecht umfasst aber nicht die Befugnis, diese Listen abzuschreiben (ebenso BAG 3. 12. 1981 AP BetrVG 1972 § 80 Nr. 17; ErfK-*Kania*, § 80 Rn. 28; *Fitting*, § 80 Rn. 76; HWK-*Schrader*, § 80 Rn. 81). Die Notizen dürfen nicht dazu führen, dass dem Betriebsrat die Dokumentation des Entgelts namentlich bezeichneter Arbeitnehmer möglich ist (daher zu weitgehend in einem Grenzfall LAG Hamm 11. 12. 2001, AiB 2003, 40: Verwendung einer vorbereiteten Liste durch den Betriebsrat mit den Namen aller Arbeitnehmer).

83 Da nur ein Recht auf Einblick besteht, kann der Betriebsrat nicht verlangen, dass der Arbeitgeber oder andere Arbeitnehmer bei der Einsichtnahme nicht anwesend sind. Da andererseits der Arbeitgeber bei der Einsichtnahme keine Kontrolle ausüben darf, hat er sich einer Überwachung zu enthalten. Deshalb kann der Betriebsrat verlangen, dass bei der Einsichtnahme keine Personen anwesend sind, die der Arbeitgeber mit einer Überwachung beauftragt hat (ebenso BAG 16. 8. 1995 AP BetrVG 1972 § 80 Nr. 53; DKK-*Buschmann*, § 80 Rn. 112; *Fitting*, § 80 Rn. 76; ähnlich auch LAG Köln 12. 5. 1992, LAGE Nr. 8 zu § 80 BetrVG 1972: Betriebsratsmitglieder müssen sich ungestört unterhalten können).

IV. Hinzuziehung von Sachverständigen und Auskunftspersonen

1. Recht des Betriebsrats

84 Der Betriebsrat kann bei der Durchführung seiner Aufgaben nach näherer Vereinbarung mit dem Arbeitgeber **Sachverständige** hinzuziehen, soweit dies zur ordnungsgemäßen Erfüllung seiner Aufgaben erforderlich ist (Abs. 3 Satz 1). Es handelt sich um ein Recht des Betriebsrats, das dieser nach näherer Vereinbarung mit dem Arbeitgeber

C. Rechte des Betriebsrats zur Wahrnehmung seiner Aufgaben § 80

ausüben kann (ebenso BAG 20. 9. 1974 AP BetrVG 1972 § 40 Nr. 8). Seit der Ergänzung durch das BetrVerf-Reformgesetz hat er auch einen Anspruch darauf, dass der Arbeitgeber ihm sachkundige Arbeitnehmer als **Auskunftspersonen** zur Verfügung stellt (Abs. 3 Satz 2). Das Recht besteht auch für den Betriebsausschuss oder sonstige Ausschüsse des Betriebsrats (mit überzeugenden Argumenten *Oetker*, NZA 2003, 1233, 1234).

2. Begriff des Sachverständigen

Sachverständige sind **Personen, die die fehlende Sach- und Fachkunde ersetzen,** hier also dem Betriebsrat die ihm fehlenden fachlichen oder rechtlichen Kenntnisse vermitteln, damit sich die Zusammenarbeit im Rahmen der Betriebsverfassung mit dem Arbeitgeber sachgemäß vollzieht (ebenso BAG 13. 9. 1977 AP BetrVG 1972 § 42 Nr. 1; 25. 4. 1978, AP BetrVG 1972 § 80 Nr. 11; 18. 7. 1978, AP BetrVG 1972 § 108 Nr. 1; 19. 4. 1989, AP BetrVG 1972 § 80 Nr. 35). Der Begriff ist wie im Prozessrecht zu bestimmen, wobei hier zu berücksichtigen ist, dass der Betriebsrat nicht die besondere Sach- und Fachkunde des Richters hat, so dass der Begriff hier weiter als dort ist, insbesondere Personen erfasst, die dem Betriebsrat die fehlende Rechtskenntnis vermitteln (ebenso BAG AP BetrVG 1972 § 80 Nr. 11). Sachverständige sind deshalb nur Personen, die dem Betriebsrat fehlende Kenntnis von Rechts- und Erfahrungssätzen vermitteln, auf Grund ihrer besonderen Sach- und Fachkunde Tatsachen feststellen oder aus einem feststehenden Sachverhalt Schlussfolgerungen ziehen. Sachverständiger kann auch ein Rechtsanwalt sein, soweit es darum geht, dem Betriebsrat fehlende Rechtskenntnis zu vermitteln (ebenso BAG AP BetrVG 1972 § 80 Nr. 11; zur instanzgerichtlichen Rspr. s. § 40 Rn. 23 ff.). Ein Gewerkschaftsbeauftragter kann ebenfalls Sachverständiger sein (vgl. BAG AP BetrVG 1972 § 108 Nr. 1); jedoch darf dadurch nicht die Grenze zum Teilnahmerecht nach § 31 verschoben werden; die Wahrnehmung der Unterstützungsfunktion im Rahmen der Betriebsverfassung ist keine Sachverständigentätigkeit, die unter die Kostentragungspflicht des Arbeitgebers fällt (vgl. *Richardi*, EzA § 108 BetrVG 1972 Nr. 3, S. 33).

Keine Rolle spielt, ob der Sachverständige dem Betrieb angehört (so auch *Fitting*, § 80 Rn. 85; ErfK-*Kania*, § 80 Rn. 31); diese Tatsache kann vielmehr nur insoweit Bedeutung haben, als die Hinzuziehung eines außerbetrieblichen Sachverständigen nicht erforderlich ist, um die fehlende Sach- und Fachkunde zu erlangen. Dies gilt nicht für die **Auskunftsperson** nach Abs. 3 Satz 2. Sie ist Arbeitnehmer nicht notwendig des Betriebs, so doch des Unternehmens (andernfalls könnte sie der Arbeitgeber nicht kraft seines Direktionsrechts zur Verfügung stellen). Ziel der Regelung ist es, dem Betriebsrat die Möglichkeit zu geben, gerade den internen Sachverstand der Arbeitnehmer zu nutzen (BT-Drucks. 14/5741, 46). Da es auf die Wahlberechtigung zum Betriebsrat und den Schutz der Betriebsverfassung für den Arbeitnehmer nicht ankommt, kann Auskunftsperson entsprechend dem allgemeinen Arbeitnehmerbegriff auch der **leitende Angestellte** sein: Eher als ein Gegenschluss zu § 108 Abs. 2 (*Hanau*, RdA 2001, 72; *Fitting*, § 80 Rn. 85; *Reichold*, NZA 2001, 862; *Oetker*, NZA 2003, 1235) überzeugt ein Parallelschluss (DKK-*Buschmann*, § 80 Rn. 120). Oftmals wird gerade ein solcher Arbeitnehmer auf Grund seiner leitenden Funktion eher den Zugang und das Verständnis für die relevanten Informationen haben. Allerdings kann hier der Loyalitätskonflikt zwischen Arbeitgeber und Betriebsrat zuweilen besonders ausgeprägt sein (s. auch *Konzen*, RdA 2001, 84). Generell gilt, dass die Auskunftsperson nicht verpflichtet ist, mehr Informationen zu geben, als der Arbeitgeber selber müsste (zutreffend *Hanau*, RdA 2001, 73). Insoweit kann der Arbeitgeber der Auskunftspersonen Weisung zur Verschwiegenheit geben (*Fitting*, § 80 Rn. 84; *Natzel*, NZA 2001, 872). Ansonsten kann der zur Auskunft bestellte Arbeitnehmer die Auskunft nicht verweigern (*Fitting*, § 80 Rn. 85; *Natzel*, NZA 2001, 872; a. A. *Löwisch*, BB 2001, 1790).

3. Voraussetzungen einer Hinzuziehung

87 a) Der Betriebsrat kann nur nach näherer Vereinbarung mit dem Arbeitgeber **Sachverständige hinzuziehen;** er hat aber einen Rechtsanspruch darauf, sie hinzuzuziehen, **soweit dies zur ordnungsgemäßen Erfüllung seiner Aufgaben erforderlich** ist; entsprechendes gilt für die Hinzuziehung von Auskunftspersonen. Ob die Hinzuziehung eines Sachverständigen erforderlich ist, entscheidet der Betriebsrat *nicht* nach seinem subjektiven Ermessen, so dass eine nähere Vereinbarung mit dem Arbeitgeber sich lediglich auf die Modalitäten der Hinzuziehung des Sachverständigen beziehen kann, und ebenso betrifft das Vorschlagsrecht des Betriebsrats für die zur Verfügung zu stellenden Auskunftspersonen nur die Person, sowie das Wann und Wie der Auskunftserteilung. Vor der Hinzuziehung muss der Betriebsrat regelmäßig alle ihm zur Verfügung stehenden Erkenntnisquellen nutzen, um sich das notwendige Wissen anzueignen (BAG 16. 11. 2005 AP BetrVG 1972 § 80 Nr. 64; LAG Köln 18. 10. 2006, EzA-SD 2006, Nr. 23, 13). Die Beauftragung eines Sachverständigen ist daher nicht erforderlich, wenn sich der Betriebsrat nicht zuvor bei dem Arbeitgeber um die Klärung des in Rede stehenden Sachverhalts bemüht hat (BAG, a. a. O.). Die Erforderlichkeit der Hinzuziehung unterliegt der *gerichtlichen Rechtskontrolle* (ebenso BAG 18. 7. 1978 AP BetrVG 1972 § 108 Nr. 1 [zust. *Boldt*]; *Fitting,* § 80 Rn. 90; GL-*Löwisch,* § 80 Rn. 40; GK-*Kraft/Weber,* § 80 Rn. 124; DKK-*Buschmann,* § 80 Rn. 130). Der Betriebsrat hat lediglich einen *Beurteilungsspielraum,* soweit es um die Frage geht, ob die Hinzuziehung eines Sachverständigen oder einer Auskunftsperson überhaupt erforderlich ist und ob die Aufgabe des Sachverständigen nur von einer außerbetrieblichen Person wahrgenommen werden kann, um ihm die zur ordnungsgemäßen Erfüllung seiner Aufgaben fehlende Sach- und Fachkunde zu vermitteln.

88 Da zu den Betriebsratsaufgaben auch die Durchführung einer Betriebsversammlung zählt, ist es denkbar, dass der Betriebsrat einen Sachverständigen hinzuzieht oder sich eine Auskunftsperson zur Verfügung stellen lässt, um in einer Betriebsversammlung ein für seine konkrete Arbeit erforderliches Referat über ein Thema i. S. des § 45 halten zu lassen (vgl. für den Sachverständigen BAG 19. 4. 1989 AP BetrVG 1972 § 80 Nr. 35). Bei der Mitbestimmung nach § 87 Abs. 1 Nr. 6 kommt die Hinzuziehung eines externen Sachverständigen in Betracht, wenn dem Betriebsrat die erforderliche Sachkunde fehlt und er sie sich auch nicht kostengünstiger durch den Besuch einschlägiger Schulungen oder durch Inanspruchnahme sachkundiger Betriebs- oder Unternehmensangehöriger verschaffen kann (vgl. BAG 26. 2. 1992 AP BetrVG 1972 § 80 Nr. 48; *Oetker,* NZA 3003, 1233, 1234). Das ist bei einfach gelagerten Rechtsfragen oftmals nicht der Fall. Zur Klärung der Frage, ob ein Konzernbetriebsrat gebildet werden darf, ist ein Sachverständigengutachten daher regelmäßig nicht erforderlich (LAG Köln 6. 8. 1997, NZA-RR 1998, 165).

89 b) Die **Hinzuziehung eines Sachverständigen** ist **nur nach näherer Vereinbarung mit dem Arbeitgeber** zulässig. Sie setzt also voraus, dass eine Vereinbarung zwischen Betriebsrat und Arbeitgeber zustande gekommen ist (ebenso BAG 25. 4. 1978 AP BetrVG 1972 § 80 Nr. 11). Da keine normative Gestaltung erfolgt, ist nicht die Form einer Betriebsvereinbarung erforderlich, sondern es genügt die formlose Betriebsabsprache, um eine Vereinbarung mit dem Arbeitgeber herbeizuführen. Kommt sie nicht zustande, so ist die Hinzuziehung nur zulässig, wenn sie zuvor durch Beschluss des Arbeitsgerichts ersetzt ist (ebenso BAG, a. a. O.; weiterhin BAG 19. 4. 1989 AP BetrVG 1972 § 80 Nr. 35). In der erforderlichen näheren Vereinbarung sind das Thema, zu dessen Klärung der Sachverständige hinzugezogen werden soll, die voraussichtlichen Kosten seiner Hinzuziehung und insbesondere die Person des Sachverständigen festzulegen (BAG a. a. O.). Von einer konkludenten Vereinbarung kann im Regelfall nicht ausgegangen werden. Dies gilt insb. dann, wenn zwar einige dieser Fragen geklärt sind, nicht aber die Kosten.

c) Die **Auskunftsperson** kann nur vom Arbeitgeber zur Verfügung gestellt, nicht aber einseitig vom Betriebsrat hinzugezogen werden. Der Umfang und die Art kann unterschiedlich sein: Ein Arbeitnehmer kann im Rahmen von Einzelfalllösungen hinzugezogen werden oder aber es können auch ein oder mehrere sachkundige Arbeitnehmer zusammen mit Betriebsratsmitgliedern Arbeitskreise bilden. An Themen, die hier beraten werden können, nennt die Gesetzesbegründung beispielhaft Qualifizierung, Beschäftigungssicherung oder Gesundheitsschutz (BT-Drucks. 14/5741, 46). Schon weil ein Anspruch nur im Rahmen der Erforderlichkeit besteht, ist der Grundsatz der Verhältnismäßigkeit zu beachten (BT-Drucks. a. a. O.). Hinsichtlich der Erforderlichkeit gilt der gleiche Maßstab wie beim Sachverständigen. Die Hinzuziehung kann stets nur zu konkret benannten Themen erfolgen (*Fitting*, § 80 Rn. 82; *Löwisch*, BB 2001, 1790). Die Regelung darf nicht dazu genutzt werden, etwa durch Bildung von Arbeitskreisen faktisch den Betriebsrat dauerhaft zu vergrößern (s. auch *Hanau*, RdA 2001, 71). Ebenso sollten **die gewerkschaftlichen Vertrauensleute** bei der Auswahl nicht vorrangig berücksichtigt werden. Lassen die Vorschläge des Betriebsrats ein solches Muster erkennen, dürfte der Arbeitgeber berechtigt sein, dem nicht zu folgen, denn betriebliche Notwendigkeiten sind nur *ein* besonderer Grund zur Zurückweisung des Vorschlags (*Oetker*, NZA 2003, 1238; a. A. DKK-*Buschmann*, § 80 Rn. 122). Daneben ist ein Rückgriff auf § 75 zulässig, der eine Differenzierung nach Gewerkschaftszugehörigkeit in der Betriebsverfassung verbietet. 90

4. Geheimhaltungspflicht

Der Sachverständige und die Auskunftspersonen unterliegen der Geheimhaltungspflicht, für deren Inhalt und Umfang § 79 entsprechend gilt (Abs. 4; s. ausführlich § 79 Rn. 4 ff.). 91

5. Kosten

Soweit der Betriebsrat unter den hier genannten Voraussetzungen einen Sachverständigen hinzuziehen kann oder Anspruch darauf hat, dass ein Arbeitnehmer als Auskunftsperson zur Verfügung gestellt wird, sind dadurch entstehende **Kosten solche der Betriebsratstätigkeit und deshalb vom Arbeitgeber zu tragen** (§ 40 Abs. 1). Es gelten die allgemeinen Grenzen der Verhältnismäßigkeit auch hier, s. § 40 Rn. 7 ff. 92

V. Streitigkeiten

Streitigkeiten über die **Pflicht des Arbeitgebers**, den **Betriebsrat zu unterrichten** und ihm auf Verlangen die **erforderlichen Unterlagen zur Verfügung zu stellen**, über das Recht auf **Einblick in die Lohn- und Gehaltslisten** sowie über das Recht, einen **Sachverständigen hinzuzuziehen**, entscheidet das **Arbeitsgericht im Beschlussverfahren** (§ 2a Abs. 1 Nr. 1, Abs. 2 i. V. mit §§ 80 ff. ArbGG). 93

Soweit der Arbeitgeber die ihm obliegende Unterrichtungs- und Vorlagepflicht nicht erfüllt oder sich weigert, über die Hinzuziehung eines Sachverständigen eine Vereinbarung abzuschließen, kann der Betriebsrat nicht eigenmächtig vorgehen; er hat vielmehr die Möglichkeit, im Beschlussverfahren eine **einstweilige Verfügung** zu beantragen (§ 85 Abs. 2 ArbGG; LAG Hamm 22. 2. 2008 – 10 TaBVGa 3/08, juris; LAG Hamm 2. 10. 2001, AiB 2002, 114). 94

Bei einem groben Verstoß kann der Betriebsrat oder eine im Betrieb vertretene Gewerkschaft gegen den Arbeitgeber das Zwangsverfahren nach § 23 Abs. 3 einleiten. Der Betriebsrat ist jedoch nicht darauf angewiesen, nach § 23 Abs. 3 vorzugehen, weil er eigene Rechte geltend macht, die er im Beschlussverfahren durchsetzen kann. 95

§ 80

96 Bei einem Rechtsstreit über die Hinzuziehung eines **Sachverständigen** oder die sich daraus ergebende Kostentragungspflicht ist der Sachverständige **nicht Beteiligter** im Beschlussverfahren (ebenso BAG 25. 4. 1978 AP BetrVG 1972 § 80 Nr. 11). Die bloße (pauschale) Behauptung, in einem betriebsverfassungsrechtlichen Rechtsverhältnis zu stehen, reicht jedoch nicht aus um das Beschlussverfahren für einen „Sachverständigen" zur Durchsetzung eines eigenen Zahlungsanspruchs gegen den Arbeitgeber zu eröffnen (LAG Frankfurt 12. 5. 1997, NZA 1997, 1360). Der Sachverständige hat regelmäßig einen Anspruch auf Abtretung des Kostenersatzanspruchs gegen den Betriebsrat. Klagt er diesen Anspruch auf Abtretung ein, dann ist Anspruchsgrundlage eine vertragliche Nebenpflicht eines Dienst- oder Werkvertrags; zuständig sind die ordentlichen Gerichte; macht er den abgetretenen Kostenersatzanspruch geltend, dann entscheidet das Arbeitsgericht im Beschlussverfahren 8§ 2 a Abs. 1 Nr. 1, Abs. 2 i. V. mit §§ 80 ff. ArbGG).

97 Wird durch das Verhalten des Arbeitgebers die Tätigkeit des Betriebsrats vorsätzlich behindert oder gestört, so kommt eine **Bestrafung nach § 119 Abs. 1 Nr. 2** in Betracht (s. ausführlich dort Rn. 19 ff.).

Zweiter Abschnitt. Mitwirkungs- und Beschwerderecht des Arbeitnehmers

Vorbemerkung

Übersicht

	Rn.
I. Zweck und rechtssystematischer Zusammenhang	1
II. Geltungsbereich	4
1. Bereich der unmittelbaren Anwendung	4
2. Weitergehende Bedeutung	6

I. Zweck und rechtssystematischer Zusammenhang

Das in diesem Abschnitt geregelte **Mitwirkungs- und Beschwerderecht des Arbeitnehmers** hat weder ein Vorbild im BRG 1920 noch im BetrVG 1952. Die in den §§ 81 bis 84 eingeräumten Rechte sind auch **nicht** materiell **Bestandteil der Betriebsverfassung,** sondern hier sind ausschließlich **individualrechtliche Befugnisse des Arbeitnehmers** im Betrieb kodifiziert worden. Zweck der Regelung ist nach der Begründung zum RegE, dem einzelnen Arbeitnehmer insbesondere in dem Bereich „rund um seinen Arbeitsplatz" ein unmittelbares Mitsprache- und Mitwirkungsrecht zu geben (BT-Drucks. VI/1786, S. 47). Diese Rechte haben ihm aber auch schon bisher zugestanden; sie wurden aus der Treue- und Fürsorgepflicht begründet (vgl. GK-*Wiese,* Vorbem. vor § 81 Rn. 11 ff.).

Gegen die Einordnung der Informations-, Anhörungs- und Erörterungsrechte des einzelnen Arbeitnehmers in das BetrVG ist berechtigte Kritik geäußert worden (vgl. *Galperin,* BB 1971, 137, 138; *Hanau,* BB 1971, 485, 488; *Mertz,* RdA 1971, 203, 205). Dabei handelt es sich nicht in erster Linie darum, dass der Standort der Regelung systematisch verfehlt ist, sondern gravierend ist vor allem, dass durch die systematische Einordnung in das BetrVG der Geltungsbereich dieser Vorschriften beschränkt ist und damit Sonderindividualarbeitsrecht geschaffen wird, obwohl die hier verliehenen Individualrechte lediglich die einem Arbeitsverhältnis immanente Treue- und Fürsorgepflicht konkretisieren. Deshalb ist ein Umkehrschluss nicht gestattet. Die systematische Einfügung in das BetrVG lässt weiterhin zweifelhaft erscheinen, ob bei einer Meinungsverschiedenheit die Arbeitsgerichte im Beschlussverfahren zu entscheiden haben, weil nach § 2a Abs. 1 Nr. 1, Abs. 2 ArbGG für Angelegenheiten aus dem BetrVG das Beschlussverfahren die richtige Verfahrensart ist, obwohl bei Rechtsstreitigkeiten aus dem Arbeitsverhältnis das Arbeitsgericht im Urteilsverfahren entscheidet (§ 2 Abs. 1 Nr. 3 lit. a, Abs. 5 ArbGG; s. auch *Hanau,* BB 1971, 485, 488). Diese Bedenken lassen sich nur ausräumen, wenn man anerkennt, dass die hier dem einzelnen Arbeitnehmer eingeräumten Befugnisse individualrechtlichen Charakter haben. Der systematische Zusammenhang kann keineswegs damit verteidigt werden, dass Kollektivrechte und Individualrechte auch sonst im Rahmen der Betriebsverfassung, wie im personellen Bereich, miteinander verzahnt sind. Entscheidend ist hier, dass nicht bloß eine individualrechtliche Reflexwirkung eintritt, sondern Individualrechte der einzelnen Arbeitnehmer geschaffen sind.

Kollektivrechtlichen Charakter haben lediglich §§ 85, 86, die im Rahmen des kollektiven Beschwerdeverfahrens dem Betriebsrat ein Mitbestimmungsrecht einräumen.

II. Geltungsbereich

1. Bereich der unmittelbaren Anwendung

4   Durch die **systematische Einordnung in das BetrVG** ist der Geltungsbereich der hier gegebenen Vorschriften beschränkt. Sie gelten nicht für den öffentlichen Dienst, weil das BetrVG auf ihn keine Anwendung findet (§ 130), und auch in der privaten Wirtschaft sind von seiner Regelung Arbeitnehmer, die unter § 5 Abs. 2 fallen, sowie gemäß § 5 Abs. 3 leitende Angestellte ausgeklammert (ebenso GL-*Löwisch*, Vorbem. vor § 81 Rn. 5; GK-*Wiese*, Vorbem. vor § 81 Rn. 22; – für leitende Angestellte BAG 19. 2. 1975 AP BetrVG 1972 § 5 Nr. 9). Im Übrigen finden sie auf **alle Arbeitnehmer** Anwendung, die zum Betrieb gehören. Die §§ 81, 82 Abs. 1 und §§ 84 bis 86 gelten im Entleiherbetrieb auch in Bezug auf die dort tätigen **Leiharbeitnehmer** (§ 14 Abs. 2 Satz 3 AÜG), unabhängig von der Dauer der Entleihe.

5   Da die in §§ 81 bis 84 eingeräumten Individualrechte nicht das Bestehen eines Betriebsrats voraussetzen, gelten sie auch für **Arbeitnehmer in betriebsratslosen Betrieben**; es entfällt lediglich die Möglichkeit einer Hinzuziehung von Betriebsratsmitgliedern (§ 82 Abs. 2 Satz 3 und 4, § 83 Abs. 1 Satz 2 und 3 und § 84 Abs. 1 Satz 2; ebenso *Brecht*, § 81 Rn. 5; *Fitting*, § 81 Rn. 2; GL-*Löwisch*, Vorbem. vor § 81 Rn. 3 f.; HSWGNR-*Rose*, Vorbem. vor § 81 Rn. 7). Zweifelhaft ist, ob sie unmittelbar Anwendung finden, wenn der Betrieb nicht *betriebsratsfähig* ist (bejahend *Brecht*, § 81 Rn. 5;; a. A. GK-*Wiese*, Vorbem. vor § 81 Rn. 23; HSWGNR-*Rose*, Vorbem. vor § 81 Rn. 7; *v. Hoyningen-Huene*, MünchArbR § 211 Rn. 4). Die Regelung über die Betriebsratsfähigkeit in § 1 bezieht sich zwar nicht unmittelbar auf den Geltungsbereich des BetrVG; sie grenzt aber den Bereich ab, für den ein Betriebsrat errichtet werden kann und daher die betriebsverfassungsrechtliche Mitbestimmungsordnung gilt. Diesem Normzweck entspricht, dass der Inhaber eines Zwergbetriebs auch sonst nicht an die im BetrVG ausgeformten Regelungen gebunden ist.

2. Weitergehende Bedeutung

6   Da §§ 81 bis 84 lediglich die **Treue- und Fürsorgepflicht des Arbeitgebers** konkretisieren, geben sie Richtlinien für die Interpretation der Treue- und Fürsorgepflicht, auch soweit ein Arbeitnehmer nicht unmittelbar unter ihren Geltungsbereich fällt (ebenso GL-*Löwisch*, Vorbem. vor § 81 Rn. 5; GK-*Wiese*, Vorbem. vor § 81 Rn. 25; *ders.*, RdA 1973, 1, 7; *Bächle*, DB 1973, 1400, 1401).

7   Die Bedeutung der Verankerung im Gesetz liegt vor allem darin, dass durch sie erstmals legislatorisch **Individualrechte des Arbeitnehmers in der Betriebsverfassung** anerkannt werden (vgl. auch *Wiese*, RdA 1973, 1, 9). Diese Grundentscheidung ist für den weiteren Ausbau der Betriebsverfassung wichtiger als der unmittelbare Ertrag der hier normierten Individualrechte für die Rechtsanwendung. Die Anerkennung von Individualrechten im Rahmen der Betriebsverfassung ist nämlich eine Bestätigung des das Gesetz beherrschenden Grundgedankens, dass Zweck der Mitbestimmung nicht die Etablierung einer Kollektivherrschaft ist, die sich für den einzelnen Arbeitnehmer als Fremdbestimmung auswirken kann, sondern dass durch die Mitbestimmung zugleich ein Höchstmaß an persönlicher Selbstbestimmung gesichert werden soll (vgl. dazu auch *Richardi*, Betriebsverfassung und Privatautonomie, 1973).

§ 81 Unterrichtungs- und Erörterungspflicht des Arbeitgebers

(1) ¹Der Arbeitgeber hat den Arbeitnehmer über dessen Aufgabe und Verantwortung sowie über die Art seiner Tätigkeit und ihre Einordnung in den Arbeitsablauf des

I. Vorbemerkung **§ 81**

Betriebs zu unterrichten. ²Er hat den Arbeitnehmer vor Beginn der Beschäftigung über die Unfall- und Gesundheitsgefahren, denen dieser bei der Beschäftigung ausgesetzt ist, sowie über die Maßnahmen und Einrichtungen zur Abwendung dieser Gefahren und die nach § 10 Abs. 2 des Arbeitsschutzgesetzes getroffenen Maßnahmen zu belehren.

(2) ¹Über Veränderungen in seinem Arbeitsbereich ist der Arbeitnehmer rechtzeitig zu unterrichten. ²Absatz 1 gilt entsprechend.

(3) In Betrieben, in denen kein Betriebsrat besteht, hat der Arbeitgeber die Arbeitnehmer zu allen Maßnahmen zu hören, die Auswirkungen auf Sicherheit und Gesundheit der Arbeitnehmer haben können.

(4) ¹Der Arbeitgeber hat den Arbeitnehmer über die aufgrund einer Planung von technischen Anlagen, von Arbeitsverfahren und Arbeitsabläufen oder der Arbeitsplätze vorgesehenen Maßnahmen und ihre Auswirkungen auf seinen Arbeitsplatz, die Arbeitsumgebung sowie auf Inhalt und Art seiner Tätigkeit zu unterrichten. ²Sobald feststeht, dass sich die Tätigkeit des Arbeitnehmers ändern wird und seine beruflichen Kenntnisse und Fähigkeiten zur Erfüllung seiner Aufgaben nicht ausreichen, hat der Arbeitgeber mit dem Arbeitnehmer zu erörtern, wie dessen berufliche Kenntnisse und Fähigkeiten im Rahmen der betrieblichen Möglichkeiten den künftigen Anforderungen angepasst werden können. ³Der Arbeitnehmer kann bei der Erörterung ein Mitglied des Betriebsrats hinzuziehen.

Übersicht

	Rn.
I. Vorbemerkung	1
II. Unterrichtung des Arbeitnehmers über seinen Arbeitsbereich	3
1. Gegenstand der Unterrichtung	3
2. Zeitpunkt und Form der Unterrichtung	13
III. Beteiligung der Arbeitnehmer an Arbeitgebermaßnahmen mit Auswirkungen auf ihre Sicherheit und Gesundheit in Betrieben ohne Betriebsrat	18
IV. Unterrichtungs- und Beratungsrecht der Arbeitnehmer bei Planung und Einführung neuer Techniken	19
1. Pflicht des Arbeitgebers	19
2. Hinzuziehung eines Betriebsratsmitglieds	23
V. Überwachungsrecht des Betriebsrats	24
VI. Streitigkeiten	25

I. Vorbemerkung

Das Gesetz stellt an die Spitze seiner Regelung, die der Mitbestimmung am Arbeitsplatz gewidmet ist, eine umfassende **Unterrichtungspflicht des Arbeitgebers** gegenüber dem Arbeitnehmer. Die Bestimmung verfolgt in Abs. 1 und 2 nach der Begründung zum RegE den Zweck, dem Arbeitnehmer seine Stellung und Aufgabe im Betrieb deutlich zu machen (BT-Drucks. VI/1786, S. 47). Die in ihr festgelegte Unterrichtungspflicht des Arbeitgebers korrespondiert seinem Weisungsrecht zur Konkretisierung der Arbeitsleistung. Der Arbeitnehmer soll nicht nur den konkreten Arbeitsauftrag kennen, sondern auch wissen, welchen Beitrag er für die Verwirklichung des Betriebszwecks leistet. Außerdem hat der Arbeitgeber den Arbeitnehmer vor Beginn der Beschäftigung über die Unfall- und Gesundheitsgefahren, denen dieser bei der Beschäftigung ausgesetzt ist, sowie über die Maßnahmen und Einrichtungen zur Abwendung dieser Gefahren zu belehren. Damit wird lediglich konkretisiert, was sich ohnehin aus der Fürsorgepflicht des Arbeitgebers ergibt (vgl. auch *Wiese*, RdA 1973, 1, 4). **1**

Die Novelle vom 20. 12. 1988 (BGBl. I S. 2312) fügte als Abs. 3 den heutigen Abs. 4 an, der den Arbeitgeber bei der Planung einer technischen Änderung der Arbeitsgestaltung verpflichtet, die von ihr betroffenen Arbeitnehmer zu unterrichten und mit ihnen zu **2**

§ 81 Unterrichtungs- und Erörterungspflicht des Arbeitgebers

erörtern, wie die fehlende berufliche Qualifikation im Rahmen der betrieblichen Möglichkeiten den künftigen Anforderungen angepasst werden kann (vgl. Begründung des Gesetzentw. BT-Drucks. 11/2503, S. 35). Durch Art. 3 des Gesetzes zur Umsetzung der EG-Rahmenrichtlinie Arbeitsschutz und weiterer Arbeitsschutz-Richtlinien vom 7. 8. 1996 (BGBl. I S. 1246) wurde Abs. 1 Satz 2 nach dem Wort „Gefahren" durch die Wörter „und die nach § 10 Abs. 2 des Arbeitsschutzgesetzes getroffenen Maßnahmen" ergänzt, und es wurde die Bestimmung in Abs. 3 eingefügt, so dass der bisherige Abs. 3 Abs. 4 wurde. Zusammen mit der bisher in Abs. 1 enthaltenen Regelung ist damit insoweit die EG-Rahmenrichtlinie vom 12. 6. 1989 über die Durchführung von Maßnahmen zur Verbesserung der Sicherheit und des Gesundheitsschutzes der Arbeitnehmer bei der Arbeit (ABl. EG Nr. L 183 S. 1) vollständig in nationales Recht umgesetzt worden (vgl. Begründung des RegE, BT-Drucks. 13/3540, S. 22).

Entsprechende Vorschriften: Weder im BPersVG noch im SprAuG.

II. Unterrichtung des Arbeitnehmers über seinen Arbeitsbereich

1. Gegenstand der Unterrichtung

3 a) Der Arbeitgeber hat den **Arbeitnehmer über dessen Aufgabe und Verantwortung** sowie über die **Art seiner Tätigkeit und ihre Einordnung in den Arbeitsablauf** des Betriebs zu unterrichten (Abs. 1 Satz 1). Das hat nicht nur zu geschehen, wenn der Arbeitnehmer neu in den Betrieb eintritt, sondern auch, wenn sich sein Arbeitsbereich verändert (s. Rn. 12).

4 Der Arbeitnehmer hat nicht nur einen Anspruch darauf, in seine Tätigkeit eingewiesen zu werden, sondern er hat darüber hinaus das Recht auf Unterrichtung über die **Bedeutung seiner Arbeit für den arbeitstechnischen Zweck des Betriebs.** Die Erläuterungspflicht umfasst also den Arbeitsauftrag, die Belastung, mit der der Arbeitnehmer zu rechnen hat, die Bedeutung seiner Arbeitsleistung im Rahmen der arbeitsteiligen Organisation und damit auch der Verantwortung, die gerade er trägt, um den Zweck des Betriebs zu erreichen. Der Arbeitnehmer ist, obwohl ein Hinweis im Gesetzestext fehlt, auch über die sozialen Einrichtungen zu unterrichten, die der Belegschaft zur Verfügung stehen, wie über Kantinen, Waschräume und Parkplatzregelung (ebenso DKK-*Buschmann*, § 81 Rn. 9; *Stege/Weinspach/Schiefer*, § 81 Rn. 5; im Ergebnis auch mit Begründung über die Treuepflicht des Arbeitgebers GK-*Wiese*, § 81 Rn. 5).

5 Regelmäßig empfiehlt es sich, anhand einer **Checkliste** vorzugehen (*Stege/Weinspach/Schiefer* § 81 Rn. 5):

1. Unterrichtung über den Arbeitsplatz
– Besichtigung des Arbeitsplatzes und Erläuterung der Maschinen und Geräte (Funktionsweise, Wartung, Reinigung)
– Bekannt machen mit Vorgesetzten und Mitarbeitern
– Erläuterung der zu verarbeitenden Materialien; Arbeitskleidung
– Verhalten bei Funktionsstörungen; Ansprechpersonen

2. Unterrichtung über die Arbeitsaufgabe
– Erläuterung der Einordnung der Arbeit in den Gesamtzusammenhang der Produktion/Dienstleistung
– Hinweis auf die Folgen fehlerhafter Arbeit
– Unterrichtungen in zertifizierten Unternehmen nach DIN EN ISO 9000 ff./DIN EN ISO 14 001

3. Allgemeine Informationen
– Kantine, Gemeinschaftsräume, Waschräume, Toiletten
– Lohnbüro und allgemeine Verwaltung
– BKK

II. Unterrichtung des Arbeitnehmers über seinen Arbeitsbereich § 81

– Sozialeinrichtungen
– Betriebsordnung
– Parkplatzregelung.

b) Besonders hervorgehoben wird, dass der Arbeitgeber den Arbeitnehmer vor Beginn **6** der Beschäftigung über die **Unfall- und Gesundheitsgefahren,** denen dieser bei der Beschäftigung, also im konkreten Arbeitsbereich, ausgesetzt ist, sowie über die Maßnahmen und Einrichtungen zur Abwendung dieser Gefahren und die nach § 10 Abs. 2 ArbSchG getroffenen Maßnahmen zu belehren hat (Abs. 1 Satz 2). Es handelt sich insoweit um eine Konkretisierung der Fürsorgepflicht (§ 618 Abs. 1 BGB, § 62 HGB, § 3 ArbSchG). Die Erläuterung hat so ausführlich zu geschehen, dass der Arbeitnehmer weiß, mit welchen Unfall- und Gesundheitsgefahren in seinem Arbeitsbereich typischerweise zu rechnen ist. Er ist über die Maßnahmen und Einrichtungen zur Abwendung dieser Gefahren zu belehren, z. B. die Schutzvorrichtungen an den Maschinen, das Tragen von Schutzanzügen, Schutzhelmen und Schutzbrillen, die Einrichtung des werksärztlichen Dienstes und die Person der Sicherheitsbeauftragten. Zu diesem Zweck ist er auch über die Vorschriften des gesetzlichen Arbeitsschutzes und die Unfallverhütungsvorschriften der Berufsgenossenschaften zu unterrichten. Die Belehrung erstreckt sich seit dem Gesetz zur Umsetzung der EG-Rahmenrichtlinie Arbeitsschutz und weiterer Arbeitsschutzrichtlinien auf die Vorkehrungen, die der Arbeitgeber für Erste Hilfe, Brandbekämpfung und Evakuierung der Beschäftigten gemäß § 10 Abs. 2 ArbSchG getroffen hat.

Auch hier lassen sich regelmäßig zu erwähnende **Beispiele** benennen (*Stege/Weins-* **7** *pach/Schiefer,* § 81 Rn. 7):

– Belehrung über Unfall und Gesundheitsgefahren: Maschinen, gefährliche Stoffe; Schadenshäufigkeit in der Vergangenheit
– Betrieblicher Umweltschutz
– Vorsichtsmaßnahmen zur Schadensvermeidung, Unfallverhütungsvorschriften (Gründe, Wirkungsweise)
– Information über vorhandene Schutzeinrichtungen (Sanitätsräume, Werksarzt, Feuerwehr, Feuerlöscher, Notausgänge)
– Übergabe und Demonstration der Schutzkleidung
– Verhalten im Gefahrenfall
– Erläuterung von Warnsignalen und deren Betätigung
– Hinweis auf eventuelle Rauchverbote.

Die Belehrung über die Unfall- und Gesundheitsgefahren hat der Arbeitgeber **vor 8 Beginn der Beschäftigung** zu erteilen (s. Rn. 11). Ergänzt wird die Belehrungspflicht durch Unterrichtungspflichten, die sich aus den Vorschriften des gesetzlichen Arbeitsschutzes ergeben (z. B. § 29 JArbSchG, §§ 20, 21 GefStoffV). Seit dem Erlass des Arbeitsschutzgesetzes vom 7. 8. 1996 (BGBl. I S. 1246) enthält die dort in § 12 enthaltene Bestimmung die Grundsatzregelung, die weiter reicht, als hier in Abs. 1 Satz 2 vorgesehen ist.

c) Der Arbeitnehmer ist weiterhin über **Veränderungen in seinem Arbeitsbereich** recht- **9** zeitig zu unterrichten (Abs. 2 Satz 1). Nicht notwendig ist, dass die Veränderung eine Versetzung darstellt; es genügt jede Veränderung in der Gestaltung des Arbeitsplatzes (ebenso HSWGNR-*Rose,* § 81 Rn. 13; ähnlich *Fitting,* § 81 Rn. 17). Eine Einweisungspflicht besteht regelmäßig nicht bei Umsetzungen auf einen gleichartigen Arbeitsplatz, weil sich dann Aufgabe und Verantwortung des Arbeitnehmers im Betrieb nicht ändern (ebenso *Fitting,* § 81, Rn. 17; GK-*Wiese,* § 81 Rn. 8; a. A. 7. Aufl., § 81 Rn. 7). Allerdings ist für das Ob der Belehrung nicht entscheidend, ob eine Änderung wesentlich ist, sondern allein für ihren Umfang (GK-*Wiese,* § 81 Rn. 8); bei ganz geringfügigen Veränderungen, deren Ausmaß und Bedeutung sich der Arbeitnehmer unmittelbar selber erschließen kann, mag sie jedoch entfallen.

10 Als **Beispiele** mag man unterteilen (*Stege/Weinspach/Schiefer,* § 81 Rn. 9):
1. Räumliche Änderungen
   – Umzug in andere Räume
   – Einrichtung/Auflösung eines Großraumbüros
   – Verlegung der Betriebsabteilung an einen anderen Ort
   – Verlegung von Sozialeinrichtungen (z. B. Kantine)
2. Organisatorische Änderungen
   – Veränderte Hierarchien: Umgruppierung, Abbau/Aufbau einer Leitungsebene
   – Veränderter Arbeitsablauf
   – Einführung neuer Arbeitszeiten: Gleitzeit, Schichtbetrieb
   – Wechsel von Einzel- zu Gruppenarbeit
3. Personelle Veränderungen
   – Vorstellen neuer Vorgesetzter/Kollegen
   – Mitteilung über das Ausscheiden von Kollegen.

11 Der Arbeitnehmer ist über die Veränderungen rechtzeitig zu unterrichten, also so frühzeitig, dass er sich auf sie einstellen kann (s. Rn. 15).

12 Bei Veränderungen in seinem Arbeitsbereich ist der Arbeitnehmer zugleich über die Änderung seiner Aufgabe und Verantwortung für den arbeitstechnischen Zweck des Betriebs zu unterrichten, und er ist über Unfall- und Gesundheitsgefahren, die damit verbunden sind, zu belehren; Abs. 1 gilt entsprechend (Abs. 2 Satz 2; s. zur Abgrenzung von beteiligungspflichtigen Maßnahmen der beruflichen Bildung § 96 Rn. 13 f.).

2. Zeitpunkt und Form der Unterrichtung

13 a) Die Vorschrift regelt nicht ausdrücklich, wann der Arbeitgeber den Arbeitnehmer über dessen **Aufgabe und Verantwortung für den arbeitstechnischen Zweck** des Betriebs zu unterrichten hat. Aus dem Normzweck ergibt sich aber, dass dies zu geschehen hat, wenn der Arbeitnehmer **neu in den Betrieb eintritt,** nicht erst zu einem späteren Zeitpunkt (ebenso GK-*Wiese,* § 81 Rn. 7; HWK-*Schrader,* § 81 Rn. 5; a. A. GL-*Löwisch,* § 81 Rn. 3). Möglich ist lediglich, dass eine nähere Ausführung zu einem späteren Zeitpunkt erfolgt, um dem Arbeitnehmer erst Gelegenheit zu geben, sich mit seiner Arbeitsaufgabe vertraut zu machen.

14 Über die **Unfall- und Gesundheitsgefahren** sowie über die Maßnahmen und Einrichtungen zur Abwendung dieser Gefahren und die nach § 10 Abs. 2 ArbSchG getroffenen Maßnahmen (s. Rn. 6) hat der Arbeitgeber aber den Arbeitnehmer, wie das Gesetz ausdrücklich bestimmt, **vor Beginn der Beschäftigung** zu belehren (Abs. 1 Satz 2). § 12 Abs. 1 ArbSchG bestimmt ergänzend, dass der Arbeitgeber die Arbeitnehmer über Sicherheit und Gesundheitsschutz bei der Arbeit **während ihrer Arbeitszeit** ausreichend und angemessen zu unterweisen hat; die Unterweisung muss an die Gefährdungsentwicklung angepasst sein und erforderlichenfalls regelmäßig wiederholt werden.

15 Über **Veränderungen in seinem Arbeitsbereich** und die damit verbundenen Auswirkungen für die Bedeutung seiner Arbeit im Betrieb ist der Arbeitnehmer **rechtzeitig,** d. h. vor ihrer Verwirklichung, zu unterrichten (Abs. 2 Satz 1). Er muss sich auf sie einstellen können. Konkretisierend bestimmt § 12 Abs. 1 Satz 3 ArbSchG für die Unterweisung über Sicherheit und Gesundheitsschutz bei der Arbeit, dass sie vor Aufnahme der Tätigkeit des Arbeitnehmers erfolgen muss.

16 b) Die Unterrichtungspflicht ist **keine höchstpersönliche Pflicht des Arbeitgebers.** Dieser braucht den Arbeitnehmer also nicht persönlich zu unterrichten, sondern es genügt, dass diese Aufgabe jemand erfüllt, der die erforderliche Sachkunde hat, also ein Meister oder Abteilungsleiter (ebenso HSWGNR-*Rose,* § 81 Rn. 17; vgl. auch LAG Rheinland-Pfalz 24. 1. 2006, 5 Sa 817/05, RDV 2006, 84 [Leitsatz]). Es genügt eine **mündliche Erörterung.** Für die Unterrichtung über Unfall- und Gesundheitsgefahren reicht jedoch nicht aus, dass dem Arbeitnehmer ein Merkblatt ausgehändigt wird (ebenso *Fitting*, § 81 Rn. 14; GL-*Löwisch*, § 81 Rn. 7; GK-*Wiese*, § 81 Rn. 14; HSWGNR-*Rose*, § 81 Rn. 9; HWK-*Schrader*, § 81 Rn. 12; *Bächle*, DB 1973, 1400, 1402). Nicht erforderlich ist andererseits eine Betriebsbesichtigung (ebenso *Stege/Weinspach/Schiefer*, § 81 Rn. 5). Bei ausländischen Arbeitnehmern muss beachtet werden, ob sie die deutsche Sprache beherrschen; ggf. hat die Belehrung in der Muttersprache zu erfolgen (ebenso *Fitting*, § 81 Rn. 14; GL-*Löwisch*, § 81 Rn. 4; HSWGNR-*Rose*, § 81 Rn. 21; LAG Rheinland-Pfalz 24. 1. 2006, 5 Sa 817/05, RDV 2006, 84; krit. *Rieble*, FS Löwisch, 2007, S. 242 f.) Anhaltspunkt dürfte oftmals die Sprache des Arbeitsvertrags sein; in Zweifelsfällen wird ein entsprechendes Verlangen des ausländischen Arbeitnehmers erforderlich sein, s. den Rechtsgedanken, der § 11 Abs. 2 Satz 2 AÜG prägt).

c) Die Unterrichtung durch den Arbeitgeber ist **mitbestimmungsfrei**; denn der Arbeitgeber erfüllt mit ihr eine gesetzliche Pflicht (vgl. BAG 28. 1. 1992 AP BetrVG 1972 § 96 Nr. 1 [unter B II 1 a]; ebenso GK-*Wiese*, § 81 Rn. 9). Es spielt keine Rolle, ob im Betrieb überhaupt ein Betriebsrat besteht (s. Vorbem. vor § 81 Rn. 5). 17

III. Beteiligung der Arbeitnehmer an Arbeitgebermaßnahmen mit Auswirkungen auf ihre Sicherheit und Gesundheit in Betrieben ohne Betriebsrat

Das Gesetz zur Umsetzung der EG-Rahmenrichtlinie Arbeitsschutz und weiterer Arbeitsschutz-Richtlinien vom 7. 8. 1996 (BGBl. I S. 1246) hat Abs. 3 durch Art. 3 Nr. 2 eingefügt. Zweck ist es, die Transparenz des betrieblichen Arbeitsschutzes auch in Betrieben ohne Betriebsrat zu erhöhen (zutr. *Fitting*, § 81, Rn. 22). Die Formulierung „die Arbeitnehmer bzw. deren Vertreter" in Art. 10 Abs. 1 EG-Rahmenrichtlinie wird zwar dahingehend verstanden, dass in Betrieben, in denen ein Betriebsrat besteht, die einzelnen Arbeitnehmer nur die sie selbst betreffenden notwendigen Informationen über Sicherheit und Gesundheitsschutz erhalten müssen, wie dies hier durch Abs. 1 gewährleistet ist; aber für den Fall, dass im Betrieb kein Betriebsrat besteht, erfordert die Formulierung eine angemessene Beteiligung der Arbeitnehmer zu allen Fragen der Sicherheit und des Gesundheitsschutzes bei der Arbeit (vgl. Begründung des RegE zu Abs. 3, BT-Drucks. 13/3540, S. 22). Deshalb wurde hier die Pflicht des Arbeitgebers festgelegt, die Arbeitnehmer zu allen Maßnahmen anzuhören, die Auswirkungen auf deren Sicherheit und Gesundheit haben können. 18

IV. Unterrichtungs- und Beratungsrecht der Arbeitnehmer bei Planung und Einführung neuer Techniken

1. Pflicht des Arbeitgebers

Bei jeder **Planung von technischen Anlagen, von Arbeitsverfahren und Arbeitsabläufen oder der Arbeitsplätze** kommt nach Abs. 4 eine **Unterrichtungs- und Erörterungspflicht des Arbeitgebers** in Betracht. Sie besteht nicht gegenüber dem Betriebsrat, sondern gegenüber jedem Arbeitnehmer, der von einer auf Grund der Planung vorgesehenen Maßnahme betroffen wird. Es handelt sich demnach um eine individualrechtliche Pflicht, die bei richtiger gesetzessystematischer Einordnung nicht in das BetrVG, sondern in ein Arbeitsvertragsgesetz gehört. 19

Nach der Gestaltung des Abs. 4 sind **zwei Stufen** voneinander zu unterscheiden (so *Fitting*, § 81 Rn. 24 f.): 20

Sieht der Arbeitgeber auf Grund einer Planung von technischen Anlagen, von Arbeitsverfahren und Arbeitsabläufen oder einer Planung der Arbeitsplätze bestimmte Maßnahmen vor, so hat er den Arbeitnehmer über sie und ihre Auswirkungen auf dessen Arbeitsplatz, die Arbeitsumgebung sowie auf Inhalt und Art der Tätigkeit des Arbeitnehmers zu **unterrichten** (Abs. 4 Satz 1). Da sich schon bestimmte Maßnahmen abzeichnen 21 müssen, erfolgt die Unterrichtung im Allgemeinen später als die Unterrichtung des Betriebsrats nach § 90 (ebenso *Fitting*, § 81 Rn. 24).

22 Diese Unterrichtungspflicht wird durch eine **Erörterungspflicht** ergänzt, **sobald feststeht**, dass sich die **Tätigkeit des Arbeitnehmers ändern** wird und seine **beruflichen Kenntnisse und Fähigkeiten zur Erfüllung seiner Aufgaben nicht ausreichen** (Abs. 4 Satz 2). Der Arbeitgeber hat in diesem Fall mit dem Arbeitnehmer zu erörtern, wie dessen beruflichen Kenntnisse und Fähigkeiten im Rahmen der betrieblichen Möglichkeiten den künftigen Anforderungen angepasst werden können. Eine darüber hinausgehende Verpflichtung des Arbeitgebers besteht im Rahmen des Abs. 4 nicht (ebenso die Begründung des GesEntw., BT-Drucks. 11/2503, S. 35). Ein Verstoß gegen diese Pflicht führt nicht zur Rechtswidrigkeit einer späteren Kündigung.

2. Hinzuziehung eines Betriebsratsmitglieds

23 Bei der Erörterung mit dem Arbeitgeber kann der Arbeitnehmer ein Mitglied des Betriebsrats hinzuziehen (Abs. 4 Satz 3).

V. Überwachungsrecht des Betriebsrats

24 Der Betriebsrat hat nach § 80 Abs. 1 Nr. 1 darüber zu wachen, dass der Arbeitgeber die ihm nach Abs. 1, 2 und 4 obliegende Pflicht gegenüber dem Arbeitnehmer erfüllt.

VI. Streitigkeiten

25 Die Bestimmung trifft – wie schon in ihrer ursprünglichen Fassung auch nach ihrer Erweiterung durch die Novelle vom 20. 12. 1988 und durch das Gesetz zur Umsetzung der EG-Rahmenrichtlinie Arbeitsschutz und weiterer Arbeitsschutz-Richtlinien vom 7. 8. 1996 – eine Regelung, die **materiell** nicht dem Betriebsverfassungs-, sondern dem **Arbeitsvertragsrecht** angehört. Ein Verstoß bedeutet Verletzung der Pflichten aus dem Einzelarbeitsverhältnis. Problematisch ist aber, ob der Arbeitnehmer deshalb ein Leistungsverweigerungsrecht hat. Das ist zu bejahen, soweit der Arbeitgeber ohne Unterrichtung nicht die ihm für die Erbringung der Arbeitsleistung obliegende Mitwirkungshandlung ordnungsgemäß vornimmt.

26 Bestehen Meinungsverschiedenheiten über Inhalt und Umfang der Unterrichtung bzw. Erörterung, so entscheidet das **Arbeitsgericht**. Dabei ist zweifelhaft, ob der Rechtsstreit im Urteilsverfahren oder im Beschlussverfahren auszutragen ist. Durch die Generalklausel in § 2a Abs. 1 Nr. 1 ArbGG bezieht sich die ausschließliche Zuständigkeit der Arbeitsgerichte auf alle Angelegenheiten aus dem BetrVG, und damit wird zugleich, wie sich aus §§ 2a Abs. 2, 80 Abs. 1 ArbGG ergibt, festgelegt, dass in diesen Fällen, streng genommen also auch bei Streitigkeiten über die hier normierten Rechte des Arbeitnehmers, das Beschlussverfahren stattfindet. Da es sich jedenfalls in den Fällen des Abs. 1, 2 und 4 aber auch um eine Streitigkeit aus dem Einzelarbeitsverhältnis handelt, besteht die ausschließliche Zuständigkeit des Arbeitsgerichts auch nach § 2 Abs. 1 Nr. 3 lit. a ArbGG, so dass nach der gesetzlichen Abgrenzung in §§ 2 Abs. 5, 46 Abs. 1 ArbGG das Urteilsverfahren stattfindet. Der Normenkonflikt lässt sich nicht nach dem Grundsatz der Spezialität lösen; denn im Verhältnis zu den sonstigen Rechten und Pflichten aus dem Einzelarbeitsverhältnis sind die hier in §§ 81 ff. normierten Individualrechte eine Sonderregelung, so dass die Anwendung des § 2a Abs. 1 Nr. 1 ArbGG nahe liegt, andererseits sind die hier in Abs. 1, 2 und 4 normierten Individualrechte gesetzessystematisch ein Fremdkörper im Rahmen der kollektiven Betriebsverfassung, so dass dieser Gesichtspunkt für die Zuständigkeitsnorm in § 2 Abs. 1 Nr. 3 lit. a ArbGG spricht. Berücksichtigt man, dass für individualrechtliche Streitigkeiten das Urteilsverfahren

besteht und die Generalklausel in § 2a Abs. 1 Nr. 1 ArbGG nur geschaffen wurde, um die Abgrenzungsschwierigkeiten zu beseitigen, die sich aus dem Enumerationsprinzip für die Zuständigkeit der Arbeitsgerichte in betriebsverfassungsrechtlichen Streitigkeiten ergaben (vgl. dazu auch die Begründung zum RegE, BT-Drucks. VI/1786, S. 60), so wird man nicht davon ausgehen können, dass der Gesetzgeber eine individualrechtliche Streitigkeit der Entscheidung im Beschlussverfahren zuweisen wollte. Deshalb ist davon auszugehen, dass das Arbeitsgericht bei Meinungsverschiedenheiten über Bestand und Umfang der Unterrichtungs- und Erörterungspflicht im Urteilsverfahren entscheidet (ebenso *Fitting*, § 81 Rn. 28; GK-*Wiese*, Vorbem. vor § 81 Rn. 41; HWK-*Schrader*; § 81 Rn. 27).

Das schließt nicht aus, dass ein Verstoß auch Gegenstand eines **Beschlussverfahrens** 27 sein kann, wenn nämlich der Betriebsrat geltend macht, dass ihm durch den Arbeitgeber bestritten werde, darüber zu wachen, dass die Arbeitnehmer ordnungsgemäß in ihren Aufgabenbereich eingewiesen werden. Dagegen hat der Betriebsrat nicht die Möglichkeit, dem Arbeitgeber im Beschlussverfahren aufgeben zu lassen, den Anspruch eines Arbeitnehmers auf Unterrichtung oder Erörterung zu erfüllen; denn insoweit handelt es sich ausschließlich um eine individualrechtliche Streitigkeit zwischen dem Arbeitgeber und dem Arbeitnehmer (ebenso ArbG Aachen 1. 9. 1975, BB 1976, 1511; *Stege/Weinspach/Schiefer*, § 81 Rn. 15). Eine Besonderheit gilt für das Anhörungsrecht der Arbeitnehmer bei Arbeitgebermaßnahmen mit Auswirkungen auf ihre Sicherheit und Gesundheit; denn dieses Recht hat einen kompensatorischen Charakter, wenn im Betrieb kein Betriebsrat besteht und daher ein sonst vorgesehenes Beteiligungsrecht nicht ausgeübt werden kann. Bei Meinungsverschiedenheiten ist daher das Beschlussverfahren die richtige Verfahrensart.

§ 82 Anhörungs- und Erörterungsrecht des Arbeitnehmers

(1) ¹Der Arbeitnehmer hat das Recht, in betrieblichen Angelegenheiten, die seine Person betreffen, von den nach Maßgabe des organisatorischen Aufbaus des Betriebs hierfür zuständigen Personen gehört zu werden. ²Er ist berechtigt, zu Maßnahmen des Arbeitgebers, die ihn betreffen, Stellung zu nehmen sowie Vorschläge für die Gestaltung des Arbeitsplatzes und des Arbeitsablaufs zu machen.

(2) ¹Der Arbeitnehmer kann verlangen, dass ihm die Berechnung und Zusammensetzung seines Arbeitsentgelts erläutert und dass mit ihm die Beurteilung seiner Leistungen sowie die Möglichkeiten seiner beruflichen Entwicklung im Betrieb erörtert werden. ²Er kann ein Mitglied des Betriebsrats hinzuziehen. ³Das Mitglied des Betriebsrats hat über den Inhalt dieser Verhandlungen Stillschweigen zu bewahren, soweit es vom Arbeitnehmer im Einzelfall nicht von dieser Verpflichtung entbunden wird.

Übersicht

	Rn.
I. Vorbemerkung	1
II. Anhörungs- und Vorschlagsrecht des Arbeitnehmers	5
1. Inhalt	5
2. Abgrenzung vom Beschwerderecht	9
3. Rechtsfolgen bei Nichtbeachtung	10
III. Erläuterung des Arbeitsentgelts und Erörterung von Leistungsbeurteilungen und Möglichkeiten beruflicher Entwicklung	11
1. Erläuterung des Arbeitsentgelts	11
2. Erörterung von Leistungsbeurteilungen und Möglichkeiten beruflicher Entwicklung	12
3. Zuständiger Personenkreis	13
4. Hinzuziehung eines Betriebsratsmitglieds	14
IV. Streitigkeiten	18

I. Vorbemerkung

1   Die Bestimmung **ergänzt § 81**. Sie gibt dem **Arbeitnehmer** die Möglichkeit, in betrieblichen Angelegenheiten, die seine Person betreffen, die **Initiative** zu ergreifen. Von Bedeutung ist insbesondere, dass das Recht des Arbeitnehmers festgelegt wird, Vorschläge für die Gestaltung des Arbeitsplatzes und des Arbeitsablaufs zu machen, Auskunft über die Berechnung und Zusammensetzung seines Arbeitsentgelts zu verlangen und mit den Vorgesetzten seine beruflichen Entwicklungsmöglichkeiten zu erörtern. Die Regelung stellt klar, was schon ohne sie als Konkretisierung der Fürsorgepflicht des Arbeitgebers anerkannt war (vgl. auch *Fitting*, § 82 Rn. 1; GK-*Wiese*, § 82 Rn. 1; *ders.*, RdA 1973, 1, 5). Ihr Anliegen ist elementar: Was den Arbeitnehmer angeht, darf er kommentieren; will er sich durch Vorschläge einbringen, dann sind diese wenigstens zur Kenntnis zu nehmen. Ein Mitbestimmungsrecht wird ihm allerdings dadurch nicht eingeräumt (ErfK-*Kania*, § 82 Rn. 4).

2   Da die in dieser Vorschrift niedergelegten Rechte ausschließlich **individualrechtlichen Charakter** haben, kommt es nicht darauf an, ob im Betrieb ein Betriebsrat besteht (vgl. Vorbem. vor § 81 Rn. 5). Das gilt auch für Abs. 2; es entfällt dann lediglich die Möglichkeit, dass der Arbeitnehmer ein Mitglied des Betriebsrats hinzuzieht.

3   Der Arbeitnehmer kann seine Rechte im angemessenen Rahmen während der Arbeitszeit wahrnehmen (*Fitting*, § 82 Rn. 2; ErfK-*Kania*, § 82 Rn. 2; DKK-*Buschmann*, § 82 Rn. 2; GK-*Wiese*, § 82 Rn. 3). Der Arbeitgeber kann Sprechstunden einführen, um den Vorgang zu kanalisieren. Dies darf jedoch nicht zu einer substantiell erschwerten Ausübung der Rechte führen (*Fitting*, § 82 Rn. 2); eine Gelegenheit einmal pro Monat dürfte im Regelfall genügen. Wird eine Sprechstunde festgelegt, besteht hierüber ein Mitbestimmungsrecht nach § 87 Abs. 1 Nr. 1 (DKK-*Buschmann*, § 82 Rn. 2).

4   Entsprechende Vorschriften: Weder im BPersVG noch im SprAuG.

II. Anhörungs- und Vorschlagsrecht des Arbeitnehmers

1. Inhalt

5   a) Dem **Arbeitnehmer** wird in Abs. 1 Satz 1 ausdrücklich das Recht eingeräumt, in **betrieblichen Angelegenheiten, die seine Person betreffen,** gehört zu werden. Das Gesetz versteht unter den betrieblichen Angelegenheiten das gesamte Gebiet der Arbeitsbedingungen im weitesten Sinne, sowohl der materiellen wie der formellen Bedingungen; vor allem sind aber die Angelegenheiten gemeint, über die der Arbeitgeber nach § 81 den Arbeitnehmer zu unterrichten hat (ebenso *Fitting*, § 82 Rn. 4; GL-*Löwisch*, § 82 Rn. 2; GK-*Wiese*, § 82 Rn. 6; HSWGNR-*Rose*, § 82 Rn. 8, der unter den betrieblichen Angelegenheiten im Wesentlichen Fragen der betrieblichen Organisation und der Arbeitsabläufe verstehen will). Das Anhörungsrecht erstreckt sich aber nicht auf rein private Angelegenheiten des Arbeitgebers; es besteht auch nicht für rein private Angelegenheiten des Arbeitnehmers, sondern es muss sich um eine betriebliche Angelegenheit handeln. Voraussetzung ist, dass sie die Person des Arbeitnehmers betrifft; § 82 gibt also nicht die Möglichkeit, sich zum Anwalt der Belegschaft zu machen (ebenso GL-*Löwisch*, § 82 Rn. 2).

6   b) Das Anhörungsrecht umfasst das Recht, zu **Maßnahmen des Arbeitgebers,** die den Arbeitnehmer betreffen, **Stellung zu nehmen** (Abs. 1 Satz 2). Es handelt sich insoweit um eine Selbstverständlichkeit; denn mag auch die Arbeitspflicht des Arbeitnehmers durch das Weisungsrecht des Arbeitgebers einseitig konkretisiert werden, so schließt das nicht aus, dass der Arbeitnehmer berechtigt ist, zu den Maßnahmen, die ihn betreffen, Stellung zu nehmen. Die Klarstellung im Gesetzestext hat deshalb lediglich die Bedeu-

II. Anhörungs- und Vorschlagsrecht des Arbeitnehmers § 82

tung, dass der Arbeitgeber auch sachlich vorgetragene Kritik hinnehmen muss, ohne dass daraus dem Arbeitnehmer ein Nachteil erwachsen darf (ebenso GK-*Wiese*, § 82 Rn. 10). Es handelt sich damit um ein besonderes Maßregelungsverbot, das § 612a BGB ergänzt.

In diesem Zusammenhang wird klargestellt, dass der Arbeitnehmer berechtigt ist, **Vorschläge für die Gestaltung des Arbeitsplatzes und des Arbeitsablaufs** zu machen. Welche Belastung in physischer und psychischer Hinsicht durch die Gestaltung des Arbeitsplatzes und des Arbeitsablaufs eintritt, ist individuell verschieden. Deshalb ist es sinnvoll, hier nicht nur den Betriebsrat einzuschalten, wie in den §§ 90, 91 vorgesehen ist, sondern dass auch der einzelne Arbeitnehmer insoweit Vorschläge machen kann. Das Gesetz gibt ihm aber nur ein Vorschlags- und Erörterungsrecht, jedoch kein Mitbestimmungsrecht über die Gestaltung des Arbeitsplatzes. 7

c) Das Anhörungs- und Vorschlagsrecht besteht **gegenüber dem Arbeitgeber**. Der Arbeitnehmer kann aber von ihm nur verlangen, von den nach Maßgabe des organisatorischen Aufbaus des Betriebs hierfür **zuständigen Personen** gehört zu werden (Abs. 1 Satz 1). Auch soweit der Arbeitnehmer zu Maßnahmen des Arbeitgebers Stellung nehmen und Vorschläge für die Gestaltung des Arbeitsplatzes und des Arbeitsablaufs machen will, hat er sich, wie sich aus dem Zusammenhang mit Abs. 1 Satz 1 ergibt, an die Person zu wenden, die auf Grund des organisatorischen Aufbaus des Betriebs hierfür zuständig ist. Der Arbeitgeber kann andererseits nicht willkürlich eine Zuständigkeit begründen, sondern die Zuständigkeit ist durch den organisatorischen Aufbau des Betriebs festgelegt (ebenso *Frauenkron*, § 82 Rn. 4; HSWGNR-*Rose*, § 82 Rn. 10). Regelmäßig wird es sich also um die dem Arbeitnehmer unmittelbar vorgesetzte Person handeln, an die er sich wenden kann, also den Meister oder Abteilungsleiter (ebenso *Fitting*, § 82 Rn. 4; GK-*Wiese*, § 82 Rn. 7). 8

2. Abgrenzung vom Beschwerderecht

Hat die Stellungnahme des Arbeitnehmers zum Inhalt, dass er sich vom Arbeitgeber oder von Arbeitnehmern des Betriebs benachteiligt oder ungerecht behandelt oder in sonstiger Weise beeinträchtigt fühlt, so liegt darin eine Beschwerde, auf die § 84 Anwendung findet (ebenso *Fitting*, § 82 Rn. 6; GK-*Wiese*, § 82 Rn. 9). Der Arbeitnehmer kann in diesem Fall außerdem das Beschwerdeverfahren über den Betriebsrat einleiten (§ 85). Aber auch wenn er eine individuelle Beeinträchtigung nicht geltend macht, kann er sich an den Betriebsrat wenden; denn es gehört zu den allgemeinen Aufgaben des Betriebsrats, Anregungen von Arbeitnehmern entgegenzunehmen und, falls sie berechtigt erscheinen, durch Verhandlungen mit dem Arbeitgeber auf eine Erledigung hinzuwirken (§ 80 Abs. 1 Nr. 3). Wird ein **Arbeitnehmer** ohne Anhörung **gekündigt** oder abgemahnt, dann liegt darin kein Verstoß gegen § 82 Abs. 1 Satz 2 (a. A. ArbG Gelsenkirchen 26. 6. 1998, NZA-RR 1999, 137, das sich unzutreffend auf GK-*Wiese*, § 82 Rn. 6 [5. Aufl.] bezieht). Maßgeblich ist hier allein das Kündigungsrecht, dem die entscheidenden Wertungen zu entnehmen sind. Das betriebsverfassungsrechtliche Anhörungsrecht ist ein Recht auf Anhörung, nicht aber notwendig vorherige Anhörung. 9

3. Rechtsfolgen bei Nichtbeachtung

Wird der Arbeitnehmer nicht gehört oder wird sein Anliegen nicht ausreichend berücksichtigt, so hat er das **Beschwerderecht** nach § 84 und § 85. Hat er beim Betriebsrat Beschwerde eingelegt, so kann bei einer Meinungsverschiedenheit zwischen Betriebsrat und Arbeitgeber die Angelegenheit nicht Gegenstand einer Zwangsschlichtung durch die Einigungsstelle werden (§ 85 Abs. 2 Satz 3). Der Arbeitnehmer kann vielmehr das Arbeitsgericht anrufen, um seinen Anspruch durchzusetzen (s. auch Rn. 18). Er hat aber **kein Zurückbehaltungsrecht,** kann also nicht seine Arbeitsleistung verweigern, bis der Arbeitgeber die ihm nach dieser Bestimmung obliegenden Pflichten erfüllt hat (a. A. GL- 10

Löwisch, § 82 Rn. 15; GK-*Wiese*, § 82 Rn. 24 i. V. mit Vorbem. vor § 81 Rn. 37). Ein Zurückbehaltungsrecht besteht nur, wenn der Arbeitnehmer auf Grund der Umstände, derentwegen er das Anhörungsrecht geltend macht, ein Leistungsverweigerungsrecht hat, also insbesondere, wenn der Arbeitgeber durch die Gestaltung des Arbeitsplatzes und des Arbeitsablaufs seine Fürsorgepflicht gegenüber dem Arbeitnehmer verletzt.

III. Erläuterung des Arbeitsentgelts und Erörterung von Leistungsbeurteilungen und Möglichkeiten beruflicher Entwicklung

1. Erläuterung des Arbeitsentgelts

11   Der Arbeitnehmer kann verlangen, dass ihm die **Berechnung und Zusammensetzung seines Arbeitsentgelts** erläutert wird (Abs. 2 Satz 1 Halbsatz 1). Dieser Anspruch ergibt sich bereits aus dem Gläubigerrecht des Arbeitnehmers; dennoch ist seine Klarstellung deshalb von Bedeutung, weil für die Berechnung von Löhnen und Gehältern Datenverarbeitungsanlagen verwendet werden und daher die Angaben auf den Lohn- und Gehaltsstreifen häufig so verschlüsselt sind, dass ihre Bedeutung nicht ohne weiteres erkennbar wird. Zur Berechnung des Arbeitsentgelts gehören die Arbeitszeit, die der Höhe der Entlohnung zu Grunde gelegt wird, die Höhe des Stundenlohns, bei der Akkord- und Prämienentlohnung die Zahl der maßgeblichen Leistungseinheiten und die Höhe des Geldfaktors. Unter Zusammensetzung des Arbeitsentgelts ist vor allem die Aufgliederung in den normalen Lohn, Mehrarbeits- und Überstundenvergütung, Zulagen, Prämien, Gratifikation und Auslösungen zu verstehen. Hierher gehört auch die Erläuterung der verschiedenen Abzüge vom Bruttoarbeitsentgelt, der Abzüge für Lohn- und Kirchensteuer und die verschiedenen Sozialversicherungsbeiträge, also die Erläuterung der Berechnung des Nettoarbeitsentgelts (ebenso *Fitting*, § 82 Rn. 9; GL-*Löwisch*, § 82 Rn. 8; GK-*Wiese*, § 82 Rn. 12).

2. Erörterung von Leistungsbeurteilungen und Möglichkeiten beruflicher Entwicklung

12   Der Arbeitnehmer hat weiterhin Anspruch darauf, dass mit ihm die **Beurteilung seiner Leistungen** sowie die **Möglichkeiten seiner beruflichen Entwicklung im Betrieb** erörtert werden (Abs. 2 Satz 1 Halbsatz 2). Vor allem dieses Recht ist von erheblicher Bedeutung (siehe auch LAG Köln 11. 6. 2008, AuR 2009, 52); es ist die individualrechtliche Ergänzung der im Bereich der Personalplanung und Berufsbildung dem Betriebsrat eingeräumten Beteiligungsrechte. Soweit die Beurteilungen schriftlich niedergelegt sind, gehören sie zu den über die Person des Arbeitnehmers geführten Personalakten. Der Arbeitnehmer hat nach § 83 das Recht, in sie Einsicht zu nehmen (ebenso *Fitting*, § 82 Rn. 10; HSWGNR-*Rose*, § 82 Rn. 24). Das Erörterungsrecht gibt dem Arbeitnehmer die Möglichkeit, auf Fehlbeurteilungen hinzuweisen und diese zu korrigieren. Außerdem erhält er dadurch, dass mit ihm die Möglichkeiten seiner beruflichen Entwicklung im Betrieb erörtert werden, die Chance, selbst Einfluss auf sein berufliches Fortkommen im Betrieb zu nehmen.

3. Zuständiger Personenkreis

13   Der Arbeitnehmer kann sich nur an die nach Maßgabe des organisatorischen Aufbaus des Betriebs zuständigen Personen wenden (s. Rn. 7), also bei der Erläuterung seines Arbeitsentgelts an das Lohnbüro und bei der Erörterung seiner Leistungen und der beruflichen Entwicklung an die Person, die für die Beurteilung seiner Leistungen zuständig ist und unter Berücksichtigung der im Betrieb aufgestellten allgemeinen Beurteilungs-

grundsätze (§ 94 Abs. 2) Auskunft darüber geben kann, welche beruflichen Aussichten der Arbeitnehmer im Betrieb hat.

4. Hinzuziehung eines Betriebsratsmitglieds

a) Der Arbeitnehmer kann zur Erläuterung seines Arbeitsentgelts und zur Erörterung seiner Leistungsbeurteilung und seiner beruflichen Entwicklungsmöglichkeit mit der hierfür zuständigen Person ein **Mitglied des Betriebsrats hinzuziehen** (Abs. 2 Satz 2). Durch die Teilnahme eines Betriebsratsmitglieds soll das – u. U. nur nach subjektiver Einschätzung des Arbeitnehmers bestehende – intellektuelle Übergewicht und Autoritätsgefälle der Arbeitgeberseite ausgeglichen werden. Aufgabe des Betriebsratsmitglieds ist es, den Arbeitnehmer zu beraten. Es hängt aber vom Willen des Arbeitnehmers ab, ob und wen er hinzuziehen will. Daher kann der Betriebsrat nicht durch Beschluss festlegen, wer von den Betriebsratsmitgliedern diese Aufgabe übernimmt (ebenso *Fitting*, § 82 Rn. 12; GL-*Löwisch*, § 82 Rn. 13; HSWGNR-*Rose*, § 82 Rn. 32; GK-*Wiese*, § 82 Rn. 20). Das Betriebsratsmitglied darf während der Erörterung Fragen stellen und Vorschläge unterbreiten (ErfK-*Kania*, § 82 Rn. 10; GK-*Wiese*, § 82 Rn. 21; HWK-*Schrader*, § 82 Rn. 15; DKK-*Buschmann*, § 82 Rn. 13), ist jedoch kein rechtsgeschäftlicher Vertreter des Arbeitnehmers (*Fitting*, § 83 Rn. 12). Das Recht zur Hinzuziehung kann durch freiwillige Betriebsvereinbarung konkretisiert werden oder auf andere Fragestellung erweitert werden (s. ArbG Darmstadt 7. 12. 1993, AuR 1994, 202: Vereinbarung im Sozialplan, dass der Betriebsrat bei jedem Aufhebungsvertrag hinzuzuziehen ist). Gegen den Willen des Arbeitnehmers darf kein Betriebsratsmitglied hinzugezogen werden. Dies würde zu einer unzulässigen Beeinträchtigung des Persönlichkeitsrechts des betroffenen Arbeitnehmers führen (unzutreffend in seiner Begrenzung dieses Zurückweisungsrechts allein im Hinblick auf Gespräche, die nicht auch mitbestimmungspflichtige Fragen betreffen LAG Niedersachsen 22. 1. 2007, NZA-RR 2007, 585).

Das Recht des Arbeitnehmers nach § 82 Abs. 2 Satz 2 ist **begrenzt auf Gespräche über die in § 82 Abs. 2 Satz 1 genannten Gegenstände** (*Fitting*, § 82 Rn. 12; GK-*Wiese*, § 82 Rn. 20; a. A. DKK-*Buschmann* § 82 Rn. 12). Dies folgt insbesondere aus der Systematik der Vorschrift. Das Hinzuziehungsrecht ist innerhalb des § 82 nicht in einem eigenen Absatz, sondern in Satz 2 des Absatzes 2 geregelt. Damit beschränkt es sich ersichtlich auf die zuvor in Satz 1 dieses Absatzes genannten Gegenstände. Für den Anspruch nach § 82 Abs. 2 Satz 2 genügt es jedoch, wenn die Gesprächsgegenstände zumindest teilweise identisch mit den in § 82 Abs. 2 Satz 1 genannten Themen sind. Nicht erforderlich ist daher, dass es sich ausschließlich um die in § 82 Abs. 2 Satz 1 genannten Gegenstände handelt (BAG 16. 11. 2004 AP BetrVG 1972 § 82 Nr. 3). Daher kann auch sich auch ein Anspruch des Arbeitnehmers auf Hinzuziehung eines Betriebsratsmitglieds zu einem Personalgespräch über den Abschluss eines Aufhebungsvertrags ergeben (zu dem er arbeitsvertraglich nicht verpflichtet werden kann, s. BAG 23. 6. 2009 – 2 AZR 606/08, juris). Der Anspruch besteht jedoch nicht in allen denkbaren Fallgestaltungen. Maßgeblich sind vielmehr die Umstände des Einzelfalls (BAG a. a. O.; kritisch *Hümmerich*, RdA 2005, 315 f.). Ausgeschlossen ist die Hinzuziehung jedenfalls in Gesprächen, in denen Mitarbeitern Arbeitsanweisungen erteilt werden, oder in denen Abmahnungen ausgesprochen werden (LAG Hamm 19. 10. 2007 – 10 TaBV 67/07, juris).

Das Recht auf Hinzuziehung eines Betriebsratsmitglieds besteht unabhängig davon, ob die Erläuterung des Arbeitsentgelts und die Erörterung der Leistungsbeurteilung auf Verlangen des Arbeitnehmers stattfinden (BAG 16. 11. 2004 AP BetrVG 1972 § 82 Nr. 3). Der Arbeitnehmer kann ein Mitglied des Betriebsrats auch hinzuziehen, wenn der Arbeitgeber ein Mitarbeitergespräch durchführt, soweit in ihm die Berechnung und Zusammensetzung des Arbeitsentgelts, die Beurteilung der Leistungen und die Möglichkeiten der beruflichen Entwicklung erörtert werden (ebenso BAG 24. 4. 1979 AP

BetrVG 1972 § 82 Nr. 1; GK-*Wiese*, § 82 Rn. 20). Der Anspruch besteht nur gegenüber dem Arbeitgeber, nicht gegenüber dem vom Arbeitnehmer ausgewählten Betriebsratsmitglied (a. A. GL-*Löwisch*, § 82 Rn. 13). Lediglich wenn ein Betriebsratsmitglied sich generell weigert, hinzugezogen zu werden, oder bei der Ablehnung gegen § 75 Abs. 1 verstößt, liegt eine Amtspflichtverletzung vor, da es nicht die mit dem Betriebsratsamt verbundenen Aufgaben ordnungsgemäß erfüllt. Bei beharrlicher Weigerung kann es seines Amtes durch Beschluss des Arbeitsgerichts enthoben werden (§ 23 Abs. 1). Das Betriebsratsmitglied selbst hat gegen den Arbeitgeber keinen Anspruch auf Hinzuziehung (ebenso BAG 23. 2. 1984 AP BetrVG 1972 § 82 Nr. 2 [*Schreiber*]).

16 b) Das Mitglied des Betriebsrats hat über den Inhalt der Verhandlungen **Stillschweigen** zu bewahren, soweit es vom Arbeitnehmer im Einzelfall nicht von dieser Verpflichtung entbunden wird (Abs. 2 Satz 3). Die Verschwiegenheitspflicht bezieht sich nicht nur auf bestimmte Gegenstände, sondern sie gilt allgemein für den Inhalt der Verhandlungen, in denen dem Arbeitnehmer die Berechnung und Zusammensetzung seines Arbeitsentgelts erläutert und mit ihm die Beurteilung seiner Leistungen sowie die Möglichkeiten seiner Entwicklung im Betrieb erörtert werden.

17 Verstößt das Betriebsratsmitglied gegen die Verschwiegenheitspflicht, so liegt eine **Amtspflichtverletzung** vor, die bei einem groben Verstoß zur Amtsenthebung durch Beschluss des Arbeitsgerichts berechtigt (§ 23 Abs. 1). Außerdem hat der Arbeitnehmer einen Schadensersatzanspruch aus unerlaubter Handlung; denn Abs. 2 Satz 3 ist ein Schutzgesetz i. S. des § 823 Abs. 2 BGB, aber nicht zu Gunsten des Arbeitgebers, sondern nur zu Gunsten des Arbeitnehmers, weil dieser allein berechtigt ist, das Betriebsratsmitglied von seiner Verpflichtung zur Verschwiegenheit zu entbinden (ebenso *Weiss*, RdA 1974, 269, 274). Das Betriebsratsmitglied macht sich weiterhin strafbar, wenn es unbefugt ein fremdes Geheimnis des Arbeitnehmers, namentlich ein zu dessen persönlichem Lebensbereich gehörendes Geheimnis, offenbart oder verwertet (§ 120 Abs. 2 und Abs. 3 Satz 2); die Straftat wird aber nur auf Antrag des betroffenen Arbeitnehmers verfolgt (§ 120 Abs. 4).

IV. Streitigkeiten

18 Meinungsverschiedenheiten über das Bestehen und den Umfang der Anhörungs- und Erörterungsrechte sind Streitigkeiten aus dem Einzelarbeitsverhältnis. Das Arbeitsgericht entscheidet über sie im Urteilsverfahren (§ 2 Abs. 1 Nr. 3 lit. a, Abs. 5 i. V. mit §§ 46 ff. ArbGG; ebenso *Fitting*, § 82 Rn. 15; GK-*Wiese*, § 82 Rn. 24).

19 Bestreitet der Arbeitgeber das **Teilnahmerecht des Betriebsratsmitglieds,** so kann der Arbeitnehmer dagegen im Urteilsverfahren vorgehen; denn das Recht des Arbeitnehmers auf Hinzuziehung eines Betriebsratsmitglieds ist ein individualrechtlicher Anspruch, der seinen Rechtsgrund im Arbeitsverhältnis hat (ebenso BAG 24. 4. 1979 AP BetrVG 1972 § 82 Nr. 1; *Fitting*, § 82 Rn. 15; HWK-*Schrader*, § 82 Rn. 16; DKK-*Buschmann*, § 82 Rn. 15; a. A. GK-*Wiese*, § 82 Rn. 25). Bestreitet dagegen der Arbeitgeber gegenüber dem Betriebsratsmitglied die Hinzuziehung, so handelt es sich um eine betriebsverfassungsrechtliche Streitigkeit, die das Arbeitsgericht im Beschlussverfahren entscheidet (§ 2a Abs. 1 Nr. 1, Abs. 2 i. V. mit §§ 80 ff. ArbGG; ebenso BAG 23. 2. 1984 AP BetrVG 1972 § 82 Nr. 2; GK-*Wiese*, § 82 Rn. 25); das Betriebsratsmitglied hat aber materiellrechtlich keinen Anspruch auf Hinzuziehung, sondern diese Befugnis steht dem Arbeitnehmer zu (ebenso BAG, a. a. O.; s. Rn. 15).

20 Verlangt der Arbeitnehmer wegen **Bruchs der Verschwiegenheitspflicht** von dem hinzugezogenen Betriebsratsmitglied Schadensersatz, so entscheidet darüber das Arbeitsgericht im Urteilsverfahren; denn es handelt sich um eine Streitigkeit zwischen Arbeitnehmern aus einer unerlaubten Handlung, die mit dem Arbeitsverhältnis im Zusammenhang steht (§ 2 Abs. 1 Nr. 9, Abs. 5 i. V. mit §§ 46 ff. ArbGG).

§ 83 Einsicht in die Personalakten

(1) ¹Der Arbeitnehmer hat das Recht, in die über ihn geführten Personalakten Einsicht zu nehmen. ²Er kann hierzu ein Mitglied des Betriebsrats hinzuziehen. ³Das Mitglied des Betriebsrats hat über den Inhalt der Personalakte Stillschweigen zu bewahren, soweit es vom Arbeitnehmer im Einzelfall nicht von dieser Verpflichtung entbunden wird.

(2) Erklärungen des Arbeitnehmers zum Inhalt der Personalakte sind dieser auf sein Verlangen beizufügen.

Übersicht

	Rn.
I. Vorbemerkung	1
II. Begriff der Personalakten	4
1. Abgrenzung von der Personaldatei i. S. des BDSG	4
2. Inhalt der Personalakten	6
3. Unerheblichkeit der Aufbewahrungsform und der Aufzeichnungsart	10
III. Führung der Personalakten	12
1. Recht und Pflicht des Arbeitgebers	12
2. Persönlichkeitsbelange des Arbeitnehmers	15
IV. Einsichtsrecht in die Personalakten	16
1. Einblicksrecht in alle personenbezogenen Daten	16
2. Inhalt des Einsichtsrechts	17
3. Art und Weise der Einsichtnahme	19
4. Recht des Arbeitnehmers	25
5. Schranken	28
6. Entstehen und Erlöschen des Einsichtsrechts	30
7. Kosten	32
8. Hinzuziehung eines Betriebsratsmitglieds	33
9. Hinzuziehung der Schwerbehindertenvertretung	36
V. Erklärungen des Arbeitnehmers zum Inhalt der Personalakte	37
1. Inhalt des Anspruchs	37
2. Verhältnis zum Berichtigungsanspruch	39
3. Verhältnis zur Regelung über die Berichtigung, Löschung und Sperrung personenbezogener Daten in § 35 BDSG	41
VI. Streitigkeiten	43

I. Vorbemerkung

Die Bestimmung gibt dem Arbeitnehmer das Recht, in die über ihn geführten Personalakten Einsicht zu nehmen. Bis zum BetrVG 1972 war ein derartiges Recht nur im öffentlichen Dienst geregelt (vgl. § 56c BRRG, § 90 BBG, § 13 BAT). Für den Bereich der privaten Wirtschaft hatte dagegen das BAG ausdrücklich offengelassen, ob der Arbeitgeber stets, also auch ohne Vorliegen eines besonderen Grundes, auf Grund der Fürsorgepflicht dem Arbeitnehmer Einsicht in die Personalakten gewähren muss (BAG 17. 3. 1970 AP BGB § 611 Nr. 78 Fürsorgepflicht). 1

Das **Einsichtsrecht** besteht, weil es ausschließlich **individualrechtlichen Charakter** hat, auch in **Betrieben**, die **keinen Betriebsrat** haben (s. Vorbem. vor § 81 Rn. 5). Da das Einsichtsrecht im Achtungsanspruch wurzelt, den der Arbeitnehmer gegen den Arbeitgeber aus dem Arbeitsverhältnis hat, ist hier unerheblich, ob der Betrieb betriebsratsfähig ist (ebenso *Fitting*, § 83 Rn. 1 f.; *GL-Löwisch*, § 83 Rn. 3; *DKK-Buschmann*, § 83 Rn. 1). Die Vorschrift gilt nicht bei gewerblicher Arbeitnehmerüberlassung im Entleiherbetrieb für die dort tätigen Leiharbeitnehmer (vgl. § 14 Abs. 2 Satz 3 AÜG). 2

Entsprechende Vorschriften: § 26 Abs. 2 SprAuG; keine im BPersVG, aber in § 13 BAT. 3

II. Begriff der Personalakten

1. Abgrenzung von der Personaldatei i. S. des BDSG

4   Der **Begriff der Personalakten** wird **im Gesetz nicht definiert**. Für die Begriffsbestimmung ist deshalb der Normzweck maßgebend, dass der Arbeitnehmer sich Kenntnis über alle **personenbezogenen Daten** verschaffen kann, die der Arbeitgeber über ihn sammelt. Personenbezogene Daten sind Einzelangaben über persönliche oder sachliche Verhältnisse einer bestimmten oder bestimmbaren natürlichen Person (vgl. die Legaldefinition in § 3 Abs. 1 BDSG).

5   Der Begriff der Akte ist von der Datei im datenschutzrechtlichen Sinne, den das neue BDSG in seiner Fassung vom 18. 5. 2001 (BGBl. I S. 904) allerdings nicht mehr als Zentralbegriff verwendet, zu unterscheiden. Wird in gesetzlichen Vorschriften der Begriff Datei verwendet, ist Datei – wie in der Übergangsvorschrift des § 46 BDSG klargestellt wird – eine Sammlung personenbezogener Daten, die entweder durch automatisierte Verfahren nach bestimmten Merkmalen ausgewertet werden kann (automatisierte Datei), oder jede sonstige Sammlung personenbezogener Daten, die gleichartig aufgebaut ist und nach bestimmten Merkmalen geordnet, umgeordnet und ausgewertet werden kann (nicht-automatisierte Datei). Nicht hierzu gehören, wie ausdrücklich klargestellt wird, Akten und Aktensammlungen, es sei denn, dass sie durch automatisierte Verfahren umgeordnet und ausgewertet werden können (§ 46 Abs. 1 Satz 2 BDSG). Entsprechend gibt § 46 Abs. 2 BDSG eine Legaldefinition der Akte: Sie ist jede amtlichen oder dienstlichen Zwecken dienende Unterlage, wozu auch Bild- und Tonträger zählen; nicht erfasst werden aber, wie ebenfalls ausdrücklich klargestellt ist, Vorentwürfe und Notizen, die nicht Bestandteil eines Vorgangs werden sollen. Diese Abgrenzung der Akte kann auch hier Anwendung finden. Fest steht aber auch, dass unter Einsatz von Datenverarbeitungsanlagen (vgl. § 3 Abs. 2 BDSG) verarbeitete **Personaldateien unter den Begriff der Personalakten fallen** (*Fitting*, § 83 Rn. 3; ErfK-*Kania*, § 83, Rn. 2).

2. Inhalt der Personalakten

6   Zu den Personalakten gehören **alle Unterlagen über die Person des Arbeitnehmers**, nicht nur die Arbeitspapiere, wie die Lohnsteuerkarte und das Sozialversicherungsnachweisheft, sondern vor allem auch die Beurteilungen und Zeugnisse, weiterhin die Bewerbungsunterlagen mit Lebenslauf und Zeugnissen, der Personalfragebogen, der Arbeitsvertrag, Aufzeichnungen über Lohn- und Gehaltsveränderungen, Arbeitsausfälle wegen Krankheit, Kuren und Heilverfahren, Erholungs- und Sonderurlaub und Betriebsbußen (vgl. auch *Fitting*, § 83 Rn. 4; HSWGNR-*Rose*, § 83 Rn. 9; GK-*Wiese/Franzen*, § 83 Rn. 12). Maßgebend ist also nicht die Bezeichnung „Personalakte" *(Personalakte im formellen Sinn)*, sondern allein der Inhalt der den Arbeitnehmer betreffenden Vorgänge *(Personalakte im materiellen Sinn;* ebenso *Fitting*, § 83 Rn. 5; GK-*Wiese/Franzen*, § 83 Rn. 12).

7   Keine Rolle spielt, ob personenbezogene Daten bereits vor Begründung des Arbeitsverhältnisses gesammelt waren. Deshalb gehören zu den Personalakten auch die **Bewerbungsunterlagen,** graphologische Gutachten und Einstellungsbeurteilungen (ebenso *Fitting*, § 83 Rn. 4, 6; GL-*Löwisch*, § 83 Rn. 4; GK-*Wiese/Franzen*, § 83 Rn. 13; HSWGNR-*Rose*, § 83 Rn. 9).

8   Nicht zu den Personalakten gehören die **Bruttolohn- und -gehaltslisten,** weil sie auch personenbezogene Daten über andere Arbeitnehmer enthalten; ein Einsichtsrecht hat nur der Betriebsrat in den Grenzen des § 80 Abs. 2 Satz 2 Halbsatz 2, nicht aber der Arbeitskollege (s. § 80 Rn. 69 ff.). Auch die **Aufzeichnungen und Unterlagen des Betriebsarztes** gehören nicht zu den Personalakten (ebenso *Fitting*, § 83 Rn. 6; GK-

Wiese/Franzen, § 83 Rn. 20; DKK-*Buschmann*, § 83 Rn. 3). Maßgebend ist aber nicht, dass sie gesondert aufbewahrt werden; denn auch Sonder- und Nebenakten sind Bestandteil der Personalakten (s. Rn. 10). Entscheidend ist vielmehr, dass sie wegen der ärztlichen Schweigepflicht nicht dem Arbeitgeber zugänglich sind (§ 8 Abs. 1 Satz 2 ASiG), das hier geregelte Einsichtsrecht aber einen Anspruch gegen den Arbeitgeber darstellt.

Die Führung von **Geheimakten** ist unzulässig (ebenso *Fitting*, § 83 Rn. 5; DKK-*Buschmann*, § 83 Rn. 2; ErfK-*Kania*, § 83 Rn. 2). Auch die Aufzeichnungen, die der Arbeitgeber als vertraulich kennzeichnet, gehören zu den Personalakten, in die das Recht zur Einsichtnahme besteht. **9**

3. Unerheblichkeit der Aufbewahrungsform und der Aufzeichnungsart

Nicht erforderlich ist, dass die Unterlagen einheitlich gesammelt werden, wo und in welcher Form sie aufbewahrt werden. Der Begriff der Personalakten wird nämlich nicht formell, sondern materiell bestimmt (s. Rn. 6). Daher besteht ein Einsichtsrecht auch in **Sonder- und Nebenakten**, z. B. in die vom **Werkschutz** über die Person eines Arbeitnehmers geführten Unterlagen, und zwar auch dann, wenn die Aufzeichnungen ohne Kenntnis des Arbeitgebers oder der Betriebsleitung erfolgt sind (ebenso LAG Bremen 4. 7. 1977, DB 1977, 1007; *Fitting*, § 83 Rn. 5; GK-*Wiese/Franzen*, § 83 Rn. 14; DKK-*Buschmann*, § 83 Rn. 2; ErfK-*Kania*, § 83 Rn. 2). Maßgeblich ist, ob die Akten den Zweck haben, zielgerichtet Information über einen bestimmten Mitarbeiter zu sammeln und/oder zu dokumentieren. Eine künstliche Trennung von der Hauptakte kann das Einsichtsrecht nicht schmälern. **10**

Für den Begriff der Personalakten spielt keine Rolle, **wie die personenbezogenen Daten aufgezeichnet** werden, insbesondere, ob sie in einem Schriftstück niedergelegt werden. Personalakten sind deshalb auch die **Personaldateien** (s. Rn. 5). **11**

III. Führung der Personalakten

1. Recht und Pflicht des Arbeitgebers

Der Arbeitgeber ist anders als im öffentlichen Dienst **nicht verpflichtet**, Personalakten anzulegen (GK-*Wiese/Franzen*, § 83 Rn. 18; *Reichold*, MünchArbR § 87 Rn. 7). Eine Pflicht besteht lediglich insoweit, als der Arbeitgeber die Lohnsteuerkarte und die Sozialversicherungsunterlagen aufbewahren muss. Die Einräumung eines Einsichtsrechts bedeutet nicht, dass der Arbeitgeber Personalakten führen muss. Das Einsichtsrecht besteht vielmehr nur, soweit Personalakten geführt werden. Der Wortlaut des RegE enthielt ausdrücklich diese Klarstellung (BT-Drucks. VI/1786, S. 17). Die Änderung des Gesetzestextes hat insoweit keine materielle Bedeutung; denn durch sie sollte lediglich klargestellt werden, dass das Einsichtsrecht nicht auf die im Betrieb geführten Personalakten beschränkt ist (s. Rn. 19). Der Wortlaut des Gesetzes setzt vielmehr voraus, dass Personalakten geführt werden. **12**

Ebenso wenig wie der Arbeitgeber verpflichtet ist, Personalakten überhaupt zu führen, besteht eine Pflicht, sie vollständig zu führen. Er ist also nicht wie im öffentlichen Dienst gehalten, alle das Arbeitsverhältnis betreffenden Vorgänge zu den Personalakten zu nehmen. Der Arbeitnehmer hat aber einen Anspruch darauf, dass tatsächliche Angaben über seine Person zutreffend sind und Beurteilungen über sein Verhalten und seine Leistungen nach pflichtgemäßem Ermessen erstellt werden. Der Arbeitgeber hat sich zu beschränken auf Angaben, die eine unmittelbare Beziehung zur ausgeübten Tätigkeit haben und an denen der Arbeitgeber ein berechtigtes sachliches Interesse hat (LAG Niedersachsen 10. 7. 1980 AP BGB § 611 Nr. 85 Fürsorgepflicht; *Fitting*, § 83 Rn. 4; DKK-*Buschmann*, § 83 Rn. 3). Andere Angaben mag der Arbeitnehmer seinem Arbeit- **13** geber gestatten zu dokumentieren (Hochzeitstag, Hobbys, ehrenamtliches Engagement), auf sein Verlangen sind sie jedoch zu entfernen, auch wenn der Arbeitgeber nichts „Unlauteres" damit beabsichtigt.

14 Ohne Zustimmung des Arbeitnehmers ist eine **Weitergabe der Personalakte** an Betriebsfremde nicht erlaubt (BAG 18. 12. 1984 AP BGB § 611 Nr. 8 Persönlichkeitsrecht), innerhalb des Betriebes ist der Kreis der mit ihrem Inhalt Vertrauten möglichst klein zu halten (BAG 15. 7. 1987 AP BGB § 611 Nr. 14 Persönlichkeitsrecht; BAG 4. 4. 1990 AP BGB § 611 Nr. 21 Persönlichkeitsrecht).

2. Persönlichkeitsbelange des Arbeitnehmers

15 Soweit der Arbeitgeber Personalakten führt, ergeben sich Grenzen für das **Speichern personenbezogener Daten** und die **Aufnahme von Unterlagen** aus der Schutzpflicht des Arbeitgebers für die Persönlichkeitsbelange des Arbeitnehmers (vgl. ausführlich *Reichold*, MünchArbR § 87 Rn. 8 ff.). Soweit es sich um eine Personaldatei handelt, findet das Bundesdatenschutzgesetz Anwendung (vgl. ausführlich zum Datenschutz im Arbeitsverhältnis *Reichold*, MünchArbR § 87).

IV. Einsichtsrecht in die Personalakten

1. Einblicksrecht in alle personenbezogenen Daten

16 Der Arbeitnehmer hat das Recht, in die über ihn geführten Personalakten Einsicht zu nehmen (Abs. 1 Satz 1). Zu den Personalakten gehören **alle Personalunterlagen** über einen Arbeitnehmer, unabhängig davon, ob sie in einer geschlossenen Akte aufbewahrt werden. Das Einsichtsrecht kann also nicht dadurch beschränkt werden, dass der Arbeitgeber bestimmte Unterlagen nicht zu den Personalakten nimmt. Die Führung von Personalakten mit „doppeltem Boden" ist unzulässig (s. Rn. 9). Das gilt auch für Unterlagen, die der Arbeitgeber als vertraulich kennzeichnet. Stellt ein Dritter dem Arbeitgeber unter der Verpflichtung zur Verschwiegenheit Unterlagen zur Verfügung, so dürfen diese nicht zu den Personalakten genommen werden und auch sonst nicht aufbewahrt werden, sondern sind zu vernichten oder dem Dritten zurückzugeben. Das Einsichtsrecht erstreckt sich auch auf personenbezogene Daten, die auf einem Datenträger aufbewahrt werden (s. Rn. 11).

2. Inhalt des Einsichtsrechts

17 a) Der Arbeitnehmer hat nur ein **Recht auf Einsicht**; er kann nicht verlangen, dass ihm die Personalakten zur Verfügung gestellt werden. Das schließt aber nicht aus, dass er sich **Notizen** machen kann (ebenso *Fitting*, § 83 Rn. 11; GL-*Löwisch*, § 83 Rn. 7; HSWGNR-*Rose*, § 83 Rn. 31; GK-*Wiese/Franzen*, § 83 Rn. 38; HWK-*Schrader*, § 83 Rn. 6). Jedoch kann er nicht verlangen, dass ihm **Fotokopien** oder Abschriften überlassen werden. Soweit im Betrieb dazu die Möglichkeit besteht, kann ein Arbeitnehmer sich aber auf seine Kosten Fotokopien aus den Akten fertigen; denn es handelt sich nur um eine rationelle Form, sich Notizen zu machen, und das Persönlichkeitsrecht Dritter ist nicht betroffen (ebenso LAG Niedersachsen 31. 3. 1981, DB 1981, 1623; *Fitting*, § 83 Rn. 11; GL-*Löwisch*, § 83 Rn. 7; HSWGNR-*Rose*, § 83 Rn. 32; GK-*Wiese/Franzen*, § 83 Rn. 39; s. aber zum Einsichtsrecht nach § 80 Abs. 2, ebenda Rn. 82). Mit der Begrenzung auf ein Einsichtsrecht ist allerdings nicht vereinbar, wenn der Arbeitnehmer sich ein Doppel der Personalakten anlegt; der Arbeitgeber ist nicht verpflichtet, dem Arbeitnehmer die Akte zu überlassen, damit dieser außerhalb des Betriebs Kopien anfertigen kann (ebenso GK-*Wiese/Franzen*, § 83 Rn. 38).

IV. Einsichtsrecht in die Personalakten **§ 83**

b) Einsicht bedeutet, dass der Arbeitnehmer **alles zur Kenntnis nehmen** kann, **was in** 18
den Personalakten enthalten ist. Da zu den Personalakten auch die personenbezogenen
Daten gehören, die in **automatisierten Informationssystemen** gespeichert sind, kann der
Arbeitnehmer verlangen, dass auch sie ihm zur Kenntnis gebracht werden. Einsicht
bedeutet hier, dass die gespeicherten Daten lesbar gemacht werden, z. B. durch Ausdruck
oder Datensichtgerät (ebenso *Fitting*, § 83 Rn. 11; GK-*Wiese/Franzen*, § 83 Rn. 37).

3. Art und Weise der Einsichtnahme

a) Der Arbeitnehmer kann die Einsicht **dort** nehmen, **wo die Personalakten geführt** 19
werden. Nach dem RegE bestand das Einsichtsrecht nur, „soweit im Betrieb Personalakten geführt werden" (BT-Drucks. VI/1786, S. 17). Das Gesetz bestimmt dagegen
allgemein, dass der Arbeitnehmer das Recht hat, in die über ihn geführten Personalakten
Einsicht zu nehmen. Dadurch soll sichergestellt werden, dass das Einsichtsrecht nicht
auf die im Betrieb geführten Personalakten beschränkt ist (so der Bericht des BT-Ausschusses für Arbeit und Sozialordnung, *zu* BT-Drucks. VI/2729, S. 29). Der Arbeitnehmer kann daher auch die Einsicht in Unterlagen verlangen, die nicht im Betrieb, sondern
in einem anderen Betrieb des Unternehmens, z. B. der Hauptverwaltung, geführt werden.
Voraussetzung ist nicht einmal, dass der Arbeitgeber die Personalakten selbst führt.

Das Einsichtsrecht besteht auch, wenn ein **Dritter personenbezogene Daten über den** 20
Arbeitnehmer sammelt oder aufbewahrt, z. B. eine Datenbank, sofern der Arbeitgeber
über die personenbezogenen Daten verfügen kann (ebenso *Fitting*, § 83 Rn. 10; GL-*Löwisch*, § 83 Rn. 6; GK-*Wiese/Franzen*, § 83 Rn. 18). Auch wenn der Arbeitgeber
über die Personalunterlagen oder sonstige Speicherung personenbezogener Daten kein
Verfügungsrecht hat, aber zu einem Konzern gehört, dessen herrschendes Unternehmen
das Verfügungsrecht hat, besteht das Einsichtsrecht (ebenso *Fitting*, § 83 Rn. 10). Das
Einsichtsrecht gibt aber nur einen Anspruch gegen den Arbeitgeber, nicht gegen den
Dritten, sofern man von dem Fall absieht, dass der Dritte zu dem Arbeitgeber in einem
Konzernverhältnis steht.

b) Der Arbeitnehmer kann die Einsicht in seine Personalakten **jederzeit** nehmen. Nicht 21
erforderlich ist, dass er hierzu einen besonderen Anlass hat (ebenso GK-*Wiese/Franzen*,
§ 83 Rn. 36). Besteht dieser nicht, so kann der Arbeitnehmer Einsicht aber nur in
angemessenen zeitlichen Abständen verlangen, weil sonst die Geltendmachung des Einsichtsrechts sich als rechtsmissbräuchlich erweist (ebenso im Ergebnis HSWGNR-*Rose*,
§ 83 Rn. 35).

Der Arbeitnehmer hat das Recht, **während der Arbeitszeit** in die über ihn geführten 22
Personalakten Einsicht zu nehmen (ebenso *Fitting*, § 83 Rn. 12; GL-*Löwisch*, § 83
Rn. 8; GK-*Wiese/Franzen*, § 83 Rn. 36; a. A. HSWGNR-*Rose*, § 83 Rn. 37; *Stege/
Weinspach/Schiefer*, § 83 Rn. 16). Dabei hat er aber auf die betrieblichen Notwendigkeiten Rücksicht zu nehmen. Arbeitsversäumnis, die durch die Einsicht in die Personalakten entsteht, ist wie Arbeitszeit zu bezahlen; auch die vorübergehende Verhinderung
zur Wahrnehmung eines Rechts kann als Grund in der Person des Arbeitnehmers
gewertet werden, der nach § 616 Abs. 1 BGB nicht zum Verlust des Anspruchs auf das
Arbeitsentgelt führt (ebenso im Ergebnis *Fitting*, § 83 Rn. 12; *Hunold*, AuA 1997, 364;
unter Rechtsanalogie zu § 20 Abs. 3 Satz 2, § 39 Abs. 3, § 44 Abs. 1 Satz 2 GK-*Wiese/
Franzen*, § 83 Rn. 36; a. A. von ihrem Standpunkt aus folgerichtig *Stege/Weinspach/
Schiefer*, § 83 Rn. 16).

c) Bei der Einsichtnahme dürfen **keine Personen anwesend** sein, die den **Arbeitnehmer** 23
überwachen oder mit seiner Überwachung beauftragt sind.

d) **Ort, Zeit und Art der Einsichtnahme** können durch **Betriebsvereinbarung** geregelt 24
werden, sofern der Rechtsanspruch des Arbeitnehmers unangetastet bleibt; es handelt
sich um Fragen der Ordnung des Betriebs und des Verhaltens der Arbeitnehmer im
Betrieb, die nach § 87 Abs. 1 Nr. 1 der Mitbestimmung des Betriebsrats unterliegen

§ 83 Einsicht in die Personalakten

(ebenso LAG Saarland 30. 1. 1974, AuR 1974, 217; *Fitting,* § 83 Rn. 13; DKK-*Buschmann,* § 83 Rn. 7; GK-*Wiese/Franzen,* § 83 Rn. 36; HSWGNR-*Rose,* § 83 Rn. 39; a. A. für nur freiwillige Betriebsvereinbarung GL-*Löwisch,* § 83 Rn. 16; s. auch BetrR 1976, 435 – Muster-BV zur Führung von Personalakten).

4. Recht des Arbeitnehmers

25 Das Einsichtsrecht hat nur der **Arbeitnehmer, nicht** der **Betriebsrat** (ebenso BAG 20. 12. 1988 AP ArbGG 1979 § 92 Nr. 5; LAG Frankfurt a. M., NZA 1985, 97; *Fitting,* § 83 Rn. 12; GK-*Wiese/Franzen,* § 83 Rn. 48). Personalakten dürfen deshalb dem Betriebsrat auch nicht, wenn er sie zur Durchführung seiner Aufgaben benötigt, zur Verfügung gestellt werden (a. A. *Pfarr,* AuR 1976, 198, 199 f.). Dies schließt nicht aus, Einzelheiten dem Betriebsrat zu offenbaren (oder offenbaren zu müssen), soweit er sich hier auf § 80 stützen kann (LAG Niedersachsen 22. 1. 2007, NZA-RR 2007, 585). Bewerbungsunterlagen hat der Arbeitgeber dagegen im Rahmen der Mitbestimmung nach § 99 dem Betriebsrat vorzulegen; sie gehören zu den Personalakten erst, wenn die personelle Maßnahme, die Einstellung oder Versetzung, auf die die Bewerbung sich bezieht, durchgeführt ist.

26 Da das Einsichtsrecht seine Grundlage im Achtungsanspruch aus dem Arbeitsverhältnis hat, kann der Arbeitnehmer es nicht auf einen Dritten, auch nicht auf den Betriebsrat übertragen; es besteht insoweit ein Abspaltungsverbot.

27 Das Einsichtsrecht kann nur der Arbeitnehmer oder sein gesetzlicher Vertreter ausüben. **Bevollmächtigt** er einen **Dritten,** so ist zu berücksichtigen, dass der Arbeitgeber nur dort Einsicht zu gewähren braucht, wo die Personalakten sich befinden, das Einsichtsrecht ihn aber nicht verpflichtet, einem Bevollmächtigten des Arbeitnehmers Zutritt zu gewähren. Das Gesetz sieht lediglich vor, dass der Arbeitnehmer ein Mitglied des Betriebsrats hinzuziehen kann (Abs. 1 Satz 2). Deshalb kann gegen den Willen des Arbeitgebers das Einsichtsrecht nicht von einem Bevollmächtigten ausgeübt werden, d. h. grundsätzlich auch nicht von einem Anwalt oder Gewerkschaftsvertreter (ebenso GK-*Wiese/Franzen,* § 83 Rn. 40; HSWGNR-*Rose,* § 83 Rn. 40; *Rothe,* DB 1972, 1919, 1921; *Becker-Schaffner,* BlStSozArbR 1980, 177, 178; a. A. *Fitting,* § 83 Rn. 12; GL-*Löwisch,* § 83 Rn. 13; DKK-*Buschmann,* § 83 Rn. 7; *Falkenberg,* DB 1972, 774, 776). Mit Rücksicht auf die Fürsorgepflicht des Arbeitgebers kann der Arbeitnehmer jedoch in Fällen unverschuldeter Verhinderung verlangen, dass ein Dritter für ihn das Einsichtsrecht wahrnimmt, sofern eine sofortige Einsichtnahme erforderlich ist. Auch dann darf es sich nicht um eine Person handeln, gegen die der Arbeitgeber berechtigte Einwände erheben kann (zutr. daher ArbG München 7. 3. 1997, DB 1979, 2284: Anwalt im Kündigungsschutzprozess; s. auch *v. Hoyningen-Huene,* MünchArbR, § 303 Rn. 42; GK-*Wiese/Franzen,* § 83 Rn. 40).

5. Schranken

28 Nicht zu den Personalakten gehören die **Prozessakten** eines Rechtsstreits zwischen Arbeitgeber und Arbeitnehmer (ebenso *Fitting,* § 83 Rn. 6; GK-*Wiese/Franzen,* § 83 Rn. 15). Da der Begriff der Personalakten materiell zu bestimmen ist, umfasst er zwar auch die personenbezogenen Daten des Arbeitnehmers, die in einem Rechtsstreit gesammelt und aufbewahrt werden; aber es widerspricht dem Prozessrecht, während eines Rechtsstreits den prozessualen Gegner zu verpflichten, Einblick in die Prozessakten zu gewähren.

29 Für die Ermittlung in einem **Betriebsbußenverfahren** findet dieser Gesichtspunkt jedoch keine Anwendung. Da der Arbeitgeber keine Disziplinargewalt über seine Arbeitnehmer hat, rechtfertigen Ermittlungen zur Durchführung eines Betriebsbußenverfahrens nicht, die Einsicht in die Personalakten zu verweigern, auch soweit es sich um sog.

betriebliche Ermittlungsakten handelt (ebenso *Fitting,* § 83 Rn. 6; a. A. GL-*Löwisch,* § 83 Rn. 14; HSWGNR-*Rose,* § 83 Rn. 43; GK-*Wiese/Franzen,* § 83 Rn. 15).

6. Entstehen und Erlöschen des Einsichtsrechts

Das Einsichtsrecht entsteht mit **Begründung des Arbeitsverhältnisses;** es steht dem 30 Arbeitnehmer als Anspruch aus dem Arbeitsverhältnis zu.

Deshalb entfällt es mit **Auflösung des Arbeitsverhältnisses,** soweit es sich um per- 31 sonenbezogene Daten handelt, die nach diesem Zeitpunkt über den Arbeitnehmer gesammelt oder aufbewahrt werden; es findet lediglich § 34 BDSG Anwendung. Handelt es sich dagegen um Personalakten, die während des Arbeitsverhältnisses geführt wurden, so hat der Arbeitnehmer auch noch nach Auflösung des Arbeitsverhältnisses das Recht, in sie Einsicht zu nehmen, wenn er daran ein konkretes Interesse hat (ebenso *Fitting,* § 83 Rn. 8; *Hunold,* AuA 1997, 364; GL-*Löwisch,* § 83 Rn. 10; *Kroll,* Datenschutz im Arbeitsverhältnis, S. 202 f.; *Falkenberg,* DB 1972, 774, 776; HWK-*Schrader,* § 83 Rn. 8; weniger weitgehend verlangen GK-*Wiese/Franzen,* § 83 Rn. 41 ein besonders Interesse). Der Arbeitgeber ist jedoch nicht verpflichtet, die Personalakten ausgeschiedener Arbeitnehmer aufzubewahren; eine derartige Pflicht besteht nur auf Grund besonderer Rechtsvorschriften für einzelne Personalunterlagen, z. B. Quittungsbelege und Lohnkonten (vgl. § 41 Abs. 1 Satz 9 EStG).

7. Kosten

Für die Einsicht darf der Arbeitgeber kein Entgelt verlangen. Entstehen dem Arbeit- 32 nehmer aber Kosten, so hat dieser sie selbst zu tragen, sofern sie nicht durch den Arbeitgeber veranlasst wurden.

8. Hinzuziehung eines Betriebsratsmitglieds

Der Arbeitnehmer kann bei der Einsicht in die Personalakten ein **Mitglied des** 33 **Betriebsrats hinzuziehen** (Abs. 1 Satz 2). Es gilt insoweit Gleiches wie für die Anhörung und Erörterung im Rahmen von § 82 (s. dort Rn. 11 f.).

Das Mitglied des Betriebsrats hat über den Inhalt der Personalakte **Stillschweigen zu** 34 **bewahren,** soweit es vom Arbeitnehmer im Einzelfall nicht von dieser Verpflichtung entbunden wird (Abs. 1 Satz 3). Die Verschwiegenheitspflicht besteht auch gegenüber dem Betriebsrat. Dieser hat kein Einsichtsrecht (s. Rn. 25). Ein Einsichtsrecht in die Personalakten steht dem Betriebsrat auch nicht für den Fall zu, dass er bei einer Personalmaßnahme nach § 99 mitzubestimmen hat (s. Rn. 25).

Verstößt das Betriebsratsmitglied gegen die Verschwiegenheitspflicht, so liegt eine 35 Amtspflichtverletzung vor, die regelmäßig zur Amtsenthebung nach § 23 Abs. 1 berechtigt, weil es sich um einen groben Verstoß handelt. Außerdem hat der Arbeitnehmer einen Schadensersatzanspruch aus unerlaubter Handlung; denn Abs. 2 Satz 3 ist ein Schutzgesetz i. S. des § 823 Abs. 2 BGB zu Gunsten des Arbeitnehmers (ebenso *Weiss,* RdA 1974, 269, 274). Das Betriebsratsmitglied macht sich weiterhin strafbar (§ 120 Abs. 2 und Abs. 3 Satz 2); die Straftat wird aber nur auf Antrag des betroffenen Arbeitnehmers verfolgt (§ 120 Abs. 4).

9. Hinzuziehung der Schwerbehindertenvertretung

Ist der **Arbeitnehmer** schwerbehindert, so hat er das Recht, bei Einsicht in die über ihn 36 geführte Personalakte die **Schwerbehindertenvertretung hinzuziehen** (§ 95 Abs. 3 Satz 1 SGB IX). Er kann außerdem aber auch noch ein **Mitglied des Betriebsrats hinzuziehen.** Die Schwerbehindertenvertretung hat ebenso wie ein hinzugezogenes Betriebsratsmitglied über den Inhalt der Personalakte Stillschweigen zu bewahren, soweit sie vom schwerbehinderten Mitarbeiter nicht von dieser Verpflichtung entbunden wird

(§ 95 Abs. 3 Satz 2 SGB IX). Bei einem Verstoß ist sie den gleichen Rechtsfolgen ausgesetzt wie ein Betriebsratsmitglied (s. Rn. 35). Insbesondere macht auch sie sich strafbar (§ 155 SGB IX).

V. Erklärungen des Arbeitnehmers zum Inhalt der Personalakte

1. Inhalt des Anspruchs

37 Der Arbeitnehmer hat nicht nur das **Recht**, zu dem **Inhalt der Personalakte Stellung zu nehmen**, wie sich bereits aus § 82 Abs. 1 Satz 2 ergibt, sondern das Gesetz gibt ihm darüber hinaus das Recht, dass von ihm abgegebene Erklärungen zum **Inhalt der Personalakte** dieser auf sein Verlangen **beizufügen** sind (Abs. 2). Dieser Anspruch besteht unabhängig davon, ob der Inhalt der Personalakte richtig ist. Der Arbeitnehmer erhält dadurch die Möglichkeit, seine Gegenvorstellungen zum Inhalt der Personalakte zu machen.

38 Der Gesetzestext beschränkt das Recht auf *Erklärungen* des Arbeitnehmers. Er ist nach dem Normzweck zu eng; denn es soll dem Arbeitnehmer ermöglicht werden, die für seine berufliche Entwicklungsmöglichkeit maßgeblichen Beurteilungsgrundlagen zu ergänzen. Deshalb kann er auch *Unterlagen* nachreichen, die nach seiner Meinung für eine Beurteilung der in den Personalakten enthaltenen Angaben von Bedeutung sind, wie Zeugnisse oder sonst erworbene Qualifikationen (ebenso *Fitting*, § 83 Rn. 14; GL-*Löwisch*, § 83 Rn. 17; GK-*Wiese/Franzen*, § 83 Rn. 63 f.; HSWGNR-*Rose*, § 83 Rn. 47; DKK-*Buschmann*, § 83 Rn. 12). Eine Schranke besteht nur insoweit, als der Arbeitnehmer nicht verlangen kann, dass Erklärungen anderer Personen zum Inhalt der Personalakte beizufügen sind oder Unterlagen aufgenommen werden, die für das Arbeitsverhältnis keine Rolle spielen.

2. Verhältnis zum Berichtigungsanspruch

39 Sind tatsächliche Angaben in der Personalakte nicht zutreffend oder ist eine Bewertung von Führung oder Leistung des Arbeitnehmers nicht im Rahmen des pflichtgemäßen Ermessens getroffen worden, so kann der Arbeitnehmer verlangen, dass der Arbeitgeber in Erfüllung der ihm obliegenden Fürsorgepflicht die Angaben berichtigt oder die Unterlagen aus der Personalakte entfernt und durch zutreffende Unterlagen ersetzt (vgl. BAG 25. 2. 1959 AP BGB § 611 Nr. 6 Fürsorgepflicht; 15. 1. 1986 AP BGB § 611 Nr. 96 Fürsorgepflicht; 30. 5. 1996 AP BGB § 611 Nr. 2 Nebentätigkeit; BAG 15. 4. 1999 AP BGB § 611 Nr. 8 Abmahnung). Dieser aus der Fürsorgepflicht des Arbeitgebers abzuleitende Berichtigungsanspruch wird nicht dadurch ausgeschlossen, dass der Personalakte nach Abs. 2 Erklärungen des Arbeitnehmers zu ihrem Inhalt auf dessen Verlangen beizufügen sind.

40 Werden der Beurteilung eines Arbeitnehmers Beurteilungsgrundsätze zu Grunde gelegt bei deren Erlass nicht das Mitbestimmungsverfahren gewahrt wurde (§ 94 Abs. 2), kann der Arbeitnehmer ihre Entfernung aus der Personalakte verlangen (s. § 94 Rn. 66). Ebenso kann er die Entfernung einer Abmahnung verlangen, die auf Grund Zeitablaufs nicht mehr geeignet ist, eine spätere Kündigung vorzubereiten (BAG 13. 4. 1988 AP BGB § 611 Nr. 100 Fürsorgepflicht).

3. Verhältnis zur Regelung über die Berichtigung, Löschung und Sperrung personenbezogener Daten in § 35 BDSG

41 Die Regelung über die Berichtigung, Sperrung und Löschung personenbezogener Daten in § 35 BDSG wird, soweit es um die **Berichtigung** und **Löschung** geht, **nicht durch § 83 Abs. 2 verdrängt** (ebenso *Fitting*, § 83 Rn. 34; GK-*Wiese/Franzen*, § 83

Rn. 58 f.). Die Vorschriften stehen nicht in einem Verhältnis der Subsidiarität zueinander, sondern finden nebeneinander Anwendung.

Das hier geregelte Recht, eine Erklärung zur Personalakte zu geben, **verdrängt** aber **42** den in **§ 35 Abs. 4 BDSG vorgesehenen Anspruch auf Sperrung;** denn soweit dort der Anspruch für den Fall gegeben wird, dass die Richtigkeit personenbezogener Daten vom Betroffenen bestritten wird und sich weder die Richtigkeit noch die Unrichtigkeit feststellen lässt, handelt es sich um die gleiche Konfliktlage, für die hier in Abs. 2 ein Anspruch des Arbeitnehmers eingeräumt wird (vgl. GK-*Wiese/Franzen*, § 83 Rn. 61; ähnlich *Fitting*, § 83 Rn. 34: der Auskunftsanspruch nach § 34 BDSG wird verdrängt, das Recht auf Sperrung stehe dagegen neben dem § 83 a. A. GK-*Wiese* [7. Aufl.] § 83 Rn. 58).

VI. Streitigkeiten

Streitigkeiten über das Einsichtsrecht in die Personalakten und das Recht, der Perso- **43** nalakte Erklärungen des Arbeitnehmers zu deren Inhalt auf sein Verlangen beizufügen, sind **Streitigkeiten aus dem Einzelarbeitsverhältnis.** Das Arbeitsgericht entscheidet deshalb über sie im Urteilsverfahren (§ 2 Abs. 1 Nr. 3 lit. a, Abs. 5 i. V. mit §§ 46 ff. ArbGG; ebenso *Fitting*, § 83 Rn. 42; DKK-*Buschmann*, § 83 Rn. 26; HSWGNR-*Rose*, § 83 Rn. 61; GK-*Wiese/Franzen*, § 83 Rn. 65; HWK-*Schrader*, § 83 Rn. 11). Der Anspruch auf Hinzuziehung eines Betriebsratsmitglieds ist ebenfalls ein individualrechtlicher Anspruch, über den das Arbeitsgericht im Urteilsverfahren entscheidet; es gilt insoweit Gleiches wie für die Hinzuziehung nach § 82 Abs. 2 Satz 2 (s. dort Rn. 19).

Der Arbeitnehmer hat selbstverständlich auch hier das **Beschwerderecht** nach § 84 **44** und § 85. Bei einer Meinungsverschiedenheit kann der Betriebsrat aber das Einigungsverfahren nicht gegen den Willen des Arbeitgebers einleiten und durchführen; denn Gegenstand der Beschwerde ist hier ein Rechtsanspruch (§ 85 Abs. 2 Satz 3; s. auch dort Rn. 17 ff.).

§ 84 Beschwerderecht

(1) ¹Jeder Arbeitnehmer hat das Recht, sich bei den zuständigen Stellen des Betriebs zu beschweren, wenn er sich vom Arbeitgeber oder von Arbeitnehmern des Betriebs benachteiligt oder ungerecht behandelt oder in sonstiger Weise beeinträchtigt fühlt. ²Er kann ein Mitglied des Betriebsrats zur Unterstützung oder Vermittlung hinzuziehen.

(2) Der Arbeitgeber hat den Arbeitnehmer über die Behandlung der Beschwerde zu bescheiden und, soweit er die Beschwerde für berechtigt erachtet, ihr abzuhelfen.

(3) Wegen der Erhebung einer Beschwerde dürfen dem Arbeitnehmer keine Nachteile entstehen.

Übersicht

	Rn.
I. Vorbemerkung	1
II. Gegenstand der Beschwerde	4
1. Individualbeschwerde	4
2. Kreis der beschwerdefähigen Angelegenheiten	6
III. Einlegung und Wirkungen der Beschwerde	11
1. Einlegung der Beschwerde	11
2. Hinzuziehung eines Betriebsratsmitglieds	14
3. Wirkungen der Beschwerde	16
4. Benachteiligungsverbot	18

	Rn.
IV. Entscheidung über die Beschwerde	21
1. Verbescheidung	21
2. Abhilfe der Beschwerde	22
3. Wiederholung der Beschwerde	28
V. Verhältnis zum kollektiven Beschwerdeverfahren	30
VI. Streitigkeiten	31

I. Vorbemerkung

1   Die §§ 84 bis 86 regeln das **Beschwerderecht des einzelnen Arbeitnehmers**. Sie ergänzen damit die in diesem Abschnitt enthaltenen Informations-, Anhörungs- und Erörterungsrechte des einzelnen Arbeitnehmers. Das Recht des Arbeitnehmers, sich zu beschweren, wurde hier erstmals 1972 kodifiziert; aber ein Beschwerderecht hatte der Arbeitnehmer auch schon zuvor nach allgemeinen arbeitsrechtlichen Grundsätzen (vgl. auch GK-*Wiese*, Vorbem. vor § 81 Rn. 16; *ders.*, RdA 1973, 1, 5). Davon ging § 54 Abs. 1 lit. c BetrVG 1952 aus, wenn er im Rahmen der allgemeinen Aufgaben des Betriebsrats vorsah, dass dieser Beschwerden von Arbeitnehmern entgegenzunehmen und, falls sie berechtigt erschienen, durch Verhandlung mit dem Arbeitgeber auf ihre Abstellung hinzuwirken hatte (ebenso GK-*Wiese*, Vorbem. vor § 81 Rn. 16).

2   Trotz der Beteiligung des Betriebsrats im Rahmen des Beschwerdeverfahrens handelt es sich bei dem Beschwerderecht um ein **Individualrecht des einzelnen Arbeitnehmers** (und auch des Beamten in den umgewandelten Teilen der Deutschen Bundespost, LAG Hamburg 23. 7. 2004 – 6 TaBV 3/04, juris). Das Recht besteht deshalb auch in Betrieben, die keinen Betriebsrat haben (ebenso *Fitting*, § 84 Rn. 1; GL-*Löwisch*, § 84 Rn. 3; GK-*Wiese*, Vorbem. vor § 81 Rn. 21). Soweit es lediglich um das Recht des Arbeitnehmers geht, sich zu beschweren, wird nur konkretisiert, was sich für alle Arbeitnehmer als Ausprägung der Treuepflicht des Arbeitgebers unmittelbar aus dem Arbeitsverhältnis ergibt. Deshalb spielt insoweit keine Rolle, ob der Betrieb betriebsratsfähig ist oder es sich um Arbeitnehmer handelt, die unter § 5 Abs. 2 fallen oder zum Kreis der leitenden Angestellten gemäß § 5 Abs. 3 gehören. Die Bedeutung des § 84 erschöpft sich aber nicht nur in der legislatorischen Bestätigung eines Beschwerderechts aus dem Arbeitsverhältnis, sondern sie liegt vor allem in der *Institutionalisierung eines Beschwerdeverfahrens* (ebenso GK-*Wiese*, § 84 Rn. 4). Die Vorschrift findet deshalb in dieser Funktion keine Anwendung auf die in § 5 Abs. 2 genannten Personen und die leitenden Angestellten i. S. des § 5 Abs. 3 (ebenso GL-*Löwisch*, § 84 Rn. 3; GK-*Wiese*, Vorbem. vor § 81 Rn. 22). Die hier vorgesehene Verfahrensregelung gilt auch nicht in Betrieben, in denen kein Betriebsrat zu bilden ist (vgl. Vorbem. vor § 81 Rn. 5). Obwohl bei gewerblicher Arbeitnehmerüberlassung die Leiharbeitnehmer nicht zur Belegschaft des Entleiherbetriebs gehören, finden §§ 84 bis 86 auf sie nicht nur im Verleiherbetrieb, sondern auch im Entleiherbetrieb Anwendung (§ 14 Abs. 1 und Abs. 2 Satz 3 AÜG).

3   Das AGG hat ein spezielles Beschwerderecht in § 13 bei Diskriminierungen geschaffen. Es löst 3 BeSchG und das dortige spezielle Beschwerderecht bei **sexueller Belästigung am Arbeitsplatz** ab; es lässt die Vorschriften der §§ 84, 85 BetrVG unberührt (§ 13 Abs. 2 AGG, s. auch Rn. 7 und 26).

Entsprechende Vorschriften: Weder im BPersVG noch im SprAuG.

II. Gegenstand der Beschwerde

1. Individualbeschwerde

4   Gegenstand der Beschwerde ist nach der gesetzlichen Umschreibung, dass der Arbeitnehmer sich vom Arbeitgeber oder von Arbeitnehmern des Betriebs **benachteiligt** oder

II. Gegenstand der Beschwerde

ungerecht behandelt oder in sonstiger Weise **beeinträchtigt** fühlt. Der Beschwerdeführer muss also geltend machen, dass er in seiner *individuellen Position* beeinträchtigt wird. Der Arbeitnehmer hat dagegen nicht das Beschwerderecht nach dieser Bestimmung, wenn er lediglich geltend machen will, dass Arbeitskollegen benachteiligt oder ungerecht behandelt werden, oder wenn er sich ganz allgemein über Missstände im Betrieb beschwert, etwa das schlechte Betriebsklima im Allgemeinen rügt, oder der Arbeitnehmer pauschal auf ein unzureichendes Sicherheitsniveau hinweist; er hat **nicht** das **Recht zur Popularbeschwerde** (ebenso BAG 22. 11. 2005 AP BetrVG 1972 § 85 Nr. 2; LAG Schleswig-Holstein 21. 12. 1989, NZA 1990, 703; ArbG Mannheim 20. 12. 1978, BB 1979, 833; *Brecht*, § 84 Rn. 4; *Fitting*, § 84 Rn. 4; GL-*Löwisch*, § 84 Rn. 4; DKK-*Buschmann*, § 84 Rn. 7; HSWGNR-*Rose*, § 84 Rn. 13; GK-*Wiese*, § 84 Rn. 11; HWK-*Schrader*, § 84 Rn. 3; ErfK-*Kania*, § 84 Rn. 4; *Nebendahl/Lunk*, NZA 1990, 676). Es ist vielmehr Sache des Betriebsrats, sich dieser Fälle anzunehmen. Ein einzelner Arbeitnehmer muss sich deshalb an ihn wenden; nach § 80 Abs. 1 Nr. 3 gehört es zu den allgemeinen Aufgaben des Betriebsrats, Anregungen von Arbeitnehmern entgegenzunehmen und, falls sie berechtigt erscheinen, durch Verhandlungen mit dem Arbeitgeber auf eine Erledigung hinzuwirken. Dem einzelnen Arbeitnehmer ist aber nicht verwehrt, ohne Einschaltung des Betriebsrats unmittelbar an die zuständigen Stellen des Betriebs heranzutreten. Die Beschränkung des Beschwerdegegenstands auf eine individuelle Beeinträchtigung des Arbeitnehmers bedeutet also nicht das Verbot der Popularbeschwerde, sondern ist lediglich Voraussetzung für das hier gestaltete Beschwerdeverfahren.

Nicht erforderlich ist, dass eine Beeinträchtigung objektiv gegeben ist oder das Vorbringen des Arbeitnehmers sie schlüssig ergibt, sondern es genügt, dass der Arbeitnehmer sich **beeinträchtigt fühlt** (ebenso GK-*Wiese*, § 84 Rn. 8; *ders.*, FS G. Müller, S. 625, 626; *Moll/Klunker*, RdA 1973, 361). Darüber hinaus kommt es auch nicht darauf an, ob die Beschwerde sich auf bereits abgeschlossene Vorgänge bezieht. Es reicht aus, wenn das beeinträchtigende Geschehen andauert, oder es sich zukünftig zumindest wiederholen kann (vgl. BAG a. a. O.).

2. Kreis der beschwerdefähigen Angelegenheiten

Der Kreis der beschwerdefähigen Angelegenheiten ist **umfassend**. Er kann in einer Benachteiligung des Arbeitnehmers, in einer ungerechten Behandlung oder in einer sonstigen Beeinträchtigung bestehen. Doch ist notwendig, dass ein inhaltlicher Zusammenhang mit dem Arbeitsverhältnis besteht (ebenso ArbG Mannheim 10. 12. 1978, BB 1979, 833; *Brecht*, § 84 Rn. 2; GK-*Wiese*, § 84 Rn. 8; *ders.*, FS G. Müller, S. 625, 626). Das Beschwerderecht besteht z. B. nicht bei einer Auseinandersetzung über die sportliche Leistung des Arbeitnehmers in der Betriebsmannschaft. Soweit der Zusammenhang mit dem Arbeitsverhältnis gewahrt ist, gehört hierher aber nicht nur eine Benachteiligung, z. B. durch Zuweisung besonders schmutziger Arbeit oder Nichtgewährung einer Jubiläumszuwendung, sondern jede ungerechte Behandlung, wobei vor allem an eine Verletzung der in § 75 Abs. 1 enthaltenen Grundsätze zu denken ist. Es genügen aber auch sonstige Beeinträchtigungen, z. B. Verulken und Schabernacktreiben, das Verlegen der Werkzeuge und der Arbeitskleidung, die Isolierung eines Arbeitnehmers von seinen Kollegen. Auch die (angebliche) Unterbesetzung einer Abteilung und die damit verbundene Arbeitsüberlastung des Mitarbeiters ist beschwerdefähig (LAG Hamm 21. 8. 2001, NZA-RR 2002, 139). Eine Beeinträchtigung schwerer Art ist das sog. **Mobbing** (von „to mob": belästigen, bedrängen), durch das ein Arbeitnehmer unter den „Psychoterror" von Vorgesetzten oder Kollegen gesetzt wird (vgl. *Däubler*, BB 1995, 1347 ff.; *Haller/Koch*, NZA 1995, 356 ff.; s. auch BAG 15. 1. 1997 AP BetrVG 1972 § 37 Nr. 118); ebenso **ausländerfeindliches Verhalten** (*Krummel/Küttner*, NZA 1996, 67, 75).

7 Zum Kreis der beschwerdefähigen Angelegenheiten gehört insbesondere der Tatbestand der **sexuellen Belästigung am Arbeitsplatz,** für die § 13 AGG neben anderen Benachteiligungen i. S. des § 3 AGG ein spezielles Beschwerderecht eingeräumt hat. Der Tatbestand ist in § 3 Abs. 4 AGG definiert: Sexuelle Belästigung am Arbeitsplatz ist jedes vorsätzliche, sexuell bestimmte Verhalten, das die Würde von Beschäftigten am Arbeitsplatz verletzt. Dazu gehören nicht nur sexuelle Handlungen und Verhaltensweisen, die nach den strafgesetzlichen Vorschriften unter Strafe gestellt sind, sondern auch sonstige sexuelle Handlungen, Aufforderungen und Verhaltensweisen, die von den Betroffenen erkennbar abgelehnt werden (vgl. *Worzalla,* NZA 1994, 1016 ff.; ausführlich Münch-Komm-*Thüsing,* § 3 AGGG Rn. 64 ff.).

8 Gegenstand der Beschwerde kann auch die **Nichterfüllung eines Rechtsanspruchs** sein, z. B. wenn der Arbeitnehmer geltend macht, dass er durch eine falsche Berechnung des Lohns benachteiligt wird. Lediglich wenn der Betriebsrat nach § 85 eingeschaltet wird, ist dieser Umstand von Bedeutung; denn der Betriebsrat kann nicht gegen den Willen des Arbeitgebers die Einigungsstelle anrufen, um einen bindenden Spruch herbeizuführen, soweit Gegenstand der Beschwerde ein Rechtsanspruch ist (§ 85 Abs. 2 Satz 3; s. ausführlich dort Rn. 17 ff.).

9 **Keine Rolle** spielt, ob die **Beeinträchtigung vom Arbeitgeber oder von Arbeitnehmern des Betriebs** ausgeht; insbesondere kann sich die Beschwerde auch gegen einen leitenden Angestellten richten (vgl. *Fitting,* § 84 Rn. 9).

10 Die **Amtstätigkeit des Betriebsrats** kann dagegen **nicht Gegenstand einer Beschwerde** sein; denn der Arbeitgeber hat keine Befugnis, auf sie einzuwirken, kann also nicht Abhilfe schaffen (ebenso *Fitting,* § 84 Rn. 12; DKK-*Buschmann,* § 84 Rn. 11; *Weiss/Weyand,* § 84 Rn. 3; GK-*Wiese,* § 84 Rn. 14; HWK-*Schrader,* § 84 Rn. 5; *ders.,* FS G. Müller, S. 625, 629 f.; *Moll/Klunker,* RdA 1973, 361; a. A. *Brecht,* § 84 Rn. 3; *Stege/Weinspach/Schiefer,* §§ 84–86 Rn. 4 mit dem Hinweis auf die Möglichkeit eines Antrags des Arbeitgebers nach § 23 Abs. 1; das Quorum dieser Norm für die Arbeitnehmerseite darf jedoch nicht über den Umweg über § 84 umgangen werden). Gleiches gilt auch, soweit ein Arbeitnehmer sich über das Verhalten eines Betriebsratsmitglieds bei Erfüllung der ihm obliegenden Betriebsratsaufgaben beschwert. Insoweit besteht lediglich die Möglichkeit, nach § 23 Abs. 1 vorzugehen. Andererseits gibt die Zugehörigkeit zum Betriebsrat keinen Freibrief. Deshalb kann auch das Verhalten eines Betriebsratsmitglieds Gegenstand einer Beschwerde sein, wenn es nicht in Zusammenhang mit der Betriebsratstätigkeit steht.

III. Einlegung und Wirkungen der Beschwerde

1. Einlegung der Beschwerde

11 a) Die Beschwerde ist bei den **zuständigen Stellen des Betriebs** einzulegen. Da das Beschwerderecht nur einen Unterfall des in § 82 Abs. 1 Satz 1 eingeräumten Anhörungsrechts darstellt (vgl. *Brecht,* § 84 Rn. 2), ist die zuständige Stelle des Betriebs, wer nach Maßgabe des organisatorischen Aufbaus des Betriebs für die Entgegennahme der Beschwerde zuständig ist. Die Zuständigkeit wird deshalb auch hier durch den organisatorischen Aufbau des Betriebs festgelegt (s. § 82 Rn. 7; vgl. auch *Fitting,* § 84 Rn. 13; DKK- *Buschmann,* § 84 Rn. 12; GK-*Wiese,* § 84 Rn. 16).

12 Wer zur Entgegennahme von Beschwerden zuständig ist, braucht nicht zugleich auch für die Behandlung der Beschwerde zuständig zu sein, sondern insoweit kann der Arbeitgeber festlegen, wer für die Behandlung der Beschwerde zuständig ist. Für die Entgegennahme der Beschwerde kann er dagegen nicht willkürlich eine Zuständigkeit begründen (a. A. HSWGNR-*Rose,* § 84 Rn. 24). Durch Tarifvertrag oder Betriebsvereinbarung kann aber mit den Einzelheiten des Beschwerdeverfahrens auch geregelt werden, wer zur

Entgegennahme einer Beschwerde zuständig ist (§ 86 Satz 1; ebenso *Fitting*, § 86 Rn. 2; GL-*Löwisch*, § 84 Rn. 5).

b) Die Einlegung der Beschwerde ist nach dem Gesetz weder an eine **Frist** noch an eine **Form** gebunden. Durch Tarifvertrag oder Betriebsvereinbarung können aber insoweit Einzelheiten festgelegt werden.

2. Hinzuziehung eines Betriebsratsmitglieds

Der Arbeitnehmer kann im Rahmen des individuellen Beschwerdeverfahrens ein **Mitglied des Betriebsrats zur Unterstützung oder Vermittlung hinzuziehen** (Abs. 1 Satz 3). Es liegt allein in der Entscheidung des Arbeitnehmers, wen er von den Mitgliedern des Betriebsrats hinzuzieht (ebenso GK-*Wiese*, § 84 Rn. 22). Der Betriebsrat kann nicht durch Beschluss festlegen, wer von den Betriebsratsmitgliedern diese Aufgabe übernimmt (s. § 82 Rn. 14). Der Anspruch besteht gegenüber dem Arbeitgeber, nicht gegenüber dem vom Arbeitnehmer ausgewählten Betriebsratsmitglied (vgl. auch § 82 Rn. 15). Bei genereller Weigerung oder bei einem Verstoß gegen die Grundsätze in § 75 Abs. 1 liegt aber eine Amtspflichtverletzung vor. Das Betriebsratsmitglied kann seine Mitwirkung auch nicht davon abhängig machen, ob es die Beschwerde für begründet hält (ebenso GK-*Wiese*, § 84 Rn. 22; a. A. Schaub-*Koch*, § 234 V 2).

Für das Betriebsratsmitglied ist hier anders als nach § 82 Abs. 2 Satz 3 und § 83 Abs. 1 Satz 3 eine **Verschwiegenheitspflicht** nicht festgelegt. Es handelt sich auch nicht um eine Regelungslücke. Der Arbeitnehmer hat, wie sich bereits aus der Gestaltung des individuellen Beschwerdeverfahrens ergibt, kein Recht auf anonyme Behandlung seiner Beschwerde (ebenso *Brecht*, § 84 Rn. 9; *Fitting*, § 84 Rn. 14; GK-*Wiese*, § 84 Rn. 23). Eine Verschwiegenheitspflicht kann sich für das hinzugezogene Betriebsratsmitglied aber daraus ergeben, dass im Rahmen des Beschwerdeverfahrens dem Arbeitnehmer die Berechnung und Zusammensetzung seines Arbeitsentgelts erläutert und mit ihm die Beurteilung seiner Leistungen sowie die Möglichkeit seiner beruflichen Entwicklung im Betrieb erörtert werden (§ 82 Abs. 2 Satz 3) oder er Einsicht in die über ihn geführten Personalakten nimmt und das Betriebsratsmitglied auch insoweit hinzuzieht (§ 83 Abs. 1 Satz 3). Außerdem ist auch das Betriebsratsmitglied an das in Abs. 3 festgelegte Benachteiligungsverbot gebunden (s. Rn. 18).

3. Wirkungen der Beschwerde

Das Beschwerdeverfahren ist **kein außergerichtliches Vorverfahren.** Der Arbeitnehmer ist also nicht gezwungen, sich zunächst bei den zuständigen Stellen des Betriebs zu beschweren oder den Weg über den Betriebsrat zu wählen, sondern er kann unmittelbar Klage beim Arbeitsgericht erheben (ebenso *Fitting*, § 84 Rn. 1).

Die Beschwerde hat gegenüber Maßnahmen des Arbeitgebers **keine aufschiebende Wirkung** (ebenso *Fitting*, § 84 Rn. 15; GL-*Löwisch*, § 84 Rn. 7; GK-*Wiese*, § 84 Rn. 18). Die Erhebung der Beschwerde führt auch nicht dazu, dass gesetzliche Ausschlussfristen gehemmt oder unterbrochen werden (ebenso *Fitting*, § 84 Rn. 1; GL-*Löwisch*, § 84 Rn. 8; GK-*Wiese*, § 84 Rn. 19). Sie hat lediglich eine ähnliche Bedeutung wie die Dienstaufsichtsbeschwerde oder Gegenvorstellung im Verwaltungsrecht (so GL-*Löwisch*, § 84 Rn. 7).

4. Benachteiligungsverbot

Dem Arbeitnehmer dürfen, wie in Abs. 3 ausdrücklich klargestellt wird, wegen der Erhebung einer Beschwerde keine Nachteile entstehen. Die Vorschrift regelt damit einen besonderen Fall des allgemeinen Maßregelungsverbots gemäß § 612 a BGB (s. hierzu *Thüsing*, NZA 1994, 728; Staudinger-*Richardi*, [13. Bearb.], § 612 a Rn. 10). Dort wie hier handelt es sich um einen Sonderfall sittenwidrigen Verhaltens, das ausdrücklich untersagt wird: Niemand soll dafür „bestraft" werden dürfen, dass er die ihm zustehenden Rechte ausübt. Das bedeutet aber nicht, dass er von Nachteilen zu verschonen ist, die anlässlich der Beschwerde entstehen, z.B. wenn er Anschuldigungen gegen den Arbeitgeber oder Arbeitskollegen erhebt, die eine Beleidigung darstellen (s. auch LAG Hamm 11. 2. 2004, ArbuR 2005, 36), oder wenn seine Beschwerde zur Folge hat, dass Unregelmäßigkeiten aufgedeckt werden, an denen er beteiligt ist (ebenso LAG Köln 20. 1. 1999, LAGE Nr. 128 Nr. § 626 BGB; *Brecht*, § 84 Rn. 8; *Fitting*, § 84 Rn. 21; GK-*Wiese*, § 84 Rn. 33 f.).

19 Versäumnis von Arbeitszeit, die zur Erhebung der Beschwerde erforderlich ist, berechtigt den Arbeitgeber nicht zur Minderung des Arbeitsentgelts (ebenso *Fitting*, § 84 Rn. 20; GK-*Wiese*, § 84 Rn. 20). Das ergibt sich zwar nicht unmittelbar aus Abs. 3, das hier in Abs. 3 enthaltene Benachteiligungsverbot rechtfertigt aber eine Analogie zu den sonstigen Vorschriften im BetrVG, die dem Arbeitnehmer für Versäumnis von Arbeitszeit, die zur Wahrnehmung seiner Rechte erforderlich ist, den Anspruch auf Fortzahlung seines Arbeitsentgelts geben, wie § 20 Abs. 3 Satz 2, § 39 Abs. 3 und § 44 Abs. 1 Satz 2 und Abs. 2 Satz 2 (ebenso GK-*Wiese*, § 84 Rn. 20; im Ergebnis auch *Fitting*, § 84 Rn. 20; DKK-*Buschmann*, § 84 Rn. 21).

20 Soweit die Beschwerde auf eine sexuelle Belästigung am Arbeitsplatz oder sonstige Diskriminierung gestützt wird, greift ergänzend § 13 AGG ein, der wie § 612a BGB dem Arbeitgeber verbietet, den Arbeitnehmer nur deshalb zu benachteiligen, weil er in zulässiger Weise seine Rechte ausgeübt hat.

IV. Entscheidung über die Beschwerde

1. Verbescheidung

21 Der **Arbeitgeber hat zu prüfen**, ob die Beschwerde berechtigt ist, und den **Arbeitnehmer über die Behandlung der Beschwerde zu bescheiden** (Abs. 2). Der Arbeitnehmer hat also einen Anspruch auf Verbescheidung. Der Arbeitgeber hat ihm mitzuteilen, ob er die Beschwerde für berechtigt hält oder nicht. Bedarf es dazu einer längeren Untersuchung, so muss er innerhalb einer angemessenen Frist einen **Zwischenbescheid** erteilen (ebenso *Fitting*, § 84 Rn. 15; HSWGNR-*Rose*, § 84 Rn. 34; GK-*Wiese*, § 84 Rn. 27). In welcher Form die Verbescheidung erfolgt, ist unerheblich; sie kann schriftlich oder mündlich geschehen, bedarf jedoch für den Fall, dass die Beschwerde abgelehnt wird, der Begründung (ebenso *Fitting*, § 84 Rn. 16; *Stege/Weinspach/Schiefer*, §§ 84–86 Rn. 6; weitergehend *Weiss/Weyand*, § 84 Rn. 5, die dem Arbeitnehmer das Recht geben, bei Ablehnung eine schriftliche Begründung zu verlangen; ohne die hier vorgenommene Einschränkung: *Brecht*, § 84 Rn. 6; GL-*Löwisch*, § 84 Rn. 10; GK-*Wiese*, § 84 Rn. 27).

2. Abhilfe der Beschwerde

22 Hält der Arbeitgeber die **Beschwerde** für **berechtigt** so hat er ihr **abzuhelfen.** Dieser Anspruch ist eine Konkretisierung der dem Arbeitgeber obliegenden Fürsorgepflicht (ebenso *Wiese*, RdA 1973, 1, 5). Soweit Beschwerdegegenstand nicht ein Rechtsanspruch ist, liegt es allein im Ermessen des Arbeitgebers, wie er der Beschwerde abhilft (ebenso GK-*Wiese*, § 84 Rn. 25; *Moll/Klunker*, RdA 1973, 361, 362).

23 Die Anerkennung der Beschwerde führt zu einer **Selbstbindung des Arbeitgebers** (vgl. auch *Fitting*, § 84 Rn. 18). Dies ist aber nicht als eine Art Rechtskraft zu verstehen; denn der Arbeitgeber ist Partei des Arbeitsverhältnisses, nicht streitentscheidende Instanz (so zutreffend GL-*Löwisch*, § 84 Rn. 11). Eine Bindung tritt vielmehr aus den folgenden rechtlichen Gesichtspunkten ein:

(1) Ist Gegenstand der Beschwerde ein *Rechtsanspruch* des Arbeitnehmers, so liegt in 24
der Anerkennung der Beschwerde ein *deklaratorisches Schuldanerkenntnis* (ebenso GL-*Löwisch*, § 84 Rn. 12; GK-*Wiese*, § 84 Rn. 26).

(2) Handelt es sich dagegen um ein *sonstiges Anliegen*, so hat die Anerkennung der 25
Beschwerde lediglich zur Folge, dass der Arbeitnehmer einen *Anspruch auf Abhilfe*
erhält, sofern im Machtbereich des Arbeitgebers liegt, die Beeinträchtigung zu beseitigen
(ebenso *Fitting*, § 84 Rn. 18; *Moll/Klunker*, RdA 1973, 361, 362). Welches Mittel der
Arbeitgeber wählt, um der Beschwerde abzuhelfen, liegt in seinem Ermessen.

Wird die Beschwerde auf eine **sexuelle Belästigung am Arbeitsplatz oder sonstige** 26
Diskriminierung gestützt, so hat der Arbeitgeber **geeignete Maßnahmen** zu treffen, um
die **Fortsetzung einer** Diskriminierung oder **festgestellten Belästigung zu unterbinden**.
Ergreift er keine oder offensichtlich ungeeignete Maßnahmen zur Unterbindung der
sexuellen Belästigung, so sind die belästigten Beschäftigten berechtigt, ihre Tätigkeit am
betreffenden Arbeitsplatz ohne Verlust des Arbeitsentgelts einzustellen, soweit dies zu
ihrem Schutz erforderlich ist (§ 14 Satz 1 AGG).

Besteht die **Abhilfe** in der **individuellen Zusage,** beispielsweise den Arbeitsplatz ent- 27
sprechend zu gestalten oder eine Beeinträchtigung durch andere Arbeitnehmer zu unterbinden, so erhält der Arbeitnehmer dadurch einen Rechtsanspruch, den er im Klageweg
durchsetzen kann; er hat möglicherweise sogar ein **Leistungsverweigerungsrecht**. Diese
Rechtsposition ergibt sich *aus der Abhilfe* durch den Arbeitgeber und ist deshalb von
dem *Anspruch auf Abhilfe* zu unterscheiden. Die Abhilfe kann auch in einem tatsächlichen Verhalten bestehen, so dass keine zusätzliche rechtsgeschäftliche Bindung des
Arbeitgebers begründet wird, aus der sich für den Arbeitnehmer ein Rechtsanspruch
oder ein Leistungsverweigerungsrecht ergibt.

3. Wiederholung der Beschwerde

Bei Wiederholung der Beschwerde über denselben Gegenstand besteht kein **Anspruch** 28
auf Verbescheidung. Das Gesetz kennt keinen Instanzenzug im Beschwerdeverfahren.
Der Arbeitnehmer hat deshalb nicht das Recht, bei Ablehnung durch eine untergeordnete betriebliche Stelle die ihr übergeordnete betriebliche Stelle anzurufen, um eine
abweichende Verbescheidung herbeizuführen (a. A. *Fitting*, § 84 Rn. 13; GK-*Wiese*,
§ 84 Rn. 30). Es ist vielmehr Sache des Arbeitgebers, festzulegen, wie er die bei den
zuständigen Stellen des Betriebs eingelegten Beschwerden behandelt. Deshalb kann er
einen Instanzenzug einrichten; insbesondere kann er durch Tarifvertrag oder Betriebsvereinbarung geschaffen werden, und es können die Einzelheiten des Beschwerdeverfahrens
geregelt werden (§ 86 Satz 1). Der Arbeitnehmer hat aber keinen Anspruch auf mehrfache Verbescheidung über denselben Beschwerdegegenstand.

Aus den allgemeinen Schranken zulässiger Rechtsausübung ergibt sich, dass kein 29
Anspruch auf Verbescheidung für eine rechtsmissbräuchliche Ausübung des Beschwerderechts besteht, also insbesondere bei querulatorischen Beschwerden.

V. Verhältnis zum kollektiven Beschwerdeverfahren

Der Arbeitnehmer kann wählen, ob er sich nach § 84 bei den zuständigen Stellen des 30
Betriebs beschwert oder ob er nach § 85 den Betriebsrat einschaltet. Er kann auch beide
Wege beschreiten. Soweit durch Tarifvertrag oder Betriebsvereinbarung Einzelheiten des
Beschwerdeverfahrens geregelt werden (§ 86 Satz 1), kann das hier geregelte Beschwerderecht nicht durch das kollektive Beschwerdeverfahren ersetzt werden. Vielmehr gilt
zwingend, dass der Arbeitnehmer sowohl das individuelle als auch das kollektive Beschwerdeverfahren einleiten kann.

VI. Streitigkeiten

31 Bleibt die Beschwerde ohne Erfolg, sei es, dass der Arbeitgeber sie nicht behandelt, sei es, dass er sie ablehnt, oder sei es, dass er ihr nicht abhilft, obwohl er sie für berechtigt hält, so kann der Arbeitnehmer den Betriebsrat nach § 85 anrufen, also das kollektive Beschwerdeverfahren wählen. Soweit es sich um einen Rechtsstreit handelt, kann er aber auch unmittelbar Klage vor dem Arbeitsgericht erheben, das im Urteilsverfahren entscheidet (§ 2 Abs. 1 Nr. 3 lit. a, Abs. 5 i. V. mit §§ 46 ff. ArbGG).

32 Bestreitet der Arbeitgeber das Beschwerderecht oder den Anspruch des Arbeitnehmers auf Verbescheidung oder Abhilfe seiner Beschwerde, so kann das Arbeitsgericht angerufen werden, das diesen Rechtsstreit im **Urteilsverfahren** entscheidet, weil es sich um eine individualrechtliche Streitigkeit aus dem Arbeitsverhältnis handelt (§ 2 Abs. 1 Nr. 3 lit. a, Abs. 5 i. V. mit §§ 46 ff. ArbGG; ebenso *Brecht*, § 84 Rn. 10; *Fitting*, § 84 Rn. 22; GL-*Löwisch*, § 84 Rn. 16; HSWGNR-*Rose*, § 84 Rn. 44; GK-*Wiese*, § 84 Rn. 36; HWK-*Schrader*, § 84 Rn. 15; *Moll/Klunker*, RdA 1973, 361, 362 f.; a. A. *Löwisch*, DB 1972, 2304, 2305; s. dazu ausführlich § 81 Rn. 26 f.). Auch bei Meinungsverschiedenheiten zwischen Arbeitgeber und Arbeitnehmer über die Hinzuziehung eines Betriebsratsmitglieds ist das Urteilsverfahren die richtige Verfahrensart (ebenso BAG 24. 4. 1979 AP BetrVG 1972 § 82 Nr. 1; *Fitting*, § 84 Rn. 22; a. A. GL-*Löwisch*, § 84 Rn. 16; GK-*Wiese*, § 84 Rn. 37; s. auch § 82 Rn. 19). Der Anspruch des Arbeitnehmers auf Hinzuziehung eines Betriebsratsmitglieds kann gegen den Willen des Betriebsratsmitglieds nicht durchgesetzt werden (*Fitting*, § 84 Rn. 23; DKK-*Buschmann*, § 84 Rn. 24 i. V. mit § 82, Rn. 15; a. A. GK-*Wiese*, § 84 Rn. 37; HSWGNR-*Rose*, § 84 Rn. 45); einzige Sanktion ist § 23 Abs. 1, sofern seine Voraussetzungen gegeben sind.

33 Verlangt der Arbeitnehmer Abhilfe auf Grund einer Anerkennung der Beschwerde durch den Arbeitgeber, so handelt es sich in jedem Fall um einen Rechtsstreit aus dem Arbeitsverhältnis, den das Arbeitsgericht im Urteilsverfahren entscheidet, und dasselbe gilt, wenn der Arbeitnehmer geltend macht, dass ihm wegen der Erhebung einer Beschwerde Nachteile entstanden sind (hier ebenso auch *Löwisch*, DB 1972, 2304, 2305).

§ 85 Behandlung von Beschwerden durch den Betriebsrat

(1) Der Betriebsrat hat Beschwerden von Arbeitnehmern entgegenzunehmen und, falls er sie für berechtigt erachtet, beim Arbeitgeber auf Abhilfe hinzuwirken.

(2) ¹Bestehen zwischen Betriebsrat und Arbeitgeber Meinungsverschiedenheiten über die Berechtigung der Beschwerde, so kann der Betriebsrat die Einigungsstelle anrufen. ²Der Spruch der Einigungsstelle ersetzt die Einigung zwischen Arbeitgeber und Betriebsrat. ³Dies gilt nicht, soweit Gegenstand der Beschwerde ein Rechtsanspruch ist.

(3) ¹Der Arbeitgeber hat den Betriebsrat über die Behandlung der Beschwerde zu unterrichten. ²§ 84 Abs. 2 bleibt unberührt.

Übersicht

	Rn.
I. Vorbemerkung	1
II. Gegenstand des Beschwerdeverfahrens	2
1. Individualbeschwerde	2
2. Verhältnis zu mitbestimmungspflichtigen Angelegenheiten	5
III. Einlegung der Beschwerde und deren Behandlung durch Betriebsrat und Arbeitgeber	6
1. Einlegung der Beschwerde	6
2. Pflicht des Betriebsrats	8

II. Gegenstand des Beschwerdeverfahrens **§ 85**

	Rn.
3. Pflicht des Arbeitgebers	11
4. Rechtsstellung des Beschwerdeführers	12
IV. Anrufung und Kompetenz der Einigungsstelle	14
1. Anrufungsbefugnis	14
2. Bildung, Zusammensetzung und Verfahren der Einigungsstelle	15
3. Rechtslage bei Rechtsanspruch als Beschwerdegegenstand	17
4. System der Mitbestimmungsordnung als Schranke für Anrufung und Spruch der Einigungsstelle	26
5. Spruch der Einigungsstelle	31
6. Beteiligung des Beschwerdeführers am Einigungsverfahren	32
7. Vereinbarkeit mit dem Grundgesetz	33
V. Pflichten des Arbeitgebers	34
1. Unterrichtung des Betriebsrats	34
2. Unterrichtung des Beschwerdeführers	35
3. Rechtsanspruch auf Abhilfe	36
4. Benachteiligungsverbot	37
VI. Verhältnis zum Beschwerdeverfahren nach § 13 Abs. 1 AGG	37a
VII. Streitigkeiten	38

I. Vorbemerkung

Während § 84 das individuelle Beschwerdeverfahren regelt, ist Gegenstand dieser **1** Bestimmung das **Beschwerdeverfahren über den Betriebsrat**. Die Vorschrift des Abs. 1 entspricht § 54 Abs. 1 lit. c BetrVG 1952. Neu ist dagegen die Regelung in Abs. 2, die dem Betriebsrat die Möglichkeit gibt, die Einigungsstelle anzurufen, um einen bindenden Spruch herbeizuführen. Nach der Begründung zum RegE soll hierdurch „im Interesse einer Beilegung der Meinungsverschiedenheit eine zusätzliche Überprüfung der Berechtigung der Beschwerde durch eine dritte Stelle ermöglicht werden"; ergänzend heißt es, dass im Verhältnis zwischen Arbeitgeber und Betriebsrat der Spruch der Einigungsstelle die Meinungsverschiedenheit beilege (BT-Drucks. VI/1786, S. 48). Die Möglichkeit, die Einigungsstelle anzurufen, besteht aber nicht, soweit Gegenstand der Beschwerde ein Rechtsanspruch ist.

Entsprechende Vorschriften: Weder im BPersVG noch im SprAuG. **1a**

II. Gegenstand des Beschwerdeverfahrens

1. Individualbeschwerde

Die Bestimmung gibt dem Betriebsrat ein Mitbestimmungsrecht bei Beschwerden von **2** Arbeitnehmern. Da hier nicht umschrieben wird, was Gegenstand der Beschwerde sein muss, könnte man daraus ableiten, dass alles, worüber ein Arbeitnehmer sich beschwert, mit Ausnahme von Rechtsansprüchen auch Streitgegenstand des Beschwerdeverfahrens vor der Einigungsstelle sein kann. Damit wäre aber eine Generalklausel der Mitbestimmung geschaffen, was nicht der Intention des Gesetzes entspricht. Es ist vielmehr der **Zusammenhang mit dem individuellen Beschwerdeverfahren** zu beachten. Das Gesetz gibt für das Beschwerderecht des Arbeitnehmers zwei Verfahren, das *individuelle Beschwerdeverfahren*, das in § 84 geregelt ist, und das *kollektive Beschwerdeverfahren*, das in § 85 geregelt ist (gegen die Kennzeichnung als kollektives Beschwerdeverfahren GK-*Wiese*, § 85 Rn. 4; HSWGNR-*Rose*, § 85 Rn. 2; wie hier aber *Fitting*, § 85 Rn. 1; ErfK-*Kania*, § 85 Rn. 1).

Der **Gegenstand der Beschwerde** ist deshalb der **Gleiche wie in § 84** (s. dort **3** Rn. 4ff.; ebenso BAG 22. 11. 2005 AP BetrVG 1972 § 85 Nr. 2; LAG Schleswig-Holstein 21. 12. 1989, NZA 1990, 703f.; LAG Düsseldorf 21. 12. 1993, NZA 1994, 767; ArbG Mannheim 20. 12. 1978, BB 1979, 833; *Fitting*, § 85 Rn. 3; GL-*Löwisch*, § 85 Rn. 1; HSWGNR-*Rose*, § 85 Rn. 4; GK-*Wiese*, § 85 Rn. 4; HWK-

Schrader, § 85 Rn. 3; *Moll/Klunker,* RdA 1973, 361, 363). Macht der Arbeitnehmer keine individuelle Beeinträchtigung geltend, so handelt es sich lediglich um eine Beschwerde, die als Anregung i. S. des § 80 Abs. 1 Nr. 3 zu werten ist (ebenso GK-*Wiese,* § 85 Rn. 4; *Löwisch,* DB 1972, 2304, 2305). Der Betriebsrat ist zwar auch in diesem Fall verpflichtet, sie entgegenzunehmen und, falls sie berechtigt erscheint, durch Verhandlungen mit dem Arbeitgeber auf eine Erledigung hinzuwirken (§ 80 Abs. 1 Nr. 3; s. dort Rn. 31 ff.). Doch ist sie nicht Gegenstand des kollektiven Beschwerdeverfahrens.

4   Gegenstand der Beschwerde kann wie im Rahmen des § 84 auch die Nichterfüllung eines Rechtsanspruchs sein. Das wird sogar durch die Bestimmung in Abs. 2 Satz 3 mittelbar bestätigt; ausgeschlossen ist lediglich, dass in diesem Fall ein verbindliches Einigungsverfahren durchgeführt wird (s. Rn. 16 ff.).

Die Einigungsstelle ist ferner nicht entscheidungsbefugt, wenn Arbeitgeber und Betriebsrat über die Berechtigung einer ausschließlich vergangenheitsbezogenen Beschwerde des Arbeitnehmers streiten (BAG 22. 11. 2005 AP BetrVG 1972 § 85 Nr. 2; Hessisches LAG 6. 9. 2005, AuR 2006, 173). Anders als einer zukunftsbezogenen Beschwerde liegt ihr kein gegenwärtiger Regelungskonflikt zugrunde (daher konsequent für teleologische Reduktion: BAG a. a. O.).

2. Verhältnis zu mitbestimmungspflichtigen Angelegenheiten

5   Problematisch ist, ob Gegenstand des Beschwerdeverfahrens eine Angelegenheit sein kann, in der dem Betriebsrat ein **Mitwirkungs-** oder **Mitbestimmungsrecht** zusteht. Zweck des in Abs. 2 vorgesehenen Einigungsverfahrens ist nicht, dass die Beteiligungsrechte des Betriebsrats erweitert werden und damit das abgestufte System der Mitbestimmungsordnung durchbrochen wird (ebenso LAG Hamm 16. 4. 1986, BB 1986, 1359, 1360; LAG Schleswig-Holstein 21. 12. 1989, NZA 1990, 703, 704; LAG Düsseldorf 21. 12. 1993, NZA 1994, 767, 768; Hessisches LAG 6. 9. 2005, AuR 2006, 173; *Fitting,* § 85 Rn. 12; DKK-*Buschmann,* § 85 Rn. 3, 13; HSWGNR-*Rose,* § 85 Rn. 7; GK-*Wiese,* § 85 Rn. 17; *ders.,* FS G. Müller, S. 625, 632 f.; *Adomeit,* BB 1972, 53, 54; *Dütz,* DB 1972, 383, 385; *ders.,* AuR 1973, 353, 367 f.; *Hanau,* BB 1972, 451; *ders.,* BB 1977, 350, 354; *Löwisch,* DB 1972, 2304, 2306; *Hunold,* DB 1993, 2282, 2285 f.). Da hier jedoch Voraussetzung eine individuelle Beeinträchtigung ist und die Einigungsstelle mit der Angelegenheit durch den Betriebsrat nur befasst werden kann, wenn der betroffene Arbeitnehmer sich bei ihm beschwert hat, hat die Einigungsstelle im kollektiven Beschwerdeverfahren eine andere Funktion, als wenn der Betriebsrat eigene Rechte wahrnimmt. Deshalb besteht für die Anrufung und Entscheidungskompetenz der Einigungsstelle eine Schranke nur insoweit, als die Grenzen der Mitbestimmungsordnung es ausschließen, dass die Einigungsstelle eine für den Arbeitgeber bindende Entscheidung trifft. Derartige Angelegenheiten können nicht Gegenstand des kollektiven Beschwerdeverfahrens sein (s. ausführlich Rn. 26; kritisch *Hunold,* NZA 2006, 1027).

III. Einlegung der Beschwerde und deren Behandlung durch Betriebsrat und Arbeitgeber

1. Einlegung der Beschwerde

6   Der Arbeitnehmer kann sich nach erfolglosem Beschwerdeverfahren gemäß § 84 an den Betriebsrat wenden; er kann aber auch sofort und unmittelbar die Beschwerde beim Betriebsrat erheben. Er muss sich also nicht zuerst an den Arbeitgeber bzw. die für die Entgegennahme der Beschwerde zuständige Stelle des Betriebs wenden, bevor er dem Betriebsrat seine Beschwerde vorträgt (s. § 84 Rn. 30).

III. Einlegung der Beschwerde

Die Beschwerdeerhebung ist an keine Form oder Frist gebunden (s. auch § 84 **7**
Rn. 13).

2. Pflicht des Betriebsrats

Der Betriebsrat hat, wenn er die **Beschwerde** für **berechtigt** hält, **mit dem Arbeitgeber** **8**
zu verhandeln und auf eine Abhilfe hinzuwirken (Abs. 1). Die Verhandlungen sind mit der für die Behandlung von Beschwerden zuständigen Stelle (s. § 84 Rn. 11) zu führen; denn sie vertritt den Arbeitgeber. Durch Tarifvertrag oder Betriebsvereinbarung können die Einzelheiten des Beschwerdeverfahrens geregelt werden (§ 86 Satz 1).

Hält der Betriebsrat die Beschwerde für **unberechtigt**, so hat er, obwohl das Gesetz **9**
insoweit schweigt, den **Beschwerdeführer entsprechend zu belehren;** denn die richtige Behandlung von Beschwerden, die Abwehr unberechtigter und das Eintreten für berechtigte Beschwerden gehört zu seinen Aufgaben (ebenso *Fitting*, § 85 Rn. 3; GL-*Löwisch*, § 35 Rn. 3; GK-*Wiese*, § 85 Rn. 6; ErfK-*Kania*, § 85 Rn. 2). Eine besondere Form braucht er nicht zu wahren; er hat aber zu begründen, weshalb er die Beschwerde nicht für berechtigt hält.

Hält der Betriebsrat die Beschwerde für berechtigt, so ergibt sich bereits aus § 80 **10**
Abs. 1 Nr. 3, dass er den Beschwerdeführer über den Stand und das Ergebnis der Verhandlungen mit dem Arbeitgeber zu unterrichten hat (s. § 80 Rn. 35).

3. Pflicht des Arbeitgebers

Hält der Arbeitgeber die **Beschwerde** für **berechtigt**, so ist er **verpflichtet, ihr abzuhel-** **11**
fen (Abs. 3 Satz 2 i. V. mit § 84 Abs. 2; s. dort Rn. 22 ff.). Er hat den Betriebsrat über die Behandlung der Beschwerde zu unterrichten (Abs. 3 Satz 1; s. auch Rn. 34). Das gilt auch, wenn er die Beschwerde nicht für berechtigt hält; denn der Betriebsrat hat darüber zu entscheiden, ob er die Einigungsstelle anruft, um auf eine Abhilfe der Beschwerde hinzuwirken.

4. Rechtsstellung des Beschwerdeführers

Der Arbeitnehmer hat, wenn der **Arbeitgeber** die **Beschwerde für berechtigt** hält, **12**
gegen diesen einen **Rechtsanspruch auf Abhilfe** (s. § 84 Rn. 22); das gilt auch, wenn er die Beschwerde über den Betriebsrat einlegt (ebenso *Fitting*, § 85 Rn. 9; DKK-*Buschmann*, § 85 Rn. 6). Der Arbeitnehmer hat dagegen **gegen den Betriebsrat**, auch wenn dieser die Beschwerde für berechtigt erachtet, **keinen Rechtsanspruch** darauf, beim Arbeitgeber auf Abhilfe hinzuwirken; denn sonst könnte er, wenn der Arbeitgeber die Berechtigung der Beschwerde nicht anerkennt, mittelbar die Anrufung der Einigungsstelle erzwingen. Insoweit obliegt aber allein dem Betriebsrat, ob er es für richtig hält, die Einigungsstelle anzurufen. Weigert der Betriebsrat sich, Beschwerden von Arbeitnehmern entgegenzunehmen und, falls er sie für berechtigt erachtet, beim Arbeitgeber auf Abhilfe hinzuwirken, so verletzt er eine Amtspflicht, der kein entsprechender Rechtsanspruch des betroffenen Arbeitnehmers zugeordnet ist, sondern insoweit kommt lediglich in Betracht, dass der Betriebsrat gemäß § 23 Abs. 1 durch Beschluss des Arbeitsgerichts aufgelöst wird (ebenso HSWGNR-*Rose*, § 85 Rn. 16; ErfK-*Kania*, § 85 Rn. 2; a. A. GK-*Wiese*, § 85 Rn. 33, der einen im Beschlussverfahren durchsetzbaren Rechtsanspruch des Arbeitnehmers gegen den Betriebsrat anerkennt; vgl. auch wie hier im Ergebnis *Buchner*, in: *Tomandl*, Innerbetriebliche Arbeitnehmerkonflikte aus rechtlicher Sicht, 1977, S. 38 f.).

Versäumnis von Arbeitszeit, die durch die Inanspruchnahme des Betriebsrats erforder- **13**
lich ist, berechtigt den Arbeitgeber **nicht** zur **Minderung des Arbeitsentgelts des Arbeitnehmers** (§ 39 Abs. 3).

IV. Anrufung und Kompetenz der Einigungsstelle

1. Anrufungsbefugnis

14 Bestehen zwischen Betriebsrat und Arbeitgeber **Meinungsverschiedenheiten über die Berechtigung der Beschwerde**, so kann der **Betriebsrat** die Einigungsstelle anrufen (Abs. 2 Satz 1). Dies gilt nicht, wenn die Beteiligten lediglich um Abhilfemaßnahmen streiten (BAG 22. 11. 2005 AP BetrVG 1972 § 85 Nr. 2). Der Antrag kann, wie sich aus dem Gesetzestext ergibt, nur vom Betriebsrat, nicht vom Arbeitgeber gestellt werden (ebenso *Fitting*, § 85 Rn. 4; HSWGNR-*Rose*, § 85 Rn. 18; GK-*Wiese*, § 85 Rn. 9). Nicht erforderlich ist, dass der beschwerdeführende Arbeitnehmer zugestimmt hat; denn er kann dem Beschwerdeverfahren jederzeit dadurch den Boden entziehen, dass er die Beschwerde zurückzieht (ebenso BAG 28. 6. 1984 AP BetrVG 1972 § 85 Nr. 1; *Fitting*, § 85 Rn. 4; GK-*Wiese*, § 85 Rn. 9; HWK-*Schrader*, § 85 Rn. 14; vgl. dazu auch den Bericht des BT-Ausschusses für Arbeit und Sozialordnung, *zu* BT-Drucks. VI/12 729, S. 29). Ob eine Beeinträchtigung objektiv vorliegt, ist für die Zuständigkeit der Einigungsstelle gemäß § 85 Abs 2 unerheblich, insoweit ist auf die rein subjektiven Empfindungen des Arbeitnehmers abzustellen, da die Berechtigung der Beschwerde gerade erst im Einigungsstellenverfahren geklärt werden soll (LAG Hamburg 23. 7. 2004 – 6 TaBV 3/04, juris).

Die Einigungsstelle ist in dem **Zeitpunkt** (noch) offensichtlich unzuständig, in dem der Betriebsrat keinen Beschluss über die Berechtigung der Beschwerde des Arbeitnehmers getroffen hat. Selbst wenn ein entsprechender Beschluss gefasst sein sollte, so ist die Beschwerde mit dem Arbeitgeber zunächst zu verhandeln, bevor die Einigungsstelle angerufen wird. Erst in diesem Stadium kann eine Meinungsverschiedenheit zwischen dem Arbeitgeber und dem Betriebsrat über die Berechtigung der Beschwerde eintreten, die Anlass zur Anrufung der Einigungsstelle geben kann.

2. Bildung, Zusammensetzung und Verfahren der Einigungsstelle

15 Für Bildung, Zusammensetzung und Verfahren der Einigungsstelle gilt § 76 (s. ausführlich dort Rn. 41 ff., 81 ff.). Durch Tarifvertrag oder Betriebsvereinbarung kann bestimmt werden, dass an die Stelle der Einigungsstelle eine betriebliche Beschwerdestelle tritt (§ 86 Satz 2; s. dort Rn. 7 ff.). Der Betriebsrat kann beantragen, dass die Beschwerden mehrerer Arbeitnehmer von einer Einigungsstelle gemeinsam zu behandeln sind, wenn es sich um identische oder zumindest thematisch eng miteinander verbundene Beschwerdegegenstände handelt (s. auch LAG Niedersachsen 27. 3. 1997, LAGE Nr. 2 zu § 1 TVG Betriebsnorm).

16 Können Arbeitgeber und Betriebsrat sich nicht über die Bildung der Einigungsstelle einigen, so erfolgt die Bestellung durch das Arbeitsgericht auf Antrag des Betriebsrats (§ 98 Abs. 1 ArbGG; s. § 76 Rn. 55 ff.). Wegen fehlender Zuständigkeit der Einigungsstelle kann der Antrag zwar nur zurückgewiesen werden, wenn die Einigungsstelle *offensichtlich unzuständig* ist (s. § 76 Rn. 65). Ein derartiger Fall ist jedoch gegeben, wenn die Meinungsverschiedenheit nicht Gegenstand des kollektiven Beschwerdeverfahrens sein kann, es sich also insbesondere um keine Individualbeschwerde handelt. Für die **Behandlung von Popularbeschwerden** ist die **Einigungsstelle offensichtlich unzuständig** (vgl. BAG 22. 11. 2005 AP BetrVG 1972 § 85 Nr. 2; LAG Schleswig-Holstein 21. 12. 1989, NZA 1990, 703 f.; s. auch Rn. 3).

3. Rechtslage bei Rechtsanspruch als Beschwerdegegenstand

17 a) Soweit Gegenstand der Beschwerde ein **Rechtsanspruch** ist, findet ein **verbindliches Einigungsverfahren nicht statt** (Abs. 2 Satz 3). Die Einschränkung bezieht sich auf

IV. Anrufung und Kompetenz der Einigungsstelle § 85

Satz 1 und 2. Maßgebend für sie war nämlich die Überlegung, dass Rechtsstreitigkeiten zwischen Arbeitgeber und Arbeitnehmer aus rechtsstaatlichen Gründen von den Gerichten zu entscheiden sind (vgl. die Begründung zum RegE, BT-Drucks. VI/1786, S. 49; dazu *Dütz*, DB 1971, 674, 679; weiterhin den Bericht des BT-Ausschusses für Arbeit und Sozialordnung, *zu* BT-Drucks. VI/2729, S. 9, 29). Durch Satz 3 soll klargestellt werden, „dass in allen Fällen, in denen Gegenstand der Beschwerde ein Rechtsanspruch ist, das in § 76 Abs. 5 geregelte Verfahren vor der Einigungsstelle nicht Platz greift" (*zu* BT-Drucks. VI/2729, S. 29).

Deshalb entfällt nicht nur die Kompetenz zur verbindlichen Entscheidung, sondern **18** der Betriebsrat kann auch **nicht** gegen den Willen des Arbeitgebers die **Einigungsstelle anrufen;** er ist weder berechtigt, einseitig die Bildung einer Einigungsstelle herbeizuführen, noch besteht für den Arbeitgeber ein Einlassungszwang vor der Einigungsstelle (ebenso BAG 28. 6. 1984 AP BetrVG 1972 § 85 Nr. 1 [*Misera*]; Fitting, § 85 Rn. 7; GL-*Löwisch*, § 85 Rn. 8; HSWGNR-*Rose*, § 85 Rn. 26; GK-*Wiese*, § 85 Rn. 14; *ders*., FS G. Müller, S. 625, 631; *Löwisch*, DB 1972, 2304, 2306; abweichend DKK-*Buschmann*, § 85 Rn. 10, als danach trotz möglicherweise unverbindlichem Spruch der Einigungsstelle deren Tätigwerden vom Betriebsrat auf jeden Fall beantragt werden könne). Das schließt aber nicht aus, dass die Einigungsstelle im Rahmen des freiwilligen Einigungsverfahrens nach § 76 Abs. 6 mit der Angelegenheit befasst werden kann (ebenso ArbG Lübeck 7. 4. 1974, DB 1974, 636; *Fitting*, § 85 Rn. 7; GL-*Löwisch*, § 85 Rn. 8; GK-*Wiese*, § 85 Rn. 16; HWK-*Schrader*, § 85 Rn. 19; *Moll/Klunker*, RdA 1973, 361, 367; s. zum Problem, dass Rechtsstreitigkeiten Gegenstand eines freiwilligen Einigungsverfahrens sein können, § 76 Rn. 30 f.).

b) Nach der Formulierung des RegE war das verbindliche Einigungsverfahren aus- **19** geschlossen, „soweit mit der Beschwerde Rechtsansprüche des Arbeitnehmers geltend gemacht werden" (BT-Drucks. VI/1786, S. 17). Diese Formulierung erschien zu eng (vgl. auch *Dütz*, DB 1971, 674, 679). Die abweichende Fassung des Gesetzeswortlauts soll klarstellen, dass immer dann, wenn Gegenstand der Beschwerde ein Rechtsanspruch ist, das verbindliche Einigungsverfahren nicht stattfindet (vgl. Bericht des BT-Ausschusses für Arbeit und Sozialordnung, *zu* BT-Drucks. VI/2729, S. 29). Der Gesetzestext ist aber zu weit geraten, die Einschränkung der Anrufung und Kompetenz der Einigungsstelle im kollektiven Beschwerdeverfahren daher restriktiv zu interpretieren. Die Abgrenzung ist im Einzelnen schwierig. In der instanzgerichtlichen Rechtsprechung finden sich geglückte Vorschläge. Die Vorschrift des § 85 Abs. 2 Satz 3 grenzt, die im Urteilsverfahren durchsetzbaren Rechtsansprüche von den schutzwürdigen Belangen des Arbeitnehmers, welche sich noch nicht eindeutig zu einem Rechtsanspruch verdichtet haben und deshalb noch Gegenstand eines Regelungsstreits sind, ab. Bei Letzteren handelt es sich um Fälle, bei denen noch ein Regelungsspielraum des Arbeitgebers vorhanden ist. Es müsste sich um einen solchen Spielraum handeln, der nicht allein dadurch entstünde, dass der Arbeitgeber eine begründete Rechtsposition aufgäbe (LAG Sachsen 6. 2. 2004 – 3 TaBV 33/03, juris).

Mit dem **Begriff des Rechtsanspruchs** ist nicht der *formelle Beschwerdeanspruch auf* **20** *Abhilfe* gemeint (so aber *Möller*, Zuständigkeit und Entscheidungsbefugnis der Einigungsstelle im Beschwerdeverfahren nach § 85 BetrVG, S. 109). Das Gesetz denkt vielmehr in erster Linie an die *Nicht-* oder *Schlechterfüllung eines Anspruchs* durch den Arbeitgeber, wobei keine Rolle spielt, ob der Inhalt dieses Anspruchs durch Tarifvertrag, Betriebsvereinbarung oder Einzelarbeitsvertrag gestaltet wird. Ein Rechtsanspruch ist darüber hinaus auch dann Gegenstand der Beschwerde, wenn der Arbeitnehmer geltend macht, ihm gegenüber werde das Recht verletzt, also insbesondere gegen den Gleichbehandlungsgrundsatz in der Konkretisierung des § 75 Abs. 1 verstoßen, oder wenn er sich gegen eine Kündigung, also die Ausübung eines Gestaltungsrechts, wehrt (ebenso GL-*Löwisch*, § 85 Rn. 7; *ders.*, DB 1972, 2304, 2306; ErfK-*Kania*, § 85 Rn. 5; LAG München 6. 3. 1997, NZA-RR 1998, 70 = LAGE Nr. 4 zu § 85 BetrVG 1972: Verletzung des Gleichbehandlungsgrundsatzes; LAG Berlin-Brandenburg 3. 7. 2007 - 12 TaBV 1166/07, juris).

21 Gegenstand der Beschwerde ist auch dann ein Rechtsanspruch, wenn dieser **materiellrechtlich nicht besteht** oder absehbar ist, dass der Arbeitnehmer in einem Prozess zur Durchsetzung des Anspruchs **Darlegungs- oder Beweisschwierigkeiten** haben wird (zu Letzterem Hessisches LAG 3. 4. 2007, AuR 2008, 77). Es genügt, dass der Arbeitnehmer einen Rechtsanspruch geltend macht (vgl. BAG 28. 6. 1984 AP BetrVG 1972 § 85 Nr. 1 *[Misera]*). Auf der anderen Seite greift Abs. 3 Satz 2 nicht ein, wenn zwar das Gericht davon ausgeht, das durch Beschwerde gerügte Verhalten des Arbeitgebers verletzte einen Rechtsanspruch des Arbeitnehmers, der Arbeitnehmer einen solchen aber nicht durch seine Beschwerde behauptet oder geltend macht. Maßgeblich ist stets das Vorbringen des Arbeitnehmers (unzutr. daher ArbG Marburg 30. 10. 1998, AuR 1999, 365 *[Buschmann]*; s. auch LAG Baden-Württemberg 13. 3. 2000 – 15 TaBV 4/99 – AiB 2000, 760 und LAG Düsseldorf 21. 12. 1989, NZA 1994, 767: Streit über Überbelastung von Arbeitnehmern; LAG Köln 2. 9. 1999, NZA-RR 2000, 26 = LAGE Nr. 36 zu § 98 ArbGG 1979: Entfernung eines störenden Arbeitnehmers; ausführliche Erörterung bei LAG Hamburg 18. 7. 2006 – AuR 2007, 219). Die Rechtsprechung hat hier noch keine hinreichend sichere Abgrenzung getroffen. Im Zweifel wird man daher ein Verfahren vor der Einigungsstelle zulassen müssen und nur in ganz offensichtlichen Fällen, in denen der Beschwerde nur durch Einräumung von indivduellen Rechtsansprüchen außerhalb des mitbestimmungspflichtigen Bereichs Rechnung getragen werden könnte, eine Zuständigkeit ablehnen (ähnlich, wenn auch weniger konkret LAG Düsseldorf 21. 12. 1993, NZA 1994, 767; ErfK-*Kania*, § 85 Rn. 5; *Fitting*, § 85 Rn. 8; a. A. *Hunold*, DB 1993, 2282, 2285), so etwa, wenn sich Arbeitnehmer darüber beschweren, dass für den Betrieb, in dem sie tätig sind, anders als für andere Betriebe desselben Unternehmens bislang keine betriebliche Altersversorgung eingeführt wurde (LAG Köln 7. 5. 2008 – 7 TaBV 20/08, juris).

22 c) Der Beschwerdegegenstand bildet aber nicht schon deshalb einen Rechtsanspruch, weil er Gegenstand einer **Rechtsstreitigkeit zwischen Arbeitgeber und Arbeitnehmer** sein kann (LAG Sachsen 6. 2. 2004 – 3 TaBV 33/03, juris). Dem Gesetz liegt zwar die Unterscheidung von Rechts- und Regelungsstreitigkeiten zugrunde; aus ihr ergibt sich aber nicht, dass eine Kompetenz der Einigungsstelle im Beschwerdeverfahren nur für Regelungsstreitigkeiten unter Ausschluss von Rechtsstreitigkeiten in Betracht kommt (so aber *Wiese*, FS G. Müller, S. 625, 631 f.; ähnlich wie hier *Fitting*, § 85 Rn. 6 ff.). Insbesondere kann nicht von der Konkretisierung der dem Arbeitgeber obliegenden Fürsorgepflicht abhängen, wie weit die Kompetenz der Einigungsstelle reicht (vgl. *Denck*, DB 1980, 2132, 2135). Das gilt vor allem, soweit der Arbeitnehmer sich durch die **Gestaltung seines Arbeitsplatzes** beeinträchtigt fühlt. Der Betriebsrat hat nach § 87 Abs. 1 Nr. 7 bei Regelungen über die Verhütung von Arbeitsunfällen und Berufskrankheiten sowie über den Gesundheitsschutz im Rahmen der gesetzlichen Vorschriften oder der Unfallverhütungsvorschriften mitzubestimmen; fehlen derartige ausfüllungsbedürftige Vorschriften, so hat er nach § 91 unter den dort genannten Voraussetzungen ein korrigierendes Mitbestimmungsrecht. Da in diesen Fällen die Einigungsstelle im Mitbestimmungsverfahren eingeschaltet ist (§ 87 Abs. 2, § 91 Satz 2 und 3), bestehen keine Bedenken gegen ihre Kompetenz im kollektiven Beschwerdeverfahren. Dass der betroffene Arbeitnehmer möglicherweise aus der Fürsorgepflicht des Arbeitgebers einen Rechtsanspruch oder ein Leistungsverweigerungsrecht aus dem Arbeitsverhältnis hat, versperrt nicht den Zugang zur Einigungsstelle (ebenso LAG Hessen 6. 9. 2005, AuR 2006, 173).

23 Gleiches gilt bei einem Streit über die **Festsetzung der zeitlichen Lage des Urlaubs,** über die der Betriebsrat nach § 87 Abs. 1 Nr. 5 mitzubestimmen hat. Da die Einigungsstelle in diesem Fall nach § 87 Abs. 2 mit der Angelegenheit befasst werden kann, ist nicht einzusehen, dass sie bei einem Streit über die Berechtigung einer Beschwerde über die Festsetzung der zeitlichen Lage des Urlaubs nicht zuständig sein soll (so aber *Wiese*,

FS G. Müller, S. 625, 639 f.). Der Betriebsrat hat sogar das Mitbestimmungsrecht nach § 87 Abs. 1 Nr. 5 nur, wenn zwischen dem Arbeitgeber und den beteiligten Arbeitnehmern kein Einverständnis erzielt wird, so dass er die Initiative im Mitbestimmungsverfahren nur ergreifen kann, wenn die betroffenen Arbeitnehmer sich bei ihm über die Festsetzung der zeitlichen Lage des Urlaubs durch den Arbeitgeber beschweren. Für die Anrufung und Entscheidung der Einigungsstelle im kollektiven Beschwerdeverfahren ist nur dann kein Raum mehr, wenn die Einigungsstelle bereits im Mitbestimmungsverfahren nach § 87 Abs. 2 entschieden hat (ebenso *Wiese*, a.a.O., S. 640). Bestreitet ein Arbeitnehmer durch Beschwerde, dass für ihn maßgebliche **leistungsbezogene Entgelte richtig festgesetzt** sind, so steht der Anrufung der Einigungsstelle ebenfalls nicht entgegen, dass es sich bei dem Beschwerdegegenstand um einen Rechtsanspruch handelt; denn der Betriebsrat hat nach § 87 Abs. 1 Nr. 11 in dieser Angelegenheit ein Mitbestimmungsrecht und daher auch die Einigungsstelle nach § 87 Abs. 2 eine Kompetenz zur verbindlichen Entscheidung.

Die **Ausklammerung der Rechtsstreitigkeiten** aus dem für einen Streit über die Berechtigung einer Beschwerde vorgesehenen Einigungsverfahren trifft deshalb auf die sich aus der Gesetzessystematik ergebende **Schranke**, dass der **Betriebsrat in der Angelegenheit, die den Gegenstand der Beschwerde bildet, ein als Mitbestimmungsrecht gestaltetes Initiativrecht** hat. Sie besteht **uneingeschränkt nur,** soweit der **Arbeitnehmer** mit der Beschwerde einen **Rechtsanspruch geltend macht** (insoweit zutreffend die Formulierung des RegE, BT-Drucks. VI/1786, S. 17). Wird dagegen kein Rechtsanspruch geltend gemacht, so wird das verbindliche Einigungsverfahren nicht schon deshalb verschlossen, weil der Beschwerdegegenstand einen Bezug zur Fürsorgepflicht des Arbeitgebers aufweist und unter diesem Aspekt als Rechtsstreitigkeit beurteilt werden kann (ebenso *Denck*, DB 1980, 2132, 2135; *Hinrichs*, ArbRGegw. 18 [1981], 35, 49). 24

d) Betrifft die Beschwerde **nur zum Teil einen Rechtsanspruch** des Arbeitnehmers, dann wird damit nicht das gesamte Einigungsstellen-Verfahren unzulässig, sondern es ist – sofern eine Teilung der Sache nach möglich ist – eine entsprechende Beschränkung des Verfahrens vorzunehmen (ArbG Hannover 29. 3. 1989, AiB 1989, 313; *Fitting*, § 85 Rn. 8; DKK-*Buschmann*, § 85 Rn. 9). 25

4. System der Mitbestimmungsordnung als Schranke für Anrufung und Spruch der Einigungsstelle

Das Recht, über die Berechtigung der Beschwerde einen verbindlichen Spruch der Einigungsstelle herbeizuführen, **erweitert nicht** das **Mitbestimmungsrecht des Betriebsrats.** Er hat ein Mitbestimmungsrecht im Beschwerdeverfahren, nicht aber über das Beschwerdeverfahren Mitbestimmungsrechte, die das Gesetz sonst nicht vorsieht (ebenso LAG Düsseldorf 21. 12. 1993, NZA 1994, 767, 768; LAG Hessen 6. 9. 2005, AuR 2006, 173; ArbG München, 10. 2. 1999 – 12 BV 21/99 – Personal 1999, 614; GK-*Wiese*, § 85 Rn. 17). 26

a) Soweit der Betriebsrat ein **Mitbestimmungsrecht nach § 87 Abs. 1** nur bei *kollektiven Tatbeständen* hat (s. § 87 Rn. 15 ff.), ergibt sich aus Abs. 2 nicht, dass der Betriebsrat das Mitbestimmungsrecht auch für den *Einzelfall* ausüben kann (ebenso GK-*Wiese*, § 85 Rn. 18 [der freilich darauf hinweist, dass in diesen Fällen die Einigungsstelle nach 85 II über die Beschwerde des einzelnen Arbeitnehmers entscheiden kann]; *ders.*, FS G. Müller, S. 625, 634 ff.; a. A. GL-*Löwisch*, § 85 Rn. 14 f.; *Löwisch*, DB 1972, 2304, 2306; dazu auch die Kritik von *Richardi*, ZfA 1978, 269, 280). Die Möglichkeit der Anrufung der Einigungsstelle im kollektiven Beschwerdeverfahren kann nicht dazu führen, dem Mitbestimmungstatbestand einen anderen Inhalt zu geben, als er durch teleologische Interpretation des § 87 Abs. 1 zu ermitteln ist. Das kollektive Beschwerdeverfahren bestätigt lediglich, dass die Mitbestimmung nicht ausschließlich dem Kollektivinteresse der Belegschaft dient, sondern als Interpretationsgesichtspunkt auch maß- 27 gebend ist, welches Interesse ein konkret beteiligter oder betroffener Arbeitnehmer hat (s. auch § 87 Rn. 15 ff.). Die Gestaltung der Mitbestimmungsordnung in § 87 Abs. 1 steht nicht entgegen, soweit ein Arbeitnehmer sich darüber beschwert, dass die mit dem Betriebsrat vereinbarte Lage der Arbeitszeit (§ 87 Abs. 1 Nr. 2) für ihn eine individuelle Beeinträchtigung darstellt (ebenso *Wiese*, FS G. Müller, S. 625, 637 f.). Bei Einführung von Mehrarbeit oder Kurzarbeit steht aber der kollektive Charakter des Mitbestimmungstatbestands in § 87 Abs. 1 Nr. 3 (s. dort Rn. 363 f.) einer Anrufung der Einigungsstelle im kollektiven Beschwerdeverfahren entgegen (ebenso *Wiese*, a.a.O., S. 642).

28 Durch die Einschaltung der Einigungsstelle im Beschwerdeverfahren können auch **nicht finanzielle Leistungspflichten des Arbeitgebers** begründet oder verändert werden; denn insoweit besteht für die Mitbestimmung nach § 87 eine immanente Schranke (s. ausführlich § 87 Rn. 45 ff.; ebenso GK-*Wiese*, § 85 Rn. 21; *ders.*, FS G. Müller, S. 625, 641 f.; vgl. auch LAG Düsseldorf 21. 12. 1993, NZA 1994, 767, 768). Auch die Grenzen für die Aufstellung eines Sozialplans können nicht durch eine Entscheidung der Einigungsstelle über die Berechtigung einer Beschwerde beiseite geschoben werden.

29 b) Hat der **Betriebsrat** bei Einzelmaßnahmen des Arbeitgebers lediglich ein **Mitwirkungsrecht** oder nur ein **als Zustimmungsrecht gestaltetes Mitbestimmungsrecht**, so entfällt ebenfalls die Möglichkeit einer Anrufung und Entscheidung der Einigungsstelle im Beschwerdeverfahren (vgl. auch GK-*Wiese*, § 85 Rn. 22). Beschwert ein Arbeitnehmer sich darüber, dass ihm gekündigt wurde, so ist deshalb für das hier vorgesehene Beschwerdeverfahren kein Raum (ebenso *Zöllner/Loritz*, § 51 I 5 c). Dasselbe gilt für eine Beteiligung des Betriebsrats nach §§ 99, 100; könnte nämlich eine unterbliebene Beförderung auch Gegenstand des Beschwerdeverfahrens nach § 85 sein, so wäre damit die in § 99 enthaltene Einschränkung für eine Beteiligung des Betriebsrats immer dann umgangen, wenn der Arbeitnehmer sich an den Betriebsrat wendet (ebenso GL-*Löwisch*, § 85 Rn. 11; *Zöllner/Loritz*, § 51 I 5 c).

30 c) Der Gesichtspunkt, dass die Einschaltung der Einigungsstelle im Beschwerdeverfahren **keine Durchbrechung des Systems der Mitbestimmungsordnung** zur Folge hat, ist, auch soweit die Anrufung der **Einigungsstelle** mit ihm vereinbar ist, bei deren **Entscheidungsbefugnis** zu beachten. Bezieht die Beschwerde sich auf die Gestaltung des Arbeitsplatzes, so kann der Betriebsrat bei Meinungsverschiedenheiten mit dem Arbeitgeber über ihre Berechtigung zwar die Einigungsstelle anrufen; bei ihrem Spruch hat diese aber zu beachten, dass bei Fehlen einer Arbeitsschutzregelung der Betriebsrat ein korrigierendes Mitbestimmungsrecht nur unter den Voraussetzungen des § 91 hat.

5. Spruch der Einigungsstelle

31 Soweit die Einigungsstelle zur Entscheidung im Beschwerdeverfahren zuständig ist, ersetzt ihr Spruch die **Einigung zwischen Arbeitgeber und Betriebsrat** (Abs. 2 Satz 2). Sofern der betroffene Arbeitnehmer seine Beschwerde nicht zurückzieht, findet also eine Zwangsschlichtung statt. Der Spruch der Einigungsstelle kann sich aber nur darauf beziehen, ob die Beschwerde des Arbeitnehmers berechtigt ist oder nicht; er kann aber nicht verbindlich vorschreiben, wie ihr abzuhelfen ist (ebenso *Brecht*, § 85 Rn. 6; HSWGNR-*Rose*, § 85 Rn. 23; GK-*Wiese*, § 85 Rn. 25; HWK-*Schrader*, § 85 Rn. 20; *Stege/Weinspach/Schiefer*, §§ 84–86 Rn. 17; *Moll/Klunker*, RdA 1973, 361, 364; a. A. *Frauenkron*, § 85 Rn. 7). Der Spruch der Einigungsstelle hat dieselbe Wirkung, als hätten Arbeitgeber und Betriebsrat sich gütlich geeinigt. Stellt die Einigungsstelle fest, dass die Beschwerde berechtigt ist, so bedeutet das aber nicht nur, dass eine Meinungsverschiedenheit zwischen Arbeitgeber und Betriebsrat beigelegt ist, sondern der Arbeitgeber wird verpflichtet, der Beschwerde abzuhelfen (Abs. 3 Satz 2 i. V. mit § 84 Abs. 2; s. auch Rn. 36).

V. Pflichten des Arbeitgebers § 85

6. Beteiligung des Beschwerdeführers am Einigungsverfahren

Der betroffene Arbeitnehmer ist am **Einigungsverfahren nicht beteiligt.** Da die Einigungsstelle aber über die Berechtigung seiner Beschwerde entscheidet, gebietet ein geordnetes Verfahren, dass er vor einem Spruch der Einigungsstelle gehört wird (ebenso BAG 28. 6. 1984 AP BetrVG 1972 § 85 Nr. 1; GK-*Wiese*, § 85 Rn. 24). Stellt die Einigungsstelle fest, dass die Beschwerde berechtigt ist, so erlangt der Arbeitnehmer dadurch einen Anspruch auf Abhilfe gegen den Arbeitgeber (Abs. 3 Satz 2 i. V. mit § 84 Abs. 2; s. auch Rn. 36). 32

7. Vereinbarkeit mit dem Grundgesetz

Die Anrufung und Kompetenz der Einigungsstelle im Beschwerdeverfahren widerspricht nicht dem Grundgesetz (a. A. *Herbert Krüger,* Der Regierungsentwurf eines Betriebsverfassungsgesetzes vom 29. Januar 1971 und das Grundgesetz, 1971, S. 46, 66). Nur wenn die Einigungsstelle über alle Beschwerden von Arbeitnehmern ohne Einschränkung mit bindender Wirkung entscheiden könnte, wäre, worauf *Hanau* (BB 1972, 451) zutreffend hinweist, eine Generalklausel der Mitbestimmung geschaffen. Berücksichtigt man aber bei der Interpretation den systematischen Zusammenhang mit der betriebsverfassungsrechtlichen Mitbestimmungsordnung, so entfällt damit jeder Ansatz für ein Verdikt aus verfassungsrechtlicher Sicht. 33

V. Pflichten des Arbeitgebers

1. Unterrichtung des Betriebsrats

War der Betriebsrat mit der Beschwerde befasst, so hat der Arbeitgeber ihn über deren Behandlung zu unterrichten (Abs. 3 Satz 1). Hält er die Beschwerde für nicht berechtigt, so hat er dies gegenüber dem Betriebsrat zu begründen. Hält er sie für berechtigt, so muss er dem Betriebsrat mitteilen, wie er der Beschwerde abgeholfen hat. Die Unterrichtungspflicht besteht insoweit auch, wenn die Einigungsstelle die Berechtigung der Beschwerde anerkannt hat. 34

2. Unterrichtung des Beschwerdeführers

Gegenüber dem betroffenen Arbeitnehmer besteht eine Unterrichtungspflicht des Arbeitgebers nur insoweit, als der Arbeitnehmer seine Beschwerde auch beim Arbeitgeber eingelegt hat (ebenso *Brecht,* § 85 Rn. 9; GL-*Löwisch,* § 85 Rn. 4; HSWGNR-*Rose,* § 85 Rn. 24; *Löwisch,* DB 1972, 2304, 2305; a. A. *Fitting,* § 85 Rn. 10; *Stege/Weinspach/Schiefer,* §§ 84–86 Rn. 12; GK-*Wiese* § 85 Rn. 29; *Moll/Klunker,* RdA 1973, 361, 363). Zwar heißt es in der Begründung zum RegE, es werde durch Abs. 3 sichergestellt, dass sowohl der Betriebsrat als auch der betroffene Arbeitnehmer über die Behandlung der Beschwerde zu unterrichten seien (BT-Drucks. VI/1786, S. 48). Aus dem Gesetzeswortlaut ergibt sich dies aber nicht; denn in Abs. 3 Satz 2 wird § 84 Abs. 2 nicht für entsprechend anwendbar erklärt, sondern lediglich angeordnet, dass § 84 Abs. 2 unberührt bleibt, also vorausgesetzt, dass der Arbeitnehmer auch das individuelle Beschwerdeverfahren gewählt hat (ebenso *Löwisch,* DB 1972, 2304, 2305 Fn. 17). 35

3. Rechtsanspruch auf Abhilfe

Erkennt der Arbeitgeber gegenüber dem Betriebsrat an, dass er die **Beschwerde für berechtigt erachtet,** oder ersetzt insoweit ein Spruch der Einigungsstelle die Einigung zwischen Arbeitgeber und Betriebsrat, so wird der **Arbeitgeber** dadurch **verpflichtet, der Beschwerde abzuhelfen.** Abs. 3 Satz 2 bestimmt zwar lediglich, dass § 84 Abs. 2 unbe- 36 rührt bleibt; aber für die Anwendung des § 84 Abs. 2 genügt insoweit, dass der Arbeitgeber die Beschwerde für berechtigt erachtet oder insoweit ein Spruch der Einigungsstelle vorliegt. Der Arbeitnehmer erhält dadurch einen *Rechtsanspruch auf Abhilfe* (s. § 84 Rn. 22; ebenso *Fitting*, § 85 Rn. 9; GL-*Löwisch*, § 85 Rn. 17 mit nicht zutreffendem Hinweis, dass ein Spruch der Einigungsstelle gemäß § 77 Abs. 4 Satz 1 den Rechtsanspruch gegen den Arbeitgeber begründe; GK-*Wiese*, § 85 Rn. 25; *Moll/Klunker*, RdA 1973, 361, 364 f.; vgl. auch *Dütz*, DB 1972, 383, 388, der von *Wiese* als Vertreter einer abweichenden Auffassung zitiert wird, aber lediglich klarstellt, dass der Einigungsspruch nach Abs. 2 keine normative, sondern lediglich eine zwischen Arbeitgeber und Betriebsrat gegebene obligatorische Wirkung entfaltet und damit zu dem Problem des Entstehens eines Anspruchs auf Abhilfe nicht Stellung nimmt).

4. Benachteiligungsverbot

37 Dem Arbeitnehmer dürfen wegen der Erhebung einer Beschwerde keine Nachteile entstehen; § 84 Abs. 3 gilt auch, wenn die Beschwerde über den Betriebsrat erhoben wird (s. § 84 Rn. 18 ff.).

VI. Verhältnis zum Beschwerdeverfahren nach § 13 Abs. 1 AGG

37a Durch § 13 Abs. 1 AGG wird dem Arbeitnehmer die Möglichkeit eingeräumt bei der zuständigen Stelle im Betrieb Beschwerde einzulegen, falls er sich wegen eines in § 1 AGG genannten Grundes benachteiligt fühlt. § 13 Abs. 2 AGG stellt jedoch ausdrücklich klar, dass durch das Beschwerderecht nach Abs. 1 weitere Rechte der Arbeitnehmervertretungen unberührt bleiben. Eine Verdrängung findet insoweit nicht statt. Der Arbeitnehmer kann daher neben dem individuellen Verfahren nach § 13 Abs. 1 AGG auch das kollektive Beschwerdeverfahren gemäß § 85 durchführen (vgl. *Thüsing*, Arbeitsrechtlicher Diskriminierungsschutz Rn. 592).

VII. Streitigkeiten

38 Der **Arbeitnehmer** kann **nicht gerichtlich erzwingen**, dass der **Betriebsrat** sich mit der **Beschwerde befasst** (a. A. GK-*Wiese*, § 85 Rn. 33; s. ausführlich Rn. 12). In der Weigerung kann aber eine grobe Amtspflichtverletzung liegen, die auf Antrag zur Auflösung des Betriebsrats durch Beschluss des Arbeitsgerichts berechtigt.

39 Kommt es dagegen zwischen dem **Arbeitgeber und dem Betriebsrat** darüber zum **Streit**, ob die **Einigungsstelle angerufen** werden kann, so entscheidet das Arbeitsgericht im Beschlussverfahren (§ 2a Abs. 1 Nr. 1, Abs. 2 i. V. mit §§ 80 ff. ArbGG; ebenso *Fitting*, § 85 Rn. 13; HSWGNR-*Rose*, § 85 Rn. 34; GK-*Wiese*, § 85 Rn. 31; HWK-*Schrader*, § 85 Rn. 23). Dasselbe gilt, wenn der Arbeitgeber oder der Betriebsrat den **Spruch der Einigungsstelle** angreift (vgl. BAG 28. 6. 1984 AP BetrVG 1972 § 85 Nr. 1; s. ausführlich zur gerichtlichen Kontrolle der Sprüche von Einigungsstellen § 76 Rn. 114 ff.). Die Einigungsstelle ist wie auch sonst nicht am Verfahren beteiligt (s. § 76 Rn. 118). Aber auch der **Beschwerdeführer** ist im Verfahren **nicht Beteiligter** (ebenso BAG 28. 6. 1984 AP BetrVG 1972 § 85 Nr. 1). Eine **einstweilige Verfügung** auf Unterlassung der Durchführung von mit der Beschwerde gerügten Gegenständen setzt jedenfalls dann, wenn der Arbeitgeber die Einigungsstelle angerufen hat, ein eindeutig überwiegendes Interesse des Betriebsrats an der Unterlassung voraus (LAG Köln 31. 10. 1996 ARSt. 1997, 91).

40 Der durch die Anerkennung der Beschwerde entstandene **Rechtsanspruch des Arbeitnehmers auf Abhilfe** (s. Rn. 36) kann dagegen nur im **Urteilsverfahren** vor dem Arbeitsgericht geltend gemacht werden; es handelt sich um einen Anspruch aus dem Arbeits-

II. Regelung des Beschwerdeverfahrens durch Tarifvertrag oder Betriebsvereinbarung § 86

verhältnis (§ 2 Abs. 1 Nr. 3 lit. a, Abs. 5 i. V. mit §§ 46 ff. ArbGG; ebenso *Fitting*, § 85 Rn. 14; GL-*Löwisch*, § 85 Rn. 17; GK-*Wiese*, § 85 Rn. 32).

§ 86 Ergänzende Vereinbarungen

¹Durch Tarifvertrag oder Betriebsvereinbarung können die Einzelheiten des Beschwerdeverfahrens geregelt werden. ²Hierbei kann bestimmt werden, dass in den Fällen des § 85 Abs. 2 an die Stelle der Einigungsstelle eine betriebliche Beschwerdestelle tritt.

Übersicht

	Rn.
I. Vorbemerkung	1
II. Regelung des Beschwerdeverfahrens durch Tarifvertrag oder Betriebsvereinbarung	2
1. Regelungskompetenz	2
2. Vorrang des Tarifvertrags	4
3. Freiwillige Betriebsvereinbarung	6
III. Betriebliche Beschwerdestelle	7
1. Ersetzung der Einigungsstelle	7
2. Zusammensetzung und Verfahren	10
IV. Streitigkeiten	12

I. Vorbemerkung

Die Bestimmung gibt im Interesse einer den betrieblichen Verhältnissen angepassten Regelung die Möglichkeit, die Einzelheiten des Beschwerdeverfahrens durch Tarifvertrag oder Betriebsvereinbarung zu regeln. Dabei ist vorgesehen, dass im Rahmen des kollektiven Beschwerdeverfahrens an die Stelle der Einigungsstelle eine betriebliche Beschwerdestelle treten kann. Die fehlende Rechtsprechung zeigt, dass die Norm bislang kaum praktische Bedeutung gewonnen hat. § 86 ist *dead letter law*. Eine allzu formalisierte Beschwerdeordnung wird wohl dem Vertrauensverhältnis zwischen Arbeitgeber und Arbeitnehmer eher schaden als nutzen. 1

Entsprechende Vorschriften: Weder im BPersVG noch im SprAuG. 1a

II. Regelung des Beschwerdeverfahrens durch Tarifvertrag oder Betriebsvereinbarung

1. Regelungskompetenz

Durch Tarifvertrag oder Betriebsvereinbarung kann sowohl für das individuelle Beschwerdeverfahren nach § 84 als auch für das kollektive Beschwerdeverfahren nach § 85 eine **Verfahrensregelung** gegeben werden; es kann insbesondere festgelegt werden, welche Stelle im Betrieb für die Entgegennahme von Beschwerden zuständig ist, in welcher Form und in welcher Frist Beschwerden zu verbescheiden sind, und vor allem kann für die Behandlung von Beschwerden im Betrieb ein Instanzenzug eingeführt werden (ebenso *Fitting*, § 86 Rn. 3; GK-*Wiese*, § 86 Rn. 5; HSWGNR-*Rose*, § 86 Rn. 4). Jedoch dürfen durch die Verfahrensregelung nicht das Beschwerderecht des einzelnen Arbeitnehmers und die Kompetenz der Einigungsstelle bzw. der betrieblichen Beschwerdestelle eingeschränkt werden. Dem Arbeitnehmer muss die Möglichkeit erhalten bleiben, das individuelle oder kollektive Beschwerdeverfahren zu wählen (ebenso GK-*Wiese*, § 86 Rn. 6). Es kann auch nicht ausgeschlossen werden, dass der Arbeitnehmer beide Beschwerdeverfahren gleichzeitig einleitet (a. A. GK-*Wiese*, § 86 Rn. 6). 2

3 Die Öffnungsklausel bezieht sich ausschließlich auf eine **Regelung des Beschwerdeverfahrens**. Sie gilt **nicht** für das **Verfahren der Einigungsstelle;** denn insoweit bestimmt das Gesetz nur, dass an die Stelle der Einigungsstelle eine betriebliche Beschwerdestelle treten kann (s. ausführlich Rn. 11).

2. Vorrang des Tarifvertrags

4 Soweit ein Tarifvertrag das Beschwerdeverfahren regelt, ist eine **Betriebsvereinbarung ausgeschlossen** (ebenso *Fitting*, § 86 Rn. 2; GL-*Löwisch*, § 86 Rn. 6; DKK-*Buschmann*, § 86 Rn. 3; HSWGNR-*Rose*, § 86 Rn. 2; GK-*Wiese*, § 86 Rn. 1). Der Vorrang des Tarifvertrags ergibt sich aus seiner Unabdingbarkeitswirkung (§ 4 Abs. 1 Satz 2 TVG). Dagegen greift nicht die Regelungssperre des § 77 Abs. 3 ein; es genügt also nicht Tarifüblichkeit, weil das Gesetz hier ausdrücklich beide Regelungsinstrumente als zulässig nebeneinander stellt (im Ergebnis ebenso *Fitting*, § 86 Rn. 2; ErfK-*Kania*, § 86 Rn. 2; GL-*Löwisch*, § 86 Rn. 6; GK-*Wiese*, § 86 Rn. 1, die darauf abstellen, es handele sich hier nicht um Arbeitsbedingungen i. S. des § 77 Abs. 3).

5 Voraussetzung ist, dass der **Tarifvertrag für den Betrieb gilt**. Maßgebend ist also, dass der Betrieb in den Geltungsbereich eines Tarifvertrags fällt, der Einzelheiten des Beschwerdeverfahrens regelt, und der Arbeitgeber tarifgebunden ist, während Tarifgebundenheit der Arbeitnehmer nicht erforderlich ist; denn es handelt sich um eine betriebsverfassungsrechtliche Regelung, so dass die **Tarifgebundenheit des Arbeitgebers** genügt (§ 3 Abs. 2 TVG; ebenso *Fitting*, § 86 Rn. 1; GL-*Löwisch*, § 86 Rn. 6; GK-*Wiese*, § 86 Rn. 1; HWK-*Schrader*, § 86 Rn. 4). Kommen für den Betrieb mehrere Tarifverträge in Betracht, liegt also eine Tarifkonkurrenz vor, so ist diese nach den allgemeinen Grundsätzen zu lösen (s. ausführlich § 2 Rn. 26 ff.).

3. Freiwillige Betriebsvereinbarung

6 Besteht kein Tarifvertrag, der die Einzelheiten des Beschwerdeverfahrens regelt, so kann dies durch Betriebsvereinbarung geschehen. Die Einigung zwischen Arbeitgeber und Betriebsrat kann nicht durch einen Spruch der Einigungsstelle ersetzt werden; es handelt sich um eine freiwillige Betriebsvereinbarung (ebenso *Brecht*, Erl. zu § 86; *Fitting*, § 86 Rn. 1; GL-*Löwisch*, § 86 Rn. 6; HSWGNR-*Rose*, § 86 Rn. 1; GK-*Wiese*, § 86 Rn. 1). Eine Betriebsvereinbarung kann auch dann abgeschlossen werden, wenn der Tarifvertrag abgelaufen ist; denn auch wenn man hier eine Nachwirkung nach § 4 Abs. 5 TVG anerkennt (vgl. Wiedemann/*Wank*, TVG, § 4 Rn. 320 ff.), steht diese dem Abschluss einer Betriebsvereinbarung nicht entgegen (ebenso *Fitting*, § 86 Rn. 2; DKK-*Buschmann*, § 86 Rn. 3).

III. Betriebliche Beschwerdestelle

1. Ersetzung der Einigungsstelle

7 Für die Fälle, in denen der Betriebsrat nach § 85 Abs. 2 die Einigungsstelle anrufen kann (s. ausführlich dort Rn. 14 ff.), kann durch **Tarifvertrag oder Betriebsvereinbarung** bestimmt werden, dass an die Stelle der Einigungsstelle eine **betriebliche Beschwerdestelle** tritt (Satz 2). Voraussetzung ist auch hier, dass der Tarifvertrag, der die Einigungsstelle durch eine betriebliche Beschwerdestelle ersetzt, für den Betrieb gilt (s. Rn. 5). Eine Betriebsvereinbarung kann nicht erzwungen werden, sondern beruht auf einer freiwilligen Einigung zwischen Arbeitgeber und Betriebsrat (s. Rn. 6).

8 Da eine Einigungsstelle grundsätzlich nur bei Bedarf gebildet wird (§ 76 Abs. 1 Satz 1; s. dort Rn. 41 ff.), bedeutet die hier vorgesehene Möglichkeit, dass für das kollektive Beschwerdeverfahren eine *ständige* betriebliche Beschwerdestelle errichtet werden kann.

IV. Streitigkeiten **§ 86**

Sehen Tarifvertrag oder Betriebsvereinbarung vor, dass eine betriebliche Beschwerdestelle erst bei Bedarf zu bilden ist, so ist eine derartige Regelung zwar zulässig (insoweit zutreffend GK-*Wiese*, § 86 Rn. 8), aber damit ist noch keine betriebliche Beschwerdestelle geschaffen, die im Rahmen des kollektiven Beschwerdeverfahrens die Funktion der Einigungsstelle übernehmen kann. Gemeint ist deshalb hier, dass eine betriebliche Beschwerdestelle als ständige Einrichtung geschaffen werden kann (ebenso *Wiese*, a. a. O.; *Weiss/Weyand*, § 86 Rn. 2). Strenggenommen wird damit lediglich wiederholt, was in § 76 Abs. 1 Satz 2 und § 76 Abs. 8 ohnehin vorgesehen ist. Wenn dennoch hier einheitlich von einer betrieblichen Beschwerdestelle gesprochen wird, ohne Rücksicht darauf, ob sie auf Grund eines Tarifvertrags oder durch Betriebsvereinbarung gebildet wird, so ergibt sich daraus lediglich, dass eine betriebliche Beschwerdestelle nur für die Behandlung von Beschwerden zuständig ist, also nicht in sonstigen Fällen angerufen werden kann, in denen eine Kompetenz der Einigungsstelle besteht (ebenso *Weiss/Weyand*, § 86 Rn. 2).

Außerdem bedeutet die besondere Regelung hier im Rahmen dieser Bestimmung, dass **9** für Beschwerden die **Bildung einer tariflichen Schlichtungsstelle** nach § 76 Abs. 8 **ausgeschlossen** ist (ebenso GK-*Wiese*, § 86 Rn. 7; a. A. *Fitting*, § 86 Rn. 5; GL-*Löwisch*, § 86 Rn. 5; HSWGNR-*Rose*, § 86 Rn. 8). Sinn der Bestimmung ist nämlich, dass durch die Schaffung einer betrieblichen Beschwerdestelle für Beschwerden eine Schlichtung institutionalisiert wird, die der Besonderheit der betrieblichen Verhältnisse gerecht zu werden vermag. Eine durch Betriebsvereinbarung errichtete ständige Einigungsstelle ist dagegen auch für Beschwerden zuständig, wenn durch Tarifvertrag oder Betriebsvereinbarung keine besondere betriebliche Beschwerdestelle gebildet wird.

2. Zusammensetzung und Verfahren

Die **Zusammensetzung der betrieblichen Beschwerdestelle** muss § 76 Abs. 2 entspre- **10** chen; denn sie tritt in den Fällen des § 85 Abs. 2 an die Stelle der Einigungsstelle (ebenso *Weiss/Weyand*, § 86 Rn. 3; vgl. auch GL-*Löwisch*, § 86 Rn. 4; HWK-*Schrader*, § 86 Rn. 6; a. A. HSWGNR-*Rose*, § 86 Rn. 7; GK-*Wiese*, § 86 Rn. 9). Die Beschwerdestelle muss einen unparteiischen Vorsitzenden haben (ebenso *Weiss/Weyand*, a. a. O.; a. A. HSWGNR-*Rose*, a. a. O.; *Wiese*, a. a. O.; *Stege/Weinspach/Schiefer*, §§ 84–86 Rn. 20), und ihre Mitglieder müssen paritätisch durch den Arbeitgeber und Betriebsrat bestellt werden (ebenso *Brecht*, Erl. zu § 86; *Weiss/Weyand*, § 86 Rn. 3; hier auch GK-*Wiese*, § 86 Rn. 9).

Die Ermächtigung, die Einigungsstelle durch eine betriebliche Beschwerdestelle zu **11** ersetzen, gestattet nicht, besondere **Verfahrensregelungen** zu treffen; auch Satz 1 bezieht sich nur auf eine Regelung des *Beschwerdeverfahrens*, gilt also nicht für das *Verfahren der Einigungsstelle* (a. A. GL-*Löwisch*, § 86 Rn. 2; HSWGNR-*Rose*, § 86 Rn. 6; für das Verfahren der betrieblichen Beschwerdestelle: *Fitting*, § 86 Rn. 4; GK-*Wiese*, § 86 Rn. 10). Die für das Einigungsverfahren zwingenden Grundsätze gelten auch für das Verfahren vor der betrieblichen Beschwerdestelle (s. § 76 Rn. 81 ff.). § 76 Abs. 4 findet aber ebenfalls Anwendung, so dass weitere Einzelheiten des Verfahrens vor der betrieblichen Beschwerdestelle durch Betriebsvereinbarung geregelt werden können. Wird die betriebliche Beschwerdestelle durch Tarifvertrag geschaffen, so gilt hier wie für die Errichtung einer tariflichen Schlichtungsstelle, dass die Tarifvertragsparteien befugt sind, in den Grenzen des Gesetzes Einzelheiten des Verfahrens zu regeln (s. § 76 Rn. 150).

IV. Streitigkeiten

Bei Streitigkeiten, ob und wie Einzelheiten des Beschwerdeverfahrens durch Tarifver- **12** trag oder Betriebsvereinbarung geregelt sind und ob im kollektiven Beschwerdeverfahren an die Stelle der Einigungsstelle eine betriebliche Beschwerdestelle tritt, entscheidet das Arbeitsgericht im Beschlussverfahren (§ 2a Abs. 1 Nr. 1, Abs. 2 i. V. mit §§ 80 ff. ArbGG).

§ 86a Vorschlagsrecht der Arbeitnehmer

¹Jeder Arbeitnehmer hat das Recht, dem Betriebsrat Themen zur Beratung vorzuschlagen. ²Wird ein Vorschlag von mindestens 5 von Hundert der Arbeitnehmer des Betriebs unterstützt, hat der Betriebsrat diesen innerhalb von zwei Monaten auf die Tagesordnung einer Betriebsratssitzung zu setzen.

Übersicht

	Rn.
I. Vorbemerkung	1
II. Vorschlag nach Satz 1	2
III. Vorschlag nach Satz 2	3
1. Quorum, Form und Adressat des Vorschlags	3
2. Inhalt des Vorschlags	5
3. Pflicht des Betriebsrats	9
IV. Streitigkeiten	11

I. Vorbemerkung

1   Die Regelung wurde eingefügt durch das **BetrVerf-Reformgesetz** vom 23. 7. 2001 (BGBl. I S. 1852). Durch sie sollte einem wachsenden Bedürfnis der Belegschaft nach **unmittelbarer Beteiligung an der Betriebsverfassung** Rechnung getragen werden (BT-Drucks. 14/5741, 47). Satz 1 ist lediglich deklaratorischer Art, denn auch schon vor Schaffung der Norm hatte der Arbeitnehmer ein Recht, sich mit Vorschlägen an den Betriebsrat zu wenden. Neu ist lediglich Satz 2 mit der Verpflichtung zur Befassung mit dem Antrag, wenn mindestens 5% der Belegschaft ihn unterstützt. Das Schrifttum ist überwiegend skeptisch (*Richardi/Annuß*, DB 2001, 46; *Annuß*, NZA 2001, 367; *Hanau*, RdA 2001, 71; optimistischer *Däubler*, AuR 2001, 389; *Fitting*, § 86 a Rn. 2), weil sie die Gefahr einer das Arbeitsklima des Betriebsrats beeinträchtigenden Obstruktionspolitik erkennt. Die bisherige Rechtsprechung hat dies freilich noch nicht bestätigen können. Einschlägige Entscheidungen sind nicht dokumentiert.

1a   Entsprechende Normen: Weder im BPersVG noch im SprAuG.

II. Vorschlag nach Satz 1

2   Nach Satz 1 ist jeder Arbeitnehmer berechtigt, dem Betriebsrat **Themen zur Beratung** vorzuschlagen. Eine Begrenzung des Vorschlagsrechts auf bestimmte Themen ist nicht vorgesehen. Auch ist eine eigene Betroffenheit des Vorgeschlagenen im Gegensatz zur Beschwerde nach § 85 nicht erforderlich (DKK-*Buschmann*, § 86 a Rn. 11; GK-*Wiese*, § 86 a Rn. 6; HWK-*Schrader*, § 86 a Rn. 3). Nach der Gesetzesbegründung ist einzige Voraussetzung, dass der Gegenstand in die Zuständigkeit des Betriebsrats fällt (BT-Drucks. a. a. O.), doch wird man nicht verhindern können, dass er sich auch mit anderen Themen an ihn wendet. Wie der Betriebsrat den Vorschlag behandelt, ob er ihn nur zur Kenntnis nimmt oder aber weiterverfolgt, obliegt grundsätzlich seiner Entscheidungsfreiheit. Den Arbeitnehmer hat er darüber nicht zu informieren (a. A. *Fitting*, § 86 a Rn. 7; *Hanau*, RdA 2001, 65; wie hier *Neef*, NZA 2001, 361; HWK-*Schrader*, § 86 a Rn. 7), sollte es aber von sich aus tun.

III. Vorschlag nach Satz 2

1. Quorum, Form und Adressat des Vorschlags

a) Der Vorschlag muss von **mindestens 5% der Arbeitnehmer des Betriebs** unterstützt 3
werden. Abzustellen ist nicht auf die Zahl der regelmäßig Beschäftigten, sondern auf die
aktuelle Arbeitnehmerzahl i. S. des § 5 im Zeitpunkt der Antragstellung an den Betriebsrat. Die Unterstützung ist nachzuweisen, in der Regel durch Unterschriften. Diese Unterschriften dürfen nur dann während der Arbeitszeit gesammelt werden, wenn dies auf
andere zumutbare Weise nicht möglich ist (wie hier ErfK-*Kania*, § 86a Rn. 1; HWK-*Schrader*, § 86a Rn. 10; großzügiger *Fitting*, § 86a Rn. 5; *Hanau*, RdA 2001, 71;
Annuß NZA 2001, 367; *Däubler*, AuR 2001, 289). Da aber eine bestimmte Form nicht
vorgeschrieben ist, ist auch – insbes. in kleineren Betrieben – eine **mündliche Antragstellung zulässig**, sofern dennoch erkennbar ist, wie viele Arbeitnehmer das Begehren
unterstützen (daher für Schriftlichkeit *Fitting*, § 86a Rn. 5). Das Gesetz hat darauf
verzichtet, eine Begründung des Vorschlags zu fordern. Zur Konkretisierung des Themas
und zur Verdeutlichung des Anliegens werden die Vorschlagenden jedoch im eigenen
Interesse eine Begründung geben.

b) **Adressat des Vorschlags** ist der Betriebsrat. Fällt das vorgeschlagene Thema jedoch 4
in die Zuständigkeit des Gesamtbetriebsrats, dann ist der Vorschlag – trotz des insoweit
unvollständigen Wortlauts – an den Gesamtbetriebsrat zu richten (a. A. ErfK-*Kania*,
§ 86a Rn. 2; *Fitting*, § 86a Rn. 1). Das Quorum bezieht sich dann auf die Belegschaft
sämtlicher durch den Gesamtbetriebsrat repräsentierten Betriebe.

2. Inhalt des Vorschlags

a) Weitere Voraussetzung ist, dass sich der Vorschlag auf ein Thema bezieht, das in die 5
Zuständigkeit des Betriebsrats fällt (BT-Drucks. 14/5741, 47). Einen Vorschlag, der
außerhalb der Zuständigkeit des Betriebsrats liegt, darf der Betriebsrat nicht beraten,
auch dann nicht, wenn er dazu von einem Teil der Belegschaft **aufgefordert wurde**.

b) **Weiterhin muss er inhaltlich** hinreichend bestimmt sein, so dass eine Befassung mit 6
ihm überhaupt möglich ist. Hierbei sind keine allzu strengen Anforderungen zu stellen.
Erforderlich ist allein, dass der Betriebsrat das Anliegen sicher erkennen kann und nicht
lediglich ein Thema in den Raum gestellt wird („Arbeitszeitregelung Betrieb"), sondern
auch eine Zielrichtung der Beratung („Abschaffung des Schichtbetriebs").

c) Bei **wiederholtem Vorschlag** besteht nur dann ein Recht auf nochmalige Befassung, 7
wenn der Antragsteller darlegt, warum *sich die die damalige Behandlung tragenden
Gründe geändert haben*. Ansonsten steht dem Anspruch aus § 86a der Einwand der
unzulässigen Rechtsausübung entgegen. Eine starre Fristenregelung vergleichbar den
Regelungen zum Einwohnerantrag der Gemeindeordnungen (z. B. § 25 Abs. 5 GO
NRW: Ein Jahr zwischen Antrag und wiederholtem Antrag) lässt sich dem Gesetz nicht
entnehmen.

d) Der Betriebsrat kann und muss sich weigern, Vorschläge auf die Tagesordnung zu 8
nehmen, deren Fassung **verleumderischen oder beleidigenden Charakter** hat („Entfernung des korrupten Mitarbeiters x"; „Stoppp der ausbeuterischen Überstundenpraxis").
Gegebenenfalls muss den Antragstellern Gelegenheit gegeben werden, eine zulässige
Fassung des Antrags zu wählen.

3. Pflicht des Betriebsrats

a) Der Betriebsrat ist lediglich verpflichtet, den Vorschlag innerhalb von zwei Mona- 9
ten auf die Tagesordnung einer Betriebsratssitzung zu setzen. Hiermit ist kein Anspruch
der Arbeitnehmer auf **Weiterverfolgung des Vorschlags** verbunden. Auch in diesem Fall

obliegt es der Entscheidungsfreiheit des Betriebsrats, wie er mit diesem Vorschlag umgehen will (BT-Drucks. a. a. O.). Gehen **mehrere Anträge** ein, ist der Betriebsrat an die Reihenfolge des Eingangs nicht gebunden. Auch kann er mehrere Vorschläge, die thematisch ähnlich gelagert sind, gemeinsam behandeln oder nach eigenen Vorstellungen ergänzen; erforderlich ist allein, dass sich auch der jeweilige konkrete Vorschlag thematisch in der Tagesordnung wiederfindet.

10   b) Die Antragsteller sind über die Entscheidung und die Behandlung ihres Antrags zu unterrichten (*Fitting*, § 86 a Rn. 8; *Hanau*, RdA 2001, 65). Eine **Begründungspflicht** besteht nicht; ebenso nicht ein Teilnahmerecht des Antragsstellers bei der Entscheidung im Betriebsrat unterrichten (*Fitting*, § 86 a Rn. 9; *Löwisch*, BB 2001, 1734).

IV. Streitigkeiten

11   Bei Streitigkeiten, ob der Betriebsrat verpflichtet ist, einen Vorschlag entgegenzunehmen und auf seine Tagesordnung zu nehmen, und ob er dieser Verpflichtung nachgekommen ist, entscheidet das Arbeitsgericht im Beschlussverfahren (§ 2 a Abs. 1 Nr. 1, Abs. 2 i. V. mit §§ 80 ff. ArbGG).

Dritter Abschnitt. Soziale Angelegenheiten

Vorbemerkung

Übersicht

	Rn.
I. Überblick über den Abschnitt	1
II. Abgrenzung von den nicht in diesem Abschnitt erfassten Angelegenheiten	5
III. Struktur der Mitbestimmung in sozialen Angelegenheiten	8

I. Überblick über den Abschnitt

Der Dritte Abschnitt des Vierten Teiles des Gesetzes umschreibt den **Aufgabenbereich** 1
des Betriebsrats im Rahmen der sog. sozialen Angelegenheiten bzw., wie die Überschrift zum Vierten Teil formuliert, die durch den Betriebsrat wahrzunehmende „Mitwirkung und Mitbestimmung der Arbeitnehmer" in diesem Bereich. Die Gestaltung des Gesetzes entspricht im Aufbau dem BetrVG 1952 (dort §§ 56 bis 59). Der Tarifvorbehalt, der für den Abschluss einer Betriebsvereinbarung in sozialen Angelegenheiten eine Sperrwirkung entfaltet, ist aber nicht mehr in diesem Abschnitt, sondern in § 77 Abs. 3 enthalten.

Das **Reformgesetz 2001** hat die **Konzeption der Mitbestimmung in sozialen Angelegenheiten nicht geändert.** Es hat sich darauf beschränkt, in § 87 Abs. 1 als neuen Mitbestimmungstatbestand Nr. 13 anzufügen, der sich auf die Grundsätze über die Durchführung von Gruppenarbeit bezieht. Das Reformgesetz hat außerdem den betrieblichen Umweltschutz in die Regelung des Dritten Abschnitts einbezogen; es nennt ihn neben dem Arbeitsschutz, hat aber davon abgesehen, ihn in den Mitbestimmungskatalog des § 87 Abs. 1 einzubeziehen. Maßnahmen des betrieblichen Umweltschutzes werden deshalb nur als Gegenstand einer freiwilligen Betriebsvereinbarung genannt (§ 88 Nr. 1 a), und der betriebliche Umweltschutz erscheint außerdem in Zusammenhang mit dem Arbeitsschutz bei der in § 89 getroffenen Beteiligungsregelung. 2

Unter **sozialen Angelegenheiten** versteht das Gesetz das gesamte Gebiet der **Arbeits-** 3
bedingungen im weitesten Sinn, sowohl der *materiellen wie der formellen* Bedingungen. Gemeint sind nicht nur die sog. *betrieblichen Angelegenheiten,* die man vielfach mit dem betrieblichen Arbeitsschutz, dem Ordnungsverhalten der Arbeitnehmer und der Lage der Arbeitszeit im Betrieb identifiziert, sondern erfasst werden insbesondere auch die Arbeitsbedingungen, die das *Verhältnis von Leistung und Gegenleistung* bestimmen, also die Entgeltleistungen des Arbeitgebers sowie Art und zeitlicher Umfang der rechtsgeschäftlich zugesagten Arbeitsleistung der Arbeitnehmer. Zu den sozialen Angelegenheiten gehört insbesondere der **Arbeitsschutz** und, soweit er sich auf die Arbeitsbedingungen bezieht, der betriebliche Umweltschutz (vgl. § 87 Abs. 1 Nr. 7, § 88 Nr. 1 und 1 a sowie § 89).

Der Bereich der Arbeitsbedingungen im eigentlichen Sinne, also der Bedingungen, 4
die das Einzelarbeitsverhältnis bestimmen, wird bei den **Sozialeinrichtungen** (§ 87 Abs. 1 Nr. 8 und § 88 Nr. 2) und bei den **Wohnungen,** die den Arbeitnehmern mit Rücksicht auf das Bestehen eines Arbeitsverhältnisses vermietet werden (§ 87 Abs. 1 Nr. 9), überschritten. Dennoch gehört auch dieser Bereich zu den sozialen Angelegenheiten.

II. Abgrenzung von den nicht in diesem Abschnitt erfassten Angelegenheiten

5   Im Gegensatz zu den sozialen Angelegenheiten stehen die **wirtschaftlichen Angelegenheiten** (§§ 106 ff.). Während die sozialen Angelegenheiten die arbeitsrechtlichen Beziehungen zwischen Arbeitgeber und Arbeitnehmer zum Gegenstand haben, handelt es sich bei den **wirtschaftlichen Angelegenheiten** um einen Bereich, der sich auf den Arbeitgeber in seiner Funktion als *Unternehmer* bezieht. Bei der Beteiligung des Betriebsrats an Betriebsänderungen unterliegt nicht paritätischer Beteiligung, ob und wie die Betriebsänderung durchgeführt wird, sondern ein Mitbestimmungsrecht hat der Gesetzgeber nur bei der Aufstellung eines Sozialplans eingeräumt (§§ 111 bis 113).

6   Zu den sozialen Angelegenheiten gehört die **Gestaltung von Arbeitsplatz, Arbeitsablauf und Arbeitsumgebung.** Das Gesetz hat hier aber die durch den Betriebsrat wahrzunehmende „Mitwirkung und Mitbestimmung der Arbeitnehmer" in einem besonderen Abschnitt, dem Vierten Abschnitt (§§ 90, 91), soweit es um den *technisch-organisatorischen* Aspekt geht, geregelt.

7   Überschneidungen ergeben sich vor allem mit den **personellen Angelegenheiten,** für die das Gesetz die Beteiligung des Betriebsrats im Fünften Abschnitt geregelt hat (§§ 92 ff.). Soweit der Betriebsrat unmittelbar an den personellen Einzelmaßnahmen, der Einstellung, Eingruppierung, Umgruppierung, Versetzung und Entlassung der einzelnen Arbeitnehmer, zu beteiligen ist, entspricht die Abgrenzung dem BetrVG 1952. Während aber bisher die Berufsausbildung in § 56 Abs. 1 lit. d BetrVG 1952 als Gegenstand der Mitbestimmung in sozialen Angelegenheiten genannt war, widmet das Gesetz der *Berufsbildung* im Rahmen der personellen Angelegenheiten einen eigenen Unterabschnitt. Die Unterscheidung zwischen den sozialen und den personellen, aber auch den wirtschaftlichen Angelegenheiten ist dagegen fließend, soweit das Gesetz dem Betriebsrat Mitwirkungs- und Mitbestimmungsrechte bei der *Personalplanung* gibt. Diese sind in einem besonderen Unterabschnitt im Rahmen der personellen Angelegenheiten zusammengefasst, nämlich in §§ 92 bis 95. Hier handelt es sich einerseits *um unternehmerischwirtschaftliche Entscheidungen* im Rahmen der Personalplanung, andererseits aber auch um *soziale Angelegenheiten,* die die Bedingungen für die Einstellung und Entlassung von Arbeitnehmern und den Wechsel des Arbeitsplatzes festlegen. Wegen der umfassenden funktionellen Zuständigkeit des Betriebsrats in sozialen Angelegenheiten konnte über sie bereits nach dem BetrVG 1952 eine *freiwillige Betriebsvereinbarung* abgeschlossen werden. Von Bedeutung ist deshalb vor allem, dass das Gesetz dem Betriebsrat hier besonders ausgeformte *Mitwirkungs-* und *Mitbestimmungsrechte* gibt.

III. Struktur der Mitbestimmung in sozialen Angelegenheiten

8   Die **institutionalisierte Arbeitnehmerbeteiligung** hat ihren **Schwerpunkt im Bereich der sozialen Angelegenheiten.** Hier hat die Idee der Mitbestimmung sich am frühesten durchgesetzt (vgl. Erlass einer Arbeitsordnung gemäß § 134a GewO 1891, §§ 78, 80 BRG 1920). Durch die gesetzlich vorgesehene Wahl von Arbeitnehmerrepräsentanten hat sich eine **Betriebsautonomie** entwickelt, die in einem Spannungsverhältnis zur Privatautonomie und insbesondere auch zur Tarifautonomie steht (vgl. *Reichold,* Betriebsverfassung als Sozialprivatrecht, 1995; *Rieble,* Arbeitsmarkt und Wettbewerb, 1996; *Veit,* Die funktionelle Zuständigkeit des Betriebsrats, 1998; *Waltermann,* Rechtsetzung durch Betriebsvereinbarung zwischen Privatautonomie und Tarifautonomie, 1996; weiterhin *Bayreuther,* Tarifautonomie als kollektiv ausgeübte Privatautonomie, 2005, S. 485 ff.).

9   Der **Betriebsrat** hat für die Regelung der sozialen Angelegenheiten mit dem Arbeitgeber eine **umfassende funktionelle Zuständigkeit.** Er hat aber darüber hinaus für die in

§ 87 Abs. 1 genannten Angelegenheiten ein **als Zustimmungs- und Initiativrecht gestaltetes Mitbestimmungsrecht.** Kommt mit dem Arbeitgeber keine Einigung zustande, so kann die Regelung durch einen Spruch der Einigungsstelle erzwungen werden. Betriebsvereinbarungen für die in § 87 Abs. 1 genannten Angelegenheiten sind deshalb *erzwingbare Betriebsvereinbarungen,* während sonst nur eine *freiwillige Betriebsvereinbarung* in Betracht kommt.

Das Recht auf Mitbestimmung in sozialen Angelegenheiten steht jedem Betriebsrat zu **10** **ohne Rücksicht auf die Zahl der Arbeitnehmer des Betriebs,** also auch in einem Betrieb, in dem der Betriebsrat nur aus einer Person besteht.

Soweit eine Angelegenheit durch **Gesetz zwingend geordnet** ist, sind Arbeitgeber und **11** Betriebsrat daran gebunden. Entsprechend bestimmt deshalb der Eingangshalbsatz des § 87 Abs. 1, dass der Betriebsrat in den dort genannten Angelegenheiten nur mitzubestimmen hat, soweit eine gesetzliche Regelung nicht besteht. Die gleiche Anordnung gilt aber auch für den Fall, dass eine **tarifliche Regelung** besteht. Dieser sog. **Tarifvorrang** dient der Sicherung ausgeübter Tarifautonomie.

Daraus folgt nicht, dass das **Mitbestimmungsrecht** des Betriebsrats durch **Tarifvertrag** **12** **eingeschränkt** werden kann. Es kann in seiner gesetzlichen Beteiligungsform auch nicht **verstärkt** oder auf Angelegenheiten erstreckt werden, die nicht im Katalog des § 87 Abs. 1 genannt sind. Das BAG und die h. L. sind zwar anderer Meinung (vgl. BAG 18. 8. 1987 AP BetrVG 1972 § 77 Nr. 23 [III 2 b]; s. ausführlich Einl. Rn. 138 ff.). Der Erlass von Betriebsverfassungsnormen durch Tarifvertrag gibt den Tarifvertragsparteien aber keine Befugnis, gesetzliche Beteiligungsrechte zu ändern oder auf Angelegenheiten zu erstrecken, für die sie nicht eingeräumt sind. Worum es ausschließlich gehen kann, ist eine tarifvertraglich vorgesehene Beteiligung des Betriebsrats in Angelegenheiten, die durch Tarifvertrag *geregelt* sind (s. ausführlich Einl. Rn. 153 ff.).

Auch durch **Betriebsvereinbarung** kann das **Mitbestimmungsrecht nicht geändert** **13** werden. Insbesondere kann es nicht aufgehoben oder eingeschränkt werden (ebenso BAG 26. 7. 1988 AP BetrVG 1972 § 87 Provision Nr. 6). Der Betriebsrat kann nicht rechtswirksam auf seine Befugnisse in der Mitbestimmungsordnung verzichten.

§ 87 Mitbestimmungsrechte

(1) Der Betriebsrat hat, soweit eine gesetzliche oder tarifliche Regelung nicht besteht, in folgenden Angelegenheiten mitzubestimmen:
1. Fragen der Ordnung des Betriebs und des Verhaltens der Arbeitnehmer im Betrieb;
2. Beginn und Ende der täglichen Arbeitszeit einschließlich der Pausen sowie Verteilung der Arbeitszeit auf die einzelnen Wochentage;
3. vorübergehende Verkürzung oder Verlängerung der betriebsüblichen Arbeitszeit;
4. Zeit, Ort und Art der Auszahlung der Arbeitsentgelte;
5. Aufstellung allgemeiner Urlaubsgrundsätze und des Urlaubsplans sowie die Festsetzung der zeitlichen Lage des Urlaubs für einzelne Arbeitnehmer, wenn zwischen dem Arbeitgeber und den beteiligten Arbeitnehmern kein Einverständnis erzielt wird;
6. Einführung und Anwendung von technischen Einrichtungen, die dazu bestimmt sind, das Verhalten oder die Leistung der Arbeitnehmer zu überwachen;
7. Regelungen über die Verhütung von Arbeitsunfällen und Berufskrankheiten sowie über den Gesundheitsschutz im Rahmen der gesetzlichen Vorschriften oder der Unfallverhütungsvorschriften;
8. Form, Ausgestaltung und Verwaltung von Sozialeinrichtungen, deren Wirkungsbereich auf den Betrieb, das Unternehmen oder den Konzern beschränkt ist;
9. Zuweisung und Kündigung von Wohnräumen, die den Arbeitnehmern mit Rücksicht auf das Bestehen eines Arbeitsverhältnisses vermietet werden, sowie die allgemeine Festlegung der Nutzungsbedingungen;

10. Fragen der betrieblichen Lohngestaltung, insbesondere die Aufstellung von Entlohnungsgrundsätzen und die Einführung und Anwendung von neuen Entlohnungsmethoden sowie deren Änderung;
11. Festsetzung der Akkord- und Prämiensätze und vergleichbarer leistungsbezogener Entgelte, einschließlich der Geldfaktoren;
12. Grundsätze über das betriebliche Vorschlagswesen;
13. Grundsätze über die Durchführung von Gruppenarbeit; Gruppenarbeit im Sinne dieser Vorschrift liegt vor, wenn im Rahmen des betrieblichen Arbeitsablaufs eine Gruppe von Arbeitnehmern eine ihr übertragene Gesamtaufgabe im Wesentlichen eigenverantwortlich erledigt.

(2) ¹Kommt eine Einigung über eine Angelegenheit nach Absatz 1 nicht zustande, so entscheidet die Einigungsstelle. ²Der Spruch der Einigungsstelle ersetzt die Einigung zwischen Arbeitgeber und Betriebsrat.

Gesamtübersicht über die Kommentierung des § 87

	Rn.
Erster Abschnitt: Allgemeiner Teil	
A. Vorbemerkung	1
I. Von der Arbeitsordnung zur Mitbestimmung in sozialen Angelegenheiten	1
II. Überblick über die Gesetzesbestimmung	4
B. Allgemeine Lehren	6
I. Inhalt und Zweck der Mitbestimmung	6
II. Notwendigkeit eines kollektiven Tatbestandes als Voraussetzung der Mitbestimmung	15
III. Mitbestimmung und materielle Arbeitsbedingungen	32
IV. Mitbestimmungsfreiheit als Schranke des Mitbestimmungsrechts	41
V. Zustimmungs- und Initiativrecht des Betriebsrats als Inhalt der Mitbestimmung	53
VI. Ausübung der Mitbestimmung in sozialen Angelegenheiten	75
VII. Zuständigkeit zur Ausübung des Mitbestimmungsrechts	81
VIII. Bindungswirkung der Mitbestimmungsausübung	97
IX. Individualrechtliche Folgen einer Nichtbeteiligung des Betriebsrats	101
X. Befugnisse des Betriebsrats zur Sicherung der Mitbestimmung	130
C. Vorrang von Gesetz und Tarifvertrag	143
I. Zweck und Bedeutung des Vorrangs	143
II. Vorrang der gesetzlichen Regelung	145
III. Tarifvorrang als Schranke der Mitbestimmung	150
IV. Zulässigkeit einer freiwilligen Betriebsvereinbarung	169
Zweiter Abschnitt: Die einzelnen Mitbestimmungstatbestände	
A. Nr. 1: Fragen der Ordnung des Betriebs und des Verhaltens der Arbeitnehmer im Betrieb	
I. Vorbemerkung	173
II. Gegenstand der Mitbestimmung	174
III. Inhalt und Umfang der Mitbestimmung	200
IV. Durchführung der Mitbestimmung	209
V. Mitbestimmung beim Erlass von Betriebsbußen	213
B. Nr. 2: Beginn und Ende der täglichen Arbeitszeit einschließlich der Pausen sowie Verteilung der Arbeitszeit auf die einzelnen Wochentage	
I. Vorbemerkung	254
II. Gegenstand der Mitbestimmung	255
III. Inhalt und Umfang der Mitbestimmung	306
IV. Durchführung der Mitbestimmung	324
C. Nr. 3: Vorübergehende Verkürzung oder Verlängerung der betriebsüblichen Arbeitszeit	
I. Vorbemerkung	334
II. Gegenstand der Mitbestimmung	336
III. Inhalt und Umfang der Mitbestimmung	356
IV. Mitbestimmung bei arbeitskampfbedingter Änderung der betriebsüblichen Arbeitszeit	378
V. Durchführung der Mitbestimmung	402
VI. Beteiligung des Betriebsrats beim Kurzarbeitergeld	408

Gesamtübersicht § 87

	Rn.
D. Nr. 4: Zeit, Ort und Art der Auszahlung der Arbeitsentgelte	
I. Vorbemerkung	410
II. Gegenstand der Mitbestimmung	413
III. Inhalt und Umfang der Mitbestimmung	425
IV. Durchführung der Mitbestimmung	436
E. Nr. 5: Aufstellung allgemeiner Urlaubsgrundsätze und des Urlaubsplans sowie die Festsetzung der zeitlichen Lage des Urlaubs für einzelne Arbeitnehmer, wenn zwischen dem Arbeitgeber und den beteiligten Arbeitnehmern kein Einverständnis erzielt wird	
I. Vorbemerkung	439
II. Zweck und Anwendungsbereich	440
III. Aufstellung allgemeiner Urlaubsgrundsätze und des Urlaubsplans als Mitbestimmungstatbestand	443
IV. Inhalt und Umfang der Mitbestimmung über die Aufstellung allgemeiner Urlaubsgrundsätze und des Urlaubsplans	452
V. Durchführung der Mitbestimmung bei der Aufstellung allgemeiner Urlaubsgrundsätze und des Urlaubsplans	460
VI. Mitbestimmung über die Festsetzung der zeitlichen Lage des Urlaubs für einzelne Arbeitnehmer	464
F. Nr. 6: Einführung und Anwendung von technischen Einrichtungen, die dazu bestimmt sind, das Verhalten oder die Leistung der Arbeitnehmer zu überwachen	
I. Vorbemerkung	475
II. Gegenstand und Zweck der Mitbestimmung	478
III. Die einzelnen Merkmale des Mitbestimmungstatbestands	484
IV. Inhalt und Umfang der Mitbestimmung	513
V. Durchführung der Mitbestimmung	527
G. Nr. 7: Regelungen über die Verhütung von Arbeitsunfällen und Berufskrankheiten sowie über den Gesundheitsschutz im Rahmen der gesetzlichen Vorschriften oder der Unfallverhütungsvorschriften	
I. Vorbemerkung	534
II. Zweck, systematische Stellung und Anwendungsbereich der Mitbestimmungsnorm	535
III. Gegenstand der Mitbestimmung	541
IV. Inhalt und Umfang der Mitbestimmung	557
V. Durchführung der Mitbestimmung	564
VI. Verhältnis des Mitbestimmungstatbestands zur Mitbestimmungsregelung nach dem Arbeitssicherheitsgesetz	568
VII. Beteiligung des Betriebsrats bei der Bestellung des oder der Sicherheitsbeauftragten	594
VIII. Beteiligung des Betriebsrats bei Zusammensetzung und Geschäftsführung des Arbeitsschutzausschusses	595
H. Nr. 8: Form, Ausgestaltung und Verwaltung von Sozialeinrichtungen, deren Wirkungsbereich auf den Betrieb, das Unternehmen oder den Konzern beschränkt ist	
I. Vorbemerkung	599
II. Gesetzessystematischer Zusammenhang mit dem Grundtatbestand der Mitbestimmungsregelung in Nr. 10	601
III. Sozialeinrichtungen als Gegenstand des Mitbestimmungstatbestands	602
IV. Die mitbestimmungsfreien Entscheidungen des Arbeitgebers bei Errichtung einer Sozialeinrichtung	626
V. Mitbestimmung über Form, Ausgestaltung und Verwaltung einer Sozialeinrichtung	633
VI. Inhalt und Durchführung der Mitbestimmung	645
VII. Mitbestimmung bei rechtlich selbständiger Sozialeinrichtung	651
VIII. Mitbestimmungsordnung in der Sozialeinrichtung	664
IX. Schließung und Umwandlung der Sozialeinrichtung	671
X. Rechtsfolgen einer Nichtbeteiligung des Betriebsrats	681
I. Nr. 9: Zuweisung und Kündigung von Wohnräumen, die den Arbeitnehmern mit Rücksicht auf das Bestehen eines Arbeitsverhältnisses vermietet werden, sowie die allgemeine Festlegung der Nutzungsbedingungen	
I. Vorbemerkung	686
II. Gesetzessystematische Einordnung der Mitbestimmungsnorm	687
III. Werkmietwohnung als Gegenstand der Mitbestimmung	690
IV. Mitbestimmung bei der Zuweisung und Kündigung sowie bei der allgemeinen Festlegung der Nutzungsbedingungen	698
V. Inhalt und Durchführung der Mitbestimmung	715

§ 87   Mitbestimmungsrechte

Rn.

J. Nr. 10: Fragen der betrieblichen Lohngestaltung, insbesondere die Aufstellung von Entlohnungsgrundsätzen und die Einführung und Anwendung von neuen Entlohnungsmethoden sowie deren Änderung
    I. Vorbemerkung 727
    II. Zweck und gesetzessystematische Stellung der Mitbestimmungsnorm 728
    III. Entgeltleistungen des Arbeitgebers als Gegenstand des Mitbestimmungstatbestands 734
    IV. Gegenstand des Mitbestimmungsrechts 747
    V. Mitbestimmungsfreie Vorgaben 768
    VI. Mitbestimmung über die Lohn- und Gehaltsbemessung im Rahmen der synallagmatischen Vertragsbeziehungen 780
    VII. Mitbestimmung bei Leistungsentgelten 808
    VIII. Zusätzliche Sozialleistungen als Gegenstand der Mitbestimmung 832
    IX. Mitbestimmung bei der betrieblichen Altersversorgung 837
    X. Inhalt und Umfang der Mitbestimmung 855
    XI. Durchführung der Mitbestimmung 865

K. Nr. 11: Festsetzung der Akkord- und Prämiensätze und vergleichbarer leistungsbezogener Entgelte einschließlich der Geldfaktoren
    I. Vorbemerkung 873
    II. Akkordlohn, Prämienlohn und vergleichbare leistungsbezogene Entgelte als Gegenstand des Mitbestimmungstatbestands 878
    III. Festsetzung der Akkord- und Prämiensätze einschließlich der Geldfaktoren als Gegenstand der Mitbestimmung 894
    IV. Keine Mitbestimmung über die Entgelthöhe durch Beteiligung an der Festsetzung der Geldfaktoren 904
    V. Inhalt und Umfang der Mitbestimmung 912
    VI. Durchführung der Mitbestimmung 916

L. Nr. 12: Grundsätze über das betriebliche Vorschlagswesen
    I. Vorbemerkung 924
    II. Betriebliches Vorschlagswesen als Gegenstand des Mitbestimmungstatbestands 925
    III. Abgrenzung des Mitbestimmungstatbestands 931
    IV. Inhalt und Umfang der Mitbestimmung 940
    V. Durchführung der Mitbestimmung 944

M. Nr. 13: Grundsätze über die Durchführung von Gruppenarbeit
    I. Vorbemerkung 947
    II. Gesetzessystematische Einordnung der Mitbestimmungsnorm 949
    III. Gegenstand und Abgrenzung des Mitbestimmungstatbestands 952
    IV. Inhalt und Umfang der Mitbestimmung 957
    V. Durchführung der Mitbestimmung 960

N. Streitigkeiten
    I. Einigungsstelle 964
    II. Arbeitsgericht 975

Erster Abschnitt: Allgemeiner Teil

Abgekürzt zitiertes Schrifttum: *Adomeit,* Die Regelungsabrede, 2. Aufl. 1961; *ders.,* Rechtsquellenfragen im Arbeitsrecht, 1969; *Dietz,* Probleme des Mitbestimmungsrechts, 1966; *Dzikus,* Die Mitbestimmung des Betriebsrats im Bereich der sozialen Angelegenheiten nach § 87 BetrVG in Eil- und Notfällen, Diss. Mannheim 1980; *Gast,* Tarifautonomie und die Normsetzung durch Betriebsvereinbarung, 1981; *H. Hanau,* Individualautonomie und Mitbestimmung in sozialen Angelegenheiten, 1994 (dazu *Pallasch,* ZfA 1994, 723); *G. Hueck,* Die Betriebsvereinbarung, 1952; *Hurlebaus,* Fehlende Mitbestimmung bei § 87 BetrVG, 1987; *Jahnke,* Tarifautonomie und Mitbestimmung, 1984; *Kreutz,* Grenzen der Betriebsautonomie, 1979; *Moll,* Der Tarifvorrang im Betriebsverfassungsgesetz, 1980; *Mummenhoff,* Die Sperrwirkung des Tarifvertrags nach den §§ 56 und 59 BetrVG, Diss. Köln 1968; *Reuter,* Vergütung von AT-Angestellten und betriebsverfassungsrechtliche Mitbestimmung, 1979; *Reuter/Streckel,* Grundfragen der betriebsverfassungsrechtlichen Mitbestimmung, 1973; *Richardi,* Betriebsverfassung und Privatautonomie, 1973; *ders.,* Betriebsverfassungsrechtliche Mitbestimmung und Einzelarbeitsvertrag, 1986; *Rüthers,* Betriebsverfassungsrechtliches Mitbestimmungsrecht und Individualbereich, in: *Rüthers/Boldt,* Zwei arbeitsrechtliche Vorträge, 1970, S. 7; *Schlachter,* Auslegungsmethoden im Arbeitsrecht – am Beispiel von § 87 Abs. 1 BetrVG, 1987; *M. Starck,* Leistungspflichten und betriebliche Mitbestimmung, (Diss. Mannheim) 1983; *Tödtmann,* Das Mitbestimmungsrecht der Arbeitnehmer in sozialen Angelegenheiten nach § 56 BetrVG, 2. Aufl. 1959; *Veit,* Die funktionelle Zuständigkeit des Betriebsrats, 1998; *Wiese,* Das Initiativrecht nach dem Betriebsverfassungsgesetz, 1977; *Wittke,* Die Beteiligungsrechte des Betriebsrats im sozialen Bereich, 1981.

Übersicht

	Rn.
A. Vorbemerkung	1
I. Von der Arbeitsordnung zur Mitbestimmung in sozialen Angelegenheiten	1
II. Überblick über die Gesetzesbestimmung	4
B. Allgemeine Lehren	6
I. Inhalt und Zweck der Mitbestimmung	6
1. Paritätische Beteiligung in der Form des positiven Konsensprinzips	6
2. Zweck der Mitbestimmung	7
3. Erschöpfende Aufzählung der Mitbestimmungsfälle	10
4. Schranke der Mitbestimmung in personeller Hinsicht	14
II. Notwendigkeit eines kollektiven Tatbestandes als Voraussetzung der Mitbestimmung	15
1. Meinungsstand	15
2. Sinnwidrigkeit der These einer generellen Beschränkung der Mitbestimmung auf kollektive Tatbestände	21
3. Abgrenzung des mitbestimmungspflichtigen Einzelfalls von der mitbestimmungsfreien Individualmaßnahme	26
4. Dauergestaltung und Einzelfall	30
5. Anwendung einer mitbestimmten Regelung im Einzelfall	31
III. Mitbestimmung und materielle Arbeitsbedingungen	32
1. Meinungsstand	32
2. Bedeutung der Einteilung in formelle und materielle Arbeitsbedingungen	35
3. Materielle Annexregelungen als Gegenstand der Mitbestimmung	38
4. Vereinbarkeit mit dem Grundgesetz	40
IV. Mitbestimmungsfreiheit als Schranke des Mitbestimmungsrechts	41
1. Lehre von der Mitbestimmungsfreiheit unternehmerischer Entscheidungen	41
2. Freiwilligkeit der Leistung als Schranke des Mitbestimmungsrechts	45
3. Rechtsgeschäftliche Ordnung des Arbeitslebens als Voraussetzung und Grenze der Mitbestimmung	51
V. Zustimmungs- und Initiativrecht des Betriebsrats als Inhalt der Mitbestimmung	53
1. Zustimmungserfordernis bei mitbestimmungspflichtigen Maßnahmen des Arbeitgebers	54
2. Zustimmungserfordernis in Eilfällen	55
3. Initiativrecht des Betriebsrats	65
VI. Ausübung der Mitbestimmung in sozialen Angelegenheiten	75
1. Einigung zwischen Arbeitgeber und Betriebsrat	75
2. Betriebsvereinbarung als Rechtsinstitut der Mitbestimmung	77
3. Einigung durch schlüssiges Verhalten	80
VII. Zuständigkeit zur Ausübung des Mitbestimmungsrechts	81
1. Zuständigkeitsabgrenzung zwischen Einzelbetriebsrat, Gesamtbetriebsrat und Konzernbetriebsrat	82
2. Mitbestimmungsausübung bei Zuständigkeit des Betriebsrats	87
3. Mitbestimmungsausübung bei Zuständigkeit des Gesamt- oder Konzernbetriebsrats	94
VIII. Bindungswirkung der Mitbestimmungsausübung	97
1. Allgemeine Grundsätze	97
2. Betriebsvereinbarung	99
IX. Individualrechtliche Folgen einer Nichtbeteiligung des Betriebsrats	101
1. Theorie der Wirksamkeitsvoraussetzung	101
2. Kritik der Theorie der Wirksamkeitsvoraussetzung	104
3. Rechtsfolgen bei Nichtbeachtung des Mitbestimmungsrechts	118
X. Befugnisse des Betriebsrats zur Sicherung der Mitbestimmung	130
1. Sicherung der Mitbestimmung durch Anrufung der Einigungsstelle	130
2. Sicherung der Mitbestimmung durch Anrufung des Arbeitsgerichts	132
3. Beseitigungs- und Unterlassungsanspruch des Betriebsrats	134

	Rn.
C. Vorrang von Gesetz und Tarifvertrag	143
I. Zweck und Bedeutung des Vorrangs	143
II. Vorrang der gesetzlichen Regelung	145
1. Begriff des Gesetzes	145
2. Notwendigkeit einer zwingenden Gesetzesregelung	146
3. Inhalt der gesetzlichen Regelung	148
III. Tarifvorrang als Schranke der Mitbestimmung	150
1. Begriff der tariflichen Regelung	150
2. Notwendigkeit einer Unabdingbarkeit der Tarifregelung	151
3. Tarifbindung des Arbeitgebers an die Regelung der mitbestimmungspflichtigen Angelegenheit	153
4. Inhalt der tariflichen Regelung	161
5. Verhältnis zum Tarifvorbehalt des § 77 Abs. 3	166
IV. Zulässigkeit einer freiwilligen Betriebsvereinbarung	169
1. Keine Schranke durch den im Eingangshalbsatz festgelegten Gesetzes- und Tarifvorrang	169
2. Vorrang gesetzlicher und tariflicher Regelung gegenüber einer Betriebsvereinbarung	171
3. Anwendung des § 77 Abs. 3	172

A. Vorbemerkung

I. Von der Arbeitsordnung zur Mitbestimmung in sozialen Angelegenheiten

1 Die Vorschrift enthält in einem umfassenden Katalog die sozialen Angelegenheiten, in denen der Betriebsrat mitzubestimmen hat. Es handelt sich um Angelegenheiten, für die eine Regelung im Tarifvertrag häufig deshalb fehlt, weil es auf die Eigenart des konkreten Betriebs ankommt, und die im Einzelarbeitsvertrag ebenfalls nicht geregelt sind, weil sie nur einheitlich für alle Arbeitnehmer festgesetzt werden können. Das Bestimmungsrecht des Arbeitgebers wird deshalb hier durch ein *paritätisches Beteiligungsrecht* des Betriebsrats beschränkt.

2 Die Beteiligung des Betriebsrats in sozialen Angelegenheiten ist die **Urzelle der betriebsverfassungsrechtlichen Mitbestimmung**. Fragen der Ordnung des Betriebs und das Verhalten der Arbeitnehmer im Betrieb, Beginn und Ende der täglichen Arbeitszeit einschließlich der Pausen, Zeit und Art der Abrechnung und Lohnzahlung sowie die Festsetzung von Betriebsstrafen bildeten bereits den Inhalt der **Arbeitsordnung** nach § 134 b GewO, zu deren Erlass bereits die Novelle zur Gewerbeordnung vom 1. 6. 1891, das sog. *Arbeiterschutzgesetz*, den Arbeitgeber für gewerbliche Betriebe mit in der Regel mindestens 20 Arbeitern öffentlich-rechtlich verpflichtete. Ursprünglich wurde die Arbeitsordnung *einseitig* vom Arbeitgeber erlassen; falls ein Arbeiterausschuss bestand, war dieser vorher lediglich zu hören (§ 134 d Abs. 2 GewO). Durch das BRG vom 4. 2. 1920 wurde festgelegt, dass die Arbeitsordnung zusammen mit dem Gruppenrat oder, wo ein solcher nicht bestand, mit dem Betriebsrat zu erlassen war (§§ 78 Nr. 3, 80 BRG). Das geschah durch *Betriebsvereinbarung* (grundlegend *Flatow*, Betriebsvereinbarung und Arbeitsordnung, 1921, 2. Aufl. 1923). Der Arbeitgeber war also, soweit eine Arbeitsordnung gesetzlich vorgeschrieben war, *öffentlich-rechtlich* verpflichtet, über sie eine Betriebsvereinbarung herbeizuführen.

3 Das **BetrVG** vom 11. 10. 1952 hat den Katalog der mitbestimmungspflichtigen Angelegenheiten über den Inhalt der Arbeitsordnung hinaus erweitert, aber im Wesentlichen so abgegrenzt, dass dem Mitbestimmungsrecht des Betriebsrats nur betriebliche Angelegenheiten, nicht auch die sog. materiellen Arbeitsbedingungen unterlagen (s. zum Streitstand Rn. 32 f.). Das BetrVG 1952 kannte nicht mehr eine öffentlich-rechtliche Verpflichtung des Arbeitgebers, über bestimmte Angelegenheiten eine Betriebsvereinbarung herbeizuführen. Soweit der Betriebsrat gleichberechtigt an der Regelung betrieblicher Angelegenheiten zu beteiligen ist, war daher außerordentlich streitig, ob die Mitbestimmung im **Anspruch des Betriebsrats auf Abschluss einer Betriebsvereinbarung** bestand (Theorie der *erzwingbaren Mitbestimmung*), oder ob man sie rechtsdogmatisch als **Einigungsnotwendigkeit bei mitbestimmungspflichtigen Angelegenheiten** zu interpretieren hatte (Theorie der *notwendigen Mitbestimmung;* s. Rn. 15 ff.). Mit dieser Streitfrage hing auf das engste zusammen, ob der Betriebsrat nur die Aufstellung einer *Regelung* verlangen konnte oder ob das Mitbestimmungsrecht sich auch auf die Vornahme von *Einzelmaßnahmen* bezog (s. dazu ausführlich Rn. 15 ff.). Wer die Besonderheit der Mitbestimmung in der *Einigungsnotwendigkeit* sah, kam daher folgerichtig zu dem Ergebnis, dass die Mitbestimmung eine **Wirksamkeitsvoraussetzung** für die ihr unterliegenden Maßnahmen ist, wobei auch der Fall einbezogen wurde, dass Arbeitgeber und Arbeitnehmer eine *Vereinbarung* getroffen hatten, so dass die Mitbestimmung als *Begrenzung der individuellen Vertragsfreiheit* interpretiert wurde, während der schon in § 56 Abs. 1 BetrVG 1952 enthaltene Tarifvorrang sicherte, dass keine Einschränkung der Tarifautonomie eintrat (s. auch Rn. 101 ff.).

II. Überblick über die Gesetzesbestimmung

Das BetrVG 1972 hat sich darauf beschränkt, den **Katalog der mitbestimmungspflichtigen Angelegenheiten umzustellen und zu erweitern** (vgl. Begründung des RegE, BT-Drucks. VI/1786, S. 48 f.). Welche Struktur die Mitbestimmung durch die Gesetzesregelung erhalten hat und wie sie sich in die auch das Arbeitsverhältnis beherrschende Privatautonomie einfügt, bleibt daher der in theoretischer und praktischer Arbeit sich betätigenden Rechtswissenschaft überlassen. Die Abgrenzung der Mitbestimmungstatbestände hat allerdings bewirkt, dass die zu § 56 BetrVG 1952 entwickelten allgemeinen Lehren zu revidieren sind: Die Mitbestimmung des Betriebsrats bezieht sich teilweise ausdrücklich auf *Einzelfälle,* wie bei der Festsetzung der zeitlichen Lage des Urlaubs für einzelne Arbeitnehmer nach Nr. 5 und bei der Zuweisung und Kündigung von Werkswohnungen nach Nr. 9; sie bezieht sich in anderen Fällen eindeutig nur auf eine *Regelung,* wie bei der Aufstellung allgemeiner Urlaubsgrundsätze nach Nr. 5, bei der allgemeinen Festsetzung der Nutzungsbedingungen nach Nr. 9, bei Fragen der betrieblichen Lohngestaltung, insbesondere der Aufstellung von Entlohnungsgrundsätzen nach Nr. 10, bei den Grundsätzen über das betriebliche Vorschlagswesen nach Nr. 12 und bei den Grundsätzen über die Durchführung von Gruppenarbeit nach Nr. 13. Eine Beschränkung auf *formelle Arbeitsbedingungen* lässt sich ebenfalls nicht mehr aufrechterhalten, zumal Arbeitsentgelte, die nach Nr. 10 und 11 der Mitbestimmung unterliegen, eindeutig zu den *materiellen Arbeitsbedingungen* gehören. Dennoch hat die alte Streitfrage ihre Bedeutung behalten, soweit es um die Frage geht, ob die Mitbestimmung beim Arbeitsentgelt sich auf die Grundsätze der *Bemessung* beschränkt oder auch die *Entgelthöhe* erfasst (s. Rn. 768 ff.).

Trotz der Umstellung und Erweiterung der mitbestimmungspflichtigen Angelegenheiten beruht der **Katalog auf keinem System.** Die Fragen der Ordnung des Betriebs und des Verhaltens der Arbeitnehmer im Betrieb, lit. f in § 56 Abs. 1 BetrVG 1952, hat das Gesetz wegen ihrer grundlegenden Bedeutung als Nr. 1 an die Spitze des Katalogs gestellt. Die Nr. 2 entspricht bis auf die Klarstellung hinsichtlich der Verteilung der Arbeitszeit auf die einzelnen Wochentage dem § 56 Abs. 1 lit. a BetrVG 1952, die Nr. 4 entspricht lit. b, wobei die Art der Auszahlung der Arbeitsentgelte ausdrücklich erwähnt wird, Nr. 5 der lit. c, wobei die Beteiligung des Betriebsrats in Urlaubsangelegenheiten wesentlich erweitert wurde, Nr. 8 der lit. e, wobei hier hervorgehoben wird, dass das Mitbestimmungsrecht sich nicht nur auf die Verwaltung, sondern auch auf die Form und die Ausgestaltung der Sozialeinrichtungen erstreckt und auch für Sozialeinrichtungen gilt, deren Wirkungsbereich auf den Konzern beschränkt ist. Nr. 10 und Nr. 11

§ 87

haben in § 56 Abs. 1 lit. g und h BetrVG 1952 ihr Vorbild; das Mitbestimmungsrecht des Betriebsrats ist hier aber wesentlich ausgebaut worden, es bezieht sich auf alle Fragen der betrieblichen Lohngestaltung und bei den in Nr. 11 genannten leistungsbezogenen Entgelten auch auf die Geldfaktoren. Nicht im BetrVG 1952 enthalten waren Nr. 3, 6, 7, 9 und 12; erst durch das BetrVerf-ReformG 2001 wurde Nr. 13 angefügt.

B. Allgemeine Lehren

I. Inhalt und Zweck der Mitbestimmung

1. Paritätische Beteiligung in der Form des positiven Konsensprinzips

6   Das Gesetz beschränkt sich in seinem Wortlaut auf die Anordnung, dass der Betriebsrat in den Angelegenheiten, die im Katalog des Abs. 1 aufgezählt sind, mitzubestimmen hat, soweit eine gesetzliche oder tarifliche Regelung nicht besteht. Das Charakteristikum dieser Mitbestimmung liegt darin, dass dann, wenn Arbeitgeber und Betriebsrat sich nicht einigen können, die Einigungsstelle einen bindenden Spruch auf Antrag nur einer der beiden Parteien, des Betriebsrats oder des Arbeitgebers, erlassen kann (Abs. 2). Der Bereich des Mitbestimmungsrechts und der Bereich, der durch einen bindenden Spruch der Einigungsstelle gestaltet werden kann, decken sich notwendig. Dadurch ist hier das Beteiligungsrecht des Betriebsrats in seiner stärksten Ausprägung gegeben; es ist als Mitbestimmungsrecht in der Form des *positiven Konsensprinzips* gestaltet: Der Arbeitgeber kann nicht gegen den Willen des Betriebsrats, der Betriebsrat nicht gegen den Willen des Arbeitgebers eine Gestaltung der in Abs. 1 genannten Angelegenheiten vornehmen.

2. Zweck der Mitbestimmung

7   Nach Ansicht von *Dietz* gab § 56 BetrVG 1952 dem Betriebsrat das durchsetzbare Recht, eine **Regelung** der dort genannten Angelegenheiten **durch den Abschluss einer Betriebsvereinbarung** herbeizuführen (vgl. *Dietz*, 4. Aufl., § 56 Rn. 4, 7 f.; weiterhin ders., FS Nipperdey 1955, S. 147 ff.; ders., Probleme, S. 7 ff.). Für diese Auffassung war maßgebend, dass die Abgrenzung der mitbestimmungspflichtigen Angelegenheiten sich im Wesentlichen mit den Angelegenheiten deckte, die dem gleichberechtigten Mitbestimmungsrecht des Betriebsrats nach dem BRG 1920 unterlagen, also Gegenstand der *Arbeitsordnung* des § 134 b GewO waren. *Dietz* wies auf § 61 des RegE zum BetrVG 1952 hin, der davon sprach, dass die angeführten Angelegenheiten durch *Betriebssatzung* zu regeln seien (BT-Drucks. I/1546, S. 53; abgedruckt in RdA 1950, 346). Diese Bestimmung ist aber nicht Gesetz geworden. Im Ausschussbericht zu § 56 BetrVG 1952 wird vielmehr darauf hingewiesen, dass in dieser Bestimmung diejenigen sozialen Angelegenheiten zusammengefasst sind, „in denen der Betriebsrat sowohl durch Abschluss von Betriebsvereinbarungen und bei ihrer Durchführung als auch bei einzelnen Maßnahmen ein Mitbestimmungsrecht hat mit der Wirkung, dass im Nichteinigungsfalle die betriebliche Einigungsstelle bzw. die ... tarifliche Schlichtungsstelle verbindlich entscheidet" (BT-Drucks. I/3585, S. 11; abgedruckt in RdA 1952, 289). Man weist deshalb darauf hin, dass die *Mitbestimmung* selbst, nicht aber ihre *Form*, das Primäre sei (so *Fitting*, 10. Aufl. 1972, § 87 Rn. 7; vgl. auch BAG 7. 9. 1956 E 3, 207, 212 = AP BetrVG § 56 Nr. 2; *Nipperdey/Säcker* in *Hueck/Nipperdey*, Bd. II/2 S. 1391; relativierend aber, soweit darauf hingewiesen wird, dass das geeignete Instrument, eine mitbestimmungspflichtige Angelegenheit für den Betrieb zu regeln, die Betriebsvereinbarung sei, BAG 24. 2. 1987 AP BetrVG 1972 § 77 Nr. 21).

8 Bereits das BetrVG 1952 kannte nicht mehr eine *öffentlich-rechtliche* Verpflichtung des Arbeitgebers, über bestimmte betriebliche Angelegenheiten eine Betriebsvereinbarung herbeizuführen. Durchgesetzt hat sich daher die Auffassung, dass die Besonderheit der Mitbestimmung **nicht** in der **Regelungsnotwendigkeit,** sondern in der **Einigungsnotwendigkeit** liegt (vgl. *Nipperdey/Säcker* in *Hueck/Nipperdey,* Bd. II/2 S. 1391; *Adomeit,* Regelungsabrede, S. 56 f.; *ders.,* Rechtsquellenfragen, S. 153; *Siebert,* RdA 1958, 161, 163; zum BetrVG 1972 vor allem GK-*Wiese,* § 87 Rn. 98 ff.). Für das geltende Recht wird diese Mitbestimmungskonzeption durch die Abgrenzung der Mitbestimmungstatbestände bestätigt, die nicht nur auf Regelungsfälle beschränkt sind, sondern auch Einzelmaßnahmen enthalten (s. Rn. 15 ff.). Grundtatbestand für die Anerkennung der Mitbestimmung ist die *Abhängigkeit der Arbeitnehmer in der Organisation der arbeitsteiligen Produktionsweise* (vgl. *Richardi,* Betriebsverfassung und Privatautonomie, S. 12; dazu auch *Kreutz,* Betriebsautonomie, S. 172 ff.). Zweck der Mitbestimmung ist aber nicht die Sicherung einer Ordnung der hier genannten Angelegenheiten, sondern eine gleichberechtigte Berücksichtigung der Arbeitnehmerinteressen bei der Gestaltung dieser Ordnung. Die Mitbestimmung erschöpft sich auch nicht in einem *Schutzzweck* für die Arbeitnehmer, sondern sie erfüllt primär eine *Integrationsfunktion.* Durch sie wird, wie es im Bericht der Mitbestimmungskommission heißt, der Arbeitnehmer „in die Lage versetzt, eigene Initiativen zur Wahrung seiner Interessen in dem Bereich zu entfalten, in dem nach arbeitsvertraglicher Regelung der Arbeitgeber allein entscheidet" (BT-Drucks. VI/334, S. 59; vgl. auch *Wiese,* ZfA 2000, 117 ff.).

9 Diesem Zweck entspricht es, dass der Arbeitgeber, soweit eine Maßnahme der Mitbestimmung des Betriebsrats unterliegt, sie nur mit dessen Zustimmung treffen kann. Da die Rechtsbeziehungen zwischen dem Arbeitgeber und dem einzelnen Arbeitnehmer aber nicht von der betriebsverfassungsrechtlichen Mitbestimmungsordnung absorbiert werden, folgt daraus keineswegs, dass die Zustimmung des Betriebsrats Wirksamkeitsvoraussetzung für alle Maßnahmen ist, die in den Katalog des § 87 fallen (s. ausführlich Rn. 101 ff.). Das Arbeitsverhältnis ist *nicht* ein *Teilrechtsverhältnis der Betriebsverfassung,* sondern bildet einen *selbständigen Rechtskreis,* der innerhalb der bipolar gestalteten Betriebsverfassung nur mittelbar angesprochen wird.

3. Erschöpfende Aufzählung der Mitbestimmungsfälle

10 a) Die Fälle, in denen der Betriebsrat mitzubestimmen hat, sind im Katalog des Abs. 1 erschöpfend aufgezählt. Es gibt **keine Generalklausel.** Durch die Abgrenzung der Mitbestimmungstatbestände wird nicht nur der *Sachverhalt* festgelegt, der dem Mitbestimmungsrecht unterliegt, sondern durch sie wird mittelbar auch bestimmt, welchem *Zweck* die Einräumung des Mitbestimmungsrechts dient (vgl. Staudinger-*Richardi* [Neubearbeitung 2005], Vorbem. vor § 611 Rn. 1151; zust. *Brossette,* ZfA 1992, 379, 391).

11 b) Das Mitbestimmungsrecht reicht nicht so weit wie die **Zuständigkeit des Betriebsrats zum Abschluss einer Betriebsvereinbarung in sozialen Angelegenheiten.** Es kann auch durch Tarifvertrag und Betriebsvereinbarung nicht erweitert werden (s. auch Einl. Rn. 136 ff.). Fällt eine Angelegenheit nicht unter Abs. 1, so kann über sie nur eine *freiwillige Betriebsvereinbarung* abgeschlossen werden (§ 88).

12 Die inhaltlich begrenzte Reichweite des Mitbestimmungsrechts ist für die Beurteilung einer Betriebsvereinbarung auch zu beachten, soweit durch sie eine mitbestimmungspflichtige Angelegenheit geregelt wird. Das ist vor allem zu beachten, soweit dem Mitbestimmungsrecht ein mitbestimmungsfreier Bereich vorgelagert ist, wie bei einer Regelung über die Lage der Arbeitszeit (Nr. 2) die Festlegung des zeitlichen Umfangs der geschuldeten Arbeitsleistung oder bei Fragen der betrieblichen Lohngestaltung (Nr. 10) die Entscheidung, ob der Arbeitgeber überhaupt eine bestimmte Leistung, z.B. eine betriebliche Altersversorgung, gewähren will und in welchem Umfang und zu welchem Zweck er eine finanzielle Belastung eingehen will (s. Rn. 45 ff.). Soweit die Betriebsvereinbarung die inhaltlich begrenzte Reichweite des Mitbestimmungsrechts überschreitet, handelt es sich insoweit nicht mehr um eine erzwingbare, sondern um eine *freiwillige Betriebsvereinbarung*, auf die nach ihrem Ablauf § 77 Abs. 6 keine Anwendung findet (s. dort Rn. 166 ff.).

13 c) Die im Katalog des Abs. 1 enumerativ aufgezählten Mitbestimmungsfälle beziehen sich auf **inhaltlich abgegrenzte Regelungsprobleme** in den Arbeitgeber-Arbeitnehmer-Beziehungen. Entsprechend **verschieden** kann daher der **Zweck** sein, den der Gesetzgeber mit der Anordnung der Mitbestimmung in den Einzelbereichen verfolgt (vgl. auch *Hurlebaus*, Fehlende Mitbestimmung, S. 83 ff.; *Brossette*, ZfA 1992, 379 ff.). Für Inhalt und Reichweite des Mitbestimmungsrechts ist daher der jeweilige Mitbestimmungstatbestand maßgebend. Grenzen eines Mitbestimmungsrechts können sich daher nur aus der Regelung des Mitbestimmungstatbestands selbst ergeben, wobei der Zusammenhang mit anderen gesetzlichen Vorschriften sowie mit der Systematik und dem Sinnzusammenhang des BetrVG zu beachten ist (ebenso BAG 31. 8. 1982 AP BetrVG 1972 § 87 Arbeitszeit Nr. 8).

4. Schranke der Mitbestimmung in personeller Hinsicht

14 Eine Schranke der Mitbestimmung besteht für die personelle Reichweite insoweit, als die mitbestimmungspflichtige Angelegenheit sich auf Arbeitnehmer beziehen muss, die unter das Repräsentationsmandat des Betriebsrats fallen. Der Betriebsrat hat deshalb kein Mitbestimmungsrecht, soweit Maßnahmen, die im Katalog der mitbestimmungspflichtigen Angelegenheiten genannt sind, sich ausschließlich auf **leitende Angestellte** beziehen und sich nicht auf die übrige Belegschaft auswirken (vgl. BAG 30. 4. 1974 AP BetrVG 1972 § 87 Werkmietwohnungen Nr. 2; s. auch Rn. 695 ff.). Jedoch genügt nicht, dass Arbeitnehmer lediglich zum Kreis der sog. außertariflichen Angestellten gehören (s. Rn. 160).

II. Notwendigkeit eines kollektiven Tatbestandes als Voraussetzung der Mitbestimmung

1. Meinungsstand

15 a) Zu § 56 BetrVG 1952 war außerordentlich streitig, ob das Mitbestimmungsrecht des Betriebsrats sich auf die Aufstellung von *Regeln,* eine *Regelung,* die Schaffung einer *Ordnung* bezieht (so *Dietz,* § 56 Rn. 7 ff.; *ders.,* FS Nipperdey 1955, S. 147 ff.; *ders.,* Probleme, S. 7 ff.; *ders.,* BB 1959, 1210 ff.) oder ob dem Betriebsrat ein Mitbestimmungsrecht bei der Gestaltung der *einzelnen Maßnahme* zusteht, so dass ohne sein Einverständnis auch eine Einzelmaßnahme, die zu den mitbestimmungspflichtigen Angelegenheiten gehört, nicht vorgenommen werden kann (so vor allem BAG 7. 9. 1956, 1. 2. 1957, 25. 10. 1957 und 16. 12. 1960 AP BetrVG [1952] § 56 Nr. 2, 4, 6 und 22). Trotz unterschiedlichen Ausgangspunkts bestand aber weitgehend Übereinstimmung in der Annahme, dass die Beteiligung des Betriebsrats sich zwar auch auf *einmalige Maßnahmen,* wie die Verlegung der Arbeitszeit von einem Tag auf einen anderen, nicht aber auf Fälle erstreckt, „bei denen es sich nur um die Gestaltung eines oder mehrerer konkreter Arbeitsverhältnisse handelt und bei denen besondere, nur den einzelnen Arbeitnehmer betreffende Umstände die Maßnahme veranlassen oder inhaltlich bestimmen" (BAG 7. 9. 1956 AP BetrVG [1952] § 56 Nr. 2 unter wörtlicher Zitierung von *Siebert/Hilger,* BB 1955, 670; weiterhin BAG 18. 3. 1964 AP BetrVG § 56 Entlohnung Nr. 4; *Dietz,* § 56 Rn. 22 und 23; *Fitting/Kraegeloh/Auffarth,* § 56 Rn. 5; *Galperin/Siebert,* Vorbem. vor § 56 Rn. 6 ff., 11; *Nikisch,* Bd. III S. 368 f.; *Neumann-Duesberg,* S. 462; *Adomeit,* Regelungsabrede, S. 41 ff., 59 ff.). Man nahm an, dass die Mitbestimmung sich *nicht* auf *Individualmaßnahmen* bezieht, sondern dass es sich um einen

zumindest *kollektiv* bestimmten **Sonderfall** (so *Galperin,* RdA 1955, 260, 261), also um eine **Kollektivmaßnahme** handeln muss (vgl. auch BAG 19. 4. 1963 und 31. 1. 1969 AP BetrVG [1952] § 56 Entlohnung Nr. 2 und 5; – für das Mitbestimmungsrecht auch bei Vornahme von Einzelmaßnahmen: *Bührig,* § 56 Rn. 5; *Bovensiepen,* AuR 1954, 204, 207; mit Ausnahme der in lit. g und h genannten Angelegenheiten *Tödtmann,* Mitbestimmungsrecht in sozialen Angelegenheiten, S. 33 ff., insbes. S. 80 f.; weiterhin vor allem *Söllner,* 2. Aufl., S. 158; *ders.,* RdA 1968, 437, 439; *Richardi,* Festgabe v. Lübtow 1970, S. 755, 767 ff.).

b) Der Gesetzentwurf der SPD-Bundestagsfraktion zur Neuregelung der Betriebsverfassung (BT-Drucks. V/3568) enthielt ausdrücklich die Bestimmung, dass der Betriebsrat auch dann mitzubestimmen hat, wenn die sozialen Angelegenheiten nur *einzelne* Arbeitnehmer betreffen (abgedruckt in RdA 1969, 35, 40). Das **BetrVG 1972** trifft jedoch **keine ausdrückliche Bestimmung** dieses Inhalts. Nach dem Bericht des BT-Ausschusses für Arbeit und Sozialordnung habe man daran festgehalten, „dass sich die Mitbestimmung des Betriebsrates grundsätzlich nur auf generelle Tatbestände und nicht auf die Regelung von Einzelfällen bezieht" (BT-Drucks. VI/2729, S. 4). Daraus wird geschlossen, dass der Gesetzgeber die bisher herrschende Meinung bestätigt habe, ein Mitbestimmungsrecht des Betriebsrats bestehe nur dann, wenn es sich um *kollektive Maßnahmen* handele (vgl. GK-*Wiese,* § 87 Rn. 14; *Hanau,* RdA 1973, 281, 287). **16**

Die h.L. hält deshalb daran fest, dass die Mitbestimmung sich **nur** auf **kollektive Tatbestände** bezieht, soweit das Gesetz ihr nicht ausnahmsweise – wie in Nr. 5 und 9 – einen Individualtatbestand unterwirft (vgl. *Brecht,* § 87 Rn. 4; *Fitting,* § 87 Rn. 14; *Frauenkron,* § 87 Rn. 4; ErfK-*Kania,* § 87 Rn. 6; *Stege/Weinspach/Schiefer,* § 87 Rn. 16; GK-*Wiese,* § 87 Rn. 15 ff.; HSWGNR-*Worzalla,* § 87 Rn. 19; *Matthes,* MünchArbR § 242 Rn. 24; *Zöllner/Loritz/Hergenröder,* § 49 IV 2; *Wittke,* Beteiligungsrechte des Betriebsrats im sozialen Bereich, S. 32; *Reuter/Streckel,* Grundfragen der betriebsverfassungsrechtlichen Mitbestimmung, S. 23 ff.; *Rüthers,* Arbeitsrecht und politisches System, S. 150; *Wank,* FS Wiese, S. 617 ff.; *Hanau,* BB 1972, 499, 500; *ders.,* RdA 1973, 281, 287; *Säcker,* ZfA-Sonderheft 1972, 41, 62; *Raab,* ZfA 2001, 31, 45 ff. – für Begrenzung der Mitbestimmung auf eine abstrakte Regelung GL-*Löwisch,* § 87 Rn. 6 ff., wobei ein Mitbestimmungsrecht für den Einzelfall im Rahmen des kollektiven Beschwerdeverfahrens nach § 85 Abs. 2 bestehen soll; vgl. GL-*Löwisch,* § 87 Rn. 12; *ders.,* DB 1972, 2304, 2307). **17**

Eine Gegenmeinung verwirft dagegen die Beschränkung der Mitbestimmung auf kollektive Tatbestände und erstreckt sie auch auf **einzelne Maßnahmen des Arbeitgebers** (*Weiss/Weyand,* § 87 Rn. 3; *Simitis/Weiss,* DB 1973, 1240, 1242; *Söllner/Waltermann,* Rn. 566). Dabei rückt jedoch zunehmend die Erkenntnis in den Vordergrund, dass für die Abgrenzung primär der jeweilige Mitbestimmungstatbestand maßgebend ist (DKK-*Klebe,* § 87 Rn. 16; *Gamillscheg,* Kollektives Arbeitsrecht, Bd. II S. 863 ff.; *Hurlebaus,* Fehlende Mitbestimmung, S. 126 ff.). **18**

Das BAG hat von einer generellen Stellungnahme zu dieser Streitfrage abgesehen (BAG 18. 11. 1980 AP BetrVG 1972 § 87 Arbeitszeit Nr. 3). Es hat allein für den in Nr. 3 enthaltenen **Mitbestimmungstatbestand der vorübergehenden Verlängerung der betriebsüblichen Arbeitszeit** verlangt, dass ein **kollektiver Tatbestand** vorliegt (BAG 18. 11. 1980, 2. 3. 1982, 8. 6. 1982 und 21. 12. 1982 AP BetrVG 1972 § 87 Arbeitszeit Nr. 3, 6, 7 und 9; 22. 2. 1983 AP BetrVG 1972 § 23 Nr. 2; 8. 11. 1983, 11. 11. 1986, 27. 11. 1990 und 16. 7. 1991 AP BetrVG 1972 § 87 Arbeitszeit Nr. 11, 21, 41 und 44). **19**

Wie bei Nr. 3 hat das BAG auch bei Nr. 2, der **Lage und Verteilung der vorgegebenen Dauer der Arbeitszeit,** das Mitbestimmungsrecht an das Vorliegen eines kollektiven Tatbestandes gebunden (BAG 21. 12. 1982 und 27. 6. 1989 AP BetrVG 1972 § 87 Arbeitszeit Nr. 9 und 35). Schließlich hat das BAG für Nr. 10, den **Fragen der betrieblichen Lohngestaltung,** bei denen es nach dem insoweit eindeutigen Gesetzestext um die Festlegung allgemeiner (kollektiver, genereller) Regelungen geht, klargestellt, dass auch **20**

§ 87

hier ein kollektiver Tatbestand das Mitbestimmungsrecht auslöst (BAG [GS] 3. 12. 1991 AP BetrVG 1972 § 87 Lohngestaltung Nr. 51 [C III 3 b]).

2. Sinnwidrigkeit der These einer generellen Beschränkung der Mitbestimmung auf kollektive Tatbestände

21 a) Für die Beantwortung der Frage, ob die Mitbestimmung im Einzelfall besteht, ist von der **gesetzlichen Abgrenzung des Mitbestimmungstatbestandes auszugehen.** Das Gesetz hat in einigen Fällen das Mitbestimmungsrecht auf Maßnahmen erstreckt, die nur **einzelne Arbeitnehmer** betreffen, z. B. – wie einhellig angenommen wird (s. Rn. 17) – bei der Festsetzung der zeitlichen Lage des Urlaubs für einzelne Arbeitnehmer nach Nr. 5 sowie bei der Zuweisung und Kündigung von Werkmietwohnungen nach Nr. 9.

22 Andere Angelegenheiten beziehen sich dagegen eindeutig nur auf eine **Regelung**, d. h. die Aufstellung von Regeln, die Schaffung einer Ordnung, wie z. B. Aufstellung allgemeiner Urlaubsgrundsätze und des Urlaubsplans (Nr. 5), Regelungen über die Verhütung von Arbeitsunfällen und Berufskrankheiten sowie über den Gesundheitsschutz im Rahmen des gesetzlichen Arbeitsschutzes (Nr. 7), allgemeine Festlegung der Nutzungsbedingungen für Werkmietwohnungen (Nr. 9; vgl. BAG 13. 3. 1973 und 3. 6. 1975 AP BetrVG 1972 § 87 Werkmietwohnungen Nr. 1 und 3; ausführlich Rn. 707 ff.), Fragen der betrieblichen Lohngestaltung, insbesondere soweit es sich um die Aufstellung von Entlohnungsgrundsätzen handelt (Nr. 10; vgl. BAG 29. 3. 1977 AP BetrVG 1972 § 87 Provision Nr. 1; 10. 7. 1979 und 17. 12. 1980 AP BetrVG 1972 § 87 Lohngestaltung Nr. 2 und 4 und 5; ausführlich Rn. 855 f.), Grundsätze über das betriebliche Vorschlagswesen (Nr. 12; s. Rn. 940 ff.) und die Durchführung von Gruppenarbeit (Nr. 13; s. Rn. 952 ff.). Auf eine Regelung, aber auch auf einen *Einzelfall* bezieht sich der Mitbestimmungstatbestand der Einführung von Kurzarbeit und Mehrarbeit (Nr. 3); es ist eine Fehlinterpretation, aus der Formulierung, dass die vorübergehende Verkürzung oder Verlängerung die *betriebsübliche Arbeitszeit* betrifft, abzuleiten dass ein *kollektiver Tatbestand* vorliegen muss (BAG 18. 11. 1980 AP BetrVG 1972 § 87 Arbeitszeit Nr. 3; weit. Nachw. in Rn. 19; s. ausführlich Rn. 339 f.).

23 b) Soweit nach dem Gesetz **zweifelhaft** ist, ob die **Mitbestimmung im Einzelfall** besteht, ist die These einer Begrenzung auf kollektive Tatbestände nicht geeignet, die notwendige Klärung herbeizuführen. Es ist verfehlt, den Begriff des Kollektiven zum Angelpunkt für das Mitbestimmungsrecht des Betriebsrats zu machen. Bisher ist es nicht gelungen, ein brauchbares Kriterium zu finden, um mitbestimmungsfreie Individualmaßnahmen von einem mitbestimmungspflichtigen kollektiv bestimmten Einzelfall abzugrenzen (s. auch § 77 Rn. 95 f.). Vor allem wer wie das BAG die Gesetzesregelung über die Mitbestimmung des Betriebsrats als *Arbeitnehmerschutzrecht* interpretiert (BAG 10. 2. 1988 AP BetrVG 1972 § 99 Nr. 53), muss folgerichtig eine Beschränkung des Mitbestimmungsrechts auf kollektive Maßnahmen ablehnen. Aber auch wer den Teilhabezweck, die Begrenzung einseitiger Regelungsmöglichkeit des Arbeitgebers, in den Mittelpunkt rückt, muss Bedenken gegen einen derartigen *Substanzverlust* des Mitbestimmungsrechts haben.

24 Auch die Abgrenzung des **Individualinteresses eines einzelnen Arbeitnehmers** vom **Gesamtinteresse der Belegschaft** bietet keinen Schlüssel für eine Beschränkung der Mitbestimmung auf kollektive Tatbestände. Das BetrVG kennt kein Kollektivinteresse i. S. einer von oben her festgelegten Ordnungsvorstellung, sondern es macht im Gegenteil Arbeitgeber und Betriebsrat zur Pflicht, die freie Entfaltung der Persönlichkeit der im Betrieb beschäftigten Arbeitnehmer zu schützen und zu fördern (§ 75 Abs. 2). Das Gesamtinteresse der Belegschaft lässt sich nicht von den Individualinteressen der beteiligten Arbeitnehmer isolieren. Dabei ist von Bedeutung, dass vor allem, wo es um Auswahlentscheidungen unter den Arbeitnehmern geht, wie bei der Lage des Urlaubs

Erster Abschnitt: Allgemeiner Teil § 87

nach Nr. 5 und der Zuweisung von Werkswohnungen nach Nr. 9, die Mitbestimmung bei einer Einzelentscheidung des Arbeitgebers besteht.

Die Beschränkung der Mitbestimmung auf kollektive Tatbestände steht in Zusammenhang mit der These, dass die Beteiligung des Betriebsrats eine **Wirksamkeitsvoraussetzung für alle seiner Mitbestimmung unterliegenden Maßnahmen** darstellt (s. Rn. 101 ff.). Dadurch soll gesichert werden, dass der individuellen Vertragsfreiheit ein Gestaltungsspielraum verbleibt. Die Feststellung, welche Sanktion eingreift, wenn der Arbeitgeber sich betriebsverfassungswidrig verhält, steht aber nur mittelbar im Zusammenhang mit der Frage, ob das Mitbestimmungsrecht voraussetzt, dass ein kollektiver Tatbestand vorliegt. Bei ihr geht es um die richtige Bestimmung des *Mitbestimmungsinhalts:* Die Mitbestimmung soll die einseitige Regelungsmöglichkeit des Arbeitgebers beschränken, nicht aber den einzelnen Arbeitnehmer bevormunden. Darin liegt der materielle Gesichtspunkt für eine Begrenzung der Mitbestimmung. Dient die Regelung der Befriedigung eines betrieblichen Bedürfnisses des Arbeitgebers, so ist auch in einem Einzelfall das Mitbestimmungsrecht gegeben. Es besteht dagegen nicht, wenn eine Regelung nur den individuellen Besonderheiten oder Wünschen eines Arbeitnehmers Rechnung trägt (vgl. BAG 25. 2. 1983 AP BetrVG 1972 § 23 Nr. 2). 25

3. Abgrenzung des mitbestimmungspflichtigen Einzelfalls von der mitbestimmungsfreien Individualmaßnahme

a) Die Lehre, die für die Anerkennung eines Mitbestimmungsrechts auf das Vorliegen eines kollektiven Tatbestandes abstellt, verlangt keineswegs, dass die Regelung sich auf den ganzen Betrieb erstrecken muss; sie lässt genügen, dass nur ein **Teil der Belegschaft** erfasst wird oder es sich um eine **Gruppe von Arbeitnehmern** handelt. 26

Das **BAG** ließ zu § 56 BetrVG 1952 sogar ein nur **quantitativ bestimmtes Kollektiv** genügen (BAG 31. 1. 1969 AP BetrVG [1952] § 56 Entlohnung Nr. 5). Das quantitative Merkmal gibt aber ohne eine dezisionistische Festlegung keinen Maßstab (so zutreffend *Adomeit,* Rechtsquellenfragen, S. 12 f.; kritisch auch BAG 18. 11. 1980 AP BetrVG 1972 § 87 Arbeitszeit Nr. 3; GK-*Wiese,* § 87 Rn. 27; HSWGNR-*Worzalla,* § 87 Rn. 22; *Gamillscheg,* Kollektives Arbeitsrecht, Bd. II S. 865; *Wank,* FS Wiese 1998, S. 617, 621 f.; *Rüthers/Germelmann,* DB 1969, 2084, 2085; *Schlüter,* DB 1972, 139, 140; *Böhm,* BB 1974, 372, 374; *Raab,* ZfA 2001, 31, 41). Der Große Senat des BAG hat deshalb im Beschluss vom 3. 12. 1991 die Lehre vom „quantitativen Kollektiv" abgelehnt (AP BetrVG 1972 § 87 Lohngestaltung Nr. 51 [C III 3 b bb]). Die Zahl der betroffenen Arbeitnehmer sei nur ein Indiz für das Vorliegen eines kollektiven Tatbestandes. Der Große Senat hält deshalb für möglich, dass generelle Regelungsfragen nur einen Arbeitnehmer betreffen, während individuelle Sonderregelungen auf Wunsch der betroffenen Arbeitnehmer gehäuft auftreten und doch nicht mehr als das zeitliche Zusammentreffen gemeinsam haben (so bereits BAG 18. 11. 1980 AP BetrVG 1972 § 87 Arbeitszeit Nr. 3). 27

Keinen materiellen Maßstab erhält man auch, soweit darauf abgestellt wird, ob es sich um eine **abstrakt abgegrenzte Gruppe** handelt, wobei es nicht auf die Formulierung ankommen soll, ob die Gruppe abstrakt oder durch Aufzählung der einzelnen Arbeitnehmer umschrieben ist, sondern darauf, ob tatsächlich eine nach sachlichen Gesichtspunkten umschriebene Gruppe betroffen wird und betroffen werden soll (so *Fitting,* § 87 Rn. 16; ErfK-*Kania,* § 87 Rn. 6; bereits *Dietz,* § 56 Rn. 19–21; *Nikisch,* Bd. III S. 368; *Neumann-Duesberg,* S. 463). Entscheidendes Abgrenzungsmerkmal sei „die ohne Ansehen der Person abstrakt erfolgende Regelung" (GL-*Löwisch,* § 87 Rn. 8; vgl. auch *Enderlein,* ZfA 1997, 313, 347 ff.). Damit lässt sich aber nicht begründen, dass die Mitbestimmung in einem Einzelfall nicht gegeben ist, zumal bei einer Betriebsgestaltung, die dem Gebot des § 75 Abs. 1 entspricht, es schwer vorstellbar ist, dass eine Maßnahme, auch soweit sie nur einen Arbeitnehmer betrifft, nicht durch eine ohne Ansehen 28 der Person abstrakt erfolgende Regelung festgelegt werden kann (ebenso im Ergebnis GK-*Wiese,* § 87 Rn. 23; *Raab,* ZfA 2001, 31, 41 ff.).

29 b) Durch paritätische Beteiligung des Betriebsrats soll der Schutz der Arbeitnehmer vor einseitigen Regelungen des Arbeitgebers gewährleistet werden, die sich für ihn aus dem Weisungsrecht, der Verfügungsbefugnis über die Sachmittel und der Möglichkeit zur Änderungskündigung ergeben (so zutreffend *Hurlebaus,* Fehlende Mitbestimmung, S. 131). Das Vorliegen eines **kollektiven Tatbestandes** bildet nicht nur, soweit er quantitativ, sondern auch soweit er qualitativ, also durch den Bezug auf die Belegschaft oder eine Gruppe von Arbeitnehmern (so BAG 31. 1. 1969 AP BetrVG [1952] § 56 Entlohnung Nr. 5) festgelegt wird, stets nur ein **Indiz** dafür, dass bei Erfüllung der gesetzlichen Merkmale ein Mitbestimmungstatbestand gegeben ist. Der **materiell entscheidende Gesichtspunkt** ist allein, dass das Mitbestimmungsrecht des Betriebsrats nicht die individuelle Regelungszuständigkeit des einzelnen Arbeitnehmers für den Abschluss des Arbeitsvertrags ersetzt. Es dient dem Schutz, nicht der Bevormundung des Arbeitnehmers. Darauf beruht, dass das BAG für wesentlich erachtet, ob ein **Regelungsproblem unabhängig von der Person und den individuellen Wünschen eines einzelnen Arbeitnehmers** besteht (so zu Nr. 3 BAG 18. 11. 1980 AP BetrVG 1972 § 87 Arbeitszeit Nr. 3; weit. Nachw. in Rn. 19; zu Nr. 2 bei der Lage der Arbeitszeit BAG 27. 6. 1989 AP BetrVG 1972 § 87 Arbeitszeit Nr. 35; zu Nr. 10 BAG [GS] 3. 12. 1991 AP BetrVG 1972 § 87 Lohngestaltung Nr. 51 [C III 3 bb und dd]).

4. Dauergestaltung und Einzelfall

30 Von der Frage, ob das Mitbestimmungsrecht sich nur auf kollektive Tatbestände bezieht oder auch Einzelfälle erfasst, ist zu unterscheiden, ob der Mitbestimmung nur eine **Dauergestaltung** unterliegt oder ob sie auch für Maßnahmen besteht, die aus *konkretem Anlass* für eine **vorübergehende Zeit** getroffen werden, z. B. die Verlegung der Arbeitszeit an einem Tag (so zutreffend *Zöllner/Loritz/Hergenröder,* § 49 IV 3). Diese Maßnahmen unterscheiden sich von denen, die sich nur auf einen Betriebsteil oder eine nach abstrakten Gesichtspunkten abgegrenzte Gruppe von Arbeitnehmern beziehen, allein dadurch, dass sie *zeitlich* abgegrenzt sind. Für diese Fälle hat *Galperin* den Begriff des *Sonderfalls* geprägt (RdA 1955, 260, 261; zust. *Siebert,* RdA 1958, 161, 163). Die Abgrenzung der Mitbestimmungstatbestände bezieht sich im Gesetzestext nicht auf Regelungen mit zeitlicher Dauerwirkung. Eine Beschränkung auf sie entspricht auch nicht dem Sinn und Zweck der Mitbestimmung. Deshalb hat der Betriebsrat mitzubestimmen, wenn eine Maßnahme, die in den Katalog der mitbestimmungspflichtigen Angelegenheiten fällt, nur aus konkretem Anlass für eine vorübergehende Zeit getroffen wird (ebenso GL-*Löwisch,* § 87 Rn. 7; GK-*Wiese,* § 87 Rn. 15, 18; *Zöllner/Loritz/Hergenröder,* § 49 IV 3; bereits zu § 56 BetrVG 1952 BAG 7. 9. 1956 AP BetrVG [1952] § 56 Nr. 2; weit. Nachw. in Rn. 15). Bei Verkürzung oder Verlängerung der betriebsüblichen Arbeitszeit ergibt sich sogar aus der gesetzlichen Abgrenzung des Mitbestimmungstatbestandes, dass es sich um eine vorübergehende Verkürzung oder Verlängerung handeln muss (Nr. 3); denn für eine Dauerregelung unterliegt nur die Lage, nicht der Umfang der Arbeitszeit der Mitbestimmung des Betriebsrats (Nr. 2; s. Rn. 261 ff.).

5. Anwendung einer mitbestimmten Regelung im Einzelfall

31 Beschränkt die Mitbestimmung sich auf die **Festlegung einer abstrakt-generellen Regelung,** z. B. bei der allgemeinen Festlegung der Nutzungsbedingungen für Werkmietwohnungen (Nr. 9) oder bei Fragen der betrieblichen Lohngestaltung hinsichtlich der Aufstellung von Entlohnungsgrundsätzen (Nr. 10), so ist die **Anwendung dieser Grundsätze im Einzelfall mitbestimmungsfrei** (ebenso zu Nr. 9: BAG 13. 3. 1973 und 3. 6. 1975 AP BetrVG 1972 § 87 Werkmietwohnungen Nr. 1 und 3; zu Nr. 10: BAG 17. 12.

Erster Abschnitt: Allgemeiner Teil § 87

1980 AP BetrVG 1972 § 87 Lohngestaltung Nr. 4). Etwas anderes gilt nur, wenn insoweit ein Mitbestimmungsfall vorgesehen ist, z. B. bei Wahl eines leistungsbezogenen Entgeltsystems die Festsetzung der leistungsbezogenen Entgelte einschließlich der Geldfaktoren (Nr. 11); außerdem ist auch die Anwendung von neuen Entlohnungsmethoden mitbestimmungspflichtig (Nr. 10). Aber auch soweit die Festsetzung im Einzelfall mitbestimmungsfrei ist, besteht eine mittelbare Auswirkung, weil der Arbeitgeber bei ihr nur eine Regelung anwenden darf, die unter Beachtung des Mitbestimmungsrechts zustande gekommen ist (vgl. BAG 17. 12. 1980 AP BetrVG 1972 § 87 Lohngestaltung Nr. 4; für die entsprechende Problematik bei der Aufstellung allgemeiner Beurteilungsgrundsatze nach § 94 Abs. 2: BAG 28. 3. 1979 AP BPersVG § 75 Nr. 3).

III. Mitbestimmung und materielle Arbeitsbedingungen

1. Meinungsstand

a) Nach einer von *Siebert* begründeten Auffassung bezog sich die **Mitbestimmung im Rahmen von § 56 BetrVG 1952** nur auf *formelle Arbeitsbedingungen,* die formelle Seite der dort genannten Angelegenheiten (*Galperin/Siebert,* 3. Aufl., Vorbem. vor § 56 Rn. 18; ebenso *Dietz,* § 56 Rn. 24 ff.; *ders.,* Probleme, S. 17 f.; *ders.,* BB 1959, 1210, 1215; *Nikisch,* Bd. III S. 375; *Nipperdey-Säcker* in *Hueck/Nipperdey,* Bd. II/2 S. 1355 f.; *Neumann-Duesberg,* S. 475; *Richardi,* Kollektivgewalt, S. 255 f.; *Nipperdey,* RdA 1968, 450 ff.; *Boewer,* DB 1970, 2319 ff.; ablehnend vor allem *Farthmann,* RdA 1966, 249 ff.; *Herschel,* AuR 1968, 129 ff.; *ders.,* AuR 1969, 65 ff.; weiterhin *Fitting/Kraegeloh/Auffarth,* § 56 Rn. 7; weit. Nachw. s. 6. Aufl., § 87 Rn. 24). Diesen Grundsatz hatte der BAG übernommen (vgl. BAG 15. 1. 1960 AP BetrVG [1952] § 56 Wohlfahrtseinrichtungen Nr. 3; 15. 12. 1961 AP BetrVG [1952] § 56 Arbeitszeit Nr. 1 und 2); es hatte ihn auch für den Bereich des Akkords und der Entlohnungsgrundsatze als maßgeblich angesehen (vgl. BAG 7. 12. 1962 AP BetrVG [1952] § 56 Akkord Nr. 3; 19. 4. 1963, 22. 11. 1963 und 18. 3. 1964 AP BetrVG [1952] § 56 Entlohnung Nr. 2, 3 und 4; 6. 12. 1963 AP BetrVG [1952] § 56 Wohlfahrtseinrichtungen Nr. 6).

Entscheidend für die Abgrenzung war, dass der Betriebsrat nicht an der Festlegung des Verhältnisses von Leistung und Gegenleistung beteiligt wird. Deshalb kam man, soweit der Gesetzeswortlaut wie bei der Aufstellung von Entlohnungsgrundsätzen, Einführung von neuen Entlohnungsmethoden und der Regelung von Akkord- und Stücklohnsätzen Zweifel ließ, zu dem Ergebnis, dass das Mitbestimmungsrecht sich nicht auf materielle Arbeitsbedingungen erstreckt. Andererseits war die Feststellung, dass das Mitbestimmungsrecht nur auf formelle Arbeitsbedingungen beschränkt sei, insoweit missverständlich, als die Lohnfestsetzung nicht zu den formellen Arbeitsbedingungen im klassischen Sinne gehört (vgl. *Hilger,* BB 1969, 448 ff.). Dennoch ist es gerade im Bereich der Lohnfestsetzung sinnvoll, zwei Ordnungsprobleme voneinander zu unterscheiden: die Festsetzung der *Lohnhöhe* und die *Strukturform der Lohngestaltung* (vgl. *Hilger,* BB 1969, 448 ff.; *Richardi,* RdA 1969, 234 ff.). Auch das geltende Recht berücksichtigt diesen Unterschied für die Mitbestimmung des Betriebsrats (s. ausführlich Rn. 728 ff.).

b) Das Gesetz hat **nicht** die zweifelhafte **Unterscheidung zwischen materiellen und formellen Arbeitsbedingungen** zur Grundlage seiner Regelung gemacht (ebenso BAG 13. 3. 1973 AP BetrVG 1972 § 87 Werkmietwohnungen Nr. 1; 12. 6. 1975 AP BetrVG 1972 § 87 Altersversorgung Nr. 1, 2 und 3; 8. 3. 1977 AP BetrVG 1972 § 87 Auszahlung Nr. 1; *Brecht,* § 87 Rn. 6; *Fitting,* § 87 Rn. 21; HSWGNR-*Worzalla,* § 87 Rn. 12 f.; DKK-*Klebe,* § 87 Rn. 17; GL-*Löwisch,* § 87 Rn. 2 f.; *Stege/Weinspach/Schiefer,* § 87 Rn. 14; GK-*Wiese,* § 87 Rn. 35 ff., 44; *ders.,* Initiativrecht, S. 35 f.; *Matthes,* MünchArbR § 242 Rn. 3; *Hanau,* RdA 1973, 281, 282; *Löwisch,* DB 1973, 1746; *Farthmann,* RdA 1974, 65, 66; *Gester/Isenhardt,* RdA 1974, 80, 83).

2. Bedeutung der Einteilung in formelle und materielle Arbeitsbedingungen

35 Unter den **formellen Arbeitsbedingungen** versteht man die *Dienst- und Ordnungsvorschriften,* die die Ordnung des Betriebs und das damit zusammenhängende Verhalten der Arbeitnehmer im Betrieb regeln, während die **materiellen Arbeitsbedingungen** unmittelbar das *Verhältnis von Leistung und Gegenleistung* betreffen (grundlegend für die Unterscheidung *A. Hueck,* NZfAR 1923 Sp. 87, 91 f.). Zweck der begrifflichen Trennung war in der Weimarer Zeit, die formellen Arbeitsbedingungen als nicht den Inhalt des Arbeitsvertrags, sondern die Ordnung des Betriebs betreffend für den Tarifvertrag aus dem Bereich der Unabdingbarkeit auszuscheiden (vgl. die Kritik von *Jacobi,* Grundlehren des Arbeitsrechts, 1927, S. 183 f.), wobei sie zugleich dazu diente, die verschiedene Gestaltung des § 78 Nr. 2 und 3 BRG 1920 zu erklären (vgl. *Nipperdey,* RdA 1968, 450). Die Einteilung in formelle und materielle Arbeitsbedingungen wurde jedoch schon damals für unfruchtbar und unglücklich gehalten (so *Kahn-Freund,* Umfang der normativen Wirkung des Tarifvertrages und Wiedereinstellungsklausel, 1928, S. 31 bei Fn. 56; *Jacobi,* a. a. O., S. 183 f.). Ihr liegt jedoch für die **Dogmatik des Betriebsverfassungsrechts** ein materiell richtiger Gesichtspunkt zugrunde, der zu § 56 BetrVG 1952 die Unterscheidung sachlich rechtfertigte, aber auch für das geltende Gesetz seine Bedeutung nicht verloren hat (ebenso HSWGNR-*Worzalla,* § 87 Rn. 14; *Gamillscheg,* Kollektives Arbeitsrecht, Bd. II S. 862; *Zöllner/Loritz/Hergenröder,* § 49 IV 1; *Hanau,* RdA 1973, 281, 282 f.; *Konzen,* BB 1977, 1307, 1312).

36 Der Gesetzgeber hat sogar an die Spitze des Katalogs die Fragen der Ordnung des Betriebs und des Verhaltens der Arbeitnehmer im Betrieb gestellt (Nr. 1). Das Gesetz stellt klar, dass der Betriebsrat über die Lage, nicht über die Dauer der Arbeitszeit mitzubestimmen hat, wenn man von dem Fall der vorübergehenden Verkürzung oder Verlängerung der betriebsüblichen Arbeitszeit absieht (Nr. 2 und 3). Der Betriebsrat hat ein Mitbestimmungsrecht bei Zeit, Ort und Art der Auszahlung, nicht aber bei der Festlegung der Höhe der Arbeitsentgelte (Nr. 4). Er hat weiterhin nur bei der Lage des Urlaubs, nicht aber über dessen Dauer mitzubestimmen (Nr. 5). Auch die Einführung und Anwendung von technischen Einrichtungen, die dazu bestimmt sind, das Verhalten oder die Leistung der Arbeitnehmer zu überwachen (Nr. 6), und die Regelungen über die Verhütung von Arbeitsunfällen und Berufskrankheiten sowie über den Gesundheitsschutz (Nr. 7) gehören nicht zu den materiellen, sondern zu den formellen Arbeitsbedingungen.

37 Bei den Mitbestimmungstatbeständen der Nr. 8 bis 12 bietet dagegen die Unterscheidung zwischen materiellen und formellen Arbeitsbedingungen keinen tragfähigen Maßstab, um das Mitbestimmungsrecht zutreffend abzugrenzen. Das BAG hat dies ausdrücklich für den Mitbestimmungstatbestand der Nr. 9 festgestellt (BAG 13. 3. 1973 AP BetrVG 1972 § 87 Werkmietwohnungen Nr. 1) und entsprechend für den Mitbestimmungstatbestand in Nr. 10 entschieden (BAG 12. 6. 1975 AP BetrVG 1972 § 87 Altersversorgung Nr. 1, 2 und 3). So kann keinem Zweifel unterliegen, dass das Arbeitsentgelt als Gegenleistung für die Arbeitsleistung des Arbeitnehmers sich nicht nur nach der Festlegung der *Entgelthöhe,* sondern vor allem auch nach der *Entgeltfindungsmethode* richtet. Die Aufspaltung in formelle und materielle Arbeitsbedingungen gibt hier keinen Sinn; im Gegenteil verdeckt sie sogar die *materiellen Gesichtspunkte,* die hier zu dem Ergebnis führen, dass die Begründung zusätzlicher oder die Veränderung des Umfangs bestehender Leistungspflichten des Arbeitgebers mitbestimmungsfrei ist (ebenso *Wiese,* FS G. Müller 1981, S. 625, 641).

3. Materielle Annexregelungen als Gegenstand der Mitbestimmung

38 Soweit die Beteiligung des Betriebsrats Auswirkungen auf die Gestaltung und den Umfang der vom Arbeitgeber zu erbringenden Leistungen hat, besteht ein **Sachzusam-**

menhang der mitbestimmungspflichtigen Angelegenheit mit finanziellen Folgewirkungen, deren Regelung man als *materielle Annexregelung* bezeichnen kann (so *Hanau*, RdA 1973, 281, 283). Teilweise wird angenommen, dass die Mitbestimmung sich auf die materiellen Annexregelungen erstreckt (so vor allem *Hanau*, a. a. O.; zust. BAG 8. 3. 1977 AP BetrVG 1972 § 87 Auszahlung Nr. 1; GL-*Löwisch*, § 87 Rn. 5, 123, 159; *Gester/Isenhardt*, RdA 1974, 80, 84; *W. Schneider*, BlStSozArbR 1977, 196, 198; *Reuter*, RdA 1981, 201, 207). Die Anerkennung einer *Zuständigkeit kraft Annexregelung* begründet aber kein Recht auf *Mitbestimmung über die Erbringung zusätzlicher Leistungen* nur deshalb, weil es sich bei ihnen um eine materielle Annexregelung von in § 87 Abs. 1 genannten Mitbestimmungstatbeständen handelt (ebenso *Richardi*, Anm. zu BAG, AP BetrVG 1972 § 87 Werkmietwohnungen Nr. 1, Bl. 7; *Wiedemann/Moll*, Anm. zu BAG, AP BetrVG 1972 § 87 Auszahlung Nr. 1, Bl. 5 R). Zulässig ist vielmehr lediglich, dass der Betriebsrat die Zustimmung in einer mitbestimmungspflichtigen Angelegenheit davon abhängig macht, wie die materiellen Folgewirkungen geregelt werden, z. B. bei Einführung einer bargeldlosen Lohnzahlung von der Regelung über die Erstattung der Kontoführungsgebühren, damit der Arbeitnehmer bei der Auszahlung des Arbeitsentgelts keinen Verlust erleidet (ebenso BAG 8. 3. 1977 AP BetrVG 1972 § 87 Auszahlung Nr. 1; *Gamillscheg*, Kollektives Arbeitsrecht, Bd. II S. 863; s. Rn. 425 ff.).

Die **Annexzuständigkeit** besteht **nur im Rahmen des Mitbestimmungstatbestandes**, 39 gibt dem Betriebsrat aber **kein Mitbestimmungsrecht über die Erhöhung oder Herabsetzung von Leistungspflichten des Arbeitgebers** (ebenso GK-*Wiese*, § 87 Rn. 41 ff.; *Matthes*, MünchArbR § 242 Rn. 5; *M. Starck*, Leistungspflichten, S. 39 ff.). Auch soweit das Mitbestimmungsrecht sich auf Leistungen des Arbeitgebers mit Vergütungscharakter bezieht, ist die Festlegung des finanziellen Dotierungsrahmens mitbestimmungsfrei (s. Rn. 47 f.). Die Entschließungsfreiheit des Arbeitgebers, ob und inwieweit er zusätzliche Leistungen erbringen will, wird nicht durch den Sachzusammenhang mit einer mitbestimmungspflichtigen Angelegenheit beschnitten. Das Mitbestimmungsrecht über die Erhebung und Verarbeitung von Verhaltens- oder Leistungsdaten der Arbeitnehmer gibt dem Betriebsrat kein Recht, unter dem Gesichtspunkt der Annexkompetenz über die Durchführung einer im Mitbestimmungsverfahren vereinbarten Regelung und die Kontrolle dieser Durchführung mitzubestimmen (ebenso für die Mitbestimmung bei der Einrichtung von Bildschirmarbeitsplätzen BAG 6. 12. 1983 AP BetrVG 1972 § 87 Überwachung Nr. 7 [C VIII 2]).

4. Vereinbarkeit mit dem Grundgesetz

Die Mitbestimmung verstößt, auch soweit sie sich auf materielle Arbeitsbedingungen 40 erstreckt, nicht gegen das Grundgesetz, insbesondere nicht gegen den durch Art. 9 Abs. 3 GG verfassungsrechtlich gewährleisteten Kernbereich spezifisch koalitionsgemäßer Betätigung (ebenso zur Mitbestimmung über die allgemeine Festlegung der Nutzungsbedingungen nach Nr. 9: BAG 13. 3. 1973 AP BetrVG 1972 § 87 Werkmietwohnungen Nr. 1; zu Nr. 3: BAG 5. 3. 1974 AP BetrVG 1972 § 87 Kurzarbeit Nr. 1; zu Nr. 11: BAG 29. 3. 1977 AP BetrVG 1972 § 87 Provision Nr. 1; LAG Düsseldorf [Köln], EzA § 87 BetrVG 1972 Nr. 1; *Fitting*, § 87 Rn. 23; GK-*Wiese*, § 87 Rn. 45 f.; *Gamillscheg*, Kollektives Arbeitsrecht, Bd. II S. 863; *Reuter/Streckel*, Grundfragen der betriebsverfassungsrechtlichen Mitbestimmung, S. 93 ff.; *Dütz*, DB 1972, 383, 390 f.; *Simitis/Weiss*, DB 1973, 1240, 1245 f.; *Badura*, WiR 1974, 1, 24 f.; *Moll*, BlStSozArbR 1977, 177 ff.; a. A. *Erdmann/Jürging/Kammann*, § 87 Rn. 7 ff.; s. auch Einl. Rn. 50 ff.). Die Verfassungsgarantie der Tarifautonomie schließt eine betriebsverfassungsrechtliche Mitbestimmungsordnung nicht aus, soweit das Tarifvertragssystem im Prinzip erhalten und funktionsfähig bleibt. Seiner Sicherung dient es, dass das Mitbestimmungsrecht entfällt, soweit eine tarifliche Regelung besteht (s. ausführlich Rn. 150 ff.).

IV. Mitbestimmungsfreiheit als Schranke des Mitbestimmungsrechts

1. Lehre von der Mitbestimmungsfreiheit unternehmerischer Entscheidungen

41 a) **Leitprinzip der betriebsverfassungsrechtlichen Mitbestimmungsordnung** ist, dass **unternehmerische Entscheidungen mitbestimmungsfrei** sind. Dieser Gesichtspunkt liegt nicht nur der unterschiedlichen Gestaltung der Beteiligung für den Interessenausgleich und Sozialplan bei einer Betriebsänderung (§§ 111, 112) zu Grunde, sondern er spiegelt sich auch in der Gesetzessystematik wider. Der Betriebsrat kann über die Mitbestimmung in sozialen Angelegenheiten keine Betriebsänderung erzwingen, weil er an ihr nur in den Grenzen der §§ 111, 112 zu beteiligen ist (vgl. auch *Schwerdtner*, EzA § 87 BetrVG 1972 Initiativrecht Nr. 4, S. 60). Soweit ein Mitbestimmungstatbestand gegeben ist, wird das Mitbestimmungsrecht des Betriebsrats aber nicht aus dem Gesichtspunkt der unternehmenspolitischen Entscheidungsautonomie *verdrängt* (so aber *Lieb*, ZfA 1978, 179, 185 f., im Anschluss an die unveröffentlichte Kölner Habilitationsschrift von *Martens*, Verfahrensablauf und Entscheidungskompetenz der Einigungsstelle – Grundfragen des betrieblichen Schlichtungsrechts, 1975; zust. *Kammann*/Hess/Schlochauer, 1979, § 87 Rn. 20). Nicht praktikabel ist auch der Ansatz, das Mitbestimmungsrecht nur bei einem *unmittelbaren Eingriff* in die unternehmerische Entscheidungsfreiheit auszuschließen, es aber uneingeschränkt zuzulassen, wenn es nur mittelbare Auswirkungen auf unternehmerische Entscheidungen hat (so LAG Baden-Württemberg, EzA § 87 BetrVG 1972 Initiativrecht Nr. 4; *Wiese*, Initiativrecht, S. 39).

42 b) Die Grundentscheidung des Gesetzgebers für die unternehmerische Entscheidungsautonomie bei der Gestaltung des BetrVG rechtfertigt **keine immanente Schranke für positiv-rechtlich geregelte Mitbestimmungsrechte des Betriebsrats** (so zutreffend BAG 31. 8. 1982 AP BetrVG 1972 § 87 Arbeitszeit Nr. 8; dazu *Richardi*, EzA § 87 BetrVG 1972 Arbeitszeit Nr. 13). Der Betriebsrat ist vielmehr in erheblichem Maß an Angelegenheiten paritätisch beteiligt, die für die unternehmerische Planung und Organisation unmittelbare Bedeutung haben: Für die Marktstrategie eines Unternehmens muss die Unternehmensleitung in Rechnung stellen, dass die vorübergehende Verkürzung oder Verlängerung der betrieblichen Arbeitszeit nach Nr. 3 der Mitbestimmung des Betriebsrats unterliegt. Ebenfalls von wirtschaftlich-unternehmerischer Bedeutung ist, dass der Betriebsrat nach Nr. 10 bei allen Fragen der betrieblichen Lohngestaltung mitzubestimmen hat, und selbst die Mitbestimmung über die Lage der Arbeitszeit nach Nr. 2 hat unternehmerische Relevanz; denn von ihr hängt ab, ob und in welchem Maß eine Arbeitszeitflexibilisierung herbeigeführt werden kann. Soweit die Mitbestimmungsausübung die unternehmerische Entscheidungsfreiheit begrenzt, ergibt sich diese Schranke unmittelbar aus dem Gesetz, das ein Mitbestimmungsrecht mit einer derartigen Auswirkung gewährt (ebenso BAG 31. 8. 1982 AP BetrVG 1972 § 87 Arbeitszeit Nr. 8).

43 Bei der **Interpretation der einzelnen Mitbestimmungstatbestände** ist allerdings zu beachten, dass der Betriebsrat über sie **keine Beteiligungsrechte im unternehmerisch-wirtschaftlichen Bereich** erhalten darf, die ihm das Gesetz nicht eingeräumt hat. Die Mitbestimmung über die Lage der Arbeitszeit nach Nr. 2 gibt kein Recht auf Beteiligung an der unternehmerischen Entscheidung, ob ein Restaurant als Nachtlokal oder Gasthof mit bürgerlichem Mittagstisch betrieben wird. Für eine Wach- und Schließgesellschaft ist Voraussetzung, dass die Arbeit nachts geleistet wird. Das Mitbestimmungsrecht des Betriebsrats kann und soll daran nichts ändern. Deshalb können Beginn und Ende der täglichen Arbeitszeit trotz des Mitbestimmungsrechts nicht so festgelegt werden, dass der Zweck des Unternehmens sich ändert. Bei Dienstleistungsunternehmen ist dem Mitbestimmungsrecht des Betriebsrats als *mitbestimmungsfreie Entscheidung* vorgegeben, zu welcher Tageszeit die Arbeitnehmer im Betrieb tätig werden, damit der Unternehmer das mit dem Betrieb bezweckte Dienstleistungsangebot erbringen kann.

Zum unternehmerisch-wirtschaftlichen Bereich gehört die Entscheidung über die **An-** 44
forderungen des Marktes an das Unternehmen und dessen arbeitstechnische Organisation (ebenso *Reuter*, ZfA 1981, 165, 202). Daraus folgt aber **nicht**, dass das **Mitbestimmungsrecht unter einem Marktvorbehalt** steht. Bei Fragen der betrieblichen Lohngestaltung kann die Mitbestimmung über die Festlegung von Gehaltsabständen nicht deshalb ausgeschlossen werden, weil der Unterschied in der Bezahlung ein Marktresultat ist (so aber *Reuter*, Vergütung von AT-Angestellten und betriebsverfassungsrechtliche Mitbestimmung, S. 36 ff.). Gerade wenn ein mit dem Marktwert konkurrierender objektiver Wertmaßstab fehlt, spricht dies eher für als gegen eine Mitbestimmung; denn deren Zweck ist, dass neben den Gerechtigkeitsvorstellungen des Arbeitgebers auch diejenigen einer repräsentierten Arbeitnehmerschaft zur Geltung kommen sollen (so zutreffend *Wiedemann*, GedS Kahn-Freund 1980, S. 343, 354).

2. Freiwilligkeit der Leistung als Schranke des Mitbestimmungsrechts

a) Die **Freiwilligkeit** einer Leistung **schließt nicht das Mitbestimmungsrecht des Be-** 45
triebsrats aus (st. Rspr. des BAG seit BAG 12. 6. 1975 AP BetrVG 1972 § 87 Altersversorgung Nr. 1, 2 und 3; *Richardi*, ZfA 1976, 1, 13 ff.). Dies ergibt sich bereits daraus, dass bei Entgeltleistungen des Arbeitgebers der Betriebsrat nur mitzubestimmen hat, „soweit eine gesetzliche oder tarifliche Regelung nicht besteht". Voraussetzung für die Mitbestimmung ist daher, dass der Arbeitgeber nicht schon auf Grund einer gesetzlichen oder tarifvertraglichen Regelung *verpflichtet* ist, eine bestimmte Leistung zu erbringen, sondern die Leistung auf einer *eigenen Entscheidung* beruht (ebenso *Matthes*, MünchArbR § 251 Rn. 15).

b) Die **Freiwilligkeit** der Leistung wird **durch die Einräumung eines Mitbestimmungs-** 46
rechts an den Betriebsrat nicht ausgeschlossen; denn mitbestimmungsfrei ist, ob, in welchem Umfang und zu welchem Zweck der Arbeitgeber Leistungen erbringen will, zu denen er nicht auf Grund einer ihn bindenden Rechtsvorschrift verpflichtet ist. Bei den Sozialeinrichtungen ergibt sich eindeutig aus dem Gesetz, nämlich aus dem Verhältnis zwischen § 87 Abs. 1 Nr. 8 und § 88 Nr. 2, dass die Errichtung und damit die materielle Ausstattung der Sozialeinrichtung, ihr Zweck und ihre Leistungen mitbestimmungsfrei sind, während Form, Ausgestaltung und Verwaltung der Sozialeinrichtung der Mitbestimmung des Betriebsrats unterliegen. Fragen der betrieblichen Lohngestaltung i. S. der Nr. 10 betreffen daher auch nur die *Entgeltgestaltung*, zu der nicht die lohnpolitische Entscheidung über die Entgelthöhe und die Ausgestaltung des Synallagmas, also das Verhältnis von Leistung und Gegenleistung, gehören. Der Betriebsrat hat deshalb zwar darüber mitzubestimmen, welche Entgeltformen im Betrieb zur Anwendung kommen sollen und wie sie gestaltet sind; er kann dadurch aber im Mitbestimmungsverfahren nicht erzwingen, dass der Arbeitgeber *zusätzliche Leistungen* einführt.

c) Die Abgrenzung der Mitbestimmungstatbestände Nr. 8 und 10 hat zur Folge, dass 47
der Arbeitgeber die folgenden Entscheidungen **mitbestimmungsfrei** trifft, bevor das Mitbestimmungsrecht des Betriebsrats einsetzt: Die Entscheidung über die **Einführung der Entgeltleistung**, die Entscheidung, **in welchem Umfang** er **finanzielle Mittel** für sie zur Verfügung stellt und schließlich die Entscheidung, **zu welchem Zweck** er die Entgeltleistung gewähren will (so bereits zur Mitbestimmung über die betriebliche Altersversorgung BAG 12. 6. 1975 AP BetrVG 1972 § 87 Altersversorgung Nr. 1, 2 und 3; bei der Mitbestimmung über Prämien BAG 10. 7. 1979 AP BetrVG 1972 § 87 Lohngestaltung Nr. 2; 8. 12. 1981 AP BetrVG 1972 § 87 Prämie Nr. 1; bei der Mitbestimmung über Gewährung zinsgünstiger Darlehen BAG 9. 12. 1980 AP BetrVG 1972 § 87 Lohngestaltung Nr. 5; s. im Einzelnen Rn. 626 ff. und 768 ff.).

Wie die Einführung, so ist auch die **Einstellung einer Entgeltleistung** mitbestimmungs- 48
frei (ebenso BAG [GS] 3. 12. 1991 AP BetrVG 1972 § 87 Lohngestaltung Nr. 51 [C III 6]). Gleiches gilt, soweit der Arbeitgeber die **finanziellen Mittel** zur Erbringung der

Entgeltleistung **kürzt** oder die **Zweckbestimmung der Entgeltleistung ändert.** Man hat hier aber zu beachten, dass die Kürzung des finanziellen Dotierungsrahmens im Allgemeinen und die Änderung der Zweckbestimmung stets zu einer neuen Verteilungsentscheidung führen, die eine Änderung des Leistungsplans erfordert und daher insoweit der Mitbestimmung nach Nr. 10 unterliegt (s. auch Rn. 776 ff.). Doch kann im Mitbestimmungsverfahren der Arbeitgeber nicht gezwungen werden, von der Kürzung des finanziellen Dotierungsrahmens abzusehen oder die bisherige Zweckbestimmung aufrechtzuerhalten.

49 d) Da der Arbeitgeber im Mitbestimmungsverfahren nicht zur Erbringung einer zusätzlichen Entgeltleistung gezwungen werden kann, ist auch **mitbestimmungsfrei,** ob er ihre Erbringung unter einen **Freiwilligkeitsvorbehalt** oder einen **Widerrufsvorbehalt** stellt.

50 Der Arbeitgeber kann sich zwar in einer **Betriebsvereinbarung** verpflichten, die Entgeltleistung in der mit dem Betriebsrat vereinbarten Gestaltung zu erbringen; eine Kündigung der Betriebsvereinbarung führt hier aber nicht zur Weitergeltung i. S. des § 77 Abs. 6 (s. aber auch dort Rn. 171). Entsprechend kann auch, wenn keine Einigung zwischen Arbeitgeber und Betriebsrat zustande kommt, die **Einigungsstelle nicht verbindlich festlegen,** dass der Arbeitgeber zur Erbringung der Entgeltleistung *verpflichtet* ist, sondern ihr Spruch bindet ihn nur dann und so lange, wie er die Entgeltleistung gewähren will und auch gewährt (so ausdrücklich für die Festlegung der Lohnhöhe im Rahmen von Nr. 11 BAG 13. 9. 1983 AP BetrVG 1972 § 87 Prämie Nr. 3). Zur Sicherung der Freiwilligkeit der Leistungsgewährung hat der Arbeitgeber deshalb eine **Verwerfungskompetenz** (vgl. *Lieb,* ZfA 1988, 413, 443 f.).

3. Rechtsgeschäftliche Ordnung des Arbeitslebens als Voraussetzung und Grenze der Mitbestimmung

51 Der **materielle Geltungsgrund** für den Freiwilligkeitsvorbehalt bei der Mitbestimmung über Entgeltregelungen liegt in der **Sicherung und Erhaltung der Privatautonomie.** Die betriebsverfassungsrechtliche Mitbestimmung bezweckt nicht deren Ersetzung, sondern setzt im Gegenteil voraus, dass der Arbeitgeber eine entsprechende rechtsgeschäftliche Gestaltungskompetenz hat. Daher ist es nicht Zweck der Mitbestimmung bei Entgeltregelungen, dem Arbeitgeber eine Entgeltpflicht aufzuerlegen, die er freiwillig nicht eingeht, sondern es geht ausschließlich um die Entgeltform zur Sicherung der Verteilungsgerechtigkeit (s. Rn. 728 ff.).

52 Entsprechend erhält durch die Mitbestimmung auch das **rechtsgeschäftliche Leistungsversprechen des Arbeitnehmers** keinen anderen Inhalt. Deshalb fallen unter den Katalog der mitbestimmungspflichtigen Angelegenheiten nicht die Art der zu leistenden Dienste und die regelmäßige Dauer der Arbeitszeit als Maßstab für den Umfang der vertraglich geschuldeten Arbeitsleistung; denn sie festzulegen, ist ausschließlich eine Sache der Arbeitsvertragsparteien und kann daher insbesondere nicht gegen den Willen des einzelnen Arbeitnehmers durch eine Betriebsvereinbarung ersetzt werden (vgl. *Richardi,* ZfA 1990, 211, 240 f.; s. auch Rn. 257).

V. Zustimmungs- und Initiativrecht des Betriebsrats als Inhalt der Mitbestimmung

53 Das Mitbestimmungsrecht steht dem Betriebsrat für die hier genannten Angelegenheiten in seiner stärksten Ausprägung als **Mitentscheidungsrecht nach dem positiven Konsensprinzip** zu. Er hat nicht nur das durchsetzbare Recht, an der Gestaltung der mitbestimmungspflichtigen Angelegenheiten beteiligt zu werden, sondern der Arbeitgeber

Erster Abschnitt: Allgemeiner Teil § 87

ist auch verpflichtet, in den hier genannten sozialen Angelegenheiten die Entscheidung gemeinsam mit dem Betriebsrat zu treffen.

1. Zustimmungserfordernis bei mitbestimmungspflichtigen Maßnahmen des Arbeitgebers

Der Arbeitgeber darf eine mitbestimmungspflichtige Maßnahme nur mit **Zustimmung** 54 **des Betriebsrats** treffen, soweit eine gesetzliche oder tarifliche Regelung nicht besteht. Das Gesetz gibt im Gegensatz zur Mitbestimmung bei personellen Einzelmaßnahmen und Betriebsänderungen keine Regelung über das Mitbestimmungsverfahren. Die dort enthaltenen Vorschriften können nicht für den Bereich der sozialen Angelegenheiten übernommen werden, weil sie mit dem Grundgedanken nicht verträglich sind, der hier zu einer Beteiligung des Betriebsrats in seiner stärksten Ausprägung als Mitbestimmungsrecht in der Gestalt des positiven Konsensprinzips geführt hat (anders aber *Adomeit*, BB 1972, 53, 55). Der Arbeitgeber ist also nicht berechtigt, eine Maßnahme einseitig durchzuführen, wenn er den Betriebsrat rechtzeitig und ordnungsgemäß informiert hat, dieser aber zu der geplanten Maßnahme länger als eine Woche schweigt, wie § 99 Abs. 3 es für mitbestimmungspflichtige personelle Einzelmaßnahmen vorsieht. Der Arbeitgeber muss vielmehr die Einigungsstelle anrufen, wenn keine Einigung zustande kommt (Abs. 2 i. V. mit § 76 Abs. 5 Satz 1).

2. Zustimmungserfordernis in Eilfällen

a) Das **Mitbestimmungsrecht entfällt nicht** deshalb, weil es sich um einen **Eilfall** 55 handelt (ebenso BAG 5. 3. 1974 und 13. 7. 1977 AP BetrVG 1972 § 87 Kurzarbeit Nr. 1 und 2; 2. 3. 1982 AP BetrVG 1972 § 87 Arbeitszeit Nr. 6; 22. 2. 1983 AP BetrVG 1972 § 23 Nr. 2; 12. 1. 1988 AP ArbGG 1979 § 81 Nr. 8; 19. 2. 1991 und 17. 11. 1998 AP BetrVG 1972 § 87 Arbeitszeit Nr. 42 und 79; *Fitting*, § 87 Rn. 24; HSWGNR-*Worzalla*, § 87 Rn. 29; DKK-*Klebe*, § 87 Rn. 21; GL-*Löwisch*, § 87 Rn. 22; *Stege/Weinspach/Schiefer*, § 87 Rn. 8; GK-*Wiese*, § 87 Rn. 157; *Matthes*, MünchArbR § 242 Rn. 27; *Gamillscheg*, Kollektives Arbeitsrecht, Bd. II S. 867; *Dütz*, ZfA 1972, 247, 264; *Hanau*, BB 1972, 499, 500; *Säcker*, ZfA-Sonderheft 1972, 41, 60; *Simitis/Weiss*, DB 1973, 1240, 1243; *v. Stebut*, RdA 1974, 332, 337; *v. Hoyningen-Huene*, DB 1987, 1426, 1431). Der Arbeitgeber ist daher verpflichtet, auch bei Eilbedürftigkeit der Maßnahme den Betriebsrat zu beteiligen. Kann eine endgültige Regelung nicht erreicht werden, so ist der Versuch zu unternehmen, wenigstens eine *einstweilige* gemeinsame Regelung herbeizuführen.

b) Das BAG hielt zu § 56 BetrVG 1952 den Arbeitgeber für berechtigt, **einstweilige** 56 **Anordnungen** zu treffen, sofern er oder der Betriebsrat unmittelbar nach dem vergeblichen Einigungsversuch die Einigungsstelle zur Herbeiführung einer endgültigen Regelung anruft (BAG 15. 12. 1961 AP BetrVG [1952] § 56 Arbeitszeit Nr. 1; ebenso *Dietz*, § 56 Rn. 51; *Galperin/Siebert*, Vorbem. vor § 56 Rn. 17; *Nikisch*, Bd. III S. 371; *Nipperdey/Säcker* in *Hueck/Nipperdey*, Bd. II/2 S. 1393; *Neumann-Duesberg*, S. 456; *Adomeit*, Regelungsabrede, S. 58). Die damals h. M. wird zum geltenden Recht nur noch vereinzelt vertreten (*Brecht*, § 87 Rn. 8; *Erdmann/Jürging/Kammann*, § 87 Rn. 19; *Zöllner/Loritz/Hergenröder*, § 49 IV 4; unter entsprechender Anwendung des § 100 *Hanau*, RdA 1973, 281, 292). Das Gesetz enthält keine ausdrückliche Bestimmung, wie sie für die Personalvertretung in § 69 Abs. 5 BPersVG enthalten ist. Lediglich für die Seebetriebsverfassung bestimmt § 115 Abs. 7 Nr. 4, dass in Angelegenheiten, die der Mitbestimmung der Bordvertretung unterliegen, der Kapitän, auch wenn eine Einigung mit der Bordvertretung noch nicht erzielt ist, vorläufige Regelungen treffen kann, wenn dies zur Aufrechterhaltung des ordnungsgemäßen Schiffsbetriebs dringend erforderlich ist (s. dort Rn. 81). Eine analoge Anwendung auf alle Betriebe scheidet aus (ebenso GK-

Wiese, § 87 Rn. 163; *Dzikus*, Mitbestimmung in Eil- und Notfällen, S. 60 ff.; *v. Hoyningen-Huene*, DB 1987, 1426, 1431).

57 Der **Eilbedürftigkeit von Entscheidungen** muss daher **innerhalb des allgemeinen Regelungssystems des BetrVG** Rechnung getragen werden.

58 c) Soweit der **Eintritt von Eilfällen vorhersehbar** ist, z. B. die kurzfristige Anordnung von Überstunden, ist es Sache des Arbeitgebers, das Mitbestimmungsverfahren rechtzeitig einzuleiten. Der Betriebsrat kann bei gleich liegenden, immer wieder auftretenden Eilfällen seine Zustimmung zu den mitbestimmungspflichtigen Maßnahmen im Voraus erteilen (BAG 2. 3. 1982 AP BetrVG 1972 § 87 Arbeitszeit Nr. 6). Insbesondere kann die Einigung mit dem Betriebsrat auch zum Inhalt haben, dass der Arbeitgeber beispielsweise bestimmte Mehrarbeit ohne Zustimmung des Betriebsrats im Einzelfall anordnen kann (BAG 12. 1. 1988 AP ArbGG 1979 § 81 Nr. 8).

59 Kommt keine Einigung zwischen Arbeitgeber und Betriebsrat zustande, wie bei Eilbedürftigkeit eine mitbestimmungspflichtige Maßnahme zu regeln ist, so kann der Arbeitgeber die Einigungsstelle anrufen, die auch gegen den Widerstand des Betriebsrats eine bindende Entscheidung erlassen kann (ebenso *Matthes*, MünchArbR § 242 Rn. 29).

60 d) **Fehlt eine mitbestimmte Regelung für den Eilfall**, so bedarf eine mitbestimmungspflichtige Maßnahme trotz ihrer Eilbedürftigkeit der **Zustimmung des Betriebsrats** (ebenso BAG 12. 1. 1988 AP ArbGG 1979 § 81 Nr. 8). Dabei ist möglich, dass Arbeitgeber und Betriebsrat eine vorläufige Regelung treffen, wenn sie sich noch nicht endgültig einigen können oder die Entscheidung der Einigungsstelle überlassen wollen. Scheitern die Bemühungen, wenigstens eine einstweilige gemeinsame Regelung herbeizuführen, so ist die Eilbedürftigkeit der Maßnahme für sich kein Grund, der es rechtfertigt, dass der Arbeitgeber von der Durchführung des Einigungsverfahrens vor der Einigungsstelle absieht. Diese ist auch befugt, bei Maßnahmen, die der Natur der Sache nach keinen Aufschub dulden, bis zur endgültigen Entscheidung eine *vorläufige Regelung* zu treffen (s. § 76 Rn. 33). Da sie im Regelfall erst noch zu bilden sein wird und auch im Eilfall kein Alleinentscheidungsrecht ihres Vorsitzenden besteht (ebenso HSWGNR-*Worzalla*, § 87 Rn. 33; GK-*Wiese*, § 87 Rn. 161; a. A. *Küttner/Schmidt*, DB 1988, 704, 706), ist die praktische Bedeutung einer vorläufigen Anordnung der Einigungsstelle gering. Liegt sie aber vor, so kann ihre Durchsetzung im Rahmen eines einstweiligen Verfügungsverfahrens vor dem Arbeitsgericht erfolgen (ebenso *Olderog*, NZA 1985, 753, 758 f.).

61 e) Verhindert die Eilbedürftigkeit, dass eine Nichteinigung zwischen Arbeitgeber und Betriebsrat rechtzeitig durch einen Spruch der Einigungsstelle ersetzt werden kann, so kann der Arbeitgeber das Arbeitsgericht anrufen, um im Rahmen des Beschlussverfahrens eine **einstweilige Verfügung** zu erwirken (§ 85 Abs. 2 ArbGG). Der Erlass einer einstweiligen Verfügung ist nicht deshalb ausgeschlossen, weil primär die Zuständigkeit der Einigungsstelle gegeben ist und es sich um einen Regelungsstreit handelt (s. ausführlich § 76 Rn. 34; a. A. *Fitting*, § 87 Rn. 25; DKK-*Klebe*, § 87 Rn. 22; GK-*Wiese*, § 87 Rn. 161; wie hier *Worzalla*, Mitbestimmung in Eil- und Notfällen, S. 69 ff.). Das Arbeitsgericht kann eine einstweilige Verfügung aber nicht schon erlassen, wenn die Maßnahme eilbedürftig ist, sondern Voraussetzung ist, dass die Maßnahme der Natur der Sache nach keinen Aufschub duldet; denn versagt der Betriebsrat sich in einem derartigen Fall, mit dem Arbeitgeber bis zur endgültigen Entscheidung eine vorläufige Regelung zu treffen, so verletzt er seine *Pflicht* zur Mitbestimmung; denn die Einräumung einer paritätischen Mitbestimmung begründet nicht nur für den Arbeitgeber, sondern auch für den Betriebsrat die Pflicht zum Zusammenwirken. Erfüllt der Betriebsrat sie nicht, so kann das Arbeitsgericht eine *einstweilige Regelungsverfügung* erlassen, sofern diese Regelung zur Abwendung wesentlicher Nachteile oder aus anderen Gründen nötig erscheint (§ 940 ZPO). Die mitbestimmungspflichtige Maßnahme muss entweder zu einem späteren Zeitpunkt nicht mehr durchgeführt werden können, oder es müssen bei einer Verzögerung der Maßnahme Rechte oder Interessen der

Arbeitnehmer beeinträchtigt oder die Erfüllung der dem Betrieb obliegenden Aufgaben gefährdet werden.

f) Von der bloßen Eilbedürftigkeit ist zu unterscheiden, dass ein **Notfall** besteht (kritisch zu dieser Unterscheidung HSWGNR-*Worzalla*, § 87 Rn. 35 a). Ein Notfall liegt vor, wenn Handeln geboten ist, um einen **Schaden vom Betrieb** oder **seinen Arbeitnehmern abzuwenden**. Auch wenn die Maßnahme mitbestimmungspflichtig ist, kann der **Arbeitgeber einseitig** eine **Anordnung** treffen, wenn entweder der Betriebsrat nicht erreichbar ist oder keinen ordnungsgemäßen Beschluss fassen kann. Nach Ansicht des BAG kann schon dem Grundsatz der vertrauensvollen Zusammenarbeit (§ 2 Abs. 1) entnommen werden, dass in einer derartigen Notsituation der Arbeitgeber das Recht habe, „vorläufig zur Abwendung akuter Gefahren oder Schäden eine Maßnahme durchzuführen, wenn er unverzüglich die Beteiligung des Betriebsrats nachholt" (BAG 19. 2. 1991 AP BetrVG 1972 § 87 Arbeitszeit Nr. 42 [B II 3]; bestätigt BAG 17. 11. 1998 AP BetrVG 1972 § 87 Arbeitszeit Nr. 79; für Anerkennung des Rechts zur einseitigen Anordnung in einem derartigen Notfall *Fitting*, § 87 Rn. 26; HSWGNR-*Worzalla*, § 87 Rn. 35, 91; GL-*Löwisch*, § 87 Rn. 25; *Stege/Weinspach/Schiefer*, § 87 Rn. 13; GK-*Wiese*, § 87 Rn. 162; ErfK-*Kania*, § 87 Rn. 8; *Matthes*, MünchArbR § 242 Rn. 30; *Dütz*, ZfA 1972, 247, 267; ders., AuR 1973, 353, 372; *Hanau*, BB 1972, 499, 501; ders., RdA 1973, 281, 292; *Säcker*, ZfA-Sonderheft 1972, 41, 60; *Farthmann*, RdA 1974, 65, 68; *v. Hoyningen-Huene*, DB 1987, 1426, 1431 f.).

Soweit die Natur der Sache es gestattet, hat der Arbeitgeber sich auf eine *vorläufige Regelung* zu beschränken. Er hat den Betriebsrat unverzüglich, d. h. ohne schuldhaftes Zögern, von seiner Anordnung zu unterrichten. Äußert der Betriebsrat sich nicht und ist ihm sein Schweigen nach den Grundsätzen der Vertrauenshaftung als Zustimmung zuzurechnen (s. dazu § 33 Rn. 25 ff.), so braucht der Arbeitgeber, sofern die Maßnahme nicht über den Notfall hinaus Bestand haben soll, nicht die Einigungsstelle anzurufen, und er braucht auch nicht eine einstweilige Verfügung zur Bestätigung seiner Maßnahme herbeizuführen.

Verweigert der Betriebsrat sein Einverständnis, so ist zu unterscheiden, ob die Maßnahme bereits *abgeschlossen* ist oder *noch fortwirkt*. Während es im ersteren Fall nur noch um das Vorliegen eines Notfalls und damit die *Zulässigkeit* der Maßnahme geht, über die das Arbeitsgericht im Beschlussverfahren entscheidet, kann im letzteren Fall noch die Einigungsstelle angerufen werden, um eine verbindliche Entscheidung herbeizuführen (ebenso GK-*Wiese*, § 87 Rn. 165). Bestreitet der Betriebsrat in diesem Fall, dass der Arbeitgeber berechtigt war, einseitig zu handeln, so kann der Arbeitgeber das Arbeitsgericht anrufen, um im Rahmen des Beschlussverfahrens eine einstweilige Verfügung zu erwirken (s. Rn. 61). Dem Zweck paritätischer Mitbestimmung entspricht es, dass der Arbeitgeber die von ihm einseitig getroffene Maßnahme nur aufrechterhalten darf, wenn er bei Widerspruch des Betriebsrats unverzüglich die Einigungsstelle anruft bzw. für den Fall, dass sie erst bei Bedarf zu bilden ist, unverzüglich das Bestellungsverfahren einleitet, damit die Einigungsstelle wenigstens eine Zwischenregelung geben kann (s. § 76 Rn. 33). Nicht erforderlich ist, dass er eine einstweilige Verfügung beim Arbeitsgericht herbeiführt (ebenso HSWGNR-*Worzalla*, § 87 Rn. 35, 91; GK-*Wiese*, § 87 Rn. 165; *Zöllner/Loritz/Hergenröder*, § 49 IV 4; a. A. wohl auch für diesen Fall *Dütz*, ZfA 1972, 247, 267, da der Arbeitgeber eine einseitige Anordnung nur bis zum Erlass einer einstweiligen Verfügung des Arbeitsgerichts treffen könne; für entsprechende Anwendung des § 100 Abs. 2 Satz 3 *Hanau*, RdA 1973, 281, 292).

3. Initiativrecht des Betriebsrats

a) Der Betriebsrat hat nicht nur ein Zustimmungsrecht, sondern auch ein **Initiativrecht**. Nicht nur der Arbeitgeber, sondern auch er selbst kann eine mitbestimmungspflichtige Angelegenheit zum Thema des Mitbestimmungsverfahrens machen. Das ergibt sich nicht unmittelbar aus dem Gesetzestext; denn er beschränkt sich auf die Anordnung, dass der Betriebsrat in den hier genannten Angelegenheiten *mitzubestimmen* hat und dass, wenn eine Einigung nicht zustande kommt, die Einigungsstelle verbindlich entscheidet. Aus dem Begriff der Mitbestimmung folgt nicht zwingend ein Initiativrecht (ebenso *Wiese*, Initiativrecht, S. 26 f.). Ein als Mitbestimmungsrecht gestaltetes Initiativrecht ergibt sich auch nicht aus der Befugnis, dass der Betriebsrat die Einigungsstelle anrufen kann, wenn eine Einigung mit dem Arbeitgeber über eine mitbestimmungspflichtige Angelegenheit nicht zustande kommt (so *Rüthers*, ZfA 1973, 399, 414, 417); denn dieses Antragsrecht besteht auch dann, wenn der Betriebsrat kein Initiativrecht, sondern nur ein Zustimmungsrecht hat. Aus der Entstehungsgeschichte sowie Sinn und Zweck der Mitbestimmung bei den im Katalog genannten Angelegenheiten ergibt sich aber, dass der Betriebsrat hier auch eine Regelung verlangen kann.

66 Das **Initiativrecht ist in der historischen Kontinuität der Mitbestimmung in sozialen Angelegenheiten begründet.** Im Betriebsräterecht der Weimarer Zeit war der Arbeitgeber öffentlich-rechtlich verpflichtet, die sog. Arbeitsordnung zusammen mit dem Betriebsrat durch Betriebsvereinbarung zu erlassen (§§ 78 Nr. 3, 80 BRG, § 134 b GewO). Es bestand deshalb für die Angelegenheiten, die in der Arbeitsordnung geregelt wurden, der Grundsatz der Regelungsnotwendigkeit. Schon nach § 56 BetrVG 1952 bestand eine derartige Verpflichtung des Arbeitgebers aber nicht mehr. Das Gesetz überließ vielmehr der Entscheidung und Initiative des Betriebsrats und des Arbeitgebers, ob und wie sie die Angelegenheiten regeln, die der Mitbestimmung des Betriebsrats unterliegen. Die vor allem von *Dietz* begründete Theorie der *erzwingbaren Mitbestimmung* sah das Wesen der Mitbestimmung geradezu darin, dass der Betriebsrat das *durchsetzbare Recht* hat, eine Regelung durch den Abschluss einer Betriebsvereinbarung herbeizuführen (s. Rn. 15); ausdrücklich wurde betont, dass der Betriebsrat ein als Mitbestimmungsrecht gestaltetes *Initiativrecht* hat (vgl. *Dietz*, Einführung, S. 42, Vorbem. vor § 49 Rn. 31 a und § 56 Rn. 232). Aber auch vom Standpunkt der *notwendigen Mitbestimmung* aus wurde anerkannt, dass der Betriebsrat in den mitbestimmungspflichtigen sozialen Angelegenheiten ein Initiativrecht hat (vgl. BAG 7. 12. 1962 AP BetrVG [1952] § 56 Akkord Nr. 3; 31. 1. 1969 AP BetrVG [1952] § 56 Entlohnung Nr. 5; *Galperin/Siebert*, Vorbem. vor § 49 Rn. 21, 29, Vorbem. vor § 56 Rn. 2 und § 56 Rn. 3, 100; *Nikisch*, Bd. III S. 346, 364 f.; *Nipperdey/Säcker* in *Hueck/Nipperdey*, Bd. II/2 S. 1390 f.; verneinend lediglich für die Einführung eines Leistungslohnsystems *Hilger* in *Dietz/Gaul/Hilger*, Akkord und Prämie, S. 164 f.).

67 Aus der Entstehungsgeschichte des § 87 ergibt sich eindeutig, dass der Gesetzgeber insoweit keine Änderung herbeiführen wollte. Die im CDU/CSU-Entwurf vorgesehene Aufteilung in soziale Angelegenheiten, in denen der Betriebsrat ein echtes Mitbestimmungsrecht, d. h. auch ein eigenes Initiativrecht hat, und in soziale Angelegenheiten, bei denen er nur ein Zustimmungsrecht hat, so dass ihre Durchführung ausschließlich von der Initiative des Arbeitgebers abhängt (vgl. §§ 29, 30 CDU/CSU-Entwurf, BT-Drucks. VI/1806, S. 6 f.), wurde abgelehnt (vgl. den Bericht des BT-Ausschusses für Arbeit und Sozialordnung, *zu* BT-Drucks. VI/2729, S. 4, 29).

68 b) Die Mitbestimmung schließt **grundsätzlich** ein **Initiativrecht des Betriebsrats** ein (ebenso BAG 14. 11. 1974 AP BetrVG 1972 § 87 Nr. 1; 12. 6. 1975 AP BetrVG 1972 § 87 Altersversorgung Nr. 1, 2 und 3; 31. 8. 1982 AP BetrVG 1972 § 87 Arbeitszeit Nr. 8; 4. 3. 1986 AP BetrVG 1972 § 87 Kurzarbeit Nr. 3; 8. 8. 1989 und 28. 11. 1989 AP BetrVG 1972 § 87 Initiativrecht Nr. 3 und 4; aus dem Schrifttum: *Brecht*, § 87 Rn. 9; *Fitting*, § 87 Rn. 583; HSWGNR-*Worzalla*, § 87 Rn. 42; ErfK-*Kania*, § 87 Rn. 9; DKK-*Klebe*, § 87 Rn. 18; GL-*Löwisch*, § 87 Rn. 26; *Stege/Weinspach/Schiefer*, 87 Rn. 19; *Weiss/Weyand*, § 87 Rn. 6; GK-*Wiese*, § 87 Rn. 135; *ders.*, Initiativrecht, S. 26 ff.; *Richardi*, ZfA 1976, 1, 38 ff.).

69 Dennoch sind nach dem Inkrafttreten des BetrVG 1972 Zweifel geäußert worden, ob ein Initiativrecht besteht, soweit das Mitbestimmungsrecht auf die **materielle Seite der**

Arbeitsbedingungen erstreckt wurde (verneinend vor allem *Boewer,* DB 1973, 522, 527). Zu § 56 BetrVG 1952 entsprach es nämlich der Rechtsprechung des BAG und der überwiegenden Ansicht im Schrifttum, dass das Mitbestimmungsrecht sich nicht auf materielle Arbeitsbedingungen bezieht (s. Rn. 32). Daraus wurde vereinzelt die Konsequenz gezogen, dass der Betriebsrat kein Initiativrecht habe, um den Übergang vom Zeitlohn zum Leistungslohn zu erzwingen, sondern insoweit nur ein Vetorecht bestünde (vgl. *Dietz,* Probleme, S. 22; *Hilger* in *Dietz/Gaul/Hilger,* Akkord und Prämie, S. 164; a. A. *Nikisch,* Bd. III S. 439; wohl auch BAG 2. 12. 1960 AP BetrVG [1952] § 56 Entlohnung Nr. 1; 22. 6. 1962 AP BetrVG [1952] § 52 Nr. 2). Die Frage, ob ein Initiativrecht besteht, stellt sich deshalb vor allem im Rahmen von Nr. 3, die dem Betriebsrat ein Mitbestimmungsrecht bei vorübergehender Verkürzung oder Verlängerung der betriebsüblichen Arbeitszeit gibt, und sodann im Rahmen der Nr. 10 und 11 bei den Fragen der betrieblichen Lohngestaltung und der Festsetzung der Akkord- und Prämiensätze sowie vergleichbarer leistungsbezogener Entgelte. Da das Gesetz aber, wie sich aus der Abgrenzung der Mitbestimmungstatbestände ergibt, die Unterscheidung zwischen formellen und materiellen Arbeitsbedingungen nicht mehr zur Grundlage seiner Regelung gemacht hat, kann man mit diesem Argument nicht ein Initiativrecht des Betriebsrats ausschließen (ebenso LAG Düsseldorf, EzA § 87 BetrVG 1972 Initiativrecht Nr. 1, S. 6f.; *Wiese,* Initiativrecht, S. 35 f.; *Rumpff,* AuR 1972, 65, 71; *Hanau,* RdA 1973, 281, 286; *Richardi,* ZfA 1976, 1, 40; *Lieb,* ZfA 1978, 179, 184 f.).

c) Für den **Bestand eines Initiativrechts** ist allein der **Mitbestimmungstatbestand maß- 70 gebend,** wie er im Gesetz abgegrenzt wird: **Soweit die Mitbestimmung reicht, ist für den Betriebsrat auch ein Initiativrecht gegeben** (vgl. *Richardi,* ZfA 1976, 1, 43; zust. GK-*Wiese,* § 87 Rn. 138; *ders.,* Initiativrecht, S. 30; *Matthes,* MünchArbR § 238 Rn. 35; *Moll,* Die Mitbestimmung des Betriebsrats beim Entgelt, 1977, S. 203; *Hanau,* BB 1977, 359, 356; *Reuter,* ZfA 1981, 165, 176 f.; *Schwerdtner,* EzA § 87 BetrVG 1972 Initiativrecht Nr. 4, S. 58). Beispielsweise kann die Errichtung von Sozialeinrichtungen nicht erzwungen werden (§ 88 Nr. 2); werden sie aber errichtet, so hat der Betriebsrat ein Mitbestimmungsrecht bei Form, Ausgestaltung und Verwaltung und insoweit auch ein Initiativrecht (§ 87 Abs. 1 Nr. 8). Eine Differenzierung zwischen den beiden Ausprägungen des Mitbestimmungsrechts als Initiativ- und Zustimmungsrecht kann lediglich als *Folgewirkung* eintreten. Da durch das Mitbestimmungsrecht nicht die Entschließungsfreiheit des Arbeitgebers beschnitten wird, ob und inwieweit er zusätzliche Leistungen erbringen will (s. Rn. 47 f.), führt diese Schranke der Mitbestimmung zur Versagung eines Initiativrechts; denn der Betriebsrat kann über das Mitbestimmungsrecht keine zusätzlichen Leistungen erzwingen. Bei Fragen der betrieblichen Lohngestaltung beziehen das Mitbestimmungsrecht und insoweit auch ein Initiativrecht des Betriebsrats sich nur auf die *Lohnfindung,* nicht auf die *Lohnhöhe,* wobei lediglich keine Rolle spielen soll, ob und inwieweit die Lohnfindung sich auf die Geldseite auswirkt (ebenso *Richardi,* ZfA 1976, 1, 44; zust. *Hanau,* BB 1977, 350, 356).

Bei richtiger Interpretation des Mitbestimmungstatbestandes besteht **kein Grund,** das **71 Initiativrecht** einem **besonderen Schrankenvorbehalt** zu unterwerfen. Da die Mitbestimmungsrechte des Betriebsrats nicht unter einem allgemeinen Vorbehalt unternehmerischer Entscheidungsautonomie stehen (s. Rn. 41 ff.), kommt auch die Beschränkung des Initiativrechts aus diesem Grund nicht in Betracht (ebenso BAG 31. 8. 1982 AP BetrVG 1972 § 87 Arbeitszeit Nr. 8). Soweit ein Mitbestimmungstatbestand Auswirkungen auf unternehmerische Entscheidungen hat, wird die unternehmerische Entscheidungsautonomie bereits durch die Mitbestimmung und nicht erst durch das Initiativrecht berührt (so zutreffend *Badura,* WiR 1974, 1, 23; vgl. auch *Reuter,* ZfA 1981, 165, 176). Prinzipiell besteht kein Unterschied, ob der Betriebsrat ein Entlohnungssystem verlangt, das der Arbeitgeber als Unternehmer für wirtschaftlich untragbar hält, oder ob der Arbeitgeber wegen verminderter Absatzchancen seiner Produktion den Wechsel des Lohnsystems anstrebt und der Betriebsrat zu dieser aus der Sicht des Unternehmers notwendigen Entscheidung die Zustimmung verweigert (vgl. *Richardi*, ZfA 1976, 1, 43). Ein Initiativrecht ist allerdings ausgeschlossen, soweit dem Mitbestimmungsrecht des Betriebsrats eine mitbestimmungsfreie Entscheidung des Arbeitgebers vorgegeben ist. Der Betriebsrat kann daher nicht über die Lage der Arbeitszeit erzwingen, dass eine Betriebsänderung herbeigeführt wird (s. Rn. 43). Darin läge ein unzulässiger Eingriff in die unternehmerische Entscheidungsfreiheit, weil der Betriebsrat an einer Betriebsänderung nur nach §§ 111 bis 113 zu beteiligen ist (ebenso GK-*Wiese*, § 87 Rn. 146 f.).

72   d) Die **Grenzen des Initiativrechts** richten sich daher nach dem **Mitbestimmungstatbestand**. Aus seiner Abgrenzung und der Zweckbestimmung des Mitbestimmungsrechts ergibt sich, ob der Betriebsrat ein Initiativrecht hat (ebenso BAG 4. 3. 1986 AP BetrVG 1972 § 87 Kurzarbeit Nr. 3; 28. 11. 1989 AP BetrVG 1972 § 87 Initiativrecht Nr. 4). Da bei der Einführung von **Kurzarbeit** das Mitbestimmungsrecht nach Nr. 3 nicht nur den Schutz der Arbeitnehmer vor einer drohenden Minderung ihres Arbeitsentgelts, sondern auch ihren Schutz vor notwendig werdenden betriebsbedingten Entlassungen bezweckt, umfasst es ein Initiativrecht (BAG 4. 3. 1986 AP BetrVG 1972 § 87 Kurzarbeit Nr. 3). Soweit dem Mitbestimmungsrecht aber auch die Anordnung von **Überstunden** unterliegt, ist ausschließlich der Schutz der Arbeitnehmer vor einer Überforderung maßgebend, so dass hier ein Verlangen des Betriebsrats, die betriebsübliche Arbeitszeit vorübergehend zu verlängern, nicht mehr von dem Mitbestimmungsrecht gedeckt ist (s. Rn. 367 ff.). Sinn des Mitbestimmungsrechts nach Nr. 6 bei der **Einführung und Anwendung von technischen Kontrolleinrichtungen** ist es, Eingriffe in den Persönlichkeitsbereich der Arbeitnehmer durch Verwendung anonymer technischer Kontrolleinrichtungen nur bei gleichberechtigter Mitbestimmung des Betriebsrats zuzulassen (s. Rn. 480 ff.). Dieser Zweckbestimmung widerspricht es, wenn der Betriebsrat die Einführung einer technischen Kontrolleinrichtung verlangt, so dass ein Initiativrecht insoweit nicht gegeben ist (s. Rn. 518).

73   Bei der Mitbestimmung über **Entgeltregelungen** steht die Freiwilligkeit der Leistung einem Initiativrecht des Betriebsrats auf Einführung zusätzlicher Entgelte entgegen (BAG 8. 12. 1981 und 13. 9. 1983 AP BetrVG 1972 § 87 Prämie Nr. 1 und 3). Der Betriebsrat kann daher auch keine Zweckänderung der freiwilligen Arbeitgeberleistung im Mitbestimmungsverfahren erzwingen (BAG 8. 12. 1981 AP BetrVG 1972 § 87 Prämie Nr. 1). Obwohl das BAG den mitbestimmungspflichtigen Geldfaktor i. S. von Nr. 11 auf den Preis für die Arbeit im Leistungslohn bezieht (s. Rn. 904), hat es auch für leistungsbezogene Entgelte klargestellt, dass die Freiwilligkeit der Leistung einem Initiativrecht auf Einführung zusätzlicher Entgelte entgegensteht (BAG 13. 9. 1983 AP BetrVG 1972 § 87 Prämie Nr. 3).

74   e) Ob und in welchen Grenzen die Mitbestimmung ein Initiativrecht des Betriebsrats umfasst, kann deshalb **nicht** durch eine **Generalklausel** festgelegt werden, sondern muss für jeden Mitbestimmungstatbestand unter Beachtung des Zwecks, dem die Mitbestimmung dient, behandelt werden.

VI. Ausübung der Mitbestimmung in sozialen Angelegenheiten

1. Einigung zwischen Arbeitgeber und Betriebsrat

75   Das Gesetz ordnet an, dass der Betriebsrat **mitzubestimmen** hat. Die Ordnung der mitbestimmungspflichtigen Angelegenheit muss daher auf einer Einigung zwischen Arbeitgeber und Betriebsrat beruhen. Dieser kann sein Mitbestimmungsrecht nicht in der Weise ausüben, dass er dem Arbeitgeber das alleinige Gestaltungsrecht über den mitbestimmungspflichtigen Tatbestand eröffnet (vgl. BAG 17. 11. 1998 und 23. 3. 1999 AP BetrVG 1972 § 87 Arbeitszeit Nr. 79 und 80; 3. 6. 2003 AP BetrVG 1972 § 77 Tarifvorbehalt Nr. 19; 26. 4. 2005 AP BetrVG 1972 § 87 Nr. 12). Dadurch wird aber nicht

ausgeschlossen, dass dem Arbeitgeber das Recht eingeräumt wird, unter bestimmten – in der Vereinbarung geregelten – Voraussetzungen eine Maßnahme allein zu treffen (vgl. BAG 26. 7. 1988 AP BetrVG 1972 § 87 Provision Nr. 6; 3. 6. 2003 AP BetrVG 1972 § 77 Tarifvorbehalt Nr. 19).

Das Gesetz trifft keine Anordnung über die **Ausübungsform der Mitbestimmung**. Es bestimmt lediglich, dass die Einigungsstelle entscheidet, wenn keine Einigung zwischen Arbeitgeber und Betriebsrat zustande kommt (Abs. 2 Satz 1). Für die Mitbestimmung genügt daher, dass der Betriebsrat sich mit dem Arbeitgeber über die Regelung einer mitbestimmungspflichtigen Angelegenheit einigt. Zu § 56 BetrVG 1952 hatte *Dietz* von seinem Standpunkt (s. Rn. 15) aus folgerichtig verlangt, dass die Einigung zwischen dem Arbeitgeber und dem Betriebsrat durch Abschluss einer *Betriebsvereinbarung* herbeigeführt wird (FS Nipperdey 1955, S. 147 ff.; vgl. auch *Dietz*, 4. Aufl., § 56 Rn. 7 ff., 53 ff.). Da das BAG aber schon damals den Zweck der Mitbestimmung in der Einigungsnotwendigkeit sah, ließ es für die Verwirklichung der Mitbestimmung eine **formlose Einigung** genügen (vgl. BAG 7. 9. 1956 AP BetrVG [1952] § 56 Nr. 2), wobei es sogar für ausreichend hielt, „dass der Betriebsrat der Maßnahme des Arbeitgebers erkennbar, wenn auch nur durch schlüssiges Verhalten, zugestimmt hat (BAG 15. 12. 1961 AP BetrVG [1952] § 56 Arbeitszeit Nr. 1). Auch für das geltende Recht kommt es allein darauf an, dass die Mitbestimmung des Betriebsrats verwirklicht, d. h. eine Angelegenheit nicht ohne dessen vorheriges Einverständnis geregelt wird. Hierzu bedarf es keiner förmlichen Betriebsvereinbarung, sondern es genügt eine **formlose Betriebsabsprache** (ebenso BAG 14. 2. 1991 AP BGB § 615 Kurzarbeit Nr. 4; s. § 77 Rn. 225). 76

2. Betriebsvereinbarung als Rechtsinstitut der Mitbestimmung

Soweit das Gesetz dem Betriebsrat ein Mitbestimmungsrecht einräumt, hat es damit zugleich eine **betriebsverfassungsrechtliche Regelungsbefugnis für den Vertragsinhalt des Arbeitsverhältnisses** geschaffen (vgl. *Richardi*, ZfA 1992, 307, 319). Arbeitgeber und Betriebsrat können aber nur, wenn sie eine Betriebsvereinbarung abschließen, damit eine Regelung treffen, die für die zur Belegschaft gehörenden Arbeitnehmer unmittelbar und zwingend gilt (§ 77 Abs. 4 Satz 1). Die Wirkung einer formlosen Betriebsabsprache erschöpft sich in der Aufhebung der betriebsverfassungsrechtlichen Beschränkung der Rechte des Arbeitgebers, begründet aber keine Rechte im Verhältnis zu den Arbeitnehmern (so zutreffend BAG 14. 2. 1991 AP BGB § 615 Kurzarbeit Nr. 4; s. auch § 77 Rn. 228). 77

Die **betriebsverfassungsrechtliche Pflicht**, die **formlose Betriebsabsprache durchzuführen** (§ 77 Abs. 1), gibt dem Arbeitgeber **keine individualrechtliche Kompetenz gegenüber dem von einer mitbestimmungspflichtigen Maßnahme betroffenen Arbeitnehmer**. Das ist vor allem von Bedeutung, wenn der Arbeitgeber nach dem Inhalt des Arbeitsvertrags kein einseitiges Weisungsrecht hat, sondern die Einverständniserklärung des Arbeitnehmers benötigt. Der Arbeitgeber braucht es deshalb nicht hinzunehmen, dass der Betriebsrat nur formlos seine Zustimmung zu einer mitbestimmungspflichtigen Maßnahme gibt. Das BAG hat zum Tarifvorbehalt des § 77 Abs. 3 festgestellt, dass diese Bestimmung deshalb auf eine Betriebsvereinbarung über mitbestimmungspflichtige Angelegenheiten keine Anwendung findet, weil die Frage, ob Mitbestimmungsrechte in einer bestimmten Angelegenheit bestehen und ob diese Angelegenheit durch eine Betriebsvereinbarung geregelt werden könne, sich nicht trennen lasse (BAG 24. 2. 1987 AP BetrVG 1972 § 77 Nr. 21). Mitbestimmung des Betriebsrats in einer Angelegenheit bedeute nicht bloße Zustimmung des Betriebsrats zu einer vom Arbeitgeber geplanten Maßnahme, sondern – jedenfalls im Regelfall – die Regelung der betreffenden Angelegenheit durch beide Betriebspartner. Das **geeignete Instrument**, eine mitbestimmungspflichtige Angelegenheit für den Betrieb zu regeln, sei die **Betriebsvereinbarung**; denn nur sie wirke gemäß § 77 Abs. 4 unmittelbar und zwingend auf die Arbeitsverhältnisse ein. Das BAG kommt 78 daher zu dem Ergebnis: „Allein die Betriebsvereinbarung ist daher geeignet, den zwingenden und unabdingbaren Schutz der Arbeitnehmer herbeizuführen, um dessentwillen § 87 Abs. 1 BetrVG Mitbestimmungsrechte des Betriebsrats in den hier genannten Angelegenheiten begründet" (BAG 24. 2. 1987 AP BetrVG 1972 § 77 Nr. 21; zust. BAG [GS] 3. 12. 1991 AP BetrVG 1972 § 87 Lohngestaltung Nr. 51 [C I 4 c]).

79   Bezieht die Mitbestimmung sich auf eine Regelung, so kann deshalb nicht nur der Betriebsrat, sondern vor allem auch der **Arbeitgeber verlangen**, dass die Mitbestimmung des Betriebsrats durch den Abschluss einer **Betriebsvereinbarung** ausgeübt wird. Er kann das Mitbestimmungsverfahren so lange betreiben, bis eine Betriebsvereinbarung abgeschlossen ist, so dass er sie notfalls auch durch den Spruch der Einigungsstelle ersetzen kann (vgl. *Richardi*, ZfA 1992, 307, 319; zur Rechtswirkung eines Spruchs der Einigungsstelle als Betriebsvereinbarung s. § 76 Rn. 111).

3. Einigung durch schlüssiges Verhalten

80   Bei einer formlosen Betriebsabsprache kann die Einigung auch durch **schlüssiges Verhalten** zustande kommen (vgl. BAG 15. 12. 1961 AP BetrVG [1952] § 56 Arbeitszeit Nr. 1; 8. 2. 1963 AP BetrVG [1952] § 56 Akkord Nr. 4). Das Mitbestimmungsrecht steht aber dem Betriebsrat als Kollegialorgan zu. Auch wenn für seine Ausübung der Betriebsausschuss oder ein nach § 28 gebildeter Ausschuss zuständig ist, handelt es sich um ein Gremium. Das bloße **Schweigen des Betriebsrats** oder des für ihn handelnden Ausschusses kann **nicht als Beschluss** gedeutet werden; es wird nämlich übersehen, dass der Annahme einer stillschweigenden Willenserklärung die Vorschriften über die Willensbildung eines Kollegialorgans entgegenstehen (ebenso GK-*Wiese*, § 87 Rn. 91; bereits *Adomeit*, RdA 1963, 263, 265 f.; zust. *Nikisch*, Bd. III S. 372; *Dietz*, Probleme, S. 10; *Richardi*, Kollektivgewalt, S. 285). Auch wenn an die Formulierung eines Beschlusses keine strengen Maßstäbe angelegt werden dürfen, muss doch ersichtlich sein, dass der Betriebsrat den Willen hat, dieser Gestaltung zuzustimmen. Eine Zustimmung des Betriebsrats durch konkludentes Verhalten seiner Mitglieder liegt nur dann vor, wenn er in einer anderen Angelegenheit einen Beschluss fasst, der nur sinnvoll ist, wenn davon ausgegangen wird, dass er der Maßnahme seine Zustimmung gibt. Nicht mehr als Beschluss kann dagegen gedeutet werden, wenn der Betriebsrat sich überhaupt nicht erklärt. Sofern die Voraussetzungen einer **Vertrauenshaftung** erfüllt sind, kommt aber in Betracht, dass ihm sein Schweigen als Zustimmung zugerechnet wird (ebenso GK-*Wiese*, § 87 Rn. 93; nur für die Vergangenheit *Hanau*, NZA Beil. 2/1985, 3, 5, wobei übersehen wird, dass der Betriebsrat wegen des Mitbestimmungsrechts auch bei Zurechnung für die Zukunft jederzeit eine Neuregelung im Mitbestimmungsverfahren erzwingen kann; s. zu den Voraussetzungen einer Zurechnung nach den Grundsätzen der Vertrauenshaftung § 33 Rn. 31 ff.).

VII. Zuständigkeit zur Ausübung des Mitbestimmungsrechts

81   Nach dem Gesetzestext hat der Betriebsrat mitzubestimmen. Daraus folgt aber nicht, dass es sich um den Betriebsrat des einzelnen Betriebs handeln muss, sondern möglich ist, dass für die Mitbestimmung der Gesamtbetriebsrat oder der Konzernbetriebsrat zuständig ist (s. Rn. 82 ff.). Von dieser Zuständigkeitsabgrenzung ist zu unterscheiden, ob das Mitbestimmungsrecht nur von dem Betriebsrat bzw. Gesamt- oder Konzernbetriebsrat als Kollegialorgan oder ob es auch von dem Betriebsausschuss oder einem sonstigen Ausschuss des Betriebsrats ausgeübt werden kann (s. Rn. 87 ff.). Außerdem hat das Reformgesetz 2001 dem Betriebsrat die Möglichkeit eröffnet, bestimmte Aufgaben nach Maßgabe einer mit dem Arbeitgeber abzuschließenden Rahmenvereinbarung auf Arbeitsgruppen zu übertragen (s. Rn. 92).

1. Zuständigkeitsabgrenzung zwischen Einzelbetriebsrat, Gesamtbetriebsrat und Konzernbetriebsrat

a) Das Mitbestimmungsrecht steht primär dem **Betriebsrat des einzelnen Betriebs** zu, auch wenn das Unternehmen sich in mehrere Betriebe gliedert und daher ein Gesamtbetriebsrat vorhanden ist. 82

Besteht ein **Gesamtbetriebsrat** (§ 47 Abs. 1), so ist er zuständig, wenn die Angelegenheit das Gesamtunternehmen oder mehrere Betriebe betrifft und nicht durch die einzelnen Betriebsräte innerhalb ihrer Betriebe geregelt werden kann (§ 50 Abs. 1 Satz 1; s. dort Rn. 3 ff.). Eine derartige Unmöglichkeit kann sich daraus ergeben, dass dem Mitbestimmungsrecht ein *mitbestimmungsfreier Bereich* vorgeschaltet ist (s. Rn. 45 ff.). Bei mitbestimmungsfreien Vorgaben einer mitbestimmungspflichtigen Angelegenheit entscheidet der Arbeitgeber über die Notwendigkeit eines überbetrieblichen Koordinationsbedarfs; denn durch die Inanspruchnahme einer Zuständigkeit kann der Einzelbetriebsrat kein Mitbestimmungsrecht erhalten, das im Gesetz nicht vorgesehen ist. Trifft der Arbeitgeber mitbestimmungsfrei eine Entscheidung, die nicht nur für einen einzelnen Betrieb, sondern für das Gesamtunternehmen oder mehrere Betriebe Geltung haben soll, z. B. über die Gewährung zusätzlicher Entgeltleistungen, so ist für die Mitbestimmung der Gesamtbetriebsrat zuständig (ebenso BAG 29. 3. 1977 AP BetrVG 1972 § 87 Provision Nr. 1; 6. 12. 1988 AP BetrVG 1972 § 87 Lohngestaltung Nr. 37; 11. 2. 1992 AP BetrVG 1972 § 76 Nr. 50; zuletzt BAG 9. 12. 2003 AP BetrVG 1972 § 50 Nr. 27; 26. 4. 2005 AP BetrVG 1972 § 87 Nr. 12). Ist aber wie z. B. bei der Lage der Arbeitszeit der Gesamtkomplex der Angelegenheit mitbestimmungspflichtig, so kann der Begriff des „Nichtregelnkönnens" in § 50 Abs. 1 nicht mehr als *Unmöglichkeit betrieblicher Regelung* interpretiert werden. Da jedoch auch für diesen Bereich die Funktionsfähigkeit des Unternehmens gewährleistet bleiben muss, nimmt das BAG ein Nichtregelnkönnen durch die Einzelbetriebsräte auch an, wenn von der Regelungsmaterie her ein *zwingendes Erfordernis für eine einheitliche Regelung* besteht, z. B. wegen produktionstechnischer Abhängigkeit mehrerer Betriebe voneinander (BAG 23. 9. 1975 AP BetrVG 1972 § 50 Nr. 1) oder bei Einführung eines Datenverarbeitungssystems, wenn eine unterschiedliche Ausgestaltung in den Betrieben mit der einheitlichen Funktion des Systems nicht vereinbar wäre (BAG 14. 11. 2006 AP BetrVG 1972 § 87 Überwachung Nr. 43). 83

b) Soweit ein **Konzernbetriebsrat** besteht (§ 54), ist er nur für die Behandlung von Angelegenheiten zuständig, die den Konzern oder mehrere Konzernunternehmen betreffen und nicht durch die Betriebsvertretungen innerhalb ihrer Unternehmen geregelt werden können (§ 58 Abs. 1 Satz 1; s. dort Rn. 5 ff.). Was für das Verhältnis zwischen Gesamtbetriebsrat und Einzelbetriebsrat gilt (s. Rn. 83), ist entsprechend auf das Verhältnis zum Konzernbetriebsrat anzuwenden. 84

c) Soweit der **Gesamtbetriebsrat** oder **Konzernbetriebsrat** für die Mitbestimmungsausübung zuständig ist, ist er nicht auf eine Rahmenkompetenz beschränkt (so für den Gesamtbetriebsrat BAG 14. 11. 2006 AP BetrVG 1972 § 87 Überwachung Nr. 43). Der Arbeitgeber kann **nicht an seiner Stelle den Einzelbetriebsrat** beteiligen. Das gilt auch, soweit er Vorgaben einer mitbestimmungspflichtigen Angelegenheit mitbestimmungsfrei treffen kann. Dadurch erhält der Arbeitgeber kein Wahlrecht, statt des Gesamtbetriebsrats die Einzelbetriebsräte zu beteiligen. 85

d) Soweit die **Zuständigkeit eines Gesamtbetriebsrats** gegeben ist, erstreckt sie sich auch auf die **Betriebe ohne Betriebsrat;** der Gesamtbetriebsrat kann aber **nicht ersatzweise** in einem **betriebsratslosen Betrieb** das dem Einzelbetriebsrat zustehende Mitbestimmungsrecht ausüben (§ 50 Abs. 1 Satz 1 Halbsatz 2). Entsprechend kann auch ein **Konzernbetriebsrat** nicht die dem Gesamtbetriebsrat zustehenden Beteiligungsrechte ersatzweise wahrnehmen. Soweit die Zuständigkeit des Konzernbetriebsrats aber gegeben ist, erstreckt sie sich auch auf die vertretungslosen Konzernunternehmen 86 sowie auf die Konzernunternehmen, deren Betriebsvertretung der Errichtung eines Konzernbetriebsrats widersprochen hat (§ 58 Abs. 1 Satz 2 Halbsatz 2).

2. Mitbestimmungsausübung bei Zuständigkeit des Betriebsrats

87 a) Besteht in einem Betrieb **kein Betriebsrat** so kann in ihm das Mitbestimmungsrecht nicht ausgeübt werden (s. § 1 Rn. 106). Gleiches gilt, wenn ein Betriebsrat zwar gewählt ist, sich aber **nicht konstituiert** hat, also kein Vorsitzender gewählt ist, der für den Betriebsrat die Erklärungen abgeben und entgegennehmen kann (s. § 1 Rn. 107).

88 b) Das Mitbestimmungsrecht steht dem **Betriebsrat** als *Kollegialorgan* zu, d.h. der Betriebsrat hat in einer ordnungsgemäß einberufenen Sitzung einen **Beschluss** darüber zu fassen, wie eine Angelegenheit, die seiner Mitbestimmung unterliegt, gestaltet werden soll (§ 33).

89 c) Ist ein **Betriebsausschuss** gebildet (§ 27 Abs. 1), so kann er nach h. L. aus eigenem Recht keine Mitbestimmungsrechte ausüben; denn die Wahrnehmung von Mitwirkungs- oder Mitbestimmungsrechten wird nicht zu den laufenden Geschäften des Betriebsrats gezählt (s. § 27 Rn. 53).

90 Der Betriebsrat kann jedoch bestimmte Angelegenheiten dem **Betriebsausschuss zur selbständigen Erledigung** übertragen (§ 27 Abs. 2 Satz 2). Zu diesem Zweck kann er auch andere **Ausschüsse** bilden, mit der Möglichkeit einer selbständigen Erledigung aber nur, wenn ein Betriebsausschuss gebildet ist (§ 28 Abs. 1 Satz 3). Die Delegation auf den Betriebsausschuss oder einen anderen Ausschuss des Betriebsrats gilt aber **nicht** für den **Abschluss von Betriebsvereinbarungen** (§ 27 Abs. 2 Satz 2, 28 Abs. 1 Satz 3). Deshalb ist, soweit die Ausübung des Mitbestimmungsrechts durch den Abschluss einer Betriebsvereinbarung erfolgt, allein der Betriebsrat zuständig.

91 Bei Betriebsräten, die einen Betriebsausschuss zu bilden haben (§ 27 Abs. 1), ermöglicht das Gesetz zur selbständigen Erledigung mitbestimmungspflichtiger Angelegenheiten die Errichtung **gemeinsamer Ausschüsse,** deren Mitglieder vom Betriebsrat und vom Arbeitgeber benannt werden (§ 28 Abs. 2). Dadurch kann die Beteiligung des Betriebsrats in mitbestimmungspflichtigen Angelegenheiten *institutionalisiert* werden, was vor allem bei der Verwaltung von Sozialeinrichtungen und im Rahmen der Mitbestimmung bei Akkord- und Prämienlöhnen eine Rolle spielt. Da der Betriebsrat die Befugnis zur selbständigen Entscheidung aber nicht auf den gemeinsamen Ausschuss, sondern nur auf die von ihm entsandten Betriebsratsmitglieder übertragen kann, genügt nicht, dass nur die Minderheit der entsandten Betriebsratsmitglieder zustimmt. Die Abstimmung ist deshalb getrennt nach Bänken durchzuführen. Da auf diese Weise die Parität bei der Ausübung des Mitbestimmungsrechts gewahrt wird, spielt keine Rolle, ob der gemeinsame Ausschuss paritätisch besetzt ist. Von einem derartigen Ausschuss, bei dem die Befugnis zur selbständigen Entscheidung den entsandten Betriebsratsmitgliedern übertragen ist, sind die gemeinsamen Ausschüsse zu unterscheiden, die *nach* Ausübung des Mitbestimmungsrechts durch Abschluss einer Betriebsvereinbarung an deren Durchführung beteiligt sind, um die Mitbestimmung im Einzelnen zu verwirklichen, wie im Rahmen der Verwaltung einer Sozialeinrichtung (s. Rn. 656) oder bei Durchführung der Akkordfestsetzung (s. Rn. 916).

92 d) Das BetrVerf-ReformG 2001 hat in Betrieben mit mehr als 100 Arbeitnehmern dem Betriebsrat die Möglichkeit eröffnet, bestimmte Aufgaben nach Maßgabe einer mit dem Arbeitgeber abzuschließenden Rahmenvereinbarung auf **Arbeitsgruppen** zu übertragen (§ 28a Abs. 1). Der Betriebsrat kann deshalb die Mitbestimmungsausübung auf eine entsprechend gebildete Arbeitsgruppe delegieren, wobei anders als bei einer Übertragung auf den Betriebsausschuss oder einen anderen Ausschuss des Betriebsrats die Arbeitsgruppe im Rahmen der ihr übertragenen Aufgaben mit dem Arbeitgeber **Vereinbarungen** schließen kann, für die gemäß § 28a Abs. 2 Satz 2 § 77 entsprechend gilt.

Erster Abschnitt: Allgemeiner Teil § 87

e) Der Betriebsrat kann **nicht** dem **Vorsitzenden** oder **einzelnen Mitgliedern** ein **selbst-** 93
ändiges Entscheidungsrecht übertragen. Davon wird nicht berührt, dass er seinen Vorsitzenden oder einzelne seiner Mitglieder in einer bestimmten Angelegenheit zu einer selbständigen Entscheidung *ermächtigen* oder *bevollmächtigen* kann. Der Betriebsrat kann sogar Vollmacht erteilen, dass sein Vorsitzender eine Betriebsvereinbarung mit dem Arbeitgeber abschließt, sofern es sich um eine konkret bestimmte Angelegenheit handelt (s. zur Rechtslage bei Überschreiten der Vertretungsbefugnis § 26 Rn. 44 ff.).

3. Mitbestimmungsausübung bei Zuständigkeit des Gesamt- oder Konzernbetriebsrats

a) Ist für eine mitbestimmungspflichtige Angelegenheit der **Gesamtbetriebsrat** zustän- 94
dig, er aber entgegen § 47 Abs. 1 nicht errichtet, so kann das Mitbestimmungsrecht nicht ausgeübt werden. Es treten an seine Stelle nicht die Einzelbetriebsräte (s. Rn. 85).

Wie der Einzelbetriebsrat dem Betriebsausschuss oder einem weiteren Ausschuss 95
bestimmte Aufgaben mit Ausnahme des Abschlusses einer Betriebsvereinbarung zur selbständigen Erledigung übertragen kann, so gilt dies auch für den Gesamtbetriebsrat im Verhältnis zum Gesamtbetriebsausschuss oder weiteren von ihm gebildeten Ausschüssen (§ 51 Abs. 1 Satz 1 i. V. mit § 27 Abs. 2 Satz 2, § 28 Abs. 1 Satz 3, Abs. 2).

b) Fällt ausnahmsweise die Mitbestimmungsausübung in die Zuständigkeit eines **Kon-** 96
zernbetriebsrats, so gelten die Ausführungen zum Gesamtbetriebsrat entsprechend (vgl. § 59 Abs. 1 i. V. mit § 27 Abs. 2 Satz 2, § 28, Abs. 1 Satz 3, Abs. 2).

VIII. Bindungswirkung der Mitbestimmungsausübung

1. Allgemeine Grundsätze

Erklärt der Betriebsrat zu einer Maßnahme seine Zustimmung, so ist diese bindend; er 97
kann sie **nicht widerrufen.** Der Betriebsrat kann vielmehr auf Grund seines Initiativrechts lediglich eine Änderung der bisherigen Regelung verlangen.

Eine **Zustimmungsverweigerung** kann jederzeit **zurückgenommen** werden. Ein Verfah- 98
ren vor der Einigungsstelle wird dadurch erledigt.

2. Betriebsvereinbarung

Wird eine Betriebsvereinbarung abgeschlossen, so gelten für deren Beendigung die 99
allgemeinen Grundsätze. Sie ist **kündbar,** soweit in ihr nichts anderes bestimmt ist oder sich aus dem Zweck ihrer Vereinbarung ergibt (s. § 77 Rn. 199). Sie kann, wenn keine andere Kündigungsfrist vereinbart ist, mit einer **Frist von drei Monaten** gekündigt werden (§ 77 Abs. 5); sie kann aber auch fristlos gekündigt werden, wenn dazu ein wichtiger Grund vorliegt (s. § 77 Rn. 201 f.).

Nach **Ablauf einer Betriebsvereinbarung** greift die in § 77 Abs. 6 angeordnete **Wei-** 100
tergeltung nur ein, wenn der Regelungsgegenstand der Betriebsvereinbarung insgesamt mitbestimmungspflichtig ist; denn die Weitergeltung bezieht sich nur auf Regelungen in Angelegenheiten, in denen ein Spruch der Einigungsstelle die Einigung zwischen Arbeitgeber und Betriebsrat ersetzen kann (s. auch § 77 Rn. 161 ff.). Hängt dagegen das Mitbestimmungsrecht von einer *mitbestimmungsfreien Vorgabe* des Arbeitgebers ab, so handelt es sich insoweit um eine *freiwillige Betriebsvereinbarung,* auf die § 77 Abs. 6 keine Anwendung findet. Daraus folgt, dass Regelungen einer Betriebsvereinbarung über die Zahlung einer Entgeltleistung trotz des Mitbestimmungsrechts über die Entgeltform nach Ablauf der Betriebsvereinbarung nicht weitergelten (s. § 77 Rn. 166 ff.).

IX. Individualrechtliche Folgen einer Nichtbeteiligung des Betriebsrats

1. Theorie der Wirksamkeitsvoraussetzung

101 a) Das Mitbestimmungsrecht des Betriebsrats soll die Macht des Arbeitgebers zur Betriebsgestaltung beschränken. Der Betriebsrat ist daher gleichberechtigt an der Regelung der in § 87 Abs. 1 genannten Angelegenheiten zu beteiligen. Nicht im Gesetz geregelt ist, ob und wie sich eine **Nichtbeteiligung des Betriebsrats** auf die **Rechtsbeziehung des Arbeitgebers zum einzelnen Arbeitnehmer auswirkt**. Sieht man den Inhalt der Mitbestimmung in einer paritätischen Aufstellung von Regeln, so ist entscheidend, dass der Betriebsrat eine Regelung mitbestimmungspflichtiger Angelegenheiten erzwingen kann, wenn der Arbeitgeber ihn nicht beteiligt (Theorie der *erzwingbaren Mitbestimmung,* so vor allem *Dietz,* FS Nipperdey 1955, S. 147 ff.; *ders.,* 4. Aufl., § 56 Rn. 7 ff.). Das BAG und mit ihm die h. L. sehen dagegen den Inhalt der Mitbestimmung darin, dass der Arbeitgeber eine mitbestimmungspflichtige Maßnahme nur vornehmen *kann,* wenn der Betriebsrat sein Mitbestimmungsrecht ausgeübt oder die Einigungsstelle einen bindenden Spruch gefällt hat (Theorie der *notwendigen Mitbestimmung;* s. Rn. 15).

102 b) Nach der Theorie der notwendigen Mitbestimmung ist die Beteiligung des Betriebsrats eine **Wirksamkeitsvoraussetzung** für alle mitbestimmungspflichtigen Regelungen und Maßnahmen (*Fitting,* § 87 Rn. 599 ff.; DKK-*Klebe,* § 87 Rn. 4; GL-*Löwisch,* § 87 Rn. 16 ff.; *Stege/Weinspach/Schiefer,* § 87 Rn. 3; GK-*Wiese,* § 87 Rn. 98 ff.; *Nikisch,* Bd. III S. 364; *Nipperdey/Säcker* bei *Hueck/Nipperdey,* Bd. II/2 S. 1389 ff.; *Adomeit,* Regelungsabrede, S. 56 f.; *ders.,* Rechtsquellenfragen, S. 143, 153; *Rüthers* in *Rüthers/ Boldt,* S. 14 ff.; *Reuter/Streckel,* Grundfragen der betriebsverfassungsrechtlichen Mitbestimmung, S. 21 ff.; *Siebert,* RdA 1958, 163 ff.; *Hanau,* RdA 1973, 281, 289 ff.; zu Brüchen und Ungereimtheiten ausführlich *H. Wolter.* RdA 2006, 137 ff.).

103 Das **BAG** folgt seit 1956 der **Theorie der Wirksamkeitsvoraussetzung** (vgl. BAG 7. 9. 1956 und 1. 2. 1957 AP BetrVG § 56 [1952] Nr. 2 und 4; 25. 10. 1957 AP BetrVG [1952] § 56 Nr. 6; 14. 12. 1960 AP BetrVG [1952] § 56 Nr. 22; 12. 10. 1961 AP BGB § 611 Urlaubsrecht Nr. 84; 4. 6. 1969 AP BMT-G II § 16 Nr. 1; 5. 7. 1976 AP AZO § 12 Nr. 10; 13. 7. 1977 AP BetrVG 1972 § 87 Kurzarbeit Nr. 2; 22. 12. 1980 AP GG Art. 9 Arbeitskampf Nr. 70 und 71; [GS] 3. 12. 1991 AP BetrVG 1972 § 87 Lohngestaltung Nr. 51 [D II]; 3. 5. 1994 AP BetrVG 1972 § 23 Nr. 23; 11. 6. 2002, 8. 6. 2004 und 10. 3. 2009 AP BetrVG 1972 § 87 Lohngestaltung Nr. 113, 124 und 134 [Rn. 16]). Der Große Senat des BAG hat jedoch im Beschluss vom 16. 9. 1986 klargestellt, dass die Verletzung des Mitbestimmungsrechts keine Möglichkeit eröffnet, eine Arbeitsvertragsregelung ohne weiteres durch Betriebsvereinbarung zum Nachteil der Arbeitnehmer abzulösen (AP BetrVG 1972 § 77 Nr. 17 [C III 4]). Zu diesem Ergebnis muss aber gelangen, wer in der Beteiligung des Betriebsrats eine Wirksamkeitsvoraussetzung für Vertragsabreden im Bereich der mitbestimmungspflichtigen Angelegenheiten sieht (so *Buchner,* DB 1983, 877, 881 ff.). Der Große Senat hält dieser Auffassung entgegen, dass die Sanktion der Nichtigkeit nur entwickelt sei, um zu verhindern, dass der Arbeitgeber dem Einigungszwang mit dem Betriebsrat durch Rückgriff auf arbeitsvertragliche Gestaltungsmöglichkeiten ausweiche (BAGE 53, 42, 73). Die Nichtigkeit ist demnach nicht stets die geeignete Sanktion bei einer Verletzung des Mitbestimmungsrechts. Sie ist kein Grund, den Arbeitgeber aus der Vertragsbindung zu entlassen. Die Rechtsfolgen müssen vielmehr, wie der Große Senat betont, „den unterschiedlichen Fallgestaltungen angepasst werden" (BAG 16. 9. 1986 AP BetrVG 1972 § 77 Nr. 17 [C III 4]; vgl. auch BAG 28. 9. 1994 AP BetrVG 1972 § 87 Lohngestaltung Nr. 68; 11. 6. 2002 AP BetrVG 1972 § 87 Lohngestaltung Nr. 113).

2. Kritik der Theorie der Wirksamkeitsvoraussetzung

a) Die **Lehre von der Wirksamkeitsvoraussetzung** ist rechtsdogmatisch falsch. Auf die 104 fehlerhafte Konzeption hat bereits *Dietz* zur Verteidigung seines Mitbestimmungsverständnisses hingewiesen (vgl. *Dietz*, 4. Aufl., § 56 Rn. 46 ff.; *ders.*, RdA 1962, 390, 394 f.). Aber auch wenn man den Betriebsrat nicht auf das durchsetzbare Recht beschränkt, an der Gestaltung der mitbestimmungspflichtigen Angelegenheiten beteiligt zu werden, sondern den Arbeitgeber für verpflichtet hält, ihn zu beteiligen, folgt daraus nicht notwendig, dass die Zustimmung des Betriebsrats *Wirksamkeitsvoraussetzung* für *alle* Regelungen im Bereich der mitbestimmungspflichtigen Angelegenheiten ist (vgl. *Richardi*, Kollektivgewalt, S. 291 ff.; *ders.*, Festgabe v. Lübtow 1970, S. 755, 759 ff.; *ders.*, Betriebsverfassung und Privatautonomie, 1973, S. 18 ff.; *ders.*, ZfA 1976, 1, 35 ff.; ebenso HSWGNR-*Worzalla*, § 87 Rn. 83 ff.; *Hurlebaus*, Fehlende Mitbestimmung, S. 55 ff.; *Bommermann*, Die Theorie der Wirksamkeitsvoraussetzung, Diss. Passau 1992; *Schlüter*, DB 1972, 92 ff., 139 ff.; vgl. auch *Veit*, Zuständigkeit des Betriebsrats, S. 295 ff. und passim; *Thalhofer*, Betriebsverfassungsrechtlicher Beseitigungsanspruch, S. 123 ff.; *Schlochauer* in *Hromadka*, Änderung von Arbeitsbedingungen, 1990, S. 221, 236 ff.; *Leinemann*, BB 1989, 1905, 1907; *Hromadka*, DB 1991, 2133, 2134; differenzierend nach dem Mitbestimmungszweck *H. Hanau*, Individualautonomie, S. 185 ff.; kritisch gegenüber der h. M. *Lieb*, § 8 Rn. 758; *Zöllner/Loritz/Hergenröder*, § 49 V; *H. Wolter*, RdA 2006, 137 ff.).

Wirksamkeitsvoraussetzung bedeutet, dass jede Maßnahme des Arbeitgebers, die in 105 den Katalog des § 87 Abs. 1 fällt, nur mit Zustimmung des Betriebsrats wirksam ist. Die Anhänger der Theorie der Wirksamkeitsvoraussetzung sind überwiegend sogar der Meinung, dass nur die **vorher erteilte Zustimmung des Betriebsrats** dem Mitbestimmungserfordernis genügt und sein nachträglich erklärtes Einverständnis nicht die Unwirksamkeit der einseitig vom Arbeitgeber oder durch Einzelvereinbarung mit den Arbeitnehmern getroffenen Maßnahmen zu heilen vermag (vgl. *Fitting*, § 87 Rn. 602; GK-*Wiese*, § 87 Rn. 100; *Neumann-Duesberg*, S. 460; *Säcker*, ZfA-Sonderheft 1972, 41, 59; *Simitis/Weiss*, DB 1973, 1240, 1243; *v. Hoyningen-Huene*, DB 1987, 1426, 1432; ursprünglich auch *Adomeit*, Regelungsabrede, S. 93, 103; *ders.*, RdA 1963, 263, 265; *ders.*, BB 1967, 1003, 1004). Damit steht aber in Widerspruch, wenn von demselben Ansatz aus gelehrt wird, dass der Arbeitgeber für die Vergangenheit an die Maßnahmen und Zusagen zugunsten des einzelnen Arbeitnehmers gebunden bleibe (so *Fitting*, § 87 Rn. 606). Das BAG will die Zustimmung des Betriebsrats als Wirksamkeitsvoraussetzung einer mitbestimmungspflichtigen Maßnahme davon abhängig machen, dass dem Arbeitgeber möglich und zumutbar ist, vor der zu treffenden Maßnahme eine Entscheidung des Betriebsrats herbeizuführen (BAG 22. 12. 1980 AP GG Art. 9 Arbeitskampf Nr. 70 und 71).

Damit wird deutlich, dass die **Theorie der Wirksamkeitsvoraussetzung fehlerhaft** 106 **konzipiert** ist. Richtig ist lediglich der ihr zugrunde liegende Rechtsgedanke, dass das Mitbestimmungsrecht mit dem Einzelarbeitsverhältnis verklammert werden muss (vgl. auch *Richardi*, ZfA 1976, 1, 36).

b) Zur Vermeidung unangemessener Rechtsfolgen hat *Adomeit* (BB 1972, 53 f.) eine 107 **modifizierte Unwirksamkeitstheorie** entwickelt, nach der eine der Mitbestimmung unterliegende, jedoch vom Arbeitgeber einseitig getroffene Regelung oder Maßnahme unwirksam sei, wenn sie das Interesse der Arbeitnehmer ohne sachlichen Grund verletze, d. h. wenn sie sozial ungerechtfertigt sei (vgl. auch *Adomeit*, BB 1981, 1086; zust. *Sahmer*, § 87 Rn. 2). Diese Ansicht findet im Gesetz ebenfalls keine Stütze; sie macht letztlich von einer individualrechtlichen Beurteilung abhängig, ob eine betriebsverfassungsrechtliche Pflichtwidrigkeit des Arbeitgebers Rechtsfolgen im Arbeitsverhältnis auslöst (abl. deshalb GL-*Löwisch*, § 87 Rn. 18; GK-*Wiese*, § 87 Rn. 118; *Säcker*, ZfA-Sonderheft 1972, 41, 57 Fn. 66; vgl. auch *Hurlebaus*, Fehlende Mitbestimmung,

S. 48 f.). *Adomeit* hat deshalb selbst die von ihm entwickelte These aufgegeben (vgl. *Adomeit,* FS Hanau 1999, S. 347, 355).

108 c) Die **Theorie der Wirksamkeitsvoraussetzung** führt zu einer **Einschränkung der arbeitsvertraglichen Gestaltungsfreiheit,** wie sie sonst dem arbeitsrechtlichen Kollektivvertragsrecht nicht bekannt ist (vgl. bereits *Dietz,* RdA 1962, 390, 394; *Richardi,* Festgabe v. Lübtow 1970, S. 755, 783; *Schlüter,* DB 1972, 92, und 139, 141). Von einem Tarifvertrag kann wegen des in § 4 Abs. 3 TVG zwingend festgelegten Günstigkeitsprinzips stets durch eine arbeitsvertragliche Abrede zu Gunsten des Arbeitnehmers abgewichen werden, und solange ein bestimmter Gegenstand noch nicht durch Tarifvertrag geregelt ist, können die Parteien des Einzelarbeitsverhältnisses ohne weiteres eine Vereinbarung über ihn treffen (vgl. *Richardi,* Kollektivgewalt, S. 195 f.). Im Bereich des § 87 Abs. 1 soll dagegen eine einzelvertragliche Abrede überhaupt nicht wirksam getroffen werden können, solange der Betriebsrat sein Mitbestimmungsrecht nicht ausübt. Sobald dagegen in Ausübung des Mitbestimmungsrechts eine Betriebsvereinbarung abgeschlossen wird, kann von ihrer Regelung zu Gunsten des Arbeitnehmers eine abweichende Vereinbarung getroffen werden (s. § 77 Rn. 141 ff.).

109 Diese Begrenzung der arbeitsvertraglichen Gestaltungsfreiheit **widerspricht** dem **Zweck einer notwendigen Beteiligung des Betriebsrats.** Ohne Rücksicht auf die Besonderheit des Mitbestimmungstatbestands hat die These, dass die Ausübung des Mitbestimmungsrechts Wirksamkeitsvoraussetzung sei, generell zur Folge, dass nicht nur eine *Verschlechterung* sondern auch eine *Verbesserung* in der Rechtsstellung eines Arbeitnehmers unwirksam ist (so GK-*Wiese,* § 87 Rn. 117). Diese Konsequenz wird aber vom **BAG** nicht gezogen, sondern **nur eine Verschlechterung ausgeschlossen:** Bei Verletzung des Mitbestimmungsrechts sollen die einseitig vom Arbeitgeber getroffenen Maßnahmen nur insoweit unwirksam sein, als dadurch Einzelansprüche der Arbeitnehmer *vereitelt* oder *geschmälert* werden (BAG 25. 10. 1956 AP BetrVG [1952] § 56 Nr. 6; vgl. auch BAG 18. 5. 1965 AP BetrVG [1952] § 56 Nr. 26; 13. 7. 1977 AP BetrVG 1972 § 87 Kurzarbeit Nr. 2; 26. 4. 1988 AP BetrVG 1972 § 87 Altersversorgung Nr. 16; 20. 8. 1991 AP BetrVG 1972 § 87 Lohngestaltung Nr. 50; 15. 11. 1994 AP BGB § 242 Gleichbehandlung Nr. 121; 11. 6. 2002 AP BetrVG 1972 § 87 Lohngestaltung Nr. 113). Damit wird die Frage der Wirksamkeitsvoraussetzung mit dem *Günstigkeitsprinzip* verquickt, obwohl beide nichts miteinander zu tun haben (so bereits *Dietz,* RdA 1962, 390, 395).

110 Auf der gleichen Begründungslinie liegt es, wenn der Arbeitgeber bei der Gewährung von Prämienzahlungen für die *Vergangenheit* an seine Zusage gebunden bleiben soll, auch wenn sie das Mitbestimmungsrecht des Betriebsrats verletzt (BAG 22. 11. 1963 und 18. 3. 1964 AP BetrVG [1952] § 56 Entlohnung Nr. 3 und 4). Hält ein Arbeitnehmer sich an eine ohne Zustimmung des Betriebsrats getroffene Arbeitszeitregelung, so wird die lohnrechtliche Seite entsprechend der tatsächlich geleisteten Arbeit abgewickelt (BAG 5. 7. 1976 AP AZO § 12 Nr. 10). Die These, dass die ohne Beteiligung des Betriebsrats getroffene Maßnahme unwirksam ist, wird also nicht aufrechterhalten, soweit Arbeitnehmer entsprechend der Maßnahme ihre Gegenleistung erbringen. Aber auch wenn Dienstpläne für die im Fahrdienst tätigen Arbeitnehmer trotz Nr. 2 ohne Zustimmung des Betriebsrats aufgestellt und in ihnen Zeiten der Unterbrechung als Pausen, nicht als Wendezeiten festgesetzt werden, führt die Verletzung des Mitbestimmungsrechts nicht dazu, dass ein Fahrer für Zeiten der Unterbrechung, in denen er nicht gearbeitet hat, Bezahlung fordern kann, dass also die in dem Dienstplan ausgewiesenen Ruhepausen als Wendezeiten gewertet und dementsprechend vergütet werden müssen (BAG 4. 6. 1969 AP BMT-G II § 16 Nr. 1). Die Unwirksamkeit kann somit nicht für die Vergangenheit geltend gemacht werden (so folgerichtig *Nikisch,* Bd. III S. 364). Damit wird aber zugleich die These aufgegeben, dass die Beteiligung des Betriebsrats Wirksamkeitsvoraussetzung für die seiner Mitbestimmung unterliegenden Maßnahmen des Arbeitgebers ist.

d) Die Lehre von der Wirksamkeitsvoraussetzung scheitert schließlich, wenn der Betriebsrat in Angelegenheiten mitzubestimmen hat, die durch ein **Rechtsgeschäft mit einem Dritten** gestaltet werden. Einigkeit besteht, dass die Gründung einer rechtlich selbständigen Sozialeinrichtung und deren Satzung nicht deshalb unwirksam sein können, weil sie unter Verletzung des Mitbestimmungsrechts nach Nr. 8 zustande kamen (s. Rn. 681). Daraus folgt, dass auch die einzelnen Rechtsgeschäfte der rechtlich selbständigen Einrichtung nicht in ihrer Wirksamkeit von einer vorherigen Einigung zwischen Arbeitgeber und Betriebsrat abhängen (ebenso BAG 13. 7. 1978 AP BetrVG 1972 § 87 Altersversorgung Nr. 5). Die Wirksamkeit eines Pacht- oder Kaufvertrags, den der Arbeitgeber mit einem Dritten schließt, kann aber ebenfalls nicht davon abhängen, ob im Betrieb des Arbeitgebers ein Betriebsrat besteht und dieser seine Zustimmung erklärt hat (ebenso BAG 22. 10. 1985 AP BetrVG 1972 § 87 Werkmietwohnungen Nr. 5).

111

Auch wer sonst in der Zustimmung des Betriebsrats eine Wirksamkeitsvoraussetzung sieht, kommt deshalb hier zu dem Ergebnis, dass Rechtsgeschäfte mit Dritten ohne Zustimmung des Betriebsrats wirksam sind (so GL-*Löwisch*, § 87 Rn. 192; GK-*Wiese*, § 87 Rn. 112; *Gumpert*, BB 1978, 968, 971; *v. Hoyningen-Huene*, DB 1987, 1426, 1430 f.; a. A. *Reuter/Streckel*, Grundfragen der betriebsverfassungsrechtlichen Mitbestimmung, S. 27 f.). Der Arbeitgeber soll aber mangels der notwendigen Mitbestimmung des Betriebsrats nicht in der Lage sein, seine Verpflichtungen gegenüber dem Dritten zu erfüllen, und daher diesem gegebenenfalls wegen *subjektiver Unmöglichkeit* zum Schadensersatz verpflichtet sein (so *Wiese*, a. a. O.; *Gumpert*, a. a. O.). Wenn ein mitbestimmungspflichtiges Rechtsgeschäft ohne Zustimmung des Betriebsrats wirksam ist, wird insoweit aufgegeben, dass die Beteiligung des Betriebsrats eine Wirksamkeitsvoraussetzung ist. Wenn andererseits das Mitbestimmungserfordernis dem Arbeitgeber *unmöglich* machen soll, seine Verpflichtungen gegenüber dem Dritten zu erfüllen, wird letztlich doch die Rechtsmacht des Arbeitgebers auch im Verhältnis zu Dritten durch die Mitbestimmung des Betriebsrats begrenzt. Die Belange des Rechtsverkehrs sind nicht nur beeinträchtigt, wenn das Rechtsgeschäft mit einem Dritten *rechtsunwirksam* ist, sondern auch, wenn der Dritte nicht *Erfüllung*, sondern nur *Schadensersatz wegen Nichterfüllung* verlangen kann.

112

Was für ein Rechtsgeschäft mit einem Dritten gilt, kann grundsätzlich nicht anders beurteilt werden, wenn das **Rechtsgeschäft mit einem Arbeitnehmer** getätigt wird. Das Mitbestimmungsrecht gibt kein *Recht zur Mitgestaltung des Arbeitsvertrags*. Es soll auch nicht die Fähigkeit oder Rechtsbefugnis des einzelnen Arbeitnehmers einschränken, sondern hat eine *ergänzende Funktion*. Wie durch den Vorrang des Tarifvertrags wird durch die Mitbestimmung die Funktionsschwäche des individuellen Vertrags zur Herstellung eines Interessenausgleichs nach dem Prinzip der Vertragsgerechtigkeit ausgeglichen. Die Lehre von der Wirksamkeitsvoraussetzung beruht dagegen auf einer Konzeption, die das Mitbestimmungsrecht des Betriebsrats zu einer „Vertretung kraft Gesetzes" unter gleichzeitiger Beseitigung der Zuständigkeit der einzelnen Arbeitnehmer ausbaut. Sie führt zu einer *partiellen Entmündigung der Arbeitnehmer*, die nicht im Einklang mit dem Zweck des Mitbestimmungsrechts steht, die freie Entfaltung der Persönlichkeit der im Betrieb beschäftigten Arbeitnehmer zu schützen und zu fördern (§ 75 Abs. 2; zust. *Veit*, Zuständigkeit des Betriebsrats, S. 304 f.).

113

e) Schließlich bedeutet die **Nichtigkeitsfolge keineswegs**, dass durch sie eine ohne Beteiligung des Betriebsrats vorgenommene Maßnahme **zweckgerecht sanktioniert** wird. Das BAG hat anerkannt, dass ein Arbeitsvertrag auch dann wirksam ist, wenn der Arbeitgeber bei der Einstellung das Mitbestimmungsrecht des Betriebsrats verletzt hat (BAG 2. 7. 1980 AP GG Art. 33 Abs. 2 Nr. 9, AP BetrVG 1972 § 101 Nr. 5). Wenn es dort feststellt, dass es zur Sicherung des Mitbestimmungsrechts keiner Nichtigkeit des Arbeitsvertrags bedarf, gibt es keinen Grund, warum im Gesamtbereich des § 87 Abs. 1 das Gegenteil richtig sein soll (ebenso *Veit*, Zuständigkeit des Betriebsrats, S. 304). Für die Auswirkung im Arbeitsverhältnis mit dem einzelnen Arbeitnehmer ist vielmehr stets

114

maßgebend, wie der Mitbestimmungstatbestand abgegrenzt ist und welcher Zweck hier mit einer notwendigen Beteiligung des Betriebsrats verfolgt wird.

115 Die Theorie der Wirksamkeitsvoraussetzung berücksichtigt **nicht die Besonderheit der einzelnen Mitbestimmungstatbestände;** sie muss sich so viele **Ausnahmen** und Durchbrechungen gefallen lassen, dass jeweils besonderer Begründung bedarf, ob bei einem Mitbestimmungserfordernis die Zustimmung des Betriebsrats eine Wirksamkeitsvoraussetzung darstellt. Für die Richtigkeit einer dogmatischen Konzeption ist aber allein entscheidend, dass es ihr gelingt, möglichst alle Ergebnisse zur Entfaltung der Gesetzesratio widerspruchsfrei einzuordnen. Die Rechtsfolgen bei Nichtbeachtung des Mitbestimmungsrechts für die ohne Zustimmung des Betriebsrats getroffenen Maßnahmen lassen sich aber **nicht** in der **rechtsdogmatischen Erklärung** zusammenfassen, dass die **Zustimmung des Betriebsrats** eine **Wirksamkeitsvoraussetzung** darstellt.

116 Der rechtsdogmatisch missglückte Versuch der Einheitsformel für alle Fälle fehlender Mitbestimmung hat nicht zuletzt **Schranken des Mitbestimmungsinhalts** notwendig gemacht, die unerheblich sind, wenn man in den Mittelpunkt stellt, dass die notwendige Beteiligung des Betriebsrats im Bereich des § 87 Abs. 1 durch die Erzwingbarkeit ausreichend gewährleistet ist. Nur um die Rechtsfolge der Rechtsunwirksamkeit auszuschließen, wird das **Mitbestimmungsrecht eingeschränkt:** Mit der Annahme, dass die Mitbestimmung sich im Bereich des § 87 Abs. 1 nur auf Kollektivmaßnahmen bezieht, wird nach formalen Abgrenzungskriterien ein Regelungsbereich rechtswirksamer Gestaltung gesichert, bei dem ungeklärt bleibt, ob die Ausnahme dem Mitbestimmungszweck entspricht. Stellt man für die Beurteilung als Kollektivmaßnahme auf das Regelungsbedürfnis des Arbeitgebers ab, so ist aber auch eine Einzelfallregelung mitbestimmungspflichtig, für die nicht von vornherein feststehen muss, dass die Rechtsunwirksamkeit der Maßnahme für die Sicherung des Mitbestimmungszwecks geboten ist.

117 Auch soweit man für die **Ausübung des Mitbestimmungsrechts** genügen lässt, dass der Betriebsrat der Maßnahme des Arbeitgebers erkennbar, wenn auch nur durch schlüssiges Verhalten, zustimmt (BAG 15. 12. 1961 AP BetrVG [1952] § 56 Arbeitszeit Nr. 1), geht es um eine damit bezweckte Abschwächung, dass die Rechtsunwirksamkeit als Sanktion eingreift. Keineswegs ist die richtige Form für die Ausübung der Mitbestimmung, dass sich gegen den Vorschlag des Arbeitgebers kein Widerspruch erhebt (so aber in einem obiter dictum BAG 8. 2. 1963 AP BetrVG [1952] § 56 Akkord Nr. 4, wenn es für diesen Fall im Schweigen des Betriebsrats dessen Zustimmung erblicken will; s. auch Rn. 76). Soll in einer mitbestimmungspflichtigen Angelegenheit der Inhalt der Arbeitsverhältnisse normativ gestaltet werden, so ist dafür die geeignete Form für die Ausübung der Mitbestimmung die Betriebsvereinbarung (s. Rn. 77 ff.). Richtig ist lediglich, dass der Arbeitgeber nicht betriebsverfassungswidrig handelt, wenn er eine mitbestimmungspflichtige Maßnahme auf Grund einer formlosen Betriebsabsprache mit dem Betriebsrat vornimmt.

3. Rechtsfolgen bei Nichtbeachtung des Mitbestimmungsrechts

118 a) Die Sanktion bei Verletzung des Mitbestimmungsrechts muss der **Besonderheit des Mitbestimmungstatbestands** entsprechen. Eine schematische Lösung ist nicht möglich; denn bei einer Vielzahl von Mitbestimmungstatbeständen im Katalog des § 87 Abs. 1 handelt es sich entweder um Angelegenheiten, die nicht unmittelbar zum Inhalt des Arbeitsverhältnisses gehören, oder um Maßnahmen, bei denen wegen der Drittbeziehung zu Personen außerhalb des Arbeitsverhältnisses für die rechtliche Wirksamkeit ohne Einfluss ist, ob der Betriebsrat beteiligt wurde. Daher kann nur ein *bewegliches System* von Sanktionen die paritätische Beteiligung des Betriebsrats gewährleisten (ebenso auch H. *Hanau,* Individualautonomie, S. 185 ff.). Entscheidend für die Auswirkungen auf das Einzelarbeitsverhältnis ist dabei der Rechtsgedanke, dass eine **betriebsverfassungsrechtliche Pflichtwidrigkeit** dem Arbeitgeber **keinen Rechtsvorteil im Rahmen des Einzelarbeitsverhältnisses** geben kann (vgl. *Richardi,* ZfA 1976, 1, 37; zust. BAG [GS] 16. 9. 1986 AP BetrVG 1972 § 77 Nr. 17; ähnlich HWK-*Clemenz,* § 87 Rn. 41).

b) Aus der **Abgrenzung der Mitbestimmungstatbestände** ergibt sich, dass **nicht alle Maßnahmen**, die zu den sozialen Angelegenheiten in § 87 Abs. 1 gehören, **nur mit Zustimmung des Betriebsrats** wirksam getroffen werden können: Nach Nr. 5 besteht das Mitbestimmungsrecht des Betriebsrats bei der Festsetzung der zeitlichen Lage des Urlaubs für einzelne Arbeitnehmer nur dann, wenn zwischen dem Arbeitgeber und den beteiligten Arbeitnehmern kein Einverständnis erzielt wird. Die Wirksamkeit der Urlaubserteilung ist deshalb nicht davon abhängig, dass allgemeine Urlaubsgrundsätze und ein Urlaubsplan aufgestellt wurden, obwohl der Betriebsrat auch insoweit ein Mitbestimmungsrecht hat. Nur wenn über die Erteilung des Urlaubs mit dem Arbeitnehmer kein Einverständnis erzielt wird, kann der Arbeitgeber den Urlaub nicht durch einseitige Erklärung zeitlich wirksam festlegen; hier ist vielmehr die Zustimmung des Betriebsrats eine Wirksamkeitsvoraussetzung. 119

Ist der Arbeitgeber öffentlich-rechtlich verpflichtet, **Maßnahmen über die Verhütung von Arbeitsunfällen** und Berufskrankheiten sowie über den Gesundheitsschutz zu treffen, so hat der Betriebsrat bei einem Gestaltungsspielraum ein Mitbestimmungsrecht nach Nr. 7. Daraus folgt aber keineswegs, dass Arbeitnehmer sich über Anordnungen, die der Arbeitgeber erlassen muss, hinwegsetzen dürfen, wenn der Betriebsrat ihnen nicht zugestimmt hat (s. Rn. 566). 120

Die **Satzung einer Sozialeinrichtung** ist nicht deshalb unwirksam, weil der Betriebsrat nicht beteiligt wurde; denn nicht einmal eine Betriebsvereinbarung, die in Ausübung des Mitbestimmungsrechts nach Nr. 8 abgeschlossen wird, ist der Satzung der Sozialeinrichtung übergeordnet (s. Rn. 660). 121

c) Das Mitbestimmungsrecht des Betriebsrats soll die **Macht des Arbeitgebers zur Betriebsgestaltung beschränken**. Dieser Zweck wirkt sich auch auf die Bestimmung der Rechtsfolgen aus, wenn der Arbeitgeber Angelegenheiten in **Ausübung seines Weisungsrechts** *einseitig* gestaltet. Ein Weisungsrecht des Arbeitgebers kommt vor allem bei den Fragen der Ordnung des Betriebs und des Verhaltens der Arbeitnehmer im Betrieb (Nr. 1) und bei der Lage der täglichen Arbeitszeit (Nr. 2) in Betracht. Einseitigen Anordnungen braucht der Arbeitnehmer nicht Folge zu leisten. Jedoch führt die Nichtbeteiligung des Betriebsrats grundsätzlich nur dazu, dass der Arbeitgeber betriebsverfassungswidrig handelt, während Auswirkungen auf das Einzelarbeitsverhältnis lediglich insoweit anzuerkennen sind, als sie vom Zweck des Mitbestimmungsrechts her angemessen sind. Befolgt der Arbeitnehmer eine Änderung in der Lage der täglichen Arbeitszeit, die ohne Zustimmung des Betriebsrats angeordnet wird, so kann er nicht für die Zeit, in der er nicht gearbeitet hat, Lohnausfall verlangen (s. Rn. 110). Befolgt er sie dagegen nicht, so setzt er den Arbeitgeber in Annahmeverzug, wenn er fähig und bereit ist, die Arbeitsleistung wie bisher zu bewirken (§§ 296, 297 BGB); er kann für den Arbeitsausfall das Arbeitsentgelt verlangen, ohne zur Nachleistung der Arbeit verpflichtet zu sein (§ 615 BGB; vgl. auch BAG 7. 9. 1956 und 25. 2. 1957 AP BetrVG [1952] § 56 Nr. 2 und 6). 122

d) Das Mitbestimmungsrecht des Betriebsrats begrenzt **nicht die rechtsgeschäftliche Gestaltungsbefugnis des Arbeitnehmers**. Eine Beschränkung tritt erst ein, wenn der Betriebsrat zur Mitbestimmungsausübung eine Betriebsvereinbarung mit dem Arbeitgeber abschließt (vgl. zu dieser Unterscheidung *Richardi*, Festgabe v. Lübtow 1970, S. 755, 758 f.; zust. *Veit*, Zuständigkeit des Betriebsrats, S. 295). Die Betriebsvereinbarung gilt unmittelbar und zwingend (§ 77 Abs. 4 Satz 1); jedoch wird die Unabdingbarkeit für den Regelfall durch das Günstigkeitsprinzip begrenzt (s. § 77 Rn. 141 ff.). Nur in den Grenzen, die dem Günstigkeitsprinzip gezogen sind, führt die Betriebsvereinbarung einer mitbestimmungspflichtigen Angelegenheit zur Begrenzung der Vertragsgestaltung, aber auch insoweit nicht zu deren Nichtigkeit, sondern nur zur **Nichtanwendbarkeit** der arbeitsvertraglichen Abrede (s. auch § 77 Rn. 159 f.). 123

Dass dem Betriebsrat ein Mitbestimmungsrecht eingeräumt ist, führt also nicht zur Rechtsunwirksamkeit einer vertraglichen Abrede zwischen Arbeitgeber und Arbeitneh- 124 mer, auch soweit sie sich auf eine mitbestimmungspflichtige Angelegenheit bezieht. Ein Akkord- oder Prämienvertrag ist wirksam, auch wenn der Betriebsrat nicht nach Nr. 10 und 11 beteiligt worden ist; der Arbeitnehmer kann entsprechend der Abrede Lohn verlangen. Nach Ansicht des BAG ist dagegen das Rechtsgeschäft wegen einer Umgehung des Mitbestimmungsrechts unwirksam (BAG 1. 2. 1957 und 16. 12. 1960 AP BetrVG [1952] § 56 Nr. 4 und 22; 19. 4. 1963 AP BetrVG [1952] § 56 Entlohnung Nr. 2; 17. 12. 1968 AP BetrVG [1952] § 56 Nr. 27; 5. 7. 1976 AP AZO § 12 Nr. 10; 4. 5. 1982 AP BetrVG 1972 § 87 Altersversorgung Nr. 6). Nach Meinung des BAG soll dem Arbeitgeber jedoch aus Gründen des *Vertrauensschutzes* verwehrt sein können, seinerseits die Unwirksamkeit betriebsverfassungsrechtlicher Pflichtwidrigkeiten geltend zu machen (BAG 4. 5. 1982 AP BetrVG 1972 § 87 Altersversorgung Nr. 6). Ein so weitgehender Vertrauensschutz sei aber nur anzuerkennen, wenn der Arbeitnehmer auf der Grundlage der unwirksamen Vertragsregelung bereits Vorkehrungen getroffen habe, die nicht mehr rückgängig gemacht werden könnten. Der Vertrauensschutz ersetzt also nicht die Vertragsbindung. Problematisch ist jedoch, ob hier überhaupt ein Anwendungsfall der Vertrauenshaftung vorliegt. Zivilrechtsdogmatisch kann keinem Zweifel unterliegen, dass bei einer Entgeltabrede die Einräumung des Anspruchs auf das Entgelt auf einer *Willenserklärung* beruht. Rechtsgrund ist also das rechtsgeschäftliche Leistungsversprechen des Arbeitgebers. Die Vertrauenshaftung greift – wie bei der betrieblichen Übung – nur dort ein, wo der Tatbestand einer Willenserklärung *fehlt*. Hier liegt er aber vor, soll aber wegen Verletzung des Mitbestimmungsrechts keine Rechtswirksamkeit entfalten. Fragt man, worin der Vertrauenstatbestand liegen soll, der für den Arbeitgeber eine Verpflichtungswirkung entfaltet, so kann er nur in dem Vertrauen auf die Einhaltung des dem Arbeitnehmer erteilten Versprechens liegen. Der Haftungstatbestand ist deshalb völlig *identisch* mit dem *Tatbestand, der die rechtsgeschäftliche Verpflichtungswirkung begründet: Er ist das Leistungsversprechen des Arbeitgebers.* Soll er an sein Wort gebunden bleiben, so lässt sich dies nur damit begründen, dass nicht stets die Rechtsunwirksamkeit einer Vertragsabrede eintritt, wenn der Vertragsgegenstand sich auf eine mitbestimmungspflichtige Angelegenheit bezieht, bei deren Gestaltung der Arbeitgeber den Betriebsrat nicht beteiligt hat (vgl. *Richardi*, Betriebsverfassungsrechtliche Mitbestimmung und Einzelarbeitsvertrag, S. 23 ff.).

125 Eine Schranke der Vertragsfreiheit besteht **nur insoweit**, als eine **betriebsverfassungsrechtliche Pflichtwidrigkeit** dem Arbeitgeber **keinen Rechtsvorteil im Rahmen des Einzelarbeitsverhältnisses** geben kann. Dieser *rechtlichen Wertung*, nicht aber dem *Dogma der Wirksamkeitsvoraussetzung* entspricht die Feststellung des BAG, dass der Arbeitgeber bei der Gewährung von Prämienzahlungen für die Vergangenheit an seine Zusage gebunden bleibt, auch wenn sie das Mitbestimmungsrecht des Betriebsrats verletzt (BAG 22. 11. 1963 und 18. 3. 1964 AP BetrVG [1952] § 56 Entlohnung Nr. 3 und 4). Die Rechtsbindung des Arbeitgebers ist aber nicht nur für die Vergangenheit anzuerkennen, sondern sie bleibt auch für die Zukunft bestehen, bis sie durch eine andere Vereinbarung ersetzt wird: Der Arbeitgeber hat kein einseitiges Lossagungsrecht; er hat nicht nur mit *Rechtsgrund* geleistet, sondern sich auch rechtswirksam *verpflichtet* (vgl. *Richardi*, ZfA 1976, 1, 37).

126 e) Die Vertragsbindung wird auch nicht dadurch aufgehoben, dass der Anspruch des Arbeitnehmers auf eine **vom Arbeitgeber gesetzte Einheitsregelung** oder eine **Gesamtzusage** zurückgeht (vgl. BAG [GS] 16. 9. 1986 AP BetrVG 1972 § 77 Nr. 17; s. auch § 77 Rn. 236).

127 Schließt der Arbeitgeber aber Einzelvereinbarungen, um dem Zwang, sich auf betrieblicher Ebene zu einigen, aus dem Wege zu gehen, und werden dadurch **Einzelansprüche der Arbeitnehmer aufgehoben** oder **geschmälert,** so wird die Gestaltungsform der einzelvertraglichen Abrede funktionswidrig eingesetzt. Der Rechtsgedanke, dass eine betriebsverfassungsrechtliche Pflichtwidrigkeit dem Arbeitgeber keinen Rechtsvorteil im Rahmen des Einzelarbeitsverhältnisses geben kann, führt zu dem Ergebnis, dass derartige

Einzelvereinbarungen rechtsunwirksam sind (s. Rn. 109). Das BAG hat zutreffend auf den Gesichtspunkt der *Gesetzesumgehung* abgestellt (BAG 19. 4. 1963 und 31. 1. 1969 AP BetrVG [1952] § 56 Entlohnung Nr. 2 und 5). Dieses Argument wäre überflüssig, wenn die Nichtigkeit der Einzelabreden sich bereits unmittelbar aus § 87 Abs. 1 ergäbe. Die Mitbestimmung bewirkt *nicht* eine *partielle Beseitigung der Vertragsfreiheit;* ausgeschlossen wird lediglich, „dass der Arbeitgeber dem Einigungszwang mit dem Betriebsrat durch Rückgriff auf arbeitsvertragliche Gestaltungsmöglichkeiten ausweicht" (BAG [GS] 16. 9. 1986 AP BetrVG 1972 § 77 Nr. 17; bereits *Richardi*, Kollektivgewalt, S. 296 f.; *ders.,* Festgabe v. Lübtow 1970, S. 755, 785). Für diesen Fall gilt nämlich die Befürchtung des BAG, dass der Arbeitnehmer bei der Annahme des vertraglichen Angebots nicht so frei sei wie der durch besondere Gesetzesgarantien geschützte Betriebsrat (AP BetrVG [1952] § 56 Entlohnung Nr. 2).

f) Wenn der Arbeitgeber eine **Änderungskündigung** erklärt, um in einer mitbestimmungspflichtigen Angelegenheit durch einzelvertragliche Vereinbarung zu seinem Ziel zu kommen, so liegt darin eine Umgehung des Mitbestimmungsrechts. Nach der zunächst vorherrschenden Auffassung des BAG ist in diesem Fall die einseitige Maßnahme der Kündigung unwirksam, und zwar nicht nur eine Änderungskündigung (BAG 1. 2. 1957 AP BetrVG [1952] § 56 Nr. 4; 31. 1. 1984 AP BetrVG 1972 § 87 Lohngestaltung Nr. 15), sondern auch eine Kündigung, die eine endgültige Beendigung des Arbeitsverhältnisses herbeiführen soll (BAG 16. 12. 1960 AP BetrVG [1952] § 56 Nr. 22). Vom Standpunkt der Theorie der Wirksamkeitsvoraussetzung aus kann dieses Ergebnis dogmatisch nicht begründet werden; es kann nach ihr nicht die Kündigung, sondern nur der *Neuabschluss* des Arbeitsvertrages wegen mangelnder Beteiligung des Betriebsrats unwirksam sein (so *Dietz,* RdA 1962, 390, 395; vgl. auch *Nikisch,* FS Nipperdey 1965, Bd. II S. 453, 463 f.). Das BAG hat seine Rechtsprechung aufgegeben (vgl. BAG 17. 6. 1998 AP KSchG 1969 § 2 Nr. 49). Eine Nichtbeachtung des Mitbestimmungsrechts führt nicht zur Nichtigkeit der Kündigung, sondern diese Rechtsfolge tritt bei einem betriebsverfassungsrechtlichen Fehlverhalten des Arbeitgebers nur ein, soweit er vor ihrer Erklärung den Betriebsrat nicht nach § 102 gehört hat (§ 102 Abs. 1 Satz 3) oder in den Fällen des § 103 Abs. 1 und 2 die Zustimmung des Betriebsrats nicht erteilt und auch nicht durch arbeitsgerichtliche Entscheidung ersetzt ist. Betrifft die mit der Kündigung bezweckte Änderung der Vertragsbedingungen eine mitbestimmungspflichtige Angelegenheit, so wird deshalb davon nicht die Wirksamkeit der Kündigung berührt; der Arbeitgeber ist aber betriebsverfassungsrechtlich nicht berechtigt, eine möglicherweise sogar sozial gerechtfertigte Änderung der Vertragsbedingungen durchzusetzen (so BAG 17. 6. 1998 AP KSchG 1969 § 2 Nr. 49).

g) Soweit im Rahmen der mitbestimmungspflichtigen Angelegenheiten **Rechtsgeschäfte mit Dritten** getätigt werden, ist für deren rechtliche Wirksamkeit ohne Einfluss, ob der Betriebsrat beteiligt wurde; denn das Mitbestimmungsrecht besteht nur im Verhältnis zum Arbeitgeber (s. auch Rn. 111 f.). Er ist lediglich *verpflichtet,* das Rechtsgeschäft so abzuschließen, wie es im Mitbestimmungsverfahren festgelegt wird. Das Mitbestimmungsrecht beschränkt aber nicht seine *Befugnis,* Verpflichtungen einzugehen und Verfügungen zu treffen. Im Verhältnis zu Dritten gilt, dass der Arbeitgeber zu seinem Wort stehen muss.

X. Befugnisse des Betriebsrats zur Sicherung der Mitbestimmung

1. Sicherung der Mitbestimmung durch Anrufung der Einigungsstelle

Nach Abs. 2 Satz 1 entscheidet die Einigungsstelle, wenn eine **Einigung zwischen Arbeitgeber und Betriebsrat** über eine mitbestimmungspflichtige Angelegenheit nicht **zustande** kommt. Will der Arbeitgeber eine Regelung treffen, so kann nicht nur er, sondern auch der Betriebsrat bei einer Meinungsverschiedenheit einen bindenden Spruch der Einigungsstelle herbeiführen (s. Rn. 964 ff.).

131 Die Beteiligung des Betriebsrats wird auch dadurch gesichert, dass die Mitbestimmung im Bereich des § 87 Abs. 1 ein Initiativrecht einschließt (s. Rn. 65 ff.). Der Betriebsrat kann daher selbst eine Regelung der mitbestimmungspflichtigen Angelegenheiten herbeiführen, auch wenn er nur die bisherige betriebliche Praxis zum Inhalt einer Betriebsvereinbarung machen will (ebenso BAG 8. 8. 1989 AP BetrVG 1972 § 87 Initiativrecht Nr. 3; *Matthes*, MünchArbR § 240 Rn. 3).

2. Sicherung der Mitbestimmung durch Anrufung des Arbeitsgerichts

132 Der Betriebsrat kann das **Beschlussverfahren vor dem Arbeitsgericht** einleiten, wenn der Arbeitgeber das **Mitbestimmungsrecht oder dessen Umfang bestreitet** (§ 2 a Abs. 1 Nr. 1, Abs. 2 i. V. mit §§ 80 ff. ArbGG). Durch den Antrag wird festgelegt, was den Streitgegenstand bildet. Der Betriebsrat muss ihn so bestimmen, dass die Streitfrage mit Rechtskraftwirkung zwischen den Beteiligten entschieden werden kann (vgl. BAG 6. 12. 1983 AP BetrVG 1972 § 87 Überwachung Nr. 7). Für den Antrag fehlt es am Feststellungsinteresse, wenn der Arbeitgeber zwar bestreitet, dass eine Angelegenheit mitbestimmungspflichtig ist, sie aber gleichwohl mit dem Betriebsrat durch Betriebsvereinbarung oder Betriebsabsprache geregelt hat (vgl. BAG 12. 1. 1988 AP ArbGG 1979 § 81 Nr. 8).

133 Das Feststellungsinteresse fehlt ebenfalls, wenn eine Maßnahme, für die ein Mitbestimmungsrecht geltend gemacht wird, abgeschlossen ist und das Bestehen des Mitbestimmungsrechts daher keine Rolle mehr spielt (vgl. BAG 29. 7. 1982 AP ArbGG 1979 § 83 Nr. 5; 10. 4. 1984 AP ArbGG 1979 § 81 Nr. 3).

3. Beseitigungs- und Unterlassungsanspruch des Betriebsrats

134 a) Das Gesetz lässt offen, ob der Betriebsrat vom Arbeitgeber die **Rückgängigmachung einer ohne seine Beteiligung vorgenommenen Maßnahme** verlangen kann. Es enthält für den Bereich des § 87 Abs. 1 keine dem § 101 entsprechende Vorschrift.

135 b) Das BAG war deshalb zunächst der Meinung, dass der Betriebsrat nur nach § 23 Abs. 3 die Unterlassung mitbestimmungswidriger Handlungen des Arbeitgebers verlangen könne (BAG 22. 2. 1983 AP BetrVG 1972 § 23 Nr. 2; 17. 5. 1983 AP BetrVG 1972 § 80 Nr. 19). Voraussetzung war daher eine grobe Pflichtverletzung des Arbeitgebers. Das in § 23 Abs. 3 geregelte Zwangsverfahren gegen den Arbeitgeber sichert die Mitbestimmung aber nur vor einer Verletzung in *künftigen Fällen;* die Sanktionsregelung greift nur ein, wenn der Arbeitgeber der ihm durch rechtskräftige gerichtliche Entscheidung auferlegten Verpflichtung zuwiderhandelt (§ 23 Abs. 3 Satz 2). § 23 Abs. 3 enthält deshalb **keine Sonderregelung für den Beseitigungs- und Unterlassungsanspruch des Betriebsrats** (vgl. *Raab*, Negatorischer Rechtsschutz des Betriebsrats, S. 67 ff.; *Richardi*, FS Wlotzke 1996, S. 407, 412; *Lobinger*, ZfA 2004, 101, 130 ff.).

136 Das BAG hat im Beschluss vom 3. 5. 1994 zutreffend seine bisherige Rechtsprechung aufgegeben, dass der **Unterlassungsanspruch des Betriebsrats bei einer Verletzung seiner Mitbestimmungsrechte aus § 87 Abs. 1** eine grobe Pflichtverletzung des Arbeitgebers i. S. des § 23 Abs. 3 voraussetze (AP BetrVG 1972 § 23 Nr. 23; best. BAG 23. 7. 1996 AP BetrVG 1972 § 87 Arbeitszeit Nr. 68; 11. 12. 2001 AP BetrVG 1972 § 87 Arbeitszeit Nr. 93; 27. 1. 2004 AP BetrVG 1972 § 87 Überwachung Nr. 40). Rechtsdogmatisch völlig unhaltbar ist es aber, dass es den Abwehranspruch des Betriebsrats aus § 2 Abs. 1 herleitet (BAG 3. 5. 1994 AP BetrVG 1972 § 23 Nr. 23; wie hier auch *Lobinger*, ZfA 2004, 101, 116 ff.).

137 Keine Anspruchsgrundlage enthält § 78 Satz 1, nach dem die Mitglieder des Betriebsrats in der Ausübung ihrer Tätigkeit nicht gestört oder behindert werden dürfen. Der negatorische Schutz bezieht sich hier nur auf die *Ausübung der Betriebsratstätigkeit.*

§ 78 Satz 1 ist deshalb nicht die Rechtsgrundlage für einen Beseitigungs- und Unterlassungsanspruch, der ausschließlich darauf gestützt wird, dass der Arbeitgeber den Betriebsrat nicht beteiligt habe (a. A. *Dütz,* DB 1984, 115, 119 ff.). Es ist eine petitio principii, wenn man die Nichtbeteiligung des Betriebsrats in einer mitbestimmungspflichtigen Angelegenheit stets zugleich als Störung oder Behinderung der Betriebsratsmitglieder in der Ausübung ihrer Tätigkeit qualifiziert (so aber *Salje,* DB 1988, 909, 913; wie hier *Thalhofer,* Betriebsverfassungsrechtlicher Beseitigungsanspruch, S. 76 ff.; *Prütting,* RdA 1995, 257, 261; *Lobinger,* ZfA 2004, 101, 121).

Rechtsdogmatisch nicht überzeugend ist es auch, wenn man einen Abwehranspruch **138** des Betriebsrats mit der Verletzung einer Nebenpflicht begründet, die zur Absicherung des Einigungsverfahrens dem Arbeitgeber verbietet, eine mitbestimmungspflichtige Maßnahme einseitig vorzunehmen (so *Derleder,* AuR 1985, 65, 76 f.). Die Anerkennung eines verfahrenssichernden Nebenleistungsanspruchs auf Unterlassung gegenüber einseitigen mitbestimmungswidrigen Maßnahmen des Arbeitgebers ist eine reine Zweckschöpfung für ein als billig angenommenes Ergebnis. Die vermeintliche Selbstverständlichkeit einer verfahrenssichernden Regelung ersetzt nicht die rechtsdogmatische Begründung und reicht auch nicht aus, um eine „behutsame Rechtsfortbildung unter Beachtung der betriebsverfassungsrechtlichen Normen und Grundstrukturen" anzunehmen (so aber *Derleder,* AuR 1985, 65, 77; wie hier *Prütting,* RdA 1995, 257, 260 f.).

c) Der **Schlüssel zur Lösung der Problematik** liegt weder in der allgemeinen Schutz- **139** bestimmung des § 78 Satz 1 noch in der Konstruktion einer Nebenpflicht, sondern *ausschließlich* in der **Zuweisung der Rechtsposition des Betriebsrats** durch die Einräumung des Mitbestimmungsrechts in den hier genannten Angelegenheiten. Sieht man den Sinn der Mitbestimmung in der Einigungsnotwendigkeit, so verletzt der Arbeitgeber ein dem Betriebsrat zugewiesenes Recht, wenn er die Maßnahme ohne dessen Zustimmung trifft. Daraus folgt ein Unterlassungsanspruch, ohne dass es einer Absicherung im Gesetzestext bedarf (vgl. *Richardi,* NZA 1995, 8, 10; zur Begründung ausführlich *ders.,* FS Wlotzke 1996, S. 407, 410 ff.; zust. *Prütting,* RdA 1995, 257, 261; *Lobinger,* ZfA 2004, 101, 122 ff.).

Dem BAG ist deshalb im Ansatz zu folgen, dass der Betriebsrat bei einer Verletzung **140** seines Mitbestimmungsrechts die Aufhebung der Maßnahme verlangen kann (BAG 3. 5. 1994 AP BetrVG 1972 § 23 Nr. 23; s. weit. Nachw. Rn. 136). Für die Anerkennung eines negatorischen Beseitigungs- und Unterlassungsanspruchs spielt keine Rolle, ob die Berechtigung, deren Sicherung eine Abwehrbefugnis erfordert, sich unmittelbar aus dem Gesetz oder nach Mitbestimmungsausübung auf Grund des Gesetzes aus einer Betriebsvereinbarung ergibt (vgl. *Richardi,* FS Wlotzke 1996, S. 407, 418 ff.). Maßgebend ist allein, ob der Inhalt der Berechtigung es erfordert, dass zur Abwehr einer Beeinträchtigung ein negatorischer Rechtsschutz einzuräumen ist. Wird durch Betriebsvereinbarung ein Forderungsrecht des Betriebsrats festgelegt, so ist diese Berechtigung grundsätzlich bereits dadurch geschützt, dass der Betriebsrat das Forderungsrecht geltend machen und durchsetzen kann. Sind keine weiteren Sicherungsmaßnahmen erforderlich, so ist deshalb hier die Anerkennung eines besonderen, die Berechtigung sichernden Abwehrrechts nicht geboten. Maßgebend sind also allein Inhalt und Gestaltung der Berechtigung.

Während bei einer Betriebsvereinbarung die Berechtigung des Betriebsrats konkreti- **141** siert ist, besteht bei fehlender Mitbestimmungsausübung das Dilemma, dass die gesetzliche Mitbestimmungsregelung hier in Abs. 1 durch Generalklauseln festgelegt ist. Es ist deshalb der in Theorie und Praxis sich betätigenden Rechtswissenschaft überlassen, ob und mit welchem Inhalt den gesetzlichen Mitbestimmungstatbeständen Berechtigungen des Betriebsrats entnommen werden können, die ein besonderes auf ihre Sicherung gerichtetes Abwehrrecht erfordern.

Die Prüfung muss für **jeden Mitbestimmungstatbestand gesondert** erfolgen. Da die **142** gesetzliche Mitbestimmungsordnung im Gegensatz zur Tarifautonomie auf einer Staatsintervention beruht, müssen die Mitbestimmungstatbestände nach Inhalt, Zweck und

Ausmaß so im Gesetz festgelegt sein, dass sich aus ihnen eine bestimmte Berechtigung ergibt, die bei Beeinträchtigung einen negatorischen Rechtschutz gebietet, wenn sie nicht mit anderen Mitteln abgewehrt wird oder abgewehrt werden kann. Soweit die *Mitbestimmungsbefugnis* nach Inhalt, Zweck und Ausmaß verschieden ist, ist entsprechend der *negatorische Rechtschutz* abgestuft und differenziert (vgl. *Richardi,* NZA 1995, 8, 11; ausführlich *Thalhofer,* Betriebsverfassungsrechtlicher Beseitigungsanspruch, S. 100 ff.; *Lobinger,* ZfA 2004, 101, 144 ff.; a. A. *Prütting,* RdA 1995, 257, 261).

C. Vorrang von Gesetz und Tarifvertrag

I. Zweck und Bedeutung des Vorrangs

143 Der Betriebsrat hat nach dem Eingangshalbsatz bei den im Katalog des Abs. 1 genannten Angelegenheiten mitzubestimmen, **"soweit eine gesetzliche oder tarifliche Regelung nicht besteht"**. Mit diesem Vorrang berücksichtigt der Gesetzgeber, dass für die Erreichung des Mitbestimmungszwecks kein Raum mehr vorhanden ist, wenn eine den Arbeitgeber bereits bindende Regelung durch Gesetz oder Tarifvertrag vorliegt (ebenso BAG 24. 2. 1987 AP BetrVG 1972 § 77 Nr. 21; bestätigt durch BAG [GS] 3. 12. 1991 AP BetrVG 1972 § 87 Lohngestaltung Nr. 51 [C II 1]; *Wiese,* FS 25 Jahre BAG 1979, S. 661 ff.). Soweit es um den Tarifvorrang geht, nimmt der Gesetzgeber in Kauf, dass zwar für die Tarifgeltung der Betriebsnormen die Tarifgebundenheit des Arbeitgebers genügt (§§ 3 Abs. 1, 4 Abs. 1 Satz 2 TVG), dass aber die unmittelbare und zwingende Wirkung der Inhaltsnormen davon abhängt, dass auch der Arbeitnehmer tarifgebunden ist (§ 4 Abs. 1 Satz 1 TVG). Vor allem wenn man den Tarifvorbehalt des § 77 Abs. 3 nicht auf die Regelung mitbestimmungspflichtiger Angelegenheiten anwendet (s. § 77 Rn. 247 ff.), dient der hier angeordnete **Tarifvorrang** der **Sicherung der verfassungsrechtlich gewährleisteten Tarifautonomie** vor durch das Mitbestimmungsrecht erzwingbaren Gestaltungen durch Betriebsvereinbarung.

144 Die **eigenständige Bedeutung** des hier angeordneten Gesetzes- und Tarifvorrangs besteht im **Entfallen eines Mitbestimmungsrechts, soweit eine mitbestimmungspflichtige Angelegenheit durch Gesetz oder Tarifvertrag abschließend geregelt** ist. Davon muss man unterscheiden, dass die Betriebspartner bei der Mitbestimmungsausübung an gesetzliche und tarifliche Regelungen gebunden sind. Das ergibt sich nicht aus dem Eingangshalbsatz, sondern aus der Bindung an höherrangige Rechtsquellen. Die Grenze ist jedoch fließend, weil § 87 Abs. 1 die Mitbestimmungstatbestände zwar abschließend, aber generalklauselartig festgelegt hat. Der Betriebsrat hat bei ihrem Vorliegen mitzubestimmen, *soweit* eine gesetzliche oder tarifliche Regelung nicht besteht. Daraus ergibt sich für die Mitbestimmung nicht notwendigerweise die Alternative eines Bestehens oder Nichtbestehens des Beteiligungsrechts, sondern es handelt sich um eine **Schranke**, die das **Mitbestimmungsrecht auch nur partiell verdrängen** kann (vgl. BAG 25. 1. 2000 AP BetrVG 1972 § 87 Ordnung des Betriebes Nr. 34; ErfK-*Kania,* § 87 Rn. 13).

II. Vorrang der gesetzlichen Regelung

1. Begriff des Gesetzes

145 Gesetz i. S. dieser Bestimmung ist **jedes förmliche** oder **materielle Gesetz**, also auch eine Rechtsverordnung. Dem Gesetz gleichzustellen ist das gesetzesvertretende Richterrecht (ebenso HSWGNR-*Worzalla,* § 87 Rn. 47; GK-*Wiese,* § 87 Rn. 58; *Matthes,* MünchArbR § 242 Rn. 13; *Gamillscheg,* Kollektives Arbeitsrecht, Bd. II S. 870; *Ziegler,* NZA 1987, 224, 226; a. A. *Fitting,* § 87 Rn. 30; DKK-*Klebe,* § 87 Rn. 26; ErfK-*Kania,*

§ 87 Rn. 11; *Schaub/Koch*, § 235 Rn. 5; *Wolter*, AuR 1979, 333, 336). Richterrecht ist nämlich im System der geltenden Rechtsordnung keine Rechtsquelle, sondern *Rechtserkenntnisquelle* (vgl. BAG 10. 6. 1980 AP GG Art. 9 Arbeitskampf Nr. 64; *Richardi*, FS Steiner 2009, S. 633 ff.).

2. Notwendigkeit einer zwingenden Gesetzesregelung

Voraussetzung ist, dass es sich um ein **zwingendes Gesetz** handelt (ebenso BAG 29. 3. 1977 AP BetrVG 1972 § 87 Provision Nr. 1; *Fitting*, § 87 Rn. 29; DKK-*Klebe*, § 87 Rn. 25; GL-*Löwisch*, § 87 Rn. 45; GK-*Wiese*, § 87 Rn. 58; *ders.*, FS 25 Jahre BAG 1979, S. 661, 666; HSWGNR-*Worzalla*, § 87 Rn. 48; *Nipperdey/Säcker* in *Hueck/Nipperdey*, Bd. II/2 S. 1394 Fn. 45 a; *Neumann-Duesberg*, S. 467; *Moll*, Tarifvorrang, S. 15; *Säcker*, ZfA-Sonderheft 1972, 41, 61; a. A. *Dietz*, § 56 Rn. 64; ErfK-*Kania*, § 87 Rn. 11; *Nikisch*, Bd. III S. 379; *Boewer*, DB 1973, 522, 524). Bei nachgiebigem Gesetzesrecht kann jederzeit eine abweichende Regelung herbeigeführt werden. Nach seinem Zweck greift deshalb der Vorrang des Gesetzes nicht ein. Das Mitbestimmungsrecht wird nicht durch eine dispositive gesetzliche Regelung verdrängt. Einen Hinweis gibt bereits Nr. 4; denn es hätte keinen Sinn, Zeit und Ort der Auszahlung der Arbeitsentgelte ausdrücklich als Mitbestimmungstatbestand zu nennen, wenn die insoweit bestehende dispositive Gesetzesregelung in §§ 269, 614 BGB ein Mitbestimmungsrecht ausschlösse (so zutreffend GK-*Wiese*, § 87 Rn. 63; zust. *Moll*, Tarifvorrang, S. 15). Die Mitbestimmung ist auch nicht auf den Fall beschränkt, dass der Arbeitgeber eine mitbestimmungspflichtige Angelegenheit abweichend von einer dispositiven Gesetzesvorschrift regeln will.

Für die Betriebspartner besteht eine zwingende Regelung auch, wenn von Gesetz oder Richterrecht durch Tarifvertrag abgewichen werden kann. Deshalb entfällt das Mitbestimmungsrecht, wenn eine mitbestimmungspflichtige Angelegenheit durch **tarifdispositives Gesetzes-** oder **Richterrecht** geregelt ist (ebenso GK-*Wiese*, § 87 Rn. 58, 60; HSWGNR-*Worzalla*, § 87 Rn. 48; HWK-*Clemenz*, § 87 Rn. 8). **Ausländische Bestimmungen,** die in Deutschland tätigen Unternehmen bestimmte Pflichten auferlegen, sind dagegen keine i. S. des Eingangshalbsatzes die Mitbestimmung ausschließende gesetzliche Regelungen, wenn es an einer wirksamen völkerrechtlichen Transformation in das deutsche Arbeitsrecht fehlt (BAG 22. 7. 2008 AP BetrVG 1972 § 87 Nr. 14).

3. Inhalt der gesetzlichen Regelung

Die Sperrwirkung für das Mitbestimmungsrecht tritt nur ein, wenn das Gesetz die **mitbestimmungspflichtige Angelegenheit mit Bindungswirkung für den Arbeitgeber** regelt. Es genügt nicht, dass ihm in zwingendem Gesetzesrecht ein *Gestaltungsrecht* eingeräumt wird (vgl. BAG 13. 3. 1973 AP BetrVG 1972 § 87 Werkmietwohnungen Nr. 1; ebenso HSWGNR-*Worzalla*, § 87 Rn. 51; *Stege/Weinspach/Schiefer*, § 87 Rn. 27; *Moll*, Tarifvorrang, S. 16; s. auch Rn. 164). Eine Ausnahme gilt nur, wenn das Gesetz eine *Verfahrensregelung* festlegt, die abschließend gestaltet ist. Auch wenn der Arbeitgeber gesetzlich verpflichtet ist, eine bestimmte betriebliche Regelung zu erlassen, insoweit aber ein Regelungsspielraum besteht, wird das Mitbestimmungsrecht nicht verdrängt; der Mitbestimmungstatbestand in Nr. 7 geht im Gegenteil sogar davon aus, dass der Arbeitgeber zu einer Regelung verpflichtet sein kann, ohne dass dadurch das Mitbestimmungsrecht entfällt; denn der Betriebsrat hat dort bei Regelungen im Rahmen der gesetzlichen Vorschriften oder der Unfallverhütungsvorschriften mitzubestimmen (vgl. *Wiese*, FS 25 Jahre BAG 1979, S. 661, 676 ff.).

Ein Anwendungsfall des Gesetzesvorrangs liegt auch vor, wenn der Arbeitgeber auf Grund eines ihm gegenüber bindend gewordenen **Verwaltungsakts** verpflichtet ist, eine bestimmte Maßnahme vorzunehmen (ebenso BAG 26. 5. 1988 AP BetrVG 1972 § 87 Ordnung des Betriebes Nr. 14; bestätigt BAG 9. 7. 1991 AP BetrVG 1972 § 87 Ordnung

§ 87

des Betriebes Nr. 19; verfassungsrechtlich nicht beanstandet durch BVerfG 22. 8. 1994 AP BetrVG 1972 § 87 Gesetzesvorbehalt Nr. 2; *Fitting*, § 87 Rn. 31 f.; GK-*Wiese*, § 87 Rn. 61; *ders.*, FS 25 Jahre BAG 1979, S. 661, 679; HSWGNR-*Worzalla*, § 87 Rn. 49; *Stege/Weinspach/Schiefer*, § 87 Rn. 27 a; ErfK-*Kania*, § 87 Rn. 12; *Matthes*, Münch-ArbR § 242 Rn. 14; *Gamillscheg*, Kollektives Arbeitsrecht, Bd. II S. 870; *Ziegler*, NZA 1978, 224, 226; a. A. DKK-*Klebe*, § 87 Rn. 28; *Däubler*, AiB 1986, 173 f.).

III. Tarifvorrang als Schranke der Mitbestimmung

1. Begriff der tariflichen Regelung

150 Praktisch von Bedeutung ist vor allem, dass das Mitbestimmungsrecht des Betriebsrats entfällt, soweit eine tarifliche Regelung der Angelegenheit besteht. Ihr steht die Festsetzung der Heimarbeitsausschüsse nach § 19 HAG gleich (ebenso *Fitting*, § 87 Rn. 36; HSWGNR-*Worzalla*, § 87 Rn. 52; GL-*Löwisch*, § 87 Rn. 42; GK-*Wiese*, § 87 Rn. 60; ErfK-*Kania*, § 87 Rn. 14; *Moll*, Tarifvorrang, S. 16 f.; zur Verfassungsmäßigkeit des § 19 HAG s. § 2 Rn. 28).

2. Notwendigkeit einer Unabdingbarkeit der Tarifregelung

151 Wie beim Gesetzesvorbehalt schließt nur eine **zwingende tarifliche Bestimmung** das Mitbestimmungsrecht aus; denn gestattet der Tarifvertrag abweichende Abmachungen (§ 4 Abs. 3 TVG), so ist die materielle Richtigkeitsgewähr der tarifvertraglichen Ordnung nicht gegenüber abweichenden Abmachungen gewährleistet (ebenso BAG [GS] 3. 12. 1991 AP BetrVG 1972 § 87 Lohngestaltung Nr. 51 [C II 1 b]; DKK-*Klebe*, § 87 Rn. 29; GK-*Wiese*, § 87 Rn. 58; *ders.*, FS 25 Jahre BAG 1979, S. 661, 666 f.; HSWGNR-*Worzalla*, § 87 Rn. 53; ErfK-*Kania*, § 87 Rn. 15; *Nipperdey/Säcker* in *Hueck/Nipperdey*, Bd. II/2 S. 1394 Fn. 45 a; *Neumann-Duesberg*, S. 467 f.; *Moll*, Tarifvorrang, S. 22; a. A. *Dietz*, § 56 Rn. 64; *Nikisch*, Bd. III S. 379; *Boewer*, DB 1973, 522, 524).

152 Ein Tarifvertrag, der abgelaufen ist und nur noch **nachwirkt** (§ 4 Abs. 5 TVG), hat deshalb für das Mitbestimmungsrecht des Betriebsrats keine Sperrwirkung (ebenso BAG 13. 7. 1977 AP BetrVG 1972 § 87 Kurzarbeit Nr. 2; 24. 2. 1987 AP BetrVG 1972 § 77 Nr. 21; 27. 11. 2002 AP BetrVG 1972 § 87 Tarifvorrang Nr. 34; bereits zu § 56 BetrVG 1952 BAG 17. 12. 1968 AP BetrVG [1952] § 56 Nr. 27; 31. 1. 1969 AP BetrVG [1952] § 56 Entlohnung Nr. 5; GL-*Löwisch*, § 87 Rn. 46; GK-*Wiese*, § 87 Rn. 64; HSWGNR-*Worzalla*, § 87 Rn. 53; ErfK-*Kania*, § 87 Rn. 15). Das gilt auch, wenn die mitbestimmungspflichtige Angelegenheit *üblicherweise* durch Tarifvertrag geregelt wird (vgl. BAG 24. 2. 1987 AP BetrVG 1972 § 77 Nr. 21; 24. 11. 1987 und 10. 2. 1988 AP BetrVG 1972 § 87 Lohngestaltung Nr. 31 und 33; s. auch Rn. 166 ff. und § 77 Rn. 247 ff.). Keine Sperrwirkung entfaltet die nur **individualrechtliche Fortgeltung eines Tarifvertrags** nach § 613 a Abs. 1 Satz 2 BGB (ebenso ErfK-*Kania*, § 87 Rn. 15; *ders.*, DB 1995, 625, 626).

3. Tarifbindung des Arbeitgebers an die Regelung der mitbestimmungspflichtigen Angelegenheit

153 Der Tarifvorrang greift nur ein, soweit der Tarifvertrag die mitbestimmungspflichtige Angelegenheit mit **bindender Wirkung für den Arbeitgeber** regelt.

154 a) Nach Ansicht des BAG genügt die **Tarifgebundenheit des Arbeitgebers** (BAG 24. 2. 1987 AP BetrVG 1972 § 77 Nr. 21; 24. 11. 1987 und 20. 12. 1988 AP BetrVG 1972 § 87 Auszahlung Nr. 6 und 9; ebenso *Dietz*, § 56 Rn 67; *Fitting*, § 87 Rn. 42; DKK-*Klebe*, § 87 Rn. 30; HSWGNR-*Worzalla*, § 87 Rn. 55; ErfK-*Kania*, § 87 Rn. 15; *Stege/*

Weinspach/Schiefer, § 87 Rn. 33; *Weiss/Weyand*, § 87 Rn. 13; *Matthes*, MünchArbR § 242 Rn. 16; *Nikisch*, Bd. III S. 379 f.; *Neumann-Duesberg*, S. 468; *Moll*, Tarifvorrang, S. 22; *Säcker*, ZfA-Sonderheft 1972, 41, 68; *Boewer*, DB 1973, 522, 525; *Simitis/Weiss*, DB 1973, 1240, 1249 f.; *Farthmann*, RdA 1974, 65, 70; *Reuter*, SAE 1976, 15, 17; *v. Hoyningen-Huene*, NZA 1987, 793, 796 f.; im Ergebnis auch *Heinze*, NZA 1989, 41 ff.). Tarifgeltung haben aber Inhaltsnormen eines Tarifvertrags nur, wenn Arbeitgeber und Arbeitnehmer tarifgebunden sind (§§ 3 Abs. 1, 4 Abs. 1 Satz 1 TVG). Lediglich für Betriebsnormen genügt die Tarifgebundenheit des Arbeitgebers (§ 3 Abs. 2 TVG).

Nach anderer Ansicht soll deshalb der Tarifvorrang nur eingreifen, wenn neben dem Arbeitgeber wenigstens ein Arbeitnehmer tarifgebunden ist (GL-*Löwisch*, § 87 Rn. 56; *Kammann*/Hess/Schlochauer [2. Aufl.], § 87 Rn. 41; *Rumpff*, AuR 1972, 65, 78). Da es sich aber bei den mitbestimmungspflichtigen Angelegenheiten überwiegend um betriebliche Fragen handelt, für deren Geltung im Betrieb bei einer tarifvertraglichen Regelung bereits die Tarifgebundenheit des Arbeitgebers genügt (§ 3 Abs. 2 TVG), ist kein Grund dafür ersichtlich, weshalb außer dem Arbeitgeber mindestens auch ein Arbeitnehmer tarifgebunden sein muss. Nur soweit es sich um tarifliche Inhaltsnormen handelt, kann man die Notwendigkeit einer Tarifgebundenheit der Arbeitnehmer in Betracht ziehen, muss dann aber auch verlangen, dass der Arbeitgeber und sämtliche Arbeitnehmer tarifgebunden sind oder die tarifliche Regelung für allgemeinverbindlich erklärt ist (so folgerichtig *Nipperdey/Säcker* in *Hueck/Nipperdey*, Bd. II/2 S. 1395; zust. GK-*Wiese*, § 87 Rn. 68; *ders.*, FS 25 Jahre BAG 1979, S. 661, 671 f.). Wäre dies Voraussetzung, so wären entweder Mitbestimmungsrechte nur ausgeschlossen, wenn sämtliche vom persönlichen Geltungsbereich der tariflichen Regelung erfassten Arbeitnehmer des Betriebs tarifgebunden wären, oder es könnte sich der Ausschluss von Mitbestimmungsrechten nur auf die Regelung von Arbeitsbedingungen der tarifgebundenen Arbeitnehmer erstrecken (so folgerichtig BAG 24. 2. 1987 AP BetrVG 1972 § 77 Nr. 21). Im ersteren Fall wäre der Ausschluss von Mitbestimmungsrechten bei Bestehen einer tariflichen Regelung des Vertragsinhalts praktisch ohne Bedeutung. Im zweiten Fall müsste die Bejahung von Mitbestimmungsrechten für die Arbeitsverhältnisse der nichttarifgebundenen Arbeitnehmer dazu führen, dass im Betrieb hinsichtlich der gleichen Angelegenheit eine mitbestimmte und eine tarifliche Regelung nebeneinander gelten. Abgesehen von den praktischen Schwierigkeiten, die ein Nebeneinander zweier Regelungen der gleichen Angelegenheit zur Folge haben müsste, entspricht dies nicht dem Zweck der Regelung über den Tarifvorrang (so zutreffend BAG a. a. O.). Das BAG erkennt in diesem Zusammenhang ausdrücklich an, dass hier nicht der Schutzzweck der tariflichen Regelung im Vordergrund steht; er ist der entscheidende Gesichtspunkt vielmehr nur für den Vorrang des Gesetzes, während es hier primär um die Sicherung der Tarifautonomie geht.

Eine **Einschränkung** ist jedoch geboten: Nicht jeder Tarifvertrag löst den Tarifvorrang aus, der das Mitbestimmungsrecht verdrängt, sondern nur der **Tarifvertrag mit einer Gewerkschaft**, die **für den Betrieb repräsentativ** ist (ebenso *Gamillscheg*, Kollektives Arbeitsrecht, Bd. II S. 871). Notwendig, aber auch ausreichend ist es daher, dass entweder wegen der Unabdingbarkeit der Tarifgeltung oder durch Bezugnahme auf den Tarifvertrag im Wesentlichen alle in Betracht kommenden Arbeitnehmer *tarifgemäß* behandelt werden (so zutreffend *Wiedemann/Stumpf*, TVG [5. Aufl. 1977], § 4 Rn. 284; a. A. aber *Wiedemann-Wank*, TVG [7. Aufl. 2007], § 4 Rn. 606 mit der Erwägung, in der Praxis werde diese Voraussetzung bei Tarifbindung des Arbeitgebers regelmäßig erfüllt sein, da eine Bezugnahmeklausel im Arbeitsvertrag allgemein üblich sei; so auch ErfK-*Kania*, § 87 Rn. 15).

b) Die **Tarifgebundenheit des Arbeitgebers an den Tarifvertrag** ist ausreichend, aber auch **erforderlich** (vgl. BAG 20. 12. 1988 AP BetrVG 1972 § 87 Auszahlung Nr. 9). Deshalb genügt es nicht, dass der Betrieb unter den Geltungsbereich eines die mitbestimmungspflichtige Angelegenheit regelnden Tarifvertrags fällt, auch wenn die Arbeitnehmer tarifgebunden sind oder die tarifvertragliche Regelung auf Grund einer Einbeziehungsabrede im Arbeitsvertrag Anwendung findet (vgl. BAG 26. 8. 2008 AP BetrVG 1972 § 87 Nr. 15). Bei einem Verbandstarifvertrag ist also notwendig, dass der Arbeitgeber dem tarifschließenden Arbeitgeberverband als Mitglied angehört (§ 3 Abs. 1 TVG), wenn der Tarifvertrag nicht für allgemeinverbindlich erklärt ist (§ 5 Abs. 4 TVG). Tritt der Arbeitgeber rückwirkend dem Arbeitgeberverband bei, so beginnt seine Tarifgebundenheit und damit die Sperrwirkung der tarifvertraglichen Regelung erst mit dem Erwerb der Mitgliedschaft (ebenso BAG 20. 12. 1988 AP BetrVG 1972 § 87 Auszahlung Nr. 9). Ob eine betriebliche Regelung bestehen bleibt, hängt vom Inhalt der Tarifbestimmung ab (so für Fortbestand bei § 36 Abs. 1 BAT BAG a. a. O.).

158 Die Tarifgebundenheit bleibt bestehen, bis der Tarifvertrag endet (§ 3 Abs. 3 TVG). Sie endet bei einem Verbandstarifvertrag also nicht vorher durch Verbandsaustritt. Nur wenn die Tarifbindung des Arbeitgebers auf einer Allgemeinverbindlicherklärung beruht, erlischt sie auch mit deren Aufhebung. Die dann eintretende Nachwirkung des Tarifvertrags entfaltet für das Mitbestimmungsrecht keine Sperrwirkung (s. Rn. 152).

159 c) Da die Mitbestimmung des Betriebsrats nur soweit ausgeschlossen wird, wie die tarifliche Regelung reicht, ist neben der Tarifgebundenheit des Arbeitgebers Voraussetzung, dass die Arbeitnehmer unter den **fachlichen und persönlichen Geltungsbereich des Tarifvertrags** fallen, der die mitbestimmungspflichtige Angelegenheit regelt.

160 Diese Begrenzung des Tarifvorrangs hat zur Folge, dass das Mitbestimmungsrecht des Betriebsrats nicht ausgeschaltet ist, soweit es sich um **außertarifliche Angestellte** handelt (s. zum Begriff § 5 Rn. 187). Auch wenn ein Tarifvertrag, der für den Betrieb gilt, eine mitbestimmungspflichtige Angelegenheit regelt, wird das Mitbestimmungsrecht nicht verdrängt, soweit Arbeitnehmer nicht unter seinen Geltungsbereich fallen; denn für sie trifft der Tarifvertrag keine Regelung (ebenso BAG 22. 1. 1980 AP BetrVG 1972 § 87 Lohngestaltung Nr. 3; LAG Düsseldorf [Köln], EzA § 76 BetrVG 1972 Nr. 20; *Fitting*, § 87 Rn. 44; DKK-*Klebe*, § 87 Rn. 40; GK-*Wiese*, § 87 Rn. 76; HSWGNR-*Worzalla*, § 87 Rn. 57; *Moll*, Tarifvorrang, S. 74; *Reuter*, Vergütung von AT-Angestellten und betriebsverfassungsrechtliche Mitbestimmung, 1979, S. 30 ff., 54; *Wiedemann*, GedS Kahn-Freund 1980, S. 343, 349; *Richardi*, ZfA 1976, 1, 21; a. A. *Lieb*, ZfA 1978, 179, 204 ff.; s. auch § 77 Rn. 265). Selbst wenn der Tarifvertrag festlegt, dass für die sog. AT-Angestellten die Gestaltung der Arbeitsbedingungen ausschließlich der einzelvertraglichen Regelungsmöglichkeit vorbehalten bleibt, wird durch eine derartige *Negativregelung* nicht das Mitbestimmungsrecht verdrängt; denn die Mitbestimmung steht nicht zur Disposition der Tarifvertragsparteien (ebenso *Moll*, Tarifvorrang, S. 75; *Wiedemann*, GedS Kahn-Freund 1980, S. 353, 350 f.; a. A. *Lieb*, ZfA 1978, 179, 209 f.).

4. Inhalt der tariflichen Regelung

161 a) Ein Mitbestimmungsrecht ist ausgeschlossen, wenn die **tarifliche Regelung abschließend** ist, also nicht so gestaltet ist, dass sie durch eine betriebliche Regelung ergänzt werden muss oder ergänzt werden kann (ebenso BAG 18. 3. 1976 AP BetrVG 1972 § 87 Altersversorgung Nr. 4; 3. 4. 1979 AP BetrVG 1972 § 87 Nr. 2; 31. 1. 1984 und 17. 12. 1985 AP BetrVG 1972 § 87 Tarifvorrang Nr. 3 und 5; 10. 2. 1988 AP BetrVG 1972 § 87 Lohngestaltung Nr. 33; 18. 4. 1989 und 4. 7. 1989 AP BetrVG 1972 § 87 Tarifvorrang Nr. 18 und 20; [GS] 3. 12. 1991 AP BetrVG 1972 § 87 Lohngestaltung Nr. 51 [C II 1 b]; 21. 9. 1993, 23. 7. 1996 und 17. 11. 1998 AP BetrVG 1972 § 87 Arbeitszeit Nr. 62, 68 und 79). Die Sperrwirkung ist nicht auf tarifliche Schutznormen zu Gunsten der Arbeitnehmer beschränkt; es kommt nicht auf den materiellen Gehalt der Tarifnorm an (ebenso BAG 18. 4. 1989 AP BetrVG 1972 § 87 Tarifvorrang Nr. 18). Entscheidend ist vielmehr allein, dass dem Arbeitgeber keine einseitige Regelungsmöglichkeit verbleibt.

162 b) Ob die mitbestimmungspflichtige Angelegenheit abschließend geregelt ist, richtet sich nach dem **gemeinsamen Willen der Tarifvertragsparteien** (so die Formulierung in

BAG 18. 4. 1989 und 4. 7. 1989 AP BetrVG 1972 § 87 Tarifvorrang Nr. 18 und 20). Entscheidend ist aber nicht, was die Tarifvertragsparteien *wollten*, sondern was sie *geregelt* haben. Deshalb muss durch Auslegung des Tarifvertrags ermittelt werden, ob die tarifliche Regelung abschließend ist (vgl. zur Auslegung auch BAG 16. 4. 2002 AP BetrVG 1972 § 87 Akkord Nr. 9). Das BAG ließ zunächst genügen, dass jede tarifliche Regelung, die nicht ohne weiteres als nur unvollständig gemeint erkennbar ist, für die Betriebspartner eine Sperrwirkung entfaltet (so noch BAG 4. 8. 1981 AP BetrVG 1972 § 87 Tarifvorrang Nr. 1). Es besteht jedoch keine tatsächliche Vermutung für eine abschließende Regelung der Tarifpartner (ebenso GL-*Löwisch*, § 87 Rn. 48; GK-*Wiese*, § 87 Rn. 70; a. A. *Dietz*, § 56 Rn. 63). Die Mitbestimmung ist nur dann ausgeschlossen, wenn die Angelegenheit durch den Tarifvertrag *inhaltlich* geregelt ist (so BAG 18. 4. 1989 und 4. 7. 1989 AP BetrVG 1972 § 87 Tarifvorrang Nr. 18 und 20; vgl. auch BAG 16. 4. 2002 AP BetrVG 1972 § 87 Akkord Nr. 9).

c) Die **tarifliche Regelung** kann die **Gestaltung der Angelegenheiten** selbst zum Gegenstand haben. Das ist der Fall, wenn sie z. B. vorschreibt, dass eine Arbeitszeitverkürzung jeweils am Freitag durch Wegfall der letzten Arbeitsstunde zu verwirklichen ist. Der Tarifvertrag kann sich aber auch darauf beschränken, ein bestimmtes **Verfahren** vorzuschreiben (ebenso BAG 17. 11. 1998 AP BetrVG 1972 § 87 Arbeitszeit Nr. 79; GK-*Wiese*, § 87 Rn. 75; *Gamillscheg*, Kollektives Arbeitsrecht, Bd. II S. 874; *Nikisch*, Bd. III S. 380; Wiedemann-*Wank*, TVG, § 4 Rn. 604). Er kann z. B. bestimmen, dass der Akkord zunächst vom Arbeitgeber festzusetzen ist, der Betriebsrat dagegen aber Widerspruch erheben kann und bei Nichteinigung eine in ihrer Zusammensetzung festgelegte Kommission zu entscheiden hat (vgl. BAG 23. 3. 1962 AP BetrVG [1952] § 56 Akkord Nr. 1; a. A. *Wiese*, a. a. O., weil es um den materiellen Inhalt der Mitbestimmung des Betriebsrats gehe; jedoch geht es zu weit, die Sperrwirkung bereits auszuschließen, wenn die Beteiligung des Betriebsrats in einer tariflichen Regelung modifiziert wird). 163

Die Sperrwirkung wird nicht dadurch verdrängt, dass der Tarifvertrag in einer **Öffnungsklausel** eine Abweichung von seiner Regelung durch eine **freiwillige Betriebsvereinbarung** gestattet (vgl. BAG 28. 2. 1984 AP BetrVG 1972 § 87 Tarifvorrang Nr. 4; *Kort*, NZA 2001, 477, 478). Die Tarifvertragsparteien können auch festlegen, dass der **Arbeitgeber bei unerwartet auftretendem Bedarf unter bestimmten Voraussetzungen einseitig eine Anordnung treffen** kann, z. B. die einseitige Anordnung von Überstunden, wenn es sich dabei nur um den Teil einer Verfahrensregelung für außergewöhnliche Fälle handelt (BAG 17. 11. 1998 AP BetrVG 1972 § 87 Arbeitszeit Nr. 79). Der Tarifvorrang ermächtigt sie nicht dazu, in einer mitbestimmungspflichtigen Angelegenheiten das Alleinbestimmungsrecht des Arbeitgebers wiederherzustellen (ebenso BAG 18. 4. 1989 AP BetrVG 1972 § 87 Tarifvorrang Nr. 18; bereits für Tarifverträge mit einer entsprechenden Vorschrift aus der Zeit vor Inkrafttreten des BetrVG 1972: BAG 5. 3. 1974 und 13. 7. 1977 AP BetrVG 1972 § 87 Kurzarbeit Nr. 1 und 2). 164

d) Die **Sperrwirkung** tritt ein, **soweit** der Tarifvertrag die **mitbestimmungspflichtige Angelegenheit regelt**. Ob die Regelung bei Ausübung des Mitbestimmungsrechts anders ausgefallen wäre, spielt keine Rolle. Der Tarifvertrag verdrängt das Mitbestimmungsrecht, soweit er den *Mitbestimmungsgegenstand* regelt, auch wenn er keine Bestimmung über mit ihm im Zusammenhang stehende, aber nicht dem Mitbestimmungsrecht unterliegende Regelungsfragen trifft, z. B. bei tarifvertraglicher Einführung der bargeldlosen Entlohnung über die Tragung der Kontoführungskosten (BAG 31. 8. 1982 AP BetrVG 1972 § 87 Auszahlung Nr. 2). Andererseits reicht der Tarifvorrang auch **nur soweit, wie** die **tarifliche Regelung** reicht. Da der Tarifvertrag wegen des Günstigkeitsprinzips nur Mindestbedingungen enthält (§ 4 Abs. 3 TVG), bezieht der Tarifvorrang sich nicht auf Regelungen im übertariflichen Bereich, z. B. die Aufstellung und Änderung von Verteilungsgrundsätzen für übertarifliche Entgeltleistungen (BAG [GS] 3. 12. 1991 AP BetrVG 1972 § 87 Lohngestaltung Nr. 51 [C II 2]). 165

5. Verhältnis zum Tarifvorbehalt des § 77 Abs. 3

166 a) Während nach dem Eingangshalbsatz in Abs. 1 die Mitbestimmung des Betriebsrats nur verdrängt wird, soweit eine tarifliche Regelung besteht, genügt bei der Sperrwirkung für die Betriebsvereinbarung nach § 77 Abs. 3, dass Arbeitsentgelte und sonstige Arbeitsbedingungen durch Tarifvertrag üblicherweise geregelt werden (s. § 77 Rn. 239 ff.). Der Tarifvorbehalt des § 77 Abs. 3 bezieht sich aber nur auf die Betriebsvereinbarung, nicht auf die Mitbestimmung. Die bloße **Tarifüblichkeit** einer Regelung hat deshalb **für das Mitbestimmungsrecht des Betriebsrats keine Sperrwirkung** (s. auch Rn. 152).

167 b) Davon zu unterscheiden ist, ob bei Tarifüblichkeit der Regelung das Mitbestimmungsrecht durch den **Abschluss einer Betriebsvereinbarung** ausgeübt werden kann. Da § 77 Abs. 3 insoweit keine Einschränkung enthält, liegt es nahe, ihn auch auf mitbestimmungspflichtige Angelegenheiten anzuwenden (so die Vertreter der sog. Zwei-Schranken-Theorie; s. § 77 Rn. 249). Da aber für die Ausübung des Mitbestimmungsrechts die Betriebsvereinbarung das geeignete Regelungsinstrument ist, sieht das BAG im Eingangshalbsatz des § 87 Abs. 1 eine lex specialis zu § 77 Abs. 3 (grundlegend BAG 24. 2. 1987 AP BetrVG 1972 § 77 Nr. 21; bestätigt BAG [GS] 3. 12. 1991 AP BetrVG 1972 § 87 Lohngestaltung Nr. 51 [C I]). Das BAG folgt damit der sog. Vorrangtheorie (s. § 77 Rn. 248). Auch wenn man im Ergebnis dem BAG folgt, ist es nicht richtig, die Bestimmung über den Tarifvorrang im Eingangshalbsatz des § 87 Abs. 1 als lex specialis zu klassifizieren; sie schließt nämlich nur die *Mitbestimmung*, nicht die *Zulässigkeit einer Betriebsvereinbarung* aus. Gesichert werden soll auch nur, dass die Mitbestimmung nicht bloß durch eine formlose Betriebsabsprache, sondern auch durch die formgebundene Betriebsvereinbarung ausgeübt werden kann, da nur sie im Gegensatz zur formlosen Betriebsabsprache unmittelbar und zwingend auf die Arbeitsverhältnisse einwirkt.

168 Demnach enthält § 77 Abs. 3 eine *verdeckte Regelungslücke*, weil der Gesetzestext auch den Fall erfasst, dass der Betriebsrat ein Mitbestimmungsrecht nach § 87 Abs. 1 hat. Verdrängt dagegen der im Eingangshalbsatz des § 87 Abs. 1 angeordnete Tarifvorrang das Mitbestimmungsrecht, so findet auf die Zulässigkeit einer Betriebsvereinbarung § 77 Abs. 3 uneingeschränkt Anwendung. Eine teleologische Reduktion dieser Bestimmung ist nur geboten, soweit es darum geht, dass die Mitbestimmung durch den Abschluss einer Betriebsvereinbarung wahrgenommen wird (vgl. *Richardi*, Anm. zu AP BetrVG 1972 § 77 Nr. 21, unter IV; s. auch § 77 Rn. 250 f.).

IV. Zulässigkeit einer freiwilligen Betriebsvereinbarung

1. Keine Schranke durch den im Eingangshalbsatz festgelegten Gesetzes- und Tarifvorrang

169 Der Gesetzes- und Tarifvorrang im Eingangshalbsatz des § 87 Abs. 1 bezieht sich nur auf das Mitbestimmungsrecht; er betrifft deshalb nur die *Erzwingbarkeit*, nicht die *Zulässigkeit* der Betriebsvereinbarung (ebenso BAG 31. 1. 1969 AP FeiertagslohnzahlungsG § 1 Nr. 26; *Dietz*, § 56 Rn. 70; *Fitting*, § 87 Rn. 39; GL-*Löwisch*, § 87 Rn. 43; GK-*Wiese*, § 87 Rn. 65; *ders.*, FS 25 Jahre BAG 1979, S. 661, 669; HSWGNR-*Worzalla*, § 87 Rn. 61; *Matthes*, MünchArbR § 242 Rn. 22; *Nikisch*, Bd. III S. 378, 385; *Neumann-Duesberg*, S. 465 f.; *Strasser*, Betriebsvereinbarung, S. 58; *Richardi*, Kollektivgewalt, S. 271 f.; *Hilger* in *Dietz/Gaul/Hilger*, Akkord und Prämie, S. 160; *Galperin*, RdA 1955, 260, 261; *Siebert*, RdA 1958, 161, 164; *Fauth*, BB 1962, 374, 377; *Schelp*, DB 1962, 1242 und 1275, 1243; *Boewer*, DB 1973, 522, 525; *Konzen*, BB 1977, 1307, 1310; *Conze*, DB 1978, 490, 492). Auch für eine tarifliche Regelung kann nicht aus der hier angeordneten Sperrwirkung begründet werden, dass nicht nur das Mitbestimmungsrecht, sondern auch die Mitbestimmungsmöglichkeit durch Abschluss einer freiwilligen Betriebsvereinbarung ausgeschlossen wird, soweit eine Angelegenheit des § 87 Abs. 1 durch Tarifvertrag geregelt ist (so aber BAG 15. 5. 1964 AP BetrVG § 56 [1952] Akkord Nr. 5; vgl. auch BAG 6. 7. 1962 AP BetrVG [1952] § 37 Nr. 7; BAG 13. 11. 1964 AP BetrVG [1952] § 56 Nr. 25; weiterhin *Stege/Weinspach/Schiefer*, § 87 Rn. 33; *Nipperdey/Säcker* in *Hueck/Nipperdey*, Bd. II/2 S. 1394; *Säcker*, ZfA-Sonderheft 1972, 41, 66 f.; *ders.*, BB 1979, 1201, 1202).

Der Gesetzestext bezieht sich **nur** auf das **Mitbestimmungsrecht**. Darin liegt der Unterschied zu § 77 Abs. 3, der bei einer tariflichen oder tarifüblichen Regelung den Abschluss einer Betriebsvereinbarung verbietet. Wer dagegen die Sperrwirkung im Eingangshalbsatz des § 87 Abs. 1 auch auf eine freiwillige Betriebsvereinbarung bezieht, berücksichtigt nicht, dass von seinem Standpunkt aus folgerichtig auch bei einer gesetzlichen Regelung keine freiwillige Betriebsvereinbarung zugelassen werden kann. Durch die Verdrängung des Mitbestimmungsrechts wird die mitbestimmungspflichtige Angelegenheit zu einer **Angelegenheit der freiwilligen Mitbestimmung** (so zutreffend *Matthes*, MünchArbR § 242 Rn. 22). **170**

2. Vorrang gesetzlicher und tariflicher Regelung gegenüber einer Betriebsvereinbarung

Unabhängig davon, ob eine Gesetzesregelung die Sperrwirkung für das Mitbestimmungsrecht i. S. des Eingangshalbsatzes entfaltet (s. Rn. 145 ff.), setzt sie bei zwingender Wirkung der Regelungsbefugnis durch Betriebsvereinbarung Schranken. Dabei spielt keine Rolle, ob es sich um eine erzwingbare oder freiwillige Betriebsvereinbarung handelt. Die Betriebspartner sind an die Gesetzesregelung auch dann gebunden, wenn sie tarifdispositiv ist. Etwas anderes gilt nur, wenn nach Maßgabe des Gesetzes die Tarifvertragsparteien nicht selbst die abweichende Regelung treffen müssen, sondern vereinbaren können, dass sie durch die Betriebspartner in einer Betriebsvereinbarung erfolgt (so in § 7 Abs. 3 ArbZG). **171**

3. Anwendung des § 77 Abs. 3

Bei tariflicher Regelung ist eine freiwillige Betriebsvereinbarung nur ausgeschlossen, soweit die Regelungssperre des § 77 Abs. 3 eingreift (s. auch Rn. 167 f.; ausführlich zur Reichweite des § 77 Abs. 3 dort Rn. 252 ff.). **172**

Zweiter Abschnitt: Die einzelnen Mitbestimmungstatbestände

A. Nr. 1: Fragen der Ordnung des Betriebs und des Verhaltens der Arbeitnehmer im Betrieb

Abgekürzt zitiertes Schrifttum zu den Betriebsbußen: *Arzt* u. a., Entwurf eines Gesetzes zur Regelung der Betriebsjustiz, 1975; *Herschel*, Betriebsbußen, 1967; *Kaiser/Metzger-Pregizer* (Hrsg.), Betriebsjustiz, 1976; *U. Luhmann*, Betriebsjustiz und Rechtsstaat (Vertragsrechtliche Sanktionen und betriebliche Strafgewalt bei Ordnungsverstößen im Arbeitsverhältnis, Diss. Regensburg 1973), 1975; *Pflaum*, Die Abmahnung im Arbeitsrecht als Vorstufe zur Kündigung, 1992.

Übersicht

	Rn.
I. Vorbemerkung	173
II. Gegenstand der Mitbestimmung	174
1. Fragen der Ordnung des Betriebs	175
2. Verhalten der Arbeitnehmer im Betrieb	177
3. Beispiele	184
III. Inhalt und Umfang der Mitbestimmung	200
1. Mitgestaltung des betrieblichen Ordnungsverhaltens	200
2. Initiativrecht	201
3. Sachherrschaft des Arbeitgebers als Schranke der Mitbestimmung	202
4. Materielle Annexregelung	204
5. Arbeitskampf	205
6. Vorrang von Gesetz und Tarifvertrag	206
IV. Durchführung der Mitbestimmung	209
1. Ausübungsform der Mitbestimmung	209
2. Persönlichkeitsschutz des Arbeitnehmers	210
3. Zuständigkeit für die Mitbestimmungsausübung	211
4. Rechtsfolgen einer Nichtbeteiligung des Betriebsrats	212
V. Mitbestimmung beim Erlass von Betriebsbußen	213
1. Gegenstand der Mitbestimmung	213
2. Zulässigkeit von Betriebsbußen	215
3. Rechtsprechung des BAG zur Mitbestimmung bei Betriebsbußen	223
4. Mitbestimmungsfreiheit einer Abmahnung	227
5. Geldbußen bei Verstößen gegen die betriebliche Ordnung	232
6. Entlassung und Rückgruppierung als Betriebsbuße	247
7. Veröffentlichung von Ordnungsverstößen am Schwarzen Brett	253

I. Vorbemerkung

173 Die Bestimmung war wörtlich in § 56 Abs. 1 lit. f BetrVG 1952 enthalten und wurde wegen ihrer grundlegenden Bedeutung an die Spitze des Katalogs gestellt (vgl. Begründung des RegE, BT-Drucks. VI/1786, S. 48). Es handelt sich um den Komplex sozialer Angelegenheiten, bei dem das Bedürfnis einer verbindlichen Regelung frühzeitig in Erscheinung trat. Seit dem Arbeiterschutzgesetz 1891 hatte der Arbeitgeber in allen Fabriken mit mindestens zwanzig Arbeitern eine Arbeitsordnung zu erlassen, in die er neben den gesetzlich vorgeschriebenen Bestimmungen „noch weitere die Ordnung des Betriebes und das Verhalten der Arbeiter im Betriebe betreffende Bestimmungen" aufnehmen konnte (§ 134 b Abs. 3 GewO; s. auch Rn. 2; zur Entwicklung der Arbeitsordnung *Hromadka*, ZfA 1979, 203 ff.). Seit dem BRG 1920 war ihr Erlass Gegenstand einer Betriebsvereinbarung (§§ 78 Nr. 3, 80 BRG). Nach § 27 Abs. 3 AOG gehörten

Bestimmungen über die Ordnung des Betriebes und das Verhalten der Beschäftigten im Betrieb zum fakultativen Inhalt der Betriebsordnung, die der Arbeitgeber zu erlassen hatte (§ 26 AOG).

II. Gegenstand der Mitbestimmung

Den Mitbestimmungstatbestand bilden **Fragen der Ordnung des Betriebs** und des **Verhaltens der Arbeitnehmer im Betrieb**. Erfasst wird damit die gesamte Gestaltung des Zusammenlebens der Arbeitnehmer im Betrieb (vgl. BAG 24. 3. 1981 AP BetrVG 1972 § 87 Arbeitssicherheit Nr. 2). Der Gesetzestext nennt neben der Ordnung des Betriebs das Verhalten der Arbeitnehmer im Betrieb. Daraus folgt *zweierlei*: Mitbestimmungspflichtig ist nicht nur die *Normierung* verbindlicher Verhaltensregeln, sondern auch deren *Vollzug*. Soweit es um das Verhalten der Arbeitnehmer im Betrieb geht, unterliegt es dem Mitbestimmungsrecht aber nur insoweit, als ein Bezug zur *betrieblichen Ordnung* besteht. Damit scheiden aus dem Mitbestimmungstatbestand alle Maßnahmen des Arbeitgebers aus, die sich nur auf die Erbringung der Arbeitsleistung beziehen oder in sonstiger Weise lediglich das Verhältnis des Arbeitnehmers zum Arbeitgeber betreffen. 174

1. Fragen der Ordnung des Betriebs

Mit den Fragen der Ordnung des Betriebs erfasst das Gesetz die **Normierung verbindlicher Verhaltensregeln** für die Arbeitnehmer eines Betriebs zur Sicherung eines ungestörten Arbeitsablaufs und des reibungslosen Zusammenlebens und Zusammenwirkens der Arbeitnehmer im Betrieb (BAG 9. 12. 1980 AP BetrVG 1972 § 87 Ordnung des Betriebes Nr. 2; bestätigt durch BAG 24. 3. 1981 AP BetrVG 1972 § 87 Arbeitssicherheit Nr. 2). Der Mitbestimmungstatbestand bezieht sich nicht auf Bestimmungen, die das Arbeitsentgelt oder die Arbeitszeit regeln (vgl. *Matthes*, MünchArbR § 243 Rn. 17 f.). Auch die Aufstellung einer Sanktionsregelung für Vertragsverletzungen fällt nur unter den Mitbestimmungstatbestand, soweit es sich um sog. Betriebsbußen handelt (s. Rn. 213 ff.). 175

Mitbestimmungspflichtig ist die Gestaltung der **betrieblichen Ordnung**. Gemeint ist die *soziale Ordnung* des Betriebs. Wie der Betrieb zur Erreichung des *Unternehmensziels* arbeitstechnisch zu gestalten ist, fällt nicht unter den Mitbestimmungstatbestand, sondern es geht ausschließlich um die *Gestaltung des Zusammenlebens und Zusammenwirkens der Arbeitnehmer im Betrieb* (so die Formel des BAG; vgl. BAG 24. 3. 1981 AP BetrVG 1972 § 87 Arbeitssicherheit Nr. 2; 23. 10. 1984, 1. 12. 1992 und 11. 6. 2002 AP BetrVG 1972 § 87 Ordnung des Betriebes Nr. 8, 20 und 38; 27. 1. 2004 AP BetrVG 1972 § 87 Überwachung Nr. 40). 176

2. Verhalten der Arbeitnehmer im Betrieb

a) Neben Fragen der Ordnung des Betriebs werden Fragen des Verhaltens der Arbeitnehmer im Betrieb **gesondert als Mitbestimmungstatbestand** genannt. Sie sind daher nicht mit der Schaffung einer betrieblichen Ordnung i. S. der Aufstellung verbindlicher Verhaltensnormen identisch, sondern sie erfassen auch Arbeitgebermaßnahmen, „die das Verhalten der Arbeitnehmer im Betrieb betreffen oder berühren, ohne dass sie verbindliche Normen für das Verhalten der Arbeitnehmer zum Inhalt haben" (BAG 24. 3. 1981 AP BetrVG 1972 § 87 Arbeitssicherheit Nr. 2; 8. 8. 1989 AP BetrVG 1972 § 87 Ordnung des Betriebes Nr. 15). Die Maßnahmen müssen sich aber auf das sog. **Ordnungsverhalten der Arbeitnehmer im Betrieb** beziehen; denn Gegenstand der Mitbestimmung ist das betriebliche Zusammenleben und Zusammenwirken der Arbeitnehmer, nicht aber die Erbringung der Arbeitsleistung durch den Arbeitnehmer (s. Rn. 178 ff.) und auch nicht deren außerbetriebliches Verhalten (s. Rn. 182). 177

§ 87

178 b) Da das Mitbestimmungsrecht sich auf das sog. Ordnungsverhalten der Arbeitnehmer im Betrieb bezieht, sind nicht nach Nr. 1 mitbestimmungspflichtig Maßnahmen, die das sog. **Arbeitsverhalten des Arbeitnehmers** oder in sonstiger Weise lediglich das Verhältnis des Arbeitnehmers zum Arbeitgeber betreffen (grundlegend BAG 24. 3. 1981 AP BetrVG 1972 § 87 Arbeitssicherheit Nr. 2; bestätigt durch BAG 24. 11. 1981 AP BetrVG 1972 § 87 Ordnung des Betriebes Nr. 3; 8. 12. 1981 AP BetrVG 1972 § 87 Lohngestaltung Nr. 6; 10. 4. 1984, 23. 10. 1984, 14. 1. 1986, 8. 8. 1989, 1. 12. 1992, 21. 1. 1997, 19. 1. 1999, 25. 1. 2000 und 11. 6. 2002 AP BetrVG 1972 § 87 Ordnung des Betriebes Nr. 7, 8, 10, 15, 20, 27, 28, 34 und 38; 27. 1. 2004 AP BetrVG 1972 § 87 Überwachung Nr. 40). Die Unterscheidung in mitbestimmungspflichtiges Ordnungsverhalten und mitbestimmungsfreies Arbeitsverhalten ist auf Kritik gestoßen (*Pfarr*, Anm. AP BetrVG 1972 § 87 Ordnung des Betriebes Nr. 2; *Weiss*, Anm. zu BAG 24. 11. 1981 EzA § 87 BetrVG 1972 Betriebliche Ordnung). Dass die Grenzziehung im Einzelfall schwierig sein kann, ist aber kein Grund, der gegen ihre Richtigkeit spricht (so zutreffend BAG 23. 10. 1984 AP BetrVG 1972 § 87 Ordnung des Betriebes Nr. 8).

179 Das BAG hatte zu der gleich lautenden Vorschrift des § 56 Abs. 1 lit. f BetrVG 1952 versucht, mit dem Kriterium der **arbeitsnotwendigen Maßnahme** den mitbestimmungsfreien Bereich von mitbestimmungspflichtigen Verhaltensanordnungen abzugrenzen (BAG 15. 12. 1961 AP BetrVG [1952] § 56 Ordnung des Betriebes Nr. 3). Dieser Versuch war missglückt, weil er weder eine eindeutige Abgrenzung ermöglicht noch sachgerecht ist. Dasselbe gilt für den Versuch, danach zu unterscheiden, ob eine Maßnahme *arbeitsbezogen* oder *verhaltensbezogen* ist (so *Nipperdey/Säcker* in *Hueck/Nipperdey*, Bd. II/2 S. 1374). Für die Abgrenzung normativ entscheidend ist, dass der Betriebsrat an der Gestaltung des Zusammenlebens und Zusammenwirkens der Arbeitnehmer im Betrieb paritätisch beteiligt wird, aber nicht an der Arbeitgeberbefugnis, die Arbeitspflicht des Arbeitnehmers in den Grenzen des Arbeitsvertrags zu konkretisieren und die Erbringung der Arbeitsleistung zu kontrollieren. Darin liegt der materielle Grund für die vom BAG vorgenommene Abgrenzung mitbestimmungspflichtiger Maßnahmen über das Ordnungsverhalten von den mitbestimmungsfreien Maßnahmen, die das sog. *Arbeitsverhalten* betreffen.

180 Ob das **mitbestimmungsfreie Arbeitsverhalten** betroffen ist, beurteilt sich **nicht** nach den **subjektiven Vorstellungen,** die den Arbeitgeber zu der Maßnahme bewogen haben, entscheidend ist vielmehr der **objektive Regelungszweck,** der sich nach dem Inhalt der Maßnahme und der Art der zu beeinflussenden betrieblichen Geschehens bestimmt (vgl. BAG 11. 6. 2002 AP BetrVG 1972 § 87 Ordnung des Betriebes Nr. 38). Wirkt sich eine Maßnahme zugleich auf das Ordnungs- und Arbeitsverhalten aus, so kommt es nach Ansicht des BAG darauf an, welcher Regelungszweck überwiegt (BAG a. a. O.). Diese Grenzziehung ist nicht praktikabel. Soweit ein bestimmtes Ordnungsverhalten für die Erbringung der geschuldeten Leistung erforderlich ist, bildet es zugleich auch das Arbeitsverhalten des Arbeitnehmers. Schon aus diesem Grund kann es nicht richtig sein, dass ein Mitbestimmungsrecht entfällt, sondern es geht ausschließlich um die Schranken der Mitbestimmungsausübung: Der Betriebsrat kann nicht widersprechen, dass die Anordnung getroffen wird; er hat aber mitzubestimmen, wie sie ausgestaltet und durchgeführt wird, wenn dadurch auch das Ordnungsverhalten der Arbeitnehmer im Betrieb geregelt wird. Das ist vor allem zu beachten, soweit es um eine vom Arbeitgeber gewünschte Dienstbekleidung geht (vgl. BAG 8. 8. 1989 und 15; 11. 6. 2002 AP BetrVG 1972 § 87 Ordnung des Betriebes Nr. 15 und 38).

181 c) Nicht unter den Mitbestimmungstatbestand fallen **Kontrollregelungen über die Erbringung der Arbeitsleistung.** Ein Mitbestimmungsrecht besteht jedoch nach Nr. 6, soweit eine Überwachung durch *technische Einrichtungen* erfolgt (s. Rn. 484 ff.). Verlangt dagegen der Arbeitgeber von den Arbeitnehmern Tätigkeitsberichte oder die Führung von Arbeitsbüchern, so unterliegt diese Maßnahme weder der Mitbestimmung nach Nr. 6 (s. Rn. 531), noch der Mitbestimmung nach Nr. 1 (ebenso BAG 9. 12. 1980 AP BetrVG 1972 § 87 Ordnung des Betriebes Nr. 2). Das BAG umschreibt seit dem

Urteil vom 1. 12. 1992 die Mitbestimmungsfreiheit aber nur noch für „Maßnahmen, mit denen die Arbeitspflicht unmittelbar konkretisiert wird" (AP BetrVG 1972 § 87 Ordnung des Betriebes Nr. 20; BAG 21. 1. 1997, 19. 1. 1999, 25. 1. 2000 und 11. 6. 2002 AP BetrVG 1972 § 87 Ordnung des Betriebes Nr. 7, 8, 10, 15, 20, 27, 28, 34 und 38). Deshalb gelangt es zu dem Ergebnis, dass unter die Mitbestimmung nach Nr. 1 fällt, wenn der Arbeitgeber ein Formular einführt, auf dem die Arbeitnehmer die Notwendigkeit eines Arztbesuchs während der Arbeitszeit vom Arzt bescheinigen lassen sollen (BAG 21. 1. 1997 AP BetrVG 1972 § 87 Ordnung des Betriebes Nr. 27). Ebenso betreffen nach seiner Meinung eine Frage der betrieblichen Ordnung i. S. von Nr. 1 die nach § 5 Abs. 1 Satz 3 EFZG zulässige Anweisung des Arbeitgebers, Zeiten der Arbeitsunfähigkeit unabhängig von deren Dauer generell durch eine vor Ablauf des dritten Kalendertages nach Beginn der Arbeitsunfähigkeit vorzulegende Bescheinigung nachzuweisen (BAGE 25. 1. 2000 AP BetrVG 1972 § 87 Ordnung des Betriebes Nr. 34), und die Einführung eines Formulars zum Nachweis der Einhaltung von Ethikregeln (BAG 28. 5. 2002 AP BetrVG 1972 § 87 Ordnung des Betriebes Nr. 39).

d) Nicht unter den Mitbestimmungstatbestand fällt das **außerbetriebliche Verhalten** **182** **der Arbeitnehmer** (vgl. BAG 19. 1. 1999 AP BetrVG 1972 § 87 Ordnung des Betriebes Nr. 28; 27. 1. 2004 AP BetrVG 1972 § 87 Überwachung Nr. 40). Es ist der Regelungskompetenz der Betriebsparteien entzogen. Der Begriff des Betriebs ist aber nicht räumlich, sondern funktional zu verstehen. Das Mitbestimmungsrecht wird deshalb nicht dadurch ausgeschlossen, dass sich der Arbeitnehmer zur Verrichtung seiner Tätigkeit auf Weisung des Arbeitgebers in den Betrieb eines anderen Arbeitgebers begibt. Das gilt auch, wenn dort Verhaltensregeln bestehen, z. B. eine biometrische Zugangskontrolle (Fingerabdruckerfassung). Eine Schranke besteht nur für die Mitbestimmungsausübung insoweit, als eine Beeinträchtigung betrieblicher Belange, die auch in der Gefährdung von Kundenbeziehungen liegen kann, vermieden werden muss (vgl. BAG 27. 1. 2004 AP BetrVG 1972 Überwachung Nr. 40).

e) Nicht unter den Mitbestimmungstatbestand fällt die **Ausübung individualrecht-** **183** **licher Befugnisse**, durch die der Arbeitgeber auf ein Fehlverhalten des Arbeitnehmers reagiert, z. B. eine **Abmahnung, Versetzung oder Kündigung** (ebenso BAG 17. 10. 1989 AP BetrVG 1972 § 87 Betriebsbuße Nr. 12). Unerheblich ist, ob die Vertragsverletzung des Arbeitnehmers in einem Verstoß gegen die kollektive betriebliche Ordnung besteht oder Anordnungen über das Arbeitsverhalten betrifft (BAG a. a. O. [II 3 c]; s. auch Rn. 250 ff.). Zu den individualrechtlichen Mitteln, mit denen der Arbeitgeber mitbestimmungsfrei auf eine Pflichtverletzung des Arbeitnehmers reagieren kann, zählt das BAG auch die **Vertragsstrafe** (so BAG a. a. O.). Weder bei ihrer Vereinbarung noch bei ihrer Geltendmachung durch den Arbeitgeber bestehe ein Beteiligungsrecht des Betriebsrats. Dabei hat man aber zu beachten, dass nach Ansicht des BAG bei Verstößen gegen die Regeln über das Ordnungsverhalten die Betriebspartner nach Nr. 1 *Betriebsbußen* vorsehen können, die es von einer Vertragsstrafe unterscheidet (vgl. insbesondere BAG a. a. O.; s. auch Rn. 218). Folgt man dagegen dem hier vertretenen Standpunkt, dass es keine Betriebsstrafgewalt gibt, die zum Erlass einer Betriebsbußenordnung berechtigt, so kommt auch bei Ordnungsverstößen nur die Vereinbarung einer Vertragsstrafe in Betracht. Es gibt keinen Grund, die Mitbestimmungsfreiheit von der Einordnung als Vertragsstrafe abhängig zu machen (s. auch Rn. 215 ff.).

3. Beispiele

a) **Mitbestimmungspflichtiges Ordnungsverhalten.** Zu den mitbestimmungspflichtigen **184** Fragen der Ordnung des Betriebs gehören **Regeln über das Betreten und das Verlassen des Betriebs** (vgl. BAG 21. 8. 1990 AP BetrVG 1972 § 87 Ordnung des Betriebes Nr. 17), z. B. die Einführung von Stechuhren, die Regelung des Ausgangsrechts, die Einführung und Veränderung von Anwesenheitslisten (vgl. BAG 18. 7. 1978 AuR 1978,

§ 87 Mitbestimmungsrechte

278 f.). Mitbestimmungspflichtig nach Nr. 1 sind Einführung, Ausgestaltung und Nutzung eines **Werksausweises** (BAG 16. 12. 1986 AP BetrVG 1972 § 87 Ordnung des Betriebes Nr. 13), die Einrichtung von Torkontrollen einschließlich von Taschenkontrollen und Leibesvisitationen (vgl. BAG 26. 5. 1988 AP BetrVG 1972 § 87 Ordnung des Betriebes Nr. 14) sowie die Einführung und Anwendung einer **biometrischen Zugangskontrolle** (Fingerabdruckerfassung; vgl. BAG 27. 1. 2004 AP BetrVG 1972 § 87 Überwachung Nr. 40). Die Installation eines bloßen Zugangssicherungssystems, das bei der Präsentation von codierten Ausweiskarten den Ein- oder Ausgang zum Betriebsgebäude freigibt, unterliegt dagegen nicht der Mitbestimmung, wenn durch das System nicht kontrolliert wird, wer wann in welcher Richtung den Zugang benützt (vgl. BAG 2. 4. 1984 AP BetrVG 1972 § 87 Ordnung des Betriebes Nr. 7).

185 Zum mitbestimmungspflichtigen Ordnungsverhalten zählt weiterhin die Regelung der **Kleiderablage** und des **Abstellens von Fahrzeugen** (vgl. BAG 5. 3. 1959 AP BGB § 611 Fürsorgepflicht Nr. 26). Mitbestimmungspflichtig sind die Bestimmungen über die **Nutzung von Gemeinschaftsräumen,** wie Wasch- und Umkleideräume. Unter das Mitbestimmungsrecht fällt auch, wie die Arbeitnehmer in Wahrnehmung ihres Koalitionswerbungsrechts Flugblätter und andere Druckschriften im Betrieb verteilen, sowie der Aushang gewerkschaftlicher Plakate (ebenso GK-*Wiese,* § 87 Rn. 227; HSWGNR-*Worzalla,* § 87 Rn. 113; s. zur Koalitionswerbung auch § 2 Rn. 144 ff.). Der Arbeitgeber braucht nicht zu dulden, dass auf den Betriebsmitteln Gewerkschaftsembleme angebracht werden (BAG 23. 2. 1979 AP GG Art. 9 Nr. 30; s. auch § 2 Rn. 158). Lässt er aber eine derartige Gewerkschaftswerbung zu, so sind die Ordnungsregeln nach Nr. 1 mitbestimmungspflichtig.

186 Gestattet der Arbeitgeber die **Benutzung betrieblicher Einrichtungen zu Privatzwecken,** so ist die Festlegung der Verhaltensregelung mitbestimmungspflichtig, z. B. bei Benützung von Nebenanschlüssen der **betrieblichen Fernsprechanlage** für Privatgespräche (ebenso GL-*Löwisch,* § 87 Rn. 64; *Matthes,* MünchArbR § 243 Rn. 6; a. A. GK-*Wiese,* § 87 Rn. 189; s. auch Rn. 202 und 204). Gleiches gilt bei der Gestattung des Anschlusses elektrischer Geräte an die betriebliche Stromversorgung (ebenso GL-*Löwisch,* § 87 Rn. 59). Der Betriebsrat kann aber durch das Mitbestimmungsrecht nicht erzwingen, dass der Arbeitgeber die Benützung gestattet.

187 Unter den Mitbestimmungstatbestand fallen Regelungen über das **Verhalten am Arbeitsplatz,** sofern es nicht um die Erbringung der Arbeitsleistung geht. Hierher gehören Regelungen über die Behandlung des Werkzeugs und der Ordnung des Arbeitsplatzes, soweit nicht Arbeitsschutzvorschriften den Arbeitgeber verpflichten, eine bestimmte Anordnung zu treffen, wobei ergänzend bei einem Regelungsspielraum ein Mitbestimmungsrecht nach Nr. 7 in Betracht kommt (s. Rn. 534 ff.).

188 Der Betriebsrat hat mitzubestimmen bei der **Einführung und Ausgestaltung einer einheitlichen Arbeitskleidung** (BAG 8. 8. 1989, 1. 12. 1992, 11. 6. 2002 und 13. 2. 2007 AP BetrVG 1972 § 87 Ordnung des Betriebes Nr. 15, 20, 38 und 40). Etwas anderes gilt nur, wenn für die Erbringung der Arbeitsleistung eine bestimmte Dienstbekleidung notwendig ist, z. B. bei der Herstellung und Verpackung von Margarine (BAG 15. 12. 1961 AP BetrVG [1952] § 56 Ordnung des Betriebes Nr. 3). Der Betriebsrat ist aber auch in diesem Fall daran zu beteiligen, wie die Kleidung im Rahmen ihres Zweckes auszusehen hat, ob etwa Männer und Frauen gleiche oder verschiedene Mützen zu tragen haben (vgl. dazu auch *Söllner,* RdA 1968, 437, 439). Nicht unter den Mitbestimmungstatbestand fällt, wer die Kosten zutragen hat (BAG 13. 2. 2007 AP BetrVG 1972 § 87 Ordnung des Betriebes Nr. 40; s. auch Rn. 204).

189 Auch ein **Verbot, Radio zu hören,** betrifft im Allgemeinen das Ordnungsverhalten und ist daher mitbestimmungspflichtig (BAG 14. 1. 1986 AP BetrVG 1972 § 87 Ordnung des Betriebes Nr. 10). Etwas anderes gilt nur, wenn das Nichthören von Radiosendungen bei der Arbeit zum Inhalt der geschuldeten Arbeitsleistung gehört oder gehören kann, z. B. bei der Kundenberatung oder -bedienung (ebenso BAG a. a. O.).

Zu den Fragen der Ordnung des Betriebs und damit zum Ordnungsverhalten gehören **Rauchverbote** (vgl. BAG 19. 1. 1999 AP BetrVG 1972 § 87 Ordnung des Betriebes Nr. 28) und **Alkoholverbote** (vgl. BAG 23. 9. 1986 AP BPersVG § 75 Nr. 20). Etwas anderes gilt nur, soweit der Arbeitnehmer die geschuldete Arbeitsleistung nicht ordnungsgemäß erbringen kann, wenn er dabei raucht oder Alkohol trinkt, z. B. bei einer Kundenberatung oder -bedienung. Nach dem gleichen Maßstab ist auch ein Singverbot zu bewerten (vgl. *Neumann-Duesberg*, S. 489). 190

Soweit der Arbeitgeber mitbestimmungsfrei zusätzliche **Maßnahmen zur Verhütung von Arbeitsunfällen** ergreift (s. § 88 Rn. 11 ff.), unterliegt der Mitbestimmung nach Nr. 1, wenn in diesem Rahmen Regelungen vorgesehen werden, die das Verhalten der Arbeitnehmer im Betrieb betreffen oder berühren, und zwar auch, wenn wie bei der Durchführung eines **Sicherheitswettbewerbs im Betrieb** keine verbindlichen Verhaltensnormen aufgestellt werden (vgl. BAG 24. 3. 1981 AP BetrVG 1972 § 87 Arbeitssicherheit Nr. 2). Die Einrichtung und personelle Besetzung einer **Beschwerdestelle nach dem AGG** zur Geltendmachung einer Benachteiligung aus einem in diesem Gesetz genannten Grund legt der Arbeitgeber mitbestimmungsfrei fest; der Betriebsrat hat aber bei der Einführung und Ausgestaltung des Verfahrens mitzubestimmen, das die Arbeitnehmer bei der Wahrnehmung des Beschwerderechts zu beachten haben (BAG 21. 7. 2009 NZA 2009, 1049 ff.). 191

Nach Ansicht des BAG fällt die **Führung formalisierter Krankengespräche** zur Aufklärung eines überdurchschnittlichen Krankenstands mit einer nach abstrakten Kriterien ermittelten Mehrzahl von Arbeitnehmern unter Nr. 1 (BAG 8. 11. 1994 AP BetrVG 1972 § 87 Ordnung des Betriebes Nr. 24; dazu auch *Raab*, NZA 1993, 193 ff.). Die Aufklärung von Krankheitsursachen dient aber nicht dazu, Regelungen für das Ordnungsverhalten der Arbeitnehmer aufzustellen. 192

Verlangt der Arbeitgeber die Notwendigkeit eines Arztbesuchs während der Arbeitszeit durch ein von ihm vorgegebenes Formular zu belegen, oder verlangt er den **Nachweis der Arbeitsunfähigkeit** in einer bestimmten Form, nämlich durch ärztliche Bescheinigung, und in einer bestimmten Frist, nämlich durch Vorlage spätestens am dritten Kalendertag nach Beginn der Arbeitsunfähigkeit, so liegt darin nicht mehr eine Maßnahme, die die Art und Weise der Arbeitsleistung betrifft. Das BAG nimmt deshalb an, dass der Arbeitgeber damit eine betriebliche Regelung schafft, die unter Nr. 1 fällt (BAG 21. 1. 1997 AP BetrVG 1972 § 87 Ordnung des Betriebes Nr. 27; 25. 1. 2000 AP BetrVG 1972 § 87 Ordnung des Betriebes Nr. 34). Da der Arbeitgeber hier aber von seinem Gläubigerrecht Gebrauch macht, kann der Betriebsrat zwar über die Ausgestaltung der Kontrolle mitbestimmen, nicht aber durch das Mitbestimmungsrecht verhindern, dass eine Kontrolle geübt wird. 193

b) **Mitbestimmungsfreies Arbeitsverhalten.** Die Mitbestimmung bezieht sich nicht auf die *Erfüllung der Arbeitspflicht durch den Arbeitnehmer*. Soweit Anordnungen des Arbeitgebers zum Gegenstand haben, ob, wann und wie die vertraglich zugesagte Arbeit zu erledigen ist und wie deren Erbringung kontrolliert und gesichert wird, fallen sie nicht unter den Mitbestimmungstatbestand. 194

Arbeitszeit- und **Tätigkeitsberichte** zum Nachweis geleisteter Mehrarbeit fallen nicht unter Nr. 1 (ebenso BAG 9. 12. 1980 AP BetrVG 1972 § 87 Ordnung des Betriebes Nr. 2). Nach dem BAG gilt Gleiches für die Einführung von Erfassungsbögen, in denen ein Arbeitnehmer die für sein Arbeitsprojekt aufgewendeten Arbeitsstunden einzutragen hat (ebenso BAG 24. 11. 1981 AP BetrVG 1972 § 87 Ordnung des Betriebes Nr. 3), „Ehrlichkeitskontrollen" (BAG 18. 11. 1999 AP BGB § 626 Verdacht strafbarer Handlung Nr. 32), den Einsatz von Privatdetektiven zur Überwachung der Erfüllung der Arbeitspflicht (BAG 26. 3. 1991 AP BetrVG 1972 § 87 Überwachung Nr. 21) sowie für **Tests zur Überprüfung der Service- und Beratungsqualität** (BAG 18. 4. 2000 AP BetrVG 1972 § 87 Überwachung Nr. 33; s. auch Rn. 181 und 198 f.). Nicht unter den Mitbestimmungstatbestand fallen der Erlass von **Führungsrichtlinien,** durch die festgelegt wird, wie Führungskräfte ihre Führungsaufgaben zu erledigen haben (BAG 23. 10. 1984 195

AP BetrVG 1972 § 87 Ordnung des Betriebes Nr. 8) oder welche Form **Geschäftsbriefe** erhalten (ebenso BAG 8. 6. 1999 AP BetrVG 1972 § 87 Ordnung des Betriebes Nr. 31). Da es ausschließlich um das Arbeitsverhalten geht, besteht kein Mitbestimmungsrecht bei Erlass einer **Dienstreiseordnung**, in der festgelegt wird, wie Dienstreisen zu beantragen sind, welche Verkehrsmittel benützt werden dürfen, welche Reisekosten erstattet und welche Spesen gezahlt werden (ebenso BAG 8. 12. 1981 AP BetrVG 1972 § 87 Lohngestaltung Nr. 6). Gleiches gilt erst recht für die **Anordnung einer Dienstreise** (ebenso BAG 23. 7. 1996 AP BetrVG 1972 § 87 Ordnung des Betriebes Nr. 26).

196 Bei der Aufstellung von **Ethik-Richtlinien** oder sonstiger **Compliance-Regeln** ist zu differenzieren: Beziehen sie sich auf das Arbeitsverhalten, so unterliegt dem Mitbestimmungstatbestand nur, wie Verstöße erfasst werden (s. Rn. 199); betreffen sie dagegen das Ordnungsverhalten der Arbeitnehmer im Betrieb, so hat der Betriebsrat auch über die inhaltliche Festlegung mitzubestimmen (BAG 22. 7. 2008 AP BetrVG 1972 § 87 Nr. 14; s. § 77 Rn. 88).

197 Dient die Vereinbarung einer **Vertragsstrafe** der Sicherung der vertraglich zugesagten Arbeitsleistung, so fällt sie nicht unter den Mitbestimmungstatbestand (ebenso BAG 5. 2. 1986 AP BGB § 339 Nr. 12; s. hier zur Abgrenzung von der Betriebsbuße Rn. 218 und 232 ff.).

198 c) **Mitbestimmungspflichtiges Ordnungsverhalten bei Anordnungen über das Arbeitsverhalten.** Da die Arbeitsleistung regelmäßig im Zusammenwirken mit anderen Arbeitnehmern des Betriebs erbracht wird, ist es möglich, dass der Arbeitgeber für die Erbringung der Arbeitsleistung ein bestimmtes Verhalten des Arbeitnehmers vorschreibt, das auch das Zusammenleben und Zusammenwirken der Arbeitnehmer im Betrieb bestimmt. Dadurch wird nicht mitbestimmungspflichtig, was mitbestimmungsfrei ist, wie auch umgekehrt die Mitbestimmung nicht deshalb entfällt, weil ein bestimmtes Verhalten des Arbeitnehmers im Rahmen der betrieblichen Ordnung für die Erbringung der geschuldeten Leistung erforderlich ist. Hierher gehört die Festlegung einer **Dienstbekleidung**, die für die Erfüllung der Arbeitsaufgabe notwendig ist, bei der es aber auch um das Ordnungsverhalten geht, soweit vorgeschrieben wird, wie die Kleidung im Rahmen ihres Zwecks auszusehen hat, ob z. B. bei der Herstellung und Verpackung von Margarine Männer und Frauen gleiche oder verschiedene Mützen zu tragen haben (s. Rn. 188).

199 Hat ein Arbeitnehmer zur Erbringung seiner Arbeitsleistung **Ethik-Richtlinien** oder sonstige **Compliance-Regeln** zu beachten (s. Rn. 196), z. B. bei einer Wirtschaftszeitung über den Besitz von Wertpapieren, so ist deren Festlegung mitbestimmungsfrei; die Einführung eines Formulars zur Kontrolle unterliegt aber der Mitbestimmung nach Nr. 1 (so BAG 28. 5. 2002 AP BetrVG 1972 § 87 Ordnung des Betriebes Nr. 39). Sind bei einer **Freistellung von der Arbeitspflicht** Formalitäten zu beachten, so hat der Betriebsrat ebenfalls mitzubestimmen, soweit sie sich auf ein Zusammenwirken mit anderen Arbeitnehmern des Betriebs beziehen, z. B. zur Verständigung eines Arbeitskollegen, der im Krankheits- und Urlaubsfall zur Vertretung eingeteilt ist. Nach dem BAG liegt ein betriebliches Ordnungsverhalten bereits vor, wenn der Arbeitgeber Verfahrensregeln für den Nachweis einer unvermeidbaren Arbeitsverhinderung aufstellt (BAG 21. 1. 1997 und 25. 1. 2000 AP BetrVG 1972 § 87 Ordnung des Betriebes Nr. 27 und 34; s. auch Rn. 193).

III. Inhalt und Umfang der Mitbestimmung

1. Mitgestaltung des betrieblichen Ordnungsverhaltens

200 Da der Mitbestimmungstatbestand Fragen der Ordnung des Betriebs und des Verhaltens der Arbeitnehmer im Betrieb umfasst, ist der Betriebsrat nicht nur an der **Aufstellung verbindlicher Verhaltensnormen** paritätisch beteiligt, sondern auch an **Arbeitgebermaßnahmen**, die darauf gerichtet sind, die vorgegebene Ordnung des Betriebs zu gewährleisten oder aufrechtzuerhalten (vgl. BAG 24. 3. 1981 AP BetrVG 1972 § 87 Arbeitssicherheit Nr. 2).

2. Initiativrecht

Soweit der Mitbestimmungstatbestand reicht, ist der Arbeitgeber verpflichtet, die **201** Regelung nur mit Zustimmung des Betriebsrats zu treffen. Aber auch dieser kann verlangen, dass eine Regelung oder deren Änderung erfolgt (vgl. *Wiese*, Initiativrecht, S. 39 f.). Eine Schranke für das als Mitbestimmungsrecht gestaltete Initiativrecht ergibt sich aber daraus, dass der Arbeitgeber nicht zu Anordnungen gezwungen werden kann, soweit sie *mitbestimmungsfrei* sind. Der Betriebsrat kann daher nicht im Mitbestimmungsverfahren erzwingen, dass der Arbeitgeber Parkplätze zur Verfügung stellt; mitbestimmungsfrei ist auch, dass er bestimmte Parkplätze für leitende Angestellte reservieren lässt (ebenso LAG Düsseldorf, DB 1979, 115). Auch soweit Arbeits- und Ordnungsverhalten aufeinander bezogen sind, wie möglicherweise bei der Festlegung einer Dienstbekleidung (s. Rn. 188), kann der Betriebsrat nicht ihre Einführung durchsetzen, wie er sie auch durch das Mitbestimmungsverfahren nicht verhindern kann, wenn der Arbeitnehmer seine Arbeitspflicht nur in ihr ordnungsgemäß erbringen kann.

3. Sachherrschaft des Arbeitgebers als Schranke der Mitbestimmung

Das Recht zum Erlass von Verhaltensregeln kann sich für den Arbeitgeber aus dem **202** **Eigentum** ergeben, z. B. bei Benützung eines Parkplatzes oder der betrieblichen Fernsprechanlage. Doch können derartige Regeln auch zugleich das Ordnungsverhalten der Arbeitnehmer im Betrieb bestimmen. Soweit sie diesen Inhalt haben, unterliegen sie dem Mitbestimmungsrecht. Dass der Arbeitgeber seine Befugnis zum Erlass einer Verhaltensregel auf seine Sachherrschaft über Betriebseinrichtungen und Betriebsmittel stützen kann, führt nicht zum Ausschluss des Mitbestimmungsrechts (a. A. HSWGNR-*Worzalla*, § 87 Rn. 106). Es geht vielmehr ausschließlich darum, dass der Arbeitgeber nicht im Mitbestimmungsverfahren gezwungen werden kann, zusätzliche Leistungen zu erbringen (s. auch Rn. 39 und 46 ff.). Der Arbeitgeber kann daher, auf die Sachherrschaft gestützt, einseitig verbieten, dass die betriebliche Fernsprechanlage für Privatgespräche genutzt wird. Stellt er sie aber für Privatgespräche zur Verfügung, so hat der Betriebsrat mitzubestimmen, unter welchen Voraussetzungen sie benutzt werden kann und wie eine Kontrolle gestaltet wird (ebenso GK-*Wiese*, § 87 Rn. 190; *Matthes*, MünchArbR § 243 Rn. 6; *Schulin/Babl*, NZA 1986, 46, 50). Allerdings geht es nicht mehr nur um das Ordnungsverhalten, sondern um das Arbeitsverhalten, soweit dem Arbeitnehmer gestattet werden soll, Privatgespräche während der Arbeitszeit zu führen. Der Arbeitgeber kann dies einseitig untersagen (ebenso GK-*Wiese*, § 87 Rn. 189).

Kein Mitbestimmungsrecht besteht, wenn der Arbeitgeber für die Betriebseinrichtun- **203** gen und Betriebsmittel Anordnungen trifft, die sich auf deren Benützung beschränken, z. B. eine Einführung eines elektronischen Zugangskontrollsystems für das Betriebsgebäude (ebenso BAG 10. 4. 1984 AP BetrVG 1972 § 87 Ordnung des Betriebes Nr. 7). Die Mitbestimmung greift erst ein, soweit dem Arbeitnehmer Verhaltensregeln auferlegt werden, die sich auf sein Zusammenleben mit den anderen Arbeitnehmern im Betrieb auswirken. Kein Mitbestimmungsrecht besteht deshalb auch bei Bestimmungen über die **Benutzung eines Firmenwagens zu Privatzwecken**; denn der Arbeitgeber trifft in diesem Fall Bestimmungen, die sich auf Verhalten des Arbeitnehmers *außerhalb* des Betriebs und seiner Ordnung beziehen.

4. Materielle Annexregelung

Das Mitbestimmungsrecht wird nicht deshalb eingeschränkt, weil eine materielle **204** Annexregelung erforderlich wird (s. Rn. 38 f.). Der Betriebsrat kann deshalb die Zustimmung zur Festlegung eines bestimmten Ordnungsverhaltens davon abhängig machen, dass dem Arbeitnehmer durch die Regelung keine Kosten entstehen. Er kann aber durch das Mitbestimmungsverfahren nicht erzwingen, dass der Arbeitgeber die Kosten trägt (ebenso BAG 13. 2. 2007 AP BetrVG 1972 § 87 Ordnung des Betriebes Nr. 40), einen firmeneigenen Parkplatz zur Verfügung stellt oder ihn den Arbeitnehmern ohne eine finanzielle Gegenleistung überlässt. Der Betriebsrat kann auch nicht verhindern, dass der Arbeitgeber auf dem Betriebsgelände verbotswidrig parkende Fahrzeuge auf Kosten des Arbeitnehmers abschleppen lässt; mitbestimmungspflichtig ist nur eine Ordnungsregelung, die für Arbeitnehmer gelten soll, bevor der Arbeitgeber zur Selbsthilfe greift. Gestattet der Arbeitgeber die Benützung einer betrieblichen Fernsprechanlage für Privatgespräche, so ist mitbestimmungspflichtig, wie die Gebühren abgerechnet werden, nicht aber, ob und in welchem Umfang Gebühreneinheiten zu erstatten sind (generell für Verneinung eines Mitbestimmungsrechts GK-*Wiese,* § 87 Rn. 189; HSWG-*Worzalla,* § 87 Rn. 115).

5. Arbeitskampf

205   Dient eine Ordnungsregelung der Durchführung eines Arbeitskampfes, so hat der Betriebsrat kein Mitbestimmungsrecht. Bei einer Teilaussperrung hat er daher nicht mitzubestimmen, wenn der Arbeitgeber zur Unterscheidung der Arbeitnehmer den mit dem Betriebsrat vereinbarten **Werksausweis** dahin verändert, dass dieser für die Dauer der Aussperrung zusätzlich den Ausweisinhaber als nicht ausgesperrten Arbeitnehmer kennzeichnet (so BAG 16. 12. 1986 AP BetrVG 1972 § 87 Ordnung des Betriebes Nr. 13).

6. Vorrang von Gesetz und Tarifvertrag

206   a) Das Mitbestimmungsrecht des Betriebsrats entfällt nicht schon deshalb, weil ein Gesetz, eine Rechtsverordnung, eine Unfallverhütungsvorschrift der Berufsgenossenschaft oder ein Tarifvertrag den Arbeitgeber verpflichtet, bestimmte Anordnungen bezüglich des Verhaltens der Arbeitnehmer zu erlassen. Soweit im Rahmen der gesetzlichen Vorschriften oder der Unfallverhütungsvorschriften Regelungen über die Verhütung von Arbeitsunfällen und Berufskrankheiten sowie über den Gesundheitsschutz getroffen werden, ist ein Mitbestimmungsrecht sogar in Nr. 7 ausdrücklich gegeben (vgl. auch GK-*Wiese,* § 87 Rn. 228, der ein Mitbestimmungsrecht nur nach dieser Vorschrift in Betracht zieht; s. ausführlich zu Nr. 7 Rn. 534 ff.).

207   Nur dort wo sich aus einer Rechtsvorschrift oder einem Tarifvertrag unmittelbar ein ganz bestimmtes Verbot ergibt und der Arbeitgeber im Wesentlichen darauf beschränkt ist, das Verbot bekannt zu geben, z.B. ein Rauchverbot bei Tankstellen, entfällt ein Mitbestimmungsrecht des Betriebsrats (ebenso LAG Hamm, BB 1980, 1582; GK-*Wiese,* § 87 Rn. 231 ; GL-*Löwisch,* § 87 Rn. 65).

208   b) Ist der Arbeitgeber auf Grund eines ihm gegenüber bindend gewordenen **Verwaltungsakts** verpflichtet, eine bestimmte Maßnahme vorzunehmen, so verbleibt ihm kein Regelungsspielraum, so dass auch ein Mitbestimmungsrecht des Betriebsrats ausgeschlossen ist (ebenso BAG 26. 5. 1988 AP BetrVG 1972 § 87 Ordnung des Betriebes Nr. 14; s. auch Rn. 149).

IV. Durchführung der Mitbestimmung

1. Ausübungsform der Mitbestimmung

209   Soweit die Mitbestimmung sich auf die Normierung verbindlicher Verhaltensregeln bezieht, ist sie durch den Abschluss einer **Betriebsvereinbarung** auszuüben (s. Rn. 77 ff.). Das Mitbestimmungsrecht ist aber nicht verletzt, wenn Arbeitgeber und Betriebsrat lediglich eine formlose Betriebsabsprache treffen.

2. Persönlichkeitsschutz des Arbeitnehmers

Die Mitbestimmung rechtfertigt keinen Eingriff in das Persönlichkeitsrecht des Arbeitnehmers (s. § 75 Rn. 44, 47). 210

3. Zuständigkeit für die Mitbestimmungsausübung

Für die Mitbestimmungsausübung zuständig ist im Regelfall der **Einzelbetriebsrat** (s. Rn. 81 ff.). Ist das mitbestimmungspflichtige Ordnungsverhalten aber – wie bei Ethik-Richtlinien – in einen Verhaltenscodex eingefügt, der das „ethisch-moralische Erscheinungsbild" eines Unternehmens oder eines Konzerns bestimmt, so ist zur Sicherung der einheitlichen Umsetzung der **Gesamtbetriebsrat** bzw. der **Konzernbetriebsrat** zuständig (vgl. BAG 22. 7. 2008 AP BetrVG 1972 § 87 Nr. 14; *Kort*, FS Buchner 2009, S. 477, 484 f.). 211

4. Rechtsfolgen einer Nichtbeteiligung des Betriebsrats

Beachtet der Arbeitgeber nicht das Mitbestimmungsverfahren, so ist eine von ihm einseitig getroffene **Anordnung unwirksam,** soweit sie das mitbestimmungspflichtige Ordnungsverhalten eines Arbeitnehmers betrifft (ebenso BAG 14. 1. 1986 AP BetrVG 1972 § 87 Ordnung des Betriebes Nr. 10). Der Arbeitnehmer hat ein **Leistungsverweigerungsrecht** nur insoweit, als es um sein Ordnungsverhalten geht. Es erstreckt sich nicht auf die Erbringung der Arbeitsleistung. 212

V. Mitbestimmung beim Erlass von Betriebsbußen

1. Gegenstand der Mitbestimmung

Der Mitbestimmungstatbestand beschränkt sich nicht auf Regeln über den Inhalt des Ordnungsverhaltens, sondern erfasst auch die **vertragsrechtlichen Sanktionen bei Ordnungsverstößen der Arbeitnehmer.** Voraussetzung ist, dass der Arbeitgeber berechtigt ist, gegenüber dem Arbeitnehmer eine entsprechende Sanktionsregelung zu treffen. Soweit es sich um Geldbußen handelt, ergibt sich die Zulässigkeit daraus, dass Arbeitgeber und Betriebsrat für den Ordnungsverstoß eine *Vertragsstrafe* vereinbaren können. Eine Entlassung des Arbeitnehmers als Disziplinarmaßnahme scheidet dagegen aus; denn sie kann nur auf Grund einer Kündigung erfolgen, die der Arbeitgeber nur in den Grenzen des zwingenden Kündigungs- und Kündigungsschutzrechts erklären kann (s. Rn. 247 f.). 213

Das BAG und die h. L. entnehmen dagegen dem Mitbestimmungstatbestand das Recht der Betriebspartner zur Aufstellung einer Bußordnung und zur Verhängung von Betriebsbußen (BAG 17. 10. 1989 AP BetrVG 1972 § 87 Betriebsbuße Nr. 12; st. Rspr.; vgl. BAG 5. 12. 1975 und 30. 1. 1979 AP BetrVG 1972 § 87 Betriebsbuße Nr. 1 und 2; bereits zu § 56 Abs. 1 lit. f BetrVG 1952 BAG 12. 9. 1967 AP BetrVG (1952] § 56 Betriebsbuße Nr. 1; *Fitting*, § 87 Rn. 76 ff.; *GK-Wiese*, § 87 Rn. 236 f.; ErfK-*Kania*, § 87 Rn. 22 ff.; *Gamillscheg*, Kollektives Arbeitsrecht, Bd. II S. 881 ff.; *Nikisch*, Bd. III S. 417; s. auch Rn. 219 ff.). Dieses Recht soll sich aus der Befugnis ergeben, Fragen der Ordnung des Betriebs und des Verhaltens der Arbeitnehmer im Betrieb zu regeln. Das BAG hat klargestellt, dass Schutzgegenstand der Betriebsbuße die *betriebliche Ordnung* ist (vgl. BAG 17. 10. 1989 AP BetrVG 1972 § 87 Betriebsbuße Nr. 12; *Matthes*, MünchArbR § 243 Rn. 23). Dennoch nimmt es in Übereinstimmung mit der h. L. an, dass die Betriebsbuße keine Vertragsstrafe i. S. der §§ 339 ff. BGB ist, sondern eine *Betriebsstrafe* darstellt, die wie eine Kriminalstrafe Strafcharakter hat (vgl. BAG 5. 2. 1986 AP BGB § 339 Nr. 12; GK-*Wiese*, § 87 Rn. 240). 214

2. Zulässigkeit von Betriebsbußen

215 Das Gesetz enthält **keine ausdrückliche Bestimmung über die Zulässigkeit**, bei Verstößen gegen die betriebliche Ordnung **Betriebsbußen zu verhängen**.

216 a) Das Gesetz enthält **nicht** einmal eine Bestimmung, wie sie in **§ 134 b Abs. 1 Nr. 4 GewO** enthalten war. Nach ihm waren, sofern Strafen vorgesehen werden sollten, Bestimmungen über die Art und Höhe und, wenn sie in Geld bestanden, über deren Einziehung und über den Verwendungszweck in die Arbeitsordnung aufzunehmen; eine ähnliche Bestimmung enthielt § 27 Abs. 1 Nr. 4 AOG, wo nicht mehr von Strafen, sondern von Bußen die Rede war. Außerdem war die zulässige Höhe der Geldstrafen bzw. Geldbußen geregelt (§ 134 b Abs. 2 GewO, § 28 AOG). Auch der RegE zum BetrVG 1952 sah in § 61 unter lit. d des Abs. 1 vor, dass Arbeitgeber und Betriebsrat durch Betriebssatzung „Art, Höhe, Verhängung, Einziehung und Verwendung von Betriebsbußen, soweit solche zulässigerweise vereinbart sind", regeln (BT-Drucks. I/ 1546, S. 18; abgedruckt in RdA 1950, 346). Diese Vorschrift wurde bei den Beratungen über den Gesetzentwurf gestrichen.

217 Man sah in den Strafen, auf die § 134 b Abs. 1 Nr. 4, Abs. 2 GewO sich bezog, *ursprünglich* Vertragsstrafen (vgl. RAG 13. 7. 1929 BenshSlg. 6, 393, 396 f.; 15. 11. 1930 BenshSlg. 10, 307, 308; *A. Hueck* in *Hueck/Nipperdey*, 3./5. Aufl., Bd. I S. 191; zur dogmengeschichtlichen Entwicklung *U. Luhmann*, Betriebsjustiz und Rechtsstaat, S. 50 ff.). Nur vereinzelt sah man ihre Grundlage in einer Strafbefugnis des Fabrikbesitzers und unterschied sie als *Privatstrafen* von den Vertragsstrafen (vgl. *Apt*, AöR 15 [1900], 321 ff.). In der Weimarer Zeit ersetzten die Verfechter dieser Auffassung das einseitige Strafrecht des Arbeitgebers durch die *autonome Strafgewalt der Betriebsgemeinschaft*, die durch ihre Organe Arbeitgeber und Betriebsrat die Strafbestimmungen aufstelle (vgl. *Friese*, Gruchots Beiträge 67 [1925], 627, 639, 643). Unter dem Gesetz zur Ordnung der nationalen Arbeit gelangte diese Auffassung zur Herrschaft; die in § 27 Abs. 1 Nr. 4, 28 AOG genannten Bußen wurden nicht mehr als Vertragsstrafen, sondern als **Satzungsstrafen** oder **Disziplinarstrafen** beurteilt, wobei man der Betriebsgemeinschaft insofern eine Bußgewalt einräumte, „als in der vom Führer des Betriebes zu erlassenden autonomen Satzung der Betriebsordnung Bußen für gewisse Verstöße der Gefolgschaftsangehörigen vorgesehen werden können" (*Nipperdey* in *Hueck/Nipperdey/Dietz*, AOG, § 28 Rn. 3; vgl. auch RAG 14. 4. 1942 und 17. 4. 1942 ARS 44, 228, 232 und 285, 289). Diese Auffassung blieb für das geltende Recht herrschend (vgl. *U. Luhmann*, Betriebsjustiz und Rechtsstaat, S. 60 ff.).

218 Nach **h. M.** ist die Betriebsbuße **keine Vertragsstrafe**, sondern eine **betriebliche Disziplinarmaßnahme mit Strafcharakter** (vgl. BAG 30. 1. 1979 und 7. 11. 1979 AP BetrVG 1972 § 87 Betriebsbuße Nr. 2 und 3; 5. 2. 1986 AP BGB § 339 Nr. 12; 17. 10. 1989 AP BetrVG 1972 § 87 Betriebsbuße Nr. 12; *Fitting*, § 87 Rn. 79; *GK-Wiese*, § 87 Rn. 240 f.; *GL-Löwisch*, § 87 Rn. 72 f.; *A. Hueck* in *Hueck/Nipperdey*, Bd. I S. 261; *Nikisch*, Bd. III S. 417; *Nipperdey/Säcker* in *Hueck/Nipperdey*, Bd. II/2 S. 1378; *Herschel*, Betriebsbußen, S. 21 ff.; *Neumann-Duesberg*, S. 491; *Meyer-Cording*, NJW 1966, 225, 227; *D. Neumann*, RdA 1968, 250, 252; a. A. *U. Luhmann*, Betriebsjustiz und Rechtsstaat, S. 105 ff., *Weitnauer*, FS Reinhardt 1972, S. 179, 188 ff.; *Zöllner*, ZZP 83 [1970], 365, 387 ff.; *Leinemann*, AuR 1970, 134, 140 f.; vgl. auch *E. Schumann*, GedS Dietz 1973, S. 323, 331 ff.). Sie diene der Ahndung eines nicht bloß vertragswidrigen, sondern gemeinschaftswidrigen Verhaltens (so BAG AP BetrVG 1972 § 87 Betriebsbuße Nr. 2 und 3; BAG AP BGB § 339 Nr. 12). Ihr fehle die Funktion der Vertragsstrafe als Mittel des Schadensersatzes, und sie werde daher nicht wie diese kraft Gesetzes *verwirkt* (vgl. § 339 BGB), sondern durch die Betriebspartner zur Sühne eines begangenen Unrechts verhängt (vgl. GK-*Wiese*, § 87 Rn. 240 f., 244). Im Unterschied zur Vertragsstrafe enthalte sie ein *Unwerturteil über die Person des Arbeitnehmers* (vgl. BAG AP BetrVG 1972 § 87 Betriebsbuße Nr. 3).

b) Sieht man in der Regelung und Festsetzung von Betriebsbußen die Ausübung einer Betriebsstrafgewalt, so gibt es für sie **keine Gesetzesgrundlage.** Nr. 1 enthält sie ebenso wenig wie § 56 Abs. 1 lit. f BetrVG 1952 (a. A. BAG 17. 10. 1989 AP BetrVG 1972 § 87 Betriebsbuße Nr. 12; zu lit. f des § 56 Abs. 1 BetrVG 1952 BAG 12. 9. 1967 AP BetrVG [1952] § 56 Betriebsbuße Nr. 1, nicht stimmig aber, soweit es feststellt, dass diese Bestimmung die Zulässigkeit von Betriebsbußenordnungen voraussetze). Daraus, dass Fragen der Ordnung des Betriebs und des Verhaltens der Arbeitnehmer im Betrieb dem Mitbestimmungsrecht des Betriebsrats unterliegen und deshalb durch Betriebsvereinbarung geregelt werden können, ergibt sich nicht, dass bei Verstößen als Sanktion eine *Betriebsstrafe* verhängt werden kann. Eine Betriebsstrafgewalt, die sich von der Kompetenz zur Vereinbarung von Vertragsstrafen unterscheidet, kann insoweit auch nicht aus einer Annexkompetenz begründet werden (so aber *R. Scholz,* in: *Kaiser/ Metzger-Pregizer,* Betriebsjustiz, S. 328 f.; wie hier *Konzen,* Anm. zu BAG AP BetrVG 1972 § 87 Betriebsbuße Nr. 1, Bl. 5).

219

Die h. L. sieht die Rechtsgrundlage der Betriebsstrafgewalt in einer **sozialen Autonomie,** die ebenso wie beim Verein durch Satzung hier zu einer „satzungsgemäßen Aufstellung einer Betriebsbußenordnung durch Betriebsvereinbarung oder Tarifvertrag berechtigen soll" (**Satzungstheorie;** vgl. vor allem *D. Neumann,* RdA 1968, 250, 252 f.; weiterhin *Herschel,* Betriebsbußen, S. 21 ff.; *Meyer-Cording,* NJW 1966, 225, 226; *Galperin,* BB 1970, 933, 936; *Reuß,* FS Verwaltungshochschule Speyer 1972, S. 517, 530). Auch das BAG meint, dass es sich bei dem Betriebsbußwesen um einen „Ausfluss der autonomen Gewalt der Betriebspartner im Bereich des insoweit autonomen Betriebsverbandes" handele (BAG 12. 9. 1967 AP BetrVG [1952] § 56 Betriebsbuße Nr. 1). Eine autonome betriebliche Strafgewalt besteht aber ebenso wenig wie eine Strafgewalt des Arbeitgebers gegenüber den Arbeitnehmern. Auch aus der vom Gesetz umfassend eingeräumten Regelungsbefugnis der Betriebspartner in sozialen Angelegenheiten kann keine Betriebsstrafgewalt abgeleitet werden (a. A. GK-*Wiese,* § 87 Rn. 237). Die Einbeziehung des Arbeitsverhältnisses in die Betriebsverfassung ändert nicht seinen Charakter als Rechtsverhältnis rechtsgeschäftlicher Ordnung. Die Betriebsvereinbarungsautonomie enthält **keine Befugnis, strafbewehrte Tatbestände mit der Möglichkeit einer Verhängung von Betriebsstrafen** festzulegen.

220

c) Der **Ausgangspunkt der herrschenden Betriebsstrafenlehre,** nämlich die Anerkennung einer autonomen betrieblichen Strafgewalt, ist **verfehlt.** Im Vordergrund der rechtlichen Beurteilung hat vielmehr die Maßnahme zu stehen, die der Arbeitgeber ergreift, um dem Ordnungsverstoß zu begegnen. Geht man so vor, kommt man zu richtigen Abgrenzungen: Beanstandet der Arbeitgeber ein Verhalten des Arbeitnehmers als Verletzung seiner Pflichten aus dem Arbeitsvertrag, so kann für die Beurteilung keine Rolle spielen, ob man die Beanstandung als „Abmahnung" oder als „Verweis" bezeichnet (ebenso BAG 17. 10. 1989 AP BetrVG 1972 § 87 Betriebsbuße Nr. 12; s. auch hier Rn. 227 ff.). Soweit es um die „Entlassung" geht, kann der Arbeitgeber sie nur unter den Voraussetzungen des Kündigungs- und Kündigungsschutzrechts erklären (vgl. BAG 28. 4. 1982 AP BetrVG 1972 § 87 Betriebsbuße Nr. 4; s. auch Rn. 247 f.). Geht es schließlich um eine „Geldbuße", so kann sie auch bei einem Ordnungsverstoß nur als *Vertragsstrafe* festgesetzt werden (s. auch Rn. 232 ff.).

221

Folgt man dagegen der herrschenden Betriebsstrafenlehre, so sind Vertragsstrafen neben Betriebsstrafen zulässig (vgl. *Herschel,* Betriebsbußen, S. 26, 34; s. auch BAG 17. 10. 1989 E 63, 169, 178 f. = AP BetrVG 1972 § 87 Betriebsbuße Nr. 12). Dass der Arbeitnehmer möglicherweise für ein und dieselbe Verfehlung dreifacher Sanktion ausgesetzt ist: der Vertragsstrafe, der Betriebsbuße und der Kriminalstrafe (vgl. *Zöllner,* ZZP 83 [1970], 365, 388), lässt sich nur vermeiden, wenn man es für ausgeschlossen hält, dass bei einer Pflichtverletzung des Arbeitnehmers, die sich auf sein Ordnungsverhalten bezieht, eine Vertragsstrafe vereinbart werden kann. Die Möglichkeit im Arbeitsvertrag nach § 339 BGB eine Vertragsstrafe zu vereinbaren, beschränkt sich aber

222

nicht auf die Pflichtverletzungen des Arbeitnehmers beim Arbeitsverhalten, sondern sie besteht auch für Ordnungsverstöße. Die vom BAG vorgenommene Abgrenzung, ob die Vertragsklausel nur auf die Gläubigerinteressen des Arbeitgebers oder darüber hinaus auf die Sicherung der betrieblichen Ordnung ausgerichtet ist, bezieht sich auf seine Unterscheidung der Vertragsstrafe von der Betriebsbuße (BAG 5. 2. 1986 AP BGB § 339 Nr. 12). Sie bedeutet aber nicht, dass die Festlegung einer Vertragsstrafe für einen Ordnungsverstoß unzulässig ist.

3. Rechtsprechung des BAG zur Mitbestimmung bei Betriebsbußen

223   a) Das BAG verlangt für die Verhängung einer Betriebsbuße den **Erlass einer Betriebsbußenordnung** (BAG 12. 9. 1967 AP BetrVG [1952] § 56 Nr. 1; 5. 12. 1975 AP BetrVG 1972 § 87 Betriebsbuße Nr. 1; 22. 2. 1978 AP BGB § 611 Fürsorgepflicht Nr. 84; 17. 10. 1989 AP BetrVG 1972 § 87 Betriebsbuße Nr. 12). Sie kann nur durch Tarifvertrag oder Betriebsvereinbarung, nicht durch arbeitsvertragliche Regelung geschaffen werden.

224   Für die rechtswirksame Verhängung von Betriebsbußen hat das BAG die **folgenden Voraussetzungen** aufgestellt (vgl. BAG 12. 9. 1967 AP BetrVG [1952] § 56 Betriebsbuße Nr. 1; s. auch Materialien zum Bericht zur Lage der Nation 1972, BT-Drucks. VI/3080, S. 159 sowie Rn. 241):

(1) Die Betriebsbuße muss vor der Tat generell angedroht worden sein;
(2) der die Verhängung von Bußen bedingende Tatbestand muss in der Betriebsbußenordnung festgelegt sein;
(3) das Verfahren muss rechtsstaatlich und ordnungsgemäß abgehalten werden;
(4) dem betroffenen Arbeitnehmer ist rechtliches Gehör zu gewähren, eine Vertretung ist zuzulassen.

225   Geahndet werden können nur **Verstöße gegen die kollektive betriebliche Ordnung** (so ausdrücklich BAG 17. 10. 1989 AP BetrVG 1972 § 87 Betriebsbuße Nr. 12). Die **Art der Betriebsbuße** bleibt im Rahmen ihrer Regelungsbefugnis der Vereinbarung der Betriebspartner überlassen, mag es sich um förmliche Beanstandungen in Form von „Rügen", „Verweisen", „strengen Verweisen", um den zeitweiligen Ausschluss von Vergünstigungen, um Geldbußen oder ähnliche Disziplinarmaßnahmen handeln (so wörtlich BAG a. a. O.). Bei einer **Geldbuße** muss deren **Höhe** gewissen Erfordernissen der Billigkeit entsprechen; im Allgemeinen darf sie einen halben Tagesverdienst, in besonders schweren Fällen einen ganzen Tagesverdienst nicht überschreiten (vgl. Materialien zum Bericht zur Lage der Nation 1972, BT-Drucks. VI/3080, S. 159; ebenso GK-*Wiese*, § 87 Rn. 259; *Nikisch*, Bd. III S. 418; *Nipperdey/Säcker* in *Hueck/Nipperdey*, Bd. II/2 S. 1378) und ist an betriebliche oder gemeinnützige Sozialeinrichtungen zu leisten (ebenso Materialien zum Bericht zur Lage der Nation 1972, a. a. O.; GK-*Wiese*, § 87 Rn. 261; GL-*Löwisch*, § 87 Rn. 78; *Nikisch*, Bd. III S. 417; *Nipperdey/Säcker* in *Hueck/Nipperdey*, Bd. II/2 S. 1378 f.).

226   b) Das **Mitbestimmungsrecht des Betriebsrats** beschränkt sich nicht auf die **Aufstellung einer Betriebsbußenordnung,** sondern es erstreckt sich auch auf die **Verhängung einer Betriebsbuße im Einzelfall** (BAG 25. 2. 1966 AP PersVG § 66 Nr. 8; 12. 9. 1967 AP BetrVG [1952] § 56 Betriebsbuße Nr. 1; 5. 12. 1975 AP BetrVG 1972 § 87 Betriebsbuße Nr. 1; 22. 2. 1978 AP BGB § 611 Fürsorgepflicht Nr. 84; 30. 1. 1979, 7. 11. 1979 und 17. 10. 1989 AP BetrVG 1972 § 87 Betriebsbuße Nr. 2, 3 und 12; *Fitting*, § 87 Rn. 92; GK-*Wiese*, § 87 Rn. 263; GL-*Löwisch*, § 87 Rn. 79; DKK-*Klebe*, § 87 Rn. 62; *Weiss/Weyand*, § 87 Rn. 23; *Gamillscheg*, Kollektives Arbeitsrecht, Bd. II S. 885; *Nipperdey/Säcker* in *Hueck/Nipperdey*, Bd. II/2 S. 1379; *Herschel*, Betriebsbußen, S. 34 f.). Begründet wird diese Auffassung damit, „dass es sich bei der Verhängung der Buße im Einzelfall nicht um eine echte Einzelmaßnahme handelt, sondern dass mit Hilfe einer Buße die generelle betriebliche Ordnung durchgesetzt werden soll" (BAG 5. 12. 1975

AP BetrVG 1972 § 87 Betriebsbuße Nr. 1; ähnlich BAG 22. 2. 1978 AP BGB § 611 Fürsorgepflicht Nr. 84; BAG 30. 1. 1979 und 7. 11. 1979 AP BetrVG 1972 § 87 Betriebsbuße Nr. 2 und 3). Das BAG verlangt zwar, es müsse „immer ein kollektiver Bezug vorhanden sein"; es sieht ihn aber in einem „gemeinschaftswidrigen Verhalten des Arbeitnehmers", wie es bei Verstößen gegen die betriebliche Ordnung stets gegeben sei, wenn eine Bußordnung bestehe. Mit dieser Begründung kann jedoch nicht in Zweifel gezogen werden, dass die Festsetzung der einzelnen Buße selbst eine *Individualmaßnahme* darstellt. Doch spricht diese Beurteilung nicht gegen die Mitbestimmung, sondern nur gegen die These, dass die Mitbestimmung auf Kollektivmaßnahmen beschränkt sei. Das Mitbestimmungsrecht ist in Nr. 1 nicht auf eine *Regelungsmitbestimmung* begrenzt (ebenso *R. Scholz*, in: *Kaiser/Metzger-Pregizer*, Betriebsjustiz, S. 354).

4. Mitbestimmungsfreiheit einer Abmahnung

a) Sieht der Arbeitgeber in einem bestimmten Verhalten des Arbeitnehmers eine 227 Vertragsverletzung, so kann er eine **Abmahnung** erklären. Sie unterscheidet sich von der **bloßen Vertragsrüge** dadurch, dass sie eine *Warnfunktion* entfaltet. Der Arbeitgeber muss deshalb ein bestimmtes Verhalten des Arbeitnehmers als Vertragsverletzung aufzeigen, für die Zukunft die Einhaltung der vertraglichen Pflichten fordern und für den Fall eines erneuten Verstoßes Folgerungen für das Arbeitsverhältnis androhen (vgl. BAG 10. 11. 1988 AP KSchG 1969 Abmahnung § 1 Nr. 3). Nur dann nämlich bildet die Abmahnung die notwendige Vorstufe für eine Kündigung aus verhaltensbedingten Gründen (vgl. *Berkowsky*, MünchArbR § 114 Rn. 118 ff.).

b) Eine Abmahnung ist **mitbestimmungsfrei** (vgl. BAG 5. 12. 1975, 30. 1. 1979 und 228 7. 11. 1979 AP BetrVG 1972 § 87 Betriebsbuße Nr. 1, 2 und 3; 22. 10. 1985 AP BetrVG 1972 § 87 Lohngestaltung Nr. 18; 17. 10. 1989 AP BetrVG 1972 § 87 Betriebsbuße Nr. 12). Sie ist es auch dann, wenn die Pflichtverletzung im Ordnungsverhalten des Arbeitnehmers liegt (ebenso BAG 30. 1. 1979 und 17. 10. 1989 AP BetrVG 1972 § 87 Betriebsbuße Nr. 2 und 12), z. B. die Abmahnung wegen eines Verstoßes gegen ein betriebliches Rauch- oder Alkoholverbot (ebenso BAG 17. 10. 1989 AP BetrVG 1972 § 87 Betriebsbuße Nr. 12; a. A. *Gamillscheg*, Kollektives Arbeitsrecht, Bd. II S. 887).

Von der mitbestimmungsfreien Abmahnung unterscheidet das BAG die **mitbestim-** 229 **mungspflichtige Missbilligung**, die als *Betriebsbuße* verhängt wird (vgl. vor allem BAG 17. 10. 1989 AP BetrVG 1972 § 87 Betriebsbuße Nr. 12). Nicht hinreichend geklärt sind die Abgrenzungskriterien. Nicht entscheidend ist, wie der Arbeitgeber seine Erklärung bezeichnet, so dass auch eine „Rüge" oder ein „Verweis" nur eine Abmahnung darstellen kann (BAG a. a. O.; bereits BAG 5. 12. 1975 und 30. 1. 1979 AP BetrVG 1972 § 87 Betriebsbuße Nr. 1 und 2). Umgekehrt ist es möglich, dass der Arbeitgeber seine Erklärung nur als Abmahnung bewertet, obwohl sie bereits den Charakter einer Betriebsbuße hat (so BAG 17. 10. 1989 AP BetrVG 1972 § 87 Betriebsbuße Nr. 12). Nach Ansicht des BAG ist entscheidend, ob die Maßnahme eine *zusätzliche Sanktion* für das gerügte Verhalten darstellt, die über eine bloße Abmahnung hinausgeht (BAG a. a. O.). Darin liegt in der Tat der entscheidende Gesichtspunkt; doch bleibt offen, worin die zusätzliche Sanktion zu bestehen hat. Nicht ausreichend ist es jedenfalls, wenn das BAG auf den *Willen des Arbeitgebers* abgestellt und daher der Auslegung seiner Willenserklärung entnommen hat, ob sie eine mitbestimmungsfreie Abmahnung oder eine mitbestimmungspflichtige Betriebsbuße darstellt (BAG 5. 12. 1975 und 30. 1. 1979 AP BetrVG 1972 § 87 Betriebsbuße Nr. 1 und 2). Die Formalisierung einer vom Arbeitgeber ausgesprochenen Missbilligung soll – insbesondere dann, wenn sie in einer Stufenfolge wie „Verwarnung, Verweis, Versetzung, Entlassung" erscheint – darauf hindeuten, dass die Maßnahme Sanktionscharakter trägt (BAG 7. 11. 1979 AP BetrVG 1972 § 87 Betriebsbuße Nr. 3). Kriterium ist nach Auffassung des BAG allein, dass die mitbestimmungsfreie Abmahnung kein Unwerturteil über die Person des Arbeitnehmers enthalten darf (so ausdrücklich BAG 7. 11. 1979 AP BetrVG 1972 § 87 Betriebsbuße Nr. 3; kritisch dazu *Thiele*, SAE 1981, 239).

230 c) Auch wenn man keine Betriebsstrafgewalt anerkennt (s. Rn. 218 ff.), folgt daraus noch nicht die Begründung einer Mitbestimmungsfreiheit für Missbilligungen des Arbeitgebers bei **Ordnungsverstößen des Arbeitnehmers**. Mitbestimmungsfrei ist lediglich eine *Vertragsrüge*, deren Zweck es ist, dass der Arbeitnehmer sich in Zukunft vertragsgerecht verhält. Dann handelt es sich nämlich um die nicht unter die Mitbestimmung des Betriebsrats fallende Ausübung einer Gläubigerbefugnis. Auch eine *Abmahnung* verbindet mit der Beanstandung des vertragswidrigen Fehlverhaltens nur den Hinweis auf die Gefährdung von Inhalt oder Bestand des Arbeitsverhältnisses bei künftigen gleichartigen Vertragsverletzungen (s. Rn. 227). Auch bei ihr reagiert der Arbeitgeber auf das Fehlverhalten des Arbeitnehmers nicht mit einer *zusätzlichen Sanktion*, sondern sie bezweckt die *Rückkehr zu einem vertragsgerechten Verhalten in der Zukunft*. Diese Funktion hat die Abmahnung auch dann, wenn sie mit einem Verstoß gegen das Ordnungsverhalten des Arbeitnehmers begründet wird.

231 Die Rechtslage ist dagegen eine andere, wenn die Rüge von Ordnungsverstößen sich auf die Möglichkeit einer Beförderung nachteilig auswirkt (vgl. BAG 17. 10. 1989 AP BetrVG 1972 § 87 Betriebsbuße Nr. 12). Hier besteht ein **Mitbestimmungsrecht des Betriebsrats**; es ergibt sich aber nicht daraus, dass eine Betriebsstrafe verhängt wird (so BAG a. a. O.), sondern daraus, dass für das Ordnungsverhalten des Arbeitnehmers eine über die Einhaltung seiner Vertragspflicht hinausgehende Sanktionsregelung getroffen wird. Die Mitbestimmung des Betriebsrats bezieht sich nämlich nicht nur auf Regelungen, welches Ordnungsverhalten ein Arbeitnehmer zu beachten hat, sondern auch darauf, wie eine Nichtbeachtung sich auf den Inhalt des Arbeitsverhältnisses auswirkt.

5. Geldbußen bei Verstößen gegen die betriebliche Ordnung

232 a) Das Problem einer betrieblichen Strafgewalt stellt sich vor allem bei den Geldbußen. Bei ihnen ist streitig, ob sie noch als **Vertragsstrafen** gewertet werden können, soweit sie der Aufrechterhaltung der Ordnung im Betrieb dienen (s. die Angaben in Rn. 246). Für die herrschende Betriebsstrafenlehre ist kennzeichnend, dass sie mit einer *petitio principii* die Zuordnung der Geldbußen bei Ordnungsverstößen zu den Vertragsstrafen ablehnt: Die Vertragsstrafe soll keinen Strafcharakter haben, während Zweck der Betriebsbuße Sühne für begangene und Abschreckung vor künftigen Ordnungsverstößen sei (so *Herschel*, Betriebsbußen, S. 22 f.; vgl. auch *Matthes*, MünchArbR § 243 Rn. 19 ff.; *Gamillscheg*, Kollektives Arbeitsrecht, Bd. II S. 883). Andererseits geht es zu weit, von einer Vertragsstrafe bereits dann zu sprechen, wenn das Strafversprechen durch Vertrag begründet wird (so aber *Zöllner*, ZZP 83 [1970], 365, 387 f.). Die Vertragsstrafe ist vielmehr an die Funktion eines Schadensausgleichs gebunden und steht damit im Gegensatz zur Strafe (ebenso *U. Luhmann*, Betriebsjustiz und Rechtsstaat, S. 141 ff.; abweichend *Bötticher*, ZfA 1970, 3 ff., insbes. S. 30, nach dem die Vertragsstrafe wegen der Zulässigkeit eines selbständigen Strafversprechens, wie es sich mittelbar aus § 343 Abs. 2 BGB ergebe, unter Aufgabe der Wiedergutmachungsfunktion den Charakter einer Buße annehmen könne; dagegen *U. Luhmann*, a. a. O., S. 133 ff.). Folgt man der herrschenden Betriebsstrafenlehre, so ist zulässig, dass *neben* einer als Betriebsbuße verhängten Geldbuße für denselben Ordnungsverstoß eine *Vertragsstrafe* vereinbart sein kann. Da sie auch in einem Tarifvertrag oder einer Betriebsvereinbarung festgelegt sein kann, ist durch Auslegung zu ermitteln, ob es sich um eine Betriebsbuße oder Vertragsstrafe handelt (vgl. LAG Rheinland-Pfalz, ARST 1977 Nr. 173 S. 179). Für die **Mitbestimmung des Betriebsrats** kann aber keine Rolle spielen, ob die Sanktion bei einem Ordnungsverstoß als Betriebsbuße oder Vertragsstrafe ausgestaltet wird (ebenso *Söllner*, AuR 1981, 97 Fn. 1).

Da für eine betriebliche Strafgewalt die Rechtsgrundlage fehlt (s. Rn. 219 f.), können 233
Geldbußen nur als Vertragsstrafen rechtlich gewertet werden. Auch soweit sie durch
Betriebsvereinbarung geregelt werden, behalten sie ihren Charakter als Vertragsstrafen
(ebenso *Rieble*, in: Staudinger, BGB [2004], Vorbem. vor § 339 Rn. 136; *U. Luhmann*,
Betriebsjustiz und Rechtsstaat, S. 150 ff.; *Baur*, JZ 1965, 163, 165; *Bötticher*, ZfA 1970,
3, 51 Fn. 142; *Weitnauer*, FS Reinhardt 1972, S. 179, 190, 193).

b) Mit der rechtlichen Einordnung als Vertragsstrafen sind zugleich die **Voraussetzun-** 234
gen bestimmt, unter denen die Festsetzung von Geldbußen bei einem Verstoß gegen die
Ordnung des Betriebs zulässig ist:

(1) Schutzgegenstand muss ein **schadensrechtlich relevantes Interesse des Arbeitgebers** 235
sein (vgl. *U. Luhmann*, Betriebsjustiz und Rechtsstaat, S. 146 ff.). Nur insoweit kann bei
Verstößen gegen Ordnungsvorschriften eine Geldbuße festgelegt werden, z. B. bei Schlafen während der Nachtschicht, Rauchen trotz Rauchverbots, Diebstahl und Stechkartenbetrug. Bei Beschränkung auf das schadensrechtlich relevante Interesse wird auch nicht
das staatliche Monopol zur Verhängung von Kriminalstrafen tangiert (vgl. *Baumann*,
ZZP 84 [1971], 297, 299; nicht zutreffend deshalb *Baur*, JZ 1965, 163, 166, der
Vertragsstrafen bei strafbaren Handlungen für unzulässig hält; gegen ihn auch *Zöllner*,
ZZP 83 [1970], 365, 375, dem aber nicht gefolgt werden kann, soweit er betriebliche
Sanktionen mit Strafcharakter zulassen will). Eine Betriebsbuße scheidet aus, wenn
durch den Ordnungsverstoß weder ein materieller noch ein immaterieller Schaden des
Arbeitgebers eintreten kann, z. B. bei Verstößen gegen „Kameradschaft und Betriebsgemeinschaft", gegen das „Ansehen des Betriebes" oder gegen die „guten Sitten". Eine
weitere Einschränkung für die Festsetzung einer Geldbuße ergibt sich daraus, dass über
die Vertragsstrafe nicht die *Begrenzung der Arbeitnehmerhaftung* beseitigt werden kann
(vgl. auch *E. Schumann*, GedS Dietz 1973, S. 323, 347 f.).

Keine Begrenzung ergibt sich aus dem **Klauselverbot des § 309 Nr. 6 BGB.** Die 236
Bestimmung findet auf Betriebsvereinbarungen keine Anwendung (§ 310 Abs. 4
Satz 1 BGB). Aber auch wenn die Geldbußenregelung nur als Bestandteil des Arbeitsvertrags gilt, werden von dem Klauselverbot keine Vertragsstrafen bei Verstößen
gegen betriebliche Ordnungsvorschriften erfasst (vgl. auch BAG 4. 3. 2004 AP BGB
§ 309 Nr. 3).

(2) Der **Tatbestand des Ordnungsverstoßes,** der das schadensrechtlich relevante Inte- 237
resse des Arbeitgebers umschreibt, muss **bestimmt** sein, weil anderenfalls die *Verwirkung
der Vertragsstrafe* als Rechtsfolge nicht eintreten kann (ebenso vom Standpunkt der
herrschenden Betriebsstrafenlehre aus BAG 17. 10. 1989 AP BetrVG 1972 § 87 Betriebsbuße Nr. 12 mit dem Hinweis, der Grundsatz „nulla poena sine lege" müsse auch
hinsichtlich einer betrieblichen Strafgewalt und damit einer Betriebsbuße gelten; bereits
BAG 12. 9. 1967 AP BetrVG [1952] § 56 Betriebsbuße Nr. 1; *Herschel*, Betriebsbußen,
S. 50; vgl. auch *R. Scholz* in *Kaiser/Metzger-Pregizer*, Betriebsjustiz, S. 350 f.).

(3) Die **Höhe der Geldbuße** braucht dagegen nicht bestimmt zu sein; es genügt ein 238
Strafrahmen, so dass die Geldbuße erst im Einzelfall festgelegt wird. Für ihre Höhe gilt
§ 343 BGB; der Arbeitnehmer kann also im Urteilsverfahren beantragen, dass die
Geldbuße herabgesetzt wird, wenn sie unverhältnismäßig hoch ist (ebenso *Zöllner*, ZZP
83 [1970], 365, 387; a. A. bei Beurteilung als Betriebsbuße: *Nikisch*, Bd. III S. 420;
Herschel, Betriebsbußen, S. 24; *Sieg*, RdA 1954, 361, 362; *Söllner*, JZ 1966, 803, 804,
der die Grundlage für eine richterliche Herabsetzung der Buße in § 315 Abs. 3 Satz 2
bzw. bei Verhängung durch einen paritätisch besetzten Ausschuss in § 319 BGB sieht;
ebenso GL-*Löwisch,* § 87 Rn. 81; *Baur,* JZ 1965, 163, 166; wie hier dagegen für
entsprechende Anwendung des § 343 BGB *R. Scholz* in *Kaiser/Metzger-Pregizer*, Betriebsjustiz, S. 349 f.; HSWGNR-*Worzalla*, § 87 Rn. 133; vgl. ausführlich *Beuthien*, BB
1968 Beil. 12, 9 f.).

Für die Verhältnismäßigkeit der Geldbuße können die Grundsätze herangezogen 239
werden, wie sie in § 134 Abs. 2 GewO a. F., § 28 Abs. 1 AOG niedergelegt waren: Die

Höhe der Buße darf einen halben Tagesverdienst, in besonders schweren Fällen einen ganzen nicht überschreiten (vgl. Materialien zum Bericht zur Lage der Nation 1972, BT-Drucks. VI/3080, S. 159; s. auch Rn. 225).

240 (4) Da Geldbußen nur als Vertragsstrafen zulässig sind, besteht keine Pflicht des Arbeitgebers, sie an **betriebliche** oder **gemeinnützige Sozialeinrichtungen abzuführen** (ebenso *U. Luhmann*, Betriebsjustiz und Rechtsstaat, S. 176; *Leinemann*, AuR 1970, 134, 141; vgl. auch LAG Rheinland-Pfalz, ARST 1977 Nr. 173, S. 179; a. A. bei Beurteilung als Betriebsbuße *Fitting*, § 87 Rn. 88; GK-*Wiese*, § 87 Rn. 261; GL-*Löwisch*, § 87 Rn. 78; *Gamillscheg*, Kollektives Arbeitsrecht, Bd. II S. 884; *Nikisch*, Bd. III S. 417; wie hier HSWGNR-*Worzalla*, § 87 Rn. 134; s. auch Rn. 225). Durch *freiwillige Betriebsvereinbarung* kann der Arbeitgeber sich aber verpflichten, Geldbußen wegen eines Ordnungsverstoßes einer Sozialeinrichtung zuzuführen oder für einen karitativen Zweck zu verwenden (ebenso HSWGNR-*Worzalla*, § 87 Rn. 134).

241 c) Für das Betriebsbußwesen hat das BAG **Verfahrensgarantien** aufgestellt; es verlangt, „dass

a) die Bußordnung wirksam geschaffen und bekannt gemacht ist,

b) in ihr die die Verhängung von Bußen bedingenden Tatbestände festgelegt und zulässige Bußen normiert sind,

c) ein rechtsstaatliches, ordnungsgemäßes Verfahren vorgesehen ist und eingehalten wird,

d) rechtliches Gehör gewährt und eine Vertretung zugelassen wird,

e) auch bei Verhängung der einzelnen Buße der Betriebsrat im Sinne der Mitbestimmung eingeschaltet wird"

(BAG 12. 9. 1967 E 20, 79 = AP BetrVG § 56 Betriebsbuße Nr. 1; s. auch Rn. 224).

242 Die Geltung dieser Verfahrensgarantien wird nicht dadurch in Frage gestellt, dass Geldbußen nach dem hier vertretenen Standpunkt nur als *Vertragsstrafen* zulässig sind. Die Verneinung einer Betriebsstrafgewalt hat aber zur Folge, dass in den Betrieben **keine Konfliktkommissionen** gebildet werden können, die in gerichtsförmlichen Verfahren **Betriebsstrafen wie Kriminalstrafen** verhängen.

243 d) Geht man nicht von einer Betriebsstraf- oder Disziplinargewalt für die Verhängung von Betriebsbußen aus, sondern hält man Geldbußen nur insoweit für zulässig, als sie Vertragsstrafen sind, so kann auch das **Mitbestimmungsrecht des Betriebsrats** zutreffend bestimmt werden. Da der Arbeitgeber sich nicht auf eine Missbilligung des Ordnungsverstoßes beschränkt, sondern für den Pflichtverstoß eine Geldbuße festgelegt werden soll, hat der Betriebsrat auch über deren Ordnung mitzubestimmen. Da die Vertragsstrafenregelung nur insoweit mitbestimmungspflichtig ist, als es um die Sanktionierung von Ordnungsverstößen geht, kann man sie zur Unterscheidung von der Festlegung sonstiger Vertragsstrafen auch als **Betriebsbußenordnung** bezeichnen. Damit besteht für die Anerkennung des Mitbestimmungsrechts kein Unterschied zur Auffassung des BAG und der h. L. (s. Rn. 223 ff.). Für die Schlüssigkeit der rechtlichen Begründung ist jedoch ohne weiteres einsichtig, dass eine Rechtsfolgengestaltung für das Arbeitsverhältnis, wie sie bei Festlegung von Vertragsstrafen für Ordnungsverstöße erfolgt, ohne weiteres unter Nr. 1 subsumiert werden kann, während es überhaupt nicht einsichtig ist, dass mit der gesetzlichen Festlegung der Mitbestimmung bei Arbeitgebermaßnahmen über das Ordnungsverhalten der Arbeitnehmer eine Betriebsstrafgewalt verbunden sein soll (s. Rn. 219 ff.).

244 Das Mitbestimmungsrecht bezieht sich auch auf die **Festsetzung der Geldbuße im Einzelfall**, d. h. die Feststellung der Voraussetzungen, ob die Vertragsstrafe im konkreten Fall verwirkt ist (ebenso *Konzen*, Anm. zu BAG, AP BetrVG 1972 § 87 Betriebsbuße Nr. 1, Bl. 5; vom Standpunkt einer Betriebsstrafgewalt aus BAG 12. 9. 1967 AP BetrVG [1952] § 56 Betriebsbuße Nr. 1; zuletzt BAG 17. 10. 1989 AP BetrVG 1972 § 87 Betriebsbuße Nr. 12; s. auch Rn. 226).

Die **Festsetzung einer Geldbuße** unter Nichtbeachtung des Mitbestimmungsrechts ist 245
rechtsunwirksam (ebenso BAG 17. 10. 1989 AP BetrVG 1972 § 87 Betriebsbuße Nr. 12).

e) Sowohl die Bußordnung wie die einzelne Bußfestsetzung unterliegen in vollem 246
Umfang der **arbeitsgerichtlichen Kontrolle** (vgl. BAG 12. 9. 1967 AP BetrVG [1952]
§ 56 Betriebsbuße Nr. 1 in analoger Anwendung des Art. 19 Abs. 4 GG; jedoch war es
überflüssig, diese Vorschrift zu bemühen, weil die Zulässigkeit der gerichtlichen Überprüfung sich schon daraus ergibt, dass es sich um eine Frage der Gestaltung des Einzelarbeitsverhältnisses handelt; vgl. *Dietz*, Anm. zu BAG, AP BetrVG [1952] § 56 Betriebsbuße Nr. 1; kritisch auch *Dütz*, Rechtsstaatlicher Gerichtsschutz im Privatrecht, 1970,
S. 279; *Zöllner*, ZZP 83 [1970], 365, 386).

6. Entlassung und Rückgruppierung als Betriebsbuße

a) Zweifelhaft ist unter den Vertretern der herrschenden Betriebsstrafenlehre, ob die 247
Entlassung als Betriebsstrafe zulässig ist (verneinend BAG 25. 2. 1966 AP PersVG § 66
Nr. 8; 28. 4. 1982 AP BetrVG 1972 § 87 Betriebsbuße Nr. 4; *Fitting*, § 87 Rn. 89; GK-*Wiese*, § 87 Rn. 257; HSWGNR-*Worzalla*, § 87 Rn. 127 a; *Nipperdey/Säcker* in *Hueck/Nipperdey*, Bd. II/2, S. 1379 f.; *Neumann-Duesberg*, S. 491; *Kammann*, DB 1969, 2132,
2135; *Meisel*, SAE 1977, 91 f.; – bejahend GL-*Löwisch*, § 87 Rn. 74, 75; *Gamillscheg*,
Kollektives Arbeitsrecht, Bd. II S. 884; *Herschel*, Betriebsbußen, S. 27 f.; *Franzheim*,
Werkschutzrecht, 1966, S. 55; *Gaul*, DB 1965, 665, 668; *Meyer-Cording*, NJW 1966,
225, 226; zum PersVG 1955: BVerwG 11. 11. 1960 AP PersVG § 66 Nr. 2).

Das Problem stellt sich nicht, wenn man wie hier die Schaffung einer betrieblichen 248
Strafgewalt durch Tarifvertrag oder Betriebsvereinbarung ablehnt. Die Annahme einer
autonomen Disziplinarbefugnis, die zur Entlassung des Arbeitnehmers, zum Ausschluss
aus dem Betriebsverband, berechtigt, ist nicht mit dem zwingenden Kündigungs- und
Kündigungsschutzrecht vereinbar, das für die Kündigung als Gestaltungsrecht im Rahmen des Einzelarbeitsverhältnisses gilt (ebenso BAGE 39, 32, 35). Vom gegenteiligen
Standpunkt aus wird auch eingeräumt, dass durch die Aufnahme der Entlassung in die
Betriebsbußenordnung weder der individualrechtliche Schutz des Arbeitnehmers, wie er
sich aus dem Kündigungs- und Kündigungsschutzrecht ergibt, außer Kraft gesetzt wird,
noch die Beteiligungsrechte in personellen Angelegenheiten ihre Wirkung verlieren; sie
seien neben § 87 Abs. 1 Nr. 1 anzuwenden (so GL-*Löwisch*, § 87 Rn. 75). Die Kündigung ist jedoch ein *vertragliches Gestaltungsrecht*, kein *betriebliches Disziplinarmittel*.
Deshalb gibt es keinen sachlichen Grund, sie unter dem Aspekt der Entlassung unter das
hier eingeräumte Mitbestimmungsrecht fallen zu lassen (s. auch Rn. 250).

b) Die **Rückgruppierung** eines Arbeitnehmers kann ebenfalls nicht als Sanktionsmaß- 249
nahme ergriffen werden (ebenso *Fitting*, § 87 Rn. 89; GK-*Wiese*, § 87 Rn. 258). Möglich ist lediglich, dass ein Tarifvertrag diese Möglichkeit eröffnet. Da aber auch durch
Tarifvertrag keine betriebliche Strafgewalt geschaffen werden kann, ist diese Maßnahme
nur in den Grenzen zulässig, in denen eine Vertragsstrafe vereinbart werden kann. Etwas
anderes gilt nur, wenn dem Arbeitnehmer eine Tätigkeit zugewiesen werden kann, die zu
einer Rückgruppierung führt.

c) Auch soweit eine Kündigung, Versetzung oder Umgruppierung wegen Störung der 250
betrieblichen Ordnung erfolgt, besteht für den Betriebsrat **kein Mitbestimmungsrecht
nach § 87 Abs. 1 Nr. 1** (vgl. auch BAG 17. 10. 1989 AP BetrVG 1972 § 87 Betriebsbuße Nr. 12).

Bei einer Versetzung oder Umgruppierung hat der Betriebsrat nach § 99 mitzubestim- 251
men. Bei einer Kündigung hat er das Mitwirkungsrecht nach § 102. Außerdem kann der
Betriebsrat unter den Voraussetzungen des § 104 die Entlassung oder Versetzung des
Arbeitnehmers vom Arbeitgeber verlangen.

Von Bedeutung ist in diesem Zusammenhang auch das Mitbestimmungsrecht des 252
Betriebsrats nach § 95 bei der Aufstellung der Richtlinien über die personelle Auswahl

bei Versetzungen, Umgruppierungen und Kündigungen. Durch sie kann konkretisiert werden, ob Verstöße gegen die Ordnung des Betriebs einen Versetzungs- oder Kündigungsgrund darstellen, der die Versetzung oder Entlassung des Arbeitnehmers rechtfertigt (s. § 95 Rn. 30 ff. und 37 ff.).

7. Veröffentlichung von Ordnungsverstößen am Schwarzen Brett

253   Die Veröffentlichung der Namen der Arbeitnehmer, die der Arbeitgeber wegen eines Ordnungsverstoßes gerügt hat oder möglicherweise sogar mit einer Vertragsstrafe belegt hat, ist unzulässig; denn in der Anprangerung liegt eine Ehrenstrafe, deren Verhängung durch Privatpersonen gegen den Grundsatz der Menschenwürde verstößt (vgl. *Herzog* in *Maunz/Dürig*, GG, Art. 92 Rn. 163). Auch wer eine Betriebsstrafgewalt anerkennt, gestattet nicht, dass die Namensnennung am Schwarzen Brett erfolgt (vgl. *Fitting*, § 87 Rn. 90; GK-*Wiese*, § 87 Rn. 260; GL-*Löwisch*, § 87 Rn. 77; a. A. LAG Bayern [Nürnberg], DB 1970, 888).

B. Nr. 2: Beginn und Ende der täglichen Arbeitszeit einschließlich der Pausen sowie Verteilung der Arbeitszeit auf die einzelnen Wochentage

Abgekürzt zitiertes Schrifttum: *Braunert*, Schranken der kollektivrechtlichen Regelung flexibler Arbeitsverträge (Diss. Gießen 1987), 1990; *Dräger*, Beteiligung des Betriebsrats bei der Einführung flexibler Arbeitszeitsysteme, 1986; *Heisig*, Arbeitsentgelt- und Arbeitzeitregelungen im Spannungsfeld zwischen tariflicher und betriebsvereinbarungsrechtlicher Normsetzungsbefugnis (Diss. Köln 1990), 1991; *Hromadka* (Hrsg.), Arbeitszeitrecht im Umbruch, 1988; *Jene*, Kurzarbeit und betriebliche Mitbestimmung (§ 87 Abs. 1 Nr. 3 BetrVG), (Diss. Mannheim 1980) 1981; *H. Kilian*, Arbeitszeit und Mitbestimmung des Betriebsrats, Diss. Köln 1981; *Rauschenberg*, Flexibilisierung und Neugestaltung der Arbeitszeit, (Diss. Kassel) 1993; *Sprick*, Arbeitszeitbegriff und mitbestimmungspflichtige Tatbestände i. S. d. § 87 I Nr. 2, 3 BetrVG, 1997; *Tuchbreiter*, Beteiligungsrechte des Betriebsrats bei der Einführung und Durchführung flexibler Arbeitszeitmodelle, (Diss. Regensburg) 2001.

Übersicht

	Rn.
I. Vorbemerkung	254
II. Gegenstand der Mitbestimmung	255
1. Begriff der Arbeitszeit	256
2. Lage der Arbeitszeit als Gegenstand der Mitbestimmung	261
3. Beginn und Ende der täglichen Arbeitszeit	273
4. Verteilung der Arbeitszeit auf die einzelnen Wochentage	282
5. Flexible Arbeitszeitregelungen, insbesondere Schichtarbeit	287
6. Teilzeitbeschäftigung	294
7. Altersteilzeit	300
8. Arbeitsbereitschaft, Bereitschaftsdienst und Rufbereitschaft	301
9. Mehrarbeit und Kurzarbeit	304
III. Inhalt und Umfang der Mitbestimmung	306
1. Dauerregelung und Regelung eines vorübergehenden Zustands	306
2. Arbeitszeitregelung für einzelne Arbeitnehmer	308
3. Initiativrecht	310
4. Eil- und Notfall	311
5. Unternehmerische Entscheidungsautonomie als Schranke der Mitbestimmung	313
6. Arbeitskampf	316
7. Tendenzbetriebe	317
8. Vorrang von Gesetz und Tarifvertrag	321

Zweiter Abschnitt: Die einzelnen Mitbestimmungstatbestände § 87

	Rn.
IV. Durchführung der Mitbestimmung	324
1. Ausübungsform der Mitbestimmung	324
2. Zuständigkeit für die Mitbestimmungsausübung	326
3. Bekanntgabe der Arbeitszeitregelung	331
4. Rechtsfolgen einer Nichtbeteiligung des Betriebsrats	332

I. Vorbemerkung

Die Bestimmung entspricht § 56 Abs. 1 lit. a BetrVG 1952; klargestellt wurde lediglich, dass das Mitbestimmungsrecht des Betriebsrats auch bei der Verteilung der Arbeitszeit auf die einzelnen Wochentage besteht (vgl. Begründung des RegE, BT-Drucks. VI/1786, S. 48). 254

II. Gegenstand der Mitbestimmung

Der Betriebsrat hat ein Mitbestimmungsrecht über **Beginn und Ende der täglichen Arbeitszeit einschließlich der Pausen sowie die Verteilung der Arbeitszeit auf die einzelnen Wochentage**. Er wird dadurch an der Lage der Arbeitszeit beteiligt, um zu verhindern, dass der Arbeitgeber durch einseitige Bestimmung der Leistungszeit das Betriebs- und Wirtschaftsrisiko auf die Arbeitnehmer verlagert. Zugleich dient die Mitbestimmung der Sicherung der Freizeit, die den Arbeitnehmern für die Gestaltung ihres Privatlebens zur Verfügung steht (vgl. BAG 21. 12. 1982 AP BetrVG 1972 § 87 Arbeitszeit Nr. 9). 255

1. Begriff der Arbeitszeit

a) Der **Begriff der Arbeitszeit** bestimmt sich nach dem Zweck des Mitbestimmungsrechts. Er ist nicht deckungsgleich mit dem Begriff der vergütungspflichtigen Arbeitszeit und der Arbeitszeit i. S. des öffentlich-rechtlichen Arbeitszeitschutzes (ebenso BAG 23. 7. 1996 AP BetrVG 1972 § 87 Ordnung des Betriebes Nr. 26; 14. 11. 2006 AP BetrVG 1972 § 87 Arbeitszeit Nr. 121 [Rn. 26]). Die Beteiligung des Betriebsrats soll die Interessen der Arbeitnehmer an einer sinnvollen Arbeitszeit- und Freizeiteinteilung und -gestaltung schützen (so bereits BAG 21. 12. 1982 AP BetrVG 1972 § 87 Arbeitszeit Nr. 9; 15. 12. 1992 AP AÜG § 14 Nr. 7). Deshalb ist der Bereitschaftsdienst Arbeitszeit i. S. des Mitbestimmungstatbestands (s. Rn. 301 ff.). Beachtet man diese Besonderheit, so kann man die Arbeitszeit in Anlehnung an § 2 Abs. 1 Satz 1 ArbZG bestimmen. Gemeint ist der **Zeitraum, in dem die Arbeitnehmer ihre vertraglich geschuldete Arbeitsleistung zu erbringen haben** (ebenso *Matthes*, MünchArbR § 244 Rn. 1). Er ist auch *vertragsrechtlich* von Bedeutung. Da der Arbeitnehmer eine zeitbestimmte Arbeitsleistung mit im Voraus nicht abgegrenzten Einzelleistungen schuldet, bildet neben der Art der zu leistenden Dienste die Dauer der Arbeitszeit als Maßstab für den Umfang der vertraglich geschuldeten Arbeitsleistung einen wesentlichen Bestandteil des rechtsgeschäftlichen Dienstleistungsversprechens. Wie die Art der zugesagten Tätigkeit ist auch deren Umfang der kollektivvertraglichen Regelungskompetenz vorgegeben. Sie festzulegen, ist ausschließlich eine Sache der Arbeitsvertragsparteien (vgl. *Richardi*, ZfA 1990, 211, 240 f.; ebenso HSWGNR-*Worzalla*, § 87 Rn. 144, 150; *Reuter*, RdA 1991, 193, 198 f.; s. auch § 77 Rn. 72). 256

Da Arbeitszeit die Zeit ist, während derer der Arbeitnehmer die in einem bestimmten zeitlichen Umfang vertraglich geschuldete Arbeitsleistung tatsächlich erbringen soll, fällt die Anordnung einer **Dienstreise**, während derer der Arbeitnehmer keine Arbeitsleistungen zu erbringen hat, nicht unter den Mitbestimmungstatbestand (so BAG 14. 11. 2006 AP BetrVG 1972 § 87 Arbeitszeit Nr. 121 [Rn. 25]). Etwas anderes gilt nur, wenn ein 257

Arbeitnehmer, etwa als Außendienstmitarbeiter, mangels festen Arbeitsorts seine vertraglich geschuldete Tätigkeit ohne dauernde Reisetätigkeit gar nicht erfüllen kann (BAG a. a. O. [Rn. 28]).

258 **b)** Nicht unter das Mitbestimmungsrecht fällt auch die Lage und Dauer der **Betriebszeit**. Bei ihr geht es um die Betriebsmittel-Nutzungszeit. Ihre Festlegung hängt zwar davon ab, dass Arbeitnehmer zur Erbringung der Arbeitsleistung zur Verfügung stehen; sie ist aber nicht mit deren Arbeitszeit identisch. Bei flexibler Arbeitszeitgestaltung fällt ihre Dauer auseinander (s. Rn. 269).

259 Bei Verkaufsstellen hat deshalb der Betriebsrat nicht über die **Ladenöffnungszeit** mitzubestimmen (ebenso BAG 31. 8. 1982 AP BetrVG 1972 § 87 Arbeitszeit Nr. 8). Sein Mitbestimmungsrecht bezieht sich nur auf die Arbeitszeit der Arbeitnehmer (s. auch Rn. 315).

260 **c)** Während das Mitbestimmungsrecht nach Nr. 3 an eine Änderung der *betriebsüblichen Arbeitszeit* anknüpft, fehlt hier im Mitbestimmungstatbestand diese Einschränkung. Soweit es um die Lage der Arbeitszeit geht, spielt daher **keine Rolle,** ob es sich bei ihr um die **betriebsübliche Arbeitszeit** handelt (vgl. BAG 21. 11. 1978 AP BetrVG 1972 § 87 Arbeitszeit Nr. 2; s. auch Rn. 337 f.).

2. Lage der Arbeitszeit als Gegenstand der Mitbestimmung

261 **a)** Nach dem rechtsgeschäftlichen Leistungsversprechen im Arbeitsvertrag richtet sich, mit welcher **Arbeitszeitdauer** der Arbeitnehmer dem Arbeitgeber für die Erbringung der Arbeitsleistung zur Verfügung steht *(Arbeitszeitvolumen).* Die Festlegung des zeitlichen Umfangs bildet einen untrennbaren Bestandteil seiner Pflicht zur Arbeitsleistung (s. Rn. 257). Ebenso wenig wie der Arbeitgeber einseitig die regelmäßige Arbeitspflicht des Arbeitnehmers begründen kann, ergibt sich diese Befugnis aus dem Mitbestimmungsrecht des Betriebsrats. Die Betriebspartner können allein durch die Festlegung von Beginn und Ende der Arbeitszeit am Tag und innerhalb der Woche für die Arbeitnehmer keine Verpflichtung zur Arbeitsleistung begründen, die über die vertraglich geschuldete Arbeitsleistung hinausgeht oder hinter ihr zurückbleibt. Die Arbeitszeit als Maßstab für den *Umfang der vertraglich geschuldeten Arbeitsleistung* muss vielmehr feststehen, bevor das Mitbestimmungsrecht des Betriebsrats eingreift (ebenso *Matthes,* MünchArbR § 244 Rn. 4).

262 Der Mitbestimmung unterliegt daher, wie in formelhafter Verkürzung gelehrt wird, die **Lage, nicht** die **Dauer der Arbeitszeit** (BAG 21. 11. 1978 AP BetrVG 1972 § 87 Arbeitszeit Nr. 2; 22. 12. 1980 AP GG Art. 9 Arbeitskampf Nr. 70; 18. 8. 1987 AP BetrVG 1972 § 77 Nr. 23; 13. 10. 1987, 28. 9. 1988, 25. 7. 1989 und 22. 7. 2003 AP BetrVG 1972 § 87 Arbeitszeit Nr. 24, 29, 38 und 108; *Fitting,* § 87 Rn. 103 ff. [unter Aufgabe der gegenteiligen Meinung bis zur 17. Aufl.]; GK-*Wiese,* § 87 Rn. 275 ff.; GL-*Löwisch,* § 87 Rn. 85; HSWG-*Worzalla,* § 87 Rn. 155; ErfK-*Kania,* § 87 Rn. 25; *Matthes,* MünchArbR § 244 Rn. 3; *H. Kilian,* Arbeitszeit und Mitbestimmung des Betriebsrats, S. 128 ff.; *Schwerdtner,* DB 1983, 2763, 2770 ff.; *Wiedemann/Moll,* Anm. zu BAG AP BetrVG 1972 § 87 Arbeitszeit Nr. 1, Bl. 3 R, 4; bereits zu § 56 Abs. 1 lit. a BetrVG 1952: BAG 8. 10. 1959 AP BetrVG [1952] § 56 Nr. 14; BAG 15. 12. 1961 AP BetrVG [1952] § 56 Arbeitszeit Nr. 1 und 2; *Dietz,* § 56 Rn. 86; *Galperin/Siebert,* § 56 Rn. 28; *Nikisch,* Bd. III S. 391 f.; *Nipperdey/Säcker* in *Hueck/Nipperdey,* Bd. II/2 S. 1361 f.; *Neumann-Duesberg,* S. 474; – a. A. DKK-*Klebe,* § 87 Rn. 73; *Weiss/Weyand,* § 87 Rn. 28 f.; *Gnade,* FS Kehrmann 1997, S. 227, 231; *Farthmann,* RdA 1974, 65, 66 f.; *Föhr,* AuR 1975, 353, 359; *Lappe,* ArbRGegw. 16 [1979], 55, 62 ff.; *Plander,* AuR 1987, 281, 288 ff.; zu § 56 Abs. 1 lit. a BetrVG 1952: *Fitting/Kraegeloh/Auffarth,* § 56 Rn. 16; *Bührig,* § 56 Rn. 6; *Tödtmann,* Mitbestimmungsrecht in sozialen Angelegenheiten, S. 35; *Groß,* AuR 1953, 301, 303; *Baum,* AuR 1962, 272, 273; *Herschel,* AuR 1964, 257, 258).

b) Bereits die **Abgrenzung des Mitbestimmungstatbestandes im Gesetzestext** spricht 263 dafür, dass nicht die Dauer, sondern nur die Lage der Arbeitszeit der Mitbestimmung unterliegt; denn das Gesetz spricht von „Beginn und Ende der täglichen Arbeitszeit einschließlich der Pausen". Dass die Dauer der Arbeitszeit nicht einbezogen sein soll, zeigt die Klarstellung, dass die Mitbestimmung sich auch auf die „Verteilung der Arbeitszeit auf die einzelnen Wochentage" bezieht, also nicht auf die Festlegung der Wochenarbeitszeit.

Dass das Mitbestimmungsrecht nur insoweit gegeben ist, bestätigt die **historische** 264 **Entwicklung.** § 78 Nr. 2 BRG 1920 gab dem Betriebsrat zwar ein Mitbestimmungsrecht auch bei der Festsetzung der Dauer der Arbeitszeit – es stand neben dem Mitbestimmungsrecht bei der Festlegung der Lage entsprechend § 134 b GewO –, aber es war anderer Art; denn die Regelung der Dauer der Arbeitszeit konnte nicht erzwungen werden. Nach § 75 BRG erstreckte sich der verbindliche Spruch des Schlichtungsausschusses nach damals herrschender Ansicht auf die Lage, aber nicht auf die Dauer der Arbeitszeit (vgl. *Nipperdey* in *Hueck/Nipperdey*, 3./5. Aufl., Bd. II S. 370 Fn. 37 c). Auch zu § 27 Nr. 1 AOG, der als notwendigen Inhalt der Betriebsordnung Anfang und Ende der regelmäßigen täglichen Arbeitszeit und der Pausen bestimmte, bestand Einhelligkeit, dass damit nur die Lage der Arbeitszeit am Tag gemeint sei (vgl. *Nipperdey* in *Hueck/Nipperdey/Dietz*, AOG, § 27 Rn. 2). Das Mitbestimmungsrecht in § 56 Abs. 1 lit. a BetrVG 1952 wurde ebenfalls überwiegend nur auf die Lage, nicht auf die Dauer der Arbeitszeit bezogen, wobei man neben dem Gesetzestext als wesentlich ansah, dass die Dauer der Arbeitszeit zu den materiellen Arbeitsbedingungen gehört (vgl. BAG 15. 12. 1961 AP BetrVG [1952] § 56 Arbeitszeit Nr. 1 und 2; s. auch die Angaben in Rn. 262). Der Entwurf der BT-Fraktion der SPD und die Vorschläge des DGB zur Novellierung des BetrVG (s. Einl. Rn. 18) wollten deshalb ausdrücklich auch die Dauer der Arbeitszeit der Mitbestimmung unterwerfen, haben damit aber keinen Erfolg gehabt. Daher spricht die Entstehungsgeschichte gegen eine Einbeziehung der Dauer der Arbeitszeit (so zutreffend GK-*Wiese*, § 87 Rn. 276; *Wiedemann/Moll*, Anm. zu BAG AP BetrVG 1972 § 87 Arbeitszeit Nr. 1, Bl. 4).

Dass das Mitbestimmungsrecht nach Nr. 2 sich nur auf die Lage der Arbeitszeit 265 bezieht, bestätigt nicht zuletzt der **gesetzessystematische Zusammenhang** mit dem Mitbestimmungstatbestand in Nr. 3, der durch das BetrVG 1972 eingefügt wurde; denn es gäbe keinen Sinn, gesondert festzulegen, dass der Betriebsrat über die vorübergehende Verkürzung oder Verlängerung der betriebsüblichen Arbeitszeit mitzubestimmen hat, wenn er bereits nach Nr. 2 generell ein Mitbestimmungsrecht über die Dauer der Arbeitszeit hätte (ebenso GK-*Wiese*, § 87 Rn. 279).

Entscheidend für die Interpretation ist der **teleologische Gesichtspunkt**, dass die Ein- 266 beziehung des Arbeitsverhältnisses in die Betriebsverfassung nicht seine rechtsgeschäftliche Grundlage ändert. Die hier in Nr. 2 gesetzlich eingeräumte Mitbestimmung setzt voraus, dass der **zeitliche Umfang der geschuldeten Arbeitsleistung rechtsgeschäftlich festgelegt** ist. Darin liegt für den Arbeitnehmer die gleiche Grundentscheidung, wie sie für den Arbeitgeber darin besteht, dass er im Mitbestimmungsverfahren zu keiner Erhöhung seiner Entgeltleistungen verpflichtet werden kann (s. Rn. 45 ff.).

c) Das BAG verwendet die Formel, dass sich aus Nr. 2 kein Mitbestimmungsrecht des 267 Betriebsrats über die **Dauer der wöchentlichen Arbeitszeit** ergibt (BAG 18. 8. 1987 und 13. 10. 1987 AP BetrVG 1972 § 77 Nr. 23 und 24; 28. 9. 1988 und 25. 7. 1989 AP BetrVG 1972 § 87 Arbeitszeit Nr. 29 und 38; 16. 7. 1991 AP BetrVG 1972 § 95 Nr. 28; 22. 7. 2003 AP BetrVG 1972 § 87 Arbeitszeit Nr. 108). Dafür spricht der Gesetzestext, der ausdrücklich klarstellt, dass der Betriebsrat über die „Verteilung der Arbeitszeit auf die einzelnen Wochentage" mitzubestimmen hat. Dagegen soll die **Dauer der täglichen Arbeitszeit** der Mitbestimmung unterliegen (BAG 13. 10. 1987 AP BetrVG 1972 § 77 Nr. 24; 28. 9. 1988 AP BetrVG 1972 § 87 Arbeitszeit Nr. 29). Mit Beginn und Ende der täglichen Arbeitszeit werde zugleich deren Dauer festgelegt; jedoch betreffe ihre Festlegung nur die Frage, wie die einzelvertraglich vereinbarte oder tariflich vorgegebene wöchentliche Arbeitszeit an den einzelnen Wochentagen genutzt werden soll. Dem Mitbestimmungsrecht entzogen sei nur die Dauer der *wöchentlichen Arbeitszeit*. Damit unterscheidet das BAG „mitbestimmungspflichtige Festlegungen der Dauer der täglichen Arbeitszeit von mitbestimmungsfreien Regelungen über die Dauer der wöchentlichen Arbeitszeit" (BAGE 56, 197, 213).

268 Dieses Abgrenzungskriterium trifft aber nur zu, wenn das vom Arbeitnehmer als Bestandteil seiner Arbeitspflicht geschuldete **Arbeitszeitvolumen** durch eine bestimmte **Stundenzahl in der Woche** festgelegt wird. Nur in diesem Fall ist die Dauer der täglichen Arbeitszeit eine Verteilung der Arbeitszeit auf die einzelnen Wochentage. Sie bestimmt dagegen den vertraglich geschuldeten zeitlichen Umfang der Arbeitsleistung, wenn der Arbeitnehmer nur eine bestimmte Stundenzahl an bestimmten Wochentagen tätig sein muss. Hier beschränkt sich das Mitbestimmungsrecht auf die Lage der Arbeitszeit am Tag, während die Vereinbarung über die Dauer der täglichen Arbeitszeit den Betriebspartnern für ihre Regelung vorgegeben ist. Bei Vollzeitbeschäftigten wird aber der zeitliche Umfang der vertraglich geschuldeten Arbeitsleistung regelmäßig nicht durch die tägliche Arbeitszeit, sondern durch die Wochenarbeitszeit festgelegt.

269 Die **Festlegung des zeitlichen Umfangs der geschuldeten Arbeitsleistung durch Bindung an die Wochenarbeitszeit** wird **durchbrochen,** wenn es genügt, dass eine bestimmte Wochenarbeitszeit nur im Durchschnitt eines längeren Zeitraumes erreicht und eingehalten werden muss. Das gilt vor allem, wenn Tarifverträge es gestatten, das für einen Arbeitnehmer maßgebliche Arbeitszeitvolumen über den Wochenzeitraum hinaus ungleichmäßig auf mehrere Wochen zu verteilen, sofern die individuelle regelmäßige wöchentliche Arbeitszeit im Durchschnitt von zwei, sechs oder sogar zwölf Monaten erreicht wird (s. Rn. 287). Bei einer derartigen Arbeitszeitflexibilisierung ist auch die Festlegung der Wochenarbeitszeit nur noch eine Durchschnittsgröße für den zeitlichen Umfang der vertraglich geschuldeten Arbeitsleistung. Der Arbeitgeber erhält in den Grenzen des Tarifvertrags die Befugnis, die Verteilung der Arbeitszeit auf die einzelnen Wochentage über die Begrenzung auf den Wochenzeitraum hinaus vorzunehmen. In diesem Fall ist auch die **Dauer der wöchentlichen Arbeitszeit** eine **mitbestimmungspflichtige Festlegung** (ebenso im Ergebnis BAG 19. 2. 1991 AP BetrVG 1972 § 87 Arbeitszeit Nr. 42). Mitbestimmungsfrei ist nämlich nur der zeitliche Umfang der geschuldeten Arbeitsleistung, also das *Arbeitszeitvolumen* innerhalb eines bestimmten Zeitraums, während die Verteilung auf die einzelnen Wochentage dem Mitbestimmungsrecht des Betriebsrats unterliegt.

270 d) Die **Festlegung der regelmäßigen Arbeitszeitdauer i. S. des regelmäßig geschuldeten zeitlichen Umfangs der Arbeitsleistung** und die **Festlegung von deren Höchstdauer** sind nicht Gegenstand des Mitbestimmungsverfahrens, sondern ihm vorgegeben (vgl. BAG 3. 6. 2003 AP BetrVG 1972 § 77 Tarifvorbehalt Nr. 19; 22. 7. 2003 AP BetrVG 1972 § 87 Arbeitszeit Nr. 108); denn „der zeitliche Umfang der von den Arbeitnehmern vertraglich geschuldeten Arbeitsleistung ist Bestandteil des mitbestimmungsfreien Synallagmas der Arbeitsverträge" (BAG 26. 10. 2004 AP BetrVG 1972 § 87 Arbeitszeit Nr. 113 [B III 3 d]).

271 Sofern der Arbeitsvertrag keine bestimmte Regelung enthält, ist bei Vollbeschäftigung regelmäßig die **im anwendbaren Tarifvertrag festgelegte Arbeitszeit** maßgebend. Der Tarifvertrag zieht einer rechtsgeschäftlichen Gestaltungsfreiheit aber nur Grenzen, soweit Arbeitgeber und Arbeitnehmer tarifgebunden sind (§§ 3 Abs. 1, 4 Abs. 1 Satz 1 und Abs. 3 TVG). Möglich ist, dass ausnahmsweise auch durch **freiwillige Betriebsvereinbarung** die **Höchstarbeitszeit** festgelegt ist (s. § 77 Rn. 66 ff., abl. aber dort Rn. 72 und hier die folgende Rn. 272). Tarifvertrag und Betriebsvereinbarung ziehen aber nur eine Höchstgrenze, so dass ohne weiteres mit ihnen vereinbar ist, dass ein Arbeitnehmer **teilzeitbeschäftigt** wird.

Durch Tarifnorm oder Betriebsvereinbarung können Arbeitszeitregeln nur insoweit 272 aufgestellt werden, als sie nicht den Inhalt des rechtsgeschäftlichen Leistungsversprechens ändern. Zu ihm gehört neben der Art der zu leistenden Dienste die Dauer der Arbeitszeit als Maßstab für den Umfang der vertraglich geschuldeten Arbeitsleistung. Sie festzulegen, ist ausschließlich eine Sache der Arbeitsvertragsparteien und kann daher insbesondere gegen den Willen des einzelnen Arbeitnehmers weder durch Tarifnorm noch durch Betriebsvereinbarung ersetzt werden (s. Rn. 266). Tarifvertrag oder Betriebsvereinbarung können zwar bestimmen, ob und unter welchen Voraussetzungen ein Arbeitnehmer vorübergehend mehr oder weniger arbeiten muss (s. auch Rn. 360). Sie können aber nicht durch Festlegung einer anderen regelmäßigen Arbeitszeit, als sie im Arbeitsvertrag vereinbart ist, das rechtsgeschäftliche Dienstleistungsversprechen durch ein anderes ersetzen. Sie können nur eine Regelung über die Arbeitsbedingungen treffen, nicht aber den Rechtsgrund für die Erbringung der Arbeitsleistung ersetzen.

3. Beginn und Ende der täglichen Arbeitszeit

a) Der Betriebsrat hat mitzubestimmen über die **Lage und Verteilung der Arbeitszeit** 273 **auf den einzelnen Arbeitstag**. Seiner Mitbestimmung unterliegt, wann die tägliche Arbeitszeit beginnt, wann und wie lange sie durch Pausen unterbrochen wird und wann sie endet. Das gilt ebenso auch für **ausschließlich am Sonntag beschäftigte Arbeitnehmer** (BAG 25. 2. 1997 AP BetrVG 1972 § 87 Arbeitszeit Nr. 72).

Da der Betriebsrat über die Verteilung der Arbeitszeit auf die einzelnen Wochentage 274 mitzubestimmen hat (s. Rn. 282 ff.), erstreckt das Mitbestimmungsrecht sich auch auf die **Dauer der täglichen Arbeitszeit** (ebenso BAG 13. 10. 1987 und 28. 9. 1988 AP BetrVG 1972 § 87 Arbeitszeit Nr. 24 und 29). Das gilt jedenfalls, soweit es um die mitbestimmungspflichtige Verteilung der Arbeitszeit auf die einzelnen Wochentage geht (s. auch Rn. 286). In diesem Fall wird das Arbeitszeitvolumen als Maßstab für den Umfang der vertraglich geschuldeten Leistung nicht erhöht oder verringert, sondern nur auf die einzelnen Wochentage verteilt.

Das Mitbestimmungsrecht erstreckt sich **nicht** auf die **Definition der Arbeitszeit** (eben- 275 so *Matthes*, MünchArbR § 244 Rn. 22). Der Betriebsrat hat deshalb nicht mitzubestimmen, ob Vorbereitungshandlungen des Arbeitnehmers bereits zur Arbeitszeit zählen, wie der Weg zum Arbeitsplatz oder das Umkleiden. Soweit insoweit eine Regelung besteht, ergibt sie sich aus einem Tarifvertrag, einer freiwilligen Betriebsvereinbarung oder einer Abrede im Arbeitsvertrag.

b) Die Mitbestimmung über Beginn und Ende der täglichen Arbeitszeit umfasst die 276 **Festlegung der Pausen**. Gemeint sind die *Ruhepausen,* die nicht zur Arbeitszeit gehören, sondern sie unterbrechen. Das Mitbestimmungsrecht beschränkt sich daher nicht auf die Lage, sondern es erstreckt sich auch auf die Dauer der Pausen (ebenso BAG 13. 10. 1987 und 22. 7. 2003 AP BetrVG 1972 § 87 Arbeitszeit Nr. 24 und 108; GK-*Wiese*, § 87 Rn. 345; GL-*Löwisch*, § 87 Rn. 90; HSWGNR-*Worzalla*, § 87 Rn. 168; DKK-*Klebe*, § 87 Rn. 79). Das gilt auch, wenn die Dauer der täglichen Arbeitszeit ausnahmsweise nicht der Mitbestimmung unterliegt (s. Rn. 268); denn die Pausen, über deren Beginn und Ende der Betriebsrat mitzubestimmen hat, bestimmen auch in ihrer Dauer nur die Verteilung der Arbeitszeit auf den einzelnen Arbeitstag, legen also nicht die Dauer der täglichen Arbeitszeit fest (ebenso GK-*Wiese*, § 87 Rn. 345).

Keine Pausen sind die sog. **Erholungszeiten beim Akkord** (ebenso LAG Hamm, NZA 277 Beil. 2/1986, 29; GK-*Wiese*, § 87 Rn. 347; bereits BAG 7. 12. 1962 AP BetrVG [1952] § 56 Akkord Nr. 3). Die sog. Erholungszeiten, die die Richtigkeit einer Akkordfestsetzung bestimmen, sind keine Ruhepausen. Die Dauer der täglichen Arbeitszeit und der Pausen wird dadurch nicht berührt, so dass aus Nr. 2 kein Mitbestimmungsrecht des Betriebsrats abgeleitet werden kann; jedoch besteht hier ein Mitbestimmungsrecht nach Nr. 10 und 11 (s. Rn. 898). Auch eine **Arbeitsunterbrechung aus technischen Gründen**

ist keine Pause. Gleiches gilt, soweit in bestimmten zeitlichen Abständen die Arbeit an bestimmten Geräten zur Verhinderung von Gesundheitsgefährdungen zu unterbrechen ist. Für eine zeitliche Beschränkung oder Unterbrechung der Arbeit an Bildschirmarbeitsplätzen besteht kein Mitbestimmungsrecht nach Nr. 2 (ebenso BAG 6. 12. 1983 AP BetrVG 1972 § 87 Überwachung Nr. 7, Bl. 12; zur Mitbestimmung nach Nr. 7 s. Rn. 603). Auch soweit der Betriebsrat zum Ausgleich einer Belastung eine bezahlte Lärmpause verlangt, handelt es sich nicht um eine Pause i. S. der Nr. 2 (ebenso BAG 28. 7. 1981 AP BetrVG 1972 § 87 Arbeitssicherheit Nr. 3). Das Mitbestimmungsrecht bezieht sich nicht darauf, ob Arbeitsunterbrechungen als bezahlte Arbeitszeit anzusehen sind. Entsprechend sind daher auch keine Pausen die **Pausenzeiten im Rahmen eines Bereitschaftsdienstes** (vgl. BAG 22. 7. 2003 AP BetrVG 1972 § 87 Arbeitszeit Nr. 108).

278   Da Ruhepausen arbeitszeitrechtlich nicht zur Arbeitszeit zählen, stellen sie regelmäßig auch schuldrechtlich keine vergütungspflichtige Arbeitszeit dar. Das **Fehlen einer Vergütung** gehört aber **nicht zum Begriff der Pause** (vgl. BAG 1. 7. 2003 AP BetrVG 1972 § 87 Arbeitszeit Nr. 107). Entscheidend ist allein die Freistellung von jeglicher Arbeitsverpflichtung einschließlich der Verpflichtung, sich zur Arbeit bereitzuhalten. Der Betriebsrat hat deshalb bei der Festlegung der zeitlichen Lage vergütungspflichtiger tariflicher Kurzpausen mitzubestimmen (ebenso BAG a. a. O.).

279   c) Da Arbeitsbeginn und Arbeitsende für die Arbeitnehmer variabel gestaltet werden können, erstreckt das Mitbestimmungsrecht sich auch auf die Ein- und Durchführung einer **gleitenden Arbeitszeit** (vgl. BAG 18. 4. 1989 AP BetrVG 1972 § 87 Arbeitszeit Nr. 33; *Matthes*, MünchArbR § 244 Rn. 51 ff.). Mitbestimmungspflichtig sind die Systemeinzelheiten einer gleitenden Arbeitszeit, wie die Festlegung der Kernarbeitszeit, der Gleitspanne, aber auch die Kontrollbestimmungen sowie die Regelung des Ausgleichs von Zeitguthaben und Zeitrückständen. Verlangt der Arbeitgeber, dass der Arbeitnehmer eine bestimmte Tätigkeit innerhalb der Gleitzeit zu erbringen hat, so hat insoweit der Betriebsrat nach Nr. 2 mitzubestimmen. Das gilt insbesondere auch, wenn er im dienstlichen Interesse liegende Schulungs- und Informationsveranstaltungen für Kundenberater außerhalb der Kernzeit, aber innerhalb der Gleitzeit ansetzt (so BAG 18. 4. 1989 AP BetrVG 1972 § 87 Arbeitszeit Nr. 33).

280   d) **Probezeiten in einem Theater** bestimmen die Lage der Arbeitszeit am Tag. Die zeitliche Festlegung der Proben unterliegt daher nach Nr. 2 der Mitbestimmung des Betriebsrats, nicht aber die Zahl der Proben und deren Gesamtdauer (ebenso BAG 4. 8. 1981 AP BetrVG 1972 § 87 Arbeitszeit Nr. 5). Außerdem greift hier § 118 Abs. 1 ein, so dass das Mitbestimmungsrecht entfällt, wenn künstlerische Gesichtspunkte eine bestimmte zeitliche Lage oder eine bestimmte Mindestdauer der einzelnen Probe erfordern (ebenso BAG a. a. O.; s. auch Rn. 319).

281   Bei **Privatschulen** hat der Betriebsrat bei der **Festlegung der Unterrichtsstunden von Lehrern** mitzubestimmen (vgl. BAG 13. 1. 1987 AP BetrVG 1972 § 118 Nr. 33; 23. 6. 1992 AP BetrVG 1972 § 87 Arbeitszeit Nr. 51; s. auch Rn. 320).

4. Verteilung der Arbeitszeit auf die einzelnen Wochentage

282   a) Dem Mitbestimmungsrecht unterliegt, wie das Gesetz ausdrücklich klarstellt, die **Verteilung der Arbeitszeit auf die einzelnen Wochentage**. Da von der Verteilung der Arbeitszeit auf die einzelnen Wochentage Beginn und Ende der täglichen Arbeitszeit abhängen, bestand bereits nach § 56 Abs. 1 lit. a BetrVG 1952 insoweit ein Mitbestimmungsrecht des Betriebsrats; streitig war aber, ob dies auch gilt, wenn die Verkürzung dadurch realisiert wird, dass **ein Tag in der Woche von Arbeit freigestellt** wird (bejahend *Dietz*, § 56 Rn. 92; *Fitting/Kraegeloh/Auffarth*, § 56 Rn. 16 a; *Nikisch*, Bd. III S. 392; *Nipperdey/Säcker* in *Hueck/Nipperdey*, Bd. II/2 S. 1363; verneinend BAG 15. 12. 1961 AP BetrVG [1952] § 56 Arbeitszeit Nr. 1 und 2, AP BGB § 615 Kurzarbeit Nr. 1; *Galperin/Siebert*, § 56 Rn. 33 a). Dadurch, dass in Nr. 2 ausdrücklich die Verteilung der

Arbeitszeit auf die einzelnen Wochentage als Mitbestimmungstatbestand genannt wird, ist klargestellt, dass bei einer Verkürzung der wöchentlichen Arbeitszeit deren Verteilung auf die einzelnen Tage nicht nur dann der Mitbestimmung unterliegt, wenn Beginn und Ende der Arbeitszeit an den einzelnen Tagen geändert werden, sondern auch dann, wenn ein Wochentag arbeitsfrei gestellt wird.

Wie die Einführung der **Fünf-Tage-Woche** dem Mitbestimmungsrecht unterliegt, so hat der Betriebsrat auch bei einem Übergang von der Fünf-Tage-Woche zur **Vier-Tage-Woche** mitzubestimmen (ebenso *Fitting,* § 87 Rn. 106; GK-*Wiese,* § 87 Rn. 295; GL-*Löwisch,* § 87 Rn. 92; *Matthes,* MünchArbR § 244 Rn. 23). **283**

b) Die Verteilung der wöchentlichen Arbeitszeit auf bisher **arbeitsfreie Wochentage** unterliegt dem Mitbestimmungsrecht des Betriebsrats. Das gilt nicht nur für die Einbeziehung von Werktagen, also insbesondere für die **Samstagsarbeit,** sondern auch für die Einbeziehung von **Sonn- und Feiertagsarbeit** (ebenso *Matthes,* MünchArbR § 244 Rn. 29). Das Mitbestimmungsrecht besteht jedoch nur, soweit Arbeitnehmer an Sonn- und gesetzlichen Feiertagen überhaupt beschäftigt werden dürfen (vgl. §§ 9 ff. ArbZG; s. auch Rn. 321). **284**

Ebenfalls unter das Mitbestimmungsrecht fällt die **Einarbeitung arbeitsfreier Tage** (vgl. *Löwisch,* FS Karl Molitor 1988, S. 225 ff.). **285**

c) Von der Verteilung der Arbeitszeit auf die einzelnen Wochentage ist die **Dauer der Wochenarbeitszeit** zu unterscheiden. Wird durch sie der zeitliche Umfang der geschuldeten Arbeitsleistung festgelegt (s. Rn. 267 ff.), so ist ihre Festlegung mitbestimmungsfrei (so BAG 18. 8. 1987 AP BetrVG 1972 § 77 Nr. 23; 13. 10. 1987 und 28. 9. 1988 AP BetrVG 1972 § 87 Arbeitszeit Nr. 24 und 29). Das gilt jedoch nur, soweit durch sie der geschuldete zeitliche Umfang der Arbeitsleistung festgelegt wird (s. Rn. 268). Besteht insoweit ein Bezugsrahmen, der über die Woche hinausgeht, z. B. bei einem auf einen oder mehrere Monate bezogenen Arbeitszeitvolumen, so ist die Dauer der Wochenarbeitszeit nicht mehr dem Mitbestimmungsrecht vorgegeben. Sie ergibt sich vielmehr aus der Verteilung der vorgegebenen Arbeitszeit auf die einzelnen Wochentage. Der Betriebsrat hat deshalb in diesem Fall über die Mindest- und Höchstdauer der wöchentlichen Arbeitszeit mitzubestimmen (ebenso GK-*Wiese,* § 87 Rn. 296). Beträgt beispielsweise die individuelle regelmäßige Arbeitszeit eines Arbeitnehmers 36 Stunden, wird aber gleichwohl vorgesehen, dass die Arbeitszeit innerhalb eines bestimmten Monatszeitraums so verteilt werden kann, dass der Arbeitnehmer regelmäßig 40 Stunden in der Woche tätig ist, so unterliegt diese Entscheidung der Mitbestimmung des Betriebsrats; denn es geht ausschließlich um eine *Arbeitszeitverteilung,* aus der sich ergibt, ob und inwieweit die Wochenarbeitszeit variabel gestaltet wird (s. Rn. 269). **286**

5. Flexible Arbeitszeitregelungen, insbesondere Schichtarbeit

a) **Flexible Arbeitszeitregelungen** beherrschen seit dem Tarifkompromiss in der Metallindustrie 1984 die Diskussion, um einen Beitrag zur Bekämpfung der Arbeitslosigkeit und zur Sicherung der Wettbewerbsfähigkeit europäischer Unternehmen in der Welt zu leisten (vgl. Begründung des RegE eines Arbeitszeitrechtsgesetzes, BT-Drucks. 12/5888, S. 19 f.; zu den Grundformen flexibler Arbeitszeitgestaltung *Schüren,* MünchArbR §§ 40 bis 46). Gegenstand der Mitbestimmung ist zwar nur die Lage der regelmäßigen Arbeitszeit; aber bei einer flexiblen Arbeitszeitregelung ist der Betriebsrat in ihre Festlegung mehr eingeschaltet als bei einer Arbeitszeitregelung mit feststehendem Beginn und Ende der täglichen Arbeitszeit. Für die Abgrenzung des Mitbestimmungstatbestands ist dabei wesentlich, dass das **Arbeitszeitvolumen,** das die Verpflichtung des Arbeitnehmers zur Arbeitsleistung inhaltlich bestimmt, **nicht der Mitbestimmung** unterliegt, sondern ihr vorgegeben ist (s. Rn. 261). Handelt es sich bei flexibler Arbeitszeitgestaltung also darum, dass für die Arbeitnehmer innerhalb einer bestimmten Spanne eine verschieden lange regelmäßige Arbeitszeit festgelegt wird, so liegt eine *Arbeitszeitdifferenzierung* vor, **287**

§ 87 Mitbestimmungsrechte

die mitbestimmungsfrei ist, weil durch sie der geschuldete zeitliche Umfang der Arbeitsleistung festgelegt wird (s. Rn. 257). Wird jedoch das insoweit für die Arbeitnehmer einheitliche oder verschiedene Arbeitszeitvolumen auf die Wochen, Tage und Stunden so verteilt, dass der Betrieb an den Werktagen zu bestimmten Zeiten tätig ist, so erfordert dies zur Anpassung eine *Arbeitszeitvariabilität,* über deren Regelung der Betriebsrat mitzubestimmen hat, weil es insoweit ausschließlich um die Lage der Arbeitszeit geht.

288   b) Flexible Arbeitszeiten gibt es schon seit langem als **Schichtarbeit**. Bereits für sie ist wesentlich, dass die Betriebszeit und die individuelle Arbeitszeit voneinander entkoppelt sind. Dem Mitbestimmungsrecht unterfällt nicht nur die Frage, ob im Betrieb überhaupt in mehreren Schichten gearbeitet werden soll und wann jeweils die einzelnen Schichten beginnen und enden sollen; es umfasst auch den **Schicht-** oder **Dienstplan** selbst (BAG 28. 10. 1986 AP BetrVG 1972 § 87 Arbeitszeit Nr. 20; bestätigt BAG 27. 6. 1989 AP BetrVG 1972 § 87 Arbeitszeit Nr. 35). Damit unterliegt der Mitbestimmung, in wie viel Schichten die Belegschaft aufzuteilen ist und welche Arbeitnehmer den einzelnen Schichten persönlich zuzuordnen sind (BAG 27. 6. 1989, 28. 5. 2002, 1. 7. 2003 und 29. 9. 2004 AP BetrVG 1972 § 87 Arbeitszeit Nr. 35, 96, 103 und 111). Soweit durch die Schichtarbeit arbeitsfreie Tage anfallen, hat der Betriebsrat darüber mitzubestimmen, wann der Arbeitnehmer den Freizeittag zu nehmen hat und ob ein Freizeitkalender zu führen ist (BAG 31. 1. 1989 AP BetrVG 1972 § 87 Arbeitszeit Nr. 31; zur ersatzlosen Streichung einer Schicht BAG 1. 7. 2003 AP BetrVG 1972 § 87 Arbeitszeit Nr. 103). Da das Mitbestimmungsrecht sich auf die Lage der Arbeitszeit beschränkt, erfasst es **nicht** die **Zuweisung der innerhalb einer Schicht zu verrichtenden Tätigkeiten**; denn die Art der Tätigkeit betrifft weder unmittelbar noch mittelbar die zeitliche Lage der Arbeitszeit (BAG 29. 9. 2004 AP BetrVG 1972 § 87 Arbeitszeit Nr. 112).

289   Das Mitbestimmungsrecht beschränkt sich in seiner Reichweite nicht auf die Festlegung von Grundsätzen, sondern erfasst auch die **nähere Ausgestaltung des jeweiligen Schichtsystems im Detail** (BAG 27. 6. 1989 AP BetrVG 1972 § 87 Arbeitszeit Nr. 35). Vom Mitbestimmungsinhalt ist aber die *Mitbestimmungsausübung* zu trennen, bei der die Betriebspartner sich darauf beschränken können, Grundsätze festzulegen, denen die einzelnen Schichtpläne entsprechen müssen, und die Aufstellung dieser entsprechend diesen Grundsätzen dem Arbeitgeber überlassen (BAG 28. 10. 1986 AP BetrVG 1972 § 87 Arbeitszeit Nr. 20; bestätigt BAG 18. 4. 1989 28. 5. 2002, 1. 7. 2003 und 29. 9. 2004 AP BetrVG 1972 § 87 Arbeitszeit Nr. 34, 96, 103 und 111; s. Rn. 75). Dabei hat man aber zu beachten, dass der Betriebsrat auch darüber mitzubestimmen hat, ob, unter welchen Voraussetzungen und in welcher Weise **von bereits aufgestellten Schichtplänen abgewichen** werden kann (BAG 29. 9. 2004 AP BetrVG 1972 § 87 Arbeitszeit Nr. 111). Das gilt insbesondere bei Schichtumsetzungen. Deshalb müssen auch insoweit im Mitbestimmungsverfahren die Vorgaben festgelegt sein, nach denen der Arbeitgeber eine Maßnahme allein treffen kann.

290   Der **Schichtwechsel eines Arbeitnehmers** kann auf einer Versetzung i. S. der § 95 Abs. 3 beruhen, ist aber selbst keine Versetzung (ebenso BAG 19. 2. 1991 AP BetrVG 1972 § 95 Nr. 25; bestätigt BAG 23. 11. 1993 AP BetrVG 1972 § 95 Nr. 33). Erfolgt er unabhängig von der Person und den individuellen Wünschen eines einzelnen Arbeitnehmers, so hat der Betriebsrat aber ein Mitbestimmungsrecht nach Nr. 2; denn ihm unterliegt auch die Regelung der Frage, ob und unter welchen Voraussetzungen Arbeitnehmer von einer Schicht in die andere umgesetzt werden können (BAG 27. 6. 1989 AP BetrVG 1972 § 87 Arbeitszeit Nr. 35).

291   c) Regelungsprobleme wie bei der Schichtarbeit stellen sich bei der **Ausgestaltung der Fünf-Tage-Woche** in einem **Betrieb, der an allen sechs Werktagen geöffnet** ist (vgl. BAG 31. 1. 1989 AP BetrVG 1972 § 87 Arbeitszeit Nr. 31). Das Mitbestimmungsrecht beschränkt sich nicht auf die Entscheidung, ob die Arbeitnehmer den freien Tag stets an dem gleichen Wochentag oder nach einem rollierenden System erhalten; im letzteren Fall hat der Betriebsrat vielmehr auch über die Ausgestaltung des rollierenden Systems

mitzubestimmen. Damit ist von dem Mitbestimmungsrecht ein Verlangen des Betriebsrats gedeckt, bestimmte Tage aus dem rollierenden System herauszunehmen. Selbst wenn der Betriebsrat dadurch verhindern will, dass Freizeittage auf die gesetzlichen Feiertage fallen, handelt es sich um eine mitbestimmungspflichtige Regelungsfrage; es geht lediglich um die Grenzen der Mitbestimmungsausübung, soweit geltend gemacht wird, dass die Herausnahme aller oder eines Teils der gesetzlichen Feiertage aus dem Rolliersystem nicht mehr eine die Interessen der Arbeitnehmer und des Betriebs angemessen berücksichtigende Regelung darstellt (ebenso BAG 31. 1. 1989 AP BetrVG 1972 § 87 Arbeitszeit Nr. 31).

d) Soweit Tarifverträge eine **Arbeitszeitdifferenzierung** gestatten (s. zum Begriff Rn. 287), hat der Betriebsrat bei ihr **kein Mitbestimmungsrecht**. Eine Quotenregelung kann deshalb im Mitbestimmungsverfahren nicht erzwungen werden; sie ergibt sich entweder aus tarifvertraglichen Arbeitszeitregelungen oder aus einer freiwilligen Betriebsvereinbarung (vgl. zur Problematik einer Quotenregelung *Richardi*, FS Merz 1992, S. 481, 490 ff.). **292**

Geht es jedoch um die **Arbeitszeitvariabilität** (s. zum Begriff Rn. 287), so hat der Betriebsrat bei der näheren Ausgestaltung der Regelung **mitzubestimmen**; denn es handelt sich um die Verteilung der Arbeitszeit auf die Wochen, Tage und Stunden (s. auch Rn. 282 ff.). Die Manteltarifverträge der Metallindustrie enthalten insoweit eine detaillierte Regelung; sie ist aber keine abschließende Regelung, die i. S. des Eingangshalbsatzes das gesetzlich eingeräumte Mitbestimmungsrecht ausschließt, sondern im Gegenteil wird in den Tarifverträgen klargestellt, dass über die Verteilung der Arbeitszeit Betriebsvereinbarungen abzuschließen sind (vgl. § 7 Abs. 5 Manteltarifvertrag für Arbeiter und Angestellte in der Metallindustrie in Nordwürttemberg/Nordbaden; zu § 3 des Manteltarifvertrags für die gewerblichen Arbeitnehmer der Druckindustrie BAG 19. 2. 1991 AP BetrVG 1972 § 87 Arbeitszeit Nr. 42; s. auch Rn. 161 ff.). **293**

6. Teilzeitbeschäftigung

a) **Teilzeitbeschäftigt** ist nach der **Legaldefinition des § 2 Abs. 1 TzBfG** „ein Arbeitnehmer, dessen regelmäßige Wochenarbeitszeit kürzer als die eines vergleichbaren vollzeitbeschäftigten Arbeitnehmers" ist. Die Definition entspricht der EG-Teilzeitrichtlinie vom 25. 12. 1997 (ABlEG 1998 Nr. L 14, S. 9). Die Legaldefinition erfasst nicht alle Formen der Teilzeitarbeit. Sie steht vielmehr gesetzessystematisch in einem Zusammenhang mit dem in § 4 Abs. 1 TzBfG als Generalklausel festgelegten Gebot der Gleichbehandlung von teilzeit- und vollzeitbeschäftigten Arbeitnehmern eines Betriebs. Für die Teilzeitarbeit als Tatbestand des Arbeitslebens ist es unerheblich, ob ein vergleichbarer Vollzeitbeschäftigter vorhanden ist; es geht vielmehr allgemein um den Sachverhalt, dass bei einem Arbeitnehmer die mit ihm vereinbarte Dauer der regelmäßigen Arbeitszeit kürzer ist als die allgemein übliche Arbeitszeit (so schon *Becker*, Arbeitsrechtliche Probleme der Teilzeitbeschäftigung, 1970, S. 38 f.; vgl. auch *Richardi*, NZA 1992, 625). **294**

b) Bei Teilzeitarbeit besteht das **Mitbestimmungsrecht in demselben Umfang wie bei der Regelung der Arbeitszeit vollzeitbeschäftigter Arbeitnehmer** (ebenso BAG 13. 10. 1987 und 28. 9. 1988 AP BetrVG 1972 § 87 Arbeitszeit Nr. 24 und 29; ErfK-*Kania*, § 87 Rn. 30; *Tuchbreiter*, Beteiligungsrechte bei flexiblen Arbeitszeitmodellen, S. 99). Auch bei ihr hat der Betriebsrat nur über die Verteilung der Arbeitszeit, nicht aber über den vertraglich geschuldeten zeitlichen Umfang mitzubestimmen. Deshalb ist nach Ansicht des BAG dem Mitbestimmungsrecht nur die Dauer der wöchentlichen, nicht aber der täglichen Arbeitszeit entzogen (BAG a. a. O.). Dies trifft aber nur zu, wenn das Arbeitszeitvolumen durch die Wochenarbeitszeit festgelegt wird (s. Rn. 267 ff.). **295**

Wird das Arbeitszeitvolumen durch die Dauer der vom Arbeitnehmer geschuldeten wöchentlichen Arbeitszeit begrenzt, so hat der Betriebsrat bei der **Verteilung der Arbeitszeit** innerhalb der Woche **mitzubestimmen**. Sein Mitbestimmungsrecht erstreckt sich auf **296** die Festlegung der Mindestdauer der täglichen Arbeitszeit und der Höchstzahl von Tagen in der Woche, an denen der Arbeitnehmer beschäftigt werden soll, sowie auf die Festlegung der Mindestzahl arbeitsfreier Samstage; es bezieht sich auf die Regelung der Frage, ob die tägliche Arbeitszeit in einer oder mehreren Schichten geleistet werden soll, und auf die Festlegung der Pausen für teilzeitbeschäftigte Arbeitnehmer (ebenso BAG 13. 10. 1987 AP BetrVG 1972 § 87 Arbeitszeit Nr. 24). Sofern es nach dem Inhalt des rechtsgeschäftlichen Leistungsversprechens zulässig ist, eine Verlängerung der Beschäftigungsdauer in einer Woche durch entsprechende Verkürzung in anderen Wochen auszugleichen, unterliegt auch diese Verteilung der Arbeitszeit dem Mitbestimmungsrecht (s. Rn. 287). Der Betriebsrat hat in Verkaufsstellen darüber mitzubestimmen, ob und in welchem Umfang sich die Arbeitszeit der teilzeitbeschäftigten Arbeitnehmer mit den Ladenöffnungszeiten decken soll oder nicht (ebenso BAG 13. 10. 1987 AP BetrVG 1972 § 87 Arbeitszeit Nr. 24; s. aber auch Rn. 259 und 315).

297 Nach Ansicht des BAG hat der Betriebsrat auch über die Frage mitzubestimmen, ob Teilzeitkräfte zu **festen Zeiten** oder **nach Bedarf** beschäftigt werden sollen (BAG 28. 9. 1988 AP BetrVG 1972 § 87 Arbeitszeit Nr. 29). Damit unterwirft das BAG der Mitbestimmung, ob der Arbeitgeber flexible Arbeitszeitformen einführt, obwohl der gesetzlich geschaffene Mindestschutz für Teilzeitarbeit in §§ 12 und 13 TzBfG (bis zum 31. 12. 2000 §§ 4 und 5 BeschFG) sie ausdrücklich zulässt. Diese zwingende Gesetzesregelung ist aber nicht so gestaltet, dass sie i. S. des Eingangshalbsatzes das Mitbestimmungsrecht des Betriebsrats ausschließt (ebenso *Fitting*, § 87 Rn. 126; *Kleveman*, DB 1988, 334, 335 f.; GK-*Wiese*, § 87 Rn. 313; *Matthes*, MünchArbR § 244 Rn. 35). Entscheidend ist vielmehr, dass bei **Abrufarbeit** der Arbeitgeber das Recht hat, in den Grenzen des § 12 TzBfG den zeitlichen Umfang der geschuldeten Arbeitsleistung festzulegen, es sich also insoweit nicht um eine mitbestimmungspflichtige Verteilung der Arbeitszeit handelt. Entsprechend muss man auch bei der **Arbeitsplatzteilung** differenzieren; auch hier ist mitbestimmungsfrei, ob überhaupt eine Arbeitsplatzteilung vorgenommen wird, für deren Vereinbarung § 13 TzBfG zwingend festgelegte Schranken vorsieht. Geht es aber um die zeitliche Koordinierung der Teilzeitbeschäftigung im Betrieb, so hat der Betriebsrat ebenso mitzubestimmen wie bei den anderen flexiblen Arbeitszeitformen (s. Rn. 287 ff.).

298 c) Beschäftigt der Arbeitgeber, unabhängig von der Anzahl der Personen in der Regel mehr als 15 Arbeitnehmer, so hat ein Arbeitnehmer, dessen Arbeitsverhältnis länger als sechs Monate bestanden hat, nach § 8 TzBfG einen **Anspruch auf Verringerung der Arbeitszeit**. Soweit betriebliche Gründe nicht entgegenstehen, hat der Arbeitgeber der Verringerung der Arbeitszeit zuzustimmen und ihre **Verteilung entsprechend den Wünschen des Arbeitnehmers festzulegen** (§ 8 Abs. 4 Satz 1 TzBfG). Die Verringerung der Arbeitszeit bezieht sich auf das Arbeitszeitvolumen, so dass schon aus diesem Grund der Betriebsrat nicht nach Nr. 2 mitzubestimmen hat. Soweit es dagegen um die Verteilung der Arbeitszeit geht, ist der Mitbestimmungstatbestand einschlägig. § 8 TzBfG begründet keinen Gesetzesvorbehalt i. S. des Eingangshalbsatzes (ebenso BAG 18. 2. 2003 und 16. 3. 2004 AP TzBfG § 8 Nr. 2 und 10). Der Betriebsrat hat aber gleichwohl nicht mitzubestimmen, soweit die Verteilung der Arbeitszeit entsprechend den Wünschen des Arbeitnehmers festgelegt wird oder als festgelegt gilt (s. auch Rn. 308 f.). Eine Betriebsvereinbarung über die Lage der Arbeitszeit kann jedoch den Arbeitgeber berechtigen, den Verteilungswunsch des Arbeitnehmers abzulehnen, wenn der persönliche Geltungsbereich der Arbeitszeitbestimmungen sich auf Teilzeitbeschäftigte erstreckt. In diesem Fall kann die mitbestimmte Regelung ein entgegenstehender betrieblicher Grund sein; denn vom Arbeitgeber kann nicht verlangt werden, dass er sich betriebsverfassungswidrig verhält (ebenso BAG 16. 3. 2004 AP TzBfG § 8 Nr. 10). Für den Regelfall ist allerdings davon auszugehen, dass der Arbeitgeber abweichend von einer Betriebsvereinbarung mit einem Arbeitnehmer eine dessen Wunsch entsprechende Arbeitszeitlage vereinbaren kann (so BAG a. a. O.).

Der Übergang von Vollzeitarbeit zu Teilzeitarbeit ist keine Versetzung; denn der Arbeitsbereich i. S. des § 95 Abs. 3 wird nicht durch die Dauer der Arbeitszeit bestimmt (ebenso BAG 16. 7. 1991 AP BetrVG 1972 § 95 Nr. 28). Gleiches gilt, wenn das Arbeitszeitvolumen eines Teilzeitbeschäftigten geändert wird. Auch nach Nr. 2 hat der Betriebsrat kein Mitbestimmungsrecht; denn der zeitliche Umfang der geschuldeten Arbeitsleistung ist eine mitbestimmungsfreie Vorgabe für die Mitbestimmung des Betriebsrats über die Verteilung der Arbeitszeit (ebenso BAG 16. 7. 1991 AP BetrVG 1972 § 95 Nr. 28). Bei vorübergehender Verlängerung oder Verkürzung der Teilzeitarbeit hat der Betriebsrat aber nach Nr. 3 mitzubestimmen (s. Rn. 343). Ein Mitbestimmungsrecht nach § 99 kommt nur in Betracht, wenn mit dem zeitlichen Umfang der geschuldeten Arbeitsleistung auch die Arbeitsaufgabe geändert wird; denn darin liegt die Zuweisung eines anderen Arbeitsbereichs i. S. des § 95 Abs. 3. **299**

7. Altersteilzeit

Eine Sonderform der Teilzeitbeschäftigung ist die Altersteilzeit, die nach dem Altersteilzeitgesetz vom 23. 7. 1996 (BGBl. I S. 1078) gefördert wird. Das Gesetz enthält aber keinen Rechtsanspruch auf Altersteilzeit. Die Förderung wird davon abhängig gemacht, dass die Arbeitszeit um die Hälfte der bisherigen wöchentlichen Arbeitszeit reduziert wird, wobei es den Vertragsparteien aber freisteht, die Arbeitszeit während des gesamten Laufs des Altersteilzeitverhältnisses auf die Hälfte zu reduzieren oder zu vereinbaren, dass der Arbeitnehmer zunächst unter Fortzahlung eines verminderten Arbeitsentgelts in vollem Umfang weiterarbeitet, um sodann unter Fortzahlung des verminderten Arbeitszeitentgelts freigestellt zu werden (sog. Blockmodell). Die Regelung führt zu einer anderen Verteilung der Arbeitszeit; der Betriebsrat hat aber nicht mitzubestimmen, soweit wie im Regelfall die Angelegenheit durch Tarifvertrag geregelt ist (so nach Nr. 7.3.5.9 des Manteltarifvertrags für Beschäftigte in der Metallindustrie Nordwürttemberg/Nordbaden). Aber auch soweit eine tarifvertragrechtliche Regelung fehlt, entfällt die Mitbestimmung, soweit die Festlegung der Arbeitszeit auf dem Wunsch des Arbeitnehmers beruht (s. auch Rn. 298). **300**

8. Arbeitsbereitschaft, Bereitschaftsdienst und Rufbereitschaft

a) Arbeitsbereitschaft, Bereitschaftsdienst und Rufbereitschaft sind verschiedene **Formen einer Bereitschaft zur Arbeitsleistung** (vgl. *Anzinger,* MünchArbR § 298 Rn. 21 ff.). Da der Arbeitnehmer sich zur Arbeit bereit hält, aber nicht die Arbeitsleistung erbringt, handelt es sich nicht um Arbeitszeit i. S. einer vollen Arbeitstätigkeit, aber auch nicht um Freizeit i. S. einer völligen Arbeitsruhe. Die **Begriffe** sind **zum Arbeitszeitrecht** entwickelt worden; jedoch fehlt eine Legaldefinition. **Arbeitsbereitschaft,** die sich von der Vollarbeit nur durch den Grad der Inanspruchnahme eines Arbeitnehmers unterscheidet, ist *arbeitszeitrechtlich* grundsätzlich als *Arbeitszeit* zu werten (ebenso Begründung zu § 7 Abs. 1 RegE eines ArbZG, BT-Drucks. 12/5888, S. 26). **Bereitschaftsdienst** liegt dagegen vor, wenn der Arbeitnehmer sich für Zwecke des Betriebs lediglich an einer vom Arbeitgeber bestimmten Stelle innerhalb oder außerhalb des Betriebs aufzuhalten hat, um erforderlichenfalls seine volle Arbeitstätigkeit unverzüglich aufnehmen zu können (BAG 10. 6. 1959 AP AZO § 7 Nr. 5; 13. 11. 1986 AP BGB § 242 Betriebliche Übung Nr. 27; 18. 2. 2003 AP BGB § 611 Arbeitsbereitschaft Nr. 12). Vom Bereitschaftsdienst unterscheidet sich die **Rufbereitschaft** dadurch, dass der Arbeitnehmer in der Wahl seines Aufenthaltsorts frei ist, wenn er seine jederzeitige Erreichbarkeit durch den Arbeitgeber gewährleisten kann (vgl. BAG 10. 6. 1959 AP AZO § 7 Nr. 5). Zeiten des Bereitschaftsdienstes und der Rufbereitschaft wurden nach dem Arbeitszeitgesetz vom 6. 6. 1994 gleichermaßen der Arbeitszeit nur zugerechnet, soweit der Arbeitnehmer tatsächlich zur Arbeit herangezogen wurde, während die übrige Zeit als *Ruhezeit* gewertet wurde (so Begründung zu § 7 Abs. 2 RegE eines ArbZG, BT-Drucks. 12/5888, S. 27). Daraus **301** folgte, dass kein Verstoß gegen § 3 ArbZG vorlag, wenn die gesetzliche Höchstarbeitszeit nicht durch die Vollarbeit, wohl aber bei Hinzurechnung der Zeiten des Bereitschaftsdienstes und der Rufbereitschaft in den gesetzlichen Grenzen überschritten wurde.

302 Soweit es um den **Bereitschaftsdienst**, nicht die Rufbereitschaft geht, hat der EuGH entschieden, dass er als **Arbeitszeit i. S. der Richtlinie 93/104/EG** anzusehen sei (EuGH 3. 10. 2000 [Simap] und 9. 9. 2003 [Jaeger] AP EWG-Richtlinie Nr. 93/104 Nr. 2 und 7). Das Arbeitszeitgesetz genügte nicht den Anforderungen der Richtlinie; eine gemeinschaftsrechtskonforme Auslegung war aber nicht möglich (BAG 18. 2. 2003 AP BGB § 611 Arbeitsbereitschaft Nr. 12). Da die EG-Richtlinien sich ausschließlich an die Mitgliedstaaten selbst wenden, scheidet auch, wenn die Frist zu ihrer Umsetzung abgelaufen ist, eine unmittelbare (horizontale) Wirkung im Verhältnis von Privatrechtssubjekten aus. Daraus folgte, dass eine Betriebsvereinbarung wirksam blieb, soweit die Einbeziehung des Bereitschaftsdienstes in die Arbeitszeitregelung mit dem Arbeitszeitgesetz vereinbar war, obwohl dieses Gesetz insoweit die Richtlinie 93/104/EG nicht ordnungsgemäß umgesetzt hatte (ebenso BAG a. a. O.). Durch Art. 4 b des Gesetzes zu Reformen am Arbeitsmarkt vom 24. 12. 2003 (BGBl. I S. 3002) wurde das Arbeitszeitgesetz geändert, um die Regelung des Bereitschaftsdienstes der Rechtsprechung des EuGH anzupassen. Die Änderungen bestehen im Wesentlichen darin, den Bereitschaftsdienst der Arbeitsbereitschaft gleichzustellen, die man seit jeher der Arbeitszeit zuordnet. Die Zuordnung des Bereitschaftsdienstes zur Arbeitszeit hat unmittelbar keine lohnrechtlichen Auswirkungen (ebenso BAG 5. 6. 2003 und 28. 1. 2004 AP BGB § 611 Bereitschaftsdienst Nr. 7 und 10).

303 b) Bei **Arbeitsbereitschaft** hat der Betriebsrat **über ihre Lage mitzubestimmen,** soweit eine Abgrenzung von der Vollarbeitszeit überhaupt möglich ist. **Bereitschaftsdienst** und **Rufbereitschaft** sind unabhängig davon, wie sie arbeitszeit- oder vergütungsrechtlich zu bewerten sind, Begrenzungen der Freizeitgestaltung, die mit der geschuldeten Arbeitsleistung in Zusammenhang stehen. Deshalb ist es gerechtfertigt und geboten, sie den Zeiten der Arbeitszeit i. S. von Nr. 2 gleichzustellen (so ausdrücklich für die Rufbereitschaft BAG 21. 12. 1982 AP BetrVG 1972 § 87 Arbeitszeit Nr. 9). Der Betriebsrat hat daher **mitzubestimmen über Beginn und Ende eines Bereitschaftsdienstes oder einer Rufbereitschaft und deren Verteilung auf die einzelnen Wochentage.** Von der Mitbestimmung über die Aufstellung eines Bereitschaftsdienst- oder Rufbereitschaftsplanes ist zu unterscheiden, ob der Betriebsrat auch über die **Einrichtung von Bereitschaftsdienst oder Rufbereitschaft** mitzubestimmen hat. Die Frage des „ob" unterliegt nicht der Mitbestimmung nach Nr. 2, sondern insoweit kann nur ein Mitbestimmungsrecht nach Nr. 3 in Betracht kommen. Es ist insbesondere gegeben, wenn die Leistung von Mehrarbeit durch die Einrichtung von Rufbereitschaft ermöglicht werden soll (so zutreffend BAGE 41, 200, 202 ff.; s. auch Rn. 304). Ebenfalls nicht der Mitbestimmung unterliegt, soweit es um die Anrechnung des Bereitschaftsdienstes oder der Rufbereitschaft auf die wöchentliche Höchstarbeitszeit geht (so für den Bereitschaftsdienst BAG 22. 7. 2003 AP BetrVG § 87 Arbeitszeit Nr. 108).

9. Mehrarbeit und Kurzarbeit

304 a) Bei **Überstunden** besteht ein Mitbestimmungsrecht des Betriebsrats bereits nach Nr. 2, soweit es um die Frage geht, wie sie auf die Arbeitszeit *verteilt* werden, weil durch sie Beginn und Ende der täglichen Arbeitszeit geändert werden. Es besteht dagegen nicht hinsichtlich der Frage, *ob* Überstunden geleistet werden sollen, weil der vertraglich geschuldete zeitliche Umfang der Arbeitsleistung nicht unter den Mitbestimmungstatbestand fällt (s. Rn. 261 ff.). Doch ergibt sich aus Nr. 3, dass der Betriebsrat auch insoweit mitzubestimmen hat, wenn die *betriebsübliche Arbeitszeit* vorübergehend verlängert wird (s. Rn. 334 ff.).

b) Was für Überstunden gilt, gilt auch für **Kurzarbeit** und die Anordnung von Feierschichten. Die Rechtsprechung des BAG zu § 56 BetrVG 1952 (vgl. BAG 15. 12. 1961 AP BetrVG § 56 Arbeitszeit Nr. 1 und 2 sowie AP BGB § 615 Kurzarbeit Nr. 1), dass der Betriebsrat nicht mitzubestimmen habe, ob Kurzarbeit eingeführt wird, ist, soweit es sich um die vorübergehende Verkürzung der *betriebsüblichen Arbeitszeit* handelt, durch die Anordnung der Mitbestimmung in Nr. 3 überholt (s. Rn. 334 ff.). Seine Auffassung, dass der Betriebsrat bei der Durchführung der Kurzarbeit nur insoweit mitzubestimmen habe, als Beginn und Ende der Arbeitszeit und der Pausen an einzelnen Tagen geändert werden, nicht dagegen, wenn ganze Arbeitstage ausfallen, ist durch die Klarstellung in Nr. 2, dass die Verteilung der Arbeitszeit auf die einzelnen Wochentage ebenfalls der Mitbestimmung unterliegt, überholt (s. auch Rn. 282).

305

III. Inhalt und Umfang der Mitbestimmung

1. Dauerregelung und Regelung eines vorübergehenden Zustands

Für die Mitbestimmung spielt keine Rolle, ob eine Dauerregelung oder die Regelung eines vorübergehenden Zustands beabsichtigt ist. Das Gesetz spricht ebenso wie § 56 Abs. 1 lit. a BetrVG 1952 von Beginn und Ende der täglichen Arbeitszeit, also nicht wie in § 134b GewO und § 27 Abs. 1 lit. a AOG von Anfang und Ende der regelmäßigen täglichen Arbeitszeit. Zu § 56 Abs. 1 lit. a BetrVG 1952 war allerdings noch streitig, ob mit dem geänderten Gesetzestext ein Unterschied gewollt war. Da der Zweck der Mitbestimmung eine gleichberechtigte Beteiligung des Betriebsrats auch dann gebietet, wenn es sich lediglich um die Regelung eines vorübergehenden Zustands handelt, hat sich die Auffassung durchgesetzt, dass der Betriebsrat ein Mitbestimmungsrecht auch dann hat, wenn nur an einem Tag die Arbeitszeit anders gelegt werden soll als sonst üblich (vgl. BAG 7. 9. 1956 und 25. 10. 1957 AP BetrVG [1952] § 56 Nr. 2 und 6; *Dietz*, § 56 Rn. 15 [unter Aufgabe der gegenteiligen Meinung in FS Nipperdey 1955, S. 147, 162]; *Fitting/Kraegeloh/Auffarth*, § 56 Rn. 18; *Galperin/Siebert*, § 56 Rn. 27; *Nikisch*, Bd. III S. 390 [unter Aufgabe der Ansicht BB 1953, 177]).

306

Zum geltenden Recht wird deshalb einhellig die Auffassung vertreten, dass das Mitbestimmungsrecht sich nicht nur auf die Festlegung der regelmäßigen Arbeitszeit, sondern auch auf eine **einmalige Abweichung** von ihr bezieht (ebenso BAG 21. 11. 1978 AP BetrVG 1972 § 87 Arbeitszeit Nr. 2; 26. 10. 2004 AP BetrVG 1972 § 87 Arbeitszeit Nr. 113; GK-*Wiese*, § 87 Rn. 287; GL-*Löwisch*, § 87 Rn. 93; DKK-*Klebe*, § 87 Rn. 75; HSWGNR-*Worzalla*, § 87 Rn. 153). Der Betriebsrat hat daher mitzubestimmen, wenn die **Arbeitszeit** aus Anlass einer Betriebsfeier oder von Feiertagen **verlegt** wird, z. B. für Arbeitstage, die zwischen Weihnachten und dem Dreikönigsfest arbeitsfrei bleiben sollen, vor- oder nachgearbeitet werden soll. Bereits nach Nr. 2 ist deshalb mitbestimmungspflichtig, wie Mehrarbeit und Kurzarbeit auf die einzelnen Wochentage verteilt werden.

307

2. Arbeitszeitregelung für einzelne Arbeitnehmer

Nach h. M. ist das Mitbestimmungsrecht nur gegeben, wenn ein kollektiver Tatbestand der Regelung bedarf (s. Rn. 15 ff.). Deshalb soll es nicht bestehen, wenn eine Arbeitszeitregelung nur **für einzelne Arbeitnehmer** getroffen wird, bei denen von einer Gruppe noch nicht die Rede sein kann (vgl. BAG 16. 3. 2004 AP TzBfG § 8 Nr. 10; LAG Hamm, EzA § 87 BetrVG 1972 Arbeitszeit Nr. 5, S. 15; LAG Köln, NZA 1989, 73; GK-*Wiese*, § 87 Rn. 289; GL-*Löwisch*, § 87 Rn. 95 f.). Diese Begrenzung ergibt sich aber nicht aus dem gesetzlich festgelegten Mitbestimmungstatbestand; sie widerspricht dem Zweck der Mitbestimmung (s. auch Rn. 21 ff.). Gerade wenn der Arbeitgeber individualrechtlich auf Grund seines Direktionsrechts für einzelne Arbeitnehmer deren

308

Arbeitszeit abweichend von der betriebsüblichen Arbeitszeit festlegt, muss für die betroffenen Arbeitnehmer ein Rückhalt in der Mitbestimmung des Betriebsrats bestehen. Dieses Interesse wird von der Rechtsprechung auch anerkannt, soweit sie die Mitbestimmung davon abhängig macht, ob ein **Regelungsbedürfnis unabhängig von der individuellen Person eines einzelnen Arbeitnehmers und der konkreten Ausgestaltung eines bestimmten Arbeitsverhältnisses** besteht (LAG Köln, NZA 1989, 73; ähnlich LAG Hamm, EzA § 87 BetrVG 1972 Arbeitszeit Nr. 5, S. 14). Die Ausklammerung eines einzelnen Arbeitnehmers aus einer generellen Regelung ist jedoch, was nicht zweifelhaft sein kann, eine *Individualmaßnahme*. Deshalb lässt sich nicht aufrechterhalten, dass der Betriebsrat kein Mitbestimmungsrecht hat, wenn die Verteilung der Arbeitszeit nur einzelne Arbeitnehmer betrifft (ebenso HSWGNR-*Worzalla*, § 87 Rn. 154; *Hurlebaus*, Fehlende Mitbestimmung, S. 91, 133).

309 Das Mitbestimmungsrecht entfällt nur, wenn die Lage der Arbeitszeit auf einen **Wunsch des Arbeitnehmers** zurückgeht, also nicht auf einer betrieblichen Regelungsnotwendigkeit beruht (ebenso BAG 16. 3. 2004 AP TzBfG § 8 Nr. 10). Werden Arbeitnehmer auf ihren Wunsch nicht in Schichtarbeit beschäftigt, so kann die einzelvertraglich ausgehandelte Arbeitszeitregelung nicht durch Betriebsvereinbarung beseitigt werden (ebenso LAG Berlin, ARST 1978 Nr. 95, S. 102).

3. Initiativrecht

310 Der Betriebsrat hat für die Festlegung der Lage der Arbeitszeit ein Initiativrecht; er kann verlangen, dass eine neue Arbeitszeitregelung mit seiner Zustimmung festgelegt wird (ebenso BAG 31. 8. 1982 AP BetrVG 1972 § 87 Arbeitszeit Nr. 8; GK-*Wiese*, § 87 Rn. 349; *ders.*, Initiativrecht, S. 41 f.; s. auch Rn. 65 ff.). Das gilt auch für eine Abweichung im Einzelfall (ebenso BAG 26. 10. 2004 AP BetrVG 1972 § 87 Arbeitszeit Nr. 113).

4. Eil- und Notfall

311 Die Eilbedürftigkeit einer Regelung führt nicht zum Wegfall des Mitbestimmungsrechts (ebenso BAG 19. 2. 1991 AP BetrVG 1972 § 87 Arbeitszeit Nr. 42; s. ausführlich Rn. 55 ff.). Der Arbeitgeber kann daher die Umsetzung einer verkürzten tariflichen Arbeitszeit nicht einseitig festlegen, solange die bisherige Verteilung der Arbeitszeit nach dem neuen Tarifvertrag beibehalten werden kann (so BAG AP BetrVG 1972 § 87 Arbeitszeit Nr. 42). Er kann auch keine vorläufige Regelung treffen. Das gilt auch für einen Schichtwechsel; denn er ist keine Versetzung i. S. des § 95 Abs. 3 (s. Rn. 290). Deshalb entfällt für den Arbeitgeber die Möglichkeit, eine Veränderung der Lage der Arbeitszeit als vorläufige Versetzung i. S. des § 100 durchzuführen (ebenso BAG 19. 2. 1991 AP BetrVG 1972 § 95 Nr. 25).

312 Nur wenn ein **Notfall** besteht, hat der Arbeitgeber das Recht, vorläufig zur Abwendung akuter Gefahren oder Schäden eine Maßnahme durchzuführen, wenn er unverzüglich die Beteiligung des Betriebsrats nachholt (so BAG 19. 2. 1991 AP BetrVG 1972 § 87 Arbeitszeit Nr. 42; s. ausführlich Rn. 62 ff.).

5. Unternehmerische Entscheidungsautonomie als Schranke der Mitbestimmung

313 Die Mitbestimmung über die Lage der Arbeitszeit steht **nicht** unter einem allgemeinen **Vorbehalt unternehmerischer Entscheidungsfreiheit** (ebenso BAG 31. 8. 1982 und 26. 10. 2004 AP BetrVG 1972 § 87 Arbeitszeit Nr. 8 und 113; s. auch Rn. 41 ff.). Dass die Arbeitszeitflexibilisierung erhebliche Bedeutung für den unternehmerischen Erfolg haben kann, rechtfertigt keine Begrenzung der Mitbestimmung.

Die Mitbestimmung über die Lage der Arbeitszeit gibt aber **kein Recht auf Beteiligung** 314
an der unternehmerischen Entscheidung über den Betriebszweck. Es fällt daher allein in
die Kompetenz des Arbeitgebers, ob ein Restaurant als Nachtlokal oder Gasthof mit
bürgerlichem Mittagstisch betrieben wird. Für eine Wach- und Schließgesellschaft ist
Voraussetzung, dass die Arbeit nachts geleistet wird.

Bei Kaufhäusern und Ladengeschäften ist der Betriebsrat auch nicht an der Entschei- 315
dung beteiligt, wie die **Ladenschlusszeiten** in den Grenzen des Ladenschlussgesetzes
festgelegt werden. Er hat nur über die *Verteilung der Arbeitszeit* mitzubestimmen. Daraus folgt zwar, dass der Betriebsrat auch darüber mitzubestimmen hat, ob und in
welchem Umfang sich die Arbeitszeit mit den Ladenöffnungszeiten deckt; es trifft aber
nicht zu, wenn das BAG daraus ableitet, dass vom Mitbestimmungsrecht des Betriebsrats auch eine Arbeitszeitregelung gedeckt ist, die die Ausschöpfung der gesetzlichen
Ladenschlusszeiten unmöglich macht (BAG 31. 8. 1982 und 13. 10. 1987 E 56, 197,
213 = AP BetrVG 1972 § 87 Arbeitszeit Nr. 8 und 24). Im Mitbestimmungsverfahren
kann nicht erzwungen werden, dass ein Kaufhaus vorzeitig geschlossen wird (vgl.
Richardi, EzA § 87 BetrVG 1972 Arbeitszeit Nr. 13; abl. auch *Reuter*, ZfA 1981, 196 ff.
und *Lieb*, DB 1981 Beil. 17).

6. Arbeitskampf

Bei einem **Teilstreik im Betrieb** kann der Arbeitgeber ohne Beteiligung des Betriebsrats 316
die Lage der Arbeitszeit ändern, um die Betriebstätigkeit trotz des Streiks aufrechtzuerhalten (ebenso BAG 24. 4. 1979 AP GG Art. 9 Arbeitskampf Nr. 63; s. auch § 74
Rn. 41). Der Betriebsrat hat dagegen über die Verteilung der Arbeitszeit mitzubestimmen, wenn eine Arbeitszeitverkürzung notwendig wird, weil ein **Arbeitskampf in einem
anderen Betrieb** dem Arbeitgeber die Fortsetzung seines Betriebs ganz oder teilweise
unmöglich oder wirtschaftlich unzumutbar macht (ebenso BAG 22. 12. 1980 AP GG
Art. 9 Arbeitskampf Nr. 70 und 71; ausführlich Rn. 378 ff.).

7. Tendenzbetriebe

Bei Tendenzbetrieben ist die **Mitbestimmung** nur insoweit **eingeschränkt**, als ihr die 317
Eigenart des Unternehmens oder des Betriebs entgegensteht (§ 118 Abs. 1 Satz 1). Die
Festlegung der Arbeitszeitlage ist im Allgemeinen kein notwendiger Bestandteil der
Tendenzbestimmung und Tendenzverwirklichung. Soweit es um den wertneutralen Arbeitsablauf des Betriebs geht, hat deshalb der Betriebsrat über die Arbeitszeitverteilung
mitzubestimmen, auch wenn es sich um Tendenzträger handelt, z. B. bei einem Presseunternehmen über die **Arbeitszeitregelung für Redakteure** (BAG 30. 1. 1990 und 14. 1.
1992 AP BetrVG 1972 § 118 Nr. 44 und 49; bereits zu einer vorübergehenden Anordnung von Sonntagsarbeit BAG 22. 5. 1979 AP BetrVG 1972 § 118 Nr. 13) oder bei
einem **Rundfunksender** über die Lage der **Arbeitszeit bei der Berichterstattung** (BAG
11. 2. 1992 AP BetrVG 1972 § 118 Nr. 50).

Die Mitbestimmung darf nicht die **Freiheit zur Tendenzbestimmung und Tendenz-** 318
verwirklichung beeinträchtigen (BAG 30. 1. 1990 und 14. 1. 1992 AP BetrVG 1972
§ 118 Nr. 44 und 49). Bei Presseunternehmen sieht das BAG in der Aktualität der
Berichterstattung eine Mitbestimmungssperre (so bereits BAG 22. 5. 1979 AP BetrVG
1972 § 118 Nr. 13). Sie wird aber nach seiner Ansicht nicht beeinträchtigt, wenn der
Betriebsrat über die Verteilung der Arbeitsstunden auf die einzelnen Wochentage mitzubestimmen begehrt (BAGE 64, 103, 116) oder auch über Beginn und Ende der
täglichen Arbeitszeit, sofern er die für die Aktualität der Berichterstattung relevanten
Entscheidungen des Arbeitgebers, wie die Zeitvorgaben für den Redaktionsschluss sowie
Lage und Umfang der Redaktionskonferenzen, respektiert (BAG AP BetrVG 1972 § 118
Nr. 49). Entsprechendes gilt bei einem Rundfunksender (BAG 11. 2. 1992 AP BetrVG
1972 § 118 Nr. 50).

319 Bei **Bühnenangestellten** unterliegt dem Mitbestimmungsrecht die zeitliche Festlegung der Proben; es entfällt aber, wenn künstlerische Gesichtspunkte eine bestimmte zeitliche Lage oder eine bestimmte Mindestdauer der einzelnen Probe erfordern, und es ist auch insoweit nicht gegeben, als eine Mitbestimmung über die zeitliche Lage der einzelnen Proben zwangsläufig die Gesamtdauer der Proben für eine Aufführung und damit die künstlerische Qualität der Aufführung beeinflusst (BAG 4. 8. 1981 AP BetrVG 1972 § 87 Arbeitszeit Nr. 5).

320 Entsprechend ist bei der Mitbestimmung über den **Dienstplan von Lehrern** die Entscheidung des Schulträgers, dass die Schule als **Ganztagsschule** betrieben wird, eine **tendenzbezogene Entscheidung,** die der Mitbestimmung über die Verteilung der Arbeitszeit vorgegeben ist. Der Betriebsrat kann deshalb einen Einsatz der Lehrer im Nachmittagsdienst nicht durch sein Mitbestimmungsrecht verhindern (BAG 13. 1. 1987 AP BetrVG 1972 § 118 Nr. 33). Bei einem **Dialysezentrum** ist die Mitbestimmung des Betriebsrats insoweit eingeschränkt, als der Rechtsträger mitbestimmungsfrei entscheidet, ob er den Dienst „rund um die Uhr" oder nur zu bestimmten Zeiten anbietet (BAG 18. 4. 1989 AP BetrVG 1972 § 87 Arbeitszeit Nr. 34).

8. Vorrang von Gesetz und Tarifvertrag

321 a) Bei der Festlegung der Arbeitszeit sind Arbeitgeber und Betriebsrat an die **öffentlich-rechtliche Arbeitszeitregelung** über die Lage der Arbeitszeit und der Pausen gebunden. Einschlägig sind vor allem die Vorschriften des **Arbeitszeitgesetzes,** das in §§ 3 ff. die Festlegung der werktäglichen Arbeitszeit begrenzt und in §§ 9 ff. die **Sonn- und Feiertagsruhe** sichert (vgl. BAG 9. 3. 1993 AP AZO Kr § 1 Nr. 1; 4. 5. 1993 AP GewO § 105 a Nr. 1).

322 Gesetzliche Begrenzungen der Arbeitszeitverteilung ergeben sich weiterhin aus dem Ladenschlussgesetz und dem Fahrpersonalgesetz sowie für Frauen vor allem aus § 8 MuSchG und für Jugendliche aus §§ 8 ff. JArbSchG.

323 b) Bei der Festlegung der Arbeitszeit und der Pausen sind Arbeitgeber und Betriebsrat weiterhin an **Tarifverträge** gebunden, die für den Betrieb gelten. Das Mitbestimmungsrecht wird aber nur verdrängt, soweit ein Tarifvertrag nicht nur die Dauer, sondern auch die Lage der Arbeitszeit regelt (s. Rn. 150 ff.).

IV. Durchführung der Mitbestimmung

1. Ausübungsform der Mitbestimmung

324 Die Verteilung der Arbeitszeit ist durch **Betriebsvereinbarung** festzulegen. Nur sie wirkt normativ auf die Arbeitsverhältnisse (§ 77 Abs. 4 Satz 1). Das Mitbestimmungsrecht ist aber nicht verletzt, wenn Arbeitgeber und Betriebsrat lediglich eine formlose Betriebsabsprache treffen. In diesem Fall richtet sich nach dem Einzelarbeitsvertrag, ob der Arbeitgeber auf Grund seines Direktionsrechts die Arbeitszeit festlegen kann.

325 Bei **variablen Arbeitszeiten,** insbes. bei **Schichtarbeit** können die Betriebspartner sich darauf beschränken, Grundsätze festzulegen, denen die einzelnen Dienst- oder Schichtpläne entsprechen müssen, so dass dem Arbeitgeber überlassen wird, die Aufstellung des einzelnen Dienst- oder Schichtplans entsprechend diesen Grundsätzen vorzunehmen (BAG 28. 10. 1986, 18. 4. 1989, 28. 5. 2002 und 1. 7. 2003 AP BetrVG 1972 § 87 Arbeitszeit Nr. 20, 34, 96 und 103).

2. Zuständigkeit für die Mitbestimmungsausübung

326 a) Die Lage der Arbeitszeit kann im Allgemeinen von Betrieb zu Betrieb verschieden sein. In diesem Fall ist für die Mitbestimmungsausübung der **Einzelbetriebsrat** zuständig.

Genügt für sie eine formlose Betriebsabsprache (s. Rn. 324), so kann der Betriebsrat die Beteiligung zur selbständigen Erledigung dem Betriebsausschuss oder einem zu diesem Zweck gebildeten Ausschuss übertragen (§ 27 Abs. 2 Satz 2, § 28 Abs. 1 Satz 3).

In Betrieben mit mehr als 100 Arbeitnehmern kann der Betriebsrat die Mitbestimmungsausübung nach Maßgabe einer mit dem Arbeitgeber abzuschließenden Rahmenvereinbarung auf Arbeitsgruppen übertragen, wenn wie im Regelfall die Festlegung der Arbeitszeitlage in Zusammenhang mit den von der Arbeitsgruppe zu erledigenden Tätigkeiten steht (§ 28 a Abs. 1). Die Arbeitsgruppe kann in diesem Fall mit dem Arbeitgeber Vereinbarungen schließen, für die § 77 entsprechend gilt (§ 28 a Abs. 2 Satz 1 und 2). Können sich Arbeitgeber und Arbeitsgruppe aber nicht einigen, nimmt der Betriebsrat das Beteiligungsrecht wahr (§ 28 a Abs. 2 Satz 3). **327**

b) Nur wenn die Arbeitszeitverteilung nicht gesondert für den Betrieb festgelegt werden kann, z. B. wegen produktionstechnischer Abhängigkeit mehrerer Betriebe voneinander, kommt eine Zuständigkeit des **Gesamtbetriebsrats**, möglicherweise auch eines Konzernbetriebsrats in Betracht (§§ 50 Abs. 1 Satz 1, 58 Abs. 1 Satz 1). Erforderlich ist, „dass bei fehlender einheitlicher Regelung eine technisch untragbare Störung eintreten würde, die zu unangemessenen betrieblichen oder wirtschaftlichen Auswirkungen führen könnte" (BAG 23. 9. 1975 AP BetrVG 1972 § 50 Nr. 1; s. auch § 50 Rn. 21 und § 58 Rn. 9; bei Zweifeln s. § 50 Rn. 48). **328**

Bei einem **Dienstleistungsunternehmen** hängt die Zuständigkeit für die Mitbestimmungsausübung davon ab, ob das Dienstleistungsangebot des Betriebs mit der Tätigkeit anderer Betriebe so verbunden ist, dass nur bei einer überbetrieblichen Koordination der Arbeitszeitlage der Betriebszweck erfüllt werden kann. Die Besonderheit eines bundesweit operierenden Dienstleistungsunternehmens kann deshalb zur Folge haben, dass nicht der Einzelbetriebsrat, sondern der Gesamtbetriebsrat zuständig ist. **329**

c) Ob bei **Leiharbeitnehmern** der Betriebsrat des Verleiherbetriebs oder derjenige des Entleiherbetriebs mitzubestimmen hat, richtet sich danach, ob der Vertragsarbeitgeber oder der Entleiher die mitbestimmungspflichtige Entscheidung trifft (vgl. BAG 19. 6. 2001 AP BetrVG 1972 § 87 Leiharbeitnehmer Nr. 1). Soweit es um die Lage der Arbeitszeit geht, trifft im Allgemeinen der Entleiher die mitbestimmungspflichtige Entscheidung, so dass in diesem Fall der Betriebsrat des Entleiherbetriebs zuständig ist (vgl. BAG 15. 12. 1992 AP AÜG § 14 Nr. 7). **330**

3. Bekanntgabe der Arbeitszeitregelung

Der Arbeitgeber ist nach § 16 Abs. 1 ArbZG verpflichtet, einen Abdruck des Arbeitszeitgesetzes und der auf Grund dieses Gesetzes erlassenen, für den Betrieb geltenden Rechtsverordnungen an geeigneter Stelle im Betrieb zur Einsichtnahme auszulegen oder auszuhängen. Gleiches gilt, soweit sie Abweichungen von der Gesetzesregelung enthalten, für die für den Betrieb geltenden Tarifverträge und Betriebsvereinbarungen. § 48 JArbSchG bestimmt darüber hinaus, dass Arbeitgeber, die regelmäßig mindestens drei Jugendliche beschäftigen, einen Aushang über Beginn und Ende der regelmäßigen täglichen Arbeitszeit und der Pausen der Jugendlichen an geeigneter Stelle im Betrieb anzubringen haben. Soweit über die Arbeitszeitregelung eine Betriebsvereinbarung abgeschlossen wird, ergibt sich aus § 77 Abs. 2 Satz 3, dass der Arbeitgeber sie an geeigneter Stelle im Betrieb auszulegen hat. **331**

4. Rechtsfolgen einer Nichtbeteiligung des Betriebsrats

Nach dem BAG und der h. L. ist die Zustimmung des Betriebsrats eine **Wirksamkeitsvoraussetzung** für die Festlegung der Arbeitszeit (BAG 5. 7. 1976 AP AZO § 12 Nr. 10; GK-*Wiese*, § 87 Rn. 353; GL-*Löwisch*, § 87 Rn. 99; a. A. HSWGNR-*Worzalla*, § 87 Rn. 181; s. auch Rn. 101 ff.). **332**

333 Eine Änderung in der Lage der täglichen Arbeitszeit ist aber nicht schon deshalb unwirksam, weil der Betriebsrat ihr nicht zugestimmt hat, sondern nur dann, wenn Einzelansprüche der Arbeitnehmer *geschmälert* oder *beseitigt* werden, z. B. wenn in einem Betrieb wegen Kurzarbeit nur an drei Tagen gearbeitet wird und der Arbeitgeber die Arbeitszeit von dem auf einen Feiertag fallenden Tag auf einen Tag verlegt, der kein Feiertag ist (so zutreffend BAG 7. 9. 1956 AP BetrVG [1952] § 56 Nr. 2). Gleiches gilt, wenn dem Arbeitnehmer durch eine einseitige Verlängerung der Arbeitszeit mittelbar das Recht genommen wird, dass die geleistete Arbeit als Arbeit außerhalb der Schichtzeit zu vergüten ist (so zutreffend BAG 25. 10. 1957 AP BetrVG [1952] § 56 Nr. 6). Werden dagegen beispielsweise die Dienstpläne für die im Fahrdienst tätigen Arbeitnehmer ohne Zustimmung des Betriebsrats aufgestellt, so führt die Verletzung des Mitbestimmungsrechts nicht dazu, dass ein Fahrer für Zeiten der Unterbrechung, in denen er nicht gearbeitet hat, Bezahlung fordern kann, dass also die in dem Dienstplan ausgewiesenen Ruhepausen als Wendezeiten gewertet und dementsprechend vergütet werden müssen (so zutreffend BAG 4. 6. 1969 AP BMT-G II § 16 Nr. 1). Leistet ein Arbeitnehmer einer ohne Zustimmung des Betriebsrats festgelegten Arbeitszeiteinteilung Folge, so hat er Anspruch auf Vergütung für die tatsächlich geleistete Arbeit, aber keinen Anspruch für die nicht geleistete Arbeit, auch wenn diese nur deshalb nicht erbracht wird, weil der Arbeitgeber die bisherige Arbeitszeiteinteilung geändert hat (ebenso BAG 5. 7. 1976 AP AZO § 12 Nr. 10; GK-*Wiese*, § 87 Rn. 353; *H. Hanau*, Individualautonomie, S. 202). Der Arbeitnehmer hat aber ein Leistungsverweigerungsrecht, wenn die Festlegung der Arbeitszeit gegen seinen Willen ohne Zustimmung des Betriebsrats geändert wird. Nimmt der Arbeitgeber die Arbeitsleistung des Arbeitnehmers nicht zu der bisherigen Arbeitszeitregelung an, so kommt er dadurch in Annahmeverzug und hat trotz Nichtleistung der Arbeit das Arbeitsentgelt zu zahlen (§ 615 BGB; ebenso *Wiese* und *H. Hanau*, jeweils a. a. O.).

C. Nr. 3: Vorübergehende Verkürzung oder Verlängerung der betriebsüblichen Arbeitszeit

Abgekürzt zitiertes Schrifttum: *Ehmann*, Betriebsrisikolehre und Kurzarbeit, 1979; *Jene*, Kurzarbeit und betriebliche Mitbestimmung (§ 87 Abs. 1 Nr. 3 BetrVG) (Diss. Mannheim 1980), 1981; *Schlegel*, Die Mitbestimmung des Betriebsrates bei Überstunden nach § 87 Abs. 1 Nr. 3 BetrVG (Diss. Köln 1993), 1993.

Übersicht

	Rn.
I. Vorbemerkung	334
1. Entstehungsgeschichte	334
2. Zweck und rechtsdogmatische Einordnung	335
II. Gegenstand der Mitbestimmung	336
1. Veränderung der betriebsüblichen Arbeitszeit	337
2. Vorübergehende Veränderung der Arbeitszeit	345
3. Verlängerung der Arbeitszeit	349
4. Verkürzung der Arbeitszeit	353
III. Inhalt und Umfang der Mitbestimmung	356
1. Befugnis zur vorübergehenden Änderung des vertraglich geschuldeten zeitlichen Umfangs der Arbeitsleistung	356
2. Dauerregelung und Regelung eines vorübergehenden Zustands	361
3. Änderung der betriebsüblichen Arbeitszeit für einzelne Arbeitnehmer	362
4. Initiativrecht	365
5. Eil- und Notfall	370
6. Materielle Annexregelung	372

Zweiter Abschnitt: Die einzelnen Mitbestimmungstatbestände   § 87

	Rn.
7. Arbeitskampf	373
8. Tendenzbetriebe	374
9. Vorrang von Gesetz und Tarifvertrag	375
IV. Mitbestimmung bei arbeitskampfbedingter Änderung der betriebsüblichen Arbeitszeit	378
1. Arbeitskampfkonforme Interpretation des Mitbestimmungsrechts	378
2. Arbeitskampfrisiko und Mitbestimmung des Betriebsrats	382
3. Mitbestimmungsrecht in mittelbar arbeitskampfbetroffenen Betrieben	387
4. Recht und Pflicht des Arbeitgebers in mittelbar arbeitskampfbetroffenen Betrieben	397
5. Mitbestimmung bei einem Teilstreik im Betrieb	400
V. Durchführung der Mitbestimmung	402
1. Ausübungsform der Mitbestimmung	402
2. Zuständigkeit für die Mitbestimmungsausübung	403
3. Rechtsfolgen einer Nichtbeteiligung des Betriebsrats	404
VI. Beteiligung des Betriebsrats beim Kurzarbeitergeld	408

I. Vorbemerkung

1. Entstehungsgeschichte

Nach der in der Begründung zum RegE des BetrVG 1972 vertretenen Auffassung war 334 die vorübergehende Verkürzung oder Verlängerung der betriebsüblichen Arbeitszeit an sich inhaltlich bereits von § 56 Abs. 1 lit. a BetrVG 1952 erfasst (BT-Drucks. VI/1786, S. 48). Diese Meinung ist aber nicht zutreffend, jedenfalls wenn man der Rechtsprechung des BAG folgt (BAG 15. 12. 1961 AP BetrVG [1952] § 56 Arbeitszeit Nr. 1 und 2; s. auch Rn. 306; ebenso *Buchner*, AG 1971, 192). Die Mitbestimmung beschränkt sich hier auch nicht auf eine vorübergehende Änderung in der Lage der Arbeitszeit, sondern sie erstreckt sich auf die Festlegung des zeitlichen Umfangs der Arbeitsleistung, bezieht sich also auch auf die *Dauer der Arbeitszeit* (ebenso BAG 5. 3. 1974 AP BetrVG 1972 § 87 Kurzarbeit Nr. 1). Durch die Beschränkung der Beteiligung auf die vorübergehende Verkürzung oder Verlängerung der betriebsüblichen Arbeitszeit wird aber zugleich deutlich, dass ein Mitbestimmungsrecht des Betriebsrats sonst für die Festlegung des Arbeitszeitvolumens nicht gegeben ist (s. Rn. 261 ff.).

2. Zweck und rechtsdogmatische Einordnung

Das hier eingeräumte Mitbestimmungsrecht erschöpft sich nicht in einer betriebs- 335 organisatorischen Bedeutung für die Arbeitsabläufe, sondern begrenzt die **unternehmerische Entscheidungsautonomie bei der Personalgewinnung**. Die Einführung von Kurzarbeit kann verhindern, dass betriebsbedingte Kündigungen notwendig werden. Der Verzicht auf Überstunden kann durch Neueinstellungen kompensiert werden. Dadurch wird aber zugleich auch das Interesse der betriebsangehörigen Arbeitnehmer berührt; denn Kurzarbeit und Überstunden beeinflussen deren Arbeitsentgelt. Bei Überstunden geht es außerdem um die Gefährdung der Freizeit, die den Arbeitnehmern für die Gestaltung ihres Privatlebens zur Verfügung steht. Durch die Beteiligung des Betriebsrats soll gesichert werden, dass Belastungen und Vorteile gleichmäßig auf die Arbeitnehmer des Betriebs verteilt werden, bei Kurzarbeit zusätzlich darum, dass ihre Einführung Kündigungen vermeiden kann (vgl. auch BAG 29. 2. 2000 und 13. 3. 2001 AP BetrVG 1972 § 87 Arbeitszeit Nr. 81 und 87; *Matthes*, MünchArbR § 245 Rn. 2 ff.; *Brossette*, ZfA 1992, 379, 418 ff.). Die multilaterale Interessenlage hat zur Folge, dass das hier eingeräumte Mitbestimmungsrecht zugleich die **Eingriffsbefugnis der Betriebsparteien** begründet, das Arbeitszeitvolumen der Arbeitnehmer vorübergehend zu verkürzen oder zu verlängern, obwohl diese Befugnis der Arbeitgeber gegenüber dem einzelnen Arbeitnehmer nur hat, wenn sie ihm vertragsrechtlich eingeräumt ist (ebenso im Ergebnis ErfK-*Kania*, § 87 Rn. 31; GK-*Wiese*, § 87 Rn. 365; a. A. *Veit*, Zuständigkeit des Betriebsrats, S. 317 ff., 332; *Lobinger*, Anm. zu BAG BetrVG 1972 § 77 Tarifvorbehalt Nr. 19).

II. Gegenstand der Mitbestimmung

336 Gegenstand der Mitbestimmung ist die **vorübergehende Verkürzung** oder **Verlängerung der betriebsüblichen Arbeitszeit**.

1. Veränderung der betriebsüblichen Arbeitszeit

337 a) Unter der **betriebsüblichen Arbeitszeit** ist nach dem Wortsinn die **regelmäßige betriebliche Arbeitszeit** zu verstehen (BAG 21. 11. 1978, 13. 6. 1989, 16. 7. 1991 und 11. 12. 2001 AP BetrVG 1972 § 87 Arbeitszeit Nr. 2, 36, 44 und 93). Der Mitbestimmung unterstellt wird die vorübergehende Veränderung der „zur Regel" gewordenen Arbeitszeit (so zutreffend HSWGNR-*Worzalla*, § 87 Rn. 183). Die betriebsübliche Arbeitszeit ist nicht mit der Betriebsnutzungszeit (s. Rn. 258) gleichzusetzen (BAG 25. 2. 1997 AP BetrVG 1972 § 87 Arbeitszeit Nr. 72), sondern sie bezieht sich auf den Zeitraum, in dem der Arbeitnehmer regelmäßig seine Arbeitsleistung erbringt (s. auch Rn. 256 f.). Der Begriff der Betriebsüblichkeit ist nicht so zu verstehen, dass nur Veränderungen der im Betrieb häufigsten Arbeitszeit gemeint sind (ebenso BAG 13. 6. 1989 AP BetrVG 1972 § 87 Arbeitszeit Nr. 36). Nach Ansicht des BAG ist vielmehr auf die im Betrieb für bestimmte Arbeitsplätze und Arbeitnehmergruppen geltenden Arbeitszeiten abzustellen (BAG 13. 6. 1989, 16. 7. 1991 und 25. 2. 1997 AP BetrVG 1972 § 87 Arbeitszeit Nr. 36, 44 und 72). Es kann also in ein und demselben Betrieb mehrere betriebsübliche Arbeitszeiten geben (BAG a. a. O.; ebenso GK-*Wiese*, § 87 Rn. 381; GL-*Löwisch*, § 87 Rn. 108; DKK-*Klebe*, § 87 Rn. 87; HSWGNR-*Worzalla*, § 87 Rn. 183).

338 Die **betriebsübliche Arbeitszeit** wird durch **zwei Komponenten** bestimmt: den regelmäßig geschuldeten zeitlichen Umfang der Arbeitsleistung und die für ihn erfolgte Verteilung der Arbeitszeit (ebenso BAG 11. 12. 2001 AP BetrVG 1972 § 87 Arbeitszeit Nr. 93). Wird nur die Lage der Arbeitszeit vorübergehend geändert, so liegt der Mitbestimmungstatbestand nicht vor; denn er verlangt eine vorübergehende Verkürzung oder Verlängerung. Der Betriebsrat hat in diesem Fall aber ein Mitbestimmungsrecht nach Nr. 2. Für Nr. 3 ist dagegen ausschlaggebend, dass der die Arbeitszeitverteilung vorgegebene regelmäßige Dauer der Arbeitszeit vorübergehend geändert wird, wobei insoweit darauf abgestellt wird, ob vorübergehend überhaupt weniger oder mehr, als betriebsüblich ist, gearbeitet werden soll (ebenso BAG a. a. O.). Eine **tarifliche Jahresarbeitszeit** ist in der Regel nicht gleichbedeutend mit der betriebsüblichen Arbeitszeit i. S. der Nr. 3. Für eine Gleichsetzung mit ihr wäre Voraussetzung, dass weder die Tarifvertrags- noch die Betriebsparteien Regelungen zur Verteilung der Jahresarbeitszeit auf einen kürzeren Zeitraum als den eines Jahres getroffen hätten (so BAG, a. a. O.).

339 b) Das BAG verlangt für das Mitbestimmungsrecht einen **kollektiven Tatbestand** (BAG 18. 11. 1980, 2. 3. 1982, 8. 6. 1982, 21. 12. 1982, 10. 6. 1986, 11. 11. 1986, 16. 7. 1991 und 22. 10. 1991 AP BetrVG 1972 § 87 Arbeitszeit Nr. 3, 6, 7, 9, 18, 21, 44 und 48). Es hat aber auch zu Nr. 3 keine Kriterien gefunden, die eine eindeutige Abgrenzung des kollektiven Tatbestands von individuellen Maßnahmen ohne kollektiven Bezug ermöglichen. Maßgebend kann nicht sein, ob die Anordnung des Arbeitgebers abstrakt und ohne Ansehen der Person vorgenommen wird oder doch möglich wäre, und auch nicht, ob ein „quantitatives Kollektiv" erreicht wird (so bereits BAG 18. 11. 1980 AP BetrVG 1972 § 87 Arbeitszeit Nr. 3). Nach Ansicht des BAG soll ein kollektiver Tatbestand immer dann vorliegen, wenn sich eine Regelungsfrage stellt, die kollektive Interessen der Arbeitnehmer berührt (BAGE 10. 6. 1986, 11. 11. 1986 und 16. 7.

1991 AP BetrVG 1972 § 87 Arbeitszeit Nr. 18, 21 und 44). Dabei bleibt aber offen, worin kollektive sich von individuellen Interessen der Arbeitnehmer unterscheiden, zumal das BAG betont, dass es auf die Zahl der Arbeitnehmer, für die Kurzarbeit oder Überstunden angeordnet werden, nicht ankomme (BAG, a. a. O.). Die Begrenzung der Mitbestimmung auf Kollektivmaßnahmen ist daher nur eine *Scheinschranke,* mit der sich nicht begründen lässt, ob die Mitbestimmung in einem Einzelfall gegeben ist (s. Rn. 21 ff.; zust. *Schlegel,* Mitbestimmung nach § 87 Abs. 1 Nr. 3 BetrVG, S. 49).

Der **Tatbestand der Betriebsüblichkeit** liegt demnach nicht nur vor, wenn es sich um 340 die regelmäßige Arbeitszeit aller Arbeitnehmer oder einer Arbeitnehmergruppe handelt, sondern er ist auch gegeben, wenn es sich um die **Arbeitszeit eines einzelnen Arbeitnehmers** handelt. Betriebsüblich ist eine Arbeitszeit nämlich, wenn sie für das Arbeitsverhältnis die Regel darstellt, es sich also um die Arbeitszeit handelt, die, wie das BAG es formuliert hat, die Arbeitnehmer, ein Teil von ihnen oder auch ein einzelner Arbeitnehmer jeweils individualrechtlich dem Arbeitgeber schuldet (BAG 16. 7. 1991 AP BetrVG 1972 § 87 Arbeitszeit Nr. 44 [unter B II 1 a bb]). Soweit man für die Mitbestimmung gleichwohl einen kollektiven Tatbestand verlangt, geht es nicht um eine tatbestandliche Präzisierung des *Mitbestimmungsgegenstands,* sondern um eine teleologische Begrenzung des *Mitbestimmungsrechts.* Auf dessen Zweck stellt das BAG ab, wenn es bei Überstunden das Vorliegen eines kollektiven Tatbestands damit begründet, dass bei einem zusätzlichen Arbeitsbedarf immer die Frage zu regeln sei, ob und in welchem Umfang zur Abdeckung dieses Arbeitsbedarfs Überstunden geleistet werden sollen oder ob die Neueinstellung eines Arbeitnehmers zweckmäßiger wäre, und dass weiter zu entscheiden sei, wann und von wem die Überstunden geleistet werden sollen (BAG 10. 6. 1986, 11. 11. 1986, 16. 7. 1991 und 22. 10. 1991 AP BetrVG 1972 § 87 Arbeitszeit Nr. 18, 21, 44 und 48). Diese Regelungsprobleme bestünden unabhängig von der Person und den individuellen Wünschen eines einzelnen Arbeitnehmers.

c) Gegenstand der Mitbestimmung ist die betriebsübliche **Arbeitszeit der Arbeitneh-** 341 **mer,** die **in einem arbeitsrechtlichen Weisungsverhältnis zum Betriebsinhaber** stehen. Nicht notwendig ist, dass sie zu ihm in einem Vertragsverhältnis stehen; es genügt, dass sie ihm zur Beschäftigung als Arbeitnehmer überlassen sind. Bei **Leiharbeitnehmern** ist aber zu beachten, dass sie betriebsverfassungsrechtlich dem Verleiherbetrieb zugeordnet bleiben (§ 14 Abs. 1 AÜG). Übersteigt die im Entleiherbetrieb zu erbringende Arbeitszeit die vom Leiharbeitnehmer vertraglich geschuldete Arbeitszeit, so liegt darin eine Verlängerung der betriebsüblichen Arbeitszeit, sofern die Entsendung für eine entsprechend verlängerte Arbeitszeit erfolgt. Da insoweit der Vertragsarbeitgeber die mitbestimmungspflichtige Entscheidung trifft, steht das Mitbestimmungsrecht dem beim Verleiher gebildeten Betriebsrat zu (ebenso BAG 19. 6. 2001 AP BetrVG 1972 § 87 Leiharbeitnehmer Nr. 1; *Fitting,* § 87 Rn. 137; HWK-*Clemenz,* § 87 Rn. 88; s. aber auch für die Lage der Arbeitszeit Rn. 330).

Überhaupt **nicht unter den Mitbestimmungstatbestand** fällt die Arbeitszeit der **Fremd-** 342 **firmenarbeitnehmer** (s. zum Begriff § 5 Rn. 91); denn sie stehen nicht in arbeitsrechtlichen Beziehungen zum Betriebsinhaber (ebenso HWK-*Clemenz,* § 87 Rn. 88; HSWGNR-*Worzalla,* § 87 Rn. 183a; a. A. *Leisten,* BB 1992, 266, 269). Der Fremdfirmeneinsatz darf aber nicht die Umgehung des Mitbestimmungsrechts bezwecken. Der Betriebsrat hat deshalb mitzubestimmen, wenn der Betriebsinhaber den Fremdunternehmer nur als Strohmann einschaltet (vgl. BAG 22. 10. 1991 AP BetrVG 1972 § 87 Arbeitszeit Nr. 48).

d) Da das BAG bei der Bestimmung der betriebsüblichen Arbeitszeit auf die im Betrieb 343 für bestimmte Arbeitsplätze und Arbeitnehmergruppen geltende Arbeitszeit abstellt (s. Rn. 362), gelangt es folgerichtig zu dem Ergebnis, dass es auch für **teilzeitbeschäftigte Arbeitnehmer** eine betriebsübliche Arbeitszeit geben kann (BAG 16. 7. 1991 AP BetrVG 1972 § 87 Arbeitszeit Nr. 44; bestätigt BAG 23. 7. 1996 AP BetrVG 1972 § 87 Arbeitszeit Nr. 68). Deren vorübergehende Verkürzung oder Verlängerung unterliegt ebenfalls der Mitbestimmung des Betriebsrats (ebenso *Fitting*, § 87 Rn. 138; GK-*Wiese*, § 87 Rn. 382; GL-*Löwisch*, § 87 Rn. 108; *ders.*, ZfA 1986, 1, 15; DKK-*Klebe*, § 87 Rn. 98; HSWGNR-*Worzalla*, § 87 Rn. 190; *Stege/Weinspach/Schiefer*, § 87 Rn. 73 f.; *Schlegel*, Mitbestimmung nach § 87 Abs. 1 Nr. 3 BetrVG, S. 65 ff.; *Lipke*, NZA 1990, 758, 765). Für den Gegenstand der Mitbestimmung ist aber nicht ausschlaggebend, ob und inwieweit teilzeitbeschäftigte Arbeitnehmer eine Arbeitnehmergruppe bilden, sondern es geht ausschließlich darum, ob die für einen Teilzeitbeschäftigten betriebsübliche Arbeitszeit vorübergehend verkürzt oder verlängert wird. Der Annahme einer betriebsüblichen Arbeitszeit steht daher nicht entgegen, dass der Arbeitgeber mit Teilzeitkräften unterschiedlich lange Wochenarbeitszeiten vereinbart (so zutreffend BAG AP BetrVG 1972 § 87 Arbeitszeit Nr. 44 [unter II 1 a bb]).

344   e) Wenn bei **variabler Arbeitszeit** (s. zum Begriff Rn. 287) das durch das rechtsgeschäftliche Leistungsversprechen festgelegte Arbeitszeitvolumen vom Arbeitgeber unterschiedlich verteilt werden kann, so liegt in der dadurch herbeigeführten Verkürzung oder Verlängerung keine Änderung der betriebsüblichen Arbeitszeit, sondern sie ist im Gegenteil für die Arbeitnehmer, die unter die variable Arbeitszeitgestaltung fallen, die betriebsübliche Arbeitszeit. Der Betriebsrat hat hier aber über die Festlegung der Variabilität nach Nr. 2 mitzubestimmen (s. Rn. 293). Eine vorübergehende Verkürzung oder Verlängerung der betriebsüblichen Arbeitszeit liegt nur vor, wenn der für die Arbeitszeitverteilung betriebsübliche Arbeitszeitrahmen vorübergehend eingeschränkt oder erhöht werden soll (s. Rn. 338).

2. Vorübergehende Veränderung der Arbeitszeit

345   a) Gegenstand der Mitbestimmung ist nur die **vorübergehende Verkürzung** oder **Verlängerung der betriebsüblichen Arbeitszeit**, nicht deren generelle Änderung (vgl. BAG 3. 6. 2003 AP BetrVG 1972 § 77 Tarifvorbehalt Nr. 19). Der Betriebsrat hat deshalb nicht mitzubestimmen, wenn der Arbeitgeber die betriebsübliche Arbeitszeit auf Dauer verkürzen oder verlängern will (BAG 21. 11. 1978 AP BetrVG 1972 § 87 Arbeitszeit Nr. 2; GK-*Wiese*, § 87 Rn. 384 f.; GL-*Löwisch*, § 87 Rn. 107 a). Der Mitbestimmungstatbestand spiegelt hier wider, dass Arbeitgeber und Betriebsrat keine Befugnis haben, den zeitlichen Umfang der regelmäßig geschuldeten Arbeitsleistung festzulegen, sondern in Betracht kann nur kommen, dass eine vorübergehende Herabsetzung oder Erhöhung ermöglicht wird (s. Rn. 257).

346   Wird dem Arbeitnehmer für die Erbringung der Arbeitsleistung Zeitsouveränität eingeräumt, so liegt in deren Einführung und Gestaltung eine Regelung über die Arbeitszeitlage, die unter Nr. 2 fällt. Die Arbeitszeitsouveränität hat zur Folge, dass der Arbeitnehmer die Lage seiner Arbeitszeit selbst bestimmt. Daraus folgt, dass sich seine regelmäßige Arbeitszeit vorübergehend verkürzen oder verlängern kann. Doch liegt darin nicht der Tatbestand der Nr. 3, wenn nur der Zeitpunkt der Leistungserbringung am Tag, in der Woche, im Monat, kurz: in der Planperiode überhaupt flexibel gestaltet ist, nicht aber das Arbeitszeitvolumen. Die Grenze wird erst überschritten, wenn Regelungen über Arbeitszeitkonten bei einem Übersoll eine Überstundenbezahlung oder gar Verfall anordnen, jedenfalls einem Ausgleich in der Planperiode nicht mehr zuführen. Eine derartige Regelung ist gemäß Nr. 3 mitbestimmungspflichtig (ebenso *Matthes*, MünchArbR § 245 Rn. 22 f.; *Reichold*, NZA 1998, S. 393, 399).

347   b) Ebenso wenig wie die Festlegung bildet die **Wiederherstellung der betriebsüblichen Arbeitszeit** einen Mitbestimmungsfall. Nach Ansicht des BAG besteht deshalb kein Mitbestimmungsrecht nach Nr. 3 für den **Abbau von Überstunden durch den Arbeitgeber** (BAG 25. 10. 1977 AP BetrVG 1972 § 87 Arbeitszeit Nr. 1).

348   Gleiches soll auch für den **Abbau der Kurzarbeit** in Rückführung auf die betriebsübliche Arbeitszeit gelten (BAG 21. 11. 1978 AP BetrVG 1972 § 87 Arbeitszeit Nr. 2; a. A. *Fitting*, § 87 Rn. 151; ErfK-*Kania*, § 87 Rn. 35). Doch ist hier eine Einschränkung zu

beachten, die sich daraus ergibt, dass bei der Einführung von Kurzarbeit, nicht aber für die Anordnung von Überstunden das Mitbestimmungsrecht ein Initiativrecht einschließt (s. Rn. 365 ff.). Daraus folgt aber nicht, dass der Arbeitgeber die betriebsübliche Arbeitszeit nur mit Zustimmung des Betriebsrats wiederherstellen kann, sondern eine Auswirkung auf sie besteht nur insoweit, als der Betriebsrat die Einführung von Kurzarbeit zum Gegenstand eines Mitbestimmungsverfahrens machen kann.

3. Verlängerung der Arbeitszeit

a) Unter die Verlängerung der betriebsüblichen Arbeitszeit fällt die Anordnung von **Überstunden** (BAG 18. 11. 1980, 10. 6. 1986, 11. 11. 1986, 13. 6. 1989 und 27. 11. 1990 AP BetrVG 1972 § 87 Arbeitszeit Nr. 3, 18, 21, 36 und 41; 3. 6. 2003 AP BetrVG 1972 § 77 Tarifvorbehalt Nr. 19). Als Überstunden bezeichnet man die Überschreitung der für den Arbeitnehmer maßgeblichen regelmäßigen Arbeitszeit. Bei flexibler Arbeitszeitgestaltung handelt es sich um die Arbeitszeit, die den für die regelmäßige Erbringung der Arbeitsleistung festgelegten Arbeitszeitrahmen überschreitet. Mit dem Begriff der **Mehrarbeit** wird, wenn auch nur noch selten, die Arbeit bezeichnet, die über die gesetzlich zulässige regelmäßige Arbeitszeit hinaus geleistet wird (ErfK/*Preis*, BGB § 611 Rn. 486). In der betrieblichen Praxis wird von Mehrarbeit auch gesprochen, wenn es sich um Überstunden handelt, so dass die Begriffe synonym verwandt werden (BAG 12. 1. 1988 AP ArbGG 1979 § 81 Nr. 8). Deshalb ist auch hier unerheblich, ob man die vorübergehende Verlängerung der betriebsüblichen Arbeitszeit als Überarbeit oder als Mehrarbeit bezeichnet. (vgl. auch BAG 18. 4. 1985 AP BetrVG 1972 § 23 Nr. 5).

b) Eine vorübergehende Verlängerung der betriebsüblichen Arbeitszeit liegt auch vor, wenn Arbeitnehmer bei einem **Bereitschaftsdienst** oder **Rufbereitschaft** zu Arbeiten herangezogen werden, die zusätzlich zur normalen Arbeitszeit erbracht werden (ebenso BAG 21. 12. 1982 und 29. 2. 2000 AP BetrVG 1972 § 87 Arbeitszeit Nr. 9 und 81). Der herangezogene Arbeitnehmer leistet in diesem Fall Überstunden. Mitbestimmungspflichtig nach Nr. 3 ist daher, ob notwendiger Mehrarbeit durch die Einrichtung eines Bereitschaftsdienstes oder einer Rufbereitschaft für bestimmte Arbeitnehmer begegnet werden soll (ebenso für Rufbereitschaft BAG 21. 12. 1982 AP BetrVG 1972 § 87 Arbeitszeit Nr. 9). Auch soweit Bereitschaftsdienst oder Rufbereitschaft keine vorübergehende Verlängerung der betriebsüblichen Arbeitszeit zur Folge haben, hat der Betriebsrat nach Nr. 2 mitzubestimmen über Beginn und Ende eines Bereitschaftsdienstes oder einer Rufbereitschaft und deren Verteilung auf die einzelnen Wochentage (s. Rn. 303).

Werden **Lehrer** verpflichtet, bei vorübergehender Verhinderung anderer Lehrkräfte **Vertretungsstunden** zu übernehmen, so hat der Betriebsrat nach Nr. 3 mitzubestimmen; denn bei der Übernahme der Vertretungsstunden handelt es sich um Überstunden (ebenso BAG 13. 6. 1989 AP BetrVG 1972 § 87 Arbeitszeit Nr. 36). Führt der Arbeitgeber eine **Mitarbeitervertretungsversammlung außerhalb der betriebsüblichen Arbeitszeit** durch, so liegt darin deren vorübergehende Verlängerung, wenn der Arbeitgeber kraft seines Direktionsrechts die Teilnahme anordnen kann oder wenn eine anderweitige Verpflichtung der Arbeitnehmer gegenüber dem Arbeitgeber zur Teilnahme besteht; nicht erfasst wird aber eine Mitarbeiterversammlung, soweit sie die in § 45 genannten Themen zum Gegenstand hat (vgl. BAG 13. 3. 2001 AP BetrVG 1972 § 87 Arbeitszeit Nr. 87).

c) Vereinbaren Arbeitgeber und Arbeitnehmer **arbeitsvertraglich** eine **längere Arbeitszeit als die tarifvertragliche Höchstarbeitszeit** (vgl. zur Zulässigkeit *Richardi*, Verhandlungen des 61. DJT 1996, Bd. I B S. 88 ff.), so liegt darin keine *vorübergehende* Verlängerung der betriebsüblichen Arbeitszeit. Der Betriebsrat hat insoweit kein Mitbestimmungsrecht (ebenso *Bengelsdorf*, ZfA 1990, 563, 604; *Buchner*, DB 1990, 1715, 1723; im Ergebnis auch *Schlegel*, Mitbestimmung nach § 87 Abs. 1 Nr. 3 BetrVG, S. 73 ff.).

Stellt der Arbeitgeber Aushilfskräfte ein, um dadurch vorübergehend eine zusätzliche Schicht zur Bewältigung der Betriebsaufgaben zu erhalten, so ist auch dies keine vorübergehende Verlängerung der **betriebsüblichen Arbeitszeit**; denn deren Begriff bezieht sich nicht auf das betriebliche Arbeitszeitvolumen, sondern auf die Arbeitszeit der im Betrieb bereits beschäftigten Arbeitnehmer (vgl. BAG 25. 2. 1997 AP BetrVG 1972 § 87 Arbeitszeit Nr. 72; s. Rn. 337).

4. Verkürzung der Arbeitszeit

353 a) Unter die vorübergehende Verkürzung der betriebsüblichen Arbeitszeit fällt vor allem die Einführung von **Kurzarbeit**. Keine Rolle spielt, ob die tatbestandlichen Voraussetzungen für die Gewährung von Kurzarbeitergeld nach §§ 169 ff. SGB III erfüllt sind. Kurzarbeit i. S. des Mitbestimmungstatbestands liegt vielmehr vor, wenn der nach dem Arbeitsvertrag als Regel festgelegte zeitliche Umfang der Arbeitsleistung vorübergehend eingeschränkt wird. Erfasst wird nicht nur eine Verkürzung der täglichen Arbeitszeit, sondern auch die Einlegung einer Freischicht unter endgültigem Ausfall der Arbeitszeit (BAG 13. 7. 1977 AP BetrVG 1972 § 87 Kurzarbeit Nr. 2; 1. 7. 2003 AP BetrVG 1972 § 87 Arbeitszeit Nr. 103). Das Mitbestimmungsrecht besteht auch, wenn ein ganzer Wochentag arbeitsfrei gestellt werden soll oder der Arbeitsausfall für mehrere Wochen vorgesehen ist, sofern dabei an eine vorübergehende Maßnahme gedacht ist (GK-*Wiese*, § 87 Rn. 389; GL-*Löwisch*, § 87 Rn. 107; HSWGNR-*Worzalla*, § 87 Rn. 194).

354 Kein Mitbestimmungsrecht hat der Betriebsrat beim **Abbau von Kurzarbeit** zur Wiederherstellung der betriebsüblichen Arbeitszeit (s. Rn. 347).

355 b) Für den Mitbestimmungstatbestand ist es unerheblich, woraus sich die **Befugnis zur Verkürzung der Arbeitszeit** ergibt. Der Mitbestimmungstatbestand beschränkt sich nicht auf eine *rechtsgeschäftliche* „Verkürzung der betriebsüblichen Arbeitszeit" (so aber *Ehmann*, Betriebsrisikolehre und Arbeitskampf, S. 58 ff.; *Seiter*, RdA 1979, 393, 394 f.), sondern er erfasst auch gesetzliche Tatbestände eines Arbeitsausfalls, sofern dem Arbeitgeber ein Regelungsspielraum bleibt (vgl. vor allem BAG 22. 12. 1980 AP GG Art. 9 Arbeitskampf Nr. 70 und 71; s. Rn. 378 ff.). Ist der Arbeitgeber aber von Gesetzes wegen berechtigt, die betriebsübliche Arbeitszeit zu verkürzen, z. B. auf Grund der vom BAG entwickelten Arbeitskampfrisikolehre, so unterliegt nicht der Mitbestimmung, dass der Arbeitgeber dieses Recht ausübt, sondern lediglich, wie er die Arbeitszeitverkürzung durchführt (s. ausführlich Rn. 378 ff.). Gleiches gilt, wenn der Arbeitgeber bei beabsichtigter Massenentlassung nach § 19 KSchG durch das Landesarbeitsamt ermächtigt wird, Kurzarbeit einzuführen (s. Rn. 408).

III. Inhalt und Umfang der Mitbestimmung

1. Befugnis zur vorübergehenden Änderung des vertraglich geschuldeten zeitlichen Umfangs der Arbeitsleistung

356 a) Der Mitbestimmung unterliegt, **ob** und **wie** die **betriebsübliche Arbeitszeit** vorübergehend **verkürzt** oder **verlängert** werden soll. Damit besteht hier also ein umfassendes Mitbestimmungsrecht des Betriebsrats, das nicht nur auf die formelle Seite beschränkt ist, sondern auch die materielle Seite umfasst (ebenso BAG 5. 3. 1974 und 13. 7. 1977 AP BetrVG 1972 § 87 Kurzarbeit Nr. 1 und 2; 25. 10. 1977, 21. 11. 1978 und 18. 11. 1980 AP BetrVG 1972 § 87 Arbeitszeit Nr. 1, 2 und 3; *Fitting*, § 87 Rn. 114; GK-*Wiese*, § 87 Rn. 358; GL-*Löwisch*, § 87 Rn. 107; *Simitis/Weiss*, DB 1973, 1240 ff.; *Brossette*, ZfA 1992, 379, 419; a. A. ursprünglich *Erdmann/Jürging/Kammann*, § 87 Rn. 47 f., die ein Mitbestimmungsrecht bei der Frage, ob und in welchem Umfang Kurzarbeit eingeführt werden soll, ablehnen und sogar für verfassungswidrig halten; zur Verfassungsmäßigkeit BAG 5. 3. 1974 AP BetrVG 1972 § 87 Kurzarbeit Nr. 1; *Jene*, Kurzarbeit und

betriebliche Mitbestimmung, S. 80 ff.; *Simitis/Weiss*, DB 1973, 1240, 1245 f.; s. auch Rn. 40). Da bereits nach Nr. 2 mitbestimmungspflichtig ist, wie Überstunden auf die Wochentage zu verteilen sind und wie Kurzarbeit sich auf die Arbeitszeitverteilung auswirkt, liegt die selbständige Bedeutung des Mitbestimmungstatbestands der Nr. 3 darin, dass er der Mitbestimmung auch unterstellt, *ob* und in *welchem Umfang* die betriebsübliche Arbeitszeit vorübergehend geändert werden soll. Die Mitbestimmung wird also insoweit auf die Dauer der Arbeitszeit, eine materielle Arbeitsbedingung, erstreckt.

b) **Keine Voraussetzung der Mitbestimmung** ist, dass der **Arbeitgeber tarifvertraglich** 357 **oder einzelvertraglich berechtigt** ist, **Überstunden** oder **Kurzarbeit einzuführen**. Damit steht aber nur fest, dass die Einführung von Überstunden oder Kurzarbeit nicht ohne Beteiligung des Betriebsrats erfolgen kann (ebenso *Zöllner/Loritz/Hergenröder*, § 49 IV 1 a. E.). Offen ist, ob es daneben außerdem einer Grundlage im Tarifvertrag oder Arbeitsvertrag bedarf (bejahend *Zöllner/Loritz/Hergenröder*, a. a. O.; verneinend GK-*Wiese*, § 87 Rn. 365; s. auch Rn. 335).

Die **Einhaltung des Mitbestimmungsverfahrens** gibt dem Arbeitgeber **nicht die Befug-** 358 **nis**, Überstunden oder Kurzarbeit einseitig anzuordnen. Die Zustimmung des Betriebsrats erweitert nicht das Direktionsrecht des Arbeitgebers, sondern erschöpft sich in der Aufhebung einer betriebsverfassungsrechtlichen Beschränkung. Auch die Möglichkeit der Gewährung von Kurzarbeitergeld nach §§ 169 ff. SGB III berechtigt den Arbeitgeber nicht zur einseitigen Anordnung von Kurzarbeit; denn die sozialrechtlichen Voraussetzungen für das Kurzarbeitergeld sind nicht zugleich auch die Voraussetzungen, die dem Arbeitgeber arbeitsrechtlich die Befugnis einräumen, die Arbeitszeit eines Arbeitnehmers zu verkürzen (vgl. BAG 14. 2. 1991 AP BGB § 615 Kurzarbeit Nr. 4; bereits BAG 10. 7. 1969 AP BGB § 615 Kurzarbeit Nr. 2; weiterhin *Säcker/Oetker*, ZfA 1991, 131, 182; *Richardi*, ZfA 1992, 307, 313).

Wird die Mitbestimmung durch eine **formlose Betriebsabsprache** ausgeübt, so kann 359 der Arbeitgeber die mit dem Betriebsrat vereinbarte Regelung gegenüber den Arbeitnehmern **nicht** im Wege des **Direktionsrechts** durchsetzen, sondern es bedarf einer **entsprechenden Grundlage im Tarifvertrag oder Arbeitsvertrag**.

c) Diese Beschränkung wird überwunden, wenn die Bestimmung durch den Abschluss 360 einer **Betriebsvereinbarung** ausgeübt wird (BAG 14. 2. 1991 AP BGB § 615 Kurzarbeit Nr. 4; 3. 6. 2003 AP BetrVG 1972 § 77 Tarifvorbehalt Nr. 19 [abl. *Lobinger*]). Nur durch sie kann, wie das BAG zur Einführung von Kurzarbeit festgestellt hat, eine „Änderung der Arbeitsverträge hinsichtlich der Arbeitszeit und der Lohnzahlungspflicht für die Dauer der Kurzarbeitsperiode ohne Rücksicht auf den Willen der Arbeitnehmer" herbeigeführt werden (BAG AP BGB § 615 Kurzarbeit Nr. 4). Dies begründet das BAG damit, dass die Betriebsvereinbarung gemäß § 77 Abs. 4 unmittelbar und zwingend auf die Arbeitsverhältnisse einwirkt. Diese Feststellung beantwortet aber nicht, ob die Betriebsparteien eine entsprechende Eingriffsbefugnis haben. Zu ihr gelangt man, wenn man anerkennt, dass mit dem Mitbestimmungsrecht über die vorübergehende Verkürzung oder Verlängerung der betriebsüblichen Arbeitszeit zugleich eine **betriebsverfassungsrechtliche Regelungsbefugnis zur Einführung von Überstunden und Kurzarbeit durch Betriebsvereinbarung** eingeräumt wird (s. Rn. 335).

2. Dauerregelung und Regelung eines vorübergehenden Zustands

Der Mitbestimmung unterliegt nur die vorübergehende, nicht die auf Dauer geplante 361 Verkürzung oder Verlängerung der betriebsüblichen Arbeitszeit. **Keine Rolle spielt** aber, ob **Kurzarbeit** oder **Überstunden** regelmäßig anfallen. Der Betriebsrat hat mitzubestimmen, wenn in einem **einmaligen Sonderfall** die betriebsübliche Arbeitszeit vorübergehend verkürzt oder verlängert werden soll (s. auch Rn. 30 f.). Aber auch eine **Dauerregelung** kann im Mitbestimmungsverfahren erzwungen werden, wenn z. B. in einem Betrieb regelmäßig Störfälle eintreten, die Mehrarbeit erfordern (vgl. BAG 21. 12. 1982 AP BetrVG 1972 § 87 Arbeitszeit Nr. 9).

3. Änderung der betriebsüblichen Arbeitszeit für einzelne Arbeitnehmer

362 Das BAG hat aus der Anknüpfung an die betriebsübliche Arbeitszeit abgeleitet, dass ein Mitbestimmungsrecht des Betriebsrats ausscheidet, wenn lediglich die Arbeitszeit einzelner Arbeitnehmer vorübergehend verkürzt oder verlängert wird (BAG 18. 11. 1980 AP BetrVG 1972 § 87 Arbeitszeit Nr. 3). Das Mitbestimmungsrecht setze einen kollektiven Tatbestand voraus, greife also nicht ein bei **individuellen Regelungen ohne kollektiven Bezug** (vgl. auch BAG 10. 6. 1986 AP BetrVG 1972 § 87 Arbeitszeit Nr. 18; weit. Nachw. s. Rn. 339). Das BAG hat aber erkannt, dass die betriebsübliche Arbeitszeit nicht für alle Arbeitnehmer des Betriebs einheitlich bestimmt werden kann, sondern von der für die Arbeitnehmer geltenden regelmäßigen Arbeitszeitdauer und deren Verteilung abhängt, so dass es in einem und demselben Betrieb mehrere betriebsübliche Arbeitszeiten geben kann (BAG 13. 6. 1989 und 16. 7. 1991 AP BetrVG 1972 § 87 Arbeitszeit Nr. 36 und 44; s. auch Rn. 337). Möglich ist insbesondere auch, dass die betriebsübliche Arbeitszeit nur einen Arbeitnehmer betrifft; denn für die Beurteilung, ob ein kollektiver Tatbestand vorliegt, soll es auf die Zahl der Arbeitnehmer nicht ankommen (BAG 10. 6. 1986 AP BetrVG 1972 § 87 Arbeitszeit Nr. 18; s. auch Rn. 339). Maßgebend ist für das BAG vielmehr allein, ob ein **betriebliches Regelungsbedürfnis** besteht, wie bei der Anordnung von Überstunden aus Anlass von Schlussverkäufen und saisonbedingten Bestandsaufnahmen in einem Warenhaus (BAG 18. 11. 1980 AP BetrVG 1972 § 87 Arbeitszeit Nr. 3) oder zur Vertretung eines wegen Krankheit oder sonstigen Gründen fehlenden Arbeitskollegen (BAG 13. 6. 1989 AP BetrVG 1972 § 87 Arbeitszeit Nr. 36).

363 Besteht ein betriebliches Regelungsbedürfnis, so ist das Mitbestimmungsrecht nicht schon deshalb ausgeschlossen, weil zur Mehrarbeit nur ein **einzelner Arbeitnehmer** erforderlich ist (so ausdrücklich BAG 10. 6. 1986 AP BetrVG 1972 § 87 Arbeitszeit Nr. 18). Gleiches gilt entsprechend, wenn bei einem Arbeitsausfall Kurzarbeit eingeführt wird. Eine **Schranke der Mitbestimmung** besteht nur insoweit, als das Mitbestimmungsrecht nicht die **rechtsgeschäftliche Gestaltungsbefugnis des Arbeitnehmers** ausschließt. Eine Überstunden- oder Kurzarbeitsregelung, die er mit dem Arbeitgeber *aushandelt*, fällt nicht unter den Mitbestimmungstatbestand. Bei ihr handelt es sich in der Sprache des BAG um eine *individuelle Regelung ohne kollektiven Bezug*, weil sie individuellen Besonderheiten oder Wünschen des Arbeitnehmers Rechnung trägt (vgl. BAG 10. 6. 1986 AP BetrVG 1972 § 87 Arbeitszeit Nr. 18). Doch hat das BAG auch klargestellt, „dass der Arbeitgeber das Mitbestimmungsrecht des Betriebsrats weder dadurch ausschließen kann, dass er dem Regelungsbedürfnis entsprechend einzelvertragliche Vereinbarungen trifft, noch dadurch, dass er dem Regelungswunsch aller oder einzelner Arbeitnehmer nachkommt" (BAG a. a. O.).

364 Hat der Arbeitgeber mit einem Arbeitnehmer **arbeitsvertraglich** vereinbart, dass er **nicht in eine Überstundenregelung einbezogen** wird, so fällt die vertragliche Abrede schon nach ihrem Inhalt nicht unter den Mitbestimmungstatbestand. Bei Einführung von Mehrarbeit durch Betriebsvereinbarung hat sie nach dem Günstigkeitsprinzip Vorrang. Nahe liegt es, dass für **Kurzarbeit** Gleiches gilt. Hier wäre aber dem Initiativrecht des Betriebsrats der Boden entzogen, wenn durch Vertragsabrede festgelegt werden könnte, dass Arbeitnehmer nicht in eine Kurzarbeitsregelung einbezogen werden können.

4. Initiativrecht

365 a) Die Mitbestimmung schließt ein **Initiativrecht des Betriebsrats** ein; es ist aber nach **Inhalt und Umfang verschieden,** je nachdem, ob es sich um eine **vorübergehende Ver-**

kürzung oder **Verlängerung der betriebsüblichen Arbeitszeit** handelt. Im Schrifttum wird überwiegend ohne diese Differenzierung ein Initiativrecht entweder anerkannt oder abgelehnt (bejahend *Fitting,* § 87 Rn. 159; DKK-*Klebe,* § 87 Rn. 89; GL-*Löwisch,* § 87 Rn. 111; *Säcker,* ZfA-Sonderheft 1972, 41, 63; *Farthmann,* RdA 1974, 65, 68; *W. Schneider,* BlStSozArbR 1977, 196; *Lappe,* ArbRGegw. 16 [1979], 55, 66 f.; nur innerhalb enger Grenzen, wenn eine gleichmäßige Behandlung aller Arbeitnehmer angestrebt wird, *v. Stebut,* RdA 1974, 342, 343; – verneinend GK-*Wiese,* § 87 Rn. 367 ff.; *ders.,* Initiativrecht, S. 42 ff.; HSWGNR-*Worzalla,* § 87 Rn. 200 f.; *Stege/Weinspach/ Schiefer,* § 87 Rn. 78; *Wittke,* Beteiligungsrechte des Betriebsrats im sozialen Bereich, S. 65; *Adomeit,* BB 1972, 53, 54; *Boewer,* DB 1973, 522, 527; *Neyses,* BlStSozArbR 1977, 181 f.; *Bischof,* NZA 1995, 1021, 1024 f.; s. auch Rn. 65 ff.).

b) Eine **vorübergehende Verkürzung der betriebsüblichen Arbeitszeit** führt nicht nur zu einer Minderung des Arbeitsentgelts für die betroffenen Arbeitnehmer, sondern kann auch die Notwendigkeit betriebsbedingter Kündigungen verhindern. Deshalb hat das BAG ein **Initiativrecht des Betriebsrats bei der Einführung von Kurzarbeit** anerkannt (BAG 4. 3. 1986 AP BetrVG 1972 § 87 Kurzarbeit Nr. 3 [abl. *Wiese*]; zust. ErfK-*Kania,* § 87 Rn. 35; *Löwisch,* FS Wiese 1998, S. 249, 252 f.). Eine Schranke ergibt sich aber daraus, dass der Mitbestimmung nicht unterliegt, ob und in welchem Umfang die Produktion des Betriebs eingeschränkt wird, sondern bei Betriebsänderungen hat der Betriebsrat nach §§ 111 bis 113 mitzubestimmen. Der Arbeitgeber kann daher im Mitbestimmungsverfahren nicht gezwungen werden, Kurzarbeit einzuführen, wenn er eine Betriebsstilllegung oder -einschränkung plant (ebenso *Beuthien,* ZfA 1988, 1, 19 f.; zust. *Stege/Weinspach/Schiefer,* § 87 Rn. 78).

c) Das Initiativrecht deckt kein Verlangen des Betriebsrats zur **Einführung von Mehrarbeit** (ebenso *Matthes,* MünchArbR § 245 Rn. 39). Das Mitbestimmungsrecht bei Überstunden soll den Arbeitnehmer vor den Gefahren der Mehrarbeit schützen (s. Rn. 335). Es dient nicht der Verhinderung von Neueinstellungen, auch wenn dadurch nur bezweckt wird, den Betrieb einer vorübergehend erweiterten Auftragslage anzupassen, sondern insoweit hat der Betriebsrat das Zustimmungsverweigerungsrecht nach § 99, wobei für die Beurteilung auch hier wesentlich ist, dass eine durch Tatsachen begründete Besorgnis, dass infolge der Neueinstellung im Betrieb beschäftigte Arbeitnehmer gekündigt werden oder sonstige Nachteile erleiden, keinen Zustimmungsverweigerungsgrund darstellt, wenn dies aus betrieblichen oder persönlichen Gründen gerechtfertigt ist (§ 99 Abs. 2 Nr. 3).

Ein Initiativrecht zur Einführung von Mehrarbeit besteht auch dann nicht, wenn eine vom Arbeitgeber gestellte Arbeitsaufgabe in der betriebsüblichen Arbeitszeit nur durch verschärften Arbeitsdruck erledigt werden kann (so aber *Hanau,* RdA 1973, 281, 287; *Farthmann,* RdA 1974, 65, 69; *Reuter,* ZfA 1981, 165, 176 f.). Das Mitbestimmungsrecht ist kein Instrument zur Sicherung der *richtigen Vertragserfüllung.* Deshalb besteht das Initiativrecht nicht schon, wenn der Betriebsrat geltend macht, der Umfang eines Arbeitsauftrags mache es unmöglich, ihn in der betriebsüblichen Arbeitszeit zu erfüllen.

Die Rechtslage ist dagegen anders, wenn zur Sicherung der Betriebstätigkeit regelmäßig **Überstunden notwendig** werden. In diesem Fall umfasst das Mitbestimmungsrecht ein Initiativrecht, um eine Dauerregelung zu erzwingen, insbesondere eine Obergrenze für Überstunden durchzusetzen (ebenso BAG 13. 6. 1989 AP BetrVG 1972 § 87 Arbeitszeit Nr. 36; zust. *Däubler,* DB 1989, 2534, 2537; vgl. auch *Schlegel,* Mitbestimmung nach § 87 Abs. 1 Nr. 3 BetrVG, S. 123).

5. Eil- und Notfall

Das Mitbestimmungsrecht entfällt nicht deshalb, weil es sich um einen Eilfall handelt (ebenso BAG 5. 3. 1974 und 13. 7. 1977 AP BetrVG 1972 § 87 Kurzarbeit Nr. 1 und 2; s. ausführlich Rn. 55 ff.). Der Mitbestimmungstatbestand ist vielmehr geradezu ein Beleg für die Anerkennung der Mitbestimmung im Eilfall; denn eine vorübergehende Verkürzung oder Verlängerung der betriebsüblichen Arbeitszeit muss in der Regel kurzfristig angeordnet werden. Den Betriebspartnern ist deshalb zuzumuten, für Eilfälle eine entsprechende Vorsorge zu treffen (so zutreffend BAG, AP BetrVG 1972 § 87 Kurzarbeit Nr. 2 [Bl. 4 R]).

371 Nur wenn ein **Notfall** besteht, hat der Arbeitgeber das Recht, vorläufig zur Abwendung akuter Gefahren oder Schäden Mehrarbeit anzuordnen, wenn er unverzüglich die Beteiligung des Betriebsrats nachholt (so BAG 19. 2. 1991 AP BetrVG 1972 § 87 Arbeitszeit Nr. 42; s. ausführlich Rn. 62 ff.).

6. Materielle Annexregelung

372 Mitbestimmungspflichtig ist nur die Arbeitszeitregelung, **nicht** eine auf sie bezogene **Entgeltregelung.** Für Überstunden erhält der Arbeitnehmer regelmäßig ein besonderes Entgelt, das in den Tarifverträgen geregelt ist. Soweit eine tarifvertragliche Regelung fehlt, können aber Überstundenzuschläge in der Regel nicht im Mitbestimmungsverfahren erzwungen werden (ebenso LAG Hamm, DB 1986, 806, 807; GK-*Wiese*, § 87 Rn. 360; HSWGNR-*Worzalla*, § 87 Rn. 192; *Otto*, NZA 1992, 97, 109; *Schlegel*, Mitbestimmung bei Überstunden nach § 87 Abs. 1 Nr. 3 BetrVG, S. 164 ff.; a. A. *Schneider*, BlStSozArbR 1977, 196, 198). Entsprechend kann auch die Zustimmung zur Einführung von Kurzarbeit nicht davon abhängig gemacht werden, dass der Arbeitgeber zur Ergänzung des sozialrechtlichen Kurzarbeitergeldes finanzielle Ausgleichsleistungen erbringt (ebenso LAG Köln, NZA 1989, 939; HSWGNR-*Worzalla*, § 87 Rn. 197; *Säcker/Oetker*, ZfA 1991, 131, 170 ff.; *Otto*, NZA 1992, 97, 109). Die Entgeltleistungspflicht des Arbeitgebers ist nicht in den Mitbestimmungstatbestand einbezogen. Zulässig ist deshalb nur, dass der Betriebsrat seine Zustimmung zur Einführung der Kurzarbeit davon abhängig macht, dass die Bundesanstalt für Arbeit Kurzarbeitergeld gewährt (§§ 169 ff. SGB III).

7. Arbeitskampf

373 Da die Beteiligungsrechte des Betriebsrats arbeitskampfkonform zu interpretieren sind (s. § 74 Rn. 32 ff.), ergeben sich Einschränkungen für die Mitbestimmung, wenn die betriebsübliche Arbeitszeit arbeitskampfbedingt geändert wird (s. ausführlich Rn. 378 ff.).

8. Tendenzbetriebe

374 Bei Tendenzbetrieben ist die Mitbestimmung nur insoweit eingeschränkt, als ihr die Eigenart des Unternehmens oder des Betriebs entgegensteht (§ 118 Abs. 1 Satz 1). Die vorübergehende Verkürzung oder Verlängerung der betriebsüblichen Arbeitszeit ist **keine tendenzbezogene und deshalb mitbestimmungsfreie Maßnahme.** Der Tendenzschutz führt nur zu einer **Einschränkung der Mitbestimmung** (vgl. BAG 8. 11. 1983 AP BetrVG 1972 § 87 Arbeitszeit Nr. 11). Dient eine Überstundenanordnung dazu, den Einsatz der Redakteure dem technisch-organisatorischen Ablauf des Herstellungsprozesses der Zeitschrift anzupassen, ohne dass dabei die Aktualität der Berichterstattung eine Rolle spielt, so hat der Betriebsrat mitzubestimmen (so für die Anordnung von Sonntagsarbeit BAG 22. 5. 1979 AP BetrVG 1972 § 118 Nr. 13). Der Betriebsrat hat auch mitzubestimmen über eine Überstundenregelung, durch die gewährleistet werden soll, dass bei Aktualität der Berichterstattung zusätzlich Arbeitskräfte eingesetzt werden können (s. Rn. 318). Lediglich wenn die Aktualität der Berichterstattung einen Sondereinsatz erfordert, der bisher nicht betrieblich geregelt ist, entfällt eine Beteiligung des Betriebsrats; denn die Mitbestimmung muss zurücktreten, soweit sie die Ausübung der Freiheit des Verlegers zur Tendenzbestimmung und Tendenzverwirklichung beeinträchtigt. Könnte der Arbeit-

geber in diesem Fall keine Überstundenregelung ohne Beteiligung des Betriebsrats mit dem einzelnen Arbeitnehmer vereinbaren, so wäre das Grundrecht der Pressefreiheit verletzt (ebenso BAG 14. 1. 1992 AP BetrVG 1972 § 118 Nr. 49). Im Übrigen bestehen für die Reichweite der Mitbestimmung die Schranken, wie sie für den Mitbestimmungstatbestand in Nr. 2 gelten (s. Rn. 317 ff.).

9. Vorrang von Gesetz und Tarifvertrag

a) Vor allem bei der **Verlängerung der betriebsüblichen Arbeitszeit** sind für die Mitbestimmung des Betriebsrats die Grenzen zu beachten, die sich aus den **Arbeitszeitgesetzen** oder sonstigen gesetzlichen Regelungen über die Arbeitszeit ergeben. 375

Das Mitbestimmungsrecht entfällt ebenfalls nicht, wenn der Arbeitgeber bei **beabsichtigter Massenentlassung** nach § 19 KSchG durch das Landesarbeitsamt ermächtigt wird, **Kurzarbeit einzuführen** (ebenso *Fitting*, § 87 Rn. 155; GK-*Wiese*, § 87 Rn. 393; GL-*Löwisch*, § 87 Rn. 114; DKK-*Klebe*, § 87 Rn. 103; *Farthmann*, RdA 1974, 65, 69; *v. Stebut*, RdA 1974, 332, 345; a. A. HSWGNR-*Worzalla*, § 87 Rn. 196; *Stege/Weinspach/Schiefer*, § 87 Rn. 83; *Ehmann*, Betriebsrisikolehre und Kurzarbeit, S. 34 Fn. 13; *Säcker*, ZfA-Sonderheft 1972, 41, 49; *Böhm*, BB 1974, 281, 284). Durch das Mitbestimmungsrecht kann aber nicht verhindert werden, dass der Arbeitgeber die ihm in § 19 KSchG eingeräumte Ermächtigung ausübt; denn die mit der Einführung der Kurzarbeit eingeführte Kürzung des Arbeitsentgelts wird erst von dem Zeitpunkt an wirksam, an dem das Arbeitsverhältnis nach den allgemeinen gesetzlichen oder den vereinbarten Bestimmungen enden würde (§ 19 Abs. 2 KSchG). Das Mitbestimmungsrecht bezieht sich deshalb nur auf die *Modalitäten der Arbeitszeitregelung*. Eine Ausnahme gilt lediglich, wenn die Einführung der Kurzarbeit sich nicht auf die von der Massenentlassung betroffenen Arbeitnehmer beschränkt. 376

b) Der **Tarifvorrang**, der nach dem Eingangshalbsatz das Mitbestimmungsrecht des Betriebsrats ausschließt, greift nur ein, wenn eine Tarifnorm die vorübergehende Verkürzung oder Verlängerung der betriebsüblichen Arbeitszeit selbst abschließend und zwingend regelt. Gibt sie dagegen dem Arbeitgeber ohne eine bindende Verfahrensregelung ein einseitiges Bestimmungsrecht, so bleibt das Mitbestimmungsrecht bestehen (ebenso BAG 18. 4. 1989 E 61, 296 = AP BetrVG § 87 Tarifvorrang Nr. 18; s. ausführlich Rn. 161 ff.). Die Sperrwirkung greift aber ein, wenn eine Verfahrensregelung festgelegt ist, die dem Arbeitgeber unter bestimmten eng umrissenen Voraussetzungen das Recht zur einseitigen Anordnung von Überstunden einräumt (vgl. BAG 17. 11. 1998 AP BetrVG 1972 § 87 Arbeitszeit Nr. 79). 377

IV. Mitbestimmung bei arbeitskampfbedingter Änderung der betriebsüblichen Arbeitszeit

1. Arbeitskampfkonforme Interpretation des Mitbestimmungsrechts

Bei einem **arbeitskampfbedingten Arbeitsausfall** muss man unterscheiden, ob er durch eine **Kampfmaßnahme des Arbeitgebers** herbeigeführt wird, um dadurch einen Druck auf die streikführende Gewerkschaft auszuüben, ob er bei einem Teilstreik im Betrieb durch die Ausübung der vom BAG anerkannten **Stilllegungsbefugnis des Arbeitgebers** verursacht wird oder ob er durch eine **Betriebsstörung** oder **Absatzschwierigkeit** als **Folge eines Arbeitskampfes** eintritt. 378

a) Handelt es sich bei der Kampfmaßnahme um eine **Abwehraussperrung**, so ist der Betriebsrat an den Maßnahmen, durch die sie erfolgt, nicht beteiligt (s. auch § 74 Rn. 39). Gleiches gilt aber auch für die **Maßnahmen**, durch die der Arbeitgeber versucht, die **Produktion trotz des Streiks aufrechtzuerhalten**. Bei einem Teilstreik und entsprechend auch bei einer Teilaussperrung braucht der Arbeitgeber bei Maßnahmen 379 zur Aufrechterhaltung der Betriebstätigkeit während des Arbeitskampfes den Betriebsrat nicht zu beteiligen (s. auch § 74 Rn. 41). Lässt er von arbeitswilligen Arbeitnehmers Überstunden leisten, um dem Streik zu begegnen und dessen Auswirkungen möglichst gering zu halten, so braucht er den Betriebsrat nicht zu beteiligen; denn sonst könnte der Betriebsrat eine dem Arbeitgeber mögliche Abwehrmaßnahme gegenüber dem Streik verhindern oder zumindest bis zur Herbeiführung einer Entscheidung der Einigungsstelle erheblich hinauszögern (so ausdrücklich BAG 24. 4. 1979 AP GG Art. 9 Arbeitskampf Nr. 63).

380   b) Soweit der Arbeitgeber bei einem Teilstreik im Betrieb von seinem Recht Gebrauch macht, die **Betriebstätigkeit während des Streiks einzustellen** (grundlegend BAG 25. 3. 1994 AP GG Art. 9 Arbeitskampf Nr. 130), handelt es sich um eine Befugnis, die nicht durch das Mitbestimmungsrecht des Betriebsrats beschränkt wird.

381   c) Beruht der Arbeitsausfall dagegen auf einer **Betriebsstörung** oder auf einem **Auftrags- oder Absatzmangel,** so bestehen nach Auffassung des BAG die **folgenden Abstufungen für Inhalt und Umfang der Mitbestimmung:** Können die Fernwirkungen eines Arbeitskampfes das Kräfteverhältnis der kampfführenden Parteien beeinflussen und tragen deshalb nach Auffassung des BAG beide Seiten das Arbeitskampfrisiko, so sind Voraussetzungen und Umfang der Arbeitszeitverkürzung nicht von der Zustimmung des Betriebsrats abhängig, sondern der Mitbestimmung unterliegt nur die *Regelung der Modalitäten,* sofern insoweit ein Regelungsspielraum besteht (grundlegend BAG 22. 12. 1980 AP GG Art. 9 Arbeitskampf Nr. 70 und 71).

2. Arbeitskampfrisiko und Mitbestimmung des Betriebsrats

382   a) Durch einen **arbeitskampfbedingten Arbeitsausfall** wird die **betriebsübliche Arbeitszeit vorübergehend verkürzt.** Da es nach dem Wortlaut des Gesetzes nicht auf die Form und die Ursache der Arbeitseinschränkung ankommt, liegt der Mitbestimmungstatbestand der Nr. 3 vor, wobei mit dem Mitbestimmungstatbestand der Nr. 2 insoweit eine Überschneidung gegeben ist, als auch eine Änderung in der Verteilung der Arbeitszeit eintritt (ebenso BAG 22. 12. 1980 AP GG Art. 9 Arbeitskampf Nr. 70 und 71). Voraussetzung für eine Mitbestimmung ist allerdings, dass für den Arbeitgeber ein Regelungsspielraum besteht. Er ist stets vorhanden, wenn Grund für die Nichtbeschäftigung der Arbeitnehmer ein **arbeitskampfbedingter Auftrags- oder Absatzmangel** ist. Aber auch wenn durch den Arbeitskampf eine **Betriebsstörung** eintritt, bleibt regelmäßig ein Verteilungsspielraum für eine noch mögliche Beschäftigung der Arbeitnehmer. Das BAG sieht in ihm zutreffend den Ansatzpunkt für die Anerkennung eines Mitbestimmungsrechts des Betriebsrats (BAG 22. 12. 1980 AP GG Art. 9 Arbeitskampf Nr. 70).

383   Die **Gefahrtragung einer arbeitskampfbedingten Nichtbeschäftigung** ist **nicht Gegenstand des Mitbestimmungsrechts.** Sie bezieht sich auf die *Entgeltleistung des Arbeitgebers,* soweit es um deren Verhältnis zur Erbringung der Arbeitsleistung geht. Die vom BAG entwickelte Arbeitskampfrisikolehre begrenzt daher mittelbar das Mitbestimmungsrecht bei einer arbeitskampfbedingten Verkürzung der Arbeitszeit (ebenso BAG 22. 12. 1980 AP GG Art. 9 Arbeitskampf Nr. 70).

384   b) Soweit die **Grundsätze der Arbeitskampfrisikolehre** (s. Rn. 387 ff.) dem Arbeitgeber eine Arbeitszeitverkürzung unter Wegfall seiner Pflicht zur Arbeitsentgeltleistung gestatten, liegt eine **Gesetzesregelung i. S. des Eingangshalbsatzes** vor, die das Mitbestimmungsrecht des Betriebsrats verdrängt (vgl. auch *Lieb,* FS 25 Jahre BAG 1979, S. 327, 346; a. A. *Otto,* Arbeitskampf- und Schlichtungsrecht, 2006, § 16 Rn. 64). Dass die Entgeltrisikoregelung bei arbeitskampfbedingten Störungen im Leistungsvollzug eines Arbeitsverhältnisses durch keine positive Bestimmung im Gesetzesrecht geregelt ist, sondern aus ihm mit den anerkannten Methoden der Rechtsfindung abgeleitet werden muss, steht der Qualifizierung als Gesetzesregelung nicht entgegen. Zweifelhaft kann deren Vorrang nur deshalb sein, weil nach dem Eingangshalbsatz keine dispositive

Gesetzesbestimmung genügt (s. Rn. 146 f.). Man hat hier jedoch den Gesamtzusammenhang mit der Gefahrtragungsregelung im Arbeitsverhältnis zu beachten. Soweit sie durch § 615 BGB zu Lasten des Arbeitgebers besteht, handelt es sich zwar um keine Vorschrift des zwingenden Rechts; es wäre aber mit der dieser Norm zugrunde liegenden elementaren Gerechtigkeitsvorstellung nicht vereinbar, würde man zulassen, dass durch einen Ausschluss des § 615 BGB eine diametral entgegengesetzte Entgeltrisikogestaltung vereinbart werden kann (vgl. Staudinger-*Richardi*, BGB, § 615 Rn. 10). Eine Durchbrechung der zu Lasten des Arbeitgebers bestehenden Gefahrtragungsregel besteht aber nach der Arbeitskampfrisikolehre bei arbeitskampfbedingten Produktions- und Absatzstörungen. Auf sie sich zu berufen, kann dem Arbeitgeber nicht durch einen bindenden Spruch der Einigungsstelle genommen werden. Soweit die Arbeitskampfrisikolehre dem Arbeitgeber das Recht zur Nichtbeschäftigung unter Verweigerung des Arbeitsentgelts einräumt, steht seine Ausübung auch nicht unter dem Gesichtspunkt einer durch sie bewirkten Verkürzung der betriebsüblichen Arbeitszeit unter einem Mitbestimmungsvorbehalt.

c) Daraus folgt, dass die **Voraussetzungen** und der **Umfang der Arbeitszeitverkürzung** durch das Recht vorgegeben und nicht von der Zustimmung des Betriebsrats abhängig sind (so zutreffend BAG 22. 12. 1980 AP GG Art. 9 Arbeitskampf Nr. 70 LS 5). Zweifelhaft kann deshalb nur sein, ob der Betriebsrat mitzubestimmen hat, *wie* eine arbeitskampfbedingte **Arbeitszeitverkürzung verteilt** werden soll. Auch wenn der Arbeitgeber durch die Arbeitszeitverkürzung nicht *final* auf den Arbeitskampf einwirkt, sondern lediglich auf einen arbeitskampfbedingten Arbeitsausfall reagiert, ist für eine arbeitskampfkonforme Interpretation der Beteiligungsrechte wesentlich, ob es sich nur um Fernwirkungen eines Arbeitskampfes handelt, der in anderen Betrieben geführt wird, oder ob der Betrieb selbst durch einen Teilstreik betroffen ist. Der letztere Fall bildet einen völlig *verschiedenen Tatbestand:* Der Arbeitgeber wird bestreikt; er ist unmittelbar Adressat des Arbeitskampfes. 385

Bei **Fernwirkungen eines Arbeitskampfes,** der in anderen Betrieben geführt wird, fehlt dagegen nach Ansicht des BAG die arbeitskampftypische Konfrontation zwischen Belegschaft und Arbeitgeber (BAG 22. 12. 1980 AP GG Art. 9 Arbeitskampf Nr. 70). Der Betriebsrat hat deshalb über die Regelung der **Modalitäten einer Arbeitszeitverkürzung mitzubestimmen.** Ein derartiges Mitbestimmungsrecht sei „objektiv nicht geeignet, die Maßnahmen des Arbeitgebers zu vereiteln" (BAG). Für das BAG ist der maßgebliche Gesichtspunkt, dass bei Unmöglichkeit oder wirtschaftlicher Unzumutbarkeit der Beschäftigung für den Arbeitgeber kein kampftaktischer Spielraum besteht. Wenn aber dessen Fehlen sachlich rechtfertigt, dass die Mitbestimmung über die Verteilung der Arbeitszeitverkürzung arbeitskampfkonform ist, so ergibt sich daraus zugleich eine Schranke für die Mitbestimmung; denn der Betriebsrat darf wegen seiner Neutralitätspflicht im Arbeitskampf auch seinerseits die Zustimmung nicht von kampftaktischen Erwägungen abhängig machen. 386

3. Mitbestimmungsrecht in mittelbar arbeitskampfbetroffenen Betrieben

a) Das **BAG** verknüpft die Begrenzung der Mitbestimmung bei einem arbeitskampfbedingten Arbeitsausfall mit der von ihm entwickelten **Arbeitskampfrisikolehre:** Nur der **Störungstatbestand,** der für die Arbeitnehmer zum Verlust ihres Beschäftigungs- und Vergütungsanspruchs führt, **rechtfertigt** eine **Einschränkung der Mitbestimmung auf die Modalitäten der Arbeitszeitverkürzung** (vgl. BAG 22. 12. 1980 AP GG Art. 9 Arbeitskampf Nr. 70 und 71). Das BAG sieht als unerheblich an, ob die Fernwirkung des Arbeitskampfes zu einer *Betriebsstörung* führt, die eine Fortsetzung der Produktion technisch unmöglich macht, oder nur zu einem *Absatz-* oder *Auftragsmangel,* der eine weitere Produktion wirtschaftlich sinnlos macht. Es unterscheidet also nicht vom *Betriebsrisiko-Fall* den *Wirtschaftsrisiko-Fall,* obwohl es nach dem Recht der Leistungs- 387 störungen wesensverschiedene Tatbestände sind (vgl. Staudinger-*Richardi*, BGB § 615 Rn. 177 ff.).

388   Durch die **Gleichstellung des Auftrags- oder Absatzmangels mit einer Betriebsstörung** wird das Recht der Leistungsstörungen durch die Festlegung eines besonderen Störungstatbestands und eine auf ihn bezogene Sonderregelung ersetzt (vgl. *Richardi*, FS Strasser 1983, S. 451, 460 ff.; *ders.*, ZfA 1985, 101, 116 f.). Die Arbeitskampfrisikolehre beschränkt sich also keineswegs darauf, wie der Grundsatz der Kampfparität sich „auf das Recht der Leistungsstörungen auswirkt" (so BAG 22. 12. 1980 AP GG Art. 9 Arbeitskampf Nr. 70). Entscheidend ist vielmehr, dass nach der Arbeitskampfrisikolehre des BAG das Recht zur Nichtbeschäftigung und Arbeitsentgeltverweigerung von *kampfrechtlichen Zuordnungskriterien* abhängt; es dient der Abwehr einer drohenden Verschiebung des Kampfgleichgewichts, die zwischen den kampfführenden Tarifvertragsparteien dadurch eintreten kann, dass die mittelbar arbeitskampfbetroffenen Arbeitgeber Druck zum Nachgeben ausüben, wenn sie neben dem Produktionsausfallschaden auch noch die Lohnzahlungen zu tragen hätten (vgl. *Seiter*, Staatsneutralität im Arbeitskampf, 1987, S. 23 f.). Bei dieser Zweckbestimmung kann keine Rolle spielen, ob die Fernwirkung des Arbeitskampfes eine Arbeitsunmöglichkeit auslöst, wie beim Abnehmer eines bestreikten Zulieferers, oder ob sie, weil sie den Zulieferer eines bestreikten Abnehmers betrifft, nur dazu führt, dass die Produktion wirtschaftlich sinnlos wird (vgl. *Lieb*, FS 25 Jahre BAG 1979, S. 327, 331).

389   Nach Ansicht des BAG ist eine Durchbrechung des allgemeinen Betriebs- und Wirtschaftsrisikos zu Gunsten kampfrechtlicher Grundsätze nur insoweit gerechtfertigt, als die Störung eine **Paritätsrelevanz für die Kampfparteien** hat (vgl. BAG 22. 12. 1980 AP GG Art. 9 Arbeitskampf Nr. 70). Entscheidend ist, ob die Fernwirkungen eines Arbeitskampfes unmittelbar oder mittelbar das Kräfteverhältnis der im Kampf befindlichen sozialen Gegenspieler beeinflussen können. Eine dadurch eintretende Störung der Parität zieht das BAG nicht nur für Fernwirkungen innerhalb des Tarifgebiets in Betracht, sondern vor allem auch bei einem arbeitskampfbedingten Arbeitsausfall außerhalb des Tarifgebiets, wobei es als entscheidend ansieht, ob der mittelbar betroffene Betrieb zu derselben Branche gehört und die mittelbar betroffene Belegschaft von derselben Gewerkschaft vertreten wird, die auch den Arbeitskampf führt, und ob der Arbeitgeberverband, dessen Mitglied der Arbeitgeber ist, in einem Gesamtverband organisiert ist, dem auch der unmittelbar kampfbeteiligte Arbeitgeberverband angehört und der die Kampftaktik und die Verhandlungspolitik innerhalb der Branche koordiniert (BAG 22. 12. 1980 AP GG Art. 9 Arbeitskampf Nr. 70).

390   Für die **Zuweisung des Arbeitskampfrisikos** ist es **unerheblich**, ob die arbeitskampfbedingte Störung auf einem rechtmäßigen Streik oder einer rechtmäßigen **Abwehraussperrung** beruht (so BAG 22. 12. 1980 AP GG Art. 9 Arbeitskampf Nr. 71).

391   **b) Soweit** die vom BAG entwickelte **Arbeitskampfrisikolehre eingreift**, ist das **Recht des Betriebsrats zur Mitbestimmung über die vorübergehende Verkürzung der betriebsüblichen Arbeitszeit eingeschränkt.** Seiner Beteiligung unterliegt nicht, *ob* die betriebsübliche Arbeitszeit verkürzt wird, sondern er hat nur mitzubestimmen, *wie* eine nach den Grundsätzen der Arbeitskampfrisikolehre zulässige Arbeitszeitverkürzung verteilt werden soll. Voraussetzung ist jedoch auch insoweit ein Regelungsspielraum, der nach Maßstäben der betrieblichen Zweckmäßigkeit und der sozialen Angemessenheit geschlossen werden kann (BAG 22. 12. 1980 AP GG Art. 9 Arbeitskampf Nr. 70).

392   **Bestreitet der Betriebsrat,** dass die vom Arbeitgeber behaupteten **Fernwirkungen eines Arbeitskampfes** vorliegen oder eine Arbeitszeitverkürzung in dem vom Arbeitgeber gewünschten Umfang rechtfertigen, so kann er das Arbeitsgericht im Beschlussverfahren anrufen und eine **einstweilige Verfügung** erwirken, die dem Arbeitgeber die Einführung von Kurzarbeit aus Rechtsgründen verbietet (ebenso *Kissel*, Arbeitskampfrecht, § 33 Rn. 200). Er ist aber nicht berechtigt, seine Beteiligung am Mitbestimmungsverfahren über die **Lage und Verteilung der arbeitskampfbedingten Arbeitszeitverkürzung** zu ver-

weigern, sondern muss über die Modalitäten der Kurzarbeit, gegebenenfalls unter dem Vorbehalt ihrer Rechtmäßigkeit, mitbestimmen (so ausdrücklich BAG 22. 12. 1980 AP GG Art. 9 Arbeitskampf Nr. 70).

Da Notwendigkeit und Umfang der arbeitskampfbedingten Arbeitszeitverkürzung durch die Arbeitskampfrisikozuweisung feststehen, unterliegt der **Mitbestimmung des Betriebsrats nur, wie die Kurzarbeit durchgeführt wird.** Diese Regelungsfrage fällt nicht erst unter den Mitbestimmungstatbestand der Nr. 3, sondern ist bereits auch ein Fall der Nr. 2. Der Betriebsrat hat also insoweit nach Nr. 2 und 3 mitzubestimmen (ebenso BAG 22. 12. 1980 AP GG Art. 9 Arbeitskampf Nr. 70), also darüber, wie die verkürzte Arbeitszeit auf die einzelnen Wochentage verteilt wird und wie vorübergehend Beginn und Ende der täglichen Arbeitszeit festgelegt werden (ebenso *Otto*, Arbeitskampf- und Schlichtungsrecht, 2006, § 16 Rn. 69). Zu den mitbestimmungspflichtigen Modalitäten zählt auch die **Bestimmung des betroffenen Arbeitnehmerkreises;** denn dessen Festlegung ist Voraussetzung für den Geltungsbereich der Betriebsvereinbarung über die geänderte Arbeitszeit (ebenso im Ergebnis *Otto*, a. a. O., Rn. 71). Dabei hat man aber die individualrechtlichen Vorgaben zu beachten; denn gegenüber dem einzelnen Arbeitnehmer ist der Arbeitgeber nur zur Arbeitsentgeltverweigerung berechtigt, wenn die Beschäftigung infolge einer arbeitskampfbedingten Störung unmöglich oder wirtschaftlich sinnlos ist. 393

c) Haben die **Fernwirkungen eines Arbeitskampfes keine Paritätsrelevanz für die Kampfparteien,** so hat nach der vom BAG entwickelten Arbeitskampfrisikolehre der Arbeitgeber bei einer arbeitskampfbedingten Betriebs- oder Absatzstörung kein Recht zur Nichtbeschäftigung und Arbeitsentgeltverweigerung. Da das BAG die Begrenzung der Mitbestimmung mit der Arbeitskampfrisikolehre verknüpft, hat folgerichtig der **Betriebsrat uneingeschränkt mitzubestimmen,** wenn der Arbeitgeber wegen des arbeitskampfbedingten Arbeitsausfalls Kurzarbeit einführt (so Bundesanstalt für Arbeit, Runderlass 16/87, Nr. 9 c, NZA 1987, 304, 306). 394

Diese **Konsequenz** darf man jedoch **nicht** ziehen. Das BAG hat mit seiner Arbeitskampfrisikolehre aus dem Grundsatz der Kampfparität neben dem Recht zur finalen Abwehr eines Streiks durch Aussperrung das Recht zur Nichtbeschäftigung und Lohnverweigerung zur Begrenzung der Fernwirkungen eines Arbeitskampfs entwickelt. Es wird als Abwehrrecht nur deshalb eingeräumt, weil sich sonst ein wesentlicher kampftaktischer Vorteil für die kampfführende Gewerkschaft ergäbe. Dieser Zweckbestimmung entspricht die Festlegung des Störungstatbestandes. Die sachgerechte Regelung zur Abwehr einer drohenden Verschiebung der Kampfparität lässt aber das *individualrechtliche Problem der Gefahrtragung* ungelöst, wenn die Fernwirkungen eines Arbeitskampfes keine Paritätsrelevanz für die Kampfparteien haben. Es stellt sich die Frage, ob der Arbeitgeber das Betriebsrisiko ebenso wie bei einer unglücksbedingten Betriebsstörung zu tragen hat. Für die streikbedingte Betriebsstörung entschied schon das Reichsgericht anders (vgl. RGZ 106, 272 ff.; so auch die Ausgangsentscheidung des BAG zur Betriebsrisikolehre BAG 8. 2. 1957 AP BGB § 615 Betriebsrisiko Nr. 2). Fragt man nach dem materiellen Geltungsgrund, so ergibt er sich unmittelbar aus dem Gesichtspunkt, der die Substratsgefahrtragung des Arbeitgebers als Ausnahme vom Grundsatz des § 326 Abs. 1 BGB sachlich rechtfertigt: Die Nichtstellung des Arbeitssubstrats kann ihm noch zugerechnet werden, wenn die Ursache ein Unglück ist; eine Zurechnung muss aber ausscheiden, wenn die Möglichkeit des Eingriffs durch Dritte, wie bei einem Arbeitskampf durch die Kampfparteien, rechtlich institutionalisiert ist. Bei einer arbeitskampfbedingten Betriebsstörung findet daher, wenn man den Ordnungsgrundsätzen des Zivilrechts folgt, der sonst durch die Betriebsrisikotragung verdrängte § 326 Abs. 1 BGB Anwendung (so zutreffend bereits zu § 323 BGB a. F. *Picker*, JZ 1979, 285, 293; vgl. auch Staudinger-*Richardi*, BGB, § 615 Rn. 198 ff., 242 ff.). 395

Selbst wenn man bei **Arbeitsunmöglichkeit infolge einer arbeitskampfbedingten Betriebsstörung** die Entgeltrisikozuweisung nach der Arbeitskampfrisikolehre vornimmt, ist die **Paritätsrelevanz der Störung für die Kampfparteien** nicht die Grenze der Mit- 396

§ 87

bestimmung über die Arbeitszeitverkürzung; denn der Betriebsrat kann im Mitbestimmungsverfahren nicht verhindern, dass der Arbeitgeber die Beschäftigung einstellt, wenn sie für ihn überhaupt nicht mehr möglich ist.

4. Recht und Pflicht des Arbeitgebers in mittelbar arbeitskampfbetroffenen Betrieben

397 Sobald der **Arbeitgeber** nicht ausschließen kann, dass ein Arbeitskampf zu Störungen in seinem Betrieb führt, ist er **verpflichtet,** sich um eine **Einigung mit dem Betriebsrat über die Lage und Verteilung einer notwendig werdenden Arbeitszeitverkürzung** zu bemühen. Auch der Betriebsrat muss seinerseits alles unternehmen, um eine Einigung herbeizuführen. Kommt sie nicht zustande, so ist der Erlass einer **einstweiligen Verfügung** im Beschlussverfahren zulässig; denn die Einräumung einer paritätischen Mitbestimmung begründet nicht nur für den Arbeitgeber, sondern auch für den Betriebsrat die Pflicht zum Zusammenwirken. Erfüllt der Betriebsrat sie nicht oder nicht rechtzeitig, so ist auch insoweit ein einstweiliger Rechtsschutz anzuerkennen (s. ausführlich § 76 Rn. 34).

398 Das BAG macht dem Arbeitgeber bei einer arbeitskampfbedingten Störung zur **Obliegenheit** sicherzustellen, die Last des Arbeitskampfrisikos **gleichmäßig und sozial unter den Arbeitnehmern zu verteilen** (BAG 22. 12. 1980 AP GG Art. 9 Arbeitskampf Nr. 70). Verweigert oder verzögert der Betriebsrat seine Beteiligung an der Durchführung und Verteilung des Arbeitsausfalls, so kann der Arbeitgeber nicht dadurch gehindert werden, seine Obliegenheit zu erfüllen. Bei rechtzeitiger Einschaltung des Betriebsrats kann ihm nicht zum Vorwurf gemacht werden, dass mit der Dauer des Arbeitskampfes der Regelungsspielraum für eine Verteilung der Arbeitszeitverkürzung zunehmend kleiner wird, bis schließlich nur noch die Stilllegung der betroffenen Betriebsteile möglich bleibt. Es handelt sich in diesem Fall nicht mehr um eine vom Arbeitgeber vorgenommene *Gestaltung,* sondern lediglich um die *deklaratorisch wirkende Feststellung,* dass der Tatbestand einer Leistungsstörung eingetreten ist, die den Arbeitgeber berechtigt, das Arbeitsentgelt zu verweigern.

399 Für das **Recht zur Arbeitsentgeltverweigerung** ist **keine Voraussetzung,** dass eine **Betriebsvereinbarung über die Arbeitszeitverkürzung** vorliegt. Da die Verteilung des Arbeitskampfrisikos der Mitbestimmung vorgegeben ist, umfasst das Mitbestimmungsrecht kein *Mitbeurteilungsrecht* über das Vorliegen der tatbestandlichen Voraussetzungen (vgl. *Lieb,* NZA 1990, 377 ff.). Es beschränkt sich vielmehr, soweit Regelungsalternativen noch bestehen, auf die Verteilung der arbeitskampfbedingten Arbeitszeitverkürzung. Besteht insoweit aber keine Betriebsvereinbarung und ist sie auch nicht durch einen Spruch der Einigungsstelle ersetzt, so müssen die tatbestandlichen Voraussetzungen für die Arbeitsentgeltverweigerung gegenüber dem einzelnen Arbeitnehmer erfüllt sein (missverständlich deshalb *Lieb,* NZA 1990, 377, 381, soweit er trotz Bestehens alternativer Regelungsspielräume ein Arbeitsentgeltverweigerungsrecht gegenüber dem einzelnen Arbeitnehmer anerkennt).

5. Mitbestimmung bei einem Teilstreik im Betrieb

400 a) Das **Mitbestimmungsrecht des Betriebsrats bei einer Arbeitszeitverkürzung** entfällt, wenn Teile der von dem Betriebsrat vertretenen Belegschaft selbst streiken oder ausgesperrt werden (ebenso BAG 22. 12. 1980 AP GG Art. 9 Arbeitskampf Nr. 71 LS 4; s. auch Rn. 380).

401 b) Der Betriebsrat ist auch gehindert, das Mitbestimmungsrecht auszuüben, wenn der Arbeitgeber für arbeitswillige Arbeitnehmer **vorübergehend** die **betriebsübliche Arbeitszeit verlängern** will, um dadurch dem Streik zu begegnen und dessen Auswirkungen möglichst gering zu halten (ebenso BAG 24. 4. 1979 AP GG Art. 9 Arbeitskampf Nr. 63; s. auch Rn. 379).

V. Durchführung der Mitbestimmung

1. Ausübungsform der Mitbestimmung

Soll eine vorübergehende Verkürzung oder Verlängerung der betriebsüblichen Arbeitszeit unmittelbare Wirkung für die Arbeitsverhältnisse der Arbeitnehmer entfalten, so ist das Mitbestimmungsrecht durch den Abschluss einer **Betriebsvereinbarung** auszuüben (ebenso GK-*Wiese*, § 87 Rn. 420; GL-*Löwisch*, § 87 Rn. 110; HSWGNR-*Worzalla*, § 87 Rn. 205; *Matthes*, MünchArbR § 245 Rn. 41). Die Anordnung von Kurzarbeit und im Regelfall auch die von Überstunden fällt nicht unter das Direktionsrecht des Arbeitgebers (so für Kurzarbeit BAG 14. 2. 1991 AP BGB § 615 Kurzarbeit Nr. 4). Soweit der Arbeitgeber allerdings gegenüber dem Arbeitnehmer, wenn auch nur auf Grund einer arbeitsvertraglichen Einheitsregelung, berechtigt ist, Überstunden oder Kurzarbeit einzuführen, genügt eine **formlose Betriebsabsprache**. Soweit die Betriebspartner sich geeinigt haben, kann der Betriebsrat vom Arbeitgeber verlangen, dass er bei der Anordnung von Überstunden oder Kurzarbeit nach der formlosen Betriebsabsprache verfährt.

402

2. Zuständigkeit für die Mitbestimmungsausübung

Wie für die Lage der Arbeitszeit ist für die Einführung von Überstunden oder Kurzarbeit im Regelfall der Einzelbetriebsrat zur Mitbestimmungsausübung zuständig (s. auch Rn. 325 ff.; zur Mitbestimmung bei Leiharbeitnehmern Rn. 330 und 341).

403

3. Rechtsfolgen einer Nichtbeteiligung des Betriebsrats

a) Soweit der Arbeitgeber den Betriebsrat zu beteiligen hat, dies aber unterlässt, sind einseitig vom Arbeitgeber getroffene **Maßnahmen insoweit unwirksam**, als dadurch **Einzelansprüche der Arbeitnehmer vereitelt** oder **geschmälert** werden (ebenso BAG 13. 7. 1977 AP BetrVG 1972 § 87 Kurzarbeit Nr. 2). Begründet wird dieses Ergebnis überwiegend mit der These, dass die Mitbestimmung eine *Wirksamkeitsvoraussetzung* sei (vgl. GK-*Wiese*, § 87 Rn. 421; GL-*Löwisch*, § 87 Rn. 112; *Matthes*, MünchArbR § 245 Rn. 41; *Simitis/Weiss*, DB 1973, 1240, 1241 f.; *v. Stebut*, RdA 1974, 332, 337; s. auch Rn. 101 ff.). Das BAG macht aber die Einschränkung, dass dem Arbeitgeber möglich und zumutbar sein müsse, vor der zu treffenden Maßnahme eine Entscheidung des Betriebsrats herbeizuführen; es hat dies für die Mitbestimmung in den vor seiner Entscheidung liegenden Fällen arbeitskampfbedingter Einführung von Kurzarbeit verneint, „weil die betriebsverfassungsrechtliche Lage während der Arbeitskämpfe des Jahres 1978 weitgehend ungeklärt war" (BAG 22. 12. 1980 AP GG Art. 9 Arbeitskampf Nr. 70 und 71). Mit dieser Begründung wird die Theorie der Wirksamkeitsvoraussetzung so modifiziert, dass die Zustimmung des Betriebsrats *rechtsdogmatisch* nicht mehr als Wirksamkeitsvoraussetzung angesehen werden kann (ebenso *Adomeit*, DB 1981, 1086 f.). Das ist kein Verlust; denn eine sinnvolle Gestaltung der Sanktionen bei Verletzung des Mitbestimmungsrechts muss aus dem Rechtsgedanken entwickelt werden, dass eine betriebsverfassungsrechtliche Pflichtwidrigkeit dem Arbeitgeber keinen Rechtsvorteil im Rahmen des Einzelarbeitsverhältnisses geben kann.

404

Hat der Arbeitgeber den Betriebsrat nicht ordnungsgemäß beteiligt, so ist seine Anordnung von Kurzarbeit auch dann unwirksam, wenn er auf Grund einer Tarifnorm oder des Arbeitsvertrags berechtigt ist, sie einzuführen. Die betroffenen Arbeitnehmer haben den Anspruch auf das Arbeitsentgelt nach § 615 BGB (ebenso BAG 13. 7. 1977 AP BetrVG 1972 § 87 Kurzarbeit Nr. 2; 14. 2. 1991 AP BGB § 615 Kurzarbeit Nr. 4; *H. Hanau*, Individualautonomie, S. 223 ff.). Bei vorübergehender Verlängerung der betriebsüblichen Arbeitszeit haben die Arbeitnehmer ein Leistungsverweigerungsrecht,

405

§ 87 Mitbestimmungsrechte

wenn der Betriebsrat nicht ordnungsgemäß beteiligt wurde. Werden die Überstunden aber geleistet, so hat der Arbeitnehmer einen Anspruch auf das Arbeitsentgelt (ebenso GK-*Wiese*, § 87 Rn. 421; HSWGNR-*Worzalla*, § 87 Rn. 211; *H. Hanau*, a. a. O., S. 228 f.).

406 Eine **Änderungskündigung,** die den Zweck verfolgt, Kurzarbeit einzuführen, unterliegt der Mitbestimmung, wenn dadurch die betriebsübliche Arbeitszeit vorübergehend verkürzt werden soll. Da wegen des Mitbestimmungstatbestands es sich um eine *Massenänderungskündigung* handeln muss, ist hier nicht erforderlich, dass die betroffenen Arbeitnehmer die Sozialwidrigkeit der Maßnahme individualrechtlich nach §§ 2, 4 Satz 2 KSchG überprüfen lassen, sondern diese Maßnahme ist als Umgehung der Mitbestimmung rechtsunwirksam. Wenn dagegen der Betriebsrat die Zustimmung zur Einführung von Kurzarbeit verweigert hat und der Arbeitgeber deshalb Kündigungen erklärt, um den Personalbestand der veränderten Auftragslage anzupassen, unterliegen diese Kündigungen nicht der Mitbestimmung nach Nr. 3, sondern der Betriebsrat ist lediglich nach § 102 zu beteiligen (ebenso GL-*Löwisch*, § 87 Rn. 106; GK-*Wiese*, § 87 Rn. 421; *Hanau*, BB 1972, 499, 500).

407 b) Solange eine mitbestimmte Regelung nicht vorliegt, kann der Betriebsrat vom Arbeitgeber verlangen, dass er eine **Anordnung von Mehrarbeit oder Kurzarbeit rückgängig macht.** Der Betriebsrat hat in diesem Fall einen Anspruch auf Unterlassung (ebenso BAG 23. 7. 1996 AP BetrVG 1972 § 87 Arbeitszeit Nr. 68; s. auch Rn. 134 ff.).

VI. Beteiligung des Betriebsrats beim Kurzarbeitergeld

408 Die Voraussetzungen für die Gewährung von Kurzarbeitergeld sind in §§ 169 ff. SGB III geregelt. Der Arbeitsausfall ist bei dem Arbeitsamt, in dessen Bezirk der Betrieb liegt, schriftlich anzuzeigen. Die Anzeige kann nur vom Arbeitgeber oder dem Betriebsrat erstattet werden; im ersteren Fall ist ihr eine Stellungnahme des Betriebsrats beizufügen (§ 173 Abs. 1 Satz 2 und 3 SGB III).

409 Der arbeitskampfbedingte Arbeitsausfall ist zwar mitversichert; durch § 174 SGB III wird aber sichergestellt, dass die Neutralität der Bundesanstalt für Arbeit bei Arbeitskämpfen gewahrt bleibt (vgl. *Ossenbühl/Richardi*, Neutralität im Arbeitskampf, 1987, S. 53 ff.; zur Vereinbarkeit mit dem Grundgesetz BVerfG 4. 7. 1995 E 92, 365 ff. = AP AFG § 116 Nr. 4).

D. Nr. 4: Zeit, Ort und Art der Auszahlung der Arbeitsentgelte

Übersicht

	Rn.
I. Vorbemerkung	410
II. Gegenstand der Mitbestimmung	413
1. Auszahlung der Arbeitsentgelte	413
2. Zeit der Auszahlung	414
3. Ort der Auszahlung	417
4. Art der Auszahlung	419
III. Inhalt und Umfang der Mitbestimmung	425
1. Kostentragung einer bargeldlosen Entlohnung als materielle Annexregelung	425
2. Sonderregelung als Mitbestimmungsfall	432
3. Initiativrecht	433
4. Vorrang von Gesetz und Tarifvertrag	434
IV. Durchführung der Mitbestimmung	436
1. Betriebsvereinbarung	436
2. Rechtsfolgen einer Nichtbeteiligung des Betriebsrats	437

I. Vorbemerkung

Den Grundtatbestand für die Mitbestimmung des Betriebsrats bei Arbeitsentgelten 410 enthält Nr. 10, der die Strukturformen der Arbeitsentgelte betrifft. Der Mitbestimmungstatbestand, der hier in Nr. 4 isoliert verankert ist, bezieht sich nur auf Modalitäten der Erbringung des Arbeitsentgelts. Er weist aber die größte historische Kontinuität auf; denn Zeit und Art der Abrechnung und Lohnzahlung bildeten bereits einen notwendigen Bestandteil der Arbeitsordnung (§ 134b Abs. 1 Nr. 2 GewO), die der Arbeitgeber mit dem Betriebsrat nach §§ 78 Nr. 3, 80 Abs. 1 BRG 1920 zu vereinbaren hatte.

Nach dem Wortlaut des § 56 Abs. 1 lit. b BetrVG 1952 erstreckte das Mitbestimmungsrecht sich nur auf Zeit und Ort der Auszahlung der Arbeitsentgelte; aber nach der Rechtsprechung des BAG bezog es sich auch auf die Art ihrer Auszahlung (vgl. BAG 19. 4. 1963 AP BetrVG [1952] § 56 Entlohnung Nr. 2). Die Ergänzung hat daher nach der Begründung des RegE nur redaktionelle Bedeutung (BT-Drucks. VI/1786, S. 48). 411

Durch die Beteiligung des Betriebsrats soll gesichert werden, dass bei der Auszahlung der Arbeitsentgelte das Interesse des Arbeitgebers an einer einheitlichen Ordnung mit den Interessen der Arbeitnehmer zu einem für beide Seiten angemessenen Ausgleich gebracht wird. 412

II. Gegenstand der Mitbestimmung

1. Auszahlung der Arbeitsentgelte

Mit dem Begriff der **Arbeitsentgelte** sind die **vom Arbeitgeber zu erbringenden Vergütungsleistungen** gemeint. Zu ihnen gehören nicht nur die in Geld zu gewährenden Leistungen, sondern auch Deputate und sonstige Sachleistungen wie Unterkunft und Kost (ebenso *Fitting*, § 87 Rn. 180; GK-*Wiese*, § 87 Rn. 425; GL-*Löwisch*, § 87 Rn. 119; DKK-*Klebe*, § 87 Rn. 105; HSWGNR-*Worzalla*, § 87 Rn. 242; *Matthes*, MünchArbR § 246 Rn. 2). Auf die Bezeichnung kommt es nicht an; zum Arbeitsentgelt in diesem Sinne gehören auch Sozialzulagen, Kindergelder, zusätzliche Urlaubsvergütungen (BAG 25. 4. 1989 AP ArbGG 1979 § 98 Nr. 3), Provisionen, Gewinnbeteiligungen und Gratifikationen (a.A. zu § 56 Abs. 1 lit. b BetrVG 1952 *Nikisch*, Bd. III S. 397). Das Mitbestimmungsrecht bezieht sich nur auf eine **Modalität der Arbeitsentgeltleistung**, nicht auf deren Umfang und Höhe. Daher spielt keine Rolle, ob es sich um eine *freiwillige Leistung* des Arbeitgebers handelt (ebenso GK-*Wiese*, § 87 Rn. 426; HSWGNR-*Worzalla*, § 87 Rn. 242). Ebenfalls unerheblich ist, ob das Arbeitsentgelt in einem Synallagma zur Arbeitsleistung steht. Deshalb werden auch sog. Auslösungen, die einen pauschalierten Aufwendungsersatz darstellen, erfasst (ebenso *Fitting*, § 87 Rn. 180; GK-*Wiese*, § 87 Rn. 425; *Nipperdey/Säcker* in *Hueck/Nipperdey*, Bd. II/2 S. 1364; a.A. HSWGNR-*Worzalla*, § 87 Rn. 242, aber missverständlich, weil er die Auslösungen als Entgelt bezeichnet und daher nicht unter Nr. 4 fallen lässt, was bei dieser Beurteilung eindeutig dem Gesetzestext widerspricht). 413

2. Zeit der Auszahlung

Mit der Zeit der Auszahlung unterwirft das Gesetz der Mitbestimmung, **wann** die Arbeitsentgelte gezahlt werden. Mitbestimmungspflichtig ist nicht nur der **Zeitpunkt** der Zahlung, also deren Festlegung nach Tag und Stunde, sondern erfasst wird auch der **Zeitabschnitt**, in dem das Entgelt gezahlt wird, also die Bestimmung, ob die Auszahlung wöchentlich oder monatlich erfolgt (ebenso BAG 26. 1. 1983 AP LPVG Rheinland-Pfalz § 75 Nr. 1; *Fitting*, § 87 Rn. 181; GK-*Wiese*, § 87 Rn. 427; GL-*Löwisch*, § 87 Rn. 120; 414

HSWGNR-*Worzalla*, § 87 Rn. 245; ErfK-*Kania*, § 87 Rn. 40; *Matthes*, MünchArbR § 246 Rn. 5; bereits zu § 56 Abs. 1 lit. b BetrVG 1952 *Nikisch*, Bd. III S. 397; *Nipperdey/Säcker* in *Hueck/Nipperdey*, Bd. II/2 S. 1364; *Neumann-Duesberg*, S. 477). Keine Frage der Auszahlungszeit ist es aber, ob das laufende Arbeitsentgelt nach Stunden, Tagen, Wochen oder Monaten *bemessen* wird, sondern insoweit handelt es sich um eine Frage der betrieblichen Lohngestaltung, die nach Nr. 10 dem Mitbestimmungsrecht des Betriebsrats unterliegt (ebenso *Fitting*, § 87 Rn. 181; *Matthes*, MünchArbR § 246 Rn. 5). Wird der Erwerb einer Provisionsleistung von vermittelten auf ausgeführte Aufträge umgestellt, so hat der Betriebsrat nicht nach Nr. 4 (a. A. LAG Bayern [München], AuR 1974, 217), sondern nach Nr. 10 mitzubestimmen (ebenso GK-*Wiese*, § 87 Rn. 428; HSWGNR-*Worzalla*, § 87 Rn. 245).

415 Nicht unter das Mitbestimmungsrecht fällt die **Fälligkeit des Arbeitsentgelts,** soweit sie das Gegenseitigkeitsverhältnis zur Arbeitsleistung bestimmt; denn wie bei Nr. 10 kann der Arbeitgeber auch nach Nr. 4 nicht gegen seinen Willen zu einer Leistung im Mitbestimmungsverfahren verpflichtet werden. Soweit nach § 614 Satz 1 BGB die Vergütung nach der Leistung der Dienste zu entrichten ist, ist daher diese Festlegung der Mitbestimmung vorgegeben; denn Mitbestimmungstatbestand ist nur die Zeit der Entgeltauszahlung, nicht die *Vorleistungspflicht des Arbeitnehmers* (ebenso HWK-*Krause*, BGB § 614 Rn. 5; ArbRBGB-*Schliemann*, § 614 Rn. 4). Das Mitbestimmungsrecht bezieht sich aber auf die Bestimmung der Zeiträume, nach deren Ablauf das Entgelt zu leisten ist (vgl. BAG 15. 1. 2002 NZA 2002, 1112 LS). Daraus ergibt sich mittelbar eine Auswirkung auf die Vorleistungspflicht des Arbeitnehmers. Diese kann aber im Mitbestimmungsverfahren nicht geändert werden. Ein Arbeitgeber kann daher nach Nr. 4 nicht verpflichtet werden, **Abschlagszahlungen** auf das Arbeitsentgelt zu leisten (a. A. *Fitting*, § 87 Rn. 181; *Matthes*, MünchArbR § 246 Rn. 5). Ebenfalls nicht erfasst wird die **Entgeltumwandlung** nach § 1 a BetrAVG.

416 Mitbestimmungspflichtig ist, ob eine **Barzahlung während der Arbeitszeit** oder nach Dienstschluss erfolgt, wobei auch hier nicht gegen den Willen des Arbeitgebers festgelegt werden kann, dass zur Entgegennahme des Arbeitentgelts die Arbeitspflicht unter Fortzahlung der Vergütung suspendiert wird.

3. Ort der Auszahlung

417 Mit dem Ort der Auszahlung unterwirft das Gesetz der Mitbestimmung, **wo** die Arbeitsentgelte ausgezahlt werden (ebenso BAG 26. 1. 1983 AP LPVG Rheinland-Pfalz § 75 Nr. 1). Vor allem für Arbeitnehmer im Außendienst ist von Bedeutung, ob im Betrieb oder einer anderen Stelle gezahlt wird, gegebenenfalls in welchem Raum, ob das Entgelt an der Kasse abzuholen oder an die Wohnadresse des Arbeitnehmers zu überweisen ist (ebenso GK-*Wiese*, § 87 Rn. 429; GL-*Löwisch*, § 87 Rn. 121; DKK-*Klebe*, § 87 Rn. 107; HSWGNR-*Worzalla*, § 87 Rn. 247; ErfK-*Kania*, § 87 Rn. 40). Für die Festlegung des Ortes ergibt sich eine Beschränkung aus § 115 a GewO, nach dem Lohn- und Abschlagszahlungen nicht in Gast- und Schankwirtschaften oder Verkaufsstellen erfolgen dürfen, wenn keine Genehmigung der unteren Verwaltungsbehörde vorliegt.

418 Bei **Sachleistungen** unterliegt der Mitbestimmung, ob der Arbeitgeber sie anzuliefern hat oder ob sie vom Arbeitnehmer im Betrieb oder einem anderen Ort abgeholt werden müssen (ebenso *Matthes*, MünchArbR § 336 Rn. 7).

4. Art der Auszahlung

419 a) Unter der Art der Auszahlung versteht das Gesetz neben der Zeit und dem Ort **weitere Modalitäten der Entgeltzahlung,** z. B. Regelungen, nach welchen Grundsätzen Abschlagszahlungen auf das Arbeitsentgelt erfolgen sollen und wie bei der Beschäftigung von Betriebsgruppen die Auszahlung an die Gruppenmitglieder geschieht (ebenso BAG 26. 1. 1983 AP LPVG Rheinland-Pfalz § 75 Nr. 1).

Die Art der Auszahlung war in § 56 Abs. 1 lit. b BetrVG 1952 nicht ausdrücklich **420** genannt. Deshalb war streitig, ob die **Einführung der bargeldlosen Entlohnung** unter diesen Mitbestimmungstatbestand fiel (bejahend BAG 19. 4. 1963 AP BetrVG [1952] § 56 Entlohnung Nr. 2). Die Ergänzung des Gesetzestextes um die Art der Auszahlung hat die Streitfrage behoben (vgl. BAG 8. 3. 1977 AP BetrVG 1972 § 87 Auszahlung Nr. 1). Allerdings hatte man bei den Vorbildern der Nr. 4, dem § 134 b Abs. 1 Nr. 2 GewO und dem § 27 Abs. 1 Nr. 2 AOG, die von Zeit und Art der Gewährung des Arbeitsentgelts sprachen, darunter nur Ordnungsfragen verstanden, die sich bei der Barentlohnung im *Betrieb* stellen (vgl. *Nipperdey* in *Hueck/Nipperdey/Dietz,* AOG, § 27 Rn. 6, 7). Man hat deshalb zu § 56 BetrVG 1952 darauf hingewiesen, dass eine Erstreckung der Mitbestimmung auf die Art der Auszahlung keineswegs notwendigerweise den Übergang zur bargeldlosen Entlohnung umfasse, weil diese den Auszahlungsvorgang völlig vom Betrieb ablöst und eine Auszahlung im Betrieb entfallen lässt (vgl. *Rüthers/ Germelmann,* DB 1969, 2038, 2040). Dennoch kann für das geltende Gesetz keinem Zweifel unterliegen, dass es mit der Ergänzung um die Art der Auszahlung die Rechtsprechung des BAG bestätigt hat, das in dem Übergang zur bargeldlosen Entlohnung eine Art der Auszahlung sah (vgl. BAG 8. 3. 1977 AP BetrVG 1972 § 87 Auszahlung Nr. 1).

Der Betriebsrat hat deshalb nach Nr. 4 mitzubestimmen, ob Lohn oder Gehalt **bar** **421** **oder bargeldlos gezahlt** werden. Durch seine Beteiligung soll gesichert werden, dass der Arbeitnehmer ungeschmälert sein Arbeitsentgelt erhält. Daraus folgt, dass das Mitbestimmungsrecht sich auch auf die Frage erstreckt, ob und in welchem Umfang Kosten, die durch die Einführung der bargeldlosen Entlohnung entstehen, vom Arbeitgeber zu erstatten sind (st. Rspr. des BAG; vgl. BAG 8. 3. 1977, 31. 8. 1982, 24. 11. 1987 und 10. 8. 1993 AP BetrVG § 87 Auszahlung Nr. 1, 2, 6 und 12; 15. 1. 2002 AP BetrVG 1972 § 50 Nr. 23; s. auch Rn. 425 ff.).

b) **Nicht** unter den Mitbestimmungstatbestand fällt ein **Lohnabtretungsverbot;** denn **422** es hat nichts mit Zahlungsmodalitäten zu tun, wie sie hier durch Zeit, Ort und Art der Entgeltauszahlung festgelegt sind (ebenso BAG 26. 1. 1983 AP LPVG Rheinland Pfalz § 75 Nr. 1; *Gamillscheg,* Kollektives Arbeitsrecht, Bd. II S. 903; a. A. *Matthes,* MünchArbR § 246 Rn. 9). Möglich ist nur, dass Lohn- und Gehaltsabtretungsverbote in einer freiwilligen Betriebsvereinbarung geregelt werden (s. § 77 Rn. 105).

c) **Nicht** mehr zu den Modalitäten, sondern zu den Strukturformen der Arbeitsentgelt- **423** leistung gehört, ob Entgelte den Arbeitnehmern **in Geld ausgezahlt** werden oder ob sie dafür Waren oder Dienstleistungen erhalten. Einschlägig ist § 107 GewO, der auf alle Arbeitnehmer Anwendung findet (§ 6 Abs. 2 GewO). Das Arbeitsentgelt ist in Euro zu berechnen und auszuzahlen (§ 107 Abs. 1 GewO). Sachbezüge können als Teil des Arbeitsentgelts vereinbart werden, wenn dies dem Interesse des Arbeitnehmers oder der Eigenart des Arbeitsverhältnisses entspricht (§ 107 Abs. 2 Satz 1 GewO). Der Arbeitgeber darf dem Arbeitnehmer keine Waren auf Kredit überlassen (§ 107 Abs. 2 Satz 2 GewO). Er darf ihm aber nach Vereinbarung Waren in Anrechnung auf das Arbeitsentgelt überlassen, wenn die Anrechnung zu den durchschnittlichen Selbstkosten erfolgt (§ 107 Abs. 2 Satz 3 GewO). Soweit die Anrechnung zulässig ist, hat der Betriebsrat über die Art und Weise mitzubestimmen, nicht aber darüber, ob und zu welchem Preis Waren in Anrechnung auf das Arbeitsentgelt überlassen werden; denn insoweit ist ausschließlich die Vereinbarung mit dem einzelnen Arbeitnehmer maßgebend, wobei die Grenzen der Preisfestsetzung sich unmittelbar aus dem Gesetz ergeben. Durch freiwillige Betriebsvereinbarung kann aber der Wert der vereinbarten Sachbezüge oder die Anrechnung der überlassenen Waren auf das Arbeitsentgelt geregelt werden. Jedoch gilt auch für sie, dass der Wert der vereinbarten Sachbezüge bzw. die Anrechnung der überlassenen Waren auf das Arbeitsentgelt nicht die Höhe des pfändbaren Teils des Arbeitsentgelts übersteigen darf (§ 107 Abs. 2 Satz 5 GewO).

Die **Festlegung der Währung,** in der ein in Geld zu erbringendes Arbeitsentgelt (s. **424** Rn. 423) zu begleichen ist, ist **keine Art der Auszahlung.** Das Mitbestimmungsrecht entfällt nicht erst, soweit der Vorrang des Gesetzes eingreift, sondern es handelt sich nicht um den Tatbestand, der unter Nr. 4 fällt. Ebenfalls keine Art der Auszahlung ist der Anspruch auf Altersversorgung durch **Entgeltumwandlung** (§ 1 a BetrAVG; s. auch Rn. 743 und 855).

III. Inhalt und Umfang der Mitbestimmung

1. Kostentragung einer bargeldlosen Entlohnung als materielle Annexregelung

425 a) Der Mitbestimmung unterliegt, ob und in welchem Umfang der Arbeitgeber dem Arbeitnehmer die **bei einer bargeldlosen Entlohnung notwendig entstehenden Kosten** zu erstatten hat (ebenso BAG 8. 3. 1977 AP BetrVG 1972 § 87 Auszahlung Nr. 1; bestätigt durch BAG 31. 8. 1982, 24. 11. 1987, 20. 12. 1988, 5. 3. 1991 und 10. 8. 1993 AP BetrVG 1972 § 87 Auszahlung Nr. 2, 6, 9, 11 und 12; 15. 1. 2002 AP BetrVG 1972 § 50 Nr. 23; *Fitting*, § 87 Rn. 186; GL-*Löwisch*, § 87 Rn. 123; DKK-*Klebe*, § 87 Rn. 109; *Hanau*, RdA 1973, 281, 283; *Gola*, BB 1975, 46 ff.; a. A. GK-*Wiese*, § 87 Rn. 432; HSWGNR-*Worzalla*, § 87 Rn. 251; *Stege/Weinspach/Schiefer*, § 87 Rn. 90; *Schwerdtner*, FS Stahlhacke 1995, S. 509, 512 ff.; *E. Huber*, DB 1980, 1643 ff.). Das Mitbestimmungsverfahren dient aber auch in diesem Fall nicht dazu, dass zusätzliche finanzielle Leistungen erzwungen werden können (s. Rn. 38 f.). Gesichert wird vielmehr nur, dass der Arbeitnehmer sein ihm zustehendes Arbeitsentgelt ungeschmälert erhält.

426 Die **Regelung der Kosten** unterliegt **als Annexregelung** der Mitbestimmung (so BAGE 29, 40, 44; 39, 351, 354; 60, 323, 328), bildet aber **nicht** selbst den **Gegenstand des Mitbestimmungsrechts** (so zutreffend BAGE 39, 351, 356). Eine tarifliche Regelung über die Einführung der bargeldlosen Entlohnung entfaltet daher eine Sperre für das Mitbestimmungsrecht des Betriebsrats auch dann, wenn sie die Kostentragung nicht besonders regelt (ebenso BAGE 39, 351, 356 f.; s. auch Rn. 435).

427 b) Zu den Kosten, deren Regelung unter die Annexkompetenz im Mitbestimmungsverfahren zählt, gehören die **Kontoführungskosten.** Wenn nämlich bei Einführung der bargeldlosen Entlohnung keine Vereinbarung über die Kostentragung erfolgt, trägt der Arbeitnehmer die Kosten der *Kontoführung;* denn nach § 270 BGB trägt der Arbeitgeber nur die Kosten der *Überweisung* (vgl. BAG 15. 12. 1976 AP BAT § 36 Nr. 1 = AP TVG Arbeitsentgelt § 1 Nr. 1). Deshalb kann der Betriebsrat – wie auch bei Nichteinigung mit dem Arbeitgeber die Einigungsstelle – die Zustimmung zur Einführung der bargeldlosen Entlohnung davon abhängig machen, dass die Arbeitnehmer dadurch keinen wirtschaftlichen Nachteil erleiden. Das Mitbestimmungsrecht erstreckt sich daher nur insoweit auf die Gebühren, als diese zwangsläufig und für den Arbeitnehmer unvermeidlich gerade durch die Überweisung des Arbeitsentgelts anfallen, also höchstens auf eine Gebühr für die Errichtung und Unterhaltung eines Kontos, auf eine Gebühr für die Überweisung des Arbeitsentgelts und auf eine Gebühr für die einmalige Abhebung des Arbeitsentgelts (so zutreffend BAG 8. 3. 1977 AP BetrVG 1972 § 87 Auszahlung Nr. 1; vgl. auch BAG 31. 8. 1982 E 39, 351, 354 = AP BetrVG 1972 § 87 Auszahlung Nr. 2; 24. 11. 1987 AP BetrVG 1972 § 87 Auszahlung Nr. 6).

428 Die Auferlegung von Kontoführungskosten auf den Arbeitgeber im Mitbestimmungsverfahren verstößt nicht gegen das Grundgesetz (BVerfG 18. 10. 1987 AP BetrVG 1972 § 87 Auszahlung Nr. 7).

429 Die Arbeitnehmer können durch Betriebsvereinbarung nicht verpflichtet werden, ihr **Konto bei einer bestimmten Bank** oder Sparkasse einzurichten. Lediglich für die Kostenbelastung des Arbeitgebers kann insoweit eine Grenze gezogen werden, als die Kontoführungskosten der Üblichkeit entsprechen müssen. Das BAG hat anerkannt, dass ein Ausgleich in Höhe von 3,50 DM (entspricht 1,79 €) nicht die Grenze billigen Ermessens

überschreitet (BAG 5. 3. 1991 AP BetrVG 1972 § 87 Auszahlung Nr. 11). Mit der Steuerreform 1990 ist die Steuerfreiheit für die Erstattung der Kontoführungskosten entfallen (vgl. BAG, a. a. O.).

c) **Nicht** mehr um eine notwendige Annexregelung zur Sicherung des Arbeitsentgelts handelt es sich, wenn der Betriebsrat bzw. die Einigungsstelle die Zustimmung zur Einführung der bargeldlosen Entlohnung davon abhängig macht, dass der Arbeitgeber **Arbeitsbefreiungen unter Fortzahlung des Arbeitsentgelts** gewährt, um die Bank oder Sparkasse aufzusuchen. Der Arbeitnehmer kann durch Abrede mit seiner Bank oder Sparkasse sicherstellen, dass ihm die Arbeitsentgelte zur Barauszahlung überwiesen werden, ohne dass eine Notwendigkeit besteht, während der Arbeitszeit die Bank oder Sparkasse aufzusuchen. Tätigt er wie heute üblich auch weitere Geldgeschäfte mit seiner Bank oder Sparkasse, so ist auch aus diesem Grund nicht erforderlich, eine sog. **Kontostunde für den Bankbesuch** während der Arbeitszeit einzuräumen. Es handelt sich insoweit um keine notwendige Annexregelung, auf die sich das Mitbestimmungsrecht des Betriebsrats erstreckt (a. A. BAG 20. 12. 1988 und 5. 3. 1991 AP BetrVG 1972 § 87 Auszahlung Nr. 9 und 11; zum entsprechenden § 72 Abs. 3 Nr. 3 LPVG NW BAG 31. 7. 1984 AP BMT-G II § 26 a Nr. 1; weiterhin *Fitting*, § 87 Rn. 186; *Matthes*, MünchArbR § 246 Rn. 8, der einschränkend für zweifelhaft hält, ob die Freistellung für den Bankbesuch heute noch notwendig ist, nachdem es auch für Arbeitnehmer weitgehend eine Selbstverständlichkeit geworden sei, ein Konto zu unterhalten und seinen Zahlungsverkehr bargeldlos abzuwickeln; für Erstreckung der Mitbestimmung auf die Erstattung von Wegekosten GL-*Löwisch*, § 87 Rn. 123).

430

Verpflichtet ein Spruch der Einigungsstelle den Arbeitgeber, alle Arbeitnehmer monatlich eine Stunde von der Arbeit freizustellen, um den Zeitaufwand auszugleichen, der mit der bargeldlosen Auszahlung des Arbeitsentgelts verbunden ist, so überschreitet er jedenfalls die Grenzen billigen Ermessens, wenn die bargeldlose Auszahlung des Arbeitsentgelts nicht notwendigerweise zur Inanspruchnahme von Freizeit führt (so BAG 10. 8. 1993 AP BetrVG 1972 § 87 Auszahlung Nr. 12).

431

2. Sonderregelung als Mitbestimmungsfall

Zeit, Ort oder Art der Auszahlung unterliegen der Mitbestimmung nicht nur, wenn für sie eine Dauerregelung getroffen werden soll, sondern auch dann, wenn es sich um eine einmalige Änderung handelt (s. auch Rn. 30).

432

3. Initiativrecht

Der Betriebsrat hat für die Regelung über die Auszahlung der Arbeitsentgelte ein Initiativrecht (ebenso BAG 31. 1. 1969 AP BetrVG § 56 Entlohnung Nr. 5; GK-*Wiese*, § 87 Rn. 440; *ders.*, Initiativrecht, S. 47 f.; *Stege/Weinspach/Schiefer*, § 87 Rn. 90 a).

433

4. Vorrang von Gesetz und Tarifvertrag

a) Nach § 614 BGB ist die Vergütung nach der Leistung der Dienste zu entrichten; ist die Vergütung nach Zeitabschnitten bemessen, so ist sie nach dem Ablauf der einzelnen Zeitabschnitte zu entrichten. Diese Vorschrift ist dispositiv, aber eine **Schranke der Mitbestimmung**; denn Mitbestimmungstatbestand ist nur die *Zeit der Entgeltzahlung*, nicht die *Vorleistungspflicht* des Arbeitnehmers (s. Rn. 415). Für Handlungsgehilfen ist zu beachten, dass nach § 64 HGB die Zahlung des Gehalts am Schluss jedes Monats zu erfolgen hat und eine Vereinbarung, nach der die Zahlung des Gehalts später erfolgen soll, nichtig ist. Für das Gebiet der ehemaligen DDR ist diese Bestimmung aber nach dem Einigungsvertrag (Anlage I Kap. III Sachgebiet D Abschnitt III Nr. 1 lit. a) nicht anzuwenden.

434

435 b) **Tarifvertragliche Regelungen** haben Vorrang, verdrängen das Mitbestimmungsrecht aber nur, soweit sie für die Auszahlung der Arbeitsentgelte abschließend sind (vgl. BAG 20. 12. 1988 AP BetrVG 1972 § 87 Auszahlung Nr. 9; s. auch Rn. 426).

IV. Durchführung der Mitbestimmung

1. Betriebsvereinbarung

436 Die Mitbestimmung wird durch den Abschluss einer Betriebsvereinbarung ausgeübt. Durch sie darf aber keine Bevormundung der Arbeitnehmer eintreten. Deshalb kann nicht ausgeschlossen werden, dass mit einem Arbeitnehmer, z. B. mit Rücksicht auf dessen Urlaubsantritt, eine abweichende Zahlung des Lohnes verabredet wird, und es kann auch nicht verboten werden, dass eine bargeldlose Entlohnung erfolgt, wenn der Wunsch von den Arbeitnehmern ausgeht und der Arbeitgeber ihm entspricht (vgl. LAG Niedersachsen [Hannover], BB 1967, 247; LAG Bayern [München], BB 1968, 1198; nicht zutreffend entschieden deshalb BAG 31. 1. 1969 AP BetrVG [1952] § 56 Entlohnung Nr. 5; wie hier auch *Rüthers* in *Rüthers/Boldt*, Zwei Arbeitsrechtliche Vorträge, 1970 S. 28 ff.).

2. Rechtsfolgen einer Nichtbeteiligung des Betriebsrats

437 **Einzelvereinbarungen mit dem Arbeitnehmer** sind nicht unwirksam, weil der Betriebsrat nicht beteiligt wurde (s. auch Rn. 436).

438 Entspricht dagegen die Auszahlung **nicht** dem **Wunsch des Arbeitnehmers**, so kann er, wenn der Betriebsrat nicht beteiligt wurde, verlangen, dass die Auszahlung wie bisher erfolgt. Er kann also insbesondere geltend machen, dass die Leistungen nicht so bewirkt werden, wie sie geschuldet sind, und daher die Annahme verweigern, ohne in Gläubigerverzug zu kommen.

E. Nr. 5: Aufstellung allgemeiner Urlaubsgrundsätze und des Urlaubsplans sowie die Festsetzung der zeitlichen Lage des Urlaubs für einzelne Arbeitnehmer, wenn zwischen dem Arbeitgeber und den beteiligten Arbeitnehmern kein Einverständnis erzielt wird

Schrifttum: *v. der Laden*, Die Bestimmung der Urlaubszeit nach dem Bundesurlaubsgesetz und dem Betriebsverfassungsgesetz, 1971.

Übersicht

	Rn.
I. Vorbemerkung	439
II. Zweck und Anwendungsbereich	440
1. Zweck der Mitbestimmung	440
2. Anwendungsbereich der Vorschrift	441
III. Aufstellung allgemeiner Urlaubsgrundsätze und des Urlaubsplans als Mitbestimmungstatbestand	443
1. Allgemeine Urlaubsgrundsätze	443
2. Urlaubsplan	448
IV. Inhalt und Umfang der Mitbestimmung über die Aufstellung allgemeiner Urlaubsgrundsätze und des Urlaubsplans	452
1. Aufstellung und Änderung allgemeiner Urlaubsgrundsätze und eines Urlaubsplans	452
2. Initiativrecht	453
3. Bestehen des Urlaubsanspruchs als mitbestimmungsfreie Vorentscheidung	455
4. Gesetzliche und tarifliche Regelungen	459

	Rn.
V. Durchführung der Mitbestimmung bei der Aufstellung allgemeiner Urlaubsgrundsätze und des Urlaubsplans	460
1. Ausübungsform der Mitbestimmung	460
2. Zuständigkeit für die Mitbestimmungsausübung	462
3. Rechtsfolgen einer Nichtbeteiligung des Betriebsrats	463
VI. Mitbestimmung über die Festsetzung der zeitlichen Lage des Urlaubs für einzelne Arbeitnehmer	464
1. Voraussetzungen	464
2. Mitbestimmungsrecht in jedem Einzelfall	467
3. Bedeutung der Zustimmung des Betriebsrats für die Urlaubserteilung	468
4. Ausübungsform der Mitbestimmung	470
5. Anrufung und Spruch der Einigungsstelle	471
6. Rechtsstellung des einzelnen Arbeitnehmers	473

I. Vorbemerkung

Nach § 56 Abs. 1 lit. c BetrVG 1952 bestand ein Mitbestimmungsrecht nur bei der **439** Aufstellung des Urlaubsplans. Das Gesetz stellt klar, dass es sich auch auf die Aufstellung allgemeiner Urlaubsgrundsätze erstreckt. Außerdem hat der Betriebsrat bei der Festsetzung der zeitlichen Lage des Urlaubs für einzelne Arbeitnehmer mitzubestimmen, wenn zwischen dem Arbeitgeber und den beteiligten Arbeitnehmern kein Einverständnis erzielt wird.

II. Zweck und Anwendungsbereich

1. Zweck der Mitbestimmung

Der Arbeitgeber erfüllt seine Pflicht zur Urlaubsgewährung durch **Bestimmung der** **440** **Urlaubszeit**. Er hat insoweit gegenüber dem einzelnen Arbeitnehmer ein **einseitiges Leistungsbestimmungsrecht**, das beim Erholungsurlaub **nach § 7 Abs. 1 BUrlG durch das Gebot der Wunschberücksichtigung begrenzt** wird (s. Rn. 465). Sinn und Zweck der Mitbestimmung ist es, dass bei der Erteilung des Urlaubs die Urlaubswünsche des einzelnen Arbeitnehmers mit den betrieblichen Belangen in Einklang gebracht werden und sich möglicherweise vorrangigen Urlaubswünschen anderer Arbeitnehmer unterordnen (vgl. BAG 18. 6. 1974 AP BetrVG 1972 § 87 Urlaub Nr. 1; GK-*Wiese*, § 87 Rn. 443; GL-*Löwisch*, § 87 Rn. 127).

2. Anwendungsbereich der Vorschrift

Der Mitbestimmungstatbestand bezieht sich vor allem auf den bezahlten **Erholungs-** **441** **urlaub** i. S. des § 1 BUrlG; er beschränkt sich aber nicht auf ihn, sondern erfasst **jede Form der bezahlten oder unbezahlten Freistellung von der Arbeit**, sofern dadurch Urlaubswünsche anderer Arbeitnehmer beeinträchtigt werden können, weil betriebliche Belange die Anwesenheit einer bestimmten Zahl von Arbeitnehmern oder auch bestimmter anderer Arbeitnehmer erfordern (ebenso BAG 18. 6. 1974 AP BetrVG 1972 § 87 Urlaub Nr. 1; *Fitting*, § 87 Rn. 192 ff.; GK-*Wiese*, § 87 Rn. 444; GL-*Löwisch*, § 87 Rn. 128; ErfK-*Kania*, § 87 Rn. 43; *Gamillscheg*, Kollektives Arbeitsrecht, Bd. II S. 904; a. A. HSWGNR-*Worzalla*, § 87 Rn. 259; *Fasshauer*, NZA 1986, 453, 457). Mitbestimmungspflichtig sind deshalb allgemeine betriebliche Regelungen über **Sonderurlaub für ausländische Arbeitnehmer** (BAG 18. 6. 1974 AP BetrVG 1972 § 87 Urlaub Nr. 1; bestätigt BAG 17. 11. 1977 AP BUrlG § 9 Nr. 8) und über die Erteilung von **Bildungsurlaub** (ebenso BAG 28. 5. 2002 AP BetrVG 1972 § 87 Urlaub Nr. 10; GK-*Wiese*, § 87 Rn. 444; GL-*Löwisch*, § 87 Rn. 128; *Matthes*, MünchArbR § 247 Rn. 12; *Gamillscheg*, Kollektives Arbeitsrecht, Bd. II S. 904).

442 Für die **Freistellung von Mitgliedern** eines Betriebsrats oder einer **Jugend- und Auszubildendenvertretung** zur Teilnahme an **Schulungs- und Bildungsveranstaltungen** (§§ 37 Abs. 6 und Abs. 7, 65 Abs. 1) besteht in § 37 Abs. 6 Satz 2 bis 5 eine Sonderregelung, neben der Nr. 5 keinen Anwendungsbereich hat (ebenso GK-*Wiese*, § 87 Rn. 445).

III. Aufstellung allgemeiner Urlaubsgrundsätze und des Urlaubsplans als Mitbestimmungstatbestand

1. Allgemeine Urlaubsgrundsätze

443 a) Allgemeine Urlaubsgrundsätze sind die **Richtlinien,** nach denen **dem einzelnen Arbeitnehmer vom Arbeitgeber im Einzelfall Urlaub zu gewähren** ist oder nicht gewährt werden darf oder soll (so BAG 18. 6. 1974 AP BetrVG 1972 § 87 Urlaub Nr. 1; ähnlich BAG 28. 5. 2002 AP BetrVG 1972 § 87 Urlaub Nr. 10). Das Mitbestimmungsrecht zielt auf alle Grundsätze, die in § 7 BUrlG das Recht des Arbeitgebers beschränken, den Erholungsurlaub der einzelnen Arbeitnehmer festzulegen. Es kann also eine Regelung darüber herbeigeführt werden, ob und unter welchen Voraussetzungen Urlaubswünsche nicht zu berücksichtigen sind, weil ihnen dringende betriebliche Belange oder Urlaubswünsche anderer Arbeitnehmer entgegenstehen, die unter sozialen Gesichtspunkten den Vorrang verdienen (§ 7 Abs. 1 BUrlG), z. B. dass für die verheirateten Belegschaftsmitglieder mit Kindern die Zeiten der Schulferien vorbehalten sind, und es können nähere Bestimmungen darüber getroffen werden, ob und inwieweit dringende betriebliche oder in der Person des Arbeitnehmers liegende Gründe eine Teilung des Urlaubs erforderlich machen oder es rechtfertigen, dass der Urlaub auf das nächste Kalenderjahr übertragen wird (§ 7 Abs. 2 und 3 BUrlG).

444 Gegenstand allgemeiner Urlaubsgrundsätze ist auch das **Verfahren zur Festlegung des Urlaubs,** also die Auslegung von Urlaubslisten und die Eintragung von Urlaubswünschen (ebenso HSWGNR-*Worzalla*, § 87 Rn. 266).

445 Zu den allgemeinen Urlaubsgrundsätzen zählt auch eine Regelung über die **gegenseitige Vertretung** (ebenso *Fitting*, § 87 Rn. 199; als Teil der Aufstellung des Urlaubsplans: GL-*Löwisch*, § 87 Rn. 130; GK-*Wiese*, § 87 Rn. 461; ferner *Nipperdey/Säcker* in *Hueck/Nipperdey*, Bd. II/2 S. 1364; *Neumann-Duesberg*, S. 478; a. A. HSWGNR-*Worzalla*, § 87 Rn. 266 a; bereits *Nikisch*, Bd. III S. 400 mit der Begründung, dass die vorübergehende Versetzung des Arbeitnehmers nicht dem Mitbestimmungsrecht nach § 60 BetrVG 1952, jetzt § 99 i. V. mit § 95 Abs. 3, unterfalle und daher a maiore ad minus ein Mitbestimmungsrecht auch bei der Regelung einer Vertretung nicht in Betracht komme, wenn kein Wechsel des Arbeitsplatzes erforderlich sei; im Ergebnis auch *Zöllner*, DB 1957, 508, 511; übersehen wird, dass die Urlaubsvertretung nicht notwendigerweise mit der Zuweisung eines anderen Arbeitsbereichs verbunden ist, sondern sich im Allgemeinen auf eine Festlegung der Urlaubserteilung beschränkt).

446 b) Zur **Aufstellung allgemeiner Urlaubsgrundsätze** gehört, ob der Urlaub einheitlich durch **Betriebsferien** gewährt werden soll (ebenso BAG 28. 7. 1981 AP BetrVG 1972 § 87 Urlaub Nr. 2; *Matthes*, MünchArbR § 247 Rn. 6; *Gamillscheg*, Kollektives Arbeitsrecht, Bd. II S. 904). Zu den Urlaubsgrundsätzen gehört auch, ob zur Verlängerung von Wochenenden oder Feiertagen die Arbeitszeit unter Anrechnung auf den Jahresurlaub ausfällt (ebenso *Matthes*, MünchArbR § 247 Rn. 7). Nicht zu ihnen zählt die **Anrechnung von Zeiten der Arbeitsunfähigkeit auf den Urlaubsanspruch nach § 4 a EFZG;** denn es handelt sich der Sache nach um einen Verzicht des Arbeitnehmers auf den Urlaubsanspruch (vgl. *Schütz/Hauck*, Gesetzliches und tarifliches Urlaubsrecht, 1997, Rn. 1173). Dieses Recht steht ausschließlich dem einzelnen Arbeitnehmer zu. Eine Grenze für seine Ausübung ergibt sich aber daraus, dass dieses Recht nicht für den Teil

Zweiter Abschnitt: Die einzelnen Mitbestimmungstatbestände § 87

des Urlaubs gilt, der aus betrieblichen Gründen für alle Arbeitnehmer oder für bestimmte Gruppen von Arbeitnehmern einheitlich festgelegt ist, also für die sog. Betriebsferien.

Die **Bestimmung der zeitlichen Lage der Betriebsferien** ist Teil des Urlaubsplans. 447 Arbeitgeber und Betriebsrat sind an das Gebot der Wunschberücksichtigung in § 7 Abs. 1 BUrlG gebunden. Rechtswirksam eingeführte Betriebsferien begründen aber nach Ansicht des BAG individualrechtlich dringende betriebliche Belange, hinter denen nach § 7 Abs. 1 BUrlG die individuellen Urlaubswünsche der Arbeitnehmer zurückstehen müssen (so BAG 28. 7. 1981 AP BetrVG 1972 § 87 Urlaub Nr. 2). Die Festlegung von Betriebsferien durch Betriebsvereinbarung hat allein den *urlaubsrechtlichen Inhalt*, den Urlaubszeitpunkt für alle urlaubsberechtigten Betriebsangehörigen einheitlich festzulegen; sie hebt nicht das Erfordernis der Wartezeit für den Erwerb des Urlaubsanspruchs auf (ebenso BAG 2. 10. 1974 AP BUrlG § 7 Betriebsferien Nr. 2). Arbeitsbereite, noch nicht urlaubsberechtigte Arbeitnehmer, die während der Betriebsferien nicht beschäftigt werden können, haben aber nach § 615 BGB Anspruch auf ihr Arbeitsentgelt (ebenso BAG 2. 10. 1974 AP BUrlG § 7 Betriebsferien Nr. 2; bestätigt BAG 30. 6. 1976 AP BUrlG § 7 Betriebsferien Nr. 3).

2. Urlaubsplan

a) Der Urlaubsplan ist das Programm **für die zeitliche Reihenfolge**, in der **den Arbeit-** 448 **nehmern Urlaub erteilt** wird. Da die Aufstellung allgemeiner Urlaubsgrundsätze ausdrücklich als Mitbestimmungstatbestand genannt wird, kann man den Begriff des Urlaubsplans auf die Festlegung des Programms für die Erteilung des Urlaubs im Laufe des *Kalenderjahres* beziehen. Noch nicht zum Urlaubsplan in diesem Sinn gehören Bestimmungen über die Urlaubsliste, in die die Arbeitnehmer ihre Urlaubswünsche eintragen; es handelt sich aber insoweit um allgemeine Urlaubsgrundsätze, über deren Aufstellung der Betriebsrat ebenfalls mitzubestimmen hat. Der Urlaubsplan bezieht sich auf das Urlaubsjahr und wird deshalb in jedem Kalenderjahr neu aufgestellt (ebenso GL-*Löwisch*, § 87 Rn. 130).

Der Urlaubsplan kann sich darauf beschränken, die **Richtlinien für die Erteilung des** 449 **Urlaubs im Urlaubsjahr** aufzustellen. Er kann zu diesem Zweck die Urlaubsperiode, d. h. den Zeitraum, in dem der Urlaub zu erteilen und zu nehmen ist, festlegen sowie bestimmen, ob und unter welchen Voraussetzungen Urlaubswünsche nicht zu berücksichtigen sind, weil ihnen dringende betriebliche Belange oder Urlaubswünsche anderer Arbeitnehmer entgegenstehen, die unter sozialen Gesichtspunkten den Vorrang verdienen, z. B. indem er die Zeiten festlegt, in denen nur Verheirateten mit Kindern Urlaub erteilt wird. Außerdem gehört zum Urlaubsplan die Festlegung der Vertretungsregelung im Urlaubsjahr (s. auch Rn. 445). Sofern der Urlaub einheitlich durch Betriebsferien gewährt werden soll, ist die Bestimmung ihrer zeitlichen Lage Teil des Urlaubsplans (s. auch Rn. 447). Möglich ist aber, dass durch Betriebsvereinbarung Betriebsferien für mehrere aufeinander folgende Urlaubsjahre eingeführt werden (vgl. BAG 28. 7. 1981 E 36, 14 = AP BetrVG 1972 § 87 Urlaub Nr. 2). Soweit in ihr nicht zugleich die zeitliche Lage für das jeweilige Urlaubsjahr bereits festgelegt ist, hat der Betriebsrat noch über sie in den Grenzen der bereits getroffenen Regelung mitzubestimmen.

b) Der **Urlaubsplan** kann so **detailliert aufgestellt** werden, dass er die Lage des Urlaubs 450 der *einzelnen Arbeitnehmer* festlegt (ebenso *Fitting*, § 87 Rn. 201; GL-*Löwisch*, § 87 Rn. 133; GK-*Wiese*, § 87 Rn. 467; HSWGNR-*Worzalla*, § 87 Rn. 270; a. A. *Matthes*, MünchArbR § 247 Rn. 4). Eine immanente Schranke für die Mitbestimmung ergibt sich hier aber aus dem Gebot der Wunschberücksichtigung, also daraus, dass bei der zeitlichen Festlegung des Urlaubs der Arbeitgeber in seiner Entscheidung an die Urlaubswünsche des einzelnen Arbeitnehmers gebunden ist, wenn ihrer Berücksichtigung nicht dringende betriebliche Belange oder Urlaubswünsche anderer Arbeitnehmer entgegenstehen, die unter sozialen Gesichtspunkten den Vorrang verdienen (§ 7 Abs. 1 BUrlG;

vgl. ausführlich *v. der Laden*, Bestimmung der Urlaubszeit, S. 26 ff.). Das Gebot der Wunschberücksichtigung gilt auch, wenn der Betriebsrat an der Festsetzung der Urlaubszeit beteiligt wird (so zutreffend *v. der Laden*, a. a. O., S. 139; ebenso *Fitting*, § 87 Rn. 205; GK-*Wiese*, § 87 Rn. 476; *Neumann* in *Neumann/Fenski*, BUrlG, 9. Aufl. 2003, § 7 Rn. 26; zur Problematik bei Betriebsferien s. Rn. 447).

451 Soweit der Urlaubsplan die Lage des Urlaubs der einzelnen Arbeitnehmer festlegt, kann der Arbeitnehmer zu dem festgesetzten Zeitpunkt seinen Urlaub antreten, ohne dass es einer Erklärung des Arbeitgebers bedarf (ebenso *Fitting*, § 87 Rn. 205; GL-*Löwisch*, § 87 Rn. 131; GK-*Wiese*, § 87 Rn. 464; *Nikisch*, Bd. III S. 401; *Nipperdey/Säcker* in *Hueck/Nipperdey*, Bd. II/2 S. 1365; *Neumann-Duesberg*, S. 479). Da jedoch die Urlaubserteilung im Einzelfall nur dann der Mitbestimmung des Betriebsrats unterliegt, wenn zwischen dem Arbeitgeber und den beteiligten Arbeitnehmern kein Einverständnis erzielt wird (s. Rn. 464 ff.), lässt der Urlaubsplan einen Spielraum für die Urlaubsgewährung nach dem Wunsch des Arbeitnehmers, sofern für andere Arbeitnehmer dadurch keine Änderung des Urlaubsplans eintritt.

IV. Inhalt und Umfang der Mitbestimmung über die Aufstellung allgemeiner Urlaubsgrundsätze und des Urlaubsplans

1. Aufstellung und Änderung allgemeiner Urlaubsgrundsätze und eines Urlaubsplans

452 Die Betriebspartner sind nicht verpflichtet, allgemeine Urlaubsgrundsätze und einen Urlaubsplan aufzustellen. Stellt der Arbeitgeber sie aber auf, so hat der Betriebsrat mitzubestimmen. Das gilt auch für eine Änderung allgemeiner Urlaubsgrundsätze und des Urlaubsplans.

2. Initiativrecht

453 Der Betriebsrat kann verlangen, dass allgemeine Urlaubsgrundsätze und ein Urlaubsplan aufgestellt werden (ebenso GL-*Löwisch*, § 87 Rn. 138; GK-*Wiese*, § 87 Rn. 457, 463; *ders.*, Initiativrecht, S. 48 f.; HSWGNR-*Worzalla*, § 87 Rn. 273; *Matthes*, MünchArbR § 247 Rn. 15).

454 Der Betriebsrat kann **nicht** die **Schließung des Betriebs** verlangen, damit die Arbeitnehmer während dieser Zeit ihren Urlaub nehmen (ebenso GK-*Wiese*, § 87 Rn. 463; *ders.*, Initiativrecht, S. 49; HSWGNR-*Worzalla*, § 87 Rn. 273 a; a. A. *Fitting*, § 87 Rn. 198; DKK-*Klebe*, § 87 Rn. 114; ErfK-*Kania*, § 87 Rn. 44; *Matthes*, MünchArbR § 247 Rn. 16). Die Schließung des Betriebs ist eine unternehmerische Entscheidung, die der Mitbestimmung vorgegeben ist. Der Betriebsrat kann deshalb im Mitbestimmungsverfahren nicht erzwingen, sondern lediglich *verhindern*, dass **Betriebsferien** eingeführt werden. Er hat aber ein Initiativrecht für die zeitliche Lage der Betriebsferien und für die Festlegung ihrer Dauer, soweit in ihnen die Arbeitnehmer ihren Erholungsurlaub nehmen müssen.

3. Bestehen des Urlaubsanspruchs als mitbestimmungsfreie Vorentscheidung

455 Zu den allgemeinen Urlaubsgrundsätzen zählt nicht, ob und in welchem Umfang der Arbeitnehmer einen **Urlaubsanspruch** hat. Sein Bestehen ist daher auch für das Mitbestimmungsrecht bei der Aufstellung allgemeiner Urlaubsgrundsätze eine vorgegebene Regelung. Der Betriebsrat kann im Mitbestimmungsverfahren keine Regelung über Entstehen und Bestehen des Urlaubsanspruchs herbeiführen.

456 Das Mitbestimmungsrecht bezieht sich daher auch nicht auf die **Dauer des Urlaubs** und die **Festlegung des Urlaubsentgelts** (ebenso *Fitting*, § 87 Rn. 212; GL-*Löwisch*, § 87

Rn. 137; GK-*Wiese*, § 87 Rn. 446 f.; HSWGNR-*Worzalla*, § 87 Rn. 265). Dass die Urlaubsdauer nicht unter das Mitbestimmungsrecht fällt, wird nicht zuletzt dadurch bestätigt, dass bei Meinungsverschiedenheiten zwischen dem Arbeitgeber und dem einzelnen Arbeitnehmer der Betriebsrat nur bei der Festsetzung der *zeitlichen Lage* des Urlaubs beteiligt wird. Daher unterliegt nicht seiner Mitbestimmung, ob Kuren und Schonzeiten auf den Urlaub anzurechnen sind (ebenso BAG 26. 11. 1964 AP BUrlG § 10 Schonzeit Nr. 1).

Eine **Betriebsvereinbarung über die Dauer des Urlaubs** und damit auch über die Anrechnung von Schonzeiten kann nur **freiwillig** geschlossen werden, d. h. weder der Betriebsrat noch der Arbeitgeber können eine Regelung darüber verlangen und einen bindenden Spruch der Einigungsstelle einseitig erwirken. In aller Regel wird die Dauer des Urlaubs tariflich geregelt, so dass auch eine freiwillige Betriebsvereinbarung ausscheidet (§ 77 Abs. 3). 457

Das Mitbestimmungsrecht des Betriebsrats besteht nicht nur für den Erholungsurlaub, sondern auch für einen **Sonder-** oder **Bildungsurlaub** (s. Rn. 441). Der Betriebsrat kann aber keine Regelung darüber herbeiführen, ob, zu welchem Zweck und in welchem Umfang Sonder- oder Bildungsurlaub zu gewähren ist. Das Mitbestimmungsrecht bezieht sich auch hier nur auf die Festlegung des Urlaubs, soweit ein Anspruch besteht. Soweit es sich um Maßnahmen der betrieblichen Berufsbildung handelt, kann neben dem Mitbestimmungsrecht nach Nr. 5 ein Mitbestimmungsrecht nach § 98 bestehen. 458

4. Gesetzliche und tarifliche Regelungen

Nach dem Regelungsgegenstand kommt nicht in Betracht, dass das Mitbestimmungsrecht durch eine gesetzliche oder tarifliche Regelung i. S. des Eingangshalbsatzes verdrängt wird. Arbeitgeber und Betriebsrat sind aber bei der Aufstellung allgemeiner Grundsätze und des Urlaubsplans an die zwingenden Gesetzes- und Tarifregelungen gebunden. Eine Betriebsvereinbarung kann deshalb nicht vorsehen, dass Urlaub im Vorgriff auf das nächste Kalenderjahr erteilt werden kann; denn dies widerspräche § 1 BUrlG, der die Bindung des Urlaubs an das jeweilige Urlaubsjahr verbindlich vorschreibt (ebenso BAG 17. 1. 1974 AP BUrlG § 1 Nr. 3). Auch das Gebot der Wunschberücksichtigung (§ 7 Abs. 1 BUrlG) setzt dem Mitbestimmungsverfahren eine Schranke (s. Rn. 443 und 450; zu den Betriebsferien Rn. 447). 459

V. Durchführung der Mitbestimmung bei der Aufstellung allgemeiner Urlaubsgrundsätze und des Urlaubsplans

1. Ausübungsform der Mitbestimmung

Der Mitbestimmung ist genügt, wenn über die Aufstellung allgemeiner Urlaubsgrundsätze und des Urlaubsplans eine **formlose Betriebsabsprache** vorliegt. Soll die Regelung aber normativ für die Arbeitsverhältnisse gelten, so müssen Arbeitgeber und Betriebsrat eine **Betriebsvereinbarung** abschließen (§ 77 Abs. 4 BetrVG). 460

Wegen des zwingenden **Gebots der Wunschberücksichtigung** (§ 7 Abs. 1 BUrlG) muss die Regelung so gestaltet werden, dass der Arbeitgeber von ihr *abweichen* kann, wenn der Arbeitnehmer einen Urlaubswunsch äußert. Deshalb kann die Betriebsvereinbarung insoweit nur *dispositiven* Charakter haben (ebenso *v. der Laden*, Bestimmung der Urlaubszeit, S. 147). 461

2. Zuständigkeit für die Mitbestimmungsausübung

Die Bestimmung der Urlaubszeit für die Arbeitnehmer kann im Allgemeinen von Betrieb zu Betrieb verschieden sein. In diesem Fall ist für die Mitbestimmungsausübung 462 der **Einzelbetriebsrat** zuständig (vgl. BAG 5. 2. 1965 AP BetrVG [1952] § 56 Urlaubsplan Nr. 1). Nur bei produktionstechnischer Abhängigkeit mehrerer Betriebe voneinander kommt eine Zuständigkeit des **Gesamtbetriebsrats**, möglicherweise auch eines Konzernbetriebsrats in Betracht (§§ 50 Abs. 1 Satz 1, 58 Abs. 1 Satz 1).

3. Rechtsfolgen einer Nichtbeteiligung des Betriebsrats

463   Die Aufstellung allgemeiner Urlaubsgrundsätze und des Urlaubsplans ist **keine Wirksamkeitsvoraussetzung für die Erteilung des Urlaubs**. Zu diesem Ergebnis muss auch kommen, wer sonst in der Beteiligung des Betriebsrats eine Wirksamkeitsvoraussetzung sieht (s. Rn. 102 f.); denn der Betriebsrat hat bei der Festsetzung der zeitlichen Lage des Urlaubs nur mitzubestimmen, wenn zwischen dem Arbeitgeber und den beteiligten Arbeitnehmern kein Einverständnis erzielt wird (s. Rn. 464). Das BAG hat zwar die Ansicht geäußert, dass immer dann, wenn der Arbeitgeber den Urlaubsbeginn einseitig unter Widerspruch des Betriebsrats festsetze, diese Maßnahme unwirksam sei (vgl. BAG 26. 10. 1956 AP BGB § 611 Urlaubsrecht Nr. 15); diese Entscheidung ist aber vor dem BUrlG ergangen, das für die Entscheidung des Arbeitgebers keinen Ermessensspielraum festlegt (s. Rn. 465), und ist auch dadurch überholt, dass der Betriebsrat bei der Festlegung im Einzelfall nur beteiligt wird, wenn Arbeitgeber und Arbeitnehmer sich nicht einigen können (s. Rn. 464). Deshalb steht der Rechtswirksamkeit einer Urlaubserteilung nicht entgegen, dass der Betriebsrat die Aufstellung eines Urlaubsplans verlangt und der Arbeitgeber diesem Begehren noch nicht entsprochen hat (ebenso GK-*Wiese*, § 87 Rn. 479; HSWGNR-*Worzalla*, § 87 Rn. 277; a. A. *Kammann*/Hess/Schlochauer, 2. Aufl., § 87 Rn. 110).

VI. Mitbestimmung über die Festsetzung der zeitlichen Lage des Urlaubs für einzelne Arbeitnehmer

1. Voraussetzungen

464   Der Betriebsrat hat im Rahmen des Urlaubsanspruchs mitzubestimmen, wenn zwischen dem **Arbeitgeber und den beteiligten Arbeitnehmern kein Einverständnis** über die zeitliche Lage des Urlaubs erzielt wird. Der Wortlaut des Gesetzes ist missverständlich, soweit darauf abgestellt wird, dass kein „Einverständnis" besteht; denn für die Erteilung des Urlaubs ist kein Vertrag mit dem einzelnen Arbeitnehmer erforderlich. Es handelt sich also ausschließlich darum, dass der Arbeitnehmer nicht damit einverstanden ist, wie der Arbeitgeber in Erfüllung seiner Pflicht zur Urlaubsgewährung den Zeitpunkt des Urlaubs bestimmt.

465   Bei der Erteilung des Erholungsurlaubs kann der Arbeitgeber, soweit keine abweichende tarifvertragliche Regelung besteht, sein **Bestimmungsrecht nur in den Grenzen des § 7 Abs. 1 BUrlG** ausüben, neben dem für § 315 BGB kein Anwendungsbereich bleibt (vgl. BAG 18. 12. 1986 AP BUrlG § 7 Nr. 10; *Leinemann*, MünchArbR § 89 Rn. 81; vor allem *v. der Laden*, Bestimmung der Urlaubszeit, S. 26 ff.). Für die Festsetzung der zeitlichen Lage besteht daher kein Ermessen, das lediglich durch den Billigkeitsmaßstab begrenzt wird (so aber *Stege/Weinspach/Schiefer*, § 87 Rn. 104), sondern es ist nur ein *Beurteilungsspielraum* gegeben. Der Arbeitgeber hat den Urlaub zu dem vom Arbeitnehmer gewünschten Termin festzusetzen, sofern der Berücksichtigung des Urlaubswunschs nicht dringende betriebliche Belange oder Urlaubswünsche anderer Arbeitnehmer, die unter sozialen Gesichtspunkten Vorrang verdienen, entgegenstehen (§ 7 Abs. 1 BUrlG; vgl. BAGE 54, 63, 66). Das Mitbestimmungsrecht gibt deshalb dem Betriebsrat nur ein *Mitbeurteilungsrecht* (ebenso *Söllner*, FS 25 Jahre BAG, 1979, S. 605, 611 f.; a. A. *Matthes*, MünchArbR § 247 Rn. 23, der in der Meinungsverschiedenheit zwischen Arbeitgeber und Arbeitnehmer einen Regelungsstreit sieht).

Der Betriebsrat ist nicht nur bei einem Streit über die Erteilung des Erholungsurlaubs, sondern auch bei Meinungsverschiedenheiten über die zeitliche Festlegung sonstiger Freistellungen, also eines **Sonder-** oder **Bildungsurlaubs**, zu beteiligen (s. Rn. 441). Von der Gestaltung der Regelung, die den Anspruch auf Sonder- oder Bildungsurlaub begründet, hängt ab, ob der Arbeitgeber anders als nach § 7 Abs. 1 BUrlG eine *Ermessensentscheidung* in den Grenzen des § 315 BGB trifft. Bei Einräumung eines Ermessens hat der Arbeitgeber ein Gestaltungsrecht; das Mitbestimmungsrecht ist daher in diesem Fall ein Mitgestaltungsrecht. 466

2. Mitbestimmungsrecht in jedem Einzelfall

Das Mitbestimmungsrecht besteht in jedem Einzelfall, wenn der Arbeitnehmer nicht mit der Bestimmung der Urlaubszeit durch den Arbeitgeber einverstanden ist (ebenso *Fitting*, § 87 Rn. 206; GL-*Löwisch*, § 87 Rn. 134; DKK-*Klebe*, § 87 Rn. 118; HSWGNR-*Worzalla*, § 87 Rn. 278; ErfK-*Kania*, § 87 Rn. 46; *Stege/Weinspach/Schiefer*, § 87 Rn. 103; *Weiss/Weyand*, § 87 Rn. 41; *Adomeit*, BB 1972, 53; *Dütz*, DB 1972, 383, 387; *Hanau*, BB 1972, 499, 500; *ders.*, RdA 1973, 281, 287; a. A. für das Erfordernis, dass *mehrere*, mindestens *zwei* Arbeitnehmer gemeinsam betroffen sind, GK-*Wiese*, 87 Rn. 472; *ders.*, Initiativrecht, S. 49 f.; nur bei einer Urlaubsregelung für mehrere Arbeitnehmer: Arbeitsring Chemie, § 87 Rn. 2 f. zu Nr. 5; ähnlich *Mager/Wisskirchen*, § 87 Erl. zu Ziff. 5; *Raatz*, DB Beil. 1/1972, 13 unter Berufung auf den Bericht des BT-Ausschusses für Arbeit und Sozialordnung, *zu* BT-Drucks. VI/2729, S. 4; s. dazu Rn. 16). 467

3. Bedeutung der Zustimmung des Betriebsrats für die Urlaubserteilung

Wegen des Gebots der Wunschberücksichtigung (§ 7 Abs. 1 BUrlG) können Arbeitgeber und Betriebsrat den **Erholungsurlaub** grundsätzlich **nicht gegen den Willen des Arbeitnehmers** zeitlich festlegen (ebenso GK-*Wiese*, § 87 Rn. 476; HSWGNR-*Worzalla*, § 87 Rn. 281; GL-*Löwisch*, § 87 Rn. 134; a. A. von seinem Standpunkt aus, dass die Festsetzung der zeitlichen Lage des Urlaubs eine Ermessensentscheidung sei, *Matthes*, MünchArbR § 247 Rn. 23; zust. *Gamillscheg*, Kollektives Arbeitsrecht, Bd. II S. 905). Wenn z. B. der Arbeitnehmer im August seinen Urlaub nehmen will, der Arbeitgeber aber den Urlaub bereits im Juni erteilen will, so können Arbeitgeber und Betriebsrat nicht mit verbindlicher Wirkung festlegen, dass der Arbeitnehmer seinen Urlaub im September oder Oktober anzutreten hat. 468

Die Zustimmung des Betriebsrats ist nur dann rechtlich von Bedeutung, wenn der Arbeitgeber ausnahmsweise auch gegen den Wunsch des Arbeitnehmers den Urlaub zeitlich festlegen kann, weil sonst eine ordnungsgemäße Urlaubserteilung im Urlaubsjahr oder in den ersten drei Monaten des folgenden Jahres ausscheidet (s. auch Rn. 447). Hier ist die Zustimmung des Betriebsrats eine Wirksamkeitsvoraussetzung. 469

4. Ausübungsform der Mitbestimmung

Für die Mitbestimmungsausübung genügt eine **formlose Betriebsabsprache**. 470

5. Anrufung und Spruch der Einigungsstelle

Wenn zwischen Arbeitgeber und Betriebsrat über die Festsetzung der zeitlichen Lage des Erholungsurlaubs keine Einigung erzielt wird, entscheidet die Einigungsstelle mit bindender Wirkung. Da beim Erholungsurlaub der Streit sich darauf bezieht, ob der Urlaubswunsch des Arbeitnehmers zu berücksichtigen ist, handelt es sich um eine *Rechtsfrage*. Der Spruch der Einigungsstelle ist deshalb eine reine Rechtsentscheidung, die in vollem Umfang der arbeitsgerichtlichen Kontrolle unterliegt (s. § 76 Rn. 123); insbesondere gilt hier nicht die Zweiwochenfrist des § 76 Abs. 5 Satz 4 (ebenso HSWGNR-*Worzalla*, § 87 Rn. 282; *Stege/Weinspach/Schiefer*, § 87 Rn. 104; a. A. von seinem Stand- 471 punkt aus, dass der Spruch der Einigungsstelle keine Entscheidung in einer Rechtsfrage, sondern eine Ermessensentscheidung sei, *Matthes,* MünchArbR § 247 Rn. 23).

472 Soweit das Gebot der Wunschberücksichtigung keine Anwendung findet, sondern die Festlegung des Urlaubs eine Ermessensentscheidung des Arbeitgebers in den Grenzen des § 315 BGB darstellt (s. Rn. 465), ist der Spruch der Einigungsstelle ebenfalls eine Ermessensentscheidung, auf die § 76 Abs. 5 Satz 3 Anwendung findet; die Überschreitung der Grenzen des Ermessens kann deshalb durch den Arbeitgeber oder den Betriebsrat nur binnen der Zweiwochenfrist gemäß § 76 Abs. 5 Satz 4 arbeitsgerichtlich geltend gemacht werden (vgl. dazu *Dütz,* DB 1972, 383, 389).

6. Rechtsstellung des einzelnen Arbeitnehmers

473 Da das Mitbestimmungsrecht nur den Arbeitgeber bindet, braucht der einzelne Arbeitnehmer sich nicht an den Betriebsrat zu wenden, wenn er mit der Bestimmung der zeitlichen Lage seines Urlaubs nicht einverstanden ist, sondern er kann **unmittelbar Klage beim Arbeitsgericht** erheben (ebenso GL-*Löwisch,* § 87 Rn. 135; DKK-*Klebe,* § 87 Rn. 119; HSWGNR-*Worzalla,* § 87 Rn. 281; *Stege/Weinspach/Schiefer,* § 87 Rn. 104; von seinem Standpunkt aus folgerichtig, dass der Betriebsrat kein Mitbestimmungsrecht hat, wenn der Streit nur mit einem einzelnen Arbeitnehmer besteht, GK-*Wiese,* § 87 Rn. 475; a. A. wegen Fehlens des Rechtsschutzbedürfnisses *Fitting,* § 87 Rn. 211, ähnlich *Dütz,* AuR 1973, 353, 369). Die gesetzliche Regelung schließt also nicht aus, dass über den Rechtsstreit das Arbeitsgericht im Urteilsverfahren entscheidet, während gleichzeitig die Einigungsstelle befasst ist und deren Spruch durch das Arbeitsgericht im Beschlussverfahren überprüft wird.

474 Auch wenn ein **Spruch der Einigungsstelle** vorliegt, **bindet** er **nicht** den **Arbeitnehmer.** Dieser kann vielmehr im Urteilsverfahren gegen die Urlaubsfestsetzung vorgehen (ebenso *Fitting,* § 87 Rn. 211; GL-*Löwisch,* § 87 Rn. 135; HSWGNR-*Worzalla,* § 87 Rn. 281; ErfK-*Kania,* § 87 Rn. 46).

F. Nr. 6: Einführung und Anwendung von technischen Einrichtungen, die dazu bestimmt sind, das Verhalten oder die Leistung der Arbeitnehmer zu überwachen

Abgekürzt zitiertes Schrifttum: *Beck,* Die Mitbestimmung des Betriebsrates bei der Einführung und Anwendung der Personalinformationssysteme, 1987; *Däubler,* Gläserne Belegschaften?, 4. Aufl. 2002; *Ehmann,* Arbeitsschutz und Mitbestimmung bei neuen Technologien, 1981; *Gaul,* Die rechtliche Ordnung der Bildschirm-Arbeitsplätze, 2. Aufl. 1984; *Gola,* Betrieblicher Datenschutz 1990; *Gola/Wronka,* Handbuch zum Arbeitnehmerdatenschutz, 2. Aufl. 1994; *Harhoff,* Beteiligungsrechte des Betriebsrats bei automatisierten Personalinformationssystemen, Diss. Gießen 1987; *Hesse,* Der Einfluß des Bundesdatenschutzgesetzes auf die Betriebsratstätigkeit, Diss. Regensburg 1984; *K. Linnenkohl,* Informationstechnologie und Mitbestimmung, 1989; *Schwarz,* Arbeitnehmerüberwachung und Mitbestimmung, 1982; *Simitis,* Schutz von Arbeitnehmerdaten, Regelungsdefizite – Lösungsvorschläge, hrsg. vom Bundesminister für Arbeit und Sozialordnung, Forschungsbericht 31 Humanisierung des Arbeitslebens, 1980; *Töfflinger,* Rechtliche Kriterien für Inhalt und Umfang der Mitbestimmung des Betriebsrates bei „technisierter Überwachung" (§ 87 Abs. 1 Nr. 6 BetrVG), (Diss. Kassel) 1991; *Zöllner,* Daten- und Informationsschutz im Arbeitsverhältnis, 2. Aufl. 1983.

Übersicht

	Rn.
I. Vorbemerkung	475
II. Gegenstand und Zweck der Mitbestimmung	478
1. Allgemeine Bemerkungen zum Mitbestimmungstatbestand	478
2. Zweck der Mitbestimmungsnorm	480

	Rn.
III. Die einzelnen Merkmale des Mitbestimmungstatbestands	484
1. Technische Einrichtungen	484
2. Merkmal der Überwachung im Mitbestimmungstatbestand	488
3. Verhalten oder Leistung der Arbeitnehmer als Gegenstand der Überwachung	493
4. Bestimmung der technischen Einrichtung zur Überwachung	501
5. Beispiele außerhalb der Datenverarbeitung	507
6. Datenverarbeitungssysteme als Mitbestimmungstatbestand	509
IV. Inhalt und Umfang der Mitbestimmung	513
1. Einführung und Anwendung der technischen Kontrolleinrichtungen	513
2. Kontrolleinrichtung für einzelne Arbeitnehmer	517
3. Initiativrecht	518
4. Kontrollbefugnis des Arbeitgebers als Schranke des Mitbestimmungsrechts	520
5. Tendenzbetriebe	522
6. Vorrang von Gesetz und Tarifvertrag	523
V. Durchführung der Mitbestimmung	527
1. Ausübungsform der Mitbestimmung	527
2. Persönlichkeitsschutz des Arbeitnehmers	529
3. Zuständigkeit für die Mitbestimmungsausübung	531
4. Rechtsfolgen einer Nichtbeteiligung des Betriebsrats	532

I. Vorbemerkung

475 Der Mitbestimmungstatbestand war in § 56 BetrVG 1952 noch nicht enthalten. Das BAG hatte zu diesem Gesetz die Auffassung vertreten, dass die Aufstellung und Bedienung sog. Produktographen nicht unter die Mitbestimmung über die Ordnung des Betriebs und das Verhalten der Arbeitnehmer im Betrieb falle, weil mit einer derartigen technischen Einrichtung lediglich kontrolliert werde, ob der Arbeitnehmer richtig arbeite (BAG 27. 5. 1960 E 9, 238 = AP BetrVG § 56 Ordnung des Betriebes Nr. 1). Diese Lücke soll die Bestimmung in Nr. 6 schließen (vgl. BAG 14. 5. 1974 AP BetrVG 1972 § 87 Überwachung Nr. 1; 9. 9. 1975 E 27, 256, 259 = AP BetrVG 1972 § 87 Überwachung Nr. 2), weil technische Kontrolleinrichtungen stark in den persönlichen Bereich der Arbeitnehmer eingreifen (ebenso Begründung zum RegE, BT-Drucks. VI/1786, S. 49).

476 Die Mitbestimmungsnorm hat durch die Einführung der **Datenverarbeitungstechnologie** in den Betrieben eine „ungeahnte Bedeutung" erlangt (so zutreffend *Matthes*, MünchArbR § 248 Rn. 2). Anders als die meisten Landespersonalvertretungsgesetze (z. B. Art. 75a Abs. 1 Nr. 2 LPVG Bayern) enthält das BetrVG „keine auf die Verarbeitung von Arbeitnehmerdaten ausdrücklich zugeschnittene Vorschrift" (*Simitis*, NJW 1985, 401, 402). Durch **extensive Interpretation** der Nr. 6 erfasst das BAG aber praktisch jede Form der automatischen Erhebung, Speicherung und sonstigen Verarbeitung von Daten, wenn sie Rückschlüsse auf Verhalten oder Leistung der Arbeitnehmer zulassen (vgl. vor allem BAG 6. 12. 1983 [Bildschirmarbeitsplatz] AP BetrVG 1972 § 87 Überwachung Nr. 7; 14. 9. 1984 [Technikerbericht] AP BetrVG 1972 § 87 Überwachung Nr. 9; s. ausführlich Rn. 509 ff.).

477 Gegenstand der Mitbestimmung ist die technische Datenerhebung und Datenverarbeitung zur **Überwachung von Verhalten und Leistung der Arbeitnehmer**. Der Betriebsrat hat deshalb nach Nr. 6 nicht mitzubestimmen darüber, ob für den Arbeitsprozess technische Einrichtungen eingeführt und angewandt werden, sondern er wird nur unter dem Aspekt einer Verhaltens- oder Leistungskontrolle der Arbeitnehmer beteiligt. Dabei geht es um zwei Bereiche: um die technische Erhebung von Daten, die eine Verhaltens- oder Leistungskontrolle des einzelnen Arbeitnehmers ermöglichen, und um die technische Verarbeitung technisch oder nichttechnisch erhobener Daten, wenn programmgemäß Aussagen über Verhalten oder Leistung einzelner Arbeitnehmer gemacht werden.

II. Gegenstand und Zweck der Mitbestimmung

1. Allgemeine Bemerkungen zum Mitbestimmungstatbestand

478 Nach dem Gesetzestext hat der Betriebsrat mitzubestimmen über „Einführung und Anwendung von technischen Einrichtungen, die dazu bestimmt sind, das Verhalten oder die Leistung der Arbeitnehmer zu überwachen". Erfasst werden daher alle **technischen Einrichtungen**, die durch Beobachtung und Beaufsichtigung des Arbeitnehmers eine Information geben, die **Rückschlüsse auf das Verhalten oder die Leistung der betroffenen Arbeitnehmer** zulässt, wie die Verwendung von Multimoment-Filmkameras (BAG 14. 5. 1974 und 10. 7. 1979 AP BetrVG 1972 § 87 Überwachung Nr. 1 und 4), Produktographen (BAG 9. 9. 1975 AP BetrVG 1972 § 87 Überwachung Nr. 2) und Fahrtenschreibern (BAG 10. 7. 1979 AP BetrVG 1972 § 87 Nr. 3). Vor allem in den beiden letzteren Fällen ist die technische Einrichtung aber vom Arbeitgeber nicht dazu bestimmt, das Verhalten oder die Leistung der Arbeitnehmer zu überwachen. Die Gesetzesformulierung ist missglückt; denn den Ausgangsfall für die Einführung der Mitbestimmung bildete gerade eine derartige Einrichtung (vgl. BAG 9. 9. 1975 AP BetrVG 1972 § 87 Überwachung Nr. 2; s. auch Rn. 475). Keine Rolle kann deshalb spielen, ob der Arbeitgeber mit der Kontrolleinrichtung den Zweck verfolgt, das Verhalten oder die Leistung des Arbeitnehmers zu überwachen (subjektiv-finales Kriterium), sondern es genügt, dass die technische Einrichtung nach ihrer Konstruktion oder dem ihr eingefügten Programm zu einer Kontrolle bestimmt ist (objektiv-finales Kriterium).

479 Welche Fälle dem **Mitbestimmungstatbestand zuzuordnen** sind, kann man nur richtig beantworten, wenn man auch die **Rechtsfolgenanordnung** in die Beurteilung einbezieht. Der Problematik wird man nicht Herr, wenn man den Tatbestand der Nr. 6 in die Wortbestandteile zerlegt und diese analysiert (so *Schwarz*, Arbeitnehmerüberwachung, S. 17 ff.). Die Rechtsfolge lautet zwar pauschal nur, dass der Betriebsrat mitzubestimmen habe; welches Recht ihm aber dadurch zufällt, ergibt sich aus dem Zweck, den der Gesetzgeber mit der Einfügung des Mitbestimmungstatbestands verfolgt hat, unter Beachtung der für das Arbeitsverhältnis maßgeblichen Leitprinzipien und des Datenschutzes.

2. Zweck der Mitbestimmungsnorm

480 Zweck der Mitbestimmungsnorm ist der **Persönlichkeitsschutz der Arbeitnehmer**, weil eine unpersönliche, anonyme Verhaltens- und Leistungskontrolle durch technische Einrichtungen Eingriffe in die Persönlichkeitssphäre ermöglicht, die für die betroffenen Arbeitnehmer nicht erkennbar und damit auch nicht abwendbar sind (vgl. BAG 9. 9. 1975, 10. 7. 1979, 14. 9. 1984 und 27. 1. 2004 AP BetrVG 1972 Überwachung Nr. 2, 3, 9 und 40). Schutzgedanke ist nicht, wie das BAG formuliert, „Eingriffe in den Persönlichkeitsbereich der Arbeitnehmer durch Verwendung anonymer technischer Kontrolleinrichtungen nur bei gleichberechtigter Mitbestimmung des Betriebsrats zuzulassen" (BAG 9. 9. 1975 und 14. 9. 1984 AP BetrVG 1972 § 87 Überwachung Nr. 2 und 9), sondern die Mitbestimmung dient dem Zweck, unzulässige Eingriffe in den Persönlichkeitsbereich zu verhindern; durch sie wird das in § 75 Abs. 2 Satz 1 enthaltene Gebot ergänzt, dass Arbeitgeber und Betriebsrat die freie Entfaltung der Persönlichkeit der im Betrieb beschäftigten Arbeitnehmer zu schützen und zu fördern haben (ebenso *Fitting*, § 87 Rn. 215; GK-*Wiese*, § 87 Rn. 485; *ders.*, Initiativrecht, S. 51; GL-*Löwisch*, § 87 Rn. 141; DKK-*Klebe*, § 87 Rn. 135; HSWGNR-*Worzalla*, § 87 Rn. 283 ff.; *Matthes*, MünchArbR § 248 Rn. 1; *Gamillscheg*, Kollektives Arbeitsrecht, Bd. II S. 907; *Däubler*, Gläserne Belegschaften?, Rn. 692 ff., insbes. Rn. 698; *Jahnke*, DB 1978, 1691, 1692; *Ehmann*, ZfA 1986, 357, 387).

Die Mitbestimmung dient dem **Persönlichkeitsschutz vor den Gefahren technisierter** 481
Ermittlung von Verhaltens- und Leistungsdaten der Arbeitnehmer. Nach diesem Zweck sind die Interpretation des Mitbestimmungstatbestands sowie Inhalt und Umfang der Mitbestimmung auszurichten (ebenso *Däubler*, Gläserne Belegschaften?, Rn. 696). Unter anderem Aspekt kann sich nämlich ein Mitbestimmungsrecht bei Einführung und Anwendung von technischen Einrichtungen aus anderen Bestimmungen des Katalogs ergeben, z. B. aus Nr. 1, wenn Stechuhren aufgestellt werden, um Beginn und Ende der Arbeitszeit zu kontrollieren, nach Nr. 7, wenn es darum geht, ob für technische Einrichtungen Arbeitsschutzregelungen zu treffen sind, und nach Nr. 10 und 11, wenn Zeitaufnahmen gemacht werden, um die Normalleistung für den Akkord- und Prämiensatz zu ermitteln, oder wenn eine Kontrollmaschine benutzt wird, um das für die Entlohnung maßgebliche Arbeitsergebnis festzustellen (nicht zutreffend, wenn aus der Selbständigkeit der Regelung in Nr. 6 abgeleitet wird, sie schließe als Spezialvorschrift die Anwendung der Nr. 1 aus; so aber *Fitting*, § 87 Rn. 214; GK-*Wiese*, § 87 Rn. 167, 483; wie hier dagegen, soweit es Nr. 1 und Nr. 6 nebeneinander prüft, ohne Nr. 6 als Spezialvorschrift anzusprechen, BAG 18. 4. 2000 AP BetrVG 1972 § 87 Überwachung Nr. 33).

Dem Mitbestimmungsrecht vorgegeben ist das **Recht des Arbeitgebers, Leistung und** 482
Verhalten des Arbeitnehmers zu kontrollieren; denn es ist sein Recht als Gläubiger, sich Kenntnis darüber zu verschaffen, ob der Arbeitnehmer die ihm rechtsgeschäftlich zugesagte Arbeitsleistung vertragsgemäß erbringt, und auch sonst zwingt der arbeitsrechtliche Sozialschutz ihn dazu, sich ein richtiges Bild von Leistung und Verhalten des Arbeitnehmers zu machen. Diese Notwendigkeit ergibt sich nicht zuletzt aus der betriebsverfassungsrechtlichen Pflicht, darüber zu wachen, dass alle im Betrieb tätigen Personen nach den Grundsätzen von Recht und Billigkeit behandelt werden (§ 75 Abs. 1). Auch die betriebsverfassungsrechtliche Mitbestimmungsordnung geht davon aus, dass der Arbeitgeber Leistung und Verhalten seiner Arbeitnehmer kontrolliert. Der Betriebsrat hat ein Mitbestimmungsrecht bei der Aufstellung allgemeiner Beurteilungsgrundsätze (§ 94 Abs. 2).

Durch das Mitbestimmungsrecht wird dem Arbeitgeber nicht das Recht verwehrt, 483
technische Einrichtungen in den Überwachungsvorgang einzuschalten, sondern es geht ausschließlich um einen **Schutz vor den Gefahren,** die **bei technischer Überwachung für den Arbeitnehmer** entstehen. Sie ergeben sich daraus, dass er anonymer Kontrolle ausgesetzt ist, erfassen bei der Datenverarbeitung aber auch die mit der Aufzeichnung verbundenen Gefahren, dass Informationen stets verfügbar bleiben und nicht „vergessen" werden können (so zutreffend BAG 6. 12. 1983 AP BetrVG 1972 § 87 Überwachung Nr. 7; *Däubler*, Gläserne Belegschaften?, Rn. 694 f.). Bezugsgröße des Mitbestimmungsrechts ist deshalb insoweit auch das vom BVerfG im Volkszählungsurteil entwickelte Recht auf „informationelle Selbstbestimmung" (BVerfG 15. 12. 1983 E 65, 1; vgl. auch *Däubler*, Gläserne Belegschaften?, Rn. 701 ff.). Das Mitbestimmungsrecht sichert, soweit es um die Verhaltens- und Leistungskontrolle der Arbeitnehmer geht, die Grenzen der Datenverarbeitung, enthält für diese aber keine weitere materielle Begrenzung (vgl. *Ehmann*, NZA Beil. 1/1985, 2, 10; *ders.*, ZfA 1986, 357, 388; *Richardi*, Anm. AP BetrVG 1972 § 87 Überwachung Nr. 9, Bl. 12 R).

III. Die einzelnen Merkmale des Mitbestimmungstatbestands

1. Technische Einrichtungen

a) Schlüsselbegriff des Mitbestimmungstatbestands ist die **Überwachung durch tech-** 484
nische Einrichtungen. Werden Informationen über das Verhalten oder die Leistung der Arbeitnehmer durch technische Einrichtungen erhoben und aufgezeichnet, so wird die

Überwachung über das individuelle Wahrnehmungsvermögen eines kontrollierenden Menschen hinaus erweitert; es entsteht ein Überwachungsvorgang, der von dem menschlichen Wahrnehmungsvermögen mehr oder weniger unabhängig ist (so zutreffend BVerwG 31. 8. 1988 AP BPersVG § 74 Nr. 25). Es kann eine ungleich größere Anzahl von Daten erhoben werden, und dies kann praktisch dauernd und ununterbrochen geschehen. Die technisierte Ermittlung von Verhaltens- und Leistungsdaten ist darüber hinaus für den Arbeitnehmer in vielen Fällen nicht wahrnehmbar, so dass er sich auf eine Kontrolle nicht einrichten kann, und sie birgt die Gefahr in sich, dass die Vielzahl der Verhaltens- und Leistungsdaten beliebig verarbeitet werden und daher letztlich auch aus dem Zusammenhang gerissen werden. Die Mitbestimmung soll verhindern, dass der Arbeitnehmer zum Objekt einer Überwachungstechnik gemacht wird (BAG 6. 12. 1983, 14. 9. 1984 und 18. 2. 1986 AP BetrVG 1972 § 87 Überwachung Nr. 7, 9 und 13).

485 b) Nach diesem Zweck richtet sich, was als **technische Einrichtung i. S. des Mitbestimmungstatbestands** anzusehen ist. Lediglich organisatorische Vorkehrungen, die dazu bestimmt sind, das Verhalten oder die Leistung der Arbeitnehmer zu überwachen, fallen nicht unter den Mitbestimmungstatbestand, z. B. Arbeitszeit- und Tätigkeitsberichte der Arbeitnehmer zum Nachweis geleisteter Mehrarbeit (vgl. BAG 9. 12. 1980 AP BetrVG 1972 § 87 Ordnung des Betriebes Nr. 2) oder sonst die Abfassung von Tätigkeitsberichten oder die Führung von Arbeitsbüchern zum Nachweis der Arbeitsleistung (vgl. BAG 24. 11. 1981 AP BetrVG 1972 § 87 Ordnung des Betriebes Nr. 3; s. auch Rn. 181), die Kontrolle der Einhaltung der Arbeitszeit durch Zeitkarten, Arbeitszeitmessung durch manuelle Betätigung einer Stopppuhr (vgl. BAG 8. 11. 1994 AP BetrVG 1972 § 87 Überwachung Nr. 27) oder die Erfassung privater Telefongespräche durch schriftliche Aufzeichnung des Arbeitnehmers oder seines Vorgesetzten (s. aber auch Rn. 186). Vom Mitbestimmungstatbestand erfasst wird aber, wenn zur Kontrolle der Arbeitszeit sog. **Zeitstempler** eingeführt werden (vgl. LAG Düsseldorf [Köln], DB 1979, 459) oder **Telefongespräche von einer EDV-Anlage automatisch erfasst** werden (vgl. BAG 27. 5. 1986 AP BetrVG 1972 § 87 Überwachung Nr. 15; BVerwG 30. 1. 1985 PersR 1985, 75; s. auch Rn. 520).

486 Der **Fahrtenschreiber** ist ebenfalls eine technische Einrichtung i. S. der Nr. 6 (vgl. BAG 10. 7. 1979 AP BetrVG 1972 § 87 Überwachung Nr. 3; s. auch Rn. 508).

487 Mit der fortschreitenden Computerisierung vieler einzelner Arbeitsplätze und zusätzlich deren **unternehmensinterner (Intranet)** und teilweise **weltweiter Vernetzung (Internet)** haben sich auch die Überwachungsmöglichkeiten deutlich erhöht. Praktisch besonders interessant ist es für den Arbeitgeber einmal, die Nutzung von E-Mails und das Surfen im World Wide Web (WWW) zu überwachen. Hier ergeben sich ähnliche Probleme wie bei der Nutzung einer Telefonanlage; allerdings kann aus technischen Gründen hier die Überwachung noch erheblich detaillierter erfolgen (z. B. bei Verwendung sog. Firewalls oder Proxy-Server, die aus Gründen der Systemsicherheit bzw. -effizienz häufig eingesetzt werden). Diese Möglichkeiten bieten die gängigen Programme fast durchgehend in ihrer Standard-Konfiguration (zum Nichterfordernis einer subjektiven Überwachungsabsicht des Arbeitgebers s. Rn. 501 ff.). Zudem gibt es Programme, die es erlauben, das gesamte Verhalten der Arbeitnehmer am Computer heimlich zu beobachten und zu dokumentieren; entsprechende Funktionen sind teilweise sogar in der Standard-Konfiguration einiger Netzwerk-Betriebssysteme enthalten. All diese Programme stellen technische Einrichtungen i. S. des Mitbestimmungstatbestand dar, ihre Einführung und Anwendung ist mitbestimmungspflichtig (so auch *Däubler*, Internet und Arbeitsrecht, 3. Aufl. 2004, Rn. 293 ff.).

2. Merkmal der Überwachung im Mitbestimmungstatbestand

488 a) Die technischen Einrichtungen müssen dazu bestimmt sein, dass **Verhalten** oder die **Leistung der Arbeitnehmer zu überwachen**. Der Begriff der Überwachung bildet daher den Schlüssel für Inhalt und Reichweite des Mitbestimmungsrechts. Er umfasst verschiedene Vorgänge (vgl. *Matthes*, MünchArbR § 248 Rn. 8 ff.; *Schwarz*, Arbeitnehmerüberwachung, S. 17 ff.; *Däubler*, Gläserne Belegschaften?, Rn. 713 ff.):

(1) Datenerhebung. Die Überwachung beginnt mit der Erhebung von Informationen über einen Gegenstand der Wahrnehmung. Wird dieser Vorgang einer technischen Einrichtung übertragen, so liegt der Mitbestimmungstatbestand vor, wenn durch die technische Einrichtung Verhaltens- oder Leistungsdaten der Arbeitnehmer gesammelt werden. Notwendig ist, dass die Daten technisch erhoben werden, während keine Voraussetzung ist, dass die so ermittelten Informationen durch die technische Einrichtung auch ausgewertet werden (ebenso BAG 6. 12. 1983 AP BetrVG 1972 § 87 Überwachung Nr. 7). Es genügt ihre Aufzeichnung, wobei unerheblich ist, ob die Verarbeitung insoweit durch die oder sonst eine technische Einrichtung erfolgt. 489

(2) Datenverarbeitung. Zur Überwachung gehört, dass die erhobenen Informationen *geordnet* werden, um festzustellen, ob eine vorgegebene Erwartung erfüllt wird (ebenso *Matthes*, MünchArbR § 248 Rn. 11). Erfolgt die Ordnung von Verhaltens- und Leistungsdaten der Arbeitnehmer durch eine technische Einrichtung, so ist der Mitbestimmungstatbestand auch dann gegeben, wenn vorhandene, gespeicherte Daten nicht durch eine technische Einrichtung erhoben sind (ebenso BAG 14. 9. 1984 AP BetrVG 1972 § 87 Überwachung Nr. 9). Die bloße Speicherung von untechnisch erhobenen Daten durch eine technische Einrichtung erfüllt dagegen nicht ohne weiteres den Mitbestimmungstatbestand (vgl. zum Meinungsstreit einerseits *Richardi*, Anm. AP BetrVG 1972 § 87 Überwachung Nr. 7; andererseits *Matthes*, MünchArbR § 248 Rn. 13 f.). Das BAG ist im Begründungsansatz gegenteiliger Meinung; es meint aber einschränkend, dass eine technische Einrichtung i. S. des Mitbestimmungstatbestands jedenfalls dann vorliege, wenn die verhaltens- oder leistungsbezogenen Daten programmgemäß zu Aussagen über Verhalten oder Leistung einzelner Arbeitnehmer verarbeitet würden (BAG 14. 9. 1984 AP BetrVG 1972 § 87 Überwachung Nr. 9). Soweit dies geschieht, handelt es sich in der Tat um eine technische Einrichtung, die dazu bestimmt ist, Verhalten oder Leistung der Arbeitnehmer zu überwachen. 490

Keine Voraussetzung für die Mitbestimmung ist, dass der **Gesamtkomplex einer Überwachung**, also Datenerhebung und Datenverarbeitung zum Vergleich mit einem vorgegebenen Soll, **durch eine technische Einrichtung** erfolgt. Es genügt vielmehr, dass Fakten oder Daten, denen bei einer Überwachung von Verhalten oder Leistung der Arbeitnehmer Bedeutung zukommt, technisch erhoben oder ausgewertet werden (ebenso BVerwG 31. 8. 1988 AP BPersVG § 75 Nr. 25). Auch in diesem Fall erhöht sich der Überwachungsdruck auf die Arbeitnehmer durch die Einbeziehung der technischen Einrichtung in die Überwachung unabhängig davon, in welchem Abschnitt des Überwachungsvorgangs die Einrichtung eingesetzt wird oder werden kann und welchen Anteil sie an diesem Vorgang hat oder haben kann (so BVerwG a. a. O.). 491

b) Die **Vergabe der Überwachungstätigkeit an einen Dritten** schließt das Mitbestimmungsrecht nicht aus (vgl. BAG 18. 4. 2000 und 27. 1. 2004 AP BetrVG 1972 § 87 Überwachung Nr. 33 und 40). Geschieht die Überwachung im Interesse des Dritten, so muss der Arbeitgeber durch entsprechende Vertragsgestaltung mit dem Dritten sicherstellen, dass der Betriebsrat sein Mitbestimmungsrecht ausüben kann (vgl. BAG 27. 1. 2004 AP BetrVG 1972 § 87 Überwachung Nr. 40). Nicht erfasst vom Mitbestimmungstatbestand wird der **Einsatz von Privatdetektiven** (vgl. BAG 26. 3. 1991 AP BetrVG 1972 § 87 Überwachung Nr. 21, *Zerbe*, FS Schwerdtner 2003, S. 367, 371 f.). Das Mitbestimmungsrecht besteht jedoch auch in diesem Fall, soweit der Privatdetektiv technische Einrichtungen zur Überwachung von Verhalten oder Leistung der Arbeitnehmer einsetzt. 492

3. Verhalten oder Leistung der Arbeitnehmer als Gegenstand der Überwachung

493 a) Die technische Einrichtung muss zur **Überwachung von Verhalten oder Leistung der Arbeitnehmer** bestimmt sein. Bei einer **Einrichtung der Datenverarbeitung** müssen Daten **programmgemäß zu Aussagen über Verhalten oder Leistung einzelner Arbeitnehmer verarbeitet** werden (BAG 14. 9. 1984 und 11. 3. 1986 AP BetrVG 1972 § 87 Überwachung Nr. 9 und 13). Es genügt also nicht, dass nur der Lauf oder die Ausnützung einer Maschine kontrolliert wird (ebenso BAG 9. 9. 1975 AP BetrVG 1972 § 87 Überwachung Nr. 2). Nicht unter den Mitbestimmungstatbestand fallen auch technische Einrichtungen zur Erbringung der Arbeitsleistung. Bei Verbindung mit einer automatischen Aufzeichnung des Arbeitsergebnisses ist aber eine Verhaltens- und Leistungskontrolle durch die technische Einrichtung möglich (s. Rn. 488 ff.).

494 Der Gesetzestext nennt **Verhalten** oder **Leistung**. Eine Abgrenzung dieser beiden Tatbestandsmerkmale ist nicht erforderlich; denn mit dem Begriff des Verhaltens erfasst das Gesetz ein vom Willen des Arbeitnehmers getragenes oder gesteuertes Tun oder Unterlassen, wobei unerheblich ist, in welchem Bereich es sich abspielt, ob bloß bei der Arbeitsleistung selbst oder auch sonst im Betrieb (ebenso BAG 11. 3. 1986 AP BetrVG 1972 § 87 Überwachung Nr. 13). Das **Verhalten** bildet daher den **Oberbegriff** der auch die **Leistung** i. S. der Nr. 6 umfasst (BAG a. a. O.). Es ist daher gleichgültig, ob ein bestimmtes vom Willen des Arbeitnehmers gesteuertes Tun oder Unterlassen als Verhalten oder Leistung des Arbeitnehmers begriffen wird (ebenso *Däubler*, Gläserne Belegschaften?, Rn. 733 ff.; *Matthes*, MünchArbR § 248 Rn. 16; a. A. *Müllner*, DB 1984, 1677 ff.).

495 b) **EDV-Systeme** sind Gegenstand der Mitbestimmung, **soweit sie Daten verarbeiten, die einen Rückschluss auf ein bestimmtes, vom Willen des Arbeitnehmers gesteuertes Tun oder Unterlassen** ermöglichen (s. Rn. 505 f.). Der Mitbestimmungstatbestand liegt deshalb vor, wenn ein EDV-System **Leistungs- oder Verhaltensdaten** verarbeitet, nicht dagegen, wenn es sich darauf beschränkt, **sonstige personenbezogene Daten**, z. B. Statusdaten oder auch persönliche Angaben i. S. des § 94, zu speichern (ebenso *Matthes*, MünchArbR § 248 Rn. 19 f.; a. A. wohl DKK-*Klebe*, § 87 Rn. 150; s. auch Rn. 509 ff.). Die beim Werksarzt mit medizinischem Gerät erhobenen Daten über den Gesundheitszustand eines Arbeitnehmers sind ebenfalls keine Verhaltens- oder Leistungsdaten. Daten über Krankheitszeiten und unentschuldigte Fehlzeiten gehören dagegen zu ihnen, weil sie zu Aussagen über Häufigkeit und Dauer von Krankheits- und unentschuldigten Fehlzeiten verarbeitet werden können und sich insoweit auf das Verhalten eines Arbeitnehmers beziehen (ebenso BAG 11. 3. 1986 AP BetrVG 1972 § 87 Überwachung Nr. 14).

496 Die **Unterscheidung nach der Art der Daten** ist für das Mitbestimmungsrecht ausschlaggebend jedoch nur, soweit es um die **technische Datenerhebung** geht. Nr. 6 räumt nämlich dem Betriebsrat **kein Mitbestimmungsrecht bei der Erhebung von Arbeitnehmerdaten schlechthin** ein. Es muss sich vielmehr um Daten handeln, die einen Rückschluss auf Verhalten oder Leistung des Arbeitnehmers zulassen. Bei ihnen spielt keine Rolle, ob der Arbeitgeber sie zum Zweck einer Kontrolle auszuwerten beabsichtigt (ebenso BAG 6. 12. 1983 AP BetrVG 1972 § 87 Überwachung Nr. 7; s. auch Rn. 504).

497 Soweit es dagegen um die **Datenverarbeitung durch eine technische Einrichtung** geht, genügt es nicht, dass untechnisch erhobene Verhaltens- und Leistungsdaten *gespeichert* werden, sondern für den Mitbestimmungstatbestand notwendig ist hier, dass Daten **programmgemäß** zu **Aussagen über Verhalten oder Leistung einzelner Arbeitnehmer** verarbeitet werden (vgl. BAG 14. 9. 1984 AP BetrVG 1972 § 87 Überwachung Nr. 9). Bei der Datenverarbeitung als Anwendungsfall des Mitbestimmungstatbestands ist keine Voraussetzung, dass die Daten technisch erhoben sind. Es genügt, dass sie untechnisch, also durch Beobachtung oder Befragung, gewonnen und der technischen Einrichtung zum Zweck der Verarbeitung eingegeben werden. Bei den verarbeiteten Daten muss es sich auch nicht um Verhaltens- oder Leistungsdaten handeln, sondern entscheidend ist, dass Arbeitnehmerdaten programmgemäß zu Aussagen über Verhalten oder Leistung einzelner Arbeitnehmer verarbeitet werden. Es genügt nicht die bloße Speicherung oder die Verarbeitung zu einem anderen Zweck als dem Überwachungszweck. Selbst wenn Verhaltens- und Leistungsdaten verarbeitet werden, liegt der Mitbestimmungstatbestand nicht vor, wenn sie programmgemäß nicht zu Aussagen über Verhalten oder Leistung einzelner Arbeitnehmer, sondern zur Erstellung anderer Aussagen verarbeitet werden, z. B. für Anforderungsprofile, Funktionsbeschreibungen und Stellenbeschreibungen (ebenso *Matthes*, MünchArbR § 248 Rn. 21).

Für die Feststellung, ob ein EDV-System Daten zu Aussagen über Verhalten oder Leistung der Arbeitnehmer verarbeitet, ist es **unerheblich,** ob diese **Aussagen erst in Verbindung mit weiteren Daten und Umständen** zu einer **vernünftigen und sachgerechten Beurteilung der Arbeitnehmer** führen können (ebenso BAG 23. 4. 1985 AP BetrVG 1972 § 87 Überwachung Nr. 11). **498**

c) Die Aussagen über Verhalten oder Leistung müssen **einzelnen Arbeitnehmern zugeordnet** werden können. Das Erfassen der Leistung oder des Verhaltens der Gesamtbelegschaft oder einer Arbeitnehmergruppe reicht nicht aus (ebenso BAG 6. 12. 1983, 18. 2. 1986 und 26. 7. 1994 AP BetrVG 1972 § 87 Überwachung Nr. 7, 13 und 26). Mitbestimmungspflichtig ist nicht die Erhebung von Verhaltens- und Leistungsdaten schlechthin (ebenso BAGE 44, 285, 318), auch nicht die Verarbeitung anonym gewonnener Daten zu Aussagen über Verhalten oder Leistung der Arbeitnehmer, sondern notwendig ist, dass der einzelne Arbeitnehmer identifizierbar ist. Die Identifizierung braucht aber nicht durch die technische Einrichtung selbst zu erfolgen, sondern es genügt, dass die technisch erhobenen oder verarbeiteten Daten in Verbindung mit anderen bekannten oder außerhalb der technischen Einrichtung gewonnenen Daten die Zuordnung zu einem bestimmten Arbeitnehmer erlauben, z. B. bei einem Fahrtenschreiber durch die Feststellung, wer das Fahrzeug während des Aufzeichnungszeitraums gefahren hat (ebenso BAG 6. 12. 1983 AP BetrVG 1972 § 87 Überwachung Nr. 7 unter Hinweis auf BAG 9. 9. 1975 AP BetrVG 1972 § 87 Überwachung Nr. 2). **499**

Beschränkt sich die Aussage auf die Leistung einer **Gruppe von Arbeitnehmern,** so liegt der Mitbestimmungstatbestand nur vor, wenn der von der technischen Einrichtung ausgehende Überwachungsdruck auf die Gruppe auch auf den einzelnen Arbeitnehmer durchschlägt, z. B. bei Arbeiten im Gruppenakkord (ebenso BAG 18. 2. 1986 und 26. 7. 1994 AP BetrVG 1972 § 87 Überwachung Nr. 13 und 26). **500**

4. Bestimmung der technischen Einrichtung zur Überwachung

a) Die technische Einrichtung muss dazu **bestimmt** sein, das **Verhalten** oder die **Leistung der Arbeitnehmer zu überwachen.** Notwendig ist nicht, dass der Arbeitgeber mit ihr diesen Zweck verfolgt (*subjektiv-finales* Kriterium), sondern es genügt, dass die technische Einrichtung nach ihrer Konstruktion oder einem mit ihr verbundenen Programm zu einer Kontrolle bestimmt ist (*objektiv-finales* Kriterium). Nach Ansicht des BAG ist allein entscheidend, ob die Einrichtung zur Überwachung objektiv geeignet sei, ohne Rücksicht darauf, ob der Arbeitgeber dieses Ziel verfolge und die durch die Überwachung gewonnenen Daten auch auswerte (BAG 9. 9. 1975 AP BetrVG 1972 § 87 Überwachung Nr. 2; bestätigt durch BAG 10. 7. 1979 und 6. 12. 1983 AP BetrVG 1972 § 87 Überwachung Nr. 3 und 7). Die Formulierung ist missverständlich (ebenso *Matthes*, MünchArbR § 248 Rn. 27). **Keinesfalls** genügt die **bloße Möglichkeit der Überwachung** durch eine technische Einrichtung (ebenso GK-*Wiese*, § 87 Rn. 513; *Matthes*, MünchArbR § 248 Rn. 27; a. A. *Klebe,* NZA 1985, 44, 45; *Schwarz,* BB 1985, 531, 534; *Tonner,* BB 1988, 1813, 1814). **501**

502 Das Mitbestimmungsrecht wird deshalb nicht dadurch begründet, dass bei einer **EDV-Anlage** die Hardware über eine ausreichende Kapazität für eine zur Überwachung geeignete Software verfügt (ebenso *Ehmann*, Mitbestimmung bei neuen Technologien, S. 18, 102, 124; *ders.*, FS Hilger/Stumpf 1983, S. 125, 136). Notwendig ist vielmehr, dass eine derartige Software eingesetzt wird. Der Mitbestimmungstatbestand liegt daher vor, wenn die EDV-Anlage mit einem Zusatzprogramm ausgestattet ist, durch das der Rechner festhält, welche Leistung ein Arbeitnehmer in einer bestimmten Zeit erbringt und wie viele Fehler er macht. Aber auch wenn ein derartiges Zusatzprogramm fehlt, kann die Anlage dazu bestimmt sein, Verhalten oder Leistung der Arbeitnehmer zu überwachen, wenn wegen der Gestaltung der Arbeit am Datensichtgerät die automatische Aufzeichnung des Arbeitsergebnisses unmittelbar Rückschlüsse auf das Verhalten oder die Leistung der Arbeitnehmer zulässt (vgl. auch BAG 6. 12. 1983 AP BetrVG 1972 § 87 Überwachung Nr. 7; s. auch Rn. 511).

503 b) Durch das Merkmal der Bestimmung zur Überwachung wird zugleich abgegrenzt, dass die **Benützung technischer Hilfsmittel bei der Überwachung durch einen Menschen**, wie Brille, Stechuhr oder herkömmliche Schreibgeräte, **nicht** unter den **Mitbestimmungstatbestand** fällt (so für Schreibgeräte BAG 24. 11. 1981 AP BetrVG 1972 § 87 Ordnung des Betriebes Nr. 3; weiterhin GK-*Wiese*, § 87 Rn. 512; *Matthes*, MünchArbR § 248 Rn. 5). Technische Einrichtungen werden nur erfasst, wenn sie *unmittelbar* – ohne Hinzutreten weiterer Mittel – Überwachungsergebnisse liefern (ebenso BAG 10. 7. 1979 AP BetrVG 1972 § 87 Überwachung Nr. 3). Das **Unmittelbarkeitserfordernis** verhindert, dass die menschliche Überwachung einer technischen Überwachung nur deshalb gleichgestellt wird, weil der Mensch zur Kontrolle technische Hilfsmittel einsetzt (ebenso *Ehmann*, FS Hilger/Stumpf 1983, S. 125, 128 ff.).

504 c) **Kein Tatbestandsmerkmal** für die Mitbestimmung ist es, ob der Arbeitgeber mit der Einführung oder Anwendung der technischen Einrichtung eine **Überwachungsabsicht** verfolgt (vgl. BAG 9. 9. 1975, 10. 7. 1979 und 6. 12. 1983 AP BetrVG 1972 § 87 Überwachung Nr. 2, 3 und 7). Das Gesetz verlangt, dass die Einrichtung zur Überwachung bestimmt ist, fordert also nicht zusätzlich, dass der Arbeitgeber die technisch ermittelten oder verarbeiteten Aussagen über Verhalten oder Leistung einzelner Arbeitnehmer zu deren Überwachung *verwendet* (so ausdrücklich BAG 6. 12. 1983 AP BetrVG 1972 § 87 Überwachung Nr. 7). Doch wäre es ein Fehlschluss, wollte man daraus ableiten, dass für die Bestimmung der technischen Einrichtung zur Überwachung der *Wille des Arbeitgebers* unerheblich sei. Das Gegenteil ist richtig; denn der Betriebsrat hat mitzubestimmen, weil die Bestimmung zur Überwachung auf einer Willensentscheidung des Arbeitgebers beruht, sei es dass er eine technische Einrichtung installiert, die wegen ihrer Konstruktion Verhaltens- oder Leistungsdaten einzelner Arbeitnehmer ermittelt, sei es dass er mit ihr ein Programm verbindet, dessen Einsatz eine Überwachungsfunktion entfaltet (ebenso *Matthes*, MünchArbR § 248 Rn. 28). Sinn und Zweck des Mitbestimmungsrechts ist es gerade, dass zur Sicherung des Persönlichkeitsbereichs und einer richtigen Beurteilung von Verhalten und Leistung des Arbeitnehmers der Betriebsrat an der Entscheidung paritätisch beteiligt wird, ob und wie technische Kontrolleinrichtungen für eine Überwachung von Verhalten oder Leistung der Arbeitnehmer herangezogen werden.

505 d) Wegen dieser Zielsetzung spielt auch **keine Rolle**, ob die **Überwachung** das Ziel der technischen Einrichtung oder **nur ein Nebeneffekt** ist und ob die Daten, die die technische Einrichtung liefert, zur Überwachung der Arbeitnehmer ausgewertet werden oder nicht. Es genügt, dass die technische Einrichtung Daten liefert, die *unmittelbar* Rückschlüsse auf das Verhalten oder die Leistung der Arbeitnehmer ermöglichen. Deshalb liegt der Mitbestimmungstatbestand nicht schon vor, „wenn die durch die Kontrolleinrichtung übermittelten Werte noch keine Rückschlüsse auf das Verhalten von Arbeitnehmern zulassen, sondern ein Überwachungseffekt entscheidend erst durch weitere Maßnahmen erzielt wird" (BAG 9. 9. 1975 AP BetrVG 1972 § 87 Überwachung Nr. 2; bestätigt durch BAG 10. 7. 1975 AP BetrVG 1972 § 87 Überwachung Nr. 3).

Für den Mitbestimmungstatbestand ist es dagegen unerheblich, ob bei der Überwachung eines Arbeitnehmers technische Einrichtungen **zeitlich begrenzt** eingesetzt werden und welchen Anteil sie an der Überwachung haben (ebenso BVerwG 31. 8. 1988 AP BPersVG § 75 Nr. 25). **Keine Voraussetzung** für den Mitbestimmungstatbestand ist schließlich, ob die technische Einrichtung, die Verhaltens- oder Leistungsdaten erhebt, **reproduzierbare Aufzeichnungen** herstellt (ebenso für ein Zählwerk ohne Ergebnisaufzeichnung BAG 18. 2. 1986 AP BetrVG 1972 § 87 Überwachung Nr. 13; BVerwG 31. 8. 1988 AP BPersVG § 75 Nr. 25). 506

5. Beispiele außerhalb der Datenverarbeitung

Der Mitbestimmung unterliegt die Verwendung von **Multimoment-Filmkameras,** die in regelmäßigen Abständen Aufnahmen von Arbeitsplätzen machen, weil hier die Möglichkeit der Auswertung der Bilder im Hinblick auf das Verhalten der Arbeitnehmer potentiell stets gegeben und nicht ausschliessbar ist (vgl. BAG 14. 5. 1974 AP BetrVG 1972 § 87 Überwachung Nr. 1). Gleiches gilt für den Einsatz von Filmkameras, auch wenn nur kurzzeitige Filmaufnahmen der einzelnen Arbeitsplätze von jeweils 4 bis 12 Minuten Dauer gemacht werden (vgl. BAG 10. 7. 1979 AP BetrVG 1972 § 87 Überwachung Nr. 4). Bei der technischen Datenerhebung als Mitbestimmungstatbestand spielt sogar überhaupt keine Rolle, ob die technische Einrichtung reproduzierbare Aufzeichnungen herstellt, z. B. bei einer zur verdeckten Beobachtung von Arbeitnehmern am Arbeitsplatz eingesetzten **Betriebsfernsehanlage** (**Video-Anlage;** vgl. BAG 27. 3. 2003 und 29. 6. 2004 AP BetrVG 1972 § 87 Überwachung Nr. 36 und 41; 26. 8. 2008 AP BetrVG 1972 § 75 Nr. 54; BVerwG 31. 8. 1988 AP BPersVG § 75 Nr. 25), beim Einsatz eines **Kienzle-Schreibers** (vgl. BAG 18. 2. 1986 AP BetrVG 1972 § 87 Überwachung Nr. 13) oder bei einer **biometrischen Zugangskontrolle** (**Fingerabdruckerfassung,** vgl. BAG 27. 1. 2004 AP BetrVG 1972 § 87 Überwachung Nr. 40). 507

Für die Anerkennung eines Mitbestimmungsrechts war der Ausgangsfall **Produktograph,** eine Apparatur, die die verschiedenen Werte aus dem Lauf und der Bedienung einer Maschine, wie Lauf und Stillstand, Taktfolge, Fertigungsmenge, Leerlauf- und Verlustzeiten, Störzeiten, fortlaufend mechanisch registriert und über ein Kabelnetz den Produktions- und Arbeitsablauf auf einem Diagrammträger im Betriebsbüro zentral aufzeigt (vgl. BAG 9. 9. 1975 AP BetrVG 1972 § 87 Überwachung Nr. 2). Eine Kontrollmöglichkeit bietet der **Fahrtenschreiber** bei Kraftfahrzeugen; jedoch entfällt die Mitbestimmung, soweit für den Einbau eine gesetzliche oder tarifvertragliche Pflicht besteht (vgl. BAG 10. 7. 1979 AP BetrVG 1972 § 87 Überwachung Nr. 3). 508

6. Datenverarbeitungssysteme als Mitbestimmungstatbestand

Der Mitbestimmungstatbestand hat vor allem für die **automatisierte Datenverarbeitung** grundlegende Bedeutung erlangt; denn der Computer ermöglicht unmittelbar eine technische Überwachung von Verhalten und Leistung der Arbeitnehmer. Die **EDV-Anlage** ist aber ebenso wenig wie das Einzelne **Datensichtgerät** schon wegen der Konstruktion eine **technische Kontrolleinrichtung i. S. des Mitbestimmungstatbestands,** sondern sie erhält diese Qualität **erst durch das in ihr verwendete Programm.** Gegenstand der Mitbestimmung ist daher noch nicht die Aufstellung eines Computers, sondern notwendig ist, dass die dem Rechner eingegebenen Programme Aussagen über Verhalten oder Leistung der Arbeitnehmer ermöglichen. Keine Voraussetzung ist, dass das System selbst die Bewertung in Form eines Soll-Ist-Vergleichs vornimmt. Deshalb spielt keine Rolle, zu welchem Zweck die Daten erfasst und verarbeitet werden. 509

Das **BAG** unterscheidet bei der Datenerhebungs- und Datenverarbeitungstechnik **zwei Fallgestaltungen,** die es einheitlich dem Mitbestimmungsrecht nach Nr. 6 unterwirft: Erfasst werden technische Einrichtungen, durch die leistungs- oder verhaltensbezogene Daten *erhoben* werden, auch wenn deren Auswertung nicht beabsichtigt ist (BAG 6. 12. 510

1983 AP BetrVG 1972 § 87 Überwachung Nr. 7 [Bildschirmarbeitsplatz]). Auch dann, wenn diese Daten nicht auf technischem Weg gewonnen werden (manuell erhobene Daten), soll das Mitbestimmungsrecht gegeben sein, wenn die Daten dem System eingegeben und dadurch zu Aussagen über Verhalten und Leistung der Arbeitnehmer verarbeitet werden (BAG 14. 9. 1984 AP BetrVG 1972 § 87 Überwachung Nr. 9 [Technikerberichtsystem]).

511 Bei der **Arbeit an Bildschirmgeräten** besteht die Besonderheit, dass es sich um technische Einrichtungen zur *Erbringung der Arbeitsleistung* handelt, die als solche nicht unter den Mitbestimmungstatbestand fallen. Für Verhalten und Leistung sind aber Kenngrößen zu erlangen, wenn der Arbeitnehmer sich bei der Benutzung des Computers ausweisen muss und die Aufzeichnung des Arbeitsergebnisses eine Verknüpfung mit den Aktivitäten des Benutzers ermöglicht. Die automatische Erfassung und Speicherung von Benutzerdaten bei der Bildschirmarbeit begründet in diesem Fall ein Mitbestimmungsrecht des Betriebsrats (BAG 6. 12. 1983 AP BetrVG 1972 § 87 Überwachung Nr. 7). Mitbestimmungspflichtig ist daher auch die Anwendung eines **rechnergesteuerten Textsystems** unter Verwendung des Namenskürzels der jeweiligen Texterfasser (BAG 23. 4. 1985 AP BetrVG 1972 § 87 Überwachung Nr. 12). Aber auch wenn die EDV-Anlage nicht wie bei Bildschirmarbeit zur Erbringung der Arbeitsleistung, sondern zur **Telefondatenerfassung** eingesetzt wird, ist der Mitbestimmungstatbestand gegeben (BAG 27. 5. 1986 AP BetrVG 1972 § 87 Überwachung Nr. 15; vgl. auch BAG 30. 8. 1995 AP BetrVG 1972 § 87 Überwachung Nr. 29).

512 Die Einführung eines **EDV-gesteuerten Berichtsystems** fällt unter den Mitbestimmungstatbestand, wenn es eine Kontrolle der in der Kundendienstberatung tätigen Arbeitnehmer ermöglicht, auch wenn die dem System zur Verarbeitung eingegebenen Daten von den Arbeitnehmern selbst mitgeteilt werden (BAG 14. 9. 1984 AP BetrVG 1972 § 87 Überwachung Nr. 9). Gleiches gilt bei **EDV-gestützter Auswertung von mit Personalkennziffern versehenen TÜV-Prüfbelegen** (BAG 23. 4. 1985 AP BetrVG 1972 § 87 Überwachung Nr. 11). Der Betriebsrat hat mitzubestimmen, wenn in einem Personalinformationssystem auf einzelne Arbeitnehmer bezogene Aussagen über **krankheitsbedingte Fehlzeiten**, attestfreie Krankheitszeiten und unentschuldigte Fehlzeiten erarbeitet werden (BAG 11. 3. 1986 AP BetrVG 1972 § 87 Überwachung Nr. 13 [Paisy-Entscheidung]). Eine technische Einrichtung ist auch dann zur Überwachung bestimmt, wenn sie als sog. **absolutes System** Verhaltens- und Leistungsdaten nicht auf Grund eines Programms, sondern schon bei Anwendung von Abfragesprachen verarbeitet und auswertet (offengelassen BAG 14. 9. 1984 AP BetrVG 1972 § 87 Überwachung Nr. 9; wie hier *Fitting*, § 87 Rn. 242; ErfK-*Kania*, § 87 Rn. 56; *Klebe*, NZA 1985, 44, 46 f.; a. A. HSWGNR-*Worzalla*, § 87 Rn. 318).

IV. Inhalt und Umfang der Mitbestimmung

1. Einführung und Anwendung der technischen Kontrolleinrichtungen

513 a) Sofern technische Kontrolleinrichtungen den Mitbestimmungstatbestand erfüllen, ist der Betriebsrat sowohl bei ihrer **Einführung** als auch bei ihrer **Anwendung zu beteiligen**. Die Mitbestimmung ist daher nicht auf die Entscheidung beschränkt, *ob* überhaupt eine bestimmte Kontrolleinrichtung eingesetzt wird, sondern sie erstreckt sich vor allem auch darauf, *wie* die Überwachung durch die Einrichtung technisch abgewickelt wird (ebenso GK-*Wiese*, § 87 Rn. 496, 568 f.; GL-*Löwisch*, § 87 Rn. 148; ErfK-*Kania*, § 87 Rn. 58 f.; *Matthes*, MünchArbR § 248 Rn. 33).

514 Der Mitbestimmung unterliegt erst die **Einführung, nicht** schon die **Planung einer technischen Kontrolleinrichtung** (ebenso *Däubler*, Gläserne Belegschaften?, Rn. 768). Unter den Begriff der Einführung fällt die Entscheidung, ob, gegebenenfalls in welcher

Zweiter Abschnitt: Die einzelnen Mitbestimmungstatbestände § 87

Anzahl, wie lange und wo eine Kontrolleinrichtung eingesetzt wird (ebenso *Schwarz*, Arbeitnehmerüberwachung, S. 121 ff.; vgl. *Fitting*, § 87 Rn. 242). Der **Begriff der Anwendung** bezieht sich auf die Durchführung der technisierten Überwachung, also auf deren Art durch das technische Kontrollgerät, dessen Einschaltzeiten und die Auswahl der betroffenen Arbeitnehmer sowie bei Datenverarbeitungsanlagen auf die inhaltliche Gestaltung des Speicherungs- und Verarbeitungsprogramms zur Überwachung oder deren Verhinderung (ebenso *Fitting*, § 87 Rn. 249; ErfK-*Kania*, § 87 Rn. 59). Keine Rolle spielt, ob die technisierte Überwachung von einem Drittunternehmen durchgeführt wird, sofern dem Arbeitgeber dadurch die Möglichkeit eröffnet wird, Verhaltens- oder Leistungsdaten einzelnen Arbeitnehmern zuzuordnen (vgl. BAG 18. 4. 2000 AP BetrVG 1972 § 87 Überwachung Nr. 33).

b) Der Gesetzestext nennt nur die Einführung und Anwendung, nicht die **Abschaffung** **515** einer technischen Kontrolleinrichtung als Mitbestimmungstatbestand. Mitbestimmungsfrei ist aber nur die vom Arbeitgeber beabsichtigte Abschaffung (ebenso BAG 28. 11. 1989 AP BetrVG 1972 § 87 Initiativrecht Nr. 4; GK-*Wiese*, § 87 Rn. 571; ErfK-*Kania*, § 87 Rn. 60; *Matthes*, MünchArbR § 248 Rn. 45; *Däubler*, Gläserne Belegschaften?, Rn. 814; *Schwarz*, Arbeitnehmerüberwachung, S. 123; a.A. *Fitting*, § 87 Rn. 251; DKK-*Klebe*, § 87 Rn. 135). Aus dem durch den Normzweck geprägten Mitbestimmungsinhalt ergibt sich, dass der Betriebsrat die Abschaffung zum Gegenstand eines Mitbestimmungsverfahrens machen kann (s. Rn. 519).

c) Durch das Merkmal, dass die technische Einrichtung zur Überwachung bestimmt **516** sein muss, verhindert der Gesetzgeber, dass der Betriebsrat paritätisch am Einsatz der Arbeitstechnologie beteiligt wird; es geht hier ausschließlich um die **Überwachungstechnologie** (s. Rn. 480 ff.). Erfüllt aber eine technische Einrichtung die Merkmale des Mitbestimmungstatbestands, so darf der Arbeitgeber sie nur **mit Zustimmung des Betriebsrats einführen**. Für den Fall der **automatischen Datenverarbeitung** gilt dies nur, soweit der Mitbestimmungstatbestand reicht. Der Betriebsrat kann deshalb nicht verlangen, dass eine Datenverarbeitung zu anderen Zwecken als zur Überwachung von Arbeitnehmern unterbleibt (ebenso *Matthes*, MünchArbR § 248 Rn. 46). In den Mittelpunkt rückt deshalb hier, dass der Betriebsrat über die **Anwendung der technischen Kontrolleinrichtung** mitzubestimmen hat, um die Arbeitnehmer vor den besonderen Gefahren der technischen Datenerhebung und Datenverarbeitung bei Überwachung ihrer Leistung und ihres Verhaltens zu schützen. Der Betriebsrat kann im Mitbestimmungsverfahren verlangen, dass Regelungen und Maßnahmen getroffen werden, die geeignet sind, diesen Gefahren zu begegnen (ebenso BAG 11. 3. 1986 und 27. 5. 1986 AP BetrVG 1972 § 87 Überwachung Nr. 14 und 15; *Ehmann*, NZA 1993, 241, 245).

2. Kontrolleinrichtung für einzelne Arbeitnehmer

Die Mitbestimmung besteht nicht erst dann, wenn von der Kontrolleinrichtung mehre- **517** re Arbeitnehmer betroffen sind, sondern greift auch ein, wenn die technische Einrichtung nach ihrer Bestimmung nur für einen Arbeitnehmer Aussagen über dessen Verhalten oder Leistung macht. Im Gegenteil ist bei Nr. 6 sogar Merkmal des Mitbestimmungstatbestands, dass Aussagen über Verhalten oder Leistung einzelnen Arbeitnehmern zugeordnet werden können (s. Rn. 499 f.).

3. Initiativrecht

Das Recht zur Mitbestimmung umschließt ein **Initiativrecht**. Da aber der Mitbestim- **518** mungszweck sich auf den Schutz der Arbeitnehmer vor den besonderen Gefahren technischer Überwachung bezieht, bildet den Mitbestimmungsinhalt ausschließlich eine Regelung, wie diesen Gefahren begegnet werden kann (s. Rn. 483). Der Betriebsrat kann daher **nicht** die **Einführung einer technischen Kontrolleinrichtung verlangen** (ebenso BAG 28. 11. 1989 AP BetrVG 1972 § 87 Initiativrecht Nr. 4; GK-*Wiese*, § 87 Rn. 572;

Matthes, MünchArbR, § 248 Rn. 45; *Schwarz*, Arbeitnehmerüberwachung, S. 124; a. A. *Fitting*, § 87 Rn. 251; *Schlömp-Röder*, CuR 1990, 477 ff.). Das Initiativrecht hat vor allem Bedeutung, soweit es um die Anwendung bereits bestehender technischer Einrichtungen geht.

519 Obwohl der Gesetzestext nur die Einführung, nicht die **Abschaffung einer technischen Kontrolleinrichtung** als Mitbestimmungstatbestand nennt, ergibt sich aus dem Normzweck, dass der Betriebsrat die Abschaffung zum Gegenstand eines Mitbestimmungsverfahrens machen kann (ebenso LAG Düsseldorf, NZA 1989, 146, 149; GK-*Wiese*, § 87 Rn. 574; *Däubler*, Gläserne Belegschaften?, Rn. 814; *Schwarz*, Arbeitnehmerüberwachung, S. 124). Nur die Abschaffung durch den Arbeitgeber ist mitbestimmungsfrei (ebenso BAG 28. 11. 1989 E 63, 283 = AP BetrVG 1972 § 87 Initiativrecht Nr. 4; s. auch Rn. 515). **Zustimmungsrecht und Initiativrecht** sind ebenso wie bei der Mitbestimmung nach Nr. 3 **nicht symmetrisch** ausgestaltet (s. Rn. 365 ff.).

4. Kontrollbefugnis des Arbeitgebers als Schranke des Mitbestimmungsrechts

520 Dem **Arbeitgeber** kann im Mitbestimmungsverfahren **nicht verboten** werden, technische Einrichtungen zur Überwachung von Verhalten oder Leistung der Arbeitnehmer einzusetzen. Ihm wird lediglich untersagt, die Kontrolleinrichtungen ohne Beteiligung des Betriebsrats einzuführen und anzuwenden. Inhalt des Mitbestimmungsrechts ist nicht der Schutz der Arbeitnehmer vor einer Überwachung ihres Verhaltens und ihrer Leistung durch den Arbeitgeber, sondern der Schutz vor den besonderen Gefahren einer Überwachung unter Einsatz technischer Einrichtungen (ebenso BAG 11. 3. 1986 und 27. 5. 1986 AP BetrVG 1972 § 87 Überwachung Nr. 14 und 15). Der Mitbestimmung des Betriebsrats ist daher die **Kontrollbefugnis des Arbeitgebers vorgegeben,** die ihm als Gläubigerrecht zusteht, soweit es um die vertragsgerechte Erbringung der Arbeitsleistung geht und die sich für ihn aus dem Sacheigentum ergibt. Wie im Mitbestimmungsverfahren diese Kontrollbefugnis nicht erweitert werden kann, so kann sie ihm auch nicht genommen werden; denn Sinn und Zweck der Mitbestimmung ist es ausschließlich, dass den Gefahren technischer Kontrolleinrichtungen für die Persönlichkeit des einzelnen Arbeitnehmers und eine richtige Beurteilung seines Verhaltens und seiner Leistung im Arbeitsverhältnis begegnet wird.

521 Soweit **Datenverarbeitungssysteme** den Mitbestimmungstatbestand erfüllen, ist die **Verarbeitung personenbezogener Daten** und deren Nutzung ohnehin nur **zulässig,** wenn ein gesetzlicher Erlaubnistatbestand vorliegt (§ 4 BDSG). Die Mitbestimmung begründet keine weitere Begrenzung der Datenverarbeitung, sondern gibt dem Betriebsrat insoweit ein Recht zur *Mitbeurteilung* (ebenso *Richardi*, Anm. AP BetrVG 1972 § 87 Überwachung Nr. 9, Bl. 13). Daraus folgt, dass im Mitbestimmungsverfahren nicht für unzulässig erklärt werden kann, was datenschutzrechtlich zulässig ist (vgl. § 28 BDSG; ebenso *Ehmann*, NZA 1993, 241, 245).

5. Tendenzbetriebe

522 Da das Mitbestimmungsrecht sich nur auf Maßnahmen bezieht, die geeignet sind, den Gefahren der Überwachungstechnologie für Persönlichkeit und Beurteilung des Arbeitnehmers zu begegnen, wird die Mitbestimmung nicht noch zusätzlich dadurch eingeschränkt, dass eine Überwachung zugleich auch der Tendenzverwirklichung des Unternehmens oder Betriebs dient.

6. Vorrang von Gesetz und Tarifvertrag

523 a) Das Mitbestimmungsrecht entfällt, soweit eine **gesetzliche** oder **tarifvertragliche Regelung** die Einführung einer technischen Kontrolleinrichtung vorschreibt, z. B. § 57 a StVZO den LKW-Fahrtenschreiber (vgl. BAG 10. 7. 1979 AP BetrVG 1972 § 87 Nr. 3;

12. 1. 1988 AP BPersVG § 75 Nr. 23). Einer gesetzlichen Regelung steht gleich, wenn der Arbeitgeber auf Grund eines ihm gegenüber bindend gewordenen Verwaltungsakts verpflichtet ist, eine bestimmte Kontrolleinrichtung anzuwenden (s. Rn. 149). Die Mitbestimmung entfällt aber nur insoweit, als der Arbeitgeber mit dem Kontrollgerät die gesetzliche oder tarifvertragliche Pflicht erfüllt. Belässt das Gesetz oder der Tarifvertrag dem Arbeitgeber eine rechtliche Gestaltungsmöglichkeit, so ist der Betriebsrat an der Gestaltung zu beteiligen (s. Rn. 148 und 163 f.).

Benützt der Arbeitgeber eine gesetzlich oder tarifvertraglich vorgeschriebene Kontrolleinrichtung zu einem **anderen Zweck,** als er im Gesetz oder Tarifvertrag festgelegt ist, so hat der Betriebsrat mitzubestimmen, soweit die weitere Verwendung zur Überwachung der Arbeitnehmer bestimmt ist (ebenso BAG 12. 1. 1988 AP BPersVG § 75 Nr. 23). 524

b) Verarbeitet der Arbeitgeber **personenbezogene Daten,** so hat er nach § 9 BDSG bestimmte technische und organisatorische Maßnahmen zu treffen, um eine **Datensicherung zu gewährleisten.** Da das Gesetz ihm einen Ermessensspielraum belässt, wird das Mitbestimmungsrecht nicht ausgeschlossen (ebenso BAG 23. 4. 1985 AP BetrVG 1972 § 87 Überwachung Nr. 12). Ein Zugangskontrollsystem zur Sicherung des Datenschutzes muss jedoch zugleich datenprogrammgemäß Aussagen über Verhalten oder Leistung einzelner Arbeitnehmer verarbeiten, weil anderenfalls schon der Mitbestimmungstatbestand nicht vorliegt. 525

Tarifverträge über die Beschäftigung von Arbeitnehmern an Datenverarbeitungsanlagen können das Mitbestimmungsrecht des Betriebsrats verdrängen, soweit sie eine Regelung über Überwachung von Leistung und Verhalten der Arbeitnehmer treffen. Voraussetzung ist allerdings, dass der Überwachungsbegriff nicht enger gefasst ist als nach Nr. 6 (ebenso *Matthes,* MünchArbR § 248 Rn. 41). 526

V. Durchführung der Mitbestimmung

1. Ausübungsform der Mitbestimmung

Für die Wahrung des Mitbestimmungsrechts genügt eine **formlose Betriebsabsprache.** Soll jedoch der Einsatz der technischen Kontrolleinrichtung Pflichten der betroffenen Arbeitnehmer begründen, so müssen Arbeitgeber und Betriebsrat eine **Betriebsvereinbarung** abschließen, weil es sonst von der Reichweite des Direktionsrechts des Arbeitgebers gegenüber jedem einzelnen Arbeitnehmer abhängt, ob er die Regelung durchsetzen kann. 527

Bei **technischen Einrichtungen der Datenverarbeitung** wird regelmäßig eine **Betriebsvereinbarung** abgeschlossen (vgl. z. B. BAG 27. 5. 1986 AP BetrVG 1972 § 87 Überwachung Nr. 15). Datenschutzrechtlich ist dies deshalb von Bedeutung, weil nach Ansicht des BAG die Betriebsvereinbarung den Datenschutz der Arbeitnehmer zu deren Lasten abweichend von den Vorschriften des Bundesdatenschutzgesetzes, insbesondere von den §§ 28 ff. BDSG regeln kann; denn das BAG sieht in einer Betriebsvereinbarung eine „andere Rechtsvorschrift" i. S. des § 4 Abs. 1 BDSG (BAG 27. 5. 1986 AP BetrVG 1972 § 87 Überwachung Nr. 15; s. auch Rn. 530). Einer Betriebsvereinbarung steht der Spruch einer Einigungsstelle gleich (§ 77 Abs. 2 Satz 2 Halbsatz 2; vgl. BAG a. a. O.; s. auch § 77 Rn. 39). 528

2. Persönlichkeitsschutz des Arbeitnehmers

Die Einführung und Anwendung von technischen Kontrolleinrichtungen darf nicht das **Persönlichkeitsrecht des einzelnen Arbeitnehmers** verletzen (vgl. BAG 29. 6. 2004 und 4. 12. 2004 AP BetrVG 1972 § 87 Überwachung Nr. 41 und Nr. 42; dazu auch *Richardi/Kortstock,* RdA 2005, 381 ff.; weiterhin BAG 26. 8. 2008 AP BetrVG 1972 § 75 Nr. 54). Die Mitbestimmung soll seinem Schutz dienen (s. Rn. 480 f.). Durch sie 529 wird kein unzulässiger Eingriff in den Persönlichkeitsbereich eines Arbeitnehmers legitimiert. Heimliche Überwachung der Arbeitnehmer durch Mikrophone (Wanzen) und Fernsehgeräte ist auch mit Zustimmung des Betriebsrats unzulässig.

530 Sieht man in der Betriebsvereinbarung keine Rechtsvorschrift i. S. des § 4 Abs. 1 BDSG, so sind Arbeitgeber und Betriebsrat auch an die Vorschriften des Bundesdatenschutzgesetzes, insbesondere §§ 28 ff. BDSG gebunden. Durch die Beteiligung des Betriebsrats wird nicht zulässig, was datenschutzrechtlich unzulässig ist.

3. Zuständigkeit für die Mitbestimmungsausübung

531 Für die Mitbestimmungsausübung zuständig ist der **Einzelbetriebsrat** (ebenso *Däubler*, Gläserne Belegschaften?, Rn. 812). Der Betriebsrat kann aber den **Gesamtbetriebsrat** beauftragen, die Mitbestimmung für ihn auszuüben (§ 50 Abs. 2; vgl. BAG 11. 3. 1986 AP BetrVG 1972 § 87 Überwachung Nr. 14). Eine **originäre Zuständigkeit des Gesamtbetriebsrats** (§ 50 Abs. 1) ist jedoch anzunehmen, wenn das Datenverarbeitungssystem Ziele verfolgt, die auf der gesamten Unternehmensebene einheitlich erreicht werden sollen, so das BAG für die Einführung eines Technikerberichtsystems (BAG 14. 9. 1984 AP BetrVG 1972 § 87 Überwachung Nr. 9), die Nutzung einer Telefonanlage (BAG 30. 8. 1995 AP BetrVG 1972 § 87 Überwachung Nr. 29) und ein Datenverarbeitungssystem für die Paketzustellung von verschiedenen Flughäfen (BAG 14. 11. 2006 AP BetrVG 1972 § 87 Überwachung Nr. 43; s. auch Rn. 83).

4. Rechtsfolgen einer Nichtbeteiligung des Betriebsrats

532 a) Bei Nichtbeteiligung des Betriebsrats ist die Einführung oder Anwendung einer technischen Kontrolleinrichtung eine **mitbestimmungswidrige Maßnahme.** Darin liegt eine Rechtsbeeinträchtigung, deren Beseitigung der Betriebsrat verlangen kann (s. Rn. 134 ff.). Wegen des begrenzten Mitbestimmungsinhalts (s. Rn. 513 ff.) kann der Betriebsrat aber nicht verlangen, dass technische Kontrollanlagen außer Betrieb gesetzt werden, sondern sein **Unterlassungsanspruch** bezieht sich darauf, dass eine technische Überwachung vor Abschluss des Mitbestimmungsverfahrens unterbleibt. Beschränkt eine technische Datenerhebung sich aber nicht auf eine Kontrolle von Verhalten oder Leistung der Arbeitnehmer, so kann der Betriebsrat nur verlangen, dass Vorkehrungen zur Verhinderung einer Kontrollmöglichkeit getroffen werden. Bei technischer Datenverarbeitung kann er fordern, dass die Programmgestaltung nicht Aussagen über Verhalten oder Leistung einzelner Arbeitnehmer ermöglicht. Diesen Beseitigungs- und Unterlassungsanspruch kann der Betriebsrat durch einstweilige Verfügung des Arbeitsgerichts im Beschlussverfahren durchsetzen (vgl. zum Meinungsstreit über den Unterlassungsanspruch bei mitbestimmungswidriger Einführung und Anwendung technischer Kontrolleinrichtungen *Fitting*, § 87 Rn. 256; GK-*Wiese*, § 87 Rn. 579; *Matthes*, MünchArbR § 248 Rn. 46; *Kort*, AuR 1986, 813 ff.; s. auch allgemein zum Problem des Beseitigungs- und Unterlassungsanspruchs Rn. 134 ff.).

533 b) Die Nichtbeteiligung des Betriebsrats betrifft nicht nur das betriebsverfassungsrechtliche Verhältnis, sondern sie wirkt sich auch auf die **Rechtsbeziehungen des Arbeitgebers zu den betroffenen Arbeitnehmern** aus. Soweit die technische Einrichtung sich ausschließlich auf eine Kontrolle von Verhalten oder Leistung der Arbeitnehmer beschränkt, ist ein Arbeitnehmer nicht verpflichtet, die technische Kontrolleinrichtung zu bedienen oder zu benützen. Verfolgt der Arbeitgeber mit der technischen Einrichtung dagegen Zwecke, die sich nicht auf eine Kontrolle der Arbeitnehmer beschränken, dient wie z. B. bei Bildschirmarbeit die technische Einrichtung einer Erbringung der Arbeitsleistung, so kann der Arbeitnehmer nur verlangen, dass mitbestimmungswidrig erhobene Verhaltens- und Leistungsdaten oder erarbeitete Aussagen über Verhalten und Leistung gelöscht werden (vgl. auch BAG 22. 10. 1986 AP BDSG § 23 Nr. 2; ebenso *Matthes*, MünchArbR § 248 Rn. 47).

G. Nr. 7: Regelungen über die Verhütung von Arbeitsunfällen und Berufskrankheiten sowie über den Gesundheitsschutz im Rahmen der gesetzlichen Vorschriften oder der Unfallverhütungsvorschriften

Abgekürzt zitiertes Schrifttum: *Ehmann,* Arbeitsschutz und Mitbestimmung bei neuen Technologien, 1981; *Fritsche,* Die rechtliche Stellung der Betriebsärzte im Unternehmen, Diss. Bayreuth 1984; *Gaul,* Die rechtliche Ordnung der Bildschirm-Arbeitsplätze, 2. Aufl. 1984; *Hofe,* Betriebliche Mitbestimmung und Humanisierung der Arbeitswelt, 1978.

Übersicht

	Rn.
I. Vorbemerkung	534
II. Zweck, systematische Stellung und Anwendungsbereich der Mitbestimmungsnorm	535
1. Zweck der Mitbestimmungsnorm	535
2. Gesetzessystematische Einordnung der Mitbestimmungsnorm	536
3. Anwendungsbereich der Mitbestimmungsnorm	540
III. Gegenstand der Mitbestimmung	541
1. Regelungen über die Verhütung von Arbeitsunfällen und Berufskrankheiten sowie über den Gesundheitsschutz	541
2. Bestehen einer gesetzlichen Vorschrift oder Unfallverhütungsvorschrift als Voraussetzung für das Mitbestimmungsrecht	543
3. Notwendigkeit einer ausfüllungsbedürftigen Rahmenvorschrift	549
4. Problem der Generalklauseln als ausfüllungsbedürftige Rahmenvorschriften	554
IV. Inhalt und Umfang der Mitbestimmung	557
1. Regelungen zur Sicherung des Arbeitsschutzes	557
2. Nur Regelungen, nicht Einzelmaßnahmen	559
3. Initiativrecht	560
4. Kosten der Arbeitsschutzregelung	561
5. Vorrang von Gesetz und Tarifvertrag	562
V. Durchführung der Mitbestimmung	564
1. Ausübungsform der Mitbestimmung	564
2. Zuständigkeit für die Mitbestimmungsausübung	565
3. Rechtsfolgen einer Nichtbeteiligung des Betriebsrats	566
VI. Verhältnis des Mitbestimmungstatbestands zur Mitbestimmungsregelung nach dem Arbeitssicherheitsgesetz	568
1. Beteiligung des Betriebsrats an der betrieblichen Arbeitsschutzorganisation	568
2. System der Mitbestimmungsregelung bei der Bestellung von Betriebsärzten und Fachkräften für Arbeitssicherheit	570
3. Mitbestimmung über die Gestaltungsform des arbeitsmedizinischen und sicherheitstechnischen Dienstes	573
4. Mitbestimmung bei Bestellung und Abberufung eines Betriebsarztes oder einer Fachkraft für Arbeitssicherheit	576
5. Beteiligung des Betriebsrats bei Verpflichtung eines freiberuflich Tätigen oder eines überbetrieblichen Dienstes	585
6. Mitbestimmung bei der Übertragung, Erweiterung und Einschränkung von Aufgaben der Betriebsärzte und Fachkräfte für Arbeitssicherheit	588
VII. Beteiligung des Betriebsrats bei der Bestellung des oder der Sicherheitsbeauftragten	594
VIII. Beteiligung des Betriebsrats bei Zusammensetzung und Geschäftsführung des Arbeitsschutzausschusses	595

I. Vorbemerkung

Dieser Mitbestimmungstatbestand war in § 56 BetrVG 1952 noch nicht enthalten. **534** Der Betriebsrat hatte aber nach § 56 Abs. 1 lit. f BetrVG 1952 mitzubestimmen, soweit

Fragen der Ordnung des Betriebs und des Verhaltens der Arbeitnehmer im Betrieb auch den Bereich des Arbeitsschutzes umfassten (vgl. dazu *Denck*, ZfA 1976, 447, 448 ff.). Nr. 7 enthält gegenüber Nr. 1 eine Spezialregelung. Daraus folgt aber nicht, dass er das Mitbestimmungsrecht des Betriebsrats für die Gestaltung der Unfallverhütung und des Gesundheitsschutzes abschließend regelt, sondern Nr. 1 findet neben Nr. 7 Anwendung (ebenso BAG 24. 3. 1981 AP BetrVG 1972 § 87 Arbeitssicherheit Nr. 2).

II. Zweck, systematische Stellung und Anwendungsbereich der Mitbestimmungsnorm

1. Zweck der Mitbestimmungsnorm

535   Zweck der Mitbestimmung ist die **Beteiligung des Betriebsrats an Regelungen zur Ausfüllung öffentlich-rechtlicher Rahmenvorschriften des technischen Arbeitsschutzes, um dessen Anforderungen zu genügen.** Das Mitbestimmungsrecht ist hier ein *Mitregelungsrecht;* es macht aber den Betriebsrat nicht zum Adressaten der in den gesetzlichen Arbeitsschutzvorschriften oder Unfallverhütungsvorschriften festgelegten Regelungspflicht. **Zuständig** und **verantwortlich** bleibt der **Arbeitgeber** für die Regelungen über die Verhütung von Arbeitsunfällen und Berufskrankheiten sowie über den Gesundheitsschutz.

2. Gesetzessystematische Einordnung der Mitbestimmungsnorm

536   Die Mitbestimmungsnorm regelt nur einen **Teilbereich des betriebsverfassungsrechtlichen Arbeitsschutzes.** Soweit die gesetzlichen Vorschriften oder Unfallverhütungsvorschriften dem Arbeitgeber keinen Regelungsspielraum lassen, hat der Betriebsrat nach § 80 Abs. 1 Nr. 1 darüber zu wachen, dass sie durchgeführt werden.

537   Vom **gesetzlichen Arbeitsschutz**, der in Nr. 7 angesprochen wird, ist der **autonome Arbeitsschutz** zu unterscheiden (vgl. *Matthes*, MünchArbR § 254 Rn. 4; *Denck*, ZfA 1976, 447, 483). Der Betriebsrat kann zusätzliche Maßnahmen zur Verhütung von Arbeitsunfällen und Gesundheitsschädigungen anregen (§ 80 Abs. 1 Nr. 2). Über sie kann freiwillig eine Betriebsvereinbarung abgeschlossen werden (§ 88 Nr. 1). Soweit es um die Zielsetzung des Arbeitsschutzes geht, hat der Betriebsrat in diesem Bereich ein Mitbestimmungsrecht nur unter den Voraussetzungen des § 91. Doch kann eine Maßnahme, die über den gesetzlichen Arbeitsschutz hinaus der Verhütung von Arbeitsunfällen und Gesundheitsschädigungen dient, nach ihrem Gegenstand einen anderen mitbestimmungspflichtigen Tatbestand erfüllen, der im Katalog des § 87 Abs. 1 genannt wird. Betrifft die zusätzliche Maßnahme das Ordnungsverhalten der Arbeitnehmer im Betrieb, so hat der Betriebsrat nach Nr. 1 mitzubestimmen, z. B. bei der Veranstaltung eines Sicherheitswettbewerbs, der zu einem sicherheitsbewussten Verhalten anregen soll (BAG 24. 3. 1981 AP BetrVG 1972 § 87 Arbeitssicherheit Nr. 2), oder beim Erlass von Rauchverboten zum Schutz der Nichtraucher (s. Rn. 190). Wird zur Verringerung von Unfallzahlen eine technische Kontrolleinrichtung eingeführt, so hat der Betriebsrat ein Mitbestimmungsrecht nach Nr. 6.

538   Der **Durchführung des Arbeitsschutzes** dient schließlich die Bestimmung des § 89, der dem Betriebsrat zur Pflicht macht, sich an der Bekämpfung von Unfall- und Gesundheitsgefahren zu beteiligen und für die Durchführung der Vorschriften über den Arbeitsschutz und die Unfallverhütung im Betrieb einzusetzen, und der deshalb den Arbeitgeber und die für den Arbeitsschutz zuständigen Behörden und Träger der gesetzlichen Unfallversicherung verpflichtet, den Betriebsrat bei der Überwachung des Arbeitsschutzes hinzuzuziehen. Ergänzend sieht das Arbeitssicherheitsgesetz vom 12. 12. 1973 (BGBl. I S. 1885) vor, dass Betriebsärzte und Fachkräfte für Arbeitssicherheit bei der Erfüllung ihrer Aufgaben mit dem Betriebsrat zusammenzuarbeiten haben (§ 9 Abs. 1 und 2),

wobei nach § 9 Abs. 3 ASiG Betriebsärzte und Fachkräfte für Arbeitssicherheit mit Zustimmung des Betriebsrats zu bestellen und abzuberufen sind (s. Rn. 568 ff.).

Das BetrVerf-ReformG 2001 hat in Anlehnung an die Regelung über den Arbeitsschutz dem Betriebsrat ein Mandat für den **betrieblichen Umweltschutz** eingeräumt. Daher wurde in den Katalog allgemeiner Aufgaben aufgenommen, Maßnahmen des Arbeitsschutzes und des betrieblichen Umweltschutzes zu fördern (§ 80 Abs. 1 Nr. 9). Das hier in Nr. 7 dem Betriebsrat eingeräumte Mitbestimmungsrecht wurde aber nicht auf den betrieblichen Umweltschutz erweitert. Nur als Regelungsgegenstand einer freiwilligen Betriebsvereinbarung sind Maßnahmen des betrieblichen Umweltschutzes genannt (§ 88 Nr. 1 a). Außerdem sind bei der Regelung der Durchführung des Arbeitsschutzes in § 89 die Aufgaben und Befugnisse des Betriebsrats auf die Durchführung der Vorschriften über den betrieblichen Umweltschutz erstreckt worden.

539

3. Anwendungsbereich der Mitbestimmungsnorm

Das Mitbestimmungsrecht besteht **im Rahmen des gesetzlichen Arbeitsschutzes**; es bezieht sich nicht auf zusätzliche Maßnahmen zur Verhütung von Arbeitsunfällen und Gesundheitsschädigungen. Der Betriebsrat hat bei der Aufstellung der Regelungen mitzubestimmen, die der Arbeitgeber auf Grund öffentlich-rechtlicher Vorschriften des gesetzlichen Arbeitsschutzes zur Verhütung von Arbeitsunfällen und zur Förderung des Gesundheitsschutzes trifft (ebenso BAG 24. 3. 1981 AP BetrVG 1972 § 87 Arbeitssicherheit Nr. 2; 6. 12. 1983 AP BetrVG 1972 § 87 Überwachung Nr. 7). Er kann andererseits eine Regelung aber auch nur insoweit verlangen, als sie im Rahmen der gesetzlichen Vorschriften oder der Unfallverhütungsvorschriften bleibt. Seit der durch das EG-Recht veranlassten Neuordnung des staatlichen Arbeitsschutzrechts durch das Arbeitsschutzgesetz vom 7. 8. 1996 (BGBl. I S. 1246) wurde der Anwendungsbereich der Mitbestimmungsnorm mittelbar erweitert; denn entsprechend den Vorgaben durch das EG-Richtlinienrecht für das Arbeiterschutzgesetz und besondere Arbeitsschutzbereiche gibt es grundsätzlich keine Tätigkeitsbereiche mehr, für die keine staatlichen Arbeitsschutzvorschriften gelten (vgl. *Wlotzke*, FS Wißmann 2005, S. 426, 427 f.).

540

III. Gegenstand der Mitbestimmung

1. Regelungen über die Verhütung von Arbeitsunfällen und Berufskrankheiten sowie über den Gesundheitsschutz

Der **Gesundheitsschutz** ist der **Oberbegriff**; er schließt die „Verhütung von Arbeitsunfällen und Berufskrankheiten" als besondere Teilbereiche des Gesundheitsschutzes mit ein (vgl. *Wlotzke*, FS Wißmann 2005, S. 426, 428 f.). Der Begriff wird nicht näher definiert. Er steht aber in einem gesetzessystematischen Zusammenhang mit den ausdrücklich genannten Rechtsmaterien der Regelung über die Verhütung von Arbeitsunfällen und Berufskrankheiten. Maßgebend ist daher nicht der allgemeine Gesundheitsbegriff der Weltgesundheitsorganisation, der Gesundheit als einen Zustand des völligen körperlichen, seelischen und sozialen Wohlbefindens bezeichnet. Der Begriff des Gesundheitsschutzes ist auf die Rechtsmaterie des staatlichen Arbeitsschutzrechts und des autonomen Unfallverhütungsrechts zu beziehen; er umfasst Maßnahmen zur Erhaltung der physischen und psychischen Integrität der Beschäftigten gegenüber Schädigungen durch medizinisch feststellbare arbeitsbedingte Verletzungen, Erkrankungen oder sonstige gesundheitliche Beeinträchtigungen (so *Wlotzke*, S. 429).

541

Mit dem Begriff des **Arbeitsunfalls** wird in der gesetzlichen Unfallversicherung der Versicherungsfall bestimmt. Nach der Legaldefinition des § 8 Abs. 1 Satz 1 SGB VII sind Arbeitsunfälle „Unfälle von Versicherten infolge einer dem Versicherungsschutz nach §§ 2, 3 oder 6 begründenden Tätigkeit (Versichertentätigkeit)". Der folgende Satz 2

542

definiert, dass Unfälle „zeitlich begrenzte von außen auf den Körper einwirkende Ereignisse [sind], die zu einem Gesundheitsschaden oder zum Tod führen" (vgl. zum Arbeitsunfall als Versicherungsfall *Muckel,* Sozialrecht, 2. Aufl. 2007, § 10 Rn. 36 f.; *Waltermann,* Sozialrecht, 6. Aufl. 2006, Rn. 273 ff.). Die gesetzliche Unfallversicherung umfasst als Versicherungsfall auch **Berufskrankheiten,** unter denen sie Krankheiten versteht, die die Bundesregierung durch Rechtsverordnung mit Zustimmung des Bundesrates als Berufskrankheit bezeichnet und die Versicherte infolge einer dem Versicherungsschutz nach §§ 2, 3 oder 6 begründeten Tätigkeit erleiden (so die Legaldefinition in § 9 Abs. 1 Satz 1 SGB VII). Im Gegensatz zu den Arbeitsunfällen i. S. des § 8 Abs. 1 SGB VII liegt hier in der Regel kein zeitlich begrenztes Ereignis vor. Da es um die Unfallverhütung geht, spielt der Unterschied keine Rolle; denn Nr. 7 bezieht durch den umfassenden Begriff des **Gesundheitsschutzes** den **gesamten Bereich der menschengerechten Gestaltung der Arbeit** in den Mitbestimmungstatbestand ein (vgl. § 2 Abs. 1 ArbSchG; ebenso *Wlotzke,* FS Wißmann 2005, 426, 430 f.).

2. Bestehen einer gesetzlichen Vorschrift oder Unfallverhütungsvorschrift als Voraussetzung für das Mitbestimmungsrecht

543 Voraussetzung für das Mitbestimmungsrecht ist, dass gesetzliche Vorschriften über die Verhütung von Arbeitsunfällen und Berufskrankheiten sowie über den Gesundheitsschutz oder Unfallverhütungsvorschriften bestehen.

544 a) Zu den **gesetzlichen Vorschriften** gehören nicht nur Gesetze, sondern auch Rechtsverordnungen, durch die im Allgemeinen der Arbeitsschutz im Einzelnen geregelt wird. Obwohl hier nicht ausdrücklich bestimmt, muss es sich um *öffentlich-rechtliche Vorschriften* handeln, wie sich auch aus der Gleichstellung mit den Unfallverhütungsvorschriften ergibt. Ein Verzeichnis der staatlichen Arbeitsschutzvorschriften findet sich in der Anlage zu den Unfallverhütungsberichten, die nach § 25 Abs. 1 SGB VII die Bundesregierung dem Bundestag zu erstatten hat.

545 Die **Grundsatzregelung für den betrieblichen Arbeitsschutz** enthält das Gesetz über die Durchführung von Maßnahmen des Arbeitsschutzes zur Verbesserung der Sicherheit und des Gesundheitsschutzes der Beschäftigten bei der Arbeit (Arbeitsschutzgesetz – ArbSchG), das als Art. 1 des Gesetzes zur Umsetzung der EG-Rahmenrichtlinie Arbeitsschutz und weiterer Arbeitsschutzrichtlinien vom 7. 8. 1996 (BGBl. I S. 1246) ergangen ist. Gesetzliche Vorschriften i. S. der Nr. 7 sind § 5 und § 12 ArbSchG (vgl. BAG 8. 6. 2004 AP BetrVG 1972 § 87 Gesundheitsschutz Nr. 13), weiterhin das Gesetz über Betriebsärzte, Sicherheitsingenieure und andere Fachkräfte für Arbeitssicherheit (Arbeitssicherheitsgesetz – ASiG) vom 12. 12. 1973 (BGBl. I S. 1885; s. Rn. 568 ff.) sowie die folgenden Rechtsverordnungen: die Verordnung über Arbeitsstätten (Arbeitsstättenverordnung – ArbStättV) vom 12. 8. 2004 (BGBl. I S. 2179) und die Verordnung zur Umsetzung von EG-Einzelrichtlinien zur EG-Rahmenrichtlinie Arbeitsschutz vom 4. 12. 1996 (BGBl. I S. 1841); sie enthält in Art. 1 die Verordnung über Sicherheit und Gesundheitsschutz bei der Benutzung persönlicher Schutzausrüstungen bei der Arbeit (PSA-Benutzungsverordnung – PSA-BV), in Art. 2 die Verordnung über Sicherheit und Gesundheitsschutz bei der manuellen Handhabung von Lasten bei der Arbeit (Lastenhandhabungsverordnung – LasthandhabV) und in Art. 3 die Verordnung über Sicherheit und Gesundheitsschutz bei der Arbeit an Bildschirmgeräten (Bildschirmarbeitsverordnung – BildscharbV); s. auch DKK-*Klebe,* § 87 Rn. 204.

546 Für Nr. 7 ist es **unerheblich,** ob eine **Vorschrift dem Gesundheitsschutz unmittelbar oder mittelbar dient** (BAG 26. 8. 1997 AP BetrVG 1972 § 87 Arbeitszeit Nr. 74; 15. 1. 2002 und 8. 6. 2004 AP BetrVG 1972 § 87 Gesundheitsschutz Nr. 12 und 13). Keine Rolle spielt auch, ob es sich um eine Sachvorschrift, also um eine Regelung, die die Arbeit selbst i. S. der Verhütung von Arbeitsunfällen und Gesundheitsschädigungen gestaltet, handelt oder ob sie organisatorische Maßnahmen festlegt, so z. B. § 5 ArbSchG

(BAG 8. 6. 2004 AP BetrVG 1972 § 87 Gesundheitsschutz Nr. 13; ebenso DKK-*Klebe*, § 87 Rn. 185; *Wlotzke*, FS Wißmann 2005, S. 426, 431). Eine Rahmenvorschrift i. S. der Nr. 7 ist auch § 6 Abs. 5 ArbZG (BAG 26. 8. 1997 AP BetrVG 1972 § 87 Arbeitszeit Nr. 74). Er macht noch betriebliche Regelungen notwendig, die festlegen, ob das im Gesetz vorgegebene Ziel des Ausgleichs für Nachtarbeit durch bezahlte Freizeit, durch einen Lohnzuschlag oder durch eine Kombination aus beidem erreicht werden soll. Erfasst wird weiterhin das nach § 84 Abs. 2 SGB IX vorgeschriebene **betriebliche Eingliederungsmanagement**. In die Unfallverhütung sind auch gesetzliche Vorschriften einbezogen, die nicht bloß eine betriebsinterne Wirkung entfalten, z. B. das Gerätesicherheitsgesetz, das Gesetz zum Schutz vor gefährlichen Stoffen (Chemikaliengesetz – ChemG), die Verordnung über gefährliche Stoffe (Gefahrstoffverordnung – GefStoffV), das Gesetz zur Regelung von Fragen der Gentechnik (GenTG) und die dazu erlassenen Rechtsverordnungen, insbesondere die Verordnung über die Sicherheitsstufen und die Sicherheitsmaßnahmen bei gentechnischen Arbeiten in gentechnischen Anlagen (Gentechnik-SicherheitsVO – GenTSV).

b) **Unfallverhütungsvorschriften** sind die Vorschriften, die nach § 15 SGB VII von den Berufsgenossenschaften erlassen werden; sie bedürfen der Genehmigung des Bundesministers für Arbeit und Sozialordnung (§ 15 Abs. 4 SGB VII). Sie sind ebenfalls in der Anlage zum Unfallverhütungsbericht der Bundesregierung zusammengestellt (s. Rn. 544). Besondere Bedeutung hat vor allem die von den gewerblichen Berufsgenossenschaften im Wesentlichen einheitlich erlassene **Unfallverhütungsvorschrift „Allgemeine Vorschriften" (VBG 1)**, die am 1. 4. 1977 in Kraft getreten ist. Dem Lärmschutz dient die Unfallverhütungsvorschrift „Lärm" (VBG 121), dem Umgang mit natürlichen und genetisch veränderten biologischen Arbeitsstoffen die Unfallverhütungsvorschrift „Biotechnologie" (VBG 102) und dem Schutz vor Gefahren der Kernenergie und den schädlichen Auswirkungen ionisierender Strahlen neben dem Atomgesetz, der StrahlenschutzVO und der RöntgenVO die Unfallverhütungsvorschrift „Kernkraftwerke" (VBG 30).

547

c) Von den gesetzlichen Vorschriften und Unfallverhütungsvorschriften zu unterscheiden sind die **allgemeinen Verwaltungsvorschriften**, **Richtlinien** und **technischen Regeln**. Sie sind **keine Rechtsvorschriften**. Zu ihnen gehören die nach § 7 Abs. 4 ArbStättV vom Bundesministerium für Wirtschaft und Arbeit bekannt gemachten Regeln für Arbeitsstätten. Bei ihnen handelt es sich um die wichtigsten allgemein anerkannten sicherheitstechnischen, arbeitsmedizinischen und hygienischen Regeln und gesicherten arbeitswissenschaftlichen Erkenntnisse, die der Arbeitgeber nach § 3 Abs. 1 Satz 1 ArbStättV bei Einrichtung und Betreiben einer Arbeitsstätte einzuhalten hat. Von ihnen darf er aber nach § 3 Abs. 1 Satz 4 ArbStättV abweichen, wenn er durch andere Maßnahmen die gleiche Sicherheit und den gleichen Gesundheitsschutz der Beschäftigten erreicht. Soweit auch sonst in einer Rechtsvorschrift auf sie Bezug genommen wird, dienen sie der Konkretisierung dieser Rechtsvorschrift (s. auch Rn. 553).

548

3. Notwendigkeit einer ausfüllungsbedürftigen Rahmenvorschrift

Das Mitbestimmungsrecht bezieht sich auf **Regelungen „im Rahmen der gesetzlichen Vorschriften oder der Unfallverhütungsvorschriften"**. Notwendig ist deshalb, dass die vorgegebenen Normen dem Arbeitgeber einen Regelungsspielraum belassen (ebenso BAG 28. 7. 1981 AP BetrVG 1972 § 87 Arbeitssicherheit Nr. 3; 6. 12. 1983 AP BetrVG 1972 § 87 Überwachung Nr. 7; 15. 1. 2002 und 8. 6. 2004 AP BetrVG 1972 § 87 Gesundheitsschutz Nr. 12 und 13; 12. 8. 2008 AP BGB § 618 Nr. 29 [Rn. 30]; *Fitting*, § 87 Rn. 272; GL-*Löwisch*, § 87 Rn. 155; GK-*Wiese*, § 87 Rn. 586, 596; DKK-*Klebe*, § 87 Rn. 182; HSWGNR-*Worzalla*, § 87 Rn. 352; ErfK-*Kania*, § 87 Rn. 63; *Stege/Weinspach/Schiefer*, § 87 Rn. 121 b; *Denck*, ZfA 1976, 447 ff.).

549

a) Das Mitbestimmungsrecht beschränkt sich auf die **Ausfüllung vorgegebener Normen**, gibt also kein Recht zur Mitgestaltung einer Regelung, die über den öffentlich-

550

rechtlichen Gesundheitsschutz hinausgeht (ebenso BAG 6. 12. 1983 AP BetrVG 1972 § 87 Überwachung Nr. 7). Insoweit kann sich ein Mitbestimmungsrecht nur aus § 91 ergeben, wenn es sich um die ergonomische Gestaltung handelt.

551 b) Notwendig ist weiterhin, dass die gesetzliche Vorschrift oder Unfallverhütungsvorschrift dem Arbeitgeber einen **Regelungsspielraum** belässt (ebenso BAG 28. 7. 1981 AP BetrVG 1972 § 87 Arbeitssicherheit Nr. 3; 6. 12. 1983 AP BetrVG 1972 § 87 Überwachung Nr. 7). Nur soweit der Arbeitgeber entscheiden kann, auf welche Weise er Anforderungen des öffentlich-rechtlichen Arbeits- und Gesundheitsschutzes genügen will, setzt das Mitbestimmungsrecht des Betriebsrats ein (BAG 6. 12. 1983 AP BetrVG 1972 § 87 Überwachung Nr. 7). Lassen die gesetzlichen Vorschriften oder Unfallverhütungsvorschriften keinen Regelungsspielraum, so ist insoweit auch für ein Mitbestimmungsrecht des Betriebsrats kein Anwendungsbereich. Keine Rolle spielt, ob der Regelungsspielraum rechtlich – je nach Inhalt der einzelnen Rahmenvorschrift – als Ermessens- oder Beurteilungsspielraum zu qualifizieren ist (vgl. *Wlotzke*, FS Wißmann 2005, S. 426, 434 f.).

552 c) Schließlich ist Voraussetzung, dass der Arbeitgeber die **Regelung auf Grund der gesetzlichen Vorschrift oder Unfallverhütungsvorschrift zu treffen** hat (ebenso BAG 6. 12. 1983 AP BetrVG 1972 § 87 Überwachung Nr. 7). Das ist stets der Fall, wenn die Rahmenvorschrift ihn zu einer Regelung *verpflichtet*. Erfasst wird aber auch der Fall, dass der Arbeitgeber nicht regelnd tätig werden muss, sondern regelnd tätig werden *kann*, wenn die gesetzliche Vorschrift oder Unfallverhütungsvorschrift eine Abweichung gestattet, für sie aber bestimmte Anforderungen stellt (missverständlich daher die Formulierung, dass Nr. 7 eine Handlungspflicht des Arbeitgebers voraussetze, in BAG 15. 1. 2002 AP BetrVG 1972 § 87 Gesundheitsschutz Nr. 12).

553 Diesem Fall ist es gleichzustellen, wenn die gesetzliche Vorschrift oder Unfallverhütungsvorschrift zwar keine Abweichung gestattet, aber zulässt, dass der Arbeitgeber von ihr in Bezug genommene **sicherheitstechnische, arbeitstechnische oder hygienische Regeln** durch Maßnahmen **ersetzen** kann, die den für erforderlich erachteten sicherheitstechnischen, arbeitsmedizinischen und hygienischen Anforderungen entsprechen (vgl. z. B. §§ 3 Abs. 1 Nr. 1, 4 Abs. 2 ArbStättV; s. auch Rn. 548).

4. Problem der Generalklauseln als ausfüllungsbedürftige Rahmenvorschriften

554 Bestritten war, ob eine Generalklausel des öffentlich-rechtlichen Gesundheitsschutzes, wie § 120 a GewO sie bis zu seiner Aufhebung durch Art. 4 Nr. 1 des Gesetzes vom 7. 8. 1996 (BGBl. I S. 1246) enthielt, als eine Ausfüllungsnorm i. S. des Mitbestimmungstatbestands in Betracht kam (verneinend *Richardi*, Anm. AP BetrVG 1972 § 87 Arbeitssicherheit Nr. 3; *Heinze*, SAE 1985, 246; bejahend BAG 2. 4. 1996 AP BetrVG 1972 § 87 Gesundheitsschutz Nr. 5; GL-*Löwisch*, § 87 Rn. 156 a; *Denck*, ZfA 1976, 447, 454; *ders.*, RdA 1982, 279, 285; *Kohte*, AuR 1984, 263 ff.). An die Stelle des § 120 a GewO trat § 3 Abs. 1 ArbSchG mit weiteren ergänzenden Bestimmungen, die ebenfalls generalklauselartig weit gefasst sind. Das BAG sieht als entscheidend an, dass das Mitbestimmungsrecht nach Nr. 7 einen Regelungsspielraum voraussetzt, wie er arbeitsschutzrechtlichen Generalklauseln typischerweise zu eigen ist, und stellt deshalb nicht auf die Verschiedenheit der Rahmenvorschriften ab; es bestehe insoweit kein qualitativer, sondern nur ein gradueller Unterschied (so zu § 2 Abs. 1 VBG 1 BAG 16. 6. 1998 AP BetrVG 1972 § 87 Gesundheitsschutz Nr. 7). Deshalb kann eine Rahmenvorschrift i. S. der Nr. 7 auch eine Generalklausel sein (ebenso *Fitting*, § 87 Rn. 274; GK-*Wiese*, § 87 Rn. 601; *Matthes*, MünchArbR § 254 Rn. 12; *Gamillscheg*, Kollektives Arbeitsrecht, Bd. II S. 916).

555 Der Rückgriff auf eine **Generalklausel** darf **nicht** bewirken, dass der für die Mitbestimmung des Betriebsrats wesentliche **Unterschied zwischen dem gesetzlichen und autonomen Arbeitsschutz derogiert** wird. Im letzteren Fall hat der Betriebsrat nicht nach

Nr. 7, sondern nach § 91 ein Mitbestimmungsrecht. Eine Generalklausel ist daher nur dann eine ausfüllungsbedürftige Rahmenvorschrift i. S. der Nr. 7, wenn sie den Arbeitgeber öffentlich-rechtlich zu einer Regelung verpflichtet, weil eine konkrete Gesundheitsgefahr vorliegt (vgl. BAG 2. 4. 1996 AP BetrVG 1972 § 87 Gesundheitsschutz Nr. 5 [unter B II 2 b aa]). Nach Ansicht des BAG erfüllt diese Voraussetzung **§ 2 Abs. 1 VBG 1 (Allgemeine Unfallverhütungsvorschriften)** (BAG 16. 6. 1998 AP BetrVG 1972 § 87 Gesundheitsschutz Nr. 7).

Vor allem soweit EG-Richtlinien über den Gesundheitsschutz nicht in nationales Recht umgesetzt sind, kann eine Generalklausel des nationalen Rechts bei richtlinienkonformer Interpretation die Voraussetzung einer gesetzlichen Vorschrift i. S. der Nr. 7 erfüllen. Das BAG kam deshalb vor Umsetzung der EG-Bildschirmrichtlinie durch die Bildschirmarbeitsverordnung folgerichtig zu dem Ergebnis, dass der Betriebsrat auf Grund der Nr. 7 i. V. mit § 120 GewO betriebliche Regelungen über die Unterbrechung von Bildschirmarbeit durch andere Tätigkeiten oder Pausen verlangen kann (so BAG 2. 4. 1996 AP BetrVG 1972 § 87 Gesundheitsschutz Nr. 5). Nach geltendem Recht bedarf es eines Rückgriffs auf die nunmehr in § 3 ArbSchG enthaltene Generalklausel nicht mehr; denn die maßgebliche Rahmenvorschrift für die Mitbestimmung des Betriebsrats enthält § 3 BildscharbV (ebenso BAG 8. 6. 2004 AP BetrVG 1972 § 87 Gesundheitsschutz Nr. 13). 556

IV. Inhalt und Umfang der Mitbestimmung

1. Regelungen zur Sicherung des Arbeitsschutzes

a) Die Reichweite der Mitbestimmung wird durch den Rahmen der gesetzlichen Vorschriften oder der Unfallverhütungsvorschriften bestimmt, der durch die Regelungen ausgefüllt werden soll. Daraus folgt, dass von der Rahmenvorschrift abhängt, ob die Mitbestimmung sich nur auf **objektive Sachmaßnahmen** oder auch **personelle Angelegenheiten** des Arbeits- und Gesundheitsschutzes bezieht (ebenso *Denck*, ZfA 1976, 447, 453). Die Mitbestimmungsnorm selbst enthält keine Begrenzung auf Sachmaßnahmen (s. Rn. 546). 557

b) Die **Konkretisierung der ausfüllungsbedürftigen Rahmenvorschriften** durch die mitbestimmte Maßnahme muss **geeignet** sein, die den Arbeitgeber treffenden **Verpflichtungen zur Gewährleistung eines bestimmten Gesundheitsschutzes zu erfüllen** (ebenso BAG 6. 12. 1983 AP BetrVG 1972 § 87 Überwachung Nr. 7). Diesen Anforderungen genügt es nicht, wenn im Mitbestimmungsverfahren zur Konkretisierung der Rahmenvorschrift nur eine Rahmenvorschrift festgelegt wird; denn wäre lediglich beabsichtigt, den gesetzlichen Rahmen zu wiederholen und festzuschreiben, entfiele ein entsprechendes Mitbestimmungsrecht nach dem Eingangshalbsatz, weil insoweit eine gesetzliche Regelung besteht (vgl. BAG a. a. O.). 558

2. Nur Regelungen, nicht Einzelmaßnahmen

Der Mitbestimmung unterliegen nur Regelungen, nicht Einzelmaßnahmen (ebenso BAG 10. 4. 1979 AP BetrVG 1972 § 87 Arbeitssicherheit Nr. 1; *Denck*, ZfA 1976, 447, 453). Die Anwendung der Regelung im Einzelfall ist deshalb mitbestimmungsfrei. Eine Erstreckung der Mitbestimmung auf personelle Einzelmaßnahmen ergibt sich aber bei Betriebsärzten und Fachkräften für Arbeitssicherheit aus § 9 Abs. 3 ASiG (s. Rn. 570 ff.). 559

3. Initiativrecht

Die Mitbestimmung umfasst ein **Initiativrecht des Betriebsrats zum Erlass von Regelungen** (ebenso *Fitting*, § 87 Rn. 287; GK-*Wiese*, § 87 Rn. 639; *ders.*, Initiativrecht, 560

S. 53; *Matthes,* MünchArbR § 254 Rn. 22; *Hofe,* Betriebliche Mitbestimmung, S. 120; *Hunold,* DB 1976, 1059, 1060). Der Betriebsrat kann also verlangen und im Mitbestimmungsverfahren erzwingen, dass zur Ausfüllung einer Rahmenregelung Regelungen über die Verhütung von Arbeitsunfällen und Berufskrankheiten sowie über den Gesundheitsschutz erlassen werden. Soweit in der Arbeitsschutzvorschrift auf sicherheitstechnische, arbeitsmedizinische oder hygienische Regeln Bezug genommen wird, kann aber gegen den Willen des Arbeitgebers keine andere Regelung festgelegt werden, weil es Sache des Arbeitgebers ist, den Nachweis zu führen, dass bei Abweichung von den Regeln die andere Maßnahme ebenso wirksam ist (vgl. § 4 Abs. 2 Satz 2 ArbStättV). Ob der Arbeitgeber dieses Risiko trägt, muss er selbst entscheiden; es kann ihm nicht im Mitbestimmungsverfahren auferlegt werden.

4. Kosten der Arbeitsschutzregelung

561   Soweit die Mitbestimmungskompetenz reicht, spielt keine Rolle, ob durch die Arbeitsschutzregelung dem Arbeitgeber **Kosten** entstehen. Daraus kann aber nicht abgeleitet werden, dass das Mitbestimmungsrecht sich auf die Frage der Kostentragung als sog. *materielle Annexregelung* erstrecke (so aber GL-*Löwisch,* § 87 Rn. 159; *Denck,* ZfA 1976, 447, 458 f.). Die Kosten für persönliche Schutzkleidung, die auf Grund einer Arbeitsschutzregelung oder Unfallverhütungsvorschrift für den Arbeitnehmer bereitzustellen ist, hat der **Arbeitgeber aus dem Arbeitsverhältnis** zu tragen (ebenso BAG 10. 3. 1976, 18. 8. 1982 und 21. 8. 1985 AP BGB § 618 Nr. 17, 18 und 19). Eine Kostenbeteiligung der Arbeitnehmer kann nicht durch das Mitbestimmungsverfahren erzwungen werden; sie fällt nicht unter die Mitbestimmung nach Nr. 7, sondern kann nur in einer freiwilligen Betriebsvereinbarung festgelegt werden (ebenso *Stege/Weinspach/Schiefer,* § 87 Rn. 127; GK-*Wiese,* § 87 Rn. 625; *Worzalla,* BB 1977, 1403, 1406). Eine Kostenbeteiligung kann durch Betriebsvereinbarung aber nur auferlegt werden, wenn den Arbeitnehmern eine Benutzung im privaten Bereich möglich ist und sie diesen Gebrauchsvorteil wünschen (vgl. BAG 10. 3. 1976 und 18. 8. 1982 AP BGB § 618 Nr. 17 und 18).

5. Vorrang von Gesetz und Tarifvertrag

562   a) Der **Gesetzesvorrang** gegenüber der Mitbestimmung spielt für den Mitbestimmungstatbestand keine Rolle, weil Voraussetzung für die Mitbestimmung ist, dass in den gesetzlichen Vorschriften oder Unfallverhütungsvorschriften eine *Rahmenregelung* besteht (s. Rn. 551). Ist dagegen ein Regelungsspielraum nicht vorgesehen, so ist insoweit für ein Mitbestimmungsrecht auch kein Anwendungsbereich.

563   b) Selbständige Bedeutung hat nur der **Tarifvorrang:** Die Mitbestimmung wird verdrängt, soweit die Rahmenregelung in einer gesetzlichen Vorschrift oder Unfallverhütungsvorschrift durch eine tarifvertragliche Regelung ausgefüllt wird.

V. Durchführung der Mitbestimmung

1. Ausübungsform der Mitbestimmung

564   Von der Arbeitsschutz- und Unfallverhütungsvorschrift, deren Rahmen durch die mitbestimmte Regelung ausgefüllt wird, hängt ab, ob für eine normativ wirkende Regelung der Abschluss einer **Betriebsvereinbarung** erforderlich ist. Regelmäßig genügt daher für die Mitbestimmungsausübung eine formlose Betriebsabsprache (ebenso – allerdings ohne Einschränkung – GK-*Wiese,* § 87 Rn. 640; HSWGNR-*Worzalla,* § 87 Rn. 367).

2. Zuständigkeit für die Mitbestimmungsausübung

Für die Mitbestimmungsausübung zuständig ist der **Einzelbetriebsrat**. Für die Verhütung von Arbeitsunfällen sowie den Gesundheitsschutz kommt es stets auf die konkreten Verhältnisse im Betrieb an, so dass die originäre Kompetenz eines Gesamtbetriebsrats oder Konzernbetriebsrats für die Mitbestimmungsausübung im Regelfall ausscheidet (ebenso *Matthes*, MünchArbR § 254 Rn. 24; s. auch Rn. 81 ff.). 565

3. Rechtsfolgen einer Nichtbeteiligung des Betriebsrats

Die Mitbestimmung entbindet den Arbeitgeber nicht von einer öffentlich-rechtlichen 566
Pflicht, Arbeitsschutzregelungen und Unfallverhütungsvorschriften auch dann einzuhalten, wenn sie ihm einen Entscheidungsspielraum lassen. Das gilt auch, wenn er den Betriebsrat nach Nr. 7 zu beteiligen hat; die Mitbestimmung ist insoweit **keine Wirksamkeitsvoraussetzung** (ebenso HSWGNR-*Worzalla*, § 87 Rn. 369; *Matthes*, MünchArbR § 254 Rn. 25; a. A. GK-*Wiese*, § 87 Rn. 641; mit Ausnahme eines Eilfalles *Fitting*, § 87 Rn. 289; *Wlotzke*, FS Hilger/Stumpf 1983, S. 723, 746).

Die Arbeitnehmer haben ein **Leistungsverweigerungsrecht** wegen Nichterfüllung der 567
Fürsorgepflicht, wenn Arbeitsplatz, Arbeitsablauf und Arbeitsumgebung nicht nach den Arbeitsschutz- und Unfallverhütungsvorschriften gestaltet werden. Sie können verlangen, dass der Arbeitgeber sein Initiativrecht ausübt, um mit dem Betriebsrat die erforderliche Einigung über die Art und Weise der Durchführung des Gesundheitsschutzes zu erzielen (BAG 12. 8. 2008 AP BGB § 618 Nr. 29 [Rn. 33]). Soweit das Mitbestimmungsrecht besteht, kann der Arbeitgeber nicht ohne Beteiligung des Betriebsrats einseitige Anordnungen treffen.

VI. Verhältnis des Mitbestimmungstatbestands zur Mitbestimmungsregelung nach dem Arbeitssicherheitsgesetz

1. Beteiligung des Betriebsrats an der betrieblichen Arbeitsschutzorganisation

Die **Mitbestimmung über Regelungen im Rahmen des gesetzlichen Arbeitsschutzes** 568
bildet nur einen **Ausschnitt der Beteiligung des Betriebsrats an der betrieblichen Arbeitsschutzorganisation**. Sie wird zum einen für den autonomen Arbeitsschutz durch die Möglichkeit des Abschlusses einer freiwilligen Betriebsvereinbarung (§ 88 Nr. 1) und das in § 91 verankerte Mitbestimmungsrecht ergänzt. Zum anderen wird der Betriebsrat aber auch innerhalb des gesetzlichen Arbeitsschutzes durch weitere Befugnisse an der Bekämpfung von Unfall- und Gesundheitsgefahren beteiligt. Sie ergeben sich nicht nur aus diesem Gesetz (§§ 80 Abs. 1 Nr. 1, 89), sondern sind auch in anderen Gesetzen verankert, vor allem im Gesetz über Betriebsärzte, Sicherheitsingenieure und andere Fachkräfte für Arbeitssicherheit (Arbeitssicherheitsgesetz – ASiG) vom 12. 12. 1973 (BGBl. I S. 1885).

Die **betriebliche Arbeitsschutzorganisation** gliedert sich in die Personen, die der Ar- 569
beitgeber damit beauftragt hat, ihm obliegende Arbeitsschutzpflichten in eigener (öffentlich-rechtlicher) Verantwortung wahrzunehmen (vgl. § 13 ArbSchG), den oder die Sicherheitsbeauftragten, die er nach § 22 SGB VII zu bestellen hat, sowie die Betriebsärzte und Fachkräfte für Arbeitssicherheit. Dieser Personenkreis bildet unter Einbeziehung von zwei vom Betriebsrat bestimmten Betriebsratsmitgliedern den **Arbeitsschutzausschuss**, den der Arbeitgeber in Betrieben mit mehr als zwanzig Beschäftigten zu bilden hat, soweit in einer sonstigen Rechtsvorschrift nichts anderes bestimmt ist (§ 11 a ASiG; s. auch Rn. 595 ff.). Der Betriebsrat ist zwar nicht an der Auswahl der Personen beteiligt, denen der Arbeitgeber die ihm obliegenden Arbeitsschutzpflichten zur Wahrnehmung in eigener Verantwortung überträgt. Er ist aber an der Bestellung des oder der

Sicherheitsbeauftragten (§ 22 Abs. 1 Satz 1 SGB VII; s. § 89 Rn. 33 ff.) sowie an der Bestellung und Abberufung von Betriebsärzten und Fachkräften für Arbeitssicherheit beteiligt (§ 9 Abs. 3 ASiG; s. Rn. 570 ff.).

2. System der Mitbestimmungsregelung bei der Bestellung von Betriebsärzten und Fachkräften für Arbeitssicherheit

570 a) Der Arbeitgeber hat **Betriebsärzte und Fachkräfte für Arbeitssicherheit,** die sich in Sicherheitsingenieure und Sicherheitstechniker oder -meister gliedern, zu bestellen, soweit dies wegen der Betriebsart, der Zahl und Zusammensetzung der Arbeitnehmer sowie der Betriebsorganisation erforderlich ist, um ihn beim Arbeitsschutz und bei der Unfallverhütung zu unterstützen (§§ 2 Abs. 1, 5 Abs. 1 ASiG). Danach richten sich auch die Zahl der Betriebsärzte und Fachkräfte für Arbeitssicherheit und die Dauer ihrer Einsatzzeit. Bei Fachkräften für Arbeitssicherheit hängt davon ab, ob Sicherheitsingenieure oder Sicherheitstechniker oder -meister zu bestellen sind. Die **Konkretisierung** erfolgt **durch Unfallverhütungsvorschriften,** die von den Berufsgenossenschaften erlassen werden (§ 15 Abs. 1 Satz 1 Nr. 4 SGB VII). Für Betriebsärzte besteht die Unfallverhütungsvorschrift „Betriebsärzte" (VBG 123). Aus den Tabellen zu § 2 Abs. 1 VBG 123, die von den einzelnen Berufsgenossenschaften erlassen worden sind, ergibt sich, ob für den Betrieb Betriebsärzte zu bestellen oder zu verpflichten sind. Für Fachkräfte für Arbeitssicherheit ergibt sich die Regelung aus der Unfallverhütungsvorschrift „Sicherheitsingenieure und andere Fachkräfte für Arbeitssicherheit" (VBG 122). Mit der Bestellung hat der Arbeitgeber den Betriebsärzten und Fachkräften für Arbeitssicherheit die im Gesetz genannten Aufgaben zu übertragen (vgl. für Betriebsärzte § 3 ASiG, für Fachkräfte für Arbeitssicherheit § 6 ASiG).

571 b) Soweit der Arbeitgeber zur Bestellung von Betriebsärzten oder Fachkräften für Arbeitssicherheit verpflichtet ist, braucht er sie, wie sich aus § 2 Abs. 3 Satz 2 und 4 bzw. § 5 Abs. 3 Satz 2 und 4 ASiG mittelbar ergibt, nicht als **Arbeitnehmer** einzustellen, sondern er kann auch mit einem **freiberuflich Tätigen** einen Werkvertrag abschließen, oder er kann einen **überbetrieblichen Dienst** von Betriebsärzten oder Fachkräften für Arbeitssicherheit verpflichten (§ 19 ASiG). Der Arbeitgeber kann unter diesen drei Gestaltungsformen auswählen. Trifft er eine Entscheidung, so handelt es sich insoweit um eine *Regelung* i. S. der Nr. 7 (ebenso BAG 10. 4. 1979 AP BetrVG 1972 § 87 Arbeitssicherheit Nr. 1; LAG Hamm, EzA § 87 BetrVG 1972 Arbeitssicherheit Nr. 1; *Denck,* ZfA 1976, 449, 464; *Spinnarke,* BB 1976, 798, 799; *Sund,* ArbSch. 1977, 66; a. A., weil die Entscheidung keine soziale Angelegenheit betreffe, *Rudolph,* BB 1976, 370 f.).

572 Der Betriebsrat hat deshalb nach Nr. 7 über die **Auswahl unter den drei Gestaltungsformen mitzubestimmen** (ebenso BAG 10. 4. 1979 AP BetrVG 1972 § 87 Arbeitssicherheit Nr. 1; *Fitting,* § 87 Rn. 316; GK-*Wiese,* § 87 Rn. 650; GL-*Löwisch,* § 87 Rn. 162, 164; DKK-*Klebe,* § 87 Rn. 189; a. A. HSWGNR-*Worzalla,* § 87 Rn. 384; *Rudolph,* BB 1976, 370, 371). Eine **ergänzende Mitbestimmungsregelung** enthält **§ 9 Abs. 3 ASiG.** Die Bestimmung hat den folgenden Wortlaut:

„Die Betriebsärzte und Fachkräfte für Arbeitssicherheit sind mit Zustimmung des Betriebsrats zu bestellen und abzuberufen. Das Gleiche gilt, wenn deren Aufgaben erweitert oder eingeschränkt werden sollen; im Übrigen gilt § 87 in Verbindung mit § 76 des Betriebsverfassungsgesetzes. Vor der Verpflichtung oder Entpflichtung eines freiberuflich tätigen Arztes, einer freiberuflich tätigen Fachkraft für Arbeitssicherheit oder eines überbetrieblichen Dienstes ist der Betriebsrat zu hören."

§ 9 Abs. 3 ASiG trifft im Verhältnis zu Nr. 7 eine **konkurrierende Mitbestimmungsregelung.** Er ist also weder eine gesetzliche Regelung, die i. S. des Eingangshalbsatzes des § 87 Abs. 1 das Mitbestimmungsrecht verdrängt, noch enthält er eine abschließende Mitbestimmungsregelung, neben der Nr. 7 keine Anwendung findet (so LAG Hamm,

EzA § 87 BetrVG 1972 Arbeitssicherheit Nr. 1). Beide Mitbestimmungsnormen finden vielmehr *nebeneinander* Anwendung.

3. Mitbestimmung über die Gestaltungsform des arbeitsmedizinischen und sicherheitstechnischen Dienstes

a) Der Betriebsrat hat **nach Nr. 7** über die **Auswahlentscheidung** mitzubestimmen, ob der Arbeitgeber Betriebsärzte oder Fachkräfte für Arbeitssicherheit als **Arbeitnehmer** beschäftigt, ob er zur Wahrnehmung der Aufgaben einen **freiberuflich tätigen Arzt** bzw. **eine freiberuflich tätige Fachkraft für Arbeitssicherheit** verpflichtet oder ob er seine Verpflichtung dadurch erfüllt, dass er sich einem **überbetrieblichen Dienst von Betriebsärzten oder Fachkräften für Arbeitssicherheit** anschließt (vgl. BAG 10. 4. 1979 AP BetrVG 1972 § 87 Arbeitssicherheit Nr. 1; s. Rn. 571). Das Mitbestimmungsrecht setzt jedoch voraus, dass der Arbeitgeber in seiner Auswahlentscheidung frei ist. Es wird aber nicht dadurch eingeschränkt, dass die Berufsgenossenschaften gemäß § 24 SGB VII einen überbetrieblichen Dienst mit Anschlusszwang eingerichtet haben; denn die Unternehmen sind vom Anschlusszwang befreit, wenn sie durch eine Bescheinigung der zuständigen Behörde nachweisen, dass sie ihre Pflicht zur Bestellung von Betriebsärzten und Fachkräften für Arbeitssicherheit auf andere Weise nachgekommen sind (§ 24 Abs. 2 Satz 2 SGB VII; ebenso GK-*Wiese*, § 87 Rn. 652; GL-*Löwisch*, § 87 Rn. 164; *Hanau*, Anm. AP BetrVG 1972 § 87 Arbeitssicherheit Nr. 1, Bl. 7). Die Entscheidung für eine der drei Gestaltungsmöglichkeiten braucht nicht einheitlich zu erfolgen, sie kann für die arbeitsmedizinischen und die sicherheitstechnischen Dienste verschieden getroffen werden.

573

b) Der Betriebsrat hat nicht nur ein Zustimmungsrecht, sondern auch ein **Initiativrecht**; denn bei Verpflichtung des Arbeitgebers zur Bestellung von Betriebsärzten oder Fachkräften für Arbeitssicherheit kann er verlangen, dass der Arbeitgeber die Organisationsentscheidung unter seiner Mitbestimmung trifft. Das Initiativrecht erstreckt sich auf die Organisationsentscheidung, ob die betriebsärztliche oder ergonomische Aufgabe durch Arbeitnehmer, durch selbständige Personen oder durch einen überbetrieblichen Dienst zu erledigen ist; es bezieht sich dagegen nicht auf die personelle Einzelentscheidung (s. Rn. 571 f.).

574

c) Sobald die Auswahlentscheidung über die Gestaltungsform im Mitbestimmungsverfahren nach Nr. 7 getroffen ist, greift auf der **zweiten Stufe** die **Mitbestimmungsregelung des § 9 Abs. 3 ASiG** ein, die dem Betriebsrat ein **unterschiedlich abgestuftes Beteiligungsrecht** einräumt, je nach dem ob die Aufgaben eines Betriebsarztes oder einer Fachkraft für Arbeitssicherheit von einem Arbeitnehmer oder einer freiberuflich tätigen Person bzw. einem überbetrieblichen Dienst wahrgenommen werden sollen, wobei nicht nur die *personelle Auswahlentscheidung*, sondern auch die *Übertragung der Aufgaben, insbesondere also deren Erweiterung oder Einschränkung in das Beteiligungsverfahren einbezogen sind* (zur Bestellung und Abberufung bei Beschäftigung in einem Arbeitsverhältnis s. Rn. 576 ff.; zur Verpflichtung oder Entpflichtung einer freiberuflich tätigen Person oder eines überbetrieblichen Dienstes s. Rn. 585 ff.; zur Übertragung der Aufgaben und deren Erweiterung oder Einschränkung s. Rn. 588 ff.).

575

4. Mitbestimmung bei Bestellung und Abberufung eines Betriebsarztes oder einer Fachkraft für Arbeitssicherheit

a) Nach § 9 Abs. 3 Satz 1 ASiG sind Betriebsärzte und Fachkräfte für Arbeitssicherheit mit **Zustimmung des Betriebsrats** zu bestellen und abzuberufen. Das Gleiche gilt nach Satz 2 dieser Vorschrift, wenn deren Aufgabe erweitert oder eingeschränkt werden soll. Im Übrigen ordnet das Gesetz die Geltung von § 87 i. V. mit § 76 BetrVG an. Diese Regelung gilt jedoch, wie sich mittelbar aus § 9 Abs. 3 Satz 3 ASiG ergibt, **nur für** eine Beschäftigung als **Arbeitnehmer**. Die Mitbestimmung nach § 99 und die Beteiligung des

576

Betriebsrats nach § 102 werden durch die Mitbestimmungsregelung nur überdeckt, nicht verdrängt.

577 b) Mit der **Bestellung** werden einem Arbeitnehmer die **Aufgaben eines Betriebsarztes oder einer Fachkraft für Arbeitssicherheit** übertragen. Soweit ein Betriebsarzt oder eine Fachkraft für Arbeitssicherheit als Arbeitnehmer eingestellt wird, liegt in der **Einstellung** zugleich die Bestellung. Werden einem Arbeitnehmer des Betriebs die Aufgaben eines Betriebsarztes oder einer Fachkraft für Arbeitssicherheit übertragen, so handelt es sich um eine **Versetzung**. Da der Betriebsrat seine Verweigerung der Zustimmung nicht auf bestimmte Gründe zu stützen braucht, findet neben § 9 Abs. 3 Satz 1 und 2 ASiG **§ 99 keine Anwendung** (ebenso *Matthes*, MünchArbR [2. Aufl. 2000] § 344 Rn. 29; a. A. *Fitting*, § 87 Rn. 322; GK-*Wiese*, § 87 Rn. 654).

578 Bei der **Abberufung** ist dagegen der **Unterschied zur Kündigung** des Arbeitsverhältnisses zu beachten, an der der Betriebsrat nach § 102 zu beteiligen ist; denn die Abberufung braucht nicht zur Folge zu haben, dass das Arbeitsverhältnis aufgelöst wird (ebenso BAG 24. 3. 1988 AP ASiG § 9 Nr. 1; GK-*Wiese*, § 87 Rn. 655; *Matthes*, MünchArbR [2. Aufl. 2000] § 344 Rn. 32). Wird dagegen das Arbeitsverhältnis gekündigt, so liegt darin zugleich die Abberufung, die der Zustimmung des Betriebsrats bedarf (ebenso BAG a. a. O.). Dieser kann, auch wenn er die Zustimmung zur Abberufung erteilt, einer ordentlichen Kündigung nach § 102 Abs. 3 widersprechen, wenn er geltend macht, dass der Arbeitnehmer anderweitig in demselben Betrieb oder in einem anderen Betrieb desselben Unternehmens beschäftigt werden kann (ebenso *Fitting*, § 87 Rn. 324; s. auch GK-*Wiese*, § 87 Rn. 655; HSWGNR-*Worzalla*, § 87 Rn. 379; *Matthes*, MünchArbR [2. Aufl. 2000] § 344 Rn. 33). Bei Abberufung unter Aufrechterhaltung des Arbeitsverhältnisses liegt in der Zuweisung eines anderen Aufgabenbereichs eine *Versetzung*, über die der Betriebsrat nach § 99 mitzubestimmen hat (ebenso *Matthes*, MünchArbR [2. Aufl. 2000] § 344 Rn. 32).

579 c) **Verweigert** der **Betriebsrat seine Zustimmung**, so entscheidet auf Antrag des Arbeitgebers die **Einigungsstelle** (ebenso BAG 24. 3. 1988 AP ASiG § 9 Nr. 1; GK-*Wiese*, § 87 Rn. 656; HSWGNR-*Worzalla*, § 87 Rn. 380; *Matthes*, MünchArbR [2. Aufl. 2000] § 344 Rn. 28). Deren Spruch ersetzt die Einigung zwischen Arbeitgeber und Betriebsrat (ebenso BAG a. a. O.). Das Gesetz enthält insoweit zwar keine ausdrückliche Regelung; denn § 9 Abs. 3 Satz 2 ASiG bestimmt in seinem zweiten Halbsatz lediglich, dass im Übrigen § 87 i. V. mit § 76 BetrVG gilt. Mit der Verfassungsgarantie des Gerichtsschutzes wäre es aber unvereinbar, wenn der Arbeitgeber selbst bei rechtsmissbräuchlicher Zustimmungsverweigerung keine Korrektur erlangen könnte. Es fehlt jedoch eine Bestimmung, wie sie in § 98 Abs. 2 und 5 für die Bestellung und Abberufung einer mit der Durchführung der betrieblichen Berufsbildung beauftragten Person enthalten ist. Die Kompetenz liegt dort, wenn zwischen Arbeitgeber und Betriebsrat keine Einigung zustande kommt, beim Arbeitsgericht. Hier ist aber – nicht zuletzt wegen der Verweisung, dass im Übrigen § 87 i. V. mit § 76 BetrVG gilt – der Auffassung der Vorzug zu geben, dass die Einigungsstelle angerufen werden kann. Diese entscheidet verbindlich; ihr Spruch unterliegt aber der gerichtlichen Überprüfung (s. § 76 Rn. 114 ff.).

580 § 9 Abs. 3 ASiG nennt im Gegensatz zu § 98 Abs. 2 **keine Gründe,** aus denen der Betriebsrat seine **Zustimmung verweigern** kann. Er kann deshalb der **Bestellung** nicht nur widersprechen, wenn die erforderliche Eignung fehlt (vgl. §§ 4, 7 ASiG), sondern auch, wenn nach seiner Meinung die Vertrauensbasis für eine Zusammenarbeit nicht gegeben ist (ebenso GK-*Wiese*, § 87 Rn. 657). § 99 Abs. 2 ist nicht entsprechend anzuwenden, weil die Begrenzung der Zustimmungsverweigerung auf die dort genannten Gründe das hier eingeräumte Mitbestimmungsrecht beschränken würde (ebenso *Spinnarke/Schork*, ASiG, § 9 Erl. 4.1.1; *Rudolph*, BB 1976, 370, 372). Eine Modifikation ist aber bei der **Abberufung** zu beachten; denn ist der Arbeitgeber gesetzlich verpflichtet, einen Betriebsarzt oder eine Fachkraft für Arbeitssicherheit abzuberufen, so ist der

Betriebsrat nicht berechtigt, seine Zustimmung zu verweigern. Insoweit hat der Arbeitgeber gegen ihn einen Rechtsanspruch auf Erteilung der Zustimmung.

d) Zweifelhaft ist, ob der Betriebsrat ein **Initiativrecht** für die Bestellung und Abberufung von Betriebsärzten und Fachkräften für Arbeitssicherheit hat und ob es bei der Erweiterung oder Einschränkung ihrer Aufgaben besteht. Der Gesetzestext des § 9 Abs. 3 Satz 1 ASiG verlangt nur die Zustimmung des Betriebsrats. Beachtet man aber den Zweck der Mitbestimmungsnorm, dass als Betriebsarzt oder Fachkraft für Arbeitssicherheit nur tätig werden soll, wer das Vertrauen des Betriebsrats hat, so enthält das Gesetz eine planwidrige Regelungslücke. Das Zustimmungserfordernis bei der Bestellung sichert, dass der Betriebsrat widersprechen kann, wenn er die ausgewählte Person für nicht befähigt hält oder zu ihr kein Vertrauen hat. Bei der Abberufung ist dagegen zu beachten, dass eine symmetrische Gestaltung der Mitbestimmungsbefugnis nicht den Zweck der Mitbestimmungsnorm sichert. Dem Widerspruchsrecht bei der Bestellung entspricht hier vielmehr das Recht, die Abberufung zum Thema eines Mitbestimmungsverfahrens zu machen, wenn der Betriebsrat die Eignung oder Kooperationsbereitschaft eines Betriebsarztes oder einer Fachkraft für Arbeitssicherheit bestreitet. Deshalb ist ihm ein **Initiativrecht bei der Abberufung** einzuräumen (ebenso *Fitting*, § 87 Rn. 321; GK-*Wiese*, § 87 Rn. 674; GL-*Löwisch*, § 87 Rn. 169; *Matthes*, MünchArbR [2. Aufl. 2000] § 344 Rn. 36; *Graeff*, ASiG, § 9 Erl. 5.1; *Kliesch/Nöthlichs/Wagner*, ASiG, § 9 Erl. 7.7; *Denck*, ZfA 1976, 447, 480 ff.; a. A. HSWGNR-*Worzalla*, § 87 Rn. 374; *Stege/Weinspach/Schiefer*, § 87 Rn. 130 d; *Doetsch/Schnabel*, ASiG, § 9 Rn. 4; *Giese/Ibels/Rehkopf*, ASiG, § 9 Rn. 11; *Hütig* DB 1975, 594, 595 f.; *Rudolph*, BB 1976, 370, 372; *Egger*, BB 1992, 629, 634). **581**

Der Betriebsrat hat dagegen **kein Initiativrecht bei der Bestellung** der Betriebsärzte und Fachkräfte für Arbeitssicherheit (ebenso GK-*Wiese*, § 87 Rn. 674; GL-*Löwisch*, § 87 Rn. 168; *Graeff*, ASiG, § 9 Erl. 5.1; *Denck*, ZfA 1976, 447, 477 ff.; *Spinnarke*, BB 1976, 798, 799; *Sund*, ArbSch. 1977, 66, 67; weiterhin die Autoren, die ein Initiativrecht bei der Abberufung ablehnen; s. Rn. 581 a. E.; a. A. *Fitting*, § 87 Rn. 321; *Kliesch/Nöthlichs/Wagner*, ASiG, § 9 Erl. 7.7; für den Fall, dass ein Arbeitsvertrag bereits besteht, *Matthes*, MünchArbR [2. Aufl. 2000] § 344 Rn. 35). Ein Initiativrecht ergibt sich nur aus der Mitbestimmung nach Nr. 7; es besteht also lediglich für die *Grundsatzentscheidung*, ob die Aufgaben eines Betriebsarztes oder einer Fachkraft für Arbeitssicherheit durch Arbeitnehmer zu erledigen sind (s. Rn. 574). Es erstreckt sich dagegen nicht auf die *Bestellung;* insbesondere ergibt sich dies auch nicht aus der Verweisung auf § 87 i. V. mit § 76 BetrVG im Halbsatz 2 des § 9 Abs. 3 Satz 2 ASiG (so aber *Kliesch/Nöthlichs/Wagner*, a. a. O.). Der Hinweis auf die Geltung des § 87 BetrVG, hier also insbesondere der Nr. 7, ist keine Rechtsfolgenverweisung, sondern eine *Rechtsgrundverweisung*, durch die klargestellt wird, dass die Beteiligung nach § 9 Abs. 3 Satz 1 und 2 ASiG die Mitbestimmung nach Nr. 7 durch Einbeziehung personeller Einzelmaßnahmen ergänzen, aber nicht verdrängen soll (so zutreffend *Hanau*, Anm. AP BetrVG 1972 § 87 Arbeitssicherheit Nr. 1). Dieser Unterschied wird nicht beachtet, wenn man das Initiativrecht auf die Bestellung erstreckt. Im Ergebnis besteht keine Abweichung vom hier vertretenen Standpunkt, wenn man zugleich betont, dass das Initiativrecht sich nicht auf die in § 99 genannten arbeitsrechtlichen Vorgänge beziehe (so *Fitting*, § 87 Rn. 323; *Kliesch/Nöthlichs/Wagner*, ASiG, § 9 Erl. 7.7; für den Fall, dass mit der Bestellung einer Person notwendig erst der Abschluss eines Arbeitsvertrags verbunden sei, *Matthes*, MünchArbR [2. Aufl. 2000] § 344 Rn. 35). **582**

e) Für die Mitbestimmung nach § 9 Abs. 3 ASiG spielt keine Rolle, ob die Betriebsärzte oder Fachkräfte für Arbeitssicherheit **leitende Angestellte** i. S. des § 5 Abs. 3 sind (ebenso *Fitting*, § 87 Rn. 322; GK-*Wiese*, § 87 Rn. 653; *Matthes*, MünchArbR [2. Aufl. 2000] § 344 Rn. 29; *Graeff*, ASiG, § 9 Erl. 5.1; *Kliesch/Nöthlichs/Wagner*, ASiG, § 9 Erl. 7.1; *Hütig*, DB 1975, 594, 596; s. zur Anerkennung von Betriebsärzten als leitende Angestellte § 5 Rn. 260). **583**

584 f) **Fehlt** die **Zustimmung des Betriebsrats** und ist sie auch nicht durch einen Spruch der Einigungsstelle ersetzt, so ist die **Bestellung** oder **Abberufung unwirksam** (ebenso BAG 24. 3. 1988 AP ASiG § 9 Nr. 1; *Fitting*, § 87 Rn. 319; GK-*Wiese*, § 87 Rn. 656; GL-*Löwisch*, § 87 Rn. 167; HSWGNR-*Worzalla*, § 87 Rn. 382; *Matthes*, MünchArbR [2. Aufl. 2000] § 344 Rn. 40). Wie bei der Einstellung (s. § 99 Rn. 293) berührt die fehlende Zustimmung des Betriebsrats zur Einstellung aber nicht die Rechtswirksamkeit des Arbeitsvertrags (ebenso *Matthes*, MünchArbR [2. Aufl. 2000] § 344 Rn. 40). Erfolgt jedoch mit der Abberufung die Kündigung des Arbeitsverhältnisses, so ist auch sie unwirksam, wenn die Kündigung auf Gründe gestützt wird, die sachlich mit der Tätigkeit als Betriebsarzt im untrennbaren Zusammenhang stehen (ebenso BAGE 58, 69, 76 ff.; s. auch Rn. 578).

5. Beteiligung des Betriebsrats bei Verpflichtung eines freiberuflich Tätigen oder eines überbetrieblichen Dienstes

585 Sollen nach der im Mitbestimmungsverfahren gemäß Nr. 7 getroffenen Grundsatzentscheidung die Aufgaben eines Betriebsarztes oder einer Fachkraft für Arbeitssicherheit freiberuflich oder durch einen überbetrieblichen Dienst erfüllt werden, so ist die Verpflichtung der freiberuflichen Person oder des überbetrieblichen Dienstes durch den Arbeitgeber **nicht** an die **Zustimmung des Betriebsrats** gebunden, sondern dieser ist **vor der Verpflichtung** lediglich **zu hören** (§ 9 Abs. 3 Satz 3 ASiG). Gleiches gilt, soweit die freiberuflich tätige Person oder der überbetriebliche Dienst von der Verpflichtung wieder entbunden werden soll. Anhörung des Betriebsrats bedeutet hier wie zu § 102 das Recht zur Stellungnahme mit der Folge, dass der Arbeitgeber bei einer Stellungnahme sich gegenüber dem Betriebsrat mit den Anregungen und Einwendungen auseinandersetzen muss.

586 Der Betriebsrat hat hier **kein** als **Initiativrecht** gestaltetes Beteiligungsrecht; er kann aber nach § 80 Abs. 1 Nr. 2 eine Verpflichtung oder Entpflichtung beantragen, wobei es dem Arbeitgeber überlassen bleibt, ob er der Anregung folgt.

587 Die **Verletzung des Anhörungsrechts** hat ausschließlich Bedeutung für das Verhältnis des Arbeitgebers zum Betriebsrat; sie berührt nicht die Rechtswirksamkeit der Verpflichtung oder Entpflichtung eines freiberuflich tätigen Arztes, einer freiberuflich tätigen Fachkraft für Arbeitssicherheit oder eines überbetrieblichen Dienstes (ebenso *Fitting*, § 87 Rn. 320; GK-*Wiese*, § 87 Rn. 659; *Matthes*, MünchArbR [2. Aufl. 2000] § 344 Rn. 39).

6. Mitbestimmung bei der Übertragung, Erweiterung und Einschränkung von Aufgaben der Betriebsärzte und Fachkräfte für Arbeitssicherheit

588 a) Mit der **Bestellung eines Arbeitnehmers** als Betriebsarzt oder Fachkraft für Arbeitssicherheit ist zugleich die **Übertragung der Aufgaben** verbunden, die er nach § 3 bzw. § 6 ASiG zu erfüllen hat. Werden Sie ihm entzogen, so liegt darin die Abberufung.

589 Darüber hinaus bestimmt § 9 Abs. 3 Satz 2 ASiG, dass es wie für Bestellung und Abberufung der **Zustimmung des Betriebsrats** bedarf, wenn die **Aufgaben** der Betriebsärzte und Fachkräfte für Arbeitssicherheit **erweitert** oder **eingeschränkt** werden sollen. Darin liegt kein Widerspruch zu Nr. 7, der dem Betriebsrat ein Mitbestimmungsrecht beim Arbeitsschutz nur im Rahmen der gesetzlichen Vorschriften einräumt (a. A. *Matthes*, MünchArbR [2. Aufl. 2000] § 344 Rn. 46). Gemeint ist hier nämlich nicht, dass dem Betriebsrat ein zusätzliches Mitbestimmungsrecht eingeräumt wird, über die gesetzlichen Vorschriften und Unfallverhütungsvorschriften hinaus zusätzliche Aufgaben Betriebsärzten oder Fachkräften für Arbeitssicherheit zu übertragen. Es geht vielmehr ausschließlich darum, wie vor allem bei mehreren Betriebsärzten oder Fachkräften für Arbeitssicherheit die in § 3 bzw. § 6 ASiG genannten Aufgaben verteilt werden. In diesem Rahmen hat der Betriebsrat ein *Mitbeurteilungsrecht*, inwieweit die Übertragung von Aufgaben im Hinblick auf die im Gesetz genannten Zwecke je nach den betrieblichen Gegebenheiten erforderlich ist (ebenso *Matthes,* MünchArbR [2. Aufl. 2000] § 344 Rn. 46).

Wie für die Abberufung hat der Betriebsrat auch für die Erweiterung und Einschränkung des Aufgabenbereichs ein Initiativrecht (s. Rn. 581). 590

b) Bei **Verpflichtung eines Freiberuflichen** als Betriebsarzt oder Fachkraft für Arbeitssicherheit oder eines **überbetrieblichen Dienstes** ist der **Betriebsrat** nur **zu hören** (§ 9 Abs. 3 Satz 3 ASiG). Gleiches gilt nach dem Gesetz für eine **Entpflichtung**. 591

Nicht genannt werden **Erweiterung** oder **Einschränkung der Aufgaben**. Eine ausdrückliche Erwähnung ist jedoch nicht erforderlich, weil eine Erweiterung der Aufgaben nur möglich ist, wenn der Arbeitgeber eine zusätzliche *Verpflichtung* eingeht, wie auch umgekehrt eine Einschränkung der Aufgaben durch entsprechende *Entpflichtung* vorgenommen wird. Der Betriebsrat ist daher auch vor jeder Erweiterung oder Einschränkung der Aufgaben zu hören (a. A. für Verneinung eines Beteiligungsrechts, obwohl die unterschiedliche Regelung gegenüber angestellten Betriebsärzten oder Fachkräften für Arbeitssicherheit keinen Sinn mache, *Matthes,* MünchArbR [2. Aufl. 2000] § 344 Rn. 50). 592

c) Bei **Nichtbeteiligung des Betriebsrats** ist, soweit es sich um Arbeitnehmer handelt, eine Erweiterung oder Einschränkung der Aufgaben unwirksam; es gilt Gleiches wie bei der Bestellung oder Abberufung eines Betriebsarztes oder einer Fachkraft für Arbeitssicherheit (ebenso *Matthes,* MünchArbR [2. Aufl. 2000] § 344 Rn. 52; s. auch Rn. 584). Soweit es sich dagegen um freiberuflich tätige Personen oder einen überbetrieblichen Dienst handelt, entfaltet eine Verletzung des Anhörungsrechts keine Rechtswirkung gegenüber dem Dritten (s. Rn. 587). 593

VII. Beteiligung des Betriebsrats bei der Bestellung des oder der Sicherheitsbeauftragten

In Unternehmen mit mehr als zwanzig Beschäftigten hat der Arbeitgeber einen oder mehrere Sicherheitsbeauftragte zu bestellen (§ 22 SGB VII). Die Bestellung erfolgt „unter Beteiligung des Betriebsrates" (§ 22 Abs. 1 Satz 1 SGB VII; s. ausführlich § 89 Rn. 33 ff.). 594

VIII. Beteiligung des Betriebsrats bei Zusammensetzung und Geschäftsführung des Arbeitsschutzausschusses

Die **Betriebsärzte** und die **Fachkräfte für Arbeitssicherheit** haben bei der Erfüllung ihrer Aufgaben **mit dem Betriebsrat zusammenzuarbeiten** (§ 9 Abs. 1 ASiG). Sie haben ihn über wichtige Angelegenheiten des Arbeitsschutzes und der Unfallverhütung zu unterrichten und ihn auf sein Verlangen in Angelegenheiten des Arbeitsschutzes und der Unfallverhütung zu beraten (§ 9 Abs. 2 ASiG). Aber auch der Betriebsrat hat die Betriebsärzte und die Fachkräfte für Arbeitssicherheit bei der Erfüllung ihrer Aufgaben durch Anregung, Beratung und Auskunft zu unterstützen (§ 89 Abs. 1; s. auch dort Rn. 15 ff.). Die Betriebsärzte und die Fachkräfte für Arbeitssicherheit sind weiterhin im Verhältnis zueinander verpflichtet, bei der Erfüllung ihrer Aufgaben zusammenzuarbeiten; dazu gehört es insbesondere, gemeinsame Betriebsbegehungen vorzunehmen (§ 10 ASiG). 595

Der Zusammenarbeit dient als Institution der **Arbeitsschutzausschuss,** den der Arbeitgeber nach § 11 Abs. 1 Satz 1 ASiG in Betrieben mit mehr als zwanzig Beschäftigten zu bilden hat, soweit in einer sonstigen Rechtsvorschrift nichts anderes bestimmt ist. Teilzeitbeschäftigte werden bei der Feststellung der Zahl der Beschäftigten entsprechend 596 ihrer regelmäßigen wöchentlichen Arbeitszeit berücksichtigt (vgl. Halbsatz 2 des § 11 Abs. 1 Satz 1 ASiG). Der Arbeitsschutzausschuss hat die Aufgaben, Anliegen der Sicherheit und des Gesundheitsschutzes bei der Arbeit zu beraten, und tritt mindestens einmal vierteljährlich zusammen (§ 11 Abs. 1 Satz 3 und 4 ASiG). Er setzt sich zusammen aus dem Arbeitgeber oder einem von ihm Beauftragten, zwei vom Betriebsrat bestimmten Betriebsratsmitgliedern, Betriebsärzten, Fachkräften für Arbeitssicherheit und Sicherheitsbeauftragten nach § 22 SGB VII (§ 9 Abs. 3 Satz 2 ASiG).

597 Die **Zahl der Betriebsärzte,** der **Fachkräfte für Arbeitssicherheit** und der **Sicherheitsbeauftragten** ist nicht gesetzlich festgelegt, so dass insoweit ein Regelungsspielraum besteht, bei dessen Ausfüllung der Betriebsrat **nach Nr. 7 mitzubestimmen** hat (ebenso *Fitting,* § 89 Rn. 325; GK-*Wiese,* § 87 Rn. 670; GL-*Löwisch,* § 87 Rn. 166; *Matthes,* MünchArbR [2. Aufl. 2000] § 344 Rn. 54; *Kliesch/Nöthlichs/Wagner,* ASiG, § 11 Erl. 4 und 9; *Spinnarke/Schork,* ASiG, § 11 Erl. 2; *Denck,* ZfA 1976, 449, 461; a. A. HSWGNR-*Worzalla,* § 87 Rn. 386; *Stege/Weinspach/Schiefer,* § 87 Rn. 131). Da die Mitbestimmung nach Nr. 7 sich nicht auf personelle Einzelmaßnahmen erstreckt und auch das Arbeitssicherheitsgesetz eine Beteiligung nur in § 9 Abs. 3 vorsieht, unterliegt nicht der Mitbestimmung des Betriebsrats, wen der Arbeitgeber von den Betriebsärzten, Fachkräften für Arbeitssicherheit und Sicherheitsbeauftragten in den Arbeitsschutzausschuss entsendet (ebenso LAG Düsseldorf, DB 1977, 915; GK-*Wiese,* § 87 Rn. 671; GL-*Löwisch,* § 87 Rn. 166; *Matthes,* MünchArbR [2. Aufl. 2000] § 344 Rn. 54).

598 Regelungen über die **Geschäftsführung des Arbeitsschutzausschusses** fallen unter Nr. 7 und unterliegen deshalb der **Mitbestimmung des Betriebsrats** (ebenso GK-*Wiese,* § 87 Rn. 672; *Matthes,* MünchArbR [2. Aufl. 2000] § 344 Rn. 54; *Kliesch/Nöthlichs/ Wagner,* ASiG, § 11 Erl. 5 und 7; *Spinnarke/Schork,* ASiG, § 11 Erl. 2).

H. Nr. 8: Form, Ausgestaltung und Verwaltung von Sozialeinrichtungen, deren Wirkungsbereich auf den Betrieb, das Unternehmen oder den Konzern beschränkt ist

Abgekürzt zitiertes Schrifttum: Moll, Die Mitbestimmung des Betriebsrats beim Entgelt, (Diss. Köln) 1977; *Richardi,* Probleme der Mitbestimmung des Betriebsrats bei der Gestaltung der betrieblichen Altersversorgung, in: *Blomeyer* (Hrsg.), Betriebliche Altersversorgung unter veränderten Rahmenbedingungen, 1984, S. 21.

Übersicht

	Rn.
I. Vorbemerkung	599
II. Gesetzessystematischer Zusammenhang mit dem Grundtatbestand der Mitbestimmungsregelung in Nr. 10	601
III. Sozialeinrichtungen als Gegenstand des Mitbestimmungstatbestands	602
1. Begriff der Sozialeinrichtung	603
2. Wirkungsbereich der Sozialeinrichtung	612
3. Beispiele für eine Sozialeinrichtung	619
IV. Die mitbestimmungsfreien Entscheidungen des Arbeitgebers bei Errichtung einer Sozialeinrichtung	626
1. Errichtung der Sozialeinrichtung als mitbestimmungsfreie Maßnahme	626
2. Zweckbestimmung der Sozialeinrichtung	628
3. Dotierung der Sozialeinrichtung	630
V. Mitbestimmung über Form, Ausgestaltung und Verwaltung einer Sozialeinrichtung	633
1. Form der Sozialeinrichtung	633
2. Ausgestaltung der Sozialeinrichtung	637
3. Verwaltung der Sozialeinrichtung	643

	Rn.
VI. Inhalt und Durchführung der Mitbestimmung	645
1. Erfordernis der Zustimmung des Betriebsrats für Form, Ausgestaltung und Verwaltung der Sozialeinrichtung	645
2. Initiativrecht	647
3. Ausübungsform der Mitbestimmung	648
4. Zuständigkeit für die Mitbestimmungsausübung	649
VII. Mitbestimmung bei rechtlich selbständiger Sozialeinrichtung	651
1. Voraussetzungen der Mitbestimmung	651
2. Inhalt und Adressat der Mitbestimmung	652
3. Durchführung der Mitbestimmung	654
4. Verbandsinterne Form der Mitbestimmung (organschaftliche Lösung)	657
5. Rechtswirkungen einer Betriebsvereinbarung zur Durchführung der Mitbestimmung	660
6. Mitbestimmungsrecht bei Verpachtung einer Sozialeinrichtung	663
VIII. Mitbestimmungsordnung in der Sozialeinrichtung	664
1. Sozialeinrichtung als Betrieb	664
2. Bildung eines Betriebsrats und Beteiligung an einem Gesamt- oder Konzernbetriebsrat	666
3. Verhältnis der Mitbestimmung über Form, Ausgestaltung und Verwaltung zu den Beteiligungsrechten des Betriebsrats in der Sozialeinrichtung	668
IX. Schließung und Umwandlung der Sozialeinrichtung	671
1. Schließung der Sozialeinrichtung	671
2. Begrenzung des Dotierungsrahmens	674
3. Umstrukturierung der Sozialeinrichtung	676
4. Leistungskürzungen der Sozialeinrichtung	679
X. Rechtsfolgen einer Nichtbeteiligung des Betriebsrats	681
1. Errichtung einer Sozialeinrichtung	681
2. Verhältnis der Sozialeinrichtung zu Dritten und den begünstigten Arbeitnehmern	683

I. Vorbemerkung

Die Bestimmung entspricht § 56 Abs. 1 lit. e BetrVG 1952; jedoch ist nicht mehr von **599** Wohlfahrtseinrichtungen die Rede, sondern von Sozialeinrichtungen, ohne dass damit ein Unterschied in der Sache bezeichnet wird (ebenso BAG 12. 6. 1975 AP BetrVG 1972 § 87 Altersversorgung Nr. 1, 2 und 3). Der Gegenstand der Mitbestimmung ist lediglich insoweit erweitert worden, als zu ihm auch Sozialeinrichtungen gehören, deren Wirkungsbereich ein Konzern ist. Ihr Umfang beschränkt sich dagegen nicht nur wie nach § 56 Abs. 1 lit. e BetrVG 1952 auf die Verwaltung, sondern erstreckt sich auch auf Form und Ausgestaltung der Sozialeinrichtung.

Die Mitbestimmung bei Sozialeinrichtungen gehört zu den **historisch ältesten Betei-** **600** **ligungsrechten der Betriebsverfassung.** Bereits § 134b Abs. 2 Satz 2 GewO sah vor, dass mit Zustimmung eines ständigen Arbeiterausschusses in die Arbeitsordnung Vorschriften über das Verhalten der Arbeiter bei Benutzung der zu ihrem Besten getroffenen mit der Fabrik verbundenen Einrichtungen aufgenommen werden konnten. § 66 Nr. 9 BRG ordnete an, dass der Betriebsrat an der Verwaltung von Pensionskassen und Werkswohnungen sowie sonstiger Betriebswohlfahrtseinrichtungen mitzuwirken hat. Entsprechend gab § 56 Abs. 1 lit. e BetrVG 1952 dem Betriebsrat ein Mitbestimmungsrecht bei der Verwaltung von Wohlfahrtseinrichtungen.

II. Gesetzessystematischer Zusammenhang mit dem Grundtatbestand der Mitbestimmungsregelung in Nr. 10

Der Mitbestimmungstatbestand bildet mit den Tatbeständen der Nr. 9, 10 und 11 **601** teleologisch eine Einheit (vgl. auch *Moll*, Mitbestimmung beim Entgelt, S. 99, 142 f.; *Jahnke*, ZfA 1980, 863, 881 ff.). Zweck der Mitbestimmung ist eine Beteiligung an der

Erbringung und Gestaltung von Arbeitgeberleistungen, um eine gerechte Verteilung zu gewährleisten. Der Betriebsrat kann dagegen, wie der gesetzessystematische Zusammenhang mit § 88 Nr. 2 bestätigt, nicht erzwingen, dass der Arbeitgeber zusätzliche Leistungen erbringt. Nicht erfasst wird auch die Ausgestaltung des Synallagmas, also das Verhältnis von Leistung und Gegenleistung (s. Rn. 773). Im System der Mitbestimmung bei Entgeltleistungen des Arbeitgebers enthält Nr. 10 den Grundtatbestand (vgl. *Richardi*, ZfA 1976, 1, 16; ebenso *Moll*, Mitbestimmung beim Entgelt, S. 142 f., 230). Da Sozialleistungen, auch wenn der Arbeitgeber sie freiwillig erbringt, Entgeltcharakter haben, gilt Nr. 10 auch für sie (s. Rn. 832 ff.). Die Besonderheit der Nr. 8 liegt darin, dass derartige Leistungen über eine Sozialeinrichtung abgewickelt werden, wobei Nr. 9 eine Sonderregelung für die Vermietung von Wohnräumen enthält.

III. Sozialeinrichtungen als Gegenstand des Mitbestimmungstatbestands

602 Sozialeinrichtungen sind Einrichtungen, die vom Arbeitgeber errichtet sind, um den Belegschaftsmitgliedern und ihren Angehörigen Sozialleistungen zukommen zu lassen. Sie fallen unter den Mitbestimmungstatbestand, wenn ihr Wirkungsbereich auf den Betrieb, das Unternehmen oder den Konzern beschränkt ist.

1. Begriff der Sozialeinrichtung

603 a) Die Besonderheit des Mitbestimmungstatbestands besteht darin, dass es sich um eine **Einrichtung** handelt, die verwaltet werden kann. Voraussetzung ist deshalb ein **zweckgebundenes Sondervermögen mit einer abgrenzbaren, auf Dauer gerichteten Organisation, die der Verwaltung bedarf** (vgl. BAG 12. 6. 1975 AP BetrVG 1972 § 87 Altersversorgung Nr. 1, 2 und Nr. 3; bestätigt durch BAG 9. 12. 1980 AP BetrVG 1972 § 87 Lohngestaltung Nr. 5; bereits zu § 56 Abs. 1 lit. e BetrVG 1952: BAG 15. 5. 1957 AP BetrVG [1952] § 56 Nr. 5; 13. 7. 1962 AP BetrVG [1952] § 57 Nr. 3; 6. 12. 1963 und 26. 10. 1965 AP BetrVG [1952] § 56 Wohlfahrtseinrichtungen Nr. 6 und 8; aus dem Schrifttum: GL-*Löwisch*, § 87 Rn. 171; HSWGNR-*Worzalla*, § 87 Rn. 392; ErfK-*Kania*, § 87 Rn. 68; *Stege/Weinspach/Schiefer*, § 87 Rn. 135 ff.; *Gamillscheg*, Kollektives Arbeitsrecht, Bd. II S. 922; *Nikisch*, Bd. III S. 403; *Nipperdey/Säcker* in *Hueck/Nipperdey*, Bd. II/2 S. 1367; *Neumann-Duesberg*, S. 480; *Moll*, Mitbestimmung beim Entgelt, S. 80 f.; *Richardi*, GedS Kahn-Freund 1980, S. 247, 253 f.).

604 Bedenken richten sich gegen das **Erfordernis einer eigenen Organisation** als Begriffsmerkmal einer Sozialeinrichtung (GK-*Wiese*, § 87 Rn. 679). Man lässt daher für den Begriff der Sozialeinrichtung genügen, dass ein *zweckgebundenes Sondervermögen* der Verwaltung bedarf (so auch BAG 9. 7. 1985 AP BPersVG § 75 Nr. 16; 15. 9. 1987 AP BetrVG 1972 § 87 Sozialeinrichtung Nr. 9). Damit wird aber die Begriffsbestimmung mit dem Inhalt des Mitbestimmungsrechts verwechselt; denn da die Errichtung einer Sozialeinrichtung mitbestimmungsfrei ist, aber bereits ihre Form und Ausgestaltung der Mitbestimmung unterliegt, hat der Betriebsrat über die *Organisation* der Sozialeinrichtung mitzubestimmen.

605 Für den **Mitbestimmungstatbestand** genügt **nicht,** dass der Arbeitgeber einmalige oder wiederkehrende **Sozialleistungen** nach generellen Richtlinien **aus laufenden eigenen Mitteln gewährt.** Seine zwischenzeitlich abweichende Beurteilung hat der Erste Senat des BAG bereits im Beschluss vom 9. 12. 1980 ausdrücklich aufgegeben (AP BetrVG 1972 § 87 Lohngestaltung Nr. 5). Er hatte im Beschluss vom 13. 2. 1979 den Großen Senat angerufen, um klären zu lassen, ob die bloße Vergabe von Arbeitgeberdarlehen, die freiwillig nach allgemeinen Richtlinien aus laufenden eigenen Mitteln des Arbeitgebers gewährt werden, eine Sozialeinrichtung i. S. der Nr. 8 darstellt; er sah sich daran gehindert, die Frage zu bejahen, weil der Dritte Senat in st. Rspr. in Übereinstimmung mit der

bisherigen Rspr. des Ersten Senats verlangt hatte, dass wie eine Wohlfahrtseinrichtung auch eine Sozialeinrichtung ein zweckgebundenes Sondervermögen mit einer eigenen Organisation voraussetzt (AP BetrVG 1972 § 87 Sozialeinrichtung Nr. 2). Dem Vorlagebeschluss wurde die Grundlage entzogen, als der Dritte Senat durch Beschluss vom 24. 1. 1980 erklärte, dass er an seiner Rechtsprechung nicht festhalte, soweit seine bisherigen Entscheidungen dahin verstanden werden könnten, „dass eine entsprechende Anwendung des § 87 Abs. 1 Nr. 8 BetrVG 1972 auf soziale Leistungen des Arbeitgebers deshalb nicht in Betracht komme, weil sie nicht aus einem zweckgebundenen Sondervermögen geleistet werden" (AP BetrVG 1972 § 87 Sozialeinrichtung Nr. 3). Diese Äußerung wurde dahin verstanden, dass der Dritte Senat seine Rechtsprechung aufgegeben habe (vgl. *Fitting*, 13. Aufl. 1981, § 87 Rn. 44; *Gumpert*, BB 1980, 582 f.).

Da der Erste Senat fehlerhaft angenommen hatte, dass ein Arbeitgeberdarlehen keinen **606** Vergütungscharakter habe (vgl. dazu die Kritik von *Richardi*, GedS Kahn-Freund 1980, S. 247, 250 f.; s. auch Rn. 736), verneinte er eine Mitbestimmung nach Nr. 10. Damit brachte er sich selbst in das Dilemma, ein Mitbestimmungsrecht aus Nr. 8 begründen zu müssen, weil sonst eine Mitbestimmungslücke eingetreten wäre. Nach seiner Ansicht sollte genügen, „dass die sozialen Leistungen des Arbeitgebers – jedenfalls die, die nicht unter § 87 Abs. 1 Nr. 10 BetrVG subsumiert werden können – irgendwie institutionalisiert sind, d. h. einen (voraus-)bestimmten Zweck haben, keine Einzel- oder Ausnahmeerscheinung darstellen und auf eine gewisse Dauer gerichtet sind" (AP BetrVG 1972 § 87 Sozialeinrichtung Nr. 2, Bl. 4 R). Damit hätte der Mitbestimmungstatbestand der Nr. 8 praktisch alle Sozialleistungen, die auf Grund genereller Regelung erbracht werden, erfasst.

Die **Besonderheit des Mitbestimmungstatbestands** gegenüber Nr. 10 liegt jedoch nicht **607** in einer Verselbständigung der Vergütungsleistungen mit sozialer Zweckbestimmung, sondern sie besteht darin, dass für die Erbringung von Sozialleistungen eine **relativ selbständige Verwaltungsorganisation** geschaffen wird (s. Rn. 604). Deshalb hat der Erste Senat im Beschluss vom 9. 12. 1980 seine abweichenden Erwägungen im Vorlagebeschluss – AP BetrVG 1972 § 87 Sozialeinrichtung Nr. 2 – ausdrücklich aufgegeben und zugleich klargestellt, dass der Dritte Senat in dem auf seine Anfrage ergangenen Beschluss – AP BetrVG 1972 § 87 Sozialeinrichtung Nr. 3 – seine Rechtsprechung nicht aufgegeben hätte; er meint, die Systematik und der Zweck der Nr. 8 würden verwischt, wollte man – wie es der Senat ursprünglich erwogen habe – auch dann von Sozialeinrichtungen sprechen, wenn Sozialleistungen nach allgemeinen Richtlinien aus laufenden Betriebsmitteln gewährt werden (AP BetrVG 1972 § 87 Lohngestaltung Nr. 5).

b) Die Sozialeinrichtung muss den Arbeitnehmern oder ihren Angehörigen **soziale** **608** **Vorteile** gewähren oder sichern. Zu § 56 Abs. 1 lit. e BetrVG 1952 nahmen Rechtsprechung und Lehre an, dass Sozialeinrichtungen nur *Leistungen ohne Entgeltcharakter* erbringen, weil der Entgeltcharakter der Annahme entgegenstehe, dass es sich um einen Akt der Wohlfahrt i. S. des § 56 Abs. 1 lit. e BetrVG handele (so BAG 15. 5. 1957 AP BetrVG [1952] § 56 Nr. 5; *Dietz*, § 56 Rn. 130 f.). Grund für diese Annahme war, dass man die Erbringung der Sozialleistungen ursprünglich als Konkretisierung der Fürsorgepflicht beurteilte und sie daher in einen Gegensatz zur Entgeltpflicht stellte (vgl. dazu *Schwerdtner*, Fürsorgetheorie und Entgelttheorie im Recht der Arbeitsbedingungen, 1970). Solange diese Beurteilung rechtsdogmatisch herrschend blieb, konnte man das Wesen der Sozialeinrichtungen darin erblicken, dass sie Leistungen ohne Entgeltcharakter erbringen (so noch zum geltenden Recht *Dietz/Richardi*, 5. Aufl., § 87 Rn. 234 f.; *Fitting*, 11. Aufl., § 87 Rn. 40; GK-*Wiese* [Erstbearbeitung], § 87 Rn. 115). Erst als die rechtsdogmatische Erkenntnis sich durchsetzte, dass eine Rechtsbindung des Arbeitgebers bei freiwilligen Sozialleistungen nicht aus der Fürsorgepflicht begründet werden kann, sondern Sozialleistungen auch dann *Entgeltcharakter* haben, wenn sie nicht in einem Gegenseitigkeitsverhältnis zur Arbeitsleistung stehen, wurde die bisherige Definition für die Sozialeinrichtungen falsch, ohne dass dadurch sachlich eine Änderung eingetreten ist; denn eine Verdrängung aus dem Mitbestimmungstatbestand kann nicht damit begründet werden, dass nach neuer Erkenntnis betriebliche Sozialleistungen Entgeltcharakter haben.

609 Der Annahme einer Sozialeinrichtung steht deshalb nicht entgegen, dass mit ihrer Hilfe **Leistungen** erbracht werden, die **zugleich Entgeltcharakter** haben (ebenso BAG 12. 6. 1975 AP BetrVG 1972 § 87 Altersversorgung Nr. 1; *Fitting*, § 87 Rn. 335; GK-*Wiese*, § 87 Rn. 687; GL-*Löwisch*, § 87 Rn. 173; *Moll*, Mitbestimmung beim Entgelt, S. 85 ff.; *Richardi*, GedS Kahn-Freund 1980, S. 247, 254; *Jahnke*, ZfA 1980, 863, 872 ff.). Nicht erfasst wird aber das Arbeitsentgelt, das unmittelbar im Synallagma zur Arbeitsleistung steht; denn es unterliegt nicht der Mitbestimmung nach Nr. 8, wie der Arbeitgeber organisatorisch sicherstellt, dass das verdiente Arbeitsentgelt richtig erbracht wird. Keine Rolle spielt, ob der Arbeitnehmer auf die Leistungen der Sozialeinrichtung einen Rechtsanspruch hat (vgl. BAG 26. 4. 1988 AP BetrVG 1972 § 87 Altersversorgung Nr. 16; *Fitting*, § 87 Rn. 336; HSWGNR-*Worzalla*, § 87 Rn. 393; *Moll*, Mitbestimmung beim Entgelt, S. 96).

610 Mit der These, dass Sozialeinrichtungen Leistungen ohne Entgeltcharakter erbringen, steht in Zusammenhang, dass zu § 56 Abs. 1 lit. e BetrVG 1952 teilweise verlangt wurde, es müsse sich um **uneigennützige Leistungen** des Arbeitgebers handeln (*Dietz*, § 56 Rn. 128; *Galperin/Siebert*, § 56 Rn. 48; *Neumann-Duesberg*, S. 480). Damit wird auf ein subjektiv-finales Kriterium abgestellt, das nicht nur Abgrenzungsschwierigkeiten bereitet, sondern auch dem Zweck der Mitbestimmung widerspricht. Auf das **Motiv der Uneigennützigkeit** kann es **nicht** ankommen, weil sonst der Bestand des Mitbestimmungsrechts von der inneren Einstellung des Arbeitgebers abhängig gemacht wird. Es genügt vielmehr, dass die Sozialeinrichtung **objektiv** dem Zweck dient, die **soziale Lage der Arbeitnehmer oder ihrer Angehörigen zu verbessern,** auch wenn der Arbeitgeber nicht uneigennützig handelt (ebenso *Fitting*, § 87 Rn. 337; GK-*Wiese*, § 87 Rn. 691; DKK-*Klebe*, § 87 Rn. 208; HSWGNR-*Worzalla*, § 87 Rn. 393; ErfK-*Kania*, § 87 Rn. 69; *Moll*, Mitbestimmung beim Entgelt, S. 84 f.; *Richardi*, GedS Kahn-Freund 1980, S. 247, 255; bereits zu § 56 Abs. 1 lit. e BetrVG 1952 *Nikisch*, Bd. III S. 404; *Nipperdey/Säcker* in *Hueck/Nipperdey*, Bd. II/2 S. 1369).

611 **Nicht erforderlich** ist deshalb, dass die Sozialeinrichtung ihre **Leistungen unentgeltlich** anbietet (ebenso BAG 11. 7. 2000 AP BetrVG 1972 § 87 Sozialeinrichtung Nr. 16; *Fitting*, § 87 Rn. 338; GK-*Wiese*, § 87 Rn. 688; GL-*Löwisch*, § 87 Rn. 174; HSWGNR-*Worzalla*, § 87 Rn. 393; *Matthes*, MünchArbR § 249 Rn. 6; *Nikisch*, Bd. III S. 404, 410; *Nipperdey/Säcker* in *Hueck/Nipperdey*, Bd. II/2 S. 1369 Fn. 18). Der Charakter einer Sozialeinrichtung wird also nicht dadurch beeinträchtigt, dass die Mittel einer Pensionskasse zum Teil oder auch zum größten Teil von den Arbeitnehmern aufgebracht werden. Im Gegenteil spricht die Beteiligung der Arbeitnehmer sogar für ein Mitbestimmungsrecht. § 95 Abs. 3 Nr. 2 des österreichischen Arbeitsverfassungsgesetzes (ArbVG) vom 14. 12. 1973 hat daraus folgerichtig die Konsequenz gezogen, dass der Betriebsrat ein Einspruchsrecht bei der Auflösung einer Wohlfahrtseinrichtung erhält, wenn die Arbeitnehmer zum Errichtungs- und Erhaltungsaufwand der Wohlfahrtseinrichtung erheblich beigetragen haben (s. auch Rn. 672).

2. Wirkungsbereich der Sozialeinrichtung

612 a) Voraussetzung für den Mitbestimmungstatbestand ist weiterhin, dass der **Wirkungsbereich der Sozialeinrichtung** auf den **Betrieb,** das **Unternehmen** oder den **Konzern** beschränkt ist. Die Einrichtung darf also **keinem** über diesen Bereich hinausgehenden **unbestimmten Personenkreis offen stehen** (ebenso *Fitting*, § 87 Rn. 342; GK-*Wiese*, § 87 Rn. 698; ErfK-*Kania*, § 87 Rn. 70; *Matthes*, MünchArbR § 249 Rn. 11). Die für einen Gewerbezweig errichtete Pensions- oder Unterstützungskasse ist keine Sozialeinrichtung i. S. dieser Bestimmung (ebenso GK-*Wiese*, § 87 Rn. 700; HSWGNR-*Worzalla*, § 87

Rn. 396). Da der Gesetzestext ausdrücklich vom Wirkungsbereich einer Sozialeinrichtung spricht, liegt darin zugleich die Bestätigung der Annahme, dass die Sozialeinrichtung eine *Verwaltungseinheit* darstellt; denn nur eine Organisation, durch die soziale Leistungen erbracht werden, kann einen Wirkungsbereich haben, nicht die Erbringung der sozialen Leistungen selbst, auch wenn sie auf eine gewisse Dauer gerichtet ist. Deshalb fällt eine Belegschaftsversicherung bei einer Versicherungsgesellschaft zur Durchführung der betrieblichen Altersversorgung nicht unter den Mitbestimmungstatbestand, sondern in Betracht kommt lediglich ein Mitbestimmungsrecht nach Nr. 10 (s. Rn. 847 ff.). Gleiches gilt, wenn mehrere Arbeitgeber eine Gruppen-Unterstützungskasse betreiben, obwohl sie weder einen gemeinsamen Betrieb noch einen Konzern bilden (ebenso BAG 22. 4. 1986 und 9. 5. 1989 AP BetrVG 1972 § 87 Altersversorgung Nr. 13 und 18; s. auch Rn. 616).

613 Ein Mitbestimmungsrecht bei Sozialeinrichtungen, deren Wirkungsbereich sich auf den Bereich eines Konzerns erstreckt, ist nur anzuerkennen, wenn es sich um einen **Konzern i. S. des § 18 Abs. 1 AktG,** also um einen Unterordnungskonzern, nicht dagegen, wenn es sich um einen Gleichordnungskonzern handelt. Im Gesetzestext fehlt zwar ein Hinweis auf § 18 Abs. 1 AktG, wie er in § 8 Abs. 1 Satz 2 und § 54 Abs. 1 enthalten ist; aber hier wie dort muss es auf den Konzern i. S. des Betriebsverfassungsrechts ankommen (s. zum Begriff § 54 Rn. 3 ff.), zumal der betriebsverfassungsrechtliche Arbeitnehmerrepräsentant, der hier für die Ausübung des Mitbestimmungsrechts zuständig ist, nämlich der Konzernbetriebsrat, nur für einen Unterordnungskonzern, nicht für einen Gleichordnungskonzern errichtet werden kann (§ 54 Abs. 1; ebenso GK-*Wiese,* § 87 Rn. 698; GL-*Löwisch,* § 87 Rn. 179; HSWGNR-*Worzalla,* § 87 Rn. 398; a. A. *Fitting,* § 87 Rn. 346).

614 Ob eine Sozialeinrichtung in ihrem **Wirkungsbereich** auf den Betrieb, das Unternehmen oder den Konzern **beschränkt** ist, richtet sich nach dem *Errichtungsakt,* bei Verselbständigung der Sozialeinrichtung nach deren Satzung. Werden Außenstehende zur Nutzung der Sozialeinrichtung zugelassen, so wird nicht bereits dadurch dem Mitbestimmungsrecht die Grundlage entzogen, sofern sie nur als Gäste zugelassen sind (vgl. BAG 21. 6. 1979 AP BetrVG 1972 § 87 Sozialeinrichtung Nr. 1). Nach Ansicht des BAG (a. a. O.) ist ein solcher Fall gegeben, wenn die selbständige Versorgungskasse eines Konzerns unmittelbar allein den Angestellten des Konzerns offen steht, während „befreundete Gesellschaften" oder deren Angestellte nur im Einverständnis mit der Konzernmutter durch besonderen Beschluss des Kassenvorstands zu einer Mitgliedschaft mit minderem Bestandsschutz zugelassen werden können.

615 b) Das Mitbestimmungsrecht besteht nur für **Sozialeinrichtungen,** die der **Arbeitgeber** oder ein **Dritter auf dessen Veranlassung errichtet** hat. Auch aus diesem Grund fallen Unterstützungskassen, die für einen Gewerbezweig errichtet sind, nicht unter den Begriff der Sozialeinrichtung i. S. dieser Bestimmung (s. Rn. 612).

616 Errichtet ein **Dritter,** der zum Arbeitgeber in keiner Konzernbindung i. S. des § 18 Abs. 1 AktG steht, ohne dessen Veranlassung für die Arbeitnehmer eines Betriebs, Unternehmens oder Konzerns eine **Stiftung,** so handelt es sich nicht um eine Sozialeinrichtung, die dem Mitbestimmungsrecht des Betriebsrats unterliegt (ebenso LAG Hannover, BB 1961, 529; HSWGNR-*Worzalla,* § 87 Rn. 395). Das gilt auch, wenn dem Arbeitgeber Rechte in der Stiftungsverfassung eingeräumt werden (a. A. GL-*Löwisch,* § 87 Rn. 181; GK-*Wiese,* § 87 Rn. 702; DKK-*Klebe,* § 87 Rn. 209). Doch bestehen keine Bedenken dagegen, dass die Stiftungsverfassung dem Betriebsrat ein Mitbestimmungsrecht einräumt, wie es hier in Nr. 8 vorgesehen ist. Die gesetzliche Regelung selbst gilt unmittelbar nur, wenn Arbeitgeber und Stifter bei wirtschaftlicher Betrachtungsweise identisch sind, also die Gesellschafter einer GmbH für deren Arbeitnehmer eine Stiftung machen.

617 c) Ein Mitbestimmungsrecht des Betriebsrats kommt nur in Betracht, wenn die Sozialeinrichtung **Arbeitnehmer begünstigt,** die **vom Betriebsrat repräsentiert** werden. Mitbestimmungsfrei ist deshalb eine Sozialeinrichtung, die ausschließlich für **leitende Ange-**

stellte i. S. des § 5 Abs. 3 bestimmt ist. Wenn nutzungsberechtigt aber nicht nur leitende Angestellte, sondern auch sonstige Arbeitnehmer sind, ist das Mitbestimmungsrecht des Betriebsrats gegeben (ebenso BAG 30. 4. 1974 AP BetrVG 1972 § 87 Werkmietwohnungen Nr. 2; *Fitting*, § 87 Rn. 344; GK-*Wiese*, § 87 Rn. 697; GL-*Löwisch*, § 87 Rn. 182; ErfK-*Kania*, § 87 Rn. 70; *Matthes*, MünchArbR § 249 Rn. 11).

618 d) Nicht der Mitbestimmung unterliegt eine **Selbsthilfeeinrichtung der Arbeitnehmer**, auch wenn sie sich in ihrem Wirkungsbereich auf den Betrieb, das Unternehmen oder den Konzern beschränkt, weil in diesem Fall keine Leistungen des Arbeitgebers über die Einrichtung erbracht werden (ebenso zu der gleichgelagerten Problematik nach dem Personalvertretungsrecht OVG Rheinland-Pfalz, PersV 1961, 274).

3. Beispiele für eine Sozialeinrichtung

619 a) Unter den Begriff der Sozialeinrichtung i. S. des Mitbestimmungstatbestands fallen nicht nur **Werkskantinen** (vgl. BAG 6. 12. 1963 AP BetrVG [1952] § 56 Wohlfahrtseinrichtungen Nr. 6; 15. 9. 1987 und 11. 7. 2000 AP BetrVG 1972 § 87 Sozialeinrichtung Nr. 9 und 16), Erholungsräume in den Betrieben, Verkaufsstellen und Automaten zum Bezug verbilligter Getränke (vgl. BAG 26. 10. 1965 AP BetrVG [1952] § 56 Wohlfahrtseinrichtungen Nr. 8), sondern auch **Kindergärten** (vgl. LAG Hamm, EzA § 87 BetrVG 1972 Sozialeinrichtung Nr. 6 = DB 1976, 201; s. auch BAG 22. 10. 1981 AP BetrVG 1972 § 76 Nr. 10), Erholungsheime (vgl. OVG Koblenz, PersV 1961, 274; s. auch BAG 3. 6. 1975 AP BetrVG 1972 § 87 Werkmietwohnungen Nr. 3, Bl 2 R), Alters- und Krankenheime, Sportanlagen, Bibliotheken und Fortbildungseinrichtungen (vgl. auch *Fitting*, § 87 Rn. 347; HSWGNR-*Worzalla*, § 87 Rn. 394).

620 Zu den Sozialeinrichtungen, deren Form, Ausgestaltung und Verwaltung der Mitbestimmung des Betriebsrats unterliegen, gehören vor allem die **Unterstützungs- und Pensionskassen** (s. ausführlich Rn. 849 ff.).

621 Auch **Werkmietwohnungen** können eine Sozialeinrichtung sein. Das Gesetz enthält für sie in Nr. 9 eine besondere Mitbestimmungsregelung. Der dort umschriebene Sachverhalt bildet in der Regel einen Unterfall von Nr. 8 (vgl. BAG 13. 3. 1973 und 3. 6. 1975 AP BetrVG 1972 § 87 Werkmietwohnungen Nr. 1 und 3; s. ausführlich Rn. 686 ff.). Keine Sozialeinrichtung liegt aber vor, soweit es sich um Dienstwohnungen handelt, die dem Arbeitnehmer auf Grund seines Arbeitsvertrags zugewiesen werden und die zu beziehen er verpflichtet ist (*Werkdienstwohnungen*; ebenso GK-*Wiese*, § 87 Rn. 693; GL-*Löwisch*, § 87 Rn. 175; s. auch Rn. 690).

622 b) Keine Sozialeinrichtung ist die **Werkszeitung**; denn durch sie soll nicht ein vermögenswerter Vorteil gewährt werden, sondern sie dient der Unterrichtung der Belegschaftsangehörigen (ebenso *Fitting*, § 87 Rn. 348; GK-*Wiese*, § 87 Rn. 694; GL-*Löwisch*, § 87 Rn. 174; HSWGNR-*Worzalla*, § 87 Rn. 395; *Nipperdey/Säcker* in *Hueck/Nipperdey*, Bd. II/2 S. 1369 Fn. 18; *Neumann-Duesberg*, S. 481; s. zur Herausgabe eines Informationsblattes für die Belegschaft durch den Betriebsrat auf Kosten des Arbeitgebers § 40 Rn. 80 f.).

623 Keine Sozialeinrichtung ist auch die Veranstaltung von **Betriebsausflügen** und **Betriebsfeiern** (ebenso BAG 27. 1. 1998 AP BetrVG 1972 § 87 Sozialeinrichtung Nr. 14; *Fitting*, § 87 Rn. 348; GL-*Löwisch*, § 87 Rn. 172; DKK-*Klebe*, § 87 Rn. 227; HSWGNR-*Worzalla*, § 87 Rn. 395). Bei derartigen Veranstaltungen wird keine Einrichtung gebildet, da die Organisation nicht auf Dauer angelegt ist.

624 Keine Sozialeinrichtung ist der **betriebsärztliche** und **sicherheitstechnische Dienst**; denn insoweit handelt es sich um *Einrichtungen des Arbeitsschutzes* (ebenso GK-*Wiese*, § 87 Rn. 695; GL-*Löwisch*, § 87 Rn. 177; HSWGNR-*Worzalla*, § 87 Rn. 395; s. zur Mitbestimmung des Betriebsrats Rn. 573 ff.).

625 Die **Betriebskrankenkassen** sind ebenfalls keine Sozialeinrichtungen; sie sind vielmehr die gesetzlichen Träger der sozialen Krankenversicherung (vgl. §§ 147 ff. SGB V; ebenso

Fitting, § 87 Rn. 348; GK-*Wiese*, § 87 Rn. 695; GL-*Löwisch*, § 87 Rn. 176; DKK-*Klebe*, § 87 Rn. 227; HSWGNR-*Worzalla*, § 87 Rn. 395).

IV. Die mitbestimmungsfreien Entscheidungen des Arbeitgebers bei Errichtung einer Sozialeinrichtung

1. Errichtung der Sozialeinrichtung als mitbestimmungsfreie Maßnahme

Das **Mitbestimmungsrecht** bezieht sich auf **Form, Ausgestaltung und Verwaltung** der Sozialeinrichtung; es erstreckt sich dagegen **nicht** auf deren **Errichtung**. Diese Abgrenzung wird durch § 88 Nr. 2 bestätigt, der ausdrücklich als Gegenstand einer freiwilligen Betriebsvereinbarung die Errichtung von Sozialeinrichtungen nennt, deren Wirkungsbereich auf den Betrieb, das Unternehmen oder den Konzern beschränkt ist (ebenso BAG 13. 3. 1973 AP BetrVG 1972 § 87 Werkmietwohnungen Nr. 1; *Fitting*, § 87 Rn. 350; GK-*Wiese*, § 87 Rn. 705; GL-*Löwisch*, § 87 Rn. 186; HSWGNR-*Worzalla*, § 87 Rn. 413 f.; ErfK-*Kania*, § 87 Rn. 73). Der Mitbestimmungsfall tritt also erst ein, wenn der Arbeitgeber die Sozialeinrichtung errichtet. Mit der Errichtung der Sozialeinrichtung werden aber zugleich deren Form und Ausgestaltung festgelegt. Deshalb bedarf hier der Abgrenzung, welche Maßnahme des Arbeitgebers noch mitbestimmungsfrei ist oder bereits der Mitbestimmung des Betriebsrats unterliegt. Dabei ist insbesondere der **gesetzessystematische Zusammenhang mit dem in Nr. 10 genannten Mitbestimmungstatbestand** zu beachten; denn Leistungen einer Sozialeinrichtung können gleichzeitig Teil der betrieblichen Lohngestaltung sein (ebenso BAG 9. 12. 1980 AP BetrVG 1972 § 87 Lohngestaltung Nr. 5).

626

Aus § 88 Nr. 2 ergibt sich für eine gesetzessystematische Interpretation, dass die **Entschließungsfreiheit des Arbeitgebers, ob und inwieweit er zusätzliche Leistungen an die Belegschaft erbringen will,** durch die Mitbestimmung nicht beschnitten wird (ebenso zu Nr. 10 BAG 12. 6. 1975 AP BetrVG 1972 § 87 Altersversorgung Nr. 1, 2 und 3; st. Rspr.; s. Rn. 771). Bei freiwilligen Leistungen entscheidet der Arbeitgeber allein darüber, in welchem Umfang er finanzielle Mittel einsetzen, welchen Zweck er mit dieser Leistung verfolgen und welchen Personenkreis er deshalb begünstigen will. Was für Nr. 10 gilt, ist auch hier zu beachten. Zweckbestimmung und Dotierung gehören nicht zur mitbestimmungspflichtigen Ausgestaltung oder Verwaltung, sondern zur mitbestimmungsfreien Errichtung der Einrichtung (vgl. BAG 13. 3. 1973 AP BetrVG 1972 § 87 Werkmietwohnungen Nr. 1; 26. 4. 1988 AP BetrVG 1972 § 87 Altersversorgung Nr. 16; bereits zu § 56 Abs. 1 lit. e BetrVG 1952: BAG 6. 12. 1963 AP BetrVG [1952] § 56 Wohlfahrtseinrichtungen Nr. 6).

627

2. Zweckbestimmung der Sozialeinrichtung

Mitbestimmungsfrei ist die **Zweckbestimmung einer Sozialeinrichtung** durch den Arbeitgeber. Zur Errichtung gehört nämlich nicht nur die Entscheidung, ob überhaupt eine Sozialeinrichtung geschaffen werden soll, sondern mit ihr ist untrennbar auch die Entscheidung verbunden, zu welchem Zweck sie errichtet werden soll. Der Arbeitgeber kann deshalb im Mitbestimmungsverfahren nicht gezwungen werden, statt einer Einrichtung zur beruflichen Fortbildung eine Ruhegeldeinrichtung, statt einer Kantine eine Kindertagesstätte oder statt einer Werkmietwohnanlage Ferienunterkünfte zu schaffen (ebenso BAG 14. 2. 1967 AP BetrVG [1952] § 56 Wohlfahrtseinrichtungen Nr. 9; BAG 13. 3. 1973 AP BetrVG 1972 § 87 Werkmietwohnungen Nr. 1; 15. 9. 1987 AP BetrVG 1972 § 87 Sozialeinrichtung Nr. 9; GK-*Wiese*, § 87 Rn. 707; GL-*Löwisch*, § 87 Rn. 187; HSWG-*Worzalla*, § 87 Rn. 415; ErfK-*Kania*, § 87 Rn. 73; *Matthes*, MünchArbR § 249 Rn. 14).

628

629 Zur Zweckbestimmung gehört die **Festlegung des begünstigten Personenkreises** und der **Art der ihm zu erbringenden Leistungen** (ebenso *Fitting*, § 87 Rn. 352 f.; GK-*Wiese*, § 87 Rn. 708; GL-*Löwisch*, § 87 Rn. 188; HSWGNR-*Worzalla*, § 87 Rn. 417; ErfK-*Kania*, § 87 Rn. 73; *Matthes*, MünchArbR § 249 Rn. 14; *Moll*, Mitbestimmung beim Entgelt, S. 102 f.). Der Arbeitgeber kann deshalb eine Werkmietwohnanlage nur für Familien mit Kindern schaffen (ebenso BAG 14. 2. 1967 AP BetrVG [1952] § 56 Wohlfahrtseinrichtungen Nr. 9). Mitbestimmungsfrei ist aber nur die generelle Entscheidung, welche Art von Sozialeinrichtung er für welchen abstrakt abgegrenzten Arbeitnehmerkreis schaffen will (ebenso BAG 15. 9. 1987 AP BetrVG 1972 § 87 Sozialeinrichtung Nr. 9). Die Konkretisierung der Nutzung einer Sozialeinrichtung im Rahmen dieser Zweckbestimmung unterliegt der Mitbestimmung des Betriebsrats; sie gehört zur Ausgestaltung der Sozialeinrichtung (ebenso BAG a. a. O.; s. auch Rn. 638 ff.).

3. Dotierung der Sozialeinrichtung

630 Mit der Errichtung einer Sozialeinrichtung ist ebenfalls untrennbar verbunden, **welches Sondervermögen** ihr zur Verfügung gestellt werden soll; denn eine Sozialeinrichtung liegt nur vor, wenn die Leistungen aus einem zweckgebundenen Sondervermögen mit einer abgrenzbaren Organisation erbracht werden sollen (s. Rn. 603). Deshalb entscheidet der Arbeitgeber mitbestimmungsfrei über die **sachliche und finanzielle Grundausstattung einer Sozialeinrichtung** (vgl. BAG 13. 3. 1973 AP BetrVG 1972 § 87 Werkmietwohnungen Nr. 1; 15. 6. 1975 AP BetrVG 1972 § 87 Altersversorgung Nr. 1, 2 und 3; 13. 7. 1978 und 26. 4. 1988 AP BetrVG 1972 § 87 Altersversorgung Nr. 5 und 16; bereits zu § 56 Abs. 1 lit. e BetrVG 1952: BAG 6. 12. 1963 AP BetrVG [1952] § 56 Wohlfahrtseinrichtungen Nr. 6; weiterhin *Fitting*, § 87 Rn. 351; GK-*Wiese*, § 87 Rn. 710; GL-*Löwisch*, § 87 Rn. 190; HSWGNR-*Worzalla*, § 87 Rn. 419; ErfK-*Kania*, § 87 Rn. 73; *Matthes*, MünchArbR § 249 Rn. 15). Die Mitbestimmungsfreiheit bezieht sich nicht nur auf den Umfang der Sachmittel und den Umfang der finanziellen Grundausstattung, den *Dotierungsrahmen* (vgl. BAG 13. 3. 1973 AP BetrVG 1972 § 87 Werkmietwohnungen Nr. 1), sondern auch auf die *Art der Zuwendungen*. Deshalb ist mitbestimmungsfrei, ob der Arbeitgeber die erforderlichen Barmittel jeweils zuschießt oder ein ausreichendes Grundkapital zur Verfügung stellt (vgl. BAG 13. 7. 1978 AP BetrVG 1972 § 87 Altersversorgung Nr. 5). Bei der betrieblichen Altersversorgung entscheidet er ohne Bindung an das Mitbestimmungsrecht nicht nur darüber, ob sie aus einem zweckgebundenen Sondervermögen, also durch eine Sozialeinrichtung, geleistet wird, sondern bei Wahl einer Sozialeinrichtung auch darüber, ob eine Unterstützungs- oder Pensionskasse geschaffen wird (s. Rn. 852).

631 Von der Dotierung der Sozialeinrichtung unterscheidet *Matthes* (MünchArbR § 249 Rn. 16) die **Dotierung der von der Sozialeinrichtung zu erbringenden Leistungen**. Auch sie ist mitbestimmungsfrei. Wenn er dennoch die Unterscheidung vornimmt, so beruht sie auf seiner Annahme, dass das Mitbestimmungsrecht sich hinsichtlich der Ausgestaltung der Leistung allein aus Nr. 10 ergibt (s. auch Rn. 639). Nr. 8 und Nr. 10 sind jedoch insoweit sich überschneidende Mitbestimmungstatbestände. Erbringt der Arbeitgeber die Leistungen über eine Sozialeinrichtung, so ist mitbestimmungsfrei, wie er sicherstellt, dass die Sozialeinrichtung die Leistungen erbringen kann. Die Unterscheidung spielt daher nur eine Rolle, wenn der Arbeitgeber die Sozialeinrichtung schließt, aber die von ihr erbrachten Leistungen nicht eingestellt werden. Diese Umwandlung ist ebenfalls mitbestimmungsfrei (s. Rn. 676 ff.). Zu einer Differenzierung kommt es auch bei einer rechtsgeschäftlichen Betriebsübernahme; denn der Betriebserwerber tritt nach § 613a Abs. 1 Satz 1 BGB in die arbeitsvertraglichen Pflichten ein; er erwirbt aber nicht kraft Gesetzes auch die Rechte an der Sozialeinrichtung, mit deren Hilfe der Betriebsveräußerer bisher Leistungen erbracht hatte (vgl. BAG 5. 5. 1977 AP BGB § 613a Nr. 7).

Da die Dotierung der Sozialeinrichtung mitbestimmungsfrei ist, kann der Betriebsrat 632
im Mitbestimmungsverfahren auch nicht erzwingen, dass die Arbeitnehmer einen
Rechtsanspruch auf die Leistung der Sozialeinrichtung erhalten sollen. Auch wenn der
Arbeitgeber gegenüber dem Arbeitnehmer eine Verpflichtung eingeht, ist mitbestimmungsfrei, ob ein Rechtsanspruch gegen die Sozialeinrichtung begründet werden soll.

V. Mitbestimmung über Form, Ausgestaltung und Verwaltung einer Sozialeinrichtung

1. Form der Sozialeinrichtung

§ 56 Abs. 1 lit. e BetrVG 1952 bezog das Mitbestimmungsrecht auf die *Verwaltung* 633
von Wohlfahrtseinrichtungen *ohne Rücksicht auf ihre Rechtsform;* das geltende Recht
erstreckt es ausdrücklich auch auf die Form der Sozialeinrichtung. Gemeint ist die *rechtliche Gestalt,* die **Rechtsform** (ebenso *Fitting,* § 87 Rn. 357; GK-*Wiese,* § 87 Rn. 716;
GL-*Löwisch,* § 87 Rn. 183; ErfK-*Kania,* § 87 Rn. 76; *Matthes,* MünchArbR § 249
Rn. 21).

a) Der Betriebsrat hat mitzubestimmen, ob die Sozialeinrichtung eine **unselbständige** 634
Einrichtung des Betriebs oder Unternehmens sein oder ob sie als selbständige **juristische**
Person, als GmbH, Versicherungsverein auf Gegenseitigkeit, Stiftung oder wie sonst
immer, errichtet werden soll (ebenso *Fitting,* § 87 Rn. 357 f.; GK-*Wiese,* § 87 Rn. 719;
GL-*Löwisch,* § 87 Rn. 183; DKK-*Klebe,* § 87 Rn. 215; HSWGNR-*Worzalla,* § 87
Rn. 401; *Matthes,* MünchArbR § 249 Rn. 21; *Moll,* Mitbestimmung beim Entgelt,
S. 106). Der Mitbestimmung unterliegt deshalb, ob Rechtsträger der Sozialeinrichtung
der Arbeitgeber oder eine von ihm verschiedene *Gesamthand* oder *juristische Person* sein
soll. Durch das Mitbestimmungsrecht über die Form der Sozialeinrichtung kann aber
nicht erzwungen werden, dass der Arbeitgeber den Dotierungsrahmen erweitert (s.
Rn. 630). Daraus kann jedoch nicht abgeleitet werden, dass für den Betriebsrat kein
Initiativrecht, sondern nur ein Zustimmungsrecht besteht (ebenso GK-*Wiese,* § 87
Rn. 724; *ders.,* Initiativrecht, S. 56 ff.; GL-*Löwisch,* § 87 Rn. 199; *Richardi,* ZfA 1976,
1, 39; a.A. *Stege/Weinspach/Schiefer,* § 87 Rn. 144). Der Betriebsrat kann aber nicht
erzwingen, dass die Sozialeinrichtung in der Form einer GmbH gegründet wird, wenn
der Arbeitgeber nicht das für eine GmbH erforderliche Mindeststammkapital von
25 000 € zur Verfügung stellt (§ 5 Abs. 1 GmbHG), sondern er kann lediglich verhindern, dass für die Sozialeinrichtung die Rechtsform der GmbH gewählt wird.

b) Zur Bestimmung der Form gehört die Entscheidung, ob die Sozialeinrichtung **von** 635
einem Dritten betrieben werden soll. Der Arbeitgeber bleibt in diesem Fall der Adressat
der Mitbestimmung. Die Sozialeinrichtung verliert ihren Charakter nicht dadurch, dass
der Dritte sie ausschließlich zu dem Zweck betreibt, Gewinn zu erzielen, sofern im
Verhältnis zu den Belegschaftsangehörigen die Einrichtung auch weiterhin ihren sozialen
Charakter behält. Unter dieser Voraussetzung handelt es sich auch bei Verpachtung an
einen Dritten nicht um eine Schließung der Sozialeinrichtung, die als Gegenstück zur
Errichtung grundsätzlich mitbestimmungsfrei ist (s. Rn. 671), sondern um eine Bestimmung der Form, in der die Sozialeinrichtung betrieben wird (ebenso GK-*Wiese,* § 87
Rn. 721; *Matthes,* MünchArbR § 249 Rn. 22; *Moll,* Mitbestimmung beim Entgelt,
S. 107; *Gumpert,* BB 1978, 968, 969; als Teil der Verwaltung bzw. Ausgestaltung
Fitting, § 87 Rn. 367; vgl. auch VGH Kassel, AP PersVG § 67 Nr. 1; HSWGNR-
Worzalla, § 87 Rn. 403; a.A. *Stege/Weinspach/Schiefer,* § 87 Rn. 141). Der Abschluss
und die Kündigung von Pachtverträgen über eine Werkskantine unterliegen daher der
Mitbestimmung des Betriebsrats. Mitbestimmungspflichtig ist deshalb auch ein Vertrag
mit einem selbständigen Unternehmen über das **Aufstellen von Warenautomaten,** durch
die die Belegschaft mit Speisen und Getränken versorgt werden soll (ebenso *Gumpert,*
BB 1978, 968, 969).

636 c) Mit der **Wahl der Form** wird zugleich eine **Vorentscheidung über die Ausgestaltung und Verwaltung** der Sozialeinrichtung getroffen. In dem Rahmen, der für eine privatautonome Gestaltung offen bleibt, hat der Betriebsrat bei der Festlegung der Satzung und der Organisation, insbesondere bei der Aufstellung der Vorschriften für die Geschäftsführung und die Festlegung der Grundsätze, wie die Verwaltung im Einzelnen durchgeführt werden soll, mitzubestimmen.

2. Ausgestaltung der Sozialeinrichtung

637 Der Mitbestimmung unterliegt weiterhin die Ausgestaltung der Sozialeinrichtung. Sie wird neben der Form und Verwaltung genannt. Mit dem Begriff der Ausgestaltung erfasst das Gesetz die Festlegung der **Organisation der Sozialeinrichtung** (ebenso *Fitting*, § 87 Rn. 361; GK-*Wiese*, § 87 Rn. 727; GL-*Löwisch*, § 87 Rn. 184; *Matthes*, MünchArbR § 249 Rn. 24). Bei ihr geht es um die „Maßnahmen, die nach ihrer Bedeutung und ihrer zeitlichen Reihenfolge nach der grundsätzlichen Entscheidung über die Errichtung zwischen der Bestimmung der Form, insbesondere der Rechtsform, und der laufenden Verwaltung der Sozialeinrichtung liegen" (BAG 13. 3. 1973 AP BetrVG 1972 § 87 Werkmietwohnungen Nr. 1; zust. ErfK-*Kania*, § 87 Rn. 77).

638 Zur Ausgestaltung einer Sozialeinrichtung gehört nicht nur das **Organisationsstatut**, das auf Grund der gewählten Form festgelegt werden muss, also die Ausgestaltung der Satzung und der Erlass einer Geschäftsordnung für die Verwaltung, sondern vor allem fällt unter den Begriff der Ausgestaltung die **Aufstellung von Grundsätzen, nach denen die zur Verfügung gestellten Mittel den begünstigten Arbeitnehmern zugewendet werden sollen** (ebenso BAG 26. 4. 1988 AP BetrVG 1972 § 87 Altersversorgung Nr. 16).

639 Der Betriebsrat hat deshalb über den **Verteilungsplan** mitzubestimmen (vgl. BAG 13. 3. 1973 AP BetrVG 1972 § 87 Werkmietwohnungen Nr. 1; 10. 11. 1977 AP BGB § 242 Ruhegehalt-Unterstützungskassen Nr. 8; 13. 7. 1978 und 26. 4. 1988 AP BetrVG 1972 § 87 Altersversorgung Nr. 5 und 16). Soweit den Arbeitnehmern dadurch Entgeltleistungen zugewendet werden, besteht insoweit eine Überschneidung mit der Mitbestimmung nach Nr. 10 (a. A. nur für Mitbestimmung nach Nr. 10 *Matthes*, MünchArbR § 249 Rn. 25).

640 Der Betriebsrat hat über die **Festsetzung von Kantinenpreisen** mitzubestimmen, kann dadurch aber nicht erzwingen, dass der Arbeitgeber höhere Zuschüsse als bisher leistet (so bereits zu § 56 Abs. 1 lit. e BetrVG 1952: BAG 6. 12. 1963 und 22. 1. 1965 AP BetrVG [1952] § 56 Wohlfahrtseinrichtungen Nr. 6 und 7). Das BAG sieht kein entscheidendes Kriterium darin, ob der Arbeitgeber dem Kantinenfonds einen festen Betrag oder ob er ihm variable Zuschüsse zukommen lasse; es meint, die Höhe des variablen Zuschusses des Arbeitgebers sei nicht nur von dem Preis der in der Kantine veräußerten Waren abhängig, sondern auch von anderen Faktoren, wie dem Verhandlungsgeschick beim Einkauf, der Quantität und Qualität des Gebotenen, und es sei auch möglich, eine Preiserhöhung beim Einkauf durch Einsparungen auf anderem Gebiet oder durch Erhöhung der Preise für andere – vielleicht nicht so lebenswichtige – Waren wieder auszugleichen (BAG 6. 12. 1963 AP BetrVG [1952] § 56 Wohlfahrtseinrichtungen Nr. 6; zust. *Moll*, Mitbestimmung beim Entgelt, S. 111 f.). Schranke der Mitbestimmung ist aber, dass der Arbeitgeber nicht zu einer Erhöhung der finanziellen Zuwendungen gezwungen werden kann. Der Arbeitgeber hat das Recht, den Kantinenbetrieb wegen Unrentabilität zu schließen (so ausdrücklich BAG a. a. O.). Diese immanente Schranke des Mitbestimmungsrechts wirkt sich vor allem aus, wenn der Betriebsrat eine **Änderung der Preisfestsetzung** verlangt. Die Mitbestimmung gibt ihm zwar auch für die Ausgestaltung der Sozialeinrichtung ein **Initiativrecht** (ebenso GK-*Wiese*, § 87 Rn. 732; *ders.*, Initiativrecht, S. 56 ff.; GL-*Löwisch*, § 87 Rn. 199; *Richardi*, ZfA 1976, 1, 39); er muss aber darlegen, wie der vom Arbeitgeber vorgegebene *Dotierungsrahmen* gewahrt werden kann (so ausdrücklich zur betrieblichen Altersversorgung BAG 12. 6. 1975 AP BetrVG 1972 § 87 Altersversorgung Nr. 1, 2 und 3; weiterhin *Moll*, Mitbestimmung beim Entgelt, S. 112).

Zur Ausgestaltung der Sozialeinrichtung gehört auch, **ob und in welchem Umfang** 641
Arbeitnehmer Beiträge zu leisten haben, um in den Genuss der Sozialeinrichtung zu kommen. Bei einem Betriebskindergarten unterliegt deshalb die Festlegung des Beitrags der Eltern der Mitbestimmung (vgl. LAG Hamm, DB 1976, 201). Wer die Leistungen einer Sozialeinrichtung nicht in Anspruch nimmt, kann aber nicht durch Betriebsvereinbarung verpflichtet werden, sich an den Kosten zu beteiligen (so für das Kantinenessen BAG 11. 7. 2000 AP BetrVG 1972 § 87 Sozialeinrichtung Nr. 16). Bei Werkmietwohnungen hat der Betriebsrat im Rahmen der vorgegebenen finanziellen Dotierung durch den Arbeitgeber ein Mitbestimmungsrecht bei der Festsetzung der Grundsätze für die Mietzinsbildung. Das BAG hat zwar zu § 56 Abs. 1 lit. e BetrVG 1952 angenommen, dass die Festsetzung der Miethöhe nicht unter den Begriff der Verwaltung von Wohlfahrtseinrichtungen falle, und deshalb ein Mitbestimmungsrecht des Betriebsrats verneint (vgl. BAG 9. 5. 1958 und 15. 1. 1960 AP BetrVG [1952] § 56 Wohlfahrtseinrichtungen Nr. 1 und 3); es hat jedoch insoweit nicht erkannt, dass nur die Festlegung des Dotierungsrahmens mitbestimmungsfrei ist. Für das geltende Recht ergibt sich die Mitbestimmung außerdem aus Nr. 9, die für Werkmietwohnungen einen besonderen Mitbestimmungstatbestand enthält (vgl. BAG 13. 3. 1973 AP BetrVG 1972 § 87 Werkmietwohnungen Nr. 1; s. ausführlich Rn. 686 ff.).

Wird die bisher übliche **Nutzung einer Kantine durch die Arbeitnehmer eingeengt,** 642
z. B. dadurch, dass Jubiläumsfeiern in ihr nicht mehr stattfinden dürfen, so liegt darin eine mitbestimmungspflichtige Ausgestaltung (BAG 15. 9. 1987 AP BetrVG 1972 § 87 Sozialeinrichtung Nr. 9). Entscheidend ist, ob die Zweckbestimmung der Sozialeinrichtung geändert wird oder ob es sich um eine Änderung der Nutzung innerhalb der Zweckbestimmung handelt. Die mitbestimmungsfreie Zweckbestimmung spiegelt sich zwar in der Festlegung der Benutzungs- und Leistungsvoraussetzungen wider; deren Änderung darf aber nicht dem mitbestimmungsfreien Bereich zugeordnet werden, wenn die abstrakt festgelegte Zweckbestimmung fortbesteht, weil sonst für ein Mitbestimmungsrecht des Betriebsrats kein Raum mehr bleibt (ebenso *Matthes,* MünchArbR § 249 Rn. 14; *Molkenbur/Rossmanith,* AuR 1990, 333, 335). Eine Änderung der mitbestimmungsfreien Zweckbestimmung hat jedoch stets zur Folge, dass wie bei einer Erweiterung oder Verringerung des der Sozialeinrichtung zur Verfügung stehenden Dotierungsrahmens die Neuverteilung der Mitbestimmung des Betriebsrats unterliegt (vgl. BAG 26. 4. 1988 AP BetrVG 1972 § 87 Altersversorgung Nr. 16).

3. Verwaltung der Sozialeinrichtung

Der Betriebsrat hat schließlich bei der Verwaltung der Sozialeinrichtung mitzubestim- 643
men. Zu § 56 Abs. 1 lit. e BetrVG 1952 war zweifelhaft, ob das Mitbestimmungsrecht über die Verwaltung sich auf die Festlegung der Organisation der Verwaltung, d. h. die *Regelung* der Verwaltung, beschränkt (so *Dietz,* § 56 Rn. 138; *Galperin/Siebert,* § 56 Rn. 52, 57) oder ob das Mitbestimmungsrecht sich auch auf die *einzelnen Verwaltungsmaßnahmen* erstreckt (so BAG 6. 12. 1963 und 14. 2. 1967 AP BetrVG [1952] § 56 Wohlfahrtseinrichtungen Nr. 6 und 9). Durch die ausdrückliche Erwähnung der Ausgestaltung und Verwaltung im Gesetzestext wird klargestellt, dass das Mitbestimmungsrecht sich nicht in der Beteiligung an der Organisation der Verwaltung erschöpft, sondern sich auch auf die **einzelnen Verwaltungsmaßnahmen** erstreckt (ebenso *Fitting,* § 87 Rn. 366; GK-*Wiese,* § 87 Rn. 734; GL-*Löwisch,* § 87 Rn. 185; *Stege/Weinspach/ Schiefer,* § 87 Rn. 147a; *Matthes,* MünchArbR § 249 Rn. 26; *Gamillscheg,* Kollektives Arbeitsrecht, Bd. II S. 925; *Moll,* Mitbestimmung beim Entgelt, S. 108 f.).

Der Betriebsrat hat deshalb nicht nur bei der Aufstellung des **Verteilungsplans** mit- 644
zubestimmen (s. Rn. 639), sondern darüber hinaus auch bei der **Festsetzung der Leistungen** entsprechend dem Verteilungsplan im Einzelfall. Dieses Mitbestimmungsrecht besteht aber dann nicht mehr, wenn durch Form und Ausgestaltung der Sozialeinrichtung

eine Organisation für die Verwaltung geschaffen ist, die es ausschließt, dass der Betriebsrat an jeder einzelnen Verwaltungsmaßnahme beteiligt wird. Hier ist die Beteiligung an der Einzelfallregelung bereits durch die Ausübung des Mitbestimmungsrechts hinsichtlich der Form und Ausgestaltung *konsumiert*. Das ist vor allem zu beachten, wenn die Sozialeinrichtung als selbständige juristische Person errichtet wird (s. ausführlich Rn. 651 ff.).

VI. Inhalt und Durchführung der Mitbestimmung

1. Erfordernis der Zustimmung des Betriebsrats für Form, Ausgestaltung und Verwaltung der Sozialeinrichtung

645 Will der Arbeitgeber eine Sozialeinrichtung errichten, so bedürfen deren **Form** und **Ausgestaltung** der **Zustimmung des Betriebsrats**. Er kann aber **nicht** zur Errichtung gezwungen werden, wenn die im Mitbestimmungsverfahren getroffene Regelung über Form und Ausgestaltung nicht seine Billigung findet (ebenso *Matthes*, MünchArbR § 249 Rn. 36). Der Arbeitgeber bleibt vielmehr in seinem Entschluss frei, die Sozialeinrichtung zu schaffen, hat also stets die Alternative, entweder die Sozialeinrichtung in der Form und Ausgestaltung zu errichten, die im Mitbestimmungsverfahren festgelegt sind, oder überhaupt von der Sozialeinrichtung abzusehen.

646 Da die Mitbestimmung sich auf die **Verwaltung** einer Sozialeinrichtung erstreckt, bedürfen alle Handlungen, die sich auf sie beziehen, ebenfalls der Zustimmung des Betriebsrats. Bei einer rechtlich verselbständigten Sozialeinrichtung ergeben sich aber Grenzen daraus, dass das Mitbestimmungsrecht sich nicht gegen sie, sondern gegen den Arbeitgeber richtet (s. Rn. 651 ff.). Außerdem kann die Verwaltungsmaßnahme eine Beteiligung des in der Sozialeinrichtung gebildeten Betriebsrats erfordern (s. Rn. 664 ff.).

2. Initiativrecht

647 Soweit das Mitbestimmungsrecht reicht, hat der Betriebsrat ein **Initiativrecht** (ebenso GK-*Wiese*, § 87 Rn. 724 und 732; *ders.*, Initiativrecht, S. 56 ff.; GL-*Löwisch*, § 87 Rn. 199; *Matthes*, MünchArbR § 249 Rn. 36 f.; *Richardi*, ZfA 1976, 1, 39; für eine andere Form der Beteiligung an der Verwaltung bei rechtlich selbständigen Sozialeinrichtungen BAG 13. 7. 1978 AP BetrVG 1972 § 87 Altersversorgung Nr. 5; s. auch Rn. 634 und 640 a. E.).

3. Ausübungsform der Mitbestimmung

648 Dem Mitbestimmungserfordernis genügt eine **formlose Betriebsabsprache**. Soll jedoch das Beitrags- und Leistungsverhältnis zu den Arbeitnehmern normativ gestaltet werden, so ist der Abschluss einer **Betriebsvereinbarung** erforderlich. Erhält die Sozialeinrichtung einen selbständigen Rechtsträger, so hat die Betriebsvereinbarung aber auf Satzung und Organisation keine normative Wirkung (s. Rn. 660 ff.).

4. Zuständigkeit für die Mitbestimmungsausübung

649 Beschränkt eine Sozialeinrichtung sich in ihrem Wirkungsbereich auf einen Betrieb, so hat der dort gebildete **Betriebsrat** das Mitbestimmungsrecht auszuüben.

650 Erstreckt der Wirkungsbereich der Sozialeinrichtung sich dagegen auf mehrere Betriebe eines Unternehmens, so ist der **Gesamtbetriebsrat** zuständig (§ 50 Abs. 1; vgl. BAG 30. 1. 1970 AP BGB § 242 Ruhegehalt Nr. 142; s. auch § 50 Rn. 14). Bezieht er sich auf den Konzern oder auch nur zwei oder mehrere Konzernunternehmen, so fällt die Beteiligung, sofern ein **Konzernbetriebsrat** besteht, in dessen Kompetenz (§ 58 Abs. 1; vgl. auch BAG 21. 6. 1979 AP BetrVG 1972 § 87 Sozialeinrichtung Nr. 1). Der Kon-

zernbetriebsrat ist auch dann zuständig, wenn die Sozialeinrichtung ihren Wirkungsbereich auf bestimmte Betriebe beschränkt, Betriebe dieser Art aber in mehreren Konzernunternehmen bestehen.

VII. Mitbestimmung bei rechtlich selbständiger Sozialeinrichtung

1. Voraussetzungen der Mitbestimmung

Das Mitbestimmungsrecht richtet sich **gegen den Arbeitgeber**. Das schließt aber nicht aus, dass Gegenstand des Mitbestimmungstatbestands auch Sozialeinrichtungen sind, die von einer **Gesamthand** oder **juristischen Person** betrieben werden. § 56 Abs. 1 lit. e BetrVG 1952 hatte ausdrücklich klargestellt, dass die Verwaltung von Wohlfahrtseinrichtungen „ohne Rücksicht auf ihre Rechtsform" zu den mitbestimmungspflichtigen Angelegenheiten gehört. Dieser Hinweis ist für das geltende Recht überflüssig, weil das Gesetz das Mitbestimmungsrecht auf die Form der Sozialeinrichtung erstreckt hat (s. Rn. 633 ff.). Notwendig ist aber, dass die Gesamthand oder juristische Person ihren Wirkungsbereich auf den Betrieb, das Unternehmen oder den Konzern beschränkt (s. Rn. 612 ff.). Außerdem ist erforderlich, dass der Arbeitgeber oder ein Dritter auf seine Veranlassung die Sozialeinrichtung betreibt (s. Rn. 615 f.). Ist eine juristische Person völlig vom Arbeitgeber gelöst, so dass er überhaupt keine Möglichkeit hat, auf die Verwaltung einzuwirken, so entfällt auch ein Mitbestimmungsrecht des Betriebsrats. Bei einem Konzern genügt aber für die Mitbestimmung, dass das herrschende Unternehmen die Einwirkungsmöglichkeit hat. 651

2. Inhalt und Adressat der Mitbestimmung

Das Mitbestimmungsrecht erschöpft sich bei rechtlicher Verselbständigung einer Sozialeinrichtung nicht nur in der Wahl der Rechtsform (s. Rn. 634), sondern der Betriebsrat hat auch über die **Ausgestaltung** und **Verwaltung einer rechtlich selbständigen, tatsächlich aber abhängigen Sozialeinrichtung** mitzubestimmen (s. Rn. 637 ff. und 643 ff.). 652

Das Mitbestimmungsrecht richtet sich **nicht gegen die Sozialeinrichtung,** sondern **allein gegen den Arbeitgeber** (ebenso *Matthes,* MünchArbR § 249 Rn. 28; *Nipperdey/Säcker* in Hueck/Nipperdey, Bd. II/2 S. 1371 Fn. 20; *Moll,* Mitbestimmung beim Entgelt, S. 116 f.; *Richardi,* GedS Kahn-Freund 1980, S. 247, 258; vor allem *Promberger,* DB 1970, 1437, 1442). Bei der Einigung zwischen Arbeitgeber und Betriebsrat bedarf es deshalb „eines *doppelten Schrittes* – zuerst der Einigung (Betriebsvereinbarung), dann des Vollzugs in der Einrichtung auf Grund der Einwirkungsmöglichkeit des Arbeitgebers" (*Promberger,* DB 1970, 1442). 653

3. Durchführung der Mitbestimmung

Für die Durchführung der Mitbestimmung bieten sich zwei Verfahren an: die **zweistufige Lösung** und die **organschaftliche Lösung** (vgl. BAG 13. 7. 1978 AP BetrVG 1972 § 87 Altersversorgung Nr. 5; 24. 4. 1986 AP BetrVG 1972 § 87 Sozialeinrichtung Nr. 7; *Fitting,* § 87 Rn. 371 f.; GK-*Wiese,* § 87 Rn. 747; HSWGNR-*Worzalla,* § 87 Rn. 426; *Stege/Weinspach/Schiefer,* § 87 Rn. 145; *Matthes,* MünchArbR § 249 Rn. 28 f.). 654

Wenn nichts anderes vereinbart ist, wird die **Mitbestimmung zweistufig** verwirklicht: Zunächst muss über mitbestimmungspflichtige Fragen eine Einigung zwischen dem Arbeitgeber und dem Betriebsrat herbeigeführt werden, als ob die Sozialeinrichtung nicht selbständig wäre. Auf Grund der Einigung, die durch einen Spruch der Einigungsstelle ersetzt werden kann, ist sodann der Arbeitgeber betriebsverfassungsrechtlich ver- 655 pflichtet, dafür zu sorgen, dass die mit dem Betriebsrat getroffenen Regelungen von der Sozialeinrichtung befolgt werden (ebenso BAG 13. 7. 1978 AP BetrVG 1972 § 87 Altersversorgung Nr. 5).

656 Die Mitbestimmung kann aber auch dadurch verwirklicht werden, dass Arbeitgeber und Betriebsrat die **organschaftliche Lösung** wählen, bei der der Betriebsrat in die satzungsmäßigen Organe der rechtlich selbständigen Einrichtung Vertreter entsendet, „die dafür sorgen sollen, dass keine mitbestimmungspflichtigen Beschlüsse gegen seinen Willen gefasst werden" (BAG 13. 7. 1978 AP BetrVG 1972 § 87 Altersversorgung Nr. 5). Die verbandsinterne Form der Mitbestimmung beruht *rechtsdogmatisch* bereits auf einer Mitbestimmungsausübung. Sie ist deshalb von dem Fall zu unterscheiden, dass Arbeitgeber und Betriebsrat für die Ausgestaltung und Verwaltung der Sozialeinrichtung einen gemeinsamen Ausschuss schaffen (§ 28 Abs. 2). Durch seine Errichtung wird nicht das Mitbestimmungsrecht ausgeübt; es handelt sich vielmehr nur um eine Variante der zweistufigen Lösung (s. Rn. 91).

4. Verbandsinterne Form der Mitbestimmung (organschaftliche Lösung)

657 a) Durch eine organschaftliche Lösung wird die Mitbestimmung nur gewahrt, wenn die **Satzung mit dem Betriebsrat vereinbart**, nicht wenn sie vom Arbeitgeber oder vom Rechtsträger der juristischen Person einseitig festgelegt ist; denn sonst würde dem Betriebsrat ohne sein Einverständnis und, ohne dass er darauf Einfluss hätte, die Art seiner Mitbestimmung oktroyiert (ebenso *Nikisch*, Bd. III S. 406 Fn. 66; *Siebert*, BB 1953, 833, 836; *Promberger*, DB 1970, 1437, 1439; vgl. auch BAG 10. 11. 1977 AP BGB § 242 Ruhegehalt-Unterstützungskassen Nr. 8; BAG 13. 7. 1978 AP BetrVG 1972 § 87 Altersversorgung Nr. 5; dazu auch Rn. 682; a. A. für den Fall, dass eine paritätische Besetzung der Organe satzungsgemäß vorgesehen ist: *Nipperdey/Säcker* in *Hueck/Nipperdey*, Bd. II/2 S. 1372 Fn. 20; *Neumann-Duesberg*, S. 484; *Hilger*, FS Sitzler 1956, S. 153, 163; unter Einschränkung auf eine stillschweigende Duldung des Betriebsrats *Stege/Weinspach/Schiefer*, § 87 Rn. 145 b). Die verbandsinterne Form ist nur ein Mittel, um das Mitbestimmungsrecht des Betriebsrats zu verwirklichen; sie allein genügt nicht, um ihm zu entsprechen. Vielmehr unterliegt der Mitbestimmung, welche Gestaltungsmodalität im Einzelfall gewählt wird. Es entscheidet also letztlich, wenn keine Einigung zwischen Arbeitgeber und Betriebsrat erzielt wird, die Einigungsstelle (ebenso GK-*Wiese*, § 87 Rn. 754; *Moll*, Mitbestimmung beim Entgelt, S. 119; *Hanau*, BB 1973, 1274, 1277).

658 b) Sofern die Mitbestimmung durch die Festlegung auf eine verbandsinterne Form der Beteiligung ausgeübt wird, sind mitbestimmungspflichtige Fragen nur noch innerhalb der Entscheidungsgremien der Sozialeinrichtung zu erörtern und zu entscheiden (ebenso BAG 13. 7. 1978 AP BetrVG 1972 § 87 Altersversorgung Nr. 5; *Fitting*, § 87 Rn. 372; DKK-*Klebe*, § 87 Rn. 221; kritisch HSWGNR-*Worzalla*, § 87 Rn. 429 f.). Zweifelhaft ist deshalb, ob das Mitbestimmungsrecht nur verwirklicht ist, wenn die Organe der Sozialeinrichtung *paritätisch* besetzt sind. Dies wird zwar überwiegend verlangt (vgl. BAG 26. 4. 1988 AP BetrVG 1972 § 87 Altersversorgung Nr. 16; *Fitting*, § 87 Rn. 373; GL-*Löwisch*, § 87 Rn. 196; DKK-*Klebe*, § 87 Rn. 221; ErfK-*Kania*, § 87 Rn. 80; *Matthes*, MünchArbR § 249 Rn. 29; *Hilger*, FS Sitzler 1956, S. 153, 162; für den Fall eines Spruchs der Einigungsstelle GK-*Wiese*, § 87 Rn. 753; *Hanau*, BB 1973, 1274, 1277). Da aber der Betriebsrat als solcher nicht Mitglied des Vorstands oder eines sonstigen Organs einer juristischen Person sein kann, weil er insoweit nicht vermögensfähig ist (vgl. auch BAG 24. 4. 1986 AP BetrVG 1972 § 87 Sozialeinrichtung Nr. 7; *Promberger*, DB 1970, 1437, 1439), kann es sich also lediglich darum handeln, dass er Personen seines Vertrauens für die Organe der Sozialeinrichtung benennt. Eine paritätische Besetzung der Organe ist lediglich ein Mittel, um die gleichberechtigte Beteiligung in der Sozialeinrichtung zu wahren. Dem Mitbestimmungserfordernis wird auch dadurch entsprochen, dass Arbeitgeber und Betriebsrat *gemeinsam* die *Organmitglieder* der Sozial-

Zweiter Abschnitt: Die einzelnen Mitbestimmungstatbestände § 87

einrichtung bestellen (ebenso GK-*Wiese*, § 87 Rn. 753; *Matthes*, MünchArbR § 249 Rn. 29; *Hanau*, BB 1973, 1274, 1277). Jedoch kann auch in anderer Form durch die Satzung der gleichberechtigte Einfluss des Betriebsrats auf Ausgestaltung und Verwaltung der Sozialeinrichtung gesichert werden (ebenso *Gnade/Kehrmann/Schneider* [1. Aufl. 1972], § 87 Rn. 27; *Moll*, Mitbestimmung beim Entgelt, S. 119). Das gilt nicht nur für eine freiwillige Einigung zwischen Arbeitgeber und Betriebsrat, sondern auch für einen Spruch der Einigungsstelle.

Bei **paritätischer Besetzung des Geschäftsführungsorgans** kann eine **Pattsituation** eintreten, die bei fehlender Konfliktregelung eine Gefahr für die Funktionsfähigkeit der Sozialeinrichtung bedeutet. Ein Mitbestimmungsmodell, das keine Vorkehrungen gegen eine Entscheidungsblockade durch eine Patt-Stellung enthält, begegnet verfassungsrechtlichen Bedenken im Hinblick auf Art. 14 GG (vgl. zur Aufsichtsratsmitbestimmung BVerfGE 50, 290 = AP MitbestG § 1 Nr. 1). Bei einer Sozialeinrichtung bedeutet das Eintreten einer Entscheidungsblockade in mitbestimmungspflichtigen Fragen, dass die Mitbestimmung insoweit nicht verwirklicht ist. Die Entscheidung fällt deshalb an den Arbeitgeber und Betriebsrat zurück; sie haben – notfalls durch Anrufung der Einigungsstelle – eine Einigung herbeizuführen (ebenso *Fitting*, § 87 Rn. 374; GK-*Wiese*, § 87 Rn. 754; *Matthes*, MünchArbR § 249 Rn. 30; *Hanau*, BB 1973, 1274, 1277). Damit ist aber noch nicht beantwortet, wie durchgesetzt werden kann, dass die Sozialeinrichtung die getroffene Regelung übernimmt; denn eine Betriebsvereinbarung kann nicht unmittelbar die Satzung einer rechtlich selbständigen Sozialeinrichtung gestalten (s. Rn. 660). Lediglich für das *Leistungsverhältnis* der Sozialeinrichtung zu dem begünstigten Personenkreis kann man in entsprechender Anwendung des § 4 Abs. 2 TVG eine unmittelbar wirkende Gestaltung durch die Betriebsvereinbarung anerkennen (ebenso *Hanau*, Anm. AP BetrVG 1972 § 87 Altersversorgung Nr. 5, Bl. 6 R). Damit wird aber nur eine Funktionsunfähigkeit in der *Organisation* der Sozialeinrichtung behoben. Deshalb bestehen Bedenken dagegen, die Satzung einer Sozialeinrichtung so zu gestalten, dass durch paritätische Besetzung ihrer Organe eine Entscheidungsblockade eintreten kann. Der Arbeitgeber muss vielmehr eine Einwirkungsmöglichkeit insoweit haben, als er sicherstellen will, dass seine Sozialeinrichtung die mit dem Betriebsrat getroffene Regelung übernimmt.

659

5. Rechtswirkungen einer Betriebsvereinbarung zur Durchführung der Mitbestimmung

Durch Betriebsvereinbarung kann **nicht unmittelbar** eine **rechtlich selbständige Sozialeinrichtung errichtet** werden, sondern maßgebend für den Errichtungsakt ist die rechtliche Form, die für die Sozialeinrichtung gewählt wird. Es handelt sich um dasselbe Problem wie in dem Fall, dass durch Tarifvertrag gemeinsame Einrichtungen der Tarifvertragsparteien vorgesehen und geregelt werden (§ 4 Abs. 2 TVG; vgl. dazu ausführlich *Bötticher*, Die gemeinsamen Einrichtungen der Tarifvertragsparteien, 1966, S. 26 ff.; *Zöllner*, Verhandlungen des 48. DJT 1970, Bd. I/G, S. 44 ff.; *ders.*, RdA 1967, 361 ff.). Da für die Betriebspartner keine von der Geltung des zwingenden Gesellschaftsrechts freigestellte Satzungsautonomie besteht, ist die in einer **Betriebsvereinbarung** enthaltene Satzungsregelung **nicht der Satzung der Sozialeinrichtung normativ übergeordnet,** sondern es besteht lediglich eine *betriebsverfassungsrechtliche Pflicht* des Arbeitgebers, dafür zu sorgen, dass die Sozialeinrichtung die in der Betriebsvereinbarung festgelegte Rechtsform und Satzung erhält.

660

Darin erschöpft sich aber nicht die **Bedeutung einer Betriebsvereinbarung.** Die Sozialeinrichtung erbringt **Leistungen mit Rücksicht auf das Bestehen eines Arbeitsverhältnisses;** sie tritt also an die Stelle des Arbeitgebers. Es liegt deshalb ein Dreiecksverhältnis vor: Der Arbeitnehmer empfängt die Leistung auf Grund seines Arbeitsverhältnisses mit dem Arbeitgeber, und die Sozialeinrichtung leistet auf Grund eines statutarischen oder

661

schuldrechtlichen Verhältnisses zum Arbeitgeber (vgl. *Promberger*, DB 1970, 1437, 1439). Daher wird durch die Betriebsvereinbarung der Inhalt des Arbeitsverhältnisses insoweit normativ gestaltet, als Leistungen auch dann, wenn auf sie kein Rechtsanspruch der Arbeitnehmer bestehen soll, mit *Rechtsgrund* erfolgen, wenn sie von der rechtlich selbständigen Sozialeinrichtung erbracht werden.

662 Da die Sozialeinrichtung ihre Besonderheit daraus erhält, dass der Arbeitgeber durch sie Leistungen an die Belegschaft erbringt, hat die Betriebsvereinbarung auch unmittelbare Wirkung auf das **Verhältnis der Sozialeinrichtung zum Arbeitgeber und zu dem begünstigten Personenkreis**. Durch sie können unmittelbar die Mittelaufbringung durch den Arbeitgeber *(Beitragsverhältnis)* sowie Voraussetzungen und Inhalt der dem begünstigten Personenkreis zu erbringenden Leistungen *(Leistungsverhältnis)* geregelt werden. Soweit dadurch die Dotierung der Sozialeinrichtung und deren Zweckbestimmung festgelegt werden, handelt es sich um eine freiwillige Betriebsvereinbarung.

6. Mitbestimmungsrecht bei Verpachtung einer Sozialeinrichtung

663 Wird der Betrieb einer Sozialeinrichtung einem Dritten überlassen (s. Rn. 635), so richtet das Mitbestimmungsrecht sich nicht gegen den Dritten (ebenso *Moll*, Mitbestimmung beim Entgelt, S. 116 f.). Adressat bleibt vielmehr der Arbeitgeber; es bedarf deshalb auch in diesem Fall eines *doppelten Schrittes* – zuerst der Einigung (Betriebsvereinbarung), dann des Vollzugs durch den Dritten auf Grund der Einwirkungsmöglichkeit des Arbeitgebers.

VIII. Mitbestimmungsordnung in der Sozialeinrichtung

1. Sozialeinrichtung als Betrieb

664 Die Sozialeinrichtung kann nicht nur, wenn sie rechtlich verselbständigt ist, sondern auch dann, wenn der Arbeitgeber sie als unselbständige Organisation betreibt, ein **selbständiger Betrieb** sein. Voraussetzung ist lediglich, dass sie für die Erfüllung ihrer Aufgaben eine eigene *arbeitstechnische Organisationseinheit* bildet (s. § 1 Rn. 15 ff.). Da mit dem Begriff des Betriebs die Organisationseinheit festgelegt wird, in der die Arbeitnehmer zur Wahrnehmung der Mitwirkungs- und Mitbestimmungsrechte einen Betriebsrat wählen können (§ 1), ist erforderlich, dass Arbeitnehmer für die Sozialeinrichtung beschäftigt werden und mit den Arbeitnehmern des Betriebs, auf den ihr Wirkungsbereich beschränkt ist, keine einheitliche Belegschaft bilden.

665 Ist eine **Sozialeinrichtung rechtlich selbständig**, so bedeutet dies keineswegs, dass Arbeitnehmer, die für sie tätig werden, einen selbständigen Betrieb bilden. Voraussetzung ist vielmehr auch hier, dass die Sozialeinrichtung eine eigene arbeitstechnische Organisation unterhält. Das ist anzunehmen, wenn die rechtlich selbständige Sozialeinrichtung Arbeitsverträge abschließt, also selbst Arbeitgeber wird und die Arbeitnehmer nur zu ihr in einem Weisungsverhältnis stehen.

2. Bildung eines Betriebsrats und Beteiligung an einem Gesamt- oder Konzernbetriebsrat

666 Unterhält die Sozialeinrichtung einen selbständigen Betrieb, so wird in ihm, wenn er betriebsratsfähig ist, ein **Betriebsrat** gewählt (§ 1). Dieser nimmt die Mitwirkungs- und Mitbestimmungsrechte für die Belegschaft der Sozialeinrichtung wahr.

667 Betreibt der Arbeitgeber die **Sozialeinrichtung als rechtlich unselbständige Organisation,** so bildet ihr Betriebsrat mit dem anderen Betriebsrat bzw. den anderen Betriebsräten des Unternehmens den **Gesamtbetriebsrat** (§ 47). Ist die **Sozialeinrichtung rechtlich selbständig,** so gehört sie betriebsverfassungsrechtlich nicht zum Unternehmen, auch

wenn ihr Wirkungsbereich sich auf einen Betrieb oder das Unternehmen beschränkt. Es liegt aber stets ein Konzernverhältnis vor, weil eine Sozialeinrichtung, deren Form, Ausgestaltung und Verwaltung der Mitbestimmung unterliegt, eine Einwirkungsmöglichkeit des Arbeitgebers bzw. bei einem Konzern des herrschenden Unternehmens voraussetzt (s. Rn. 615 f.). Deshalb kann ein **Konzernbetriebsrat** errichtet werden (§ 54). Besteht bereits ein Konzernbetriebsrat, so ist der Betriebsrat der rechtlich selbständigen Sozialeinrichtung an ihm zu beteiligen (§ 55).

3. Verhältnis der Mitbestimmung über Form, Ausgestaltung und Verwaltung zu den Beteiligungsrechten des Betriebsrats in der Sozialeinrichtung

Das **Recht auf Mitbestimmung über Form, Ausgestaltung und Verwaltung der Sozialeinrichtung** wird **nicht dadurch berührt,** dass für ihren Betrieb ein **eigener Betriebsrat** besteht (ebenso *Fitting,* § 87 Rn. 368; GK-*Wiese,* § 87 Rn. 757; GL-*Löwisch,* § 87 Rn. 198; *Matthes,* MünchArbR § 249 Rn. 31; *Nikisch,* Bd. III S. 405; *Nipperdey/Säcker* in *Hueck/Nipperdey,* Bd. II/2 S. 1371 Fn. 20). 668

Da der **Betriebsrat des Stammbetriebs** bei Verwaltungsmaßnahmen im Einzelfall mitzubestimmen hat, stellt sich hier die Frage, wie seine Kompetenz sich zur **Zuständigkeit des Betriebsrats der Sozialeinrichtung** verhält. Sofern die Sozialeinrichtung demselben Unternehmen angehört, könnte man zu dem Ergebnis gelangen, dass nur der Gesamtbetriebsrat zuständig ist, bei einer Sozialeinrichtung auf Konzernebene nur der Konzernbetriebsrat, sofern er gebildet ist (so offenbar *Fitting,* § 87 Rn. 368). Doch damit wird das Konkurrenzproblem nicht gelöst; denn bei dieser Zuständigkeitsverlagerung wird letztlich der Betriebsrat der Sozialeinrichtung entmachtet. Bedenken löst auch die These aus, dass notfalls das Mitbestimmungsrecht des begünstigten Betriebes vorgehe (so *Fitting,* § 87 Rn. 368). Es hängt vielmehr vom Inhalt der Maßnahme ab, welcher Betriebsrat mitzubestimmen hat. Bei Überschneidung vollzieht die Mitbestimmung sich auf *verschiedenen Stufen:* Zunächst hat der Betriebsrat des Stammbetriebs mitzubestimmen, sodann ist der Betriebsrat der Sozialeinrichtung, sofern die im Mitbestimmungsverfahren nach Nr. 8 festgelegte Maßnahme überhaupt beteiligungspflichtig ist, zu beteiligen (ebenso GK-*Wiese,* § 87 Rn. 758; GL-*Löwisch,* § 87 Rn. 198; HSWGNR-*Worzalla,* § 87 Rn. 433; *Gamillscheg,* Kollektives Arbeitsrecht, Bd. II S. 925). 669

Sollen beispielsweise die Öffnungszeiten der Werkskantine geändert werden, so handelt es sich um eine Maßnahme der Verwaltung, die der Mitbestimmung des Betriebsrats des Stammbetriebs nach Nr. 8 unterliegt, und nur soweit dadurch auch Beginn und Ende der täglichen Arbeitszeit für die Arbeitnehmer der Sozialeinrichtung geändert werden, hat auch deren Betriebsrat nach Nr. 2 mitzubestimmen. Handelt es sich dagegen darum, dass es zu zwei Mitbestimmungsrechten in derselben Sache kommt, so besteht insoweit ein Unterschied, als das Mitbestimmungsrecht des Betriebsrats der Sozialeinrichtung erst auf einer späteren Stufe zum Zug kommt. Erst wenn unter Beteiligung des Betriebsrats nach Nr. 8 eine Verlegung der Sozialeinrichtung beschlossen worden ist, wird für den Betriebsrat der Sozialeinrichtung ein Mitbestimmungstatbestand geschaffen; die Verlegung des Betriebs ist eine Betriebsänderung, an der der Betriebsrat der Sozialeinrichtung nach §§ 111, 112 zu beteiligen ist (ebenso *Promberger,* DB 1970, 1437, 1441; *Wessels,* Die Mitbestimmung des Betriebsrats bei der Verwaltung von Wohlfahrtseinrichtungen gemäß § 56 Abs. 1 lit. e BetrVG, Diss. Köln 1969, S. 47 f.). 670

IX. Schließung und Umwandlung der Sozialeinrichtung

1. Schließung der Sozialeinrichtung

Wie die Errichtung unterliegt auch der *actus contrarius,* die **Schließung** der Sozialeinrichtung, **nicht dem Mitbestimmungsrecht des Betriebsrats** (ebenso BAG 13. 3. 1973 671

AP BetrVG 1972 § 87 Werkmietwohnungen Nr. 1; 9. 7. 1985 AP BPersVG § 75 Nr. 16; 26. 4. 1988 AP BetrVG 1972 § 87 Altersversorgung Nr. 16; 10. 3. 1992 AP BetrAVG § 1 Unterstützungskasse Nr. 34; 9. 12. 2008 – 3 AZR 384/07 [Rn. 28]; bereits zu § 56 Abs. 1 lit. e BetrVG 1952: BAG 6. 12. 1963 und 26. 10. 1965 AP BetrVG [1952] § 56 Wohlfahrtseinrichtungen Nr. 6 und 8; *Fitting*, § 87 Rn. 354; GK-*Wiese*, § 87 Rn. 712; GL-*Löwisch*, § 87 Rn. 189; DKK-*Klebe*, § 87 Rn. 213; HSWGNR-*Worzalla*, § 87 Rn. 420; *Stege/Weinspach/Schiefer*, § 87 Rn. 141; *Matthes*, MünchArbR § 249 Rn. 18; *Nipperdey/Säcker* in *Hueck/Nipperdey*, Bd. II/2 S. 1370; *Moll*, Mitbestimmung beim Entgelt, S. 106; a. A. *Reuter*, ZfA 1974, 288).

672 Daraus folgt keineswegs, dass der Arbeitgeber eine Sozialeinrichtung ohne weiteres schließen kann. Obwohl in Österreich die Errichtung einer Sozialeinrichtung ebenfalls mitbestimmungsfrei ist, kann dort der Betriebsrat deren Auflösung binnen vier Wochen beim Einigungsamt anfechten, wenn entweder die Auflösung den in einer Betriebsvereinbarung vorgesehenen Auflösungsgründen widerspricht (§ 95 Abs. 3 Nr. 1 ArbVG) oder wenn der Betriebsratsfonds bzw. die Arbeitnehmer zum Errichtungs- und Erhaltungsaufwand der Sozialeinrichtung erheblich beigetragen haben und deshalb die Auflösung unter Abwägung der Interessen der Arbeitnehmer und des Betriebs nicht gerechtfertigt ist (§ 95 Abs. 3 Nr. 2 ArbVG; vgl. dazu *Floretta/Strasser*, ArbVG, § 95 Erl. D 6, S. 515 f.; *Richardi*, ZAS 1975, 213, 216). Eine entsprechende Regelung fehlt im BetrVG. Daraus kann aber nicht abgeleitet werden, dass der Betriebsrat überhaupt nicht zu beteiligen ist; es besteht vielmehr für den Arbeitgeber eine Rechtsausübungsschranke unter den gleichen Gesichtspunkten, wie sie dem § 95 Abs. 3 ArbVG zugrunde liegen, der für eine parallel gestaltete Rechtslage konzipiert ist (vgl. *Richardi*, ZfA 1975, 341, 353; zust. *Moll*, Mitbestimmung beim Entgelt, S. 104 f.; *Bachmann*, NZA 2002, 1130, 1134). Der Arbeitgeber kann, wenn er mit dem Betriebsrat in einer freiwilligen Betriebsvereinbarung die Voraussetzungen für die Auflösung einer Sozialeinrichtung festgelegt hat, diese nur aus den dort genannten Gründen schließen (ebenso *Moll*, Mitbestimmung beim Entgelt, S. 104; *Bachmann*, NZA 2002, 1130, 1134). Fehlt eine derartige Regelung, haben die Arbeitnehmer sich jedoch an den Beiträgen beteiligt, so ist der Arbeitgeber zwar nicht verpflichtet, den bisherigen Dotierungsrahmen aufrechtzuerhalten; er kann aber die Sozialeinrichtung nicht einseitig schließen, sondern muss die Möglichkeit offen lassen, dass die Sozialeinrichtung nur mit Beitragsleistungen der Arbeitnehmer fortgeführt wird (ebenso *Moll*, Mitbestimmung beim Entgelt, S. 105).

673 Die Schließung einer Sozialeinrichtung hat auch nicht zur Folge, dass **Rechtsansprüche der Arbeitnehmer** aufgehoben werden. Schließt der Arbeitgeber die Sozialeinrichtung, so muss er selbst die Leistung aufbringen (s. Rn. 680).

2. Begrenzung des Dotierungsrahmens

674 Da die Festlegung des Dotierungsrahmens **mitbestimmungsfrei** ist (s. Rn. 630), kann der Betriebsrat den Arbeitgeber nicht hindern, den **Dotierungsrahmen einzuschränken** (ebenso BAG 13. 7. 1978 AP BetrVG 1972 § 87 Altersversorgung Nr. 5; 9. 12. 2008 – 3 AZR 384/07 [Rn. 28]; GK-*Wiese*, § 87 Rn. 712; GL-*Löwisch*, § 87 Rn. 190; HSWGNR-*Worzalla*, § 87 Rn. 419; ErfK-*Kania*, § 87 Rn. 75). Der Arbeitgeber kann deshalb die Mittel für die Sozialeinrichtung kürzen oder sogar streichen, sofern er nicht gegenüber dem Betriebsrat auf Grund einer freiwilligen Betriebsvereinbarung die Verpflichtung eingegangen ist, den Dotierungsrahmen aufrechtzuerhalten. Er hat aber wegen des Gebots der vertrauensvollen Zusammenarbeit dies dem Betriebsrat rechtzeitig mitzuteilen (ebenso *Moll*, Mitbestimmung beim Entgelt, S. 104; *Hanau*, BB 1973, 1274, 1275).

675 Hat die Festsetzung des neuen Dotierungsrahmens zur Folge, dass der **Verteilungsplan geändert** werden muss, so hat er auch insoweit das Mitbestimmungsverfahren rechtzeitig einzuleiten und durchzuführen; denn die Aufstellung des neuen Verteilungsplans ist **mitbestimmungspflichtig** (ebenso BAG 13. 7. 1978 AP BetrVG 1972 § 87 Altersversorgung Nr. 5; 5. 6. 1984 AP BetrAVG § 1 Unterstützungskassen Nr. 3; 26. 4. 1988 AP BetrVG 1972 § 87 Altersversorgung Nr. 16; 10. 3. 1992 AP BetrAVG § 1 Unterstützungskassen Nr. 34; s. auch Rn. 639).

3. Umstrukturierung der Sozialeinrichtung

a) Umstrukturierungen können darin bestehen, dass unter Wahrung der Rechtsform 676 die **Organisation der Sozialeinrichtung** geändert wird. Das BAG hat zu § 56 Abs. 1 lit. e BetrVG 1952 angenommen, dass es sich um eine Schließung mit nachfolgender Errichtung einer neuen Sozialeinrichtung handelt, wenn die bisherige Getränkeversorgung durch eine Verkaufsstelle auf eine Versorgung durch Verkaufsautomaten umgestellt wird (BAG 26. 10. 1965 AP BetrVG [1952] § 56 Wohlfahrtseinrichtungen Nr. 8). Bleibt jedoch der Zweck der Sozialeinrichtung bestehen und wird die Einrichtung lediglich in ihrer Organisation geändert, so liegt weder eine Schließung noch eine Neuerrichtung, sondern eine Umgestaltung der bestehenden Sozialeinrichtung vor (so zutreffend *Nikisch*, Anm. AP BetrVG [1952] § 56 Wohlfahrtseinrichtungen Nr. 8). Da das Mitbestimmungsrecht sich ausdrücklich auf die *Ausgestaltung der Sozialeinrichtung* erstreckt, ist die Entscheidung des BAG durch die Gesetzesänderung überholt (vgl. auch *Gumpert*, BB 1978, 968).

Wird dagegen die **Zweckbestimmung der Sozialeinrichtung** geändert, so ist diese 677 Maßnahme mitbestimmungsfrei; denn als Schließung einer errichteten Sozialeinrichtung ist auch die Änderung ihrer Zweckbestimmung anzusehen (so ausdrücklich BAG 14. 2. 1967 AP BetrVG [1952] § 56 Wohlfahrtseinrichtungen Nr. 9; weiterhin 9. 12. 2008 – 3 AZR 384/07 [Rn. 28]; ebenso GK-*Wiese*, § 87 Rn. 712; GL-*Löwisch*, § 87 Rn. 189; HSWGNR-*Worzala*, § 87 Rn. 417; *Matthes*, MünchArbR § 249 Rn. 18; *Nipperdey/ Säcker* in *Hueck/Nipperdey*, Bd. II/2 S. 1370). Für den Arbeitgeber gilt aber die gleiche Rechtsausübungsschranke wie bei Auflösung einer Sozialeinrichtung (s. Rn. 672). Das BAG meint, dass es keine Änderung der ursprünglichen Zweckbestimmung bedeute, wenn Werkmietwohnungen, die für die Arbeitnehmerschaft eines Arbeitgebers ohne nähere Eingrenzung des begünstigten Personenkreises bestimmt seien, mit Gastarbeitern belegt werden und nimmt daher ein Mitbestimmungsrecht des Betriebsrats bei der Verwandlung von Werkmietwohnungen in Gastarbeiterunterkünfte an (BAG 14. 2. 1967 AP BetrVG [1952] § 56 Wohlfahrtseinrichtungen Nr. 9). Die Begründung vermag nicht zu überzeugen; denn der Arbeitgeber kann mitbestimmungsfrei festlegen, welcher Personenkreis begünstigt werden soll. Durch das Mitbestimmungsrecht kann nicht, wie der Dritte Senat des BAG zur Mitbestimmung bei der Altersversorgung ausdrücklich festgestellt hat, eine gezielte Maßnahme in eine breit gestreute Vergünstigung verwandelt werden und umgekehrt (BAG 12. 6. 1975 AP BetrVG 1972 § 87 Altersversorgung Nr. 1, AP BetrVG 1972 § 87 Altersversorgung Nr. 2 und 3). Sofern der Arbeitgeber keine besonderen Bindungen eingegangen ist (s. Rn. 672), kann er deshalb mitbestimmungsfrei festlegen, dass Werkmietwohnungen nur für Gastarbeiter, Arbeitnehmer bis zu einem bestimmten Arbeitseinkommen oder für Arbeitnehmer mit Familie bestimmt sind. Der Betriebsrat hat aber im Rahmen der Zweckfestlegung mitzubestimmen, an wen die Wohnungen vermietet werden; insoweit besteht das Mitbestimmungsrecht nach Nr. 9 (s. Rn. 701 ff.). Von der mitbestimmungsfreien Änderung der Sozialeinrichtung durch Änderung ihrer Zweckbestimmung ist daher die **mitbestimmungspflichtige Änderung ihrer Nutzung** zu unterscheiden (s. Rn. 642). So ist es z. B. eine Frage der Ausgestaltung einer Kantine als Sozialeinrichtung, ob die Kantine nur während der Mittagszeit zur Einnahme von Mahlzeiten genutzt oder außerhalb der Essenszeit auch für andere Nutzungen durch die Arbeitnehmer zur Verfügung stehen soll (BAG 15. 9. 1987 AP BetrVG 1972 § 87 Sozialeinrichtung Nr. 9).

b) Eine Umstrukturierung kann auch darin bestehen, dass der **Rechtsträger** geändert 678 wird. Diese Strukturveränderung bezeichnet man rechtstechnisch als *Umwandlung*;

denn ihr Gegenstand ist eine Strukturveränderung *an,* nicht *in* der Einrichtung. Der Formwechsel unterliegt der Mitbestimmung. Wenn aber mit dem Formwechsel eine Abspaltung verbunden ist, so dass das der Sozialeinrichtung gewidmete Vermögen insgesamt oder zum Teil auf einen anderen Rechtsträger übertragen wird, ist diese Maßnahme insoweit ebenso zu beurteilen, wie die Schließung der Sozialeinrichtung.

4. Leistungskürzungen der Sozialeinrichtung

679 Der Betriebsrat hat mitzubestimmen, wenn die Sozialeinrichtung ihre **Leistungen kürzt.** Das gilt auch, wenn ein neuer Leistungsplan aufgestellt werden muss, weil der Arbeitgeber den Dotierungsrahmen einschränkt (s. Rn. 675). Eine Schranke der Mitbestimmung ergibt sich lediglich daraus, dass der Arbeitgeber den Dotierungsrahmen und die Zweckbestimmung der Sozialeinrichtung mitbestimmungsfrei festlegen kann (vgl. BAG 13. 7. 1978 AP BetrVG 1972 § 87 Altersversorgung Nr. 5).

680 Für das Mitbestimmungsrecht spielt keine Rolle, ob der Arbeitnehmer einen **Rechtsanspruch auf die Leistungen der Sozialeinrichtung hat.** Es hängt ausschließlich vom Rechtsgrund im Verhältnis zum Arbeitgeber ab, ob der Arbeitnehmer eine Leistungseinschränkung hinnehmen muss. Deshalb muss man differenzieren, ob eine (insoweit freiwillige) Betriebsvereinbarung vorliegt oder die Rechtsbindung sich aus vertragsrechtlichen Grundsätzen ergibt. Das ist vor allem von Bedeutung für die betriebliche Altersversorgung (s. Rn. 851 ff.). Bei Unterstützungskassen, die ausdrücklich auf ihre Leistungen keinen Rechtsanspruch einräumen (§ 1 b Abs. 4 BetrAVG), deutet das BAG den Ausschluss des Rechtsanspruchs in st. Rspr. als ein an sachliche Gründe gebundenes Widerrufsrecht des Arbeitgebers (BAG 17. 5. 1973 AP BGB § 242 Ruhegehalt-Unterstützungskassen Nr. 6; 5. 6. 1984 und 18. 4. 1989 AP BetrAVG § 1 Unterstützungskassen Nr. 3 und 23; insoweit bestätigt durch BVerfG 19. 10. 1983 und 14. 1. 1987 E 65, 196, 210 ff. und E 74, 129, 150 f. = AP BetrAVG § 1 Unterstützungskassen Nr. 2 und 11). Der Arbeitgeber muss die Sozialeinrichtung so ausreichend dotieren, dass diese ihre Leistungen erbringen kann. Geschieht dies nicht, so kann der Arbeitgeber unmittelbar selbst in Anspruch genommen werden. Die Berechtigung eines Widerrufs bei Erbringung freiwilliger Sozialleistungen hängt nicht von der Leistungsfähigkeit der *Sozialeinrichtung,* sondern von der wirtschaftlichen Lage des *Trägerunternehmens* ab (vgl. BAG 28. 4. 1977 und 10. 11. 1977 AP BGB § 242 Ruhegehalt Unterstützungskassen Nr. 7 und 8; 13. 7. 1978 AP BetrVG 1972 § 87 Altersversorgung Nr. 5; 5. 7. 1979 AP BGB § 242 Ruhegehalt-Unterstützungskassen Nr. 9; 5. 6. 1984 AP BetrAVG § 1 Unterstützungskassen Nr. 3; bei Einbindung in einen Konzern BAG 14. 2. 1989 und 18. 4. 1989 AP BetrAVG § 16 Nr. 22 und BetrAVG § 1 Unterstützungskassen Nr. 23).

X. Rechtsfolgen einer Nichtbeteiligung des Betriebsrats

1. Errichtung einer Sozialeinrichtung

681 Die **Errichtung einer rechtlich selbständigen Sozialeinrichtung** ist nicht deshalb unwirksam, weil der Betriebsrat nicht über ihre Form und Ausgestaltung mitbestimmt hat (ebenso BAG 13. 7. 1978 AP BetrVG 1972 § 87 Altersversorgung Nr. 5). Die Einhaltung des Mitbestimmungsverfahrens ist keine Wirksamkeitsvoraussetzung für eine Gesellschaft, einen Verein oder eine Stiftung. Es spielt keine Rolle, ob eine juristische Person entsteht oder eine Gesamthand gebildet wird; denn auch im letzteren Fall erfolgt eine Änderung in der Vermögenszuständigkeit, die nicht davon abhängt, ob die Zustimmung eines Betriebsrats vorliegt.

682 Der Betriebsrat kann jedoch verlangen, dass Form und Ausgestaltung der Sozialeinrichtung im Mitbestimmungsverfahren festgelegt werden. Bei **Duldung einer organschaftlichen Lösung** (s. Rn. 657) durch den Betriebsrat kommt das BAG zu der folgen-

den Differenzierung: Sei der Betriebsrat in den Entscheidungsgremien paritätisch vertreten, so müsse er das jahrelang praktizierte Verfahren bis zu einer Neuregelung gelten lassen; fehle es an einer paritätischen Leitung der Sozialeinrichtung, so könne er jeden aktuellen Streitfall zum Anlass nehmen, unmittelbare Verhandlungen mit dem Arbeitgeber zu verlangen (BAG 13. 7. 1978 AP BetrVG 1972 § 87 Altersversorgung Nr. 5). Für diese Differenzierung gibt das BAG keine rechtsdogmatische Begründung. Sie kann nur darin erblickt werden, dass der Betriebsrat bei paritätischer Vertretung in den Entscheidungsgremien der Sozialeinrichtung durch die Beteiligung an der Bestellung der Organmitglieder konkludent sein Einverständnis zu dieser verbandsinternen Form der Mitbestimmung erklärt hat. Sofern man für die Mitbestimmungsausübung eine formlose Betriebsabsprache genügen lässt, ist in diesem Fall das Mitbestimmungsrecht gewahrt; die Duldung ist dem Betriebsrat nicht erst nach den Grundsätzen der *Vertrauenshaftung* als Zustimmung zuzurechnen (so *Hanau*, Anm. AP BetrVG 1972 § 87 Altersversorgung Nr. 5), sondern es liegt sogar der *rechtsgeschäftliche Tatbestand* der Zustimmung vor (s. § 33 Rn. 26). Diese Voraussetzung ist streng genommen auch erfüllt, wenn die Leitung der Sozialeinrichtung nicht paritätisch besetzt ist, der Betriebsrat aber durch Beschlüsse, die sich auf die Organisation und Geschäftsführung der Sozialeinrichtung beziehen, zu erkennen gegeben hat, dass er mit dieser Form einer organschaftlichen Lösung einverstanden ist. Da das Mitbestimmungsrecht aber nur bei einer *gleichberechtigten Beteiligung* an der *Organisation* und *Geschäftsführung der Sozialeinrichtung* verwirklicht wird (s. Rn. 658), genügt eine derartige Zustimmung nicht dem Mitbestimmungserfordernis. Das Mitbestimmungsrecht ist deshalb in diesem Fall verletzt. Der Betriebsrat braucht nicht erst einen aktuellen Streitfall abzuwarten, um im Mitbestimmungsverfahren zu erzwingen, dass er an Form, Ausgestaltung und Verwaltung der Sozialeinrichtung beteiligt wird.

2. Verhältnis der Sozialeinrichtung zu Dritten und den begünstigten Arbeitnehmern

Soweit die Sozialeinrichtung **Rechtsgeschäfte mit Dritten** tätigt, ist für ihre rechtliche Wirksamkeit ebenfalls ohne Einfluss, ob der Betriebsrat zu beteiligen ist, weil es sich um eine Verwaltungsmaßnahme i. S. des Mitbestimmungstatbestands handelt. **683**

Betrifft dagegen eine mitbestimmungspflichtige Maßnahme das **Verhältnis zu den Arbeitnehmern,** so ist für die Rechtsfolgenbestimmung bei Verletzung des Mitbestimmungsrechts wesentlich, dass es bei der Nr. 8 um das Verhältnis der *Sozialeinrichtung* zu den Arbeitnehmern geht. Wenn die Sozialeinrichtung rechtlich selbständig ist, so sind Rechtsgeschäfte, die von ihren Organen für sie gegenüber den Arbeitnehmern getätigt werden, nicht deshalb unwirksam, weil der Arbeitgeber das Mitbestimmungsrecht verletzt hat; denn es besteht nach Nr. 8 nicht gegenüber der Sozialeinrichtung, sondern gegenüber dem Arbeitgeber (s. auch Rn. 653). Das gilt auch für Leistungen der Sozialeinrichtung, wenn deren Verteilungsplan unter Verletzung des Mitbestimmungsrechts geändert wurde (ebenso zunächst BAG 13. 7. 1978 AP BetrVG 1972 § 87 Altersversorgung Nr. 5; a. A. BAG 26. 4. 1988 AP BetrVG 1972 § 87 Altersversorgung Nr. 16). Von der Rechtsbeziehung zur Sozialeinrichtung ist das Leistungsverhältnis vom *Arbeitgeber* zu unterscheiden. Da die Maßnahme auch insoweit der Mitbestimmung des Betriebsrats unterliegt, hat der Arbeitnehmer, wenn die Sozialeinrichtung Leistungen kürzt, bei einem Verstoß gegen das Mitbestimmungsrecht einen Ausgleichsanspruch gegen den Arbeitgeber (s. Rn. 680). **684**

Wird die **Dotierung einer Sozialeinrichtung verringert** und müssen deshalb die gekürzten Mittel auf die begünstigten Arbeitnehmer nach einem **neuen Leistungsplan** verteilt werden, so hat eine Verletzung des Mitbestimmungsrechts bei der Aufstellung des Verteilungsplans zur Folge, dass ein darin liegender Widerruf von Leistungen des Arbeitgebers **685** gegenüber dem Arbeitnehmer unwirksam ist (ebenso im Ergebnis BAG 26. 4. 1988 AP BetrVG 1972 § 87 Altersversorgung Nr. 16).

I. Nr. 9: Zuweisung und Kündigung von Wohnräumen, die den Arbeitnehmern mit Rücksicht auf das Bestehen eines Arbeitsverhältnisses vermietet werden, sowie die allgemeine Festlegung der Nutzungsbedingungen

Abgekürzt zitiertes Schrifttum: *Moll*, Die Mitbestimmung des Betriebsrats beim Entgelt, (Diss. Köln) 1977; *Röder*, Das betriebliche Wohnungswesen im Spannungsfeld von Betriebsverfassungsrecht und Wohnungsmietrecht, (Diss. Freiburg i. Br.) 1983.

Übersicht

	Rn.
I. Vorbemerkung	686
II. Gesetzessystematische Einordnung der Mitbestimmungsnorm	687
III. Werkmietwohnung als Gegenstand der Mitbestimmung	690
1. Abgrenzung der Werkmietwohnungen	690
2. Begünstigung der vom Betriebsrat repräsentierten Belegschaft	695
IV. Mitbestimmung bei der Zuweisung und Kündigung sowie bei der allgemeinen Festlegung der Nutzungsbedingungen	698
1. Mitbestimmungsfreie Vorentscheidungen	698
2. Zuweisung und Kündigung der Wohnräume	701
3. Allgemeine Festlegung der Nutzungsbedingungen	707
V. Inhalt und Durchführung der Mitbestimmung	715
1. Mitbestimmungsrecht als Zustimmungs- und Initiativrecht	715
2. Vorrang von Gesetz und Tarifvertrag	716
3. Ausübungsform der Mitbestimmung	718
4. Zuständigkeit für die Mitbestimmungsausübung	720
5. Durchführung der Mitbestimmung bei Wohnräumen, die einem Dritten gehören	721
6. Rechtsfolgen einer Nichtbeteiligung des Betriebsrats	724

I. Vorbemerkung

686 Der Mitbestimmungstatbestand war in § 56 BetrVG 1952 nicht ausdrücklich genannt; doch entnahm man ein Mitbestimmungsrecht § 56 Abs. 1 lit. e BetrVG 1952, soweit Werkwohnungen unter den Begriff der Wohlfahrtseinrichtung fielen (vgl. *Dietz*, § 56 Rn. 131). Zweifelhaft war aber die Reichweite der Mitbestimmung; insbesondere wurde ein Mitbestimmungsrecht über die Festsetzung des Mietpreises nicht anerkannt (vgl. BAG 15. 1. 1960 AP BetrVG § 56 Wohlfahrtseinrichtungen Nr. 3). Der Mitbestimmungstatbestand ist § 66 Abs. 1 lit. d PersVG 1955 nachgebildet, dem § 75 Abs. 2 Satz 1 Nr. 2 BPersVG entspricht.

II. Gesetzessystematische Einordnung der Mitbestimmungsnorm

687 Der Mitbestimmungstatbestand gehört zum **Komplex der Beteiligung des Betriebsrats an der Erbringung und Gestaltung von Arbeitgeberleistungen**, um eine **gerechte Verteilung** zu gewährleisten (s. Rn. 601). Er enthält eine Sonderregelung für Wohnräume, die den Arbeitnehmern mit Rücksicht auf das Bestehen eines Arbeitsverhältnisses vermietet werden. Nach Ansicht des BAG bildet er einen **Unterfall von Nr. 8** (BAG 13. 3. 1973 und 3. 6. 1975 AP BetrVG 1972 § 87 Werkmietwohnungen Nr. 1 und 3). Ob ein Bestand von Wohnräumen, die den Arbeitnehmern mit Rücksicht auf das Bestehen eines

Arbeitsverhältnisses vermietet werden, eine Sozialeinrichtung darstellt, hängt ausschließlich davon ab, ob die Voraussetzungen einer Sozialeinrichtung erfüllt sind, ob also die Wohnräume zu einem zweckgebundenen Sondervermögen zusammengefasst sind, dessen Verwaltung durch eine abgrenzbare, auf Dauer gerichtete Organisation erfolgt (s. Rn. 603 ff.), und ob die Einräumung der Nutzungsmöglichkeit einen sozialen Vorteil für die Arbeitnehmer darstellt, wobei keine Rolle spielt, dass für die Überlassung eine Miete zu entrichten ist (s. Rn. 608 ff.). Da Werkmietwohnungen für die Arbeitnehmer auch dann einen sozialen Vorteil bieten, wenn die Vermietung kostendeckend erfolgt, stellen sie regelmäßig eine Sozialeinrichtung i. S. der Nr. 8 dar.

Daraus, dass Werkmietwohnungen eine **Sozialeinrichtung** darstellen können, darf nicht abgeleitet werden, dass das hier eingeräumte Mitbestimmungsrecht nur unter den Voraussetzungen gegeben ist, die an eine Sozialeinrichtung zu stellen sind. Die Mitbestimmung hat hier vielmehr eine **eigenständige Regelung** erfahren; sie besteht, wenn die hier genannten Voraussetzungen gegeben sind, ohne dass zusätzlich der Charakter einer Sozialeinrichtung vorhanden sein muss (ebenso *Fitting*, § 87 Rn. 379; GK-*Wiese*, § 87 Rn. 762; GL-*Löwisch*, § 87 Rn. 200; *Matthes*, MünchArbR § 250 Rn. 2; *Moll*, Mitbestimmung beim Entgelt, S. 123 f.; *Röder*, Wohnungswesen, S. 76 ff.; missverständlich deshalb, wenn man den Mitbestimmungstatbestand als Unterfall von Nr. 8 bezeichnet; so BAG 13. 3. 1973 und 3. 6. 1975 AP BetrVG 1972 § 87 Werkmietwohnungen Nr. 1 und 3; vgl. dazu *Dütz*, Anm. AP BetrVG 1972 § 87 Nr. 3, Bl. 4; wie das BAG aber ErfK-*Kania*, § 87 Rn. 84). **688**

Soweit ein Bestand von Werkmietwohnungen eine Sozialeinrichtung darstellt, wird weder Nr. 9 von Nr. 8 noch Nr. 8 von Nr. 9 verdrängt, sondern Nr. 8 findet Anwendung, soweit nicht Nr. 9 bereits die konkretisierende Bestimmung für die Ausgestaltung und Verwaltung der Sozialeinrichtung enthält (ebenso *Fitting*, § 87 Rn. 379; GK-*Wiese*, § 87 Rn. 763; *Moll*, Mitbestimmung beim Entgelt, S. 124; *Röder*, Wohnungswesen, S. 78). **689**

III. Werkmietwohnung als Gegenstand der Mitbestimmung

1. Abgrenzung der Werkmietwohnungen

a) Unter die Bestimmung fallen nur **Wohnräume, die den Arbeitnehmern mit Rücksicht auf das Bestehen eines Arbeitsverhältnisses vermietet werden**. Das Gesetz erfasst also nur *Werkmietwohnungen* (vgl. §§ 576, 576 a BGB), **nicht Werkdienstwohnungen** (ebenso BAG 3. 6. 1975 und 28. 7. 1992 AP BetrVG 1972 § 87 Werkmietwohnungen Nr. 3 und 7; *Fitting*, § 87 Rn. 384 f.; GK-*Wiese*, § 87 Rn. 764; GL-*Löwisch*, § 87 Rn. 202; HSWGNR-*Worzalla*, § 87 Rn. 434; *Stege/Weinspach/Schiefer*, § 87 Rn. 149; ErfK-*Kania*, § 87 Rn. 85; *Matthes*, MünchArbR § 250 Rn. 4; *Moll*, Mitbestimmung beim Entgelt, S. 122; *Röder*, Wohnungswesen, S. 79 f.; a. A. unter Verkennung, dass nach dem Gesetzestext der Abschluss eines Mietvertrags notwendig ist, *Frauenkron*, § 87 Rn. 34). Bei einer Werkdienstwohnung ist die Überlassung des Wohnraums Bestandteil des Arbeitsverhältnisses (§ 576 b BGB). Regelmäßig besteht eine Pflicht zum Bezug der Wohnung, z. B. bei einem Pförtner oder Hausmeister (vgl. BAG 28. 7. 1992 AP BetrVG 1972 § 87 Werkmietwohnungen Nr. 7). **690**

b) Der Gesetzestext spricht von **Wohnräumen**. Keine Rolle spielt deshalb, ob es sich um eine abgeschlossene Wohnung oder lediglich um den Platz in einem Wohnheim handelt (ebenso BAG 3. 6. 1975 AP BetrVG 1972 § 87 Werkmietwohnungen Nr. 3; *Fitting*, § 87 Rn. 381; GK-*Wiese*, § 87 Rn. 772; GL-*Löwisch*, § 87 Rn. 201; HSWGNR-*Worzalla*, § 87 Rn. 435; ErfK-*Kania*, § 87 Rn. 83). Das Mitbestimmungsrecht besteht daher auch, wenn es sich um Zweibettzimmer in einem möblierten Wohnheim handelt (vgl. BAG 3. 6. 1975 AP BetrVG 1972 § 87 Werkmietwohnungen Nr. 3). Da der Begriff **691** des Wohnraums nach dem Zweck der Mitbestimmungsnorm zu bestimmen ist, werden auch Massenunterkünfte mit Schlafstellen erfasst (offengelassen BAG, a. a. O.; bejahend GK-*Wiese*, 87 Rn. 773; *Moll*, Mitbestimmung beim Entgelt, S. 122; *Schmidt-Futterer/ Blank*, DB 1976, 1233, 1234; a. A. *Dütz*, Anm. AP BetrVG 1972 § 87 Werkmietwohnungen Nr. 3, Bl. 3 R/4).

692 c) Die Wohnräume müssen **mit Rücksicht auf das Bestehen eines Arbeitsverhältnisses vermietet** werden. Es muss also ein innerer Zusammenhang zwischen dem Arbeits- und dem Mietverhältnis bestehen; das Arbeitsverhältnis muss Geschäftsgrundlage für den Abschluss des Mietvertrags sein. Ein derartiger Zusammenhang ist immer gegeben, wenn die Werkwohnungen zu einer Sozialeinrichtung zusammengefasst sind. Das Mitbestimmungsrecht besteht aber auch, wenn sie keine Sozialeinrichtung sind (s. Rn. 688). Dann ergeben sich jedoch Schwierigkeiten bei der Feststellung, ob das Bestehen des Arbeitsverhältnisses Anlass für den Abschluss des Mietvertrags ist, vor allem wenn der Mietzins nach dem Marktpreis bemessen wird. Da das Wohnraumangebot aber knapp ist, stellt es bereits eine Vergünstigung dar, wenn der Arbeitgeber die Auswahl der Mieter auf Arbeitnehmer beschränkt. Das genügt, um einen Zusammenhang mit dem Arbeitsverhältnis anzunehmen.

693 d) **Nicht erforderlich** ist, dass es sich, wie es dem Wesen des Mietvertrags i. S. des § 535 BGB entspricht, um einen **entgeltlichen Gebrauchsüberlassungsvertrag** handelt. Vom Zweck der Mitbestimmungsnorm wird vielmehr auch die unentgeltliche Gebrauchsüberlassung erfasst, die nach bürgerlichem Recht eine Leihe darstellt (§ 598 BGB; ebenso GL-*Löwisch*, § 87 Rn. 204; DKK-*Klebe*, § 87 Rn. 229; *Matthes*, MünchArbR § 250 Rn. 5; a. A. GK-*Wiese*, § 87 Rn. 766; *Schmidt-Futterer/Blank*, DB 1976, 1233). Ebenfalls keine Rolle spielt, ob mit der Wohnraumüberlassung zugleich dem Arbeitnehmer das Recht eingeräumt wird, ein Grundstück zu nutzen, so dass insoweit ein Pachtvertrag i. S. des § 581 BGB abgeschlossen wird.

694 e) Für den Mitbestimmungstatbestand ist **unerheblich**, ob die Wohnräume dem **Arbeitgeber gehören**. Voraussetzung ist lediglich, dass ihm die Bestimmung des Wohnberechtigten zusteht. Deshalb kommen auch Wohnungen in Häusern anderer Eigentümer in Betracht, wenn der Arbeitgeber die Auswahl des Mieters bestimmt. Es genügt also, dass von einem Dritten die Wohnräume mit Rücksicht auf das Bestehen des Arbeitsverhältnisses vermietet werden (ebenso Begründung des RegE, BT-Drucks. VI/1786, S. 49; BAG 18. 7. 1978 AP BetrVG 1972 § 87 Werkmietwohnungen Nr. 4; *Fitting*, § 87 Rn. 383; GK-*Wiese*, § 87 Rn. 774; GL-*Löwisch*, § 87 Rn. 207; DKK-*Klebe*, § 87 Rn. 230; HSWGNR-*Worzalla*, § 87 Rn. 436; *Matthes*, MünchArbR § 250 Rn. 6; s. zur Reichweite und Durchführung der Mitbestimmung Rn. 721 ff.). Wenn dagegen der Arbeitgeber Werkmietwohnungen an einen Dritten veräußert, ohne dass ihm die Bestimmung des Wohnberechtigten zusteht, so tritt der Erwerber zwar an die Stelle des Arbeitgebers in die sich aus dem Mietvertrag ergebenden Rechte und Pflichten ein (§ 566 Abs. 1 BGB); die dadurch eintretende Entwidmung hat aber zur Folge, dass das Mitbestimmungsrecht des Betriebsrats entfällt (vgl. auch HWK/*Clemenz*, § 87 Rn. 168).

2. Begünstigung der vom Betriebsrat repräsentierten Belegschaft

695 Das Mitbestimmungsrecht besteht nur, wenn die **Wohnräume für Arbeitnehmer bestimmt** sind, die zu der **vom Betriebsrat repräsentierten Belegschaft** gehören. Daher fallen unter das Mitbestimmungsrecht nicht Wohnräume, die nach ihrer Bestimmung ausschließlich für **leitende Angestellte** oder Personen i. S. des § 5 Abs. 2 vorgesehen sind (ebenso BAG 30. 4. 1974, 28. 7. 1992 und 23. 3. 1993 AP BetrVG 1972 § 87 Werkmietwohnungen Nr. 2, 7 und 8; *Fitting*, § 87 Rn. 391; GK-*Wiese*, § 87 Rn. 769; GL-*Löwisch*, § 87 Rn. 208; HSWGNR-*Worzalla*, § 87 Rn. 439; *Hanau*, BB 1972, 451, 452). Wenn dagegen aus einem einheitlichen Bestand von Werkmietwohnungen für alle Arbeitnehmer eine Wohnung an einen leitenden Angestellten vermietet werden soll, hat

Zweiter Abschnitt: Die einzelnen Mitbestimmungstatbestände § 87

der Betriebsrat mitzubestimmen, weil ein Interessenkonflikt bestehen kann, wenn die Wohnung Arbeitnehmern, die zu der vom Betriebsrat repräsentierten Belegschaft gehören, nicht zugewiesen wird (ebenso BAG a. a. O.; *Fitting*, § 87 Rn. 391; GK-*Wiese*, § 87 Rn. 770; GL-*Löwisch*, § 87 Rn. 208; HSWGNR-*Worzalla*, § 87 Rn. 439; *Moll*, Mitbestimmung beim Entgelt, S. 125; *Hanau*, BB 1972, 451, 452).

Gleiches gilt auch, wenn der Arbeitgeber Wohnräume an **Arbeitnehmer** vermietet, **696** die bereits **aus dem Arbeitsverhältnis ausgeschieden** sind, z. B. an Pensionäre (ebenso GK-*Wiese*, § 87 Rn. 771; HSWGNR-*Worzalla*, § 87 Rn. 439; *Röder*, Wohnungswesen, S. 110 f.).

Entsprechend fallen daher Werkmietwohnungen nicht mehr unter das Mitbestim- **697** mungsrecht, wenn der Arbeitgeber sie nur noch an nicht vom Betriebsrat repräsentierte Personen (z. B. leitende Angestellte) vergibt (ebenso BAG 23. 3. 1993 AP BetrVG 1972 § 87 Werkmietwohnungen Nr. 8; s. auch Rn. 700).

IV. Mitbestimmung bei der Zuweisung und Kündigung sowie bei der allgemeinen Festlegung der Nutzungsbedingungen

1. Mitbestimmungsfreie Vorentscheidungen

Das Mitbestimmungsrecht bezieht sich auf die Zuweisung und Kündigung der Wohn- **698** räume sowie die allgemeine Festlegung der Nutzungsbedingungen. **Voraussetzung** ist aber, dass der **Arbeitgeber überhaupt über Wohnräume verfügt**; denn er kann ebenso wenig wie bei der Errichtung einer Sozialeinrichtung im Mitbestimmungsverfahren gezwungen werden, Werkwohnungen zur Verfügung zu stellen (BAG 13. 3. 1973 E 25, 93, 98 = AP BetrVG 1972 § 87 Werkmietwohnungen Nr. 1; GK-*Wiese*, § 87 Rn. 776; ErfK-*Kania*, § 87 Rn. 86; *Matthes*, MünchArbR § 250 Rn. 8; *Stege/Weinspach/Schiefer*, § 87 Rn. 153; *Moll*, Mitbestimmung beim Entgelt, S. 124 f.; *Dangers*, BB 1974, 1076, 1077).

Die **Widmung zur Werkmietwohnung** ist **mitbestimmungsfrei**. Der Mitbestimmung **699** unterliegt nicht, ob Gebäudeteile als Wohnraum zu nutzen sind und ob sie mit Rücksicht auf das Bestehen eines Arbeitsverhältnisses vermietet werden. Ebenfalls mitbestimmungsfrei ist die **Festlegung des Dotierungsrahmens** (s. Rn. 47); der Betriebsrat kann nicht verlangen, dass der Arbeitgeber die finanzielle Grundausstattung oder einen jährlich vorgesehenen Zuschuss erhöht, um allgemeine Preiserhöhungen unter Vermeidung von Mietzinserhöhungen aufzufangen (ebenso BAG 13. 3. 1973 AP BetrVG 1972 § 87 Werkmietwohnungen Nr. 1; s. auch Rn. 709 ff.).

Entsprechend sind die **Entwidmung** und die **Beschränkung des Dotierungsrahmens** **700** **mitbestimmungsfrei** (ebenso BAG 23. 3. 1993 AP BetrVG 1972 § 87 Werkmietwohnungen Nr. 8). Es gilt insoweit Gleiches wie bei der Schließung oder Teilschließung einer Sozialeinrichtung (so bereits BAG 13. 3. 1973 AP BetrVG 1972 § 87 Werkmietwohnungen Nr. 1; s. auch Rn. 48 und zur Sozialeinrichtung Rn. 671 ff.).

2. Zuweisung und Kündigung der Wohnräume

a) Das Mitbestimmungsrecht bezieht sich auf die **Zuweisung und Kündigung der** **701** **Wohnräume**. Der Betriebsrat hat in **jedem Einzelfall** mitzubestimmen; er wird hier also ausdrücklich an Einzelmaßnahmen beteiligt (vgl. *Brecht*, § 87 Rn. 4; *Fitting*, § 87 Rn. 390; GL-*Löwisch*, § 87 Rn. 11, 209a; HSWGNR-*Worzalla*, § 87 Rn. 17, 440; ErfK-*Kania*, § 87 Rn. 87; *Röder*, Wohnungswesen, S. 152, 248; differenzierend will GK-*Wiese*, § 87 Rn. 19 in der Zuweisung die Entscheidung einer kollektiven Frage sehen, während es sich bei der Kündigung um eine Individualmaßnahme handele).

b) Mit dem Begriff der **Zuweisung** erfasst das Gesetz die **Entscheidung, wer die Wohn- 702 räume erhält**. Bei mehreren Bewerbern ist deshalb der Betriebsrat an der Auswahlentscheidung zu beteiligen. Die Zuweisung der Wohnung ist eine Entscheidung, die dem **Abschluss des Mietvertrags vorgelagert** und daher **nicht mit ihm identisch** ist (so zutreffend GK-*Wiese*, § 87 Rn. 779; ebenso HSWGNR-*Worzalla*, § 87 Rn. 441; *Matthes*, MünchArbR § 250 Rn. 17; *Röder*, Wohnungswesen, S. 152).

703 Zweifelhaft ist, ob der Arbeitgeber mitbestimmungsfrei einen **begünstigten Personenkreis unter den Arbeitnehmern** festlegen kann (bejahend *Fitting*, § 87 Rn. 389; GK-*Wiese*, § 87 Rn. 776; HSWGNR-*Worzalla*, § 87 Rn. 448; *Matthes*, MünchArbR § 250 Rn. 9; *Moll*, Mitbestimmung beim Entgelt S. 125; a. A. GL-*Löwisch*, § 87 Rn. 210). Da der Arbeitgeber nicht gezwungen werden kann, Werkmietwohnungen zur Verfügung zu stellen (s. Rn. 698), muss er wie auch sonst bei Sozialeinrichtungen und Sozialleistungen das Recht haben, den begünstigten Personenkreis festzulegen. Wenn der Arbeitgeber Gastarbeiterunterkünfte einrichtet, kann der Betriebsrat nicht verlangen, dass in ihnen auch andere Arbeitnehmer des Betriebs einen Wohnraum erhalten. Das Mitbestimmungsrecht wird aber nicht dadurch ausgeschlossen. Deshalb trifft es auch nicht zu, dass es, wie *Löwisch* (a. a. O.) befürchtet, leer läuft, wenn man zulässt, dass der Arbeitgeber Wohnraum nur bestimmten Zielgruppen unter den Arbeitnehmern zur Verfügung zu stellen braucht. Die mitbestimmungsfreie Festlegung des begünstigten Personenkreises ist vielmehr nur eine Rechtsausübungsschranke für die Mitbestimmung. Das Mitbestimmungsrecht entfällt lediglich, wenn die Wohnräume ausschließlich einem Personenkreis vorbehalten sein sollen, der nicht vom Betriebsrat mitrepräsentiert wird (s. auch Rn. 695 ff.).

704 c) Die **Kündigung durch den Vermieter** unterliegt der Mitbestimmung des Betriebsrats ohne Rücksicht darauf, ob die Wohnräume vom Arbeitgeber oder einem Dritten vermietet worden sind. Solange das Arbeitsverhältnis besteht, gelten für die Kündigung die allgemeinen Vorschriften, also §§ 573 ff. BGB. Besonderheiten gelten nur für das Widerspruchsrecht des Mieters (§ 576 a BGB).

705 Da die Werkmietwohnung mit Rücksicht auf das Bestehen eines Arbeitsverhältnisses vermietet ist, gibt § 576 BGB dem Vermieter **nach Beendigung des Arbeitsverhältnisses** ein **Sonderkündigungsrecht**. Zweifelhaft ist, ob der Betriebsrat auch in diesem Fall ein Mitbestimmungsrecht hat; denn der Mieter gehört nach wirksamer Beendigung des Arbeitsverhältnisses nicht mehr zu der vom Betriebsrat repräsentierten Belegschaft (bejahend GK-*Wiese*, § 87 Rn. 784; GL-*Löwisch*, § 87 Rn. 209 b; DKK-*Klebe*, § 87 Rn. 236; ErfK-*Kania*, § 87 Rn. 90; *Schaub/Koch*, § 235 Rn. 86; *Schmidt-Futterer/ Blank*, DB 1976, 1233, 1234 f.; *Moll*, Mitbestimmung beim Entgelt, S. 126; *Röder*, Wohnungswesen, S. 253; verneinend *Fitting* [bis zur 17. Aufl.], § 87 Rn. 110 [aufgegeben unter Hinweis auf BAG 28. 7. 1992 AP BetrVG 1972 § 87 Werkmietwohnungen Nr. 7 in der 18. Aufl. Rn. 272]; HSWGNR-*Worzalla*, § 87 Rn. 443; *Stege/Weinspach/ Schiefer*, § 87 Rn. 162). Hat der Arbeitnehmer Klage auf Feststellung erhoben, dass durch eine Kündigung des Arbeitgebers das Arbeitsverhältnis nicht aufgelöst sei, so ist noch ungewiss, ob der Arbeitnehmer aus dem Arbeitsverhältnis ausgeschieden ist. Deshalb bedarf eine **Vermieterkündigung bis zum rechtskräftigen Abschluss des Kündigungsrechtsstreits** der **Zustimmung des Betriebsrats** (ebenso HSWGNR-*Worzalla*, § 87 Rn. 443). Sobald aber feststeht, dass das Arbeitsverhältnis wirksam beendet ist, kann der Betriebsrat nicht das Recht haben, einer Kündigung zu widersprechen; denn die Mitbestimmung bezieht sich nur auf Wohnräume, die den Arbeitnehmern mit Rücksicht auf das Bestehen eines Arbeitsverhältnisses vermietet werden. Daraus folgt aber nicht, dass das Mitbestimmungsrecht entfällt, wenn die Verklammerung zwischen dem Arbeitsverhältnis und dem Mietverhältnis nicht mehr besteht. Man muss vielmehr beachten, dass die Mitbestimmung nicht nur ein Zustimmungsrecht, sondern auch ein Initiativrecht umschließt (s. Rn. 65 ff.). Deshalb kann der Betriebsrat eine Kündigung des Mietverhältnisses verlangen, damit der Wohnraum für Arbeitnehmer freigemacht wird, die unter sozialen Gesichtspunkten den Vorrang verdienen. Dies muss erst recht gelten, wenn ein Mieter bereits aus dem Arbeitsverhältnis ausgeschieden ist (ebenso im Ergebnis BAG 28. 7. 1992 AP BetrVG 1972 § 87 Werkmietwohnungen Nr. 7).

Dieselbe Abgrenzung gilt bei der **Kündigung einer Werkmietwohnung**, die an eine 706
nicht vom Betriebsrat repräsentierte Person vergeben ist. Voraussetzung für ein Mitbestimmungsrecht ist, dass die Wohnung unter den Mitbestimmungstatbestand fällt (s. Rn. 695 ff.). Kündigt der Vermieter einer nicht vom Betriebsrat repräsentierten Person, so bedarf die Kündigung nicht der Zustimmung des Betriebsrats. Soll sie dagegen frei werden, damit sie wieder zur Vergabe an einen vom Betriebsrat repräsentierten Arbeitnehmer zur Verfügung steht, so hat der Betriebsrat insoweit ein Mitbestimmungsrecht, kann also die Kündigung zum Gegenstand eines Mitbestimmungsverfahrens machen (ebenso BAG 28. 7. 1992 AP BetrVG 1972 § 87 Werkmietwohnungen Nr. 7). Aus dem Zweck der Mitbestimmung ergibt sich daher auch hier, dass Zustimmungsrecht und Initiativrecht nicht symmetrisch sind (s. Rn. 365 ff. und 519).

3. Allgemeine Festlegung der Nutzungsbedingungen

a) Der Mitbestimmung unterliegt die **allgemeine Festlegung der Nutzungsbedingun-** 707
gen. Dazu gehören die **Modalitäten der Nutzung der Wohnräume**, wie sie üblicherweise **in den Mietverträgen festgelegt** werden, also insbesondere die in den Muster- oder Einheitsmietverträgen festgelegten Vertragsbedingungen, Haus- und Garagenordnungen, Regelungen über Fenster- und Frühjahrsreinigungen oder Fragen der Tierhaltung in den Wohnungen (vgl. *Röder*, Wohnungswesen, S. 168 f.).

Das Mitbestimmungsrecht beschränkt sich auf die allgemeine Festlegung der Nut- 708
zungsbedingungen, erstreckt sich also **nicht** auf die **inhaltliche Ausgestaltung der Einzelmietverträge im Einzelfall** (ebenso *Röder*, Wohnungswesen, S. 168). Da der Betriebsrat aber über die allgemeine Festlegung der Nutzungsbedingungen mitzubestimmen hat, muss der Vermieter die im Mitbestimmungsverfahren festgelegten Nutzungsbedingungen dem Abschluss des Mietvertrags zugrunde legen (ebenso *Dütz*, Anm. AP BetrVG 1972 § 87 Werkmietwohnungen Nr. 3; *Röder*, Wohnungswesen, S. 172).

b) Das Mitbestimmungsrecht erstreckt sich vor allem auf die allgemeine Festsetzung 709
der **Grundsätze für die Mietzinsbildung** (ebenso BAG 13. 3. 1973 AP BetrVG G 1972 § 87 Werkmietwohnungen Nr. 1; bestätigt durch BAG 3. 6. 1975 und 28. 7. 1992 AP BetrVG 1972 § 87 Werkmietwohnungen Nr. 3 und 7; *Fitting*, § 87 Rn. 400; GK-*Wiese*, § 87 Rn. 792; GL-*Löwisch*, § 87 Rn. 211; DKK-*Klebe*, § 87 Rn. 238 f.; HSWGNR-*Worzalla*, § 87 Rn. 446; ErfK-*Kania*, § 87 Rn. 92; *Stege/Weinspach/Schiefer*, § 87 Rn. 155; *Moll*, Mitbestimmung beim Entgelt, S. 127 ff.; *Röder*, Wohnungswesen, S. 99 ff., 169, 203 ff.; *Hiersemann*, BB 1973, 850; a. A. ArbG Siegen, DB 1972, 1728 [Erstinstanz zu BAG 28. 7. 1992 AP BetrVG 1972 § 87 Werkmietwohnungen Nr. 1, aufgehoben durch LAG Hamm, EzA § 87 BetrVG 1972 Werkswohnung Nr. 1]; *Giese*, BB 1973, 198; *Lieb*, ZfA 1978, 179, 198). Der Gesetzestext selbst gibt keine eindeutige Antwort (ebenso BAG a. a. O.). Man kann auch nicht darauf zurückgreifen, dass zu den Nutzungen i. S. des § 100 BGB der Mietzins zählt (nicht zutreffend insoweit BAG a. a. O.; vor allem LAG Hamm, EzA § 87 BetrVG 1972 Werkswohnung Nr. 1, S. 3); denn der Mietzins zählt als mittelbare Sachfrucht (§ 99 Abs. 3 BGB) zu den Nutzungen, die der Arbeitgeber zieht (so zutreffend *Bötticher*, SAE 1973, 234; zust. *Moll*, Mitbestimmung beim Entgelt, S. 128). Der Mietzins ist das *Nutzungsentgelt* und gehört insoweit zu den Bedingungen, unter denen der Vermieter den Wohnraum zum Gebrauch überlässt. Beachtet man den gesetzessystematischen Zusammenhang der Mitbestimmungsregelung in Nr. 8 bis 11, so ist Zweck der Mitbestimmungsnorm auch hier, dass der Betriebsrat über die Preisfestsetzung und den Leistungsplan im Rahmen der vom Arbeitgeber vorgegebenen Dotierung mitzubestimmen hat (vgl. *Moll*, Mitbestimmung beim Entgelt, S. 129 ff.; *Röder*, Wohnungswesen, S. 99 ff.).

Das Mitbestimmungsrecht bezieht sich nur auf Grundsätze der Mietzinsbildung, **nicht** 710
auf die **Festsetzung der Miete im Einzelfall** (ebenso BAG 13. 3. 1973 AP BetrVG 1972 § 87 Werkmietwohnungen Nr. 1; bestätigt durch BAG 3. 6. 1975 AP BetrVG 1972 § 87

Werkmietwohnungen Nr. 3; GK-*Wiese*, § 87 Rn. 797; GL-*Löwisch*, § 87 Rn. 211; ErfK-*Kania*, § 87 Rn. 92; s. auch Rn. 708).

711 c) Die Mitbestimmung besteht, auch soweit sie sich auf die allgemeine Festsetzung der Grundsätze für die Mietzinsbildung erstreckt, **nur im Rahmen der vom Arbeitgeber vorgegebenen finanziellen Dotierung** (ebenso BAG 13. 3. 1973 und 3. 6. 1975 AP BetrVG 1972 § 87 Werkmietwohnungen Nr. 1 und 3; s. auch Rn. 699). Materiell zielt die Mitbestimmung bei Einräumung einer Mietpreisvergünstigung auf deren *Verteilung* innerhalb des Dotierungsrahmens. Mit der Mitbestimmungsfreiheit bei dessen Festlegung wäre dagegen nicht vereinbar, wenn der Betriebsrat durch das Mitbestimmungsrecht generell eine Herabsetzung des Mietzinses erzwingen oder dessen Erhöhung verhindern könnte (vgl. *Bötticher*, SAE 1973, 233). Doch muss in diesem Zusammenhang beachtet werden, dass das Mietrecht Grenzen für eine Mietzinserhöhung aufstellt. Für den Vermieter besteht insoweit ein rechtlicher Rahmen, an dessen Konkretisierung der Betriebsrat durch die Mitbestimmung über die allgemeine Festlegung der Nutzungsbedingungen zu beteiligen ist.

712 Zur Mietzinsbildung, über deren Grundsätze der Betriebsrat mitzubestimmen hat, gehört nicht die **Lieferung von Heizgas**, wenn der Vermieter nach dem Mietvertrag nur die Wohnräume einschließlich einer Heizgelegenheit zur Verfügung zu stellen hat und dem Mieter die Beschaffung von Heizmaterial überlassen bleibt (BAG 22. 10. 1985 AP BetrVG 1972 § 87 Werkmietwohnung Nr. 5).

713 d) Das Mitbestimmungsrecht umfasst nicht nur eine Beteiligung des Betriebsrats bei der **erstmaligen Festsetzung** der Grundsätze über die Mietzinsbildung, sondern es besteht vor allem auch bei deren **Änderung**, insbesondere also bei **Mieterhöhungen**. Für sie gelten §§ 557 ff. BGB. Die Mitbestimmung bezieht sich auf die Frage, ob Änderungen der Miethöhe als Staffelmiete (§ 557 a BGB) oder als Indexmiete (§ 557 b BGB) vereinbart werden sollen oder ob der Vermieter Mieterhöhungen nur nach Maßgabe der §§ 558 bis 560 BGB verlangen kann (§ 557 BGB).

714 Da die Mitbestimmung nur im Rahmen der vom Arbeitgeber vorgegebenen finanziellen Dotierung besteht (s. Rn. 711), erstreckt sie sich zwar auf die Vereinbarung, ob **Betriebskosten** als Pauschale oder als Vorauszahlung ausgewiesen werden. Es kann aber im Mitbestimmungsverfahren nicht festgelegt werden, dass der Arbeitgeber gegen seinen Willen die Betriebskosten zu übernehmen hat. Deshalb ist mitbestimmungsfrei, ob der Vermieter bei einer Betriebskostenpauschale berechtigt ist, Erhöhungen der Betriebskosten durch Erklärung in Textform anteilig auf den Mieter umzulegen (vgl. § 560 BGB).

V. Inhalt und Durchführung der Mitbestimmung

1. Mitbestimmungsrecht als Zustimmungs- und Initiativrecht

715 Soweit die Mitbestimmung reicht, hat der Betriebsrat nicht nur ein Zustimmungs-, sondern auch ein Initiativrecht (ebenso GK-*Wiese*, § 87 Rn. 802; *ders.*, Initiativrecht, S. 58 f.; *Matthes*, MünchArbR § 250 Rn. 27 f.). Das gilt auch für die Kündigung von Wohnräumen (s. Rn. 705 f.).

2. Vorrang von Gesetz und Tarifvertrag

716 Die **zwingenden Mietgesetze** begrenzen die Vertragsfreiheit des Vermieters; sie enthalten aber keine abschließende Regelung, die i. S. des Eingangshalbsatzes das Mitbestimmungsrecht des Betriebsrats verdrängt.

717 Der Tarifvorrang greift schon deshalb nicht ein, weil die Wohnungen auf mietvertraglicher Grundlage überlassen werden (vgl. BAG 28. 7. 1992 AP BetrVG 1972 § 87 Werkmietwohnungen Nr. 7 [unter B III 2 b]). In Betracht kann deshalb nur kommen, dass der Arbeitgeber tarifvertraglich verpflichtet ist, die Höhe des Mietzinses nach einer Regelung

im Tarifvertrag zu bemessen. Dadurch wird nicht das Mitbestimmungsrecht des Betriebsrats verdrängt.

3. Ausübungsform der Mitbestimmung

Soweit der Betriebsrat an der **Zuweisung** und **Kündigung der Wohnräume im Einzelfall** zu beteiligen ist, genügt eine **formlose Betriebsabsprache**. 718

Für die **allgemeine Festlegung der Nutzungsbedingungen** ist der Abschluss einer **Betriebsvereinbarung** die geeignete Form für die Mitbestimmungsausübung. Der Arbeitgeber verletzt aber nicht das Mitbestimmungsrecht, wenn er dem Abschluss des Mietvertrags oder einer Mieterhöhung Grundsätze zugrunde legt, denen der Betriebsrat formlos zugestimmt hat. Sollen die Arbeitnehmer aber aus dem Arbeitsverhältnis Rechte gegen den Arbeitgeber erhalten, so tritt eine unmittelbare Wirkung nur bei einer Mitbestimmungsausübung durch Betriebsvereinbarung ein (§ 77 Abs. 4 Satz 1). 719

4. Zuständigkeit für die Mitbestimmungsausübung

Gliedert sich das Unternehmen in mehrere Betriebe, so ist der **Gesamtbetriebsrat** zuständig, wenn für die Vermietung der Wohnräume unerheblich ist, welchem Betrieb ein Arbeitnehmer angehört (§ 50 Abs. 1; s. auch Rn. 83). Besteht bei einem Konzern ein **Konzernbetriebsrat**, so fällt die Beteiligung in dessen Kompetenz, wenn für die Vermietung keine Rolle spielt, welchem Konzernunternehmen ein Arbeitnehmer angehört (§ 58 Abs. 1). In diesem Fall wird es sich stets zugleich um eine Sozialeinrichtung handeln, deren Wirkungsbereich sich auf sämtliche oder mehrere Unternehmen eines Konzerns bezieht (s. auch Rn. 650). 720

5. Durchführung der Mitbestimmung bei Wohnräumen, die einem Dritten gehören

Gehören die **Wohnräume einem Dritten,** hat der Arbeitgeber also lediglich das Belegungsrecht, so kann das **Mitbestimmungsrecht** des Betriebsrats nur **so weit** reichen, wie der **Arbeitgeber selbst Rechte** bei der Begründung und Durchführung der Mietverträge über die Wohnräume im Eigentum oder in der Verfügungsgewalt des Dritten hat (ebenso BAG 18. 7. 1978 AP BetrVG 1972 § 87 Werkmietwohnungen Nr. 4). Diese immanente Begrenzung der Mitbestimmung gilt aber nicht, wenn es sich um eine **rechtlich selbständige Sozialeinrichtung** handelt. Diese ist zwar auch gegenüber dem Arbeitgeber als Gesamthand oder juristische Person ein anderes Rechtssubjekt; aus der Zuordnung als Sozialeinrichtung ergibt sich aber, dass der Arbeitgeber sicherstellen kann, dass seine Sozialeinrichtung die mit dem Betriebsrat getroffene Regelung übernimmt (s. Rn. 651 ff.). 721

Das **Mitbestimmungsrecht** besteht **nur gegenüber dem Arbeitgeber, nicht gegenüber dem Dritten.** Bei der Einigung zwischen Arbeitgeber und Betriebsrat bedarf es also wie gegenüber einer rechtlich selbständigen Sozialeinrichtung eines *doppelten Schrittes* – zuerst der Einigung zwischen dem Arbeitgeber und dem Betriebsrat, sodann des Vollzugs dieser Einigung auf Grund des Einwirkungsrechts des Arbeitgebers gegenüber dem Dritten (s. auch Rn. 663). 722

Die Betriebsvereinbarung, die die Nutzungsbedingungen für die Wohnräume allgemein festlegt, hat gegenüber dem Dritten keine normative Wirkung (s. § 77 Rn. 73 ff.). 723

6. Rechtsfolgen einer Nichtbeteiligung des Betriebsrats

Die Beteiligung des Betriebsrats ist **keine Wirksamkeitsvoraussetzung für den Abschluss eines Mietvertrages** (ebenso GK-*Wiese,* § 87 Rn. 781; HSWGNR-*Worzalla,* § 87 Rn. 453; ErfK-*Kania,* § 87 Rn. 89; *Matthes,* MünchArbR § 250 Rn. 31; *Schaub/Koch,* § 235 Rn. 85; *Röder,* Wohnungswesen, S. 154; *Schmidt-Futterer/Blank,* DB 1976, 1233, 1234; a. A. *Fitting,* § 87 Rn. 393; GL-*Löwisch,* § 87 Rn. 209 a; DKK-*Klebe,* § 87 Rn. 235). 724

725 Eine **Kündigung** ist dagegen **nur mit Zustimmung des Betriebsrats rechtswirksam**, soweit sie durch den Arbeitgeber erfolgt und dem Mitbestimmungsrecht unterliegt (s. zu letzterem Rn. 705 f.). Auch wenn der Arbeitgeber mit Einwilligung des Betriebsrats die Kündigung erklärt, ist diese unwirksam, wenn der Arbeitgeber die Einwilligung nicht in schriftlicher Form vorlegt und der Arbeitnehmer die Kündigung aus diesem Grund unverzüglich zurückweist, sofern der Betriebsrat ihn nicht von der Einwilligung in Kenntnis gesetzt hatte (§ 182 Abs. 3 i. V. mit § 111 Satz 2 und Satz 3 BGB; ebenso GK-*Wiese*, § 87 Rn. 787; *Matthes*, MünchArbR § 250 Rn. 32). Wird dagegen bei Vermietung durch einen Dritten die Kündigung von diesem erklärt, so ist die Maßnahme nicht in ihrer Wirksamkeit von einer vorherigen Einigung zwischen Betriebsrat und Arbeitgeber abhängig; denn jede unmittelbar wirkende Beschränkung der Handlungsfreiheit des Dritten durch die gegenüber dem Arbeitgeber bestehende Mitbestimmung stünde in Widerspruch zu dem sich aus § 137 BGB ergebenden Grundsatz (ebenso im Ergebnis GK-*Wiese*, § 87 Rn. 787; *Matthes*, MünchArbR § 250 Rn. 33; hier auch GL-*Löwisch*, § 87 Rn. 214; ohne die hier vorgenommene Differenzierung für die Zustimmung des Betriebsrats als Wirksamkeitsvoraussetzung bei einer Kündigung *Fitting*, § 87 Rn. 398; DKK-*Klebe*, § 87 Rn. 237; ErfK-*Kania*, § 87 Rn. 90; a. A. HSWGNR-*Worzalla*, § 87 Rn. 455). Der Betriebsrat kann lediglich verlangen, dass der Arbeitgeber gegenüber dem Dritten die erforderlichen Maßnahmen unternimmt, damit bei fehlender Zustimmung des Betriebsrats die Kündigung zurückgenommen wird.

726 Wie bei der Kündigung hängen auch bei der **Festlegung der Nutzungsbedingungen** die Rechtsfolgen einer unterlassenen Beteiligung des Betriebsrats davon ab, ob der Arbeitgeber oder ein Dritter den Inhalt des Mietverhältnisses festlegt. Nur wenn eine Änderung der Nutzungsbedingungen unmittelbar vom Arbeitgeber festgelegt wird, ist eine auf ihr beruhende Vertragsgestaltung insoweit unwirksam, als durch sie die Rechtsstellung des Arbeitnehmers verschlechtert wird (ebenso GK-*Wiese*, § 87 Rn. 799; *Matthes*, MünchArbR § 250 Rn. 34; a. A. HSWGNR-*Worzalla*, § 87 Rn. 456; s. auch Rn. 101 ff., wobei hier für die Rechtsfolgenbestimmung das Mietverhältnis dem Individualarbeitsverhältnis gleichgestellt wird; denn die Mitbestimmungspflicht besteht, weil das Bestehen des Arbeitsverhältnisses die Geschäftsgrundlage für den Mietvertrag darstellt; s. Rn. 692).

J. Nr. 10: Fragen der betrieblichen Lohngestaltung, insbesondere die Aufstellung von Entlohnungsgrundsätzen und die Einführung und Anwendung von neuen Entlohnungsmethoden sowie deren Änderung

Abgekürzt zitiertes Schrifttum: *Köke*, Inhalt und Grenzen des Mitbestimmungsrechtes des Betriebsrates in Fragen der betrieblichen Lohngestaltung (§ 87 Abs. 1 Nr. 10 BetrVG), Diss. FU Berlin 1978; *Magula-Lösche*, Der Umfang betrieblicher Mitbestimmung nach § 87 Abs. 1 Nr. 10 BetrVG bei der Vergabe freiwilliger betrieblicher Sozialleistungen, (Diss. Münster 1990) 1991; *Moll*, Die Mitbestimmung des Betriebsrats beim Entgelt, (Diss. Köln) 1977; *Mussil/Seifert*, Kommentar zum Tarifvertrag für das private Versicherungsgewerbe, 5. Aufl., 1992; *Reuter*, Vergütung von AT-Angestellten und betriebsverfassungsrechtliche Mitbestimmung, 1979; *Sibben*, Die Rechtsprechung des Bundesarbeitsgerichts zur Mitbestimmung des Betriebsrats bei Prämien (§ 87 Abs. 1 Nr. 10 und 11 BetrVG), Diss. Köln 1988; *Wittgruber*, Die Abkehr des Arbeitsrechts von der Vertragsfreiheit am Beispiel betrieblicher Mitbestimmung bei übertariflichen Zulagen, (Diss. Bonn 1998) 1999.

Übersicht

	Rn.
I. Vorbemerkung	727
II. Zweck und gesetzessystematische Stellung der Mitbestimmungsnorm	728
1. Gewährleistung betrieblicher Lohngerechtigkeit als Zweck der Mitbestimmungsnorm	728

	Rn.
2. Grundtatbestand für die Mitbestimmung bei Entgeltleistungen des Arbeitgebers	732
3. Vereinbarkeit mit dem Grundgesetz	733
III. Entgeltleistungen des Arbeitgebers als Gegenstand des Mitbestimmungstatbestands	734
1. Lohnbegriff	734
2. Überblick	735
3. Entgeltcharakter der Arbeitgeberleistung	739
4. Freiwillige Leistungen	745
IV. Gegenstand des Mitbestimmungsrechts	747
1. Begriff und Elemente der betrieblichen Lohngestaltung	747
2. Aufstellung von Entlohnungsgrundsätzen	752
3. Einführung und Anwendung von neuen Entlohnungsmethoden sowie deren Änderung	760
4. Änderung der betrieblichen Lohngestaltung	766
V. Mitbestimmungsfreie Vorgaben	768
1. Entgelthöhe	768
2. Freiheit der Leistungserbringung	771
3. Verhältnis von Leistung und Gegenleistung	773
4. Rechtsgeschäftliche Gestaltungsfreiheit	774
5. Mitbestimmung und Vertragsgestaltung bei der Einschränkung von Entgeltleistungen	776
VI. Mitbestimmung über die Lohn- und Gehaltsbemessung im Rahmen der synallagmatischen Vertragsbeziehungen	780
1. Verdrängung der Mitbestimmung durch den Tarifvorrang	780
2. Mitbestimmung bei sog. außertariflichen Angestellten	781
3. Grundvergütung und Zulagen	788
4. Anrechnung einer Tariflohnerhöhung auf über- und außertarifliche Zulagen	790
VII. Mitbestimmung bei Leistungsentgelten	808
1. Verhältnis zu Nr. 11	808
2. Mitbestimmung beim Akkordlohn	809
3. Mitbestimmung beim Prämienlohn	821
4. Mitbestimmung bei Provisionen	827
5. Mitbestimmung bei Bedienungsgeldern	831
VIII. Zusätzliche Sozialleistungen als Gegenstand der Mitbestimmung	832
1. Sozialleistungen als Entgeltleistungen des Arbeitgebers	832
2. Gestaltung der Mitbestimmung	834
IX. Mitbestimmung bei der betrieblichen Altersversorgung	837
1. Betriebliche Altersversorgung als Gegenstand der Mitbestimmung	837
2. Rechtsgrundlage der Mitbestimmung in Nr. 8 und Nr. 10 – Schrankensystem	841
3. Mitbestimmung bei Direktzusage oder Direktversicherung	847
4. Mitbestimmung bei betrieblicher Altersversorgung durch eine Unterstützungs- oder Pensionskasse oder durch einen Pensionsfonds	849
5. Änderung oder Ablösung einer betrieblichen Versorgungsordnung	851
X. Inhalt und Umfang der Mitbestimmung	855
1. Festlegung allgemeiner Regelungen	855
2. Regelung aus Anlass einer aktuellen Änderung	857
3. Initiativrecht	858
4. Unternehmerische Entscheidungsautonomie als Schranke der Mitbestimmung	860
5. Tendenzbetriebe	861
6. Vorrang von Gesetz und Tarifvertrag	862
XI. Durchführung der Mitbestimmung	865
1. Ausübungsform der Mitbestimmung	865
2. Zuständigkeit für die Mitbestimmungsausübung	866
3. Rechtsfolgen einer Nichtbeteiligung des Betriebsrats	869

I. Vorbemerkung

Der Betriebsrat hatte nach § 56 Abs. 1 lit. g BetrVG 1952 über die „Regelung von **727** Akkord- und Stücklohnsätzen" und nach § 56 Abs. 1 lit. h BetrVG 1952 über die

"Aufstellung von Entlohnungsgrundsätzen und Einführung von neuen Entlohnungsmethoden" mitzubestimmen. Der Mitbestimmungstatbestand ist im Verhältnis zu dieser Regelung auf alle Fragen der betrieblichen Lohngestaltung erweitert worden. Nach der Begründung zum RegE soll hierdurch ein umfassendes Mitbestimmungsrecht des Betriebsrats in diesem Bereich sichergestellt werden (vgl. BT-Drucks. VI/1786, S. 49). Das Gesetz nennt nur noch als Beispiele die Aufstellung von Entlohnungsgrundsätzen und die Einführung von neuen Entlohnungsmethoden, wobei der Gesetzestext ausdrücklich auf die Anwendung der Entlohnungsmethoden sowie deren Änderung erweitert wurde. Ergänzt wird die Regelung durch Nr. 11, die das Mitbestimmungsrecht auf die Festsetzung der Akkord- und Prämiensätze und vergleichbarer leistungsbezogener Entgelte einschließlich der Geldfaktoren bezieht. Dadurch soll, wenn die Leistung des Arbeitnehmers zum Maßstab für die Entlohnung gewählt wird, sichergestellt werden, dass die leistungsbezogenen Entgelte richtig festgesetzt werden.

II. Zweck und gesetzessystematische Stellung der Mitbestimmungsnorm

1. Gewährleistung betrieblicher Lohngerechtigkeit als Zweck der Mitbestimmungsnorm

728 a) Der Gesetzestext beschränkt sich auf die Anordnung, dass der Betriebsrat mitzubestimmen habe in „Fragen der betrieblichen Lohngestaltung, insbesondere die Aufstellung von Entlohnungsgrundsätzen und die Einführung und Anwendung von neuen Entlohnungsmethoden sowie deren Änderung". Nr. 10 enthält damit eine **Generalklausel**, durch die dem Betriebsrat bei der Gestaltung des Arbeitsentgelts ein umfassendes Mitbestimmungsrecht eingeräumt wird (ebenso BAG [GS] AP BetrVG 1972 § 87 Lohngestaltung Nr. 51 [unter C III 3 a]; bereits BAG 12. 6. 1975 AP BetrVG 1972 § 87 Altersversorgung Nr. 1, 2 und 3). Für die Ausfüllung der Generalklausel ist wesentlich,

729 worin man den Zweck der Mitbestimmung zu erblicken hat.

b) Das Gesetz verwendet den Begriff der **Lohngestaltung** und erläutert ihn durch Beispiele, wie Aufstellung von Entlohnungsgrundsätzen und Einführung und Anwendung von neuen Entlohnungsmethoden sowie deren Änderung. Diese Auswahl der nach dem Gesetzestext mitbestimmungspflichtigen Angelegenheiten zeigt, dass es sich um Maßnahmen handelt, die sich auf die *Lohn-* und *Gehaltsfindung* beziehen. Nicht erfasst wird die Ausgestaltung des Synallagmas, also das Verhältnis von Leistung und Gegenleistung. Dem Mitbestimmungsrecht unterliegt nicht, ob der Arbeitgeber die Entlohnung auch dann gewähren muss, wenn der Arbeitnehmer seine Leistung nicht erbringt. Die Leistung ist für das Mitbestimmungsrecht nur insoweit von Bedeutung, als von ihr die *Lohngestaltung* abhängt. Das Mitbestimmungsrecht rüttelt nicht am Synallagma. Die erbrachte Leistung interessiert nur insoweit, als sie zum Maßstab für die Entlohnung

730 gewählt wird.

Der Mitbestimmungstatbestand dient nicht der Lohnpolitik, sondern der **Lohnfindung unter dem Gesichtspunkt der Lohngerechtigkeit** (so bereits BAG 14. 11. 1974 AP BetrVG 1972 § 87 Nr. 1; vgl. BAG [GS] 3. 12. 1991 AP BetrVG 1972 § 87 Lohngestaltung Nr. 51 [unter C III 1 a]; st. Rspr., z. B. BAG 22. 1. 1980, 10. 2. 1988, 11. 6. 2002 und 28. 2. 2006 AP BetrVG 1972 § 87 Lohngestaltung Nr. 3, 33, 113 und 127 [Rn. 15]; 29. 1. 2008 AP BetrVG 1972 Nr. 13 [Rn. 27]; ausführlich *Magula-Lösche*, Umfang betrieblicher Mitbestimmung, S. 54 ff.; *Richardi*, ZfA 1976, 1, 20–25). Die Ermittlung der konkreten Lohn- oder Gehaltshöhe für den einzelnen Arbeitnehmer hängt gleichermaßen von zwei Faktoren ab: vom *System der Lohn- und Gehaltsfindung* und der Festlegung der *Lohn- und Gehaltshöhe*, die dem bei der Lohn- und Gehaltsfindung ermittelten Maßstab zugeordnet wird (vgl. zu den beiden Elementen der Lohngerechtigkeit *Richardi*, RdA 1969, 234 ff.). Beide Faktoren erfüllen eine selbständige

Funktion, deren Besonderheit vielfach nur deshalb verkannt wird, weil mathematisch Faktoren miteinander vertauscht werden können, ohne dass eine Änderung des Produkts eintritt. Steht fest, nach welchem System Lohn und Gehalt zu ermitteln sind und welcher Verfahren man sich dabei zu bedienen hat, so kann die Zuordnung der Lohnhöhe lediglich zu dem Ergebnis führen, dass das Gesamtniveau der Löhne und Gehälter hoch oder niedrig ist; durch sie wird aber nicht der Lohn- und Gehaltsschlüssel geändert, der durch das System der Lohn- und Gehaltsbemessung festgelegt ist. Die Mitbestimmung in diesem Bereich soll, wie das BAG zutreffend feststellt, „den Arbeitnehmer vor einer einseitig an den Interessen des Unternehmens orientierten oder willkürlichen Lohngestaltung schützen" (BAG 22. 1. 1980 AP BetrVG 1972 § 87 Lohngestaltung Nr. 3; [GS] 3. 12. 1991 AP BetrVG 1972 § 87 Lohngestaltung Nr. 51 [unter C III 1 a]). Sie ist dagegen kein Ersatzinstrument für den Tarifvertrag, sondern entfaltet ihre Bedeutung unter Berücksichtigung der Ordnungstatsache, dass die Gestaltung der Löhne und Gehälter üblicherweise durch Tarifvertrag erfolgt.

731

Zweck der Mitbestimmung ist eine Beteiligung an den Entscheidungen, von denen bei der Erbringung der Entgeltleistungen die *Verteilungsgerechtigkeit* abhängt. Maßgeblicher Gesichtspunkt ist insoweit nicht die abstrakte Festlegung der Entgelthöhe, sondern es geht um die „Angemessenheit und Durchsichtigkeit des innerbetrieblichen Lohngefüges" (BAG 31. 1. 1984 AP BetrVG 1972 § 87 Tarifvorrang Nr. 3; [GS] 3. 12. 1991 AP BetrVG 1972 § 87 Lohngestaltung Nr. 51; so auch noch BAG 28. 2. 2006 AP BetrVG 1972 § 87 Lohngestaltung Nr. 127 [Rn. 15]; 29. 1. 2008 AP BetrVG 1972 Nr. 13 [Rn. 27]; kritisch zu dieser Formel *Joost*, ZfA 1993, 257, 260 ff.; *Reichold*, RdA 1995, 147, 155 f.; zu dieser Kritik *Dorndorf*, FS Däubler 1999, S. 327 ff.). Die Mitbestimmung dient der Gerechtigkeit durch Systembildung als Voraussetzung für die Anwendung des Gleichbehandlungsgrundsatzes (so *Fastrich*, RdA 1999, 24, 30).

2. Grundtatbestand für die Mitbestimmung bei Entgeltleistungen des Arbeitgebers

Gesetzessystematisch enthält Nr. 10 den Grundtatbestand für die Beteiligung des Betriebsrats bei Entgeltleistungen des Arbeitgebers. Werden Entgeltleistungen durch eine Sozialeinrichtung erbracht, so erstreckt Nr. 8 das Mitbestimmungsrecht auf deren Form, Ausgestaltung und Verwaltung (s. Rn. 599 ff.). Eine ergänzende Sonderregelung besteht nach Nr. 9, wenn Wohnräume Arbeitnehmern mit Rücksicht auf das Bestehen eines Arbeitsverhältnisses vermietet werden (s. Rn. 686 ff.). Nr. 11 erweitert das Mitbestimmungsrecht auf die Festsetzung der Akkord- und Prämiensätze und vergleichbarer leistungsbezogener Entgelte einschließlich der Geldfaktoren, wenn derartige Entgeltleistungen zur betrieblichen Lohngestaltung gehören (s. Rn. 873 ff.).

732

3. Vereinbarkeit mit dem Grundgesetz

Die Mitbestimmungsnorm verstößt nicht gegen das Grundgesetz. Da sie unter dem Gesichtspunkt der Verteilungsgerechtigkeit eine Beteiligung des Betriebsrats bei allen Entgeltleistungen des Arbeitgebers einräumt, entspricht sie dem rechtsstaatlichen Erfordernis der Normklarheit und Justitiabilität (ebenso *Schulze-Osterloh*, Anm. AP BetrVG 1972 § 87 Lohngestaltung Nr. 2, Bl. 5 R; a. A. *Schirdewahn*, BB 1980, 163). Verfassungsrechtliche Bedenken könnten nur bestehen, wenn man die Mitbestimmung auf die Entgelthöhe erstrecken würde. Trotz des im Eingangshalbsatz enthaltenen Tarifvorrangs erklärt nämlich das BAG, dass nach dem legislativen Ordnungskonzept Betriebsvereinbarungen, aber auch Betriebsabsprachen oder Regelungsabreden wegen der besonders verfassungsrechtlich geschützten Stellung der Koalitionen, die auch deren Aufgabenbereich umgreife, nicht in deren Kompetenz einbrechen dürften; zu diesen Kompetenzen zählt das BAG, wie es wörtlich heißt, „etwa die Regelung der Höhe des Arbeitsentgelts, die Dauer der üblichen, der Regelarbeitszeit – also der nicht durch außergewöhnliche

733

Umstände ausnahmsweise veränderten Arbeitszeit – und die Dauer des Urlaubs" (BAG 5. 3. 1974 AP BetrVG 1972 § 87 Kurzarbeit Nr. 1).

III. Entgeltleistungen des Arbeitgebers als Gegenstand des Mitbestimmungstatbestands

1. Lohnbegriff

734 Den Gegenstand des Mitbestimmungstatbestands bilden nicht nur **Lohn** und **Gehalt** im herkömmlichen Verständnis, also das Arbeitsentgelt, das nach Inhalt und Umfang in einem Synallagma zur Arbeitsleistung steht, sondern es werden von den Fragen der betrieblichen Lohngestaltung **alle vermögenswerten Arbeitgeberleistungen** erfasst, bei denen die Bemessung nach bestimmten Grundsätzen oder nach einem System erfolgt (BAG 10. 6. 1986 und 29. 2. 2000 AP BetrVG 1972 § 87 Lohngestaltung Nr. 22 und 105; bereits BAG 12. 6. 1975 AP BetrVG 1972 § 87 Altersversorgung Nr. 1; aus dem Schrifttum: *Fitting*, § 87 Rn. 412; GK-*Wiese*, § 87 Rn. 821 und 826; HSWGNR-*Worzalla*, § 87 Rn. 460; ErfK-*Kania*, § 87 Rn. 96; *Matthes*, MünchArbR § 251 Rn. 7; *Gamillscheg*, Kollektives Arbeitsrecht, Bd. II S. 932; *Moll*, Mitbestimmung beim Entgelt, S. 136 ff.). Nicht erfasst wird aber bei der Beschäftigung von Beamten die Festlegung der Kriterien für die Zuweisung der Planstellen, nach denen sich die Vergütung richtet; darin liegt keine Angelegenheit der betrieblichen Lohngestaltung (BAG 28. 3. 2006 AP BetrVG 1972 § 87 Lohngestaltung Nr. 128).

2. Überblick

735 Zum Lohn i. S. der Nr. 10 gehören die **laufenden Entgelte**, die in einem Gegenseitigkeitsverhältnis zur Arbeitsleistung des Arbeitnehmers stehen (vgl. BAG 22. 1. 1980 AP BetrVG 1972 § 87 Lohngestaltung Nr. 3). Erfasst werden die **übertariflichen Zulagen**, die mit dem Tariflohn das Arbeitsentgelt eines Arbeitnehmers bilden (BAG [GS] 3. 12. 1991 AP BetrVG 1972 § 87 Lohngestaltung Nr. 51; s. Rn. 788 ff.), weiterhin Erschwerniszulagen (BAG 22. 12. 1981 AP BetrVG 1972 § 87 Lohngestaltung Nr. 7), Belastungszulagen (BAG 4. 7. 1989 AP BetrVG 1972 § 87 Tarifvorrang Nr. 20), Sonderzahlungen aus dem Tronc-Aufkommen bei einer Spielbank (BAG 16. 7. 1985 AP BetrVG 1972 § 87 Lohngestaltung Nr. 17) oder sonstige Boni (BAG 14. 6. 1994 AP BetrVG 1972 § 87 Lohngestaltung Nr. 69).

736 Unter den Lohnbegriff der Nr. 10 fallen weiterhin **Sozialleistungen** und **Leistungen aus besonderem Anlass**, wie Leistungen der betrieblichen Altersversorgung (BAG 12. 6. 1975 AP BetrVG 1972 § 87 Altersversorgung Nr. 1, 2 und 3), zinsgünstige **Arbeitgeberdarlehen** (BAG 9. 12. 1980 AP BetrVG 1972 § 87 Lohngestaltung Nr. 5), Wettbewerbsprämien (BAG 30. 3. 1982 AP BetrVG 1972 § 87 Lohngestaltung Nr. 10), Erwerb verbilligter Flugscheine (BAG 22. 10. 1985 AP BetrVG 1972 § 87 Lohngestaltung Nr. 18), Lieferung von billigem Gas aus eigener Produktion (BAG 22. 10. 1985 AP BetrVG 1972 § 87 Werkmietwohnungen Nr. 5), Mietzuschüsse und Kosten für Familienheimflüge (BAG 10. 6. 1986 AP BetrVG 1972 § 87 Lohngestaltung Nr. 22). Erfasst werden auch **einmalige Sonderzahlungen** (BAG 29. 2. 2000 AP BetrVG 1972 § 87 Lohngestaltung Nr. 105).

737 Für den Mitbestimmungstatbestand der Nr. 10 ist es unerheblich, ob es sich bei **Leistungsentgelten** um leistungsbezogene Entgelte i. S. der Nr. 11 handelt (ebenso *Matthes*, MünchArbR § 251 Rn. 12). Bereits unter Nr. 10 fallen deshalb Einführung und Gestaltung von **Akkord-** und **Prämienlöhnen** (s. Rn. 808 ff.). Dass **Provisionen** nicht zu den leistungsbezogenen Entgelten i. S. der Nr. 11 gehören (s. Rn. 889), spielt für die Mitbestimmung nach Nr. 10 keine Rolle (ebenso BAG 13. 3. 1984 und 26. 7. 1988 AP BetrVG 1972 § 87 Provision Nr. 4 und 6). Gleiches wie für die Provision

gilt für eine **Gewinn-** oder **Ergebnisbeteiligung** (s. auch Rn. 893) und für den **Anteil am Liquidationspool,** der **nachgeordneten Ärzten** und nicht ärztlichen Mitarbeitern für ihre Mitwirkung an Tätigkeiten des Chefarztes zusteht, für welche diesem ein Liquidationsrecht eingeräumt ist (BAG 16. 6. 1998 AP BetrVG 1972 § 87 Lohngestaltung Nr. 92).

Maßnahmen zur Förderung der Vermögensbildung werden in § 88 Nr. 3 ausdrücklich als Gegenstand einer freiwilligen Betriebsvereinbarung genannt (s. § 88 Rn. 27 ff.). Daraus folgt aber nicht, dass Nr. 10 auf sie keine Anwendung findet. Erbringt der Arbeitgeber **vermögensbildende Leistungen,** so handelt es sich um Vergünstigungen, die er dem Arbeitnehmer mit Rücksicht auf seine Arbeitsleistung gewährt. Der Betriebsrat hat deshalb über die Verteilungsgrundsätze und deren Anwendung mitzubestimmen (s. § 88 Rn. 31). 738

3. Entgeltcharakter der Arbeitgeberleistung

a) Mit dem Lohnbegriff bezieht das Gesetz sich auf das **Arbeitsentgelt.** Erfasst werden nur vermögenswerte Arbeitgeberleistungen mit Entgeltcharakter. Nicht notwendig ist aber, dass sie in einem Gegenseitigkeitsverhältnis zur Arbeitsleistung stehen. 739

Deshalb sind auch **Sozialleistungen** einzubeziehen, wie Gratifikationen, Jubiläumszuwendungen und vor allem Leistungen einer betrieblichen Altersversorgung (s. Rn. 837 ff.). Obwohl sich frühzeitig die Auffassung durchsetzte, dass derartige Leistungen, auch wenn sie aus freiwilligem Entschluss erbracht werden, keine Schenkung darstellen, sondern dem Arbeitsverhältnis zugeordnet werden müssen (vgl. *A. Hueck* in *Hueck/Nipperdey,* Bd. I S. 307), hat man ihnen zum Teil eine Sonderstellung zugewiesen, indem man sie rechtsdogmatisch nicht dem *Arbeitsentgelt* zuordnete, sondern als Leistungen in Erfüllung der dem Arbeitgeber obliegenden *Fürsorgepflicht* beurteilte (so für das Ruhegeld noch als h. L. bezeichnet von *A. Hueck,* a. a. O., S. 478). Maßgebend für diese Bewertung ist die typische Ausgangssituation, dass die Leistungen zusätzlich erbracht werden. Jedoch nicht nur die Ausgliederung aus dem Synallagma, sondern auch ein weiterer Umstand prägt ihre Sonderstellung: Gratifikationen, Jubiläumszuwendungen und auch Leistungen der betrieblichen Altersversorgung werden typischerweise *freiwillig* erbracht. Erste Ansätze, eine Rechtsbindung des Arbeitgebers anzuerkennen, sind mit der Fürsorgepflicht begründet worden; allerdings hat man einen Rechtsanspruch auf die Leistung ausschließlich aus der Fürsorgepflicht nicht gegeben, sondern für erforderlich gehalten, dass eine besondere Rechtsgrundlage besteht (vgl. RAG 19. 1. 1938 ARS 33, 172; dazu auch *Richardi* in *Tomandl,* Treue- und Fürsorgepflicht im Arbeitsrecht, 1975, S. 52). Nicht erforderlich ist ein *rechtsgeschäftlicher Tatbestand,* sondern eine rechtliche Bindung des Arbeitgebers kann sich auch aus einer *betrieblichen Übung* ergeben oder durch den *Gleichbehandlungsgrundsatz* eintreten. 740

Da der Arbeitgeber auch diese Leistungen allein mit Rücksicht auf das Bestehen des Arbeitsverhältnisses erbringt, sind sie **Gegenleistungen aus dem Arbeitsverhältnis,** auch wenn sie zur Arbeitsleistung nicht in einem *Gegenseitigkeitsverhältnis* stehen. Sie haben deshalb ebenfalls **Entgeltcharakter** (vgl. *Schwerdtner,* Fürsorgetheorie und Entgelttheorie im Recht der Arbeitsbedingungen, 1970, S. 145 ff.; *v. Arnim,* Die Verfallbarkeit von betrieblichen Ruhegeldanwartschaften, 1970, S. 84 f.; *Moll,* Mitbestimmung beim Entgelt, S. 136 ff.; *Richardi,* ZfA 1976, 1, 7 f., 10 f.; einschränkend, soweit darauf abgestellt wird, dass eine Arbeitgeberleistung nur Entgeltcharakter hat, wenn sie als *Gegenwert* zur Leistung des Arbeitnehmers gedacht ist und ein entsprechender *Bindungswille des Arbeitgebers* besteht, *Blomeyer,* Anm. AP BetrVG 1972 § 87 Altersversorgung Nr. 3, Bl. 9 ff.). Da Mitbestimmungszweck die Herstellung und Sicherung von Verteilungsgerechtigkeit ist (s. Rn. 731), bilden Lohn und Gehalt, die unmittelbar in einem Synallagma zur Arbeitsleistung stehen, nur einen Unterfall der betrieblichen Lohngestaltung; 741

denn die Mitbestimmung differenziert nicht nach dem Entgeltzweck. Diesen festzulegen, ist vielmehr mitbestimmungsfrei (s. Rn. 771), so dass es bei der Mitbestimmung vor allem darum geht, Verteilungsgerechtigkeit entsprechend dem mitbestimmungsfrei festgelegten Entgeltzweck herzustellen und zu sichern.

742 Für die Entgeltleistungen, deren Gestaltung den Mitbestimmungstatbestand bildet, spielt keine Rolle, ob sie nur als **Gegenleistung für die Arbeitsleistung** erbracht werden oder ob durch sie auch noch **andere Verhaltensweisen des Arbeitnehmers** entlohnt werden, wie die Betriebstreue oder krankheitsbedingte Fehlzeiten. Deshalb fällt zwar nicht unter das Mitbestimmungsrecht, ob der Arbeitgeber eine Entgeltleistung davon abhängig macht, dass der Arbeitnehmer in keinem gekündigten Arbeitsverhältnis steht (*Bindungsklausel*; vgl. BAG 25. 4. 1991 AP BGB § 611 Gratifikation Nr. 137), oder ihn zur Rückzahlung wegen späterer Beendigung des Arbeitsverhältnisses verpflichtet (*Rückzahlungsklausel*; vgl. BAG 10. 5. 1962 und 17. 3. 1982 AP BGB § 611 Gratifikation Nr. 22 und 110). Die Festlegung des Verteilungsschlüssels fällt aber unter das Mitbestimmungsrecht. Wird eine Jahresleistung durch krankheitsbedingte Fehlzeiten gemindert (vgl. zur Zulässigkeit BAG 15. 2. 1990 AP BGB § 611 Anwesenheitsprämie Nr. 15), so ist die Festlegung als **Anwesenheitsprämie** eine mitbestimmungsfreie Zweckbestimmung (ebenso *Hanau*, RdA 1997, 205, 208).

743 b) **Nicht zur Lohngestaltung** gehört die **Entgeltumwandlung**. Daher fällt nicht unter den Mitbestimmungstatbestand, dass durch sie ein Anspruch auf betriebliche Altersversorgung begründet werden kann (§ 1a BetrAVG; ebenso *Rieble*, BetrAV 2001, 584, 591 f.; s. auch Rn. 855). Ebenfalls nicht erfasst wird die **Regelung des Aufwendungsersatzes**, z. B. eine Dienstreiseordnung, in der die Erstattung von Dienstreisekosten geregelt wird; denn Aufwendungsersatz ist keine Gegenleistung aus dem Arbeitsverhältnis (ebenso BAG 8. 12. 1981 und 27. 10. 1998 AP BetrVG 1972 § 87 Lohngestaltung Nr. 6 und 99; *Fitting*, § 87 Rn. 416; GK-*Wiese*, § 87 Rn. 827; HSWGNR-*Worzalla*, § 87 Rn. 468; *Matthes*, MünchArbR § 251 Rn. 13; *Gamillscheg*, Kollektives Arbeitsrecht, Bd. II S. 932). Gleiches gilt für eine Autopauschale, die der Arbeitgeber Arbeitnehmern bei Benutzung eigener Fahrzeuge für Dienstreisen gewährt (BAG 30. 1. 1979 – 1 ABR 23/76 – n. v.).

744 **Abfindungen für den Verlust des Arbeitsplatzes** sind ebenfalls keine Fragen der betrieblichen Lohngestaltung. Sie bilden vielmehr den Gegenstand eines mitbestimmungspflichtigen Sozialplans (s. § 112 Rn. 90 ff.).

4. Freiwillige Leistungen

745 Für die Verteilungsgerechtigkeit und deren Sicherung spielt **keine Rolle,** ob der Arbeitgeber die Entgeltleistung **freiwillig gewährt** (ebenso BAG 9. 12. 1980 AP BetrVG 1972 § 87 Lohngestaltung Nr. 5; 8. 12. 1981 AP BetrVG 1972 § 87 Prämie Nr. 1; 31. 5. 2005 AP BetrVG 1972 Lohngestaltung Nr. 125; 29. 1. 2008 AP BetrVG 1972 § 87 Nr. 13 [Rn. 27]; *Matthes*, MünchArbR § 251 Rn. 15 ff.; *Moll*, Mitbestimmung beim Entgelt, S. 148 ff.; *Magula-Lösche*, Umfang betrieblicher Mitbestimmung, S. 38 ff.; *Richardi*, ZfA 1976, 1, 13 bis 15; *Hanau*, Anm. AP BetrVG 1972 § 87 Altersversorgung Nr. 4). Die zu § 56 Abs. 1 lit. h BetrVG 1952 nahezu einhellig vertretene These, dass freiwillige Leistungen mitbestimmungsfrei seien (vgl. BAG 4. 10. 1956 AP BGB § 611 Gratifikation Nr. 4; BAG 15. 5. 1957 AP BetrVG [1952] § 56 Nr. 5; BAG 13. 7. 1962 AP BetrVG [1952] § 57 Nr. 3; *Dietz*, § 56 Rn. 224; *Galperin/Siebert*, § 56 Rn. 98; a. A. *Nikisch*, Bd. III S. 438 f.), hat sich als fehlerhaft erwiesen; denn auch bei der Gewährung einer freiwilligen Leistung kann eine Rolle spielen, nach welchen Grundsätzen sie verteilt wird und wie der Verteilungsschlüssel durchgeführt wird (ebenso *Richardi*, ZfA 1976, 1, 13 bis 15; *Moll*, Mitbestimmung beim Entgelt, S. 150).

746 Die Freiwilligkeit einer Leistung schließt das Mitbestimmungsrecht nicht aus; Grenzen ergeben sich aber aus den mitbestimmungsfreien Vorgaben (s. Rn. 771 f.).

IV. Gegenstand des Mitbestimmungsrechts

1. Begriff und Elemente der betrieblichen Lohngestaltung

Der Betriebsrat hat mitzubestimmen in „Fragen der betrieblichen Lohngestaltung, 747
insbesondere die Aufstellung von Entlohnungsgrundsätzen und die Einführung und
Anwendung von neuen Entlohnungsmethoden sowie deren Änderung".

a) **Lohngestaltung** ist gegenüber Entlohnungsgrundsatz und Entlohnungsmethode 748
demnach der **weitergehende Begriff** (BAG 29. 3. 1977 AP BetrVG 1972 § 87 Provision
Nr. 1; 6. 12. 1988 AP BetrVG 1972 § 87 Lohngestaltung Nr. 37). Sie beinhaltet die
Festlegung abstrakt-genereller (kollektiver) Grundsätze zur Lohnfindung (so BAG 29. 3.
1977 AP BetrVG 1972 § 87 Provision Nr. 1; bestätigt durch BAG 10. 7. 1979, 22. 1.
1980, 31. 1. 1987 und 28. 3. 2006 AP BetrVG 1972 § 87 Lohngestaltung Nr. 2, 3, 15
und 128 [Rn. 25]). Die Lohngestaltung spricht, wie das BAG formuliert, „nur die
Strukturformen des Entgelts einschließlich ihrer näheren Vollziehungsformen" an (BAG
29. 3. 1977 AP BetrVG 1972 § 87 Provision Nr. 1; so auch BAG [GS] 3. 12. 1991 AP
BetrVG 1972 § 87 Lohngestaltung Nr. 51 [unter C III 3 b dd]; st. Rspr. vgl. BAG 11. 6.
2002 und 28. 2. 2006 AP BetrVG 1972 § 87 Lohngestaltung Nr. 113 und 127 [Rn. 15];
29. 1. 2008 AP BetrVG 1972 Nr. 13 [Rn. 27]).

Dem Mitbestimmungsrecht unterliegt daher die **normative Festlegung der materiellen** 749
Gesichtspunkte und des **Verfahrens**, von denen die **Entgeltfindung** im Einzelfall abhängt,
wobei die Ermittlung der *Entgelthöhe* weder unmittelbar noch mittelbar in Rede steht
(s. Rn. 768 ff.).

b) Der Mitbestimmung unterliegen **insbesondere** die **Aufstellung von Entlohnungs-** 750
grundsätzen (s. Rn. 752 ff.) und die Festlegung der **Entlohnungsmethoden** (s. Rn. 760 ff.).
Sie werden **nur** als **Beispiele** genannt; denn zur Lohngestaltung gehört auch die Festlegung, in welchem Verhältnis verschiedene Entlohnungsgrundsätze zueinander stehen
sollen, wenn ein kombiniertes Entgeltsystem gewählt wird, z. B. die Festlegung des Verhältnisses von festen zu variablen Einkommensbestandteilen sowie die Festlegung des
Verhältnisses der variablen Einkommensbestandteile untereinander (vgl. BAG 6. 12.
1988 AP BetrVG 1972 § 87 Lohngestaltung Nr. 37). Zu den Strukturformen des Entgelts
und damit zu den Entgeltfindungsregeln gehören der Aufbau der Vergütungsgruppen und
die Festlegung der Vergütungsgruppenmerkmale (vgl. BAG 31. 1. 1984 AP BetrVG 1972
§ 87 Lohngestaltung Nr. 15). Schließlich fällt unter die Lohngestaltung bei zusätzlichen
Leistungen des Arbeitgebers die Aufstellung der Verteilungsgrundsätze (vgl. BAG [GS]
3. 12. 1991 AP BetrVG 1972 § 87 Lohngestaltung Nr. 51 [unter C III 3]).

c) Das Gesetz bezieht die Mitbestimmung auf die Fragen der **betrieblichen Lohngestal-** 751
tung, um dadurch klarzustellen, dass mit ihr nur die **Festlegung abstrakt-genereller**
(kollektiver) Grundsätze gemeint ist, nach denen im Einzelfall der Lohn des Arbeitnehmers im Betrieb ermittelt werden soll (BAG 22. 1. 1980 und 17. 12. 1980 AP BetrVG
1972 § 87 Lohngestaltung Nr. 3 und 4). Der Mitbestimmung unterliegt also **nicht** die
individuelle Lohngestaltung. Dabei hat man aber zu beachten, dass letztere den im
Mitbestimmungsverfahren festgelegten Strukturformen des Entgelts einschließlich ihrer
näheren Vollzugsformen entsprechen muss. Der Große Senat des BAG hat klargestellt,
dass es dem Zweck des Mitbestimmungsrechts widerspräche, wenn der Arbeitgeber es
dadurch ausschließen könnte, dass er mit einer Vielzahl von Arbeitnehmern jeweils
individuelle Vereinbarungen über eine bestimmte Vergütung trifft und sich hierbei nicht
selbst binden und keine allgemeine Regelung aufstellen will; denn mit einer Vorgabe, nur
individuell entscheiden zu wollen, könnte sonst jedes Mitbestimmungsrecht ausgeschlossen werden (BAG 3. 12. 1991 AP BetrVG 1972 § 87 Lohngestaltung Nr. 51 [unter C III
3 b dd]; s. zum Zweck der Systembildung Rn. 731). Gewährt der Arbeitgeber mehreren
Arbeitnehmern eine einmalige Sonderzahlung, mit der ihr besonderes Engagement in

einer Ausnahmesituation nachträglich honoriert werden soll, so handelt es sich um einen kollektiven Tatbestand, wenn ein innerer Zusammenhang zwischen den Zahlungen besteht; dieser ist typischerweise bei Zahlungen zu bejahen, die nach Leistungsgesichtspunkten erfolgen (vgl. BAG 29. 2. 2000 AP BetrVG 1972 § 87 Lohngestaltung Nr. 105).

2. Aufstellung von Entlohnungsgrundsätzen

752 a) **Entlohnungsgrundsatz** ist nach dem BAG das **System, nach dem das Arbeitsentgelt bemessen werden soll** (BAG 29. 3. 1977 AP BetrVG 1972 § 87 Provision Nr. 1; 22. 1. 1980 und 6. 12. 1988 AP BetrVG 1972 § 87 Lohngestaltung Nr. 3 und 37; aus dem Schrifttum: *Fitting*, § 87 Rn. 423; GK-*Wiese*, § 87 Rn. 898; GL-*Löwisch*, § 87 Rn. 219; HSWGNR-*Worzalla*, § 87 Rn. 477; ErfK-*Kania*, § 87 Rn. 100; *Nikisch*, Bd. III S. 434; *Nipperdey/Säcker* in *Hueck/Nipperdey*, Bd. II/2 S. 1387; *Moll*, Mitbestimmung beim Entgelt, S. 145; *Richardi*, ZfA 1976, 1, 8).

753 b) Zu der Aufstellung von Entlohnungsgrundsätzen gehört, ob das Arbeitsentgelt **zeitbezogen oder leistungsbezogen** gestaltet sein soll. Mitbestimmungspflichtig ist daher der Übergang von Zeitlohn zu Akkordlohn und umgekehrt (ebenso bereits zu § 56 Abs. 1 lit. h BetrVG 1952 BAG 17. 12. 1968 AP BetrVG [1952] § 56 Nr. 27; s. auch Rn. 809 ff.). Der Mitbestimmung unterliegt die Einführung eines Prämienlohnsystems (vgl. BAG 8. 12. 1981 AP BetrVG 1972 § 87 Prämie Nr. 1; LAG Hamm, EzA § 87 BetrVG 1972 Leistungslohn Nr. 1) und einer Provision (vgl. BAG 29. 3. 1977 und 26. 7. 1988 AP BetrVG 1972 § 87 Provision Nr. 1 und 6; s. Rn. 821 ff. und 827 ff.). Leistungsbezogene Entgelte können *arbeitsabhängig* oder *erfolgsabhängig* sein (s. Rn. 756). Von ihnen sind Vergütungen zu unterscheiden, die wie eine Umsatz- und Gewinnbeteiligung ausschließlich **erfolgsbezogen** sind. Auch ihre Einführung ist die Aufstellung eines Entlohnungsgrundsatzes (ebenso GK-*Wiese*, § 87 Rn. 919; s. auch Rn. 893).

754 Zu den Entlohnungsgrundsätzen gehört weiterhin die **Ausformung des Systems**, nach dem das Entgelt bemessen werden soll (vgl. BAG 29. 3. 1977 AP BetrVG 1972 § 87 Provision Nr. 1; 22. 1. 1980 AP BetrVG 1972 § 87 Lohngestaltung Nr. 3). Bei Wahl eines **zeitbezogenen Entgelts** hat der Betriebsrat deshalb mitzubestimmen, ob die Lohn- oder Gehaltsfestsetzung nach *abstrakten Tätigkeitsmerkmalen* erfolgt, wie sie in den Tarifverträgen üblich ist, oder ob für sie eine *Positionsrangfolge* und eine *Leistungsbeurteilung* maßgebend sind (vgl. *Löwisch*, DB 1973, 1746 ff.). Zu den Entlohnungsgrundsätzen zählt weiterhin, ob die Vergütung durch eine *Gehaltsdifferenzierung nach Lebensalterstufen* und durch die Möglichkeit eines Bewährungsaufstiegs aus bestimmten Vergütungsgruppen gekennzeichnet ist (vgl. BAG 11. 6. 2002 AP BetrVG 1972 § 87 Lohngestaltung Nr. 113). Werden für Gehälter Gruppen gebildet, so bezieht die Mitbestimmung sich auf den Abstand zwischen den einzelnen Gruppen. Mitbestimmungsfrei ist aber, weil insoweit die Gehaltshöhe festgesetzt wird, die Festlegung der Wertunterschiede zu in Tarifverträgen festgelegten Gehaltsgruppen (s. Rn. 783).

755 Bei den **leistungsbezogenen Entgelten** müssen *Bezugsgröße* und *Bezugsbasis* festgelegt werden, um den Entlohnungsgrundsatz in seiner *konkreten Struktur zu* bestimmen. Beim Akkord ist bereits mit der Entscheidung für die Akkordentlohnung der Entlohnungsgrundsatz festgelegt; bei der Einführung und Ausgestaltung von Prämienlöhnen aber ist eine Entscheidung über den Entlohnungsgrundsatz erst gefällt, wenn feststeht, für welche Leistungen eine Prämie erbracht werden soll und nach welchen Kriterien die Prämienleistung zu bestimmen ist (s. Rn. 821 ff.). Entsprechend gehören bei Einführung eines Provisionssystems zur mitbestimmungspflichtigen Festlegung des Entlohnungsgrundsatzes die Arten der Provisionen, deren Verhältnis zum Gehaltsfixum sowie das Verhältnis der Provisionen zueinander, weiterhin die Festsetzung der Bezugsgrößen, z. B. ob bei Erreichen einer bestimmten Umsatzgrenze die Provisionssätze linear, progressiv oder degressiv verlaufen und schließlich die abstrakte Staffelung der Provisionssätze (s. Rn. 827 ff.).

Bei den leistungsbezogenen Entgelten gehört zur Ausformung des Systems und damit 756
zum Entlohnungsgrundsatz, ob es sich um **arbeitsabhängige** oder **erfolgsabhängige Entgelte** handelt. Die Unterscheidung stimmt **nicht** mit der **Abgrenzung des Gegenstands der Mitbestimmung** nach **Nr. 11** überein (s. Rn. 878 ff.). Während der Akkordlohn stets arbeitsbezogen ist, können mit der Prämienentlohnung ergebnisorientierte Ziele verfolgt werden. Leistungsbezogene Entgelte sind daher mit Akkord- und Prämienlohn nicht nur dann vergleichbar, wenn sie arbeitsabhängig sind, sondern auch dann, wenn Erfolgskriterien einbezogen werden.

c) Zu den Entlohnungsgrundsätzen gehört, ob neben dem Barlohn **Naturallohn** geleistet und wie der Naturallohn auf den Gesamtlohn angerechnet wird. 757

d) Schließlich ist eine Frage der betrieblichen Lohngestaltung, die man bereits zu den 758
Entlohnungsgrundsätzen zählen kann, ob bei der Bemessung der Entgeltleistung auf eine **Gruppe von Arbeitnehmern** oder auf **jeden einzelnen Arbeitnehmer** abgestellt wird.

e) **Kein Entlohnungsgrundsatz** und auch keine Frage der betrieblichen Lohngestaltung 759
ist die Regelung, **wann, wo** und **wie** das **Arbeitsentgelt ausgezahlt** werden soll. Der Betriebsrat hat aber insoweit auch mitzubestimmen, weil Zeit, Ort und Art der Auszahlung der Arbeitsentgelte nach Nr. 4 einen Mitbestimmungstatbestand bilden (s. Rn. 410 ff.). Die Regelung, nach welchen Prinzipien Abschlagszahlungen auf das Arbeitsentgelt erfolgen, fällt deshalb nicht unter Nr. 10, sondern unter Nr. 4 (s. Rn. 419). Davon zu unterscheiden ist jedoch, ob die Lohn- und Gehaltsberechnung sich nach der Arbeitszeit wie beim Stundenlohn oder ob sie sich nach der Kalenderzeit wie regelmäßig beim Monatsgehalt richten soll; denn insoweit handelt es sich um eine Regelung der Entgeltfindung, die zu den Fragen der betrieblichen Lohngestaltung gehört.

3. Einführung und Anwendung von neuen Entlohnungsmethoden sowie deren Änderung

a) Mit dem Begriff der **Entlohnungsmethode** wird die **Art und Weise** erfasst, **wie der** 760
gewählte Entlohnungsgrundsatz durchgeführt wird (ebenso BAG 29. 3. 1977 AP BetrVG 1972 § 87 Provision Nr. 1; 22. 1. 1980 AP BetrVG 1972 § 87 Lohngestaltung Nr. 3; *Fitting*, § 87 Rn. 439; GK-*Wiese*, § 87 Rn. 921; GL-*Löwisch*, § 87 Rn. 221; HSWGNR-*Worzalla*, § 87 Rn. 498; ErfK-*Kania*, § 87 Rn. 101; *Nikisch*, Bd. III S. 434; *Moll*, Mitbestimmung beim Entgelt, S. 145; *Richardi*, ZfA 1976, 1, 9). Die Entlohnungsmethode ist demnach im Verhältnis zum Entlohnungsgrundsatz der engere Begriff (ebenso BAG 22. 11. 1963 AP BetrVG [1952] § 56 Entlohnung Nr. 3, Bl. 2 R; *Fitting*, § 87 Rn. 439; *Moll*, Mitbestimmung beim Entgelt, S. 145; a. A. *Schirdewahn*, BB 1979, 791 f.). Es geht hier um das *Verfahren,* wie der Entlohnungsgrundsatz *technisch durchgeführt* wird, um das Arbeitsentgelt zu bestimmen.

Zu den Entlohnungsmethoden gehört beispielsweise beim Akkordlohn die Frage, ob 761
die Akkorde nach einem arbeitswissenschaftlichen System bestimmt oder ob sie geschätzt werden sollen, ob als wissenschaftliches System das Refa-Verfahren oder das Bedaux-System zur Anwendung kommen sollen (vgl. BAG 22. 11. 1963 AP BetrVG [1952] § 56 Entlohnung Nr. 3; s. ausführlich Rn. 814 ff.). Aber auch wenn es sich nicht um Leistungsentlohnung handelt, können Verfahren eine Rolle spielen, wie ein gewählter Entlohnungsgrundsatz durchgeführt wird. Erfolgt z. B. die Gehaltsfestsetzung nach einem Positionsvergleich und einer Leistungsbeurteilung, so gehört zu den Entlohnungsmethoden, wie das Leistungsbeurteilungssystem technisch gestaltet wird, um die Arbeitnehmer bestimmten Gehaltsbereichen zuzuordnen (vgl. auch *Löwisch*, DB 1973, 1746). Ebenfalls als Entlohnungsmethode ist anzusehen, wie bei Einführung einer Gewinn- und Ergebnisbeteiligung diese technisch zu ermitteln ist. Zur Entlohnungsmethode gehört weiterhin, nach welchem Verfahren der Anteil des Naturallohns auf den Gesamtlohn bestimmt wird.

762 Zur Entlohnungsmethode gehört die Entscheidung, wie die Arbeitsleistung zu kontrollieren ist, wenn ein leistungsbezogenes Entgelt gezahlt wird oder die Gehaltsfestsetzung nach einem Positionsvergleich und einer Leistungsbeurteilung erfolgt. Das Mitbestimmungsrecht besteht nur zur Lohnfindung. Bei technischen Kontrollgeräten zur Überwachung der Arbeitsleistung hat der Betriebsrat aber unabhängig davon nach Nr. 6 mitzubestimmen (s. Rn. 475 ff.).

763 Nicht zur Entlohnungsmethode gehört die **Art und Weise, wie die Arbeitsentgelte erbracht werden,** ob sie bar ausgezahlt werden oder ob sie überwiesen werden (ebenso GK-*Wiese*, § 87 Rn. 930; s. auch Rn. 421). Weiterhin gehört hierher nicht die Art der Verrechnung von Vorschüssen, die Abrechnung von Akkordverdiensten und ähnliches mehr. Insoweit handelt es sich vielmehr um die *Art der Auszahlung der Arbeitsentgelte*, so dass ein Mitbestimmungsrecht des Betriebsrats nach Nr. 4 gegeben ist. Die Entlohnungsmethode bezieht sich dagegen, wie sich aus dem Wortlaut der Bestimmung in Nr. 10 eindeutig ergibt, nur auf die *Lohngestaltung*, auf den *Lohnschlüssel*, nicht auf die Modalitäten der Lohnzahlung.

764 b) Nach dem Gesetzestext unterliegen nicht nur die **Einführung,** sondern auch die **Anwendung von neuen Entlohnungsmethoden** dem Mitbestimmungsrecht. Das ist vor allem von Bedeutung, soweit leistungsbezogene Entgelte nicht unter Nr. 11 fallen (so nach dem BAG Provisionen; s. Rn. 888 f.). Aber auch bei anderen Entgelten wird durch den Hinweis auf die Anwendung klargestellt, dass der Betriebsrat nicht nur über die Auswahl einer Entlohnungsmethode, sondern auch über deren *praktische Durchführung* mitzubestimmen hat (ebenso GK-*Wiese*, § 87 Rn. 937; GL-*Löwisch*, § 87 Rn. 224; HSWGNR-*Worzalla*, § 87 Rn. 504; *Moll*, Mitbestimmung beim Entgelt, S. 144 f.). Die Beteiligung an der Handhabung gibt dem Betriebsrat aber **kein Mitbestimmungsrecht auf die Anwendung im Einzelfall** (ebenso BAG 17. 12. 1980 AP BetrVG 1972 § 87 Lohngestaltung Nr. 4; HSWGNR-*Worzalla*, § 87 Rn. 504).

765 Mitbestimmungspflichtig ist, wie hier der Gesetzestext ausdrücklich darstellt, jede **Änderung der Entlohnungsmethode.** Erfasst wird nicht nur der Wechsel der Entlohnungsmethode, sondern auch jede Änderung ihrer Praktizierung.

4. Änderung der betrieblichen Lohngestaltung

766 Der Gesetzestext unterscheidet bei den Beispielen für die Fragen der betrieblichen Lohngestaltung zwischen der „Aufstellung von Entlohnungsgrundsätzen" und der „Einführung und Anwendung von neuen Entlohnungsmethoden sowie deren Änderung". Soweit es um **Entlohnungsgrundsätze** geht, erfasst der Begriff der Aufstellung nicht nur die Einführung, sondern auch die Änderung eines Entlohnungsgrundsatzes, insbesondere dessen Ersetzung durch einen anderen Entlohnungsgrundsatz, wie den Übergang von Leistungslohn zu Zeitlohn, wobei innerhalb des Dotierungsrahmens der Betriebsrat über die Ausgestaltung von Regelungen zur Besitzstandswahrung mitzubestimmen hat (vgl. BAG 16. 4. 2002 AP TVG § 4 Übertarifl. Lohn u. Tariflohnerhöhung Nr. 38, offen gelassen zur Höhe eines als Besitzstand weiterzuzahlenden Teils des bisherigen Arbeitsentgelts). Für die **Entlohnungsmethoden** ergibt sich unmittelbar aus dem Gesetzestext, dass der Betriebsrat auch über ihre Änderung mitzubestimmen hat (s. Rn. 765).

767 Aber auch wenn ein Entlohnungsgrundsatz beibehalten wird, unterliegt jede **Änderung in der Ausformung des Systems,** nach dem das Entgelt bemessen wird, der Mitbestimmung. Das gilt insbesondere für den Verteilungsschlüssel, sofern er nicht schon zum Entlohnungsgrundsatz gehört. Der Betriebsrat hat deshalb mitzubestimmen, wenn der Arbeitgeber die bislang im Betrieb zur Anwendung gekommene Vergütungsgruppenordnung ändert, z. B. durch Absenkung der Vergütung für eine Eingangszeit von drei bzw. vier Jahren (ebenso BAG 27. 1. 1987 E 54, 147, 158 = AP BetrVG 1972 § 99 Nr. 42) oder durch Beseitigung der Lebensaltersstufen und einer Höhergruppierung auf Grund Bewährungsaufstiegs (ebenso BAG 11. 6. 2002 AP BetrVG 1972 § 87 Lohngestaltung Nr. 113).

V. Mitbestimmungsfreie Vorgaben

1. Entgelthöhe

Fragen der betrieblichen Lohngestaltung sind alle Regelungen, die sich auf die Lohn- 768
und Gehaltsbemessung beziehen; zu ihnen gehört **nicht die lohnpolitische Entscheidung
über die Lohn- und Gehaltshöhe** (BAG 29. 3. 1977 AP BetrVG 1972 § 87 Provision
Nr. 1; insoweit nicht aufgegeben von BAG 13. 3. 1984 AP BetrVG 1972 § 87 Provision
Nr. 4; weiterhin BAG 22. 1. 1980, 22. 12. 1981, 31. 1. 1984, 27. 10. 1992, 28. 9. 1994,
21. 1. 2003 und 28. 2. 2006 AP BetrVG 1972 § 87 Lohngestaltung Nr. 3, 7, 15, 61, 68,
117 und 127 [Rn. 15]; 23. 1. 2008 AP BetrVG 1982 § 87 Leistungslohn Nr. 9 [Rn. 24];
in diese Richtung weisend bereits BAG 14. 11. 1974 AP BetrVG 1972 § 87 Nr. 1;
Schrifttum: *Brecht,* § 87 Rn. 30; *Fitting,* § 87 Rn. 441; GK-*Wiese,* § 87 Rn. 808; GL-
Löwisch, § 87 Rn. 226; HSWGNR-*Worzalla,* § 87 Rn. 474; ErfK-*Kania,* § 87 Rn. 103;
Matthes, MünchArbR § 251 Rn. 4; *Hanau,* BB 1972, 499; *ders.,* RdA 1973, 281, 282;
ders., BB 1977, 350, 353; *Löwisch,* DB 1973, 1746, 1747 f.; *ders.,* ZHR 139 [1975], 362,
370 ff.; *Richardi,* ZfA 1976, 1, 18 ff.; *Jahnke,* ZfA 1980, 863, 889 ff.; *Heinze,* NZA 1986,
1, 4 f. – a. A. DKK-*Klebe,* § 87 Rn. 253 ff.; *Moll,* Mitbestimmung beim Entgelt, S. 157 ff.;
Gester/Isenhardt, RdA 1974, 80, 84; *Klinkhammer,* AuR 1977, 363, 365 f.).

Da der Gesetzestext den Begriff der Lohngestaltung verwendet, liegt bereits darin ein 769
Hinweis, dass das Mitbestimmungsrecht sich nicht auf alle Lohnfragen, sondern nur auf
die Fragen bezieht, von denen die Gestaltung der Arbeitsentgelte abhängt. Die beispielhafte Hervorhebung der Entlohnungsgrundsätze und Entlohnungsmethoden zeigt, dass
mit der betrieblichen Lohngestaltung die Grundlagen der Lohnfindung gemeint sind,
nicht aber die Ermittlung der Lohnhöhe (so zutreffend BAG 22. 1. 1980 AP BetrVG
1972 § 87 Lohngestaltung Nr. 3). Sinn der Mitbestimmung ist hier keineswegs, lediglich
eine Notordnung zu ermöglichen, wenn eine tarifvertragliche Regelung über Löhne und
Gehälter nicht vorhanden ist. Der Mitbestimmungstatbestand dient nicht der Lohnpolitik i. S. der volkswirtschaftlichen Verteilungspolitik; denn insoweit haben nach dem
durch Art. 9 Abs. 3 GG verfassungsrechtlich garantierten Koalitionsverfahren die Gewerkschaften die Kompetenz zur Regelung mit den Arbeitgebern. Wollte man anders
entscheiden, so erhielte Nr. 10 den Charakter einer Ausnahmeregelung von dem sonst
für die Betriebsverfassung geltenden Grundsatz, dass durch das Mitbestimmungsverfahren keine zusätzlichen finanziellen Leistungen erzwungen werden können (s. Rn. 46 ff.).

Dass die Lohn- oder Gehaltshöhe in Nr. 10 nicht angesprochen ist, soll sich nach 770
Auffassung des BAG auch aus einem Vergleich zu Nr. 11 ergeben, bei der die Festsetzung
der Geldfaktoren ausdrücklich erwähnt sei, so dass in diesem Rahmen auch die Lohnhöhe der Mitbestimmung des Betriebsrats unterliege (BAG 22. 1. 1980 AP BetrVG 1972
§ 87 Lohngestaltung Nr. 3). Das BAG meint, diese Regelung wäre überflüssig, wenn die
Höhe der Entlohnung bereits nach Nr. 10 mitbestimmungspflichtig wäre. Dieser Umkehrschluss überzeugt aber keineswegs. Hätte der Betriebsrat bei leistungsbezogenen
Entgelten das Recht, auch über die Lohnhöhe mitzubestimmen, so wäre eine Ausklammerung zeitbezogen gestalteter Entgelte systemwidrig. Im Schrifttum wird deshalb teilweise folgerichtig aus diesem Zusammenhang abgeleitet, dass nicht nur bei Leistungslöhnen, sondern auch bei der Gestaltung der sonstigen Arbeitsentgelte die Entscheidung
über die Lohn- und Gehaltshöhe der Mitbestimmung unterliege und daher der Begriff
der Lohngestaltung auch die lohnpolitische Entscheidung über die Entgelthöhe umfasse
(vgl. *Moll,* Mitbestimmung beim Entgelt, S. 188; *Gester/Isenhardt,* RdA 1974, 80, 84;
Klinkhammer, AuR 1977, 363, 366). Die Erstreckung der Mitbestimmung auf die Geldfaktoren in Nr. 11 räumt aber keine Mitbestimmung über die *Entgelthöhe* ein; denn
diese wird auch bei Leistungslöhnen nicht durch den *technischen Geldfaktor,* sondern
durch den *materiellen Richtsatz* bestimmt (s. Rn. 904 ff.).

2. Freiheit der Leistungserbringung

771 Der Arbeitgeber entscheidet mitbestimmungsfrei über den **Zweck**, den er mit seiner Leistung verfolgen will, und insoweit auch über den **Personenkreis**, den er begünstigen will, sowie über den **finanziellen Rahmen**, der für die Erbringung der Leistung zur Verfügung gestellt wird (ebenso BAG 9. 12. und 17. 12. 1980 AP BetrVG 1972 § 87 Lohngestaltung Nr. 5 und 4; 8. 12. 1981 AP BetrVG 1972 § 87 Prämie Nr. 1; 3. 8. 1982 AP BetrVG 1972 § 87 Lohngestaltung Nr. 12; 23. 1. 2008 AP BetrVG 1982 § 87 Leistungslohn Nr. 9 [Rn. 24]; bereits zur betrieblichen Altersversorgung BAG 12. 6. 1975 AP BetrVG 1972 § 87 Altersversorgung Nr. 1, 2 und 3; 18. 3. 1976 AP BetrVG 1972 § 87 Altersversorgung Nr. 4; vgl. auch *Magula-Lösche*, Umfang betrieblicher Mitbestimmung, S. 67 ff.). Innerhalb dieses Rahmens unterliegt die Verteilung der Mitbestimmung. Der Arbeitgeber darf eine freiwillige Leistung nur so erbringen, wie es den im Mitbestimmungsverfahren festgelegten Verteilungsgrundsätzen entspricht. Er kann aber dem Mitbestimmungsverfahren den Boden entziehen, wenn er davon absieht, die zusätzliche Leistung zu erbringen; denn zu ihrer Gewährung kann er nicht im Mitbestimmungsverfahren verpflichtet werden (ebenso GK-*Wiese*, § 87 Rn. 832; *Matthes*, MünchArbR § 251 Rn. 19; *ders.*, NZA 1987, 289, 293; a. A. gegen ein Zustimmungsverweigerungsrecht *Lieb*, ZfA 1988, 413, 445).

772 Da das Mitbestimmungsrecht sich auf die Lohngestaltung bezieht, kann es nicht eingesetzt werden, um isoliert von der Lohn- und Gehaltsfindung eine **Erhöhung** oder **Herabsetzung der Arbeitsentgelte** herbeizuführen. Der Arbeitgeber kann im Mitbestimmungsverfahren nicht gezwungen werden, zusätzliche Leistungen an die Arbeitnehmer zu erbringen. Der bei Sozialleistungen maßgebliche Gesichtspunkt der Einhaltung eines vorgegebenen Dotierungsrahmens (s. Rn. 835) wird hier dadurch relativiert, dass die Vergütung in einem Gegenseitigkeitsverhältnis zur Arbeitsleistung steht. Bei leistungsbezogenen Entgelten ist die Höhe des Verdienstes sogar unmittelbar von der *Mehr-* oder *Besserleistung* des Arbeitnehmers abhängig. Daher ist hier nicht entscheidend, dass ein bestimmter Fonds dem Mitbestimmungsrecht die Grenzen zieht, sondern maßgebend ist, dass Fragen der *Lohn-* und *Gehaltshöhe* nicht den Mitbestimmungstatbestand bilden (vgl. *Richardi*, ZfA 1976, 1, 23 f.; zust. *H. Hanau*, Individualautonomie, S. 151 f.). Eine völlige **Kostenneutralität der Mitbestimmung** lässt sich Nr. 10 **nicht** entnehmen (ebenso GK-*Wiese*, § 87 Rn. 811; *Matthes*, MünchArbR § 251 Rn. 55; a. A. *Heinze*, NZA 1986, 1, 7).

3. Verhältnis von Leistung und Gegenleistung

773 Keine Frage der betrieblichen Lohngestaltung ist die **Abhängigkeit des Arbeitsentgelts von der Erbringung der Arbeitsleistung**. Deshalb hat der Betriebsrat nicht über die **Ausgestaltung des Synallagmas**, also das Verhältnis von Leistung und Gegenleistung, mitzubestimmen (so ausdrücklich BAG 16. 7. 1991 AP BetrVG 1972 § 87 Lohngestaltung Nr. 49 [unter B II 2 a]; s. auch Rn. 729).

4. Rechtsgeschäftliche Gestaltungsfreiheit

774 Die Mitbestimmung über die Lohngestaltung beseitigt nicht die **Arbeitsvertragsfreiheit im Entgeltbereich**. Deshalb besteht das Mitbestimmungsrecht nach dem Gesetzestext auch nur in „Fragen der betrieblichen Lohngestaltung". Es verdrängt nicht die rechtsgeschäftliche Ordnung des Arbeitslebens (vgl. *Richardi*, NZA 1992, 961, 965 f.; zust. *Reichold*, RdA 1995, 147, 157). Darauf beruhen die hier genannten mitbestimmungsfreien Vorgaben (s. Rn. 768 ff.).

775 Nicht zur Lohngestaltung, die unter das Mitbestimmungsrecht fällt, gehört die **Eingehung einer Rechtsverbindlichkeit für die Zukunft**. Mitbestimmungsfrei ist daher, ob der

Arbeitgeber die Erbringung der Leistungen unter einen **Freiwilligkeitsvorbehalt** oder einen **Widerrufsvorbehalt** stellt. Da aber die Verteilungsgrundsätze der Mitbestimmung unterliegen, darf der Arbeitgeber sie nicht trotz Freiwilligkeit einer Leistung unterschiedlich handhaben, und auch bei Ausübung eines Widerrufs muss er darauf achten, dass nicht das Verteilungssystem geändert wird. Dadurch wird aber nicht die Vertragsgestaltung zum Gegenstand des Mitbestimmungsrechts (ebenso *Reichold*, RdA 1995, 147, 157).

5. Mitbestimmung und Vertragsgestaltung bei der Einschränkung von Entgeltleistungen

Bei einer Einschränkung der Entgeltleistung hat der Betriebsrat **mitzubestimmen**, 776 soweit durch sie die **Lohngestaltung im Betrieb geändert** wird. Der Mitbestimmungstatbestand liegt **nicht** vor, wenn durch den Widerruf oder die Kürzung einer Entgeltleistung **keine Änderung der Verteilungsgrundsätze** eintritt (ebenso BAG [GS] 3. 12. 1991 AP BetrVG 1972 § 87 Lohngestaltung Nr. 51 [unter C III 5 vor a]; s. auch Rn. 795 ff.).

Bei einer Änderungen der Verteilungsgrundsätze ziehen die **Vorgaben**, die der Arbeit- 777 geber **mitbestimmungsfrei** treffen kann (s. Rn. 768 ff.), dem **Mitbestimmungsrecht** eine **immanente Schranke:** Da der Arbeitgeber im Mitbestimmungsverfahren nicht verpflichtet werden kann, eine Entgeltleistung aufrechtzuerhalten, ist deren völliger Wegfall mitbestimmungsfrei (vgl. BAG [GS] 3. 12. 1991 AP BetrVG 1972 § 87 Lohngestaltung Nr. 51 [unter C III 6 a]; s. auch Rn. 795 ff.).

Erfolgt der **Widerruf** oder die **Kürzung einer Entgeltleistung**, um sie künftig nach 778 anderen Grundsätzen gewähren zu können, so unterliegt der Mitbestimmung bereits die **Entscheidung, ob die bisher bestehende Regelung über die Entgeltfindung geändert** werden soll. Der Betriebsrat ist nicht darauf beschränkt, erst bei dem zweiten Schritt der Neuregelung mitzubestimmen (ebenso BAG 3. 8. 1982 AP BetrVG 1972 § 87 Lohngestaltung Nr. 12). Das Bestehen eines Mitbestimmungsrechts ist scharf von der Frage zu trennen, ob der Arbeitgeber dem **Arbeitnehmer zur Entgeltleistung verpflichtet** ist. Besteht eine Vertragsbindung, so kann der Arbeitgeber eine zugesagte Entgeltleistung auch nicht mit Zustimmung des Betriebsrats widerrufen. Steht die Entgeltleistung unter einem Freiwilligkeitsvorbehalt, so kann er nicht im Mitbestimmungsverfahren verpflichtet werden, sie zu erbringen. Steht sie unter einem Widerrufsvorbehalt, so fällt die Ausübung des Rechts, einseitig den Rechtsanspruch für die Zukunft zu beseitigen, nicht unter das Mitbestimmungsrecht des Betriebsrats. Die Verschiedenheit der Vertragsgestaltung bei Entgeltregelungen kann nicht von den Fragen der betrieblichen Lohngestaltung isoliert werden (s. auch Rn. 790 ff.).

Nach Ansicht des BAG hat die **Verletzung des Mitbestimmungsrechts** zur Folge, dass 779 der **Widerruf einer Entgeltleistung** – individualrechtlich – **unwirksam** ist (BAG [GS] 3. 12. 1991 AP BetrVG 1972 § 87 Lohngestaltung Nr. 51; s. Rn. 870).

VI. Mitbestimmung über die Lohn- und Gehaltsbemessung im Rahmen der synallagmatischen Vertragsbeziehungen

1. Verdrängung der Mitbestimmung durch den Tarifvorrang

Für Löhne und Gehälter, die in einem Gegenseitigkeitsverhältnis zur Arbeitsleistung 780 stehen, regeln **Tarifverträge** nicht nur die Lohn- und Gehaltshöhe, sondern vor allem auch die **Entlohnungsform.** Nach ihr richtet sich, ob die Vergütung zeitabhängig oder leistungsabhängig zu bemessen ist. Die Tarifverträge enthalten außerdem Bestimmungen zur **Arbeitsbewertung,** um den Leistungsgrad des Arbeitnehmers für die Einordnung in eine Lohn- und Gehaltsgruppenbeschreibung zu bestimmen. Der Tarifvorrang nach dem

Eingangshalbsatz verdrängt deshalb weitgehend die Mitbestimmung des Betriebsrats (s. auch Rn. 863 f.). Sie spielt hier praktisch nur insoweit eine Rolle, als Arbeitnehmer nicht unter den Geltungsbereich des einschlägigen Tarifvertrags fallen, es sich also um die sog. **außertariflichen Angestellten** handelt (s. Rn. 160). Der Tarifvorrang greift außerdem nicht ein, wenn der Arbeitgeber **übertarifliche Leistungen** erbringt, auch wenn sie zu den laufenden Entgelten gehören (s. Rn. 794).

2. Mitbestimmung bei Nichteingreifen des Tarifvorrangs und bei sog. außertariflichen Angestellten

781 a) Soweit der Tarifvorrang nicht eingreift, hat der Betriebsrat über die **normative Festlegung der materiellen Gesichtspunkte** und des **Verfahrens** mitzubestimmen, die zur Gehaltsbemessung im Einzelfall führen (s. Rn. 747 ff.). **Nicht erfasst wird die Ausgestaltung des Synallagmas,** also das Verhältnis von Leistung und Gegenleistung (s. Rn. 773), und ausgeklammert bleiben auch **Fragen der Gehaltshöhe** (so ausdrücklich BAG 22. 1. 1980 AP BetrVG 1972 § 87 Lohngestaltung Nr. 3).

782 Der Mitbestimmung unterliegt daher, ob **Gehaltsbereiche** gebildet werden und welche Kriterien für deren Abgrenzung maßgebend sind (vgl. BAG 22. 1. 1980 und 28. 9. 1994 AP BetrVG 1972 § 87 Lohngestaltung Nr. 3 und 68). Verteilungsgerechtigkeit im Betrieb lässt sich nämlich nur erreichen, wenn das gesamte betriebliche Entgeltgefüge in eine vergleichende Wertung einbezogen wird. Deshalb hat der Betriebsrat zwar auch mitzubestimmen, ob verschiedene Entgeltsysteme im Betrieb gebildet werden. Wegen der Zwecksouveränität des Arbeitgebers ist aber mitbestimmungsfrei, ob er für außertarifliche Angestellte ein tarifunabhängiges Entgeltsystem einführt. Das gilt insbesondere für Arbeitnehmergruppen, die im Betrieb eine herausgehobene Leitungsfunktion erfüllen (vgl. BAG 19. 9. 1995 AP BetrVG 1972 § 87 Lohngestaltung Nr. 81).

783 Die Mitbestimmung erstreckt sich nicht auf die Festlegung der *Gehaltsbeträge*, die den einzelnen Gehaltsbereichen zugeordnet werden (ebenso bereits BAG 22. 1. 1980 AP BetrVG 1972 § 87 Lohngestaltung Nr. 3). Zur mitbestimmungsfreien Festsetzung der Gehaltshöhe gehört, wie das BAG zutreffend feststellt, auch die „Festlegung der Wertunterschiede zwischen der letzten Tarifgruppe und der ersten AT-Gruppe sowie, davon ausfließend, zwischen den einzelnen AT-Gruppen" (BAG a. a. O.; bestätigt BAG 28. 9. 1994 AP BetrVG 1972 § 87 Lohngestaltung Nr. 68). Durch das Mitbestimmungsverfahren kann also keine wertmäßige Beziehung zwischen der tariflichen Angestelltenvergütung und dem System der Arbeitswertgruppen für die außertariflichen Angestellten hergestellt werden. Das BAG hat zunächst offengelassen, „ob die isolierte Festsetzung des Wertunterschiedes zwischen den einzelnen AT-Gruppen etwa in Form von Prozentsätzen oder sonstigen Bezugsgrößen dem Mitbestimmungsrecht nach § 87 Abs. 1 Nr. 10 BetrVG unterliegt" (BAG 22. 1. 1980 AP BetrVG 1972 § 87 Lohngestaltung Nr. 3). Da die Zahl der Gehaltsbereiche untrennbar mit den Gehaltsspannen in Beziehung steht, erstreckt die Mitbestimmung sich aber auch auf sie (so BAG 27. 10. 1992 AP BetrVG 1972 § 87 Lohngestaltung Nr. 61; bestätigt BAG 28. 9. 1994 AP BetrVG 1972 § 87 Lohngestaltung Nr. 68). Es muss hier nur beachtet werden, dass die Festlegung der Gehaltshöhe selbst mitbestimmungsfrei ist (zu eng, soweit mitbestimmungsfrei nur sein soll, die Gesamtlohnsumme festzulegen, *Schüren*, RdA 1996, 14, 19).

784 Deshalb kann die Mitbestimmung sich nur auf **Gestaltungsfragen** beziehen, die *unabhängig von der Gehaltshöhe* für die Gehaltsfindung eine Rolle spielen. Der Mitbestimmung unterliegt, welche Funktionspositionen einem Gehaltsbereich zugeordnet werden und welche Faktoren innerhalb des Gehaltsbereichs für die Gehaltsbemessung maßgebend sind. Mitbestimmungsfrei ist aber, ob Gehälter in einem bestimmten zeitlichen Rhythmus den veränderten Umständen angepasst werden sollen, insbesondere wenn verlangt wird, dass die Gehälter um mindestens den Euro-Betrag der letzten Tarifsteigerung der höchsten Entgeltgruppe erhöht werden.

b) Das **Mitbestimmungsrecht entfällt nicht** deshalb, weil für außertarifliche Angestellte das **Arbeitsentgelt einzelvertraglich vereinbart** wird. Ein Wegfall der Mitbestimmung kann nicht damit begründet werden, dass durch die Festlegung eines kollektiven Gehaltssystems die Verhandlungspositionen der Arbeitnehmer so geschwächt würden, dass gegenüber dem kollektiven Gehaltssystem individuelle Gehaltsvereinbarungen praktisch nicht mehr durchgesetzt werden könnten (so aber *Lieb*, ZfA 1978, 179, 188 f.). Dem Zweck der Mitbestimmung widerspricht es aber, wenn der Betriebsrat an Stelle bisher bestehender individualrechtlicher Regelungen ein kollektives Lohnsystem im Betrieb verlangt; denn die Mitbestimmung ist ein Mittel zum Schutz der Arbeitnehmer, kein Instrument zu ihrer Bevormundung (ebenso *Reuter*, SAE 1976, 17; vorher bereits *ders.*, ZfA 1975, 85, 90 und *Reuter/Streckel*, Grundfragen der betriebsverfassungsrechtlichen Mitbestimmung, S. 30 f.; vgl. auch *Reuter*, Vergütung von AT-Angestellten und betriebsverfassungsrechtliche Mitbestimmung, S. 43 ff.; *Schüren*, RdA 1996, 14, 20 f.). Daraus folgt nicht, dass ein Mitbestimmungsrecht *entfällt*, sondern lediglich, dass es so auszuüben ist, wie es die in § 75 Abs. 2 enthaltene Zielnorm für die Betriebsverfassung gebietet, nämlich dass Arbeitgeber und Betriebsrat die freie Entfaltung der Persönlichkeit der im Betrieb beschäftigten Arbeitnehmer zu schützen und zu fördern haben.

785

Dieses Gebot wirkt hier als **Rechtsausübungsschranke** für die Mitbestimmung: Es kann **keine Regelung** getroffen werden, durch die eine **individuelle Selbstbestimmung der Arbeitnehmer bei der Gestaltung der Arbeitsentgelte aufgehoben** wird.

786

c) Steht die Gehaltsgruppenregelung in einem Bezug zu einem tarifvertraglichen Vergütungssystem, so kann eine **Änderung der Verteilungsgrundsätze** vorliegen, wenn der Arbeitgeber die Gehaltsgruppen aus Anlass und im zeitlichen Zusammenhang mit einer Tariflohnerhöhung ungleich ändert. Über die darin liegende Änderung der Gehaltsgestaltung hat der Betriebsrat mitzubestimmen; eine Nichtbeteiligung führt aber nicht automatisch zu einer Erhöhung der übertariflichen Gehälter (vgl. BAG 28. 9. 1994 AP BetrVG 1972 § 87 Lohngestaltung Nr. 68).

787

3. Grundvergütung und Zulagen

Soweit der Arbeitgeber für besondere Belastungen – wie Auslandstätigkeit, Mehrarbeit, Nachtarbeit, Sonntags- und Feiertagsarbeit – **Zulagen** gewährt, unterliegt die Festlegung der für sie maßgeblichen **Bemessungsgrundsätze** und deren technische Durchführung, **nicht** aber die **Höhe der zusätzlichen Entgeltleistung** dem Mitbestimmungsrecht des Betriebsrats (vgl. BAG 30. 1. 1990 AP BetrVG 1972 § 87 Lohngestaltung Nr. 41 [Auslandszulagen]). Zu den mitbestimmungspflichtigen Fragen der betrieblichen Lohngestaltung gehört aber, ob die besondere Belastung bei der Bemessung des Grundgehalts oder durch die Gewährung von Zulagen berücksichtigt wird (ebenso *Richardi*, ZfA 1976, 1, 10). Streicht der Arbeitgeber eine gleich hohe Zulage für unterschiedliche Vergütungsgruppen, so liegt darin eine Änderung des Entlohnungsgrundsatzes, die mitbestimmungspflichtig ist (vgl. BAG 28. 2. 2006 AP BetrVG 1972 § 87 Lohngestaltung Nr. 127 [*Engels*]):

788

Soweit **Zulagen durch Tarifvertrag** eingeführt sind, schließt bei Tarifgebundenheit des Arbeitgebers eine abschließende Regelung in den Tarifverträgen das Mitbestimmungsrecht aus. Aber auch soweit die Grundvergütung tarifvertraglich geregelt ist, ergeben sich Konsequenzen für die Mitbestimmung bei der Lohngestaltung; denn eine besondere Belastung kann in diesem Fall nur durch einen übertariflichen Lohnbestandteil oder eine außertarifliche Zulage berücksichtigt werden. Der Arbeitgeber trifft aber nicht nur die **mitbestimmungsfreie Vorentscheidung,** ob, zu welchem Zweck und in welchem Umfang er finanzielle Mittel bereitstellt, um zusätzliche Leistungen an die Arbeitnehmer zu erbringen, sondern er kann auch mitbestimmungsfrei festlegen, ob die Zulage bei einer Tariflohnerhöhung *anrechenbar* ist (s. auch Rn. 775).

789

4. Anrechnung einer Tariflohnerhöhung auf über- und außertarifliche Zulagen

790 a) Bei der Anrechnung übertariflicher Lohnbestandteile auf eine Tariflohnerhöhung muss man die **individualrechtliche** und die **kollektivrechtliche Zulässigkeit** voneinander unterscheiden. Für die individualrechtliche Zulässigkeit ausschlaggebend ist allein die Betriebsvereinbarung oder der Individualvertrag. Fehlt eine eindeutige Abrede, so ist durch Auslegung der Betriebsvereinbarung bzw. des Individualvertrags festzustellen, ob es sich um eine *tariffeste Zulage* handelt (vgl. BAG 23. 3. 1993 AP BetrVG 1972 § 87 Tarifvorrang Nr. 26). In diesem Fall greift die sonst maßgebliche Regel nicht ein, dass der übertarifliche Lohnbestandteil von einer Tariflohnerhöhung aufgesogen wird. Durch Tarifnorm kann kein Anrechnungsvorbehalt festgelegt werden; denn sie verstößt gegen das in § 4 Abs. 3 TVG festgelegte Günstigkeitsprinzip. Das gilt auch, soweit die Zulage in einer Betriebsvereinbarung geregelt ist; denn der Tarifvorbehalt des § 77 Abs. 3 BetrVG greift nur ein, wenn die Gewährung der Zulage durch Tarifvertrag geregelt wird oder üblicherweise geregelt wird, nicht aber bei einer *Nichtregelung* der Gewährung einer Zulage.

791 Bei einer **tariffesten Zulage** besteht daher für ein **Mitbestimmungsrecht des Betriebsrats kein Spielraum**, weil die Anrechnung auf eine Tariflohnerhöhung rechtsunwirksam ist (vgl. BAG 23. 3. 1993 AP BetrVG 1972 § 87 Tarifvorrang Nr. 26; 7. 2. 1996 AP BetrVG 1972 § 87 Lohngestaltung Nr. 85).

792 Eine **Mitbestimmung** des Betriebsrats kommt daher nur in Betracht, wenn eine **Anrechnung individualrechtlich zulässig** ist. Durch Tarifnorm kann dem Arbeitgeber dieses Recht nicht genommen werden; denn es handelt sich um eine nach Ansicht des BAG unzulässige Effektivklausel, soweit sie den Arbeitgeber verpflichtet, bei der Anrechnung mehr zu zahlen, als sich aus der Betriebsvereinbarung bzw. individualvertraglichen Abrede ergibt (vgl. BAG 13. 6. 1958 AP TVG § 4 Effektivklausel Nr. 2 [Effektivgarantieklausel]; 14. 2. 1968 AP TVG § 4 Effektivklausel Nr. 7 [begrenzte Effektivklausel]; bestätigt BAG 16. 9. 1987 AP TVG § 4 Effektivklausel Nr. 15). Der übertarifliche Lohnbestandteil wird in diesem Fall also von einer Tariflohnerhöhung aufgesogen. Bei Nichtanrechnung erbringt deshalb der Arbeitgeber eine *freiwillige Leistung*. Sie kann nicht im Mitbestimmungsverfahren erzwungen werden (s. Rn. 771 f.).

793 Einen Sonderfall bildet rechtsdogmatisch die **Anrechnung auf Grund eines Widerrufsvorbehalts**. Wenn nämlich in der Betriebsvereinbarung oder der individualvertraglichen Abrede die Gewährung der Zulage widerruflich ist, so besteht im Gegensatz zur Anrechnung als Folge der sog. Tarifautomatik ein Rechtsanspruch des Arbeitnehmers auf Gewährung der Zulage neben dem Tariflohn, sofern der Arbeitgeber nicht den Widerrufsvorbehalt ausübt. Eine Anrechnung setzt hier einen entsprechenden Widerruf voraus. Bei ihm handelt es sich nicht um eine deklaratorische Feststellung, sondern um die Ausübung eines *Gestaltungsrechts* (vgl. *Richardi*, NZA 1992, 961, 963). Auch sie bildet keinen Gegenstand der Mitbestimmung (s. Rn. 775), sondern er kann nur darin bestehen, dass der Arbeitgeber durch die Anrechnung eine von der bisherigen Regelung abweichende *Entgeltgestaltung* vornimmt.

794 b) Für das **BAG** spielt **keine Rolle**, ob die **Anrechnung auf Grund der Feststellung einer Automatik oder durch Ausübung eines Widerrufsvorbehalts** eintritt; sein Großer Senat kommt in seinen Beschlüssen vom 3. 12. 1991 zu dem Ergebnis, dass der Mitbestimmungstatbestand vorliegt, soweit durch die Anrechnung eine Änderung der Verteilungsgrundsätze eintritt (BAG 3. 12. 1991 AP BetrVG 1972 § 87 Lohngestaltung Nr. 51 und 52). Der Große Senat hat damit eine Kontroverse zwischen dem 1. Senat einerseits und dem 4. und 5. Senat andererseits beendet (vgl. Vorlagebeschluss des 1. Senats AP BetrVG 1972 § 87 Lohngestaltung Nr. 53). Nach seiner Ansicht stehen weder der **Tarifvorbehalt** (§ 77 Abs. 3) noch der **Tarifvorrang** (Eingangshalbsatz des § 87 Abs. 1) einem Mitbestimmungsrecht nach Nr. 10 entgegen (vgl. BAG 3. 12. 1991 AP BetrVG 1972 § 87 Lohngestaltung Nr. 51 [unter C I und II]). Das Mitbestimmungs-

recht entfalle aber, soweit tatsächliche oder rechtliche Hindernisse entgegenstünden, d. h. für den Betriebsrat kein Regelungsspielraum verbleibe (BAG a. a. O. [unter C III vor 1). Ein tatsächliches Hindernis liege vor bei der Reduzierung des Zulagenvolumens auf Null, ein rechtliches Hindernis bei einer vollständigen und gleichmäßigen Anrechnung einer Tariflohnerhöhung auf über-/außertarifliche Zulagen.

Daraus ergeben sich für den Großen Senat die folgenden Grundsätze: 795

(1) Bei **vollständiger Anrechnung der Tariflohnerhöhung** auf die Zulagen hat der 796 Betriebsrat **kein Mitbestimmungsrecht,** weil mitbestimmungsfrei ist, ob der Arbeitgeber überhaupt ein zusätzliches Entgelt gewährt oder einstellt (vgl. BAG 3. 12. 1991 AP BetrVG 1972 § 87 Lohngestaltung Nr. 51 [unter C III 6 b bb und cc]).

(2) Wird die **Tariflohnerhöhung teilweise auf die Zulagen angerechnet,** so hat der 797 Betriebsrat mitzubestimmen, wenn sich durch die Anrechnung der *rechnerisch prozentuale Verteilungsschlüssel* für die Empfänger einer Zulage ändert. Kein Mitbestimmungsrecht soll deshalb bestehen, wenn der Arbeitgeber anlässlich einer Tariflohnerhöhung alle Zulagen um den gleichen Prozentsatz kürzt, sofern die Zulagen in einem inhaltlichen und gleichen Verhältnis zum jeweiligen Tariflohn stehen und die Tariflöhne um den gleichen Prozentsatz erhöht werden (BAG 3. 12. 1991 AP BetrVG 1972 § 87 Lohngestaltung Nr. 51 [unter C III 5 b]). Dagegen wird ein Mitbestimmungsrecht anerkannt, wenn eine **unterschiedliche Anrechnung** der Tariflohnerhöhung auf die Zulagen erfolgt (BAG a. a. O. [unter C III 5 a]). Aber auch bei einer **prozentual gleichmäßigen Anrechnung sämtlicher Zulagen** soll eine Änderung der Verteilungsgrundsätze vorliegen, wenn sich durch sie das Verhältnis der Höhe der Zulagen zueinander ändert (BAG a. a. O. [unter C III 5 b]). Dieser Fall ist stets gegeben, wenn der Arbeitgeber unterschiedlich hohe Zulagen gewährt und bei einem gleichen Tarifentgelt denselben Prozentsatz einer Tariflohnerhöhung auf die Zulagen anrechnet, und er liegt auch vor, wenn die Tarifentgelte verschiedener Entgeltgruppen um einen unterschiedlichen Prozentsatz erhöht werden und die Tariflohnerhöhung für alle Arbeitnehmer mit dem gleichen Prozentsatz angerechnet wird. Schließlich soll der Verteilungsgrundsatz auch dann geändert sein, wenn nach den bisherigen Verteilungsgrundsätzen alle Arbeitnehmer einen bestimmten Sockelbetrag erhalten, die prozentual gleichmäßige Anrechnung aber dazu führt, dass die Zulage einiger Arbeitnehmer diesen Sockelbetrag nicht mehr erreicht.

Auch soweit nach dieser Abgrenzung eine Änderung der Verteilungsgrundsätze vor- 798 liegt, soll sie nach Ansicht des Großen Senats „nur grundsätzlich der Mitbestimmung des Betriebsrats" unterliegen; für ein Mitbestimmungsrecht sei dann kein Raum, wenn für eine anderweitige Anrechnung der Zulagen kein **Regelungsspielraum** mehr besteht (BAG 3. 12. 1991 AP BetrVG 1972 § 87 Lohngestaltung Nr. 51 [unter C III 6 vor a]). Ein derartiger Fall soll vorliegen, wenn die Anrechnung „zum vollständigen Wegfall aller Zulagen führt, weil dann kein Zulagenvolumen mehr vorhanden ist, das verteilt werden könnte" (BAG a. a. O. [unter C III 6 a]).

Die vom Großen Senat aufgestellten Grundsätze gelten „unabhängig davon, ob der 799 Arbeitgeber sich die Anrechnung bzw. den Widerruf vorbehalten hat oder die Anrechnung auf Grund der Feststellung einer Automatik erfolgt" (BAG 3. 12. 1991 AP BetrVG 1972 § 87 Lohngestaltung Nr. 51 [unter C vor I]). Für das Mitbestimmungsrecht soll also keine Rolle spielen, ob die Änderung des rechnerisch prozentualen Verteilungsschlüssels dadurch eintritt, dass der Arbeitgeber ein ihm zustehendes Gestaltungsrecht ausübt, oder ob die Änderung nur die Folge fehlender Rechtsansprüche der Arbeitnehmer ist.

c) Die Entscheidung des Großen Senats ist auf **Kritik** gestoßen (vgl. *Hromadka,* DB 800 1992, 1573 ff.; *Richardi,* NZA 1992, 961 ff.; *M. Schwab,* BB 1993, 495 ff.; *Schukai,* NZA 1992, 967 ff.; *U. Weber/Hoß,* NZA 1993, 632 ff.; *Weyand,* AuR 1993, 1 ff.).

Der Senat lässt völlig offen, wie ein Arbeitgeber bei verschiedener Vertragsgestaltung 801 erreichen kann, dass alle über- und außertariflichen Zulagen um denselben Prozentsatz gekürzt werden. Wenn im Betrieb neben Arbeitnehmern, die eine tarifbeständige Zulage erhalten, Arbeitnehmer stehen, die nicht in ihren Genuss gelangen, sondern nur eine anrechenbare Zulage bekommen, hat die Tariflohnerhöhung notwendigerweise zur Folge, dass der Verteilungsschlüssel sich ändert, wenn der Arbeitgeber die Tariflohnerhöhung anrechnet. Zu einem anderen Ergebnis gelangt man nur, wenn man die tarifbeständigen Zulagen nicht in die Verteilungsrechnung aufnimmt (vgl. *Richardi*, NZA 1992, 961, 963). Differenziert man zwischen tarifbeständigen und anrechenbaren Zulagen, so ist es nicht folgerichtig, dass im Übrigen unerheblich sein soll, ob die Anrechnung durch gestaltende Erklärung des Arbeitgebers, also insbesondere durch Widerruf, erfolgt über ob die Arbeitnehmer von vornherein keinen Rechtsanspruch auf die Leistung haben.

802 d) Da der Große Senat sich in seiner Entscheidung über die Besonderheiten der Vertragsgestaltungen hinweggesetzt hat, sind **Streitfragen offen geblieben.**

803 Nach dem Großen Senat setzt das Mitbestimmungsrecht nur ein, wenn die Anrechnung auf einem **kollektiven Tatbestand** beruht. Darum ging es in der folgenden Rechtsprechung des BAG. Ein Mitbestimmungsrecht wurde anerkannt, wenn der Arbeitgeber eine Tariflohnerhöhung auf die übertariflichen Zulagen aller Arbeitnehmer anrechnet, um das durch die Anrechnung eingesparte Zulagenvolumen künftig nach anderen Grundsätzen zu verteilen (BAG 11. 8. 1992 AP BetrVG 1972 § 87 Lohngestaltung Nr. 53), wenn er die Tariflohnerhöhung gegenüber einzelnen Arbeitnehmern aus Leistungsgründen anrechnet (BAG 22. 9. 1992 AP BetrVG 1972 § 87 Lohngestaltung Nr. 56), wenn die Anrechnung erfolgt, weil ein Arbeitnehmer nach Auffassung des Arbeitgebers zu viele Tage infolge Krankheit gefehlt hat (BAG 22. 9. 1992 AP BetrVG 1972 § 87 Lohngestaltung Nr. 60) oder wenn sie wegen der Kürze der Betriebszugehörigkeit bzw. der absehbaren Beendigung des Arbeitsverhältnisses erfolgt (BAG 27. 10. 1992 AP BetrVG 1972 § 87 Lohngestaltung Nr. 61). Von einem kollektiven Tatbestand geht das BAG auch aus, wenn die Anrechnung sich auf Arbeitnehmer beschränkt, deren Tätigkeit nicht mehr der noch innegehabten Tarifgruppe entspricht (BAG 23. 3. 1993 AP BetrVG 1972 § 87 Lohngestaltung Nr. 64).

804 Kein kollektiver Tatbestand ist nach Ansicht des BAG anzunehmen, wenn die Anrechnung auf Wunsch eines Arbeitnehmers zur Vermeidung steuerlicher Nachteile vorgenommen wird (BAG 27. 10. 1992 AP BetrVG 1972 § 87 Lohngestaltung Nr. 61). Verneint wurde ein Mitbestimmungsrecht auch, wenn die Anrechnung deshalb erfolgte, weil der Arbeitnehmer trotz Umsetzung auf einen tariflich niedriger bewerteten Arbeitsplatz unverändert die bisherige Vergütung erhält (BAG 22. 9. 1992 AP BetrVG 1972 § 87 Lohngestaltung Nr. 57). Ein kollektiver Tatbestand wird nicht dadurch ausgeschlossen, dass der Arbeitgeber mit einer Vielzahl von Arbeitnehmern jeweils individuelle Vereinbarungen trifft und dabei die Formulierung einer allgemeinen Regel vermeidet (BAG 9. 7. 1996 und 22. 4. 1997 AP BetrVG 1972 § 87 Lohngestaltung Nr. 86 und 88). Die Abgrenzung zur Einzelfallgestaltung richtet sich danach, ob es um Strukturformen des Entgelts einschließlich ihrer näheren Vollzugsform geht oder nicht; hierbei kann allerdings die Anzahl der betroffenen Arbeitnehmer ein Indiz dafür sein, dass ein kollektiver Tatbestand vorliegt (BAG 22. 4. 1997 AP BetrVG 1972 § 87 Lohngestaltung Nr. 88).

805 (2) Für Inhalt und Umfang des Mitbestimmungsrechts ist weiterhin ausschlaggebend die Bedeutung des **Tarifvorrangs** im Eingangshalbsatz des Abs. 1. Fehlt die Tarifbindung, so greift der Tarifvorrang nicht ein, so dass in Betrieben ohne Tarifbindung das Mitbestimmungsrecht das **gesamte Entgeltsystem** erfasst (so zutreffend *Engels*, Anm. zu BAG AP BetrVG 1972 § 87 Lohngestaltung Nr. 127). Differenzierung der Mitbestimmung, wie der Große Senat sie entwickelt hat, ergeben sich aus dem Tarifvorrang, der nicht schon eingreift, wenn ein Tarifvertrag durch Bezugnahme im Arbeitsvertrag dem Arbeitsverhältnis zugrunde gelegt wird, sondern die Tarifbindung des Arbeitgebers voraussetzt (vgl. BAG 26. 8. 2008 AP BetrVG 1972 § 87 Nr. 15; s. auch Rn. 153 ff.).

Wird ein übertariflicher Lohnbestandteil auf die Höhergruppierung infolge der Änderung einer tariflichen Gehaltsstruktur angerechnet, so greift hier nach Ansicht des 10. Senats des BAG der Tarifvorrang im Eingangshalbsatz des § 87 Abs. 1 BetrVG ein. Der Betriebsrat hat daher nicht mitzubestimmen (BAG 7. 9. 1994 AP BGB § 611 Lohnzuschläge Nr. 11). Mitbestimmungsfrei ist zwar die **volle Anrechnung einer Tariflohnerhöhung** (s. Rn. 796; vgl. BAG 21. 1. 2003 AP BetrVG 1972 § 87 Lohngestaltung Nr. 118), auch wenn sie bei einem Teil der Arbeitnehmer zunächst versehentlich unterbleibt (vgl. BAG 31. 10. 1995 AP BetrVG 1972 § 87 Lohngestaltung Nr. 80); sie führt aber nicht zu einer Verdrängung des Mitbestimmungsrechts, wenn der Arbeitgeber **neue übertarifliche Leistungen** zusagt, sofern Anrechnung und Zusage auf einer einheitlichen Konzeption des Arbeitgebers beruhen (vgl. BAG 17. 1. 1995 AP BetrVG 1972 § 87 Lohngestaltung Nr. 71; 14. 2. 1995 AP BetrVG 1972 § 87 Lohngestaltung Nr. 72 und 73; 9. 7. 1996 AP BetrVG 1972 § 87 Lohngestaltung Nr. 86). Sieht ein Tarifvertrag eine Lohnerhöhung in zwei Stufen vor, so sind die Nichtanrechnung der Ersten und die vollständige Anrechnung der zweiten Stufe auf übertarifliche Zulagen mitbestimmungspflichtig, wenn sie auf einer einheitlichen Entscheidung des Arbeitgebers beruhen (BAG 8. 6. 2004 AP BetrVG 1972 § 87 Lohngestaltung Nr. 124). Für ein einheitliches Gesamtkonzept kann insbesondere ein enger zeitlicher Zusammenhang zwischen den Anrechnungsvorgängen sprechen (BAG 10. 3. 2009 AP BetrVG 1972 § 87 Lohngestaltung Nr. 134 [Rn 21]). Der Arbeitgeber verletzt das Mitbestimmungsrecht, wenn er eigene Verteilungsgrundsätze vorgibt, über die er keine Verhandlungen zulässt, sondern für den Fall abweichender Vorstellungen des Betriebsrats von vornherein eine mitbestimmungsfreie Vollanrechnung vorsieht (BAG 26. 5. 1998 AP BetrVG 1972 § 87 Lohngestaltung Nr. 98). Widerspricht der Betriebsrat aber in einem derartigen Fall nicht der Verteilung, sondern der Kürzung des Leistungsvolumens, so überschreitet er sein Mitbestimmungsrecht, und es ist daher nicht zu beanstanden, wenn der Arbeitgeber darauf mit einer vollständigen Anrechnung reagiert, um einer Blockade seiner Maßnahme auszuweichen (BAG 26. 5. 1998 AP BetrVG 1972 § 87 Lohngestaltung Nr. 98).

Da die **Festlegung und Gestaltung eines Anrechnungsvorbehalts** mitbestimmungsfrei ist (s. Rn. 775), kann sich eine mitbestimmungspflichtige Frage der betrieblichen Lohngestaltung nicht stellen, soweit dem Arbeitgeber nach dem Arbeitsvertrag nicht gestattet ist, eine Anrechnung vorzunehmen. Wenn er die Zulage dennoch vertragswidrig anrechnet, ergibt sich daraus kein Mitbestimmungsrecht (ebenso BAG 7. 2. 1996 AP BetrVG 1972 § 87 Lohngestaltung Nr. 85). Aber auch wenn ein Anrechnungsvorbehalt besteht, der sich generell auf Tariflohnerhöhungen bezieht, soll dieser Vorbehalt nach Ansicht des BAG nicht die Lohnerhöhung erfassen, die mittelbar bei einem Lohnausgleich für eine tarifliche Arbeitszeitverkürzung eintritt (so BAG, a. a. O.; vgl. aber auch BAG 3. 6. 1987 AP TVG § 1 Tarifverträge: Metallindustrie Nr. 58).

VII. Mitbestimmung bei Leistungsentgelten

1. Verhältnis zu Nr. 11

Die **Entscheidung für ein Leistungslohnsystem** ist die **Aufstellung eines Entlohnungsgrundsatzes**. Sie unterliegt daher bereits nach Nr. 10 der Mitbestimmung. Das gilt insbesondere auch für die Wahl und Anwendung der Entlohnungsmethode (s. Rn. 760 ff.). Durch Nr. 11 wird die **Mitbestimmung nach Nr. 10 ergänzt**, aber nicht verdrängt, indem sie auch auf die Festsetzung der Akkord- und Prämiensätze und vergleichbarer leistungsbezogener Entgelte einschließlich der Geldfaktoren erstreckt wird. Nur Nr. 10 ist deshalb einschlägig, soweit es sich um leistungsbezogene Entgelte handelt, die nach ihrer Gestaltung nicht den Akkord- und Prämiensätzen vergleichbar sind.

2. Mitbestimmung beim Akkordlohn

809 a) Die Einführung von Akkordlohn im Betrieb ist die **Aufstellung eines Entlohnungsgrundsatzes.** Der Akkord ist die relativ einfachste Form eines Leistungslohnsystems. Die Bezugsgröße besteht in der Mengenerzeugung; jedoch muss als weiteres Merkmal die Zeitabhängigkeit des Arbeitsergebnisses hinzutreten. Fehlt diese Voraussetzung, so liegt selbst dann, wenn Bezugsgröße für die Entlohnung die Mengenerzeugung ist, nicht die Lohnform des Akkords vor, sondern hier kommt wie in den Fällen, in denen andere Bezugsgrößen gewählt werden, als Leistungslohnform nur der Prämienlohn in Betracht.

810 Zur Aufstellung des Entlohnungsgrundsatzes gehört die **Festlegung der Bezugsbasis,** die für den Akkord gewählt wird. Man unterscheidet insoweit zwischen dem **Stückakkord,** bei dem nur die Anzahl der Stücke im Akkordansatz erscheinen, dem **Gewichtsakkord,** bei dem die Menge des verarbeiteten oder transportierten Materials zugrunde gelegt wird, dem **Maßakkord,** z. B. bei der Handverpackung von Tabletten, und dem **Pauschalakkord,** der sich aus mehreren unterschiedlichen Arbeitsaufgaben zusammensetzt.

811 b) Man unterscheidet weiterhin zwischen **Geldakkord** (häufig verwechselt mit Stückakkord) und **Zeitakkord.** Bei dem Geldakkord wird für ein bestimmtes Stück (eine Leistungseinheit) ein bestimmter Geldbetrag zugesagt. Beim Zeitakkord wird dagegen das Stück bzw. das Arbeitsvorkommen in die Zahl von Minuten aufgelöst, die von einem Arbeitnehmer für die Herstellung des Stücks bzw. die Erbringung der Leistungseinheit benötigt wird. Für jedes von dem Arbeitnehmer hergestellte Stück bzw. für jede erbrachte Leistungseinheit wird diesem eine Minutenzahl „gutgebracht", ohne Rücksicht darauf, wie viel Zeit tatsächlich gebraucht ist, sog. *Zeitfaktor.* Jede dieser sog. „vorgegebenen" Minuten wird mit einem Pfennigbetrag vergütet, sog. *Geldfaktor.*

812 Der **Unterschied zwischen Geld- und Zeitakkord** bezieht sich nur auf die Methode der Lohnverrechnung (vgl. *Kollmar,* Die Mitbestimmung des Betriebsrats bei der Einführung und Regelung von Akkordlöhnen, Diss. Regensburg, 1970, S. 23 ff.). Beim Geldakkord ergibt sich der effektive Verdienst als Produkt aus der Zahl der erbrachten Stücke (Leistungseinheiten) und dem für das Stück (die Leistungseinheit) angesetzten Lohnbetrag. Der Akkordansatz lautet also: *Zahl der Stücke mal Betrag des für das Stück zu gewährenden Lohnes.* Beim Zeitakkord ist der effektive Verdienst das Produkt aus der Zahl der Stücke (bzw. Leistungseinheiten), der für das Stück (bzw. die Leistungseinheit) ausgeworfenen Zahl der vorgegebenen Minuten (Zeitfaktor) und dem Centbetrag, der für jede vorgegebene Minute angesetzt wird (Geldfaktor). Der Akkordansatz lautet also: *Zahl der Stücke mal Zahl der für das Stück vorgegebenen Minuten mal Betrag des für die vorgegebene Minute ausgeworfenen Geldbetrags* (vgl. dazu auch BAG 24. 7. 1958 AP BGB § 611 Akkordlohn Nr. 4 und 5).

813 Wenn beim Geldakkord für das Anstreichen einer Fahnenstange 720 Cent angesetzt werden, so liegt diesem Satz die Vorstellung zugrunde, wie lange jemand braucht, um diese Fahnenstange zu streichen. Geht man davon aus, dass ein Arbeitnehmer mit Normalleistung für das Streichen einer Stange zwanzig Minuten benötigt, und soll er 21,60 Euro in der Stunde verdienen, so muss für das Streichen einer Fahnenstange ein Akkordpreis von 720 Cent angesetzt werden. Der Zeitakkord unterscheidet sich grundsätzlich nur dadurch, dass die Vorstellung, wie lange ein Arbeitnehmer bei Normalleistung zur Erbringung der Leistungseinheit benötigt, im Akkordansatz ausgedrückt wird. Das Stück – das Streichen der Fahnenstange – wird in die Zahl von Minuten aufgelöst, die zu seiner Erbringung bei Normalleistung nötig ist; es werden für das Streichen einer Fahnenstange zwanzig Minuten „vorgegeben" (Zeitfaktor). Soll bei Normalleistung ein Lohn von 21,60 Euro erzielt werden, so wird jeder dieser vorgegebenen Minuten ein Betrag von 36 Cent (Geldfaktor) zugeordnet. Die Höhe des effektiven Verdienstes ist in beiden Fällen von der Zeit unabhängig, die der Betreffende wirklich benötigt. Sie berechnet sich beim Geldakkord aus dem Produkt der Zahl der hergestellten Stücke mal dem Preis für das einzelne Stück, also X mal 720 Cent. Beim Zeitakkord lautet der Ansatz X mal 20 mal 36.

c) Für die **Richtigkeit des individuellen Leistungsgrads** beim Akkord ist daher von entscheidender Bedeutung, dass zutreffend bestimmt wird, wie lange ein Arbeitnehmer unter normalen Umständen zur Erbringung der **Bezugsleistung** benötigt. Wie dies geschieht, gehört zum mitbestimmungspflichtigen Komplex der **Einführung und Anwendung von Entlohnungsmethoden**. Neben der Entscheidung, ob der Akkord als Geldakkord oder als Zeitakkord angesetzt werden soll, ist daher mitbestimmungspflichtig, nach welchem Verfahren die vorzugebenden Zeiten festgestellt werden sollen. 814

Die **Festsetzung der Zeit zur Erbringung der Bezugsleistung** kann auf verschiedenem Weg erfolgen: 815

(1) Sie kann durch Vertragsabrede zwischen dem Arbeitgeber und dem Arbeitnehmer vereinbart sein, sog. **ausgehandelter Akkord**. 816

(2) Die Zeit, wie lange man zur Erbringung der Bezugs- oder Normalleistung benötigt, kann auf Grund tatsächlicher Erfahrung festgestellt werden, sog. **Faust- oder Meisterakkord**. Bei ihm wird auf Grund der betrieblichen Erfahrung von einer dazu bestellten, meist mit den Umständen besonders vertrauten Person festgelegt, d. h. geschätzt, wie viel Zeit man zur Erbringung der Leistung benötigt. Sie wird dem Ansatz zu Grunde gelegt, wobei es auch hier darum geht, die richtigen Zeiten zu ermitteln; jedoch handelt es sich nicht um einen methodisch gebundenen Akkord, so dass im Einzelfall die Feststellung Schwierigkeiten bereiten kann, ob nicht bereits ein ausgehandelter Akkord vorliegt. 817

(3) Bei den **wissenschaftlichen Akkordsystemen** wird dagegen die Zeit, die ein Arbeitnehmer für die Erbringung der Bezugs- oder Normalleistung benötigt, nach wissenschaftlichen Methoden bestimmt. Es werden im Wesentlichen **vier Systeme** unterschieden: die *Vorgabezeitermittlung nach REFA* (Reichsausschuss für Arbeitsstudium, jetzt Verband für Arbeitsstudien), das *Bédaux-System*, das *Kleinstzeitverfahren*, auch *Verfahren der vorbestimmten Zeiten* genannt, bei denen jedes einzelne Arbeitsvorhaben in Elementarbewegungen zerlegt wird, für die allgemeingültige Zeitwerte bekannt sind, und die *Work-Faktor-Berechnung*). 818

Verzichtet man auf Zeitstudien und Zeitaufnahmen, wie sie die wissenschaftlichen Akkordsysteme verlangen und wird daher die Zeitvorgabe auf Grund von Erfahrungssätzen und sonstigen Hilfskriterien geschätzt, so spricht man vom **Schätzakkord**, der anders als der Faust- oder Meisterakkord zu den methodisch gebundenen Akkorden zählt. 819

d) Das Mitbestimmungsrecht nach Nr. 10 beschränkt sich nicht auf die Einführung des Akkords, die Festlegung seiner Bezugsbasis und die Auswahl der Methode für seine Durchführung, sondern erstreckt sich auch auf deren Anwendung. Wie die Grenze zu ziehen ist, kann hier aber offen bleiben, weil Nr. 11 das Mitbestimmungsrecht auf die **Festsetzung der Akkordsätze einschließlich der Geldfaktoren** erstreckt (s. Rn. 894 ff.). 820

3. Mitbestimmung beim Prämienlohn

a) Der **Prämienlohn** ist eine **besondere Form der Leistungsentlohnung**. Bei Mechanisierung und Automatisierung der Fertigungsvorgänge entfällt die Möglichkeit einer Akkordentlohnung. Selbst dann, wenn Bezugsgröße für die Entlohnung die Mengenerzeugung ist, kommt die Lohnform des Akkords nicht mehr in Betracht, wenn die Leistung nicht mehr zeitabhängig ist (vgl. BAG 25. 5. 1982 AP BetrVG 1972 § 87 Prämie Nr. 2). Außerdem besteht ein Bedürfnis, auch andere Merkmale einer Arbeitsleistung, wie Qualität oder Maschinenausnutzung, als Bezugsgröße für den Lohn zu wählen (vgl. BAG 28. 7. 1981 AP BetrVG 1972 § 87 Provision Nr. 2; 13. 9. 1983 und 16. 12. 1986 AP BetrVG 1972 § 87 Prämie Nr. 3 und 8). Doch muss auch hier der Arbeitnehmer die Möglichkeit haben, das Leistungsergebnis zu beeinflussen, da anderenfalls keine leistungsbezogene Entlohnung vorliegt. Ein Leistungslohnsystem setzt weiter- 821 hin voraus, dass die Leistung *quantifizierbar* ist. Es ist deshalb missverständlich, wenn ein Unterschied zwischen Akkord- und Prämienlohn darin gesehen wird, dass der Akkord nur auf die Quantität, die Prämie dagegen regelmäßig auf die Qualität des Arbeitsergebnisses bezogen sei. Eine Prämie ist nur dann Leistungslohn, wenn der gewählte Maßstab die *Messbarkeit* der Leistung gestattet (so bereits *Tomandl*, Rechtsprobleme des Akkord- und Prämienlohnes, 1961, S. 13; *Richardi*, RdA 1969, 234, 235). Damit ist „dem Akkord- und dem Prämienlohn als typischem leistungsbezogenem Entgelt gemeinsam, dass sie die jeweilige entgelterhebliche Leistung des Arbeitnehmers messen und zu einer Bezugsleistung in Beziehung setzen, wobei das Verhältnis der gemessenen Leistung zu dieser Bezugsleistung entscheidend ist für die Höhe des leistungsbezogenen Entgeltes" (BAG 28. 7. 1981 AP BetrVG 1972 § 87 Provision Nr. 2). Fehlt es daran, so liegt auch kein Prämienlohn oder ein vergleichbares leistungsbezogenes Entgelt vor, also **nicht** bei **Jubiläums-, Pünktlichkeits- und Anwesenheitsprämien**. Bei ihnen handelt es sich zwar auch um mitbestimmungspflichtige Fragen der betrieblichen Lohngestaltung; sie sind aber kein leistungsbezogenes Entgelt i. S. der Nr. 11 (s. Rn. 879).

822 b) Es gibt **keinen Prämienlohn an sich**. Anders als beim Akkord sind bei der Einführung eines Prämienlohnsystems die Elemente der Entlohnung nicht vorgegeben, sondern **Bezugsgröße** und **Bezugsbasis** müssen festgelegt werden, um den **Entlohnungsgrundsatz in seiner konkreten Struktur** zu bestimmen. Bei der Einführung eines Prämienlohns unterliegt daher der Mitbestimmung des Betriebsrats nicht nur, dass der Lohn von einer leistungsabhängigen Bezugsgröße überhaupt abhängen soll, sondern auch von *welcher Bezugsgröße*, von der Menge der Produktionsleistungen, dem geringen Ausschuss oder der Materialersparnis (im Ergebnis auch BAG 22. 11. 1963 AP BetrVG [1952] § 56 Entlohnung Nr. 3, Bl. 2 R, das diese Feststellung aber nicht zutreffend bereits zu den Entlohnungsmethoden zählt; vgl. dagegen *Hilger* in *Dietz/Gaul/Hilger*, Akkord und Prämie, 2. Aufl. 1967, H II 2). Schon bei einer Mengenleistungsprämie kann außerdem eine *verschiedene Bezugsbasis* in Betracht kommen: Die Steigerung des Produktionsergebnisses kann entweder von der höheren menschlichen Arbeitsleistung oder von der geschickten Nutzung der Einstell- und Laufgeschwindigkeit von Maschinen und technischen Anlagen oder von der Sicherung des maschinell optimalen Produktionsergebnisses durch dauernde Nutzung der höchsten Einstell- und Laufgeschwindigkeit abhängen (vgl. *Springer*, Der Prämienlohn – eine Form des Leistungslohnes, IG Bergbau und Energie, 1965, S. 4 und Tafel b). Schwierigkeiten bereitet die Wahl des Bezugssystems bei einer Qualitätsprämie, bei der die höhere Aufmerksamkeit und bessere Sorgfalt belohnt wird. Mit der Wahl der Bezugsgröße muss der Qualitätsmaßstab auf quantifizierbare Kriterien festgelegt werden, z. B. Senkung des Anteils an Bruch, an Minderqualität oder Sicherung eines bestimmten Gütegrades. Daraus folgt, dass ein Entlohnungsgrundsatz erst dann aufgestellt ist, wenn diese Elemente bestimmt sind.

823 Mit der Festlegung der Bezugsgröße wird zugleich eine Vorentscheidung über den **Verlauf der Prämienkurve** getroffen. Während beim Akkord die Arbeitsleistung von der Zeit proportional abhängig ist (s. Rn. 809), kann bei der Prämienentlohnung sich aus der Wahl der Bezugsgröße ein unterschiedlicher Grad der Beeinflussungsmöglichkeit auf den Arbeitsfortschritt ergeben. Daraus folgt, dass der Leistungsgrad, der das Verhältnis zur Lohnhöhe bestimmt, ermittelt werden muss, um den Entlohnungsgrundsatz in seiner konkreten Struktur festzulegen. Bei der Ermittlung geht es nicht um die Entgelthöhe, die für den Arbeitgeber den Finanzierungsaufwand festsetzt, sondern um das richtige Verhältnis der verdienten Prämie zur Prämienausgangsleistung. Dieses Verhältnis wird durch die sog. Prämienkurve festgelegt, die linear verlaufen, aber progressiv oder degressiv ansteigen oder abfallen kann (vgl. BAG 16. 12. 1986 AP BetrVG 1972 § 87 Prämie Nr. 8; s. auch Rn. 886).

824 Der **Verlauf der Prämienkurve** gehört zur **Prämienleistungsnorm** und bestimmt daher den **Entlohnungsgrundsatz**, über den der Betriebsrat nach Nr. 10 mitzubestimmen hat

(ebenso BAG 16. 12. 1986 AP BetrVG 1972 § 87 Prämie Nr. 8). Davon zu trennen ist die **Zuordnung der Euro-Beträge**, um den Prämiensatz einschließlich der Geldfaktoren festzusetzen. Zur Gewährleistung der Lohngerechtigkeit greift insoweit **ergänzend Nr. 11** ein, der das Mitbestimmungsrecht auf die Festsetzung der Prämiensätze einschließlich der Geldfaktoren erstreckt (s. Rn. 902 f.). Von der für die Prämienleistungsnorm maßgeblichen Funktion zwischen Leistung und Ergebnis muss man deshalb die für die Höhe der Prämie entscheidende Funktion zwischen dem Prämienausgangslohn und dem höchsten Prämiensatz unterscheiden, die den Verlauf der *Prämienlohnkurve* bestimmt (vgl. *Richardi*, RdA 1969, 234, 237; zust. *Lieb*, ZfA 1988, 413, 419).

c) Wie die **Prämienleistungsnorm** und der **Verlauf der Prämienkurve** ermittelt werden, gehört zu den **Entlohnungsmethoden,** bei deren Einführung, Anwendung und Änderung der Betriebsrat schon nach Nr. 10 mitzubestimmen hat (s. Rn. 760 ff.). 825

d) **Prämienlohn** wird in der Regel als **Zulage zum Zeitlohn** oder **Akkordlohn** gewährt, im letzteren Fall, damit nicht nur die Quantität, sondern auch die Qualität des Arbeitsergebnisses in der leistungsbezogenen Vergütung zum Ausdruck kommt. Möglich ist aber auch, die Vergütung insgesamt als Prämienlohn vorzusehen, wobei eine Mindestlohngarantie vereinbart werden kann. Soweit keine tarifvertragliche Regelung besteht (vgl. BAG 16. 12. 1986 AP BetrVG 1972 § 87 Prämie Nr. 8), gehört zu den mitbestimmungspflichtigen Fragen der betrieblichen Lohngestaltung, ob Prämienlohn als Vergütungszuschlag oder als Hauptform der Vergütung gezahlt wird, wobei möglicherweise eine Mindestlohngarantie eingeräumt wird. 826

4. Mitbestimmung bei Provisionen

a) Die **Provision** ist ein **erfolgsbezogenes Leistungsentgelt.** Sie ist die für den Handelsvertreter typische Form des Entgelts (§§ 87 ff. HGB). Sie kann aber auch für Arbeitnehmer vereinbart werden. Für Handlungsgehilfen gilt gemäß § 65 HGB, dass in diesem Fall § 87 Abs. 1 und 3 sowie §§ 87a bis 87c HGB anzuwenden sind. Die Berechnung der Provision erfolgt in aller Regel als Prozentsatz des Geldgegenwertes für ein Geschäft, das auf die Tätigkeit des Arbeitnehmers zurückzuführen ist. Die Provisionsarten sind vielgestaltig (vgl. *Löwisch*, ZHR 139 [1975], 362, 363–365). Bei der *Abschluss-* und *Vermittlungsprovision* wird der Arbeitnehmer an den von ihm persönlich abgeschlossenen oder vermittelten Geschäften beteiligt. Bei der *Anteilprovision*, die auch als *Superprovision* oder *Leitungsprovision* bezeichnet wird, erhält er einen Anteil an den Abschluss- oder Vermittlungsprovisionen der ihm unterstellten Mitarbeiter. *Inkassoprovision* wird gezahlt, wenn ein Arbeitnehmer das Inkasso durchführt; sie bildet einen Unterfall der *Verwaltungsprovisionen*. Außerdem werden in der Versicherungswirtschaft für die Betreuung der Versicherten *Bestandspflegeprovisionen* gewährt. 827

b) Die **Einführung eines Provisionssystems** gehört zur **Lohngestaltung i. S. der Nr. 10** (ebenso BAG 29. 3. 1977 und 26. 7. 1988 AP BetrVG 1972 § 87 Provision Nr. 1 und 6). Sie ist die **Aufstellung eines Entlohnungsgrundsatzes.** Zu dessen mitbestimmungspflichtiger Festlegung gehören die Arten der Provisionen, deren Verhältnis zum Gehaltsfixum sowie das Verhältnis der Provisionen zueinander, weiterhin die Festsetzung der Bezugsgrößen, z. B. ob bei Erreichen einer bestimmten Umsatzgrenze die Provisionssätze linear, progressiv oder degressiv verlaufen, und schließlich die abstrakte Staffelung der Provisionssätze (vgl. BAG 29. 3. 1977 AP BetrVG 1972 § 87 Provision Nr. 1). Ist ein Provisionssystem derart ausgestaltet, dass mit jedem Abschluss eines bestimmten Geschäfts auch eine bestimmte Zahl von Provisionspunkten verdient wird, die einheitlich mit einem Euro-Betrag vergütet werden, so unterliegt die **Festlegung der Punktzahl** für jedes Geschäft der Mitbestimmung nach Nr. 10 (BAGE 13. 3. 1984 AP BetrVG 1972 § 87 Provision Nr. 4). **Nicht erfasst** wird aber die **Festsetzung des Euro-Betrags,** weil es sich hierbei um den *Geldfaktor* handelt, auf den das Mitbestimmungsrecht sich nur 828 erstreckt, wenn die Voraussetzungen der Nr. 11 gegeben sind (BAG 26. 7. 1988 AP BetrVG 1972 § 87 Provision Nr. 6). Provisionen gehören aber im Allgemeinen **nicht** zu den **leistungsbezogenen Entgelten i. S. der Nr. 11** (s. Rn. 888 ff.).

829 Nicht der **Mitbestimmung** unterliegt die **Ein- und Zuteilung der Bearbeitungsgebiete von Außendienstmitarbeitern**, weil die Größe und der Zuschnitt des Bearbeitungsgebiets den Umfang der Arbeitsleistung festlegt und deshalb zugleich mit dem vereinbarten Entgelt das Synallagma bestimmt, das nicht Gegenstand des Mitbestimmungsrechts ist (ebenso BAG 16. 7. 1991 AP BetrVG 1972 § 87 Lohngestaltung Nr. 49).

830 c) Ebenso wie beim Prämienlohn hat der Betriebsrat aber nach Nr. 10 über die **Art und Weise** mitzubestimmen, wie die für die Provisionsart maßgeblichen Daten erhoben werden und die maßgebliche Punktzahl für jedes Geschäft ermittelt wird; denn es handelt sich insoweit um die Entlohnungsmethoden, deren Einführung, Änderung und Anwendung der Mitbestimmung unterliegt.

5. Mitbestimmung bei Bedienungsgeldern

831 Dem Bedienungspersonal in Hotels und Gaststätten wird das Arbeitsentgelt als Festlohn oder durch die **Bedienungsgelder** als **umsatzabhängiger Lohn** gezahlt. Die Umsatzbeteiligung kann sich entweder danach richten, was der einzelne Arbeitnehmer selbst an Bedienungsgeld einbringt, also nach seinem eigenen Umsatz *(Serviersystem)*, oder die Umsatzbeteiligung erfolgt nach der sog. *Tronc-System*. In diesem Fall fließen alle im Betrieb erhobenen Bedienungsgelder in eine gemeinsame Kasse, aus der im Allgemeinen zunächst der Garantielohn und dann der übersteigende Betrag an die am Tronc beteiligten Personen je nach ihrer Beteiligungsquote gezahlt wird. Die Entscheidung, ob die Verteilung nach dem Servier- oder dem Tronc-System erfolgt, betrifft nicht erst die Entlohnungsmethode (so *Nikisch*, Bd. III S. 434; *Moll*, Mitbestimmung beim Entgelt, S. 75), sondern sie legt den Entlohnungsgrundsatz in seiner konkreten Struktur fest. Wie die Provision ist auch diese Form der Leistungsentlohnung ein *ergebnisbezogenes Entgelt*, das im Regelfall nicht unter Nr. 11 fällt (a. A. *Moll*, S. 76). Wie bei der Provision unterliegt aber auch hier der Mitbestimmung nach Nr. 10, ob die Bedienungsgelder neben einem Fixum bezahlt werden und wie weit dieses anrechenbar ist, ob die Verteilung nach dem Servier- oder Tronc-System erfolgt und wie die Beteiligungsquote der am Tronc beteiligten Personen festgelegt wird, während die Zuweisung des Bedienungsgebiets keinen Gegenstand der Mitbestimmung nach Nr. 10 darstellt.

VIII. Zusätzliche Sozialleistungen als Gegenstand der Mitbestimmung

1. Sozialleistungen als Entgeltleistungen des Arbeitgebers

832 Den Gegenstand des Mitbestimmungstatbestands bilden nicht nur **Lohn und Gehalt** im herkömmlichen Verständnis, also das Arbeitsentgelt, das nach Inhalt und Umfang in einem Synallagma zur Arbeitsleistung steht, sondern es werden von den Fragen der betrieblichen Lohngestaltung **alle vermögenswerten Arbeitgeberleistungen** erfasst, bei denen die Bemessung nach bestimmten Grundsätzen oder nach einem System erfolgt (vgl. BAG 10. 6. 1986 AP BetrVG 1972 § 87 Lohngestaltung Nr. 22; s. auch Rn. 734).

833 Deshalb fallen auch **zusätzliche Sozialleistungen** unter den Mitbestimmungstatbestand (s. Rn. 736 und 740 f.). Ihre Besonderheit ergibt sich daraus, dass sie zwar Entgeltcharakter haben, aber zur Arbeitsleistung in keinem Gegenseitigkeitsverhältnis stehen. Werden **Sozialleistungen** aus einem **zweckgebundenen Sondervermögen** erbracht, so liegt eine **Sozialeinrichtung** vor, über deren Form, Ausgestaltung und Verwaltung der Betriebsrat nach Nr. 8 mitzubestimmen hat (s. Rn. 599 ff.).

2. Gestaltung der Mitbestimmung

a) Die **Einführung einer Sozialleistung** unterliegt der Mitbestimmung, soweit es um 834 deren Gestaltung und das Verhältnis zu anderen Entgeltleistungen des Arbeitgebers geht. Die Freiwilligkeit der Leistung schließt das Mitbestimmungsrecht nicht aus (s. Rn. 45). Sie zieht ihm aber Grenzen; denn der Arbeitgeber entscheidet **mitbestimmungsfrei** über den **finanziellen Dotierungsrahmen**, die **Art der Finanzierung** und damit auch über die Errichtung einer Sozialeinrichtung sowie über den **Zweck der Sozialleistung** und damit auch über den Personenkreis, den er begünstigen will (s. Rn. 771).

Gegen den Willen des Arbeitgebers kann deshalb im Mitbestimmungsverfahren **keine** 835 Einführung von Sozialleistungen herbeigeführt werden. Auch soweit das Mitbestimmungsrecht dem Betriebsrat ein Initiativrecht gibt, bezieht es sich nur auf die *Gestaltung*, nicht auf die *Verpflichtung* zur Gewährung einer Sozialleistung. Der Betriebsrat kann deshalb zwar im Rahmen der vom Arbeitgeber festgelegten Zweckbestimmung eine Änderung des vorgesehenen Leistungsplans verlangen, muss aber, wenn er die Initiative ergreift, darlegen, wie der vom Arbeitgeber vorgegebene Dotierungsrahmen gewahrt werden kann (so ausdrücklich BAG 12. 6. 1975 AP BetrVG 1972 § 87 Altersversorgung Nr. 1, 2 und 3; s. auch Rn. 858 f.).

b) Während der Betriebsrat bei der Einführung einer Sozialleistung wegen der Abgren- 836 zung zum mitbestimmungsfreien Bereich praktisch nur geringen Einfluss auf die Festlegung der Verteilungsgesichtspunkte hat, weil der Arbeitgeber dem Mitbestimmungsverfahren den Boden entziehen kann, wenn er davon absieht, die zusätzliche Leistung zu erbringen, entfaltet das Mitbestimmungsrecht bei deren **Widerruf** oder **Änderung** eine erhebliche Bedeutung: Dem Widerruf oder der Kürzung einer Leistung versagt das BAG die Wirksamkeit, wenn sie auf einer mitbestimmungswidrig zustande gekommenen allgemeinen Regelung zur Lohngestaltung beruht (BAG 17. 12. 1980 und 3. 8. 1982 AP BetrVG 1972 § 87 Lohngestaltung Nr. 4 und 12; 26. 4. 1988 und 9. 5. 1989 AP BetrVG 1972 § 87 Altersversorgung Nr. 16 und 18; s. auch Rn. 869).

IX. Mitbestimmung bei der betrieblichen Altersversorgung

1. Betriebliche Altersversorgung als Gegenstand der Mitbestimmung

Die betriebliche Altersversorgung gehört zu den **Fragen der betrieblichen Lohngestal-** 837 **tung**. Sie unterliegt deshalb der Mitbestimmung nach Nr. 10, soweit sie nicht durch eine Sozialeinrichtung geleistet wird und deshalb das Mitbestimmungsrecht bereits nach Nr. 8 besteht (grundlegend BAG 12. 6. 1975 AP BetrVG G 1972 § 87 Altersversorgung Nr. 1 [zust. *Richardi*], Nr. 2 und 3 [zust. *Steindorff* und *Blomeyer*]; bestätigt durch BAG 18. 3. 1976 AP BetrVG 1972 § 87 Altersversorgung Nr. 4; 19. 3. 1981 AP BetrVG 1972 § 80 Nr. 14; 4. 5. 1982, 22. 4. 1986 und 9. 5. 1989 AP BetrVG 1972 § 87 Altersversorgung Nr. 6, 13 und 18; *Fitting*, § 87 Rn. 455; GK-*Wiese*, § 87 Rn. 845; GL-*Löwisch*, § 87 Rn. 227; *Moll*, Mitbestimmung beim Entgelt, 190 ff.; *Richardi*, ZfA 1976, 1, 15 bis 18; *Reinecke*, AuR 2004, 328 ff.; nur für Einschlägigkeit der Nr. 10 auch bei Erbringung über eine Sozialeinrichtung *Matthes*, MünchArbR § 251 Rn. 11; s. auch Rn. 639).

Die **Zuordnung der betrieblichen Altersversorgung** zu den **Fragen der betrieblichen** 838 **Lohngestaltung** i. S. der Nr. 10 ergibt sich aus zwei Gesichtspunkten:

(1) Der Mitbestimmung unterliegen nicht nur Entgeltleistungen in einem Gegenseitig- 839 keitsverhältnis zur Arbeitsleistung, sondern alle **vermögenswerten Gegenleistungen für die Arbeitsleistung** (s. Rn. 734). Die Leistungen der betrieblichen Altersversorgung sind zwar nicht unmittelbar von der Arbeitsleistung abhängig (vgl. *Diederichsen*, GedS Dietz 1973, S. 228 ff.); maßgebend ist aber, dass der Arbeitgeber für die ihm geleistete *Betriebstreue* die Versicherung eines Lebensrisikos, nämlich die Alters-, Invaliditäts- oder Hinterbliebenenversorgung, als Gegenleistung erbringt.

840 (2) Erfolgt die betriebliche Altersversorgung über eine **Sozialeinrichtung (Unterstützungs- oder Pensionskasse)**, so besteht ein Mitbestimmungsrecht nach Nr. 8. Da dieser Mitbestimmungstatbestand aber bei einer Direktzusage oder der Versicherung bei einem Versicherungsunternehmen ausscheidet, besteht bei **Nichtanwendung der Nr. 10 eine Lücke im System der betrieblichen Mitbestimmung.** Der Arbeitgeber ist zwar in seiner Entscheidung frei, ob er für die betriebliche Altersversorgung ein Sondervermögen bildet, so dass eine Sozialeinrichtung geschaffen wird; es müsste aber als planwidrige Unvollständigkeit des BetrVG erscheinen, würde er damit auch die Möglichkeit erhalten, das Mitbestimmungsrecht des Betriebsrats bei gleichgelagerten Ordnungsproblemen auszuschalten. Soweit Nr. 8 keine Anwendung findet, kommt deshalb als Auffangregelung nur Nr. 10 in Betracht (ebenso BAG 12. 6. 1975 AP BetrVG 1972 § 87 Altersversorgung Nr. 1).

2. Rechtsgrundlage der Mitbestimmung in Nr. 8 und Nr. 10 – Schrankensystem

841 Für die **Mitbestimmung** bei der betrieblichen Altersversorgung bilden **Nr. 8 und Nr. 10** die **Rechtsgrundlage**. Bei den Sozialeinrichtungen ergibt sich eindeutig aus dem Gesetz, nämlich aus dem Verhältnis zwischen Nr. 8 und § 88 Nr. 2, dass die Errichtung und damit Zweckbestimmung und materielle Ausstattung einer Sozialeinrichtung mitbestimmungsfrei sind (s. Rn. 626 ff.). Diese Abgrenzung wird durch Nr. 10 nicht revidiert, sondern bestimmt auch für den Grundtatbestand in Nr. 10 Inhalt und Umfang der Mitbestimmung. Daraus hat der 3. Senat des BAG in den Ruhegeldmitbestimmungs-Entscheidungen vom 12. 6. 1975 für die Mitbestimmung bei der betrieblichen Altersversorgung das **folgende Schrankensystem** entwickelt (vgl. BAG 12. 6. 1975 AP BetrVG 1972 § 87 Altersversorgung Nr. 1, 2 und 3):

842 Der Arbeitgeber kann folgende **vier Vorentscheidungen** frei treffen, bevor das Mitbestimmungsrecht des Betriebsrats einsetzt:

843 (1) Der Arbeitgeber entscheidet, ob er **finanzielle Mittel für die betriebliche Altersversorgung** zur Verfügung stellt. Mitbestimmungsfrei ist deshalb nicht nur die Einführung, sondern auch die Einschränkung oder Abschaffung der betrieblichen Altersversorgung. Mit der Mitbestimmungsfreiheit darf aber nicht verwechselt werden, dass der Arbeitgeber eine rechtswirksam begründete Versorgungsanwartschaft nicht einseitig aufheben kann und betriebliche Versorgungsleistungen, auch wenn sie unter einem Widerrufsvorbehalt stehen, nicht ohne weiteres einstellen kann).

844 (2) Der Arbeitgeber entscheidet, in welchem Umfang er Mittel für die betriebliche Altersversorgung zur Verfügung stellen will. Der von ihm festgelegte **finanzielle Dotierungsrahmen** ist deshalb eine Schranke der Mitbestimmung.

845 (3) Der Arbeitgeber entscheidet über die **Versorgungsform**. Deshalb ist mitbestimmungsfrei, ob er die betriebliche Altersversorgung durch eine Pensionskasse, einen Pensionsfonds oder eine Unterstützungskasse erbringt oder ob er eine Direktzusage macht oder eine Versicherung bei einem Versicherungsunternehmen (Direktversicherung) abschließt. Bei Wahl einer Sozialeinrichtung hat der Betriebsrat aber nach Nr. 8 mitzubestimmen (s. Rn. 849 f.).

846 (4) Schließlich ist die **abstrakte Abgrenzung des Arbeitnehmerkreises**, der durch die betriebliche Altersversorgung begünstigt werden soll, Teil der mitbestimmungsfreien Grundsatzentscheidung; denn insoweit handelt es sich um die Festlegung der Zweckbestimmung. Dabei hat der Arbeitgeber aber den Gleichbehandlungsgrundsatz zu respektieren, dessen Einhaltung der Betriebsrat zu überwachen hat (§ 80 Abs. 1 Nr. 1).

3. Mitbestimmung bei Direktzusage oder Direktversicherung

847 Bei einer Direktzusage oder Direktversicherung hat der Betriebsrat **ausschließlich nach Nr. 10** mitzubestimmen. Auch wenn der Arbeitgeber zu Gunsten der Arbeitnehmer einen Gruppen-Lebensversicherungsvertrag abschließt, liegt keine Sozialeinrichtung i. S. der Nr. 8 vor (ebenso BAG 18. 3. 1976 AP BetrVG 1972 § 87 Altersversorgung Nr. 4; s. auch Rn. 603 ff.).

Der Arbeitgeber entscheidet **mitbestimmungsfrei**, ob er eine **Direktzusage** macht oder eine **Direktversicherung** abschließt (s. Rn. 845). Bei Abschluss einer Versicherung gehört auch die Auswahl des Versicherungsunternehmens zu den mitbestimmungsfreien Entscheidungen (BAG 29. 7. 2003 AP BetrVG 1972 § 87 Sozialeinrichtung Nr. 18; vgl. dazu *Reinecke*, AuR 2004, 328, 329). Der Mitbestimmung unterliegen im Rahmen der Zweckbestimmung und des Dotierungsrahmens die Aufstellung der Bemessungsgrundsätze sowie die Einführung, Anwendung und Änderung der Methoden, nach denen die Bemessungsgrundsätze technisch durchgeführt werden. Zu den mitbestimmungspflichtigen Bemessungsgrundsätzen gehört auch die Entscheidung über eine Beitragsbeteiligung der Arbeitnehmer (ebenso BAG 18. 3. 1976 AP BetrVG 1972 § 87 Altersversorgung Nr. 4). Der Betriebsrat hat deshalb wie nach Nr. 8 über den **Leistungsplan** mitzubestimmen, soweit nicht der Dotierungsrahmen und die Abgrenzung des begünstigten Personenkreises berührt werden (ebenso BAG 12. 6. 1975 AP BetrVG 1972 § 87 Altersversorgung Nr. 1, 2 und 3; 18. 3. 1976 AP BetrVG 1972 § 87 Altersversorgung Nr. 4). Das Mitbestimmungsrecht hat insoweit den gleichen Umfang wie nach Nr. 8 (s. Rn. 639). 848

4. Mitbestimmung bei betrieblicher Altersversorgung durch eine Unterstützungs- oder Pensionskasse oder durch einen Pensionsfonds

Wählt der Arbeitgeber als Versorgungsform die betriebliche Altersversorgung durch eine **Sozialeinrichtung**, so gilt für die **Mitbestimmung ergänzend Nr. 8**. Soweit es um die Strukturformen, insbesondere den Verteilungsplan geht, überschneiden sich Nr. 8 und Nr. 10 (a. A. nur für Nr. 10 *Matthes*, MünchArbR § 249 Rn. 25). 849

Mitbestimmungsfrei ist, ob der Arbeitgeber die Sozialeinrichtung als **Unterstützungskasse**, als **Pensionskasse** oder als **Pensionsfonds** errichtet, weil die insoweit bestehenden Unterschiede in der Organisation von wesentlicher Bedeutung für die Finanzierung der Versorgungsleistungen sind (BAG 12. 6. 1975 AP BetrVG 1972 § 87 Altersversorgung Nr. 1, 2 und 3). **Pensionskasse** und **Pensionsfonds** sind eine rechtsfähige Versorgungseinrichtung, die dem Arbeitnehmer oder seinen Hinterbliebenen auf ihre Leistungen einen Rechtsanspruch gewährt, während eine **Unterstützungskasse** eine rechtsfähige Versorgungseinrichtung darstellt, die auf ihre Leistungen keinen Rechtsanspruch gewährt (vgl. die Legaldefinitionen in § 1 b Abs. 3 Satz 1 und Abs. 4 Satz 1 BetrAVG). Deshalb sind nur die Pensionskassen und Pensionsfonds in die Versicherungsaufsicht einbezogen, nicht die Unterstützungskassen. Für den Rechtsanspruch des Versorgungsempfängers ist dagegen insoweit eine Gleichstellung herbeigeführt worden, als das BAG den Ausschluss des Anspruchs lediglich als *Widerrufsvorbehalt* deutet (BAG 17. 5. 1973 AP BGB § 242 Ruhegehalt-Unterstützungskassen Nr. 6). Kann die Unterstützungskasse die Versorgungsleistungen nicht erbringen, so kann der Arbeitgeber unmittelbar selbst in Anspruch genommen werden (s. Rn. 680). Ein **Pensionsfonds** kann, muss aber keine Sozialeinrichtung sein. Sobald feststeht, ob die Sozialeinrichtung als Pensionskasse, als Pensionsfonds oder als Unterstützungskasse errichtet wird, hat der Betriebsrat nach Nr. 8 über **Form, Ausgestaltung und Verwaltung** der Sozialeinrichtung **mitzubestimmen** (s. Rn. 633 ff.). 850

5. Änderung oder Ablösung einer betrieblichen Versorgungsordnung

Will der Arbeitgeber eine **betriebliche Versorgungsordnung ändern**, so hat dies *notwendigerweise* zur Folge, dass der **Leistungsplan geändert** werden muss. Der Betriebsrat hat insoweit mitzubestimmen (ebenso BAG 18. 3. 1976, 22. 4. 1986, 26. 4. 1988 und 9. 5. 1989 AP BetrVG 1972 § 87 Altersversorgung Nr. 4, 13, 16 und 18). Das Mitbestimmungsrecht besteht auch, wenn der Dotierungsrahmen geändert wird und deshalb 851 ein neuer Leistungsplan aufgestellt werden muss. Es erstreckt sich aber nicht auf die Festlegung des Dotierungsrahmens, sondern bezieht sich nur auf den *Verteilungsschlüssel* innerhalb des vorgegebenen Dotierungsrahmens, besteht insoweit aber auch für die *Beitragsbelastung der Arbeitnehmer* (ebenso BAG 18. 3. 1976 AP BetrVG 1972 § 87 Altersversorgung Nr. 4). Selbst wenn der Arbeitgeber berechtigt ist, seine Versorgungsordnung an eine geänderte Rechtslage anzupassen, z. B. wenn der Arbeitnehmer das Altersruhegeld aus der gesetzlichen Rentenversicherung vor Vollendung des 65. Lebensjahres in Anspruch nimmt und nach § 6 Satz 1 BetrAVG vom gleichen Zeitpunkt an die Betriebsrente verlangt (vgl. BAG 1. 6. 1978 AP BetrAVG § 6 Nr. 1), hat der Betriebsrat über die Änderung des Leistungsplans mitzubestimmen (vgl. BAG 11. 9. 1980 AP BetrAVG § 6 Nr. 3). Unterlässt es der Arbeitgeber, die Versorgungsordnung unter Beteiligung des Betriebsrats zu ergänzen, so kann er das betriebliche Ruhegeld nur nach dem Maßstab des § 2 BetrAVG kürzen (ebenso BAG 11. 9. 1980 AP BetrAVG § 6 Nr. 3).

852 Der Betriebsrat ist, da die Mitbestimmung ein **Initiativrecht** einschließt, berechtigt, eine **Änderung des Leistungsplans** zum Thema des Mitbestimmungsverfahrens zu machen. Da der Arbeitgeber aber nicht gezwungen werden kann, den Dotierungsrahmen und den Kreis der begünstigten Arbeitnehmer zu erweitern, muss der Betriebsrat darlegen, wie der vom Arbeitgeber vorgegebene Dotierungsrahmen gewahrt werden kann (vgl. BAG 12. 6. 1975 AP BetrVG 1972 § 87 Altersversorgung Nr. 1, 2 und 3). Der Betriebsrat hat das Initiativrecht auch, wenn der Arbeitgeber zugunsten der Arbeitnehmer einen Gruppen-Lebensversicherungsvertrag abschließt (ebenso BAG 18. 3. 1976 AP BetrVG 1972 § 87 Altersversorgung Nr. 4). Wenn der vom Betriebsrat geforderte Leistungsplan aber nicht realisierbar ist, verstößt das Beharren auf einer undurchführbaren Lösung gegen den Grundsatz der vertrauensvollen Zusammenarbeit (§ 2 Abs. 1 BetrVG; ebenso BAG 18. 3. 1976 AP BetrVG 1972 § 87 Altersversorgung Nr. 4). Da das Mitbestimmungsrecht dadurch nicht ausgeschlossen wird, hat die Einigungsstelle diese Rechtsausübungsschranke zu beachten; ihr Spruch ist sonst rechtswidrig und kann durch das Arbeitsgericht im Beschlussverfahren aufgehoben werden.

853 Will der Arbeitgeber eine **betriebliche Versorgungsordnung aufheben,** so hat insoweit der Betriebsrat **kein Mitbestimmungsrecht** (st. Rspr.: zuletzt BAG 9. 12. 2008 – 3 AZR 384/07 [Rn. 46]). Beruht die Versorgungsordnung auf einer Betriebsvereinbarung, so führt deren Kündigung zum Wegfall der Verpflichtungswirkung (s. § 77 Rn. 169). Dadurch geht aber ein erworbener Besitzstand nicht verloren. Es müssen, wie das BAG es formuliert, die Grundsätze der Verhältnismäßigkeit und des Vertrauensschutzes beachtet werden (so bereits BAG 18. 4. 1989 AP BetrAVG § 1 Betriebsvereinbarung Nr. 2; s. auch § 77 Rn. 170). Das BAG hat den Verhältnismäßigkeitsgrundsatz und den Vertrauensschutz für die Höhe der Versorgungsanwartschaften durch ein **dreiteiliges Prüfungsraster** konkretisiert (s. auch § 77 Rn. 122):

(1) Der bereits erdiente und nach den Grundsätzen des § 2 BetrAVG errechnete Teilbetrag darf nur in seltenen Ausnahmefällen gekürzt werden.

(2) Zuwächse, die sich aus variablen Berechnungsfaktoren ergeben, können nur aus triftigen Gründen geschmälert werden, soweit sie zeitanteilig erdient sind.

(3) Für Eingriffe in Zuwachsraten, die noch nicht erdient sind, genügen sachliche Gründe.

Ist die Versorgungsordnung individualrechtlich auf Grund einer vertraglichen Einheitsregelung, einer Gesamtzusage oder betrieblichen Übung verbindlich, so kann der Arbeitgeber sie nicht im Mitbestimmungsverfahren ablösen; denn es besteht insoweit kein Mitbestimmungsrecht. Bei einer Ablösung durch Betriebsvereinbarung, zieht eine Grenze das Günstigkeitsprinzip (s. § 77 Rn. 141 ff.). Da es sich bei der betrieblichen Altersversorgung um eine Sozialleistung handelt, kommt zwar eine Umstrukturierung unter Berücksichtigung des kollektiven Günstigkeitsvergleichs in Betracht (s. § 77 Rn. 157). Nach dem hier vertretenen Standpunkt muss sie aber ihren Rechtsgrund im Arbeitsvertrag haben; denn die Betriebsparteien haben keine betriebsverfassungsrechtliche Änderungskompetenz (s. § 77 Rn. 158 und 160). Für den Regelfall ist davon auszugehen, dass auch eine arbeitsvertraglich zulässige Ablösung durch den Verhältnismäßigkeitsgrundsatz und den Vertrauensschutz für die Höhe der Versorgungsanwartschaften begrenzt ist.

Bei einem **Betriebsübergang** bestimmt die **Verschiedenheit des Rechtsgrundes** das Schicksal einer betrieblichen Versorgungsanwartschaft. Geht das Arbeitsverhältnis eines Arbeitnehmers durch Übergang des Betriebs oder eines Betriebsteils nach § 613a Abs. 1 Satz 1 BGB auf einen anderen über, so erfolgt die Überleitung einer arbeitsvertraglich begründeten Versorgungsanwartschaft nach dieser Bestimmung. Der Erwerber kann sie nur unter denselben Voraussetzungen ablösen wie der bisherige Arbeitgeber. Das gilt auch, wenn der Arbeitnehmer in einen Betrieb eingeordnet wird, für den eine Betriebsvereinbarung die betriebliche Versorgungsanwartschaft regelt. Der Arbeitnehmer behält die bisherige Versorgungsanwartschaft und erwirbt eine neue aus der auch für ihn geltenden Betriebsvereinbarung. Beruht die Versorgungsordnung dagegen auf einer **Betriebsvereinbarung**, so gilt sie bei Wahrung der Betriebsidentität weiter; bleibt die Betriebsidentität nicht gewahrt, so findet § 613a Abs. 1 Satz 2–4 BGB Anwendung (s. auch § 77 Rn. 213 ff.). 854

X. Inhalt und Umfang der Mitbestimmung

1. Festlegung allgemeiner Regelungen

Das Mitbestimmungsrecht bezieht sich auf die **Festlegung allgemeiner (kollektiver, genereller) Regelungen** (vgl. BAG [GS] 3. 12. 1991 AP BetrVG 1972 § 87 Lohngestaltung Nr. 51 [unter C III 3 b]; s. auch Begründung zum RegE, BT-Drucks. VI/1786, S. 59). Der Betriebsrat hat **kein Mitbestimmungsrecht bei der Gestaltung der Entlohnung im Einzelfall**. Der Große Senat des BAG verlangt aber, dass kein innerer Zusammenhang zu ähnlichen Regelungen für andere Arbeitnehmer besteht (BAG a. a. O. [unter C III 3 b vor aa]; s. auch Rn. 751). Auch wenn Zulagen eine unterschiedliche Höhe aufweisen, erfolgt ihre Gewährung nach einem allgemeinen Grundsatz, wenn in den vom Arbeitgeber vorformulierten Arbeitsverträgen eine Klausel enthalten ist, nach der die Leistung jederzeit ganz oder teilweise auf tarifliche Veränderungen angerechnet werden kann (so BAG a. a. O. [unter C III 3 b ee]; s. auch Rn. 803 f.). Keine Maßnahme der betrieblichen Lohngestaltung, sondern eine ausschließlich einzelfallbezogene Maßnahme liegt vor, wenn die Lohnbemessung auf einem Wunsch des Arbeitnehmers beruht (vgl. BAG 27. 10. 1992 AP BetrVG 1972 § 87 Lohngestaltung Nr. 61). Bereits deshalb entfällt das Mitbestimmungsrecht auch, wenn der Arbeitnehmer ein ihm eingeräumtes Recht ausübt, z. B. den Anspruch auf Entgeltumwandlung nach § 1a BetrAVG (ebenso ErfK-*Kania*, § 87 Rn. 99; *Blomeyer*, DB 2001, 1413, 1418). 855

Der Mitbestimmung unterliegt **nicht** die **Anwendung der Grundsätze im Einzelfall** (ebenso BAG 17. 12. 1980 AP BetrVG 1972 § 87 Lohngestaltung Nr. 4). Das gilt auch, soweit der Gesetzestext die Anwendung von Entlohnungsmethoden in den Mitbestimmungstatbestand einbezieht (s. Rn. 764). 856

2. Regelung aus Anlass einer aktuellen Änderung

Die Notwendigkeit einer Änderung der Entgeltgestaltung aus besonderem Anlass ist kein Grund für einen Wegfall oder eine Beschränkung des Mitbestimmungsrechts (ebenso BAG [GS] 3. 12. 1991 AP BetrVG 1972 § 87 Lohngestaltung Nr. 51 [unter C III 4]). 857

3. Initiativrecht

Soweit die Mitbestimmung reicht, hat der Betriebsrat nicht nur ein Zustimmungsrecht, sondern auch ein Initiativrecht (ebenso BAG 14. 11. 1974 AP BetrVG 1972 § 87 858

§ 87

Nr. 1; s. auch Rn. 65 ff.). Der Zweck des hier eingeräumten Mitbestimmungsrechts gebietet es, dass der Betriebsrat im Mitbestimmungsverfahren erreichen kann, eine Sicherung der Verteilungsgerechtigkeit durch Systembildung herbeizuführen (s. auch Rn. 731). Das Initiativrecht bezieht sich nur auf die **Entgeltgestaltung,** also die Regelung der Entgeltfindung, **nicht** auf die **Entgelthöhe,** weil der Betriebsrat insoweit kein Mitbestimmungsrecht hat (s. Rn. 768 ff.).

859 **Gegenstand eines Initiativrechts** ist vor allem eine **Änderung der Verteilungsgrundsätze oder der Entlohnungsmethoden.** Es kann sich jedoch auch auf die Aufstellung eines Entlohnungsgrundsatzes beziehen. Der Betriebsrat kann deshalb auch den **Übergang von einem Zeitlohnsystem zu einem Leistungslohnsystem** zum Gegenstand eines Mitbestimmungsverfahrens machen. Das Initiativrecht wird nicht schon dadurch ausgeschlossen, dass mit dem Wechsel des Lohnsystems erhöhte finanzielle Aufwendungen verbunden sind (ebenso *Fitting*, § 87 Rn. 489; GK-*Wiese*, § 87 Rn. 934; *Rüthers*, ZfA 1973, 399, 420; *Richardi*, ZfA 1976, 1, 44; a. A. wegen Beschränkung der unternehmerischen Entscheidungsfreiheit HSWGNR-*Worzalla*, § 87 Rn. 516; wegen des Zwecks des Mitbestimmungsrechts, Arbeitnehmer vor den Gefahren eines Leistungslohnsystems zu schützen, *Matthes*, MünchArbR § 251 Rn. 82). Da die Mitbestimmung die Angemessenheit und Durchsichtigkeit des innerbetrieblichen Lohngefüges und die Wahrung der innerbetrieblichen Lohngerechtigkeit sichern soll, kann es im konkreten Fall geboten sein, ein zeitbezogenes durch ein leistungsbezogenes Entgeltsystem zu ersetzen (zu eng, soweit der Zweck des Mitbestimmungsrechts auf den Schutz vor den Gefahren eines Leistungslohnsystems begrenzt wird, *Matthes*, MünchArbR § 251 Rn. 82). Das Initiativrecht beinhaltet aber nicht das Recht, vom Arbeitgeber die Zahlung zusätzlicher leistungsbezogener Entgelte zu verlangen (ebenso BAG 13. 9. 1983 AP BetrVG 1972 § 87 Prämie Nr. 3).

4. Unternehmerische Entscheidungsautonomie als Schranke der Mitbestimmung

860 Die Mitbestimmung über Fragen der betrieblichen Lohngestaltung steht **nicht** unter einem allgemeinen **Vorbehalt unternehmerischer Entscheidungsfreiheit** (so aber HSWGNR-*Worzalla*, § 87 Rn. 516). Lohnanreizregelungen bestimmen den Erfolg eines Unternehmens am Arbeitsmarkt und damit auch die unternehmerische Planung und Organisation. Entfiele das Mitbestimmungsrecht bei einer derartigen Auswirkung, so hätte es bei Fragen der betrieblichen Lohngestaltung nur eine marginale Bedeutung. Die Begrenzung der unternehmerischen Entscheidungsfreiheit ergibt sich daher unmittelbar aus dem Gesetz, das ein Mitbestimmungsrecht mit einer derartigen Auswirkung gewährt (s. auch Rn. 41 ff.).

5. Tendenzbetriebe

861 Für die Entgeltmitbestimmung in Tendenzbetrieben besteht kein absoluter, sondern nur ein **relativer Tendenzschutz** (§ 118 Abs. 1 Satz 1). Die Entgeltfindung hat im Allgemeinen keinen besonderen Tendenzbezug, sondern ist tendenzneutral (ebenso BAG 31. 1. 1984 AP BetrVG 1972 § 87 Lohngestaltung Nr. 15).

6. Vorrang von Gesetz und Tarifvertrag

862 a) **Gesetzesregelungen,** die das Mitbestimmungsrecht nach dem Eingangshalbsatz des Abs. 1 verdrängen, gibt es **nicht**; in Betracht kommen nur die bindenden Festsetzungen nach dem MiArbG bzw. § 19 HAG. Es gibt aber eine Vielzahl von Gesetzen, die eine *Mitbestimmungsausübung* begrenzen, z. B. der Grundsatz des gleichen Entgelts für Männer und Frauen nach Art. 141 EG-Vertrag oder das Verbot von Akkordarbeit für

Jugendliche nach § 23 JArbSchG oder für werdende Mütter nach § 4 Abs. 3 Nr. 1 MuSchG.

b) Die wichtigste Rechtsquelle für Arbeitsentgelte sind **Tarifverträge**. Wenn und soweit sie über Fragen der betrieblichen Lohngestaltung abschließend eine zwingende Regelung treffen, entfällt nach dem Eingangshalbsatz des Abs. 1 die Mitbestimmung des Betriebsrats (s. Rn. 151 f.). Der Tarifvorrang greift aber nicht ein, wenn ein Tarifvertrag lediglich die Entgelthöhe festlegt und für die Bemessungsgrundlagen und das Bemessungsverfahren keine oder nur eine lückenhafte Regelung gibt (s. Rn. 161 ff.). 863

Da der **Tarifvorrang** die Mitbestimmung des Betriebsrats nur ausschließt, soweit die tarifliche Regelung reicht, verdrängt er nicht das Mitbestimmungsrecht bei **außertariflichen Angestellten** (ebenso BAG 22. 1. 1980 AP BetrVG 1972 § 87 Lohngestaltung Nr. 3; s. auch Rn. 780). Die Sperrwirkung erfasst daher auch nicht **über- und außertarifliche Zulagen** (ebenso BAG [GS] 3. 12. 1991 AP BetrVG 1972 § 87 Lohngestaltung Nr. 51 [unter C II]; s. auch Rn. 789 und 794). Aber auch soweit der Tarifvertrag eine Regelung trifft, entfällt seine Sperrwirkung mit dem **Wegfall der Tarifbindung des Arbeitgebers**. Dieser hat daher die bisher im Betrieb geltende tarifliche Vergütungsordnung in ihrer Struktur weiter anzuwenden, solange der Betriebsrat einer Änderung nicht zugestimmt hat (BAG 2. 3. 2004 AP TVG § 3 Nr. 31). 864

XI. Durchführung der Mitbestimmung

1. Ausübungsform der Mitbestimmung

Soll die Entgeltgestaltung unmittelbar auf die Arbeitsverhältnisse Anwendung finden, so muss das Mitbestimmungsrecht durch den Abschluss einer **Betriebsvereinbarung** ausgeübt werden (s. auch Rn. 75 ff.). Soweit diese wie im Regelfall auch die Verpflichtung zur Entgeltleistung und deren Höhe regelt, handelt es sich aber um eine *freiwillige Betriebsvereinbarung*, deren Ablauf keine Nachwirkung entfaltet (s. § 77 Rn. 168 ff.). 865

2. Zuständigkeit für die Mitbestimmungsausübung

Gliedert sich das Unternehmen in mehrere Betriebe, so ist der **Gesamtbetriebsrat** zuständig, wenn für die Bemessung der Entgeltleistungen die Zugehörigkeit zu einem bestimmten Betrieb keine Rolle spielt (§ 50 Abs. 1 Satz 1; vgl. zur Provisionsgewährung an Außendienstangestellte BAG 29. 3. 1977 AP BetrVG 1972 § 87 Provision Nr. 1 [ohne Begründung BAG 28. 7. 1982, 13. 3. 1984 und 26. 7. 1988 AP BetrVG 1972 § 87 Provision Nr. 2 4 und 6]; 6. 12. 1988 AP BetrVG 1972 § 87 Lohngestaltung Nr. 37; Vergabe von Arbeitgeberdarlehen BAG 6. 4. 1976 AP BetrVG 1972 § 50 Nr. 2; zur betrieblichen Altersversorgung BAG 12. 6. 1975 AP BetrVG 1972 § 87 Altersversorgung Nr. 2 [ohne Begründung]; 5. 5. 1977 AP BetrVG 1972 § 50 Nr. 3; bereits BAG 30. 1. 1970 AP BGB § 242 Ruhegehalt Nr. 142; für Jahressondervergütungen BAG 11. 2. 1992 AP BetrVG 1972 § 76 Nr. 50; für die – tarif-ersetzende – Regelung der Vergütung der Beschäftigten einer Gewerkschaft BAG 14. 12. 1999 AP BetrVG 1972 § 87 Lohngestaltung Nr. 104; ausführlich *Kreutz*, FS Buchner 2009, S. 511 ff.). Besteht ein unternehmenseinheitliches Vergütungsgruppensystem, so bleibt der Gesamtbetriebsrat zur Mitbestimmungsausübung auch zuständig, soweit es um Vergütungsgruppen oder funktionsbezogene Zulagen geht, die ausschließlich für Arbeitnehmer eines einzigen Betriebs in Betracht kommen (so für die Gewerkschaft Öffentliche Dienste, Transport und Verkehr, heute ver.di, BAG 14. 12. 1999 AP BetrVG 1972 § 87 Lohngestaltung Nr. 104). 866

Bei einem Konzern fällt die Beteiligung, wenn eine konzerneinheitliche Regelung herbeigeführt werden soll, in die Kompetenz des **Konzernbetriebsrats**, sofern er errichtet wurde (§ 58 Abs. 1; s. dort Rn. 9). 867

868 In einem **gemeinsamen Betrieb** zweier oder mehrerer Unternehmen ist der dort bestehende Betriebsrat auch hier für die Mitbestimmungsausübung zuständig. Da eine betriebliche Vergütungsordnung aber die Leistungsbeziehung von Arbeitgeber und Arbeitnehmer aus dem Arbeitsverhältnis betrifft, können für die am gemeinsamen Betrieb beteiligten Arbeitgeber jeweils im Verhältnis zu ihren Arbeitnehmern unterschiedliche Vergütungsordnungen zur Anwendung gelangen (vgl. BAG 12. 12. 2006 AP BetrVG 1972 § 1 Gemeinsamer Betrieb Nr. 27).

3. Rechtsfolgen einer Nichtbeteiligung des Betriebsrats

869 a) Da die gesetzliche Mitbestimmung die Gestaltungsmacht des Arbeitgebers begrenzt, sieht das BAG in ihr eine **Wirksamkeitsvoraussetzung für Entgeltregelungen auf arbeitsvertraglicher Grundlage** (vgl. BAG [GS] 3. 12. 1991 AP BetrVG 1972 § 87 Lohngestaltung Nr. 51 [unter D II]). Das gilt aber nur, soweit das Mitbestimmungsrecht reicht. Wenn der Arbeitgeber dem **Betriebsrat über die gesetzliche Mitbestimmung hinaus** eine **Beteiligung durch Betriebsvereinbarung oder Regelungsabrede einräumt**, wird dadurch nicht seine **Gestaltungsmacht im Verhältnis zum Arbeitnehmer** begrenzt. Verletzt er insoweit seine Pflicht, den Betriebsrat zu beteiligen, so führt diese Pflichtverletzung nicht zur Unwirksamkeit der Entgeltregelung (ebenso BAG 14. 8. 2001 AP BetrVG 1972 § 77 Regelungsabrede Nr. 4).

870 Nach der vom BAG modifiziert vertretenen Theorie der Wirksamkeitsvoraussetzung (s. Rn. 103) führt die Nichtbeteiligung des Betriebsrats durch den Arbeitgeber auch nur zur **Unwirksamkeit solcher Rechtsgeschäfte, die den Arbeitnehmer belasten** (so BAG 14. 8. 2001 AP BetrVG 1972 § 77 Regelungsabrede Nr. 4). Der **Widerruf einer Zulage** ist daher **rechtsunwirksam,** wenn er auf Richtlinien beruht, die der Arbeitgeber ohne Beteiligung des Betriebsrats getroffen hat (ebenso BAG [GS] 3. 12. 1991 AP BetrVG 1972 § 87 Lohngestaltung Nr. 51 [unter D II]; bereits BAG 17. 12. 1980 AP BetrVG 1972 § 87 Lohngestaltung Nr. 4; 3. 8. 1982 AP BetrVG 1972 § 87 Lohngestaltung Nr. 12; 26. 4. 1988 AP BetrVG 1972 § 87 Altersversorgung Nr. 16; weiterhin BAG 28. 9. 1994, AP BetrVG 1972 § 87 Lohngestaltung Nr. 68; s. zur Änderungskündigung Rn. 128).

871 Die Verletzung des Mitbestimmungsrechts ist dagegen nicht geeignet, **Ansprüche des Arbeitnehmers** zu begründen, die vor der mitbestimmungspflichtigen Maßnahme nicht bestanden und selbst bei Beachtung des Mitbestimmungsrechts nicht entstanden wären (vgl. BAG 20. 8. 1991, 28. 9. 1994, 11. 6. 2002 und 15. 4. 2008 AP BetrVG 1972 § 87 Lohngestaltung Nr. 50, 68, 113 und 133 [Rn. 37]). Die Sanktion der Rechtsunwirksamkeit kann daher dem Arbeitnehmer nur bei Maßnahmen zugute kommen, mit denen ein Eingriff des Arbeitgebers in seine Ansprüche verbunden ist, wie bei der **Anrechnung übertariflicher Zulagen auf eine Tariflohnerhöhung,** wenn sie auf einem Gestaltungsakt des Arbeitgebers beruht (vgl. BAG 9. 7. 1996 AP BetrVG 1972 § 87 Lohngestaltung Nr. 86; s. auch Rn. 792 f.; für die Auffassung des BAG aber Rn. 794). Die **Mitbestimmungswidrigkeit einer Vergütungsregelung** bildet aber **keinen Rechtsgrund für die Erbringung einer Entgeltleistung**. Wird für außertarifliche Angestellte eine Vergütungsregelung ohne Beteiligung des Betriebsrats geändert, so führt daher die Verletzung des Mitbestimmungsrechts nicht automatisch zu einer Erhöhung der übertariflichen Gehälter (BAG 28. 9. 1994 AP BetrVG 1972 § 87 Lohngestaltung Nr. 68). Wenn aber ein Tarifvorrang, der das Mitbestimmungsrecht ausschließt, entfällt, z. B. durch den Ablauf des Tarifvertrags, kann die im Betrieb geltende Vergütungsordnung nur unter Beachtung der Mitbestimmung des Betriebsrats geändert werden. Solange dies nicht geschehen ist, müssen einzelvertraglich vereinbarte Vergütungsleistungen ihr entsprechen (vgl. BAG 11. 6. 2002 AP BetrVG 1972 § 87 Lohngestaltung Nr. 113; 2. 3. 2004 AP TVG § 3 Nr. 31; 15. 4, 2008 AP BetrVG 1972 § 87 Lohngestaltung Nr. 133; abl. *Reichold*, FS Konzen 2006, S. 763 ff.). Der Arbeitgeber bleibt gegenüber dem Betriebsrat bei dessen Nichtbeteiligung verpflichtet, die Vergütungsordnung mit der bisherigen Struktur weiter anzuwenden. Diese Rechtsbindung schließt aber nicht aus, unter Beibehaltung der inneren Struktur der bisherigen Ordnung niedrigere als die tariflichen Gehälter zu vereinbaren (so auch BAG 11. 6. 2002 AP BetrVG 1972 § 87 Lohngestaltung Nr. 113).

b) Der **negatorische Rechtschutz** sichert dem Betriebsrat, dass er vom Arbeitgeber Unterlassung einer mitbestimmungswidrig durchgeführten Lohngestaltung verlangen kann (so BAG 28. 9. 1994 AP BetrVG 1972 § 87 Lohngestaltung Nr. 68; vgl. auch BAG 29. 2. 2000 AP BetrVG 1972 § 87 Lohngestaltung Nr. 105). Dieser Anspruch wird durch den Mitbestimmungsinhalt begrenzt. Deshalb kann der Betriebsrat nicht fordern, dass die Arbeitnehmer eine Entgeltleistung erhalten, auf die sie individualrechtlich keinen Rechtsanspruch haben. **872**

K. Nr. 11: Festsetzung der Akkord- und Prämiensätze und vergleichbarer leistungsbezogener Entgelte einschließlich der Geldfaktoren

Abgekürzt zitiertes Schrifttum: *Dietz/Gaul/Hilger*, Akkord und Prämie, 2. Aufl., 1967; *Kollmar*, Die Mitbestimmung des Betriebsrats bei der Einführung und Regelung von Akkordlöhnen, Diss. Regensburg 1970; *Meyenschein-Juen*, Der arbeitswissenschaftlich ermittelte Zeitakkord, 1962; *Moll*, Die Mitbestimmung des Betriebsrats beim Entgelt, (Diss. Köln) 1977.

Übersicht

	Rn.
I. Vorbemerkung	873
1. Vorgeschichte der Mitbestimmungsnorm	873
2. Zweck der Mitbestimmungsnorm	875
3. Vereinbarkeit mit dem Grundgesetz	877
II. Akkordlohn, Prämienlohn und vergleichbare leistungsbezogene Entgelte als Gegenstand des Mitbestimmungstatbestands	878
1. Gemeinsame Elemente	878
2. Akkord- und Prämienlohn	881
3. Vergleichbare leistungsbezogene Entgelte	887
III. Festsetzung der Akkord- und Prämiensätze einschließlich der Geldfaktoren als Gegenstand der Mitbestimmung	894
1. Verhältnis zur Mitbestimmung nach Nr. 10	894
2. Festsetzung der Akkordsätze	896
3. Festsetzung der Prämiensätze	902
IV. Keine Mitbestimmung über die Entgelthöhe durch Beteiligung an der Festsetzung der Geldfaktoren	904
1. Rechtsprechung und Meinungsstand im Schrifttum	904
2. Gesetzestext und Entstehungsgeschichte	905
3. Zweck der Beteiligung an einer Festsetzung der Geldfaktoren	908
V. Inhalt und Umfang der Mitbestimmung	912
1. Initiativrecht	912
2. Tarifvorrang	913
VI. Durchführung der Mitbestimmung	916
1. Ausübungsform der Mitbestimmung	916
2. Zuständigkeit für die Mitbestimmungsausübung	919
3. Rechtsfolgen einer Nichtbeteiligung des Betriebsrats	920

I. Vorbemerkung

1. Vorgeschichte der Mitbestimmungsnorm

Die Bestimmung erhielt ihre endgültige Fassung erst durch den BT-Ausschuss für Arbeit und Sozialordnung (vgl. BT-Drucks. VI/2729, S. 39; *zu* BT-Drucks. VI/2729, S. 29). Sie hatte im RegE den folgenden Wortlaut: „Festsetzung von Arbeitsentgelten, **873** deren Höhe nach der persönlichen Leistung des Arbeitnehmers bemessen wird, insbesondere von Akkord- und Prämiensätzen, sowie die Festlegung der für die Ermittlung und Berechnung dieser Entgelte maßgebenden Grundlagen" (BT-Drucks. VI/1786, S. 18, 49). Diese Formulierung war außerordentlich missverständlich und hat zu verfassungsrechtlichen Bedenken Anlass gegeben (vgl. *Galperin,* Der Regierungsentwurf eines neuen Betriebsverfassungsgesetzes, 1971, S. 33 f.; *Obermayer,* DB 1971, 1715, 1722). Klargestellt wird, „dass nur die Ansätze von Akkord- und Prämienlöhnen und hiermit, d. h. nach ähnlichen Lohnfindungsmethoden vergleichbarer leistungsbezogener Entgelte, als abstrakt generelle Tatbestände dem Mitbestimmungsrecht des Betriebsrates unterliegen sollen, die ihrerseits erst als Grundlage für den individuellen Anspruch des einzelnen Arbeitnehmers dienen" (vgl. Bericht des BT-Ausschusses für Arbeit und Sozialordnung, *zu* BT-Drucks. VI/2729, S. 29).

874 Die Bestimmung weicht erheblich von **§ 56 Abs. 1 lit. g BetrVG 1952** ab. Sie hat den Mitbestimmungstatbestand über **Akkordlöhne** hinaus auf **Prämienlöhne** und **sonstige vergleichbare Leistungslöhne** erweitert. § 56 Abs. 1 lit. g BetrVG 1952 hatte nur von einer „Regelung von Akkord- und Stücklohnsätzen" gesprochen, so dass außerordentlich streitig war, ob das Mitbestimmungsrecht auf eine *Regelung,* d. h. auf die Aufstellung von Regeln, ging (vgl. *Dietz,* § 56 Rn. 201; *Neumann-Duesberg,* S. 496; wohl auch *Nikisch,* Bd. III S. 426 f.) oder ob es sich auf die *Festsetzung des einzelnen Akkordansatzes* bezog (vgl. BAG 1. 2. 1957 AP BetrVG [1952] § 56 Nr. 4 mit der Einschränkung, dass sie über den Einzelfall hinaus für eine größere Anzahl von gleichgearteten Fällen im Betrieb Bedeutung haben muss; weiterhin *Fitting/Kraegeloh/Auffarth,* § 56 Rn. 44; *Galperin/Siebert,* § 56 Rn. 85; *Richardi,* Festgabe v. Lübtow 1970, S. 755, 770). Nach Ansicht des BAG und der h. L. im Schrifttum bezog das Mitbestimmungsrecht sich nur auf den *Zeitfaktor,* nicht auf den *Geldfaktor* (vgl. BAG 7. 12. 1962 AP BetrVG [1952] § 56 Akkord Nr. 3; *Dietz,* § 56 Rn. 194; *Galperin/Siebert,* § 56 Rn. 82; *Nikisch,* Bd. III S. 424; *Nipperdey/Säcker* in *Hueck/Nipperdey,* Bd. II/2 S. 1382; *Neumann-Duesberg,* S. 495; *Richardi,* Kollektivgewalt, S. 255 f., 272 f.; *Hilger* in *Dietz/Gaul/Hilger,* Akkord und Prämie, D III 1 ff., G II 13; ebenso für den Prämienlohn, dass das Mitbestimmungsrecht nach § 56 Abs. 1 lit. h BetrVG 1952 sich nicht auf die Geldseite erstreckt: BAG 22. 11. 1963 und 18. 3. 1964 AP BetrVG [1952] § 56 Entlohnung Nr. 3 und 4; – a. A. vor allem *Fitting/Kraegeloh/Auffarth,* § 56 Rn. 41, 43, 45; *Berger,* AuR 1959, 37, 39; *Farthmann,* BB 1963, 779, 786; *Herschel,* AuR 1967, 65, 66). Das Gesetz hat das **Mitbestimmungsrecht** ausdrücklich auf die **Festsetzung der Geldfaktoren** erweitert (s. ausführlich Rn. 904 ff.).

2. Zweck der Mitbestimmungsnorm

875 Die **Entscheidung für ein Leistungslohnsystem** und die Wahl des Verfahrens, wie es durchgeführt werden soll, unterliegen bereits nach **Nr. 10** der Mitbestimmung (s. Rn. 808 ff.). Bei **Akkord- und Prämienlöhnen sowie vergleichbaren leistungsbezogenen Entgelten** erstreckt **Nr. 11** die Mitbestimmung auf die **Festsetzung der Entgeltsätze einschließlich der Geldfaktoren.** Grund für die Erweiterung der Mitbestimmung ist, dass diese Leistungslohnformen besondere Gefahren für den Arbeitnehmer in sich tragen (ebenso BAG 29. 3. 1977 AP BetrVG 1972 § 87 Provision Nr. 1; 10. 7. 1979 AP BetrVG 1972 § 87 Lohngestaltung Nr. 2; 28. 7. 1981 AP BetrVG 1972 § 87 Provision Nr. 2; 13. 9. 1983 und 15. 5. 2001 AP BetrVG 1972 § 87 Prämie Nr. 3 und 17). Gefahren werden darin gesehen, „dass die Festlegung der einzelnen Faktoren, nach denen sich die Leistung des Arbeitnehmers bemisst und sich seine Vergütung berechnet, in einer Weise erfolgt, dass letztlich durch nicht gerechtfertigte überhöhte Ansätze der Arbeitnehmer benachteiligt oder geschädigt wird, sei es, dass seine Leistung nicht entsprechend gewertet wird, sei es, dass diese Ansätze ihn zu einer ihn letztlich überfordernden Leistung anspornen" (BAG 28. 7. 1981 AP BetrVG 1972 § 87 Provision Nr. 2; 13. 9. 1983 AP BetrVG

1972 § 87 Prämie Nr. 3). Deshalb erstreckt Nr. 11 die Mitbestimmung auch auf die Festsetzung der Geldfaktoren. Nach Ansicht des BAG soll insoweit Grund für die Mitbestimmung aber auch sein, gesundheitliche Gefahren von den Arbeitnehmern abzuwehren, wie sie jedes Leistungslohnsystem durch seinen Anreiz zur Mehrleistung schafft (so BAG 13. 9. 1983 AP BetrVG 1972 § 87 Prämie Nr. 3). Deshalb beschränke das Mitbestimmungsrecht sich nicht auf den *Geldfaktor im engeren Sinne,* d. h. in seiner Funktion, das Verhältnis des Entgelts für die Leistung eines bestimmten Leistungsgrades zum bereits feststehenden Entgelt für die Ausgangsleistung zu bestimmen, da der Geldfaktor in diesem Sinn schon nach § 87 Abs. 1 Nr. 10 BetrVG mitbestimmungspflichtig sei, sondern mit der Erstreckung des Mitbestimmungsrechts auf den Geldfaktor in Nr. 11 werde der *Lohn für die Bezugs- bzw. Ausgangsleistung* erfasst. Die Mitbestimmungspflichtigkeit des Geldfaktors soll aber nach Ansicht des BAG nichts daran ändern, dass mitbestimmungsfrei ist, ob und zu welchem Zweck der Arbeitnehmer ein leistungsbezogenes Entgelt zusätzlich zahlt (BAG 13. 9. 1983 AP BetrVG 1972 § 87 Prämie Nr. 3).

Zweck des Mitbestimmungsrechts ist jedoch wie bei Nr. 10 die **Wahrung der innerbetrieblichen Lohngerechtigkeit,** nicht eine auf die hier genannten Leistungslöhne beschränkte Lohnpolitik. Die Interpretation des BAG ist nicht stimmig; denn es ist nicht überzeugend, dass für die Wahl des Leistungslohnsystems, die unter Nr. 10 fällt, und dessen Durchführung, soweit es von Nr. 11 erfasst wird, ein verschiedener Mitbestimmungszweck bestehen soll; denn wenn die Mitbestimmung der Abwehr gesundheitlicher Gefahren durch überhöhte Leistungsanreize dienen soll, so müsste dies auch schon für Nr. 10 gelten. Außerdem wird der Bereich des Gesundheitsschutzes von anderen Mitbestimmungstatbeständen abgedeckt (ebenso *Joost,* ZfA 1993, 257, 273). Schließlich ist nicht einzusehen, warum die Festlegung eines erhöhten Entgelts dem Gesundheitsschutz dient. Ein Zusammenhang kommt nur insoweit in Betracht, als der Arbeitgeber wegen der Mitbestimmung über den Preis der Arbeit möglicherweise abgehalten wird, ein Leistungslohnsystem einzuführen. Da jedoch das Mitbestimmungsrecht auch ein Initiativrecht des Betriebsrats umfasst (s. Rn. 912), versagt diese Zweckzuweisung des Mitbestimmungsrechts, wenn man nicht das Initiativrecht ausschließt (so folgerichtig *Matthes,* MünchArbR § 251 Rn. 82). Die Besonderheit des Mitbestimmungstatbestands ergibt sich daraus, dass wegen der vom BAG zutreffend genannten Gefahren bei Akkord- und Prämienlohn sowie vergleichbaren leistungsbezogenen Entgelten die Mitbestimmung sich auf die Festlegung aller Faktoren für Ermittlung und Berechnung des Entgelts erstreckt. Die Besonderheit besteht aber nicht darin, dass hier systemfremd ein Element mitbestimmungspflichtig ist, das im Rahmen von Nr. 10 nicht der Mitbestimmung des Betriebsrats unterliegt (ebenso *Richardi,* ZfA 1976, 1, 25 ff.; *Lieb,* ZfA 1988, 413 ff.; *Joost,* ZfA 1993, 257, 271 ff.; s. auch Rn. 904 ff.).

3. Vereinbarkeit mit dem Grundgesetz

Gegen die Mitbestimmung nach Nr. 11 bestehen keine verfassungsrechtlichen Bedenken (ebenso BAG 29. 3. 1977 AP BetrVG 1972 § 87 Provision Nr. 1, obwohl dort das Mitbestimmungsrecht wegen der ausdrücklichen Erwähnung der Geldfaktoren auch auf die Lohnhöhe bezogen wird; *Hanau,* BB 1972, 499; a. A. *Erdmann/Jürging/Kammann,* § 87 Rn. 7 ff., 127; vgl. auch *Galperin,* Leitfaden, S. 109 f.; ausführlich Rn. 733).

II. Akkordlohn, Prämienlohn und vergleichbare leistungsbezogene Entgelte als Gegenstand des Mitbestimmungstatbestands

1. Gemeinsame Elemente

Das Mitbestimmungsrecht bezieht sich auf die **Festsetzung der Akkord- und Prämiensätze sowie vergleichbarer leistungsbezogener Entgelte.** Jede Einführung eines Leistungslohnsystems hängt von vielfältigen Entscheidungen ab, die im Rahmen des Ordnungsproblems zu treffen sind, was als Bezugsgröße für den Lohn angesehen werden kann. Der einzelne Arbeitnehmer vermag darauf keinen Einfluss zu nehmen, da es Maßnahmen sind, die nur kollektiv festgelegt werden können. Hier handelt es sich nicht um generelle Einzelbeziehungen, wie gleiche Lohnhöhe für eine bestimmte Gruppe von Arbeitnehmern, sondern es handelt sich um eine Beziehung, die ausschließlich kollektiv wirken kann. Sie unterläge in ihrer tatsächlichen Gestaltung der Alleinbestimmung durch den Arbeitgeber, wenn nicht auf kollektiver Ebene die Arbeitnehmer wenigstens durch einen Repräsentanten ihrer Interessen bzw. hier in der Lohnsphäre ihrer Richtigkeitsvorstellungen beteiligt wären (vgl. dazu ausführlich *Richardi*, RdA 1969, 234 ff.).

879 Für alle leistungsbezogenen Entgelte gilt einheitlich, dass der Arbeitnehmer die **Möglichkeit** haben muss, das **Leistungsergebnis zu beeinflussen.** Ein Leistungslohnsystem setzt weiterhin voraus, dass die Leistung *quantifizierbar* ist. Fehlt es daran, so liegt kein leistungsbezogenes Entgelt vor, also nicht bei Jubiläums-, Pünktlichkeits- und Anwesenheitsprämien und auch nicht bei den sog. Leistungszulagen, die keinen Bezug zu einer bestimmten Leistung haben. Für ihre Gestaltung hat der Betriebsrat nur nach Nr. 10 mitzubestimmen.

880 Das Mitbestimmungsrecht nach Nr. 11 bezieht sich nicht auf alle leistungsbezogenen Entgelte, sondern nur auf den **Akkord- und Prämienlohn sowie die mit ihm vergleichbaren leistungsbezogenen Entgelte.** Das dem Akkord- und Prämienlohn **vergleichbare Element** liegt in einer doppelten Abhängigkeit: der Vergleichbarkeit der entgelterheblichen Leistung des Arbeitnehmers mit einer Bezugsleistung und der Bemessung der Entgelthöhe nach dem Verhältnis der Leistung des Arbeitnehmers zur Bezugsleistung (vgl. BAG 28. 7. 1981 AP BetrVG 1972 § 87 Provision Nr. 2; 25. 5. 1982 AP BetrVG 1972 § 87 Prämie Nr. 2).

2. Akkord- und Prämienlohn

881 a) Beim **Akkord** richtet sich die Höhe des Arbeitsentgelts nach dem Arbeitsergebnis, wobei als weiteres Merkmal hinzutreten muss, dass der für die Entlohnung maßgebliche Leistungsgrad nur vom Verhältnis des Zeitaufwands zum Arbeitsergebnis bei Erbringung der Arbeitsleistung abhängt (s. auch Rn. 809 ff.).

882 b) Vom Akkord unterscheidet sich der **Prämienlohn** dadurch, dass für die Leistungsentlohnung entweder andere Bezugsgrößen als die Mengenerzeugung gewählt werden oder dass bei Mengenerzeugung als Bezugsgröße Zeitaufwand und Arbeitsergebnis wegen der Gestaltung der Arbeit nicht mehr in einer linear proportionalen Abhängigkeit voneinander stehen (s. Rn. 821 ff.).

883 c) **Gemeinsames Element von Akkord- und Prämienlohn** ist, dass eine **Leistung des Arbeitnehmers** gemessen und **mit einer Bezugsleistung verglichen** wird und der dadurch ermittelte Leistungsgrad das **Leistungsentgelt in seiner Höhe bestimmt** (vgl. BAG 28. 7. 1981 AP BetrVG 1972 § 87 Provision Nr. 2; 13. 9. 1983 AP BetrVG 1972 § 87 Prämie Nr. 3; 13. 3. 1984 AP BetrVG 1972 § 87 Provision Nr. 4; 16. 12. 1986 AP BetrVG 1972 § 87 Prämie Nr. 8). Während der Akkordlohn stets arbeitsbezogen ist, können mit einer Prämienentlohnung auch ergebnisorientierte Ziele verfolgt werden, sofern sich die Höhe der Vergütung nach dem Verhältnis der Leistung des Arbeitnehmers zur Bezugsleistung bemisst.

884 Sowohl beim Akkord- als auch beim Prämienlohn hängt die **Richtigkeit der Leistungsentlohnung** von **zwei Funktionen** ab, der **Funktion zwischen Leistung und Ergebnis** und der **Funktion des dadurch festgelegten Leistungsgrads zur Entgelthöhe.** Deshalb erstreckt das Gesetz das Mitbestimmungsrecht nach Nr. 11 auf die Festsetzung der Geldfaktoren (s. auch Rn. 904 ff.).

885 aa) Beim **Akkord** ergibt der Leistungsgrad sich zwar aus einem Vergleich des Arbeitsergebnisses mit einer Bezugsleistung. Daraus folgt aber noch keineswegs, dass die Höhe des effektiven Lohns in unmittelbarer Proportion zur Quantität der vom Arbeitnehmer erbrachten Leistung stehen muss. Akkordlohn liegt auch vor, wenn von einer bestimmten Grenze an der Geldfaktor, d. h. der für das Stück (die Leistungseinheit) zugesagte Lohn bzw. der für die vorgegebene Minute zu gewährende Betrag *degressiv* oder *progressiv* angesetzt wird. Es gibt also nicht nur den **Proportionalakkord**, sondern auch den **degressiven** und den **progressiven Akkord**. Auch bei ihnen ist für die Frage, was als *Bezugsgröße* in Betracht kommt, die *richtige Zeit* maßgebend. Die Degression oder Progression ergibt sich aus der unterschiedlichen Lohnhöhe, die mit den Leistungseinheiten verbunden wird. Wenn also beim Walzen von Blech für eine Produktionseinheit 6 Minuten vorgegeben werden, so steht damit die für die Entlohnung maßgebliche Leistungseinheit fest. Erbringt der Arbeitnehmer eine Mehrleistung von 15, 20, 25 oder 30 Prozent, so betrifft es die Bestimmung der Lohnhöhe, ob mit ihr bei einem Akkordrichtsatz von 24 Euro ein Geldfaktor von 4 Euro (Proportionalakkord) oder ein Geldfaktor von 4,60 Euro, 4,80 Euro, 5 Euro, 5,20 Euro und steigend (progressiver Akkord) verbunden wird. Die Progression zeigt jedoch an, dass neben dem zeitabhängigen Arbeitsergebnis ein *weiterer Faktor* den Maßstab bestimmen soll, nach dem der Lohn zu bemessen ist. Es soll berücksichtigt werden, dass die Steigerung der Arbeitsleistung über einen gewissen Grad hinaus von dem Arbeitnehmer einen Mehraufwand verlangt, der im Verhältnis zum Arbeitsergebnis überproportional zunimmt. Die Lohnbestimmung soll der Progression des Kräfteverbrauchs gerecht werden. Umgekehrt kann ein degressiver Akkord eingeführt werden, um den Arbeitnehmer vor einer Überanstrengung zu schützen.

bb) Noch deutlicher als beim Akkord prägt die Unterscheidung den Prämiensatz beim **886 Prämienlohn.** Wenn bei einer Güteprämie Bezugsbasis der Ausschuss ist, so muss zunächst die nach der Prämienleistungsnorm maßgebliche Bezugs- oder Ausgangsleistung festgestellt werden. Bei ihr kann beispielsweise ein Ausschuss von 20 Prozent bestehen. Zugleich muss ermittelt werden, bis zu welchem Prozentsatz der Ausschuss bei optimaler Arbeitsleistung gesenkt werden kann. Material und Maschinenarbeit können hier eine Grenze ziehen, die z. B. bei 5 Prozent liegt. Darin erschöpft sich aber noch nicht die Festlegung der Prämienleistungsnorm. Gerade bei einer Ausschussprämie wird der Arbeitnehmer es leichter erreichen, den Ausschuss von 20 auf 15 Prozent zu senken als von 15 auf 10 Prozent. Je mehr er sich der optimalen Grenze nähert, desto schwieriger wird es ihm fallen, die Ausschussquote zu senken. Aus der Prämienleistungsnorm folgt, dass hier ein Abhängigkeitsverhältnis zu berücksichtigen ist, dass sich in einer Funktion ausdrücken lässt. Bei einem Vergleich zwischen fehlerfreien Stücken und Ausschuss ergibt sich eine degressive Kurve für den Ausschussgrad. Bevor man sich der für die Höhe der Prämie maßgeblichen Funktion zwischen Leistung und Lohn zuwenden kann, muss geklärt werden, was als *Leistung* in der Prämie honoriert werden soll. Bei dem hier gegebenen Beispiel der Ausschussprämie muss man also entscheiden, ob die Prämie allein für das Arbeitsergebnis oder für die Anstrengung des Arbeitnehmers, den Ausschuss gering zu halten, gezahlt werden soll. Von der Prämienkurve ist deshalb hier die **Prämienlohnkurve** zu unterscheiden, die sich aus der Zuordnung der Euro-Beträge zur erbrachten Prämienleistung ergibt (ebenso *Lieb*, ZfA 1988, 413, 419).

3. Vergleichbare leistungsbezogene Entgelte

a) Der Mitbestimmungstatbestand erfasst die **mit Akkord- und Prämiensätzen ver- 887 gleichbaren leistungsbezogenen Entgelte.** Er besteht daher nur für die Festsetzung von Leistungsentgelten, bei denen wie beim Akkord- und Prämienlohn eine Leistung des Arbeitnehmers gemessen und mit einer Bezugsleistung verglichen wird, sofern das Verhältnis der Leistungen zur Bezugsleistung das Leistungsentgelt in seiner Höhe bestimmt (vgl. BAG 28. 7. 1981 und 13. 3. 1984 AP BetrVG 1972 § 87 Provision Nr. 2 und 4; s. auch Rn. 880).

888 b) Soweit eine **Provision** diesen Kriterien genügt, ist sie ein vergleichbares leistungsbezogenes Entgelt. Für diese Interpretation spricht auch die Entstehungsgeschichte; denn in der Begründung des RegE heißt es zu Nr. 11, dass neben den Akkordentgelten „alle leistungsbezogenen Entgelte wie z. B. Prämien oder Provisionen" in das Mitbestimmungsrecht des Betriebsrats einbezogen werden (vgl. BT-Drucks. VI/1786, S. 49). Dass Nr. 11 nicht die Formulierung des RegE erhielt, spricht nicht gegen die Einbeziehung der Provision; denn bezweckt war lediglich die Klarstellung, dass nicht der individuelle Anspruch des einzelnen Arbeitnehmers dem Mitbestimmungsrecht unterliegt (s. Rn. 873; ebenso BAG 29. 3. 1977 AP BetrVG 1972 § 87 Provision Nr. 1; *Moll*, Mitbestimmung beim Entgelt, S. 67 f.; a. A. *Stadler*, BB 1972, 800, 803; *Lieb*, DB 1975, 1748; *Bolten*, DB 1977, 1650, 1651). Das Gegenteil ergibt sich auch nicht daraus, dass es im Bericht des BT-Ausschusses für Arbeit und Sozialordnung heißt, es müsse sich um „Ansätze von Akkord- und Prämienlöhnen und hiermit, d. h. nach ähnlichen Lohnfindungsmethoden vergleichbarer leistungsbezogener Entgelte" handeln (BT-Drucks. VI 2729, S. 29); denn ob eine Lohnfindungsmethode ähnlich ist, ist nach dem Zweck der Mitbestimmung zu entscheiden (vgl. auch *Moll*, a. a. O., S. 71 f.).

889 Das BAG hat zunächst angenommen, dass **Abschluss- und Vermittlungsprovisionen** zu den vergleichbaren leistungsbezogenen Entgelten i. S. der Nr. 11 gehören (BAG 29. 3. 1977 AP BetrVG G 1972 § 87 Provision Nr. 1 [abl. *Schulze-Osterloh*] = EzA § 87 BetrVG 1972 Leistungslohn Nr. 2 [abl. *Löwisch*] = AR-Blattei: Betriebsverfassung XIV B, Entsch. 33 [zust. *Jahnke*] = SAE 1978, 91 [abl. *Lieb*]). Für **Anteil- und Leitungsprovisionen** hat es dagegen die Vergleichbarkeit abgelehnt; denn ihre Höhe ist allein vom Umfang der von anderen Mitarbeitern abgeschlossenen oder vermittelten Geschäfte abhängig (BAG 28. 7. 1981 AP BetrVG 1972 § 87 Provision Nr. 2). Das gilt auch, wenn die Provision deshalb gewährt wird, weil der Arbeitnehmer den Arbeitseinsatz der Mitarbeiter leitet, die Geschäfte abschließen oder vermitteln; denn diese Leistung ist bei einer Anteil- und Leitungsprovision nicht die Bezugsleistung für den Provisionssatz. Mit der Begründung, dass es auch für die Abschlussprovision an einer Bezugsleistung fehle, zu der die Leistung des Arbeitnehmers in ein Verhältnis gesetzt werde, hat das BAG sodann seine gegenteilige Rechtsansicht zu dieser Provisionsart aufgegeben, so dass nach seiner Erkenntnis auch **Abschluss- und Vermittlungsprovisionen keine vergleichbaren leistungsbezogenen Entgelte i. S. der Nr. 11** sind (BAG 13. 3. 1984 AP BetrVG 1972 § 87 Provision Nr. 4; bestätigt BAG 26. 7. 1988 AP BetrVG 1972 § 87 Provision Nr. 6; zust. GK-*Wiese*, § 87 Rn. 971 ff.; HSWGNR-*Worzalla*, § 87 Rn. 564; ErfK-*Kania*, § 87 Rn. 127; a. A. *Fitting*, § 87 Rn. 533; DKK-*Klebe*, § 87 Rn. 282). Der Sache nach hat damit das BAG den Mitbestimmungstatbestand auf Akkord und Prämien beschränkt, wobei das Tatbestandsmerkmal der vergleichbaren Leistungsentgelte nur die Funktion hat, dass Entgeltformen, die objektiv als Akkord oder Prämie anzusehen sind, von Nr. 11 auch dann erfasst werden, wenn sie üblicherweise nicht als Prämie bezeichnet werden (so zutreffend *Hanau*, Anm. AP BetrVG 1972 § 87 Provision Nr. 4).

890 c) Gewährt der Arbeitgeber eine **Leistungsprämie**, bei der allein die **in einem Beurteilungszeitraum erbrachte Leistung** die Höhe der Vergütung in der Folgezeit bestimmt, so handelt es sich zwar insoweit um ein leistungsbezogenes Entgelt, weil die zu honorierende individuelle Leistung des Arbeitnehmers an einer Normalleistung gemessen wird; dieses Entgelt ist aber gleichwohl mit Akkord und Prämie **nicht vergleichbar;** denn die gezeigte und bewertete Leistung im Beurteilungszeitraum ist ohne Einfluss auf die Entgelthöhe in diesem Zeitraum (BAG 15. 5. 2001 AP BetrVG 1972 § 87 Prämie Nr. 17).

891 d) Zu den vergleichbaren leistungsbezogenen Entgelten gehört weiterhin das im Bergbau anzutreffende **Gedinge** (ebenso GK-*Wiese*, § 87 Rn. 977; HSWGNR-*Worzalla*, § 87 Rn. 562; *Moll*, Mitbestimmung beim Entgelt, S. 75).

892 e) Folgt man der Rechtsansicht des BAG zu den Provisionen (s. Rn. 889), so sind auch die **Bedienungsgelder** im Gaststättengewerbe, sofern die Entgeltbemessung ausschließlich umsatzabhängig ist (s. Rn. 831), keine vergleichbaren leistungsbezogenen Entgelte

i. S. der Nr. 11 (ebenso GK-*Wiese*, § 87 Rn. 970; HSWGNR-*Worzalla*, § 87 Rn. 566; a. A. *Moll*, Mitbestimmung beim Entgelt, S. 75 f.).

f) Die **Festsetzung** einer **Gewinn-** oder **Ergebnisbeteiligung** fällt ebenfalls nicht unter Nr. 11; denn bei ihr handelt es sich schon nicht um ein leistungsbezogenes Entgelt (ebenso LAG Bremen, AP BetrVG 1972 § 87 Lohngestaltung Nr. 1; *Fitting*, § 87 Rn. 532; GL-*Löwisch*, § 87 Rn. 249; GK-*Wiese*, § 87 Rn. 969; HSWGNR-*Worzalla*, § 87 Rn. 567; *Moll*, Mitbestimmung beim Entgelt, S. 76 f.). Da es sich aber auch um eine Vergütungsform handelt, hat der Betriebsrat nach Nr. 10 mitzubestimmen (s. Rn. 737). Es gilt insoweit Gleiches wie für Provisionen (s. Rn. 827 ff.). 893

III. Festsetzung der Akkord- und Prämiensätze einschließlich der Geldfaktoren als Gegenstand der Mitbestimmung

1. Verhältnis zur Mitbestimmung nach Nr. 10

Die Einführung von Akkord- oder Prämienlohn oder eines sonstigen leistungsbezogenen Entgeltsystems ist die **Aufstellung eines Entlohnungsgrundsatzes,** über die der Betriebsrat nach Nr. 10 mitzubestimmen hat (s. zum Akkordlohn Rn. 809 ff.; zum Prämienlohn Rn. 821 ff.). Die Entscheidung, ob der Akkord als Geld- oder Zeitakkord angesetzt wird und nach welchem Verfahren die vorzugebenden Zeiten ermittelt werden, gehört zu dem Komplex der **Einführung** und **Anwendung von Entlohnungsmethoden,** für die ebenfalls bereits nach Nr. 10 ein Mitbestimmungsrecht des Betriebsrats besteht (s. Rn. 811 ff.). Entsprechend hat der Betriebsrat bei Prämienlohn bereits nach Nr. 10 mitzubestimmen (s. Rn. 825). 894

Die Besonderheit des hier eingeräumten Mitbestimmungsrechts besteht darin, dass der Betriebsrat über die **Festlegung aller Faktoren** mitzubestimmen hat, die für die Ermittlung und Berechnung des Akkord- oder Prämienlohns oder der mit ihm vergleichbaren leistungsbezogenen Entgelte von Bedeutung sind (vgl. Bericht des BT-Ausschusses für Arbeit und Sozialordnung, *zu* BT-Drucks. VI/2729, S. 29; ebenso *Fitting*, § 87 Rn. 497; GK-*Wiese*, § 87 Rn. 991 ff.; GL-*Löwisch*, § 87 Rn. 238 ff.; HSWGNR-*Worzalla*, § 87 Rn. 532 ff.; DKK-*Klebe*, § 87 Rn. 283 f.). 895

2. Festsetzung der Akkordsätze

a) Mit der Erstreckung der Mitbestimmung auf die **Festsetzung der Akkordsätze** hat das Gesetz eine Streitfrage beantwortet, die zu § 56 Abs. 1 lit. g BetrVG 1952 bestand, weil dort von „Regelung" der Akkord- und Stücklohnsätze die Rede war. *Dietz* (§ 56 Rn. 201) bezog deshalb die Mitbestimmung auf eine *Regelung* (s. auch Rn. 874). *Hilger* und *Siebert* vertraten dagegen die Auffassung, dass der Umfang des Mitbestimmungsrechts von der Wahl des Verfahrens für die Bestimmung des Akkordsatzes abhängt; beim arbeitswissenschaftlich ermittelten Akkord sollte die Mitbestimmung nur in der Weise verwirklicht werden können, dass durch Betriebsvereinbarung eine *Vollzugsordnung* geschaffen wird, in der die organisatorische Ausgestaltung des arbeitswissenschaftlichen Verfahrens festgelegt wird (*Siebert/Hilger* in *Hilger,* Probleme des Akkordrechts, 1957, S. 123 ff.; *Galperin/Siebert,* § 56 Rn. 87 ff.). Entscheidend für ihre Überlegungen war, dass bei dem geschätzten und dem arbeitswissenschaftlich ermittelten Zeitakkord für die Bestimmung der einzelnen Akkordzeiten nur ein Erkenntnisermessen möglich ist und daher kein Mitbestimmungsrecht, sondern nur ein *Mitbeurteilungsrecht* bestehen könne. Im Prinzip war aber anerkannt, wie *Hilger* in *Dietz/Gaul/Hilger*, Akkord und Prämie, 2. Aufl. 1967, G V 11, VI, S. 198, 203 ff. feststellt, dass das Mitbestimmungsrecht sich auf die *einzelnen Vorgabezeiten* erstreckte und es keine Rechtsfrage, sondern eine *Zweckmäßigkeitsfrage* sei, ob die einzelnen Vorgabezeiten jeweils in unmittelbarer Mit- 896

§ 87

bestimmung von Arbeitgeber und Betriebsrat vereinbart oder ob sie auf Grund einer Vollzugsordnung durch gemeinsame Gremien ermittelt werden.

897 Durch Nr. 11 wird klargestellt, dass der Betriebsrat *abstrakt-generell* über die **Festlegung aller Bezugsgrößen** mitzubestimmen hat, die für die Ermittlung und Berechnung des **Akkordlohns** von Bedeutung sind. Sein Mitbestimmungsrecht bezieht sich auf die Ermittlung der für die Entlohnung maßgeblichen **Bezugs-** oder **Normalleistung;** denn von ihrer richtigen Feststellung hängt ab, ob der Arbeitnehmer *leistungsgerecht* entlohnt wird. Die Beteiligung des Betriebsrats soll gewährleisten, dass der Festsetzung der Akkordsätze ein *richtiger Akkordansatz* zugrunde gelegt wird, um die sog. Akkordschere zu verhindern, bei der die Akkordsätze jeweils der Durchschnittsleistung auch bei übernormaler Arbeitsintensität angepasst werden. Richtig ist ein Akkord dann, wenn dem Akkordansatz die Zeitvorgabe zugrunde gelegt wird, die für die Erbringung der Bezugsleistung unter normalen Umständen benötigt wird. Maßgebend dafür ist im Akkordsatz der sog. **Zeitfaktor** (s. Rn. 811), während der **Geldfaktor** sich aus dem *Akkordrichtsatz* ergibt, also bei ausgewiesener Zeitvorgabe im Zeitakkord $1/60$ des Akkordrichtsatzes beträgt. Das Mitbestimmungsrecht ist auf die Festsetzung der Geldfaktoren erstreckt, weil bei ihrer fehlerhaften Bestimmung der Akkordsatz falsch festgesetzt wird, wenn keine entsprechende Korrektur des Zeitfaktors vorgenommen wird (s. auch Rn. 904 ff.).

898 b) Das Mitbestimmungsrecht erschöpft sich nicht nur in einer Beteiligung an der Festsetzung der Akkordsätze, sondern es bezieht sich vor allem auch auf die **Maßnahmen,** die der **Vorbereitung dieser Festsetzung** dienen. Der Betriebsrat ist daher bei der **Festlegung und Ermittlung der Vorgabezeit** zu beteiligen, wobei er auch darüber mitzubestimmen hat, ob die in der Vorgabezeit enthaltene Erholungszeit zu feststehenden **Kurzpausen** zusammengefasst werden soll (ebenso BAG 24. 2. 1987 AP BetrVG 1972 § 77 Nr. 21; 24. 11. 1987 AP BetrVG 1972 § 87 Akkord Nr. 6). Auch die Vornahme von Zeitstudien und Zeitaufnahmen ist mitbestimmungspflichtig; denn sind die Zeiten schon ermittelt, so ist ihre Festsetzung nur noch ein formaler Akt (ebenso *Fitting,* § 87 Rn. 511; GK-*Wiese,* § 87 Rn. 1000; DKK-*Klebe,* § 87 Rn. 285; *Moll,* Mitbestimmung beim Entgelt, S. 44; *Neudel,* AuR 1975, 143; a. A. GL-*Löwisch,* § 87 Rn. 239; HSWG-*Worzalla,* § 87 Rn. 549; *Stege/Weinspach/Schiefer,* § 87 Rn. 191; zu § 56 Abs. 1 lit. g BetrVG 1952: BAG 14. 2. 1963 AP BetrVG § 56 Nr. 22; wie hier dagegen *Nikisch,* Bd. III S. 428 f.; *Kollmar,* Mitbestimmung bei der Einführung und Regelung von Akkordlöhnen, S. 167 f.). Voraussetzung ist jedoch, dass die Zeitstudien der *Leistungslohnermittlung* dienen. Erfolgen sie lediglich zur *Arbeitskontrolle,* so kommt eine Mitbestimmung nach Nr. 11 nicht in Betracht (ebenso BAG 10. 7. 1979 AP BetrVG 1972 § 87 Überwachung Nr. 4). Bei Verwendung von technischen Einrichtungen hat der Betriebsrat aber nach Nr. 6 mitzubestimmen (s. Rn. 485).

899 c) Der Mitbestimmung unterliegt die **Festsetzung der einzelnen Akkordsätze für ein bestimmtes Arbeitsvorhaben oder einen bestimmten Arbeitsplatz** (ebenso *Brecht,* § 87 Rn. 32; *Fitting,* § 87 Rn. 521; GL-*Löwisch,* § 87 Rn. 240; *Moll,* Mitbestimmung beim Entgelt, S. 29; *Richardi,* ZfA 1976, 1, 25 f.; vgl. auch Bericht des BT-Ausschusses für Arbeit und Sozialordnung, *zu* BT-Drucks. VI/2729, S. 29; a. A. bei Vereinbarung einer arbeitswissenschaftlichen Methode HSWGNR-*Worzalla,* § 87 Rn. 548).

900 d) Mitbestimmungspflichtig ist schließlich jede **Änderung des Akkordsatzes.** Nicht unter den Mitbestimmungstatbestand fällt aber der Wechsel des Arbeitsplatzes mit anderen Akkordbedingungen; es kann sich hier aber um eine Versetzung i. S. des § 95 Abs. 3 handeln, die nach § 99 unter das Mitbestimmungsrecht des Betriebsrats fällt (ebenso *Fitting,* § 87 Rn. 518; GK-*Wiese,* § 87 Rn. 1002; GL-*Löwisch,* § 87 Rn. 240; HSWGNR-*Worzalla,* § 87 Rn. 553).

901 e) Eine atypische Form der Akkordentlohnung ist der sog. **ausgehandelte Akkord.** Bei ihm wird der Akkordverdienst nicht wie sonst methodisch ermittelt (s. Rn. 815 ff.), sondern ist Gegenstand der Vereinbarung; es wird für ein bestimmtes Leistungsergebnis dem Arbeitnehmer ein bestimmter Betrag zugesagt. Da Zweck der Mitbestimmung ist, durch die Beteiligung des Betriebsrats sicherzustellen, dass die Entlohnung leistungsgerecht erfolgt, kann der Betriebsrat verlangen, dass der Akkordansatz richtig festgesetzt wird.

3. Festsetzung der Prämiensätze

a) Wie bei den Akkordsätzen erstreckt Nr. 11, nachdem die Einführung eines Prämienlohns, die Wahl der Bezugsgrößen und die Aufstellung der Prämienleistungsnorm bereits nach Nr. 10 mitbestimmungspflichtig sind, das Mitbestimmungsrecht auf die **Festlegung aller Faktoren** einschließlich der Geldfaktoren, die für die Ermittlung und Berechnung des Prämienlohns von Bedeutung sind. Erfasst werden auch die Maßnahmen, die der Vorbereitung dieser Festsetzung dienen.

b) Mit der Festsetzung der Geldfaktoren bezieht das Mitbestimmungsrecht sich auch auf die **Prämienlohnkurve** (ebenso *Lieb*, ZfA 1988, 413, 419; s. auch Rn. 886), während das Recht des Betriebsrats, über die Prämienkurve mitzubestimmen, schon aus Nr. 10 folgt (ebenso BAG 16. 12. 1986 AP BetrVG 1972 § 87 Prämie Nr. 8). Leistungsgerecht ist nämlich der Prämienlohn nur, wenn auch der Euro-Betrag richtig zugeordnet wird. Daraus folgt aber keineswegs, dass dadurch die Lohnhöhe für die Bezugs- oder Ausgangsleistung Gegenstand der Mitbestimmung wird, so dass bei einer Nichteinigung zwischen Arbeitgeber und Betriebsrat die Einigungsstelle verbindlich festlegen kann, wie hoch das Entgeltniveau für den Prämienlohn zu sein hat (a. A. BAG 13. 9. 1983 AP BetrVG 1972 § 87 Prämie Nr. 3; bestätigt durch BAG 16. 12. 1986 AP BetrVG 1972 § 87 Prämie Nr. 8; s. ausführlich Rn. 904 ff.).

IV. Keine Mitbestimmung über die Entgelthöhe durch Beteiligung an der Festsetzung der Geldfaktoren

1. Rechtsprechung und Meinungsstand im Schrifttum

Aus der Einbeziehung der Geldfaktoren in den Mitbestimmungstatbestand ergibt sich keine Mitbestimmung über die Entgelthöhe, den sog. Ecklohn, sondern es soll durch sie nur sichergestellt werden, dass der Betriebsrat auch an der **Festsetzung der Geldseite** beteiligt wird, damit das System, nach dem das leistungsbezogene Entgelt bemessen werden soll, *richtig* durchgeführt wird. Das **BAG** vertritt dagegen die Auffassung, dass wegen der ausdrücklichen Erwähnung der Geldfaktoren in Nr. 11 dem Betriebsrat zwar nicht für den konkreten Einzelfall, aber doch abstrakt-generell das Recht eingeräumt sei, auch über die **Lohnhöhe** mitzubestimmen (BAG 29. 3. 1977 AP BetrVG 1972 § 87 Provision Nr. 1 [abl. *Schulze-Osterloh*] = EzA § 87 BetrVG 1972 Leistungslohn Nr. 2 [abl. *Löwisch*] = AR-Blattei: Betriebsverfassung XIV B, Entsch. 33 [zust. *Jahnke*] = SAE 1978, 91 [abl. *Lieb*]; 22. 1. 1980 AP BetrVG 1972 § 87 Lohngestaltung Nr. 3; vor allem BAG 13. 9. 1983 AP BetrVG 1972 § 87 Prämie Nr. 3; bestätigt BAG 16. 12. 1986 AP BetrVG 1972 § 87 Prämie Nr. 8; 14. 2. 1989 AP BetrVG 1972 § 87 Akkord Nr. 8; ebenso *Fitting*, § 87 Rn. 516; GK-*Wiese*, § 87 Rn. 992 ff.; *ders.*, Initiativrecht, S. 70 ff.; DKK-*Klebe*, § 87 Rn. 284; *Matthes*, MünchArbR § 251 Rn. 70; *Moll*, Mitbestimmung beim Entgelt, S. 44 ff.; *Hanau*, RdA 1973, 281, 282; *Gester/Isenhardt*, RdA 1974, 80, 84 f.; *Klinkhammer*, AuR 1977, 363, 365 f.; *Strieder*, BB 1980, 420 f.; wohl auch ErfK-*Kania*, § 87 Rn. 122, soweit er für die Feststellung, dass der Betriebsrat durch das Mitbestimmungsrecht über den Geldfaktor unmittelbar Einfluss auf die Lohnhöhe nehmen könne, zustimmend das BAG zitiert – a. A. *Richardi*, Anm. zu BAG, AP BetrVG 1972 § 87 Nr. 1, Bl. 4 R, 5; *ders.*, ZfA 1976, 1, 19, 24, 29 f., 32 f., 44; ebenso LAG Hamm, EzA § 87 BetrVG 1972 Leistungslohn Nr. 1; LAG Düsseldorf, DB 1976, 1439; GL-*Löwisch*, § 87 Rn. 241 f.; HSWGNR-*Worzalla*, § 87 Rn. 533; *Stege/Weinspach/*

Schiefer, § 87 Rn. 189 a; *Gamillscheg,* Kollektives Arbeitsrecht, Bd. II S. 942; *Zöllner/ Loritz/Hergenröder,* § 49 II 11; *Löwisch,* ZHR 139 [1975], 362, 378 f.; *Lieb,* ZfA 1988, 413, 416 ff.; *Joost,* ZfA 1993, 257, 271 ff.).

2. Gesetzestext und Entstehungsgeschichte

905 a) Der **Gesetzestext** spricht **nicht für eine Mitbestimmung über die Entgelthöhe**. Der Gesetzgeber hat, worauf *Löwisch* (EzA § 87 BetrVG 1972 Leistungslohn Nr. 2, S. 31) zutreffend aufmerksam macht, nicht formuliert: „Festsetzung der Akkord- und Prämiensätze ... sowie der Entgelthöhe beim Leistungslohn", sondern lediglich „Festsetzung der Akkord- und Prämiensätze ... einschließlich der Geldfaktoren". Die Entgelthöhe wird beim Akkord „nicht durch den technischen Geldfaktor, sondern durch den materiellen Richtsatz bestimmt" (so bereits zu § 56 Abs. 1 lit. g BetrVG 1952 *Hilger* in *Dietz/Gaul/ Hilger,* Akkord und Prämie, G II 19, S. 192).

906 b) Das BAG hatte zu § 56 Abs. 1 lit. g und h BetrVG 1952 entschieden, dass das Mitbestimmungsrecht des Betriebsrats sich nicht auf solche Fragen erstreckt, die lohnpolitische Bedeutung haben (vgl. BAG 7. 12. 1962 AP BetrVG [1952] § 56 Akkord Nr. 3; weiterhin BAG 29. 4. 1963, 22. 11. 1963 und 18. 3. 1964 AP BetrVG [1952] § 56 Entlohnung Nr. 2, 3 und 4; 6. 12. 1963 AP BetrVG [1952] § 56 Wohlfahrtseinrichtungen Nr. 6). Deshalb vertrat man überwiegend die Auffassung, dass das Mitbestimmungsrecht bei der Regelung des Akkords sich nur auf den *Zeitfaktor,* nicht aber auch auf den *Geldfaktor* erstreckt (s. dazu ausführlich die Angaben in Rn. 874).

907 Eine Mindermeinung war dagegen der Ansicht, dass der Betriebsrat auch bei der Festsetzung des Geldfaktors mitzubestimmen habe, wobei man vor allem darauf hinwies, dass der Geldfaktor und der Zeitfaktor miteinander austauschbare Funktionen übernehmen können, dergestalt, dass ein zu geringer Zeitfaktor durch eine entsprechende Überhöhung des Geldfaktors ausgeglichen werden kann und dass daher beide Faktoren zu den Grundlagen der Akkordlohnberechnung gehören (vgl. vor allem *Fitting/ Kraegeloh/Auffarth,* § 56 Rn. 41, 43, 45; *Farthmann,* BB 1963, 779, 786; *Herschel,* AuR 1967, 65, 66). In der Tat spielt es für die Höhe des Akkordverdienstes bei einem Zeitakkord keine Rolle, ob bei einer Herstellung von 12 Stück in der Stunde als Bezugs- oder Normalleistung dem Arbeitnehmer bei einem Akkordrichtsatz von 19,20 Euro 5 Minuten für das Stück gutgebracht werden, für die ein Geldfaktor von 32 Cent vorgesehen ist (richtiger Akkordansatz), oder ob ihm 4 Minuten gutgebracht werden und der Geldfaktor mit 40 Cent angesetzt ist (manipulierter Akkordansatz); stellt der Arbeitnehmer 15 Stück her, so erhält er in beiden Fällen den gleichen Akkordverdienst, nämlich $15 \times 5 \times 32 = 24$ Euro oder $15 \times 4 \times 40 = 24$ Euro. Bei einem Geldakkord werden Geldfaktor und Zeitfaktor sogar überhaupt nicht getrennt ausgewiesen, sondern sind bereits miteinander verrechnet (s. Rn. 811 ff.). Die Beteiligung des Betriebsrats bezieht sich deshalb hier notwendigerweise auch auf die Festsetzung der Geldfaktoren (so bereits zu § 56 Abs. 1 lit. g BetrVG 1952, obwohl auch sie der Ansicht war, dass das Mitbestimmungsrecht sich nicht auf die Geldseite erstreckt, *Hilger* in *Dietz/Gaul/Hilger,* Akkord und Prämie, G II 16, S. 190 ff.).

3. Zweck der Beteiligung an einer Festsetzung der Geldfaktoren

908 Die Erstreckung der Mitbestimmung auf die Festsetzung der Geldfaktoren soll die **leistungsgerechte Entlohnung** sichern. Es geht also nicht um den *Preis der Arbeit,* beim Akkordlohn also darum, ob der *Akkordrichtsatz* 19,20 Euro oder 22,20 Euro sein soll, so dass bei einer Normal- oder Bezugsleistung von 12 Stück in der Stunde und richtigem Akkordansatz der Geldfaktor entweder 32 Cent oder 37 Cent beträgt. Das BAG sieht dagegen in der Festsetzung der Geldfaktoren die Regelung der *Entgelthöhe,* weil der Geldfaktor, der das Verhältnis des Entgelts für die Leistung eines bestimmten Leistungsgrads zum bereits feststehenden Entgelt für die Ausgangsleistung bestimme, schon nach Nr. 10 mitbestimmungspflichtig sei (BAG 13. 9. 1983 AP BetrVG 1972 § 87 Prämie Nr. 3). Bei dem Geldfaktor in Nr. 11 gehe es um den **Lohn für die Bezugs- bzw. Ausgangsleistung;** denn die Gefahr der Arbeit im Leistungslohn habe einen „eigenen Preis" (BAG 13. 9. 1983 AP BetrVG 1972 § 87 Prämie Nr. 3; bestätigt BAG 16. 12. 1986 AP BetrVG 1972 § 87 Prämie Nr. 8).

Die **Begründung des BAG für seine gegenteilige Rechtsansicht** ist **nicht stimmig;** denn bei Nr. 11 geht es nicht um eine Beteiligung an der *Regelung,* sondern an der *Festsetzung der Faktoren entsprechend der mitbestimmten Regelung.* Außerdem kann die Mitbestimmung im Verständnis des BAG nur eingreifen, wenn für den Preis der leistungsbezogenen Entlohnung keine tarifliche Regelung vorliegt, weil sonst der Tarifvorrang das Mitbestimmungsrecht versperrt (BAG 16. 12. 1986 AP BetrVG 1972 § 87 Prämie Nr. 8). Aber auch bei fehlender Tarifvertragsregelung kann der Arbeitgeber im Mitbestimmungsverfahren nicht zur Erbringung einer Entgeltleistung gezwungen werden. Zahlt er freiwillig eine Leistungsprämie, so bindet daher nach Ansicht des BAG ein Spruch der Einigungsstelle über den Geldfaktor den Arbeitgeber nur dann und solange, wie dieser den Leistungslohn gewähren will und auch gewährt (BAG 13. 9. 1983 AP BetrVG 1972 § 87 Prämie Nr. 3). Schlüssig begründet ist dieses Ergebnis aber nur, wenn man im mitbestimmungspflichtigen Geldfaktor nach Nr. 11 nicht den Prämienausgangslohn sieht; denn bei ihm handelt es sich um die Festlegung des Dotierungsrahmens für die Erbringung der zusätzlichen Leistung. Die Erstreckung des Mitbestimmungsrechts auf die Festsetzung der Geldfaktoren kann deshalb nicht bedeuten, dass der Prämienausgangslohn dem Mitbestimmungsrecht unterliegt. Es handelt sich nämlich insoweit um den Dotierungsrahmen (vgl. *Richardi,* ZfA 1976, 1, 28 f.; zust. *Lieb,* ZfA 1988, 413, 416 ff.). Was bei der Gewährung einer zusätzlichen Leistung gilt, kann nicht anders beurteilt werden, wenn der Leistungslohn den ausschließlichen oder wesentlichen Inhalt des Arbeitsentgelts bildet.

Folgt man dem BAG, so ist außerdem bei **tarifvertraglicher Regelung des Akkordrichtsatzes** bzw. des **Prämien-Ecksatzes für die Prämienausgangsleistung** das Mitbestimmungsrecht über die Festsetzung der Geldfaktoren wegen des Tarifvorrangs verdrängt (so für Prämienlohn BAG 16. 12. 1986 AP BetrVG 1972 § 87 Prämie Nr. 8). Folgt man dagegen dem hier vertretenen Standpunkt, so wird dadurch das Mitbestimmungsrecht nicht ausgeschlossen, weil es darum geht, die richtige Zuordnung der Geldseite bei der Festsetzung des Akkord- oder Prämiensatzes zu sichern (vgl. dazu auch *Richardi,* ZfA 1976, 1, 28).

Die Erstreckung der Mitbestimmung auf die Festsetzung der Geldfaktoren bezweckt, dass durch paritätische Beteiligung des Betriebsrats die **Richtigkeit des leistungsbezogenen Entgelts** gesichert wird. Während man bei der **Akkordentlohnung** den Akkordsatz so gestalten kann, dass die Richtigkeit des Akkordansatzes im Zeitfaktor und die Vorstellung über die Lohnhöhe bei Erbringung der Bezugs- oder Normalleistung im Geldfaktor ausgedrückt wird (60. Teil des Akkordrichtsatzes), lassen sich bei der **Prämienentlohnung** die Faktoren, die sich auf die Leistungsgerechtigkeit der Entlohnung beziehen, nicht so leicht von dem Faktor, der die Entgelthöhe festlegt, trennen. Über die Richtigkeit des Prämiensatzes entscheidet zwar die *Prämienleistungsnorm,* aber es besteht hier eine *wechselseitige Abhängigkeit von Entgeltsystem und Entgelthöhe;* denn wie der sich aus der Prämienleistungsnorm ergebende Lohnschlüssel konkret gestaltet ist, hängt stets auch von der Höhe der Prämie ab. Der *Prämien-Ecksatz* ist *mitbestimmungsfrei.* Durch die Mitbestimmung soll aber gesichert werden, dass der Arbeitgeber durch die Zuordnung der Entgelthöhe nicht die *Bemessungsgrundlagen* der Prämie beeinträchtigt. Deshalb erstreckt sie sich auf die Festsetzung der Geldfaktoren, damit die Prämienlohnkurve so verläuft, wie die Prämienleistungsnorm sie festgelegt hat (ebenso GL-*Löwisch,* § 87 Rn. 247; *Richardi,* ZfA 1976, 1, 31; *Lieb,* ZfA 1988, 413, 419).

V. Inhalt und Umfang der Mitbestimmung

1. Initiativrecht

912 Soweit die Mitbestimmung reicht, hat der Betriebsrat nicht nur ein Zustimmungsrecht, sondern auch ein Initiativrecht (ebenso BAG 14. 11. 1974 AP BetrVG 1972 § 87 Nr. 1 [zust. *Richardi*]; LAG Düsseldorf [Köln], EzA § 87 BetrVG 1972 Initiativrecht Nr. 1 [Vorinstanz]; GL-*Löwisch*, § 87 Rn. 255; GK-*Wiese*, § 87 Rn. 1006; *ders.*, Initiativrecht, S. 69 ff.; *Matthes*, MünchArbR § 251 Rn. 81; *Richardi*, ZfA 1976, 1, 43; s. ausführlich Rn. 65 ff.).

2. Tarifvorrang

913 Folgt man der hier vertretenen Interpretation, dass der Mitbestimmungstatbestand sich auf die Festlegung der Faktoren bezieht, die für die Ermittlung und Berechnung des Akkord- oder Prämienlohns sowie der vergleichbaren leistungsbezogenen Entgelte von Bedeutung sind (s. Rn. 895), während die Entscheidung über Einführung und Gestaltung des Leistungslohnsystems bereits unter Nr. 10 fällt, so spielt der Tarifvorrang, der nach dem Eingangshalbsatz das Mitbestimmungsrecht verdrängt, für Nr. 11 keine Rolle. Soweit dagegen die mitbestimmungspflichtige Festlegung der Geldfaktoren auch den Preis für die Arbeit umfasst (s. Rn. 904 ff.), hat bei Akkordlohn die tarifvertragliche Festlegung des Akkordrichtsatzes und entsprechend beim Prämienlohn die tarifvertragliche Festlegung der Entgelthöhe für die Prämienausgangsleistung zur Folge, dass der Tarifvorrang das Mitbestimmungsrecht über die Festsetzung der Geldfaktoren verdrängt (so bei der Festsetzung von Prämiensätzen BAG 25. 5. 1982 und 16. 12. 1986 AP BetrVG 1972 § 87 Prämie Nr. 2 und 8).

914 **Verbietet** ein **Tarifvertrag Akkordarbeit**, so besteht für die Akkordmitbestimmung nach dieser Vorschrift kein Raum.

915 Der Tarifvorrang greift nicht ein, wenn ein Tarifvertrag den **Arbeitgeber ermächtigt**, einseitig die **Akkord- oder Prämiensätze festzusetzen** (s. auch Rn. 164). Etwas anderes gilt nur, wenn die tarifliche Regelung eine Verfahrensordnung zur Feststellung der Faktoren enthält, die für die Ermittlung und Berechnung der Entgeltsätze von Bedeutung sind. Aber auch in diesem Fall schließt die tarifliche Regelung nicht die Mitbestimmung aus, sondern der Tarifvorrang sichert nur, dass die Mitbestimmungsausübung der tariflichen Verfahrensordnung entsprechen muss (s. auch Rn. 163). Ein Tarifvertrag kann deshalb nicht bestimmen, dass die Festsetzung der Akkordsätze zunächst einseitig dem Arbeitgeber überlassen wird und der Betriebsrat nur ein Widerspruchsrecht erhält (a. A. BAG 8. 2. 1963 AP BetrVG [1952] § 56 Akkord Nr. 4).

VI. Durchführung der Mitbestimmung

1. Ausübungsform der Mitbestimmung

916 Das Gesetz regelt nicht, wie die Mitbestimmung durchzuführen ist. Keineswegs ist es erforderlich, dass der Arbeitgeber jeden Akkordsatz gemeinsam mit dem Betriebsrat festsetzt. Das ist in Großbetrieben schlechterdings undurchführbar, und deshalb wird hier die Sachentscheidung häufig einer **Akkordkommission** übertragen, die vom Arbeitgeber und vom Betriebsrat paritätisch besetzt wird. Im Schrifttum ist streitig, ob diese Form der *mittelbaren Mitbestimmung* der gesetzlichen Regelung genügt; es wird darauf hingewiesen, dass sie eine unzulässige Delegation von Betriebsratsbefugnissen darstelle (vgl. *Meyenschein-Juen*, Der arbeitswissenschaftlich ermittelte Zeitakkord, S. 70 f.; *Farthmann*, BB 1963, 779, 783 f.). Man räumt zwar ein, dass der Betriebsrat sich darauf

beschränken kann, ein besonders sachkundiges Mitglied oder irgendeinen anderen Sachverständigen seines Vertrauens bei der Festlegung der einzelnen Zeitvorgaben mitwirken zu lassen, hält aber für erforderlich, dass der Betriebsrat als Kollegialorgan die so ermittelten Zeiten durch seine Zustimmung sanktioniert, z. B. durch das Abzeichnen der Akkordlisten (*Farthmann*, BB 1963, 785). Überwiegend ist man dagegen der Ansicht, dass Arbeitgeber und Betriebsrat durch Betriebsvereinbarung eine Akkordkommission einsetzen können, die die Akkordsätze verbindlich festlegt (vgl. *Fitting*, § 87 Rn. 521; GK-*Wiese*, Rn. 1007 f.; GL-*Löwisch*, § 87 Rn. 254; HSWGNR-*Worzalla*, § 87 Rn. 575; *Nikisch*, Bd. III S. 430; *Nipperdey/Säcker* in *Hueck/Nipperdey*, Bd. II/2 S. 1386; *Hilger* in *Dietz/Gaul/Hilger*, Akkord und Prämie, G VI, S. 203 ff.).

Dass eine Mitbestimmung durch gemeinsame Gremien rechtlich zulässig ist, ergibt sich aus § 28 Abs. 2, der dem Betriebsrat ausdrücklich gestattet, Aufgaben zur selbständigen Erledigung auf Betriebsratsmitglieder in Ausschüssen zu übertragen, deren Mitglieder vom Betriebsrat und vom Arbeitgeber benannt werden (ebenso *Fitting*, § 87 Rn. 521; HSWGNR-*Worzalla*, § 87 Rn. 575; *Moll*, Mitbestimmung beim Entgelt, S. 40 f.). In der Begründung zum RegE werden als Beispiel paritätische Akkordkommissionen genannt (vgl. BT-Drucks. VI/1786, S. 40). Arbeitgeber und Betriebsrat sind aber nicht darauf beschränkt, lediglich einen gemeinsamen Ausschuss nach § 28 Abs. 2 einzurichten (s. Rn. 91), sondern sie können durch Betriebsvereinbarung regeln, wie die Mitbestimmung durchgeführt wird und zu diesem Zweck eine Akkordkommission bilden, der die Festsetzung der einzelnen Akkordsätze übertragen wird. Diese Akkordkommission, die durch Betriebsvereinbarung gebildet wird, braucht kein gemeinsamer Ausschuss i. S. des § 28 Abs. 2 zu sein (ebenso GK-*Wiese*, § 87 Rn. 1008; a. A. HSWGNR-*Worzalla*, § 87 Rn. 575). Deshalb kann festgelegt werden, dass sie mit Stimmenmehrheit entscheidet, auch wenn der Beschluss nicht die Mehrheit der vom Betriebsrat bestimmten Mitglieder erhält (s. auch Rn. 91). Die Akkordkommission braucht auch nicht paritätisch besetzt zu sein, sofern der gleichberechtigte Einfluss des Betriebsrats gewährleistet ist (ebenso *Moll*, Mitbestimmung beim Entgelt, S. 42; zur gleichgelagerten Problematik bei der Mitbestimmung über Ausgestaltung und Verwaltung von Sozialeinrichtungen s. Rn. 658 f.).

917

Soll die Festsetzung der Akkordsätze nach einem bestimmten **arbeitswissenschaftlichen Akkordsystem** erfolgen, das der Mitbestimmung nach Nr. 10 unterliegt (s. Rn. 818), so wird dadurch die Gestaltung der Mitbestimmung bei der Festsetzung der Akkordsätze präjudiziert. Das Mitbestimmungsrecht wird dadurch aber nicht ausgestaltet; denn die Ermittlung der Vorgabezeiten besteht nicht nur in einem Messen, sondern es sind zahlreiche Schätzvorgänge erforderlich, um die Normalleistung zu bestimmen, z. B. muss beim Refa-Verfahren schon bei den Zeitaufnahmen der Leistungsgrad des beobachteten Arbeitnehmers geschätzt werden, um die gemessenen Istzeiten in Normalzeiten umzuwandeln (vgl. dazu *Kollmar*, Mitbestimmung bei der Einführung und Regelung von Akkordlöhnen, S. 45 ff.). Das Mitbestimmungsrecht des Betriebsrats ist insoweit materiell ein *Mitbeurteilungsrecht,* das in seiner Ausübung durch den Richtigkeitsgedanken bestimmt wird (vgl. auch *Hilger* in *Dietz/Gaul/Hilger,* Akkord und Prämie, G V 22 ff., S. 200 ff.). Der Arbeitgeber kann verlangen, die Durchführung der Mitbestimmung so auszugestalten, dass eine korrekte Durchführung des vereinbarten Akkordsystems gewährleistet ist.

918

2. Zuständigkeit für die Mitbestimmungsausübung

Da die Festsetzung der Akkord- und Prämiensätze und der vergleichbaren leistungsbezogenen Entgelte von Faktoren abhängt, die sich aus der organisatorischen Gestaltung des Arbeitsplatzes ergeben, ist für die Mitbestimmungsausübung der Einzelbetriebsrat zuständig, auch soweit die Mitbestimmung nach Nr. 10 über die Einführung und Gestaltung des Leistungslohnsystems ausnahmsweise ein Gesamt- oder Konzernbetriebsrat wahrgenommen hat (s. Rn. 866 f.).

919

3. Rechtsfolgen einer Nichtbeteiligung des Betriebsrats

920 Der Arbeitgeber verletzt seine betriebsverfassungsrechtliche Pflicht zur Beteiligung des Betriebsrats, wenn er bei der Festsetzung der Akkord- und Prämiensätze und vergleichbarer leistungsbezogener Entgelte nicht das Mitbestimmungsverfahren beachtet.

921 Nach der Rechtsprechung des BAG ist die Zustimmung des Betriebsrats eine **Wirksamkeitsvoraussetzung** für die Festsetzung der Akkord- und Prämiensätze (vgl. BAG 15. 5. 1957 und 16. 12. 1960 AP BetrVG [1952] § 56 Nr. 4 und 22; dazu ausführlich Rn. 101 ff.). Das BAG hat aber festgestellt, dass der Arbeitgeber bei der Gewährung von Prämienzahlungen für die Vergangenheit an seine Zusage gebunden bleibt, auch wenn sie das Mitbestimmungsrecht des Betriebsrats verletzt (BAG 22. 11. 1963 und 18. 3. 1964 AP BetrVG [1952] § 56 Entlohnung Nr. 3 und 4; s. dazu auch Rn. 123 ff.).

922 Die **Zustimmung des Betriebsrats heilt nicht** eine **falsche Festsetzung des Akkord- oder Prämiensatzes**. Ist der Akkord unrichtig angesetzt, mit dem Ergebnis, dass der Arbeitnehmer zu wenig Lohn erhält, also eine zu niedrige Zeitvorgabe nicht durch einen höheren Geldfaktor ausgeglichen ist, so kann er die Lohndifferenz einklagen, ohne Rücksicht darauf, dass die Festlegung des Akkordsatzes die Zustimmung des Betriebsrats erhalten hat.

923 Der Betriebsrat hat zwar bei Verletzung seines Mitbestimmungsrechts den **negatorischen Beseitigungs- und Unterlassungsanspruch** (s. Rn. 134 ff.); dieser Anspruch kann aber nicht bewirken, dass dem Arbeitnehmer mehr oder weniger gezahlt wird, als ihm individualrechtlich zusteht.

L. Nr. 12: Grundsätze über das betriebliche Vorschlagswesen

Abgekürzt zitiertes Schrifttum: *Bartenbach/Volz,* Gesetz über Arbeitnehmererfindungen, Kommentar, 4. Aufl. 2002; *Krafft,* Das betriebliche Vorschlagswesen als Gruppenaufgabe und Gruppenproblem, 1966; *Krauß,* Das betriebliche Vorschlagswesen aus rechtlicher Sicht, (Diss. Freiburg i. Br.) 1977.

Übersicht

	Rn.
I. Vorbemerkung	924
II. Betriebliches Vorschlagswesen als Gegenstand des Mitbestimmungstatbestands	925
1. Begriff und Zweck des betrieblichen Vorschlagswesens	925
2. Gegenstand des betrieblichen Vorschlagswesens	926
3. Zusätzliche Leistung als Voraussetzung für die Zugehörigkeit eines Verbesserungsvorschlags zum betrieblichen Vorschlagswesen	930
III. Abgrenzung des Mitbestimmungstatbestands	931
1. Grundsätze über das betriebliche Vorschlagswesen	931
2. Mitbestimmungsfreier Bereich	937
IV. Inhalt und Umfang der Mitbestimmung	940
1. Zustimmungs- und Initiativrecht	940
2. Keine Mitbestimmung über die Bewertung und Prämiierung des einzelnen Verbesserungsvorschlags	942
3. Keine Mitbestimmung über die Verwertung eines Verbesserungsvorschlags	943
V. Durchführung der Mitbestimmung	944
1. Ausübungsform der Mitbestimmung	944
2. Zuständigkeit für die Mitbestimmungsausübung	945
3. Rechtsfolgen einer Nichtbeteiligung des Betriebsrats	946

I. Vorbemerkung

Der Mitbestimmungstatbestand ist erst auf Grund des Vorschlags des BT-Ausschusses für Arbeit und Sozialordnung in das Gesetz eingefügt worden (vgl. *zu* BT-Drucks. VI/ 2729, S. 29). Damit wird der Tatsache Rechnung getragen, dass das betriebliche Vorschlagswesen als eine partnerschaftliche Einrichtung nur dann Erfolg haben kann, wenn sie vom Betriebsrat mitgetragen wird (vgl. dazu *Krafft*, Das betriebliche Vorschlagswesen als Gruppenaufgabe und Gruppenproblem, S. 54 f.).

924

II. Betriebliches Vorschlagswesen als Gegenstand des Mitbestimmungstatbestands

1. Begriff und Zweck des betrieblichen Vorschlagswesens

Zum **betrieblichen Vorschlagswesen** gehören alle Systeme und Methoden, durch die Vorschläge der Arbeitnehmer zur Vereinfachung oder Verbesserung der betrieblichen Arbeit angeregt, gesammelt und bewertet werden. Das betriebliche Vorschlagswesen ist ein Mittel, um Arbeitnehmer als aktive Mitarbeiter in das Betriebsgeschehen einzubeziehen. Die Arbeitnehmer sollen ermuntert werden, zum Betriebserfolg beizutragen; ihnen wird nicht nur die Möglichkeit geboten, durch Prämien einen finanziellen Vorteil zu erzielen, sondern sie erhalten vor allem Gelegenheit, ihre Fähigkeiten zu entwickeln (vgl. *Fitting*, § 87 Rn. 536; *Schoden*, AuR 1980, 73). Durch Verbesserungsvorschläge können die Arbeitnehmer Einfluss auf die betriebliche Unfallverhütung und die Sicherheit am Arbeitsplatz nehmen. Sie können durch sie auf Fähigkeiten aufmerksam machen, die sonst bei der oft bis ins einzelne vorgeschriebenen Tätigkeit gar nicht zur Entfaltung kommen. Das betriebliche Vorschlagswesen dient damit dem autonomen Arbeitsschutz; es verbessert die Möglichkeit des beruflichen Aufstiegs im Unternehmen und erleichtert den Arbeitnehmern die Anpassung an technische oder organisatorische Änderungen ihres Arbeitsplatzes.

925

2. Gegenstand des betrieblichen Vorschlagswesens

a) Gegenstand des betrieblichen Vorschlagswesens ist der **Verbesserungsvorschlag**, wobei keine Rolle spielt, ob er auf **technischem** oder **organisatorischem Gebiet** gemacht wird (ebenso *Fitting*, § 87 Rn. 539; *Frauenkron*, § 87 Rn. 44; GK-*Wiese*, § 87 Rn. 1015; GL-*Löwisch*, § 87 Rn. 261; HSWGNR-*Worzalla*, § 87 Rn. 581; *Stege/Weinspach/Schiefer*, § 87 Rn. 202; *Matthes*, MünchArbR § 252 Rn. 3; *Kunze*, RdA 1975, 42, 46; vgl. auch *Krauß*, Das betriebliche Vorschlagswesen, S. 92 ff.).

926

b) **Erfindungen, die patent- oder gebrauchsmusterfähig sind,** fallen **nicht** in den Regelungsbereich des **betrieblichen Vorschlagswesens.** Für sie gilt vielmehr das Gesetz über Arbeitnehmererfindungen vom 25. 7. 1957 (ArbNErfG). Da insoweit das Gesetz eine abschließende Regelung gibt, besteht für sie kein Mitbestimmungsrecht des Betriebsrats (ebenso *Fitting*, § 87 Rn. 542; GK-*Wiese*, § 87 Rn. 1011; GL-*Löwisch*, § 87 Rn. 262; HSWGNR-*Worzalla*, § 87 Rn. 582; *Stege/Weinspach/Schiefer*, § 87 Rn. 201; *Matthes*, MünchArbR § 252 Rn. 3).

927

Von den Erfindungen sind deshalb die **technischen Verbesserungsvorschläge** zu unterscheiden, zu denen alle technischen Neuerungen gehören, die nicht patent- oder gebrauchsmusterfähig sind (§ 3 ArbNErfG). Für sie gibt § 20 Abs. 1 ArbNErfG dem Arbeitnehmer einen Anspruch auf angemessene Vergütung, wenn sie dem Arbeitgeber eine ähnliche Vorzugsstellung gewähren wie ein gewerbliches Schutzrecht (sog. qualifizierter technischer Verbesserungsvorschlag). Eine ähnliche Vorzugsstellung erhält der Arbeitgeber, wenn für ihn wenigstens eine tatsächliche Ausschlussmöglichkeit besteht, er

928

also verhindern kann, dass Wettbewerber die technische Neuerung verwerten (vgl. zur Abgrenzung *Krauß*, Das betriebliche Vorschlagswesen, S. 30 ff.). Besteht für den Arbeitgeber keine faktische Monopolstellung, so handelt es sich um einfache technische Verbesserungsvorschläge, deren Behandlung der Regelung durch Tarifvertrag oder Betriebsvereinbarung überlassen bleibt (§ 20 Abs. 2 ArbNErfG).

929 Die Regelung der **einfachen technischen Verbesserungsvorschläge** und der **nicht technischen Verbesserungsvorschläge** erfolgt im Rahmen des betrieblichen Vorschlagswesens. Zum Mitbestimmungstatbestand gehören aber auch die **qualifizierten technischen Verbesserungsvorschläge**; denn § 20 Abs. 1 ArbNErfG gibt für sie keine abschließende Regelung, sondern enthält nur Vorschriften über die Vergütung, indem er §§ 9 und 12 ArbNErfG für sinngemäß anwendbar erklärt, so dass nur insoweit das Mitbestimmungsrecht verdrängt wird (ebenso *Fitting*, § 87 Rn. 544; GK-*Wiese*, § 87 Rn. 1013; GL-*Löwisch,* § 87 Rn. 262; DKK-*Klebe*, § 87 Rn. 291; HSWGNR-*Worzalla*, § 87 Rn. 583; a. A. *Stege/Weinspach/Schiefer*, § 87 Rn. 201).

3. Zusätzliche Leistung als Voraussetzung für die Zugehörigkeit eines Verbesserungsvorschlags zum betrieblichen Vorschlagswesen

930 Ein Verbesserungsvorschlag fällt nur dann in das betriebliche Vorschlagswesen, wenn er eine zusätzliche Leistung darstellt, also nicht zum Pflichtenkreis des Arbeitnehmers auf Grund des Arbeitsverhältnisses gehört (ebenso ArbG Heilbronn, DB 1987, 541; *Fitting*, § 87 Rn. 541; GK-*Wiese*, § 87 Rn. 1014; DKK-*Klebe*, § 87 Rn. 293; HSWGNR-*Worzalla*, § 87 Rn. 584; *Stege/Weinspach/Schiefer*, § 87 Rn. 202; vgl. dazu auch *Krafft*, Das betriebliche Vorschlagswesen als Gruppenaufgabe und Gruppenproblem, S. 32 ff.).

III. Abgrenzung des Mitbestimmungstatbestands

1. Grundsätze über das betriebliche Vorschlagswesen

931 Mitbestimmungstatbestand sind die Grundsätze über das betriebliche Vorschlagswesen. Zu ihnen gehören die Organisation des betrieblichen Vorschlagswesens, die Bestimmung des vorschlagsberechtigten Personenkreises sowie die Festlegung der materiellen Gesichtspunkte, von denen die Bewertung des Verbesserungsvorschlags im konkreten Fall abhängt, und des Verfahrens zur Ermittlung dieser Gesichtspunkte.

932 a) Zur **Organisation des betrieblichen Vorschlagswesens** gehören die organisatorische Einordnung in den Betrieb, der organisatorische Aufbau und die personalen Träger des Vorschlagswesens, also die Einsetzung eines Sachbearbeiters und die Einrichtung eines Prüfungsausschusses, weiterhin der Organisationsplan, also die Regelungen über die Einreichungsform und den Einreichungsweg der Verbesserungsvorschläge (vgl. BAG 28. 4. 1981 und 16. 3. 1982 AP BetrVG 1972 § 87 Vorschlagswesen Nr. 1 und 2; GL-*Löwisch*, § 87 Rn. 269 f.; *Matthes*, MünchArbR § 252 Rn. 10; *Krauß*, Das betriebliche Vorschlagswesen, S. 54 f.; *Schoden*, AuR 1980, 73, 75 f.).

933 Die Beschränkung der Mitbestimmung auf die Grundsätze stellt sicher, dass **organisatorische Einzelmaßnahmen nicht erfasst** werden (ebenso GL-*Löwisch*, § 87 Rn. 271; *Stege/Weinspach/Schiefer*, § 87 Rn. 204). Mitbestimmungspflichtig ist daher, ob innerhalb der Organisation des Vorschlagswesens die Einrichtung eines Beauftragten vorgesehen werden soll, aber nicht, durch wen und mit wem diese Position zu besetzen ist. Die Bestimmung der Person, der die Funktion eines Beauftragten für das betriebliche Vorschlagswesen übertragen wird, fällt nicht unter den Mitbestimmungstatbestand (ebenso BAG 16. 3. 1982 AP BetrVG 1972 § 87 Vorschlagswesen Nr. 2; GK-*Wiese*, § 87 Rn. 1032; GL-*Löwisch*, § 87 Rn. 271; HSWGNR-*Worzalla*, § 87 Rn. 587; a. A. DKK-*Klebe*, § 87 Rn. 297).

b) Der Mitbestimmung unterliegt die Festlegung des **Personenkreises, der berechtigt** 934
sein soll, am betrieblichen Vorschlagswesen teilzunehmen (ebenso *Fitting*, § 87 Rn. 553;
GK-*Wiese*, § 87 Rn. 1029; GL-*Löwisch*, § 87 Rn. 272; HSWGNR-*Worzalla*, § 87
Rn. 588; *Stege/Weinspach/Schiefer*, § 87 Rn. 204; *Krauß*, Das betriebliche Vorschlagswesen, S. 55). Voraussetzung ist, dass es sich um Mitglieder der vom Betriebsrat repräsentierten Belegschaft handelt; nicht erfasst werden deshalb die in § 5 Abs. 3 genannten
leitenden Angestellten (ebenso GK-*Wiese*, § 87 Rn. 1029; GL-*Löwisch*, § 87 Rn. 272;
HSWGNR-*Worzalla*, § 87 Rn. 588; *Stege/Weinspach/Schiefer*, § 87 Rn. 204; *Krauß*,
Das betriebliche Vorschlagswesen, S. 55; *Schoden*, AuR 1980, 73, 76).

c) Zu den Grundsätzen über das betriebliche Vorschlagswesen gehören vor allem die 935
materiellen Gesichtspunkte, von denen Anerkennung und Bewertung des Verbesserungsvorschlags im konkreten Fall abhängen, und das Verfahren zur Ermittlung dieser
Gesichtspunkte. Die Begutachtung selbst ist dagegen mitbestimmungsfrei; sie kann nicht
unter den Begriff der Grundsätze subsumiert werden (ebenso BAG 16. 3. 1982 AP
BetrVG 1972 § 87 Vorschlagswesen Nr. 2; s. auch Rn. 942).

d) Der Betriebsrat hat vor allem über die **Prämiierungsgrundsätze und deren Aus-** 936
formung mitzubestimmen (ebenso BAG 28. 4. 1981 AP BetrVG 1972 § 87 Vorschlagswesen Nr. 1; *Fitting*, § 87 Rn. 551; GK-*Wiese*, § 87 Rn. 1035; GL-*Löwisch*, § 87
Rn. 274; DKK-*Klebe*, § 87 Rn. 298; HSWGNR-*Worzalla*, § 87 Rn. 589; *Matthes*,
MünchArbR § 252 Rn. 13; *Krauß*, Das betriebliche Vorschlagswesen, S. 56 f.). Daraus
folgt aber nicht, dass der Arbeitgeber im Mitbestimmungsverfahren verpflichtet werden
kann, Verbesserungsvorschläge zu honorieren (s. Rn. 937), und auch die Festsetzung der
Prämie im Einzelfall ist mitbestimmungsfrei (ebenso BAG 16. 3. 1982 AP BetrVG 1972
§ 87 Vorschlagswesen Nr. 2; s. auch Rn. 942). Außerdem hat der Betriebsrat nicht
mitzubestimmen, soweit durch Gesetz, wie durch § 20 Abs. 1 ArbNErfG für qualifizierte
technische Verbesserungsvorschläge, oder durch Tarifvertrag geregelt ist, welche Entgeltleistung zu entrichten ist (s. auch Rn. 927).

2. Mitbestimmungsfreier Bereich

a) Der Arbeitgeber kann durch die Mitbestimmung **nicht verpflichtet** werden, 937
Verbesserungsvorschläge anzunehmen und zu verwerten. Deshalb kann er insoweit
auch nicht gezwungen werden, Verbesserungsvorschläge **zu vergüten.** Darin liegt der
berechtigte Kern der im älteren Schrifttum geäußerten Rechtsansicht, dass die Einführung des betrieblichen Vorschlagswesens nicht der Mitbestimmung unterliegt
(*Brecht*, § 87 Rn. 35; *Bohn/Schlicht*, § 87 Anm. 21; *Frauenkron*, § 87 Rn. 45; GL-*Löwisch*, § 87 Rn. 264; *Kammann*/Hess/Schlochauer, § 87 Rn. 244; *Krauß*, Das betriebliche Vorschlagswesen, S. 50 ff.). Übersehen wird allerdings, dass das Mitbestimmungsrecht ein Initiativrecht einschließt, soweit der Mitbestimmungstatbestand reicht
(s. Rn. 941).

b) **Mitbestimmungsfrei** ist auch wie sonst, ob und in welcher Größenordnung **finan-** 938
zielle Mittel für eine Prämiengewährung zur Verfügung gestellt werden (ebenso BAG
28. 4. 1981 AP BetrVG 1972 § 87 Vorschlagswesen Nr. 1; LAG Düsseldorf [Köln], EzA
§ 87 BetrVG 1972 Vorschlagswesen Nr. 1; *Fitting*, § 87 Rn. 549; GK-*Wiese*, § 87
Rn. 1020; GL-*Löwisch*, § 87 Rn. 273; HSWGNR-*Worzalla*, § 87 Rn. 593; *Krauß*, Das
betriebliche Vorschlagswesen, S. 55 f.). Dabei muss man allerdings berücksichtigen, dass
der Arbeitnehmer bei Verwertung seines Verbesserungsvorschlags einen Anspruch auf
Vergütung hat, der Arbeitgeber also insoweit nicht frei ist, ob er eine Vergütung zahlt
(vgl. BAG 28. 4. 1981 AP BetrVG 1972 § 87 Vorschlagswesen Nr. 1). Der Betriebsrat
hat in diesem Fall mitzubestimmen, nach welchen Grundsätzen und Methoden die
Prämie bemessen werden soll, wie der Nutzen eines Verbesserungsvorschlags zu ermitteln ist und nach welchen Grundsätzen eine Prämie bei Gruppenvorschlägen verteilt
wird (ebenso BAG a. a. O.).

939 Der Betriebsrat kann nicht unmittelbar die **Höhe der Prämie** mitbestimmen, z. B. dergestalt, dass sie einen bestimmten Prozentsatz des Jahresnutzens betragen muss (ebenso BAG 28. 4. 1981 AP BetrVG 1972 § 87 Vorschlagswesen Nr. 1; im Ergebnis GL-*Löwisch*, § 87 Rn. 273; *Stege/Weinspach/Schiefer*, § 87 Rn. 205; *Krauß*, Das betriebliche Vorschlagswesen, S. 55 f.; a. A. DKK-*Klebe*, § 87 Rn. 298; *Schoden*, AuR 1980, 73, 76 f.).

IV. Inhalt und Umfang der Mitbestimmung

1. Zustimmungs- und Initiativrecht

940 Führt der Arbeitgeber ein betriebliches Vorschlagswesen ein, so sind dessen **Grundsätze** mit **Zustimmung des Betriebsrats** festzulegen.

941 Soweit die Mitbestimmung reicht, ist für den Betriebsrat auch ein **Initiativrecht** gegeben (ebenso BAG 28. 4. 1981 AP BetrVG 1972 § 87 Vorschlagswesen Nr. 1; LAG Düsseldorf [Köln], EzA § 87 BetrVG 1972 Vorschlagswesen Nr. 1; *Fitting*, § 87 Rn. 559; GK-*Wiese*, § 87 Rn. 1019; *ders.*, Initiativrecht, S. 73 f.; DKK-*Klebe*, § 87 Rn. 294; HSWGNR-*Worzalla*, § 87 Rn. 590; *Matthes*, MünchArbR § 252 Rn. 8; *Föhr*, AuR 1975, 353, 362; *Schoden*, AuR 1980, 73 ff.; a. A. *Stege/Weinspach/Schiefer*, § 87 Rn. 203 a). Voraussetzung für das Mitbestimmungsrecht ist nicht, dass der Arbeitgeber ein betriebliches Vorschlagswesen eingeführt hat (s. zur gegenteiligen Meinung im älteren Schrifttum Rn. 937). Dabei ist jedoch als Rechtsausübungsschranke zu beachten, dass der Arbeitgeber nicht verpflichtet werden kann, Verbesserungsvorschläge anzunehmen und zu verwerten (s. Rn. 943; ebenso BAG 28. 4. 1981 AP BetrVG 1972 § 87 Vorschlagswesen Nr. 1; *Schoden*, AuR 1980, 73, 75, 77).

2. Keine Mitbestimmung über die Bewertung und Prämiierung des einzelnen Verbesserungsvorschlags

942 Da der Mitbestimmung nur die Grundsätze über das betriebliche Vorschlagswesen unterliegen, hat der Betriebsrat nicht über die **Bewertung** und **Prämiierung des einzelnen Verbesserungsvorschlags** mitzubestimmen (ebenso BAG 16. 3. 1982 AP BetrVG 1972 § 87 Vorschlagswesen Nr. 2; GK-*Wiese*, § 87 Rn. 1023; GL-*Löwisch*, § 87 Rn. 275; HSWGNR-*Worzalla*, § 87 Rn. 594 f.; *Krauß*, Das betriebliche Vorschlagswesen, S. 57; a. A. für die Begutachtung *Schoden*, AuR 1980, 73, 76).

3. Keine Mitbestimmung über die Verwertung eines Verbesserungsvorschlags

943 Die Verwertung eines Verbesserungsvorschlags fällt nicht unter den Mitbestimmungstatbestand. Der Betriebsrat kann deshalb nicht im Mitbestimmungsverfahren erzwingen, dass der Arbeitgeber einen Verbesserungsvorschlag durchführt (ebenso BAG 16. 3. 1982 AP BetrVG 1972 § 87 Vorschlagswesen Nr. 2; *Fitting*, § 87 Rn. 556; GK-*Wiese*, § 87 Rn. 1023). Werden jedoch auf Grund von Verbesserungsvorschlägen die betriebliche Organisation, das Fertigungsverfahren oder sonstige Vorgänge im Betrieb geändert, so kann eine derartige unternehmerische Entscheidung zum Mitbestimmungsrecht des Betriebsrats nach § 91 oder §§ 111 ff. führen (ebenso BAGE a. a. O.).

V. Durchführung der Mitbestimmung

1. Ausübungsform der Mitbestimmung

944 Da die Mitbestimmung sich auf Grundsätze bezieht, wird sie durch den Abschluss einer **Betriebsvereinbarung** ausgeübt. Der Arbeitgeber verletzt zwar nicht seine Pflicht zur Beteiligung des Betriebsrats, wenn er das betriebliche Vorschlagswesen auf der

Grundlage einer formlosen Betriebsabsprache regelt. Das genügt aber nicht, um die formlose Betriebsabsprache neben der Betriebsvereinbarung als gleichwertige Form der Mitbestimmungsausübung anzuerkennen (ebenso B. *Schwab*, AR-Blattei SD 1760, C I 4; wohl auch *Matthes*, MünchArbR § 252 Rn. 16; a. A. GK-*Wiese*, § 87 Rn. 1037; GL-*Löwisch*, § 87 Rn. 276; HSWGNR-*Worzalla*, § 87 Rn. 596; *Krauß*, Das betriebliche Vorschlagswesen, S. 58 ff.). Nur durch Betriebsvereinbarung entfalten die Grundsätze über das betriebliche Vorschlagswesen normative Wirkung für die Arbeitsverhältnisse. Das Mitbestimmungsrecht erschöpft sich daher nicht in einer formlosen Betriebsabsprache, sondern der Betriebsrat kann verlangen, dass durch den Abschluss einer Betriebsvereinbarung Ansprüche der Arbeitnehmer auf eine Behandlung ihrer Verbesserungsvorschläge entsprechend den vereinbarten Grundsätzen begründet werden. Einen Anspruch auf eine bestimmte Prämie kann aber nur eine freiwillige Betriebsvereinbarung begründen. Da die Betriebsparteien durch Betriebsvereinbarung die Behandlung technischer Verbesserungsvorschläge regeln dürfen (§ 20 Abs. 2 ArbNErfG), schließt dies auch die Einrichtung von paritätischen Ausschüssen ein, die verbindlich die maßgeblichen Tatsachen feststellen sollen (vgl. BAG 20. 1. 2004 AP BetrVG 1972 § 87 Vorschlagswesen Nr. 3).

2. Zuständigkeit für die Mitbestimmungsausübung

Sollen Verbesserungsvorschläge nicht nur im Betrieb, sondern bei mehreren Betrieben im Unternehmen oder sogar im Konzern nutzbar gemacht werden, so ist in diesem Fall für die Mitbestimmungsausübung der **Gesamt-** bzw. **Konzernbetriebsrat** zuständig (§§ 50 Abs. 1, 58 Abs. 1).   945

3. Rechtsfolgen einer Nichtbeteiligung des Betriebsrats

Die Mitbestimmung ist nach h. L. auch hier **Wirksamkeitsvoraussetzung** (GK-*Wiese*, § 87 Rn. 1038; GL-*Löwisch*, § 87 Rn. 276; *Krauß*, Das betriebliche Vorschlagswesen, S. 62 ff.; a. A. HSWGNR-*Worzalla*, § 87 Rn. 597; *Matthes*, MünchArbR § 252 Rn. 17). Diese These ist rechtsdogmatisch nicht haltbar (s. Rn. 101 ff.). Sie wird deshalb hier wie sonst auch nicht folgerichtig angewandt. Leistungen, die der Arbeitgeber in Anerkennung von Verbesserungsvorschlägen an Arbeitnehmer zahlt, werden nicht deshalb ohne Rechtsgrund erbracht, weil der Betriebsrat nicht an der Aufstellung der für Bewertung und Prämiierung maßgeblichen Grundsätze beteiligt wurde (ebenso unter Konstruktion eines Prämiengewährungsvertrags *Krauß*, a. a. O., S. 64 f.). Ändert der Arbeitgeber einseitig die Bewertungsgrundsätze und werden dadurch Ansprüche der Arbeitnehmer vereitelt oder geschmälert, so hat der Arbeitnehmer aus dem Arbeitsverhältnis einen Anspruch darauf, dass sein Verbesserungsvorschlag so bewertet und prämiiert wird, wie es den Grundsätzen vor deren Änderung entspricht.   946

M. Nr. 13: Grundsätze über die Durchführung von Gruppenarbeit

Übersicht

	Rn.
I. Vorbemerkung	947
II. Gesetzessystematische Einordnung der Mitbestimmungsnorm	949
III. Gegenstand und Abgrenzung des Mitbestimmungstatbestands	952
1. Gruppenarbeit als Gegenstand des Mitbestimmungstatbestands	952
2. Abgrenzung des Mitbestimmungstatbestands	954
IV. Inhalt und Umfang der Mitbestimmung	957
1. Zustimmungs- und Initiativrecht	957
2. Tarifvorrang	959

	Rn.
V. Durchführung der Mitbestimmung	960
1. Ausübungsform der Mitbestimmung	960
2. Zuständigkeit für die Mitbestimmungsausübung	961

I. Vorbemerkung

947 Art. 1 Nr. 56 BetrVerf-ReformG hat als Mitbestimmungstatbestand dem Katalog der mitbestimmungspflichtigen Angelegenheiten in Nr. 13 angefügt: „Grundsätze über die Durchführung von Gruppenarbeit; Gruppenarbeit im Sinne dieser Vorschrift liegt vor, wenn im Rahmen des betrieblichen Arbeitsablaufs eine Gruppe von Arbeitnehmern eine ihr übertragene Gesamtaufgabe im Wesentlichen eigenverantwortlich erledigt". Nach der Begründung des RegE werden bei dieser Form der Gruppenarbeit „die im Zuge der Arbeitszerlegung zerschlagenen Prozesse ganzheitlich restrukturiert, mit indirekten Tätigkeiten verbunden und die Grenze zwischen Führung und Ausführung relativiert" (BT-Drucks. 14/5741, S. 47). Die dadurch gewonnene Teilautonomie der Arbeitsgruppe eröffne ihren Mitgliedern Handlungs- und Entscheidungsspielräume und fordere damit die Fach- und Sozialkompetenz der Gruppenmitglieder heraus, um die geschaffenen Freiräume sachgerecht gestalten zu können. Teilautonome Gruppenarbeit fördere die Selbständigkeit und Eigeninitiative der einzelnen Arbeitnehmer und der Arbeitsgruppe und entspreche damit § 75 Abs. 2 Satz 2. Andererseits sei mit dieser modernen Form der Arbeitsgestaltung die Gefahr verbunden, dass der Gruppendruck zu einer „Selbstausbeutung" der Gruppenmitglieder und zu einer Ausgrenzung leistungsschwächerer Arbeitnehmer führen könne. Dieser Gefahr soll nach der Begründung des RegE der Betriebsrat mit Hilfe des hier eingeräumten Mitbestimmungsrechts vorbeugen können.

948 Die Einräumung eines Mitbestimmungsrechts setzt daher der autonomen Gestaltung der Gruppenarbeit Grenzen; denn durch die paritätische Beteiligung des Betriebsrats wird die direkte Beziehung der Gruppenmitglieder zum Arbeitgeber mediatisiert (vgl. auch GK-*Wiese*, § 87 Rn. 1040; *Picker*, RdA 2001, 257, 266).

II. Gesetzessystematische Einordnung der Mitbestimmungsnorm

949 Die Einfügung der Nr. 13 in den hier festgelegten Mitbestimmungskatalog ist **gesetzessystematisch missglückt** (ebenso *Preis/Elert*, NZA 2001, 371, 373). Im Unterschied zu den anderen Mitbestimmungstatbeständen werden nicht nur einzelne Arbeitsbedingungen erfasst, sondern ein „unternehmerisches Organisationskonzept in seiner Ganzheit und dessen Durchführung" (*Preis/Elert*, a. a. O.).

950 Der Mitbestimmungstatbestand ist sehr allgemein gefasst, enthält aber **keine Generalklausel der Mitbestimmung**. Dennoch sieht man in der Mitbestimmungsnorm ein Beispiel für die Ersetzung des privatautonomen Entscheidungsprozesses durch heteronome Vorgaben, die im Mitbestimmungsverfahren mit dem Betriebsrat festgelegt werden (*Picker*, RdA 2001, 257, 266). Aber auch soweit man insoweit keine grundsätzlichen Bedenken erhebt, wird ein Regelungsbedarf abgelehnt, weil der Regelungsbereich gegenüber anderen relevanten Mitbestimmungstatbeständen für die Gruppenarbeit unklar bleibe; er sei ein „Auffangtatbestand für Nebensächlichkeiten" (*Preis/Elert*, NZA 2001, 371, 375).

951 Nr. 13 enthält für die hier definierte Gruppenarbeit **keine Sonderregelung der Mitbestimmung**. Sie ergänzt lediglich für die in der Gruppe zusammengefassten Arbeitnehmer die Mitbestimmungsrechte, wie sie hier in Nr. 1 bis 12 eingeräumt sind. Diese erfassen deshalb in ihrem Anwendungsbereich auch die Gruppenarbeit. Die Mitbestimmungsausübung nach Nr. 13 verdrängt deshalb nicht das Mitbestimmungsrecht des Betriebsrats in den sonstigen Angelegenheiten des Abs. 1 (ebenso GK-*Wiese*, § 87

III. Gegenstand und Abgrenzung des Mitbestimmungstatbestands

1. Gruppenarbeit als Gegenstand des Mitbestimmungstatbestands

Für den Mitbestimmungstatbestand trifft Nr. 13 eine Legaldefinition. Gruppenarbeit **952** i. S. dieser Vorschrift liegt vor, „wenn im Rahmen des betrieblichen Arbeitsablaufs eine Gruppe von Arbeitnehmern eine ihr übertragene Gesamtaufgabe im Wesentlichen eigenverantwortlich erledigt". Der Begriff deckt sich **nicht** mit der **Arbeitsgruppe i. S. des § 28a** (vgl. BT-Drucks. 14/5741, S. 40; ebenso DKK-*Klebe*, § 87 Rn. 302). Gruppenarbeit i. S. des Mitbestimmungstatbestands kann sowohl bei einer Betriebsgruppe als auch bei einer Eigengruppe vorliegen (s. zur Abgrenzung § 5 Rn. 103 ff.).

Der Mitbestimmungstatbestand erfasst nicht jede Gruppenarbeit, sondern nur die **953** Gruppenarbeit, bei der im Rahmen des betrieblichen Arbeitsablaufs eine **Gruppe von Arbeitnehmern eine ihr übertragene Gesamtaufgabe im Wesentlichen eigenverantwortlich erledigt.** Die Begründung des RegE spricht daher auch von „teilautonomer Gruppenarbeit" (BT-Drucks. 14/5741, S. 47f.). Durch das Merkmal der eigenverantwortlichen Aufgabenwahrnehmung wird der Begriff der Gruppenarbeit auf die in der deutschen Praxis bislang eher selten vorkommende „skandinavische" Variante, die durch große Autonomierechte der Gruppe und eine gewisse Komplexität der Arbeitsaufgabe gekennzeichnet ist, beschränkt, während die durch eine strenge Arbeitgeberbindung charakterisierte „japanische" Form nicht erfasst wird (so *Annuß*, NZA 2001, 367, 370; vgl. auch *Preis/Elert*, NZA 2001, 371, 372).

2. Abgrenzung des Mitbestimmungstatbestands

Dem Mitbestimmungsrecht nach Nr. 13 unterliegen nur die Grundsätze über die **954** **Durchführung von Gruppenarbeit i. S. der Legaldefinition.** Durch die Beschränkung auf die Durchführung wird klargestellt, dass **Einführung** und **Beendigung von Gruppenarbeit nicht erfasst** werden (ebenso *Fitting*, § 87 Rn. 572; GK-*Wiese*, § 87 Rn. 1049; DKK-*Klebe*, § 87 Rn. 306). Nach der Begründung des RegE soll der Arbeitgeber über die unternehmerischen Fragen, ob, in welchen Bereichen, in welchem Umfang und wie lange er Gruppenarbeit, z. B. zur Verbesserung von Arbeitsabläufen oder zur Verwirklichung bestimmter Unternehmensstrukturen wie Abbau von Hierarchien durch Lean-Management, für erforderlich oder geeignet hält, weiterhin mitbestimmungsfrei entscheiden können (BT-Drucks. 14/5741, S. 47). Da aber davon § 111 unberührt bleibt (s. Rn. 949 ff.), kann unter den dort genannten Voraussetzungen eine beteiligungspflichtige Betriebsänderung vorliegen. Der Mitbestimmung unterliegt auch nicht, die Gruppenarbeit so zu gestalten, dass sie von Nr. 13 erfasst wird. Selbst wenn diese Voraussetzung erfüllt ist, bleibt die Bildung der Gruppe, deren Zusammensetzung und Rechtsform mitbestimmungsfrei (ebenso GK-*Wiese*, § 87 Rn. 1055; ErfK-*Kania*, § 87 Rn. 135; *Preis/Elert*, NZA 2001, 371, 374; a. A. *Fitting*, § 87 Rn. 575; DKK-*Klebe*, § 87 Rn. 310).

Erst wenn der Arbeitgeber die mitbestimmungsfreien Vorentscheidungen getroffen **955** hat, greift die Mitbestimmung nach Nr. 13 ein. Sie bezieht sich aber nur auf die **Grundsätze über die Durchführung von Gruppenarbeit.** Zu ihnen gehören nach der Begründung des RegE „beispielsweise Regelungen zu Fragen wie Wahl eines Gruppensprechers, dessen Stellung und Aufgaben, Abhalten von Gruppengesprächen zwecks Meinungsaustauschs und -bildung in der Gruppe, Zusammenarbeit in der Gruppe und mit anderen Gruppen, Berücksichtigung von leistungsschwächeren Arbeitnehmern, Konfliktlösungen in der Gruppe" (BT-Drucks. 14/5741, S. 47).

956 Die Beschränkung der Mitbestimmung auf die Grundsätze stellt sicher, dass **Einzelmaßnahmen nicht erfasst** werden (ebenso GK-*Wiese*, § 87 Rn. 1059). Doch ist es möglich, die Grundsätze so zu gestalten, dass in bestimmten Fällen eine Beteiligung des Betriebsrats vorgesehen wird. Wenn jedoch bei der Aufstellung eines derartigen Grundsatzes keine Einigung zwischen Arbeitgeber und Betriebsrat erzielt wird, kann die Beteiligung des Betriebsrats im Einzelfall nicht im Mitbestimmungsverfahren erzwungen werden, sondern es liegt im Ermessen der Einigungsstelle, wie sie die Grundsätze über die Durchführung von Gruppenarbeit gestaltet.

IV. Inhalt und Umfang der Mitbestimmung

1. Zustimmungs- und Initiativrecht

957 Führt der Arbeitgeber **Gruppenarbeit i. S. der Legaldefinition** ein, so sind die **Grundsätze über deren Durchführung** mit **Zustimmung des Betriebsrats** festzulegen.

958 Soweit die Mitbestimmung reicht, ist für den Betriebsrat auch ein **Initiativrecht** gegeben (ebenso *Blanke*, RdA 2003, 140, 148). Er kann daher die entsprechenden Regelungen im Mitbestimmungsverfahren durchsetzen (vgl. Begründung des RegE, BT-Drucks. 14/5741, S. 47). Wie die Einführung ist aber auch die Beendigung von Gruppenarbeit mitbestimmungsfrei (s. Rn. 954). Der Arbeitgeber kann deshalb einem verbindlichen Einigungsverfahren die Grundlage entziehen, indem er seinen Plan aufgibt, die Erledigung einer Arbeitsaufgabe einer Gruppe i. S. der Legaldefinition zu übertragen (ebenso *Fitting*, § 87 Rn. 574; GK-*Wiese*, § 87 Rn. 1054; DKK-*Klebe*, § 87 Rn. 307).

2. Tarifvorrang

959 Der Betriebsrat hat nur mitzubestimmen, soweit eine tarifliche Regelung nicht besteht. Die Sperrwirkung greift auch ein, wenn der Tarifvertrag eine Verfahrensregelung trifft (s. Rn. 161 ff.).

V. Durchführung der Mitbestimmung

1. Ausübungsform der Mitbestimmung

960 Da die Mitbestimmung sich auf Grundsätze bezieht, wird sie durch den Abschluss einer **Betriebsvereinbarung** ausgeübt. Der Arbeitgeber verletzt zwar nicht seine Pflicht zur Beteiligung des Betriebsrats, wenn er die Durchführung von Gruppenarbeit i. S. der Legaldefinition auf der Grundlage einer formlosen Betriebsabsprache regelt. Da aber nur durch Betriebsvereinbarung die Grundsätze über die Durchführung von Gruppenarbeit normative Wirkung für die Arbeitsverhältnisse entfalten, erschöpft sich das Mitbestimmungsrecht nicht in einer formlosen Betriebsabsprache, sondern der Betriebsrat kann verlangen, dass durch den Abschluss einer Betriebsvereinbarung eine für die Arbeitnehmer der Gruppe geltende Regelung begründet wird.

2. Zuständigkeit für die Mitbestimmungsausübung

961 Da die Gruppe von Arbeitnehmern für die Wahrnehmung einer Gesamtaufgabe im Rahmen des betrieblichen Arbeitsablaufs gebildet wird, ist für die Mitbestimmungsausübung der **Einzelbetriebsrat** zuständig.

962 Da die Betriebsvereinbarung die für die Mitbestimmungsausübung angemessene Regelungsform darstellt, entfällt die Möglichkeit einer Delegation auf den Betriebsausschuss oder einen anderen Ausschuss des Betriebsrats; denn die Möglichkeit einer Übertragung zur selbständigen Erledigung gilt nicht für den Abschluss von Betriebsvereinbarungen (§ 27 Abs. 2 Satz 2 Halbsatz 2, § 28 Abs. 1 Satz 3 Halbsatz 2).

Für den hier eingeräumten Mitbestimmungstatbestand kommt nach der Konzeption **963** des Gesetzgebers vor allem in Betracht, dass der Betriebsrat in Betrieben mit mehr als 100 Arbeitnehmern nach Maßgabe einer mit dem Arbeitgeber abzuschließenden Rahmenvereinbarung Aufgaben zur selbständigen Erledigung auf **Arbeitsgruppen** übertragen kann (§ 28a Abs. 1; ebenso *Fitting*, § 87 Rn. 577; GK-*Wiese*, § 87 Rn. 1069 f.; *Blanke*, RdA 2003, 140, 148 ff.). Bei einer entsprechenden Delegation kann die Arbeitsgruppe im Rahmen der ihr übertragenen Aufgaben mit dem Arbeitgeber Vereinbarungen schließen, für die § 77 gilt. Die Mitbestimmungsausübung erfolgt in einem derartigen Fall durch eine Gruppenvereinbarung, die wie eine Betriebsvereinbarung für die der Gruppe angehörenden Arbeitnehmer unmittelbar und zwingend gilt.

N. Streitigkeiten

Übersicht

	Rn.
I. Einigungsstelle	964
1. Einigungsstelle oder tarifvertragliche Schlichtungsstelle	964
2. Zuständigkeit der Einigungsstelle	965
3. Einleitung des verbindlichen Einigungsverfahrens	966
4. Entscheidung der Einigungsstelle	969
5. Rechtswirkungen des Spruchs der Einigungsstelle	973
II. Arbeitsgericht	975
1. Zuständigkeit bei Streit über das Bestehen eines Mitbestimmungsrechts	975
2. Bedeutung der arbeitsgerichtlichen Zuständigkeit für die Anrufung einer Einigungsstelle	978

I. Einigungsstelle

1. Einigungsstelle oder tarifvertragliche Schlichtungsstelle

Kommt eine Einigung zwischen dem Arbeitgeber und dem Betriebsrat über eine **964** mitbestimmungspflichtige Angelegenheit nicht zustande, so entscheidet die Einigungsstelle (Abs. 2 Satz 1). Ist durch Tarifvertrag eine Schlichtungsstelle vorgesehen, so ist sie anzurufen – selbstverständlich unter der Voraussetzung, dass der Arbeitgeber tarifgebunden ist (§ 76 Abs. 8; s. dort Rn. 146 ff.).

2. Zuständigkeit der Einigungsstelle

Die Einigungsstelle entscheidet im **verbindlichen Einigungsverfahren.** Das **Mitbestim- 965 mungsrecht des Betriebsrats** nach Abs. 1 und die **Zuständigkeit der Einigungsstelle** nach Abs. 2 decken sich. Deshalb kann der Betriebsrat nicht die Einigungsstelle anrufen, um die zeitliche Lage des Urlaubs für einzelne Arbeitnehmer festsetzen zu lassen, wenn die Voraussetzung seines Mitbestimmungsrechts noch nicht eingetreten ist, das zwischen dem Arbeitgeber und den beteiligten Arbeitnehmern kein Einverständnis erzielt wurde (Abs. 1 Nr. 5). Rechtsausübungsschranken der Mitbestimmung begrenzen auch die Kompetenz der Einigungsstelle, gegen den Willen des Arbeitgebers einen verbindlichen Spruch zu erlassen.

3. Einleitung des verbindlichen Einigungsverfahrens

Die Einigungsstelle wird **nur auf Antrag tätig** (s. § 76 Rn. 81). **966**

Antragsberechtigt sind ausschließlich der **Betriebsrat** und der **Arbeitgeber;** handelt es **967** sich um eine Angelegenheit, die in den Zuständigkeitsbereich eines Gesamt- oder Konzernbetriebsrats fällt, so ist an Stelle des Betriebsrats der Gesamt- oder Konzernbetriebsrat antragsberechtigt.

968 Da die Einigungsstelle im verbindlichen Einigungsverfahren entscheidet, wird sie auf **Antrag einer Seite** tätig (§ 76 Abs. 5 Satz 1). Sofern wie im Regelfall die Einigungsstelle erst gebildet werden muss und insoweit keine Einigung zwischen Arbeitgeber und Betriebsrat zustande kommt, kann jede Seite beantragen, dass das Arbeitsgericht den Vorsitzenden der Einigungsstelle und die Zahl der Beisitzer festlegt (§ 76 Abs. 2 Satz 2 und Satz 3; s. dort Rn. 55 ff.). Das Arbeitsgericht kann den Antrag im Besetzungsverfahren nur zurückweisen, wenn die Einigungsstelle *offensichtlich* unzuständig ist (§ 98 Abs. 1 Satz 2 ArbGG). Bei der Prüfung der Kompetenz der Einigungsstelle ist von dem *Streitgegenstand im Mitbestimmungsverfahren* auszugehen (s. § 76 Rn. 65).

4. Entscheidung der Einigungsstelle

969 Sofern für den geltend gemachten Beteiligungsanspruch **kein Mitbestimmungsrecht** besteht, ist auch die Einigungsstelle nicht zur Entscheidung im verbindlichen Einigungsverfahren zuständig; der **Antrag ist als unbegründet zurückzuweisen**. Rechtsausübungsschranken der Mitbestimmung begrenzen zwar auch die Zuständigkeit der Einigungsstelle; sie schließen deren Kompetenz zur Entscheidung aber nur aus, wenn der geltend gemachte Anspruch wegen der Rechtsausübungsschranke nicht besteht. Der Antrag ist deshalb nicht begründet und zurückzuweisen, wenn der Betriebsrat die Errichtung einer Sozialeinrichtung verlangt (s. Rn. 626). Beantragt er dagegen die Änderung des Leistungsplans, so kann er zwar nicht verlangen, dass der Dotierungsrahmen erweitert wird; er hat aber über die Neufestsetzung innerhalb des vorgegebenen Dotierungsrahmens mitzubestimmen (s. Rn. 637 ff.).

970 Benennt nach Errichtung der Einigungsstelle eine Seite keine Mitglieder oder bleiben die von einer Seite genannten Mitglieder trotz rechtzeitiger Einladung der Sitzung fern, so entscheidet die Einigungsstelle in Besetzung des Vorsitzenden und der erschienenen Mitglieder (§ 76 Abs. 5 Satz 2; s. dort Rn. 100; zur Beschlussfassung im Einzelnen § 76 Rn. 96 ff.).

971 Die Einigungsstelle **entscheidet** über den **durch den Antrag festgelegten Streitgegenstand**; sie ist aber **nicht an Vorschläge der Beteiligten gebunden,** sondern hat unter angemessener Berücksichtigung der Belange des Betriebs und der betroffenen Arbeitnehmer nach billigem Ermessen eine Entscheidung zu treffen (§ 76 Abs. 5 Satz 3; s. dort Rn. 107 und 124 ff.). Ein Ermessensspielraum besteht selbstverständlich nur dort, wo das Mitbestimmungsrecht sich auf ein Handlungsermessen bezieht, nicht dagegen, wo es sich um eine reine Rechtsentscheidung handelt.

972 Der **Spruch der Einigungsstelle** unterliegt der **arbeitsgerichtlichen Rechtskontrolle** (s. § 76 Rn. 114 ff.).

5. Rechtswirkungen des Spruchs der Einigungsstelle

973 Der **Spruch der Einigungsstelle ersetzt** die **Einigung zwischen Arbeitgeber und Betriebsrat** (Abs. 2 Satz 2). Trifft er eine Regelung, so hat er die Bedeutung einer **Betriebsvereinbarung** (ebenso BAG 8. 3. 1977 AP BetrVG 1972 § 87 Auszahlung Nr. 1; s. § 76 Rn. 111). Trifft er dagegen eine Rechtsentscheidung, so hat er nur die Bedeutung wie auch sonst die Entscheidung in einem außergerichtlichen Vorverfahren (s. § 76 Rn. 112).

974 Hat der **Spruch der Einigungsstelle** die Bedeutung einer Betriebsvereinbarung, so kann er ebenso **gekündigt** oder durch **Vereinbarung der Betriebspartner** aufgehoben werden wie eine freiwillig abgeschlossene Betriebsvereinbarung. Soweit nichts anderes im Spruch der Einigungsstelle festgelegt wird, kann die in ihm getroffene Regelung mit einer Frist von drei Monaten gekündigt werden (§ 77 Abs. 5). Soweit es sich bei der durch den Spruch der Einigungsstelle gesetzten Regelung um Normen handelt, die für das Einzelarbeitsverhältnis Bestimmungen treffen, kommt dem Spruch der Einigungsstelle wie

Zweiter Abschnitt: Die einzelnen Mitbestimmungstatbestände **§ 87**

einer Betriebsvereinbarung nach deren Ablauf die **Nachwirkung** des § 77 Abs. 6 zu; die Regelung gilt weiter, bis sie durch eine andere Abmachung ersetzt wird (s. dazu § 77 Rn. 161 ff.).

II. Arbeitsgericht

1. Zuständigkeit bei Streit über das Bestehen eines Mitbestimmungsrechts

Den Streit, ob ein Mitbestimmungsrecht besteht, entscheidet nicht die Einigungsstelle, sondern das **Arbeitsgericht im Beschlussverfahren** (§ 2 a Abs. 1 Nr. 1, Abs. 2 i. V. mit §§ 80 ff. ArbGG). Die **Einigungsstelle** hat aber, wenn sie angerufen wird, die **Vorfragenkompetenz** (s. § 76 Rn. 105). **975**

Der Antrag muss dahin gehen, dass das Bestehen oder Nichtbestehen eines Mitbestimmungsrechts in der **konkret zu bezeichnenden Angelegenheit** festgestellt werden soll (vgl. BAG 6. 12. 1983 AP BetrVG 1972 § 87 Überwachung Nr. 7; 13. 10. 1987 AP BetrVG 1972 § 87 Arbeitszeit Nr. 24). Der Streitgegenstand muss so genau bezeichnet werden, dass die eigentliche Streitfrage selbst mit Rechtswirkung zwischen den Beteiligten entschieden werden kann. **976**

Für den Antrag muss ein **Rechtsschutzinteresse** bestehen (st. Rspr. seit BAG 8. 2. 1957 AP BetrVG [1952] § 82 Nr. 1; vgl. BAG 29. 7. 1982 AP ArbGG 1979 § 83 Nr. 5). Es besteht nicht, wenn der Arbeitgeber das Mitbestimmungsrecht anerkennt (vgl. BAG 3. 6. 1960 AP BetrVG [1952] § 56 Nr. 21). Dagegen ist es zu bejahen, wenn der Arbeitgeber zwar zum Abschluss einer Betriebsvereinbarung bereit ist, aber einen Anspruch des Betriebsrats darauf verneint (ebenso BAG 19. 4. 1963 AP BetrVG [1952] § 56 Entlohnung Nr. 2). Es entfällt, wenn der Betriebsrat bereits sein Mitbestimmungsrecht ausgeübt hat (vgl. BAG 15. 9. 1965 AP ArbGG 1953 § 94 Nr. 4). Das Rechtschutzinteresse fehlt für einen Antrag, mit dem ausschließlich die Feststellung begehrt wird, eine bestimmte, bereits abgeschlossene Maßnahme sei unwirksam, wenn diese Maßnahme für die Verfahrensbeteiligten im Zeitpunkt der Entscheidung keine Rechtswirkungen mehr hat (vgl. BAG 29. 7. 1982 AP ArbGG 1979 § 83 Nr. 5; 10. 4. 1984 AP ArbGG 1979 § 81 Nr. 3; Germelmann/*Matthes*/Prütting, ArbGG, 5. Aufl. 2004, § 81 Rn. 25). Wer nicht nur eine rechtskräftige Entscheidung über einen bestimmten, konkreten Vorgang, sondern auch über die dahinter stehende betriebsverfassungsrechtliche Frage begehrt, wird dies deshalb mit seinen Anträgen bereits in den Tatsacheninstanzen deutlich machen. Er muss durch substantiierten Tatsachenvortrag geltend machen, dass die mit dem Beschlussverfahren beanstandete Maßnahme wiederholt werde (ebenso BAG 29. 7. 1982 AP ArbGG 1979 § 83 Nr. 5). Bezieht die Einleitung des Beschlussverfahrens sich auf eine konkrete Maßnahme und soll darüber hinaus einer Wiederholungsgefahr begegnet werden, so handelt es sich um zwei verschiedene Anträge (objektive Antragshäufung). **977**

2. Bedeutung der arbeitsgerichtlichen Zuständigkeit für die Anrufung einer Einigungsstelle

Die Anrufung einer Einigungsstelle scheitert nicht daran, dass dem Betriebsrat ein Mitbestimmungsrecht bestritten wird. Dieser kann vielmehr, wenn die Einigungsstelle wie im Regelfall erst zu bilden ist, beim Arbeitsgericht beantragen, dass ein Vorsitzender der Einigungsstelle bestellt und die Zahl der Beisitzer festgelegt wird (s. Rn. 968). Das Arbeitsgericht kann wegen fehlender Zuständigkeit der Einigungsstelle den Antrag nur zurückweisen, wenn die Einigungsstelle *offensichtlich* unzuständig ist (§ 98 Abs. 1 Satz 2 ArbGG). Diese Entscheidung ist für das Arbeitsgericht, wenn es zur Entscheidung über das Bestehen des Mitbestimmungsrechts oder die Wirksamkeit eines Spruchs der Einigungsstelle angerufen wird, *nicht präjudiziell* (s. zum Einfluss des arbeitsgerichtlichen **978**

Beschlussverfahrens über die Zuständigkeit der Einigungsstelle auf das Besetzungsverfahren § 76 Rn. 71 f. und das Verfahren vor der Einigungsstelle § 76 Rn. 105 f.).

§ 88 Freiwillige Betriebsvereinbarungen

Durch Betriebsvereinbarung können insbesondere geregelt werden
1. zusätzliche Maßnahmen zur Verhütung von Arbeitsunfällen und Gesundheitsschädigungen;
1 a. Maßnahmen des betrieblichen Umweltschutzes;
2. die Errichtung von Sozialeinrichtungen, deren Wirkungsbereich auf den Betrieb, das Unternehmen oder den Konzern beschränkt ist;
3. Maßnahmen zur Förderung der Vermögensbildung;
4. Maßnahmen zur Integration ausländischer Arbeitnehmer sowie zur Bekämpfung von Rassismus und Fremdenfeindlichkeit im Betrieb.

Abgekürzt zitiertes Schrifttum: *G. Hueck,* Die Betriebsvereinbarung, 1952; *Kreutz,* Grenzen der Betriebsautonomie, 1979; *Veit,* Die funktionelle Zuständigkeit des Betriebsrats, 1998; *Waltermann,* Rechtsetzung durch Betriebsvereinbarung zwischen Privatautonomie und Tarifautonomie, 1996.

Übersicht

	Rn.
I. Vorbemerkung	1
II. Gesetzessystematische Bedeutung der Vorschrift für die Regelungszuständigkeit des Betriebsrats	2
1. Freiwillige Betriebsvereinbarungen	2
2. Regelungszuständigkeit des Betriebsrats für soziale Angelegenheiten	3
3. Umfassende funktionelle Zuständigkeit des Betriebsrats zum Abschluss einer Betriebsvereinbarung	6
4. Beteiligungsrechte des Betriebsrats als Gegenstand einer Betriebsvereinbarung	9
III. Die ausdrücklich genannten Angelegenheiten	10
1. Zusätzliche Maßnahmen zur Verhütung von Arbeitsunfällen und Gesundheitsschädigungen (Nr. 1)	11
2. Maßnahmen des betrieblichen Umweltschutzes (Nr. 1 a)	15
3. Die Errichtung von Sozialeinrichtungen, deren Wirkungsbereich auf den Betrieb, das Unternehmen oder den Konzern beschränkt ist (Nr. 2)	20
4. Maßnahmen zur Förderung der Vermögensbildung (Nr. 3)	27
5. Maßnahmen zur Integration ausländischer Arbeitnehmer sowie zur Bekämpfung von Rassismus und Fremdenfeindlichkeit im Betrieb (Nr. 4)	32
IV. Streitigkeiten	34

I. Vorbemerkung

1   Während § 87 regelt, in welchen Angelegenheiten der Betriebsrat ein Recht auf Mitbestimmung hat, stellt diese Vorschrift klar, dass durch Betriebsvereinbarung auch weitere Angelegenheiten geregelt werden können. Sie entspricht im Wesentlichen § 57 BetrVG 1952. Beim Erlass des BetrVG 1972 wurde auf Empfehlung des BT-Ausschusses für Arbeit und Sozialordnung lediglich die Bestimmung in Nr. 3 eingefügt, um die Bedeutung hervorzuheben, die der Vermögensbildung der Arbeitnehmer zukommt, und um klarzustellen, dass auch andere Formen der Vermögensbildung, als sie das Vermögensbildungsgesetz vorsah, vereinbart werden können (vgl. *zu* BT-Drucks. VI/2729, S. 4, 30). Ebenfalls mit der Zielsetzung der Klarstellung hat das Reformgesetz 2001

Nr. 1a ein- und Nr. 4 angefügt (Art. 1 Nr. 57 BetrVerf-ReformG; vgl. Begründung des RegE, BT-Drucks. 14/5741, S. 48).

II. Gesetzessystematische Bedeutung der Vorschrift für die Regelungszuständigkeit des Betriebsrats

1. Freiwillige Betriebsvereinbarungen

Die Vorschrift zählt Regelungsmaterien auf, die „insbesondere" durch Betriebsvereinbarung geregelt werden können. Da diese Regelungsmaterien nicht im Katalog des § 87 Abs. 1 genannt sind, ergibt sich aus ihr, dass Gegenstand einer Betriebsvereinbarung auch **mitbestimmungsfreie Angelegenheiten** sein können. Da aber eine Regelung nicht im Mitbestimmungsverfahren erzwungen werden kann, handelt es sich um **freiwillige Betriebsvereinbarungen,** die nur in beiderseitigem Einverständnis von Arbeitgeber und Betriebsrat geschlossen werden können. Weder der Arbeitgeber noch der Betriebsrat können durch einseitigen Antrag einen Spruch der Einigungsstelle herbeiführen und damit den Abschluss einer Betriebsvereinbarung erzwingen. Damit wird zwar nicht ausgeschlossen, dass die Einigungsstelle angerufen wird. Sie wird aber nur tätig, wenn beide Seiten es beantragen, und ihr Spruch ersetzt die Einigung zwischen Arbeitgeber und Betriebsrat nur, wenn beide Seiten sich dem Spruch im Voraus unterworfen oder ihn nachträglich angenommen haben (§ 76 Abs. 6).

2. Regelungszuständigkeit des Betriebsrats für soziale Angelegenheiten

Die Vorschrift handelt nur von Betriebsvereinbarungen im Bereich der **sozialen Angelegenheiten.** Aus ihr ergibt sich nichts für die Zulässigkeit von Betriebsvereinbarungen im Rahmen des personellen oder wirtschaftlichen Mitbestimmungsrechts oder für betriebsverfassungsrechtliche Fragen (ebenso GK-*Wiese*, § 88 Rn. 10; HSWGNR-*Worzalla*, § 88 Rn. 3; *Veit,* Zuständigkeit des Betriebsrats, S. 266 f.; *Lambrich,* Tarif- und Betriebsautonomie, 1999, S. 357; a. A. *Fitting,* § 88 Rn. 4). Das folgt schon aus der systematischen Stellung dieser Vorschrift im Abschnitt über die sozialen Angelegenheiten (vgl. hierzu auch den Ausschussbericht zu § 57 BetrVG 1952, BT-Drucks. I/3585, S. 11; abgedruckt in RdA 1952, 289).

Durch die Erweiterung der Mitbestimmung auf allgemeine personelle Angelegenheiten und die Berufsbildung ist die **Abgrenzung zwischen sozialen und personellen Angelegenheiten** fließend geworden (zust. BAG [GS] 7. 11. 1989 AP BetrVG 1972 § 77 Nr. 46); denn es gehören nicht mehr nur Einstellungen, Umgruppierungen, Versetzungen und Entlassungen zu den personellen Angelegenheiten i. S. dieses Gesetzes, sondern auch Maßnahmen, die im Vorfeld dieser personellen Einzelmaßnahmen getroffen werden. Soweit personelle Angelegenheiten den *Inhalt eines Arbeitsverhältnisses* bestimmen, zählen sie auch zu den *sozialen Angelegenheiten,* z. B. die materiellen Kündigungsbestimmungen oder die Festlegung einer Altersgrenze (vgl. BAG [GS] 7. 11. 1989 AP BetrVG 1972 § 77 Nr. 46; s. auch § 77 Rn. 89 f., 106 ff.).

Dagegen eröffnet § 88 nicht die Möglichkeit des Abschlusses einer Betriebsvereinbarung über eine **wirtschaftliche Angelegenheit.** Die vom Gesetz als **Interessenausgleich** bezeichnete Einigung über eine beteiligungspflichtige Betriebsänderung (§ 112 Abs. 1 Satz 1) kann zwar wegen des Erfordernisses schriftlicher Niederlegung formal als Betriebsvereinbarung eingestuft werden; sie ist aber nicht materiell eine Betriebsvereinbarung, sondern *eine Kollektivvereinbarung besonderer Art,* soweit der Interessenausgleich sich auf Organisationsregelungen beschränkt und die in ihm getroffenen Folgeregelungen für die Arbeitnehmer nur mittelbar deren Arbeitsverhältnis bestimmen *(einfacher Interessenausgleich).* Wenn dagegen Bestimmungen getroffen werden, die den Inhalt der Arbeitsverhältnisse normativ gestalten, so hat insoweit die bei einer geplanten

Betriebsänderung getroffene Einigung auch materiell die Qualität einer Betriebsvereinbarung. Dabei muss man allerdings unterscheiden zwischen den Bestimmungen über einen Ausgleich oder eine Milderung der wirtschaftlichen Nachteile, die den Arbeitnehmern infolge der geplanten Betriebsänderung *entstehen,* und Bestimmungen, die der *Verhütung wirtschaftlicher Nachteile* dienen, wie Kündigungsverboten und Versetzungs- und Umschulungsansprüchen der Arbeitnehmer. Im ersteren Fall handelt es sich nach der Legaldefinition des § 112 Abs. 1 Satz 2 um einen **Sozialplan**, der gemäß § 112 Abs. 1 Satz 3 die Wirkung einer Betriebsvereinbarung hat. Im letzteren Fall bilden sie nicht den Inhalt eines erzwingbaren Sozialplans, sondern gehören zum Interessenausgleich, weil durch sie der Eintritt wirtschaftlicher Nachteile *verhindert* werden soll (vgl. BAG 17. 9. 1991 AP BetrVG 1972 § 112 Nr. 59). Man kann den Interessenausgleich insoweit als *qualifizierten Interessenausgleich* bezeichnen. Durch die Grenzziehung wird aber nur die Erzwingbarkeit des Sozialplans im Mitbestimmungsverfahren festgelegt.

3. Umfassende funktionelle Zuständigkeit des Betriebsrats zum Abschluss einer Betriebsvereinbarung

6   Da die Vorschrift die Regelungsmaterien nicht abschließend, sondern nur beispielhaft aufführt, wird ihr entnommen, dass der Betriebsrat eine **umfassende funktionelle Zuständigkeit zur Regelung durch Betriebsvereinbarung** mit dem Arbeitgeber hat (BAG [GS] 7. 11. 1989 AP BetrVG 1972 § 77 Nr. 46; bereits BAG [6. Senat] AP BetrVG 1972 § 88 Nr. 1; zu § 57 BetrVG 1952 BAG [GS] 16. 3. 1956 AP BetrVG [1952] § 57 Nr. 1; in der Begründung abweichend BAG [1. Senat] AP BetrVG 1972 § 77 Nr. 23, nach dem § 77 Abs. 3 zu entnehmen sei, dass Arbeitsentgelte und sonstige Arbeitsbedingungen Gegenstand einer Betriebsvereinbarung sein können, soweit sie nicht durch Tarifvertrag geregelt sind oder üblicherweise geregelt werden, und § 88 nur dieses Verständnis des § 77 Abs. 3 bestätige, ähnlich *Matthes,* MünchArbR § 238 Rn. 48; s. auch § 77 Rn. 66 f.).

7   Die Anerkennung einer umfassenden Regelungsbefugnis von Arbeitgeber und Betriebsrat bedeutet nicht, dass für den **Inhalt der Betriebsvereinbarungsautonomie** keine Schranken bestehen (s. zu ihnen § 77 Rn. 64 ff.). Beachtung verdient insbesondere die These, dass eine Betriebsvereinbarung Regelungen zu Lasten der Arbeitnehmer nur treffen kann, soweit der Betriebsrat ein Mitbestimmungsrecht hat (BAG [6. Senat] 12. 8. 1982 AP BetrVG 1972 § 77 Nr. 4; vgl. auch *Richardi,* ZfA 1992, 307, 320 f.). Auch soweit der mitbestimmungsfreie und der mitbestimmungspflichtige Bereich sich überlagern, ist für die Geltung einer Betriebsvereinbarung von Bedeutung, ob Regelungsgegenstand eine mitbestimmungspflichtige Angelegenheit ist; denn freiwillige Betriebsvereinbarungen entfalten nach Ansicht des BAG keine Nachwirkung (BAG 9. 2. 1989 AP BetrVG 1972 § 77 Nr. 40; 26. 4. 1990 und 21. 8. 1990 AP BetrVG 1972 § 77 Nachwirkung Nr. 4 und 5; s. auch § 77 Rn. 168 ff.).

8   Die Regelungsbefugnis des Betriebspartners steht unter einem **Tarifvorbehalt;** denn nach § 77 Abs. 3 können Arbeitsentgelte und sonstige Arbeitsbedingungen nicht Gegenstand einer Betriebsvereinbarung sein, soweit sie durch Tarifvertrag geregelt sind oder üblicherweise geregelt werden (s. § 77 Rn. 239 ff.).

4. Beteiligungsrechte des Betriebsrats als Gegenstand einer Betriebsvereinbarung

9   Das Gesetz ist zwingend. Durch Betriebsvereinbarung kann daher das **Mitbestimmungsrecht** in sozialen Angelegenheiten **nicht eingeschränkt** werden. Wird es erweitert, so erhält der Betriebsrat aber keine Rechtsposition wie in dem Fall, dass er von Gesetzes wegen mitzubestimmen hat (ebenso BAG 14. 8. 2001 AP BetrVG 1972 § 77 Regelungsabrede Nr. 4). Rechtsgrundlage ist nämlich ausschließlich eine *freiwillige Betriebsver-*

einbarung. Daraus folgt auch, dass durch die Betriebsvereinbarung keine Schranke der Vertragsfreiheit zu Lasten des Arbeitnehmers begründet werden kann.

III. Die ausdrücklich genannten Angelegenheiten

Durch Betriebsvereinbarung können *insbesondere* geregelt werden: 10

1. Zusätzliche Maßnahmen zur Verhütung von Arbeitsunfällen und Gesundheitsschädigungen (Nr. 1)

a) Soweit Regelungen im Rahmen der gesetzlichen Vorschriften oder der Unfallverhütungsvorschriften getroffen werden müssen (gesetzlicher Arbeitsschutz), hat der Betriebsrat nach § 87 Abs. 1 Nr. 7 ein Mitbestimmungsrecht (s. dort Rn. 534 ff.). **Zusätzliche Maßnahmen** zur Verhütung von Arbeitsunfällen und Gesundheitsschädigungen können zwar ebenfalls durch **Betriebsvereinbarung** geregelt werden. Der Betriebsrat kann sie aber, weil er insoweit kein Mitbestimmungsrecht hat, **nicht über einen Spruch der Einigungsstelle erzwingen** (vgl. BAG 24. 3. 1981 AP BetrVG 1972 § 87 Arbeitssicherheit Nr. 2). Im Rahmen des autonomen Arbeitsschutzes hat der Betriebsrat ein als Mitbestimmungsrecht gestaltetes Initiativrecht nur nach § 91. 11

Die zusätzlichen Maßnahmen können vielgestaltig sein, z. B. die Anbringung von Schutzeinrichtungen an Maschinen, Fahrstühlen und sonstigen Werkseinrichtungen, Vorschriften über die Entlüftung, über die Heizung, über die Entstaubung, aber auch Vorschriften über die Kontrolle der Schutzmaßnahmen. Die Grenze zu § 87 Abs. 1 Nr. 7 besteht ausschließlich darin, dass der Arbeitgeber nicht auf Grund einer öffentlich-rechtlichen Vorschrift verpflichtet ist, die Maßnahmen zur Verhütung von Arbeitsunfällen und Gesundheitsschädigungen zu treffen, sondern insoweit freiwillig handelt. Hierher gehört beispielsweise die Durchführung eines Sicherheitswettbewerbs (ebenso BAG 24. 3. 1981 AP BetrVG 1972 § 87 Arbeitssicherheit Nr. 2). 12

b) Der Betriebsrat kann im Mitbestimmungsverfahren nicht durchsetzen, dass der Arbeitgeber zusätzliche Maßnahmen ergreift; er hat aber **mitzubestimmen, soweit** die Maßnahme, die der Arbeitgeber zu treffen beabsichtigt, einen **Mitbestimmungstatbestand** erfüllt. Besteht die Maßnahme in der Einführung von technischen Einrichtungen, die dazu bestimmt sind, das Verhalten oder die Leistung der Arbeitnehmer zu überwachen, so hat der Betriebsrat nach § 87 Abs. 1 Nr. 6 mitzubestimmen (s. dort Rn. 475 ff.). Bezieht sich die Maßnahme auf das Verhalten der Arbeitnehmer im Rahmen der betrieblichen Ordnung, so besteht ein Mitbestimmungsrecht nach § 87 Abs. 1 Nr. 1 (vgl. BAG 24. 3. 1981 AP BetrVG 1972 § 87 Arbeitssicherheit Nr. 2; s. auch § 87 Rn. 173 ff.). Der Betriebsrat kann, wenn eine Einigung mit dem Arbeitgeber nicht zustande kommt, die Einigungsstelle anrufen, um hinsichtlich der Regelung über das Verhalten der Arbeitnehmer im Rahmen der zusätzlichen Maßnahmen eine verbindliche Entscheidung herbeizuführen. 13

c) Bestimmungen über zusätzliche Maßnahmen zur Verhütung von Arbeitsunfällen und Gesundheitsschädigungen sind regelmäßig **Betriebsnormen** (s. dazu § 77 Rn. 52); sie können aber auch als Inhaltsnormen gestaltet sein, nämlich wenn der einzelne Arbeitnehmer einen Anspruch aus seinem Arbeitsverhältnis oder ein Leistungsverweigerungsrecht erhält. 14

2. Maßnahmen des betrieblichen Umweltschutzes (Nr. 1 a)

a) Art. 1 Nr. 57 lit. a BetrVerf-ReformG hat Nr. 1 a eingefügt, um klarzustellen, dass **Maßnahmen des betrieblichen Umweltschutzes** in freiwilligen Betriebsvereinbarungen geregelt werden können (vgl. die Begründung des RegE, BT-Drucks. 14/5741, S. 48). Die Bestimmung steht in einem Zusammenhang mit der Konzeption des Reformgesetzes, 15 das in Anlehnung an die Regelung über den Arbeitsschutz dem Betriebsrat ein Mandat für den betrieblichen Umweltschutz eingeräumt hat, wobei es dem Gesetzgeber darum ging, betriebliches Wissen für den betrieblichen Umweltschutz zu nutzen (so die Begründung des RegE, BT-Drucks. 14/5741, S. 30 f.). Anders als in Nr. 1 spricht das Gesetz hier nicht von „zusätzlichen Maßnahmen", sondern nur von „Maßnahmen"; denn der Betriebsrat hat kein dem § 87 Abs. 1 Nr. 7 entsprechendes Mitbestimmungsrecht im Bereich des betrieblichen Umweltschutzes.

16 Für den Begriff des **betrieblichen Umweltschutzes** enthält § 89 Abs. 3 eine **Legaldefinition**. Nach ihr sind als betrieblicher Umweltschutz i. S. dieses Gesetzes „alle personellen und organisatorischen Maßnahmen sowie alle die betrieblichen Bauten, Räume, technischen Anlagen, Arbeitsverfahren, Arbeitsabläufe und Arbeitsplätze betreffenden Maßnahmen zu verstehen, die dem Umweltschutz dienen". Diese Begriffsbestimmung ist zu weit gefasst (ebenso *Annuß,* NZA 2001, 367, 370; *Reichold,* NZA 2001, 857, 863). Zweifelhaft ist auch die Grenzziehung zu Nr. 1 und damit zu dem in § 87 Abs. 1 Nr. 7 eingeräumten Mitbestimmungsrecht bei „Regelungen über die Verhütung von Arbeitsunfällen und Berufskrankheiten sowie über den Gesundheitsschutz im Rahmen der gesetzlichen Vorschriften oder der Unfallverhütungsvorschriften", zumal der Gesetzgeber in der Begründung des RegE die Behauptung aufgestellt hat, betrieblicher Umweltschutz sei „immer zunächst auch Arbeitsschutz" (BT-Drucks. 14/5741, S. 25).

17 Durch die Begrenzung auf den betrieblichen Umweltschutz wird klargestellt, dass der Betriebsrat **keine Zuständigkeit für den allgemeinen Umweltschutz** erhalten hat; denn „eine generelle Ausdehnung auf den allgemeinen Umweltschutz würde Betriebsräte in vielen Fällen in einen kaum auflösbaren Zielkonflikt zwischen den wirtschaftlichen Interessen des Betriebs und damit der Beschäftigungssituation und allgemeinen Umweltschutzinteressen führen" (Begründung des RegE, BT-Drucks. 14/5741, S. 30). Die gesetzessystematische Einordnung in den Abschnitt über „soziale Angelegenheiten" gewährleistet außerdem, dass die Maßnahmen des betrieblichen Umweltschutzes einen **Bezug zu den Arbeitsbedingungen** haben müssen (ebenso GK-*Wiese,* § 88 Rn. 20; *Reichold,* NZA 2001, 857, 863). Gleichwohl bestehen Bedenken gegen die Einbeziehung umweltschutzbezogener Aktivitäten in die Regelungszuständigkeit des Betriebsrats; denn trotz der Begrenzung auf den betrieblichen Umweltschutz handelt es sich um Maßnahmen, deren Wahrnehmung die Institution des Betriebsrats überfordert (vgl. *Picker,* RdA 2001, 257, 272).

18 b) Bestimmungen über Maßnahmen des betrieblichen Umweltschutzes sind wie die von Nr. 1 erfassten Bestimmungen regelmäßig **Betriebsnormen;** sie können aber auch als Inhaltsnormen gestaltet sein, nämlich wenn der einzelne Arbeitnehmer einen Anspruch aus seinem Arbeitsverhältnis oder ein Leistungsverweigerungsrecht erhält (s. Rn. 14).

19 c) Der Betriebsrat kann im Mitbestimmungsverfahren nicht durchsetzen, dass der Arbeitgeber Maßnahmen des betrieblichen Umweltschutzes ergreift; er hat aber wie in den Fällen der Nr. 1 **mitzubestimmen,** soweit die Maßnahme, die der Arbeitgeber zu treffen beabsichtigt, einen **Mitbestimmungstatbestand** erfüllt (s. Rn. 13).

3. Die Errichtung von Sozialeinrichtungen, deren Wirkungsbereich auf den Betrieb, das Unternehmen oder den Konzern beschränkt ist (Nr. 2)

20 a) Das Gesetz erwähnt, dass durch Betriebsvereinbarung die **Errichtung von Sozialeinrichtungen,** deren Wirkungsbereich auf den Betrieb, das Unternehmen oder den Konzern beschränkt ist, geregelt werden kann (s. zum Begriff der Sozialeinrichtung § 87 Rn. 603 ff.). Damit wird klargestellt, dass das Mitbestimmungsrecht des Betriebsrats, das nach § 87 Abs. 1 Nr. 8 bei Form, Ausgestaltung und Verwaltung dieser Sozialeinrichtungen gegeben ist, sich nicht auf deren Errichtung erstreckt. Hier ist eine Betriebsvereinbarung möglich, aber nicht erzwingbar; denn bei der Errichtung einer Sozialeinrichtung handelt es sich um eine Disposition über das Vermögen des Arbeitgebers. Dazu soll er aber nicht gezwungen werden können.

III. Die ausdrücklich genannten Angelegenheiten **§ 88**

Die Errichtung setzt voraus, dass ein abgrenzbares Sondervermögen zur Verfügung 21
gestellt wird (s. § 87 Rn. 626 f., 630). Zu ihr gehört weiterhin nicht nur, dass mit ihm überhaupt eine Sozialeinrichtung geschaffen wird, sondern auch die Bestimmung des Zwecks, dem die Einrichtung dienen soll (s. § 87 Rn. 628 f.). Der Betriebsrat kann insoweit keine Regelung im Mitbestimmungsverfahren erzwingen, sondern lediglich eine freiwillige Betriebsvereinbarung abschließen.

b) **Form und Ausgestaltung der Sozialeinrichtung,** also die Festlegung ihrer rechtlichen 22
Gestalt und Organisation, gehören zwar zur Errichtung, sind aber in § 87 Abs. 1 Nr. 8 ausdrücklich als **Mitbestimmungstatbestand** genannt (s. § 87 Rn. 633 ff.). Zur mitbestimmungspflichtigen Ausgestaltung einer Sozialeinrichtung gehört nicht nur die Festlegung des *Organisationsstatuts,* sondern vor allem auch die Festlegung der Ordnung, nach der die Sozialeinrichtung Leistungen an den begünstigten Personenkreis zu erbringen hat (*Leistungsplan;* s. § 87 Rn. 638 ff.). Rechtsausübungsschranke der Mitbestimmung ist aber in diesen Fällen, dass der Arbeitgeber im Mitbestimmungsverfahren nicht gezwungen werden kann, den Zweck der Sozialeinrichtung zu ändern oder den Dotierungsrahmen zu erweitern.

c) Wie die Errichtung kann auch ihr Gegenstück, die **Auflösung** oder Schließung **einer** 23
Sozialeinrichtung, durch eine freiwillige Betriebsvereinbarung geregelt werden. Der Betriebsrat hat wie für die Errichtung **kein Mitbestimmungsrecht** (s. § 87 Rn. 671 ff.). Wenn dagegen die Sozialeinrichtung lediglich umgewandelt wird, also ihre Organisation oder ihr Leistungsplan geändert wird, hat der Betriebsrat nach § 87 Abs. 1 Nr. 8 mitzubestimmen; jedoch bildet die mitbestimmungsfreie Festlegung der Zweckbestimmung und des Dotierungsrahmens für die Mitbestimmung eine Rechtsausübungsschranke (s. § 87 Rn. 676 ff.).

d) Der Gesetzestext stellt hier wie in § 87 Abs. 1 Nr. 8 darauf ab, dass die **Sozial-** 24
einrichtung sich in ihrem **Wirkungsbereich auf den Betrieb, das Unternehmen oder den Konzern** beschränkt (s. § 87 Rn. 612 ff.). Die **Begrenzung des Wirkungsbereichs** hat aber **nur für die Reichweite des Mitbestimmungstatbestands** in § 87 Abs. 1 Nr. 8 Bedeutung. Hier wird dagegen die Errichtung von Sozialeinrichtungen lediglich als Beispiel für Regelungsmaterien einer freiwilligen Betriebsvereinbarung genannt. Deshalb braucht nicht einmal eine Sozialeinrichtung vorzuliegen, sondern es können auch **Sozialleistungen** durch Betriebsvereinbarung geregelt werden. Bei ihnen besteht ein Mitbestimmungsrecht für die Festlegung der Bemessungsgrundlagen nach § 87 Abs. 1 Nr. 10 (s. dort Rn. 832 ff.).

e) Für den Abschluss der Betriebsvereinbarung ist, wenn das **Unternehmen,** auf das 25
der Wirkungsbereich einer Sozialeinrichtung sich erstrecken soll, **zwei oder mehrere Betriebe** umfasst, der **Gesamtbetriebsrat** zuständig (§ 50 Abs. 1; s. § 87 Rn. 650). Eine gemeinsame Sozialeinrichtung für die Betriebe und Unternehmen eines Konzerns kann durch Betriebsvereinbarung mit dem **Konzernbetriebsrat** errichtet werden (§ 58 Abs. 1; s. § 87 Rn. 650).

f) Durch die **Betriebsvereinbarung** wird der **Arbeitgeber verpflichtet,** die Sozialeinrich- 26
tung so zu errichten, wie es in der Betriebsvereinbarung festgelegt ist; sie hat insoweit den Charakter einer *schuldrechtlichen Abrede* zwischen den Betriebspartnern (s. auch § 77 Rn. 59 ff.). Erhält die Sozialeinrichtung einen selbständigen Rechtsträger, so ist die in einer Betriebsvereinbarung enthaltene Satzungsregelung nicht der Satzung der Sozialeinrichtung normativ übergeordnet, sondern es besteht für den Arbeitgeber lediglich die Pflicht, dafür zu sorgen, dass die Sozialeinrichtung die in der Betriebsvereinbarung festgelegte Rechtsform und Satzung erhält (s. § 87 Rn. 660). Für das Beitrags- und Leistungsverhältnis kann die Betriebsvereinbarung dagegen Bestimmungen mit normativer Wirkung treffen (s. § 87 Rn. 661 f.).

4. Maßnahmen zur Förderung der Vermögensbildung (Nr. 3)

27 a) Das Gesetz erwähnt weiterhin als Gegenstand einer Betriebsvereinbarung Maßnahmen zur Förderung der Vermögensbildung. Dadurch wird berücksichtigt, dass nach dem **Fünften Vermögensbildungsgesetz** (5. VermBG) i. F. vom 7. 9. 1998 (BGBl. I S. 2647) wie auch schon nach dem Ersten VermBG die **Betriebsvereinbarung eine Regelungsform für vermögenswirksame Leistungen** darstellt: Nach § 10 Abs. 1 5. VermBG kann die Betriebsvereinbarung Rechtsgrundlage für zusätzlich zum Arbeitsentgelt gewährte vermögenswirksame Leistungen sein. Werden zusätzliche vermögenswirksame Leistungen nicht erbracht, so hat der Arbeitnehmer nach § 11 Abs. 1 5. VermBG gegen den Arbeitgeber einen Anspruch darauf, dass mit ihm ein Vertrag über die vermögenswirksame Anlage von Teilen des Arbeitslohns abgeschlossen wird. Für diesen Fall regelt § 11 Abs. 3 bis 5 5. VermBG Einzelheiten, von denen durch Tarifvertrag oder Betriebsvereinbarung abgewichen werden kann (§ 11 Abs. 6 5. VermBG).

28 b) Die **Zuständigkeit zur Regelung durch Betriebsvereinbarung** wird **nicht dadurch begrenzt**, dass vermögenswirksame Leistungen nach dem Fünften Vermögensbildungsgesetz nur gefördert werden, wenn für sie eine der in § 2 Abs. 1 5. VermBG genannten Anlagearten gewählt wird. Durch die ausdrückliche Erwähnung der Maßnahmen zur Förderung der Vermögensbildung als Gegenstand einer Betriebsvereinbarung soll vielmehr, wie es im Bericht des BT-Ausschusses für Arbeit und Sozialordnung heißt, „einmal die Bedeutung, die der Ausschuss für Arbeit und Sozialordnung der Vermögensbildung der Arbeitnehmer zumisst, unterstrichen und zum anderen klargestellt werden, dass auch andere Formen der Vermögensbildung, als sie das Dritte Vermögensbildungsgesetz vorsieht, in Betrieben vereinbart werden können" (zu BT-Drucks. VI/ 2729, S. 4).

29 c) Bei **Regelung vermögenswirksamer Leistungen durch Tarifvertrag** ist zweifelhaft, ob § 77 Abs. 3 Anwendung findet (bejahend GK-*Wiese*, § 88 Rn. 29; HSWGNR-*Worzalla*, § 88 Rn. 11; ErfK-*Kania*, § 88 Rn. 5; *Stege/Weinspach/Schiefer*, § 88 Rn. 9; *Konzen*, BB 1977, 1307, 1312; verneinend *Fitting*, § 88 Rn. 25; GL-*Löwisch*, § 77 Rn. 76, § 88 Rn. 14; DKK-*Däubler*, § 88 Rn. 13; *Kammann*/Hess/Schlochauer [2. Aufl.], § 88 Rn. 13; *Löwisch*, AuR 1978, 97, 107; *Schimana/Frauenkron*, DB 1980, 445, 448; nur für die Vereinbarung betrieblicher Beteiligung *Loritz*, DB 1985, 531, 538 f.). Nr. 3 enthält zwar keine ausdrückliche Bestimmung, durch die wie in § 112 Abs. 1 Satz 4 ausdrücklich angeordnet wird, dass § 77 Abs. 3 auf Betriebsvereinbarungen über Maßnahmen der Vermögensbildung nicht anzuwenden ist; es widerspräche aber dem Zweck, den der Gesetzgeber mit der Aufnahme dieses Regelungsgegenstands als Beispiel für eine freiwillige Betriebsvereinbarung verfolgt, wenn eine tarifvertragliche oder tarifübliche Regelung vermögenswirksamer Leistungen die Regelungssperre nach § 77 Abs. 3 für eine Betriebsvereinbarung begründen würde. Deshalb muss § 77 Abs. 3 *restriktiv* interpretiert werden: Die tarifvertragliche Regelung vermögenswirksamer Leistungen schließt nicht aus, dass *zusätzliche Maßnahmen zur Förderung der Vermögensbildung durch Betriebsvereinbarung* geregelt werden können (vgl. auch BAG 28. 11. 1989 AP BetrVG 1972 § 88 Nr. 6, wo der Tarifvorbehalt nicht angesprochen wird, obwohl festgestellt wird, dass die Vermögensbildung im Zeitpunkt der Leistungsbestimmung durch einen besonderen Tarifvertrag im Baugewerbe gefördert wurde).

30 Der Arbeitgeber kann auf tarifvertraglich vereinbarte vermögenswirksame Leistungen die betrieblichen Sozialleistungen anrechnen, die dem Arbeitnehmer in dem Kalenderjahr bisher schon als vermögenswirksame Leistungen erbracht worden sind (§ 10 Abs. 5 Satz 1 5. VermBG). Das gilt nicht, soweit der Arbeitnehmer bei den betrieblichen Sozialleistungen zwischen einer vermögenswirksamen Leistung und einer anderen Leistung, insbesondere einer Barleistung, wählen konnte (§ 10 Abs. 5 Satz 2 5. VermBG).

d) Da **vermögenswirksame Leistungen** arbeitsrechtlich **Bestandteil des Lohns oder Gehalts** sind (§ 2 Abs. 7 Satz 1 5. VermBG), gehören sie zu den **Fragen der betrieblichen Lohngestaltung**, über die der Betriebsrat nach § 87 Abs. 1 Nr. 10 mitzubestimmen hat (s. dort Rn. 727 ff.). Der Arbeitgeber kann im Mitbestimmungsverfahren aber nicht gezwungen werden, Maßnahmen zur Förderung der Vermögensbildung einzuführen (s. § 87 Rn. 771). Der Betriebsrat hat über die Verteilungsgrundsätze und deren Anwendung mitzubestimmen (vgl. auch für die Ausgabe von Belegschaftsaktien BAG 28. 11. 1989 AP BetrVG 1972 § 88 Nr. 6). Die ausdrückliche Erwähnung der Maßnahmen zur Förderung der Vermögensbildung als Gegenstand einer freiwilligen Betriebsvereinbarung bedeutet nicht, dass § 87 Abs. 1 Nr. 10 auf sie keine Anwendung findet. 31

5. Maßnahmen zur Integration ausländischer Arbeitnehmer sowie zur Bekämpfung von Rassismus und Fremdenfeindlichkeit im Betrieb (Nr. 4)

Da für den Gesetzgeber ein besonderes Reformanliegen die Bekämpfung von Rassismus und Fremdenfeindlichkeit im Betrieb war (vgl. Begründung des RegE, BT-Drucks. 14/5741, S. 2, 25, 26, 31), hielt er die Klarstellung für geboten, dass der Betriebsrat über **Maßnahmen zur Integration ausländischer Arbeitnehmer sowie zur Bekämpfung von Rassismus und Fremdenfeindlichkeit im Betrieb** freiwillige Betriebsvereinbarungen abschließen kann. Art. 1 Nr. 57 lit. b BetrVerf-ReformG hat deshalb der Bestimmung Nr. 4 angefügt (vgl. Begründung des RegE, BT-Drucks. 14/5741, S. 48). 32

Nr. 4 hat die **Zuständigkeit des Betriebsrats** nicht erweitert, sondern **lediglich konkretisiert** (ebenso *Annuß*, NZA 2001, 367, 370). Insbesondere wird der Betriebsvereinbarungsautonomie kein von den sozialen Angelegenheiten abweichender Regelungsgegenstand zugewiesen. Dennoch hat die hier vorgenommene Akzentuierung nicht nur verdeutlicht, was sich aus § 75 Abs. 1 Satz 1 ohnehin ergibt, sondern die Kompetenz zur Bekämpfung von Rassismus und Fremdenfeindlichkeit ist „ihrer Natur nach darauf angelegt (...), allgemeinpolitische, nicht betriebsbezogene und deshalb betrieblich begrenzbare Zuständigkeiten in Anspruch zu nehmen" (*Picker*, RdA 2001, 257, 274). Damit steht aber die eingeräumte Regelungszuständigkeit in einem Wertungswiderspruch zu § 74 Abs. 2 Satz 3, der dem Betriebsrat die parteipolitische Tätigkeit explizit untersagt und damit auch keine allgemeinpolitischen Aktivitäten duldet (s. § 74 Rn. 62; vgl. auch GK-*Wiese*, § 88 Rn. 31). 33

IV. Streitigkeiten

Soweit kein Mitbestimmungsrecht besteht, kann weder der Arbeitgeber noch der Betriebsrat zum Abschluss einer Betriebsvereinbarung gezwungen werden. Das schließt nicht aus, die **Einigungsstelle** anzurufen. Aber das kann nur in beiderseitigem Einverständnis geschehen, und ihr Spruch ist nicht von Gesetzes wegen bindend (§ 76 Abs. 6). Er gewinnt die Bedeutung einer Betriebsvereinbarung nur, wenn beide Teile ihn annehmen oder sich ihm unterworfen haben. 34

Streitigkeiten darüber, ob eine Angelegenheit durch eine Betriebsvereinbarung geregelt werden kann, entscheidet das **Arbeitsgericht** im Beschlussverfahren (§ 2 a Abs. 1 Nr. 1, Abs. 2 i. V. mit §§ 80 ff. ArbGG). Gleiches gilt für einen Streit, ob eine Betriebsvereinbarung erzwingbar ist oder nur freiwillig abgeschlossen werden kann. 35

§ 89 Arbeits- und betrieblicher Umweltschutz

(1) ¹Der Betriebsrat hat sich dafür einzusetzen, dass die Vorschriften über den Arbeitsschutz und die Unfallverhütung im Betrieb sowie über den betrieblichen Umweltschutz durchgeführt werden. ²Er hat bei der Bekämpfung von Unfall- und Gesundheitsgefahren die für den Arbeitsschutz zuständigen Behörden, die Träger der gesetzlichen Unfallversicherung und die sonstigen in Betracht kommenden Stellen durch Anregung, Beratung und Auskunft zu unterstützen.

(2) ¹Der Arbeitgeber und die in Absatz 1 Satz 2 genannten Stellen sind verpflichtet, den Betriebsrat oder die von ihm bestimmten Mitglieder des Betriebsrats bei allen im Zusammenhang mit dem Arbeitsschutz oder der Unfallverhütung stehenden Besichtigungen und Fragen und bei Unfalluntersuchungen hinzuzuziehen. ²Der Arbeitgeber hat den Betriebsrat auch bei allen im Zusammenhang mit dem betrieblichen Umweltschutz stehenden Besichtigungen und Fragen hinzuzuziehen und ihm unverzüglich die den Arbeitsschutz, die Unfallverhütung und den betrieblichen Umweltschutz betreffenden Auflagen und Anordnungen der zuständigen Stellen mitzuteilen.

(3) Als betrieblicher Umweltschutz im Sinne dieses Gesetzes sind alle personellen und organisatorischen Maßnahmen sowie alle die betrieblichen Bauten, Räume, technische Anlagen, Arbeitsverfahren, Arbeitsabläufe und Arbeitsplätze betreffenden Maßnahmen zu verstehen, die dem Umweltschutz dienen.

(4) An Besprechungen des Arbeitgebers mit den Sicherheitsbeauftragten im Rahmen des § 22 Abs. 2 des Siebten Buches Sozialgesetzbuch nehmen vom Betriebsrat beauftragte Betriebsratsmitglieder teil.

(5) Der Betriebsrat erhält vom Arbeitgeber die Niederschriften über Untersuchungen, Besichtigungen und Besprechungen, zu denen er nach den Absätzen 2 und 4 hinzuzuziehen ist.

(6) Der Arbeitgeber hat dem Betriebsrat eine Durchschrift der nach § 193 Abs. 5 des Siebten Buches Sozialgesetzbuch vom Betriebsrat zu unterschreibenden Unfallanzeige auszuhändigen.

Abgekürzt zitiertes Schrifttum: *Froschauer*, Arbeitsrecht und Umweltschutz, 1994; *Hofbauer*, Der öffentlich-rechtliche Gefahrenschutz für Arbeitnehmer, Diss. Würzburg 1975; *Meilinger*, Allgemeine Gesundheitsvorsorge im Betrieb, Diss. Würzburg 1975; *Schubert*, Europäisches Arbeitsschutzrecht und betriebliche Mitbestimmung, 2005; *Süßmann*, Unfallverhütung – ein Teilgebiet des Betriebssicherheitsrechts –, Diss. Würzburg 1975; *Thomschke*, Der Betriebsschutz im Arbeits- und Sozialrecht, Diss. Würzburg 1975.

Übersicht

	Rn.
I. Vorbemerkung	1
II. Aufgabe des Betriebsrats bei der Bekämpfung von Unfall- und Gesundheitsgefahren sowie beim betrieblichen Umweltschutz	4
1. Beteiligung an der Durchführung der Vorschriften über den Arbeitsschutz und die Unfallverhütung im Betrieb sowie über den betrieblichen Umweltschutz	4
2. Unterstützung der für den Arbeitsschutz zuständigen Stellen	15
3. Unterrichtungspflicht des Arbeitgebers	20
III. Hinzuziehung des Betriebsrats bei der Durchführung des Arbeitsschutzes sowie des betrieblichen Umweltschutzes	21
1. Umfang der Hinzuziehung	21
2. Adressat der Hinzuziehungspflicht	24
3. Inhalt der Hinzuziehung	26
4. Aushändigung einer Durchschrift der Unfallanzeige nach § 193 SGB VII	28
IV. Legaldefinition des betrieblichen Umweltschutzes	29

II. Aufgabe des Betriebsrats bei der Bekämpfung v. Unfall- u. Gesundheitsgefahren § 89

Rn.
V. Beteiligung des Betriebsrats bei Bestellung der Sicherheitsbeauftragten und
   Teilnahme an Besprechungen mit den Sicherheitsbeauftragten 33
   1. Bestellung der Sicherheitsbeauftragten 33
   2. Teilnahme des Betriebsrats an Besprechungen mit den Sicherheitsbeauf-
      tragten 36
   3. Modifizierung durch das Arbeitssicherheitsgesetz 39
VI. Rechtsfolgen bei einem Verstoß gegen diese Vorschrift 42
VII. Streitigkeiten 43

I. Vorbemerkung

Seit der Neufassung durch das BetrVerf-Reformgesetz vom 23. 7. 2001 (BGBl. I **1**
S. 1852) enthält § 89 die Ausgestaltung der konkreten Rechtsstellung des Betriebsrats in den beiden häufig eng miteinander verflochtenen (s. dazu bereits BAG 11. 10. 1995 AP BetrVG 1972 § 37 Nr. 115; *Froschauer*, Arbeitsrecht und Umweltschutz, S. 21; *Kloepfer/Veit*, NZA 1990, 121, 123; s. auch *Kohte*, FS Däubler, S. 639, 640 ff.; *ders.*, Jahrbuch des Umwelt- und Technikrechts 1995, S. 37, 48; *Eb. Schmidt*, ZfU 1999, 163, 169) Bereichen der Bekämpfung der Unfall- und Gesundheitsgefahren sowie des betrieblichen Umweltschutzes. Die Vorschrift steht in engem Zusammenhang mit anderen dem Arbeitsschutz (vgl. §§ 81 Abs. 1 Satz 2, 87 Abs. 1 Nr. 7, 88 Nr. 1, 90 f., 115 Abs. 7 Nr. 7) bzw. dem betrieblichen Umweltschutz (vgl. §§ 43 Abs. 2 Satz 3, 45 Satz 1, 53 Abs. 2 Nr. 2, 80 Abs. 1 Nr. 9, 88 Nr. 1 a, 106 Abs. 3 Nr. 5 a) dienenden Bestimmungen des Gesetzes. Die Aufgaben des Betriebsrats im Bereich des betrieblichen Umweltschutzes sind nicht zuletzt vor dem Hintergrund des Art. 20 a GG sowie eines entwickelten europarechtlichen Normengefüges zu sehen (vgl. etwa Art. 1 Abs. 2 lit. d) VO 761/2001 v. 19. 3. 2001 über die freiwillige Beteiligung von Organisationen an einem Gemeinschaftssystem für das Umweltmanagement und die Umweltbetriebsprüfung (EMAS), wonach die Umweltleistung insbesondere auch durch „die aktive Einbeziehung der Arbeitnehmer in der Organisation sowie eine adäquate Aus- und Fortbildung" verbessert werden soll; dazu ausführlich GK-*Wiese*, § 89 Rn. 45 ff.).

Die in den beiden ersten Absätzen zum Arbeitsschutz enthaltenen Regelungen entspre- **2**
chen im Wesentlichen § 58 BetrVG 1952. Durch Art. 17 des Unfallversicherungs-Einordnungsgesetzes (UVEG) vom 7. 8. 1996 (BGBl. I S. 1254) wurde die Bestimmung an das die Reichsversicherungsordnung ablösende SGB VII angepasst. Das BetrVerf-Reformgesetz hat sodann Abs. 2 Satz 2 und Abs. 3 eingefügt sowie Abs. 1 neu gefasst.

Das BPersVG enthält hinsichtlich des Arbeitsschutzes in § 81 eine entsprechende **3**
Vorschrift.

II. Aufgabe des Betriebsrats bei der Bekämpfung von Unfall- und Gesundheitsgefahren sowie beim betrieblichen Umweltschutz

1. Beteiligung an der Durchführung der Vorschriften über den Arbeitsschutz und die Unfallverhütung im Betrieb sowie über den betrieblichen Umweltschutz

a) Der Betriebsrat hat sich für die Durchführung der Vorschriften über den Arbeits- **4**
schutz und die Unfallverhütung im Betrieb sowie über den betrieblichen Umweltschutz einzusetzen (Abs. 1 Satz 1). Zu diesen Vorschriften gehören nicht nur die staatlichen Arbeitsschutzvorschriften sowie die staatlichen Regelungen betreffend den betrieblichen Umweltschutz einschließlich etwaiger diese Bestimmungen konkretisierende Einzelanweisungen (a. A. GK-*Wiese*, § 89 Rn. 9), sondern vor allem auch Tarifverträge und Betriebsvereinbarungen, die Maßnahmen zur Verhütung von Arbeitsunfällen und Ge-

sundheitsschädigungen oder zum betrieblichen Umweltschutz regeln (vgl. auch § 87 Abs. 1 Nr. 7 und § 88 Nr. 1, 1 a; dazu § 87 Rn. 534 ff. und § 88 Rn. 11 ff.). § 89 enthält damit eine Verstärkung der in § 80 Abs. 1 Nr. 1 enthaltenen allgemeinen Aufgabenzuweisung (*Fitting*, § 89 Rn. 11; GK-*Wiese*, § 89 Rn. 7).

5 aa) Zu den **Vorschriften über den Arbeitsschutz und die Unfallverhütung** zählen insbesondere **alle bindenden Regeln**, die der Verhütung von Arbeitsunfällen oder arbeitsbedingten Erkrankungen, insbesondere Berufskrankheiten (§ 9 SGB VII) dienen, also der **technische Arbeitsschutz.** Abgesehen von den nach § 15 SGB VII von den Trägern der gesetzlichen Unfallversicherung autonom erlassenen **Unfallverhütungsvorschriften (UVV)** finden sich die wichtigsten Regelungen des technischen Arbeitsschutzes im **Arbeitsschutzgesetz**, dem **Arbeitssicherheitsgesetz**, dem **Bundesberggesetz**, dem **Seemannsgesetz**, der **Gewerbeordnung**, dem **Atomgesetz**, dem **Gentechnikgesetz**, dem **Geräte- und Produktesicherheitsgesetz** und dem **Sprengstoffgesetz** sowie den auf ihrer Basis jeweils erlassenen **Verordnungen und Anordnungen** (vgl. insoweit nur ArbStättV, BaustellV, BildscharbV, BiostoffV, GefStoffV, GenTSV, LasthandhabV, StrSchV; siehe insoweit die einschlägigen Nachweise bei Düwell-*Kohte*, § 89 Rn. 11 ff.).

6 Zu den Vorschriften, für deren Durchführung im Betrieb der Betriebsrat sich einzusetzen hat, gehören aber auch die **Bestimmungen des sozialen Arbeitsschutzes**, die zur Erhaltung der Arbeitskraft vor Überanstrengung und Verschleiß schützen, wie das **Arbeitszeitrecht** und der besondere Arbeitsschutz für bestimmte Arbeitnehmergruppen, wie der **Frauen-** und **Mutterschutz**, der **Jugendarbeitsschutz** und der **Schwerbehindertenschutz.**

7 Soweit in den Rechtsvorschriften auf die allgemein anerkannten **sicherheitstechnischen** (etwa DIN, VDE, DVGW, VDI sowie die europäischen technischen Normen von CEN und CENELEC [dazu MünchArbR-*Wlotzke*, 2. Aufl., § 210 Rn. 26 ff.]), **arbeitsmedizinischen und hygienischen Regeln**, den „Stand der Technik" oder den „Stand von Wissenschaft und Technik" Bezug genommen wird, gehören auch die sich daraus ergebenden Anforderungen zu den Arbeitsschutzbestimmungen.

8 Ein Verzeichnis der in weitem Umfang vor dem Hintergrund europäischen Rechts zu sehenden (vgl. die Aufstellung der einschlägigen europäischen Regelungen bei DKK-*Buschmann*, § 89 Rn. 14 ff.) staatlichen Arbeitsschutzvorschriften findet sich in der Anlage zu den Unfallverhütungsberichten, die die Bundesregierung alljährlich nach § 25 Abs. 1 SGB VII dem Bundestag zu erstatten hat (vgl. auch www.umweltschutz-bw.de).

9 bb) Zu den **Vorschriften über den betrieblichen Umweltschutz** zählen alle verbindlichen Vorgaben, die dem Schutz der im Betrieb vorhandenen Umweltgüter vor nachteiligen außerbetrieblichen Einflüssen bzw. dem Schutz außerbetrieblicher Güter vor innerbetrieblichen Beeinträchtigungen dienen (zu diesem Begriffsverständnis *Konzen*, RdA 2001, 76, 89, sowie unten Rn. 29 ff.). Zu denken ist insbesondere an die Bestimmungen des **Bundes-Bodenschutzgesetzes,** des **Bundes-Immissionsschutzgesetzes,** des **Kreislaufwirtschafts- und Abfallgesetzes,** des **Pflanzenschutzgesetzes,** des **Tierschutzgesetzes,** des **Tierseuchengesetzes** und des **Wasserhaushaltsgesetzes** sowie die auf ihrer Grundlage jeweils erlassenen **Verordnungen und Anordnungen.**

10 Ebenso gehören dazu die zur Konkretisierung solcher verbindlichen Regelungen festgesetzten Grenzwerte, wie sie beispielsweise in den Technischen Anleitungen Abfall, Lärm, Luft oder in den Abwasserverwaltungsvorschriften zu finden sind (s. dazu *Froschauer*, Arbeitsrecht und Umweltschutz, S. 68 ff.; zum Verhältnis von Arbeits- und Umweltschutz *Reichel/Meyer*, RdA 2003, 101, 104 f.).

11 b) Die Durchführung der Vorschriften über den Arbeitsschutz und die Unfallverhütung im Betrieb sowie über den betrieblichen Umweltschutz ist eine **gemeinsame Aufgabe des Arbeitgebers und des Betriebsrats.** Der Betriebsrat hat sich für sie nicht nur beim Arbeitgeber, sondern auch bei den **Arbeitnehmern des Betriebs** einzusetzen. Soweit solche Vorschriften über den Arbeitsschutz und die Unfallverhütung Pflichten für sie begründen, ist der Betriebsrat berechtigt und verpflichtet, Arbeitnehmer, die sich nicht

II. Aufgabe des Betriebsrats bei der Bekämpfung v. Unfall- u. Gesundheitsgefahren § 89

an diese Vorschriften halten, darauf aufmerksam zu machen (ebenso *Fitting*, § 89 Rn. 13; GK-*Wiese*, § 89 Rn. 10; HSWGNR-*Worzalla*, § 89 Rn. 10).

Aus dieser umfassenden Verpflichtung auf dem Gebiet des Arbeitsschutzes und der Unfallverhütung ergibt sich für den Betriebsrat das Recht, sich von dem Vorhandensein und der ordnungsgemäßen Benutzung der vorgeschriebenen Schutzvorrichtungen fortlaufend zu überzeugen. Deshalb dürfen Mitglieder des Betriebsrats auch Anlagen betreten, die nach den einschlägigen Arbeitsschutz- und Unfallverhütungsvorschriften mit dem Verbotsschild „Unbefugten ist der Zutritt verboten" versehen sind; sie müssen sich jedoch vorher bei der zuständigen aufsichtsführenden Person melden, brauchen aber kein Kontrollbedürfnis darzulegen (ebenso LAG Frankfurt a. M. 4. 2. 1972 DB 1972, 2214; WP-*Bender*, § 89 Rn. 6; GK-*Wiese*, § 89 Rn. 11; HSWGNR-*Worzalla*, § 89 Rn. 12; ohne Notwendigkeit einer Voranmeldung *Fitting*, § 89 Rn. 12 (für den Regelfall); DKK-*Buschmann*, § 89 Rn. 28). 12

Der Einsatz des Betriebsrats für die Durchführung der Vorschriften nach Satz 1 ist **auf den innerbetrieblichen Bereich beschränkt,** so dass der Betriebsrat hier insbesondere kein Recht auf eine Beteiligung an behördlichen Verfahren erhält. Bedeutung hat das vor allem für den in Satz 2 nicht genannten betrieblichen Umweltschutz (s. dazu Rn. 15). 13

c) Die **Durchführung** der Arbeitsschutz- und Unfallverhütungsmaßnahmen sowie der Maßnahmen des betrieblichen Umweltschutzes selbst ist **ausschließlich Angelegenheit des Arbeitgebers.** Der Betriebsrat kann nicht selbständig Maßnahmen vornehmen oder veranlassen (§ 77 Abs. 1 Satz 2; ebenso *Fitting*, § 89 Rn. 15; GK-*Wiese*, § 89 Rn. 39, 59; HSWGNR-*Worzalla*, § 89 Rn. 13). 14

2. Unterstützung der für den Arbeitsschutz zuständigen Stellen

a) Der Betriebsrat hat bei der Bekämpfung von Unfall- und Gesundheitsgefahren die für den Arbeitsschutz zuständigen Behörden, die Träger der gesetzlichen Unfallversicherung und die sonstigen in Betracht kommenden Stellen **zu unterstützen** (Abs. 1 Satz 2). Diese Mitwirkung ist aber nicht nur seine Pflicht, sondern auch sein *Recht*, so dass der Arbeitgeber und die zur Bekämpfung von Unfall- und Gesundheitsgefahren zuständigen Stellen verpflichtet sind, ihn hinzuzuziehen (Abs. 2 Satz 1; s. Rn. 21 ff.). Ausweislich des eindeutigen Wortlauts **bezieht sich Satz 2 nicht auf den betrieblichen Umweltschutz** (wie hier wohl GK-*Wiese*, § 89 Rn. 57; a. A. *Fitting*, § 89 Rn. 16), so dass dieser nur erfasst wird, sofern er zugleich dem Schutz vor Unfall- oder Gesundheitsgefahren dient. Hierin kommt das Bestreben des Gesetzgebers zum Ausdruck, die Erstarkung des Betriebsrats zum Hilfsorgan staatlicher Umweltbehörden zu vermeiden (Begr. RegE, BT-Drucks. 14/5741, S. 31). 15

b) Zu unterstützen hat der Betriebsrat die **für den Arbeitsschutz zuständigen Behörden,** die **Träger der gesetzlichen Unfallversicherung** und die **sonstigen in Betracht kommenden Stellen.** Zu den für den Arbeitsschutz zuständigen Behörden gehören vor allem die Gewerbeaufsichtsämter sowie die Berg- und Gesundheitsämter, die staatlichen Grenzbehörden und die Bauaufsichtsbehörden (GK-*Wiese*, § 89 Rn. 61). Zu den in § 114 SGB VII im Einzelnen genannten Unfallversicherungsträgern gehören insbesondere die Berufsgenossenschaften, der Bund, die Eisenbahn-Unfallkasse sowie die Unfallkassen der Länder und Gemeinden. Zu den sonstigen in Betracht kommenden Stellen zählen z. B. die Technischen Überwachungsvereine. Erfasst werden auch die Sicherheitsbeauftragten (§ 22 SGB VII) sowie die nach anderen (zumindest auch) dem Arbeitsschutz dienenden Gesetzen zu bestellenden betrieblichen Beauftragten (*Fitting*, § 89 Rn. 17; a. A. HSWGNR-*Worzalla*, § 89 Rn. 6; *Becker/Kniep*, NZA 1999, 243; *Ehrich*, Amt, Anstellung und Mitbestimmung bei betrieblichen Beauftragten, 1993, S. 213 ff.; zu denken ist etwa an den Immissionsschutzbeauftragten nach § 53 BImSchG, den Störfallbeauftragten nach § 58a BImSchG, den Strahlenschutzbeauftragten nach § 31 StrlSchV 16 bzw. § 13 RöV oder den Beauftragten für biologische Sicherheit nach § 16 Abs. 1 GenTSV), die Betriebsärzte und die Fachkräfte für Arbeitssicherheit sowie den Arbeitsschutzausschuss (§ 11 ASiG), insbesondere aber auch den Arbeitgeber selbst (GK-*Wiese*, § 89 Rn. 65; GL-*Löwisch*, § 89 Rn. 4; DKK-*Buschmann*, § 89 Rn. 25; a. A. HSWGNR-*Worzalla*, § 89 Rn. 6). Soweit der Arbeitgeber die Erfüllung von Pflichten zur Bekämpfung von Unfall- und Gesundheitsgefahren auf Mitarbeiter des Unternehmens überträgt, sind auch diese Personen vom Betriebsrat zu unterstützen (GK-*Wiese*, a. a. O.; a. A. HSWGNR-*Worzalla*, a. a. O.).

17 c) Der Betriebsrat hat durch **Anregung, Beratung und Auskunft** zu unterstützen. Zu den Anregungen gehören insbesondere Vorschläge, die eine Verbesserung des technischen Unfallschutzes zum Ziel haben, aber auch Vorschläge, die auf eine entsprechende Organisation des Betriebs abzielen. Er kann daher beispielsweise Betriebskontrollen durch die zuständigen Stellen anregen (DKK-*Buschmann*, § 89 Rn. 23).

18 Dem Betriebsrat wird ausdrücklich die Pflicht auferlegt, den hier genannten Stellen Auskunft zu geben. Insoweit besteht auch nicht die Geheimhaltungspflicht des § 79 (ebenso BAG 3. 6. 2003 AP BetrVG 1972 § 89 Nr. 1; *Brecht*, § 89 Rn. 3; *Fitting*, § 89 Rn. 18; GK-*Wiese*, § 89 Rn. 60; GL-*Löwisch*, § 89 Rn. 5; HSWGNR-*Worzalla*, § 89 Rn. 8; DKK-*Buschmann*, § 89 Rn. 23; *Stege/Weinspach/Schiefer*, § 89 Rn. 2).

19 d) Das Gesetz schreibt zwar anders als § 49 Abs. 4 BetrVG 1952 nicht mehr ausdrücklich vor, dass die Anrufung einer Behörde erst zulässig ist, nachdem eine Einigung im Betrieb nicht erzielt wurde; aus dem Grundsatz der vertrauensvollen Zusammenarbeit und insbesondere aus der Pflicht, strittige Fragen mit dem ernsten Willen zur Einigung zu verhandeln und Vorschläge für die Beilegung von Meinungsverschiedenheiten zu machen (§ 2 Abs. 1 und § 74 Abs. 1 Satz 2), ergibt sich aber, dass der Betriebsrat zunächst versuchen muss, eine Abstellung der Mängel beim Arbeitgeber zu erreichen, bevor er sich an außenstehende Stellen wendet (ebenso *Denck*, DB 1980, 2132, 2137 f.; *Fitting*, § 89 Rn. 18; GK-*Wiese*, § 89 Rn. 58; HSWGNR-*Worzalla*, § 89 Rn. 7; tendenziell auch BAG 3. 6. 2003 AP BetrVG 1972 § 89 Nr. 1; a. A. DKK-*Buschmann*, § 89 Rn. 23, der keine Einschränkung durch §§ 2 Abs. 1, 74 Abs. 1 Satz 2 anerkennt). Die Bestimmungen des **BDSG** sind zu beachten (BAG 3. 6. 2003 AP BetrVG 1972 § 89 Nr. 1).

3. Unterrichtungspflicht des Arbeitgebers

20 Der Betriebsrat ist zur Durchführung seiner Aufgaben rechtzeitig und umfassend vom Arbeitgeber zu unterrichten, wobei ihm auf Verlangen auch die erforderlichen Unterlagen zur Verfügung zu stellen sind (§ 80 Abs. 2; s. dort Rn. 61 ff.).

III. Hinzuziehung des Betriebsrats bei der Durchführung des Arbeitsschutzes sowie des betrieblichen Umweltschutzes

1. Umfang der Hinzuziehung

21 Um dem Betriebsrat eine Mitwirkung im Rahmen des Arbeitsschutzes sowie des betrieblichen Umweltschutzes tatsächlich zu ermöglichen, verlangt das Gesetz, dass er oder die von ihm bestimmten Mitglieder des Betriebsrats **bei allen** im Zusammenhang mit dem **Arbeitsschutz** oder der **Unfallverhütung** bzw. dem **betrieblichen Umweltschutz** stehenden **Besichtigungen und Fragen** und bei **Unfalluntersuchungen** – auch wenn kein Arbeitnehmer zu Schaden gekommen ist (DKK-*Buschmann*, § 89 Rn. 34; GK-*Wiese*, § 89 Rn. 70) – **hinzuzuziehen** sind (Abs. 2). Das hat vor allem bei der Einführung und Prüfung von Einrichtungen des Arbeitsschutzes zu geschehen, wie in § 58 Abs. 2 BetrVG 1952 ausdrücklich bestimmt war. Die Hinzuziehungspflicht geht aber darüber hinaus; der Betriebsrat ist auch bei den Vorprüfungen, insbesondere bei Besichtigungen und bei

III. Hinzuziehung des Betriebsrats bei der Durchführung des Arbeitsschutzes § 89

der Überlegung, welche Einrichtungen des Arbeits- oder betrieblichen Umweltschutzes in Betracht gezogen werden sollen, zu beteiligen. Notwendig ist allerdings, dass es sich um **konkrete Fragen** handelt (ebenso GK-*Wiese*, § 89 Rn. 66), weshalb der Betriebsrat an bloßen Planungen insoweit nicht zu beteiligen ist.

Der Betriebsrat ist insbesondere hinzuzuziehen, wenn ein Unfall geschehen und dieser zu untersuchen ist, gleichgültig, ob es sich um eine innerbetriebliche Untersuchung oder um eine solche durch staatliche Stellen oder durch ein Organ der Berufsgenossenschaft handelt. Das Teilnahmerecht erstreckt sich auf alle Maßnahmen der Unfallaufklärung (*Fitting*, § 89 Rn. 32). Keine Rolle spielt, ob der Unfall mit dem Versagen von Unfallverhütungseinrichtungen oder dem Verstoß gegen Unfallverhütungsvorschriften zusammenhängt (vgl. BVerwG 8. 12. 1961 AP PersVG § 68 Nr. 2). Soweit der Betriebsrat zu seiner Unterrichtung des Einblicks in Unterlagen bedarf, sind ihm diese zugänglich zu machen. 22

§ 12 Abs. 2 Nr. 1 ASiG verpflichtet die zuständige Behörde zur Anhörung des Betriebsrats sowie zur Erörterung in Betracht kommender Maßnahmen, bevor sie eine Anordnung trifft. Nach § 12 Abs. 4 ASiG hat die zuständige Behörde den Betriebsrat über eine gegenüber dem Arbeitgeber getroffene Anordnung schriftlich in Kenntnis zu setzen. 23

2. Adressat der Hinzuziehungspflicht

Die Beteiligungspflicht besteht nicht nur für den **Arbeitgeber,** sondern im gleichen Maße auch **für alle Stellen,** die mit dem **Arbeitsschutz** oder der **Unfallverhütung bzw. dem betrieblichen Umweltschutz beauftragt sind** oder **Unfalluntersuchungen durchzuführen haben.** Dies gilt insbesondere auch, wenn die Aufsichtspersonen der Berufsgenossenschaften den Betrieb besichtigen (§ 19 SGB VII); die Betriebsbesichtigung beginnt erst, nachdem sie den Betriebsrat hiervon unterrichtet haben (vgl. § 4 der Allgemeinen Verwaltungsvorschrift über das Zusammenwirken der technischen Aufsichtsbeamten der Träger der Unfallversicherung mit den Betriebsvertretungen vom 21. 6. 1968, Bundesanzeiger Nr. 116; neugefasst durch Art. 2 der Allgemeinen Verwaltungsvorschrift vom 28. 11. 1977, Bundesanzeiger Nr. 225; zu entsprechenden landesrechtlichen Regelungen über die Zusammenarbeit von Gewerbeaufsichtsämtern und Betriebsräten s. die Nachweise bei GK-*Wiese*, § 89 Rn. 68). Die Hinzuziehungspflicht besteht darüber hinaus namentlich auch bei Betriebsbegehungen nach § 40 Abs. 2 KrW-/AbfG, § 19 Abs. 2 AtG, § 38 Abs. 3 PflSchG oder § 73 Abs. 3 TierSG. 24

Die Allgemeine Verwaltungsvorschrift über das Zusammenwirken der technischen Aufsichtsbeamten der Träger der Unfallversicherung mit den Betriebsvertretungen wird ergänzt durch die Allgemeine Verwaltungsvorschrift über das Zusammenwirken der Träger der Unfallversicherung und der Gewerbeaufsichtsbehörden (vom 26. 7. 1968, Bundesanzeiger Nr. 142; neu gefasst durch Art. 1 der Allgemeinen Verwaltungsvorschrift vom 28. 11. 1977, Bundesanzeiger Nr. 225). Nach deren § 4 Abs. 1 Satz 1 sollen die Aufsichtsbehörden der Unfallversicherungsträger und der Gewerbeaufsichtsbehörden einen Betrieb gemeinsam besichtigen, wenn ein wichtiger Anlass gegeben ist, was nach § 4 Abs. 1 Satz 2 Nr. 4 insbesondere bei Schadensfällen von größerem Ausmaß anzunehmen sein kann. Nach § 5 sollen sie einen Unfall gemeinsam untersuchen, wenn es sich um einen Arbeitsunfall mit tödlichem Ausgang oder um einen Massenunfall handelt (Nr. 1) oder wenn aus der Unfallanzeige ersichtlich ist, dass der Unfall bei der Verwendung neuartiger Maschinen oder bei der Anwendung neuartiger Arbeitsverfahren eingetreten ist (Nr. 2). Mittelbar ergibt sich somit, dass der Betriebsrat auch hieran zu beteiligen ist (s. zu Überwachung und Vollzug durch Arbeitsschutzbehörden und Unfallversicherungsträger näher MünchArbR-*Kohte*, § 290 Rn. 79 ff.; siehe hinsichtlich der landesrechtlichen Bestimmungen über die Zusammenarbeit von Gewerbeaufsichtsbeamten und Betriebsräten die Nachweise bei GK-*Wiese*, § 89 Rn. 68). 25

3. Inhalt der Hinzuziehung

26 a) Wie in Satz 1 ausdrücklich hervorgehoben wird, ist **nicht erforderlich,** dass der **Betriebsrat in seiner Gesamtheit** bei den im Zusammenhang mit dem Arbeitsschutz oder der Unfallverhütung stehenden Besichtigungen und Fragen sowie bei Unfalluntersuchungen beteiligt wird, sondern es genügt, dass die von ihm bestimmten **Mitglieder des Betriebsrats** hinzugezogen werden (Abs. 2 Satz 1). Gleiches gilt trotz des scheinbar entgegenstehenden Wortlauts von Satz 2 bei Besichtigungen und Fragen im Zusammenhang mit dem betrieblichen Umweltschutz, da aus der Entwurfsbegründung (Begr. RegE, BT-Drucks. 14/5741, S. 48) zu ersehen ist, dass die unterschiedliche Regelung beider Fälle im Gesetzeswortlaut auf einem Versehen des Gesetzgebers beruht. Ob der Betriebsrat dazu verpflichtet ist, die unmittelbare Beteiligung auf eines oder mehrere Mitglieder zu delegieren, ist danach zu beurteilen, ob dies nach Umfang und Art des Betriebs zur ordnungsgemäßen Durchführung erforderlich ist.

27 b) Der **Arbeitgeber** hat weiterhin die **Pflicht,** dem Betriebsrat unverzüglich, also ohne schuldhaftes Zögern, die den Arbeitsschutz und die Unfallverhütung und den betrieblichen Umweltschutz betreffenden **Auflagen** und **Anordnungen** der für den Arbeitsschutz zuständigen Behörden, der Träger der gesetzlichen Unfallversicherung und der sonst in Betracht kommenden Stellen **mitzuteilen** (Abs. 2 Satz 2). Der Betriebsrat erhält die **Niederschriften** über Untersuchungen, Besichtigungen und Besprechungen, zu denen er hinzuzuziehen ist (Abs. 5). Das gilt auch dann, wenn er im Einzelfall nicht hinzugezogen wurde oder das von ihm beauftragte Mitglied nicht teilgenommen hat; denn maßgebend ist allein, dass die Pflicht bestand, den Betriebsrat hinzuzuziehen (a. A. *Brecht,* § 89 Rn. 6). Die Übermittlung der Niederschriften erfolgt durch den Arbeitgeber bzw. die zuständigen Stellen, soweit diese die Niederschrift aufgenommen haben (ebenso *Fitting,* § 89 Rn. 27; GK-*Wiese,* § 89 Rn. 71; *Mertens,* ArbSch. 1977, 3, 8; im letzteren Fall unter vorheriger Kenntnisvermittlung des Arbeitgebers GL-*Löwisch,* § 89 Rn. 13; HSWGNR-*Worzalla,* § 89 Rn. 25; a.A. *Leube,* DB 1973, 236: nur durch den Arbeitgeber).

4. Aushändigung einer Durchschrift der Unfallanzeige nach § 193 SGB VII

28 Nach § 193 SGB VII hat der Arbeitgeber **jeden Unfall** in seinem Betrieb innerhalb von drei Tagen seit Kenntnis **anzuzeigen,** wenn durch den Unfall ein im Betrieb beschäftigter Arbeitnehmer getötet oder so verletzt wird, dass er stirbt oder für mehr als drei Tage völlig oder teilweise arbeitsunfähig wird. Die **Unfallanzeige ist vom Betriebsrat mit zu unterzeichnen** (§ 193 Abs. 5 Satz 1 SGB VII). Dieser übernimmt dadurch aber keine Verantwortung für die Richtigkeit des Inhalts der Unfallanzeige (ebenso *Fitting,* § 89 Rn. 31; GK-*Wiese,* § 89 Rn. 85; GL-*Löwisch,* § 89 Rn. 14; DKK-*Buschmann,* § 89 Rn. 47). Er ist zur Darstellung einer etwa abweichenden Sicht des Unfallgeschehens berechtigt (*Fitting,* § 89 Rn. 31). Ergänzend ordnet § 89 Abs. 6 an, dass der Arbeitgeber dem Betriebsrat eine Durchschrift dieser Unfallanzeige auszuhändigen hat.

IV. Legaldefinition des betrieblichen Umweltschutzes

29 Abs. 3 enthält eine für den gesamten Bereich des BetrVG maßgebliche Legaldefinition des betrieblichen Umweltschutzes und rechnet zu ihm alle personellen und organisatorischen Maßnahmen sowie alle die betrieblichen Bauten, Räume, technische Anlagen, Arbeitsverfahren, Arbeitsabläufe und Arbeitsplätze betreffenden Maßnahmen, die dem Umweltschutz dienen. Die Klärungsleistung dieser Definition ist vergleichsweise gering, da der ihren Kern bildende Begriff des Umweltschutzes nicht näher erläutert wird (s. auch *Konzen,* RdA 2001, 76, 89: „unbeholfene Legaldefinition").

V. Beteiligung des Betriebsrats § 89

Die **Reichweite des Umweltschutzbegriffs** hängt wesentlich davon ab, wie der Schutzgegenstand, die Umwelt, begriffen wird (s. dazu näher *Froschauer,* Arbeitsrecht und Umweltschutz, S. 7 ff.). Angesichts des Fehlens jedweder Eingrenzung im Gesetzeswortlaut sowie in der Gesetzesbegründung wird man zur Umwelt sämtliche Natur-, Kultur- und Sachgüter sowie das zwischen ihnen bestehende Wirkungsgefüge rechnen müssen (ebenso *Konzen,* RdA 2001, 76, 89), so dass der Umweltschutz alle Maßnahmen und Handlungen erfasst, die den so definierten Bestand sichern oder stärken. Zu den Naturgütern gehören neben Boden, Wasser, Luft und Klima insbesondere sämtliche lebenden Organismen einschließlich des Menschen (*Fitting,* § 89 Rn. 9; *Konzen,* RdA 2001, 76, 89; demgegenüber hatte insbesondere *Froschauer,* Arbeitsrecht und Umweltschutz, S. 11, vor Einfügung des Abs. 3 gegen eine Einbeziehung des Menschen sowie der Sachgüter in den „arbeitsrechtlichen" Umweltbegriff plädiert). 30

Eine **Begrenzung** resultiert daraus, dass nur der **betriebliche Umweltschutz** angesprochen wird. Damit ist derjenige Ausschnitt des allgemeinen Umweltschutzbegriffs gemeint, der die personellen oder organisatorischen Maßnahmen im Betrieb bzw. die betrieblichen Bauten, Räume, technischen Anlagen, Arbeitsverfahren, Arbeitsabläufe oder Arbeitsplätze betrifft. Durch diese Anknüpfung am Betrieb wird verhindert, dass der Betriebsrat ein generelles umweltpolitisches Mandat zu Gunsten Dritter oder der Allgemeinheit erlangt (s. Begr. RegE, BT-Drucks. 14/5741, S. 48; dies verkennt *Hanau,* RdA 2001, 65, 73, wenn er meint, die Begrenzung hätte im Wortlaut keinen Niederschlag gefunden; gegen ein allgemeines umweltpolitisches Mandat auch DKK-*Buschmann,* § 89 Rn. 56; *Fitting,* § 89 Rn. 10; *Wendeling-Schröder,* NZA-Sonderheft 2002, 29, 30; GK-*Wiese,* § 89 Rn. 30). Damit bleibt das Gesetz zwar deutlich hinter früheren Überlegungen der GRÜNEN zurück, die im Jahre 1988 ein erzwingbares Mitbestimmungsrecht „in allen Angelegenheiten, die die Umwelt betreffen" gefordert hatten (BT-Drucks. 11/3630, S. 4), hat sich aber gleichzeitig von der Beschränkung auf die Interessen der Arbeitnehmer des Betriebs gelöst und verfolgt damit allgemein das Ziel, in betrieblichen Belangen das Erfahrungswissen der Belegschaft zu Gunsten des Umweltschutzes zu nutzen (s. dazu *Kohte,* FS Däubler 1999, S. 639, 642; *Eb. Schmidt,* ZfU 1999, 163, 170). Es genügt daher, wenn sich einer der in Abs. 3 genannten **betrieblichen Anknüpfungspunkte** finden lässt, auch wenn die unmittelbaren oder mittelbaren Auswirkungen der Maßnahmen im außerbetrieblichen Bereich liegen (vgl. Begr. RegE, BT-Drucks. 14/5741, S. 48; Düwell-*Kohte,* § 89 Rn. 21; *Reichel/Meyer,* RdA 2003, 101, 103). Lediglich private Belange der Arbeitnehmer werden aber jedenfalls nicht erfasst (GK-*Wiese,* § 89 Rn. 32). 31

Aus der **enumerativen Aufzählung** der Aspekte des betrieblichen Umweltschutzes in Abs. 3 ist zu ersehen, dass zu ihm insbesondere unternehmerische Maßnahmen nicht gehören, weshalb namentlich die unternehmerische Ausrichtung im Marktwettbewerb einschließlich der Gestaltung der Produktpalette nicht erfasst werden. Eine Maßnahme „dient" nur dann dem betrieblichen Umweltschutz, wenn sie ihn objektiv zu fördern vermag, was in vollem Umfang der gerichtlichen Kontrolle unterliegt. Eine Einschätzungsprärogative desjenigen, „der eine Maßnahme des Umweltschutzes fordert" (so DKK-*Buschmann,* § 89 Rn. 61), ist nicht anzuerkennen. 32

V. Beteiligung des Betriebsrats bei Bestellung der Sicherheitsbeauftragten und Teilnahme an Besprechungen mit den Sicherheitsbeauftragten

1. Bestellung der Sicherheitsbeauftragten

In **Unternehmen mit regelmäßig mehr als zwanzig Beschäftigten** hat der Arbeitgeber unter Beteiligung des Betriebsrats **Sicherheitsbeauftragte** zu bestellen (§ 22 Abs. 1 SGB VII). Abgestellt wird – auch im gemeinsamen Betrieb – auf das Unternehmen, nicht 33 auf den einzelnen Betrieb. In Unternehmen mit besonderen Gefahren für Leben und Gesundheit kann der Unfallversicherungsträger anordnen, dass Sicherheitsbeauftragte auch dann zu bestellen sind, wenn die Mindestbeschäftigtenzahl nicht erreicht wird, wie er umgekehrt für Unternehmen mit geringen Gefahren für Leben und Gesundheit die Mindestbeschäftigtenzahl erhöhen kann (§ 22 Abs. 1 Satz 3 und 4 SGB VII). In den Unfallverhütungsvorschriften ist die Zahl der Sicherheitsbeauftragten unter Berücksichtigung der nach der Eigenart der Unternehmen bestehenden Unfallgefahren und der Zahl der Arbeitnehmer zu bestimmen (§ 15 Abs. 1 Nr. 7 SGB VII).

34 Die **Bestellung** erfolgt durch den Unternehmer „unter Beteiligung des Betriebsrates" (§ 22 Abs. 1 Satz 1 SGB VII). Die Beteiligung bezieht sich auf die *personelle Auswahlentscheidung*. Sie gibt dem Betriebsrat kein Mitbestimmungsrecht, bedeutet aber mehr als nur Anhörung; sie gibt ihm ein *Recht auf Beratung* (ebenso *Fitting*, § 89 Rn. 34; GK-*Wiese*, § 89 Rn. 76; zu § 719 Abs. 1 Satz 2 RVO auch *Lauterbach*, Gesetzliche Unfallversicherung, 3. Aufl., § 719 Rn. 6; *Oetker*, BlStSozArbR 1983, 247, 249; a. A. für Annahme eines echten Mitbestimmungsrechts DKK-*Buschmann*, § 89 Rn. 40; zu § 719 RVO auch LAG Düsseldorf 25. 3. 1977 DB 1977, 915; § 719 Abs. 1 Satz 2 RVO sprach aber nur von Mitwirkung, und § 9 Abs. 3 ASiG kann nicht zur Konkretisierung herangezogen werden, weil er auf Sicherheitsbeauftragte keine Anwendung findet).

35 Vor der Einfügung der sozialen Unfallversicherung in das Sozialgesetzbuch sah § 719 Abs. 4 Satz 1 RVO vor, dass die Sicherheitsbeauftragten, wenn mehr als drei bestellt sind, aus ihrer Mitte einen **Sicherheitsausschuss** bilden. Der nach § 11 ASiG vorgesehene **Arbeitsschutzausschuss** hat ihn aber entbehrlich gemacht. Deshalb wurde er nicht mehr in das SGB VII aufgenommen (vgl. Begründung des RegE, BT-Drucks. 13/2204, S. 82).

2. Teilnahme des Betriebsrats an Besprechungen mit den Sicherheitsbeauftragten

36 Aufgabe der Sicherheitsbeauftragten ist es, den Unternehmer bei der Durchführung des Unfallschutzes zu unterstützen, insbesondere sich von dem Vorhandensein und der ordnungsgemäßen Benutzung der vorgeschriebenen Schutzvorrichtungen fortlaufend zu überzeugen und auf Unfall- und Gesundheitsgefahren für die Versicherten aufmerksam zu machen (§ 22 Abs. 2 SGB VII). Die in § 719 Abs. 4 Satz 2 RVO getroffene Regelung über den monatlichen Erfahrungsaustausch des Unternehmers mit den Sicherheitsbeauftragten hat das UVEG nicht übernommen. Die Regelung erschien dem Gesetzgeber zu starr; der Erfahrungsaustausch soll einer flexibleren Handhabung im Betrieb überlassen werden (so die Begründung des RegE, BT-Drucks. 13/2204, S. 82).

37 An **Besprechungen** des Arbeitgebers mit den Sicherheitsbeauftragten nehmen vom Betriebsrat beauftragte **Betriebsratsmitglieder** teil. Nicht notwendig ist also, dass der Betriebsrat in seiner Gesamtheit teilnimmt, sondern der Arbeitgeber kann verlangen, dass der Betriebsrat eines oder mehrere seiner Mitglieder, die besonders sachverständig sind, delegiert, wenn und soweit es nach Umfang und Art des Betriebs erforderlich ist, dass nicht alle Betriebsratsmitglieder an diesen Besprechungen teilnehmen. Anders als nach Abs. 2 setzt das Teilnahmerecht des Betriebsrats nicht voraus, dass es um die Behandlung konkreter Fragen geht (vgl. Rn. 21).

38 Nach Abs. 4 erhält der Betriebsrat in jedem Fall eine Niederschrift über die Besprechungen des Arbeitgebers mit den Sicherheitsbeauftragten, auch wenn Betriebsratsmitglieder an ihnen nicht teilgenommen haben (s. auch Rn. 27).

3. Modifizierung durch das Arbeitssicherheitsgesetz

39 Das **Arbeitssicherheitsgesetz** hat den betrieblichen Arbeitsschutz weiter ausgebaut (s. § 87 Rn. 568 ff.; zur Mitbestimmung des Betriebsrats nach § 9 Abs. 3 ASiG s. § 87 Rn. 576 ff.). In § 9 Abs. 1 ASiG ist gesetzlich festgelegt, dass die Betriebsärzte und Fachkräfte für Arbeitssicherheit mit dem Betriebsrat zusammenzuarbeiten haben. Diese

Zusammenarbeit wird durch § 9 Abs. 2 ASiG präzisiert: Die Betriebsärzte und Fachkräfte für Arbeitssicherheit haben den Betriebsrat über wichtige Angelegenheiten des Arbeitsschutzes und der Unfallverhütung zu unterrichten. Zu den wichtigen Angelegenheiten gehören alle Vorgänge, deren Mitteilung notwendig ist, damit der Betriebsrat seine Aufgaben ordnungsgemäß erfüllen kann. Die Betriebsärzte und Fachkräfte für Arbeitssicherheit sind verpflichtet, dem Betriebsrat den Inhalt eines Vorschlags mitzuteilen, den sie nach § 8 Abs. 3 ASiG dem Arbeitgeber machen. Sie haben den Betriebsrat auf sein Verlangen in Angelegenheiten des Arbeitsschutzes und der Unfallverhütung zu beraten. Der Betriebsarzt unterliegt aber auch insoweit der ärztlichen Schweigepflicht (§ 8 Abs. 1 Satz 2 ASiG). Hat jedoch der betroffene Arbeitnehmer eingewilligt, dass der Betriebsarzt das Ergebnis einer gesundheitlichen Untersuchung an den Arbeitgeber weitergibt, so liegt darin im Zweifel auch die Einwilligung zur Weitergabe an den Betriebsrat, soweit dieser mit der Angelegenheit, weshalb die gesundheitliche Untersuchung vorgenommen wird, bei Durchführung seiner Aufgaben befasst wird. Soweit keine Einwilligung vorliegt, macht der Betriebsarzt sich nach § 203 StGB strafbar, wenn er seine ärztliche Schweigepflicht verletzt (vgl. im Einzelnen *Wegener*, Der Betriebsarzt, S. 107 ff.; ähnlich *Hinrichs*, DB 1980, 2287, 2289).

Der **Betriebsrat** ist ebenfalls gesetzlich zur **Zusammenarbeit mit dem Betriebsarzt und den Fachkräften für Arbeitssicherheit** verpflichtet; er hat sie bei der Erfüllung ihrer Aufgaben durch Anregung, Beratung und Auskunft zu unterstützen (Abs. 1 Satz 2; s. Rn. 16). **40**

Die Zusammenarbeit zwischen dem Arbeitgeber, dem Betriebsrat, den Betriebsärzten, den Fachkräften für Arbeitssicherheit und den Sicherheitsbeauftragten wird durch die Errichtung eines **Arbeitsschutzausschusses** sichergestellt (§ 11 ASiG; s. § 87 Rn. 595 ff.). Der Arbeitsschutzausschuss tritt mindestens einmal vierteljährlich zusammen. **41**

VI. Rechtsfolgen bei einem Verstoß gegen diese Vorschrift

Vorsätzliche Störung des Betriebsrats in der Erfüllung der ihm nach dieser Vorschrift obliegenden Aufgaben ist nach § 119 Abs. 1 Nr. 2 strafbar. Vernachlässigt der Arbeitgeber gröblich, den Betriebsrat zu beteiligen, so kann gegen ihn ein Zwangsverfahren nach § 23 Abs. 3 durchgeführt werden. Erfüllt der Betriebsrat beharrlich nicht die ihm nach dieser Vorschrift obliegenden Aufgaben, so liegt darin eine grobe Pflichtverletzung, die auf Antrag zur Auflösung des Betriebsrats durch Beschluss des Arbeitsgerichts berechtigt (§ 23 Abs. 1). **42**

VII. Streitigkeiten

Streitigkeiten über die Mitwirkung des Betriebsrats bei der Durchführung des Arbeitsschutzes nach dieser Vorschrift entscheidet das Arbeitsgericht im Beschlussverfahren (§ 2a Abs. 1 Nr. 1, Abs. 2 i. V. mit §§ 80 ff. ArbGG). Das gilt auch für Streitigkeiten zwischen dem Betriebsrat und den mit dem Arbeitsschutz befassten außerbetrieblichen Stellen, soweit der Streitgegenstand sich auf Ansprüche aus § 89 bezieht (ebenso *Fitting*, § 89 Rn. 40; GK-*Wiese*, § 89 Rn. 88; HSWGNR-*Worzalla*, § 89 Rn. 31; a. A. LAG Düsseldorf 22. 7. 1971 AuR 1972, 190 [zust. *Lobscheid*]). **43**

Vierter Abschnitt. Gestaltung von Arbeitsplatz, Arbeitsablauf und Arbeitsumgebung

Vorbemerkung

Abgekürzt zitiertes Schrifttum: *Birkwald,* Menschengerechte Arbeitswelt, Arbeitsheft 013 der IG Metall, 1973; *Birkwald/Pornschlegel,* Handlungsanleitung zur menschengerechten Arbeitsgestaltung nach den §§ 90 und 91 Betriebsverfassungsgesetz, 1976; *Ehmann,* Arbeitsschutz und Mitbestimmung bei neuen Technologien, 1981*Fuchs,* Die gesicherten arbeitswissenschaftlichen Erkenntnisse als Rechtsbegriff, Diss. Bremen 1983; *Gaul,* Die rechtliche Ordnung der Bildschirm-Arbeitsplätze, 1981; *Hofe,* Betriebliche Mitbestimmung und Humanisierung der Arbeitswelt (= Die Mitwirkung und Mitbestimmung des Betriebsrates bei der menschengerechten Gestaltung der Arbeit, Diss. Freiburg i. Br.), 1978; *Hübner-Becker,* Der Begriff der menschengerechten Gestaltung der Arbeit – §§ 90, 91 BetrVG, Diss. Würzburg 1976; *Karstens,* Die gesetzlichen Grundlagen und die arbeitswissenschaftlichen Aspekte für die Mitwirkung und Mitbestimmung an Maßnahmen des Arbeitsstudiums im Industriebetrieb auf Grund des BetrVG 1972, Wirtschafts- und Sozialwissenschaftl. Diss. Hamburg 1976; *Natzel,* Menschengerechte Arbeitsgestaltung und Gewerkschaftspolitik, 1979; *Thelen,* Die Beteiligungsrechte des Betriebsrates gemäß §§ 90, 91 BetrVG unter besonderer Berücksichtigung der Sanktion bei Nichtbeachtung der Beteiligungsrechte durch den Arbeitgeber, Diss. Köln 1988.

Übersicht

	Rn.
I. Überblick über den Vierten Abschnitt	1
II. Gesetzessystematischer Zusammenhang mit den anderen Beteiligungsrechten	4

I. Überblick über den Vierten Abschnitt

1   Das Gesetz räumt in diesem Vierten Abschnitt dem Betriebsrat **Beteiligungsrechte** ein, die sich auf die **Gestaltung von Arbeitsplatz, Arbeitsablauf und Arbeitsumgebung** beziehen. Dadurch soll sichergestellt werden, dass bei der technischen und organisatorischen Gestaltung der Arbeitsplätze die arbeitswissenschaftlichen Erkenntnisse über die menschengerechte Gestaltung der Arbeit berücksichtigt werden (vgl. Begründung des RegE, BT-Drucks. VI/1786, S. 31 f; Bericht des BT-Ausschusses für Arbeit und Sozialordnung, *zu* BT-Drucks. VI/2729, S. 4 f.; zur Entstehungsgeschichte *Hofe,* Betriebliche Mitbestimmung, S. 40 ff.). Nach dem Bericht des BT-Ausschusses für Arbeit und Sozialordnung „soll ein Bereich erfasst werden, der zwar nicht durch arbeitsschutzrechtliche Bestimmungen geregelt ist, dem aber im Vorfeld des Arbeitsschutzes eine erhebliche Bedeutung für die Erhaltung der Gesundheit der Arbeitnehmer zukommt" (*zu* BT-Drucks. VI/2729, S. 5). Die hier gegebene Regelung entfaltet ihre Bedeutung vor allem im Bereich des *autonomen Arbeitsschutzes;* sie ist aber nicht auf den Gesundheitsschutz beschränkt, sondern bezweckt allgemein die Berücksichtigung *ergonomischer Erkenntnisse,* damit nicht der Mensch der Maschine, sondern die Maschine dem Menschen angepasst wird (ebenso *Hofe,* Betriebliche Mitbestimmung, S. 44 ff.).

2   Deshalb wird der Betriebsrat bereits im **Planungsstadium beteiligt.** Er ist nach § 90 über die Planung der dort genannten Angelegenheiten rechtzeitig zu unterrichten, und es sind mit ihm die vorgesehenen Maßnahmen und ihre Auswirkungen auf die Arbeitnehmer, insbesondere auf die Art ihrer Arbeit sowie die sich daraus ergebenden Anforderungen an die Arbeitnehmer so rechtzeitig zu beraten, dass Vorschläge und Bedenken des

Betriebsrats bei der Planung berücksichtigt werden können. Tragender Gesichtspunkt sollen dabei die gesicherten Erkenntnisse der Arbeitswissenschaft einschließlich der Arbeitsmedizin, der Arbeitsphysiologie und der Arbeitspsychologie über eine menschengerechte Gestaltung der Arbeit sein.

Widerspricht die Änderung der Arbeitsplätze, des Arbeitsablaufs oder der Arbeitsumgebung offensichtlich diesen Erkenntnissen und werden dadurch die Arbeitnehmer in besonderer Weise belastet, so hat der Betriebsrat nach § 91 ein über die Einigungsstelle erzwingbares **korrigierendes Mitbestimmungsrecht**. Dadurch gewährleistet der Gesetzgeber, dass die Rationalisierungsanstrengungen zur Erhaltung der Wettbewerbsfähigkeit nicht zu Lasten einer menschengerechten Gestaltung der Arbeit gehen, sondern wissenschaftliche Erkenntnisse und technische Phantasie auch zu dem Zweck eingesetzt werden, die Arbeitswelt zu humanisieren. **3**

II. Gesetzessystematischer Zusammenhang mit den anderen Beteiligungsrechten

Die hier eingeräumten Beteiligungsrechte stehen gesetzessystematisch in einem engen Zusammenhang mit der Mitbestimmung bei der Regelung des Arbeitsschutzes (§ 87 Abs. 1 Nr. 7; s. auch dort Rn. 534 ff.). Dem Persönlichkeitsschutz dient das Mitbestimmungsrecht bei Einführung und Anwendung von technischen Einrichtungen, die dazu bestimmt sind, das Verhalten oder die Leistung der Arbeitnehmer zu überwachen (§ 87 Abs. 1 Nr. 6). Ein systematischer Zusammenhang besteht weiterhin mit der Regelung im Sechsten Abschnitt des Vierten Teils. Zweck der dort eingeräumten Unterrichtungs- und Mitwirkungsrechte ist aber eine Beteiligung an den wirtschaftlichen Angelegenheiten. Der Betriebsrat wird bei Betriebsänderungen nach §§ 111 ff. unter dem Gesichtspunkt beteiligt, dass für die Arbeitnehmer *wirtschaftliche* Nachteile vermieden, ausgeglichen oder gemildert werden, während hier Zweck der Beteiligung des Betriebsrats ist, dass bei der Betriebsänderung *die arbeitswissenschaftlichen Erkenntnisse* über die *menschengerechte Gestaltung der Arbeit* berücksichtigt werden. **4**

§ 90 Unterrichtungs- und Beratungsrechte

(1) Der Arbeitgeber hat den Betriebsrat über die Planung
1. von Neu-, Um- und Erweiterungsbauten von Fabrikations-, Verwaltungs- und sonstigen betrieblichen Räumen,
2. von technischen Anlagen,
3. von Arbeitsverfahren und Arbeitsabläufen oder
4. der Arbeitsplätze

rechtzeitig unter Vorlage der erforderlichen Unterlagen zu unterrichten.

(2) ¹Der Arbeitgeber hat mit dem Betriebsrat die vorgesehenen Maßnahmen und ihre Auswirkungen auf die Arbeitnehmer, insbesondere auf die Art ihrer Arbeit sowie die sich daraus ergebenden Anforderungen an die Arbeitnehmer so rechtzeitig zu beraten, dass Vorschläge und Bedenken des Betriebsrats bei der Planung berücksichtigt werden können. ²Arbeitgeber und Betriebsrat sollen dabei auch die gesicherten arbeitswissenschaftlichen Erkenntnisse über die menschengerechte Gestaltung der Arbeit berücksichtigen.

Übersicht

	Rn.
I. Vorbemerkung	1
II. Gegenstand des Mitwirkungsrechts	5
1. Planungsgegenstände	6
2. Planung als Beteiligungstatbestand	17

	Rn.
III. Unterrichtungs- und Beratungsrecht des Betriebsrats	19
1. Unterrichtung des Betriebsrats	19
2. Beratung mit dem Betriebsrat	24
3. Gebot der Berücksichtigung gesicherter arbeitswissenschaftlicher Erkenntnisse über die menschengerechte Gestaltung der Arbeit	28
IV. Verletzung des Mitwirkungsrechts	39
V. Streitigkeiten	41

I. Vorbemerkung

1   Die **Gestaltung der arbeitstechnischen Organisation** steht im Zentrum der durch Art. 12 Abs. 1 und 14 GG verfassungsrechtlich prinzipiell garantierten **unternehmerischen Entscheidungsautonomie des Arbeitgebers** (ebenso *Hofe,* Betriebliche Mitbestimmung, S. 57). Mit Rücksicht darauf hat der Gesetzgeber dem Betriebsrat insoweit kein paritätisches Mitbestimmungsrecht eingeräumt.

2   Die Vorschrift gibt dem Betriebsrat ein Unterrichtungs- und Beratungsrecht, damit, wie es in der Begründung zum RegE des BetrVG 1972 heißt, bei den hier aufgezählten „unternehmerischen Entscheidungen schon im **Planungsstadium** die berechtigten Belange der Arbeitnehmer hinsichtlich der Auswirkungen dieser Entscheidungen auf die Art der Arbeit und die Anforderungen an die Arbeitnehmer berücksichtigt werden" (BT-Drucks. VI/1786, S. 49; vgl. auch den Bericht des BT-Ausschusses für Arbeit und Sozialordnung, *zu* BT-Drucks. VI/2729, S. 4 f.). Angesichts der mit dem Einsatz neuer Techniken in Produktion und Verwaltung einhergehenden grundlegenden Veränderungen der Arbeitswelt hat der Gesetzgeber § 90 durch Art. 1 Nr. 21 des Gesetzes zur Änderung des Betriebsverfassungsgesetzes, über Sprecherausschüsse der leitenden Angestellten und zur Sicherung der Montan-Mitbestimmung vom 20. 12. 1988 (BGBl. I S. 2312) neu gefasst, um den Standort Bundesrepublik Deutschland in der Weltwirtschaft zu sichern (vgl. BT-Drucks. 11/2503, S. 25, 35). Der Arbeitgeber wurde dadurch verpflichtet, bei der Unterrichtung über die in Abs. 1 genannten Planungen von sich aus alle diejenigen Unterlagen vorzulegen, die notwendig sind, damit sich der Betriebsrat ein möglichst genaues Bild von Umfang und Auswirkungen der geplanten Maßnahmen machen kann. Der neu gefasste Abs. 2 Satz 1 hat Gegenstand und Zeitpunkt der Beratung konkretisiert (s. Rn. 25 ff.). Der folgende Satz 2 entspricht wörtlich § 90 Satz 2 a. F.

3   Die hier in Abs. 1 genannten Planungsmaßnahmen können zugleich den **Beteiligungstatbestand einer Betriebsänderung** i. S. des § 111 erfüllen. Während aber dort der Betriebsrat beteiligt wird, um *wirtschaftliche Nachteile* für die Arbeitnehmer zu verhindern oder auszugleichen, geht es hier primär um die Einführung und Anwendung *neuer Techniken im Betrieb,* die sowohl positive als auch negative Folgen für die betroffenen Arbeitnehmer haben können (vgl. BT-Drucks. 11/2503, S. 35). Die Beteiligung des Betriebsrats ergänzt die in § 81 verankerte Unterrichtungspflicht des Arbeitgebers gegenüber dem einzelnen Arbeitnehmer. Die Bestimmung steht unter dem Zweckgedanken, dass Vorbehalte gegenüber neuen Techniken abgebaut werden können, wenn die Arbeitnehmer über ihre Auswirkungen auf Gesundheit, Arbeitsplatz und berufliche Qualifikation rechtzeitig und möglichst genau unterrichtet werden (so BT-Drucks. 11/2503, S. 25).

4   Die Vorschrift gibt dem Betriebsrat **kein Initiativrecht** (LAG Düsseldorf [Köln] 3. 7. 1981 DB 1981, 1676; GK-*Wiese/Weber,* § 90 Rn. 23); er kann aber auf Grund seines allgemeinen Antragsrechts nach § 80 Abs. 1 Nr. 2 Anregungen für eine entsprechende Gestaltung der Arbeitsplätze geben, auch wenn insoweit gesicherte arbeitswissenschaftliche Erkenntnisse noch nicht vorliegen (ebenso LAG Baden-Württemberg 18. 2. 1981 DB 1981, 1781, 1782). Der Betriebsrat kann daher nach § 90 keine Maßnahmen oder Regelungen zur menschengerechten bzw. menschengerechteren Gestaltung der Arbeitsbedingungen erzwingen (BAG 6. 12. 1983 AP BetrVG 1972 § 87 Überwachung Nr. 7).

II. Gegenstand des Mitwirkungsrechts § 90

Ein als Mitbestimmungsrecht gestaltetes Initiativrecht hat der Betriebsrat nur, wenn eine Änderung der Arbeitsplätze, des Arbeitsablaufs oder der Arbeitsumgebung den gesicherten arbeitswissenschaftlichen Erkenntnissen über die menschengerechte Gestaltung der Arbeit offensichtlich widerspricht und die Arbeitnehmer dadurch in besonderer Weise belastet werden (§ 91). Nur unter diesen Voraussetzungen kann er zur Korrektur inhumaner Arbeitsbedingungen angemessene Maßnahmen zur Abwendung, Milderung oder zum Ausgleich der Belastung verlangen.

II. Gegenstand des Mitwirkungsrechts

Der Betriebsrat hat ein Beratungsrecht bei der **Planung der in Abs. 1 bezeichneten Maßnahmen,** weil von ihnen die Gestaltung von Arbeitsplatz, Arbeitsablauf und Arbeitsumgebung abhängt. 5

1. Planungsgegenstände

Die Maßnahmen, an deren Planung der Betriebsrat zu beteiligen ist, sind **erschöpfend aufgezählt** (ebenso GK-*Wiese/Weber*, § 90 Rn. 8; HSWGNR-*Rose*, § 90 Rn. 4; MünchArbR-*Matthes*, § 255 Rn. 2; *Natzel*, DB Beil. 24/1972, 5). Es handelt sich um bauliche Einrichtungen (Nr. 1), technische Anlagen (Nr. 2), die organisatorische, räumliche und zeitliche Gestaltung der Arbeitsvorhaben (Nr. 3) und die Gestaltung des Arbeitsplatzes (Nr. 4). Einzelne Maßnahmen können durchaus mehrere Tatbestände des Abs. 1 verwirklichen (DKK-*Klebe*, § 90 Rn. 17; vgl. etwa für die Einführung von Telearbeit *Schmechel*, NZA 2004, 237, 238). 6

(1) Neu-, Um- und Erweiterungsbauten von Fabrikations-, Verwaltungs- und sonstigen betrieblichen Räumen (Nr. 1) Unter Nr. 1 fallen **alle Bauvorhaben** im Hinblick auf Räume, die einer **betrieblichen Zweckbestimmung** dienen, sofern sich in ihnen Arbeitnehmer, wenn auch nur vorübergehend, aufhalten (ebenso *Fitting*, § 90 Rn. 18; GK-*Wiese/Weber*, § 90 Rn. 9; MünchArbR-*Matthes*, § 255 Rn. 3). 7

Keine Rolle spielt, ob es sich um einen Neubau oder lediglich um einen Um- oder Erweiterungsbau handelt; insbesondere ist unerheblich, in welchem Umfang die bauliche Substanz verändert werden soll. Erforderlich ist nur, dass es durch die Veränderung zu einer Beeinflussung der Arbeitsbedingungen kommen kann (ähnlich GK-*Wiese/Weber*, § 90 Rn. 10, der allerdings eine tatsächliche Beeinflussung zu verlangen scheint; a. A. MünchArbR-*Matthes*, § 255 Rn. 4). Erfolgt dagegen keine Änderung der Bausubstanz, wird also lediglich eine Renovierung durchgeführt, eine Reparatur vorgenommen oder sonst eine bauliche Maßnahme getroffen, die auf die Gestaltung von Arbeitsplatz, Arbeitsablauf und Arbeitsumgebung keinen Einfluss haben kann, so liegt kein Beteiligungsfall vor (ebenso *Fitting*, § 90 Rn. 18; GK-*Wiese/Weber*, § 90 Rn. 10; GL-*Löwisch*, § 90 Rn. 1; HSWGNR-*Rose*, § 90 Rn. 5). Ferner werden auch Abbrucharbeiten von Nr. 1 nicht erfasst (DKK-*Klebe*, § 90 Rn. 7), die als solche auch nicht unter Nr. 3 fallen, sofern sie keinen Einfluss auf das Arbeitsverfahren oder den Arbeitsablauf haben (vgl. Düwell-*Kohte*, § 90 Rn. 5). Werden neue Türen eingebaut oder die Fenster durch andere Rahmen mit anderer Verglasung ersetzt, so wird dadurch die Bausubstanz verändert; es handelt sich um einen beteiligungspflichtigen Umbau, soweit dadurch im arbeitswissenschaftlichen Sinne Änderungen der Licht-, Temperatur- und Lüftungsverhältnisse eintreten können. 8

Ein Beteiligungsrecht besteht vor allem, wenn **Fabrikations- oder Verwaltungsgebäude** neu- oder umgebaut werden sollen oder ein Erweiterungsbau geplant ist, also beim Bau einer Fabrikhalle, der Einrichtung einer Lehrlingswerkstätte oder eines Forschungslaboratoriums oder beim Umbau des Verwaltungsgebäudes in ein Großraumbüro. Hierher gehören aber auch bauliche Maßnahmen bei **sonstigen betrieblichen Räumen,** wobei 9

§ 90

nicht notwendig ist, dass es sich um Arbeitsräume handelt; erfasst werden auch **Sozialräume**, also Kantinen, Aufenthaltsräume, Toiletten, Waschräume (vgl. auch *Fitting,* § 90 Rn. 18; GK-*Wiese/Weber,* § 90 Rn. 9; HSWGNR-*Rose,* § 90 Rn. 5; *Hofe,* Betriebliche Mitbestimmung, S. 59; *Natzel,* DB Beil. 24/1972, 5).

10 (2) Technische Anlagen (Nr. 2) Unter Nr. 2 fallen **alle technischen Geräte** und **Maschinen, die unmittelbar oder mittelbar dem Arbeitsablauf dienen,** für die Arbeitsumgebung von Bedeutung sein oder sich sonst auf die **Gestaltung des Arbeitsplatzes auswirken können.** Nicht erforderlich ist, dass Arbeitnehmer an ihnen beschäftigt sind, sondern es genügt, dass sie mit ihnen in Berührung kommen können (ähnlich GK-*Wiese/Weber,* § 90 Rn. 12).

11 Daher fallen unter den Begriff der technischen Anlagen nicht nur die Anschaffung neuer oder die technische Veränderung bereits vorhandener Maschinen, die unmittelbar dem Arbeitsablauf dienen, sondern vor allem auch sonstige technische Einrichtungen, wie der Bau von Fahrstühlen, die Einrichtung einer Raumklimaanlage, das Einziehen von Schallschluckdecken, um die Lärmwirkungen einzudämmen, und die Gestaltung der Raumbeleuchtung (ebenso GK-*Wiese/Weber,* § 90 Rn. 13). Technische Anlagen, die unter den Beteiligungstatbestand fallen, sind insbesondere **Bildschirmgeräte** (ebenso GK-*Wiese/Weber,* § 90 Rn. 14; s. auch Rn. 37). Ferner gehören hierher die Einführung von CNC-Maschinen oder der CAD-Technik (siehe näher *Wellenhofer-Klein,* DB 1997, 978). Nicht unter Nr. 2 sondern unter Nr. 4 fallen Arbeitsgeräte, wie **Handwerkszeug,** und die Ausgestaltung des Arbeitsplatzes durch **Mobiliar** (ebenso GK-*Wiese/Weber,* § 90 Rn. 13; a. A. GL-*Löwisch,* § 90 Rn. 2; *Frauenkron,* § 90 Rn. 4; HSWGNR-*Rose,* § 90 Rn. 6).

12 Keine Planung von technischen Anlagen liegt vor, wenn die bereits vorhandenen technischen Anlagen nicht verändert, sondern lediglich **repariert** werden sollen; auch eine **Ersatzbeschaffung** fällt nicht unter den Beteiligungstatbestand (GK-*Wiese/Weber,* § 90 Rn. 15; HSWGNR-*Rose,* § 90 Rn. 6; MünchArbR-*Matthes,* § 255 Rn. 6), sofern sich keine Änderung der Auswirkungen auf die Arbeit ergeben kann (insoweit zutreffend *Fitting,* § 90 Rn. 20; DKK-*Klebe,* § 90 Rn. 10; *Düwell-Kohte,* § 90 Rn. 9, wonach der Ersatz von EDV-Anlagen durch leistungsfähigere den Beteiligungsbestand auslöst).

13 (3) Arbeitsverfahren und Arbeitsabläufe (Nr. 3) Mit den Begriffen der Arbeitsverfahren und Arbeitsabläufe passt das Gesetz die Terminologie an den Sprachgebrauch der Arbeitswissenschaft an (vgl. Bericht des BT-Ausschusses für Arbeit und Sozialordnung, *zu* BT-Drucks. VI/2729, S. 30). Deshalb ist unter **Arbeitsverfahren** die Technologie zu verstehen, die zur Veränderung des Arbeitsgegenstandes angewandt wird, um die Arbeitsaufgabe zu erfüllen (ebenso *Fitting,* § 90 Rn. 23; GK-*Wiese/Weber,* § 90 Rn. 17; GL-*Löwisch,* § 90 Rn. 3; HSWGNR-*Rose,* § 90 Rn. 7; *Hofe,* Betriebliche Mitbestimmung, S. 63). Mit den **Arbeitsabläufen** wird die **zeitliche und räumliche Anordnung der Arbeitsvorhaben im Betrieb** erfasst (ebenso *Fitting,* § 90 Rn. 24; GK-*Wiese/Weber,* § 90 Rn. 17; GL-*Löwisch,* § 90 Rn. 3; HSWGNR-*Rose,* § 90 Rn. 7; *Hofe,* a. a. O., S. 63 f.; *Natzel,* DB Beil. 24/1972, 5).

14 Hierher gehört die Ersetzung der Handarbeit durch Maschinenarbeit, der Übergang zur Fließbandarbeit bzw. Schichtarbeit oder just-in-time-Produktion, die Tätigkeit an Geräten zur automatisierten Datenerfassung mit einem Bildschirm und die Einführung von Gruppen- (dazu *Elert,* Gruppenarbeit, S. 103 f.) oder Telearbeit sowie die Einführung des Öko-Audit-Systems (dazu *Merten,* DB 1996, 90, 91) oder von arbeitsablaufbezogenen Managementsystemen (zum Konzept der Balanced Scorecard in diese Zusammenhang *Däubler,* DB 2000, 2270, 2275 f.) Zur Einführung von Qualitätsmanagement-Systemen (*Schmidt/Dobberahn,* NZA 1995, 1017, 1019; *Lachenmann,* RdA 1998, 104, 110 f.). Soweit zur Planung von Arbeitsabläufen deren Kontrolle gehört, erstreckt der Beteiligungstatbestand sich auch auf sie (ebenso *Hofe,* Betriebliche Mitbestimmung, S. 64 f.). Nicht erfasst wird aber die Kontrolle der vom Arbeitnehmer zu erbringenden Arbeitsleistung als solche; insoweit kann jedoch ein Mitbestimmungsrecht des Betriebs-

II. Gegenstand des Mitwirkungsrechts § 90

rats nach § 87 Abs. 1 Nr. 6 bestehen, wenn zu diesem Zweck technische Kontrolleinrichtungen eingeführt oder angewandt werden. Das Mitwirkungsrecht nach § 90 wird auch nicht ausgelöst, wenn der Arbeitgeber wegen aufgelaufener Buchungsrückstände plant, einen Teil der Buchungsarbeiten an einen Dritten zu vergeben (LAG Hamm 3. 12. 1976 LAGE § 90 BetrVG 1972 Nr. 1; a. A. wohl *Fitting*, § 90 Rn. 27; GK-*Wiese/Weber*, § 90 Rn. 18). Etwas anderes gilt natürlich, wenn mit dem Outsourcing eine Änderung des Arbeitsablaufs einhergeht (Düwell-*Kohte*, § 90 Rn. 12)

(4) **Arbeitsplätze (Nr. 4)** Der RegE zum BetrVG 1972 sprach noch von einer Planung 15 der Arbeitsplatzgestaltung und des Arbeitsablaufs (BT-Drucks. VI/1786, S. 18). Die Änderung ist wie bei Nr. 3 lediglich redaktioneller Art; sie passt wie dort die Terminologie des Gesetzes an den Sprachgebrauch der Arbeitswissenschaft an (vgl. Bericht des BT-Ausschusses für Arbeit und Sozialordnung, *zu* BT-Drucks. VI/2729, S. 30). Der **Arbeitsplatz** ist **nicht nur räumlich** zu verstehen, sondern erfasst werden auch die **Anordnung der Arbeitsmittel und der Einfluss der Arbeitsumgebung auf die arbeitstechnische Erbringung der Arbeitsleistung** (ebenso *Fitting*, § 90 Rn. 30; GL-*Löwisch*, § 90 Rn. 4; HSWGNR-*Rose*, § 90 Rn. 9; MünchArbR-*Matthes*, § 255 Rn. 8; im Ergebnis, soweit darauf abgestellt wird, dass es sich um den Tätigkeitsbereich im räumlich-funktionalen Sinne handelt: GK-*Wiese/Weber*, § 90 Rn. 21; *Stege/Weinspach/Schiefer*, § 90 Rn. 9; *Hofe*, Betriebliche Mitbestimmung, S. 66; *Natzel*, Gestaltung von Arbeitsstätte, Arbeitsplatz und Arbeitsablauf, S. 25 f., 54 f.).

Da die bereits in Nr. 1 bis 3 genannten Tatbestände unter dem Gesichtspunkt mit- 16 wirkungspflichtig sind, dass sie Einfluss auf die Gestaltung des Arbeitsplatzes, des Arbeitsablaufs oder der Arbeitsumgebung haben, hat die Nr. 4 die Bedeutung einer **Generalklausel** (zust. *Hofe*, Betriebliche Mitbestimmung, S. 58; vgl. auch GK-*Wiese/Weber*, § 90 Rn. 21). Jede Planung, die sich auf die arbeitstechnische Gestaltung des Arbeitsplatzes und seiner Umgebung bezieht, fällt unter den in Nr. 4 genannten Tatbestand. Hierher gehören beispielsweise die Einrichtung eines Großraumbüros (DKK-*Klebe*, § 90 Rn. 16) der Raumbedarf beim Arbeiten, der von der Arbeitssituation abhängt, die Arbeitssitze und die Stühle, die Höhe der Arbeitsfläche beim Stehen und Sitzen, der Greifraum bei Bedienung einer Maschine, vor allem auch Klima, Lärm und Licht am Arbeitsplatz sowie die Gestaltung der Hilfsmittel, derer sich der Arbeitnehmer zu bedienen hat, um seine Arbeitsleistung zu erbringen.

2. Planung als Beteiligungstatbestand

Planung ist ein **Prozess zukunftsbezogener Orientierungsgewinnung**. Ihr Ziel ist die 17 Aufstellung eines Plans, also eines Entwurfs, in dem festgelegt wird, wie die gedankliche Vorwegnahme eines bestimmten Ziels möglichst sicher, leicht und rasch verwirklicht werden kann. Zur Planung gehören deshalb die Feststellung der Zielvorstellungen, die Informationsgewinnung, die Festlegung der Planungsträger und deren Organisation unter Einbeziehung ihres Verhältnisses zu den Entscheidungsträgern. Eine Unterrichtung über bestehende Zustände und deren Auswirkungen auf die Arbeitnehmer gehört nur dann zur Planung, wenn sie der Informationsgewinnung für ein zukunftsorientiertes Handeln dient, wobei es genügt, dass sie Bestandteil einer Kontrollplanung ist.

Das Gesetz beschränkt den Betriebsrat nicht auf eine Unterrichtung über die vom 18 Arbeitgeber aufgestellten Pläne, sondern er wird bereits in die Planung eingeschaltet. Dies wird durch Abs. 2 Satz 1 klargestellt; denn der Arbeitgeber hat die vorgesehenen Maßnahmen und ihre Auswirkungen auf die Arbeitnehmer mit dem Betriebsrat „so rechtzeitig zu beraten, dass Vorschläge und Bedenken des Betriebsrats bei der Planung berücksichtigt werden können". Der Gesetzgeber hat damit die zu § 90 a. F. vertretene Auffassung bestätigt, dass der Betriebsrat schon an der Planentwicklung zu beteiligen ist (vgl. *Hofe*, Betriebliche Mitbestimmung, S. 67 f.; a. A. *Richardi*, 6. Aufl., § 90 Rn. 15 f.).

III. Unterrichtungs- und Beratungsrecht des Betriebsrats

1. Unterrichtung des Betriebsrats

19 Der Arbeitgeber hat den Betriebsrat über die Planung der in Abs. 1 bezeichneten Maßnahmen rechtzeitig unter Vorlage der erforderlichen Unterlagen zu unterrichten (Abs. 1).

20 a) Der **Inhalt der Unterrichtung** wird durch den Begriff der Planung festgelegt und durch den Bereich konkretisiert, auf den sich nach Abs. 2 die Beratung mit dem Betriebsrat zu erstrecken hat. Daraus folgt, dass der Arbeitgeber den Betriebsrat über die geplanten Maßnahmen hinsichtlich ihres Gegenstands, ihres Ziels, ihrer Durchführung umfassend und, soweit der Betriebsrat das verlangt, auf Deutsch (vgl. dazu DKK-*Klebe*, § 90 Rn. 22; a. A. *Diller/Powietzka*, DB 2000, 718, 719 f.) zu unterrichten hat, wobei entsprechend der hier verfolgten Zielsetzung ihre Auswirkungen auf die Arbeitnehmer, insbesondere auf die Art ihrer Arbeit sowie die sich daraus ergebenden Anforderungen an die Arbeitnehmer im Mittelpunkt zu stehen haben. Anders als § 106 Abs. 2 enthält das Gesetz hier keine Schranke einer Gefährdung von Betriebs- oder Geschäftsgeheimnissen des Unternehmens (ebenso DKK-*Klebe*, § 90 Rn. 4; MünchArbR-*Matthes*, § 255 Rn. 11; a. A. GL-*Löwisch*, § 90 Rn. 7 a; HSWGNR-*Rose*, § 90 Rn. 4). Grund dafür ist, dass die hier genannten Maßnahmen keine wirtschaftlichen Angelegenheiten sind, sondern es um *ergonomische Planung* geht. Die Grenze ist hier wie zu § 80 Abs. 2 BetrVG zu ziehen (vgl. BAG 5. 2. 1991 AP BetrVG 1972 § 106 Nr. 15).

21 b) Die Unterrichtung hat **rechtzeitig** zu geschehen, d. h. sie hat so frühzeitig zu erfolgen, dass sie vom Gesetz geforderte Beratung die Planung zu beeinflussen vermag (LAG Hamburg 20. 6. 1985 DB 1985, 2308; LAG Frankfurt 3. 11. 1992 AuR 1993, 306). Zutreffend erscheint es, die Unterrichtungspflicht anzunehmen, sobald der Arbeitgeber konkrete Überlegungen zur Lösung eines bestimmten Problems anstellt (ähnlich wohl DKK-*Klebe*, § 90 Rn. 19; *Fitting*, § 90 Rn. 9), so dass der Betriebsrat insbesondere in die Erarbeitung von Lösungsalternativen einzubinden ist, wozu auch die Beteiligung an der Datenermittlung gehören kann. Da der Betriebsrat in die Planung eingeschaltet wird, erschöpft die Unterrichtung sich nicht in einer einmaligen Datenübergabe, sondern der Betriebsrat ist über jedes Stadium der Planung – und damit über etwaige Änderungen – zu informieren (*Fitting*, § 90 Rn. 10). Nicht mehr rechtzeitig ist die Unterrichtung, wenn zwischen den für die Planung zuständigen Personen Einigkeit über den Plan erzielt worden ist.

22 c) Die Unterrichtung erfolgt unter **Vorlage der erforderlichen Unterlagen.** Im Gegensatz zu § 80 Abs. 2 Satz 2 ist hier keine Voraussetzung, dass der Betriebsrat ihre Vorlage verlangt, sondern der Arbeitgeber muss „von sich aus alle diejenigen Unterlagen vorlegen, die notwendig sind, damit sich der Betriebsrat ein möglichst genaues Bild von Umfang und Auswirkungen der geplanten Maßnahme machen kann" (BT-Drucks. 11/2503, S. 35). Zu den Unterlagen zählen die jeweiligen Pläne, Analysen und Gutachten (ebenso MünchArbR-*Matthes*, § 255 Rn. 12). Da die Pflicht zur Vorlage der erforderlichen Unterlagen vor dem Hintergrund der Unterrichtungspflicht zu sehen ist, kann im Einzelfall auch eine Aufbereitung oder sogar eine Übersetzung der Unterlagen (LAG Frankfurt 19. 8. 1993 NZA 1995, 285 f.) geboten sein. Anders als nach § 80 Abs. 2 Satz 2 hat der Betriebsrat nach § 90 Abs. 1 nur Anspruch auf Vorlage, so dass er grundsätzlich keine – auch zeitweise – Überlassung der Unterlagen verlangen kann. Etwas anderes gilt nur dann, wenn – etwa wegen der Komplexität oder des Umfangs der Unterlagen – dem Zweck der Vorlagepflicht nur durch eine vorübergehende Überlassung ausreichend Rechnung getragen wird (ähnlich GK-*Wiese/Weber*, § 90 Rn. 26; a. A. DKK-*Klebe*, § 90 Rn. 24 und wohl auch *Fitting*, § 90 Rn. 12; vgl. auch ErfK-*Kania*, § 90 Rn. 7, der stets von einer Pflicht zur zeitweisen Überlassung ausgeht).

III. Unterrichtungs- und Beratungsrecht des Betriebsrats § 90

d) Zu unterrichten ist der **Betriebsrat des Betriebs,** auf den die **Planung sich bezieht** 23 (ebenso *Fitting,* § 90 Rn. 15; MünchArbR-*Matthes,* § 255 Rn. 13). Für die Beteiligung zuständig ist nämlich er, nicht der Betriebsrat des Betriebs, in dem nach der Arbeitsorganisation des Unternehmens die Planung erfolgt. Da die Beteiligung unter ergonomischer Zielsetzung steht, kommt es auf die Verhältnisse im konkreten Betrieb an, so dass regelmäßig eine originäre Zuständigkeit des Gesamtbetriebsrats oder eines Konzernbetriebsrats ausscheidet. Auch soweit die Planung hinsichtlich eines bestimmten Betriebs auf Unternehmensebene erfolgt, ist daher grundsätzlich dessen Betriebsrat zu beteiligen.

2. Beratung mit dem Betriebsrat

a) Die Unterrichtung des Betriebsrats durch den Arbeitgeber ist nur die Vorstufe der 24 vom Gesetz geforderten Beratung. Deren Gegenstand und Zeitpunkt wird durch Abs. 2 konkretisiert. Die Unterrichtung schafft die Voraussetzung für die Beratung. Diese ist deshalb von ihr zu trennen (ebenso DKK-*Klebe,* § 90 Rn. 26). Im Gegensatz zur bloßen Anhörung des Betriebsrats hat der Arbeitgeber bei der Beratung die Initiative zu ergreifen, um Gründe und Gegengründe in einer Verhandlung mit dem Betriebsrat gegeneinander abzuwägen. Dem Arbeitgeber bleibt aber die Freiheit der Entscheidung. Deshalb handelt es sich lediglich um ein **Mitwirkungsrecht,** nicht um ein Mitbestimmungsrecht des Betriebsrats (BAG 1. 7. 2003 AP BetrVG 1972 § 87 Arbeitszeit Nr. 107). Nach Ansicht des LAG Frankfurt (30. 10. 1990 LAGE § 90 BetrVG 1972 Nr. 2) muss, sofern die Beratung mit einem Vertreter des Arbeitgebers erfolgt, dieser nicht nur fachkompetent, sondern zugleich an der Leitung des Betriebs in solcher Weise maßgeblich beteiligt sein, dass die in der Beratung vorgetragenen Erwägungen und Bedenken in den Entscheidungsprozess unmittelbar eingebracht werden können.

b) **Gegenstand der Beratung** sind die vorgesehenen Maßnahmen und ihre Auswirkun- 25 gen auf die Arbeitnehmer, insbesondere auf die Art ihrer Arbeit sowie die sich daraus ergebenden Anforderungen an die Arbeitnehmer (Abs. 2 Satz 1). Primär geht es darum, wie Arbeitsplatz, Arbeitsablauf und Arbeitsumgebung zu gestalten sind. Das Gesetz ordnet deshalb ausdrücklich an, dass Arbeitgeber und Betriebsrat bei der Planung der vorgesehenen Maßnahmen auch die gesicherten arbeitswissenschaftlichen Erkenntnisse über die menschengerechte Gestaltung der Arbeit berücksichtigen sollen (Abs. 2 Satz 2; s. ausführlich Rn. 28 ff.). Durch die Einfügung des Wortes „auch" in Abs. 2 Satz 2 hat der Gesetzgeber bei der Neufassung klargestellt, dass die Beratung sich nicht darauf beschränkt. In sie einzubeziehen sind vielmehr auch Überlegungen, die arbeitswissenschaftlich noch nicht zu Erkenntnissen geführt haben; erst recht gilt dies für Erkenntnisse, die noch nicht gesichert sind (ebenso GK-*Wiese/Weber,* § 90 Rn. 29; bereits zur alten Fassung auch GL-*Löwisch,* § 90 Rn. 12; *Hofe,* Betriebliche Mitbestimmung, S. 72; *Zöllner,* RdA 1973, 212, 216).

Die Beteiligung des Betriebsrats steht nicht unter dem Blickwinkel der Vermeidung 26 oder des Ausgleichs *wirtschaftlicher Nachteile* für die von der Planung betroffenen Arbeitnehmer; insoweit kommt vielmehr in Betracht, dass der Betriebsrat nach § 111 zu beteiligen ist (ebenso GL-*Löwisch,* § 90 Rn. 12; HSWGNR-*Rose,* § 90 Rn. 14). Das Gesetz hat aber den **Beratungsgegenstand weit gefasst.** Er umfasst, ob die vorgesehenen Maßnahmen sinnvoll sind, wie sie sich auf die Art der Arbeit auswirken und welche Anforderungen sich aus ihnen an die Arbeitnehmer ergeben, wobei einzubeziehen ist, welche Auswirkungen auf ihre Stellung im Betrieb, ihre Qualifikation und ihre künftige materiellen Arbeitsbedingungen eintreten können (ebenso MünchArbR-*Matthes,* § 255 Rn. 14). Erfüllt die vorgesehene Maßnahme den Tatbestand einer nach § 111 **beteiligungspflichtigen Betriebsänderung,** so beschränkt die Beratung sich nicht auf die ergonomische Gestaltung, sondern ihr Ziel ist der Versuch eines Interessenausgleichs mit dem Betriebsrat (§ 112 Abs. 1 bis 3; s. ausführlich dort Rn. 209 ff.).

§ 90 Unterrichtungs- und Beratungsrechte

27   c) Die Beratung muss so **rechtzeitig** geschehen, dass Vorschläge und Bedenken des Betriebsrats bei der Planung berücksichtigt werden können (Abs. 2 Satz 1; s. auch Rn. 21). Nicht erforderlich ist, dass der vom Arbeitgeber in die Beratungen mit dem Betriebsrat entsandte Vertreter auch für die Entscheidung über die geplante Maßnahme zuständig ist. Sichergestellt sein muss lediglich, dass die Erwägungen des Betriebsrats in der weiteren Planung berücksichtigt werden können (BAG 11. 12. 1991 AP BetrVG 1972 § 90 Nr. 2).

3. Gebot der Berücksichtigung gesicherter arbeitswissenschaftlicher Erkenntnisse über die menschengerechte Gestaltung der Arbeit

28   a) Arbeitgeber und Betriebsrat wird durch die **Sollvorschrift** des Abs. 2 Satz 2 aufgegeben, bei ihrer Beratung der geplanten Maßnahmen die gesicherten arbeitswissenschaftlichen Erkenntnisse über die menschengerechte Gestaltung der Arbeit zu berücksichtigen (vgl. auch § 4 Nr. 3 ArbSchG). Von dieser grundsätzlichen Verpflichtung kann nur bei Vorliegen besonderer Umstände abgewichen werden. Widerspricht eine Änderung der Arbeitsplätze, des Arbeitsablaufs oder der Arbeitsumgebung offensichtlich den gesicherten arbeitswissenschaftlichen Erkenntnissen über die menschengerechte Gestaltung der Arbeit, so hat der Betriebsrat, wenn dadurch die Arbeitnehmer in besonderer Weise belastet werden, das in § 91 vorgesehene korrigierende Mitbestimmungsrecht.

29   b) Der **Begriff der menschengerechten Gestaltung der Arbeit** hat wertenden Charakter (ebenso *Hofe*, Betriebliche Mitbestimmung, S. 44 f.). Rechtliche Relevanz erlangt er bereits über die durch den Arbeitsvertrag begründete und begrenzte *„Fürsorgepflicht"* des Arbeitgebers. Er ist ein Begriff der Arbeitswissenschaft, wird aber dort nicht eindeutig definiert, sondern dient als *Sammelbegriff für die Berücksichtigung ergonomischer Leitregeln* bei der Gestaltung von Arbeitsplatz und Arbeitsumwelt Dennoch hat er nicht nur hier, sondern auch sonst Eingang in das Gesetzesrecht gefunden (vgl. § 2 Abs. 1 ArbSchG, § 6 Satz 1 ASiG, amtliche Überschrift des § 28 JArbSchG). Die menschengerechte Gestaltung der Arbeit ist eine *rechtliche Verpflichtung des Arbeitgebers* (ebenso *Zöllner*, RdA 1973, 212, 214). Durch sie sollen arbeitswissenschaftliche Erkenntnisse in die Gestaltung der Arbeitsorganisation einbezogen werden.

30   Das Gesetz spricht nicht von gesicherten Erkenntnissen der *Arbeitswissenschaft,* sondern von gesicherten **arbeitswissenschaftlichen Erkenntnissen;** denn das gesetzliche Gebot soll nicht von der Frage abhängen, wie die Arbeitswissenschaft als selbständige wissenschaftliche Disziplin abgegrenzt werden kann. Zu den arbeitswissenschaftlichen Erkenntnissen gehören nicht nur Erkenntnisse der Arbeitswissenschaft als der Wissenschaft von der menschlichen Arbeit, deren Voraussetzungen und Bedingungen, deren Folgen und Wirkungen auf den Menschen, sein Verhalten und damit auch seine Leistungsfähigkeit sowie der Möglichkeit, auf eine menschengerechte Gestaltung der Arbeit hinzuwirken, sondern hierher zählen auch Erkenntnisse der Arbeitsmedizin, der Arbeitsphysiologie, der Arbeitssoziologie, der Arbeitspädagogik und der Arbeitspsychologie ohne Rücksicht darauf, ob man diese Disziplinen als Bestandteil der Arbeitswissenschaft ansieht (vgl. auch *Fitting*, § 90 Rn. 41 f.; GL-*Löwisch*, § 91 Rn. 3; HSWGNR-*Rose*, § 90 Rn. 18; *Ehmann*, Arbeitsschutz und Mitbestimmung bei neuen Technologien, S. 25; *Natzel*, DB Beil. 24/1972, 7 f.).

31   Die arbeitswissenschaftliche Erkenntnis muss sich auf die *menschengerechte Gestaltung der Arbeit* beziehen. Da Hauptzweck arbeitswissenschaftlicher Erkenntnisse die menschengerechte Gestaltung der Arbeit ist, bringt dieser Begriff hier nur eine Klarstellung, indem auf das Erkenntnisobjekt der Arbeitswissenschaft verwiesen wird (vgl. *Hofe*, Betriebliche Mitbestimmung, S. 55). Die **Gestaltung der Arbeit wird dann als menschengerecht angesehen, wenn** sie so beschaffen ist, dass die Leistungsfähigkeit eines Arbeitnehmers nicht überfordert wird, Gefahren für Leben oder Gesundheit ausgeschlossen werden und die Arbeitsleistung unter größtmöglicher Wahrung des körper-

III. Unterrichtungs- und Beratungsrecht des Betriebsrats　§ 90

lichen und seelischen Wohlempfindens erbracht werden kann, wobei als Beurteilungszeitraum die Dauer des gesamten Arbeitslebens heranzuziehen ist (ebenso DKK-*Klebe*, § 90 Rn. 32). Ergonomische Leitregeln beziehen sich aber nicht nur auf den Gesundheitsschutz, sondern es geht um den Persönlichkeitsschutz, soweit er durch eine arbeitstechnische Betriebsänderung berührt werden kann. Nur soweit ein derartiger Bezug besteht, kann man auch die betrieblichen Entscheidungs- und Weisungsstrukturen einbeziehen (weitergehend DKK-*Klebe*, § 90 Rn. 34, der generell die soziale Angemessenheit der Arbeit betrachten will; *Zöllner*, RdA, 1973, 212, 213 f.). Der Begriff der menschengerechten Gestaltung der Arbeit darf nicht aus dem arbeitswissenschaftlichen Zusammenhang gelöst werden. In ihm werden vielmehr die ergonomischen Leitregeln zusammengefasst, die über die Vorschriften des Arbeitsschutzrechts Verbindlichkeit für die Gestaltung von Arbeitsplatz und Arbeitsumwelt erlangen.

c) Nach dem Gesetzestext sollen Arbeitgeber und Betriebsrat die **gesicherten arbeitswissenschaftlichen Erkenntnisse** berücksichtigen. Das Gesetz verlangt also, dass die arbeitswissenschaftlichen Erkenntnisse **gesichert** sind. Das darf aber nicht in dem Sinn verstanden werden, dass Arbeitgeber und Betriebsrat sie nur unter dieser Voraussetzung berücksichtigen dürfen. Das Gesetz legt hier vielmehr ein Gebot als Sollvorschrift fest, von der Arbeitgeber und Betriebsrat nur abweichen dürfen, wenn durch andere Maßnahmen ein ausreichender Schutz gewährleistet werden kann. 32

Der Blankettverweis auf die gesicherten arbeitswissenschaftlichen Erkenntnisse hat als Gesetzgebungsmethode auch in das Arbeitsschutzrecht Eingang gefunden; er findet sich z. B. in § 4 Nr. 3 ArbSchG, § 28 Abs. 1 Satz 2 JArbSchG. 33

Nach dem Zweck der Vorschrift ist nicht darauf abzustellen, dass eine wissenschaftliche Erkenntnis wissenschaftstheoretisch unangreifbar ist. Es genügt, dass die Erkenntnis in der Fachwelt Anerkennung gefunden hat (vgl. *Fitting*, § 90 Rn. 43; GK-*Wiese/Weber*, § 90 Rn. 36; HSWGNR-*Rose*, § 90 Rn. 19; abweichend aber GL-*Löwisch*, § 91 Rn. 9; weiterhin *Zöllner*, RdA 1973, 212, 216 f.; *Natzel*, RdA 1974, 280, 283). Regelmäßig ist Voraussetzung dafür, dass sie empirisch abgesichert ist (vgl. LAG Baden-Württemberg 18. 2. 1981 DB 1981, 1781). Jedoch ist in diesem Zusammenhang der Normzweck zu beachten; denn die Regelung bezieht sich auf eine Planung. Auch wenn Erkenntnisse noch nicht empirisch abgesichert sind, können sie zu den gesicherten Erkenntnissen gehören, wenn in der Fachwelt Anerkennung gefunden hat, dass es auf Grund des Erkenntnisstandes zweckmäßig ist, sie bei der Gestaltung von Arbeitsplatz, Arbeitsablauf und Arbeitsumgebung zu beachten (vgl. auch *Hofe*, Betriebliche Mitbestimmung, S. 87 f.). Das gilt vor allem, wenn es sich bei den arbeitswissenschaftlichen Erkenntnissen nicht um Regeln der Sicherheitstechnik, sondern um medizinische, psychologische oder soziologische Erkenntnisse über die im Arbeitsprozess befindlichen Arbeitnehmer handelt; denn nur naturwissenschaftliche Erkenntnisse können experimentell überprüft und praktisch erprobt werden (so zutreffend *Ehmann*, a. a. O., S. 35). Daraus folgt aber nicht, dass arbeitswissenschaftliche Erkenntnisse, die über die naturwissenschaftlich erforschbare Gefahrenabwehr hinausgehen, nur dann als gesicherte Erkenntnisse anerkannt werden können, wenn sie in einem „rechtsförmlichen Verfahren (als Gesetz, Tarifvertrag, Betriebsvereinbarung, Einzelarbeitsvertrag)" bestätigt worden sind (so aber *Ehmann*, a. a. O., S. 35, 130 f.; wie hier GK-*Wiese/Weber*, § 90 Rn. 39). Auch für geistes- und gesellschaftswissenschaftliche Erkenntnisse gilt, dass sie, wenn zwar nicht verifiziert, so doch falsifiziert werden können. 34

Soweit **arbeitswissenschaftliche Erkenntnisse über die menschengerechte Gestaltung der Arbeit** Eingang in **Rechtsvorschriften** gefunden haben (vgl. z. B. die gemäß § 3 Abs. 1 Satz 2 ArbStättV zu beachtenden Regeln für Arbeitsstätten des Bundesministeriums für Arbeit und Soziales), sind sie auf dieser Grundlage verbindlich. Keine Rolle spielt in diesem Fall, ob sie *gesichert* sind (ebenso GK-*Wiese/Weber*, § 90 Rn. 40). Der Hinweis auf die Berücksichtigung der gesicherten arbeitswissenschaftlichen Erkenntnisse bezweckt dagegen, dass der Arbeitgeber sie auch dann der Gestaltung von Arbeitsplatz, 35

Arbeitsablauf und Arbeitsumgebung zu Gunde zu legen hat, wenn sie *nicht* in eine *besondere Rechtsvorschrift* übernommen sind.

36 d) **Gesicherte arbeitswissenschaftliche Erkenntnisse** gibt es für **Arbeitsräume** und **sonstige Arbeitsstätten**, für **Arbeits- und Betriebseinrichtungen**, die **Herstellung und Verwendung von Arbeitsstoffen**, die **Regelung der Arbeitsorganisation** und die **gesundheitliche Betreuung** bei der Erbringung der Arbeitsleistung. Sie können sich auf die Sicherheitstechnik, Arbeitsmedizin, Arbeitshygiene, Arbeitspsychologie und Arbeitssoziologie beziehen. Für die Einzelheiten wird auf die arbeitswissenschaftliche Literatur verwiesen (vgl. die Zusammenstellung von GK-*Wiese/Weber*, § 90 Rn. 45).

37 Für die **Gestaltung von Bildschirmarbeitsplätzen** gilt die Verordnung über Sicherheit und Gesundheitsschutz bei der Arbeit an Bildschirmgeräten (Bildschirmarbeitsverordnung – BildscharbV), die als Art. 3 der Verordnung zur Umsetzung von EG-Einzelrichtlinien zur EG-Rahmenrichtlinie Arbeitsschutz vom 4. 12. 1996 (BGBl. I S. 1841) ergangen ist. Durch sie wurde die EG-Bildschirmrichtlinie vom 29. 5. 1990 (ABl. EG Nr. L 156 S. 14) in nationales Recht umgesetzt. Die Bildschirmarbeitsverordnung ist eine gesetzliche Vorschrift i. S. des § 87 Abs. 1 Nr. 7. Damit ist für das Mitbestimmungsrecht des Betriebsrats nicht mehr notwendig, auf die Generalklausel des § 3 ArbSchG zurückzugreifen, dessen Vorläufer, § 120 a GewO, nach Ansicht des BAG bei gemeinschaftsrechtskonformer Auslegung im Licht der EG-Bildschirmrichtlinie eine Rahmenregelung für die Unterbrechung von Bildschirmarbeit enthielt (BAG 2. 4. 1996 AP BetrVG 1972 § 87 Gesundheitsschutz Nr. 5).

38 e) Ob die Gestaltung der Arbeit im Sinne gesicherter arbeitswissenschaftlicher Erkenntnisse menschengerecht ist, hängt entscheidend von der **Person des einzelnen Arbeitnehmers** ab (a. A. GK-*Wiese/Weber*, § 90 Rn. 45, nach dessen Ansicht es im Planungsverfahren auf individuelle Besonderheiten einzelner Arbeitnehmer nicht ankommen kann). Der technische Arbeitsschutz wird aber von dem Grundsatz beherrscht, dass objektive Maßnahmen des Arbeitsschutzes stets **Vorrang vor individuellen Schutzmaßnahmen** haben (vgl. § 5 Nr. 6 RegE eines Arbeitsschutzrahmengesetzes – ArbSchRG, BT-Drucks. 12/6752). Bei allen Schutzmaßnahmen sind jedoch Gefahren zu berücksichtigen, die speziell besonders schutzbedürftige Arbeitnehmergruppen betreffen (vgl. § 5 Nr. 7 RegE eines ArbSchRG).

IV. Verletzung des Mitwirkungsrechts

39 Erfüllt der Arbeitgeber die ihm auferlegte Pflicht, den Betriebsrat rechtzeitig zu unterrichten, nicht oder nur unvollständig, so handelt er ordnungswidrig; die Ordnungswidrigkeit kann mit einer Geldbuße bis zu € 10000,– geahndet werden (§ 121; vgl. OLG Düsseldorf 8. 4. 1982 DB 1982, 1575).

40 Bei einem groben Verstoß (s. etwa LAG Frankfurt 3. 11. 1992 LAGE § 23 BetrVG 1972 Nr. 32) besteht die Möglichkeit, gegen den Arbeitgeber das Zwangsverfahren nach § 23 Abs. 3 durchzuführen.

V. Streitigkeiten

41 Streitigkeiten darüber, ob der Arbeitgeber den Betriebsrat rechtzeitig und ordnungsgemäß beteiligt hat, und darüber, was Gegenstand der Beratung sein kann, entscheidet das Arbeitsgericht im Beschlussverfahren (§ 2 a Abs. 1 Nr. 1, Abs. 2 i. V. mit §§ 80 ff. ArbGG).

42 Der Betriebsrat kann seinen Anspruch auf Unterrichtung und Beratung durch einstweilige Verfügung durchsetzen (§ 80 Abs. 2 ArbGG i. V. mit § 935 ZPO). Das Arbeitsgericht bestimmt nach freiem Ermessen, welche Anordnungen zur Erreichung des

Zwecks erforderlich sind (§ 938 Abs. 1 ZPO). Im Schrifttum wird insoweit allerdings überwiegend die Auffassung vertreten, dass eine Untersagung der Durchführung der Maßnahme durch einstweilige Verfügung über den Hauptanspruch (Unterrichtung und Beratung) hinausgehen würde (vgl. *Fitting*, § 90 Rn. 48; GK-*Wiese/Weber*, § 90 Rn. 47; HSWGNR-*Rose*, § 90 Rn. 22; *Stege/Weinspach/Schiefer*, § 90 Rn. 32; *Raab*, ZfA 1997, 183, 222; a. A. DKK-*Klebe*, § 90 Rn. 37 unter Berufung auf RL 2002/14/EG, *Düwell-Kohte*, § 90 Rn. 29). Jedenfalls soweit der Betriebsrat nach § 91 ein korrigierendes Mitbestimmungsrecht hat, die geplante Änderung also den gesicherten arbeitswissenschaftlichen Erkenntnissen über die menschengerechte Gestaltung der Arbeit offensichtlich widerspricht und deshalb die Arbeitnehmer in besonderer Weise belastet, kann das Arbeitsgericht durch einstweilige Verfügung die Durchführung der geplanten Maßnahme untersagen (ebenso *Fitting*, § 90 Rn. 49; ErfK-*Kania*, § 90 Rn. 13).

§ 91 Mitbestimmungsrecht

¹Werden die Arbeitnehmer durch Änderungen der Arbeitsplätze, des Arbeitsablaufs oder der Arbeitsumgebung, die den gesicherten arbeitswissenschaftlichen Erkenntnissen über die menschengerechte Gestaltung der Arbeit offensichtlich widersprechen, in besonderer Weise belastet, so kann der Betriebsrat angemessene Maßnahmen zur Abwendung, Milderung oder zum Ausgleich der Belastung verlangen. ²Kommt eine Einigung nicht zustande, so entscheidet die Einigungsstelle. ³Der Spruch der Einigungsstelle ersetzt die Einigung zwischen Arbeitgeber und Betriebsrat.

Übersicht

	Rn.
I. Vorbemerkung	1
II. Voraussetzungen des Mitbestimmungsrechts	4
1. Änderung der Arbeitsplätze, des Arbeitsablaufs und der Arbeitsumgebung	4
2. Offensichtlicher Widerspruch zu den gesicherten arbeitswissenschaftlichen Erkenntnissen über die menschengerechte Gestaltung der Arbeit	7
3. Besondere Belastung der Arbeitnehmer	10
III. Inhalt des Mitbestimmungsrechts	15
1. Anspruch auf angemessene Korrekturmaßnahmen	15
2. Korrekturmaßnahmen zur Abwendung der Belastung	18
3. Korrekturmaßnahmen zur Milderung der Belastung	20
4. Korrekturmaßnahmen zum Ausgleich der Belastung	22
IV. Durchführung der Mitbestimmung	24
1. Ausübungsform der Mitbestimmung	24
2. Zuständigkeit für die Mitbestimmungsausübung	25
3. Anrufung und Spruch der Einigungsstelle	26
V. Verhältnis zum Unterrichtungs- und Beratungsrecht und anderen Beteiligungsrechten	31
1. Verhältnis des Mitbestimmungsrechts zum Unterrichtungs- und Beratungsrecht	31
2. Verhältnis des Mitbestimmungsrechts zu anderen Beteiligungsrechten	33
VI. Streitigkeiten	35

I. Vorbemerkung

Die Vorschrift gibt dem Betriebsrat ein über die Einigungsstelle erzwingbares **korrigierendes Mitbestimmungsrecht,** wenn die Arbeitnehmer durch Änderungen der Arbeitsplätze, des Arbeitsablaufs oder der Arbeitsumgebung, die den gesicherten arbeitswissenschaftlichen Erkenntnissen über die menschengerechte Gestaltung der Arbeit offensichtlich widersprechen, in besonderer Weise belastet werden (vgl. BAG 6. 12. 1983 AP BetrVG 1972 § 87 Überwachung Nr. 7). Das Mitbestimmungsrecht steht in engem Zusammenhang mit dem in § 90 geregelten Unterrichtungs- und Beratungsrecht. Während das dort geregelte Mitwirkungsrecht bei der Gestaltung von Arbeitsplatz, Arbeitsablauf oder Arbeitsumgebung den Betriebsrat in die Planung der vorgesehenen Maßnahmen einschaltet, kann der Betriebsrat hier eine bestimmte Maßnahme des Arbeitgebers erzwingen. Voraussetzung ist allerdings, dass gegen gesicherte arbeitswissenschaftliche Erkenntnisse offensichtlich verstoßen wird und Arbeitnehmer dadurch besonders belastet werden. Anders als § 90 schließt § 91 ein Initiativrecht des Betriebsrats ein (GK-*Wiese/Weber*, § 91 Rn. 1).

2   Für den **Inhalt des Mitbestimmungsrechts** und damit auch für den Spruch der Einigungsstelle ist von entscheidender Bedeutung, dass nicht wirtschaftliche Nachteile der Arbeitnehmer ausgeglichen oder gemildert werden sollen, also nicht die Aufstellung eines Sozialplans verlangt werden kann; denn dies ist der Inhalt des Mitbestimmungsrechts nach § 112. Hier geht es vielmehr um die arbeitstechnische Gestaltung von Arbeitsplatz, Arbeitsablauf oder Arbeitsumgebung.

3   Im Personalvertretungsrecht finden sich in §§ 75 Abs. 3 Nr. 16, 76 Abs. 2 Nr. 5, 7 BPersVG entsprechende Regelungen, während das SprAuG für leitende Angestellte insoweit keine Bestimmungen enthält.

II. Voraussetzungen des Mitbestimmungsrechts

1. Änderung der Arbeitsplätze, des Arbeitsablaufs und der Arbeitsumgebung

4   a) Das Mitbestimmungsrecht besteht nur bei einer Änderung der Arbeitsplätze, des Arbeitsablaufs oder der Arbeitsumgebung. Die **Begriffe des Arbeitsplatzes** und des **Arbeitsablaufs** sind bereits in § 90 angesprochen; neu ist dagegen der Begriff der Arbeitsumgebung, obwohl auch er zusammen mit den Begriffen des Arbeitsplatzes und des Arbeitsablaufs in der Überschrift des Vierten Abschnitts genannt wird. Arbeitsplatz und Arbeitsablauf sind hier ebenso wie in § 90 Abs. 1 Nr. 3 und 4 zu verstehen (s. zum Begriff des Arbeitsplatzes dort Rn. 15; zum Begriff des Arbeitsablaufs dort Rn. 13). Nicht erwähnt werden die in § 90 Abs. 1 Nr. 1 und 2 genannten baulichen Maßnahmen und technischen Anlagen. Daraus folgt aber nicht, dass in diesen Fällen kein Mitbestimmungsrecht des Betriebsrats besteht, sondern diese Tatbestände werden allein deshalb hier nicht genannt, weil sie für das Mitbestimmungsrecht des Betriebsrats nur wegen ihrer Auswirkungen auf die Art der Arbeit und die Anforderungen an die Arbeitnehmer von Bedeutung sind und daher insoweit vom Begriff der Arbeitsumgebung erfasst werden (ebenso im Ergebnis *Fitting*, § 91 Rn. 10; GK-*Wiese/Weber*, § 91 Rn. 4f.; GL-*Löwisch*, § 91 Rn. 1; a. A. HSWGNR-*Rose*, § 91 Rn. 12; *Natzel*, DB Beil. 24/1972, 10; jedoch besteht im Ergebnis kein Unterschied, weil sie unter dem Begriff der Arbeitsumgebung alle Arten von Umwelteinflüssen verstehen und daher auch solche, die von einer baulichen Maßnahme oder einer technischen Anlage ausgehen; vgl. HSWGNR-*Rose*, § 91 Rn. 14).

5   Unter **Arbeitsumgebung** ist die Gesamtheit aller Umwelteinflüsse auf den Arbeitsplatz und seine Gestaltung zu verstehen (vgl. auch *Fitting*, § 91 Rn. 10; GK-*Wiese/Weber*, § 91 Rn. 5; HSWGNR-*Rose*, § 91 Rn. 14). Hierher gehören also Klima, Lärm und Licht am Arbeitsplatz, aber auch die farbliche Gestaltung des Arbeitsplatzes und des Arbeitsraums, weil Farben vielfach zur Warnung und damit im Rahmen der Arbeitssicherheit eine Rolle spielen und die farbliche Gestaltung eines Arbeitsraums psychische Wirkungen auf die dort beschäftigten Menschen erzeugt. Wenn die Arbeitsumgebung nicht in § 90 als Tatbestand für eine Beteiligung des Betriebsrats genannt wird, ihre Änderung aber sogar ein korrigierendes Mitbestimmungsrecht des Betriebsrats auslösen kann, so ist dies daraus zu erklären, dass § 90 Maßnahmen erfasst, bei deren Planung Auswirkungen auf die Art der Arbeit und die Anforderungen an die Arbeitnehmer eintreten

können. Durch die Beratung mit dem Betriebsrat soll bewirkt werden, dass in diesen Fällen Arbeitsplatz, Arbeitsablauf und Arbeitsumgebung menschengerecht gestaltet werden, wobei das Gesetz fordert, dass insoweit die gesicherten arbeitswissenschaftlichen Erkenntnisse berücksichtigt werden sollen (§ 90 Abs. 2 Satz 2).

b) Das Gesetz verlangt, dass die besondere Belastung der Arbeitnehmer auf einer **Änderung** der Arbeitsplätze, des Arbeitsablaufs oder der Arbeitsumgebung beruht. Das Mitbestimmungsrecht dient also **nicht der Verbesserung bestehender Zustände** (ebenso BAG 28. 7. 1981 AP BetrVG 1972 § 87 Arbeitssicherheit Nr. 3; MünchArbR-*Matthes*, § 255 Rn. 23; DKK-*Klebe*, § 91 Rn. 4). Der Gesetzeswortlaut verlangt aber nicht, dass die Änderung *final* auf einem Willen des Arbeitgebers beruht, sondern möglich ist, dass die Änderung aus sonstigen Gründen eintritt (ebenso *Hofe*, Betriebliche Mitbestimmung, S. 82), so dass auch ihr unbeabsichtigter Eintritt ausreicht (GK-*Wiese/Weber*, § 91 Rn. 7). Insbesondere soll nicht notwendig sein, dass eine Änderung bereits durchgeführt ist, sondern es soll genügen, dass sie *geplant* ist (ebenso BAG 6. 12. 1983 AP BetrVG 1972 § 87 Überwachung Nr. 7; *Fitting*, § 91 Rn. 15; MünchArbR-*Matthes*, § 255 Rn. 23; a. A. GK-*Wiese/Weber*, § 91 Rn. 8).

2. Offensichtlicher Widerspruch zu den gesicherten arbeitswissenschaftlichen Erkenntnissen über die menschengerechte Gestaltung der Arbeit

Die Änderung der Arbeitsplätze, des Arbeitsablaufs oder der Arbeitsumgebung muss den gesicherten arbeitswissenschaftlichen Erkenntnissen über die menschengerechte Gestaltung der Arbeit offensichtlich widersprechen. Die im Referentenentwurf des BetrVerf-Reformgesetzes vorgesehene Streichung der Wörter „offensichtlich" und „in besonderer Weise" (s. dazu *Schiefer/Korte*, NZA 2001, 71, 84) wurde nicht Gesetz.

a) Der **Begriff der gesicherten arbeitswissenschaftlichen Erkenntnisse über die menschengerechte Gestaltung der Arbeit** ist mit dem Begriff in § 90 Abs. 2 Satz 2 identisch (s. dort Rn. 29 ff.; ebenso GK-*Wiese/Weber*, § 91 Rn. 12).

b) Voraussetzung ist weiterhin, dass der **Widerspruch** zu den gesicherten arbeitswissenschaftlichen Erkenntnissen **offensichtlich** ist. Offensichtlichkeit ist anzunehmen, wenn der Widerspruch **eindeutig**, d. h. **ohne weiteres erkennbar** ist (ebenso LAG Baden-Württemberg 18. 2. 1981 DB 1981, 1781, 1782; *Fitting*, § 91 Rn. 12; GK-*Wiese/Weber*, § 91 Rn. 13; MünchArbR-*Matthes*, § 255 Rn. 26). Umstritten ist aber, für wen er eindeutig erkennbar sein muss. Überwiegend wird verlangt, dass der Widerspruch für den **sachkundigen Betriebspraktiker** offensichtlich ist (LAG Baden-Württemberg, a. a. O.; GK-*Wiese/Weber*, § 91 Rn. 14; MünchArbR-*Matthes*, § 255 Rn. 26; das LAG Niedersachsen 25. 3. 1982 DB 1982, 2039, 2041, will auf einen „einigermaßen Fachkundigen" abstellen). Darin liegt eine sachlich nicht gerechtfertigte Einschränkung. Da eine besondere Belastung der Arbeitnehmer vorliegen muss, kann nicht ausschlaggebend sein, ob der Widerspruch für einen sachkundigen Betriebspraktiker eindeutig erkennbar ist. Offensichtlichkeit ist auch gegeben, wenn nur eine Person, die auf dem einschlägigen Gebiet der Arbeitswissenschaft eine ausreichende Sachkunde besitzt, ihn ohne weiteres wahrnehmen kann (ebenso *Fitting*, § 91 Rn. 12; ErfK-*Kania*, § 91 Rn. 1; DKK-*Klebe*, § 91 Rn. 14; *Düwell-Kohte*, § 91 Rn. 8; GL-*Löwisch*, § 91 Rn. 10; *Hofe*, Betriebliche Mitbestimmung, S. 89 f.). Der Betriebsrat kann deshalb bei Zweifeln über das Vorliegen eines offensichtlichen Verstoßes gemäß § 80 Abs. 3 einen **Sachverständigen** hinzuziehen (ebenso *Hofe*, a. a. O., S. 90).

3. Besondere Belastung der Arbeitnehmer

Ein **weiteres Tatbestandsmerkmal** für das Mitbestimmungsrecht ist schließlich, dass die Arbeitnehmer durch die Änderung der Arbeitsplätze, des Arbeitsablaufs oder der Arbeitsumgebung **in besonderer Weise belastet** werden. Es genügt also nicht, dass die Änderung den gesicherten arbeitswissenschaftlichen Erkenntnissen über die menschengerechte Gestaltung der Arbeit offensichtlich widerspricht, sondern es muss als *zusätzliche Voraussetzung* hinzutreten, dass dadurch die Arbeitnehmer in besonderer Weise belastet werden (ebenso GK-*Wiese/Weber*, § 91 Rn. 15; a. A. DKK-*Klebe*, § 91 Rn. 16, der den offensichtlichen Widerspruch mit gesicherten arbeitswissenschaftlichen Erkenntnissen über die menschengerechte Gestaltung der Arbeit für allein entscheidend hält). Diese beiden Tatbestandselemente sind aber aufeinander bezogen (ähnlich *Ehmann*, Arbeitsschutz und Mitbestimmung bei neuen Technologien, S. 52). Ein **offensichtlicher Widerspruch** zu den gesicherten arbeitswissenschaftlichen Erkenntnissen bedeutet, dass die Arbeitsplätze, der Arbeitsablauf oder die Arbeitsumgebung nicht menschengerecht gestaltet sind. Darin liegt ein **Indiz für eine besondere Belastung der Arbeitnehmer.** Da arbeitswissenschaftliche Erkenntnisse aber weitgehend auf Durchschnittswerten beruhen, müssen im konkreten Einzelfall die Arbeitnehmer wegen des offensichtlichen Widerspruchs zu den gesicherten arbeitswissenschaftlichen Erkenntnissen bei der Änderung der Arbeitsplätze, des Arbeitsablaufs oder der Arbeitsumgebung in besonderer Weise belastet werden.

11 Der offensichtliche Widerspruch muss **kausal** für die besondere Belastung sein. Es genügt also nicht, dass die Belastung sich aus der Eigenart der Arbeit ergibt. Sie muss sich vielmehr aus der Gestaltung der Arbeitsplätze, des Arbeitsablaufs oder der Arbeitsumgebung ergeben.

12 Die Arbeitnehmer müssen dadurch in **besonderer Weise belastet** werden. Überwiegend verlangt man, dass die Belastung das normale Maß nicht unwesentlich überschreitet (so GK-*Wiese/Weber*, § 91 Rn. 18; ähnlich GL-*Löwisch*, § 91 Rn. 11; HSWGNR-*Rose*, § 91 Rn. 24; *Natzel*, DB Beil. 24/1972, 10 f.). Damit wird auf den Grad der Belastung abgestellt, obwohl das Gesetz lediglich eine Belastung in *besonderer Weise,* nicht aber in *besonderem Maße* voraussetzt (so zutreffend *Hofe*, Betriebliche Mitbestimmung, S. 91). Bei der Konkretisierung dieses im Gesetz enthaltenen unbestimmten Rechtsbegriffs sind deshalb anderweitige Abgrenzungen möglich; es ist aber schwierig, für sie objektive Kriterien zu finden, da nicht abgrenzbar ist, welche Belastungen im Rahmen der vertraglich zu erbringenden Arbeitsleistung des Arbeitnehmers liegen und welche ihn in besonderer Weise belasten. Eine besondere Belastung ist jedenfalls gegeben, wenn wegen des Verstoßes gegen die gesicherten arbeitswissenschaftlichen Erkenntnisse die Ausführbarkeit der Arbeit beeinträchtigt, ihre Erträglichkeit herabgesetzt oder wegen ihrer Belastung für Leib oder Seele die Grenze der Zumutbarkeit überschritten wird (vgl. zu dieser Differenzierung auch *Ehmann*, Arbeitsschutz und Mitbestimmung bei neuen Technologien, S. 28 ff.). Deshalb ist in diesem Zusammenhang das zeitliche Element der Dauer ein wesentlicher Gesichtspunkt für die Bestimmung, ob Arbeitnehmer in besonderer Weise belastet werden. Allerdings kann auch eine nur vorübergehende Belastung die in Satz 1 genannte Intensität erreichen. Sie kann daher im Einzelfall selbst dann anzunehmen sein, wenn sie auf die **Einarbeitungszeit** beschränkt ist (ebenso DKK-*Klebe*, § 91 Rn. 17; GK-*Wiese/Weber*, § 91 Rn. 18; a. A. *Fitting*, § 91 Rn. 5; GL-*Löwisch*, § 91 Rn. 11; *Richardi*, 7. Aufl., Rn. 12; HSWGNR-*Rose*, § 91 Rn. 25). Eine unmittelbare Gefahr für die Gesundheit ist dabei – anders als nach dem früheren § 120 GewO – nicht erforderlich (BAG 2. 4. 1996 AP BetrVG 1972 § 87 Gesundheitsschutz Nr. 5).

13 Für die Feststellung, ob eine besondere Belastung eingetreten ist, kommt es nicht auf die subjektive Sicht des betroffenen Arbeitnehmers an, sondern es ist ein **objektiver Maßstab** anzulegen (ebenso GK-*Wiese/Weber*, § 91 Rn. 18).

14 Keine Voraussetzung ist, dass von der Belastung alle oder eine Vielzahl von Arbeitnehmern betroffen werden, sondern der Betriebsrat hat das Mitbestimmungsrecht auch, wenn durch die Maßnahme ein **einzelner Arbeitnehmer** in besonderer Weise belastet wird (ebenso *Brecht*, § 91 Rn. 2; *Fitting*, § 91 Rn. 6; GK-*Wiese/Weber*, § 91 Rn. 20; GL-*Löwisch*, § 91 Rn. 11; HSWGNR-*Rose*, § 91 Rn. 26; *Hofe*, Betriebliche Mitbestimmung, S. 93). Die besondere Belastung darf sich aber wegen des auf die vom konkreten Arbeitnehmer abstrahierende Gestaltung der Arbeitsplätze bezogenen Mitbestimmungs-

rechts nicht aus nur bei ihm vorliegenden persönlichen Verhältnissen ergeben (ebenso *Fitting*, § 91 Rn. 6; GK-*Wiese/Weber*, § 91 Rn. 20; MünchArbR-*Matthes*, § 255 Rn. 28; a. A. DKK-*Klebe*, § 91 Rn. 18; ErfK-*Kania*, § 91 Rn. 1; einschränkend auch *Richardi*, 7. Aufl. Rn. 13).

III. Inhalt des Mitbestimmungsrechts

1. Anspruch auf angemessene Korrekturmaßnahmen

a) Ist der Mitbestimmungstatbestand gegeben, so kann der Betriebsrat **angemessene Maßnahmen zur Abwendung, Milderung oder zum Ausgleich der Belastung** verlangen. Die Ausgleichsmaßnahmen können sich nur darauf beziehen, dass Arbeitsplatz, Arbeitsablauf oder Arbeitsumgebung so gestaltet werden, dass sie den gesicherten arbeitswissenschaftlichen Erkenntnissen entsprechen oder ihnen zumindest nicht offensichtlich widersprechen. Dagegen kann der Betriebsrat **nicht** verlangen, dass die besondere Belastung der Arbeitnehmer durch ein **zusätzliches Arbeitsentgelt** ausgeglichen wird (ebenso WP-*Bender*, § 91 Rn. 15; DKK-*Klebe*, § 91 Rn. 21; HSWGNR-*Rose*, § 91 Rn. 37; *Stege/Weinspach/Schiefer*, § 91 Rn. 13; *Natzel*, DB Beil. 24/1972, 11; a. A. für den Fall, dass ein anderer Ausgleich nicht möglich ist: *Fitting*, § 91 Rn. 21; GK-*Wiese/Weber*, § 91 Rn. 33; GL-*Löwisch*, § 91 Rn. 19; MünchArbR-*Matthes*, § 255 Rn. 34; *Wlotzke*, § 91 Anm. 3); denn damit wäre der Zweck des Mitbestimmungsrechts vereitelt, den Arbeitnehmern eine menschengerechte Gestaltung der Arbeit zu sichern. Dies kann nicht *abgekauft* werden. Die Aufstellung eines Sozialplans kann nur nach § 112 verlangt werden, also lediglich zum Ausgleich oder zur Milderung *wirtschaftlicher Nachteile*, die den Arbeitnehmern wegen einer Betriebsänderung entstehen.

b) Der Betriebsrat kann nur **angemessene Maßnahmen** verlangen, d. h. dafür, welche Maßnahme ergriffen wird, ist entscheidend, ob sie **technisch möglich** und **wirtschaftlich vertretbar** ist (so die Begründung zum RegE, BT-Drucks. VI/1786, S. 50 und der Bericht des BT-Ausschusses für Arbeit und Sozialordnung, *zu* BT-Drucks. VI/2729, S. 5; vgl. auch *Fitting*, § 91 Rn. 17; GK-*Wiese/Weber*, § 91 Rn. 27; GL-*Löwisch*, § 91 Rn. 16; HSWGNR-*Rose*, § 91 Rn. 28; *Stege/Weinspach/Schiefer*, § 91 Rn. 10; MünchArbR-*Matthes*, § 255 Rn. 30). Die Maßnahme muss also *geeignet* sein, die Belastung abzuwenden, zu mildern oder auszugleichen, und sie muss *erforderlich* sein, um dieses Ziel zu erreichen. Dabei ist in erster Linie anzustreben, dass die Belastung *beseitigt* wird. Nur soweit dies arbeitstechnisch nicht möglich oder aus wirtschaftlichen Gründen nicht vertretbar ist, sind Maßnahmen durchzuführen, durch die eine *Milderung* der Belastung eintritt, oder es sind Maßnahmen zu treffen, die für die Belastung einen *Ausgleich* bieten.

Das Gesetz geht also von einer **Stufenfolge für die Korrekturmaßnahmen** aus, für die der *Grundsatz der Verhältnismäßigkeit* gilt: Belastungen sind abzuwenden. Nur soweit dies technisch nicht möglich oder wirtschaftlich nicht vertretbar ist, sind Maßnahmen zur Milderung zu ergreifen, und, soweit auch diese nicht ausreichen oder technisch nicht möglich bzw. wirtschaftlich nicht vertretbar sind, kommen Maßnahmen zum Ausgleich der Belastung in Betracht (ebenso *Fitting*, § 91 Rn. 18; *Frauenkron*, § 91 Rn. 10; GK-*Wiese/Weber*, § 91 Rn. 28; GL-*Löwisch*, § 91 Rn. 14; HSWGNR-*Rose*, § 91 Rn. 28; DKK-*Klebe*, § 91 Rn. 19; MünchArbR-*Matthes*, § 255 Rn. 31).

2. Korrekturmaßnahmen zur Abwendung der Belastung

Maßnahmen zur Abwendung der Belastung sind darauf gerichtet, dass die **Belastung beseitigt** wird (ebenso GK-*Wiese/Weber*, § 91 Rn. 29; *Hofe*, Betriebliche Mitbestimmung, S. 94). Die Abwendung der Belastung kann erfordern, dass die Arbeitsplatzgestaltung oder die Arbeitsumgebung so geändert wird, dass die Belastung entfällt. Der

Betriebsrat kann z. B. verlangen, dass Beleuchtungsanlagen durch andere ersetzt werden, Staub, Hitze und Lärm bereits an der Entstehungsquelle beseitigt werden und gesundheitsschädliche Arbeitsmittel durch unschädliches Arbeitsmaterial ausgetauscht wird.

19 Der Arbeitgeber kann die Belastung dadurch beseitigen, dass er die **Änderung** der Arbeitsplatzgestaltung oder der Arbeitsumgebung wieder **rückgängig** macht. Auch der Betriebsrat kann dies verlangen, wenn die Belastung nicht durch eine andere Maßnahme beseitigt werden kann (ebenso *Fitting*, § 91 Rn. 19; *Frauenkron*, § 91 Rn. 10; DKK-*Klebe*, § 91 Rn. 19; *Konzen*, Betriebsverfassungsrechtliche Leistungspflichten des Arbeitgebers, 1984, S. 52; GK-*Wiese/Weber*, § 91 Rn. 29; a. A. WP-*Bender*, § 91 Rn. 12;). Voraussetzung ist aber, dass es sich insoweit um eine angemessene Maßnahme handelt, es also wirtschaftlich vertretbar ist, von einer Änderung der Arbeitsplatzgestaltung abzusehen (ebenso *Hofe*, a. a. O., S. 95). Hier ist z. B. daran zu denken, dass Beleuchtungsanlagen durch die früher bestehenden Lichtquellen ausgetauscht werden. Das Mitbestimmungsrecht gibt dem Betriebsrat aber kein Recht auf Beteiligung an der Gestaltung der Arbeitsorganisation zur Erreichung der unternehmerischen Zielsetzung (s. § 90 Rn. 1). Es bezweckt nicht, dass die notwendige Anpassung an den technischen Fortschritt verhindert wird. Deshalb kann der Betriebsrat z. B. nicht verlangen, dass der Einsatz von Datensichtgeräten unterbleibt, sondern er kann lediglich erreichen, dass die Bildschirmgeräte nicht den gesicherten arbeitswissenschaftlichen Erkenntnissen über die menschengerechte Gestaltung der Arbeit offensichtlich widersprechen.

3. Korrekturmaßnahmen zur Milderung der Belastung

20 Besonders breit ist die Palette der **Maßnahmen**, die eine besondere **Belastung zu mildern vermögen**, so dass bereits durch sie den Anforderungen arbeitswissenschaftlicher Erkenntnisse über die menschengerechte Gestaltung der Arbeit entsprochen wird. Hierher gehören Schutzbekleidungen und Schutzbrillen, Gehörschutzmittel und sonstige schallisolierende Maßnahmen, die Kennzeichnung mit Sicherheitsfarben, ärztliche Vorsorge- und Überwachungsuntersuchungen und die Einführung zusätzlicher Pausen oder einer Ausgleichstätigkeit (vgl. mit weiteren Beispielen auch *Fitting*, § 91 Rn. 20; GK-*Wiese/Weber*, § 91 Rn. 31; GL-*Löwisch*, § 91 Rn. 18; HSWGNR-*Rose*, § 91 Rn. 35). Die Maßnahme, die zur Milderung der Belastung getroffen wird, muss geeignet sein, die Belastung zu mildern, und sie muss erforderlich sein, um dieses Ziel zu erreichen. Sie muss deshalb ihrerseits auf einer gesicherten arbeitswissenschaftlichen Erkenntnis über die menschengerechte Gestaltung der Arbeit beruhen.

21 Beim **Einsatz von Bildschirmgeräten** hat der Arbeitgeber nach § 5 BildscharbV die Tätigkeit der Arbeitnehmer so zu organisieren, dass die tägliche Arbeit an Bildschirmgeräten regelmäßig durch andere Tätigkeiten oder durch Pausen unterbrochen wird, die jeweils die Belastung durch die Arbeit am Bildschirmgerät verringern. § 5 BildscharbV ist eine gesetzliche Vorschrift i. S. des § 87 Abs. 1 Nr. 7. Der Betriebsrat hat deshalb insoweit ein Mitbestimmungsrecht (so bereits zur Rechtslage vor Erlass der Bildschirmarbeitsverordnung BAG 2. 4. 1996 AP BetrVG 1972 § 87 Gesundheitsschutz Nr. 5; überholt deshalb insoweit die Verneinung eines Mitbestimmungsrechts, das auf § 91 gestützt wurde, BAG 6. 12. 1983 AP BetrVG 1972 § 87 Überwachung Nr. 7 *[Richardi]*).

4. Korrekturmaßnahmen zum Ausgleich der Belastung

22 **Maßnahmen zum Ausgleich der Belastung** sind immer dann zu treffen, wenn die **Belastung nicht abgewandt** werden kann und auch **Maßnahmen zu ihrer Milderung nicht ausreichen**, um eine menschengerechte Gestaltung der Arbeit sicherzustellen. Bei Hitzearbeit sind geeignete Getränke zur Verfügung zu stellen. Zum Ausgleich der Belastung kommt auch eine **Verkürzung der Tätigkeitszeit** in Betracht (ebenso *Fitting*, § 91 Rn. 21; GK-*Wiese/Weber*, § 91 Rn. 34; HSWGNR-*Rose*, § 91 Rn. 38). Daraus folgt aber nicht, dass eine Verkürzung der *Arbeitszeit* oder die Gewährung eines *Zusatz-*

IV. Durchführung der Mitbestimmung §91

urlaubs verlangt werden kann (so aber *Fitting*, § 91 Rn. 21; GL-*Löwisch*, § 91 Rn. 19; *Hofe*, Betriebliche Mitbestimmung, S. 97; a. A. *Natzel*, DB Beil. 24/1972, 11). Darin liegt eine *materielle Arbeitsbedingung*, deren Festlegung nicht zu den Korrekturmaßnahmen gehört, die der Betriebsrat nach § 91 verlangen kann. In Betracht kommt nur, dass der Arbeitgeber den Arbeitnehmer wegen der ergonomisch notwendigen Verkürzung der Tätigkeitszeit nicht in dem zeitlichen Umfang beschäftigen kann, der nach dem Inhalt des Arbeitsverhältnisses für die Arbeitsleistung festgelegt ist. Der Arbeitgeber kommt in diesem Fall in Annahmeverzug. Der Arbeitnehmer kann deshalb für die infolge des Verzugs nicht geleisteten Dienste das Arbeitsentgelt verlangen, ohne zur Nachleistung verpflichtet zu sein (§ 615 BGB).

Wie die Maßnahmen zur Milderung, so müssen auch die Maßnahmen zum Ausgleich 23 der Belastung sich stets darauf beziehen, eine menschengerechte Gestaltung der Arbeit zu ermöglichen; es ist keineswegs Zweck des Mitbestimmungsrechts, eine Arbeitsplatzgestaltung, die den gesicherten arbeitswissenschaftlichen Erkenntnissen über die menschengerechte Gestaltung der Arbeit offensichtlich widerspricht und deshalb für die Arbeitnehmer eine besondere Belastung darstellt, durch **Lohnzuschläge** abzukaufen (s. Rn. 15). Das Mitbestimmungsrecht bezieht sich nicht auf Entgeltleistungen des Arbeitgebers, sondern eine finanzielle Belastung kann für ihn nur insoweit eintreten, als die menschengerechte Gestaltung der Arbeit es erfordert, dass die Arbeitnehmer wegen der Arbeit Getränke oder eine bestimmte Verpflegung erhalten.

IV. Durchführung der Mitbestimmung

1. Ausübungsform der Mitbestimmung

Soweit die Maßnahme zur Abwendung, Milderung oder zum Ausgleich der Belastung 24 in einer Regelung besteht, die den Inhalt der Arbeitsverhältnisse bestimmen soll, wird das Mitbestimmungsrecht durch den Abschluss einer **Betriebsvereinbarung** ausgeübt. Arbeitgeber und Betriebsrat können sich aber auch auf eine **formlose Betriebsabsprache** beschränken. Die betroffenen Arbeitnehmer können in diesem Fall aber Rechte gegen den Arbeitgeber nur insoweit geltend machen, als dieser wegen der Änderung der Arbeitsplätze, des Arbeitsablaufs oder der Arbeitsumgebung gegen seine Fürsorgepflicht verstößt, was bei einer Belastung der betroffenen Arbeitnehmer stets der Fall sein wird, wenn die Gestaltung ihres Arbeitsplatzes den gesicherten arbeitswissenschaftlichen Erkenntnissen über die menschengerechte Gestaltung der Arbeit offensichtlich widerspricht. Handelt der Arbeitgeber einer mit dem Betriebsrat erzielten Einigung zuwider, kann sich daraus für die Arbeitnehmer ein Leistungsverweigerungsrecht nach § 273 BGB ergeben.

2. Zuständigkeit für die Mitbestimmungsausübung

Für die Mitbestimmungsausübung zuständig ist der Einzelbetriebsrat, in dessen Be- 25 trieb die Änderung der Arbeitsplätze, des Arbeitsablaufs oder der Arbeitsumgebung erfolgt.

3. Anrufung und Spruch der Einigungsstelle

a) Können sich Arbeitgeber und Betriebsrat nicht über angemessene Maßnahmen zur 26 Abwendung, Milderung oder zum Ausgleich der Belastung einigen, so kann **jede Seite die Einigungsstelle anrufen** (Satz 2 i. V. mit § 76 Abs. 5 Satz 1).

Kommt über die **Bildung der Einigungsstelle** keine Einigung zustande, so bestellt das 27 Arbeitsgericht sie auf Antrag einer Seite (§ 76 Abs. 2 Satz 2 und 3; s. dort Rn. 55 ff.). Das Arbeitsgericht kann den Antrag nur zurückweisen, wenn die Einigungsstelle offensichtlich unzuständig ist (§ 98 Abs. 1 Satz 2 ArbGG; s. § 76 Rn. 65). Daraus folgt andererseits, dass der Betriebsrat, wenn er den Antrag stellt, durch einen *konkreten Sachverhaltsvortrag* darlegen muss, ob die Voraussetzungen seines Mitbestimmungsrechts gegeben sind. Das Arbeitsgericht erforscht sodann den Sachverhalt im Rahmen des gestellten Antrags von Amts wegen (§ 83 Abs. 1 Satz 1 ArbGG). Nicht zu den Voraussetzungen gehört, welche Maßnahmen der Betriebsrat zur Abwendung, Milderung oder zum Ausgleich der Belastung verlangt; denn darüber entscheidet die Einigungsstelle.

28 b) Der **Spruch der Einigungsstelle** ersetzt die **Einigung zwischen Arbeitgeber und Betriebsrat** (Satz 3), d. h. die Einigungsstelle legt mit verbindlicher Wirkung fest, welche Maßnahmen zur Abwendung, zur Milderung oder zum Ausgleich der Belastung zu ergreifen sind. Soweit dadurch Ansprüche für einzelne Arbeitnehmer begründet werden, hat der Spruch die Rechtswirkungen einer Betriebsvereinbarung, die den Inhalt der Arbeitsverhältnisse gestaltet. Der **Arbeitnehmer** hat ein **Zurückbehaltungsrecht** nach § 273 BGB, soweit der Arbeitgeber seinen sich aus dem Spruch der Einigungsstelle ergebenden Verpflichtungen nicht nachkommt (ebenso GK-*Wiese/Weber*, § 91 Rn. 37; GL-*Löwisch*, § 91 Rn. 22; HSWGNR-*Rose*, § 91 Rn. 46).

29 Die Einigungsstelle wird in einem **Regelungsstreit** tätig, soweit sie eine Entscheidung darüber zu treffen hat, **welche Maßnahmen** zu ergreifen sind. In diesem Zusammenhang hat die Einigungsstelle auch darüber zu befinden, ob die vom Betriebsrat verlangte Maßnahme angemessen ist, also streng genommen eine Rechtsfrage zu beantworten (so zutreffend *Dütz*, DB 1972, 383, 385). Diese Frage bezieht sich aber nur darauf, welche Maßnahme die Einigungsstelle wählen kann, enthält also eine Begrenzung des Ermessensspielraums für die Einigungsstelle. Deshalb wird dadurch die Struktur des Spruchs der Einigungsstelle nicht berührt, sondern es handelt sich auch in diesem Fall um die Entscheidung eines Regelungsstreits. Will der Arbeitgeber geltend machen, dass die von der Einigungsstelle angeordnete Maßnahme nicht angemessen ist, die Einigungsstelle also die Grenzen ihres Ermessens überschritten hat, so kann er dies nur nach § 76 Abs. 5 Satz 4 innerhalb der Zweiwochenfrist beim Arbeitsgericht geltend machen (ebenso GL-*Löwisch*, § 91 Rn. 21; HSWGNR-*Rose*, § 91 Rn. 44; GK-*Wiese/Weber*, § 91 Rn. 36).

30 **Verneint** dagegen die Einigungsstelle, dass die Arbeitsplatzgestaltung und die Arbeitsumgebung den gesicherten arbeitswissenschaftlichen Erkenntnissen über die menschengerechte Gestaltung der Arbeit offensichtlich widersprechen oder dass die Arbeitnehmer nicht in besonderer Weise belastet werden, so handelt es sich um eine **Rechtsentscheidung**. Die Einigungsstelle lehnt nämlich den Bestand des Mitbestimmungsrechts im konkreten Fall ab und verneint damit zugleich ihre Zuständigkeit, die Meinungsverschiedenheit zwischen Arbeitgeber und Betriebsrat mit verbindlicher Wirkung zu entscheiden. Der Spruch der Einigungsstelle unterliegt deshalb in vollem Umfang der arbeitsgerichtlichen Kontrolle; die Zweiwochenfrist des § 76 Abs. 5 Satz 4 gilt hier nicht.

V. Verhältnis zum Unterrichtungs- und Beratungsrecht und anderen Beteiligungsrechten

1. Verhältnis des Mitbestimmungsrechts zum Unterrichtungs- und Beratungsrecht

31 Das in § 90 geregelte **Unterrichtungs- und Beratungsrecht** ist gesetzessystematisch **keine Vorstufe des Mitbestimmungsrechts**. Beide Beteiligungsrechte bestehen vielmehr unabhängig voneinander (ebenso GK-*Wiese/Weber*, § 91 Rn. 1; HSWGNR-*Rose*, § 91 Rn. 4; *Natzel*, DB Beil. 24/1972, 10). Der Betriebsrat hat deshalb das Mitbestimmungsrecht unabhängig davon, ob der Arbeitgeber bei der Planung seiner Verpflichtung nach § 90 zur Beteiligung des Betriebsrats nachgekommen ist (ebenso GK-*Wiese/Weber*, § 91 Rn. 7 f.).

VI. Streitigkeiten   § 91

Zweifelhaft ist aber, ob der Betriebsrat das Mitbestimmungsrecht auch dann noch hat, 32
wenn er nach § 90 ordnungsgemäß beteiligt wurde und bei der Beratung der **Planung
der vorgesehenen Maßnahme zugestimmt** oder nicht widersprochen hat (für den Fall der
Zustimmung verneinend: LAG Niedersachsen 25. 3. 1982 DB 1982, 2039, 2041;
HSWGNR-*Rose*, § 91 Rn. 6; *Stege/Weinspach/Schiefer*, § 91 Rn. 6; sogar für den Fall
verneinend, dass der Betriebsrat lediglich nicht widersprochen hat: *Raatz*, DB Beil. 1/
1972, 8; *Natzel*, DB Beil. 24/1972, 11). Für eine Ablehnung könnte sprechen, dass der
Betriebsrat das Gebot der vertrauensvollen Zusammenarbeit verletzt, wenn er sich bei
der Ausübung seines Mitbestimmungsrechts in Widerspruch zu seinem früheren Verhalten setzt. Entscheidend ist aber, dass das Gesetz vom Betriebsrat nicht erwartet, bereits
im Planungsstadium alle Konsequenzen der vorgesehenen Maßnahmen für die Gestaltung des Arbeitsplatzes, des Arbeitsablaufs und der Arbeitsumgebung zu überblicken.
Die Beteiligung des Betriebsrats bereits im Planungsstadium verfolgt zwar den Zweck,
Arbeitsplatz, Arbeitsablauf und Arbeitsumgebung so zu gestalten, dass die tatbestandlichen Voraussetzungen für ein Mitbestimmungsrecht des Betriebsrats gar nicht erst entstehen. Das Mitbestimmungsrecht des Betriebsrats wird aber nicht deshalb ausgeschlossen, weil er bereits im Planungsstadium beteiligt war und während der Beratung der
vorgesehenen Maßnahme nicht widersprochen oder sogar zugestimmt hat (ebenso GK-
Wiese/Weber, § 91 Rn. 10; GL-*Löwisch*, § 91 Rn. 12; *Weiss/Weyand*, § 91 Rn. 4; DKK-
Klebe, § 91 Rn. 2; *Hofe*, Betriebliche Mitbestimmung, S. 76; *Thelen*, Beteiligungsrechte
gemäß §§ 90, 91 BetrVG, S. 68).

2. Verhältnis des Mitbestimmungsrechts zu anderen Beteiligungsrechten

Im Rahmen der Feststellung, welche Abhilfemaßnahmen zu ergreifen sind, kann sich 33
häufig ein **Mitbestimmungsrecht** des Betriebsrats auch **aus § 87** ergeben, z.B. bei der
Einführung von Pausen (§ 87 Abs. 1 Nr. 2), der Einführung und Anwendung von technischen Einrichtungen, die dazu bestimmt sind, das Verhalten oder die Leistung der
Arbeitnehmer zu überwachen (§ 87 Abs. 1 Nr. 6), bei Regelungen im Rahmen des
Arbeitsschutzes (§ 87 Abs. 1 Nr. 7) und vor allem bei der Festsetzung der Akkord- und
Prämiensätze sowie vergleichbarer leistungsbezogener Entgelte (§ 87 Abs. 1 Nr. 11).
Diese Mitbestimmungsrechte bestehen neben demjenigen nach § 91, soweit sie einen
anderen Zweck als die ergonomische Gestaltung der Arbeit verfolgen. Bei den in § 87
Abs. 1 Nr. 2 angesprochenen Pausen geht es um die Lage der täglichen Arbeitszeit; es
handelt sich um Ruhepausen, durch die die Arbeitszeit unterbrochen wird (vgl. BAG
28. 7. 1981 AP BetrVG 1972 § 87 Arbeitssicherheit Nr. 3). Bei den technischen Kontrolleinrichtungen nach § 87 Abs. 1 Nr. 6 bezweckt das Mitbestimmungsrecht einen
Persönlichkeitsschutz vor anonymer Verhaltens- und Leistungskontrolle, und durch das
Mitbestimmungsrecht nach § 87 Abs. 1 Nr. 11 soll die Richtigkeit der leistungsbezogenen Entlohnung gesichert werden.

Eine Konkurrenz besteht deshalb nur zum **Mitbestimmungsrecht bei Regelungen im** 34
Rahmen des Arbeitsschutzes nach § 87 Abs. 1 Nr. 7. Da dort Voraussetzung für das
Mitbestimmungsrecht eine für den Arbeitgeber verbindliche Rahmenregelung ist (s. § 87
Rn. 534 ff.), können nicht nach § 91 Maßnahmen getroffen werden, die der Rahmenregelung widersprechen. Deshalb findet § 91 nur subsidiär Anwendung (a. A. GK-*Wiese/Weber*, § 91 Rn. 25, dem aber entgegenzuhalten ist, dass kein Bedarf nach ergänzenden Regelungen besteht).

VI. Streitigkeiten

Eine Streitigkeit darüber, ob der Betriebsrat ein korrigierendes Mitbestimmungsrecht 35
hat, entscheidet das Arbeitsgericht im Beschlussverfahren (§ 2 a Abs. 1 Nr. 1, Abs. 2 i. V.

mit §§ 80 ff. ArbGG). Der Arbeitgeber kann das Beschlussverfahren auch während des Verfahrens vor der Einigungsstelle einleiten. Auch im Verfahren vor der Einigungsstelle kann er geltend machen, dass ein Mitbestimmungsfall nicht gegeben ist; die Einigungsstelle braucht in diesem Fall aber nicht das Verfahren einzustellen oder auszusetzen, sondern kann selbst entscheiden, ob ihre Zuständigkeit gegeben ist (s. § 76 Rn. 105 f.).

36 Bezieht die Streitigkeit sich dagegen auf die Maßnahme, die der Arbeitgeber ergreifen soll, um eine besondere Belastung der Arbeitnehmer abzuwenden, zu mildern oder auszugleichen, so findet das verbindliche Einigungsverfahren statt (s. Rn. 26 ff.).

37 Wird durch den Spruch der Einigungsstelle festgelegt, welche Maßnahmen der Arbeitgeber zu treffen hat, und führt dieser sie nicht durch, so kann der Betriebsrat das Arbeitsgericht anrufen, das den Rechtsstreit im Beschlussverfahren entscheidet (§ 2a Abs. 1 Nr. 1, Abs. 2 i. V. mit §§ 80 ff. ArbGG). Soweit durch den Spruch der Einigungsstelle unmittelbar die Rechtsstellung einzelner Arbeitnehmer gestaltet wird, können auch diese das Arbeitsgericht anrufen, das dann aber im Urteilsverfahren entscheidet (§ 2 Abs. 1 Nr. 3 lit. a, Abs. 5 i. V. mit §§ 46 ff. ArbGG).

Fünfter Abschnitt. Personelle Angelegenheiten

Vorbemerkung

Schrifttum: *Rieble,* Erweiterte Mitbestimmung in personellen Angelegenheiten, NZA-Sonderheft 2001, 46.

Übersicht

	Rn.
I. Die Mitbestimmung in personellen Angelegenheiten	1
1. Begriff der personellen Angelegenheiten	1
2. Entstehungsgeschichte	2
3. Überblick über die gesetzliche Regelung	4
II. Zweck der Mitbestimmung in personellen Angelegenheiten	6
III. Tarifvertrag und Betriebsvereinbarung	8

I. Die Mitbestimmung in personellen Angelegenheiten

1. Begriff der personellen Angelegenheiten

Das Gesetz versteht unter personellen Angelegenheiten die Fragen, die sich auf die **Zusammensetzung** und die **Gliederung der Belegschaft** beziehen. Überschneidungen ergeben sich mit den sozialen Angelegenheiten, soweit der Betriebsrat im Vorfeld personeller Einzelmaßnahmen und im Rahmen der Berufsbildung beteiligt ist (s. auch Vorbem. vor § 87 Rn. 7). **1**

2. Entstehungsgeschichte

Die Mitbestimmung des Betriebsrats in personellen Angelegenheiten ist durch das BetrVG 1972 erheblich erweitert und verstärkt worden. Nach dem BetrVG 1952 hatte der Betriebsrat in personellen Angelegenheiten nur bei der Einstellung, Umgruppierung, Versetzung und Entlassung mitzuwirken und mitzubestimmen. Die Entscheidungen, die diesen Maßnahmen vorgelagert sind, waren ausgeklammert. Da aber gerade in personellen Angelegenheiten schon im Planungsstadium weitreichende Entscheidungen fallen, die für die personellen Einzelmaßnahmen präjudizierende Wirkung haben, gibt das Gesetz dem Betriebsrat bereits im Vorfeld personeller Einzelmaßnahmen Beteiligungsrechte. **2**

Das Zweite Gleichberechtigungsgesetz vom 24. 6. 1994 (BGBl. I S. 1406) hat durch Art. 5 Nr. 5 bis 7 in § 92 Abs. 2 nach dem Wort „Personalplanung" die Worte „einschließlich Maßnahmen im Sinne des § 80 Abs. 1 Nr. 2 a" eingefügt (wieder gestrichen durch das BetrVerf-Reformgesetz vom 23. 7. 2001 [BGBl. I 1852]) und in § 93 die Sätze 2 und 3 angefügt (wieder gestrichen mit Inkrafttreten es TzBfG zum 1. 1. 2001) sowie § 96 Abs. 2 Satz 2 neu gefasst, um die Durchsetzung der tatsächlichen Gleichberechtigung von Frauen und Männern zu fördern. Das Arbeitsrechtliche Beschäftigungsförderungsgesetz vom 25. 9. 1996 (BGBl. I S. 1476) hat durch Art. 1 Nr. 1 lit. b dem § 1 KSchG einen Abs. 4 angefügt, der die kündigungsschutzrechtliche Bedeutung der mit dem Betriebsrat aufgestellten Auswahlrichtlinien nach § 95 verstärkt, weil eine in ihnen festgelegte Bewertung der sozialen Gesichtspunkte nur auf grobe Fehlerhaftigkeit überprüft werden kann. Die Vorschrift wurde durch das Arbeitsrechtliche Korrekturgesetz von 19. 12. 1998 (BGBl. I 3843) modifiziert, indem die Beschränkung auf die drei **3**

Hauptkriterien weggelassen wurde. Durch das Gesetz zu Reformen am Arbeitsmarkt vom 24. 12. 2003 (BGBl. I 3002) ist sie wieder mit Wirkung zum 1. 1. 2004 in die vorangegangene Fassung geändert worden (s. hierzu *Thüsing/Stelljes*, BB 2003, 1673). Das BetrVerf-Reformgesetz hatte zuvor einige Änderungen gebracht: Ein neuer § 92 Abs. 3 hat die Regelungen zur Frauenförderung verstärkt und zusammengefasst (s. § 92 Rn. 2), ein neuer § 92 a schafft ein neues Vorschlagsrecht des Betriebsrats zur Beschäftigungsförderung, der Schwellenwert des § 95 wurde auf 500 Arbeitnehmer herabgesetzt, ein neuer § 97 Abs. 2 erweitert die Mitbestimmungsrechte bei Einrichtungen und Maßnahmen der Berufsbildung, in § 99 wurde der *numerus clausus* der Zustimmungsverweigerungsgründe erweitert, der Kündigungsschutz des § 103 wurde erweitert auf einen betriebsübergreifenden Versetzungsschutz.

3. Überblick über die gesetzliche Regelung

4   Das Gesetz gliedert die personellen Angelegenheiten in **drei Komplexe:** die **allgemeinen personellen Angelegenheiten,** für die in den §§ 92 bis 95 Bestimmungen getroffen sind, die **Berufsbildung,** die in den §§ 96 bis 98 geregelt wird, und die **personellen Einzelmaßnahmen,** für die in den §§ 99 bis 104 die Mitwirkung und Mitbestimmung des Betriebsrats gestaltet wird.

5   Für das Verständnis der gesetzlichen Regelung ist es notwendig, die Bestimmungen über die Berufsbildung in engem Zusammenhang mit den allgemeinen personellen Angelegenheiten zu sehen. Es handelt sich bei der Berufsbildung um einen Unterfall der allgemeinen personellen Angelegenheiten, der von besonderer Bedeutung ist, weil die Anpassung der Arbeitnehmer an Änderungen der Arbeitswelt zu den wichtigsten Aufgaben der Personalplanung gehört (vgl. auch die Begründung zum RegE, BT-Drucks. VI/ 1786, S. 50). Die Berufsbildung ist, wie sowohl in § 92 als auch in § 96 deutlich zum Ausdruck kommt, wesentlicher Bestandteil der betrieblichen Personalplanung.

II. Zweck der Mitbestimmung in personellen Angelegenheiten

6   Das Mitbestimmungsrecht des Betriebsrats im personellen Bereich bezweckt ebenso wie der allgemeine und besondere Kündigungsschutz eine **Sicherung des Arbeitsplatzes.** Es soll außerdem dazu beitragen, dass bei der Personalauswahl Interessen der Arbeitnehmer berücksichtigt werden.

7   Anders als der Kündigungsschutz, der erst bei der Beendigung des Arbeitsverhältnisses durch den Arbeitgeber eingreift, setzen die Rechte der §§ 92 ff. zum Teil bereits erheblich vorher ein: Bereits bei der Personalplanung ist der Betriebsrat zu unterrichten (§ 92), seine Vorschläge zur Beschäftigungssicherung sind zu beraten (§ 92 a), Arbeitsplätze sind auf Verlangen des Betriebsrats im Betrieb auszuschreiben (§ 93). Auch die Anhörungspflicht des Betriebsrats vor Ausspruch der Kündigung ist ein letzter Versuch, den Willensbildungsprozess des Arbeitgebers im Vorfeld der Kündigung zu beeinflussen (BAG 2. 11. 1983 AP BetrVG 1972 § 102 Nr. 29; BAG 16. 9. 1993 AP BetrVG 1972 § 102 Nr. 62). Die Beteiligung des Betriebsrats zwingt den Arbeitgeber zur Rechtfertigung und Transparenz seiner Entscheidungen.

III. Tarifvertrag und Betriebsvereinbarung

8   Die Mitbestimmungsordnung der Betriebsverfassung kann weder durch Tarifvertrag noch durch Betriebsvereinbarung geändert werden (s. Einl. Rn. 132). Dabei ist aber zu beachten, dass die allgemeinen personellen Angelegenheiten und die Maßnahmen der Berufsbildung zu den sozialen Angelegenheiten gehören können, für die Arbeitgeber und Betriebsrat eine umfassende Kompetenz zur Regelung durch Betriebsvereinbarung

haben (s. § 77 Rn. 64 ff.). Auch für die Tarifvertragsparteien wird das Recht der tariflichen Gestaltung nicht dadurch eingeschränkt, dass dem Betriebsrat Beteiligungsrechte eingeräumt sind. Ausgeschlossen ist lediglich, dass die Beteiligungsrechte des Betriebsrats selbst den Gegenstand einer tarifvertraglichen Regelung bilden (ebenso im Ergebnis GK-*Kraft/Raab,* Vorbem. vor § 92 Rn. 19 ff.; a. A. BAG 10. 2. 1988 AP BetrVG 1972 § 99 Nr. 53 für die Einräumung eines Mitbestimmungsrechts bei der Einstellung ohne Begrenzung auf Zustimmungsverweigerungsgründe; s. auch Einl. Rn. 142 ff.).

Erster Unterabschnitt. Allgemeine personelle Angelegenheiten

§ 92 Personalplanung

(1) ¹Der Arbeitgeber hat den Betriebsrat über die Personalplanung, insbesondere über den gegenwärtigen und künftigen Personalbedarf sowie über die sich daraus ergebenden personellen Maßnahmen und Maßnahmen der Berufsbildung anhand von Unterlagen rechtzeitig und umfassend zu unterrichten. ²Er hat mit dem Betriebsrat über Art und Umfang der erforderlichen Maßnahmen und über die Vermeidung von Härten zu beraten.

(2) Der Betriebsrat kann dem Arbeitgeber Vorschläge für die Einführung einer Personalplanung und ihre Durchführung machen.

(3) Die Absätze 1 und 2 gelten entsprechend für Maßnahmen im Sinne des § 80 Abs. 1 Nr. 2 a und 2 b, insbesondere für die Aufstellung und Durchführung von Maßnahmen zur Förderung der Gleichstellung von Frauen und Männern.

Übersicht

	Rn.
I. Vorbemerkung	1
II. Personalplanung als Mitwirkungstatbestand	3
1. Begriff der Personalplanung	3
2. Elemente der Personalplanung	6
3. Institutionalisierung einer Personalplanung	18
4. Betriebsgröße	19
5. Leitende Angestellte	20
6. Tendenzbetriebe	23
III. Unterrichtungsrecht des Betriebsrats	24
1. Gegenstand	24
2. Zeitpunkt	25
3. Umfang der Unterrichtung	27
4. Vorlage von Unterlagen	29
5. Zuständigkeit des Betriebsrats	32
6. Datenschutz	33
IV. Beratungsrecht des Betriebsrats im Rahmen der Personalplanung	34
1. Gegenstand	34
2. Zeitpunkt	39
V. Vorschlagsrecht des Betriebsrats im Rahmen der Personalplanung	40
1. Gegenstand des Vorschlagsrechts	40
2. Reichweite des Vorschlagsrechts	42
VI. Ausübung der Beteiligungsrechte	44
1. Zuständigkeit	44
2. Personalplanungsausschuss	47
VII. Rechtsfolgen bei Nichtbeachtung des Beteiligungsrechts	49
VIII. Maßnahmen zur Förderung der Gleichstellung von Frauen und Männern	51
IX. Streitigkeiten	52

I. Vorbemerkung

1 Diese Vorschrift gibt für die Beteiligung des Betriebsrats an den allgemeinen personellen Angelegenheiten eine **Generalklausel:** Der Arbeitgeber hat den Betriebsrat über die Personalplanung, insbesondere über den gegenwärtigen und künftigen Personalbedarf sowie über die sich daraus ergebenden personellen Maßnahmen und Maßnahmen der Berufsbildung zu unterrichten. Dadurch wird das personelle Mitwirkungsrecht des Betriebsrats wesentlich erweitert und abgerundet. Dem Betriebsrat wird, wie in der Begründung zum RegE hervorgehoben wird, „die Mitwirkung bei den allgemeinen personellen Grundsatzentscheidungen, die die Grundlagen für personelle Einzelentscheidungen bilden, eingeräumt" (BT-Drucks. VI/1786, S. 50). Damit berücksichtigt der Gesetzgeber, dass überall dort, wo eine Personalplanung besteht, schon im Planungsstadium weitreichende Entscheidungen getroffen werden, die für die personellen Einzelentscheidungen präjudizierende Bedeutung haben. Je sorgfältiger hier verfahren wird, desto geringer ist für den Betriebsrat der Spielraum, bei der Beteiligung an den personellen Einzelmaßnahmen die spezifischen Interessen der Arbeitnehmer zur Geltung zu bringen. Der Gesetzgeber erwartet von einer Beteiligung des Betriebsrats an der Personalplanung „eine bessere Objektivierung und bessere Durchschaubarkeit sowohl der allgemeinen Personalwirtschaft als auch der personellen Einzelentscheidungen" (so die Begründung zum RegE, BT-Drucks. VI/1786, S. 50).

2 Das umfassende **Unterrichtungsrecht** des Betriebsrats über die Personalplanung wird im Rahmen dieser Vorschrift durch *zwei weitere Beteiligungsrechte* ergänzt: Der Betriebsrat hat ein **Beratungsrecht** über Art und Umfang der erforderlichen Maßnahmen und über die Vermeidung von Härten (Abs. 1 Satz 2), und er hat ein **Vorschlagsrecht** für die Einführung einer Personalplanung und deren Durchführung (Abs. 2). Art. 5 Nr. 5 Zweites Gleichberechtigungsgesetz vom 24. 6. 1994 (BGBl. I S. 1406) hat in Abs. 2 nach dem Wort „Personalplanung" die Worte „einschließlich Maßnahmen im Sinne des § 80 Abs. 1 Nr. 2 a" eingefügt; das **BetrVerf-Reformgesetz** vom 23. 7. 2001 (BGBl. I S. 1852) hat diese Änderung wieder rückgängig gemacht, weil es im neu hinzugefügten Abs. 3 eine weitergehende Regelung auch für die Maßnahmen nach § 80 Abs. 1 Nr. 2 b getroffen hat. Hierdurch sollten die Regelungen zur Förderung von Frauen zu einer eigenständigen Regelung zusammengefasst und verstärkt werden. Frauenförderung soll ausdrücklich zum Gegenstand der Personalplanung gemacht werden und nicht nur im Zusammenhang mit einem entsprechenden Vorschlagsrecht des Betriebsrats erwähnt werden (BT-Drucks. 14/5741, 48 f.). Dies ist freilich mehr eine deklaratorische Regelung schon bisher bestehender Mitwirkungsrechte bei der Personalentwicklung (*Reichold*, NZA 2001, 863). Zusätzlich besteht das Informationsrecht nach § 7 TzBfG. Danach hat der Arbeitgeber den Betriebsrat über Teilzeitarbeit im Betrieb und Unternehmen zu informieren, insbesondere über vorhandene oder geplante Teilzeitarbeitsplätze und über die Umwandlung von Teilzeit- in Vollzeitarbeitsplätze oder umgekehrt (*Ehler*, BB 2001, 1146; *Fischer*, AuA 2001, 325; *Schlosser*, BB 2001, 411; *Mengel*, in Annuß/Thüsing, TzBfG, § 7 Rn. 5). Entsprechende Vorschriften: Weder im BPersVG noch im SprAuG.

II. Personalplanung als Mitwirkungstatbestand

1. Begriff der Personalplanung

3 a) Das **Gesetz** setzt den Begriff der Personalplanung voraus, gibt also **keine Begriffsbestimmung.** Will man Inhalt und Umfang des Informationsrechts abstecken, so muss zunächst festgelegt werden, was unter Personalplanung im Sinne dieser Bestimmung zu verstehen ist. Dass die sog. *betriebliche Personalplanung* gemeint ist, ergibt sich aus Sinn

II. Personalplanung als Mitwirkungstatbestand § 92

und Zweck des Gesetzes und wird auch im Wortlaut des § 96, der die Förderung der Berufsbildung zum Gegenstand hat, ausdrücklich bestätigt. Damit wird aber nur eine negative Abgrenzung gegenüber der staatlichen Förderungspolitik getroffen, die sich auf arbeitsmarkt-, bildungs-, wirtschafts- und sozialpolitische Maßnahmen bezieht; diese sind lediglich als Daten für die betriebliche Personalplanung von Bedeutung. Die Bezeichnung „Betriebliche Personalplanung" ist ein terminus technicus für die Personalplanung im Rahmen der Unternehmensplanung (so die Verwendung des Begriffs in der Empfehlung der Sozialpolitischen Gesprächsrunde beim Bundesministerium für Arbeit und Sozialordnung, abgedruckt in MitbGespr. 1972, 185; vgl. auch *Richardi*, ZfA-Sonderheft 1972, 1, 3).

b) Die Personalplanung ist ein **Teil der Unternehmensplanung** (vgl. *Buchner*, MünchArbR § 27 Rn. 7; *Drumm*, Personalwirtschaftslehre, 5. Aufl. 2005, S. 231 f.). Sie ist, von wenigen Ausnahmen abgesehen, *abgeleitete Planung*. Sie beruht auf Entscheidungen in den Bereichen Absatz, Finanzen, Fertigung, Investitionen (a. A. BAG 19. 6. 1984 AP BetrVG 1972 § 92 Nr. 2 [kritisch *Kraft*]). Gegenstand des hier eingeräumten Informations-, Beratungs- und Vorschlagsrechts ist jedoch nur die Personalplanung, nicht andere Bereiche der Unternehmensplanung, auch wenn von ihnen mittelbar die Personalplanung abhängt (vgl. *Löwisch/Kaiser*, § 92, Rn. 2, wonach der Betriebsrat nicht über die Absatzplanung, die Produktionsplanung, die Investitionsplanung, die Kapazitätsauslastung und die Finanzplanung zu unterrichten sei).

c) Die Personalplanung ist nicht nur Teil der Unternehmensplanung, sondern sie gehört auch zur **Personalwirtschaft** (vgl. *Buchner*, MünchArbR § 27 Rn. 8; vor allem *Drumm*, Personalwirtschaftslehre, 5. Aufl. 2005, S. 233 ff.). Mit Personalwirtschaft wird das Personalwesen bezeichnet (vgl. *Gaugler/OechslerWeber*, Personalwesen, in: *Gaugler/OechslerWeber* (Hrsg.), Handwörterbuch des Personalwesens, 3. Aufl. 2004, Sp. 1653,1655). Wie jede Planung ist die Personalplanung ein **Prozess zukunftsbezogener Orientierungsgewinnung** (s. auch § 90 Rn. 17). Die Orientierungsgewinnung muss auf personalpolitische Entscheidungen zielgerichtet sein. Deshalb gehört noch nicht zur Personalplanung, dass der Arbeitgeber untersuchen lässt, ob in einer Betriebsabteilung wirtschaftlich gearbeitet wird und wie man einen besseren und kostengünstigeren Arbeitsablauf gewährleisten kann (vgl. BAG 19. 6. 1984 AP BetrVG 1972 § 92 Nr. 2).

2. Elemente der Personalplanung

a) Die **erste Stufe der Personalplanung** bildet die **Personalbedarfsplanung** (vgl. *Drumm*, Personalwirtschaftslehre, 5. Aufl. 2005, S. 239 ff.). Sie dient der **Ermittlung des Personalbedarfs** nach den Gegebenheiten des Betriebs und der Planziele des Unternehmens. Dabei wird jede Personalbedarfsplanung folgende Größen zu berücksichtigen haben: den geplanten Personalbestand, den bestehenden Personalbestand und die im Planungszeitraum zu erwartenden Änderungen des Personalbestands und der personellen Zusammensetzung. Daraus folgt, dass eine Prognose über die Entwicklung des Bruttopersonalbedarfs und die im Betrieb vorhandenen Deckungsmöglichkeiten anzustellen ist. Das Ergebnis ist die Feststellung des Nettopersonalbedarfs (ebenso *Löwisch/Kaiser*, § 92, Rn. 1).

Gegenstand der Personalbedarfsplanung ist die Ableitung von Anforderungen an Kenntnisse, Fähigkeiten und Verhaltensweisen aus zukünftigen Aufgaben sowie die Bestimmung der Mitarbeiterzahl für die Erfüllung der jeweiligen Arbeitsaufgabe. Zur Personalbedarfsplanung gehören deshalb die **Stellenbeschreibungen**, um die Funktion eines Arbeitsplatzes innerhalb des betrieblichen Geschehens festzulegen (vgl. BAG 31. 1. 1984 AP BetrVG 1972 § 95 Nr. 3) und vor allem die Festlegung der **Anforderungsprofile** (ebenso BAG 31. 5. 1983 AP BetrVG 1972 § 95 Nr. 2; s. auch § 95 Rn. 18 ff.).

b) Der Ermittlung des Nettopersonalbedarfs dient die **Personalbestandsplanung** (vgl. *Drumm*, Personalwirtschaftslehre, 5. Aufl. 2005, S. 285 ff.). Ihr Gegenstand ist die

Erfassung gegenwärtiger und die Prognose zukünftiger Kenntnisse und Fähigkeiten des vorhandenen Personals. Ihre Verbindung mit der Personalbedarfsplanung ergibt, ob *Personalbeschaffungsmaßnahmen* zu ergreifen sind oder ob eine *Personalfreisetzung* notwendig wird *(Personaldeckungsplanung).*

9 c) Gegenstand der **Personalfreisetzungsplanung** ist die Festlegung wegfallender Stellen und die Planung von Verwendungsalternativen für das freigesetzte Personal (vgl. *Drumm*, Personalwirtschaftslehre, 5. Aufl. 2005, S. 295 ff.). Vor allem durch sie werden die Interessen der im Betrieb beschäftigten Arbeitnehmer unmittelbar berührt, so dass das Informationsrecht des Betriebsrats über die Planung der Personalfreisetzung eine besonders wichtige Rolle spielt. Die Personalfreisetzung kann hier in **Zusammenhang mit einer geplanten Betriebsänderung** stehen und deshalb die **Grundlage eines Mitbestimmungsverfahrens nach § 111** bilden. Führt sie zum Personalabbau, so ist die Personalfreisetzungsplanung unmittelbare Grundlage für die Entlassung von Arbeitnehmern, bei deren Kündigung ein Mitwirkungsrecht des Betriebsrats nach § 102 besteht. Statt einer Entlassung kann jedoch auch eine Verwendungsalternative im Betrieb, in einem anderen Betrieb desselben Unternehmens oder in einem anderen Unternehmen desselben Konzerns in Betracht kommen. In diesem Fall ist die Personalfreisetzungsplanung die Grundlage für Einstellungen und Versetzungen, bei denen der Betriebsrat ein Mitbestimmungsrecht nach § 99 hat. Sofern Umschulungsmaßnahmen erforderlich werden, hat der Betriebsrat auch insoweit besonders strukturierte Beteiligungsrechte und vor allem ein Mitbestimmungsrecht bei der Durchführung betrieblicher Berufsbildungsmaßnahmen und sonstiger im Betrieb veranstalteter Bildungsmaßnahmen (§ 98).

10 d) Teil der Personalplanung ist vor allem die **Personalbeschaffungsplanung.** Sie gehört zur Personaldeckungsplanung, wenn die Personalbedarfs- und Personalbestandsplanung ein Defizit an Arbeitskräften ergibt. Die Personalbeschaffung gehört zu den wichtigsten personalwirtschaftlichen Funktionen, weil von ihrer Qualität abhängt, ob ein Unternehmen wirtschaftlichen Erfolg hat. Gegenstand der Personalbeschaffungsplanung ist die Gewinnung von Personal für die Erfüllung von Aufgaben vakanter Stellen (vgl. *Drumm*, Personalwirtschaftslehre, 5. Aufl. 2005, 327 ff.). Beschaffungsalternativen sind die Gewinnung des Personals auf dem unternehmensexternen Arbeitsmarkt oder dem innerbetrieblichen Arbeitsmarkt. Welche Beschaffungsalternative ergriffen wird, gehört zur Personalplanung (ebenso Jaeger/Röder/Heckelmann/*Schuster*, Kap. 23 Rn. 7; HSWGNR-*Rose*, § 92 Rn. 43; *Löwisch/Kaiser*, § 92, Rn. 3).

11 Auch hier wird das Beteiligungsrecht des Betriebsrats durch **besondere Mitwirkungs- und Mitbestimmungsrechte im personellen Bereich ergänzt.** Durch § 93 kann der Betriebsrat die Öffnung des innerbetrieblichen Arbeitsmarkts erzwingen. Nach § 94 Abs. 1 bedürfen Personalfragebogen und nach § 95 Abs. 1 Auswahlrichtlinien seiner Zustimmung, wobei in Betrieben mit mehr als 500 Arbeitnehmern der Betriebsrat sogar die Aufstellung von Richtlinien über die bei Besetzung eines Arbeitsplatzes zu beachtenden fachlichen und persönlichen Voraussetzungen und sozialen Gesichtspunkte erzwingen kann (§ 95 Abs. 2). Außerdem muss in die Personalbeschaffungsplanung einbezogen werden, dass der Betriebsrat bei Einstellungen und Versetzungen ein Zustimmungsverweigerungsrecht nach § 99 hat.

12 e) Soll die Personalbeschaffung vom innerbetrieblichen Arbeitsmarkt erfolgen, so gehört zur Personalplanung die **Planung der Personalentwicklung** (vgl. *Drumm*, Personalwirtschaftslehre, 5. Aufl. 2005, S. 381 ff.). Gerade sie ist als Mitwirkungstatbestand von erheblicher Bedeutung. Der Betriebsrat kann nach § 93 nicht nur die Öffnung des innerbetrieblichen Arbeitsmarkts erzwingen, sondern vor allem hier bestehen ergänzend **besondere Mitwirkungs- und Mitbestimmungsrechte,** wie das Mitbestimmungsrecht über die Aufstellung allgemeiner Beurteilungsgrundsätze nach § 94 Abs. 2 und die Auswahlrichtlinien bei Besetzung eines Arbeitsplatzes nach § 95. Vor allem aber liegt die Hauptaufgabe der Personalentwicklung in einer Anpassung des qualitativen Arbeitskräftepotenzials an die Bedarfsziele des Unternehmens. Wichtigstes Instrumenta-

II. Personalplanung als Mitwirkungstatbestand § 92

rium sind hier die Maßnahmen der betrieblichen Berufsbildung, deren Förderung Arbeitgeber und Betriebsrat im Rahmen der betrieblichen Personalplanung in § 96 ausdrücklich zur Pflicht gemacht wird. Außerdem hat der Betriebsrat hier besondere Beratungsrechte (§ 96 Abs. 1 Satz 2 und § 97) und ein Mitbestimmungsrecht bei der Durchführung von Maßnahmen der betrieblichen Berufsbildung (§ 98).

f) Die Planung der Personalbeschaffung und Personalentwicklung mündet in die **13** **Personaleinsatzplanung** (vgl. *Rumpff/Boewer*, Mitbestimmung in wirtschaftlichen Angelegenheiten, D 27, Jaeger/Röder/Heckelmann/*Schuster*, Kap. 23 Rn. 7; *Fitting*, § 92 Rn. 17; HWK-*Ricken*, § 92 Rn. 8). Sie legt fest, wie die durch die Beschaffungs- und Ausbildungsplanung ermittelte personelle Kapazität im Unternehmen zur Verwirklichung der Planziele zeitlich und qualitativ einzuordnen ist. Hier ergeben sich Überschneidungen mit anderen Planbereichen, die man nicht zur Personalplanung zählt, insbesondere zur Personalorganisation. Aber gerade die Personaleinsatzplanung ist überwiegend Maßnahmenplanung. Da der Betriebsrat nach § 99 ein Zustimmungsverweigerungsrecht bei Einstellungen und Versetzungen hat, ist seine Mitwirkung vor allem hier von besonderer Bedeutung. Außerdem spielt für die Personaleinsatzplanung die Zuordnung von Mensch und Arbeit eine wichtige Rolle, so dass überall dort, wo die Personaleinsatzplanung in engem Zusammenhang mit der Einführung oder Änderung von technischen Anlagen oder sonst mit der Gestaltung der Arbeitsverfahren, Arbeitsabläufe oder Arbeitsplätze steht, der Betriebsrat das Unterrichtungs- und Beratungsrecht nach § 90 hat, damit bei der Planung die arbeitswissenschaftlichen Erkenntnisse über die menschengerechte Gestaltung der Arbeit berücksichtigt werden.

g) Schließlich gehört zur Personalplanung die **Kontrollplanung** (ebenso *Fitting*, § 92 **14** Rn. 10; *Hetzel*, Beteiligung des Betriebsrats an der Personalplanung, S. 107; a. A. GK-*Kraft/Raab*, § 92 Rn. 17; kritisch *Hunold*, DB 1976, 98, 100). Die Kontrolle ist integrierender Bestandteil der Planung. Durch sie wird überprüft, ob mit dem geplanten personalpolitischen Instrumentarium die Zieldimension der Personalpolitik verwirklicht werden kann. Kommt man dabei zu einem negativen Ergebnis, so bedürfen entweder Planziel oder Planinstrumentarium der Korrektur. Durch die Kontrollplanung wird also die für jede erfolgreiche Planung notwendige Rückkoppelung bewirkt.

h) Die **Personalkostenplanung** gehört betriebswirtschaftlich ebenfalls zur Personalpla- **15** nung (vgl. *Drumm*, Personalwirtschaftslehre, 5. Aufl. 2005, S. 280 ff.). Bereits der Begriff ist aber mehrdeutig; denn eine Personalkostenplanung ist kein selbständiges Element einer Personalplanung, sondern Kosten sind sowohl bei der Personalbeschaffung wie auch bei der Personalfreisetzung in die Planung einzubeziehen, damit eine personalpolitische Maßnahmenplanung Erfolg haben kann. Soweit die Personalkostenplanung sich aber nicht auf personelle Maßnahmen auswirkt, sondern z. B. in der Entwicklung eines Entlohnungssystems besteht, gehört sie nicht zur Personalplanung i. S. des betriebsverfassungsrechtlichen Beteiligungstatbestands (ebenso *Hetzel*, Beteiligung des Betriebsrats an der Personalplanung, S. 105 f.).

i) **Kein Bestandteil der Personalplanung** ist die **Planung des Personalinformations-** **16** **systems** (Jaeger/Röder/Heckelmann/*Schuster*, Kap. 23 Rn. 4; HWK-*Ricken*, § 92 Rn. 9; a. A. *Fitting*, § 92 Rn. 24; *Däubler*, Gläserne Belegschaften?, 4. Aufl. 2002, Rn. 673; *Klebe/Schumann*, AuR 1983, 40, 41). Sie ist vielmehr lediglich eine Voraussetzung, ob und wie für die Personalplanung passiv-deskriptive und normativ-steuernde Informationen über das Personalwesen gewonnen werden. Nur soweit die Informationen für die Personalplanung herangezogen werden, gehört die Unterrichtung über das Personalinformationssystem zu den Angelegenheiten, über die der Arbeitgeber den Betriebsrat nach dieser Vorschrift zu unterrichten hat (ebenso im Ergebnis *Fitting*, § 92 Rn. 25). Das Beratungs- und Vorschlagsrecht kann sich auf das Personalinformationssystem beziehen, soweit dessen Optimierung für die Personalfreisetzungs- und Personalentwicklungsplanung hilfreich ist (vgl. *Drumm*, Personalwirtschaftslehre, 5. Aufl. 2005, S. 303, 335).

17 Besteht kein besonderer Bezug zur Personalplanung, so ergibt sich aber ein **Unterrichtungsrecht des Betriebsrats** aus § 80 Abs. 2 Satz 1, weil insbesondere für die **Mitbestimmung nach § 87 Abs. 1 Nr. 6** von Bedeutung ist, wie ein Personalinformationssystem gestaltet ist und welche Programmierung es enthält.

3. Institutionalisierung einer Personalplanung

18 Für den Mitwirkungstatbestand der Personalplanung ist nicht entscheidend, ob aus **betriebswirtschaftlicher Sicht** davon gesprochen werden kann, dass im Unternehmen eine **Personalplanung** besteht (ebenso OLG Hamm 7. 12. 1977, DB 1978, 748; LAG Berlin 13. 6. 1988, DB 1988, 1860; *Fitting*, § 92 Rn. 10; GK-*Kraft/Raab*, § 92 Rn. 7; *Richardi*, ZfA-Sonderheft 1972, 1, 4; *Rehhahn*, AuR 1974, 65). Daher spielt keine Rolle, ob die Personalplanung im Unternehmen als *ständige Einrichtung* geschaffen ist oder lediglich ein Instrument darstellt, das von Fall zu Fall eingesetzt wird. Nicht erforderlich ist auch, dass für die Personalplanung ein Plan im eigentlichen Sinne geschaffen werden soll, also in einem Entwurf die Zieldimensionen der Personalpolitik und die personalpolitischen Instrumente zu ihrer Verwirklichung festgelegt werden, sondern es genügt **jede Planungsmaßnahme**, die in die Personalplanung fällt (ebenso *Löwisch/Kaiser*, § 92, Rn. 5), wie auch der Gesetzestext verdeutlicht, wenn er darauf hinweist, dass der Arbeitgeber den Betriebsrat insbesondere über den gegenwärtigen und künftigen Personalbedarf sowie über die sich daraus ergebenden personellen Maßnahmen und Maßnahmen der Berufsbildung zu unterrichten hat.

4. Betriebsgröße

19 Die Mitwirkung des Betriebsrats bei der Personalplanung setzt **nicht** voraus, dass dem Betrieb eine **Mindestzahl von Arbeitnehmern** angehört. Sie besteht in allen Betrieben, die betriebsratsfähig sind. Soweit es sich um eine organisatorisch gesicherte, methodisch durchgeführte Personalplanung handelt, wird dieser Mitwirkungstatbestand aber in Kleinbetrieben kaum Bedeutung erlangen (insoweit zutr. *Stege/Weinspach/Schiefer*, § 92 Rn. 3). Doch ist zu berücksichtigen, dass das Gesetz nicht eine organisatorisch abgesicherte, methodisch durchgeführte Personalplanung verlangt, sondern die Beteiligung des Betriebsrats bereits für den Fall vorsieht, dass Überlegungen angestellt werden, die in den Bereich der Personalplanung fallen.

5. Leitende Angestellte

20 Die Beteiligung des Betriebsrats erstreckt sich **nicht** auf die **Personalplanung für leitende Angestellte** i. S. des § 5 Abs. 3 (GK-*Kraft/Raab*, § 92 Rn. 5; GL-*Löwisch*, § 92 Rn. 2; Jaeger/Röder/Heckelmann/*Schuster*, Kap. 23 Rn. 4; HWK-*Ricken*, § 92 Rn. 20; a. A. DKK-*Schneider*, § 92 Rn. 42). Das gilt aber nur, wenn die Planung des Personalbedarfs, der Personalbeschaffung, des Personaleinsatzes und der Personalfreisetzung sich *ausschließlich* auf leitende Angestellte bezieht. Der Betriebsrat hat kein Unterrichtungsrecht über die sich aus der Personalplanung ergebenden personellen Maßnahmen für leitende Angestellte, und auch ein Beratungsrecht ist insoweit nicht gegeben; denn nach der gesetzlichen Abgrenzung bezieht sich die Repräsentationsaufgabe des Betriebsrats nicht auf die leitenden Angestellten.

21 Der Betriebsrat ist dagegen bei der **Personalentwicklungsplanung** einzuschalten, wenn es darum geht, im Betrieb beschäftigten Arbeitnehmern durch Maßnahmen der Berufsbildung die **Qualifikation** zu verschaffen, die **für einen leitenden Angestellten** des Unternehmens erforderlich ist, um auf diese Weise das Soll an leitenden Angestellten durch Mitarbeiter aus dem Betrieb zu decken (ebenso *Fitting*, § 92 Rn. 16; GK-*Kraft/Raab*, § 92 Rn. 5; GL-*Löwisch*, § 92 Rn. 2; HSWGNR-*Rose*, § 92 Rn. 48; *Rumpff/Boewer*, Mitbestimmung in wirtschaftlichen Angelegenheiten, E 13).

III. Unterrichtungsrecht des Betriebsrats § 92

Auch soweit sonst die **Personalplanung für leitende Angestellte und sonstige Mitarbei-** 22
ter des Betriebs **nicht getrennt** werden kann, ist der **Betriebsrat in vollem Umfang zu
beteiligen,** damit er ein richtiges Bild von der Personalplanung erhält (ebenso *Rumpff/
Boewer*, Mitbestimmung in wirtschaftlichen Angelegenheiten, E 12).

6. Tendenzbetriebe

§ 118 Abs. 1 Satz 2 schließt die Beteiligungsrechte des Betriebsrats gem. § 92 Abs. 1 23
nach Auffassung des BAG nicht generell aus. Insbesondere steht die Tendenz eines
Unternehmens, das sich die Betreuung und Eingliederung Behinderter zum Ziel gesetzt
hat, der Wahrnehmung der Beteiligungsrechte des Betriebsrats nicht entgegen (BAG
6. 11. 1990 AP BetrVG 1972 § 92 Nr. 3). Die Rechtsprechung stützt sich auf einen
Gegenschluss zum Ausschluss der §§ 106 bis 110 durch § 118 Abs. 1 Satz 2; näher s.
§ 118 Rn. 53.

III. Unterrichtungsrecht des Betriebsrats

1. Gegenstand

Der Arbeitgeber hat den Betriebsrat über die **Personalplanung,** insbesondere über den 24
gegenwärtigen und künftigen Personalbedarf sowie über **die sich daraus ergebenden
personellen Maßnahmen** und **Maßnahmen der Berufsbildung** zu unterrichten (Abs. 1
Satz 1). Voraussetzung ist, dass insoweit eine Personalplanung erfolgt, wobei nicht
erforderlich ist, dass es sich um eine organisatorisch abgesicherte, methodisch durchgeführte Personalplanung handelt (s. Rn. 18). Die Unterrichtungspflicht besteht vielmehr bereits dann, wenn der Arbeitgeber Ermittlungen über den gegenwärtigen Personalbedarf und Überlegungen über den künftigen Personalbedarf anstellt und in diesem
Zusammenhang die Frage aufgeworfen wird, welche personellen Maßnahmen, also
insbesondere Einstellungen, Versetzungen und Entlassungen, sich daraus ergeben und
ob Maßnahmen der Berufsbildung zu ergreifen sind.

2. Zeitpunkt

Die Unterrichtung hat **rechtzeitig** zu erfolgen, d. h. sie hat so frühzeitig zu geschehen, 25
dass eine Beratung über Art und Umfang der erforderlichen Maßnahmen zur Vermeidung von Härten noch in einem Stadium stattfinden kann, in dem die Planung noch
nicht, und zwar auch noch nicht teilweise, verwirklicht ist (s. auch § 111 Rn. 137 ff.).
Für den Zeitpunkt gilt Gleiches wie nach § 90: Die Unterrichtung muss so rechtzeitig
erfolgen, dass bei der Beratung über Art und Umfang der erforderlichen Maßnahmen
und über die Vermeidung von Härten Vorschläge und Bedenken des Betriebsrats bei der
Planung berücksichtigt werden können (ebenso *Matthes,* MünchArbR § 256 Rn. 8).
Deshalb trifft es nicht zu, dass das Merkmal der Rechtzeitigkeit erst einsetzt, wenn die
Personalplanung, zumindest in selbständigen Teilen, abgeschlossen ist (so aber *Heinze*,
Personalplanung, Rn. 44; zust. GK-*Kraft/Raab*, § 92 Rn. 23; für eine Hinzuziehung im
Planungsstadium auch Jaeger/Röder/Heckelmann/*Schuster*, Kap. 23 Rn. 10; *Löwisch/
Kaiser*, § 92, Rn. 7).

Notwendig ist jedoch, dass Überlegungen des Arbeitgebers das **Stadium der Planung** 26
erreicht haben. Solange der Arbeitgeber nur Möglichkeiten der Personalreduzierung
erkundet, will er nur wissen, welche Handlungsspielräume ihm zur Verfügung stehen
(ebenso BAG 19. 6. 1984 AP BetrVG 1972 § 92 Nr. 2; *Löwisch/Kaiser*, § 92, Rn. 4).
Erst wenn er die angezeigten Handlungsspielräume seiner betrieblichen Personalpolitik
zugrunde legen will, setzen die Beteiligungsrechte des Betriebsrats ein. Soweit die Personalplanung noch nicht in das Stadium der Maßnahmenplanung eingetreten ist, genügt

es, den Betriebsrat über das Endstadium der Planung auf dem laufenden zu halten. Tritt die Personalplanung aber in das Stadium der Maßnahmenplanung ein, so ist der Betriebsrat über den jeweiligen Stand der Planung zu unterrichten, weil eine Beratung über Art und Umfang der erforderlichen Maßnahmen keinen Einfluss auf die Planung haben kann, wenn diese bereits abgeschlossen ist. Es könnte dann lediglich noch darum gehen, dass der Arbeitgeber auf Grund der Beratung mit dem Betriebsrat die bereits abgeschlossene Planung von neuem überprüft und unter dem Eindruck der Stellungnahme des Betriebsrats korrigiert. Damit ist aber eine optimale Mitberatung nicht gesichert, die durch die rechtzeitige Unterrichtung des Betriebsrats durch den Arbeitgeber erreicht werden soll, soweit ein Beratungsrecht besteht (ebenso im Ergebnis GL-*Löwisch*, § 92 Rn. 14; *Matthes*, MünchArbR § 256 Rn. 8).

26a Daher ist es für das Eingreifen des Unterrichtungsrechts unerheblich, ob die in der Personalplanung als erforderlich vorausgesetzten Bedingungen bereits eingetreten sind (**Szenario-Planung**), solange diese Bedingungen genau bestimmt sind und die Planung nach Eintritt der Bedingungen ohne weitere Überlegungen realisiert werden sollen (s. BAG 6. 11. 1990 AP BetrVG 1972 § 92 Nr. 3: Die Feststellung des Personalbedarfs für ein geplantes Projekt ist auch schon vor Zustimmung des einzigen Zuwendungsgebers Personalplanung i. S. des § 92). Demgegenüber reicht es nicht, wenn abstrakt lediglich Möglichkeiten einer Personalerweiterung oder Personalreduzierung erörtert werden, der Arbeitgeber aber keine Entscheidung hinsichtlich ihrer Realisierung damit verbindet. Das ist keine Planung, sondern Vorbereitung der Planung.

3. Umfang der Unterrichtung

27 Die Unterrichtung des Betriebsrats durch den Arbeitgeber muss **umfassend** sein, d. h. sie muss so vollständig sein, dass der Betriebsrat eine klare Vorstellung von der Zielplanung und der Planung des personalpolitischen Instrumentariums erhält. Auch hier ist zu fordern, dass die Mitteilung umso vollständiger wird, als die Personalplanung in das Stadium der Maßnahmenplanung eintritt; denn der Betriebsrat hat hier ein Beratungsrecht über Art und Umfang der erforderlichen Maßnahmen, und bei ihrer Durchführung bestehen für den Betriebsrat aus unterschiedlichen Gesichtspunkten Mitwirkungs- und Mitbestimmungsrechte.

28 Der Arbeitgeber muss dem Betriebsrat **alle Tatsachen** bekannt geben, auf die er die jeweilige Personalplanung stützt (ebenso BAG 19. 6. 1984 AP BetrVG 1972 § 92 Nr. 2). Dazu können auch diejenigen Planungsdaten gehören, die in einem anderen Zusammenhang erhoben und festgestellt werden, z. B. Rationalisierungsvorschläge, Produktions- und Investitionsentscheidungen (ebenso BAG 19. 6. 1984 AP BetrVG 1972 § 92 Nr. 2). Notwendig ist aber, dass der Arbeitgeber auf sie seine Personalplanung stützt. Das BAG verkennt allerdings, dass die Personalplanung, von wenigen Ausnahmen abgesehen, *abgeleitete* Planung ist, wenn es feststellt, dass der Personalplanung andere wirtschaftliche Planungen des Arbeitnehmers nicht vorgelagert seien (BAG 19. 6. 1984 AP BetrVG 1972 § 92 Nr. 2; s. auch Rn. 4).

4. Vorlage von Unterlagen

29 Die Unterrichtung erfolgt **an Hand von Unterlagen**. Mit dem Begriff der Unterlagen werden nicht nur Schriftstücke erfasst, sondern auch sonstige Datenträger. Falls dem Arbeitgeber Informationen automatisiert zur Verfügung stehen, müssen auch sie dem Betriebsrat zur Kenntnis gebracht werden (ebenso *Kilian*, RdA 1978, 201, 206; Jaeger/Röder/Heckelmann/*Schuster*, Kap. 23 Rn. 12; *Löwisch/Kaiser*, § 92 Rn. 6; HWK-*Ricken*, § 92 Rn. 13; zur Vorlage einer Personalstatistik LAG Niedersachsen 4. 6. 2007 – 12 TaBV 56/06, juris).

30 Das Gesetz verlangt eine Unterrichtung „an Hand von Unterlagen"; es spricht also nicht wie in § 90 Abs. 1 und § 106 Abs. 2 von einer Unterrichtung „unter Vorlage der

IV. Beratungsrecht des Betriebsrats im Rahmen der Personalplanung § 92

erforderlichen Unterlagen". Der Unterschied fällt jedoch nicht ins Gewicht (ebenso *Matthes*, MünchArbR § 256 Rn. 10). Eine Unterrichtung an Hand von Unterlagen gebietet, dass der Arbeitgeber bei der Unterrichtung den Betriebsratsmitgliedern **Einblick in die Unterlagen** gewährt, auf die er die Personalplanung stützt (ebenso LAG Niedersachsen 4. 6. 2007 - 12 TaBV 56/06, juris: allein Vorlage; GK-*Kraft/Raab*, § 92 Rn. 27; GL-*Löwisch*, § 92 Rn. 13 b; HSWGNR-*Rose*, § 92 Rn. 76; *Heinze*, Personalplanung, Rn. 43; *Löwisch/Kaiser*, § 92, Rn. 6; *Matthes*, MünchArbR § 256 Rn. 10; *Rumpff/Boewer*, Mitbestimmung in wirtschaftlichen Angelegenheiten, E 48). Der Arbeitgeber muss also seine tatsächlichen Angaben zur Personalplanung belegen, soweit solche Belege vorhanden sind, wobei unerheblich ist, ob sie in einem anderen Zusammenhang erarbeitet wurden, z. B. Produktions-, Investitions- oder Rationalisierungsentscheidungen (vgl. BAG 19. 6. 1984 AP BetrVG 1972 § 92 Nr. 2). Bei einem automatischen Personalinformationssystem entspricht der Computerausdruck mit den maßgeblichen Daten und Anweisungen den Unterlagen, an deren Hand die Unterrichtung zu erfolgen hat (ebenso *Kilian*, RdA 1978, 201, 206).

Der Arbeitgeber ist aber **nicht** verpflichtet, dem Betriebsrat die Unterlagen **zur Verfügung zu stellen;** § 80 Abs. 2 Satz 2 Halbsatz 1 findet keine Anwendung (ebenso GK-*Kraft/Raab*, § 92 Rn. 27; HSWGNR-*Rose*, § 92 Rn. 76; Jaeger/Röder/Heckelmann/*Schuster*, Kap. 23 Rn. 12; *Hetzel*, Beteiligung des Betriebsrats an der Personalplanung, S. 126; *Löwisch/Kaiser*, § 92, Rn. 6; HWK-*Ricken*, § 92 Rn. 14; a. A. *Fitting*, § 92 Rn. 31 mit der Begründung, § 80 Abs. 2 Satz 2 Halbsatz 1 enthalte die übergreifende Norm; ähnlich). Dies gilt nicht für die Information zur Teilzeitarbeit im Betrieb gemäß § 7 Abs. 3 TzBfG. Die hierfür erforderlichen Unterlagen muss der Arbeitgeber zur Verfügung stellen. Oftmals werden sich die einen von den anderen Unterlagen nicht unterscheiden lassen; stellt der Arbeitgeber alle Unterlagen zur Verfügung, ist ein Gesetzesverstoß ausgeschlossen. 31

5. Zuständigkeit des Betriebsrats

Soweit die Personalplanung auf der Ebene des Unternehmens noch ohne Rücksicht auf Besonderheiten in einzelnen Betrieben erfolgt, ist der **Gesamtbetriebsrat** zu unterrichten (§ 50 Abs. 1 Satz 1; ebenso *Matthes*, MünchArbR § 256 Rn. 12). Sobald die Maßnahmenplanung aber die Besonderheiten des Betriebs betrifft, ist in die Information auch der **Einzelbetriebsrat** einzuschalten, damit er die hier eingeräumten Beteiligungsrechte ausüben kann (s. Rn. 44). Wenn in einem Konzern Planungen auf dem Gebiet des Personalwesens konzerneinheitlich erfolgen, tritt an die Stelle der Betriebsvertretungen der Beteiligungsunternehmen der **Konzernbetriebsrat** (§ 58 Abs. 1 Satz 1; s. auch Rn. 45). 32

6. Datenschutz

Die Übermittlung personenbezogener Daten ist, soweit die Weitergabe für die Erfüllung der Unterrichtungspflicht über die Personalplanung notwendig ist, zulässig (§ 4 Abs. 1 BDSG; s. auch § 80 Rn. 57). 33

IV. Beratungsrecht des Betriebsrats im Rahmen der Personalplanung

1. Gegenstand

Nicht die gesamte Personalplanung unterliegt der Beratung mit dem Betriebsrat, sondern der Arbeitgeber ist nur verpflichtet, mit ihm über **Art und Umfang der erforderlichen Maßnahmen** und über die **Vermeidung von Härten** zu beraten (Abs. 1 Satz 2). Das Beratungsrecht bezieht sich daher **nicht** auf die **Personalbedarfsplanung** (ebenso 34

Jaeger/Röder/Heckelmann/*Schuster*, Kap. 23 Rn. 13; *Löwisch/Kaiser*, § 92, Rn. 8; *Matthes*, MünchArbR § 256 Rn. 14; GK-*Kraft/Raab*, § 92 Rn. 32; Jaeger/Röder/Heckelmann/*Schuster*, Kap. 23 Rn. 13; s. auch Rn. 6 f.). Der Betriebsrat ist vielmehr erst bei der **Personalbestandsplanung** (s. Rn. 8) und der **Personaldeckungsplanung**, also bei der Planung der *Personalfreisetzung* (s. Rn. 9) oder der *Personalbeschaffung* (s. Rn. 10), in die Beratung einzubeziehen (ebenso GL-*Löwisch*, § 92 Rn. 15; *Löwisch/Kaiser*, § 92, Rn. 8; *Matthes*, MünchArbR § 256 Rn. 14).

35 Zur **Art der erforderlichen Maßnahmen**, über die der Arbeitgeber mit dem Betriebsrat im Rahmen der Personalplanung zu beraten hat, gehören alle Maßnahmen der **Personalbeschaffung**, der **Personalentwicklung** und der **Personalfreisetzung**. Gegenstand der Beratung ist daher, ob ein Personalbedarf durch Einstellung eigener Arbeitnehmer, durch **Leiharbeitnehmer** oder durch **Fremdfirmeneinsatz** gedeckt wird (ebenso *Matthes*, MünchArbR § 256 Rn. 15). Ergibt die Personalbedarfsplanung ein Freisetzungssoll, so ist Gegenstand der Beratung, ob der Personalabbau durch Kündigung oder Versetzung betriebsangehöriger Arbeitnehmer oder durch die Einschränkung von Leih- oder Fremdarbeit erfolgen kann. Bei der Personalentwicklungsplanung bezieht die Beratung sich auf **Maßnahmen der Berufsbildung**. Das Beratungsrecht wird insoweit durch § 96 Abs. 1 Satz 2 konkretisiert (s. dort Rn. 18 f.) und durch die Einräumung eines besonderen Beratungsrechts durch § 97 Abs. 1 ergänzt (s. dort Rn. 2 ff.).

36 Beratungsgegenstand ist der **Umfang der erforderlichen Maßnahmen**. Insoweit geht es um die *quantitative Personalbeschaffungs-, Personalentwicklungs- und Personalfreisetzungsplanung*. Mit dem Betriebsrat ist also zu beraten, wieviel Arbeitnehmer des Betriebs von einer bestimmten Personalmaßnahme betroffen werden.

37 Das Gesetz macht Arbeitgeber und Betriebsrat ausdrücklich zur Pflicht, über die **Vermeidung von Härten** zu beraten. Dabei muss hier die Grenze zur Beteiligung bei geplanten Betriebsänderungen nach § 111 beachtet werden; es geht also nicht um einen *materiellen Ausgleich wirtschaftlicher Nachteile*, die infolge einer geplanten Betriebsänderung eintreten können; denn insoweit hat der Betriebsrat das Mitbestimmungsrecht über den Sozialplan (§§ 112, 112 a). Hier geht es vielmehr darum, dass Maßnahmen der Personalfreisetzung und der Personalentwicklung so geplant werden, dass Härten *vermieden* werden. Das hier festgelegte Beratungsziel ist auch *rechtlich* für den Erfolg einer Personalplanung von Bedeutung; denn der allgemeine Kündigungsschutz sichert, dass eine Kündigung nur die *ultima ratio* sein kann (§ 1 Abs. 2 und 3 KSchG; vgl. zu den allgemeinen Prinzipien des Kündigungsschutzrechts *Berkowsky*, MünchArbR § 110 Rn. 35 ff.). Mit dem Betriebsrat hat deshalb der Arbeitgeber zu beraten, ob eine Personalfreisetzung wegen ihres vorübergehenden Charakters durch Kurzarbeit verhindert werden kann, ob ein Einstellungsstopp genügt oder Frühpensionierungen oder Änderungskündigungen erforderlich sind (ebenso *Matthes*, MünchArbR § 256 Rn. 17).

38 Die Beratung beschränkt sich nicht auf **Vorschläge des Arbeitgebers**, sondern das Gesetz räumt dem **Betriebsrat** ausdrücklich ein **Vorschlagsrecht** ein (Abs. 2; s. auch Rn. 39 ff.).

2. Zeitpunkt

39 Der Betriebsrat ist in die Beratung so rechtzeitig einzuschalten, dass seine Vorschläge und Bedenken bei der Personalplanung berücksichtigt werden können; § 90 Abs. 2 Satz 1 findet insoweit entsprechend Anwendung.

V. Vorschlagsrecht des Betriebsrats im Rahmen der Personalplanung

1. Gegenstand des Vorschlagsrechts

Der Betriebsrat kann dem Arbeitgeber Vorschläge für die **Einführung einer Personalplanung einschließlich Maßnahmen im Sinne des § 80 Abs. 1 Nr. 2 a und 2 b und ihre Durchführung** machen (Abs. 3). Auch die Maßnahmen im Sinne des § 80 Abs. 1 Nr. 2 a und 2 b müssen Bestandteil der Personalplanung sein (*Löwisch*, BB 2001, 1794; *Reichold*, NZA 2001, 863; GK-*Kraft/Raab*, § 92 Rn. 40; *Fitting*, § 92 Rn. 3). Das Vorschlagsrecht bezieht sich darauf, dass eine Personalplanung organisatorisch abgesichert und methodisch durchgeführt wird. Es kann sich aber auch darauf beschränken, dass der Arbeitgeber bestimmte Maßnahmen der Personalbeschaffung, der Personalentwicklung und der Personalfreisetzung ergreift. Das Vorschlagsrecht ergänzt insoweit das Beratungsrecht dahin, dass der Betriebsrat Vorschläge machen kann, die in die Beratung einbezogen werden. 40

Inhalt eines Vorschlags kann daher sein, die Erledigung im Betrieb anfallender Arbeit durch Arbeitnehmer von Fremdfirmen verrichten zu lassen, wie auch umgekehrt, bisher von Fremdfirmen verrichtete Arbeiten auf Arbeitnehmer des Betriebs zu übertragen (ebenso BAG 31. 1. 1989 AP BetrVG 1972 § 80 Nr. 33; *Matthes*, MünchArbR § 257 Rn. 21; *Jedzig*, DB 1989, 978, 980). Dabei hat man aber zu beachten, dass das Vorschlagsrecht hier nur für die Einführung einer Personalplanung und ihre Durchführung besteht, es sich also um *Planungsmaßnahmen* handeln muss. Kein Vorschlag i. S. des Abs. 2 liegt vor, wenn ohne Bezug auf die Personalplanung verlangt wird, Fremdarbeitnehmer durch eigene Arbeitnehmer zu ersetzen. 41

2. Reichweite des Vorschlagsrechts

Der Betriebsrat hat **nur** ein **Vorschlagsrecht** für die Einführung und Durchführung einer Personalplanung; er kann sie nicht erzwingen. Insbesondere ist der Arbeitgeber nicht verpflichtet, eine organisatorisch abgesicherte, methodisch durchgeführte Personalplanung einzuführen. Er ist auch sonst nicht verpflichtet, den Vorschlägen des Betriebsrats zu folgen (ebenso *Fitting*, § 92 Rn. 37; GK-*Kraft/Raab*, § 92 Rn. 37; GL-*Löwisch*, § 92 Rn. 17; HSWGNR-*Rose*, § 92 Rn. 92; Jaeger/Röder/Heckelmann/*Schuster*, Kap. 23 Rn. 15; *Löwisch/Kaiser*, § 92, Rn. 9; *Matthes*, MünchArbR § 257 Rn. 22). 42

Der Betriebsrat hat also lediglich ein sehr **abgeschwächtes Initiativrecht**. Der Arbeitgeber ist aber wegen des Gebots zur vertrauensvollen Zusammenarbeit verpflichtet, sich mit einem Vorschlag des Betriebsrats auseinanderzusetzen; er kann ihn also nicht einfach übergehen (ebenso *Fitting*, § 92 Rn. 37; Jaeger/Röder/Heckelmann/*Schuster*, Kap. 23 Rn. 15; *Matthes*, MünchArbR § 257 Rn. 22). Das ist hier vor allem deshalb wichtig, weil § 92 weniger eine Bestimmung ist, die dem Betriebsrat fest umrissene Beteiligungsrechte einräumt, als vielmehr die besondere Ausprägung des Gebots der vertrauensvollen Zusammenarbeit zwischen Arbeitgeber und Betriebsrat auf dem Gebiet der Personalplanung. 43

VI. Ausübung der Beteiligungsrechte

1. Zuständigkeit

Für die Ausübung der Beteiligungsrechte ist in erster Linie der **Betriebsrat** zuständig. Gliedert sich ein Unternehmen in mehrere Betriebe, so wird aber regelmäßig die Personalplanung auf Unternehmensebene erfolgen. Dann ist nach § 50 Abs. 1 Satz 1 der 44

§ 92

Gesamtbetriebsrat zuständig (ebenso *Fitting,* § 92 Rn. 38; GL-*Löwisch,* § 92 Rn. 3; HWK-*Ricken,* § 92 Rn. 22; *Heinze,* Personalplanung, Rn. 168; *Rumpff/Boewer,* Mitbestimmung in wirtschaftlichen Angelegenheiten, E 61 f.). Besteht keine Personalplanung auf Unternehmensebene, so hat, weil eine Planung auf Betriebsebene möglich ist, **jeder Einzelbetriebsrat** das **Vorschlagsrecht** für die Einführung und Durchführung einer Personalplanung (ebenso *Rumpff/Boewer,* a. a. O., E 63). Außerdem ist beim Übergang von der Zielplanung zur Mittelplanung im Bereich des Personalwesens der Betriebsrat des von der Maßnahmenplanung betroffenen Betriebs zu unterrichten und in die Beratung einzuschalten (s. auch Rn. 32).

45 Wenn in einem Konzern Planungen auf dem Gebiet des Personalwesens von dem herrschenden Unternehmen, das die einheitliche Leitung ausübt, für alle oder mehrere Konzernunternehmen erfolgen, ist für die Unterrichtung und Beratung, soweit vorhanden, der **Konzernbetriebsrat** zuständig (§ 58 Abs. 1 Satz 1; ebenso *Fitting,* § 58 Rn. 13, § 92 Rn. 38; HWK-*Ricken,* § 92 Rn. 22; *Rumpff/Boewer,* Mitbestimmung in wirtschaftlichen Angelegenheiten, E 61). Für das Verhältnis zu den Gesamtbetriebsräten und Einzelbetriebsräten gilt Gleiches wie im Verhältnis zwischen dem Gesamtbetriebsrat und den Einzelbetriebsräten.

46 Bei den aus der **Deutschen Bundespost** hervorgegangenen Unternehmen ist der Betriebsrat auch bezüglich der personalpolitischen Entscheidungen der zugewiesenen Beamten zuständig (*Engels/Mauß-Trebinger,* RdA 1997, 217, 236). Das gilt auch für die **Deutsche Bahn AG;** den besonderen Personalvertretungen stehen insoweit keine Befugnisse zu.

2. Personalplanungsausschuss

47 Von gewerkschaftlicher Seite wurde empfohlen, einen Personalplanungsausschuss zu bilden, der vom Arbeitgeber und Betriebsrat paritätisch besetzt wird (so bereits der Vorschlag für eine Betriebsvereinbarung über Personalplanung, abgedruckt in BetrR 1972, 353 f.; ähnlich der Vorschlag der IG Metall in § 1 ihres Entwurfs für ein Rationalisierungsschutzabkommen 1968, abgedruckt in RdA 1968, 137). Das Gesetz verlangt nicht, dass ein paritätischer Personalplanungsausschuss gebildet wird. Er kann aber durch Betriebsvereinbarung errichtet werden, allerdings nur dann, wenn der Betriebsrat einen Betriebsausschuss zu bilden hat und auch gebildet hat; denn nur in diesem Fall kann er seine Aufgaben zur selbständigen Erledigung auf Mitglieder des Betriebsrats in Ausschüssen übertragen, deren Mitglieder vom Betriebsrat und vom Arbeitgeber benannt werden (§ 28 Abs. 3; ebenso GL-*Löwisch,* § 92 Rn. 4; *Rumpff/Boewer,* Mitbestimmung in wirtschaftlichen Angelegenheiten, E 60). Auch wenn keine Betriebsvereinbarung abgeschlossen wird, kann der Betriebsrat durch Beschluss mit der Mehrheit der Stimmen seiner Mitglieder die Ausübung seiner Beteiligungsrechte im Rahmen der Personalplanung entweder auf den Betriebsausschuss oder einen besonderen Ausschuss zur selbständigen Erledigung übertragen (§§ 27 Abs. 3 Satz 2, 28 Abs. 1; ebenso GL-*Löwisch,* § 92 Rn. 4). Der Gesamtbetriebsrat und der Konzernbetriebsrat können ähnlich verfahren, auch hier unter der Voraussetzung, dass sie einen Gesamtbetriebsausschuss bzw. Konzernbetriebsausschuss zu bilden haben.

48 In Unternehmen, in denen ein **Wirtschaftsausschuss** zu bilden ist (§ 106 Abs. 1 Satz 1), kann der Betriebsrat bzw. Gesamtbetriebsrat die Aufgaben des Wirtschaftsausschusses dem von ihm gebildeten Personalplanungsausschuss übertragen (vgl. § 107 Abs. 3). Eine derartige Verbindung ist aber nur zulässig, wenn der Betriebsrat einen Betriebsausschuss und damit auch einen Personalplanungsausschuss bilden kann, also nicht in allen Unternehmen, die einen Wirtschaftsausschuss zu errichten haben, sondern nur dann, wenn der Betriebsrat mindestens neun Mitglieder hat, also nur in Betrieben, die mehr als 200 Arbeitnehmer beschäftigen (§ 9). Besteht das Unternehmen aus mehreren Betrieben, so ist sogar Voraussetzung, um auf diesem Weg eine Personalunion herzustellen, dass der Gesamtbetriebsrat einen Gesamtbetriebsausschuss bilden kann. Jedoch besteht hier die Möglichkeit, dass der Gesamtbetriebsrat selbst die Aufgaben des Wirtschaftsausschusses übernimmt (s. § 107 Rn. 42).

VII. Rechtsfolgen bei Nichtbeachtung des Beteiligungsrechts

Erfüllt der Arbeitgeber die ihm obliegende Informationspflicht über die Personalplanung nicht oder erfolgt die Unterrichtung wahrheitswidrig, unvollständig oder verspätet, so liegt eine Ordnungswidrigkeit vor, die mit einer Geldbuße bis zu 10 000 Euro geahndet werden kann (§ 121). 49

Die Verletzung der Informations- und Beratungsrechte des Betriebsrats hat keine rechtlichen Auswirkungen auf die personellen Einzelmaßnahmen (ebenso *Rumpff/Boewer,* Mitbestimmung in wirtschaftlichen Angelegenheiten, E 70; Jaeger/Röder/Heckelmann/*Schuster,* Kap. 23 Rn. 17). Bei grober Verletzung der dem Arbeitgeber obliegenden Pflichten kann aber das Zwangsverfahren nach § 23 Abs. 3 durchgeführt werden. 50

VIII. Maßnahmen zur Förderung der Gleichstellung von Frauen und Männern

Die entsprechende Anwendung der Absätze 1 und 2 auf die Maßnahmen nach § 80 Abs. 1 Nr. 2 a und b hat den Anwendungsbereich der Norm nicht erweitert, sondern war **deklaratorischer Natur.** Bereits vorher war Frauenförderung Bestandteil der Personalplanung; neu ist allein die verstärkte Betonung dieses Aspekts. Durch Art. 5 Nr. 5 2. GleiBG wurde – schon damals nur erläuternd – das Vorschlagsrecht ausdrücklich auf Maßnahmen im Sinne des § 80 Abs. 1 Nr. 2 a erstreckt (s. Rn. 2), aus der Überlegung heraus, dass Maßnahmen, die der Durchsetzung der tatsächlichen Gleichberechtigung von Männern und Frauen, insbesondere bei der Einstellung, Beschäftigung, Aus-, Fortund Weiterbildung und dem beruflichen Aufstieg dienen (s. § 80 Rn. 27 ff.), in die Personalplanung einbezogen werden müssen (vgl. Begründung des RegE, BR-Drucks. 302/93, S. 123). Durch die thematische Erweiterung auf Maßnahmen zur Vereinbarkeit von Familie und Erwerbstätigkeit und die ausdrückliche Einbeziehung des Unterrichtungsrechts nach Abs. 1 wurde dieser Akzent noch einmal verstärkt. Ziel dieser Änderung ist es, dass der Arbeitgeber bereits bei der Personalplanung die Frauenförderung berücksichtigt und seine Vorstellungen hierzu, insbesondere die damit verbundenen personellen Maßnahmen und erforderlichen Berufsbildungsmaßnahmen, dem Betriebsrat anhand von Unterlagen unterbreitet und mit ihm berät (BT-Drucks. 14/5741, 48). 51

Durch das Inkrafttreten des AGG hat der Betriebsrat neben der Gleichbehandlung der Geschlechter nunmehr auch auf die Gleichbehandlung hinsichtlich der weiteren Merkmale des § 1 AGG hinzuwirken (s. § 17 Abs. 1 AGG und hierzu MünchKomm-*Thüsing,* AGG § 17 Rn. 1–2). Neue Rechte erwachsen aus dieser Verantwortung für den Betriebsrat zwar nicht. Die Mitwirkung bei der Personalplanung kann jedoch vom Betriebsrat im Rahmen seiner gesetzlichen Handlungsmöglichkeiten genutzt werden, um bereits im Vorfeld von personellen Maßnahmen aufkommende Ungleichbehandlungen zu verhindern.

IX. Streitigkeiten

Streitigkeiten darüber, ob der Arbeitgeber den Betriebsrat ordnungsgemäß beteiligt hat, entscheidet das Arbeitsgericht im Beschlussverfahren (§ 2 a Abs. 1 Nr. 1, Abs. 2 i. V. mit §§ 80 ff. ArbGG). 52

§ 92 a Beschäftigungssicherung

(1) ¹Der Betriebsrat kann dem Arbeitgeber Vorschläge zur Sicherung und Förderung der Beschäftigung machen. ²Diese können insbesondere eine flexible Gestaltung der Arbeitszeit, die Förderung von Teilzeitarbeit und Altersteilzeit, neue Formen der Arbeitsorganisation, Änderungen der Arbeitsverfahren und Arbeitsabläufe, die Qualifizierung der Arbeitnehmer, Alternativen zur Ausgliederung von Arbeit oder ihrer Vergabe an andere Unternehmen sowie zum Produktions- und Investitionsprogramm zum Gegenstand haben.

(2) ¹Der Arbeitgeber hat die Vorschläge mit dem Betriebsrat zu beraten. ²Hält der Arbeitgeber die Vorschläge des Betriebsrats für ungeeignet, hat er dies zu begründen; in Betrieben mit mehr als 100 Arbeitnehmern erfolgt die Begründung schriftlich. ³Zu den Beratungen kann der Arbeitgeber oder der Betriebsrat einen Vertreter der Bundesagentur für Arbeit hinzuziehen.

Schrifttum: *Kaiser,* Kündigungsprävention durch den Betriebsrat, FS Löwisch 2007, 153; *Kothe,* Bessere Beschäftigungschancen für ältere Arbeitnehmer - aber wie?, ArbuR 2008, 281; *Löwisch,* Beschäftigungssicherung als Gegenstand betrieblicher und tariflicher Regelungen und von Arbeitskämpfen, DB 2005, 489; *Rieble,* Erweiterte Mitbestimmung in personellen Angelegenheiten, NZA-Sonderheft 2001, 46; *Schneider,* Das Mandat des Betriebsrats zur Beschäftigungsförderung und -sicherung im Betrieb, (Diss. Köln) 2004; *Thannheiser,* Beschäftigungssicherung, 2005.

Übersicht

	Rn.
I. Vorbemerkung	1
II. Vorschlagsrecht des Betriebsrats	4
1. Gegenstand	4
2. Reichweite	6
III. Pflichten des Arbeitgebers	7
1. Beratungspflicht	7
2. Begründungspflicht	11
3. Hinzuziehen eines Vertreters der Agentur für Arbeit oder Bundesagentur für Arbeit	14
4. Keine kündigungsrechtlichen Konsequenzen	15
IV. Streitigkeiten	16

I. Vorbemerkung

1 Die Vorschrift wurde in das BetrVG eingefügt durch das **BetrVerf-Reformgesetz** vom 23. 7. 2001 (BGBl. I S. 1852). Die Regelung soll dazu beitragen, dass der Meinungsbildungsprozess im Betrieb zu Fragen der Sicherung und Förderung der Beschäftigung in Gang gehalten wird und der Arbeitgeber sich den Vorschlägen des Betriebsrats stellen muss, auch wenn sie den Bereich der Unternehmensführung betreffen (BT-Drucks. 14/5741, 49).

2 § 92 a steht in der **Reihe einiger anderer Änderungen,** die dem Betriebsrat eine größere Verantwortung bei Fragen der Beschäftigungssicherung geben: § 80 Abs. 1 Nr. 8 (Allgemeine Aufgaben), § 95 Abs. 2 (Auswahlrichtlinien), § 96 Abs. 1 Satz 2 (Förderung der Berufsbildung), § 97 Abs. 2 (Einrichtungen und Maßnahmen der Berufsbildung), § 99 Abs. 2 Nr. 3 (Zustimmung bei personellen Einzelmaßnahmen), § 112 Abs. 5 Nr. 2a (Ziele des Sozialplans). Diese Aufgabenerweiterung findet sich nicht im DGB-Vorschlag, wurde jedoch von der Kommission Mitbestimmung empfohlen (*Bertelsmann-Stiftung/Hans Böckler-Stiftung,* Mitbestimmung und neue Unternehmenskulturen, 1998 S. 11, S. 68, S. 83; s. auch *Hanau,* 63. DJT. Gutachten C, 2000, S. 68).

II. Vorschlagsrecht des Betriebsrats § 92 a

Soweit auch die **Beschäftigungsförderung** angesprochen ist, wurde im Vorfeld des 3 Gesetzgebungsverfahrens darauf hingewiesen, dass hiermit dem Betriebsrat eine Aufgabe zugeteilt wird, die über den Rahmen der Betriebsgemeinschaft hinaus greift und daher systemfremd sei (*Rieble*, ZIP 2001, 133, 140; *Konzen*, RdA 2001, 76, 91; *Reichold*, NZA 2001, 863). Der Einwand scheint nicht durchgreifend: Die Beschäftigungsförderung ist eine Aufgabe des gesamten Arbeitsrechts, und damit auch des Betriebsverfassungsrechts. Ebenso wenig wie man den Tarifvertragsparteien das Mandat zur Beschäftigungsförderung absprechen kann (s. *Hanau/Thüsing*, ZTR 2001, 1, 49; *Zachert*, DB 2001, 1198; a. A. *Rieble*, ZTR 1993, 54), kann man es den Organen der Betriebsverfassung. Jedes Mittel ist zu nutzen, und es wäre sinnwidrig, könnte der Gesetzgeber einen so tragenden Pfeiler des deutschen Arbeitsrechts wie die Betriebsverfassung nicht auch in den Dienst eines solch zentralen Anliegens der Gesetzgebung stellen (s. auch jüngst BVerfG 3. 4. 2001 EzA Nr. 75 zu Art. 9 GG: „Das Ziel, Massenarbeitslosigkeit zu vermeiden, hat auf Grund des Sozialstaatsprinzips Verfassungsrang"). Ob dieses Instrument freilich geeignet ist, muss die Praxis zeigen.

Die Vorschrift ist auch sonst recht **kritisch in der Literatur aufgenommen** worden; 3a man spricht von „Mitbestimmungslyrik" (*Däubler*, AuR 2001, 6; *Reichold*, NZA 2001, 863). Dem mag man konzedieren, dass das hohe Ziel, das sich diese Norm setzt, durch die nur wenig weitreichenden Mittel, die sie zur Verfügung stellt, kaum erreicht werden kann. Bereits die Begründungspflicht des Abs. 2 kann jedoch einen hohen Lästigkeitswert haben, der vorbei am Regelungsziel zu einer Belastung der vertrauensvollen Zusammenarbeit zwischen Arbeitgeber und Betriebsrat werden kann (*Reichold* a. a. O.; *Annuß*, NZA 2001, 368; *Bauer*, NZA 2001, 378). Dies ist der problematischere Punkt.

Entsprechende Vorschriften: Weder im BPersVG noch im SprAuG. 3b

II. Vorschlagsrecht des Betriebsrats

1. Gegenstand

Abs. 1 normiert ein **umfassendes Vorschlagsrecht** des Betriebsrats zur Förderung und 4 Sicherung der Beschäftigung. Die Vorschläge des Betriebsrats sind in ihrem Thema begrenzt, nicht aber in ihrem Gegenstand. Die Aufzählung der Maßnahmen in Abs. 1 Satz 2 ist lediglich beispielhaft und nicht abschließend (ebenso Jaeger/Röder/Heckelmann/*Schuster*, Kap. 23 Rn. 19). Die Gesetzesbegründung nennt als **Beispiele** für beschäftigungsrelevante Betriebsinitiativen die Flexibilisierung der Arbeitszeit, um Kapazitäten bessern nutzen zu können, die Förderung von Teilzeitarbeit, um Arbeitnehmer mit Familienpflichten in Arbeit halten zu können, die Einführung von Altersteilzeit, um jüngere Arbeitnehmer einzustellen oder ihnen den beruflichen Aufstieg zu ermöglichen, Anregungen für die Einführung neuer Formen der Arbeitsorganisation wie z. B. Gruppenarbeit oder die Änderungen der Arbeitsverfahren und Arbeitsabläufe, um die betrieblichen Kosten zu senken und ohne Personalabbau wettbewerbsfähig zu bleiben, Aufzeigen von Alternativen für ein geplantes Qutsourcing oder die Vergabe von Arbeiten an Fremdfirmen. Gegenvorschläge zum Produktions- und Investitionsprogramm des Unternehmens, Erweiterung der Produktion, Dienstleistungen oder Geschäftsfelder, und schließlich auch – denkbar weit gefasst – Hinwirken auf ein umweltbewussteres Produzieren, um die Nachfrage zu erhöhen (BT-Drucks. 14/5741, 49).

Trotz des umfassenden Beispielkatalogs der Gesetzesbegründung darf nicht aus den 5 Augen verloren werden, dass die Beschäftigungssicherung und -förderung nicht der Aufhänger (oder auch Vorwand) sein darf, den Arbeitgeber zu zwingen, alle nur denkbaren Themen zu beraten, die bisher der freien unternehmerischen Entscheidung unterfielen und auch weiterhin unterfallen. Will der Betriebsrat neue Produktionsmethoden beraten oder ein umweltbewussteres Produzieren, so muss er gleichzeitig deutlich ma-

§ 92 a — Beschäftigungssicherung

chen, warum er gerade hierin einen positiven Beschäftigungseffekt vermutet. Allzu pauschale Begründungen dürften hier nicht ausreichen. Auch darf sich der Arbeitgeber dann gerade auf den Beschäftigungseffekt in der Beratung beschränken.

2. Reichweite

6 Das Vorschlagsrecht ist sehr weit gefasst und ist damit dem ebenfalls weit gefassten Vorschlagsrecht des § 92 nachempfunden. Dort wie hier gilt: Der Betriebsrat hat nur ein Vorschlagsrecht für die genannten Maßnahmen, erzwingen kann er sie jedoch nicht. Den Arbeitgeber trifft keinerlei Pflicht, den Vorschlägen des Betriebsrats zu folgen (ebenso *Löwisch/Kaiser*, § 92 a Rn. 3); alles andere wäre mit der Berufsfreiheit des Arbeitgebers kaum zu vereinbaren. Der Betriebsrat hat also lediglich ein abgeschwächtes Initiativrecht (s. auch HWK-*Ricken*, § 92 a Rn. 2).

III. Pflichten des Arbeitgebers

1. Beratungspflicht

7 a) Der Arbeitgeber muss den Vorschlag des Betriebsrats beraten, sofern dieser das **vom Gesetz bezeichnete Thema** zum Gegenstand hat; andernfalls besteht keine Pflicht zur Erörterung, und zwar auch nicht zur Begründung, warum der Arbeitgeber annimmt, dass der Vorschlag nicht mehr der Beschäftigungssicherung oder -förderung unterfällt.

8 b) Zur Beratung gehören nach dem natürlichen Wortsinn zumindest die **Kenntnisnahme** des Vorschlags und eine eigene **Stellungnahme** hierzu. Ein bestimmtes, weitergehendes Verfahren ist nicht vorgesehen. Die Beratungspflicht wird jedoch inhaltlich ausgefüllt und unterstützt von der Pflicht zur vertrauensvollen Zusammenarbeit. Der Arbeitgeber muss daher mit dem „**ernsten Willen zur Einigung**" beraten, § 74 Abs. 1 Satz 2. Dem steht z. B. entgegen,

- wenn bereits im Gespräch eingeräumte Konzessionen grundlos widerrufen werden,
- wenn die eigene Meinung nicht begründet wird,
- wenn die faktische Grundlage der eigenen Argumentation nicht offengelegt wird,
- wenn die tatsächlichen Feststellungen der anderen Seite in Frage gestellt werden, ohne die Gründe dafür zu benennen,
- wenn bereits bei Beginn der Beratung der eigene Standpunkt als endgültig und unabänderlich bezeichnet wird,
- wenn schlicht die Unwahrheit bezüglich der eigenen Motivation und Ziele gesagt wird,
- wenn der äußere Rahmen der Beratung in einer dem Thema nicht angemessenen Form festgesetzt wird (unangemessene zeitliche Begrenzung, unangemessen rangniedriger Vertreter des Arbeitgebers, unangemessener Ort).

8 a Im Übrigen mag es sich anbieten, die **Rechtsprechung und Literatur zum Interessenausgleich** vergleichend heranzuziehen, und die Maßstäbe der dortigen Verhandlungspflicht auch hier fruchtbar zu machen (s. § 112 Rn. 228 f.; s. auch *Däubler*, AuR 2001, 290; *Fitting*, § 92 a Rn. 10).

9 c) Die Verpflichtung besteht für den Arbeitgeber **nicht in Person;** er kann sich durch eine mit entsprechender Vollmacht ausgestatteten und über ein entsprechendes Wissen verfügenden leitenden Angestellten vertreten lassen. Er muss dem Betriebsrat die entsprechenden Informationen offen legen, die der Arbeitgeber selbst zur Grundlage seiner Argumentation macht. Dabei ist – ähnlich wie bei § 106 Abs. 2 (s. § 106 Rn. 32 f.) – auf eigene und eventuelle **Geheimhaltungsinteressen** Dritter Rücksicht zu nehmen. Da das Vorschlagsrecht kein Weg sein kann, Auskünfte zu erlangen, die anderenfalls nicht verlangt werden könnten, kann der Betriebsrat jedenfalls keine weitergehenden Informationen verlangen als dem Wirtschaftsausschuss nach § 106 Abs. 2 zustehen.

d) **Wiederholt** der Betriebsrat einen **Vorschlag** nach einiger Zeit oder macht er einen 10
sprachlich abweichenden, jedoch sinngleichen neuen Vorschlag, so kann der Arbeitgeber
dem Beratungsanspruch des Betriebsrats den Einwand unzulässiger Rechtsausübung
entgegenhalten, sofern der Betriebsrat nicht darlegt, dass sich die damals die Diskussion
und Entscheidung bestimmenden Gründe maßgeblich verändert haben. Eine starre
Fristenregelung vergleichbar den Regelungen zum Einwohnerantrag der Gemeindeordnungen (z. B. § 25 Abs. 5 GO NRW: Ein Jahr zwischen Antrag und wiederholtem
Antrag) lässt sich dem Gesetz nicht entnehmen.

2. Begründungspflicht

a) Wenn der Arbeitgeber den Vorschlägen des Betriebsrats nicht uneingeschränkt 11
zustimmt (hält er sie also für „ungeeignet" – zum missglückten Wortlaut der Norm s.
auch *Annuß*, NZA 2001, 368; *Fitting*, § 92 a Rn. 11), muss er seine ablehnende
Meinung begründen, und in Betrieben mit mehr als 100 Arbeitnehmern hat er dies
schriftlich zu tun. Die Begründungspflicht ist Bestandteil der Beratungspflicht. Sie muss
die tragenden Beweggründe benennen, an denen sich der Arbeitgeber „festhalten" lassen
will.

b) Für das Quorum der Schriftlichkeit ist auf die aktuelle Belegschaftsstärke bei 12
Stellungnahme abzustellen (a. A. *Fitting*, § 92 a Rn. 12, der auf die regelmäßige Be-
schäftigungszahl abstellt). Weil die Vorschläge ebenso wie die ihr folgende Begründungspflicht zukunftgerichtet sind, ist ein eventuell niedrigerer oder höherer Belegschaftsstand zum Zeitpunkt der Übermittlung des Vorschlags unerheblich. Auf die Zahl
der in der Regel beschäftigten Arbeitnehmer kommt es nicht an (a. A. *Fitting*, § 92 a
Rn. 12) Mitzuzählen sind alle Arbeitnehmer, nicht allein die Wahlberechtigten. Leiharbeitnehmer werden jedoch – folgt man dem BAG – wohl nie mitgezählt, s. § 5
Rn. 96, § 9 Rn. 7.

c) Eine **Unterschrift** des Arbeitgebers ist nicht erforderlich (*arg. e contrario* §§ 77 13
Abs. 2 S. 2, 112 Abs. 1 S. 1), sofern hinreichend deutlich wird, dass das Papier die
Stellungnahme enthält, die der Arbeitgeber sich zurechnen lassen will. Die Anforderungen sind hier – da es sich weder um eine Willenserklärung noch um eine rechtsgeschäftsähnliche Erklärung handelt – noch geringer, als die Schriftlichkeitskriterien bei § 99
Abs. 3, s. hierzu § 99 Rn. 262. Eine Schriftlichkeit entsprechend § 126 BGB ist jedenfalls nicht gemeint.

3. Hinzuziehen eines Vertreters der Agentur für Arbeit oder Bundesagentur für Arbeit

Durch die Hinzuziehung eines Vertreters der Agentur für Arbeit oder der Bundes- 14
agentur für Arbeit soll erreicht werden, dass zu dem Potential an innerbetrieblichem
Wissen über Sicherung und Ausbau von Beschäftigung **überbetriebliche Kenntnisse** und
Erfahrungen insbesondere über Fortbildungs- und Umschulungsmaßnahmen sowie deren Unterstützung durch die Arbeitsverwaltung hinzu kommen. Außerdem kann der
Vertreter der Arbeitsverwaltung als „neutrale Instanz" bei Meinungsverschiedenheit der
Betriebsparteien hilfreich sein. Er hat – ist er hinzugezogen – das gleiche Rederecht wie
die Betriebsparteien, unabhängig, auf wessen Antrag er hinzugezogen wurde. Auch
wenn das Gesetz hier schweigt, ist davon auszugehen, dass den Vertreter eine **Geheimhaltungspflicht** analog § 79 BetrVG trifft; andernfalls wäre die offene Beratung, die das
Gesetz anstrebt, gefährdet. Allerdings ist der Vertreter der Agentur für Arbeit regelmäßig
bereits nach § 39 BRRG zur Verschwiegenheit verpflichtet; von der kann der Dienstherr
ihn jedoch suspendieren.

Die Möglichkeit der Hinzuziehung von Vertretern der Agentur für Arbeit nach § 92 a
Abs. 2 Satz 2 steht einer **Sachverständigenhinzuziehung,** etwa eines Rechtsanwalts, nicht

zwingend entgegen, weil die Agentur für Arbeit als neutrale Instanz erst zu den Beratungen zwischen Arbeitgeber und Betriebsrat und nicht zur Beratung des Betriebsrates im Vorfeld der Verhandlungen über Vorschläge zur Beschäftigungssicherung hinzugezogen werden kann. Es ist jedoch genau zu prüfen, ob im Vorfeld, also zu einem solch sehr frühen Zeitpunkt, tatsächlich ein Sachverständiger erforderlich ist. Dies wird man im Regelfall verneinen müssen, schon weil § 92 a nur eine Möglichkeit, ein Recht des Betriebsrats beschreibt, nicht aber eine Pflicht oder zwingende Aufgabe.

4. Keine kündigungsrechtlichen Konsequenzen

15 Kommt der Arbeitgeber seiner Beratungs- und Begründungspflicht nicht ausreichend nach, führt dies allerdings nicht zu einer Beschränkung des Kündigungsrechts. § 92 a BetrVG begründet allein Rechte und Pflichten im Verhältnis zwischen Betriebsrat und Arbeitgeber (ebenso BAG 18. 10. 2006 AP BetrVG 1972 § 92 a Nr. 1; ErfK-*Kania*, § 92 Rn. 1; DKK-*Däubler*, § 92 a Rn. 21; GK-*Kraft/Raab*, § 92 a Rn. 39). Es bestehen allein betriebsverfassungsrechtliche Sanktionen. Das BAG erwägt dennoch, dass das Verfahren nach § 92 a im Einzelfall dazu führen kann, dass betriebsbezogen entwickelte Vorstellungen zu berücksichtigen sind, die für die Arbeitnehmer weniger belastend sind als betriebsbedingte Kündigungen, gleichwohl jedoch keine unzumutbare Alternative für den Arbeitgeber darstellen (unter Hinweis auf *Heither*, AR-Blattei SD 530.14.3 Rn. 87; DKK/*Däubler*, § 92 a Rn. 23; *Löwisch*, BB 2001, 1790, 1794). Diese indirekte Wirkung käme z. B. Vorschlägen zu, denen der Arbeitgeber zugestimmt hat. Eine solche Vereinbarung könnte dann gegebenenfalls eine Konkretisierung des kündigungsschutzrechtlichen ultima-ratio-Grundsatzes beinhalten und eine Selbstbindung des Arbeitgebers bewirken. Auch dies freilich ist abzulehnen, schon weil es den Arbeitgeber zur Wahrung seines Kündigungsrechts abhalten könnte, dem Vorschlag zuzustimmen.

IV. Streitigkeiten

16 Streitigkeiten darüber, ob sich der Arbeitgeber ordnungsgemäß mit dem Betriebsrat beraten hat, entscheidet das Arbeitsgericht im Beschlussverfahren, das ggf. den Arbeitgeber zur Beratung zwingen kann (§ 2 a Abs. 1 Nr. 1, Abs. 2 i. V. mit §§ 80 ff. ArbGG; s. auch *Annuß*, NZA 2001, 368; *Däubler*, AuR 2001, 290; Jaeger/Röder/Heckelmann/ *Schuster*, Kap. 23 Rn. 26; *Löwisch/Kaiser*, § 92 a, Rn. 10; HWK-*Ricken*, § 92 a Rn. 9). Ob ein (ggf. durch einstweilige Verfügung zu sichernder) Unterlassungsanspruch gegen Maßnahmen besteht, die noch nicht hinreichend beratene Vorschläge des Betriebsrats gegenstandslos machen, ist zweifelhaft und wohl zu verneinen (a. A. *Däubler*, AuR 2001, 290), denn die Maßnahme selbst ist nicht mitbestimmungswidrig. Selbst wenn man anderer Meinung ist, dürfte einer einstweiligen Verfügung keine lange Dauer beschieden sein, denn der Arbeitgeber kann ihr jederzeit durch Beratung der Vorschläge genüge tun (ebenso *Däubler*, AuR 2001, 290).

§ 93 Ausschreibung von Arbeitsplätzen

Der Betriebsrat kann verlangen, dass Arbeitsplätze, die besetzt werden sollen, allgemein oder für bestimmte Arten von Tätigkeiten vor ihrer Besetzung innerhalb des Betriebs ausgeschrieben werden.

Schrifttum: *Kleinebrink*, Mitbestimmungsrechte und Gestaltungsmöglichkeiten bei innerbetrieblichen Ausschreibungen, ArbRB 2006, 217.

Übersicht

	Rn.
I. Vorbemerkung	1
II. Gegenstand des Beteiligungsrechts	2
1. Stellenausschreibung innerhalb des Betriebs als Gegenstand eines Mitbestimmungsrechts	2
2. Inhalt des Ausschreibungsverlangens	6
3. Zeitpunkt des Ausschreibungsverlangens	13
4. Ausschreibung innerhalb des Unternehmens oder Konzerns	14
5. Tendenzbetriebe	18
III. Ausschreibung der Arbeitsplätze	19
1. Durchführung des nach dieser Gesetzesbestimmung eingeräumten Beteiligungsrechts	19
2. Erweiterung einer Beteiligung des Betriebsrats	22
IV. Rechtsfolgen des Ausschreibungsverlangens	24
1. Ausschreibung des Arbeitsplatzes	24
2. Auswahlrecht des Arbeitgebers	25
3. Zustimmungsverweigerungsrecht des Betriebsrats bei Einstellung und Versetzung	27
V. Streitigkeiten	30

I. Vorbemerkung

Die Vorschrift gibt dem Betriebsrat ein Initiativrecht, um den innerbetrieblichen Arbeitsmarkt für den Personaleinsatz zu erschließen. Doch darin allein erschöpft sich die Zweckbestimmung dieses Rechts nicht. Die Stellenausschreibung sichert die Chancengleichheit auf dem innerbetrieblichen Arbeitsmarkt (vgl. auch die Begründung zum RegE, BT-Drucks. VI/1786, S. 50 und den Bericht des BT-Ausschusses für Arbeit und Sozialordnung, *zu* BT-Drucks. VI/2729, S. 5). Das Zweite Gleichberechtigungsgesetz vom 24. 6. 1994 (BGBl. I S. 1406) hatte mit Wirkung zum 1. 9. 1994 (Art. 13) die Sätze 2 und 3 eingefügt, die dem Betriebsrat das Recht einräumten, anzuregen, dass auch Teilzeitarbeitsplätze ausgeschrieben werden, und den Arbeitgeber verpflichteten, in der Ausschreibung darauf hinzuweisen, wenn er bereit ist, Arbeitsplätze mit Teilzeitbeschäftigten zu besetzen. Die Regelungen wurden mit Inkrafttreten des § 7 TzBfG am 1. 1. 2001 (BGBl. I S. 1966) aufgehoben. Die dort normierten Pflichten sind weitergehend, s. auch § 92 Rn. 2. 1

Entsprechende Vorschrift: § 75 Abs. 3 Nr. 14 BPersVG. 1a

II. Gegenstand des Beteiligungsrechts

1. Stellenausschreibung innerhalb des Betriebs als Gegenstand eines Mitbestimmungsrechts

a) Das Gesetz gibt dem Betriebsrat in einer Angelegenheit, die zu den Elementen der Personalplanung gehört (s. § 92 Rn. 10), ein **als Mitbestimmungsrecht gestaltetes Initiativrecht:** Er kann verlangen, dass Arbeitsplätze, die besetzt werden sollen, allgemein oder für bestimmte Arten von Tätigkeiten vor ihrer Besetzung innerhalb des Betriebs ausgeschrieben werden (Satz 1). Dieses Recht hat der Betriebsrat **in jedem Betrieb.** Aber nur in Unternehmen mit in der Regel mehr als zwanzig wahlberechtigten Arbeitnehmern kann er die Zustimmung zu einer Einstellung oder Versetzung verweigern, wenn die nach dieser Vorschrift erforderliche Ausschreibung im Betrieb unterblieben ist (§ 99 Abs. 1 Satz 1, Abs. 2 Nr. 5; s. auch Rn. 27 f.). 2

Das Initiativrecht hat der Betriebsrat auch, wenn der Arbeitgeber den Arbeitsplatz mit einem **Leiharbeitnehmer** besetzen will (ebenso *Fitting,* § 93 Rn. 5; *Löwisch/Kaiser,* § 93 Rn. 2; siehe auch Hessisches LAG 24. 4. 2007 - 4 TaBV 24/07, juris; ArbG Detmold 3

12. 9. 2007 EzAÜG § 14 AÜG Betriebsverfassung Nr. 68). Es genügt die Begründung eines arbeitsrechtlichen Weisungsverhältnisses. Kein Arbeitsplatz, der besetzt werden soll, liegt dagegen bei einer **Fremdvergabe der Arbeit** an Drittunternehmen vor. Dennoch ist das BAG der Meinung, dass der Betriebsrat die Ausschreibung von Arbeitsplätzen verlangen kann, die der Arbeitgeber mit **freien Mitarbeitern** besetzen will, wenn es sich bei der vorgesehenen Beschäftigung um eine gemäß § 99 mitbestimmungspflichtige Einstellung handelt (BAG 27. 7. 1993 AP BetrVG 1972 § 93 Nr. 3; zust. *Fitting,* § 93 Rn. 5; *Löwisch/Kaiser,* § 93, Rn. 2; abl. *Hromadka,* SAE 1994, 133, 135 und entgegen früherer Ansicht jetzt auch GK-*Kraft/Raab,* § 93 Rn. 7).

4   b) **Kein Mitbestimmungsrecht** hat der Betriebsrat bei der Entscheidung des Arbeitgebers, ob er **Arbeitsplätze in Teilzeitform anbietet.** Die Pflichten des Arbeitgebers hierzu bestimmen sich nach §§ 7, 8 TzBfG. Gemäß § 7 Abs. 3 TzBfG hat der Arbeitgeber den Betriebsrat über Teilzeitarbeit im Betrieb und Unternehmen zu informieren, insbesondere über vorhandene oder geplante Teilzeitarbeitsplätze und über die Umwandlung von Teilzeit- in Vollzeitarbeitsplätze oder umgekehrt. Dem Betriebsrat sind auf Verlangen die erforderlichen Unterlagen zur Verfügung zu stellen.

5   c) Dem Initiativrecht des Betriebsrats unterliegen **nicht** die **Arbeitsplätze leitender Angestellter** i. S. des § 5 Abs. 3. Der Betriebsrat kann in ihren Angelegenheiten nicht mitbestimmen und deshalb auch nicht verlangen, dass die Stellen leitender Angestellter vor ihrer Besetzung innerhalb des Betriebs ausgeschrieben werden (ebenso *Fitting,* § 93 Rn. 4; GK-*Kraft/Raab,* § 93 Rn. 8; *GL-Löwisch,* § 93 Rn. 3; HSWGNR-*Rose,* § 93 Rn. 9; HWK-*Ricken,* § 93 Rn. 6).

2. Inhalt des Ausschreibungsverlangens

6   a) Der Betriebsrat kann die betriebsinterne Ausschreibung **allgemein,** also für sämtliche Arbeitsplätze, oder für **bestimmte Arten von Tätigkeiten** verlangen, z. B. für die Arbeitsplätze der Vorarbeiter, Meister, Konstrukteure, Chefsekretärinnen.

7   Daraus folgt zugleich, dass der Betriebsrat die Forderung nur generell stellen, also nicht für einen **Einzelfall** die Ausschreibung eines bestimmten Arbeitsplatzes verlangen kann (ebenso LAG Köln 1. 4. 1993 LAGE Nr. 2 zu § 93 BetrVG 1972; LAG München 6. 10. 2005, 3 TaBV 24/05, juris; *Fitting,* § 93 Rn. 5; GK-*Kraft/Raab,* § 93 Rn. 16; ErfK-*Kania,* § 93 Rn. 3; GL-*Löwisch,* § 93 Rn. 9; HSWGNR-*Rose,* § 27 Rn. 13; Jaeger/Röder/Heckelmann/*Schuster,* Kap. 23 Rn. 30; *Löwisch/Kaiser,* § 93, Rn. 3; *Heinze,* Personalplanung, Rn. 83; *Stahlhacke,* BlStSozArbR 1972, 51, 52; a. A. DKK-*Buschmann,* § 93 Rn. 9). Jedoch ist unerheblich, ob für die Art der Tätigkeit im Betrieb nur ein Arbeitsplatz besteht. Der Betriebsrat kann auch in diesem Fall verlangen, dass der Arbeitsplatz vor seiner Besetzung innerhalb des Betriebs ausgeschrieben wird.

8   b) Das Initiativrecht des Betriebsrats bezieht sich auf die **Ausschreibung der Arbeitsplätze** innerhalb des Betriebs. Die Ausschreibung soll den Betriebsangehörigen Kenntnis von einer freien Stelle vermitteln, um ihnen die Möglichkeit zu geben, ihr Interesse an dieser Stelle kundzutun und sich um sie zu bewerben (vgl. BAG 18. 11. 1980, 23. 2. 1988 und 27. 7. 1993 AP BetrVG 1972 § 93 Nr. 1, 2 und 3). Mit ihr verbindet sich daher die allgemeine Aufforderung an alle oder eine bestimmte Gruppe von Arbeitnehmern des Betriebs, sich für einen bestimmten Arbeitsplatz im Betrieb zu bewerben (vgl. BAG 23. 2. 1988 AP BetrVG 1972 § 93 Nr. 2). Das Ausschreibungsverlangen verpflichtet den Arbeitgeber aber nicht, die Arbeitsplätze nur mit Personen zu besetzen, die sich um sie beworben haben (vgl. BAG 18. 11. 1980 AP BetrVG 1972 § 93 Nr. 1). Soll etwas anderes gelten, so handelt es sich um eine Auswahlrichtlinie, für deren Aufstellung der Betriebsrat ein als Mitbestimmungsrecht gestaltetes Initiativrecht nur in Betrieben mit mehr als 500 Arbeitnehmern hat (§ 95 Abs. 2; s. auch Rn. 26).

9   Das Gesetz schreibt keinen bestimmten **Inhalt der innerbetrieblichen Ausschreibung** vor. Aus dem Sinn und Zweck einer Ausschreibung folgt jedoch, dass aus ihr hervor-

II. Gegenstand des Beteiligungsrechts **§ 93**

gehen muss, um welchen Arbeitsplatz es sich handelt und welche Anforderungen ein Bewerber erfüllen muss (ebenso BAG 23. 2. 1988 AP BetrVG 1972 § 93 Nr. 2; GK-*Kraft/Raab*, § 93 Rn. 25; *Löwisch/Kaiser*, § 93 Rn. 4).

Das Ausschreibungsverlangen dient mit der Öffnung des innerbetrieblichen Arbeitsmarkts der **Chancengleichheit innerbetrieblicher** mit den **betriebsexternen Bewerbern** (ebenso BAG 23. 2. 1988 AP BetrVG 1972 § 93 Nr. 2). Der Arbeitgeber genügt daher nicht der vom Betriebsrat geforderten innerbetrieblichen Stellenausschreibung, wenn er eine bestimmte Stelle im Betrieb zwar ausschreibt, in einer Stellenanzeige in der Tagespresse dann aber geringere Anforderungen für eine Bewerbung um diese Stelle nennt (so BAG, a. a. O.; ErfK-*Kania*, § 93 Rn. 8; HWK-*Ricken*, § 93 Rn. 7). **10**

Das Initiativrecht des Betriebsrats erstreckt sich auf die **Form und Frist der Bewerbung innerhalb der innerbetrieblichen Stellenausschreibung.** Schranken ergeben sich jedoch aus der begrenzten Reichweite und dem Sinn und Zweck des hier eingeräumten Mitbestimmungsrechts. Die Funktionsbeschreibung des Arbeitsplatzes und die Festlegung des Anforderungsprofils unterliegen nicht der Mitbestimmung des Betriebsrats (s. § 95 Rn. 18 ff.). Der Betriebsrat hat deshalb diese Daten bei seinem Ausschreibungsverlangen zu respektieren. Form und Frist der Bewerbung und Stellenausschreibung fallen nur insoweit unter das Initiativrecht, als durch die Festlegung den innerbetrieblichen Bewerbern die gleichen Chancen für die Besetzung des freien Arbeitsplatzes eingeräumt werden wie den außerbetrieblichen Bewerbern. **11**

c) Nach dieser Zweckbestimmung richtet sich auch, ob und inwieweit das Initiativrecht des Betriebsrats sich auf die **Form der innerbetrieblichen Ausschreibung** bezieht (generell bejahend *Fitting*, § 93 Rn. 6; DKK-*Buschmann*, § 93 Rn. 10; *Schaub*, § 238 III 1; *Hunold*, DB 1976, 98, 101; verneinend BAG 23. 2. 1988 AP BetrVG 1972 § 83 Nr. 2; *Dietz/Richardi* [6. Aufl.], § 93 Rn. 12; GK-*Kraft/Raab*, § 93 Rn. 23; GL-*Löwisch*, § 93 Rn. 6; HSWGNR-*Rose*, § 93 Rn. 5; *Löwisch/Kaiser*, § 93, Rn. 5; *Matthes*, MünchArbR § 261 Rn. 9). Der Betriebsrat kann die Ausschreibung nur *innerhalb des Betriebs* verlangen. Er kann insoweit aber vom Arbeitgeber fordern, dass der Anschlag am Schwarzen Brett erfolgt. Besteht eine Werkszeitung, so kann er fordern, dass die Stellenausschreibung in ihr veröffentlicht wird. **12**

3. Zeitpunkt des Ausschreibungsverlangens

Die betriebsinterne Ausschreibung kann nur **vor der Besetzung der Arbeitsplätze** verlangt werden, also nicht, wenn der Arbeitgeber bereits das Mitbestimmungsverfahren nach § 99 eingeleitet hat; denn anderenfalls könnte der Betriebsrat seine Zustimmung zu der Einstellung oder Versetzung nach § 99 Abs. 2 Nr. 5 verweigern, indem er fordert, dass der Arbeitsplatz im Betrieb ausgeschrieben wird, und damit zugleich seine Zustimmungsverweigerung begründet, ohne dass sonst ein Zustimmungsverweigerungsgrund zu bestehen braucht (s. § 99 Rn. 235). Der Betriebsrat würde daher in einem Einzelfall für *einen* bestimmten Arbeitsplatz die betriebsinterne Ausschreibung verlangen, was schon aus diesem Gesichtspunkt heraus unzulässig wäre (s. Rn. 7). **13**

4. Ausschreibung innerhalb des Unternehmens oder Konzerns

a) Der Gesetzeswortlaut spricht nur von einer **Ausschreibung „innerhalb des Betriebs".** Gemeint ist damit nicht der Betrieb als betriebsverfassungsrechtliche Organisationseinheit, sondern die **innerbetriebliche Stellenausschreibung als Instrument unternehmungsinterner Personalbeschaffung.** Den Gegensatz bildet hier also die Stellenausschreibung zur Personalbeschaffung auf dem externen Arbeitsmarkt. **14**

Gegenstand des betriebsverfassungsrechtlichen Ausschreibungsverlangens kann deshalb auch eine **Ausschreibung innerhalb des Unternehmens oder Konzerns** sein. Nach § 51 Abs. 6 gelten die Vorschriften über die Rechte und Pflichten des Betriebsrats entsprechend für den Gesamtbetriebsrat, soweit dieses Gesetz keine besonderen Vor- **15**

Thüsing

schriften enthält. Die Einschränkung im Gesetzeswortlaut auf die Ausschreibung innerhalb des Betriebs kann nicht als eine derartige besondere Vorschrift verstanden werden. Deshalb kann in einem Unternehmen, das sich in mehrere Betriebe gliedert, auch der **Gesamtbetriebsrat** das Mitbestimmungsrecht ausüben, und Gleiches gilt gemäß § 59 Abs. 1 i. V. mit § 51 Abs. 6 bei einem Unterordnungskonzern für den **Konzernbetriebsrat** (ebenso *Fitting*, § 93 Rn. 10; ErfK-*Kania*, § 93 Rn. 7; GK-*Kraft/Raab*, § 93 Rn. 22; DKK-*Buschmann*, § 93 Rn. 22; HSWGNR-*Glock*, § 50 Rn. 33; *Hanau*, BB 1972, 451, 453 Fn. 15; vgl. auch BAG 18. 11. 1980 AP BetrVG 1972 § 93 Nr. 1; a. A. LAG München DB 1989, 1880 [keine betriebsverfassungsrechtliche Pflicht zur unternehmensweiten Stellenausschreibung]; *Brecht*, § 50 Rn. 5; GL-*Löwisch*, § 93 Rn. 8; HSWGNR-*Rose*, § 93 Rn. 25).

16 b) Der **Gesamtbetriebsrat** ist nur **zuständig**, wenn das Ausschreibungsverlangen eine Angelegenheit darstellt, die das Gesamtunternehmen oder mehrere Betriebe betrifft und nicht durch die einzelnen Betriebsräte innerhalb ihrer Betriebe geregelt werden kann (§ 50 Abs. 1 Satz 1). Verlangt der Gesamtbetriebsrat, dass die Arbeitsplätze allgemein vor ihrer Besetzung innerhalb der Betriebe des Unternehmens ausgeschrieben werden, so ist Voraussetzung, dass eine unternehmenseinheitliche Personaleinsatzplanung besteht (ebenso GK-*Kraft/Raab*, § 93 Rn. 22; *Matthes*, MünchArbR § 261 Rdnr. 7; siehe auch ArbG Hamburg 20. 6. 2008 - 27 BV 5/08, juris, abstellend auf den Gleichbehandlungsgrundsatz). Fordert der Gesamtbetriebsrat, dass für bestimmte Arten von Tätigkeiten die Ausschreibung innerhalb der Betriebe des Unternehmens erfolgt, so muss es sich um Tätigkeiten handeln, für die Bewerber aus anderen Betrieben des Unternehmens in Betracht kommen.

17 Grundsätzlich hat auch der **Konzernbetriebsrat** das Mitbestimmungsrecht (§ 59 Abs. 1 i. V. mit § 51 Abs. 6; s. Rn. 15); aber wegen seiner subsidiären Zuständigkeit (§ 58) kommt nur in Ausnahmefällen in Betracht, dass er die Ausschreibung von Arbeitsplätzen im Konzern verlangen kann (s. auch § 58 Rn. 11).

5. Tendenzbetriebe

18 Der Betriebsrat hat das Mitbestimmungsrecht auch in Tendenzbetrieben; denn durch die innerbetriebliche Stellenausschreibung kann die Verfolgung der geistig-ideellen Zielsetzung weder verhindert noch ernsthaft beeinträchtigt werden (ebenso BAG 30. 1. 1979 AP BetrVG 1972 § 118 Nr. 11; BAG 6. 11. 1990 AP BetrVG 1972 § 92 Nr. 3 für die Mitbestimmung nach § 92 BetrVG; LAG Frankfurt 3. 9. 1996, LAGE Nr. 18 zu § 118 BetrVG 1972 = NZA 1997, 671; s. auch Rn. 29 und § 118 Rn. 151 f.).

III. Ausschreibung der Arbeitsplätze

1. Durchführung des nach dieser Gesetzesbestimmung eingeräumten Beteiligungsrechts

19 Der Arbeitgeber hat, wenn der Betriebsrat es im Rahmen seines Mitbestimmungsrechts verlangt, die **Arbeitsplätze vor ihrer Besetzung** innerhalb des Betriebs **auszuschreiben**. Die Mindestanforderungen an Inhalt und Form einer Ausschreibung ergeben sich aus ihrem Zweck. Dieser geht dahin, die zu besetzende Stelle den in Betracht kommenden Arbeitnehmern zur Kenntnis zu bringen und ihnen die Möglichkeit zu geben, ihr Interesse an der Stelle kundzutun und sich darum zu bewerben. Aus der Ausschreibung muss daher hervorgehen, um welchen Arbeitsplatz es sich handelt und welche Anforderungen ein Bewerber erfüllen muss. Außerdem muss die Bekanntmachung so erfolgen, dass alle als Bewerber in Betracht kommenden Arbeitnehmer die Möglichkeit haben, von der Ausschreibung Kenntnis zu nehmen. Eine bestimmte Form der Bekanntmachung ist nicht vorgeschrieben. Regelmäßig erforderlich, aber auch ausreichend ist es, wenn die

III. Ausschreibung der Arbeitsplätze § 93

Ausschreibung in der Weise bekannt gemacht wird, in der üblicherweise die Information der Arbeitnehmer erfolgt.

Form und Inhalt der Ausschreibung ergeben sich damit aus dem Gesetz und unterliegen **nicht** der **Mitbestimmung** (ebenso BAG 27. 5. 1982 AP ArbGG 1979 § 80 Nr. 2; 27. 10. 1992 AP BetrVG 1972 § 95 Nr. 29; BAG 17. 6. 2008, NZA 2008, 1139; ErfK-*Kania*, § 93 Rn. 5; GK-*Kraft/Raab*, § 93 Rn. 23; HSWGNR-*Rose*, § 93 Rn. 14; *Matthes*, MünchArbR § 261 Rn. 9; a. A. DKK-*Buschmann*, § 93 Rn. 10; *Fitting*, § 93 Rn. 6, 9; referierend BAG 23. 2. 1988 AP BetrVG 1972 § 93 Nr. 2). Bei einem Ausschreibungsverlangen des Betriebsrats hat der Arbeitgeber aber die von ihm gestellten Anforderungen für eine Bewerbung um den Arbeitsplatz in den Ausschreibungstext aufzunehmen (s. Rn. 8). Unterbleibt dies, so genügt der Arbeitgeber nicht der vom Betriebsrat geforderten innerbetrieblichen Stellenausschreibung. 20

In der Literatur gibt es Stimmen, die für eine Stellenausschreibung nach § 93 BetrVG auch die Angabe einer etwaigen **Tarifgruppe** verlangen (*Fitting*, § 93 Rn. 7; DKK-*Buschmann*, § 93 Rn. 14; a. A. LAG Berlin 11. 2. 2005, AuR 2005, 238). Das überzeugt nicht. Die fehlende Angabe zu den Tarifgruppen hat nicht zur Folge, dass die zu besetzenden Arbeitsplätze für die Mitarbeiter im Betrieb nicht erkennbar waren (vgl. LAG Berlin 12. 11. 2004 – 2 TaBV 1772/04 – zu II 2 b der Gründe). Eine Tarifgruppe betrifft nicht den Arbeitsplatz als solchen, sondern erst dessen Wertigkeit. Aus der Ausschreibung einer Stelle muss lediglich hervorgehen, um welchen Arbeitsplatz es sich handelt und welche Anforderungen ein Bewerber erfüllen muss (BAG 23. 2. 1988 AP BetrVG 1972 § 93 Nr. 2 zu B I 1 der Gründe; s. auch Rn. 9). Umgekehrt gilt: Der Arbeitgeber kann sich bei der Ausschreibung einer Stelle bei der Ausgestaltung des Stellenprofils von der Qualifikation des ausgewählten Arbeitnehmers abhängige Wahlmöglichkeiten etwa hinsichtlich von dessen Eingruppierung vorbehalten, will er denn bereits bei der Ausschreibung eine Eingruppierung angeben (Hessisches LAG 16. 12. 2008 – 4 TaBV 166/08, juris). 20 a

Die **Dauer der Ausschreibung** unterliegt ebenso nicht der Mitbestimmung. Entscheidend ist, dass der Arbeitgeber den jeweiligen Arbeitsplatz in ausreichender Länge bekannt macht, dass sich die betriebsangehörige Arbeitnehmer unter gewöhnlichen Umständen auf die Stelle bewerben können (s. BAG 17. 6. 2008, NZA 2008, 1139; LAG München 18. 12. 2008 – 4 TaBV 70/08, juris). Weicht er vom betriebsüblichen Prozedere ab und verkürzt die Ausschreibungsfrist, muss er dafür sachliche Gründe haben; ansonsten kann der Betriebsrat die Zustimmung zur Einstellung oder Versetzung verweigern, s. § 99. 20 b

Nach **§ 11 AGG** trifft den Betriebsrat die Pflicht darüber zu wachen, dass Arbeitsplatzausschreibungen nicht unter Verstoß gegen das in § 7 Abs. 1 AGG niedergelegte Benachteiligungsverbot erfolgen. Arbeitsplatzausschreibungen müssen daher nicht nur wie bei der Vorgängervorschrift geschlechtsneutral, sondern auch hinsichtlich der weiteren Benachteiligungsgründe des § 1 AGG diskriminierungsfrei ausgestaltet werden. Verstößt der Arbeitgeber gegen die Vorgaben des § 11 AGG, so berechtigt dies den Betriebsrat jedoch nicht die Zustimmung zu der geplanten Einstellung gemäß § 99 Abs. 2 Nr. 1 zu verweigern (vgl. dazu § 99 Rn. 191; allgemein MünchKomm-*Thüsing*, AGG § 11 Rn. 4 ff.). 21

2. Erweiterung einer Beteiligung des Betriebsrats

Arbeitgeber und Betriebsrat können über die Ausschreibung der Arbeitsplätze eine **Betriebsvereinbarung** abschließen (vgl. BAG 7. 11. 1977 AP BetrVG 1972 § 100 Nr. 1). Der Abschluss einer Betriebsvereinbarung ist aber keine konstitutive Voraussetzung für die Verpflichtung des Arbeitgebers zur Ausschreibung (ebenso BAG 7. 11. 1977 AP BetrVG 1972 § 100 Nr. 1). Das Gesetz verlangt für das Ausschreibungsverlangen des Betriebsrats keine Einigung mit dem Arbeitgeber. Folgerichtig scheidet deshalb hier auch 22 die Möglichkeit aus, bei einer Meinungsverschiedenheit die Einigungsstelle anzurufen. Soweit Arbeitgeber und Betriebsrat über dessen Ausschreibungsverlangen hinaus in einer Betriebsvereinbarung Regelungen über den Ausschreibungsinhalt treffen, handelt es sich um eine **freiwillige Betriebsvereinbarung** (ebenso GL-*Löwisch*, § 93 Rn. 6; HSWGNR-*Rose*, § 93 Rn. 20).

23 Eine **erzwingbare Betriebsvereinbarung** liegt aber vor, soweit mit der Stellenausschreibung die fachlichen und persönlichen Voraussetzungen festgelegt werden, unter denen ein Arbeitnehmer sich um den Arbeitsplatz bewerben kann; denn in diesem Fall werden zugleich **Auswahlrichtlinien** erlassen, die der Zustimmung des Betriebsrats bedürfen (§ 95 Abs. 1; ebenso HSWGNR-*Rose*, § 93 Rn. 20; vgl. auch GL-*Löwisch*, § 93 Rn. 6; *Hanau*, BB 1972, 451, 453; a. A. GK-*Kraft/Raab*, § 93 Rn. 31, nach denen in der Festlegung der Voraussetzungen, unter denen sich ein Arbeitnehmer bewerben kann, nicht die Aufstellung von Auswahlrichtlinien liege, obwohl sie anerkennen, dass eine Vereinbarung zwischen Arbeitgeber und Betriebsrat über die Ausschreibung gleichzeitig Auswahlrichtlinien enthalten kann). Dabei ist jedoch zu beachten, dass der Betriebsrat nur in Betrieben mit mehr als 500 Arbeitnehmern ein als Mitbestimmungsrecht gestaltetes Initiativrecht hat (§ 95 Abs. 2).

IV. Rechtsfolgen des Ausschreibungsverlangens

1. Ausschreibung des Arbeitsplatzes

24 Verlangt der Betriebsrat im Rahmen seines Mitbestimmungsrechts die **betriebsinterne Ausschreibung** von Arbeitsplätzen, so ist der Arbeitgeber nur verpflichtet, diesem Ausschreibungsverlangen zu entsprechen. Er wird dadurch **nicht gehindert,** die Arbeitsplätze gleichzeitig auch **außerhalb des Betriebs** durch Stellenanzeigen oder Mitteilung an das Arbeitsamt **auszuschreiben** (ebenso *Fitting*, § 93 Rn. 13; GK-*Kraft/Raab*, § 93 Rn. 17, § 99 Rn. 148; HSWGNR-*Rose*, § 93 Rn. 35).

2. Auswahlrecht des Arbeitgebers

25 Der Arbeitgeber ist **nicht gezwungen,** den Arbeitsplatz nur mit **Personen** zu besetzen, die sich um ihn beworben haben, und er ist auch nicht verpflichtet, **Bewerbern aus dem Betrieb** den Vorrang zu geben (ebenso BAG 7. 11. 1977 AP BetrVG 1972 § 100 Nr. 1 [zust. *Richardi*]; 30. 1. 1979 AP BetrVG 1972 § 118 Nr. 11 [zust. *Kraft*]; 18. 11. 1980 AP BetrVG 1972 § 93 Nr. 1 [zust. *Küchenhoff*]; *Fitting*, § 93 Rn. 13; GK-*Kraft/Raab*, § 93 Rn. 28, § 99 Rn. 148; HSWGNR-*Rose*, § 93 Rn. 36; Jaeger/Röder/Heckelmann/ *Schuster*, Kap. 23 Rn. 33; *Stege/Weinspach/Schiefer*, § 93 Rn. 10; *Matthes*, MünchArbR § 262 Rn. 15). Doch ist es möglich, dass durch (freiwillige) Betriebsvereinbarung ein anderes bestimmt wird (so bereits *Hanau*, BB 1972, 451, 453; *Richardi*, ZfA-Sonderheft 1972, 1, 6). Auch hat der Arbeitgeber unabhängig davon dem internen Bewerber eine reelle **Chance auf Bewerbung** einzuräumen: Stellt er einen Externen ein, bevor die innerbetriebliche Ausschreibung Früchte zeitigen konnte, dann ist dies als ein Verstoß gegen die Ausschreibungspflicht selbst zu sehen (s. auch *Fitting*, § 93 Rn. 13; ArbG Reutlingen 9. 9. 1993, AiB 1994, 122: Mindestens eine Woche zwischen Ausschreibung und Einstellung).

26 Sofern es sich um **Auswahlrichtlinien** handelt, hat hier der Betriebsrat sogar ein Mitbestimmungsrecht nach § 95. **Stellenausschreibungen** selbst sind aber noch **keine Auswahlrichtlinien** (ebenso BAG 27. 10. 1992 AP BetrVG 1972 § 95 Nr. 29; *Matthes*, MünchArbR § 262 Rn. 14). In Betracht kommt nur, dass der Arbeitgeber in den Ausschreibungstext Angaben aufzunehmen hat, die einer mit dem Betriebsrat vereinbarten Auswahlrichtlinie entsprechen. Eine derartige Richtlinie, die der Zustimmung des Betriebsrats bedarf, kann auch zum Inhalt haben, dass der Arbeitgeber, wenn eine betriebs-

IV. Rechtsfolgen des Ausschreibungsverlangens   § 93

interne Ausschreibung zu erfolgen hat, betriebsexternen Bewerbern bei gleicher Eignung und Fähigkeit nicht den Vorzug vor einem Betriebsangehörigen geben darf, der sich um den Arbeitsplatz beworben hat. Eine Auswahlrichtlinie ist nicht bereits anzunehmen, wenn eine Betriebsvereinbarung für den Aushang innerbetrieblicher Stellenausschreibungen einen Fristrahmen festlegt und vorschreibt, dass der letzte Tag der Aushangfrist in der Stellenausschreibung anzugeben ist. Darin liegt noch keine Beschränkung der Auswahl des Arbeitgebers auf den Kreis derjenigen Betriebsangehörigen, die sich innerhalb der Aushangfrist beworben haben (ebenso BAG 18. 11. 1980 AP BetrVG 1972 § 93 Nr. 1).

3. Zustimmungsverweigerungsrecht des Betriebsrats bei Einstellung und Versetzung

a) Schreibt der Arbeitgeber die Arbeitsplätze nicht vor ihrer Besetzung aus, obwohl der Betriebsrat es verlangt hat, so kann der **Betriebsrat** nach **§ 99 Abs. 2 Nr. 5** seine **Zustimmung zu der Einstellung oder Versetzung verweigern** (s. § 99 Rn. 234). Diese Rechtsfolge tritt aber nur in **Unternehmen mit in der Regel mehr als zwanzig wahlberechtigten Arbeitnehmern** ein; denn nur bei dieser Unternehmensgröße hat der Betriebsrat ein Mitbestimmungsrecht bei Einstellungen und Versetzungen (§ 99 Abs. 1 Satz 1). Die nach § 93 erforderliche Ausschreibung im Betrieb ist auch dann als unterblieben anzusehen, wenn der Arbeitgeber eine bestimmte Stelle im Betrieb zwar ausschreibt, in einer Stellenanzeige aber andere Anforderungen für eine Bewerbung um diesen Arbeitsplatz nennt (ebenso BAG 23. 2. 1988, AP BetrVG 1972 § 93 Nr. 2). Hält der Arbeitgeber sich aber nur nicht an die vom Betriebsrat verlangte Form der Ausschreibung, so ist diese i. S. des § 99 Abs. 2 Nr. 5 nur dann als unterblieben anzusehen, wenn dadurch Arbeitnehmer, für die der Arbeitsplatz in Betracht kommen kann, keine ausreichende Möglichkeit erhielten, von der Stellenausschreibung Kenntnis zu erlangen. Der Betriebsrat kann seine Zustimmung zu einer Einstellung wegen fehlender Ausschreibung grundsätzlich nur gemäß § 99 Abs. 2 Nr. 5 verweigern, wenn er die Ausschreibung vor dem Zustimmungsersuchen des Arbeitgebers verlangt oder mit diesem eine Vereinbarung über die Ausschreibung zu besetzender Arbeitsplätze getroffen hat (BAG 14. 12. 2004 AP BetrVG 1972 § 99 Nr. 121; s. auch § 99 Rn. 235).

b) Verweigert der Betriebsrat seine Zustimmung zur Einstellung oder Versetzung, weil eine **nach § 93 erforderliche Ausschreibung im Betrieb unterblieben** ist (§ 99 Abs. 2 Nr. 5), so kann das **Arbeitsgericht die fehlende Zustimmung des Betriebsrats nicht ersetzen**. Eine Ersetzung kommt lediglich dann in Betracht, wenn der Arbeitgeber die Ausschreibung nachgeholt und sich niemand auf sie beworben hat (vgl. auch *Meisel*, Mitwirkung und Mitbestimmung in personellen Angelegenheiten, Rn. 159). Kommt der Arbeitgeber seiner Pflicht zur innerbetrieblichen Stellenausschreibung nicht nach, kann er sich gegenüber einer deshalb erklärten Zustimmungsverweigerung des Betriebsrats zu einer Einstellung oder Versetzung im Zustimmungsersetzungsverfahren insbesondere nicht darauf berufen, die Zustimmungsverweigerung sei **rechtsmissbräuchlich** und damit unbeachtlich, weil für den zu besetzenden Arbeitsplatz kein Mitarbeiter des Betriebs geeignet sei oder an diesem Arbeitsplatz Interesse habe oder haben könne (LAG Frankfurt 2. 11. 1999 AP BetrVG 1972 § 93 Nr. 7). Eine solche Relativierung der Vorschrift ist nicht im Interesse der Rechtssicherheit, zumal es regelmäßig ohne weiteres möglich ist und keinen besonderen Aufwand erfordert, eine ordnungsgemäße innerbetriebliche Ausschreibung vorzunehmen. Eine Ausnahme ist nur da angebracht, wo sämtlichen Mitarbeitern des Betriebes offensichtlich die erforderliche Qualifikation fehlt.

c) Besonderheiten gelten im **Tendenzbetrieb**. Auch wenn die Stelle eines Tendenzträgers auf Verlangen des Betriebsrats innerbetrieblich auszuschreiben ist, so begründet dies bei unterbliebener Ausschreibung kein Zustimmungsverweigerungsrecht nach § 99 Abs. 2. Auch dann verbleibt es bei dem gemäß § 118 Abs. 1 auf Unterrichtung beschränkten Beteiligungsrecht des Betriebsrats nach § 99 (LAG Frankfurt 3. 9. 1996, NZA 1997, 671; s. auch § 118 Rn. 160 f.).

V. Streitigkeiten

30 Bestehen zwischen Arbeitgeber und Betriebsrat Meinungsverschiedenheiten darüber, ob der Betriebsrat die betriebsinterne Ausschreibung von Arbeitsplätzen verlangen kann oder ob eine betriebsinterne Ausschreibung ordnungsgemäß durchgeführt wurde, so entscheidet das Arbeitsgericht im Beschlussverfahren (§ 2a Abs. 1 Nr. 1, Abs. 2 i. V. mit §§ 80 ff. ArbGG). Die Einigungsstelle kann nur im Rahmen des freiwilligen Verfahrens nach § 76 Abs. 6 angerufen werden; sie hat hier keine Kompetenz zur Zwangsschlichtung.

31 Bei Verletzung des Mitbestimmungsrechts besteht eine Sanktion insoweit, als der Betriebsrat seine Zustimmung zu einer personellen Maßnahme nach § 99 Abs. 2 Nr. 5 verweigern kann, wenn eine nach dieser Bestimmung erforderliche Ausschreibung im Betrieb unterblieben ist (s. Rn. 27). Außerdem kann, sofern es sich um eine grobe Pflichtverletzung handelt, also vor allem bei wiederholtem Unterlassen der betriebsinternen Stellenausschreibung trotz Verlangens des Betriebsrats, gegen den Arbeitgeber ein Zwangsverfahren nach § 23 Abs. 3 durchgeführt werden, um ihm aufzugeben, die Arbeitsplätze vor ihrer Besetzung innerhalb des Betriebs auszuschreiben.

§ 94 Personalfragebogen, Beurteilungsgrundsätze

(1) ¹Personalfragebogen bedürfen der Zustimmung des Betriebsrats. ²Kommt eine Einigung über ihren Inhalt nicht zustande, so entscheidet die Einigungsstelle. ³Der Spruch der Einigungsstelle ersetzt die Einigung zwischen Arbeitgeber und Betriebsrat.

(2) Absatz 1 gilt entsprechend für persönliche Angaben in schriftlichen Arbeitsverträgen, die allgemein für den Betrieb verwendet werden sollen, sowie für die Aufstellung allgemeiner Beurteilungsgrundsätze.

Schrifttum: *Diller/Schuster,* Rechtsfragen der elektronischen Personalakte, DB 2008, 928; *Düwell,* Neu geregelt: Die Stellung des Schwerbehinderten im Arbeitsrecht, BB 2001, 1527; *ders.,* Die Neuregelung des Verbots der Benachteiligung wegen Behinderung im AGG, BB 2006, 1741; *Gießen,* Tarifbonus für Gewerkschaftsmitglieder?, NZA 2004, 1317; *Gistel/Rieble,* Betriebsratszugriff auf Zielvereinbarungsinhalte?, BB 2004, 2462; *Hergenröder,* Fragerecht des Arbeitgebers und Offenbarungspflicht des Arbeitnehmers, AR-Blattei SD 715; *Ostmann/Kappel,* Arbeitnehmerdatenschutz, AuA 2008, 656; *Schmidt,* Ermittlung und Abfrage von Sozialdaten, AuA 2007, 476; *Strick,* Die Anfechtung von Arbeitsverträgen durch den Arbeitgeber, NZA 2000, 695; *Wisskirchen,* Der Umgang mit dem Allgemeinen Gleichbehandlungsgesetz – Ein „Kochrezept" für den Arbeitgeber, DB 2006, 1491; *Thüsing/Lambrich,* Das Fragerecht des Arbeitgebers – aktuelle Probleme zu einem klassischen Thema, BB 2006, 1146.

Übersicht

	Rn.
I. Vorbemerkung	1
1. Bedeutung der Mitbestimmungstatbestände für die Personalwirtschaft eines Unternehmens	1
2. Entstehungsgeschichte der Mitbestimmungsnorm	2
II. Personalfragebogen als Gegenstand des Mitbestimmungsrechts	5
1. Begriff des Personalfragebogens	5
2. Negative Abgrenzung	8
3. Fragerecht des Arbeitgebers	11
4. Geltung des Bundesdatenschutzgesetzes	27

	Rn.
III. Mitbestimmung bei der Gestaltung des Personalfragebogens	29
1. Mitbestimmungsrecht als Zustimmungsrecht	29
2. Reichweite des Mitbestimmungsrechts	31
3. Inhalt des Mitbestimmungsrechts	35
4. Zulässigkeit der Fragestellung als Schranke des Mitbestimmungsrechts	38
5. Durchführung der Mitbestimmung	39
6. Einfluss der Mitbestimmung auf die Personaldatenerhebung und -verarbeitung	45
IV. Mitbestimmung bei der Gestaltung von Formularverträgen	51
V. Mitbestimmung bei der Aufstellung allgemeiner Beurteilungsgrundsätze	53
1. Aufstellung allgemeiner Beurteilungsgrundsätze als Mitbestimmungstatbestand	53
2. Reichweite des Mitbestimmungsrechts	59
3. Inhalt des Mitbestimmungsrechts	62
4. Durchführung der Mitbestimmung	65
5. Bedeutung der Mitbestimmung für die Beurteilung	69
VI. Zuständigkeit und Spruch der Einigungsstelle	72
VII. Zuständigkeit des Arbeitsgerichts	75

I. Vorbemerkung

1. Bedeutung der Mitbestimmungstatbestände für die Personalwirtschaft eines Unternehmens

Die Personalwirtschaft eines Unternehmens verlangt Informationen über die Eignung und Fähigkeit des für einen Arbeitsplatz ausgewählten Personals. Eine systematisch ermittelte Informationsbasis bildet insoweit eine wesentliche Voraussetzung für jede Personalplanung. Diesem Zweck dient die Erhebung personenbezogener Daten von Bewerbern um einen Arbeitsplatz und vorhandenen Arbeitnehmern. Das herkömmliche Mittel, sich diese Kenntnis zu verschaffen, ist der **Personalfragebogen**, den ein Arbeitnehmer vor seiner Einstellung auszufüllen hat. Soweit es um die Ermittlung der Fähigkeitspotenziale von Mitarbeitern geht, bilden Verfahren der Leistungsbeurteilung ein wichtiges Instrument zur notwendigen Kenntniserlangung (vgl. zur allgemeinen Informationsbasis der Personalwirtschaft *Drumm*, Personalwirtschaft, 5. Aufl. 2005, S. 85 ff.). Durch die **Festlegung allgemeiner Beurteilungsgrundsätze** soll eine objektive Beurteilung der Leistungsfähigkeit eines Arbeitnehmers sichergestellt werden. Je sorgfältiger hier verfahren wird, desto größer ist die Zahl der erhobenen und verarbeiteten Personaldaten. Bei den Personalfragebogen besteht die Gefahr, dass Fragen gestellt werden, deren Beantwortung tief in die verfassungsrechtlich geschützte Persönlichkeitssphäre eingreift, obwohl sie bei objektiver Betrachtung für den Arbeitsplatz nicht relevant sind. Bei der Aufstellung allgemeiner Beurteilungsgrundsätze ist die Gefahr gegeben, dass ihr zugrunde gelegte Ansätze eine Wahrnehmungsverzerrung auslösen, die trotz richtiger Anwendung der Beurteilungsgrundsätze zu einer im Ergebnis fehlerhaften Beurteilung führen. 1

Entsprechende Vorschriften: § 75 Abs. 3 Nr. 8, 9; § 76 Abs. 2 Nr. 2, 3 BPersVG; für Beurteilungsgrundsätze § 30 Satz 1 Nr. 2 SprAuG. 1a

2. Entstehungsgeschichte der Mitbestimmungsnorm

Vor Erlass des BetrVG 1972 hat mehrfach zur Diskussion gestanden, welchen zulässigen Inhalt ein **Personalfragebogen** haben kann. Der DGB hat in diesem Zusammenhang auf Praktiken hingewiesen, die im Jahre 1966 zu einer Anfrage im Deutschen Bundestag geführt hatten (vgl. die Mitteilung in AuR 1967, 150, 240; vgl. auch *Häßler/Kehrmann*, BlStSozArbR 1967, 44 ff.). Vor allem Frauen würden Fragen gestellt, die in keiner Beziehung zur Arbeit stehen und in die Intimsphäre eindringen; so werde nicht nur nach 2 der Religionszugehörigkeit auch des Ehegatten, nach der Mitgliedschaft in einer Gewerkschaft, sondern auch nach Krankheiten der weiblichen Organe, nach Fehl- oder Totgeburten oder sogar nach Beschwerden im Zusammenhang mit der Periode gefragt. Durch das Mitbestimmungsrecht des Betriebsrats soll deshalb sichergestellt werden, „dass die Fragen auf die Gegenstände und den Umfang beschränkt bleiben, für die ein berechtigtes Auskunftsbedürfnis des Arbeitgebers besteht" (so die Begründung zum RegE, BT-Drucks. VI/1786, S. 50). Da die gleiche Interessenlage auch dann besteht, wenn in Arbeitsverträgen, die allgemein für den Betrieb verwendet werden sollen, also in sog. **Formularverträgen**, persönliche Angaben verlangt werden, besteht auch hier ein Mitbestimmungsrecht des Betriebsrats.

3   Bei der **Aufstellung allgemeiner Beurteilungsgrundsätze** geht es dagegen weniger um den Schutz vor unzulässiger Fragestellung als vielmehr um die Bewertung des Arbeitnehmers und seiner Arbeitsleistung nach objektiven, arbeitsbezogenen Kriterien, um gerade in diesem nicht nur für die Personalplanung, sondern auch für die berufliche Entwicklungsmöglichkeit des Arbeitnehmers wichtigen Bereich eine Objektivierung herbeizuführen. Aus diesem Grunde sieht das Gesetz vor, dass auch die Aufstellung allgemeiner Beurteilungsgrundsätze der Zustimmung des Betriebsrats bedarf (vgl. die Begründung zum RegE, BT-Drucks. VI/1786, S. 50).

4   Die Mitbestimmungsnorm wurde zu einer Zeit geschaffen, als die **elektronische Datenverarbeitung** noch keine Rolle spielte. Sie geht außerdem in ihrer Textgestaltung von einem **überholten Stand der Personalwirtschaftslehre** aus. Diese Defizite verdecken ihre **grundlegende Bedeutung** für den **Arbeitnehmerdatenschutz**. Das hier dem Betriebsrat eingeräumte Mitbestimmungsrecht sichert das vom BVerfG aus dem verfassungsrechtlich gewährleisteten Persönlichkeitsschutz (Art. 1 und 2 GG) entwickelte **Recht auf informationelle Selbstbestimmung** des Bürgers (BVerfG 15. 12. 1983 E 65, 1, 43). Es findet in ihm zugleich auch seine Schranke. Schließlich muss bei der Interpretation beachtet werden, dass § 94 auch zum **gesetzlichen Datenschutz** zählt (s. auch Rn. 23).

II. Personalfragebogen als Gegenstand des Mitbestimmungsrechts

1. Begriff des Personalfragebogens

5   Der Personalfragebogen ist die **formularmäßige Zusammenfassung von Fragen über die persönlichen Verhältnisse, Kenntnisse und Fähigkeiten einer Person** (ebenso BAG 21. 9. 1993 AP BetrVG 1972 § 94 Nr. 4). Für den Mitbestimmungstatbestand spielt keine Rolle, ob der Personalfragebogen nur für Personen bestimmt ist, die sich um einen Arbeitsplatz bewerben, oder ob der Fragebogen auch ohne Rücksicht auf die Bewerbung um einen Arbeitsplatz von Arbeitnehmern des Betriebs ausgefüllt werden soll. Ebenfalls unerheblich ist, ob der Personalfragebogen nur für Personen eingeführt wird, mit denen ein Arbeitsverhältnis bereits besteht oder begründet wird, oder ob durch ihn auch von sonstigen Bewerbern Daten erhoben werden, bevor der Arbeitgeber die personelle Auswahlentscheidung für ihre Einstellung getroffen hat (ebenso BAG a. a. O.; *Fitting*, § 94 Rn. 6; GK-*Kraft/Raab*, § 94 Rn. 15; *Matthes*, MünchArbR § 258 Rn. 4; *Degener*, Fragerecht des Arbeitgebers, S. 19 f.). Daher hat der Betriebsrat auch ein Mitbestimmungsrecht, wenn der Arbeitgeber zur Verwendung bei Jahresgesprächen Fragebögen einführt, in denen der Arbeitnehmer Angaben über sich und seine Arbeitsleistung machen soll (etwa ob er sich über- oder unterfordert fühlt, oder ob eine Hilfestellung benötigt: LAG Köln 21. 4. 1997, NZA-RR 1997, 481).

6   Für den Mitbestimmungstatbestand ist nicht Voraussetzung, dass die Fragen in einem Formular niedergelegt sind; es genügt, dass **personenbezogene Daten auf einem Datenträger** erfasst werden. Deshalb fällt unter den Mitbestimmungstatbestand, wenn Personaldaten für ein automatisiertes Personalinformationssystem gesammelt werden

(ebenso *Fitting*, § 94 Rn. 8, 12; *Hümmerich*, RdA 1979, 143, 145; *Wohlgemuth*, BB 1980, 1530, 1533).

Keine Rolle spielt daher, ob die befragte Person selbst den Personalfragebogen ausfüllt oder ob ein Befrager die Personaldaten erhebt, wobei ebenfalls unerheblich ist, ob er sie schriftlich niederlegt oder über ein Datensichtgerät zur automatischen Datenverarbeitung in einen Datenträger eingibt (ebenso BAG 21. 9. 1993 AP BetrVG 1972 § 94 Nr. 4; *Fitting*, § 94 Rn. 8; GK-*Kraft/Raab*, § 94 Rn. 16; HSWGNR-*Rose*, § 94 Rn. 6; DKK-*Klebe*, § 94 Rn. 3; HWK-*Ricken*, § 94 Rn. 2; *Heinze*, Personalplanung, Rn. 94; Jaeger/Röder/Heckelmann/*Schuster*, Kap. 23 Rn. 35; a. A. *Hümmerich*, DB 1978, 1932, 1934 Fn. 13; ders., RdA 1979, 143, 146 f.). Auch wenn der Arbeitgeber Personaldaten erhebt, indem er an Stelle der Ausfüllung von Personalfragebögen Tests durchführen lässt, ist der Mitbestimmungstatbestand gegeben (ebenso *Fitting*, § 94 Rn. 8; DKK-*Klebe*, § 94 Rn. 4; HWK-*Ricken*, § 94 Rn. 2; *Hanau*, BB 1972, 451, 453; Jaeger/Röder/Heckelmann/*Schuster*, Kap. 23 Rn. 35; a. A. *Schmidt*, DB 1974, 1910, 1912; *Hümmerich*, RdA 1979, 143, 146 f.). Dabei ist jedoch zu beachten, dass die Durchführung des Tests selbst nicht dem Mitbestimmungsrecht unterliegt, wie der Betriebsrat auch nicht verlangen kann, an einem Vorstellungsgespräch beteiligt zu werden (vgl. BAG 18. 7. 1978 AP BetrVG 1972 § 99 Nr. 7; s. auch § 99 Rn. 140). Daraus folgt aber keineswegs, dass die Festlegung der Fragen, durch die bei dieser Gelegenheit personenbezogene Daten erhoben werden, mitbestimmungsfrei ist (ebenso BAG a. a. O.; *Fitting*, § 94 Rn. 14; DKK-*Klebe*, § 94 Rn. 4; im Ergebnis auch, sofern er Fragen im Rahmen eines Vorstellungsgesprächs nur dann für mitbestimmungsfrei hält, sofern es sich bei ihnen nicht um schriftlich fixierte, standardisierte Fragen handelt, GK-*Kraft/Raab*, § 94 Rn. 17; a. A. GL-*Löwisch*, § 94 Rn. 4; HSWGNR-*Rose*, § 94 Rn. 12).

2. Negative Abgrenzung

Der Personalfragebogen muss **Fragen des Arbeitgebers** zusammenfassen. Deshalb liegt der Mitbestimmungstatbestand **nicht** vor, wenn der Arbeitnehmer sich einer **ärztlichen Untersuchung** zu unterziehen hat (vgl. §§ 32 ff. JArbSchG) oder die Einstellung von einer Untersuchung durch den Betriebsarzt oder einen sonstigen Arzt abhängig gemacht wird und dieser einen Fragebogen vorlegt, um den Gesundheitszustand medizinisch beurteilen zu können (ebenso GK-*Kraft/Raab*, § 94 Rn. 18; GL-*Löwisch*, § 94 Rn. 5; HSWGNR-*Rose*, § 94 Rn. 17; *Meisel*, Mitwirkung und Mitbestimmung in personellen Angelegenheiten, Rn. 164; *Heinze*, Personalplanung Rn. 94; a. A. für analoge Anwendung *Heilmann/Thelen*, BB 1977, 1556, 1559). Dieser Fragebogen ist kein Personalfragebogen. Wegen der ärztlichen Schweigepflicht darf der Arzt den Fragebogen nicht an den Arbeitgeber weitergeben, so dass ausgeschlossen ist, dass auf diese Weise die Mitbestimmung des Betriebsrats beim Personalfragebogen umgangen wird.

Der Personalfragebogen zielt auf **persönliche Angaben des Arbeitnehmers**, wie sich mittelbar aus Abs. 2 Satz 1 ergibt. Persönliche Angaben sind die **Angaben über persönliche Verhältnisse** (s. Rn. 5). **Nicht** erfasst wird deshalb die Erhebung von **Daten über Verhalten und Leistung des Arbeitnehmers**; es besteht insoweit aber ein Mitbestimmungsrecht nach § 87 Abs. 1 Nr. 6 (s. § 87 Rn. 475; ebenso *Matthes*, MünchArbR § 258 Rn. 12). Ebenso scheidet ein Mitbestimmungsrecht nach § 94 aus, wenn der Arbeitgeber die durch Befragung erhobenen Daten nicht einem einzelnen Arbeitnehmer zuordnen kann, etwa weil er eine Drittfirma mit der Befragung beauftragt hat, die sich ihm gegenüber verpflichtet hat, die Ergebnisse nur in anonymisierter Form weiterzuleiten (LAG Frankfurt 11. 2. 1999 – 5 TaBV 29/98: Befragung von Mitarbeitern durch Drittfirma um möglichen Schulungsbedarf festzustellen).

Da eine Beantwortung durch den Arbeitnehmer bezweckt wird, gehören zu den Personalfragebogen auch **nicht Stellenbeschreibungen** und **Anforderungsprofile** (s. auch Rn. 50). Dies gilt jedoch nicht, wenn er personenbezogene Fragen enthält, die objektiv

§ 94　Personalfragebogen, Beurteilungsgrundsätze

geeignet sind, Rückschlüsse auf Leistung oder Eignung der Befragten zuzulassen; in diesem Falle handelt es sich um einen zustimmungsbedürftigen Personalfragebogen.

3. Fragerecht des Arbeitgebers

11　Die **Erhebung und Speicherung personenbezogener Daten** durch das Datenerfassungsinstrument des Fragebogens ist betriebsverfassungsrechtlich **nur mit Zustimmung des Betriebsrats** zulässig. Die kollektivrechtliche Zulässigkeit ersetzt aber **nicht** die **individualrechtliche Zulässigkeit**, sondern Zweck der Mitbestimmung ist im Gegenteil, dass der Arbeitgeber bei der Erhebung und Speicherung personenbezogener Daten die Schranken beachtet, die seinem Fragerecht individualrechtlich gezogen sind. Die Benachteiligungsverbote des AGG haben unmittelbar Auswirkungen auch auf die Reichweite des **Fragerechts des Arbeitgebers** gegenüber Bewerbern, die vom Schutz des AGG erfasst sind (§ 6 Abs. 1 S. 2 AGG); diese Schranken treten neben die bereits zuvor bestehenden Grenzen aus dem allgemeinen Persönlichkeitsrecht. Generell gilt: Wo eine Unterscheidung nicht gerechtfertigt wäre, darf der Arbeitgeber auch nicht die dafür erforderlichen Informationen erfragen. Ebenso wie das Diskriminierungsverbot schon im Vorfeld auf die Ausschreibung wirkt (§ 11 AGG, s. § 93 Rn. 21), wirkt es auf die Informationsrechte des Arbeitgebers des Arbeitsverhältnisses bei Begründung ein.

12　a) **Reichweite des Fragerechts:** Abwägung der beiderseitigen berechtigten Interessen. Dass ein Arbeitgeber einem Bewerber nicht jede Frage stellen darf, die ihm in den Sinn kommt, ist international und historisch betrachtet keine Selbstverständlichkeit. In französischen Lehrbüchern des Arbeitsrechts fehlt ein Hinweis auf das Fragerecht des Arbeitgebers (s. nur *Lyon-Caen/Pélissier/Supiot*, Droit du travail, 2004) und auch die Arbeitsrechtslehrbücher der Weimarer Zeit vermerken für das deutsche Arbeitsrecht diesen Streitpunkt nicht (sowohl *Kaskel*, Arbeitsrecht, 4. Aufl. 1932, als auch *Hueck/Nipperdey*, Arbeitsrecht, Bd. I, 3.–5. Aufl. 1932, kennen das Stichwort nicht). Die ständige Rechtsprechung des BAG hat dem Informationswunsch des Arbeitgebers jedoch zu Recht Grenzen gesetzt. Ein Fragerecht des Arbeitgebers bei Einstellungsverhandlungen ist nur insoweit anerkannt, als der Arbeitgeber ein „berechtigtes, billigenswertes und schutzwürdiges Interesse an der Beantwortung seiner Fragen im Hinblick auf das Arbeitsverhältnis" hat. Ein solches berechtigtes Interesse ist nur dann gegeben, wenn das Interesse des Arbeitgebers so gewichtig ist, dass dahinter das Interesse des Arbeitnehmers zurückzutreten hat, seine persönlichen Lebensumstände zum Schutz seines Persönlichkeitsrechts und zur Sicherung der Unverletzlichkeit seiner Individualsphäre geheim zu halten (BAG 7. 6. 1984 AP BGB § 123 Nr. 26; BAG 5. 10. 1995 AP BGB § 123 Nr. 40; enger und im Ergebnis verfehlt *Däubler* CR 1994, 101, 104, der ein billigenswertes und schutzwürdiges Arbeitgeberinteresse nur bei Beeinträchtigung der Funktionsfähigkeit des Unternehmens annimmt). Aus diesem die gegenseitigen Interessen abwägenden Ansatz haben sich zwei Begrenzungen des Fragerechts herausgebildet (hierzu schon sehr anschaulich *Rieble* Anm. zu BAG EzA BGB § 123 Nr. 40): Zum einen muss die Antwort auf die Frage erheblich für die Beurteilung der Fähigkeit sein, die Arbeit zu verrichten; zum anderen darf auch Arbeitsplatzrelevantes nicht gefragt werden, soweit dies mit einem unverhältnismäßigen Eingriff in die Privatsphäre verbunden ist. Die Fallgruppen, die hieraus entwickelt wurden, sind begrenzt: Vorstrafen, Stasi-Mitarbeit und Behinderung sind die Fragen, welche die Rechtsprechung am häufigsten beschäftigt haben (s. den Überblick bei ErfK-*Preis*, § 611 BGB Rn. 359 ff.; HWK/*Thüsing*, BGB § 123 Rn. 9 ff.; *Schaub*, ArbeitsR-HdB § 26 Rn. 14 ff.). Daneben können in einem zweiten Begründungsstrang Begrenzungen des Fragerechts daraus hergeleitet werden, dass die Antwort auf eine Frage einzig dem Zweck dienen kann, Grundlage einer durch das Gesetz verbotenen Differenzierung in der Arbeitgeberentscheidung zu sein. Dies war bislang insbesondere beim Verbot der Geschlechtsdiskriminierung gemäß § 611a BGB und damit bei der Frage nach der Schwangerschaft relevant geworden. Ist die Frage unzulässig, so braucht der Bewerber sie nicht richtig zu beantworten, ohne dass dies den Arbeitgeber zur Anfechtung des Arbeitsvertrags berechtigt; es besteht faktisch ein „Recht zur Lüge" (die Rspr. gebrauchte diesen Begriff erstmals in BAG AP BGB § 123 Nr. 15 (Anm. *Larenz*); grundlegend *Nikisch*, Arbeitsrecht, 1961, Bd. 1, S. 815; krit. zur Terminologie MünchArbR/*Buchner*, § 30 Rn. 365, der zu Recht darauf hinweist, dass es nur darum geht, dass eine unrichtige Auskunft auf eine unzulässige Frage nicht eine arglistige Täuschung gemäß § 123 BGB darstellt; zu den mit der Anfechtung des Arbeitsvertrags verbundenen Rechtsproblemen *Strick*, NZA 2000, 695).

b) Fragen nach der Schwangerschaft. Lange Zeit umstritten war die Frage nach der Schwangerschaft (vgl. mit einer umfassenden Darstellung *Thüsing/Lambrich*, BB 2002, 1146 ff.). Auf Grund des in § 9 MuSchG geregelten Beschäftigungsverbots für Schwangere und Wöchnerinnen bleibt dem Arbeitgeber oftmals nur die Anfechtung des Arbeitsvertrags, um ein Beschäftigungsverhältnis gegen den Willen der Arbeitnehmerin aufzulösen. Somit erlangt die Zulässigkeit dieses Fragerechts erhebliche praktische Bedeutung. Es ist davon auszugehen, dass die Frage nach der Schwangerschaft nach der neueren Rspr. des EuGH ohne Ausnahme verboten ist. Dies entspricht seit langem französischem Recht (s. Art. L 122–25 Code de travail). Eine Schranke für das in Einzelfällen sehr unbefriedigende Ergebnis könnte jedoch in dem Institut des Rechtsmissbrauchs oder dem Verbot des *venire contra factum proprium* gefunden werden, um eine Korrektur der unbilligen Härte herbeizuführen (ausführlich dazu *Thüsing/Lambrich*, BB 2002, 1146, 1147 f.). 13

c) Frage nach der Behinderung und nach der Schwerbehinderteneigenschaft. Enge Grenzen sind auch der Frage nach einer Behinderung und der Schwerbehinderteneigenschaft gezogen. Allerdings ist anders als bei der Frage nach der Schwangerschaft die Rechtsprechung in der Vergangenheit stets davon ausgegangen, dass die Frage nach der Schwerbehinderteneigenschaft zulässig sei (BAG 3. 12. 1998 AP BGB § 123 Nr. 49; BAG 5. 10. 1995 AP BGB § 123 Nr. 40; BAG 11. 11. 1993 AP BGB § 123 Nr. 38; BAG 1. 8. 1985 AP BGB § 123 Nr. 30; s. *Kittner/Zwanziger/Becker*, § 29 Rn. 49; *Schaub*, ArbeitsR-HdB § 26 Rn. 24; krit. unter Hinweis auf eine verfassungsrechtlich unzulässige Benachteiligung Schwerbehinderter ErfK/*Schmidt*, Art. 3 GG Rn. 79; ErfK/*Preis*, BGB § 611 Rn. 274; für die Notwendigkeit eines Tätigkeitsbezugs *Großmann*, NZA 1989, 702). Ausschlaggebend dafür war die Erwägung, dass sich an die Schwerbehinderteneigenschaft des Arbeitnehmers für den Arbeitgeber während der gesamten Dauer des Arbeitsverhältnisses zahlreiche gesetzliche Pflichten knüpfen. Diese begründeten ein berechtigtes Interesse. Zwischenzeitlich schien das BAG einschränken zu wollen, dass es an seiner bisherigen Rechtsprechung nicht festhalte, wenn die Schwerbehinderteneigenschaft für die auszuübende Tätigkeit von keiner Bedeutung sei, jedoch gab es diesen nur als obiter dictum formulierten Vorbehalt in Folgeentscheidungen wieder auf (BAG 5. 10. 1995 AP BGB § 123 Nr. 40; BAG 3. 12. 1998 AP BGB § 123 Nr. 49; gegenüber BAG 11. 11. 1993 AP BGB § 123 Nr. 38). Die Frage nach der Schwerbehinderteneigenschaft war damit – lässt man das Diskriminierungsrecht außen vor – auch zulässig, wenn die Behinderung, auf die die Anerkennung beruht, tätigkeitsneutral ist. In diesem Fall sollte allein die Frage nach der Behinderung selbst verboten sein (BAG 5. 10. 1995 AP BGB § 123 Nr. 40). Dies ist neu zu überdenken vor dem Hintergrund, dass mit § 81 Abs. 2 SGB IX und nun an seiner Seite § 3 AGG ein Diskriminierungsverbot geschaffen wurde, auf dessen Fehlen sich die Rechtsprechung in ihrem letzten Judikat stützte (so auch *Düwell*, BB 2001, 1527, 1530 allerdings ohne nähere Ausführungen zu den konkreten Auswirkungen für die Reichweite des Fragerechts). Eine Ungleichbehandlung behinderter Menschen ist damit nur zulässig, wenn die Differenzierung durch ähnlich schwer wiegende Erwägungen gerechtfertigt ist, die auch die Ungleichbehandlung nach dem Geschlecht legitimieren. Überträgt man die zur Frage nach der Schwangerschaft herausgearbeiteten Kriterien des EuGH auf das neu 14

§ 94

geschaffene Diskriminierungsverbot, dann scheint das Fragerecht deutlich eingeschränkt.

15 Uneingeschränkt erlaubt bleibt die Frage nach einer Behinderung nur dann, wenn ihr Fehlen eine **wesentliche und entscheidende berufliche Anforderung** für die Tätigkeit ist (*Wisskirchen*, DB 2006, 1491, 1494; *Düwell*, BB 2006, 1741, 1743). Gefragt werden darf dann nach dieser speziellen Behinderung, nicht nach der Feststellung der Eigenschaft als schwerbehinderter Mensch (§ 69 SGB IX) – etwa: „Haben Sie eine Behinderung, die es Ihnen unmöglich machen wird, die erwarteten Aufgaben zu erfüllen"). Insofern wird die bisherige Rechtsprechung, die es für die Frage nach der Behinderung ausreichen ließ, dass die Behinderung erfahrungsgemäß die Eignung des Stellenbewerbers für die vorgesehene Tätigkeit beeinträchtigt (BAG 7. 6. 1984 AP BGB § 123 Nr. 26; BAG 5. 10. 1995 AP BGB § 123 Nr. 40) deutlich eingeschränkt. Eine bloße Beeinträchtigung ist nach der Wertung des Gesetzes kein hinreichender Grund zur Benachteiligung behinderter Menschen. Die Frage muss daher genauso unterbleiben wie die Frage nach der Schwangerschaft, mag beides auch mit finanziellen Belastungen für den Arbeitgeber verbunden sein. Die Frage nach der Eigenschaft als schwerbehinderter Mensch als solche ist gänzlich ausgeschlossen, denn die damit verbundenen Pflichten des Arbeitgebers können zwar nicht unerhebliche Belastungen für ihn bedeuten, das AGG sieht hierin jedoch keinen legitimen Grund zur Ungleichbehandlung. Also ist auch eine auf die Vermeidung dieser Kosten gerichtete Frage unzulässig. Allerdings ist anzuerkennen, dass damit der Arbeitgeber, der nicht um die Eigenschaft seines Arbeitnehmers als schwerbehinderter Mensch weiß, Gefahr läuft, seine gesetzlichen Pflichten nicht zu erfüllen. Hierbei verhält es sich aber nicht anders als beim gewerkschaftlich organisierten Arbeitnehmer, der vor Einstellung seine Gewerkschaftszugehörigkeit nicht offenbaren muss, nach Einstellung aber sehr wohl, fragt ihn der Arbeitgeber dies, weil er hiervon seine Entlohnung nach Tarif abhängig machen will (*Buchner*, MünchArbR § 30 Rn. 245; ErfK/*Preis*, BGB § 611 Rn. 278; *Ehrich*, DB 2000, 421, 426; *Wohlgemuth*, AuR 1992, 46, 47; für eine generelle Zulässigkeit hingegen *Schaub*, ArbeitsR-HdB § 26 Rn. 18; s. auch MünchKomm-*Thüsing*, AGG § 11 Rn. 25). Nach Einstellung besteht also eine Offenbarungspflicht des schwerbehinderten Beschäftigten. Sonst mag es sein, dass der Arbeitgeber, der eine ausreichende Zahl schwerbehinderter Menschen iS des § 71 SGB IX beschäftigt, zusätzlich noch einmal Ausgleichsabgabe gemäß § 77 SGB IX zahlt. Offenbart sich der schwerbehinderte Arbeitnehmer nicht, macht er sich schadensersatzpflichtig aus § 280 Abs. 1 BGB. Eine Möglichkeit freilich verbleibt: Weil das Interesse des Arbeitgebers anzuerkennen ist, die Quote nach § 71 SGB IX zu erfüllen, muss es ihm möglich sein, gerade mit diesem Ziel einzustellen. Er darf daher in diesem Fall fragen, muss dem Bewerber jedoch seine Absicht, die Schwerbehinderung als positives Kriterium verwenden zu wollen, mitteilen. Auch dann bleibt es beim Recht des schwerbehinderten Bewerbers, der dem Arbeitgeber nicht zu trauen braucht, wahrheitswidrig zu antworten (ebenso *Düwell*, BB 2006, 1741, 1743). Auf dieses Recht hat der Arbeitgeber ihn hinzuweisen – ansonsten wäre dem Missbrauch Tür und Tor geöffnet.

16 **d) Frage nach der Religion, Weltanschauung und sexueller Identität.** Die Frage nach der Religion, Weltanschauung und sexuellen Identität war bereits bisher regelmäßig unzulässig als ungerechtfertigter Eingriff in die Privatsphäre des Arbeitnehmers (s. auch MünchKomm-*Thüsing*, AGG § 11 Rn. 22, § 1 Rn. 58 ff.). Nur wo sie eine wesentliche und entscheidende berufliche Anforderung darstellt, ist sie weiterhin zulässig; die Fälle sind freilich selten (s. MünchKomm-*Thüsing*, AGG § 8 Rn. 31 ff.). Das Verbot der **mittelbaren Benachteiligung** kann freilich auch hier Auswirkungen haben: Die Frage an den frommen Juden gestellt: „Stehen Sie auch Samstags zur Verfügung, wenn Not am Mann ist?" darf nur dann erfolgen, wenn dies sachlich gerechtfertigt ist, also tatsächlich Samstagsarbeit für diese Stelle zu erwarten ist und für andere – etwa ältere Arbeitnehmer – ebenso keine Ausnahmen gemacht werden (hierauf stellt aber die niederländische Gleichbehandlungskommission in der Entscheidung 147/2006 vom 12. 7. 2006, ähnlich bereits Urteil 49/1999 vom 1. 6. 1999, www.cgb.nl.). Die Rechtsprechung kommt zu diesem Ergebnis bereits ohne Bezugnahme auf das AGG (LAG Schleswig-Holstein vom 22. 7. 2005, 4 Sa 120/05, AuA 2005, 617 (Kurzwiedergabe); s. auch MünchKomm-*Thüsing*, AGG § 11 Rn. 22). Problematisch ist, ob ein berechtigtes, billigenswertes Interesse des Arbeitgebers an der Beantwortung einer Frage nach der Mitgliedschaft des Bewerbers in der **Scientology-Kirche** besteht. Hinsichtlich der Zulässigkeit eines Fragerechts vor einer Einstellung liegt bislang keine richterliche Entscheidung vor. Die Rspr. befasste sich lediglich mit der Möglichkeit einer Kündigung von Arbeitnehmern, die am Arbeitsplatz Tätigkeiten für Scientology entfalteten (vgl. LAG Berlin 11. 6. 1997, DB 1997, 2542; ArbG Ludwigshafen 12. 5. 1993, BB 1994, 861). Die Kernproblematik eines Fragerechts liegt darin, ob sich Scientology eine Religion ist. Mit seinem Beschluss vom **22. 3. 1995** hat das BAG zutreffend entschieden, dass die „Scientology Kirche Hamburg e. V." keine Religions- oder Weltanschauungsgemeinschaft i. S. v. Art. 4 Abs. 1 GG sei, da die primäre Zielsetzung der Vereinigung nicht in der Verbreitung von religiösen Lehren, sondern in wirtschaftlichen Aktivitäten liege (BAG AP ArbGG 1979 § 72 a Nr. 28 Divergenz; s. aber auch BAG 26. 9. 2002 AP ArbGG 1979 § 2 Nr. 83; Scientology fälschlich als Weltanschauungsgemeinschaft einordnend BVerwG 15. 12. 2005, NJW 2006. 1303). Vor diesem Hintergrund muss auch die Beurteilung eines Fragerechts gesehen werden. Fragen nach einer Mitgliedschaft in Scientology-Organisationen können demnach außerhalb von Tendenzbetrieben und dem öffentlichen Dienst zumindest dann gestellt werden, wenn **Vertrauensstellungen** zu besetzen sind (hierzu *Bauer/Baeck/Merten*, DB 1997, 2534, 2536; für eine generelle Zulässigkeit Schaub-*Schaub*, § 26 Rn. 25). Diese Bewertung der Zulässigkeit des Fragerechts könnte jedoch dadurch zukünftig zweifelhaft werden (*Thüsing/Lambrich*, BB 2002, 1146), dass der deutsche Gesetzgeber durch das AGG ein arbeitsrechtliches Diskriminierungsverbot wegen der Religion und Weltanschauung, des Alters und der sexuellen Ausrichtung geschaffen hat. Die bisher allgemein für zulässig gehaltene Frage nach der Scientology-Mitgliedschaft im öffentlichen Dienst könnte somit durch einen Verstoß gegen das Verbot der Diskriminierung wegen der Religion unzulässig sein (zuletzt *Bauer/Baeck/Merten*, DB 1997, 2534 ff.). Die weitere Entwicklung bleibt vorerst abzuwarten.

e) **Frage nach Vorerkrankungen – Gesundheits- und Drogentests.** Bereits vor Inkrafttreten des AGG war die Frage nach Vorerkrankungen des Bewerbers wegen des damit verbundenen Eingriffs in seine Intimsphäre engen Grenzen unterworfen. Ein unbeschränktes Fragerecht nach dem Gesundheitszustand existierte damit auch vor dem Inkrafttreten des AGG nicht. Die Rechtsprechung sah das Fragerecht des Arbeitgebers vielmehr im Wesentlichen darauf beschränkt, ob eine Krankheit bzw. eine Beeinträchtigung des Gesundheitszustandes vorliegt, durch die die Eignung für die vorgesehene Tätigkeit auf Dauer oder in periodisch wiederkehrenden Abständen eingeschränkt ist oder die wegen der mit ihr verbundenen Ansteckungsgefahr zukünftige Kollegen oder Kunden gefährden könnte. Zulässig sollte überdies die Frage danach sein, ob zum Zeitpunkt des Dienstantritts bzw. in absehbarer Zeit mit einer Arbeitsunfähigkeit zu rechnen ist, zB durch eine geplante Operation, eine bewilligte Kur oder auch durch eine zurzeit bestehende akute Erkrankung (BAG 7. 6. 1984 AP BGB § 123 Nr. 26; HWK/*Thüsing*, BGB § 123 Rn. 19 mwN). Zukünftig ist zu beachten, dass bestimmte, in der Vergangenheit ausschließlich unter dem Gesichtspunkt der Krankheit thematisierte Erscheinungen wie beispielsweise die Neigung zu epileptischen Anfällen (LAG Hamm BehindertenR 1999, 170) nunmehr dem **Behinderungsbegriff** des § 1 AGG unterfallen können (s. auch MünchKomm-*Thüsing*, AGG § 1 Rn. 74 ff.). Damit steigen regelmäßig die an die Zulässigkeit einer entsprechenden Frage zu stellenden Anforderungen. Sofern sie dem Diskriminierungsschutz behinderter Beschäftigter unterfällt, ist sie nur zulässig, wenn der Arbeitgeber nach einer Einschränkung fragt, deren Fehlen eine wesentliche und entscheidende berufliche Anforderung für die Tätigkeit ist (s. MünchKomm-*Thüsing*, AGG § 8 Rn. 40 f.). Die Feststellung eben jener Prämisse kann im Einzelfall allerdings mit nicht unwesentlichen praktischen Schwierigkeiten verbunden sein, weil der Arbeitgeber gerade nicht nach einer Behinderung fragt, sondern sich über das – prinzipiell in weiterem Rahmen zulässige – Vorliegen einer Krankheit erkundigt. Krankheit und Behinderung sind wiederum nicht deckungsgleich, und Fragen nach ihnen folgen jeweils eigenen Regeln; sie können sich aber im Einzelfall überschneiden. In diesem Fall gelten die strengeren Anforderungen an Fragen nach einer Behinderung (vgl. MünchKomm-*Thüsing*, AGG § 11 Rn. 21). Fragt der Arbeitgeber dementsprechend nach einer Krankheit, die ausschließlich bei Menschen mit einer bestimmten Behinderung auftritt, diskriminiert er verdeckt unmittelbar wegen einer Behinderung (vgl. MünchKomm-*Thüsing*, AGG § 3 Rn. 47 f.) mit der Folge, dass die Frage unzulässig ist. Schwieriger sind die Sachverhalte zu beurteilen, in denen die Krankheit zwar behinderte wie nicht behinderte Menschen betrifft, Erstere allerdings überproportional häufig. Die Frage nach entsprechenden Vorerkrankungen ist immer dann unzulässig, wenn sie zugleich als mittelbare Diskriminierung wegen einer Behinderung zu qualifizieren ist (s. MünchKomm-*Thüsing*, AGG § 1 Rn. 74 ff.). Unterstellt man Fälle der materiellen Benachteiligung wegen einer Behinderung dem mittelbaren Diskriminierungsbegriff, würde dies die bisherige Rechtsprechung des BAG zur Reichweite des Fragerechts nach Vorerkrankungen in weiten Bereichen obsolet machen. Nach vielen Krankheiten könnte nur dort gefragt werden, wo sich der Arbeitgeber zugleich nach dem Vorliegen einer Behinderung erkundigen dürfte.

18   Unzulässig können auch **Drogentests** als Bedingung zur Einstellung sein. Dies gilt insbesondere dann, wenn durch den Drogentest auch ein lange zurückliegender Drogenkonsum überprüft werden kann, der keine Auswirkungen mehr auf die Fähigkeit der Arbeitsleistung aktuell hat. Auch ein **Gesundheitstest** als Voraussetzung für die Einstellungszusage kann ein Indiz iS des § 22 AGG sein, wenn er dazu geeignet ist auch Vorerkrankungen, die als Behinderungen einzustufen sind, dem Arbeitgeber zur Kenntnis zu bringen, der sie seinerseits als Kriterium der Einstellungsentscheidung nutzen könnte. Wie weit hier die Indizwirkung reicht, wird vor allem davon abhängen, wann der Drogenkonsum oder eine Krankheit als Behinderung einzuordnen sind (s. MünchKomm-*Thüsing*, AGG § 1 Rn. 81 ff.). Wenn man das zurecht ablehnt, dann ist die Frage nach einer bestehenden **Alkohol- oder Drogenabhängigkeit** regelmäßig zulässig. Der hierdurch hervorgerufene pathologischen Zustand führt regelmäßig zu einer Beeinträchtigung der erforderlichen Eignung des Bewerbers. Es sind Auswirkungen auf seine körperliche und/oder geistige Leistungsfähigkeit zu erwarten (*Buchner*, MünchArbR, § 30 Rn. 289; *Künzl*, BB 1993, 1581, 1582; vgl. ErfK-*Preis*, § 611 BGB Rn. 274; strenger *Fitting*, § 94 Rn. 25). Ferner kann es zu einer Gefährdung des Bewerbers selbst oder seiner Kollegen, bzw. Dritter kommen, wenn gefährliche Tätigkeiten auszuführen sind. In diesem Fall gebietet bereits die Fürsorgepflicht dem Arbeitgeber, ein Sicherheitsrisiko von Anfang an nicht aufkommen zu lassen (vgl. RGRK-*Schliemann*, § 611 BGB Rn. 1195). Einen unzulässigen Eingriff in das Persönlichkeitsrecht des Arbeitnehmers stellt hingegen die Frage nach bloßem **Alkoholgenuss** dar. Ein in der Freizeit stattfindender Alkoholgenuss unterfällt der Privatsphäre des Arbeitnehmers (*Buchner*, MünchArbR, § 30 Rn. 314). Auch hinsichtlich der Möglichkeit eines **freizeitlichen Drogenkonsums** ist ein berechtigtes Informationsinteresse des Arbeitgebers mit der gleichen Begründung abzulehnen (*Buchner*, MünchArbR, § 30 Rn. 314; zur strikteren US-Rspr. s. *Thüsing*, NZA 1999, 393 [HIV-Infektion als Behinderung]).

19   Ebenfalls sachlich nicht gerechtfertigt ist die Frage nach der **Nichtrauchereigenschaft** des Bewerbers, auch wenn sie nicht vom Behindertenbegriff des AGG erfasst ist, und damit nur unter den Schutzbereich der persönlichen Handlungsfreiheit fällt (*Buchner*, MünchArbR § 30 Rn. 313). Grundsätzlich kann der Arbeitgeber durch Abschluss einer Betriebsvereinbarung oder Ausübung seines Direktionsrechts steuern, inwieweit in seinem Betrieb geraucht wird. Die bloße Möglichkeit, dass ein Raucher gegen ein im Betrieb geltendes Rauchverbot verstoßen könnte, rechtfertigt jedoch nicht, dass generell

die gesamte Gruppe der Raucher bereits bei der Einstellung durch eine Fragerecht gegenüber Nichtrauchern benachteiligt wird. Grundsätzlich ist davon auszugehen, dass sich jeder Arbeitnehmer an die betriebliche Ordnung hält. Zudem ist zu beachten, dass Rauchen am Arbeitsplatz zunächst so lange zulässig ist, wie die Erbringung der Arbeitsleistung nicht gefährdet ist und Kollegen nicht gestört werden (*Buchner*, MünchArbR, § 30 Rn. 313).

f) **Frage nach der Gewerkschaftszugehörigkeit.** Die Frage nach der Gewerkschaftszugehörigkeit wird als Vorbedingung der Einstellung allgemein für unzulässig gehalten, da die Nichteinstellung auf Grund Gewerkschaftszugehörigkeit eine Maßnahme iS des Art. 9 Abs. 3 S. 2 GG wäre (HWK/*Thüsing*, BGB § 123 Rn. 14; anders die Frage nach Einstellung: *Staudinger/Richardi*, BGB § 611 Rn. 150; s. auch *Schaub*, ArbeitsR-HdB § 26 Rn. 18). Nach der Einstellung kann der Arbeitgeber jedoch ein berechtigtes Interesse an der Antwort auf diese Frage haben, insbesondere wenn er Organisierten und Nichtorganisierten unterschiedliche Arbeitsbedingungen gewährt: Eine Schlechterstellung der Organisierten ist nicht zulässig, wohl aber deren Besserstellung (zu der der Arbeitgeber sich nicht im Tarifvertrag verpflichten kann, s. *Franzen*, RdA 2006, 1; *Giesen*, NZA 2004, 1317) oder deren gleichwertige Andersbehandlung (*Löwisch/Rieble*, TVG § 3 Rn. 228; ähnlich *Rieble*, GS Heinze, 2005, S. 687, 695; s. auch MünchArbR/*Löwisch/Rieble*, § 245 Rn. 71; ähnlich *Picker*, Die Tarifautonomie in der deutschen Arbeitsverfassung, in: Walter-Raymond-Stiftung (Hrsg.), Tarifautonomie – Informationsgesellschaft – globale Wirtschaft, 1997, S. 113 ff., 146 ff.). 20

g) Fragen zum **beruflichen Werdegang**, zu **Ausbildungs- und Weiterbildungszeiten** und den entsprechenden **Zeugnissen** sind regelmäßig uneingeschränkt zulässig (BAG 7. 9. 1995 AP BGB § 242 Nr. 24 Auskunftspflicht; BAG 12. 2. 1970 AP BGB § 123 Nr. 17; LAG Köln 13. 11. 1995, LAGE Nr. 23 zu § 123 BGB; LAG Hamm 8. 2. 1995, LAGE Nr. 21 zu § 123 BGB; ErfK-*Preis*, § 611 BGB Rn. 273; Schaub-*Schaub*, § 26 Rn. 16). Das Gleiche gilt für **berufliche und fachliche Fähigkeiten und Erfahrungen** des Arbeitnehmers, soweit sie für den zukünftigen Arbeitsplatz Bedeutung haben (Staudinger-*Richardi*, § 611 BGB Rn. 92). Der Arbeitgeber darf sich ebenfalls nach **Wettbewerbsverboten** erkundigen, die wirksam mit früheren Arbeitgebern vereinbart wurden. Allerdings muss sich das Wettbewerbsverbot auf die auszuübende Tätigkeit beziehen (ErfK-*Preis*, § 611 BGB Rn. 280; Staudinger-*Richardi*, § 611 BGB Rn. 93; *Buchner*, MünchArbR, § 30 Rn. 317). In diesem Fall besteht für den Arbeitgeber die Gefahr, dass der Bewerber nach einer Einstellung seine Tätigkeit nicht aufnimmt oder aber unterlässt, wenn sein alter Arbeitgeber auf Grund eines wirksam vereinbarten Wettbewerbsverbots gegen ihn vorgeht (vgl. auch *Buchner*, MünchArbR, § 30 Rn. 317). 21

Fragen hinsichtlich **genetischer Veranlagungen** oder entsprechende Tests stellen einen unzulässigen Eingriff in die Intimsphäre des Bewerbers und sind daher stets rechtswidrig (*Wiese*, RdA 1988, 218, 219). 22

h) Nach **persönlichen Lebensverhältnissen** darf nur gefragt werden, wenn der Arbeitgeber ein betriebsbezogenes berechtigtes Interesse an der Auskunft hat, z. B. nach Verwandtschaftsbeziehungen mit Betriebsangehörigen (ebenso *Moritz*, NZA 1987, 329, 333). Fragen zum Bestehen einer **nicht ehelichen Lebensgemeinschaft**, einer **Scheidung** oder der **Absicht einer Eheschließung** sind regelmäßig nicht zulässig, da diese eine nicht vertretbare Ausforschung des Intimbereichs des Bewerbers darstellen. Auf Grund ihrer verfassungsrechtlich geschützten Autonomie sind hinsichtlich der Zulässigkeit eines Fragerechts bei einer Einstellung in kirchliche Einrichtungen Ausnahmen zu machen (§ 94 Rn. 18; Staudinger-*Richardi*, § 611 BGB Rn. 98; vgl. Schaub-*Schaub*, § 26 Rn. 19) 23

Die Frage nach **Vorstrafen** stellt einen erheblichen Eingriff in die Individualsphäre des Arbeitnehmers dar. Unter Berücksichtigung des Resozialisierungsgedankens sind diesbezügliche Fragen nur unter der Voraussetzung zulässig, dass die Vorstrafe auf Eigenschaften schließen lässt, welche für die Vertragsdurchführung unerlässlich sind 24 und damit im unmittelbaren Zusammenhang mit dem **konkret zu besetzenden Arbeitsplatz** stehen (BAG 5. 12. 1957 AP BGB § 123 Nr. 2; BAG 28. 8. 1958 AP KSchG § 1 Nr. 1 Verhaltensbedingte Kündigung; BAG 15. 1. 1970 AP KSchG § 1 Nr. 7 Verhaltensbedingte Kündigung; ArbG Münster 28. 7. 1988, DB 1988, 2209; *Fitting,* § 94 Rn. 19; GK-*Kraft/Raab,* § 94 Rn. 30; a. A. Erman-*Hanau,* § 611 BGB Rn. 264; *Moritz,* NZA 1987, 329). Bei der Beurteilung ist ein objektiver Maßstab anzuwenden (vgl. BAG 5. 12. 1957 AP BGB § 123 Nr. 2; BAG 15. 1. 1970 AP KSchG § 1 Nr. 7 zu Verhaltensbedingte Kündigung; BAG 20. 5. 1999 AP BGB § 123 Nr. 50). So darf je nach konkretem Arbeitsplatz etwa entweder nach vermögensrechtlichen (z. B. Bankangestellter), nach politischen (bei der Besetzung einer Stelle des Verfassungsschutzamtes) oder nach verkehrsrechtlichen (z. B. Kraftfahrzeugführer) Vorstrafen gefragt werden (Schaub-*Schaub,* § 26 Rn. 29). Hiervon unabhängig ergibt sich eine weitere Beschränkung des Fragerechts aus den Wertungen des Bundeszentralregistergesetzes, wonach sich der Bewerber als nicht vorbestraft bezeichnen darf, wenn die Verurteilung nicht in das Führungszeugnis aufzunehmen oder zu tilgen ist (vgl. BAG 5. 12. 1957 BGB § 123 AP Nr. 2; Schaub-*Schaub,* § 26 Rn. 29; siehe §§ 51, 53 BZRG). Hinsichtlich dieser Wertungen bestehen keine Unterschiede zwischen dem Fragerecht des öffentlichen oder des privaten Arbeitgebers (vgl. BAG 15. 1. 1970 AP KSchG § 1 Nr. 7 Verhaltensbedingte Kündigung; BAG 20. 5. 1999, NZA 1999, 975). Fragen nach **laufenden Ermittlungs- bzw. anhängigen Strafverfahren** wurden früher unter Hinweis auf den in Art. 6 EMRK verankerte Grundsatz, wonach jeder Mensch bis zu seiner rechtskräftigen Verurteilung als unschuldig zu gelten hat, als unzulässig abgelehnt. Nur im Bereich der **Führungskräfte** sollte ausnahmsweise eine Offenbarungspflicht des Bewerbers bestehen, da in Vertrauenspositionen bereits der bloße Verdacht einer Straftat zu einem Verlust der für solche Tätigkeiten unabdingbaren Integrität innerhalb des Unternehmens bzw. der Öffentlichkeit führen könne und damit zu einer fehlenden Eignung des Bewerbers führt (vgl. ArbG Münster 20. 11. 1992, NZA 1993, 461; so auch *Moritz,* NZA 1987, 329, 334). Das BAG geht in neuerer Rspr. jedoch zu Recht davon aus, **dass unter Umständen ein Fragerecht anzuerkennen ist, wenn durch das anhängige Ermittlungsverfahren Rückschlüsse auf eine mangelnde persönliche Eignung und Zuverlässigkeit des Bewerbers für den konkreten Arbeitsplatz gezogen werden können** (vgl. BAG 20. 5. 1999, AP BGB § 123 Nr. 50; ArbG Münster 20. 11. 1992, NZA 1993, 421). Nach Auffassung der Rspr. steht dieser Bewertung des Fragerechts die strafrechtliche Unschuldsvermutung nicht entgegen, weil sich hieraus nicht der Schluss ziehen lasse, dass dem Betroffenen aus dem laufenden Ermittlungsverfahren überhaupt kein Nachteil entstehen dürfe (BAG 20. 5. 1999 AP BGB § 123 Nr. 50). Der Ansicht des BAG ist zu folgen, da dem Arbeitgeber in Einzelfällen je nach Ausgestaltung des konkret zu besetzenden Arbeitsplatzes ein billigenswertes Interesse zugestanden werden muss, von einem laufenden Ermittlungsverfahren, welches Zweifel an seiner persönlichen Eignung für die zu verrichtende Tätigkeit begründet, Kenntnis zu erlangen (so auch Staudinger-*Richardi,* § 611 BGB Rn. 109; *Linnekohl,* AuR 1983, 129, 140; *Ehrich,* DB 2000, 421, 423). Die Zulässigkeit eines Fragerechts muss vor allem dann bejaht werden, wenn durch die Ausgestaltung der angestrebten Tätigkeit für den Arbeitgeber, für Kollegen oder für Dritte eine erhöhte **Gefahr der Begehung weiterer Straftaten** besteht (weitergehend *Raab,* RdA 1995, 36, 42 ff.). Zu weitgehend und daher abzulehnen ist die Annahme einer grundsätzlichen Zulässigkeit von Fragen nach laufenden Ermittlungs- oder Strafverfahren. Nach allgemeiner Auffassung sind Fragen zu **abgeschlossenen Ermittlungsverfahren,** die zu keiner Verurteilung geführt haben, nicht erlaubt (vgl. *Linnekohl,* AuR 1983, 129, 140); Ausnahmen im Hinblick auf Verfahren, die nach § 153 und insb. § 153 a StPO eingestellt wurden, sind denkbar, werden aber in der Rspr. bislang nicht erwogen. Fragen nach einer **erfolgten Verurteilung zu einer Freiheitsstrafe** sind nach den dargestellten Grundsätzen hingegen uneingeschränkt zulässig. Hier kann der Bewerber nach Haftantritt einen gewissen Zeitraum

II. Personalfragebogen als Gegenstand des Mitbestimmungsrechts § 94

seine Arbeitsleistung nicht in der vertraglich vereinbarten Weise erbringen (Kittner/ Zwanziger-*Becker*, ArbR, § 29 Rn. 43).

In der Vergangenheit wurde die Frage nach einem **künftigen Wehr- oder Ersatzdienst** 25 überwiegend für zulässig gehalten, da die nicht unerhebliche Abwesenheit des Arbeitnehmers zu einer nachhaltigen Störung der Betriebsabläufe führen könne (*Wohlgemuth*, AuR 1992, 46, 48; RGRK-*Schliemann*, § 611 BGB Rn. 18; *Buchner*, MünchArbR, § 30 Rn. 315). Im Hinblick auf die restriktive Rspr. des EuGH zur Schwangerschaftsfrage und auf das Benachteiligungsverbot des AGG, sowie der hierzu ergangenen Rspr. des BAG ist es jedoch nicht mehr möglich, diese Bewertung aufrechtzuerhalten. Fragen nach einem bevorstehenden Wehr- bzw. Ersatzdienst, betreffen ausschließlich Männer und knüpfen damit unmittelbar an das Geschlecht an, so dass sie als eine geschlechtsspezifische Ungleichbehandlung darstellen, die als Diskriminierung unzulässig ist (*Ehrich*, DB 2000, 421, 426; *Moritz*, NZA 1987, 329, 335; *Coester*, Anm. zu BAG 2. 8. 1986 AP BGB § 123 Nr. 31; vgl. auch *Buchner*, MünchArbR, § 30 Rn. 315; *Schierbaum*, AiB 1995, 586, 591; vgl. auch ErfK-*Preis*, § 611 Rn. 273, der sich für eine Zulässigkeit der Frage bei befristeten Arbeitsverhältnissen ausspricht; so auch *Fitting*, § 94 Rn. 23). Das Fragerecht bezüglich eines bereits **abgeleisteten Wehr- oder Ersatzdiensts** ist nicht anders zu beurteilen. Zum einen kann diese Frage die Frage nach künftigem Wehr- oder Ersatzdienst umgehen, zum anderen kann auch sie nur Männern gestellt werden. Allerdings wird es zuweilen als zulässig bewertet, da dem Arbeitgeber grundsätzlich ein billigenswertes Interesse an einem vollständigen, lückenlosen Lebenslauf zugestanden wird (so Erman-*Hanau*, § 611 BGB Rn. 263). Folgt man dem, dann darf der Arbeitgeber allerdings dann auf Grund der Gewissensfreiheit des Bewerbers nur nach der Ableistung der Dienstverpflichtung an sich, nicht nach der Form (Wehrdienst oder Ersatzdienst) fragen (*Schierbaum*, AiB 1995, 586, 591; s. auch *Buchner*, MünchArbR, § 30 Rn. 315).

Allgemein anerkannt ist die grundsätzlich zulässige Frage des öffentlichen Arbeit- 25a gebers nach der Zugehörigkeit zu **Organisationen mit verfassungsfeindlichen Zielen** (vgl. st. Rspr. BAG 1. 10. 1986 AP GG Art. 33 Abs. 2 Nr. 26; BAG 12. 3. 1986 AP GG Art. 33 Abs. 2 Nr. 23; BAG 16. 12. 1982 AP GG Art. 33 Abs. 2 Nr. 19). Das Fragerecht besteht unabhängig davon, ob die Verfassungswidrigkeit der Organisation bereits festgestellt ist oder nicht, da zur Eignung eines Bewerbers für den öffentlichen Dienst i. S. d. Art. 33 Abs. 2 GG auch seine Verfassungstreue gehört (vgl. Staudinger-*Richardi*, § 611 BGB Rn. 92).

i) Fragen zu **Vermögensverhältnissen** des Arbeitnehmers betreffen seine Privatsphäre 26 und sind daher nur zulässig, sofern der konkret zu besetzende Arbeitsplatz sie erfordert. Eine solche Ausnahme besteht regelmäßig bei **leitenden Angestellten** und dann, wenn die angestrebte Tätigkeit ein **besonderes Vertrauensverhältnis** zum Arbeitnehmer voraussetzt, der Arbeitnehmer bei seiner Tätigkeit also etwa mit Geld umgehen muss oder die Gefahr der Bestechung oder des Geheimnisverrats besteht. Bei Angestellten und Arbeitern, denen keine besondere Vertrauensposition zukommt, ist die Nachfrage nach den Vermögensverhältnissen des Bewerbers hingegen unzulässig (vgl. Kittner/Zwanziger/ *Becker*, ArbR, § 29 Rn. 38; Schaub-*Schaub*, Arbeitsrechts-Handbuch, § 26 Rn. 28; ErfK-*Preis*, § 611 BGB Rn. 280). Ob Fragen nach dem derzeitigen Vorliegen von **Lohnpfändungen oder Lohnabtretungen** gestellt werden dürfen, wird uneinheitlich beurteilt (s. auch HWK-*Ricken*, § 94 Rn. 6). Teilweise soll ein Fragerecht grundsätzlich unzulässig sein, eine Ausnahme gilt aber dann, wenn die Abtretungen oder Pfändungen im Einzelfall einen derart großen Arbeitsaufwand des Arbeitgebers verursachen, dass betriebliche Abläufe nachhaltig gestört werden (vgl. BAG 4. 11. 1982, DB 1982, 498; Kittner/Zwanziger-*Becker*, ArbR, § 29 Rn. 38; beachte auch ErfK-*Preis*, § 611 BGB Rn. 280, der sich für eine generelle Unzulässigkeit der Frage ausspricht, da eine schematische Betrachtung der Fälle nicht möglich sei und das Interesse des Arbeitnehmers an einer Einstellung trotz Lohnpfändung als vorrangig zu bewerten sei.). Somit könne grundsätzlich ohne das Vorliegen von stichhaltigen Gründen ein berechtigtes Interesse

Thüsing

des Arbeitgebers an der Kenntnis von Lohnpfändungen bzw. -abtretungen nicht angenommen werden (vgl. auch Kittner/Zwanziger-*Becker*, ArbR, § 29 Rn. 38). Nach vorzugswürdiger Auffassung ist eine nach Lohnabtretungen oder Lohnpfändungen immer zulässig, da vor allem in kleineren Betrieben in der Regel ein beträchtlicher Verwaltungsaufwand und haftungsrechtliche Risiken für den Arbeitgeber entstehen (s. auch Staudinger-*Richardi*, § 611 BGB Rn. 96). Bei einer Angabe der Höhe des **bisherigen Entgelts** verschlechtert sich die Verhandlungsposition des Bewerbers gegenüber der Position des Arbeitgebers erheblich. Außerdem sind die bisherigen Einkommensverhältnisse grundsätzlich der geschützten Individualsphäre des Arbeitnehmers zuzurechnen. Daher sind Fragen, die den **bisherigen Lohn bzw. das bisherige Gehalt** betreffen, unzulässig, soweit sie ohne Zusammenhang mit dem neuen Arbeitsplatz stehen (BAG 19. 5. 1983 AP BGB § 123 Nr. 25; LAG Baden-Württemberg 23. 12. 1980, AR-Blattei ES 640 Nr. 11; *Moritz*, NZA 1987, 329). Ein Fragerecht besteht hingegen, wenn der Arbeitnehmer von sich aus sein bisheriges Gehalt als Mindestarbeitsvergütung fordert oder – ausnahmsweise – das Gehalt Rückschlüsse auf seine Eignung zulässt (BAG 19. 5. 1983 AP BGB § 123 Nr. 25; HWK-*Thüsing*, § 123 BGB Rn. 11; Erman-*Hanau*, 9. Aufl. § 611 BGB Rn. 263; ErfK-*Preis*, § 611 BGB Rn. 279; Staudinger-*Richardi*, § 611 BGB Rn. 96; *Wohlgemuth*, ArbuR 1992, 46, 48; a. A. Schaub-*Schaub*, § 26 Rn. 17, der eine Frage nach der Höhe des bisherigen Gehalts bzw. Lohns für uneingeschränkt zulässig erachtet). Aus dem bisherigen Einkommen ist die Eignung eines Bewerbers z. B. bei einer leistungsbezogenen Vergütung ersichtlich (BAG 19. 5. 1983 AP BGB § 123 Nr. 25). Rückschlüsse vom bisherigen Gehalt auf eine Eignung sind jedoch nur dann möglich, wenn die angestrebte Tätigkeit zumindest vergleichbare Kenntnisse und Fähigkeiten erfordert (BAG 5. 12. 1957 AP BGB § 123 Nr. 2).

4. Geltung des Bundesdatenschutzgesetzes

27   Durch das Verwenden von Personalfragebögen werden **personenbezogene Daten** erhoben (so auch BAG 22. 10. 1986 AP BDSG § 23 Nr. 2). Musste der Arbeitgeber hierbei in der Vergangenheit datenschutzrechtliche Vorschriften nicht beachten, weil das **Bundesdatenschutzgesetz** in seiner Fassung vom 20. 12. 1990 (BGBl. I, S. 2954, zuletzt geändert durch Gesetz vom 17. 12. 1997 (BGBl. I, S. 3108) die Erhebung personenbezogener Daten nicht reglementierte, so hat sich die Rechtslage durch die Neufassung des Bundesdatenschutzgesetzes vom 23. 5. 2001 (BGBl. I, S. 904) jedoch erheblich geändert (vgl. *Thüsing/Lambrich*, BB 2002, 1146, 1149). Der Datenschutz umfasst nunmehr nicht nur die Verbreitung von Daten, sondern wurde auch auf die Datenerhebung ausgeweitet, welche nach der weiten Definition des § 3 Abs. 3 BDSG grundsätzlich auch das Erfragen von Informationen durch den Arbeitgeber im Anbahnungsstadium eines Arbeitsverhältnisses oder nach dessen Begründung erfasst. Nach § 4 Abs. 1 BDSG ist jetzt auch die Erhebung von personenbezogenen Daten, wie auch deren Verarbeitung und Nutzung nur zulässig soweit das BDSG oder eine andere Rechtsnorm dies erlaubt oder anordnet oder der Betroffene eingewilligt hat. Die Erhebung arbeitnehmerbezogener Daten ist nach dem **Erlaubnistatbestand** des § 28 Abs. 1 Nr. 1 BDSG dann zulässig, wenn es der Zweckbestimmung eines Vertragsverhältnisses oder vertragsähnlichen Vertrauensverhältnisses mit dem Betroffenen (= Arbeitnehmer) dient; § 28 Abs. 1 Nr. 2 BDSG erlaubt die Erhebung personenbezogner Daten, soweit es zur Wahrung berechtigter Interessen der verantwortlichen Stelle (= Arbeitgeber) erforderlich ist und kein Grund zu der Annahme besteht, dass das schutzwürdige Interesse des Betroffenen an dem Ausschluss der Verarbeitung oder Nutzung überwiegt. Ob die Erhebung von personenbezogenen Daten von Bewerbern oder Arbeitnehmern der Zweckbestimmung des Arbeitsverhältnisses dient, hängt von Inhalt und Art der im jeweiligen Einzelfall erfragten Informationen ab (*Sutschet*, RDV 2000, 107, 110). Insoweit bleibt es dabei, dass die **Zulässigkeitsgrenzen** auch weiterhin anhand der Rechtsprechungsgrundsätze zum **Frage-**

recht zu ermitteln sind (ebenso *Däubler,* NZA 2001, 874, 876; s. auch *Gola,* RDV 2000, 202, 207). Das Gleiche gilt auch für § 28 Abs. 1 Nr. 2 BDSG.

Durch den **Personalfragebogen** kommt es zu einer Sammlung personenbezogener **28** Daten, die gleichartig aufgebaut ist und die nach bestimmten Merkmalen geordnet, umgeordnet und ausgewertet werden kann (nicht automatisierte Sammlung i. S. des § 3 Abs. 2 BDSG), so dass er auch dann dem Anwendungsbereich des BDSG unterfällt, wenn er nicht durch automatisierte Verfahren ausgewertet werden kann. Häufig geht mit der Datenerhebung auch eine Datenspeicherung einher; wobei jedoch die Erhebung und Speicherung begrifflich zu differenzieren sind (§ 3 Abs. 3 und Abs. 4 BDSG). Während die Speicherung unzulässig erhobener Daten grundsätzlich verboten ist, ist das Speichern zulässig erhobener Daten im Rahmen der Zweckbestimmung des Arbeitsverhältnisses erlaubt (§§ 4, 28 Abs. 1 Nr. 1. BDSG). Hierbei sind jedoch die durch das informationelle Selbstbestimmungsrecht des Bewerbers begründeten Einschränkungen zu beachten (BAG 22. 10. 1986 AP BDSG § 23 Nr. 2).

III. Mitbestimmung bei der Gestaltung des Personalfragebogens

1. Mitbestimmungsrecht als Zustimmungsrecht

Personalfragebogen bedürfen der **Zustimmung des Betriebsrats** (Abs. 1 Satz 1). Vo- **29** raussetzung einer Beteiligung ist deshalb, dass der Arbeitgeber überhaupt Personalfragebogen als Mittel seiner Personalwirtschaft einführt, was stets der Fall ist, wenn er für die Besetzung eines Arbeitsplatzes eine systematische Erhebung personenbezogener Daten vornimmt (s. auch Rn. 1; ebenso *Matthes,* MünchArbR § 258 Rn. 4 ff.). Der Betriebsrat kann aber selbst die Einführung von Personalfragebogen nicht verlangen, insbesondere hat er kein erzwingbares Recht, dass der Personalfragebogen einen bestimmten Inhalt hat (ebenso HSWGNR-*Rose,* § 94 Rn. 54). Das Mitbestimmungsrecht ist insoweit lediglich als Zustimmungsrecht, **nicht** als **Initiativrecht** gestaltet; für die Einführung und inhaltliche Gestaltung von Personalfragebogen hat der Betriebsrat lediglich im Rahmen von § 92 Abs. 2 ein Vorschlagsrecht.

Damit unterliegt allein der **Initiative des Arbeitgebers,** ob er **Personalfragebogen 30 einführt** und wie sie **gestaltet** sein sollen. Da der Personalfragebogen aber der Zustimmung des Betriebsrats bedarf, hat dieser mittelbar einen erheblichen Einfluss darauf, welchen Inhalt ein Personalfragebogen hat. Kommt darüber eine Einigung zwischen ihm und dem Arbeitgeber nicht zustande, so entscheidet die Einigungsstelle verbindlich (Abs. 1 Satz 2 und 3; s. auch Rn. 67 ff.).

2. Reichweite des Mitbestimmungsrechts

a) Das Mitbestimmungsrecht des Betriebsrats besteht nicht nur für den Fall, dass **31** Personalfragebogen **erstmals eingeführt** werden, sondern es ist auch gegeben, wenn bereits im Gebrauch befindliche Personalfragebogen **geändert** werden sollen (ebenso *Fitting,* § 94 Rn. 9; GK-*Kraft/Raab,* § 94 Rn. 6; HSWGNR-*Rose,* § 94 Rn. 56; DKK-*Klebe,* § 94 Rn. 6; *Stege/Weinspach/Schiefer,* § 94 Rn. 4).

Dem Mitbestimmungsrecht unterliegt auch, dass beim Inkrafttreten dieses Gesetzes **32** Personalfragebogen bereits bestanden und mit demselben Inhalt weiterverwendet werden sollen (ebenso BAG 22. 10. 1986 AP BDSG § 23 Nr. 2 [zust. *Däubler*]; bereits zu § 75 Abs. 3 Nr. 9 BPersVG BAG 28. 3. 1979 AP BPersVG § 75 Nr. 3 [zust. *Richardi*]; zum Meinungsstand s. 6. Aufl. § 94 Rn. 21).

b) Das Mitbestimmungsrecht des Betriebsrats besteht nicht für **Personalfragebogen, 33** die ausschließlich für **leitende Angestellte i. S. des § 5 Abs. 3** bestimmt sind.

c) In **Tendenzbetrieben** beschränkt der relative Tendenzschutz das Mitbestimmungs- **34** recht des Betriebsrats (§ 118 Abs. 1 Satz 1). Bei Tendenzträgern entfällt das Zustimmungserfordernis für die Gestaltung des Personalfragebogens, soweit es um tendenzbezogene Fragen geht, z. B. bei einem Unternehmen der sozialwissenschaftlichen Grundlagenforschung, soweit es durch einen Personalfragebogen in Erfahrung bringen will, ob der Bewerber um eine wissenschaftliche Tätigkeit für das frühere Ministerium für Staatssicherheit oder vergleichbare Institutionen tätig gewesen ist (BAG 21. 9. 1993 AP BetrVG 1972 § 94 Nr. 4).

3. Inhalt des Mitbestimmungsrechts

35 Das Gesetz beschränkt sich lediglich auf die Anordnung, dass **Personalfragebogen der Zustimmung des Betriebsrats** bedürfen, ohne festzulegen, unter welchen Voraussetzungen er sie zu erteilen hat. Daraus folgt aber keineswegs, dass es im Belieben des Betriebsrats steht, ob er zustimmt oder nicht. Insbesondere kann der Betriebsrat nicht verhindern, dass der Arbeitgeber Personalfragebogen einführt. Er kann lediglich der Einführung eines *bestimmten Personalfragebogens* widersprechen, also verhindern, dass der Personalfragebogen den vom Arbeitgeber gewünschten Inhalt erhält. Sein **Mitbestimmungsrecht** bezieht sich also ausschließlich auf den **Inhalt des Personalfragebogens**; denn nur wenn über ihn keine Einigung zustande kommt, kann die Einigungsstelle angerufen werden, um im Rahmen der Zwangsschlichtung die fehlende Einigung zwischen Arbeitgeber und Betriebsrat zu ersetzen (Abs. 1 Satz 2 und 3; ebenso GL-*Löwisch*, § 94 Rn. 13; HSWGNR-*Rose*, § 94 Rn. 55; *Matthes*, MünchArbR § 258 Rn. 15).

36 Damit steht zugleich fest, dass die **Verwendung des Personalfragebogens** nicht unter das Mitbestimmungsrecht fällt (ebenso GK-*Kraft/Raab*, § 94 Rn. 21; GL-*Löwisch*, § 94 Rn. 14; *Matthes*, MünchArbR § 258 Rn. 13; *Zöllner*, Daten- und Informationsschutz, S. 89; *Buchner*, ZfA 1988, 449, 466; a. A. *Fitting*, § 94 Rn. 9; DKK-*Klebe*, § 94 Rn. 7).

37 Aber auch hinsichtlich des Inhalts des Personalfragebogens kann der Betriebsrat die Zustimmung nicht nach Belieben verweigern, sondern eine Schranke ergibt sich bereits daraus, dass die Einigungsstelle im Rahmen der Zwangsschlichtung ihren Beschluss, ob die Zustimmung ersetzt wird oder nicht, unter angemessener Berücksichtigung der Belange des Betriebs und der betroffenen Arbeitnehmer nach billigem Ermessen zu fassen hat (§ 76 Abs. 5 Satz 3). Maßgebend für den Inhalt des Mitbestimmungsrechts ist aber vor allem der Zweck, den der Gesetzgeber mit der Beteiligung des Betriebsrats bei der Aufstellung von Personalfragebogen verfolgt. Durch sie soll gewährleistet werden, dass der Arbeitgeber nicht nach persönlichen Verhältnissen fragt, die bei objektiver Betrachtung für den Arbeitsplatz und die berufliche Entwicklungsmöglichkeit im Betrieb keine Bedeutung haben. Das Mitbestimmungsrecht des Betriebsrats dient insbesondere dem Schutz der Persönlichkeitssphäre der Arbeitnehmer (vgl. auch *Fitting*, § 94 Rn. 2; HSWGNR-*Rose*, § 94 Rn. 2; *Matthes*, MünchArbR § 258 Rn. 3). Es erschöpft sich aber nicht allein in diesem Zweck, sondern ist ein wichtiges Instrumentarium, um über die Begrenzung des Fragerechts zu verhindern, dass der Arbeitgeber seine Auswahlentscheidung bei der Besetzung des Arbeitsplatzes von Umständen abhängig macht, die bei objektiver Betrachtung für den Arbeitsplatz keine Bedeutung haben. Damit liefert das Mitbestimmungsrecht einen *Baustein* für den Ausbau des *Rechts auf Arbeit* (vgl. *Richardi*, Betriebsverfassung und Privatautonomie, S. 33 ff.; grundlegend im Ansatz des rechtsdogmatischen Erklärungsversuches *Leipold*, AuR 1971, 161 ff.).

4. Zulässigkeit der Fragestellung als Schranke des Mitbestimmungsrechts

38 Die Zulässigkeit der Fragestellung ist Zweck, aber auch zugleich Schranke des Mitbestimmungsrecht: Fragen über persönliche Merkmale und Verhältnisse eines Bewerbers oder Mitarbeiters sind nur zulässig, soweit sie für die Besetzung des Arbeitsplatzes und die berufliche Entwicklungsmöglichkeit im Betrieb unmittelbar von Bedeutung sind (s. Rn. 11 ff.). Die Zustimmung des Betriebsrats begründet nicht die Zulässigkeit von Fragen, die darüber hinausgehen.

III. Mitbestimmung bei der Gestaltung des Personalfragebogens § 94

5. Durchführung der Mitbestimmung

a) Seine **Zustimmung** kann der Betriebsrat gegenüber dem Arbeitgeber **formlos** erteilen. Die Erklärung muss wie auch sonst auf einem Beschluss des Betriebsrats (§ 33) beruhen. Möglich ist auch der Abschluss einer **Betriebsvereinbarung**. Durch sie kann ein betriebsangehöriger Arbeitnehmer zur Ausfüllung des Personalfragebogens verpflichtet werden (§ 77 Abs. 4). Der Betriebsrat hat insoweit aber kein Mitbestimmungsrecht; es handelt sich nur um eine *freiwillige Betriebsvereinbarung* (s. auch Rn. 41 f.). 39

Kommt **keine Einigung über den Inhalt des Personalfragebogens** zustande, so entscheidet die **Einigungsstelle,** deren Spruch die Einigung zwischen Arbeitgeber und Betriebsrat ersetzt (Abs. 1 Satz 2 und 3; s. auch Rn. 67 ff.). 40

b) Der Betriebsrat kann seine **Zustimmung** nicht widerrufen; denn durch sie kommt seine *Einigung* mit dem Arbeitgeber zustande (ebenso LAG Frankfurt a. M. 8. 1. 1991, DB 1992, 534). 41

Einvernehmlich kann die Einigung freilich zurückgenommen werden (DKK-*Klebe*, § 94 Rn. 24). Eine Betriebsvereinbarung über die Verwendung und inhaltliche Gestaltung eines Personalfragebogens kann auch, soweit nichts anderes vereinbart ist, mit einer Frist von drei Monaten **gekündigt** werden (§ 77 Abs. 5). Für eine formlose Einigung (oder den Spruch der Einigungsstelle) gilt dies entsprechend (ebenso LAG Frankfurt a. M. 8. 1. 1991, DB 1992, 534; GK-*Kraft/Raab*, § 94 Rn. 13; GL-*Löwisch*, § 94 Rn. 18; *Matthes*, MünchArbR § 347 Rn. 22). Es gilt insoweit Gleiches wie auch sonst bei einer formlosen Betriebsabsprache (s. § 77 Rn. 232). Das Kündigungsrecht hat nicht nur der Arbeitgeber, sondern auch der **Betriebsrat** (ebenso GL-*Löwisch*, § 94 Rn. 18; *Matthes*, MünchArbR § 258 Rn. 18). Dabei ist allerdings zu beachten, dass der Betriebsrat nur ein Zustimmungs-, kein Initiativrecht für die Einführung und inhaltliche Gestaltung eines Personalfragebogens hat. Kündigt er, so kann der Arbeitgeber von einer Verwendung des Personalfragebogens absehen. 42

Zweifelhaft ist, ob die in § 77 Abs. 6 angeordnete **Nachwirkung** hier gilt (bejahend *Meisel*, Mitwirkung und Mitbestimmung in personellen Angelegenheiten, Rn. 169; verneinend, § 94 Rn. 38; GL-*Löwisch*, § 94 Rn. 18; *Matthes*, MünchArbR § 258 Rn. 19; *Heinze*, Personalplanung, Rn. 102; differenzierend DKK-*Klebe*, § 94 Rn. 24: Nur wenn zum Zwecke der Änderung gekündigt wird). Keine Bedenken bestehen, wenn der Arbeitgeber kündigt; er kann den Personalfragebogen weiterverwenden, bis die Einigung über seinen Inhalt durch eine andere Abmachung ersetzt ist (i. E. ebenso GK-*Kraft/Raab*, § 94 Rn. 14). Bei einer Kündigung des Betriebsrats würde aber dessen Kündigungsrecht leer laufen, wenn man eine Nachwirkung anerkennt. 43

c) Besteht ein **Unternehmen aus mehreren Betrieben** und soll ein Personalfragebogen einheitlich im Unternehmen oder für mehrere Betriebe des Unternehmens verwendet werden, so ist für das Mitbestimmungsrecht der **Gesamtbetriebsrat** zuständig (§ 50 Abs. 1 Satz 1; ebenso GK-*Kraft/Raab*, § 94 Rn. 7; HSWGNR-*Rose*, § 94 Rn. 58; HWK-*Ricken*, § 94 Rn. 11). Dagegen wird die Zuständigkeit eines **Konzernbetriebsrats** nur ausnahmsweise in Betracht kommen, weil bei der Einführung und Gestaltung eines Personalfragebogens eine einheitliche Regelung für den Konzern oder mehrere Unternehmen des Konzerns regelmäßig nicht erforderlich sein wird (§ 58 Abs. 1 Satz 1; s. auch HWK-*Ricken*, § 94 Rn. 11). 44

6. Einfluss der Mitbestimmung auf die Personaldatenerhebung und -verarbeitung

a) Die **Zustimmung des Betriebsrats erweitert nicht** die **Befugnis des Arbeitgebers zur Erhebung personenbezogener Daten.** Bei unzulässiger Fragestellung kann der Arbeitnehmer die Beantwortung ablehnen. Ein Einstellungsbewerber kann die Frage auch wahrheitswidrig beantworten; denn die Beschränkung des Fragerechts soll willkürliches Ver- 45 halten des Arbeitgebers bei der Einstellung und weiteren beruflichen Entwicklung des Arbeitnehmers ausschließen.

46 Die **Zustimmung des Betriebsrats** bzw. deren Ersetzung durch einen Spruch der Einigungsstelle berechtigt den Arbeitgeber *betriebsverfassungsrechtlich* zur Fragestellung, begründet aber noch **keine Pflicht zur Beantwortung**. Besteht bereits ein Arbeitsvertrag, so hängt sie vielmehr von dessen Inhalt ab. Durch Betriebsvereinbarung kann aber ein betriebsangehöriger Arbeitnehmer zur Ausfüllung des Personalfragebogens verpflichtet werden (§ 77 Abs. 4; s. auch Rn. 34).

47 Steht der Bewerber um einen Arbeitsplatz noch nicht im Arbeitsverhältnis zum Arbeitgeber, so kann er auch durch Betriebsvereinbarung nicht verpflichtet werden, den Personalfragebogen auszufüllen. Füllt er ihn aber aus, so muss er die Fragen, soweit sie gestellt werden können, wahrheitsgemäß beantworten; denn anderenfalls ist der Arbeitgeber berechtigt, seine Willenserklärung zum Abschluss des Arbeitsvertrags nach § 123 BGB wegen arglistiger Täuschung anzufechten (s. *Richardi/Buchner*, MünchArbR § 34 Rn. 24 ff.). Wenn Angaben im Personalfragebogen die Grenzen des Fragerechts überschreiten, so wird ihm dieser Makel nicht deshalb genommen, weil der Betriebsrat oder die Einigungsstelle dem Personalfragebogen zugestimmt hat (s. Rn. 33).

48 b) **Fehlt die Zustimmung des Betriebsrats** und ist sie auch nicht durch einen Spruch der Einigungsstelle ersetzt, so ist die **Datenerhebung und -erfassung durch den Personalfragebogen unzulässig**. Die Arbeitnehmer sind nicht verpflichtet, ihn auszufüllen, auch wenn individualrechtlich die Daten bekannt zu geben sind.

49 Die durch den Personalfragebogen erhobenen **Daten** sind zu **löschen**; denn ihre Speicherung war unzulässig (§ 35 Abs. 2 Satz 2 Nr. 1 BDSG; ebenso *Matthes*, MünchArbR § 258 Rn. 26; *Wohlgemuth*, AuR 1992, 46, 50; vgl. auch BAG 22. 10. 1986 AP BDSG § 23 Nr. 2 [*Däubler*]). Das gilt auch, wenn der betroffene Arbeitnehmer in die Datenerhebung und -erfassung durch den Personalfragebogen eingewilligt hat. Nach § 4 Abs. 1 BDSG ist die Verarbeitung personenbezogener Daten nicht nur zulässig, wenn das Bundesdatenschutzgesetz (insbesondere § 28 BDSG) oder eine andere Rechtsvorschrift sie erlaubt, sondern auch, wenn der Betroffene eingewilligt hat. Für die Einwilligung gelten die Wirksamkeitsvoraussetzungen des § 4 a BDSG. Hinsichtlich der Speicherung personenbezogener Daten, die durch einen Personalfragebogen erhoben und erfasst werden, geht für die Beurteilung der Zulässigkeit aber die hier enthaltene Vorschrift, dass Personalfragebogen der Zustimmung des Betriebsrats bedürfen (Abs. 1), den Vorschriften des Bundesdatenschutzgesetzes vor (§ 1 Abs. 3 BDSG).

50 Die **betriebsverfassungsrechtliche Unzulässigkeit der Fragestellung** berechtigt einen **Einstellungsbewerber nicht** zu einer **wahrheitswidrigen Beantwortung** (ebenso BAG 2. 12. 1999 AP BPersVG § 79 Nr. 16 = DB 2000, 1418; *Buchner*, MünchArbR § 41 Rn. 270; ErfK-*Kania*, § 94 Rn. 3; GK-*Kraft/Raab*, § 94 Rn. 41; *Heinze*, Personalplanung, Rn. 98; a. A. *Matthes*, MünchArbR § 258 Rn. 25). Doch trifft es auch nicht zu, dass keine individualarbeitsrechtlichen Auswirkungen eintreten (so aber *Buchner*, a. a. O.; *Heinze*, a. a. O.). Die Daten sind unzulässig *erfragt*. Soweit der Bewerber aber zur Mitteilung auch ohne Befragung durch den Arbeitgeber verpflichtet ist, liegt bei wahrheitswidriger Beantwortung eine arglistige Täuschung vor, die den Arbeitgeber nach § 123 BGB zur Anfechtung seiner Willenserklärung berechtigt; denn die betriebsverfassungsrechtliche Pflichtwidrigkeit gibt keinen Freibrief, auch in diesem Fall durch arglistige Täuschung in ein Arbeitsverhältnis zu gelangen.

IV. Mitbestimmung bei der Gestaltung von Formularverträgen

51 Auf Empfehlung des BT-Ausschusses für Arbeit und Sozialordnung wurde in das Gesetz eingefügt, dass **persönliche Angaben** in schriftlichen Arbeitsverträgen, die allgemein für den Betrieb verwendet werden sollen, ebenfalls der Zustimmung des Betriebsrats bedürfen (Abs. 2 Alternative 1). Durch diese Ergänzung soll verhindert werden, dass die Mitbestimmung des Betriebsrats bei der Aufstellung von Personalfragebogen durch Verwendung von Formularverträgen umgangen wird (vgl. *zu* BT-Drucks. VI/ 2729, S. 30). Es gilt deshalb hier Gleiches wie bei der Einführung und inhaltlichen Ausgestaltung der Personalfragebogen.

Das Mitbestimmungsrecht des Betriebsrats besteht nur für persönliche Angaben des 52 Arbeitnehmers in Formularverträgen, also lediglich insoweit, als es sich um einen **Personalfragebogen im Gewand eines Formularvertrags** handelt. Es gibt dem Betriebsrat aber kein Recht zur Mitgestaltung der Arbeitsverträge, d. h. der Gestaltung der Arbeitsbedingungen, auch soweit es sich um sog. Allgemeine Arbeitsbedingungen handelt, die vertragseinheitlich für alle Arbeitnehmer festgelegt werden (ebenso *Fitting*, § 94 Rn. 27; GL-*Löwisch*, § 94 Rn. 6; Jaeger/Röder/Heckelmann/*Schuster*, Kap. 23 Rn. 39; *Matthes*, MünchArbR § 258 Rn. 5).

V. Mitbestimmung bei der Aufstellung allgemeiner Beurteilungsgrundsätze

1. Aufstellung allgemeiner Beurteilungsgrundsätze als Mitbestimmungstatbestand

a) Nach Abs. 2 Alternative 2 gilt Abs. 1 entsprechend für die **Aufstellung allgemeiner** 53 **Beurteilungsgrundsätze**. Obwohl sie in derselben Vorschrift mit dem Personalfragebogen und sogar in demselben Absatz mit den persönlichen Angaben in Formularverträgen geregelt ist, handelt es sich um einen davon **verschiedenen Mitbestimmungstatbestand**. Zweck einer Beteiligung des Betriebsrats ist zwar auch hier der Schutz des Arbeitnehmers in seiner Persönlichkeitssphäre, er geht aber weit darüber hinaus; denn durch die Mitbestimmung des Betriebsrats soll sichergestellt werden, dass ein Arbeitnehmer nur nach seiner Arbeitsleistung und der persönlichen Eignung für seine berufliche Entwicklungsmöglichkeit im Betrieb beurteilt wird (s. auch Rn. 1).

b) **Allgemeine Beurteilungsgrundsätze** sind **Regelungen, die die Bewertung des Ver-** 54 **haltens oder der Leistung eines Arbeitnehmers verobjektivieren und nach einheitlichen, für die Beurteilung jeweils erheblichen Kriterien ausrichten sollen** (BAG 23. 10. 1984 AP BetrVG 1972 § 87 Nr. 8 Ordnung des Betriebes *[v. Hoyningen-Huene]*). Zu ihnen gehören die *Festlegung der materiellen Beurteilungsmerkmale* und die *Verfahren*, die für deren Feststellung maßgebend sein sollen. Hierher zählen das System der Auswertung von Bewerbungsunterlagen, Leistungsbeurteilungen in einem periodischen Zeitraum durch Zeugnisse, psychologische Testverfahren, die Festlegung der Gutachter und die Festlegung des Personenkreises, der begutachtet wird und vor allem die Festlegung der materiellen Merkmale für die Beurteilung, z. B. die Ermittlung der Arbeitsleistung nach Qualität und Quantität des Arbeitsergebnisses, die Prüfung der Eignung für bestimmte Aufgaben durch Feststellung des individuellen Leistungsprofils und Vergleich mit den für die Aufgabe erforderlichen persönlichen Voraussetzungen.

c) Die Beurteilungsgrundsätze müssen sich stets auf die **Person des Arbeitnehmers** 55 beziehen. **Keine Beurteilungsgrundsätze** sind deshalb **Stellenbeschreibungen** und **analytische Arbeitsplatzbewertungen**; denn sie sind nicht *personenbezogen*, sondern *arbeitsplatzbezogen* (ebenso GK-*Kraft/Raab*, § 94 Rn. 48; GL-*Löwisch*, § 94 Rn. 29; HSWGNR-*Rose*, § 94 Rn. 82; für Funktionsbeschreibungen BAG 14. 1. 1986 AP BetrVG 1972 § 87 Nr. 21 Lohngestaltung). Auch **Anforderungsprofile** werden nicht erfasst, denn es soll durch sie nicht Verhalten oder Leistung eines Arbeitnehmers *beurteilt* werden (ebenso im Ergebnis GK-*Kraft/Raab*, § 94 Rn. 49).

Führungsrichtlinien, durch die festgelegt wird, in welcher Weise Mitarbeiter allgemein 56 ihre Arbeitsaufgaben und Führungskräfte ihre Führungsaufgaben zu erledigen haben, sind ebenfalls keine allgemeinen Beurteilungsgrundsätze (ebenso BAG 23. 10. 1984 AP BetrVG 1972 § 87 Nr. 8 Ordnung des Betriebes). Möglich ist nur, dass in ihnen auch allgemeine Beurteilungsgrundsätze enthalten sein können. Diese Voraussetzung ist aber noch nicht erfüllt, wenn lediglich geregelt wird, dass Vorgesetze nachgeordnete Mitarbeiter unter bestimmten Voraussetzungen auf die Erfüllung ihrer Arbeitsaufgaben zu kontrollieren haben, auch wenn das Ergebnis der Kontrolle Grundlage für die Beurteilung und Förderung des Mitarbeiters sein soll (vgl. BAG AP BetrVG 1972 § 87 Nr. 8 Ordnung des Betriebes).

57   d) Für den Mitbestimmungstatbestand spielt keine Rolle, welchen **Zweck** der Arbeitgeber mit der Beurteilung verfolgt. Erfasst wird deshalb auch die **Aufstellung von Beurteilungsgrundsätzen im Rahmen eines Entgeltsystems**. Dient die Beurteilung der Entgeltfindung, so hat der Betriebsrat aber bereits nach **§ 87 Abs. 1 Nr. 10** mit zu bestimmen, der insoweit eine **lex specialis** darstellt. Die Mitbestimmung beschränkt sich insoweit nicht auf ein Zustimmungsrecht, sondern schließt ein Initiativrecht des Betriebsrats ein (ebenso HSWGNR-*Rose*, § 94 Rn. 85; *Jedzig*, DB 1991, 753, 756 f.; im Ergebnis auch GK-*Kraft/Raab*, § 94 Rn. 52; a. A. GL-*Löwisch*, § 94 Rn. 26; *Löwisch*, DB 1973, 1746, 1751 f.).

58   e) Ebenfalls **unerheblich** ist, **wie die Beurteilungsgrundsätze gespeichert** werden. Der Mitbestimmungstatbestand ist auch gegeben, wenn Fähigkeits- und Eignungsprofile durch eine automatische Datenverarbeitung festgelegt werden (ebenso *Fitting*, § 94 Rn. 30; HSWGNR-*Rose*, § 94 Rn. 72; *Kilian*, JZ 1977, 481, 485; *Brill*, BlStSozArbR 1978, 163, 165; *Hümmerich*, DB 1978, 1932, 1934). Das Mitbestimmungsrecht des Betriebsrats erstreckt sich zwar nicht auf die Hardware; es erstreckt sich aber darauf, ob bei Wahl eines automatisierten Verfahrens die Beurteilung automatisch oder durch Zwischenschaltung einer Person erfolgt.

2. Reichweite des Mitbestimmungsrechts

59   a) Allgemeine Beurteilungsgrundsätze sollen vor allem für die Beurteilung der bereits **im Betrieb beschäftigten Arbeitnehmer** zur Anwendung kommen; sie können aber bereits bei der **Einstellung eines Arbeitnehmers** eine Rolle spielen (ebenso GL-*Löwisch*, § 94 Rn. 28; HSWGNR-*Rose*, § 94 Rn. 70; einschränkend bei externen Bewerbern *Hunold*, DB 1976, 98, 102).

60   b) In **Tendenzbetrieben** ist das Mitbestimmungsrecht durch den relativen Tendenzschutz eingeschränkt (§ 118 Abs. 1 Satz 1). Die Beurteilung der Leistung und des Verhaltens von Tendenzträgern steht in so engem Zusammenhang mit der tendenzbezogenen Tätigkeit, dass die Aufstellung allgemeiner Beurteilungsgrundsätze bei ihnen mitbestimmungsfrei ist (ebenso GL-*Löwisch*, § 118 Rn. 69; s. auch Rn. 29). Auch **Fragen aus dem Ausland,** die einen inländischen Betrieb betreffen, unterliegen § 94 (Hessisches LAG 5. 7. 2001, DB 2001, 2254).

61   c) Die Aufstellung allgemeiner Beurteilungsgrundsätze, die ausschließlich für **leitende Angestellte i. S. des § 5 Abs. 3** maßgebend sein sollen, unterliegt **nicht** der **Mitbestimmung** des Betriebsrats.

3. Inhalt des Mitbestimmungsrechts

62   a) Der Betriebsrat hat wie beim Personalfragebogen nur ein **Zustimmungsrecht,** kein Initiativrecht (s. aber auch Rn. 52). Er kann also nicht durch Anrufung der Einigungsstelle erzwingen, dass allgemeine Beurteilungsgrundsätze aufgestellt werden und welchen Inhalt sie haben sollen. Das Gesetz lässt vielmehr insoweit dem Arbeitgeber die Initiative (s. auch Rn. 24 f.).

63   b) Der Betriebsrat kann auch hier wie beim Personalfragebogen nicht verhindern, dass überhaupt allgemeine Beurteilungsgrundsätze aufgestellt werden; denn sein Mitbestim-

mungsrecht bezieht sich nur auf die **inhaltliche Gestaltung der Beurteilungsgrundsätze** (s. auch Rn. 30).

Der Zustimmung des Betriebsrats bedarf die **Festlegung der materiellen Beurteilungs-** **merkmale** und der **Verfahren,** die für deren Feststellung maßgebend sein sollen (s. Rn. 24 ff.). Der Arbeitgeber benötigt daher die Zustimmung des Betriebsrats bei der Einführung von **Testverfahren** zur Ermittlung von persönlichen Eigenschaften oder des Verhaltens, für die Festlegung der Fragen, der Form ihrer Beantwortung und der Bemessungskriterien bei einer **laufenden Beobachtung und Befragung des Personals,** soweit die Dokumentation zu dessen Leistungs- und Verhaltensbeurteilung verwendet werden kann (vgl. *Drumm,* Personalwirtschaftslehre, 5. Aufl. 2005, S. 135 ff.), oder bei einem **Mitarbeitergespräch** zu diesem Zweck (vgl. *Drumm,* a. a. O., S. 125 ff.). Auch die sog. **Assessment-Center-Technik** ist als Personalauswahl- und Beurteilungsinstrument an die Zustimmung des Betriebsrats gebunden (vgl. *Gennen,* ZfA 1990, 495 ff.; Jaeger/Röder/ Heckelmann/*Schuster,* BetrVR, Kap. 23 Rn. 41).

4. Durchführung der Mitbestimmung

a) Die **Zustimmung des Betriebsrats** kann gegenüber dem Arbeitgeber **formlos** erteilt werden (s. Rn. 35). Zur Herstellung und Sicherung einer klaren Rechtslage empfiehlt sich aber der Abschluss einer **Betriebsvereinbarung.** Soweit ein Arbeitnehmer nicht auf Grund seines Arbeitsvertrags verpflichtet ist, sich an einer Beurteilung seiner Person zu beteiligen, kann auch nur durch sie eine entsprechende Pflicht festgelegt werden (§ 77 Abs. 4). Jedoch handelt es sich insoweit um eine *freiwillige Betriebsvereinbarung;* denn das Mitbestimmungsrecht bezieht sich nur darauf, welche allgemeinen Beurteilungsgrundsätze der Arbeitgeber einer Beurteilung des Arbeitnehmers zugrunde legen darf. Eine Rechtsbindung des Arbeitnehmers tritt aber nur ein, wenn die Beurteilungsgrundsätze rechtlich zulässig sind.

b) Der Betriebsrat kann seine Zustimmung **nicht widerrufen;** es gilt insoweit Gleiches wie für den Personalfragebogen (s. Rn. 36). Bei bloß formloser Erteilung kann aber die dadurch herbeigeführte **Einigung zwischen Arbeitgeber und Betriebsrat** ebenso wie eine Betriebsvereinbarung **gekündigt** werden. Es gilt hier Gleiches wie beim Personalfragebogen (s. Rn. 37 f.).

c) Kann über den Inhalt der Beurteilungsgrundsätze **keine Einigung zwischen Arbeitgeber und Betriebsrat** erzielt werden, so entscheidet die Einigungsstelle, deren Spruch die Einigung ersetzt (Abs. 2 i. V. mit Abs. 1 Satz 2 und 3; s. auch Rn. 67 ff.).

d) Besteht ein Unternehmen aus mehreren Betrieben und ist nach dem Zweck der Beurteilung durch den Arbeitgeber die Aufstellung von Grundsätzen auf Unternehmensebene oder für mehrere Betriebe erforderlich, so ist für das Mitbestimmungsrecht der **Gesamtbetriebsrat** zuständig (§ 50 Abs. 1 Satz 1). Die Zuständigkeit eines **Konzernbetriebsrats** kommt nur in Ausnahmefällen in Betracht (§ 58 Abs. 1 Satz 1); es gilt insoweit Gleiches wie beim Personalfragebogen (s. Rn. 39).

5. Bedeutung der Mitbestimmung für die Beurteilung

a) Das **Mitbestimmungsrecht** des Betriebsrats besteht nur bei der Aufstellung der allgemeinen Beurteilungsgrundsätze, **nicht** bei der **Durchführung der Beurteilung im Einzelfall** (ebenso GL-*Löwisch,* § 94 Rn. 31; HSWGNR-*Rose,* § 94 Rn. 73; Jaeger/Röder/Heckelmann/*Schuster,* Kap. 23 Rn. 42; DKK-*Klebe,* § 94 Rn. 29; *Stege/Weinspach/Schiefer,* § 94 Rn. 32; *Meisel,* Mitwirkung und Mitbestimmung in personellen Angelegenheiten, Rn. 193). Problematisch ist, ob der Arbeitgeber die Beurteilung eines Arbeitnehmers nur durchführen kann, wenn für sie allgemeine Beurteilungsgrundsätze aufgestellt sind. Das Gesetz gibt das Mitbestimmungsrecht nur für die Aufstellung allgemeiner Beurteilungsgrundsätze und trifft keine Regelung darüber, ob der Arbeitgeber unter Verzicht auf die Aufstellung allgemeiner Beurteilungsgrundsätze eine Beurteilung der Arbeitnehmer lediglich von Fall zu Fall durchführen kann. Die Regelungslücke besteht aber nur scheinbar; denn es muss berücksichtigt werden, dass der Mitbestimmungstatbestand auch bei einer Beurteilung, die lediglich von Fall zu Fall durchgeführt wird, gegeben ist, sobald der Arbeitgeber sich dabei nach bestimmten Grundsätzen richtet (ebenso LAG Niedersachsen 6. 3. 2007, AuR 2008, 77.: nach dem es genügt, wenn der Arbeitgeber auf der Grundlage von formularmäßig erhobenen Leistungsdaten regelmäßig gegenüber Arbeitnehmern Rügen oder Belobigungen ausspricht, ohne die Kriterien dafür betrieblich offenzulegen; a. A. GL-*Löwisch*, § 94 Rn. 30, der eine verfestigte Verfahrensweise verlangt, wovon man, solange keine schriftliche Fixierung der Grundsätze erfolge, nur ausnahmsweise sprechen könne; *Stege/Weinspach/Schiefer*, § 94 Rn. 32; *Meisel*, a. a. O., Rn. 192; auch *Matthes*, MünchArbR § 259 Rn. 11).

70   b) **Fehlt die Zustimmung des Betriebsrats** und ist sie auch nicht durch einen Spruch der Einigungsstelle ersetzt, so darf der Arbeitgeber die von ihm einseitig aufgestellten allgemeinen Beurteilungsgrundsätze nicht einer Beurteilung zugrunde legen. Tut er es dennoch, so kann darin eine grobe Pflichtverletzung liegen, die zur Einleitung eines Zwangsverfahrens nach § 23 Abs. 3 berechtigt (weitergehend LAG Niedersachsen 6. 3. 2007, AuR 2008, 77, GK-*Kraft/Raab*, § 94 Rn. 58; ErfK-*Kania*, § 94 Rnr. 4; allgemeiner Unterlassungsanspruch auch ohne „grobe" Pflichtverletzung; wie hier; GL-*Löwisch*, § 94 Rn. 34; *Matthes*, MünchArbR § 259 Rn. 14).

71   Der Arbeitnehmer hat einen **Anspruch auf Entfernung der Beurteilung aus den Personalakten,** wenn der Arbeitgeber Beurteilungsgrundsätze zugrunde legt, bei deren Aufstellung nicht das Mitbestimmungsverfahren gewahrt wurde (ebenso GL-*Löwisch*, § 94 Rn. 34; *Matthes*, MünchArbR § 259 Rn. 15; zu der entsprechenden Vorschrift des § 75 Abs. 3 Nr. 9 BPersVG BAG 28. 3. 1979 AP BPersVG § 75 Nr. 3 [zust. *Richardi*]; a. A. HSWGNR-*Rose*, § 94 Rn. 90; *Heinze*, Personalplanung, Rn. 101).

VI. Zuständigkeit und Spruch der Einigungsstelle

72   Können sich Arbeitgeber und Betriebsrat nicht über den Inhalt eines Personalfragebogens oder der persönlichen Angaben in Formularverträgen einigen, so kann **jede Seite die Einigungsstelle anrufen** (§ 76 Abs. 5). Gleiches gilt, wenn über den Inhalt der Beurteilungsgrundsätze keine Einigung zwischen Arbeitgeber und Betriebsrat erzielt wird.

73   Der **Spruch der Einigungsstelle** ersetzt die fehlende Einigung zwischen Arbeitgeber und Betriebsrat. Er bezieht sich also nur darauf, welchen **Inhalt** der Personalfragebogen, die Formularverträge hinsichtlich der persönlichen Angaben und die Beurteilungsgrundsätze haben, enthält aber **keine Verpflichtung des Arbeitgebers, den Personalfragebogen einzuführen,** in die Formularverträge persönliche Angaben aufzunehmen oder eine **Beurteilung der Arbeitnehmer durchzuführen.** Nur wenn er Personalfragebogen und Formularverträge verwendet und Beurteilungen vornimmt, hat er den Spruch der Einigungsstelle zu respektieren; denn die inhaltliche Ausgestaltung des Personalfragebogens, der persönlichen Angaben in Formularverträgen und der Beurteilungsgrundsätze ist durch die Entscheidung der Einigungsstelle mit bindender Wirkung erfolgt.

74   Der Spruch der Einigungsstelle kann eine **Regelungsentscheidung,** aber auch eine reine **Rechtsentscheidung** sein. Macht der Betriebsrat geltend, dass er die Zustimmung deshalb verweigert, weil die Fragestellung oder das Beurteilungsverfahren rechtlich unzulässig ist, und teilt die Einigungsstelle diese Auffassung, so liegt eine reine *Rechtsentscheidung* vor. Diese unterliegt in vollem Umfang der arbeitsgerichtlichen Kontrolle, ohne dass die Zweiwochenfrist des § 76 Abs. 5 Satz 4 eingehalten zu werden braucht (ebenso HSWGNR-*Rose*, § 94 Rn. 98). Verweigert der Betriebsrat dagegen die Zustimmung nur deshalb, weil er die Fragestellung in einem Personalfragebogen oder in einem Formularvertrag für entbehrlich hält, so liegt ein *Regelungsstreit* vor. Aber auch hier ist möglich, dass er durch eine reine Rechtsentscheidung beendet wird, nämlich dann, wenn im Fall

einer sog. Ermessensschrumpfung der Arbeitgeber einen Anspruch darauf hat, dass der Betriebsrat die Zustimmung erteilt.

VII. Zuständigkeit des Arbeitsgerichts

Streitigkeiten darüber, ob Formulare im Betrieb nur verwendet werden dürfen, wenn der Betriebsrat seine Zustimmung erteilt hat, entscheidet das Arbeitsgericht im Beschlussverfahren (§ 2 a Abs. 1 Nr. 1, Abs. 2 i. V. mit §§ 80 ff. ArbGG) Gleiches gilt für die Durchführung von Beurteilungsverfahren. Der Betriebsrat kann aber auch die Einigungsstelle anrufen, um geltend zu machen, dass ein Personalfragebogen, Formularverträge hinsichtlich der persönlichen Angaben und die Aufstellung allgemeiner Beurteilungsgrundsätze seiner Zustimmung bedürfen, um durch einen Spruch der Einigungsstelle die Einigung zwischen ihm und dem Arbeitgeber ersetzen zu lassen. 75

§ 95 Auswahlrichtlinien

(1) ¹Richtlinien über die personelle Auswahl bei Einstellungen, Versetzungen, Umgruppierungen und Kündigungen bedürfen der Zustimmung des Betriebsrats. ²Kommt eine Einigung über die Richtlinien oder ihren Inhalt nicht zustande, so entscheidet auf Antrag des Arbeitgebers die Einigungsstelle. ³Der Spruch der Einigungsstelle ersetzt die Einigung zwischen Arbeitgeber und Betriebsrat.

(2) ¹In Betrieben mit mehr als 500 Arbeitnehmern kann der Betriebsrat die Aufstellung von Richtlinien über die bei Maßnahmen des Absatzes 1 Satz 1 zu beachtenden fachlichen und persönlichen Voraussetzungen und sozialen Gesichtspunkte verlangen. ²Kommt eine Einigung über die Richtlinien oder ihren Inhalt nicht zustande, so entscheidet die Einigungsstelle. ³Der Spruch der Einigungsstelle ersetzt die Einigung zwischen Arbeitgeber und Betriebsrat.

(3) ¹Versetzung im Sinne dieses Gesetzes ist die Zuweisung eines anderen Arbeitsbereichs, die voraussichtlich die Dauer von einem Monat überschreitet, oder die mit einer erheblichen Änderung der Umstände verbunden ist, unter denen die Arbeit zu leisten ist. ²Werden Arbeitnehmer nach der Eigenart ihres Arbeitsverhältnisses üblicherweise nicht ständig an einem bestimmten Arbeitsplatz beschäftigt, so gilt die Bestimmung des jeweiligen Arbeitsplatzes nicht als Versetzung.

Schrifttum: *B Bengelsdorf*, Das gesetzwidrige Verbot der Verwendung von Kündigungsauswahlrichtlinien ohne Betriebsratsbeteiligung, ZfA 2007, 277; *Hidalgo/Häberle-Haug/Stubbe*, (Nicht-)Beteiligung des Betriebsrats bei der Aufstellung eines Punkteschemas zur Sozialauswahl, DB 2007, 914; *Hunold*, Wichtige Rechtsprechung zum Versetzungsbegriff (§ 95 Abs. 3 BetrVG), FS Hromadka 2008, 157; *ders.*, Abstellung zu innerbetrieblichen „Workshops" als Versetzung, NZA 2008, 342; *Jacobs/Burger*, Punkteschema für soziale Auswahl für konkret bevorstehende Kündigungen als Auswahlrichtlinie i. S. d. § 95 Abs. 1 Satz 1 BetrVG – allgemeiner Unterlassungsanspruch des Betriebsrates, SAE 2006, 256; *Quecke*, Punkteschema und Sozialauswahl, RdA 2007, 335; *Rossa/Salamon*, Personalabbau trotz Nichtbeteiligung des Betriebsrats bei Auswahlrichtlinien?, NJW 2008, 1991; *Schlochauer*, Betriebsverfassungsrechtlicher Versetzungsbegriff in der Rechtsprechung des Bundesarbeitsgerichts, FS Richardi 2007, 751.

Übersicht

	Rn.
I. Vorbemerkung	1
1. Bedeutung und Zweck der Mitbestimmungsnorm	1
2. Mitbestimmungsnorm als Berufsausübungsregelung i. S. des Art. 12 Abs. 1 GG	3

	Rn.
II. Auswahlrichtlinien als Gegenstand der Mitbestimmung	5
1. Begriff und Rechtsnatur der Auswahlrichtlinien	5
2. Gegenstand der Auswahlrichtlinien	8
3. Inhalt der Auswahlrichtlinien	10
4. Rechtswirkungen der Auswahlrichtlinien	14
5. Abgrenzung von anderen personalwirtschaftlichen Festlegungen	18
III. Inhalt und Rechtswirkungen der Auswahlrichtlinien bei den einzelnen Personalmaßnahmen	21
1. Einstellungsrichtlinien	21
2. Versetzungsrichtlinien	30
3. Umgruppierungsrichtlinien	35
4. Kündigungsrichtlinien	37
IV. Inhalt der Mitbestimmung	44
1. Zustimmungsrecht des Betriebsrats	44
2. Initiativrecht des Betriebsrats	47
V. Durchführung der Mitbestimmung	51
1. Ausübungsform	51
2. Widerruf und Kündigung	53
3. Zuständigkeit für die Mitbestimmungsausübung	57
VI. Anrufung und Spruch der Einigungsstelle	60
1. Antragsrecht	60
2. Spruch der Einigungsstelle	62
VII. Der Begriff der Versetzung	69
VIII. Rechtsfolgen einer Nichtbeteiligung des Betriebsrats	70
IX. Streitigkeiten	72

I. Vorbemerkung

1. Bedeutung und Zweck der Mitbestimmungsnorm

1 Das **stärkste Beteiligungsrecht in Angelegenheiten,** die zu den **Elementen der Personalplanung** gehören, erhält der Betriebsrat durch diese Vorschrift: **Richtlinien über die personelle Auswahl bei Einstellungen, Versetzungen, Umgruppierungen und Kündigungen** bedürfen seiner Zustimmung; in Betrieben mit mehr als 500 Arbeitnehmern hat er sogar ein Initiativrecht, um die Aufstellung von Richtlinien über die fachlichen und persönlichen Voraussetzungen und sozialen Gesichtspunkte zu erzwingen, soweit sie für die personelle Auswahl bei Einstellungen, Versetzungen, Umgruppierungen und Kündigungen von Bedeutung sind. Nach der Begründung zum RegE soll „einerseits eine weitgehende Transparenz der bei personellen Maßnahmen angewandten Grundsätze und andererseits eine Versachlichung dieser Grundsätze erreicht werden" (BT-Drucks. VI/1786, S. 50; vgl. auch den Bericht des BT-Ausschusses für Arbeit und Sozialordnung, *zu* BT-Drucks. VI/2729, S. 30). Dieses Motiv hat den Gesetzgeber veranlasst, in Großbetrieben über das Vetorecht hinaus ein Initiativrecht bei der Aufstellung von Richtlinien über die bei Personalmaßnahmen im Betrieb zu beachtenden objektiven Kriterien zu geben, weil in diesen Betrieben die größere Zahl gleichartiger personeller Maßnahmen die Aufstellung objektivierender Richtlinien notwendig erscheinen lasse (so die Begründung zum RegE, BT-Drucks. VI/1786, S. 50).

2 Das **Arbeitsrechtliche Beschäftigungsförderungsgesetz** vom 25. 9. 1996 (BGBl. I S. 1476) hat dem § 1 KSchG einen Abs. 4 angefügt (Art. 1 Nr. 1 lit. b), der den **Auswahlrichtlinien bei Kündigungen** eine größere Bedeutung für den Kündigungsschutz zuweist als nach der bisherigen Gesetzeslage: Sind in einer Richtlinie die für die Sozialauswahl bei einer betriebsbedingten Kündigung nach § 1 Abs. 3 Satz 1 KSchG zu beachtenden Kriterien Dauer der Betriebszugehörigkeit, Lebensalter und Unterhaltspflichten des Arbeitnehmers im Verhältnis zueinander gewichtet, so ist eine Überprüfung dieser Auswahlkriterien durch die Gerichte nur auf grobe Fehlerhaftigkeit hin zulässig (vgl. Begründung des RegE, BT-Drucks. 13/4612, S. 14; Bericht des BT-Ausschusses für

I. Vorbemerkung § 95

Arbeit und Sozialordnung, BT-Drucks. 13/5107, S. 22). Das **Korrekturgesetz** vom 19. 12. 1998 (BGBl. I S. 3843) führte zu einer neuen, seit dem 1. 1. 1999 geltenden Fassung, die eine Beschränkung auf bestimmte Kriterien nicht mehr enthält. Die Festlegung dieser Kriterien war nun ebenso wie die Festlegung deren Verhältnisses zueinander Aufgabe der Betriebsparteien. Das Gesetz zu Reformen am Arbeitsmarkt v. 24. 12. 2003 (BGBl. I 3002) ist wieder zur Fassung vom 25. 9. 1996 zurückgekehrt. Durch das **BetrVerf-Reformgesetz** vom 23. 7. 2001 (BGBl. I S. 1852) wurde zuvor die ehemals geltende Schwelle von 1000 Arbeitnehmern auf 500 Arbeitnehmer abgesenkt. Die Absenkung der Arbeitnehmerzahl soll dem Umstand Rechnung tragen, dass sich als Folge der Umstrukturierung von Unternehmen die alten großbetrieblichen Strukturen auflösen und an ihre Stelle mittelgroße oder kleine Organisationseinheiten treten; es soll verhindert werden, dass das Mitbestimmungsrecht des Betriebsrats leerläuft (so die Gesetzesbegründung BT-Drucks. 14/5741, 49). Ob dies freilich in dieser Allgemeinheit zutrifft, wurde durch statistisches Material nicht belegt. De facto ist wohl eher von einer Ausweitung der Mitbestimmung auszugehen, jedenfalls bleibt die Begründung eine Erklärung schuldig, warum dann überhaupt noch an einem Schwellenwert festgehalten wird.

Entsprechende Vorschrift: § 76 Abs. 2 Nr. 8 BPersVG. 2a

2. Mitbestimmungsnorm als Berufsausübungsregelung i. S. des Art. 12 Abs. 1 GG

Die Bestimmung enthält eine **Regelung der Berufsausübung** (ebenso *Hanau*, FS 3 Beusch, S. 361, 372). Durch das hier verliehene Mitbestimmungsrecht wird der Betriebsrat an Entscheidungen beteiligt, die für die Personalpolitik eines Unternehmens grundlegende Bedeutung haben. Bei den Auswahlrichtlinien handelt es sich, soweit sie auf einer Einigung zwischen Arbeitgeber und Betriebsrat beruhen oder durch einen Spruch der Einigungsstelle festgelegt sind, nicht um Programmsätze, deren Verletzung im Einzelfall keine Rechtsfolgen hat (vgl. *Richardi*, ZfA-Sonderheft 1972, 1, 7; zust. *Zöllner*, FS G. Müller, S. 665, 673 Fn. 31). Sie haben vielmehr Rechtsnormenwirkung. Wird gegen sie verstoßen, so hat der Betriebsrat bei Einstellungen, Versetzungen und Umgruppierungen das Recht, seine Zustimmung zu verweigern (§ 99 Abs. 2 Nr. 2), und ein Verstoß gegen Kündigungsrichtlinien führt dazu, dass die Kündigung sozial nicht gerechtfertigt ist, sofern der Betriebsrat deshalb ihr fristgerecht und ordnungsgemäß widersprochen hat (§ 102 Abs. 3 Nr. 2 und § 1 Abs. 2 Satz 2 Nr. 1 lit. a KSchG); als weitere Rechtsfolge tritt in diesem Fall ein, dass der Arbeitgeber den Arbeitnehmer bei Erhebung der Kündigungsschutzklage bis zum rechtskräftigen Abschluss des Rechtsstreits weiterzubeschäftigen hat (§ 102 Abs. 5).

Da das Gesetz sich auf die Festlegung einer betriebsverfassungsrechtlichen Richtlini- 4 enkompetenz beschränkt, die dem Arbeitgeber die personelle Auswahlentscheidung belässt, und außerdem die Gestaltung der Auswahlrichtlinien durch die in Abs. 2 genannten Gesichtspunkte bestimmt wird, liegt eine zulässige **Berufsausübungsregelung i. S. des Art. 12 Abs. 1 Satz 2 GG** vor (ebenso *Hanau*, FS Beusch, S. 361, 373). Die Mitbestimmungsnorm kann also verfassungskonform interpretiert werden (so bereits 5. Aufl. dieses Kommentars § 95 Rn. 4; zust. *Zöllner*, FS G. Müller, S. 665, 670). Was gegenüber der Berufsfreiheit des Arbeitgebers gilt, ist aber auch gegenüber der Berufsfreiheit des Arbeitnehmers zu beachten. Auswahlrichtlinien dürfen nicht so gestaltet sein, dass sie auf die Qualifikation für den jeweils in Betracht kommenden Arbeitsplatz keine Rücksicht nehmen. Einer derartigen Interpretation steht auch entgegen, dass die **Europäische Sozialcharta**, „um die wirksame Ausübung des Rechtes auf Arbeit zu gewährleisten", die Bundesrepublik Deutschland verpflichtet, „das Recht des Arbeitnehmers wirksam zu schützen, seinen Lebensunterhalt durch eine frei übernommene Tätigkeit zu verdienen" (Teil II Art. 1 Nr. 2).

II. Auswahlrichtlinien als Gegenstand der Mitbestimmung

1. Begriff und Rechtsnatur der Auswahlrichtlinien

5 a) Das Gesetz enthält **keine Begriffsbestimmung**, was unter den Richtlinien über die personelle Auswahl bei Einstellungen, Versetzungen, Umgruppierungen und Kündigungen zu verstehen ist. Gemeint sind **Regeln**, die der Arbeitgeber seiner **personellen Auswahlentscheidung** zugrunde legt (vgl. BAG 27. 10. 1992 AP BetrVG 1972 § 95 Nr. 29).

6 Der **Begriff der Richtlinie** stellt klar, dass nicht jede Auswahlregelung unter den Mitbestimmungstatbestand fällt (ebenso *Zöllner*, FS G. Müller, S. 665, 667). Eine „Richtlinie" liegt nicht mehr vor, wenn dem Arbeitgeber kein **Entscheidungsspielraum** mehr verbleibt (ebenso BAG 27. 10. 1992 AP BetrVG 1972 § 95 Nr. 29). Der früheren Rechtsprechung des BAG war nicht sicher zu entnehmen, inwieweit Auswahlrichtlinien nur dann gegeben sind, wenn sie nicht nur für einen betrieblichen Anlass, sondern für alle zukünftigen Fälle gelten sollten (so LAG Niedersachen 18. 10. 1994, LAGE BetrVG § 95 Nr. 15; LAG Niedersachen 5. 3. 2004, AuR 2004, 396). Aus dem Regelcharakter der Richtlinien wird man dies nicht herleiten können, da auch bei anlassbezogener Regelung einer Vielzahl von zu regelenden Fällen vorliegen; auch diese dürften daher von § 95 erfasst sein. Mittlerweile hat das BAG für den Fall der Sozialauswahl bei Kündigungen entschieden, dass es der Annahme einer Auswahlrichtlinie nicht entgegensteht, wenn diese nur für konkret bevorstehende betriebliche Anlässe gelten soll (BAG 26. 7. 2005 AP BetrVG 1972 § 95 Nr. 43 *[Bauer]* = BAG NZA 2006, 272, 273 siehe auch: *Jacobs*, SAE 2006, 256, 261; krit. hierzu: *Gaul*, BB 2006, 549, 551). Verletzt der Arbeitgeber in einem solchen Fall das Mitbestimmungsrecht, kann ihm auf Antrag des Betriebsrats die Wiederholung des mitbestimmungswidrigen Verhaltens auf der Grundlage des allgemeinen Unterlassungsanspruchs gerichtlich untersagt werden (vgl. BAG a. a. O.; BAG 6. 7. 2006 AP BetrVG 1972 § 95 Nr. 48; ebenso ErfK-*Kania*, § 95 Rn. 18; *Fitting*, § 95 Rn. 31).

7 b) Während Richtlinien in der Verwaltungspraxis keine Außenwirkung entfalten, haben die hier im Mitbestimmungsverfahren festgelegten Richtlinien **für den Arbeitgeber** eine **Bindungswirkung**. Bei einem Verstoß kann der Betriebsrat verhindern, dass ein Arbeitnehmer eingestellt oder versetzt wird (§ 99 Abs. 2 Nr. 2), und eine ordentliche Kündigung ist sozial nicht gerechtfertigt (§ 1 Abs. 2 Satz 2 Nr. 1 KSchG). Kommt die Richtlinie jedoch mitbestimmugswidrig zustande, führt dies nicht zu einer Unwirksamkeit der Kündigung (BAG 9. 11. 2006 AP KSchG 1969 § 1 Nr. 87 Soziale Auswahl). Die Auswahlrichtlinien sind deshalb **Betriebsnormen**. Sie begründen nur eine betriebsverfassungsrechtliche Pflicht des Arbeitgebers, sind aber keine auf das Einzelarbeitsverhältnis unmittelbar einwirkende Rechtsnormen (ebenso *Zöllner*, FS G. Müller, S. 665, 673 f., der jedoch bestreitet, dass die Auswahlrichtlinien Rechtsnormen seien, damit aber in einem Widerspruch zu seiner Feststellung steht, dass die Richtlinien nicht Regeln mit lediglich eingeschränkter Bindungskraft seien, dort S. 667 f.).

2. Gegenstand der Auswahlrichtlinien

8 Der Mitbestimmung unterliegen Auswahlrichtlinien bei den folgenden Personalmaßnahmen: **Einstellungen, Versetzungen, Umgruppierungen** und **Kündigungen**. Die Eingruppierung wird nicht genannt, weil bei ihr Richtlinien über die personelle Auswahl keine selbständige Bedeutung haben können; es geht bei ihr ausschließlich um die richtige Einstufung in eine tarifliche oder betriebliche Lohn- oder Gehaltsgruppe (s. § 99 Rn. 59 ff.). Dasselbe gilt streng genommen auch für die Umgruppierung; denn unter ihr ist der Vorgang zu verstehen, durch den ein Arbeitnehmer in eine andere Lohn- oder Gehaltsgruppe überführt wird (s. § 99 Rn. 61 ff.). Auch hier geht es ausschließlich um

II. Auswahlrichtlinien als Gegenstand der Mitbestimmung § 95

die Richtigkeit der Einstufung, so dass Auswahlrichtlinien keine selbständige, sondern lediglich eine kommentierende Bedeutung haben (vgl. GK-*Kraft/Raab*, § 95 Rn. 34; GL-*Löwisch*, § 95 Rn. 14; *Zöllner*, FS G. Müller, S. 665 Fn. 1; *Hunold*, DB 1976, 98, 103, für den nicht ersichtlich ist, was hier Inhalt einer Auswahlrichtlinie sein könne, und der deshalb ein redaktionelles Versehen des Gesetzgebers für möglich hält; so auch *Matthes*, MünchArbR § 260 Rn. 17; ErfK-*Kania*, § 95 Rn. 16; Jaeger/Röder/Heckelmann/*Schuster*, Kap. 23 Rn. 51).

Der **eigentliche Anwendungsbereich** liegt deshalb bei der **Einstellung**, bei der **Versetzung**, für die in Abs. 3 eine Legaldefinition gegeben wird, und bei der **Kündigung**. Jedoch haben auch in diesen Fällen Auswahlrichtlinien unterschiedliche Bedeutung und deshalb einen anderen Inhalt (s. ausführlich Rn. 21 ff.). Für ihn ist nämlich ausschlaggebend, wieweit die Entscheidungsfreiheit des Arbeitgebers reicht (s. Rn. 16). Keine **Auswahlrichtlinien** sind die Zuweisungskriterien für Büroraum (BAG 31. 5. 2005 AP BetrVG 1972 § 87 Nr. 125 Lohngestaltung). 9

3. Inhalt der Auswahlrichtlinien

Den Inhalt der Auswahlrichtlinien bilden die Festlegung der **materiellen Merkmale für die Auswahl einer Person** und die Regelung des **Verfahrens**, das für die Feststellung dieser Auswahlkriterien maßgebend sein soll. 10

a) Aus der Bestimmung in Abs. 2 ergibt sich, dass zum Inhalt der Auswahlrichtlinien die **fachlichen** und **persönlichen Voraussetzungen** und **sozialen Gesichtspunkte** gehören, die für die personelle Auswahl bei Einstellungen, Versetzungen, Umgruppierungen und Kündigungen maßgebend sein sollen (ebenso BAG 31. 5. 1983 AP BetrVG 1972 § 95 Nr. 2 [*Löwisch*]). Diese Konkretisierung ist nur für die Richtlinien erfolgt, die der Betriebsrat *erzwingen* kann. Soweit der Betriebsrat dagegen nur ein Zustimmungsrecht hat, soll davon auszugehen sein, dass jede Art von personellen Auswahlrichtlinien erfasst wird (vgl. *Brecht*, § 95 Rn. 3; *Fitting*, § 95 Rn. 13; GK-*Kraft/Raab*, § 95 Rn. 19; GL-*Löwisch*, § 95 Rn. 26; HSWGNR-*Rose*, § 95 Rn. 14; DKK-*Klebe*, § 95 Rn. 17; *Zöllner*, FS G. Müller, S. 665, 679 ff.; *Stahlhacke*, BlStSozArbR 1972, 51, 53; *Weller*, RdA 1986, 222, 226). 11

Damit wird der Zusammenhang verkannt, der zwischen der Regelung in Abs. 1 und Abs. 2 besteht. Es handelt sich nicht um eine Verschiedenheit des *Mitbestimmungstatbestands*, sondern lediglich um eine Verschiedenheit des *Mitbestimmungsrechts*. Der Betriebsrat hat stets ein Zustimmungsrecht, aber in Betrieben mit mehr als 500 Arbeitnehmern darüber hinaus auch ein Initiativrecht, um die Aufstellung von Auswahlrichtlinien zu erzwingen. In beiden Fällen geht es aber darum, dass im Rahmen der Personalplanung Auswahlrichtlinien für die Einstellung, Versetzung, Umgruppierung und Kündigung von Arbeitnehmern aufgestellt werden. Zweck dieser Richtlinien ist die Bindung an bestimmte Gesichtspunkte bei der personellen Auswahl im Rahmen der Personaleinsatz- und Personalfreisetzungsplanung. Wirtschaftliche Gründe sind zwar von Bedeutung für die Festlegung des Personalbeschaffungs- und Personalfreisetzungssolls. Für die Festlegung von Auswahlrichtlinien haben sie aber lediglich die Bedeutung einer vorgegebenen Größe, sind also nur ein *Datum*, nicht *Gegenstand* der Auswahlrichtlinien. Das Gesetz gibt dem Betriebsrat insoweit auch nur ein Beratungsrecht nach § 92 Abs. 1 Satz 2 (s. dort Rn. 34 ff.). Für die Auswahlrichtlinien, bei denen der Betriebsrat ein Mitbestimmungsrecht hat, sind dagegen ausschließlich Merkmale in der *Person des Arbeitnehmers* maßgebend. Wenn deshalb das Gesetz dem Betriebsrat ein Initiativrecht für die bei der personellen Auswahl zu beachtenden fachlichen und persönlichen Voraussetzungen und sozialen Gesichtspunkte gibt, so wird dadurch der Mitbestimmungstatbestand festgelegt, der auch für das Zustimmungsrecht maßgebend ist (ebenso *Matthes*, MünchArbR § 260 Rn. 5; *Heinze*, Personalplanung, Rn. 67; offen gelassen von BAG 31. 5. 1983 AP BetrVG 1972 § 95 Nr. 2; a. A. DKK-*Klebe*, § 95 Rn. 17). 12

13 b) Beachtet man diesen Zusammenhang, so ist nicht einzusehen, weshalb **Verfahrensgrundsätze**, die für die Feststellung der Auswahlkriterien maßgebend sein sollen, nur unter Abs. 1, nicht aber unter Abs. 2 fallen (so aber GK-*Kraft/Raab*, § 95 Rn. 14, 19; GL-*Löwisch*, § 95 Rn. 11, 26; HSWGNR-*Rose*, § 95 Rn. 15, 68; *Zöllner*, FS G. Müller, S. 665, 681 f.; hier aber a. A. DKK-*Klebe*, § 95 Rn. 18; *Weller*, RdA 1986, 222, 227). Der Gesetzestext des Abs. 2 gebietet nicht eine derartige Einschränkung. Nicht zu den Auswahlrichtlinien gehört aber, *wie* ermittelte Personaldaten zu *speichern* sind (so zutreffend *Zöllner*, FS G. Müller, S. 665, 682). Dagegen unterliegt der Mitbestimmung, ob die Beachtung der fachlichen und persönlichen Voraussetzungen und der sozialen Gesichtspunkte bei der Auswahlentscheidung des Arbeitgebers durch ein automatisiertes Verfahren sichergestellt wird.

4. Rechtswirkungen der Auswahlrichtlinien

14 a) Auswahlrichtlinien begrenzen die **personelle Auswahlentscheidung des Arbeitgebers**. Ihr Zweck ist die Festlegung der fachlichen und persönlichen Voraussetzungen und sozialen Gesichtspunkte, die der Arbeitgeber bei den hier genannten personellen Einzelmaßnahmen zu beachten hat. Dem Mitbestimmungsrecht des Betriebsrats unterliegt insoweit aber nur die Aufstellung von Richtlinien. Er wird nicht an der Auswahlentscheidung beteiligt, sondern insoweit muss dem Arbeitgeber ein Rahmen für die Auswahl bleiben. Der Betriebsrat hat deshalb nur ein *Recht zur Rahmenregelung* (so zutreffend *Zöllner*, FS G. Müller, S. 665, 668).

15 Dem Gesetz kann dagegen nicht entnommen werden, dass Auswahlrichtlinien sich nur auf die **personelle Auswahlentscheidung unter mehreren in Betracht kommenden Personen** beziehen (so vor allem *Zöllner*, a. a. O., S. 665, 675). Sie sind nicht „reine Präferenzregeln" (so *Zöllner*, a. a. O., S. 675; zust. HSWGNR-*Rose*, § 95 Rn. 7; *Matthes*, MünchArbR § 260 Rn. 3; *Löwisch*, Anm. AP BetrVG 1972 § 95 Nr. 2). Durch die Auswahlrichtlinien soll erreicht werden, dass ein Arbeitnehmer erkennen kann, warum er und nicht ein anderer von einer belastenden Personalmaßnahme betroffen wird oder warum eine günstige Maßnahme nicht ihn, sondern einen anderen trifft (so BAG 31. 5. 1983 AP BetrVG 1972 § 95 Nr. 2; 27. 10. 1992 AP BetrVG 1972 § 95 Nr. 29). Die Mitbestimmung bei Auswahlrichtlinien hat ihren Sinn aber auch darin, dass der Betriebsrat im Interesse der Arbeitnehmer Einfluss nehmen kann, unter welchen fachlichen und persönlichen Voraussetzungen personelle Einzelmaßnahmen erfolgen sollen und wie dabei soziale Gesichtspunkte berücksichtigt werden und dass die Auswahlentscheidung als billig und angemessen empfunden wird (BAG 31. 5. 1983 AP BetrVG 1972 § 95 Nr. 2; 27. 10. 1992 AP BetrVG 1972 § 95 Nr. 29). Diese Versachlichung und Durchschaubarkeit personeller Einzelmaßnahmen können Auswahlrichtlinien „auch da bewirken, wo es nicht um eine echte Auswahl unter mehreren in Frage kommenden Arbeitnehmern, sondern um eine bloße Einzelentscheidung geht" (BAG 31. 5. 1983 AP BetrVG 1972 § 95 Nr. 2 mit dem Hinweis, dass nicht abschließend zu entscheiden war, ob Auswahlrichtlinien nur sog. Präferenzregeln enthalten dürfen; wie hier *Fitting*, § 95 Rn. 7).

16 b) Da Arbeitgeber und Betriebsrat bei Ausübung ihrer **betriebsverfassungsrechtlichen Richtlinienkompetenz an das zwingende Gesetzesrecht gebunden** sind, ist für den Inhalt der Auswahlrichtlinien wesentlich, wie weit die **Entscheidungsfreiheit des Arbeitgebers** reicht. Er hat bei **betriebsbedingten Kündigungen** für die Sozialauswahl nach § 1 Abs. 3 KSchG nur einen *Beurteilungsspielraum* (s. Rn. 37 ff.). Bei Einstellungen und Versetzungen hat er dagegen grundsätzlich die Freiheit zur Auswahl des Arbeitnehmers. Einstellungs- und Versetzungsrichtlinien begrenzen daher sein *Auswahlermessen*, dürfen es aber nicht beseitigen (vgl. BAG 27. 10. 1992 AP BetrVG 1972 § 95 Nr. 29; s. auch Rn. 21 ff. und 30 ff.).

17 Diesen Unterschied hat man zu beachten, soweit Auswahlrichtlinien eine **Bewertung in Form eines Punktsystems** festlegen. Bei Kündigungen bezieht es sich auf eine *Rechts-*

II. Auswahlrichtlinien als Gegenstand der Mitbestimmung § 95

entscheidung des Arbeitgebers, die an § 1 KSchG gemessen wird (vgl. BAG 18. 1. 1990 AP KSchG 1969 § 1 Nr. 19 Soziale Auswahl; s. Rn. 39 ff.). Eine derartige Rechtsbindung besteht nicht für Einstellungen und Versetzungen. Durch die Aufstellung eines Punktsystems wird hier das *Auswahlermessen* des Arbeitgebers eingegrenzt (vgl. zur Zulässigkeit von Punktesystemen bei Auswahlrichtlinien für Versetzungen BAG 27. 10. 1992 AP BetrVG 1972 § 95 Nr. 29; s. auch Rn. 33). Den Unterschied hat man weiterhin zu beachten, wenn Auswahlrichtlinien auf einem **Spruch der Einigungsstelle** beruhen. Bei Kündigungsrichtlinien stellt er eine reine Rechtsentscheidung dar, während bei Einstellungs- und Versetzungsrichtlinien die Einigungsstelle eine Ermessensentscheidung trifft, auf die § 76 Abs. 5 Satz 4 Anwendung findet (ebenso BAG 27. 10. 1992 AP BetrVG 1972 § 95 Nr. 29).

5. Abgrenzung von anderen personalwirtschaftlichen Festlegungen

Keine Auswahlrichtlinien sind **Stellen-** oder **Funktionsbeschreibungen** (BAG 31. 1. 1984 AP BetrVG 1972 § 95 Nr. 3; 14. 1. 1986 AP BetrVG 1972 § 87 Nr. 21 Lohngestaltung; *Löwisch/Kaiser*, § 95, Rn. 7). Eine Stellenbeschreibung legt die Funktion einer bestimmten Stelle innerhalb des betrieblichen Geschehens fest und sie definiert die Aufgabe und die Kompetenz der Stelle und beschreibt, welche Tätigkeiten im Einzelnen zur Erfüllung dieser Aufgabe verrichtet werden müssen. Sie ist Teil der Organisation des betrieblichen Arbeitsablaufs, soweit sie festlegt, an welcher Stelle welche Arbeit zu verrichten ist, und sie ist Teil der Personalplanung, soweit die Gesamtheit der Stellenbeschreibungen ausweist, wieviel Personal benötigt wird. Über diese Planung ist der Betriebsrat nach § 92 zu unterrichten (ebenso BAG 31. 1. 1984 AP BetrVG 1972 § 95 Nr. 3). Von den Stellenbeschreibungen unterscheiden sich die Funktionsbeschreibungen nur dadurch, dass sie nicht jeden einzelnen Arbeitsplatz, sondern für eine Gruppe von Stelleninhabern mit vergleichbaren Tätigkeiten deren Aufgaben allgemein, d. h. deren Funktion, festlegen und diese nur in Tätigkeitsschwerpunkten beschreiben (BAG 14. 1. 1986 AP BetrVG 1972 § 87 Nr. 21 Lohngestaltung). 18

Nicht zu den Auswahlrichtlinien gehören auch die **Anforderungsprofile** (BAG 31. 5. 1983 AP BetrVG 1972 § 95 Nr. 2 [kritisch *Löwisch*]; bestätigt BAG 31. 1. 1984 AP BetrVG 1972 § 95 Nr. 3; 14. 1. 1986 AP BetrVG 1972 § 87 Nr. 21 Lohngestaltung; zust. GK-*Kraft/Raab*, § 95 Rn. 30; HSWGNR-*Rose*, § 95 Rn. 19; *Löwisch/Kaiser*, § 95, Rn. 7; *Stege/Weinspach/Schiefer*, § 95 Rn. 11; *Matthes*, MünchArbR § 260 Rn. 20; a. A. DKK-*Klebe*, § 95 Rn. 5 f.; *Däubler*, Gläserne Belegschaften?, 4. Aufl. 2002, Rn. 683). Die Entscheidung über die Anforderung ist der Entscheidung über die Auswahl vorgelagert und wird vom Arbeitgeber allein getroffen. Auch die Kriterien für die **Zuweisung bestimmter Planstellen** an die einzelnen Betriebe der Arbeitgeberin stellen keine Auswahlrichtlinien dar (BAG 28. 3. 2006 AP BetrVG 1972 § 87 Nr. 128 Lohngestaltung). Die Zuteilung der Planstellen als solche führt weder zu einer Einstellung noch zu einer Versetzung oder Umgruppierung von Beamten oder Angestellten. 19

Anforderungsprofile dienen jedoch dazu für bestimmte Arbeitsplätze auszuweisen, welchen Anforderungen fachlicher, persönlicher oder sonstiger Art ein potenzieller Stelleninhaber genügen muss, um die dem Arbeitsplatz durch die Stellenbeschreibung zugewiesene Aufgabe erfüllen zu können. Nach ihrem Inhalt überschneiden sie sich deshalb mit den Auswahlrichtlinien, soweit es um die fachlichen und persönlichen Voraussetzungen für die Besetzung eines Arbeitsplatzes geht. Der Unterschied besteht insoweit ausschließlich darin, dass mit den Anforderungsprofilen die *Vorstellungen des Arbeitgebers* darüber festgelegt werden, welche Anforderungen eine Stelle mit bestimmter Aufgabe an den Stelleninhaber stellt (so BAG 31. 5. 1983 AP BetrVG 1972 § 95 Nr. 2). Über ihre Erstellung hat der Arbeitgeber den Betriebsrat nach § 92 Abs. 1 BetrVG zu unterrichten; denn sie ist Teil der Personalbedarfsplanung (ebenso BAG 31. 5. 1983 AP BetrVG 1972 § 95 Nr. 2). Sobald der Arbeitgeber die in den Anforderungs- 20 profilen festgelegten fachlichen und persönlichen Voraussetzungen seiner Auswahlentscheidung bei der Besetzung eines Arbeitsplatzes zugrunde legt, macht er sie für die personelle Auswahl bei einer Einstellung oder Versetzung zur Richtlinie, für die nach Abs. 1 das Zustimmungserfordernis besteht. Der Betriebsrat hat nicht nur darüber mitzubestimmen, inwieweit neben den im Anforderungsprofil festgelegten Anforderungen soziale Gesichtspunkte bei der Auswahl zu berücksichtigen sind, sondern seine Beteiligung soll auch sicherstellen, dass die im Anforderungsprofil festgelegten fachlichen und persönlichen Voraussetzungen sachlich geboten und gerechtfertigt sind (ebenso BAG 31. 5. 1983 AP BetrVG 1972 § 95 Nr. 2; *Matthes*, MünchArbR § 260 Rn. 7). Dem Mitbestimmungsverfahren unterliegt deshalb, ob und inwieweit die fachlichen und persönlichen Voraussetzungen von den Anforderungen generell oder in Ausnahmefällen abweichen dürfen, die der Arbeitgeber einseitig in Anforderungsprofilen vorgegeben hat.

III. Inhalt und Rechtswirkungen der Auswahlrichtlinien bei den einzelnen Personalmaßnahmen

1. Einstellungsrichtlinien

21 a) Richtlinien über die personelle Auswahl bei Einstellungen legen die Auswahlgesichtspunkte fest, die für eine **Einstellung** maßgebend sein sollen, und regeln das Verfahren für deren Feststellung. Der Begriff der Einstellung hat dieselbe Bedeutung wie in § 99 Abs. 1 (s. § 99 Rn. 26 ff.; ebenso *Matthes*, MünchArbR § 260 Rn. 15). Weder ausreichend noch erforderlich ist es deshalb, dass ein Arbeitsvertrag mit dem Betriebsinhaber abgeschlossen wird. Da die Mitbestimmung sich aber auf Richtlinien über die *personelle Auswahl* bezieht, gehören zu ihnen nicht Richtlinien über die Beschäftigung als Arbeitnehmer oder als freier Mitarbeiter und über die Fremdvergabe der Arbeitsaufgabe an einen Fremdunternehmer. Lediglich soweit der Arbeitgeber eine personelle Auswahl treffen kann und dafür Richtlinien aufstellt, bedürfen sie der Zustimmung des Betriebsrats, wobei er in Betrieben mit mehr als 500 Arbeitnehmern ihre Aufstellung auch für diesen Fall erzwingen kann (ebenso *Matthes*, MünchArbR § 260 Rn. 15).

22 b) Die **Auswahlgesichtspunkte** für die Einstellung von Arbeitnehmern ergeben sich aus den Anforderungen des zu besetzenden Arbeitsplatzes an die fachlichen und persönlichen Voraussetzungen eines Mitarbeiters. Voraussetzung ist deshalb, dass detaillierte **Arbeitsplatzbeschreibungen** vorliegen. Diese sind aber **keine Auswahlrichtlinien**, sondern als mitbestimmungsfreie Maßnahmen dem Mitbestimmungstatbestand vorgegeben (s. Rn. 18). Auch **Stellenausschreibungen** werden nicht erfasst (ebenso BAG 27. 10. 1992 AP BetrVG 1972 § 95 Nr. 29). Der Betriebsrat kann aber gemäß § 93 verlangen, dass Arbeitsplätze, die besetzt werden sollen, allgemein oder für bestimmte Arten von Tätigkeiten vor ihrer Besetzung innerhalb des Betriebs ausgeschrieben werden. Dagegen ist es bereits die Festlegung eines Auswahlgesichtspunkts, wenn vorgesehen wird, dass der Arbeitgeber nur Personen einstellen darf, die sich auf eine Ausschreibung beworben haben (s. § 93 Rn. 26).

23 Zu den **fachlichen Voraussetzungen,** die für die Besetzung eines Arbeitsplatzes maßgebend sind, gehören der berufliche Werdegang, insbesondere die berufliche Ausbildung und abgelegte Prüfungen, Vorhandensein von Spezialkenntnissen und besonderen Fertigkeiten.

24 Zu den **persönlichen Voraussetzungen** zählen dem Wortsinn nach das Alter, das Geschlecht und der Gesundheitszustand, insbesondere die physische und psychische Belastbarkeit eines Menschen. Hier wird man jedoch zukünftig vorsichtig sein müssen: Durch die Einführung des AGG werden Auswahlrichtlinien mit den genannten Kriterien nunmehr Grenzen gesetzt. Das AGG sieht zusätzlich ein umfassendes Diskriminierungsverbot wegen der Religion oder Weltanschauung, einer Behinderung, des Alters und der

III. Auswahlrichtlinien bei den einzelnen Personalmaßnahmen § 95

sexuellen Identität vor (s. § 94 Rn. 11 ff.). An dieses Verbot sind auch die Betriebsparteien gebunden, wie zuvor schon an § 75. Dies schließt es grundsätzlich aus, solche persönlichen Voraussetzungen zu entscheidungsrelevanten Kriterien zu erheben, wenn nicht ein hinreichender rechtfertigender Grund besteht (s. hierzu MünchKomm-*Thüsing*, AGG § 8 Rn. 4 ff., 23 ff. und § 10 Rn. 6 ff.).

Neben den fachlichen und persönlichen Voraussetzungen beziehen sich die Richtlinien 25 auf die **sozialen Gesichtspunkte**. Durch sie wird festgelegt, wer bei der Auswahl unter sozialen Gesichtspunkten den Vorrang hat. Soziale Gesichtspunkte sind das Alter (s. aber Rn. 24), der Gesundheitszustand, der Familienstand, die Zahl der unterhaltsberechtigten Kinder und Angehörigen und vor allem die Betriebszugehörigkeit, wenn sich neben einem Außenstehenden ein im Betrieb beschäftigter Arbeitnehmer um den Arbeitsplatz bewirbt. Es gehören also zu den sozialen Gesichtspunkten auch Merkmale, von denen die persönlichen Voraussetzungen abhängen. Der Unterschied ergibt sich daraus, dass ein und dasselbe Merkmal, z. B. das Alter und der Gesundheitszustand, sowohl bei der persönlichen Eignung für den Arbeitsplatz als auch unter dem Gesichtspunkt der sozialen Auswahl eine Rolle spielen kann. Wesentlich ist, dass ein persönliches Merkmal nur dann als sozialer Gesichtspunkt in Betracht kommt, wenn durch sein Vorhandensein nicht die persönliche Eignung für den Arbeitsplatz ausgeschlossen wird. Fraglich aber ist, inwieweit gerade auch bei **ungleicher fachlicher und persönlicher Eignung** für einen Arbeitsplatz die Auswahlrichtlinie dem minderqualifizierten Bewerber einen Vorrang einräumen darf. Das Problem stellt sich ähnlich bei Einstellungsnormen eines Tarifvertrags; dort wie hier ist die gleiche Eignung nicht unüberwindbare Hürde zur Förderung bestimmter Arbeitnehmergruppen; die Diskriminierungsverbote und die Unternehmerfreiheit des Arbeitgebers sind jedoch zu beachten. Der Spielraum einer vom Arbeitgeber konzedierten Lösung ist größer als der der Einigungsstelle (s. auch Wiedemann/*Thüsing*, TVG, § 1 Rn. 607, 610, 614 f.).

c) Richtlinieninhalt sind auch die **Verfahrensregeln,** die für die Feststellung der Aus- 26 wahlgesichtspunkte maßgebend sein sollen, also für die Feststellung der fachlichen Voraussetzungen z. B. die Vorlage von Zeugnissen, Einstellungsgespräche, Arbeitsproben und Testverfahren. Zum Verfahren über die Feststellung der persönlichen Eignung gehören die Auswertung der Bewerbungsunterlagen, ärztliche Untersuchungen und auch Testverfahren, hier zur Feststellung der physischen und psychischen Belastbarkeit. Soweit das **Assessment-Center-Verfahren** eingesetzt wird, um Kriterien für die Personenauswahl zu gewinnen, ist zwar nicht die Durchführung einer derartigen Veranstaltung selbst mitbestimmungspflichtig; es gehört aber zu den Auswahlrichtlinien, ob die dadurch gewonnenen Feststellungen bei der Auswahl für eine personelle Einzelmaßnahme eine Rolle spielen sollen (vgl. *Gennen,* ZfA 1990, 495, 420).

Für die Gewichtung der Auswahlgesichtspunkte kann ein **Punktsystem** festgelegt 27 werden (s. auch Rn. 17). Vor allem wenn neben außerbetrieblichen Bewerbern Arbeitnehmer des Betriebs für die Auswahl in Betracht kommen, sind die Richtlinien zugleich *Versetzungsrichtlinien*. Die für sie vom BAG aufgestellten Grundsätze (vgl. BAG 27. 10. 1992 AP BetrVG 1972 § 95 Nr. 29) sind deshalb auch bei einer Einstellung zu beachten. Das Punktsystem muss differenziert nach Tätigkeitsbereichen gestaltet sein, wobei die Festlegung des Punktanteils für die Übernahme des Arbeitsplatzes sachgerecht sein muss.

d) Nur Auswahlrichtlinien, die **mit Zustimmung des Betriebsrats** aufgestellt sind, 28 dürfen der Einstellung zugrunde gelegt werden. Widerspricht der Betriebsrat der Richtlinie oder ihrem Inhalt, so entscheidet auf Antrag des Arbeitgebers die Einigungsstelle (Abs. 1 Satz 2; s. auch Rn. 60 ff.).

Verstößt eine geplante Einstellung **gegen eine Auswahlrichtlinie,** so kann der Betriebs- 29 rat nach § 99 Abs. 2 Nr. 2 seine Zustimmung zu der Einstellung verweigern. Diese Rechtsfolge tritt aber nur in Unternehmen mit in der Regel mehr als zwanzig wahlberechtigten Arbeitnehmern ein; denn nur bei dieser Betriebsgröße hat der Betriebsrat

2. Versetzungsrichtlinien

30 a) **Richtlinien über die personelle Auswahl bei Versetzungen** legen die Auswahlgesichtspunkte fest, die für eine Versetzung maßgebend sein sollen, und regeln das Verfahren für deren Feststellung. Für den **Begriff der Versetzung** ist die **Legaldefinition in Abs. 3** maßgebend (s. ausführlich § 99 Rn. 93 ff.). Die Auswahlrichtlinien erfassen nicht nur Versetzungen, die auf Veranlassung des Arbeitgebers erfolgen, sondern auch Versetzungen, die der Arbeitnehmer beantragt (a. A. *Stege/Weinspach/Schiefer*, § 95 Rn. 16).

31 b) Für die **Auswahlgesichtspunkte** gilt grundsätzlich **Gleiches wie bei der Einstellung**; denn auch hier geht es vornehmlich um die fachliche und persönliche Eignung eines Arbeitnehmers für den in Aussicht genommenen Arbeitsplatz. Doch mehr als dort spielen bei der Versetzung soziale Gesichtspunkte eine Rolle; denn die Auswahlrichtlinien beziehen sich bei einer Versetzung stets auf Arbeitnehmer, die bereits in einem Arbeitsverhältnis zum Arbeitgeber stehen. Hinsichtlich der Berücksichtigung sozialer Gesichtspunkte steht die Versetzung zwischen der Einstellung und der Kündigung, vor allem dann, wenn mit der Versetzung eine Verschlechterung der Arbeitsbedingungen verbunden ist. Aber auch wenn dies nicht der Fall ist, können soziale Gesichtspunkte für die personelle Auswahl bei einer Versetzung von Bedeutung sein, z. B. wenn festgelegt wird, dass bei Versetzungen auf gleichwertige Arbeitsplätze Lebensalter und Betriebszugehörigkeit zu berücksichtigen sind, weil es für einen jüngeren Arbeitnehmer, der noch nicht lange im Betrieb beschäftigt ist, regelmäßig leichter ist, auf einem anderen Arbeitsplatz sich in einen neuen Aufgabenbereich einzuarbeiten, als für einen älteren Arbeitnehmer mit langjähriger Betriebszugehörigkeit.

32 c) Für die Feststellung der Auswahlkriterien kommen die gleichen **Verfahren** in Betracht wie bei der Einstellung (s. Rn. 26). Da die Auswahl unter den bereits im Betrieb beschäftigten Arbeitnehmern erfolgt, spielt außerdem die **Regelung der innerbetrieblichen Beurteilung** eine erhebliche Rolle. Soweit von ihr die Auswahl der Arbeitnehmer bei Versetzungen abhängt, gehört auch ihre Gestaltung zu den Auswahlrichtlinien (s. § 94 Rn. 48 ff.).

33 Für die Gewichtung der Auswahlgesichtspunkte kann eine **Bewertung in Form eines Punktsystems** festgelegt werden (vgl. BAG 27. 10. 1992 AP BetrVG 1972 § 95 Nr. 29; *Hanau*, FS Beusch, S. 361 ff.; Jaeger/Röder/Heckelmann/*Schuster*, Kap. 23 Rn. 44). Dem Arbeitgeber darf durch sie aber nicht die Auswahlentscheidung genommen werden. Der Entscheidungsspielraum muss umso größer sein, desto weniger differenziert das Punktsystem ausgestaltet ist (s. auch Rn. 18). Soweit für soziale Gesichtspunkte ein Punktanteil festgelegt wird, darf er für die Besetzung des Arbeitsplatzes nur den Ausschlag geben, soweit eine gleiche fachliche Eignung mit einem Mitbewerber vorliegt. Das ist zu beachten, soweit das Kriterium der „Betriebszugehörigkeit" in eine Auswahlrichtlinie einbezogen wird (vgl. BAG 27. 10. 1992 AP BetrVG 1972 § 95 Nr. 29). Hängt der Erwerb beruflicher, berufbetrieblicher und aufgabenbezogener Erfahrungen von der Dauer der Betriebszugehörigkeit ab, so wird durch sie eine fachliche Eignung begründet. Spielen dagegen derartige Erfahrungen überhaupt nicht oder nicht in dem vorgesehenen Umfang für die Befähigung zur Übernahme des Arbeitsplatzes eine Rolle, so handelt es sich ausschließlich um die Festlegung eines sozialen Gesichtspunktes. Er hat zurückzutreten, sobald ein anderer Mitarbeiter besser qualifiziert ist (ebenso BAG 27. 10. 1992 AP BetrVG 1972 § 95 Nr. 29).

34 d) **Verstößt** der Arbeitgeber bei einer geplanten Versetzung **gegen eine Auswahlrichtlinie**, so kann der Betriebsrat der Versetzung nach § 99 Abs. 2 Nr. 2 widersprechen. Diese Rechtsfolge tritt aber nur in Unternehmen mit in der Regel mehr als zwanzig wahlberechtigten Arbeitnehmern ein. Zu sonstigen Rechtsfolgen siehe Rn. 70 f.

III. Auswahlrichtlinien bei den einzelnen Personalmaßnahmen § 95

3. Umgruppierungsrichtlinien

Das Gesetz nennt ausdrücklich auch Richtlinien über die personelle Auswahl bei 35
Umgruppierungen, obwohl die Umgruppierung sich grundlegend von der Einstellung, Versetzung und Kündigung dadurch unterscheidet, dass bei ihr nicht die betriebliche Stellung des Arbeitnehmers geändert wird, sondern es um den Vorgang geht, durch den ein Arbeitnehmer in eine andere Lohn- oder Gehaltsgruppe überführt wird (s. zum Begriff der Umgruppierung § 99 Rn. 82 ff.). Soweit es wie im Regelfall um die Einstufung in eine tarifliche Lohn- oder Gehaltsgruppe geht, hat der Arbeitgeber bei einer Umgruppierung keine Auswahlmöglichkeit, so dass Richtlinien schon unter diesem Aspekt nicht in Frage kommen können (ebenso GK-*Kraft/Raab*, § 95 Rn. 34; GL-*Löwisch*, § 95 Rn. 14; HSWGNR-*Rose*, § 95 Rn. 36; *Matthes*, MünchArbR § 260 Rn. 17). Auch soweit der Betriebsrat bei einer Umgruppierung nach § 99 mitzubestimmen hat, geht es ausschließlich um eine *Richtigkeitskontrolle* (s. § 99 Rn. 75 ff.).

Umgruppierungsrichtlinien können deshalb nur eine Rolle spielen, soweit eine Ver- 36
gütungsordnung dem Arbeitgeber die **Befugnis** einräumt, **Arbeitnehmer verschieden einzustufen.** Jedoch besteht in diesem Fall bereits ein umfassendes Mitbestimmungsrecht nach § 87 Abs. 1 Nr. 10, neben dem das hier eingeräumte Mitbestimmungsrecht keine Rolle spielt.

4. Kündigungsrichtlinien

a) Richtlinien über die personelle Auswahl bei Kündigungen sind vor allem im 37
Rahmen der Personalfreisetzungsplanung von Bedeutung; denn hier ist die Notwendigkeit einer personellen Auswahl vorgegeben. Überwiegend wird die Auffassung vertreten, dass eine Auswahlrichtlinie nur bei **betriebsbedingten Kündigungen** in Betracht kommt, weil bei personen- oder verhaltensbedingten Kündigungen eine Auswahl zwischen mehreren Arbeitnehmern ausscheidet (BAG 18. 4. 2000 AP BetrVG 1972 § 98 Nr. 9; GK-*Kraft/Raab*, § 95 Rn. 35; GL-*Löwisch*, § 95 Rn. 12; HSWGNR-*Rose*, § 95 Rn. 48; HWK-*Ricken*, § 95 Rn. 7; *Stege/Weinspach/Schiefer*, § 95 Rn. 19; *Matthes*, MünchArbR § 260 Rn. 18; KR-*Etzel*, § 102 Rn. 158; *Zöllner*, FS G. Müller, S. 665, 676; *Weller*, RdA 1986, 222, 225; a. A. DKK-*Klebe*, § 95 Rn. 24; *Klebe/Schumann*, Recht auf Beschäftigung, S. 97 ff.; *Gester/Zachert*, ArbRGegw. 12 [1975], 87, 98; *Fitting*, § 95 Rn. 24). Der h. M. ist zu folgen. Nicht entscheidend ist jedoch ihre Prämisse, dass durch Auswahlrichtlinien nur die Kriterien für eine personelle Auswahlentscheidung unter mehreren in Betracht kommenden Personen festgelegt werden (s. Rn. 15). Entscheidend ist vielmehr, dass dem Arbeitgeber durch das Mitbestimmungsrecht nicht das Recht genommen wird, eine ordentliche Kündigung auszusprechen, die nach dem KSchG sozial gerechtfertigt ist. Die Auswahlrichtlinien haben den Zweck, Kündigungen rechtssicher zu gestalten, dürfen aber nicht dazu verwendet werden, Kündigungen zu erschweren und so ein „zweites Netz" der sozialen Sicherung aufzubauen (ebenso *Stege/Weinspach/Schiefer*, § 95 Rn. 23 d; a. A. DKK-*Klebe*, § 95 Rn. 22). Nicht zulässig ist es daher auch, etwa die Häufigkeit von Abmahnungen bei Verfehlungen im Leistungsbereich als Voraussetzung für eine Kündigung festzulegen (HSWGNR-*Rose*, § 95 Rn. 49; a. A. *Fitting*, § 95 Rn. 24). Für freiwillige Betriebsvereinbarungen mag etwas anderes gelten; die aber regelt § 95 nicht.

Die Auswahlrichtlinien beziehen sich damit bei Kündigungen allein auf die **Sozial-** 38
auswahl nach § 1 Abs. 3 Satz 1 KSchG (vgl. bereits BAG 11. 3. 1976 AP BetrVG 1972 § 95 Nr. 1).

b) Von der **Gestaltung der Auswahlrichtlinien** kann abhängen, ob eine **Kündigung** 39
nach § 1 KSchG **sozial gerechtfertigt** ist. Wenn nämlich in einer Betriebsvereinbarung festgelegt ist, wie die **sozialen Gesichtspunkte** nach § 1 Abs. 3 Satz 1 KSchG **im Verhältnis zueinander zu bewerten** sind, so kann die Bewertung **nur auf grobe Fehlerhaftig-**

keit überprüft werden (§ 1 Abs. 4 KSchG; s. auch Rn. 2). Wie den Tarifvertragsparteien ist dadurch den Betriebspartnern ein größerer Beurteilungsspielraum eingeräumt, als dem Arbeitgeber allein zusteht (so zutr. *v. Hoyningen-Huene/Linck*, KSchG, § 1 Rn. 482 g). Arbeitgeber und Betriebsrat sind aber gleichwohl auch bei Ausübung ihrer betriebsverfassungsrechtlichen Richtlinienkompetenz an das zwingende Gesetzesrecht gebunden (so schon BAG 11. 3. 1976 AP BetrVG 1972 § 95 Nr. 1 [zust. *G. Hueck*]; 20. 10. 1983 AP KSchG 1969 § 1 Nr. 13 Betriebsbedingte Kündigung).

40 c) Die Rechtsprechung erkennt an, dass es keinen allgemein verbindlichen Bewertungsmaßstab dafür gibt, wie die einzelnen Sozialdaten zueinander ins Verhältnis zu setzen waren (BAG 18. 1. 1990 AP KSchG § 1 Nr. 19 Soziale Auswahl). Die Auswahlrichtlinien dürfen sich jedoch nicht unter Vernachlässigung aller anderen auf die Berücksichtigung eines einzigen Kriteriums – etwa der Betriebszugehörigkeit – beschränken (BAG 11. 3. 1976 AP BetrVG 1972 § 95 Nr. 1). Seit der Neufassung des KSchG durch das Gesetz zu Reformen am Arbeitsmarkt vom 24. 12. 2004 (BGBl. I S. 3002) sind die Kriterien der Sozialauswahl auf die vier soziale Grunddaten – **Betriebszugehörigkeit, Lebensalter, Unterhaltsverpflichtungen und Schwerbehinderung** – beschränkt. Daran sind auch die Betriebspartner gebunden: Sämtliche dieser Kriterien müssen in erheblichem und ausgewogenem Maße berücksichtigt werden und für eine abschließende Beurteilung der Besonderheit des Einzelfalls genügend Raum lassen (BAG 20. 10. 1983 AP KSchG 1969 § 1 Nr. 13 Betriebsbedingte Kündigung; bestätigt BAG 15. 6. 1989 AP KSchG 1969 § 1 Nr. 18 Soziale Auswahl; zuletzt BAG 5. 6. 2008 AP BetrVG 1972 § 1 KSchG Nr. 179 Betriebsbedingte Kündigung). Eine Auswahlrichtlinie, die einen der sozialen Gesichtspunkte nach § 1 Abs. 3 Satz 3 KSchG, der bei allen Arbeitnehmern vorliegen kann (Alter, Betriebszugehörigkeit) nicht oder so gering bewertet, dass er in fast allen denkbaren Fällen nicht mehr den Ausschlag geben kann, erfüllt nicht die gesetzlichen Vorgaben des § 1 Abs. 4 KSchG. Sie ist deshalb nicht geeignet, den Arbeitgeber durch die Anwendung des eingeschränkten Prüfungsmaßstabes der groben Fehlerhaftigkeit zu privilegieren (BAG 18. 10. 2006 AP KSchG 1969 § 1 Nr. 86 Soziale Auswahl; s. hierzu auch *Thüsing*, BB 2007, 1504) Die Frage, wie nach dem AGG das Alter berücksichtigt werden kann, ist bislang nicht gelöst (hierzu MünchKomm-*Thüsing*, AGG § 10 Rn. 46 ff. sowie BAG 6. 11. 2008 - 2 AZR 701/07, juris).

40 a **Weitere Kriterien sind berücksichtigungsfähig** (ErfK-*Oetker*, KSchG § 1 Rnr. 335 m. w. N.; s. auch *Baeck/Schuster*, NZA 1998, 1250). Allerdings ist diesbezüglich die Begründung des Gesetzesentwurfs eher irreführend. Das teleologische Argument wiegt hier jedoch schwerer (s. *Thüsing/Stelljes*, BB 2003, 1673). Solche Gesichtspunkte können sein das Familieneinkommen, die materielle Sicherung insb. auf Grund von Ruhegeldanwartschaften, oder auch die Vermittelbarkeit auf dem Arbeitsmarkt. Wie der Arbeitgeber sind jedoch auch die Betriebspartner nicht verpflichtet, alle diese Gesichtspunkte zu berücksichtigen. Der Wert der Kündigungsrichtlinien liegt gerade darin, dass durch eine Beschränkung und feste Einordnung die Sozialauswahl handhabbar und transparenter gemacht wird. Sie sollte mit zusätzlichen Kriterien daher vorsichtig umgehen. Beabsichtigt der Arbeitgeber zusätzliche Kriterien zu nutzen, dann sollte er es der **Rechtssicherheit** wegen wohl nur in einer Richtlinie nach § 95 tun. Ob generell noch dem Arbeitgeber der Raum für eine Einzelfallbeurteilung belassen werden muss, selbst wenn zusätzliche Sozialkriterien benannt und gewichtet wurden, ist zweifelhaft (ablehnend LAG Düsseldorf 17. 3. 2000, NZA-RR 2000, 421), aber wohl zu bejahen: Das Kündigungsrecht sucht die **Billigkeit im Einzelfall**, auch wenn die Entscheidung durch kollektive Regeln vorstrukturiert wird.

41 Die Prüfung der sozialen Auswahl ist in den folgenden drei Schritten vorzunehmen: der Feststellung, welche Arbeitnehmer vergleichbar sind und damit für die Sozialauswahl überhaupt in Betracht kommen, sodann der sozialen Auswahl unter diesen Arbeitnehmern und schließlich der Herausnahme derjenigen Arbeitnehmer aus der gebildeten Rangfolge, deren Weiterbeschäftigung im berechtigten betrieblichen Interesse liegt (so

IV. Inhalt der Mitbestimmung

Löwisch, NZA 1996, 1009, 1010; *Schwedes*, BB Beil. 17/1996, 2, 3; s. auch ErfK-*Oetker*, KSchG, § 1 Rn. 299 ff.; *Thüsing/Stelljes* BB 2003, 1673). Wer vergleichbar ist, unterliegt nicht der Disposition der Betriebsparteien, sondern ergibt sich aus der Betriebsbedingtheit der Kündigung. Die **Auswahlrichtlinien** beziehen sich darauf, wie die **sozialen Gesichtspunkte im Verhältnis zueinander zu bewerten** sind. Soweit der Arbeitgeber bei der Erklärung einer ordentlichen Kündigung sich an sie hält, kann das Arbeitsgericht im Kündigungsrechtsstreit die Bewertung nur auf grobe Fehlerhaftigkeit überprüfen. Das gilt aber nicht für die Herausnahme einzelner Arbeitnehmer, deren Weiterbeschäftigung im berechtigten betrieblichen Interesse liegt. Insoweit kann es keine Auswahlrichtlinien geben, die der Arbeitgeber nur mit Zustimmung des Betriebsrats.

Die Betriebspartner können die **sozialen Grunddaten** mit Hilfe eines **Punkteschemas** 42 bewerten (BAG 18. 1. 1990 AP KSchG 1969 § 1 Nr. 19 Soziale Auswahl). Ihnen ist ein Beurteilungsspielraum eingeräumt (so bereits BAG 15. 6. 1989 AP KSchG 1969 § 1 Nr. 18 Soziale Auswahl). Ihre Bewertung der Sozialdaten im Verhältnis zueinander wird nur auf grobe Fehlerhaftigkeit gerichtlich überprüft (§ 1 Abs. 4 KSchG).

Auswahlrichtlinien, die Kriterien aufstellen, die im Vorfeld betriebsbedingter Kündi- 42a gungen der Festlegung der **Vergleichbarkeit der Arbeitnehmer** dienen, die in die soziale Auswahl einzubeziehen sind, sind möglich (*Löwisch*, BB 1999, 103; a. A. *Matthes*, MünchArbR, § 349 Rn. 25), werden jedoch von § 1 Abs. 4 KSchG nicht erfasst. Hier ist die Sozialauswahl voll überprüfbar (ErfK-*Oetker*, KSchG, § 1 Rn. 378, *Löwisch*, KSchG, § 1 Rn. 342; a. A. LAG Hamm 26. 9. 2001, AP BetrVG 1972 § 95 Nr. 40; *Thüsing/Stelljes*, BB 2003, 1673). Das gilt auch für die Herausnahme einzelner Arbeitnehmer, deren Weiterbeschäftigung im berechtigten betrieblichen Interesse liegt (*Löwisch*, BB 1999, 103; gegen die Zulässigkeit solcher Auswahlrichtlinien *Fitting*, § 95 Rn. 29; *Matthes*, MünchArbR, § 349 Rn. 25).

d) Bei **Verstoß** gegen eine im Mitbestimmungsverfahren festgelegte Auswahlrichtlinie 43 kann der Betriebsrat einer **ordentlichen Kündigung** nach § 102 Abs. 3 Nr. 2 **widersprechen**. Der Widerspruch hat zwar nicht zur Folge, dass die ordentliche Kündigung unterbleiben muss; es treten aber zwei Rechtsfolgen ein: Der Arbeitgeber wird verpflichtet, den Arbeitnehmer auf dessen Verlangen auch nach Ablauf der Kündigungsfrist, sofern dieser die **Kündigungsschutzklage** erhoben hat, bis zum **rechtskräftigen Abschluss des Rechtsstreits** bei unveränderten Arbeitsbedingungen **weiterzubeschäftigen** (§ 102 Abs. 5), und es tritt eine **Konkretisierung der Sozialwidrigkeit** nach § 1 Abs. 2 Satz 2 Nr. 1 lit. a KSchG ein. Anders als bei der Einstellung, Versetzung und Umgruppierung sind bei der Kündigung diese Rechtsfolgen nicht von einer Mindestbetriebsgröße abhängig, sondern gelten für jeden betriebsratsfähigen Betrieb, der einen Betriebsrat gebildet hat.

IV. Inhalt der Mitbestimmung

1. Zustimmungsrecht des Betriebsrats

a) **Personelle Auswahlrichtlinien** bedürfen der Zustimmung des Betriebsrats (Abs. 1 44 Satz 1). In **Betrieben mit nicht mehr als 500 Arbeitnehmern** ist die **Mitbestimmung nur als Zustimmungsrecht**, nicht als Initiativrecht gestaltet. Damit unterliegt allein der Initiative des Arbeitgebers, ob er Auswahlrichtlinien einführt und wie sie gestaltet sein sollen. Der Betriebsrat hat für deren Einführung und inhaltliche Gestaltung lediglich im Rahmen von § 92 Abs. 2 ein Vorschlagsrecht.

b) Das Mitbestimmungsrecht bezieht sich sowohl auf die **Einführung** als auch auf die 45 **Änderung von Auswahlrichtlinien**. Sie bedürfen der Zustimmung des Betriebsrats, und zwar nicht nur, wenn in ihnen auf fachliche und persönliche Voraussetzungen und soziale Gesichtspunkte abgestellt wird, sondern vor allem auch dann, wenn andere

Merkmale für die Auswahl maßgebend sein sollen. Da wirtschaftliche Gründe und die arbeitstechnische Gestaltung des Betriebs zwar Voraussetzung, aber niemals Gegenstand einer Auswahlrichtlinie sein können, kommen nur noch Merkmale in Betracht, die weder mit der Arbeitsleistung noch mit der persönlichen Eignung für den Arbeitsplatz zusammenhängen und auch nicht einen sozialen Gesichtspunkt darstellen. Zweck des Mitbestimmungsrechts ist es gerade, zu verhindern, dass in die Richtlinien Merkmale aufgenommen werden, die eine Auswahl nach diesen Kriterien als willkürlich erscheinen lassen. Daraus erklärt sich, dass die in Abs. 2 aufgeführten Auswahlgesichtspunkte nicht bei dem Zustimmungsrecht des Betriebsrats in Abs. 1 genannt werden.

46 c) Der **Betriebsrat** kann **nicht verhindern**, dass der Arbeitgeber **Auswahlrichtlinien aufstellt**. Er kann lediglich der Einführung bestimmter Auswahlrichtlinien widersprechen. Zwar bestimmt das Gesetz, dass der Arbeitgeber die Einigungsstelle anrufen kann, um im Rahmen der Zwangsschlichtung die fehlende Zustimmung des Betriebsrats ersetzen zu lassen, wenn eine Einigung über die Richtlinien oder ihren Inhalt nicht zustande kommt. Damit ist aber nur gemeint, dass der Betriebsrat bestimmten Auswahlrichtlinien wegen ihres Inhalts widersprechen kann, z. B. wenn er der Meinung ist, dass die in den Richtlinien genannten Kriterien insgesamt für die personelle Auswahl keine Bedeutung haben sollen.

2. Initiativrecht des Betriebsrats

47 a) In **Betrieben mit mehr als 500 Arbeitnehmern** kann der Betriebsrat die **Aufstellung von Richtlinien** über die bei Einstellungen, Versetzungen, Umgruppierungen und Kündigungen zu beachtenden **fachlichen** und **persönlichen Voraussetzungen** und **sozialen Gesichtspunkte** verlangen. Er hat also ein Initiativrecht, um die Aufstellung von Auswahlrichtlinien zu erzwingen. Der Mitbestimmungstatbestand ist hier keineswegs enger als für das Zustimmungsrecht des Betriebsrats (s. Rn. 11 f.). Der Unterschied besteht ausschließlich darin, dass der Betriebsrat bei einem Zustimmungsrecht lediglich verhindern kann, dass der Arbeitgeber eine bestimmte Regelung trifft, bei einem Initiativrecht aber erzwingen kann, dass sie erfolgt. Deshalb war es notwendig, bei dem Initiativrecht festzulegen, worauf sich das Mitbestimmungsrecht materiell erstreckt.

47a Neben dem Initiativrecht nach § 95 können auch andere **spezialgesetzliche Mitwirkungsrechte** bestehen. Es wird jedoch in der Regel nicht von der bloßen Möglichkeit des Abschlusses einer solchen Regel verdrängt. So ist z. B. das Initiativrecht auch dann nicht ausgeschlossen, wenn gleichzeitig eine Integrationsvereinbarung nach § 83 SGB IX abgeschlossen werden könnte (vgl. LAG Köln NZA-RR 2006, 580, 581).

48 b) Das Recht, Auswahlrichtlinien zu erzwingen, besteht für den Betriebsrat nur in **Betrieben mit mehr als 500 Arbeitnehmern**. Das Gesetz stellt hier nicht darauf ab, ob diese Arbeitnehmer wahlberechtigt sind, und auch nicht darauf, ob die Arbeitnehmer ständig beschäftigt sind (s. dazu § 1 Rn. 110 ff.). Nach dem Gesetzeswortlaut soll nicht einmal erforderlich sein, dass 500 Arbeitnehmer regelmäßig beschäftigt werden. Berücksichtigt man, dass bei einer Betriebsgröße von 500 Arbeitnehmern die Feststellung erhebliche Schwierigkeiten bereiten wird, ob diese Zahl erreicht ist, so würden diese Schwierigkeiten noch vermehrt, wenn jede zufällige Schwankung bereits den Mitbestimmungstatbestand auslösen kann. Deshalb muss man auch hier wie sonst, z. B. in § 9, darauf abstellen, dass es sich um einen Betrieb mit in der Regel mehr als 500 Arbeitnehmern handelt (ebenso *Fitting*, § 95 Rn. 15; GK-*Kraft/Raab*, § 95 Rn. 22; GL-*Löwisch*, § 95 Rn. 23; HWK-*Ricken*, § 95 Rn. 13; HSWGNR-*Rose*, § 95 Rn. 60; *Matthes*, MünchArbR § 260 Rn. 22).

49 Maßgebend ist nicht die **Zahl der Arbeitnehmer**, die für die Größe des Betriebsrats maßgebend war (s. dazu § 9 Rn. 10 f.); denn dann hätte das Gesetz auf die Zahl der Betriebsratsmitglieder abstellen können. Ausschlaggebend ist vielmehr allein die Zahl der Arbeitnehmer im **Zeitpunkt des Verlangens durch den Betriebsrat** (ebenso GL-

Löwisch, § 95 Rn. 23). Nicht gezählt werden die leitenden Angestellten i. S. des § 5 Abs. 3 (ebenso GK-*Kraft/Raab*, § 95 Rn. 22; HWK-*Ricken*, § 95 Rn. 13; *Matthes*, MünchArbR § 260 Rn. 22); Leiharbeitnehmer zählen auch dann nicht mit, wenn sie wählen (s. BAG 16. 4. 2003 AP BetrVG 2002 § 9 Nr. 1; s. auch § 9 Rn. 7).

Auch wenn ein **Unternehmen** sich **in mehrere Betriebe** gliedert, kommt es nur auf die Zahl der **betriebsangehörigen Arbeitnehmer** an, nicht auf die Zahl der im Unternehmen tätigen Arbeitnehmer. Dies ist richtig, soweit es um Kündigungsrichtlinien geht; denn die Sozialauswahl ist betriebsbezogen. Soweit es aber um Einstellungs- und Versetzungsrichtlinien geht, gibt es keinen vernünftigen Grund, warum das Gesetz hier auf den Betrieb, nicht auf das Unternehmen abstellt. Doch ist der Gesetzeswortlaut so eindeutig, dass von ihm nicht abgewichen werden kann; es kommt allein auf die Größe des Betriebs an (ebenso *Fitting*, § 95 Rn. 17; GL-*Löwisch*, § 95 Rn. 24; HSWGNR-*Rose*, § 95 Rn. 60; *Meisel*, Mitwirkung und Mitbestimmung in personellen Angelegenheiten, Rn. 124).

V. Durchführung der Mitbestimmung

1. Ausübungsform

Das Gesetz verlangt wie bei § 87 und § 94 für die Einigung zwischen Arbeitgeber und Betriebsrat **keine Schriftform** (*Fitting*, § 95 Rn. 9; DKK-*Klebe*, § 95 Rn. 12; *Matthes*, MünchArbR § 260 Rn. 5; ErfK-*Kania*, § 95 Rn. 5). Soweit jedoch Auswahlrichtlinien in einem **Interessenausgleich über eine geplante Betriebsänderung** aufgestellt werden (vgl. BAG 18. 1. 1990 AP KSchG 1969 § 1 Nr. 19 Soziale Auswahl), ist für die Mitbestimmungsausübung die Einhaltung der Schriftform notwendig (§ 112 Abs. 1 Satz 1; s. auch dort Rn. 27 ff.). Für **Kündigungsrichtlinien** i. S. des § 1 Abs. 4 KSchG stellt das Kündigungsgesetz ausdrücklich auf die Betriebsvereinbarung ab; formlose Regelungsabreden können nicht an deren Stelle treten (ebenso *Fitting*, § 95 Rn. 30; Jaeger/Röder/Heckelmann/*Schuster*, Kap. 23 Rn. 49).

Bei Wahrung der Schriftform liegt eine **Betriebsvereinbarung** vor (ebenso *Fitting*, § 95 Rn. 6; KR-*Etzel*, § 102 Rn. 162; a. A. GK-*Kraft/Raab*, § 95 Rn. 4 ff.). Teilweise wurde angenommen, dass es sich um *Vereinbarungen besonderer Art* handele, weil die Rechtswirkungen sich nicht aus § 77 Abs. 4, sondern aus § 99 Abs. 2 Nr. 2 und § 102 Abs. 3 Nr. 2 i. V. mit § 1 Abs. 2 Satz 2 Nr. 1 lit. a KSchG ergeben (vgl. HSWGNR-*Rose*, § 95 Rn. 8; *Hanau*, BB 1972, 451, 452). Dies ist jedoch lediglich eine Modifizierung der Rechtswirkungen, weil es sich um Betriebsnormen handelt. Maßgebend ist vielmehr, dass die sonstigen Bestimmungen für eine Betriebsvereinbarung auch hier anwendbar sind (ebenso *Zöllner*, FS G. Müller, S. 665, 673 f.). Daher spricht § 1 Abs. 4 KSchG seit dem Arbeitsrechtlichen Beschäftigungsförderungsgesetz ausdrücklich von Betriebsvereinbarungen; der Streit ist damit erledigt.

2. Widerruf und Kündigung

a) Der Betriebsrat kann seine **Zustimmung** zu den Auswahlrichtlinien, auch wenn er sie gegenüber dem Arbeitgeber formlos erteilt hat, **nicht widerrufen** (ebenso GK-*Kraft/Raab*, § 95 Rn. 7; HSWGNR-*Rose*, § 95 Rn. 65; *Matthes*, MünchArbR § 260 Rn. 25).

b) Eine **Betriebsvereinbarung** über die Auswahlrichtlinien kann jedoch, soweit nichts anderes vereinbart ist, mit einer Frist von drei Monaten **gekündigt** werden (§ 77 Abs. 5). Das Kündigungsrecht hat nicht nur der Arbeitgeber, sondern auch der Betriebsrat. Das gilt auch, wenn der Betriebsrat lediglich ein Zustimmungsrecht hat, es sich also um einen Betrieb mit nicht mehr als 500 Arbeitnehmern handelt (ebenso GK-*Kraft/Raab*, § 95 Rn. 7; GL-*Löwisch*, § 95 Rn. 17; DKK-*Klebe*, § 95 Rn. 13; unter Aufgabe der gegenteiligen Meinung in der 3. Aufl. Rn. 32 HSWGNR-*Rose*, § 95 Rn. 65). Da es Aufgabe des Betriebsrats ist, darüber zu wachen, dass Auswahlrichtlinien zulässig sind, muss er auch die Möglichkeit haben, eine Betriebsvereinbarung zu kündigen, wenn sich herausstellt, dass die Auswahlrichtlinien einen nicht zulässigen Inhalt haben (ebenso *Fritz*, Auswahlrichtlinien, S. 113 f.). Soweit der Betriebsrat nur ein Zustimmungs-, kein Initiativrecht hat, kann der Arbeitgeber aber davon absehen, Richtlinien über die personelle Auswahl bei Einstellungen, Versetzungen, Umgruppierungen oder Kündigungen aufzustellen.

55 Soweit die Voraussetzungen für ein Initiativrecht des Betriebsrats bestehen (Abs. 2), gilt die in § 77 Abs. 6 angeordnete **Nachwirkung** (ebenso *Fitting*, § 95 Rn. 6; ErfK-*Kania*, § 95 Rn. 5; GK-*Kraft/Raab*, § 95 Rn. 9; GL-*Löwisch*, § 95 Rn. 25; *Matthes*, MünchArbR § 260 Rn. 26; a. A. *Zöllner*, FS G. Müller, S. 665, 674). Sie entfällt aber, wenn der Betriebsrat lediglich ein Zustimmungsrecht hat (ebenso *Fitting*, § 95 Rn. 6; GK-*Kraft/Raab*, § 95 Rn. 8; GL-*Löwisch*, § 95 Rn. 17; *Matthes*, MünchArbR § 260 Rn. 25).

56 c) Was für die Betriebsvereinbarung gilt, findet auf eine **formlose Betriebsabsprache** entsprechend Anwendung (ebenso *Matthes*, MünchArbR § 260 Rn. 24).

3. Zuständigkeit für die Mitbestimmungsausübung

57 Besteht ein **Unternehmen aus mehreren Betrieben** und sollen die Auswahlrichtlinien einheitlich im Unternehmen oder für mehrere Betriebe des Unternehmens gelten, so ist für die Zustimmung der **Gesamtbetriebsrat** zuständig, wenn die für die Auswahl maßgeblichen Gesichtspunkte eine Regelung auf Unternehmensebene erforderlich machen (§ 50 Abs. 1 Satz 1; ebenso BAG 31. 5. 1983 AP BetrVG 1972 § 95 Nr. 2; 3. 5. 1984 AP BetrVG 1972 § 95 Nr. 5; *Fitting*, § 95 Rn. 17; GK-*Kraft/Raab*, § 95 Rn. 24; HWK-*Ricken*, § 95 Rn. 14; *Matthes*, MünchArbR § 260 Rn. 23). Die bloße Zweckmäßigkeit einer betriebsübergreifenden Regelung reicht hierfür jedoch nicht aus (BAG 10. 12. 2002 AP BetrVG 1972 § 95 Nr. 42). Die Zuständigkeit eines Konzernbetriebsrats kann nach dem Gesetz zwar nicht ausgeschlossen werden; sie kommt aber nur in besonders gelagerten Ausnahmefällen in Betracht (§ 58 Abs. 1 Satz 1).

58 Da das **Initiativrecht für die Aufstellung von Auswahlrichtlinien** ausschließlich von der Betriebsgröße abhängig ist (s. Rn. 47 ff.), kommt hier regelmäßig nur eine Zuständigkeit des Betriebsrats in Betracht. Durch eine Verlagerung der Zuständigkeit auf den Gesamtbetriebsrat kann das Mitbestimmungsrecht nicht erweitert werden. Der Gesamtbetriebsrat kann deshalb, auch soweit er zuständig ist, Auswahlrichtlinien nur für Betriebe mit mehr als 500 Arbeitnehmern erzwingen (ebenso GK-*Kraft/Raab*, § 95 Rn. 24; GL-*Löwisch*, § 95 Rn. 24; HSWGNR-*Rose*, § 95 Rn. 68; *Fitting*, § 95 Rn. 17; a. A. DKK-*Klebe*, § 95 Rn. 20).

59 Besteht eine **Gesamtbetriebsvereinbarung über Auswahlrichtlinien**, die der Betriebsrat im Rahmen seiner Zuständigkeit abgeschlossen hat, so entfällt die **Zuständigkeit eines Einzelbetriebsrats** zur Ausübung des Initiativrechts, soweit er den gleichen Gegenstand regeln will (ebenso BAG 3. 5. 1984 AP BetrVG 1972 § 95 Nr. 5). Möglich sind nur zusätzliche Regelungen zur näheren Ausgestaltung der Gesamtbetriebsvereinbarung unter Berücksichtigung eventueller Besonderheiten des einzelnen Betriebs (BAG 3. 5. 1984 AP BetrVG 1972 § 95 Nr. 5).

VI. Anrufung und Spruch der Einigungsstelle

1. Antragsrecht

60 Bedürfen Auswahlrichtlinien der Zustimmung des Betriebsrats und kommt eine Einigung über die Richtlinien oder ihren Inhalt nicht zustande, so kann der **Arbeitgeber**,

VI. Anrufung und Spruch der Einigungsstelle § 95

nicht der **Betriebsrat**, die Einigungsstelle anrufen, um einen verbindlichen Spruch herbeizuführen (Abs. 1 Satz 2).

Handelt es sich um einen **Betrieb mit mehr als 500 Arbeitnehmern** (s. dazu Rn. 47 ff.), **61** so können sowohl der Arbeitgeber als auch der **Betriebsrat** die Einigungsstelle anrufen, wenn eine Einigung über die Richtlinien oder ihren Inhalt nicht zustande kommt (Abs. 2 Satz 2). Dies gilt zwar nach dem systematischen Zusammenhang in Abs. 2 nur für den Fall, dass der Betriebsrat die Aufstellung von Auswahlrichtlinien verlangt hat und über sie oder ihren Inhalt keine Einigung erzielt wurde. Ein Antragsrecht des Betriebsrats ist hier aber auch für den Fall anzuerkennen, dass der Arbeitgeber Auswahlrichtlinien aufgestellt hat und der Betriebsrat ihnen seine Zustimmung versagt; denn wenn der Betriebsrat die Einigungsstelle mit der Angelegenheit befasst, ist die Verweigerung der Zustimmung darauf zurückzuführen, dass er mit dem Arbeitgeber nicht über die zu beachtenden fachlichen und persönlichen Voraussetzungen und sozialen Gesichtspunkte in den Auswahlrichtlinien übereinstimmt.

2. Spruch der Einigungsstelle

a) Der Spruch der Einigungsstelle **ersetzt** die fehlende **Einigung zwischen Arbeitgeber** **62** **und Betriebsrat** (Abs. 1 Satz 3 und Abs. 2 Satz 3). Hat der Betriebsrat nur ein Zustimmungsrecht, so legt der Spruch der Einigungsstelle verbindlich fest, ob die vom Arbeitgeber vorgeschlagene Auswahlrichtlinie der Einstellung, Versetzung, Umgruppierung oder Kündigung zugrunde gelegt wird und welchen Inhalt sie hat. Anders als im Rahmen von § 94 ist hier davon auszugehen, dass der Arbeitgeber auch verpflichtet ist, den Spruch der Einigungsstelle zu respektieren. Die Initiative des Arbeitgebers wird dadurch gesichert, dass nicht der Betriebsrat, sondern nur der Arbeitgeber den Antrag stellen kann, das verbindliche Einigungsverfahren einzuleiten. Macht er von dieser Möglichkeit Gebrauch, so liegt darin eine Selbstbindung des Arbeitgebers, die von der Einigungsstelle festgelegten Auswahlrichtlinien zu respektieren (ebenso im Ergebnis GL-*Löwisch*, § 95 Rn. 21; *Heinze*, Personalplanung, Rn. 66; a. A. *Matthes*, MünchArbR § 260 Rn. 25).

Kann der Betriebsrat die Aufstellung von Auswahlrichtlinien verlangen, so ergibt sich **63** bereits aus der Anerkennung eines Initiativrechts, dass der Arbeitgeber verpflichtet ist, die von der Einigungsstelle festgelegten Auswahlrichtlinien zu befolgen.

b) Der Spruch der Einigungsstelle hat die **Rechtswirkungen einer Betriebsvereinbarung** **64** über die Festlegung der Auswahlrichtlinien (ebenso BAG 11. 3. 1976 AP BetrVG 1972 § 95 Nr. 1; s. auch Rn. 14 ff.).

c) Der Spruch der Einigungsstelle kann eine **Regelungsentscheidung**, aber auch eine **65** reine **Rechtsentscheidung** sein. Macht der Betriebsrat geltend, dass er die Zustimmung deshalb verweigert, weil die vom Arbeitgeber vorgeschlagenen Auswahlrichtlinien rechtlich unzulässig sind, und teilt die Einigungsstelle diese Auffassung, so liegt eine reine Rechtsentscheidung vor. Diese unterliegt in vollem Umfang der arbeitsgerichtlichen Kontrolle, ohne dass die Zweiwochenfrist des § 76 Abs. 5 Satz 4 eingehalten zu werden braucht. Ersetzt dagegen die Einigungsstelle die Zustimmung des Betriebsrats oder stellt sie Auswahlrichtlinien auf, so hängt die Qualifizierung ihres Spruchs davon ab, welchen Inhalt die Auswahlrichtlinie haben kann.

Bei **Kündigungen** geht es um eine Konkretisierung der Sozialauswahl, die § 1 Abs. 3 **66** Satz 1 KSchG entsprechen muss. Die Festlegung einer Auswahlrichtlinie ist deshalb stets eine **Rechtsentscheidung**, die auch nach Ablauf der Zweiwochenfrist des § 76 Abs. 5 Satz 4 arbeitsgerichtlich nachgeprüft werden kann (ebenso BAG 11. 3. 1976 AP BetrVG 1972 § 95 Nr. 1). Das Arbeitsgericht kann die Bewertung der sozialen Gesichtspunkte durch die Einigungsstelle nur auf grobe Fehlerhaftigkeit überprüfen; § 1 Abs. 4 Satz 1 KSchG gilt nicht nur für die Inzidentprüfung der Auswahlrichtlinien im Kündigungsrechtsstreit, sondern auch dann, wenn Streitgegenstand die Rechtswirksamkeit des Spruchs der Einigungsstelle ist.

67 Soweit man Auswahlrichtlinien für **Umgruppierungen** überhaupt für möglich hält, geht es auch hier ausschließlich um die Konkretisierung einer Rechtsbindung des Arbeitgebers, so dass auch insoweit der Spruch der Einigungsstelle in vollem Umfang der arbeitsgerichtlichen Kontrolle unterliegt.

68 Handelt es sich dagegen um **Einstellungen** oder **Versetzungen**, so ist eine Meinungsverschiedenheit über den Inhalt einer Auswahlrichtlinie ein **Regelungsstreit**. Gemäß § 76 Abs. 5 Satz 3 fasst die Einigungsstelle hier ihre Beschlüsse unter angemessener Berücksichtigung der Belange des Betriebs und der betroffenen Arbeitnehmer nach billigem Ermessen. Soweit die Überschreitung der Grenzen des Ermessens geltend gemacht wird, gilt für die gerichtliche Nachprüfbarkeit § 76 Abs. 5 Satz 4 (ebenso BAG 27. 10. 1992 AP BetrVG 1972 § 95 Nr. 29). Der Spruch der Einigungsstelle darf aber das Auswahlermessen des Arbeitgebers nicht beseitigen oder an Kriterien binden, die seine Personalmaßnahme rechtsfehlerhaft machen. Insoweit steht eine Überprüfung den Gerichten für Arbeitssachen in vollem Umfang zu.

VII. Der Begriff der Versetzung

69 Die **Vorschrift in Abs. 3** gibt eine **Legaldefinition der Versetzung**. Das Gesetz trifft eine positive Begriffsbestimmung, während § 60 Abs. 3 BetrVG 1952 eine negative Abgrenzung enthielt. Der Begriff der Versetzung ist dadurch wesentlich erweitert worden, so dass auch die sog. Umsetzung innerhalb des Betriebs grundsätzlich vom Begriff der Versetzung erfasst wird (vgl. dazu auch die Begründung zum RegE, BT-Drucks. VI/1786, S. 50). Da der Betriebsrat bei der Versetzung nach § 99 mitzubestimmen hat, wird der Begriff dort erläutert (s. ausführlich § 99 Rn. 93 ff.).

VIII. Rechtsfolgen einer Nichtbeteiligung des Betriebsrats

70 Bei einer **Einstellung, Umgruppierung** und **Versetzung** führt ein Verstoß gegen Abs. 1 nicht dazu, dass die Maßnahme individualrechtlich unwirksam ist (a. A. 7. Auflage, Rn. 72). Der einzelne Arbeitnehmer kann sich hierauf also nicht berufen, denn mitbestimmungspflichtig – und damit u. U. mitbestimmungswidrig – ist nicht die einzelne Anwendung der Auswahlrichtlinie, sondern nur deren Aufstellung. Ein allgemeiner Unterlassungsanspruch des Betriebsrats besteht ebenso nicht hinsichtlich der konkreten Maßnahme. Hinsichtlich der mitbestimmungswidrigen Einführung von Auswahlrichtlinien wird ein solcher Anspruch erwogen (LAG Berlin 22. 4. 1987, LAGE Nr. 8 zu § 23 BetrVG 1972; GK-*Oetker*, § 23 Rn. 148; DKK-*Klebe*, § 95 Rn. 32; a. A. *Raab*, ZfA 1997, 183, 225 ff.); hier wird jedoch regelmäßig bereits ein Anspruch auf Grund § 23 Abs. 3 gegeben sein. Soweit es um die Mitbestimmung nach §§ 99 bis 101 geht, ist jedoch zu beachten, dass der Betriebsrat seine Zustimmungsverweigerung darauf stützen kann, dass die personelle Maßnahme gegen eine Richtlinie nach § 95 verstoßen würde. Dem Richtlinienverstoß ist gleichzustellen, dass die Richtlinie ohne Zustimmung des Betriebsrats aufgestellt ist (LAG Hamm 21. 11. 2008 - 13 TaBV 84/08, juris); zu den Rechtsfolgen dort vgl. § 99 Rn. 293 ff.

71 Legt der Arbeitgeber einer **Kündigung** Richtlinien über die personelle Auswahl zugrunde ohne an ihrer Aufstellung den Betriebsrat beteiligt zu haben, so wird allein dadurch die individualrechtliche Zulässigkeit einer Kündigung nicht berührt. Findet das KSchG Anwendung, so ist hier aber zu beachten, dass bei einer betriebsbedingten Kündigung die Sozialauswahl nach § 1 Abs. 3 KSchG in vollem Umfang der Gerichtskontrolle unterliegt, hier also § 1 Abs. 4 Satz 1 KSchG keine Anwendung findet.

IX. Streitigkeiten

Streitigkeiten darüber, ob Richtlinien dem Mitbestimmungsrecht nach § 95 unterliegen, entscheidet das Arbeitsgericht im Beschlussverfahren (§ 2 a Abs. 1 Nr. 1, Abs. 2 i. V. mit §§ 80 ff. ArbGG). Die Rechtmäßigkeit von Auswahlrichtlinien ist als Vorfrage zu entscheiden, wenn die Zustimmung des Betriebsrats zu einer Einstellung, Versetzung oder Umgruppierung wegen Verstoßes gegen eine Auswahlrichtlinie verweigert wird (§ 99 Abs. 2 Nr. 2) oder wenn im Kündigungsschutzverfahren die Sozialwidrigkeit der Kündigung mit einer Verletzung der Auswahlrichtlinien begründet wird (§ 1 Abs. 2 Satz 2 Nr. 1 lit. a KSchG). Im ersten Fall erfolgt die Entscheidung im Rahmen eines arbeitsgerichtlichen Beschlussverfahrens, im zweiten Fall im Rahmen eines Urteilsverfahrens. 72

Zweiter Unterabschnitt. Berufsbildung

§ 96 Förderung der Berufsbildung

(1) [1] Arbeitgeber und Betriebsrat haben im Rahmen der betrieblichen Personalplanung und in Zusammenarbeit mit den für die Berufsbildung und den für die Förderung der Berufsbildung zuständigen Stellen die Berufsbildung der Arbeitnehmer zu fördern. [2] Der Arbeitgeber hat auf Verlangen des Betriebsrats den Berufsbildungsbedarf zu ermitteln und mit ihm Fragen der Berufsbildung der Arbeitnehmer des Betriebs zu beraten. [3] Hierzu kann der Betriebsrat Vorschläge machen.

(2) [1] Arbeitgeber und Betriebsrat haben darauf zu achten, dass unter Berücksichtigung der betrieblichen Notwendigkeiten den Arbeitnehmern die Teilnahme an betrieblichen oder außerbetrieblichen Maßnahmen der Berufsbildung ermöglicht wird. [2] Sie haben dabei auch die Belange älterer Arbeitnehmer, Teilzeitbeschäftigter und von Arbeitnehmern mit Familienpflichten zu berücksichtigen.

Schrifttum: *Besgen,* Die Auswirkungen des AGG auf das Betriebsverfassungsrecht, BB 2007, 217; *Birk,* Berufsbildung und Arbeitsrecht, FS Gnade, 1992, S. 311; *Busse/Heidemann,* Betriebliche Weiterbildung, Frankfurt, 2005, *Däubler,* Betriebliche Weiterbildung als Mitbestimmungsproblem, BB 2000, 1190; *Heidemann,* Betriebliche Weiterbildung in Klein- und Mittelbetrieben, AiB 2004, 339; *ders.,* Regelungen zur Weiterbildung, PersR 2008, 110; *Mosch/Oelkers,* Mitbestimmung bei betrieblichen Bildungsmaßnahmen, NJW-Spezial 2008, 594; *Raab,* Betriebliche und außerbetriebliche Bildungsmaßnahmen, NZA 2008, 270; *Schneider,* Das Mandat des Betriebsrats zur Beschäftigungsförderung und Sicherung im Betrieb, (Diss. Köln) 2005.

Übersicht

	Rn.
I. Vorbemerkung	1
II. Berufsbildung als betriebsverfassungsrechtlicher Beteiligungstatbestand	3
1. Struktur der Beteiligungsrechte	3
2. Betriebsverfassungsrechtlicher Berufsbildungsbegriff	6
3. Bestandteile des betriebsverfassungsrechtlichen Berufsbildungsbegriffs	9
4. Abgrenzung von anderen Maßnahmen	13
III. Inhalt der Vorschrift	16
1. Pflicht zur Förderung der Berufsbildung	16
2. Ermittlungs-, Beratungs- und Vorschlagsrecht des Betriebsrats	18
3. Teilnahme an Maßnahmen der Berufsbildung	24
IV. Streitigkeiten	27

I. Vorbemerkung

1 Das BetrVG 1952 hatte in § 56 Abs. 1 lit. d lediglich die Durchführung der Berufsausbildung als Gegenstand des Mitbestimmungsrechts in sozialen Angelegenheiten genannt. Berufsausbildung i. S. dieser Bestimmung war nach Ansicht des BAG nicht nur die berufliche Erstausbildung, sondern auch die berufliche Weiterbildung, soweit sie in den Betrieben durchgeführt wird (BAG 31. 1. 1969 AP BetrVG § 56 Nr. 1 Berufsausbildung). Das Gesetz regelt die Beteiligung des Betriebsrats an der Berufsbildung nicht mehr bei den sozialen, sondern bei den personellen Angelegenheiten; denn die Berufsbildung ist, wie sowohl in § 92 als auch in dieser Bestimmung deutlich zum Ausdruck kommt, **wesentlicher Bestandteil der betrieblichen Personalplanung.** Die Nutzung des unternehmensinternen Arbeitsmarkts, wie er insbesondere durch den Kündigungsschutz erzwungen wird, gibt der Personalentwicklung einen besonderen Rang in der Personalplanung. Die rasche Veränderung der Märkte, die zunehmende Internationalisierung der Geschäftstätigkeit und der Fortschritt der Technik, insbesondere der Informations- und Kommunikationstechnologie, beeinflussen erheblich den Fortbildungsbedarf im Unternehmen (vgl. *Drumm,* Personalwirtschaft, 5. Aufl. 2005, S. 381 ff.).

2 Um die Bedeutung der Berufsbildung hervorzuheben, hat der Gesetzgeber ihr in den §§ 96 bis 98 einen eigenen Unterabschnitt gewidmet (vgl. dazu auch den Bericht des BT-Ausschusses für Arbeit und Sozialordnung, *zu* BT-Drucks. VI/2729, S. 6). Durch Art. 5 Nr. 7 Zweites Gleichberechtigungsgesetz vom 24. 6. 1994 (BGBl. I S. 1406) erhielt mit Wirkung zum 1. 9. 1994 (Art. 13) § 96 Abs. 2 Satz 2 eine Neufassung. Beschränkte der Gesetzeswortlaut sich ursprünglich auf die Belange älterer Arbeitnehmer, so werden zur Gewährleistung der Gleichstellung von Frauen und Männern nunmehr auch die besonderen Berufsausbildungsbelange der Teilzeitbeschäftigten und der Arbeitnehmer mit Familienpflichten erwähnt, „um bewusst zu machen, dass auch diese Arbeitnehmer Anspruch auf Berufsausbildung haben und Berufsbildungsangebote ihren Belangen unter Umständen auch angepasst werden müssen" (Begründung des RegE, BR-Drucks. 301/93, S. 124). Das **BetrVerf-Reformgesetz** vom 23. 7. 2001 (BGBl. I S. 1852) brachte eine Erweiterung: Durch Ergänzung des Abs. 1 Satz 2 um die Pflicht des Arbeitgebers, den Bildungsbedarf zu ermitteln, soll die Grundlage gewährleistet werden, damit der Betriebsrat die für die Qualifizierung der Arbeitnehmer bedeutsamen Beteiligungsrechte bei der betrieblichen Berufsbildung nach §§ 96 ff. wirksam ausüben kann (BT-Drucks. 14/5741, 49).

2a Entsprechende Vorschriften: Weder im BPersVG noch im SprAuG.

II. Berufsbildung als betriebsverfassungsrechtlicher Beteiligungstatbestand

1. Struktur der Beteiligungsrechte

3 **Arbeitgeber und Betriebsrat** haben die **gemeinsame Aufgabe,** im Rahmen der betrieblichen Personalplanung und in Zusammenarbeit mit den für die Berufsbildung und den für die Förderung der Berufsbildung zuständigen Stellen die **Berufsbildung der Arbeitnehmer zu fördern** (Abs. 1 Satz 1). Zur Erfüllung dieser gemeinsamen Verpflichtung bestimmt § 92 Abs. 1 Satz 1, dass der Arbeitgeber den Betriebsrat im Rahmen der Unterrichtung über die Personalplanung, insbesondere über die sich aus ihr ergebenden Maßnahmen der Berufsbildung an Hand von Unterlagen rechtzeitig und umfassend zu **unterrichten** hat (s. § 92 Rn. 24 ff.). Schon nach § 92 Abs. 1 Satz 2 hat der Betriebsrat ein **Beratungsrecht** über Art und Umfang der erforderlichen Maßnahmen und über die Vermeidung von Härten. Dieses Beratungsrecht wird hier für die Berufsbildung dahin

II. Berufsbildung als betriebsverfassungsrechtlicher Beteiligungstatbestand § 96

konkretisiert, dass der Arbeitgeber auf Verlangen des Betriebsrats den Berufsbildungsbedarf zu ermitteln hat und mit dem Betriebsrat Fragen der Berufsbildung der Arbeitnehmer des Betriebs zu beraten hat und der Betriebsrat hierzu Vorschläge machen kann (Abs. 1 Satz 2 und Satz 3). Diese gemeinsame Verpflichtung zur Förderung der Berufsbildung hat durch die Bestimmung in Abs. 2 eine Konkretisierung erfahren, die zugleich eine Zielbestimmung für die Beteiligung des Betriebsrats enthält: Arbeitgeber und Betriebsrat haben darauf zu achten, dass unter Berücksichtigung der betrieblichen Notwendigkeiten den Arbeitnehmern, und hier insbesondere auch den älteren Arbeitnehmern, Teilzeitbeschäftigten und Arbeitnehmern mit Familienpflichten, die Teilnahme an Berufsbildungsmaßnahmen ermöglicht wird.

Das im Rahmen des § 92 und dieser Vorschrift dem Betriebsrat verliehene allgemeine 4 Unterrichtungs-, Beratungs- und Vorschlagsrecht wird in § 97 durch ein **besonderes Beratungsrecht** ergänzt: Der Arbeitgeber hat mit dem Betriebsrat über die Errichtung und Ausstattung betrieblicher Berufsbildungseinrichtungen und über die Einführung betrieblicher Berufsbildungsmaßnahmen zu beraten, und dieses Beratungsrecht besteht auch für die Teilnahme an außerbetrieblichen Berufsbildungsmaßnahmen. Der Betriebsrat hat hier kein Mitbestimmungsrecht, sondern lediglich ein Mitwirkungsrecht, so dass der Arbeitgeber trotz der allgemeinen Verpflichtung zur Förderung der Berufsbildung der Arbeitnehmer im Betrieb das Recht zur Entscheidung hat, wie er diesen gesetzlichen Auftrag erfüllt.

Erst wenn der Arbeitgeber Einrichtungen für die betriebliche Berufsbildung schafft 5 oder Maßnahmen der betrieblichen Berufsbildung einführt, ist der Tatbestand für ein **Mitbestimmungsrecht** des Betriebsrats gegeben: Bei der Durchführung von Maßnahmen der betrieblichen Berufsbildung hat der Betriebsrat gemäß § 98 ein Mitbestimmungsrecht, das teilweise in der Form des positiven Konsensprinzips, teilweise in der Form des negativen Konsensprinzips als Widerspruchsrecht gestaltet ist (s. ausführlich dort Rn. 3 f.).

2. Betriebsverfassungsrechtlicher Berufsbildungsbegriff

Das Gesetz regelt nicht, was es unter **Berufsbildung** versteht. Nach der **Legaldefinition** 6 in § 1 Abs. 1 BBiG ist sie der **Oberbegriff für die Berufsausbildung, die berufliche Fortbildung und die berufliche Umschulung.** An diese Begriffstrias dachte der Gesetzgeber, als er den Begriff der *Berufsbildung* wählte, während § 56 Abs. 1 lit. d BetrVG 1952 noch von *Berufsausbildung* sprach; denn in den Gesetzesmaterialien wird die Berufsbildung durch den Hinweis auf die Berufsausbildung, die berufliche Fortbildung und die berufliche Umschulung erläutert (vgl. Begründung des RegE, BT-Drucks. VI/1786, S. 32 und 51; Bericht des BT-Ausschusses für Arbeit und Sozialordnung, zu BT-Drucks. VI/2729, S. 6). Die Begriffsbestimmung des § 1 Abs. 1 BBiG bezieht sich aber nur auf die *Berufsbildung i. S. des BBiG*. Sie kann daher nicht ohne weiteres auf den *betriebsverfassungsrechtlichen Berufsbildungsbegriff* übertragen werden (vgl. *Hammer*, Berufsbildung, S. 44 ff.; *Oetker*, Mitbestimmung bei Berufsbildungsmaßnahmen, S. 80 ff.; a. A. *Eich*, DB 1974, 2154, 2155). Wegen der Zweckbestimmung einer betriebsverfassungsrechtlichen Beteiligung fallen auch Maßnahmen der Berufsbildung unter das BetrVG, die vom Berufsbildungsgesetz nicht erfasst werden, insbesondere alle Maßnahmen der Berufsausbildung, auch wenn es sich nicht um eine Berufsausbildung i. S. des Berufsbildungsgesetzes handelt (vgl. § 26 BBiG).

Der Gesetzesregelung wird deshalb eine **weite Auslegung des Berufsbildungsbegriffs** 7 zugrunde gelegt (BAG 5. 11. 1985 AP BetrVG 1972 § 98 Nr. 2 [*Natzel*]; 10. 2. 1988 AP BetrVG 1972 § 98 Nr. 5; 4. 12. 1990 AP BetrVG 1972 § 97 Nr. 1; 23. 4. 1991 AP BetrVG 1972 § 98 Nr. 7; 28. 1. 1992 AP BetrVG 1972 § 96 Nr. 1; BAG 24. 8. 2004 AP BetrVG 1972 § 98 Nr. 12; *Fitting*, § 96 Rn. 10; GK-*Raab*, § 96 Rn. 7; GL-*Löwisch*, Vorbem. vor § 96 und 97 Rn. 5; HWK-*Ricken*, § 96 Rn. 2; *Natzel*, Berufsbildungsrecht,

S. 514; *Oetker,* Mitbestimmung bei Berufsbildungsmaßnahmen, S. 77 ff.; *Hammer,* Berufsbildung, S. 33 ff.; *Alexander,* NZA 1992, 1057 ff.). Schon zu § 56 Abs. 1 lit. d BetrVG 1952, der noch von Berufsausbildung sprach, vertrat das BAG die Auffassung, dass alle Maßnahmen erfasst würden, „die den Arbeitnehmern diejenigen Kenntnisse und Erfahrungen verschaffen sollen, die der Ausfüllung ihres Arbeitsplatzes und ihrer beruflichen Tätigkeit dienen" (BAG 31. 1. 1969 AP BetrVG § 56 Nr. 1 Berufsbildung). Diesen weiten Begriff übertrug das BAG auf den Begriff der *Berufsbildung,* wie er hier in §§ 96 bis 98 verwandt wird (BAG 5. 11. 1985 AP BetrVG 1972 § 98 Nr. 2). Da das BAG schon den Begriff der Berufsausbildung in § 56 Abs. 1 lit. d BetrVG 1952 nicht auf die berufliche Erstausbildung beschränkt, sondern mit ihm auch die *berufliche Weiterbildung* erfasst hatte (BAG 31. 1. 1969 AP BetrVG § 56 Nr. 1 Berufsbildung), hat der Gesetzgeber mit der Ersetzung durch den Begriff der Berufsbildung klargestellt, dass nicht nur die Berufsausbildung im engeren Sinn gemeint ist; ebenso erfasst werden die berufliche Fortbildung und die berufliche Umschulung (BAG 5. 11. 1985 AP BetrVG 1972 § 98 Nr. 2).

8 Der **betriebsverfassungsrechtliche Berufsbildungsbegriff** umfasst deshalb **zumindest alle Maßnahmen der Berufsbildung i. S. des § 1 Abs. 1 BBiG**, also der Berufsausbildung, der Berufsfortbildung und der beruflichen Umschulung (so ausdrücklich BAG 23. 4. 1991 AP BetrVG 1972 § 98 Nr. 7 [unter B II 2 a]). Er beschränkt sich aber nicht auf sie, sondern es genügt, dass **Maßnahmen** dem Arbeitnehmer **gezielt Kenntnisse und Erfahrungen vermitteln**, die ihn zur **Ausübung einer bestimmten Tätigkeit erst befähigen** oder es ermöglichen, die **beruflichen Kenntnisse und Fähigkeiten zu erhalten** (BAG 28. 1. 1992 AP BetrVG 1972 § 96 Nr. 1). Nicht erfasst werden dagegen, weil es hier um die Berufsbildung der Arbeitnehmer geht, die *berufsvorbereitenden Bildungsmaßnahmen,* auch soweit sie von der Bundesanstalt für Arbeit gefördert werden (§§ 59 ff. SGB III).

8a Nicht unter den Begriff der Berufsbildung fallen auch **AGG-Schulungen** im Sinne von § 12 AGG. Sie vermitteln keine gezielten Kenntnisse und Erfahrungen im Hinblick auf die arbeitsvertraglich geschuldete Tätigkeit (ebenso *Besgen,* BB 2007, 213). Etwas anderes dürfte nur für den Fall gelten, dass der betroffene Arbeitnehmer mit spezifisch personalrechtlichen Aufgaben betraut wurde und AGG-Kenntnisse eine unverzichtbare Voraussetzung für eine ordnungsgemäße Wahrnehmung seiner Tätigkeit darstellen.

3. Bestandteile des betriebsverfassungsrechtlichen Berufsbildungsbegriffs

9 a) Wegen des dualen Systems steht vor allem die **Berufsausbildung** im Mittelpunkt. Bei ihr handelt es sich entweder um die berufliche Erstausbildung oder um die Umschulung. Die Berufsausbildung hat nach § 1 Abs. 2 BBiG eine breit angelegte berufliche Grundbildung und die für die Ausübung einer qualifizierten beruflichen Tätigkeit notwendigen fachlichen Fertigkeiten und Kenntnisse in einem geordneten Ausbildungsgang zu vermitteln, und sie hat den Erwerb der erforderlichen Berufserfahrungen zu ermöglichen. Für das Berufsausbildungsverhältnis gelten einheitlich die Vorschriften der §§ 10 bis 26 BBiG. Jugendliche unter 18 Jahren dürfen grundsätzlich nur in staatlich anerkannten Ausbildungsberufen ausgebildet werden (vgl. § 4 Abs. 3 BBiG). Die Ausbildungsberufe werden durch Rechtsverordnung festgelegt (§ 4 BBiG); zu ihnen gehören die in der Anlage A der Handwerksordnung aufgeführten Gewerbe, die als Handwerk betrieben werden können. Das Bundesinstitut für Berufsbildung führt ein Verzeichnis der anerkannten Ausbildungsberufe, das jährlich zu veröffentlichen ist (§ 6 BerBiFG; vgl. die Beilage zum BAnz. Nr. 85 v. 8. 5. 2001).

10 b) Die **berufliche Fortbildung** soll es ermöglichen, die beruflichen Kenntnisse und Fertigkeiten zu erhalten, zu erweitern, der technischen Entwicklung anzupassen oder beruflich aufzusteigen (§ 1 Abs. 4 BBiG). Sie ist im Gegensatz zur Berufsausbildung nicht detailliert geregelt (vgl. § 42 HandwO; *Natzel,* MünchArbR § 320 Rn. 71 ff.). Deshalb besteht hier ein erheblicher Regelungsspielraum für die Planung und Durch-

II. Berufsbildung als betriebsverfassungsrechtlicher Beteiligungstatbestand § 96

führung von Bildungsmaßnahmen im Betrieb. Das ist vor allem auch für die Beteiligung des Betriebsrats von erheblicher Bedeutung; denn er ist hier nicht wie bei der Berufsausbildung im Wesentlichen darauf beschränkt, über die Einhaltung staatlicher Vorschriften zu wachen.

Für die Beteiligung des Betriebsrats ist es **unerheblich**, ob für die berufliche Fortbildung eine **öffentlich-rechtliche Ordnung** besteht; denn es ist für den betriebsverfassungsrechtlichen Berufsbildungsbegriff unerheblich, ob die Voraussetzungen des BBiG oder des SGB III erfüllt sind (s. Rn. 6 ff.). 11

c) Was für die berufliche Fortbildung gilt, ist auch für die **berufliche Umschulung** maßgebend. Diese unterscheidet sich von ihr dadurch, dass sie zu einer anderen beruflichen Tätigkeit befähigen soll (§ 1 Abs. 5 BBiG). Dabei kommt insbesondere die Umschulung für einen anerkannten Ausbildungsberuf in Betracht. Nach § 60 BBiG bzw. § 42 a Abs. 3 HandwO sind bei ihr das Ausbildungsberufsbild, der Ausbildungsrahmenplan und die Prüfungsanforderungen unter Berücksichtigung der besonderen Erfordernisse der beruflichen Erwachsenenbildung zugrunde zu legen (vgl. *Natzel*, MünchArbR § 180 Rn. 217 ff.). Für den betriebsverfassungsrechtlichen Berufsbildungsbegriff spielt dies jedoch hier ebenso wenig eine Rolle wie bei der beruflichen Fortbildung (s. Rn. 11). 12

4. Abgrenzung von anderen Maßnahmen

a) Das BAG grenzt die beteiligungspflichtigen Berufsbildungsmaßnahmen von der beteiligungsfreien **Unterrichtung des Arbeitnehmers über seine Aufgabe und Verantwortung sowie über die Art seiner Tätigkeit und ihre Einordnung in den Arbeitsablauf des Betriebs** gemäß § 81 ab (BAG 5. 11. 1985 AP BetrVG 1972 § 98 Nr. 2; 28. 1. 1992 AP BetrVG 1972 § 96 Nr. 1; ebenso *Fitting*, § 96 Rn. 11; *Hammer*, Berufsbildung, S. 69 ff., 91 f., 117, 126 f.; *ders.*, AuR 1985, 210 ff.). Zur betrieblichen Berufsbildung i. S. der §§ 96 bis 98 zählt es nur Maßnahmen, die über die – beteiligungsfreie – Unterrichtung des Arbeitnehmers gemäß § 81 hinausgehen (BAG AP BetrVG 1972 § 96 Nr. 1 [unter B II 1 a]). 13

Die **Entweder-Oder-Zuordnung** wird **vom Gesetz nicht gefordert** (vgl. *Alexander*, NZA 1992, 1057, 1058 ff.). Sie führt zu der sachlich nicht gerechtfertigten Alternative, §§ 96 ff. extensiv und § 81 restriktiv auszulegen oder umgekehrt (so folgerichtig *Hammer*, AuR 1985, 210, 214; zustimmend *Gilberg*, Die Mitwirkung des Betriebsrats bei der Berufsbildung, S. 157). Beide Gesetzesregelungen haben jedoch einen verschiedenen Regelungsinhalt und verfolgen einen anderen Zweck (GK-*Raab*, § 96 Rn. 14; DKK-*Buschmann*, § 96 Rn. 10). Richtig ist lediglich, dass noch keine Berufsbildung vorliegt, wenn der Arbeitgeber sich darauf beschränkt, die von einem Arbeitnehmer auszuübende Tätigkeit zu erläutern, auch wenn die Kenntnisse in einer gezielten Veranstaltung vermittelt werden. Ergibt beispielsweise eine Kundenbefragung Defizite der Fachkunde und Freundlichkeit der Arbeitnehmer, so sind Maßnahmen, die auf die Behebung dieses Defizits ausgerichtet sind, keine Maßnahmen der beruflichen Bildung (so BAG 28. 1. 1992 AP BetrVG 1972 § 96 Nr. 1). Die Einweisung in Funktion und Bedienung eines Personalcomputers fällt unter § 81, soweit die Kenntnis notwendig ist, um die Arbeitsaufgabe zu erfüllen. Sie kann aber auch eine Maßnahme der Berufsbildung darstellen (so BAG 23. 4. 1991 AP BetrVG 1972 § 98 Nr. 7). Notwendig ist im letzteren Fall jedoch dass, der Arbeitnehmer durch die Kenntnisvermittlung eine berufliche Qualifikation unabhängig von seinem konkreten Arbeitsplatz erlangt, was für eintägige Einführungskurse (Schnupperkurse) regelmäßig zu verneinen ist (ebenso *Alexander*, NZA 1992, 1057, 1059). 14

b) **Berufsbildungsmaßnahmen** unterscheiden sich von sonstiger Kenntnisvermittlung nicht nur durch den Berufsbezug, sondern vor allem auch durch ihren **Bildungscharakter** (vgl. *Hammer*, Berufsbildung, S. 127 ff.). Er bildet die Brücke zu den *sonstigen Bildungsmaßnahmen*, bei denen der Betriebsrat zwar nicht nach §§ 96, 97 zu beteiligen ist, über 15 deren Durchführung im Betrieb er aber gemäß § 98 mitzubestimmen hat (§ 98 Abs. 6; ebenso *Hammer,* a. a. O., S. 161 f.). Bildungscharakter hat die Kenntnisvermittlung, wenn sie gezielt erfolgt, ein Lernziel zu erreichen (vgl. *Matthes,* MünchArbR § 351 Rn. 15; s. auch BAG 31. 1. 1969 AP BetrVG § 56 Nr. 1 Berufsausbildung; a. A. für die Notwendigkeit einer betrieblichen Berufsbildungsanalyse nach bildungswissenschaftlichen, berufspädagogischen Erkenntnissen *Hammer,* a. a. O., S. 128 f.).

III. Inhalt der Vorschrift

1. Pflicht zur Förderung der Berufsbildung

16 Nach Abs. 1 Satz 1 haben **Arbeitgeber und Betriebsrat** im Rahmen der betrieblichen Personalplanung und in Zusammenarbeit mit den für die Berufsbildung und den für die Förderung der Berufsbildung zuständigen Stellen die **Berufsbildung der Arbeitnehmer zu fördern.** Daraus folgt für Arbeitgeber und Betriebsrat ein **Gebot der Zusammenarbeit.** Das Gesetz legt dem Arbeitgeber hier aber ebenso wenig wie nach dem Berufsbildungsgesetz die Pflicht auf, überhaupt Berufsbildung zu betreiben; ein Rechtsanspruch hierauf, sei es des Betriebsrats, sei es des einzelnen Arbeitnehmers, besteht nicht (ebenso *Matthes,* MünchArbR § 262 Rn. 4; *Fitting,* § 96 Rn. 25; GK-*Raab,* § 96 Rn. 22; Jaeger/Röder/Heckelmann/*Schuster,* Kap. 23 Rn. 44; *Löwisch/Kaiser,* § 96, Rn. 3; ErfK-*Kania,* § 96 Rn. 10; HWK-*Ricken,* § 96 Rn. 10).

17 Erfolgt eine Berufsbildung, so verpflichtet das Gesetz Arbeitgeber und Betriebsrat zur **Zusammenarbeit mit den für die Berufsbildung und den für die Förderung der Berufsbildung zuständigen Stellen.** Zu den für die Berufsbildung zuständigen Stellen gehören für den Bereich des Handwerks die Handwerkskammern (§ 71 Abs. 1 BBiG), für die sonstigen Gewerbebetriebe die Industrie- und Handelskammern (§ 71 Abs. 2 BBiG), für die Betriebe der Landwirtschaft die Landwirtschaftskammern (§ 71 Abs. 3 BBiG), für die Rechtsanwaltsgehilfen, Patentanwaltsgehilfen und Notargehilfen die Rechtsanwaltskammern, die Patentanwaltskammern bzw. die Notarkammern und Notarkassen (§ 71 Abs. 4 BBiG) und für die Gehilfen in wirtschafts- und steuerberatenden Berufen die Wirtschaftsprüferkammern und die Steuerberaterkammern (§ 71 Abs. 5 BBiG; vgl. auch § 76 Abs. 2 Nr. 8 SteuerberatungsG); für die Berufsbildung der Arzt-, Zahnarzt- und Apothekenhelfer sind die Ärzte-, Zahnärzte- und Apothekerkammern zuständig (§ 71 Abs. 6 BBiG), und soweit eine gesetzliche Regelung nicht getroffen ist, wird durch Rechtsverordnung die für die Berufsbildung zuständige Stelle bestimmt (§ 72 BBiG). Für die finanzielle Förderung der Berufsbildung sind die Bundesanstalt für Arbeit bzw. die ihr nachgeordneten Behörden, die Landesarbeitsämter und die Arbeitsämter, zuständig (vgl. §§ 59 ff., 77 ff. SGB III).

2. Ermittlungs-, Beratungs- und Vorschlagsrecht des Betriebsrats

18 a) Bereits nach § 92 Abs. 1 Satz 2 hat der Betriebsrat ein **Beratungsrecht über Maßnahmen der Berufsbildung,** soweit sie nach der Personalplanung als erforderliche Maßnahmen in Betracht kommen (s. § 92 Rn. 34 ff.). Das Gesetz ergänzt hier in Abs. 1 Satz 2 das dort allgemein für Personalplanungsmaßnahmen eingeräumte Beratungsrecht dahin, dass der Arbeitgeber auch ohne Durchführung einer Personalplanung auf **Verlangen des Betriebsrats** mit diesem **Fragen der Berufsbildung der Arbeitnehmer des Betriebs zu beraten hat** (vgl. auch GK-*Raab,* § 96 Rn. 31). Das im Bereich des § 92 Abs. 1 von der Initiative des Arbeitgebers abhängige Beratungsrecht wird hier also durch ein **Initiativrecht des Betriebsrats** ergänzt.

19 Gegenstand der Beratung sind **Fragen der Berufsbildung der Arbeitnehmer des Betriebs,** also Ausbildungsart, Ausbildungsdauer und Zahl der Teilnehmer an Berufsbildungsmaßnahmen (ebenso GK-*Raab,* § 96 Rn. 32; *Hammer,* Berufsbildung, S. 148 f.).

III. Inhalt der Vorschrift §96

Während das Gesetz hier aber die Beratung von einem *Verlangen des Betriebsrats* abhängig macht, ist der Arbeitgeber nach § 97 unabhängig davon zu einer Beratung mit dem Betriebsrat verpflichtet, soweit es um die *Errichtung und Ausstattung betrieblicher Einrichtungen der Berufsbildung*, die *Einführung betrieblicher Berufsbildungsmaßnahmen* und die *Teilnahme an außerbetrieblichen Berufsbildungsmaßnahmen* geht (s. § 97 Rn. 4 ff.).

b) Ergänzt wird das Beratungsrecht durch ein **Vorschlagsrecht,** das bei Bestehen einer Personalplanung § 92 Abs. 2 konkretisiert (s. dort Rn. 40 ff.), aber wie das Beratungsrecht hier auch dann gegeben ist, wenn eine Personalplanung für den Betrieb nicht existiert (Abs. 1 Satz 3). Dadurch wird aber nicht das Entscheidungsrecht des Arbeitgebers eingeschränkt. Der Betriebsrat hat ein Mitbestimmungsrecht als Mitentscheidungsrecht nur im Rahmen von § 98. **20**

c) Der Betriebsrat kann auch verlangen, dass vor oder im Zuge der Beratung der Arbeitgeber den **Berufsbildungsbedarf ermittelt.** Hiermit hat der Arbeitgeber nicht nur eine Pflicht, wie z. B. bei § 80 Abs. 2 vorhandenes Wissen weiterzugeben, sondern auch sich Informationen zu verschaffen (GK-*Raab*, § 96 Rn. 29). Der zu ermittelnde Bedarf bezieht sich auf die Berufsbildungsmaßnahmen insgesamt, nicht nur auf den Fall des § 97 Abs. 2 (so *Konzen,* RdA 2001, 91; wie hier DKK-*Buschmann,* § 96 Rn. 20 b; *Fitting,* § 96 Rn. 36). Wie dieser Bedarf zu definieren ist, lässt das Gesetz offen. Nach der Gesetzesbegründung ergibt sich der Berufsbildungsbedarf aus der Durchführung einer Ist-Analyse, der Erstellung eines Soll-Konzepts und die Ermittlung des betrieblichen Bildungsinteresses (BT-Drucks. 14/5741, 49). Ausgehend hiervon wird man **drei Elemente** benennen können, denen der Arbeitgeber nachgehen muss: Zum einen muss er darlegen, welches Qualifikationsniveau im Betrieb besteht und auch welche Berufsbildungsmaßnahmen bereits durchgeführt wurden, zum anderen muss er selber ein Ziel beschreiben, welchen betrieblichen Qualifikationsbedarf – auch im Hinblick auf mögliche neue oder zurzeit nur geplante Änderungen von Arbeitsabläufen – er sieht. Investitionsvorhaben selbst braucht er freilich nicht darzulegen (*Rieble,* NZA Sonderheft 2001, 48, 52; großzügiger *Fitting,* § 96 Rn. 35). Dies legt den Bedarf aus Arbeitgebersicht fest. Daneben muss er – drittens – der Arbeitnehmerseite die Möglichkeit geben, ihre Vorstellung darzulegen und ihre Vorschläge entgegennehmen. Eine Harmonisierung beider Perspektiven braucht der Arbeitgeber nicht zu versuchen. Die Analyse ist stets eine aktuelle Ist- und Soll-Analyse. Prospektiv zu planen braucht der Arbeitgeber nicht, erst recht nicht für einen bestimmten Zeitraum. Er wird jedoch gut beraten sein, es freiwillig zu tun (strenger *Fitting,* § 96 Rn. 38). **21**

d) **Schranken** für das Beratungs- und Vorschlagsrecht ergeben sich daraus, dass die **Berufsausbildung durch staatliche Vorschriften geregelt ist.** Die Berufsbildung kann nur in Zusammenarbeit mit den für die Berufsbildung und den für die Förderung der Berufsbildung zuständigen Stellen erfolgen (vgl. auch GL-*Löwisch,* §§ 96/97 Rn. 2). **22**

Das hier eingeräumte Mitwirkungsrecht bezieht sich nur auf die **Ordnung der Berufsbildung im Betrieb,** nicht auf die Gestaltung der Berufsbildung beim einzelnen Arbeitnehmer (ebenso GL-*Löwisch,* §§ 96/97 Rn. 18; HSWGNR-*Worzalla,* § 96 Rn. 7). **23**

3. Teilnahme an Maßnahmen der Berufsbildung

Die **gemeinsame Verpflichtung von Arbeitgeber und Betriebsrat** zur Förderung der Berufsbildung wird durch die Vorschrift in Abs. 2 Satz 1 dahin konkretisiert, dass ihnen insbesondere obliegt, darauf zu achten, dass unter Berücksichtigung der betrieblichen Notwendigkeiten den Arbeitnehmern die **Teilnahme an betrieblichen oder außerbetrieblichen Maßnahmen der Berufsbildung** ermöglicht wird. Dabei wird es sich vor allem um berufliche Fortbildungs- und Umschulungsmaßnahmen handeln. Außerbetriebliche Maßnahmen der Berufsbildung werden von der Bundesanstalt für Arbeit und den zuständigen Stellen nach dem BBiG (s. Rn. 17) durchgeführt. Hierher gehören aber auch **24** die Teilnahme an Sonderkursen der Berufs- und Fachschulen, der Besuch der Verwaltungs- und Wirtschaftsakademien, Lehrgänge bei den Arbeitgeberverbänden oder Gewerkschaften. Das Gesetz hebt besonders hervor, dass bei der Ermöglichung der Teilnahme an betrieblichen oder außerbetrieblichen Berufsbildungsmaßnahmen die **Belange älterer Arbeitnehmer, Teilzeitbeschäftigter** und von **Arbeitnehmern mit Familienpflichten** zu berücksichtigen sind (Abs. 2 Satz 2). Bei älteren Erwerbstätigen kann deren Unterbringung unter den üblichen Bedingungen des Arbeitsmarkts erschwert sein. Soweit es um die Teilzeitbeschäftigung oder Arbeitnehmer mit Familienpflichten geht, hängt von ihrer Berücksichtigung bei der Berufsbildung ab, dass der verfassungsrechtliche Grundsatz der Gleichberechtigung von Frauen und Männern sich im Berufsleben auch rechtstatsächlich durchsetzt.

25 Die Teilnahme an Berufsbildungsmaßnahmen ist unter **Berücksichtigung der betrieblichen Notwendigkeiten** zu ermöglichen, d. h. Zahl der Arbeitnehmer und Zeitpunkt der Teilnahme bestimmen sich nach Art und Umfang des Betriebs. Es gilt der Grundsatz der Verhältnismäßigkeit.

26 Die gemeinsame Verpflichtung von Arbeitgeber und Betriebsrat zur Förderung der Berufsbildung, insbesondere die Verpflichtung, darauf zu achten, dass den Arbeitnehmern unter Beachtung der betrieblichen Notwendigkeiten die Teilnahme an Berufsbildungsmaßnahmen ermöglicht wird, erzeugt für die einzelnen Arbeitnehmer **keinen Rechtsanspruch auf Freistellung und Teilnahme an einer Bildungsveranstaltung** (ebenso *Fitting*, § 96 Rn. 27; GK-*Raab*, § 96 Rn. 34; HSWGNR-*Worzalla*, § 96 Rn. 16; weitergehend GL-*Löwisch*, §§ 96/97 Rn. 22, der dem Abs. 2 einen individualrechtlichen Anspruch gegen den Arbeitgeber auf gleichberechtigte Teilnahme an Berufsbildungsmaßnahmen entnehmen will; Rechtsgrundlage ist jedoch insoweit nicht Abs. 2, sondern der Gleichbehandlungsgrundsatz). Für die Auswahl der für die Teilnahme bestimmten Arbeitnehmer an betrieblichen oder außerbetrieblichen Berufsbildungsmaßnahmen hat der Betriebsrat aber nach § 98 Abs. 3 ein Mitbestimmungsrecht (s. ausführlich § 98 Rn. 54 ff.).

IV. Streitigkeiten

27 Lehnt der Arbeitgeber es ab, auf Verlangen des Betriebsrats Fragen der Berufsbildung der Arbeitnehmer des Betriebs zu beraten, so kann der Betriebsrat das Arbeitsgericht anrufen, das im Beschlussverfahren entscheidet (§ 2a Abs. 1 Nr. 1, Abs. 2 i. V. mit §§ 80 ff. ArbGG). Bei einem Streit über die Auswahl der Teilnehmer an betrieblichen oder außerbetrieblichen Berufsbildungsmaßnahmen ist aber zu berücksichtigen, dass hier der Betriebsrat unter den Voraussetzungen des § 98 Abs. 3 ein Mitbestimmungsrecht hat. Soweit der Mitbestimmungstatbestand gegeben ist, entscheidet die Einigungsstelle, wenn über die vom Betriebsrat vorgeschlagenen Teilnehmer eine Einigung nicht zustande kommt (§ 98 Abs. 4).

§ 97 Einrichtungen und Maßnahmen der Berufsbildung

(1) Der Arbeitgeber hat mit dem Betriebsrat über die Errichtung und Ausstattung betrieblicher Einrichtungen zur Berufsbildung, die Einführung betrieblicher Berufsbildungsmaßnahmen und die Teilnahme an außerbetrieblichen Berufsbildungsmaßnahmen zu beraten.

(2) ¹Hat der Arbeitgeber Maßnahmen geplant oder durchgeführt, die dazu führen, dass sich die Tätigkeit der betroffenen Arbeitnehmer ändert und ihre beruflichen Kenntnisse und Fähigkeiten zur Erfüllung ihrer Aufgaben nicht mehr ausreichen, so hat der Betriebsrat bei der Einführung von Maßnahmen der betrieblichen Berufsbildung mit-

I. Vorbemerkung

zubestimmen. ²Kommt eine Einigung nicht zustande, so entscheidet die Einigungsstelle. ³Der Spruch der Einigungsstelle ersetzt die Einigung zwischen Arbeitgeber und Betriebsrat.

Schrifttum: *Burkert,* Das neue Mitbestimmungsrecht des Betriebsrates gemäß § 97 Abs. 2 BetrVG, Diss. Gießen, 2005, *Franzen,* Das Mitbestimmungsrecht des Betriebsrats bei der Einführung von Maßnahmen der betrieblichen Berufsbildung nach § 97 II BetrVG, NZA 2001, 865; *Sprenger/Zuber,* Das Mitbestimmungsrecht des Betriebsrats bei Berufsbildungsmaßnahmen nach § 97 Abs. 2 BetrVG, AiB 2003, 358.

Übersicht

	Rn.
I. Vorbemerkung	1
II. Gesetzessystematische Einordnung des Beteiligungsrechts	2
III. Beratungsgegenstände nach dieser Vorschrift	4
1. Errichtung und Ausstattung betrieblicher Einrichtungen zur Berufsbildung	4
2. Einführung betrieblicher Berufsbildungsmaßnahmen	6
3. Teilnahme an außerbetrieblichen Berufsbildungsmaßnahmen	8
IV. Mitbestimmung bei Änderungen im Betrieb	9
1. Voraussetzungen des Mitbestimmungsrechts	9
2. Gegenstand des Mitbestimmungsrechts	11a
3. Umfang der Schulungsmaßnahmen	12
4. Zeitpunkt der Schulungsmaßnahmen	15
5. Rechtsfolgen unterlassener Mitbestimmung	16
6. Zusammenwirken mit § 81 Abs. 4	17
V. Streitigkeiten	18

I. Vorbemerkung

Die Vorschrift ergänzt das in § 96 geregelte allgemeine Mitwirkungsrecht durch ein **besonderes Beratungsrecht** bei der Errichtung und Ausstattung betrieblicher Einrichtungen zur Berufsbildung, der Einführung von betrieblichen Bildungsmaßnahmen und der Teilnahme an außerbetrieblichen Berufsbildungsmaßnahmen. Bei diesen Beratungsgegenständen spielt für die Beteiligung des Betriebsrats keine Rolle, ob sie sich wie nach § 92 Abs. 1 Satz 2 aus einer Personalplanung ergeben oder ob wie nach § 96 Abs. 1 Satz 2 der Betriebsrat ihre Beratung verlangt. **1**

Durch das **BetrVerf-Reformgesetz** vom 23. 7. 2001 (BGBl. I S. 1852) wurde die Mitbestimmung des Betriebsrats erheblich erweitert: Nach dem neu geschaffenen Abs. 2 hat der Betriebsrat das Recht, bei Veränderungen im Betrieb unter bestimmten Umständen Maßnahmen der Berufsbildung zu fordern und durch den Spruch der Einigungsstelle zu erzwingen (s. auch *Franzen,* NZA 2001, 865). Dies ist eine beschäftigungssichernde Maßnahme des Gesetzes, keine beschäftigungsfördernde, denn neue Arbeitsplätze werden dadurch nicht geschaffen – eher wird ein Anreiz geboten, eine Modernisierung, die mit teuren Umschulungsmaßnahmen verbunden ist, zu unterlassen. Würde nicht die Belegschaft umgeschult, würden andere Arbeitnehmer eingestellt. Die Regelung ist damit Ausdruck der Verantwortung des Arbeitgebers gegenüber seiner Belegschaft, die berufliche Leistungsfähigkeit zu fördern und den sich ändernden Anforderungen anzupassen, s. auch § 2 SGB III (BT-Drucks. 14/5741, 50). Die **Vorschrift ergänzt** damit **§ 102 Abs. 3 Nr. 4** um einen präventiven Aspekt: Anstatt im Nachhinein der Kündigung nicht mehr hinreichend qualifizierter Mitarbeiter zu widersprechen, kann der Betriebsrat im Voraus die Qualifizierung verlangen. **1a**

Entsprechende Vorschriften: Weder im BPersVG noch im SprAuG. **1b**

II. Gesetzessystematische Einordnung des Beteiligungsrechts

2 Das Gesetz statuiert für die hier genannten Gegenstände eine **Beratungspflicht des Arbeitgebers**. Der Betriebsrat erhält dadurch aber kein Recht zur Mitentscheidung. Das ihm eingeräumte Beratungsrecht ist ein Mitwirkungsrecht, kein Mitbestimmungsrecht. Wieweit der Betriebsrat mitzubestimmen hat, ergibt sich aus § 98.

3 Soweit es um die **betriebliche Berufsbildung** geht, hat deshalb der Betriebsrat bei ihrer Einführung nur ein Mitwirkungsrecht, während bei der *Durchführung* ein *Mitbestimmungsrecht* nach § 98 besteht. Die **außerbetriebliche Berufsbildung** (vgl. zu den Organisationsformen bei der Berufsausbildung *Oetker*, DB 1985, 1739 f.) bildet dagegen einen betriebsverfassungsrechtlich relevanten Sachverhalt überhaupt nur insoweit, als es um die *Teilnahme* an außerbetrieblichen Berufsbildungsmaßnahmen geht. Für sie besteht ein Beratungsrecht nach dieser Vorschrift. Die Beteiligungsbefugnis des Betriebsrats verharrt aber nicht auf der Stufe eines Mitwirkungsrechts, wenn der Arbeitgeber für die Teilnahme Arbeitnehmer freistellt oder die durch sie entstehenden Kosten ganz oder teilweise trägt; denn in diesem Fall besteht für die Auswahl der Teilnehmer ein Mitbestimmungsrecht des Betriebsrats nach § 98 Abs. 3 (s. dort Rn. 54 ff.).

III. Beratungsgegenstände nach dieser Vorschrift

1. Errichtung und Ausstattung betrieblicher Einrichtungen zur Berufsbildung

4 Betriebliche Einrichtungen zur Berufsbildung sind **Lehrwerkstätten**, Schulungsräume, Labors und insbesondere ein **betriebliches Berufsbildungszentrum**. Der Arbeitgeber ist verpflichtet, sich mit dem Betriebsrat über ihre **Errichtung und Ausstattung** zu beraten. Das gilt auch, wenn bereits bestehende Einrichtungen geändert werden sollen (ebenso *Fitting*, § 97 Rn. 4; GK-*Raab*, § 97 Rn. 6; HWK-*Ricken*, § 97 Rn. 2).

5 Werden Einrichtungen zur Berufsbildung als **Sozialeinrichtung** errichtet, z. B. ein betriebliches Berufsbildungszentrum, so besteht für Form, Ausgestaltung und Verwaltung der Berufsbildungseinrichtung ein Mitbestimmungsrecht nach § 87 Abs. 1 Nr. 8 (s. dort Rn. 599 ff.). Hier wie dort besteht aber kein erzwingbares Mitbestimmungsrecht hinsichtlich der Errichtung und finanziellen Ausstattung (vgl. *Fitting*, § 97 Rn. 4; GK-*Raab*, § 97 Rn. 8; HWK-*Ricken*, § 97 Rn. 2; *Stege/Weinspach/Schiefer*, §§ 96–98 Rn. 7).

2. Einführung betrieblicher Berufsbildungsmaßnahmen

6 Eine **betriebliche Berufsbildungsmaßnahme** liegt vor, wenn der Arbeitgeber Träger bzw. Veranstalter der Maßnahme ist und die Berufsbildungsmaßnahme für seine Arbeitnehmer durchführt (ebenso BAG 4. 12. 1990 AP BetrVG 1972 § 97 Nr. 1 bestätigt BAG 12. 11. 1991 AP BetrVG 1972 § 98 Nr. 8 [zust. *Natzel*]; s. zum Begriff der Berufsbildungsmaßnahme § 96 Rn. 6 ff.). Die Maßnahme wird dem Arbeitgeber auch zugerechnet, wenn er sie in Zusammenarbeit mit einem Dritten durchführt und hierbei auf Inhalt und Organisation rechtlich oder tatsächlich einen beherrschenden Einfluss hat (vgl. BAG 4. 12. 1990 AP BetrVG 1972 § 97 Nr. 1). Ist dem nicht so, besteht kein Mitbestimmungsrecht bei der Durchführung der Maßnahme. Dies kann etwa bei der Vereinbarung mehrerer Arbeitgeber über die gemeinsame Durchführung einer Berufsbildungsmaßnahme gegeben sein. Die Betriebsräte haben jedoch in entsprechender Anwendung des § 98 Abs. 1 beim Abschluss der Vereinbarung über die Zusammenarbeit der Arbeitgeber insoweit mitzubestimmen, als Regelungen über die spätere Durchführung der Bildungsmaßnahmen getroffen werden (BAG 18. 4. 2000 AP BetrVG 1972

§ 98 Nr. 9: Berufsbildungsmaßnahme auf Grundlage eines Kooperationsvertrages von fünf Krankenhausträgern).

Soweit es sich um die **Berufsausbildung** handelt, ist der Arbeitgeber an die Vorschriften des Berufsbildungsgesetzes und der Ausbildungsordnungen gebunden. Da hier im Allgemeinen kein Gestaltungsspielraum besteht, ergibt sich bereits aus § 80 Abs. 1 Nr. 1 für den Betriebsrat die allgemeine Aufgabe, darüber zu wachen, dass die für die Berufsausbildung maßgeblichen Vorschriften durchgeführt werden. Das Beratungsrecht hat deshalb vor allem dann Bedeutung, wenn es sich um betriebliche Maßnahmen der **Berufsfortbildung** oder der **beruflichen Umschulung** handelt. Hierher gehören z. B. ein Technikerkurs oder sonstige Fortbildungskurse und Veranstaltungen, die in neue technische Verfahren einführen. Das Beratungsrecht des Betriebsrats erstreckt sich auf Zeitpunkt, Themenkreis und Umfang der Kurse. Er hat insoweit auch ein Vorschlagsrecht (§ 96 Abs. 1 Satz 3); der Arbeitgeber ist aber in seiner Entscheidung frei, ob er betriebliche Berufsbildungsmaßnahmen einführt. 7

3. Teilnahme an außerbetrieblichen Berufsbildungsmaßnahmen

Der **Begriff der Teilnahme an außerbetrieblichen Berufsbildungsmaßnahmen**, den das Gesetz hier ebenfalls als besonderen Beratungsgegenstand nennt, erfasst nicht nur die Auswahl der Berufsbildungskurse, die von einem betriebsfremden Träger der Berufsbildung veranstaltet werden, sondern vor allem auch die **Beteiligung an überbetrieblichen Einrichtungen,** wie zentralen Lehrlingswerkstätten oder Fortbildungseinrichtungen für einen Gewerbezweig (vgl. *Brecht*, § 97 Rn. 1; *Erdmann/Jürging/Kammann*, § 97 Rn. 1). Dem Beratungsrecht unterliegt aber auch die **Auswahl der Arbeitnehmer** sowie **Zeitpunkt und Zeitdauer der Teilnahme** an den außerbetrieblichen Berufsbildungsmaßnahmen (vgl. *Fitting*, § 97 Rn. 6; *HSWGNR-Worzalla*, § 97 Rn. 6; *Löwisch/Kaiser*, § 97, Rn. 3). Das Beratungsrecht stellt insoweit eine Konkretisierung der in § 96 Abs. 2 enthaltenen gemeinsamen Verpflichtung von Arbeitgeber und Betriebsrat dar, darauf zu achten, dass unter Berücksichtigung der betrieblichen Notwendigkeiten den Arbeitnehmern, und hier insbesondere auch den älteren Arbeitnehmern, Teilzeitbeschäftigten und Arbeitnehmern mit Familienpflichten, die Teilnahme an Berufsbildungsmaßnahmen ermöglicht wird. Soweit der Arbeitgeber Arbeitnehmer zur Teilnahme an außerbetrieblichen Maßnahmen der Berufsbildung freistellt oder er die durch die Teilnahme an diesen Maßnahmen entstehenden Kosten ganz oder teilweise trägt, hat der Betriebsrat über das Beratungsrecht hinaus nach § 98 Abs. 3 ein Mitbestimmungsrecht bei der Auswahl der Arbeitnehmer (s. § 98 Rn. 54 ff.). 8

IV. Mitbestimmung bei Änderungen im Betrieb

1. Voraussetzungen des Mitbestimmungsrechts

a) Zur Erläuterung der Voraussetzungen des Mitbestimmungsrechts führt die Gesetzesbegründung nichts aus, was nicht bereits im Gesetz stünde (BT-Drucks. 14/5741, 50). Der Klärung durch künftige Rechtsprechung überantwortet ist damit die Frage, **welches Ausmaß die Veränderungen haben müssen,** damit das Mitbestimmungsrecht eingreift. Hier wird man die Schwelle nicht zu niedrig setzen dürfen (s. auch LAG Hamm 8. 11. 2002, NZA-RR 2003, 543). Im Hinblick auf die beschäftigungssichernde Absicht des Gesetzgebers kann nur dann davon ausgegangen werden, dass die Fähigkeiten der betroffenen Arbeitnehmer „nicht mehr ausreichen", wenn der Arbeitgeber sie wegen unzureichender Qualifikation kündigen könnte, verweigerten die betroffenen Arbeitnehmer die Weiterbildung; ein bloßes Qualifikationsdefizit reicht also nicht, wenn die Arbeitnehmer im Wesentlichen ihrer Arbeit weiter nachkommen können (a. A. DKK-*Buschmann*, § 97 Rn. 20). Unerheblich ist, ob diese Kündigung personenbedingt oder 9 betriebsbedingt ausgesprochen werden würde (zweifelnd zur Fassung des Regierungsentwurfs *Annuß*, NZA 2001, S. 368; a. A. *Reichold*, NZA 2001, 864: nur personenbedingt), denn ebenso wie das Widerspruchsrecht des § 102 bezieht sich das Mitbestimmungsrecht nach § 97 Abs. 2 nicht auf bestimmte Kündigungsgründe, sondern auf bestimmte Lebenssachverhalte (zu § 102 s. auch *Klebe*, BB 1980, 838; *Fitting*, § 102 Rn. 77).

10 b) Unbestimmt ist auch, was **Maßnahmen** im Sinne des Abs. 2 Satz 1 sind (dazu näher *Burkert*, Mitbestimmungsrecht des Betriebsrats gemäß § 97 Absatz 2 BetrVG, S. 117 ff.). Dem Willen des Gesetzgebers nach ist wohl jedes aktive Handeln des Arbeitgebers ausreichend. Der Regierungsentwurf stellte noch auf „technische Anlagen, Arbeitsverfahren, Arbeitsabläufe oder Arbeitsplätze" ab (BT-Drucks. 14/5741, 15, 49). Im späteren Verfahren wurde dies durch den Begriff Maßnahme ersetzt, weil der bisherige Ansatz zu eng sei, und generell ein Mitbestimmungsrecht bestehen müsse (Ausschussdrucksache Arbeit und Soziales 14/1610, 4). Weiterhin ausgeschlossen bleiben jedoch die bloße Veränderung von Umständen, die vom Arbeitgeber nicht vorgegeben werden, wie z. B. die Alterung des Arbeitnehmers oder die Inanspruchnahme von Elternzeit (*Fitting*, § 97 Rn. 12). Ein Grenzfall ist die Einführung neuer gesetzlicher Schutzstandards (dies lässt ausreichen DKK-*Buschmann*, § 97 Rn. 14).

11 c) Nicht jeder Anpassungsbedarf löst damit das Mitbestimmungsrecht des Betriebsrats aus. Führt der Arbeitgeber allerdings **freiwillig Berufsbildungsmaßnahmen** ein – was oftmals in seinem Interesse sein dürfte –, dann besteht ein Mitbestimmungsrecht des Betriebsrats bei der Durchführung nach § 98.

2. Gegenstand des Mitbestimmungsrechts

11 a Das Mitbestimmungsrecht bezieht sich auf **betriebliche Berufsbildung.** Nicht davon erfasst ist davon die Schaffung betrieblicher Bildungseinrichtungen, wo allein Abs. 1 ein Beratungsrecht gibt (*Fitting*, § 97 Rn. 24; *Rieble*, NZA Sonderheft 2001, 48 am Beispiel der Einrichtung von Schulungszentren) Auch sind außerbetriebliche Bildungsmaßnahmen nicht erfasst (*Fitting*, § 97 Rn. 24; *Reichold*, NZA 2001, 857; s. auch § 97 Rn. 10). Erforderlich ist also ein beherrschender Einfluss des Arbeitgebers auf die Gestaltung, den Inhalt und die Durchführung der Veranstaltung (s. auch BAG 18. 4. 2000 AP BetrVG 1972 § 98 Nr. 9).

3. Umfang der Schulungsmaßnahmen

12 In welchem sachlichen **Umfang** der Arbeitgeber zur Schulung seiner Arbeitnehmer verpflichtet ist, lässt das Gesetz offen. Eine grenzenlose Verpflichtung wird man nicht annehmen können; auch hier gilt der Verhältnismäßigkeitsgrundsatz. Es erscheint sinnvoll und wird durch die Bezugnahme in der Gesetzesbegründung nahegelegt (BT-Drucks. 14/5741, 50), sich hier an **§ 102 Abs. 3 Nr. 4** und der **Rechtsprechung zur betriebsbedingten Kündigung** zu orientieren, die dem Arbeitgeber nur dann die Kündigung erlaubt, wenn zumutbare Qualifizierungsmaßnahmen ein Verbleiben des Arbeitnehmers im Betrieb nicht sicher stellen können (s. auch *Hanau*, RdA 2001, 72; *Fitting*, § 97 Rn. 25; ErfK-*Kania*, § 97 Rn. 6). Die **Zumutbarkeit** der Umschulung oder Fortbildung ergibt sich aus einer Abwägung, bei der die technischen und wirtschaftlichen Möglichkeiten des Arbeitgebers dem Qualifikationsbedarf des Arbeitnehmers gegenübergestellt werden (s. § 102 Rn. 171 ff.; *Fitting*, § 97 Rn. 25; ErfK-*Kania*, § 97 Rn. 6). Dies muss jedoch für alle betroffenen Arbeitnehmer durchaus **nicht einheitlich** ausfallen: Gegenüber einem Arbeitnehmer, der bereits 20 Jahre im Betrieb arbeitet, erscheint größerer Aufwand zumutbar als gegenüber einem Kollegen, der erst vor einer Woche in den Betrieb gekommen ist. Für die wirtschaftliche Zumutbarkeit spricht, wenn die Schulungsmaßnahme im Betrieb des Arbeitgebers ausgeführt werden kann; sind **externe Ausbildungs- und Fortbildungsmaßnahmen** erforderlich, dann können die erheblichen Kosten gegen

IV. Mitbestimmung bei Änderungen im Betrieb § 97

die Zumutbarkeit sprechen. Der Arbeitnehmer kann grundsätzlich nicht verlangen, höher qualifiziert zu werden und danach höher entgolten zu werden. Wenn aber ein anderer Weg der Anpassung nicht möglich ist, kann die Umschulung oder Fortbildung auch eine solche sein, die eine **Weiterbeschäftigung auf anderer Ebene** ermöglichen wird. Da aber Beförderungen nicht über den Umweg des BetrVG gehen sollten, kann hier der Arbeitgeber zurecht auf eine hohe Schwelle der Zumutbarkeit hinweisen (ähnlich *Fitting*, § 97 Rn. 25).

Das Gesetz lässt ebenfalls den personellen Umfang offen, also auf **welche Arbeitnehmer** sich die Schulungsmaßnahmen beziehen müssen. Der Wortlaut der Norm schließt niemanden aus, gibt jedoch keine Antwort für die Fälle, in denen die geplante Maßnahme des Arbeitgebers zum Stellenabbau führen wird, weil qualifiziertere Arbeitnehmer mit neuen technischen Anlagen produktiver sind. Es wäre ineffizient, hier den Arbeitgeber zu verpflichten, sämtliche Arbeitnehmer zu schulen; beschränkt er sich aber auf die, welche er später weiter beschäftigen will, nimmt er die Sozialauswahl einer späteren Kündigung vorweg. Der sinnvollste Weg dürfte es sein, dem Arbeitgeber und Betriebsrat (§ 97 Abs. 3) diese Beschränkung zu erlauben, in einem späteren Kündigungsschutzverfahren aber alle betroffenen Arbeitnehmer als qualifiziert zu unterstellen, und auf dieser Prämisse aufbauend dann die Sozialauswahl der Kündigung zu überprüfen. Hat der Arbeitgeber die falsche Auswahl getroffen, sind rechtswidrig gekündigte Arbeitnehmer nachzuschulen. **13**

Ebenso ist ungeklärt, ob die Schulungsmaßnahmen **während der Arbeitszeit** unter **Entgeltfortzahlung** stattfinden müssen, oder ob der Arbeitgeber verlangen kann und ggf. die Einigungsstelle berücksichtigen muss, dass sich die betroffenen Arbeitnehmer mit einem Freizeitopfer an den Kosten der Qualifikation beteiligen. Letzteres dürfte eher richtig sein: § 2 SGB III, auf den die Gesetzesbegründung ausdrücklich Bezug nimmt, spricht von einer Verantwortung von Arbeitgeber *und* Arbeitnehmer, die berufliche Leistungsfähigkeit zu fördern; dem widerspricht die einseitige Verlagerung auf den Arbeitgeber. Dies gilt dann auch ganz allgemein für die **Kosten** der Maßnahmen der betrieblichen Berufsbildung; auch hier ist eine Beteiligung des Arbeitnehmers möglich (ebenso *Rieble*, NZA Sonderheft 2001, 49; *Burkert*, Das Mitbestimmungsrecht des Betriebsrats gemäß § 97 Absatz 2 BetrVG, S. 213 f.; *Franzen*, NZA 2001, 865; für eine alleinige Kostentragungspflicht des Arbeitgebers *Fitting*, § 97 Rn. 30; GK-*Raab*, § 97 Rn. 23, die nur individualvertraglich vereinbarte Rückzahlungsklauseln für möglich halten). **14**

4. Zeitpunkt der Schulungsmaßnahmen

Der Betriebsrat soll bereits so zeitig entsprechende Qualifikationsmaßnahmen fordern können, dass die betroffenen Arbeitnehmer unmittelbar mit Änderung ihre Arbeitsbedingungen bereits qualifiziert sind, diese zu bewältigen (BT-Drucks. 14/5741, 49). Angestrebt ist ein **nahtloser Übergang**. Notwendig ist jedoch, dass die Planung ein Stadium erreicht hat, von dem ab sicher ist, dass sie realisiert wird (GK-*Raab*, § 97 Rn. 16; *Löwisch*, BB 2001, 1795). Dies ergibt auch ein Vergleich zu § 81 Abs. 4 Satz 2, der das Unterrichtungs- und Beratungsrecht des Arbeitnehmers ebenfalls erst eingreifen lässt, wenn die Änderungen feststehen. Behält sich der Arbeitgeber noch die Entscheidung über die Verwirklichung der geplanten Änderungen vor, dann können also noch keine Maßnahmen zur Qualifizierung der Mitarbeiter gefordert werden. Ebenso muss feststehen, welche technischen Änderungen oder Änderungen des Arbeitsablaufs kommen werden, weil andernfalls die Gefahr besteht, dass nicht die spezifisch erforderlichen Maßnahmen zur Weiterbildung der Arbeitnehmer ergriffen werden. **15**

5. Rechtsfolgen unterlassener Mitbestimmung

Unterlässt der Arbeitgeber es, den Betriebsrat an der Festlegung der Schulungsmaßnahmen zu beteiligen, dann hat dies für sich genommen keinerlei Einfluss auf die Recht- **16** mäßigkeit einer ausgesprochenen Kündigung (zustimmend *Burkert,* Das Mitbestimmungsrecht des Betriebsrats gemäß § 97 Absatz 2 BetrVG, S. 191; a. A. *Annuß,* NZA 2001, 368; *Franzen,* NZA 2001, 871; GK-*Raab,* § 97 Rn. 29). Dem entspricht es, dass auch ein Verstoß gegen § 81 Abs. 4 Satz 2 nach allgemeiner Meinung nicht zur Rechtswidrigkeit der Kündigung führt (s. § 81 Rn. 22; ebenso *Fitting,* § 81 Rn. 25; ErfK-*Kania,* § 81 Rn. 15, die jedoch einen längeren Anpassungszeitraum des Arbeitnehmers für die neuen Aufgaben befürworten). Wie schon vor Schaffung der Norm ist allein entscheidend, ob zumutbare Fortbildungsmaßnahmen möglich waren, aber versäumt wurden, nicht ob sie mit dem Betriebsrat beraten wurden. Der Betriebsrat hat hier auch keinen Unterlassungsanspruch bezüglich der Entlassungen, die selber nicht mitbestimmungswidrig sind (GK-*Raab,* § 97 Rn. 30; ErfK-*Kania,* § 97 Rn. 8; Jaeger/Röder/Heckelmann/*Schuster,* Kap. 23 Rn. 80; *Rieble,* NZA Sonderheft 2001, 48; a. A. *Franzen,* NZA 2001, 865, *Fitting,* § 97 Rn. 36), und auch hat er kein Zustimmungsverweigerungsrecht nach § 102 Abs. 3 Nr. 4, denn dieses Recht stellt allein auf die Umschulungs- und Fortbildungsmaßnahme selbst ab, nicht aber auf deren Mitbestimmung. Es bleibt allein bei schweren Verstößen, und insb. bei der Durchführung einer Änderung ohne die erforderlichen Fortbildungsmaßnahmen, ein Antrag nach § 23 Abs. 3; ein allgemeiner Unterlassungsanspruch würde demgegenüber zuweilen auf dem Rücken des Arbeitnehmers geltend gemacht werden, der selber die ihm angebotene Maßnahme u. U. wahrnehmen will. Hier sollte man Zurückhaltung üben.

6. Zusammenwirken mit § 81 Abs. 4

17 Gemäß § 81 Abs. 4 hat der Arbeitnehmer ein Unterrichtungs- und Beratungsrecht unter den gleichen Bedingungen, in denen das Recht des Betriebsrats nach § 97 Abs. 2 eingreift. Dabei kann der Arbeitnehmer ein Betriebsratsmitglied hinzuziehen. Ebenso ist es zulässig, dass mehrere oder alle betroffenen Arbeitnehmer zusammen mit dem Betriebsrat eine Einigung versuchen. **Die Erörterung nach § 81 Abs. 4 und die Erörterung nach § 97 Abs. 2 können also organisatorisch aufeinander abgestimmt werden,** etwa durch unmittelbaren zeitlichen Anschluss. Im Hinblick auf die Nichtöffentlichkeit der Betriebsratssitzungen (s. § 30 Rn. 10) ist jedoch eine Unterscheidung zwischen Betriebsratssitzung zur Wahrnehmung der Rechte nach § 97 Abs. 2 und gemeinsamer Erörterung nach § 81 Abs. 4 geboten, auch wenn der Arbeitgeber hier den gesamten Betriebsrat teilnehmen lässt. Zumindest die abschließende Beratung als auch die Beschlussfassung hat also unter Ausschluss der betroffenen Arbeitnehmer zu erfolgen. Anders als der Betriebsrat kann der Arbeitnehmer Schulungsmaßnahmen nicht erzwingen; will er das, muss er den Betriebsrat von einem Vorgehen nach § 97 Abs. 2 Satz 2 überzeugen.

V. Streitigkeiten

18 Streitigkeiten über den Bestand und Umfang des Beratungsrechts entscheidet das Arbeitsgericht im Beschlussverfahren (§ 2 a Abs. 1 Nr. 1, Abs. 2 i. V. mit §§ 80 ff. ArbGG).

§ 98 Durchführung betrieblicher Bildungsmaßnahmen

(1) Der Betriebsrat hat bei der Durchführung von Maßnahmen der betrieblichen Berufsbildung mitzubestimmen.

(2) Der Betriebsrat kann der Bestellung einer mit der Durchführung der betrieblichen Berufsbildung beauftragten Person widersprechen oder ihre Abberufung verlangen,

wenn diese die persönliche oder fachliche, insbesondere die berufs- und arbeitspädagogische Eignung im Sinne des Berufsbildungsgesetzes nicht besitzt oder ihre Aufgaben vernachlässigt.

(3) Führt der Arbeitgeber betriebliche Maßnahmen der Berufsbildung durch oder stellt er für außerbetriebliche Maßnahmen der Berufsbildung Arbeitnehmer frei oder trägt er die durch die Teilnahme von Arbeitnehmern an solchen Maßnahmen entstehenden Kosten ganz oder teilweise, so kann der Betriebsrat Vorschläge für die Teilnahme von Arbeitnehmern oder Gruppen von Arbeitnehmern des Betriebs an diesen Maßnahmen der beruflichen Bildung machen.

(4) [1]Kommt im Fall des Absatzes 1 oder über die nach Absatz 3 vom Betriebsrat vorgeschlagenen Teilnehmer eine Einigung nicht zustande, so entscheidet die Einigungsstelle. [2]Der Spruch der Einigungsstelle ersetzt die Einigung zwischen Arbeitgeber und Betriebsrat.

(5) [1]Kommt im Fall des Absatzes 2 eine Einigung nicht zustande, so kann der Betriebsrat beim Arbeitsgericht beantragen, dem Arbeitgeber aufzugeben, die Bestellung zu unterlassen oder die Abberufung durchzuführen. [2]Führt der Arbeitgeber die Bestellung einer rechtskräftigen gerichtlichen Entscheidung zuwider durch, so ist er auf Antrag des Betriebsrats vom Arbeitsgericht wegen der Bestellung nach vorheriger Androhung zu einem Ordnungsgeld zu verurteilen; das Höchstmaß des Ordnungsgeldes beträgt 10 000 Euro. [3]Führt der Arbeitgeber die Abberufung einer rechtskräftigen gerichtlichen Entscheidung zuwider nicht durch, so ist auf Antrag des Betriebsrats vom Arbeitsgericht zu erkennen, dass der Arbeitgeber zur Abberufung durch Zwangsgeld anzuhalten sei; das Höchstmaß des Zwangsgeldes beträgt für jeden Tag der Zuwiderhandlung 250 Euro. [4]Die Vorschriften des Berufsbildungsgesetzes über die Ordnung der Berufsbildung bleiben unberührt.

(6) Die Absätze 1 bis 5 gelten entsprechend, wenn der Arbeitgeber sonstige Bildungsmaßnahmen im Betrieb durchführt.

Schrifttum: *Dorn,* Bildungsmaßnahmen nach dem Betriebsverfassungsgesetz und nach dem Arbeitsförderungsgesetz, Diss. Würzburg 1977; *Ehrich,* Die Mitbestimmung des Betriebsrats bei der Bestellung und Abberufung von betrieblichen Bildungsbeauftragten (§ 98 Abs. 2, 5 BetrVG), RdA 1993, 220; *Eich,* Die Beteiligungsrechte des Betriebsrates im Ausbildungswesen, DB 1974, 2154; *Hamm,* Mitbestimmung und Berufsbildung, AuR 1992, 326; *Hammer,* Berufsbildung und Betriebsverfassung, 1990; *Heidemann,* Regelungen zur Weiterbildung, PersR 2008, 110; *Mosch/Oelkers,* Mitbestimmung bei betrieblichen Bildungsmaßnahmen, NJW-Spezial 2008, 594; *Raab,* Betriebliche und außerbetriebliche Bildungsmaßnahmen, NZA 2008, 270; S. auch die Nachw. zu § 96.

Übersicht

	Rn.
I. Vorbemerkung	1
II. Struktur und Reichweite der Mitbestimmungsregelung	3
1. Struktur der Mitbestimmungsregelung	3
2. Geltungsbereich der Mitbestimmungsregelung	5
3. Tendenzunternehmen	7
4. Mitbestimmungsfreie Vorgaben des Arbeitgebers	8
III. Durchführung von Maßnahmen der betrieblichen Berufsbildung	9
1. Begriff der betrieblichen Berufsbildungsmaßnahme	9
2. Mitbestimmungsrecht hinsichtlich der Durchführung im Betrieb	11
3. Ausübungsform der Mitbestimmung	15
4. Zuständigkeit für die Mitbestimmungsausübung	17
5. Zuständigkeit der Einigungsstelle bei Nichteinigung zwischen Arbeitgeber und Betriebsrat	19
IV. Bestellung und Abberufung von Ausbildern	22
1. Mitbestimmungstatbestand	22

	Rn.
2. Inhalt und Umfang des Mitbestimmungsrechts	26
3. Ausübung des Mitbestimmungsrechts	32
4. Durchsetzung des Mitbestimmungsrechts	34
5. Zwangsverfahren zur Sicherung des Mitbestimmungsrechts	37
6. Unantastbarkeit der Befugnisse nach dem Berufsbildungsgesetz	53
V. Auswahl der Arbeitnehmer für die Teilnahme an Berufsbildungsmaßnahmen	54
1. Mitbestimmungstatbestand	54
2. Inhalt und Umfang des Mitbestimmungsrechts	56
3. Ausübung des Mitbestimmungsrechts	60
4. Anrufung und Spruch der Einigungsstelle	63
VI. Durchführung sonstiger Bildungsmaßnahmen im Betrieb	66
1. Bildungsmaßnahmen im Betrieb als Gegenstand des Mitbestimmungsrechts	67
2. Mitbestimmungsrechte bei der Durchführung	69
VII. Streitigkeiten	71

I. Vorbemerkung

1 Während das Gesetz den Betriebsrat bei der Planung und Einführung von Berufsbildungsmaßnahmen auf ein Beratungs- und Vorschlagsrecht beschränkt, gibt es ihm bei der Durchführung betrieblicher Bildungsmaßnahmen ein **Mitbestimmungsrecht**. Bereits § 56 Abs. 1 lit. d BetrVG 1952 hatte dem Betriebsrat für die Durchführung der Berufsausbildung ein Mitbestimmungsrecht verliehen, das nach Auffassung des BAG nicht nur auf die berufliche Erstausbildung beschränkt war, sondern auch die berufliche Weiterbildung erfasste, soweit sie in den Betrieben durchgeführt wird (BAG 31. 1. 1969 AP BetrVG § 56 Nr. 1 Berufsausbildung). Das Gesetz bestätigt diese Rechtsprechung des BAG, indem es in Abs. 1 allgemein anordnet, dass der Betriebsrat bei der **Durchführung von Maßnahmen der betrieblichen Berufsbildung** mitzubestimmen hat (vgl. BAG 5. 11. 1985 AP BetrVG 1972 § 98 Nr. 2; s. auch § 96 Rn. 1).

2 Dieser Mitbestimmungstatbestand wird durch zwei weitere Mitbestimmungstatbestände ergänzt, die **Bestellung und Abberufung von mit der Durchführung der betrieblichen Berufsbildung beauftragten Personen** (Abs. 2) und die **Auswahl der Arbeitnehmer für die Teilnahme an betrieblichen oder außerbetrieblichen Berufsbildungsmaßnahmen** (Abs. 3). Bei ihnen handelt es sich auch um Fälle, die sich auf die Durchführung von Berufsbildungsmaßnahmen beziehen; sie bilden aber gegenüber dem in Abs. 1 enthaltenen Grundtatbestand spezielle Ausprägungen, für die das Mitbestimmungsrecht des Betriebsrats unterschiedlich gestaltet ist (vgl. *Hammer*, Berufsbildung, S. 152 ff.).

2a Entsprechende Vorschriften: § 75 Abs. 3 Nr. 6, 7, § 76 Abs. 2 BPersVG.

II. Struktur und Reichweite der Mitbestimmungsregelung

1. Struktur der Mitbestimmungsregelung

3 Der Betriebsrat erhält bei der **Durchführung von Maßnahmen der betrieblichen Berufsbildung** (Abs. 1) ein als **Zustimmungs- und Initiativrecht gestaltetes Mitbestimmungsrecht**. Soweit er über die **Teilnahme von Arbeitnehmern an Berufsbildungsmaßnahmen** mitzubestimmen hat (Abs. 3), ist es als Vorschlagsrecht gestaltet. Kommt keine Einigung mit dem Arbeitgeber zustande, so ist hier für eine verbindliche Entscheidung die **Einigungsstelle** zuständig (Abs. 4).

4 Während in diesen Fällen das Mitbestimmungsrecht nach der Form des positiven Konsensprinzips verwirklicht wird, ist es bei **Bestellung und Abberufung der mit der Durchführung der betrieblichen Berufsbildung beauftragten Personen** in der Form des negativen Konsensprinzips als Widerspruchs- und Abberufungsrecht gestaltet (Abs. 2).

Da der Betriebsrat dieses Recht nur hat, wenn die mit der Durchführung der betrieblichen Berufsbildung beauftragte Person die persönliche oder fachliche, insbesondere die berufs- und arbeitspädagogische Eignung im Sinne des Berufsbildungsgesetzes nicht besitzt oder ihre Aufgaben vernachlässigt, entscheidet bei Meinungsverschiedenheiten zwischen Arbeitgeber und Betriebsrat nicht die Einigungsstelle, sondern das **Arbeitsgericht** (Abs. 5; vgl. dazu auch die Begründung zum RegE, BT-Drucks. VI/1786, S. 51). Durch Art. 238 Nr. 3 EGStGB vom 2. 3. 1974 (BGBl. I S. 469) ist der ursprünglich in Abs. 5 Satz 2 und 3 verwandte Begriff der Geldstrafe mit Wirkung vom 1. 1. 1975 in Satz 2 durch den Begriff des Ordnungsgeldes und in Satz 3 durch den Begriff des Zwangsgeldes ersetzt worden, um den gesetzlichen Sprachgebrauch bei Zuwiderhandlungen, die weder Straftaten noch Ordnungswidrigkeiten sind, zu vereinheitlichen (vgl. BT-Drucks. 7/550, S. 195).

2. Geltungsbereich der Mitbestimmungsregelung

Der Betriebsrat hat das Mitbestimmungsrecht in den drei genannten Fällen nicht nur, 5 wenn es sich um **Berufsbildungsmaßnahmen** handelt, sondern auch dann, wenn der Arbeitgeber **sonstige Bildungsmaßnahmen** im Betrieb durchführt (Abs. 6). Das Mitbestimmungsrecht besteht für die Arbeitnehmer, die vom Betriebsrat repräsentiert werden, **nicht** für sonstige Personen, also insbesondere nicht für **leitende Angestellte** gemäß § 5 Abs. 3 (ebenso GK-*Raab*, § 98 Rn. 45; HSWGNR-*Worzalla*, § 98 Rn. 2; DKK-*Buschmann*, § 98 Rn. 25; HWK-*Ricken*, § 98 Rn. 2; Jaeger/Röder/Heckelmann/*Schuster*, Kap. 23 Rn. 83; s. auch § 92 Rn. 20 ff.). Spielt für die Berufsbildungsmaßnahme keine Rolle, ob der Arbeitnehmer zu den leitenden Angestellten zählt, so hat der Betriebsrat aber uneingeschränkt mitzubestimmen (ebenso DKK-*Buschmann*, § 98 Rn. 25).

Bezwecken dagegen **Berufsbildungsmaßnahmen**, dass Arbeitnehmer die **Qualifikation** 6 **für die Position eines leitenden Angestellten** erhalten sollen, so besteht das Mitbestimmungsrecht, wird hier aber durch die mitbestimmungsfreien Vorgaben eingeschränkt, die sich hier daraus ergeben, dass die Betrauung mit den Aufgaben eines leitenden Angestellten unter keinem Mitbestimmungsvorbehalt steht (ebenso im Begründungsansatz GK-*Raab*, § 98 Rn. 45; a. A. ohne Einschränkung für die Anerkennung eines Mitbestimmungsrechts *Heinze*, Personalplanung, Rn. 145). Bei der Durchführung von Berufsbildungsmaßnahmen besteht daher kein Mitbestimmungsrecht, soweit ein untrennbarer Zusammenhang mit der Festlegung der Kriterien besteht, die aus der Sicht des Arbeitgebers für die Qualifikation eines leitenden Angestellten erforderlich sind (ebenso GK-*Raab*, § 98 Rn. 45; HSWGNR-*Worzalla*, § 98 Rn. 3; HWK-*Ricken*, § 98 Rn. 2; *Oetker*, Mitbestimmung bei der Durchführung von Berufsbildungsmaßnahmen, S. 108 f.; *Eich*, DB 1974, 2154, 2159). Die Mitbestimmung bei Bestellung und Abberufung der Ausbilder in solchen Kursen scheidet ebenfalls aus (ebenso GK-*Raab*, § 98 Rn. 45; HSWGNR-*Worzalla*, § 98 Rn. 4). Bezüglich des Kreises der teilnehmenden Arbeitnehmer ist dagegen ein Mitbestimmungsrecht anzuerkennen; denn es gehört zu den gemeinsamen Aufgaben von Arbeitgeber und Betriebsrat die Berufsbildung aller Arbeitnehmer zu fördern (ebenso GK-*Raab*, § 98 Rn. 45; DKK-*Buschmann*, § 98 Rn. 23 f.; a. A. auch hier *Worzalla* und *Eich*, a. a. O.).

3. Tendenzunternehmen

Die Mitbestimmung des Betriebsrats wird durch den relativen Tendenzschutz einge- 7 schränkt (§ 118 Abs. 1 Satz 1). Sie ist ausgeschlossen, soweit es sich um die Berufsbildung und berufliche Fortbildung der Tendenzträger handelt (s. § 118 Rn. 159). Daher besteht in der Regel bei Maßnahmen nach § 98 Abs. 3 kein Mitbestimmungsrecht des Betriebsrats bei der Auswahl von Tendenzträgern zur Teilnahme an einer außerbetrieblichen Bildungsmaßnahme, die die Managementfähigkeiten schulen soll und damit eine höhere Qualifikation bewirken soll (vgl. BAG 30. 5. 2006 AP BetrVG 1972 zu § 118 Nr. 80). Denn schon bei der Auswahl der Teilnehmer wird zugleich eine Weichenstellung für die Tendenzbestimmung insgesamt vorgenommen.

4. Mitbestimmungsfreie Vorgaben des Arbeitgebers

8 Das hier bei der Durchführung betrieblicher Bildungsmaßnahmen eingeräumte Mitbestimmungsrecht umfasst zwar ein Initiativrecht; der Betriebsrat erhält dadurch aber **kein Mitbestimmungsrecht über** ihre **Einführung,** sondern insoweit hat er bei betrieblichen Berufsbildungsmaßnahmen nur ein Beratungsrecht nach § 97 Abs. 1 oder ein Initiativrecht nach § 97 Abs. 2 und bei sonstigen Bildungsmaßnahmen überhaupt kein Beteiligungsrecht (s. auch *Gilberg,* Die Mitwirkung des Betriebsrats bei der Berufsbildung, S. 21; GK-*Raab,* § 98 Rn. 9; *Fitting,* § 98 Rn. 2; ErfK-*Kania,* § 98 Rn. 1; *Löwisch/Kaiser,* § 98, Rn. 2). Die Abgrenzung des Mitbestimmungsrechts zu den mitbestimmungsfreien Vorgaben des Arbeitgebers ist ebenso vorzunehmen wie bei der Mitbestimmung im Entgeltbereich (s. § 87 Rn. 768 ff.; ebenso *Oetker,* Mitbestimmung bei der Durchführung von Ausbildungsmaßnahmen, S. 98 ff.). Demnach unterliegen nicht der Mitbestimmung das „ob" der Einführung einer Berufsbildungsmaßnahme, die Höhe der hierfür bereitgestellten Mittel und die Zweckbestimmung der Berufsbildungsmaßnahme, mit der zugleich der Adressatenkreis festgelegt wird (ebenso GL-*Löwisch,* § 98 Rn. 2–5; *Löwisch/Kaiser,* § 98, Rn. 2; zu weitgehend *Oetker,* a. a. O., S. 99, soweit er auch die Festlegung des Teilnehmerkreises für mitbestimmungsfrei erklärt und nicht hinreichend verdeutlicht, dass die mitbestimmungsfreie Festlegung des Adressatenkreises nur Folgewirkung der Mitbestimmungsfreiheit über das Berufsbildungsziel ist; einschränkend nur für Mitbestimmungsfreiheit hinsichtlich der Einführung und der Dotierung *Fitting,* § 98 Rn. 2; *Hammer,* Berufsbildung, S. 135). Entscheidet sich der Arbeitgeber, die **Ausbildung** nur noch im Rahmen des § 8 Abs. 1 Satz 1 BBiG **verkürzt anzubieten,** so unterliegt diese Entscheidung jedoch dem Mitbestimmungsrecht (so BAG 24. 8. 2004 AP BetrVG 1972 zu § 98 Nr. 12; a. A. noch Vorinstanz LAG Köln 11. 4. 2003, NZA-RR 2004, 360 mit einem Erst-recht-Schluss zur Mitbestimmungsfreiheit der Einführung der Maßnahme).

8a Ein Mitbestimmungsrecht bei der Einführung von Bildungsmaßnahmen kann sich demgegenüber aus **§ 97 Abs. 2** ergeben, s. § 97 Rn. 9 ff. Auch die Beteiligungsrechte nach § 87 stehen selbständig neben denen aus § 98 (ebenso LAG Hamburg 10. 1. 2007, AuR 2008, 155)

III. Durchführung von Maßnahmen der betrieblichen Berufsbildung

1. Begriff der betrieblichen Berufsbildungsmaßnahme

9 **Maßnahmen der betrieblichen Berufsbildung,** bei deren Durchführung der Betriebsrat mitzubestimmen hat, sind **alle Maßnahmen,** die über eine bloß arbeitsplatzbezogene Unterrichtung des Arbeitnehmers hinaus ihm **gezielt Kenntnisse und Erfahrungen vermitteln,** die ihn zur Ausübung einer bestimmten Tätigkeit befähigen oder es ermöglichen, die beruflichen Kenntnisse und Fähigkeiten zu erhalten (ebenso BAG 28. 1. 1992 AP BetrVG 1972 § 96 Nr. 1 [unter B II a]; wenn man vom zweiten Teil des Relativsatzes absieht BAG 23. 4. 1991 AP BetrVG 1972 § 98 Nr. 7; ähnlich bereits BAG 5. 11. 1985 AP BetrVG 1972 § 98 Nr. 2 im Anschluss an BAG 31. 1. 1969 AP BetrVG 1972 § 56 Nr. 1 Berufsausbildung; bestätigt BAG 10. 2. 1988 AP BetrVG 1972 § 98 Nr. 5; 4. 12. 1990 AP BetrVG 1972 § 97 Nr. 1; s. ausführlich § 96 Rn. 6 ff.). Die Kenntnisse müssen in systematisch-lehrplanartiger Weise vermittelt werden. Die bloße Ausstattung von Arbeitnehmern mit aktuellen Informationen und neuem Arbeitsmaterial genügt daher nicht zur Annahme einer Maßnahme der Berufsbildung (Hessisches LAG 8. 11. 2005

III. Durchführung von Maßnahmen der betrieblichen Berufsbildung § 98

AuR 2006, 173). Berufsbildungsmaßnahmen unterscheiden sich von sonstigen Bildungsmaßnahmen dadurch, dass die Kenntnisse und Erfahrungen, die vermittelt werden, der Ausführung des Arbeitsplatzes oder dem beruflichen Fortkommen des Arbeitnehmers dienen (so auch die Begriffsbestimmung in BAG 31. 1. 1969 AP BetrVG § 56 Nr. 1 Berufsausbildung; 5. 11. 1985 AP BetrVG 1972 § 98 Nr. 2; 10. 2. 1988 AP BetrVG 1972 § 98 Nr. 5; 4. 12. 1990 AP BetrVG 1972 § 97 Nr. 1).

Für den Mitbestimmungstatbestand ist **notwendig,** dass es sich um eine Maßnahme 10 der **betrieblichen Berufsbildung** handelt. Das für die Mitbestimmung wesentliche Kriterium ist die Betriebsbezogenheit der Veranstaltung, nicht die Berufsbezogenheit der Kenntnisvermittlung; denn Abs. 6 unterstellt der Mitbestimmung auch die Durchführung sonstiger Bildungsmaßnahmen im Betrieb. Soweit das Gesetz in Abs. 1 von „Maßnahmen der betrieblichen Berufsbildung" und entsprechend in Abs. 2 von Beauftragung „mit der Durchführung der betrieblichen Maßnahmen der Berufsbildung" spricht, in Abs. 3 aber von „betrieblichen Maßnahmen der Berufsbildung" und in Abs. 6 von „Bildungsmaßnahmen im Betrieb" die Rede ist, besteht kein Unterschied. Die **Betriebsbezogenheit** ist funktional zu verstehen, d. h. eine Bildungsmaßnahme ist immer dann, aber auch nur dann eine betriebliche, wenn der **Arbeitgeber Träger bzw. Veranstalter der Bildungsmaßnahme** ist (ebenso BAG 24. 8. 2004 AP BetrVG 1972 § 98 Nr. 12; BAG 4. 12. 1990 AP BetrVG 1972 § 97 Nr. 1; *Oetker,* Mitbestimmung bei der Durchführung von Berufsbildungsmaßnahmen, S. 95 f.; weiterhin GK-*Raab,* § 98 Rn. 3; *ders.,* NZA 1990, 457, 458; *ders.,* NZA 2008, 270; HSWGNR-*Worzalla,* § 98 Rn. 6; Jaeger/Röder/Heckelmann/*Schuster,* Kap. 23 Rn. 82; *Löwisch/Kaiser,* § 98, Rn. 2). Wird die Maßnahme durch einen Dritten durchgeführt, muss der Arbeitgeber sich einen beherrschenden, institutionellen Einfluss auf die Gestaltung der Maßnahme sichern, um dennoch als Träger angesehen zu werden (*Raab,* NZA 2008, 270, 274).

2. Mitbestimmungsrecht hinsichtlich der Durchführung im Betrieb

a) Der Betriebsrat hat bei der **Durchführung aller Maßnahmen der betrieblichen** 11 **Berufsbildung** mitzubestimmen. Das Mitbestimmungsrecht besteht jedoch nur in dem Umfang, in dem dem Arbeitgeber auf Grund der gesetzlichen Regelung ein **Gestaltungsspielraum** verbleibt (vgl. BAG 5. 11. 1985 AP BetrVG 1972 § 98 Nr. 2). Das Mitbestimmungsrecht des Betriebsrats ist daher ausgeschlossen, soweit gesetzliche oder tarifliche Bestimmungen die Durchführung der Berufsbildungsmaßnahmen regeln, auch wenn eine entsprechende ausdrückliche Einschränkung – wie § 87 Abs. 1 Einleitungssatz sie enthält – in § 98 Abs. 1 fehlt (BAG 24. 8. 2004 AP BetrVG 1972 § 98 Nr. 12). Das Mitbestimmungsrecht besteht nur bezüglich der „**Durchführung**" der betreffenden Maßnahme. Der Begriff ist abzugrenzen von dem der „**Einführung**" von Maßnahmen der betrieblichen Berufsbildung in § 97 Abs. 1, Abs. 2, über die mit dem Betriebsrat lediglich zu beraten ist (BAG 24. 8. 2004 AP BetrVG 1972 § 98 Nr. 12). Bei der Einführung geht es um die Frage, ob bestimmte Berufsbildungsmaßnahmen im Betrieb überhaupt durchgeführt, also etwa Auszubildende überhaupt eingestellt werden sollen (*Raab,* NZA 2008, 270, 272). Die Durchführung betrifft demgegenüber alle Fragen, die sich nach einer Einführung der Maßnahme stellen (*Fitting,* § 98 Rn. 2; DKK-*Buschmann* § 98 Rn. 1; a. A. *Raab,* NZA 2008, 270, 272 f.: Die Entscheidung über die Einführung der Maßnahme lasse sich nicht von der Festlegung von Ziel und Zweck der Maßnahme trennen). Mitbestimmungsfrei sind dabei konkrete Einzelmaßnahmen gegenüber bestimmten Auszubildenden (GK-*Raab,* § 98 Rn. 10; *Fitting* § 98 Rn. 7).

Da die **Berufsausbildung** vom Ausschließlichkeitsgrundsatz beherrscht wird (§ 4 12 Abs. 2 BBiG, § 27 HandwO), ist für sie auch die Durchführung der Berufsausbildung im Betrieb durch Gesetz und die entsprechenden Ausbildungsordnungen geregelt (s. § 96 Rn. 9). Daher besteht hier für die materiellen Faktoren in der Durchführung der Berufsausbildung kein Gestaltungsspielraum, so dass das Mitbestimmungsrecht des Betriebsrats sich im Wesentlichen darauf beschränkt, dass für die Berufsausbildung eine den Besonderheiten des Betriebs entsprechende Durchführungsordnung erlassen wird (ebenso *Fitting*, § 98 Rn. 5; GL-*Löwisch*, § 98 Rn. 6; HSWGNR-*Worzalla*, § 98 Rn. 15; *Matthes*, MünchArbR § 262 Rn. 21). Die wichtigste Rolle spielt in diesem Zusammenhang die Auswahl der Ausbilder, bei deren Bestellung und Abberufung der Betriebsrat ein besonders strukturiertes Mitbestimmungsrecht erhalten hat (s. Rn. 22 ff.).

13 Für die **berufliche Fortbildung** und die **berufliche Umschulung** ergeben sich Schranken nur aus den §§ 53 ff., 58 ff. BBiG und den nach diesen Bestimmungen erlassenen Rechtsverordnungen. Insbesondere ist hier zu beachten, dass der betriebsverfassungsrechtliche Berufsbildungsbegriff auch Maßnahmen zum Erwerb beruflicher Kenntnisse, Fertigkeiten oder Erfahrungen erfasst, die nicht unter den Regelungsbereich der §§ 53 ff., 58 ff. BBiG fallen (s. § 96 Rn. 11). Der Arbeitgeber hat deshalb hier einen weiten Gestaltungsspielraum. Das Mitbestimmungsrecht bezieht sich zwar nur auf die Durchführung, nicht auf die Einführung einer Berufsbildungsmaßnahme. Zur Durchführung gehören aber **Inhalt, Umfang und Methode der Vermittlung von Kenntnissen, Fähigkeiten und Fertigkeiten** sowie die **Ausgestaltung einer Prüfung,** insbesondere auch, soweit nicht gesetzlich vorgeschrieben, die Zusammensetzung einer Prüfungskommission (ebenso BAG 24. 8. 2004 AP BetrVG 1972 § 98 Nr. 12; BAG 5. 11. 1985 AP BetrVG 1972 § 98 Nr. 2).

14 b) Das dem Betriebsrat in Abs. 1 verliehene Mitbestimmungsrecht bezieht sich nur auf die **Aufstellung von Regeln** für die Durchführung der betrieblichen Berufsbildung, etwa auf den Plan, in welchen Abteilungen, in welcher Reihenfolge die Ausbildung erfolgen, wer mit der Ausbildung betraut werden soll. Der Betriebsrat hat aber **nicht** bei allen **Einzelmaßnahmen** mitzubestimmen, z. B. bei der Zuweisung einer bestimmten Arbeit an einen Berufsauszubildenden oder der Übertragung der Lehraufgabe an einen Vorarbeiter (ebenso *Fitting*, § 98 Rn. 7; GK-*Raab*, § 98 Rn. 10; HSWGNR-*Worzalla*, § 98 Rn. 8; HWK-*Ricken*, § 98 Rn. 6; *Matthes*, MünchArbR § 262 Rn. 29; a. A. *Oetker*, Mitbestimmung bei Berufsbildungsmaßnahmen, S. 106; wie hier die einhellige Lehre zu § 56 Abs. 1 lit. d BetrVG 1952: *Dietz*, § 56 Rn. 123; *Fitting/Kraegeloh/Auffarth*, § 56 Rn. 26; *Galperin/Siebert*, § 56 Rn. 42; *Nikisch*, Bd. III S. 402). Eine Mitbestimmung des Betriebsrats im konkreten Einzelfall würde eine geordnete Durchführung der Berufsbildung im Betrieb erheblich belasten; bei der Berufsausbildung stünde sie nicht im Einklang mit § 14 BBiG, der den Arbeitgeber zu einer geordneten Berufsausbildung verpflichtet, also nur ihn mit der Verantwortung dafür belastet, dass die Berufsausbildung im Einzelfall ordnungsmäßig durchgeführt wird. Die hier vertretene Rechtsansicht wird durch das Gesetz bestätigt, wenn es in zwei für die Durchführung der Berufsbildung wichtigen Einzelfällen dem Betriebsrat ein besonderes Mitbestimmungsrecht gibt, nämlich bei der Bestimmung der Ausbilder (Abs. 2) und der Auswahl der Arbeitnehmer für die Teilnahme an betrieblichen Berufsbildungsmaßnahmen (Abs. 3). Kein Mitbestimmungsrecht nach § 98 besteht damit bei der Ausgestaltung der Klauseln über die **Rückzahlung von Ausbildungskosten** nach Maßnahmebeendigung (ErfK-*Kania*, § 98 Rn. 6; GK-*Raab*, § 98 Rn. 13; HWK-*Ricken*, § 98 Rn. 6; a. A. DKK-*Buschmann*, § 98 Rn. 4).

3. Ausübungsform der Mitbestimmung

15 Für die Mitbestimmung genügt, dass Arbeitgeber und Betriebsrat sich durch **formlose Betriebsabsprache** über die Regelung einigen, wie eine Berufsbildungsmaßnahme im Betrieb durchgeführt werden soll. Wegen der Drittwirkung für die betroffenen Arbeitnehmer ist aber die geeignete Regelungsform die Betriebsvereinbarung. Soweit es um die **Durchführung der Berufsausbildung** geht, sind an der Beschlussfassung im Betriebsrat die Mitglieder der Jugend- und Auszubildendenvertretung zu beteiligen; denn es handelt sich um eine Angelegenheit, die überwiegend jugendliche Arbeitnehmer betrifft (§ 67 Abs. 2).

IV. Bestellung und Abberufung von Ausbildern   § 98

Soweit der Betriebsrat, wie vielfach empfohlen wird, einen Ausschuss gebildet hat, der für die Berufsbildung zuständig ist, oder ein paritätisch besetzter Ausschuss besteht, der sich mit der Berufsbildung befasst (§ 28), ist hier zu beachten, dass der Abschluss von Betriebsvereinbarungen nicht übertragen werden kann (§ 27 Abs. 2 Satz 2). 16

4. Zuständigkeit für die Mitbestimmungsausübung

Der **Gesamtbetriebsrat** ist für die Ausübung der Mitbestimmung nur in besonders gelagerten Fällen zuständig (§ 50 Abs. 1 Satz 1). Auch wenn Fragen der Berufsbildung als Teil der Personalplanung auf der Ebene der Unternehmensleitung erörtert werden und insoweit die Kompetenz beim Gesamtbetriebsrat liegt (s. auch § 92 Rn. 144), ist bei der Durchführung der betrieblichen Bildungsmaßnahmen im Zweifel der **Einzelbetriebsrat** zuständig, weil die Maßnahme in der Regel nur innerhalb des Betriebs getroffen werden kann und auch bei einer Angelegenheit, die mehrere Betriebe betrifft, in der Regel wegen der Kenntnis der besonderen Verhältnisse des Betriebs die Einschaltung des Einzelbetriebsrats notwendig ist. 17

Gleiches gilt für die Kompetenz des **Konzernbetriebsrats,** wenn die Regelung als Teil der Personalplanung konzerneinheitlich durch die Konzernleitung erfolgt (§ 58 Abs. 1 Satz 1; s. § 92 Rn. 45). 18

5. Zuständigkeit der Einigungsstelle bei Nichteinigung zwischen Arbeitgeber und Betriebsrat

Können sich Arbeitgeber und Betriebsrat nicht darüber einigen, wie Maßnahmen der betrieblichen Berufsbildung durchgeführt werden, so entscheidet die Einigungsstelle (Abs. 4 Satz 1). Jede Seite kann die Einigungsstelle anrufen (§ 76 Abs. 5; s. dort Rn. 81 ff.). 19

Der **Spruch der Einigungsstelle** ersetzt die Einigung zwischen Arbeitgeber und Betriebsrat (Abs. 4 Satz 2). Er bezieht sich nur darauf, wie Maßnahmen der betrieblichen Berufsbildung durchgeführt werden, und hat insoweit die Rechtswirkungen einer Betriebsvereinbarung. Der Spruch enthält aber keine Verpflichtung des Arbeitgebers, Berufsbildungseinrichtungen zu schaffen oder Berufsbildungsmaßnahmen einzuführen. 20

Der Spruch der Einigungsstelle kann eine Regelungsentscheidung, aber auch eine reine Rechtsentscheidung sein. Vor allem bei der Durchführung der Berufsausbildung wird es sich regelmäßig um eine Rechtsentscheidung handeln, weil durch Gesetz und die entsprechenden Ausbildungsordnungen festgelegt ist, wie die Berufsausbildung im Betrieb durchgeführt wird (s. auch Rn. 11 ff.). Handelt es sich um eine Rechtsentscheidung, so unterliegt sie in vollem Umfang der arbeitsgerichtlichen Kontrolle, ohne dass die Zweiwochenfrist des § 76 Abs. 5 Satz 4 eingehalten zu werden braucht. 21

IV. Bestellung und Abberufung von Ausbildern

1. Mitbestimmungtatbestand

a) Der Betriebsrat hat bei der Bestimmung der mit der Durchführung der betrieblichen Berufsbildung beauftragten Personen ein **besonders strukturiertes Mitbestimmungsrecht:** Er kann der **Bestellung widersprechen** oder ihre **Abberufung verlangen,** wenn sie die persönliche oder fachliche, insbesondere die berufs- und arbeitspädagogische Eignung i. S. des Berufsbildungsgesetzes nicht besitzen oder ihre Aufgaben vernachlässigen (Abs. 2). 22

Dieses Mitbestimmungsrecht ist vor allem für die **Berufsausbildung** von Bedeutung; denn nach § 14 Abs. 1 Nr. 2 BBiG hat der Arbeitgeber entweder selbst auszubilden oder einen Ausbilder ausdrücklich damit zu beauftragen. Ein Berufsausbildungsverhältnis 23 darf nur begründen, wer persönlich geeignet ist (§ 28 Abs. 1 Satz 1 BBiG, § 21 Abs. 1 Satz 1 HandwO). Abgesehen von Handwerksbetrieben erfolgt die Berufsausbildung in der Regel nicht durch den Arbeitgeber, sondern durch eine mit der Durchführung der Berufsausbildung beauftragte Person. Voraussetzung ist, dass sie persönlich und fachlich für die Berufsausbildung geeignet ist (§ 28 Abs. 2 BBiG, § 21 Abs. 4 HandwO). Außerdem kann durch Rechtsverordnung festgelegt werden, dass der Erwerb berufs- und arbeitspädagogischer oder zusätzlicher fachlicher Kenntnisse nachzuweisen ist (§ 30 Abs. 5 BBiG).

24 b) Der Betriebsrat hat das Mitbestimmungsrecht bei allen **mit der Durchführung der betrieblichen Berufsbildung beauftragten Personen.** Es besteht insbesondere für die Personen, die zu den *Ausbildern i. S. des BBiG* gehören, ist aber nicht auf sie beschränkt; denn das Gesetz erfasst auch *andere Beauftragte*, also insbesondere auch die mit der Durchführung einer beruflichen Fortbildung beauftragten Personen (ebenso *Fitting*, § 98 Rn. 18; DKK-*Buschmann*, § 98 Rn. 12; HWK-*Ricken*, § 98 Rn. 8; einschränkend, da eine persönliche und fachliche Eignung hier gesetzlich nicht vorgeschrieben sei, HSWGNR-*Worzalla*, § 98 Rn. 23, 32). Keine Rolle spielt auch, ob es sich um einen Arbeitnehmer des Betriebs oder einen leitenden Angestellten handelt (ebenso HSWGNR-*Worzalla*, § 98 Rn. 24; DKK-*Buschmann*, § 98 Rn. 13; *Matthes*, MünchArbR § 262 Rn. 31).

25 c) **Bestellung** und **Abberufung** beziehen sich auf die Funktion des Ausbilders. Sie sind daher von den **personellen Einzelmaßnahmen nach §§ 99, 102** zu unterscheiden (ebenso *Fitting*, § 98 Rn. 23; GK-*Raab*, § 98 Rn. 37; HSWGNR-*Worzalla*, § 98 Rn. 50; Jaeger/Röder/Heckelmann/*Schuster*, Kap. 23 Rn. 85; *Eich*, DB 1974, 2154, 2158; *Ehrich*, RdA 1993, 220, 227).

2. Inhalt und Umfang des Mitbestimmungsrechts

26 a) Das Mitbestimmungsrecht des Betriebsrats ist in der **Form des negativen Konsensprinzips als Widerspruchs- und Abberufungsrecht** gestaltet. Anders als bei der Einstellung oder Versetzung eines Arbeitnehmers nach § 99 bedarf die Bestellung einer mit der Durchführung einer Berufsbildungsmaßnahme beauftragten Person nicht der Zustimmung des Betriebsrats (ebenso *Matthes*, MünchArbR § 262 Rn. 33).

27 b) Der Betriebsrat kann der **Bestellung** nur **widersprechen,** wenn die mit der Durchführung der betrieblichen Berufsbildung beauftragte Person die persönliche oder fachliche, insbesondere die berufs- und arbeitspädagogische Eignung i. S. des Berufsbildungsgesetzes nicht besitzt. **Persönlich nicht geeignet** ist insbesondere, wer Kinder und Jugendliche nicht beschäftigen darf (§ 29 Nr. 1 BBiG, § 21 Abs. 2 Nr. 1 HandwO). Diese Voraussetzung bezieht sich auf §§ 25, 27 Abs. 2 JArbSchG; jedoch spielt keine Rolle, ob die Arbeitnehmer, die ausgebildet, fortgebildet oder umgeschult werden sollen, das 18. Lebensjahr vollendet haben. Persönlich nicht geeignet ist weiterhin, wer wiederholt oder schwer gegen das BBiG bzw. die entsprechenden Vorschriften der HandwO oder die auf Grund des BBiG erlassenen Vorschriften und Bestimmungen, also insbesondere die der Ausbildungsordnungen, verstoßen hat (§ 29 Nr. 2 BBiG, § 21 Abs. 2 Nr. 2 HandwO).

28 **Fachlich nicht geeignet** ist nach § 30 Abs. 1 BBiG, wer die erforderlichen beruflichen Fertigkeiten und Kenntnisse oder die erforderlichen berufs- und arbeitspädagogischen Kenntnisse nicht besitzt. Für Handwerksbetriebe, die in der Anlage A der Handwerksordnung aufgeführt sind, bestimmt § 21 Abs. 3 HandwO, dass fachlich geeignet ist, wer die Meisterprüfung in dem Handwerk, in dem ausgebildet werden soll, bestanden und das 24. Lebensjahr vollendet hat oder wer nach § 22 HandwO ausbildungsberechtigt ist. Deshalb ist ohne weiteres als fachlich geeignet anzusehen, wer eine Abschlussprüfung an einer deutschen Technischen Hochschule oder einer öffentlichen oder staatlich anerkannten deutschen Ingenieurschule bestanden hat. Für die berufs- und arbeitspädagogi-

IV. Bestellung und Abberufung von Ausbildern § 98

sche Eignung ist die Ausbilder-Eignungsverordnung vom 20. 4. 1972 (BGBl. I S. 707) maßgebend (s. auch Rn. 22).

Wer die persönliche oder fachliche Eignung nicht besitzt, darf nicht mit der Durchführung der betrieblichen Berufsbildung beauftragt werden. Hat der Betriebsrat der Bestellung widersprochen, so hat der Arbeitgeber sie zu unterlassen. Voraussetzung ist, dass der Betriebsrat seinen Widerspruch auf Gründe stützt, aus denen sich möglicherweise ergibt, dass der in Aussicht genommenen Person die persönliche oder fachliche Eignung fehlt. 29

c) Stellt sich erst nach der Bestellung heraus, dass der Ausbilder die persönliche oder fachliche Eignung nicht besitzt, so kann der Betriebsrat seine **Abberufung** verlangen. 30

Das Abberufungsrecht besteht auch für den Fall, dass die mit der Durchführung der betrieblichen Berufsbildung beauftragte Person ihre **Aufgaben vernachlässigt**. Dies ist der Fall, wenn der Ausbilder seine Aufgaben verkennt oder so nachlässig erfüllt, dass der Erfolg der Berufsausbildung oder der sonstigen Berufsbildungsmaßnahme in Frage gestellt wird (vgl. auch GK-*Raab*, § 98 Rn. 20; GL-*Löwisch*, § 98 Rn. 13; HSWGNR-*Worzalla*, § 98 Rn. 31; *Matthes*, MünchArbR § 262 Rn. 32). 31

3. Ausübung des Mitbestimmungsrechts

a) Für die Ausübung des Mitbestimmungsrechts ist der **Einzelbetriebsrat** zuständig. Nur ausnahmsweise kommt die Zuständigkeit eines **Gesamtbetriebsrats** oder sogar eines **Konzernbetriebsrats** in Betracht, wenn die Durchführung der betrieblichen Berufsbildung unternehmenseinheitlich oder konzerneinheitlich organisiert ist, so dass die Beurteilung der Eignung oder der Aufgabenerfüllung nicht auf der Ebene eines Betriebs getroffen werden kann (§§ 50 Abs. 1 Satz 1, 58 Abs. 1 Satz 1). 32

b) Soweit die Person mit der Durchführung der **Berufsausbildung** beauftragt werden soll bzw. beauftragt ist, haben die Jugend- und Auszubildendenvertreter bei der Beschlussfassung des Betriebsrats Stimmrecht (§ 67 Abs. 2). Hat der Betriebsrat die Mitbestimmungsausübung in Angelegenheiten der beruflichen Bildung dem Betriebsausschuss oder einem besonders gebildeten Ausschuss zur selbständigen Erledigung übertragen, so sind bei der Beschlussfassung im Ausschuss die Jugend- und Auszubildendenvertreter entsprechend zu beteiligen (s. ausführlich § 67 Rn. 24). 33

4. Durchsetzung des Mitbestimmungsrechts

a) Kommt zwischen Arbeitgeber und Betriebsrat über die Bestellung oder Abberufung keine Einigung zustande, so kann der Betriebsrat gemäß Abs. 5 Satz 1 beim **Arbeitsgericht** beantragen, dem Arbeitgeber aufzugeben, die Bestellung zu unterlassen oder die Abberufung durchzuführen. Meinungsverschiedenheiten entscheidet also nicht die Einigungsstelle, sondern das Arbeitsgericht. Nach der Begründung des RegE war dafür maßgebend, dass das Recht des Betriebsrats an die in Abs. 2 näher umschriebenen Tatbestandsvoraussetzungen geknüpft ist, hier also lediglich eine Kompetenz zur Rechtskontrolle besteht (BT-Drucks. VI/1786, S. 51; vgl. aber auch den Bericht des BT-Ausschusses für Arbeit und Sozialordnung, *zu* BT-Drucks. VI/2729, S. 6, wo die Zuständigkeit des Arbeitsgerichts mit den Auswirkungen auf das Arbeitsverhältnis der Ausbilder begründet wird; dabei wird aber übersehen, dass der Beschluss des Arbeitsgerichts nicht unmittelbar Bedeutung für das Arbeitsverhältnis zwischen dem Arbeitgeber und dem Ausbilder hat). 34

b) Nach dem Gesetzestext kann den **Antrag nur** der **Betriebsrat** stellen, was auch ohne weiteres verständlich ist, wenn die *Abberufung* verlangt wird. Hat dagegen der Betriebsrat der *Bestellung* widersprochen, so stellt sich die Frage, ob auch der Arbeitgeber antragsberechtigt ist (bejahend LAG Berlin 6. 1. 2000, NZA-RR 2000, 370; *Fitting*, § 98 Rn. 21; HWK-*Ricken*, § 98 Rn. 12; GK-*Raab*, § 98 Rn. 31; verneinend GL-*Löwisch*, § 98 Rn. 16; HSWGNR-*Worzalla*, § 98 Rn. 37; *Natzel*, Berufsbildungsrecht, 35

S. 530; *Eich*, DB 1974, 2154, 2158; *Ehrich*, RdA 1993, 220, 223 f.). Die Beantwortung der Frage hängt davon ab, ob der Arbeitgeber beim Widerspruch des Betriebsrats verpflichtet ist, die Bestellung zu unterlassen. Er verstößt zwar gegen das Gebot der vertrauensvollen Zusammenarbeit, wenn er sie dennoch durchführt. Das Mitbestimmungsrecht ist hier aber anders gestaltet als nach § 99; denn es ist dem Arbeitgeber weder zur Pflicht gemacht, die Zustimmung des Betriebsrats einzuholen, noch ist dessen Widerspruch an eine bestimmte Frist gebunden. Diese Verschiedenheit der Rechtsgestaltung führt deshalb hier zu dem Ergebnis, dass eine Bestellung auch dann wirksam erfolgt ist, wenn der Betriebsrat ihr widersprochen hat. Wenn jedoch der Arbeitgeber wegen des Gebots der vertrauensvollen Zusammenarbeit davon absieht, die Bestellung vorzunehmen, ist er antragsberechtigt, um klären zu lassen, ob ein Widerspruchsgrund besteht.

36 c) Die Gestaltung des Mitbestimmungsrechts hat prozessual zur Folge, dass der **Unterlassungsantrag** nur gestellt werden kann, solange die Bestellung noch nicht erfolgt ist. Liegt sie vor, so kann der Betriebsrat nur noch den **Abberufungsantrag** stellen (ebenso *Matthes*, MünchArbR § 262 Rn. 35). Die Abgrenzung ist hier wie beim Mitbestimmungssicherungsverfahren nach § 101 vorzunehmen.

5. Zwangsverfahren zur Sicherung des Mitbestimmungsrechts

37 a) Die **rechtskräftige Entscheidung des Arbeitsgerichts** ist **Grundlage eines Zwangsverfahrens,** dessen Gestaltung weitgehend §§ 888, 890 ZPO entspricht (Abs. 5 Satz 2 und 3). Im RegE hat es einheitlich geheißen, dass das Arbeitsgericht, wenn der Arbeitgeber einer rechtskräftigen gerichtlichen Entscheidung zuwiderhandelt, auf Antrag des Betriebsrats und nach vorheriger Androhung gegen den Arbeitgeber für jeden Tag der Zuwiderhandlung eine Geldstrafe bis zu 500 DM zu verhängen hat (BT-Drucks. VI/1786, S. 20). Das Gesetz macht dagegen einen Unterschied, ob dem Arbeitgeber aufgegeben wurde, die Bestellung zu unterlassen, oder ob ihm aufgegeben wurde, die Abberufung durchzuführen; dadurch sollte die Regelung stärker als im RegE an die Zwangsvollstreckungsregeln der ZPO angelehnt werden (vgl. dazu den Bericht des BT-Ausschusses für Arbeit und Sozialordnung, *zu* BT-Drucks. VI/2729, S. 30).

38 b) Führt der Arbeitgeber die **Bestellung einer rechtskräftigen gerichtlichen Entscheidung zuwider** durch, so ist er auf Antrag des Betriebsrats vom Arbeitsgericht wegen der Bestellung nach vorheriger Strafandrohung zu einem **Ordnungsgeld** zu verurteilen (Abs. 5 Satz 2). Diese Gestaltungsform des Zwangsverfahrens kommt nur in Betracht, wenn der Arbeitgeber nach Rechtskraft der Entscheidung die Bestellung durchführt, sie also nicht schon vorher erfolgt war (s. auch Rn. 36).

39 Das Zwangsverfahren entspricht der Zwangsvollstreckung nach § 890 ZPO. Das Ordnungsgeld ist hier wie dort, aber im Gegensatz zu dem Zwangsgeld, zu dem der Arbeitgeber verurteilt werden kann, wenn er die Abberufung einer rechtskräftigen gerichtlichen Entscheidung zuwider nicht durchführt, nicht nur eine Zwangsmaßnahme zur Durchsetzung einer gerichtlichen Entscheidung, sondern auch eine Kriminalstrafe (vgl. dazu BVerfG 25. 10. 1966 E 20, 323, 337 ff.). Ihre Verhängung setzt daher ein Verschulden des Arbeitgebers voraus (ebenso *Fitting*, § 98 Rn. 25; GK-*Raab*, § 98 Rn. 32; a. A. HSWGNR-*Worzalla*, § 98 Rn. 41).

40 Voraussetzung ist, dass dem Arbeitgeber das **Ordnungsgeld angedroht** wird. Diese Androhung kann bereits in dem Beschluss erfolgen, durch den dem Arbeitgeber aufgegeben wird, die Bestellung des Ausbilders zu unterlassen; sie kann auch nachträglich durch Beschluss erlassen werden (§ 85 Abs. 1 ArbGG i. V. mit § 890 Abs. 2 ZPO). Die Androhung braucht keine Summe zu nennen. Wird aber eine genannt, so wird damit die Grenze für das Ordnungsgeld bestimmt.

41 Das Zwangsverfahren wird nicht von Amts wegen eingeleitet, sondern setzt einen **Antrag des Betriebsrats** voraus. Dieser Antrag kann erst gestellt werden, wenn der Beschluss, der das Ordnungsgeld androht, in Rechtskraft erwachsen ist.

IV. Bestellung und Abberufung von Ausbildern **§ 98**

Der Beschluss kann ohne mündliche Verhandlung ergehen (§ 85 Abs. 1 ArbGG i. V. **42** mit § 891 ZPO). In diesem Fall wird er vom Vorsitzenden der nach dem Geschäftsverteilungsplan zuständigen Kammer des Arbeitsgerichts allein erlassen (§ 53 Abs. 1 ArbGG). Er kann aber nur ergehen, wenn dem Arbeitgeber das rechtliche Gehör gewährt worden ist; ihm ist also Gelegenheit zur mündlichen oder schriftlichen Äußerung zu geben.

Das **Ordnungsgeld** wird wegen der Bestellung festgesetzt, d. h. es ist auch verwirkt, **43** wenn der Arbeitgeber vor Verhängung oder Vollstreckung des Ordnungsgeldes die Bestellung wieder rückgängig macht. Es handelt sich also um eine echte Strafsanktion. Das **Höchstmaß** des Ordnungsgeldes beträgt 10 000 Euro. Nach dem Gesetzeswortlaut ist der Arbeitgeber wegen der Bestellung zu bestrafen. Daraus folgt, dass nach Auffassung des Gesetzgebers nur eine einmalige Verurteilung zu einem Ordnungsgeld in Betracht kommt. Hält also der Arbeitgeber die Bestellung dennoch aufrecht, so bleibt dem Betriebsrat keine andere Möglichkeit, als beim Arbeitsgericht zu beantragen, dem Arbeitgeber aufzugeben, die Abberufung durchzuführen.

c) Führt der Arbeitgeber die **Abberufung einer rechtskräftigen gerichtlichen Entschei-** **44** **dung zuwider** nicht durch, so ist auf Antrag des Betriebsrats vom Arbeitsgericht zu erkennen, dass der Arbeitgeber zur Abberufung durch **Zwangsgeld** anzuhalten sei (Abs. 5 Satz 3).

Das Zwangsverfahren entspricht hier also der Zwangsvollstreckung nach § 888 **45** ZPO. Das Zwangsgeld ist eine **reine Zwangsmaßnahme** zur Durchsetzung einer gerichtlichen Entscheidung. Seine Verhängung setzt kein Verschulden des Arbeitgebers voraus; andererseits kann es nicht mehr verhängt oder vollstreckt werden, wenn der Arbeitgeber der Anordnung des Gerichts nachgekommen ist (ebenso *Fitting*, § 98 Rn. 26; GK-*Raab*, § 98 Rn. 33; HSWGNR-*Worzalla*, § 98 Rn. 43; DKK-*Buschmann*, § 98 Rn. 18).

Das Zwangsverfahren wird auch hier nicht von Amts wegen eingeleitet, sondern setzt **46** einen **Antrag des Betriebsrats** voraus. Dieser Antrag kann erst gestellt werden, wenn der Beschluss, durch den dem Arbeitgeber aufgegeben wird, die Abberufung durchzuführen, in Rechtskraft erwachsen ist. Nicht erforderlich ist hier, dass dem Arbeitgeber das Zwangsgeld zunächst angedroht wird; denn auch wenn das Zwangsgeld bereits festgesetzt ist, kann der Arbeitgeber die Vollstreckung abwenden, indem er die Abberufung ausspricht.

Der Beschluss kann auch hier ohne mündliche Verhandlung ergehen und wird in **47** diesem Fall vom Vorsitzenden des Arbeitsgerichts allein erlassen (§ 85 Abs. 1 ArbGG i. V. mit § 891 ZPO, § 53 Abs. 1 ArbGG; s. auch Rn. 40).

Das **Höchstmaß des Zwangsgelds** beträgt für jeden Tag der Zuwiderhandlung **48** 250 Euro. Den Betrag setzt der Vorsitzende bei Verhängung des Zwangsgeldes fest. Der Antrag des Betriebsrats braucht eine bestimmte Summe nicht zu enthalten, und wenn er sie enthält, so hat das nur die Bedeutung einer Anregung. Bewirkt die Beitreibung des Zwangsgelds nicht, dass der Arbeitgeber die Abberufung durchführt, so kann ein Zwangsgeld wiederholt festgesetzt werden (ebenso HSWGNR-*Worzalla*, § 98 Rn. 46).

d) Gegen den Beschluss, der das Ordnungsgeld oder Zwangsgeld festsetzt, findet die **49** **sofortige Beschwerde** zum Landesarbeitsgericht statt (§ 85 Abs. 1 ArbGG i. V. mit §§ 793, 888, 890, 891 ZPO). Sofern die Entscheidung über die Beschwerde ohne mündliche Verhandlung ergeht (§ 573 Abs. 1 ZPO), erlässt sie der Vorsitzende der nach dem Geschäftsverteilungsplan zuständigen Kammer des Landesarbeitsgerichts allein. Eine weitere Beschwerde findet nicht statt (§ 78 Abs. 2 ArbGG).

e) Die **Vollstreckung** des Beschlusses, der das Ordnungsgeld oder Zwangsgeld festsetzt **50** (§ 794 Abs. 1 Nr. 3 ZPO), erfolgt nach den Vorschriften der §§ 803 ff. ZPO (§ 85 Abs. 1 ArbGG). Die eingehenden Gelder verfallen der Staatskasse. Eine Umwandlung nicht einbringbarer Ordnungs- oder Zwangsgelder in eine Festsetzung von Ordnungs- oder Zwangshaft ist ausgeschlossen (§ 85 Abs. 1 Satz 2 ArbGG).

51 f) Die **Vorschriften in Abs. 5 Satz 2 und 3** enthalten eine **Sonderregelung der Zwangsvollstreckung.**

52 g) Neben dem hier geregelten Zwangsverfahren kann nicht noch ein **Verfahren nach § 23 Abs. 3** durchgeführt werden. Das ergibt sich aber nicht daraus, dass Abs. 5 gegenüber § 23 Abs. 3 eine Spezialvorschrift darstellt (so die Begründung des BT-Ausschusses für Arbeit und Sozialordnung, *zu* BT-Drucks. VI/2729, S. 21). Wie bei § 101 finden vielmehr Abs. 5 und § 23 Abs. 3 nebeneinander Anwendung (ebenso *Fitting*, § 98 Rn. 23; GK-*Raab*, § 98 Rn. 34). Hier geht es jedoch um einen gegenwärtigen Mitbestimmungskonflikt, während § 23 Abs. 3 die *künftige Beachtung* des Mitbestimmungsrechts sichert (s. auch § 101 Rn. 4).

6. Unantastbarkeit der Befugnisse nach dem Berufsbildungsgesetz

53 Durch das Mitbestimmungsrecht des Betriebsrats bei Bestellung und Abberufung der mit der Durchführung der betrieblichen Berufsbildung beauftragten Personen werden die Befugnisse der nach dem Berufsbildungsgesetz für die Ordnung der Berufsbildung zuständigen Stellen und Behörden nicht berührt (Abs. 5 Satz 4). Die zuständigen Stellen, also die Kammern (s. § 96 Rn. 17) haben darüber zu wachen, dass die persönliche und fachliche Eignung sowie die Eignung der Ausbildungsstätte vorliegen; werden Mängel der Eignung festgestellt, so ist der Arbeitgeber aufzufordern, innerhalb einer bestimmten Frist den Mangel zu beseitigen, falls der Mangel zu beheben und eine Gefährdung des Auszubildenden nicht zu erwarten ist (vgl. § 32 BBiG, § 23 a HandwO). Ist der Mangel der Eignung nicht zu beheben oder ist eine Gefährdung des Auszubildenden zu erwarten oder wird der Mangel nicht innerhalb der gesetzten Frist beseitigt, so hat die Kammer der nach Landesrecht zuständigen Behörde dies mitzuteilen. Gemäß § 33 BBiG bzw. § 24 HandwO hat die nach Landesrecht zuständige Behörde das Einstellen und Ausbilden zu untersagen, wenn die persönliche oder fachliche Eignung nicht oder nicht mehr vorliegt; dies ist insbesondere gegeben, wenn mit der Berufsausbildung Personen beauftragt werden, die die persönliche oder fachliche, insbesondere die berufs- und arbeitspädagogische Eignung i. S. des Berufsbildungsgesetzes nicht besitzen. Der Betriebsrat braucht deshalb nicht das Arbeitsgericht anzurufen, um sein Mitbestimmungsrecht durchzusetzen, sondern kann sich an die für die Berufsbildung zuständigen Stellen oder Behörden wenden, damit die nach Landesrecht zuständige Behörde nach dem Berufsbildungsgesetz ein Untersagungsverfahren einleitet. Da die Untersagung einen Verwaltungsakt darstellt, erfolgt die Rechtskontrolle im verwaltungsgerichtlichen Verfahren (§ 42 VwGO; vgl. auch *Fitting*, § 98 Rn. 27; GK-*Raab*, § 98 Rn. 35 f.).

V. Auswahl der Arbeitnehmer für die Teilnahme an Berufsbildungsmaßnahmen

1. Mitbestimmungstatbestand

54 Der Betriebsrat hat bei der Teilnahme von Arbeitnehmern an Berufsbildungsmaßnahmen ein **unterschiedlich gestuftes Mitwirkungs- und Mitbestimmungsrecht,** je nachdem, ob es sich um betriebliche oder um außerbetriebliche Berufsbildungsmaßnahmen handelt:

54 a (1) Führt der Arbeitgeber **betriebliche Maßnahmen der Berufsbildung** durch, so hat der Betriebsrat ein **Mitbestimmungsrecht für die Auswahl der Arbeitnehmer,** die an den Berufsbildungsmaßnahmen teilnehmen sollen (Abs. 3).

54 b (2) Handelt es sich dagegen um **außerbetriebliche Berufsbildungsmaßnahmen,** so hat der Betriebsrat das **Mitbestimmungsrecht nur,** wenn der Arbeitgeber für die Teilnahme **Arbeitnehmer freistellt** oder die durch sie entstehenden **Kosten ganz** oder **teilweise trägt** (Abs. 3). Keine Rolle spielt, ob die Freistellung unter Fortzahlung des Arbeitsentgelts

V. Auswahl der Arbeitnehmer für die Teilnahme an Berufsbildungsmaßnahmen **§ 98**

erfolgt (ebenso GK-*Raab*, § 98 Rn. 27; HSWGNR-*Worzalla*, § 98 Rn. 54; *Löwisch/ Kaiser*, § 98, Rn. 7). Ebenfalls unerheblich ist es, wie sich insoweit ausdrücklich aus dem Gesetz ergibt, ob der Arbeitgeber die Kosten, die dem Arbeitnehmer durch die Teilnahme an außerbetrieblichen Berufsbildungsmaßnahmen entstehen, ganz oder teilweise übernimmt, also die Reisekosten oder die Teilnehmergebühren. Soweit diese Voraussetzungen nicht vorliegen, hat der Betriebsrat für die Teilnehmerauswahl kein Mitbestimmungs-, sondern nur ein Mitwirkungsrecht: Der Arbeitgeber hat mit ihm über die Teilnahme an den außerbetrieblichen Berufsbildungsmaßnahmen zu beraten (§ 97).

Zweck des Mitbestimmungsrechts ist es, dafür zu sorgen, dass Leistungen des Arbeitgebers für die Berufsbildung der Arbeitnehmer unter Beachtung des Gleichbehandlungsgrundsatzes erbracht werden; dabei ist insbesondere auch auf die Belange älterer Arbeitnehmer, Teilzeitbeschäftigter und von Arbeitnehmern mit Familienpflichten Rücksicht zu nehmen (§ 96 Abs. 2 Satz 2). **55**

2. Inhalt und Umfang des Mitbestimmungsrechts

a) Erfüllen Berufsbildungsmaßnahmen den Mitbestimmungstatbestand, so kann der Betriebsrat **Vorschläge für die Teilnahme von Arbeitnehmern** oder **Gruppen von Arbeitnehmern des Betriebs** an diesen Maßnahmen der beruflichen Bildung machen (Abs. 4). Der Betriebsrat hat aber nicht bloß ein Vorschlagsrecht, sondern ein **als Initiativrecht gestaltetes Mitbestimmungsrecht**; denn kommt über die vom Betriebsrat vorgeschlagene Teilnehmerauswahl keine Einigung mit dem Arbeitgeber zustande, so kann die Einigungsstelle angerufen werden, die verbindlich entscheidet (Abs. 4). **56**

b) Für den **Umfang des Mitbestimmungsrechts** ist maßgebend, dass der Betriebsrat bei der Errichtung und Ausstattung betrieblicher Berufsbildungseinrichtungen und der Einführung betrieblicher Berufsbildungsmaßnahmen nur ein Beratungsrecht, kein Mitbestimmungsrecht hat (§ 97). Der Arbeitgeber kann also nach Beratung mit dem Betriebsrat allein entscheiden, welche Berufsfortbildungskurse im Betrieb durchgeführt werden und für welchen Personenkreis sie bestimmt sind. Er kann deshalb auch die fachlichen Zulässigkeitsvoraussetzungen festlegen, die von den Teilnehmern erfüllt werden müssen, bevor die Auswahl stattfindet (ebenso BAG 8. 12. 1987 AP BetrVG 1972 § 98 Nr. 4; *Fitting*, § 98 Rn. 31; GK-*Raab*, § 98 Rn. 23; GL-*Löwisch*, § 98 Rn. 26; HSWGNR-*Worzalla*, § 98 Rn. 57; HWK-*Ricken*, § 98 Rn. 17; *Matthes*, MünchArbR § 262 Rn. 28; *Stahlhacke*, BlStSozArbR 1972, 51, 55). Der Arbeitgeber kann auch nach Beratung mit dem Betriebsrat allein entscheiden, für welche außerbetrieblichen Berufsbildungsmaßnahmen er Arbeitnehmer seines Betriebs freistellt oder die Kosten der Teilnahme ganz oder teilweise übernimmt. Erst wenn dies feststeht, ist der Mitbestimmungstatbestand gegeben und kann der Betriebsrat Vorschläge für die Auswahl der Teilnehmer machen. **57**

Das Mitbestimmungsrecht bezieht sich **nicht** auf die **Zahl**, sondern auf die **Auswahl** der teilnehmenden Arbeitnehmer (ebenso BAG 8. 12. 1987 AP BetrVG 1972 § 98 Nr. 4). Sofern der Betriebsrat Vorschläge macht, geht es also um die Festlegung der Kriterien für die Auswahl. Der Betriebsrat hat aber nur mitzubestimmen, wenn er Vorschläge macht; er kann sich deshalb nicht darauf beschränken, der vom Arbeitgeber getroffenen Auswahl zu widersprechen (ebenso BAG 8. 12. 1987 AP BetrVG 1972 § 98 Nr. 4). **58**

c) Das Vorschlagsrecht bezieht sich nicht nur auf eine **Gruppe von Arbeitnehmern**, sondern auch auf die **Entsendung von Arbeitnehmern im Einzelfall**. Sofern der Betriebsrat sein Vorschlagsrecht ausübt, müssen Arbeitgeber und Betriebsrat gemeinsam die Auswahlentscheidung treffen, wobei sie, wenn mehr Arbeitnehmer vorgeschlagen werden als Teilnehmerplätze zur Verfügung stehen, alle von ihnen vorgeschlagenen Arbeitnehmer in die Auswahl einbeziehen müssen (ebenso BAG 8. 12. 1987 AP BetrVG 1972 § 98 Nr. 4). Da die Festlegung der fachlichen Voraussetzungen nicht dem Mitbestim- **59** mungsrecht des Betriebsrats unterliegt (s. Rn. 57), wird es vor allem um die Frage gehen, ob ein Arbeitnehmer die fachlichen Voraussetzungen erfüllt und wer unter sozialen Gesichtspunkten den Vorrang hat, an den Berufsbildungsmaßnahmen teilzunehmen. Auch wenn das Gesetz hier anders als nach § 95 nicht verlangt, dass Richtlinien, die die maßgeblichen Auswahlgesichtspunkte festlegen, der Zustimmung des Betriebsrats bedürfen, ergibt sich aus dem erzwingbaren Vorschlagsrecht für die Auswahl der Teilnehmer, dass der Arbeitgeber sie mit verbindlicher Wirkung nicht ohne Zustimmung des Betriebsrats aufstellen kann (vgl. auch *Fitting*, § 98 Rn. 35; GK-*Raab*, § 98 Rn. 26; HSWGNR-*Worzalla*, § 98 Rn. 61; DKK-*Buschmann*, § 98 Rn. 24). Denn nur soweit sie mit Zustimmung des Betriebsrats erlassen sind, ist auch dieser bei der Ausübung seines Vorschlagsrechts an sie gebunden.

3. Ausübung des Mitbestimmungsrechts

60 Damit der Betriebsrat sein Vorschlagsrecht ausüben kann, ist notwendige Vorstufe seines Mitbestimmungsrechts, dass er vom Arbeitgeber rechtzeitig und umfassend **unterrichtet** wird.

61 Gliedert sich ein Unternehmen in mehrere Betriebe, so ist für die Mitbestimmungsausübung der **Einzelbetriebsrat** zuständig. Das gilt hier regelmäßig auch, wenn eine betriebliche Berufsbildungsmaßnahme unternehmenseinheitlich oder konzerneinheitlich organisiert wird (s. zur Abgrenzung von den außerbetrieblichen Berufsbildungsmaßnahmen § 97 Rn. 6).

62 Bei der Beschlussfassung des Betriebsrats haben, wenn es sich um eine **Maßnahme der Berufsausbildung** handelt, die Jugend- und Auszubildendenvertreter Stimmrecht (§ 67 Abs. 2). Besteht ein Berufsbildungsausschuss entweder als Ausschuss des Betriebsrats oder als gemeinsam besetzter Ausschuss, so kann ihm bzw. den in ihm vertretenen Mitgliedern des Betriebsrats die Auswahl zur selbständigen Erledigung übertragen werden (§ 28).

4. Anrufung und Spruch der Einigungsstelle

63 Kommt über die vom Betriebsrat vorgeschlagenen Teilnehmer eine Einigung mit dem Arbeitgeber nicht zustande, so kann **jede Seite** die Einigungsstelle anrufen (Abs. 4 Satz 1 i. V. mit § 76 Abs. 5; s. ausführlich § 76 Rn. 81 ff.).

64 Der **Spruch der Einigungsstelle** ersetzt die **Einigung zwischen Arbeitgeber und Betriebsrat** (Abs. 4 Satz 2). Er bezieht sich nur darauf, wer von den Arbeitnehmern oder welche Gruppe von Arbeitnehmern an den Berufsbildungsmaßnahmen teilnimmt, enthält aber keine *Verpflichtung* des Arbeitgebers, betriebliche Maßnahmen der Berufsbildung durchzuführen oder die Arbeitnehmer für außerbetriebliche Maßnahmen der Berufsbildung freizustellen bzw. die durch die Teilnahme an diesen Maßnahmen entstehenden Kosten ganz oder teilweise zu tragen. Nur wenn der Arbeitgeber betriebliche Maßnahmen der Berufsbildung durchführt oder für außerbetriebliche Berufsbildungsmaßnahmen eine Freistellung vornimmt bzw. die Kosten ganz oder teilweise übernimmt, hat er den Spruch der Einigungsstelle zu *respektieren*. Die Arbeitnehmer haben insoweit unmittelbar einen Rechtsanspruch gegen den Arbeitgeber, den sie im Urteilsverfahren vor dem Arbeitsgericht durchsetzen können.

65 Der Spruch der Einigungsstelle ergeht hier in einem **Regelungsstreit**. Deshalb ist er nur ausnahmsweise eine reine Rechtsentscheidung, nämlich wenn die Einigungsstelle ihre Zuständigkeit verneint, weil die vom Betriebsrat vorgeschlagenen Arbeitnehmer nicht die Voraussetzungen für die Teilnahme an den Berufsbildungsmaßnahmen erfüllen (ebenso GL-*Löwisch*, § 98 Rn. 24; *Kammann*/Hess/Schlochauer [2. Aufl.], § 98 Rn. 22).

VI. Durchführung sonstiger Bildungsmaßnahmen im Betrieb

Führt der Arbeitgeber sonstige Bildungsmaßnahmen im Betrieb durch, so hat der **66** Betriebsrat bei deren Durchführung **im gleichen Umfang wie bei Berufsbildungsmaßnahmen mitzubestimmen** (Abs. 6).

1. Bildungsmaßnahmen im Betrieb als Gegenstand des Mitbestimmungsrechts

Zu den **sonstigen Bildungsmaßnahmen** gehören **alle Bildungsmaßnahmen**, deren Ge- **67** genstand nicht unter den betriebsverfassungsrechtlichen Berufsbildungsbegriff fällt (s. § 96 Rn. 6 ff.). Doch darf es auch bei ihnen nicht bloß um Kenntnisvermittlung gehen, sondern sie müssen Bildungscharakter haben (s. § 96 Rn. 15). Notwendig ist daher, dass die Maßnahmen der Vermittlung von Kenntnissen dienen, um einen Lernprozess herbeizuführen. Zu den sonstigen Bildungsmaßnahmen gehören also Kurse in Erster Hilfe und über Unfallverhütung, Veranstaltungen über staatsbürgerliche oder sozialkundliche Themen, Sprach- und Kurzschriftkurse; AGG-Schulungen im Sinne von § 12 AGG (vgl. dazu schon § 96 Rn. 8 a); des Weiteren workshops, wenn diese nach vorgegebenem didaktisch-methodischen Konzept Hintergrundwissen und Erfahrungen in Form von „Selbsterfahrung" vermitteln (s. dazu LAG Düsseldorf 9. 10. 2008 - 15 TaBV 96/07, juris). Voraussetzung ist, dass Kenntnisse oder Fähigkeiten nach einem Lehrplan systematisch vermittelt werden, um ein bestimmtes Lernziel zu erreichen und dadurch die **Allgemeinbildung** zu vertiefen und zu erweitern (ebenso *Fitting*, § 98 Rn. 37; GK-*Raab*, § 98 Rn. 40; GL-*Löwisch*, § 98 Rn. 27; HSWGNR-*Worzalla*, § 98 Rn. 64 f.; HWK-*Ricken*, § 98 Rn. 21). Bloße Informationsveranstaltungen, z. B. über Einführung oder Vertrieb neuer Produkte oder die Bedienung neuer technischer Einrichtungen, sind keine Bildungsmaßnahmen i. S. dieser Vorschrift (ebenso GK-*Raab*, § 98 Rn. 41; *Stege/Weinspach/Schiefer*, §§ 96–98 Rn. 45). Auch Veranstaltungen, die der Freizeitbeschäftigung oder Unterhaltung dienen, werden nicht erfasst (ebenso GK-*Raab*, § 98 Rn. 41; HSWGNR-*Worzalla*, § 98 Rn. 66; DKK-*Buschmann*, § 98 Rn. 28; *Stege/Weinspach/Schiefer*, §§ 96–98 Rn. 45).

Der Begriff der **Bildungsmaßnahmen im Betrieb** deckt sich mit dem Begriff der **68** **betrieblichen Bildungsmaßnahmen** (s. auch Rn. 10). Daher spielt keine Rolle, ob sie örtlich im Betrieb durchgeführt werden. Notwendig ist allein, dass der Arbeitgeber die Maßnahme für seine Arbeitnehmer durchführt (ebenso *Fitting*, § 98 Rn. 40; GK-*Raab*, § 98 Rn. 39; HSWGNR-*Worzalla*, § 98 Rn. 67; HWK-*Ricken*, § 98 Rn. 21; *Löwisch/Kaiser*, § 98, Rn. 10).

2. Mitbestimmungsrechte bei der Durchführung

Nach Abs. 6 gelten Abs. 1 bis 5 entsprechend, so dass auch hier neben der **Grundregel** **69** **über die Mitbestimmung bei der Durchführung der Bildungsmaßnahmen** (Abs. 1) die beiden **speziellen Mitbestimmungsregelungen** über die Bestellung und Abberufung einer mit der Durchführung der Bildungsmaßnahmen beauftragten Person (Abs. 2) und über die Teilnehmerauswahl (Abs. 3) Anwendung finden. Entsprechend gestaltet ist die Rechtslage auch für den Fall, dass keine Einigung zwischen Arbeitgeber und Betriebsrat zustande kommt (Abs. 4 und 5).

Soweit die **Mitbestimmungsregelung über die Teilnehmerauswahl** entsprechend gilt **70** (Abs. 6 i. V. mit Abs. 3), ist zweifelhaft, ob das als Mitbestimmungsrecht gestaltete Vorschlagsrecht nur besteht, wenn der Arbeitgeber **betriebliche Bildungsmaßnahmen** durchführt, also entfällt, wenn er für **außerbetriebliche Bildungsmaßnahmen** Arbeitnehmer freistellt oder die durch die Teilnahme von Arbeitnehmern an solchen Maßnahmen

Thüsing

entstehenden Kosten ganz oder teilweise trägt. Für die Begrenzung spricht der Gesetzestext des Abs. 6, der das Mitbestimmungsrecht an die Voraussetzung knüpft, dass der Arbeitgeber sonstige Bildungsmaßnahmen im Betrieb durchführt, damit also nur die *betrieblichen Bildungsmaßnahmen* erfasst (s. Rn. 68). Die dadurch in der Verweisung entstehende Regelungslücke ist aber sinnwidrig; denn für den Zweck des Mitbestimmungsrechts, die Wahrung der Chancengleichheit der Arbeitnehmer bei der Förderung ihrer Bildung durch den Arbeitgeber, spielt keine Rolle, ob er die Maßnahme selbst durchführt oder die Teilnahme an außerbetrieblichen Bildungsmaßnahmen materiell fördert. Daher ist das Mitbestimmungsrecht auch gegeben, wenn der Arbeitgeber für außerbetriebliche Veranstaltungen Arbeitnehmer freistellt oder die durch die Teilnahme von Arbeitnehmern an solchen Maßnahmen entstehenden Kosten ganz oder teilweise trägt (ebenso GL-*Löwisch*, § 98 Rn. 29; *Matthes*, MünchArbR § 262 Rn. 26; *Heinze*, Personalplanung, Rn. 134; *v. Hoyningen-Huene*, Anm. AP BetrVG 1972 § 80 Nr. 19; a. A. *Fitting*, § 98 Rn. 40; GK-*Raab*, § 98 Rn. 39; HSWGNR-*Worzalla*, § 98 Rn. 57; *Stege/Weinspach/Schiefer*, §§ 96–98 Rn. 46; *Meisel*, Mitwirkung und Mitbestimmung in personellen Angelegenheiten, Rn. 105). Der Gesetzessystematik und dem Gesetzeszweck entspricht es, dass außerbetriebliche Bildungsveranstaltungen in das betriebliche Bildungsprogramm einbezogen werden, wenn der Arbeitgeber Arbeitnehmer dafür freistellt oder die Kosten ganz oder teilweise trägt. Können Arbeitgeber und Betriebsrat sich nicht über die vom Betriebsrat vorgeschlagenen Teilnehmer einigen, so entscheidet die Einigungsstelle verbindlich (Abs. 6 i. V. mit Abs. 4; s. Rn. 63 ff.).

VII. Streitigkeiten

71   Streitigkeiten über den Bestand und Umfang des Mitbestimmungsrechts nach Abs. 1 oder Abs. 3 entscheidet das Arbeitsgericht im Beschlussverfahren (§ 2 a Abs. 1 Nr. 1, Abs. 2 i. V. mit §§ 80 ff. ArbGG). Zum Verfahren nach Abs. 5 s. Rn. 34 ff. Das Gericht entscheidet hier ebenfalls im Beschlussverfahren. Erklärt der Betriebsrat seinen Widerspruch gegen die Einstellung einer Person als Ausbilder, so steht dem Arbeitgeber ungeachtet des Verfahrens nach § 98 Abs. 5 ein eigenes Feststellungsinteresse zur Seite, die Rechtswirksamkeit des Widerspruchs des Betriebsrats im arbeitsgerichtlichen Beschlussverfahren überprüfen zu können (LAG Berlin 6. 1. 2000, NZA-RR 2000, 370 = AuR 2000, 316; s. Rn. 35). Streitigkeiten über die Auswahl von Teilnehmern an Berufsbildungsmaßnahmen entscheidet die Einigungsstelle.

Dritter Unterabschnitt. Personelle Einzelmaßnahmen

§ 99 Mitbestimmung bei personellen Einzelmaßnahmen

(1) ¹In Unternehmen mit in der Regel mehr als zwanzig wahlberechtigten Arbeitnehmern hat der Arbeitgeber den Betriebsrat vor jeder Einstellung, Eingruppierung, Umgruppierung und Versetzung zu unterrichten, ihm die erforderlichen Bewerbungsunterlagen vorzulegen und Auskunft über die Person der Beteiligten zu geben; er hat dem Betriebsrat unter Vorlage der erforderlichen Unterlagen Auskunft über die Auswirkungen der geplanten Maßnahme zu geben und die Zustimmung des Betriebsrats zu der geplanten Maßnahme einzuholen. ²Bei Einstellungen und Versetzungen hat der Arbeitgeber insbesondere den in Aussicht genommenen Arbeitsplatz und die vorgesehene Eingruppierung mitzuteilen. ³Die Mitglieder des Betriebsrats sind verpflichtet, über die ihnen im Rahmen der personellen Maßnahmen nach den Sätzen 1 und 2 bekanntgewordenen persönlichen Verhältnisse und Angelegenheiten der Arbeitnehmer, die ihrer Be-

deutung oder ihrem Inhalt nach einer vertraulichen Behandlung bedürfen, Stillschweigen zu bewahren; § 79 Abs. 1 Satz 2 bis 4 gilt entsprechend.

(2) Der Betriebsrat kann die Zustimmung verweigern, wenn
1. die personelle Maßnahme gegen ein Gesetz, eine Verordnung, eine Unfallverhütungsvorschrift oder gegen eine Bestimmung in einem Tarifvertrag oder in einer Betriebsvereinbarung oder gegen eine gerichtliche Entscheidung oder eine behördliche Anordnung verstoßen würde,
2. die personelle Maßnahme gegen eine Richtlinie nach § 95 verstoßen würde,
3. die durch Tatsachen begründete Besorgnis besteht, dass infolge der personellen Maßnahme im Betrieb beschäftigte Arbeitnehmer gekündigt werden oder sonstige Nachteile erleiden, ohne dass dies aus betrieblichen oder persönlichen Gründen gerechtfertigt ist; als Nachteil gilt bei unbefristeter Einstellung auch die Nichtberücksichtigung eines gleich geeigneten befristet Beschäftigten,
4. der betroffene Arbeitnehmer durch die personelle Maßnahme benachteiligt wird, ohne dass dies aus betrieblichen oder in der Person des Arbeitnehmers liegenden Gründen gerechtfertigt ist,
5. eine nach § 93 erforderliche Ausschreibung im Betrieb unterblieben ist oder
6. die durch Tatsachen begründete Besorgnis besteht, dass der für die personelle Maßnahme in Aussicht genommene Bewerber oder Arbeitnehmer den Betriebsfrieden durch gesetzwidriges Verhalten oder durch grobe Verletzung der in § 75 Abs. 1 enthaltenen Grundsätze, insbesondere durch rassistische oder fremdenfeindliche Betätigung, stören werde.

(3) ¹Verweigert der Betriebsrat seine Zustimmung, so hat er dies unter Angabe von Gründen innerhalb einer Woche nach Unterrichtung durch den Arbeitgeber diesem schriftlich mitzuteilen. ²Teilt der Betriebsrat dem Arbeitgeber die Verweigerung seiner Zustimmung nicht innerhalb der Frist schriftlich mit, so gilt die Zustimmung als erteilt.

(4) Verweigert der Betriebsrat seine Zustimmung, so kann der Arbeitgeber beim Arbeitsgericht beantragen, die Zustimmung zu ersetzen.

Schrifttum: 1. Allgemein und zur Mitbestimmung bei Einstellungen: *Bengelsdorf*, Die Umdeutung des Einstellungsbegriffs in § 99 Abs. 1 BetrVG, FA 2009, 70; *Brors*, Die Reichweite der Mitbestimmung gemäß § 99 BetrVG bei dauernden Arbeitszeitänderungen, SAE 2006, 80; *Ebert*, Zustimmungsverweigerung nach § 99 Abs. 3 BetrVG – Zustimmungsersetzungsverfahren und vorläufige personelle Maßnahmen, ArbRB 2005, 157; *Engels*, Betriebsverfassungsrechtliche Einordnung von Ein-Euro-Jobbern, NZA 2007, 8; *Fischer*, Verletzung der Ausschreibungsverpflichtung nach § 7 Abs. 1 TzBfG und Zustimmungsverweigerung nach § 99 Abs. 2 BetrVG, AuR 2001, 325; *ders.*, Zustimmungsverweigerung wegen unterbliebener Ausschreibung in Teilzeit, AuR 2005, 255; *Hartmann*, Beschäftigungsanspruch und Zustimmungsersetzung, ZfA 2008, 383; *Klein/Wittke*, Die Beteiligungsrechte des Betriebsrats im personellen Bereich, 1978; *Körner*, Neue Betriebsratsrechte bei atypischer Beschäftigung, NZA 2006, 573; *Oelkers*, Unterrichtung des Betriebsrats vor Einstellungen nach § 99 BetrVG, NJW-Spezial 2007, 450; *Oetker*, Der Schutz befristet Beschäftigter durch das Recht des Betriebsrats zur Verweigerung der Zustimmung bei unbefristeten Einstellungen (§ 99 II Nr. 3 BetrVG), NZA 2003, 937; *Preis*, Mitbestimmung bei Teilzeitarbeit und befristeter Beschäftigung, NZA-Sonderheft 2001, 31; *Raab*, Individualrechtliche Auswirkungen der Mitbestimmung des Betriebsrats gem. §§ 99, 102 BetrVG, ZfA 1995, 479; *Reinhard*, Mitbestimmung in personellen Angelegenheiten, ArbRB 2008, 157; *Reiserer*, Die Mitbestimmung bei Einstellungen als Generalklausel einer Beteiligung an Änderungen des Arbeitsvertrags, NZA 2009, 1; *Wahlers*, Einführung und Ausgestaltung eines Assessment-Centers als mitbestimmungs(mitwirkungs-)pflichtige Maßnahme, ZTR 2005, 185.

2. Zur Mitbestimmung bei Versetzungen: *Fliss*, Die örtliche Versetzung, NZA-RR 2008, 225; *Hunold*, Die Rechtsprechung zur Mitbestimmung des Betriebsrats bei Versetzungen, NZA-RR 2001, 617; *ders.*, Wichtige Rechtsprechung zum Versetzungsbegriff (§ 95 Abs. 3 BetrVG), FS Hromadka 2008, 157; *ders.*, Abstellung zu innerbetrieblichen „Workshops" als Versetzung, NZA 2008, 342;

Übersicht

	Rn.
A. Vorbemerkung	1
I. Überblick über die gesetzliche Regelung	1
II. Gestaltung der Mitbestimmung	4
1. Rechtsdogmatische Struktur	4
2. Abschließende Regelung	7
III. Zweck der Mitbestimmung	10
B. Voraussetzungen und Gegenstand des Mitbestimmungsrechts	11
I. Allgemeine Voraussetzungen des Mitbestimmungsrechts	11
1. Unternehmensgröße	11
2. Personeller Geltungsbereich	15
3. Notwendigkeit des Bestehens eines Betriebsrats	19
4. Mitbestimmung während eines Arbeitskampfes	20
5. Auslandsbeziehung	23
6. Tendenzbetriebe	25
II. Einstellung als Mitbestimmungstatbestand	26
1. Begriffsbestimmung	26
2. Einstellung bei Beschäftigung als Arbeitnehmer	31
3. Einstellung bei Nichtbestehen eines Arbeitsverhältnisses mit dem Betriebsinhaber	48
III. Eingruppierung als Mitbestimmungstatbestand	59
1. Begriffsbestimmung	59
2. Fälle der Eingruppierung	63
3. Eingruppierung als Gestaltungs- oder Beurteilungsakt?	75
4. Pflicht des Arbeitgebers zur Eingruppierung	79
IV. Umgruppierung als Mitbestimmungstatbestand	82
1. Begriffsbestimmung	82
2. Fälle der Umgruppierung	83
3. Umgruppierung als Gestaltungs- oder Beurteilungsakt?	92 a
V. Versetzung als Mitbestimmungstatbestand	93
1. Legaldefinition durch § 95 Abs. 3	93
2. Zuweisung eines anderen Arbeitsbereichs als Element des Versetzungsbegriffs	97
3. Notwendigkeit einer Erheblichkeit der Änderung für den Versetzungsbegriff	111
4. Ausklammerung des ständig wechselnden Arbeitsplatzes aus dem Versetzungsbegriff	117
5. Versetzung in einen anderen Betrieb	121
6. Keine abweichende Regelung durch Tarifvertrag oder Betriebsvereinbarung	126
VI. Besonderheiten bei Beamten und Arbeitnehmern des öffentlichen Diensts	127
1. Deutsche Bahn AG und Post-Aktiengesellschaften	127
2. Sonstige Beamte und Arbeitnehmer des öffentlichen Diensts	129
C. Unterrichtungspflicht des Arbeitgebers	130
I. Einleitung des Mitbestimmungsverfahrens durch Unterrichtung des Betriebsrats	130
II. Unterrichtung über Einstellungen	132
1. Unterrichtungspflicht über die konkrete Einstellung	132
2. Auskunft über die Person der Beteiligten	133
3. Vorlage der erforderlichen Bewerbungsunterlagen	141
4. Auskunft über die Auswirkungen der geplanten Einstellung, den in Aussicht genommenen Arbeitsplatz und die vorgesehene Eingruppierung	148
5. Zeitpunkt der Unterrichtung	153
6. Form der Unterrichtung	154
7. Antrag auf Zustimmung des Betriebsrats	156
III. Unterrichtung über Versetzungen	157
1. Unterrichtungspflicht über die konkrete Versetzung	157
2. Inhalt und Umfang der Unterrichtung	159
3. Antrag auf Zustimmung des Betriebsrats	163
IV. Unterrichtung über Eingruppierungen und Umgruppierungen	164
1. Verhältnis zur Einstellung und Versetzung	164
2. Inhalt und Umfang der Unterrichtung	166
3. Antrag auf Zustimmung des Betriebsrats	169

Übersicht § 99

	Rn.
V. Schweigepflicht der Betriebsratsmitglieder	170
1. Gegenstand der Schweigepflicht	170
2. Adressat der Schweigepflicht	173
3. Sanktionsregelung der Verschwiegenheitspflicht	174
VI. Rechtsfolgen bei Verletzung der Unterrichtungspflicht	175
1. Ordnungswidrigkeit	175
2. Keine ordnungsgemäße Beteiligung des Betriebsrats	177
D. Zustimmungsverweigerung des Betriebsrats	178
I. Inhalt und Struktur des Beteiligungsrechts	178
1. Zustimmungsverweigerungsrecht	178
2. Zustimmungsverweigerung nur aus den in Abs. 2 genannten Gründen	183
II. Die einzelnen Zustimmungsverweigerungsgründe	185
1. Nr. 1: Verstoß der personellen Maßnahme gegen ein Gesetz, eine Verordnung, eine Unfallverhütungsvorschrift oder gegen eine Bestimmung in einem Tarifvertrag oder in einer Betriebsvereinbarung oder gegen eine gerichtliche Entscheidung oder eine behördliche Anordnung	186
2. Nr. 2: Verstoß gegen eine Auswahlrichtlinie (§ 95)	205
3. Nr. 3: Bestehen der durch Tatsachen begründeten Besorgnis, dass infolge der personellen Maßnahme im Betrieb beschäftigte Arbeitnehmer gekündigt werden oder sonstige Nachteile erleiden, ohne dass dies aus betrieblichen oder persönlichen Gründen gerechtfertigt ist	208
4. Nr. 4: Benachteiligung des betroffenen Arbeitnehmers, ohne dass dies aus betrieblichen oder in der Person des Arbeitnehmers liegenden Gründen gerechtfertigt ist	227
5. Nr. 5: Unterbleiben einer nach § 93 erforderlichen Ausschreibung im Betrieb	234
6. Nr. 6: Bestehen der durch Tatsachen begründeten Besorgnis, dass der für die personelle Maßnahme in Aussicht genommene Bewerber oder Arbeitnehmer den Betriebsfrieden durch gesetzwidriges Verhalten oder durch grobe Verletzung der in § 75 Abs. 1 enthaltenen Grundsätze stören werde	240
III. Verfahren für die Erteilung der Zustimmung	245
1. Notwendigkeit einer Erklärung des Betriebsrats nur bei Zustimmungsverweigerung	245
2. Verfahren bei Erklärung des Betriebsrats	246
3. Form und Frist einer Zustimmungserklärung	248
4. Bindungswirkung der Zustimmung	250
5. Recht des Arbeitgebers nach Erteilung der Zustimmung	251
IV. Rechtswirksamkeit einer Zustimmungsverweigerung	252
1. Frist der Zustimmungsverweigerung	255
2. Form der Zustimmungsverweigerung	262
3. Begründung der Zustimmungsverweigerung	263
4. Zulässigkeit einer Zurücknahme der Zustimmungsverweigerung	271
V. Zustimmungsersetzungsverfahren	272
1. Rechte des Arbeitgebers	272
2. Zuständigkeit des Arbeitsgerichts	275
3. Antragsbefugnis	276
4. Rechtsstellung des betroffenen Arbeitnehmers	278
5. Entscheidung des Arbeitsgerichts	283
VI. Mitbestimmung und Arbeitsverhältnis	290
1. Keine Regelung im Gesetz	290
2. Rechtsfolgen einer Verletzung des Mitbestimmungsrechts bei der Einstellung	293
3. Rechtsfolgen einer Verletzung des Mitbestimmungsrechts bei der Versetzung	297
4. Rechtsfolgen bei einer Eingruppierung und Umgruppierung unter Verletzung des Mitbestimmungsrechts	303
E. Streitigkeiten	304
I. Arbeitsgerichtliches Verfahren	304
II. Anrufung der Einigungsstelle nur zur Entscheidung im freiwilligen Einigungsverfahren	309

A. Vorbemerkung

I. Überblick über die gesetzliche Regelung

1 Die Bestimmung entspricht §§ 60 bis 63 BetrVG 1952. Die Fälle der Einstellung, Eingruppierung, Umgruppierung und Versetzung sind jedoch in einer Vorschrift zusammengefasst, obwohl die Interessenlage in dem Dreiecksverhältnis zwischen Arbeitgeber, Betriebsrat und Arbeitnehmer bei Einstellung und Versetzung sehr unterschiedlich sein kann und es bei der Ein- und Umgruppierung lediglich um die Richtigkeit der Einstufung in eine Vergütungsregelung geht. Die Beteiligung des Betriebsrats ist gegenüber dem bisherigen Recht erheblich ausgebaut worden. Der Arbeitgeber hat den Betriebsrat vor der geplanten Maßnahme umfassend zu unterrichten und seine Zustimmung einzuholen. Dieser darf sie zwar nur aus bestimmten Gründen verweigern, die im Katalog des Abs. 2 erschöpfend genannt sind; aber die Zustimmungsverweigerungsgründe sind erweitert worden, weil der Katalog des bisherigen Rechts, wie in der Begründung zum RegE ausgeführt wird, nur extreme Fälle erfasst hätte (BT-Drucks. VI/1786, S. 51). Die Kataloggründe seien daher kaum jemals praktisch geworden. Wiederum erweitert wurde der numerus clausus der Zustimmungsverweigerungsgründe durch das **BetrVerf-Reformgesetz** vom 23. 7. 2001 (BGBl. I S. 1852). In Abs. 2 Nr. 3 wurde (entgegen der bisherigen Rechtsprechung: LAG Hamm 24. 4. 1990, LAGE Nr. 34 zu § 99 BetrVG 1972) eingefügt, dass als Nachteil bei unbefristeter Einstellung auch die Nichtberücksichtigung eines gleich geeigneten befristet Beschäftigten gilt. Damit soll ein Beitrag zur Beschäftigungssicherung der bisher befristet Beschäftigten geleistet werden (BT-Drucks. 14/5741, 50; kritisch *Däubler*, AuR 2001, 7; *Hanau*, RdA 2001, 73). Nur illustrierenden Charakter hatte demgegenüber die Ergänzung des Abs. 2 Nr. 6 durch den Hinweis auf rassistische und fremdenfeindliche Betätigung. Schon zuvor konnte der Betriebsrat die Zustimmung verweigern, wenn ausländerfeindliches Verhalten eines Arbeitnehmers den Betriebsfrieden bedrohen würde.

2 In seiner ursprünglichen Fassung stellte § 99 für seine Anwendbarkeit auf die Größe des Betriebs ab. Durch das BetrVerf-Reformgesetz wurde die Mitbestimmung in personellen Angelegenheiten jedoch, einer verbreiteten Forderung der Literatur entsprechend, an die **Größe des Unternehmens** gekoppelt (weitergehend noch § 99 Abs. 1 DGB-Entwurf: Forderung nach Aufgabe jeder Größenbeschränkung). Grund war die Vermutung des Gesetzgebers, dass anders als früher heute mehr und mehr Unternehmen über eine größere Anzahl von Arbeitnehmern verfügen, diese aber in einer Vielzahl von kleineren Organisationseinheiten einsetzen (BT-Drucks. 14/5741, 50). Bei einer solchen Unternehmensstruktur fehlt es trotz der geringen Arbeitnehmerzahl in den jeweiligen Einheiten in aller Regel an einer räumlich bedingten engen persönlichen Zusammenarbeit zwischen Arbeitgeber und Arbeitnehmern, die weiterhin den Ausschluss der betrieblichen Mitbestimmung bei personellen Einzelmaßnahmen rechtfertigt. Die Schlussfolgerung, dass die Anknüpfung der Arbeitnehmergrenzzahl an das Unternehmen die sachgerechtere Lösung ist, entspricht auch den Erwägungen des BVerfG zur Kleinbetriebsklausel im Kündigungsschutzgesetz, wonach die Anwendung dieser Klausel im Unternehmen mit mehreren Betrieben nur dann als verfassungskonform angesehen werden kann, wenn die Schwelle der Arbeitnehmerzahl auf das Unternehmen bezogen wird (BVerfG 27. 1. 1998 E 97, 169; s. aber *Matthes*, MünchArbR, § 263 Rn. 6).

3 Ergänzt wird § 99 durch § 100, der dem Arbeitgeber unter den dort genannten Voraussetzungen gestattet, eine personelle Maßnahme vorläufig durchzuführen, bevor der Betriebsrat sich geäußert oder wenn er die Zustimmung verweigert hat. Die Einhaltung des personellen Mitbestimmungsrechts sichert § 101 durch ein zweistufiges Verfahren.

A. Vorbemerkung **§ 99**

Entsprechende Vorschriften: § 75 Abs. 1 Nr. 1–4, § 76 Abs. 1 Nr. 1–5, § 77 Abs. 2 **3a**
BPersVG.

II. Gestaltung der Mitbestimmung

1. Rechtsdogmatische Struktur

Nach dem BetrVG 1952 hatte der Betriebsrat ein **Einspruchsrecht**: Machte der Be- **4**
triebsrat geltend, dass ein Grund zur Verweigerung der Zustimmung vorliegt, so oblag
ihm, das Beschlussverfahren vor dem Arbeitsgericht einzuleiten. Gab das Arbeitsgericht
dem Antrag des Betriebsrats statt, so endete bei einer Einstellung das Arbeitsverhältnis
spätestens 14 Tage nach der Rechtskraft des Beschlusses (§ 62 Abs. 1 BetrVG 1952);
eine Versetzung oder Umgruppierung galt mit Ablauf dieser Frist als rückgängig gemacht (§ 63 BetrVG 1952). Das BetrVG 1972 hat diese nach dem negativen Konsensprinzip gestaltete Mitbestimmung durch eine nach dem **positiven Konsensprinzip gestaltete Mitbestimmung** ersetzt. Verweigert der Betriebsrat seine Zustimmung, so muss nicht
er, sondern der Arbeitgeber das Beschlussverfahren vor dem Arbeitsgericht einleiten, um
die Zustimmung ersetzen zu lassen (Zustimmungsersetzungsverfahren). Streitgegenstand
ist aber wie bisher, ob ein Grund zur Verweigerung der Zustimmung vorliegt; der
Betriebsrat hat lediglich ein **Mitbestimmungsrecht in der Form des beschränkten Konsensprinzips**. Bezweckt war lediglich, die Beteiligtenstellung auszutauschen und dem
Arbeitgeber die Darlegungs- und (objektive) Beweislast für die Nichtberechtigung der
Zustimmungsverweigerung aufzubürden (vgl. Begründung des RegE, BT-Drucks. VI/
1786, S. 51; Bericht des BT-Ausschusses für Arbeit und Sozialordnung, zu BT-Drucks.
VI/2729, S. 31). Dem Arbeitgeber obliegt also im Zustimmungsersetzungsverfahren
„die vom Betriebsrat vorgetragenen Verweigerungsgründe zu widerlegen" (so wörtlich
die Begründung des RegE, BT-Drucks. VI/1786, S. 51).

Für die **vorläufige Durchführung der personellen Maßnahme** benötigt der Arbeitgeber **5**
nicht die Zustimmung des Betriebsrats, sondern er kann sie vornehmen, wenn sie aus
sachlichen Gründen dringend erforderlich ist (§ 100 Abs. 1). Bestreitet der Betriebsrat
allerdings die Voraussetzungen, unter denen der Arbeitgeber einseitig vorgehen kann, so
muss der Arbeitgeber, wenn er die vorläufige personelle Maßnahme aufrecht erhalten
will, innerhalb von drei Tagen beim Arbeitsgericht die Ersetzung der Zustimmung des
Betriebsrats und die Feststellung beantragen, dass die Maßnahme aus sachlichen Gründen dringend erforderlich war (§ 100 Abs. 2 Satz 3). Zweck dieses Gebots ist die
Sicherung der Mitbestimmung, nachdem die personelle Maßnahme bereits durchgeführt
ist. Der Arbeitgeber kann den Antrag nicht auf die Feststellung beschränken, dass die
Maßnahme aus sachlichen Gründen dringend erforderlich war, sondern muss zugleich
das Zustimmungsersetzungsverfahren einleiten. Dadurch soll eine endgültige Klärung
des Mitbestimmungsstreits erzwungen werden. Meinungsverschiedenheiten über das
Recht zur vorläufigen Durchführung haben deshalb nur dann die Beendigung der vorläufigen personellen Maßnahme zur Folge, wenn festgestellt wird, dass *offensichtlich* die
Maßnahme aus sachlichen Gründen nicht dringend erforderlich war (§ 100 Abs. 3).
Durch das Merkmal der Offensichtlichkeit erhält das Beschlussverfahren für den Feststellungsantrag den Charakter eines summarischen Verfahrens. Wenn nämlich offensichtlich ist, dass der Arbeitgeber kein Recht zur vorläufigen Durchführung der personellen Maßnahme hat, kann das Arbeitsgericht insoweit eine Vorabentscheidung treffen (s.
§ 100 Rn. 37). Das Beschlussverfahren beschränkt sich dann ausschließlich auf die
Ersetzung der Zustimmung. Durch diese Regelung werden das Eilverfahren und das
Hauptverfahren in einem Beschlussverfahren miteinander verbunden.

Verletzt der Arbeitgeber das Mitbestimmungsrecht des Betriebsrats, so kann dieser **6**
das Beschlussverfahren nach § 101 einleiten (Mitbestimmungssicherungsverfahren). In

ihm kann zwar die Rechtsunwirksamkeit der Zustimmungsverweigerung, nicht aber das Fehlen des Zustimmungsverweigerungsgrunds geltend gemacht werden, weil sonst entgegen der Gesetzesregelung das Mitbestimmungsrecht des Betriebsrats materiell auf ein Einspruchsrecht reduziert wird, er aber im Gegensatz zu §§ 61, 63 BetrVG 1952 ein Zustimmungsrecht erhalten hat. Das Zustimmungsersetzungsverfahren kann nicht in das Mitbestimmungssicherungsverfahren eingebaut werden (s. § 101 Rn. 16).

2. Abschließende Regelung

7   Die Mitbestimmung ist durch § 99 und § 100 abschließend gestaltet. Sie kann weder durch Tarifvertrag noch durch Betriebsvereinbarung geändert, weder eingeschränkt noch erweitert werden (LAG Baden-Württemberg 16. 1. 2009 - 5 TaBV 2/08, juris; s. ausführlich Einl. Rn. 136 ff.). Durch Tarifvertrag oder Betriebsvereinbarung kann das hier geregelte Mitbestimmungsverfahren nicht auf weitere personelle Einzelmaßnahmen erstreckt werden. Eine Einwirkungsmöglichkeit besteht lediglich insoweit, als von einer Regelung im Tarifvertrag oder in einer Betriebsvereinbarung abhängen kann, ob eine Ein- oder Umgruppierung oder eine Versetzung vorliegt (s. auch ArbG Reutlingen 23. 4. 2008 - 5 BV 4/08, juris). Dagegen kann die hier geregelte Mitbestimmung nicht auf die Kündigung erstreckt werden. Nach § 102 Abs. 6 können aber Arbeitgeber und Betriebsrat vereinbaren, dass Kündigungen der Zustimmung des Betriebsrats bedürfen und dass bei Meinungsverschiedenheiten über die Berechtigung der Nichterteilung der Zustimmung die Einigungsstelle entscheidet (s. § 102 Rn. 283 ff.).

8   Das Mitbestimmungsverfahren ist ebenfalls zwingend. Das gilt insbesondere für die Regelung, dass der Betriebsrat die Zustimmung nur aus bestimmten Gründen verweigern kann. § 102 Abs. 6 kann nicht entsprechend angewandt werden; denn eine Erweiterung der Beteiligung des Betriebsrats begrenzt nicht nur die Rechtsposition des Arbeitgebers, sondern auch die Rechtsposition des betroffenen Arbeitnehmers (ebenso GK-*Kraft*, Vorbem. vor § 92 Rn. 24). Deshalb kann auch der Katalog der Zustimmungsverweigerungsgründe nicht ergänzt oder erweitert werden. Das Mitbestimmungsrecht wird aber mittelbar dadurch verstärkt, dass in einem Tarifvertrag oder in einer Betriebsvereinbarung Bestimmungen für personelle Einzelmaßnahmen getroffen werden; denn nach Abs. 2 Nr. 1 kann der die Zustimmung verweigern, wenn die personelle Maßnahme gegen eine derartige Bestimmung verstoßen würde (s. zur Fristverlängerung für die Beteiligung des Betriebsrats Rn. 257 ff.).

9   Die **Mitbestimmungsrechte nach § 87 Abs. 1** und diejenigen nach § 99 stehen selbständig nebeneinander (BAG 23. 7. 1996 AP BetrVG 1972 § 87 Nr. 26 Ordnung des Betriebs; BAG 19. 6. 2001 AP BetrVG 1972 § 87 Leiharbeitnehmer Nr. 1). Eine Verletzung von Mitbestimmungsrechten nach § 87 Abs. 1 kann jedoch die Zustimmungsverweigerung nach sich ziehen (LAG Hamm 24. 5. 2006, dbr 2007, Nr. 1, 40).

III. Zweck der Mitbestimmung

10 Der Zweck der Mitbestimmung lässt sich hier nicht einheitlich bestimmen; denn es sind völlig verschiedene Gegenstände in dem Mitbestimmungstatbestand zusammengefasst. Einstellung und Versetzung beziehen sich auf den Erwerb oder Wechsel eines Arbeitsplatzes, Eingruppierung und Umgruppierung auf die Richtigkeit der Einstufung in eine Vergütungsordnung. Bei Einstellung und Versetzung dient die Mitbestimmung dem Ausgleich kollidierender Individualinteressen innerhalb der Arbeitnehmerschaft eines Betriebs.

B. Voraussetzungen und Gegenstand des Mitbestimmungsrechts

I. Allgemeine Voraussetzungen des Mitbestimmungsrechts

1. Unternehmensgröße

Das Mitbestimmungsrecht bei Einstellungen, Eingruppierungen, Umgruppierungen und Versetzungen besteht **nur in Unternehmen mit in der Regel mehr als zwanzig wahlberechtigten Arbeitnehmern**. **11**

a) Das Gesetz stellt seit der Änderung durch das BetrVerf-Reformgesetz nicht mehr auf den Betrieb, sondern auf das **Unternehmen** ab. Führen mehrere Unternehmen mit jeweils weniger als zwanzig wahlberechtigten Arbeitnehmern jedoch gemeinsam einen Betrieb, in dem insgesamt mehr als zwanzig wahlberechtigte Arbeitnehmer beschäftigt sind, so ist die Vorschrift des § 99 auf Versetzungen in diesem Betrieb analog anwendbar (BAG 29. 9. 2004 AP BetrVG 1972 § 99 Nr. 40). Der Gesetzgeber hat diesen Fall schlichtweg nicht bedacht (s. aber *Richardi/Annuß*, DB 2001, 41, 45; *Annuß*, NZA 2001, 367, 369 Fußn. 19; er wollte das Mitbestimmungsrecht ausweiten, nicht beschränken. Deshalb ist die Analogie auch bei Einstellung, Eingruppierung und Umgruppierung zuzulassen.

b) Entscheidend für den Schwellenwert von 20 ist die Zahl der **wahlberechtigten Arbeitnehmer** (s. zur Wahlberechtigung § 7). Leitende Angestellte sind also nicht mitzuzählen (ebenso GK-*Kraft*, § 99 Rn. 8; s. auch § 5 Rn. 264). Im Gegensatz zur Betriebsratsfähigkeit wird hier nicht verlangt, dass es sich um ständige Arbeitnehmer handelt; auch wer nur vorübergehend eingestellt ist, wird in die Berechnung einbezogen (s. § 7 Rn. 31). Voraussetzung ist aber, dass seine Beschäftigung die Zahl der in der Regel zum Betrieb gehörenden Arbeitnehmer bestimmt (s. ausführlich § 9 Rn. 10 f.). Unter derselben Voraussetzung werden auch **Teilzeitbeschäftigte** mitgezählt, und zwar, da allein auf die Arbeitnehmerzahl abgestellt wird, voll, nicht entsprechend ihrer Arbeitszeit als „Bruchteil eines Arbeitnehmers" (so aber *Löwisch*, RdA 1984, 197, 207; wie hier *Matthes*, MünchArbR § 263 Rn. 5). Eine Regelung wie in § 23 Abs. 1 S. 4 KSchG fehlt hier gerade. Eine Entscheidung darüber, ob **der Einzustellende selbst** mitzuzählen ist, kann generell nicht getroffen werden (dagegen: GK-*Kraft*, § 99 Rn. 7; ErfK-*Kania*, § 99 Rn. 1; s. auch BAG 22. 1. 2004 AP KSchG 1969 § 23 Nr. 31). Auch hier kommt es auf die Zahl der regelmäßig Beschäftigten an: Gehört sein Arbeitsplatz und seine Arbeitsleistung dazu, dann ist er mitzuzählen. **12**

Nicht notwendig ist ein **Arbeitsvertrag mit dem Betriebsinhaber**. Es genügt die Betriebszugehörigkeit. Das ist insbesondere bei einem **Gemeinschaftsbetrieb** zu beachten. **Leiharbeitnehmer** werden jedoch auch dann nicht mitgezählt, soweit sie wahlberechtigt sind, s. § 9 Rn. 7. **13**

Die vom Gesetz geforderte Arbeitnehmerzahl muss zum **Zeitpunkt der Durchführung der personellen Einzelmaßnahme** vorliegen (ebenso GK-*Kraft*, § 99 Rn. 7, 9; GL-*Löwisch*, § 99 Rn. 4; HSWGNR-*Schlochauer*, § 99 Rn. 3; DKK-*Kittner/Bachner*, § 99 Rn. 9; *Nikisch*, Bd. III S. 443). Dabei ist auf den Stand der *normalen Zahl* der wahlberechtigten Arbeitnehmer, nicht auf den zufälligen Stand am Tag der Maßnahme abzustellen (s. § 9 Rn. 10 f.). Wer eingestellt werden soll, darf nicht mitgezählt werden (ebenso *Fitting*, § 99 Rn. 12; GK-*Kraft*, § 99 Rn. 7; GL-*Löwisch*, § 99 Rn. 4; HSWGNR-*Schlochauer*, § 99 Rn. 3; *Stege/Weinspach/Schiefer*, §§ 99–101 Rn. 4). Das gilt jedoch nur, wenn dadurch der Regelstand der Arbeitnehmer erhöht wird, also nicht bei Ersetzung eines ausscheidenden Arbeitnehmers (ebenso *Matthes*, MünchArbR § 352 Rn. 6). Maßgebend ist der Zeitpunkt, zu dem die Maßnahme *durchgeführt* werden soll, also bei der Eingruppierung, Umgruppierung und Versetzung der Zeitpunkt der tatsächlichen Durchführung und nicht der Zeitpunkt der Anordnung, bei der Einstellung die **14**

Eingliederung in den Betrieb, nicht der Abschluss des Arbeitsvertrags (a. A. HSWGNR-*Schlochauer*, § 99 Rn. 3; *Stege/Weinspach/Schiefer*, §§ 99 bis 101 Rn. 4; s. auch Rn. 26).

2. Personeller Geltungsbereich

15 a) Das Mitbestimmungsrecht besteht nur für die **vom Betriebsrat repräsentierten Arbeitnehmer.** Es genügt nicht, dass jemand im Betrieb die Tätigkeit eines Arbeitnehmers verrichtet, sondern notwendig ist eine Weisungsgebundenheit gegenüber dem Betriebsinhaber. Deshalb hat der Betriebsrat nicht mitzubestimmen, wenn Arbeitnehmer eines fremden Arbeitgebers im Betrieb tätig werden, um dort als Erfüllungsgehilfen (§ 278 BGB) im Rahmen eines Dienst- oder Werkvertrags die von ihrem Arbeitgeber geschuldete Dienstleistung zu erbringen bzw. den geschuldeten Arbeitserfolg herbeizuführen (ebenso BAG 5. 3. 1991 und 9. 7. 1991 AP BetrVG 1972 § 99 Nr. 90 und 94).

16 Da die Einräumung des Mitbestimmungsrechts den Schutz der vom Betriebsrat repräsentierten Belegschaft bezweckt, ist bei der **Einstellung** keine Voraussetzung, dass der Betriebsinhaber mit der von ihm ausgewählten Person einen Arbeitsvertrag abschließt oder abgeschlossen hat; es genügt, dass sie in den Betrieb eingegliedert werden soll, um zusammen mit den im Betrieb beschäftigten Arbeitnehmern den **arbeitstechnischen Zweck des Betriebs durch weisungsgebundene Tätigkeit zu verwirklichen,** auch wenn dadurch keine Arbeitnehmereigenschaft begründet wird (so beim Einsatz von selbständigen Taxiunternehmern BAG 15. 4. 1986 AP BetrVG 1972 § 99 Nr. 35 bestätigt BAG 19. 6. 2001 AP BetrVG 1972 § 99 Nr. 35 Einstellung; s. auch Rn. 31).

17 Für **Leiharbeitnehmer** bestimmt § 14 Abs. 1 AÜG, dass sie Angehörige des Verleiherbetriebs bleiben. Dennoch ist bei ihnen die Übernahme zur Arbeitsleistung durch den Entleiherbetrieb mitbestimmungspflichtig. Dessen Betriebsrat hat das hier eingeräumte Zustimmungsverweigerungsrecht (§ 14 Abs. 3 AÜG; s. auch Rn. 49 ff.).

18 b) Das Mitbestimmungsrecht besteht nicht bei **leitenden Angestellten** (§ 5 Abs. 3 Satz 1). Hier hat der Betriebsrat lediglich ein Unterrichtungsrecht (§ 105). Das gilt auch bei personellen Einzelmaßnahmen, durch die ein Arbeitnehmer zum leitenden Angestellten befördert wird (ebenso BAG 29. 1. 1980 AP BetrVG 1972 § 5 Nr. 24; BAG 16. 4. 2002 AP BetrVG 1972 § 5 Nr. 69; GK-*Kraft*, § 99 Rn. 11; GL-*Löwisch*, § 99 Rn. 9; HSWGNR-*Schlochauer*, § 99 Rn. 5; *Löwisch/Kaiser*, § 99, Rn. 2; a. A. unter Begrenzung der Zustimmungsverweigerung auf Gründe und den Bereich der bisherigen Tätigkeit DKK-*Kittner/Bachner*, § 99 Rn. 14; *v. Hoyningen-Huene/Boemke*, Versetzung, S. 208 ff.). Dem Mitbestimmungsrecht steht aber nicht entgegen, dass jemand durch die personelle Einzelmaßnahme (Einstellung oder Versetzung) seinen bisherigen Status als leitender Angestellter verliert; hier ist dem Betriebsrat nur versagt, seine Zustimmungsverweigerung auf den Verlust der Stellung als leitender Angestellter zu stützen (ebenso im Ergebnis *Kittner/Bachner*, a. a. O.; *v. Hoyningen-Huene/Boemke*, a. a. O., S. 210 f.). Der Betriebsrat hat nach § 99 Abs. 1 Satz 1 jedoch nach der Rechtsprechung des BAG ein Mitbeurteilungsrecht bei der Frage, ob ein bislang außertariflich vergüteter Angestellter nach einer Versetzung weiterhin außertariflich eingruppiert ist oder nunmehr unter eine tarifliche Vergütungsordnung fällt (BAG 12. 12. 2006 AP BetrVG 1972 § 99 Nr. 32 Eingruppierung). S. auch Rn. 62 a.

3. Notwendigkeit des Bestehens eines Betriebsrats

19 Wenn kein Betriebsrat besteht, kann das Mitbestimmungsrecht nicht ausgeübt werden (s. § 1 Rn. 104 f.). Das gilt auch für den Fall, dass ein **Betriebsrat bereits gewählt,** aber **noch nicht konstituiert** ist (vgl. LAG Düsseldorf 2. 1. 1968, BB 1968, 628). Der Arbeitgeber ist in diesen Fällen bei der Durchführung der mitbestimmungspflichtigen personellen Einzelmaßnahmen frei (ebenso *Fitting*, § 99 Rn. 15; GK-*Kraft*, § 99 Rn. 10; GL-*Löwisch*, § 99 Rn. 6; HSWGNR-*Schlochauer*, § 99 Rn. 4; kritisch im Hinblick auf etwaige Missbrauchsgefahren DKK-*Kittner/Bachner,* § 99 Rn. 11). Das gilt auch, wenn im Unternehmen ein Gesamtbetriebsrat besteht; denn er hat keine Ersatzzuständigkeit (s. § 50 Rn. 51). Das Nichtbestehen eines Einzelbetriebsrats spielt nur dann keine Rolle, wenn der Gesamtbetriebsrat selbst zuständig ist, was man hier nur erwägen kann, wenn es sich um die Versetzung in einen anderen Betrieb handelt (s. Rn. 124).

4. Mitbestimmung während eines Arbeitskampfes

Ein **Arbeitskampf im Betrieb** führt **nicht** zum **Ruhen des Mitbestimmungsrechts** (s. § 74 Rn. 32). Das für die Funktionsfähigkeit der Tarifautonomie maßgebliche Prinzip der Kampfparität fordert keine generelle Ausschaltung des Betriebsrats. Das gilt auch bei einer Streikbeteiligung seiner Mitglieder. Eine **Einschränkung der Mitbestimmung** tritt lediglich insoweit ein, als die Beteiligung des Betriebsrats nicht mit dem für die Funktionsfähigkeit der Tarifautonomie maßgeblichen Prinzip der Kampfparität vereinbar ist (**arbeitskampfkonforme Interpretation der Beteiligungsrechte**). Der Arbeitgeber braucht den Betriebsrat nicht zu beteiligen, soweit er zur Ersetzung kampfbeteiligter Arbeitnehmer Einstellungen oder Versetzungen vornimmt, um seinen Betrieb aufrechtzuerhalten. Das gilt auch, wenn es sich um einen rechtswidrigen Streik handelt. **20**

Führt ein Arbeitskampf zu **Störungen in Drittbetrieben** und werden deshalb dort Versetzungen vorgenommen, um die Last der Nichtbeschäftigung und den damit verbundenen Lohnausfall gleichmäßig und sozial innerhalb der Belegschaft zu verteilen, so sind derartige Maßnahmen zwar auch durch den Arbeitskampf bedingt; der Arbeitgeber wirkt durch sie aber nicht final auf den Arbeitskampf ein. Deshalb hat der Betriebsrat hier mitzubestimmen; es ist ebenso wie zu § 87 Abs. 1 Nr. 2 und 3 zu entscheiden (s. dort Rn. 382 ff.). Wie dort ist aber auch hier der Betriebsrat nicht berechtigt, seine Zustimmung nur deshalb zu verweigern, weil er die rechtlichen Voraussetzungen der geplanten Maßnahme bestreitet (s. § 87 Rn. 391 f.). **21**

Das Gleiche gilt für den Fall, dass ein Arbeitgeber Arbeitnehmer aus einem nicht bestreikten Betrieb in einen **bestreikten Betrieb** entsendet, um dort einen Bereitschafts- oder Notdienst verrichten zu lassen. Auch hier wirkt der Arbeitgeber final auf den Arbeitskampf ein; eine Mitbestimmung scheidet aus (im Ergebnis ebenso *Busch,* DB 1997, 1974; s. auch ErfK-*Kania,* § 99 Rn. 3; *Fitting,* § 99 Rn. 25). **21a**

Der Grundsatz der Kampfparität berechtigt den Arbeitgeber nicht, die **Mitbestimmung** über die Zusammensetzung der Belegschaft auch **für die Zeit nach Beendigung des Arbeitskampfes** auszuschalten. Soll eine Einstellung oder Versetzung, die als kampfbedingte Maßnahme mitbestimmungsfrei ist, nach Beendigung des Arbeitskampfes wirksam bleiben, so muss das Mitbestimmungsverfahren nachgeholt werden, sobald der Arbeitskampf beendet ist (a. A. GK-*Kraft,* § 99 Rn. 16; *Heinze,* Personalplanung, Rn. 437). Der Betriebsrat kann seine Zustimmung zu der Einstellung oder Versetzung aber nicht nach Abs. 2 Nr. 3 verweigern, soweit es sich um den Arbeitsplatzverlust oder sonstige Nachteile handelt, die für streikende oder ausgesperrte Arbeitnehmer durch den Arbeitskampf eingetreten sind. **22**

5. Auslandsbeziehung

Das Mitbestimmungsrecht wird nicht dadurch eingeschränkt, dass die personelle Einzelmaßnahme einen **Ausländer** betrifft. Das gilt auch bei einem ausländischen Arbeitsvertragsstatut (s. Einl. Rn. 64). **23**

Wird dagegen ein Arbeitnehmer für einen **ausländischen Betrieb** eingestellt oder dort versetzt, so besteht kein Mitbestimmungsrecht; denn der Arbeitnehmer gehört nicht zu einem Betrieb, der unter das BetrVG fällt (s. Einl. Rn. 63 ff.). Wird dagegen ein Arbeitnehmer nur vorübergehend zur **Beschäftigung ins Ausland** entsandt, so bleibt seine Betriebsangehörigkeit bestehen (s. Einl. Rn. 70 ff.). Die Entsendung ins Ausland **24** ist eine Versetzung, die der Mitbestimmung des Betriebsrats unterliegt (s. auch Rn. 103 ff.). Lediglich bei personellen Einzelmaßnahmen, die im Ausland getroffen werden und sich in ihren Rechtswirkungen auf die Auslandsbeschäftigung beschränken, besteht keine Beteiligungsnotwendigkeit (s. auch BAG 20. 2. 2001 AP BetrVG 1972 § 101 Nr. 23).

6. Tendenzbetriebe

25   In Tendenzbetrieben ist das Mitbestimmungsrecht des Betriebsrats durch den relativen Tendenzschutz eingeschränkt (§ 118 Abs. 1 Satz 1; s. dort Rn. 167).

II. Einstellung als Mitbestimmungstatbestand

1. Begriffsbestimmung

26   a) Das Gesetz enthält für die Einstellung – anders als für die Versetzung (§ 95 Abs. 3) – **keine Legaldefinition**. Die Gestaltung des dem Betriebsrat eingeräumten Zustimmungsverweigerungsrechts und damit der Sinn und Zweck der Mitbestimmungsnorm ergeben aber, dass die Einstellung **nicht** mit dem **Abschluss des Arbeitsvertrags** identisch ist (vgl. BAG 28. 4. 1992 AP BetrVG 1972 § 99 Nr. 98 *[Hromadka]*). Dass der Betriebsrat einer Einstellung widersprechen kann, liegt nicht im Schutzinteresse des betroffenen Bewerbers, sondern die Mitbestimmung dient hier ausschließlich dem Schutz der übrigen Arbeitnehmer im Betrieb. Daraus folgt, dass die Frage nach der Rechtswirksamkeit des Arbeitsvertrags, wenn der Betriebsrat für eine Einstellung seine Zustimmung verweigert hat, hier völlig unerheblich ist; es geht ausschließlich um das Schutzbedürfnis der möglicherweise nachteilig betroffenen Belegschaftsangehörigen, wenn der Arbeitgeber eine Einstellung vornimmt. Eine Parallelität mit dem Versetzungsbegriff besteht insoweit, als es bei der Einstellung um die Übertragung eines Arbeitsbereichs geht, durch die bei Begründung oder Bestehen eines Arbeitsverhältnisses der Arbeitnehmer in die vom Betriebsrat repräsentierte Belegschaft aufgenommen wird.

27   b) **Rechtsdogmatisch ungeklärt** bleibt der Mitbestimmungstatbestand, wenn man sich mit der Definition begnügt, unter Einstellung sei sowohl die **Begründung eines Arbeitsverhältnisses** als auch die zeitlich damit zusammenfallende, vorhergehende oder auch nachfolgende **tatsächliche Arbeitsaufnahme in einem bestimmten Betrieb** zu verstehen (*Fitting*, § 99 Rn. 30; GK-*Kraft*, § 99 Rn. 20; HSWGNR-*Schlochauer*, § 99 Rn. 15; *Stege/Weinspach/Schiefer*, §§ 99 bis 101 Rn. 12 ff.; ursprünglich auch BAG 14. 5. 1974 AP BetrVG 1972 § 99 Nr. 2; 18. 7. 1978 AP BetrVG 1972 § 99 Nr. 7 und 9; 2. 7. 1980 AP BetrVG 1972 § 101 Nr. 5). Nicht genau ist auch, wenn man die Einstellung im Abschluss des Arbeitsvertrags sieht (vgl. GK-*Kraft*, § 99 Rn. 21; HSWGNR-*Schlochauer*, § 99 Rn. 15). Nicht der Abschluss des Arbeitsvertrags, sondern die Einstellung bildet den Mitbestimmungstatbestand. Zutreffend ist lediglich, dass im Regelfall mit dem Abschluss des Arbeitsvertrags die Einstellung in einen Betrieb erfolgt. Vertragsschluss und Einstellungsvorgang fallen aber auseinander, wenn das Arbeitsverhältnis nicht mit dem Vertragsschluss, sondern zu einem späteren Zeitpunkt beginnt. Folgerichtig wird zwar für diesen Fall angenommen, dass das Mitbestimmungsrecht jeweils bei der zeitlich ersten Maßnahme, d. h. dem Abschluss des Arbeitsvertrags bzw. der tatsächlichen Arbeitsaufnahme vor Abschluss eines formellen Vertrags, bestehe (*Fitting*, § 99 Rn. 12; HSWGNR-*Schlochauer*, § 99 Rn. 15). Nicht stimmig ist aber, warum man das Mitbestimmungsrecht im ersten Fall auf die individualrechtliche Grundlage einer Beschäftigung im Betrieb bezieht, während man im zweiten Fall die tatsächliche Durchführung genügen lässt.

28   Die Einstellung darf auch **nicht** mit der **tatsächlichen Arbeitsaufnahme** in einem bestimmten Betrieb gleichgesetzt werden. Das BAG verlangt, dass mit der tatsächlichen

Beschäftigung die betriebsfremde Person „zusammen mit den schon beschäftigten Arbeitnehmern den arbeitstechnischen Zweck des Betriebes durch weisungsgebundene Tätigkeit" verwirklicht (BAG 28. 4. 1992 AP BetrVG 1972 § 99 Nr. 98 *[Hromadka]*). Dabei bleibt aber offen, wie die Einstellung von der Beschäftigung von Arbeitnehmern einer Drittfirma abzugrenzen ist, die im Betrieb ebenfalls einen Beitrag zur Erfüllung des Betriebszwecks durch eine ihrer Tätigkeit nach weisungsgebundene Tätigkeit leisten. Das für die Abgrenzung maßgebliche Kriterium liegt darin, ob der Betriebsinhaber oder die Drittfirma die für ein Arbeitsverhältnis typischen Entscheidungen über den Arbeitseinsatz nach Zeit und Ort zu treffen hat (so zutr. BAG 5. 3. 1991 und 9. 7. 1991 AP BetrVG 1972 § 99 Nr. 90 und 94).

c) Die Einstellung liegt in der **Zuweisung eines Arbeitsbereichs,** durch die ein Arbeitnehmer in den Betrieb eingegliedert wird. Es handelt sich insoweit um dasselbe Kriterium wie beim Versetzungsbegriff, der die Zuweisung eines *anderen Arbeitsbereichs* erfasst (s. Rn. 93 ff.). Wenn bei Arbeitsaufnahme ein Arbeitsvertrag noch nicht geschlossen ist, kommt er durch die tatsächliche Beschäftigung zustande, wenn sie in Kenntnis des Betriebsinhabers mit dessen Willen erfolgt; denn der Arbeitsvertrag bedarf keiner besonderen Form, soweit nicht ein Gesetz etwas anderes bestimmt. Da für den Mitbestimmungstatbestand wegen der Gestaltung des dem Betriebsrat eingeräumten Zustimmungsverweigerungsrechts unerheblich ist, ob die individualrechtliche Grundlage einer Beschäftigung rechtswirksam ist, geht es bei der Einstellung nicht um den *rechtsgeschäftlichen Tatbestand,* sondern um die *Besetzung eines Arbeitsplatzes mit einer betriebsfremden Person.* 29

Folgerichtig gelangt daher das BAG zu dem Ergebnis, dass eine Einstellung auch vorliegen kann, wenn mit dem Betriebsinhaber überhaupt kein Arbeitsvertrag abgeschlossen wird, sondern jemand zu ihm durch Verleihung oder Versetzung in eine rechtliche Beziehung als Arbeitnehmer tritt (so bereits BAG 14. 5. 1974 AP BetrVG 1972 § 99 Nr. 2; 6. 6. 1978 AP BetrVG 1972 § 99 Nr. 6; s. auch BAG 22. 4. 1997 AP BetrVG 1972 § 99 Nr. 18 Einstellung; zust. DKK-*Kittner/Bachner,* § 99 Rn. 38; *Matthes,* MünchArbR, § 263 Rn. 7, 19; *Fitting,* § 99 Rn. 33). Deshalb hat es das BAG auch als unerheblich angesehen, ob eine betriebsfremde Person, die als selbständiger Unternehmer tätig wird, durch die Eingliederung und Weisungsgebundenheit zum Arbeitnehmer wird (BAG 15. 4. 1986 AP BetrVG 1972 § 99 Nr. 35 [Einsatz von selbständigen Taxiunternehmern in der Fahrtwunschannahme des Arbeitgebers]). Da das Mitbestimmungsrecht bei der Einstellung vor allem dem Schutz der übrigen Arbeitnehmer im Betrieb dient, kommt es nicht darauf an, ob die betriebsfremde Person durch die Übernahme des Arbeitsbereichs Arbeitnehmer des Betriebsinhabers wird, sondern es genügt, dass die **Erfüllung ihrer Arbeitsaufgabe vom Arbeitgeber organisiert** wird, um zusammen mit den schon beschäftigten Arbeitnehmern den arbeitstechnischen Zweck des Betriebs durch ihrer Art nach weisungsgebundene Tätigkeit zu verwirklichen (so BAG 15. 4. 1986 AP BetrVG 1972 § 99 Nr. 35; 18. 4. 1989 AP BetrVG 1972 § 99 Nr. 65; 1. 8. 1989 AP BetrVG 1972 § 99 Nr. 68; 28. 4. 1992 AP BetrVG 1972 § 99 Nr. 98; 27. 7. 1993 AP BetrVG 1972 § 93 Nr. 3; *Fitting,* § 99 Rn. 34; GL-*Löwisch,* § 99 Rn. 10 ff.; *Heinze,* Personalplanung, Rn. 191 ff.; *Matthes,* MünchArbR § 263 Rn. 7 ff.; krit. *Hunold,* NZA 1990, 461; *ders.,* NZA 1998, 1025; *Walle,* NZA 1999, 518, 521). 30

Keine Einstellung liegt demgegenüber vor, wenn die Zuweisung eines Arbeitsbereichs erst vorbereitet wird, und die Entscheidung, ob eine Eingliederung in den Betrieb erfolgen soll, nur vorbereitet wird. Solche **Vorbereitungshandlungen** werden von § 99 nicht erfasst (anders aber wenn ein Assessment-Center nach der eigentlichen Auswahlentscheidung erfolgt und bei Bewährung eine Einstellung fest in Aussicht steht: BAG AP BetrVG 1972 § 99 Nr. 106; s. aber auch für das BPersVG BVerwG 29. 1. 2003–6 P 16.01; hierzu *Wahlers,* ZTR 2005, 185) 30 a

2. Einstellung bei Beschäftigung als Arbeitnehmer

31 a) Bei **Neubegründung eines Arbeitsverhältnisses** liegt die Einstellung regelmäßig im Abschluss des Arbeitsvertrags, wenn für den Leistungsvollzug kein anderer Zeitpunkt vereinbart wird. Die Einstellung ist aber auch in diesem Fall nicht mit dem Abschluss des Arbeitsvertrags identisch, sondern sie liegt in der Zuweisung des Arbeitsbereichs. Durch sie wird der Arbeitnehmer in den Betrieb eingegliedert, auch wenn er seine Arbeit nicht tatsächlich antritt. Maßgebend ist vielmehr der Zeitpunkt, zu dem der Arbeitnehmer zur Verfügung des Arbeitgebers stehen soll. Wird für das Arbeitsverhältnis ein Zeitpunkt nach dem Abschluss des Arbeitsvertrags vereinbart, so liegt die Einstellung nach Abschluss des Arbeitsvertrags. Der Arbeitgeber hat jedoch auch in diesem Fall den Betriebsrat bereits vor Abschluss des Arbeitsvertrags zu beteiligen; denn rechtzeitig ist dessen Einschaltung nur, wenn der Arbeitgeber noch keine abschließende und endgültige Entscheidung getroffen hat. Mit dem Abschluss des Arbeitsvertrags ist aber die Entscheidung, den Arbeitnehmer auch im Betrieb zu beschäftigen, abschließend gefallen (ebenso BAG 28. 4. 1992 AP BetrVG 1972 § 99 Nr. 98; s. auch Rn. 26 ff.).

32 Erfasst werden auch **befristete Einstellungen** für u. U. nur einen kurzen Zeitraum. Eine Geringfügigkeitsgrenze kennt § 99 nicht. Der Betriebsrat kann jedoch in einer Vereinbarung mit dem Arbeitgeber für solche Einstellungen (etwa: unter 6 Monaten, unter 3 Monaten ...) auf die Unterrichtung verzichten, s. Rn. 126.

33 b) Die **Versetzung aus einem anderen Betrieb** desselben Unternehmens ist aus der Sicht des aufnehmenden Betriebs eine Einstellung (vgl. BAG 16. 12. 1986 AP BetrVG 1972 § 99 Nr. 40; s. ausführlich Rn. 121 ff.). Die **Rückkehr nach einer Abordnung** innerhalb desselben Unternehmens stellt nie eine Einstellung dar (BAG 14. 11. 1989 AP BetrVG 1972 § 99 Nr. 76; BAG 18. 2. 1986 AP BetrVG 1972 § 99 Nr. 33 ; BAG 5. 4. 2001 AP BetrVG 1972 § 99 Nr. 32 Einstellung).

34 c) Wird ein **befristetes Arbeitsverhältnis verlängert** oder in ein Arbeitsverhältnis auf unbestimmte Zeit umgewandelt, so liegt nach der Rechtsprechung und der wohl herrschenden Meinung in der Weiterbeschäftigung über die vorgesehene Zeit hinaus eine Einstellung (BAG 7. 8. 1990 AP BetrVG 1972 § 99 Nr. 82; ArbG Frankfurt 29. 1. 1998, NZA-RR 1999, 584; GK-*Kraft*, § 99 Rn. 25; GL-*Löwisch*, § 99 Rn. 14 a; HWK-*Ricken*, § 99 Rn. 20; Jaeger/Röder/Heckelmann/*Lunk*, Kap. 24 Rn. 23; *Löwisch/Kaiser*, § 99, Rn. 5; *Matthes*, MünchArbR § 263 Rn. 12; a. A. HSWGNR-*Schlochauer*, § 99 Rn. 23; *Stege/Weinspach/Schiefer*, §§ 99–101 Rn. 19 f; *Hunold*, NZA 1997, 741, 745; ErfK-*Kania*, § 99 Rn. 6). Für das Zustimmungsverweigerungsrecht – so die Begründung – sei nämlich von Bedeutung, ob ein Arbeitnehmer nur befristet oder auf Dauer dem Betrieb eingegliedert wird. Eine Ausnahme sei hingegen angebracht, wenn der Arbeitgeber plant, einen freien Arbeitsplatz auf unbestimmte Zeit mit einem Arbeitnehmer zu besetzen, das Arbeitsverhältnis aber für die Probezeit nur befristet eingegangen wird. Hier sei die Weiterbeschäftigung keine Einstellung (BAG 7. 8. 1990 AP BetrVG 1972 § 99 Nr. 82).

35 Vorzugswürdig ist es wohl, noch weitergehend auf das Zustimmungserfordernis zu verzichten, denn die Verweigerung der Zustimmung kann hier nur darauf abzielen, einem bereits im Betrieb arbeitenden Arbeitnehmer die Möglichkeit zu nehmen, weiterhin im Betrieb zu arbeiten. Funktional ist das Recht des § 99 durch die Aufgaben des Betriebsrats beschränkt; dazu gehört aber – wie das Gesetz deutlich hervorhebt (§ 80 Abs. 1 Nr. 8) – auch die Beschäftigungssicherung. Daher scheidet ein Recht nach § 99 zumindest dann aus, wenn der Arbeitgeber bei der Verlängerung des Arbeitsverhältnisses nicht zwischen mehreren Arbeitsverhältnissen, die er verlängern kann, auswählt, also keine selektive Entscheidung trifft. Hierauf stellt auch die herrschende Meinung ab für den Fall, dass mehreren Arbeitnehmern gekündigt wurde, sich nach Ablauf der Kündigungsfrist jedoch wider Erwarten neue Beschäftigungsmöglichkeiten ergeben. Hier hat der Arbeitnehmer nach neuerer Rechtsprechung einen Anspruch auf **Wiedereinstellung**

(BAG 27. 2. 1997, 6. 8. 1997, 4. 12. 1997 AP KSchG § 1 Nr. 1, 2, 4 Wiedereinstellung), und der Betriebsrat hat nur dann ein Mitbestimmungsrecht nach § 99, wenn der Arbeitgeber nicht alle Arbeitnehmer wieder einstellt (*Boewer*, NZA 1999, 1177, 1182; *Fitting*, § 99 Rn. 47; weitergehend allerdings *Furier*, AiB 1999, 246; *Löwisch/Kaiser*, § 99, Rn. 4; s. auch Rn. 46).

Dagegen, in der Verlängerung eines befristeten Arbeitsverhältnisses eine Einstellung **36** zu sehen, spricht auch die Ergänzung des Abs. 2 Nr. 3 durch das BetrVerf-Reformgesetz, denn würde man anders entscheiden, dann könnte der Betriebsrat einer Verlängerung widersprechen mit der Begründung, ein anderer befristet Beschäftigter sei gleich geeignet, und mit der gleichen Berechtigung könnte er dann der Verlängerung dessen Arbeitsverhältnisses widersprechen. Das Ergebnis ließe sich nur vermeiden, wenn man den Begriff „Einstellung" hier anders definiert als in Abs. 1; für eine solche, mit der Systematik der Norm kaum vereinbare Unterscheidung fehlt jedoch jeder Anhalt in den Gesetzgebungsmaterialien.

Besteht für das Arbeitsverhältnis eine **Altersgrenze,** bei deren Erreichen das Arbeits- **37** verhältnis ohne Kündigung endet (s. zur Zulässigkeit § 77 Rn. 107 ff.), so ist die Beschäftigung über die Altersgrenze hinaus betriebsverfassungsrechtlich keine Einstellung, die dem Mitbestimmungsrecht des Betriebsrats unterliegt, auch wenn damit verhindert wird, dass der Arbeitsplatz mit einer anderen Person besetzt wird (a. A. BAG 18. 7. 1978 AP BetrVG 1972 § 99 Nr. 9 [abl. *Kraft*]; 12. 7. 1988 AP BetrVG 1972 § 99 Nr. 54; *Fitting*, § 99 Rn. 39; wie hier: GK-*Kraft*, § 99 Rn. 26; Jaeger/Röder/Heckelmann/*Lunk,* Kap. 24 Rn. 19; HSWGNR-*Schlochauer*, § 99 Rn. 23; *Stege/Weinspach/ Schiefer,* §§ 99–101 Rn. 19 h). Für die Einbeziehung in den Mitbestimmungstatbestand spricht allerdings, dass § 75 Abs. 1 BPersVG, der die mitbestimmungspflichtigen Personalangelegenheiten entsprechend den Besonderheiten des öffentlichen Dienstes näher konkretisiert, in Nr. 5 die Weiterbeschäftigung über die Altersgrenze hinaus ausdrücklich als Fall der Mitbestimmung nennt (vgl. *Dietz/Richardi*, BPersVG, § 75 Rn. 85 ff.). Dennoch liegt der Gegenschluss näher als die Analogie, denn wiederum gilt: Könnte der Betriebsrat durch die Zustimmungsverweigerung bewirken, dass der Arbeitnehmer seinen Arbeitsplatz verliert, dann wäre dies eine Konsequenz, die seinem Auftrag zur Beschäftigungssicherung (§ 80 Abs. 1 Nr. 8) nicht entspricht.

Voraussetzung für das Mitbestimmungsrecht ist, dass der Arbeitgeber darüber ent- **38** scheiden kann, ob das Arbeitsverhältnis über den Zeitablauf hinaus fortgesetzt werden kann. Ist die Befristung sachlich nicht gerechtfertigt oder die Festlegung der Altersgrenze nicht zulässig, so ist der Arbeitgeber zur Weiterbeschäftigung verpflichtet und daher keine Einstellung i. S. des Mitbestimmungstatbestands anzunehmen (s. auch Rn. 194 ff.).

d) Für die Einstellung unerheblich ist die **Art des Arbeitsverhältnisses** (ebenso DKK- **39** *Kittner/Bachner,* § 99 Rn. 39). Daher liegt eine Einstellung auch vor, wenn jemand zur **Berufsausbildung** beschäftigt wird. Das gilt nicht für sog. Schülerpraktikanten; denn sie werden nicht zum Zweck der Berufsausbildung beschäftigt (ebenso BAG 8. 5. 1990 AP BetrVG 1972 § 99 Nr. 80). Dies dürfte auch auf andere Praktikanten, so sie denn tatsächlich nur Praktikanten sind, übertragbar sein. Werden **Auszubildende** eines reinen Ausbildungsbetriebs zum Zwecke ihrer praktischen Ausbildung vorübergehend in einem anderen Betrieb eingesetzt, liegt für diesen Betrieb ebenfalls eine mitbestimmungspflichtige Einstellung vor (BAG 30. 9. 2008 EzA BetrVG 2001 § 99 Nr. 10 Einstellung).

Müssen Bewerber um einen Arbeitsplatz sich an einem **Auswahlverfahren** beteiligen, **40** so liegt in ihrer Aufnahme eine Einstellung, wenn nicht nur die Eignung des Bewerbers festgestellt werden soll, sondern er für die in Aussicht genommene Beschäftigung eine Ausbildung erhält, ohne die eine solche Beschäftigung nicht möglich wäre (ebenso BAG 3. 10. 1989 und 20. 4. 1993 AP BetrVG 1972 § 99 Nr. 73 und 106). Die Teilnehmer an dem Auswahlverfahren werden zu ihrer Berufsausbildung beschäftigt; denn festgestellt werden sollen nicht schon vorhandene Fähigkeiten, Kenntnisse und Eigenschaften, sondern das Verfahren dient der Schulung für den Einsatz auf einem bestimmten Arbeitsplatz. Ob durch die Teilnahme an dem Auswahlverfahren ein Arbeitsverhältnis begründet wird, ist unerheblich (BAG 3. 10. 1989 AP BetrVG 1972 § 99 Nr. 73). Nach Ansicht des BAG spielt auch keine Rolle, ob die Teilnehmer an dem Auswahlverfahren nach der Ausbildung in einem Arbeitsverhältnis oder als freie Mitarbeiter beschäftigt werden sollen (so für die Aufnahme in ein **Assessment-Center** BAG 20. 4. 1993 AP BetrVG 1972 § 99 Nr. 106).

41 Wird jemand **nach Ablauf seiner Ausbildung im Betrieb in ein Arbeitsverhältnis übernommen** (vgl. zur Weiterarbeit im Anschluss an das Berufsausbildungsverhältnis § 24 BBiG), so ist der Betriebsrat nach wohl herrschender Meinung zu beteiligen (LAG Hamm 14. 7. 1982, DB 1982, 2303; *Fitting*, § 99 Rn. 52; GK-*Kraft*, § 99 Rn. 27; Jaeger/Röder/Heckelmann/*Lunk*, Kap. 24 Rn. 21; a. A. HSWGNR-*Schlochauer*, § 99 Rn. 23; *Stege/Weinspach/Schiefer*, §§ 99–101 Rn. 191 – die aber auf ein Beteiligungsrecht wegen Eingruppierung oder Umgruppierung hinweisen). Zumindest bei einer Übernahmeverpflichtung des Arbeitgebers nach § 78 a entfällt aber das Mitbestimmungsrecht (ebenso *Fitting*, a. a. O.; GK-*Kraft*, a. a. O.).

42 e) Da Mitbestimmungstatbestand die Eingliederung in den Betrieb ist, spielt keine Rolle, ob der **Arbeitsvertrag rechtswirksam** ist (ebenso BAG 14. 5. 1974 AP BetrVG 1972 § 99 Nr. 2; Jaeger/Röder/Heckelmann/*Lunk*, Kap. 24 Rn. 34). Eine rechtlich fehlerhafte Vertragsgrundlage steht der Annahme einer Einstellung nicht entgegen. Beruht die Fehlerhaftigkeit auf dem Verstoß gegen ein Gesetz, so kann der Betriebsrat die Zustimmung zur Einstellung verweigern (Abs. 2 Nr. 1; s. auch Rn. 186 ff.).

43 f) Keine Einstellung liegt vor, wenn der Arbeitgeber von Gesetzes wegen in das Arbeitsverhältnis eintritt, z. B. nach § 613 a BGB bei rechtsgeschäftlichem **Erwerb eines Betriebs** oder **Betriebsteils** (ebenso BAG 7. 11. 1975 AP BetrVG 1972 § 99 Nr. 3), es sei denn dieser liegt gerade in der Übernahme von Personal.

44 g) Wird die **tatsächliche Beschäftigung im Betrieb unterbrochen,** so liegt in der **Wiederaufnahme der Arbeit keine Einstellung.** Für den Mitbestimmungstatbestand entscheidend ist nämlich, dass die Einstellung nicht in der tatsächlichen Arbeitsaufnahme, sondern in der Zuweisung des Arbeitsbereiches liegt (s. Rn. 29). Deshalb ist nicht bedeutungslos, ob der Arbeitgeber berechtigt ist, dem Arbeitnehmer einen anderen Arbeitsbereich zuzuweisen oder ihm zu kündigen. Keine Einstellung liegt vor, wenn ein Arbeitnehmer nach **Obsiegen im Kündigungsrechtsstreit** seine Arbeit wieder aufnimmt. Ebenfalls keine Einstellung ist anzunehmen, wenn der Arbeitnehmer auf Grund einer Weiterbeschäftigung nach § 102 Abs. 5 oder des richterrechtlich anerkannten Weiterbeschäftigungsanspruchs tätig wird (s. zur Weiterbeschäftigung während des Kündigungsrechtsstreits § 102 Rn. 200 ff.). Gleiches gilt auch, wenn Arbeitgeber und Arbeitnehmer zur Behebung des Kündigungsrechtsstreits die Fortsetzung des Arbeitsverhältnisses vereinbaren.

45 h) **Ruht das Arbeitsverhältnis,** z. B. nach § 1 ArbPlSchG, oder nimmt ein Arbeitnehmer **Elternzeit,** so ist die Wiederaufnahme der Arbeit keine Einstellung (BAG 5. 4. 2001 AP BetrVG 1972 § 99 Nr. 32 Einstellung; ebenso *Löwisch/Kaiser*, § 99 Rn. 5). Gleiches gilt für die Wiederaufnahme der Arbeit nach einem Streik oder einer suspendierenden Aussperrung. Ist dagegen eine lösende Aussperrung erklärt worden (vgl. BAG [GS] 21. 4. 1971 AP GG Art. 9 Nr. 43 Arbeitskampf), so liegt eine Einstellung i. S. des Mitbestimmungstatbestands vor, wenn der Arbeitgeber nicht zur Wiedereinstellung aller ausgesperrten Arbeitnehmer verpflichtet ist, sondern gemäß der Rechtsprechung des Großen Senats des BAG eine Auswahlentscheidung nach sozialen Gesichtspunkten treffen muss (vgl. auch *Nikisch*, Bd. III S. 447; a. A. GK-*Kraft*, § 99 Rn. 34; GL-*Löwisch*, § 99 Rn. 14; HSWGNR-*Schlochauer*, § 99 Rn. 24) Gleiches gilt, wenn sich bei Wiederaufnahme eines ruhenden Arbeitsverhältnisses dieses durch eine neue Vereinbarung grundlegend ändert (BAG 28. 4. 1998 AP BetrVG 1972 § 99 Nr. 22 Einstellung; BAG 5. 4. 2001 AP BetrVG 1972 § 99 Nr. 32 Einstellung).

B. Voraussetzungen und Gegenstand des Mitbestimmungsrechts § 99

Ist das **Arbeitsverhältnis rechtswirksam aufgelöst,** so ist die **Wiedereinstellung,** die nur 46 durch Neuabschluss eines Vertrags möglich ist, Einstellung i. S. des Gesetzes. Dies gilt jedoch nur dann, wenn dem Arbeitgeber nicht jeglicher Entscheidungsspielraum fehlt (BAG 25. 6. 1987 AP BGB § 620 Nr. 14 Bedingung; BAG 5. 4. 2001 AP BetrVG 1972 § 99 Nr. 32 Einstellung), was bei Fällen des Wiedereinstellungsanspruchs nach Verdachtskündigung oder bei Widerspruch nach Betriebsübergang der Fall sein kann.

i) Keine Einstellung ist die **Umwandlung** eines **Teilzeitarbeitsverhältnisses** in ein 47 **Vollzeitarbeitsverhältnis** (wie hier noch BAG 25. 10. 1994 AuR 2001, 146; *Fitting,* § 99 Rn. 40 a. E.; **a. A.** BAG 25. 1. 2005 AP Nr. 114 zu § 87 BetrVG 1972 Arbeitszeit [*Kort*] = EzA BetrVG 2002 § 99 Einstellung Nr. 3 [*Thüsing/Fuhlrott*]; *Schüren,* AuR 2001, 321, 323; *Löwisch/Kaiser,* § 99 Rn. 6; Hessisches LAG 13. 12. 2005, AuR 2006, 214; DKK-*Kittner/Bachner,* § 99 Rn. 42 a; MünchArbR/*Matthes* § 263 Rn. 13; für das BPersVG: BVerwG 23. 3. 1999 E 108, 347). Dies ergibt schon der Wortsinn (a. A. BAG a. a. O.) und bestätigt sich im Zweck der Norm: Der Mitbestimmung unterworfen ist die Eingliederung in den Betrieb und die damit verbundene Zuweisung eines bestimmten Arbeitsbereichs. Der aber ändert sich weder durch eine Änderung der Lage noch der Länge der Arbeitszeit (a. A. *Löwisch/Kaiser,* § 99, Rn. 6). Die Umwandlung eines Teilzeitarbeitsverhältnisses in ein Vollzeitarbeitsverhältnis ist daher auch keine Versetzung, s. Rn. 107. Das **BAG** sieht dies anders: Besetzt der Arbeitgeber einen zuvor ausgeschriebenen Arbeitsplatz im Wege einer Erhöhung der vertraglichen Arbeitszeit schon beschäftigter Arbeitnehmer, so liegt darin bei länger als einmonatiger Dauer eine mitbestimmungspflichtige Einstellung. Nur die **einvernehmliche Verminderung** der vertraglichen Arbeitszeit betriebsangehöriger Arbeitnehmer löst Mitbestimmungsrechte des Betriebsrats nicht aus (BAG 25. 1. 2005 AP BetrVG 1972 § 87 Nr. 114 Arbeitszeit). Gleiches gilt – in Anlehnung an die Rechtsprechung zur Versetzung – für die nur unerhebliche Aufstockung des bisherigen Arbeitszeitvolumens. Unklar blieb bislang, ob diese Rechtsprechung auch gelten soll, wenn eine Arbeitszeit verlängert wird, ohne dass ein Arbeitsplatz zuvor ausgeschrieben wurde. Diese Frage hat das BAG nun bejaht: Durch eine Erhöhung der Arbeitszeit würden regelmäßig dieselben mitbestimmungsrechtlich bedeutsamen Fragen aufgeworfen wie bei der Ersteinstellung. Sie bedürften daher einer erneuten Beurteilung durch den Betriebsrat. Allerdings müsse die Erhöhung in Anlehnung an die Wertung des § 95 Abs. 3 S. 1 die Dauer von einem Monat übersteigen. Maßgeblich sei die in § 12 Abs. 1 S. 3 TzBfG genannte **Grenze von 10 Wochenstunden** (vgl. BAG 9. 12. 2008, DB 2009, 743). Daher ist die Erhöhung der wöchentlichen Arbeitszeit einer Vollzeitkraft um fünf Stunden in der Regel nicht erheblich (BAG 15. 5. 2007 AP BetrVG 1972 § 1 Nr. 30 Gemeinsamer Betrieb).

3. Einstellung bei Nichtbestehen eines Arbeitsverhältnisses mit dem Betriebsinhaber

Nach Rechtsansicht des BAG hängt der Mitbestimmungstatbestand der Einstellung 48 nicht vom Abschluss eines Arbeitsvertrags mit dem Betriebsinhaber ab, sondern maßgebend ist für die Eingliederung in den Betrieb, ob die von einer Person zu verrichtende Tätigkeit ihrer Art nach eine weisungsgebundene Tätigkeit ist, die der Verwirklichung des arbeitstechnischen Zwecks des Betriebs zu dienen bestimmt ist und daher vom Arbeitgeber organisiert werden muss (so BAG 1. 8. 1989 AP BetrVG 1972 § 99 Nr. 68; BAG 19. 6. 2001 AP BetrVG 1972 § 99 Nr. 35 Einstellung; BAG 5. 4. 2001 AP BetrVG 1972 § 99 Nr. 32 Einstellung; BAG 20. 2. 2001 AP BetrVG 1972 § 101 Nr. 23; BAG 13. 12. 2005 NZA 2006, 1369; s. auch Rn. 26 ff.). Ob und von wem den betreffenden Personen tatsächlich Weisungen hinsichtlich der Tätigkeit gegeben werden, ist unerheblich (vgl. BAG 1. 8. 1989 AP BetrVG 1972 § 99 Nr. 68; 13. 12. 2005 AP BetrVG 1972 § 99 Nr. 50 Einstellung). Die Eingliederung von Arbeitnehmern von Drittfirmen, die auf

Grund eines Dienst- oder Werkvertrages mit weisungsgebundenen Tätigkeiten beauftragt werden setzt demnach voraus, dass der Betriebsinhaber und nicht der beauftragte Unternehmer das für ein Arbeitsverhältnis typische Weisungsrecht innehat (BAG a. a. O.). Im Streitfall ist maßgeblich, ob der Arbeitgeber mit Blick auf die Aufgabenerfüllung durch den Arbeitnehmer zumindest teilweise die Personalhoheit hat und die für eine weisungsabhängige Tätigkeit typische Befugnis zur Entscheidung auch über Zeit und Ort der Tätigkeit besitzt.

49 a) Nach § 14 Abs. 3 Satz 1 AÜG ist vor der **Übernahme eines Leiharbeitnehmers** zur Arbeitsleistung der Betriebsrat des Entleiherbetriebs nach § 99 zu beteiligen. Diese Vorschrift, die durch das Gesetz zur Bekämpfung der illegalen Beschäftigung (BillBG) vom 15. 12. 1981 (BGBl. I S. 1390) geschaffen wurde, hat die schon zuvor vom BAG vertretene Rechtsansicht bestätigt, dass die Beschäftigung von Leiharbeitnehmern, die dem Betriebsinhaber von einem Verleiher überlassen werden, eine Einstellung i. S. des Mitbestimmungstatbestands ist (BAG 14. 5. 1974 AP BetrVG 1972 § 99 Nr. 2; 6. 6. 1978 AP BetrVG 1972 § 99 Nr. 6). Mitbestimmungspflichtig ist grundsätzlich auch der Austausch eines Leiharbeitnehmers durch einen anderen (LAG Hessen 16. 1. 2007 EzAÜG § 14 AÜG Betriebsverfassung Nr. 66), s. aber auch Rn. 137; nicht hingegen der unverändert fortgesetzte Einsatz des Leiharbeitnehmers im Entleiherunternehmen im Falle eines Wechsels des Leiharbeitgebers (LAG Düsseldorf 30. 10. 2008, ArbuR 2009, 146). Gleiches gilt für die Aufnahme von Leiharbeitnehmern in einen Stellenpool, aus dem der Verleiher auf Anforderung des Entleihers Kräfte für die Einsätze im Entleiherbetrieb auswählt (BAG 23. 1. 2008 AP AÜG § 14 Nr. 14; s. auch *Hamann*, NZA 2008, 1042 und Rn. 137).

50 § 14 Abs. 3 Satz 1 AÜG gilt unmittelbar zwar nur bei **gewerblicher Arbeitnehmerüberlassung;** er findet aber entsprechend Anwendung auch auf ein **echtes Leiharbeitsverhältnis** (s. auch § 5 Rn. 99 f.) Die vom Arbeitgeber getroffene Entscheidung, einen oder mehrere bisherige „Stammarbeitsplätze" unbefristet mit von einer konzernzugehörigen Personalagentur gestellten Leiharbeitnehmern zu besetzten, löst jedoch als solche für den Betriebsrat keinen Zustimmungsverweigerungsgrund aus (eingehend begründet LAG Niedersachsen 31. 10. 2006, EzAÜG § 1 AÜG Konzerninterne Arbeitnehmerüberlassung Nr. 16).

51 Für die Beurteilung, ob eine Einstellung vorliegt, spielt keine Rolle, ob der Verleiher zu **demselben Konzern** wie der Entleiher gehört (ebenso BAG 9. 3. 1976 AuR 1976, 152).

52 b) Der **Personaleinsatz auf Grund eines Gestellungsvertrags** (s. § 5 Rn. 110 ff.) ist eine Einstellung, wenn die gestellte Person so in die Arbeitsorganisation eingegliedert wird, dass der Betriebsinhaber die für ein Arbeitsverhältnis typischen Entscheidungen über deren Arbeitseinsatz auch nach Zeit und Ort zu treffen hat (BAG 22. 4. 1997 EzA Nr. 3 zu § 99 BetrVG 1972 Einstellung [zust. *Kraft*]; ebenso LAG Niedersachsen 11. 3. 1998 – 15 TaBV 34/97, das jedoch zurecht feststellt, dass im Hinblick auf § 118 Abs. 1 das Mitbestimmungsrecht bei der Eingliederung von Vereinsschwestern im Bereich innerbetrieblicher Fortbildung eingeschränkt wird; *Matthes*, MünchArbR § 263 Rn. 22). Keine Rolle spielt, dass mit dem Betriebsinhaber kein Arbeitsvertrag abgeschlossen wird, und es ist auch unerheblich, ob die gestellte Person wegen § 5 Abs. 2 Nr. 3 nicht als Arbeitnehmer gilt. Notwendig ist aber ein Weisungsverhältnis zum Betriebsinhaber. Deshalb liegt keine Einstellung vor, wenn der Gestellungsträger den Arbeitseinsatz nach Zeit und Ort organisiert.

53 c) Unter den Begriff der Einstellung fällt dagegen die **Beschäftigung einer Hilfsperson für den Arbeitnehmer,** auch wenn kein Arbeitsvertrag mit dem Betriebsinhaber besteht. Gleiches gilt erst recht, wenn die Arbeitskraft nicht zur Unterstützung des Arbeitnehmers tätig wird, sondern lediglich unter dessen Leitung Aufgaben im Betrieb erfüllt (vgl. BAG 18. 4. 1989 AP BetrVG 1972 § 99 Nr. 65 [zust. *Kraft/Raab*]). Die von dem Arbeitnehmer angestellte Person steht in einem mittelbaren Arbeitsverhältnis zum

B. Voraussetzungen und Gegenstand des Mitbestimmungsrechts § 99

Betriebsinhaber und gehört daher auch zu den Arbeitnehmern des Betriebs i. S. des § 5 Abs. 1 (s. dort Rn. 101). Für das Vorliegen einer Einstellung i. S. des Mitbestimmungstatbestands ist aber nicht erforderlich, dass der Arbeitgeber der Hilfsperson in einem Arbeitsverhältnis zum Betriebsinhaber steht; es genügt, dass er auf Grund einer Leitungskompetenz innerhalb der vom Arbeitgeber festgelegten Arbeitsorganisation festlegt, wer beschäftigt wird (vgl. für ein Dialysezentrum BAG 18. 4. 1989 AP BetrVG 1972 § 99 Nr. 65).

d) **Keine Einstellung** ist der **Fremdfirmeneinsatz**. Hier liegt regelmäßig keine Eingliederung vor. Etwas anders gilt nur, wenn der Fremdunternehmer zur Aushilfe eingesetzt wird und insoweit den Weisungen des Betriebsinhabers unterworfen ist, um zusammen mit den im Betrieb schon beschäftigten Arbeitnehmern den arbeitstechnischen Zweck des Betriebs durch weisungsgebundene Tätigkeit zu verwirklichen (so BAG 13. 12. 2005 AP BetrVG 1972 § 99 Nr. 50 Einstellung; BAG 11. 9. 2001, EzA Nr. 10 zu § 99 BetrVG 1972 Einstellung; BAG 15. 4. 1986 AP BetrVG 1972 § 99 Nr. 35 [Einsatz von Taxiunternehmen]; weitergehend *Kreuder*, AuR 1993, 316; *ders.*, AiB 1994, 731; wie hier *Dauner-Lieb*, NZA 1992, 817; *Henssler*, NZA 1994, 294, 303; s. auch *Weller*, NZA 1999, 518). Die Tätigkeit muss vom Betriebsinhaber so organisiert sein, dass er das für ein Arbeitsverhältnis typische Weisungsrecht innehat und die Entscheidung über den Einsatz nach Zeit und Ort trifft; er muss diese Arbeitgeberfunktion zumindest im Sinne einer aufgespaltenen Arbeitgeberstellung teilweise ausüben (BAG 13. 12. 2005 AP BetrVG 1972 § 99 Nr. 50 Einstellung; BAG 11. 9. 2001 EzA Nr. 10 zu § 99 BetrVG 1972 Einstellung; BAG 5. 4. 2001 AP BetrVG 1972 § 99 Nr. 32 Einstellung; BAG 13. 3. 2001 AP BetrVG 1972 § 99 Nr. 34 Einstellung [verneint für Testkäufer im Einzelhandelsgeschäft]).

Das gilt auch für die **Fremdarbeitnehmer**, die für ihren Arbeitgeber im Betrieb tätig werden, selbst wenn die von ihnen zu erbringende Dienstleistung oder das von ihnen zu erstellende Werk hinsichtlich Art, Umfang, Güte, Zeit und Ort in den betrieblichen Arbeitsprozess eingeplant ist. Auch hier liegt regelmäßig keine Eingliederung vor (vgl. BAG 5. 3. 1991 AP BetrVG 1972 § 99 Nr. 90 [Flämmen von Brammen] im Hinweis auf die Mitbestimmungsfreiheit unternehmerischer Entscheidungen; 9. 7. 1991 AP BetrVG 1972 § 99 Nr. 94 [Lackieren von Bremszylindern]; s. auch BAG 28. 11. 1989 AP AÜG § 14 Nr. 5; 5. 5. 1992 AP BetrVG 1972 § 99 Nr. 97; 13. 5. 1992 NZA 1993, 357; 31. 3. 1993 AP AÜG § 9 Nr. 2). **Für eine Eingliederung reicht nicht** die detaillierte Beschreibung der dem Auftragnehmer übertragenen Tätigkeiten in dem zugrunde liegenden Vertrag oder die engere räumliche Zusammenarbeit im Betrieb, die Unentbehrlichkeit einer von der Fremdfirma erbrachten Hilfsfunktion für den Betriebsablauf und die Einweisung und Koordination des Fremdfirmeneinsatzes durch Mitarbeiter des Betriebsinhabers (BAG 13. 3. 2001 AP BetrVG 1972 § 99 Nr. 34 Einstellung; BAG 18. 10. 1994 AP BetrVG 1972 § 99 Nr. 5 Einstellung; BAG 5. 3. 1991 AP BetrVG 1972 § 99 Nr. 90; BAG 9. 7. 1991 AP BetrVG 1972 § 99 Nr. 94). Entscheidend ist, dass nicht der Betriebsinhaber, sondern der Fremdarbeitgeber die für ein Arbeitsverhältnis typischen Entscheidungen über den Arbeitseinsatz nach Zeit und Ort zu treffen hat, dass er die Personalhoheit hat (BAG 5. 3. 1991 a. a. O.), auch wenn die Notwendigkeit einer Abstimmung über die Lage der Arbeitszeit, den Urlaub und den Arbeitsschutz mit den Arbeitnehmern des Betriebs besteht. Das ist einzig in den Fällen der echten oder **verdeckten Arbeitnehmerüberlassung** nicht der Fall.

Damit ergibt sich beim Fremdfirmeneinsatz folgende **Dreiteilung:** Liegt eine echte Arbeitnehmerüberlassung vor, dann gilt § 14 Abs. 3 AÜG direkt oder (bei nicht gewerblicher Verleihung) analog, mit der Folge, dass der Betriebsrat mitzubestimmen hat (s. Rn. 49); liegt eine verdeckte Arbeitnehmerüberlassung vor, dann gilt § 99 über §§ 10 Abs. 1, 9 Nr. 1 AÜG, andernfalls aber bestehen keine Beteiligungsrechte des Betriebsrats nach § 99. Weitere Unterscheidungen zu treffen, ist nicht notwendig (im Ergebnis ebenso *Fitting*, § 99 Rn. 63 ff.; DKK-*Kittner/Bachner*, § 99 Rn. 59 f.; *Wagner*, AuR 1992, 40).

Die in einigen Entscheidungen des BAG anklingende Vorstellung, es sei auch möglich, dass beide – Betriebinhaber wie Vertragsarbeitgeber – arbeitgebertypische Weisungsrechte ausüben (zuletzt BAG 13. 12. 2005 AP BetrVG 1972 § 99 Nr. 50 Einstellung) und der Fremdarbeitnehmer damit in zwei Betriebe eingegliedert ist, ist nicht sachgerecht und durch das AÜG nicht angelegt. In der Tat sind die Grenzen zwischen Fremdarbeitnehmereinsatz und verdeckter Arbeitnehmerüberlassung oftmals nur schwer zu erkennen. Diese Unterscheidung ist durch das AÜG jedoch gesetzlich vorgegeben und auch von der Sache her geboten. Hier sind trennschärfere Kriterien der Abgrenzung zu finden, nicht aber die Unterscheidung über Bord zu werfen (s. auch *Dauner-Lieb*, NZA 1992, 817; *Henssler*, NZA 1994, 294, 303). Richtschnur ist die Beantwortung der Frage, ob der Betriebsinhaber die Personalhoheit hat, ob faktisch die **Arbeitgeberstellung** überwiegend von ihm ausgeübt wird, oder ob sie beim Arbeitgeber verbleibt (s. auch BAG 18. 10. 1994 AP BetrVG 1972 § 99 Nr. 5 = NZA 1995, 281; BAG 5. 3. 1991 AP BetrVG 1972 § 99 Nr. 90).

57 e) Nach denselben Grundsätzen richtet sich, ob die Beschäftigung eines **freien Mitarbeiters** im Betrieb eine Einstellung darstellt (ebenso BAG 3. 7. 1990 AP BetrVG 1972 § 99 Nr. 81 [Beschäftigung von Honorarlehrkräften neben fest angestellten Lehrkräften]). Das Mitbestimmungsrecht hängt nicht davon ab, ob die Einordnung als freier Mitarbeiter auf Grund der Vertragsgestaltung mit dem Betriebsinhaber richtig ist, sondern es geht ausschließlich darum, ob der Beschäftigte einen Arbeitsplatz im Betrieb erhält.

58 f) Werden **Strafgefangene** auf der Grundlage eines freien Beschäftigungsverhältnisses (§ 39 StVollzG) im Betrieb beschäftigt, so liegt eine Einstellung vor. Sie ist auch anzunehmen, wenn der Strafgefangene nach § 41 StVollzG beschäftigt wird, denn darauf, ob der Beschäftigte Arbeitnehmer ist, kommt es nicht an; maßgeblich ist die Eingliederung in den Betrieb (a. A. BAG 3. 10. 1978, AP BetrVG 1972 § 5 Nr. 18; GK-*Kraft*, § 99 Rn. 36; wie hier *Matthes*, MünchArbR § 263 Rn. 26; DKK-*Kittner/Bachner*, § 99 Rn. 53; *Fitting*, § 99 Rn. 76). Daher schließt allein der Umstand, dass **Zivildienstleistende** in einem öffentlich-rechtlichen Dienstverhältnis stehen, das Mitbestimmungsrecht nicht aus. Allerdings beruht die Einstellung in den Betrieb auf der Zuweisung durch das Bundesamt für den Zivildienst und damit auf einem Verwaltungsakt. Die Mitbestimmung greift daher bei der vorgelagerten tatsächlichen Auswahlentscheidung des Arbeitgebers, der zum Antrag auf Einberufung führt (BAG 19. 6. 2001 AP BetrVG 1972 § 99 Nr. 35 Einstellung). Auch die Einstellung von **Vereinsmitgliedern** des Arbeitgebers kann damit mitbestimmungspflichtig sein (BAG 12. 11. 2002 AP BetrVG 1972 § 99 Nr. 43 Einstellung [Einsatz ehrenamtlicher auf Rettungsfahrzeugen]).

58a g) Werden sog. **Ein-Euro-Jobber** in den Betrieb eingestellt, so ist dies mitbestimmungspflichtig. Entscheidend ist, dass die Ein-Euro-Jobber wie Arbeitnehmer eingesetzt werden, weisungsgebunden sind und in die betriebliche Arbeitsorganisation eingegliedert werden (BAG 2. 10. 2007 AP BetrVG 1972 § 99 Nr. 54 Einstellung).

58b h) Die **Abordnung von Beamten oder Arbeitnehmern des öffentlichen Diensts** in einen Betrieb schon deshalb eine Einstellung, weil der Beamte als Arbeitnehmer iS. des § 5 Abs. 3 S. 1 gilt, s. hierzu § 5 Rn. 155 ff.

III. Eingruppierung als Mitbestimmungstatbestand

1. Begriffsbestimmung

59 a) Das Gesetz enthält wie für die Einstellung auch für die Eingruppierung **keine Legaldefinition**. Es erwähnt sie neben der Umgruppierung anders als § 60 BetrVG 1952 ausdrücklich als Mitbestimmungstatbestand, um einerseits die zu § 61 BetrVG 1952

B. Voraussetzungen und Gegenstand des Mitbestimmungsrechts § 99

bestehende Meinungsverschiedenheit zu beseitigen, ob die Mitbestimmung bei der Einstellung sich auch auf die Eingruppierung des Arbeitnehmers erstreckt (bejahend BAG 14. 3. 1967 AP BetrVG § 61 Nr. 3; *Dietz*, § 60 Rn. 11; *Nipperdey/Säcker* bei *Hueck/ Nipperdey*, Bd. II/2, 1416 ff.; verneinend *Nikisch*, Bd. III, 447 ff.), und um andererseits klarzustellen, dass der Betriebsrat bei Bedenken gegen die Eingruppierung nicht der Einstellung, sondern nur der Eingruppierung widersprechen kann (ebenso BAG 10. 2. 1976 AP BetrVG 1972 § 99 Nr. 4; s. auch Rn. 200).

b) Der Ausdruck **Eingruppierung** ist ebenso wie der der Umgruppierung ein terminus technicus des Tarifrechts und bedeutet die **Einstufung in eine bestimmte,** im Tarifvertrag vorgesehene **Lohn- oder Gehaltsgruppe.** Soweit der Tarifvertrag auf das Arbeitsverhältnis Anwendung findet, hängt von der richtigen Einstufung ab, dass der Arbeitnehmer tarifgerecht entlohnt wird. Die Eingruppierung ist die **erstmalige Festsetzung der für den Arbeitnehmer maßgeblichen Lohn- oder Gehaltsgruppe,** während mit dem Begriff der Umgruppierung jede Änderung der Einstufung erfasst wird (s. Rn. 82). Eingruppierung und Umgruppierung sind deshalb inhaltlich gleiche Maßnahmen. Durch die Beteiligung des Betriebsrats soll sichergestellt werden, dass die Einstufung in die für den Arbeitnehmer maßgebliche Lohn- oder Gehaltsgruppe *richtig* erfolgt (BAG 17 6. 2008 AP BetrVG 1972 § 99 BetrVG Nr. 126). Die Wirksamkeit einer Änderungskündigung, mit der eine Änderung der tariflichen Eingruppierung bewirkt werden soll, ist damit nicht von der Zustimmung des Betriebsrats als solche abhängig (BAG 28. 8. 2008 EzA KSchG § 2 Nr. 73).

60

Das Gesetz hat das Mitbestimmungsrecht nicht auf Richtigkeitskontrolle bei der Anwendung von Tarifverträgen beschränkt, und es besteht insoweit auch keine verdeckte Regelungslücke; denn die Frage nach der Richtigkeit einer Einstufung stellt sich auch bei einer durch **Betriebsvereinbarung** oder einer **einseitig vom Arbeitgeber erlassenen Lohn- oder Gehaltsordnung** (ebenso BAG 28. 1. 1986 AP BetrVG 1972 § 99 Nr. 32).

61

c) Mit dem Begriff der Eingruppierung erfasst das Gesetz demnach die **Einordnung des einzelnen Arbeitnehmers in ein kollektives Entgeltschema** (so; BAG 11. 11. 2008, NZA 2009, 450; BAG 17. 3. 2005 AP TVG § 1 Nr. 90 Tarifverträge: Einzelhandel; BAG 23. 9. 2003 AP BetrVG 1972 § 99 Nr. 28 Eingruppierung BAG 27. 7. 1993 AP BetrVG 1972 § 99 Nr. 110; BAG 30. 10. 2001 AP BetrVG 1972 § 99 Nr. 26 Eingruppierung). Sie liegt in der rechtlichen Beurteilung des Arbeitgebers, dass der Arbeitnehmer auf Grund seiner Tätigkeit einer bestimmten Vergütungsgruppe zuzuordnen ist (BAG 12. 12. 2006 AP BetrVG 1972 § 99 Nr. 32 Eingruppierung). Voraussetzung ist das Bestehen eines entsprechenden kollektiven Entgeltschemas und die Anwendbarkeit dieses Schemas auf den konkreten Arbeitnehmer. An der Anwendbarkeit kann es beispielsweise fehlen, wenn zwar eine Regelung für Angestellte besteht, nicht aber für Auszubildende (BAG 2. 4. 1996 AP BetrVG 1972 § 99 Nr. 7; BAG 3. 5. 2006 DB 2006, 2132). Wo ein kollektives Entgeltschema fehlt, weil die Vergütung individuell und ohne den Bezug zur Entlohnung vergleichbarer Arbeitnehmer im Betrieb ausgehandelt wird, liegt eine Eingruppierung nicht vor. Dies freilich wird selten sein (LAG Hamm 12. 6. 2001 – 13 TaBV 135/00, juris). Die Eingruppierung verlangt die Subsumtion eines bestimmten Sachverhalts unter eine vorgegebene Ordnung. Welche Subsumtionsschritte dabei zu vollziehen sind, hängt von der Ausgestaltung der Vergütungsordnung ab. Bei tariflicher Regelung sind die Arbeitsentgelte im Allgemeinen nach Lohn- oder Gehaltsgruppen gestaffelt, die sich nach der vom Arbeitnehmer ausgeübten Tätigkeit richten. Die Eingruppierung ist deshalb kein Gestaltungs-, sondern ein Beurteilungsakt (s. Rn. 75 ff.). Das Mitbestimmungsrecht des Betriebsrats setzt damit voraus, dass der Arbeitgeber zur Eingruppierung aus anderen Rechtsgründen verpflichtet ist. Es kommt nicht in Betracht, wenn der Arbeitgeber bei der Einstellung von Arbeitnehmern die **Vergütung frei aushandelt,** ohne dass ein Tarifvertrag oder ein sonstiges Vergütungsschema aus Rechtsgründen angewandt werden müsste.

62

Thüsing

62 a Das Beteiligungsrecht des Betriebsrats bezieht sich auch auf die Rechtsfrage, **welcher Tarifvertrag** anzuwenden ist, welches also das kollektive Entgeltschema ist, in das einzuordnen ist (BAG 30. 10. 2001 AP BetrVG 1972 § 99 Nr. 26 Eingruppierung; BAG 24. 4. 2001, NZA 2002, 232; BAG 27. 6. 2000 AP BetrVG 1972 § 99 Nr. 23 Eingruppierung; BAG 22. 3. 1994, EzA § 4 TVG Geltungsbereich Nr. 10; LAG Berlin 18. 6. 1996 AP BetrVG 1972 § 99 Nr. 13 Eingruppierung). Der Betriebsrat hat nach ein Mitbeurteilungsrecht bei der Frage, ob ein bislang außertariflich vergüteter Angestellter nach einer Versetzung weiterhin außertariflich eingruppiert ist oder nunmehr unter eine tarifliche Vergütungsordnung fällt (BAG 12. 12. 2006, AP BetrVG 1972 § 99 Nr. 32 Eingruppierung).

2. Fälle der Eingruppierung

63 a) Der Mitbestimmungstatbestand bezieht sich auf die Einstufung in eine **Vergütungsgruppe** (Lohn- oder Gehaltsgruppe). Regelmäßig werden durch sie die laufenden Entgelte eines Arbeitnehmers festgelegt. Der Mitbestimmungstatbestand beschränkt sich aber nicht nur auf die Festlegung der Grundvergütung, sondern erfasst auch die Einstufung in eine Zulagenregelung, wenn der Arbeitnehmer für sie zusätzliche Tätigkeitsmerkmale erfüllen muss (ebenso BAG 24. 6. 1986 AP BetrVG 1972 § 99 Nr. 37). Für den Mitbestimmungstatbestand der Eingruppierung ist nämlich unerheblich, wie das Arbeitsentgelt für eine erbrachte Tätigkeit sich zusammensetzt. Entscheidend ist, ob eine der Tätigkeit entsprechende richtige Vergütung gezahlt wird. Deshalb liegt keine mitbestimmungspflichtige Eingruppierung vor, wenn bereits auf Grund der Einstufung in die Vergütungsgruppe feststeht, wer eine Zulage erhält (so für eine Techniker- und eine Programmiererzulage BAG 24. 6. 1986 AP BetrVG 1972 § 99 Nr. 37). Gleiches gilt für die Erbringung sonstiger Leistungen, insbesondere auch der Leistungen, die aus besonderem Anlass erbracht werden. Ob die Voraussetzungen insoweit erfüllt sind, ist keine Frage der Einstufung in eine bestimmte Arbeitnehmergruppe. Etwas anderes gilt nur, wenn für ihre Gewährung die Gruppenbildung nach anderen Merkmalen erfolgt, als sie für die Einstufung in die Lohn- oder Gehaltsgruppenordnung maßgebend sind.

64 b) Soweit die Vergütung sich nach einer **tarifvertraglichen Regelung** richtet, unterliegt der Mitbestimmung, in welche Vergütungsgruppe (Lohn- oder Gehaltsgruppe) des Tarifvertrags der Arbeitnehmer eingestuft wird. Die Lohn- oder Gehaltsgruppe ist **im Allgemeinen durch Tätigkeitsmerkmale festgelegt**. Nach der ständigen Rechtsprechung des BAG sind die allgemeinen Merkmale einer Vergütungsgruppe grundsätzlich erfüllt, wenn der Arbeitnehmer eine Tätigkeit ausübt, die als Regel- oder Tätigkeitsbeispiel zu dieser Vergütungsgruppe genannt ist (BAG 17. 3. 2005 AP TVG § 1 Nr. 90; BAG 22. 6. 2005 NZA-RR 2006, 23; BAG 8. 3. 2006 AP TVG § 1 Nr. 3; BAG 2. 8. 2006 NZA-RR 2007, 554). Welche Tätigkeit ein Arbeitnehmer zu verrichten hat, ergibt sich aus seinem Arbeitsvertrag. Dieser legt jedoch nur die Tätigkeit fest, die der Arbeitnehmer als *Dienstleistung* zu erbringen hat, nicht die *Tätigkeitsmerkmale*, die für seine Eingruppierung ausschlaggebend sind; insoweit ist vielmehr ausschließlich die *Vergütungsordnung* maßgebend.

65 Sofern eine **Vergütungsgruppe** – wie in den Tarifverträgen des öffentlichen Dienstes – **verschiedene Fallgruppen** aufweist, gehört auch die Einstufung in die Fallgruppe zur Eingruppierung, sofern die **Einstufung in die Fallgruppe** sich auf die Rechtsstellung des Arbeitnehmers unterschiedlich auswirken kann, z. B. den Fallgruppen unterschiedliche Zeiten für eine Höhergruppierung zugeordnet sind; denn die Mitbestimmung hängt nicht davon ab, wie das Bemessungssystem für das Arbeitsentgelt tariftechnisch gestaltet ist (ebenso BAG 27. 7. 1993 NZA 1994, 952 ff.; bereits vorher BAG 24. 6. 1986 AP BetrVG 1972 § 99 Nr. 37; a. A. zu § 74 Abs. 1 Nr. 2 BPersVG BVerwG 30. 1. 1979 E 57, 260; wie hier dagegen *Dietz/Richardi*, BPersVG, § 75 Rn. 47).

B. Voraussetzungen und Gegenstand des Mitbestimmungsrechts § 99

Für das Mitbestimmungsrecht spielt **keine Rolle,** ob der Tarifvertrag für das Arbeits- 66
verhältnis wegen **beiderseitiger Tarifgebundenheit** des Arbeitgebers und Arbeitnehmers
(§ 3 TVG) oder auf Grund einer Allgemeinverbindlicherklärung (§ 5 Abs. 4 TVG) gilt
oder ob er kraft Einzelvertrags, betrieblicher Regelung oder betrieblicher Übung zur
Anwendung kommt (ebenso BAG 9. 10. 1970 AP BetrVG § 63 Nr. 4; 5. 2. 1971 E 23,
196 = AP BetrVG § 61 Nr. 6; 2. 8. 2006, NZA-RR 2007, 554; LAG Baden-Württemberg 26. 6. 2002 – 13 TaBV 44/01, juris). Wesentlich ist allein, dass für das Arbeitsverhältnis der Tarifvertrag maßgebend sein soll. Der Betriebsrat soll dann dafür Sorge
tragen, dass die dem Tarifvertrag entsprechende Ordnung eingehalten wird. Daher steht
dem Betriebsrat auch nach einem Herauswachsen aus dem Geltungsbereich eines Tarifvertrages ein Mitbestimmungsrecht bei einer Eingruppierung zu, sofern das bis dahin
geltende Vergütungsschema auch weiterhin angewendet wird bzw. werden soll (LAG
Schleswig-Holstein 4. 7. 2006 – 2 TaBV 37/05, juris). Dies wird in der Regel der Fall
sein, da es sich bei der Vergütungsordnung um einen mitbestimmungspflichtigen Tatbestand nach § 87 Nr. 10 handelt. Der Arbeitgeber kann die Vergütungsordnung also
nicht ohne Mitwirkung des Betriebsrates ändern. Geht hingegen ein Betrieb oder Betriebsteil von einem tarifgebundenen auf einen nicht tarifgebundenen Arbeitgeber über,
ist der neue Arbeitgeber bei Neueinstellungen nicht bereits wegen des Betriebsübergangs
an die tarifliche Vergütungsordnung gebunden. Die Anwendbarkeit der tariflichen Vergütungsordnung bedarf in diesem Fall vielmehr eines zusätzlichen Geltungsgrundes
(BAG 23. 9. 2003 AP BetrVG 1972 § 99 Nr. 28 Eingruppierung).

Wird ein Arbeitnehmer vom Geltungsbereich einer für den Betrieb maßgebenden 67
Vergütungsordnung erfasst, so muss der Arbeitgeber ihn bei einer Einstellung oder
Versetzung eingruppieren. Er trifft deshalb eine insoweit mitbestimmungspflichtige Beurteilung auch, wenn er zu dem Ergebnis gelangt, dass die zu bewertende Tätigkeit
Anforderungen stellt, die die Qualifikationsmerkmale der obersten Vergütungsgruppe
übersteigen (ebenso BAG 31. 10. 1995 AP BetrVG 1972 § 99 Nr. 5 Eingruppierung; s.
auch *Hey,* BB 1995, 1587). Der Mitbestimmungstatbestand ist daher auch dann gegeben, wenn ein Arbeitnehmer **außertariflich entlohnt** werden soll. Er besteht nur dann
nicht, wenn der Arbeitnehmer nicht unter den Geltungsbereich der für den Betrieb
maßgebenden Vergütungsordnung fällt. In diesem Fall ist die Mitteilung des Arbeitgebers, dass der Arbeitnehmer als **außertariflicher Angestellter** eine frei vereinbarte
Vergütung erhalte, keine mitbestimmungspflichtige Eingruppierung (ebenso BAG 31. 5.
1983 AP BetrVG 1972 § 118 Nr. 27). Besteht jedoch für außertarifliche Angestellte eine
nach Gruppen gestaffelte Vergütungsregelung, so ist die Einstufung in diese Ordnung
eine mitbestimmungspflichtige Eingruppierung, soweit der Arbeitnehmer nicht zum
Kreis der leitenden Angestellten gehört (s. Rn. 68).

Nach **Ablauf eines Tarifvertrages** kann der Arbeitgeber mit einem neu eingestellten 67a
Arbeitnehmer eine längere als die tarifliche Wochenarbeitszeit wirksam vereinbaren.
Eine solche Erhöhung der Wochenarbeitszeit ist für die Eingruppierung des Arbeitnehmers ohne Bedeutung, wenn nach der tariflichen Regelung für die Eingruppierung
ausschließlich die Art der vom Arbeitnehmer ausgeübten Tätigkeit oder eine in bestimmten Vergütungsgruppen vorausgesetzte Berufsausbildung entscheidend sind (BAG 28. 6.
2006 AP BetrVG 1972 § 99 Eingruppierung Nr. 30).

c) Soweit das Arbeitsentgelt in einer **Betriebsvereinbarung** geregelt ist (vgl. § 77 68
Abs. 3), ist die Einstufung in von ihr vorgesehene Entgeltgruppen eine Eingruppierung,
die dem Mitbestimmungsrecht des Betriebsrats unterliegt (ebenso BAG 28. 1. 1986 AP
BetrVG 1972 § 99 Nr. 32). Besteht für sog. **außertarifliche Angestellte** eine Betriebsvereinbarung, die für Bemessung und Höhe des Arbeitsentgelts Gruppen vorsieht, so hat
der Betriebsrat über die Eingruppierung mitzubestimmen (ebenso GK-*Kraft,* § 99
Rn. 38; GL-*Löwisch,* § 99 Rn. 30; HSWGNR-*Schlochauer,* § 99 Rn. 29).

d) Bei **individueller Lohn- oder Gehaltsvereinbarung** scheidet ein Mitbestimmungsrecht 69
des Betriebsrats aus; denn die Eingruppierung setzt voraus, dass eine kollektiv gestaltete

Thüsing 1657

Regelung besteht (vgl. BAG 31. 5. 1983 AP BetrVG 1972 § 118 Nr. 27; ArbG Düsseldorf 22. 6. 1988, NZA 1988, 703; GK-*Kraft*, § 99 Rn. 39; HWK-*Ricken*, § 99 Rn. 26). Fällt der Arbeitnehmer aber unter den Geltungsbereich eines Tarifvertrags, gehört er also nicht zu den außertariflichen Angestellten, so hat der Betriebsrat trotz Vereinbarung einer übertariflichen Entlohnung darüber mitzubestimmen, in welche tarifvertragliche Lohn- oder Gehaltsgruppe der Arbeitnehmer auf Grund seiner Tätigkeit einzustufen ist, weil von einer richtigen Einstufung nicht nur die tariflichen Leistungen abhängen und damit auch die Feststellung, ob der Arbeitnehmer übertariflich entlohnt wird, sondern weil die richtige Eingruppierung für den Arbeitnehmer auch in anderer Hinsicht von Bedeutung sein kann (vgl. dazu BAG 9. 10. 1970 AP BetrVG § 63 Nr. 4 *[Richardi]*).

70 Wird das **Arbeitsentgelt** zwar **arbeitsvertraglich vereinbart,** besteht insoweit aber eine **betriebliche Ordnung, die für die Gehaltsbemessung Gruppen vorsieht,** so stellt sich auch hier das Problem der Einstufung. Der Mitbestimmungstatbestand der Eingruppierung liegt deshalb vor (ebenso BAG 28. 1. 1986 AP BetrVG 1972 § 99 Nr. 32). Sehen Richtlinien für das Arbeitsentgelt **außertariflicher Angestellter** Gruppen vor, so ist die Festlegung der Gruppe für einen Angestellten eine Eingruppierung, die der Mitbestimmung des Betriebsrats unterliegt, sofern der außertarifliche Angestellte nicht zu den leitenden Angestellten i. S. des § 5 Abs. 3 gehört (ebenso *Fitting*, § 99 Rn. 94; GK-*Kraft*, § 99 Rn. 38; HSWGNR-*Schlochauer*, § 99 Rn. 29; HWK-*Ricken*, § 99 Rn. 25). Das Mitbestimmungsrecht bezieht sich nur darauf, welcher Gehaltsgruppe der außertarifliche Angestellte zugeordnet wird; es braucht nicht mitgeteilt zu werden, wie die im Rahmen dieser Gehaltsgruppe einzelvertraglich geregelte Bezahlung gestaltet ist (ebenso *Löwisch*, DB 1973, 1746, 1751; s. auch Rn. 78).

71 Soweit Arbeitnehmer, die unter den fachlichen und persönlichen Gestaltungsbereich eines Tarifvertrags fallen, **übertariflich entlohnt** werden und die vertragseinheitliche Regelung **andere Gruppen** bildet, als im Tarifvertrag vorgesehen ist, bezieht der Mitbestimmungstatbestand der Eingruppierung sich nicht nur auf die Festlegung der Tarifgruppe (s. Rn. 64 f.), sondern auch auf die Eingruppierung in die vertragseinheitliche Regelung. Knüpft die übertarifliche Entlohnung dagegen an die Tarifgruppenregelung an, so erfolgt keine gesonderte Regelung über die Stellung des Arbeitnehmers innerhalb der Vergütungsordnung. Es gilt insoweit Gleiches wie bei einer tariflichen Zulagenregelung (s. Rn. 63). Keine anderen Gruppen werden gebildet, wenn dem Arbeitnehmer nur das Arbeitsentgelt einer höheren Vergütungsgruppe zugesagt wird (ebenso *Matthes*, MünchArbR § 266 Rn. 12).

71a Schließt sich unmittelbar an ein **befristetes Arbeitsverhältnis** ein weiteres Arbeitsverhältnis an, so wird eine erneute Eingruppierung nach § 99 BetrVG nicht erforderlich, wenn sich weder die Tätigkeit des Arbeitnehmers noch das maßgebliche Entgeltgruppenschema ändert. Hier fehlt es an einem erneuten Beurteilungsakt (BAG 11. 11. 1997 AP BetrVG 1972 § 99 Nr. 17 Eingruppierung; s. auch Rn. 75 ff.).

72 e) Soweit **Heimarbeiter** in der Hauptsache für den Betrieb tätig sind (§ 6 Abs. 1 Satz 2, Abs. 2 Satz 2), hat der Betriebsrat über die Eingruppierung in die Entgeltgruppen der bindenden Festsetzung nach § 19 HAG mitzubestimmen (vgl. BAG 20. 9. 1990 AP BetrVG 1972 § 99 Nr. 83; a. A. HSWGNR-*Schlochauer*, § 99 Rn. 32).

73 f) Wird der Arbeitsplatz mit einem **Beamten** besetzt, so ist die vergütungsrechtliche Beurteilung keine mitbestimmungspflichtige Eingruppierung (ebenso BAG 12. 12. 1995 AP BetrVG 1972 § 99 Nr. 6 Eingruppierung – für die Deutsche Bahn AG). Dies gilt auch nach Neufassung des § 5 Abs. 3 S. 1 (s. *Thüsing*, BB 2009, 2036). Wenn Arbeitsposten, die bisher als Beamtenposten ausgewiesen wurden, als Angestelltenposten umkategorisiert werden, ist dieser Vorgang allein noch nicht mitbestimmungspflichtig nach § 99. Die **Umkategorisierung** macht aber eine Überprüfung der bisherigen Eingruppierungen erforderlich. Hierin liegt ein mitbestimmungspflichtiger Eingruppierungsvorgang, und zwar unabhängig davon, zu welchem Ergebnis diese Überprüfung führt (BAG 12. 8. 1997 AP BetrVG 1972 § 99 Nr. 14 Eingruppierung).

B. Voraussetzungen und Gegenstand des Mitbestimmungsrechts § 99

g) Auch die Vereinbarung eines Nettolohnes mit **geringfügig beschäftigten Arbeitneh-** 74
mern entbindet den Arbeitgeber nicht von der Verpflichtung, diese Arbeitnehmer unter
Beteiligung des Betriebsrats in eine auch für geringfügig beschäftigte Arbeitnehmer
geltende Vergütungsgruppenordnung einzugruppieren (BAG 18. 6. 1991 AP BetrVG
1972 § 99 Nr. 15 Eingruppierung).

3. Eingruppierung als Gestaltungs- oder Beurteilungsakt?

Die **Eingruppierung in die Vergütungsgruppen eines Tarifvertrags** ist keine rechts- 75
gestaltende Arbeitgeberentscheidung, sondern **Normenvollzug** (ebenso BAG 10. 2. 1976
AP BetrVG 1972 § 99 Nr. 4). Das Mitbestimmungsrecht ist deshalb hier kein Mitgestaltungsrecht, sondern ein Mitbeurteilungsrecht (ebenso BAG 22. 3. 1983 AP BetrVG 1972
§ 101 Nr. 6; 31. 5. 1983 AP BetrVG 1972 § 118 Nr. 27; 28. 1. 1986 AP BetrVG 1972
§ 99 Nr. 32; 9. 2. 1993 AP BetrVG 1972 § 99 Nr. 103; 27. 7. 1993 AP BetrVG 1972
§ 99 Nr. 110; BAG 30. 10. 2001 AP BetrVG 1972 § 99 Nr. 26 Eingruppierung; *Söllner*,
FS 25 Jahre BAG, S. 605, 610 f.; für die Umgruppierung BAG 17. 6. 2008 AP BetrVG
1972 § 99. Nr 126 und Rnr. 82).

Die Tarifvertragsparteien räumen dem Arbeitgeber keinen Ermessensspielraum bei der 76
Eingruppierung ein. Eine Einstufung, die dem Tarifvertrag widerspricht, ist unwirksam.
Bei der Feststellung, nach welcher Vergütungsgruppe das Arbeitsentgelt zu bemessen ist,
hat der Arbeitgeber aber einen Beurteilungsakt zu treffen. Die Bewertungskriterien
lassen im Allgemeinen einen Beurteilungsspielraum, so dass auch dann, wenn Entschei-
dungsziel die Richtigkeit ist, möglicherweise nicht nur eine, sondern mehrere Konkreti-
sierungen als richtig angesehen werden können. Die Beteiligung des Betriebsrats ist
Mitbeurteilung; sie besteht in einer **Richtigkeitskontrolle** (st. Rspr. des BAG; bereits BAG
10. 2. 1976 AP BetrVG 1972 § 99 Nr. 4; BAG 27. 7. 1993 AP BetrVG 1972 § 99
Nr. 110; 23. 11. 1993 AP BetrVG 1972 § 99 Nr. 111; 31. 10. 1995 AP BetrVG 1972
§ 99 Nr. 5 Eingruppierung; BAG 17. 3. 2005, NZA 2005, 839). Sie dient der einheitlichen und gleichmäßigen Anwendung der Lohn- und Gehaltsgruppenordnung in gleichen
und vergleichbaren Fällen, damit aber auch der innerbetrieblichen Lohngerechtigkeit
und der Transparenz der im Betrieb vorgenommenen Eingruppierungen (BAG 6. 8.
2002 AP BetrVG § 99 Nr. 27). Der Betriebsrat kann daher die Zustimmung zu einer
Eingruppierung auch mit der Begründung verweigern, nur eine **niedrigere als die vorgesehene Vergütung** sei zutreffend (BAG 28. 4. 1998 AP BetrVG 1972 § 99 Nr. 18
Eingruppierung).

Handelt es sich um die Eingruppierung in die Lohn- oder Gehaltsgruppe einer 77
Betriebsvereinbarung, so hängt von deren Gestaltung ab, ob sie ein rechtsgestaltender
Akt des Arbeitgebers ist oder ebenfalls lediglich Normenvollzug darstellt.

Bei einem **Entgeltsystem**, das nicht durch Tarifvertrag oder Betriebsvereinbarung 78
festgelegt ist, sondern lediglich der **arbeitsvertraglichen Gestaltung zugrunde gelegt**
wird, ist die Eingruppierung lediglich die Feststellung, welcher Gruppe der Arbeitnehmer zuzuordnen ist. Für das Arbeitsentgelt ist dagegen ausschließlich die arbeitsvertragliche Abrede maßgebend, auch wenn sie nicht dem Bemessungssystem entspricht. Das Mitbestimmungsrecht bei der Eingruppierung gibt dem Betriebsrat **kein
Recht auf Mitgestaltung des Arbeitsvertrags**. Die Beteiligung des Betriebsrats dient
deshalb hier ausschließlich der Kontrolle, ob der Arbeitgeber ein Entgeltsystem so
durchführt, wie es im Mitbestimmungsverfahren nach § 87 Abs. 1 Nr. 10 festgelegt
ist. Der einzelne Arbeitnehmer kann lediglich wegen Verletzung des Gleichbehandlungsgrundsatzes ein dem Entgeltsystem entsprechendes Arbeitsentgelt verlangen (vgl.
auch *Richardi*, MünchArbR § 14 Rn. 34 ff.; zur Besonderheit bei Teilzeitarbeit dort
Rn. 33).

4. Pflicht des Arbeitgebers zur Eingruppierung

79 Bei **Einstellungen** und **Versetzungen** hat der Arbeitgeber dem Betriebsrat die **vorgesehene Eingruppierung** mitzuteilen (Abs. 1 Satz 2). Das gilt auch, wenn er zu dem Ergebnis kommt, dass die zu bewertende Tätigkeit Anforderungen stellt, die die Qualifikationsmerkmale der obersten Vergütungsgruppe übersteigen (ebenso BAG 31. 10. 1995 AP BetrVG 1972 § 99 Nr. 5 Eingruppierung; s. auch Rn. 67). Aus der gesetzlich angeordneten Mitteilungspflicht folgt, dass der Arbeitgeber eine Eingruppierung bei jeder **Einstellung und Versetzung** vorzunehmen hat (BAG 12. 12. 2006 AP BetrVG 1972 § 99 Nr. 32 Eingruppierung). Zwar ist der Arbeitnehmer bei der Versetzung regelmäßig auf Grund seiner bisherigen Tätigkeit bereits einer bestimmten Vergütungsgruppe zugeordnet. Eine Versetzung ist aber nach § 95 Abs. 3 Satz 1 stets mit der Zuweisung eines anderen Arbeitsbereichs verbunden. Daher muss der Arbeitgeber auch in diesem Fall die Eingruppierung des Arbeitnehmers überprüfen. Gelangt er hierbei zu dem Ergebnis, dass auf Grund der geänderten Tätigkeit der Arbeitnehmer einer anderen Vergütungsgruppe zuzuordnen ist, handelt es sich um eine Umgruppierung. Ergibt die Prüfung des Arbeitgebers, dass es trotz geänderter Tätigkeit bei der bisherigen Zuordnung verbleibt, liegt eine erneute Eingruppierung iSv. § 99 Abs. 1 Satz 1 vor (BAG 12. 12. 2006 AP BetrVG 1972 § 99 Nr. 32 Eingruppierung). Der Betriebsrat kann, wenn der Arbeitgeber eine Eingruppierung des Arbeitnehmers in die für ihn geltende Vergütungsordnung unterlässt, zur Sicherung seines Mitbestimmungsrechts entsprechend § 101 Satz 1 verlangen, dem Arbeitgeber die Eingruppierung in die Entgeltgruppenordnung aufzugeben und ihn zur Einholung der Zustimmung des Betriebsrats sowie bei Zustimmungsverweigerung zur Einleitung des Zustimmungsersetzungsverfahrens zu verpflichten (st. Rspr., s. etwa BAG 12. 12. 2006 AP § 1 BetrVG 1972 Gemeinsamer Betrieb Nr. 27; BAG 12. 12. 2000 EzA BetrVG 1972 § 87 Nr. 20 Betriebliche Lohngestaltung).

80 Dieser betriebsverfassungsrechtlichen Pflicht entspricht keine individualrechtliche Verpflichtung des Arbeitgebers gegenüber dem Arbeitnehmer; denn die Eingruppierung ist individualrechtlich keine vom Arbeitgeber vorzunehmende Handlung, sondern sie ergibt sich von selbst aus der vom Arbeitnehmer auszuübenden Tätigkeit (vgl. BAG 18. 6. 1991 AP BetrVG 1972 § 99 Nr. 105; ähnlich LAG Baden-Württemberg 26. 6. 2002 – 13 TaBV 44/01, juris). Das Gesetz gibt dem Betriebsrat ein Zustimmungsverweigerungsrecht; er hat aber kein Initiativrecht, um eine von ihm als fehlerhaft erkannte Eingruppierung im Mitbestimmungsverfahren zu korrigieren. Der Betriebsrat ist vielmehr nur unter dem Gesichtspunkt der Umgruppierung zu beteiligen, wenn der Arbeitgeber seinerseits die von ihm als fehlerhaft erkannte Eingruppierungsentscheidung korrigieren will (ebenso BAG 18. 6. 1991 AP BetrVG 1972 § 99 Nr. 105).

81 Die Pflicht des Arbeitgebers zur Beteiligung des Betriebsrats ändert nichts daran, dass im Verhältnis zum betroffenen Arbeitnehmer ausschließlich maßgebend ist, ob die Eingruppierung *richtig* ist. Der einzelne Arbeitnehmer wird durch die Mitbestimmung nicht gehindert, im Urteilsverfahren seine Eingruppierung überprüfen zu lassen (ebenso BAG 10. 2. 1976 AP BetrVG 1972 § 99 Nr. 4); denn „der Arbeitnehmer ist eingruppiert, er wird nicht eingruppiert" (so zutr. BAG 27. 7. 1993 AP BetrVG 1972 § 99 Nr. 110).

IV. Umgruppierung als Mitbestimmungstatbestand

1. Begriffsbestimmung

82 Umgruppierung ist die **Neueingruppierung des Arbeitnehmers in die Vergütungsgruppenordnung.** Sie besteht in der Feststellung des Arbeitgebers, dass die Tätigkeit des Arbeitnehmers nicht – oder nicht mehr – den Merkmalen der Vergütungsgruppe entspricht, in die der Arbeitnehmer eingruppiert ist, sondern den Merkmalen einer anderen

B. Voraussetzungen und Gegenstand des Mitbestimmungsrechts § 99

– höheren oder niedrigeren – Vergütungsgruppe (BAG 17. 6. 2008 AP BetrVG 1972 § 99 Nr 126; BAG 26. 10. 2004 AP BetrVG 1972 § 99 Nr. 29 Eingruppierung; BAG 20. 3. 1990 AP BetrVG 1972 § 99 Nr. 79; 27. 7. 1993 AP BetrVG 1972 § 99 Nr. 110). Es handelt sich um den gleichen Vorgang wie bei der Eingruppierung (s. Rn. 59 ff.). Für den Mitbestimmungstatbestand spielt keine Rolle, weshalb die Umgruppierung erfolgt; es ist also unerheblich, ob sie infolge einer Änderung der Tätigkeit oder infolge einer Änderung der Vergütungsgruppenordnung notwendig wird oder ob sie nur der Korrektur einer nach Ansicht des Arbeitgebers fehlerhaften Eingruppierung dient (vgl. BAG 20. 3. 1990 AP BetrVG 1972 § 99 Nr. 79; 27. 7. 1993 AP BetrVG 1972 § 99 Nr. 110). Ebenso ist nicht entscheidend, auf welcher Grundlage die Anwendung der Vergütungsordnung beruht (BAG 18. 9. 2002 AP BetrVG 1972 § 99 Nr. 31 Versetzung).

2. Fälle der Umgruppierung

a) Eine Umgruppierung wird erforderlich, wenn dem Arbeitnehmer eine **andere Tätigkeit** zugewiesen wird, die den **Tatbestandsmerkmalen einer anderen Vergütungsgruppe** (Lohn- oder Gehaltsgruppe) entspricht (BAG 26. 10. 2004 AP BetrVG 1972 § 99 Nr. 29 Eingruppierung; BAG 20. 3. 1990 AP BetrVG 1972 § 99 Nr. 79). Keine Rolle spielt, ob die Zuweisung der Tätigkeit eine **Versetzung** i. S. des Mitbestimmungstatbestands darstellt (ebenso LAG Hamm 1. 8. 1979, DB 1979, 2499). Andererseits ist es möglich, dass die Voraussetzungen des Versetzungsbegriffs erfüllt sind, ohne dass eine Umgruppierung erforderlich wird, weil der übertragene Arbeitsbereich nach seinen Tätigkeitsmerkmalen unter dieselbe Lohn- oder Gehaltsgruppe fällt. Nicht nur bei Einstellungen, sondern auch bei Versetzungen hat der Arbeitgeber deshalb neben dem in Aussicht genommenen Arbeitsplatz die vorgesehene Eingruppierung mitzuteilen (Abs. 1 Satz 2). 83

b) Eine Umgruppierung liegt auch vor, wenn sie infolge einer **Änderung der Vergütungsordnung** erforderlich wird, ohne dass sich die Tätigkeit des Arbeitnehmers ändert (BAG 26. 10. 2004 AP BetrVG 1972 § 99 Nr. 29 Eingruppierung; BAG 20. 3. 1990 AP BetrVG 1972 § 99 Nr. 79; 27. 7. 1993 AP BetrVG 1972 § 99 Nr. 110; bereits zu § 63 BetrVG 1952 BAG 12. 10. 1955 AP BetrVG § 63 Nr. 1; 6. 7. 1962 AP BetrVG § 63 Nr. 2; 9. 10. 1970 AP BetrVG § 63 Nr. 4; 5. 2. 1971 AP BetrVG § 61 Nr. 6). Tritt deshalb ein Tarifvertrag mit einer anderen Vergütungsgruppenregelung in Kraft, so ist daher die Neueinstufung eine mitbestimmungspflichtige Umgruppierung (a. A. *Nikisch*, Bd. III S. 451 f., der unter einer Umgruppierung in § 60 Abs. 2 BetrVG 1952 jede Änderung der betrieblichen Stellung des Arbeitnehmers nach oben oder nach unten verstand; vgl. dazu *Richardi*, Anm. zu BAG AP BetrVG § 63 Nr. 4). 84

c) Eine Umgruppierung liegt ebenfalls vor, wenn es sich um die **Korrektur einer irrtümlichen Eingruppierung** handelt (ebenso BAG 20. 3. 1990 AP BetrVG 1972 § 9 Nr. 79; *Fitting*, § 99 Rn. 111; GK-*Kraft*, § 99 Rn. 48; GL-*Löwisch*, § 99 Rn. 33; HSWGNR-*Schlochauer*, § 99 Rn. 35; *Löwisch/Kaiser*, § 99, Rn. 29; HWK-*Ricken*, § 99 Rn. 33; vgl. auch BAG 12. 10. 1955 AP BetrVG § 63 Nr. 1; a. A. wegen Verkennung des Mitbestimmungszwecks *Nipperdey/Säcker* bei *Hueck/Nipperdey*, Bd. II/2 S. 1420; *Nikisch*, Bd. III S. 453 und wohl auch in jüngerer Zeit *Mehlich*, DB 1999, 1319, 1322). Auch die korrigierende Umgruppierung ist eine Neueingruppierung. Für den Mitbestimmungstatbestand ist jedoch entscheidend, dass kein Umstand eingetreten ist, der eine Neueingruppierung erfordert. Da bei Zuweisung einer anderen Tätigkeit oder Änderung der Vergütungsgruppenordnung der Arbeitgeber gegenüber dem Betriebsrat verpflichtet ist, ihn hier an der notwendig werdenden Eingruppierungsentscheidung zu beteiligen, geht es bei der korrigierenden Umgruppierung ausschließlich darum, dass der Arbeitgeber seine Rechtsansicht geändert hat. Der Mitbestimmungstatbestand ist deshalb nicht gegeben, solange der Arbeitgeber an ihr festhält. Hält der Betriebsrat eine mit seiner erklärten oder ersetzten Zustimmung erfolgte Eingruppierung nicht oder nicht mehr für zutreffend, so kann er vom Arbeitgeber nicht verlangen, dass dieser eine erneute Ein- 85 gruppierungsentscheidung unter seiner Beteiligung trifft (ebenso BAG 18. 6. 1991 AP BetrVG 1972 § 99 Nr. 105). Ob in der Beurteilung des Arbeitgebers, ein Arbeitnehmer sei nicht mehr der tariflichen Vergütungsordnung zuzuordnen, eine vollständige Umgruppierung i. S. v. § 99 Abs. 1 Satz 1 liegt, hängt davon ab, ob außerhalb der bisher maßgeblichen tariflichen Vergütungsordnung, aus welcher der Arbeitnehmer „ausgruppiert" werden soll, ein weiteres gestuftes betriebliches Vergütungssystem vorhanden ist, in welches eine Eingruppierung erfolgen kann und muss (BAG 26. 10. 2004 AP BetrVG 1972 § 99 Nr. 29 Eingruppierung).

86 Ein Fall der korrigierenden Umgruppierung liegt nicht nur vor, wenn sie erfolgt, um einen ursprünglichen Fehler zu korrigieren, sondern auch dann, wenn eine **Korrektur der ursprünglich richtigen Eingruppierung** erfolgt, weil die **Tätigkeit des Arbeitnehmers sich ohne Zuweisung einer anderen Tätigkeit in ihrer Bedeutung oder in ihrem Inhalt ändert**. Nimmt der Arbeitgeber eine Neueingruppierung aus diesem Grund vor, so handelt es sich um eine mitbestimmungspflichtige Umgruppierung. Unterlässt er sie, so kann der Betriebsrat sie nicht im Mitbestimmungssicherungsverfahren erzwingen; denn eine betriebsverfassungsrechtliche Pflicht zur Neueingruppierung besteht nur, wenn der Arbeitgeber dem Arbeitnehmer eine andere Tätigkeit zuweist oder sich die anzuwendende Vergütungsgruppenordnung ändert.

87 d) Wie für die Eingruppierung spielt für die Umgruppierung keine Rolle, ob die Vergütungsgruppenregelung ein **Tarifvertrag**, eine **Betriebsvereinbarung** oder eine **vom Arbeitgeber einseitig aufgestellte Regelung** ist (s. Rn. 64 ff.).

88 Eine Umgruppierung liegt auch vor, wenn der Arbeitnehmer in eine **andere Fallgruppe derselben Vergütungsgruppe** eingestuft wird, wenn damit unterschiedliche Rechtsfolgewirkungen verbunden sein können (ebenso BAG 27. 7. 1993 AP BetrVG 1972 § 99 Nr. 110). Ein Wechsel der Vergütungsgruppe ist daher bei einer nach Vergütungs- und Fallgruppen aufgebauten Vergütungsordnung nicht erforderlich. Es genügt, dass die Voraussetzungen für einen sog. Bewährungsaufstieg verschieden sind.

89 e) Besteht neben der tariflichen Vergütungsordnung eine vom Arbeitgeber einseitig geschaffene Vergütungsordnung für **außertarifliche Angestellte**, so ist die Mitteilung des Arbeitgebers an den Arbeitnehmer, seine Tätigkeit rechtfertige nur noch die Bezahlung nach der höchsten Tarifgruppe, eine Umgruppierung (ebenso BAG 28. 1. 1986 AP BetrVG 1972 § 99 Nr. 32).

90 Die „**Beförderung" eines Tarifangestellten zum außertariflichen Angestellten** ist, soweit der Arbeitgeber feststellt, dass die zu bewertende Tätigkeit Anforderungen stellt, die die Qualifikationsmerkmale der obersten Vergütungsgruppe übersteigen, mitbestimmungspflichtig (vgl. BAG 31. 10. 1995 AP BetrVG 1972 § 99 Nr. 5 Eingruppierung). Außerdem kann hier in Betracht kommen, dass der Arbeitnehmer in eine für außertarifliche Angestellte aufgestellte Vergütungsgruppenregelung eingestuft wird (vgl. BAG 31. 5. 1983 AP BetrVG 1972 § 118 Nr. 27; s. auch Rn. 67).

91 f) Für die Mitbestimmung ist **unerheblich**, ob der **Arbeitnehmer mit der Umgruppierung einverstanden** ist (ebenso zur Rückgruppierung nach § 75 Abs. 1 Nr. 2 BPersVG BAG 3. 11. 1977 AP BPersVG § 75 Nr. 1). Die Umgruppierung ist nämlich kein Gestaltungsakt, sondern nur ein Beurteilungsakt des Arbeitgebers, also Rechtsanwendung für die richtige Gewährung des vertraglich geschuldeten Arbeitsentgelts.

92 Eine **Änderung des arbeitsvertraglichen Regelungsinhalts** ist **keine Umgruppierung**. Der Ausschussbericht zum BetrVG 1952 enthält zwar die Bemerkung, dass unter Umgruppierung jede Änderung in der tariflichen oder arbeitsvertraglichen Stellung des Arbeitnehmers verstanden werden sollte (BT-Drucks. I/3585, S 11, abgedruckt in RdA 1952, 290); darin kommt aber lediglich zum Ausdruck, dass mit dem Begriff der Umgruppierung nicht nur ein tarifrechtlicher Vorgang gemeint ist (so zutreffend *Nikisch*, Bd. III S. 452).

3. Umgruppierung als Gestaltungs- oder Beurteilungsakt?

Die Umgruppierung ist **kein konstitutiver rechtsgestaltender Akt**, sondern ein **Akt der Rechtsanwendung** verbunden mit der Kundgabe einer Rechtsansicht. Die Richtigkeit der betreffenden Beurteilung unterliegt der Mitbeurteilung des Betriebsrats (BAG 17. 6. 2008 AP BetrVG 1972 § 99 Nr 126). Das Mitbeurteilungsrecht des Betriebsrats besteht auch dann, wenn der Arbeitgeber auf Grund einer mit einem Arbeitnehmer vereinbarten Änderung des Arbeitsvertrags zu der Auffassung gelangt, die bisherige Eingruppierung in eine bestimmte Vergütungsgruppe des maßgeblichen Vergütungssystems oder gar in dieses insgesamt sei überholt. Allerdings liegt in einem solchen Fall eine vollständige Umgruppierung nur vor, wenn es außerhalb der bislang maßgeblichen Vergütungsordnung keine weitere gestufte Vergütungsordnung gibt, in die eine Eingruppierung zu erfolgen hat. Gibt es außerhalb der zuvor angewandten Vergütungsordnung nur einen nicht weiter gestuften Bereich, bezieht sich die Mitbeurteilung des Betriebsrats auf die Richtigkeit der Feststellung des Arbeitgebers, der Arbeitnehmer falle nicht mehr unter die bisherige Vergütungsordnung (BAG a. a. O.). Wo es der Anwendung abstrakter Tätigkeitsmerkmale einer Vergütungsordnung auf die mit einer konkreten Arbeitsstelle verbundenen Tätigkeitsaufgaben zur korrekten Einstufung des Arbeitnehmers nicht bedarf, besteht kein Erfordernis der Beurteilung der Rechtslage durch den Arbeitgeber und damit kein Erfordernis der Mitbeurteilung durch den Betriebsrat. Ein solches Erfordernis kann z. B. fehlen, wenn in der Vergütungsordnung selbst die Eingruppierung des Arbeitnehmers mit bindender Wirkung für den Arbeitgeber festgelegt wird.

92 a

V. Versetzung als Mitbestimmungstatbestand

1. Legaldefinition durch § 95 Abs. 3

a) Bei einer Versetzung ist der **Betriebsrat nicht nur der Sachwalter der Interessen der Belegschaft, sondern auch der des einzelnen, von der Maßnahme betroffenen Arbeitnehmers.** Die schutzwürdigen Interessen des Arbeitnehmers sind berührt, wenn für ihn auf Grund des angeordneten Wechsels ein in seinem konkreten Arbeitsalltag spürbares anderes „Arbeitsregime" gilt. Dieses kann von den Arbeitskollegen oder auch von den unmittelbaren Vorgesetzten ausgehen, wenn diese über die Befugnis zur Erteilung bloßer Arbeitsanweisungen hinaus relevante Personalbefugnisse, etwa die Kompetenz zur Ausübung von Disziplinaraufgaben oder zur Leistungsbeurteilung besitzen und eigenverantwortlich wahrnehmen (BAG 17. 6. 2008 AP BetrVG 1972 § 99 Nr. 47 Versetzung).

93

Der **Begriff der Versetzung** entstammt dem Beamtenrecht und hat von dort in das Arbeitsrecht Eingang gefunden (vgl. *v. Hoyningen-Huene/Boemke*, Versetzung, S. 19 f.). Mit ihm wird im Beamtenrecht die auf Dauer angelegte Zuweisung eines anderen Amtes unter Wechsel der Behörde und der Dienstvorgesetzten erfasst (vgl. *Dietz/Richardi*, BPersVG, § 76 Rn. 34). Da der Tätigkeitsbereich eines Arbeitnehmers nicht durch die Verleihung eines Amtes festgelegt wird, sondern sich in erster Linie nach dem Arbeitsvertrag bestimmt, hat der Versetzungsbegriff **im Arbeitsvertragsrecht keinen fest umrissenen Inhalt.** Man bezieht ihn auf einen Wechsel in der Art der Beschäftigung, wobei teilweise auch auf den Ort der Arbeitsleistung abgestellt wird (vgl. *Blomeyer*, MünchArbR, 2. Aufl., § 48 Rn. 49 ff.; *Schaub*, § 45 Rn. 15; *v. Hoyningen-Huene*, NZA 1993, 145). Der Begriff der Versetzung ist aber streng genommen rechtsdogmatisch kein Begriff des Arbeitsvertragsrechts. Mit ihm lässt sich deshalb keine Klarheit darüber gewinnen, ob und in welchen Grenzen der Arbeitgeber einseitig berechtigt ist, dem Arbeitnehmer einen Wechsel in der Art und im Ort seiner Beschäftigung aufzuerlegen (vgl. auch *Zöllner/Loritz*, § 12 III 1 d; *Richardi*, DB 1974, 1285, 1286).

93 a

94 Die **Versetzung als Mitbestimmungstatbestand** geht nicht von einem allgemeinen Versetzungsbegriff aus, sondern maßgebend ist für sie allein die **gesetzliche Begriffsbestimmung in § 95 Abs. 3.** Ob und inwieweit eine Änderung des Arbeitsvertrags notwendig ist, spielt für den Bestand des Mitbestimmungsrechts keine Rolle. Zweck der Mitbestimmung ist vielmehr im Bereich des § 99, dass der Betriebsrat nicht nur an der Einstellung, die durch die Zuweisung des Arbeitsbereichs im Betrieb verwirklicht wird (s. Rn. 29), sondern auch an jeder Zuweisung eines anderen Arbeitsbereichs beteiligt wird, soweit durch sie die Stellung des Arbeitnehmers innerhalb der betrieblichen Organisation geändert wird.

94 a Der Begriff der Versetzung ist ein **unbestimmter Rechtsbegriff.** Den Instanzgerichten steht bei der Prüfung, ob eine Versetzung vorliegt, ein Beurteilungsspielraum zu; die revisionsrechtliche Prüfungskompetenz des BAG ist insoweit auch im Beschlussverfahren beschränkt. Erforderlich ist, dass der Rechtsbegriff selbst verkannt worden ist, bei der Unterordnung des Sachverhalts unter diesen Rechtsbegriff Denkgesetze oder allgemeine Erfahrungssätze verletzt worden sind, bei der gebotenen Interessenabwägung nicht alle wesentlichen Umstände berücksichtigt wurden, oder das Ergebnis in sich widersprüchlich ist (BAG 11. 9. 2001, NZA 2002, 232).

95 b) Nach der **Legaldefinition in § 95 Abs. 3 Satz 1** ist die Versetzung „die Zuweisung eines anderen Arbeitsbereichs, die voraussichtlich die Dauer von einem Monat überschreitet, oder die mit einer erheblichen Änderung der Umstände verbunden ist, unter denen die Arbeit zu leisten ist". Damit trifft das Gesetz eine *positive Begriffsbestimmung,* während § 60 Abs. 3 BetrVG 1952 eine negative Abgrenzung enthielt; der Begriff der Versetzung ist wesentlich erweitert worden, so dass auch die sog. Umsetzung innerhalb des Betriebs grundsätzlich vom Begriff der Versetzung erfasst wird (vgl. Begründung zum RegE, BT-Drucks. VI/1786, S. 50, und Bericht des BT-Ausschusses für Arbeit und Sozialordnung, *zu* BT-Drucks. VI/2729, S. 30; dazu auch *Richardi*, DB 1974, 1285 f.).

96 Eine Einschränkung des weit gefassten Versetzungsbegriffs enthält die Fiktion, die sich als Satz 2 der Legaldefinition in § 95 Abs. 3 anschließt: „Werden Arbeitnehmer nach der Eigenart ihres Arbeitsverhältnisses üblicherweise nicht ständig an einem bestimmten **Arbeitsplatz** beschäftigt so gilt die Bestimmung des jeweiligen Arbeitsplatzes nicht als Versetzung". Zunächst fällt auf, dass das Gesetz hier den Begriff des *Arbeitsplatzes,* nicht den des *Arbeitsbereichs* wie in Satz 1 des § 95 Abs. 3 verwendet. Jedoch besteht in der Sache kein Unterschied. Man wird vielmehr von einem Redaktionsversehen ausgehen können; denn der RegE sprach in beiden Sätzen einheitlich noch von Arbeitsplatz (vgl. BT-Drucks. VI/1786, S. 19). Die abweichende Formulierung des Satzes 1 sollte nach dem Bericht des BT-Ausschusses für Arbeit und Sozialordnung keine materielle Änderung bringen, sondern nur der Klarstellung dienen (vgl. *zu* BT-Drucks. VI/2729, S. 30). Die Ersetzung des Begriffs *Arbeitsplatz* durch den Begriff *Arbeitsbereich* ist deshalb lediglich als Indiz zu werten, dass für den Versetzungsbegriff nicht der Ortswechsel, sondern jede Veränderung der objektivierten Stellung innerhalb der betrieblichen Organisation maßgebend ist. Eine derartige Veränderung liegt aber nicht vor, wenn Arbeitnehmer nach der Eigenart ihres Arbeitsplatzes üblicherweise nicht ständig an einem bestimmten Arbeitsplatz beschäftigt werden.

2. Zuweisung eines anderen Arbeitsbereichs als Element des Versetzungsbegriffs

97–98 Der Versetzungsbegriff wird durch die Zuweisung eines anderen Arbeitsbereichs bestimmt (§ 95 Abs. 1 Satz 1).

99 a) Der **Begriff des Arbeitsbereichs** wird in § 95 Abs. 3 Satz 1 nicht definiert. Er wird, wie sich aus § 81 Abs. 1 i. V. mit Abs. 2 ergibt, durch den Inhalt der Arbeitsaufgabe und die Arbeitsumstände, die Art der Tätigkeit und die Einordnung in den Arbeitsablauf des Betriebs bestimmt (ebenso *Matthes,* MünchArbR § 264 Rn. 5; *v. Hoyningen-Huene/*

B. Voraussetzungen und Gegenstand des Mitbestimmungsrechts § 99

Boemke, Versetzung, S. 121 f.; s. auch ausführlich begründend BAG 17. 6. 2008 AP BetrVG 1972 § 99 Nr. 47 Versetzung; LAG Baden-Württemberg 12. 1. 1999 LAGE Nr. 3 zu § 99 BetrVG 1972 Versetzung [zustim. *Caspers/Spinner*]). Wird ein Element geändert, so liegt darin die Zuweisung eines *anderen Arbeitsbereichs* (so auch im Ergebnis st. Rspr. des BAG; vgl. BAG 10. 4. 1984 AP BetrVG 1972 § 95 Nr. 4; 18. 2. 1986 AP BetrVG 1972 § 99 Nr. 33; 19. 2. 1991 AP BetrVG 1972 § 95 Nr. 26). Allein der Wechsel des Vorgesetzten begründet daher noch keine Versetzung (Hessisches LAG 29. 1. 2008, AuR 2008, 407; HSWGNR-*Schlochauer,* § 99 Rn. 47 b).

b) Die Zuweisung eines anderen Arbeitsbereichs liegt vor, wenn dem Arbeitnehmer **100** ein **neuer Tätigkeitsbereich zugewiesen wird** (BAG 10. 4. 1984 AP BetrVG 1972 § 95 Nr. 4; 18. 2. 1986 AP BetrVG 1972 § 99 Nr. 33). Dies setzt voraus, dass der Arbeitnehmer einen alten Arbeitsbereich hat; ansonsten kann es sich nur um eine Einstellung handeln. Die Zuweisung eines anderen Arbeitsbereichs liegt vor, wenn sich das **Gesamtbild der bisherigen Tätigkeit des Arbeitnehmers** so verändert hat, dass die neue Tätigkeit vom Standpunkt eines mit den betrieblichen Verhältnissen vertrauten Beobachters als eine „andere" anzusehen ist. Dies kann sich aus dem Wechsel des Inhalts der Arbeitsaufgaben und der mit ihnen verbundenen Verantwortung ergeben, kann aus einer Änderung der Art der Tätigkeit, dh. der Art und Weise folgen, wie die Arbeitsaufgabe zu erledigen ist, und kann mit einer Änderung der Stellung und des Platzes des Arbeitnehmers innerhalb der betrieblichen Organisation durch Zuordnung zu einer anderen betrieblichen Einheit verbunden sein (BAG 17. 6. 2008 AP BetrVG 1972 § 99 Nr. 47 Versetzung).

Auch das zeitweilige Ruhen der Arbeitspflichten führt nicht dazu, dass kein alter **100a** Arbeitsbereich, der entzogen würde, im Falle einer Neuzuweisung vorliegen würde. Wird ein neuer Arbeitsbereich zugewiesen, liegt eine Versetzung vor (ebenso im Erg. LAG Hamm 27. 4. 2005, NZA-RR 2005, 590). Ein neuer Tätigkeitsbereich wird stets zugewiesen, wenn der **Inhalt der Arbeitsaufgabe** ein anderer wird, z. B. wenn einer Schreibkraft die Aufgaben einer Sachbearbeiterin übertragen werden, ein bisher mit Reinigungsarbeiten beschäftigter Hilfsarbeiter eine Maschine bedienen soll oder ein Arbeiter Lagerverwalter wird (ebenso GL-*Löwisch,* § 99 Rn. 18; HSWGNR-*Schlochauer,* § 99 Rn. 44; HWK-*Ricken,* § 99 Rn. 37, 39; *Stege/Weinspach/Schiefer,* §§ 99–101 Rn. 156). Die Veränderung der Arbeitsaufgabe kann **qualitativer Art** sein und in der Übertragung einer andersartigen, höherwertigen oder unterwertigen Arbeit liegen, oder aber **quantitativer Natur,** also in erheblicher Erweiterung der Arbeitsleistung bestehen (LAG München 12. 1. 1999, LAGE Nr. 3 zu § 99 BetrVG 1972; s. auch BAG 2. 4. 1996 AP BetrVG 1972 § 95 Nr. 34; s. aber Rn. 102 u. 107).

Der Rechtsprechung lassen sich illustrierende **Beispiele** entnehmen: **101**
Die Bestellung eines Arbeitnehmers zum **Datenschutzbeauftragten** wird oftmals mit einer erheblichen Änderung der Arbeitsverpflichtung einhergehen; sie ist dann eine mitbestimmungspflichtige Versetzung (s. Sachverhalt und Entscheidung BAG 22. 3. 1994 AP BetrVG 1972 § 99 Nr. 4 Versetzung [zust. *Wohlgemuth*]; *Fitting,* § 99 Rn. 131; DKK-*Kittner/Bachner,* § 99 Rn. 98). Das Gleiche gilt für die Zuweisung eines **neuen Verkaufsgebiets im Außendienst** (LAG Köln 24. 10. 1989, NZA 1990, 534). Ebenso soll nach Ansicht des BAG die Abbestellung von Arbeitnehmern zu einem monatlich durchgeführten, zweitägigem **Workshop** für die Annahme der Zuweisung eines anderen Arbeitsbereichs ausreichen, allerdings sei damit keine erhebliche Änderung der Arbeitsumstände verbunden, sodass eine Versetzung im Ergebnis gleichwohl ausscheide (BAG 28. 8. 2007 AP BetrVG 1972 § 95 Nr. 53). Eine erhebliche Änderung der Arbeitsverpflichtung liegt hingegen vor, wenn der Tätigkeitsbereich durch Hinzufügung oder Wegnahme von Teilfunktionen erweitert oder verkleinert wird, so dass sich das Gesamtbild der Tätigkeit ändert (BAG 2. 4. 1996 AP BetrVG 1972 § 95 Nr. 34 = SAE 1998, 96 *[Kania]*). Eine feste Grenze hat die Rechtsprechung nicht entwickelt. Je nach den Umständen des Einzelfalls kann jedoch zumindest eine **Änderung der Tätigkeit**

von 25% eine Versetzung begründen (BAG a.a.O.; a.A. LAG München 12. 1. 1999, LAGE Nr. 3 zu § 99 BetrVG 1972 Versetzung: generell 20% ausreichend; s. auch *Griese*, BB 1995, 458; *Fitting*, § 99 Rn. 129). Eine Veränderung des Aufgabenbereichs, die lediglich 15% der Gesamttätigkeit ausmacht, kann die Voraussetzungen eines neuen Arbeitsbereichs erfüllen, sofern die Änderung der Arbeitsbedingungen mit der Übertragung einer besonderen Verantwortung einhergeht (LAG München 6. 10. 2005 – 3 TaBV 24/05 juris). Für eine erhebliche Änderung der Arbeitsbedingungen spricht auch der Umstand, dass der Arbeitnehmer **höheren körperlichen Belastungen** ausgesetzt ist, wenn die Tätigkeit vorher einzig durch geistige Tätigkeit geprägt war (ArbG Berlin 25. 3. 1998, LAGE Nr. 4 zu § 99 BetrVG 1972 Versetzung). Die bloße **Änderung der beruflichen Perspektiven** spricht jedoch nicht bereits für das Vorliegen einer Versetzung, da sie zukünftige, nicht aktuelle Arbeitsbedingungen betrifft (a. A. DKK-*Kittner/Bachner*, § 99 Rn. 97 unter Hinweis auf BAG 27. 5. 1982 AP ArbGG 1979 § 80 Nr. 3). Erbringt ein Arbeitnehmer Tätigkeiten, die er bisher im **Einzelakkord** verrichtete, nunmehr im **Gruppenakkord**, kann hierin je nach der Ausgestaltung der Arbeitsleistung eine Versetzung liegen. Für die Beurteilung, ob eine erhebliche Änderung des Arbeitsbereichs vorliegt, sind auch die durch die Einbindung in die Gruppe entstehenden Abhängigkeiten und die Notwendigkeit der Zusammenarbeit mit den anderen Gruppenmitgliedern zu berücksichtigen (BAG 22. 4. 1997 AP BetrVG 1972 § 99 Nr. 14 Versetzung, das auf die veränderten „psychologischen Voraussetzungen der gemeinsam zu erbringenden Arbeit" abstellt; s. auch Vorinstanz LAG Rheinland-Pfalz 26. 9. 1996, LAGE Nr. 2 zu § 99 BetrVG 1972 Versetzung = ZTR 1997, 192; gleichsinnig LAG Köln 26. 6. 1996, LAGE Nr. 1 zu § 99 BetrVG 1972 Versetzung = NZA 1997, 280). Ändert sich allerdings nur die Vergütung und nicht auch die Arbeitsabläufe, dann liegt darin keine Versetzung. Keine Versetzung ist die bloße Veränderung von Lage und Dauer der Arbeitszeit (s. Rn. 107) und ebenso nicht die **Suspendierung** von der Arbeit: Hierin liegt allein die Lösung vom alten Arbeitsbereich, nicht aber die Zuweisung eines neuen; es ist Entsetzung, nicht Versetzung (wie hier BAG 28. 3. 2000 AP BetrVG 1972 § 95 Nr. 39 sowie Vorinstanz LAG Hessen 2. 2. 1999, BB 1999, 2088; *Fitting*, § 99 Rn. 134; GK-*Kraft*, § 99 Rn. 66; *Hoß/Lohr*, BB 1998, 2527, 2580; *Sibben*, NZA 1998, 1267; DKK-*Kittner/Bachner*, § 99 Rn. 107; HWK-*Ricken*, § 99 Rn. 41; a. A. ArbG Minden 14. 8. 1996, AuR 1997, 375; ArbG Wesel 7. 1. 1998, BB 1998, 644). In der kurzfristigen und nur wenige Tage während Übertragung der Aufgaben von Copiloten auf Flugkapitäne liegt ebenfalls keine Versetzung. Es fehlt insoweit an einer erheblichen Änderung der äußeren Arbeitsumstände, mit denen die Wahrnehmung der Aufgaben eines Copiloten durch Flugkapitäne verbunden ist (BAG 11. 12. 2007 AP BetrVG 1972 § 99 Nr. 45 Versetzung). Ob ein **Stellentausch** eine mitbestimmungspflichtige Versetzung ist, richtet sich danach, wie verschieden die Tätigkeiten der betroffenen Arbeitnehmer sind. Es gelten keine Besonderheiten gegenüber der Aufgabenänderung bloß eines Mitarbeiters (s. auch BAG 13. 5. 1997 – 1 ABR 82/96 – n. v. und Vorinstanz LAG Baden-Württemberg 25. 6. 1996 – 14 TaBV 5/96; *Fitting*, § 99 Rn. 133). Zum Wechsel einer in einer Schwerbehindertenwerkstatt beschäftigten Zusatzkraft vom Berufsbildungsbereich in den Förderbereich s. LAG Hamm 19. 4. 2002 – 10 TaBV 43/01, juris.

102 Aber auch wenn der Inhalt der Arbeitsaufgabe kein anderer wird, kann eine **Änderung der Art und Weise, wie die Arbeitsleistung zu erbringen ist,** die Zuweisung eines anderen Arbeitsbereichs darstellen. Einen Hinweis gibt der Gesetzestext, wenn er in § 95 Abs. 3 Satz 1 als Versetzung auch die kurzfristige Zuweisung eines anderen Arbeitsbereichs erfasst, sofern sie mit einer erheblichen Änderung der Umstände verbunden ist, unter denen die Arbeit zu leisten ist. Daraus ergibt sich, dass die Änderung der *Umstände, unter denen die Arbeit zu leisten ist,* bei der Bestimmung des Versetzungsbegriffs nicht unbeachtet bleiben darf. Nicht zuletzt spricht dafür auch, dass die Mitbestimmung für den betroffenen Arbeitnehmer eine Schutzfunktion hat. Der Betriebsrat hat zwar kein Recht auf Mitbestimmung über die technische Gestaltung des Arbeitsplatzes. Er hat aber

B. Voraussetzungen und Gegenstand des Mitbestimmungsrechts § 99

mitzubestimmen, wenn infolge der technischen Gestaltung des Arbeitsablaufs der Gegenstand der Arbeitsleistung ein anderer wird, auch wenn der Arbeitnehmer die gleichen Arbeitsaufgaben zu erfüllen hat (ebenso BAG 26. 5. 1988 AP BetrVG 1972 § 95 Nr. 13 unter Aufgabe von BAG 10. 4. 1984 AP BetrVG 1972 § 95 Nr. 4).

c) Die Zuweisung eines anderen Arbeitsbereichs liegt auch vor, wenn der Arbeitnehmer zu einem **anderen Arbeitsort** entsandt wird, ohne dass sich seine Arbeitsaufgabe ändert oder er in eine organisatorische Einheit eingegliedert wird (ebenso BAG 18. 2. 1986 AP BetrVG 1972 § 99 Nr. 33; 1. 8. 1989 AP BetrVG 1972 § 95 Nr. 17; 8. 8. 1989 AP BetrVG 1972 § 95 Nr. 18). Dafür spricht schon der Sprachgebrauch, der den Versetzungsbegriff auf den Wechsel des Beschäftigungsorts bezieht. Aber auch die Entstehungsgeschichte weist in diese Richtung; denn nach § 60 Abs. 3 BetrVG 1952 galt als Versetzung nicht die Zuweisung eines anderen Arbeitsplatzes innerhalb der gleichen selbständigen Betriebsabteilung oder des gleichen Betriebs am selben Ort bei gleichen Arbeitsbedingungen, wenn damit eine Schlechterstellung des Arbeitnehmers nicht verbunden ist. Daraus folgte, dass eine Versetzung vorlag, wenn ein anderer Arbeitsplatz an einem anderen Ort zugewiesen wurde (vgl. *Dietz*, § 60 Rn. 16). Der Gesetzgeber hat durch § 95 Abs. 3 den Versetzungsbegriff erweitert, damit auch die als *Umsetzung* bezeichnete Maßnahme unter den Begriff der Versetzung fällt (s. Rn. 95). Deshalb ist davon auszugehen, dass auch die bloße Veränderung des Arbeitsorts die Zuweisung eines anderen Arbeitsbereichs darstellt (BAG 18. 2. 1986 AP BetrVG 1972 § 99 Nr. 33; 8. 8. 1989 AP BetrVG 1972 § 95 Nr. 18). **103**

Die **Zuweisung eines anderen Arbeitsorts** ist aber nur dann eine **Versetzung**, wenn sie entweder voraussichtlich die **Dauer eines Monats überschreitet** oder wenn der Ortswechsel zugleich mit einer **erheblichen Änderung der Umstände** verbunden ist, unter denen die Arbeit zu leisten ist (ebenso BAG 18. 2. 1986 AP BetrVG 1972 § 99 Nr. 33; LAG Hamm 12. 7. 2002, NZA-RR 2003, 587 [Pflegekräfte in einem Seniorenheim zum Einsatz in einem anderen Wohnbereich] s. auch Rn. 111 ff.). Die Verlagerung eines Betriebes oder eines räumlich gesonderten Betriebsteils innerhalb einer politischen Gemeinde ist ohne Hinzutreten weiterer Veränderungen keine Versetzung der davon betroffenen Arbeitnehmer (so jedenfalls BAG 27. 6. 2006 AP BetrVG 1972 § 95 Nr. 47). Ob man hier tatsächlich auf die politische Gemeinde abstellen kann, ist zweifelhaft. Entscheidend ist das Ausmaß der Änderung. Auch die Bestimmung des jeweiligen Arbeitsplatzes und damit auch des Arbeitsorts gilt nach § 95 Abs. 3 Satz 2 nicht als Versetzung, wenn die Arbeitnehmer nach der Eigenart ihres Arbeitsverhältnisses üblicherweise nicht an einem bestimmten Arbeitsplatz beschäftigt werden (vgl. BAG 18. 2. 1986 AP BetrVG 1972 § 99 Nr. 33; s. Rn. 117 ff.). **104**

Das BAG hat daher anerkannt, dass ein Arbeitseinsatz in Japan eine Versetzung ist, auch wenn sich dadurch weder die Arbeitsaufgabe noch die Eingliederung in den Betrieb ändert (BAG 18. 2. 1986 AP BetrVG 1972 § 99 Nr. 33). Ebenfalls als Versetzung angesehen wurde die Entsendung eines Croupiers zu Werbezwecken von Berlin nach Köln (BAG 1. 8. 1989 AP BetrVG 1972 § 95 Nr. 17) und die Entsendung zur Beschäftigung an einem Ort, der 160 km vom Arbeitsort entfernt ist (BAG 8. 8. 1989 AP BetrVG 1972 § 95 Nr. 18). Dagegen sah es in der weniger als einen Monat dauernden Abordnung in eine andere Filiale in Berlin keine Versetzung, weil der bloße Wechsel des Arbeitsorts auch unter Berücksichtigung der Tatsache, dass der Arbeitnehmer unter einem anderen Vorgesetzten und mit anderen Arbeitskollegen zu arbeiten hat, noch keine erhebliche Änderung der Arbeitsumstände darstellt (BAG 28. 9. 1988 AP BetrVG 1972 § 99 Nr. 55). Bei einer (Auslands-)Dienstreise kann nicht generell aus der Notwendigkeit einer auswärtigen Übernachtung auf eine erhebliche Änderung der Arbeitsabläufe geschlossen werden. Maßgeblich sind auch hier die Umstände des Einzelfalls (BAG 21. 9. 1999 AP BetrVG 1972 § 99 Nr. 21 Versetzung). **105**

d) Da zum Arbeitsbereich die Einordnung der Tätigkeit in den Arbeitsablauf des Betriebs gehört, erhält der Arbeitnehmer einen anderen Arbeitsbereich, wenn er aus **106**

einer betrieblichen Einheit herausgenommen und einer anderen Einheit zugewiesen wird (vgl. BAG 10. 4. 1984 AP BetrVG 1972 § 95 Nr. 4; 18. 2. 1986 AP BetrVG 1972 § 99 Nr. 33; 18. 10. 1988 AP BetrVG 1972 § 99 Nr. 56; 19. 2. 1991 AP BetrVG 1972 § 95 Nr. 26). **Der Arbeitnehmer wird daher stets in einem anderen Arbeitsbereich tätig, wenn er in einem anderen Betrieb tätig wird** (so zutr. BAG 19. 2. 1991 AP BetrVG 1972 § 95 Nr. 26). Ob der Versetzungsbegriff in diesem Fall erfüllt ist, hängt deshalb davon ab, ob dem Arbeitnehmer die Tätigkeit in dem anderen Betrieb *zugewiesen* ist (vgl. BAG 19. 2. 1991 AP BetrVG 1972 § 95 Nr. 26; s. auch Rn. 108 ff.; zur Versetzung in einen anderen Betrieb s. Rn. 121 ff.). Die Rechtsprechung ist recht streng: Eine mitbestimmungspflichtige Versetzung liegt danach auch dann vor, wenn eine mehrmonatige Abordnung von Arbeitnehmern innerhalb einer Großstadt wie Berlin erfolgt, ohne dass sich der Arbeitsinhalt ändert (LAG Berlin 26. 5. 1997, LAGE Nr. 17 zu § 95 BetrVG 1972), ebenso bei der Umsetzung auf eine andere **Station eines Seniorenheims** (BAG 29. 2. 2000 AP BetrVG 1972 § 95 Nr. 36 = DB 2000, 578), sofern nicht der Arbeitnehmer üblicherweise zwischen den einzelnen Stationen wechselt und daher Abs. 3 Satz 2 eingreift (s. Rn. 96; LAG München 31. 3. 1999 – 7 TaBV 66/98); keine Versetzung hingegen bei einem **Wechsel von der Kinder- in die Damenetage** innerhalb der gleichen Filiale (BAG 17. 6. 2008 AP BetrVG 1972 § 99 Nr. 47 Versetzung).

107   e) Der **Arbeitsbereich** wird räumlich und funktional bestimmt; er hat **keine zeitliche Komponente** (so zutr. BAG 25. 1. 2005 AP BetrVG 1972 § 87 Nr. 114 Arbeitszeit; ebenso BAG 16. 7. 1991 AP BetrVG 1972 § 95 Nr. 28; ebenso BAG 23. 11. 1993 AP BetrVG 1972 § 95 Nr. 33). Wird die **Dauer der Arbeitszeit** i. S. des zeitlichen Umfangs der geschuldeten Arbeitsleistung geändert, so liegt darin allein keine Zuweisung eines anderen Arbeitsbereichs, z. B. beim Übergang von Vollzeitarbeit zu Teilzeitarbeit oder bei Verlängerung oder Verkürzung der Mindestwochenarbeitszeit eines Teilzeitbeschäftigten mit variabler Arbeitszeit (ebenso BAG 16. 7. 1991 AP BetrVG 1972 § 95 Nr. 28; BAG 25. 1. 2005 AP BetrVG 1972 § 87 Arbeitszeit Nr. 114; *Fitting*, § 99 Rn. 149; ErfK-*Kania*, § 99 Rn. 13; HWK-*Ricken*, § 99 Rn. 41 – wohl aber nach verfehlter neuerer Rechtsprechung des BAG u. U. eine Einstellung s. Rn. 47). Auch die Lage der Arbeitszeit bestimmt nicht den Arbeitsbereich. Die Umsetzung eines Arbeitnehmers von Normalschicht in die Wechselschicht ist daher keine Versetzung, wenn sich durch sie nur die Lage der Arbeitszeit ändert (ebenso BAG 19. 2. 1991 AP BetrVG 1972 § 95 Nr. 25; bestätigt BAG 23. 11. 1993 AP BetrVG 1972 § 95 Nr. 33). Erfolgt die Umsetzung aber unabhängig von den individuellen Wünschen eines einzelnen Arbeitnehmers, so hat der Betriebsrat nach § 87 Abs. 1 Nr. 2 mitzubestimmen (vgl. BAG 27. 6. 1989 AP BetrVG 1972 § 87 Nr. 35 Arbeitszeit; s. auch § 87 Rn. 290 ff.).

108   f) Der Versetzungsbegriff verlangt die **Zuweisung des anderen Arbeitsbereichs**. Der Begriff der Zuweisung ist in § 95 Abs. 3 Satz 1 nicht definiert, und auch aus den Gesetzesmaterialien ergibt sich nicht, welche Voraussetzungen der Gesetzgeber mit diesem Begriff verknüpfen wollte. Der Begriff der Zuweisung muss deshalb aus der ratio legis der Mitbestimmungsnorm erschlossen werden (so zutr. BAG 19. 2. 1991 AP BetrVG 1972 § 95 Nr. 26).

109   Von einer Zuweisung kann nur die Rede sein, wenn auf die **Initiative des Arbeitgebers** zurückgeht, dass der Arbeitnehmer in einem anderen Arbeitsbereich tätig wird. Nicht unter den Versetzungsbegriff fällt schon aus diesem Grund die Freistellung von der Pflicht zur Erbringung der Arbeitsleistung auf Grund einer gesetzlichen Verpflichtung oder auf Wunsch des Arbeitnehmers (ebenso BAG 19. 2. 1991 AP BetrVG 1972 § 95 Nr. 26; BAG 28. 3. 2000, BB 2000, 2014 mit Anmerk. *Hunold;* DKK-*Kittner/Bachner*, § 99 Rn. 107; LAG Hamm 20. 9. 2002, NZA-RR 2003, 422; a. A. *Fischer*, AuR 2004, 253). Kommt es zu einer anderen Tätigkeit des Arbeitnehmers während der Freistellung, so liegt eine Zuweisung nur vor, „wenn die Arbeitsleistung im neuen Arbeitsbereich dem Arbeitgeber zuzurechnen ist, der Arbeitnehmer auch im neuen Tätigkeitsbereich für den Arbeitgeber tätig wird, die Arbeitsleistung im neuen Arbeitsbereich die dem Arbeitgeber geschuldete Arbeitsleistung bleibt" (BAG 19. 2. 1991 AP BetrVG 1972 § 95 Nr. 26). Das ist vor allem zu beachten, wenn der Arbeitnehmer nicht in demselben Betrieb oder in einem anderen Betrieb des Arbeitgebers tätig wird, sondern in einem anderen Unternehmen arbeitet, auch wenn es zu dem Arbeitgeber in einer Konzernbindung steht. Wird ein Arbeitnehmer nicht auf Dauer, sondern nur vorübergehend in den Betrieb eines anderen Konzernunternehmens zur Beschäftigung entsandt, so liegt in dem Arbeitseinsatz die Zuweisung eines anderen Arbeitsbereichs, wenn der Arbeitnehmer mit dieser Tätigkeit die seinem Arbeitgeber geschuldete Arbeitsleistung erbringt (so für den Streikeinsatz einer Kassiererin bzw. Auffüllerin als Serviererinnen in einem Tochterunternehmen BAG 19. 2. 1991 AP BetrVG 1972 § 95 Nr. 26).

Der Begriff der Zuweisung setzt nicht voraus, dass der Arbeitgeber auf Grund seines **Direktionsrechts** einseitig dem Arbeitnehmer einen anderen Arbeitsbereich zuweisen kann. Eine Zuweisung ist auch anzunehmen, wenn wegen des Vertragsinhalts eine **Einverständniserklärung des Arbeitnehmers** erforderlich ist (s. auch Rn. 297 ff.). Es genügt, dass der Arbeitnehmer auf Initiative seines Arbeitgebers in dem anderen Arbeitsbereich tätig wird. Bei einer auf Dauer angelegten Versetzung entfällt aber das Mitbestimmungsrecht, wenn der Arbeitnehmer mit ihr einverstanden ist (vgl. BAG 20. 9. 1990 AP BetrVG 1972 § 99 Nr. 84 unter Aufgabe von BAG 30. 4. 1981 AP BetrVG 1972 § 99 Nr. 12). 110

3. Notwendigkeit einer Erheblichkeit der Änderung für den Versetzungsbegriff

Voraussetzung für den Mitbestimmungstatbestand der Versetzung ist weiterhin, dass die **Zuweisung des anderen Arbeitsbereichs** entweder voraussichtlich die **Dauer von einem Monat** überschreitet oder mit einer **erheblichen Änderung der Umstände** verbunden ist, unter denen die Arbeit zu leisten ist (§ 95 Abs. 3 Satz 1). Damit unterscheidet das Gesetz zwischen einer längerfristigen und einer kurzfristigen Zuweisung eines anderen Arbeitsbereichs. Der betriebsverfassungsrechtliche Versetzungsbegriff erfordert, dass *kumulativ* zum Tatbestandsmerkmal der Zuweisung eines anderen Arbeitsbereichs eine der beiden alternativ genannten Tatbestandsvoraussetzungen hinzutritt. Für die Interpretation ist jedoch wesentlich, dass es sich nicht insoweit um völlig verschiedene Voraussetzungen handelt, sondern bei einer Zuweisung, die voraussichtlich die Dauer von einem Monat überschreitet, wird die Erheblichkeit einer Änderung der Arbeitsumstände unwiderleglich vermutet (so zutr. *v. Hoyningen-Huene/Boemke,* Versetzung, S. 125). 111

a) Jede Zuweisung eines anderen Arbeitsbereichs ist eine Versetzung i. S. des Gesetzes, wenn sie **voraussichtlich die Dauer von einem Monat überschreitet.** Dadurch wird verhindert, dass der Arbeitgeber bei der Übertragung einer kurzfristigen **Krankheits-** oder **Urlaubsvertretung,** soweit mit ihr die Zuweisung eines anderen Arbeitsbereichs verbunden ist, den Betriebsrat beteiligen muss, auch wenn sie mit keiner erheblichen Änderung der Umstände verbunden ist, unter denen die Arbeit zu leisten ist. 112

Entscheidend ist nicht die tatsächliche, sondern die **geplante Dauer der Zuweisung** (ebenso *Fitting,* § 99 Rn. 154; GL-*Löwisch,* § 99 Rn. 19; HSWGNR-*Schlochauer,* § 99 Rn. 52; HWK-*Ricken,* § 99 Rn. 45; *Richardi,* DB 1973, 378, 379). Für die Berechnung der Frist ist der Tag der Versetzung maßgebend. Stellt sich während einer nur für die Dauer von einem Monat geplanten Versetzung heraus, dass sie länger dauern wird, als geplant war, so ist der Zeitpunkt der Kenntniserlangung für die Feststellung maßgebend, ob die Zuweisung des anderen Arbeitsbereichs voraussichtlich die Dauer von einem Monat überschreitet (ebenso *Löwisch,* a.a.O.; *Schlochauer,* a.a.O.; *Hromadka,* DB 1972, 1532, 1535; *Stege,* DB 1975, 1506, 1509; a. A. für Mitbestimmung bei wesentlicher Überschreitung der Monatsfrist GK-*Kraft,* § 99 Rn. 74; Berechnung der Monatsfrist vom Beginn der Maßnahme an: DKK-*Kittner/Bachner,* § 99 Rn. 108; *v. Hoyningen-Huene/Boemke,* Versetzung, S. 127). 113

114 b) Soll die Zuweisung des anderen Arbeitsbereichs voraussichtlich die Dauer von einem Monat nicht überschreiten, so ist sie nur dann Versetzung i. S. des Gesetzes und damit Mitbestimmungstatbestand, wenn sie mit einer **erheblichen Änderung der Umstände** verbunden ist, **unter denen die Arbeit zu leisten ist.** Mit den Umständen, unter denen die Arbeit zu leisten ist, sind nicht die *materiellen Arbeitsbedingungen* gemeint, sondern die **äußeren Bedingungen**, unter denen die Arbeit geleistet wird, wie der Beschäftigungsort, die Gestaltung des Arbeitsplatzes, des Arbeitsablaufs und der Arbeitsumgebung und die Lage der Arbeitszeit (vgl. BAG 18. 10. 1988 AP BetrVG 1972 § 99 Nr. 56; 8. 8. 1989 AP BetrVG 1972 § 95 Nr. 18; weiterhin den Bericht des BT-Ausschusses für Arbeit und Sozialordnung, *zu* BT-Drucks. VI/2729, S. 30).

115 Ob die Änderung erheblich ist, richtet sich nicht nach der Meinung des betroffenen Arbeitnehmers, sondern ist vom Standpunkt eines neutralen Beobachters aus zu beurteilen (ebenso GK-*Kraft,* § 99 Rn. 76; HSWGNR-*Schlochauer,* § 99 Rn. 54). Bei einem Wechsel des Arbeitsorts begründet die Tatsache, dass der Arbeitnehmer unter einem anderen Vorgesetzten und mit anderen Arbeitskollegen zu arbeiten hat, noch keine erhebliche Änderung der Arbeitsumstände (vgl. BAG 28. 9. 1988 AP BetrVG 1972 § 99 Nr. 55 [Arbeitseinsatz in einer anderen Filiale des Verkaufsgebiets Berlin]). Sie liegt dagegen vor, wenn die Entsendung mit einer erheblich längeren An- und Rückfahrt verbunden ist (vgl. BAG 18. 10. 1988 AP BetrVG 1972 § 99 Nr. 56 [Abordnung von Eppingen nach Leonberg, sofern der Arbeitnehmer dort nicht einen Wohnsitz hat]; 8. 8. 1989 E 62, 314, 321 = AP BetrVG 1972 § 95 Nr. 18 [Arbeitseinsatz in einem 160 km entfernten Werk bei täglicher Hin- und Rückfahrt]). Wird einem Arbeitnehmer ein **Arbeitsbereich** zugewiesen, in dem er erstmals Tätigkeiten zu verrichten hat, für die besondere **Arbeitsschutzvorschriften** bestehen, so hat dies eine gewisse Indizwirkung für die Erheblichkeit; regelmäßig kann damit von einer Versetzung ausgegangen werden (ArbG Berlin 25. 3. 1998, AiB 1999, 227; *Fitting,* § 99 Rn. 142).

116 Nach dem Gesetzestext genügt jede **erhebliche Änderung**; nicht notwendig ist also, dass eine *Verschlechterung* der Umstände eintritt, unter denen die Arbeit zu leisten ist (ebenso HSWGNR-*Schlochauer,* § 99 Rn. 55; a. A. für eine Beschränkung auf eine Verschlechterung wegen des Schutzzwecks der Mitbestimmung bei kurzfristiger Versetzung GK-*Kraft,* § 99 Rn. 77; GL-*Löwisch,* § 99 Rn. 20; *Stege/Weinspach/Schiefer,* §§ 99–101 Rn. 165). Hat die kurzfristige Zuweisung eines anderen Arbeitsbereichs zur Folge, dass der Arbeitnehmer von der Normalschicht in die Wechselschicht versetzt wird, so spielt für die Annahme des Mitbestimmungsrechts keine Rolle, ob man darin eine Verschlechterung oder Verbesserung der Arbeitsumstände zu erblicken hat. Lediglich wenn eindeutig die kurzfristige Versetzung für den Arbeitnehmer eine Verbesserung seiner Arbeitsumstände darstellt, ist es gerechtfertigt, von einer Beteiligung des Betriebsrats abzusehen; denn die Erstreckung der Mitbestimmung auf die kurzfristige Versetzung dient ausschließlich dem Schutz des betroffenen Arbeitnehmers – *cessante ratione legis cessat lex ipsa* (ebenso GL-*Löwisch,* § 99 Rn. 20; *Stege/Weinspach/Schiefer,* §§ 99–101 Rn. 165).

4. Ausklammerung des ständig wechselnden Arbeitsplatzes aus dem Versetzungsbegriff

117 Der Versetzungsbegriff wird durch § 95 Abs. 3 Satz 2 präzisiert: **Werden Arbeitnehmer nach der Eigenart ihres Arbeitsverhältnisses üblicherweise nicht ständig an einem bestimmten Arbeitsplatz beschäftigt, so gilt die Bestimmung des jeweiligen Arbeitsplatzes nicht als Versetzung.** Das Gesetz verwendet hier den Begriff des Arbeitsplatzes, nicht den des Arbeitsbereichs wie in Satz 1 des § 95 Abs. 3. Jedoch besteht in der Sache kein Unterschied (s. Rn. 96). Die gesetzestechnische Einkleidung in eine Fiktion ist nicht zutreffend; denn gehört der Wechsel der Beschäftigungsart oder des Beschäftigungsorts zur Eigenart des Arbeitsverhältnisses, so prägt der Wechseleinsatz den Arbeitsbereich

B. Voraussetzungen und Gegenstand des Mitbestimmungsrechts § 99

des Arbeitnehmers. Die Bestimmung des jeweiligen Arbeitsplatzes gilt deshalb nicht bloß als keine Versetzung, sondern sie *ist* keine Versetzung. Eine Versetzung liegt vielmehr in einem derartigen Fall vor, wenn die Beschäftigung im Wechseleinsatz aufgehoben wird.

Entscheidend ist, ob die **Beschäftigung** nach der Eigenart des Arbeitsverhältnisses **üblicherweise nicht an einem bestimmten Arbeitsplatz** erfolgt. Maßgebend ist also nicht, ob der Arbeitgeber nach dem Vertragsinhalt des Arbeitsverhältnisses einen Wechsel des Arbeitsplatzes verlangen kann. Es ist vielmehr darauf abzustellen, ob die **Eigenart des Arbeitsverhältnisses** es üblicherweise mit sich bringt, dass Arbeitnehmer nicht ständig an einem bestimmten Arbeitsplatz beschäftigt werden, z. B. im Baugewerbe die am Bau beschäftigten Arbeitnehmer (ebenso LAG Düsseldorf 10. 12. 1973, DB 1974, 1628 = BB 1974, 1250), Außendienstangestellte oder Montagearbeiter. Hierher gehören weiterhin Hilfsarbeiter, die jede anfallende Arbeit verrichten sollen, und vor allem „Springer", die ausfallende Arbeitskräfte ersetzen sollen. Der Wechsel des Arbeitsplatzes muss für das Arbeitsverhältnis **typisch** sein (so BAG 18. 2. 1986 AP BetrVG 1972 § 99 Nr. 33). Es genügt nicht, dass unabhängig von der Eigenart des Arbeitsverhältnisses arbeitsvertraglich festgelegt wird, dass Arbeitnehmer auch an einem anderen Arbeitsplatz beschäftigt werden können (ebenso *Matthes*, MünchArbR § 264 Rn. 22). Bei ständig zwischen räumlich umgrenzten Orten wechselnden Arbeitnehmern kann jedoch eine **Konkretisierung** auf eben diesen Arbeitsbereich eingetreten sein und das Arbeitsverhältnis dadurch sein typisches Gepränge erhalten; ein räumlicher Wechsel, der hiervon abweicht, ist dann eine Versetzung. Bei Bauarbeitern kann daher eine mitbestimmungspflichtige Versetzung vorliegen, wenn ihre über Jahre geübte Rückkehr nach Dienstschluss an den Betriebs- und Wohnort wegen Einsatzes auf weit entfernt gelegenen Baustellen nicht mehr möglich ist (ArbG Stuttgart 27. 2. 1997, NZA-RR 1997, 481).

118

Soweit die nicht ständige Beschäftigung an einem bestimmten Arbeitsplatz nach der Eigenart des Arbeitsverhältnisses üblich ist, spielt keine Rolle, ob mit dem Wechsel des Arbeitsplatzes eine erhebliche Änderung der Umstände verbunden ist, unter denen die Arbeit zu leisten ist. Unerheblich ist auch, ob eine Änderung der materiellen Arbeitsbedingungen eintritt.

119

Der Fall, dass ein Arbeitnehmer nach der Eigenart seines Arbeitsverhältnisses üblicherweise nicht ständig an einem bestimmten Arbeitsplatz beschäftigt wird, kann auch vorliegen, wenn er im **Wechseleinsatz an zwei Arbeitsplätzen** beschäftigt wird, z. B. in einem Farblabor beim Wechsel zwischen der Arbeit in und außerhalb der Dunkelkammer. Voraussetzung ist hier aber, dass der Wechseleinsatz in einem bestimmten Rhythmus erfolgt; denn nur in diesem Fall wird die Eigenart des Arbeitsverhältnisses dadurch geprägt, dass der Arbeitnehmer üblicherweise nicht ständig an einem bestimmten Arbeitsplatz beschäftigt wird. Wird die Beschäftigung im Wechseleinsatz aufgehoben, so liegt darin die Zuweisung eines anderen Arbeitsbereichs. Gleiches kann aber auch gelten, wenn ein regelmäßig festgelegter Wechseleinsatz durchbrochen wird. In diesem Fall liegt eine mitbestimmungspflichtige Versetzung vor, wenn die regelwidrige Durchbrechung des Wechseleinsatzes voraussichtlich die Dauer von einem Monat überschreitet oder mit einer erheblichen Änderung der Umstände verbunden ist, unter denen die Arbeit zu leisten ist. Der entscheidende Gesichtspunkt ist also stets, ob durch einen Wechsel der Beschäftigung oder des Beschäftigungsorts die Stellung des Arbeitnehmers innerhalb der betrieblichen Organisation geändert wird. Liegt eine nicht auf bestimmte Arbeitsplätze konkretisierte Wechseltätigkeit vor, handelt es sich bei der Zuweisung eines „neuen Arbeitsplatzes" auch dann nicht um eine mitbestimmungspflichtige Versetzung, wenn der neue Arbeitsplatz an einem Ort liegt, an dem der Arbeitnehmer vorher noch nie beschäftigt wurde. Allerdings unterscheidet das Gesetz nur zwischen Arbeitnehmern, die üblicherweise nicht ständig an einem bestimmten Arbeitsplatz beschäftigt werden, und solchen, bei denen dies nicht der Fall ist. Ein Mischtatbestand, in dem ein Arbeitnehmer üblicherweise in einem bestimmten, geografisch begrenzten Raum seinen Arbeitsplatz wechselt, bezüglich anderer Orte aber versetzt wird, kennt das Betriebsverfassungsgesetz

120

nicht. Für den Fall der konkretisierten Wechseltätigkeit enthält das Gesetz jedoch eine Lücke, die angemessen gefüllt werden kann (a. A. LAG Hessen 13. 2. 2007–4 TaBV 200/06, juris, n.rk.). Hier greift das Mitbestimmungsrecht.

5. Versetzung in einen anderen Betrieb

121 a) Das Gesetz trifft für die Versetzung in einen anderen Betrieb **keine Sonderregelung.** Es geht in § 99 vom einzelnen Betrieb aus, in dem die personelle Einzelmaßnahme durchgeführt werden soll. Die Versetzung in einen anderen Betrieb erscheint deshalb aus der Sicht des aufnehmenden Betriebs als **Einstellung,** während sie aus der Sicht des abgebenden Betriebs eine **Versetzung** darstellt (s. auch Rn. 106). Das BAG war zunächst der Meinung, dass für eine Beteiligung des Betriebsrats des abgebenden Betriebs kein Anknüpfungspunkt bestehe, wenn ein Arbeitnehmer innerhalb eines Unternehmens von einem Betrieb in einen anderen wechsele (BAG 30. 4. 1981 AP BetrVG 1972 § 99 Nr. 12). Es hat dann aber erkannt, dass der Versetzungsbegriff erfüllt ist, wenn der Arbeitnehmer in einen anderen Betrieb eingegliedert wird (BAG 28. 2. 1986 AP BetrVG 1972 § 99 Nr. 33; 20. 9. 1990 AP BetrVG 1972 § 99 Nr. 84; 26. 1. 1993 AP BetrVG 1972 § 99 Nr. 102).

122 Bei **vorübergehender Versetzung** in einen anderen Betrieb hat der Betriebsrat unter dem Gesichtspunkt der Versetzung auch dann mitzubestimmen, wenn der Arbeitnehmer mit der Entsendung einverstanden ist (ebenso BAG 1. 8. 1989 AP BetrVG 1972 § 95 Nr. 17). Sofern der Arbeitnehmer in dem aufnehmenden Betrieb eine von dessen Inhaber organisierte weisungsgebundene Tätigkeit wahrnimmt, liegt zugleich eine Einstellung vor. Bei einem Wechsel des Arbeitgebers ist nicht notwendig, dass ein Arbeitsvertrag mit dem Betriebsinhaber abgeschlossen wird (s. Rn. 48 ff.).

123 Wird ein Arbeitnehmer **auf Dauer** in einen anderen Betrieb versetzt, so entfällt das Mitbestimmungsrecht unter dem Gesichtspunkt der Versetzung nur dann, wenn der Arbeitnehmer mit der Versetzung einverstanden ist (vgl. BAG 20. 9. 1990 AP BetrVG 1972 § 99 Nr. 84; 26. 1. 1993 AP BetrVG 1972 § 99 Nr. 102; s. auch Rn. 110).

124 b) Sofern die Versetzung in einen anderen Betrieb sowohl unter dem Gesichtspunkt der Einstellung in den aufnehmenden Betrieb als auch unter dem Gesichtspunkt der Versetzung für den abgebenden Betrieb unter das Mitbestimmungsrecht fällt, ist bei einer Versetzung innerhalb desselben Unternehmens für die Mitbestimmungsausübung die **Zuständigkeit des Gesamtbetriebsrats** anzuerkennen (§ 50 Abs. 1 Satz 1; vgl. *Richardi,* DB 1974, 1285, 1288). Nach Ansicht des BAG scheidet aber eine Zuständigkeitsverlagerung auf den Gesamtbetriebsrat aus, so dass für die personelle Maßnahme unter dem Gesichtspunkt der Einstellung der Betriebsrat des aufnehmenden Betriebs zuständig ist, während für die Versetzung der Betriebsrat des abgebenden Betriebs zu beteiligen ist (vgl. BAG 30. 4. 1981 AP BetrVG 1972 § 99 Nr. 12; 20. 9. 1990 AP BetrVG 1972 § 99 Nr. 84; 26. 1. 1993 AP BetrVG 1972 § 99 Nr. 102; h. L.; s. auch § 50 Rn. 35).

125 Der Mitbestimmungstatbestand der Versetzung kommt auch in Betracht, wenn der Arbeitgeber einem Arbeitnehmer einen Arbeitsbereich im **Betrieb eines anderen Unternehmens** zuweist – so er dies arbeitsvertraglich kann (s. auch LAG Schleswig-Holstein 12. 4. 2007 – 4 TaBV 66/06, juris). Gehören die Unternehmen zu demselben Konzern und besteht für ihn ein **Konzernbetriebsrat,** so liegt es nahe für die Mitbestimmungsausübung hier eine originäre Zuständigkeit des Konzernbetriebsrats anzuerkennen. Wenn man jedoch mit dem BAG bei personellen Einzelmaßnahmen stets nur den Einzelbetriebsrat für zuständig hält (s. Rn. 124), so ist auch hier der Betriebsrat des aufnehmenden Betriebs unter dem Gesichtspunkt der Einstellung zu beteiligen, während für die Mitbestimmungsausübung bei der Versetzung der Betriebsrat des abgebenden Betriebs zuständig ist.

6. Keine abweichende Regelung durch Tarifvertrag oder Betriebsvereinbarung

§ 60 Abs. 3 Satz 3 BetrVG 1952 ließ zu, dass durch Tarifvertrag und Betriebsvereinbarung der Begriff der Versetzung im Einzelnen näher umschrieben wird. Diese Vorschrift hat das Gesetz nicht übernommen; (vgl. *Dietz*, § 60 Rn. 23; *Fitting/Kraegeloh/Auffarth*, § 60 Rn. 22; *Nikisch*, Bd. III S. 458). Durch Tarifvertrag oder Betriebsvereinbarung kann also der Begriff der Versetzung nicht abweichend vom Gesetz gestaltet werden. Es bestehen aber keine Bedenken dagegen, dass er durch Tarifvertrag oder Betriebsvereinbarung konkretisiert wird (ebenso GK-*Kraft*, § 99 Rn. 79). 126

VI. Besonderheiten bei Beamten und Arbeitnehmern des öffentlichen Diensts

1. Deutsche Bahn AG und Post-Aktiengesellschaft

Bei einer **Versetzung von Beamten** hat der Betriebsrat des aufnehmenden Betriebs ein Mitbestimmungsrecht (ebenso BAG 12. 12. 1995 AP BetrVG 1972 § 99 Nr. 8 Versetzung). Es ist unerheblich, dass daneben auch der besondere Personalrat, der bei der Deutschen Bahn AG gebildet wurde, mitzubestimmen hat (§ 17 Abs. 2 DBGrG i. V. mit § 76 Abs. 1 BPersVG). Dagegen fehlt es bereits am Mitbestimmungstatbestand der **Eingruppierung**, soweit die Arbeitsplätze bewertet werden, die mit Beamten besetzt sind (ebenso BAG 12. 12. 1995 AP BetrVG 1972 § 99 Nr. 6 Eingruppierung; s. auch Rn. 73). 127

Bei einer Post-Aktiengesellschaft ist der Betriebsrat in den **Personalangelegenheiten der Beamten** nach §§ 28, 29 PostPersRG zu beteiligen. Daneben finden §§ 99 bis 101 keine Anwendung (vgl. *Richardi*, NZA 1996, 953 ff.; ebenso *Pielsticker*, ZTR 1996, 101, 104 f.; *Wehner*, ZTR 1995, 207, 209; *Hummel*, PersR 1996, 228 ff.). Etwas anderes gilt nur, soweit eine Maßnahme nicht zu den nach § 76 Abs. 1 BPersVG mitbestimmungspflichtigen Angelegenheiten zählt. Erfüllt hier eine Versetzung die Merkmale des § 95 Abs. 3, dann besteht ein Mitbestimmungsrecht des Betriebsrats nach § 99 (BAG 12. 8. 1997 AP BetrVG 1972 § 99 Nr. 15 Versetzung). 128

2. Sonstige Beamte und Arbeitnehmer des öffentlichen Diensts

Diese Sonderregeln behalten als *lex specialis* ihre Gültigkeit auch nach Neufassung des § 5 Abs. 3 S. 1 (s. § 5 Rn. 155 ff.). Auch bei anderen Unternehmen hat der Betriebsrat des Beschäftigungsbetriebs nun ein Mitbestimmungsrecht bei Versetzungen. Dies dürfte – entgegen dem einschränkungslosen Wortlaut des § 5 Abs. 3 S. 1 – nicht für die Eingruppierung gelten, da hier der Betriebsinhaber keine Bestimmung trifft – also hat der Betriebsrat nicht mitzubestimmen (s. auch *Thüsing*, BB 2009, 2036). 129

C. Unterrichtungspflicht des Arbeitgebers

I. Einleitung des Mitbestimmungsverfahrens durch Unterrichtung des Betriebsrats

Das Mitbestimmungsverfahren wird dadurch eingeleitet, dass der Arbeitgeber vor jeder geplanten Einstellung, Eingruppierung, Umgruppierung oder Versetzung den Betriebsrat unterrichtet (Abs. 1 Satz 1 und Satz 2). Die Erfüllung der Unterrichtungspflicht ist für die Beteiligung des Betriebsrats von wesentlicher Bedeutung; denn das Gesetz verlangt für die Mitbestimmung nicht, dass die Zustimmung des Betriebsrats als rechtsgeschäftlicher Akt gegeben ist, sondern verknüpft das Mitbestimmungsverfahren mit dem Tatbestand, dass eine wirksame Zustimmungsverweigerung durch den Betriebsrat 130 vorliegt. Teilt nämlich der Betriebsrat dem Arbeitgeber die Verweigerung seiner Zustimmung nicht innerhalb der vorgesehenen Frist unter Angabe von Gründen schriftlich mit, so gilt die Zustimmung als erteilt (Abs. 3). Der Betriebsrat kann die Zustimmung nur aus den Gründen verweigern, die im Katalog des Abs. 2 erschöpfend aufgeführt sind. Für die Zustimmungsverweigerung ist aber keine Wirksamkeitsvoraussetzung, ob der geltend gemachte Zustimmungsverweigerungsgrund vorliegt. Solange die vom Betriebsrat wirksam verweigerte Zustimmung nicht durch Beschluss des Arbeitsgerichts rechtskräftig ersetzt ist, kann der Arbeitgeber die personelle Maßnahme nur unter den Voraussetzungen des § 100 vorläufig durchführen.

131 Der Gesetzestext orientiert sich vor allem an der *Einstellung*; denn nur hier und in seltenen Fällen auch bei der Versetzung gibt es Bewerbungsunterlagen, und nur hier ist eine Auskunft über die Person der Beteiligten für den Betriebsrat notwendig, um eine Entscheidung treffen zu können (vgl. *Richardi*, DB 1973, 378, 379; ebenso HSWGNR-*Schlochauer*, § 99 Rn. 60). Der Umfang der Unterrichtspflicht des Arbeitgebers hängt deshalb davon ab, ob es sich um eine Einstellung, eine Versetzung oder lediglich um eine Eingruppierung oder Umgruppierung handelt.

II. Unterrichtung über Einstellungen

1. Unterrichtungspflicht über die konkrete Einstellung

132 Der Arbeitgeber hat den Betriebsrat **vor jeder Einstellung** zu unterrichten; die Unterrichtungspflicht besteht aber erst, **wenn feststeht, wer eingestellt werden** soll (ebenso BAG 18. 7. 1978 AP BetrVG 1972 § 99 Nr. 7). Da der Betriebsrat an einer konkreten personellen Einzelmaßnahme beteiligt wird, kann der Arbeitgeber das Mitbestimmungsverfahren erst einleiten, wenn er selbst seine Auswahl getroffen hat; denn er hat dem Betriebsrat mit der Unterrichtung die erforderlichen Bewerbungsunterlagen vorzulegen und Auskunft über die Person der Beteiligten zu geben, und der Betriebsrat kann die Zustimmung zu der geplanten Einstellung nur aus den in Abs. 2 genannten Gründen verweigern. Deshalb muss bereits konkretisiert sein, wer eingestellt werden soll. Solange dies noch nicht feststeht, hat der Arbeitgeber den Betriebsrat nur nach § 92 Abs. 1 im Rahmen der Unterrichtung über die Personalplanung zu informieren. Das gilt z. B. für die Anwerbung von Arbeitskräften im Ausland über die Bundesanstalt für Arbeit (vgl. BAG AP BetrVG 1972 § 99 Nr. 7). **Generell gilt, dass der Arbeitgeber nur das mitteilen kann und muss, was ihm selbst bekannt ist** (BAG 14. 5. 1974 AP § 99 BetrVG 1972 Nr. 2, s. auch Rn. 141).

2. Auskunft über die Person der Beteiligten

133 Dem Betriebsrat ist vor einer Einstellung **Auskunft über die Person der Beteiligten** zu geben (Abs. 1 Satz 1 Halbsatz 1). Der Arbeitgeber muss ihn über die **Auswirkungen der geplanten Einstellung** unterrichten (Abs. 1 Satz 1 Halbsatz 2) und hat insbesondere den **in Aussicht genommenen Arbeitsplatz** und die **vorgesehene Eingruppierung** mitzuteilen (Abs. 1 Satz 2).

134 a) Das Gesetz beschränkt die Unterrichtspflicht nicht auf die Person des **Bewerbers**, der eingestellt werden soll, sondern bezieht sie auf die *Person der Beteiligten*. Wer Beteiligter ist, wird nicht definiert, sondern als bekannt vorausgesetzt (vgl. BAG 6. 4. 1973 AP BetrVG 1972 § 99 Nr. 1). Bei der Einstellung sind es **alle inner- oder außerbetrieblichen Bewerber** um den zu besetzenden Arbeitsplatz (vgl. dazu auch die Begründung zum RegE, BT-Drucks. VI/1786, S. 51; ebenso BAG 6. 4. 1973 AP BetrVG 1972 § 99 Nr. 1; 19. 5. 1981 AP BetrVG 1972 § 118 Nr. 18; *Fitting*, § 99 Rn. 167; DKK-Kittner/Bachner, § 99 Rn. 129; Jaeger/Röder/Heckelmann/*Lunk*, Kap. 24 Rn. 69; Löwisch/Kaiser, § 99, Rn. 33; HWK-*Ricken*, § 99 Rn. 53; *Matthes*, MünchArbR § 263

C. Unterrichtungspflicht des Arbeitgebers § 99

Rn. 28; *Richardi,* DB 1973, 378, 379; a. A. GK-*Kraft,* § 99 Rn. 85; HSWGNR-*Schlochauer,* § 99 Rn. 69; *Meisel,* Mitwirkung und Mitbestimmung in personellen Angelegenheiten, Rn. 216; *Pauly,* BB 1981, 501, 502).

135 Vom gegenteiligen Standpunkt wird unter Hinweis, dass auch nur die erforderlichen Bewerbungsunterlagen vorzulegen seien (s. Rn. 143), entgegengehalten, dass zu den Beteiligten, über deren Person Auskunft zu geben ist, nur die Bewerber gehören, die der Arbeitgeber ausgewählt habe oder die als unmittelbar betroffene Betriebsangehörige i. S. von Nr. 3 und 4 des § 99 Abs. 2 einen Rechtsanspruch auf die zu besetzende Stelle haben bzw. nach betrieblichen Auswahlrichtlinien für den Arbeitsplatz in Frage kommen. Begründet wird diese Auffassung damit, dass das Gesetz dem Betriebsrat kein Auswahlrecht bei der Einstellung gibt. Dass die Auswahl unter den Bewerbern Sache des Arbeitgebers ist, bedeutet aber keineswegs, dass er auch eine Auswahlentscheidung darüber treffen kann, wer zu den Beteiligten gehört, über deren Person er dem Betriebsrat Auskunft zu erteilen hat. Soweit es sich um innerbetriebliche Bewerber handelt, ist Zweck der Mitbestimmung, dass der Betriebsrat selbst entscheidet, ob bestehende Auswahlrichtlinien eingehalten worden sind bzw. ein Mitbewerber durch die Auswahlentscheidung des Arbeitgebers benachteiligt wird; denn anderenfalls könnte der Arbeitgeber programmieren, ob für den Betriebsrat ein Grund besteht, die Zustimmung zu verweigern. Aber auch soweit Bewerber noch nicht dem Betrieb angehören, kann der Betriebsrat sein Mitbestimmungsrecht sachgemäß nur ausüben, wenn er weiß, wer als Bewerber für den Arbeitsplatz zur Verfügung steht.

136 Zum **Kreis der Beteiligten** gehören **Bewerber** allerdings nur, **soweit sie für den Arbeitsplatz in Betracht kommen.** Deshalb braucht der Arbeitgeber den Betriebsrat nicht über Bewerber zu unterrichten, die ihre Bewerbung zurückgezogen haben oder die offensichtlich den Qualifikationsvoraussetzungen für den Arbeitsplatz nicht entsprechen (ebenso GL-*Löwisch,* § 99 Rn. 44; *Löwisch/Kaiser,* § 99, Rn. 33; *Stege/Weinspach/Schiefer,* §§ 99–101 Rn. 33a und 33d; *Matthes,* MünchArbR § 263 Rn. 29; *Wiedemann,* Anm. zu BAG 6. 4. 1973 AP BetrVG 1972 § 99 Nr. 1, Bl. 5 R; vgl. *Fitting,* § 99 Rn. 168; für die Unterrichtung auch hinsichtlich der offensichtlich ungeeigneten Bewerber jedoch DKK-*Kittner/Bachner,* § 99 Rn. 129; vermittelnd LAG Köln 29. 4. 1988, LAGE Nr. 16 zu § 99 BetrVG 1972: Unterrichtung auf Nachfrage). Durch eine solche Einschränkung wird das Mitbestimmungsrecht des Betriebsrats nicht geschmälert, jedoch einer unnötigen Formalisierung des Verfahrens entgegengewirkt. Wer **offensichtlich ungeeignet** ist oder sich nicht ernsthaft bewirbt, ist nicht in das Bewerbungsverfahren eingeschlossen; dies entspricht auch der Rechtsprechung zur Entschädigung nach § 611a BGB.

137 Beauftragt der Arbeitgeber ein **Personalberatungsunternehmen,** ihm geeignete Bewerber zur Einstellung auf einen bestimmten Arbeitsplatz vorzuschlagen, so beschränkt sich die Unterrichtungspflicht auf die Personen, die ihm das Personalberatungsunternehmen genannt hat (ebenso BAG 18. 12. 1990 AP BetrVG 1972 § 99 Nr. 85). Wie der Arbeitgeber die Anwerbung durchführt, ist dem Mitbestimmungsrecht vorgegeben. Hat daher der Arbeitgeber sich entschlossen, bereits den ersten vom Personalberater vorgeschlagenen Bewerber einzustellen, so ist dieser der einzige Bewerber (ebenso BAG 18. 12. 1990 AP BetrVG 1972 § 99 Nr. 85). Eine entsprechende Beschränkung besteht bei der Übernahme eines **Leiharbeitnehmers** zur Arbeitsleistung (§ 14 Abs. 3 Satz 1 AÜG), wenn der Arbeitgeber als Entleiher keine personelle Auswahlentscheidung trifft (vgl. BAG 14. 5. 1974 AP BetrVG 1972 § 99 Nr. 2). Stellt der Verleiherbetrieb dem Arbeitgeber eine wechselnde Grundbesetzung nach eigener Auswahl, liegt nicht bei jedem Personalwechsel eine Neueinstellung vor. Es handelt sich vielmehr um eine dauerhafte Einstellung von Leiharbeitnehmern, die dadurch gekennzeichnet ist, dass Anzahl und Einsatz der Leiharbeitnehmer feststeht, dem Verleiher jedoch die Disposition zusteht, welche seiner Arbeitnehmer er dem Arbeitgeber zu welchen Zeiten zur Verfügung stellt. Für die Unterrichtung hat dies zur Folge, dass der Arbeitgeber dem Betriebsrat nur die Anzahl der Leiharbeitnehmer und die Einsatzdauer mitteilen muss, jedoch nicht die Personalien der

Leiharbeitnehmer oder einen Austausch eben jener, da er lediglich mitteilen kann, was ihm selbst bekannt ist (BAG 14. 5. 1974 AP BetrVG 1972 § 99 Nr. 2; BAG 23. 1. 2008 AP AÜG § 14 Nr. 14; siehe auch *Thüsing* AÜG § 14 Rn. 165). Sind dem Arbeitgeber dagegen die Namen der Leiharbeitnehmer bekannt gemacht, hat er diese dem Betriebsrat mitzuteilen. Auch wenn weitere Leiharbeitnehmer in den Pool aufgenommen werden, die der Verleiher nach Einarbeitung bei dem Arbeitgeber nach seiner Disposition dem Arbeitgeber zuweist, hat der Arbeitgeber den Betriebsrat jeweils zu beteiligen. Der Einsatz von Zusatzkräften, die über den Grundbedarf hinausgehen ist stets zustimmungsbedürftig. Bei der **Anwerbung ausländischer Arbeitnehmer** kann vom Arbeitgeber nicht verlangt werden, dass er über sämtliche Bewerber, die sich bei der deutschen Verbindungsstelle im Ausland vorgestellt haben, den Betriebsrat unterrichtet (vgl. BAG 18. 7. 1978 AP BetrVG 1972 § 99 Nr. 7).

138 b) Da dem Betriebsrat Auskunft über die Auswirkungen der geplanten Maßnahme zu geben hat (Abs. 1 Satz 1 Halbsatz 2), gehören zu den **Beteiligten** nicht nur die Bewerber um den Arbeitsplatz, sondern auch **die von der Einstellung im Betrieb unmittelbar betroffenen Arbeitnehmer** (ebenso *Brecht*, § 99 Rn. 6; GK-*Kraft*, § 99 Rn. 90; HSWGNR-*Schlochauer*, § 99 Rn. 68; a. A. ohne Unterschied im Ergebnis da eine Unterrichtungspflicht nach Abs. 1 Satz 1 Halbsatz 2 angenommen wird, *Matthes*, MünchArbR § 263 Rn. 28). Das ergibt sich daraus, dass der Betriebsrat seine Zustimmungsverweigerung darauf stützen kann, dass die Einstellung gegen eine Auswahlrichtlinie verstoßen würde (Abs. 2 Nr. 2) oder sich auf im Betrieb beschäftigte Arbeitnehmer nachteilig auswirken kann (Abs. 2 Nr. 3). Soweit es sich nicht um Bewerber handelt, ergibt sich deshalb aus dem Umfang des Zustimmungsverweigerungsrechts, wer zum Personenkreis der bei einer Einstellung Beteiligten gehört (ebenso *Richardi*, DB 1973, 378, 379). Erfasst werden deshalb **die Arbeitnehmer**, die beim Bestehen von **Auswahlrichtlinien nach § 95 für den Arbeitsplatz in Betracht kommen**, sowie die Arbeitnehmer, die i. S. der Nr. 3 einen **Rechtsanspruch** oder zumindest eine Anwartschaft **auf Berücksichtigung** haben (ebenso GK-*Kraft*, § 99 Rn. 90; HSWGNR-*Schlochauer*, § 99 Rn. 68).

139 c) Der Arbeitgeber ist verpflichtet, **Auskunft über die Person der Bewerber und der sonst Beteiligten** zu geben, d. h. er hat die Angaben zur Person so vollständig zu machen, dass nicht nur Klarheit über die Identität, sondern auch über die fachlichen und persönlichen Voraussetzungen sowie sozialen Gesichtspunkte besteht, die für die Entscheidung des Betriebsrats von Bedeutung sein können, deren Vorhandensein oder Nichtvorhandensein also ein Zustimmungsverweigerungsrecht nach Abs. 2 zu rechtfertigen vermag (BAG 14. 12. 2004 AP BetrVG 1972 § 99 Nr. 122). Darüber hinausgehende Angaben zur Person brauchen nicht gemacht zu werden. Insbesondere ist der Arbeitgeber nicht verpflichtet, schlechthin alle Personalien, die ihm bekannt sind, dem Betriebsrat mitzuteilen. Daraus folgt auch, dass der Arbeitgeber dem Betriebsrat keine Angaben über Vorstrafen zu machen braucht, wenn sie sich nicht auf einen Umstand beziehen, der eine Zustimmungsverweigerung nach Abs. 2 begründet (ebenso *Fitting*, § 99 Rn. 176; GK-*Kraft*, § 99 Rn. 89; HSWGNR-*Schlochauer*, § 99 Rn. 72). Der Arbeitgeber ist aber verpflichtet, dem Betriebsrat über die Schwerbehinderteneigenschaft Auskunft zu geben (ebenso *Fitting*, § 99 Rn. 175; GK-*Kraft*, § 99 Rn. 89; HSWGNR-*Schlochauer*, § 99 Rn. 71; Jaeger/Röder/Heckelmann/*Lunk*, Kap. 24 Rn. 67), nicht dagegen darüber, ob eine Bewerberin schwanger ist, weil wegen dieses Umstands nicht die Zustimmung zur Einstellung verweigert werden kann (so bereits *Richardi*, DB 1973, 378, 380; s. jetzt auch EuGH 4. 10. 2001, DB 2001, 2451 [mit Anm. *Thüsing*]; a. A. *Fitting*, § 99 Rn. 175; GK-*Kraft*, a. a. O.; HSWGNR-*Schlochauer*, § 99 Rn. 71). Etwas anderes gilt nur, wenn wegen der Arbeitsaufgabe ausnahmsweise eine Schwangere den Arbeitsplatz nicht übernehmen kann. Für die Abgrenzung ist wesentlich, dass die hier festgelegte Unterrichtungspflicht eine Vorstufe des Mitbestimmungsrechts darstellt, deren Verletzung durch § 121 selbständig sanktioniert ist; sie ist daher von anderen Informationspflichten des Arbeitgebers gegenüber dem Betriebsrat abzugrenzen (s. all-

C. Unterrichtungspflicht des Arbeitgebers § 99

gemein zur Unterrichtungspflicht über die Schwangerschaft von Arbeitnehmerinnen § 80 Rn. 59). Beruht die Auswahlentscheidung maßgeblich auf zuvor geführten Vorstellungsgesprächen, so muss der Arbeitgeber den Betriebrat auch über den für seine Entscheidung bedeutsamen Inhalt der Gespräche unterrichten (so mit einem recht strengen Maßstab BAG 28. 6. 2005 AP BetrVG 1972 Nr. 49 Einstellung). Wann diese Maßgeblichkeit freilich anzunehmen ist, bleibt unklar. Maßstab dürfte es sein, dass nicht nachvollziehbar ohne Bezug auf die Details der Auswahlentscheidung der Maßstab des Arbeitgebers transparent wird.

d) Der **Betriebsrat** hat **keinen Anspruch** darauf, dass der **Bewerber um den Arbeitsplatz** 140
ihn **über seine Person unterrichtet.** Dies ist vielmehr Sache des Arbeitgebers. Der Anspruch besteht auch nur auf *Unterrichtung durch den Arbeitgeber.* Der Betriebsrat hat deshalb kein Recht, an den **Einstellungsgesprächen** des Arbeitgebers mit den Bewerbern teilzunehmen, und er kann nicht verlangen, dass der vom Arbeitgeber ausgewählte Bewerber sich bei ihm persönlich vorstellt (ebenso BAG 18. 7. 1978 AP BetrVG 1972 § 99 Nr. 7). Sehr weitgehend erkennt die Rechtsprechung unter bestimmten Umständen jedoch ein Recht des Betriebsrats an, über den Inhalt des Bewerbungsgesprächs informiert zu werden. Wenn für die Auswahlentscheidung Vorstellungsgespräche mit verschiedenen Bewerbern maßgeblich waren, gehöre zu einer vollständigen Auskunft eine Mitteilung über den Gesprächsinhalt. Darüber habe der Arbeitgeber zumindest dann auch ohne Verlangen des Betriebsrats zu informieren, wenn an den Vorstellungsgesprächen eine Bewerberin beteiligt war und er sich in einem Frauenförderplan verpflichtet hat, bei gleicher Eignung den Anteil von Frauen in den Bereichen zu erhöhen, in denen sie zahlenmäßig unterrepräsentiert sind (BAG 28. 6. 2005–1 ABR 26/04, Pressemitteilung 41/05).

3. Vorlage der erforderlichen Bewerbungsunterlagen

a) Der Arbeitgeber hat dem Betriebsrat die erforderlichen **Bewerbungsunterlagen** vor- 141
zulegen (Abs. 1 Satz 1 Halbsatz 1). Wie sich aus der Entstehungsgeschichte der Bestimmung eindeutig ergibt, ist durch die Beschränkung auf die Bewerbungsunterlagen präzisiert, welche Unterlagen hinsichtlich der Person der Beteiligten dem Betriebsrat vorzulegen sind (vgl. dazu den Bericht des BT-Ausschusses für Arbeit und Sozialordnung, *zu* BT-Drucks. VI/2729, S. 31). Zu den Bewerbungsunterlagen gehören das Bewerbungsschreiben, der Lebenslauf, der ausgefüllte Personalfragebogen und evtl. Zeugnisse, nicht dagegen sonstige Unterlagen über die Person des Bewerbers (Jaeger/Röder/Heckelmann/*Lunk,* Kap. 24 Rn. 75; *Löwisch/Kaiser,* § 99 Rn. 35; weiter ErfK-*Kania,* § 99 Rn. 21). Zu den dem Betriebsrat vorzulegenden Bewerbungsunterlagen gehören auch solche Unterlagen, die der Arbeitgeber anlässlich der Bewerbung über die Person des Bewerbers erstellt hat (BAG 14. 12. 2004 AP BetrVG 1972 § 99 Nr. 122; BAG 17. 6. 2008 AP BetrVG 1972 § 99 Nr. 46 Versetzung), also nicht nur Unterlagen des Bewerbers, sondern alle Unterlagen anlässlich der Bewerbung. Nicht zu den Bewerbungsunterlagen gehört der Arbeitsvertrag (BAG 18. 10. 1988 AP BetrVG 1972 § 99 Nr. 57; ErfK-*Kania,* § 99 Rn. 21). Zudem muss der Arbeitgeber dem Betriebsrat keine Unterlagen vorlegen, die er selbst nicht hat (LAG Hamm 1. 8. 2003, NZA-RR 2004, 84; s. aber auch Rnr. #).

b) Vorzulegen sind nur die **erforderlichen Bewerbungsunterlagen,** also nur die Unter- 142
lagen, die der Betriebsrat benötigt, um zu entscheiden, ob er der Einstellung zustimmt oder nicht. Was als erforderlich anzusehen ist, muss deshalb an dem in Abs. 2 enthaltenen Katalog der Zustimmungsverweigerungsgründe orientiert werden. Der Arbeitgeber braucht Unterlagen, die einen Hinweis auf Vorstrafen des Bewerbers enthalten, nicht vorzulegen, wenn die Vorstrafen sich nicht auf einen Umstand beziehen der eine Zustimmungsverweigerung zu begründen vermag.

Dem Betriebsrat sind nicht nur die Unterlagen des Bewerbers vorzulegen, den der 143
Arbeitgeber ausgewählt hat, sondern die **Bewerbungsunterlagen aller Bewerber** (ebenso BAG 6. 4. 1973 AP BetrVG 1972 Nr. 1; 19. 5. 1981 AP BetrVG 1972 § 118

Thüsing

Nr. 18; 3. 12. 1985 AP BetrVG 1972 § 99 Nr. 29; *Fitting,* § 99 Rn. 181; GL-*Löwisch,* § 99 Rn. 43; *Matthes,* MünchArbR § 263 Rn. 31; *Richardi,* DB 1973, 378, 380; a. A. LAG Berlin EzA § 99 BetrVG 1972 Nr. 3; GK-*Kraft,* § 99 Rn. 85; HSWGNR-*Schlochauer,* § 99 Rn. 74; s. auch Rn. 134). Der Gesetzestext ist nicht eindeutig. Der gesetzessystematische Zusammenhang spricht aber für die hier vertretene Interpretation; denn die Unterrichtungspflicht des Arbeitgebers ist nicht nur auf die Person des Bewerbers beschränkt, den der Arbeitgeber ausgewählt hat (s. Rn. 134 ff.). Nach dem RegE hatte der Arbeitgeber „unter Vorlage der Unterlagen Auskunft über die Person der Beteiligten" zu geben, und in der Begründung zum RegE heißt es erläuternd, dass bei einer Einstellung die Unterlagen aller Bewerber vorzulegen sind (BT-Drucks. VI/1786, S. 51). Durch die andere Fassung des Gesetzestextes sollte lediglich präzisiert werden, dass nur die erforderlichen Bewerbungsunterlagen vorzulegen sind (vgl. Bericht des BT-Ausschusses für Arbeit und Sozialordnung, *zu* BT-Drucks. VI/2729, S. 31); nicht aber sollte der Kreis der Personen eingeschränkt werden, deren Bewerbungsunterlagen vorzulegen sind (ebenso BAG AP BetrVG 1972 § 99 Nr. 1; *Stahlhacke,* BlStSozArbR 1972, 51, 55; *Richardi,* DB 1973, 378, 380).

144 Beauftragt der Arbeitgeber ein **Personalberatungsunternehmen,** ihm geeignete Bewerber zur Einstellung auf einen bestimmten Arbeitsplatz vorzuschlagen, so beschränkt sich die Pflicht zur Vorlage auf die Bewerbungsunterlagen der Bewerber, die ihm das Personalberatungsunternehmen genannt hat (vgl. BAG 18. 12. 1990 AP BetrVG 1972 § 99 Nr. 85; s. auch Rn. 137). Stellt der Betriebsinhaber **Leiharbeitnehmer** ein, dann muss er seinem Betriebsrat grundsätzlich Einsicht in die Arbeitnehmerüberlassungsverträge gewähren (AP § 99 BetrVG 1972 Nr. 6; LAG Niedersachsen 9. 8. 2006, EzAÜG BetrVG Nr. 94; 15; s. aber auch zu den Grenzen des Unterrichtungsrechts Rn. 137).

145 Bewirbt sich neben Außenstehenden ein **Betriebsangehöriger** um den Arbeitsplatz, so kann der Betriebsrat verlangen, dass ihm dessen Bewerbungsunterlagen vorzulegen sind, soweit der Arbeitnehmer sie überhaupt eingereicht hat. Keineswegs besteht ein Anspruch auf **Einblick in die Personalakten** (ebenso *Fitting,* § 99 Rn. 184; GL-*Löwisch,* § 99 Rn. 45; HSWGNR-*Schlochauer,* § 99 Rn. 75; *Stahlhacke,* BlStSozArbR 1972, 51, 55; *Richardi,* DB 1973, 378, 380; s. auch § 80 Rn. 64). Das Recht auf Einsicht in die Personalakten hat vielmehr nur der einzelne Arbeitnehmer (§ 83).

146 Der **Bewerber** kann dem Arbeitgeber die **Weiterleitung seiner Unterlagen an den Betriebsrat verbieten** (ebenso *Heinze,* Personalplanung, Rn. 239 ff.; *Meisel,* Mitwirkung und Mitbestimmung in personellen Angelegenheiten, Rn. 220; *Adomeit,* DB 1971, 2360; *Stahlhacke,* BlStSozArbR 1972, 51, 55; *Wiedemann,* Anm. zu BAG AP BetrVG 1972 § 99 Nr. 1, Bl. 6; vgl. auch Arbeitsring Chemie, § 99 Erl. 6; a. A. unter Hinweis auf die Schweigepflicht der Betriebsratsmitglieder *Fitting,* § 99 Rn. 182; GK-*Kraft,* § 99 Rn. 82; GL-*Löwisch,* § 99 Rn. 47; HSWGNR-*Schlochauer,* § 99 Rn. 79; *Stege/Weinspach/Schiefer,* §§ 99–101 Rn. 37; *Reiserer,* BB 1992, 2499). Soweit es sich um Bewerbungsunterlagen handelt, die für die Entscheidung des Betriebsrats erforderlich sind, ist der Arbeitgeber verpflichtet, dem Betriebsrat mitzuteilen, dass der Bewerber mit einer Weiterleitung an den Betriebsrat nicht einverstanden ist; da in diesem Fall eine ordnungsgemäße Unterrichtung durch den Arbeitgeber nicht möglich ist, wird nicht die Wochenfrist nach Abs. 3 in Gang gesetzt, so dass der Arbeitnehmer nur mit ausdrücklicher Zustimmung des Betriebsrats eingestellt werden kann (im Ergebnis auch Arbeitsring Chemie, § 99 Erl. 6; *Stahlhacke,* BlStSozArbR 1972, 51, 55).

147 c) Dem Betriebsrat sind die erforderlichen Bewerbungsunterlagen **vorzulegen.** Da er als Kollegialorgan seine Entscheidung über die Mitbestimmungsausübung in einer Sitzung fällt, müssen ihm in ihr die Bewerbungsunterlagen zur Verfügung stehen. Daraus folgt, dass der Arbeitgeber die Bewerbungsunterlagen dem Betriebsrat bis zur Beschlussfassung über die beantragte Zustimmung überlassen muss (so zutreffend BAG 14. 12. 2004 AP BetrVG 1972 § 99 Nr. 122; BAG 3. 12. 1985 AP BetrVG 1972 § 99 Nr. 29; zust. *Fitting,* § 99 Rn. 181; *Löwisch/Kaiser,* § 99, Rn. 37; *Matthes,* MünchArbR § 263

C. Unterrichtungspflicht des Arbeitgebers § 99

Rn. 35; abl. GK-*Kraft*, § 99 Rn. 93; HSWGNR-*Schlochauer*, § 99 Rn. 78). Nach der Beschlussfassung muss der Betriebsrat dem Arbeitgeber die Bewerbungsunterlagen zurückgeben, spätestens aber nach Ablauf einer Woche seit der Unterrichtung; denn seine Zustimmung gilt nach Ablauf der Wochenfrist als erteilt (Abs. 3 Satz 2), so dass eine weitere Beratung und Beschlussfassung aus diesem Grund nicht erforderlich ist (ebenso BAG 3. 12. 1985 AP BetrVG 1972 § 99 Nr. 29). Die hier erfolgte Regelung über die Vorlagepflicht ist lex specialis gegenüber § 80 Abs. 2 Satz 2 (ebenso HSWGNR-*Schlochauer*, § 99 Rn. 78).

4. Auskunft über die Auswirkungen der geplanten Einstellung, den in Aussicht genommenen Arbeitsplatz und die vorgesehene Eingruppierung

a) Neben der Unterrichtung über die Person der Beteiligten unter Vorlage der erforderlichen Bewerbungsunterlagen hat der Arbeitgeber dem Betriebsrat unter Vorlage der erforderlichen Unterlagen **Auskunft über die Auswirkungen der geplanten Einstellung** zu geben (Abs. 1 Satz 1 Halbsatz 2). Dieses Informationsrecht des Betriebsrats ist deshalb wichtig, weil allein eine Unterrichtung über die Person der Beteiligten ihn noch nicht in die Lage versetzt, zu entscheiden, ob er nach Abs. 2 die Zustimmung verweigern kann. Für Inhalt und Umfang der Unterrichtungs- und Vorlagepflicht ist auch hier die gesetzliche Abgrenzung der Zustimmungsverweigerungsgründe in Abs. 2 maßgebend. Da diese jedoch außerordentlich weit gefasst sind, ist der Arbeitgeber zu einer umfassenden Unterrichtung und Aufklärung über die Personalplanung im Zusammenhang mit der beabsichtigten Einstellung verpflichtet. Eine Unterrichtungspflicht besteht zwar insoweit bereits nach § 92 Abs. 1 (s. dort Rn. 24 ff.); der Unterschied besteht aber darin, dass hier die geplante Einstellung ein konkreter Anlass für die Unterrichtung ist, die auch inhaltlich sich auf deren Auswirkungen zu beziehen hat. Der Betriebsrat kann Auskunft darüber verlangen, ob durch die Einstellung lediglich der Nettopersonalbedarf gedeckt werden soll oder auf Dauer ein zusätzlicher Arbeitsplatz geschaffen wird (BAG 6. 11. 1990 AP BetrVG 1972 § 92 Nr. 3). 148

Die Auskunft ist unter **Vorlage der erforderlichen Unterlagen** zu erteilen; es sind also nur die Unterlagen vorzulegen, die Aufschluss über die Auswirkungen der geplanten Einstellung geben. Regelmäßig werden sie dem Betriebsrat bereits bekannt sein, weil der Arbeitgeber ihn nach § 92 Abs. 1 Satz 1 über die Personalplanung an Hand von Unterlagen zu unterrichten hat (ebenso *Matthes*, MünchArbR, 2. Aufl., § 352 Rn. 46; siehe auch LAG Köln 11. 3. 2009 - 3 TaBV 75/08, juris). Was der Betriebsrat bereits weiss, das braucht ihm nicht (erneut) zur Kenntnis gebracht werden (LAG Köln a. a. O.). 149

b) Bestandteil der Unterrichtungspflicht des Arbeitgebers ist weiterhin, dass er dem Betriebsrat den in **Aussicht genommenen Arbeitsplatz** mitteilt (Abs. 1 Satz 2). Gemeint ist der *Arbeitsbereich*, den der Arbeitnehmer mit der Eingliederung in den Betrieb erhält (s. zum Arbeitsbereich Rn. 98 ff.). 150

Der Arbeitgeber ist aber nicht verpflichtet, dem Betriebsrat Auskunft über den **Inhalt des Arbeitsvertrags** zu geben, den er mit dem Bewerber abschließen will oder bereits abgeschlossen hat, soweit es sich nicht um Vereinbarungen über Art und Dauer der vorgesehenen Beschäftigung und die beabsichtigte Eingruppierung handelt (ebenso BAG 18. 10. 1988 AP BetrVG 1972 § 99 Nr. 57). 151

c) Die Unterrichtungspflicht des Arbeitgebers bezieht sich auf die **vorgesehene Eingruppierung** (Abs. 1 Satz 2), obwohl sie einen eigenen Mitbestimmungstatbestand darstellt (s. Rn. 59 ff.). 152

5. Zeitpunkt der Unterrichtung

Der Arbeitgeber hat, wie es im Gesetzestext ausdrücklich heißt, den Betriebsrat **vor jeder Einstellung** zu unterrichten und dessen Zustimmung zu der geplanten Maßnahme 153

Thüsing 1679

§ 99 einzuholen (Abs. 1 Satz 1). Dem Betriebsrat bleibt nach der Unterrichtung eine Frist von einer Woche, in der er dem Arbeitgeber mitzuteilen hat, ob er seine Zustimmung verweigert (Abs. 3 Satz 1; s. auch Rn. 255 ff.). Der Arbeitgeber kann vorher die Einstellung nur unter den Voraussetzungen des § 100 vorläufig durchführen. Deshalb empfiehlt es sich, bei Begründung des Arbeitsverhältnisses den Arbeitsvertrag erst abzuschließen, wenn die Zustimmung des Betriebsrats erteilt, fingiert oder rechtskräftig ersetzt ist. Der Arbeitgeber verletzt aber nicht das Mitbestimmungsrecht, wenn er bereits vorher den Arbeitsvertrag abschließt (vgl. BAG 18. 7. 1978 AP BetrVG 1972 § 99 Nr. 7).

6. Form der Unterrichtung

154 Für die Unterrichtung ist **keine besondere Form** vorgeschrieben. Sie kann schriftlich oder mündlich erfolgen. Eine Form ergibt sich aber daraus, dass der Arbeitgeber dem Betriebsrat mit der Auskunft über die Person der Bewerber die erforderlichen Bewerbungsunterlagen vorzulegen hat (s. Rn. 141 ff.) und er ihm unter Vorlage der erforderlichen Unterlagen Auskunft über die Auswirkungen der geplanten Einstellung zu geben hat (s. Rn. 148 ff.).

155 Die Mitteilung ist an den **Vorsitzenden des Betriebsrats** oder in seinem Verhinderungsfall an seinen Stellvertreter zu richten (§ 26 Abs. 3 Satz 2). Sofern nach der Zuständigkeitsverteilung im Betriebsrat die Mitbestimmungsausübung einem Ausschuss des Betriebsrats zu übertragen ist, genügt die Mitteilung an dessen Vorsitzenden (ebenso GK-*Kraft*, § 99 Rn. 80; GL-*Löwisch*, § 99 Rn. 55).

7. Antrag auf Zustimmung des Betriebsrats

156 Mit der Unterrichtung hat der Arbeitgeber die **Zustimmung des Betriebsrats zu der geplanten Einstellung einzuholen** (Abs. 1 Satz 1 Halbsatz 2). Wie für die Information ist auch für diesen Antrag keine besondere Form vorgesehen. Es ist nicht einmal erforderlich, dass der Antrag ausdrücklich gestellt wird, sofern zweifelsfrei ist, dass er Sinn der Information über die geplante Einstellung durch den Arbeitgeber ist (ebenso GK-*Kraft*, § 99 Rn. 110; GL-*Löwisch*, § 99 Rn. 56; HWK-*Ricken*, § 99 Rn. 56; *Matthes*, MünchArbR § 263 Rn. 43).

III. Unterrichtung über Versetzungen

1. Unterrichtungspflicht über die konkrete Versetzung

157 Wie vor jeder Einstellung hat der Arbeitgeber den Betriebsrat auch vor jeder Versetzung zu unterrichten und die Zustimmung des Betriebsrats zu der geplanten Maßnahme einzuholen (Abs. 1 Satz 1). Es gilt insoweit **Gleiches wie bei einer geplanten Einstellung** (s. Rn. 132 ff.).

158 Da der **betriebsverfassungsrechtliche Versetzungsbegriff** eine Vielzahl unterschiedlicher personeller Maßnahmen erfasst (s. Rn. 93 ff.), ergeben sich **Unterschiede zur Unterrichtungspflicht vor einer geplanten Einstellung**. Inhalt und Umfang hängen von der *konkreten Versetzung* ab (ebenso *Matthes*, MünchArbR § 264 Rn. 25).

2. Inhalt und Umfang der Unterrichtung

159 Bei **Ausschreibung des Arbeitsplatzes** ist der Arbeitgeber wie vor einer geplanten Einstellung verpflichtet, dem Betriebsrat Auskunft über die Person der Bewerber zu geben und die erforderlichen Bewerbungsunterlagen vorzulegen (s. Rn. 133 ff.). Gibt es keine Bewerbungen, so beschränkt sich die Unterrichtungspflicht auf die Person, die bei Bestehen von Versetzungsrichtlinien für den Arbeitsplatz in Betracht kommt oder die durch die Auswahlentscheidung des Arbeitgebers möglicherweise benachteiligt wird (s. Rn. 138).

C. Unterrichtungspflicht des Arbeitgebers § 99

Inhalt und Umfang der Unterrichtung hängen davon ab, ob die **Versetzung auf Dauer** 160 oder **nur vorübergehend** geplant ist. Bei vorübergehenden Maßnahmen, die vom Versetzungsbegriff erfasst werden, kann bei Eilfällen möglicherweise das Beteiligungsverfahren überhaupt nicht mehr durchgeführt werden, bevor die Maßnahme endet. Außerdem ist gerade hier von Bedeutung, dass der Betriebsrat nicht über Umstände unterrichtet zu werden braucht, die im Betrieb allgemein bekannt sind.

Der Arbeitgeber hat den in Aussicht genommenen **Arbeitsplatz** mitzuteilen (Abs. 1 161 Satz 2; s. auch Rn. 150). Er hat Auskunft über die Auswirkungen der geplanten Versetzung zu geben. Bei vorübergehender Versetzung ist dem Betriebsrat der Zeitraum mitzuteilen. Wesentlich ist in diesem Zusammenhang auch, ob die Versetzung im Einverständnis des Arbeitnehmers oder gar auf seinen Wunsch hin erfolgt (ebenso *Matthes*, MünchArbR § 264 Rn. 26). Inhalt und Umfang der Unterrichtung hängen schließlich davon ab, wie weit mit einer Versetzung eine Änderung der Umstände verbunden ist, unter denen der Arbeitnehmer die Arbeit zu leisten hat (vgl. *Richardi*, DB 1973, 378, 380). Man kann den *Leitsatz* aufstellen: Je weniger mit einer Versetzung eine Änderung der Umstände verbunden ist, unter denen der Arbeitnehmer die Arbeit zu leisten hat, desto geringer ist die Unterrichtungspflicht des Arbeitgebers über die Auswirkungen der Versetzung. Ist beispielsweise die Betrauung eines Arbeitnehmers mit den Aufgaben eines verhinderten Arbeitskollegen eine Versetzung, so wird genügen, dass dem Betriebsrat überhaupt nur diese Tatsache mitgeteilt und seine Zustimmung zu der geplanten Maßnahme eingeholt wird (ebenso GL-*Löwisch*, § 99 Rn. 60).

Mit der Unterrichtung über die Versetzung hat der Arbeitgeber auch die **vorgesehene** 162 **Eingruppierung** mitzuteilen (Abs. 1 Satz 2). Ändert sie sich, so handelt es sich um eine **Umgruppierung,** die als *selbständiger Mitbestimmungstatbestand* gestaltet ist (s. Rn. 82 ff.).

3. Antrag auf Zustimmung des Betriebsrats

Mit der Unterrichtung hat der Arbeitgeber die Zustimmung des Betriebsrats zu der 163 geplanten Versetzung einzuholen (s. auch Rn. 156). Wie bei der Einstellung ist die Mitteilung an den Vorsitzenden des Betriebsrats oder in seinem Verhinderungsfall an seinen Stellvertreter zu richten (§ 26 Abs. 3 Satz 2; s. Rn. 155). Ist der Betriebsratsvorsitzende selbst von der Versetzung betroffen, so genügt nicht, dass ihm eine entsprechende Arbeitsanweisung erteilt wird, um die Unterrichtungspflicht zu wahren (ebenso LAG Hamm 28. 5. 1973, DB 1973, 1407; GL-*Löwisch*, § 99 Rn. 61).

IV. Unterrichtung über Eingruppierungen und Umgruppierungen

1. Verhältnis zur Einstellung und Versetzung

Der Gesetzestext erfasst die Eingruppierung und die Umgruppierung mit denselben 164 Worten wie die Einstellung und Versetzung (Abs. 1 Satz 1). Bei ihnen geht es aber ausschließlich um die *Richtigkeit* der Einstufung in eine Vergütungsgruppenordnung. Der **Gesetzestext passt** deshalb **nicht für die Ein- und Umgruppierung.** Bewerbungen gibt es hier nicht. Der Begriff der Person der Beteiligten hat hier ebenfalls eine andere Bedeutung. Er spielt außerdem nur eine Rolle, wenn es um Massenumgruppierungen geht.

Bei **Einstellungen und Versetzungen** hat der Arbeitgeber die **vorgesehene Eingruppie-** 165 **rung mitzuteilen** (Abs. 1 Satz 2). Die Unterrichtungspflicht über die Eingruppierung oder Umgruppierung wird in diesem Fall durch die Unterrichtung über die Einstellung oder Versetzung gewahrt. Dabei handelt es sich aber nur um eine Verbindung des Mitbestimmungsverfahrens. Eingruppierung und Umgruppierung sind selbständige Mitbestimmungstatbestände. Bedenken gegen die Eingruppierung berechtigen den Betriebsrat nicht, die Zustimmung zur Einstellung zu verweigern (s. Rn. 200). Bedenken gegen

Thüsing

die Umgruppierung sind streng genommen ebenfalls kein Grund, die Zustimmung zu einer Versetzung zu verweigern. Der Betriebsrat kann der *Versetzung* aber widersprechen, wenn der betroffene Arbeitnehmer durch sie benachteiligt wird, ohne dass dies aus betrieblichen oder in der Person des Arbeitnehmers liegenden Gründen gerechtfertigt ist (Abs. 2 Nr. 4; s. auch Rn. 227 ff.). Zustimmungsverweigerungsgrund ist in diesem Fall aber, dass dem Arbeitnehmer eine niedriger zu bewertende Tätigkeit übertragen wird, während es bei der Umgruppierung ausschließlich um die Richtigkeit der Einstufung in eine Lohn- oder Gehaltsgruppe auf Grund der zugewiesenen Tätigkeit geht (s. Rn. 82 ff.).

2. Inhalt und Umfang der Unterrichtung

166 Der Arbeitgeber muss die **vorgesehene Vergütungsgruppe** angeben; sonstige **arbeitsvertragliche Abreden** brauchen dem Betriebsrat **nicht mitgeteilt** zu werden (ebenso BAG 3. 10. 1989 AP BetrVG 1972 § 99 Nr. 74). Das gilt auch für die Vereinbarung eines übertariflichen Arbeitsentgelts. Der Mitbestimmungstatbestand der Eingruppierung oder Umgruppierung ist hier nur gegeben, wenn der Arbeitgeber übertarifliche Arbeitsentgelte auf Grund einer kollektiven Regelung gewährt und insoweit eine vom Tarifvertrag abweichende Gruppeneinteilung besteht (s. Rn. 71). Wird der Arbeitnehmer überhaupt nicht mehr in eine kollektive Vergütungsgruppe eingestuft, wie es bei den sog. AT-Angestellten der Fall sein kann (s. Rn. 67 und 68), braucht nicht die Höhe des Arbeitsentgelts mitgeteilt zu werden, sondern es genügt die Angabe, dass der Angestellte außertariflich entlohnt wird, also nicht mehr in den fachlichen Geltungsbereich eines Vergütungstarifvertrags fällt (vgl. BAG 31. 5. 1983 AP BetrVG 1972 § 118 Nr. 27). Fällt der Arbeitnehmer unter den Geltungsbereich eines Tarifvertrags, so muss der Arbeitgeber dem Betriebsrat erläutern, weshalb nach seiner Beurteilung der Arbeitnehmer nicht mehr von einer tarifvertraglichen Vergütungsgruppe erfasst wird (vgl. BAG 31. 10. 1995 AP BetrVG 1972 § 99 Nr. 5 Eingruppierung; s. auch Rn. 67).

167 Bei einer **Massenumgruppierung** genügt es, dass der Arbeitgeber dem Betriebsrat die Arbeitsplätze nennt und angibt, in welche Vergütungsgruppe er sie einzustufen gedenkt (ebenso BAG 5. 2. 1971 AP BetrVG § 61 Nr. 6).

168 Der Arbeitgeber muss dem Betriebsrat die **Beurteilungskriterien** nennen, die er seiner Entscheidung über die Einstufung zugrunde legt. Seine Pflicht zur **Vorlage der erforderlichen Unterlagen** erfüllt er, indem er dem Betriebsrat Einsicht in die Listen gibt, in denen die Arbeitsplätze und die für sie maßgeblichen Lohngruppen genannt sind, also in die *Eingruppierungslisten*. Der Betriebsrat kann dagegen *nicht* die Vorlage der *Bruttolohn-* und *-gehaltslisten* verlangen; denn insoweit besteht lediglich ein Einsichtsrecht in den Grenzen des § 80 Abs. 2 Satz 2 Halbsatz 2 (s. § 80 Rn. 69 ff.).

3. Antrag auf Zustimmung des Betriebsrats

169 Mit der Unterrichtung hat der Arbeitgeber die Zustimmung des Betriebsrats zu der geplanten Ein- oder Umgruppierung einzuholen. Die Aufforderung, die Zustimmung zu erteilen, braucht auch hier wie bei der Einstellung oder Versetzung nicht ausdrücklich erklärt zu werden; sie ergibt sich vielmehr konkludent aus dem Sinn einer ordnungsgemäßen Unterrichtung (s. auch Rn. 156).

V. Schweigepflicht der Betriebsratsmitglieder

1. Gegenstand der Schweigepflicht

170 Für die Mitglieder des Betriebsrats besteht eine besondere Schweigepflicht über **alle persönlichen Verhältnisse und Angelegenheiten der Arbeitnehmer,** die ihnen im Rahmen

C. Unterrichtspflicht des Arbeitgebers § 99

der Unterrichtung durch den Arbeitgeber über eine geplante Personalmaßnahme bekannt werden und ihrer Bedeutung oder ihrem Inhalt nach einer vertraulichen Behandlung bedürfen (Abs. 1 Satz 3). Die Anordnung dieser Schweigepflicht ist auf Empfehlung des Bundesrats in das Gesetz eingefügt worden, um sicherzustellen, „dass der Schutz der Intimsphäre der Arbeitnehmer auch im Rahmen der Beteiligung des Betriebsrates bei personellen Einzelmaßnahmen gewährleistet bleibt" (Bericht des BT-Ausschusses für Arbeit und Sozialordnung, *zu* BT-Drucks. VI/2729, S. 31).

Für die **Abgrenzung der persönlichen Verhältnisse und Angelegenheiten**, die der 171 Schweigepflicht unterliegen, gelten die zum Datenschutzrecht entwickelten Grundsätze (ebenso GK-*Kraft*, § 99 Rn. 108; HSWGNR-*Schlochauer*, § 99 Rn. 79). Geschützt sind alle Einzelangaben über persönliche oder sachliche Verhältnisse, sofern der Arbeitnehmer ein schutzwürdiges Interesse an dem Ausschluss der Übermittlung hat (vgl. §§ 4 Abs. 1, 28 Abs. 3 BDSG). Die Schweigepflicht gilt also insbesondere für die Familienverhältnisse sowie persönliche Eigenschaften, wie Krankheiten, Schwangerschaft, Vorstrafen. Sie beschränkt sich nicht nur auf sensible Daten i. S. des § 3 Abs. 9 BDSG. Nicht notwendig ist, dass die Daten den Mitgliedern des Betriebsrats auf Grund der Unterrichtung durch den Arbeitgeber bekannt geworden sind; es genügt, dass sie die Kenntnis im Rahmen der Beteiligung des Betriebsrats erlangt haben (ebenso GL-*Löwisch*, § 99 Rn. 63).

Keine Rolle spielt daher auch, ob der Arbeitgeber die von ihm übermittelten Daten 172 ausdrücklich als geheimhaltungsbedürftig oder vertraulich bezeichnet hat (ebenso GK-*Kraft*, § 99 Rn. 108; HSWGNR-*Schlochauer*, § 99 Rn. 79).

2. Adressat der Schweigepflicht

Die Pflicht zur Verschwiegenheit gilt für **alle Mitglieder des Betriebsrats** (Abs. 1 Satz 3 173 Halbsatz 1). Sie gilt lediglich nicht gegenüber Mitgliedern des Betriebsrats (Abs. 1 Satz 3 Halbsatz 2 i. V. mit § 79 Abs. 1 Satz 3), ferner nicht gegenüber dem Gesamtbetriebsrat, dem Konzernbetriebsrat, der Bordvertretung, dem Seebetriebsrat und den Arbeitnehmervertretern im Aufsichtsrat sowie im Verfahren vor der Einigungsstelle, der tariflichen Schlichtungsstelle oder einer betrieblichen Beschwerdestelle (Abs. 1 Satz 3 Halbsatz 2 i. V. mit § 79 Abs. 1 Satz 4). Die Verweisung des Abs. 1 Satz 3 Halbsatz 2 auf § 79 Abs. 1 Satz 4 ist missglückt; denn es besteht kein Bedürfnis für ein Mitteilungsrecht an den Gesamtbetriebsrat, den Konzernbetriebsrat oder die sonst in § 79 Abs. 1 Satz 4 genannten Gremien (ebenso GK-*Kraft*, § 99 Rn. 109). Etwas anderes gilt nur, wenn ein Gesamtbetriebsrat oder Konzernbetriebsrat ausnahmsweise in die Mitbestimmungsausübung eingeschaltet wird (§§ 50 Abs. 2, 58 Abs. 2). In diesem Fall erstreckt sich aber, obwohl im Gesetz nicht ausdrücklich angeordnet, die Verschwiegenheitspflicht auch auf die Mitglieder des Gesamt- oder Konzernbetriebsrats.

3. Sanktionsregelung der Verschwiegenheitspflicht

Bei Verletzung der Verschwiegenheitspflicht hat der betroffene Arbeitnehmer gegen 174 das Betriebsratsmitglied einen **Schadensersatzanspruch aus unerlaubter Handlung.** Abs. 1 Satz 3 ist ein ist nach § 120 Abs. 2 bzw. Abs. 3 **strafbar;** die Strafverfolgung tritt nur auf Antrag des betroffenen Arbeitnehmers ein (§ 120 Abs. 5).

VI. Rechtsfolgen bei Verletzung der Unterrichtungspflicht

1. Ordnungswidrigkeit

Erfüllt der Arbeitgeber seine Unterrichtungspflicht wahrheitswidrig, unvollständig 175, oder verspätet, so begeht er eine Ordnungswidrigkeit, die mit einer Geldbuße bis zu 176 10 000 Euro geahndet werden kann (§ 121).

2. Keine ordnungsgemäße Beteiligung des Betriebsrats

177   Bei Verletzung der Unterrichtungspflicht hat der Arbeitgeber den Betriebsrat nicht ordnungsgemäß beteiligt. Sie ist aber kein Gesetzesverstoß i. S. des Abs. 2 Nr. 1 (s. Rn. 196), sondern es wird, solange der Arbeitgeber den Betriebsrat nicht oder nicht ordnungsgemäß unterrichtet hat, nicht die Wochenfrist in Lauf gesetzt, die der Betriebsrat wahren muss, wenn er seine Zustimmung zu der geplanten Personalmaßnahme verweigern will (Abs. 3). War dem Betriebsrat bei Erteilung der Zustimmung zu der personellen Einzelmaßnahme nicht bekannt, dass der Arbeitgeber ihn wahrheitswidrig oder unvollständig unterrichtet hat, so entfaltet seine Zustimmung keine betriebsverfassungsrechtliche Wirkung. Der Betriebsrat kann im Mitbestimmungssicherungsverfahren verlangen, dass dem Arbeitgeber aufgegeben wird, die personelle Maßnahme aufzuheben (§ 101).

D. Zustimmungsverweigerung des Betriebsrats

I. Inhalt und Struktur des Beteiligungsrechts

1. Zustimmungsverweigerungsrecht

178   a) Die hier vorgesehene Beteiligung gibt dem Betriebsrat ein **Mitbestimmungsrecht**. Es ist aber anders als nach § 87 kein *Mitregelungsrecht,* sondern bezieht sich auf eine vom Arbeitgeber geplante personelle Einzelmaßnahme. Insoweit erhält der Betriebsrat aber ein Recht zur *Mitentscheidung,* das sich bei der Ein- und Umgruppierung wegen des Inhalts dieser Maßnahme auf eine *Mitbeurteilung* beschränkt (s. auch Rn. 75 ff.).

179   b) Das dem Betriebsrat hier eingeräumte Mitbestimmungsrecht umfasst im Gegensatz zur Mitbestimmung nach § 87 **kein Initiativrecht.** Der Betriebsrat kann vielmehr nur seine Zustimmung zu einer vom Arbeitgeber beabsichtigten Einstellung, Eingruppierung, Umgruppierung oder Versetzung verweigern. Er kann nicht verlangen, dass ein bestimmter Bewerber eingestellt wird, sondern er hat lediglich ein Vetorecht. Auch eine Versetzung kann er nicht nach § 99 erzwingen, sondern er kann sie nur nach § 104 verlangen, wenn ein Arbeitnehmer durch gesetzwidriges Verhalten oder durch grobe Verletzung der in § 75 Abs. 1 enthaltenen Grundsätze den Betriebsfrieden wiederholt ernstlich gestört hat. Bei einer Eingruppierung oder Umgruppierung gibt das Gesetz dem Betriebsrat kein als Mitbestimmungsrecht gestaltetes Initiativrecht zur Korrektur einer nach seiner Meinung fehlerhaften Einstufung (s. auch Rn. 85 f.).

180   Davon nicht berührt wird, dass dem Betriebsrat in § 80 Abs. 1 Nr. 1 zur Pflicht gemacht wird, darüber zu wachen, dass die zugunsten der Arbeitnehmer geltenden Rechtsvorschriften durchgeführt werden. Er kann und soll deshalb initiativ werden, damit eine tarifliche Lohn- oder Gehaltsgruppenregelung richtig durchgeführt wird. Er hat aber insoweit kein als Mitbestimmungsrecht gestaltetes Initiativrecht für den Einzelfall, sondern insoweit ist es Sache des betroffenen Arbeitnehmers zu verlangen, dass er in die für ihn richtige Lohn- oder Gehaltsgruppe eingestuft wird. Deshalb ist ein Antrag des Betriebsrats auf Einleitung des Beschlussverfahrens, um feststellen zu lassen, in welche Lohn- oder Gehaltsgruppe ein Arbeitnehmer einzustufen ist, unzulässig (ebenso BAG 9. 10. 1970 AP BetrVG § 63 Nr. 4).

181   c) Der Arbeitgeber hat die **Zustimmung des Betriebsrats** zu der geplanten Maßnahme einzuholen (Abs. 1 Satz 1 Halbsatz 2). Das Mitbestimmungsrecht ist nicht mehr wie nach §§ 61, 63 BetrVG 1952 als Mitbestimmungsrecht in der Form des *negativen Konsensprinzips* gestaltet, so dass der Arbeitgeber zwar die Maßnahme selbständig durchführen kann, der Betriebsrat gegen sie aber Einspruch einlegen kann mit der Folge, dass damit der Maßnahme die Wirksamkeit für die Zukunft genommen wird. Das Mit-

D. Zustimmungsverweigerung des Betriebsrats § 99

bestimmungsrecht besteht vielmehr in der Form des *positiven Konsensprinzips*, weil der Arbeitgeber die Zustimmung des Betriebsrats benötigt, um die geplante Personalmaßnahme vorzunehmen, und sie nur unter den Voraussetzungen des § 100 vorläufig einseitig durchführen kann. Eine Annäherung zum negativen Konsensprinzip besteht lediglich insoweit, als die Zustimmung fingiert wird, wenn der Betriebsrat dem Arbeitgeber die Verweigerung seiner Zustimmung nicht innerhalb einer Woche nach Unterrichtung schriftlich unter Angabe von Gründen mitteilt (Abs. 3 Satz 2). Deshalb knüpft das Zustimmungsersetzungsverfahren vor dem Arbeitsgericht nicht an das *Fehlen der Zustimmung*, sondern an die *wirksame Zustimmungsverweigerung* des Betriebsrats an.

Wegen dieser Gestaltung ist das dem Betriebsrat eingeräumte Beteiligungsrecht *rechtsdogmatisch* nicht als *Zustimmungsrecht*, aber auch nicht bloß als *Einspruchsrecht*, sondern als **Zustimmungsverweigerungsrecht** zu kennzeichnen. 182

2. Zustimmungsverweigerung nur aus den in Abs. 2 genannten Gründen

Der Betriebsrat kann seine Zustimmung nicht nach Belieben, sondern nur aus bestimmten Gründen verweigern, die im **Katalog des Abs. 2 erschöpfend aufgezählt** sind. Damit wird sichergestellt, dass der Betriebsrat eine bestimmte, gesetzlich umschriebene Funktion ausübt (vgl. *Richardi*, ZfA-Sonderheft 1972, 1, 12). Der Betriebsrat kann einer Einstellung oder Versetzung also nicht deshalb widersprechen, weil er sie nicht für zweckmäßig hält, sondern er hat zu prüfen, ob ein Zustimmungsverweigerungsgrund besteht, ist also insoweit auf eine Rechtsprüfung beschränkt. Kommt er zu dem Ergebnis, dass ein Zustimmungsverweigerungsgrund vorliegt, so steht es nicht in seinem Belieben, ob er seine Zustimmung zu der personellen Maßnahme verweigert. Die Wahrnehmung der Mitwirkungs- und Mitbestimmungsrechte ist eine Pflichtaufgabe des Betriebsrats (vgl. *Richardi*, DB 1974, 1285, 1290). Dabei ist aber zu beachten, dass die gesetzliche Umschreibung der Zustimmungsverweigerungsgründe dem Betriebsrat häufig einen Beurteilungsspielraum lässt. Er unterliegt einer Rechtskontrolle auch nur, soweit er sein Zustimmungsverweigerungsrecht ausübt, nicht aber, soweit er es nicht ausübt. 183

Der Katalog der Gründe, derentwegen der Betriebsrat die Zustimmung verweigern kann, ist gegenüber § 61 Abs. 3 BetrVG 1952 erheblich erweitert worden. Ordnet man die Zustimmungsverweigerungsgründe nach systematischen Gesichtspunkten, so ergibt sich zunächst eine Gruppe von Gründen, bei der die personelle Maßnahme gegen ein Verbot verstößt (Abs. 2 Nr. 1); hier ist der Betriebsrat nur *Hüter des Rechts*. Eine weitere Gruppe ist dadurch gekennzeichnet, dass der Gesetzgeber sie erst hier inhaltlich umschreibt (Abs. 2 Nr. 3 bis 6). Eine dritte Gruppe wird schließlich dadurch gebildet, dass nach Abs. 2 Nr. 2 der Betriebsrat die Zustimmung auch dann verweigern kann, wenn die personelle Maßnahme gegen eine Richtlinie nach § 95 verstoßen würde. Das Mitbestimmungsrecht sichert hier die **betriebsverfassungsrechtliche Richtlinienkompetenz**. 184

II. Die einzelnen Zustimmungsverweigerungsgründe

Die Gründe, auf die der Betriebsrat seine Zustimmungsverweigerung ausschließlich stützen kann, sind: 185

1. Nr. 1: Verstoß der personellen Maßnahme gegen ein Gesetz, eine Verordnung, eine Unfallverhütungsvorschrift oder gegen eine Bestimmung in einem Tarifvertrag oder in einer Betriebsvereinbarung oder gegen eine gerichtliche Entscheidung oder eine behördliche Anordnung

a) Der Zustimmungsverweigerungsgrund kommt bei jeder der hier genannten personellen Einzelmaßnahmen in Betracht. Bei der **Einstellung** oder **Versetzung** geht es 186 darum, ob die Übernahme des Arbeitsbereichs nach Inhalt und vertraglicher Gestaltungsform gegen zwingendes Recht verstößt. Daraus folgt nicht, dass der Betriebsrat bereits seine Zustimmung verweigern kann, wenn nach seiner Meinung einzelne Vertragsbestimmungen mit zwingendem Recht nicht vereinbar sind (ebenso BAG 16. 7. 1985 AP BetrVG 1972 § 99 Nr. 21 [zust. *Kraft*]; a. A. vor allem *Plander,* Der Betriebsrat als Hüter des zwingenden Rechts, 1982; ähnlich *Lörcher,* BlStSozArbR 1981, 177 ff.). Mitbestimmungstatbestand ist nämlich nicht der Inhalt des Arbeitsvertrags, sondern die Einstellung oder Versetzung. Richtig an der gegenteiligen Meinung ist aber, dass der Arbeitsbereich, der mit einer Einstellung oder Versetzung übernommen wird, nicht unter Abstrahierung vom Vertragsinhalt interpretiert werden kann (ebenso im Ergebnis DKK-*Kittner/Bachner,* § 99 Rn. 173). Bei der **Ein-** oder **Umgruppierung** geht es sogar um die Kontrolle einer Vertragsabrede. Der Zustimmungsverweigerungsgrund greift hier jedoch nur ein, wenn die Einstufung in eine durch Tarifvertrag oder Betriebsvereinbarung festgelegte Vergütungsgruppenregelung dem Tarifvertrag bzw. der Betriebsvereinbarung widerspricht; denn die Ein- oder Umgruppierung ist keine personelle Maßnahme im eigentlichen Sinn, sondern Rechtsanwendung (so zutr. BAG 16. 7. 1985 AP BetrVG 1972 § 99 Nr. 21; s. auch Rn. 75 ff.). Die Eingruppierung nach einer unwirksamen Vergütungsordnung ist stets ein Gesetzesverstoß, der zur Zustimmungsverweigerung berechtigt (BAG 30. 10. 2001 AP BetrVG 1972 § 99 Nr. 26 Eingruppierung; vgl. auch LAG Hamm 24. 5. 2006 – 10 TaBV 215/05, juris). Das Gleiche gilt, wenn der Arbeitgeber bei der Eingruppierung eines neu eingestellten Arbeitnehmers derart vorgeht, dass er der Eingruppierung ein System zugrunde legt, bei dem der Betriebsrat nicht nach § 87 Abs. 1 Nr. 10 beteiligt worden ist (LAG Berlin-Brandenburg 17. 10. 2007 - 21 TaBV 1083/07, juris). Hierunter fällt allerdings nicht die gleichmäßige Absenkung der Eingangsvergütung für neu eingestellte Arbeitnehmerinnen und Arbeitnehmer, sodass eine Zustimmungsverweigerung für diese Konstellation ausscheidet (LAG Hamm 8. 6. 2007 - 13 TaBV 117/06, juris). Einer Umgruppierung kann der Betriebsrat nach Abs. 2 Nr. 1 die Zustimmung verweigern, wenn sie gegen Treu und Glauben verstößt, und damit unzulässig ist (LAG Köln 6. 12. 2001, AuR 2002, 198: Rückgruppierung nach 23 Jahren). Zu einer **Einstellung** kann demgegenüber der Betriebsrat die Zustimmung nach Abs. 2 Nr. 1 nur verweigern, wenn nach dem Zweck der verletzten Norm die geplante Einstellung ganz unterbleiben muss (BAG 14. 12. 2004 AP BetrVG 1972 § 99 Nr. 121). Das Mitbestimmungsrecht ist hier kein Instrument zu einer umfassenden Vertragskontrolle (BAG 28. 6. 1994 AP BetrVG 1972 § 99 Nr. 4 Einstellung; BAG 28. 3. 2000 AP GG Art. 9 Nr. 98; BAG 12. 11. 2002 AP BetrVG 1972 § 99 Nr. 41; BAG 14. 12. 2004 AP BetrVG 1972 § 99 Nr. 121). § 99 Abs. 2 Nr. 1 ist also auf Fälle beschränkt, in denen gerade der Einstellung ein Beschäftigungsverbot entgegensteht. Es greift nicht, wenn der Arbeitgeber sich über einen in einer Betriebsvereinbarung vereinbarten Wiedereinstellungsanspruch hinwegsetzt (ArbG Heilbronn 2. 4. 2003, AuR 2003, 279).

187 b) aa) Ein **Verstoß gegen ein Gesetz, eine Verordnung oder eine Unfallverhütungsvorschrift** kommt insbesondere bei **Beschäftigungsverboten** in Betracht. Deshalb liegt ein Zustimmungsverweigerungsgrund vor, wenn ein Bewerber deshalb nicht auf dem vorgesehenen Arbeitsplatz eingestellt werden kann (vgl. die Beschäftigungsbeschränkungen des technischen Arbeitsschutzes, z. B. §§ 15 a, 15 b GefStoffV; für Jugendliche Beschäftigungsbeschränkung nach §§ 22 ff. JArbSchG). Beschäftigungsverbote bestehen auch für Frauen nach §§ 3, 4, 6, 8 MuSchG; jedoch ist hier zu beachten, dass der Betriebsrat einer Einstellung nicht widersprechen kann, wenn der Arbeitgeber die Bewerberin zuvor eine Zeit lang nicht beschäftigen darf aber nicht berechtigt ist, eine Bewerberin von der Einstellung auszuschließen, z. B. bei Abschluss eines Arbeitsvertrags auf unbestimmte Zeit wegen des Nachtarbeitsverbots nach § 8 MuSchG (vgl. EuGH 5. 5. 1994 NZA 1994, 609 f.; in neuerer Rechtsprechung auch für befristete Verträge EuGH 4. 10. 2001 DB 2001, 2451 [mit Anm. *Thüsing*]). Der Betriebsrat hatte demgegenüber ein Zustimmungsverweigerungsrecht, wenn der Leiharbeitnehmer für eine längere Zeit als die

D. Zustimmungsverweigerung des Betriebsrats　　　　　　　　　　　　　　§ 99

ehemals geltende gesetzliche Höchstfrist von 24 Monaten (§ 3 Abs. 1 Nr. 6 AÜG a. F.) eingestellt werden sollte (BAG 12. 11. 2002 AP BetrVG 1972 § 99 Nr. 41; 28. 9. 1988 AP BetrVG 1972 § 99 Nr. 60; s. auch LAG Düsseldorf 4. 10. 2001, DB 2002, 328). Dies wird man auf eine Einstellung unter Verletzung des Gebots zur Gleichbehandlung gemäß § 9 Nr. 4 AÜG n. F. nicht übertragen können, da hier die richtige Sanktion der gesetzliche Anspruch nach § 10 Abs. 4 AÜG n. F. ist, nicht aber die Verhinderung der Einstellung (BAG 25. 1. 2005 AP BetrVG 1972 § 99 Nr. 48 *[Thüsing/Jamann]*; s. hierzu auch *Thüsing*, DB 2003, 446). Auch Verstöße gegen die Erlaubnispflicht berechtigen dagegen nicht Zustimmungsverweigerung nach Nr. 1 (a. A. LAG Schleswig-Holstein 18. 6. 2008 LAGE BetrVG 2001§ 99 Nr. 7).

Bei **Verstößen gegen Arbeitsschutzvorschriften** kann die Zustimmungsverweigerung 　187a
zu einer **Versetzung** eines Arbeitnehmers auf einen anderen Arbeitsplatz zumindest dann mit dem arbeitsschutzrechtswidrigen Zustand des vorgesehenen neuen Arbeitsplatzes begründet werden, wenn der Normverstoß unbehebbar ist oder oder der Verstoß so schwer wiegt, dass die Aufnahme der Tätigkeit an diesem Arbeitsplatz selbst für eine gedachte Übergangszeit bis zur Behebung des Mangels nicht hinnehmbar ist (LAG Mecklenburg-Vorpommern 31. 3. 2009 - 5 TaBV 13/08, juris). Ob auch in anderen Fällen ein Zustimmungsverweigerungsrecht besteht (Möglichkeit kurzfristiger Behebung) ist zweifelhaft. Dies wird zumindest nicht bei der **Einstellung** der Fall sein, da hier die nachteiligen Konsequenzen für den Arbeitnehmer, der auf Einhaltung des Arbeitsschutz klagen kann, dem Schutzweck des § 99 entgegenstehen.

Keine Rolle spielt auch, ob das Beschäftigungsverbot sich auf die **Rechtswirksamkeit** 　188
des Arbeitsvertrags auswirkt. Ein Zustimmungsverweigerungsgrund liegt deshalb auch vor, wenn ein **Ausländer,** der nicht aus den Staaten der Europäischen Gemeinschaft kommt, **keine Arbeitserlaubnis** hat (§ 19 AFG; ebenso BAG 19. 6. 1984 AP ZA-Nato-Truppenstatut Art. 72 Nr. 1; 22. 1. 1991 AP BetrVG 1972 § 99 Nr. 86).

bb) Ein Zustimmungsverweigerungsgrund ergibt sich nicht nur aus Beschäftigungs- 　189
verboten, sondern auch aus **Einstellungsgeboten** (vgl. auch die Systematisierung der Verweigerungsgründe in Beschäftigungs- und Einstellungsnormen von DKK-*Kittner/ Bachner*, § 99 Rn. 172). Ein Zustimmungsverweigerungsgrund kann deshalb auch darauf gestützt werden, dass im Betrieb noch nicht die vorgesehene Mindestzahl von **schwerbehinderten Menschen** (§ 71 Abs. 1 SGB IX) oder Inhabern eines **Bergmannsversorgungsscheines** beschäftigt wird und eine andere Person eingestellt werden soll (ebenso DKK-*Kittner/Bachner*, § 99 Rn. 174f.; a. A. GK-*Kraft*, § 99 Rn. 128; HSWGNR-*Schlochauer*, § 99 Rn. 110; *Nikisch*, Bd. III S. 467). **Voraussetzung ist aber, dass unter den Bewerbern eine Person ist, für die ein Einstellungsgebot besteht.** Dem hier vertretenen Standpunkt kann nicht entgegengehalten werden, der Betriebsrat könne eine Einstellung nur verhindern, habe aber im Allgemeinen nicht die Möglichkeit, die Erfüllung eines Einstellungsgebots zu erzwingen (so *Nikisch,* a. a. O.); denn bei Zustimmungsverweigerung verhindert der Betriebsrat ebenfalls eine Einstellung und erzwingt nicht die Einstellung einer anderen Person. Dass der Arbeitgeber möglicherweise mittelbar gezwungen wird, den Arbeitsplatz mit einem schwerbehinderten Menschen zu besetzen, ist der Zweck der in § 71 SGB IX festgelegten Beschäftigungspflicht. Deshalb ist nicht erforderlich, dass ein Tarifvertrag bestimmte Arbeitsplätze für schwerbehinderte Menschen vorsieht (so aber GK-*Kraft*, § 99 Rn. 128; HSWGNR-*Schlochauer*, § 99 Rn. 110).

Folgerichtig hat das BAG anerkannt, dass ein Zustimmungsverweigerungsgrund vor- 　190
liegt, wenn der Arbeitgeber vor der Einstellung nicht nach § 81 Abs. 1 Satz 1 SGB IX geprüft hat, ob der freie Arbeitsplatz mit einem schwerbehinderten Arbeitnehmer besetzt werden kann (BAG 14. 11. 1989 AP BetrVG 1972 § 99 Nr. 77; 10. 11. 1992 AP BetrVG 1972 § 99 Nr. 100 [krit. *Loritz*]). Dies gilt nach Auffassung des BAG nicht für die Neubesetzung eines freien Arbeitsplatzes im Wege einer betriebs- oder unternehmensinternen Versetzung. Denn durch die Versetzung eines bereits beschäftigten Arbeitnehmers auf einen frei gewordenen oder neu geschaffenen Arbeitsplatz verwirklichen

sich für arbeitslose schwerbehinderte Menschen nicht die mit der Schwerbehinderung verbundenen erhöhten Schwierigkeiten bei der Suche nach einem Arbeitsplatz. Sie werden wegen ihrer Schwerbehinderung weder am Arbeitsplatz benachteiligt noch werden dem Arbeitsmarkt Beschäftigungsmöglichkeiten für schwerbehinderte Menschen entzogen oder vorenthalten (BAG 17. 6. 2008 AP BetrVG 1972 § 99 Nr. 46 Versetzung).

191 cc) Ein Zustimmungsverweigerungsgrund kann sich auch daraus ergeben, dass der Arbeitgeber gegen das nunmehr in § 7 Abs. 1 i. V. m. den §§ 1, 2 und 3 AGG festgelegte **Gebot einer Gleichbehandlung von Männern und Frauen am Arbeitsplatz** verstößt (ebenso *Fitting*, § 99 Rn. 195; DKK-*Kittner/Bachner*, § 99 Rn. 174 f.; HWK-*Ricken*, § 99 Rn. 65; a. A. HSWGNR-*Schlochauer*, § 99 Rn. 113; *Stege/Weinspach/Schiefer*, §§ 99–101 Rn. 59). Dies gilt jedoch nicht für Einstellungen, denn hier kann auch der Arbeitnehmer, der unmittelbar betroffen ist, die rechtswidrige Praxis nicht verhindern, sondern ist gemäß § 15 Abs. 6 AGG auf Schadensersatz beschränkt. Das Gesetz gibt damit selbst einen deutlichen Hinweis dafür, dass nach dem Zweck der verletzten Norm die geplante Einstellung nicht unterbleiben muss. Gesetz i. S. dieser Bestimmung ist auch der in § 75 niedergelegte **Gleichbehandlungsgrundsatz** (BAG 20. 9. 2006 NZA-RR 2007, 336, BAG 14. 12. 2004 AP BetrVG 1972 § 99 Nr. 121, BAG 16. 11. 2004 AP BetrVG 1972 § 99 Nr. 44 Einstellung; ebenso *Fitting*, § 99 Rn. 196; *Löwisch/Kaiser*, § 99, Rn. 51) unter Erstreckung auf Einstellungsbewerber, die noch nicht zum Betrieb gehören, LAG Frankfurt 16. 12. 1974, DB 1975, 2329).

192 Der Arbeitgeber darf die Einstellung eines Bewerbers nicht davon abhängig machen, dass dieser nicht **Gewerkschaftsmitglied** ist. Ein solches Auswahlkriterium verstößt gegen Art. 9 Abs. 3 GG. Der Betriebsrat kann die Zustimmung zu einer Einstellung jedoch nicht allein deshalb verweigern, weil **untertarifliche Bezahlung** vorgesehen ist, denn zur Vermeidung der damit möglicherweise verbundenen Gesetzesverletzung ist es nicht erforderlich, dass die Einstellung unterbleibt (BAG 28. 3. 2000 AP GG Art. 9 Nr. 98 = RdA 2002, 46 *[Thüsing]*, s. auch Rn. 198). Kündigt der Arbeitgeber bereits in der Ausschreibung an, untertariflich zahlen zu wollen, so hängt das Recht zur Verweigerung der Zustimmung davon ab, ob darin der Wille zum Ausdruck kommt, keine organisierten Arbeitnehmer einstellen zu wollen.

193 Bei Einstellung eines **Betriebsarztes** oder einer **Fachkraft für Arbeitssicherheit** hat der Betriebsrat ein Zustimmungsrecht nach § 9 Abs. 3 ASiG, neben dem § 99 keine Anwendung findet (s. auch § 87 Rn. 577). Erfolgt die Bestellung eines **Datenschutzbeauftragten** durch Einstellung einer bisher nicht im Betrieb beschäftigten Person oder durch Versetzung eines Arbeitnehmers, so kann die Zustimmung mit der Begründung verweigert werden, dass die nach § 4 Abs. 2 BDSG erforderliche Qualifikation fehlt (ebenso BAG 22. 3. 1994 AP BetrVG 1972 § 99 Nr. 4 Versetzung; *Fitting*, § 99 Rn. 203; DKK-*Kittner/Bachner*, § 99 Rn. 175 a; a. A. GK-*Kraft*, § 99 Rn. 128; HSWGNR-*Schlochauer*, § 99 Rn. 111).

194 dd) Wie für die Versetzung (s. Rn. 111) kann für die **Einstellung** eine Rolle spielen, ob sie auf unbestimmte Zeit oder nur **befristet** vorgesehen ist. Das BAG ist aber der Meinung, dass der Betriebsrat seine Zustimmung zur Einstellung nicht mit der Begründung verweigern könne, die vertraglich vorgesehene Befristung des Arbeitsverhältnisses sei unzulässig (BAG 20. 6. 1978 AP BetrVG 1972 § 99 Nr. 8; bestätigt durch BAG 16. 7. 1985 AP BetrVG 1972 § 99 Nr. 21). Dennoch verlangt es von seinem Begründungsansatz systemwidrig, dass der Arbeitgeber das Zustimmungsersetzungsverfahren nach Abs. 4 durchführen muss, wenn der Betriebsrat einer geplanten Einstellung form- und fristgerecht seine Zustimmung mit der Begründung verweigert, dass die vorgesehene Befristung des Arbeitsverhältnisses gegen bestimmte tarifliche Vorschriften verstoße (BAG 16. 7. 1985 AP BetrVG 1972 § 99 Nr. 21). Das BAG wird der Besonderheit der Einstellung bei Abschluss eines befristeten Arbeitsvertrags nicht gerecht, wenn es darauf abhebt, dass hier allenfalls erst die vorgesehene Art der späteren Auflösung des Arbeits-

D. Zustimmungsverweigerung des Betriebsrats § 99

verhältnisses einem gesetzlichen Verbot unterworfen sei, nicht aber die „Einstellung" i. S. der Begründung und Durchführung des Arbeitsverhältnisses (BAG 20. 6. 1978 AP BetrVG 1972 § 99 Nr. 8, Bl. 3 R). Bei Abschluss eines Zeitvertrags soll der Arbeitnehmer nur vorübergehend in den Betrieb eingegliedert sein. Diese Tatsache kann für den Betriebsrat ausschlaggebend sein, um zu entscheiden, ob er vor allem im Hinblick auf die Erhaltung des status quo der Betriebsangehörigen (Abs. 2 Nr. 3) von einer Zustimmungsverweigerung absieht. Deshalb hat der Betriebsrat auch mitzubestimmen, wenn die Beschäftigung nach Fristablauf fortgesetzt wird (s. Rn. 37). Seine Beteiligung kann in diesem Fall aber keine selbständige Bedeutung mehr entfalten, wenn die Befristung sachlich nicht gerechtfertigt war und das Arbeitsverhältnis deshalb nicht mit Zeitablauf endet, sondern vom Arbeitgeber nur durch eine Kündigung aufgelöst werden kann.

Betriebsverfassungsrechtlich ist deshalb zu unterscheiden, ob der Arbeitnehmer dem Betrieb durch die Einstellung auf Dauer oder nur befristet eingegliedert werden soll. Im letzteren Fall kann dieses Ziel dadurch vereitelt werden, dass die Befristungsabrede gegen § 14 Abs. 1 TzBfG verstößt, weil kein sachlicher Grund vorliegt, der die Befristung und deren Dauer sachlich rechtfertigt. Die Einstellung ist in diesem Fall auf Dauer angelegt. Da das Mitbestimmungsverfahren jedoch nicht für sie eingeleitet ist, hat der Betriebsrat auch keine Möglichkeit, die Zustimmung mit Gründen zu verweigern, die nur bei einer Beschäftigung auf Dauer bestehen. Er kann also insbesondere seine Zustimmungsverweigerung nicht auf Abs. 2 Nr. 3 stützen, wenn die Befristung gewählt wurde, damit infolge der personellen Maßnahme im Betrieb beschäftigte Arbeitnehmer keine Nachteile erleiden. Die Mitbestimmungsregelung besteht keineswegs nur im Interesse des betroffenen Arbeitnehmers (s. auch Rn. 9). Deshalb kann die gegenteilige Meinung auch nicht damit begründet werden, dass durch die Erstreckung des Zustimmungsverweigerungsrechts wegen eines Gesetzesverstoßes auf den Fall unzulässiger Befristung des Arbeitsverhältnisses die Schutzfunktion für den einzustellenden Arbeitnehmer, die der Mitbestimmungsregelung des § 99 innewohne, geradezu in ihr Gegenteil verkehrt werde (so BAG 20. 6. 1978 AP BetrVG 1972 § 99 Nr. 8). **195**

Soll ein Arbeitnehmer eingestellt werden – unbefristet oder befristet –, verlangt jedoch ein gleich geeigneter **Teilzeitarbeitnehmer** die Verlängerung seiner vertraglichen Arbeitszeit (§ 9 TzBfG), dann ist die Einstellung gesetzeswidrig und berechtigt zur Verweigerung der Zustimmung (BT-Drucks. 14/4625, S. 20; *Rolfs*, RdA 2001, 140; *Preis/Lindemann*, NZA-Sonderheft 2001, 34; *Hanau*, NZA 2001, 1174; *Jaeger/Röder/Heckelmann/Lunk*, Kap. 24 Rn. 88; *Mengel*, in: *Annuß/Thüsing*, TzBfG § 8 Rn. 52 ff.). Anders als beim Rügerecht nach Nr. 3 – das ebenfalls besteht (*Fitting*, § 99 Rn. 224; *Mengel*, a. a. O.; *Schüren*, AuR 2001, 324) – kommt es hier auf eine Interessenabwägung gegenüber betrieblichen und persönlichen Gründen nicht an; für die Frage der gleichen Eignung gilt jedoch dort wie hier die gleiche Entscheidungsprärogative des Arbeitgebers (s. auch Rn. 219). **195a**

ee) **Nicht als Gesetzesverstoß i. S. dieser Bestimmung** ist es dagegen anzusehen, wenn der Arbeitgeber bei einer geplanten Einstellung oder Versetzung den **Betriebsrat nicht ordnungsgemäß unterrichtet** (ebenso BAG 28. 1. 1986 AP BetrVG 1972 § 99 Nr. 34 [*Dütz/Bayer*]; GK-*Kraft*, § 99 Rn. 131; GL-*Löwisch*, § 99 Rn. 70; HSWGNR-*Schlochauer*, § 99 Rn. 89, 109; *Heinze*, Personalplanung, Rn. 265; *Matthes*, MünchArbR § 263 Rn. 49; DKK-*Kittner/Bachner*, § 99 Rn. 175; a. A. zu § 61 Abs. 3 lit. a BetrVG 1952 BAG 24. 9. 1968 AP BetrVG § 61 Nr. 5 [abl. *Galperin*]; s. zum Meinungsstand 6. Aufl. § 99 Rn. 154). Der Zustimmungsverweigerungsgrund liegt nur vor, wenn zwingende Rechtsvorschriften der personellen Maßnahme selbst entgegenstehen. Zu den Gesetzesbestimmungen i. S. der Nr. 1 gehören daher nicht Vorschriften, die das Mitbestimmungsverfahren bei der personellen Maßnahme betreffen. Man braucht auch nicht einen Gesetzesverstoß anzunehmen, um eine Lücke im Gesetz zu schließen. Solange der Arbeitgeber den Betriebsrat nicht oder nicht ordnungsgemäß unterrichtet hat, wird nicht die Wochenfrist in Lauf gesetzt, die der Betriebsrat wahren muss, wenn er seine **196**

Zustimmung zu der geplanten Personalmaßnahme verweigern will (ebenso BAG 28. 1. 1986 AP BetrVG 1972 § 99 Nr. 34).

197 Der **Mangel** ordnungsgemäßer Unterrichtung wird dadurch **geheilt,** dass der Arbeitgeber sie nachholt (ebenso HSWGNR-*Schlochauer,* § 99 Rn. 89). Begründet der Betriebsrat seine Zustimmungsverweigerung damit, dass der Arbeitgeber ihn nicht ordnungsgemäß unterrichtet habe, so übt er streng genommen nicht sein Mitbestimmungsrecht aus, sondern macht geltend, dass der Arbeitgeber ihn nicht ordnungsgemäß beteiligt hat. Hat der Arbeitgeber zwischenzeitlich die personelle Maßnahme durchgeführt, so kann der Betriebsrat das Mitbestimmungssicherungsverfahren einleiten (§ 101). Stellt sich erst im Zustimmungsersetzungsverfahren heraus, dass der Arbeitgeber den Betriebsrat unvollständig informiert hat, so kann die Unterrichtung ergänzt werden. Der Betriebsrat muss in diesem Fall binnen einer Woche mitteilen, ob er nunmehr aus einem Grund, der ihm bisher nicht bekannt war, die Zustimmung verweigert. Bei Zustimmungsverweigerung kann der Arbeitgeber das Zustimmungsersetzungsverfahren auf diesen Fall erweitern; er braucht nicht insoweit ein neues Zustimmungsersetzungsverfahren einzuleiten (ebenso GL-*Löwisch,* § 99 Rn. 70).

198 c) Das Gesetz nennt neben dem Verstoß gegen ein Gesetz, eine Verordnung und eine Unfallverhütungsvorschrift auch den **Verstoß gegen** eine Bestimmung in einem **Tarifvertrag** oder in einer **Betriebsvereinbarung.** Bei Tarifbestimmungen kommen nicht nur Beschäftigungsverbote, sondern auch Einstellungsgebote in Betracht, wenn z. B. in einem Tarifvertrag die Einstellung einer bestimmten Zahl von Schwerbehinderten festgesetzt worden und diese Zahl noch nicht erreicht ist; auch aus einer Wiedereinstellungsklausel nach einem Arbeitskampf kann sich die Unzulässigkeit der Einstellung eines anderen Arbeitnehmers ergeben (ebenso hier auch HSWGNR-*Schlochauer,* § 99 Rn. 115; *Nikisch,* Bd. III S. 467). **Die Maßnahme selbst muss gegen die Tarifnorm verstoßen.** Es genügt nicht, dass einzelne Vertragsbedingungen ihr zuwiderlaufen, insb. stellt die untertarifliche Bezahlung keinen Grund zur Verweigerung der Zustimmung dar (vgl. BAG 9. 7. 1996 AP BetrVG 1972 § 99 Nr. 9 Einstellung, s. auch Rn. 192; zum Verstoß gegen betriebliche Höchstarbeitszeiten BAG 17. 6. 1997 AP TVG § 3 Nr. 2 Betriebsnormen; s. auch BAG 30. 10. 2001 AP BetrVG 1972 § 99 Nr. 26; ErfK-*Kania,* § 99 Rn. 25). Auch die Erhöhung der wöchentlichen Stundenzahl unter Beibehaltung der tariflichen Monatsvergütung führt zwar zu einem geringeren Stundenlohn des Arbeitnehmers. Sie ist aber kein Grund für die Verweigerung der Zustimmung des Betriebsrats zu einer vom Arbeitgeber vorgesehene Eingruppierung, wenn diese den maßgeblichen tariflichen Merkmalen für die Eingruppierung entspricht (BAG 28. 6. 2006 AP BetrVG 1972 § 99 Nr. 30 Eingruppierung). Ein Verstoß gegen einen Tarifvertrag liegt hingegen vor, wenn die vom Arbeitgeber für maßgeblich gehaltene Vergütungsordnung nicht diejenige ist, die im Betrieb für den betreffenden Arbeitnehmer zur Anwendung kommt (BAG 27. 1. 1987 AP BetrVG 1972 § 99 Nr. 42; BAG 20. 9. 2000 AP TVG § 1 Nr. 238 Tarifverträge: Bau; BAG 22. 3. 2005 AP TVG § 4 Geltungsbereich Nr. 26). Entsprechendes gilt bei **sog. qualitativen tariflichen Besetzungsregeln.** Sie verbieten - insbesondere aus Gründen des Schutzes vor Überforderung, der Förderung der Arbeitsqualität sowie des Beschäftigungsschutzes für Fachkräfte - auf bestimmten Arbeitsplätzen die Beschäftigung von Arbeitnehmern, die bestimmte Anforderungen nicht erfüllen (BAG 18. 3. 2008 AP BetrVG 1972 § 99 Nr. 56 Einstellung).

199 Die **Festlegung einer Altersgrenze,** bei der das Arbeitsverhältnis ohne Kündigung endet (s. zur Zulässigkeit auch im Hinblick auf § 10 AGG § 77 Rn. 107 ff.), enthält kein Verbot der Weiterbeschäftigung über die Altersgrenze hinaus (vgl. BAG 10. 3. 1992 AP BetrVG 1972 § 99 Nr. 96). Etwas anderes gilt nur, wenn die Zulässigkeit einer Altersgrenze sich aus einem Beschäftigungsverbot ergibt, das wegen der Arbeitsaufgabe sachlich gerechtfertigt ist. Sieht man von diesem Fall ab, ist der Betriebsrat nicht berechtigt, mit dem Hinweis auf die Altersgrenze seine Zustimmung zur Weiterbeschäftigung des Arbeitnehmers zu verweigern.

D. Zustimmungsverweigerung des Betriebsrats § 99

Bedeutung hat das Zustimmungsverweigerungsrecht wegen des Verstoßes gegen eine 200
Bestimmung in einem Tarifvertrag vor allem bei der **Eingruppierung** und **Umgruppierung**. Da das Gesetz sie als selbständige Mitbestimmungstatbestände nennt, kann der Betriebsrat nicht der Einstellung oder der Versetzung widersprechen, wenn lediglich die mit einer Einstellung oder Versetzung verbundene Eingruppierung bzw. Umgruppierung tarifwidrig ist; der Widerspruch ist hier lediglich gegen die Eingruppierung oder Umgruppierung zu richten. Der Betriebsrat kann die Zustimmung zur Einstellung eines Arbeitnehmers mit einer Wochenarbeitszeit von weniger als 20 Stunden verweigern, wenn ein Tarifvertrag die Beschäftigung von Arbeitnehmern mit einer Arbeitszeit von weniger als 20 Stunden untersagt (so BAG 28. 1. 1992 AP BetrVG 1972 § 99 Nr. 95). Entsprechendes gilt, wenn eine tarifvertragliche Betriebsnorm die Einhaltung einer Quote verlangt, nach der nur ein Teil der Belegschaft mit einer verlängerten regelmäßigen Arbeitszeit arbeiten darf. Dies gilt jedoch nicht, wenn diese Quote nur zu halbjährigen Stichtagen einzuhalten ist und es dem Arbeitgeber überlassen bleibt, wie er dies erreicht. Hier widerspricht die zwischenzeitliche Einstellung oberhalb der Quote nicht dem Tarifvertrag (BAG 17. 6. 1997 AP TVG § 3 Nr. 2 Betriebsnorm).

Bei Tarifbestimmungen ist **keine Voraussetzung** für das Zustimmungsverweigerungs- 201
recht, dass der **betroffene Arbeitnehmer** Gewerkschaftsmitglied ist, soweit es sich um Betriebsnormen eines Tarifvertrags handelt; denn sie gelten schon dann für einen Betrieb, wenn nur der Arbeitgeber tarifgebunden ist (§ 3 Abs. 2 TVG). Für Inhaltsnormen ist dagegen Geltungsvoraussetzung, dass Arbeitgeber und Arbeitnehmer beiderseits tarifgebunden sind (§§ 3 Abs. 1, 4 Abs. 1 Satz 1 TVG). Zustimmungsverweigerungsgrund ist deshalb bei fehlender Tarifgeltung nicht ein Verstoß gegen die Tarifnorm, sondern in Betracht kommen kann hier nur die Verletzung des Gleichbehandlungsgrundsatzes, soweit er ausnahmsweise nach dem Gesetz Vorrang vor der vertraglichen Gestaltungsfreiheit hat (z. B. § 611a Abs. 1 BGB).

Ein Verstoß gegen die Bestimmung einer **Betriebsvereinbarung** kann unter den glei- 202
chen Voraussetzungen in Betracht kommen wie ein Verstoß gegen die Bestimmung in einem Tarifvertrag (ebenso BAG 10. 3. 1992 AP BetrVG 1972 § 99 Nr. 96 [*Steinmeyer*]; GK-*Kraft*, § 99 Rn. 133; GL-*Löwisch*, § 99 Rn. 77; HSWGNR-*Schlochauer*, § 99 Rn. 116; DKK-*Kittner/Bachner*, § 99 Rn. 178; HWK-*Ricken*, § 99 Rn. 69 f.). Dabei ist aber zu beachten, dass Arbeitsentgelte und sonstige materielle Arbeitsbedingungen, die durch Tarifvertrag geregelt sind oder üblicherweise geregelt werden, nicht Gegenstand einer Betriebsvereinbarung sein können (§ 77 Abs. 3). Das Zustimmungsverweigerungsrecht kann deshalb nicht auf eine Betriebsvereinbarung gestützt werden, die wegen des Vorrangs des Tarifvertrags unwirksam ist. Soweit eine Betriebsvereinbarung Richtlinien über Einstellungen, Versetzungen und Umgruppierungen enthält, ist ein Verstoß gegen sie als selbständiger Zustimmungsverweigerungsgrund gestaltet (Abs. 2 Nr. 2; s. Rn. 205 ff.).

d) Neben den Verstößen gegen eine Rechtsvorschrift nennt das Gesetz als Zustim- 203
mungsverweigerungsgrund auch den **Verstoß gegen eine gerichtliche Entscheidung** oder eine **behördliche Anordnung**. Ein Verstoß gegen eine **gerichtliche Entscheidung** kommt vor allem in Betracht, wenn das Arbeitsgericht in einem Rechtsstreit mit einem Arbeitnehmer rechtskräftig entschieden hat, dass eine der Mitbestimmung des Betriebsrats unterliegende personelle Maßnahme durchzuführen ist, z. B. eine bestimmte Eingruppierung oder Umgruppierung, und der Arbeitgeber gleichwohl beabsichtigt, diese personelle Maßnahme anders durchzuführen. Hierher gehört weiterhin, dass im Beschlussverfahren vor dem Arbeitsgericht rechtskräftig festgestellt ist, dass die Zustimmungsverweigerung des Betriebsrats begründet ist. Der Verstoß gegen eine gerichtliche Entscheidung liegt weiterhin vor, wenn jemand als Kraftfahrer eingestellt werden soll, dem nach § 44 StGB ein Fahrverbot auferlegt oder dem nach §§ 69 ff. StGB die Fahrerlaubnis entzogen ist; das Gleiche gilt, wenn nach §§ 70 ff. StGB ein Berufsverbot angeordnet ist (ebenso *Fitting*, § 99 Rn. 217; GL-*Löwisch*, § 99 Rn. 78; HSWGNR-*Schlochauer*, § 99 Rn. 117;

a. A. für den Ausspruch eines Fahrverbots nach § 44 StGB GK-*Kraft*, § 99 Rn. 134). Dagegen gehört hierher nicht der Verstoß gegen eine gefestigte höchstrichterliche Rechtsprechung, sondern deren Nichtbeachtung ist als Unterfall des Verstoßes gegen ein Gesetz anzusehen, z. B. die Unzulässigkeit einer Befristung von Arbeitsverhältnissen ohne sachlichen Grund (s. Rn. 194 f.). Die Versetzung eines Arbeitnehmers verstößt nicht gegen eine gerichtliche Entscheidung i. S. v. § 99 Abs. 2 Nr. 1, wenn der Arbeitgeber verurteilt worden ist, den Arbeitnehmer zu den bestehenden vertraglichen Bedingungen zu beschäftigen, ohne dass der Inhalt der Arbeitsaufgaben des Arbeitnehmers Streitgegenstand gewesen wäre (BAG 28. 10. 2004 AP BetrVG 1972 § 99 Nr. 41 Versetzung). Ist der Inhalt der Arbeitsbedingungen Streitgegenstand geworden kann dies freilich nicht gelten.

204 Eine **behördliche Anordnung**, der eine personelle Einzelmaßnahme widerspricht, kommt nur in Ausnahmefällen in Betracht, z. B. wenn die Beschäftigung Jugendlicher mit bestimmten Arbeiten durch das Gewerbeaufsichtsamt verboten ist (§ 27 JArbSchG) oder wenn das Einstellen und Ausbilden untersagt wird (§§ 27, 33 BBiG, §§ 23, 24 HandwO; ebenso *Fitting*, § 99 Rn. 218; HSWGNR-*Schlochauer*, § 99 Rn. 118; DKK-*Kittner/Bachner*, § 99 Rn. 180).

2. Nr. 2: Verstoß gegen eine Auswahlrichtlinie (§ 95)

205 a) Das Gesetz sichert hier durch die Einräumung eines Zustimmungsverweigerungsgrunds die **betriebsverfassungsrechtliche Richtlinienkompetenz für Einstellungen, Versetzungen und Umgruppierungen**. Er kommt daher nur bei diesen personellen Einzelmaßnahmen in Betracht. Wie gegen § 95 (s. dort Rn. 4) werden gegen die hier geschaffene Sanktionsregelung verfassungsrechtliche Bedenken aus dem Gesichtspunkt der Beschränkung der Unternehmerfreiheit erhoben (*Obermayer*, DB 1971, 1715, 1723, 1724; vgl. auch *Herbert Krüger*, Der Regierungsentwurf eines Betriebsverfassungsgesetzes vom 29. Januar 1971 und das Grundgesetz, 1971, S. 55). Berücksichtigt man aber, dass es sich nur um Richtlinien handeln kann, und beachtet man die Begrenzung des Mitbestimmungsrechts im Rahmen von § 95, so wird nicht ersichtlich, worin der Verfassungsverstoß liegen soll (*Richardi*, ZfA-Sonderheft 1972, 1, 13; vgl. auch *Adomeit*, DB 1971, 2360, 2364 Fn. 10).

206 b) Das Zustimmungsverweigerungsrecht ist hier lediglich die **Sanktion des Mitbestimmungsrechts für die Aufstellung der Auswahlrichtlinien** im Rahmen des § 95. Der Widerspruchsgrund besteht also nur insoweit, als das Mitbestimmungsrecht des Betriebsrats gegeben ist (s. für die Einstellungsrichtlinien § 95 Rn. 21 ff.; für die Versetzungsrichtlinien § 95 Rn. 30 ff.; für die Umgruppierungsrichtlinien § 95 Rn. 35 f.). Beachtet man, dass das Mitbestimmungsrecht sich nur auf die Aufstellung von Richtlinien bezieht, so braucht hier keine zusätzliche Schranke für das Zustimmungsverweigerungsrecht aus dem Übernahmeverbot entwickelt zu werden (a. A. *Blomeyer*, GedS Dietz 1973, S. 147, 165 f., der unter Hinweis auf den Grundsatz der Verhältnismäßigkeit annimmt, dass die Zustimmungsverweigerung, auch wenn sie nach der Richtlinie zulässig sei, nicht „unangemessen" sein dürfe; wie hier *Fitting*, § 99 Rn. 219; GK-*Kraft*, § 99 Rn. 137; GL-*Löwisch*, § 99 Rn. 81; HSWGNR-*Schlochauer*, § 99 Rn. 119).

207 c) Begründet der Betriebsrat seine Zustimmungsverweigerung damit, dass die geplante Personalmaßnahme gegen eine Auswahlrichtlinie verstoßen würde, so kann das Arbeitsgericht im **Zustimmungsersetzungsverfahren** prüfen, ob die Aufstellung der Richtlinie dem Mitbestimmungsrecht des Betriebsrats nach § 95 unterliegt und ob sie zwingendes Recht verletzt, insbesondere die immanenten Schranken einer Beteiligung des Betriebsrats überschreitet. Ist danach eine Richtlinie nichtig, entfällt auch ein Zustimmungsverweigerungsgrund wegen Verstoßes gegen eine Auswahlrichtlinie (ebenso GL-*Löwisch*, § 99 Rn. 81; HSWGNR-*Schlochauer*, § 99 Rn. 121; *Stege/Weinspach/Schiefer*, §§ 99–101 Rn. 66; HWK-*Ricken*, § 99 Rn. 73; a. A. DKK-*Kittner/Bachner*, § 99

Rn. 181; GK-*Kraft*, § 99 Rn. 136: Der AG muss die Unwirksamkeit der Richtlinie in einem separaten Beschlussverfahren geltend machen). Wird dagegen vorgetragen, dass die Auswahlrichtlinie durch Spruch der Einigungsstelle unter Überschreitung der Grenzen des Ermessens zustande gekommen ist, so ist das Arbeitsgericht gleichwohl an sie gebunden, wenn der Arbeitgeber es versäumt hat, das Arbeitsgericht innerhalb der Zweiwochenfrist nach § 76 Abs. 5 Satz 4 anzurufen (s. § 76 Rn. 133; ebenso HSWGNR-*Schlochauer*, § 99 Rn. 121; *Stege/Weinspach/Schiefer*, §§ 99–101 Rn. 67). Hierher gehört insbesondere der Fall, dass eine Richtlinie ausschließlich sozialen Gesichtspunkten vor einer fachlichen Qualifikation den Vorrang gibt (ebenso *Stege/Weinspach/Schiefer*, §§ 99–101 Rn. 67).

3. Nr. 3: Bestehen der durch Tatsachen begründeten Besorgnis, dass infolge der personellen Maßnahme im Betrieb beschäftigte Arbeitnehmer gekündigt werden oder sonstige Nachteile erleiden, ohne dass dies aus betrieblichen oder persönlichen Gründen gerechtfertigt ist

a) Dieser Zustimmungsverweigerungsgrund dient dem **Schutz der im Betrieb beschäftigten Arbeitnehmer.** Er ergänzt den individualvertaglichen Kündigungsschutz bei betriebsbedingten Kündigungen, bei der der Arbeitnehmer treuwidrige Besetzungen freier Arbeitsplätze rügen kann (Einzelheiten BAG 5. 6. 2008, NZA 2008, 1180). Der Zustimmungsverweigerungsgrund gibt wegen seiner generalklauselartigen Fassung dem Betriebsrat eine außerordentlich weitreichende Möglichkeit, einer geplanten Personalmaßnahme seine Zustimmung zu versagen. Der Betriebsrat kommt hier in eine Konfliktsituation, wenn die personelle Einzelmaßnahme für die von ihr betroffene Person einen Vorteil bedeutet, z. B. jemand, der bisher arbeitslos war, durch sie einen Arbeitsplatz erhält oder ein Arbeitnehmer beruflich aufsteigt. Für die Interpretation dieses Zustimmungsverweigerungsgrunds ist deshalb wesentlich, dass der Betriebsrat mit dem Mitbestimmungsrecht kein Instrument erhalten hat, um einen absoluten Konkurrenzschutz für die im Betrieb bereits beschäftigten Arbeitnehmer herzustellen (vgl. *Richardi*, JZ 1978, 485, 486). **208**

b) Das Zustimmungsverweigerungsrecht kommt nur bei einer **Einstellung** oder **Versetzung** in Betracht. Es besteht nämlich nur, wenn infolge der geplanten Personalmaßnahme überhaupt Nachteile für andere Arbeitnehmer eintreten können, **entfällt also bei der Eingruppierung und Umgruppierung,** weil bei ihnen eine nachteilige Auswirkung auf andere Arbeitnehmer ausscheidet (ebenso LAG Hamm 1. 8. 1979, DB 1979, 2499; GK-*Kraft*, § 99 Rn. 138; GL-*Löwisch*, § 99 Rn. 83; HSWGNR-*Schlochauer*, § 99 Rn. 122). **209**

c) Der Betriebsrat kann seine Zustimmungsverweigerung auf die **durch Tatsachen begründete Besorgnis** stützen, dass durch eine Einstellung oder Versetzung andere **im Betrieb beschäftigte Arbeitnehmer gekündigt** werden oder **sonstige Nachteile** erleiden. Es muss also eine **Kausalität zwischen der Maßnahme und den Nachteilen** bestehen (ebenso DKK-*Kittner/Bachner*, § 99 Rn. 184). Im Zustimmungsersetzungsverfahren hat der Betriebsrat insoweit die (objektive) Beweislast (ebenso HSWGNR-*Schlochauer*, § 99 Rn. 127; DKK-*Kittner/Bachner*, § 99 Rn. 182; Jaeger/Röder/Heckelmann/*Lunk*, Kap. 24 Rn. 95). **210**

aa) Der Betriebsrat muss eine **durch Tatsachen begründete Besorgnis** vortragen. Das Gesetz verlangt also nicht, dass wegen der Einstellung oder Versetzung einem im Betrieb beschäftigten Arbeitnehmer gekündigt wird oder dieser sonstige Nachteile erleidet, sondern es lässt die *Besorgnis* genügen, dass es dazu kommen werde. Das Zustimmungsverweigerungsrecht besteht also bereits, wenn nur die Gefahr besteht, dass Nachteile für andere Arbeitnehmer des Betriebs eintreten. Die Besorgnis muss aber durch *Tatsachen* begründet sein. Eine auf Vermutungen beruhende Befürchtung reicht also nicht aus, sondern der Betriebsrat muss Tatsachen vortragen, die seine Befürchtung rechtfertigen. **211**

Ob die befürchteten Nachteile tatsächlich vorliegen spielt dagegen für die Rechtswirksamkeit der Zustimmungsverweigerung keine Rolle, sondern ist im Zustimmungsersetzungsverfahren festzustellen (ebenso DKK-*Kittner/Bachner*, § 99 Rn. 183).

212 bb) Das Zustimmungsverweigerungsrecht ist gegeben, wenn die vom Arbeitgeber geplante Einstellung oder Versetzung die Besorgnis begründet, dass infolge dieser personellen Maßnahme **im Betrieb beschäftigte Arbeitnehmer gekündigt** werden. Der Betriebsrat kann durch die Zustimmungsverweigerung verhindern, dass durch die Personalmaßnahme andere Arbeitnehmer des Betriebs ihren Arbeitsplatz verlieren, z. B. wenn Einstellungen zur Bewältigung zeitlich begrenzter Arbeitsaufgaben vorgenommen werden, die nach ihrer Erledigung einen Personalabbau zur Folge haben. Das Zustimmungsverweigerungsrecht dient hier insoweit einer *Ergänzung des Kündigungsschutzes* (ebenso BAG 30. 8. 1995 AP BetrVG 1972 § 99 Nr. 5 Versetzung [A II 3 a]; GK-*Kraft*, § 99 Rn. 140). Der Betriebsrat kann deshalb die Zustimmung zu einer Einstellung davon abhängig machen, dass nur ein Zeitarbeitsvertrag abgeschlossen wird, wenn die übertragene Arbeitsaufgabe selbst nur zeitlich begrenzt besteht.

213 Das Zustimmungsverweigerungsrecht ist vor allem gegeben, wenn die Einstellung oder Versetzung auf einen **Arbeitsplatz** erfolgt, der noch **mit einem Arbeitnehmer besetzt** ist (vgl. BAG 15. 9. 1987 AP BetrVG 1972 § 99 Nr. 45). Keine Rolle spielt, ob die durch die Einstellung oder Versetzung begründete Kündigung bereits ausgesprochen ist (ebenso *Matthes*, MünchArbR § 263 Rn. 58; a. A. LAG Rheinland-Pfalz 28. 8. 2007 - 3 TaBV 23/07, juris; GK-*Kraft*, § 99 Rn. 140; GL-*Löwisch*, § 99 Rn. 86 a; offen gelassen BAG 15. 9. 1987 AP BetrVG 1972 § 99 Nr. 45). Notwendig ist aber, dass noch ein Rechtsstreit über die Rechtswirksamkeit der Kündigung anhängig ist. Hat die Kündigung zur Beendigung des Arbeitsverhältnisses geführt, so kann der Betriebsrat nicht mehr auf sie seine Zustimmungsverweigerung stützen (ebenso *Matthes*, a. a. O.).

214 Nicht notwendig ist, dass die befürchtete Kündigung eine Beendigungskündigung ist. Es genügt, dass infolge der Einstellung oder Versetzung eine **Änderungskündigung** zu besorgen ist (ebenso BAG 30. 8. 1995 AP BetrVG 1972 § 99 Nr. 5 Versetzung; GL-*Löwisch*, § 99 Rn. 84).

215 Der Zustimmungsverweigerungsgrund kann insbesondere gegeben sein, wenn **Versetzungen bei einer Betriebsänderung** vorgenommen werden. Fallen die Arbeitsplätze mehrerer vergleichbarer Arbeitnehmer weg und stehen für einen Teil dieser Arbeitnehmer andere Beschäftigungsmöglichkeiten zur Verfügung, so dass eine Sozialauswahl nach § 1 Abs. 3 KSchG vorzunehmen ist, so begründet die Versetzung eines Arbeitnehmers auf eine der freien Arbeitsplätze die Besorgnis, dass einem anderen Arbeitnehmer infolge dieser Maßnahme gekündigt wird (so BAG 30. 8. 1995 AP BetrVG 1972 § 99 Nr. 5 Versetzung).

216 cc) Das Zustimmungsverweigerungsrecht ist auch gegeben, wenn durch die geplante Einstellung oder Versetzung für im Betrieb beschäftigte Arbeitnehmer **sonstige Nachteile** eintreten können; es genügt jedoch nicht, dass ihnen ein Vorteil entgeht. Schutzzweck für den Zustimmungsverweigerungsgrund in Nr. 3 ist die **Erhaltung des *status quo* der im Betrieb beschäftigten Arbeitnehmer** (vgl. *Richardi*, DB 1973, 378, 381). Der Betriebsrat kann deshalb nicht nach dieser Bestimmung einer Einstellung oder Versetzung widersprechen, weil er einen anderen im Betrieb beschäftigten Arbeitnehmer für geeigneter hält als die vom Arbeitgeber ausgewählte Person. Ein Nachteil ist auch nicht darin zu erblicken, dass durch die Einstellung oder Versetzung einem anderen im Betrieb beschäftigten Arbeitnehmer die Chance genommen wird, diesen Arbeitsplatz zu erhalten (ebenso BAG 7. 11. 1977 AP BetrVG 1972 § 100 Nr. 1 [zust. *Richardi*]; bestätigt durch BAG 18. 7. 1978 AP BetrVG 1972 § 101 Nr. 1; 6. 10. 1978 AP BetrVG 1972 § 99 Nr. 10; 13. 6. 1989 AP BetrVG 1972 § 99 Nr. 66; 30. 8. 1995 AP BetrVG 1972 § 99 Nr. 5 Versetzung).

217 Nachteile i. S. der Nr. 3 sind aber nicht nur der **Verlust einer Rechtsposition** oder einer rechtserheblichen Anwartschaft, sondern auch die **rein tatsächliche Verschlechterung**

D. Zustimmungsverweigerung des Betriebsrats   § 99

einer gegenwärtigen Stellung (ebenso BAG 15. 9. 1987 AP BetrVG 1972 § 99 Nr. 46 [*Streckel*]). Die Nichtrealisierung einer bloß tatsächlichen Beförderungschance gibt dem Betriebsrat dagegen kein Zustimmungsverweigerungsrecht nach Nr. 3 (so ausdrücklich BAG 18. 7. 1978 AP BetrVG 1972 § 101 Nr. 1; BAG 18. 9. 2002 AP BetrVG 1972 § 99 Nr. 31 Versetzung). In Betracht kommt vielmehr nur ein Zustimmungsverweigerungsrecht nach Nr. 2, wenn für die Einstellung oder Versetzung Auswahlrichtlinien nach § 95 bestehen und der Arbeitgeber sie verletzt, weil ein anderer Arbeitnehmer deren Voraussetzungen mehr entspricht als die von ihm ausgewählte Person. Nr. 3 greift deshalb bei dem Verlust einer Beförderungschance nur ein, wenn dadurch eine Rechtsposition oder eine rechtlich erhebliche Anwartschaft des Arbeitnehmers gefährdet wird (vgl. BAG 13. 6. 1989 AP BetrVG 1972 § 99 Nr. 66; 30. 8. 1995 AP BetrVG 1972 § 99 Nr. 5 Versetzung; BAG 18. 9. 2002 AP BetrVG 1972 § 99 Nr. 31 Versetzung). Hierzu können auch solche Positionen zählen, die zwar keinen Anspruch auf eine konkrete Beförderung gewähren, den Arbeitnehmer aber im Verhältnis zu Mitbewerbern begünstigen (BAG 18. 9. 2002, AP BetrVG 1972 § 99 Nr. 31 Versetzung).

Bei der Feststellung, ob ein Nachteil vorliegt, ist darauf abzustellen, ob der **status quo** **218** der im Betrieb beschäftigten Arbeitnehmer verschlechtert wird. Soweit es um den Vertragsinhalt der Arbeitsverhältnisse geht, genügt aber nicht, dass der Arbeitgeber von einer im Einzelarbeitsvertrag eingeräumten Gestaltungsmöglichkeit keinen Gebrauch macht. Deshalb ist der Abbau von Überstunden kein Nachteil, der den Betriebsrat berechtigt, die Zustimmung zu einer Einstellung oder Versetzung zu verweigern (ebenso HSWGNR-*Schlochauer*, § 99 Rn. 124; a. A. GL-*Löwisch*, § 99 Rn. 91). Ein Nachteil liegt dagegen vor, wenn zu befürchten ist, dass wegen Neueinstellungen Kurzarbeit eingeführt werden muss (ebenso GL-*Löwisch*, § 99 Rn. 90; *Löwisch/Kaiser*, § 99, Rn. 65; HSWGNR-*Schlochauer*, § 99 Rn. 124) und auch, wenn durch eine Neueinstellung der Anspruch auf Verlängerung der Arbeitszeit nach § 9 TzBfG vereitelt wird (ebenso LAG Schleswig-Holstein 26. 8. 2008, NZA-RR 2009, 139; Jaeger/Röder/Heckelmann/*Lunk*, Kap. 24 Rn. 98; s. Rn. 221).

Der Gesetzgeber hat das so beschriebene Muster für einen Sonderfall durchbrochen: **219** Seit der Ergänzung durch das **BetrVerf-Reformgesetz** vom 23. 7. 2001 (BGBl. I S. 1852) gilt bei unbefristeter Einstellung als Nachteil auch die **Nichtberücksichtigung eines gleich geeigneten befristet Beschäftigten** (ausf. *Oetker*, NZA 2003, 937). Auf die Wirksamkeit dessen Befristung kommt es auch bei laufendem Rechtsstreit über die Befristung nicht an (*Fitting*, § 99 Rn. 234; *Preis/Lindemann*, NZA Sonderheft 2001, 35). Da die unbefristete Beschäftigung ein Vorteil gegenüber einer befristeten Beschäftigung ist, geht es hier um eine vorenthaltene Besserung des *status quo*. Die Gesetzesmaterialien geben keinen Hinweis auf die Gründe dieser punktuellen Abkehr vom bisherigen Verständnis der Norm, so dass es fraglich sein könnte, ob hierin der Ausdruck einer neuen Regel zu sehen ist, der zu einer grundsätzlichen Erweiterung der Norm führen würde. Das Gegenteil dürfte der Fall sein, denn schon die Wortwahl der Norm deutet darauf hin, dass der Gesetzgeber selbst die Vorschrift als Ausnahmeregelung betrachtet: als Nachteil „gilt", nicht ein Nachteil „ist". Diese Fiktion, die das Gesetz vornimmt, bleibt in ihrer Begründung einzig auf den eigenen, begrenzten Anwendungsbereich beschränkt, insb. werden nicht die vereinzelt zu findenden Stimmen aufgegriffen, die eine generelle Einbeziehung vorenthaltener Vorteile in den Abs. 2 Nr. 3 fordern (DKK-*Kittner/Bachner*, § 99 Rn. 186). Damit ist die **Ausnahmevorschrift nicht analogiefähig** (s. auch BAG 25. 1. 2005 AP BetrVG 1972 § 99 Nr. 48 im Hinblick auf Leiharbeitnehmer). Der Arbeitgeber wird hier – wie bei § 8 TzBfG – einen gewissen **Ermessensspielraum** haben, wann ein Arbeitnehmer „gleich geeignet" ist (*Hanau*, RdA 2001, 73; *Konzen*, RdA 2001, 92). Die bloße Behauptung reicht nicht, vielmehr müssen objektive Tatsachen die gleiche oder ungleiche Eignung belegen (a. A. *Preis/Lindemann*, NZA Sonderheft 2001, 35); Auswahlrichtlinien sind hier hilfreich. Unerheblich ist, ob die bisherige Tätigkeit des befristet Beschäftigten den Tätigkeitsmerkmalen des zu besetzenden Dauerarbeitsplatzes entspricht, solange die gleiche Eignung des internen Bewerbers gewahrt ist (*Fitting*, § 99 Rn. 233). Voraussetzung ist jedoch die „Gleichwertigkeit" der Positionen im weitesten Sinne; eine Beförderung via Mitbestimmungsrecht kann der Arbeitnehmer nicht erreichen (*Rieble*, NZA Sonderheft 2001, 56).

220 Nr. 3 greift seinem Wortlaut nach **auch,** wenn der gleichgeeignete befristet beschäftigte Arbeitnehmer **noch keine 6 Monate beschäftigt** ist und daher keinen Kündigungsschutz genießt. Dies wird z. T. als Systembruch kritisiert (*Hanau*, RdA 2001, 72; *Rieble*, NZA Sonderheft 2001, 57) und daher eine teleologische Reduktion gefordert. Das müsste dann auch für Unternehmen mit nur 10 Arbeitnehmern gelten, die vom Kündigungsschutz nicht erfasst werden. Diese Koppelung an den Kündigungsschutz ist jedoch nicht zwingend, wie auch das TzBfG in der Beschränkung der Befristungsmöglichkeiten anders als die vorangegangene Rechtsprechung nicht mehr an einer Umgehung des Kündigungsschutzes festmacht. Der Arbeitgeber mag sich zwar bei der Befristung das Recht zur ordentlichen Kündigung vorbehalten haben, solange er es jedoch nicht ausübt, muss er sich an dieser Entscheidung festhalten lassen. Diese gesetzliche Wertung mag missglückt sein, aber nicht alles, was rechtspolitisch verfehlt ist, kann durch die Gerichte korrigiert werden.

221 Nr. 3 greift seinem Wortlaut nach **auch,** wenn der unbefristet einzustellende Arbeitnehmer bereits bisher ein Arbeitnehmer des Unternehmens war und mit der Umwandlung in ein unbefristetes Arbeitsverhältnis in den Betrieb versetzt werden soll. Auch hier gilt der Vorrang der betrieblichen Gemeinschaft (ebenso *Fitting*, § 99 Rn. 233 ff.; a. A. *Rieble*, Sonderheft NZA 2001, 56; ErfK-*Kania*, § 99 Rn. 31 a). **Nr. 3 Halbs. 2 greift nicht** gegenüber bereits beschäftigten, gleich geeigneten **Teilzeitarbeitnehmern.** Der Wortlaut ist hier eindeutig und eine Analogie ist nicht zwingend, erst recht nicht verfassungsmäßig geboten (a. A. *Reichold*, NZA 2001, 864). Missverständlich ist der Hinweis bei Konkurrenz eines Verlängerungsverlangens eines Teilzeitbeschäftigten nach § 9 TzBfG mit einem befristet Beschäftigten sei dem Teilzeitarbeitnehmer der Vorrang einzuräumen (*Hanau*, ZIP 2001, 1981, 1987; *Fitting*, § 99 Rn. 235). Hier kann es bei der Entscheidung in die eine wie die andere Richtung ein Mitbestimmungsrecht nach § 99 nicht geben, denn sowohl die Verlängerung der Arbeitszeit als auch die Umwandlung in ein Dauerarbeitsverhältnis sind keine Einstellungen im Sinne der Norm (s. Rn. 34).

222 Nr. 3 greift nicht, wenn ein Arbeitnehmer zunächst befristet eingestellt wird und anschließend sein Arbeitsverhältnis in ein unbefristetes umgewandelt wird (ebenso *Oetker*, NZA 2003, 937). Will der Arbeitgeber das **Zustimmungsverweigerungsrecht umgehen,** steht ihm also ein einfacher Weg offen (s. auch *Däubler*, 2001, 290; *Rieble*, NZA Sonderheft 2001, 57). Zulässig dürfte es auch sein, den Arbeitnehmer befristet einzustellen mit der einseitigen Option der Verlängerung in ein unbefristetes Arbeitsverhältnis. Auch dann greift das Mitbestimmungsrecht nicht.

223 dd) Weitere Voraussetzung ist, dass die **Kündigungen** oder **sonstigen Nachteile** als **Folge der Einstellung** oder **Versetzung** eintreten. Dem Gesetz kann man aber nicht entnehmen, dass sie *unmittelbar* als Folge der personellen Einzelmaßnahme eintreten müssen (so LAG Düsseldorf [Köln] 19. 10. 1976, EzA § 99 BetrVG 1972 Nr. 11; HSWGNR-*Schlochauer*, § 99 Rn. 122; *Stege/Weinspach/Schiefer*, §§ 99–101 Rn. 71; *Meisel*, Mitwirkung und Mitbestimmung in personellen Angelegenheiten, Rn. 105; wie hier BAG 15. 9. 1987 AP BetrVG 1972 § 99 Nr. 45; GK-*Kraft*, § 99 Rn. 139; DKK-*Kittner/Bachner*, § 99 Rn. 184). Der ursächliche Zusammenhang zwischen der mitbestimmungspflichtigen Maßnahme und einer befürchteten Kündigung oder eines sonstigen Nachteils für die anderen Arbeitnehmer besteht auch dann, wenn sie Folge derselben Betriebsänderung sind (so BAG 30. 8. 1995 AP BetrVG 1972 § 99 Nr. 5 Versetzung).

224 d) Eine **Schranke des Zustimmungsverweigerungsrechts** besteht insoweit, als der Betriebsrat seine Zustimmung nicht verweigern kann, wenn die zu erwartenden Kündigun-

D. Zustimmungsverweigerung des Betriebsrats   § 99

gen oder sonstigen Nachteile aus **betrieblichen oder persönlichen Gründen** gerechtfertigt sind. Nach dem Gesetzestext müssen die betrieblichen oder persönlichen Gründe die Kündigung oder den Eintritt der sonstigen Nachteile rechtfertigen (so auch GK-*Kraft*, § 99 Rn. 143; *Matthes*, MünchArbR § 263 Rn. 58; vgl. auch BAG 15. 9. 1987 AP BetrVG 1972 § 99 Nr. 45). Das Schrifttum stellt dagegen teilweise darauf ab, ob die vorgesehene *personelle Einzelmaßnahme* aus betrieblichen oder persönlichen Gründen gerechtfertigt ist (*Fitting*, § 99 Rn. 244; HSWGNR-*Schlochauer*, § 99 Rn. 126; DKK-*Kittner/Bachner*, § 99 Rn. 191).

Ob die Kündigungen oder sonstigen Nachteile, die möglicherweise die im Betrieb **225** beschäftigten Arbeitnehmer infolge der personellen Maßnahme erleiden, aus betrieblichen oder persönlichen Gründen gerechtfertigt sind, ist hypothetisch unter Anlehnung an § 1 Abs. 2 und 3 KSchG festzustellen (ebenso BAG 30. 8. 1995 AP BetrVG 1972 § 99 Nr. 5 Versetzung; gegen Einbeziehung des § 1 Abs. 3 KSchG, weil Nr. 3 den Gesichtspunkt der sozialen Auswahl nicht erwähne, GL-*Löwisch*, § 99 Rn. 86). Das Gesetz fordert nicht, dass eine zu erwartende Kündigung i. S. des § 1 KSchG sozial gerechtfertigt sein muss (ebenso HSWGNR-*Schlochauer*, § 99 Rn. 126). Es genügt vielmehr, dass aus betrieblichen oder persönlichen Gründen gerechtfertigt ist, dass infolge der personellen Maßnahme im Betrieb beschäftigte Arbeitnehmer gekündigt werden oder sonstige Nachteile erleiden, z. B. wenn durch die Einstellung oder Versetzung ein oder mehrere Arbeitnehmer ersetzt werden sollen, die aus betrieblichen oder persönlichen Gründen überhaupt nicht oder nicht mehr an diesem Arbeitsplatz beschäftigt werden können. Der Betriebsrat hat also kein Zustimmungsverweigerungsrecht, wenn entweder Gründe in der Person des benachteiligten Arbeitnehmers es rechtfertigen, die Einstellung oder Versetzung vorzunehmen, oder betriebliche Gründe für sie maßgebend sind, wobei in letzterem Fall der Arbeitgeber die Grundsätze der Sozialauswahl nach § 1 Abs. 3 KSchG zu beachten hat (ebenso BAG 30. 8. 1995 AP BetrVG 1972 § 99 Nr. 5 Versetzung; a. A. GL-*Löwisch*, § 99 Rn. 86). Bestehen für die Kündigung Auswahlrichtlinien nach § 95, so hat der Betriebsrat ebenfalls kein Zustimmungsverweigerungsrecht, wenn der Arbeitgeber sich an sie hält (vgl. § 1 Abs. 4 KSchG).

Wie im Kündigungsrecht gilt auch hier der Vorbehalt der nur **eingeschränkten Über- 225 a prüfbarkeit der unternehmerischen Entscheidung:** Die unternehmerische Entscheidung, Arbeitsplätze zu verlagern, ist im Rahmen von § 99 Abs. 2 Nr. 4 nach der Rechtsprechung des BAG (v. 16. 1. 2007 AP BetrVG 1972 § 99 Nr. 52 Einstellung) nicht auf ihre Zweckmäßigkeit hin zu überprüfen. Für die Zustimmungsverweigerung nach Nr. 3 kann nichts anderes gelten. Der Betriebsrat kann nicht über einen auf diese Vorschrift gestützten Widerspruch nach § 99 Abs. 3 erzwingen, dass die unternehmerische Entscheidung rückgängig gemacht wird.

e) Der Betriebsrat braucht für die **Wirksamkeit der Zustimmungsverweigerung** ledig- **226** lich zu begründen, dass die Einstellung oder Versetzung Kündigungen oder sonstige Nachteile für die im Betrieb beschäftigten Arbeitnehmer auslösen kann, während es **Sache des Arbeitgebers** ist, im Zustimmungsersetzungsverfahren **nachzuweisen**, dass diese **Folgewirkungen aus betrieblichen oder persönlichen Gründen gerechtfertigt** sind (ebenso im Ergebnis GK-*Kraft*, § 99 Rn. 144; GL-*Löwisch*, § 99 Rn. 92; HSWGNR-*Schlochauer*, § 99 Rn. 127).

4. Nr. 4: Benachteiligung des betroffenen Arbeitnehmers, ohne dass dies aus betrieblichen oder in der Person des Arbeitnehmers liegenden Gründen gerechtfertigt ist

a) Dieser Zustimmungsverweigerungsgrund dient dem **Schutz des von der personellen 227 Maßnahme betroffenen Arbeitnehmers vor Nachteilen.** Betroffener Arbeitnehmer i. S. dieser Bestimmung ist, wie sich aus dem gesetzessystematischen Zusammenhang mit Nr. 3 ergibt, nur der Arbeitnehmer, auf den sich die personelle Maßnahme unmittelbar bezieht (ebenso BAG 6. 10. 1978 AP BetrVG 1972 § 99 Nr. 10; 20. 9. 1990 AP BetrVG 1972 § 99 Nr. 84; 2. 4. 1996 AP BetrVG 1972 § 99 Nr. 9 Versetzung).

228 b) Deshalb findet der Zustimmungsverweigerungsgrund **keine Anwendung** auf die **Einstellung**, weil der vom Arbeitgeber ausgewählte Bewerber durch seine Einstellung keinen Nachteil erleidet, die übergangenen Bewerber aber nicht unter diese Bestimmung fallen (ebenso BAG 6. 10. 78 AP BetrVG 1972 § 99 Nr. 10; BAG 9. 7. 1996 AP BetrVG 1972 § 99 Nr. 9 Einstellung; BAG 5. 4. 2001, AP BetrVG 1972 § 99 Nr. 32 Einstellung [„grundsätzlich"]; GK-*Kraft*, § 99 Rn. 146; GL-*Löwisch*, § 99 Rn. 93; HSWGNR-*Schlochauer*, § 99 Rn. 128; *Matthes*, MünchArbR § 263 Rn. 62; Jaeger/Röder/Heckelmann/*Lunk*, Kap. 24 Rn. 103; *Richardi*, DB 1973, 378, 382; HWK-*Ricken*, § 99 Rn. 82; nunmehr auch DKK-*Kittner/Bachner*, § 99 Rn. 193; *Fitting*, § 99 Rn. 245; a. A. *Heinze*, Personalplanung, Rn. 322; *Otto*, Personale Freiheit und soziale Bindung, S. 22 f.; offen gelassen BAG 28. 3. 1999 AP BetrVG 1972 § 99 Nr. 27 Einstellung). Auch die Vereinbarung schlechterer Arbeitsbedingungen, als sie für vergleichbare Arbeitnehmer des Betriebs gelten, berechtigt den Betriebsrat nicht, nach dieser Bestimmung einer Einstellung seine Zustimmung zu verweigern; denn das Mitbestimmungsrecht gibt dem Betriebsrat kein Recht auf Mitgestaltung der Arbeitsverträge. Keine Benachteiligung liegt auch vor, wenn ein Arbeitnehmer nur befristet eingestellt wird; denn es besteht kein Rechtsanspruch auf Begründung eines Arbeitsverhältnisses auf unbestimmte Zeit. Aber auch soweit der Abschluss eines Zeitvertrags sachlich nicht gerechtfertigt ist, wird der betroffene Arbeitnehmer nicht durch die *Einstellung*, sondern durch die *Befristung* benachteiligt. Ein Zustimmungsverweigerungsrecht besteht deshalb nur nach Nr. 1 (s. Rn. 194 f.).

229 **Hauptanwendungsfall** für eine Zustimmungsverweigerung, die auf diese Bestimmung gestützt werden kann, ist die **Versetzung** (ebenso GK-*Kraft*, § 99 Rn. 148; GL-*Löwisch*, § 99 Rn. 93; HSWGNR-*Schlochauer*, § 99 Rn. 129; DKK-*Kittner/Bachner*, § 99 Rn. 195; HWK-*Ricken*; § 99 Rn. 83; *Matthes*, MünchArbR § 263 Rn. 62; *Richardi*, DB 1973, 378, 382). Allerdings kann einer Versetzung nur insgesamt und nicht hinsichtlich einzelner Beschäftigungsorte widersprochen werden, an denen der Arbeitnehmer eingesetzt wird (LAG Köln 2. 4. 2007 - 14 TaBV 9/07, juris). Soweit es sich um die Eingruppierung oder Umgruppierung handelt, ist ausschließlich deren Richtigkeit maßgebend (s. Rn. 75 ff.). Eine Ein- oder Umgruppierung, die von der im Betrieb geltenden Vergütungsordnung geboten wird, stellt daher keinen Nachteil des betroffenen Arbeitnehmers dar (BAG 20. 9. 2006 NZA-RR 2007, 336, BAG 6. 8. 2002 AP BetrVG 1972 § 99 Nr. 27 Eingruppierung; s. auch LAG Niedersachsen 24. 5. 2002 – 3 TaBV 22/01, juris).

230 c) Der Betriebsrat kann einer Versetzung widersprechen, wenn der **betroffene Arbeitnehmer** durch die Zuweisung des anderen Arbeitsbereichs **benachteiligt** wird. Hierunter fällt die Gestaltung des Arbeitsplatzes und Arbeitsablaufs, z. B. schlechtere Räume, unangenehme Umgebung, Anfall von schmutzigen Putzarbeiten. Eine Benachteiligung liegt auch in einem Ortswechsel, der mit längeren Wegezeiten verbunden ist. Hierher gehört vor allem aber auch der Fall, dass der Arbeitnehmer durch die Versetzung in seinen **materiellen Arbeitsbedingungen** schlechter gestellt wird, z. B. herabgestuft wird, weil für den zugewiesenen Tätigkeitsbereich eine andere Gruppe des Tarifvertrags maßgebend ist (ebenso *Fitting*, § 99 Rn. 242; GL-*Löwisch*, § 99 Rn. 95; HSWGNR-*Schlochauer*, § 99 Rn. 129; DKK-*Kittner/Bachner*, § 99 Rn. 195). Der Begriff der Benachteiligung hat den gleichen Bedeutungsgehalt wie der Begriff der Nachteile in Nr. 3 (s. Rn. 216 ff.; ebenso *Matthes*, MünchArbR, 2. Aufl., § 352 Rn. 81). Fallen mehrere vergleichbare Arbeitsplätze weg und stehen nur für einen Teil der betroffenen Arbeitnehmer andere gleichwertige Arbeitsplätze zur Verfügung, so kann der Betriebsrat die Zustimmung zur Versetzung eines Arbeitnehmers auf einen niedriger einzustufenden Arbeitsplatz mit der Begründung verweigern, der Arbeitgeber habe **soziale Auswahlkriterien nicht berücksichtigt** (vgl. BAG 2. 4. 1996 AP BetrVG 1972 § 99 Nr. 9 Versetzung *[Jansen]*; s. auch Rn. 215).

D. Zustimmungsverweigerung des Betriebsrats   § 99

Dass der betroffene **Arbeitnehmer** mit der Benachteiligung **einverstanden** ist, schließt   231
den Zustimmungsverweigerungsgrund nicht aus (ebenso *Fitting*, § 99 Rn. 246; DKK-
Kittner/Bachner, § 99 Rn. 194; *Heinze*, Personalplanung, Rn. 324; a. A. GK-*Kraft*, § 99
Rn. 148; GL-*Löwisch*, § 99 Rn. 94; HSWGNR-*Schlochauer*, § 99 Rn. 129; *Matthes*,
MünchArbR § 263 Rn. 63; *v. Hoyningen-Huene/Boemke*, Versetzung, S. 179). Etwas
anderes gilt nur, wenn der Arbeitnehmer die **Versetzung** selbst **gewünscht** hat oder sie
seinen Wünschen und seiner freien Entscheidung entspricht (ebenso BAG 20. 9. 1990
AP BetrVG 1972 § 99 Nr. 84; 2. 4. 1996 AP BetrVG 1972 § 99 Nr. 9 Versetzung;
Jaeger/Röder/Heckelmann/*Lunk*, Kap. 24 Rn. 102).

d) Die Berechtigung, die Zustimmung zu verweigern, entfällt, wenn die **Versetzung**   232
aus **betrieblichen oder in der Person des Arbeitnehmers liegenden Gründen gerechtfertigt**
ist. Diese Begrenzung entspricht in ihrer Formulierung der in Nr. 3 enthaltenen Schranke
(s. Rn. 224 f.), wobei ein Unterschied insoweit besteht, als hier nicht von „persönlichen
Gründen", sondern „in der Person des Arbeitnehmers liegenden Gründen" die Rede ist.
Die insoweit bestehende Verschiedenheit des Gesetzestextes fällt jedoch nicht ins Gewicht (ebenso HSWGNR-*Schlochauer*, § 99 Rn. 130).

Für die Begründungslast des Betriebsrats gilt Gleiches wie bei Nr. 3 (s. Rn. 226).   233

5. Nr. 5: Unterbleiben einer nach § 93 erforderlichen Ausschreibung im Betrieb

a) Der Zustimmungsverweigerungsgrund kommt nur bei einer **Einstellung** oder **Ver-**   234
setzung, nicht dagegen bei der Eingruppierung und Umgruppierung in Betracht.

b) Das Zustimmungsverweigerungsrecht besteht nur, wenn eine **Pflicht zur Ausschrei-**   235
bung besteht, der Betriebsrat also verlangt hatte, dass Arbeitsplätze, die besetzt werden
sollen, allgemein oder für bestimmte Arten von Tätigkeiten vor ihrer Besetzung innerhalb des Betriebs ausgeschrieben werden, und der Arbeitgeber dies für die vorgesehene
Einstellung oder Versetzung unterlassen hat (ebenso BAG 7. 11. 1977 AP BetrVG 1972
§ 100 Nr. 1 [zust. *Richardi*]). Grundsätzlich kann der Betriebsrat zwar auch die innerbetriebliche Ausschreibung von Arbeitsplätzen, die mit Leiharbeitnehmern besetzt werden sollen, verlangen. Stellt der Arbeitgeber in bestimmten Bereichen allerdings nur noch
Leiharbeitnehmer ein, ist die Ausschreibung entbehrlich (so auch LAG Niedersachsen
9. 8. 2006, EzAÜG BetrVG Nr. 94; ErfK/*Kania*, § 99 BetrVG Rn. 35). Sie dennoch zu
verlangen wäre rechtsmissbräuchlich. Das Zustimmungsverweigerungsrecht ist auch
gegeben, wenn die Ausschreibung nicht in der Form erfolgt, die mit dem Betriebsrat
vereinbart wurde (ebenso BAG 18. 12. 1990 AP BetrVG 1972 § 99 Nr. 85). Es besteht
dagegen nicht, wenn der Betriebsrat erst jetzt verlangt, dass der Arbeitsplatz, der besetzt
werden soll, im Betrieb ausgeschrieben wird (BAG 14. 12. 2004 AP BetrVG 1972 § 99
Nr. 121; ebenso *Fitting*, § 99 Rn. 247; GL-*Löwisch*, § 99 Rn. 98; HSWGNR-*Schlochauer*, § 99 Rn. 132; s. auch § 93 Rn. 13); anderes folgt auch nicht aus dem Gebot der
vertrauensvollen Zusammenarbeit (BAG a. a. O.). Kein Zustimmungsverweigerungsrecht besteht, wenn die Ausschreibung zwar erfolgt, aber gegen § 611 b BGB verstößt
(a. A. LAG Frankfurt 13. 7. 1999, AuR 2000, 35; *Fitting*, § 99 Rn. 250; ErfK-*Kania*,
§ 99 Rn. 34; wie hier GK-*Kraft*, § 99 Rn. 150; HWK-*Ricken*, § 99 Rn. 84; Jaeger/
Röder/Heckelmann/*Lunk*, Kap. 24 Rn. 107; *Stege/Weinspach/Schiefer*, §§ 99–101
Rn. 82; s. auch § 93 Rn. 27). Überhaupt kommt es bei inhaltlich falschen oder gesetzeswidrigen Ausschreibungen darauf an, ob der ausgeschriebene Arbeitsplatz so genau und
zutreffend beschrieben wurde, dass jedes interessierte Belegschaftsmitglied eine sinnvolle
Entscheidung über seine Bewerbung treffen kann (s. auch § 93 Rn. 9 ff.). Unterblieben
ist eine Ausschreibung auch dann nicht, wenn sie kurz erfolgte (s. § 99 Rnr. #). Eine nur
zweiwöchige Dauer der innerbetrieblichen Ausschreibung berechtigt daher noch nicht
zur Zustimmungsverweigerung. Sie ermöglicht regelmäßig jedenfalls der großen Mehrzahl der potentiell interessierten und geeigneten Arbeitnehmer des Betriebes, von einer

Stellenausschreibung Kenntnis zu nehmen (BAG 17. 6. 2008 AP BetrVG 1972 § 99 Nr. 46 Versetzung; siehe auch LAG München 18. 12. 2008 - 4 TaBV 70/08, juris).

236   Der Arbeitgeber ist nicht verpflichtet, den Arbeitsplatz nur mit einem Arbeitnehmer, der sich auf die Ausschreibung gemeldet hat, zu besetzen oder ihm einen Vorrang einzuräumen (ebenso BAG 7. 11. 1977 AP BetrVG 1972 § 100 Nr. 1; 30. 1. 1979 AP BetrVG 1972 § 118 Nr. 11; 18. 11. 1980 AP BetrVG 1972 § 93 Nr. 1; s. ausführlich § 93 Rn. 25 f.).

237   c) Besteht der Zustimmungsverweigerungsgrund, so kann das Arbeitsgericht die Zustimmung des Betriebsrats nicht ersetzen. Der Arbeitgeber kann jedoch den Mangel dadurch beheben, dass er die **Ausschreibung nachholt** (ebenso *Matthes*, MünchArbR, 2. Aufl., § 352 Rn. 85). Das gilt insbesondere, wenn er die Einstellung oder Versetzung bereits vorläufig durchgeführt hat (ebenso *Fitting*, § 99 Rn. 252; ähnlich DKK-*Kittner/ Bachner*, § 99 Rn. 200). Erfolgen während der in der Ausschreibung festgelegten Frist keine Bewerbungen, so entfällt der Zustimmungsverweigerungsgrund. Gehen Bewerbungen ein, so beginnt das Mitbestimmungsverfahren erneut zu laufen (ebenso im Ergebnis *Matthes*, MünchArbR, 2. Aufl., § 352 Rn. 85).

238   Die Zustimmungsverweigerung ist **rechtsmissbräuchlich**, wenn die Ausschreibung deshalb unterblieb, weil feststand, dass kein Arbeitnehmer des Betriebs für den zu besetzenden Arbeitsplatz in Betracht kommt (ebenso ArbG Kassel 29. 5. 1973, DB 1973, 1359; GK-*Kraft*, § 99 Rn. 150; GL-*Löwisch*, § 99 Rn. 99; *Löwisch/Kaiser*, § 99, Rn. 70; HSWGNR-*Schlochauer*, § 99 Rn. 133; HWK-*Ricken*, § 99 Rn. 85; a. A. *Fitting*, § 99 Rn. 248; DKK-*Kittner/Bachner*, § 99 Rn. 201). Die rechtsmissbräuchliche Ausübung des Zustimmungsverweigerungsrechts berührt aber nicht die *Wirksamkeit* der Zustimmungsverweigerung, sondern bedeutet lediglich, dass ein *Zustimmungsverweigerungsgrund* fehlt. Der Arbeitgeber muss deshalb die Zustimmung im Beschlussverfahren ersetzen lassen (zust. GK-*Kraft*, § 99 Rn. 150).

239   d) Noch ungeklärt ist, inwieweit das Gesagte auch für eine Verletzung der **Ausschreibungspflicht nach § 7 Abs. 1 TzBfG** analog gilt. Das wird zum Teil bejaht (*Fischer*, AuR 2001, 325; *ders.*, AuR 2005, 255; *Fitting*, § 99 Rn. 249; DKK-*Kittner/Bachner*, § 99 Rn. 197a; a. A. *Mengel*, in: Annuß/Thüsing, TzBfG, § 7 Rn. 14; *Löwisch/Kaiser*, § 99 Rn. 50; ErfK-*Kania*, § 99 Rn. 34; *Hanau*, NZA 2001, 116; ArbG Hannover 13. 1. 2005, AuR 2005, 275; ohne Problembewusstsein und im Ergebnis falsch dies dem Bereich des Abs. 2 Nr. zuordnend LAG Baden-Württemberg 19. 7. 2004 - 14 TaBV 4/ 03, juris) und dem wird man zustimmen können, insbesondere weil hier individualvertragliche Sanktionen einer Pflichtverletzung fehlen (*Schlosser*, BB 2001, 411; *Ehler*, BB 2001, 1146). Sicher ist dies freilich nicht, denn wo der Gesetzgeber spezifische Rechtsfolgen an die Verletzung einer Verhandlungspflicht knüpfen will, muss er dies grds. auch sagen; ansonsten bleibt nur ein Rückgriff auf allgemeine Normen wie § 280 BGB (Schadensersatz) oder § 242 BGB (Unwirksamkeit wegen Treuwidrigkeit).

6. Nr. 6: Bestehen der durch Tatsachen begründeten Besorgnis, dass der für die personelle Maßnahme in Aussicht genommene Bewerber oder Arbeitnehmer den Betriebsfrieden durch gesetzwidriges Verhalten oder durch grobe Verletzung der in § 75 Abs. 1 enthaltenen Grundsätze stören werde

240   a) Dieser Zustimmungsverweigerungsgrund entspricht im Wesentlichen § 61 Abs. 3 lit. d BetrVG 1952. Er kommt nur bei der **Einstellung** und bei einer **Versetzung** in Betracht; denn lediglich bei Besetzung eines Arbeitsplatzes kann die durch Tatsachen begründete Besorgnis bestehen, dass der für ihn in Aussicht genommene Bewerber oder Arbeitnehmer den Betriebsfrieden durch gesetzwidriges Verhalten oder durch grobe Verletzung der in § 75 Abs. 1 enthaltenen Grundsätze stören werde. Der durch das BetrVerf-Reformgesetz eingefügte Hinweis auf rassistische und fremdenfeindliche Betäti-

D. Zustimmungsverweigerung des Betriebsrats § 99

gung ist nur illustrierend und ändert am bisherigen Recht nichts. Das Zustimmungsverweigerungsrecht ergänzt das in § 104 enthaltene Recht des Betriebsrats, vom Arbeitgeber die Entlassung oder Versetzung zu verlangen, wenn ein Arbeitnehmer durch gesetzwidriges Verhalten oder durch grobe Verletzung der in § 75 Abs. 1 enthaltenen Grundsätze den Betriebsfrieden wiederholt ernstlich gestört hat. Hier genügt aber die Gefahr einer Störung des Betriebsfriedens. Was allerdings, würde die Gefahr sich realisieren, zur Entfernung nach § 104 nicht ausreichen würde, das kann auch nicht die Verweigerung der Zustimmung rechtfertigen. Insoweit gelten also die gleichen Maßstäbe.

b) Für das Zustimmungsverweigerungsrecht reicht zwar die **Besorgnis einer Störung des Betriebsfriedens** aus; es steht damit aber zugleich auch fest, dass ein Verhalten in der Vergangenheit nur dann die Grundlage für den Zustimmungsverweigerungsgrund bildet, wenn deshalb eine Besorgnis für die Zukunft begründet ist (ebenso DKK-*Kittner/Bachner*, § 99 Rn. 203; HWK-*Ricken*, § 99 Rn. 86). 241

c) Das Gesetz sagt nicht, worin das **gesetzwidrige Verhalten** bestehen muss. Es geht vor allem um Verstöße gegen Strafgesetze. 242

Beispiele gesetzeswidrigen Verhaltens sind daher: Diebstahl, Verleumdung, Beleidigung, Handgreiflichkeiten, sexuelle Belästigung; nicht aber Denunziation, denn die ist nicht gesetzwidrig (a. A. *Fitting*, § 99 Rn. 259).

Ein gesetzwidriges Verhalten, das für den Betriebsfrieden ohne Belang ist, genügt aber nicht, z.B. wenn jemand gegen die Straßenverkehrsordnung verstoßen hat. Die Zustimmungsverweigerung kann deshalb auf Vorstrafen nur insoweit gestützt werden, als sie für den zu besetzenden Arbeitsplatz von Bedeutung sind und deshalb die Gefahr einer Störung des Betriebsfriedens besteht (ebenso *Fitting*, § 99 Rn. 259, 151; GK-*Kraft*, § 99 Rn. 152; HSWGNR-*Schlochauer*, § 99 Rn. 136). Außerdem wirkt sich als Schranke für das Zustimmungsverweigerungsrecht aus, dass der Arbeitgeber nach Vorstrafen auch insoweit nicht uneingeschränkt fragen darf, sondern bei der Fragestellung zum Ausdruck bringen muss, dass strafgerichtliche Verurteilungen nicht mitgenannt zu werden brauchen, wenn sie nicht in das Führungszeugnis aufzunehmen oder zu tilgen sind; denn nach § 53 BZRG darf ein Verurteilter sich in diesem Fall als unbestraft bezeichnen und braucht den der Verurteilung zugrunde liegenden Sachverhalt nicht zu offenbaren. 242 a

Besonders weit geht, dass der Betriebsrat die Zustimmung bereits verweigern kann, wenn die Gefahr einer Störung des Betriebsfriedens durch **grobe Verletzung der in § 75 Abs. 1 enthaltenen Grundsätze** besteht. Nach dieser Bestimmung haben nämlich Arbeitgeber und Betriebsrat darüber zu wachen, dass alle im Betrieb tätigen Personen nach den Grundsätzen von Recht und Billigkeit behandelt werden, insbesondere, dass jede unterschiedliche Behandlung von Personen wegen ihrer Abstammung, Religion, Nationalität, Herkunft, politischen oder gewerkschaftlichen Betätigung oder Einstellung oder wegen ihres Geschlechts unterbleibt, und sie haben weiterhin darauf zu achten, dass Arbeitnehmer nicht wegen Überschreitung bestimmter Altersstufen benachteiligt werden. Das Zustimmungsverweigerungsrecht steht in engem Zusammenhang mit dieser in § 75 Abs. 1 festgelegten Pflicht. Die religiöse, politische oder gewerkschaftliche Einstellung oder auch die sexuelle Ausrichtung des Arbeitnehmers ist kein Zustimmungsverweigerungsgrund, auch wenn durch sie der Betriebsfrieden gestört wird, weil diese Haltung nicht von der Mehrheit der Belegschaft geteilt wird (ebenso GK-*Kraft*, § 99 Rn. 152; GL-*Löwisch*, § 99 Rn. 101; HSWGNR-*Schlochauer*, § 99 Rn. 137). Das gilt auch in **Tendenzbetrieben** (a. A. GK-*Kraft*, § 99 Rn. 152), auch wenn § 75 nicht uneingeschränkt in Tendenzbetrieben anzuwenden ist. Entscheidend ist jedoch, dass nur der Arbeitgeber durch § 118 Abs. 1 einen größeren Freiraum erhält, nicht die Belegschaft. Voraussetzung für die Verweigerung der Zustimmung ist daher auch hier, dass der Arbeitnehmer durch sein Verhalten die in § 75 Abs. 1 enthaltenen Grundsätze grob verletzt hat und deshalb die Besorgnis begründet ist, er werde durch eine Fortsetzung 243 dieses Verhaltens den Betriebsfrieden stören. Dafür ist maßgeblich, in welche Stellung der Betreffende kommen soll, ob er ein Vorgesetztenverhältnis erlangen soll oder nicht; denn von der Stellung im Betrieb hängt ab, ob der Betreffende überhaupt zu einer diskriminierenden Behandlung anderer im Betrieb tätiger Personen in der Lage ist.

244 d) Die **Besorgnis einer Störung des Betriebsfriedens** durch gesetzwidriges Verhalten oder durch grobe Verletzung der in § 75 Abs. 1 enthaltenen Grundsätze muss durch **Tatsachen begründet** sein. Das Gesetz verlangt im Gegensatz zu § 61 Abs. 3 lit. d BetrVG 1952 nicht mehr „bestimmte Tatsachen". Das ändert aber nichts daran, dass der Betriebsrat Tatsachen benennen muss, die seine Besorgnis begründen, dass der in Aussicht genommene Bewerber oder Arbeitnehmer zu gesetzwidrigem Verhalten oder zu einer groben Verletzung der in § 75 Abs. 1 niedergelegten Grundsätze neigt. Der auf unbestimmte Vermutungen begründete Verdacht des Betriebsrats und dessen subjektive Einschätzung genügt nicht (ebenso BAG 16. 11. 2004 AP Nr. 44 zu § 99 BetrVG 1972 Einstellung; GK-*Kraft*, § 99 Rn. 151; GL-*Löwisch*, § 99 Rn. 100; *Löwisch/Kaiser*, § 99, Rn. 71; HSWGNR-*Schlochauer*, § 99 Rn. 135; HWK-*Ricken*, § 99 Rn. 87; *Matthes*, MünchArbR § 263 Rn. 66). Mit dem Hinweis, dass der Betreffende nicht in die Belegschaft passe, kann die Zustimmungsverweigerung nicht begründet werden. Auch Werturteile über die Person des Arbeitnehmers genügen nicht. Charakterliche Mängel sind kein Grund, die Zustimmung zu einer Einstellung oder Versetzung zu verweigern. Der Verweigerungsgrund des § 99 Abs. 2 Nr. 6 verlangt, dass bestimmte, in der Vergangenheit liegende Tatsachen objektiv die Prognose rechtfertigen, der für die Maßnahme in Aussicht genommene Bewerber oder Arbeitnehmer werde künftig den Betriebsfrieden stören. Es ist nicht stets erforderlich, dass schon die tatsächlichen Grundlagen dieser Prognose in gesetzwidrigen oder die Grundsätze des § 75 Abs. 1 verletzenden Handlungen bestehen. Gründet allerdings die Prognose auf der Annahme, das in der Vergangenheit gezeigte Verhalten des Arbeitnehmers oder Bewerbers werde sich wiederholen, fallen beide Aspekte zusammen (BAG 16. 11. 2004 AP BetrVG 1972 § 99 Nr. 44 Einstellung).

III. Verfahren für die Erteilung der Zustimmung

1. Notwendigkeit einer Erklärung des Betriebsrats nur bei Zustimmungsverweigerung

245 Mit der Unterrichtung hat der Arbeitgeber die Zustimmung des Betriebsrats zu der geplanten personellen Einzelmaßnahme einzuholen (s. Rn. 156, 163 und 169). Der Betriebsrat kann seine Zustimmung zu der beabsichtigten Maßnahme nur innerhalb einer Woche unter Angabe von Gründen schriftlich verweigern; anderenfalls gilt die Zustimmung als erteilt (Abs. 3; s. ausführlich Rn. 225 ff.).

2. Verfahren bei Erklärung des Betriebsrats

246 Die Entscheidung über die Zustimmung kann nur im Rahmen einer ordnungsmäßig einberufenen Sitzung des Betriebsrats getroffen werden; sie erfolgt durch Beschluss (§ 33). Betrifft die personelle Einzelmaßnahme einen jugendlichen Arbeitnehmer oder Berufsauszubildenden, der das 25. Lebensjahr noch nicht vollendet hat, so haben die Jugend- und Auszubildendenvertreter Stimmrecht (§ 67 Abs. 2; s. dort Rn. 20 ff.).

247 Der Betriebsrat kann dem Betriebsausschuss oder einem besonderen Personalausschuss die Ausübung der Beteiligungsrechte bei personellen Einzelmaßnahmen zur selbständigen Erledigung übertragen (§§ 27 Abs. 2 Satz 2 und 4, 28 Abs. 1 und 2; ebenso BAG 1. 6. 1976 AP BetrVG 1972 § 28 Nr. 1; a. A. LAG Köln 28. 8. 2001, LAGE Nr. 18 zu § 103 BetrVG 1972 s. auch § 27 Rn. 55).

3. Form und Frist einer Zustimmungserklärung

a) Die Erteilung der Zustimmung bedarf im Gegensatz zur Zustimmungsverweigerung keiner **besonderen Form**; sie kann mündlich ohne besondere Begründung erteilt werden (ebenso HSWGNR-*Schlochauer*, § 99 Rn. 92). 248

b) Die Wahrung der **Wochenfrist** bezieht sich ebenfalls nur auf die Zustimmungsverweigerung, **nicht** auf die **Zustimmungserklärung**. Bei Nichteinhaltung der Frist ist aber zu beachten, dass die Zustimmung als erteilt gilt (Abs. 3 Satz 2). Die Zustimmung wird *fingiert*, braucht also nicht mehr *erklärt* zu werden. Dass der Betriebsrat seine Zustimmung noch nach Ablauf der Frist erklärt, hat deshalb nur Bedeutung, wenn er sie zunächst fristgerecht verweigert hat (s. zur Zurücknahme der Zustimmungsverweigerung Rn. 271). 249

4. Bindungswirkung der Zustimmung

Erklärt der Betriebsrat zu der personellen Einzelmaßnahme seine Zustimmung, so ist diese bindend und kann im Gegensatz zur Zustimmungsverweigerung **nicht zurückgenommen** werden (ebenso GK-*Kraft*, § 99 Rn. 154; GL-*Löwisch*, § 99 Rn. 111; *Löwisch/Kaiser*, § 99, Rn. 76; HSWGNR-*Schlochauer*, § 99 Rn. 93; *Matthes*, MünchArbR § 263 Rn. 77; *Schreiber*, RdA 1987, 257, 259; zum BetrVG 1952: *Nikisch*, Bd. III S. 464; einschränkend DKK-*Kittner/Bachner*, § 99 Rn. 159; a. A. *Nipperdey/Säcker* bei *Hueck/Nipperdey*, Bd. II/2 S. 1427 Fn. 54a für den Fall, dass innerhalb der Wochenfrist ein Zustimmungsverweigerungsgrund eintritt oder erst jetzt bekannt wird; so auch *Neumann-Duesberg*, S. 524 f., aber nur, soweit der Arbeitgeber die personelle Maßnahme noch nicht durchgeführt hat). Soweit Willensmängel bei der Beschlussfassung eine Rolle gespielt haben, unterliegt nur die Stimmabgabe der Anfechtung; ob davon auch der Beschluss berührt wird, hängt vom Stimmenverhältnis ab. Deshalb und wegen der Bindung an den Wochenzeitraum ist eine Anfechtung zwar rechtlich zulässig, aber praktisch ausgeschlossen (ebenso GK-*Kraft*, § 99 Rn. 155; GL-*Löwisch*, § 99 Rn. 111; HSWGNR-*Schlochauer*, § 99 Rn. 93; *Schreiber*, RdA 1987, 257, 259 f.). 250

5. Recht des Arbeitgebers nach Erteilung der Zustimmung

Wird die Zustimmung erteilt, so kann der Arbeitgeber von diesem Zeitpunkt an die personelle Einzelmaßnahme endgültig durchführen; er braucht also nicht den Ablauf der Wochenfrist abzuwarten, die für die Zustimmungsverweigerung eingeräumt ist. Dabei ist aber zu beachten, dass der Betriebsratsvorsitzende, wenn er dem Arbeitgeber die Zustimmung übermittelt, den Betriebsrat nur im Rahmen der von diesem gefassten Beschlüsse vertritt (§ 26 Abs. 3 Satz 1). Wird seine Erklärung nicht von einem Beschluss des Betriebsrats gedeckt, so kann der Arbeitgeber nicht ohne weiteres davon ausgehen, dass der Betriebsratsvorsitzende den Betriebsrat ordnungsgemäß eingeschaltet hat, wenn er Kenntnis vom Gegenteil hat; er wird vielmehr lediglich in den Grenzen geschützt, die sich aus der Vertrauenshaftung ergeben (s. § 26 Rn. 49 ff.). Deshalb empfiehlt sich, bei der Durchführung einer personellen Einzelmaßnahme die Wochenfrist abzuwarten; denn nach deren Ablauf gilt die Zustimmung als erteilt (Abs. 3 Satz 2). 251

IV. Rechtswirksamkeit einer Zustimmungsverweigerung

Verweigert der Betriebsrat seine Zustimmung, so hat er dies unter Angabe von Gründen innerhalb einer Woche nach Unterrichtung durch den Arbeitgeber diesem schriftlich mitzuteilen; anderenfalls gilt die Zustimmung als erteilt, so dass der Arbeitgeber die geplante personelle Einzelmaßnahme durchführen kann (Abs. 3). 252

§ 99   Mitbestimmung bei personellen Einzelmaßnahmen

253   Daraus folgt, dass eine **Zustimmungsverweigerung** des Betriebsrats nur dann **wirksam** ist, wenn sie die folgenden Voraussetzungen erfüllt:
(1) Wahrung **der Wochenfrist** (s. Rn. 255 ff.),
(2) Wahrung **der Schriftform** (s. Rn. 262) und
(3) Angabe **von Gründen** (s. Rn. 263 ff.).

254   Fehlt eine dieser Voraussetzungen, so ist die Zustimmungsverweigerung nicht rechtswirksam erklärt und deshalb unbeachtlich; die Zustimmung zu der geplanten personellen Einzelmaßnahme gilt als erteilt (ebenso BAG 18. 7. 1978 und 21. 11. 1978 AP BetrVG 1972 § 101 Nr. 1 und 3).

1. Frist der Zustimmungsverweigerung

255   a) Verweigert der Betriebsrat seine Zustimmung, so hat dies **innerhalb einer Woche nach Unterrichtung** durch den Arbeitgeber zu geschehen (Abs. 3 Satz 1). Nur die Unterrichtung durch den Arbeitgeber setzt also den Lauf der Wochenfrist in Gang, die der Betriebsrat wahren muss, wenn er der personellen Einzelmaßnahme des Arbeitgebers widersprechen will (vgl. BAG 28. 1. 1986 AP BetrVG 1972 § 99 Nr. 34; 20. 12. 1988 AP BetrVG 1972 § 99 Nr. 62; 14. 3. 1989 AP BetrVG 1972 § 99 Nr. 64). Daher genügt nicht, wie das BAG zu §§ 61, 63 BetrVG 1952 angenommen hatte, dass der Betriebsrat sonst von der geplanten Maßnahme Kenntnis erhält (BAG 5. 2. 1971 AP BetrVG § 61 Nr. 6). Die Unterrichtung muss auch ordnungsgemäß sein (s. Rn. 132 ff.); denn durch sie soll der Betriebsrat die erforderlichen Kenntnisse erhalten, die ihn zur Mitbestimmung befähigen. Bei verschiedenen personellen Maßnahmen, die in einem Akt durchgeführt werden sollen, bedeutet dies, dass der Arbeitgeber dem Betriebsrat konkret mitteilen muss, zu welcher oder welchen dieser Maßnahmen er die Zustimmung beantragt (ArbG Darmstadt 16. 3. 2007 - 2 BV 14/06, AE 2007, 333). Hält der Betriebsrat die Unterrichtung durch den Arbeitgeber nicht für ordnungsgemäß, so ist er aber aus dem Gebot der vertrauensvollen Zusammenarbeit verpflichtet, dies dem Arbeitgeber innerhalb der Wochenfrist mitzuteilen (ebenso BAG 14. 3. 1989 AP BetrVG 1972 § 99 Nr. 64). Der Ablauf der Frist wird dadurch unterbrochen; sie beginnt von neuem, sobald die erforderliche Information durch den Arbeitgeber ergänzt ist (ebenso *Fitting*, § 99 Rn. 270). Durch eine offensichtlich unvollständige Unterrichtung des Betriebsrats wird die Wochenfrist des § 99 Abs. 3 jedoch auch dann nicht in Gang gesetzt, wenn der Betriebsrat zum Zustimmungsersuchen des Arbeitgebers in der Sache Stellung nimmt (BAG 14. 12. 2004 AP BetrVG 1972 § 99 Nr. 122). Der Arbeitgeber kann dann nicht davon ausgehen, er habe den Betriebsrat vollständig unterrichtet.

256   Macht der **Arbeitgeber** überhaupt **keine Mitteilung,** so beginnt die Frist nicht zu laufen. Dies gilt auch, wenn der Arbeitgeber die personelle Maßnahme durchführt; keineswegs genügt es, dass der Betriebsrat von der Durchführung der personellen Maßnahme lediglich Kenntnis erhält (ebenso BAG 17. 5. 1983 AP BetrVG 1972 § 99 Nr. 18; HSWGNR-*Schlochauer*, § 99 Rn. 105; a. A. zu §§ 61, 63 BetrVG 1952: BAG 18. 4. 1967 AP BetrVG § 63 Nr. 3; vgl. auch BAG 5. 2. 1971 AP BetrVG § 61 Nr. 6). Der Mangel der Beteiligung kann nur dadurch geheilt werden, dass der Betriebsrat seine Zustimmung zu der personellen Einzelmaßnahme erklärt oder dass ihm sein Schweigen nach Treu und Glauben als Zustimmung zugerechnet wird (s. zum Problem der Zurechnung § 33 Rn. 25 ff.).

257   b) Die Frist ist eine **Ausschlussfrist.** Nach Ansicht des BAG kann sie durch **Vereinbarung zwischen Arbeitgeber und Betriebsrat verlängert** werden (BAG 3. 5. 2006 AP BetrVG 1972 § 99 Nr 31 Eingruppierung; BAG 16. 11. 2004 AP Nr. 44 zu § 99 BetrVG 1972 Einstellung [ablehnend *v. Hoyningen-Huene*]; BAG 17. 5. 1983 AP BetrVG 1972 § 99 Nr. 18 [zust. *Faude*]; bestätigt BAG 22. 10. 1985 AP BetrVG 1972 § 99 Nr. 23; ebenso *Fitting*, § 99 Rn. 266; GK-*Kraft*, § 99 Rn. 112; DKK-*Kittner/Bachner*, § 99 Rn. 157; HWK-*Ricken*, § 99 Rn. 91; *Matthes*, MünchArbR, § 263 Rn. 70; *Alberty*,

D. Zustimmungsverweigerung des Betriebsrats § 99

Fehlende Zustimmung bei personellen Einzelmaßnahmen, S. 30 ff.; – a. A. LAG Frankfurt 25. 4. 1978, BB 1979, 1604; LAG Sachsen 8. 8. 1995, NZA-RR 1996, 331; GL-*Löwisch,* § 99 Rn. 107; HSWGNR-*Schlochauer,* § 99 Rn. 106; *Stege/Weinspach/Schiefer,* §§ 99–101 Rn. 92; *Richardi,* ZfA-Sonderheft 1972, 1, 11; *ders.,* DB 1973, 378, 382; zu § 61 Abs. 2 Satz 1 BetrVG 1952: BAG 5. 2. 1971 AP BetrVG § 61 Nr. 6). Dies kann auch dadurch geschehen, dass der Beginn der Frist hinausgezögert wird (BAG 16. 11. 2004 AP BetrVG 1972 § 99 Nr. 44 Einstellung). Unverzichtbar ist allerdings, dass die verlängerte Frist eindeutig bestimmbar ist (Sächsisches LAG 16. 4. 2008 - 5 TaBV 31/ 06, juris). Auch sehr lange Fristverlängerungen können zulässig sein, solange die Funktion des § 99 dadurch nicht in Frage gestellt wird (sehr weitgehend LAG Baden-Württemberg 27. 5. 2008 - 2 TaBV 5/07, juris: 6 Monate).

Das BAG hält sogar für zulässig, dass die Frist durch **Tarifvertrag** verlängert werden kann (BAG 22. 10. 1985 AP BetrVG 1972 § 99 Nr. 23 und AP BetrVG 1972 § 99 Nr. 24 [zust. *Kraft*]). Die Tarifvertragsparteien hätten gemäß § 1 Abs. 1 TVG die Befugnis zur normativen Regelung betriebsverfassungsrechtlicher Fragen. Das BAG sieht in der tariflichen Verlängerung eine *Betriebsverfassungsnorm,* so dass für ihre Geltung die Tarifgebundenheit des Arbeitgebers genügt (§ 3 Abs. 2 TVG). Die Zulässigkeit einer Fristverlängerung wird damit begründet, dass sie nur das Verhältnis zwischen Arbeitgeber und Betriebsrat betreffe, nicht aber die Rechtsstellung des einzelnen Arbeitnehmers (so auch *Matthes,* MünchArbR, 2. Aufl., § 352 Rn. 93). Diese Beurteilung berücksichtigt nicht, dass auch für die Rechtsstellung des einzelnen Arbeitnehmers von erheblicher Bedeutung ist, ob der Betriebsrat noch ein Zustimmungsverweigerungsrecht geltend machen kann. Bei einer Einstellung berührt die Zustimmungsverweigerung des Betriebsrats zwar nicht die Rechtswirksamkeit des Arbeitsvertrags; sie verbietet aber die Beschäftigung im Betrieb (s. Rn. 293 ff.). Auch bei einer Versetzung kann sich auf den betroffenen Arbeitnehmer nachteilig auswirken, dass der Betriebsrat noch ein Zustimmungsverweigerungsrecht hat. Die Bindung an die Wochenfrist ist deshalb eine Begrenzung der betriebsverfassungsrechtlichen Kollektivmacht. 258

Haben jedoch **Arbeitgeber und Betriebsrat** sich im Einzelfall auf eine **Verlängerung geeinigt,** so verstößt es gegen den **Grundsatz von Treu und Glauben,** der im Betriebsverfassungsrecht durch das Gebot der vertrauensvollen Zusammenarbeit zwischen Arbeitgeber und Betriebsrat eine besondere Konkretisierung erfahren hat, wenn der Arbeitgeber aus einer Fristversäumung das Recht herleitet, die personelle Maßnahme allein durchzuführen (ebenso BAG 5. 2. 1971 AP BetrVG § 61 Nr. 6; so auch noch BAG 20. 6. 1978 AP BetrVG 1972 § 99 Nr. 8). Das darf aber nicht dazu führen, der gesetzlichen Bestimmung ihren zwingenden Charakter zu nehmen. Die Bindung an das gegebene Wort als Ausprägung des venire contra factum proprium kann nur im Verhältnis zum Betriebsrat, nicht aber im Verhältnis zu dem betroffenen Arbeitnehmer rechtliche Bedeutung haben. Nimmt also der Arbeitgeber nach Ablauf der Wochenfrist die Einstellung vor, so hat diese Maßnahme auch dann Bestand, wenn der Arbeitgeber durch sie im Verhältnis zum Betriebsrat treuwidrig gehandelt hat (vgl. *Richardi,* ZfA-Sonderheft 1972, 1, 11 und DB 1973, 378, 382; ebenso im Ergebnis GL-*Löwisch,* § 99 Rn. 107; HSWGNR-*Schlochauer,* § 99 Rn. 106). 259

c) Die **Frist beginnt** nach § 187 BGB mit dem Tag, an dem der Arbeitgeber dem Betriebsrat von der beabsichtigten personellen Einzelmaßnahme **Mitteilung gemacht** hat, diesen Tag nicht mitgerechnet (ebenso BAG 12. 10. 1955 AP BetrVG § 61 Nr. 1; 5. 2. 1971 AP BetrVG § 61 Nr. 6). Das Schriftstück mit der Zustimmungsverweigerung muss **innerhalb der Frist dem Arbeitgeber** bzw. einem zur Entgegennahme bevollmächtigten Vertreter **zugehen** (§ 188 BGB). Ist der letzte Tag der Frist ein Samstag, Sonntag oder ein gesetzlicher Feiertag, so verlängert sich die Frist bis zum Ablauf des nächsten Wochentages (§ 193 BGB). 260

Die Frist verlängert sich nicht dadurch, dass nach § 35 ein Aussetzungsantrag gestellt wird (s. dazu § 35 Rn. 23 f.). 261

2. Form der Zustimmungsverweigerung

262 Die Zustimmungsverweigerung setzt **Schriftlichkeit** voraus. Sie ist für die Zustimmungsverweigerung eine **Wirksamkeitsvoraussetzung** (ebenso BAG 24. 7. 1979 AP BetrVG 1972 § 99 Nr. 11 [zust. *Kraft*]; GK-*Kraft*, § 99 Rn. 115; GL-*Löwisch*, § 99 Rn. 109; HSWGNR-*Schlochauer*, § 99 Rn. 103). Hierzu muss die Erklärung in einer Urkunde niedergelegt sein; dies gilt auch für die Gründe (s. Rn. 264). Nicht erforderlich ist es nach der neueren Rechtsprechung des BAG, dass sie vom Vorsitzenden des Betriebsrats eigenhändig unterzeichnet ist (BAG 11. 6. 2002 AP BetrVG 1972 § 99 Nr. 118 [krit. *Oetker*]; BAG 6. 8. 2002 AP BetrVG 1972 § 99 Nr. 27 Eingruppierung). Ausreichend ist eine Kopie des mit Unterschrift versehenen Dokuments. Ob es ein Original geben muss, das unterschrieben ist, ist nach der Rechtsprechung des BAG zweifelhaft (dafür *Oetker* a. a. O., dagegen Jaeger/Röder/Heckelmann/*Lunk*, Kap. 24 Rn. 81). Ausreichend dürfte sein, dass klar erkennbar ist, dass sich der Betriebsrat das Schreiben zurechnen lassen will. Die Abkehr von § 126 BGB und die Erfindung eines eigenständigen Schriftlichkeitsbegriffs ist dogmatisch nicht befriedigend (s. auch *Oetker*, a. a. O.; *Lunk*, ArbRB 2003, 41). Das Schriftstück muss innerhalb der Frist selbst dem Arbeitgeber zugegangen sein. Ein Fax reicht nach der Rechtsprechung des BAG, da auch hierin die Zustimmungsverweigerung schriftlich formuliert wurde. Ob elektronische Form (§ 126 a BGB) oder Textform (§ 126 b BGB) reichen, ist zweifelhaft, denn hier liegt nichts Schriftliches, sondern allein Elektronisches vor.

262 a Eben weil § 126 BGB nicht anwendbar sein soll, kann nichts anderes für seine **Substitute** gelten. Gleichwohl lässt das BAG in seiner jüngsten Rechtsprechung unter Hinweis auf die Sach- und Interessenlage des § 99 Abs. 3 S. 1 die Textform ausreichen. Zwar verlange das Informationsbedürfnis des Arbeitgebers nach einer schriftlichen Äußerung, es verlange aber mangels ernsthaften Fälschungsrisikos und wegen der leicht behebbaren Folgen einer falschen Mitteilung nicht nach einer urkundlichen Erklärung mit Originalunterschrift. Die analoge Anwendung von § 126 b BGB auf das Schriftlichkeitserfordernis in § 99 Abs. 3 S. 1 werde dieser Situation gerecht. Eine Mitteilung per E-Mail ist daher wirksam (vgl. BAG 9. 12. 2008 NZA 2009, 627; BAG 10. 3. 2009 BB 2009, 1181). Etwas anders dürfte aber nach wie vor für den Fall gelten, dass die auch für Absatz 3 erforderliche Idenditätsfunktion nicht hinreichend gewahrt wird. Das ist dann eine Frage des Einzelfalls (siehe dazu etwa LAG Erfurt 5. 8. 2004 LAGE § 99 BetrVG 2001 Nr. 2; LAG Baden-Württemberg 1. 8. 2008, ZTR 2009, 105).

3. Begründung der Zustimmungsverweigerung

263 a) Das Gesetz verlangt, dass die Verweigerung der Zustimmung unter **Angabe von Gründen** erfolgt (Abs. 3 Satz 1). Deshalb genügt nicht, dass überhaupt schriftlich Widerspruch eingelegt wird, sondern die Zustimmungsverweigerungserklärung des Betriebsrats muss mit Gründen versehen sein. Eine **Zustimmungsverweigerung ohne Begründung** ist rechtsunwirksam erklärt (ebenso BAG 18. 7. 1978 AP BetrVG 1972 § 101 Nr. 1 [zust. *Meisel*] 21. 11. 1978 AP BetrVG 1972 § 101 Nr. 3 [zust. *Richardi*]).

264 b) Die **Zustimmungsverweigerungserklärung und ihre Begründung** brauchen **nicht** in **derselben Urkunde** enthalten zu sein. Der Betriebsrat muss aber die Gründe, auf die sich sein Widerspruch stützt, **innerhalb der Wochenfrist schriftlich** mitteilen. Ein Widerspruch unter dem Vorbehalt, die Gründe nach Ablauf der Wochenfrist nachzubringen, ist keine rechtswirksame Zustimmungsverweigerung. Ob Gleiches gilt, wenn die auf einem anderen Blatt niedergelegten Gründe für die Zustimmungsverweigerung nicht unterzeichnet sind, ist angesichts der neueren Rechtsprechung des BAG zur Schriftlichkeit (s. Rn. 262) fraglich. Für die Wahrung der Schriftform verlangt § 126 Abs. 1 BGB, dass die Unterschrift die Urkunde räumlich abschließt (ebenso BAG 24. 7. 1979 AP BetrVG 1972 § 99 Nr. 11 [zust. *Kraft*]); diese Norm soll jedoch nicht für § 99 Abs. 3

D. Zustimmungsverweigerung des Betriebsrats   § 99

gelten. Zumindest in Grenzfällen sollte man eher großzügig sein; dies entspricht auch der bisherigen Praxis der Gerichte (zum Fall einer ausnahmsweise nicht unterschriebenen Anlage vgl. LAG München 16. 3. 1987 LAGE Nr. 12 zu § 99 BetrVG 1972; zur schriftlichen Berufung auf eine dem Arbeitgeber bereits vorliegende schriftliche, aber nicht unterzeichnete Stellungnahme ArbG Kassel 10. 11. 1977, DB 1978, 111).

Nach Ablauf der Wochenfrist kann der Betriebsrat keine neuen Zustimmungsverweigerungsgründe nachschieben (ebenso BAG 3. 7. 1984 AP BetrVG 1972 § 99 Nr. 20; 15. 4. 1986 AP BetrVG 1972 § 99 Nr. 36; LAG Rheinland-Pfalz 10. 12. 1981, DB 1982, 652; LAG Baden-Württemberg 27. 5. 2008 - 2 TaBV 5/07, juris; HSWGNR-*Schlochauer*, § 99 Rn. 108; *Matthes*, MünchArbR § 263 Rn. 74; a. A. *Fitting*, § 99 Rn. 291; GL-*Löwisch*, § 99 Rn. 110 a; *Schreiber*, RdA 1987, 257, 262; differenzierend DKK-*Kittner/Bachner*, § 99 Rn. 167). Das gilt jedoch nicht für bloße rechtliche Erläuterungen. Daher kann der Betriebsrat auch nach Fristablauf noch rechtliche Gesichtspunkte zur Stützung der Zustimmungsverweigerung anführen, die er im Verweigerungsschreiben nicht erwähnt oder nur angedeutet hat (BAG 28. 4. 1998 AP BetrVG 1972 § 99 Nr. 18 Eingruppierung = SAE 2000, 190 [zust. *Gutzeit*]). Dies gilt auch für solche Einwände, die die Wirksamkeit der Rechtsnorm betreffen, auf der die vom Arbeitgeber beabsichtigte Maßnahme beruht (BAG 6. 8. 2002 AP BetrVG 1972 § 99 Nr. 27 Eingruppierung Geltendmachung der Unwirksamkeit einer der Eingruppierung zugrunde liegenden Tarifnorm).   **264a**

c) Der Betriebsrat muss die Zustimmungsverweigerung mit dem **Vorliegen eines in Abs. 2 genannten Tatbestands** begründen. Da er lediglich ein Mitbestimmungsrecht in der Form des beschränkten Konsensprinzips hat, verlangt das Gesetz, dass er die Gründe angibt, aus denen er seine Zustimmung zu der personellen Einzelmaßnahme verweigert. Eine Zustimmungsverweigerung ist nicht mehr Ausübung des Mitbestimmungsrechts, wenn der Betriebsrat nicht angibt, aus welchem Grund er seine Zustimmung verweigert oder andere als im Katalog des Abs. 2 aufgeführte Gründe nennt. Da das Arbeitsgericht im Zustimmungsersetzungsverfahren nicht prüft, ob der Betriebsrat die Zustimmung aus einem der in Abs. 2 genannten Grunde verweigern *kann*, sondern lediglich eine *Rechtskontrolle* ausübt, soweit der Betriebsrat die Zustimmung verweigert *hat*, bestimmt der Betriebsrat durch die Angabe der Gründe, was *Streitgegenstand* eines vom Arbeitgeber eingeleiteten Zustimmungsersetzungsverfahrens sein kann. Er allein legt fest, aus welchem Grund er seine Zustimmung verweigert. Der Betriebsrat bleibt damit Herr in der Ausübung seiner Mitbestimmung. Die Anforderungen an seine Begründung der Zustimmungsverweigerung dürfen aber nicht soweit gehen, dass durch das Vorprüfungsrecht des Arbeitgebers, ob die Zustimmungsverweigerung rechtswirksam erklärt ist, die Notwendigkeit eines Zustimmungsersetzungsverfahrens auf Antrag des Arbeitgebers weitgehend auf dem Papier steht.   **265**

Nach dieser Zweckbestimmung für die vom Gesetz geforderte Angabe von Gründen richten sich die **Mindestanforderungen an die Begründung einer Zustimmungsverweigerungserklärung:** Die vom Betriebsrat für die Verweigerung seiner Zustimmung vorgetragene Begründung muss es als möglich erscheinen lassen, dass einer der in Abs. 2 abschließend genannten Zustimmungsverweigerungsgründe geltend gemacht wird (st. Rspr., vgl. z. B. BAG 20. 9. 2006 NZA-RR 2007, 336; BAG 14. 12. 2004 AP BetrVG 1972 § 99 Nr. 121 ; BAG 22. 4. 2004, ZTR 2004, 582; BAG 17. 4. 2003, ZTR 2003, 621; BAG 26. 1. 1988 AP BetrVG 1972 § 99 Nr. 50; strenger ehemals BAG 18. 7. 1978 und 24. 7. 1979 AP BetrVG 1972 § 101 Nr. 1 bzw. BetrVG 1972 § 99 Nr. 11). Nur eine Begründung, die offensichtlich auf keinen der Verweigerungsgründe Bezug nimmt, ist unbeachtlich mit der Folge, dass die Zustimmung des Betriebsrats als erteilt gilt. Zu weitgehend dürfte daher das Verlangen sein, dass ein Betriebsrat bei verweigerter Zustimmung zu einer Eingruppierung angibt, welches die seiner Ansicht nach richtige Vergütungsgruppe ist (so aber LAG München 11. 8. 2008 – 6 TaBV 37/08, juris).   **266**

Thüsing   1707

267 Für die Wirksamkeit der Zustimmungsverweigerung ist deshalb keine Voraussetzung, dass die Begründung des Betriebsrats für das Vorliegen eines Zustimmungsverweigerungsgrunds schlüssig ist; es genügt, dass sie einen **Bezug zu einem der in Abs. 2 genannten Tatbestände** hat (so bereits BAG 18. 7. 1978 und 21. 11. 1978 AP BetrVG 1972 § 101 Nr. 1 und 3). Nicht notwendig ist aber auch, dass die Begründung konkrete auf den Einzelfall bezogene Tatsachen angibt. Eine solche Angabe von konkreten Tatsachen wird vielmehr nur von den Zustimmungsverweigerungsgründen nach Nr. 3 und Nr. 6 des Abs. 2 gefordert (vgl. BAG 26. 1. 1988 AP BetrVG 1972 § 99 Nr. 50). Die Zustimmungsverweigerungsgründe der Nr. 1, Nr. 2 oder Nr. 5 werden regelmäßig nicht konkrete, auf den Einzelfall bezogene Tatsachen verlangen, weil diese bekannt sind und von den Betriebspartnern lediglich unterschiedlich gewertet oder an rechtlichen Normen gemessen werden (so BAG 26. 1. 1988 AP BetrVG 1972 § 99 Nr. 50). Der Betriebsrat braucht auch nicht anzugeben, auf welchen Zustimmungsverweigerungsgrund er Bezug nimmt; es genügt, dass sich aus seiner Begründung ein derartiger Bezug ergibt. Soweit der Zustimmungsverweigerungsgrund nach Nr. 3 oder Nr. 4 des Abs. 2 in Betracht kommt, braucht die Begründung nicht darzulegen, dass die personelle Maßnahme nicht aus betrieblichen oder persönlichen Gründen gerechtfertigt ist; denn dies geltend zu machen, ist Sache des Arbeitgebers.

268 Für die Wirksamkeit einer Zustimmungsverweigerung muss deshalb geprüft werden, ob die Begründung des Betriebsrats einen Bezug zu einem Zustimmungsverweigerungsgrund aufweist. Sie ist nur unbeachtlich, wenn sie offensichtlich auf keinen der im Gesetz genannten Zustimmungsverweigerungsgründe Bezug nimmt. Bei der Prüfung, welcher Zustimmungsverweigerungsgrund in Betracht kommt, sind die für ihn im Gesetz festgelegten Merkmale heranzuziehen.

269 Für die in **Nr. 3 und Nr. 6 des Abs. 2 genannten Gründe** verlangt das Gesetz die *durch Tatsachen begründete Besorgnis*. Der Betriebsrat muss deshalb Tatsachen angeben. Auf deren Richtigkeit kommt es nicht an (BAG 11. 6. 2002, NZA 2003, 226), aber es genügt nicht, dass der Betriebsrat lediglich Vermutungen anstellt (ebenso für eine Zustimmungsverweigerung nach Nr. 3 LAG Rheinland-Pfalz 10. 12. 1981, DB 1982, 652; s. auch Rn. 211 und 244). Keine Rolle spielt, ob der Betriebsrat die richtige Gesetzesbestimmung angibt, sofern sein substantiiert vorgetragener Widerspruch sich unter einen anderen Grund im Katalog des Abs. 2 subsumieren lässt, er also lediglich einem Subsumtionsirrtum erlegen ist. Gerade deshalb ist entscheidend, dass der Betriebsrat sich nicht auf eine formelhafte Begründung beschränkt, sondern einen konkreten Sachverhalt vorträgt, der für das Zustimmungsersetzungsverfahren den Streitgegenstand festlegt.

270 d) **Keine Wirksamkeitsvoraussetzung** ist für die Zustimmungsverweigerung, **dass die angegebenen Gründe bestehen.** Der Betriebsrat muss die Verweigerung seiner Zustimmung zwar begründen; die Zustimmungsverweigerung braucht aber nicht begründet zu sein. Das Arbeitsgericht entscheidet vielmehr im Zustimmungsersetzungsverfahren, ob der Zustimmungsverweigerungsgrund besteht (vgl. auch BAG 18. 7. 1978 und 21. 11. 1978 AP BetrVG 1972 § 101 Nr. 1 und 3).

4. Zulässigkeit einer Zurücknahme der Zustimmungsverweigerung

271 Der Betriebsrat kann seine Zustimmungsverweigerung jederzeit zurücknehmen; denn damit wird in keine fremde Rechtsposition eingegriffen (ebenso DKK-*Kittner/Bachner*, § 99 Rn. 170; GK-*Kraft*, § 99 Rn. 157; GL-*Löwisch*, § 99 Rn. 112; HSWGNR-*Schlochauer*, § 99 Rn. 93). S. auch § 100 Rn. 4 ff., 41.

D. Zustimmungsverweigerung des Betriebsrats § 99

V. Zustimmungsersetzungsverfahren

1. Rechte des Arbeitgebers

Stimmt der Betriebsrat der geplanten Personalmaßnahme zu oder gilt seine Zustimmung als erteilt, so ist der **Arbeitgeber berechtigt, sie durchzuführen**. 272

Hat der Betriebsrat dagegen rechtswirksam seine **Zustimmung verweigert**, so kann der Arbeitgeber beim **Arbeitsgericht beantragen, die Zustimmung zu ersetzen** (Abs. 4). Gegenstand eines Verfahrens auf Ersetzung der Zustimmung zu einer Einstellung oder Versetzung nach § 99 Abs. 4 ist die Frage, ob die beabsichtigte personelle Maßnahme auf Grund eines konkreten, an den Betriebsrat gerichteten Zustimmungsersuchens des Arbeitgebers angesichts der vom Betriebsrat vorgebrachten Verweigerungsgründe gegenwärtig und zukünftig als endgültige Maßnahme zulässig ist (vgl. auch LAG Schleswig-Holstein 30. 4. 2008 - 6 TaBV 40/07, juris). Verfahrensgegenstand ist nicht, ob die Maßnahme im Zeitpunkt der Antragstellung durch den Arbeitgeber zulässig war (BAG 28. 2. 2006 AP BetrVG 1972 § 99 Nr. 51 Einstellung; BAG 10. 3. 2009, NZA 2009, 622). Diese gegenwarts- und zukunftsbezogene Frage ist nach Maßgabe der Rechtslage im Zeitpunkt der gerichtlichen Entscheidung zu beantworten. Auch Veränderungen tatsächlicher Art sind dementsprechend jedenfalls bis zum Schluss der Anhörung vor dem Landesarbeitsgericht zu berücksichtigen (BAG 16. 1. 2007 AP BetrVG 1972 § 99 Nr. 52 Einstellung). 273

Dem Arbeitgeber steht es grundsätzlich frei, sich auch nach Ablehnung der Zustimmung weiter um eine Einigung bemühen. Bittet er den Betrieb deswegen „erneut" um Zustimmung, verpflichtet dies den Betriebsrat allerdings nicht, erneut fristgemäß zu widersprechen (LAG Bremen 13. 9. 2001 – 4 TaBV 6/01, EzA-SD 2002, Nr. 1, 12–13; LAG Baden-Württemberg 16. 5. 2002 – 19 TaBV 25/01, juris). Der Arbeitgeber kann, solange die Zustimmung des Betriebsrats nicht durch rechtskräftigen Beschluss des Arbeitsgerichts ersetzt ist, die personelle Maßnahme nur unter den Voraussetzungen des § 100 vorläufig durchführen. Inwieweit er verpflichtet ist, das Zustimmungsersetzungsverfahren durchzuführen, wenn der betroffene Arbeitnehmer dies verlangt, ist durch Rechtsprechung noch nicht abschließend geklärt (s. Rn. 279).

Bei einer **Eingruppierung** ergibt sich eine Besonderheit daraus, dass der Arbeitgeber auf Grund seiner Arbeitsentgeltpflicht die Einstufung in eine Vergütungsgruppenregelung vornehmen muss. Deshalb kann er zwar davon absehen, das Arbeitsgericht für die Zustimmungsersetzung anzurufen; er muss in diesem Fall aber ein erneutes Beteiligungsverfahren einleiten, das die Eingruppierung in eine andere Vergütungsgruppe vorsieht. Das gilt auch für eine **Umgruppierung,** wenn eine Beibehaltung der bisherigen Einstufung ausscheidet (s. auch Rn. 85 f.). 274

2. Zuständigkeit des Arbeitsgerichts

Der Arbeitgeber kann die Ersetzung der Zustimmung des Betriebsrats **nur beim Arbeitsgericht beantragen** (Abs. 4). Da die Zustimmungsverweigerung eine Rechtsfrage betrifft, entscheidet hier nicht die Einigungsstelle. Das Arbeitsgericht entscheidet im **Beschlussverfahren** (§ 2 a Abs. 1 Nr. 1, Abs. 2 i. V. mit §§ 80 ff. ArbGG). 275

3. Antragsbefugnis

Nur der **Arbeitgeber,** nicht der Betriebsrat kann den **Antrag auf Ersetzung der Zustimmung** stellen. Das Mitbestimmungsrecht ist nämlich nicht als Einspruchsrecht, sondern als Zustimmungsverweigerungsrecht gestaltet (s. Rn. 181 f.). Bei rechtswirksamer Zustimmungsverweigerung hat das Gesetz aber dem Arbeitgeber ein *Gestaltungsklagerecht* eingeräumt, das ihm ermöglicht, die Zustimmung des Betriebsrats durch Beschluss des 276

Arbeitsgerichts zu ersetzen, wenn der Betriebsrat nicht berechtigt ist, seine Zustimmung zu verweigern.

277 Führt der Arbeitgeber trotz einer rechtswirksamen Zustimmungsverweigerung des Betriebsrats die personelle Maßnahme durch, so kann der Betriebsrat nach § 101 das Mitbestimmungssicherungsverfahren einleiten, in dem es ausschließlich darum geht, ob der Arbeitgeber das Mitbestimmungsrecht des Betriebsrats verletzt hat, bei Zustimmungsverweigerung also nur geprüft wird, ob diese rechtswirksam erklärt ist, nicht dagegen, ob der vom Betriebsrat geltend gemachte Zustimmungsverweigerungsgrund fehlt (s. § 101 Rn. 15 f.).

4. Rechtsstellung des betroffenen Arbeitnehmers

278 Der von der personellen Maßnahme betroffene Arbeitnehmer hat **keine Antragsbefugnis**; er ist im Zustimmungsersetzungsverfahren auch **kein Beteiligter** i. S. des § 83 Abs. 3 ArbGG (ebenso BAG 27. 5. 1982 AP ArbGG 1979 § 80 Nr. 3; 22. 3. 1983 AP BetrVG 1972 § 101 Nr. 6; 17. 5. 1983 AP BetrVG 1972 § 99 Nr. 18; 31. 5. 1983 AP BetrVG 1972 § 118 Nr. 27; *Fitting*, § 99 Rn. 288; GK-*Kraft*, § 99 Rn. 165; *Löwisch/Kaiser*, § 99, Rn. 80; HSWGNR-*Schlochauer*, § 99 Rn. 141; *Matthes*, MünchArbR § 263 Rn. 89; *Boemke*, ZfA 1992, 473, 483 ff.; a. A. die frühere Rspr. des BAG vgl. BAG 30. 4. 1981 AP BetrVG 1972 § 99 Nr. 12; *Dietz/Richardi*, 6. Aufl. § 99 Rn. 221). Der Arbeitnehmer wird von der Zustimmungsersetzung nicht in seiner betriebsverfassungsrechtlichen Stellung unmittelbar betroffen, sondern in Betracht kommt nur eine individualrechtliche Auswirkung (s. auch Rn. 290 ff.). Eine § 103 Abs. 2 Satz 2 entsprechende Vorschrift fehlt hier.

279 Ob der Arbeitnehmer vom Arbeitgeber verlangen kann, den Zustimmungsersetzungsantrag zu stellen, richtet sich nach seinen **Rechtsbeziehungen zum Arbeitgeber**. Sein Anspruch betrifft aber keine betriebsverfassungsrechtliche Streitigkeit, sondern ist eine **individualrechtliche Streitigkeit aus dem Arbeitsverhältnis**. Der Arbeitgeber ist, wenn ein Arbeitsvertrag bereits abgeschlossen ist und keinen Vorbehalt enthält, gegenüber dem Arbeitnehmer verpflichtet, das Zustimmungsersetzungsverfahren durchzuführen, um die Beschäftigung zu ermöglichen (ebenso *Gottwald*, BB 1997, 2427; *Matthes*, MünchArbR § 263 Rn. 82; GK-*Kraft*, § 99 Rn. 165). Wird die Zustimmung verweigert und steht nicht fest, dass dem Betriebsrat objektiv Zustimmungsverweigerungsgründe nach § 99 Abs. 2 zustehen, hat das BAG zumindest dem schwerbehinderte Mensch gestützt auf § 81 Abs. 4 Nr. 1 SGB IX einen Anspruch auf Durchführung des gerichtlichen Zustimmungsersetzungsverfahrens nach § 99 Abs. 4 zuerkannt (BAG 3. 12. 2002 AP BetrVG 1972 § 99 Nr. 34 Versetzung). Das BAG hat seine Rechtsprechung ausgeweitet und präzisiert: Der Arbeitgeber kann lediglich bei Vorliegen besonderer Umstände verpflichtet sein, ein Zustimmungsersetzungsverfahren nach § 99 Abs. 4 durchzuführen (BAG 22. 9. 2005 AP SGB IX § 81 Nr. 10). Hierfür reicht in der Regel nicht aus, dass der Arbeitgeber bei einer Kündigung verpflichtet ist, dem Arbeitnehmer zunächst im Wege der Versetzung eine anderweitige Beschäftigung im Betrieb zuzuweisen. Eine Pflicht zur Einleitung eines Verfahrens kommt dagegen in Betracht, wenn die Verweigerung der Zustimmung offensichtlich unbegründet ist oder der Widerspruch auf einem kollusiven Zusammenwirken zwischen Arbeitgeber und Betriebsrat beruht (so auch das BAG a. a. O.). Ein solcher Anspruch ist im Urteilsverfahren geltend zu machen (ebenso *Fitting*, § 99 Rn. 289; *Boewer*, RdA 1974, 76). Gleiches gilt bei einer Versetzung, wenn er dem Arbeitnehmer den vorgesehenen Arbeitsplatz zugesagt hat. Bei einer Ein- oder Umgruppierung kann dagegen der Arbeitnehmer vom Arbeitgeber unmittelbar das Arbeitsentgelt nach der für ihn richtigen Einstufung in die Vergütungsgruppenregelung verlangen (s. auch Rn. 303).

280 Das generelle **Fehlen einer Antragsbefugnis des Arbeitnehmers** ist mit dem **Grundrecht der Berufsfreiheit** (Art. 12 Abs. 1 GG) kaum oder vielleicht auch gar nicht vereinbar. Das Gesetz gibt dem Betriebsrat durch das Zustimmungsverweigerungsrecht eine Ein-

D. Zustimmungsverweigerung des Betriebsrats   § 99

griffsbefugnis in die individualrechtlichen Beziehungen zwischen Arbeitnehmer und Arbeitgeber (ebenso BAG 3. 5. 1994 AP BetrVG 1972 § 99 Nr. 2 Eingruppierung [unter B II 2 c aa]). Bei Einstellungen, aber auch bei Versetzungen soll das Mitbestimmungsrecht in erster Linie die Interessen der im Betrieb schon beschäftigten Arbeitnehmer wahren. Die darin liegende Bevorzugung der Arbeitsplatzinhaber rechtfertigt aber nicht, dass das Gesetz den Arbeitgeber zum Anwalt eines Arbeitsplatzbewerbers macht, wenn kein Zustimmungsverweigerungsgrund vorliegt, die Zustimmungsverweigerung aber vom Betriebsrat rechtswirksam erklärt ist. Dies muss umso mehr gelten, als nach Ansicht des BAG nur eine Begründung, die offensichtlich auf keinen der gesetzlich genannten Zustimmungsverweigerungsgründe Bezug nimmt, unbeachtlich ist (vgl. BAG 26. 1. 1988 AP BetrVG 1972 § 99 Nr. 50; s. auch Rn. 266). Es genügt nicht, dass der in Aussicht genommene Bewerber oder Arbeitnehmer unter den hier genannten Voraussetzungen vom Arbeitgeber die Einleitung und Durchführung des Zustimmungsersetzungsverfahrens verlangen kann. Der Arbeitgeber wird im Zweifelsfall dem Interesse an einer reibungslosen Zusammenarbeit mit dem Betriebsrat den Vorrang vor dem Interesse des betroffenen Arbeitnehmers an der Einstellung oder Versetzung geben (vgl. auch *Biedenkopf,* BB 1972, 1513, 1516). Damit wird der erfolglose Bewerber durch das BetrVG schutzlos gestellt, wenn ein Zustimmungsverweigerungsgrund geltend gemacht wird, aber nicht besteht.

Dabei ist unerheblich, ob die Zustimmung des Betriebsrats Wirksamkeitsvoraussetzung für den abgeschlossenen Arbeitsvertrag ist (s. Rn. 293 ff.); eine Schranke der Vertragsfreiheit liegt auch vor, wenn der Arbeitsvertrag zwar wirksam ist, aber nicht erfüllt werden kann, weil betriebsverfassungsrechtlich ein Beschäftigungsverbot besteht. Da eine Zustimmungsverweigerung des Betriebsrats, wenn sie begründet ist, den Erwerb eines Arbeitsplatzes verhindert, ist die Mitbestimmungsregelung keine Berufsausübungsregelung, sondern sie bezieht sich auf den Berufszugang, und zwar wird durch sie eine objektive Zulassungsvoraussetzung aufgestellt, weil sie außerhalb der Einflussnahme des betroffenen Arbeitnehmers liegt (vgl. *Richardi,* Anm. zu BAG AP BetrVG 1972 § 101 Nr. 3, Bl. 6 R). Diese Beschränkung der Berufsfreiheit wird durch den Zweck der Mitbestimmung legitimiert. Die verfassungsrechtlich zulässige Grenze wird aber überschritten, wenn der Betriebsrat grundlos die Zustimmung zu einer Einstellung oder Versetzung verweigern kann, ohne dass der Arbeitnehmer die Möglichkeit hat, die Zustimmung ersetzen zu lassen.   281

Das Gesetz hat hier eine vom Grundgesetz her geforderte Regelungslücke. Man schließt sie am leichtesten, indem man nicht nur dem Arbeitgeber, sondern auch dem Arbeitnehmer, der von der personellen Einzelmaßnahme betroffen ist, das Recht gibt, im Beschlussverfahren vor dem Arbeitsgericht die Zustimmung des Betriebsrats ersetzen zu lassen (so bereits *Richardi,* ZfA-Sonderheft 1972, 1, 17; zust. *Hahn,* Rechtsfolgen mangelnder Beteiligung, S. 65 f.; vgl. auch *Biedenkopf,* BB 1972, 1513, 1516; *Buchner,* in: Innerbetriebliche Arbeitnehmerkonflikte aus rechtlicher Sicht, S. 56; ebenso im Ergebnis *Blomeyer,* GedS Dietz 1973, S. 147, 173; *Hanau,* RdA 1973, 281, 288 a. A. die ganz h. M: *GK-Kraft,* § 99 Rn. 165; *DKK-Kittner/Bachner,* § 99 Rn. 210, 214; *Fitting,* § 99 Rn. 288).   282

5. Entscheidung des Arbeitsgerichts

a) Der Betriebsrat bestimmt durch die Zustimmungsverweigerung den **Streitgegenstand des Zustimmungsersetzungsverfahrens**; denn das Arbeitsgericht prüft nicht, ob der Betriebsrat die Zustimmung aus einem der in Abs. 2 genannten Gründe verweigern kann, sondern es übt lediglich eine Rechtskontrolle aus (vgl. BAG 3. 7. 1984 AP BetrVG 1972 § 99 Nr. 20; 15. 4. 1986 AP BetrVG 1972 § 99 Nr. 36; ausführlich zum Streitgegenstand *Boemke,* ZfA 1992, 473, 496 ff.). Das Arbeitsgericht ersetzt die Zustimmung, wenn die Zustimmungsverweigerung nicht begründet ist.   283

283a Die Aufrechterhaltung des Ersuchens um Zustimmung hingegen steht prozessual zur Disposition des Arbeitgebers. Dieser kann das Verfahren auch **ohne die Zustimmung** des Betriebsrates für **erledigt** erklären. In diesem Fall hat das Gericht lediglich zu prüfen, ob ein erledigendes Ereignis tatsächlich eingetreten ist. Anders als im Urteilsverfahren kommt es nicht darauf an, ob der gestellte Antrag bis dahin zulässig und begründet war (BAG 28. 2. 2006 AP BetrVG 1972 § 99 Einstellung Nr. 51 = NZA 2006, 1178, s. zu eventuellen arbeitsvertraglichen Ansprüchen auf Durchführung des Zustimmungsersetzungsverfahren auch Rn. 279).

283b Die Begründetheit des Antrags auf Zustimmungsersetzung richtet sich sofern es um die Ersetzung der Zustimmung zu einer Einstellung oder Versetzung geht nach der im **Zeitpunkt der richterlichen Entscheidung** geltenden Rechtslage, da in diesem Fall der Streitgegenstand die Frage ist, ob die beabsichtigte personelle Maßnahme gegenwärtig oder zukünftig zulässig ist (BAG 12. 11. 2002 AP BetrVG 1972 § 99 Nr. 41 Einstellung; BAG 25. 1. 2005 AP BetrVG 1972 § 99 Nr. 48 Einstellung *[Thüsing]*). Daher sind auch zwischenzeitliche Gesetzesänderungen zu beachten.

284 b) **Zulässigkeitsvoraussetzung** ist die **Zustimmungsverweigerung des Betriebsrats**. Voraussetzung ist daher, dass der Arbeitgeber den Betriebsrat ordnungsgemäß beteiligt hat (Abs. 1) und der Betriebsrat ihm die Zustimmungsverweigerung innerhalb einer Woche nach Unterrichtung schriftlich unter Angabe der Gründe mitgeteilt hat (Abs. 3 Satz 1).

285 Bei **unvollständiger Unterrichtung des Betriebsrats durch den Arbeitgeber** fehlt eine Voraussetzung für die Wahrnehmung des Zustimmungsverweigerungsrechts (ebenso BAG 28. 1. 1986 AP BetrVG 1972 § 99 Nr. 34). Die Wochenfrist des Abs. 3 Satz 1 beginnt nicht zu laufen. Auch bei einer Zustimmungsverweigerung durch den Betriebsrat ist daher sein Zustimmungsersetzungsantrag unzulässig (ebenso *Boemke*, ZfA 1992, 473, 492 f.; a. A. für Abweisung als unbegründet BAG 28. 1. 1986 AP BetrVG 1972 § 99 Nr. 34 unter Verwechslung des Zustimmungsersetzungsantrags mit dem Antrag auf Feststellung, dass die Zustimmung als erteilt gilt).

286 Das Arbeitsgericht kann die Zustimmung auch dann nicht ersetzen, wenn der Arbeitgeber das Mitbestimmungsverfahren zwar ordnungsgemäß eingeleitet hat, die **Zustimmungsverweigerung des Betriebsrats** aber **rechtsunwirksam** ist; denn in diesem Fall gilt die Zustimmung des Betriebsrats als erteilt (Abs. 3 Satz 2; ebenso BAG 24. 7. 1979 AP BetrVG 1972 § 99 Nr. 11). Das Arbeitsgericht kann also die Zustimmung nur ersetzen, wenn eine wirksame Zustimmungsverweigerungserklärung vorliegt. Fehlt sie, so hat es **festzustellen,** dass die **Zustimmung des Betriebsrats als erteilt gilt.** Das Arbeitsgericht hat deshalb im Zustimmungsersetzungsverfahren nicht nur zu prüfen, ob die Zustimmungsverweigerung des Betriebsrats begründet ist, sondern es hat als Vorfrage zu beantworten, ob die Zustimmungsverweigerung rechtswirksam erklärt ist. Fehlt bereits eine wirksame Zustimmungsverweigerungserklärung, so kann das Arbeitsgericht nicht dem *Gestaltungsantrag* stattgeben; es darf den Antrag des Arbeitgebers aber auch nicht als unzulässig abweisen, sondern hat *festzustellen,* dass die Zustimmung des Betriebsrats als erteilt gilt, weil davon auszugehen ist, dass der Gestaltungsantrag den Feststellungsantrag einschließt (ebenso BAG 18. 10. 1988 AP BetrVG 1972 § 99 Nr. 57; *Matthes,* MünchArbR § 263 Rn. 85; bereits BAG 24. 7. 1979 AP BetrVG 1972 § 99 Nr. 11).

287 c) Da Streitgegenstand die Zustimmungsverweigerung aus den angegebenen Gründen ist, kann der Betriebsrat im Zustimmungsersetzungsverfahren keine weiteren **Zustimmungsverweigerungsgründe nachschieben** (s. auch Rn. 264; ebenso BAG 3. 7. 1984 AP BetrVG 1972 § 99 Nr. 20 [abl. *Löwisch/Schönfeld*]; 15. 4. 1986 AP BetrVG 1972 § 99 Nr. 36; HSWGNR-*Schlochauer,* § 99 Rn. 108; HWK-*Ricken,* § 99 Rn. 92; *Stege/Weinspach/Schiefer,* §§ 99–101 Rn. 91; *Matthes,* MünchArbR § 263 Rn. 87; *Boemke,* ZfA 1992, 473, 498 f.; a. A. *Fitting,* § 99 Rn. 291; GL-*Löwisch,* § 99 Rn. 110a; *Heinze,* Personalplanung, Rn. 353; *Schreiber,* RdA 1987, 257, 262). Das gilt auch, wenn die Zustimmungsverweigerungsgründe erst nachträglich entstehen oder bekannt werden (ebenso *Matthes,* MünchArbR § 263 Rn. 87; a. A. *Dütz,* Anm. EzA Nr. 37 zu § 99

D. Zustimmungsverweigerung des Betriebsrats § 99

BetrVG). Entscheidend ist nämlich, ob der vom Betriebsrat geltend gemachte Zustimmungsverweigerungsgrund bei Erklärung der Zustimmungsverweigerung vorlag, während nachträglich entstandene oder bekannt gewordene Gründe nicht mehr für die Entscheidung des Betriebsrats kausal waren, ob er von seinem Zustimmungsverweigerungsrecht Gebrauch machen will oder nicht.

d) Da das Beschlussverfahren vom **Untersuchungsgrundsatz** beherrscht wird (§ 83 **288** Abs. 1 Satz 1 ArbGG), kennt es keine (subjektive) Beweisführungslast. Aber auch hier muss geklärt werden, zu welchen Lasten es geht, wenn die Sachverhaltsaufklärung ein *non liquet* ergibt. Diese **Feststellungslast** (objektive Beweislast) ist den materiellen Normen zu entnehmen (so zutr. GL-*Löwisch*, § 99 Rn. 116; *Prütting*, Gegenwartsprobleme der Beweislast, 1983, S. 332). Da nach Abs. 4 der Arbeitgeber das Arbeitsgericht anrufen muss, hat nach der zunächst vertretenen h. L. er die Feststellungslast (so ausdrücklich die Begründung zum RegE, BT-Drucks. VI/1786, S. 51; *Fitting*, § 99 Rn. 290; GK-*Kraft*, § 99 Rn. 162; HSWGNR-*Schlochauer*, § 99 Rn. 142; *Stege/Weinspach/Schiefer*, §§ 99–101 Rn. 100; auch noch *Dietz/Richardi*, 6. Aufl., § 99 Rn. 227). Dabei wird aber übersehen, dass nicht die prozessuale Antragsbefugnis, sondern die materiell-rechtliche Abfassung des Abs. 2 über die Verteilung der Beweislast entscheidet (so zutr. *Prütting*, a.a.O., S. 332). Die Feststellungslast trägt deshalb der Betriebsrat; sie trifft den Arbeitgeber nur insoweit, als nach Nr. 3 und 4 des Abs. 2 betriebliche oder persönliche Gründe die personelle Maßnahme rechtfertigen (ebenso *Matthes*, MünchArbR § 263 Rn. 88; *Prütting*, a.a.O., S. 334; *Boemke*, ZfA 1992, 473, 511 ff.). Der Arbeitgeber trägt auch die Feststellungslast für die Tatsachen, aus denen sich ergeben soll, dass er seine Pflichten erfüllt hat, also insbesondere, dass er den Betriebsrat rechtzeitig und vollständig unterrichtet hat (ebenso BAG 28. 1. 1986 AP BetrVG 1972 § 99 Nr. 34). Hierbei können sich wichtige Unterschied zu individualrechtliche Verfahren ergeben. Abweichend vom individualrechtlichen Eingruppierungsverfahren erwägt das BAG mit guten Gründen, dass es im Rahmen des § 99 Abs. 4 allein darauf ankommt, ob die neue tarifliche Bewertung des Arbeitgebers zutrifft oder nicht, und dass der Arbeitgeber dementsprechend im Beschlussverfahren nicht darlegen muss, warum die frühere Bewertung unzutreffend war (BAG 22. 1. 2003 ZTR 2003, 454).

Gibt das Arbeitsgericht dem Antrag des Arbeitgebers statt, so ist mit **Rechtskraft** des **289** Beschlusses die verweigerte **Zustimmung des Betriebsrats** ersetzt. Der Arbeitgeber ist betriebsverfassungsrechtlich berechtigt, die Maßnahme durchzuführen. Bei Abweisung des Zustimmungsersetzungsantrags steht mit Rechtskraft fest, dass der Arbeitgeber die Maßnahme nicht durchführen darf.

VI. Mitbestimmung und Arbeitsverhältnis

1. Keine Regelung im Gesetz

Das Gesetz gibt in § 101 eine **Regelung zur Sicherung des Mitbestimmungsrechts des** **290** **Betriebsrats**. Bei einem Verstoß des Arbeitgebers hat der Betriebsrat einen Anspruch gegen den Arbeitgeber auf Beseitigung des betriebsverfassungswidrigen Zustands. Das Gesetz regelt aber nicht, wie sich der **Verstoß auf das Arbeitsverhältnis** auswirkt. Solange das Beteiligungsrecht nach §§ 61, 63 BetrVG 1952 nur als Einspruchsrecht gestaltet war, spielte das Problem keine Rolle. Wenn der Betriebsrat das Einspruchsrecht ausübte und Erfolg hatte, endete bei einer Einstellung das vorläufige Arbeitsverhältnis spätestens vierzehn Tage nach der Rechtskraft des Beschlusses (§ 62 BetrVG 1952) bzw. galt bei Umgruppierungen und Versetzungen mit Ablauf dieser Frist als rückgängig gemacht (§ 63 BetrVG 1952).

Da das geltende Gesetz von einem Zustimmungserfordernis des Betriebsrats ausgeht, **291** hat das BAG zu Recht anerkannt, dass das Mitbestimmungsverfahren **Rechtswirkungen** auch im Verhältnis zwischen dem Arbeitgeber und dem einzelnen Arbeitnehmer entfaltet (vgl. BAG 3. 5. 1994 AP BetrVG 1972 § 99 Nr. 2 Eingruppierung [unter B II 2 c]). Wie sie gestaltet sind, ist aber **nicht gesetzlich geregelt**. Es besteht insoweit eine Regelungslücke. Nach Inkrafttreten des BetrVG 1972 überwog im Schrifttum die Ansicht, dass eine ohne Zustimmung des Betriebsrats durchgeführte personelle Maßnahme unwirksam sei (vgl. *Richardi*, ZfA-Sonderheft 1972, 1, 20; *ders.*, DB 1973, 428; *Hanau*, RdA 1973, 281, 289; *Boewer*, RdA 1974, 72, 74). Die Theorie der Wirksamkeitsvoraussetzung führt hier aber zu nicht akzeptablen Rechtsfolgen, die für den betroffenen Arbeitnehmer durch die Einräumung eines Schadensersatzanspruchs gegen den Arbeitgeber nur unzureichend ausgeglichen werden, zumal ein Schadensersatzanspruch nur in Betracht kommt, wenn der Arbeitgeber den Arbeitnehmer über den betriebsverfassungswidrigen Zustand nicht aufgeklärt hat (vgl. *Richardi*, DB 1973, 428 f.).

292 Für die **richtige Rechtsfolgenbestimmung** ist die **Verschiedenheit der personellen Maßnahme** zu beachten (vgl. auch *Raab*, ZfA 1995, 479, 481 ff.). Während die Einstellung oder Versetzung ein Gestaltungsakt des Arbeitgebers ist, handelt es sich bei der Ein- oder Umgruppierung um einen Beurteilungsakt, der keine nach außen wirksame Maßnahme des Arbeitgebers darstellt, sondern nur ein Akt der Rechtsanwendung ist. Bereits dieser Unterschied begründet eine Verschiedenheit der Rechtsfolge bei Verletzung des Mitbestimmungsrechts. Eine weitere Besonderheit ergibt sich daraus, dass mit der Einstellung die Begründung eines Arbeitsverhältnisses verbunden sein kann.

2. Rechtsfolgen einer Verletzung des Mitbestimmungsrechts bei der Einstellung

293 a) Da die **Einstellung nicht mit dem Abschluss des Arbeitsvertrags identisch** ist (s. Rn. 26), ist der **Arbeitsvertrag** auch dann **wirksam, wenn bei der Einstellung das Mitbestimmungsrecht des Betriebsrats verletzt** wird (ebenso BAG 5. 4. 2001 AP BetrVG 1972 § 99 Nr. 32 Einstellung; BAG 2. 7. 1980 AP BetrVG 1972 § 101 Nr. 5 *[Misera]* und AP GG Art. 33 Abs. 2 Nr. 9; GK-*Kraft*, § 99 Rn. 123; GL-*Löwisch*, § 99 Rn. 11; HSWGNR-*Schlochauer*, § 99 Rn. 9; DKK-*Kittner/Bachner*, § 99 Rn. 216; *v. Hoyningen-Huene*, § 14 III 8; *Meisel*, Mitwirkung und Mitbestimmung in personellen Angelegenheiten, Rn. 290; *Heinze*, Personalplanung, Rn. 340; *Alberty*, Fehlende Zustimmung bei personellen Einzelmaßnahmen, S. 70 ff., 102 f.; *Hahn*, Rechtsfolgen mangelnder Beteiligung, S. 125 ff., 277; *Raab*, ZfA 1995, 479, 489 ff.; a. A. *Fitting*, § 99 Rn. 278; *Boewer*, RdA 1974, 72, 74; *Hanau*, RdA 1973, 281, 289).

294 Der Betriebsrat kann aber verlangen, dass der **Arbeitnehmer im Betrieb nicht beschäftigt** wird (§ 101). Davor schützt ihn auch nicht die Wirksamkeit des Arbeitsvertrags. Das BAG sieht im Gegenteil in ihr sogar eine Sicherung des Mitbestimmungsrechts; denn müsse der Arbeitgeber auf Grund des wirksamen Arbeitsvertrags das vertragsgemäße Arbeitsentgelt auch dann zahlen, wenn der Arbeitnehmer nicht beschäftigt werden dürfe (§ 615 Satz 1 BGB), so werde er sich weit eher zur Beachtung des Mitbestimmungsrechts des Betriebsrats veranlasst sehen, als wenn er sich von einem unwirksamen Arbeitsvertrag ohne finanzielle Nachteile jederzeit lossagen könnte (BAG 2. 7. 1980 AP BetrVG 1972 § 101 Nr. 5). Damit wird aber zugleich deutlich, dass der Arbeitnehmer bei Verletzung des Mitbestimmungsrechts nicht seinen Beschäftigungsanspruch aus dem Arbeitsverhältnis verwirklichen kann. Das betriebsverfassungsrechtliche Beschäftigungsverbot greift deshalb insoweit in die individualrechtlichen Beziehungen zwischen dem Arbeitgeber und dem einzelnen Arbeitnehmer ein (so auch BAG 3. 5. 1994 AP BetrVG 1972 § 99 Nr. 2 Eingruppierung [unter B II 2 c aa]); BAG 5. 4. 2001 AP BetrVG 1972 § 99 Nr. 32 Einstellung). Der Arbeitnehmer ist nur berechtigt, **die Arbeit zu verweigern,** wenn der Betriebsrat die Aufhebung der mitbestimmungswidrigen Einstellung betreibt (BAG 5. 4. 2001 AP BetrVG 1972 § 99 Nr. 32 Einstellung; LAG Rostock 6. 5. 2004, LAGE § 64 ArbGG 1979 Nr. 37). Stimmt der Betriebsrat einer Versetzung nicht zu, so kommt die Verurteilung des Arbeitgebers zur Beschäftigung nur unter dem Vorbehalt der Betriebsratszustimmung in Betracht (BAG 3. 12. 2002 AP BetrVG 1972 § 99 Nr. 34 Versetzung; s. auch BAG 5. 4. 2001AP BetrVG 1972 § 99 Nr. 32 Einstellung; s. auch § 101 Rn. 8 a).

b) Die Wirksamkeit des Arbeitsvertrags schützt den Arbeitnehmer auch nicht davor, 295 dass der **Arbeitgeber** das **Arbeitsverhältnis auflöst.** Sieht man in der Beteiligung des Betriebsrats eine Wirksamkeitsvoraussetzung für die Begründung des Arbeitsverhältnisses, so kann man folgerichtig nur ein fehlerhaftes Arbeitsverhältnis annehmen, das jederzeit einseitig aufgelöst werden kann. Der Arbeitnehmer käme also nicht in den Genuss des sozialen Bestandsschutzes für sein Arbeitsverhältnis. Hält man dagegen den unter Verletzung des Mitbestimmungsrechts geschlossenen Arbeitsvertrag für wirksam, so kann der Arbeitgeber ein auf unbestimmte Zeit eingegangenes Arbeitsverhältnis nur durch Kündigung auflösen, muss also die Kündigungsfrist einhalten. Der soziale Bestandsschutz für das Arbeitsverhältnis ist aber auch in diesem Fall nicht gesichert; denn nach § 1 Abs. 1 KSchG ist Voraussetzung für den Erwerb des Kündigungsschutzes, dass das Arbeitsverhältnis in demselben Betrieb oder Unternehmen ohne Unterbrechung länger als sechs Monate bestanden hat. Außerdem soll eine Kündigung sozial gerechtfertigt sein, wenn sie damit begründet wird, dass dem Arbeitgeber betriebsverfassungsrechtlich verboten ist, den Arbeitnehmer zu beschäftigen (vgl. *Matthes,* DB 1974, 2007, 2011; *Raab,* ZfA 1995, 479, 492). Da für die Durchsetzung des Beschäftigungsverbots im Mitbestimmungssicherungsverfahren keine Rolle spielt, ob der Betriebsrat ein Zustimmungsverweigerungsrecht hat, ist deshalb der Arbeitnehmer auch bei Anerkennung einer Wirksamkeit seines Arbeitsvertrags nicht vor dem Verlust des Arbeitsplatzes geschützt.

Dem Arbeitnehmer darf der **soziale Bestandsschutz** seines **Arbeitsverhältnisses nach** 296 **dem KSchG** nicht wegen der Pflichtwidrigkeit des Arbeitgebers genommen werden. Es ist ein *venire contra factum proprium,* wenn der Arbeitgeber sich gegenüber dem betroffenen Arbeitnehmer auf das betriebsverfassungsrechtliche Beschäftigungsverbot beruft, um die soziale Rechtfertigung einer Kündigung zu begründen (so bereits *Richardi,* DB 1973, 428, 430; zust. *Wiedemann,* Anm. zu BAG AP BAT §§ 22, 23 Nr. 54, Bl. 7 R; ebenso im Ergebnis *Fitting,* § 99 Rn. 278 f.). Diese Bindung des Arbeitgebers im Verhältnis zum einzelnen Arbeitnehmer ist auch dann zu beachten, wenn der Betriebsrat nach § 101 beim Arbeitsgericht beantragt, dem Arbeitgeber aufzugeben, die personelle Maßnahme aufzuheben. Er verwirkt diese Möglichkeit, wenn ihm die Kenntnis der Beschäftigung im Betrieb zugerechnet werden kann, nach Ablauf der für den Erwerb des Kündigungsschutzes maßgeblichen Pflicht des § 1 Abs. 1 KSchG.

3. Rechtsfolgen einer Verletzung des Mitbestimmungsrechts bei der Versetzung

a) Für den **Mitbestimmungstatbestand der Versetzung** spielt keine Rolle, ob der 297 Arbeitgeber **auf Grund des Arbeitsvertrags** berechtigt ist, dem Arbeitnehmer einen **anderen Arbeitsbereich zuzuweisen.** Die Einverständniserklärung des Arbeitnehmers ersetzt nicht die Zustimmung des Betriebsrats. Die Zustimmung des Betriebsrats ersetzt andererseits aber auch nicht eine nach dem Arbeitsvertrag erforderliche Einverständniserklärung des Arbeitnehmers.

Während bei der Einstellung das Mitbestimmungsrecht dem Schutz der im Betrieb 298 beschäftigten Arbeitnehmer dient, bezweckt es bei der Versetzung auch den **Schutz des betroffenen Arbeitnehmers.** Das macht der Zustimmungsverweigerungsgrund nach Nr. 4 des Abs. 2 deutlich. Dennoch ist § 99 **keine Verbotsnorm i. S. des § 134 BGB** (a. A. BAG 26. 1. 1988 AP BetrVG 1972 § 99 Nr. 50, das damit die Nichtigkeit der Versetzung begründet; bestätigt ohne Begründung durch BAG 26. 1. 1993 AP BetrVG 1972 § 99 Nr. 102 *[v. Hoyningen-Huene]; Fitting,* § 99 Rn. 206).

299, 300   Die **Zustimmung des Betriebsrats** bzw. ihre Ersetzung durch das Arbeitsgericht ist rechtsdogmatisch auch **keine Wirksamkeitsvoraussetzung für die rechtsgeschäftliche Versetzungsanordnung des Arbeitgebers.** Die Nichtbeachtung des Mitbestimmungsrechts begründet lediglich ein betriebsverfassungsrechtliches Beschäftigungsverbot, auf das der Arbeitnehmer sich berufen kann, wenn er mit der Versetzung nicht einverstanden ist (ebenso GK-*Kraft*, § 99 Rn. 124; vgl. auch *Raab*, ZfA 1995, 479, 499 ff.; a. A. *Fitting*, § 99 Rn. 283). Instanzgerichte rücken einige Schritte von der Theorie der Wirksamkeitsvoraussetzung ab, wenn sie eine nachträgliche Zustimmung durch den Betriebsrat für möglich halten (LAG Nürnberg 13. 1. 2009 - 6 Sa 712/07, juris; ähnlich Hessisches LAG 2. 12. 2008 - 4 TaBV 193/08, juris).

301   b) Bei einer **Versetzung mit Einverständnis des Arbeitnehmers** entfällt bereits das Mitbestimmungsrecht, wenn sie auf Dauer in einen anderen Betrieb erfolgt (vgl. BAG 20. 9. 1990 AP BetrVG 1972 § 99 Nr. 84). Anders, wenn die einverständliche Versetzung innerhalb des Betriebs erfolgt; einzig eine Zustimmungsverweigerung nach Abs. 2 Nr. 4 scheidet dann aus (*Matthes*, MünchArbR, § 264 Rn. 30) – und damit auch ein Leistungsverweigerungsrecht. Beides gilt jedoch nur, wenn der Arbeitnehmer die Versetzung selbst gewünscht hat oder diese seinen Wünschen und seiner freien Entscheidung entspricht. In den sonstigen Fällen ist für das Mitbestimmungsrecht unerheblich, ob sie individualrechtlich nur unter Änderung des Arbeitsvertrags zulässig ist. Wie bei der Einstellung für den Abschluss des Arbeitsvertrags ist auch hier für dessen Änderung die Zustimmung des Betriebsrats keine Wirksamkeitsvoraussetzung (ebenso *Fitting*, § 99 Rn. 122; *Matthes*, MünchArbR § 264 Rn. 31).

302   Da das Einverständnis des Arbeitnehmers nicht das Mitbestimmungsrecht des Betriebsrats ausschließt, wenn man von der Versetzung auf Dauer in einen anderen Betrieb absieht (s. Rn. 301), kann der Betriebsrat zur Beseitigung des betriebsverfassungswidrigen Zustands den Aufhebungsantrag nach § 101 stellen. Soweit die Versetzung aber auf einem Wunsch des Arbeitnehmers beruht oder ihm entspricht, dient die Mitbestimmung ausschließlich dem Schutz der anderen im Betrieb beschäftigten Arbeitnehmer. Da der Betriebsrat aber auch die Interessen des betroffenen Arbeitnehmers wahrzunehmen hat, handelt er rechtsmissbräuchlich, wenn er nicht innerhalb angemessener Frist das Mitbestimmungssicherungsverfahren zur Aufhebung der Versetzung nach § 101 einleitet. Zum Recht die Arbeit zu verweigern s. § 101 Rn. 8 a.

4. Rechtsfolgen bei einer Eingruppierung und Umgruppierung unter Verletzung des Mitbestimmungsrechts

303   Bei der **Eingruppierung** und der **Umgruppierung** geht es ausschließlich um die für den Vergütungsanspruch maßgebliche Einstufung in eine Vergütungsgruppenregelung. Regelmäßig ist sie keine nach außen wirkende konstitutive Maßnahme des Arbeitgebers, sondern **nur Rechtsanwendung** (s. Rn. 75 ff. und 82). Der Betriebsrat kann deshalb hier auch zur Behebung eines betriebsverfassungswidrigen Zustands nicht die *Aufhebung* einer unzutreffenden Ein- oder Umgruppierung verlangen (s. § 101 Rn. 10). Die Mitbestimmung dient hier ausschließlich der Sicherung einer richtigen Beurteilung. Hat der Betriebsrat seine Zustimmung verweigert und der Arbeitgeber deshalb das Zustimmungsersetzungsverfahren durchgeführt, so kann der Arbeitnehmer seinen Entgeltanspruch unmittelbar auf die gerichtliche Entscheidung stützen (ebenso BAG 3. 5. 1994 AP BetrVG 1972 § 99 Nr. 2 Eingruppierung). Diese Möglichkeit ist ihm genommen, wenn der Arbeitgeber die Ein- oder Umgruppierung unter Verletzung des dem Betriebsrat hier eingeräumten Mitbeurteilungsrechts vornimmt.

303 a   Dieser Verstoß hat auch Auswirkungen auf das Verhältnis zwischen dem Arbeitgeber und dem einzelnen Arbeitnehmer. Sofern im Zustimmungsersetzungsverfahren bereits ein Antrag des Arbeitgebers rechtskräftig abgewiesen wurde, kann der Arbeitnehmer sich darauf berufen, dass die vom Arbeitgeber vorgesehene, aber vom Betriebsrat abge-

lehnte Einstufung fehlerhaft ist (ebenso BAG 3. 5. 1994 AP BetrVG 1972 § 99 Nr. 2 Eingruppierung; BAG 28. 8. 2008, NZA 2009, 305). Wie aber bei der Zustimmungsersetzung ist der Arbeitnehmer auch hier durch das Mitbestimmungsrecht des Betriebsrats nicht daran gehindert, das Arbeitsgericht anzurufen, um im Urteilsverfahren feststellen zu lassen, in welche Vergütungsgruppe er einzustufen ist (ebenso BAG 10. 2. 1976 AP BetrVG 1972 § 99 Nr. 4; 22. 3. 1983 AP BetrVG 1972 § 101 Nr. 6; 3. 5. 1994 AP BetrVG 1972 § 99 Nr. 2 Eingruppierung; a. A. *Dütz*, AuR 1993, 33, 38; *Veit*, RdA 1990, 235). Umgekehrt gilt: Wenn ein Zustimmungsersetzungsverfahren stattgefunden hat, ist eine gerichtlich als zutreffend festgestellte Eingruppierung für den Arbeitgeber im Verhältnis zu dem betroffenen Arbeitnehmer verbindlich (BAG 28. 8. 2008, NZA 2009, 305).

E. Streitigkeiten

I. Arbeitsgerichtliches Verfahren

a) Streitigkeiten, ob es sich um eine personelle Einzelmaßnahme handelt, bei der der Betriebsrat nach dieser Bestimmung mitzubestimmen hat, und ob der Arbeitgeber den Betriebsrat ordnungsgemäß beteiligt hat, entscheidet das **Arbeitsgericht im Beschlussverfahren** (§ 2 a Abs. 1 Nr. 1, Abs. 2 i. V. mit §§ 80 ff. ArbGG).

Antragsberechtigt sind sowohl der Arbeitgeber als auch der Betriebsrat. Soweit Streitgegenstand ist, ob eine Zustimmungsverweigerung des Betriebsrats berechtigt ist, hat aber nur der Arbeitgeber das Antragsrecht; denn es handelt sich insoweit um das Zustimmungsersetzungsverfahren nach Abs. 4 (s. Rn. 276). Führt der Arbeitgeber eine personelle Maßnahme ohne Zustimmung des Betriebsrats durch oder hält er sie betriebsverfassungswidrig aufrecht (§ 100 Abs. 2 Satz 3), so kann der Betriebsrat das Mitbestimmungssicherungsverfahren nach § 101 einleiten. Der Antrag des Betriebsrats, den Arbeitgeber zu verpflichten, zu bereits vorgenommenen Einstellungen nachträglich die Zustimmung einzuholen, ist daher unzulässig (BAG 20. 2. 2001 AP BetrVG 1972 § 101 Nr. 23; BAG 2. 3. 2004 AP ZPO 1977 § 256 Nr. 87) ebenso wie ein Antrag auf Unterlassung dieser Maßnahme; ein allgemeiner betriebsverfassungsrechtlicher Unterlassungsanspruch besteht hier auf Grund der Sperrwirkung des § 101 nicht (**a. A.** LAG Düsseldorf 29. 2. 2008 – 9 TaBV 81/07, juris; Hessisches LAG 1. 11. 2005 - 4/18/5 TaBV 47/05 – juris). Möglich ist nur ein Anspruch aus § 23 Abs. 3 (str., s. § 23 Rn. 79, 84).

Nach der Rechtsprechung des BAG ist § 256 Abs. 1 ZPO auch im Beschlussverfahren anwendbar. Daher bedarf es auch im Beschlussverfahren zu seiner Zulässigkeit eines besonderen **rechtlichen (Feststellungs-) Interesses** an der gerichtlichen Überprüfung der Streitigkeit. Hierbei muss es sich um eigene Interessen des Antragstellers handeln. Das Interesse an der Feststellung eines Rechtsverhältnisses, aus dem sich nur für einzelne Arbeitnehmer Folgen ergeben und nicht auch für den Betriebsrat ist im Bezug zu diesem daher rechtlich nicht geschützt. (BAG 22. 6. 2005 NZA-RR 2006, 23) Hingegen kann auch nach einer Erledigung der Sache weiterhin ein rechtliches Interesse bestehen, wenn eine Wiederholungsgefahr besteht.

Eine **einstweilige Verfügung** hinsichtlich der Ersetzung der Zustimmung kann nicht erlassen werden; denn für die Vornahme vorläufiger Maßnahmen enthält § 100 eine Sonderregelung (ebenso LAG Frankfurt a. M. 15. 12. 1987, DB 1988, 915; HSWGNR-*Schlochauer*, § 99 Rn. 145; *Dütz*, ZfA 1972, 247, 253). Ebenso ausgeschlossen ist eine einstweilige Verfügung auf Unterlassung mitbestimmungswidriger personeller Einzelmaßnahmen beantragt durch den Betriebsrat (a. A. LAG Köln 13. 8. 2002 AP BetrVG 1972 § 99 Nr. 37, s. § 100 Rn. 1; § 101 Rn. 5).

307 b) Der **betroffene Bewerber oder Arbeitnehmer** ist im Beschlussverfahren **nicht Beteiligter** i. S. des § 83 Abs. 3 ArbGG (s. Rn. 278). Soweit der Erwerb eines Arbeitsplatzes aber von der Zustimmung des Betriebsrats abhängt, muss auch der Bewerber die Befugnis haben, im Beschlussverfahren vor dem Arbeitsgericht überprüfen zu lassen, ob der vom Betriebsrat geltend gemachte Zustimmungsverweigerungsgrund besteht (s. Rn. 280 ff.). Ist zwischen dem Arbeitgeber und einem einzelnen Arbeitnehmer streitig, ob der Betriebsrat ordnungsgemäß beteiligt wurde, so hat das Arbeitsgericht darüber im Urteilsverfahren zu entscheiden (§ 2 Abs. 1 Nr. 3 lit. a, Abs. 5 i. V. mit §§ 46 ff. ArbGG). Gleiches gilt, soweit der Arbeitnehmer vom Arbeitgeber verlangt, das Mitbestimmungsverfahren durchzuführen, damit er nicht dem Anspruch des Betriebsrats auf Aufhebung der personellen Maßnahme ausgesetzt ist (s. Rn. 271). Das Arbeitsgericht kann aber nicht im Urteilsverfahren eine Entscheidung darüber treffen, ob der Betriebsrat grundlos die Zustimmung verweigert hat, sondern die Ersetzung der Zustimmung kann nur im Beschlussverfahren erfolgen.

308 Der einzelne Arbeitnehmer kann im Urteilsverfahren die Rechtmäßigkeit der personellen Einzelmaßnahme überprüfen lassen, auch wenn der Betriebsrat ihr zugestimmt hat (vgl. BAG 9. 2. 1993 AP BetrVG 1972 § 99 Nr. 103). Ein Beschlussverfahren, in dem die Zustimmung des Betriebsrats ersetzt wurde, hat **keine präjudizielle Wirkung**, s. Rn. 303.

II. Anrufung der Einigungsstelle nur zur Entscheidung im freiwilligen Einigungsverfahren

309 Bei Meinungsverschiedenheiten zwischen dem Arbeitgeber und dem Betriebsrat kann zwar auch im Rahmen des § 99 die Einigungsstelle angerufen werden; sie hat aber keine Kompetenz zur verbindlichen Entscheidung, sondern kann nur im freiwilligen Einigungsverfahren tätig werden (§ 76 Abs. 6). Dabei ist aber zu beachten, dass die Zustimmung des Betriebsrats als erteilt gilt, wenn er nicht innerhalb einer Woche die Verweigerung seiner Zustimmung mitteilt (Abs. 3 Satz 2). Deshalb kann auch ein freiwilliges Einigungsverfahren vor der Einigungsstelle nur dann praktische Bedeutung haben, wenn der Betriebsrat die Zustimmung verweigert hat und der Arbeitgeber das Vorliegen eines Zustimmungsverweigerungsgrundes bestreitet. Die Einigungsstelle kann aber nicht die Zustimmung des Betriebsrats ersetzen. Dazu ist ausschließlich das Arbeitsgericht im Beschlussverfahren befugt. Der Spruch der Einigungsstelle hat deshalb, wenn der Betriebsrat ihn annimmt oder sich ihm im Voraus unterworfen hat, nur die gleiche Wirkung wie eine nachträglich erklärte Zustimmung des Betriebsrats zu der personellen Maßnahme (s. Rn. 271).

§ 100 Vorläufige personelle Maßnahmen

(1) [1]Der Arbeitgeber kann, wenn dies aus sachlichen Gründen dringend erforderlich ist, die personelle Maßnahme im Sinne des § 99 Abs. 1 Satz 1 vorläufig durchführen, bevor der Betriebsrat sich geäußert oder wenn er die Zustimmung verweigert hat. [2]Der Arbeitgeber hat den Arbeitnehmer über die Sach- und Rechtslage aufzuklären.

(2) [1]Der Arbeitgeber hat den Betriebsrat unverzüglich von der vorläufigen personellen Maßnahme zu unterrichten. [2]Bestreitet der Betriebsrat, dass die Maßnahme aus sachlichen Gründen dringend erforderlich ist, so hat er dies dem Arbeitgeber unverzüglich mitzuteilen. [3]In diesem Fall darf der Arbeitgeber die vorläufige personelle Maßnahme nur aufrechterhalten, wenn er innerhalb von drei Tagen beim Arbeitsgericht die Ersetzung der Zustimmung des Betriebsrats und die Feststellung beantragt, dass die Maßnahme aus sachlichen Gründen dringend erforderlich war.

§ 100

(3) ¹Lehnt das Gericht durch rechtskräftige Entscheidung die Ersetzung der Zustimmung des Betriebsrats ab oder stellt es rechtskräftig fest, dass offensichtlich die Maßnahme aus sachlichen Gründen nicht dringend erforderlich war, so endet die vorläufige personelle Maßnahme mit Ablauf von zwei Wochen nach Rechtskraft der Entscheidung. ²Von diesem Zeitpunkt an darf die personelle Maßnahme nicht aufrechterhalten werden.

Übersicht

	Rn.
I. Vorbemerkung	1
II. Gegenstand und Voraussetzungen einer vorläufigen Durchführung	3
1. Gegenstand	3
2. Voraussetzungen	4
3. Aufklärungspflicht des Arbeitgebers gegenüber dem Arbeitnehmer	9
III. Beteiligung des Betriebsrats bei vorläufiger Durchführung personeller Maßnahmen	12
1. Unterrichtung durch den Arbeitgeber	12
2. Verhalten des Betriebsrats	16
IV. Anrufung des Arbeitsgerichts	22
1. Notwendigkeit einer doppelten Antragstellung	23
2. Antragsfrist	27
3. Rechtsfolgen bei einem Verstoß gegen das Gebot der doppelten Antragstellung	32
4. Rechtsfolgen bei Versäumung der Antragsfrist	34
V. Entscheidung des Arbeitsgerichts	35
1. Zweck des Beschlussverfahrens	35
2. Zeitliche Reihenfolge der Entscheidung über die Anträge	36
3. Streitgegenstand des Feststellungsantrags	38
4. Nachträgliche Zustimmung des Betriebsrats zur personellen Maßnahme – Ausscheiden des Arbeitnehmers aus dem Betrieb	41
5. Rechtsmittel	42
VI. Beendigung der vorläufigen personellen Maßnahme und Verbot ihrer tatsächlichen Aufrechterhaltung	44
1. Beendigungswirkung kraft Gesetzes	44
2. Beendigungswirkung mit Ablauf von zwei Wochen nach Rechtskraft	47
3. Inhalt der Beendigungswirkung	49

I. Vorbemerkung

Die Vorschrift regelt, unter welchen Voraussetzungen der Arbeitgeber eine personelle **1** Maßnahme, die nach § 99 der Mitbestimmung des Betriebsrats unterliegt, **vorläufig durchführen** kann. Dadurch soll das Zustimmungserfordernis des Betriebsrats in seinen Auswirkungen auf die betriebliche Praxis gemildert werden (so die Begründung zum RegE., BT-Drucks. VI/1786, S. 52). Die Vorschrift enthält eine *materiell-rechtliche Regelung*, soweit sie dem Arbeitgeber betriebsverfassungsrechtlich die Befugnis zur vorläufigen Durchführung einräumt, und sie trifft zugleich eine *verfahrensrechtliche Regelung* über den einstweiligen Rechtsschutz. Deshalb kann der Arbeitgeber **keine einstweilige Verfügung** für die Durchführung einer personellen Maßnahme im Beschlussverfahren beantragen; denn das hier festgelegte Verfahren enthält eine Sonderregelung zu § 85 Abs. 2 ArbGG i.V. mit §§ 935 ff. ZPO (ebenso *Fitting*, § 100 Rn. 1; GK-*Kraft*, § 100 Rn. 3; HSWGNR-*Schlochauer*, § 100 Rn. 2; Jaeger/Röder/Heckelmann/*Lunk*, Kap. 24 Rn. 122; *Dütz*, ZfA 1972, 247, 253). Ebenso ausgeschlossen ist im Hinblick auf § 101 eine einstweilige Verfügung auf Unterlassung mitbestimmungswidriger personeller Einzelmaßnahmen beantragt durch den Betriebsrat, s. § 101 Rn. 5.

Bestreitet der Betriebsrat, dass die Maßnahme aus sachlichen Gründen dringend **2** erforderlich ist, so zwingt das Gesetz den Arbeitgeber (zum gemeinsamen Betrieb s. BAG 15. 5. 2007, NZA 2007, 1240; Hessisches LAG 29. 1. 2008 - 4 TaBV 259/07, juris), zur Klärung der Streitfrage das Arbeitsgericht innerhalb von drei Tagen anzurufen. Geschieht dies nicht, so besteht die Sanktion aber ausschließlich darin, dass der Betriebsrat wie auch sonst bei nicht ordnungsgemäßer Beteiligung das Mitbestimmungssicherungsverfahren nach § 101 einleiten kann. Das Gesetz enthält eine Regelungslücke, wenn der Betriebsrat zwar nicht die Eilbedürftigkeit der personellen Maßnahme bestreitet, aber seine Zustimmung aus einem in § 99 Abs. 2 genannten Grund verweigert. Wenn der Arbeitgeber nicht, ohne dass ihm insoweit eine Frist gesetzt ist, das Zustimmungsersetzungsverfahren einleitet, wird der Betriebsrat praktisch vor vollendete Tatsachen gestellt. Er hat lediglich die Möglichkeit, das Mitbestimmungssicherungsverfahren nach § 101 einzuleiten. Dennoch fällt der Unterschied nicht erheblich ins Gewicht, weil auch bei einem Widerspruch des Betriebsrats gegen die vorläufige Durchführung der personellen Maßnahme nur das Mitbestimmungssicherungsverfahren zur Verfügung steht, wenn der Arbeitgeber nicht innerhalb von drei Tagen das Arbeitsgericht anruft. § 100 verfolgt deshalb ausschließlich den Zweck, dass der Arbeitgeber nicht dem Mitbestimmungssicherungsverfahren ausgesetzt ist, wenn er so verfährt, wie hier vorgeschrieben ist.

2a   Entsprechende Vorschriften: § 69 Abs. 5, § 72 Abs. 6 BPersVG.

II. Gegenstand und Voraussetzungen einer vorläufigen Durchführung

1. Gegenstand

3   Obwohl die Vorschrift nach ihrem Wortlaut sich auf alle personellen Maßnahmen i. S. des § 99 Abs. 1 Satz 1 bezieht (Abs. 1 Satz 1), findet sie Anwendung nur auf **Einstellungen** und **Versetzungen**. Sie ist dagegen **nicht** auf **Ein- und Umgruppierungen** anzuwenden (ganz h. M. *Fitting*, § 100 Rn. 5; GL-*Löwisch*, § 100 Rn. 6; *Löwisch/Kaiser*, § 100, Rn. 1; HSWGNR-*Schlochauer*, § 100 Rn. 10; *Matthes*, MünchArbR § 266 Rn. 21; ErfK-*Kania*, § 100 Rn. 1; HWK-*Ricken*, § 100 Rn. 2; *Heinze*, Personalplanung, Rn. 368; vgl. auch BAG 27. 1. 1987 AP BetrVG 1972 § 99 Nr. 42, wo im 6. Leitsatz ausdrücklich festgestellt wird, der Senat habe Bedenken, die Vorschrift des § 100 auch auf Ein- und Umgruppierungen anzuwenden; a. A. jedoch GK-*Kraft*, § 100 Rn. 6). Die Vorschrift enthält insoweit eine *verdeckte Regelungslücke*. Richtig ist aber nicht die Begründung, dass Ein- und Umgruppierungen nicht unaufschiebbar seien (so *Fitting*, a. a. O.; *Löwisch*, a. a. O.; *Schlochauer*, a. a. O.). Entscheidend ist vielmehr, dass die Ein- oder Umgruppierung keine tatsächliche nach außen wirkende Maßnahme ist, die man *aufheben* kann (s. § 101 Rn. 8). Sie ist vielmehr ein Akt der Rechtsanwendung für die Feststellung des Arbeitsentgelts, das der Arbeitgeber dem Arbeitnehmer zahlen muss. Die Erfüllung seiner Pflicht zur Entgeltleistung kann nicht als vorläufige Ein- und Umgruppierung angesehen werden, sondern in Betracht kommt nur, dass die Entlohnung unter dem Vorbehalt einer Zustimmung des Betriebsrats (oder bei deren Verweigerung unter dem Vorbehalt ihrer Ersetzung durch das Arbeitsgericht) erfolgt (vgl. auch BAG 27. 1. 1987 AP BetrVG 1972 § 99 Nr. 42).

2. Voraussetzungen

4   a) Das Recht, eine Einstellung oder Versetzung vorläufig durchzuführen, besteht, **bevor der Betriebsrat sich geäußert oder wenn er die Zustimmung verweigert hat** (Abs. 1 Satz 1). Daraus ergeben sich die folgenden zeitlichen Grenzen:

5   – Die vorläufige Maßnahme ist bereits zulässig, **bevor der Betriebsrat sich geäußert hat**. Gedacht ist vor allem an den Fall, dass der Arbeitgeber den Betriebsrat bereits nach § 99 Abs. 1 unterrichtet hat, dieser aber noch nicht seine Zustimmung erteilt oder verweigert hat, also die nach § 99 Abs. 3 vorgesehene Wochenfrist noch nicht abgelaufen ist. Der Fall, dass eine Äußerung des Betriebsrats noch nicht vorliegt, ist aber

II. Gegenstand und Voraussetzungen einer vorläufigen Durchführung § 100

auch gegeben, wenn der Betriebsrat noch nicht von der Personalmaßnahme unterrichtet wurde, also ein **Eilfall** besteht (ebenso BAG 7. 11. 1977 AP BetrVG 1972 § 100 Nr. 1; GK-*Kraft*, § 100 Rn. 17; GL-*Löwisch*, § 100 Rn. 7; HSWGNR-*Schlochauer*, § 100 Rn. 6; *Stege/Weinspach/Schiefer*, §§ 99–101 Rn. 104; a. A. DKK-*Kittner/Bachner*, § 100 Rn. 12, der es allerdings für zulässig hält, dass eine vorläufige Maßnahme zeitgleich mit der Information über die Maßnahme gemäß § 99 Abs. 1 durchgeführt wird).

– Das Recht zur vorläufigen Durchführung besteht auch dann noch, wenn der Betriebsrat frist- und formgerecht die **Zustimmung verweigert** hat (s. dazu § 99 Rn. 252). Unerheblich ist, ob der Arbeitgeber bereits das Zustimmungsersetzungsverfahren eingeleitet hat. Wenn dagegen das Arbeitsgericht den Antrag des Arbeitgebers auf Ersetzung der Zustimmung rechtskräftig abgelehnt hat, besteht auch nicht mehr die Möglichkeit, die geplante Personalmaßnahme vorläufig durchzuführen (ebenso *Fitting*, § 100 Rn. 3; GK-*Kraft*, § 100 Rn. 15). 6

b) Der Arbeitgeber ist anders als nach § 61 Abs. 2 Satz 2 BetrVG 1952 zur vorläufigen Durchführung nur berechtigt, wenn dies **aus sachlichen Gründen dringend erforderlich** ist (Abs. 1 Satz 1). Das Gesetz stellt also eine doppelte Einschränkung auf: Die vorläufige Maßnahme muss *dringend erforderlich* sein, und die dringende Erforderlichkeit muss aus *sachlichen Gründen* gegeben sein (vgl. *Richardi*, ZfA-Sonderheft 1972, 1, 17). Notwendig ist, dass zur **Sicherung eines ordnungsgemäßen betrieblichen Ablaufs** ein Arbeitsplatz besetzt werden muss (ebenso BAG 7. 11. 1977 AP BetrVG 1972 § 100 Nr. 1 [zust. *Richardi*]; zust. *Koller*, SAE 1978, 235). Bei der Einstellung genügt also nicht das allgemeine Interesse der Vertragsparteien, dass der Arbeitnehmer die Arbeit zum vereinbarten Zeitpunkt aufnimmt (ebenso *Adomeit*, DB 1971, 2360, 2361). Hierher gehören vielmehr die Fälle, dass zur Sicherung des Arbeitsablaufs Arbeitskräfte eingestellt werden müssen, dass für den Arbeitsplatz nur ein Bewerber in Betracht kommt, der den Arbeitsplatz nur bei sofortiger Entscheidung übernimmt, oder dass ein plötzlich ausgeschiedener oder verhinderter Arbeitnehmer ersetzt werden muss (vgl. ArbG Berlin 28. 11. 1973, DB 1974, 341; *Brecht*, § 100 Rn. 2; *Fitting*, § 100 Rn. 4; GK-*Kraft*, § 100 Rn. 12; GL-*Löwisch*, § 100 Rn. 4; HSWGNR-*Schlochauer*, § 100 Rn. 10; *Matthes*, MünchArbR, 2. Aufl., § 352 Rn. 124). Bei einer Versetzung wird es darauf ankommen, ob die Zuweisung eines anderen Arbeitsbereichs notwendig ist, um den Arbeitsablauf zu sichern (vgl. BAG 7. 11. 1977 AP BetrVG 1972 § 100 Nr. 1). Dabei spricht eine tatsächliche Vermutung dafür, dass bei einer kurzfristigen Versetzung eine dringende Notwendigkeit eher besteht als bei einer längerfristigen oder für Dauer geplanten Versetzung (ebenso GL-*Löwisch*, § 100 Rn. 5; HSWGNR-*Schlochauer*, § 100 Rn. 10; *Meisel*, Mitwirkung und Mitbestimmung in personellen Angelegenheiten, Rn. 364; a. A. DKK-*Kittner/Bachner*, § 100 Rn. 6, der den Arbeitgeber auf ein generelles Feststellungsverfahren verweisen will, wenn er glaubt, der Betriebsrat verhindere kurzfristige Versetzungen durch unbegründete Zustimmungsverweigerungen). 7

Keine Rolle spielt, ob der Arbeitgeber durch **Nachlässigkeit oder Versäumnis** verschuldet hat, dass er zur Sicherung der betrieblichen Notwendigkeit die Einstellung oder Versetzung vorläufig durchführen muss (ebenso GK-*Kraft*, § 100 Rn. 11; GL-*Löwisch*, § 100 Rn. 5a; HSWGNR-*Schlochauer*, § 100 Rn. 8; *Matthes*, MünchArbR, 2. Aufl., § 352 Rn. 124; a. A. *Fitting*, § 100 Rn. 4; DKK-*Kittner/Bachner*, § 100 Rn. 3; *Heinze*, Personalplanung, Rn. 364; ArbG Köln 2. 8. 1983 – 6 BV 171/83: Nicht ausreichend ist die Verpflichtung des Arbeitgebers zu einer Vertragsstrafe). Allerdings darf der Arbeitgeber nach instanzgerichtlicher Rechtsprechung sich nicht missbräuchlich selbst bewusst in Zugzwang setzen, um nach § 100 handeln zu können (LAG Hamm 6. 10. 2006 – 10 TaBV 23/06, juris). Ebenso ist unerheblich, ob der dringende betriebliche Grund **nachträglich wegfällt**. Entscheidend ist – entsprechend dem Wortlaut der Norm (Abs. 3 S. 1: „... nicht dringend erforderlich *war*...") allein der Zeitpunkt, zu dem die Maßnahme durchgeführt werden soll; die Maßnahme muss bei Wegfall der Dringlichkeit vor Ab- 8 schluss des Zustimmungsersetzungsverfahrens nicht rückgängig gemacht werden (BAG 6. 10. 1978 AP BetrVG 1972 § 99 Nr. 10; *Fitting,* § 100 Rn. 4; a. A. DKK-*Kittner/ Bachner,* § 100 Rn. 8 mit recht gedrechselter Wortlautinterpretation).

3. Aufklärungspflicht des Arbeitgebers gegenüber dem Arbeitnehmer

9 Der Arbeitgeber ist, wenn er eine personelle Maßnahme vorläufig durchführt, verpflichtet, den **Arbeitnehmer über die Sach- und Rechtslage aufzuklären** (Abs. 1 Satz 2). Die Aufklärung kann mündlich oder schriftlich geschehen. Sie muss dem betroffenen Arbeitnehmer den Sachverhalt zur Kenntnis geben, ihm also Auskunft darüber geben, ob der Betriebsrat bereits unterrichtet wurde und sich noch nicht geäußert hat oder ob er die Zustimmung bereits verweigert hat und auf welche Gründe die Zustimmungsverweigerung gestützt wird. Darüber hinaus muss der Arbeitgeber den betroffenen Arbeitnehmer auch über die Rechtslage belehren, also auf die Rechtsfolgen hinweisen, die bei einem Widerspruch des Betriebsrats möglicherweise eintreten, vor allem darauf, dass die vorläufige personelle Maßnahme mit Ablauf von zwei Wochen nach Rechtskraft einer für den Arbeitgeber negativen Entscheidung endet.

10 Die Aufklärung des Arbeitnehmers ist **keine Wirksamkeitsvoraussetzung für die vorläufige Durchführung** der personellen Maßnahme (ebenso *Fitting,* § 100 Rn. 7; HSWGNR-*Schlochauer,* § 100 Rn. 14; Jaeger/Röder/Heckelmann/*Lunk,* Kap. 24 Rn. 129; DKK-*Kittner/Bachner,* § 100 Rn. 17; *Adomeit,* DB 1971, 2360, 2361).

11 Die Aufklärungspflicht ist eine **Konkretisierung der dem Arbeitgeber obliegenden Pflicht,** den Arbeitnehmer über **alle Umstände zu unterrichten,** die der Übertragung des vertraglich vorgesehenen Arbeitsplatzes entgegenstehen. Klärt er ihn nicht über die Sach- und Rechtslage auf, so ist er ihm zum **Ersatz des Schadens** verpflichtet, den der Arbeitnehmer dadurch erleidet, dass er auf die Endgültigkeit der personellen Maßnahme vertraut. Die hier angeordnete Aufklärungspflicht ist eine Pflicht aus dem Arbeitsverhältnis. Zugleich erfüllt die Anordnung auch die Voraussetzungen eines Schutzgesetzes i. S. des § 823 Abs. 2 BGB, so dass auch ein Schadensersatzanspruch aus unerlaubter Handlung besteht (ebenso GK-*Kraft,* § 100 Rn. 20).

III. Beteiligung des Betriebsrats bei vorläufiger Durchführung personeller Maßnahmen

1. Unterrichtung durch den Arbeitgeber

12 Der Arbeitgeber hat den Betriebsrat unverzüglich **von der vorläufigen personellen Maßnahme** zu unterrichten (Abs. 2 Satz 1).

13 Diese Pflicht ist scharf **von der Unterrichtungspflicht in § 99 Abs. 1 zu unterscheiden** (ebenso GK-*Kraft,* § 100 Rn. 25; GL-*Löwisch,* § 100 Rn. 12; Jaeger/Röder/Heckelmann/*Lunk,* Kap. 24 Rn. 139; *Löwisch/Kaiser,* § 100, Rn. 4; *Matthes,* MünchArbR § 263 Rn. 94; HSWGNR-*Schlochauer,* § 100 Rn. 16; *Adomeit,* DB 1971, 2360, 2361; *Richardi,* ZfA-Sonderheft 1972, 1, 17 und DB 1973, 378, 383; unklar *Fitting,* § 100 Rn. 5; offen gelassen LAG Rheinland-Pfalz 13. 12. 2006 – 9 TaBV 44/06, juris). Der Arbeitgeber muss den Betriebsrat von der vorläufigen Maßnahme unterrichten, auch wenn er ihn bereits nach § 99 Abs. 1 informiert hat (vgl. BAG 7. 11. 1977 AP BetrVG 1972 § 100 Nr. 1). Andererseits ersetzt die Unterrichtung über die Durchführung einer vorläufigen Maßnahme nicht die nach § 99 Abs. 1 erforderliche Unterrichtung; sie können aber miteinander verbunden werden, wenn die vorläufige Maßnahme notwendig ist, bevor der Betriebsrat nach § 99 Abs. 1 unterrichtet werden kann, es sich also um einen Eilfall handelt (ebenso GK-*Kraft,* § 100 Rn. 25; GL-*Löwisch,* § 100 Rn. 12; *Löwisch/Kaiser,* § 100, Rn. 4; HSWGNR-*Schlochauer,* § 100 Rn. 16).

III. Betriebsratsbeteiligung bei vorläufiger Durchführung   § 100

Die Unterrichtung hat **unverzüglich**, d. h. ohne schuldhaftes Zögern (§ 121 BGB), zu 14
erfolgen. Nach Möglichkeit hat sie noch vor der Durchführung der personellen Maßnahme zu geschehen. Das Gesetz verlangt hier aber nicht, dass dem Betriebsrat vor Durchführung der Maßnahme Gelegenheit gegeben wird, zu deren Dringlichkeit besonders Stellung zu nehmen, sondern der Arbeitgeber kann, wenn es ein Eilfall gebietet, den Betriebsrat auch noch nachträglich informieren (ebenso BAG 7. 11. 1977 AP BetrVG 1972 § 100 Nr. 1).

Für die Unterrichtung ist **keine besondere Form** vorgeschrieben; sie kann schriftlich 15
oder mündlich erfolgen. Die Erklärung ist an den Vorsitzenden des Betriebsrats oder im Fall seiner Verhinderung an seinen Stellvertreter zu richten (§ 26 Abs. 3 Satz 2; s. auch § 99 Rn. 154 und 163). Aus ihr muss sich ergeben, weshalb der Arbeitgeber die vorläufige Einstellung oder Versetzung für dringend erforderlich hält. Nur nach einer entsprechenden Information kann der Betriebsrat die Entscheidung gemäß § 100 Abs. 2 S. 2 fundiert treffen (Hessisches LAG 2. 12. 2008 - 4 TaBV 193/08, juris; LAG Hamm 16. 5. 2008 - 10 TaBV 123/07, juris).

2. Verhalten des Betriebsrats

Nach Unterrichtung durch den Arbeitgeber stehen dem Betriebsrat **folgende Möglich-** 16
keiten offen: Er kann, wenn der Arbeitgeber auch der Unterrichtungspflicht nach § 99 Abs. 1 genügt hat, der personellen Maßnahme zustimmen, so dass die Einstellung oder Versetzung *endgültig* durchgeführt ist. Hat er seine Zustimmung verweigert oder will er sie noch verweigern, so kann er anerkennen, dass die vorläufige Durchführung der personellen Maßnahme aus sachlichen Gründen dringend erforderlich ist (s. Rn. 19 ff.). Schließlich kann er bestreiten, dass die Maßnahme aus sachlichen Gründen dringend erforderlich ist (s. Rn. 17 f.).

a) **Bestreitet der Betriebsrat,** dass die Maßnahme **aus sachlichen Gründen dringend** 17
erforderlich ist, so hat er dies dem Arbeitgeber unverzüglich mitzuteilen (Abs. 2 Satz 2). Dieser Widerspruch richtet sich nur dagegen, dass der Arbeitgeber den Arbeitnehmer vorläufig einstellt oder versetzt, ist also streng **von der Zustimmungsverweigerung zu unterscheiden,** die der Betriebsrat nach § 99 Abs. 3 Satz 1 erklärt (ebenso *Fitting,* § 100 Rn. 10; GK-*Kraft,* § 100 Rn. 30).

Für den Widerspruch gegen die vorläufige personelle Maßnahme setzt das Gesetz 18
keine starre Frist, sondern fordert **unverzügliche Mitteilung,** d. h. der Betriebsrat muss ohne schuldhaftes Zögern Einwendungen gegen die vorläufige Maßnahme erheben. Eine besondere Form ist nicht vorgeschrieben, sondern es genügt, wenn der Betriebsrat bestreitet, dass die vorläufige Durchführung der personellen Maßnahme aus sachlichen Gründen dringend erforderlich ist. Der Widerspruch erlischt aber, wenn der Arbeitgeber das Mitbestimmungsverfahren nach § 99 Abs. 1 ordnungsgemäß eingeleitet hat und der Betriebsrat ihm die Verweigerung seiner Zustimmung nicht frist- und formgerecht mitgeteilt hat; denn in diesem Fall gilt nach Ablauf der für die Erteilung der Zustimmung vorgesehene Frist die Zustimmung als erteilt (§ 99 Abs. 3 Satz 2). Damit steht zugleich fest, dass die vorläufig durchgeführte Einstellung oder Versetzung endgültig ist.

b) Erhebt der Betriebsrat **gegen die vorläufige personelle Maßnahme keine Einwen-** 19
dungen oder macht er sie nicht rechtzeitig geltend, so kann der Arbeitgeber die vorläufige personelle Maßnahme durchführen bzw. aufrechterhalten. Das gilt auch, wenn der Betriebsrat seine Zustimmung zu der personellen Maßnahme nach § 99 Abs. 3 Satz 1 verweigert hat oder noch verweigern will (ebenso LAG Hamm 29. 3. 1976, EzA § 99 BetrVG 1972 Nr. 10). Die vorläufige Maßnahme bleibt bestehen, bis das Arbeitsgericht im Beschlussverfahren rechtskräftig entschieden hat, ob der Betriebsrat zu Recht seine Zustimmung verweigert hat.

Bestreitet der Betriebsrat nicht die Erforderlichkeit der vorläufigen Maßnahme, ver- 20
weigert er aber nach § 99 Abs. 3 Satz 1 die Zustimmung zu ihrer endgültigen Durch-

führung, so gibt es keine Bestimmung, die den Arbeitgeber zwingt, innerhalb einer Frist das Zustimmungsersetzungsverfahren durchzuführen. Demnach wäre es möglich, dass eine lediglich vorläufige personelle Maßnahme ohne zeitliche Begrenzung aufrechterhalten bleibt. Das Gesetz enthält insoweit aber eine Regelungslücke, die sich nur durch eine analoge Anwendung des § 101 schließen lässt (ebenso GL-*Löwisch*, § 100 Rn. 15). Der Verzicht auf den Widerspruch gegen die vorläufige Maßnahme führt nämlich nicht zum Verlust des Mitbestimmungsrechts. Der Betriebsrat kann deshalb im Mitbestimmungssicherungsverfahren nach § 101 verlangen, dass die personelle Maßnahme aufgehoben wird, wenn der Arbeitgeber nicht das Zustimmungsersetzungsverfahren durchführt (ebenso LAG Hamm, EzA § 99 BetrVG 1972 Nr. 10; GK-*Kraft*, § 100 Rn. 31; GL-*Löwisch*, § 100 Rn. 15; HSWGNR-*Schlochauer*, § 100 Rn. 23). Leitet der Arbeitgeber jedoch, nachdem der Betriebsrat den Antrag nach § 101 gestellt hat, das Zustimmungsersetzungsverfahren ein, so erledigt sich dadurch das Mitbestimmungssicherungsverfahren, weil der Arbeitgeber berechtigt ist, die vorläufige Maßnahme aufrecht zu erhalten.

21 Hatte der Arbeitgeber bei Durchführung der vorläufigen personellen Maßnahme den Betriebsrat noch nicht nach § 99 Abs. 1 unterrichtet, so hat er dies nachzuholen. Der Betriebsrat kann ebenfalls in entsprechender Anwendung des § 101 verlangen, dass die personelle Maßnahme aufgehoben wird, wenn der Arbeitgeber es unterlässt, ihn ordnungsgemäß zu beteiligen. Sobald dies geschieht, ist aber dem Mitbestimmungsrecht Genüge getan. Die personelle Maßnahme bleibt als vorläufige Maßnahme aufrecht erhalten, weil der Betriebsrat insoweit keine Einwendungen geltend gemacht hat.

IV. Anrufung des Arbeitsgerichts

22 Protestiert der Betriebsrat gegen die vorläufige Maßnahme, so darf der Arbeitgeber sie **nur aufrecht erhalten**, wenn er **innerhalb von drei Tagen beim Arbeitsgericht beantragt**:
(1) die Ersetzung **der Zustimmung des Betriebsrats** zur (endgültigen) Einstellung oder Versetzung und
(2) die Feststellung, dass die **vorläufige Durchführung** dieser personellen Maßnahme **aus sachlichen Gründen dringend erforderlich** war (Abs. 2 Satz 3).

1. Notwendigkeit einer doppelten Antragstellung

23 Nach Abs. 2 Satz 3 muss der Arbeitgeber den **Zustimmungsersetzungsantrag** und den **Feststellungsantrag** stellen.

24 Der **Zustimmungsersetzungsantrag** bezieht sich nicht auf die vorläufige Durchführung der personellen Maßnahme, sondern ist **mit dem in § 99 Abs. 4 genannten Antrag auf Ersetzung der Zustimmung des Betriebsrats** zur (endgültigen) Einstellung oder Versetzung **identisch** (ebenso BAG 15. 9. 1987 AP BetrVG 1972 § 99 Nr. 46; *Fitting*, § 100 Rn. 11; GL-*Löwisch*, § 100 Rn. 18; HSWGNR-*Schlochauer*, § 100 Rn. 27; *Matthes*, MünchArbR § 263 Rn. 100; *Richardi*, DB 1973, 378, 383; a. A. GK-*Kraft*, § 100 Rn. 35). Für die vorläufige Durchführung der personellen Maßnahme benötigt der Arbeitgeber nämlich nicht die Zustimmung des Betriebsrats, sondern er ist zu ihr allein berechtigt, wenn sie aus sachlichen Gründen dringend erforderlich ist.

25 Das **Gebot der doppelten Antragstellung** zwingt den Arbeitgeber, reinen Tisch zu machen; er kann sich nicht darauf beschränken, letztlich vollendete Tatsachen dadurch zu schaffen, dass er den Streit nur auf die Vorläufigkeit der Maßnahme beschränkt und die Frage, ob der Betriebsrat einen Zustimmungsverweigerungsgrund hat, in der Schwebe lässt. **Mit dem Beschlussverfahren über die vorläufige Durchführung** der personellen Maßnahme ist das **Zustimmungsersetzungsverfahren nach § 99 Abs. 4 zu verbinden** (ebenso BAG 15. 9. 1987 AP BetrVG 1972 § 99 Nr. 46; *Fitting*, § 100 Rn. 11; GL-*Löwisch*, § 100 Rn. 18; *Löwisch/Kaiser*, § 100, Rn. 6; HSWGNR-*Schlochauer*, § 100

IV. Anrufung des Arbeitsgerichts § 100

Rn. 27; a. A. GK-*Kraft*, § 100 Rn. 34 ff., der jedoch selbst zugibt, dass die doppelte Antragstellung nicht recht verständlich sei [so Rn. 38]; sie wird aber verständlich, wenn man den Antrag auf Ersetzung der Zustimmung des Betriebsrats nicht wie er auf die vorläufige Durchführung der personellen Maßnahme, sondern auf die Ersetzung der Zustimmung nach § 99 Abs. 4 bezieht; s. Rn. 24).

Der Gesetzestext geht davon aus, dass der Betriebsrat seine Zustimmung zur vorgesehenen Einstellung oder Versetzung bereits nach § 99 Abs. 3 Satz 1 verweigert, der Arbeitgeber aber noch nicht nach § 99 Abs. 4 das Zustimmungsersetzungsverfahren eingeleitet hat. Hat dagegen der Arbeitgeber die vorläufige Maßnahme erst durchgeführt, nachdem er bereits nach § 99 Abs. 4 das Arbeitsgericht angerufen hatte, so genügt selbstverständlich der Antrag auf Feststellung, dass die Durchführung der personellen Maßnahme aus sachlichen Gründen dringend erforderlich war; aber auch dieser Antrag muss innerhalb von drei Tagen beim Arbeitsgericht eingehen (ebenso HSWGNR-*Schlochauer*, § 100 Rn. 29). **26**

2. Antragsfrist

a) Der Arbeitgeber darf die vorläufige Einstellung oder Versetzung nur aufrechterhalten, wenn er innerhalb von **drei Tagen** das Beschlussverfahren vor dem Arbeitsgericht einleitet. Die Frist ist eine **Ausschlussfrist** (ebenso *Matthes*, MünchArbR § 263 Rn. 99; *Fitting*, § 100 Rn. 12; DKK-*Kittner/Bachner*, § 100 Rn. 28, 30). Sie beginnt nach § 187 BGB mit dem Tag, an dem die Mitteilung des Betriebsrats ihm zugeht, diesen Tag nicht mitgerechnet. Der Antrag des Arbeitgebers muss innerhalb der Dreitagesfrist beim Arbeitsgericht eingehen. Da das Gesetz nicht auf Arbeits- oder Werktage abstellt, ist davon auszugehen, dass es sich um Kalendertage handelt (ebenso HSWGNR-*Schlochauer*, § 100 Rn. 26). Das ist vor allem von Bedeutung, wenn der Widerspruch gegen die vorläufige personelle Maßnahme am Freitag zugeht; denn dann läuft die Frist bereits am Montag ab, so dass der Arbeitgeber gezwungen wird, schnell eine Entscheidung zu treffen. Ist der letzte Tag der Frist ein Samstag, Sonntag oder ein gesetzlicher Feiertag, so verlängert sich die Frist bis zum Ablauf des nächsten Werktages (§ 193 BGB). Die Ausschlussfrist ist auch einzuhalten wenn die vorläufige Einstellung und Versetzung erst zu einem späteren Zeitpunkt vorgesehen ist. Das Gesetz geht davon aus, dass der Zustimmungsersetzungsantrag und der Feststellungsantrag gleichzeitig gestellt werden. **27**

b) Führt der Arbeitgeber die **vorläufige personelle Maßnahme** durch, **bevor der Betriebsrat sich geäußert** hat, so kann der Arbeitgeber den Zustimmungsersetzungsantrag erst stellen, wenn der Betriebsrat die Zustimmung rechtswirksam verweigert hat; denn die wirksame Zustimmungsverweigerung ist für den Antrag eine Zulässigkeitsvoraussetzung (s. § 99 Rn. 284). Der Arbeitgeber kann deshalb diesen Antrag nicht stellen, wenn der Betriebsrat nur die Dringlichkeit der personellen Maßnahme nach Abs. 2 Satz 2 bestreitet, aber die Zustimmung noch nicht verweigert hat, sei es, weil der Arbeitgeber ihn noch nicht nach § 99 Abs. 1 unterrichtet hat, sei es, dass die für die Zustimmungserteilung maßgebliche Wochenfrist noch nicht abgelaufen ist. Das Gebot der doppelten Antragstellung entbindet nicht von der Zulässigkeitsvoraussetzung einer rechtswirksamen Zustimmungsverweigerung für den Antrag auf Ersetzung der Zustimmung, weil sonst dem Betriebsrat aus der Hand genommen wird, den Streitgegenstand des Zustimmungsersetzungsverfahrens festzulegen (ebenso GL-*Löwisch*, § 100 Rn. 19; HSWGNR-*Schlochauer*, § 100 Rn. 27; *Matthes*, MünchArbR § 263 Rn. 104). **28**

Der **Widerspruch gegen die Dringlichkeit** der personellen Maßnahme **ersetzt** deshalb auch **nicht die Zustimmungsverweigerung** nach § 99 Abs. 3 Satz 1 (*Fitting*, § 100 Rn. 10; GL-*Löwisch*, § 100 Rn. 19; *Stege/Weinspach/Schiefer*, §§ 99–101 Rn. 120; *Meisel*, Mitwirkung und Mitbestimmung in personellen Angelegenheiten, Rn. 270). Der Arbeitgeber ist aber, wenn der Betriebsrat die Dringlichkeit der personellen Maßnahme bestreitet, gleichwohl verpflichtet, das Arbeitsgericht innerhalb von drei Tagen anzuru- **29**

§ 100   Vorläufige personelle Maßnahmen

fen, kann in diesem Fall jedoch zunächst nur den *Feststellungsantrag* stellen, muss dann aber, wenn er die vorläufige Maßnahme aufrechterhalten will, den *Zustimmungsersetzungsantrag* nachschieben, wobei auch insoweit die Frist von drei Tagen – hier allerdings nach der Zustimmungsverweigerung – einzuhalten ist (ebenso *Matthes,* MünchArbR § 263 Rn. 104, der bei Rn. 105 sogar der Ansicht ist, dass auch die Frist für den Feststellungsantrag erst mit der Zustimmungsverweigerung nach § 99 Abs. 3 Satz 1 beginnt).

30   Hatte der Arbeitgeber bei der vorläufigen Durchführung der personellen Maßnahme den **Betriebsrat noch nicht nach § 99 Abs. 1 beteiligt,** so entbindet die Anrufung des Arbeitsgerichts ihn nicht von dieser Pflicht. Erfüllt er sie nicht, so kann der Betriebsrat nach § 101 verlangen, dass die **personelle Maßnahme aufgehoben** wird. Trotz Anrufung des Arbeitsgerichts darf deshalb der Arbeitgeber die vorläufige personelle Maßnahme nur aufrechterhalten, wenn er seine betriebsverfassungsrechtliche Pflicht zur Beteiligung des Betriebsrats erfüllt.

31   c) Hat der Arbeitgeber den **Betriebsrat nach § 99 Abs. 1 beteiligt** und stimmt dieser der personellen Maßnahme zu oder gilt die Zustimmung nach § 99 Abs. 3 Satz 2 als erteilt, so steht damit fest, dass der Arbeitgeber die personelle Maßnahme endgültig aufrecht erhalten darf. Das Verfahren über den Feststellungsantrag hat sich damit erledigt (s. Rn. 41). Erklärt der **Betriebsrat** aber rechtswirksam seine **Zustimmungsverweigerung,** so entfaltet ihm das Gebot der doppelten Antragstellung seine Bedeutung: Der Arbeitgeber muss im Beschlussverfahren den Antrag auf Ersetzung der Zustimmung nachreichen und damit das Zustimmungsersetzungsverfahren einleiten (ebenso GL-*Löwisch,* § 100 Rn. 19; HSWGNR-*Schlochauer,* § 100 Rn. 27; *Stege/Weinspach/Schiefer,* §§ 99–101 Rn. 118). Unterbleibt dies, so kann nämlich der Betriebsrat verlangen, dass die personelle Maßnahme aufgehoben wird.

3. Rechtsfolgen bei einem Verstoß gegen das Gebot der doppelten Antragstellung

32   Hat der Arbeitgeber **nur** den **Zustimmungsersetzungsantrag** gestellt, so ist die **Aufrechterhaltung der vorläufigen personellen Maßnahme betriebsverfassungswidrig** und kann dazu führen, dass das Arbeitsgericht auf Antrag des Betriebsrats dem Arbeitgeber die Aufrechterhaltung der personellen Maßnahme verbietet (§ 101). Das Arbeitsgericht darf aber den Antrag des Arbeitgebers auf Ersetzung der Zustimmung des Betriebsrats nicht deshalb als unzulässig zurückweisen, weil der Feststellungsantrag fehlt; denn es handelt sich um zwei verschiedene Streitgegenstände. Das Arbeitsgericht muss vielmehr, sofern die Zustimmungsverweigerung vorliegt, eine materielle Entscheidung darüber treffen, ob ein Zustimmungsverweigerungsgrund vorliegt.

33   Beantragt der Arbeitgeber dagegen **lediglich** die **Feststellung,** dass die vorläufige personelle Maßnahme aus sachlichen Gründen dringend erforderlich war, so kommt es darauf an, ob er den Antrag auf Ersetzung der Zustimmung bereits stellen kann (s. Rn. 28). Liegt eine Zustimmungsverweigerung des Betriebsrats vor, so darf der Arbeitgeber die vorläufige personelle Maßnahme, auch wenn sie aus sachlichen Gründen dringend erforderlich ist, nicht aufrecht erhalten, wenn er es versäumt, mit dem Feststellungsantrag den Antrag auf Ersetzung der Zustimmung des Betriebsrats zu stellen oder ihn, sobald die Zustimmungsverweigerung des Betriebsrats vorliegt, nachzureichen. Der Feststellungsantrag **des Arbeitgebers** ist deshalb wegen fehlenden Rechtsschutzbedürfnisses als **unzulässig abzuweisen** (ebenso BAG 15. 9. 1987 AP BetrVG 1972 § 99 Nr. 46).

4. Rechtsfolgen bei Versäumung der Antragsfrist

34   Wenn der Arbeitgeber es versäumt, das Arbeitsgericht innerhalb von drei Tagen anzurufen, darf er die **vorläufige personelle Maßnahme nicht mehr aufrecht erhalten.**

Die Fristversäumung hat aber nicht nur materiellrechtliche, sondern auch **prozessuale Bedeutung**. Sie betrifft insoweit aber **nur** den **Feststellungsantrag**, nicht den Zustimmungsersetzungsantrag.

V. Entscheidung des Arbeitsgerichts

1. Zweck des Beschlussverfahrens

Zweck des Beschlussverfahrens, das der Arbeitgeber nach Abs. 2 Satz 3 einleiten muss, ist die **Sicherung der Mitbestimmung**, nachdem die personelle Maßnahme bereits durchgeführt ist. Deshalb geht es um die **Berechtigung des Arbeitgebers zur Aufrechterhaltung der vorläufigen Einstellung oder Versetzung**. Neben dem Zustimmungsersetzungsantrag verlangt das Gesetz den Feststellungsantrag, beschränkt bei ihm aber die Prüfung des Arbeitsgerichts auf die Feststellung, ob die Durchführung der vorläufigen Maßnahme *offensichtlich* nicht dringend erforderlich war. Der Streit über die Berechtigung zur vorläufigen Durchführung der personellen Maßnahme wird insoweit *summarisch* entschieden, damit die vorläufige Maßnahme schon vor der Beendigung des Zustimmungsersetzungsverfahrens ihr Ende finden kann, wenn sie offensichtlich nicht erforderlich war (ebenso BAG 18. 10. 1988 AP BetrVG 1972 § 100 Nr. 4). 35

2. Zeitliche Reihenfolge der Entscheidung über die Anträge

Das **Gesetz regelt nicht,** in welcher **zeitlichen Reihenfolge** das Arbeitsgericht über die Anträge zu entscheiden hat. Trifft es aber über den Zustimmungsersetzungsantrag eine Entscheidung, so steht damit zugleich fest, ob der Arbeitgeber berechtigt ist, die personelle Maßnahme aufrecht zu erhalten. Ersetzt es nämlich die Zustimmung des Betriebsrats, so kann der Arbeitgeber die personelle Maßnahme mit Rechtskraft der Entscheidung endgültig durchführen. Lehnt es dagegen die Ersetzung ab, so endet die vorläufige personelle Maßnahme mit Ablauf von zwei Wochen nach Rechtskraft der Entscheidung (Abs. 3 Satz 1). Eine nachträgliche oder auch gleichzeitige Entscheidung über den Feststellungsantrag hätte deshalb nur für die Vergangenheit Bedeutung. Da der Arbeitgeber aber schon berechtigt ist, die vorläufige personelle Maßnahme aufrechtzuerhalten, wenn er nach Abs. 2 Satz 3 das Arbeitsgericht anruft, hat sich der Feststellungsantrag erledigt (ebenso BAG 19. 6. 1984 AP ZA-Nato-Truppenstatut Art. 72 Nr. 1; 18. 10. 1988 E 60, 66, 69 f. = AP BetrVG 1972 § 100 Nr. 4; BAG 26. 10. 2004 AP BetrVG 1972 § 99 Nr. 41 Versetzung; BAG 16. 11. 2004 AP BetrVG 1972 § 99 Nr. 44; BAG 14. 12. 2004 AP BetrVG 1972 § 99 Nr. 122; BAG 25. 1. 2005 AP BetrVG 1972 § 99 Einstellung Nr. 48; BAG 16. 1. 2007 AP BetrVG 1972 § 99 Einstellung Nr. 52 ; BAG 10. 3. 2009, NZA 2009, 622). 36

Zum Teil wird hiergegen eingewandt, dies führe dazu, dass eine zu Unrecht erfolgte und aufzuhebende vorläufige Maßnahme ohne Sanktion bleibt (DKK-*Kittner/Bachner*, § 100 Rn. 36; *Lahusen*, NZA 1989, 869; *Misera*, SAE 1980, 106). Dies entspricht jedoch nicht der Konzeption des Gesetzes: Befolgt der Arbeitgeber das Verfahren nach Abs. 2 Satz 3, dann ist er nach dem Wortlaut der Norm für diesen Zeitraum berechtigt, die vorläufige Maßnahme aufrecht zu erhalten, unabhängig davon, ob ein dringendes Erfordernis vorgelegen hat (BAG 16. 11. 2004 AP BetrVG 1972 § 99 Nr. 44; BAG 14. 12. 2004 AP BetrVG 1972 § 99 Nr. 122) – ebenso wie der Betriebsrat bei Nichteinhaltung des Verfahrens unabhängig von der Dringlichkeit der Maßnahme nach § 101 vorgehen kann. Der Feststellungsantrag ist schon deshalb relevant nur für die Zukunft nach Entscheidung durch das Gericht (im Ergebnis wie hier GK-*Kraft*, § 100 Rn. 43). Die Vorstellung, als Sanktion einer offensichtlich fehlenden Dringlichkeit soll dem Arbeitgeber endgültig die Maßnahme verwehrt bleiben (*Fitting*, § 100 Rn. 15), ist 36 a interessenwidrig und findet im Gesetz keine Stütze (BAG 26. 10. 2004 AP BetrVG 1972 § 99 Nr. 41 Versetzung).

37 Der **Zweck des Feststellungsantrags** besteht deshalb vor allem darin, dass noch vor Entscheidung über die Ersetzung der Zustimmung des Betriebsrats geklärt wird, ob die Dringlichkeit die vorläufige Durchführung der personellen Maßnahme ohne Zustimmung des Betriebsrats rechtfertigt. Das gilt nicht nur für den Fall, dass der Arbeitgeber zunächst nur den Feststellungsantrag stellen kann (s. Rn. 29), sondern auch für den Fall, dass beide Anträge gestellt sind. Das Arbeitsgericht kann über den Feststellungsantrag eine **Vorabentscheidung** treffen, wenn *offensichtlich* ist, dass der Arbeitgeber kein Recht zur vorläufigen Durchführung der personellen Maßnahme hat. Das Beschlussverfahren beschränkt sich dann ausschließlich auf die Ersetzung der Zustimmung des Betriebsrats.

3. Streitgegenstand des Feststellungsantrags

38 Streitgegenstand des Feststellungsantrags ist das **Recht des Arbeitgebers auf vorläufige Durchführung der personellen Maßnahme** (BAG 10. 3. 2009, NZA 2009, 622). Eine Entscheidung über den Feststellungsantrag führt aber nur zur Beendigung der vorläufigen personellen Maßnahme und zum Verbot ihrer Aufrechterhaltung, wenn das Arbeitsgericht rechtskräftig feststellt, dass *offensichtlich* die Maßnahme aus sachlichen Gründen nicht dringend erforderlich war (Abs. 3 Satz 1). Prozessual folgt daraus, dass das Arbeitsgericht den Feststellungsantrag durch eine Vorabentscheidung nur zurückweisen kann, wenn offensichtlich ist, dass die vorläufige Durchführung der personellen Maßnahme aus sachlichen Gründen nicht dringend erforderlich war.

39 **Offensichtlichkeit** liegt vor, wenn keiner besonderen Aufklärung bedarf, dass eine Dringlichkeit für die Durchführung der personellen Maßnahme nicht gegeben war. Da der Zusatz der Offensichtlichkeit bei der gesetzlichen Umschreibung des Antrags, den der Arbeitgeber nach Abs. 2 Satz 3 zu stellen hat, fehlt, wird die Auffassung vertreten, dass der Betriebsrat einen auf das Erfordernis der Offensichtlichkeit erweiterten Gegenantrag stellen muss (so *Adomeit*, DB 1971, 2360, 2361). Dies ist aber keineswegs erforderlich (ebenso ArbG Berlin 28. 11. 1973, DB 1974, 342; *Fitting*, § 100 Rn. 8; HSWGNR-*Schlochauer*, § 100 Rn. 34; *Stahlhacke*, BlStSozArbR 1972, 51, 57; *Richardi*, DB 1973, 378, 384). Das Arbeitsgericht hat auch nicht zwei Entscheidungsmöglichkeiten mit unterschiedlicher Rechtswirkung auf den Bestand der vorläufigen personellen Maßnahme (so *Stahlhacke*, a. a. O.), sondern es kann den Antrag des Arbeitgebers überhaupt nur abweisen, wenn offensichtlich die Maßnahme aus sachlichen Gründen nicht dringend erforderlich war (vgl. auch *Richardi*, a. a. O.; zust. ArbG Berlin 28. 11. 1973, DB 1974, 342).

40 Kommt das Arbeitsgericht zu dem Ergebnis, dass offensichtlich die Maßnahme aus sachlichen Gründen nicht dringend erforderlich war, so genügt wegen der Rechtsfolgenanordnung in Abs. 3 Satz 1 nicht die bloße Abweisung des Feststellungsantrags, sondern das Arbeitsgericht muss im Tenor seiner Entscheidung ausdrücklich die **Feststellung** treffen, **dass die vorläufige Maßnahme offensichtlich aus sachlichen Gründen nicht dringend erforderlich war** (so BAG 18. 10. 1988 AP BetrVG 1972 § 100 Nr. 4 [kritisch *Sundermann*]; *Matthes*, MünchArbR § 263 Rn. 108).

Zur Besonderheit dass **nacheinander eingeleitete Zustimmungsersetzungsverfahren**, auch wenn sie die Versetzung desselben Arbeitnehmers auf denselben Arbeitsplatz betreffen, nicht denselben Verfahrensgegenstand haben BAG 16. 1. 2007 AP BetrVG 1972 § 99 Einstellung Nr. 52.

4. Nachträgliche Zustimmung des Betriebsrats zur personellen Maßnahme – Ausscheiden des Arbeitnehmers aus dem Betrieb

41 Stimmt der Betriebsrat der personellen Maßnahme zu, so wird der Zustimmungsersetzungsantrag, damit aber auch der Feststellungsantrag gegenstandslos; das Verfahren ist

VI. Beendigung der vorläufigen personellen Maßnahme § 100

für erledigt zu erklären (vgl. dazu § 83a ArbGG). Hatte der Arbeitgeber nur den Feststellungsantrag gestellt, weil eine Zustimmungsverweigerung des Betriebsrats noch nicht vorlag (s. Rn. 29), so erledigt sich der Antrag, wenn der Betriebsrat trotz des Widerspruchs gegen die vorläufige personelle Maßnahme nicht innerhalb der Wochenfrist nach Unterrichtung durch den Arbeitgeber die Zustimmung zu der personellen Maßnahme verweigert; denn in diesem Fall gilt die Zustimmung als erteilt (§ 99 Abs. 3 Satz 2; s. auch Rn. 31).

Beantragt der Arbeitgeber gemäß Abs. 4 die Ersetzung der Zustimmung des Betriebsrats und erklärt er das Beschlussverfahren für erledigt, weil **der Arbeitnehmer im Laufe des Beschlussverfahrens aus dem Betrieb ausgeschieden** ist, dann ist das Verfahren auch dann einzustellen, wenn der Betriebsrat der Erledigung widerspricht (BAG 10. 2. 1999 AP ArbGG 1979 § 83a Nr. 5 für die Eingruppierung).   41a

5. Rechtsmittel

Der Beschluss des Arbeitsgerichts ist mit der **Beschwerde** anfechtbar (§ 87 ArbGG). Eine **Vorabentscheidung** über den Feststellungsantrag ist eine **selbständig anfechtbare Teilentscheidung** (§§ 80 Abs. 2, 46 Abs. 2 ArbGG i.V. mit § 301 ZPO; ebenso GL-*Löwisch*, § 100 Rn. 21; *Matthes*, MünchArbR § 263, Rn. 109; *Dütz*, ZfA 1972, 247, 254). Die Beschwerdefrist und die Frist für die Beschwerdebegründung betragen je einen Monat (§ 87 Abs. 2 i.V. mit § 66 Abs. 1 ArbGG). Der Beschluss erlangt Rechtskraft nach Ablauf der Beschwerdefrist, wenn die Beteiligten nicht vorher auf die Einlegung der Beschwerde verzichten. Beteiligt ist hier nicht der Arbeitnehmer, um den der Streit geht (s. auch § 99 Rn. 278).   42

Wird Beschwerde eingelegt und entscheidet das Landesarbeitsgericht, so findet die **Rechtsbeschwerde** an das Bundesarbeitsgericht statt, wenn sie in dem Beschluss des Landesarbeitsgerichts oder auf Grund einer Nichtzulassungsbeschwerde durch das Bundesarbeitsgericht zugelassen wird (§ 92 Abs. 1 Satz 1 ArbGG). Die Rechtsbeschwerdefrist und die Frist für die Nichtzulassungsbeschwerde betragen ebenfalls einen Monat (§ 92 Abs. 2 i.V. mit § 74 Abs. 1, § 92a Satz 2 i.V. mit § 72a Abs. 2 ArbGG). Da auch bei Nichtzulassung der Rechtsbeschwerde durch das Landesarbeitsgericht die Unanfechtbarkeit des Beschlusses erst feststeht, wenn nicht innerhalb eines Monats die Nichtzulassungsbeschwerde eingelegt worden ist, wird ein Beschluss des Landesarbeitsgerichts ebenfalls erst nach Ablauf eines Monats rechtskräftig, wenn die Beteiligten nicht vorher auf die Einlegung der Rechtsbeschwerde bzw. Nichtzulassungsbeschwerde verzichten. Der Beschluss des Bundesarbeitsgerichts hat dagegen bereits mit Verkündung oder Zustellung Rechtskraft.   43

VI. Beendigung der vorläufigen personellen Maßnahme und Verbot ihrer tatsächlichen Aufrechterhaltung

1. Beendigungswirkung kraft Gesetzes

Lehnt das Gericht durch rechtskräftige Entscheidung die Ersetzung der Zustimmung des Betriebsrats ab oder stellt es rechtskräftig fest, dass offensichtlich die Maßnahme aus sachlichen Gründen nicht dringend erforderlich war, so **endet** die vorläufige personelle Maßnahme **mit Ablauf von zwei Wochen nach Rechtskraft der Entscheidung** (Abs. 3 Satz 1). Von diesem Zeitpunkt an darf die personelle Maßnahme nicht aufrechterhalten werden (Abs. 3 Satz 2). Diese Rechtsfolgen werden nicht im Beschluss des Arbeitsgerichts ausgesprochen, sondern sie treten **kraft Gesetzes** ein. Hält der Arbeitgeber gleichwohl die vorläufige personelle Maßnahme aufrecht, so kann der Betriebsrat im Mitbestimmungssicherungsverfahren nach § 101 verlangen, dass die personelle Maßnahme aufgehoben wird.   44

45 Die Beendigungswirkung tritt auch ein, wenn das Arbeitsgericht durch Teilbeschluss rechtskräftig **feststellt, dass offensichtlich die Maßnahme aus sachlichen Gründen nicht dringend erforderlich** war. Das gilt aber nur, wenn die Zustimmung des Betriebsrats zu der personellen Maßnahme nicht erteilt oder durch rechtskräftigen Beschluss des Arbeitsgerichts ersetzt ist.

46 Ersetzt das Arbeitsgericht die **Zustimmung des Betriebsrats**, weil ein Zustimmungsverweigerungsgrund nicht vorliegt, so ist der Arbeitgeber bei Rechtskraft der Entscheidung betriebsverfassungsrechtlich berechtigt, die personelle Maßnahme endgültig aufrechtzuerhalten. Das gilt auch, wenn das Arbeitsgericht zugleich feststellt, dass die vorläufige Maßnahme offensichtlich aus sachlichen Gründen nicht dringend erforderlich war (ebenso BAG 19. 6. 1984 AP ZA-Nato-Truppenstatut Art. 72 Nr. 1; s. auch Rn. 36).

2. Beendigungswirkung mit Ablauf von zwei Wochen nach Rechtskraft

47 Das Gesetz sieht für den Eintritt der Rechtsfolgen eine **Frist von zwei Wochen nach Rechtskraft** der Entscheidung vor. Es orientiert sich insoweit an §§ 62, 63 BetrVG 1952. Nach diesen Bestimmungen endete, wenn das Arbeitsgericht den Einspruch des Betriebsrats gegen die personelle Maßnahme für begründet hielt, das vorläufige Arbeitsverhältnis spätestens vierzehn Tage nach der Rechtskraft des Beschlusses; Umgruppierungen und Versetzungen galten mit Ablauf dieser Frist als rückgängig gemacht. Allein aus dieser Herkunft erklärt sich, dass das Gesetz die Frist auch einräumt, wenn das Arbeitsgericht rechtskräftig feststellt, dass offensichtlich die Maßnahme aus sachlichen Gründen nicht dringend erforderlich war. Die Einräumung einer Frist für diesen Fall ist sachlich nicht gerechtfertigt, aber vom Gesetz angeordnet. Das Gericht kann diese Frist nicht abkürzen, wie es sich überhaupt über die Beendigung der vorläufigen personellen Maßnahme nicht auszusprechen hat.

48 Die Frist von zwei Wochen ist zwingend; sie beginnt nach § 187 BGB mit dem Tag, an dem die Rechtskraft der Entscheidung eintritt, diesen Tag nicht mitgerechnet, und endet mit dem Ablauf von zwei Wochen (§ 188 Abs. 2 BGB).

3. Inhalt der Beendigungswirkung

49 Das Gesetz unterscheidet in Anlehnung an §§ 62, 63 BetrVG 1952 zwischen der **Beendigung der vorläufigen personellen Maßnahme** (Abs. 3 Satz 1) und dem **Verbot ihrer Aufrechterhaltung** (Abs. 3 Satz 2). Problematisch ist vor allem, was man rechtsdogmatisch darunter zu verstehen hat, dass die vorläufige personelle Maßnahme endet; denn ein Arbeitsvertrag ist auch dann rechtswirksam, wenn er ohne Zustimmung des Betriebsrats abgeschlossen wird (s. § 99 Rn. 293).

50 a) Bezieht die arbeitsgerichtliche Entscheidung sich auf eine **vorläufige Einstellung**, so wird in Anlehnung an § 62 Abs. 1 BetrVG 1952 **überwiegend angenommen, dass das Arbeitsverhältnis kraft Gesetzes zwei Wochen nach Rechtskraft endet**, gleichgültig wie lange die Kündigungsfrist ist (vgl. *Fitting*, § 100 Rn. 18; *Stege/Weinspach/Schiefer*, §§ 99–101 Rn. 123 c; *Meisel*, Mitwirkung und Mitbestimmung in personellen Angelegenheiten, Rn. 284 f.; *Hahn*, Rechtsfolgen mangelnder Beteiligung, S. 99; a. A. GL-*Löwisch*, § 100 Rn. 26; HWK-*Ricken*, § 100 Rn. 17; *Heinze*, Personalplanung, Rn. 391; differenzierend HSWGNR-*Schlochauer*, § 100 Rn. 41). Demnach handelt es sich um einen Auflösungstatbestand eigener Art (so *Meisel*, a. a. O., Rn. 284). Eine Kündigung braucht nicht erklärt zu werden, so dass auch die Vorschriften des allgemeinen und besonderen Kündigungsschutzes nicht eingreifen. Diese Rechtsfolgenbestimmung bedeutet für den betroffenen Arbeitnehmer eine nicht unerhebliche Beeinträchtigung seiner Rechtsstellung. Sie steht in einem Wertungswiderspruch zu der Annahme, dass der unter Verletzung des Mitbestimmungsrechts des Betriebsrats geschlossene Arbeitsvertrag wirksam ist und daher, wenn das Arbeitsverhältnis nicht befristet ist, nur durch Kündigung aufgelöst werden kann.

Beruht die vorläufige Einstellung auf der **Versetzung aus einem anderen Betrieb** 51 **desselben Arbeitgebers,** so kann die hier angeordnete Beendigungswirkung **nicht** in einer **Auflösung des Arbeitsverhältnisses** bestehen, sondern nur darin, dass der Arbeitnehmer auf seinen alten Arbeitsplatz zurückkehrt (s. auch Rn. 53).

Aber auch wenn die **vorläufige Einstellung in einem Zusammenhang mit der Begrün-** 52 **dung des Arbeitsverhältnisses** steht, ist es sachlich nicht gerechtfertigt, dass das Arbeitsverhältnis kraft Gesetzes endet, wenn der Arbeitgeber seine Aufklärungspflicht gegenüber dem Arbeitnehmer verletzt hat und dieser deshalb gar nicht weiß, dass mit ihm lediglich ein vorläufiges Arbeitsverhältnis begründet ist (ebenso *Hahn*, Rechtsfolgen mangelnder Beteiligung, S. 107). Der Arbeitgeber kann in diesem Fall das Arbeitsverhältnis nur durch eine Kündigung auflösen. Die hier angeordnete Beendigungswirkung kann man deshalb auf das Arbeitsverhältnis nur beziehen, wenn der Arbeitgeber seine Aufklärungspflicht erfüllt hat; aber auch hier ist eine Einschränkung geboten, solange das Arbeitsgericht den Zustimmungsersetzungsantrag noch nicht rechtskräftig abgewiesen hat. Hat es nur den Feststellungsantrag zurückgewiesen, in dem es feststellt, dass offensichtlich die vorläufige Einstellung aus sachlichen Gründen nicht dringend erforderlich war (s. Rn. 40), so genügt es, um dem Gesetzeszweck zu entsprechen, dass mit Ablauf von zwei Wochen nach Rechtskraft der Beschäftigung im Betrieb nicht aufrecht erhalten wird.

b) Bezieht die arbeitsgerichtliche Entscheidung sich auf eine **vorläufige Versetzung,** so 53 bestimmt das Gesetz auch für diesen Fall, dass die vorläufige personelle Maßnahme mit Ablauf von zwei Wochen nach Rechtskraft der Entscheidung endet (Abs. 3 Satz 1). Damit wird aber nicht konkret bestimmt, welche Auswirkungen sich auf das Arbeitsverhältnis ergeben. § 63 BetrVG 1952 traf für Umgruppierungen und Versetzungen die Regelung, dass diese vorläufigen Maßnahmen des Arbeitgebers „als rückgängig gemacht gelten". Mit Beendigung der vorläufigen Versetzung kehrt der Arbeitnehmer auf seinen alten Arbeitsplatz zurück. Die rechtliche Wirkung der Beendigung besteht darin, dass er auch **individualrechtlich nicht mehr verpflichtet** ist, an dem **neuen Arbeitsplatz zu arbeiten** (ebenso GL-*Löwisch,* § 100 Rn. 26). Sofern mit der Zuweisung des anderen Arbeitsbereichs eine Verbesserung der materiellen Arbeitsbedingungen eingetreten war, ist der Arbeitgeber nicht mehr verpflichtet, sie weiter zu gewähren. Das gilt auch bei einer Änderung des Vertragsinhalts, in diesem Fall aber nur, wenn der Arbeitgeber den Arbeitnehmer über die Sach- und Rechtslage aufgeklärt hat (s. auch Rn. 9). Bei Verletzung der Aufklärungspflicht darf der Arbeitgeber die Versetzung zwar ebenfalls nicht mehr aufrecht erhalten, aber die Änderung des Vertragsinhalts tritt nicht kraft Gesetzes ein, sondern bedarf einer entsprechenden Einverständniserklärung des Arbeitnehmers, die der Arbeitgeber notfalls nur durch eine Änderungskündigung erhalten kann.

c) Sofern man der Auffassung ist, dass § 100 auf eine **Ein- oder Umgruppierung** 54 Anwendung findet (s. Rn. 3), geht es anders als bei der Einstellung oder Versetzung nicht um einen Gestaltungs-, sondern um einen Beurteilungsakt des Arbeitgebers. Die Beendigungswirkung hat hier zur Folge, dass der Arbeitgeber den Arbeitnehmer nicht mehr nach der Gruppe bezahlen darf, in die er vorläufig eingestuft wurde. Er muss vielmehr dem Betriebsrat mitteilen, in welche Lohn- oder Gehaltsgruppe er den Arbeitnehmer einzustufen gedenkt und dessen Zustimmung zu der neuen Einstufung einholen (ebenso *Stege/Weinspach/Schiefer,* §§ 99–101 Rn. 148).

§ 101 Zwangsgeld

¹Führt der Arbeitgeber eine personelle Maßnahme im Sinne des § 99 Abs. 1 Satz 1 ohne Zustimmung des Betriebsrats durch oder hält er eine vorläufige personelle Maßnahme entgegen § 100 Abs. 2 Satz 3 oder Abs. 3 aufrecht, so kann der Betriebsrat beim

Arbeitsgericht beantragen, dem Arbeitgeber aufzugeben, die personelle Maßnahme aufzuheben. ²Hebt der Arbeitgeber entgegen einer rechtskräftigen gerichtlichen Entscheidung die personelle Maßnahme nicht auf, so ist auf Antrag des Betriebsrats vom Arbeitsgericht zu erkennen, dass der Arbeitgeber zur Aufhebung der Maßnahme durch Zwangsgeld anzuhalten sei. ³Das Höchstmaß des Zwangsgeldes beträgt für jeden Tag der Zuwiderhandlung 250 Euro.

Schrifttum: *Matthes,* Die Aufhebung von Einstellungen und Versetzungen nach § 101 BetrVG, FS Richardi 2007, S. 685.

Übersicht

	Rn.
I. Vorbemerkung	1
II. Rechtsdogmatische Einordnung	3
1. Verhältnis zu § 23 Abs. 3 – Andere Rechtsschutzmöglichkeiten	3
2. Materiell-rechtlicher und prozessualer Charakter der Bestimmung	7
3. Aushebungsanspruch als legislative Konkretisierung eines negatorischen Beseitigungsanspruchs	8
4. Auswirkungen auf das Arbeitsverhältnis	8a
III. Mitbestimmungssicherungsverfahren	9
1. Voraussetzungen	9
2. Verfahrensregelung	11
3. Entscheidung des Arbeitsgerichts	15
4. Rechtsmittel	19
IV. Zwangsgeldverfahren	20
1. Sonderregelung der Zwangsvollstreckung	20
2. Durchführung des Zwangsgeldverfahrens	22

I. Vorbemerkung

1   Die Vorschrift sichert in Anlehnung an § 64 BetrVG 1952 die Einhaltung des personellen Mitbestimmungsrechts nach §§ 99, 100 durch die Möglichkeit der Festsetzung eines Zwangsgeldes gegen den Arbeitgeber. Da das Mitbestimmungsrecht des Betriebsrats wesentlich anders als nach §§ 61, 63 BetrVG 1952 gestaltet ist, hat auch diese Bestimmung einen anderen Inhalt erhalten. Nach wie vor ist aber ein Zweistufenverfahren vorgesehen: Erst wenn der Arbeitgeber rechtskräftig verurteilt ist, die personelle Maßnahme aufzuheben *(Mitbestimmungssicherungsverfahren),* kann ein Zwangsgeld festgesetzt werden, wenn er der gerichtlichen Entscheidung nicht Folge leistet *(Zwangsgeldverfahren).*

2   Durch Art. 238 Nr. 4 EGStGB vom 2. 3. 1974 (BGBl. I S. 469) ist der ursprünglich in der Überschrift und in Satz 2 und 3 verwandte Begriff der Geldstrafe mit Wirkung vom 1. 1. 1975 durch den Begriff des Zwangsgeldes ersetzt worden, um den gesetzlichen Sprachgebrauch bei Zuwiderhandlungen, die weder Straftaten noch Ordnungswidrigkeiten sind, zu vereinheitlichen (vgl. BT-Drucks. 7/550, S. 195).

2a   Entsprechende Vorschriften: Weder im BPersVG noch im SprAuG.

II. Rechtsdogmatische Einordnung

1. Verhältnis zu § 23 Abs. 3 – Andere Rechtsschutzmöglichkeiten

3   Die Vorschrift gibt dem Betriebsrat einen Aufhebungsanspruch, wenn der Arbeitgeber eine personelle Einzelmaßnahme unter Verletzung des Mitbestimmungsverfahrens durchführt. Der Anspruch zielt auf die **Beseitigung eines betriebsverfassungswidrigen**

II. Rechtsdogmatische Einordnung

Zustands (ebenso BAG 17. 3. 1987 AP BetrVG 1972 § 23 Nr. 7 [zust. *v. Hoyningen-Huene*]; *Matthes*, MünchArbR § 265 Rn. 1). Bei ihm handelt es sich daher rechtsdogmatisch um einen *negatorischen Anspruch* (vgl. *Richardi*, FS Wlotzke, S. 407, 410 f.). Durch die Rückgängigmachung der personellen Maßnahme soll die Beeinträchtigung des dem Betriebsrat eingeräumten Rechts beseitigt werden. Der Unterlassungsanspruch kann im einstweiligen Rechtsschutz nach richtiger Ansicht nicht durchgesetzt werden (s. § 23 Rn. 103).

Die Vorschrift enthält **gegenüber § 23 Abs. 3 keine Sondervorschrift** (ebenso BAG 17. 3. 1987 AP BetrVG 1972 § 23 Nr. 7 unter Aufgabe von BAG 5. 12. 1978 AP BetrVG 1972 § 101 Nr. 4). § 101 und § 23 Abs. 3 finden vielmehr nebeneinander Anwendung. Sie überschneiden sich in ihrem Anwendungsbereich nicht, denn § 23 Abs. 3 gibt dem Betriebsrat einen Anspruch auf *künftige Beachtung* seiner Mitbestimmungsrechte (s. auch § 23 Rn. 74 ff.), das Verfahren nach § 101 hat die vergangene mitbestimmungswidrige Maßnahme zum Gegenstand. Der hier eingeräumte Anspruch ist primär ein *Beseitigungsanspruch;* für den scheidet das Verfahren nach § 23 Abs. 3 aus, auch wenn es sich um ein grob mitbestimmungswidriges Verhalten des Arbeitgebers handelt (h. M. *Fitting*, § 101 Rn. 12; GK-*Kraft*, § 101 Rn. 16; HWK-*Ricken*, § 101 Rn. 1; a. A. DKK-*Kittner/Bachner*, § 101 Rn. 19). Nur soweit die actio negatoria auch einen Anspruch auf *Unterlassung* einschließt, wenn weitere Beeinträchtigungen zu besorgen sind, ergibt sich aus der Abgrenzung im Gesetzestext, dass dieser Fall nicht von § 101 erfasst wird, so dass insoweit ausschließlich § 23 Abs. 3 Anwendung findet.

4

Ob neben dem Verfahren nach § 101 auch ein **allgemeiner Unterlassungsanspruch** besteht, der ggf. im einstweiligen Rechtsschutz verfolgt werden kann, ist strittig (dafür: DKK-*Kittner/Bachner*, § 101 Rn. 23; dagegen: ErfK-*Kania*, § 101 Rn. 9; Jaeger/Röder/Heckelmann/*Lunk*, Kap. 24, Rn. 175; unentschieden: *Fitting*, § 101 Rn. 12). Das BAG hat ausdrücklich offen gelassen, ob die trotz § 101 verbleibende Rechtsschutzlücke so groß ist, dass ergänzend ein allgemeiner Unterlassungsanspruch in Betracht kommt (BAG 3. 5. 1994 AP BetrVG 1972 § 23 Nr. 23; BAG 6. 12. 1994 AP BetrVG 1972 § 23 Nr. 24 = NZA 1995, 488). Man wird dies verneinen müssen, denn die erkennbar abschließende Regelung des BetrVG lässt hier keine zusätzlichen Regelungen zu, ohne dass das Sanktionensystem, das der Gesetzgeber vorgesehen hat, grundlegend gewandelt würde. Der Gesetzgeber hat bewusst die allgemeinen Regeln der Vollstreckung abgeändert und Zwangsmaßnahmen herausgezögert, und hat damit nicht wie bei § 87 auf eine ausdrückliche Regelung des Rechtsschutzes verzichtet, sondern gerade durch eine ausdrückliche Vorschrift ausgestaltet; das ist zu respektieren. Zudem könnte eine Schutzlücke nur da angenommen werden, wo nicht § 23 Abs. 3 eingreift. Da aber scheint es umso berechtigter, sich mit dem Sanktionensystem des § 101 zu begnügen (a. A. einige Instanzgerichte: LAG Köln 13. 8. 2002 AP BetrVG 1972 § 99 Nr. 37; s. auch – teilweise mit Rückgriff auf § 23 Abs. 3 – LAG Köln 31. 8. 1984, AuR 1987, 115; LAG Köln 19. 3. 2004, AR-Blattei ES 530.14.3 Nr. 202; ArbG Frankfurt 26. 2. 1987, NZA 1987, 757; LAG Frankfurt 15. 12. 1987, NZA 1989, 232; LAG Frankfurt 19. 4. 1990, LAGE Nr. 17 zu § 99 BetrVG 1972; LAG Frankfurt 22. 2. 1990, DB 1991, 707; LAG Niedersachsen 25. 7. 1995, NZA-RR 1996, 217; DKK-*Kittner/Bachner*, § 101 Rn. 25). Etwas anderes gilt nur, wenn gleichzeitig ein Mitbestimmungsrecht nach § 87 Abs. 1 verletzt wurde (LAG Frankfurt 11. 8. 1987 LAGE Nr. 12 zu § 23 BetrVG 1972).

5

Zulässig kann es demgegenüber sein, die Mitbestimmungswidrigkeit eines Verstoßes gegen §§ 99, 100 BetrVG **gerichtlich feststellen** zu lassen. Dies gilt zumindest dort, wo es sich um häufig im Betrieb wiederkehrende Rechtsfragen handelt (BAG 30. 4. 1981 AP BetrVG 1972 § 99 Nr. 12: Mitbestimmungsrecht bei der Versetzung von einem Betrieb in den anderen; BAG 16. 7. 1985 AP BetrVG 1972 § 99 Nr. 21: Zulässigkeit der Zustimmungsverweigerung bei befristeter Einstellung). Ansonsten kann einem **Feststel-**

6

§ 101

lungsantrag das Rechtsschutzbedürfnis fehlen (BAG 16. 7. 1985 AP BetrVG 1972 § 99 Nr. 21: Antrag auf Feststellung, dass die Einstellung inzwischen wieder entlassener Arbeitnehmer mitbestimmungswidrig war). Prozessual zu großzügig scheint es, generell davon auszugehen, dass ein Feststellungsantrag zulässig ist, wenn der Arbeitgeber während des laufenden Verfahrens nach § 101 die Maßnahme aufhebt oder sie sich aus anderen Gründen erledigt (so DKK-*Kittner/Bachner*, § 101 Rn. 10; *Fitting*, § 101 Rn. 5). Ein **Rechtsschutzinteresse** für die Feststellung erledigter Rechtsverhältnisse besteht grundsätzlich nicht. Ebenso wie das öffentliche Recht bei der Erledigung einer Anfechtungsklage ein qualifiziertes Rechtsschutzbedürfnis für eine Fortsetzungsfeststellungsklage verlangt (*Eyermann/Schmidt*, VwGO, 10. Aufl. 1998, § 113 Rn. 83 ff.), ist auch hier ein solches gesteigertes Interesse erforderlich. Dieses kann sich insbesondere aus einer Wiederholungsgefahr ergeben.

2. Materiell-rechtlicher und prozessualer Charakter der Bestimmung

7   Das Gesetz trifft in Satz 1 eine **materiell-rechtliche** und eine **prozessuale Bestimmung**: Geregelt werden die Voraussetzungen, unter denen der Betriebsrat vom Arbeitgeber verlangen kann, dass eine personelle Maßnahme wegen Verletzung des Mitbestimmungsrechts aufgehoben wird, und es wird zugleich angeordnet, dass der Betriebsrat beim Arbeitsgericht beantragen kann, dem Arbeitgeber aufzugeben, die personelle Maßnahme aufzuheben *(Mitbestimmungssicherungsverfahren)*. Die Verurteilung im Mitbestimmungssicherungsverfahren wird nicht nach § 85 Abs. 1 ArbGG i. V. mit §§ 888, 890 ZPO vollstreckt, sondern bildet die Grundlage für das in Satz 2 und 3 geregelte Zwangsgeldverfahren. Unzulässig ist daher auch eine **einstweilige Verfügung** gemäß § 85 Abs. 2 S. 1 ArbGG. Es widerspricht der abgeschlossenen Regel des § 101 für den Fall einer bereits betriebsverfassungswidrig durchgeführten personellen Einzelmaßnahme, dem Betriebsrat zusätzliche rechtliche Möglichkeiten zur Aufhebung dieser Maßnahme zuzugestehen (*Matthes*, MünchArbR, § 265 Rn. 23; ErfK-*Kania*, § 101 Rn. 3; *Heinze*, RdA 1986, 286; wie hier ArbG Lübeck 12. 7. 2007, NZA-RR 2007, 640 s. auch LAG Hamm 26. 6. 2007 NZA-RR 2007, 469 a. A. DKK-*Kittner/Bachner*, § 101 Rn. 19).

3. Aufhebungsanspruch als legislative Konkretisierung eines negatorischen Beseitigungsanspruchs

8   Bei der **Einstellung** oder **Versetzung** wird der mitbestimmungswidrige Zustand dadurch beseitigt, dass der Arbeitgeber die personelle Maßnahme *aufhebt*. Satz 1 sieht daher vor, dass der Betriebsrat beim Arbeitsgericht beantragen kann, dem Arbeitgeber aufzugeben, die personelle Maßnahme aufzuheben. Bei der **Ein-** oder **Umgruppierung** kann dagegen der Betriebsrat nicht die „Aufhebung" der falschen Einstufung bzw. „Nichteingruppierung" verlangen, da ein aufzuhebender Gestaltungsakt nicht vorliegt (so BAG 22. 3. 1983 AP BetrVG 1972 § 101 Nr. 6 [*Löwisch*]; 31. 5. 1983 AP BetrVG 1972 § 118 Nr. 27 [*Misera*]; st. Rspr.; vgl. BAG 9. 2. 1993 AP BetrVG 1972 § 99 Nr. 103; 3. 5. 1994 AP BetrVG 1972 § 99 Nr. 2 Eingruppierung; LAG Köln 9. 10. 1996 AP BetrVG 1972 § 101 Nr. 19: Ein auf Aufhebung der Eingruppierung gerichteter Antrag des Betriebsrats ist nicht ausreichend bestimmt i. S. von § 253 Abs. 2 Nr. 1 ZPO). Die Einstufung in eine Vergütungsgruppenregelung ist ein Akt der Rechtsanwendung. Bei Verletzung des Mitbestimmungsrechts findet aber auch auf sie § 101 Anwendung, wobei hier die Beseitigung des mitbestimmungswidrigen Zustands dadurch konkretisiert wird, dass der Arbeitgeber verpflichtet wird, die Zustimmung des Betriebsrats einzuholen bzw. – falls der Betriebsrat diese nicht erteilt – das Zustimmungsersetzungsverfahren nach § 99 Abs. 4 durchzuführen (vgl. AP BetrVG 1972 § 101 Nr. 6 [*Löwisch*]; AP BetrVG 1972 § 99 Nr. 103; s. auch Rn. 10).

4. Auswirkungen auf das Arbeitsverhältnis

Ein Beschäftigungsverbot greift in die individualrechtlichen Beziehungen zwischen 8a
Arbeitnehmer und Arbeitgeber insoweit ein, als es die Erfüllung aus dem Arbeitsverhältnis fließenden Beschäftigungsanspruchs ausschließt (BAG 3. 5. 1994 AP BetrVG 1972 § 99 Nr. 2 Eingruppierung). Eine gerichtliche Anordnung nach § 101 kann sich ihrer Natur nach nicht auf die Beziehungen zwischen Arbeitgeber und Betriebsrat beschränken, haben doch die Gestaltungsakte, deren Aufhebung dem Arbeitgeber gerichtlich aufgegeben wird, stets das Verhältnis zwischen Arbeitnehmer und Arbeitgeber zum Gegenstand. Daher hat der Arbeitgeber gegenüber dem Arbeitnehmer **keinen durchsetzbaren Beschäftigungsanspruch** mehr, wenn der Betriebsrat den Weg nach § 101 beschritten hat (BAG 5. 4. 2001 AP BetrVG 1972 § 99 Nr. 32 Einstellung). Die Rechtsprechung hat bislang allein den Fall der Einstellung im Auge gehabt. Ihre Argumentation dürfte jedoch auf die Versetzung übertragbar sein, freilich besteht dort nach der (in dieser Breite unzutreffenden) Rechtsprechung schon bereits auf Grund der bloßen Mitbestimmungswidrigkeit ein Leistungsverweigerungsrecht, s. § 99 Rn. 300. Ob sich die Argumentation auch auf die Umgruppierung und Eingruppierung bezieht, ist unsicherer. Die Entscheidungsgründe lassen keine Einschränkungen erkennen, jedoch ist zumindest hier ein Leistungsverweigerungsrecht abzulehnen, schon weil nicht die Leistung des Arbeitnehmers, sondern die des Arbeitgebers betriebsverfassungswidrig ist, der rechtswidrige Zustand durch die Weiterarbeit also nicht perpetuiert wird (ausführlich § 99 Rn. 290 ff.).

III. Mitbestimmungssicherungsverfahren

1. Voraussetzungen

a) Der Betriebsrat kann vom Arbeitgeber verlangen, eine **Einstellung** oder **Versetzung** 9 aufzuheben,
(1) wenn der Arbeitgeber sie ohne erklärte, fingierte oder ersetzte Zustimmung des Betriebsrats durchführt, ohne das in § 100 geregelte Verfahren für eine vorläufige Durchführung einzuhalten,
(2) wenn der Arbeitgeber eine vorläufige Einstellung oder Versetzung aufrechterhält, obwohl der Betriebsrat ihr unverzüglich widersprochen hat und der Arbeitgeber nicht innerhalb von drei Tagen das Arbeitsgericht angerufen hat (§ 100 Abs. 2 Satz 3), oder der Arbeitgeber nach Anrufung des Gerichts den Feststellungsantrag oder den Zustimmungsersetzungsantrag zurückgenommen hat,
(3) wenn der Arbeitgeber die vorläufige Einstellung oder Versetzung auch noch nach Ablauf von zwei Wochen seit Rechtskraft der arbeitsgerichtlichen Entscheidung aufrecht erhält, durch die eine Ersetzung der Zustimmung des Betriebsrats abgelehnt wird oder durch die festgestellt ist, dass die vorläufige Durchführung der personellen Maßnahme offensichtlich aus sachlichen Gründen nicht dringend erforderlich war (§ 100 Abs. 3).

b) Nach dem Gesetzestext besteht der Aufhebungsanspruch bei jeder mitbestim- 10
mungswidrig durchgeführten personellen Maßnahme i. S. des § 99 Abs. 1 Satz 1, also auch bei **Eingruppierungen** und **Umgruppierungen**. Bei ihnen geht es aber nicht wie bei Einstellungen und Versetzungen um die Veränderung eines tatsächlichen Zustands, sondern um die „Äußerung einer Rechtsansicht", die aufgegeben, aber nicht aufgehoben werden kann" (*Matthes*, MünchArbR § 266 Rn. 21; s. auch Rn. 8). Da jedoch der Aufhebungsanspruch nur die Ausprägung des Anspruchs auf Beseitigung eines mitbestimmungswidrigen Zustands ist, spielt bei einer Ein- oder Umgruppierung keine Rolle, dass sie nicht „aufgehoben" werden kann, sondern ausschlaggebend ist allein,

weshalb der Aufhebungsanspruch eingeräumt wird: Er bezweckt die Beseitigung eines mitbestimmungswidrigen Zustands. Da der Betriebsrat bei der Ein- oder Umgruppierung wie bei der Einstellung oder Versetzung ein Zustimmungsverweigerungsrecht hat, ist deshalb § 101 so auszulegen, dass sein Zweck auch bei Ein- und Umgruppierungen erfüllt wird, die Vorschrift also nicht deshalb leerläuft, weil es an einem Gestaltungsakt fehlt. Satz 1 enthält deshalb eine Regelungslücke, soweit der Gesetzeswortlaut sich auf die *Aufhebung* einer personellen Maßnahme bezieht; denn bei einer Ein- oder Umgruppierung erfordert der Zweck der hier eingeräumten Befugnis, dass der Arbeitgeber dazu angehalten wird, die Zustimmung des Betriebsrats einzuholen und – falls der Betriebsrat seine Zustimmung verweigert – das Zustimmungsersetzungsverfahren nach § 99 Abs. 4 zu betreiben (BAG 22. 3. 1983 AP BetrVG 1972 § 101 Nr. 6, st. SenatsRspr.; vgl. BAG 9. 2. 1993 und 9. 3. 1993 AP BetrVG 1972 § 99 Nr. 103 und 104). Blieb der Arbeitgeber im Zustimmungsersetzungsverfahren erfolglos, so kann der Betriebsrat beantragen, dass ihm aufgegeben wird, ein erneutes Beteiligungsverfahren einzuleiten, das die Einstufung in eine andere Vergütungsgruppe vorsieht (so jedenfalls BAG 3. 5. 1994 AP BetrVG 1972 § 99 Nr. 2 Eingruppierung; abl. *Pallasch,* SAE 1995, 37 ff.; s. auch *Busemann,* NZA 1996, 681; *Hey,* BB 1995, 1587).

2. Verfahrensregelung

11   a) Das Mitbestimmungssicherungsverfahren wird durch den **Antrag des Betriebsrats** eingeleitet, dem Arbeitgeber aufzugeben, die Einstellung oder Versetzung aufzuheben. Bei einer Ein- oder Umgruppierung richtet sich der Antrag nach dem Mitbestimmungsverstoß. War der Betriebsrat überhaupt nicht beteiligt worden, so kann er beantragen, dem Arbeitgeber die nachträgliche Einholung seiner Zustimmung aufzugeben; bei Verweigerung der Zustimmung kann er beantragen, dem Arbeitgeber aufzugeben, das Zustimmungsersetzungsverfahren durchzuführen, und für den Fall, dass der Arbeitgeber im Zustimmungsersetzungsverfahren erfolglos blieb, kann der Betriebsrat beantragen, dass ihm aufgegeben wird, ein erneutes Beteiligungsverfahren einzuleiten, das die Einstufung in eine andere Vergütungsgruppe vorsieht (s. auch Rn. 10).

12   b) Das Arbeitsgericht entscheidet im **Beschlussverfahren** (§ 2a Abs. 1 Nr. 1, Abs. 2 i. V. mit §§ 80 ff. ArbGG). **Beteiligter** i. S. des § 83 Abs. 3 ArbGG ist neben dem Betriebsrat nur der Arbeitgeber als Antragsgegner, **nicht** der von der personellen Maßnahme betroffene **Arbeitnehmer** (ebenso BAG 22. 3. 1983 AP BetrVG 1972 § 101 Nr. 6; 31. 5. 1983 AP BetrVG 1972 § 118 Nr. 27; a. A. aber noch BAG 18. 7. 1978, 6. 10. 1978 und 21. 11. 1978 AP BetrVG 1972 § 101 Nr. 1, 2 und 3; s. auch § 99 Rn. 278).

13   c) Hat der Arbeitgeber das **Zustimmungsersetzungsverfahren** nach § 99 Abs. 4 oder bei vorläufiger Durchführung der personellen Maßnahme das in § 100 Abs. 2 Satz 3 vorgesehene Beschlussverfahren eingeleitet, so wird dadurch dem Betriebsrat nicht das **Recht** genommen, das **Mitbestimmungssicherungsverfahren einzuleiten.** Macht er geltend, dass der Arbeitgeber die personelle Maßnahme betriebsverfassungsrechtlich pflichtwidrig durchgeführt hat, so kann er den Gegenantrag stellen, dem Arbeitgeber aufzugeben, die personelle Maßnahme aufzuheben (ebenso ArbG Berlin 5. 3. 1976, DB 1976, 780; Hessisches LAG 12. 2. 2008 AuR 2008, 406; *Fitting,* § 101 Rn. 6; GK-*Kraft,* § 101 Rn. 9; GL-*Löwisch,* § 101 Rn. 5; HSWGNR-*Schlochauer,* § 101 Rn. 11). Hat der Arbeitgeber die Maßnahme dagegen noch nicht durchgeführt, so kann der Betriebsrat nicht das Mitbestimmungssicherungsverfahren mit dem vom Arbeitgeber eingeleiteten Zustimmungsersetzungsverfahren verbinden; er kann nämlich nicht vorsorglich den Antrag nach § 101 Satz 1 stellen, weil Zulässigkeitsvoraussetzung die betriebsverfassungsrechtlich pflichtwidrige Durchführung der personellen Maßnahme ist (ebenso GL-*Löwisch,* § 101 Rn. 5).

14   d) Die Einleitung des Mitbestimmungssicherungsverfahrens nimmt dem Arbeitgeber nicht die Befugnis, den **Antrag auf gerichtliche Ersetzung der Zustimmung des Betriebs-**

III. Mitbestimmungssicherungsverfahren § 101

rats zu der vorgenommenen personellen **Maßnahme** zu stellen (ebenso BAG 15. 4. 1986 AP BetrVG 1972 § 99 Nr. 36). Er kann dadurch aber nicht erreichen, dass im Mitbestimmungssicherungsverfahren geprüft wird, ob der Zustimmungsverweigerungsgrund besteht (s. Rn. 16). Das BAG hat daher zutreffend angenommen, dass der Arbeitgeber als Gegenantrag im Mitbestimmungssicherungsverfahren **nicht hilfsweise** den **Zustimmungsersetzungsantrag** stellen kann (BAG 18. 7. 1978 AP BetrVG 1972 § 101 Nr. 1; a. A. für den Fall, dass der Betriebsrat erklärt, aus einem Beschluss nach § 101 Satz 1 keine Zwangsvollstreckung zu betreiben, solange keine Entscheidung über einen Zustimmungsersetzungsantrag des Arbeitgebers ergangen ist und sofern dieser ein entsprechendes Verfahren betreibt LAG Berlin 11. 2. 2005 – 6 TaBV 2252/04, EzA-SD 2005, Nr. 8, 14). Möglich ist vielmehr nur, dass er das Zustimmungsersetzungsverfahren einleitet (ebenso *Matthes*, MünchArbR § 265 Rn. 10). Mit diesem Schutzzweck des § 101 BetrVG wäre es jedoch auch dann unvereinbar, wollte man dem Arbeitgeber gestatten, sich gegenüber dem Begehren des Betriebsrats auf Rückgängigmachung der unter Verletzung seines Mitbestimmungsrechts durchgeführten personellen Maßnahme auf das Fehlen eines gesetzlichen Zustimmungsverweigerungsgrundes zu berufen und so dem Antrag des Betriebsrats den Boden zu entziehen. Würde dies zugelassen, könnte der Arbeitgeber bei verweigerter Zustimmung des Betriebsrats unter Verzicht auf das Zustimmungsersetzungsverfahren die personelle Maßnahme durchführen und abwarten, ob der Betriebsrat von sich aus initiativ wird und das Verfahren nach § 101 BetrVG einleitet. Dieses auf rasche Beseitigung des vom Arbeitgeber gesetzwidrig herbeigeführten Zustandes angelegte Verfahren würde durch die Berufung des Arbeitgebers auf das Fehlen eines Zustimmungsverweigerungsgrundes verzögert.

3. Entscheidung des Arbeitsgerichts

a) Der **Antrag des Betriebsrats** ist **begründet,** wenn der Arbeitgeber den **Betriebsrat** 15 **nicht beteiligt** oder die personelle Maßnahme **trotz einer rechtswirksamen Zustimmungsverweigerung durchgeführt** hat. Er ist weiterhin bei einer vorläufigen Einstellung oder Versetzung begründet, wenn der Arbeitgeber sie entgegen § 100 Abs. 2 Satz 3 oder Abs. 3 aufrechterhält.

Da das Verfahren der Sicherung des Mitbestimmungsrechts dient, kann der Arbeit- 16 geber nicht in ihm das **Fehlen des Zustimmungsverweigerungsgrunds** geltend machen (ebenso BAG 18. 2. 1978 AP BetrVG 1972 § 101 Nr. 1 [zust. *Meisel*]; 21. 11. 1978 AP BetrVG 1972 § 101 Nr. 3 [zust. *Richardi*]; *Fitting*, § 101 Rn. 4; GK-*Kraft*, § 101 Rn. 10; GL-*Löwisch,* § 101 Rn. 4; *Matthes*, MünchArbR § 265 Rn. 10). Der Arbeitgeber kann nur einwenden, dass die Zustimmungsverweigerung des Betriebsrats nicht *rechtswirksam* ist (s. § 99 Rn. 252 ff.). Er kann also geltend machen, dass die vom Betriebsrat genannten Gründe keinen Bezug zu einem Zustimmungsverweigerungsgrund haben und daher eine für die Wirksamkeit der Zustimmungsverweigerung erforderliche Begründung fehlt; er kann aber dem Antrag des Betriebsrats nicht entgegensetzen, dass der Zustimmungsverweigerungsgrund fehlt, also die Zustimmungsverweigerung nicht begründet ist; denn darüber entscheidet das Arbeitsgericht im Zustimmungsersetzungsverfahren. Ließe man nämlich zu, dass der Arbeitgeber dem Betriebsrat entgegenhalten kann, dass dieser kein Zustimmungsverweigerungsrecht hat, so würde man entgegen der Gesetzesregelung das Mitbestimmungsrecht des Betriebsrats materiell auf ein Einspruchsrecht reduzieren; der Betriebsrat hat aber im Gegensatz zu §§ 61, 63 BetrVG 1952 ein Zustimmungsrecht erhalten (vgl. auch *Misera*, SAE 1980, 106).

b) Kommt das Arbeitsgericht zu dem Ergebnis, dass der **Arbeitgeber betriebsverfas-** 17 **sungsrechtlich pflichtwidrig gehandelt** hat, so verurteilt es ihn bei einer **Einstellung** oder **Versetzung,** die personelle Maßnahme **aufzuheben.** Bei einer **Ein-** oder **Umgruppierung** gibt es dem Arbeitgeber auf, den Betriebsrat zu beteiligen, oder, sofern das bereits geschehen ist und der Betriebsrat seine Zustimmung verweigert hat, das Zustimmungsersetzungsverfahren nach § 99 Abs. 4 einzuleiten (s. Rn. 10). War der Arbeitgeber im Zustimmungsersetzungsverfahren erfolglos geblieben, so wird er verurteilt, ein erneutes Beteiligungsverfahren einzuleiten, das die Eingruppierung in eine andere Vergütungsgruppe vorsieht (s. Rn. 10). Bei Einstellungen ist die tatsächliche Beschäftigung zu beenden, bei Versetzungen muss der Arbeitnehmer an seinen alten Arbeitsplatz zurückkehren (LAG Köln 9. 12. 1986 – 3 TaBV 35/96).

18 c) Kommt das Arbeitsgericht zu dem Ergebnis, dass der **Antrag des Betriebsrats nicht begründet** ist, so muss es ihn abweisen. Damit wird zwischen Arbeitgeber und Betriebsrat zugleich festgestellt, dass die personelle Maßnahme betriebsverfassungsrechtlich unangreifbar ist.

18 a d) Hat der Betriebsrat einen Antrag auf Aufhebung einer personellen Maßnahme gestellt, so erledigt sich dieser Antrag mit **Beendigung der betreffenden personellen Einzelmaßnahme** (BAG 26. 4. 1990 AP ArbGG 1979 § 83 a Nr. 3; LAG Schleswig-Holstein 9. 8. 2007, NZA-RR 2007, 639). Eine einstweilige Verfügung ist dennoch nicht zulässig, s. Rnr. 7.

4. Rechtsmittel

19 Gegen den Beschluss des Arbeitsgerichts ist innerhalb einer Frist von einem Monat Beschwerde zum Landesarbeitsgericht zulässig (§ 87 ArbGG). Gegen den Beschluss des Landesarbeitsgerichts findet die Rechtsbeschwerde an das Bundesarbeitsgericht statt, wenn sie zugelassen wird (§ 92 ArbGG; s. auch § 100 Rn. 42 f.).

IV. Zwangsgeldverfahren

1. Sonderregelung der Zwangsvollstreckung

20 Hebt der Arbeitgeber entgegen einer rechtskräftigen gerichtlichen Entscheidung die personelle Maßnahme nicht auf, so ist auf Antrag des Betriebsrats vom Arbeitsgericht zu erkennen, dass der Arbeitgeber zur **Aufhebung der Maßnahme durch Zwangsgeld** anzuhalten sei (Satz 2). Bei einer Ein- oder Umgruppierung geht es um die Durchführung des Beteiligungsverfahrens (s. Rn. 10).

21 Das vom Arbeitsgericht rechtskräftig ausgesprochene Gebot ist **Grundlage eines Zwangsverfahrens**. Obwohl § 85 Abs. 1 ArbGG eine Vollstreckbarkeit von Beschlüssen, die einem Beteiligten eine Pflicht auferlegen, kennt, hat das Gesetz hier eine besondere Regelung getroffen; Satz 2 enthält deshalb eine Sonderregelung der Zwangsvollstreckung (ebenso *Fitting*, § 101 Rn. 1, 11 f.). Das Zwangsverfahren entspricht der Zwangsvollstreckung nach § 888 ZPO (vgl. auch Hessisches LAG 25. 6. 2007, AuR 2008, 78; Hessisches LAG 27. 5. 2008, AuR 2008, 407; a. A. *Matthes*, DB 1989, 1285, 1289; *ders.*, FS Richardi, S. 689; ArbG Darmstadt 6. 7. 2007, AuR 2007, 446). Die Festsetzung des Zwangsgeldes ist eine reine **Zwangsmaßnahme**; sie hat anders als die Verurteilung zu einem Ordnungsgeld nicht zugleich den Charakter einer Strafsanktion. Sie setzt daher kein Verschulden des Arbeitgebers voraus. Das Zwangsgeld kann nicht mehr festgesetzt oder beigetrieben werden, wenn der Arbeitgeber der Anordnung des Gerichts nachgekommen ist (ebenso *Fitting*, § 101 Rn. 11; GK-*Kraft*, § 101 Rn. 14; GL-*Löwisch*, § 101 Rn. 8; *Löwisch/Kaiser*, § 101, Rn. 6; HSWGNR-*Schlochauer*, § 101 Rn. 14). Die gegenteilige Meinung zu § 64 BetrVG 1952 (vgl. *Dietz*, § 64 Rn. 9; *Fitting/Kraegeloh/Auffarth*, § 64 Rn. 13; *Nikisch*, Bd. III S. 472; *Nipperdey/Säcker* in *Hueck/Nipperdey*, Bd. II/2 S. 1432) beruht darauf dass die Regelung nicht der Bestimmung des § 888 ZPO, sondern der Vorschrift des § 890 ZPO nachgebildet war (ebenso GK-*Kraft*, § 101 Rn. 14).

2. Durchführung des Zwangsgeldverfahrens

a) Das Zwangsgeldverfahren wird nicht von Amts wegen eingeleitet, sondern setzt 22 einen **Antrag des Betriebsrats** voraus. Dieser Antrag kann erst gestellt werden, wenn der Beschluss, durch den dem Arbeitgeber aufgegeben wird, die personelle Maßnahme aufzuheben bzw. bei einer Ein- oder Umgruppierung das Beteiligungsverfahren durchzuführen, in Rechtskraft erwachsen ist (s. auch § 100 Rn. 42 f.).

Bei einer **vorläufigen personellen Maßnahme** sieht § 100 Abs. 3 vor, dass die vorläufige 23 personelle Maßnahme bei einer Verurteilung des Arbeitgebers erst mit Ablauf von zwei Wochen nach Rechtskraft der Entscheidung endet und auch erst von diesem Zeitpunkt an nicht mehr aufrechterhalten werden darf. Obwohl diese Vorschrift für den Fall gilt, dass der Arbeitgeber entsprechend dem Gesetz das Arbeitsgericht angerufen hat, während hier der Betriebsrat tätig werden musste, spricht der dort für die Einräumung einer Zweiwochenfrist maßgebliche Gesichtspunkt auch hier dafür, dem Arbeitgeber für die Rückgängigmachung der Maßnahme eine Frist von zwei Wochen einzuräumen; **§ 100 Abs. 3 Satz 1 ist deshalb entsprechend anzuwenden** (ebenso ArbG Göttingen 5. 1. 1973, DB 1973, 339; *Fitting*, § 101 Rn. 7; GK-*Kraft*, § 101 Rn. 12; GL-*Löwisch*, § 101 Rn. 7; HSWGNR-*Schlochauer*, § 101 Rn. 12; *Richardi*, ZfA-Sonderheft 1972, 1, 22; HWK-*Ricken*, § 101 Rn. 6; a. A. DKK-*Kittner*, § 101 Rn. 13; *Matthes*, FS Richardi, S. 689).

Das gilt, da auf so § 100 keine Anwendung findet (s. dort Rn. 3) **nicht für eine Ein-** 24 **oder Umgruppierung**. Die Einräumung der Zweiwochenfrist scheidet auch dann aus, wenn der Arbeitgeber eine **vorläufige personelle Maßnahme** entgegen § 100 Abs. 3 aufrechterhalten hat, weil ihm in diesem Fall bereits unmittelbar nach § 100 Abs. 3 Satz 2 eine Frist von zwei Wochen eingeräumt war, die er verstreichen ließ, ohne die personelle Maßnahme aufzuheben, und deshalb den Betriebsrat zwang, das Mitbestimmungssicherungsverfahren durchzuführen (s. § 100 Rn. 47 f.).

b) **Nicht erforderlich** ist, dass dem Arbeitgeber das **Zwangsgeld** zunächst **angedroht** 25 wird; denn auch wenn das Zwangsgeld bereits festgesetzt ist, kann der Arbeitgeber die Beitreibung abwenden, indem er die personelle Maßnahme aufhebt bzw. bei einer Ein- oder Umgruppierung das Beteiligungsverfahren durchführt (*Fitting*, § 101 Rn. 11; GK-*Kraft*, § 100 Rn. 13; a. A. *Matthes*, FS Richardi, S. 689, der für eine entsprechende Anwendung von § 890 Abs. 2 ZPO plädiert).

c) Der Beschluss, durch den der Arbeitgeber zur Beseitigung der mitbestimmungswid- 26 rigen Maßnahme angehalten wird, kann **ohne mündliche Verhandlung** ergehen (§ 85 Abs. 1 ArbGG i. V. mit § 891 ZPO; ebenso GL-*Löwisch*, § 101 Rn. 8; HSWGNR-*Schlochauer*, § 101 Rn. 15). In diesem Fall wird er vom Vorsitzenden der nach dem Geschäftsverteilungsplan zuständigen Kammer des Arbeitsgerichts allein erlassen (§ 53 Abs. 1 ArbGG). Er kann aber nur ergehen, wenn dem Arbeitgeber das rechtliche Gehör gewährt worden ist; ihm ist also Gelegenheit zur mündlichen oder schriftlichen Äußerung zu geben.

d) Gegen den Beschluss, der das Zwangsgeld festsetzt, findet die **sofortige Beschwerde** 27 zum Landesarbeitsgericht statt (§ 85 Abs. 1 ArbGG i. V. mit §§ 793, 577 ZPO). Sofern die Entscheidung über die Beschwerde ohne mündliche Verhandlung ergeht (§ 573 Abs. 1 ZPO), erlässt sie der Vorsitzende der nach dem Geschäftsverteilungsplan zuständigen Kammer des Landesarbeitsgerichts allein. Eine weitere Beschwerde findet nicht statt (§ 78 Abs. 2 ArbGG).

e) Das **Höchstmaß des Zwangsgeldes** beträgt für jeden Tag der Zuwiderhandlung 28 250 Euro (Satz 3). Den Betrag setzt das Gericht nach freiem Ermessen fest. Der Antrag des Betriebsrats braucht eine bestimmte Summe nicht zu enthalten; wenn er sie enthält, hat das nur die Bedeutung einer Anregung. Wenn die Beitreibung eines Zwangsgeldes nicht bewirkt, dass der Arbeitgeber die personelle Maßnahme aufhebt, kann ein Zwangsgeld wiederholt festgesetzt werden; auch dann darf das zulässige Höchstmaß aber nicht überschritten werden.

§ 102 Mitbestimmung bei Kündigungen

29 f) Die **Vollstreckung** des Beschlusses, der das Zwangsgeld festsetzt (§ 794 Abs. 1 Nr. 3 ZPO), erfolgt nach den Vorschriften der §§ 803 ff. ZPO (§ 85 Abs. 1 ArbGG). Die eingehenden Gelder verfallen der Staatskasse. Eine Umwandlung nicht einbringbarer Zwangsgelder in eine Festsetzung von Zwangshaft ist ausgeschlossen (§ 85 Abs. 1 Satz 2 ArbGG).

§ 102 Mitbestimmung bei Kündigungen

(1) ¹Der Betriebsrat ist vor jeder Kündigung zu hören. ²Der Arbeitgeber hat ihm die Gründe für die Kündigung mitzuteilen. ³Eine ohne Anhörung des Betriebsrats ausgesprochene Kündigung ist unwirksam.

(2) ¹Hat der Betriebsrat gegen eine ordentliche Kündigung Bedenken, so hat er diese unter Angabe der Gründe dem Arbeitgeber spätestens innerhalb einer Woche schriftlich mitzuteilen. ²Äußert er sich innerhalb dieser Frist nicht, gilt seine Zustimmung zur Kündigung als erteilt. ³Hat der Betriebsrat gegen eine außerordentliche Kündigung Bedenken, so hat er diese unter Angabe der Gründe dem Arbeitgeber unverzüglich, spätestens jedoch innerhalb von drei Tagen, schriftlich mitzuteilen. ⁴Der Betriebsrat soll, soweit dies erforderlich erscheint, vor seiner Stellungnahme den betroffenen Arbeitnehmer hören. ⁵§ 99 Abs. 1 Satz 3 gilt entsprechend.

(3) Der Betriebsrat kann innerhalb der Frist des Absatzes 2 Satz 1 der ordentlichen Kündigung widersprechen, wenn
1. der Arbeitgeber bei der Auswahl des zu kündigenden Arbeitnehmers soziale Gesichtspunkte nicht oder nicht ausreichend berücksichtigt hat,
2. die Kündigung gegen eine Richtlinie nach § 95 verstößt,
3. der zu kündigende Arbeitnehmer an einem anderen Arbeitsplatz im selben Betrieb oder in einem anderen Betrieb des Unternehmens weiterbeschäftigt werden kann,
4. die Weiterbeschäftigung des Arbeitnehmers nach zumutbaren Umschulungs- oder Fortbildungsmaßnahmen möglich ist oder
5. eine Weiterbeschäftigung des Arbeitnehmers unter geänderten Vertragsbedingungen möglich ist und der Arbeitnehmer sein Einverständnis hiermit erklärt hat.

(4) Kündigt der Arbeitgeber, obwohl der Betriebsrat nach Absatz 3 der Kündigung widersprochen hat, so hat er dem Arbeitnehmer mit der Kündigung eine Abschrift der Stellungnahme des Betriebsrats zuzuleiten.

(5) ¹Hat der Betriebsrat einer ordentlichen Kündigung frist- und ordnungsgemäß widersprochen, und hat der Arbeitnehmer nach dem Kündigungsschutzgesetz Klage auf Feststellung erhoben, dass das Arbeitsverhältnis durch die Kündigung nicht aufgelöst ist, so muss der Arbeitgeber auf Verlangen des Arbeitnehmers diesen nach Ablauf der Kündigungsfrist bis zum rechtskräftigen Abschluss des Rechtsstreits bei unveränderten Arbeitsbedingungen weiterbeschäftigen. ²Auf Antrag des Arbeitgebers kann das Gericht ihn durch einstweilige Verfügung von der Verpflichtung zur Weiterbeschäftigung nach Satz 1 entbinden, wenn
1. die Klage des Arbeitnehmers keine hinreichende Aussicht auf Erfolg bietet oder mutwillig erscheint oder
2. die Weiterbeschäftigung des Arbeitnehmers zu einer unzumutbaren wirtschaftlichen Belastung des Arbeitgebers führen würde oder
3. der Widerspruch des Betriebsrats offensichtlich unbegründet war.

(6) Arbeitgeber und Betriebsrat können vereinbaren, dass Kündigungen der Zustimmung des Betriebsrats bedürfen und dass bei Meinungsverschiedenheiten über die Berechtigung der Nichterteilung der Zustimmung die Einigungsstelle entscheidet.

(7) Die Vorschriften über die Beteiligung des Betriebsrats nach dem Kündigungsschutzgesetz bleiben unberührt.

§ 102

Schrifttum: 1. Allgemein zu § 102: *Bader,* Die Anhörung des Betriebsrats bei Kündigungen – eine Darstellung anhand der neueren Rechtsprechung, NZA-RR 2000, 57; *Beck,* Betriebliche Mitbestimmung und Kündigungsschutz, Diss. Frankfurt 2004; *Benecke,* Beteiligungsrechte des Betriebsrats bei der Umdeutung von Kündigungen, AuR 2005, 48; *Brinkmeier,* Ende des Weiterbeschäftigungsanspruchs nach § 102 Abs. 5 BetrVG bei nachfolgender Kündigung ohne Widerspruch des Betriebsrats?, AuR 2005, 56; *Forst,* Informationspflichten bei der Massenentlassung, NZA 2009, 294; *Hümmerich,* Verfestigte Rechtsprechung zur Betriebsratsanhörung nach § 102 BetrVG, RdA 2000, 345; *Kirsch/Strybny,* „Tücken" bei der Betriebsratsanhörung im Zusammenhang mit Kündigungen, BB-Special 2005, Nr. 14, 10; *Kutzki,* Betriebsratsanhörung: Was muss der Arbeitgeber beachten?, AuA 2000, 52; *Kühnreich,* Kündigung: Fallstrick Anhörung des Betriebsrats, AnwBl 2006, 694; *Liebisch,* Die Beteiligung des Betriesbrats and Kündigungen und ihre Auswirkungen auf die kündigungsrechtliche Stellung des Arbeitnehmers, Diss. Frankfurt 2004; *Lunk,* Auflösungsantrag (§ 9 KSchG) und Betriebsratsanhörung, NZA 2000, 807; *Matthes,* Betriebsvereinbarungen über Kündigungen durch den Arbeitgeber, FS Schwerdtner 2003, 331; *Reiter,* Kündigung vor Ablauf der Anhörungsfrist nach § 102 BetrVG, NZA 2003, 954; *Sasse/Freihube,* Die Anhörung bei der Verdachtskündigung, ArbRB 2006, 15; *Schlachter,* Verletzung von Konsultationsrechten des Betriebsrats in Tendenzunternehmen, FS Wissmann 2005, 412; *Stück,* Kündigung durch den Arbeitgeber – Die häufigsten Fehler bei der Betriebsratsanhörung, MDR 2000, 1053.

2. Weiterbeschäftigungsanspruch des Arbeitnehmers nach Ablauf der Kündigungsfrist (§ 102 Abs. 5): *Brinkmeier,* Ende des Weiterbeschäftigungsanspruchs nach § 102 Abs. 5 BetrVG bei nachfolgender Kündigung ohne Widerspruch des Betriebsrats?, AuR 2005, 46; *Reidel,* Die einstweilige Verfügung auf (Weiter-)Beschäftigung – eine vom Verschwinden bedrohte Rechtsschutzform?, NZA 2000, 454.

3. Erweiterung des Mitbestimmungsrechts (Abs. 6): *Matthes,* Betriebsvereinbarungen über Kündigungen durch den Arbeitgeber, FS Schwerdtner, 2003, 331; *Mauer/Schüßler,* Gestaltung von Betriebsvereinbarungen nach § 102 Abs. 6 BetrVG, BB 2000, 2518.

Übersicht

	Rn.
A. Vorbemerkung	1
I. Vorgeschichte	1
II. Änderungen der Gesetzesbestimmung	3
III. Überblick über die Gesetzesbestimmung	4
B. Gegenstand und Voraussetzungen für die Beteiligung des Betriebsrats	8
I. Kündigung als Gegenstand des Beteiligungsrechts	8
1. Begriff der Kündigung	9
2. Beteiligungspflichtige Kündigungen	10
3. Auflösung des Arbeitsverhältnisses aus anderen Gründen	15
4. Nichtigkeit und Anfechtung des Arbeitsvertrags	26
II. Weitere Voraussetzungen für die Beteiligung des Betriebsrats	29
1. Bestehen eines funktionsfähigen Betriebsrats	29
2. Zugehörigkeit des Arbeitnehmers zu der vom Betriebsrat repräsentierten Belegschaft	32
3. Beschäftigung im Ausland	37
4. Kündigung auf Veranlassung des Betriebsrats	38
5. Nichtanhörung auf Wunsch des Arbeitnehmers	39
6. Insolvenz des Arbeitgebers	40
7. Tendenzbetriebe	43
III. Kündigung im Arbeitskampf	44
IV. Verhältnis zum besonderen Kündigungsschutz im Rahmen der Betriebsverfassung	46
C. Anhörung des Betriebsrats	47
I. Mitteilungspflicht des Arbeitgebers	48
1. Mitteilung der Person des zu kündigenden Arbeitnehmers	51
2. Mitteilung der Kündigungsart	52
3. Mitteilung der Kündigungsgründe	56
4. Frist der Mitteilung	74
5. Form der Mitteilung	77

	Rn.
6. Adressat der Mitteilung	79
7. Aufforderung zur Stellungnahme	85
II. Stellungnahme des Betriebsrats	86
1. Zuständigkeit und Verfahren	87
2. Form der Stellungnahme	92
3. Anhörungsfrist	98
4. Beteiligung des von der beabsichtigten Kündigung betroffenen Arbeitnehmers	107
5. Schweigepflicht der Betriebsratsmitglieder	109
III. Rechtsfolgen des Anhörungsverfahrens für die Kündigung	111
1. Einhaltung des Anhörungsverfahrens als Wirksamkeitsvoraussetzung	111
2. Fehlende Anhörung des Betriebsrats	113
3. Fehler im Anhörungsverfahren	119
4. Verwertungsverbot im Kündigungsrechtsstreit	125
5. Geltendmachung der fehlenden oder fehlerhaften Anhörung im Kündigungsrechtsstreit	131
D. Widerspruch des Betriebsrats gegen eine ordentliche Kündigung	138
I. Überblick	138
II. Gegenstand des Widerspruchsrechts	144
1. Ordentliche Kündigung	144
2. Betriebsbedingte, personenbedingte und verhaltensbedingte Kündigung	146
III. Widerspruchsgründe	148
1. Nicht ausreichende Berücksichtigung sozialer Gesichtspunkte bei der Auswahl des Arbeitnehmers (Nr. 1)	149
2. Verstoß gegen eine Auswahlrichtlinie (Nr. 2)	157
3. Weiterbeschäftigungsmöglichkeit des Arbeitnehmers – Allgemeines (Nr. 3 bis 5)	159
4. Möglichkeit der Weiterbeschäftigung auf einem anderen Arbeitsplatz (Nr. 3)	163
5. Möglichkeit der Weiterbeschäftigung des Arbeitnehmers nach zumutbaren Umschulungs- und Fortbildungsmaßnahmen (Nr. 4)	171
6. Möglichkeit der Weiterbeschäftigung des Arbeitnehmers nach geänderten Vertragsbedingungen (Nr. 5)	174
IV. Frist und Form des Widerspruchs	179
1. Frist	179
2. Form und Begründungszwang	180
3. Zurücknahme des Widerspruchs	188
V. Mitteilung des vom Betriebsrat erklärten Widerspruchs an den Arbeitnehmer	189
VI. Die materiell-rechtlichen Auswirkungen des Widerspruchs auf die Rechtsstellung des Arbeitnehmers im Kündigungsschutzprozess	192
1. Weiterbeschäftigungspflicht des Arbeitgebers während des Kündigungsschutzprozesses	193
2. Erweiterung des materiellen Kündigungsschutzes	194
E. Weiterbeschäftigung des Arbeitnehmers nach Ablauf der Kündigungsfrist	200
I. Vorbemerkung	200
1. Entstehungsgeschichte des Abs. 5	200
2. Zweck und rechtsdogmatische Struktur des Abs. 5	201
II. Voraussetzungen der Weiterbeschäftigungspflicht	207
1. Ordentliche Kündigung	208
2. Widerspruch des Betriebsrats	213
3. Erheben der Kündigungsschutzklage	215
4. Verlangen des Arbeitnehmers	220
III. Inhalt der Verpflichtung zur Weiterbeschäftigung	223
1. Materiell-rechtliche Auswirkungen auf den Bestand des Arbeitsverhältnisses	223
2. Weiterbeschäftigung bei unveränderten Arbeitsbedingungen	225
3. Beendigung der Weiterbeschäftigungspflicht	233
4. Durchsetzung der Weiterbeschäftigungspflicht	239
IV. Entbindung des Arbeitgebers von der Verpflichtung zur Weiterbeschäftigung	242
1. Entbindungsgründe	243
2. Verfahren	248
3. Materiell-rechtliche Auswirkungen der Entbindung	256
V. Betriebsverfassungsrechtlicher Weiterbeschäftigungsanspruch und Annahmeverzug des Arbeitgebers	258

A. Vorbemerkung § 102

Rn.
VI. Weiterbeschäftigung auf der Grundlage des allgemeinen Beschäftigungs-
anspruchs 260
   1. Keine entsprechende Anwendung des Abs. 5 260
   2. Richterrechtlich anerkannter Weiterbeschäftigungsanspruch 261
F. Besonderheiten bei einer Änderungskündigung 266
   I. Begriff der Änderungskündigung 266
   II. Beteiligungsrecht des Betriebsrats 268
      1. Anhörungsrecht 268
      2. Konkurrenz mit dem Mitbestimmungsrecht nach § 99 273
   III. Weiterbeschäftigungsanspruch nach § 102 Abs. 5 280
G. Erweiterung des Mitbestimmungsrechts 283
   I. Vorbemerkung 283
   II. Zustimmungsbedürftigkeit von Kündigungen 284
      1. Arbeitgeberkündigung 284
      2. Ordentliche und außerordentliche Kündigung 285
   III. Vereinbarung zwischen Arbeitgeber und Betriebsrat 287
      1. Form 287
      2. Inhalt 289
   IV. Ersetzung der Zustimmung durch die Einigungsstelle 298
   V. Rechtsstellung des Arbeitnehmers im Kündigungsrechtsstreit 300
      1. Zustimmung des Betriebsrats als Wirksamkeitsvoraussetzung 300
      2. Besonderer und allgemeiner Kündigungsschutz 301
      3. Verhältnis zum Widerspruchsrecht nach Abs. 3, insbesondere zum be-
         triebsverfassungsrechtlichen Weiterbeschäftigungsanspruch (Abs. 5) 302
   VI. Erweiterung des Beteiligungsrechts durch Tarifvertrag 305
H. Beteiligung des Betriebsrats nach anderen Gesetzen 306
   I. Beteiligung des Betriebsrats beim individualrechtlichen Kündigungsschutz ... 307
   II. Beteiligung des Betriebsrats bei Massenentlassungen 309

A. Vorbemerkung

I. Vorgeschichte

Das Gesetz hat die **Beteiligung des Betriebsrats bei der Kündigung des Arbeitgebers** 1 erheblich ausgebaut. § 66 Abs. 1 BetrVG 1952 hatte lediglich lapidarisch bestimmt: „Der Betriebsrat ist vor jeder Kündigung zu hören". Er galt nur in Betrieben mit in der Regel mehr als zwanzig wahlberechtigten Arbeitnehmern (§ 60 Abs. 1 BetrVG 1952). Das Gesetz hat diese Einschränkung für die Kündigung im Gegensatz zur Mitbestimmung bei der Einstellung, Versetzung, Eingruppierung und Umgruppierung nicht übernommen. § 102 gilt überall, wo ein Betriebsrat besteht.

Die **Anhörung des Betriebsrats** ist eine **Wirksamkeitsvoraussetzung für die Kündigung** 2 (Abs. 1 Satz 3). Eine entsprechende gesetzliche Bestimmung hat im BetrVG 1952 gefehlt. Daher war im Schrifttum außerordentlich streitig, welche Bedeutung ein Verstoß gegen die Anhörungspflicht für die Wirksamkeit der Kündigung hatte (vgl. dazu ausführlich *Dietz*, § 66 Rn. 11 g, 11 h). Das BAG sah mit der h. L. in der Anhörung des Betriebsrats keine zivilrechtliche Wirksamkeitsvoraussetzung für die Kündigung (grundlegend BAG 15. 9. 1954 AP BetrVG § 66 Nr. 1 [zust. *A. Hueck*]; zuletzt bestätigt durch BAG 18. 1. 1968 und 27. 3. 1969 AP BetrVG § 66 Nr. 28 und Nr. 30; *Dietz*, § 66 Rn. 11 ff.; *Nikisch*, Bd. III S. 483 ff.; *Nipperdey/Säcker* in *Hueck/Nipperdey*, Bd. II/2 S. 1434 ff.). Um der gesetzlichen Bestimmung ein „lediglich papiernes Dasein als lex imperfecta" zu ersparen, hatte es aber die folgende Lösung entwickelt: Bei Nichtanhörung des Betriebsrats vor einer ordentlichen Kündigung konnte der Arbeitgeber, sofern er rechtswidrig, vorsätzlich und schuldhaft den Betriebsrat nicht beteiligt hatte, sich nicht darauf berufen, dass die Kündigung sozial gerechtfertigt war (BAG 15. 9. 1954 AP BetrVG § 66 Nr. 1; zust. *A. Hueck* in *Hueck/Nipperdey*, Bd. I S. 647; *Nipperdey/Säcker* in *Hueck/*

Nipperdey, Bd. II/2 S. 1437 ff.). Das BAG schloss die für die Sanktion der Anhörungspflicht bestehende Regelungslücke, indem es die Beteiligung des Betriebsrats in das System des allgemeinen Kündigungsschutzes einbezog (vgl. auch G. *Hueck*, FS 25 Jahre BAG 1979, S. 243, 248 f.). Dadurch war es zugleich gelungen, die Geltendmachung der fehlenden Beteiligung an die Erhebung der Kündigungsschutzklage zu binden, so dass der Arbeitnehmer innerhalb von drei Wochen nach Zugang der Kündigung Klage beim Arbeitsgericht auf Feststellung erheben musste, dass das Arbeitsverhältnis durch die Kündigung nicht aufgelöst ist, wenn er die Nichtanhörung des Betriebsrats geltend machen wollte.

2a Entsprechende Vorschriften: §§ 78 Abs. 1 Nr. 4, 5; 79 BPersVG § 31 SprAuG.

II. Änderungen der Gesetzesbestimmung

3 Das Gesetz zur Reform der Arbeitsförderung (Arbeitsförderungs-Reformgesetz – AFRG) vom 24. 3. 1997 (BGBl. I S. 594) hat durch Art. 52 die Wörter „und nach § 8 Abs. 1 des Arbeitsförderungsgesetzes" in Abs. 7 gestrichen. Die Neufassung gilt seit 1. 1. 1998 (Art. 83 Abs. 1 AFRG).

III. Überblick über die Gesetzesbestimmung

4 Die Vorschrift **ergänzt** den **allgemeinen Kündigungsschutz**, der im Kündigungsschutzgesetz geregelt ist. Sie berücksichtigt, dass der Kündigungsschutz individualrechtlich gestaltet ist. Daher hat der Gesetzgeber es bei der Regelung belassen, dass der Betriebsrat vor jeder Kündigung, der ordentlichen wie der außerordentlichen Kündigung, nur zu hören ist. Er ist nicht den Novellierungsvorschlägen des DGB und der SPD-Bundestagsfraktion gefolgt, nach denen die ordentliche Kündigung eines Arbeitnehmers nur mit Zustimmung des Betriebsrats zulässig sein sollte (vgl. § 66 des Novellierungsvorschlags des DGB vom Oktober 1967, abgedruckt in AuR 1968, 147; § 66 Entw. der BT-Fraktion der SPD vom 16. 12. 1968, BT-Drucks. V/3658, abgedruckt in RdA 1969, 41; dann wieder DGB-Novellierungsvorschläge 1998, § 102); denn der Ausbau der Mitbestimmung zu einem Zustimmungserfordernis hätte zur Folge gehabt, dass neben den individualrechtlich gestalteten Kündigungsschutz ein kollektivrechtlich gestalteter Kündigungsschutz getreten wäre, der bei der Prüfung der sozialen Rechtfertigung lediglich eine Instanzenhäufung zur Folge gehabt hätte, ohne den Kündigungsschutz insoweit materiell zu verbessern (vgl. dazu auch *Richardi*, DB 1970, 880, 883) Zurecht hat das BetrVerf-Reformgesetz vom 23. 7. 2001 (BGBl. I S. 1852) hier keine Änderung gebracht.

5 Eine **ohne Anhörung des Betriebsrats ausgesprochene** – ordentliche oder außerordentliche – **Kündigung des Arbeitgebers** ist **unwirksam** (Abs. 1 Satz 3). Im Gegensatz zu der vom BAG zu § 66 Abs. 1 BetrVG 1952 entwickelten Lösung handelt es sich um eine zivilrechtliche Unwirksamkeit, deren Geltendmachung nicht – wie bei der ordentlichen Kündigung die Sozialwidrigkeit (§ 4 Satz 1 KSchG) und bei der außerordentlichen Kündigung das Fehlen des wichtigen Grundes (§ 13 Abs. 1 Satz 2 KSchG) – an eine Frist gebunden ist (§ 13 Abs. 3 KSchG). Die Bedeutung der Anhörung erschöpft sich aber nicht in dieser Rechtsfolgenanordnung, sondern wirkt sich darüber hinaus auf den Kündigungsrechtsstreit aus; denn der Arbeitgeber kann keine Kündigungsgründe nachschieben, die er nicht dem Betriebsrat im Anhörungsverfahren mitgeteilt hat (s. Rn. 125 ff.).

6 Bei der **ordentlichen Kündigung** hat das Gesetz das Mitwirkungsrecht der Anhörung durch ein **Widerspruchsrecht** ergänzt: Stützt der Betriebsrat seine rechtzeitig schriftlich mitgeteilten Bedenken auf die in Abs. 3 genannten Gründe, so handelt es sich um einen

Widerspruch, der zwar nicht zur Folge hat, dass die ordentliche Kündigung unterbleiben muss, mit dem aber materielle Rechtswirkungen auf das Arbeitsverhältnis verbunden sind, um den Kündigungsschutz des betroffenen Arbeitnehmers zu verbessern (s. Rn. 138 ff.).

Arbeitgeber und Betriebsrat können vereinbaren, dass Kündigungen der **Zustimmung** 7 **des Betriebsrats** bedürfen (Abs. 6). Bei Meinungsverschiedenheiten entscheidet über die Berechtigung der Nichterteilung der Zustimmung die Einigungsstelle. Dadurch wird erreicht, dass im Streitfall die Kündigung erst erklärt werden kann, wenn die Einigungsstelle einen verbindlichen Spruch erlassen hat. Von Gesetzes wegen bedarf aber nur die außerordentliche Kündigung von Mitgliedern des Betriebsrats, der Jugend- und Auszubildendenvertretung, der Bordvertretung und des Seebetriebsrats sowie von Mitgliedern des Wahlvorstands und von Wahlbewerbern der Zustimmung des Betriebsrats (§ 103). Bei Zustimmungsverweigerung entscheidet hier das Arbeitsgericht im Beschlussverfahren.

B. Gegenstand und Voraussetzungen für die Beteiligung des Betriebsrats

I. Kündigung als Gegenstand des Beteiligungsrechts

Ein Mitwirkungsrecht des Betriebsrats besteht nur, wenn der Arbeitgeber das Arbeits- 8 verhältnis durch Kündigung auflöst.

1. Begriff der Kündigung

Kündigung ist die **einseitige empfangsbedürftige Willenserklärung, durch die das** 9 **Arbeitsverhältnis für die Zukunft aufgelöst wird.** Sie ist nicht synonym mit dem Begriff der Entlassung. Die Entlassung ist vielmehr die Folge einer Kündigung, nämlich die durch die Kündigung des Arbeitgebers herbeigeführte Aufhebung des Arbeitsverhältnisses (vgl. BAG 3. 10. 1963 AP KSchG § 15 Nr. 9).

2. Beteiligungspflichtige Kündigungen

a) Die Pflicht zur Anhörung des Betriebsrats besteht vor **jeder Kündigung,** der **ordent-** 10 **lichen** wie der **außerordentlichen Kündigung** (vgl. BAG 28. 2. 1974 AP BetrVG 1972 § 102 Nr. 2). Die ordentliche Kündigung kann nur unter Einhaltung der gesetzlichen, tarifvertraglich vorgeschriebenen oder einzelvertraglich vereinbarten Kündigungsfrist ausgesprochen werden (§ 622 BGB). Die außerordentliche Kündigung kann dagegen fristlos erklärt werden, setzt aber einen wichtigen Grund voraus (§ 626 BGB).

b) Keine Rolle spielt, ob der Arbeitgeber mit der Kündigung ein Vertragsangebot 11 verbindet, das Arbeitsverhältnis mit geändertem Vertragsinhalt fortzusetzen. Die Anhörungspflicht besteht deshalb auch bei **Änderungskündigungen** (ebenso BAG 3. 11. 1977 AP BPersVG § 75 Nr. 1; 10. 3. 1982 AP KSchG 1969 § 2 Nr. 2; 29. 3. 1990 AP BetrVG 1972 § 102 Nr. 56). Der Arbeitgeber bezweckt bei der Änderungskündigung zwar nicht die Auflösung des Arbeitsverhältnisses, sondern die Änderung des Vertragsinhalts. Wenn der Arbeitnehmer sich aber mit der vorgeschlagenen Änderung der Arbeitsbedingungen nicht einverstanden erklärt, sie insbesondere nicht nach § 2 Satz 2 KSchG unter Vorbehalt annimmt, führt auch die Änderungskündigung zur Auflösung des Arbeitsverhältnisses. Deshalb ist der Betriebsrat auch dann nach § 102 zu beteiligen, wenn der Arbeitgeber durch die Änderungskündigung eine Versetzung durchführen will, bei der der Betriebsrat nach § 99 mitzubestimmen hat (ebenso BAG 3. 11. 1977 AP BPersVG § 75 Nr. 1; s. Rn. 260 ff.).

12 Keine Anhörungspflicht besteht dagegen bei der sog. **Teilkündigung,** bei der unter Aufrechterhaltung des Arbeitsverhältnisses die Kündigung sich auf einzelne Nebenabreden bezieht; denn es kommt hier nicht zur Auflösung des Arbeitsverhältnisses (ebenso GK-*Raab*, § 102 Rn. 26; GL-*Löwisch*, § 102 Rn. 12; HSWGNR-*Schlochauer*, § 102 Rn. 15; KR-*Etzel*, § 102 Rn. 37; HWK-*Ricken*, § 102 Rn. 2; im Ergebnis auch, jedoch stärker differenzierend DKK-*Kittner/Bachner*, § 102 Rn. 14). Eine Teilkündigung ist aber **im Allgemeinen unzulässig,** weil die einzelnen Teile des Arbeitsvertrags nicht isoliert, sondern regelmäßig in einem inneren Zusammenhang stehen (vgl. BAG 4. 2. 1958 AP BGB § 620 Nr. 1 Teilkündigung; 7. 10. 1982 AP BGB § 620 Nr. 5 Teilkündigung; 23. 8. 1989 AP BGB § 565 e Nr. 3). Soweit jedoch nach dem Arbeitsvertrag einer Vertragspartei das Recht eingeräumt wird, eine Vertragsabrede aufzuheben, handelt es sich um ein Gestaltungsrecht, das im Unterschied zur Kündigung nicht die Auflösung des Arbeitsverhältnisses bewirkt.

13 Der **Widerruf** einzelner Leistungen auf Grund eines vertraglichen Widerrufsvorbehalts erfüllt nicht den Anhörungstatbestand. Hier stellen sich allein AGB-rechtliche Fragen (s. *Thüsing*, AGB-Kontrolle im Arbeitsrecht, 2007, S. 108 ff.).

14 c) Die Anhörungspflicht des Arbeitgebers bezweckt zwar einen präventiven Kündigungsschutz; sie besteht aber auch, wenn das **Kündigungsschutzgesetz** keine Anwendung findet. Sie erfasst daher nicht nur eine Kündigung in den ersten sechs Monaten des Arbeitsverhältnisses (ebenso BAG 13. 7. 1978 AP BetrVG 1972 § 102 Nr. 17 und 18; 28. 9. 1978 AP BetrVG 1972 § 102 Nr. 19; 8. 9. 1988 AP BetrVG 1972 § 102 Nr. 49; BAG 22. 9. 2005 AP KSchG 1969 § 1 Nr. 20; BAG 22. 9. 2005 AP BGB § 130 Nr. 24), sondern auch eine **Kündigung vor Vertragsantritt** (ebenso LAG Frankfurt a. M. 31. 5. 1985, DB 1985, 2689; HSWGNR-*Schlochauer*, § 102 Rn. 6; DKK-*Kittner/Bachner*, § 102 Rn. 15).

3. Auflösung des Arbeitsverhältnisses aus anderen Gründen

15 Das **Beteiligungsrecht** besteht nur bei **Kündigungen des Arbeitgebers,** also nicht, wenn das Arbeitsverhältnis aus anderen Gründen aufgelöst wird.

16 a) **Keine Anhörungspflicht** trifft deshalb den Arbeitgeber, wenn ein **befristetes Arbeitsverhältnis durch Zeitablauf endet** (ebenso *Fitting*, § 102 Rn. 17; GK-*Raab*, § 102 Rn. 25; GL-*Löwisch*, § 102 Rn. 15; Jaeger/Röder/Heckelmann/*Jaeger*, Kap. 25 Rn. 13; *Löwisch/Kaiser*, § 102, Rn. 4; HSWGNR-*Schlochauer*, § 102 Rn. 15; HWK-*Ricken*, § 102 Rn. 4; KR-*Etzel*, § 102 Rn. 39). Die Mitteilung des Arbeitgebers, der befristet abgeschlossene Arbeitsvertrag werde nicht verlängert, ist keine Kündigung (s. auch Rn. 18). Spricht dagegen der Arbeitgeber bei Unwirksamkeit der Befristung eine Kündigung aus, ist der Betriebsrat nach § 102 zu hören (BAG 22. 9. 2005 AP KSchG 1969 § 1 Nr. 20). Bei Abschluss eines Zeitvertrags kann das Arbeitsverhältnis, sofern nicht etwas anderes vereinbart ist, nicht durch ordentliche Kündigung aufgelöst werden, sondern es endet mit Zeitablauf (§ 620 Abs. 1 BGB). Möglich ist lediglich eine außerordentliche Kündigung (§ 626 BGB). Soweit eine Kündigung zulässig ist, hat der Arbeitgeber, wenn er von dieser Möglichkeit Gebrauch macht, den Betriebsrat zu beteiligen.

17 Der **Zeitablauf** führt **nur bei Zulässigkeit der Befristungsabrede zur Auflösung des Arbeitsverhältnisses.** Die Befristung muss gesetzlich zugelassen sein (vgl. § 14 TzBfG, § 21 BEEG), d. h. es müssen Gründe, die in der Eigenart des Betriebs, der zu erfüllenden Arbeitsaufgabe oder in der Person des Arbeitnehmers liegen, die Befristung und deren Dauer rechtfertigen (s. den Katalog § 14 Abs. 1 S. 2 TzBfG; grundlegend bereits zuvor BAG [GS] 12. 10. 1960 AP BGB § 620 Nr. 16 Befristeter Arbeitsvertrag; ausführlich zur Zulässigkeit einer Befristungsabrede *Wank*, MünchArbR § 95).

18 Die **Mitteilung des Arbeitgebers, dass ein befristeter Arbeitsvertrag nicht verlängert werde,** oder eine mit der Befristung begründete Ablehnung der Weiterbeschäftigung ist **keine Kündigung** (ebenso BAG 9. 11. 1977, 15. 3. 1978, 26. 4. 1979 und 24. 10. 1979

AP BGB § 620 Nr. 34, 45, 47 und 49 Befristeter Arbeitsvertrag). Die Erklärung kann auch nicht in eine Kündigung umgedeutet werden, weil für den Arbeitnehmer wegen der Bindung an die Drei-Wochen-Frist des § 4 KSchG feststehen muss, ob es sich um eine Kündigung handelt. Deshalb kommt nur in Betracht, dass der Arbeitgeber *hilfsweise* eine Kündigung erklärt. Er muss insoweit aber den Betriebsrat beteiligen, weil sonst die Kündigung unwirksam ist (ebenso *Fitting,* § 102 Rn. 17; GK-*Raab,* § 102 Rn. 31; GL-*Löwisch,* § 102 Rn. 16; HSWGNR-*Schlochauer,* § 102 Rn. 14; KR-*Etzel,* § 102 Rn. 40).

b) **Keine Anhörungspflicht** besteht weiterhin, wenn ein Arbeitnehmer nur für ein **bestimmtes Arbeitsvorhaben** eingestellt wird, z. B. für den Bau eines Schuppens. Mit der Durchführung der Arbeit endet das zweckbefristete Arbeitsverhältnis, ohne dass es einer Kündigung bedarf (§ 620 Abs. 3 BGB; § 15 TzBfG). Ein Fall des § 102 ist auch nicht gegeben, wenn ein auflösend bedingtes Arbeitsverhältnis durch **Eintritt der Bedingung** endet (§ 158 Abs. 2 BGB), z. B. wenn jemand nur für einen erkrankten Arbeitnehmer eingestellt ist (ebenso *Fitting,* § 102 Rn. 15; GK-*Raab,* § 102 Rn. 25; HSWGNR-*Schlochauer,* § 102 Rn. 15; KR-*Etzel,* § 102 Rn. 41). Wie die Befristung muss aber auch die Bedingung sachlich gerechtfertigt sein (§ 21 TzBfG), wobei außerdem zu beachten ist, dass bei einer Bedingung der Eintritt der Rechtsfolge von einem zukünftigen ungewissen Ereignis abhängig gemacht wird. Die Ungewissheit darf deshalb nicht zu Lasten des Arbeitnehmers gehen. Daraus folgt aber nicht, dass die Vereinbarung eines auflösend bedingten Arbeitsverhältnisses schlechthin unzulässig ist (BAG 9. 2. 1984 AP BGB § 620 Nr. 7 Bedingung; *Richardi/Buchner,* MünchArbR, § 33 Rn. 56 ff.). 19

Der Betriebsrat ist nicht zu beteiligen, wenn das **Berufsausbildungsverhältnis** mit Bestehen der Abschlussprüfung bzw. mit dem Ablauf der Ausbildungszeit endet (§ 21 BBiG). Wird der Arbeitnehmer im Anschluss an das Berufsausbildungsverhältnis weiter beschäftigt, so liegt darin eine Einstellung, über die der Betriebsrat nach § 99 mitzubestimmen hat (s. dort Rn. 41). Wird ein Auszubildender nur vorübergehend und partiell in einen Ausbildungsbetrieb eingegliedert, während der Schwerpunkt seines Ausbildungsverhältnisses beim Stammbetrieb verbleibt, so ist dessen Betriebsrat bzgl. der Angelegenheiten zu beteiligen, die das Grundverhältnis betreffen (BAG 12. 5. 2005 AP BetrVG 1972 § 102 Nr. 145). Dies gilt dann auch für die Kündigung. 20

c) **Keine Anhörungspflicht** besteht, wenn das Arbeitsverhältnis durch **Aufhebungsvertrag** aufgelöst wird (ebenso *Fitting,* § 102 Rn. 15; GK-*Raab,* § 102 Rn. 25; GL-*Löwisch,* § 102 Rn. 17; Jaeger/Röder/Heckelmann/*Jaeger,* Kap. 25 Rn. 13; *Löwisch/Kaiser,* § 102, Rn. 4; HSWGNR-*Schlochauer,* § 102 Rn. 15; DKK-*Kittner/Bachner,* § 102 Rn. 19; HWK-*Ricken,* § 102, Rn. 6; KR-*Etzel,* § 102 Rn. 42; a. A. *Keppeler,* AuR 1996, 263). Der Arbeitnehmer kann seine Willenserklärung nicht widerrufen, und er kann sie auch nicht deshalb wegen Irrtums nach § 119 BGB anfechten, weil ihm das Beteiligungsrecht des Betriebsrats bei einer Kündigung und die Auswirkungen eines Widerspruchs des Betriebsrats auf ein gekündigtes Arbeitsverhältnis nicht bekannt waren. Ein Aufhebungsvertrag liegt aber nicht in der Anerkennung einer Kündigung; denn die Unterwerfung unter die Ausübung eines Gestaltungsrechts ist kein Vertrag. Der Aufhebungsvertrag kann auch nicht unter einer aufschiebenden Bedingung abgeschlossen werden; denn eine derartige Abrede widerspricht dem Zweck des Kündigungsschutzes (vgl. BAG 19. 12. 1974 AP BGB § 620 Nr. 3 Bedingung). 21

Vom Aufhebungsvertrag ist der sog. **Abwicklungsvertrag** zu unterscheiden. Ihm liegt im Regelfall eine Kündigung zugrunde, die zwischen Arbeitgeber und Arbeitnehmer vertraglich „abgewickelt" wird (vgl. *Hümmerich,* NZA 1994, 200 ff. und 833 f.; *Grunewald,* NZA 1994, 441 f.; *Bauer/Hümmerich,* NZA 2003, 1076). Im Gegensatz zum Aufhebungsvertrag ist daher hier, soweit der Auflösungstatbestand eine Kündigung ist, der Betriebsrat zu beteiligen (jetzt auch BAG 28. 6. 2005 AP BetrVG 1972 § 102 Nr. 146; ebenso *Fitting,* § 102 Rn. 15; HWK-*Ricken,* § 102 Rn. 6; *Grunewald,* NZA 1994, 441; a. A. *Bauer/Krieger,* NZA 2006, 307 die eine Beteiligung als unnötiges Formerfordernis ansehen). 22

§ 102

23 d) Eine Anhörungspflicht besteht nicht, wenn das durch eine **vorläufige Einstellung begründete Arbeitsverhältnis nach § 100 Abs. 3 beendet** wird (ebenso GK-*Raab*, § 102 Rn. 26; HSWGNR-*Schlochauer*, § 102 Rn. 15; KR-*Etzel*, § 102 Rn. 44; s. auch § 100 Rn. 44 ff.). Gleiches gilt, wenn der Betriebsrat verlangt, dass eine nach seiner Auffassung betriebsverfassungsrechtlich pflichtwidrig durchgeführte Einstellung rückgängig gemacht wird und der Arbeitgeber deshalb das Arbeitsverhältnis kündigt. Der Betriebsrat ist aber zu hören, wenn der Arbeitgeber die Kündigung erklärt, um selbst den Mangel der Beteiligung des Betriebsrats zu beheben. Entscheidend ist also, ob der Betriebsrat die Kündigung angeregt hat (s. Rn. 38).

24 e) Keinen Anhörungstatbestand bildet schließlich die **Aussperrung**. Das gilt auch, wenn sie mit lösender Wirkung erfolgt (vgl. zur Zulässigkeit grundlegend BAG [GS] 21. 4. 1971 AP GG Art. 9 Nr. 43 Arbeitskampf). Sie ist in diesem Fall keine Kündigung, sondern ein *Lösungstatbestand eigener Art* (s. zur Beteiligung des Betriebsrats bei Kündigungen während eines Arbeitskampfs Rn. 44 f.).

25 f) Ob eine Anhörungspflicht bei **Entlassung von Beamten nach § 35 Satz 2 BBG** gegeben ist, ist fraglich, handelt es sich doch hier ebenfalls nicht um eine Kündigung. Eine analoge Anwendung des Gesetzes, das an Beamte nicht gedacht hat, scheint jedoch zulässig (ebenso ArbG Koblenz 18. 2. 1999 – 1 BV 2843/98). Keine Anhörungspflicht bestand demgegenüber bei **Freisetzungen im Rahmen der GesO** (BAG 22. 1. 1998, ZInsO 1998, 190). Die im Baubereich vom Arbeitgeber ausgesprochene „**vorübergehende Ausstellung**" während der Winterperiode (verbunden mit dem Angebot zur Wiedereinstellung danach) ist eine Kündigung, so dass § 102 Anwendung findet (BAG 11. 3. 1998, DB 1998, 626; *Fitting*, § 102 Rn. 19); auch die **Rückversetzung** eines Arbeitnehmers einer ARGE des Baugewerbes ist eine Kündigung, so dass der Betriebsrat zu hören ist (LAG Düsseldorf 17. 10. 1974, DB 1975, 650; DKK-*Kittner/Bachner*, § 102 Rn. 18; *Fitting*, § 102 Rn. 18).

4. Nichtigkeit und Anfechtung des Arbeitsvertrags

26 a) Der Beteiligungstatbestand ist nicht gegeben, wenn der **Arbeitsvertrag nichtig** oder **schwebend unwirksam** ist und dieser Mangel durch den Arbeitgeber geltend gemacht wird, so dass das fehlerhaft begründete Arbeitsverhältnis aufgelöst wird (vgl. *Richardi/Buchner*, MünchArbR, § 34 Rn. 37 ff.). Die **Geltendmachung der Nichtigkeit ist keine Kündigung** und steht ihr auch nicht gleich.

27 b) Eine Pflicht zur Anhörung besteht auch nicht, wenn der Arbeitgeber das Arbeitsverhältnis durch eine **Anfechtung des Arbeitsvertrags** auflöst (ebenso BAG 11. 11. 1993 AP BGB § 123 Nr. 38; *Fitting*, § 102 Rn. 15; GK-*Raab*, § 102 Rn. 25; GL-*Löwisch*, § 102 Rn. 18; Jaeger/Röder/Heckelmann/*Jaeger*, Kap. 25 Rn. 13; *Löwisch/Kaiser*, § 102, Rn. 4; HSWGNR-*Schlochauer*, § 102 Rn. 15; HWK-*Ricken*, § 102 Rn. 5; KR-*Etzel*, § 102 Rn. 42; ausführlich *Picker*, ZfA 1981, 1, 43 f.; a. A. *Gamillscheg*, AcP 176 (1976), 197, 218; *Schwerdtner*, Arbeitsrecht I, 1976, S. 26 f.; *Wolf/Gangel*, AuR 1982, 271, 275 f.; *Hönn*, ZfA 1987, 61, 89 f.).

28 Anfechtung und Kündigung haben wesensverschiedene Funktionen und sind in ihren Voraussetzungen und Wirkungen voneinander zu unterscheiden. Das gilt auch, soweit die Anfechtung anders als nach § 142 Abs. 1 BGB keine Rückwirkung entfaltet; denn nur in dieser Hinsicht ist dadurch ein Unterschied zur Kündigung aufgehoben. Die Unterschiede in ihren tatbestandlichen Voraussetzungen und sonstigen Folgewirkungen werden dadurch nicht beseitigt. Die Anfechtung dient dazu, dass man sich von den Folgen einer Willenserklärung befreien kann, die auf einem für die Anerkennung der Vertragsfreiheit wesentlichen Willensmangel beruht. Bei ihr geht es ausschließlich um die dem Anfechtungsberechtigten nach §§ 119, 123 BGB eingeräumte Entscheidung über die Geltung und Nicht-Geltung des Rechtsgeschäfts. Da der Betriebsrat nicht die Einstellung eines bestimmten Bewerbers erzwingen kann, muss der Arbeitgeber auch in

B. Gegenstand und Voraussetzungen für die Beteiligung des Betriebsrats § 102

seiner Entscheidung darüber frei sein, ob er den Arbeitsvertrag gelten lässt, nachdem der Anfechtungsgrund aufgedeckt ist. § 102 bezweckt nicht, den Arbeitgeber insoweit bei seiner Entscheidungsfindung an eine Stellungnahme des Betriebsrats zu binden (ebenso *Picker*, ZfA 1981, 1, 43 f.).

II. Weitere Voraussetzungen für die Beteiligung des Betriebsrats

1. Bestehen eines funktionsfähigen Betriebsrats

Das Beteiligungsrecht besteht in **allen Betrieben**, die einen Betriebsrat haben. Das Gesetz fordert nicht wie bei personellen Einzelmaßnahmen nach § 99, dass dem Unternehmen in der Regel mehr als zwanzig wahlberechtigte Arbeitnehmer angehören. 29

Voraussetzung ist lediglich, dass in einem betriebsratsfähigen Betrieb ein **Betriebsrat besteht**. Ist er nicht vorhanden oder nicht **funktionsfähig**, so kann das Beteiligungsrecht nicht ausgeübt werden. Der Arbeitgeber kann deshalb die Kündigung ohne Anhörung des Betriebsrats aussprechen (ebenso BAG 23. 8. 1984 AP BetrVG 1972 § 102 Nr. 36). Der Betriebsrat ist konstituiert, wenn der Vorsitzende und sein Stellvertreter gewählt sind; er ist aber bereits funktionsfähig, sobald der Vorsitzende gewählt ist (s. § 29 Rn. 14). Solange das nicht geschehen ist, besteht keine Anhörungspflicht. Der Arbeitgeber braucht auch nicht mit dem Ausspruch der Kündigung zu warten, bis der Betriebsrat sich konstituiert hat (ebenso BAG 23. 8. 1984 AP BetrVG 1972 § 102 Nr. 36; *Löwisch/Kaiser*, § 102, Rn. 1; a. A. GK-*Raab*, § 102 Rn. 10; *Wiese*, EzA § 102 BetrVG 1972 Nr. 59). 30

Eine Funktionsunfähigkeit kann eintreten, wenn alle Betriebsratsmitglieder einschließlich der Ersatzmitglieder zeitweilig verhindert sind (vgl. zur Anhörung bei krankheitsbedingter Arbeitsunfähigkeit eines einzigen Betriebsratsmitglieds oder Ersatzmitglieds BAG 15. 11. 1984 AP BetrVG 1972 § 25 Nr. 2; s. auch § 25 Rn. 7). Durch **Betriebsferien** tritt dagegen **keine Funktionsunfähigkeit des Betriebsrats** ein. Der Arbeitgeber muss vielmehr den Betriebsrat beteiligen; er braucht aber nicht sicherzustellen, dass dieser sich mit der Kündigung befasst, sondern es fällt in den Zuständigkeits- und Verantwortungsbereich des Betriebsrats, dafür zu sorgen, dass das Beteiligungsrecht ordnungsgemäß wahrgenommen wird (s. auch Rn. 119 ff.). 31

Sind trotz vollzogener Betriebsstilllegung und Beendigung der Arbeitsverhältnisse der Betriebsratsmitglieder noch einzelne Arbeitsverhältnisse abzuwickeln bzw. zu kündigen, ist der Betriebsrat im Rahmen seines Restmandats nach § 21 b ebenfalls gemäß § 102 zu beteiligen (LAG Niedersachsen 6. 3. 2006, AE 2007, 163; vgl. auch § 21 b Rn. 1, 7). Voraussetzung ist jedoch, dass das Restmandat nicht zwischenzeitlich geendet ist, s. § 21 b Rn. 10 f. 31a

2. Zugehörigkeit des Arbeitnehmers zu der vom Betriebsrat repräsentierten Belegschaft

a) Die Pflicht zur Anhörung besteht bei allen Kündigungen von **Arbeitnehmern**, soweit sie zur **Belegschaft i. S. dieses Gesetzes** gehören. Bei einer nicht angefochtenen Betriebsratswahl repräsentiert der Betriebsrat nur – aber auch stets – die Belegschaft, die ihn mitgewählt hat (BAG 3. 6. 2004 AP BetrVG 1972 § 102 Nr. 141). Es würde dem Erfordernis der Rechtssicherheit, dem § 19 dient, widersprechen, wenn bei Ausübung jedes einzelnen Beteiligungsrechts jeweils zu klären wäre, ob der gewählte Betriebsrat überhaupt für den Betrieb im Sinne des Betriebsverfassungsgesetzes gewählt bzw. zuständig ist (BAG 27. 6. 1995 AP BetrVG 1972 § 4 Nr. 7). Die Verkennung des Betriebsbegriffs bei der Betriebsratswahl kann daher im Hinblick auf § 102 nicht gerügt werden (BAG 23. 3. 2006 AP KSchG 1969 § 1 Nr. 13 Konzern). 32

§ 102

32 a Keine Rolle spielt, welche Rechtsordnung auf das Arbeitsverhältnis zur Anwendung kommt. Deshalb ist der Betriebsrat auch zu beteiligen, wenn einem Betriebsangehörigen mit **ausländischem Arbeitsvertragsstatut** gekündigt werden soll (ebenso BAG 9. 11. 1977 AP Internat. Privatrecht Arbeitsrecht Nr. 13; s. auch Einl. Rn. 64). Es handelt sich soweit um Ausstrahlungen des Betriebsverfassungsrechts, das anders als das Arbeitsvertragsrecht grundsätzlich dem Territorialitätsprinzip folgt (*Franzen*, AR-Blattei, Internationales Arbeitsrecht, Rn. 186 ff.).

33 b) Nicht zu der vom Betriebsrat repräsentierten Belegschaft gehören die **leitenden Angestellten** gemäß § 5 Abs. 3. Eine Kündigung dieser Personen ist dem Betriebsrat nur rechtzeitig mitzuteilen (§ 105). Hier muss aber beachtet werden, dass bei Bestehen eines Sprecherausschusses (bzw. Unternehmenssprecherausschusses gemäß § 20 SprAuG) dieser vor jeder Kündigung eines leitenden Angestellten zu hören ist (§ 31 Abs. 2 Satz 1 SprAuG). Eine ohne Anhörung des Sprecherausschusses ausgesprochene Kündigung ist unwirksam (§ 31 Abs. 2 Satz 3 SprAuG). Ist zweifelhaft, ob ein Arbeitnehmer zu den leitenden Angestellten gehört, so empfiehlt es sich, vorsorglich eine Anhörung sowohl nach § 102 BetrVG als auch nach § 31 Abs. 2 SprAuG durchzuführen. Das gilt auch, wenn der leitende Angestellte unter § 5 Abs. 4 fällt; denn diese Bestimmung gibt nur eine Entscheidungshilfe, kann aber nicht abweichend von § 5 Abs. 3 Satz 2 festlegen, wer leitender Angestellter ist (s. § 5 Rn. 227 ff.).

34 Eine **Mitteilung nach § 105** ersetzt **nicht** die **Anhörung des Betriebsrats** (ebenso BAG 19. 8. 1975 AP BetrVG 1972 § 105 Nr. 1; 26. 5. 1977 und 7. 12. 1979 AP BetrVG 1972 § 102 Nr. 13 und 21). Da die gesetzliche Abgrenzung der leitenden Angestellten zwingend ist, ist für die Anhörungspflicht unerheblich, ob Arbeitgeber und Betriebsrat den betroffenen Arbeitnehmer als leitenden Angestellten angesehen haben. Ein gemeinsamer Rechtsirrtum entbindet den Arbeitgeber nicht von der Anhörungspflicht. Deshalb empfiehlt es sich, wenn die Zugehörigkeit zum Kreis der leitenden Angestellten zweifelhaft sein kann, das Anhörungsverfahren durchzuführen. Halten Arbeitgeber und Betriebsrat den zu kündigenden Arbeitnehmer für einen leitenden Angestellten, so muss sich aus der Mitteilung des Arbeitgebers eindeutig ergeben, dass durch sie ein Anhörungsverfahren eingeleitet werden soll (vgl. BAG 19. 8. 1975 AP BetrVG 1972 § 102 Nr. 21). Gleiches gilt, wenn die Beteiligten sich im unklaren sind, ob der Arbeitnehmer leitender Angestellter i. S. des § 5 Abs. 3 ist (vgl. BAG AP BetrVG 1972 § 102 Nr. 13). Hat der Arbeitgeber in diesem Fall die Anforderungen an eine Mitteilung im Anhörungsverfahren erfüllt, so ist es unschädlich, wenn er dem Betriebsrat zugleich seine Zweifel offenlegt, ob es sich um einen leitenden Angestellten handelt (nicht zutreffend insoweit BAG AP BetrVG 1972 § 102 Nr. 13; vgl. dazu *Klinkhammer*, EzA § 102 BetrVG 1972 Nr. 29, 181 f.; *Meisel*, Anm. zu BAG AP BetrVG 1972 § 102 Nr. 13, Bl. 6).

35 c) Da die **in Heimarbeit Beschäftigten** zur Belegschaft des Betriebs gehören, wenn sie in der Hauptsache für ihn arbeiten (§ 6 Abs. 1 Satz 2 und Abs. 2 Satz 2), ist der Betriebsrat vor der Kündigung eines Heimarbeitsverhältnisses zu hören (ebenso BAG 7. 11. 1995 AP BetrVG 1972 § 102 Nr. 74).

36 d) **Besondere Probleme** können beim **Betriebsübergang** entstehen: Widerspricht ein Arbeitnehmer dem Übergang seines Arbeitsverhältnisses auf einen neuen Betriebsinhaber und kündigt daraufhin der bisherige Betriebsinhaber das Arbeitsverhältnis wegen fehlender Weiterbeschäftigungsmöglichkeiten, ohne den Arbeitnehmer zuvor einem anderen Betrieb seines Unternehmens zuzuordnen, so ist zu dieser Kündigung kein Betriebsrat anzuhören, denn der Arbeitnehmer gehört keinem Betrieb mehr an. Das BAG hat es abgelehnt in diesem Fall eine Zuständigkeit des eventuell beim Arbeitgeber bestehenden Gesamtbetriebsrats anzunehmen (BAG 21. 3. 1996 AP BetrVG 1972 § 102 Nr. 81; so auch HaKo-BetrVG/*Braasch*, § 102 Rn. 37). Hier stützte es sich vor allem auf den Umstand, dass damals der Betriebsrat nicht für die Betriebe zuständig war, die keinen Betriebsrat haben. Das ist heute nicht mehr der Fall (vgl. § 50 Rn. 49 ff.). Dennoch ist vom Fortbestand dieser Rechtsprechung auszugehen, denn der Arbeitnehmer ist hier

B. Gegenstand und Voraussetzungen für die Beteiligung des Betriebsrats § 102

nicht einem Betrieb zugeordnet, der keinen Betriebsrat hat, sondern keinem Betrieb; schon daher ist sein Kündigungsschutz keine „Angelegenheit, die mehrere Betriebe betrifft". Das Stufenverhältnis, wie es im Personalvertretungsrecht zwischen Personalrat und Stufenvertretung gegeben ist (vgl. BAG 14. 12. 1994 AP BPersVG § 82 Nr. 1) und das sicherstellen will, dass der Schutz des BPersVG für alle Arbeitnehmer gilt, liegt hier nicht vor (s. auch *Kreitner*, Kündigungsrechtliche Probleme beim Betriebsinhaberwechsel, S. 156 ff.; *Schaub*, ZIP 1984, 272, 276). Arbeitnehmer, die nach einem Widerspruch im Wege der „Konzernleihe" von ihrem Arbeitgeber an den Betriebserwerber bis zum Ablauf der Kündigungsfrist zur Weiterbeschäftigung überlassen werden, sind hinsichtlich der nachfolgenden Kündigung dem Verleiherbetrieb zuzuordnen, sodass der dortige Betriebsrat zu beteiligen ist (LAG Düsseldorf 12. 10. 2005, AuR 2006, 132, s. auch § 7 Rn. 11).

3. Beschäftigung im Ausland

Soweit Arbeitnehmer im Auslandseinsatz dem Betrieb zugeordnet werden (s. Einl. Rn. 70 ff.), ist der Betriebsrat vor einer Kündigung zu beteiligen (ebenso BAG 21. 10. 1980 und 7. 12. 1989 AP Internat. Privatrecht Arbeitsrecht Nr. 17 und 27). Das gilt auch bei dauernder Auslandstätigkeit ohne Integration in einen Auslandsbetrieb (vgl. BAG AP Internat. Privatrecht Arbeitsrecht Nr. 27; abweichend aber, da die Einordnung in einen inländischen Betrieb verneint wurde, bei Beschäftigung für einen einmaligen befristeten Auslandseinsatz BAG AP Internat. Privatrecht Arbeitsrecht Nr. 17; s. dazu Einl. Rn. 74). 37

4. Kündigung auf Veranlassung des Betriebsrats

Eine Anhörungspflicht entfällt, wenn der Betriebsrat selbst die Kündigung des Arbeitnehmers angeregt hat (BAG 15. 5. 1997 AP BetrVG 1972 § 104 Nr. 1 = SAE 1999, 16 [zust. *Raab*]; ebenso GL-*Löwisch*, § 102 Rn. 19; HSWGNR-*Schlochauer*, § 102 Rn. 16; HWK-*Ricken*, § 102 Rn. 12; Jaeger/Röder/Heckelmann/*Jaeger*, Kap. 25 Rn. 20; *Nikisch*, Bd. III S. 480; a. A. DKK-*Kittner/Bachner*, § 102 Rn. 25). Das gilt insbesondere, wenn der Betriebsrat die Entlassung eines Arbeitnehmers nach § 104 verlangt (ebenso LAG München 6. 8. 1974, DB 1975, 1180; insoweit auch DKK-*Kittner/Bachner*, § 102 Rn. 25), aber auch dann, wenn bei Einstellung eines Arbeitnehmers das Mitbestimmungsrecht verletzt wurde und der Betriebsrat deshalb die Aufhebung der personellen Maßnahme verlangt, das Arbeitsverhältnis aber wegen der individualrechtlichen Bindung des Arbeitgebers nur durch eine Kündigung aufgelöst werden kann (ebenso auch DKK-*Kittner/Bachner*, § 102 Rn. 24; s. auch Rn. 23). 38

5. Nichtanhörung auf Wunsch des Arbeitnehmers

Die Anhörung darf nicht deshalb unterbleiben, weil der betroffene Arbeitnehmer es wünscht; denn das Beteiligungsrecht des Betriebsrats kann nicht durch Vereinbarung zwischen dem Arbeitgeber und dem Arbeitnehmer ausgeschlossen werden (ebenso *Fitting*, § 102 Rn. 57; GK-*Raab*, § 102 Rn. 85 ff.; Jaeger/Röder/Heckelmann/*Jaeger*, Kap. 25, Rn. 19; GL-*Löwisch*, § 102 Rn. 51; HaKo-BetrVG/*Braasch*, § 102 Rn. 25; HSWGNR-*Schlochauer*, § 102 Rn. 56; HWK-*Ricken*, § 102 Rn. 13; *Raab*, ZfA 1995, 479, 532 ff.; s. auch Rn. 133). 39

Ebenso ist es dem Betriebsrat verwehrt, auf sein Beteiligungsrecht zu verzichten (LAG Brandenburg 13. 10. 2005, DB 2006, 52–55). Dass dies auch in der Probezeit des Arbeitsverhältnisses gilt, ist wohl nicht zwingend. Richtiger dürfte es sein, dem Betriebsrat während dieser Zeit eine weitergehende Autonomie einzuräumen und die Möglichkeit eines Verzichts zuzulassen. Zumindest muss hier eine entsprechende Betriebsvereinbarung wirksam sein, die bestimmte Fälle von Kündigungen aus der Anhörungs- 39a pflicht ausnimmt. Ein Parallelschluss zu Abs. 6 (Rn. 283 ff.) liegt näher als der Gegenschluss (a. A. GK-*Raab*, § 102 Rn. 88).

6. Insolvenz des Arbeitgebers

40 Die Insolvenz ist kein Grund, der die Beteiligungspflicht des Arbeitgebers einschränkt. Der Betriebsrat ist auch zu hören, wenn der Betrieb stillgelegt wird (ebenso BAG 29. 3. 1975 AP BetrVG 1972 § 102 Nr. 11; BAG 22. 9. 2005 AP UmwG § 323 Nr. 1). Auch der Insolvenzverwalter muss, wenn er das Arbeitsverhältnis nach § 113 InsO kündigt, den Betriebsrat beteiligen (ebenso BAG, a. a. O.; *Fitting*, § 102 Rn. 16; GK-*Raab*, § 102 Rn. 32; GL-*Löwisch*, § 102 Rn. 14; HSWGNR-*Schlochauer*, § 102 Rn. 14; DKK-*Kittner/Bachner*, § 102 Rn. 17). Vor einer beabsichtigten Stilllegung des Betriebes hat der Arbeitgeber dem Betriebsrat im Rahmen der Anhörung nach § 102 jedoch nur die Absicht der Stilllegung und den in Aussicht genommenen Stilllegungszeitpunkt, nicht aber die wirtschaftlichen Hintergründe und die Motive der von ihm beabsichtigten unternehmerischen Entscheidung mitzuteilen (LAG Erfurt 16. 10. 2000, ZIP 2000, 2321; s. auch Rn. 66).

41 Auch für den Fall, dass ein **Interessenausgleich mit Namensliste** gemäß § 125 Abs. 1 InsO/§ 1 Abs. 5 KSchG zustande kommt (zur Verfassungskonformität der Normen LAG Berlin 5. 11. 2004, AuA 2005, 48), ist das Verfahren nach § 102 nicht entbehrlich; es unterliegt grundsätzlich keinen erleichterten Anforderungen (BAG 8. 8. 2003 AP BetrVG 1972 § 102 Rn. 134; BAG 13. 5. 2004 AP BetrVG 1972 § 102 Nr. 140; LAG Hamm 3. 4. 2006 – 13 Sa 1027/05, juris). Die h. M. verweist zurecht auf den Wortlaut der Norm, die nur die Beteiligung des Betriebsrats nach § 17 Abs. 3 Satz 2 KSchG, nicht aber die Beteiligung nach § 102 für ersetzt erklärt. Zudem ist auf den individualschützenden Aspekt des § 102 hinzuweisen, der dem § 125 Abs. 1 InsO nicht in gleichem Maße anhaftet (*Obermüller/Hess*, InsO, Rn. 870; *Fitting*, § 102 Rn. 37; ErfK-*Kania*, § 102 Rn. 2; krit. *Kohls*, ZInsO, 1998, 220; s. auch Rn. 70). Das Verfahren nach § 102 kann jedoch mit der Erstellung der Namensliste verbunden werden (BAG 20. 5. 1999 AP KSchG 1969 § 1 Nr. 5; LAG Köln 25. 2. 2005, ZIP 2005, 1153; LAG Hamm 15. 3. 2006 – 2 Sa 73/06, juris; *Fitting*, § 102 Rn. 37; HaKo-BetrVG/*Braasch*, § 102 Rn. 19; *Obermüller/Hess*, a. a. O.). Soweit der Kündigungssachverhalt dem Betriebsrat schon aus den Verhandlungen über den Interessenausgleich bekannt ist, braucht er ihm bei der Anhörung nach § 102 BetrVG nicht erneut mitgeteilt zu werden (BAG a. a. O.; Sächsisches LAG 4. 5. 2006 – 6 Sa 455/05, juris; LAG Rheinland-Pfalz 2. 2. 2006, NZA-RR 2006, 296; s. auch Rn. 49 a).

42 Stellt das Arbeitsgericht gemäß § 126 InsO fest, dass die Kündigung bestimmter Arbeitnehmer durch dringende betriebliche Erfordernisse bedingt und sozial gerechtfertigt ist, so hat der Insolvenzverwalter gleichwohl vor Ausspruch der Kündigung den Betriebsrat anzuhören (*Giesen*, ZIP 1998, 46, 54; *Heinze*, NZA 1999, 57, 61; *Lakies*, RdA 1997, 145; *Obermüller/Hess*, InsO, Rn. 873; *Zwanziger*, BB 1997, 626, 628; s. auch *Fitting*, § 102 Rn. 38).

7. Tendenzbetriebe

43 In Tendenzbetrieben ergeben sich Schranken für die Beteiligung des Betriebsrats aus dem **relativen Tendenzschutz** (§ 118 Abs. 1 Satz 1). Sie beziehen sich nur auf Tendenzträger. Aber auch bei ihnen ist der Betriebsrat vor jeder Kündigung zu hören (vgl. BAG 22. 4. 1975 und 7. 11. 1975 AP BetrVG 1972 § 118 Nr. 2 und 4; BAG 7. 11. 1975 AP BetrVG 1972 § 130 Nr. 1). Der relative Tendenzschutz steht der Anhörung auch dann nicht entgegen, wenn die Kündigung aus tendenzbedingten Gründen erfolgt; der Betriebsrat kann aber gegen sie Bedenken nur insoweit erheben, als auch soziale Gesichtspunkte in Betracht kommen (so jedenfalls BAG AP BetrVG 1972 § 118 Nr. 4; bestätigt hinsichtlich der Vereinbarkeit mit Art. 5 Abs. 1 Satz 2 GG durch BVerfG 6. 11. 1979

AP BetrVG 1972 § 118 Nr. 14; s. ausführlich § 118 Rn. 164 f.). Ein Widerspruch hat aber nicht zur Folge, dass ein Tendenzträger weiter beschäftigt werden muss (s. § 118 Rn. 166).

III. Kündigung im Arbeitskampf

Durch einen Arbeitskampf verliert der Betriebsrat nicht seine Funktionsfähigkeit (s. § 74 Rn. 23). Er ist deshalb zu beteiligen, wenn während eines Streiks eine **Kündigung aus anderen als arbeitskampfbedingten Gründen** ausgesprochen wird (ebenso BAG 6. 3. 1979 AP BetrVG 1972 § 102 Nr. 20 [abl. *Meisel*]; *Fitting*, § 74 Rn. 18 f., § 102 Rn. 16; GK-*Raab*, § 102 Rn. 17; HSWGNR-*Schlochauer*, § 102 Rn. 8; HWK-*Ricken*, § 102 Rn. 11; s. auch § 74 Rn. 37).   44

Erfolgt die **Kündigung zur Abwehr eines Arbeitskampfs,** so entfällt die Beteiligungspflicht; denn die Ausübung eines Kampfrechts kann nicht von einer Beteiligung des Betriebsrats abhängen (s. ausführlich § 74 Rn. 31 ff.). Es genügt aber nicht, dass ein arbeitskampfbedingter Arbeitsausfall eine Kündigung notwendig macht, sondern erforderlich ist, dass die Kündigung als Kampfmittel eingesetzt wird. Eine Kampfkündigung liegt vor, wenn der Arbeitgeber wegen Beteiligung an einem rechtswidrigen Streik eine außerordentliche Kündigung erklärt (s. zur Zulässigkeit § 74 Rn. 29; ebenso BAG 14. 2. 1978 AP GG Art. 9 Nr. 58 Arbeitskampf).   45

IV. Verhältnis zum besonderen Kündigungsschutz im Rahmen der Betriebsverfassung

Bei Mitgliedern des Betriebsrats, der Jugend- und Auszubildendenvertretung, der Bordvertretung, des Seebetriebsrats und des Wahlvorstands sowie bei Wahlbewerbern bedarf die außerordentliche Kündigung während ihrer Mitgliedschaft bzw. Kandidatur der Zustimmung des Betriebsrats (§ 103). Im Übrigen ist, auch soweit der besondere Kündigungsschutz im Rahmen der Betriebsverfassung besteht (§§ 15, 16 KSchG) – also bei der ordentlichen Kündigung, soweit sie ausnahmsweise zulässig ist und bei einer außerordentlichen Kündigung im Nachwirkungszeitraum –, der Betriebsrat lediglich zu hören (vgl. BAG 29. 3. 1977 AP BetrVG 1972 § 102 Nr. 11).   46

C. Anhörung des Betriebsrats

Das **Anhörungsverfahren** zerfällt in **zwei Abschnitte:** die **Unterrichtung des Betriebsrats durch den Arbeitgeber** über die beabsichtigte Kündigung und die **Äußerung des Betriebsrats** zu dieser Kündigung. Damit obliegt dem Betriebsrat die Initiative, dass sich aus der Anhörung eine Beratung entwickelt (s. Vorbem. vor § 74 Rn. 26).   47

I. Mitteilungspflicht des Arbeitgebers

Das Anhörungsverfahren wird dadurch eingeleitet, dass der Arbeitgeber dem Betriebsrat seine **Kündigungsabsicht** und die dafür **maßgebenden Gründen** mitteilt (Abs. 1 Satz 2). Die Anhörungspflicht bezieht sich auf die Kündigung eines bestimmten Arbeitnehmers. Der Arbeitgeber hat deshalb dem Betriebsrat die Person des zu kündigenden Arbeitnehmers, die Kündigungsart und die Gründe für die Kündigung mitzuteilen.   48

Die Unterrichtung soll dem Betriebsrat den erforderlichen **Kenntnisstand** vermitteln, damit er zu der konkret beabsichtigten Kündigung eine Stellungnahme abgeben kann. Was der Betriebsrat weiß, braucht ihm nicht mitgeteilt zu werden, und kann auch, ohne   49 dass es erwähnt wird, im Kündigungsschutzprozess verwertet werden (BAG 23. 10. 2008, DB 2009, 1248; BAG 27. 2. 1997 AP KSchG 1969 § 1 Nr. 36 Verhaltensbedingte Kündigung; weitergehend mit dem inhaltsarmen Argument, das Anhörungsverfahren sei ein formelles Verfahren *Hohmeister*, NZA 1991, 209). Sind dem Betriebsrat die Tatsachen bekannt, so bedarf es daher keiner weiteren Darlegung durch den Arbeitgeber (BAG 21. 2. 2002, NZA 2002, 1360; BAG 5. 4. 2001, NZA 2001, 893; BAG 20. 5. 1999, BAG 20. 05. 1999 AP KSchG 1969 § 1 Nr. 5). **Neuere Rechtsprechung** hat hier größere Klarheit gebracht, aber auch eine Einschränkung ehemaliger Großzügigkeit gebracht. Der Betriebsrat muss nun im Rahmen des § 102 Abs. 1 S 2 vom Arbeitgeber so viel erfahren, dass er – auch unter Rückgriff auf vorhandene Kenntnisse – die ihm in § 102 eingeräumten Rechte bezogen auf die konkret beabsichtigte Kündigung ausüben kann. Es muss also selbst dann, wenn er alles weiß, was der Arbeitgeber weiß – oder vielleicht sogar noch mehr – vom Arbeitgeber zumindest erfahren, auf welchen kündigungsrechtlich relevanten Tatsachenkomplex die Kündigung gestützt wird. Hat der Arbeitgeber diesen Tatsachenkomplex umrissen, kann er im Prozess alle dazu gehörigen Tatsachen vortragen, die er entweder dem Betriebsrat mitgeteilt hat oder die dem Betriebsrat bekannt war (BAG 11. 12. 2003 AP KSchG 1969 § 1 Nr. 65 Soziale Auswahl). Es kommt darauf an, dass für den Betriebsrat der „Kündigungsgrund" im Sinne eines aus mehreren Tatsachen und einer groben rechtlichen Einordnung gebildeten Begründungszusammenhangs erkennbar wird, auf den der Arbeitgeber sich stützen will. Der Arbeitgeber muss also zumindest deutlich machen, auf welche dem Betriebsrat bekannten Fakten der die Kündigung stützen will. Eine **tendenziöse oder verzerrende Darstellung der Fakten** kann dem entgegenstehen (s. zurecht für einen extremen Fall LAG Köln 17. 12. 2008, AuR 2009, 185)

49 a   Für die **Wissenszurechnung** ist der Kenntnisstand der Personen maßgebend, die zur Entgegennahme von Erklärungen gemäß § 26 Abs. 2 Satz 2 berechtigt oder hierzu ausdrücklich ermächtigt sind (BAG 23. 10. 2008, DB 2009, 1248; BAG 27. 6. 1985 AP BetrVG 1972 § 102 Nr. 37; s. auch LAG Köln 11. 1. 2006, PersV 2006, 312; LAG Köln 16. 10. 1997, LAGE Nr. 64 zu § 102 BetrVG 1972; weitergehend LAG Köln 17. 9. 1998, ARST 1999, 140: Dem Betriebsrat ist die Kenntnis des „einfachen" Betriebsratsmitglieds zuzurechnen, das für den Betriebsrat an der Kündigungsverhandlung vor der Hauptfürsorgestelle [jetzt: Integrationsamt] teilnahm).

50   Auch eine **Kenntnis, die sich der Betriebsrat selber** erst anlässlich seines Widerspruchs **verschafft**, kann ausreichend sein, denn auch hier ist dem Zweck des Anhörungsverfahrens genüge getan (ebenso LAG Schleswig-Holstein 8. 10. 1998 – 4 Sa 239/98 –; a. A. BAG 2. 11. 1983, 27. 6. 1985, 6. 2. 1987 AP BetrVG 1972 § 102 Nr. 29, 37, 85; s. auch Rn. 70). Voraussetzung dürfte jedoch sein, dass der Arbeitgeber bei Unterrichtung davon ausgehen konnte, der Betriebsrat kennt den nicht geschilderten Umstand oder kann sich ggf. problemlos selber davon Kenntnis verschaffen. Dann gebietet es die Pflicht zur vertrauensvollen Zusammenarbeit, auf weitere Darlegung verzichten zu können. Ansonsten gehen **Irrtümer des Arbeitgebers** hinsichtlich der Kenntnis des Betriebsrats zu seinen Lasten (BAG 27. 6. 1985 AP BetrVG 1972 § 102 Nr. 37; DKK-*Kittner/Bachner*, § 102 Rn. 142; *Fitting*, § 102 Rn. 24).

1. Mitteilung der Person des zu kündigenden Arbeitnehmers

51   Die **Person** des zu kündigenden Arbeitnehmers muss **konkret bezeichnet** werden. Sofern sie dem Betriebsrat nicht bekannt sind, gehören – sofern dies für die Kündigung relevant ist (nicht bei betriebsbedingter Kündigung bei Stilllegung des Betriebs: BAG 13. 5. 2004 AP BetrVG 1972 § 102 Nr. 140) – zur Bezeichnung der Person die grundlegenden sozialen Daten des Arbeitnehmers, wie Alter, Familienstand, Kinderzahl, Beschäftigungsdauer sowie Umstände, die einen besonderen Kündigungsschutz begründen. Die Benennung der zu kündigenden Person ist dadurch ersetzt, dass der Arbeit-

geber dem Betriebsrat die Auswahl überlässt (ebenso LAG Berlin, EzA § 102 BetrVG 1972 Nr. 46).

2. Mitteilung der Kündigungsart

a) Der Arbeitgeber muss die Art der Kündigung angeben, also mitteilen, ob er eine **52** ordentliche oder eine **außerordentliche Kündigung** aussprechen will, weil von der Art der Kündigung abhängt, wie weit das Beteiligungsrecht des Betriebsrats reicht (st. Rspr. des BAG seit BAG 16. 3. 1978 AP BetrVG 1972 § 102 Nr. 15; bestätigt BAG 29. 8. 1991 AP BetrVG 1972 § 102 Nr. 58). Beabsichtigt der Arbeitgeber eine **ordentliche Kündigung**, so gehört zur Mitteilung die **Angabe des Kündigungstermins und der Kündigungsfrist.** Die Unterrichtung ist aber nicht allein deshalb fehlerhaft, weil der Arbeitgeber eine unrichtige Kündigungsfrist oder einen unrichtigen Endtermin angegeben hat, zu dem die Kündigung wirksam werden kann (ebenso BAG 29. 1. 1986 AP BetrVG 1972 § 102 Nr. 42). Die fehlende Angabe der konkreten Kündigungsfrist führt nicht zur Unwirksamkeit der Betriebsratsanhörung, wenn der Insolvenzverwalter dem Betriebsrat nach bereits erfolgter Stilllegung mitteilt, er wolle das Arbeitsverhältnis gemäß § 113 InsO zum nächst möglichen Termin kündigen und dem Betriebsrat auf Grund eines zuvor abgeschlossenen Interessenausgleichs mit Namensliste das Alter und die Betriebszugehörigkeit der Arbeitnehmer bekannt waren (LAG Hamm 21. 9. 2000, BB 2000, 2472; s. auch BAG 24. 10. 1996 AP KSchG 1969 § 17 Nr. 8; s. auch BAG 21. 2. 2002, NZA 2002, 1360; s. Rn. 50).

Will der Arbeitgeber neben einer außerordentlichen Kündigung **vorsorglich** eine or- **53** dentliche Kündigung aussprechen, so muss er darauf den Betriebsrat deutlich hinweisen (ebenso BAG 16. 3. 1978 AP BetrVG 1972 § 102 Nr. 15); denn die Anhörung allein zu einer außerordentlichen Kündigung ersetzt nicht die Anhörung zu einer hilfsweise vorgesehenen ordentlichen Kündigung (ebenso BAG 29. 8. 1991 AP BetrVG 1972 § 102 Nr. 58). Die erfolgte Anhörung des Betriebsrats zu einer außerordentlich hilfsweise ordentlich erklärten Kündigung macht eine erneute Anhörung bei einer weiteren Kündigung nicht entbehrlich. Das Anhörungsverfahren nach § 102 entfaltet nur für die Kündigung Wirksamkeit, für die es eingeleitet worden ist (BAG 10. 11. 2005 AP BGB § 626 Nr. 196; s. auch Rn. 118).

b) Bei einer **Änderungskündigung** muss der Arbeitgeber dem Betriebsrat neben den **54** Gründen für die Kündigung das **Änderungsangebot** mitteilen (vgl. BAG 3. 11. 1977 AP BPersVG § 75 Nr. 1; 10. 3. 1982 AP KSchG 1969 § 2 Nr. 2; 20. 3. 1986 AP KSchG 1969 § 2 Nr. 14; 30. 11. 1989 AP BetrVG 1972 § 102 Nr. 53; BAG 27. 9. 1991 NZA 2002, 750; s. auch Rn. 269).

c) Soweit ein Arbeitnehmer **besonderen Kündigungsschutz** genießt, gehört zur ord- **55** nungsgemäßen Anhörung, dass der Arbeitgeber den Betriebsrat darüber unterrichtet (s. zur Anhörung vor der Kündigung eines schwerbehinderten Menschen auch Rn. 76). Ein Arbeitgeber genügt seinen Mitteilungspflichten nach § 102, wenn er zunächst (zutreffend oder irrtümlich) ein Verfahren nach § 103 einleitet und den Betriebsrat entsprechend unterrichtet und im Kündigungszeitpunkt zweifelsfrei feststeht, dass ein Schutz nach § 103 nicht besteht und deshalb für eine außerordentliche Kündigung nur eine Anhörung des Betriebsrats nach § 102 erforderlich ist (BAG 17. 3. 2005 AP BetrVG 1972 § 27 Nr. 6).

3. Mitteilung der Kündigungsgründe

a) Der Arbeitgeber muss dem Betriebsrat die **Gründe** mitteilen, die für seinen **Kündi-** **56** **gungsentschluss maßgebend** sind (ebenso BAG 24. 3. 1977 AP BetrVG 1972 § 102 Nr. 12; 13. 7. 1978 AP BetrVG 1972 § 102 Nr. 18; 18. 12. 1980 AP BetrVG 1972 § 102 Nr. 22; 8. 9. 1988 AP BetrVG 1972 § 102 Nr. 49; 11. 7. 1991 AP BetrVG 1972 § 102 Nr. 57; 22. 9. 1994 AP BetrVG 1972 § 102 Nr. 68; BAG 7. 11. 2002 AP KSchG

Thüsing

1969 § 1 Nr. 40 Krankheit; BAG 6. 7. 2006 AP KSchG 1969 § 1 Nr. 80). Er muss unter vollständiger Darlegung des Kündigungssachverhalts alle Gesichtspunkte nennen, die ihn zu der Kündigung veranlassen. Dazu muss er in der Regel alle Tatsachen angeben, aus denen der Kündigungsentschluss hergeleitet wird, so dass der Betriebsrat ohne zusätzlich eigene Nachforschungen die Stichhaltigkeit der Kündigungsgründe überprüfen kann (BAG 7. 11. 2002 AP KSchG 1969 § 1 Nr. 40 Krankheit; BAG 11. 12. 2003 AP KSchG 1969 § 1 Nr. 65 Soziale Auswahl; BAG 13. 5. 2004 AP BetrVG 1972 § 102 Nr. 140). Daher ist der Informationspflicht nicht genüge getan, wenn das Anhörungsschreiben ausschließlich allgemein gehaltene Vorwürfe enthält (LAG Hamm 14. 7. 2005 – 15 Sa 508/05, juris) Der Arbeitgeber hat die Gründe, auf die er seinen Kündigungsentschluss stützt, dem Betriebsrat auch dann mitzuteilen, wenn er eine ordentliche Kündigung innerhalb der Ersten sechs Monate des Arbeitsverhältnisses aussprechen will, obwohl der Arbeitnehmer zu dieser Zeit noch keinen Kündigungsschutz nach dem Kündigungsschutzgesetz genießt (s. auch Rn. 14).

57 Das Gesetz verlangt nicht, dass der Arbeitgeber *alle Gründe* mitteilt, auf die er die Kündigung stützen kann, sondern er braucht nur die Gründe anzugeben, die für seinen *Kündigungsentschluss* maßgebend sind. Die Begründungspflicht hat einen anderen Charakter als die Darlegungs- und Beweisführungslast des Arbeitgebers im Kündigungsrechtsstreit (so zutreffend BAG 21. 6. 2001, ZTR 2002, 45; BAG 8. 9. 1988 AP BetrVG 1972 § 102 Nr. 49; LAG Köln 11. 1. 2006, PersV 2006, 312). Für die Anhörungspflicht entscheidend ist also die **subjektive Determination der Kündigungsgründe** (so BAG 8. 9. 1988 AP BetrVG 1972 § 102 Nr. 49; BAG 22. 9. 1994 AP BetrVG 1972 § 102 Nr. 68; BAG 26. 10. 1995 AP Einigungsvertrag Art. 20 Nr. 35; BAG 24. 2. 2000 AP KSchG 1969 § 1 Nr. 47 Soziale Auswahl; BAG 27. 9. 2001 AP TVG § 4 Nr. 40 Nachwirkung; BAG 16. 5. 2002 AP BGB § 613 a Nr. 210; BAG 6. 11. 2003 AP TzBfG § 14 Nr. 7; BAG 16. 9. 2004 AP BetrVG 1972 § 102 Nr. 142; BAG 22. 9. 2005 AP BGB § 130 Nr. 24; BAG 6. 7. 2006 AP KSchG 1969 § 1 Nr. 80; a. A. für eine objektive Bestimmung des Umfangs der Mitteilungspflicht in gewissen Grenzen *Kraft*, FS Kissel 1994, S. 611 ff.). Der Arbeitgeber verletzt also nicht die Anhörungspflicht, wenn er die Unterrichtung auf bestimmte Gründe beschränkt. Er ist aber im Kündigungsrechtsstreit an die von ihm getroffene Auswahl gebunden, kann also keine Kündigungsgründe geltend machen, über die er den Betriebsrat nicht informiert hat, obwohl sie ihm bei Ausspruch der Kündigung bekannt waren (s. Rn. 125 ff.).

58 b) Stets muss der Arbeitgeber erklären, dass er eine Kündigung des Arbeitnehmers beabsichtigt. Dies muss nicht zwingend ausdrücklich geschehen, sondern kann sich auch aus den Begleitumständen ergeben (großzügig BAG 7. 11. 2002 AP Nr. 40 zu § 1 KSchG 1969 Krankheit). Der **Inhalt der Unterrichtung** hängt davon ab, ob der Arbeitgeber eine **außerordentliche** oder eine **ordentliche Kündigung** aussprechen will:

59 aa) Bei der **außerordentlichen Kündigung** hat der Arbeitgeber die **Tatumstände** anzugeben, die nach seiner Meinung ihm das Recht zur fristlosen Auflösung des Arbeitsverhältnisses aus wichtigem Grund geben. Die Gründe, die eine außerordentliche Kündigung rechtfertigen, müssen von solchem Gewicht sein, dass dem Arbeitgeber nicht einmal zugemutet werden kann, den Ablauf der für das Arbeitsverhältnis maßgeblichen Kündigungsfrist bzw. bei einem befristeten Arbeitsverhältnis dessen Zeitablauf abzuwarten (§ 626 Abs. 1 BGB). Maßgebend für die Anhörung ist jedoch die Sicht des Arbeitgebers (s. Rn. 63). Ist bei einer außerordentlichen Kündigung eine **Sozialauswahl** vorzunehmen – so bei der betriebsbedingten Kündigung ordentlich unkündbarer Arbeitnehmer – gilt hierzu das Gleiche wie für die Anhörung bei der ordentlichen betriebsbedingten Kündigung, vgl. Rn. 67 f. (BAG 5. 2. 1998 AP BGB § 626 Nr. 143; BAG 8. 10. 2000 AP BGB § 626 Nr. 9 Krankheit; BAG 12. 1. 2006 AP BGB § 626 Nr. 13 Krankheit; *Stahlhacke/ Preis/Vossen*, Kündigung und Kündigungsschutz, Rn. 825; *Fitting*, § 102 Rn. 40). Bei einer außerordentlichen Kündigung ohne Auslauffrist muss der Arbeitgeber einen Ausschluss der ordentlichen Kündbarkeit nicht mitteilen, da er sich auf die außerordentliche

C. Anhörung des Betriebsrats § 102

Kündbarkeit nicht auswirkt (LAG Düsseldorf 24. 8. 2001 LAGE Nr. 76 zu § 102 BetrVG 1972).

bb) Auch bei der **ordentlichen Kündigung** soll es nach Auffassung des BAG für Inhalt und Umfang der Mitteilungspflicht grundsätzlich **keine Rolle** spielen, ob für den Arbeitnehmer bereits der **Kündigungsschutz** nach dem KSchG besteht (BAG 16. 9. 2004 AP BetrVG 1972 § 102 Nr. 142; BAG 8. 4. 2003 AP BetrVG 1972 § 102 Nr. 133; s. auch die älteren Entscheidungen, vgl. BAG 13. 7. 1978 AP BetrVG 1972 § 102 Nr. 17 und 18; 28. 9. 1978 E 31, 83, 89 = AP BetrVG 1972 § 102 Nr. 19; 8. 9. 1988 AP BetrVG 1972 § 102 Nr. 49). 60

Dieser Auffassung ist nur insoweit beizupflichten, als das Gesetz vom Arbeitgeber ohne Rücksicht auf die Geltung des KSchG verlangt, dass er dem Betriebsrat die für ihn maßgeblichen Gründe mitteilt, und dieser Pflicht nicht genügt, wenn er sich darauf beschränkt den Kündigungsgrund nur pauschal, schlagwort- oder stichwortartig zu bezeichnen. Hinsichtlich des Umfangs der Unterrichtungspflicht kann man aber nicht außer Betracht lassen, ob das KSchG eingreift. Besteht nämlich Kündigungsschutz so ist eine ordentliche Kündigung nur wirksam, wenn sie sozial gerechtfertigt ist (§ 1 Abs. 1 KSchG). Voraussetzung ist deshalb, dass Gründe in der Person oder im Verhalten des Arbeitnehmers vorliegen oder dass die Kündigung betriebsbedingt ist (§ 1 Abs. 2 Satz 1 KSchG). Auch das BAG differenziert im Ergebnis; denn es lässt bei einer Kündigung in den ersten sechs Monaten des Bestehens eines Arbeitsverhältnisses die pauschale Umschreibung des Kündigungsgrunds durch ein Werturteil (z. B. nicht hinreichende Arbeitsleistungen) genügen, wenn der Arbeitgeber seine Motivation nicht mit konkreten Tatsachen belegen kann (BAG 8. 9. 1988 AP BetrVG 1972 § 102 Nr. 49; 11. 7. 1991 AP BetrVG 1972 § 102 Nr. 57, s. Rn. 72). Es sei innerhalb der Ersten sechs Monate des Arbeitsverhältnisses dem Umstand Rechnung zu tragen, dass die Wartezeit der beiderseitigen Überprüfung der Arbeitsvertragsparteien dient (BAG 3. 12. 1998 AP BetrVG 1972 § 102 Nr. 99 = EzA BetrVG 1972 § 102 Nr. 100; BAG 16. 9. 2004 AP BetrVG 1972 § 102 Nr. 142; BAG 8. 4. 2003 AP BetrVG 1972 § 102 Nr. 133). Ob dies dann auch für betriebsbedingte Kündigungen innerhalb der Probezeit gilt, ist fraglich. 61

cc) Bei einer **Änderungskündigung** hat der Arbeitgeber dem Betriebsrat neben den Gründen, die einer Weiterbeschäftigung mit dem bisherigen Vertragsinhalt entgegenstehen, das Änderungsangebot und die Gründe für die beabsichtigte Änderung der Arbeitsbedingungen mitzuteilen (ebenso BAG 30. 11. 1989 AP BetrVG 1972 § 102 Nr. 53; s. Rn. 269). 62

c) Bei den **Gründen für die Kündigung** ist zu beachten, dass die Anhörung des Betriebsrats einen *präventiven Kündigungsschutz* verwirklicht. Der Arbeitgeber kann deshalb im Kündigungsrechtsstreit die Kündigung nicht auf Gründe stützen, die er nicht dem Betriebsrat im Anhörungsverfahren mitgeteilt hat (s. Rn. 125 ff.). Obwohl er seine Anhörungspflicht erfüllt, wenn er dem Betriebsrat nur die Gründe mitteilt, die nach seiner subjektiven Sicht die Kündigung rechtfertigen und für seinen Kündigungsentschluss maßgebend sind *(subjektive Determinierung)*, muss er, wenn er im Kündigungsrechtsstreit Erfolg haben will, bei einer **außerordentlichen Kündigung** die Tatsachen mitteilen, die nach seiner Meinung einen wichtigen Grund i. S. des § 626 Abs. 1 BGB darstellen (vgl. BAG 15. 11. 1995 AP BetrVG 1972 § 102 Nr. 73), und er muss bei einer **ordentlichen Kündigung,** wenn das KSchG Anwendung findet, die Tatsachen mitteilen, von denen nach seiner Beurteilung abhängt, dass die Kündigung sozial gerechtfertigt ist (§ 1 Abs. 2 und 3 KSchG). Entsprechend spielt daher für die Mitteilungspflicht eine Rolle, ob der Kündigungsgrund in der Person oder im Verhalten des Arbeitnehmers liegt, oder ob es sich um eine betriebsbedingte Kündigung handelt. 63

aa) Bei einer **personenbedingten Kündigung** hat der Arbeitgeber dem Betriebsrat den Grund in der Person des Arbeitnehmers konkret zu nennen, der ihn zur Kündigung veranlasst. Stützt er die Kündigung auf eine Erkrankung des Arbeitnehmers, so wird von ihm in instanzgerichtlicher Rechtsprechung keine genaue Abgrenzung zwischen häufigen 64

Kurzerkrankungen und lang anhaltenden Krankheiten erwartet. Hinsichtlich der Anhörung ist insoweit ausreichend, dass neben der Mitteilung an den Betriebsrat, der Arbeitnehmer sei häufig durch kürzere oder längere Krankheiten ausgefallen, eine Auflistung der Fehlzeiten im Anhörungsschreiben erfolgt (so jedenfalls – zweifelhaft – LAG Mecklenburg-Vorpommern 10. 2. 2005 – 1 Sa 455/04, juris). Bei einer Kündigung wegen häufiger Kurzerkrankungen muss er allerdings nicht nur die bisherigen Fehlzeiten und die Art der Erkrankungen mitteilen, sondern auch die wirtschaftlichen Belastungen und Betriebsbeeinträchtigungen, die infolge der Fehlzeiten entstanden sind und mit denen noch gerechnet werden muss (vgl. BAG 24. 1. 1983 AP BetrVG 1972 § 102 Nr. 30), soweit er die Kündigung nicht allein auf die Lohnfortzahlungskosten stützen will. An die Mitteilungspflicht gegenüber dem Betriebsrat sind allerdings hinsichtlich der wirtschaftlichen und betrieblichen Belastungen keine so strengen Anforderungen zu stellen wie an die Darlegungspflicht des Arbeitgebers im Kündigungsschutzprozess (so bereits BAG 18. 12. 1980 AP BetrVG § 102 Nr. 22; BAG 27. 9. 2001 NZA 2002, 750). Sie sollen sogar entbehrlich sein, wenn der Betriebsrat oder der Betriebsratsvorsitzende die Folge wiederholter Fehlzeiten genau kennt (so jedenfalls BAG 24. 1. 1983 AP BetrVG 1972 § 102 Nr. 30). Das Gleiche gilt für die Sozialdaten des Arbeitnehmers: Zwar sind auch bei einer krankheitsbedingten Kündigung im Rahmen der Interessenabwägung die Unterhaltspflichten des Arbeitnehmers mit zu berücksichtigen, auch hier ist jedoch ein Hinweis nicht erforderlich, sofern nicht besondere Umstände dies nahelegen (s. auch BAG AP KSchG 1969 § 1 Nr. 38 Krankheit). Stützt sich der Arbeitgeber auf das Gesamtbild häufiger krankheitsbedingter Fehlzeiten, so können Detailangaben, etwa hinsichtlich der jeweiligen Ursachen fehlen (BAG 7. 11. 2002 AP KSchG 1969 § 1 Nr. 40 Krankheit: Unschädlich, wenn er die bisherigen Fehlzeiten mitteilt, jedoch nicht erwähnt, dass sie in vereinzelten Fällen auf Berufsunfälle zurückgehen). Allzu unpräzise Angaben reichen dennoch nicht. Will der Arbeitgeber eine krankheitsbedingte Kündigung im Prozess zur Darlegung unzumutbarer wirtschaftlicher Belastungen auf die Höhe der Entgeltfortzahlungskosten stützen, muss er dem Betriebsrat im Anhörungsverfahren Angaben zu den aufgelaufenen Entgeltfortzahlungskosten machen; er muss jedenfalls eine ungefähre Größenordnung angeben können. Jedenfalls muss er dem Betriebsrat mindestens die durchschnittliche monatliche Vergütung oder die Lohngruppe des Arbeitnehmers nennen (so auch LAG Schleswig-Holstein 1. 9. 2004 LAGE § 102 BetrVG 2001 Nr. 4).

65 **bb)** Bei einer **verhaltensbedingten Kündigung** muss der Arbeitgeber dem Betriebsrat das Fehlverhalten des Arbeitnehmers bezeichnen, auf das er die Kündigung stützen will. Dazu gehört auch, dass er den Arbeitnehmer erfolglos abgemahnt hat. Hat er keine **Abmahnung** ausgesprochen, so berührt diese Tatsache nicht die Ordnungsmäßigkeit der Anhörung. Es ist in diesem Fall auch nicht erforderlich, dass er dem Betriebsrat mitteilt, warum er von einer Abmahnung abgesehen hat. Damit der Betriebsrat eine richtige Stellungnahme abgeben kann, muss der Arbeitgeber ihm auch Umstände mitteilen, die im konkreten Fall den Arbeitnehmer entlasten. Versäumt er dies, so war die Anhörung nicht ordnungsgemäß und daher die Kündigung unwirksam (Abs. 1 Satz 3; ebenso BAG 2. 11. 1983 AP BetrVG 1972 § 102 Nr. 29). Spricht der Arbeitgeber eine **Verdachtskündigung** aus, so muss er deutlich machen, dass es eben nur der Verdacht ist, auf den er seine Kündigung stützen will. Er hat die Verdachtsmomente zu benennen und anzugeben, warum weitere Aufklärung nicht möglich oder unzumutbar ist (BAG 23. 4. 2008, NZA 2008, 1081; zum Personalvertretungsrecht BAG 27. 11. 2008, NZA 2009, 604); ein späterer Wechsel zur Tatkündigung ist ihm regelmäßig nicht möglich (BAG a. a. O.). Regelmäßig **nicht erforderlich** ist demgegenüber die Angabe von Lebensalter, Betriebszugehörigkeit und Familienstatus, denn eine Sozialauswahl findet nicht statt (LAG Hamburg 27. 10. 1999, – 8 Sa 63/99 – bei außerordentlicher Kündigung wegen schwerwiegendem Vertragsverstoß; s. aber zur betriebsbedingten Kündigung Rn. 68).

cc) Bei einer **betriebsbedingten Kündigung** muss der Arbeitgeber die dringenden betrieblichen Erfordernisse bezeichnen, die einer Beschäftigung des Arbeitnehmers entgegenstehen. Auch hier genügt keine pauschale Angabe, wie Auftragsmangel oder Rationalisierungsmaßnahmen, sondern es muss konkretisiert werden, weshalb der Arbeitgeber den Arbeitnehmer nicht mehr benötigt. Die Mitteilungspflicht reicht aber nicht weiter als die Darlegungslast des Arbeitgebers im Kündigungsschutzprozess (§ 1 Abs. 2 Satz 4 KSchG). Deren Umfang ist nämlich davon abhängig, wie sich der Arbeitnehmer oder der Betriebsrat auf die Kündigung einlässt. Bestreitet er den Wegfall des Arbeitsplatzes, so genügt der allgemeine Vortrag des Arbeitgebers, wegen der betrieblichen Notwendigkeit sei eine Weiterbeschäftigung zu den gleichen Bedingungen nicht möglich. Es obliegt dann dem Arbeitnehmer darzulegen, wie er sich eine anderweitige Beschäftigung vorstellt, falls sein bisheriger Arbeitsplatz tatsächlich weggefallen sein sollte. Erst dann muss der Arbeitgeber eingehend erläutern, aus welchen Gründen eine Umsetzung nicht möglich gewesen wäre. In der Mitteilung an den Betriebsrat vom Wegfall des bisherigen Arbeitsplatzes wird deshalb zumeist der auch dem Betriebsrat erkennbare, wenn auch noch unsubstantiierte Hinweis liegen, eine anderweitige Beschäftigungsmöglichkeit für den Arbeitnehmer bestehe nicht (vgl. BAG 29. 3. 1990 AP KSchG 1969 § 1 Nr. 50 Betriebsbedingte Kündigung; ebenso BAG 17. 2. 2000 AP BetrVG 1972 § 102 Nr. 113). Bestehen anderweitige Beschäftigungsmöglichkeiten, hält der Arbeitgeber den Arbeitnehmer jedoch für körperlich ungeeignet hierfür, dann hat er – zumindest wenn diese Einschätzung nicht unbestreitbar zutrifft – darauf hinzuweisen (LAG Bremen 5. 6. 2002 – 2 Sa 259/01, juris). Hat der Betriebsrat vor Einleitung des Anhörungsverfahrens Auskunft über Weiterbeschäftigungsmöglichkeiten für den zu kündigenden Arbeitnehmer auf einem konkreten, kürzlich frei gewordenen Arbeitsplatz verlangt, so muss der Arbeitgeber dem Betriebsrat mitteilen, warum aus seiner Sicht eine Weiterbeschäftigung des Arbeitnehmers auf diesem Arbeitsplatz nicht möglich ist. Der lediglich pauschale Hinweis auf fehlende Weiterbeschäftigungsmöglichkeiten im Betrieb reicht dann nicht aus (BAG AP BetrVG 1972 § 102 Nr. 113). Beruht der Wegfall der Beschäftigungsmöglichkeit auf einer betrieblichen Umorganisation, so sind das Ausmaß und die konkreten Folgen dieser **unternehmerischen Entscheidung** zu beschreiben, nicht jedoch deren Motive (LAG Hamm 30. 9. 1999, LAGE § 102 BetrVG 1972 Nr. 73; LAG Erfurt 16. 10. 2000, ZIP 2000, 2321).

dd) Bei einer betriebsbedingten Kündigung hat der Arbeitgeber außerdem die Gründe mitzuteilen, die zu der getroffenen **sozialen Auswahl** geführt haben (ebenso BAG 29. 3. 1984 AP BetrVG 1972 § 102 Nr. 31 [zust. *v. Hoyningen-Huene*] unter Aufgabe von BAG 6. 7. 1978 AP BetrVG 1972 § 102 Nr. 16, wonach der Arbeitgeber dem Betriebsrat nur auf dessen Verlangen bei der betriebsbedingten Kündigung die Gründe der sozialen Auswahl mitzuteilen hatte). Hiermit legt er sich für den Kündigungsschutzprozess fest (für außerbetriebliche Gründe Hessisches LAG 6. 6. 2005 – 7 Sa 1729/04, juris): Hat er die Sozialauswahl mitgeteilt, kann er später regelmäßig die Vergleichbarkeit nicht bestreiten (LAG Hamm 27. 5. 2002 – 8 Sa 134/02, juris). Treffen von ihm genannte Gründe für die Herausnahme von Arbeitnehmern aus der Sozialauswahl nicht zu und sind andere Gründe hierfür dem Betriebsrat weder bekannt noch ersichtlich, so entspricht die Anhörung nicht den inhaltlichen Anforderungen an die Unterrichtungspflicht (LAG Hamm 23. 2. 2006 – 15 Sa 1775/05, juris). Im Übrigen gelten die allgemeinen Schranken zum Nachschieben von Kündigungsgründen, s. Rn. 126 ff.

Vom Arbeitgeber kann aber im Anhörungsverfahren nicht mehr verlangt werden, als für die **Sozialauswahl** nach § 1 Abs. 3 KSchG genügt. Sinn der Mitteilungspflicht ist unter anderem, dem Arbeitnehmer die Darlegungs- und Beweisführungspflicht im Kündigungsschutzprozess zu erleichtern. Auch hier gilt der **Grundsatz der subjektiven Determinierung:** Hält der Arbeitgeber eine Sozialauswahl vor Ausspruch einer betriebsbedingten Kündigung wegen des Widerspruchs des Arbeitnehmers gegen den Übergang des Arbeitsverhältnisses für überflüssig, so hat er die sozialen Gesichtspunkte vergleichbarer Arbeitnehmer auch nicht vorsorglich dem Betriebsrat mitzuteilen (BAG 24. 2. 2000 AP KSchG 1969 § 1 Nr. 47 Soziale Auswahl; ähnlich LAG Frankfurt 24. 1. 2000, NZA-RR 2001, 34; LAG Schleswig-Holstein 1. 4. 1999 LAGE Nr. 30 zu § 1 KSchG Soziale Auswahl). Wenn eine Sozialauswahl nach der für den Betriebsrat erkennbaren Auffassung des Arbeitgebers wegen der Stilllegung des gesamten Betriebes nicht vorzunehmen ist, braucht der Arbeitgeber den Betriebsrat nicht nach § 102 über Familienstand und Unterhaltspflichten der zu kündigenden Arbeitnehmer unterrichten (BAG 13. 5. 2004 AP BetrVG 1972 § 102 Nr. 140; teilweise Aufgabe von BAG 16. 9. 1993 AP BetrVG 1972 § 102 Nr. 62; LAG Hamburg 24. 2. 2006 – Sa 45/05, juris; LAG Baden-Württemberg 9. 1. 2006 – 4 Sa 55/05, juris). Das BAG hat dem entsprechend zurecht für den Fall einer Änderungskündigung ausgeführt, dass der dem Betriebsrat keine sozialen Auswahlgesichtspunkte mitzuteilen braucht, wenn nach Auffassung des Arbeitgebers eine Sozialauswahl überhaupt nicht durchzuführen sei (BAG 27. 9. 2001 AP TVG § 4 Nachwirkung Nr. 40; vgl. auch BAG 21. 9. 2000 AP KSchG 1969 § 1 Betriebsbedingte Kündigung Nr. 111 = EzA KSchG § 1 Betriebsbedingte Kündigung Nr. 107; ebenso für die Beendigungskündigung: LAG Berlin 7. 12. 2005 – 17 Sa 1383/05, juris; a. A. wohl LAG Mecklenburg-Vorpommern 6. 1. 2005 – 1 Sa 316/04, juris). Gleichfalls hat das BAG bei einer Beendigungskündigung die Unterrichtung über soziale Auswahlgesichtspunkte für entbehrlich gehalten, weil der Arbeitgeber den gekündigten Arbeitnehmer nicht für vergleichbar mit dem Arbeitnehmer hielt, auf den sich der Kläger im Rahmen der Rüge der Sozialauswahl berief (BAG 7. 11. 1996 – 2 AZR 720/95 – RzK III 1 b Nr. 26). Dies folgt aus dem Grundsatz der subjektiven Determination (s. Rn. 57). In diesem Sinne führt auch die objektiv fehlerhafte Angabe der Zahl der Unterhaltspflichten bei einer betriebsbedingten Kündigung nicht zur Unwirksamkeit der Anhörung, wenn nach Ansicht des Arbeitgebers eine soziale Auswahl mangels Vergleichbarkeit des zu kündigenden Arbeitnehmers mit anderen nicht in Betracht kommt (LAG Hamm 14. 6. 2005, NZA-RR 2005, 640). Dazu steht im Gegensatz die – verfehlte – Rechtsprechung des BAG, dass entsprechend dem Zweck des § 102 Abs. 1, dem Betriebsrat ein Bild von der beabsichtigten Kündigung zu vermitteln, bei einer betriebsbedingten Kündigung im Regelfall die Mitteilung des Lebensalters und der Betriebszugehörigkeit des Arbeitnehmers auch dann unverzichtbar ist, wenn der Arbeitgeber keine Sozialauswahl vorgenommen hat (BAG 18. 10. 2006, AuR 2006, 408; BAG 15. 12. 1994 AP KSchG 1969 § 1 Nr. 67 Betriebsbedingte Künsdigung; BAG 22. 1. 1998 AP BGB § 613a Nr. 173). Mehrfach bestätigt muss die Praxis sich jedoch auf diese Anforderungen einstellen.

69 Der Arbeitgeber ist auch verpflichtet, dem Betriebsrat mitzuteilen, warum er bestimmte Arbeitnehmer gemäß **§ 1 Abs. 3 Satz 2 KSchG** von der Sozialauswahl ausnehmen will (*Fitting,* § 102 Rn. 35; HaKo-BetrVG/*Braasch,* § 102 Rn. 59; HWK-*Ricken,* § 102 Rn. 38; *Bader,* NZA 1997, 905, 912; *Löwisch/Kaiser,* § 102 Rn. 13; *Oppertshäuser,* NZA 1997, 920, 922).

70 d) Der Arbeitgeber hat den für ihn maßgeblichen **Kündigungssachverhalt** so klar zu umreißen, dass der Betriebsrat ohne eigene zusätzliche Ermittlungen zu der beabsichtigten Kündigung aus der Sicht der Arbeitnehmerseite Stellung nehmen kann. Er muss daher insbesondere die **Tatsachen** angeben, aus denen er seinen Kündigungsentschluss herleitet (ebenso BAG 13. 7. 1978 AP BetrVG 1972 § 102 Nr. 17 und 18; 29. 8. 1978 AP BetrVG 1972 § 102 Nr. 19; 18. 12. 1980 AP BetrVG 1972 § 102 Nr. 22; BAG 7. 11. 2002 AP KSchG 1969 § 1 Nr. 40 Krankheit).

71 Die Mitteilungspflicht gegenüber dem Betriebsrat hat aber einen anderen Inhalt als die Darlegungspflicht des Arbeitgebers im Kündigungsrechtsstreit (vgl. BAG 18. 12. 1980 AP BetrVG 1972 § 102 Nr. 22; LAG Rheinland-Pfalz 12. 7. 2005 – 5 Sa 1031/04, juris). Eine pauschale, schlagwort- oder stichwortartige Bezeichnung des Kündigungsgrunds reicht für eine ordnungsgemäße Anhörung des Betriebsrats nicht aus (BAG 27. 9. 2001, AP TVG § 1 Nr. 40 Nachwirkung; GK-*Raab,* § 102 Rn. 63; *Fitting,* § 102 Rn. 27;

C. Anhörung des Betriebsrats § 102

Rinke NZA 1998, 77, 84); jedoch können stichwortartige Bezeichnungen, deren Bedeutung einem Außenstehenden verborgen ist, durchaus genügen, wenn sie sich auf betriebliche Verhältnisse beziehen, über die der Betriebsrat einen Überblick hat (so auch BAG 20. 5. 1999 AP KSchG 1969 § 1 Nr. 4, 5 Namensliste; s. auch BAG 21. 2. 2002, NZA 2002, 1360, LAG Hamm 4. 6. 2002, BB 2003, 159 und LAG Rheinland-Pfalz 27. 1. 2000, AuR 2000, 195: Liegt ein **Interessenausgleich mit Namensliste** gemäß § 125 Abs. 1 InsO bzw. § 1 Abs. 5 KSchG vor, dann kann es zur ordnungsgemäßen Anhörung des Betriebsrats ausreichen, wenn der Arbeitgeber weitgehend auf den dem Betriebsrat aus den Verhandlungen über den Interessenausgleich bekannten Sachverhalt Bezug nimmt. Nur wenn derartige Vorkenntnisse bestritten werden, muss der Arbeitgeber die Gründe erneut detailliert darlegen; siehe auch Rn. 41). Abzustellen ist auf den Kenntnisstand des Betriebsratsvorsitzenden oder der Person, die im Anhörungsverfahren Adressat der Mitteilung ist. Es fällt in den Verantwortungs- und Zuständigkeitsbereich des Betriebsrats, dass die für die Entgegennahme der Erklärung zuständige Person die Mitteilung des Arbeitgebers so erläutert, wie es seinem Kenntnisstand entspricht (vgl. BAG 28. 9. 1978 AP BetrVG 1972 § 102 Nr. 19). Die Mitteilungspflicht wird nicht dadurch verletzt, dass der Arbeitgeber bei der Beurteilung des Kündigungssachverhalts einem Subsumtionsirrtum unterliegt. Etwas anderes gilt, wenn er dem Betriebsrat den Sachverhalt bewusst irreführend – etwa durch Verschweigen wesentlicher Umstände – schildert (vgl. BAG 22. 9. 1994 AP BetrVG 1972 § 102 Nr. 68; BAG 6. 10. 2005 AP BetrVG 1972 § 102 Nr. 150). Im Gegensatz zu § 99 Abs. 1 Satz 1 wird hier nicht gefordert, dass dem Betriebsrat Unterlagen über die Kündigungsabsicht vorzulegen sind (vgl. BAG 26. 1. 1995 AP BetrVG 1972 § 102 Nr. 69).

Nur wenn für die Rechtfertigung der Kündigung der Kündigungsgrund keine Rolle 72 spielt, genügt bei der Anhörung für die Mitteilung des Kündigungsgrunds ein **Werturteil**, z. B. nicht hinreichende Arbeitsleistungen, wenn der Arbeitgeber seine Motivation nicht mit konkreten Tatsachen belegen kann. Dies nimmt die h. M. insbesondere für die **ordentliche Kündigung in den ersten sechs Monaten des Bestehens eines Arbeitsverhältnisses** an, denn das KSchG greift hier nicht ein, vgl. § 1 Abs. 1 KSchG (BAG 8. 9. 1988 AP BetrVG 1972 § 102 Nr. 49; 11. 7. 1991 AP BetrVG 1972 § 102 Nr. 57; 18. 5. 1994 AP BetrVG 1972 § 102 Nr. 64; 12. 11. 1998 – 2 AZR 687/97 – RzK 00, I 1 a Nr. 101; 3. 12. 1998 AP BetrVG 1972 § 102 Nr. 99; ebenso LAG Berlin 22. 1. 1998, LAGE Nr. 68 zu § 102 BetrVG 1972; LAG Stuttgart 23. 7. 1997 LAGE Nr. 67 zu § 102 BetrVG 1972). Gleiches gilt, wenn der **Betrieb nicht unter den Geltungsbereich der Bestimmungen des KSchG über den allgemeinen Kündigungsschutz** fällt (§ 23 Abs. 1 Satz 2 KSchG). Das ist im Ansatz richtig, denn die Anhörungspflicht eröffnet keinen Kündigungsschutz durch die Hintertür. Nach der neueren **Rechtsprechung des Bundesverfassungsgerichts** zum Kündigungsschutz im Kleinbetrieb (BVerfG 27. 1. 1998 AP KSchG 1969 § 23 Nr. 17; BAG 21. 2. 2001 AP BGB § 242 Kündigung Nr. 12; dazu *Falder*, NZA 1999, 1254; *Hanau*, FS Dieterich, 1998, S. 201, *Kittner*, NZA 1999, 731) muss dies jedoch einige wenige Pegelstriche zurückgenommen werden (*Kittner*, NZA 1999, 731, 733; DKK-*Kittner/Bachner*, § 102 Rn. 104; *Fitting*, § 102 Rn. 48; strenger jetzt auch LAG Düsseldorf 15. 11. 2001 – 15 Sa 1223/01, juris). Auch hier gibt es Kündigungsschutz, wenn auch in einem ausgedünnten Maße: Diskriminierende oder willkürliche Kündigungen sind ausgeschlossen; soweit mehrere Arbeitnehmer zur Kündigung in Frage kommen, ist unter ihnen ein gewisses Maß an sozialer Rücksichtnahme erforderlich; ein durch langjährige Mitarbeit verdientes Vertrauen in den Fortbestand des Arbeitsverhältnisses darf nicht unberücksichtigt bleiben. Wohl nur die erste Regel gilt auch für Kündigungen in den sechs Monaten (zurückhaltend BAG AP BGB § 242 Nr. 12 Kündigung). Weniger weitgehend als die kündigungsrechtlichen Konsequenzen sind die betriebsverfassungsrechtlichen: Der Arbeitgeber braucht keine Gründe anzuführen, warum seine Kündigung diskriminierend oder willkürlich ist, denn er müsste sonst eine negative Tatsache darlegen – das Fehlen eines sachlichen Grundes oder das Fehlen einer diskriminierenden Absicht. Es reicht also, wenn er irgendeinen von der Rechtsordnung nicht missbilligten Grund zur Kündigung benennt. Dies folgt schon aus der subjektiven Determinierung der Mitteilungspflicht (im Erg. ebenso LAG Saarland 13. 6. 2001 – RzK I 8 Nr. 41; ähnlich LAG Berlin 28. 5. 2002 – 3 Sa 442/02, juris). Entsprechend den Regeln des Prozessrechts muss hier der Betriebsrat Anhaltspunkte liefern, die an der Begründung zweifeln lassen, zu denen der Arbeitgeber dann Stellung nehmen muss. Auch hinsichtlich der ausgedünnten Sozialauswahl dürften regelmäßig knappe Hinweise reichen, denn das BAG hat zurecht deutlich darauf hingewiesen, dass dieser Kündigungsschutz nicht auf einer Stufe mit dem des KSchG steht. Die Einschätzungsprärogative des Arbeitgebers ist weitgehend; das spiegelt sich dann auch in der Darlegungspflicht. Hinsichtlich der dritten Regel – die vor allem in Betrieben mit 5 bis zu 10 regelmäßig beschäftigten Mitarbeitern Anwendung finden wird (s. aber die unterschiedliche Berechnung § 23 S. 3 KSchG und § 1 BetrVG) – darf der Betriebsrat umso eingehendere Hinweise erwarten, je länger der Arbeitnehmer beschäftigt ist. Hier scheint die Darlegungspflicht am weitestgehenden.

73 e) **Grundsätzlich ist für den Umfang der Darlegungspflicht des Arbeitgebers unerheblich, wie der Betriebsrat reagiert.** Hat der Betriebsrat der beabsichtigten Kündigung jedoch ausdrücklich zugestimmt, kann die Ordnungsgemäßheit der Anhörung nicht mit der Begründung in Frage gestellt werden, die zutreffenden Mitteilungen an den Betriebsrat seien nicht substantiiert genug gewesen, solange durch weggelassene Einzelheiten kein verfälschendes Bild vom Kündigungstatbestand entsteht (LAG Köln 7. 8. 1998 LAGE Nr. 72 zu § 102 BetrVG 1972 = NZA-RR 2000, 32; s. aber auch Rn. 126).

4. Frist der Mitteilung

74 a) Das Gesetz beschränkt sich auf die Anordnung, dass der Betriebsrat **vor jeder Kündigung zu hören ist, ohne einen Zeitpunkt ausdrücklich festzulegen** (Abs. 1 Satz 1). Die Frist, die der Arbeitgeber bei der Anhörung einhalten muss, ergibt sich aber mittelbar daraus, dass der Betriebsrat Bedenken gegen eine ordentliche Kündigung spätestens innerhalb einer Woche, Bedenken gegen eine außerordentliche Kündigung unverzüglich, spätestens jedoch innerhalb von drei Tagen mitteilen muss (Abs. 2 Satz 1 und 3; s. auch Rn. 98 ff.). Bei einer außerordentlichen Kündigung hat deshalb der Arbeitgeber zu beachten, dass er sie nur innerhalb von zwei Wochen nach Kenntniserlangung der für die Kündigung maßgebenden Tatsachen erklären kann (§ 626 Abs. 2 BGB). Die Mitteilung an den Betriebsrat muss deshalb innerhalb dieses Zeitraums so rechtzeitig erfolgen, dass die Anhörungsfrist gewahrt ist.

75 **Keine Rolle** spielt, ob der Arbeitgeber vor Abschluss des Anhörungsverfahrens seinen Kündigungswillen bereits **abschließend gebildet** hatte. Das gilt auch für die Erfüllung seiner Mitteilungspflicht an den Betriebsrat. Das BAG vertrat zu § 66 BetrVG 1952 eine gegenteilige Auffassung (BAG 18. 1. 1962 AP BetrVG § 66 Nr. 20 [abl. *A. Hueck*]), hat sie aber für das geltende Recht ausdrücklich aufgegeben (BAG 13. 11. 1975 AP BetrVG 1972 § 102 Nr. 7; bestätigt durch BAG 28. 9. 1978 AP BetrVG 1972 § 102 Nr. 19). Entscheidend ist allein, dass der Arbeitgeber seinen Kündigungswillen noch nicht *verwirklicht* hat, bevor das Anhörungsverfahren abgeschlossen ist. Das Gesetz verlangt nicht, dass der Betriebsrat an der Willensbildung beteiligt wird, sondern geht im Gegenteil davon aus, dass der Arbeitgeber seinen Kündigungswillen bereits gebildet hat und nunmehr den Betriebsrat beteiligt. Der Zweck der detaillierten Regelung in Abs. 2 über das Anhörungsverfahren wäre weitgehend vereitelt, wenn man die Anhörung schon deshalb als verspätet ansähe, weil der Arbeitgeber seinen Kündigungswillen bereits abschließend gebildet hat, obwohl er ihn noch nicht verwirklicht hat (ebenso BAG 13. 11. 1975 AP BetrVG 1972 § 102 Nr. 7; 28. 9. 1978 AP BetrVG 1972 § 102 Nr. 19; GK-*Raab*, § 102 Rn. 39; GL-*Löwisch*, § 102 Rn. 40; HSWGNR-*Schlochauer*, § 102

Rn. 25; KR-*Etzel*, § 102 Rn. 55; *Richardi*, ZfA-Sonderheft 1972 S. 1, 23; a. A. *Fitting*, § 102 Rn. 58).

b) Hat der Arbeitgeber vor Ausspruch einer Kündigung die **Zustimmung einer staatlichen Behörde** einzuholen, z. B. für die **Kündigung eines schwerbehinderten Menschen** die Zustimmung des Integrationsamtes (§§ 85, 91 Abs. 1 SGB IX), so kann er das Anhörungsverfahren vor dem Antrag auf Erteilung der Zustimmung, aber auch noch während des Verwaltungsverfahrens oder nach dessen Ende einleiten (vgl. BAG 5. 9. 1979 AP SchwbG § 12 Nr. 6; 3. 7. 1980 AP SchwbG § 18 Nr. 2; 1. 4. 1981 E 35, 190 = AP BetrVG 1972 § 102 Nr. 23; BAG 11. 3. 1998, RzK III 8 a Nr. 45). Das Integrationsamt holt jedoch vor ihrer Entscheidung eine Stellungnahme des Betriebsrats ein (§ 87 Abs. 2 SGB IX). Dieser kann verlangen, dass ihm die Gründe für die Kündigung mitgeteilt werden, weil er sonst zu der Kündigung nicht Stellung nehmen kann. Damit wird zugleich das Anhörungsverfahren eingeleitet. Betriebsverfassungsrechtlich ist aber unerheblich, ob der Betriebsrat noch während des Verwaltungsverfahrens gehört wird. Auch bei einer außerordentlichen Kündigung kann der Arbeitgeber das Anhörungsverfahren nach Erteilung der Zustimmung bzw. nach Eintritt der Zustimmungsfiktion (§ 91 Abs. 3 Satz 2 SGB IX) einleiten (ebenso BAG 3. 7. 1980 AP SchwbG § 18 Nr. 2). Da bei einer außerordentlichen Kündigung § 91 Abs. 5 SGB IX verlangt, dass die Kündigung unverzüglich nach Erteilung der Zustimmung erklärt wird, muss deshalb der Arbeitgeber in diesem Fall unverzüglich nach Bekanntgabe der Zustimmungsentscheidung bzw. nach Ablauf der für die Zustimmungsfiktion maßgeblichen Zweiwochenfrist (§ 91 Abs. 3 Satz 1 SGB IX) das Anhörungsverfahren einleiten und unverzüglich nach Eingang der Stellungnahme des Betriebsrats bzw. nach Ablauf der für die Anhörung geltenden Frist von drei Tagen (Abs. 2 Satz 3; s. Rn. 99) die Kündigung erklären (ebenso, wenn auch dort missverständlich darauf abgestellt wird, dass dies stets sofort zu geschehen habe, obwohl § 91 Abs. 5 SGB IX Unverzüglichkeit verlangt, BAG AP SchwbG § 18 Nr. 2).

5. Form der Mitteilung

Für die Mitteilung sieht das Gesetz **keine besondere Form** vor; sie kann schriftlich oder mündlich erfolgen (ebenso *Fitting*, § 102 Rn. 21; GK-*Raab*, § 102 Rn. 72; HaKo-BetrVG/*Braasch*, § 102 Rn. 48; HSWGNR-*Schlochauer*, § 102 Rn. 50; *Stege/Weinspach/Schiefer*, § 102 Rn. 63; HWK-*Ricken*, § 102 Rn. 18; KR-*Etzel*, § 102 Rn. 76). Das gilt auch dann, wenn der Kündigungssachverhalt ungewöhnlich komplex ist (BAG 6. 2. 1997 AP BetrVG 1972 § 102 Nr. 85). Jedoch empfiehlt es sich, die Schriftform zu wählen, weil der Arbeitgeber beweispflichtig ist, wenn der Arbeitnehmer bestreitet, dass der Betriebsrat vor der Kündigung gehört wurde.

Der Arbeitgeber braucht die Gründe nur mitzuteilen; er ist **nicht** verpflichtet, **Beweismaterial** vorzulegen oder Einsicht in die Personalakten des betroffenen Arbeitnehmers zu gewähren (BAG 27. 6. 1985 AP BetrVG 1972 § 102 Nr. 37; BAG AP BetrVG 1972 § 102 Nr. 85; ebenso GL-*Löwisch*, § 102 Rn. 29; *Löwisch/Kaiser*, § 102, Rn. 18; HSWGNR-*Schlochauer*, § 102 Rn. 50; KR-*Etzel*, § 102 Rn. 68; a. A. – für eine Vorlagepflicht nach den Regeln des § 80 Abs. 2 *Fitting*, § 102 Rn. 26).

6. Adressat der Mitteilung

a) Der Arbeitgeber hat die **Mitteilung gegenüber dem Betriebsrat** abzugeben, d. h. zur Entgegennahme ist nur der **Vorsitzende des Betriebsrats** oder im Fall seiner Verhinderung sein Stellvertreter berechtigt (§ 26 Abs. 3 Satz 2; vgl. BAG 28. 2. 1974 AP BetrVG 1972 § 102 Nr. 2; 27. 8. 1982 AP BetrVG 1972 § 102 Nr. 25; 6. 10. 2005 AP BetrVG 1972 § 102 Nr. 150). Zuständig ist dabei stets der Betriebsrat, dessen Betrieb der Arbeitnehmer angehört (Hessisches LAG 27. 1. 2005 – 5 Sa 655/04, juris; *Gaul/Bonanni*, NZA 2006, 293). Ist der Arbeitnehmer in mehreren Betrieben wahlberechtigt zum Betriebsrat (s. § 7 Rn. 26 ff.), kann der Arbeitgeber wählen, welchen Betriebsrat er

§ 102

anhört. Hat der Betriebsrat die Ausübung der Mitbestimmung einem besonderen Ausschuss (Personalausschuss) zur selbständigen Erledigung übertragen, so ist in diesem Fall der Vorsitzende des Ausschusses berechtigt, die Erklärungen des Arbeitgebers im Anhörungsverfahren entgegenzunehmen (ebenso BAG 4. 8. 1975 AP BetrVG 1972 § 102 Nr. 4). Der Betriebsrat oder der zuständige Ausschuss kann aber auch ein anderes Mitglied zur Entgegennahme ermächtigen (ebenso BAG 27. 6. 1985 AP BetrVG 1972 § 102 Nr. 37; GK-*Raab*, § 102 Rn. 45; GL-*Löwisch*, § 102 Rn. 33; HSWGNR-*Schlochauer*, § 102 Rn. 53).

80   Gibt der Arbeitgeber die Erklärung gegenüber einem zur **Entgegennahme nicht ermächtigten Betriebsratsmitglied** ab, so ist dieses lediglich *Erklärungsbote* des Arbeitgebers; die Mitteilung wird erst wirksam, wenn sie dem Betriebsrat bzw. dem zuständigen Ausschuss selbst, d. h. dessen Vorsitzenden bzw. einem zur Entgegennahme ermächtigten Mitglied, zugeht (ebenso BAG 27. 6. 1985 AP BetrVG 1972 § 102 Nr. 37; 26. 9. 1991 AP KSchG 1969 § 1 Nr. 28 Krankheit; HaKo-BetrVG/*Braasch*, § 102 Rn. 38; HSWGNR-*Schlochauer*, § 102 Rn. 53; HWK-*Ricken*, § 102 Rn. 17; KR-*Etzel*, § 102 Rn. 85; *Nikisch*, Bd. III S. 479 Fn. 1; *Meisel*, Mitwirkung und Mitbestimmung in personellen Angelegenheiten, Rn. 448). Lässt der Betriebsrat die Mitteilung an ein bestimmtes Mitglied unwidersprochen genügen, so kann er sich aber in einem späteren Fall nicht darauf berufen, dieses Mitglied sei zur Entgegennahme der Erklärung nicht berechtigt (ebenso *Meisel*, a. a. O., Rn. 446; zust. HSWGNR-*Schlochauer*, § 102 Rn. 53; a. A. HaKo-BetrVG/*Braasch*, § 102 Rn. 38; KR-*Etzel*, § 102 Rn. 85); der Betriebsrat muss sich sein Schweigen nach Treu und Glauben zurechnen lassen (s. § 33 Rn. 31 ff.). Der Betriebsrat hat deshalb dafür zu sorgen, dass für den Arbeitgeber kein Vertrauenstatbestand entsteht, indem er darauf hinweist, dass das Betriebsratsmitglied nicht berechtigt ist, die Mitteilung entgegenzunehmen.

81   Nur wenn niemand vorhanden ist, der zur Entgegennahme der Erklärung berechtigt ist, z. B. weil der Betriebsratsvorsitzende und sein Stellvertreter im Urlaub sind und für diesen Fall keine Vertretungsregelung besteht, ist jedes Betriebsratsmitglied berechtigt, Erklärungen des Arbeitgebers für den Betriebsrat entgegenzunehmen (ebenso BAG 27. 6. 1985 AP BetrVG 1972 § 102 Nr. 37; LAG Frankfurt a. M., BB 1977, 1048; zust. GK-*Raab*, § 102 Rn. 45; KR-*Etzel*, § 102 Rn. 84; *Löwisch/Kaiser*, § 102 Rn. 18).

82   Sind **alle Betriebsratsmitglieder verhindert,** z. B. wegen eines **Betriebsurlaubs,** so bedeutet dies noch nicht, dass der Betriebsrat funktionsunfähig geworden ist und deshalb nicht beteiligt zu werden braucht (s. Rn. 31). Der Arbeitgeber wird andererseits aber auch nicht gehindert, Kündigungen während des Verhinderungszeitraums vorzunehmen. Der Betriebsrat muss vielmehr sicherstellen, dass Mitteilungen des Arbeitgebers ihm zugehen können; denn sonst gilt der Zugang in entsprechender Anwendung des § 162 Abs. 1 BGB als eingetreten. Wenn der Arbeitgeber aber bei einer Kündigung einen Zeitpunkt abwartet, in dem alle Betriebsratsmitglieder verhindert sind, z. B. die Kündigung in die Betriebsferien legt, so ist in entsprechender Anwendung des § 162 Abs. 2 BGB anzunehmen, dass die Mitteilung während des Verhinderungszeitraums nicht erfolgt ist, dem Betriebsrat also erst zugeht, wenn die Betriebsferien beendet sind.

83   b) Die **Mitteilung** wird **gegenüber dem Betriebsrat wirksam,** sobald sie bei *schriftlicher Abgabe* der empfangsberechtigten Person *zugegangen* ist, bei *mündlicher Abgabe* die empfangsberechtigte Person gehört und *verstanden* hat (ebenso BAG 27. 8. 1982 AP BetrVG 1972 § 102 Nr. 25). Der Betriebsratsvorsitzende oder (im Fall seiner Verhinderung) der Stellvertreter sind aber nicht verpflichtet, außerhalb der Arbeitszeit und möglicherweise sogar noch außerhalb der Betriebsräume Mitteilungen entgegenzunehmen. Nimmt jedoch das für die Vertretung des Betriebsrats zuständige Mitglied eine Mitteilung außerhalb seiner Arbeitszeit und außerhalb der Betriebsräume widerspruchslos entgegen, so ist hiermit das Anhörungsverfahren vom Arbeitgeber ordnungsgemäß eingeleitet. Auch eine derartige Mitteilung setzt die dem Betriebsrat zustehende Anhö-

C. Anhörung des Betriebsrats   § 102

rungsfrist in Lauf (so BAG 27. 8. 1982 E 40, 85, 95, 100 = AP BetrVG 1972 § 102 Nr. 25).

c) Gliedert sich ein **Unternehmen in mehrere Betriebe,** so ist für das Anhörungsverfahren der **Betriebsrat des Betriebs, zu dem der Arbeitnehmer gehört, zuständig.** Der Gesamtbetriebsrat ist nur zuständig, wenn der Einzelbetriebsrat ihm die Kompetenz im Einzelfall übertragen hat (§ 50 Abs. 2; vgl. LAG Köln 20. 12. 1983, DB 1984, 937 f.). Gleiches gilt im Verhältnis zu einem vorhandenen Konzernbetriebsrat. Da eine Übertragung nicht generell, sondern nur im Einzelfall erfolgen kann, hat der Arbeitgeber die Mitteilung an den von Gesetzes wegen zuständigen Betriebsrat zu richten. Bei Anhörung eines Gesamt- oder Konzernbetriebsrats ist die Kündigung nichtig (ebenso LAG Köln, DB 1984, 937 f.). 84

7. Aufforderung zur Stellungnahme

Mit der Mitteilung ist der Betriebsrat aufzufordern, zu der beabsichtigten Kündigung Stellung zu nehmen. Eine **ausdrückliche Aufforderung** ist **nicht erforderlich;** sie liegt in aller Regel in der Mitteilung des Arbeitgebers über die Kündigungsabsicht (ebenso BAG 28. 2. 1974 AP BetrVG 1972 § 102 Nr. 2). Bei einem Arbeitnehmer, den der Arbeitgeber für einen **leitenden Angestellten** hält, muss sich aber aus der Mitteilung eindeutig ergeben, dass durch sie der Betriebsrat nicht nur nach § 105 unterrichtet, sondern dass damit auch ein Anhörungsverfahren eingeleitet werden soll (vgl. BAG 26. 5. 1977 und 7. 12. 1979 AP BetrVG 1972 § 102 Nr. 13 und 21; s. auch Rn. 33 f.). 85

II. Stellungnahme des Betriebsrats

Der Arbeitgeber hat den Betriebsrat zu hören, ihm also Gelegenheit zu geben, zu der beabsichtigten Kündigung Stellung zu nehmen. Hat der Betriebsrat gegen die Kündigung Bedenken, so hat er sie unter Angabe der Gründe dem Arbeitgeber schriftlich mitzuteilen, und zwar bei einer ordentlichen Kündigung spätestens innerhalb einer Woche (Abs. 2 Satz 1), bei einer außerordentlichen Kündigung „unverzüglich, spätestens jedoch innerhalb von drei Tagen" (Abs. 2 Satz 3). 86

1. Zuständigkeit und Verfahren

a) Für die Stellungnahme zuständig ist der **anhörungsberechtigte Betriebsrat.** Sie gehört **nicht** zu den **laufenden Geschäften** (s. § 27 Rn. 55). 87

Besteht ein **Betriebsausschuss,** so fällt die Stellungnahme zu einer Kündigung nur dann in seinen Zuständigkeitsbereich, wenn ihm diese Aufgabe zur selbständigen Erledigung übertragen ist (§ 27 Abs. 2 Satz 2). Der Betriebsrat kann aber, sofern ein Betriebsausschuss besteht, die Wahrnehmung seines Beteiligungsrechts auch einem von ihm als weiteren Ausschuss gebildeten **Personalausschuss** zur selbständigen Erledigung übertragen (§ 28 Abs. 1 i. V. mit § 27 Abs. 2 Satz 2; vgl. BAG 4. 8. 1979 AP BetrVG 1972 § 102 Nr. 4; a. A. für die Zustimmungsbefugnis nach § 103 BetrVG; LAG Köln 28. 8. 2001 LAGE Nr. 18 zu § 103 BetrVG 1972). 88

Der Betriebsrat kann – abgesehen vom Fall des aus einer Person bestehenden Betriebsrats – niemals ein **einzelnes Betriebsratsmitglied,** auch nicht den Betriebsratsvorsitzenden oder seinen Stellvertreter, allgemein ermächtigen, im Namen des Betriebsrats zu einer Kündigung Stellung zu nehmen (ebenso BAG 28. 2. 1974 AP BetrVG 1972 § 102 Nr. 2; s. auch § 26 Rn. 44). Auch soweit ihm die laufenden Geschäfte übertragen sind (§ 27 Abs. 4), fällt die Stellungnahme zu einer Kündigung nicht in seinen Zuständigkeitsbereich (ebenso ArbG Minden, DB 1974, 247 f.). Dagegen ist eine Ermächtigung für einen ganz bestimmten Einzelfall zulässig (a. A. DKK-*Kittner/Bachner,* § 102 Rn. 125; KR-*Etzel,* § 102 Rn. 93 a; s. § 26 Rn. 44 f.). 89

Thüsing

§ 102 Mitbestimmung bei Kündigungen

90 b) Der Betriebsratsvorsitzende bzw. der Vorsitzende des zuständigen Ausschusses hat, um eine Stellungnahme des Betriebsrats herbeizuführen, eine **Sitzung** einzuberufen; es genügt **nicht**, dass die **Stellungnahme im Umlaufverfahren** eingeholt wird (ebenso BAG 4. 8. 1975 AP BetrVG 1972 § 102 Nr. 4; *Fitting*, § 102 Rn. 50; GK-*Raab*, § 102 Rn. 91; GL-*Löwisch*, § 102 Rn. 21; HaKo-BetrVG/*Braasch*, § 102 Rn. 45; HWK-*Ricken*, § 102 Rn. 53; a. A. LAG Hamm, DB 1972, 2408 und DB 1974, 1343; *Meisel*, Mitwirkung und Mitbestimmung in personellen Angelegenheiten, Rn. 458; *Brill*, AuR 1975, 15, 19; s. auch § 33 Rn. 2). Vor der Stellungnahme soll, soweit dies erforderlich erscheint, der betroffene Arbeitnehmer gehört werden (Abs. 2 Satz 4; s. auch Rn. 107).

91 Die Stellungnahme muss auf einem **Beschluss** (§ 33) beruhen. Bei Beschlussunfähigkeit für die Dauer der Anhörungszeit nimmt der Rest-Betriebsrat das Beteiligungsrecht wahr (so jedenfalls in entsprechender Anwendung des § 22 BAG 18. 8. 1982 AP BetrVG 1972 § 102 Nr. 24; jedoch ging es im konkreten Fall bei richtiger Beurteilung nicht um ein Problem fehlender Beschlussfähigkeit, sondern darum, dass zeitweilig verhinderte Mitglieder nicht durch Ersatzmitglieder vertreten werden konnten, so dass der Betriebsrat nur aus einer Person bestand, die ordnungsgemäß im Anhörungsverfahren beteiligt war).

2. Form der Stellungnahme

92, 93 **Bedenken gegen die beabsichtigte Kündigung** hat der Betriebsrat unter **Angabe der Gründe** dem Arbeitgeber **schriftlich** mitzuteilen (Abs. 2 Satz 1 und Satz 3). Daraus folgt:

94 a) Die **Zustimmung zu einer Kündigung** kann **ohne Angabe der Gründe mündlich** erteilt werden. Wenn der zuständige Repräsentant des Betriebsrats dem Arbeitgeber erklärt, der Betriebsrat sei mit der Kündigung einverstanden, braucht der Arbeitgeber nicht nachzuforschen, ob die Erklärung durch einen Beschluss des Betriebsrats oder des zuständigen Betriebsratsausschusses gedeckt ist (ebenso BAG 4. 8. 1975 AP BetrVG 1972 § 102 Nr. 4; s. auch Rn. 121 f.). Es genügt aber nicht, dass im unmittelbaren Anschluss an die Mitteilung der Kündigungsabsicht der Betriebsratsvorsitzende erklärt, er stimme der beabsichtigten Kündigung zu (vgl. BAG 28. 3. 1974 AP BetrVG 1972 § 102 Nr. 3). Aus der Mitteilung muss sich ergeben, dass es sich um eine abschließende Stellungnahme handelt (ebenso BAG 4. 8. 1975 AP BetrVG 1972 § 102 Nr. 4). Wenn dies der Fall ist, ist das Anhörungsverfahren beendet, und der Arbeitgeber kann wirksam kündigen; er braucht nicht den Ablauf der Anhörungsfrist abzuwarten (ebenso BAG 4. 8. 1975 AP BetrVG 1972 § 102 Nr. 4; s. auch Rn. 98).

95 b) **Schriftform und Begründungszwang** spielen nur eine Rolle, wenn der Betriebsrat **Bedenken gegen die beabsichtigte Kündigung** hat. Das Anhörungsverfahren ist deshalb noch nicht abgeschlossen, wenn der Betriebsrat zwar innerhalb der Anhörungsfrist Bedenken äußert, diese aber nur mündlich vorbringt, auch wenn er verspricht, dass eine schriftliche Begründung nachgereicht wird. Ebenso wenig reicht es aus, wenn der Betriebsrat sich darauf beschränkt, schriftlich mitzuteilen, dass er Bedenken habe, aber für sie keine Gründe angibt. Das Gesetz geht in diesem Fall davon aus, dass noch keine abschließende Stellungnahme des Betriebsrats zur Kündigung vorliegt. Für die Schriftform dürfte nach der Rechtsprechung des BAG § 126 BGB nicht gelten. Wie das Gericht im Zusammenhang mit § 99 Abs. 3 entschieden hat, ist die eigenhändige Unterschrift des Betriebsratsvorsitzenden nicht erforderlich; es reicht eine (Fern-)Kopie (BAG 11. 6. 2002 AP BetrVG 1972 § 99 Nr. 118, s. auch § 99 Rn. 262). Überzeugend ist das nicht, schon weil ein eigenständiger Schriftlichkeitsbegriff des BetrVG nur schwer konturierbar ist und vom Gesetzgeber sicherlich nicht intendiert wurde.

96 Der Arbeitgeber kann deshalb, wenn man dem Gesetzeswortlaut folgt, die **Kündigung vor Ablauf der Anhörungsfrist** nur wirksam vornehmen, wenn die Stellungnahme des Betriebsrats, in der Bedenken gegen die Kündigung geäußert werden, die **gesetzlich vorgesehene Form und Begründungsnotwendigkeit** wahrt. Davon abgesehen haben

C. Anhörung des Betriebsrats § 102

Schriftform und Begründungszwang rechtliche Bedeutung nur, wenn der Betriebsrat einer ordentlichen Kündigung aus den in Abs. 3 genannten Gründen rechtzeitig widerspricht. Nur eine Stellungnahme, die der gesetzlich vorgesehenen Form und Begründungsnotwendigkeit genügt, ist nämlich ein **Widerspruch des Betriebsrats**, der für den Arbeitnehmer die im Gesetz vorgesehenen Rechtsfolgen auslöst (s. Rn. 180 ff.).

c) Der Betriebsrat hat **keine Bedenken gegen die beabsichtigte Kündigung**, wenn er sich in seiner **Erklärung** darauf beschränkt, **er werde sich zu der Kündigung nicht äußern** (vgl. BAG 12. 3. 1987 AP BetrVG 1972 § 102 Nr. 47). Darin liegt zwar keine Zustimmung zur beabsichtigten Kündigung; aber da das Beteiligungsrecht kein Zustimmungsrecht ist, ist hier allein entscheidend, ob die Erklärung des Betriebsrats eine *abschließende Stellungnahme* zur Kündigung darstellt. In diesem Fall kann auch bei mündlicher Erklärung die Kündigung vor Ablauf der Anhörungsfrist erfolgen. Das bloße **Schweigen des Betriebsrats** kann dagegen niemals als dessen Stellungnahme gedeutet werden. In diesem Fall wird das Anhörungsverfahren erst nach Ablauf der Anhörungsfrist abgeschlossen (ebenso BAG, a. a. O.; so bereits BAG 18. 9. 1975 und 29. 3. 1977 AP BetrVG 1972 § 102 Nr. 6 und 11). 97

3. Anhörungsfrist

a) Bedenken gegen eine **ordentliche Kündigung** hat der Betriebsrat unter Angabe der Gründe dem Arbeitgeber **spätestens innerhalb einer Woche** schriftlich mitzuteilen (Abs. 2 Satz 1). Hat er **vor dem Ablauf der Frist** eine abschließende Stellungnahme gegeben, dann ist bereits dann die Kündigung betriebsverfassungsrechtlich zulässig (BAG 3. 4. 2008, NZA 2008, 807; BAG 6. 10. 2005 AP BetrVG 1972 § 102 Nr. 150; BAG 16. 1. 2003 AP BetrVG 1972 § 102 Nr. 150). Kann der Arbeitgeber aus der Mitteilung des Betriebsrats entnehmen, der Betriebsrat wünsche keine weitere Erörterung des Falles, seine Stellungnahme solle also abschließend sein, dann ist das Anhörungsverfahren beendet und der Arbeitgeber kann die Kündigung wirksam aussprechen. Vom Arbeitgeber in einem solchen Fall noch ein Abwarten bis zum Ablauf der Frist des § 102 Abs. 2 zu verlangen, wäre ein überflüssiger Formalismus (BAG 24. 6. 2004 AP BGB § 620 Nr. 22 Kündigungserklärung; BAG 16. 1. 2003 – 2 AZR 707/01, FA 2003, 317; BAG 4. 8. 1975 AP BetrVG 1972 § 102 Nr. 4; ebenso LAG Berlin 12. 7. 1999, NZA-RR 1999, 485; LAG Schleswig-Holstein 1. 4. 1999 LAGE Nr. 30 zu § 1 KSchG Soziale Auswahl; LAG Köln 4. 9. 1998, AiB 1999, 107; HaKo-BetrVG/*Braasch*, § 102 Rn. 78; s. auch Rn. 94). Ob eine Stellungnahme abschließend ist, richtet sich nach dem Empfängerhorizont des Arbeitgebers. Im Zweifelsfall hat er davon auszugehen, dass sich der Betriebsrat vor Ablauf der Frist nicht endgültig festlegen will. Die bloße Mitteilung des Betriebsrats, er nehme die Kündigung zur Kenntnis, dürfte daher nicht reichen, wenn nicht eine Übung dahingehend besteht, mit dieser Formulierung die Zustimmung auszudrücken (s. auch LAG Berlin a. a. O.; ErfK-*Kania*, § 102 Rn. 13). 98

Bei einer **außerordentlichen Kündigung** hat der Betriebsrat Bedenken unter Angabe der Gründe dem Arbeitgeber **unverzüglich, spätestens jedoch innerhalb von drei Tagen**, schriftlich mitzuteilen (Abs. 2 Satz 3). Im Falle einer außerordentlichen Kündigung mit Auslauffrist gegenüber einem tariflich unkündbaren Arbeitnehmer steht dem Betriebsrat jedoch eine Woche zur Stellungnahme zu (BAG 12. 1. 2006 AP BGB § 626 Nr. 13 Krankheit; a. A. *Bitter/Kiel,* FS Schwerdtner S. 13, 28 ff.). Unverzüglichkeit bedeutet *ohne schuldhaftes Zögern* (§ 121 Abs. 1 BGB). Der Betriebsrat darf deshalb die Frist von drei Tagen nicht ausschöpfen, sondern muss so bald wie möglich eine Beschlussfassung herbeiführen. Ein Verstoß berechtigt den Arbeitgeber aber nicht, die Frist abzukürzen (s. Rn. 103). 99

b) Die **Frist beginnt** mit dem Tag, an dem die Mitteilung des Arbeitgebers dem Betriebsrat zugeht (s. Rn. 79 ff.), diesen Tag nicht mitgerechnet (§ 187 BGB). Sie beträgt bei der ordentlichen Kündigung eine Woche, bei der außerordentlichen Kündigung drei 100

Tage. Da das Gesetz nicht auf Arbeits- oder Werktage abstellt, ist davon auszugehen, dass es sich um Kalendertage handelt. Das ist vor allem von Bedeutung, wenn die Mitteilung dem Betriebsrat an einem Freitag zugeht; denn dann läuft diese Frist bereits am Montag ab. Ist der letzte Tag der Frist ein Samstag, Sonntag oder ein gesetzlicher Feiertag, so verlängert sich die Frist bis zum Ablauf des nächsten Werktages (§ 193 BGB). Ansonsten ist im Falle der Wochenfrist **Fristende** gemäß § 188 Abs. 2 BGB der Ablauf des letzten Tages der Woche, welcher durch seine Benennung dem Tage entspricht, an dem die Mitteilung des Arbeitgebers erfolgt. Der Tag läuft dann um 24.00 Uhr ab (LAG Berlin 21. 6. 1999 – 18 Sa 71/99, a. A. LAG Hamm 1. 2. 1992, LAGE Nr. 33 zu § 102 BetrVG 1972).

101 Die Frist ist eine **Ausschlussfrist** (vgl. Begründung des RegE, BT-Drucks. VI/1786, S. 52). Sie verlängert sich nicht dadurch, dass es sich um eine Massenentlassung handelt (ebenso BAG 14. 8. 1986 AP BetrVG 1972 § 102 Nr. 43). Leitet der Arbeitgeber dem Betriebsrat nachträglich **ergänzende Informationen** zu, beginnt die Frist neu zu laufen (BAG 6. 2. 1997, AP Nr. 85 zu § 102 BetrVG 1972; BAG 5. 4. 2001 AP BetrVG 1972 § 99 Nr. 32 Einstellung; DKK-*Kittner/Bachner*, § 102 Rn. 172). Das gilt jedoch nur dann, wenn der Arbeitgeber den Betriebsrat zunächst unzureichend unterrichtet und auf Grund einer Rückfrage des Betriebsrats die vollständige Unterrichtung später nachholt (BAG 3. 4. 1987 NZA 1988, 37).

102 Arbeitgeber und Betriebsrat können die Anhörungsfrist **durch Vereinbarung verlängern** oder auch **abkürzen** (ebenso BAG 14. 8. 1986 AP BetrVG 1972 § 102 Nr. 43; *Fitting*, § 102 Rn. 64, 50 a; GK-*Raab*, § 102 Rn. 102 f.; GL-*Löwisch*, § 102 Rn. 39; KR-*Etzel*, § 102 Rn. 87; a. A. HSWGNR-*Schlochauer*, § 102 Rn. 74). Der Betriebsrat hat aber keinen Anspruch auf Abschluss einer derartigen Vereinbarung. Doch ist möglich, dass die Berufung des Arbeitgebers auf die Einhaltung der Anhörungsfrist rechtsmissbräuchlich ist (vgl. BAG 14. 8. 1986 AP BetrVG 1972 § 102 Nr. 43). Der Missbrauchseinwand kann jedoch selbst bei Massenentlassungen nicht mit der Zahl der beabsichtigten Kündigungen begründet werden, sondern es muss auf die besonderen Umstände des Falls abgestellt werden, insbesondere auf das Verhalten beider Betriebspartner zur Einleitung des Anhörungsverfahrens. Durch einen Aussetzungsantrag nach § 35 wird die Frist weder gehemmt noch unterbrochen (ebenso HSWGNR-*Schlochauer*, § 102 Rn. 74; KR-*Etzel*, § 102 Rn. 98; s. auch § 35 Rn. 23).

103 c) Das Gesetz verlangt vom Betriebsrat, dass er Bedenken gegen eine ordentliche Kündigung **spätestens innerhalb einer Woche**, gegen eine außerordentliche Kündigung sogar **unverzüglich, spätestens jedoch innerhalb von drei Tagen** mitzuteilen hat. In **Eilfällen** ist der Betriebsrat daher – nicht zuletzt wegen des Gebots der vertrauensvollen Zusammenarbeit – verpflichtet, seine Entscheidung möglichst bald herbeizuführen (ebenso GK-*Raab*, § 102 Rn. 99; *Löwisch/Kaiser*, § 102, Rn. 23; HSWGNR-*Schlochauer*, § 102 Rn. 22). Die Eilbedürftigkeit berechtigt den Arbeitgeber aber nicht, die Anhörungsfrist zu verkürzen (ebenso BAG 13. 11. 1975 AP BetrVG 1972 § 102 Nr. 7; 29. 3. 1977 AP BetrVG 1972 § 102 Nr. 11; GK-*Raab*, § 102 Rn. 100; KR-*Etzel*, § 102 Rn. 88). **Unerheblich** ist es jedoch, wenn der Arbeitgeber die Aufforderung zur Stellungnahme mit dem **Hinweis** verbindet, eine Einlassung vor Ablauf der Wochenfrist sei erforderlich, damit die Kündigungsfrist für einen angestrebten Kündigungstermin gewahrt werde (a. A. LAG Frankfurt 16. 3. 2000, ZInsO 2000, 571). Dies ist die Bitte zu schnellem Handeln, aber keine Verkürzung der Rechte des Betriebrats. In besonders gelagerten Fällen kann zudem die Ausschöpfung der Wochenfrist treuwidrig sein und unter Berücksichtigung des in § 162 BGB enthaltenen allgemeinen Rechtsgedankens dazu führen, dass der Arbeitgeber den Betriebsrat ordnungsgemäß beteiligt hat. Die bloße Eilbedürftigkeit, auch wenn sie nicht auf einem Verschulden des Arbeitgebers beruht, reicht aber nicht aus, um das Verhalten des Betriebsrats als treuwidrig erscheinen zu lassen, wenn er sich nicht auf eine Verkürzung der Anhörungsfrist einlässt (zu weitgehend deshalb trotz des richtigen rechtsdogmatischen Ansatzes GL-*Löwisch*, § 102

Rn. 37; HSWGNR-*Schlochauer,* § 102 Rn. 22). Voraussetzung ist vielmehr, dass weitere Umstände eingetreten sind, z. B. wenn der Betriebsrat trotz einer Erörterung oder Möglichkeit zur Erörterung mit dem Arbeitgeber eine abschließende Erklärung verweigert, um ihm die Einhaltung der Kündigungsfrist unmöglich zu machen (vgl. auch GK-*Raab,* § 102 Rn. 101).

d) Hört der Arbeitgeber den Betriebsrat zu einer **außerordentlichen Kündigung,** mit der er bei Unwirksamkeit eine von ihm **vorsorglich** erklärte oder dahin umgedeutete **ordentliche Kündigung** verbindet (s. Rn. 53), so muss er die für die ordentliche Kündigung maßgebliche Anhörungsfrist abwarten, bevor er die Kündigung erklären kann (ebenso *Stege/Weinspach/Schiefer,* § 102 Rn. 224). Wenn ihm dies wegen der für die Erklärung der außerordentlichen Kündigung geltenden Ausschlussfrist des § 626 Abs. 2 BGB nicht möglich ist, kann er die Kündigung nur zu verschiedenen Zeitpunkten aussprechen. **104**

e) Äußert der Betriebsrat sich nicht innerhalb der Anhörungsfrist, so gilt, wie Abs. 2 Satz 2 bestimmt, **seine Zustimmung zur Kündigung als erteilt.** Die Bestimmung bezieht sich nach der systematischen Stellung im Gesetz nur auf die *ordentliche Kündigung;* sie ist aber auf eine *außerordentliche Kündigung* entsprechend anzuwenden (ebenso *Stege/Weinspach/Schiefer,* § 102 Rn. 230; *Richardi,* ZfA-Sonderheft 1972, 1, 25). Die Anhörungsfrist wird auch dann gewahrt, wenn der Arbeitgeber am letzten Tag vor Fristablauf ein Kündigungsschreiben an einen Kurierdienst zur Zustellung am folgenden Tag gibt, wenn er bis Ablauf der Frist jederzeit die Zustellung verhindern kann (BAG 8. 4. 2003 AP BetrVG 1972 § 102 Nr. 133). Gleiches muss folglich auch für den Fall gelten, dass der Arbeitgeber zwar nicht die einmal auf den Weg geschickte Kündigung zurückholen kann, jedoch vor dessen Ankunft beim Arbeitnehmer diesem einen Widerruf zukommen lassen kann, § 130 Abs. 1 S. 2 BGB. Freilich wird man in beiden Fällen verlangen müssen, dass der Arbeitgeber nicht allzu früh die Würfel fallen lässt; eine Vorfestlegung vor den letzten Tagen der Frist ist schwerlich im Sinne des Gesetzgebers (noch weitergehend *Reiter,* NZA 2003, 954: Entscheidend allein, dass Zugang nach Fristablauf erfolgt). **105**

Nach dem Wortlaut des Abs. 2 Satz 2 genügt es, dass der Betriebsrat sich nicht innerhalb der Anhörungsfrist äußert. Wie sich aus dem Zusammenhang mit Abs. 2 Satz 1 ergibt, sind Bedenken aber nur dann wirksam geäußert, wenn sie dem Arbeitgeber *schriftlich* und unter *Angabe der Gründe* mitgeteilt werden. Schriftform und Begründungszwang haben aber eine rechtliche Bedeutung nur bei einer *ordentlichen Kündigung,* wenn der Betriebsrat ihr aus den in Abs. 3 genannten Gründen rechtzeitig widerspricht. Dennoch hat der Gesetzgeber sie auch auf die Anhörung bei einer *außerordentlichen Kündigung* erstreckt (Abs. 2 Satz 3). Damit stellt sich die Frage nach dem Sinn und Zweck dieser Anordnung. Um die Beweisfunktion kann es nicht gehen, da das Anhörungsverfahren vor Ablauf der Anhörungsfrist auch dann abgeschlossen ist, wenn der Betriebsrat der Kündigung formlos zustimmt oder sich auf die Erklärung beschränkt, zu der Kündigungsabsicht nicht Stellung zu nehmen. Bei der außerordentlichen Kündigung gibt es keinen sachlichen Grund, dass der Arbeitgeber den Ablauf der Anhörungsfrist abwarten muss, wenn der Betriebsrat Bedenken nicht schriftlich unter Angabe der Gründe äußert. Nicht zuletzt wegen der Ausschlussfrist des § 626 Abs. 2 BGB für die Kündigungserklärung muss genügen, dass der Betriebsrat zu der außerordentlichen Kündigung *abschließend* Stellung genommen hat, auch wenn Bedenken nicht in der gesetzlich vorgesehenen Form geäußert wurden; denn unwirksam ist nur eine „ohne Anhörung des Betriebsrats ausgesprochene Kündigung" (Abs. 1 Satz 3). **106**

4. Beteiligung des von der beabsichtigten Kündigung betroffenen Arbeitnehmers

Der **Betriebsrat soll,** soweit dies erforderlich erscheint, vor seiner Stellungnahme zu der beabsichtigten Kündigung den **betroffenen Arbeitnehmer hören** (Abs. 2 Satz 4). **107**

Diese Bestimmung dient nicht nur dem Zweck, dass der Arbeitnehmer aus seiner Sicht den Sachverhalt darstellt, sondern sie ist vor allem deshalb von Bedeutung, weil bei einer ordentlichen Kündigung der Widerspruch auf bestimmte Gründe gestützt werden kann, bei denen eine Rolle spielt, ob der Arbeitnehmer zustimmt (Abs. 3 Nr. 3 bis 5; s. auch Rn. 173 und 174 f.; lediglich auf Abs. 3 Nr. 5 beschränkend: HaKo-BetrVG/*Braasch*, § 102 Rn. 74). Der Arbeitgeber ist dagegen nicht verpflichtet, den Arbeitnehmer um Stellungnahme zu bitten (ebenso *Hanau*, BB 1972, 451, 454). Der Betriebsrat hat deshalb die unangenehme Aufgabe, als erster dem Arbeitnehmer die Kündigungsabsicht mitzuteilen. Doch ist zu beachten, dass eine Kündigung, die mit dem Verhalten des Arbeitnehmers begründet wird, nur gerechtfertigt ist, wenn der Arbeitgeber ihm mit einer vorausgegangenen Abmahnung die Gelegenheit gegeben hat, sein Verhalten zu korrigieren (vgl. *Berkowsky*, MünchArbR § 114 Rn. 118 ff.; *Wank*, MünchArbR § 98 Rn. 60 ff.).

108 Nach h. L. hat der Betriebsrat nach **pflichtgemäßem Ermessen** zu entscheiden, ob er der Kündigung zustimmt oder Bedenken gegen sie äußert (*Fitting*, § 102 Rn. 65; GK-*Raab*, § 102 Rn. 90; HaKo-BetrVG/*Braasch*, § 102 Rn. 74; HSWGNR-*Schlochauer*, § 102 Rn. 70; KR-*Etzel*, § 102 Rn. 120). Es gehört jedoch zu seiner *betriebsverfassungsrechtlichen Amtspflicht*, sich mit der Kündigung überhaupt zu befassen. Verletzt er diese Pflicht, so kommt bei einem groben Verstoß eine gerichtliche Auflösung des Betriebsrats nach § 23 Abs. 1 in Betracht (ebenso GK-*Raab*, § 102 Rn. 90). Der **betroffene Arbeitnehmer** hat zwar keinen klagbaren Anspruch auf Tätigwerden des Betriebsrats (ebenso GK-Raab, § 102 Rn. 90); das Beteiligungsrecht ist dem Betriebsrat aber in seinem Individualinteresse eingeräumt, so dass ein ermessensfehlerhaftes Verhalten eine **Amtspflichtverletzung** gegenüber dem von der Kündigungsabsicht betroffenen Arbeitnehmer darstellt (vgl. zum Verhältnis zwischen Betriebsrat und Arbeitnehmern Einl. Rn. 96 ff.). Das ist vor allem bei einer ordentlichen Kündigung von Bedeutung, soweit das Anhörungsrecht die Qualität eines Widerspruchsrechts hat; denn von dessen Ausübung hängt ab, wie die Rechtsstellung des Arbeitnehmers sich in einem Kündigungsschutzprozess gestaltet, insbesondere ob der Weiterbeschäftigungsanspruch nach Abs. 5 besteht.

5. Schweigepflicht der Betriebsratsmitglieder

109 Die **Mitglieder des Betriebsrats** sind **verpflichtet**, über die ihnen im Rahmen der Anhörung vor einer Kündigung bekannt gewordenen persönlichen Verhältnisse und Angelegenheiten der Arbeitnehmer, die ihrer Bedeutung oder ihrem Inhalt nach einer vertraulichen Behandlung bedürfen, **Stillschweigen zu bewahren** (Abs. 2 Satz 5 i. V. mit § 99 Abs. 1 Satz 3; s. ausführlich dort Rn. 170 ff.). Das gilt vor allem für die Kündigungsgründe bei einer personen- oder verhaltensbedingten Kündigung und kann in diesen Fällen dazu führen, dass der Betriebsrat auch über die Tatsache der Kündigung selbst Stillschweigen zu bewahren hat (ebenso *Meisel*, Mitwirkung und Mitbestimmung in personellen Angelegenheiten, Rn. 502).

110 Eine **Verletzung der Verschwiegenheitspflicht** macht **schadensersatzpflichtig** (s. § 99 Rn. 174) und ist **strafbar** (s. § 99 Rn. 175).

III. Rechtsfolgen des Anhörungsverfahrens für die Kündigung

1. Einhaltung des Anhörungsverfahrens als Wirksamkeitsvoraussetzung

111 Eine ohne Anhörung des Betriebsrats ausgesprochene Kündigung ist **unwirksam** (Abs. 1 Satz 3). Die Anhörung des Betriebsrats ist deshalb für die Kündigung eine Wirksamkeitsvoraussetzung, d. h. sie kann nicht nachgeholt werden, die Kündigung ist vielmehr zu wiederholen, nachdem der Betriebsrat ordnungsgemäß beteiligt wurde. Die Unterrichtung über die Gründe der ohne Anhörung des Betriebsrats ausgesprochenen

C. Anhörung des Betriebsrats § 102

Kündigung ersetzt aber nicht die Anhörung für die zweite Kündigung, auch wenn sie auf den gleichen Sachverhalt wie die erste Kündigung gestützt wird (ebenso BAG 18. 9. 1975 AP BetrVG 1972 § 102 Nr. 6; abweichend zu § 66 Abs. 1 BetrVG 1952 BAG 14. 10. 1965 AP BetrVG § 66 Nr. 26).

Die Anhörung des Betriebsrats ist auch für eine **außerordentliche Kündigung** Wirksamkeitsvoraussetzung (vgl. BAG 28. 2. 1974 und 18. 9. 1975 AP BetrVG 1972 § 102 Nr. 2 und 6). Damit ist gerade hier die Rechtslage wesentlich anders als nach dem BetrVG 1952; denn die vom BAG entwickelte Sanktion bei der Nichtanhörung des Betriebsrats bezog sich nur auf die ordentliche Kündigung, nicht aber auf die außerordentliche Kündigung (vgl. BAG 14. 10. 1965 AP BetrVG § 66 Nr. 27; s. ausführlich 6. Aufl. § 102 Rn. 92). 112

2. Fehlende Anhörung des Betriebsrats

a) Der Arbeitgeber kann die **Kündigung erst erklären,** wenn das **Anhörungsverfahren abgeschlossen** ist. Die Kündigung ist daher nicht nur ohne Anhörung des Betriebsrats ausgesprochen, wenn er den Betriebsrat vor ihrer Erklärung überhaupt nicht unterrichtet hat, sondern auch dann, wenn er sie erklärt, bevor der Betriebsrat zu der Kündigungsabsicht abschließend Stellung genommen hat oder die Anhörungsfrist abgelaufen ist (s. Rn. 98 ff.). Eine Anhörung fehlt, wenn die Kündigung vor diesem Zeitpunkt erklärt ist. Da der Betriebsrat an der Entscheidungsfindung beteiligt wird, ist zwar nicht maßgebend, ob der Arbeitgeber seinen *Kündigungswillen* bereits abschließend gebildet hat (s. Rn. 75), sondern maßgebend ist allein, dass der Arbeitgeber seinen Kündigungswillen noch nicht *verwirklicht* hat, bevor das Anhörungsverfahren abgeschlossen ist. Notwendig ist daher bei schriftlicher Kündigung, dass das Kündigungsschreiben noch nicht den Machtbereich des Arbeitgebers verlassen hat (ebenso BAG 28. 2. 1974 und 13. 11. 1975 AP BetrVG 1972 § 102 Nr. 2 und 7). Maßgebend ist also der Zeitpunkt der *Abgabe der Kündigungserklärung,* nicht der Zeitpunkt ihres Zugangs, obwohl sie als Willenserklärung erst dann wirksam wird (§ 130 BGB); denn der Betriebsrat kann auf die Kündigungsabsicht keinen Einfluss mehr nehmen, wenn auf der Seite des Arbeitgebers der rechtsgeschäftliche Erklärungsvorgang beendet ist (ebenso BAG 13. 11. 1975 AP BetrVG 1972 § 102 Nr. 7). 113

b) Die Anhörung zu der erklärten Kündigung fehlt, wenn der Arbeitgeber dem Betriebsrat mitteilt, dass er eine **ordentliche Kündigung beabsichtige,** dann aber ohne erneute Anhörung eine **außerordentliche Kündigung** ausspricht (ebenso BAG 12. 8. 1976 AP BetrVG 1972 § 102 Nr. 10). Die außerordentliche Kündigung kann in diesem Fall auch nicht gemäß § 140 BGB in eine ordentliche Kündigung umgedeutet werden (ebenso BAG, a. a. O.). Beabsichtigt der Arbeitgeber eine außerordentliche Kündigung, so ersetzt die Anhörung zu ihr nicht die Anhörung zu einer ordentlichen Kündigung (ebenso BAG 16. 3. 1978 AP BetrVG 1972 § 102 Nr. 15). Bei Unwirksamkeit der außerordentlichen Kündigung scheitert daher eine vom Arbeitgeber vorsorglich erklärte oder dahin umgedeutete ordentliche Kündigung an der fehlenden Anhörung des Betriebsrats, wenn der Arbeitgeber ihn nicht deutlich darauf hinweist, dass die geplante außerordentliche Kündigung hilfsweise als ordentliche Kündigung gelten soll. Eine Ausnahme bei der **Umdeutung** hat das BAG nur für den Fall anerkannt, dass der Betriebsrat der beabsichtigten außerordentlichen Kündigung ausdrücklich und vorbehaltlos zugestimmt hat (vgl. BAG 16. 3. 1978 AP BetrVG 1972 § 102 Nr. 15; ähnlich LAG Baden-Württemberg 24. 11. 2005 – 21 Sa 51/05, juris und LAG Köln 12. 12. 2001, AuA 2002, 238: Hört der Arbeitgeber den Betriebsrat zu einer „außerordentlichen Kündigung mit sozialer Auslauffrist" an und stimmt der Betriebsrat daraufhin einer „fristgerechteten Kündigung" zu, so scheitert eine hilfsweise ausgesprochene oder im Wege der Umdeutung gewonnene ordentliche Kündigung nicht an der Betriebsratsanhörung; ausführlich *Benecke,* AuR 2005, 48). 114

115 Mit seiner Zustimmung erklärt nämlich der Betriebsrat, dass er mit einer außerordentlichen Kündigung einverstanden ist; er teilt also die Beurteilung des Arbeitgebers, dass auf Grund des ihm mitgeteilten Sachverhalts dem Arbeitgeber eine Fortsetzung des Arbeitsverhältnisses mit dem Arbeitnehmer nicht zuzumuten ist und deshalb keine Weiterbeschäftigungsmöglichkeit besteht, wie sie bei einem Widerspruch gegen eine ordentliche Kündigung in Abs. 3 vorausgesetzt wird. Wenn das Arbeitsgericht aus den gleichen Gründen zwar nicht eine außerordentliche, aber eine ordentliche Kündigung für gerechtfertigt hält, sind Arbeitgeber und Betriebsrat dem gleichen Rechtsirrtum erlegen, und es ist nicht einzusehen, dass die Rechtswirksamkeit einer ordentlichen Kündigung daran scheitert, obwohl der Betriebsrat der in eine ordentliche Kündigung umgedeuteten außerordentlichen Kündigung ausdrücklich und vorbehaltlos zugestimmt hat, sofern auch aus sonstigen Umständen nicht zu ersehen ist, dass der Betriebsrat für den Fall der Unwirksamkeit der außerordentlichen Kündigung der dann verbleibenden ordentlichen Kündigung entgegengetreten wäre (so zutr. BAG 16. 3. 1978 AP BetrVG 1972 § 102 Nr. 15).

116 c) Die **Anhörung** muss mit dem **Ausspruch der Kündigung in einem zeitlichen Zusammenhang** stehen. Eine „Anhörung auf Vorrat" entspricht nicht dem Gebot, dass der Betriebsrat vor jeder Kündigung zu hören ist (ebenso BAG 26. 5. 1977 AP BetrVG 1972 § 102 Nr. 14; BAG 16. 9. 1993 AP BetrVG 1972 § 102 Nr. 62). Das Gesetz gibt aber keine Bestimmung über die Frist, die der Arbeitgeber für die *Erklärung der Kündigung* wahren muss. § 88 Abs. 3 SGB IX gilt nicht entsprechend. Maßgebend ist vielmehr, wenn die Kündigung nicht in unmittelbarem zeitlichen Zusammenhang mit dem Abschluss des Anhörungsverfahrens erklärt wird, ob der Kündigungssachverhalt, auf den die Kündigung gestützt wird, sich in der Zwischenzeit verändert hat (vgl. BAG AP BetrVG 1972 § 102 Nr. 14 *[v. Stebut]*). Der zeitliche Zusammenhang ist nicht mehr gewahrt, wenn die Kündigungserklärung sich bei verständiger Würdigung des Kündigungsfalles nicht mehr als Verwirklichung der Kündigungsabsicht darstellt, derentwegen der Betriebsrat beteiligt wurde (verneint für einen Zeitraum von drei Monaten BAG 14. 10. 1965 AP BetrVG § 66 Nr. 26; von zehn Wochen LAG Hamm, AuR 1975, 250; von sechs Monaten LAG Frankfurt a. M. 28. 6. 1977, DB 1977, 125). Hat der Arbeitgeber vor Einschaltung des Integrationsamts den Betriebsrat zur ordentlichen fristgerechten Kündigung angehört, so ist bei unverändertem Sachverhalt eine erneute Betriebsratsanhörung auch dann nicht erforderlich, wenn die Zustimmung des Integrationsamts erst nach Abschluss des verwaltungsgerichtlichen Verfahrens erteilt wird (BAG 18. 5. 1994 AP BPersVG § 108 Nr. 3 = DB 1995, 532; LAG Hamm 23. 3. 2000, ZInsO 2000, 570). Enthält das Anhörungsschreiben des Arbeitgebers zwar Personalien des Arbeitnehmers, Angaben zur Kündigungsfrist, zum Kündigungstermin sowie eine Darstellung des betriebsbedingten Kündigungsgrundes, kann jedoch der Betriebsrat auf Grund von Erklärungen des Arbeitgebers davon ausgehen, dass eine betriebsbedingte Kündigung erst nach einer Einigung über den Interessenausgleich und Sozialplan erfolgen sollte und weicht der Arbeitgeber nach Abschluss des Anhörungsverfahrens von seinen Erklärungen ab und erklärt er die Kündigung vor Abschluss eines Sozialplans, hat der Arbeitgeber eine andere Kündigung, als zu der er den Betriebsrat angehört hat, erklärt (BAG 27. 11. 2003 – 2 AZR 653/02, juris). Bei einer außerordentlichen Kündigung wird der zeitliche Zusammenhang bereits dadurch hergestellt, dass sie nur innerhalb von zwei Wochen seit Kenntnis der für die Kündigung maßgebenden Tatsachen erfolgen kann (§ 626 Abs. 2 BGB).

117 Eine wirksame Anhörung des Betriebsrats erfordert, dass der Arbeitgeber bei Einleitung des Anhörungsverfahrens einen **aktuellen Kündigungsentschluss** gefasst hat und den Betriebsrat zu einer bestimmten beabsichtigten Kündigung anhört. Daran fehlt es, wenn der Arbeitgeber zum Zeitpunkt der Einleitung des Anhörungsverfahrens seine Entscheidung, ob er eine Beendigungskündigung oder eine Änderungskündigung erklären will, davon abhängig macht, ob der zu kündigende Arbeitnehmer einem Betriebsübergang widerspricht (ebenso ArbG Hamburg 8. 1. 2008, AuR 2008, 276; bestätigt LAG Hamburg 24. 7. 2008 - 7 Sa 33/08, juris; a. A. *Annuß*, FS Buchner, 2009, S. 3). _Ist die Kündigung bloßes Scenario möglichen Handelns, das so oder auch anders ausfallen kann, dann ist eine Stellungnahme des Betriebsrat erschwert, ggf. unmöglich. Eine Grenzziehung zwischen der Anzahl der Alternativen und dem Grad der Verbindlichkeit des Entschlusses wäre zudem rational nicht zu treffen: Soll der Arbeitgeber berechtigt sein, 20 Varianten zu präsentieren?

d) Bei **Wiederholung einer Kündigung** hängt die Beurteilung davon ab, ob eine *erneute Kündigung* vorliegt (ausführlich BAG 10. 11. 2005 AP BGB § 626 Nr. 196; BAG 3. 4. 2008, NZA 2008, 807). Wird eine mündlich erklärte Kündigung schriftlich bestätigt, so muss das Anhörungsverfahren vor der mündlichen Kündigung abgeschlossen sein. Handelt es sich um eine erneute Kündigung, so bedarf es auch einer erneuten Anhörung des Betriebsrats (BAG 16. 9. 1993 AP BetrVG 1972 § 102 Nr. 62 = DB 1994, 381; BAG 31. 1. 1996 AP BetrVG 1972 § 102 Nr. 80; BAG 3. 4. 2008, NZA 2008, 807 mit Nachweisen der Gegenmeinung; LAG Hamm 7. 2. 2001, DZWIR 2001, 426; LAG Baden-Württemberg 6. 9. 2004 LAGE § 91 SGB IX Nr. 2; s. auch *Thüsing*, EWiR 1996, 536; bestätigt für das Personalvertretungsrecht BAG 5. 9. 2002, ZTR 2003, 153). Das gilt uneingeschränkt, wenn die Kündigung deshalb wiederholt wird, weil der Arbeitgeber die erste Kündigung vor Abschluss des Anhörungsverfahrens erklärt hat (so BAG 22. 9. 1983 – 2 AZR 136/82, mitgeteilt in BAG 11. 10. 1989 AP BetrVG 1972 § 102 Nr. 55). Gleiches gilt, wenn eine nach § 174 BGB zurückgewiesene Kündigung vom Vertreter des Arbeitgebers anschließend unter Verwendung des gleichen Schreibens – jedoch unter Beifügung der erforderlichen Vollmacht – erneut ausgesprochen wird (LAG Köln 30. 3. 2004, ZTR 2004, 606; HaKo-BetrVG/*Braasch*, § 102 Rn. 32). Eine erneute Anhörung ist nur dann nicht erforderlich, wenn der Arbeitgeber den Betriebsrat bei der ersten Kündigung ordnungsgemäß beteiligt hatte, sie aber wegen **fehlender Zustellung** unwirksam war und deshalb wiederholt wird, wenn die erneute Kündigung in engem zeitlichen Zusammenhang ausgesprochen und auf denselben Sachverhalt gestützt wird (ebenso BAG 11. 10. 1989 AP BetrVG 1972 § 102 Nr. 55; BAG 7. 5. 1998 – 2 AZR 285/97, FA 1998, 315; LAG Hamm 23. 3. 2000, ZInsO 2000, 570; so auch HaKo-BetrVG/*Braasch*, § 102 Rn. 32). Hier liegt rechtlich nur eine Kündigung vor; daher reicht eine Betriebsratsanhörung. Dies muss auch dann gelten, wenn die vorangegangene Kündigung von einem **Vertreter ohne Vertretungsmacht** ausgesprochen wurde. Allerdings wird hier regelmäßig in der Anhörung des Betriebsrats eine konkludente Genehmigung liegen, und oftmals auch eine Vertretungsmacht aus Anscheinsvollmacht eingreifen (vgl. BAG AP BetrVG 1972 § 102 Nr. 80). Die **Rechtsprechung deutet weitere Ausnahmen an:** Ein Verzicht auf eine erneute Anhörung komme in den Ausnahmefällen in Betracht, in denen der Arbeitgeber seinen Kündigungsentschluss noch nicht verwirklicht hat. Dann kann eine erneute Beteiligung des Betriebsrats entbehrlich sein, wenn das frühere Anhörungsverfahren ordnungsgemäß war, der Betriebsrat der Kündigung vorbehaltlos zugestimmt hat und eine Wiederholungskündigung in angemessenem zeitlichen Zusammenhang ausgesprochen und auf denselben Sachverhalt gestützt wird (BAG 10. 11. 2005 AP BGB § 626 Nr. 196). Der Kündigungsentschluss ist aber bereits mit Zustellung der Kündigung verwirklicht. Wo weitere Ausnahmen liegen sollen, bleibt damit ungewiss (s. auch *Lingemann/Beck*, NZA-RR 2007, 225). Zu großzügig ist die instanzgerichtliche Rechtsprechung bei der **Änderungskündigung:** Folgt der Arbeitgeber den Einwänden des Betriebsrats zu einer beabsichtigten Änderungskündigung und schränkt er das Änderungsangebot zugunsten des Arbeitnehmers ein, so ist eine erneute Anhörung des Betriebsrats erneut geboten (LAG Berlin-Brandenburg 15. 2. 2008, NZA-RR 2009, 71).

3. Fehler im Anhörungsverfahren

119 Die Kündigung ist auch dann ohne Anhörung des Betriebsrats ausgesprochen und deswegen unwirksam, wenn der Arbeitgeber ihn zwar beteiligt hat, aber bei der ihm obliegenden Einleitung und Durchführung des Anhörungsverfahrens einen Fehler begeht (st. Rspr. BAG 16. 9. 1993 AP BetrVG § 102 Nr. 62; BAG 17. 2. 2000 AP BetrVG 1972 § 102 Nr. 13; BAG 27. 9. 2001 AP TVG § 4 Nr. 40 Nachwirkung; krit. *Oetker*, Festschrift Kraft, 1998, 429). Deshalb ist von wesentlicher Bedeutung, ob ein Fehler in den **Zuständigkeits- und Verantwortungsbereich des Arbeitgebers oder des Betriebsrats** fällt (grundlegend BAG 4. 8. 1975 AP BetrVG 1972 § 102 Nr. 4 *[Meisel]*).

120 a) **Aufgabe des Arbeitgebers** ist es, das **Anhörungsverfahren ordnungsgemäß einzuleiten** und dem **Betriebsrat innerhalb der Anhörungsfrist Gelegenheit zur Stellungnahme zu geben**. In seinen Zuständigkeits- und Verantwortungsbereich fällt deshalb, dass er den Betriebsrat ordnungsgemäß unterrichtet hat (s. Rn. 48 ff.). Die Kündigung ist auch unwirksam, wenn der Arbeitgeber sie erklärt, bevor das Anhörungsverfahren abgeschlossen ist (s. Rn. 98 ff.). Hinsichtlich der Kündigungsgründe ist aber zu beachten, dass der Arbeitgeber zur Kündigung nicht verpflichtet ist; er kann vielmehr darüber entscheiden, auf welche Gründe er seine Kündigungsabsicht stützt (s. auch Rn. 57). Daher ist eine Kündigung nicht deshalb unwirksam, weil der Arbeitgeber nicht alle in Betracht kommenden Kündigungstatsachen mitteilt, sondern es wird ihm lediglich die Möglichkeit genommen, die nicht dem Betriebsrat mitgeteilten Kündigungstatsachen in einem Kündigungsrechtsstreit nachzuschieben (s. Rn. 125 ff.).

121 b) **Fehler des Betriebsrats** wirken sich nach der Rechtsprechung des BAG **nicht auf die Ordnungsmäßigkeit der Anhörung** und damit auch **nicht auf die Rechtswirksamkeit der Kündigung** aus, wenn der Betriebsrat eine abschließende Stellungnahme abgibt oder der Arbeitgeber die Wochenfrist bzw. Dreitagesfrist des Abs. 2 Satz 1 und 3 wartet, auch wenn der Arbeitgeber im Zeitpunkt der Kündigung weiß oder vermuten kann, dass die Behandlung der Angelegenheit durch den Betriebsrat nicht fehlerfrei gewesen ist (BAG 4. 8. 1975 AP BetrVG 1972 § 102 Nr. 4 *[Meisel]*; bestätigt durch BAG 2. 4. 1976 AP BetrVG 1972 § 102 Nr. 9; s. auch BAG 24. 3. 1977 AP BetrVG 1972 § 102 Nr. 12; 15. 11. 1995 AP BetrVG 1972 § 102 Nr. 73; 16. 1. 2003 AP BetrVG 1972§ 102 Nr. 129; 6. 10. 2005 AP BetrVG 1972 § 102 Nr. 150: Selbst positive Kenntnis schadet nicht, ebenso ErfK-*Kania*, § 102 Rn. 26; ähnlich HaKo-BetrVG/*Braasch*, § 102 Rn. 72). Diese Mängel fallen in den Zuständigkeits- und Verantwortungsbereich des Betriebsrats. Eine **Differenzierung nach** Kündigungen vor **Fristablauf** oder nach Fristablauf (*Fitting*, § 102 Rn. 54, der unter unzutreffendem Hinweis auf BAG AP BetrVG 1972 § 102 Nr. 24 vor Fristablauf nur die dem Arbeitgeber unbekannten Fehler unberücksichtigt lassen will) **ist abzulehnen,** denn der Zeitpunkt ändert nichts an der Zurechnung des Fehlers. Ansonsten würde die Gültigkeit des Anhörungsverfahrens von der (regelmäßig schwer nachzuweisenden) Zufälligkeit abhängen, welche Kenntnis der Arbeitgeber von betriebsratsinternen Vorgängen hat. Dem ist die Rechtsprechung zurecht mehrfach entgegengetreten (BAG AP BetrVG 1972 § 102 Nr. 4, 9).

122 Eine **Ausnahme** von dem Grundsatz, dass Fehler des Betriebsrats die Wirksamkeit der Anhörung nicht berühren, will das BAG für den Fall erwägen, dass der Arbeitgeber durch sein unsachgemäßes Verhalten Mängel bei der Beteiligung des Betriebsrats veranlasst hat (vgl. BAG AP BetrVG 1972 § 102 Nr. 9; 24. 6. 2004 AP BGB § 620 Nr. 22 Kündigungserklärung). Gleiches muss gelten, wenn der Arbeitgeber nach der Form der Mitteilung an ihn – Spontanäußerung des Betriebsratsvorsitzenden bei Mitteilung der Kündigungsabsicht – oder aus anderen Gründen sicher davon ausgehen muss, dass ein **Beschluss**, sei er ordnungsgemäß oder nicht, **überhaupt nicht vorliegt** (BAG 28. 3. 1974 AP BetrVG 1972 § 102 Nr. 3; ebenso BAG 28. 2. 1974 AP BetrVG § 102 Nr. 2; LAG Hamm 21. 9. 1982, ZIP 1983, 110; *Fitting*, § 102 Rn. 54; GK-*Raab*, § 102 Rn. 75).

C. Anhörung des Betriebsrats § 102

Der Arbeitgeber wird nur nach den **Grundsätzen der Rechtsscheinhaftung** geschützt 123
(s. § 26 Rn. 49 ff.). Davon abzuweichen, besteht gerade hier kein Grund, denn der
Arbeitgeber kann nach Ablauf der Anhörungsfrist die Kündigung erklären, ohne eine
Stellungnahme des Betriebsrats abwarten zu müssen. Fehler bei der Beschlussfassung
ändern im Allgemeinen auch nichts daran, dass die Erklärung von einem Beschluss
gedeckt ist (s. auch § 33 Rn. 46). Deshalb geht es vor allem darum, ob der Arbeitgeber
sich auf eine Erklärung des Betriebsratsvorsitzenden verlassen darf, wenn er weiß, dass
der Betriebsratsvorsitzende eigenmächtig handelt. Nach dem Gesetz fällt ein derartiges
Fehlverhalten nicht in den Zuständigkeits- und Verantwortungsbereich des Betriebsrats
(ebenso im Ergebnis *Fitting*, § 102 Rn. 54). Das BAG nimmt deshalb zutreffend an, dass
die im unmittelbaren Anschluss an die Mitteilung der Kündigungsabsicht auf Befragen
des Arbeitgebers abgegebene Erklärung des Betriebsratsvorsitzenden, er stimme der
beabsichtigten Kündigung zu, rechtlich ohne Bedeutung sei; denn der Arbeitgeber weiß
in diesem Fall, dass der Betriebsrat sich noch nicht mit dem Kündigungsfall befasst
haben kann (BAG 28. 3. 1974 AP BetrVG 1972 § 102 Nr. 3 [*Herschel*]).

Einen Grenzfall mag es darstellen, wenn der Arbeitgeber unwillentlich einen **unzustän-** 124
digen Betriebsrat anhört, etwa weil bei einem Springer nicht klar ist, zu welchem Betrieb
er gehört (s. auch LAG Hamm 24. 11. 1997, AuR 1998, 205). Erklärt der angehörte
Betriebsrat sich nicht für unzuständig und ist der Irrtum des Arbeitgebers nachvollziehbar, dann spricht der Rechtsschein, auf den beide Seiten vertraut haben, für eine Wirksamkeit der Anhörung. Das muss zumindest dann gelten, wenn der Betriebsrat der
Kündigung widersprochen hat, denn dann kann der Arbeitnehmer keinen Nachteil
durch die Anhörung des falschen Betriebsrats erlitten haben.

4. Verwertungsverbot im Kündigungsrechtsstreit

a) Die Anhörung des Betriebsrats ist **nicht fehlerhaft,** wenn der Arbeitgeber ihm **nicht** 125
alle möglichen Kündigungsgründe mitteilt; denn er braucht im Anhörungsverfahren nur
seinen *Kündigungsentschluss* zu begründen. Auch wenn für ihn mehrere Gründe maßgebend sind, berührt eine objektiv unvollständige Unterrichtung des Betriebsrats nicht
die Wirksamkeit des Anhörungsverfahrens (so BAG 8. 9. 1988 AP BetrVG 1972 § 102
Nr. 49; s. auch Rn. 57). Die Unvollständigkeit der Unterrichtung berührt daher nicht die
Rechtswirksamkeit der Kündigung; sie führt jedoch zu einem *Verwertungsverbot im*
Kündigungsrechtsstreit: Der Arbeitgeber ist für die Rechtfertigung der Kündigung gegenüber dem Arbeitnehmer an die von ihm getroffene Auswahl der Kündigungsgründe
gebunden. **Dem Betriebsrat nicht mitgeteilte Gründe** kann er **nicht im Kündigungsrechts-**
streit nachschieben (grundlegend BAG 18. 12. 1980 und 1. 4. 1981 AP BetrVG 1972
§ 102 Nr. 22 und 23; aus der jüngeren Rechtsprechung BAG 22. 9. 2005 – 2 AZR 365/
04, juris; BAG 15. 7. 2004 AP KSchG § 1 Nr. 68 Soziale Auswahl; BAG 11. 12. 2003
EzA BetrVG 2001 § 102 Nr. 5; BAG 7. 11. 2002 AP KSchG 1969 § 1 Krankheit Nr. 40
= EzA KSchG § 1 Krankheit Nr. 50; s. auch LAG Hamm 10. 8. 2006 – 15 Sa 270/06,
juris; LAG Frankfurt 15. 9. 1998, NZA 1999, 269; BAG 27. 9. 2001, NZA 2002, 750;
LAG Hamm 17. 11. 1997 LAGE Nr. 63 zu § 102 BetrVG 1972 [Abgrenzung zwischen
Substantiierung und Nachschieben bei personenbedingter Kündigung]). Verwertbar sind
jedoch solche Tatsachen, die der Arbeitgeber dem Betriebsrat im Anhörungsverfahren
erst **auf Nachfrage** mitteilt, zumindest wenn der Arbeitgeber vor der Kündigung nochmals die Frist des § 102 Abs. 2 bzw. die abschließende Stellungnahme des Betriebsrats
abwartet (BAG 6. 2. 1997 AP BetrVG 1972 § 102 Nr. 85). Ebenso ist verwertbar, was
nicht mitgeteilt werden musste, weil der Betriebsrat hiervon **bereits Kenntnis** hatte, s.
Rn. 49.

b) Der Arbeitgeber kann im Kündigungsrechtsstreit **keine Kündigungsgründe nach-** 126
schieben, die bereits **vor Ausspruch der Kündigung** entstanden und ihm bekannt gewesen
sind, wenn er sie **nicht dem Betriebsrat im Anhörungsverfahren mitgeteilt** hat (ebenso

§ 102 Mitbestimmung bei Kündigungen

BAG 18. 12. 1980 AP BetrVG 1972 § 102 Nr. 22 [*Herschel*]; 1. 4. 1981 AP BetrVG 1972 § 102 Nr. 23 [*G. Hueck*]; 27. 2. 1997 AP KSchG 1969 § 1 Nr. 36 Verhaltensbedingte Kündigung). Das gilt nicht nur, wenn der Betriebsrat Bedenken gegen die Kündigung erhoben oder ihr sogar widersprochen hat, sondern der Arbeitgeber kann Kündigungsgründe selbst dann nicht nachschieben, wenn der Betriebsrat der Kündigung auf Grund der ihm mitgeteilten Gründe zugestimmt hat (ebenso BAG 1. 4. 1981 AP BetrVG 1972 § 102 Nr. 23 [*G. Hueck*]). Die Zustimmung des Betriebsrats gibt dem Arbeitgeber keinen Freibrief, den Kündigungssachverhalt auszutauschen. Der Arbeitgeber kann deshalb im Kündigungsrechtsstreit lediglich die dem Betriebsrat mitgeteilten Kündigungsgründe *substantiieren* und *konkretisieren*, aber nicht *neue Tatsachen* mit dem Gewicht eines kündigungsrechtlich erheblichen Grundes vortragen (vgl. BAG 18. 12. 1980 AP BetrVG 1972 § 102 Nr. 22; kritisch zu dieser Differenzierung *Schwerdtner*, ZIP 1981, 809, 815 ff.). Auch eine nachträgliche Anhörung des Betriebsrats eröffnet dem Arbeitgeber nicht die Möglichkeit, Kündigungsgründe, die ihm bei Ausspruch der Kündigung bekannt waren, nachzuschieben (ebenso BAG 1. 4. 1981 AP BetrVG 1972 § 102 Nr. 23).

127 Keine Substantiierung oder Konkretisierung der dem Betriebsrat mitgeteilten Kündigungsgründe liegt vor, wenn der Arbeitgeber Tatsachen vorträgt, die dem bisherigen Vortrag erst das Gewicht eines kündigungsrechtlich erheblichen Grundes geben, z. B. bei einer **verhaltensbedingten Kündigung** die Tatsache einer Abmahnung (vgl. BAG 18. 12. 1980 AP BetrVG 1972 § 102 Nr. 22). Hat der Arbeitgeber die Kündigung mit einem wiederholten Zuspätkommen zur Arbeit begründet, so handelt es sich bei der Darlegung der Verspätungsfolgen für den Betriebsablauf nur um eine Konkretisierung des dem Betriebsrat mitgeteilten Kündigungsgrunds (vgl. BAG 27. 2. 1997 AP KSchG 1969 § 1 Nr. 36 Verhaltensbedingte Kündigung). Hört der Arbeitgeber den Betriebsrat allein wegen einer Pflichtverletzung an, so kann er seine Kündigung im Kündigungsschutzprozess später nicht mehr darauf stützen, dass der Arbeitnehmer einer solchen Pflichtverletzung lediglich verdächtig sei (LAG Frankfurt 7. 2. 2002, SuP 2002, 458). Bei einer **betriebsbedingten Kündigung** liegt in der Mitteilung an den Betriebsrat vom Wegfall des bisherigen Arbeitsplatzes im Allgemeinen der Hinweis, eine anderweitige Beschäftigungsmöglichkeit für den Arbeitnehmer bestehe nicht (s. Rn. 66). Beruft sich der Arbeitnehmer im Kündigungsrechtsstreit auf eine solche Möglichkeit, so stellt der nunmehr erforderliche Vortrag des Arbeitgebers hierzu eine Konkretisierung des Kündigungsgrunds und kein Nachschieben eines neuen Kündigungsgrunds dar (vgl. BAG 29. 3. 1990 AP KSchG 1969 § 1 Nr. 50 Betriebsbedingte Kündigung). Unterrichtet der Arbeitgeber den Betriebsrat im Anhörungsverfahren nur über die wirtschaftlichen Verhältnisse eines unselbständigen Betriebsteils, nicht aber zugleich über die Ertragslage des Betriebs, dann kann er sich im Kündigungsschutzprozess zur Rechtfertigung einer betriebsbedingten Kündigung nicht auf ein dringendes Sanierungsbedürfnis im Bereich des Betriebs berufen (so jedenfalls BAG 11. 10. 1989 AP KSchG 1969 § 1 Nr. 47 Betriebsbedingte Kündigung). Ein **Wechsel von der personenbedingten zur Verhaltensbedingten Kündigung** bedeutet ein Nachschieben von Kündigungsgründen, da beide Sachverhalte sich ausschließen: Entweder der Arbeitgeber trägt vor, der Arbeitnehmer kann nicht den Vertrag erfüllen, oder aber er trägt vor, der Arbeitnehmer wollte nicht den Vertrag erfüllen (s. auch LAG Hamm 1. 3. 2007 - 17 Sa 1503/06, juris). Stellt sich heraus, dass die Einschätzung des Arbeitgebers unzutreffend war, kann dies eine neu bekannt gewordene Tatsache sein, die ggf. nach erneuter Anhörung des Betriebsrats im Kündigungsschutzprozess geltend gemacht werden kann.

128 c) Die Rechtslage ist dagegen anders, wenn dem Arbeitgeber der **Kündigungsgrund bei Erklärung der Kündigung noch nicht bekannt** war. Dabei muss man allerdings differenzieren: Gründe, die erst nach der Kündigung entstanden sind, können nur eine neue Kündigung rechtfertigen und daher nicht für die Begründung der bereits erklärten Kündigung nachgeschoben werden (so bereits BAG 15. 12. 1955 AP HGB § 67 Nr. 1;

C. Anhörung des Betriebsrats § 102

h. M.). Ebenfalls bereits materiell-rechtlich kann der Arbeitgeber auch keine Gründe nachschieben, die ihm zwar noch nicht bei der *Unterrichtung des Betriebsrats,* aber vor *Erklärung der Kündigung* bekannt waren. Auch wenn sie erst nach Einleitung des Anhörungsverfahrens, aber vor Erklärung der Kündigung entstanden, muss der Arbeitgeber sie dem Betriebsrat mitteilen und insoweit das Anhörungsverfahren erneut einleiten, sofern er die Kündigung auch auf diese Gründe stützen will (ebenso LAG Hamm 28. 4. 1976, EzA § 102 BetrVG 1972 Nr. 10). Problematisch ist die Rechtslage nur dann, wenn die fehlende Unterrichtung des Betriebsrats darauf beruht, dass dem Arbeitgeber ein bei Abgabe seiner Kündigungserklärung vorhandener Grund noch nicht bekannt war. Materiell-rechtlich können Gründe, die bei Ausspruch der Kündigung bereits entstanden waren, dem Arbeitgeber aber erst später bekanntgeworden sind, im Kündigungsrechtsstreit uneingeschränkt nachgeschoben werden (vgl. BAG 11. 4. 1985 AP BetrVG 1972 § 102 Nr. 39; LAG Frankfurt 20. 9. 1999, NZA-RR 2000, 413).

Nach einem Teil des Schrifttums wird diese Rechtslage nicht durch die **Anhörungs-** 129 **notwendigkeit modifiziert,** weil der Arbeitgeber nicht seine Mitteilungspflicht im Anhörungsverfahren verletzt hat (GL-*Löwisch,* § 102 Rn. 30 a; mit Ausnahme der für einen Widerspruch des Betriebsrats geeigneten Gründe bei einer ordentlichen Kündigung gemäß Abs. 3 G. *Hueck,* FS 25 Jahre BAG, S. 243, 262 f.). Das BAG nimmt dementsprechend an, dass derartige Gründe im Kündigungsrechtsstreit nachgeschoben werden können, wenn der Arbeitgeber zuvor den Betriebsrat hierzu erneut angehört hat (BAG 11. 4. 1985 AP BetrVG 1972 § 102 Nr. 39; BAG 4. 6. 1997 AP BGB § 626 Nr. 5 Nachschieben von Kündigungsgründen; LAG Frankfurt 20. 9. 1999, NZA-RR 2000, 413; s. auch *Fitting,* § 102 Rn. 43 f.; HWK-*Ricken,* § 102 Rn. 40 ff.).

Diese betriebsverfassungsrechtliche Modifikation sichert den Zweck der Anhörung, 130 ohne dem Arbeitgeber eine ihm individualrechtlich zustehende Befugnis zu nehmen. Die Verwertung im Kündigungsrechtsstreit ist davon abhängig zu machen, dass der Arbeitgeber den Betriebsrat zu diesen Gründen gehört hat. Dies ist vor allem geboten, wenn es sich um Gründe für eine ordentliche Kündigung handelt, gegen die ein Widerspruch des Betriebsrats nach Abs. 3 in Betracht kommt (ebenso HSWGNR-*Schlochauer,* § 102 Rn. 46; KR-*Etzel,* § 102 Rn. 188). Der Betriebsrat erhält dadurch die Möglichkeit, wegen eines nachgeschobenen Grunds Widerspruch gegen die ordentliche Kündigung einzulegen.

5. Geltendmachung der fehlenden oder fehlerhaften Anhörung im Kündigungsrechtsstreit

a) Die Unwirksamkeit der Kündigung wegen einer unterlassenen oder fehlerhaften 131 Anhörung des Betriebsrats muss seit der Neufassung des § 4 Abs. 1 KSchG durch das Gesetz zu Reformen am Arbeitsmarkt vom 24. 12. 2003 (BGBl. I S. 3002) innerhalb der **Dreiwochenfrist des § 4 Satz 1 KSchG** geltend gemacht werden. Vormals bestand als zeitliche Grenze allein das Rechtsinstitut der Verwirkung (*Fitting,* § 102 Rn. 63 a; GK-*Raab,* § 102 Rn. 40; GL-*Löwisch,* § 102 Rn. 47; HSWGNR-*Schlochauer,* § 102 Rn. 60; BAG 28. 2. 1974 AP BetrVG 1972 § 102 Nr. 2; ArbG Mainz 25. 9. 1997, BB 1998, 106; ArbG Bielefeld, NZA 1985, 187 f. [Verwirkung bei Klageerhebung nach mehr als 12 Wochen nach Zugang der Kündigung]).

Hat ein Arbeitnehmer gemäß § 6 KSchG innerhalb von 3 Wochen nach Zugang der 132 schriftlichen Kündigung im Klagewege geltend gemacht, dass eine rechtswirksame Kündigung nicht vorliege, so kann er sich in diesem Verfahren bis zum Schluss der mündlichen Verhandlung erster Instanz zur Begründung der Unwirksamkeit der Kündigung auch auf innerhalb der Klagefrist nicht geltend gemachte Gründe berufen. Wenn also der Arbeitnehmer Kündigungsschutzklage erhebt und sie auf Sozialwidrigkeit stützt, kann er sie später auch auf eine fehlerhafte Betriebsratsanhörung stützen (*Bader,* NZA 2004, 65, 68). Die Norm drückt eine prozessuale Selbstverständlichkeit aus und hat damit eine ganz andere Bedeutung als in ihrer bis zum 31. 12. 2003 geltenden Fassung (APS-*Ascheid,* § 6 KSchG Rn. 6, 23).

133 b) Der **Verzicht des Arbeitnehmers auf die Einhaltung des Anhörungsverfahrens** berührt nicht die Unwirksamkeit der Kündigung (s. auch Rn. 39). Nur wenn der gekündigte Arbeitnehmer den Arbeitgeber nach Bekanntwerden der Kündigungsabsicht ausdrücklich gebeten hat, den Betriebsrat nicht zu beteiligen, kann ein Verstoß gegen Treu und Glauben vorliegen (venire contra factum proprium), wenn er sich auf die Unwirksamkeit der Kündigung beruft (ebenso GL-*Löwisch,* § 102 Rn. 47; KR-*Etzel,* § 102 Rn. 75; a. A. GK-*Raab,* § 102 Rn. 85; HaKo-BetrVG/*Braasch,* § 102 Rn. 25; *Raab,* ZfA 1995, 479, 532 ff.).

134 c) Da die Anhörung des Betriebsrats für die Kündigung eine Wirksamkeitsvoraussetzung ist, trägt der Arbeitgeber im Kündigungsrechtsstreit die **Behauptungs-** und **Beweislast** dafür, dass er den Betriebsrat ordnungsgemäß beteiligt hat (ebenso BAG 19. 8. 1975 AP BetrVG 1972 § 102 Nr. 5; bestätigt durch BAG 7. 11. 1975 AP BetrVG 1972 § 130 Nr. 1; 16. 3. 2000 AP LPVG Sachsen-Anhalt § 67 Nr. 2; 23. 6. 2005 AP ZPO § 138 Nr. 11; 18. 5. 2006 AP KSchG 1969 § 1 Nr. 143; weiterhin *Fitting,* § 102 Rn. 57; GK-*Raab,* § 102 Rn. 89; ErfK-*Kania,* § 102 Rn. 30; GL-*Löwisch,* § 102 Rn. 48; HSWGNR-*Schlochauer,* § 102 Rn. 64; DKK-*Kittner/Bachner,* § 102 Rn. 240; *Busemann,* NZA 1987, 581 ff.; *Oetker,* BB 1989, 417 ff.). Deshalb obliegt dem Arbeitgeber auch die Darlegungs- und Beweislast dafür, ob ausnahmsweise eine Anhörung des Betriebsrats unterbleiben darf, z. B. weil es sich um die Kündigung eines leitenden Angestellten i. S. des § 5 Abs. 3 Satz 2 handelt (ebenso BAG 19. 8. 1975 und 26. 5. 1977 AP BetrVG 1972 § 102 Nr. 5 und 13; 26. 10. 1979 AP KSchG 1969 § 9 Nr. 5). Der Arbeitnehmer kann die Behauptung der Betriebsratsanhörung mit Nichtwissen bestreiten. Dies gilt jedoch dann nicht, wenn der Arbeitgeber die Umstände der Anhörung im Prozess vorgetragen hat. In diesem Fall hat sich der Arbeitnehmer nach § 138 Abs. 1 u. 2 ZPO vollständig über den vom Arbeitgeber vorgetragenen Sachverhalt zu erklären (BAG 23. 6. 2005 AP ZPO § 138 Nr 11; 18. 5. 2006 AP KSchG 1969 § 1 Nr. 143; detailliert BAG 24. 4. 2008, NZA 2008, 1314; s. auch *Mühlhausen,* NZA 2006, 967).

135 d) Stützt der Arbeitnehmer die Unwirksamkeit der Kündigung nur darauf, dass der Betriebsrat nicht vorher gehört wurde, so stehen ihm **nicht** die **Rechte aus dem Kündigungsschutzgesetz** zu; er kann insbesondere nicht nach § 9 KSchG beantragen, das Arbeitsverhältnis aufzulösen und den Arbeitgeber zur Zahlung einer Abfindung zu verurteilen (§ 13 Abs. 3 KSchG; GL-*Löwisch,* § 102 Rn. 46; HSWGNR-*Schlochauer,* § 102 Rn. 59; *Stege/Weinspach/Schiefer,* § 102 Rn. 39; KR-*Etzel,* § 102 Rn. 191).

136 Hat der **Arbeitnehmer** dagegen innerhalb von drei Wochen seit Zugang der Kündigung Feststellungsklage erhoben, um bei einer ordentlichen Kündigung den Mangel der sozialen Rechtfertigung und bei einer außerordentlichen Kündigung den Mangel des wichtigen Grundes geltend zu machen, so können ihm die Rechte aus dem KSchG nicht deshalb genommen werden, weil die Kündigung nicht nur aus den Gründen, bei denen sie gegeben sind, sondern auch noch aus einem anderen Grund unwirksam ist. Der Arbeitnehmer kann nach § 9 bzw. § 13 Abs. 1 Satz 3 KSchG den **Antrag auf Auflösung des Arbeitsverhältnisses und Zahlung einer Abfindung** auch dann stellen, wenn die Unwirksamkeit der Kündigung nicht nur auf dem Mangel der sozialen Rechtfertigung bzw. des wichtigen Grundes, sondern auch auf der fehlenden Beteiligung des Betriebsrats beruht (ebenso *Stege/Weinspach/Schiefer,* § 102 Rn. 40; KR-*Etzel,* § 102 Rn. 191; s. auch *v. Hoyningen-Huene/Linck,* KSchG, § 9 Rn. 15).

137 Der **Arbeitgeber** hat dagegen **nicht** das Recht, den **Auflösungsantrag** nach § 9 Abs. 1 Satz 2 KSchG zu stellen, wenn eine ordentliche Kündigung nicht nur sozialwidrig, sondern auch aus einem anderen Grund, nämlich der fehlenden Beteiligung des Betriebsrats, unwirksam ist; die Lösungsmöglichkeit bedeutet für ihn nämlich eine Vergünstigung, die nur bei bloßer Sozialwidrigkeit einer ordentlichen Kündigung, nicht aber bei einer auf sonstigen Gründen beruhenden Nichtigkeit der Kündigung besteht (ebenso BAG 9. 10. 1979 AP KSchG 1969 § 9 Nr. 4 [*G. Hueck*]; 29. 1. 1981 AP KSchG 1969 § 9 Nr. 6; 30. 11. 1989 AP BetrVG 1972 § 102 Nr. 53; KR-*Etzel*, § 102 Rn. 191; *v. Hoyningen-Huene/Linck*, KSchG, § 9 Rn. 16). Bei der außerordentlichen Kündigung hat der Arbeitgeber ein derartiges Antragsrecht auch nicht für den Fall, dass der wichtige Grund fehlt (vgl. § 13 Abs. 1 Satz 3 KSchG).

D. Widerspruch des Betriebsrats gegen eine ordentliche Kündigung

I. Überblick

Bei der ordentlichen Kündigung wird unter den in Abs. 3 genannten Voraussetzungen das Anhörungsrecht durch ein **Widerspruchsrecht ergänzt**. Es handelt sich bei ihm nicht um ein zusätzliches Beteiligungsrecht, sondern es geht ausschließlich darum, dass bei einer ordentlichen Kündigung die Stellungnahme des Betriebsrats die Voraussetzungen des Abs. 3 erfüllen kann. Der Widerspruch ist daher in das Anhörungsverfahren eingebettet. Er entfaltet die mit ihm verbundenen Rechtsfolgen nur bei der **ordentlichen Kündigung** (s. Rn. 134 ff.), wenn der Betriebsrat seine Bedenken gegen die Kündigung dem Arbeitgeber **138**
– **innerhalb der Wochenfrist** (s. Rn. 179)
– **schriftlich** (s. Rn. 180 ff.)
– **unter Angabe von Gründen aus dem abschließenden Katalog des Abs. 3** (s. Rn. 183 ff.)
mitteilt (Abs. 3 i. V. mit Abs. 2 Satz 1).

Der Widerspruch ist keine Erklärung neben der Stellungnahme des Betriebsrats, sondern er ist eine **Art der Stellungnahme** im Anhörungsverfahren. Erhebt der Betriebsrat ihn nicht schriftlich innerhalb der Frist des Abs. 2 Satz 1, so gilt daher wie sich aus Abs. 2 Satz 2 ergibt, seine Zustimmung zur Kündigung als erteilt. Das dem Betriebsrat hier eingeräumte Recht geht aber in seiner Zweckbestimmung über die Anhörung hinaus. Es verbessert die Rechtsstellung des Arbeitnehmers im Kündigungsschutzprozess. **139**

Erfüllt die Stellungnahme des Betriebsrats die Voraussetzungen eines Widerspruchs, so ist der Arbeitgeber verpflichtet, **dem Arbeitnehmer** mit der Kündigung eine **schriftliche Stellungnahme des Betriebsrats zuzuleiten** (Abs. 4; s. Rn. 189 ff.). **140**

Außerdem treten **zwei Rechtsfolgen** ein, die sich unmittelbar auf die **materielle Rechtsstellung des Arbeitnehmers** auswirken: **141**

(1) Hat der Betriebsrat der Kündigung aus den in Abs. 3 Nr. 2 bis 5 genannten Gründen widersprochen, so ist die Kündigung nach § 1 Abs. 2 Satz 3 Nr. 1 und Satz 3 KSchG sozial ungerechtfertigt, wenn der vom Betriebsrat behauptete Widerspruchstatbestand vorliegt (**absoluter Grund der Sozialwidrigkeit**; s. Rn. 194 ff.). **142**

(2) Erhebt der Arbeitnehmer Kündigungsschutzklage, so ist er auf Verlangen **nach Ablauf der Kündigungsfrist bis zum rechtskräftigen Abschluss des Kündigungsschutzprozesses bei unveränderten Arbeitsbedingungen weiterzubeschäftigen**, sofern das Arbeitsgericht den Arbeitgeber nicht von dieser Verpflichtung durch einstweilige Verfügung entbindet (Abs. 5; s. Rn. 200 ff.). Die Regelung hat den gleichen Effekt wie eine Gestaltungsklage: Erst mit rechtskräftiger Feststellung, dass die Kündigung wirksam erklärt ist, wird das Arbeitsverhältnis aufgelöst. Der Unterschied besteht nur darin, dass nicht der Arbeitgeber gezwungen wird, eine Gestaltungsklage zu erheben, um das Arbeitsverhältnis mit dem Arbeitgeber aufzulösen, sondern dass die Initiative vom Arbeitnehmer ausgehen muss. Die Regelung muss rechtsdogmatisch scharf von einem Anspruch auf Weiterbeschäftigung unterschieden werden, der in seiner materiell-rechtlichen Existenz vom Bestehen des Arbeitsverhältnisses abhängt (s. Rn. 260 ff.). **143**

II. Gegenstand des Widerspruchsrechts

1. Ordentliche Kündigung

144 Das Widerspruchsrecht des Betriebsrats besteht nur gegen eine **ordentliche** Kündigung. Widerspricht der Betriebsrat einer außerordentlichen Kündigung, so treten nicht die mit dem Widerspruch verbundenen Rechtsfolgen ein. Will der Arbeitgeber aber vorsorglich eine außerordentliche Kündigung zugleich hilfsweise als ordentliche Kündigung aussprechen, so kann der Betriebsrat mit den Bedenken gegen die außerordentliche Kündigung einen Widerspruch gegen die ordentliche Kündigung verbinden (s. zur Weiterbeschäftigungspflicht Rn. 209 f.). Ebenso ist die Norm entsprechend anwendbar auf **die außerordentliche Kündigung mit Auslauffrist** eines auf Grund Arbeitsvertrag oder Tarifvertrag ordentlich nicht mehr kündbaren Arbeitnehmers, s. Rn. 208.

145 Das Widerspruchsrecht des Betriebsrats besteht nicht nur gegen eine ordentliche Kündigung, durch die eine Auflösung des Arbeitsverhältnisses bezweckt wird, sondern auch gegen eine **Änderungskündigung,** also eine ordentliche Kündigung, die eine Änderung des Vertragsinhalts zum Ziel hat (s. Rn. 271).

2. Betriebsbedingte, personenbedingte und verhaltensbedingte Kündigung

146 Das Widerspruchsrecht des Betriebsrats besteht nicht nur bei einer **betriebsbedingten Kündigung;** es kommt vielmehr auch bei einer **personenbedingten** und auch bei einer **verhaltensbedingten Kündigung** in Betracht (ebenso BAG 16. 3. 1978 AP BetrVG 1972 § 102 Nr. 15; 22. 7. 1982 AP KSchG § 1 Nr. 5 Verhaltensbedingte Kündigung [zust. *Otto*]; bereits anerkannt für eine personenbedingte Kündigung BAG 10. 3. 1977 AP KSchG 1969 § 1 Nr. 4 Krankheit; aus dem Schrifttum: *Fitting,* § 102 Rn. 77; GK-*Raab,* § 102 Rn. 113; Jaeger/Röder/Heckelmann/*Jaeger,* Kap. 25, Rn. 100; DKK-*Kittner/Bachner,* § 102 Rn. 182; KR-*Etzel,* § 102 Rn. 146).

147 Nach dem Normtext kommt das Widerspruchsrecht bei **jeder ordentlichen Kündigung** in Betracht. Die Unterscheidung nach den kündigungsschutzrechtlich relevanten Kündigungsgründen ist kein Kriterium für eine generelle Beschränkung des Widerspruchsrechts. Maßgebend ist allein, ob der Widerspruchsgrund nur bei einer betriebsbedingten Kündigung oder auch bei einer personenbedingten oder verhaltensbedingten Kündigung in Betracht kommt. Der Widerspruchsgrund der fehlerhaften Sozialauswahl kommt nur bei betriebsbedingten Kündigungen in Betracht (s. Rn. 140). Gleiches gilt für den Widerspruchsgrund des Richtlinienverstoßes (Abs. 3 Nr. 2); denn Auswahlrichtlinien bei Kündigungen können sich aus kündigungsschutzrechtlichen Gründen nur auf die Sozialauswahl bei einer betriebsbedingten Kündigung beziehen (s. Rn. 157). Wird dagegen der Widerspruch auf die weitere Beschäftigungsmöglichkeit des Arbeitnehmers auf einem anderen Arbeitsplatz gestützt (Abs. 2 Nr. 3 bis 5), so steht bei den hier genannten Widerspruchsgründen die betriebsbedingte Kündigung im Vordergrund; sie können aber auch bei einer personenbedingten und ausnahmsweise in besonders gelagerten Fällen auch bei einer verhaltensbedingten Kündigung in Betracht kommen.

III. Widerspruchsgründe

148 Der Betriebsrat kann der ordentlichen Kündigung nur aus den Gründen widersprechen, die im Katalog des Abs. 3 **abschließend** aufgeführt sind:

D. Widerspruch des Betriebsrats gegen eine ordentliche Kündigung   § 102

1. Nicht ausreichende Berücksichtigung sozialer Gesichtspunkte bei der Auswahl des Arbeitnehmers (Nr. 1)

a) Der Betriebsrat kann der ordentlichen Kündigung widersprechen, wenn der Arbeit- **149** geber bei der Auswahl des zu kündigenden Arbeitnehmers **soziale Gesichtspunkte nicht oder nicht ausreichend berücksichtigt** hat. Der Gesetzestext knüpft mit dieser Formulierung an § 1 Abs. 3 Satz 1 KSchG in seiner bis zum 30. 9. 1996 und ab dem 1. 1. 1999 geltenden Fassung an, nach der eine betriebsbedingte Kündigung sozial ungerechtfertigt war, „wenn der Arbeitgeber bei der Auswahl des Arbeitnehmers soziale Gesichtspunkte nicht oder nicht ausreichend berücksichtigt hat". Durch Art. 1 Nr. 1 lit. a aa ArbRBeschFG wurden die Wörter „soziale Gesichtspunkte" durch die Wörter „die Dauer der Betriebszugehörigkeit, das Lebensalter und die Unterhaltspflichten des Arbeitnehmers" ersetzt. Mittelbar hatte deshalb auch der hier genannte Widerspruchsgrund einen anderen Inhalt erhalten; denn die sozialen Gesichtspunkte beschränkten sich auf die in § 1 Abs. 3 Satz 1 KSchG genannten sozialen Grunddaten. Nach Rückkehr zur alten Gesetzesfassung des § 1 Abs. 3 Satz 1 KSchG durch das Gesetz zu Korrekturen in der Sozialversicherung und zur Sicherung der Arbeitnehmerrechte vom 19. 12. 1998 ist die Beschränkung zwischenzeitlich weggefallen. Mit dem Gesetz für Reformen am Arbeitsmarkt vom 24. 12. 2003 (BGBl. I S. 3002) ist der Gesetzgeber zum 1. 1. 2004 wieder zur Rechtslage ab Oktober 1996 nahezu zurückgekehrt, hat jedoch die Schwerbehinderung als zusätzliches Merkmal eingeführt.

b) Der Widerspruchsgrund gilt daher nur für eine **betriebsbedingte Kündigung**, weil **150** für andere Kündigungen eine soziale Auswahl nicht in Betracht kommt (ebenso LAG Düsseldorf 2. 9. 1975, DB 1975, 1995; ArbG Siegburg, EzA § 102 BetrVG 1972 Nr. 3; *Fitting*, § 102 Rn. 78; GK-*Raab*, § 102 Rn. 114; GL-*Löwisch*, § 102 Rn. 56; HWK-*Ricken*, § 102 Rn. 70; Jaeger/Röder/Heckelmann/*Jaeger*, Kap. 25 Rn. 112; *Löwisch/Kaiser*, § 102, Rn. 32; HSWGNR-*Schlochauer*, § 102 Rn. 98; DKK-*Kittner/Bachner*, § 102 Rn. 186; *Stege/Weinspach/Schiefer*, § 102 Rn. 119; KR-*Etzel*, § 102 Rn. 149). Es kann sich hier auch um die **außerordentliche Kündigung** mit Einhaltung der Kündigungsfrist eines tariflich unkündbaren Arbeitnehmers handeln, s. Rn. 10, 59.

Der Betriebsrat kann den Widerspruch auf Nr. 1 auch dann stützen, wenn er zugleich **151** rügt, dass die ordentliche Kündigung nicht betriebsbedingt sei; denn er kann der Kündigung entgegenhalten, dass keine dringenden betrieblichen Erfordernisse bestehen, die eine Kündigung des Arbeitnehmers sozial rechtfertigen, dass aber auch dann, wenn sie vorlägen, der Arbeitgeber bei der Auswahl des zu kündigenden Arbeitnehmers die sozialen Grunddaten nicht oder nicht ausreichend berücksichtigt habe (ebenso LAG Düsseldorf [Köln] 21. 6. 1974, EzA § 102 BetrVG 1972 Nr. 4 Beschäftigungspflicht).

Stützt der Arbeitgeber die ordentliche Kündigung nicht nur auf betriebsbedingte **152** Gründe, sondern auch auf personenbedingte oder verhaltensbedingte Gründe, so kann der Betriebsrat hier nach Nr. 1 widersprechen, weil auch in diesem Fall für die soziale Rechtfertigung der Kündigung wesentlich sein kann, dass die Sozialauswahl nicht fehlerhaft war, soweit die Kündigung nicht als personen- oder verhaltensbedingte, sondern nur als betriebsbedingte Kündigung zulässig ist (ebenso DKK-*Kittner/Bachner*, § 102 Rn. 186).

c) Der Widerspruchsgrund entspricht § 1 Abs. 3 Satz 1 KSchG. Durch ihn wird **kein** **153** **neuer Tatbestand der Sozialwidrigkeit** geschaffen (ebenso *Fitting*, § 102 Rn. 78; HSWGNR-*Schlochauer*, § 102 Rn. 99). Der Widerspruch hat deshalb hier lediglich die Bedeutung, dass die Weiterbeschäftigungspflicht des Arbeitgebers nach Abs. 5 ausgelöst wird.

Wegen des engen Zusammenhangs mit § 1 Abs. 3 KSchG gilt auch Satz 2 dieser **154** Vorschrift, nach dem in die soziale Auswahl nach Satz 1 Arbeitnehmer nicht einzubeziehen sind, deren Weiterbeschäftigung, insbesondere wegen ihrer Kenntnisse, Fähigkeiten und Leistungen oder zur Sicherung einer ausgewogenen Personalstruktur des Betriebs, im berechtigten betrieblichen Interesse liegt (ebenso *Fitting*, § 102 Rn. 78; GL-*Löwisch*, § 102 Rn. 98; HSWGNR-*Schlochauer*, § 102 Rn. 106). Die Wirksamkeit des Widerspruchs wird jedoch nicht dadurch beseitigt, dass der Arbeitgeber dem Betriebsrat entgegenhält, die Weiterbeschäftigung der nicht in die Sozialauswahl einbezogenen Arbeitnehmer läge im berechtigten betrieblichen Interesse, sondern insoweit kommt lediglich in Betracht, dass der Arbeitgeber sich nach Abs. 5 Satz 2 Nr. 3 durch einstweilige Verfügung von der Verpflichtung zur Weiterbeschäftigung entbinden lässt (s. Rn. 242 ff.).

155   d) Für die Frage, welche Arbeitnehmer der Betriebsrat in seine Betrachtung mit einbeziehen darf, ist das Kündigungsschutzrecht maßgeblich. Die **Sozialauswahl ist grundsätzlich betriebsbezogen,** nicht aber unternehmens- oder konzernbezogen (BAG 22. 5. 1986 AP KSchG 1969 § 1 Nr. 4 Konzern; ErfK-*Oetker*, § 1 KSchG Rn. 318 ff.; zu Besonderheiten im Gemeinschaftsbetrieb s. auch BAG 5. 5. 1994 AP KSchG 1969 § 1 Nr. 23 Soziale Auswahl).

156   e) Die **Verteilung der Beweislast im Kündigungsschutzprozess** (vgl. § 1 Abs. 2 Satz 4 und Abs. 3 Satz 3 KSchG) spielt für den Widerspruchsgrund **keine Rolle** (ebenso HSWGNR-*Schlochauer*, § 102 Rn. 110). Das Gesetz bezweckt im Gegenteil durch die hier gegebene Regelung, dass dem Arbeitnehmer die ihm bei der Sozialauswahl nach § 1 Abs. 3 Satz 3 KSchG obliegende Beweislast erleichtert wird (s. Rn. 190). Macht der Betriebsrat mit seinem Widerspruch nach § 102 Abs. 3 Nr. 1 jedoch geltend, der Arbeitgeber habe zu Unrecht Arbeitnehmer nicht in die soziale Auswahl einbezogen, müssen diese Arbeitnehmer vom Betriebsrat entweder konkret benannt oder anhand abstrakter Merkmale bestimmbar sein (BAG 9. 7. 2003 AP Nr. 14 zu § 102 BetrVG 1972 Weiterbeschäftigung; s. auch Rn. 186).

2. Verstoß gegen eine Auswahlrichtlinie (Nr. 2)

157   Der Betriebsrat kann der ordentlichen Kündigung widersprechen, wenn er durch sie gegen eine Auswahlrichtlinie verstößt, die nach § 95 festgelegt ist (s. dort Rn. 37 ff.). Da Auswahlrichtlinien nach § 95 lediglich für die durch § 1 Abs. 3 KSchG geforderte Sozialauswahl in Betracht kommen, greift der Widerspruchsgrund nur bei einer **betriebsbedingten Kündigung** ein (ebenso GL-*Löwisch*, § 102 Rn. 60; KR-*Etzel*, § 102 Rn. 158; Jaeger/Röder/Heckelmann/*Jaeger*, Kap. 25 Rn. 117; HaKo-BetrVG/*Braasch*, § 102 Rn. 93; HSWGNR-*Schlochauer*, § 102 Rn. 111; a. A. unter Nichtbeachtung der sich aus dem Kündigungsschutzrecht ergebenden Grenzen für Auswahlrichtlinien DKK-*Kittner/Bachner*, § 102 Rn. 191).

158   Die Anfügung des Abs. 4 in § 1 KSchG durch das Gesetz zu Reformen am Arbeitsmarkt (vom 24. 12. 2003, BGBl. I S. 3002) hat die Bedeutung des Widerspruchsgrunds in Nr. 2 mittelbar erhöht; denn ist in einer Auswahlrichtlinie festgelegt, wie die sozialen Gesichtspunkte nach § 1 Abs. 3 Satz 1 KSchG im Verhältnis zueinander zu bewerten sind, so kann die Bewertung nur auf grobe Fehlerhaftigkeit überprüft werden (§ 1 Abs. 4 Satz 1 KSchG).

3. Weiterbeschäftigungsmöglichkeit des Arbeitnehmers – Allgemeines (Nr. 3 bis 5)

159   a) Schon **vor dem In-Kraft-Treten dieses Gesetzes** nahm die Rechtsprechung an, dass der Arbeitgeber verpflichtet ist, die anderweitige Unterbringung eines Arbeitnehmers zu versuchen, bevor er ihm aus dringenden betrieblichen Erfordernissen kündigt (BAG 25. 9. 1956 AP KSchG § 1 Nr. 18). Das galt auch, wenn die Weiterbeschäftigung des Arbeitnehmers nur nach einer Um- oder Einschulung möglich ist (BAG 7. 5. 1968 AP KSchG § 1 Nr. 18 Betriebsbedingte Kündigung) oder eine Weiterbeschäftigung des Arbeitnehmers nach geänderten Arbeitsbedingungen möglich ist (BAG 12. 12. 1968 AP KSchG § 1 Nr. 20 Betriebsbedingte Kündigung). Auch bei einer personenbedingten

D. Widerspruch des Betriebsrats gegen eine ordentliche Kündigung § 102

Kündigung wurde als erheblich angesehen, ob der Arbeitgeber den Arbeitnehmer an einer anderen Arbeitsstelle beschäftigen kann (BAG 12. 3. 1968 AP KSchG § 1 Nr. 1 Krankheit).

Diese Tatbestände hat das Gesetz in Nr. 3 bis 5 ausdrücklich als **Widerspruchsgründe** **160** eingeführt und in § 1 Abs. 2 Satz 2 Nr. 1 lit. b und Satz 3 KSchG ihre Bedeutung für die Sozialwidrigkeit der Kündigung festgelegt (s. auch Rn. 194 ff.). Es wird jedoch nicht mehr lediglich darauf abgestellt, ob der Arbeitnehmer in demselben Betrieb anderweitig beschäftigt werden kann (vgl. vor allem BAG 25. 9. 1956 AP KSchG § 1 Nr. 18), sondern es wird durch die **Bestimmung in Nr. 3,** der § 1 Abs. 2 Satz 2 Nr. 1 lit. b KSchG entspricht, die Beschäftigungsmöglichkeit auf **andere Betriebe des Unternehmens** ausgedehnt: Der Betriebsrat kann der Kündigung widersprechen, wenn der Arbeitnehmer an einem anderen Arbeitsplatz im selben Betrieb oder in einem anderen Betrieb des Unternehmens weiterbeschäftigt werden kann. Die in **Nr. 4** und **Nr. 5** genannten Fälle enthalten *selbständige Widerspruchsgründe*: Der Betriebsrat kann der Kündigung auch widersprechen, wenn die Weiterbeschäftigung des Arbeitnehmers nach **zumutbaren Umschulungs- oder Fortbildungsmaßnahmen** möglich ist (Nr. 4) oder wenn sie unter **geänderten Vertragsbedingungen** möglich ist und der Arbeitnehmer sein Einverständnis hiermit erklärt hat (Nr. 5).

b) Die in Nr. 3 bis 5 genannten Widerspruchsgründe kommen vor allem bei einer **161** **betriebsbedingten Kündigung** in Betracht. Sie können aber auch bei einer **personenbedingten Kündigung** gegeben sein (ebenso GK-*Raab*, § 102 Rn. 121; GL-*Löwisch*, § 102 Rn. 64; Jaeger/Röder/Heckelmann/*Jaeger*, Kap. 25 Rn. 119; *Löwisch/Kaiser*, § 102, Rn. 36; HSWGNR-*Schlochauer*, § 102 Rn. 115; *Stege/Weinspach/Schiefer*, § 102 Rn. 116; s. ausführlich Rn. 146).

Möglich ist sogar, dass der Betriebsrat aus den hier genannten Gründen einer **ver- 162 haltensbedingten Kündigung** widersprechen kann (ebenso BAG 16. 3. 1978 AP BetrVG 1972 § 102 Nr. 15; 22. 7. 1982 AP KSchG 1969 § 1 Nr. 5 Verhaltensbedingte Kündigung; LAG Düsseldorf 13. 11. 1975, BB 1976, 464; ArbG Ludwigshafen 6. 3. 1972, EzA § 102 BetrVG 1972 Nr. 1 = BB 1972, 446; a. A. ArbG Saarbrücken 13. 4. 1972, EzA § 102 BetrVG 1972 Nr. 4; GL-*Löwisch*, § 102 Rn. 64; Jaeger/Röder/Heckelmann/ *Jaeger*, Kap. 25 Rn. 119; HSWGNR-*Schlochauer*, § 102 Rn. 115; *Stege/Weinspach/ Schiefer*, § 102 Rn. 114; s. ausführlich Rn. 146). Ein Widerspruchsrecht ist insbesondere anzuerkennen, wenn ein Arbeitnehmer ohne sein Verschulden schlechte Leistungen erbringt, aber auf einem anderen Arbeitsplatz in der Lage wäre, ordnungsgemäß zu arbeiten, es sich also um Grenzfälle zu einer personenbedingten Kündigung handelt (ebenso LAG Düsseldorf, BB 1976, 464; im Ergebnis auch HSWGNR-*Schlochauer*, § 102 Rn. 93 und *Stege/Weinspach/Schiefer*, § 102 Rn. 114). Aber auch wenn der Arbeitnehmer durch sein Verschulden nicht mehr auf dem bisherigen Arbeitsplatz beschäftigt werden kann, z. B. weil er mit einem Kollegen zerstritten ist und gegenüber diesem häufig ausfällig wird, ist eine Kündigung nur sozial gerechtfertigt, wenn eine anderweitige Beschäftigungsmöglichkeit nicht vorhanden oder wegen des schuldhaften Fehlverhaltens dem Arbeitgeber nicht zumutbar ist (vgl. BAG AP KSchG 1969 § 1 Nr. 5 Verhaltensbedingte Kündigung).

4. Möglichkeit der Weiterbeschäftigung auf einem anderen Arbeitsplatz (Nr. 3)

Der Widerspruchsgrund nach Nr. 3 ist gegeben, wenn der Betriebsrat geltend macht, **163** dass der zu kündigende Arbeitnehmer an einem **anderen Arbeitsplatz im selben Betrieb** oder in einem **anderen Betrieb des Unternehmens weiterbeschäftigt** werden kann, auch wenn dies nur nach zumutbaren Umschulungs- oder Fortbildungsmaßnahmen oder unter geänderten Vertragsbedingungen möglich ist.

a) Voraussetzung ist, dass der Betriebsrat die Weiterbeschäftigungsmöglichkeit auf **164** einem **anderen Arbeitsplatz** für gegeben hält. Er kann der Kündigung deshalb **nicht** mit der **Möglichkeit der Weiterbeschäftigung auf dem bisherigen Arbeitsplatz** widersprechen (ebenso BAG 12. 9. 1985 AP BetrVG 1972 § 102 Nr. 7 Weiterbeschäftigung; GK-*Raab*, § 102 Rn. 119; GL-*Löwisch*, § 102 Rn. 62 a; *Löwisch/Kaiser*, § 102, Rn. 35; HaKo-BetrVG/*Braasch*, § 102 Rn. 95; HSWGNR-*Schlochauer*, § 102 Rn. 117; DKK-*Kittner/Bachner*, § 102 Rn. 200; *Stege/Weinspach/Schiefer*, § 102 Rn. 134; *v. Hoyningen-Huene/Linck*, KSchG, § 1 Rn. 1053; *Gamillscheg*, FS 25 Jahre BAG, S. 117, 129; *Hanau*, BB 1972, 451, 454; ErfK-*Kania*, § 102 Rn. 20; *Richardi*, DB 1974, 1335, 1338; a. A. *Fitting*, § 102 Rn. 90; KR-*Etzel*, § 102 Rn. 164; *Bösche*, Rechte des Betriebsrats bei Kündigungen, S. 124 f.). Der gegenteilige Standpunkt wird vor allem damit begründet, dass das Widerspruchsrecht, das bei Weiterbeschäftigungsmöglichkeit auf einem anderen Arbeitsplatz eingeräumt sei, erst recht dann anerkannt werden müsse, wenn der Arbeitnehmer auf seinem bisherigen Arbeitsplatz weiterbeschäftigt werden könne (vgl. *Fitting*, a. a. O.; *Etzel*, a. a. O.). Mit dieser Begründung wird allerdings die Limitierung des Widerspruchsrechts aufgehoben. Dies kann auch nicht damit gerechtfertigt werden, dass für die Differenzierung kein sachlicher Grund bestehe (so aber *Klebe/Schumann*, Recht auf Beschäftigung, S. 157). Der eindeutige Gesetzeswortlaut, die Entstehungsgeschichte und der systematische Zusammenhang mit § 1 Abs. 2 KSchG stehen dieser Interpretation entgegen (ebenso BAG AP BetrVG 1972 § 102 Nr. 7 Weiterbeschäftigung). Ließe man für den Widerspruch die Weiterbeschäftigungsmöglichkeit auf dem bisherigen Arbeitsplatz genügen, so würde man ihn auf alle Fälle der Sozialwidrigkeit erstrecken. Mit dem Hinweis einer Weiterbeschäftigungsmöglichkeit auf dem bisherigen Arbeitsplatz macht der Betriebsrat letztlich nichts anderes geltend als das Fehlen des Kündigungsgrunds selbst (so zutreffend *v. Hoyningen-Huene/Linck*, KSchG, § 1 Rn. 531 a).

165 Eine **Ausnahme** ist nur anzuerkennen, wenn der Betriebsrat geltend macht, die **Weiterbeschäftigung** des Arbeitnehmers **auf dem bisherigen Arbeitsplatz** sei **nach zumutbaren Umschulungs- oder Fortbildungsmaßnahmen möglich;** denn Nr. 4 verlangt nicht, dass die Umschulung oder Fortbildung die Weiterbeschäftigung auf einem anderen Arbeitsplatz ermöglicht. In Betracht kommt auch, dass die Weiterbeschäftigungsmöglichkeit nach einer Änderung des Vertragsinhalts besteht (Nr. 5). Im letzteren Fall ist aber zu berücksichtigen, dass die Möglichkeit der Weiterbeschäftigung unter geänderten Vertragsbedingungen sich vornehmlich auf die Zuweisung eines anderen Arbeitsbereichs bezieht, also nicht eine Verschlechterung des Vertragsinhalts um ihrer selbst willen als Preis für den Fortbestand des Arbeitsverhältnisses legitimiert.

166 b) Der **Begriff des Arbeitsplatzes** ist kündigungsschutzrechtlich unter dem Gesichtspunkt zu interpretieren, dass **keine Möglichkeit zur anderweitigen Beschäftigung** des Arbeitnehmers besteht. Der Begriff ist weiter als der Versetzungsbegriff (§ 95 Abs. 3). Deshalb wird auch der Fall erfasst, dass der Arbeitnehmer zwar am selben Arbeitsplatz, aber in einer anderen Schicht weiterbeschäftigt werden kann (ebenso ArbG Ludwigshafen 6. 3. 1972, EzA § 102 BetrVG 1972 Nr. 1; *Fitting*, § 102 Rn. 90; GK-*Raab*, § 102 Rn. 119; HSWGNR-*Schlochauer*, § 102 Rn. 117; DKK-*Kittner/Bachner*, § 102 Rn. 200).

167 Die Möglichkeit einer anderweitigen Beschäftigung setzt das **Vorhandensein eines freien Arbeitsplatzes** voraus (vgl. BAG 29. 3. 1990 AP KSchG 1969 § 1 Nr. 50 Betriebsbedingte Kündigung). Als frei ist ein Arbeitsplatz anzusehen, der zum Zeitpunkt des Zugangs der Kündigung unbesetzt ist oder bis zum Ablauf der Kündigungsfrist, z. B. auf Grund des Ausscheidens eines anderen Arbeitnehmers, zur Verfügung stehen wird. Den freien Arbeitsplatz muss der Betriebsrat in seinem Widerspruch benennen.

168 c) Das Widerspruchsrecht besteht nicht nur bei einer Weiterbeschäftigungsmöglichkeit in demselben Betrieb, sondern es ist auch gegeben, wenn der Arbeitnehmer in einem **anderen Betrieb des Unternehmens** weiterbeschäftigt werden kann. Das Gesetz hat dagegen die Weiterbeschäftigungsmöglichkeit **nicht** auf den **Konzern** erstreckt; denn der Kündigungsschutz ist grundsätzlich nicht konzerndimensional gestaltet (vgl. BAG

14. 10. 1982 AP KSchG 1969 § 1 Nr. 1 Konzern; 22. 5. 1986 und 27. 11. 1991 AP KSchG 1969 § 1 Nr. 4 und 6 Konzern). Deshalb kann der Widerspruch gegen eine Kündigung in der Regel nicht darauf gestützt werden, dass der Arbeitnehmer im Bereich des Konzerns beschäftigt werden kann (ebenso BAG 14. 10. 1982 AP KSchG 1969 § 1 Nr. 1 Konzern; GL-*Löwisch,* § 102 Rn. 63; *Löwisch/Kaiser,* § 102 Rn. 34; HaKo-BetrVG/*Braasch,* § 102 Rn. 95; HSWGNR-*Schlochauer,* § 102 Rn. 119; *Stege/Weinspach/Schiefer,* § 102 Rn. 136; HWK-*Ricken,* § 102 Rn. 73). Teilweise nimmt man an, dass die **GmbH & Co. KG** ein Sonderfall ist. Sofern die GmbH ausnahmsweise einen besonderen Betrieb unterhält, kann danach der Widerspruch damit begründet werden, dass der Arbeitnehmer im Betrieb der GmbH oder in einem Betrieb der KG weiterbeschäftigt werden kann (*Bösche,* Rechte des Betriebsrats bei Kündigungen, S. 121; *Klebe/Schumann,* Recht auf Beschäftigung, S. 147). An weiteren Ausnahmen eines konzernweiten Kündigungsschutzes erkennt Rechtsprechung und herrschende Lehre zurecht den arbeitsvertraglich vorbehaltenen konzernweiten Einsatz des Arbeitnehmers oder eine entsprechende Zusage des Arbeitgebers an (BAG 23. 3. 2006 – 2 AZR 177/05, juris, BAG 27. 11. 1991 AP KSchG 1989 § 1 Nr. 6 Konzern; *Stahlhacke/Preis/Vossen,* Kündigung und Kündigungsschutz, Rn. 628). Das findet dann auch seinen Niederschlag im Widerspruchsrecht des Betriebsrats.

d) Soweit die Weiterbeschäftigung an einem anderen Arbeitsplatz eine **Versetzung des Arbeitnehmers** erfordert (s. Rn. 155), liegt in dem Widerspruch zugleich die **Zustimmung des Betriebsrats** (*Richardi,* DB 1974, 1335, 1336 ebenso Gk-*Raab* § 102 Rn. 124; HaKo-BetrVG/*Braasch,* § 102 Rn. 97; a. A.: *Gussone,* AuR 1994, 245, 249; *Griese* BB 1995, 458, 463). Macht der Betriebsrat geltend, dass der Arbeitnehmer auf einem freien Arbeitsplatz in einem Betrieb des Unternehmens weiterbeschäftigt werden kann, so muss er dartun, dass der dortige Betriebsrat einer solchen Einstellung zustimmen wird oder schon zugestimmt hat, weil sonst die Beschäftigung des Arbeitnehmers auf diesem Arbeitsplatz nicht möglich ist (HaKo-BetrVG/*Braasch,* § 102 Rn. 97). **169**

e) Erfordert die Weiterbeschäftigung eine **Änderung des Vertragsinhalts,** so ist hier im Gegensatz zu Nr. 5 keine Voraussetzung, dass der Arbeitnehmer sich mit ihr **einverstanden erklärt** hat (ebenso HaKo-BetrVG/*Braasch,* § 102 Rn. 96; *Heinze,* Personalplanung, Rn. 555; a. A. HSWGNR-*Schlochauer,* § 102 Rn. 121). Sinn und Zweck des Widerspruchs ist es nämlich, dass der Betriebsrat eine anderweitige Beschäftigung des Arbeitnehmers für möglich hält, so dass der Arbeitgeber veranlasst werden soll, die entsprechenden Maßnahmen zu ergreifen. Soweit die Zuweisung des anderen Arbeitsplatzes nicht durch sein Direktionsrecht gedeckt ist, sondern der Vertragsinhalt geändert werden muss, ist es nicht Sache des Betriebsrats, sondern des Arbeitgebers, das Einverständnis des Arbeitnehmers herbeizuführen. Im Widerspruch des Betriebsrats liegt dessen Zustimmung zu einer zu diesem Zweck notwendig werdenden Änderungskündigung. **170**

5. Möglichkeit der Weiterbeschäftigung des Arbeitnehmers nach zumutbaren Umschulungs- und Fortbildungsmaßnahmen (Nr. 4)

Der Widerspruchsgrund nach Nr. 4 liegt vor, wenn der Betriebsrat geltend macht, dass die **Weiterbeschäftigung des Arbeitnehmers nach zumutbaren Umschulungs- oder Fortbildungsmaßnahmen** möglich ist. **171**

a) Eine Überschneidung mit Nr. 3 liegt insoweit vor, als die Weiterbeschäftigung auf einem anderen Arbeitsplatz Umschulungs- oder Fortbildungsmaßnahmen erfordert. Nr. 4 hat aber einen selbständigen Anwendungsbereich, ist also **kein Unterfall der Nr. 3.** Der Widerspruchsgrund greift auch ein, wenn der Arbeitgeber die Kündigung mit einer fehlenden Eignung des Arbeitnehmers für die Weiterbeschäftigung auf dem bisherigen Arbeitsplatz begründet, der Betriebsrat aber geltend macht, dass der Mangel durch Umschulungs- oder Fortbildungsmaßnahmen behoben werden kann (ebenso GK-*Raab,* § 102 Rn. 128; HSWGNR-*Schlochauer,* § 102 Rn. 125). Sieht man von diesem Fall ab, **172**

§ 102

so muss wie bei Nr. 3 auch hier in demselben Betrieb oder in einem anderen Betrieb des Unternehmens ein freier Arbeitsplatz verfügbar sein (ebenso GK-*Raab*, § 102 Rn. 129; *Birk*, FS Kissel 1994, S. 51, 63). Außerdem muss mit hinreichender Sicherheit voraussehbar sein, dass nach Abschluss der Maßnahmen eine Beschäftigungsmöglichkeit auf Grund der durch die Umschulung oder Fortbildung erworbenen Qualifikation besteht (vgl. BAG 7. 2. 1991 AP KSchG 1969 § 1 Nr. 1 Umschulung). Diese Umschulung muss grundsätzlich auf einen **gleichwertigen Arbeitsplatz** gerichtet sein, nicht aber auf einen höherwertigen. Eine Beförderung via BetrVG ist abzulehnen (zu Ausnahmen siehe die gleichgelagerte Frage bei § 97 Rn. 12 f.).

173 b) Die Umschulungs- oder Fortbildungsmaßnahme muss **dem Arbeitgeber zumutbar** sein. Da der Betriebsrat bei der Personalplanung über Art und Umfang der erforderlichen Maßnahmen der Berufsbildung ein Beratungsrecht hat (§ 92 Abs. 1 Satz 2) und außerdem an der Einrichtung und Durchführung betrieblicher Bildungsmaßnahmen nach §§ 97, 98 beteiligt ist, kann er die in diesem Zusammenhang gewonnenen Kenntnisse heranziehen, um zu beurteilen, ob dem Arbeitgeber nach Art und Umfang des Betriebs zugemutet werden kann, den Arbeitnehmer umzuschulen, um ihn weiterzubeschäftigen. Eine Umschulung oder Fortbildung ist dem Arbeitgeber nicht zumutbar, wenn sie in angemessener Zeit offenbar keinen Erfolg verspricht oder der **Arbeitnehmer** ihr **nicht zustimmt**; denn gegen dessen Willen kann keine Umschulung oder Fortbildung durchgeführt werden (ebenso *Fitting*, § 102 Rn. 91, 95 f.; GK-*Raab*, § 102 Rn. 132; GL-*Löwisch*, § 102 Rn. 71; HSWGNR-*Schlochauer*, § 102 Rn. 128; HWK-*Ricken*, § 102 Rn. 76; a. A.: Ha-Ko-BetrVG/*Braasch*, § 102 Rn. 99). Der Betriebsrat hat auch dies darzulegen, damit ein wirksam erhobener Widerspruch vorliegt. Der Gesetzestext verlangt zwar nicht, dass die Einverständniserklärung des Arbeitnehmers vorliegen muss. Aus dem Kriterium der Zumutbarkeit ergibt sich aber, dass der Betriebsrat den Arbeitgeber nicht auf eine Weiterbeschäftigungsmöglichkeit nach Umschulungs- oder Fortbildungsmaßnahmen verweisen kann, wenn der Arbeitnehmer es ablehnt, sich ihnen zu unterziehen. Deshalb ist der Widerspruch nur beachtlich, wenn der Arbeitnehmer sein Einverständnis erklärt hat (ebenso *Fitting*, § 102 Rn. 91; HSWGNR-*Schlochauer*, § 102 Rn. 128; a. A. für Möglichkeit der Zustimmung noch im Kündigungsschutzprozess *Heinze*, Personalplanung, Rn. 558).

6. Möglichkeit der Weiterbeschäftigung des Arbeitnehmers nach geänderten Vertragsbedingungen (Nr. 5)

174 Ein selbständiger Widerspruchsgrund ist schließlich nach Nr. 5, dass eine **Weiterbeschäftigung unter geänderten Vertragsbedingungen** möglich ist und der **Arbeitnehmer sein Einverständnis hiermit erklärt** hat.

175 a) Dieser Widerspruchsgrund bildet einen **Auffangtatbestand** (so zutreffend DKK-*Kittner/Bachner*, § 102 Rn. 217). Soweit die Weiterbeschäftigung auf einem anderen Arbeitsplatz in Betracht kommt, ist nämlich bereits Nr. 3 einschlägig, für die keine Rolle spielt, ob die Beschäftigung auf einem anderen Arbeitsplatz eine Änderung des Vertragsinhalts erfordert (s. Rn. 170). Bei der Nr. 4 muss dagegen wie hier der Arbeitnehmer sein Einverständnis mit der Teilnahme an Umschulungs- oder Fortbildungsmaßnahmen erklärt haben (s. Rn. 173). Demnach hat Nr. 5 einen selbständigen Anwendungsbereich nur, wenn das Arbeitsverhältnis gekündigt werden soll, weil die bisherigen Vertragsbedingungen nicht beibehalten werden können. Für diesen Fall kann der Betriebsrat der Kündigung widersprechen, wenn der Arbeitnehmer sein Einverständnis mit geänderten Vertragsbedingungen erklärt hat, unter denen seine Weiterbeschäftigung möglich ist. In Betracht kommt hier vor allem eine Änderung der vertraglich vereinbarten Arbeitszeit, z. B. die Einführung von Teilzeitarbeit, oder die Herabsetzung übertariflicher Entgeltbestandteile (ebenso HSWGNR-*Schlochauer*, § 102 Rn. 134).

176 Der Widerspruchsgrund setzt voraus, dass der **Arbeitnehmer** sein **Einverständnis zur Änderung des Vertragsinhalts erklären kann**. Der Betriebsrat kann deshalb einer Kündi-

gung nicht widersprechen, soweit die Arbeitsbedingungen für die Arbeitsvertragsparteien rechtsverbindlich durch Tarifvertrag oder Betriebsvereinbarung festgelegt sind. Das Widerspruchsrecht entfällt aber nicht schon deshalb, weil die vom Betriebsrat vorgeschlagene Änderung des Vertragsinhalts zur Sicherung der Weiterbeschäftigungsmöglichkeit eine Angelegenheit betrifft, die nach § 87 der Mitbestimmung des Betriebsrats unterliegt; denn das dort eingeräumte Mitbestimmungsrecht bewirkt keine partielle Beseitigung der Vertragsfreiheit (s. § 87 Rn. 123 ff.). Der Betriebsrat hat deshalb nicht nur nach § 87 Abs. 1 Nr. 3 ein als Mitbestimmungsrecht gestaltetes Initiativrecht, dass zur Vermeidung betriebsbedingter Kündigungen Kurzarbeit eingeführt wird (s. § 87 Rn. 365); er kann vielmehr auch einer aus dringenden betrieblichen Gründen beabsichtigten Kündigung widersprechen, wenn der Arbeitnehmer bei Einführung von Kurzarbeit weiterbeschäftigt werden kann und er sich mit der Möglichkeit einer vorübergehenden Verkürzung der Arbeitszeit einverstanden erklärt (ebenso DKK-*Kittner/Bachner*, § 102 Rn. 219; GL-*Löwisch*, § 102 Rn. 78; HaKo-BetrVG/*Braasch*, § 102 Rn. 95 Fn. 331; *Klebe/Schumann*, Recht auf Beschäftigung, S. 166 f.; a. A. LAG Düsseldorf 29. 5. 1974, DB 1974, 2113; ErfK-*Kania*, § 102 Rn. 22; HSWGNR-*Schlochauer*, § 102 Rn. 134).

b) Die **Einverständniserklärung des Arbeitnehmers** ist eine **Wirksamkeitsvoraussetzung für den Widerspruch.** Nicht erforderlich ist, dass der Arbeitgeber ein Vertragsangebot macht, sondern das hier eingeräumte Widerspruchsrecht geht im Gegenteil davon aus, dass der Betriebsrat die Initiative ergreift (ebenso *Fitting*, § 102 Rn. 95; *Wank*, RdA 1987, 129, 140). Daher genügt es, dass der Arbeitnehmer sein Einverständnis dem Betriebsrat erklärt hat; denn mit der Erhebung des Widerspruchs wird die Erklärung dem Arbeitgeber übermittelt (a. A. kein Vertragsangebot an den Arbeitgeber „auf dem Weg über den Betriebsrat" *Heinze*, Personalplanung, Rn. 563). 177

Die Einverständniserklärung braucht nicht unbedingt zu sein, sondern sie kann unter dem **Vorbehalt** stehen, dass eine **Änderung der Arbeitsbedingungen sozial gerechtfertigt** ist (ebenso *Fitting*, § 102 Rn. 96; GK-*Raab*, § 102 Rn. 138; DKK-*Kittner/Bachner*, § 102 Rn. 221; HaKo-BetrVG/*Braasch*, § 102 Rn. 100; HWK-*Ricken*, § 102 Rn. 78; KR-*Etzel*, § 102 Rn. 173; *v. Hoyningen-Huene/Linck*, KSchG, § 1 Rn. 1063; *Bösche*, Rechte des Betriebsrats bei Kündigungen, S. 133; *Klebe/Schumann*, Recht auf Beschäftigung, S. 164 f.; a. A. GL-*Löwisch*, § 102 Rn. 77; HSWGNR-*Schlochauer*, § 102 Rn. 135; *Meisel*, Mitwirkung und Mitbestimmung in personellen Angelegenheiten, Rn. 530). Der Widerspruch führt dann zwar nicht dazu, dass die Kündigung unterbleiben kann, wenn der Arbeitgeber das vom Betriebsrat übermittelte Vertragsangebot übernimmt; denn der Arbeitnehmer hat es nur unter Vorbehalt angenommen (vgl. § 150 Abs. 2 BGB). Der Arbeitgeber muss eine Änderungskündigung aussprechen. Folgt er dem Vorschlag des Betriebsrats, so braucht er für sie ihn nicht mehr gesondert anzuhören. Der Arbeitnehmer kann gemäß § 4 Satz 2 KSchG die Änderungsschutzklage erheben. Da hier das Vertragsangebot von ihm ausgegangen ist, braucht er nicht mehr nach Zugang der Änderungskündigung die Erklärung gemäß § 2 KSchG abzugeben; denn in dem Regelfall, von dem § 2 KSchG ausgeht, macht der Arbeitgeber mit der Kündigung das Vertragsangebot, so dass die Annahme durch den Arbeitnehmer erfolgt. Der hier vorliegende Fall ist aber § 2 KSchG gleichzustellen, so dass der Arbeitnehmer die Möglichkeit hat, gemäß § 4 Satz 2 KSchG nachprüfen zu lassen, ob die Änderung der Arbeitsbedingungen sozial gerechtfertigt ist (vgl. aber auch *Heinze*, Personalplanung, Rn. 562 ff., der neben der Einverständniserklärung gegenüber dem Betriebsrat eine Erklärung gegenüber dem Arbeitgeber nach § 2 KSchG verlangt und daher auch bei einer vorbehaltlosen Einverständniserklärung gegenüber dem Betriebsrat für zulässig hält, dass der Arbeitnehmer dem Arbeitgeber gegenüber sein Einverständnis nur unter dem Vorbehalt des § 2 KSchG erklärt). 178

IV. Frist und Form des Widerspruchs

1. Frist

179 Der Widerspruch muss dem Arbeitgeber **innerhalb der Anhörungsfrist** zugehen (s. Rn. 98, 100 ff.); denn er ist ein Fall der Stellungnahme des Betriebsrats im Anhörungsverfahren. Daraus folgt, dass der Betriebsrat der Kündigung nicht mehr nach Ablauf der **Wochenfrist** widersprechen kann. Aber auch vorher ist ein Widerspruchsrecht ausgeschlossen, wenn der Betriebsrat seine Zustimmung zur Kündigung erteilt oder zu ihr abschließend Stellung genommen hat, auch wenn dies nur mündlich geschehen ist (ebenso HaKo-BetrVG/*Braasch*, § 102 Rn. 102; *Matthes*, MünchArbR, 2. Aufl., § 356 Rn. 32). Sofern er Bedenken gegen die Kündigung erhoben hat, ist dagegen das Anhörungsverfahren nur abgeschlossen, wenn er die Bedenken unter Angabe der Gründe dem Arbeitgeber innerhalb der Wochenfrist schriftlich mitgeteilt hat (Abs. 2 Satz 1; s. auch Rn. 96). Bei lediglich mündlich geäußerten Bedenken kann er die Schriftform noch innerhalb der Wochenfrist nachholen, so dass er auch noch einen Widerspruch gemäß Abs. 3 erheben kann; denn der Widerspruch ist nur ein Unterfall der Stellungnahme, durch die Betriebsrat gegen die Kündigung Bedenken erhebt.

2. Form und Begründungszwang

180 a) Obwohl die Bestimmung in Abs. 3 nur anordnet, dass der Betriebsrat innerhalb der Frist des Abs. 2 Satz 1 der ordentlichen Kündigung widersprechen kann, ergibt sich aus dem Zusammenhang mit der Regelung in Abs. 2, dass der Widerspruch der **Schriftform** bedarf und begründet sein muss (ebenso LAG Düsseldorf 21. 6. 1974, DB 1974, 2113, DB 1976, 1065 und AuR 1977, 281; *Fitting*, § 102 Rn. 71; GK-*Raab*, § 102 Rn. 110; GL-*Löwisch*, § 102 Rn. 80; *Löwisch/Kaiser*, § 102, Rn. 40 f.; HSWGNR-*Schlochauer*, § 102 Rn. 86; DKK-*Kittner/Bachner*, § 102 Rn. 176; *Stege/Weinspach/Schiefer*, § 102 Rn. 90; a. A. *Bösche*, Rechte des Betriebsrats bei Kündigungen, S. 106 f.; *Klebe/Schumann*, Recht auf Beschäftigung, S. 67 ff., insbes. S. 73). Das wird bestätigt durch die Bestimmung in Abs. 5, wo darauf abgestellt ist, dass der Betriebsrat einer ordentlichen Kündigung frist- und ordnungsgemäß widersprochen hat, und auch durch § 1 Abs. 2 Satz 2 Nr. 1 KSchG, der für die kündigungsschutzrechtlichen Folgen eines Widerspruchs ausdrücklich anordnet, dass der Betriebsrat aus einem der dort genannten Gründe der Kündigung innerhalb der Frist des § 102 Abs. 2 Satz 1 BetrVG schriftlich widersprochen hat (a. A. *Göttling/Hoentges/Zepp*, RdA 1972, 282, 284, die einen mündlichen Widerspruch zur Wahrung der Wochenfrist für ausreichend halten, sofern er in schriftlicher Form nachgereicht wird; ebenso *Gester/Zachert*, ArbRGegw. 12 [1975], 87, 96; abl. *Stege/Weinspach/Schiefer*, § 102 Rn. 93). Für die Schriftform dürfte nach der Rechtsprechung des BAG § 126 BGB nicht maßgeblich sein. Wie es im Zusammenhang mit § 99 Abs. 3 entschieden hat, ist die eigenhändige Unterschrift des Betriebsratsvorsitzenden nicht erforderlich; es reicht eine (Fern-)Kopie (BAG 11. 6. 2002, NZA 2003, 226, s. auch § 99 Rn. 262). Dies dürfte dann auch hier gelten (ebenso DKK-*Kittner*, § 102 Rn. 177; HaKo-BetrVG/*Braasch*, § 102 Rn. 83; a. A.: Gk-*Raab*, § 102 Rn. 98). Der Widerspruch eines Betriebsrats per e-Mail ist jedoch unwirksam (ArbG Frankfurt 16. 3. 2004 CR 2004, 708).

181 **Nicht erforderlich** ist, dass der Betriebsrat seine Stellungnahme ausdrücklich als **Widerspruch bezeichnet** oder auf die Regelung in Abs. 3 hinweist; es genügt, dass der Betriebsrat Bedenken äußert und diese auf Gründe stützt, die nach Abs. 3 möglicherweise ein Widerspruchsrecht geben (ebenso ArbG Ludwigshafen 6. 3. 1972, BB 1972, 446; GL-*Löwisch*, § 102 Rn. 81; *Stege/Weinspach/Schiefer*, § 102 Rn. 89; KR-*Etzel*, § 102 Rn. 136). Da aber dogmatisch der Unterschied von wesentlicher Bedeutung ist,

D. Widerspruch des Betriebsrats gegen eine ordentliche Kündigung § 102

ob der Betriebsrat Widerspruch erhebt oder lediglich Bedenken äußert, die nicht die Folgewirkungen eines Widerspruchs auslösen, muss zumindest aus der Begründung eindeutig hervorgehen, welcher Art seine Gegenvorstellungen sind.

Teilweise lässt man als Widerspruch nur gelten, wenn die Erklärung des Betriebsrats **182** die Entscheidung des Arbeitgebers nicht bloß in Frage stellt, sondern sie eindeutig ablehnt (vgl. LAG Düsseldorf [Köln] 21. 6. 1974, EzA § 102 BetrVG 1972 Beschäftigungspflicht Nr. 4; KR-*Etzel*, § 102 Rn. 136; *Klebe/Schumann*, Recht auf Beschäftigung, S. 66). Erhebt der Betriebsrat aber Bedenken gegen die Kündigung, so ist seine Erklärung im Regelfall als Widerspruch zu interpretieren, wenn sie auf Widerspruchsgründe gestützt wird, es sei denn, dass sich aus ihr eindeutig ergibt, dass der Betriebsrat die Kündigung trotzdem nicht ablehnt.

b) Widerspruch ist nur ordnungsgemäß erhoben, wenn der Betriebsrat in seiner **183** schriftlichen Stellungnahme **Gründe angibt**, die es möglich erscheinen lassen, dass ein Widerspruchsgrund vorliegt (ebenso LAG Düsseldorf 21. 6. 1974, EzA § 102 BetrVG 1972 Beschäftigungspflicht Nr. 3 = DB 1974, 2113 und DB 1976, 1065). Dies ist nach der Rechtsprechung **recht eng** zu verstehen: Ein ordnungsgemäßer Widerspruch soll fehlen, wenn der Widerspruch einer krankheitsbedingten Kündigung in erster Linie mit allgemeinen sozialen Aspekten begründet wird (a. A. LAG Köln 19. 10. 2000, MDR 2001, 517) oder der Betriebsrat seinen auf die fortbestehende Weiterbeschäftigungsmöglichkeit gestützten Widerspruch lediglich damit begründet, dass bestimmte Arbeiten im Betrieb von Subunternehmern auf Grund von Werkverträgen wahrgenommen werden (BAG 11. 5. 2000 AP BetrVG 1972 § 102 Nr. 13 Weiterbeschäftigung; s. auch LAG Schleswig-Holstein 22. 9. 1999, AP BetrVG 1972 § 102 Nr. 12 Weiterbeschäftigung; LAG Hamm 28. 2. 2002 – 16 Sa 1202/01, juris). Nicht erforderlich ist, dass der geltend gemachte Widerspruchsgrund wirklich vorliegt (ebenso LAG Düsseldorf a. a. O.; LAG Hamburg 29. 10. 1975, BB 1976, 184; HSWGNR-*Schlochauer*, § 102 Rn. 87; DKK-*Kittner/Bachner*, § 102 Rn. 181; s. zur Weiterbeschäftigungspflicht auch Rn. 236). An die Begründung des Widerspruchs sind die gleichen Anforderungen zu stellen wie an die Begründung der Zustimmungsverweigerung zu einer personellen Einzelmaßnahme nach § 99 (s. dort Rn. 263 ff.).

Der Betriebsrat muss eine **konkrete auf den Einzelfall bezogene Begründung** geben **184** (ebenso LAG Düsseldorf EzA § 102 BetrVG 1972 Beschäftigungspflicht Nr. 3 = DB 1974, 2113 und DB 1976, 1065; LAG Düsseldorf [Köln], EzA § 102 BetrVG 1972 Beschäftigungspflicht Nr. 4; LAG Niedersachsen, DB 1975, 1899; LAG Hamburg, BB 1976, 184; HaKo-BetrVG/*Braasch*, § 102 Rn. 88). Das Arbeitsgericht muss nämlich im Kündigungsschutzprozess prüfen können, ob der geltend gemachte Widerspruchsgrund besteht und daher die Kündigung nach § 1 Abs. 2 Satz 2 Nr. 1 oder Satz 3 KSchG sozial ungerechtfertigt ist, und bei einem Rechtsstreit über die Weiterbeschäftigungspflicht während des Kündigungsschutzprozesses ist eine Entscheidung darüber, ob der Widerspruch des Betriebsrats offensichtlich unbegründet war (Abs. 5 Satz 2 Nr. 3), nur möglich wenn er mit einer konkreten auf den Einzelfall bezogenen Begründung versehen ist.

Der Betriebsrat muss **Tatsachen vortragen,** aus denen sich für einen mit den betrieb- **185** lichen Verhältnissen vertrauten Arbeitgeber ergibt, dass einer der in Abs. 3 abschließend genannten Widerspruchsgründe in Betracht kommt. Es genügt daher nicht, dass der Betriebsrat den Gesetzestext formelhaft wiederholt oder sich auf allgemeine Erwägungen beschränkt (LAG Schleswig-Holstein 22. 9. 1999 AP BetrVG 1972 § 102 Nr. 12 Weiterbeschäftigung für die Begründung einer fehlerhaften sozialen Auswahl; LAG München 10. 2. 1994, NZA 1994, 1000; ErfK-*Kania*, § 102 Rn. 15; *Fitting*, § 102 Rn. 71). Nicht notwendig ist aber, dass der Widerspruch *schlüssig* begründet ist (so aber ArbG Bochum 7. 3. 1974, DB 1974, 730; LAG Schleswig-Holstein, AP BetrVG 1972 § 102 Nr. 12; wie hier LAG Hamm 22. 7. 2005 – 10 Sa 1272/05, juris; KR-*Etzel*, § 102 BetrVG Rn. 143; *Fitting*, § 102 Rn. 71). Der Widerspruch hat im Kündigungsschutzprozess für den betroffenen Arbeitnehmer nur eine Unterstützungsfunktion und kann deshalb durch dessen Sachvortrag ergänzt werden (s. auch Rn. 179); auch der Begrenzung der Entbindung von der Weiterbeschäftigungspflicht durch Abs. 5 Satz 2 wäre weitgehend der Boden entzogen, wenn man verlangen würde, dass der Tatsachenvortrag des Betriebsrats schlüssig einen Widerspruchsgrund ergibt. Gefordert wird nicht einmal, dass die Begründung stichhaltig ist (HSWGNR-*Schlochauer*, § 102 Rn. 87) oder ohne weiteres einleuchtet (*Fitting*, § 102 Rn. 71). Ein Widerspruch, der die im Gesetz genannten Rechtsfolgen für den Arbeitnehmer im Kündigungsrechtsstreit haben soll, muss jedoch tatsächliche Angaben enthalten, die es *möglich* erscheinen lassen, dass einer der in Abs. 3 abschließend genannten Widerspruchsgründe vorliegt (enger LAG Hamm a. a. O nach dem der Betriebsrat konkret darlegen muss, auf welchem freien Arbeitsplatz eine Weiterbeschäftigung in Betracht kommt) Mehr wird man jedoch in Anbetracht der kurzen Einlassungsfrist des Betriebsrats nicht verlangen können. Dass damit die Anforderungen an die Stellungnahme des Betriebsrats u. U. geringere sein können als an die Unterrichtungspflicht des Arbeitgebers, muss hingenommen werden.

186   Beanstandet der Betriebsrat die **soziale Auswahl** (Abs. 3 Nr. 1), so muss er angeben, welche Arbeitnehmer vergleichbar sind und damit für die Sozialauswahl in Betracht kommen. Etwas anderes gilt nur, wenn das Gewicht der Sozialdaten bereits ein Indiz dafür darstellt, dass der Arbeitgeber bei der Sozialauswahl die in § 1 Abs. 3 Satz 1 KSchG genannten sozialen Grunddaten im Verhältnis zueinander fehlerhaft bewertet hat, z. B. wenn einem Familienvater mit drei minderjährigen Kindern gekündigt werden soll, obwohl auf gleichen Arbeitsplätzen andere Arbeitnehmer mit nicht so weitreichenden Unterhaltsverpflichtungen tätig sind. Grundsätzlich muss sich die Darlegung des Betriebsrats am Vortrag des Arbeitgebers orientieren: Hat der Arbeitgeber seine Auswahlüberlegungen dezidiert – etwa anhand eines Punkteschemas – mitgeteilt, so gebietet die Konkretisierungspflicht des Abs. 3 Satz 1 eine konkrete Stellungnahme, warum die Auswahlüberlegungen des Arbeitgebers nicht ausreichend sein sollen (BAG 9. 7. 2003 AP Nr. 14 zu § 102 BetrVG 1972 Weiterbeschäftigung; ebenso KR-*Etzel*, § 102 BetrVG Rn. 151; weitergehend *Stege/Weinspach/Schiefer* § 102 Rn. 126; **a. A.** *Fitting* § 102 Rn. 81; DKK/*Kittner/Bachner*, § 102 Rn. 188; GK-*Raab* § 102 Rn. 115 f.; wohl auch *Löwisch/Kaiser* § 102 Rn. 42). Die Präzisierung des Arbeitgebers zwingt dann auch den Betriebsrat zur Präzisierung.

187   Hält der Betriebsrat eine **Weiterbeschäftigung für möglich,** so muss er für Abs. 3 Nr. 3 den freien Arbeitsplatz in seinem Widerspruch nennen bzw. in bestimmbarer Weise anzugeben (BAG 17. 6. 1999 AP BetrVG 1972 § 102 Nr. 11 Weiterbeschäftigung; BAG 24. 3. 1988 AP BGB § 241 Nr. 1; s. auch Rn. 156). Bei Abs. 3 Nr. 4 hat er darzulegen, welche für den Arbeitgeber zumutbare Umschulungs- oder Fortbildungsmaßnahme, an der der Arbeitnehmer bereit ist teilzunehmen, dessen Weiterbeschäftigung auf dem bisherigen oder auf einem anderen freien Arbeitsplatz ermöglicht, und bei Abs. 3 Nr. 5 ist die Einverständniserklärung des Arbeitnehmers zu den geänderten Vertragsbedingungen eine Wirksamkeitsvoraussetzung (s. Rn. 177).

3. Zurücknahme des Widerspruchs

188   Der Betriebsrat kann den Widerspruch zurücknehmen (a. A. HaKo-BetrVG/*Braasch*, § 102 Rn. 102; HSWGNR-*Schlochauer*, § 102 Rn. 89; *dies.*, RdA 1973, 157, 160). Er kann dadurch aber nicht die individualrechtlichen Folgen beseitigen, die ein fristgerecht und ordnungsgemäß erhobener Widerspruch ausgelöst hat. Erfolgt die Rücknahme, nachdem die Kündigungserklärung des Arbeitgebers wirksam geworden, dem Arbeitnehmer also bereits zugegangen ist, so wird dadurch nicht das Recht des Arbeitnehmers auf Weiterbeschäftigung gemäß Abs. 5 aufgehoben (s. Rn. 214); auch im Kündigungsschutzprozess kann der Arbeitnehmer sich weiterhin auf § 1 Abs. 2 Satz 2 und 3 KSchG berufen (ebenso *Fitting*, § 102 Rn. 99; GK-*Raab*, § 102 Rn. 112; KR-*Etzel*, § 102 Rn. 139; *Bösche*, Rechte des Betriebsrats bei Kündigungen, S. 141).

V. Mitteilung des vom Betriebsrat erklärten Widerspruchs an den Arbeitnehmer

Der fristgerecht und ordnungsgemäß erhobene Widerspruch hat nicht zur Folge, dass die ordentliche Kündigung unterbleiben muss; der **Arbeitgeber** ist vielmehr nur **verpflichtet**, dem Arbeitnehmer mit der Kündigung eine Abschrift der **Stellungnahme des Betriebsrats zuzuleiten** (Abs. 4). Diese Mitteilungspflicht besteht auch, wenn der Arbeitnehmer für sein Arbeitsverhältnis nach dem KSchG keinen sozialen Bestandsschutz hat (ebenso GK-*Raab*, § 102 Rn. 143; HSWGNR-*Schlochauer*, § 102 Rn. 140). 189

Durch die Mitteilung wird dem Arbeitnehmer in Angelegenheiten, die der Betriebsrat besser überblicken kann als er, die **Darlegungs- und Beweislast im Kündigungsschutzprozess** erleichtert (vgl. auch Begründung des RegE, BT-Drucks. VI/1786, S. 52). Der Arbeitnehmer hat nämlich bei einem Verstoß des Arbeitgebers gegen die soziale Auswahlpflicht die Beweislast (§ 1 Abs. 3 Satz 3 KSchG). Im Übrigen hat zwar für den Kündigungsgrund der Arbeitgeber die Beweislast (§ 1 Abs. 2 Satz 4 KSchG). Kann er aber nachweisen, dass der Arbeitnehmer aus personen-, verhaltens- oder betriebsbedingten Gründen nicht mehr auf seinem bisherigen Arbeitsplatz beschäftigt werden kann, so hat der Arbeitnehmer darzulegen, wie er sich eine anderweitige Beschäftigung vorstellt; er hat insoweit aber nicht eine *Gegenteilsbeweislast,* sondern trägt nur eine *Gegenbeweislast,* weil der Arbeitgeber darzulegen und zu beweisen hat, dass die vom Arbeitnehmer vorgeschlagene anderweitige Beschäftigung nicht möglich ist (vgl. BAG 5. 8. 1976 AP KSchG 1969 § 1 Nr. 1 Krankheit; 3. 2. 1977 und 29. 3. 1990 AP KSchG 1969 § 1 Nr. 4 und 50 Betriebsbedingte Kündigung). 190

Die **Verletzung der Mitteilungspflicht** hat auf die Kündigung keine unmittelbare Rechtswirkung (a. A. *Düwell,* NZA 1988, 866 ff.). Da durch die Mitteilungspflicht aber die Fürsorgepflicht des Arbeitgebers aus dem Arbeitsverhältnis konkretisiert wird, kann ein **Schadensersatzanspruch des Arbeitnehmers wegen positiver Forderungsverletzung** gegeben sein, freilich nur dann wenn das Verhalten des Betriebsrats kausal für einen Schaden des Arbeitnehmers geworden ist (ebenso LAG Köln 19. 10. 2000, MDR 2001, 517; *Fitting,* § 102 Rn. 100; GK-*Raab,* § 102 Rn. 145; GL-*Löwisch*, § 102 Rn. 84; HSWGNR-*Schlochauer,* § 102 Rn. 140; HWK-*Ricken,* § 102 Rn. 81; KR-*Etzel,* § 102 Rn. 180). Außerdem kommt ein Zwangsverfahren gegen den Arbeitgeber nach § 23 Abs. 3 in Betracht, insbesondere wenn es sich nicht um einen einmaligen Vorfall handelt, sondern dergleichen wiederholt vorkommt (ebenso *Fitting,* § 102 Rn. 100). 191

VI. Die materiell-rechtlichen Auswirkungen des Widerspruchs auf die Rechtsstellung des Arbeitnehmers im Kündigungsschutzprozess

Neben der Mitteilungspflicht treten bei fristgerecht und ordnungsgemäß erhobenem Widerspruch **zwei Rechtsfolgen** ein, die sich unmittelbar auf die materielle Rechtsstellung des Arbeitnehmers auswirken: 192

1. Weiterbeschäftigungspflicht des Arbeitgebers während des Kündigungsschutzprozesses

Hat der Arbeitnehmer Kündigungsschutzklage erhoben, so muss der Arbeitgeber ihn auf Verlangen nach Ablauf der Kündigungsfrist bis zum rechtskräftigen Abschluss des Rechtsstreits bei unveränderten Arbeitsbedingungen weiterbeschäftigen, sofern er nicht durch einstweilige Verfügung von dieser Verpflichtung entbunden wird (Abs. 5; s. Rn. 189 ff.). 193

2. Erweiterung des materiellen Kündigungsschutzes

194 a) Besteht ein Widerspruchsgrund nach Abs. 3 Nr. 2 bis 5 und hat der Betriebsrat deswegen der Kündigung widersprochen, so ist das ein **absoluter Grund für die Sozialwidrigkeit der Kündigung** (vgl. BAG 13. 9. 1973 AP KSchG 1969 Nr. 2 § 1). Diese Rechtsfolge des Widerspruchs war durch § 123 als Satz 2 in § 1 Abs. 2 KSchG eingefügt worden. Die geltende Fassung in § 1 Abs. 2 Satz 2 und 3 KSchG beruht auf § 114 Nr. 1 des Bundespersonalvertretungsgesetzes (BPersVG) vom 15. 3. 1974 (BGBl. I S. 693). Sie lautet:

> „Die Kündigung ist auch sozial ungerechtfertigt, wenn
> 1. in Betrieben des privaten Rechts
>   a) die Kündigung gegen eine Richtlinie nach § 95 des Betriebsverfassungsgesetzes verstößt,
>   b) der Arbeitnehmer an einem anderen Arbeitsplatz in demselben Betrieb oder in einem anderen Betrieb des Unternehmens weiterbeschäftigt werden kann
> und der Betriebsrat oder eine andere nach dem Betriebsverfassungsgesetz insoweit zuständige Vertretung der Arbeitnehmer aus einem dieser Gründe der Kündigung innerhalb der Frist des § 102 Abs. 2 Satz 1 des Betriebsverfassungsgesetzes schriftlich widersprochen hat,
> 2. ...
>
> Satz 2 gilt entsprechend, wenn die Weiterbeschäftigung des Arbeitnehmers nach zumutbaren Umschulungs- oder Fortbildungsmaßnahmen oder eine Weiterbeschäftigung des Arbeitnehmers unter geänderten Arbeitsbedingungen möglich ist und der Arbeitnehmer sein Einverständnis hiermit erklärt hat".

195 Nicht erwähnt wird in § 1 Abs. 2 Satz 2 und 3 KSchG der hier in Abs. 3 Nr. 1 genannte **Widerspruchsgrund der Nichtberücksichtigung oder nicht ausreichenden Berücksichtigung sozialer Gesichtspunkte bei der Auswahl des zu kündigenden Arbeitnehmers.** Aber die Verletzung der sozialen Auswahlpflicht führt bei einer betriebsbedingten Kündigung auch dann zu deren Sozialwidrigkeit, wenn der Betriebsrat deshalb keinen Widerspruch gegen die Kündigung erhoben hat (§ 1 Abs. 3 Satz 1 KSchG). Der Widerspruch erleichtert deshalb hier dem Arbeitnehmer nur die ihm nach § 1 Abs. 3 Satz 3 KSchG obliegende Beweislast.

196 b) Verstößt die Kündigung gegen eine **Auswahlrichtlinie** (§ 95), so ist sie sozial ungerechtfertigt und deshalb rechtsunwirksam, wenn der Betriebsrat deswegen der Kündigung widersprochen hat (§ 1 Abs. 2 Satz 2 Nr. 1 lit. a KSchG). Hier ist allerdings zu berücksichtigen, dass eine Auswahlrichtlinie nicht festlegen kann, ob eine Kündigung sozial gerechtfertigt ist oder nicht. Soweit es um die Sozialauswahl einer betriebsbedingten Kündigung geht, kann die Bewertung der sozialen Grunddaten aber im Verhältnis zueinander nur auf grobe Fehlerhaftigkeit überprüft werden (§ 1 Abs. 4 Satz 1 KSchG).

197 c) § 1 Abs. 2 Satz 2 Nr. 1 lit. b und Satz 3 KSchG beziehen sich auf die **Weiterbeschäftigungsmöglichkeit des Arbeitnehmers,** also auf die hier in Abs. 3 Nr. 3 bis 5 aufgeführten Widerspruchsgründe (s. Rn. 159 ff.). Sie sind so abgegrenzt, dass bei ihrem Vorliegen eine ordentliche Kündigung nicht sozial gerechtfertigt ist. Dem Arbeitsgericht obliegt nur noch die Aufgabe, nachzuprüfen, ob der Widerspruchsgrund tatsächlich vorliegt (s. ausführlich *v. Hoyningen-Huene/Linck,* KSchG, § 1 Rn. 1032 ff.).

198 d) § 1 Abs. 2 Satz 2 und 3 KSchG enthalten **keine abschließende Sonderregelung der Sozialwidrigkeit** (so zunächst LAG Hamm 8. 11. 1972, DB 1973, 482 f.; *Meisel,* DB 1972, 1675, 1679; *Gumpert,* BB 1972, 47, 50; *Wagener,* BB 1972, 1373 f.). Die Formulierung des Gesetzes spricht zwar für eine abschließende Sonderregelung (ebenso *Hanau,* BB 1972, 454), bezweckt war aber eine *Verbesserung* des Kündigungsschutzes (vgl. Begründung des RegE, BT-Drucks. VI/1786, 59; Bericht des BT-Ausschusses für Arbeit und Sozialordnung, *zu* BT-Drucks. VI/2729, S. 7). Man kann § 1 Abs. 2 Satz 2 und 3 KSchG auch so interpretieren, dass hier bei Widerspruch des Betriebsrats die

Kündigung stets sozial ungerechtfertigt ist, wenn einer der genannten Gründe vorliegt, während sonst für die Feststellung der Sozialwidrigkeit maßgebend ist, dass sämtliche Umstände zu berücksichtigen sind (so bereits *Richardi*, ZfA-Sonderheft 1972, 1, 31 f.; zust. BAG 13. 9. 1973 AP KSchG 1969 § 1 Nr. 2 [zust. *G. Hueck*]).

Auch wenn der Betriebsrat der Kündigung **nicht widersprochen** hat, sind daher bei der Nachprüfung, ob eine ordentliche Kündigung nach **§ 1 Abs. 2 Satz 1 KSchG** sozial gerechtfertigt ist, die dort **in Satz 2 und 3 genannten Gründe einzubeziehen** (ebenso BAG 13. 9. 1973 AP KSchG 1969 § 1 Nr. 2 [zust. *G. Hueck*]; 17. 5. 1984 AP KSchG 1969 § 1 Nr. 21 Betriebsbedingte Kündigung; *Fitting*, § 102 Rn. 75 f., 101; GK-*Raab*, § 102 Rn. 157; GL-*Löwisch*, § 102 Rn. 93; HSWGNR-*Schlochauer*, § 102 Rn. 143; *v. Hoyningen-Huene/Linck*, KSchG, § 1 Rn. 1022 ff. m. w. N. aus dem Schrifttum). **199**

E. Weiterbeschäftigung des Arbeitnehmers nach Ablauf der Kündigungsfrist

I. Vorbemerkung

1. Entstehungsgeschichte des Abs. 5

Abs. 5 geht auf den CDU/CSU-Entwurf (BT-Drucks. VI/1806) zurück (vgl. den Bericht des BT-Ausschusses für Arbeit und Sozialordnung, *zu* BT-Drucks. VI/2729, S. 7, 31). Mit dem Widerspruch, für dessen Begründung der Entwurf für ausreichend hielt, dass die Kündigung sozial ungerechtfertigt ist (§ 39 Abs. 2 Satz 2), verband er eine Rechtsfolge, die im RegE noch nicht vorgesehen war: „Widerspricht der Betriebsrat frist- und ordnungsgemäß und hat der Arbeitnehmer gegen die Kündigung Klage nach dem Kündigungsschutzgesetz erhoben, so bleibt das Arbeitsverhältnis mindestens bis zum rechtskräftigen Abschluss des Rechtsstreits bestehen" (§ 39 Abs. 3, BT-Drucks. VI/1806, S. 9). Der BT-Ausschuss für Arbeit und Sozialordnung war mit Mehrheit der Ansicht, dass „im Grundsatz der Bestandsschutz des Arbeitsverhältnisses während des Kündigungsschutzverfahrens nach dem CDU/CSU-Entwurf eine sachgerechte Sicherung des Arbeitsplatzes darstelle" (*zu* BT-Drucks. VI/2729, S. 7). Da der Betriebsrat aber im Gegensatz zum CDU/CSU-Entwurf den Widerspruch nicht darauf stützen kann, dass die Kündigung sozial ungerechtfertigt ist, sondern nur auf eine Sozialwidrigkeit der Kündigung aus den in Abs. 3 abschließend genannten Widerspruchsgründen, bewirkt diese Limitierung eine nicht unerhebliche Einschränkung der Weiterbeschäftigungspflicht (vgl. zur rechtstatsächlichen Bedeutung *Coen*, Recht auf Arbeit, S. 32 ff.). **200**

2. Zweck und rechtsdogmatische Struktur des Abs. 5

a) Durch Abs. 5 wird ein **vorläufiger Bestandsschutz des Arbeitsverhältnisses** geschaffen, der völlig unabhängig davon gestaltet ist, ob die Kündigung sozial gerechtfertigt und daher wirksam ist. Durch die Pflicht zur Weiterbeschäftigung soll gewährleistet werden, dass der Arbeitnehmer im Fall seines Obsiegens im Kündigungsschutzprozess auch tatsächlich seinen Arbeitsplatz behält. Die Regelung hat den gleichen Effekt wie eine Gestaltungsklage: Erst mit rechtskräftiger Feststellung, dass die Kündigung wirksam erklärt ist, wird das Arbeitsverhältnis aufgelöst (s. Rn. 204). Der Unterschied besteht lediglich darin, dass der Arbeitgeber nicht gezwungen wird, eine Gestaltungsklage zu erheben, um das Arbeitsverhältnis aufzulösen, sondern die Initiative dem Arbeitnehmer überlassen bleibt. **201**

Der Arbeitnehmer kann dadurch verhindern, dass der Arbeitsplatz in der Zwischenzeit besetzt wird und dadurch vollendete Tatsachen geschaffen werden, die auch bei unwirksamer Kündigung zum Verlust des Arbeitsplatzes führen und dem Arbeitnehmer **202**

§ 102 Mitbestimmung bei Kündigungen

nur den Anspruch auf die Abfindung geben. Es soll nicht der Grundsatz herrschen: *„Dulde und liquidiere!"*, sondern es soll der Arbeitsplatz gesichert werden.

203 b) Dieser **betriebsverfassungsrechtliche Weiterbeschäftigungsanspruch** des Arbeitnehmers darf rechtsdogmatisch **nicht** mit dem **Beschäftigungsanspruch aus dem Arbeitsverhältnis** verwechselt werden. Er besteht auch dann bis zum rechtskräftigen Abschluss des Rechtsstreits, wenn das Arbeitsgericht feststellt, dass die Kündigung rechtswirksam war. Seine Besonderheit wird auch nicht dadurch erklärt, dass man ihn als speziellen Beschäftigungsanspruch bezeichnet (so *Dütz*, DB Beil. 13/1978, 11). Soweit der gekündigte Arbeitnehmer Beschäftigung verlangt, hat er keine andere Rechtsstellung als die anderen Arbeitnehmer. Durch die ausdrückliche Anordnung, dass der Arbeitgeber den Arbeitnehmer weiterbeschäftigen muss, wird zwar mittelbar anerkannt, dass ein Arbeitnehmer auch sonst während des Arbeitsverhältnisses einen Anspruch auf Beschäftigung hat (so zutr. BAG [GS] 27. 2. 1985 AP BGB § 611 Nr. 14 Beschäftigungspflicht; bereits 1. Senat 26. 5. 1977 AP BGB § 611 Nr. 5 Beschäftigungspflicht); es wird damit zugleich klargestellt, dass die Ungewissheit über die Rechtswirksamkeit der Kündigung keinen Grund darstellt, eine Beschäftigung zu verweigern. Es ist aber nicht Zweck des Abs. 5, einen Anspruch auf tatsächliche Beschäftigung über die bisher anerkannten Schranken hinaus zu geben; insbesondere will das Gesetz den gekündigten Arbeitnehmer hinsichtlich des Beschäftigungsanspruchs nicht besser stellen als sonstige Arbeitnehmer (ebenso BAG [GS] 27. 2. 1985 AP BGB § 611 Nr. 14 Beschäftigungspflicht).

204 Der sog. **betriebsverfassungsrechtliche Weiterbeschäftigungsanspruch** ist deshalb nicht mit dem Anspruch auf tatsächliche Beschäftigung gleichzusetzen, sondern er räumt dem gekündigten Arbeitnehmer ein **Gestaltungsrecht** ein, durch das er die **Rechtswirkungen einer Kündigung bis zum rechtskräftigen Abschluss des Rechtsstreits suspendieren** kann. Der Arbeitnehmer macht mit seinem Verlangen keinen *Anspruch* geltend, sondern er übt ein *Gestaltungsrecht* aus: Die Kündigung verliert ihre Auflösungswirkung zum Ablauf der Kündigungsfrist; das Arbeitsverhältnis wird mit dem bisherigen Vertragsinhalt fortgesetzt und ist durch die rechtskräftige Abweisung der Kündigungsschutzklage auflösend bedingt (ebenso im Ergebnis BAG 26. 5. 1977 AP BGB § 611 Nr. 5 Beschäftigungspflicht). Durch das „Verlangen des Arbeitnehmers" wird also **kein gesetzliches Schuldverhältnis besonderer Art** und auch **kein gesetzliches Arbeits- bzw. Beschäftigungsverhältnis** begründet, sondern es wird, da der Arbeitnehmer bei unveränderten Arbeitsbedingungen weiterzubeschäftigen ist, das **durch den Arbeitsvertrag begründete Arbeitsverhältnis fortgesetzt**. Gesetzlich suspendiert wird nur die mit der Kündigung verbundene Auflösungswirkung für das Arbeitsverhältnis bis zum rechtskräftigen Abschluss des Kündigungsrechtsstreits.

205 Der **Arbeitgeber** kann von der **Verpflichtung zur Weiterbeschäftigung** unter den in Abs. 5 Satz 2 genannten Voraussetzungen **befreit** werden. Da Zweck des dem Arbeitnehmer eingeräumten Gestaltungsrechts ein vorläufiger Bestandsschutz des Arbeitsverhältnisses ist, hat das Gesetz das Gegenrecht des Arbeitgebers als **Gestaltungsklagerecht** eingeräumt, dessen Geltendmachung **an das Verfahren des einstweiligen Rechtsschutzes gebunden** ist. Entbindet das Arbeitsgericht den Arbeitgeber durch einstweilige Verfügung von der Verpflichtung zur Weiterbeschäftigung, so wird dadurch die auf Grund des Weiterbeschäftigungsverlangens eingetretene Gestaltungswirkung aufgehoben (s. Rn. 256).

206 c) Vom Weiterbeschäftigungsanspruch nach Abs. 5 ist der **allgemeine Weiterbeschäftigungsanspruch** zu unterscheiden, der richterrechtlich zur Sicherung des Arbeitsplatzes während eines Kündigungsrechtsstreits anerkannt wird (vgl. BAG [GS] 27. 2. 1985 AP BGB § 611 Nr. 14 Beschäftigungspflicht). Gestützt wird er auf den Anspruch des Arbeitnehmers auf Beschäftigung. Da dieser Anspruch aber vom Bestehen des Arbeitsverhältnisses abhängt und ungewiss ist, ob die Kündigung wirksam ist, hat der Große Senat des BAG die Regel aufgestellt, dass außer im Fall einer offensichtlich unwirksamen Kündigung das Beschäftigungsinteresse des Arbeitnehmers nach Ablauf der Kündigungsfrist

E. Weiterbeschäftigung des Arbeitnehmers nach Ablauf der Kündigungsfrist § 102

oder bei einer fristlosen Kündigung nach deren Zugang erst dann Vorrang hat, wenn ein im Kündigungsrechtsstreit ergangenes Urteil die Unwirksamkeit der Kündigung festgestellt hat. Diese Regel findet entsprechend Anwendung, wenn um die Wirksamkeit einer Befristung oder auflösenden Bedingung des Arbeitsverhältnisses gestritten wird (BAG 13. 6. 1985 AP BGB § 611 Nr. 19 Beschäftigungspflicht; s. auch Rn. 260 ff.).

II. Voraussetzungen der Weiterbeschäftigungspflicht

Der Arbeitgeber ist zur Weiterbeschäftigung des Arbeitnehmers nach Abs. 5 unter den folgenden Voraussetzungen verpflichtet: 207
(1) Der Betriebsrat muss einer ordentlichen Kündigung frist- und ordnungsgemäß widersprochen haben (s. Rn. 208 ff. und 213 f.).
(2) Der Arbeitnehmer muss innerhalb von drei Wochen nach Zugang der Kündigung die Kündigungsschutzklage nach § 4 KSchG erhoben haben (s. Rn. 215 ff.).
(3) Der Arbeitnehmer muss verlangen, dass der Arbeitgeber ihn weiterbeschäftigt (s. Rn. 220 ff.).

1. Ordentliche Kündigung

a) Die Weiterbeschäftigungspflicht des Arbeitgebers tritt nur ein, wenn der Betriebsrat einer **ordentlichen Kündigung** aus den Gründen widerspricht, die im Katalog des Abs. 3 abschließend aufgeführt sind. Sie ist **nicht** bei einer **außerordentlichen Kündigung** vorgesehen. Das Gesetz trägt damit dem Gesichtspunkt Rechnung, dass dem Arbeitgeber nicht zumutbar ist, den Arbeitnehmer weiterzubeschäftigen, wenn er einen wichtigen Grund geltend macht, der eine außerordentliche Kündigung rechtfertigt (vgl. *Picker*, ZfA 1981, 303, 471). Etwas anderes gilt nur dann, wenn die außerordentliche Kündigung als betriebsbedingte Kündigung ordentlich unkündbarer Arbeitnehmer **unter Einhaltung der fiktiven Kündigungsfrist ausgesprochen** wird. Hier ist Abs. 5 analog anzuwenden (s. auch BAG 4. 2. 1993 – 2 AZR 469/92 = EzA § 626 BGB n. F. Nr. 144; *Kania/Kramer*, RdA 1995, 287, 296; ErfK-*Kania*, § 102 Rn. 32; *Fitting*, § 102 Rn. 104; s. auch § 103 Rn. 26). 208

b) Eine Weiterbeschäftigungspflicht entsteht auch **nicht**, wenn der Arbeitgeber mit der außerordentlichen Kündigung **vorsorglich** eine **ordentliche Kündigung** verbindet; denn besteht ein wichtiger Grund, der zur außerordentlichen Kündigung berechtigt, so wird das Recht zur sofortigen Trennung nicht dadurch aufgehoben, dass auf den gleichen Kündigungssachverhalt eine ordentliche Kündigung gestützt wird (ebenso LAG Hamm 18. 5. 1982, DB 1982, 1679; *Matthes*, MünchArbR, 2. Aufl., § 357 Rn. 5; *Jaeger/Röder/Heckelmann/Jaeger*, Kap. 25 Rn. 151; § 99 Rn. 10; GL-*Löwisch*, § 102 Rn. 106; HSWGNR-*Schlochauer*, § 102 Rn. 152; HWK-*Ricken*, § 102 Rn. 84; *Richardi*, ZfA-Sonderheft 1972, 1, 29; *Stahlhacke*, BlStSozArbR 1972, 51, 59; *Schlochauer*, RdA 1973, 157, 161; *Lepke*, DB 1975, 498, 503; *Mayer-Maly*, DB 1979, 1601, 1605; – a. A. ArbG Aalen, EzA § 102 BetrVG 1972 Nr. 2; *Fitting*, § 102 Rn. 104; DKK-*Kittner/Bachner*, § 102 Rn. 249; *Weiss/Weyand*, § 102 Rn. 44; *Gester/Zachert*, ArbRGegw. 12 [1975], 87, 104; für den Fall der Feststellung der Unwirksamkeit der außerordentlichen Kündigung durch Teilurteil: ArbG Villingen-Schwenningen 29. 3. 1972, BB 1972, 615; *Griesam*, Beschäftigungsanspruch, S. 170; *Hinz*, BB 1974, 1253; *Borrmann*, DB 1975, 882 Fn. 3; differenzierend GK-*Raab*, § 102 Rn. 165 ff.). Der gegenteilige Standpunkt wird ausschließlich mit der Missbrauchsgefahr begründet, dass eine außerordentliche Kündigung vorgeschoben wird, um den Weiterbeschäftigungsanspruch auszuschalten. Deshalb soll der Arbeitgeber, wenn er die Weiterbeschäftigung unbedingt vermeiden will, nur außerordentlich kündigen dürfen (so ausdrücklich *Fitting*, § 102 Rn. 104). Ein Weiterbeschäftigungsanspruch besteht daher auch nach dieser Auffassung nicht, wenn der 209

Arbeitgeber zur außerordentlichen Kündigung entschlossen ist. Es wird ihm lediglich verwehrt, hilfsweise eine ordentliche Kündigung zu erklären, aber dadurch nicht die Weiterbeschäftigung während des Rechtsstreits über die außerordentliche Kündigung gesichert. Deshalb besteht kein Grund, den Weiterbeschäftigungsanspruch bei einer außerordentlichen Kündigung anzuerkennen, wenn der Arbeitgeber auf den gleichen Kündigungssachverhalt hilfsweise eine ordentliche Kündigung stützt.

210 Der **vorläufige Bestandsschutz** des Arbeitsverhältnisses findet aber auf die **hilfsweise erklärte ordentliche Kündigung** Anwendung. Hat der Betriebsrat ihr frist- und ordnungsgemäß widersprochen, so besteht das Arbeitsverhältnis, wenn die außerordentliche Kündigung unwirksam ist, nach Ablauf der Kündigungsfrist bis zum rechtskräftigen Abschluss des Rechtsstreits bei unveränderten Arbeitsbedingungen fort. Die Meinungsverschiedenheit beruht auf der missglückten Gesetzesformulierung, durch die verdeckt wird, dass dem Arbeitnehmer primär ein Gestaltungsrecht eingeräumt wird, die Auflösungswirkung der ordentlichen Kündigung zu suspendieren, während die gesetzlich angeordnete Pflicht zur tatsächlichen Beschäftigung keine andere Funktion erfüllt als sonst der Beschäftigungsanspruch aus dem Arbeitsverhältnis (s. Rn. 203 f.). Solange über die außerordentliche Kündigung nicht rechtskräftig entschieden ist, hat der Arbeitnehmer nur die Rechtsstellung, wie sie ihm auf Grund des richterrechtlich anerkannten Weiterbeschäftigungsanspruchs eingeräumt ist (s. Rn. 206). Sobald aber rechtskräftig festgestellt ist, dass die außerordentliche Kündigung unwirksam war, entfaltet der Widerspruch gegen die vorsorglich erklärte ordentliche Kündigung seine selbständige Bedeutung: Bei Rechtswirksamkeit der ordentlichen Kündigung endet das Arbeitsverhältnis nicht nach Ablauf der Kündigungsfrist, sondern erst mit Rechtskraft des Feststellungsurteils.

211 c) Dem Weiterbeschäftigungsanspruch steht nicht entgegen, dass der Arbeitgeber mit einer ordentlichen Kündigung das Vertragsangebot verbindet, das Arbeitsverhältnis zu geänderten Arbeitsbedingungen fortzusetzen, es sich also um eine **Änderungskündigung** handelt. Wenn der Arbeitnehmer das Änderungsangebot ablehnt und die *Kündigungsschutzklage* erhebt, muss der Arbeitgeber ihm auf Verlangen nach Ablauf der Kündigungsfrist bis zum rechtskräftigen Abschluss des Rechtsstreits bei unveränderten Arbeitsbedingungen weiterbeschäftigen (ebenso *Fitting*, § 102 Rn. 106; GK-*Raab*, § 102 Rn. 183; GL-*Löwisch*, § 102 Rn. 105; HSWGNR-*Schlochauer*, § 102 Rn. 173; *Wank*, MünchArbR § 99 Rn. 10; *Richardi*, DB 1974, 1335, 1339; *Stege*, DB 1975, 1506, 1512).

212 Hat der Arbeitnehmer dagegen das **Vertragsangebot nach § 2 KSchG** unter dem Vorbehalt **angenommen,** dass die Änderung nicht sozial ungerechtfertigt ist, so bezieht sich ein Rechtsstreit über die Änderungskündigung nicht mehr auf die **Kündigung,** sondern auf die **Änderung der Arbeitsbedingungen** (§ 4 Satz 2 KSchG). Damit entfällt für die in Abs. 5 vorgesehene Weiterbeschäftigungspflicht die Voraussetzung, dass der Arbeitnehmer nach dem KSchG Klage auf Feststellung erhoben haben muss, dass das Arbeitsverhältnis durch die Kündigung nicht aufgelöst ist (s. auch Rn. 280 f.).

2. Widerspruch des Betriebsrats

213 a) Der Arbeitnehmer kann die Weiterbeschäftigung nach Abs. 5 nur verlangen, wenn der Betriebsrat der Kündigung **frist- und ordnungsgemäß** widersprochen hat. Fristgemäß ist der Widerspruch nur, wenn der Betriebsrat die Anhörungsfrist eingehalten hat (s. Rn. 98 ff.). Der Betriebsrat muss also spätestens innerhalb einer Woche seit Mitteilung durch den Arbeitgeber der Kündigung widersprochen haben (Abs. 2 Satz 1). Ordnungsgemäß ist der Widerspruch nur, wenn der Betriebsrat seine auf Abs. 3 gestützten Bedenken dem Arbeitgeber unter Angabe der Gründe schriftlich mitgeteilt hat (Abs. 2 Satz 1; s. Rn. 92 ff.). Nicht erforderlich ist, dass der Widerspruchsgrund wirklich vorliegt (ähnlich LAG Köln 24. 11. 2005, AuR 2006, 212). Bestreitet der Arbeitgeber den

Widerspruchsgrund, wendet er sich also gegen die Begründetheit des Widerspruchs, so ist er gleichwohl zur Weiterbeschäftigung verpflichtet. Eine Befreiung tritt nur ein, wenn das Arbeitsgericht ihn auf seinen Antrag durch einstweilige Verfügung von der Verpflichtung zur Weiterbeschäftigung entbindet, weil der Widerspruch des Betriebsrats offensichtlich unbegründet war (Abs. 5 Satz 2 Nr. 3; s. auch Rn. 247).

b) Nimmt der Betriebsrat den **Widerspruch zurück,** nachdem die Kündigung erklärt ist (§ 130 BGB), so wird dadurch **nicht** die **Verpflichtung zur Weiterbeschäftigung aufgehoben** (ebenso LAG Berlin, ARSt 1978, 178; *Fitting,* § 102 Rn. 99; GL-*Löwisch,* § 102 Rn. 100; HSWGNR-*Schlochauer,* § 102 Rn. 158; HWK-*Ricken,* § 102 Rn. 85; *Hanau,* BB 1972, 451, 454; *Stege/Weinspach/Schiefer,* § 102 Rn. 170; *Wank,* MünchArbR § 99 Rn. 14; *Stahlhacke/Preis/Vossen,* Kündigung und Kündigungsschutz, Rn. 1270; *Stahlhacke,* BlStSozArbR 1972, 51, 59; *Brede,* BlStSozArbR 1973, 17, 19; *Hinz,* BB 1974, 1253, 1257). Wird der Widerspruch aber deshalb zurückgenommen, weil er offensichtlich unbegründet ist, so kann der Arbeitgeber nach Abs. 5 Satz 2 Nr. 3 eine einstweilige Verfügung beantragen, die ihn von der Verpflichtung zur Weiterbeschäftigung entbindet; jedoch ist nicht entscheidend, dass der Betriebsrat den Widerspruch für offensichtlich unbegründet hält, sondern dies unterliegt allein der Kontrolle durch das Arbeitsgericht (ähnlich *Hanau,* BB 1972, 451, 454).

3. Erheben der Kündigungsschutzklage

Die Weiterbeschäftigungspflicht des Arbeitgebers setzt weiterhin voraus, dass der Arbeitnehmer **nach dem Kündigungsschutzgesetz Klage auf Feststellung** erhoben hat, dass das **Arbeitsverhältnis durch die Kündigung nicht aufgelöst** ist.

a) Notwendig ist daher, dass der Arbeitnehmer unter den **persönlichen Geltungsbereich des KSchG** fällt (§ 23 Abs. 1 Satz 2, 3 KSchG) und sein **Arbeitsverhältnis in demselben Betrieb oder Unternehmen ohne Unterbrechung länger als sechs Monate** bestanden hat (§ 1 Abs. 1 KSchG; ebenso BAG 13. 7. 1978 AP BetrVG 1972 § 102 Nr. 18; *Fitting,* § 102 Rn. 107; GL-*Löwisch,* § 102 Rn. 107; *Löwisch/Kaiser,* § 102, Rn. 49; HSWGNR-*Schlochauer,* § 102 Rn. 153; KR-*Etzel,* § 102 Rn. 205; *Wank,* MünchArbR § 99 Rn. 15; *Klebe/Schumann,* Recht auf Beschäftigung, S. 168; a. A. *Fuchs,* AuR 1973, 174).

b) Der Weiterbeschäftigungsanspruch besteht nur, wenn der Arbeitnehmer die **Kündigungsschutzklage rechtzeitig,** d. h. gemäß § 4 Satz 1 KSchG **innerhalb von drei Wochen nach Zugang der Kündigung,** erhoben hat (ebenso GK-*Raab,* § 102 Rn. 174; GL-*Löwisch,* § 102 Rn. 102; HaKo-BetrVG/*Braasch,* § 102 Rn. 104; Jaeger/Röder/Heckelmann/*Jaeger,* Kap. 25, Rn. 158; *Löwisch/Kaiser,* § 102, Rn. 49; HSWGNR-*Schlochauer,* § 102 Rn. 153; DKK-*Kittner/Bachner,* § 102 Rn. 258; HWK-*Ricken,* § 102 Rn. 86; *Wank,* MünchArbR § 99 Rn. 15; KR-*Etzel,* § 102 Rn. 207; *Stege/Weinspach/Schiefer,* § 102 Rn. 164; a. A. noch zur Rechtslage vor dem 1. 1. 2004: *Fitting,* § 102 Rn. 109; *Weiss/Weyand,* § 102 Rn. 42; *Bösche,* Rechte des Betriebsrats bei Kündigungen, S. 149; *Klebe/Schumann,* Recht auf Beschäftigung, S. 170 ff., insbes. S. 174; *Fuchs,* AuR 1973, 174 f.). Hat der Arbeitnehmer die Dreiwochenfrist versäumt, wird aber **nach § 5 KSchG** die **Kündigungsschutzklage nachträglich zugelassen,** so ist der Arbeitgeber zur Weiterbeschäftigung verpflichtet, sobald der Beschluss, der die verspätete Erhebung der Kündigungsschutzklage zulässt, in Rechtskraft erwachsen ist (ebenso HSWGNR-*Schlochauer,* § 102 Rn. 153; *Stege/Weinspach/Schiefer,* § 102 Rn. 164; *Wank,* MünchArbR § 99 Rn. 16; KR-*Etzel,* § 102 Rn. 207).

Der Arbeitnehmer kann die Weiterbeschäftigung auch verlangen, wenn er die Klage nicht auf die **Sozialwidrigkeit** stützt. Allerdings verlangt das Gesetz, dass er nach dem KSchG Feststellungsklage erhoben hat. Seit der Neufassung des § 4 KSchG durch das Gesetz zu Reformen am Arbeitsmarkt vom 24. 12. 2003 (BGBl. I S. 3002) genügt es, dass er die **Unwirksamkeit der Kündigung aus einem sonstigen Grund** geltend macht.

Der Anspruch auf Weiterbeschäftigung entsteht, sobald der Arbeitnehmer den Feststellungsantrag stellt und damit, wie § 4 Satz 1 KSchG es verlangt, die Wirksamkeit der Kündigung zum Streitgegenstand macht (ebenso GL-*Löwisch*, § 102 Rn. 104; *Löwisch/ Kaiser*, § 102, Rn. 49; HSWGNR-*Schlochauer*, § 102 Rn. 155; *Bösche*, Rechte des Betriebsrats bei Kündigungen, S. 148 f.; *Stahlhacke*, BlStSozArbR 1972, 51, 59; *Schlochauer*, RdA 1973, 157, 163; *Braasch*, BB 1976, 319, 320).

219 Entsprechend erlischt der Anspruch auf Weiterbeschäftigung, sobald der Arbeitnehmer seine **Klage zurücknimmt** (ebenso *Fitting*, § 102 Rn. 110; GL-*Löwisch*, § 102 Rn. 103; HSWGNR-*Schlochauer*, § 102 Rn. 154; KR-*Etzel*, § 102 Rn. 208). Gleiches gilt, wenn der Arbeitnehmer, nicht aber wenn der Arbeitgeber den Auflösungsantrag nach § 9 KSchG stellt (ebenso GL-*Löwisch*, § 102 Rn. 103; HSWGNR-*Schlochauer*, § 102 Rn. 154; *Fitting*, § 102 Rn. 107; *Auffarth*, ArbRGegw. 10 [1973] 71, 79; *Schaub*, NJW 1981, 1807, 1811; a. A. *Klebe/Schumann*, Recht auf Beschäftigung, S. 217 f.).

4. Verlangen des Arbeitnehmers

220 a) Die Verpflichtung zur Weiterbeschäftigung hängt schließlich vom **Verlangen des Arbeitnehmers** ab. Bei ihm geht es nicht um die Geltendmachung eines Anspruchs, sondern um die Ausübung eines Gestaltungsrechts (s. Rn. 204). Nicht notwendig ist, dass der Arbeitnehmer eine Erklärung schriftlich abgibt. Es genügt aber nicht die Erhebung der Kündigungsschutzklage (BAG 31. 8. 1978 AP BetrVG § 102 Nr. 1 Weiterbeschäftigung); denn das Gesetz gibt dem Arbeitnehmer die **Wahlmöglichkeit für die Begründung eines Weiterbeschäftigungsverhältnisses**. Macht er von seinem Wahlrecht keinen Gebrauch, so bleibt es bei der Rechtslage, wie sie bei Wirksamkeit oder Unwirksamkeit der Kündigung eintritt. Deshalb genügt es auch nicht, dass der Arbeitgeber durch die Nichtbeschäftigung des Arbeitnehmers in Annahmeverzug gerät (s. Rn. 258 f.). Wenn jedoch der Arbeitnehmer seine Arbeitsleistung nach Ablauf der Kündigungsfrist anbietet, so liegt darin regelmäßig nicht bloß ein Angebot der Arbeitsleistung i. S. des § 293 BGB, sondern ein Weiterbeschäftigungsverlangen i. S. des Abs. 5 (a. A. *Matthes*, MünchArbR, 2. Aufl., § 357 Rn. 9; GK-*Raab*, § 102 Rn. 175; HaKo-BetrVG/*Braasch*, § 102 Rn. 105); denn für den Eintritt des Annahmeverzugs ist bei Nichtbeschäftigung durch den Arbeitgeber nach § 296 BGB kein Angebot des Arbeitnehmers erforderlich, soweit dieser leistungsfähig und leistungsbereit ist (s. Rn. 258). Der Wortlaut des § 102 steht dem nicht entgegen (so aber GK-*Raab*, § 102 Rn. 175).

221 b) Das Gesetz sieht für die Erklärung des Arbeitnehmers, durch die er Weiterbeschäftigung verlangt, **keine Frist** vor. Da der vorläufige Bestandsschutz des Arbeitsverhältnisses durch eine Weiterbeschäftigung gesichert werden soll, besteht für den Arbeitnehmer die Obliegenheit, sein Verlangen nach Weiterbeschäftigung noch innerhalb der Kündigungsfrist zu erklären. Deshalb wird angenommen, dass der Arbeitnehmer den Anspruch auf Weiterbeschäftigung noch vor Ablauf der Kündigungsfrist geltend machen muss; jedoch soll genügen, wenn die Kündigungsfrist bereits abgelaufen ist, dass der Arbeitnehmer den Antrag unverzüglich, d. h. ohne schuldhaftes Zögern, nach Erhebung der Kündigungsschutzklage stellt (vgl. LAG Hamm 28. 4. 1976, DB 1976, 1917 = BB 1976, 1462; *Fitting*, § 102 Rn. 106; HSWGNR-*Schlochauer*, § 102 Rn. 167; *Stege/Weinspach/Schiefer*, § 102 Rn. 172; KR-*Etzel*, § 102 Rn. 209; *Wank*, MünchArbR, 2. Aufl., § 99 Rn. 21; *Matthes*, MünchArbR, 2. Aufl., § 357 Rn. 10; ders., Festschrift Gnade, S. 225; *Schlochauer*, RdA 1973, 157, 163). Das **BAG** hat diese Frage in neuerer Rechtsprechung ausdrücklich **offen gelassen** (BAG 17. 6. 1999 AP BetrVG 1972 § 102 Nr. 11 Weiterbeschäftigung), jedoch entschieden, dass zumindest ein Verlangen einen Tag nach Ablauf der Kündigungsfrist rechtzeitig ist (BAG 11. 5. 2000 AP BetrVG § 102 Nr. 13 Weiterbeschäftigungsanspruch = SAE 2001, 23 [*Dedek*]). Eine derartige zeitliche Begrenzung für das Weiterbeschäftigungsverlangen kann aber nicht dem Gesetz entnommen werden (ebenso noch BAG 31. 8. 1978 AP BetrVG 1972 § 102 Nr. 1 Weiterbeschäftigung; GK-*Raab*, § 102

E. Weiterbeschäftigung des Arbeitnehmers nach Ablauf der Kündigungsfrist § 102

Rn. 176; *Heinze,* Personalplanung, Rn. 617; *Bösche,* Rechte des Betriebsrats bei Kündigungen, S. 153; *Klebe/Schumann,* Recht auf Beschäftigung, S. 177; *Schaub,* NJW 1981, 1807, 1811; *Gussone,* AuR 1994, 245, 250). Dieses Ergebnis erscheint auch nicht unbillig, wenn man beachtet, dass der sog. Weiterbeschäftigungsanspruch ein Gestaltungsrecht darstellt und nicht mit dem Beschäftigungsanspruch identisch ist. Eine verspätete Erklärung des Arbeitnehmers hat lediglich zur Folge, dass der Arbeitnehmer es sich zurechnen lassen muss, wenn der Arbeitgeber ihn nicht beschäftigen kann. Davon bleibt aber unberührt, dass durch die Ausübung des Rechts auf Weiterbeschäftigung das gekündigte Arbeitsverhältnis wieder in Kraft gesetzt wird.

c) Beantragt der Arbeitnehmer die Weiterbeschäftigung hingegen erst für den Fall des Obsiegens im Kündigungsprozess, kann dem Antrag nicht mit Hinweis auf § 102 Abs. 5 stattgegeben werden (LAG Nürnberg 13. 9. 2005, NZA-RR 2006, 133–135). Der Arbeitnehmer zeigt dadurch erkennbar, dass er die Weiterbeschäftigung nicht mit Ablauf der Kündigungsfrist, sondern erst ab Obsiegen im Kündigungsprozess begehrt. Das Weiterbeschäftigungsbegehren kann daher in diesem Fall allein auf den allgemeinen Weiterbeschäftigungsanspruch gestützt werden. Ein nach Abs. 5 erforderliches Verlangen liegt nicht vor. **221a**

d) Die Weiterbeschäftigung muss vom Arbeitnehmer gefordert werden; es genügt **nicht,** dass der **Betriebsrat** sie verlangt (ebenso *Fitting,* § 102 Rn. 106; HWK-*Ricken,* § 102 Rn. 87; *Meisel,* Mitwirkung und Mitbestimmung in personellen Angelegenheiten, Rn. 546; *Bösche,* Rechte des Betriebsrats bei Kündigungen, S. 151; *Klebe/Schumann,* Recht auf Beschäftigung, S. 174 f.; a. A. *Gumpert,* BB 1972, 47, 51). **222**

III. Inhalt der Verpflichtung zur Weiterbeschäftigung

1. Materiell-rechtliche Auswirkungen auf den Bestand des Arbeitsverhältnisses

Der Arbeitgeber hat den Arbeitnehmer **bis zum rechtskräftigen Abschluss des Kündigungsschutzrechtsstreits** bei unveränderten Arbeitsbedingungen **weiterzubeschäftigen.** Der Bestandsschutz des Arbeitsverhältnisses während des Kündigungsschutzrechtsstreits ist also nicht prozessual durch entsprechende Gestaltung des einstweiligen Rechtsschutzes geregelt, sondern es ist materiell-rechtlich festgelegt, dass der Arbeitgeber das Risiko der Ungewissheit über die Rechtswirksamkeit der Kündigung trägt. Die Verpflichtung zur Weiterbeschäftigung hat deshalb auf den Bestand des Arbeitsverhältnisses materiell-rechtliche Auswirkungen. Sie treten nicht in Erscheinung, wenn das Arbeitsgericht rechtskräftig feststellt, dass die Kündigung unwirksam ist, weil damit zugleich feststeht, dass das Arbeitsverhältnis fortbesteht. Aber auch wenn der Arbeitnehmer im Kündigungsschutzprozess unterliegt, bleibt die materiell-rechtliche Grundlage für die Verpflichtung zur Weiterbeschäftigung bis zum rechtskräftigen Abschluss des Rechtsstreits bestehen. **223**

Darin liegt der **Gegensatz zum richterrechtlich anerkannten Weiterbeschäftigungsanspruch während eines Kündigungsrechtsstreits;** denn seine Anerkennung ändert nichts daran, dass bei Wirksamkeit der Kündigung das Arbeitsverhältnis aufgelöst war (s. Rn. 251). **224**

2. Weiterbeschäftigung bei unveränderten Arbeitsbedingungen

a) Die Pflicht zur Weiterbeschäftigung ist zwar durch Gesetz begründet, das Weiterbeschäftigungsverhältnis aber gleichwohl **nicht** als ein **durch Gesetz begründetes Schuldverhältnis** anzusehen (so aber HSWGNR-*Schlochauer,* § 102 Rn. 161; *dies.,* RdA 1973, 157, 163; ähnlich *Fitting,* § 102 Rn. 103). Es handelt sich vielmehr um **dasselbe, durch Arbeitsvertrag begründete Arbeitsverhältnis, das durch die rechtskräftige Abweisung der** **225**

§ 102

Kündigungsschutzklage auflösend bedingt ist (ebenso BAG 12. 9. 1985 AP BetrVG 1972 § 102 Nr. 7 Weiterbeschäftigung; HaKo-BetrVG/*Braasch*, § 102 Rn. 108; KR-*Etzel*, § 102 Rn. 215; *Wank*, MünchArbR § 99 Rn. 23; *Otto*, RdA 1975, 68, 69; so bereits im Ergebnis auch BAG 26. 5. 1977 AP BGB § 611 Nr. 5 Beschäftigungspflicht; wohl ebenfalls HWK-*Ricken*, § 102 Rn. 89.).

226 Das Arbeitsverhältnis wird also **mit dem bisherigen Vertragsinhalt fortgesetzt**, d. h. der Arbeitnehmer ist zur Arbeitsleistung verpflichtet und hat gegen den Arbeitgeber den Anspruch auf das Arbeitsentgelt, auch wenn sich im Kündigungsschutzrechtsstreit herausstellt, dass die Kündigung sozial gerechtfertigt und daher wirksam war. Der Arbeitnehmer hat während des Weiterbeschäftigungsverhältnisses den Anspruch auf Nebenleistungen. Eine Werkmietwohnung kann nicht nach § 576 BGB gekündigt werden (ebenso GL-*Löwisch*, § 102 Rn. 109; HSWGNR-*Schlochauer*, § 102 Rn. 64; *dies.*, RdA 1973, 157, 174; *Otto*, RdA 1975, 68, 69).

227 b) Die Besonderheit des hier materiell-rechtlich gestalteten vorläufigen Bestandsschutzes liegt darin, dass der Arbeitgeber den Arbeitnehmer **weiterbeschäftigen** muss. Der Gesetzestext beschränkt sich nicht wie § 39 Abs. 3 CDU/CSU-Entwurf auf die Anordnung, dass das Arbeitsverhältnis bestehen bleibt (BT-Drucks. VI/1806, S. 9), sondern er fordert die Weiterbeschäftigung des Arbeitnehmers. Durch die Beschäftigung soll gewährleistet werden, dass der Arbeitnehmer im Fall seines Obsiegens im Kündigungsschutzprozess auch tatsächlich weiterbeschäftigt werden kann. Er wird gleichsam zum Hüter seines Arbeitsplatzes bestellt (so auch *Bötticher*, BB 1981, 1954, 1955).

228 Deshalb erschöpft die Rechtsfolgenanordnung sich nicht darin, dem Arbeitnehmer nur den Anspruch auf das Arbeitsentgelt für die Dauer des Rechtsstreits zu geben, sondern der Arbeitgeber ist verpflichtet, den Arbeitnehmer **tatsächlich zu beschäftigen** (ebenso BAG 26. 5. 1977 AP BGB § 611 Nr. 5 Beschäftigungspflicht; [GS] 27. 2. 1985 AP BGB § 611 Nr. 14 Beschäftigungspflicht; LAG Düsseldorf, DB 1974, 2112; LAG Berlin, BB 1976, 1273; LAG Hamburg, DB 1977, 500; ArbG Villingen Schwenningen, BB 1972, 615; *Fitting*, § 102 Rn. 114; GK-*Raab*, § 102 Rn. 177; GL-*Löwisch*, § 102 Rn. 110; Jaeger/Röder/Heckelmann/*Jaeger*, Kap. 25 Rn. 173; *Löwisch/Kaiser*, § 102, Rn. 53; HSWGNR-*Schlochauer*, § 102 Rn. 162; *Stege/Weinspach/Schiefer*, § 102 Rn. 175; HWK-*Ricken*, § 102 Rn. 89 f.; KR-*Etzel*, § 102 Rn. 214; *Wank*, MünchArbR § 99 Rn. 26; *Bösche*, Rechte des Betriebsrats bei Kündigungen, S. 154 f.; *Griesam*, Beschäftigungsanspruch, S. 111 ff., 119; *Klebe/Schumann*, Recht auf Beschäftigung, S. 190; G. *Hueck*, FS 25 Jahre BAG, S. 243, 266; *Richardi*, ZfA-Sonderheft 1972, 1, 28; *ders.*, JZ 1978, 485, 491; *Löwisch*, DB 1975, 349, 352; *Otto*, RdA 1975, 68, 69; *Kraft*, ZfA 1979, 123, 124; *Mayer-Maly*, DB 1979, 1601, 1603; *Schaub*, NJW 1981, 1807, 1811; – a. A. *Adomeit*, DB 1971, 2360, 2363; *Weber*, BB 1974, 698, 702).

229 **Rechtsgrund für die Beschäftigungspflicht** ist nicht Abs. 5 i. S. einer Sonderregelung für das Weiterbeschäftigungsverhältnis, sondern es ist das **Arbeitsverhältnis** (ebenso *Coen*, Recht auf Arbeit, S. 96; vgl. BAG [GS] 27. 2. 1985 AP BGB § 611 Nr. 14 Beschäftigungspflicht). Deshalb muss man sorgfältig unterscheiden, ob eine Entbindung von der Verpflichtung zur Weiterbeschäftigung erstrebt wird oder ob es lediglich darum geht, dass der Arbeitgeber den Arbeitnehmer nicht beschäftigen kann. Im letzteren Fall hat der gekündigte Arbeitnehmer auf Grund des Weiterbeschäftigungsverhältnisses keine andere Rechtsstellung als die anderen Arbeitnehmer. Wie diese hat er keinen Anspruch auf Beschäftigung, wenn auf Arbeitgeberseite ein berechtigtes Interesse an einer Nichtbeschäftigung besteht. Abs. 5 gibt also keinen Anspruch auf Beschäftigung über die bisher anerkannten Schranken hinaus; insbesondere will er den Arbeitnehmer im Rahmen des Weiterbeschäftigungsverhältnisses hinsichtlich des Beschäftigungsanspruchs nicht besser stellen als sonstige Arbeitnehmer. Lediglich die Kündigung selbst ist kein Grund, um ein überwiegendes Interesse des Arbeitgebers an einer Nichtbeschäftigung des Arbeitnehmers anzuerkennen. Im Übrigen besteht der Beschäftigungsanspruch in den Grenzen, wie sie für ein nicht gekündigtes Arbeitsverhältnis bestehen (ebenso im

E. Weiterbeschäftigung des Arbeitnehmers nach Ablauf der Kündigungsfrist § 102

Ergebnis *Klebe/Schumann*, Recht auf Beschäftigung, S. 196; *Hanau*, BB 1972, 451, 455).

Verlangt der Arbeitnehmer Weiterbeschäftigung, lehnt der Arbeitgeber sie aber entgegen der hier angeordneten Verpflichtung ab, so hat der Arbeitnehmer den **Anspruch auf Lohnzahlung nach § 615 BGB** auch dann, wenn der Arbeitgeber im Kündigungsschutzprozess obsiegt; denn bei Verpflichtung zur Weiterbeschäftigung endet das Arbeitsverhältnis erst mit Rechtskraft der Entscheidung über die Kündigungsschutzklage, so dass der Arbeitgeber in Annahmeverzug gerät, wenn er den Arbeitnehmer nicht beschäftigt (ebenso LAG Düsseldorf EzA § 102 BetrVG 1972 Beschäftigungspflicht Nr. 3 = DB 1974, 2112; s. auch Rn. 259). 230

c) Während des Weiterbeschäftigungsverhältnisses behält der Arbeitnehmer seine **kollektivrechtliche Stellung innerhalb der Belegschaft**, ist also bei einer Betriebsratswahl wahlberechtigt und wählbar (s. § 7 Rn. 41 und § 8 Rn. 13). 231

d) Der Arbeitnehmer behält während des Weiterbeschäftigungsverhältnisses auch seine **Vertragsrechtsstellung**. Soweit Leistungen des Arbeitgebers nach ihrem Grund und ihrer Höhe von der **Dauer der Betriebszugehörigkeit** abhängen, wird deshalb auf sie die Beschäftigungszeit nach Ablauf der Kündigungsfrist auch bei einem negativen Ausgang des Kündigungsschutzprozesses angerechnet (ebenso DKK-*Kittner/Bachner*, § 102 Rn. 272;; GK-*Raab*, § 102 Rn. 175; *Gussone*, AuR 1994, 245, 251; HaKo-BetrVG/ *Braasch*, § 102 Rn. 108; KR-*Etzel*, § 102 Rn. 219; a. A. *Fitting*, § 102 Rn. 115; HSWGNR-*Schlochauer*, § 102 Rn. 164). Das gilt aber nicht für einen Erwerb der Unkündbarkeit; denn Zweck der Weiterbeschäftigungspflicht ist es nicht, die Berechtigung zur Kündigung in Frage zu stellen (so auch für die Erfüllung der Wartezeit gem. § 1 Abs. 1 KSchG DKK-*Kittner/Bachner*, § 102 Rn 272; s. dazu aber hier Rn. 216). 232

3. Beendigung der Weiterbeschäftigungspflicht

a) Die Weiterbeschäftigungspflicht nach Abs. 5 realisiert einen **vorläufigen Bestandsschutz des Arbeitsverhältnisses**; sie ist **nicht mit der Pflicht des Arbeitgebers zur tatsächlichen Beschäftigung des Arbeitnehmers identisch** (s. Rn. 203 f.). Daraus folgt, dass die Gründe, die den Arbeitgeber berechtigen die Beschäftigung einzustellen, nicht zugleich die Gründe sind, die zu einer Beendigung des Weiterbeschäftigungsverhältnisses führen. 233

b) Das Weiterbeschäftigungsverhältnis endet spätestens mit dem **rechtskräftigen Abschluss des Kündigungsschutzprozesses**. Obsiegt der Arbeitnehmer, so steht damit aber zugleich fest, dass das Arbeitsverhältnis fortbesteht. Das Weiterbeschäftigungsverhältnis endet vorher, wenn der Arbeitnehmer die **Kündigungsschutzklage zurücknimmt** oder wenn er die Auflösung des Arbeitsverhältnisses gegen Zahlung einer Abfindung beantragt (s. Rn. 208), **nicht** aber, wenn der **Betriebsrat** seinen **Widerspruch zurücknimmt** (s. Rn. 203). 234

Das Weiterbeschäftigungsverhältnis kann schließlich dadurch beendet werden, dass der **Arbeitgeber durch einstweilige Verfügung** des Arbeitsgerichts **von der Verpflichtung zur Weiterbeschäftigung entbunden** wird (Abs. 5 Satz 2; s. ausführlich Rn. 242 ff.). Die Entbindung von der Weiterbeschäftigungspflicht nimmt dem Arbeitsverhältnis lediglich den vorläufigen Bestandsschutz. Ob es aufgelöst ist, hängt in diesem Fall ausschließlich von der Rechtswirksamkeit der Kündigung ab. 235

c) Der Arbeitgeber kann auch während des Kündigungsschutzprozesses **erneut** eine **ordentliche** oder **außerordentliche Kündigung** aussprechen. Deshalb kann durch sie auch das Weiterbeschäftigungsverhältnis vor einem rechtskräftigen Abschluss des Kündigungsschutzprozesses materiellrechtlich sein Ende finden (ebenso LAG Düsseldorf, DB 1977, 1952; GL-*Löwisch*, § 102 Rn. 116; HaKo-BetrVG/*Braasch*, § 102 Rn. 107; Jaeger/Röder/Heckelmann/*Jaeger*, Kap. 25 Rn. 196; *Löwisch/Kaiser*, § 102, Rn. 62; HSWGNR-*Schlochauer*, § 102 Rn. 167; *Meisel*, Mitwirkung und Mitbestimmung in personellen Angelegenheiten, Rn. 571; *Bösche*, Rechte des Betriebsrats bei Kündigun- 236 gen, S. 163; *Klebe/Schumann,* Recht auf Beschäftigung, S. 210 f.; *Schwerdtner,* BlStSozArbR 1978, 273, 279). Voraussetzung ist aber, dass der Arbeitgeber den Betriebsrat vor der Kündigung gehört hat. Bei einer **außerordentlichen Kündigung** endet mit ihrem Zugang das Weiterbeschäftigungsverhältnis, auch wenn der Arbeitnehmer nach § 13 Abs. 1 Satz 2 KSchG gegen sie Feststellungsklage erhebt; etwas anderes gilt nur, wenn die außerordentliche Kündigung vorgeschoben wird, um das Weiterbeschäftigungsverhältnis aufzulösen (a. A. *Klebe/Schumann,* Recht auf Beschäftigung, S. 211 f.: Beendigung der Weiterbeschäftigungspflicht nur, wenn der Arbeitgeber die ordentliche Kündigung zurückzieht). Erweist sich die außerordentliche Kündigung als nichtig, so steht fest, dass sie das Weiterbeschäftigungsverhältnis nicht beendet hat, so dass auch bei einem negativen Ausgang des Kündigungsschutzprozesses das Arbeitsverhältnis erst mit Rechtskraft des Urteils aufgelöst ist (s. Rn. 204).

237 Bei einer **ordentlichen Kündigung** bleibt das Weiterbeschäftigungsverhältnis bestehen, wenn der Betriebsrat auch der Wiederholungskündigung frist- und ordnungsgemäß widersprochen und der Arbeitnehmer gegen sie Kündigungsschutzklage erhoben hat; andernfalls erlischt der Weiterbeschäftigungsanspruch LAG Düsseldorf 19. 8. 1977, DB 1977, 1952; LAG Berlin 3. 5. 1978, ARST 1979, 30; DKK-*Kittner/Bachner,* § 102 Rn. 306; GK-*Raab,* § 102 Rn. 181; a. A. *Brinkmeier,* AuR 2005, 46). Erfüllt der Arbeitnehmer während des Weiterbeschäftigungsverhältnisses Voraussetzungen eines **besonderen Kündigungsschutzes** (z. B. § 9 MuSchG, §§ 85 ff. SGB IX), so finden die Schutznormen auf die während des Weiterbeschäftigungsverhältnisses erklärte Kündigung Anwendung. Dadurch erhält jedoch nur der vorläufige Bestandsschutz eine zusätzliche Sicherung. Bei einem negativen Ausgang des Kündigungsschutzprozesses endet daher das Arbeitsverhältnis mit Rechtskraft des Urteils (ebenso *Wank,* MünchArbR § 99 Rn. 27).

238 d) Wie der Arbeitgeber ist auch der **Arbeitnehmer berechtigt,** eine **ordentliche** bzw. bei Vorliegen der gesetzlichen Voraussetzungen eine **außerordentliche Kündigung** auszusprechen (ebenso GL-*Löwisch,* § 102 Rn. 117; HSWGNR-*Schlochauer,* § 102 Rn. 167; GK-*Raab,* § 102 Rn. 181; *Matthes,* MünchArbR, 2. Aufl., § 357 Rn. 18). Man hat hier jedoch zu unterscheiden, ob die mit der Kündigung erstrebte Auflösungswirkung sich auf das *Arbeitsverhältnis* oder nur auf den mit der Weiterbeschäftigungspflicht des Arbeitgebers verbundenen *vorläufigen Bestandsschutz* beziehen soll. Im letzteren Fall bedeutet die Kündigung nur die Rückgängigmachung des Verlangens einer Weiterbeschäftigung nach Abs. 5. Auf sie finden die Kündigungsvorschriften keine Anwendung, so dass mit Zugang der vom Arbeitnehmer ausgesprochenen Erklärung das Weiterbeschäftigungsverhältnis beendet ist. Der Arbeitnehmer ist aber verpflichtet, soweit er tatsächlich beschäftigt wird, sich so zu verhalten, dass dem Arbeitgeber durch die Einstellung der Beschäftigung kein Schaden entsteht.

4. Durchsetzung der Weiterbeschäftigungspflicht

239 Lehnt der Arbeitgeber eine Weiterbeschäftigung ab, obwohl der Arbeitnehmer sie verlangt, so kann der Arbeitnehmer beim Arbeitsgericht den Erlass einer **einstweiligen Verfügung** beantragen. Bei dieser prozessualen Möglichkeit, wie sie im Schrifttum zur Durchsetzung des Weiterbeschäftigungsanspruchs allgemein anerkannt wird (*Fitting,* § 102 Rn. 116; GK-*Raab,* § 102 Rn. 187; GL-*Löwisch,* § 102 Rn. 113; *Löwisch/Kaiser,* § 102, Rn. 54; HaKo-BetrVG/*Braasch,* § 102 Rn. 113; HSWGNR-*Schlochauer,* § 102 Rn. 169; HWK-*Ricken,* § 102 Rn. 91; *Dütz,* DB Beil. 13/1978, 8), muss man jedoch unterscheiden, ob das Bestehen des Weiterbeschäftigungsverhältnisses i. S. des vorläufigen Bestandsschutzes für das Arbeitsverhältnis bestritten wird oder ob es um die Durchsetzung des Anspruchs auf tatsächliche Beschäftigung geht. Im ersten Fall geht es um ein Gestaltungsrecht, dessen Ausübung völlig unabhängig von der Anerkennung durch den Arbeitgeber ist. Im letzteren Fall geht es um einen Anspruch, zu dessen Durchsetzung der Arbeitnehmer beim Arbeitsgericht den Erlass einer einstweiligen Verfügung im Urteilsverfahren beim Gericht der Hauptsache beantragen kann, d. h. bei dem Arbeitsgericht, bei dem der Kündigungsschutzprozess anhängig ist (§ 937 Abs. 1 ZPO).

Hat das Arbeitsgericht den Arbeitgeber zwischenzeitlich zur vorläufigen Weiterbeschäftigung verurteilt, so hat sich ein entsprechender Antrag auf Erlass einer einstweiligen Verfügung auf Weiterbeschäftigung in der Hauptsache erledigt (LAG München 22. 2. 2006 – 10 Sa 1118/05, juris). **239a**

Der Arbeitgeber kann gegen den Antrag des Arbeitnehmers einwenden, dass ein **240** **Weiterbeschäftigungsverhältnis nicht entstanden** ist, weil es sich nicht um eine ordentliche Kündigung handelt, der Betriebsrat der Kündigung nicht frist- und ordnungsgemäß widersprochen hat oder der Arbeitnehmer nicht rechtzeitig die Kündigungsschutzklage erhoben hat. Er kann dagegen der Verpflichtung zur Weiterbeschäftigung **nicht entgegenhalten,** dass er ein **Recht auf Entbindung nach Abs. 5 Satz 2** hat (ebenso LAG Düsseldorf [Köln] 30. 8. 1977, DB 1977, 2383; *GL-Löwisch*, § 102 Rn. 113; *HWK-Ricken*, § 102 Rn. 91; *Klebe/Schumann*, Recht auf Beschäftigung, S. 209; a. A. *Dütz*, DB Beil. 13/1978, 9). Dadurch wird aber nicht ausgeschlossen, dass der Arbeitgeber im Verfahren beantragt, ihn durch einstweilige Verfügung von der Verpflichtung zur Weiterbeschäftigung zu entbinden. Kommt das Arbeitsgericht zu dem Ergebnis, dass eine Verpflichtung zur Weiterbeschäftigung entstanden ist, aber ein Entbindungsgrund i. S. des Abs. 5 Satz 2 vorliegt, so hat es den Antrag des Arbeitnehmers auf Erlass einer einstweiligen Verfügung auf dessen Antrag für erledigt zu erklären und den Arbeitgeber durch einstweilige Verfügung von der Verpflichtung zur Weiterbeschäftigung zu befreien.

Besteht kein Weiterbeschäftigungsverhältnis, so kommt ein Beschäftigungsanspruch **241** des Arbeitnehmers, der im einstweiligen Rechtsschutzverfahren durchgesetzt werden kann, nur unter den Voraussetzungen der richterrechtlich entwickelten Weiterbeschäftigungspflicht des Arbeitgebers in Betracht (vgl. BAG [GS] 27. 2. 1985 AP BGB § 611 Nr. 14 Beschäftigungspflicht; s. auch Rn. 260 ff.).

IV. Entbindung des Arbeitgebers von der Verpflichtung zur Weiterbeschäftigung

Von der Verpflichtung zur Weiterbeschäftigung kann der Arbeitgeber durch einst- **242** weilige Verfügung des Arbeitsgerichts nach Abs. 5 Satz 2 entbunden werden, wenn
1. die Klage des Arbeitnehmers keine hinreichende Aussicht auf Erfolg bietet oder mutwillig erscheint oder
2. die Weiterbeschäftigung des Arbeitnehmers zu einer unzumutbaren wirtschaftlichen Belastung des Arbeitgebers führen würde oder
3. der Widerspruch des Betriebsrats offensichtlich unbegründet war.

1. Entbindungsgründe

Besteht eine Weiterbeschäftigungspflicht nach Abs. 5 Satz 1, so kann der Arbeitgeber **243** von ihr durch einstweilige Verfügung des Arbeitsgerichts nur aus den **in Abs. 5 Satz 2 abschließend genannten Gründen** entbunden werden:

(1) Die Klage des Arbeitnehmers **bietet keine hinreichende Aussicht auf Erfolg** oder **244** **erscheint mutwillig (Nr. 1).** Das Gesetz übernimmt hier Voraussetzungen, wie sie in § 114 ZPO ursprünglich für die Gewährung des Armenrechts, seit Neufassung durch Gesetz über die Prozesskostenhilfe vom 13. 6. 1980 (BGBl. I S. 677) für die Prozesskostenhilfe festgelegt sind; es gelten deshalb die gleichen Beurteilungsgrundsätze (ebenso ArbG Berlin, DB 1973, 192; *Fitting*, § 102 Rn. 117; *GL-Löwisch*, § 102 Rn. 119; HaKo-BetrVG/*Braasch*, § 102 Rn. 117; Jaeger/Röder/Heckelmann/*Jaeger*, Kap. 25

Rn. 181; *Löwisch/Kaiser*, § 102, Rn. 58; HSWGNR-*Schlochauer*, § 102 Rn. 177; KR-*Etzel*, § 102 Rn. 224; *Klebe/Schumann*, Recht auf Beschäftigung, S. 225). Da das Arbeitsgericht im Verfahren des einstweiligen Rechtsschutzes entscheidet, ist nur eine summarische Prüfung möglich (ebenso LAG Düsseldorf [Köln], EzA § 102 BetrVG 1972 Beschäftigungspflicht Nr. 4). Sie muss ergeben, dass die Kündigungsschutzklage offensichtlich oder mit hinreichender Wahrscheinlichkeit keinen Erfolg haben wird (ebenso KR-*Etzel*, a. a. O.; *Klebe/Schumann*, a. a. O., S. 226). Wenn eine hinreichende Aussicht auf Erfolg sowohl für den Arbeitgeber als auch für den Arbeitnehmer besteht, kann das Arbeitsgericht den Arbeitgeber nicht von der Verpflichtung zur Weiterbeschäftigung entbinden (ebenso LAG Düsseldorf [Köln], EzA § 102 BetrVG 1972 Beschäftigungspflicht Nr. 4; ArbG Siegburg, DB 1975, 700; DKK-*Kittner/Bachner*, § 102 Rn. 287; HaKo-BetrVG/*Braasch*, § 102 Rn. 117; KR-*Etzel*, § 102 Rn. 224).

245 Nach dem Gesetzestext kann das Arbeitsgericht den Arbeitgeber von der Verpflichtung zur Weiterbeschäftigung auch entbinden, wenn die Klage des Arbeitnehmers mutwillig erscheint. Mutwillig ist eine Rechtsverfolgung, wenn eine verständige Partei ihr Recht nicht in gleicher Weise verfolgen würde. Jedoch wird eine Kündigungsschutzklage, die hinreichend Aussicht auf Erfolg bietet, nur ausnahmsweise mutwillig sein; denn erhebt der Arbeitnehmer nicht innerhalb der Dreiwochenfrist des § 4 KSchG die Feststellungsklage, so wird der Mangel der sozialen Rechtfertigung geheilt (§ 7 KSchG).

246 (2) Die Weiterbeschäftigung des Arbeitnehmers würde zu einer **unzumutbaren wirtschaftlichen Belastung des Arbeitgebers** führen (**Nr. 2**). Die Unzumutbarkeit ist nach h. M. entsprechend dem Wortlaut der Norm unternehmens-, nicht betriebsbezogen zu ermitteln (DKK-*Kittner/Bachner*, § 102 Rn. 289; HaKo-BetrVG/*Braasch*, § 102 Rn. 118; *Wolff*, Vorläufiger Bestandsschutz des Arbeitsverhältnisses durch Weiterbeschäftigung nach § 102 Abs. 5 BetrVG, Diss. 2000, S. 198 ff.; *Gussone*, AuR 1994, 245, 253; a. A. *Rieble*, BB 2003, 844 mit beachtlichen Argumenten). Es genügt nicht, dass der Arbeitgeber mit der Entgeltfortzahlung belastet ist. Die unzumutbare wirtschaftliche Belastung muss vielmehr darin liegen, dass für den Arbeitgeber unmöglich oder wirtschaftlich sinnlos ist, den Arbeitnehmer bei unveränderten Arbeitsbedingungen zu beschäftigen. Dies ist vor allem zu beachten, wenn der Betriebsrat seinen Widerspruch mit einer anderweitigen Verwendung des Arbeitnehmers begründet und der Arbeitgeber diesen Vorschlag übernimmt, der Arbeitnehmer aber eine vertragsrechtlich erforderliche Einverständniserklärung verweigert. Gleiches gilt, wenn der Betriebsrat mit seinem Widerspruch eine fehlerhafte Sozialauswahl gerügt hat und der Arbeitgeber deshalb bei einer Weiterbeschäftigung des gekündigten Arbeitnehmers an einem Arbeitsplatz zwei Arbeitnehmer beschäftigen müsste (so *Matthes*, MünchArbR, 2. Aufl., § 357 Rn. 22). Der Arbeitgeber muss in diesen Fällen zusätzlich darlegen, dass die wirtschaftliche Belastung durch die Weiterbeschäftigung so gravierend ist, dass dadurch die Ertragslage des Betriebs tangiert wird (ebenso *Wank*, MünchArbR § 99 Rn. 39; zu streng LAG Hamburg 16. 5. 2001, NZA-RR 2002, 25, 27: Die wirtschaftliche Belastung des Arbeitgebers muss gerade wegen der Weiterbeschäftigung des Arbeitnehmers so gravierend sein, dass Auswirkungen für die Liquidität oder Wettbewerbsfähigkeit des Arbeitgebers nicht von der Hand zu weisen sind. Dies ist der Fall, wenn z. B. die Gefahr drohenden Liquiditätsverlusts oder nachweisbare negative Auswirkungen auf die Wettbewerbsfähigkeit gegeben sind *oder* die wirtschaftliche Existenz des Betriebs durch die Lohnfortzahlung in Frage gestellt ist). Machen mehrere Arbeitnehmer einen Weiterbeschäftigungsanspruch geltend, so ist bei der Feststellung der unzumutbaren wirtschaftlichen Belastung auf die Gesamtzahl der Weiterzubeschäftigenden abzustellen und nicht lediglich auf die Belastung, die von dem konkreten Arbeitnehmer ausgehen, von dessen Weiterbeschäftigungspflicht sich der Arbeitgeber entbinden lassen will (*Rieble*, BB 2003, 844; a. A. DKK-*Kittner/Bachner*, § 102 Rn. 292; *Borrmann*, DB 1975, 882, 883).

247 (3) Der **Widerspruch des Betriebsrats** war **offensichtlich unbegründet** (**Nr. 3**). Dieser Entbindungsgrund liegt vor, wenn offenkundig ist, dass kein Widerspruchsrecht be-

E. Weiterbeschäftigung des Arbeitnehmers nach Ablauf der Kündigungsfrist § 102

steht. Keine Rolle spielt, ob die Kündigungsschutzklage Aussicht auf Erfolg hat; denn die Kündigung kann auch, wenn der Widerspruch unbegründet ist, aus anderen Gründen sozial ungerechtfertigt sein (ebenso GL-*Löwisch*, § 102 Rn. 121). Offensichtlich unbegründet ist ein Widerspruch, wenn keiner besonderen gerichtlichen Aufklärung bedarf, dass der Widerspruchsgrund nicht vorliegt, z. B. weil Auswahlrichtlinien, gegen die der Arbeitgeber verstoßen haben soll, überhaupt nicht aufgestellt sind (ebenso *Fitting*, § 102 Rn. 120; KR-*Etzel*, § 102 Rn. 231; LAG Berlin 5. 9. 2003, EzA-SD 2003, Nr. 22, 12) oder der Arbeitsplatz, auf dem der Arbeitnehmer nach Ansicht des Betriebsrats weiterbeschäftigt werden kann, bereits mit einem anderen Arbeitnehmer besetzt ist (ebenso LAG Düsseldorf 2. 9. 1975, DB 1975, 1995; KR-*Etzel*, § 102 Rn. 231).

2. Verfahren

a) Die Befreiung von der Verpflichtung zur Weiterbeschäftigung erfolgt auf Antrag des Arbeitgebers durch **einstweilige Verfügung** des Arbeitsgerichts. 248

Da es um den vorläufigen Bestandsschutz des Arbeitsverhältnisses geht, entscheidet das Arbeitsgericht im **Urteilsverfahren** (ebenso LAG Berlin 11. 6. 1974, DB 1974, 1629 = BB 1974, 1024; LAG Düsseldorf 21. 6. 1974, DB 1974, 1342; 29. 5. 1974, EzA § 102 BetrVG 1972 Beschäftigungspflicht Nr. 3 = DB 1974, 2112; *Fitting*, § 102 Rn. 117; GK-*Raab*, § 102 Rn. 186; GL-*Löwisch*, § 102 Rn. 123; *Löwisch/Kaiser*, § 102, Rn. 54; HSWGNR-*Schlochauer*, § 102 Rn. 188; KR-*Etzel*, § 102 Rn. 223; *Klebe/Schumann*, Recht auf Beschäftigung, S. 238 ff.; a. A. wegen § 2 a Abs. 1 Nr. 1 ArbGG für Entscheidung im Beschlussverfahren: *Gester/Zachert*, ArbRGegw. 12 [1975], 87, 102; *Hinz*, BB 1974, 1253; ursprünglich *Schlochauer*, RdA 1973, 157, 164 f.). 249

b) Das Arbeitsgericht entscheidet im **Verfahren der einstweiligen Verfügung** (§§ 935 ff. ZPO). Die Voraussetzungen für den Erlass einer einstweiligen Verfügung sind aber hier abschließend geregelt. Der Arbeitgeber braucht also nicht außerdem einen Verfügungsgrund i. S. der §§ 935, 940 ZPO glaubhaft zu machen (*Rieble*, BB 2003, 844; GK-*Raab* § 102 Rn. 187; HaKo-BetrVG/*Braasch*, § 102 Rn. 123; ebenso LAG Düsseldorf 15. 3. 1978, DB 1978, 1283; für den Regelfall LAG München LAGE Nr. 17 zu § 102 BetrVG Beschäftigungspflicht; LAG München 17. 12. 2003, AuR 2005, 163; a. A. LAG Nürnberg 17. 8. 2004 NZA-RR 2005, 255). Die einstweilige Verfügung ist beim Gericht der Hauptsache, d. h. bei dem Arbeitsgericht zu beantragen, bei dem der Kündigungsschutzprozess anhängig ist (§ 937 Abs. 1 ZPO). Antragsgegner ist der betroffene Arbeitnehmer. 250

Das Arbeitsgericht kann den Antrag auf Erlass einer einstweiligen Verfügung nicht ablehnen, weil es zu dem Ergebnis kommt, dass bereits **kein ordnungsgemäßer Widerspruch des Betriebsrats** vorliegt. Dabei hat man zu beachten, dass ein Widerspruch nur ordnungsgemäß ist, wenn der Betriebsrat ihn begründet hat, aber nicht erforderlich ist, dass der geltend gemachte Widerspruchsgrund wirklich vorliegt (s. Rn. 183). Ist zwischen Arbeitgeber und Arbeitnehmer streitig, ob der Widerspruchsgrund vorliegt, so ist der Arbeitgeber durch einstweilige Verfügung von der Verpflichtung zur Weiterbeschäftigung nur zu entbinden, wenn der Widerspruch des Betriebsrats *offensichtlich unbegründet* war (Abs. 5 Satz 2 Nr. 3; s. auch Rn. 247). Das Arbeitsgericht kann den Antrag auf Erlass einer einstweiligen Verfügung nicht mit der Begründung ablehnen, dass der Betriebsrat der Kündigung nicht ordnungsgemäß widersprochen habe und bereits deshalb eine Voraussetzung für die Weiterbeschäftigungspflicht des Arbeitgebers fehle (ebenso LAG Hamm 28. 4. 1976, EzA § 102 BetrVG 1972 Beschäftigungspflicht Nr. 6; *Matthes*, MünchArbR, 2. Aufl., § 357 Rn. 24). Der Arbeitnehmer muss daher vortragen, inwieweit ein ordnungsgemäß getroffener Betriebsratsbeschluss vorliegt (LAG Berlin 16. 9. 2004 LAGE § 102 BetrVG 2001 Beschäftigungspflicht Nr. 3; s. hierzu auch LAG Nürnberg 17. 8. 2004 NZA-RR 2005, 255). 251

§ 102

252 Der Arbeitgeber braucht die **Tatsachen,** die nach Abs. 5 Satz 2 einen Entbindungsgrund geben, lediglich **glaubhaft zu machen** (§§ 920 Abs. 2, 936 ZPO), d. h. es genügt eine Beweisführung, die dem Richter einen gewissen Grad von Wahrscheinlichkeit vermittelt (vgl. § 294 ZPO). Er trägt insoweit aber die Darlegungs- und Beweislast. Soweit er glaubhaft zu machen hat, dass die Kündigungsschutzklage keine Aussicht auf Erfolg bietet oder mutwillig erscheint (Abs. 5 Satz 2 Nr. 1), muss er, wenn der Betriebsrat einer betriebsbedingten Kündigung wegen Nichtberücksichtigung sozialer Gesichtspunkte bei der Auswahl des zu kündigenden Arbeitnehmers widersprochen hat (Abs. 3 Nr. 1), nicht nur die betriebsbedingten Gründe, sondern auch die zu treffende Auswahl nach sozialen Gesichtspunkten glaubhaft machen, obwohl der Arbeitnehmer im Kündigungsschutzprozess die Beweislast dafür trägt, dass der Arbeitgeber bei seiner Auswahl soziale Gesichtspunkte nicht oder nicht ausreichend berücksichtigt hat (§ 1 Abs. 3 Satz 3 KSchG; ebenso KR-*Etzel*, § 102 Rn. 225). Bei Abs. 5 Satz 2 Nr. 2 genügen allgemeine Angaben, z. B. gesunkene Umsätze, Arbeitsmangel, finanzielle Schwierigkeiten nicht zur Begründung. Erforderlich ist die Angabe konkreter und detaillierter Daten über die wirtschaftliche und finanzielle Lage des Betriebs und Unternehmens und eine Prognose der künftigen Entwicklung (LAG Hamburg 16. 5. 2001, NZA-RR 2002, 25, 27).

253 c) Entscheidet das Arbeitsgericht durch Endurteil, so findet unter den Voraussetzungen des § 64 ArbGG die Berufung an das **Landesarbeitsgericht** statt; die Revision ist nicht zulässig (§ 72 Abs. 4 ArbGG). Erlässt der Vorsitzende des Arbeitsgerichts die einstweilige Verfügung durch Beschluss (§ 53 Abs. 1 ArbGG i. V. mit §§ 937 Abs. 3, 944 ZPO), so kann der Arbeitnehmer Widerspruch einlegen, über den das Arbeitsgericht durch Endurteil entscheidet (§§ 924, 925, 936 ZPO). Die Erhebung des Widerspruchs hat nicht zur Folge, dass ein Suspensiveffekt eintritt, der Arbeitgeber also zur Weiterbeschäftigung verpflichtet ist (§§ 924 Abs. 3 Satz 1, 936 ZPO). Wird dagegen der Antrag des Arbeitgebers durch Beschluss zurückgewiesen, so kann er dagegen Beschwerde einlegen, über die das Landesarbeitsgericht entscheidet; eine weitere Beschwerde findet nicht statt (§ 78 ArbGG).

254 d) Bislang ungeklärt ist die Frage, ob der Arbeitgeber auch einen Antrag auf eine einstweilige Verfügung stellen kann, wenn der **Arbeitnehmer noch keine Kündigungsschutzklage erhoben** hat, diese aber zu erwarten ist. Dies dürfte zulässig sein: Sinn der einstweiligen Verfügung ist es, möglichst schnell die Rechte des Arbeitgebers durchzusetzen. Der Wortlaut der Norm steht dem nicht entgegen, und es dient diesem Ziel, bereits vor Klageerhebung den Antrag des Arbeitgebers zuzulassen. Erforderlich ist jedoch, dass bereits im Zeitpunkt der gerichtlichen Entscheidung ein Entbindungsgrund vorliegt. Dass der Anspruch bedingt ist durch die Klageerhebung des Arbeitnehmers, ist kein Hindernis, ebenso wie allgemein bedingte Ansprüche durch einstweilige Verfügung gesichert werden können (s. auch *Zöller/Vollkommer*, ZPO, § 935, Rn. 6).

255 Der Arbeitgeber muss andererseits den Antrag auf Entbindung von der Weiterbeschäftigung nicht sofort stellen, wenn der Arbeitnehmer seine Weiterbeschäftigung verlangt. Ein **nachträglicher Antrag** ist jederzeit zulässig. Der Arbeitgeber kann sich insbesondere im Laufe des Weiterbeschäftigungsverhältnisses von der Weiterbeschäftigungspflicht entbinden lassen, wenn sich erst später ein Entbindungsgrund ergibt (GK-*Raab*, § 102 Rn. 188; HWK-*Ricken*, § 102 Rn. 93). Er kann einen abgewiesenen Entbindungsantrag auch wiederholen, wenn er ihn auf neue Gründe stützen kann (LAG Köln 19. 5. 1983, DB 1983, 2368; GK-*Raab*, § 102 Rn. 188; ErfK-*Kania*, § 102 Rn. 41).

3. Materiell-rechtliche Auswirkungen der Entbindung

256 Mit der Entbindung des Arbeitgebers von der Weiterbeschäftigungspflicht **endet** der **vorläufige Bestandsschutz für das Arbeitsverhältnis.** Die Rechtsfolge tritt nicht für die

E. Weiterbeschäftigung des Arbeitnehmers nach Ablauf der Kündigungsfrist § 102

Vergangenheit, sondern nur für die Zukunft ein (ebenso *Matthes*, MünchArbR, 2. Aufl., § 357 Rn. 24). Nicht davon berührt wird aber das Arbeitsverhältnis. Die Entbindung von der Weiterbeschäftigungspflicht beendet nicht einen Annahmeverzug des Arbeitgebers. Wenn der Arbeitnehmer im Kündigungsschutzprozess obsiegt, hat er auch bei Entbindung des Arbeitgebers von der Weiterbeschäftigungspflicht für die Dauer des Kündigungsrechtsstreits den Anspruch auf das Arbeitsentgelt nach § 615 BGB (ebenso LAG Rheinland-Pfalz, BB 1980, 415; HaKo-BetrVG/*Braasch*, § 102 Rn. 127; *Klebe/ Schumann*, Recht auf Beschäftigung, S. 178; *Wank*, MünchArbR § 99 Rn. 44).

Auf die einstweilige Verfügung, durch die der Arbeitgeber von der Verpflichtung zur Weiterbeschäftigung entbunden wird, findet die **Haftungsvorschrift des § 945 ZPO keine Anwendung** (ebenso, wenn auch nicht abschließend entschieden BAG 31. 8. 1978 AP BetrVG 1972 § 102 Nr. 1 Weiterbeschäftigung [abl. *Grunsky*]; HaKo-BetrVG/ *Braasch*, § 102 Rn. 118; *Wank*, MünchArbR § 99 Rn. 45; a. A. *Klebe/Schumann*, Recht auf Beschäftigung, S. 246 f.). Nach § 945 ZPO ist auch schadensersatzpflichtig, wer zwar einen Anspruch, aber keinen Verfügungsgrund hat. Hier ist aber zu beachten, dass Abs. 5 Satz 2 für den Erlass einer einstweiligen Verfügung eine Sonderregelung darstellt. Im Unterschied zu den Tatbeständen, von denen § 945 ZPO ausgeht, ist hier die Sicherung des Arbeitsplatzes während des Kündigungsschutzprozesses durch eine materiell-rechtliche Gestaltung des Arbeitsverhältnisses festgelegt worden. Da durch sie aber nur ein vorläufiger Bestandsschutz des Arbeitsverhältnisses verwirklicht wird, ist die Entbindung von der Verpflichtung zur Weiterbeschäftigung verfahrensrechtlich mit dem Verfahren der einstweiligen Verfügung verknüpft worden; ein zusätzliches Hauptverfahren ist vom Gesetzgeber nicht vorgesehen (vgl. BAG, a. a. O.). Hauptverfahren ist vielmehr der Kündigungsschutzprozess. Wenn der Arbeitnehmer in ihm unterliegt, steht damit zugleich fest, dass er gegen den Arbeitgeber keinen Anspruch auf das Arbeitsentgelt hat, wenn er nach Ablauf der Kündigungsfrist entsprechend der einstweiligen Verfügung nicht beschäftigt wurde. Obsiegt er dagegen, so hat er den Anspruch auf das Arbeitsentgelt nach § 615 BGB. 257

V. Betriebsverfassungsrechtlicher Weiterbeschäftigungsanspruch und Annahmeverzug des Arbeitgebers

Führt die Kündigung nicht zur Auflösung des Arbeitsverhältnisses, so kommt der Arbeitgeber in **Annahmeverzug,** wenn er den **Arbeitnehmer nicht beschäftigt,** obwohl dieser in der Lage ist, die Arbeitsleistung zu erbringen. Ein tatsächliches oder auch nur wörtliches Arbeitsangebot bei Ablauf der Kündigungsfrist ist nicht erforderlich (§ 296 BGB; ebenso BAG 21. 3. 1985 AP BGB § 615 Nr. 35). Der Arbeitnehmer hat in diesem Fall nach § 615 Satz 1 BGB den Anspruch auf das Arbeitsentgelt, ohne zur Nachleistung verpflichtet zu sein. **Keine Rolle** spielt, ob den Arbeitgeber die **Weiterbeschäftigungspflicht nach Abs. 5** trifft. Auch wenn deren Voraussetzungen nicht gegeben sind, ist unerheblich, ob der Arbeitnehmer das ihm eingeräumte Gestaltungsrecht ausübt (ebenso BAG 14. 11. 1985 AP BGB § 615 Nr. 39; *Heinze*, Personalplanung, Rn. 622–625; *Fitting*, § 102 Rn. 112; a. A. 6. Aufl. des Kommentars, § 102 Rn. 215). Der Arbeitnehmer hat ein Wahlrecht. Der Arbeitgeber kann den Annahmeverzug nicht dadurch beenden, dass er sich bereit erklärt, den Arbeitnehmer nach Abs. 5 weiterzubeschäftigen. 258

Verlangt der Arbeitnehmer nach Abs. 5 Weiterbeschäftigung, lehnt der Arbeitgeber sie aber entgegen der hier angeordneten Verpflichtung ab, so hängt in diesem Fall der Annahmeverzug des Arbeitgebers nicht davon ab, ob die Kündigung wirksam ist; denn bei Verpflichtung zur Weiterbeschäftigung endet das Arbeitsverhältnis erst mit Rechtskraft der Entscheidung über die Kündigungsschutzklage, wenn die Kündigung unwirksam ist (s. Rn. 204). 259

VI. Weiterbeschäftigung auf der Grundlage des allgemeinen Beschäftigungsanspruchs

1. Keine entsprechende Anwendung des Abs. 5

260 Außerhalb des Abs. 5 besteht keine Pflicht zur Weiterbeschäftigung, durch die ein vorläufiger Bestandsschutz des Arbeitsverhältnisses verwirklicht wird. Man kann Abs. 5 auch nicht entsprechend anwenden, indem man das Widerspruchsrecht des Betriebsrats auf nicht im Katalog des Abs. 3 genannte Tatbestände, also insbesondere auf die Sozialwidrigkeit einer ordentlichen Kündigung erstreckt oder auf den Widerspruch als Voraussetzung für den vorläufigen Bestandsschutz des Arbeitsverhältnisses verzichtet (ebenso BAG 26. 5. 1977 AP BGB § 611 Nr. 5 Beschäftigungspflicht).

2. Richterrechtlich anerkannter Weiterbeschäftigungsanspruch

261 Da Abs. 5 primär einen vorläufigen Bestandsschutz des Arbeitsverhältnisses anordnet, ist er trotz seines Gesetzeswortlauts **keine Sonderregelung für den Beschäftigungsanspruch** des gekündigten Arbeitnehmers bis zum Ablauf des Kündigungsrechtsstreits (ebenso BAG [GS] 27. 2. 1985 AP BGB § 611 Nr. 14 Beschäftigungspflicht). Er schließt daher außerhalb seines Anwendungsbereichs für eine außerordentliche Kündigung nach deren Zugang bzw. bei einer ordentlichen Kündigung nach Ablauf der Kündigungsfrist den Beschäftigungsanspruch des Arbeitnehmers nicht aus. Die Tatsache der Kündigung steht ihm also nicht entgegen; jedoch ist er, sofern man ihn überhaupt anerkennt, davon abhängig, dass ein Arbeitsverhältnis noch besteht.

262 Das **Dienstvertragsrecht des BGB** sieht **keinen Anspruch auf tatsächliche Beschäftigung** vor. Noch in der Weimarer Zeit entsprach es deshalb fast einhelliger Lehre, dass der Arbeitnehmer kein Recht auf Beschäftigung hat, wenn nicht besondere Gesichtspunkte vorliegen, z. B. bei einem „Vertrag mit einem Heldentenor, den der Theaterunternehmer nicht nur bezahlen, sondern auch auftreten lassen muss" (*Sinzheimer*, Grundzüge des Arbeitsrechts, 2. Aufl. 1927, S. 147). Die Interessen des Arbeitnehmers sind nach bürgerlichem Recht dadurch gewahrt, dass er bei einem Annahmeverzug des Arbeitgebers den Anspruch auf das Arbeitsentgelt behält, ohne zur Nachleistung verpflichtet zu sein (§ 615 BGB). Die **Rechtsprechung** gibt dem Arbeitnehmer darüber hinaus einen **Beschäftigungsanspruch,** den es mit dem durch Art. 1 und 2 GG garantierten Persönlichkeitsschutz begründet (so bereits BAG 10. 11. 1955 AP BGB § 611 Nr. 2 Beschäftigungspflicht; vgl. Staudinger-*Richardi*, BGB [14. Bearbeitung], § 611 Rn. 903 ff.; abl. *Pallasch*, Der Beschäftigungsanspruch des Arbeitnehmers, 1993). Der Große Senat des BAG leitet ihn aus §§ 611, 613 i. V. mit § 242 BGB ab. Eine andere Begründung erscheint vorzugswürdig: Es besteht eine Regelungslücke, die durch die Anerkennung des Beschäftigungsanspruchs geschlossen wird. Seine materielle Legitimation ergibt sich aus dem Kündigungsschutz; denn die Sicherung des Arbeitsplatzes erfordert die Beschäftigung des Arbeitnehmers (vgl. Staudinger-*Richardi* [14. Bearbeitung], a. a. O.; *Pallasch*, a. a. O., S. 74 ff.).

263 Beachtet man diesen teleologischen Zusammenhang, so wird auch ohne weiteres einsichtig, warum der **Beschäftigungsanspruch** gerade **in den Kündigungsfällen** eine Rolle spielt. Das BAG hat anerkannt, dass er grundsätzlich auch nach Ausspruch einer Kündigung während der Kündigungsfrist besteht (BAG 19. 8. 1976 E 28, 168 = AP BGB § 611 Nr. 4 Beschäftigungspflicht). Nach Ablauf der Kündigungsfrist bzw. nach Zugang einer fristlosen Kündigung ist aber das Arbeitsverhältnis beendet, wenn die Kündigung rechtswirksam ist. Deshalb besteht in diesem Fall auch nicht mehr die Pflicht des Arbeitgebers zur tatsächlichen Beschäftigung des Arbeitnehmers. Umgekehrt trifft sie ihn aber, wenn die Kündigung unwirksam ist. Damit stellt sich die Frage, wer das **Risiko der Ungewiss-**

heit über die objektive Rechtslage zu tragen hat. Der Große Senat des BAG löst das Problem durch die Regel, dass außer im Fall einer offensichtlich unwirksamen Kündigung die Ungewissheit über den Ausgang des Kündigungsrechtsstreit ein schutzwertes Interesse des Arbeitnehmers an der Nichtbeschäftigung bis zu dem Zeitpunkt begründe, in dem ein die Unwirksamkeit der Kündigung feststellendes Urteil ergehe (BAGE 48, 122 = AP BGB § 611 Nr. 14 Beschäftigungspflicht). Diese Regelung findet entsprechend Anwendung, wenn um die Wirksamkeit einer Befristung oder auflösenden Bedingung des Arbeitsverhältnisses gestritten wird (BAG 13. 6. 1985 AP BGB § 611 Nr. 19 Beschäftigungspflicht).

Der richterrechtliche Weiterbeschäftigungsanspruch ist gegenüber dem betriebsverfassungsrechtlichen Weiterbeschäftigungsanspruch wesensverschieden. Er begründet für das Arbeitsverhältnis keinen vorläufigen Bestandsschutz. Wird rechtskräftig festgestellt, dass die Kündigung rechtswirksam war, so hat der Arbeitgeber die Arbeitsleistung ohne rechtlichen Grund erlangt. Der Arbeitnehmer hat demnach nur einen Anspruch aus ungerechtfertigter Bereicherung auf Ersatz des Werts der geleisteten Arbeit (§ 812 Abs. 1 Satz 1 i. V. mit § 818 Abs. 2 BGB; vgl. BAG 10. 3. 1987 AP BGB § 611 Nr. 1 Weiterbeschäftigung; kritisch *Wank*, MünchArbR § 99 Rn. 106 ff.). 264

Die Sicherung des Arbeitsplatzes während eines Kündigungsrechtsstreits ist kein Problem, das auf der Ebene des materiellen Rechts durch die Anerkennung eines Beschäftigungsanspruchs gelöst werden kann, sondern es geht um das prozessuale Problem der sachgerechten Gestaltung des einstweiligen Rechtsschutzes (vgl. *Wank*, MünchArbR § 99 Rn. 47). Die Verlagerung des Problems in das materielle Recht führt zu nicht lösbaren Folgeproblemen prozessualer und materiell-rechtlicher Art. Solange der Große Senat des BAG seine Rechtsprechung aber nicht korrigiert, bleibt eine prozessuale Lösung durch einstweiligen Rechtsschutz verschlossen (vgl. zu ihr auch § 137 ArbVG-E 1992, Verhandlungen des 59. DJT, Bd. I/D, 1992). 265

F. Besonderheiten bei einer Änderungskündigung

I. Begriff der Änderungskündigung

Die Änderungskündigung kann in zweierlei Gestalt vorkommen: Die Kündigung wird unter der Bedingung erklärt, dass der Vertragsgegner die vorgeschlagene Änderung der Arbeitsbedingungen ablehnt, oder sie erfolgt unbedingt, verbunden mit dem Angebot, das Arbeitsverhältnis zu geänderten Arbeitsbedingungen fortzusetzen. § 2 Satz 1 KSchG enthält eine arbeitgeberbezogene Legaldefinition, nach der eine Änderungskündigung vorliegt, wenn der Arbeitgeber das Arbeitsverhältnis kündigt und dem Arbeitnehmer im Zusammenhang mit der Kündigung die Fortsetzung des Arbeitsverhältnisses zu geänderten Arbeitsbedingungen anbietet. Der Arbeitgeber bezweckt durch die Änderungskündigung keine Auflösung des Arbeitsverhältnisses, sondern eine Vertragsänderung. Da sie aber zur Auflösung des Arbeitsverhältnisses führt, wenn der Arbeitnehmer das Vertragsangebot nicht annimmt, ist sie eine echte Kündigung. 266

Eine Änderungskündigung kann als ordentliche und auch als außerordentliche Kündigung erklärt werden. Wird die Änderungskündigung als ordentliche Kündigung ausgesprochen, so sind die Kündigungsfristen einzuhalten. Wird sie als außerordentliche Kündigung erklärt, so erfordert sie das Vorliegen eines wichtigen Grunds, der sich auf die beabsichtigte Inhaltsänderung beziehen muss (§ 626 BGB; vgl. BAG 7. 6. 1973 AP BGB § 626 Nr. 1 Änderungskündigung; *Wank*, MünchArbR § 99 Rn. 8). § 2 KSchG gilt unmittelbar zwar nur für die ordentliche Änderungskündigung, ist aber auch auf die außerordentliche Änderungskündigung entsprechend anzuwenden (ebenso BAG 17. 5. 1984 AP BAT § 55 Nr. 3; 19. 6. 1986 und 27. 3. 1987 AP KSchG 1969 § 2 Nr. 16 und 20; *v. Hoyningen-Huene/Linck*, KSchG, § 2 Rn. 15). 267

II. Beteiligungsrecht des Betriebsrats

1. Anhörungsrecht

268 a) Da die Änderungskündigung eine echte Kündigung ist, muss der Betriebsrat **vor ihrem Ausspruch gehört** werden (ebenso BAG 10. 3. 1982 AP KSchG 1969 § 2 Nr. 2; 30. 11. 1989 AP BetrVG 1972 § 102 Nr. 53; 30. 9. 1993 AP KSchG 1969 § 2 Nr. 33; bereits BAG 3. 11. 1977 AP BPersVG § 75 Nr. 1).

269 Der Arbeitgeber muss ihm sowohl die Gründe für die Änderung der Arbeitsbedingungen als auch das Änderungsangebot mitteilen. Anzugeben ist auch der Zeitpunkt, zu dem die Änderung der Arbeitsbedingungen wirksam werden soll (vgl. BAG 29. 3. 1990 AP BetrVG 1972 § 102 Nr. 56). Im Übrigen muss der Arbeitgeber dieselben Informationen wie bei einer Beendigungskündigung geben (s. Rn. 44 ff.). Beabsichtigt der Arbeitgeber eine Änderungskündigung, will er aber für den Fall einer Ablehnung des Änderungsangebots durch den Arbeitnehmer eine Beendigungskündigung aussprechen, so muss er im Anhörungsverfahren verdeutlichen, dass er bei einer Ablehnung des Änderungsangebots durch den Arbeitnehmer die Beendigungskündigung beabsichtigt (vgl. BAG 30. 11. 1989 AP BetrVG 1972 § 102 Nr. 53).

270 b) Eine **ohne Anhörung des Betriebsrats ausgesprochene Änderungskündigung** ist **unwirksam** (Abs. 1 Satz 3).

271 Von der Unwirksamkeit **nicht erfasst** wird das **Änderungsangebot des Arbeitgebers**. Der Arbeitnehmer kann es trotz Rechtsunwirksamkeit der Kündigung annehmen; § 139 BGB greift nicht ein, weil man nicht annehmen kann, dass das Änderungsangebot nur für den Fall gemacht wird, dass die hier lediglich als Druckmittel eingesetzte Kündigung wirksam ist (ebenso *Richardi*, DB 1974, 1335; im Ergebnis GL-*Löwisch*, § 102 Rn. 10; *v. Hoyningen-Huene/Linck*, KSchG, § 2 Rn. 190; *Schwerdtner*, FS 25 Jahre BAG, S. 555, 576). Erfolgt die Annahme unter dem **Vorbehalt**, dass die **Änderung der Arbeitsbedingungen sozial gerechtfertigt** ist, so wirkt sich hier aus, dass die Änderungskündigung unwirksam ist. Der Arbeitnehmer braucht nicht gemäß § 4 Satz 2 KSchG die Änderungsschutzklage zu erheben; denn der Fall wird streng genommen nicht vom § 2 KSchG erfasst. Es bleibt vielmehr bei dem allgemein geltenden Grundsatz, dass die Annahme unter Vorbehalt als Ablehnung gilt (§ 150 Abs. 2 BGB); denn wegen der Nichtigkeit der Kündigung kann nicht der Auflösungseffekt eintreten, wie er bei wirksamer Kündigung gegeben wäre, wenn der Arbeitnehmer das Vertragsangebot des Arbeitgebers ablehnen würde (ebenso *Richardi*, DB 1974, 1335; ebenso im Ergebnis, wenn darauf abgestellt wird, dass der Arbeitnehmer in Kenntnis der Unwirksamkeit der Kündigung die veränderten Arbeitsbedingungen akzeptiert haben muss, *Schwerdtner*, FS 25 Jahre BAG, S. 555, 576).

272 c) Einer Änderungskündigung, die als ordentliche Kündigung ausgesprochen wird, kann der Betriebsrat nach Abs. 3 **widersprechen**. Der Widerspruch hat die gleichen Rechtsfolgen wie bei einer Kündigung, durch die eine Auflösung des Arbeitsverhältnisses bezweckt wird (s. Rn. 189 ff. und 192 ff., aber auch Rn. 280 ff.).

2. Konkurrenz mit dem Mitbestimmungsrecht nach § 99

273 a) Wenn das Vertragsangebot des Arbeitgebers eine **Versetzung** oder **Herabgruppierung** enthält, hat der Betriebsrat in Unternehmen mit in der Regel mehr als 20 wahlberechtigten Arbeitnehmern ein Mitbestimmungsrecht nach § 99. Die Konkurrenz zu § 102 kann nicht durch ein Spezialitäts- oder Subsidiaritätsverhältnis gelöst werden (vgl. ausführlich *Richardi*, DB 1974, 1335 f.). **§ 99 und § 102 sind nebeneinander anzuwenden;** sie beziehen sich auf verschiedene Tatbestände und geben unterschiedlich strukturierte Beteiligungsrechte (ebenso BAG 3. 11. 1977 AP BPersVG § 75 Nr. 1 [zust. *Richar-*

di]; 30. 9. 1993 E 74, 291, 296, 302 ff. = AP KSchG 1969 § 2 Nr. 33 [zust. *Wlotzke*]; *Fitting*, § 102 Rn. 9; GK-*Raab*, § 102 Rn. 30; GL-*Löwisch*, § 99 Rn. 27; HSWGNR-*Schlochauer*, § 99 Rn. 42, § 102 Rn. 17; HWK-*Ricken*, § 102 Rn. 3; *Meisel*, BB 1973, 944, 945 f.; *Richardi*, DB 1974, 1335 f.; *Stege*, DB 1975, 1506, 1510 f.; *Schwerdtner*, FS 25 Jahre BAG, S. 555, 578 f.; *Löwisch*, NZA 1988, 633, 639 f.).

Der Arbeitgeber kann **beide Beteiligungsverfahren miteinander verbinden** (ebenso BAG 3. 11. 1977 AP BPersVG § 75 Nr. 1). Er muss in diesem Fall die an ihn gestellten Anforderungen für die Beteiligung des Betriebsrats sowohl hinsichtlich der Versetzung oder Umgruppierung als auch hinsichtlich der Änderungskündigung erfüllen. Auch die **Entscheidung des Betriebsrats** muss **nicht notwendigerweise einheitlich** ausfallen (ebenso BAG 30. 9. 1994 AP KSchG 1969 § 2 Nr. 33). 274

b) Bestehen die geänderten Arbeitsbedingungen in einer **Versetzung** i. S. des § 95 Abs. 3, so ist für die Beteiligung nach § 102 unerheblich, ob der Arbeitgeber das Zustimmungsverweigerungsverfahren nach § 99 eingehalten hat (ebenso BAG 30. 9. 1993 AP KSchG 1969 § 2 Nr. 33 [*Wlotzke*]). Hat er die beiden Beteiligungsverfahren miteinander verbunden, so liegt jedoch in einer Zustimmung zur Änderungskündigung zugleich die erforderliche Zustimmung zur Versetzung. Verweigert der Betriebsrat seine Zustimmung zur Versetzung, so berührt dies nicht die Wirksamkeit der Änderungskündigung (ebenso BAG 30. 9. 1993 AP KSchG 1969 § 2 Nr. 33). Auch die Wirksamkeit einer Änderung des Vertragsinhalts hängt nicht davon ab, dass der Betriebsrat der Versetzung zugestimmt hat. Der Arbeitgeber kann aber, solange die Zustimmung des Betriebsrats nach § 99 (noch) fehlt, die Versetzung nur vornehmen, wenn er von der Möglichkeit des § 100 Gebrauch macht (ebenso BAG 30. 9. 1993 AP KSchG 1969 § 2 Nr. 33). 275

Für eine ordnungsgemäße Beteiligung nach § 102 ist **keine Voraussetzung,** dass der Arbeitgeber mit ihr zugleich das **Mitbestimmungsverfahren nach § 99 einleitet** (ebenso BAG 30. 9. 1993 E 74, 291, 302 = AP KSchG 1969 § 2 Nr. 33 [*Wlotzke*]). Aus der Anhörung des Betriebsrats kann sich nämlich ergeben, dass der Arbeitgeber von der zunächst geplanten Versetzung absieht oder sie anders durchführt. Die beiden Beteiligungsformen stehen bei der Änderungskündigung aber nicht isoliert nebeneinander: Der Betriebsrat kann einer beabsichtigten Beendigungskündigung nicht nach Abs. 3 Nr. 3 mit der Begründung widersprechen, dass der Arbeitgeber den Arbeitnehmer auf einem Arbeitsplatz beschäftigen könne, wenn er für die Versetzung auf diesen Arbeitsplatz seine Zustimmung verweigert hat. Der Betriebsrat kann aber den Widerspruch darauf stützen, dass der Arbeitnehmer an einem anderen als den für die Versetzung in Aussicht genommenen Arbeitsplatz tätig werden kann. Sofern der Betriebsrat Arbeitsplätze im selben Betrieb benannt hat, hat der Arbeitgeber, der dem Versetzungsvorschlag des Betriebsrats folgt und deshalb nur eine Änderungskündigung ausspricht, damit zugleich das Mitbestimmungsrecht nach § 99 gewahrt (ebenso *Richardi*, DB 1974, 1335, 1336). Ist der Betriebsrat dagegen insoweit – wie bei der Versetzung in einen anderen Betrieb – nicht für die Mitbestimmungsausübung zuständig, so bedeutet die von der zuständigen Betriebsvertretung erklärte Zustimmungsverweigerung, dass eine dem Widerspruch entsprechende Maßnahme nicht verwirklicht werden kann. 276

Eine Interdependenz besteht auch insoweit, als der Arbeitgeber statt einer beabsichtigten Änderungskündigung eine **Beendigungskündigung** erklären kann, wenn der Betriebsrat zu der mit der Änderungskündigung bezweckten Versetzung seine Zustimmung verweigert. Der Arbeitgeber ist in diesem Fall nicht verpflichtet, das Zustimmungsersetzungsverfahren durchzuführen. 277

c) Von der Versetzung ist die **Umgruppierung** zu unterscheiden. Bei ihr geht es nicht um die Zuweisung einer anderen Tätigkeit, sondern um die Neueinstufung in die für den Arbeitnehmer maßgebliche Vergütungsgruppenregelung (s. § 99 Rn. 82). Bezweckt die Änderungskündigung eine Änderung der Tätigkeit, die eine Umgruppierung zur Folge hat, so bildet die Umgruppierung neben der Versetzung einen selbständigen Mitbestim- 278 mungstatbestand i. S. des § 99. Soll dagegen die Umgruppierung geändert werden, weil der Arbeitnehmer auf Grund einer Abrede übertariflich eingestuft war, so liegt darin keine zustimmungspflichtige Umgruppierung i. S. des § 99 (so zutreffend *Matthes,* MünchArbR, 2. Aufl., § 356 Rn. 18).

279 d) Die **Nichtbeachtung der Mitbestimmung nach § 99** berührt **nicht** die **Wirksamkeit der Änderungskündigung** (ebenso BAG 30. 9. 1993 AP KSchG 1969 § 2 Nr. 33). Der Arbeitgeber kann aber die mit der Änderungskündigung bezweckte Versetzung nicht durchführen, auch wenn der Arbeitnehmer mit ihr einverstanden ist. Dieser ist vielmehr, solange die Zustimmung des Betriebsrats nach § 99 nicht erteilt oder ersetzt ist und der Arbeitgeber auch nicht von der Möglichkeit des § 100 Gebrauch macht, in dem alten Arbeitsbereich weiterzubeschäftigen, der ihm nicht wirksam entzogen worden ist (so BAG 30. 9. 1993 AP KSchG 1969 § 2 Nr. 33). War die Änderungskündigung für die Umgruppierung notwendig, so ist zu beachten, dass das Mitbestimmungsrecht nach § 99 hier nur ein Mitbeurteilungsrecht ist. Die Verletzung des Mitbestimmungsrechts hat deshalb hier nicht zur Folge, dass der Arbeitnehmer eine andere Vergütung verlangen kann, als sie ihm nach dem Inhalt seines Arbeitsverhältnisses zusteht (s. auch § 99 Rn. 303). Für die Wirksamkeit der Änderungskündigung ist aber unerheblich, ob eine Zustimmung des Betriebsrats zur Umgruppierung vorliegt (ebenso BAG 30. 9. 1993 AP KSchG 1969 § 2 Nr. 33; *Matthes,* MünchArbR, 2. Aufl., § 356 Rn. 19).

III. Weiterbeschäftigungsanspruch nach § 102 Abs. 5

280 Der vorläufige Bestandsschutz für das Arbeitsverhältnis nach § 102 Abs. 5 entfällt nicht deshalb, weil es sich um eine Änderungskündigung handelt. Voraussetzung ist aber, dass der Arbeitnehmer das Änderungsangebot des Arbeitgebers ablehnt und die Kündigungsschutzklage erhebt (s. Rn. 215 ff.).

281 Hat der Arbeitnehmer dagegen das **Vertragsangebot** nach § 2 KSchG unter dem **Vorbehalt angenommen,** dass die Änderung nicht sozial ungerechtfertigt ist, so bezieht sich ein Rechtsstreit über die Änderungskündigung nicht mehr auf die Kündigung, sondern auf die **Änderung der Arbeitsbedingungen** (§ 4 Satz 2 KSchG). Der Arbeitnehmer ist daher verpflichtet, vorläufig, d. h. solange über die Änderungsschutzklage noch nicht rechtskräftig entschieden, der Vorbehalt also noch nicht wirksam geworden ist, zu den vom Arbeitgeber vorgeschlagenen **neuen Arbeitsbedingungen** zu arbeiten (ebenso LAG Frankfurt 28. 6. 1977, NJW 1978, 445 f.; *Fitting,* § 102 Rn. 13; *Löwisch/Kaiser,* § 102, Rn. 50; HSWGNR-*Schlochauer,* § 102 Rn. 173; KR-*Etzel,* § 102 Rn. 199 c; GK-*Raab,* § 102 Rn. 184; *Stege/Weinspach/Schiefer,* § 102 Rn. 206 a; *Schwerdtner,* FS 25 Jahre BAG, S. 555, 576 f.; *Richardi,* DB 1974, 1335, 1338 f.; zum richterrechtlichen Weiterbeschäftigungsanspruch BAG 18. 1. 1990 AP KSchG 1969 § 2 Nr. 27; – a. A. *Bösche,* Rechte des Betriebsrats bei Kündigungen, S. 143 f.; *Klebe/Schumann,* Recht auf Beschäftigung, S. 79 f.).

282 Ein Weiterbeschäftigungsanspruch nach § 102 Abs. 5 kommt aber in Betracht, wenn mit der Änderung der Arbeitsbedingungen eine Versetzung herbeigeführt wird, zu der der Betriebsrat nach § 99 seine Zustimmung bereits verweigert hat. Allerdings ist hier zu beachten, dass der Arbeitgeber nach § 100 die Maßnahme im Verhältnis zum Betriebsrat vorläufig durchführen kann. Hat er von dieser Möglichkeit Gebrauch gemacht, so darf er die Versetzung vorläufig aufrechterhalten, und auch der Arbeitnehmer kann nicht verlangen, auf seinem bisherigen Arbeitsplatz weiterbeschäftigt zu werden, wenn er das Änderungsangebot des Arbeitgebers nach § 2 KSchG unter Vorbehalt angenommen hat (ebenso KR-*Etzel,* § 102 Rn. 199 d; *Richardi,* DB 1974, 1335, 1339; offengelassen BAG 18. 1. 1990 AP KSchG 1969 § 2 Nr. 27). Erst wenn dem Arbeitgeber verwehrt ist, die Versetzung auch nur vorläufig durchzuführen, besteht die Verpflichtung, den Arbeitnehmer auf Verlangen auf seinem bisherigen Arbeitsplatz weiter zu beschäftigen, weil die

Änderung der Arbeitsbedingungen aus betriebsverfassungsrechtlichen Gründen nicht durchgeführt werden kann (vgl. *Richardi*, DB 1974, 1335, 1339).

G. Erweiterung des Mitbestimmungsrechts

I. Vorbemerkung

Arbeitgeber und Betriebsrat können vereinbaren, dass Kündigungen der Zustimmung des Betriebsrats bedürfen und dass bei Meinungsverschiedenheiten über die Berechtigung der Nichterteilung der Zustimmung die Einigungsstelle entscheidet (Abs. 6). Nach der Begründung zum RegE soll durch diese Bestimmung lediglich die bisher schon in einzelnen Betrieben geübte Praxis, durch freiwillige Betriebsvereinbarungen dem Betriebsrat ein volles Mitbestimmungsrecht bei Kündigungen des Arbeitgebers einzuräumen, ausdrücklich zugelassen werden (BT-Drucks. VI/1786, S. 52). **Unwirksam** nach der – verfehlten und dogmatisch nicht untermauerten– Rechtsprechung des BAG ist jedoch eine entsprechende **Vereinbarung zwischen Arbeitnehmer und Arbeitgeber** (BAG 23. 4. 2009 - 6 AZR 263/08, juris – ohne Auseinandersetzung mit der Literatur). Wenn die Arbeitsvertragsparteien den Schutz vor ordentlichen Kündigungen erweitern können und von der Zustimmung beliebiger Dritter abhängig machen können, warum nicht auch von der Zustimmung des Betriebsrats? Ermächtigungsgrundlage ist die Privatautonomie; Besonderheiten des Betriebsverfassungsrechts stehen dem nicht entgegen. Bleibt das BAG bei seiner Linie setzt es sich in Widerspruch zu seiner Rechtsprechung, wonach **tarifvertagliche Regeln** eine Erweiterung der Mitbestimmungsrechts vorsehen können (s. auch Rn. 305 sowie Wiedemann/*Thüsing*, TVG § 1 Rnr. 769). **283**

II. Zustimmungsbedürftigkeit von Kündigungen

1. Arbeitgeberkündigung

Trotz des missverständlichen Wortlauts ergibt sich eindeutig aus dem Zweck der Bestimmung, dass sie nur für Kündigungen des Arbeitgebers, nicht für Kündigungen des Arbeitnehmers gilt (vgl. *Richardi*, ZfA-Sonderheft 1972, 1, 32; *Rieble*, AuR 1993, 39, 40). Die Beteiligung des Betriebsrats soll nicht zu einer Bevormundung der Arbeitnehmer führen. Durch Betriebsvereinbarung kann daher nicht die Freiheit des Arbeitnehmers, ein Arbeitsverhältnis zu beenden, aufgehoben oder eingeschränkt werden. **284**

2. Ordentliche und außerordentliche Kündigung

Die gesetzliche Ermächtigung unterscheidet nicht zwischen der ordentlichen und der außerordentlichen Kündigung. **285**

Dennoch ist zweifelhaft, ob der Arbeitgeber mit dem Betriebsrat vereinbaren kann, dass die Wirksamkeit einer **außerordentlichen Kündigung** an die Zustimmung des Betriebsrats gebunden wird (verneinend *Matthes*, MünchArbR, 2. Aufl., § 358 Rn. 3; bejahend *Fitting*, § 102 Rn. 124; GK-*Raab*, § 102 Rn. 199; ErfK-*Kania*, § 102 Rn. 42; GL-*Löwisch*, § 102 Rn. 136, 142; HaKo-BetrVG/*Braasch*, § 102 Rn. 137; *Löwisch/ Kaiser*, § 102, Rn. 65; HWK-*Ricken*, § 102 Rn. 99; wohl auch HSWGNR-*Schlochauer*, § 102 Rn. 191; DKK-*Kittner/Bachner*, § 102 Rn. 312; LAG Düsseldorf 25. 8. 1995, BB 1996, 1277). Nach Ansicht des Ersten Senats des BAG konnte vor dem Inkrafttreten des BetrVG 1972 durch Betriebsvereinbarung nicht wirksam festgelegt werden, dass der Arbeitgeber der Zustimmung des Betriebsrats zum Ausspruch einer außerordentlichen Kündigung bedarf, weil darin ein Verstoß gegen die zwingende Vorschrift des § 626 BGB erblickt wurde (BAG 11. 7. 1958 AP BGB § 626 Nr. 27; abweichend der Dritte **286**

Senat für den Fall, dass eine unabhängige Schiedsstelle vorgesehen ist, die die Versagung der Zustimmung des Betriebsrats nachprüfen und ersetzen kann, BAG 6. 11. 1956 AP BGB § 626 Nr. 14). Das Recht zur außerordentlichen Kündigung kann zwar weder einzel- noch kollektivvertraglich ausgeschlossen oder beschränkt werden. Abs. 6 steht dazu in einem Gegensatz, soweit er die außerordentliche Kündigung umfasst. Dennoch liegt keine verdeckte Regelungslücke vor; denn Abs. 6 ist eine Gesetzesbestimmung, die der zwingenden Vorschrift des § 626 BGB eine Grenze setzt, ohne dem Arbeitgeber dadurch eine unzumutbare Erschwerung seines Kündigungsrechts aufzuerlegen. Eine Zustimmungsbedürftigkeit kann nämlich nur festgelegt werden, wenn der Arbeitgeber sich mit ihr freiwillig einverstanden erklärt (s. Rn. 288). Allerdings ist eine entsprechende Interpretation in Anlehnung an § 103 Abs. 2 geboten, wobei hier jedoch die Kompetenz zur Zustimmungsersetzung der Einigungsstelle übertragen ist (s. auch Rn. 298 f.).

III. Vereinbarung zwischen Arbeitgeber und Betriebsrat

1. Form

287 Die Vereinbarung zwischen Arbeitgeber und Betriebsrat bedarf der Form einer **Betriebsvereinbarung.** Eine bloße Betriebsabsprache genügt nicht; es muss vielmehr die Schriftform gewahrt worden sein (§ 77 Abs. 2 Satz 2; ebenso BAG 14. 2. 1978 AP GG Art. 9 Nr. 60 Arbeitskampf).

288 Der Betriebsrat kann nicht erzwingen, dass eine entsprechende Regelung zustande kommt; es handelt sich um eine **freiwillige Betriebsvereinbarung** (ebenso *Fitting*, § 102 Rn. 124; GK-Raab, § 102 Rn. 200; Jaeger/Röder/Heckelmann/*Jaeger*, Kap. 25 Rn. 181; *Löwisch/Kaiser*, § 102, Rn. 65; HSWGNR-*Schlochauer*, § 102 Rn. 190, 198; *Stege/Weinspach/Schiefer*, § 102 Rn. 21; KR-*Etzel*, § 102 Rn. 243; *Matthes*, MünchArbR § 358 Rn. 2).

2. Inhalt

289 a) Das Gesetz eröffnet den Betriebspartnern einen **Gestaltungsspielraum** (vgl. *Rieble*, AuR 1993, 39 ff.). Die Betriebsvereinbarung kann vorsehen, dass nur ordentliche Kündigungen der Zustimmung des Betriebsrats bedürfen. Spricht sie dagegen lediglich von Kündigungen, so ist im Zweifel davon auszugehen, dass ordentliche und außerordentliche Kündigungen erfasst werden. Soll das Verfahren zur Anhörung des Betriebsrats erweitert werden, z. B. durch Einführung einer Beratungspflicht im Fall eines Widerspruchs, so muss eine dem § 102 Abs. 1 Satz 3 entsprechende Sanktion bei Verstoß hiergegen in der betreffenden Betriebsvereinbarung deutlich geregelt werden; ansonsten ist sie nicht entsprechend anwendbar (BAG 6. 2. 1997 AP BetrVG 1972 § 102 Nr. 86; s. auch *Matthes*, FS Schwerdtner, 2003, S. 331).

290 b) Die Betriebspartner können die Zustimmungsbedürftigkeit auf die **Kündigung bestimmter Arbeitnehmergruppen** beschränken (ebenso *Rieble*, AuR 1993, 39, 44). Sie können festlegen, dass der Betriebsrat die Zustimmung nur aus bestimmten Gründen verweigern kann. Dadurch können sie aber dem Arbeitnehmer nicht den allgemeinen und besonderen Kündigungsschutz entziehen. Die Zustimmung des Betriebsrats hat nicht zur Folge, dass eine ordentliche Kündigung i. S. des § 1 KSchG sozial gerechtfertigt ist. Etwas anderes gilt nur, soweit gemäß § 95 mit dem Betriebsrat Sozialauswahlrichtlinien aufgestellt sind, die § 1 Abs. 3 KSchG konkretisieren (s. auch § 95 Rn. 37 ff., insbesondere 39 ff.; ebenso *Rieble*, AuR 1993, 39, 41 f.). Auch können die Betriebspartner Massenkündigungen aus dem Zustimmungserfordernis ausnehmen; wenn sie es jedoch nicht getan haben, dann gilt das Zustimmungserfordernis grundsätzlich auch hier (LAG Köln 29. 7. 2004 LAGE § 1 KSchG Soziale Auswahl Nr. 45 a). Freilich stellt sich

G. Erweiterung des Mitbestimmungsrechts § 102

hier die Frage nach der Zumutbarkeit der Regelung und den Grenzen der Betriebsautonomie.

c) Die Festlegung der Zustimmungsbedürftigkeit **begrenzt** das **Kündigungsermessen** 291 **des Arbeitgebers**. Soweit das Kündigungsrecht nicht dispositiv ist, kann daher auch das Kündigungsrecht nicht von der Zustimmung des Betriebsrats abhängig gemacht werden. Das gilt aber nicht für eine ordentliche Kündigung; denn eine freiwillige Betriebsvereinbarung kann sie sogar ausschließen (ebenso *Rieble*, AuR 1993, 39, 41). Das Recht zur außerordentlichen Kündigung kann dem Arbeitgeber aber nicht entzogen werden, sondern hier kommt nur in Betracht, dass bei bestimmten Gründen, die abstrakt geeignet sind, eine außerordentliche Kündigung zu rechtfertigen, die Kündigung des Arbeitgebers der Zustimmung des Betriebsrats bedarf.

d) Aus der Formulierung des Abs. 6 wird abgeleitet, dass das Erfordernis der Zustim- 292 mung des Betriebsrats nicht ohne **Einschaltung der Einigungsstelle** vereinbart werden kann (*Fitting*, § 102 Rn. 126; GK-*Raab*, § 102 Rn. 208; GL-*Löwisch*, § 102 Rn. 130; HSWGNR-*Schlochauer*, § 102 Rn. 200; KR-*Etzel*, § 102 Rn. 254; a. A. *Matthes*, MünchArbR, 2. Aufl., § 358 Rn. 5; *Bösche*, Rechte des Betriebsrats bei Kündigungen, S. 178; *Halberstadt*, BB 1973, 1442). Beachtet man aber, dass die Zustimmungsbedürftigkeit auf einer freiwilligen Betriebsvereinbarung beruht, die dem Arbeitgeber nicht das Recht zur außerordentlichen Kündigung entziehen darf, so gibt es keinen Grund dafür, dass die Zustimmungsbedürftigkeit nur festgelegt werden kann, wenn zugleich bestimmt wird, dass bei Meinungsverschiedenheiten über die Berechtigung der Nichterteilung der Zustimmung die Einigungsstelle entscheidet.

Abs. 6 ist daher so zu interpretieren, dass Arbeitgeber und Betriebsrat eine Anrufung 293 der Einigungsstelle vorsehen können, wenn bei einer Zustimmungsverweigerung durch den Betriebsrat zwischen ihnen Meinungsverschiedenheiten über die Berechtigung der Nichterteilung der Zustimmung bestehen. Regelt eine Betriebsvereinbarung nur die Zustimmungsbedürftigkeit einer Kündigung, so ist anzunehmen, dass wie im gesetzlichen Regelfall die Einigungsstelle zuständig ist (ebenso KR-*Etzel*, § 102 Rn. 255; *Meisel*, Mitwirkung und Mitbestimmung in personellen Angelegenheiten, Rn. 631; a. A. für Notwendigkeit einer ausdrücklichen Regelung HSWGNR-*Schlochauer*, § 102 Rn. 200).

Soweit dem Betriebsrat kein Zustimmungsermessen eingeräumt wird, sondern es 294 ausschließlich darum geht, ob ein in der Betriebsvereinbarung festgelegter Zustimmungsverweigerungsgrund vorliegt, können Arbeitgeber und Betriebsrat auch vereinbaren, dass unter Übergehung der Einigungsstelle das **Arbeitsgericht** im Beschlussverfahren entscheidet (vgl. *Richardi*, ZfA-Sonderheft 1972, 1, 34; ebenso GK-*Raab*, § 102 Rn. 209; GL-*Löwisch*, § 102 Rn. 132; HaKo-BetrVG/*Braasch*, § 102 Rn. 137; HSWGNR-*Schlochauer*, § 102 Rn. 190; KR-*Etzel*, § 102 Rn. 252; a. A. *Fitting*, § 102 Rn. 126; *Adomeit*, DB 1971, 2360, 2363).

e) Die Betriebsvereinbarung kann regeln, **wie der Arbeitgeber verfahren muss,** wenn er 295 eine ordentliche oder außerordentliche Kündigung ausspricht, die der Zustimmung des Betriebsrats bedarf. Soweit keine konkretisierende Regelung in der Betriebsvereinbarung erfolgt, ist der Arbeitgeber wie auch sonst bei der Anhörung vor einer Kündigung verpflichtet, dem Betriebsrat die Kündigungsabsicht und die Gründe für die Kündigung mitzuteilen. Für die Erklärung oder Versagung der Zustimmung ist, soweit die Betriebsvereinbarung nicht ein anderes bestimmt, die Regelung in Abs. 2 entsprechend anzuwenden; das Schweigen des Betriebsrats gilt hier aber nicht als Zustimmung zur Kündigung, sondern als Zustimmungsverweigerung (ebenso KR-*Etzel*, § 102 Rn. 249).

f) Wird durch Betriebsvereinbarung festgelegt, dass Kündigungen der Zustimmung 296 des Betriebsrats bedürfen, so ist im Zweifelsfall davon auszugehen, dass die **Einwilligung des Betriebsrats vor Ausspruch der Kündigung** vorliegen muss (ebenso GL-*Löwisch*, § 102 Rn. 129; KR-*Etzel*, § 102 Rn. 250). Arbeitgeber und Betriebsrat können aber auch vereinbaren, dass die Zustimmung noch nachträglich erteilt werden kann (ebenso GK-*Raab*, § 102 Rn. 206; GL-*Löwisch*, § 102 Rn. 129; HSWGNR-*Schlochauer*, § 102

Rn. 194; KR-*Etzel*, § 102 Rn. 250; a. A. *Rieble*, AuR 1993, 39, 43 f.; *Bösche*, Rechte des Betriebsrats bei Kündigungen, S. 177 f.); denn wird in einer Rechtsnorm von Zustimmung gesprochen, so umfasst dieser Begriff grundsätzlich sowohl die vorherige Zustimmung, die Einwilligung, als auch die nachträgliche Zustimmung, die Genehmigung (vgl. *Thiele*, Die Zustimmung in der Lehre vom Rechtsgeschäft, 1966, S. 267 f.). Dass das BAG zu § 103 für den dort genannten Personenkreis die vorherige Zustimmung des Betriebsrats verlangt, wird mit der Zweckbestimmung dieser Betriebsratsbeteiligung begründet (s. auch § 103 Rn. 54 f.). Gleiches kann nicht gelten, soweit wie hier Arbeitgeber und Betriebsrat ein Gestaltungsspielraum eingeräumt wird. Durch die Zulassung einer nachträglichen Zustimmung darf aber nicht das Beteiligungsrecht des Betriebsrats eingeschränkt werden. Deshalb ist vor Ausspruch der Kündigung das gesetzlich vorgesehene Anhörungsverfahren einzuhalten.

297 Die **Zustimmung des Betriebsrats** ist **Wirksamkeitsvoraussetzung.** Das gilt auch, wenn die Betriebsvereinbarung eine nachträgliche Erteilung zulässt. Eine ohne Zustimmung des Betriebsrats erklärte Kündigung ist in diesem Fall schwebend unwirksam (ebenso KR-*Etzel*, § 102 Rn. 250). Problematisch ist, ob die Zustimmung auf den Tag der Erklärung der Kündigung zurückwirkt, ob also hier § 184 Abs. 1 BGB anwendbar ist (bejahend BAG 23. 11. 1955 und 29. 5. 1956 AP BGB § 184 Nr. 1 und 2; zust. A. *Hueck*, Anm. zu BAG AP BGB § 184 Nr. 2 und 3; einschränkend für den Fall, dass die Zustimmung erst nach Ablauf der Kündigungsfrist erteilt ist, BAG 21. 2. 1958 AP BGB § 184 Nr. 3; ebenso GL-*Löwisch*, § 102 Rn. 129; verneinend KR-*Etzel*, § 102 Rn. 250; *Larenz*, Anm. zu BAG AP BGB § 184 Nr. 1; *Thiele*, Die Zustimmung in der Lehre vom Rechtsgeschäft, 1966, S. 267). Mit dem Zweck des Zustimmungserfordernisses ist nicht vereinbar, dass durch eine nachträglich erteilte Zustimmung das Arbeitsverhältnis rückwirkend beendet werden kann. Eine Rückwirkung tritt nur insoweit ein, als die Kündigung durch die Genehmigung wirksam wird, dem Arbeitnehmer also nicht erneut gekündigt werden muss. Auch wenn die Genehmigung zu einer ordentlichen Kündigung noch vor Ablauf der Kündigungsfrist erteilt wird, wirkt die Zustimmung nicht auf den Tag der Erklärung der Kündigung zurück, weil eine derartige Rückwirkung in Widerspruch zu dem Zweck der Kündigungsfrist steht, sondern führt zu einer entsprechenden Verlängerung der Kündigungsfrist (ebenso *Larenz*, Anm. zu BAG AP BGB § 184 Nr. 1; a. A. BAG AP BGB § 184 Nr. 1; GL-*Löwisch*, § 102 Rn. 129; wie hier dagegen KR-*Etzel*, § 102 Rn. 250). Die Frist des § 4 KSchG zur Anrufung des Arbeitsgerichts, um die Rechtsunwirksamkeit einer ordentlichen oder außerordentlichen Kündigung (§ 13 Abs. 1 Satz 2 KSchG) geltend zu machen, beginnt erst mit der Mitteilung der Zustimmung des Betriebsrats oder der sie ersetzenden Zustimmung der Einigungsstelle bzw. Rechtskraft der arbeitsgerichtlichen Entscheidung; § 4 Satz 4 KSchG ist auf diesen Fall analog anzuwenden (ebenso *Meisel*, Mitwirkung und Mitbestimmung in personellen Angelegenheiten, Rn. 637).

IV. Ersetzung der Zustimmung durch die Einigungsstelle

298 Verweigert der Betriebsrat die Zustimmung zu der Kündigung, so kann der Arbeitgeber die **Einigungsstelle anrufen,** wenn durch die Betriebsvereinbarung nichts anderes festgelegt ist (s. Rn. 292 ff.).

299 Die Einigungsstelle entscheidet, soweit dem Betriebsrat kein Zustimmungsermessen eingeräumt ist (Rn. 291), über eine **Rechtsfrage** (*Richardi*, ZfA-Sonderheft 1972, 1, 33). Lehnt sie in diesem Fall die Zustimmungsersetzung ab, so unterliegt ihr Spruch in vollem Umfang der **arbeitsgerichtlichen Rechtskontrolle;** es gilt **nicht die Zweiwochenfrist des § 76 Abs. 5 Satz 4** (*Fitting,* § 102 Rn. 127; GL-*Löwisch,* § 102 Rn. 131; Jaeger/Röder/Heckelmann/*Jaeger,* Kap. 25 Rn. 207; HSWGNR-*Schlochauer,* § 102 Rn. 203; KR-*Etzel,* § 102 Rn. 259; a. A. *Bösche,* Rechte des Betriebsrats bei Kündigungen, S. 179).

V. Rechtsstellung des Arbeitnehmers im Kündigungsrechtsstreit

1. Zustimmung des Betriebsrats als Wirksamkeitsvoraussetzung

Fehlt die Zustimmung des Betriebsrats und ist sie auch nicht ersetzt worden, so ist die Kündigung unwirksam (s. Rn. 297). Dieser Mangel kann nur innerhalb von 3 Wochen gemacht werden (§ 4 Abs. 1 KSchG). **300**

2. Besonderer und allgemeiner Kündigungsschutz

Die erteilte oder ersetzte **Zustimmung des Betriebsrats** nimmt dem Arbeitnehmer **nicht** den **allgemeinen und besonderen Kündigungsschutz**. Der Arbeitnehmer kann daher durch Erhebung der Kündigungsschutzklage geltend machen, dass die Kündigung trotz der Zustimmung des Betriebsrats sozial ungerechtfertigt oder aus anderen Gründen rechtsunwirksam ist (§ 4 Satz 1 KSchG). **301**

3. Verhältnis zum Widerspruchsrecht nach Abs. 3, insbesondere zum betriebsverfassungsrechtlichen Weiterbeschäftigungsanspruch (Abs. 5)

Sieht eine Betriebsvereinbarung vor, dass Kündigungen der Zustimmung des Betriebsrats bedürfen, so **entfällt** damit die Möglichkeit und Notwendigkeit, gegen eine ordentliche Kündigung **Widerspruch nach Abs. 3** einzulegen (ebenso *Fitting*, § 102 Rn. 125; ErfK-*Kania*, § 102 Rn. 47; HSWGNR-*Schlochauer*, § 102 Rn. 196; KR-*Etzel*, § 102 Rn. 251; a. A. DKK-*Kittner/Bachner*, § 102 Rn. 313; *Bösche*, Rechte des Betriebsrats bei Kündigungen, S. 180; *Halberstadt*, BB 1973, 1442, 1444 f.). Das gilt jedoch nicht, soweit der Betriebsrat nach dem Inhalt der Betriebsvereinbarung seine Zustimmung nur aus bestimmten Gründen verweigern kann. **302**

Soweit das Widerspruchsrecht entfällt, kann die Sozialwidrigkeit einer ordentlichen Kündigung nicht auf § 1 Abs. 2 Satz 2 und 3 KSchG gestützt werden. Das gilt auch, wenn der Betriebsrat seine Zustimmung unter Hinweis auf einen Widerspruchsgrund, der nach § 1 Abs. 2 Satz 2 und 3 KSchG die Sozialwidrigkeit der Kündigung begründet, verweigert hat, die Einigungsstelle aber durch ihren Spruch die Zustimmung des Betriebsrats ersetzt hat. Jedoch besteht insoweit kein Verwertungsverbot; das Arbeitsgericht hat bei seiner Prüfung, ob die Kündigung nach § 1 Abs. 2 Satz 1 KSchG sozial gerechtfertigt ist, den Widerspruchsgrund einzubeziehen (s. Rn. 198 f.). **303**

Soweit das Zustimmungsrecht das Widerspruchsrecht ersetzt, entfällt auch die **Verpflichtung des Arbeitgebers zur Weiterbeschäftigung nach Abs. 5,** die den Widerspruch des Betriebsrats voraussetzt (ebenso ErfK-*Kania*, § 102 Rn. 47; *Fitting*, § 102 Rn. 125; GL-*Löwisch*, § 102 Rn. 133; HaKo-BetrVG/*Braasch*, § 102 Rn. 139; HSWGNR-*Schlochauer*, § 102 Rn. 196; KR-*Etzel*, § 102 Rn. 251; *Löwisch/Kaiser*, § 102, Rn. 67; a. A. DKK-*Kittner/Bachner*, § 102 Rn. 313; *Bösche*, Rechte des Betriebsrats bei Kündigungen, S. 180; *Halberstadt*, BB 1973, 1442, 1444 f.). **304**

VI. Erweiterung des Beteiligungsrechts durch Tarifvertrag

Das Gesetz stellt darauf ab, dass Arbeitgeber und Betriebsrat die Vereinbarung treffen, sieht also nicht vor, dass eine entsprechende Regelung durch Tarifvertrag erfolgen kann. Dennoch wird im Schrifttum die Auffassung vertreten, dass ein Tarifvertrag die Zustimmung des Betriebsrats für Kündigungen vorsehen kann (vgl. *Brecht*, § 102 Rn. 12; *Fitting*, § 102 Rn. 132; GL-*Löwisch*, Vorbem. vor § 92 Rn. 9; KR-*Etzel*, § 102 Rn. 244; *Bösche*, Rechte des Betriebsrats bei Kündigungen, S. 181; a. A. GK-*Kraft*, 6. Aufl., § 102 Rn. 193; HSWGNR-*Schlochauer*, § 102 Rn. 198; *Stege/Weinspach/Schiefer*, § 102 **305**

Rn. 18; *Heinze*, Personalplanung, S. 292). Dem hat sich die Rechtsprechung angeschlossen (BAG 10. 2. 1988 AP BetrVG 1972 § 99 Nr. 53; BAG 21. 6. 2000 AP BetrVG 1972 § 102 Nr. 121 – sogar für den Ausschluss des Einigungsstellenverfahrens [krit. *Kraft*]; LAG Köln 24. 11. 1983, DB 1984, 670). Begründet werden kann dies aber nur damit, dass die Mitbestimmung des Betriebsrats durch Tarifvertrag erweitert werden kann (s. Einl. Rn. 142 ff.). Soweit man der Auffassung ist, dass die betriebsverfassungsrechtliche Mitbestimmungsordnung nicht zur Disposition der Tarifvertragsparteien steht, kommt nur in Betracht, dass durch Tarifvertrag die Voraussetzungen einer Kündigung geregelt werden und in diesem Zusammenhang ein Zustimmungsrecht des Betriebsrats vorgesehen wird. Eine **Erweiterung durch Arbeitsvertrag** ist nach der – verfehlten – Rechtsprechung des BAG nicht möglich, s. Rnr. 283.

H. Beteiligung des Betriebsrats nach anderen Gesetzen

306 Das Gesetz stellt klar, dass die Vorschriften über die Beteiligung des Betriebsrats nach dem Kündigungsschutzgesetz unberührt bleiben (Abs. 7; s. auch Rn. 4).

I. Beteiligung des Betriebsrats beim individualrechtlichen Kündigungsschutz

307 Der Kündigungsschutz ist nach dem KSchG individualrechtlich gestaltet: Der Arbeitnehmer muss innerhalb von drei Wochen seit Zugang der Kündigung Klage beim Arbeitsgericht auf Feststellung erheben, dass das Arbeitsverhältnis durch die Kündigung nicht aufgelöst ist, wenn er geltend machen will, dass eine Kündigung sozial ungerechtfertigt oder aus anderen Gründen rechtsunwirksam ist (§ 4 Satz 1 KSchG). Bei einer Änderungskündigung hat er das Recht, das Angebot des Arbeitgebers innerhalb der Kündigungsfrist, spätestens jedoch innerhalb von drei Wochen nach Zugang der Kündigung unter dem Vorbehalt anzunehmen, dass die Änderung der Arbeitsbedingungen nicht sozial ungerechtfertigt ist (§ 2 KSchG); in diesem Fall hat er die Klage auf Feststellung zu erheben, dass die Änderung der Arbeitsbedingungen sozial ungerechtfertigt oder aus anderen Gründen rechtsunwirksam ist (§ 4 Satz 2 KSchG).

308 Der **Betriebsrat** ist in den Kündigungsschutz nur insoweit eingeschaltet, als der Arbeitnehmer binnen einer Woche nach der Kündigung **Einspruch** beim Betriebsrat einlegen kann, wenn er die Kündigung für sozial ungerechtfertigt hält (§ 3 Satz 1 KSchG). Erachtet der Betriebsrat den Einspruch für begründet, so hat er zu versuchen, eine Verständigung mit dem Arbeitgeber herbeizuführen (§ 3 Satz 2 KSchG). Da nach § 102 Abs. 4 BetrVG der Arbeitgeber nur verpflichtet ist, bei einem Widerspruch dem Arbeitnehmer mit der Kündigung eine Abschrift der Stellungnahme des Betriebsrats zuzuleiten, hat der Arbeitnehmer durch den in § 3 KSchG geregelten Kündigungseinspruch die Möglichkeit, Kenntnis von eventuell während des Anhörungsverfahrens geäußerten Bedenken des Betriebsrats gegen die Kündigung zu erlangen. Der Betriebsrat hat seine Stellungnahme zu dem Einspruch dem Arbeitnehmer und dem Arbeitgeber auf Verlangen schriftlich mitzuteilen (§ 3 Satz 3 KSchG), und der Arbeitnehmer soll der Kündigungsschutzklage die Stellungnahme des Betriebsrats beifügen (§ 4 Satz 3 KSchG). Die Anrufung des Betriebsrats ist aber keine Prozessvoraussetzung für das Kündigungsschutzverfahren.

II. Beteiligung des Betriebsrats bei Massenentlassungen

309 Nach § 66 Abs. 2 BetrVG 1952 hatte der Betriebsrat bei Massenentlassungen ein **Beratungsrecht**. Diese Bestimmung hat das Gesetz **nicht übernommen**, weil das verstärkte Beteiligungsrecht des Betriebsrats bei Kündigungen, das Beratungsrecht im Rahmen

der Personalplanung und vor allem das Beteiligungsrecht des Betriebsrats bei Betriebsänderungen einen ausreichenden Schutz gewährleisten.

Der Betriebsrat ist daneben nach § 17 Abs. 2 und 3 KSchG bei Massenentlassungen beteiligt. Beabsichtigt nämlich der Arbeitgeber, nach § 17 Abs. 1 KSchG **anzeigepflichtige Entlassungen** vorzunehmen, so hat er den Betriebsrat rechtzeitig über die Gründe für die Entlassungen, die Zahl der zu entlassenden Arbeitnehmer, die Zahl der in der Regel beschäftigten Arbeitnehmer und den Zeitraum, in dem die Entlassungen vorgenommen werden sollen, schriftlich zu **unterrichten** sowie weitere zweckdienliche Auskünfte zu erteilen (§ 17 Abs. 2 Satz 1 KSchG). Arbeitgeber und Betriebsrat haben die Möglichkeiten zu beraten, Entlassungen zu vermeiden oder einzuschränken und ihre Folgen zu mildern (§ 17 Abs. 2 Satz 2 KSchG). Die Stellungnahme des Betriebsrats ist ein Teil der schriftlichen Anzeige des Arbeitgebers, die er nach § 17 Abs. 1 KSchG dem Arbeitsamt zu erstatten hat (§ 17 Abs. 3 Satz 2 KSchG). Liegt eine Stellungnahme des Betriebsrats nicht vor, so ist die Anzeige nur wirksam, wenn der Arbeitgeber glaubhaft macht, dass er den Betriebsrat mindestens zwei Wochen vor Erstattung der Anzeige unterrichtet hat, und er den Stand der Beratungen darlegt (§ 17 Abs. 3 Satz 3 KSchG). Sieht man von dieser Ausnahme ab, so ist die Stellungnahme des Betriebsrats für die Anzeige des Arbeitgebers eine Wirksamkeitsvoraussetzung (vgl. *v. Hoyningen-Huene/Linck*, KSchG, § 17 Rn. 88). Solange der Arbeitgeber seine Anzeigepflicht nicht ordnungsgemäß erfüllt hat, ist die einzelne Kündigung unwirksam, wenn der Arbeitnehmer sich auf den Gesetzesverstoß beruft (vgl. BAG 6. 12. 1973 AP KSchG 1969 § 17 Nr. 1; 10. 3. 1982 E 38, 106 = AP KSchG 1969 § 2 Nr. 2; 31. 7. 1986 AP KSchG 1969 § 17 Nr. 5 [unter B II 1]; 19. 6. 1991 AP KSchG 1969 § 1 Nr. 53 Betriebsbedingte Kündigung [unter I 4]; *Forst*, NZA 2009, 294, 295).

310

§ 103 Außerordentliche Kündigung und Versetzung in besonderen Fällen

(1) **Die außerordentliche Kündigung von Mitgliedern des Betriebsrats, der Jugend- und Auszubildendenvertretung, der Bordvertretung und des Seebetriebsrats, des Wahlvorstands sowie von Wahlbewerbern bedarf der Zustimmung des Betriebsrats.**

(2) ¹**Verweigert der Betriebsrat seine Zustimmung, so kann das Arbeitsgericht sie auf Antrag des Arbeitgebers ersetzen, wenn die außerordentliche Kündigung unter Berücksichtigung aller Umstände gerechtfertigt ist.** ²**In dem Verfahren vor dem Arbeitsgericht ist der betroffene Arbeitnehmer Beteiligter.**

(3) ¹**Die Versetzung der in Absatz 1 genannten Personen, die zu einem Verlust des Amtes oder der Wählbarkeit führen würde, bedarf der Zustimmung des Betriebsrats; dies gilt nicht, wenn der betroffene Arbeitnehmer mit der Versetzung einverstanden ist.** ²**Absatz 2 gilt entsprechend mit der Maßgabe, dass das Arbeitsgericht die Zustimmung zu der Versetzung ersetzen kann, wenn diese auch unter Berücksichtigung der betriebsverfassungsrechtlichen Stellung des betroffenen Arbeitnehmers aus dringenden betrieblichen Gründen notwendig ist.**

Schrifttum: *Diller*, Der Wahnsinn hat Methode (Teil II), NZA 2004, 579; *ELaber*, Fallstricke beim Zustimmungsverfahren gemäß § 103 BetrVG, ArbRB 2006, 315; *Uhmann*, Kündigungsschutz von Ersatzmitgliedern des Betriebsrats, NZA 2000, 576; *Zumkeller*, Die Anhörung des Betriebsrats bei Kündigung von Ersatzmitgliedern, NZA 2001, 823.

Übersicht

	Rn.
A. Vorbemerkung	1
B. Voraussetzungen des Zustimmungserfordernisses	4
I. Persönlicher Geltungsbereich	4
1. Der im Gesetz genannte Personenkreis	4

Thüsing

	Rn.
2. Schwerbehindertenvertretung	11
3. Arbeitnehmervertreter im Aufsichtsrat	13
4. Tendenzbetriebe	14
II. Beginn und Ende des Zustimmungserfordernisses	16
1. Festlegung des Zeitraums durch § 15 Abs. 1 Satz 1, Abs. 3 Satz 1 KSchG	16
2. Beginn des Zustimmungserfordernisses	17
3. Ende des Zustimmungserfordernisses	21
III. Gegenstand des Zustimmungsrechts	24
1. Außerordentliche Kündigung durch den Arbeitgeber	24
2. Außerordentliche Kündigungen während eines Arbeitskampfes	28
3. Versetzung in einen anderen Betrieb	30
IV. Fehlen eines Betriebsrats	38
C. Zustimmung des Betriebsrats	39
I. Zuständigkeit des Betriebsrats	39
II. Verfahren für die Erteilung der Zustimmung	41
1. Pflicht des Arbeitgebers	41
2. Zuständigkeit innerhalb des Betriebsrats	43
3. Frist für die Erteilung der Zustimmung	46
4. Beschlussfassung	47
III. Form und Rechtswirkung der Zustimmung des Betriebsrats	49
1. Form	49
2. Rechtswirkungen der Zustimmung	52
3. Verfahrensmängel bei Erteilung der Zustimmung	53
IV. Bedeutung der Zustimmungsbedürftigkeit für das Recht des Arbeitgebers zur außerordentlichen Kündigung	55
1. Wirksamkeitsvoraussetzung	55
2. Verhältnis zu § 626 Abs. 2 BGB	57
3. Frist für die Erklärung der außerordentlichen Kündigung	62
D. Ersetzung der Zustimmung des Betriebsrats durch das Arbeitsgericht	64
I. Zulässigkeitsvoraussetzungen	64
II. Begründetheit des Antrags	69
1. Recht zur außerordentlichen Kündigung	69
2. Nachschieben von Kündigungsgründen	71
3. Ersetzung der Zustimmung zu einer beabsichtigten Kündigung	74
III. Beschluss des Arbeitsgerichts	75
1. Zustimmungsersetzung	75
2. Fälle einer Erledigung des Beschlussverfahrens	76
3. Rechtsmittel	80
4. Einstweiliger Rechtsschutz	82
IV. Bedeutung der Zustimmungsersetzung für die Kündigung und einen Rechtsstreit über die Kündigung	83
1. Zeitpunkt der Zustimmungsersetzung	83
2. Zeitpunkt für die Erklärung der außerordentlichen Kündigung	85
3. Feststellungsklage des Arbeitnehmers	87
E. Rechtsstellung des gekündigten Arbeitnehmers	90
I. Verhältnis zum individualrechtlichen Kündigungsschutz	90
II. Beschäftigungsanspruch und Amtsausübung des Arbeitnehmers während des Zustimmungsersetzungsverfahrens	93
1. Beschäftigungsanspruch des Arbeitnehmers	93
2. Amtsausübung des Arbeitnehmers	96

A. Vorbemerkung

1   Den **Kündigungsschutz** der Betriebsratsmitglieder und sonstiger Funktionsinhaber **im Rahmen der Betriebsverfassung** regelt § 15 KSchG, den § 123 Nr. 3 BetrVG personal und zeitlich erweitert hat (s. auch Anhang zu § 103 Rn. 1 ff.). Nach ihm ist nur die außerordentliche Kündigung aus wichtigem Grund zulässig, während eine ordentliche Kündigung wegen der besonderen Stellung der Betriebsverfassungsorgane lediglich bei Stilllegung des Betriebs oder unter erschwerten Voraussetzungen bei Stilllegung einer Betriebsabteilung erfolgen kann.

B. Voraussetzungen des Zustimmungserfordernisses § 103

Das Gesetz trifft hier eine **ergänzende Bestimmung**. Durch sie soll die **Funktionsfähig- 2 keit der Betriebsverfassungsorgane** gesichert werden; denn solange offen ist, ob eine außerordentliche Kündigung gerechtfertigt und damit rechtswirksam ist, besteht die Gefahr, dass durch sie Einfluss auf die Zusammensetzung und kontinuierliche Zusammenarbeit des Betriebsrats oder des sonst betroffenen betriebsverfassungsrechtlichen Organs genommen werden kann. Die Notwendigkeit einer Zustimmung des Betriebsrats bzw. deren Ersetzung durch das Arbeitsgericht soll diese Gefahr bannen; außerdem soll nach der Begründung des RegE sichergestellt werden, „dass bei einer groben Pflichtverletzung des Betriebsratsmitglieds in seiner Eigenschaft als Betriebsratsmitglied der Arbeitgeber sich der hierfür vorgesehenen Möglichkeit des Ausschlusses aus dem Betriebsrat (§ 23) bedient und nicht auf den Weg der außerordentlichen Kündigung des Arbeitsverhältnisses ausweicht" (BT-Drucks. VI/1786, S. 53).

Das **BetrVerf-Reformgesetz** vom 23. 7. 2001 (BGBl. I S. 1852) hat mit Einfügung des 3 Abs. 3 eine wesentliche Neuerung gebracht: Eine Einflussnahme auf Stellung und Unabhängigkeit der Amtsführung betriebsverfassungsrechtlicher Funktionsträger kann auch dadurch erfolgen, dass der Arbeitgeber andere arbeitsrechtliche Maßnahmen ergreift, die ebenfalls dazu führen, dass der Funktionsträger seine betriebsverfassungsrechtliche Stellung verliert. Wird ein Arbeitnehmer **über die Grenzen des Betriebs hinaus versetzt**, dann führt dies gemäß § 24 Abs. 1 Nr. 4 zum Verlust seines Amtes. Diese Lücke, die das BAG noch kurz zuvor mit guten Gründen nicht durch Analogie schließen wollte (BAG 11. 7. 2000 AP BetrVG 1972 § 103 Nr. 44 = EzA Nr. 42 zu 103 BetrVG 1972 [*Kittner*]; hierzu auch *Oetker*, RdA 1990, 343; *Albrecht*, BB 1991, 541), soll nun die neue Vorschrift ausfüllen (BT-Drucks. 14/5741, 50 f.). Sie knüpft die Zulässigkeit der Versetzung an dringende betriebliche Gründe, falls der Arbeitnehmer nicht mit der Versetzung einverstanden ist, s. Rn. 26 ff.

Entsprechende Vorschriften: §§ 47 Abs. 1, 108 Abs. 1 BPersVG. 3a

B. Voraussetzungen des Zustimmungserfordernisses

I. Persönlicher Geltungsbereich

1. Der im Gesetz genannte Personenkreis

a) Unter die Bestimmung fällt nur der durch § 15 KSchG geschützte Personenkreis 4 während Bestehens ihrer betriebsverfassungsrechtlichen Funktion: Die **Mitglieder des Betriebsrats, der Jugend- und Auszubildendenvertretung, der Bordvertretung** und **des Seebetriebsrats** sowie die **Mitglieder des Wahlvorstands** und die **Wahlbewerber** für die Wahl zu diesen betriebsverfassungsrechtlichen Organen; es fehlen die Initiatoren einer Betriebsratswahl gem. § 15 Abs. 3 a KSchG. Der Personenkreis deckt sich nicht mit dem in § 78 genannten Personenkreis; es fallen also unter die Bestimmung nicht die ebenfalls dort genannten Mitglieder des Wirtschaftsausschusses, der Einigungsstelle, einer tariflichen Schlichtungsstelle einer betrieblichen Beschwerdestelle und die Auskunftspersonen nach § 80 Abs. 2 Satz 3.

b) Nicht aufgeführt sind ebenfalls die in § 78 erwähnten Mitglieder der in § 3 Abs. 1 5 genannten Vertretungen der Arbeitnehmer. Daraus folgt für die **Mitglieder zusätzlicher betriebsverfassungsrechtlicher Vertretungen**, die nach § 3 Abs. 1 Nr. 4 durch Tarifvertrag oder hilfsweise Betriebsvereinbarung eingerichtet werden, dass ihnen gegenüber eine außerordentliche Kündigung auch ohne Zustimmung des Betriebsrats zulässig ist; denn für diesen Personenkreis besteht auch kein Kündigungsschutz im Rahmen der Betriebsverfassung (s. § 3 Rn. 20). Für die **Mitglieder einer Vertretung der Arbeitnehmer**, die nach § 3 Abs. 1 Nr. 1 bis 3 errichtet werden kann, ist dagegen ausschlaggebend, dass eine derartige durch Tarifvertrag errichtete Vertretung der Arbeitnehmer die Befugnisse und Pflichten eines Betriebsrats hat (§ 3 Abs. 5). Ihre Mitglieder haben deshalb dieselbe persönliche Rechtsstellung wie Betriebsratsmitglieder (s. § 3 Rn. 45 f.). Obwohl der Gesetzestext sie hier und in § 15 Abs. 1 KSchG nicht ausdrücklich nennt, genießen sie daher wie die Mitglieder des Betriebsrats den besonderen Kündigungsschutz (ebenso *Fitting*, § 103 Rn. 5; GL-*Löwisch*, § 103 Rn. 5; HSWGNR-*Schlochauer*, § 103 Rn. 6; GK-*Raab*, § 103 Rn. 5; KR-*Etzel*, § 103 Rn. 10; a. A. HWK-*Ricken*, § 103 Rn. 5). Erfasst werden deshalb auch die Mitglieder der nach § 117 Abs. 2 Satz 1 durch Tarifvertrag errichteten **Vertretung für im Flugbetrieb beschäftigte Arbeitnehmer** (ebenso KR-*Etzel*, § 103 Rn. 10; *v. Hoyningen-Huene/Linck*, KSchG, § 15 Rn. 13; a. A. LAG Frankfurt 4. 10. 1983, AuR 1985, 29; ErfK-*Kiel*, KSchG, § 15 Rn. 8: nur soweit der Tarifvertrag dies bestimmt).

6 c) **Mitglieder des Wahlvorstands** und **Wahlbewerber** fallen nach § 15 Abs. 3 KSchG unter den besonderen Kündigungsschutz im Rahmen der Betriebsverfassung. Deshalb findet § 103 auch auf sie Anwendung.

7 Voraussetzung ist, dass die Mitglieder der betriebsverfassungsrechtlichen Institution, für die der Wahlvorstand gebildet wird oder die Wahlbewerber aufgestellt werden, ihrerseits unter den besonderen Kündigungsschutz im Rahmen der Betriebsverfassung fallen. Deshalb gilt § 103 nicht für Wahlvorstände und Wahlbewerber einer Wahl zum Aufsichtsrat (ebenso KR-*Etzel*, § 103 Rn. 11; s. auch Rn. 13). Er findet aber Anwendung auf die Mitglieder des Wahlvorstands und die Wahlbewerber einer Wahl zur Schwerbehindertenvertretung (s. auch Rn. 12). Das Zustimmungserfordernis des Betriebsrats zu einer außerordentlichen Kündigung eines Wahlbewerbers besteht auch dann, wenn der Arbeitgeber keine Kenntnis von der Bewerbung hat (LAG Berlin-Brandenburg 2. 3. 2007, EzA – SD 2007, Nr 15, 11). Das Gesetz stellt nicht auf die Kenntnis ab und beugt dadurch einer Rechtsunsicherheit und möglicher Umgehung vor.

8 **Bewerber für den Wahlvorstand** sind **keine Wahlbewerber i. S. des Abs. 1.** Sie fallen nicht unter § 15 Abs. 3 KSchG und damit auch nicht unter § 103 (ebenso LAG Baden-Württemberg [Mannheim] 31. 5. 1974, BB 1974, 885; *Fitting*, § 103 Rn. 10; GL-*Löwisch*, § 103 Rn. 11; HSWGNR-*Schlochauer*, § 103 Rn. 7; GK-*Raab*, § 103 Rn. 6; *v. Hoyningen-Huene/Linck*, KSchG, § 15 Rn. 20; a. A. KR-*Etzel*, § 103 Rn. 13; *ders.*, BlStSozArbR 1976, 209, 210; *Stein*, AuR 1975, 201, 202).

9 d) Soweit Arbeitnehmer den besonderen Kündigungsschutz im Rahmen der Betriebsverfassung genießen, steht er auch den in **Heimarbeit Beschäftigten** zu, wenn sie die gleiche Funktion im Rahmen der Betriebsverfassung ausüben (§ 29 a HAG).

10 e) Das Zustimmungserfordernis besteht nicht für **Ersatzmitglieder,** soweit sie nicht nachgerückt sind oder ein zeitweilig verhindertes Mitglied vertreten (s. auch § 29 Rn. 47 ff.; BAG 18. 5. 2006 AP KSchG 1969 § 15 Nr. 2; *Zumkeller*, NZA 2001, 823).

2. Schwerbehindertenvertretung

11 Obwohl das Gesetz sie hier nicht ausdrücklich erwähnt, gilt das **Zustimmungserfordernis des Betriebsrats** für die **Mitglieder einer Schwerbehindertenvertretung** (§§ 96 Abs. 3, 97 Abs. 6 SGB IX). Wird einem Mitglied der Schwerbehindertenvertretung gekündigt, so ist neben dem hier festgelegten Zustimmungserfordernis die Zustimmung des Integrationsamts gemäß §§ 85, 91 SGB IX nur erforderlich, wenn die Vertrauensfrau oder der Vertrauensmann ein schwerbehinderter Mensch ist (ebenso *v. Hoyningen-Huene/Linck*, KSchG, § 15 Rn. 33).

12 § 103 findet auch auf die Mitglieder des **Wahlvorstands** und die **Wahlbewerber** für das Amt der Schwerbehindertenvertretung Anwendung (ebenso *Fitting*, § 103 Rn. 4; GK-*Raab*, § 103, Rn. 7; KR-*Etzel*, § 103 Rn. 14; *v. Hoyningen-Huene/Linck*, KSchG, § 15 Rn. 34; a. A. HSWGNR-*Schlochauer*, § 103 Rn. 8). § 94 Abs. 6 SGB IX bestimmt für diesen Fall zwar nur, dass die Vorschriften über das Wahlverfahren, den Wahlschutz und die Wahlkosten bei der Wahl des Betriebsrats sinngemäß anzuwenden sind; zu

B. Voraussetzungen des Zustimmungserfordernisses § 103

diesen Vorschriften gehören aber auch § 103 BetrVG und § 15 Abs. 3 KSchG, zumal im Bereich des BPersVG die für Mitglieder des Wahlvorstands und Wahlbewerber entsprechend geltende Bestimmung systematisch in Zusammenhang mit der Regelung über den Wahlschutz aufgestellt ist (vgl. § 24 Abs. 1 Satz 2 BPersVG).

3. Arbeitnehmervertreter im Aufsichtsrat

Arbeitnehmervertreter im Aufsichtsrat fallen nicht unter den besonderen Kündigungsschutz des § 15 KSchG (ebenso BAG 4. 4. 1974 AP BGB § 626 Nr. 1 Arbeitnehmervertreter im Aufsichtsrat [zust. *G. Hueck*]; *v. Hoyningen-Huene/Linck*, KSchG, § 15 Rn. 36; ErfK-*Kiel*, KSchG § 15 Rn. 8). Deshalb findet auch § 103 auf sie keine Anwendung (vgl. BAG 4. 4. 1974 AP BGB § 626 Nr. 1 Arbeitnehmervertreter im Aufsichtsrat; ebenso *Fitting*, § 103 Rn. 8; GK-*Raab*, § 103 Rn. 10; Jaeger/Röder/Heckelmann/*Göpfert*, Kap. 26 Rn. 12; *Fitting/Wlotzke/Wißmann*, MitbestG, § 26 Rn. 16; a. A. *Naendrup*, GK-MitbestG, § 26 Rn. 46 für analoge Anwendung des § 103 Abs. 1 unter Übertragung des Zustimmungserfordernisses auf die Arbeitnehmervertreter im Aufsichtsrat).

13

4. Tendenzbetriebe

Wieweit § 103 auch in Tendenzbetrieben und die Kündigung auf Tendenzträger Anwendung findet, ist umstritten, für die Praxis jedoch durch die **Rechtsprechung geklärt**. Zum Teil wird angenommen, eine Zustimmung sei jedenfalls dann nicht erforderlich, wenn der Tendenzträger aus tendenzbedingten Gründen gekündigt wird (LAG Berlin 20. 7. 1998–18 Sa 28/98; a. A. LAG Hamm 1. 7. 1982 LAGE Nr. 17 zu § 118 BetrVG 1972; ebenso GK-*Weber*, § 118 Rn. 212, mit dem Hinweis auf die Möglichkeit zur Suspendierung des Tendenzträgers; zur Suspendierung s. aber LAG Sachsen-Anhalt 14. 4. 2000 LAGE Nr. 16 zu § 103 BetrVG 1972 = NZA-RR 2000, 588). Die Literatur befürwortet in diesen Fällen überwiegend eine Reduzierung des Zustimmungsverweigerungsrechts zum Anhörungsrecht (*Fitting*, § 118 Rn. 40; KR-*Etzel*, § 103 BetrVG Rn. 16; *v. Hoyningen-Huene/Linck*, KSchG, § 15 Rn. 14; *Frey*, Tendenzschutz, S. 73; *Müller*, FS Hilger/Stumpf, 477, 509; *ders*., ZfA 1982, 475, 496; a. A. *Dütz*, BB 1975, 1261, 1270: Bloßes Unterrichtungsrecht). Andere befürworten eine entsprechende Anwendung des § 102 Abs. 3 (*Marhold*, AR Blattei SD 1570, Rn. 174), wieder andere wollen zwar das in § 103 Abs. 1 normierte Zustimmungsverweigerungsrecht des Betriebsrats entfallen lassen, nach der Anhörung gemäß § 102 Abs. 1 habe der Arbeitgeber aber gleichwohl das Zustimmungsersetzungsverfahren gemäß § 103 Abs. 2 einzuleiten (*Heinze*, Personalplanung, Rn. 716).

14

Der herrschenden Lehre ist im Hinblick auf den sonst gefährdeten Tendenzschutz **zuzustimmen**. Dies entspricht auch der **Rechtsprechung des BAG**: Die Kündigung eines als Tendenzträger beschäftigten Betriebsratsmitglieds aus tendenzbezogenen Gründen bedarf nicht der Zustimmung des Betriebsrats nach § 103 Abs. 1; der Betriebsrat ist nur nach § 102 anzuhören (BAG 28. 8. 2003 AP BetrVG 1972 § 103 Rn. 49). Dies entspricht seiner Rechtsprechung auch zu § 15 KSchG. Dort hat es angedeutet, aus Tendenzschutzgründen von dem Ausschluss der ordentlichen Kündigung für Betriebsratsmitglieder gemäß § 15 KSchG abzusehen, sofern die Kündigung einen Tendenzträger betrifft und aus tendenzbedingten Gründen erfolgt (BAG 3. 12. 1982 AP KSchG § 15 Nr. 12). Erwägt das BAG damit die tendenzschutzbedingte Einschränkung einer Vorschrift mit einem dem § 103 vergleichbaren Schutzzweck, dann wäre eine Einschränkung des § 103 mit gleichen Gründen zu rechtfertigen, s. auch § 118 Rn. 135.

15

Thüsing

II. Beginn und Ende des Zustimmungserfordernisses

1. Festlegung des Zeitraums durch § 15 Abs. 1 Satz 1, Abs. 3 Satz 1 KSchG

16 Das Zustimmungserfordernis besteht nur für die **Dauer des Amtes** bzw. bei Wahlbewerbern für die Zeit ihrer Kandidatur. Ob der Kündigungsschutz im Rahmen der Betriebsverfassung nachwirkt (vgl. § 15 Abs. 1 Satz 2 und Abs. 3 Satz 2 KSchG), spielt keine Rolle; für den Nachwirkungszeitraum ist die Zustimmung des Betriebsrats nicht erforderlich. Maßgebend ist der Zeitpunkt des Zugangs der Kündigung (ebenso LAG Düsseldorf, DB 1976, 202; GK-*Raab*, § 103 Rn. 19; GL-*Löwisch*, § 103 Rn. 7; HSWGNR-*Schlochauer*, § 103 Rn. 9; a. A. Abgabe der Kündigungserklärung *Fitting*, § 103 Rn. 7; KR-*Etzel*, § 103 Rn. 62).

2. Beginn des Zustimmungserfordernisses

17 Für **Mitglieder des Betriebsrats, der Jugend- und Auszubildendenvertretung, der Bordvertretung** und **des Seebetriebsrats** beginnt das Zustimmungserfordernis mit der **Bekanntgabe des Wahlergebnisses**, auch wenn sie ihr Amt erst zu einem späteren Zeitpunkt antreten, weil die Amtszeit der bisherigen Arbeitnehmervertretung noch nicht abgelaufen ist (ebenso KR-*Etzel*, § 103 Rn. 19; *v. Hoyningen-Huene/Linck*, KSchG, § 15 Rn. 38; a. A. für Zustimmungserfordernis erst mit Amtsbeginn, so dass das gewählte Betriebsratsmitglied vorher nur den Schutz als Wahlbewerber hat, wobei unbeachtet bleibt, dass nach Bekanntgabe des Wahlergebnisses lediglich der nachwirkende Kündigungsschutz besteht: HSWGNR-*Schlochauer*, § 103 Rn. 10; vom Begründungsansatz auch, im Ergebnis aber wie hier, weil das Zustimmungserfordernis nach § 15 Abs. 3 Satz 1 KSchG für den gewählten Wahlbewerber bis zum Amtsantritt fortdauere, GL-*Löwisch*, § 103 Rn. 7; s. ausführlich § 21 Rn. 10). Gleiches gilt für die Mitglieder einer Arbeitnehmervertretung i. S. des § 3 Abs. 1 Nr. 1 bis 3 und die Mitglieder der Schwerbehindertenvertretung (ebenso KR-*Etzel*, § 103 Rn. 19).

18 Für **Mitglieder eines Wahlvorstands** beginnt das Zustimmungserfordernis mit ihrer Bestellung (§ 15 Abs. 3 Satz 1 KSchG).

19 Für **Wahlbewerber** stellt § 15 Abs. 3 Satz 1 KSchG auf den Zeitpunkt der **Aufstellung des Wahlvorschlags** ab. Daher genügt nicht, dass der Kandidat seine schriftliche Zustimmung zur Kandidatur erteilt (ebenso BAG 4. 4. 1974 AP BGB § 626 Nr. 1 Arbeitnehmervertreter im Aufsichtsrat [zust. *G. Hueck*]), sondern erforderlich ist, dass der Kandidat auf einem gültigen Wahlvorschlag benannt wird, dieser also neben der Zustimmung zur Aufnahme auch die nach dem Gesetz erforderliche Zahl von Unterschriften hat, und der Wahlvorschlag beim Wahlvorstand eingereicht ist. Der Wahlvorschlag ist also nicht bereits dann aufgestellt, wenn er von den Vorschlagsberechtigten unterzeichnet ist (so aber BAG 4. 3. 1976 AP KSchG 1969 § 15 Nr. 1 Wahlbewerber [abl. *G. Hueck*]; LAG Düsseldorf 23. 9. 1975, DB 1976, 490; *Fitting*, § 103 Rn. 10; HSWGNR-*Schlochauer*, § 103 Rn. 14; KR-*Etzel*, § 103 Rn. 25; *Reuter*, SAE 1975, 249 f.; *Stein*, AuR 1975, 201, 204 f.; ErfK-*Kiel*, KSchG § 15 Rn. 11), sondern er entfaltet eine Bindung erst mit der Einreichung beim Wahlvorstand (ebenso *Brecht*, § 103 Rn. 2; GL-*Löwisch*, § 103 Rn. 9; GK-*Raab*, § 103 Rn. 17; *v. Hoyningen-Huene/Linck*, KSchG, § 15 Rn. 23; *Meisel*, Mitwirkung und Mitbestimmung in personellen Angelegenheiten, Rn. 644; *Hanau*, AR-Blattei: Betriebsverfassung IX, Anm. zu Entsch. 21; ders., AR-Blattei: Kündigungsschutz, Anm. zu Entsch. 155). Entscheidet man sich mit der Rechtsprechung, so ist zumindest zu fordern, dass die Einreichung der Liste sicher geplant und ein Wahlvorstand bereits gebildet ist bzw. zu seiner Wahl eingeladen oder der Antrag zur gerichtlichen Bestellung gestellt wurde.

20 Wahlbewerber auf einer **ungültigen Vorschlagsliste** haben nicht den besonderen Kündigungsschutz; werden aber Mängel fristgemäß nachträglich beseitigt, so bleibt der Zeit-

punkt der Einreichung maßgebend (ebenso *Meisel,* a. a. O., Rn. 645). Der Wahlvorschlag kann erst eingereicht werden, wenn der Wahlvorstand die Wahl bereits eingeleitet hat (vgl. §§ 3 Abs. 1 Satz 2, 6 Abs. 1 Satz 2 WO), so dass für einen Wahlbewerber der besondere Kündigungsschutz frühestens zu diesem Zeitpunkt eintreten kann (ebenso, aber insoweit abweichend, als darauf abgestellt wird, dass das Wahlverfahren durch die Bestellung eines Wahlvorstands eröffnet sein muss, *Fitting,* § 103 Rn. 10).

3. Ende des Zustimmungserfordernisses

Für **Mitglieder des Betriebsrats, der Jugend- und Auszubildendenvertretung, der Bordvertretung** und **des Seebetriebsrats** endet das Zustimmungserfordernis spätestens mit dem Ende der Amtszeit des Organs. Es entfällt aber bereits vorher bei einem **Erlöschen der Mitgliedschaft.** 21

Für **Mitglieder eines Wahlvorstands** besteht das Zustimmungserfordernis vom Zeitpunkt ihrer Bestellung bis zur **Bekanntgabe des Wahlergebnisses** (ebenso KR-*Etzel,* § 103 Rn. 22; Jaeger/Röder/Heckelmann/*Göpfert,* Kap. 26 Rn. 17; *Löwisch/Kaiser,* § 103, Rn. 9). Dass die Zustimmung des Betriebsrats nicht mehr vorzuliegen braucht, wenn das Wahlergebnis bekannt gegeben ist, ergibt sich aus § 15 Abs. 3 Satz 1 KSchG, obwohl das Amt des Wahlvorstands selbst erst mit der Einberufung des Betriebsrats zur konstituierenden Sitzung erlischt (s. § 16 Rn. 58). Bereits vorher endet das Zustimmungserfordernis, wenn die Mitgliedschaft im Wahlvorstand erlischt (s. § 16 Rn. 60 f.). 22

Bei **Wahlbewerbern** endet das Zustimmungserfordernis vor Bekanntgabe des Wahlergebnisses, bei **Rücknahme der Kandidatur** (nunmehr BAG 17. 3. 2005 AP BetrVG 1972 § 27 Nr. 6; ebenso *v. Hoyningen-Huene/Linck,* KSchG, § 15 Rn. 47; s. zur Zulässigkeit § 14 Rn. 61). Gleiches gilt, wenn der Wahlvorstand einen Kandidaten, der auf mehreren Vorschlagslisten aufgeführt ist, gemäß § 6 Abs. 7 WO auf sämtlichen Listen streicht (vgl. § 6 WO Rn. 19 f.). Bei gewählten Wahlbewerbern erlischt das Zustimmungserfordernis nicht mit der Bekanntgabe des Wahlergebnisses, sondern es bleibt, da nunmehr § 15 Abs. 1 Satz 1 KSchG einschlägig ist, bestehen (s. auch Rn. 17). 23

III. Gegenstand des Zustimmungsrechts

1. Außerordentliche Kündigung durch den Arbeitgeber

Nur die **außerordentliche Kündigung** durch den Arbeitgeber bedarf der Zustimmung des Betriebsrats. Eine außerordentliche Kündigung ist nur anzunehmen, wenn sie aus **wichtigem Grund i. S. des § 626 BGB** erfolgt. 24

Soweit die **Kündigung nach § 15 Abs. 4 und 5 KSchG** zulässig ist, handelt es sich um eine **ordentliche Kündigung,** die nicht unter § 103 fällt, sondern bei der lediglich ein Anhörungsrecht des Betriebsrats nach § 102 besteht (ebenso BAG 29. 3. 1977 AP BetrVG 1972 § 102 Nr. 11 [zust. *G. Hueck*]; 14. 10. 1982 AP KSchG 1969 § 1 Nr. 1 Konzern; 20. 1. 1984 AP KSchG 1969 § 15 Nr. 16; *Fitting,* § 103 Rn. 14; GL-*Löwisch,* § 103 Rn. 54; *Löwisch/Kaiser,* § 103, Rn. 9; HSWGNR-*Schlochauer,* § 103 Rn. 21; GK-*Raab,* § 103 Rn. 26; *v. Hoyningen-Huene/Linck,* KSchG, § 15 Rn. 169; a. A. *Bader,* BB 1978, 616, der in der Kündigung nach § 15 Abs. 4 und 5 KSchG eine außerordentliche Kündigung sehen will, die gemäß § 103 der Zustimmung des Betriebsrats bedarf; dagegen spricht aber nicht nur, dass man unter einer außerordentlichen Kündigung eine Kündigung i. S. des § 626 BGB versteht, sondern vor allem auch die Gestaltung des § 15 Abs. 1 bis 3 a KSchG; abl. auch *G. Hueck,* Anm. zu BAG AP BetrVG 1972 § 102 Nr. 11, Bl. 5). 25

Ist eine ordentliche Kündigung arbeitsvertraglich oder tarifvertraglich ausgeschlossen und muss daher bei Betriebsstilllegung **außerordentlich mit Auslauffrist** gekündigt werden, so ist auch diese Kündigung von § 103 nicht erfasst (BAG 15. 2. 2007, DB 2007, 26

1759; BAG 18. 9. 1997 AP BetrVG 1972 § 103 Nr. 35 [*Hilbrandt*] = EzA Nr. 46 zu § 15 n. F. KSchG [*Kraft*]); s. auch § 102 Rn. 144).

27 Für das Zustimmungserfordernis spielt keine Rolle, ob der Arbeitgeber mit der außerordentlichen Kündigung eine Beendigung des Arbeitsverhältnisses bezweckt. Der Zustimmung des Betriebsrats bedarf auch eine **außerordentliche Änderungskündigung** (ebenso BAG 6. 3. 1986 AP KSchG 1969 § 15 Nr. 19; *Matthes*, MünchArbR, 2. Aufl., § 358 Rn. 21).

2. Außerordentliche Kündigungen während eines Arbeitskampfes

28 Erklärt der Arbeitgeber zur Abwehr eines rechtswidrigen Streiks eine außerordentliche Kündigung, so handelt es sich um eine **Kampfkündigung** (s. § 74 Rn. 29). Eine arbeitskampfkonforme Interpretation (s. § 74 Rn. 33) schließt zwar nicht die Anwendung des § 103 aus, gebietet aber, dass die Zustimmung des Betriebsrats während des Arbeitskampfes nicht eingeholt zu werden braucht; das BAG verlangt jedoch, dass die Zustimmung durch Beschluss des Arbeitsgerichts nach Abs. 2 ersetzt wird (BAG 14. 2. 1978 AP GG Art. 9 Nr. 57 Arbeitskampf; 16. 12. 1982 AP KSchG 1969 § 15 Nr. 13; s. § 74 Rn. 30).

29 Erfolgt die außerordentliche Kündigung aus anderen Gründen, so ist die Notwendigkeit einer Zustimmung des Betriebsrats während des Arbeitskampfes nicht eingeschränkt. Das gilt auch, wenn sie auf Streikausschreitungen gestützt wird, die ein Betriebsratsmitglied über die schlichte Teilnahme am Streik hinaus begeht (s. auch § 74 Rn. 29).

3. Versetzung in einen anderen Betrieb

30 Das BetrVG kannte im Gegensatz zum Personalvertretungsrecht (§§ 47 Abs. 2, 99 Abs. 2 BPersVG) ehemals **keinen besonderen Versetzungsschutz für Betriebsratsmitglieder** und die sonstigen hier genannten Funktionsinhaber. Es fanden vielmehr auch für diesen Personenkreis ausschließlich §§ 99–101 Anwendung. Durch Einfügung des neuen Abs. 3 (s. Rn. 3) ist dies geändert worden. Der Streit, ob bei der unfreiwilligen **Versetzung eines Arbeitnehmers kraft Direktionsrecht in einen anderen Betrieb**, die zur Folge hat, dass die Mitgliedschaft im Betriebsrat erlischt (§ 24 Abs. 1 Nr. 4), eine Regelungslücke besteht, die durch analoge Anwendung des § 103 zu schließen ist, hat sich damit erledigt (dafür LAG Hamm 1. 4. 1977, EzA § 103 BetrVG 1972 Nr. 19; zust. *Löwisch/ Kaiser*, § 103, Rn. 12; DKK-*Kittner/Bachner*, § 103 Rn. 65; KR-*Etzel*, § 103 Rn. 60; offen gelassen BAG 21. 9. 1989 AP BetrVG 1972 § 99 Nr. 72; 26. 1. 1993 AP BetrVG 1972 § 99 Nr. 102; a. A. BAG 11. 7. 2000 AP BetrVG 1972 § 103 Nr. 44; *Oetker*, RdA 1990, 343, 354 ff.; *Fitting*, § 103 Rn. 13; GK-*Raab*, § 103 Rn. 31; HSWGNR-*Schlochauer*, § 103 Rn. 18). Im Einzelnen gilt:

31 Der **Versetzungsbegriff** ist der des § 95 Abs. 3 (ebenso *Fitting*, § 103 Rn. 65; Jaeger/ Röder/Heckelmann/*Göpfert*, Kap. 26 Rn. 25; s. dort Rn. 69). Nicht erfasst wird also der Betriebsübergang, der dazu führt, dass der Funktionsträger den Betrieb, nicht aber den Arbeitsplatz wechselt (*Fitting*, § 103 Rn. 67; *Annuß*, NZA 2001, 367; *Rieble*, NZA Sonderheft 2001, 58). Auch die kurzfristige Abordnung bis zu einem Monat stellt keine Versetzung dar und führt damit nicht zum Mitbestimmungsrecht. Auch längere Versetzungen sind unschädlich, soweit sie nur vorübergehend sind und daher nicht zum Verlust der Wählbarkeit führen, weil die Eingliederung in den Betrieb bestehen bleibt, dazu § 7 Rn. 24; § 24 Rn. 21.

32 Wenn das Gesetz von **Verlust des Amtes oder der Wählbarkeit** spricht, so bezieht sich die 2. Alternative einzig auf die Wahlbewerber. Ein eigenständiger Schutzgrund „Verlust der Wählbarkeit" für Betriebsratsmitglieder wäre sinnwidrig, denn der Verlust der Wählbarkeit führt gemäß § 34 Abs. 1 Nr. 4 stets zum Verlust des Amts; das gilt entsprechend für den Verlust des Amts als Wahlvorstandsmitglied, wenn der Arbeitnehmer seine

B. Voraussetzungen des Zustimmungserfordernisses § 103

Wahlberechtigung verliert (§ 16 Rn. 61). Verlust des Amtes ist auch das eines Betriebsratsmitglieds, dessen Betriebsrat im Übergangsmandat nach § 21a oder Restmandat nach § 21b besteht (*Fitting,* § 103 Rn. 67; wohl auch *Löwisch,* BB 2001, 2162).

Das **Einverständnis des Arbeitnehmers** beseitigt das Zustimmungserfordernis. Es muss nicht notwendig bereits im Zeitpunkt der Versetzung gegeben sein (ErfK-*Kania,* § 103 Rn. 6). Es reicht, wenn der Arbeitnehmer die Zustimmung im Nachhinein erklärt. Ein arbeitsgerichtliches Verfahren auf Ersetzung der Zustimmung hat sich dann erledigt. Das Einverständnis muss sich auf die konkrete, dem Betriebsratsmitglied bekannte Versetzung beziehen. Das Einverständnis des Arbeitnehmers im Arbeitsvertrag mit Versetzungen aller Art genügt daher nicht (*Fitting,* § 103 Rn. 70). Einmal erklärt, kann es nicht widerrufen werden (*Rieble,* NZA Sonderheft 2001, 48, 59). 33

Für den Maßstab der **dringenden betrieblichen Gründe**, bei deren Vorliegen das Arbeitsgericht die fehlende Zustimmung ersetzt, kann trotz des systematischen Zusammenhangs und des ähnlichen Wortlauts nicht unmittelbar auf die sachlichen Gründe des § 100 Abs. 1 zurückgegriffen werden, denn anders als bei § 100 geht es hier nicht um die Zulässigkeit einer vorläufigen, aber dringend gebotenen Maßnahme, sondern um eine Versetzung, die vielleicht nicht sofort erforderlich ist, für die langfristig jedoch gewichtige Gründe sprechen. Es ist eher an §§ 1, 2 KSchG und den Maßstab der betrieblichen Kündigung anzuknüpfen: Könnte der Arbeitnehmer „wegen dringender betrieblicher Erfordernisse" (änderungs-)gekündigt werden, wenn er nicht versetzt werden könnte? 34

Weil es sich aber nicht um eine Entlassung, sondern eine Versetzung handelt, muss auch das **Arbeitgeberinteresse** mit einbezogen werden, den Arbeitsplatz im anderen Betrieb qualifiziert zu besetzen. Ein dringendes betriebliches Erfordernis liegt daher auch vor, wenn nicht der Abbau des Arbeitsplatzes, sondern die rentable Nutzung der Arbeitsleistung eines Arbeitnehmers im anderen Betrieb im Vordergrund steht. Auch für den Fall, dass durch die Versetzung Gründe entfallen, die zur **personen- oder verhaltensbedingten** ordentlichen Kündigung berechtigen würden (wäre der Arbeitnehmer denn ordentlich kündbar), ist daher von dringenden betrieblichen Gründen auszugehen, die zur Versetzung berechtigen. Dies ist durch den Wortlaut der Norm nicht unmittelbar vorgegeben, ergibt sich jedoch aus einer am Telos der Norm orientierten Auslegung: Gründe, gerade die betriebsbedingte Versetzung zu privilegieren sind nicht ersichtlich. Im Sinne eines eindeutigen Normenverständnisses hätte es allerdings auch hier besser „sachliche" als „betriebliche" Gründe geheißen. 35

Zu berücksichtigen ist schließlich die **betriebsverfassungsrechtliche Stellung** des Funktionsträgers. Nicht nur seine individuellen Interessen als Arbeitnehmer, sondern auch das betriebliche Interesse an einer funktionierenden Belegschaftsrepräsentation ist damit mit in die Waage zu legen. Es bietet sich an zwischen den einzelnen Funktionsträgern je nach ihrer Bedeutung zu differenzieren. Ein Betriebsratsvorsitzender kann damit schwerer versetzt werden als ein Wahlbewerber (*Fitting,* § 103 Rn. 73; *Löwisch,* BB 2001, 1734, 1796; a. A. *Rieble,* NZA Sonderheft 2001, 48, 60) 35a

Ebenso wie bei Abs. 1 ist der **Betriebsrat** auch bei Abs. 3 **nicht frei,** seine Zustimmung zu erteilen oder zu verweigern (s. auch Rn. 47). Liegen dringende betriebliche Gründe vor, dann hat er der Versetzung zuzustimmen. 36

Ist der Arbeitnehmer mit der überbetrieblichen Versetzung nicht einverstanden, ist der Betriebsrat des abgebenden Betriebs **nicht nach § 99** zu beteiligen; das Verfahren nach § 103 tritt an dessen Stelle (a. A. HWK-*Ricken,* § 103 Rn. 32; vgl. noch für das alte Recht BAG 26. 1. 1993 AP BetrVG 1972 § 99 Nr. 102). Wohl aber ist der Betriebsrat des aufnehmenden Betriebs zu hören, wenn es sich aus seiner Perspektive um eine Einstellung handelt, s. auch § 99 Rn. 121 ff. Ebenso verbleibt es bei §§ 99 ff., sofern die Versetzung nur innerhalb eines Betriebes erfolgt. 37

Thüsing

IV. Fehlen eines Betriebsrats

38 Soweit kein Betriebsrat bzw. keine Bordvertretung oder kein Seebetriebsrat besteht, ist niemand vorhanden, der das Zustimmungsrecht ausüben kann. Bei den Beteiligungsrechten unterliegt deshalb der Arbeitgeber keiner betriebsverfassungsrechtlichen Begrenzung (s. § 1 Rn. 104 f.). Das Zustimmungsrecht hat hier jedoch eine andere Funktion als sonst ein Beteiligungsrecht des Betriebsrats; es sichert die **Funktionsfähigkeit der betriebsverfassungsrechtlichen Arbeitnehmervertretung** (s. Rn. 2). Das Problem spielt, da eine Jugend- und Auszubildendenvertretung nur gebildet werden kann, wenn ein Betriebsrat besteht (s. § 60 Rn. 11), vor allem eine Rolle für **Mitglieder des Wahlvorstands** und **Wahlbewerber**, wenn ein Betriebsrat bzw. eine Bordvertretung oder ein Seebetriebsrat errichtet werden soll; für die Mitglieder einer Jugend- und Auszubildendenvertretung kommt das Problem lediglich dann in Betracht, wenn vorübergehend ein Betriebsrat fehlt, z. B. weil dieser wegen einer groben Pflichtverletzung aufgelöst worden ist (s. § 60 Rn. 11). Das Gesetz enthält für diese Fälle eine **Regelungslücke**. Die Zweckbestimmung des Zustimmungserfordernisses gebietet es, das Arbeitsgericht präventiv einzuschalten, wenn die für die Erteilung der Zustimmung zuständige Betriebsvertretung nicht vorhanden ist. Deshalb findet **Abs. 2 entsprechend Anwendung**. Der Arbeitgeber muss, bevor er eine außerordentliche Kündigung wirksam aussprechen oder den Arbeitnehmer versetzen kann, das Zustimmungsersetzungsverfahren erfolgreich durchgeführt haben (ebenso BAG 12. 8. 1976 AP KSchG 1969 § 15 Nr. 2 [zust. *G. Hueck*]; 14. 2. 1978 AP KSchG 1969 § 15 Nr. 4; 16. 12. 1982 AP KSchG 1969 § 15 Nr. 13 [zust. *Kraft*]; *Fitting*, § 103 Rn. 11; GL-*Löwisch*, § 103 Rn. 33; GK-*Raab*, § 103 Rn. 43; a. A. LAG Baden-Württemberg 5. 12. 1975, BB 1976, 363; *Brecht*, § 103 Rn. 3; HSWGNR-*Schlochauer*, § 103 Rn. 53; *Etzel*, DB 1973, 1017 Fn. 2; *ders.*, BlStSozArbR 1976, 209, 213; mit der Einschränkung, dass es vertretbar sei, Abs. 2 entsprechend anzuwenden, *ders.*, KR, § 103 Rn. 56).

C. Zustimmung des Betriebsrats

I. Zuständigkeit des Betriebsrats

39 Der Gesetzestext beschränkt sich auf die Feststellung, dass die außerordentliche Kündigung der Zustimmung des Betriebsrats bedarf. Bei **Betriebsratsmitgliedern** ist der Betriebsrat zuständig, dem sie angehören. Bei **Mitgliedern einer Jugend- und Auszubildendenvertretung** ist dagegen nicht dieses Betriebsverfassungsorgan, sondern auch der **Betriebsrat** zuständig (ebenso *Fitting*, § 103 Rn. 32; HSWGNR-*Schlochauer*, § 103 Rn. 35). Gleiches gilt bei **Mitgliedern eines Wahlvorstands** oder **Wahlbewerbern** für die Wahl des Betriebsrats oder der Jugend- und Auszubildendenvertretung sowie für die **Schwerbehindertenvertretung** (s. Rn. 11 f.). Die Zuständigkeit liegt deshalb stets bei dem Betriebsrat des Betriebs, dem der Arbeitnehmer angehört.

40 Eine Modifikation ergibt sich für die **Seebetriebsverfassung**. Bei Mitgliedern der **Bordvertretung** sowie bei Mitgliedern eines Wahlvorstands und Wahlbewerbern für diese betriebsverfassungsrechtliche Vertretung ist für die Erteilung der Zustimmung die Bordvertretung zuständig, soweit der Kapitän die außerordentliche Kündigung erklären kann, sonst der Seebetriebsrat (§ 115 Abs. 1 Satz 2, Abs. 7 Nr. 1, § 116 Abs. 1 Satz 2, Abs. 6 Nr. 1 lit. c; s. auch § 115 Rn. 116). Bei Mitgliedern eines **Seebetriebsrats** oder von Mitgliedern des Wahlvorstands oder Wahlbewerbern für ihn fällt die Zustimmung dagegen stets in den Kompetenzbereich des Seebetriebsrats (§ 116 Abs. 1 Satz 2).

II. Verfahren für die Erteilung der Zustimmung

1. Pflicht des Arbeitgebers

Der Arbeitgeber ist wie bei der Anhörung vor einer außerordentlichen Kündigung **41** verpflichtet, dem Betriebsrat die **Kündigungsabsicht** und die **maßgeblichen Tatsachen mitzuteilen,** die nach seiner Auffassung die Annahme eines wichtigen Grundes rechtfertigen. Die für das **Anhörungsverfahren geltenden Grundsätze** sind auf das Zustimmungsverfahren **entsprechend anzuwenden** (ebenso BAG 18. 8. 1977 AP BetrVG 1972 § 103 Nr. 10; s. § 102 Rn. 48 ff.).

Das Zustimmungsersuchen ist eine einseitige empfangsbedürftige Willenserklärung, **42** auf die als geschäftsähnliche Handlung die **§§ 164 ff.** BGB anwendbar sind (s. auch Palandt/*Heinrichs*, BGB, § 174 Rn. 1). Eine Zurückweisung wegen fehlender Vollmacht gemäß § 174 BGB durch den Betriebsrat ist daher möglich (LAG Frankfurt 29. 1. 1998, NZA 1999, 878). Die Zustimmung des Betriebsrats zur außerordentlichen Kündigung eines Betriebsratsmitglieds nach § 103 ist jedoch **keine Zustimmung i. S. d. §§ 182 ff. BGB.** Das Betriebsratsmitglied kann daher die Kündigung nicht nach § 182 Abs. 3 BGB i. V. m. § 111 Satz 2, 3 BGB zurückweisen, weil ihm der Arbeitgeber die vom Betriebsrat erteilte Zustimmung nicht in schriftlicher Form vorlegt (so zurecht BAG 4. 3. 2004 AP BetrVG 1972 § 103 Nr. 50; a.A. KR-*Etzel* § 103 Rn. 89; APS-*Böck* § 103 BetrVG Rn. 21; *Fitting*, § 103 Rn. 31; *Fischermeier*, ZTR 1998, 433; LAG Hamm 22. 7. 1998, LAGE KSchG § 15 Nr. 18).

2. Zuständigkeit innerhalb des Betriebsrats

Der Betriebsrat kann die Ausübung seines Zustimmungsrechts dem **Betriebsausschuss 43** oder einem **sonstigen Ausschuss** zur selbständigen Erledigung ausdrücklich übertragen (§§ 27 Abs. 2 Satz 2, 28 Abs. 1 Satz 3;; BAG 17. 3. 2005 AP BetrVG 1972 § 27 Nr. 6; ebenso *Fitting*, § 103 Rn. 32; GK-*Raab*, § 103 Rn. 52; HSWGNR-*Schlochauer*, § 103 Rn. 35; a.A. GL-*Löwisch*, § 103 Rn. 13; *Heinze*, Personalplanung, Rn. 667; a.A. LAG Köln 28. 8. 2001 LAGE Nr. 18 zu § 103 BetrVG 1972). Jedoch genügt es nicht, dass der Betriebsrat die Wahrnehmung seiner Beteiligungsrechte bei Kündigungen dem Betriebsausschuss übertragen oder zu diesem Zweck einen Personalausschuss gebildet hat. Wegen der Bedeutung der Maßnahme für die Funktionsfähigkeit des Betriebsrats ist vielmehr davon auszugehen, dass der Betriebsrat in seiner Gesamtheit zuständig ist, wenn er nicht zuvor eindeutig auch die Ausübung des Zustimmungsrechts nach § 103 in die Delegation einbezogen hat (für einen generellen Ausschluss der Übertragbarkeit LAG Köln 28. 8. 2001 LAGE Nr. 18 zu § 103 BetrVG 1972).

Besteht der **Betriebsrat nur aus einer Person** und soll sie gekündigt oder aus dem **44** Betrieb versetzt werden, so ist für die Erteilung der Zustimmung das gewählte Ersatzmitglied zuständig (ebenso *Fitting*, § 103 Rn. 31; GK-*Raab*, § 103 Rn. 55; GL-*Löwisch*, § 103 Rn. 14; *Löwisch/Kaiser*, § 103, Rn. 14; HSWGNR-*Schlochauer*, § 103 Rn. 39; a. A. für Ersetzung der Zustimmung durch das Arbeitsgericht nach Abs. 2: *Lepke*, BB 1973, 894, 895).

Soll **allen Betriebsratsmitgliedern außerordentlich gekündigt** oder sollen sie alle in **45** andere Betriebe versetzt werden, so wird dadurch nicht die Zuständigkeit des Betriebsrats aufgehoben, auch wenn keine Ersatzmitglieder vorhanden sind (ebenso BAG 25. 3. 1976 AP BetrVG 1972 § 103 Nr. 6). Von der Abstimmung ist jeweils nur dasjenige Mitglied ausgeschlossen, das durch die ihm gegenüber beabsichtigte Kündigung oder Versetzung unmittelbar betroffen wird (ebenso BAG a. a. O.; s. auch Rn. 46).

3. Frist für die Erteilung der Zustimmung

46 Das Gesetz sieht im Gegensatz zu §§ 47 Abs. 1 Satz 2, 108 Abs. 1 Satz 2 BPersVG nicht ausdrücklich eine Frist für die Äußerung des Betriebsrats vor. Da aber wegen der Kündigungserklärungsfrist des § 626 Abs. 2 BGB kein sachlicher Grund besteht, dem Betriebsrat für seine Stellungnahme eine längere Frist einzuräumen als im Anhörungsverfahren, ist § 102 Abs. 2 Satz 3 analog anzuwenden, so dass die Zustimmung des Betriebsrats **spätestens innerhalb von drei Tagen seit der Mitteilung durch den Arbeitgeber** vorliegen muss (ebenso BAG 18. 8. 1977 AP BetrVG 1972 § 103 Nr. 10 [*G. Hueck*]). Das **Schweigen des Betriebsrats** gilt hier jedoch nicht als Zustimmung zur Kündigung, sondern als **Zustimmungsverweigerung** (ebenso BAG 18. 8. 1977 AP BetrVG 1972 § 103 Nr. 10; *Fitting*, § 103 Rn. 33; GL-*Löwisch*, § 103 Rn. 19; HSWGNR-*Schlochauer*, § 103 Rn. 38; GK-*Raab*, § 103 Rn. 60; *Laber*, ArbRB 2005, 315). Das Gleiche gilt für eine Versetzung aus dem Betrieb.

4. Beschlussfassung

47 Der Betriebsrat entscheidet durch Beschluss (§ 33; s. auch § 102 Rn. 90 f.). Das betroffene Betriebsratsmitglied kann sich an der Abstimmung nicht beteiligen (ebenso BAG 25. 3. 1976 AP BetrVG 1972 § 103 Nr. 6; LAG Hamm 26. 1. 2007 AuA 2007, 369). Nach zutreffender Ansicht des BAG ist es auch von der ihr vorausgehenden Beratung ausgeschlossen, so dass ein Ersatzmitglied an seine Stelle tritt (BAG 26. 8. 1981 AP BetrVG 1972 § 103 Nr. 13 [*Bickel*]; 23. 8. 1984 AP BetrVG 1972 § 103 Nr. 17 [*van Venrooy*]; LAG Hamm 26. 1. 2007 AuA 2007, 369; ebenso *Fitting*, § 103 Rn. 31; GK-*Raab*, § 103 Rn. 55; GL-*Löwisch*, § 103 Rn. 14; *Löwisch/Kaiser*, § 103, Rn. 14; HSWGNR-*Schlochauer*, § 103 Rn. 39; KR-*Etzel*, § 103 Rn. 74; s. auch § 25 Rn. 9). Eine Selbstbetroffenheit, die zum Ausschluss führt, liegt auch bei dem Beschluss zur Beauftragung eines Rechtsanwalts für die Vertretung des Betriebsratsmitglieds im Zustimmungsersetzungsverfahren vor (a. A. LAG Hamm 31. 8. 1998, BB 1999, 743).

48 Es steht **nicht im Ermessen des Betriebsrats**, ob er der außerordentlichen Kündigung oder der Versetzung zustimmen will, sondern er ist verpflichtet, die Zustimmung zu erteilen, wenn nach seiner Beurteilung die außerordentliche Kündigung unter Berücksichtigung aller Umstände gerechtfertigt ist (ebenso BAG 25. 3. 1976 AP BetrVG 1972 § 103 Nr. 6).

III. Form und Rechtswirkung der Zustimmung des Betriebsrats

1. Form

49 Das Gesetz schreibt für die Erteilung oder Ablehnung der Zustimmung **keine Form** vor. Die Zustimmung des Betriebsrats ist deshalb auch wirksam, wenn sie formlos erklärt wird. Sie muss aber auf **Verlangen des Arbeitgebers schriftlich** erteilt werden, weil der betroffene Arbeitnehmer die Kündigung sonst nach § 182 Abs. 3 i. V. mit § 111 Satz 2 BGB zurückweisen kann (ebenso KR-*Etzel*, § 103 Rn. 89).

50 Für die Ablehnung der Zustimmung besteht keine entsprechende Regelung. Der Arbeitgeber kann das Arbeitsgericht anrufen, sobald ihm die Erklärung, durch die der Betriebsrat seine Zustimmung verweigert, zugegangen ist; § 102 Abs. 2 Satz 3 findet insoweit nicht entsprechend Anwendung (a. A., aber ebenso im Ergebnis, wenn festgestellt wird, dass die Nichteinhaltung der Schriftform praktisch folgenlos sei, KR-*Etzel*, § 103 Rn. 96).

51 Zustimmung und Ablehnung brauchen nicht begründet zu werden. Es ist aber zweckmäßig, dass der Betriebsrat eine Begründung gibt; insbesondere kann ein Verstoß gegen das Gebot vertrauensvoller Zusammenarbeit vorliegen, wenn der Betriebsrat ihm be-

C. Zustimmung des Betriebsrats § 103

kannte Tatsachen nicht mitteilt, die den Arbeitgeber veranlassen würden, von einer außerordentlichen Kündigung abzusehen.

2. Rechtswirkungen der Zustimmung

Die Zustimmung des Betriebsrats ist, sobald sie dem Arbeitgeber zugegangen ist, **unwiderruflich** (ebenso *Fitting*, § 103 Rn. 37; HSWGNR-*Schlochauer*, § 103 Rn. 41; KR-*Etzel*, § 103 Rn. 86; *Weber/Lohr*, BB 1999, 2355). Das gilt aber nicht für ihre Ablehnung. Sie kann deshalb auch noch **nachträglich** erteilt werden, also nach Ablauf der Äußerungsfrist und sogar auch nach einer zunächst erklärten Ablehnung (ebenso *Fitting*, § 103 Rn. 36; GL-*Löwisch*, § 103 Rn. 20; *Löwisch/Kaiser*, § 103, Rn. 17; KR-*Etzel*, § 103 Rn. 99). Hat der Arbeitgeber bereits das Zustimmungsersetzungsverfahren eingeleitet, so wird es durch die nachträglich erteilte Zustimmung gegenstandslos; es ist auf Antrag des Arbeitgebers für erledigt zu erklären (ebenso LAG Brandenburg 23. 3. 1999 LAGE Nr. 14 zu § 103 BetrVG 1972 = AuR 2000, 195). 52

3. Verfahrensmängel bei Erteilung der Zustimmung

a) Für die **Zustimmung des Betriebsrats** ist eine Wirksamkeitsvoraussetzung, dass der Arbeitgeber den Betriebsrat **über die beabsichtigte Kündigung ordnungsgemäß unterrichtet** hat (s. Rn. 32) und dadurch das Zustimmungsverfahren wirksam eingeleitet hat (ebenso GL-*Löwisch*, § 103 Rn. 16). Anderenfalls ist die Kündigung trotz Zustimmung des Betriebsrats unwirksam (ebenso für eine nach dem Personalvertretungsrecht erforderliche Zustimmung des Personalrats BAG 5. 2. 1981, DB 1982, 1171). Der Arbeitgeber braucht jedoch wie im Anhörungsverfahren nur seinen Kündigungsentschluss zu begründen; er ist nicht verpflichtet, alle wesentlichen Gründe zu nennen, die eine Kündigung möglicherweise rechtfertigen. Die Zustimmung des Betriebsrats bezieht sich in diesem Fall allerdings auch nur auf die Kündigungsgründe, die der Arbeitgeber dem Betriebsrat mitgeteilt hat. Der Arbeitgeber ist deshalb auch hier an die von ihm getroffene Auswahl der Kündigungsgründe gebunden (s. § 102 Rn. 57). 53

b) Bei groben **Verstößen gegen Verfahrensvorschriften** ist der **Betriebsratsbeschluss** nichtig (s. § 33 Rn. 42), z. B. bei Nichtladung des Ersatzmitglieds für das betroffene Betriebsratsmitglied (so BAG 23. 8. 1984 AP BetrVG 1972 § 103 Nr. 17). Der Arbeitgeber darf aber nach den Grundsätzen des Vertrauensschutzes auf die Wirksamkeit eines Zustimmungsbeschlusses vertrauen, wenn ihm der Betriebsratsvorsitzende oder sein Vertreter mitteilt, der Betriebsrat habe die beantragte Zustimmung erteilt (vgl. BAG, a. a. O.; mit strengem Maßstab LAG Köln 28. 8. 2001, LAGE Nr. 18 zu § 103 BetrVG 1972). Das entspricht im Ergebnis der **Sphärentheorie**, wie sie für § 102 gilt, s. § 102 Rn. 121 ff. Dennoch lehnt die ganz herrschende Literatur eine Anwendung der Sphärentheorie bei § 103 ab, und betont den Unterschied zwischen beiden Verfahren (*Fitting*, § 103 Rn. 38; DKK-*Kittner/Bachner*, § 103 Rn. 34; KR-*Etzel*, BetrVG § 103 Rn. 207). Trotz der Unterschiede in den Voraussetzungen und Wirkungen zwischen § 102 und § 103 ist jedoch von einem **Gleichklang** auszugehen, denn die Argumente des Rechtsscheins sind dort wie hier die gleichen (im Ergebnis ebenso ErfK-*Kania*, § 103 Rn. 8; ausführlich begründend *Zumkeller*, NZA 2001, 823; *Diller*, NZA 2004, 579, 581). 54

IV. Bedeutung der Zustimmungsbedürftigkeit für das Recht des Arbeitgebers zur außerordentlichen Kündigung

1. Wirksamkeitsvoraussetzung

Eine **ohne Zustimmung des Betriebsrats** erklärte außerordentliche Kündigung ist **unwirksam**. Das BAG und die nahezu einhellige Lehre im Schrifttum verlangen, dass die 55

Zustimmung *vor* Ausspruch der Kündigung vorliegt (BAG 22. 8. 1974 AP BetrVG 1972 § 103 Nr. 1 [*G. Hueck*]; bestätigt durch BAG 20. 3. 1975 AP BetrVG 1972 § 103 Nr. 2 [*Richardi*]; 4. 3. 1976 AP BetrVG 1972 § 103 Nr. 5; 12. 8. 1976 AP KSchG 1969 § 15 Nr. 2; 11. 11. 1976 AP BetrVG 1972 § 103 Nr. 8; 1. 12. 1977 AP BetrVG 1972 § 103 Nr. 11; BAG 30. 5. 1976 AP KSchG 1969 § 15 Nr. 4; *Fitting*, § 103 Rn. 24; GL-*Löwisch*, § 103 Rn. 12; HSWGNR-*Schlochauer*, § 103 Rn. 34; GK-*Raab*, § 103 Rn. 48; KR-*Etzel*, § 103 Rn. 109; – a. A. *Richardi*, ZfA-Sonderheft 1972, 1, 36; ders., Anm. zu BAG AP BetrVG 1972 § 102 Nr. 2; ders., Anm. zu BAG AP BetrVG 1972 § 103 Nr. 2).

56 Stellt man nur auf den Gesetzestext des § 103 Abs. 1 ab, so ist es unerheblich, ob der Betriebsrat der außerordentlichen Kündigung vorher oder nachträglich zustimmt. § 15 Abs. 1 Satz 1 und Abs. 3 Satz 1 KSchG bestimmt aber, dass eine außerordentliche Kündigung nur zulässig ist, wenn die nach § 103 erforderliche Zustimmung vorliegt oder durch gerichtliche Entscheidung ersetzt ist. Der Wortlaut dieser Bestimmung spricht also dafür, dass eine **nachträgliche Zustimmung des Betriebsrats nicht genügt.** Dann ergibt sich aber die Schwierigkeit, die Kündigungserklärungsfrist des § 626 Abs. 2 BGB einzuhalten. Der Arbeitgeber kann sein Kündigungsrecht nicht deshalb verlieren, weil der Betriebsrat der Kündigung nicht innerhalb der Kündigungserklärungsfrist zugestimmt hat. Diesen Normenkonflikt kann man lösen, indem man zulässt, dass der Arbeitgeber innerhalb der Zweiwochenfrist des § 626 Abs. 2 BGB die außerordentliche Kündigung erklärt, wenn er innerhalb dieser Frist zugleich das Zustimmungsersetzungsverfahren vor dem Arbeitsgericht einleitet. Das BAG ist dagegen zurecht der Meinung, dass die Zustimmung des Betriebsrats ausnahmslos vor Ausspruch der Kündigung vorliegen müsse (vgl. BAG 22. 8. 1974 AP BetrVG 1972 § 103 Nr. 1). Nach seiner Ansicht ist die außerordentliche Kündigung, die vor Erteilung oder Ersetzung der Zustimmung des Betriebsrats ausgesprochen wird, unheilbar nichtig; sie kann weder durch die nachträgliche Zustimmung des Betriebsrats noch durch deren Ersetzung im arbeitsgerichtlichen Beschlussverfahren wirksam werden (BAG BetrVG 1972 § 103 Nr. 2; BAG AP BetrVG 1972 § 103 Nr. 5; AP BetrVG 1972 § 103 Nr. 8). Das BAG korrigiert deshalb den Ablauf der Kündigungserklärungsfrist des § 626 Abs. 2 BGB, wenn der Betriebsrat seine Zustimmung nicht erteilt, sie aber auf Antrag des Arbeitgebers durch das Arbeitsgericht ersetzt wird (s. Rn. 59).

2. Verhältnis zu § 626 Abs. 2 BGB

57 a) Nach § 626 Abs. 2 BGB kann die **außerordentliche Kündigung** nur innerhalb von **zwei Wochen nach Kenntniserlangung der für die Kündigung maßgebenden Tatsachen** erfolgen. Diese Vorschrift gilt auch für die außerordentliche Kündigung von Betriebsratsmitgliedern und die anderen in Abs. 1 genannten Personen, die den besonderen Kündigungsschutz im Rahmen der Betriebsverfassung genießen (ebenso BAG 22. 8. 1974 AP BetrVG 1972 § 103 Nr. 1 [*G. Hueck*]; 20. 3. 1975 AP BetrVG 1972 § 103 Nr. 2 [*Richardi*]; 24. 4. 1975 AP BetrVG 1972 § 103 Nr. 3 [*G. Hueck*]; 27. 5. 1975 AP BetrVG 1972 § 103 Nr. 4 [*G. Hueck*]; 18. 8. 1977AP BetrVG 1972 § 103 Nr. 10 [*G. Hueck*]; GL-*Löwisch*, § 103 Rn. 21; *Löwisch/Kaiser*, § 103, Rn. 28; HSWGNR-*Schlochauer*, § 103 Rn. 42; GK-*Raab*, § 103 Rn. 83 f.; – a. A. *Etzel*, BlStSozArbR 1972, 86, 87 und DB 1973, 1017, 1021; *K. Schmidt*, RdA 1973, 294, 295; vgl. auch KR-*Etzel*, § 15 KSchG Rn. 30 f.).

58 § 15 Abs. 1 bis 3 KSchG enthält zwar nicht mehr wie bis zu seiner Neugestaltung durch das BetrVG 1972 den Hinweis auf § 626 BGB. Daraus kann aber nicht abgeleitet werden, dass diese Vorschrift für Arbeitnehmer, die den Kündigungsschutz im Rahmen der Betriebsverfassung und der Personalvertretung genießen, keine Geltung habe; denn die Streichung des Hinweises auf § 626 BGB war allein deshalb notwendig, weil der besondere Kündigungsschutz auch auf Mitglieder einer Bordvertretung und eines See-

C. Zustimmung des Betriebsrats § 103

betriebsrats sowie des Wahlvorstands und die Wahlbewerber für diese Gremien erweitert wurde. Die Zulässigkeit einer außerordentlichen Kündigung gegenüber Besatzungsmitgliedern eines Schiffes richtet sich nämlich nicht nach § 626 BGB, sondern nach §§ 64, 65 SeemG (ebenso BAG AP BetrVG 1972 § 103 Nr. 1; bestätigt durch BAG AP BetrVG 1972 § 103 Nr. 10; *H.-P. Müller,* DB 1975, 1363, 1365). Deshalb ist die Kündigungserklärungsfrist des § 626 Abs. 2 BGB (bei Schwerbehinderten § 91 Abs. 2 und 5 SGB IX, bei Berufsauszubildenden § 22 Abs. 4 BBiG) auch auf Arbeitnehmer anzuwenden, die den Kündigungsschutz im Rahmen der Betriebsverfassung und der Personalvertretung haben.

b) Die Ausschlussfrist für die Erklärung der außerordentlichen Kündigung **beginnt** mit dem **Zeitpunkt,** in dem der Arbeitgeber von den für die Kündigung maßgebenden Tatsachen **Kenntnis erlangt** (§ 626 Abs. 2 Satz 2 BGB). Wenn der Betriebsrat seine Zustimmung verweigert, kann der Arbeitgeber diese Frist aber nicht einhalten, sofern man ausnahmslos an dem Dogma festhält, dass die Zustimmung des Betriebsrats vor Ausspruch der Kündigung vorliegen muss. Teilweise wurde im älteren Schrifttum deshalb angenommen, dass die Zweiwochenfrist erst beginnt, wenn die Zustimmung des Betriebsrats erteilt oder ersetzt ist (so z. B. *Fitting,* bis zur 12. Aufl., § 103 Rn. 13, 15; GK-*Kraft* [Erstbearbeitung], § 103 Rn. 14 und SAE 1975, 220). Begründet wurde diese Auffassung mit einer Analogie zu § 4 Satz 4 KSchG. Die für einen Analogieschluss notwendige Vergleichbarkeit der Regelung ist aber nicht gegeben, und außerdem widerspricht die Analogie dem Zweck des § 626 Abs. 2 BGB, durch den gesichert werden soll, dass die außerordentliche Kündigung innerhalb der Zweiwochenfrist erfolgt. Verlegt man den Fristbeginn auf den Zeitpunkt der erteilten oder ersetzten Zustimmung des Betriebsrats, so bleibt offen, in welchem Zeitpunkt der Arbeitgeber die Zustimmung des Betriebsrats einholen muss, wenn er eine außerordentliche Kündigung aussprechen will (vgl. *Richardi,* Anm. zu BAG AP BetrVG 1972 § 103 Nr. 2, Bl. 5 R, 6). Dem Zweck der Regelung, die das Recht zur außerordentlichen Kündigung durch die Bindung an eine Ausschlussfrist zeitlich begrenzt, entspricht allein, dass die Frist, wie es in § 626 Abs. 2 Satz 2 BGB wörtlich heißt, mit dem Zeitpunkt beginnt, in dem der Kündigungsberechtigte von den für die Kündigung maßgebenden Tatsachen Kenntnis erlangt (ebenso BAG AP BetrVG 1972 § 103 Nr. 1, 2 und 3; AP BetrVG 1972 § 103 Nr. 4; AP BetrVG 1972 § 103 Nr. 10).

59

c) Wenn der **Betriebsrat** die **Zustimmung ablehnt** oder sich nicht äußert, kann der Arbeitgeber die Ausschlussfrist des § 626 Abs. 2 BGB nicht durch die Kündigung einhalten, sofern man uneingeschränkt an dem Dogma festhält, dass der Betriebsrat der Kündigung vor ihrem Ausspruch zugestimmt haben muss. Deshalb genügt, dass der Arbeitgeber **innerhalb der Ausschlussfrist das Beschlussverfahren vor dem Arbeitsgericht einleitet,** um die **Zustimmung des Betriebsrats ersetzen zu lassen** (ebenso BAG 18. 8. 1977 AP BetrVG 1972 § 103 Nr. 10 [*G. Hueck*]; 7. 5. 1986 AP BetrVG 1972 § 103 Nr. 18 [*Leipold*]). Erforderlich ist daher, dass der Arbeitgeber innerhalb der Zweiwochenfrist beim Betriebsrat den Antrag auf Zustimmungserteilung stellt (vgl. BAG 22. 8. 1974 AP BetrVG 1972 § 103 Nr. 1). Das aber allein genügt nicht, um die Frist zu wahren; denn die Kündigungserklärungsfrist besteht im Interesse des betroffenen Arbeitnehmers. Da auch Fristen sonst nur durch gerichtliche Geltendmachung gewahrt werden, muss man verlangen, dass der Arbeitgeber innerhalb der Ausschlussfrist des § 626 Abs. 2 BGB das Zustimmungsersetzungsverfahren einleitet. Die Frist wird weder durch die Anrufung des Betriebsrats unterbrochen noch gehemmt, und sie wird auch nicht durch die dem Betriebsrat eingeräumte Äußerungsfrist von drei Tagen verlängert (ebenso BAG 18. 8. 1977 AP BetrVG 1972 § 103 Nr. 10; 7. 5. 1986 AP BetrVG 1972 § 103 Nr. 18).

60

Bei einem Betriebsratsmitglied, das zu den **schwerbehinderten Menschen** gehört, hat der Arbeitgeber bei einer Zustimmungsverweigerung des Betriebsrats, da § 91 Abs. 2 und 5 SGB IX *lex spezialis* zu § 626 Abs. 2 BGB ist, das Zustimmungsersetzungsver-

61

§ 103 Außerordentliche Kündigung und Versetzung in besonderen Fällen

fahren in entsprechender Anwendung des § 91 Abs. 5 SGB IX unverzüglich nach Erteilung der Zustimmung durch das Integrationsamt oder nach Eintritt der Zustimmungsfiktion des § 91 Abs. 3 SGB IX einzuleiten (BAG 22. 1. 1987 AP BetrVG 1972 § 103 Nr. 24).

3. Frist für die Erklärung der außerordentlichen Kündigung

62 a) **Erteilt der Betriebsrat** nach Anrufung durch den Arbeitgeber die **Zustimmung** innerhalb der dreitägigen Äußerungsfrist, so ist die **außerordentliche Kündigung innerhalb der Zweiwochenfrist des § 626 Abs. 2 BGB zu erklären**. Die dem Arbeitgeber verbleibende Überlegungsfrist verkürzt sich im Ergebnis um die drei Tage, die der Arbeitgeber dem Betriebsrat zur Stellungnahme einräumen muss (*Fischermeier*, ZTR 1998, 433, 435; *Fitting*, § 103 Rn. 21; s. auch § 102 Rn. 74). Gehört das Betriebsratsmitglied zu den Schwerbehinderten, so findet § 91 Abs. 2 und 5 SGB IX Anwendung.

63 b) **Verweigert der Betriebsrat seine Zustimmung** oder gilt sie als verweigert (s. Rn. 36) und wird sie deshalb durch Beschluss des Arbeitsgerichts ersetzt (Abs. 2), so muss der Arbeitgeber die Kündigung **unverzüglich nach Rechtskraft** der Zustimmungsersetzung aussprechen (ebenso in entsprechender Anwendung des ehemaligen § 21 Abs. 5 SchwbG, jetzt § 91 SGB IX: BAG 24. 4. 1975 AP BetrVG 1972 § 103 Nr. 3 [*G. Hueck*]). Bei **Erteilung der Zustimmung durch den Betriebsrat während des Beschlussverfahrens** muss er die Kündigung **unverzüglich nach Zugang der Zustimmung** erklären (ebenso BAG 17. 9. 1981 AP BetrVG 1972 § 103 Nr. 14; LAG Brandenburg 23. 3. 1999, LAGE Nr. 14 zu § 103 BetrVG 1972 = AuR 2000, 195).

D. Ersetzung der Zustimmung des Betriebsrats durch das Arbeitsgericht

I. Zulässigkeitsvoraussetzungen

64 Verweigert der Betriebsrat seine Zustimmung, so kann das Arbeitsgericht sie auf **Antrag des Arbeitgebers** ersetzen, wenn die außerordentliche Kündigung unter Berücksichtigung aller Umstände gerechtfertigt ist (Abs. 2 Satz 1). Das Arbeitsgericht entscheidet im Beschlussverfahren (§ 2a Abs. 1 Nr. 1, Abs. 2 i. V. mit §§ 80 ff. ArbGG). Antragsgegner ist der Betriebsrat. In dem Verfahren ist der betroffene Arbeitnehmer Beteiligter (Abs. 2 Satz 2).

65 Mit dem Antrag kann ein Antrag auf Amtsenthebung verbunden werden (vgl. BAG 22. 8. 1974 AP BetrVG 1972 § 103 Nr. 1; ausführlich § 23 Rn. 44).

66 Der Arbeitgeber kann das Zustimmungsersetzungsverfahren erst einleiten, wenn der **Betriebsrat** seine **Zustimmung verweigert** oder sie nach Ablauf der Äußerungsfrist **als verweigert gilt** (s. Rn. 45). Die Beteiligung des Betriebsrats ist eine Verfahrensvoraussetzung. Ein vor seiner Entscheidung gestellter Zustimmungsersetzungsantrag wird auch nicht mit der Zustimmungsverweigerung zulässig (ebenso BAG 7. 5. 1986 AP BetrVG 1972 § 103 Nr. 18; 24. 10. 1996 AP BetrVG 1972 § 103 Nr. 32; LAG Schleswig-Holstein 17. 8. 2000 – 4 TaBV 46/99 – RzK II Nr. 39). Der Antrag kann auch nicht unter der Bedingung gestellt werden, dass der Betriebsrat die Zustimmung zu der beabsichtigten außerordentlichen Kündigung verweigert (ebenso BAGE 52, 50, 54 ff.).

67 Ob der Betriebsrat rechtzeitig angerufen wurde, um die **Ausschlussfrist des § 626 Abs. 2 BGB** zu wahren (s. Rn. 56 ff.), gehört dagegen nicht mehr zu den Verfahrensvoraussetzungen, sondern ist eine Frage der Begründetheit des Antrags (ebenso BAG 20. 3. 1975 AP BetrVG 1972 § 103 Nr. 2). Auch wenn der Arbeitgeber es versäumt, das Zustimmungsersetzungsverfahren innerhalb der Ausschlussfrist des § 626 Abs. 2 BGB einzuleiten (bzw. bei einem schwerbehinderten Betriebsratsmitglied in entsprechender

D. Ersetzung der Zustimmung des Betriebsrats durch das Arbeitsgericht § 103

Anwendung des § 91 Abs. 5 SGB IX unverzüglich nach Zustimmung des Integrationsamts oder Eintritt der Zustimmungsfiktion; s. Rn. 60), ist sein Antrag zwar zulässig, aber nicht begründet (vgl. BAG 18. 8. 1977 AP BetrVG 1972 § 103 Nr. 10; 7. 5. 1986 AP BetrVG 1972 § 103 Nr. 18).

Hat das Arbeitsgericht bereits eine Ersetzung der Zustimmung abgelehnt, weil der Tatvorwurf, welcher der Kündigung zugrunde liegt, nicht hinreichend war, so ist ein **erneuter Antrag** nur statthaft, wenn neue Tatsachen die Ersetzung der Zustimmung zulassen würden. Ansonsten steht die Rechtskraft der vorangegangenen Entscheidung entgegen. Dies kann der Fall sein, wenn nach einer außerordentlichen Verdachtskündigung das Betriebsratsmitglied zu einem späteren Zeitpunkt strafrechtlich verurteilt wird (BAG 16. 9. 1999 AP BetrVG 1972 § 103 Nr. 38; s. auch Vorinstanz LAG Düsseldorf 4. 9. 1998, AiB 1999, 470; ErfK-*Kania*, § 103 Rn. 15; tendenziell a. A. LAG Düsseldorf 8. 12. 1999, AuR 2000, 191 [*Bell*]). 68

II. Begründetheit des Antrags

1. Recht zur außerordentlichen Kündigung

Das Arbeitsgericht ersetzt die Zustimmung des Betriebsrats, wenn die **außerordentliche Kündigung unter Berücksichtigung aller Umstände gerechtfertigt** ist (Abs. 2 Satz 1). Es hat also zu prüfen, ob ein wichtiger Grund i. S. des § 626 Abs. 1 BGB vorliegt (ebenso BAG 22. 8. 1974 AP BetrVG 1972 § 103 Nr. 1 [*G. Hueck*]; 27. 5. 1975 und 27. 1. 1977 AP BetrVG 1972 § 103 Nr. 4 und 7; s. auch BAG 18. 12. 2004 AP BGB § 626 Nr. 191; *Fitting*, § 103 Rn. 43; GL-*Löwisch*, § 103 Rn. 17, 23; HSWGNR-*Schlochauer*, § 103 Rn. 49; GK-*Raab*, § 103 Rn. 64; *Matthes*, MünchArbR, 2. Aufl., § 358 Rn. 30; trotz Anerkennung eines Entscheidungsspielraums für den Betriebsrat und in Widerspruch zu dieser Feststellung, soweit er zutreffend bemerkt, dass das Gericht nicht auf die Nachprüfung beschränkt sei, ob der Betriebsrat sein pflichtgemäßes Ermessen fehlerhaft ausgeübt habe, KR-*Etzel*, § 103 Rn. 115). 69

Das Gericht hat bei der Prüfung, ob eine außerordentliche Kündigung gerechtfertigt ist, alle Umstände zu berücksichtigen. Da die Entscheidung im Beschlussverfahren ergeht, hat es die für den wichtigen Grund maßgebenden Tatsachen von Amts wegen zu ermitteln (§ 83 Abs. 1 ArbGG). Es hat vor allem zu prüfen, ob durch die Einleitung des Zustimmungsersetzungsverfahrens die Ausschlussfrist des § 626 Abs. 2 BGB gewahrt ist (s. Rn. 66). Außerdem hat das Gericht zwischenzeitlich eingetretene Kündigungsbeschränkungen, wie z. B. Schwangerschaft, die ein Kündigungsverbot nach § 9 MuSchG begründet, zu beachten. Maßgebend ist der Zeitpunkt der Letzten mündlichen Tatsachenverhandlung (auch für die Prognoseentscheidung: ArbG Darmstadt 27. 1. 2006, SAE 2006, 190). 70

2. Nachschieben von Kündigungsgründen

Das Arbeitsgericht hat lediglich zu prüfen, ob die **vom Arbeitgeber geltend gemachten Kündigungsgründe** eine außerordentliche Kündigung rechtfertigen; denn es erforscht den Sachverhalt von Amts wegen nur im Rahmen der gestellten Anträge (§ 83 Abs. 1 ArbGG). Der Amtsermittlungsgrundsatz bedeutet nicht, dass das Gericht einen Sachverhalt, der in dem Verfahren bekannt wird, zur Rechtfertigung der beabsichtigten Kündigung heranzieht, wenn der Arbeitgeber sich nicht auf diesen Sachverhalt stützt (ebenso BAG 27. 1. 1977 AP BetrVG 1972 § 103 Nr. 7; *v. Hoyningen-Huene/Linck*, KSchG, § 15 Rn. 133). 71

Der Arbeitgeber kann dagegen im Laufe des Beschlussverfahrens **Kündigungsgründe nachschieben.** Keine Rolle spielt, in welchem Zeitpunkt sich die Umstände ereignet haben; denn anders als im Kündigungsrechtsstreit geht es hier um die Zustimmung zu 72

Thüsing

einer erst noch auszusprechenden Kündigung (ebenso BAG 22. 8. 1974 AP BetrVG 1972 § 103 Nr. 1; LAG Nürnberg 25. 3. 1999, NZA-RR 1999, 413). Die Gründe können vom Arbeitsgericht aber nur verwertet werden, wenn der Arbeitgeber **zuvor vergeblich beim Betriebsrat beantragt** hat, ihretwegen die Zustimmung zur Kündigung zu erteilen; denn die Beteiligung des Betriebsrats ist eine Verfahrensvoraussetzung und das Arbeitsgericht deshalb lediglich befugt, die vom Betriebsrat verweigerte Zustimmung zu ersetzen (ebenso BAG 22. 8. 1974 AP BetrVG 1972 § 103 Nr. 1; 27. 5. 1975 und 27. 1. 1977 AP BetrVG 1972 § 103 Nr. 4 und 7; 30. 5. 1978 AP KSchG 1969 § 15 Nr. 4; enger: LAG Nürnberg, NZA-RR 1999, 413, das die Mitteilung und Gelegenheit zur Stellungnahme ausreichen lässt). Die Mitteilung an den Betriebsrat wird nicht dadurch ersetzt, dass die Gründe im gerichtlichen Verfahren erörtert werden, auch wenn der Vorsitzende des Betriebsrats am Anhörungstermin teilnimmt und der Prozessvertreter des Betriebsrats im Einvernehmen mit ihm den Antrag auf Ablehnung der Zustimmungsersetzung weiterverfolgt (ebenso BAG 27. 5. 1975 AP BetrVG 1972 § 103 Nr. 4 [zust. *G. Hueck*]; insoweit abl. *Dütz*, EzA § 103 BetrVG 1972 Nr. 9).

73 Beim Nachschieben von Kündigungsgründen muss die **Ausschlussfrist des § 626 Abs. 2 BGB** beachtet werden. Da sie bei Nichterteilung der Zustimmung nur durch die Einleitung des Zustimmungsersetzungsverfahrens gewahrt wird, genügt nicht, dass der Arbeitgeber wegen dieser Gründe den Betriebsrat innerhalb der Frist um Erteilung der Zustimmung ersucht hat, sondern er muss sie innerhalb der Frist in das Zustimmungsersetzungsverfahren einführen (ebenso GK-*Raab*, § 103 Rn. 74; KR-*Etzel*, § 103 Rn. 124; HWK-*Ricken*, § 103 Rn. 19; a. A. BAG 22. 8. 1974 AP BetrVG 1972 § 103 Nr. 1, aber in Wertungswiderspruch zu BAG 18. 8. 1977 AP BetrVG 1972 § 103 Nr. 10; GL-*Löwisch*, § 103 Rn. 24; offen gelassen LAG Nürnberg 25. 3. 1999, NZA-RR 1999, 413; LAG Hamm 15. 2. 2002 – 10 TaBV 101/01, juris). Nachgeschobene Kündigungsgründe, zu denen zwar der Betriebsrat innerhalb der Zwei-Wochen-Frist des § 626 BGB angehört worden ist, die aber vor Ablauf der **Drei-Tages-Frist des § 102 Abs. 2 S. 3** in das Zustimmungsersetzungsverfahren eingebracht wurden, bleiben unberücksichtigt (LAG Hamm 15. 2. 2002 – 10 TaBV 101/01, juris).

3. Ersetzung der Zustimmung zu einer beabsichtigten Kündigung

74 Folgt man dem Dogma der Notwendigkeit einer vor Ausspruch der Kündigung erklärten oder ersetzten Zustimmung des Betriebsrats (s. Rn. 54), so ist die Ersetzung der Zustimmung nur zu einer beabsichtigten Kündigung möglich, der Antrag auf Ersetzung der Zustimmung zu einer bereits ausgesprochenen Kündigung also bereits aus diesem Grund unbegründet (so BAG 20. 3. 1975 AP BetrVG 1972 § 103 Nr. 2). Hat der Arbeitgeber nach Ausspruch der Kündigung das Zustimmungsersetzungsverfahren eingeleitet, so muss man aber berücksichtigen, dass der Kündigungsberechtigte eine außerordentliche Kündigung innerhalb der Ausschlussfrist des § 626 Abs. 2 BGB wiederholen kann. Deshalb ist der Antrag auf Ersetzung der Zustimmung nur dann als unbegründet anzusehen, wenn der Arbeitgeber erst nach Ablauf der Ausschlussfrist des § 626 Abs. 2 BGB das Zustimmungsersetzungsverfahren eingeleitet hat (ebenso BAG 20. 3. 1975 AP BetrVG 1972 § 103 Nr. 2).

III. Beschluss des Arbeitsgerichts

1. Zustimmungsersetzung

75 Das Arbeitsgericht entscheidet durch Beschluss (§ 84 ArbGG). Wenn es dem **Antrag stattgibt,** wird die **Zustimmung des Betriebsrats** durch den Beschluss des Arbeitsgerichts **ersetzt.**

D. Ersetzung der Zustimmung des Betriebsrats durch das Arbeitsgericht § 103

2. Fälle einer Erledigung des Beschlussverfahrens

a) **Verliert** der **Arbeitnehmer seine Rechtstellung als Betriebsratsmitglied** oder die sonst 76
das Zustimmungserfordernis nach § 15 Abs. 1 Satz 1 bzw. Abs. 3 Satz 1 KSchG voraussetzende Funktion, so kann das **Beschlussverfahren nicht mehr zur Ersetzung der Zustimmung** führen. Da eine materiellrechtliche Voraussetzung für die richterliche Gestaltung entfällt, wird der Antrag unbegründet. Das Beschlussverfahren ist auf Antrag des Arbeitgebers **für erledigt zu erklären** (vgl. § 83a ArbGG; ebenso BAG 30. 5. 1978 AP KSchG 1969 § 15 Nr. 4 [*G. Hueck*]). Der Arbeitgeber kann erneut kündigen, ohne dass es einer weiteren Anhörung bedarf (BAG 8. 6. 2000 AP BetrVG 1972 § 103 Nr. 41).

Wird der betroffene Arbeitnehmer bei einer Neuwahl zum Ersatzmitglied gewählt und 76a
rückt er einige Zeit nach der Neuwahl für ein ausscheidendes Mitglied nach, kann auch in diesem Fall ein nicht beendetes Zustimmungsersetzungsverfahren nicht fortgeführt werden (LAG München 14. 9. 2005, AuA 2006, 112). Nach dem BAG besteht die Möglichkeit einer **Fortführung des eingeleiteten Zustimmungsersetzungsverfahrens** nur für den Fall einer ununterbrochenen Amtszeit des Betriebsratsmitglieds (BAG 19. 9. 1991, RzK II 3 Nr. 20).

Da die Ausschlussfrist des § 626 Abs. 2 BGB (bei einem Schwerbehinderten des § 91 77
Abs. 2 und 5 SGB IX) durch die rechtzeitige Einleitung des Zustimmungsersetzungsverfahrens gewahrt wird (s. Rn. 59 f.), kann der Arbeitgeber unverzüglich nach Rechtskraft der arbeitsgerichtlichen Entscheidung die **außerordentliche Kündigung** aussprechen. Auch soweit der Arbeitnehmer den nachwirkenden Kündigungsschutz im Rahmen der Betriebsverfassung hat (§ 15 Abs. 1 Satz 2 und Abs. 3 Satz 2 KSchG), bedarf die außerordentliche Kündigung nicht der Zustimmung des Betriebsrats; sie ist aber nur wirksam, wenn er **zuvor nach § 102 gehört** wurde (ebenso BAG 30. 5. 1978 AP KSchG 1969 § 15 Nr. 4).

b) Hat der Arbeitgeber das **Zustimmungsersetzungsverfahren analog Abs. 2** einge- 78
leitet, weil im Betrieb kein Betriebsrat besteht (s. Rn. 29), so wird sein Antrag auf Ersetzung der Zustimmung auch unbegründet, sobald ein **Betriebsrat gewählt** und konstituiert ist; denn das Arbeitsgericht ist kein Ersatzbetriebsrat (ebenso BAG 30. 5. 1978 AP KSchG 1969 § 15 Nr. 4). Das ist vor allem von Bedeutung, wenn ein Mitglied des Wahlvorstands oder ein Wahlbewerber in den Betriebsrat gewählt wird und aus diesem Grund unter den Kündigungsschutz des § 15 Abs. 1 Satz 1 KSchG fällt.

c) Wird das **Arbeitsverhältnis während des Zustimmungsersetzungsverfahrens been-** 79
det, so kann keine außerordentliche Kündigung oder Versetzung mehr ausgesprochen werden. Der Antrag des Arbeitgebers wird unbegründet (vgl. BAG 10. 2. 1977 AP BetrVG 1972 § 103 Nr. 9). Der Arbeitgeber kann beantragen, das **Beschlussverfahren für erledigt zu erklären** (vgl. § 83a ArbGG).

3. Rechtsmittel

Der Beschluss des Arbeitsgerichts ist mit der **Beschwerde** anfechtbar (§ 87 ArbGG; s. 80
auch § 100 Rn. 42). Beschwerdeberechtigt ist auch der betroffene Arbeitnehmer, da er im Verfahren Beteiligter ist (ebenso LAG Hamm 13. 2. 1975, BB 1975, 968; GL-*Löwisch*, § 103 Rn. 28; HSWGNR-*Schlochauer*, § 103 Rn. 47; GK-*Raab*, § 103 Rn. 82; *Weber/Lohr*, BB 1999, 2355).

Gegen den Beschluss des Landesarbeitsgerichts findet die **Rechtsbeschwerde** an das 81
Bundesarbeitsgericht statt, wenn sie in dem Beschluss des Landesarbeitsgerichts oder auf Grund einer Nichtzulassungsbeschwerde durch das Bundesarbeitsgericht zugelassen wird (§ 92 Abs. 1 Satz 1 ArbGG; s. § 100 Rn. 43).

4. Einstweiliger Rechtsschutz

Die Zustimmung des Betriebsrats kann **nicht** durch **einstweilige Verfügung** ersetzt 82
werden (ebenso ArbG Hamm, BB 1975, 1065; *Fitting*, § 103 Rn. 44; GK-*Raab*, § 103

Rn. 81; HSWGNR-*Schlochauer*, § 103 Rn. 52; *Stege/Weinspach/Schiefer*, § 103 Rn. 11; KR-*Etzel*, § 103 Rn. 130). Durch einstweilige Verfügung kann der Arbeitgeber lediglich von der Verpflichtung zur Beschäftigung entbunden werden (s. Rn. 92 ff.). Dagegen kann, weil es hier um das Vorliegen eines wichtigen Grundes zur Auflösung des Arbeitsverhältnisses geht, keine einstweilige Verfügung erlassen werden, durch die einem Betriebsratsmitglied die Ausübung seines Amtes untersagt wird (ebenso *Fitting*, § 103 Rn. 44; DKK-*Kittner/Bachner*, § 103 Rn. 47).

IV. Bedeutung der Zustimmungsersetzung für die Kündigung und einen Rechtsstreit über die Kündigung

1. Zeitpunkt der Zustimmungsersetzung

83 Die Zustimmungsersetzung wird mit **Rechtskraft des Beschlusses** wirksam (ebenso BAG 11. 11. 1976 AP BetrVG 1972 § 103 Nr. 8 [zust. *G. Hueck*]; 30. 5. 1978 AP KSchG 1969 § 15 Nr. 4 [zust. *G. Hueck*]; 25. 1. 1979 AP BetrVG 1972 § 103 Nr. 12 [zust. *Grunsky*]; 9. 7. 1998 AP BetrVG 1972 § 103 Nr. 36). Dabei ist unerheblich, ob man den Beschluss des Arbeitsgerichts einem Leistungsurteil oder einem Gestaltungsurteil gleichstellt (vgl. *Richardi*, RdA 1975, 73, 74 f.; zust. BAG AP BetrVG 1972 § 103 Nr. 8). Zieht man die Parallele zum Anspruch auf Abgabe einer Willenserklärung, so tritt die Vollstreckungswirkung ein, sobald der Beschluss die Rechtskraft erlangt hat (§ 85 Abs. 1 ArbGG i. V. mit § 894 ZPO). Bei einem Gestaltungsurteil wird die Rechtsänderung unmittelbar durch das Urteil herbeigeführt; aber auch die Gestaltungswirkung tritt erst mit Rechtskraft ein. Deshalb ist die Zustimmung des Betriebsrats nicht schon mit Verkündung bzw. Zustellung des arbeitsgerichtlichen Beschlusses ersetzt, sondern erst mit Eintritt der formellen Rechtskraft (vgl. *Richardi*, RdA 1975, 73, 76).

84 Ein Beschluss ist erst rechtskräftig, wenn er **unanfechtbar** ist (s. dazu auch § 100 Rn. 42 f.). Deshalb ist auch ein Beschluss des Landesarbeitsgerichts, in dem die Rechtsbeschwerde nicht zugelassen worden ist, erst rechtskräftig, wenn seine Unanfechtbarkeit feststeht, weil nicht innerhalb eines Monats die Nichtzulassungsbeschwerde eingelegt worden ist (ebenso DKK-*Kittner/Bachner*, § 103 Rn. 50; *Matthes*, MünchArbR, 2. Aufl., § 358 Rn. 33). Das **BAG hat seine Meinung aufgegeben,** dass der Beschluss des Landesarbeitsgerichts über die Zustimmungsersetzung schon vor Eintritt der formellen Rechtskraft unanfechtbar und damit wirksam wird, wenn sich aus den Gründen der zugestellten Entscheidung ergibt, dass eine Nichtzulassungsbeschwerde offensichtlich unstatthaft ist, und der Arbeitgeber daher bereits vor Entscheidung über die Nichtzulassungsbeschwerde kündigen müsse (BAG 9. 7. 1998 AP BetrVG 1972 § 103 Nr. 36; a. A. noch BAG 25. 1. 1979 AP BetrVG 1972 § 103 Nr. 12). Der Eintritt der formellen Rechtskraft kann nicht von der Unanfechtbarkeit getrennt werden. Nach dem BAG bleibt allerdings in den Fällen offensichtlich unstatthafter Nichtzulassungsbeschwerde eine Kündigung bereits vor gerichtlicher Entscheidung hierüber möglich. Der Arbeitgeber kann also bereits unmittelbar nach der Entscheidung des LAG kündigen, muss es aber nicht, und sollte es auch nicht tun, wenn er sich nicht über die Offensichtlichkeit der Unzulässigkeit sicher ist, denn spricht der Arbeitgeber **vor Eintritt der Rechtskraft** eine Kündigung aus, so erledigt sich das Zustimmungsverfahren und damit auch das Zustimmungsersetzungsverfahren beim Arbeitsgericht. Will der Arbeitgeber in einem derartigen Fall nach Abschluss des Zustimmungsersetzungsverfahrens erneut kündigen, bedarf es der Einleitung eines neuen Zustimmungsverfahrens beim Betriebsrat (LAG Hamm 4. 8. 2000 – 10 TaBV 7/00, RzK II 3 Nr. 38). Dieses für die Praxis sehr **unbefriedigende Ergebnis** – eine vorsorgliche Kündigung ist nicht möglich (s. aber *Diller*, NZA 1998, S. 1163; *Weber/Lohr*, BB 1999, 2356) – lässt sich nicht verhindern, geht man davon aus, dass die Kündigung vor Beendigung des Zustimmungsverfahrens nichtig ist, und das Zustimmungsverfahren sich stets nur auf

D. Ersetzung der Zustimmung des Betriebsrats durch das Arbeitsgericht § 103

eine bestimmte Kündigung beziehen kann. Dies aber entspricht wohl der inzwischen gefestigten Rechtsprechung des BAG (BAG 7. 5. 1986AP BetrVG 1972 § 102 Nr. 18; 24. 10. 1996 AP BetrVG § 103 Nr. 32; 9. 7. 1998 AP BetrVG 1972 § 103 Nr. 36; s. auch Rn. 65). **Von einer vorsorglichen Kündigung ist daher im Regelfall abzusehen** (krit, zurecht *Diller*, NZA 2004, 579, 581).

2. Zeitpunkt für die Erklärung der außerordentlichen Kündigung

Nach Ansicht des BAG kann der Arbeitgeber die **außerordentliche Kündigung** erst dann wirksam aussprechen, wenn der **Beschluss über die Zustimmungsersetzung rechtskräftig** ist; eine vor diesem Zeitpunkt erklärte Kündigung sei nicht nur schwebend unwirksam, sondern unheilbar nichtig (vgl. BAG 11. 11. 1976 AP BetrVG 1972 § 103 Nr. 8 [zust. *G. Hueck*]; 30. 5. 1978 E 30, 320, 326 = AP KSchG 1969 § 15 Nr. 4; BAG 9. 7. 1998 AP BetrVG 1972 § 103 Nr. 36). 85

Die Kündigung muss **unverzüglich**, d. h. ohne schuldhaftes Zögern, nach Rechtskraft des Beschlusses, der die Zustimmung des Betriebsrats ersetzt, **ausgesprochen** werden (ebenso BAG 24. 4. 1975 AP BetrVG 1972 § 103 Nr. 3; s. Rn. 62). 86

3. Feststellungsklage des Arbeitnehmers

Der betroffene Arbeitnehmer kann, auch wenn die Zustimmung des Betriebsrats durch das Arbeitsgericht ersetzt ist, **Feststellungsklage** erheben, dass sein **Arbeitsverhältnis durch die außerordentliche Kündigung nicht aufgelöst** ist. Da er im Beschlussverfahren Beteiligter ist, bindet die rechtskräftige Entscheidung zwar auch ihn; es besteht aber **Verschiedenheit des Streitgegenstandes**, so dass der Kündigungsklage nicht die materielle Rechtskraft des arbeitsgerichtlichen Beschlusses als negative Prozessvoraussetzung entgegensteht (ebenso BAG 24. 4. 1975 AP BetrVG 1972 § 103 Nr. 3; bereits *Richardi*, ZfA-Sonderheft 1972, 1, 36). Die Zulässigkeit der Klage scheitert auch nicht am Fehlen eines Rechtsschutzbedürfnisses (ebenso BAGE 27, 113, 117 f.; vgl. *Richardi*, ZfA-Sonderheft 1992, 1, 37 f.). 87

Trotz Verschiedenheit des Streitgegenstands ist für die Kündigungsklage die **im Beschlussverfahren rechtskräftig festgestellte Rechtsfolge** als **Vorfrage** von Bedeutung; denn das Arbeitsgericht kann die Zustimmung des Betriebsrats nur ersetzen, wenn die außerordentliche Kündigung unter Berücksichtigung aller Umstände gerechtfertigt ist, also ein wichtiger Grund i. S. des § 626 Abs. 1 BGB vorliegt (s. Rn. 68). Bei Zustimmungsersetzung ist von der Gestaltungs- oder Vollstreckungswirkung die materielle Rechtskraft zu unterscheiden. Stellt man den rechtsgestaltenden Charakter der arbeitsgerichtlichen Entscheidung in den Vordergrund, so ist für die Bestimmung der materiellen Rechtskraft entscheidend, dass das Gericht die Gestaltung nur vornimmt, weil es das Bestehen eines Gestaltungsgrundes annimmt: Bei Entscheidungen mit Gestaltungswirkung besteht daher die materielle Rechtskraft in der Feststellung des Gestaltungsgrundes (vgl. *Schlosser*, Gestaltungsklagen und Gestaltungsurteile, 1966, S. 406 ff.). Gestaltungsgrund ist hier aber, dass die außerordentliche Kündigung unter Berücksichtigung aller Umstände gerechtfertigt ist. Diese Feststellung erwächst in Rechtskraft. Nicht anders ist die materielle Rechtskraft zu bestimmen, wenn man von einem Anspruch des Arbeitgebers gegen den Betriebsrat auf Erteilung der Zustimmung ausgeht; denn dann besteht der Anspruch auf Abgabe einer Willenserklärung, wenn die außerordentliche Kündigung unter Berücksichtigung aller Umstände gerechtfertigt ist. Diese Feststellung bindet bei Eintritt der formellen Rechtskraft alle Beteiligten, also auch den betroffenen Arbeitnehmer. 88

Wird die Kündigungsklage darauf gestützt, es habe kein wichtiger Grund vorgelegen und deshalb kein Recht zur außerordentlichen Kündigung bestanden, so entfaltet insoweit die im Beschlussverfahren ergangene rechtskräftige Entscheidung eine **Präjudizialitätswirkung** (ebenso BAG 24. 4. 1975 AP BetrVG 1972 § 103 Nr. 3 [zust. *G. Hueck*]; BAG 18. 9. 1997 AP BetrVG § 103 Nr. 35; BAG 29. 1. 1986 AP BetrVG 1972 § 103 89

Nr. 42; BAG 15. 8. 2002 AP BetrVG 1972 § 103 Nr. 48; so bereits *Richardi*, ZfA-Sonderheft 1972, 1, 37 f.; zust. *Fitting*, § 103 Rn. 47; GL-*Löwisch*, § 103 Rn. 29; HSWGNR-*Schlochauer*, § 103 Rn. 57; GK-*Raab*, § 103 Rn. 91; KR-*Etzel*, § 103 Rn. 139; *Stahlhacke/Preis/Vossen*, Kündigung und Kündigungsschutz im Arbeitsverhältnis, Rn. 1677; a. A. vor allem *Ascheid*, Kündigungsschutzrecht, Rn. 697 ff.; *Schlüter*, EzA § 103 BetrVG 1972 Nr. 6, S. 34 g–i). Die Kündigungsklage ist daher zwar zulässig, aber unbegründet, soweit sie ausschließlich darauf gestützt wird, es habe kein wichtiger Grund zur außerordentlichen Kündigung bestanden. Die materielle Rechtskraft steht aber nicht der Berufung auf neue Tatsachen entgegen, die erst nach der Letzten mündlichen Tatsachenverhandlung im Zustimmungsersetzungsverfahren entstanden sind (ebenso BAG 24. 4. 1975 AP BetrVG 1972 § 103 Nr. 3). Eine Präjudizitätswirkung besteht ebenfalls nicht für Kündigungshindernisse die noch **nach Abschluss des Zustimmungsersetzungsverfahrens** beseitigt werden können (wie die fehlende Zustimmung des Integrationsamts zur Kündigung eines schwerbehinderten Menschen) oder entstehen können – wie die mit Rückwirkung festgestellte Schwerbehinderung (BAG 11. 5. 2000 AP BetrVG 1972 § 103 Nr. 42). Darüber hinaus kann der Arbeitnehmer auch Mängel geltend machen, die sich auf die Form und Frist der außerordentlichen Kündigung beziehen. Ebenfalls ist keine Bindung gegeben, wenn in einem späteren Kündigungsschutzprozess die Sozialwidrigkeit einer auf denselben Sachverhalt gestützten ordentlichen Kündigung geltend gemacht wird (BAG 15. 8. 2002 AP BetrVG 1972 § 103 Nr. 48).

E. Rechtsstellung des gekündigten Arbeitnehmers

I. Verhältnis zum individualrechtlichen Kündigungsschutz

90 Fehlt die **Zustimmung des Betriebsrats** und wird sie auch nicht durch Beschluss des Arbeitsgerichts ersetzt, so ist die **Kündigung unwirksam** (s. Rn. 54). Auch dieser Mangel muss ebenso wie das Fehlen eines wichtigen Grundes innerhalb von drei Wochen **geltend gemacht werden** (§ 13 Abs. 1 Satz 2 KSchG). Eine zeitliche Grenze zieht nur das Rechtsinstitut der Verwirkung (vgl. auch § 102 Rn. 132).

91 Der Arbeitnehmer konnte ehemals nicht die **Auflösung des Arbeitsverhältnisses** und die **Zahlung einer Abfindung** nach § 13 Abs. 1 Satz 3 KSchG verlangen, wenn er die Unwirksamkeit der Kündigung auf die fehlende Zustimmung des Betriebsrats stützt. Daraus folgte aber nicht, dass § 13 Abs. 1 Satz 3 KSchG überhaupt keine Anwendung findet, weil die außerordentliche Kündigung bereits wegen der fehlenden Zustimmung des Betriebsrats unwirksam ist. Machte der Arbeitnehmer geltend, dass die außerordentliche Kündigung auch deshalb unwirksam sei, weil ein sie rechtfertigender wichtiger Grund nicht vorgelegen habe, so hat er auch den Anspruch auf Auflösung des Arbeitsverhältnisses und die Zahlung einer Abfindung; denn die Lösungsmöglichkeit des § 13 Abs. 1 Satz 3 KSchG bedeutet für den Arbeitnehmer eine Vergünstigung, die ihm nicht deshalb genommen werden kann, weil die Kündigung nicht nur aus dem Grund, bei dem sie gegeben ist, sondern auch noch aus einem anderen Grund unwirksam ist. Mit Neufassung des Gesetzes zum 1. 1. 2004 kann die Unwirksamkeit der Kündigung auch allein auf andere Gründe als das Fehlen eines wichtigen Grundes gestützt werden. Die Möglichkeit eines Auflösungsantrags besteht auch in diesen Fällen (wie hier wohl APS-*Biebl*, § 13 Rn. 18 ff.; aA. HWK-*Pods/Thies*, § 13 KSchG, Rn. 11)

92 Das **Zustimmungsrecht des Betriebsrats** ist **kein Sperr-Recht.** Auch wenn der Betriebsrat der außerordentlichen Kündigung zugestimmt hat, kann der Arbeitnehmer gegen sie Feststellungsklage erheben, wenn er bestreitet, dass ein wichtiger Grund sie rechtfertigt, oder wenn er sonst ihre Rechtsunwirksamkeit geltend macht. Lediglich wenn die Zu-

stimmung des Betriebsrats durch eine arbeitsgerichtliche Entscheidung ersetzt ist, kann das Arbeitsgericht nicht im Urteilsverfahren erneut uneingeschränkt prüfen, ob die außerordentliche Kündigung unter Berücksichtigung aller Umstände gerechtfertigt ist, sondern ist an die rechtskräftige Feststellung im Beschluss gebunden, der die Zustimmung des Betriebsrats ersetzt hat (s. Rn. 88).

II. Beschäftigungsanspruch und Amtsausübung des Arbeitnehmers während des Zustimmungsersetzungsverfahrens

1. Beschäftigungsanspruch des Arbeitnehmers

Solange die Zustimmung des Betriebsrats nicht erteilt oder rechtskräftig ersetzt ist, hat 93 der Arbeitnehmer die **Rechte und Pflichten aus dem Arbeitsverhältnis**. Er hat deshalb an sich auch den Anspruch auf Beschäftigung. Ein **Arbeitgeber** ist aber bei überwiegenden schutzwürdigen Interessen **von seiner Beschäftigungspflicht befreit**. Ein derartiger Fall ist im Allgemeinen gegeben, wenn er einen wichtigen Grund zur Auflösung des Arbeitsverhältnisses geltend macht und bei Erklärung einer außerordentlichen Kündigung lediglich eine soziale Auslauffrist gewährt. Da der Arbeitgeber hier mit der Einleitung des Zustimmungsverfahrens beim Betriebsrat ein Recht zur außerordentlichen Kündigung geltend macht, ist er berechtigt, den Arbeitnehmer einseitig von der Arbeitspflicht zu suspendieren, wenn bei Weiterbeschäftigung erhebliche Gefahren für den Betrieb oder die dort tätigen Personen bestehen (ebenso GK-*Raab*, § 103 Rn. 96; *Löwisch/Kaiser*, § 103, Rn. 34; *Fitting*, § 103 Rn. 44; LAG Sachsen-Anhalt 14. 4. 2000 LAGE Nr. 16 zu § 103 BetrVG 1972 = NZA-RR 2000, 588; LAG Hamm 12. 12. 2001, NZA-RR 2003, 311; Hessisches LAG 11. 6. 2008, AuR 2008, 321).

Die **richterrechtlichen Grundsätze** über die Weiterbeschäftigungspflicht des Arbeitnehmers 94 während eines Kündigungsrechtsstreits sind hier auf die **Beschäftigungspflicht des Arbeitgebers während des Zustimmungsersetzungsverfahrens entsprechend anzuwenden** (s. § 102 Rn. 250; ebenso LAG Hamm 17. 1. 1996 LAGE Nr. 4 zu § 25 BetrVG 1972 = NZA-RR 1996, 414; enger DKK-*Kittner/Bachner*, § 103 Rn. 48).

Die Befugnis des Arbeitgebers zur Suspendierung von der Arbeitspflicht berührt nicht 95 den **Anspruch des Arbeitnehmers auf das Arbeitsentgelt** (Hessisches LAG 11. 6. 2008, AuR 2008, 321; vgl. auch *Blomeyer*, MünchArbR, 2. Aufl., § 49 Rn. 37).

2. Amtsausübung des Arbeitnehmers

Solange das Arbeitsverhältnis nicht wirksam gekündigt ist, bleibt der Arbeitnehmer 96 **Inhaber seines betriebsverfassungsrechtlichen Amtes.** Er ist auch nicht während des Zustimmungsersetzungsverfahrens an der Ausübung seines Amtes verhindert. Auch soweit er von der Beschäftigung freigestellt ist, kann der Arbeitgeber ihm nicht das **Betreten des Betriebs zur Amtsausübung** verbieten (ebenso LAG München 28. 9. 2005, ArbuR 2006, 213; LAG Hamm, DB 1972, 1119; LAG Düsseldorf, DB 1977, 1053; *Fitting*, § 103 Rn. 44; GL-*Löwisch*, § 103 Rn. 35; *Löwisch/Kaiser*, § 103, Rn. 34; HSWGNR-*Schlochauer*, § 103 Rn. 60; GK-*Raab*, § 103 Rn. 97; KR-*Etzel*, § 103 Rn. 149). Das Zutrittsrecht entfällt nur, wenn die Amtsausübung als Rechtsmissbrauch zu beurteilen ist (ebenso LAG Hamm, a. a. O.; LAG Düsseldorf, a. a. O.; GL-*Löwisch*, a. a. O.; KR-*Etzel*, § 103 Rn. 150).

Anhang zu § 103
Auszug aus dem Kündigungsschutzgesetz

Zweiter Abschnitt. Kündigungsschutz im Rahmen der Betriebsverfassung und Personalvertretung

§ 15 Unzulässigkeit der Kündigung

(1) ¹Die Kündigung eines Mitglieds eines Betriebsrats, einer Jugend- und Auszubildendenvertretung, einer Bordvertretung oder eines Seebetriebsrats ist unzulässig, es sei denn, daß Tatsachen vorliegen, die den Arbeitgeber zur Kündigung aus wichtigem Grund ohne Einhaltung einer Kündigungsfrist berechtigen, und daß die nach § 103 des Betriebsverfassungsgesetzes erforderliche Zustimmung vorliegt oder durch gerichtliche Entscheidung ersetzt ist. ²Nach Beendigung der Amtszeit ist die Kündigung eines Mitglieds eines Betriebsrats, einer Jugend- und Auszubildendenvertretung oder eines Seebetriebsrats innerhalb eines Jahres, die Kündigung eines Mitglieds einer Bordvertretung innerhalb von sechs Monaten, jeweils vom Zeitpunkt der Beendigung der Amtszeit an gerechnet, unzulässig, es sei denn, daß Tatsachen vorliegen, die den Arbeitgeber zur Kündigung aus wichtigem Grund ohne Einhaltung einer Kündigungsfrist berechtigen; dies gilt nicht, wenn die Beendigung der Mitgliedschaft auf einer gerichtlichen Entscheidung beruht.

(2) ¹Die Kündigung eines Mitglieds einer Personalvertretung, einer Jugend- und Auszubildendenvertretung oder einer Jugendvertretung ist unzulässig, es sei denn, daß Tatsachen vorliegen, die den Arbeitgeber zur Kündigung aus wichtigem Grund ohne Einhaltung einer Kündigungsfrist berechtigen, und daß die nach dem Personalvertretungsrecht erforderliche Zustimmung vorliegt oder durch gerichtliche Entscheidung ersetzt ist. ²Nach Beendigung der Amtszeit der in Satz 1 genannten Personen ist ihre Kündigung innerhalb eines Jahres, vom Zeitpunkt der Beendigung der Amtszeit an gerechnet, unzulässig, es sei denn, daß Tatsachen vorliegen, die den Arbeitgeber zur Kündigung aus wichtigem Grund ohne Einhaltung einer Kündigungsfrist berechtigen; dies gilt nicht, wenn die Beendigung der Mitgliedschaft auf einer gerichtlichen Entscheidung beruht.

(3) ¹Die Kündigung eines Mitglieds eines Wahlvorstands ist vom Zeitpunkt seiner Bestellung an, die Kündigung eines Wahlbewerbers vom Zeitpunkt der Aufstellung des Wahlvorschlags an, jeweils bis zur Bekanntgabe des Wahlergebnisses unzulässig, es sei denn, daß Tatsachen vorliegen, die den Arbeitgeber zur Kündigung aus wichtigem Grund ohne Einhaltung einer Kündigungsfrist berechtigen, und daß die nach § 103 des Betriebsverfassungsgesetzes oder nach dem Personalvertretungsrecht erforderliche Zustimmung vorliegt oder durch eine gerichtliche Entscheidung ersetzt ist. ²Innerhalb von sechs Monaten nach Bekanntgabe des Wahlergebnisses ist die Kündigung unzulässig, es sei denn, daß Tatsachen vorliegen, die den Arbeitgeber zur Kündigung aus wichtigem Grund ohne Einhaltung einer Kündigungsfrist berechtigen; dies gilt nicht für Mitglieder des Wahlvorstands, wenn dieser durch gerichtliche Entscheidung durch einen anderen Wahlvorstand ersetzt worden ist.

(3 a) ¹Die Kündigung eines Arbeitnehmers, der zu einer Betriebs-, Wahl- oder Bordversammlung nach § 17 Abs. 3, § 17a Nr. 3 Satz 2, § 115 Abs. 2 Nr. 8 Satz 1 des Betriebsverfassungsgesetzes einlädt oder die Bestellung eines Wahlvorstands nach § 16 Abs. 2 Satz 1, § 17 Abs. 4, § 17a Nr. 4, § 63 Abs. 3, § 115 Abs. 2 Nr. 8 Satz 2 oder § 116 Abs. 2 Nr. 7 Satz 5 des Betriebsverfassungsgesetzes beantragt, ist vom Zeitpunkt der Einladung oder Antragstellung an bis zur Bekanntgabe des Wahlergebnisses unzulässig, es sei denn, dass Tatsachen vorliegen, die den Arbeitgeber zur Kündigung aus wichtigem Grund ohne Einhaltung einer Kündigungsfrist berechtigen; der Kündigungs-

schutz gilt für die ersten drei in der Einladung oder Antragstellung aufgeführten Arbeitnehmer. ²Wird ein Betriebsrat, eine Jugend- und Auszubildendenvertretung, eine Bordvertretung oder ein Seebetriebsrat nicht gewählt, besteht der Kündigungsschutz nach Satz 1 vom Zeitpunkt der Einladung oder Antragstellung an drei Monate.

(4) Wird der Betrieb stillgelegt, so ist die Kündigung der in den Absätzen 1 bis 3 genannten Personen frühestens zum Zeitpunkt der Stillegung zulässig, es sei denn, daß ihre Kündigung zu einem früheren Zeitpunkt durch zwingende betriebliche Erfordernisse bedingt ist.

(5) ¹Wird eine der in den Absätzen 1 bis 3 genannten Personen in einer Betriebsabteilung beschäftigt, die stillgelegt wird, so ist sie in eine andere Betriebsabteilung zu übernehmen. ²Ist dies aus betrieblichen Gründen nicht möglich, so findet auf ihre Kündigung die Vorschrift des Absatzes 4 über die Kündigung bei Stillegung des Betriebs sinngemäß Anwendung.

§ 16 Neues Arbeitsverhältnis; Auflösung des alten Arbeitsverhältnisses

¹Stellt das Gericht die Unwirksamkeit der Kündigung einer der in § 15 Abs. 1 bis 3 a genannten Personen fest, so kann diese Person, falls sie inzwischen ein neues Arbeitsverhältnis eingegangen ist, binnen einer Woche nach Rechtskraft des Urteils durch Erklärung gegenüber dem alten Arbeitgeber die Weiterbeschäftigung bei diesem verweigern. ²Im übrigen finden die Vorschriften des § 11 und des § 12 Satz 2 bis 4 entsprechende Anwendung.

Übersicht

	Rn.
I. Überblick	1
1. Personeller Geltungsbereich	2
2. Zeitlicher Geltungsbereich	6
3. Inhalt des besonderen Kündigungsschutzes	13
II. Außerordentliche Kündigung	15
1. Rechtsgrundlage	15
2. Wichtiger Grund	17
3. Anwendbarkeit des § 13 Abs. 1 KSchG	23
III. Ordentliche Kündigung	27
1. Verbot	27
2. Zulässigkeit bei Betriebsstilllegung oder Stilllegung einer Betriebsabteilung	30
3. Kein Erfordernis der Zustimmung des Betriebsrats	37
4. Bindung an die Dreiwochenfrist des § 4 KSchG	38

I. Überblick

Das BetrVG 1972 hat den Kündigungsschutz im Rahmen der Betriebsverfassung 1 ausgebaut. Die maßgeblichen Bestimmungen sind aber nicht in diesem Gesetz, sondern in § 15 KSchG enthalten. Das **BetrVerf-Reformgesetz** vom 23. 7. 2001 (BGBl. I S. 1852) hat den personellen Geltungsbereich dieses Kündigungsschutzes erheblich ausgeweitet. Nach dem neu eingefügten § 15 Abs. 3 a KSchG sind auch die Arbeitnehmer geschützt, die eine Wahlversammlung einrufen. Damit soll die Bereitschaft bei Arbeitnehmern gefördert werden, insbesondere in betriebsratslosen Betrieben die Initiative für die Wahl von Betriebsräten zu ergreifen (BT-Drucks. 14/5741, S. 55).

1. Personeller Geltungsbereich

Besonderen Kündigungsschutz im Rahmen der Betriebsverfassung haben nicht nur die 2 Betriebsratsmitglieder, sondern auch die Mitglieder der Jugend- und Auszubildenden-

Anhang zu § 103 — Auszug aus dem Kündigungsschutzgesetz

vertretung, der Bordvertretung und des Seebetriebsrats (§ 15 Abs. 1 KSchG) und vor allem auch die Mitglieder eines Wahlvorstands und die Wahlbewerber für die Wahl zu diesen betriebsverfassungsrechtlichen Arbeitnehmervertretungen (§ 15 Abs. 3 KSchG), und zwar auch dann, wenn sie sich ersichtlich nur beworben haben, um den Kündigungsschutz zu erlangen (LAG Rheinland-Pfalz 11. 12. 2008, ZInsO 2009, 1128). Wahlbewerber sind nur Arbeitnehmer, die tatsächlich wählbar nach § 8 BetrVG sind (BAG 26. 9. 1996 AP KSchG 1969 § 15 Nr. 3 Wahlbewerber; *v. Hoyningen-Huene/Linck*, KSchG, § 15 Rn. 22;). Gleichgestellt sind die Mitglieder einer anderen Vertretung der Arbeitnehmer nach § 3 Abs. 1 Nr. 1–3 (s. § 103 Rn. 5) sowie die Mitglieder einer Schwerbehindertenvertretung (s. § 103 Rn. 11) und die Mitglieder des Wahlvorstands und Wahlbewerber für die Wahl dieser Arbeitnehmervertretungen (s. § 103 Rn. 7 und 12), nicht dagegen die Arbeitnehmervertreter im Aufsichtsrat (s. § 103 Rn. 13). Ebenso gehören dazu die Ersten drei Arbeitnehmer, die eine Einladung zu einer Betriebs-, Wahl- oder Bordversammlung oder einen gerichtlichen Antrag zur Bestellung eines Wahlvorstandes unterzeichnen. Finden sich keine drei Arbeitnehmer, so liegt eine gültige Einladung nicht vor, und daher besteht auch kein Kündigungsschutz (ebenso LAG München 30. 4. 2008 - 5 Sa 661/07, juris; *Löwisch*, DB 2002, 1503).

3   Der besondere Kündigungsschutz besteht auch für **Ersatzmitglieder,** soweit sie in die hier genannten Betriebsverfassungsorgane nachgerückt sind oder ein zeitweilig verhindertes Mitglied vertreten (s. auch Rn. 10).

4   Ist die **Wahl** zu den Arbeitnehmervertretungen **nichtig,** dann besteht auch kein Kündigungsschutz nach Abs. 1 für die Gewählten; in Frage kommt allein ein Kündigungsschutz als Wahlbewerber nach Abs. 3, der aber als nachwirkender Kündigungsschutz sechs Monate nach Bekanntgabe des Wahlergebnisses endet (BAG 27. 4. 1976 AP BetrVG 1972 § 19 Nr. 4). Ist die **Wahl angefochten** worden, besteht der Kündigungsschutz nach Abs. 1 fort bis zur rechtskräftigen Entscheidung über die Wirksamkeit der Wahl (BAG 29. 9. 1983 AP KSchG 1969 § 15 Nr. 15; BVerwG 13. 6. 1968 AP BPersVG § 22 Nr. 21; *v. Hoyningen-Huene/Linck*, KSchG, § 15 Rn. 42; ErfK-*Kiel*, KSchG § 15 Rn. 21).

5   **Nicht erfasst** von § 15 KSchG werden Mitglieder von Einigungsstellen, Schlichtungsstellen und des Wirtschaftsausschusses, die Mitglieder des Sprecherausschusses, sowie die Arbeitnehmervertreter im Aufsichtsrat einer AG (*v. Hoyningen-Huene/Linck*, KSchG, § 15 Rn. 12; ErfK-*Kiel*, KSchG § 15 Rn. 8). Ebenso nicht erfasst werden gewerkschaftliche Beauftragte im Sinne des § 20 Abs. 2 BPersVG (LAG Sachsen-Anhalt 22. 1. 1999 – 2 Sa 722/98 – für die entsprechende Norm im PersVG Sachsen-Anhalt). Zu Mitgliedern einer gemäß § 117 Abs. 2 errichteten Vertretung für Arbeitnehmer im Flugbetrieb, für Mitglieder zusätzlicher Vertretungen nach § 3 Abs. 1 Nr. 4–5 und für Wahlbewerber für den Wahlvorstand s. § 103 Rn. 4 ff.

2. Zeitlicher Geltungsbereich

6   a) Der Kündigungsschutz im Rahmen der Betriebsverfassung besteht nicht nur für die Amtszeit oder die Zeit der Kandidatur, sondern er erstreckt sich auch auf einen **Nachwirkungszeitraum:** Betriebsratsmitglieder, Mitglieder der Jugend- und Auszubildendenvertretung und Mitglieder eines Seebetriebsrats haben noch innerhalb eines Jahres, Mitglieder einer Bordvertretung innerhalb von sechs Monaten nach Beendigung der Amtszeit den besonderen Kündigungsschutz (§ 15 Abs. 1 Satz 2 KSchG); für Mitglieder eines Wahlvorstands und Wahlbewerber besteht er noch innerhalb von sechs Monaten nach Bekanntgabe des Wahlergebnisses (§ 15 Abs. 3 Satz 2 KSchG). Nur wenn die Beendigung der Mitgliedschaft im Betriebsrat oder einer ihm gleichgestellten betriebsverfassungsrechtlichen Institution auf einer gerichtlichen Entscheidung beruht, tritt keine Nachwirkung des Kündigungsschutzes ein; dasselbe gilt für Mitglieder eines Wahlvorstands, wenn dieser durch gerichtliche Entscheidung durch einen anderen Wahlvorstand ersetzt ist (s. Rn. 12).

I. Überblick
Anhang zu § 103

Der Kündigungsschutz von **Arbeitnehmern, die zur Wahl eines Wahlvorstands einladen oder seine Einsetzung gerichtlich beantragen**, gilt gemäß Abs. 3 a bis zur Bekanntgabe des Wahlergebnisses (s. auch § 16 Rnr. # zur Frage missbräulich früher Einleitung einer Wahl); wird ein Betriebsrat nicht gewählt, besteht der Kündigungsschutz noch vom Zeitpunkt der Einladung oder Antragstellung an drei Monate. Wird ein Arbeitnehmer durch **Beschluss des Landesarbeitsgerichts als Mitglied des Wahlvorstandes** für die erstmalige Durchführung einer Betriebsratswahl bestellt und eine Rechtsbeschwerde nicht zugelassen, beginnt der Sonderkündigungsschutz aus § 15 Abs 3 KSchG mit Verkündung und nicht erst mit Rechtskraft der Bestellungsentscheidung des Landesarbeitsgerichts (so zutreffend gestützt auf Schutzzweckerwägungen, die den Wortlaut korrigieren können LAG München 18. 9. 2007 - 6 Sa 372/07, juris).

Bei Wahlbewerbern beginnt der Kündigungsschutz, wenn sie auf einem Vorschlag stehen, der von einem hinreichenden Quorum nach § 14 Abs. 4 und 5 unterzeichnet ist. Nicht erforderlich ist, dass der Vorschlag dem Wahlvorstand übermittelt wurde (BAG 4. 3. 1976 AP KSchG 1969 § 15 Nr. 1 Wahlbewerber; BAG 5. 12. 1980 AP KSchG 1969 § 15 Nr. 9; ErfK-*Kiel*, § 15 Rn. 11). Erforderlich ist jedoch, dass dieser bereits existiert, oder ein Antrag zur Bestellung durch das Gericht gestellt wurde bzw. zur Wahlversammlung nach § 14 a eingeladen wurde.

b) § 15 Abs. 1 Satz 2 KSchG spricht von der **Beendigung der Amtszeit,** während seine Fassung im RegE auf die „Beendigung der Mitgliedschaft" abgestellt hatte (vgl. § 124 Nr. 3 lit. a RegE, BT-Drucks. VI/1786, S. 28). Daraus erklärt sich, dass der nachwirkende Kündigungsschutz im Rahmen der Betriebsverfassung nicht gilt, wenn, wie es im Gesetzestext heißt, „die Beendigung der Mitgliedschaft auf einer gerichtlichen Entscheidung beruht". Berücksichtigt man, dass für Mitglieder eines Wahlvorstands und Wahlbewerber der nachwirkende Kündigungsschutz nur innerhalb von sechs Monaten nach „Bekanntgabe des Wahlergebnisses" gilt (§ 15 Abs. 3 Satz 2 KSchG), so legten Gesetzestext, Entstehungsgeschichte und systematischer Zusammenhang zunächst nahe, dass eine Nachwirkung des Kündigungsschutzes nur bei einer Beendigung der Amtszeit des Betriebsrats oder der sonstigen Arbeitnehmervertretung, nicht aber auch bei einer vorzeitigen Beendigung der Mitgliedschaft eintritt (vgl. *Fitting,* 12. Aufl., § 103 Rn. 20, 23; GL-*Löwisch,* § 103 Rn. 42; HSWGNR-*Schlochauer,* § 103 Rn. 16). Der RegE des Arbeitsrechtlichen EG-Anpassungsgesetzes (BT-Drucks. 8/3317) wollte deshalb § 15 Abs. 1 und 2 KSchG um den Satz ergänzen, dass der Beendigung der Amtszeit gleichstehe, „wenn die Mitgliedschaft infolge des Übergangs eines Betriebs oder eines Betriebsteils auf einen anderen Arbeitgeber erlischt". Da das BAG aber zwischenzeitlich erkannt hatte, dass der nachwirkende Kündigungsschutz auch Betriebsratsmitgliedern zusteht, die ihr Betriebsratsamt niedergelegt haben (BAG 5. 7. 1979 AP KSchG 1969 § 15 Nr. 6), wurde die geplante Ergänzung nicht in das Arbeitsrechtliche EG-Anpassungsgesetz übernommen; denn dem BT-Ausschuss für Arbeit und Sozialordnung erschien sie, nachdem die Entscheidung des BAG vorlag, überflüssig, wobei er zu Recht die Befürchtung hegte, dass eine unveränderte Verabschiedung die Auslegung zuließe, der Gesetzgeber habe die Rechtsprechung des BAG korrigieren wollen (BT-Drucks. 8/4259, S. 9 f.).

Für Betriebsratsmitglieder sowie Mitglieder einer Jugend- und Auszubildendenvertretung, einer Bordvertretung oder eines Seebetriebsrats besteht deshalb der **nachwirkende Kündigungsschutz** nicht nur, wenn die Amtszeit des Kollegialorgans endet, sondern auch, wenn lediglich ihre **persönliche Mitgliedschaft endet** (ebenso BAG 5. 7. 1979 AP KSchG 1969 § 15 Nr. 6 [zust. *Richardi*]; s. auch § 25 Rn. 40). Der zum Teil vertretenen Auffassung, den nachwirkenden Schutz für vorzeitig ausgeschiedene Betriebsratsmitglieder sei auf sechs Monate zu verkürzen, wenn sie ihr Amt während des ersten Jahres der Amtszeit niederlegen, fehlt die gesetzliche Grundlage (ebenso ArbG Iserlohn 27. 2. 2008 - 1 Ca 2043/07, juris; HaKo/*Fiebig* § 15 KSchG Rnr. 81 n.w. N.; a. A. Löwisch/Spinner, KSchG § 15 Rnr. 18; offengelassen BAG 5. 7. 1979 AP KSchG 1969 § 15 Nr. 6). Das BAG nimmt daher folgerichtig auch an, dass **Ersatzmitglieder,** die nur stellvertretend

Anhang zu § 103 Auszug aus dem Kündigungsschutzgesetz

nachrücken, ebenfalls den nachwirkenden Kündigungsschutz haben, wenn sie Aufgaben eines Betriebsratsmitglieds wahrgenommen haben (BAG 6. 8. 1979 AP KSchG 1969 § 15 Nr. 7; BAG 12. 2. 2004 AP KSchG 1969 § 15 Nr. 1 Ersatzmitglied; s. auch LAG Düsseldorf DB 2005, 1282 und § 25 Rn. 31). Der Schutz des § 15 Abs. 1 Satz 2 KSchG ist nicht davon abhängig, dass der Arbeitgeber bei Ausspruch der Kündigung von der Vertretungstätigkeit Kenntnis hat (BAG 5. 9. 1986 AP KSchG 1969 § 15 Nr. 26; ErfK-*Kiel* § 15 KSchG Rn. 37; *v. Hoyningen-Huene/Linck*, § 15 KSchG Rn. 56 m. w. N.). Er entfällt auch nicht schon dann, wenn sich im Nachhinein herausstellt, dass ein Vertretungsfall in Wahrheit nicht vorgelegen hat (ErfK-*Kiel* § 15 KSchG Rn. 37; *v. Hoyningen-Huene/Linck*, § 15 KSchG Rn. 30). Ausgeschlossen ist der Schutz des § 15 KSchG, wenn der Vertretungsfall durch kollusive Absprachen zum Schein herbeigeführt wird (BAG 5. 9. 1986 AP KSchG 1969 § 15 Nr. 26) oder das Ersatzmitglied weiß oder sich ihm aufdrängen muss, dass kein Vertretungsfall vorliegt (BAG 12. 2. 2004 AP KSchG 1969 § 15 Nr. 1 Ersatzmitglied).

11   Für **Mitglieder eines Wahlvorstands, Wahlbewerber** und **Arbeitnehmer nach Abs. 3 a** stellt dagegen das Gesetz ausdrücklich auf die Bekanntgabe des Wahlergebnisses ab. Wer vorzeitig aus dem Wahlvorstand ausscheidet oder seine Kandidatur zurücknimmt, kommt deshalb nicht in den Genuss einer Nachwirkung des besonderen Kündigungsschutzes (a. A. für Mitglieder eines Wahlvorstands und auch Wahlbewerber BAG 9. 10. 1986 AP KSchG 1969 § 15 Nr. 23 [abl. *Glaubitz*]).

12   Die **Nachwirkung** ist **ausgeschlossen,** wenn die Beendigung der Mitgliedschaft im Betriebsrat oder einer sonst in § 15 Abs. 1 Satz 1 KSchG genannten Arbeitnehmervertretung auf einer **gerichtlichen Entscheidung** beruht (§ 15 Abs. 1 Satz 2 KSchG). Das Gleiche gilt für Mitglieder des Wahlvorstands, „wenn dieser durch gerichtliche Entscheidung durch einen anderen Wahlvorstand ersetzt worden ist" (§ 15 Abs. 3 Satz 2 KSchG). Maßgebend für den Zeitpunkt ist die Rechtskraft der gerichtlichen Entscheidung. Ein Betriebsratsmitglied genießt deshalb den besonderen Kündigungsschutz nach § 15 Abs. 1 Satz 1 KSchG auch dann, wenn zwar bereits vor Ausspruch der Kündigung durch Beschluss des Arbeitsgerichts seine Nichtwählbarkeit festgestellt worden war, diese gerichtliche Entscheidung aber erst später rechtskräftig geworden ist (BAG 29. 9. 1983 AP KSchG 1969 § 15 Nr. 15).

12 a   Kommt es während eines Zustimmungsersetzungsverfahrens zur **Neuwahl des Betriebsrats** und wird der betroffene Arbeitnehmer dabei nicht mehr als Betriebsratsmitglied gewählt, hat der Arbeitgeber nach Ausscheiden des Arbeitnehmers aus dem Betriebsrat die außerordentliche Kündigung unverzüglich auszusprechen (LAG München 19. 2. 2008 - 6 Sa 361/07, juris).

3. Inhalt des besonderen Kündigungsschutzes

13   Der Inhalt des besonderen Kündigungsschutzes besteht darin, dass gegenüber dem geschützten Personenkreis **grundsätzlich nur** eine **außerordentliche Kündigung** in Betracht kommt (§ 15 Abs. 1 bis 3 a KSchG), während die ordentliche Kündigung nur zulässig ist, wenn der Betrieb stillgelegt wird oder wenn die Betriebsabteilung stillgelegt wird, in der die geschützte Person beschäftigt wird, und eine Übernahme in eine andere Betriebsabteilung aus betrieblichen Gründen nicht möglich ist (§ 15 Abs. 4 und 5 KSchG).

14   **Solange** die geschützten Personen ihre **betriebsverfassungsrechtliche Funktion** ausüben, kann eine grundlos erklärte außerordentliche Kündigung dazu führen, dass sie in der Ausübung ihrer betriebsverfassungsrechtlichen Tätigkeit gestört oder behindert werden. Deshalb ist die außerordentliche Kündigung von Betriebsratsmitgliedern oder sonstigen betriebsverfassungsrechtlichen Funktionsträgern während der Dauer ihrer betriebsverfassungsrechtlichen Funktion, also während ihres Amtes bzw. der Kandidatur zu einem betriebsverfassungsrechtlichen Amt nur mit **Zustimmung des Betriebsrats**

zulässig (§ 103). Das gilt aber **nicht** für eine **ordentliche Kündigung**, weil sie nur zum Zeitpunkt der Stilllegung des Betriebs bzw. der Betriebsabteilung zulässig ist (s. Rn. 30 ff.). Deshalb genügt, dass der Betriebsrat nach § 102 zu hören ist. Gleiches gilt, weil eine Störung oder Behinderung der Amtstätigkeit ausscheidet, für Kündigungen im Nachwirkungszeitraum (s. auch § 103 Rn. 16 bis 20).

Die Kündigung von Betriebsratsmitgliedern kann auch in der **Insolvenz** allein nach § 15 Abs. 1, 4, 5 KSchG, nicht nach § 125 InsO überprüft werden. § 125 InsO ist insoweit allein gegenüber § 1 KSchG lex specialis, nicht auch gegenüber § 15 KSchG (KR/*Weigand*, §§ 113, 120 ff. InsO Rn. 48; *Berscheid*, Arbeitsverhältnisse in der Insolvenz, 1999, Rn. 547 f.; Uhlenbrock/*Berscheid*, InsO, § 113 Rn. 44 m. w. N.). 14 a

II. Außerordentliche Kündigung

1. Rechtsgrundlage

Eine außerordentliche Kündigung setzt voraus, „dass Tatsachen vorliegen, die den Arbeitgeber zur Kündigung aus wichtigem Grund ohne Einhaltung einer Kündigungsfrist berechtigen" (§ 15 Abs. 1 Satz 1, Abs. 2 Satz 1 und Abs. 3 Satz 1 KSchG). Obwohl § 15 KSchG seit der Neugestaltung durch das BetrVG 1972 nicht mehr ausdrücklich auf § 626 BGB hinweist, bestimmt sich das Recht zur außerordentlichen Kündigung nach dieser Vorschrift (ebenso BAG 22. 8. 1974 AP BetrVG 1972 § 103 Nr. 1; s. auch § 103 Rn. 57). Für Berufsauszubildende gilt aber nicht § 626 BGB, sondern § 22 Abs. 2 Nr. 1 und Abs. 4 BBiG, und die Zulässigkeit einer außerordentlichen Kündigung gegenüber Besatzungsmitgliedern eines Schiffes richtet sich nach §§ 64, 65 SeemG. 15

Der Arbeitgeber muss das **Recht zur Kündigung ohne Einhaltung einer Kündigungsfrist** haben. Deshalb gehört hierher nicht, dass der Insolvenzverwalter das Recht zur Kündigung nach § 113 InsO hat (ebenso *v. Hoyningen-Huene/Linck*, KSchG, § 15 Rn. 91; zur Inkraftsetzung des § 113 InsO für den Geltungsbereich der KO am 1. 10. 1996 Art. 6 ArbRBeschFG). Daher kann auch ein Insolvenzverwalter einem Betriebsratsmitglied nur kündigen, wenn ein wichtiger Grund i. S. des § 626 Abs. 1 BGB vorliegt oder wenn er den Betrieb stilllegt, im letzteren Fall unter Einhaltung der in § 113 InsO vorgesehenen Kündigungsfrist (vgl. BAG 29. 3. 1977 AP BetrVG 1972 § 102 Nr. 11). Soweit der Arbeitgeber das Recht zur fristlosen Kündigung hat, ist er aber nicht gezwungen, auch tatsächlich fristlos zu kündigen; er darf vielmehr eine Auslauffrist einhalten, muss aber für den Arbeitnehmer erkennbar zum Ausdruck bringen, dass er eine außerordentliche Kündigung erklären will (vgl. BAG 5. 7. 1979 AP KSchG 1969 § 15 Nr. 6). 16

2. Wichtiger Grund

Nach § 626 Abs. 1 BGB ist der Arbeitgeber zur Kündigung aus wichtigem Grund berechtigt, wenn Tatsachen vorliegen, auf Grund derer ihm unter Berücksichtigung aller Umstände des Einzelfalles und unter Abwägung der Interessen beider Vertragsteile die **Fortsetzung des Arbeitsverhältnisses** bis zum Ablauf der Kündigungsfrist oder bis zu der vereinbarten Beendigung des Arbeitsverhältnisses **nicht zugemutet** werden kann. Durch Vertrag kann nicht festgelegt werden, was als wichtiger Grund i. S. des § 626 Abs. 1 BGB anzusehen ist. Das Recht zur außerordentlichen Kündigung kann weder eingeschränkt noch erweitert werden (ebenso Staudinger-*Preis*, BGB [13. Bearbeitung], § 626 Rn. 41 ff.; *v. Hoyningen-Huene/Linck*, KSchG, § 15 Rn. 94 f.; *Wank*, MünchArbR § 120 Rn. 24 ff.). 17

Das Betriebsratsmitglied steht hinsichtlich der Beurteilung des **wichtigen Grundes** zur außerordentlichen Kündigung im Grundsatz jedem anderen Arbeitnehmer gleich. Die Eigenschaft als Amtsträger im Sinne des § 15 KSchG *darf weder zu seinen Gunsten noch zu seinen Ungunsten* berücksichtigt werden (LAG Köln 28. 11. 1996, LAGE Nr. 14 zu 18

§ 15 KSchG). Für die Unzumutbarkeit der Weiterbeschäftigung ist daher nicht auf den Zeitraum bis zum Ende des Betriebsratsmandats abzustellen, sondern entscheidend ist die **„fiktive" Kündigungsfrist** gemäß § 622 BGB (oder der arbeitsvertraglichen Vereinbarung), die der Arbeitnehmer hätte, wäre er nicht Betriebsratsmitglied (BAG 27. 9. 2001 NZA 2002, 815; BAG 10. 2. 1999 AP KSchG 1969 § 15 Nr. 42; *Fitting*, § 103 Rn. 27; *Weber/Lohr*, BB 1999, 2350, 2352; unzutreffend anders für den Bereich der Änderungskündigung wohl das BAG 21. 6. 1995 AP KSchG 1969 § 15 Nr. 36 = BB 1995, 2113 – hierzu auch *Hilbrandt*, NZA 1997, 1997, 465). Es ist zu prüfen, ob es dem Arbeitgeber zumutbar ist, für die Dauer der bei einem ordentlich kündbaren Arbeitnehmer einschlägigen (fiktiven) Kündigungsfrist Übergangsregelungen zu treffen, die die Interessen des Betriebsratsmitglieds weniger beeinträchtigen (BAG 27. 9. 2001 – 2 AZR 487/00, EzA I, 15 n. F. KSchG Nr. 54).

18a Das BAG hatte es zunächst offen gelassen, ob für den Fall, dass nach diesen Grundsätzen eine verhaltensbedingte außerordentliche Kündigung ausgeschlossen wäre eine **außerordentliche Kündigung mit Auslauffrist** zulässig ist, um das Betriebsratsmitglied nicht gegenüber einem vergleichbaren tariflich unkündbaren Arbeitnehmer, bei dem dies möglich ist (BAG 5. 2. 1998, 27. 9. 1998 AP BGB § 626 Nr. 143, 148) zu bevorzugen (BAG 10. 2. 1999 AP KSchG 1969 § 15 Nr. 42; ablehnend LAG Schleswig-Holstein 22. 9. 1999 – 2 Sa 386/99, juris). Das hatte viel für sich, denn obwohl dies eine Einschränkung des Kündigungsschutzes bedeutet, scheint doch die *Systemstimmigkeit* des Kündigungsschutzes das stärkere Argument. In neuerer Rechtsprechung hat es hier jedoch anders entschieden und eine Parallelwertung mit der betriebsbedingten Kündigung abgelehnt (BAG 17. 1. 2008, NZA 2008, 777).

19 Ist nach den allgemeinen Regeln eine außerordentliche **Verdachtskündigung** zulässig, dann gilt das auch gegenüber dem Mandatsträger. Auch hier ist er gegenüber anderen ordentlich unkündbaren Arbeitnehmern nicht privilegiert (BAG 8. 6. 2000 AP BeschSchG § 2 Nr. 3; LAG Berlin 3. 8. 1998, LAGE Nr. 17 zu § 15 KSchG = NZA-RR 1999, 52).

20 Der wichtige Grund kann **nicht** auf eine **Amtspflichtverletzung** gestützt werden; denn die dem Betriebsrat obliegenden Amtspflichten sind keine Pflichten aus dem Arbeitsverhältnis. Verstöße allein gegen die Amtspflichten eines Betriebsratsmitglieds sind deshalb kein wichtiger Grund, der eine außerordentliche Kündigung rechtfertigt (so ausdrücklich BAG 26. 1. 1962 AP BGB § 626 Nr. 8 Druckkündigung; BAG 22. 8. 1974 AP BetrVG 1972 § 103 Nr. 1; 16. 10. 1986 AP BGB § 626 Nr. 95; unklar, aber wohl a. A. LAG Hamm 9. 2. 2007 ArbuR 2007, 316: Eine Amtspflichtverletzung eines Betriebsratsmitglieds rechtfertigt nur den Ausschluss aus dem Betriebsrat wegen grober Verletzung seiner Pflichten). Es kommt hier vielmehr nur eine Amtsenthebung durch Beschluss des Arbeitsgerichts nach § 23 Abs. 1 in Betracht (s. ausführlich dort Rn. 9 ff.).

21 Die gleiche Handlung kann jedoch sowohl eine Amtspflichtverletzung als auch einen **Verstoß gegen die Pflichten aus dem Einzelarbeitsverhältnis** darstellen (BAG 15. 7. 1992 AP BGB § 611 Nr. 9 = BB 1992, 2512; BAG 2. 4. 1987 AP BGB § 626 Nr. 86; *v. Hoyningen-Huene/Linck*, KSchG § 15 Rn. 98 ff.; KR-*Etzel*, KSchG § 15 Rn. 26); insbesondere ist es möglich, dass eine Verletzung der Pflichten aus dem Einzelarbeitsverhältnis nur deshalb eingetreten ist, weil der Arbeitnehmer als Betriebsratsmitglied tätig geworden ist. So kann der wiederholte Verstoß gegen den Grundsatz der vertrauensvollen Zusammenarbeit zur Kündigung berechtigten, wenn darin gleichzeitig eine erhebliche Störung des Betriebsfriedens liegt (z. B. LAG Köln 28. 11. 1996 LAGE Nr. 14 zu § 15 KSchG; LAG Hamburg 4. 11. 1996, AuR 1997, 301). Das BAG ist der Auffassung, dass in diesem Fall die außerordentliche Kündigung nur gerechtfertigt ist, „wenn unter Anlegung eines besonders strengen Maßstabs das pflichtwidrige Verhalten als ein schwerer Verstoß gegen die Pflichten aus dem Arbeitsverhältnis zu werten ist" (BAG 22. 8. 1974 AP BetrVG 1972 § 103 Nr. 1; st. Rspr. seit BAG 3. 12. 1954 AP KSchG § 13 Nr. 2; s. auch § 23 Rn. 23; s. auch ErfK-*Kania*, § 103 Rn. 12; *Fitting*,

§ 103 Rn. 14). Das Erfordernis, bei der Prüfung des wichtigen Grundes einen „besonders strengen Maßstab" anzulegen, dient aber nur dazu, die freie Betätigung des Betriebsratsmitglieds in seinem Amt zu gewährleisten (so ausdrücklich BAG 16. 10. 1986 AP BGB § 626 Nr. 95). Es soll lediglich sichern, dass einem Betriebsratsmitglied keine Nachteile aus einer Konfliktsituation erwachsen, der ein Arbeitnehmer, der nicht Betriebsratsmitglied ist, nicht ausgesetzt ist. Das Gewicht einer Pflichtverletzung wird dadurch aber nicht gemindert. Die Bereitschaft, in einem Prozess gegen den Arbeitgeber bewusst falsch auszusagen, ist daher nicht allein wegen des Betriebsratsamtes milder zu beurteilen als das entsprechende Verhalten eines nicht durch § 15 KSchG geschützten Arbeitnehmers (ebenso BAG 16. 10. 1986 AP BGB § 626 Nr. 95). Die Betriebsratseigenschaft als solche erhöht andererseits auch nicht das Gewicht einer Pflichtverletzung; es können aber die aus der Betriebsratstätigkeit gewonnenen Einsichten Einfluss auch auf die Pflichten aus dem Einzelarbeitsverhältnis haben. Kenntnisse, die ein Arbeitnehmer als Betriebsratsmitglied erwirbt, können ihm auch als Arbeitnehmer zugerechnet werden (vgl. BAG 25. 10. 1962 AP BetrVG § 66 Nr. 21).

Bei einem **freigestellten Betriebsratsmitglied** ist zu beachten, dass hier eine Störung im 22 sog. Leistungsbereich in aller Regel ausscheidet; jedoch können Nebenpflichten aus dem Arbeitsverhältnis verletzt und dadurch der Vertrauensbereich derart gestört sein, dass die Fortsetzung des Arbeitsverhältnisses für den Arbeitgeber unzumutbar wird (ebenso BAG 22. 8. 1974 AP BetrVG 1972 § 103 Nr. 1). Dies ist etwa beim Spesenbetrug denkbar (s. auch LAG Hamm 23. 4. 2008 - 10 TaBV 117/07, juris; LAG München 12. 12. 2007 - 5 TaBV 47/06, juris; s. auch LAG Rheinland-Pfalz 12. 12. 2007 - 10 TaBV 117/07, juris).

3. Anwendbarkeit des § 13 Abs. 1 KSchG

Bestreitet ein Betriebsratsmitglied oder eine sonst nach § 15 Abs. 1 und Abs. 3 KSchG 23 geschützte Person, dass eine außerordentliche Kündigung das Arbeitsverhältnis aufgelöst hat, so muss man unterscheiden, ob die Unzulässigkeit der Kündigung damit begründet wird, dass die nach § 103 erforderliche Zustimmung nicht vorliegt und auch nicht rechtskräftig ersetzt ist oder ob der Arbeitnehmer geltend macht, es habe kein wichtiger Grund vorgelegen:

a) **Fehlt** die **Zustimmung des Betriebsrats** und ist sie nicht durch Beschluss des Arbeits- 24 gerichts ersetzt, so kann dieser Mangel nur innerhalb der Dreiwochenfrist geltend gemacht werden.

b) Hat der Betriebsrat dagegen die Zustimmung erteilt, so kann der Arbeitnehmer das 25 **Fehlen eines wichtigen Grundes** nur nach Maßgabe des § 4 Satz 1 und der §§ 5 bis 7 KSchG geltend machen (§ 13 Abs. 1 Satz 2 KSchG). Er muss **innerhalb von drei Wochen** nach Zugang der Kündigung **Klage beim Arbeitsgericht auf Feststellung** erheben, dass das Arbeitsverhältnis durch die Kündigung nicht aufgelöst ist; anderenfalls ist die Kündigung von Anfang an rechtswirksam, wenn sie nicht aus einem anderen Grund rechtsunwirksam ist (so bereits BAG 23. 1. 1958 AP KSchG § 13 Nr. 11 [zust. *A. Hueck*]; ebenso DKK-*Kittner/Bachner*, § 103 Rn. 57; KR-*Etzel*, § 15 KSchG Rn. 41; *v. Hoyningen-Huene/Linck*, KSchG, § 15 Rn. 147 f.; *A. Hueck* in *Hueck/Nipperdey*, Bd. I S. 685 und dort Fn. 41; *Nikisch*, Bd. I S. 807; *Richardi*, ZfA-Sonderheft 1972, 1, 36; a. A. heute nur noch *Fitting*, § 103 Rn. 60).

Da § 13 Abs. 1 KSchG anwendbar ist, gilt auch Satz 3 dieser Vorschrift, der dem 26 Arbeitnehmer das Recht einräumt, die **Auflösung des Arbeitsverhältnisses gegen Zahlung einer Abfindung** zu beantragen (ebenso BAG 23. 1. 1958 AP KSchG § 13 Nr. 11; s. § 103 Rn. 90). Diesen Antrag kann aber nicht der Arbeitgeber stellen (krit. *Lelley*, FA 2007, 74). Der Antrag des Arbeitnehmers ist nur begründet, wenn ihm die Fortsetzung des Arbeitsverhältnisses nicht zuzumuten ist. Der Begriff der Unzumutbarkeit ist nicht mit dem Begriff in § 626 Abs. 1 BGB identisch (so BAG 26. 11. 1981 AP KSchG 1969

Anhang zu § 103

§ 9 Nr. 8 unter Aufgabe seiner bisherigen Rspr.). Zur Rechtfertigung des Auflösungsantrags genügt, dass dem Arbeitnehmer die Fortsetzung des Arbeitsverhältnisses gerade wegen der grundlosen Kündigung des Arbeitgebers nicht mehr zuzumuten ist (vgl. BAG 5. 11. 1964 AP KSchG § 7 Nr. 20). Die Gründe können sich erst im Laufe des Prozesses ergeben, sofern sie mit der Kündigung oder dem Kündigungsprozess in Zusammenhang stehen (vgl. BAG 18. 1. 1962 AP BetrVG § 66 Nr. 20). Der Arbeitnehmer kann den Auflösungsantrag auch dann stellen, wenn die für die Kündigung erforderliche Zustimmung des Betriebsrats nicht vorliegt und auch nicht durch Beschluss des Arbeitsgerichts rechtskräftig ersetzt ist (s. § 103 Rn. 90).

III. Ordentliche Kündigung

1. Verbot

27   a) Abgesehen von der Kündigung aus wichtigem Grund erklärt § 15 Abs. 1 bis 3 a KSchG die **Kündigung** für **unzulässig**. Nur unter der Voraussetzung des § 15 Abs. 4 oder 5 KSchG ist sie zulässig (s. Rn. 30 ff.). Unzulässig ist die *Kündigung*. Maßgebend ist daher deren Zeitpunkt, nicht der Zeitpunkt der durch sie herbeigeführten Auflösung des Arbeitsverhältnisses. Während des Zeitraums, in dem der Kündigungsschutz im Rahmen der Betriebsverfassung besteht, kann die Kündigung nicht *ausgesprochen* werden. Eine vor Beginn des besonderen Kündigungsschutzes ausgesprochene Kündigung führt dagegen, auch wenn die Kündigungsfrist erst nach diesem Zeitpunkt endet, zur Auflösung des Arbeitsverhältnisses (vgl. *v. Hoyningen-Huene/Linck*, KSchG, § 15 Rn. 62). Es genügt allerdings nicht, dass das Kündigungsschreiben abgesandt wurde; es muss auch *zugegangen* sein (ebenso LAG Hamm 29. 11. 1973, DB 1974, 389). Eine Kündigung während der Dauer des besonderen Kündigungsschutzes ist auch zu einem Zeitpunkt nach Beendigung des Sonderschutzes unzulässig und nichtig (vgl. BAG 6. 11. 1959 AP KSchG § 13 Nr. 15; *v. Hoyningen-Huene/Linck,* KSchG, § 15 Rn. 64).

28   Erlangt ein Arbeitnehmer während des Kündigungsschutzprozesses den besonderen Kündigungsschutz im Rahmen der Betriebsverfassung, so kann das Arbeitsgericht einem Auflösungsantrag des Arbeitgebers nach § 9 Abs. 1 Satz 2 KSchG, soweit er auf einen Sachverhalt gestützt wird, der erst nach Erlangung des besonderen Kündigungsschutzes entstanden ist, nur stattgeben, wenn dieser Sachverhalt geeignet ist, einen wichtigen Grund zur außerordentlichen Kündigung i. S. des § 626 Abs. 1 BGB abzugeben (ebenso BAG 7. 12. 1972 AP KSchG 1969 § 9 Nr. 1, wo es um die Wahl zum Mitglied eines Personalrats ging).

29   b) Das Verbot gilt auch für eine **Änderungskündigung.** Keine Rolle spielt nach der bisherigen Rechtsprechung des BAG, ob der geschützte Arbeitnehmer dadurch eine Sonderstellung gegenüber gleichgestellten Arbeitnehmern erhält, insb. bei der Massenänderungskündigung (ausführlich begründend BAG 7. 10. 2004 EzA § 15 nF KSchG Nr. 57 [kritisch *Löwisch/Kraus*]; s. auch BAG 21. 6. 1995 AP KSchG 1969 § 15 Nr. 36 = BB 1995, 2113; BAG 6. 3. 1986 AP KSchG 1969 § 15 Nr. 19 = BB 1986, 2419; BAG 29. 1. 1981 AP KSchG 1969 § 15 Nr. 10; 9. 4. 1987 AP KSchG 1969 § 15 Nr. 28; bereits BAG 24. 4. 1969 AP KSchG § 13 Nr. 18; s. auch § 78 Rn. 26 ff.; ebenso LAG Schleswig-Holstein 26. 11. 1999 – 5 Sa 363/99 und 5 Sa 409/99, juris). Das Ergebnis, das sich allein auf den Wortlaut der Norm stützt, erscheint wenig überzeugend: Der Schutz des Mandats wird zur **Privilegierung,** die bei der ungeschützten Belegschaft die Akzeptanz kaum fördern dürfte. Zurecht befürwortet daher die ganz herrschende Lehre eine teleologische Reduktion (s. insb. *Hilbrandt,* NZA 1998, 1258; *Stahlhacke,* Festschrift Hanau, S. 281; *Weber/Lohr,* BB 1999, 2350). Wenn das BAG in einer neueren Entscheidung festgestellt hat, die Zulässigkeit der ordentlichen Kündigung nach § 15 Abs. 4 und 5 KSchG „deutet darauf hin, dass nach Ansicht des Gesetzgebers die in § 15

III. Ordentliche Kündigung

KSchG genannten Personen eines besonderen Schutzes vor einer Kündigung nicht bedürfen, soweit die Kündigung Folge einer generellen Maßnahme ist und sich nicht gegen die einzelnen Mandatsträger richtet" (BAG AP BetrVG 1972 § 103 Nr. 35), ist ihm zuzustimmen, und vielleicht deutet sich darin eine Änderung der Rechtsprechung an.

2. Zulässigkeit bei Betriebsstilllegung oder Stilllegung einer Betriebsabteilung

a) Die **ordentliche Kündigung** ist nur ausnahmsweise **zulässig**, nämlich wenn der **Betrieb stillgelegt** oder die **Betriebsabteilung stillgelegt** wird, in der die geschützte Person beschäftigt wird und eine Übernahme in eine andere Betriebsabteilung aus betrieblichen Gründen nicht möglich ist (§ 15 Abs. 4 und 5 KSchG). Auch für Initiatoren einer Betriebsratswahl gilt entgegen seinem Wortlaut im Falle einer Betriebsstilllegung § 15 Abs. 4 KSchG (BAG 4. 11. 2004 AP KSchG 1969 § 15 Nr. 57); als § 15 Abs. 3 a KSchG eingefügt wurde hätte auch Abs. 4 neu gefasst werden müssen. Dass es nicht geschehen ist, ist ein gesetzgeberisches Versehen. Der Begriff der Stilllegung hat denselben Inhalt wie in § 106 Abs. 3 Nr. 6 und § 111 Satz 2 Nr. 1 (s. § 111 Rn. 56 ff.). Die Stilllegung des Betriebs betrifft die Organisation, die nach ihrer betriebsverfassungsrechtlichen Abgrenzung einen Betrieb darstellt. Ihr wird die Stilllegung einer Betriebsabteilung gleichgestellt, wenn die Übernahme des Arbeitnehmers in eine andere Betriebsabteilung aus betrieblichen Gründen nicht möglich ist.

Macht der Arbeitgeber gemäß § 15 Abs 5 KSchG geltend, er könne ein wegen Stilllegung einer Betriebsabteilung gekündigtes ordentliches Betriebsratsmitglied nicht in eine andere Betriebsabteilung übernehmen, trifft ihn insoweit die **Darlegungs- und Beweislast**. Er hat mögliche Übernahmemöglichkeiten sorgsam zu prüfen und prozessual den Umfang der von ihm angestellten Überlegungen und ihr Ergebnis so substantiiert darzulegen, dass das Gericht zu der notwendigen Überzeugung gelangen kann, der Ausnahmetatbestand der Unmöglichkeit der Übernahme liege tatsächlich vor (BAG vom 25. 11. 1981 AP § 15 KschG 1969 Nr. 11; s. auch LAG Rheinland-Pfalz 13. 11. 2007 LAGE § 15 KSchG Nr 20).

Wird ein Betriebsratsmitglied in einer Betriebsabteilung beschäftigt, die stillgelegt wird, so ist der Arbeitgeber verpflichtet, die Übernahme des Betriebsratsmitglieds in eine andere Betriebsabteilung notfalls durch **Freikündigen** eines geeigneten Arbeitsplatz sicherzustellen. Ob dabei die Interessen des durch die erforderliche Freikündigung betroffenen Arbeitnehmers nicht nur gegen die Interessen des Betriebsratsmitglieds, sondern auch gegen die Interessen der Belegschaft an der Kontinuität der Besetzung des Betriebsrats abzuwägen sind, hat das BAG bislang offen gelassen (BAG 18. 10. 2000, NZA 2001, 321). Dies ist wohl zu verneinen, denn damit würde die Kündigungsmöglichkeit, die Abs. 5 ja schaffen will, praktisch leerlaufen und der Schutz des Betriebsratsmitglieds würde wiederum allzu sehr zur Privilegierung (wie hier *Stege/Weinspach/Schiefer*, § 103 Rn. 34; a. A. LAG Düsseldorf 25. 11. 1997, LAGE Nr. 16 zu § 15 KSchG; *Stahlhacke/ Preis/Vossen*, Kündigung und Kündigungsschutz im Arbeitsverhältnis, Rn. 994 a; s. auch *Fitting*, § 103 Rn. 20 f.; gegen eine Pflicht zur Freikündigung mit beachtlichen Argumenten *Schleusener*, DB 1998, 2368; zu prozessualen Aspekten LAG Berlin 7. 1. 2000 – 19 Sa 966/99; zur Kündigung eines Wahlbewerbers ArbG Frankfurt 6. 7. 1999 – 4 Ca 5534/98, AiB 2000, 118).

Geht die Stilllegung einer Betriebsabteilung mit einer **Veräußerung** des restlichen Betriebs einher, so hat der Betriebsinhaber den Mandatsträger zu übernehmen, denn die Verpflichtung nach Abs. 5 trifft seinem Zweck nach den *jeweiligen* Betriebsinhaber. Die allgemeinen Regeln der Zuordnung nach § 613 a BGB werden hierdurch modifiziert. Nach Übernahme des Restbetriebs kann sich der Erwerber gegebenenfalls darauf berufen, dass eine Weiterbeschäftigung betriebsbedingt nicht möglich ist (*Fitting*, § 103 Rn. 23; LAG Sachsen-Anhalt 16. 3. 1999, NZA-RR 1999, 574 = AuR 1999, 317). Kündigt der Veräußerer, so hat das Betriebsratsmitglied einen Schadensersatzanspruch

Anhang zu § 103 Auszug aus dem Kündigungsschutzgesetz

(LAG Hamburg 19. 12. 2000 – 2 Sa 112/99, juris). Wird ein Betriebsteil veräußert und widerspricht das dort beschäftigte Betriebsratsmitglied dem Übergang seines Arbeitsverhältnisses, so gilt § 15 Abs. 5 KSchG analog (so LAG Düsseldorf 25. 11. 1997, NZA-RR 1998, 539 = LAGE Nr. 16 zu § 15 KSchG; s. auch *Annuß*, DB 1999, 798; *Otto*, EWiR 1998, 707). Der Wille zum Erhalt des Betriebsratsmandats beim Betriebsveräußerer ist kein sachlicher Grund für einen Widerspruch gegen den Übergang des Arbeitsverhältnisses (*Annuß* a. a. O.).

32 Die **Stilllegung einer Betriebsabteilung** ist nicht bereits dann anzunehmen, wenn eine Betriebseinschränkung vorgenommen wird, sondern es muss sich um eine Teilstilllegung handeln, bei der eine relativ verselbständigte Organisation innerhalb des Betriebs aufgelöst wird. Der Begriff der Betriebsabteilung deckt sich **nicht** mit dem **Begriff des Betriebsteils** in § 111 Satz 2 Nr. 1 und 2 (s. § 111 Rn. 82), erst recht nicht mit dem europarechtlich geprägten Begriff in § 613a BGB. Nach dem BAG ist vielmehr eine Betriebsabteilung i. S. des § 15 Abs. 5 KSchG ein „organisatorisch abgegrenzter Teil eines Betriebes, der eine personelle Einheit erfordert, dem eigene technische Betriebsmittel zur Verfügung stehen und der einen eigenen Betriebszweck verfolgt, der auch in einem bloßen Hilfszweck bestehen kann" (BAG 20. 1. 1984 AP KSchG 1969 § 15 Nr. 16). Der Zweck des besonderen Kündigungsschutzes verbietet eine betriebsteilbezogene Anknüpfung des Begriffs der Betriebsabteilung (so zutr. BAGE 45, 26, 32). Ist eine solche Einheit ein Betrieb i. S. des BetrVG, aber nur Teil einer größeren Einheit auf Grundlage einer **Vereinbarung nach § 3**, so gilt dies als Stilllegung einer Betriebsabteilung, nicht des Betriebs. Die Fiktion des § 3 Abs. 5 gilt auch hier (ebenso LAG Rheinland-Pfalz 25. 1. 2007 - 4 Sa 797/06, juris).

33 Die Grundsätze über das Vorliegen eines **gemeinsamen Betriebs** (s. § 1 Rn. 60 ff.) gelten auch hier für die Kündigung wegen Stilllegung des Betriebs oder einer Betriebsabteilung (vgl. BAG 5. 3. 1987 AP KSchG 1969 § 15 Nr. 30).

34 b) Wenn der **Betrieb aus einem anderen Grund** als einer Stilllegung **zu bestehen aufhört**, erlischt zwar – spätestens nach Ablauf eines Übergangs- oder Restmandats – das Betriebsratsamt (s. § 21 Rn. 27 ff.); eine Kündigung, die zum Zeitpunkt des Betriebsuntergangs ausgesprochen wird, ist aber unzulässig. Auswirkungen auf den besonderen Kündigungsschutz im Rahmen der Betriebsverfassung treten nur insoweit ein, als mit dem Erlöschen des Betriebsratsamtes der Kündigungsschutz, der mit der betriebsverfassungsrechtlichen Funktion verbunden ist, endet und nach diesem Zeitpunkt lediglich der nachwirkende Kündigungsschutz besteht.

35 c) Während bei **Stilllegung einer Betriebsabteilung** der Arbeitgeber primär verpflichtet wird, den Arbeitnehmer in eine andere Betriebsabteilung zu übernehmen und eine ordentliche Kündigung wie bei einer Betriebsstilllegung nur zulässig ist, wenn dies aus betrieblichen Gründen nicht möglich ist (§ 15 Abs. 5 KSchG), beschränkt der Gesetzestext sich bei einer **Betriebsstilllegung** auf die Anordnung, dass die **Kündigung** frühestens zum Zeitpunkt der Stilllegung **zulässig** ist, wenn nicht zwingende betriebliche Erfordernisse einen früheren Zeitpunkt rechtfertigen (§ 15 Abs. 4 KSchG). Der Gesetzestext bedarf aber einer teleologischen Reduktion; denn es soll der durch § 15 KSchG geschützte Personenkreis nicht schlechter gestellt werden als ein sonst von § 1 KSchG erfasster Arbeitnehmer. Deshalb ist die Kündigung wegen Betriebsstilllegung nach § 15 Abs. 4 KSchG nur gerechtfertigt, wenn keine Weiterbeschäftigungsmöglichkeit in einem anderen Betrieb des Unternehmens besteht (BAG 13. 8. 1992 AP KSchG 1969 § 15 Nr. 32). Steht nach Stilllegung einer Betriebsabteilung nur eine begrenzte Zahl von Weiterbeschäftigungsmöglichkeiten in einer anderen Abteilung des Betriebs zur Verfügung, genießen nach dem Sinn und Zweck von § 15 KSchG die aktiven Mandatsträger bei der Besetzung der Stellen Vorrang vor den im Nachwirkungszeitraum sonderkündigungsgeschützten Ersatzmitgliedern (BAG 2. 3. 2006 AP § 15 KSchG 1969 Nr. 61).

36 Soweit die ordentliche Kündigung zulässig ist, kann sie **frühestens zum Zeitpunkt der Stilllegung** erklärt werden; die Kündigung zu einem **früheren Zeitpunkt** kommt nur

dann in Betracht, wenn sie durch zwingende **betriebliche Erfordernisse bedingt** ist (§ 15 Abs. 4 und Abs. 5 Satz 2 KSchG). Zwingende betriebliche Erfordernisse liegen vor, wenn für die nach § 15 KSchG geschützte Person wegen der beabsichtigten Stilllegung nicht mehr Arbeit im Betrieb bzw. der Betriebsabteilung vorhanden ist (vgl. LAG Berlin 19. 3. 1979, DB 1979, 1608). Sonst ist der Arbeitnehmer, der im Rahmen der Betriebsverfassung den besonderen Kündigungsschutz hat, bei einer in Stufen vorgenommenen Stilllegung erst mit der letzten Arbeitnehmergruppe zu entlassen (vgl. BAG 26. 10. 1967 AP KSchG § 13 Nr. 17).

3. Kein Erfordernis der Zustimmung des Betriebsrats

Die ordentliche Kündigung bedarf nicht der Zustimmung des Betriebsrats nach § 103 Abs. 1, sondern es gilt die allgemeine Regelung über die Beteiligung des Betriebsrats bei Kündigungen (ebenso BAG 29. 3. 1977 AP BetrVG 1972 § 102 Nr. 11; s. § 103 Rn. 25). **37**

4. Bindung an die Dreiwochenfrist des § 4 KSchG

Ist eine ordentliche Kündigung nach § 15 KSchG unzulässig, so ist sie nach § 134 BGB nichtig. Auch hier muss der Arbeitnehmer Klage innerhalb der Dreiwochenfrist des § 4 KSchG erheben (zum Rechtsstand vor dem 1. 1. 2004 s. BAG 1. 2. 1957 AP KSchG § 13 Nr. 5; *Fitting*, § 103 Rn. 60; HSWGNR-*Schlochauer*, § 103 Rn. 23; *v. Hoyningen-Huene/Linck*, KSchG, § 15 Rn. 82). **38**

§ 104 Entfernung betriebsstörender Arbeitnehmer

¹Hat ein Arbeitnehmer durch gesetzwidriges Verhalten oder durch grobe Verletzung der in § 75 Abs. 1 enthaltenen Grundsätze, insbesondere durch rassistische oder fremdenfeindliche Betätigung, den Betriebsfrieden wiederholt ernstlich gestört, so kann der Betriebsrat vom Arbeitgeber die Entlassung oder Versetzung verlangen. ²Gibt das Arbeitsgericht einem Antrag des Betriebsrats statt, dem Arbeitgeber aufzugeben, die Entlassung oder Versetzung durchzuführen, und führt der Arbeitgeber die Entlassung oder Versetzung einer rechtskräftigen gerichtlichen Entscheidung zuwider nicht durch, so ist auf Antrag des Betriebsrats vom Arbeitsgericht zu erkennen, dass er zur Vornahme der Entlassung oder Versetzung durch Zwangsgeld anzuhalten sei. ³Das Höchstmaß des Zwangsgeldes beträgt für jeden Tag der Zuwiderhandlung 250 Euro.

Übersicht

	Rn.
I. Vorbemerkung	1
II. Voraussetzungen	2
1. Gesetzwidriges Verhalten oder grobe Verletzung der in § 75 Abs. 1 enthaltenen Grundsätze	3
2. Wiederholte ernstliche Störung des Betriebsfriedens	5
3. Kausalität	10
4. Personeller Geltungsbereich	12
5. Verlangen des Betriebsrats	13
III. Durchführung der Entlassung oder Versetzung auf Verlangen des Betriebsrats	14
1. Grundsatz der Verhältnismäßigkeit	14
2. Entlassung des Arbeitnehmers	15
3. Versetzung des Arbeitnehmers	18
IV. Mitbestimmungssicherungsverfahren	21
1. Anrufung des Arbeitsgerichts	21
2. Zwangsverfahren	27

I. Vorbemerkung

1 Wie der Betriebsrat der Einstellung und Versetzung eines Arbeitnehmers nach § 99 Abs. 2 Nr. 6 widersprechen kann, wenn die durch bestimmte Tatsachen begründete Besorgnis besteht, dass der Betreffende den Betriebsfrieden durch gesetzwidriges Verhalten oder durch grobe Verletzung der in § 75 Abs. 1 enthaltenen Grundsätze stören werde, so kann er, wenn ein Arbeitnehmer den Betriebsfrieden durch gesetzwidriges Verhalten oder durch grobe Verletzung der in § 75 Abs. 1 enthaltenen Grundsätze wiederholt ernstlich gestört hat, seine Entlassung oder Versetzung an einen anderen Arbeitsplatz verlangen. Die Vorschrift entspricht im Wesentlichen § 66 Abs. 4 BetrVG 1952; die Regelung ist aber wegen ihrer Bedeutung und des sachlich eigenständigen Inhalts in einer selbständigen Vorschrift behandelt (Begründung zum RegE, BT-Drucks. VI/1786, S. 53). Der mehrdeutige Begriff des unsozialen Verhaltens ist durch den Hinweis auf die grobe Verletzung der in § 75 Abs. 1 enthaltenen Grundsätze ersetzt worden. Durch Art. 238 Nr. 5 EGStGB vom 2. 3. 1974 (BGBl. I S. 469) ist der bisher in Satz 2 und 3 verwandte Begriff der Geldstrafe mit Wirkung vom 1. 1. 1975 durch den Begriff des Zwangsgeldes ersetzt worden, um den gesetzlichen Sprachgebrauch bei Zuwiderhandlungen, die weder Straftaten noch Ordnungswidrigkeiten sind, zu vereinheitlichen (vgl. BT-Drucks. 7/550, S. 195). Durch das **BetrVerf-Reformgesetz** vom 23. 7. 2001 (BGBl. I S. 1852) wurden die Grundsätze des § 75 Abs. 1 konkretisiert: Der Hinweis auf **fremdenfeindliche und rassistische Betätigung** hat am ehemals geltenden Recht nichts geändert. Auch vorher wusste man, dass „in Betrieben kein Raum für Rassismus und Fremdenfeindlichkeit" ist (BT-Drucks. 14/5741, 51; zurecht krit. *Rieble*, ZIP 2001, 141). Eine weitere Änderung erfuhr § 75 Abs. 1 durch das Inkrafttreten des AGG. Die dortige Aufzählung der unzulässigen Diskriminierungsmerkmale wurde an die Terminologie des AGG angepasst (s. § 75 Rn. 2). Dies führt zukünftig zu einer Erweiterung des Antragsrechts aus § 104. Entsprechende Vorschriften: Weder im BPersVG noch im SprAuG.

II. Voraussetzungen

2 Voraussetzung ist, dass der Arbeitnehmer den Betriebsfrieden wiederholt ernstlich gestört hat und dass diese Störungen auf einem gesetzwidrigen Verhalten beruhen oder durch grobe Verletzung der in § 75 enthaltenen Grundsätze verursacht sind.

1. Gesetzwidriges Verhalten oder grobe Verletzung der in § 75 Abs. 1 enthaltenen Grundsätze

3 a) **Gesetzwidrig** ist ein Verhalten, das **gegen eine Rechtsvorschrift verstößt**. Nicht notwendig ist, dass sie auf einem formellen Gesetz beruht. In Betracht kommen insb. Vorschriften des StGB und Arbeitsschutzvorschriften, aber auch Tarifverträge, soweit sie normative Wirkung haben. Bloße Verletzung arbeitsvertraglicher Pflichten reicht nicht (a. A. 7. Aufl.; wie hier nunmehr auch GK-*Raab*, § 104 Rn. 5; ErfK-*Kania*, § 104 Rn. 2; unklar *Fitting*, § 104 Rn. 4). Als rechtswidrig wertete die Rechtsprechung den Streikaufruf zur Durchsetzung der Kündigung eines Vorstandsmitglieds (BGHZ 34, 392). Das gesetzwidrige Verhalten muss sich auf die Betriebssphäre nachteilig auswirken. Nicht notwendig ist, dass das gesetzwidrige Verhalten sich im Betrieb ereignet; es genügt, dass es sich auf die Zusammenarbeit im Betrieb auswirkt (ebenso HSWGNR-*Schlochauer*, § 104 Rn. 6; GK-*Raab*, § 104 Rn. 5; KR-*Etzel*, § 104 Rn. 8; a. A. *Nikisch*, Bd. III S. 498).

II. Voraussetzungen § 104

b) Das Gesetz nennt alternativ die **grobe Verletzung der in § 75 Abs. 1 enthaltenen** 4
Grundsätze, obwohl es sich auch in diesem Fall um ein gesetzwidriges Verhalten handelt. Damit wird der Besonderheit Rechnung getragen, dass § 75 Abs. 1 die maßgeblichen Grundsätze für das Zusammenleben im Betrieb aufstellt, diese aber nur generalklauselartig festgelegt hat. Deren Verletzung muss deshalb grob sein. Eine grobe Verletzung der in § 75 Abs. 1 enthaltenen Grundsätze ist vor allem dann gegeben, wenn ein Arbeitnehmer andere Arbeitnehmer in besonders auffälliger Weise diskriminiert. Dabei ist die Stellung im Betrieb von Bedeutung, also ob der Betreffende überhaupt zu einer diskriminierenden Behandlung anderer im Betrieb tätiger Personen in der Lage ist. Das Recht auf Entlassung oder Versetzung besteht aber auch hier nur, wenn durch die grobe Verletzung der in § 75 Abs. 1 enthaltenen Grundsätze der Betriebsfrieden wiederholt ernstlich gestört wird. Anderenfalls hat der Betriebsrat nur ein Antragsrecht nach § 80 Abs. 1 Nr. 2.

Auch bei rassistischer oder fremdenfeindlicher Betätigung (etwa durch Ausländerhetze, s. BAG 1. 7. 1999, DB 1999, 2216) bedarf es eines Betriebsbezugs. Der ist jedenfalls gegeben, wenn ausländische Arbeitnehmer oder angehörige ethnischer Minderheiten im Betrieb beschäftigt sind (*Fitting*, § 104 Rn. 6, kann jedoch darüber hinaus vorliegen, wenn Arbeitnehmer hieran Anstoß nehmen, weil sie sich in ihren Wertvorstellungen und persönlichen Beziehungen verletzt fühlen (s. ausführlich *Lasnicker/Schwirtzek*, DB 2001, S. 865; *Polzer/Powisetzka*, NZA 2000, 970). 4a

2. Wiederholte ernstliche Störung des Betriebsfriedens

a) Durch den Verstoß muss der Arbeitnehmer den **Betriebsfrieden** wiederholt ernstlich 5
gestört haben. Mit dem Begriff des Betriebsfriedens kennzeichnet das Gesetz die geordnete Zusammenarbeit aller Betriebsangehörigen für die Erreichung des Betriebszwecks (s. auch § 74 Rn. 48). Die **Verletzungshandlung**, mag sie auch noch so verwerflich sein, ist nicht identisch mit der noch zusätzlich geforderten Störung des Betriebsfriedens. Ein schlüssiger Vortrag erfordert daher die Schilderung beider Tatbestände (LAG Köln 15. 10. 1995, NZA 1994, 431; *Stege/Weinspach/Schiefer*, § 104 Rn. 2).

b) Der Betriebsfrieden muss **ernstlich gestört** sein. Eine bloße Gefährdung des Betriebs- 6
friedens genügt noch nicht, sondern der Betriebsfrieden muss so erheblich beeinträchtigt sein, dass die Zusammenarbeit unter den Arbeitnehmern oder zwischen dem Arbeitgeber und der Arbeitnehmerschaft erschüttert ist. Zumindest muss eine erhebliche Beunruhigung unter der Belegschaft entstanden sein, so dass die für die Erreichung des Betriebszwecks notwendige vertrauensvolle Zusammenarbeit im Betrieb nicht mehr gesichert ist. Dabei kann das gesetzwidrige Verhalten oder die grobe Verletzung der in § 75 Abs. 1 enthaltenen Grundsätze gerade in der Störung des Betriebsfriedens liegen, wenn jemand z. B. durch Agitationsreden im Betrieb das politische, religiöse oder sittliche Empfinden anderer Arbeitnehmer verletzt.

c) Der Betriebsfrieden muss **wiederholt** ernstlich gestört sein, d. h. es muss mindestens 7
eine zweimalige Störung eingetreten sein (BAG 16. 11. 2004 AP BetrVG 1972 § 99 Nr. 44 Einstellung; ebenso LAG Hamm 11. 11. 1994, BB 1995, 678; *Fitting*, § 104 Rn. 7; *Stege/Weinspach/Schiefer*, § 104 Rn. 2; ErfK-*Kania*, § 104 Rn. 3;). Es brauchen aber nicht die gleichen oder gleichartige Störungshandlungen vorzuliegen. Auch nach Einführung des AGG kann am Erfordernis der wiederholten Störung festgehalten werden. Gemäß § 12 Abs. 3 AGG muss der Arbeitgeber die „geeigneten, erforderlichen und angemessenen" Maßnahmen treffen, um eine Benachteiligung durch Beschäftigte zu unterbinden. Dazu gehört im äußersten Fall auch die Kündigung des Arbeitnehmers nach einem bereits einmaligen Verstoß. Dennoch muss nicht auch dem Betriebsrat die Möglichkeit eingeräumt werden, bei einem einmaligen aber schwerwiegenden Fehlverhalten auf die Entlassung bzw. Versetzung des betroffenen Beschäftigten hinwirken zu können. Dies gebietet auch nicht die aus § 80 Abs. 1 Nr. 1 folgende Überwachungs-

§ 104

pflicht im Hinblick auf die Vorschriften des AGG, denn diese erweitert nicht die Handlungsrechte aus § 104 (vgl. dazu schon § 80 Rn. 7).

8   d) Das Verhalten des Arbeitnehmers muss grundsätzlich **schuldhaft** sein. Es genügt also regelmäßig nicht ein objektiver Verstoß gegen das Gesetz oder die soziale Ordnung. Dem Betreffenden muss vielmehr ein Vorwurf gemacht werden können. Nur ausnahmsweise genügt auch ein schuldloses Verhalten, nämlich beim Schuldausschließungsgrund der Unzurechnungsfähigkeit (ebenso *Neumann-Duesberg*, S. 558; zust. ErfK-*Kania*, § 104 Rn. 3; GL-*Löwisch*, § 104 Rn. 4; HaKo-BetrVG/*Braasch*, § 104 Rn. 8; HSWGNR-*Schlochauer*, § 104 Rn. 7; GK-*Raab*, § 104 Rn. 10; KR-*Etzel*, § 104 Rn. 15; *Nipperdey/Säcker* in *Hueck/Nipperdey*, Bd. II/2 S. 1448 und dort Fn. 89; stets ein Verschulden verlangen: *Dietz*, § 66 Rn. 38 b; *Nikisch*, Bd. III S. 498; a. A. HWK-*Ricken*, § 104 Rn. 5; nur objektive Rechtswidrigkeit: *Adomeit*, AR-Blattei: Kündigung XII, B V; *Erdmann*, § 66 Rn. 25).

9   Es genügt Fahrlässigkeit; Vorsatz ist nicht erforderlich (ebenso HSWGNR-*Schlochauer*, § 104 Rn. 7; GK-*Raab*, § 104 Rn. 10; KR-*Etzel*, § 104 Rn. 15; abweichend *Neumann-Duesberg*, S. 558, der grobe Fahrlässigkeit verlangt, weil sonst keine ernstliche Störung des Betriebsfriedens anzunehmen sei, dabei aber übersieht, dass nicht vom Verschuldensgrad abhängt, ob eine ernstliche Störung des Betriebsfriedens vorliegt; abweichend auch *Maus*, § 66 Rn. 29, der Vorsatz fordert; vgl. auch *Galperin/Siebert*, § 66 Rn. 65, nach denen fahrlässige Verstöße in der Regel nicht genügen sollen, weil gesetzwidriges Verhalten mehr als bloß objektive Verletzung einer Rechtsnorm erfordere; dem ist aber entgegenzuhalten, dass die Fahrlässigkeit ein Verschuldensgrad ist).

3. Kausalität

10   Eine **Störung des betrieblichen Friedens** genügt nicht, wenn sie nicht auf **gesetzwidrigem Verhalten** beruht oder durch eine **grobe Verletzung der in § 75 Abs. 1 enthaltenen Grundsätze** verursacht ist. Der Betriebsrat kann beispielsweise nicht die Entlassung eines nicht- oder andersorganisierten Arbeitnehmers verlangen, weil die anderen Arbeitnehmer nicht mit ihm zusammenarbeiten wollen. Hier ist das Verhalten der anderen Arbeitnehmer gesetzwidrig; denn die negative Koalitionsfreiheit ist durch das Grundgesetz garantiert und wird im Rahmen der Betriebsverfassung durch § 75 Abs. 1 geschützt (s. dort Rn. 22).

11   Ebenso scheiden Fälle aus, in denen die Eigenart oder das Verhalten eines Arbeitnehmers in der Belegschaft auf Ablehnung stoßen, ohne dass ein gesetzwidriges Verhalten oder eine grobe Störung der in § 75 Abs. 1 enthaltenen Grundsätze vorliegt, wie Ungefälligkeit, Eigensinn, Unsauberkeit oder Faulheit (ebenso GL-*Löwisch*, § 104 Rn. 3; HSWGNR-*Schlochauer*, § 104 Rn. 4; GK-*Raab*, § 104 Rn. 8; *Nikisch*, Bd. III S. 498 f. und dort Fn. 79).

4. Personeller Geltungsbereich

12   Voraussetzung ist nach h. M., dass es sich um einen **Arbeitnehmer** handelt, der zur **vom Betriebsrat repräsentierten Belegschaft** gehört. Das Verlangen kann daher nicht hinsichtlich der Personen gestellt werden, die nach § 5 Abs. 2 nicht als Arbeitnehmer gelten, und auch nicht hinsichtlich **leitender Angestellter**, die unter § 5 Abs. 3 fallen (so *Fitting*, § 104 Rn. 3; DKK-*Kittner/Bachner*, § 104 Rn. 5; GL-*Löwisch*, § 104 Rn. 2; HaKo-BetrVG/*Braasch*, § 104 Rn. 2; HSWGNR-*Schlochauer*, § 104 Rn. 2; GK-*Raab*, § 104 Rn. 4; KR-*Etzel*, § 104 Rn. 4; ErfK-*Kania*, § 104 Rn. 2). Hier soll der Betriebsrat nur ein Antragsrecht nach § 80 Abs. 1 Nr. 2 haben (*Fitting*, § 104 Rn. 3; GK-*Raab*, § 104 Rn. 4; KR-*Etzel*, § 104 Rn. 4). Für diese Einschränkung gibt es keinen sachlichen Grund. Soweit der Betriebsrat bei der Einstellung mitzubestimmen hat, steht ihm auch das hier eingeräumte Initiativrecht zu. Es erstreckt sich also daher auch auf im Betrieb beschäftigte **Leiharbeitnehmer** und hier tätige **freie Mitarbeiter**, nicht aber auf leitende

Angestellte (ebenso HaKo-BetrVG/*Braasch*, § 102 Rn. 118; anders die DGB-Novellierungsvorschläge 1998 § 104 Abs. 2; wie hier LAG Nürnberg 22. 1. 2002, DB 2002, 488, selbst für den Fall, dass der Arbeitnehmer erst nach Schluss der mündlichen Anhörung erster Instanz zum leitenden Angestellten wird; maßgeblich sollte jedoch eher der Zeitpunkt der Störung des Betriebsfriedens sein). Anwendung findet die Norm auch in Tendenzbetrieben und gegenüber Tendenzträgern (ebenso ErfK-*Kania*, § 104 Rn. 2; s. § 118 Rn. 167).

5. Verlangen des Betriebsrats

Voraussetzung ist schließlich das Verlangen des Betriebsrats. Erforderlich ist hierfür 13 ein Beschluss nach § 33. Hinsichtlich möglicher **Fehler bei der Beschlussfassung** gilt das zu § 102 und § 103 Gesagte (s. § 102 Rn. 121 ff.; § 103 Rn. 53). Ein Beschluss ist damit für den Arbeitgeber zunächst wirksam, auch wenn die diesbezügliche Willensbildung des Betriebsrats formell fehlerhaft war. Das muss zumindest dann gelten, wenn der Arbeitgeber hierfür nicht ursächlich war. Die wohl h. M. verlangt allerdings zusätzlich, dass der Arbeitgeber die Fehlerhaftigkeit weder kannte noch kennen musste (LAG Hamm 22. 5. 1975 – 4 Sa 824/74, ARSt 1977, 14; *Stege/Weinspach/Schiefer*, § 104 Rn. 4; a. A. HSWGNR-*Schlochauer*, § 104 Rn. 8; differenzierend KR-*Etzel*, BetrVG, § 104 Rn. 7).

III. Durchführung der Entlassung oder Versetzung auf Verlangen des Betriebsrats

1. Grundsatz der Verhältnismäßigkeit

Der Betriebsrat kann vom Arbeitgeber die Entlassung oder die Versetzung an einen 14 anderen Arbeitsplatz verlangen. Ob er die Initiative ergreift und welche Maßnahme er wählt, liegt in seinem pflichtgemäßen Ermessen. Soweit nicht ein Personalausschuss besteht (§ 28), entscheidet der Betriebsrat durch Beschluss (§ 33). Nur eine Versetzung kommt in Betracht, wenn die Störung des Betriebsfriedens gerade darauf beruht, dass der Betreffende die Stellung, die er innehat, missbraucht, z. B. als Vorarbeiter bei Anweisungen seine Untergebenen diskriminiert oder wenn jemand, dem die Ausbildung der Lehrlinge anvertraut ist, diese Stellung missbraucht. Hier, aber auch sonst kann die Versetzung an einen anderen Arbeitsplatz genügen, um eine weitere Störung des Betriebsfriedens zu beseitigen. Ist dies zu erwarten, so darf der Betriebsrat nach dem Grundsatz der Verhältnismäßigkeit nicht die Entlassung, sondern kann lediglich die Versetzung des Arbeitnehmers verlangen (ebenso *Fitting*, § 104 Rn. 9; GL-*Löwisch*, § 104 Rn. 7; HSWGNR-*Schlochauer*, § 104 Rn. 9; GK-*Raab*, § 104 Rn. 11; KR-*Etzel*, § 104 Rn. 23; *Nipperdey/Säcker* in *Hueck/Nipperdey*, Bd. II/2 S. 1448).

2. Entlassung des Arbeitnehmers

a) Verlangt der Betriebsrat Entlassung, so hat der Arbeitgeber, wenn dieses Verlangen 15 berechtigt ist, das **Beschäftigungsverhältnis im Betrieb zu beenden**. Für den Regelfall ergibt sich daraus die **Notwendigkeit zur Kündigung des Arbeitsverhältnisses**. Etwas anderes gilt nur, wenn der Arbeitgeber noch einen anderen Betrieb hat, in den er den Arbeitnehmer versetzen kann. Der **Arbeitgeber hat den Sachverhalt unter eigener Verantwortung zu prüfen** (*Stege/Weinspach/Schiefer*, § 104 Rn. 5; ErfK-*Kania*, § 104 Rn. 4). Es gilt insoweit Gleiches wie sonst bei einer Druckkündigung (vgl. zur Druckkündigung BAG 18. 9. 1975 und 4. 10. 1990 AP BGB § 626 Nr. 10 und 12 Druckkündigung). Das **Verlangen des Betriebsrats** ist allein **kein Kündigungsgrund** (ebenso *Fitting*, § 104

Rn. 10; GL-*Löwisch*, § 104 Rn. 8; HSWGNR-*Schlochauer*, § 104 Rn. 11; GK-*Raab*, § 104 Rn. 13; *Nikisch*, Bd. III S. 499; *Nipperdey/Säcker* in *Hueck/Nipperdey*, Bd. II/2 S. 1448; *Neumann-Duesberg*, S. 562; *Bulla*, FS A. Hueck, S. 25, 30). Nicht richtig ist es aber, wenn behauptet wird, § 104 schaffe keinen neuen Kündigungsgrund, sondern setze einen solchen voraus (*Fitting*, a. a. O.; *Löwisch*, a. a. O.; GK-*Raab*, a. a. O.). Ist das Initiativrecht des Betriebsrats begründet und scheidet die Versetzung in einen anderen Betrieb aus, so ist das Beschäftigungsverbot im Betrieb ein Grund zur betriebsbedingten Kündigung.

16   b) **Entspricht** der Arbeitgeber dem **Entlassungsverlangen des Betriebsrats**, so hängt dessen Beteiligung davon ab, ob der Arbeitgeber eine **Kündigung** erklärt oder die **Versetzung in einen anderen Betrieb** vornimmt. Im letzteren Fall ist nur der Betriebsrat des aufnehmenden Betriebs nach § 99 zu beteiligen (s. § 99 Rn. 121 ff.). Bei einer Kündigung braucht der Arbeitgeber den Betriebsrat **nicht nach § 102 zu beteiligen,** wenn nur sie in Betracht kommt, um das Entlassungsverlangen des Betriebsrats zu erfüllen; denn die Kündigung geht in diesem Fall auf Anregung des Betriebsrats zurück (ebenso BAG 15. 5. 1997 AP BetrVG 1972 § 104 Nr. 1, selbst wenn kein Fall des § 104 vorliegt, solange nur der entsprechende Wunsch vom Betriebsrat geäußert wird, LAG München 6. 8. 1974, BB 1975, 968; *Fitting*, § 104 Rn. 9; GL-*Löwisch*, § 104 Rn. 9; HSWGNR-*Schlochauer*, § 104 Rn. 8; GK-*Raab*, § 104 Rn. 16; KR-*Etzel*, § 104 Rn. 31 und 33; ErfK-*Kania*, § 104 Rn. 4). Verlangt der Betriebsrat die Entlassung eines Betriebsratsmitglieds oder eines anderen Arbeitnehmers, der besonderen Kündigungsschutz im Rahmen der Betriebsverfassung genießt, so ist das Verlangen nur berechtigt, wenn ein wichtiger Grund i. S. des § 626 Abs. 1 BGB vorliegt; denn der Arbeitgeber kann gegenüber diesem Personenkreis nicht eine ordentliche, sondern nur eine außerordentliche Kündigung erklären. Soweit die Zustimmung des Betriebsrats nach § 103 Abs. 1 erforderlich ist, liegt sie bereits in dem Entlassungsverlangen.

17   c) Der betroffene Arbeitnehmer kann gegen die Kündigung nach § 4 Satz 1 KSchG **Kündigungsschutzklage** erheben. Das Gericht ist in der Prüfung, ob die Kündigung sozial gerechtfertigt ist, nicht durch das Verlangen des Betriebsrats gehindert. Die Kündigung kann aber sozial gerechtfertigt sein, weil dem Arbeitgeber nicht zugemutet werden kann, dem Druck des Betriebsrats und der anderen Arbeitnehmer unter Gefährdung des Betriebs Widerstand zu leisten. Es gilt insoweit Gleiches wie bei jeder Druckkündigung (vgl. zu ihr *Berkowsky*, MünchArbR § 143). Außerdem ist hier zu berücksichtigen, dass der Betriebsrat hier ein Zwangsverfahren durchführen kann. Soweit es Erfolg hat oder Erfolg haben kann, ist die auf Grund des Entlassungsverlangens erklärte ordentliche Kündigung betriebsbedingt, wenn die Versetzung in einen anderen Betrieb ausscheidet. Bei einer außerordentlichen Kündigung muss aber ein wichtiger Grund i. S. des § 626 Abs. 1 BGB vorliegen. Sonstige **Kündigungsbeschränkungen,** etwa nach dem Schwerbehindertengesetz oder dem Mutterschutzgesetz, finden uneingeschränkt Anwendung.

3. Versetzung des Arbeitnehmers

18   a) Verlangt der Betriebsrat eine Versetzung, so bedeutet das nicht, dass der Arbeitgeber verpflichtet ist, den Arbeitnehmer an den Platz zu versetzen, den der Betriebsrat für tragbar hält, sondern es genügt, sofern das Verlangen des Betriebsrats berechtigt ist, dass der Arbeitnehmer **von dem Arbeitsplatz entfernt** wird, den er zurzeit innehat (ebenso *Fitting*, § 104 Rn. 9; GL-*Löwisch*, § 104 Rn. 12; HSWGNR-*Schlochauer*, § 104 Rn. 21; *Nikisch*, Bd. III S. 500; *Nipperdey/Säcker* in *Hueck/Nipperdey*, Bd. II/2 S. 1448 Fn. 90).

19   Der Arbeitgeber kann dem Verlangen dadurch nachkommen, dass er eine Kündigung ausspricht. Für sie gelten in diesem Fall aber die allgemeinen Grundsätze; es greifen nicht die Modifikationen ein, wie sie bei einem Entlassungsbegehren eine Rolle spielen kön-

nen. Sie kann der Arbeitgeber nur zur Rechtfertigung heranziehen, wenn der Betriebsrat die Entlassung verlangt, weil er sich der Ansicht des Arbeitgebers beugt, dass eine Versetzung ausscheidet.

b) Will der Arbeitgeber dem Verlangen nach Versetzung nachkommen, so hat der **Betriebsrat nach § 99 mitzubestimmen,** es sei denn der Arbeitgeber folgt hinsichtlich des Arbeitsplatzes, auf den der Arbeitnehmer kommen soll, vollständig dem Vorschlag des Betriebsrats (ebenso *Fitting,* § 104 Rn. 9, 11; GL-*Löwisch,* § 104 Rn. 13; HSWGNR-*Schlochauer,* § 104 Rn. 21; *Nipperdey-Säcker* in *Hueck/Nipperdey,* Bd. II/2 S. 1448 Fn. 90). Stimmt der Betriebsrat der Versetzung zu oder gilt seine Zustimmung als erteilt, so hat der Arbeitgeber die Versetzung auszusprechen, wenn er dazu nach den Bedingungen des Arbeitsvertrags durch einseitige Anordnung in der Lage ist. Ist die Änderung des Vertrags notwendig, so muss er eine Änderungskündigung aussprechen, für die das allgemeine Kündigungsschutzrecht gilt; insbesondere hat er vor ihrem Ausspruch den Betriebsrat nach § 102 zu beteiligen. Auch wenn der Arbeitgeber statt einer Versetzung eine Kündigung aussprechen will, muss er vorher den Betriebsrat nach § 102 anhören. Da der Betriebsrat nicht eine Kündigung, sondern nur eine Versetzung verlangt, kann er einer ordentlichen Kündigung auch nach § 102 Abs. 3 widersprechen.

IV. Mitbestimmungssicherungsverfahren

1. Anrufung des Arbeitsgerichts

a) Kommt der Arbeitgeber dem Verlangen des Betriebsrats auf Kündigung oder Versetzung nicht nach, so kann der **Betriebsrat** beim **Arbeitsgericht beantragen,** dem Arbeitgeber aufzugeben, die Entlassung oder Versetzung durchzuführen (Satz 2 Halbsatz 1). Die Entscheidung ergeht im Beschlussverfahren (§ 2 a Abs. 1 Nr. 1, Abs. 2 i. V. mit §§ 80 ff. ArbGG). In diesem Verfahren hat der **Arbeitnehmer,** um dessen Person es sich handelt, die Stellung eines **Beteiligten** (ebenso LAG Baden-Württemberg 24. 1. 2002, AuR 2002, 116; *Fitting,* § 104 Rn. 14; GL-*Löwisch,* § 104 Rn. 15; HSWGNR-*Schlochauer,* § 104 Rn. 17).

Eine **Frist** für die Stellung des Antrags ist nicht vorgesehen. Eine Begrenzung ergibt sich aber aus dem Rechtsinstitut der Verwirkung. Verzögert der Betriebsrat den Antrag ungebührlich, so ist das entweder ein Zeichen, dass gar keine ernstliche Störung des Betriebsfriedens vorliegt oder dass sie wieder behoben ist. In beiden Fällen ist der Antrag abzuweisen; denn die Entlassung oder Versetzung soll keine Strafe sein (ebenso GK-*Raab,* § 104 Rn. 18; *Nikisch,* Bd. III S. 500; *Nipperdey/Säcker* in *Hueck/Nipperdey,* Bd. II/2 S. 1449 Fn. 93; *Neumann-Duesberg,* S. 560; vgl. auch *Fitting,* § 104 Rn. 15, der als Richtlinie die Frist für die Stellung von Strafanträgen heranzieht und deshalb eine Frist von drei Monaten für angemessen hält; ebenso HSWGNR-*Schlochauer,* § 104 Rn. 18; KR-*Etzel,* § 104 Rn. 40; a. A. GL-*Löwisch,* § 104 Rn. 16).

b) Gibt das Arbeitsgericht dem Antrag des Betriebsrats statt, so ist der Arbeitgeber verpflichtet, entsprechend der Entscheidung zu verfahren:

(1) Lautet die Entscheidung auf **Entlassung,** so hat sie anders als nach § 100 Abs. 3 nicht die Beendigung des Arbeitsverhältnisses zur Folge, sondern begründet für den Arbeitgeber die Verpflichtung, die **Beschäftigung im Betrieb zu beenden.** Nicht zutreffend ist es, wenn angenommen wird, der Arbeitgeber sei verpflichtet, ohne schuldhaftes Zögern nach Eintritt der Rechtskraft des Beschlusses das Arbeitsverhältnis des Arbeitnehmers durch Kündigung zum nächstzulässigen Kündigungstermin aufzulösen (so *Fitting,* § 104 Rn. 17; so auch HWK-*Ricken,* § 103 Rn. 12). Die Kündigung ist vielmehr nur ein Instrument, um die Entlassung durchzuführen.

(2) Lautet die Entscheidung des Gerichts auf **Versetzung,** so ist der Arbeitgeber verpflichtet, den **Arbeitnehmer von dem Arbeitsplatz zu entfernen.** Es kann dem Arbeit-

§ 105 Leitende Angestellte

geber nicht auferlegt werden, den Arbeitnehmer an einem bestimmten Arbeitsplatz oder überhaupt weiterzubeschäftigen (s. Rn. 18 f.). Es bleibt ihm die Wahl, ob er den Arbeitnehmer versetzen oder entlassen will. Bei einer Versetzung hat der Betriebsrat nach § 99 mitzubestimmen; ist eine Änderungskündigung erforderlich, so ist der Betriebsrat auch nach § 102 zu beteiligen (s. Rn. 20). Aber auch wenn der Arbeitgeber statt der Versetzung eine Kündigung ausspricht, ist der Betriebsrat vorher nach § 102 zu hören.

26 c) Da der **Arbeitnehmer** Beteiligter im Beschlussverfahren ist (s. Rn. 21), wirkt die Rechtskraft des Beschlusses auch ihm gegenüber. Deshalb entfaltet der Beschluss im Kündigungsrechtsstreit **präjudizielle Wirkung** (ebenso *Fitting*, § 104 Rn. 17; LAG Baden-Württemberg 24. 1. 2002, AuR 2002, 116). Dadurch wird verhindert, dass der Arbeitgeber individualrechtlich nicht durchführen kann, was ihm betriebsverfassungsrechtlich als Pflicht auferlegt ist.

2. Zwangsverfahren

27 a) Führt der Arbeitgeber die Entlassung oder Versetzung einer rechtskräftigen gerichtlichen Entscheidung zuwider nicht durch, so ist auf Antrag des Betriebsrats vom Arbeitsgericht zu erkennen, dass er zur Vornahme der Entlassung oder Versetzung durch Zwangsgeld anzuhalten sei (Satz 2 Halbsatz 2). Es handelt sich um eine Sonderregelung der Zwangsvollstreckung. Soweit der Arbeitgeber der Verurteilung zur Entlassung nur durch die Erklärung einer Kündigung folgen kann, handelt er der gerichtlichen Entscheidung nur zuwider, wenn er die Kündigung nicht *ausspricht*; eine Beschäftigung während der Kündigungsfrist widerspricht nicht der Verurteilung.

28 b) Für das Zwangsverfahren gilt dasselbe wie für das Verfahren nach § 101 (s. dort Rn. 20 ff.).

29 c) Das Höchstmaß des Zwangsgeldes beträgt für jeden Tag der Zuwiderhandlung 250 Euro (Satz 3; s. auch § 101 Rn. 28). Die Beitreibung ist nur solange zulässig, als der Arbeitgeber die Entlassung oder Versetzung nicht vornimmt, bei der Entlassung nur bis zum Ausspruch der Kündigung, nicht etwa bis zum Ablauf der Kündigungsfrist.

30 Die Vollstreckung des Beschlusses, der das Zwangsgeld festsetzt (§ 794 Abs. 1 Nr. 3 ZPO), erfolgt nach den Vorschriften der §§ 803 ff. ZPO (§ 85 Abs. 1 ArbGG). Die eingehenden Gelder verfallen der Staatskasse. Eine Umwandlung nicht einbringbarer Zwangsgelder in eine Festsetzung von Zwangshaft ist ausgeschlossen (§ 85 Abs. 1 Satz 2 ArbGG).

§ 105 Leitende Angestellte

Eine beabsichtigte Einstellung oder personelle Veränderung eines in § 5 Abs. 3 genannten leitenden Angestellten ist dem Betriebsrat rechtzeitig mitzuteilen.

Übersicht

	Rn.
I. Vorbemerkung	1
II. Voraussetzungen der Mitteilungspflicht	3
1. Personenkreis	3
2. Gegenstand	4
III. Inhalt und Zeitpunkt der Mitteilung	9
1. Mitteilungspflicht, nicht Anhörungspflicht	9
2. Inhalt der Mitteilung	11
3. Zeitpunkt der Mitteilung	12
4. Gesamtbetriebsrat oder Konzernbetriebsrat als Adressat der Mitteilung	15
IV. Verletzung der Mitteilungspflicht	17

I. Vorbemerkung

Die Bestimmung entspricht § 65 BetrVG 1952. Das Gesetz findet, soweit in ihm nicht ausdrücklich etwas anderes bestimmt ist, keine Anwendung auf leitende Angestellte (§ 5 Abs. 3 Satz 1). Sie werden vom Betriebsrat nicht mitrepräsentiert; denn sie haben entweder gegenüber den anderen Arbeitnehmern eine Vorgesetztenstellung oder sie beeinflussen durch ihre Tätigkeit maßgebend die Unternehmensziele. Deshalb sieht das Gesetz davon ab, dem Betriebsrat Beteiligungsrechte einzuräumen, die sich auf die personelle Auswahl und Zusammensetzung dieses Personenkreises auswirken. Andererseits hat er ein berechtigtes Interesse, darüber informiert zu werden, welche Personen der Arbeitgeber mit den Funktionen eines leitenden Angestellten betraut. 1

Repräsentant der leitenden Angestellten in der Betriebsverfassung ist der **Sprecherausschuss**. Wie hier dem Betriebsrat ist nach § 31 Abs. 1 SprAuG eine beabsichtigte Einstellung oder personelle Veränderung eines leitenden Angestellten dem Sprecherausschuss rechtzeitig mitzuteilen. Außerdem hat er ein Anhörungsrecht vor jeder Kündigung eines leitenden Angestellten (§ 31 Abs. 2 SprAuG). 2

Entsprechende Vorschriften: § 77 Abs. 1 BPersVG, § 31 Abs. 1 SprAuG. 2a

II. Voraussetzungen der Mitteilungspflicht

1. Personenkreis

Die Mitteilungspflicht besteht **nur** für die **leitenden Angestellten** (s. zum Begriff § 5 Abs. 3 Satz 2 und Abs. 4; s. dort Rn. 185 ff.), nicht für die anderen Angestellten, die nach § 5 Abs. 2 nicht unter den betriebsverfassungsrechtlichen Arbeitnehmerbegriff fallen (s. § 5 Rn. 153 ff.). Eine Pflicht zur Unterrichtung kann sich aber aus § 80 Abs. 2 ergeben (s. dort Rn. 47 ff.; ebenso mit Begründung aus dem Gebot der vertrauensvollen Zusammenarbeit *Fitting*, § 105 Rn. 2; GL-*Löwisch*, § 105 Rn. 2; GK-*Raab*, § 105 Rn. 4; KR-*Etzel*, § 105 Rn. 3). 3

2. Gegenstand

a) Das Gesetz verlangt Mitteilung von einer beabsichtigten **Einstellung**. Dieser Begriff ist in dem gleichen Sinn zu verstehen wie in § 95 und § 99 (s. § 99 Rn. 26 ff.). Auch hier ist die Einstellung nicht mit dem Abschluss des Arbeitsvertrags identisch. Die Unterscheidung zwischen der Begründung des Arbeitsverhältnisses und der Einstellung spielt vielmehr gerade hier eine Rolle; denn es kommt auf die Einräumung einer dem § 5 Abs. 3 Satz 2 entsprechenden Stellung im Betrieb an. Die **Beförderung eines Arbeitnehmers zum leitenden Angestellten**, z. B. durch Erteilung der Prokura, unterliegt nicht dem Mitbestimmungsrecht des Betriebsrats nach § 99, sondern es besteht **lediglich** eine **Mitteilungspflicht nach dieser Vorschrift** (vgl. BAG 29. 1. 1980 AP BetrVG 1972 § 5 Nr. 24; bereits BAG 8. 2. 1977 AP BetrVG 1972 § 5 Nr. 16; ebenso *Fitting*, § 99 Rn. 114, § 105 Rn. 1; HSWGNR-*Schlochauer*, § 105 Rn. 3; GK-*Kraft*, § 99 Rn. 13 sowie GK-*Raab*, § 105 Rn. 3; KR-*Etzel*, § 105 Rn. 15). 4

b) Eine Informationspflicht des Arbeitgebers besteht weiterhin bei einer beabsichtigten **personellen Veränderung** eines leitenden Angestellten. Unter den Begriff der personellen Veränderung fallen nicht nur die sonst im Gesetz genannten personellen Einzelmaßnahmen, neben der ausdrücklich erwähnten Einstellung also vor allem die Versetzung oder Entlassung, sondern unter einer personellen Veränderung ist jede **Veränderung der Funktionen** zu verstehen, die dem betreffenden Angestellten innerhalb der betrieblichen Organisation zukommt (ebenso *Fitting*, § 105 Rn. 4; HSWGNR-*Schlochauer*, § 105 Rn. 3; GK-*Raab*, § 105 Rn. 8; KR-*Etzel*, § 105 Rn. 22 f.; *Nikisch*, Bd. III S. 477; *Nipperdey/* 5

Säcker in *Hueck/Nipperdey*, Bd. II/2 S. 1415; *Haberkorn*, RdA 1967, 56 f.). Keine personelle Veränderung i. S. dieser Bestimmung ist eine Veränderung im Entgeltbereich. Das ergibt sich mittelbar aus § 30 Satz 1 Nr. 1 SprAuG, der sie gesondert als Gegenstand eines dem Sprecherausschuss eingeräumten Beratungsrechts nennt (a. A. DKK-*Kittner/Bachner*, § 105 Rn. 5). Sofern für leitende Angestellte eine generell gestaltete Vergütungsregelung mit Gehaltsgruppen bestehen sollte, ist daher die Ein- oder Umgruppierung weder hier noch nach § 31 Abs. 1 SprAuG eine personelle Veränderung.

6 Für den **Begriff der personellen Veränderung** ist wesentlich, dass durch sie die Stellung des Angestellten innerhalb der betrieblichen Organisation geändert wird. Normzweck ist nämlich, dass der Betriebsrat Kenntnis von einer Änderung der Stellung innerhalb der betrieblichen Organisation erhält, um derentwillen der leitende Angestellte aus der Zuständigkeit des Betriebsrats ausgenommen ist, und damit der Betriebsrat weiß, an wen er sich zu wenden hat, wenn er in dieser oder jener Angelegenheit eine Frage hat oder eine Gegenvorstellung erheben will.

7 Eine personelle Veränderung ist also nicht nur die **Versetzung** eines leitenden Angestellten von einer Betriebsabteilung in die andere oder seine **Entlassung**, sondern auch die **Veränderung seines Aufgabenbereichs**, z. B. die Erteilung oder der Widerruf einer Generalvollmacht oder Prokura. Sie liegt insbesondere vor, wenn dem Arbeitnehmer die **Funktionen entzogen** werden, durch die er den Status eines **leitenden Angestellten** erhalten hat. Der Betriebsrat hat insoweit kein Mitbestimmungsrecht, sondern es besteht nur die Mitteilungspflicht nach § 105 (ebenso *Fitting*, § 105 Rn. 1; GL-*Löwisch*, § 105 Rn. 4; HaKo-BetrVG/*Braasch*, § 105 Rn. 5; HSWGNR-*Schlochauer*, § 105 Rn. 3; GK-*Raab*, § 105 Rn. 3; KR-*Etzel*, § 105 Rn. 16). Wird der leitende Angestellte aber nicht entlassen, sondern erhält er einen anderen Arbeitsbereich, so liegt darin eine Versetzung, über die der Betriebsrat nach § 99 mitzubestimmen hat (s. dort Rn. 18).

8 Die Mitteilungspflicht bezieht sich ausschließlich auf die Stellung innerhalb der betrieblichen Organisation. Daher spielt keine Rolle, ob mit ihr eine **Änderung des Arbeitsvertrags** verbunden ist. Änderungen des Vertragsinhalts fallen nicht unter die Informationspflicht, etwa eine Erhöhung des Gehalts (s. Rn. 5).

III. Inhalt und Zeitpunkt der Mitteilung

1. Mitteilungspflicht, nicht Anhörungspflicht

9 Die Pflicht des Arbeitgebers beschränkt sich auf die Mitteilung. Der Betriebsrat hat **kein Mitwirkungsrecht**. Während das Anhörungsrecht dem Betriebsrat ein Recht zur Gegenäußerung und für den Arbeitgeber die Pflicht zur Entgegennahme von Bedenken gibt, genügt der Arbeitgeber seiner Informationspflicht durch die einfache Mitteilung. Das schließt nicht aus, dass der Betriebsrat gegen die Maßnahme Bedenken erheben kann. Der Arbeitgeber muss wegen des Gebots der vertrauensvollen Zusammenarbeit auf sie eingehen. Auf die Maßnahme selbst hat aber keinen Einfluss, ob der Arbeitgeber eine Stellungnahme des Betriebsrats abwartet; denn eine Anhörung ist nicht vorgeschrieben (ebenso *Nikisch*, Bd. III S. 477; *Nipperdey/Säcker* in *Hueck/Nipperdey*, Bd. II/2 S. 1415).

10 Die **Mitteilung einer beabsichtigten Kündigung ersetzt**, auch wenn sie rechtzeitig erfolgt, **nicht** die **Anhörung vor der Kündigung**. Hat der Arbeitgeber einen Arbeitnehmer irrtümlich für einen leitenden Angestellten gehalten, so ist die Kündigung wegen fehlender Anhörung des Betriebsrats unwirksam, wenn der Arbeitgeber nicht vorsorglich das Anhörungsverfahren nach § 102 eingeleitet hat (s. § 102 Rn. 33 f.).

2. Inhalt der Mitteilung

11 Der Arbeitgeber hat dem Betriebsrat die **Personalien des leitenden Angestellten** und die **ihm zu übertragende Funktion** mitzuteilen. Weitere Auskünfte kann der Betriebsrat

nicht verlangen; insbesondere bezieht die Mitteilungspflicht sich **nicht** auf den **Inhalt des Arbeitsvertrags** (ebenso *Fitting*, § 105 Rn. 5; GL-*Löwisch*, § 105 Rn. 5; HSWGNR-*Schlochauer*, § 105 Rn. 11; GK-*Raab*, § 105 Rn. 6; *Nikisch*, Bd. III S. 477; *Nipperdey/Säcker* in *Hueck/Nipperdey*, Bd. II/2 S. 1415).

3. Zeitpunkt der Mitteilung

Das Gesetz verlangt **rechtzeitige Mitteilung** einer beabsichtigten Einstellung oder personellen Veränderung, d. h. dem Betriebsrat ist vor der Durchführung der Maßnahme Mitteilung zu machen. Dem Betriebsrat soll dadurch die Möglichkeit geboten werden, Bedenken zu erheben (vgl. den Ausschussbericht zum BetrVG 1952, BT-Drucks. 1/3585, S. 13; abgedruckt in RdA 1952, 291).

Rechtzeitig ist die Mitteilung, wenn der Betriebsrat noch die Möglichkeit hat, gegen die beabsichtigte Maßnahme vor ihrer Durchführung Bedenken zu erheben (ebenso *Fitting*, § 105 Rn. 6; GL-*Löwisch*, § 105 Rn. 7; HSWGNR-*Schlochauer*, § 105 Rn. 12; ErfK-*Kania*, § 105 Rn. 3; DKK-*Kittner/Bachner*, § 105 Rn. 7; GK-*Raab*, § 105 Rn. 10; KR-*Etzel*, § 105 Rn. 29). Die Mitteilung ist als rechtzeitig anzusehen, wenn der Arbeitgeber den Betriebsrat eine Woche vor der geplanten Durchführung der Maßnahme unterrichtet; denn diese Frist genügt sogar dann, wenn der Betriebsrat mitzubestimmen hat oder vor einer ordentlichen Kündigung zu hören ist (§§ 99 Abs. 3 Satz 1, 102 Abs. 2 Satz 1). Daraus folgt aber nicht, dass die Einhaltung dieser Frist auch erforderlich ist (a. A. KR-*Etzel*, § 105 Rn. 29).

Da die Einstellung nicht mit dem Abschluss des Arbeitsvertrags identisch ist, braucht der Arbeitgeber den Betriebsrat nicht über den Stand der Vertragsverhandlungen zu unterrichten (a. A. KR-*Etzel*, § 105 Rn. 30). Das ist insbesondere zu beachten, wenn ein Arbeitsverhältnis mit dem Arbeitgeber bereits besteht und der Arbeitnehmer durch die Zuweisung eines anderen Arbeitsbereichs zum leitenden Angestellten aufsteigt. Aber auch bei Neubegründung eines Arbeitsverhältnisses können Arbeitgeber und Bewerber ein schutzwürdiges Interesse an der Geheimhaltung haben; in diesem Fall genügt es, dass der Arbeitgeber dem Betriebsrat nach Abschluss des Vertrags, aber vor Einstellung Mitteilung macht (ebenso GK-*Raab*, § 105 Rn. 11; HSWGNR-*Schlochauer*, § 105 Rn. 12; a. A. DKK-*Kittner/Bachner*, § 105 Rn. 7).

4. Gesamtbetriebsrat oder Konzernbetriebsrat als Adressat der Mitteilung

Bezieht die Funktion eines leitenden Angestellten sich auf mehrere Betriebe eines Unternehmens, so ist die Mitteilung nicht nur an die Betriebsräte der Einzelbetriebe, sondern auch an den **Gesamtbetriebsrat** zu richten (§ 51 Abs. 6; ebenso *Fitting*, § 105 Rn. 8; ErfK-*Kania*, § 105 Rn. 3; HWK-*Ricken*, § 105 Rn. 4; a. A. für Unterrichtung des Gesamtbetriebsrats nur, wenn der leitende Angestellte Funktionen lediglich im Unternehmensbereich wahrnimmt: GL-*Löwisch*, § 105 Rn. 3; HSWGNR-*Schlochauer*, § 105 Rn. 13; KR-*Etzel*, § 105 Rn. 31; dabei wird übersehen, dass es sich hier nicht um ein Problem der Zuständigkeit zur Ausübung von Beteiligungsrechten handelt).

Erstreckt sich der Aufgabenbereich des leitenden Angestellten auf Betriebe verschiedener Unternehmen, die zu einem Konzern nach § 18 Abs. 1 AktG zusammengefasst sind, so ist die beabsichtigte Einstellung oder personelle Veränderung außerdem dem **Konzernbetriebsrat** mitzuteilen (§ 59 Abs. 1 i. V. mit § 51 Abs. 6).

IV. Verletzung der Mitteilungspflicht

Die Verletzung der Mitteilungspflicht hat auf die personelle Maßnahme rechtlich keinen Einfluss. Eine Kündigung ist auch dann wirksam, wenn der Arbeitgeber es

§ 105

versäumt hat, dem Betriebsrat rechtzeitig seine Kündigungsabsicht mitzuteilen (vgl. BAG 25. 3. 1976 AP BetrVG 1972 § 102 Nr. 13).

18 Die Verletzung der Mitteilungspflicht ist keine Ordnungswidrigkeit; denn sie wird in § 121 nicht genannt. Der Betriebsrat kann aber bei einer groben Verletzung das Zwangsverfahren nach § 23 Abs. 3 gegen den Arbeitgeber einleiten (ebenso *Fitting*, § 105 Rn. 9; GL-*Löwisch*, § 105 Rn. 9; GK-*Raab*, § 105 Rn. 15; HaKo-BetrVG/*Braasch*, § 105 Rn. 7; HSWGNR-*Schlochauer*, § 105 Rn. 14).

Sechster Abschnitt. Wirtschaftliche Angelegenheiten

Vorbemerkung

Abgekürzt zitiertes Schrifttum: *Rumpff/Boewer,* Mitbestimmung in wirtschaftlichen Angelegenheiten und bei der Unternehmens- und Personalplanung, 3. Aufl. 1990.

Übersicht

	Rn.
I. Das wirtschaftliche Mitbestimmungsrecht	1
II. Wirtschaftsausschuss und Mitbestimmung des Betriebsrats	3
1. Einrichtung und Aufgabe des Wirtschaftsausschusses	3
2. Beteiligung des Betriebsrats bei Betriebsänderungen	8
3. Geltungsbereich	10
III. Arbeitgeber als Unternehmer	12
IV. Tarifvertrag und Betriebsvereinbarung	13

I. Das wirtschaftliche Mitbestimmungsrecht

Der Sechste Abschnitt befasst sich mit der Mitwirkung und Mitbestimmung der Arbeitnehmer in wirtschaftlichen Angelegenheiten. Er wird wesentlich ergänzt durch die Gesetze über die Unternehmensmitbestimmung. Der Gesetzgeber hat darauf verzichtet, die Beteiligung der Arbeitnehmer im Aufsichtsrat der Kapitalgesellschaften in diesem Gesetz zu regeln. Er folgte nicht dem Gesetzentwurf der CDU/CSU-Fraktion, der wie das BetrVG 1952 auch Vorschriften über die Mitbestimmung der Arbeitnehmer im Aufsichtsrat der Kapitalgesellschaften enthielt (§§ 123 bis 127, BT-Drucks. VI/1806, S. 24 f., 48 f.). Die Mehrheit im BT-Ausschuss für Arbeit und Sozialordnung war der Meinung, dass die Einfügung in das BetrVG „die allseits angestrebte umfassende Reform der Unternehmensverfassung im Hinblick auf die Beteiligung der Arbeitnehmer verhindern könne"; man war der Ansicht, die arbeitsrechtliche Konzeption des BetrVG vertrage nicht die Übernahme unternehmensverfassungsrechtlicher Vorschriften (Bericht des BT-Ausschusses für Arbeit und Sozialordnung, *zu* BT-Drucks. VI/2729, S. 18). Deshalb hat das Gesetz sich darauf beschränkt, die bisher für die Beteiligung der Arbeitnehmer im Aufsichtsrat maßgeblichen Bestimmungen der §§ 76 ff. BetrVG 1952 aufrechtzuerhalten (§ 129).

Dieser Abschnitt und die Vorschriften über die Beteiligung der Arbeitnehmer in Organen des Unternehmens ergänzen sich gegenseitig und geben erst zusammen ein Bild über die rechtliche Ausgestaltung der den Arbeitnehmern zustehenden wirtschaftlichen Beteiligungsrechte. Deren Einführung und Regelung ist für die Gestaltung der Wirtschaftsordnung von grundsätzlicherer Bedeutung als die Beteiligungsrechte in sozialen und personellen Angelegenheiten. Zwar haben auch diese zum Teil sehr weitgehende wirtschaftliche Folgen, aber es handelt sich grundsätzlich nur um die Auswirkungen von Entscheidungen, die primär sozialen Inhalt haben oder die Zusammensetzung der Belegschaft betreffen. Selbst die besonders strukturierten Mitwirkungs- und Mitbestimmungsrechte im Rahmen der Personalplanung erstrecken sich niemals auf die Zieldimension der Personalpolitik, enthalten also schon um deswillen keinen Eingriff in die unternehmerische Handlungsfreiheit, sondern sie beziehen sich nur auf die personalpolitischen Instrumente, die für das Zielergebnis der Personalplanung eingesetzt werden sollen.

II. Wirtschaftsausschuss und Mitbestimmung des Betriebsrats

1. Einrichtung und Aufgabe des Wirtschaftsausschusses

3   a) Das Gesetz hat die Einrichtung des **Wirtschaftsausschusses** beibehalten, der bei allen Unternehmen eingerichtet wird, die in der Regel mehr als einhundert ständige Arbeitnehmer beschäftigen. Er ist aber nicht mehr wie nach § 68 BetrVG 1952 paritätisch aus Vertretern des Betriebsrats und des Unternehmers zusammengesetzt, sondern die Mitglieder des Wirtschaftsausschusses werden vom Betriebsrat bzw. vom Gesamtbetriebsrat bestimmt. Der Wirtschaftsausschuss ist also nach geltendem Recht ausschließlich ein Gremium der Belegschaft; er ist nach der gesetzgeberischen Konzeption aber nicht ein eigenständiges Organ der Belegschaft, sondern ein **Hilfsorgan des Betriebsrats** bzw. des Gesamtbetriebsrats (vgl. vor allem BAG 18. 11. 1980 AP BetrVG 1972 § 108 Nr. 2; BAG 15. 3. 2006 AP BetrVG 1972 § 118 Nr. 79). Daher gibt § 107 Abs. 3 folgerichtig die Möglichkeit, die Aufgaben des Wirtschaftsausschusses einem Ausschuss des Betriebsrats zu übertragen, bzw. bei Bestehen eines Gesamtbetriebsrats, dass dieser sie anderweitig wahrnimmt.

4   Der Wirtschaftsausschuss ist zwar sehr weitgehend über die wirtschaftlichen Angelegenheiten des Unternehmens zu unterrichten (vgl. § 106 Abs. 3). Er ist aber auf die Unterrichtung und Beratung beschränkt, hat also kein Mitbestimmungsrecht. Dieses steht vielmehr allein den Betriebsräten zu, sofern im Unternehmen in der Regel mehr als zwanzig wahlberechtigte Arbeitnehmer beschäftigt werden.

5   b) Der **Wirtschaftsausschuss** wird für das **Unternehmen** und nicht für einen oder mehrere Betriebe gebildet, was allerdings nur dann in Erscheinung tritt, wenn das Unternehmen sich in mehrere Betriebe gliedert. Er ist bewusst klein gehalten, um eine vertrauensvolle Zusammenarbeit zu gewährleisten. Deshalb hat der Gesetzgeber auch von der im RegE vorgesehenen Möglichkeit abgesehen, dass der Betriebsrat die Aufgaben des Wirtschaftsausschusses selbst übernimmt (vgl. den Bericht des BT-Ausschusses für Arbeit und Sozialordnung, *zu* BT-Drucks. VI/2729, S. 31). Der Wirtschaftsausschuss hat die Aufgabe, wirtschaftliche Angelegenheiten mit dem Unternehmen zu beraten und den Betriebsrat zu unterrichten; er ist also für den Bereich der wirtschaftlichen Angelegenheiten das Bindeglied zwischen Unternehmer und Betriebsrat, damit dieser die notwendige Kenntnis über die wirtschaftlichen Vorgänge des Unternehmens erlangt, um seine Aufgaben in Zusammenarbeit mit dem Arbeitgeber zum Wohl der Arbeitnehmer und des Betriebs erfüllen zu können.

6   c) Nach dem Gesetz ist der Wirtschaftsausschuss **ausschließlich** der **Unternehmensebene** zugeordnet (§ 106 Abs. 1). Ein Konzernbetriebsrat kann daher **keinen Wirtschaftsausschuss auf Konzernebene** errichten (so BAG 23. 8. 1989 AP BetrVG 1972 § 106 Nr. 7; s. auch § 106 Rn. 9).

7   Nach dem **Gesetz über Europäische Betriebsräte (Europäische Betriebsräte-Gesetz – EBRG)** vom 28. 10. 1996 (BGBl. I S. 1548, ber. S. 2022) werden in **gemeinschaftsweit tätigen Unternehmen und Unternehmensgruppen** Europäische Betriebsräte oder Verfahren zur Unterrichtung und Anhörung der Arbeitnehmer vereinbart. Kommt es nicht zu einer Vereinbarung, so wird ein Europäischer Betriebsrat kraft Gesetzes errichtet. Bei Bildung eines Europäischen Betriebsrats wird der Sache nach ein Wirtschaftsausschuss institutionalisiert, wobei Anknüpfungspunkt bei einer Unternehmensgruppe nicht der Konzernbegriff ist, sondern die Fähigkeit, einen beherrschenden Einfluss auszuüben (§ 6 EBRG). Das Gesetz stellt wie die EG-Richtlinie auf die Stufe ab, die dem Bestehen eines Abhängigkeitsverhältnisses nach § 17 AktG entspricht. Damit steht aber zugleich auch fest, dass zwar jeder Unterordnungskonzern (§ 18 Abs. 1 AktG), aber kein Gleichordnungskonzern (§ 18 Abs. 2 AktG) erfasst wird. Ähnliches wie für den Europäischen Betriebsrat gilt für den SE-Betriebsrat gemäß dem SE-Beteiligungsgesetz vom 28. 12. 2004 (BGBl. I S. 3675).

2. Beteiligung des Betriebsrats bei Betriebsänderungen

Das eigentliche **Mitwirkungs-** und **Mitbestimmungsrecht,** welches das BetrVG den Repräsentanten der Arbeitnehmer in wirtschaftlichen Angelegenheiten gibt, ist in die **Betriebe** verlegt und steht dem **Betriebsrat** bei **Betriebsänderungen** zu, wenn es sich um den Betrieb eines Unternehmens mit regelmäßig mehr als zwanzig wahlberechtigten Arbeitnehmern handelt (§§ 111 bis 113). 8

Das **Mitbestimmungsverfahren** ist bei Betriebsänderungen **so gestaltet,** dass der **Unternehmer in seiner Handlungsfreiheit nicht unmittelbar beschränkt** wird. Ein Mitbestimmungsrecht hat der Betriebsrat nur bei den sozialen Auswirkungen der unternehmerischen Entscheidung; er kann insoweit die Aufstellung eines Sozialplans verlangen. Hinsichtlich der unternehmerischen Maßnahme selbst besteht nur ein Mitwirkungsrecht des Betriebsrats; der Unternehmer ist lediglich verpflichtet, mit ihm einen Interessenausgleich zu *versuchen,* ob die Betriebsänderung durchgeführt und wie sie verwirklicht wird. Kommt eine Einigung über den Interessenausgleich zustande, so wird der Unternehmer auch durch ihn in seiner Handlungsfreiheit nicht schlechthin beschränkt. Er kann und darf von ihm abweichen, wenn zwingende Gründe vorliegen, wenn also jeder Unternehmer unter den gegebenen Umständen vernünftigerweise nicht anders gehandelt hätte. Liegen derartige Gründe nicht vor, so darf der Unternehmer nicht von dem mit dem Betriebsrat festgelegten Interessenausgleich abweichen. Tut er es dennoch, so entbehrt seine Maßnahme aber nicht der Wirksamkeit; die durch den Interessenausgleich übernommene Verpflichtung führt also nicht zu einer Schranke in seinem rechtlichen *Können,* sondern nur in seinem rechtlichen *Dürfen.* Der Unternehmer hat jedoch die sozialpolitischen Auswirkungen dieser Maßnahme zu tragen; denn wenn infolge dieser Maßnahme eine Kündigung notwendig wird oder die Arbeitnehmer andere wirtschaftliche Nachteile erleiden, so besteht ein gesetzlicher Anspruch auf Nachteilsausgleich. Außerdem kann der Betriebsrat auch in diesem Falle noch die Aufstellung eines Sozialplans verlangen (s. dazu § 112 Rn. 67 ff.). 9

3. Geltungsbereich

a) Die Vorschriften über den Wirtschaftsausschuss finden auf **Tendenzunternehmen** keine Anwendung (vgl. BAG 15. 3. 2006 AP BetrVG 1972 § 118 Nr. 79; s. dazu im Hinblick auf die Vereinbarkeit mit den Vorgaben der Richtlinie 2002/14/EG *Ritter,* Der Wirtschaftsausschuss, S. 247 ff.), die Vorschriften über das Mitwirkungs- und Mitbestimmungsrecht des Betriebsrats sind auf Tendenzbetriebe nur insoweit anzuwenden, als sie den Ausgleich oder die Milderung wirtschaftlicher Nachteile für die Arbeitnehmer infolge von Betriebsänderungen regeln (§ 118 Abs. 1 Satz 2). 10

b) Auf **See-** und **Luftfahrtunternehmen** finden die Vorschriften über den Wirtschaftsausschuss Anwendung; denn eine Modifizierung der gesetzlichen Regelung besteht in den §§ 114 bis 116 nur für Seebetriebe, und bei Luftfahrtunternehmen ist nur der Flugbetrieb, nicht aber das Luftfahrtunternehmen von dem Gesetz ausgenommen. Die Bestimmungen über das Mitwirkungs- und Mitbestimmungsrecht des Betriebsrats bei Betriebsänderungen gelten auch für den Seebetrieb eines Seeunternehmens (§ 116 Abs. 6; s. dort Rn. 71 ff.), nicht dagegen für den Flugbetrieb von Luftfahrtunternehmen (§ 117). 11

III. Arbeitgeber als Unternehmer

Das Gesetz spricht in diesem Abschnitt nicht vom Arbeitgeber, sondern vom Unternehmer. Das ist insofern richtig, als es bei den wirtschaftlichen Maßnahmen um Entscheidungen der Unternehmensleitung geht und der Unternehmer als Inhaber des Unter- 12 nehmens und nicht als Arbeitgeber in seinen Beziehungen zu den Arbeitnehmern und der Belegschaft im Vordergrund steht. Aber es handelt sich dabei nur um eine begriffliche und terminologische Unterscheidung. Arbeitgeber und Unternehmer sind notwendig identisch.

IV. Tarifvertrag und Betriebsvereinbarung

13 Die Mitbestimmungsordnung der Betriebsverfassung kann weder durch Tarifvertrag noch durch Betriebsvereinbarung geändert werden (differenzierend GK-*Oetker*, vor § 106 Rn. 12 ff.; s. allgemein zum Problem einer Erweiterung der Mitbestimmung durch Tarifvertrag Einl. Rn. 142 ff.).

Erster Unterabschnitt. Unterrichtung in wirtschaftlichen Angelegenheiten

§ 106 Wirtschaftsausschuss

(1) [1]In allen Unternehmen mit in der Regel mehr als einhundert ständig beschäftigten Arbeitnehmern ist ein Wirtschaftsausschuss zu bilden. [2]Der Wirtschaftsausschuss hat die Aufgabe, wirtschaftliche Angelegenheiten mit dem Unternehmer zu beraten und den Betriebsrat zu unterrichten.

(2) [1]Der Unternehmer hat den Wirtschaftsausschuss rechtzeitig und umfassend über die wirtschaftlichen Angelegenheiten des Unternehmens unter Vorlage der erforderlichen Unterlagen zu unterrichten, soweit dadurch nicht die Betriebs- und Geschäftsgeheimnisse des Unternehmens gefährdet werden, sowie die sich daraus ergebenden Auswirkungen auf die Personalplanung darzustellen. [2]Zu den erforderlichen Unterlagen gehört in den Fällen des Absatzes 3 Nr. 9 a insbesondere die Angabe über den potentiellen Erwerber und dessen Absichten im Hinblick auf die künftige Geschäftstätigkeit des Unternehmens sowie die sich daraus ergebenden Auswirkungen auf die Arbeitnehmer; Gleiches gilt, wenn im Vorfeld der Übernahme des Unternehmens ein Bieterverfahren durchgeführt wird.

(3) Zu den wirtschaftlichen Angelegenheiten im Sinne dieser Vorschrift gehören insbesondere

1. die wirtschaftliche und finanzielle Lage des Unternehmens;
2. die Produktions- und Absatzlage;
3. das Produktions- und Investitionsprogramm;
4. Rationalisierungsvorhaben;
5. Fabrikations- und Arbeitsmethoden, insbesondere die Einführung neuer Arbeitsmethoden;
5 a. Fragen des betrieblichen Umweltschutzes;
6. die Einschränkung oder Stilllegung von Betrieben oder von Betriebsteilen;
7. die Verlegung von Betrieben oder Betriebsteilen;
8. der Zusammenschluss oder die Spaltung von Unternehmen oder Betrieben;
9. die Änderung der Betriebsorganisation oder des Betriebszwecks;
9 a. die Übernahme des Unternehmens, wenn hiermit der Erwerb der Kontrolle verbunden ist, sowie
10. sonstige Vorgänge und Vorhaben, welche die Interessen der Arbeitnehmer des Unternehmens wesentlich berühren können.

Abgekürzt zitiertes Schrifttum: *Anders*, Die Informationsrechte des Wirtschaftsausschusses in einer Aktiengesellschaft, Diss. Köln 1979; *Gege*, Die Funktion des Wirtschaftsausschusses

I. Vorbemerkung **§ 106**

im Rahmen der wirtschaftlichen Mitbestimmung, 1977; *Hacker,* Die Pflicht des Unternehmers zur Vorlage des Prüfungsberichts des Abschlussprüfers an den Wirtschaftsausschuss unter besonderer Berücksichtigung einer entsprechenden Verpflichtung bei Großbanken, Diss. Bonn 2002; *Lerche,* Der Europäische Betriebsrat und der deutsche Wirtschaftsausschuss, 1997; *Ritter,* Der Wirtschaftsausschuss nach dem Betriebsverfassungsgesetz und die Rahmenrichtlinie 2002/14/EG, 2007; *Rumpff/Boewer,* Mitbestimmung in wirtschaftlichen Angelegenheiten und bei der Unternehmens- und Personalplanung, 3. Aufl. 1990; *Schäfer,* Der europäische Rahmen der Arbeitnehmermitwirkung, 2005; *Spreer,* Die Richtlinie 2002/14/EG zur Festlegung eines allgemeinen Rahmens für die Unterrichtung und Anhörung der Arbeitnehmer in der Europäischen Gemeinschaft, 2005.

Übersicht

	Rn.
I. Vorbemerkung	1
II. Voraussetzungen für die Bildung eines Wirtschaftsausschusses	6
1. Unternehmen als Zuordnungsebene	6
2. Arbeitnehmerzahl	10
3. Grenzüberschreitende Unternehmen	13
4. Kleinunternehmen	15
III. Bildung, Aufgaben und Kompetenz des Wirtschaftsausschusses	17
1. Bildung eines selbständigen Wirtschaftsausschusses	17
2. Aufgaben und Kompetenz des Wirtschaftsausschusses	19
IV. Unterrichtungspflicht des Unternehmers	20
1. Gegenstand der Unterrichtungspflicht	21
2. Art und Weise der Unterrichtung	23
3. Vorlage der erforderlichen Unterlagen	27
4. Keine Pflicht zur Unterrichtung bei Gefährdung von Betriebs- und Geschäftsgeheimnissen	32
V. Katalog der wirtschaftlichen Angelegenheiten	37
VI. Streitigkeiten – Ordnungswidrigkeit	58

I. Vorbemerkung

Nach dem **BetrVG 1952** war der Wirtschaftsausschuss ein **paritätisch aus Vertretern** **1** **des Betriebsrats und des Unternehmens zusammengesetztes Betriebsverfassungsorgan,** durch das institutionell die Zusammenarbeit zwischen Betriebsrat und Unternehmer gefördert und eine gegenseitige Unterrichtung in wirtschaftlichen Angelegenheiten sichergestellt werden sollte. Diese Erwartung hatte sich nicht erfüllt. Die Mitbestimmungskommission kam in ihrem Bericht zu dem Ergebnis, dass wesentliche Fragen der Unternehmenspolitik, insbesondere der inneren Organisation des Unternehmens, nicht im Wirtschaftsausschuss, sondern in unmittelbarer Kooperation zwischen der Unternehmensleitung und dem Betriebsrat geklärt und geregelt wurden (vgl. BT-Drucks. VI/334, S. 51 ff.).

Dennoch hält das Gesetz an der **Einrichtung des Wirtschaftsausschusses** fest. Seine **2** Mitglieder werden aber **ausschließlich vom Betriebsrat bzw. Gesamtbetriebsrat bestimmt;** außerdem kann der Betriebsrat die Aufgaben des Wirtschaftsausschusses einem Ausschuss des Betriebsrats übertragen bzw. kann der Gesamtbetriebsrat über die anderweitige Wahrnehmung beschließen (§ 107). Die im RegE vorgesehene Möglichkeit, dass der Betriebsrat oder der Gesamtbetriebsrat die Aufgaben des Wirtschaftsausschusses selbst übernimmt und für die Behandlung der dem Wirtschaftsausschuss obliegenden Angelegenheiten weitere Arbeitnehmer des Unternehmens einschließlich der leitenden Angestellten bis zur gleichen Anzahl, wie er Mitglieder hat, kooptiert (BT-Drucks. VI/ 1786, S. 22), hat das Gesetz nicht übernommen, weil nach Meinung des BT-Ausschusses für Arbeit und Sozialordnung der Wirtschaftsausschuss wegen des Charakters der ihm zu erteilenden Information nicht zu groß sein darf (*zu* BT-Drucks. VI/2729, S. 31).

3 Durch Art. 13 Nr. 1 des Gesetzes zur Bereinigung des Umwandlungsrechts (UmwBerG) vom 28. 10. 1994 (BGBl. I S. 3210) wurde die bisherige Fassung in Abs. 3 Nr. 8 „der Zusammenschluss von Betrieben" durch „der Zusammenschluss oder die Spaltung von Unternehmen oder Betrieben" mit Wirkung zum 1. 1. 1995 (Art. 20 UmwBerG) ersetzt. Die Bestimmung des Abs. 3 Nr. 5a wurde durch Art. 1 Nr. 67 des Gesetzes zur Reform des Betriebsverfassungsgesetzes vom 23. 7. 2001 (BGBl. I S. 1852) ergänzt. Siehe zur Frage eines aus der bis zum 23. 3. 2005 umzusetzenden **Richtlinie 2002/14/ EG** v. 11. 3. 2002 (ABl. EG Nr. 280, S. 29) sich ergebenden Anpassungsbedarfs Reichold, NZA 2003, 289, 298 ff.; *Ritter*, Der Wirtschaftsausschuss, S. 168 ff.; *Franzen*, FS *Birk* 2008, S. 97 ff. Durch das Gesetz zur Begrenzung der mit Finanzinvestitionen verbundenen Risiken (Risikobegrenzungsgesetz) vom 12. 8. 2008 (BGBl. I S. 1666) wurden mit Wirkung zum 19. 8. 2008 Abs. 2 Satz 2 und Abs. 3 Nr. 9a in das Gesetz eingefügt.

4 Der Wirtschaftsausschuss ist nach der gesetzlichen Grundkonzeption ein **Hilfsorgan des Betriebsrats** (ebenso BAG 18. 7. 1978 AP BetrVG 1972 § 108 Nr. 1; BAG 18. 11. 1980 AP BetrVG 1972 § 108 Nr. 2; BAG 25. 6. 1987 AP BetrVG 1972 § 106 Nr. 6; BAG 5. 12. 1991 AP BetrVG 1972 § 106 Nr. 10; BAG 15. 3. 2006 AP BetrVG 1972 § 118 Nr. 79; DKK-*Däubler*, § 106 Rn. 2; MünchArbR-*Joost*, § 231 Rn. 1; *Wiese*, FS *Molitor* 1988, S. 365, 369; s. auch Vorbem. vor § 106 Rn. 3). Er ist ein Informations- und Beratungsgremium, während Träger der Beteiligungsrechte auch in wirtschaftlichen Angelegenheiten nur der Betriebsrat ist. Der Wirtschaftsausschuss wird für das Unternehmen, nicht für einen einzelnen Betrieb gebildet; denn wirtschaftliche Entscheidungen sind nicht betriebliche Angelegenheiten, sondern gehören zur unternehmerischen Planung und Organisation. Dennoch gehört der Wirtschaftsausschuss ebenso wie der Gesamtbetriebsrat nicht zur Unternehmensverfassung, sondern ist Teil der Betriebsverfassung.

5 Die Vorschriften über den Wirtschaftsausschuss sind auf **Tendenzunternehmen** nicht anzuwenden (§ 118 Abs. 1 Satz 2; s. auch Vorbem. vor § 106 Rn. 10).

II. Voraussetzungen für die Bildung eines Wirtschaftsausschusses

1. Unternehmen als Zuordnungsebene

6 a) Ein Wirtschaftsausschuss ist in allen **Unternehmen** mit in der Regel **mehr als 100 ständig beschäftigten Arbeitnehmern** zu bilden (Abs. 1 Satz 1). Der Wirtschaftsausschuss wird für das Unternehmen, nicht für einen einzelnen Betrieb errichtet. Daher kann auch nur *ein* Wirtschaftsausschuss für das Unternehmen, d. h. für alle Betriebe eines Unternehmens, gebildet werden, so dass die Errichtung von Unterwirtschaftsausschüssen für regional zusammenliegende Betriebsgruppen oder für in der Produktion sich entsprechende Betriebe ausgeschlossen ist (ebenso *Fitting*, § 106 Rn. 12; GL-*Löwisch*, § 106 Rn. 5; MünchArbR-*Joost*, § 231 Rn. 4). Möglich ist, dass der Unternehmer sich für bestimmte, nur eine Gruppe von Betrieben interessierende Fragen des Rates einzelner Arbeitnehmer bedient und dass diese Arbeitnehmer von den Betriebsräten ausgewählt werden und dann im Auftrag des Unternehmers in mehr oder minder geregelten Abständen Beratung pflegen; aber derartige Gremien sind kein Wirtschaftsausschuss i. S. des Gesetzes.

7 b) Für den **Unternehmensbegriff** gilt Gleiches wie auch sonst in der Betriebsverfassung (s. § 1 Rn. 51 ff. und § 47 Rn. 5 ff.). Ein Wirtschaftsausschuss ist auch in Unternehmen mit anderer als erwerbswirtschaftlicher Zwecksetzung zu bilden, sofern nicht die Voraussetzungen des § 118 Abs. 1 vorliegen (ebenso *Joost*, in: FS Kissel 1994, S. 433, 434).

8 c) Betreiben zwei oder mehrere Unternehmen einen **gemeinsamen Betrieb** (s. § 1 Rn. 60 ff.), so sollten sie nach bisher überwiegender Ansicht als Trägergruppe dieser

II. Voraussetzungen für die Bildung eines Wirtschaftsausschusses § 106

Arbeitsorganisation den betriebsverfassungsrechtlichen Unternehmensbegriff (s. auch § 1 Rn. 66 ff.) erfüllen. Beschäftigt der gemeinsame Betrieb in der Regel mehr als 100 Arbeitnehmer ständig, so wäre nach dieser Auffassung bei der Trägergruppe ein Wirtschaftsausschuss zu bilden (BAG 1. 8. 1990 AP BetrVG 1972 § 106 Nr. 8 – allerdings nur für den Fall, dass die beteiligten Rechtsträger selbst den Schwellenwert jeweils nicht überschreiten; *Fitting*, § 106 Rn. 13; DKK-*Däubler*, § 106 Rn. 19; GK-*Oetker*, § 106 Rn. 13; MünchArbR-*Joost*, § 231 Rn. 5; HWK-*Willemsen/Lembke*, § 106 Rn. 27; *Windbichler*, Arbeitsrecht im Konzern, S. 295; *Konzen*, AuR 1985, 341, 354; a. A. *Fromen*, FS Gaul 1992, S. 151, 186), dessen Aufgabenbereich jedoch auf Angelegenheiten der Trägergruppe als solche beschränkt bliebe. Jedenfalls seit der Anfügung des § 1 Abs. 1 Satz 2 durch das BetrVerf-Reformgesetz (s. § 1 Rn. 60) steht diese Ansicht allerdings mit dem geltenden Recht nicht mehr in Einklang. Denn nicht nur der klar differenzierende Wortlaut, sondern auch die Begründung zum Regierungsentwurf (BT-Drucks. 14/5741, S. 33, 42) zeigen eindeutig, dass dem Gesetzgeber die Bedeutung der Unterscheidung zwischen Unternehmen und Betrieb bei der Kodifikation des gemeinsamen Betriebs bekannt war, weshalb sich die Gleichsetzung beider Ebenen insoweit verbietet. Auch beweisen die §§ 47 Abs. 9, 55 Abs. 3, dass der Gesetzgeber mit der Problematik der Behandlung des gemeinsamen Betriebs auf Unternehmens- und Konzernebene durchaus vertraut war. Es ist daher davon auszugehen, dass bei der Trägergruppe eines gemeinsamen Betriebs mehrerer Unternehmen kein Wirtschaftsausschuss gebildet werden kann (a. A. indes in einem obiter dictum weiterhin BAG 29. 9. 2004, NZA 2005, 420; wie hier in der Tendenz allerdings nun BAG 13. 2. 2007 AP BetrVG 1972 § 47 Nr. 17).

d) Das Gesetz sieht einen Wirtschaftsausschuss nur auf Unternehmensebene vor; es trifft **keine Regelung für den Konzern.** Da die wirtschaftlichen Angelegenheiten des Unternehmens, die in die Zuständigkeit eines Wirtschaftsausschusses fallen, bei einem Konzern aber maßgeblich von der Konzernleitung wahrgenommen werden, besteht eine Lücke im Gesetz. Sie ist jedoch keine *planwidrige Lücke*, die den Richter zur Rechtsfortbildung berechtigt. Deshalb kommt das BAG zu dem Ergebnis, dass der **Konzernbetriebsrat keinen Wirtschaftsausschuss errichten** kann (BAG 23. 8. 1989 AP BetrVG 1972 § 106 Nr. 7 [zust. *Wiedemann*]; unentschieden *Fitting*, § 106 Rn. 8; GL-*Löwisch*, § 106 Rn. 8; anders DKK-*Däubler*, § 106 Rn. 18). Dem ist zuzustimmen (ebenso HSWGNR-*Rose*, § 91 Rn. 8; GK-*Oetker*, § 106 Rn. 17). Jedenfalls seit In-Kraft-Treten des BetrVerf-Reformgesetzes kann keinesfalls mehr davon ausgegangen werden, dass die Schaffung eines Konzernwirtschaftsausschusses oder wenigstens die Gestaltung seiner Errichtung vom Gesetzgeber schlicht vergessen worden ist (so *Ingenfeld*, Die Betriebsausgliederung aus der Sicht des Arbeitsrechts, 1992, S. 23 ff., 46 f.). Denn während noch der RegE in § 109a (abgedruckt bei *Schiefer/Korte*, NZA 2001, 71, 87) zwingend die Bildung eines Konzernwirtschaftsausschusses vorsah, wurde eine entsprechende Regel nicht Gesetz. Auch die Errichtung eines Konzern-Wirtschaftsausschusses durch Tarifvertrag ist nicht möglich (a. A. DKK-*Däubler*, § 106 Rn. 18; vgl. GK-*Oetker*, § 106 Rn. 20, der die Gegenansicht als vorherrschend bezeichnet).

2. Arbeitnehmerzahl

a) Im Unternehmen müssen **in der Regel mehr als 100 Arbeitnehmer ständig beschäftigt** werden. Es kommt auf die **Zahl der im Unternehmen beschäftigten Arbeitnehmer** an, nicht auf die des einzelnen Betriebs.

Das Gesetz stellt wie in § 1 auf die Zahl der in der Regel im Unternehmen ständig beschäftigten Arbeitnehmer ab (s. zur ständigen Beschäftigung § 1 Rn. 110 ff.; zur regelmäßigen Beschäftigtenzahl § 1 Rn. 114). Sind etwa in einem Unternehmen, z. B. in einem großen Restaurant eines Ausflugsorts, regelmäßig 120 Arbeitnehmer beschäftigt, davon aber nur 70 Arbeitnehmer Stammpersonal, während die anderen Aushilfskräfte sind, so ist ein Wirtschaftsausschuss nicht zu bilden. Im Gegensatz zu § 1 spielt hier keine Rolle, ob die Arbeitnehmer wahlberechtigt sind; erforderlich ist aber, dass sie zu der nach dem gesetzlichen Regelungsmodell prinzipiell vom Betriebsrat repräsentierten Belegschaft gehören. Deshalb werden die in § 5 Abs. 2 genannten Personen, auch wenn sie Arbeitnehmer sind, und die leitenden Angestellten i. S. des § 5 Abs. 3 nicht mitgezählt (ebenso *Fitting*, § 106 Rn. 11; HSWGNR-*Hess*, § 106 Rn. 17). Innerhalb des so bestimmten Rahmens sind allerdings auch Arbeitnehmer solcher Betriebe des Unternehmens zu berücksichtigen, in denen kein Betriebsrat besteht (LAG Köln 21. 2. 2001 AuR 2001, 181; *Stege/Weinspach/Schiefer*, §§ 106–109 Rn. 3), so dass im Hinblick auf § 107 Abs. 1 Satz 1 nur in einem Betrieb des Unternehmens ein Betriebsrat zu bestehen braucht (vgl. auch LAG Frankfurt 7. 11. 1989 LAGE § 106 BetrVG 1972 Nr. 5). Nicht erforderlich ist, dass die Arbeitnehmer mit dem Unternehmen einen Arbeitsvertrag abgeschlossen haben, stattdessen ist ausschlaggebend, ob sie der Arbeitsorganisation des Unternehmens zugeordnet werden können (vgl. auch § 5 Rn. 89 ff.). Deshalb zählen auch nach § 7 Satz 2 wahlberechtigte Arbeitnehmer mit (a. A. *Hanau*, RdA 2001, 65, 75; zu § 9 BetrVG auch BAG 16. 4. 2003 AP BetrVG 1972 § 9 Nr. 7). Sinkt die nach den allgemeinen Grundsätzen und somit unter Einschluss einer Prognose zu ermittelnde Zahl der regelmäßig beschäftigten Arbeitnehmer unter 101, endet mangels Vorhandenseins bestandssichernder Bestimmungen das Amt des Wirtschaftsausschusses ohne weiteres (wie hier BAG 7. 4. 2004 AP BetrVG 1972 § 106 Nr. 17; GK-*Oetker*, § 106 Rn. 21, § 107 Rn. 28; a. A. LAG Frankfurt 17. 8. 1993 DB 1994, 1248; DKK-*Däubler*, § 106 Rn. 13 a; die einen Wegfall erst mit dem Ende der Amtszeit des Betriebsrats annehmen). Auch wenn die Richtlinie 2002/14/EG v. 11. 3. 2002 (ABl. EG Nr. 280, S. 29) einen Schwellenwert von 50 Beschäftigten vorsieht, ermöglicht dies – etwa im Wege richtlinienkonformer Auslegung – keine Hinwegsetzung über den eindeutigen Wortlaut des § 106 (vgl. § 118 Rn. 169a f.; *Deinert*, NZA 1999, 800, 801 f.; im Ergebnis wohl auch *Ritter*, Der Wirtschaftsausschuss, S. 241 ff., die in kleineren Unternehmen die Einsetzung von „Wirtschaftsfachmännern" verlangt, um den Vorgaben der Richtlinie Rechnung zu tragen; auf diese Wirtschaftsfachmänner seien die §§ 106 ff. entsprechend anzuwenden, S. 243 f.).

12   b) Nach bislang teilweise vertretener Ansicht müssen die in einem **gemeinsamen Betrieb** beschäftigten Arbeitnehmer von den sonstigen Belegschaften der beteiligten Rechtsträger getrennt betrachtet werden, so dass sie auch mit Blick auf den Schwellenwert des § 106 BetrVG keine Beachtung finden dürften, soweit es um die Errichtung von Wirtschaftsausschüssen bei den beteiligten Rechtsträgern geht (so *Konzen*, AuR 1985, 341, 354; a. A. *Richardi*, 7. Aufl. Rn. 12; *Fitting*, § 106 Rn. 13; MünchArbR-*Joost*, § 231 Rn. 5). Eine nähere Auseinandersetzung damit ist heute entbehrlich, denn der durch das BetrVerf-Reformgesetz eingefügte § 47 Abs. 9 BetrVG zeigt nunmehr eindeutig, dass diese grundsätzliche Trennung der Belegschaften nicht dem Willen des Gesetzgebers entspricht, was im Zusammenhang mit der Entscheidung des Gesetzgebers gegen die Unternehmenseigenschaft des gemeinsamen Betriebs (s. Rn. 8) zu sehen ist. Das führt aber nicht dazu, für die Berechnung der unternehmensbezogenen Schwellenwerte bei den beteiligten Rechtsträgern jeweils sämtliche Arbeitnehmer des gemeinsamen Betriebs zu berücksichtigen (so aber *Fitting*, § 106 Rn. 13). Denn das Wesen des Rechtsträgers wird insoweit nur durch die ihm zuordenbaren Arbeitnehmer bestimmt, weshalb auch nur sie zählen (insoweit ähnlich GK-*Oetker*, § 106 Rn. 27 f., der allerdings auch die Möglichkeit der Errichtung eines Wirtschaftsausschusses bei der „Trägergruppe" anerkennt; vgl. dazu bereits Rn. 8). Allerdings ist auch hierfür die Existenz arbeitsvertraglicher Bindungen keine notwendige Voraussetzung.

3. Grenzüberschreitende Unternehmen

13   a) Liegt ein Teil der **Betriebe des Unternehmens im Ausland,** so sind die **Arbeitnehmer dieser Betriebe nicht mitzuzählen;** denn die Betriebsverfassung erstreckt sich nicht auf

II. Voraussetzungen für die Bildung eines Wirtschaftsausschusses § 106

Betriebe im Ausland (ebenso GK-*Oetker,* § 106 Rn. 29; wie hier *Fitting,* § 106 Rn. 14; GL-*Löwisch,* § 106 Rn. 11; *Nikisch,* Bd. III S. 506 Fn. 8; *Nipperdey/Säcker* in *Hueck/ Nipperdey,* Bd. II/2 S. 1460 Fn. 9; a. A. HSWGNR-*Hess,* § 106 Rn. 10; DKK-*Däubler,* § 106 Rn. 23; *Birk,* FS Schnorr v. Carolsfeld, S. 61, 82; *Simitis,* FS Kegel, S. 153, 178 f.; *Grasmann,* ZGR 1973, 317, 324; *Däubler,* RabelsZ 39 [1975], 444, 466). Folgerichtig ist ein gegenteiliger Standpunkt nur, wenn man den Wirtschaftsausschuss der Unternehmensverfassung zuordnet und auf die *lex societatis* abstellt. Der Wirtschaftsausschuss ist aber, obwohl er für das Unternehmen, nicht für einen einzelnen Betrieb gebildet wird, Teil der Betriebsverfassung (s. Rn. 4). Berücksichtigt man, dass seine Mitglieder ausschließlich vom Betriebsrat bzw. bei Bestehen eines Gesamtbetriebsrats von diesem bestimmt werden (§ 107 Abs. 2), so ist, wenn das Unternehmen nur einen Betrieb in der Bundesrepublik Deutschland hat, nur der dort bestehende Betriebsrat, bei mehreren Betrieben mit mindestens zwei Betriebsräten nur der Gesamtbetriebsrat befugt, den Wirtschaftsausschuss zu bilden. Bereits aus diesem Grund sind nur die im Ausland tätigen Arbeitnehmer, die einem inländischen Betrieb zugeordnet werden (s. Einl. Rn. 70 ff.), nicht aber die Arbeitnehmer ausländischer Betriebe mitzuzählen. Die gegenteilige Auffassung setzt voraus, dass man die ausländischen Betriebsvertretungen an der Errichtung eines Gesamtbetriebsrats beteiligt (so folgerichtig *Birk,* FS Schnorr v. Carolsfeld, S. 61, 83; *Däubler,* RabelsZ 39 [1975], 444, 462 ff.; s. dazu auch § 47 Rn. 18). Bestimmt man aber den Anwendungsbereich des BetrVG nach der *lex loci laboris* (s. Einl. Rn. 63 ff.), so sind die Repräsentationsrechte im Gesamtbetriebsrat auf die Betriebsräte inländischer Betriebe beschränkt (so zutreffend *Simitis,* FS Kegel, S. 153, 179). Deshalb kann für die Bildung des Wirtschaftsausschusses auch nur auf die dort beschäftigten Arbeitnehmer abgestellt werden. Die Kompetenz des Wirtschaftsausschusses wird allerdings nicht dadurch begrenzt, dass die Informationspflicht nur gegenüber den Vertretern der inländischen Betriebe besteht; sie bleibt auf das Gesamtunternehmen bezogen (ebenso *Simitis,* FS Kegel, S. 153, 179 Fn. 71).

b) Ein Wirtschaftsausschuss ist auch dann zu bilden, wenn die **Unternehmensleitung** **14** **im Ausland** liegt, der im Inland befindliche Betrieb oder die im Inland befindlichen Betriebe aber insgesamt in der Regel mehr als 100 Arbeitnehmer ständig beschäftigen (ebenso BAG 1. 10. 1974 AP BetrVG 1972 § 106 Nr. 1 [zust. *Hinz*]; BAG 31. 10. 1975 AP BetrVG 1972 § 106 Nr. 2; *Fitting,* § 106 Rn. 15; GK-*Oetker,* § 106 Rn. 30, 37; GL-*Löwisch,* § 106 Rn. 9 f.; HSWGNR-*Hess,* § 106 Rn. 9; *Birk,* FS Schnorr v. Carolsfeld, S. 61, 73; *Simitis,* FS Kegel, S. 153, 178; *Grasmann,* ZGR 1973, 317, 322; a. A. *Gaul,* AWD 1974, 471, 478; a. A. auch DKK-*Däubler,* § 106 Rn. 24, der auch in diesem Fall die Arbeitnehmer der ausländischen Betriebe mitzählt). Die Errichtung eines Wirtschaftsausschusses nur für die in der Bundesrepublik gelegenen Betriebe steht zwar im Widerspruch zu dem Grundsatz, dass für einzelne Betriebe kein Wirtschaftsausschuss gebildet werden kann (s. Rn. 4); hier ist aber zu berücksichtigen, dass die inländischen Ausstrahlungen der im Ausland befindlichen Unternehmensleitung vom deutschen Betriebsverfassungsrecht erfasst werden. Es wird daher auch in diesem Fall nur für das Unternehmen ein Wirtschaftsausschuss gebildet, dessen Informations- und Beratungsrecht sich auf die unternehmerischen Dispositionen beschränkt, die sich auf die inländischen Betriebe auswirken können (ebenso *Däubler,* RabelsZ 39 [1975], 444, 474). Befinden sich mehrere Betriebe mit Betriebsräten im Inland, kann ein Wirtschaftsausschuss allerdings nur errichtet werden, wenn die Voraussetzungen für die Bildung eines Gesamtbetriebsrats vorliegen (s. § 47 Rn. 21) und ein solcher tatsächlich gebildet ist; etwas anderes gilt, wenn lediglich in einem der Betriebe ein Betriebsrat existiert (s. § 107 Rn. 11 f.).

4. Kleinunternehmen

Für Unternehmen, die nicht die erforderliche Arbeitnehmerzahl erreichen, kann **kein** **15** **Wirtschaftsausschuss** eingerichtet werden. Möglich ist lediglich, dass durch eine freiwil-

§ 106

lige Betriebsvereinbarung ein Gremium gebildet wird, das eine ähnliche Funktion hat wie der Wirtschaftsausschuss; es handelt sich dann aber nicht um einen Wirtschaftsausschuss i. S. des Gesetzes, insbesondere haben derartige Gremien nicht die gesetzlichen Befugnisse nach dem BetrVG, sondern ihre Funktion richtet sich ausschließlich nach der Betriebsvereinbarung.

16 Die **Rechte des Wirtschaftsausschusses** stehen in Kleinunternehmen auch **nicht** dem **Betriebsrat** unmittelbar zu; das Gesetz geht vielmehr davon aus, dass §§ 106 bis 109 überhaupt keine Anwendung finden (ebenso BAG 7. 4. 2004 AP BetrVG 1972 § 106 Nr. 17; BAG 5. 2. 1991 AP BetrVG 1972 § 106 Nr. 10; GK-*Oetker,* § 106 Rn. 31; ErfK-*Kania* § 106 Rn. 2; MünchArbR-*Joost,* § 231 Rn. 6; *Rumpff/Boewer,* Mitbestimmung in wirtschaftlichen Angelegenheiten, S. 188 f.; *Oetker/Lunk,* DB 1990, 2320, 2321; a. A. GK-*Fabricius,* 6. Aufl., § 106 Rn. 15 ff.; *Mayer,* AuR 1991, 14, 16 ff.). Der Betriebsrat kann daher nicht Unterrichtung nach § 106 Abs. 2 verlangen. Davon unberührt bleibt aber, dass er hinsichtlich einzelner der in § 106 Abs. 3 genannten wirtschaftlichen Angelegenheiten nach anderen Vorschriften des BetrVG unter den dort genannten Voraussetzungen, also insbesondere auch nach § 80 Abs. 2, zu unterrichten ist (ebenso BAG 5. 2. 1991 AP BetrVG 1972, § 106 Nr. 10; s. auch § 108 Rn. 32 ff.).

III. Bildung, Aufgaben und Kompetenz des Wirtschaftsausschusses

1. Bildung eines selbständigen Wirtschaftsausschusses

17 Die Errichtung des Wirtschaftsausschusses ist **zwingend vorgeschrieben,** wenn die Voraussetzungen gegeben sind. Sie wird, wie sich aus dem Gesetzestext des Abs. 1 Satz 1 ergibt, dem Betriebsrat ausdrücklich zur Pflicht gemacht; der Betriebsrat hat lediglich die Möglichkeit, stattdessen die Aufgaben des Wirtschaftsausschusses einem Ausschuss des Betriebsrats zu übertragen (§ 107 Abs. 3). Besteht ein Gesamtbetriebsrat, so trifft ihn die Pflicht, den Wirtschaftsausschuss zu bilden, sofern er nicht über die anderweitige Wahrnehmung der Aufgaben des Wirtschaftsausschusses beschließt (§ 107 Abs. 2 Satz 2 und Abs. 3 Satz 6). Ein Wirtschaftsausschuss ist auch dann zu bilden, wenn in einem Unternehmen mit mehreren Betrieben nur in einem von ihnen ein Betriebsrat besteht (LAG Frankfurt 7. 11. 1989 LAGE § 106 BetrVG 1972 Nr. 5; siehe näher § 107 Rn. 11 f.). Ein Betriebsrat, der die ihm obliegende Pflicht nicht erfüllt, kann durch Beschluss des Arbeitsgerichts aufgelöst werden (§ 23 Abs. 1). Bei einem Gesamtbetriebsrat können seine Mitglieder durch Beschluss des Arbeitsgerichts wegen grober Verletzung ihrer gesetzlichen Pflichten ihres Amtes enthoben werden (§ 48).

18 Die **Bestellung** und **Zusammensetzung des Wirtschaftsausschusses** sowie dessen **Amtszeit** regelt § 107 Abs. 1 und 2 (s. dort Rn. 2 ff.).

2. Aufgaben und Kompetenz des Wirtschaftsausschusses

19 Der Wirtschaftsausschuss ist bei der **Unterrichtung in wirtschaftlichen Angelegenheiten** zwischen dem Unternehmer und dem Betriebsrat eingeschaltet. Er soll in wirtschaftlichen Angelegenheiten die Kooperation zwischen der Unternehmensleitung und dem Betriebsrat fördern. Das Gesetz bezeichnet als **Aufgabe des Wirtschaftsausschusses, wirtschaftliche Angelegenheiten mit dem Unternehmer zu beraten** und den **Betriebsrat zu unterrichten** (Abs. 1 Satz 2). Der Unternehmer ist deshalb verpflichtet, den Wirtschaftsausschuss rechtzeitig und umfassend über die wirtschaftlichen Angelegenheiten des Unternehmens zu unterrichten (s. ausführlich Rn. 20 ff.). Der Beratung dient, dass der Wirtschaftsausschuss monatlich einmal zusammentreten soll und an seinen Sitzungen der Unternehmer oder sein Vertreter teilzunehmen hat (§ 108 Abs. 1 und Abs. 2 Satz 1). Über die Informationen, die der Betriebsausschuss erhält, und das Ergebnis der Beratungen hat der Wirtschaftsausschuss den Betriebsrat zu unterrichten; ausdrücklich wird ihm

daher die Verpflichtung auferlegt, über jede Sitzung des Wirtschaftsausschusses dem Betriebsrat unverzüglich und vollständig zu berichten (§ 108 Abs. 4).

IV. Unterrichtungspflicht des Unternehmers

Der Unternehmer hat den **Wirtschaftsausschuss** rechtzeitig und umfassend über die 20 wirtschaftlichen Angelegenheiten des Unternehmens unter Vorlage der erforderlichen Unterlagen zu unterrichten, soweit dadurch nicht die Betriebs- und Geschäftsgeheimnisse des Unternehmens gefährdet werden (Abs. 2).

1. Gegenstand der Unterrichtungspflicht

Was zu den **wirtschaftlichen Angelegenheiten** gehört, ist in Abs. 3 beispielhaft auf- 21 geführt (s. ausführlich Rn. 37 ff.). Eine immanente Schranke der Unterrichtungspflicht besteht, wie sich aus Abs. 3 Nr. 10 ergibt, lediglich insoweit, als nur solche wirtschaftlichen Angelegenheiten erfasst werden, „welche die Interessen der Arbeitnehmer des Unternehmens wesentlich berühren können" (ebenso BAG 1. 10. 1974 AP BetrVG 1972 § 106 Nr. 1; GL-*Löwisch*, § 106 Rn. 26).

Bei der Unterrichtung über die wirtschaftlichen Angelegenheiten hat der Unternehmer, 22 wie im Gesetzestext ausdrücklich bestimmt wird, die sich daraus ergebenden **Auswirkungen auf die Personalplanung** darzustellen (Abs. 2). Das gilt auch, wenn die Personalplanung im Unternehmen nicht als ständige Einrichtung besteht. Die Unterrichtungspflicht bezieht sich nur auf die Auswirkungen bestimmter wirtschaftlicher Angelegenheiten des Unternehmens auf die Personalplanung, nicht aber auf diese selbst; denn über die Personalplanung hat der Arbeitgeber nach § 92 den Betriebsrat zu unterrichten (ebenso GK-*Oetker*, § 106 Rn. 47 f.; GL-*Löwisch*, § 106 Rn. 25; *Rumpff/Boewer*, Mitbestimmung in wirtschaftlichen Angelegenheiten, S. 189; a. A. DKK-*Däubler*, § 106 Rn. 54).

2. Art und Weise der Unterrichtung

a) Der Unternehmer hat den Wirtschaftsausschuss **unaufgefordert zu unterrichten** 23 (ebenso MünchArbR-*Joost*, § 231 Rn. 42; *Rumpff/Boewer*, Mitbestimmung in wirtschaftlichen Angelegenheiten, S. 191).

b) Die Unterrichtung hat **rechtzeitig** zu erfolgen, d. h. sie hat so frühzeitig zu gesche- 24 hen, dass die Angelegenheit mit dem Unternehmer noch in einer Sitzung des Wirtschaftsausschusses beraten werden und der Betriebsrat von dem Ergebnis unterrichtet werden kann, damit die Ausübung der Mitwirkungs- und Mitbestimmungsrechte möglich ist, bevor die geplante Maßnahme durchgeführt wird (ebenso BAG 20. 11. 1984 AP BetrVG 1972 § 106 Nr. 3; BAG 11. 7. 2000, AP BetrVG 1972 § 109 Nr. 2; HSWGNR-*Hess*, § 106 Rn. 23; DKK-*Däubler*, § 106 Rn. 39 ff.; MünchArbR-*Joost*, § 231 Rn. 42 f.; *Rumpff/Boewer*, Mitbestimmung in wirtschaftlichen Angelegenheiten, S. 192 f.; *Dütz*, FS Westermann, S. 37, 39; zustimmend insoweit auch *Ehmann*, Betriebsstilllegung und Mitbestimmung, 1978, S. 35). Daraus folgt, dass der Unternehmer eine angemessene Zeit vor der Sitzung des Wirtschaftsausschusses dessen Mitglieder unterrichten muss (a. A. *Stege/Weinspach/Schiefer*, §§ 106–109 Rn. 35: es genügt prinzipiell die mündliche Auskunft in der Sitzung), wobei die Frist vom Umfang und der Schwierigkeit der zu behandelnden Angelegenheit abhängt. Für die Bestimmung des Zeitpunkts wesentlich ist weiterhin, dass der Wirtschaftsausschuss für den Betriebsrat eine Hilfsfunktion erfüllt. Die Beratung im Wirtschaftsausschuss muss daher vor allem bei der Beteiligung nach § 111 dem Betriebsrat ermöglichen, in betriebswirtschaftlich sinnvoller Weise auf den Entschluss des Arbeitgebers einzuwirken (so KG Berlin 25. 9. 1978 DB 1979, 112 f.; DKK-*Däubler*, § 106 Rn. 40; siehe aber auch *Ehmann*, Betriebsstilllegung und Mitbestimmung, 1978, S. 35, nach dessen Ansicht bei einer geplanten Einschränkung oder Stilllegung von Betrieben oder Betriebsteilen „der richtige Zeitpunkt nur um (wenige) Stunden vor dem Zeitpunkt liegen (kann), in welchem der Unternehmer den Betriebsrat gemäß § 111 von der Betriebsänderung zu unterrichten hat"; vgl. auch *Wiese*, FS Wiedemann, S. 617, 625: „Die Unterrichtung des Wirtschaftsausschusses hat mithin grundsätzlich früher als die nach § 90 Abs. 1, § 92 Abs. 1 Satz 1 und § 111 Satz 1 BetrVG dem Arbeitgeber/Unternehmer obliegende Unterrichtung des Betriebsrats zu erfolgen").

25   c) Die Unterrichtung muss **umfassend** sein; sie muss nicht nur den Umfang und die zu erwartenden Auswirkungen der Maßnahmen, sondern auch deren Gründe erkennen lassen. Selbstverständlich ist, dass die Unterrichtung wahrheitsgemäß zu erfolgen hat.

26   d) Die Unterrichtung muss für den Wirtschaftsausschuss *verständlich* sein, woraus sich die Pflicht des Arbeitgebers zu einer überschaubaren und ggf. verständnisfördernd aufbereiteten Darstellung ergeben kann (ebenso DKK-*Däubler*, § 106 Rn. 44; *Schweibert*, Willemsen/Hohenstatt/Schweibert/Seibt, Umstrukturierung und Übertragung von Unternehmen, C 402; a. A. wohl *Joost*, FS Kissel 1994, S. 433, 445; *ders.*, MünchArbR § 231 Rn. 49, wenn er die Notwendigkeit der Anfertigung neuer Unterlagen zum Zwecke der Unterrichtung generell ablehnt).

26a e) Mit Wirkung zum 19. 8. 2008 wurde durch das Risikobegrenzungsgesetz (BGBl. I S. 1666) Abs. 2 Satz 2 neu angefügt. Zwar befasst er sich seinem Wortlaut nach mit den „erforderlichen Unterlagen", doch geht es inhaltlich primär um die Ausgestaltung der Unterrichtungspflicht und nicht um die Ausgestaltung der Vorlagepflicht (den verunglückten Wortlaut bemängelt auch ErfK-*Kania*, § 106 BetrVG Rn. 6a; vgl. auch *Simon/Dobel*, BB 2008, 1955, 1957). Für den Fall einer mit einem Kontrollwechsel verbundenen Unternehmensübernahme i. S. d. Abs. 3 Nr. 9a (s. Rn. 55a) ordnet Abs. 2 Satz 2 ausdrücklich an, dass sowohl der potentielle Erwerber als auch dessen Absichten im Hinblick auf die künftige Geschäftstätigkeit des Unternehmens sowie die sich daraus ergebenden Auswirkungen auf die Arbeitnehmer mitzuteilen seien. Die Unterrichtungspflicht gemäß Abs. 2 Satz 2 steht neben einer etwaigen Informationspflicht gemäß § 14 Abs. 4 Satz 2 WpÜG.

26b Der Begriff des potentiellen Erwerbers ist recht unscharf. Gemeint ist damit nicht jeder, der sein Interesse an einer Übernahme bekundet hat oder mit dem bisherigen Inhaber in Übernahmeverhandlungen steht. Potentieller Erwerber ist erst, wer ein bindendes Übernahmeangebot abgegeben oder – sofern es zu einem solchen nicht kommt – sich vertraglich zur Übernahme verpflichtet hat (a. A. *Schröder/Falter*, NZA 2008, 1097, 1100: „wenn ein Kaufvertrag mit dem Erwerber endverhandelt ist und die Unterzeichnung unmittelbar bevorsteht"; vgl. auch den Bericht des Finanzausschusses BT-Drucks. 16/9821, S. 11, wonach im Rahmen eines Bieterverfahrens nur diejenigen potentielle Erwerber seien, „die ein verbindliches Angebot abgeben").

26c Zweifelhaft ist, ob der Unternehmer sich der Informationspflicht gemäß Abs. 2 Satz 2 ohne weiteres durch den Hinweis entziehen kann, die Unternehmensübernahme spiele sich auf der Ebene der Gesellschafter ab, und die Absichten des potentiellen Erwerbers seien ihm nicht bekannt (in diesem Sinne ErfK-*Kania*, § 106 Rn. 6a; *Simon/Dobel*, BB 2008, 1955, 1956; *Schröder/Falter*, NZA 2008, 1097, 1099). Die praktische Wirksamkeit der Bestimmung würde bei einem solchen Verständnis stark begrenzt. Der Unternehmer hat die in Abs. 2 Satz 2 angesprochenen Informationen – abgesehen von den Fällen des § 14 Abs. 4 Satz 1 WpÜG – typischerweise nicht, weil keine Verpflichtung für Gesellschafter oder Übernahmeinteressenten besteht, diese Informationen dem Unternehmen zu gewähren. Hier zeigt sich der „Webfehler" der gesetzlichen Regelung, die recht unreflektiert von dem Gedanken getragen ist, dass „nicht nachvollziehbar sei, wieso eine Regel für Übernahmen börsennotierter Unternehmen [d. i. § 14 WpÜG] nicht entsprechend für Übernahmen nicht börsennotierter Unternehmen gelten könne" (Bericht des Finanzausschusses, BT-Drucks. 16/9821, S. 11). Dennoch ist keine Grundlage für einen Informationsanspruch des Unternehmens gegen seine Gesellschafter erkennbar (ähnlich *Simon/Dobel,* BB 2008, 1955, 1957), so dass die Erfüllung der Informationsverpflichtung gemäß Abs. 2 Satz 2 letztlich unter dem Vorbehalt der Kenntnis des Unternehmens steht (vgl. auch Rn. 57).

Absichten des potentiellen Erwerbers im Hinblick auf die künftige Geschäftstätigkeit i. S. d. Abs. 2 Satz 2 sind nur solche, die sich zu konkreten Planungen betreffend die Unternehmens- oder Betriebsorganisation verdichtet haben. Die aus diesen Planungen resultierenden Auswirkungen auf die Arbeitnehmer brauchen nicht detailliert angegeben zu werden, sondern es genügt beispielsweise der allgemeine Hinweis auf einen etwa aus den Maßnahmen resultierenden Personalabbau oder die Notwendigkeit von Versetzungen. 26 d

Selbst wenn der Wirtschaftsausschuss über eine bevorstehende Unternehmensübernahme gemäß Abs. 2 Satz 2 zu unterrichten ist, hat er keinen Anspruch auf Beratung mit dem Unternehmen gemäß Abs. 2 Satz 1. Das Unternehmen ist insoweit nämlich kein tauglicher Gesprächspartner, weil es die Übernahme nicht unmittelbar beeinflussen kann (ebenso ErfK-*Kania,* § 106 Rn. 6 a; *Löw,* DB 2008, 758; *Simon/Dobel,* BB 2008, 1955, 1957; *Thüsing,* ZIP 2008, 106). 26 e

Die Unterrichtungspflicht gemäß Abs. 2 Satz 2 gilt nach Halbsatz 2 auch, wenn im Vorfeld der Übernahme ein Bieterverfahren durchgeführt wird. Dem kann das Unternehmen angesichts des gesetzlichen Wortlautes nicht grundsätzlich den Charakter eines Bieterverfahrens als solchen entgegenhalten, um die Gefährdung von Betriebs- und Geschäftsgeheimnissen im Sinne des Abs. 2 Satz 1 zu begründen (vgl. auch den Bericht des Finanzausschusses, BT-Drucks. 16/9821, S. 11). 26 f

3. Vorlage der erforderlichen Unterlagen

Der Unternehmer hat den Wirtschaftsausschuss unter Vorlage der erforderlichen Unterlagen zu unterrichten. 27

a) Zu den **Unterlagen** gehören vor allem Berichte, Pläne und Analysen über die in Abs. 3 besonders genannten wirtschaftlichen Angelegenheiten, also insbesondere auch der **Jahresabschluss** ungeachtet der den Arbeitgeber nach § 108 Abs. 5 treffenden Erläuterungspflicht (*Fitting,* § 106 Rn. 25; a. A. HSWGNR-*Hess,* § 108 Rn. 20), der nach § 242 Abs. 3 HGB die Bilanz sowie die Gewinn- und Verlustrechnung umfasst (ebenso BAG 8. 8. 1989 AP BetrVG 1972 § 106 Nr. 6). Für den **Wirtschaftsprüfungsbericht** kann nichts anderes gelten (so BAG, a. a. O.; ebenso *Fitting,* § 106 Rn. 25; *Fabricius,* AuR 1989, 121, 127; GK-*Oetker,* § 106 Rn. 91; a. A. *Hacker,* Die Pflicht des Unternehmens, S. 112 ff.; *Hommelhoff,* ZIP 1990, 218, 219; *Martens,* DB 1988, 1229 ff.). Zu den Unterlagen gehören weiterhin Erfolgsberechnungen (BAG 17. 9. 1991 AP BetrVG 1972 § 106 Nr. 13), das Produktions- und Investitionsprogramm, Organisations- und Rationalisierungspläne sowie die Mittelfristplanung des Unternehmens (LAG Köln 14. 1. 2004 AP BetrVG 1972 § 106 Nr. 18). Im Falle des Gesellschafterwechsels durch Anteilsübertragung (s. Rn. 57) gehört dazu nicht der Vertrag über die Veräußerung der Geschäftsanteile (BAG 22. 1. 1991 AP BetrVG 1972 § 111 Nr. 9); dies gilt auch im Fall des Abs. 2 Satz 2. Zu den erforderlichen Unterlagen können die kostenstellengenaue Gegenüberstellung der Plan- und Ist-Zahlen (GK-*Oetker,* § 106 Rn. 91; a. A. *Stege/ Weinspach/Schiefer,* §§ 106–109 Rn. 35 a) und vorhandene Marktanalysen, wohl aber nicht der Bericht einer Unternehmensberatung gehören (a. A. GK-*Oetker,* § 106 Rn. 91), da er als solcher in keiner Beziehung zur wirtschaftlichen Situation des Unternehmens steht. 28

Welche Unterlagen jeweils vorzulegen sind, ergibt sich aus den Angelegenheiten, über die der Unternehmer den Wirtschaftsausschuss informiert und ist eine Frage der Erforderlichkeit sowie der Geheimhaltungsbedürftigkeit (BAG 17. 9. 1991 AP BetrVG 1972 § 106 Nr. 13; *Joost,* in FS Kissel 1994, S. 433, 446). Was dafür erforderlich ist, bestimmt 29 zunächst der Unternehmer nach pflichtgemäßem Ermessen. Besteht darüber Streit, so hat der Wirtschaftsausschuss den Betriebsrat bzw. Gesamtbetriebsrat mit der Angelegenheit zu befassen; kommt zwischen Unternehmer und Betriebsrat bzw. Gesamtbetriebsrat eine Einigung nicht zustande, so entscheidet die Einigungsstelle (§ 109). Nichts anderes gilt auch in Fällen des Abs. 2 Satz 2.

30   b) Die Unterlagen sind dem Wirtschaftsausschuss **vorzulegen,** d. h. die Mitglieder des Wirtschaftsausschusses sind berechtigt, in die Unterlagen Einsicht zu nehmen (§ 108 Abs. 3). Dabei braucht sich der Wirtschaftsausschuss grundsätzlich nicht auf vom Unternehmer nur für den Zweck der Unterrichtung angefertigte Unterlagen oder Exzerpte verweisen zu lassen, sondern kann die Vorlage der allgemein im Unternehmen für die Angelegenheit verwandten Unterlagen verlangen (*Joost*, FS Kissel 1994, S. 433, 445 f.). Der im Gesetzestext verwandte Begriff der „Vorlage" ist nicht so eindeutig wie die Formulierung in § 80 Abs. 2 Satz 2, dass dem Betriebsrat die zur Durchführung seiner Aufgaben erforderlichen Unterlagen „zur Verfügung zu stellen" sind. Nach § 108 Abs. 3 sind die Mitglieder des Wirtschaftsausschusses während einer Sitzung berechtigt, „in die nach § 106 Abs. 2 vorzulegenden Unterlagen Einsicht zu nehmen". Daraus folgt, dass es nach Sinn und Zweck der gesetzlichen Regelung zu eng wäre, den Begriff der Vorlage auf die *Einsichtnahme* zu beschränken, soweit man darunter allein die Einsichtnahme in Anwesenheit des Arbeitgebers versteht (vgl. BAG 20. 11. 1984 AP BetrVG 1972 § 106 Nr. 3 [*Kraft*]). Durch die Vorlage soll vielmehr gewährleistet werden, dass die Mitglieder des Wirtschaftsausschusses die Möglichkeit haben, sich auf dessen Sitzungen gründlich vorzubereiten. Es genügt daher nicht, dass sie die Unterlagen nur in Gegenwart des Arbeitgebers einsehen können; es ist andererseits aber auch nicht erforderlich, dass dieser die Unterlagen den Mitgliedern des Wirtschaftsausschusses überlässt. Allerdings soll sich bei schwer erfassbaren Unterlagen, insbes. bei umfangreichem Daten- oder Zahlenmaterial aus dem Zweck der Vorlagepflicht ergeben, dass der Unternehmer sie den Mitgliedern des Wirtschaftsausschusses – zur Vorbereitung auf die Sitzung – zeitweise zu überlassen hat (so BAG 20. 11. 1984 AP BetrVG 1972 § 106 Nr. 3; *Fitting*, § 106 Rn. 27; *Richardi*, 7. Aufl., Rn. 30). Indes ist mit Rücksicht auf das Geheimhaltungsinteresse des Arbeitgebers nicht zu erkennen, weshalb dem Zweck der Vorlagepflicht nicht auch dadurch ausreichend Rechnung getragen werden kann, dass sie den Mitgliedern des Wirtschaftsausschusses in den Diensträumen des Arbeitgebers zur freien Einsichtnahme ohne Anwesenheit des Arbeitgebers überlassen werden (ebenso MünchArbR-*Joost*, § 231 Rn. 53; *Kraft*, Anm. BAG AP BetrVG 1972 § 106 Nr. 3), so dass nur dies berechtigterweise verlangt werden kann (letztlich unentschieden GK-*Oetker*, § 106 Rn. 94). Besteht für die Unterlagen eine Veröffentlichungspflicht des Unternehmers, kann sich eine Pflicht zur Aushändigung aus dem Gebot der vertrauensvollen Zusammenarbeit ergeben (ebenso MünchArbR-*Joost*, § 231 Rn. 55).

31   Da den Unternehmer nur eine Vorlagepflicht trifft, er also anders als nach § 80 Abs. 2 Satz 2 gegenüber dem Betriebsrat nicht die erforderlichen Unterlagen *zur Verfügung zu stellen* hat, sind die Mitglieder des Wirtschaftsausschusses **nicht berechtigt,** von den ihnen überlassenen Unterlagen Ablichtungen oder **Abschriften anzufertigen** (ebenso BAG 20. 11. 1984 AP BetrVG 1972 § 106 Nr. 3 [*Kraft*]). Gestattet ist ihnen allerdings, sich an Hand der Unterlagen Notizen zu machen (so ausdrücklich BAG 20. 11. 1984 AP BetrVG 1972 § 106 Nr. 3).

4. Keine Pflicht zur Unterrichtung bei Gefährdung von Betriebs- und Geschäftsgeheimnissen

32   Keine Pflicht zur Unterrichtung besteht für den Unternehmer, soweit durch die Auskunft über wirtschaftliche Angelegenheiten die Betriebs- und Geschäftsgeheimnisse des Unternehmens gefährdet werden. Ist daher eine Gefährdung nicht gegeben, hat der Arbeitgeber auch über Betriebs- und Geschäftsgeheimnisse zu informieren (BAG 11. 7.

IV. Unterrichtspflicht des Unternehmers § 106

2000 AP BetrVG 1972 § 109 Nr. 2). §§ 14, 15 WpHG vermögen als solche keine Ausnahmen von der Unterrichtungspflicht zu begründen (*Kappes*, NJW 1995, 2832; *Oetker*, FS Wißmann 2005, S. 396, 408; a. A. *Röder/Merten*, NZA 2005, 268, 271 f.). Selbstverständlich werden die Mitglieder des Wirtschaftsausschusses bei Erlangung von Insiderinformationen jedoch selbst zu Insidern (DKK-*Däubler*, § 106 Rn. 55; *Schleifer/ Kliemt*, DB 1995, 2214, 2218 f.; *Fischer*, DB 1998, 2606, 2607; siehe dazu auch *Federlin*, FS Hromadka 2008, S. 69 ff.).

a) **Betriebs- und Geschäftsgeheimnisse** sind Tatsachen, die in Zusammenhang mit **33** dem technischen Betrieb oder der wirtschaftlichen Betätigung des Unternehmens stehen, nicht offenkundig sind, nach dem Willen des Unternehmers geheimzuhalten sind und an deren Geheimhaltung ein begründetes Interesse besteht (s. zum Begriff § 79 Rn. 4 f.). Dies ist nach Ansicht des BAG nicht allein wegen der Gefahr zu bejahen, dass die gewerkschaftlichen Mitglieder des Wirtschaftsausschusses die Informationen im Rahmen von Tarifverhandlungen verwerten und dadurch möglicherweise die Verhandlungsposition des Arbeitgebers schwächen (BAG 11. 7. 2000 AP BetrVG 1972 § 109 Nr. 2).

b) Nach der Gesetzesformulierung entfällt die Pflicht zur Unterrichtung nur, soweit **34** durch die Auskunft die Betriebs- und Geschäftsgeheimnisse des Unternehmens **gefährdet** werden. Der Gefährdungsbegriff lässt unterschiedliche Deutungen zu (ebenso *Rumpff/ Boewer*, Mitbestimmung in wirtschaftlichen Angelegenheiten, S. 199 f.). Bedenkt man, dass der Katalog der Unterrichtungsgegenstände (Abs. 3) die Mitteilung von Betriebs- und Geschäftsgeheimnissen umfasst, so muss für die Interpretation beachtet werden, dass bei jeder Offenlegung ein Betriebs- oder Geschäftsgeheimnis abstrakt gefährdet ist. Schon daraus folgt, dass nicht bereits die bloße Mitteilung den Grund für eine Gefährdung darstellen kann (ebenso MünchArbR-*Joost*, § 231 Rn. 57; a. A. *Hacker*, S. 40 f.). Es müssen vielmehr zusätzliche Umstände vorliegen, die den Gefährdungstatbestand erfüllen. Sie sind aber nicht nur gegeben, wenn die Geheimhaltung im konkreten Fall gefährdet ist, weil konkrete Anhaltspunkte für die Unzuverlässigkeit einzelner Mitglieder des Wirtschaftsausschusses bestehen (so DKK-*Däubler*, § 106 Rn. 60). Genügen muss vielmehr auch, dass unabhängig von der Zuverlässigkeit der informierten Personen durch die Offenbarung des Betriebs- oder Geschäftsgeheimnisses Bestand und Entwicklung des Unternehmens gefährdet sind (ebenso im Ergebnis GL-*Löwisch*, § 106 Rn. 35; MünchArbR-*Joost*, § 231 Rn. 56; wohl enger als hier, soweit eine schwerwiegende Schädigung im Wettbewerb mit den Konkurrenten gefordert wird, *Rumpff/Boewer*, Mitbestimmung in wirtschaftlichen Angelegenheiten, S. 200; a. A. *Oetker*, FS Wißmann 2005, S. 396, 403).

Ob durch die Auskunft ein Betriebs- oder Geschäftsgeheimnis gefährdet wird, hat der **35** **Unternehmer zu prüfen.** Er entscheidet insoweit zunächst selbst nach **pflichtgemäßem Ermessen** (ebenso GL-*Löwisch*, § 106 Rn. 38; HSWGNR-*Hess*, § 106 Rn. 28). Bezweifelt der Wirtschaftsausschuss, dass ein Betriebs- oder Geschäftsgeheimnis der Auskunft entgegensteht, so hat er den Betriebsrat bzw. Gesamtbetriebsrat mit der Angelegenheit zu befassen. Wenn zwischen Unternehmer und Betriebsrat bzw. Gesamtbetriebsrat keine Einigung darüber zustande kommt, ob die geforderte Unterrichtung des Wirtschaftsausschusses Betriebs- und Geschäftsgeheimnisse gefährdet, entscheidet die Einigungsstelle (§ 109; s. dort Rn. 6 ff.). Die Einigungsstelle beurteilt hier eine Rechtsfrage (vgl. § 109 Rn. 19).

c) Unabhängig davon, dass der Unternehmer über Betriebs- oder Geschäftsgeheim- **36** nisse keine Auskunft zu geben braucht, sind die **Mitglieder des Wirtschaftsausschusses verpflichtet, Betriebs- oder Geschäftsgeheimnisse,** die ihnen wegen ihrer Zugehörigkeit zum Wirtschaftsausschuss bekannt geworden und vom Arbeitgeber ausdrücklich als geheimhaltungsbedürftig bezeichnet worden sind, **nicht zu offenbaren und nicht zu verwerten** (§ 79). Die in § 67 Abs. 2 Satz 2 BetrVG 1952 enthaltene weitergehende Bestimmung, nach der Mitglieder des Wirtschaftsausschusses über Angelegenheiten, die die Wettbewerbsfähigkeit des Unternehmens berühren können, Stillschweigen zu bewahren haben, ist nicht übernommen worden, so dass die Geheimhaltungspflicht für Mitglieder des Wirtschaftsausschusses denselben Umfang hat wie für Mitglieder des Betriebsrats und der anderen in § 79 genannten betriebsverfassungsrechtlichen Institutionen (vgl. zur Rechtslage nach dem BetrVG 1952 *Dietz*, § 67 Rn. 24).

V. Katalog der wirtschaftlichen Angelegenheiten

37 Das Gesetz führt in Abs. 3 Angelegenheiten auf, deren Erörterung zu den Aufgaben des Wirtschaftsausschusses gehört. Wie sich aus dem Wort „insbesondere" ergibt, handelt es sich nach dem Gesetzestext um eine beispielhafte Aufzählung. Der Katalog der zum Zuständigkeitsbereich des Wirtschaftsausschusses gehörenden Sachgebiete ist aber gegenüber § 67 Abs. 3 BetrVG 1952 erheblich erweitert und enthält in Nr. 10 eine **beschränkte Generalklausel** (ebenso BAG 1. 10. 1974 AP BetrVG 1972 § 106 Nr. 1; BAG 22. 1. 1991 AP BetrVG § 106 Nr. 9; BAG 11. 7. 2000 AP BetrVG 1972 § 109 Nr. 2; *Fitting*, § 106 Rn. 54; GL-*Löwisch*, § 106 Rn. 42; HSWGNR-*Hess*, § 106 Rn. 51; DKK-*Däubler*, § 106 Rn. 78). Diese Generalklausel ändert nicht den beispielhaften Charakter der Aufzählung; sie erübrigt lediglich das Wort „insbesondere" im Gesetzestext, weil praktisch keine Fälle denkbar sind, die nicht unter Nr. 10 fallen, wenn sie von Nr. 1 bis 9 nicht erfasst werden (ebenso *Rumpff/Boewer*, Mitbestimmung in wirtschaftlichen Angelegenheiten, S. 190 und dort Fn. 46; MünchArbR-*Joost*, § 231 Rn. 23).

38 Soweit gesagt wird, mit dem in Nr. 10 aufgestellten Erfordernis, dass eine wesentliche Berührung der Interessen der Arbeitnehmer des Unternehmens denkbar sein müsse, werde **kein zusätzliches Prüfungserfordernis für die in Nr. 1 bis 9 genannten Gegenstände** aufgestellt (so *Richardi*, 7. Aufl., Rn. 38; ebenso *Rumpff/Boewer*, Mitbestimmung in wirtschaftlichen Angelegenheiten, S. 190 f.), ist das zutreffend, provoziert aber Missverständnisse. Zwar ergibt sich bereits bei vielen Tatbeständen der Nr. 1–9 die wesentliche Interessenberührung ohne weiteres auf Grund der Qualität der Angelegenheit, so etwa bei der Frage der Stilllegung gem. Nr. 6. Wo dies aber nicht der Fall ist, bedarf es mit Blick auf den Zweck der Beteiligung des auf Unternehmensebene angesiedelten Wirtschaftsausschusses einer **einschränkenden Interpretation** der Tatbestände anhand des in Nr. 10 explizit ausgedrückten Gedankens (dagegen GK-*Oetker*, § 106 Rn. 43), um Angelegenheiten der laufenden Geschäftsführung (für einen Ausschluss von Maßnahmen der laufenden Geschäftsführung im Ergebnis auch *Fitting*, § 106 Rn. 34; ErfK-*Kania*, § 106 Rn. 7; GK-*Oetker*, § 106 Rn. 40; wie hier im Ergebnis HSWGNR-*Hess*, § 106 Rn. 32) sowie Bagatellmaßnahmen auszuschließen.

39 Zu den Angelegenheiten, über die der Wirtschaftsausschuss Unterrichtung verlangen kann, gehören insbesondere:

40 (1) **Die wirtschaftliche und finanzielle Lage des Unternehmens (Nr. 1)**. Nr. 1 ist weit gefasst, so dass man in ihr eine weitere Generalklausel erblickt (vgl. *Fitting*, § 106 Rn. 37). Erfasst werden vor allem die **Vermögens-** und die **Kreditlage des Unternehmens**, aber auch dessen Entwicklungsaussichten, wie sie sich aus den Unternehmensdaten ergeben. Die Unterrichtungspflicht bezieht sich auf die Lage des Unternehmens, **nicht auf die privaten finanziellen Verhältnisse des Unternehmers** (ebenso *Brecht*, § 106 Rn. 8; *Fitting*, § 106 Rn. 37; GL-*Löwisch*, § 106 Rn. 48; DKK-*Däubler*, § 106 Rn. 63; *Stege/Weinspach/Schiefer*, §§ 106–109 Rn. 50; *Rumpff/Boewer*, Mitbestimmung in wirtschaftlichen Angelegenheiten, S. 191). Die Verpflichtung zur Unterrichtung über die wirtschaftliche und finanzielle Lage steht in engstem Zusammenhang mit der Pflicht des Unternehmers, den Jahresabschluss mitzuteilen und zu erläutern (§ 108 Abs. 5). Dieser wird regelmäßig erst erhebliche Zeit nach dem Ende des Geschäftsjahres festgestellt und gibt nur einen Überblick über die damalige Vermögenslage. Der Wirtschaftsausschuss soll aber die Möglichkeit haben, sich über die jeweilige wirtschaftliche und finanzielle

Lage des Unternehmens ein Bild zu machen. Es gehören hierher die Entwicklung des Auftragsbestandes, auch der Kosten und der Kreditverhältnisse sowie die Kalkulationsgrundlage und die Preisgestaltung (LAG Düsseldorf 13. 3. 1978 DB 1978, 1695, 1696; a. A. *Stück/Wein,* DB 2005, 334, nach denen hinsichtlich Preisgestaltung und Kalkulationsgrundlage keine Informationspflicht besteht). Gerade hinsichtlich letzterer liegt mit Blick auf die Einzelheiten die Einordnung als Betriebs- und Geschäftsgeheimnis nahe, das der Unternehmer nicht zu offenbaren braucht, wenn dadurch die Geheimhaltung gefährdet wird. Eine dahingehende Vermutung (in diese Richtung *Richardi,* 7. Aufl., Rn. 40) wird man freilich nicht anerkennen können.

Vor allem ist der Wirtschaftsausschuss zu unterrichten, wenn der **Unternehmer beabsichtigt,** die **Eröffnung eines Insolvenzverfahrens zu beantragen** (§§ 13 ff. InsO); denn ein Insolvenzverfahren betrifft die finanzielle Lage des Unternehmens (ebenso *Fitting,* § 106 Rn. 38; GK-*Oetker,* § 106 Rn. 52; GL-*Löwisch,* § 106 Rn. 45; DKK-*Däubler,* § 106 Rn. 64). Wird dagegen der Antrag auf Eröffnung von einem betriebsfremden Gläubiger des Unternehmens gestellt (vgl. § 14 InsO), dann ist selbstverständlich nicht möglich, dass zuvor der Wirtschaftsausschuss benachrichtigt wird. Damit wird aber nicht das Informationsrecht des Wirtschaftsausschusses ausgeschlossen, sondern es besteht lediglich keine Pflicht des Gläubigers, den Wirtschaftsausschuss von dem Antrag zu unterrichten. Die Unterrichtungspflicht trifft ausschließlich den Unternehmer, sobald er von der Stellung des Insolvenzantrags Kenntnis erlangt.

(2) **Die Produktions- und Absatzlage (Nr. 2).** Dieser Bereich überschneidet sich zum Teil mit den Tatbeständen der Nr. 1 und 3. Die Unterrichtung über die **Produktionslage** verlangt Mitteilung über die vorhandene und durchgeführte Produktion, nicht nur hinsichtlich der Höhe, sondern auch hinsichtlich der Art, z. B. über die Aufteilung nach den verschiedenen hergestellten Waren und Typen. Es gehört hierher auch die Angabe über die Kapazität und ihre Ausnützung. Die Übersicht über die **Absatzlage** bezieht sich auf die Marktverhältnisse einschließlich der Kundenstruktur; sie hat sich sowohl auf die tatsächliche augenblickliche Lage wie auf die voraussichtliche Entwicklung zu erstrecken, wobei insoweit auch die Basis der Prognose mitzuteilen ist (*Gege,* Die Funktion des Wirtschaftausschusses im Rahmen der wirtschaftlichen Mitbestimmung, S. 171).

(3) **Das Produktions- und Investitionsprogramm (Nr. 3).** Mit dem **Produktionsprogramm** ist die Planung über Art und Umfang der Gütererzeugung gemeint; hierunter fällt, welche Waren hergestellt, ob z. B. in einer Autofabrik Personen- oder Lastwagen fabriziert werden sollen, ob zu einem anderen Typ übergegangen werden soll und ähnliches mehr. Da das Produktionsprogramm zu den Angelegenheiten gehört, die die Wettbewerbsfähigkeit des Unternehmens berühren können, kommen vor allem hier Betriebs- oder Geschäftsgeheimnisse in Betracht; denn es ist nicht selten eine wesentliche Voraussetzung des Erfolges, dass der Verkauf einer neuen Ware stoßweise erfolgt und von ihr erst etwas bekannt wird, wenn die Produktion so weit angelaufen ist, dass mit einer alsbaldigen Lieferung gerechnet werden kann.

Ausdrücklich genannt wird auch das **Investitionsprogramm,** obwohl es bereits einen Teil der Produktionsplanung darstellt. Die ausdrückliche Erwähnung ist vor allem deshalb von Bedeutung, weil gerade beim Investitionsprogramm Auswirkungen auf die Personalplanung bestehen. Hierher gehört die Planung über den Einsatz von Kapital im Unternehmen, um Einrichtungen für die Produktion zu schaffen, z. B. die Anschaffung von Maschinen und der Erwerb eines Grundstücks zum Ausbau einer Produktionshalle.

(4) **Rationalisierungsvorhaben (Nr. 4).** Rationalisierungsvorhaben beziehen sich auf die Gestaltung der Arbeitsvorgänge, um die Wirtschaftlichkeit des Unternehmens zu steigern. Hierher gehört vor allem die Einführung neuer Fabrikations- und Arbeitsmethoden, die auch von Nr. 5 erfasst wird, z. B. Mechanisierung und Automation, aber auch eine neue betriebsorganisatorische Gestaltung. Die Unterrichtung erstreckt sich auf den Umfang der Rationalisierungsvorhaben, den wirtschaftlichen Nutzen und vor allem die personellen Auswirkungen.

46 (5) **Fabrikations- und Arbeitsmethoden, insbesondere die Einführung neuer Arbeitsmethoden (Nr. 5).** Unter Fabrikationsmethoden sind technische Methoden in der Gestaltung der Produktion im weitesten Sinne zu verstehen. Gerade hier werden Betriebsgeheimnisse eine erhebliche Rolle spielen. Es gehören hierher weiterhin auch Fragen der Serienproduktion oder der Einzelherstellung und alles, was die technische Grundlage der Produktion darstellt.

47 Im Gegensatz zu den mehr auf dem technischen Gebiet liegenden Fabrikationsmethoden haben es die **Arbeitsmethoden** vor allem mit der Gestaltung der menschlichen Arbeit zu tun, etwa mit der Frage der Fließbandarbeit, dem Übergang von Handarbeit zur Maschinenarbeit, dem Ersatz von Produktionsmaschinen durch andere, dem Übergang oder der Weiterentwicklung der Automation. Nicht hierher gehören Kontrollmaßnahmen, die der Feststellung dienen, in welchem Maße eine Maschine ausgenützt wird, also die Einführung von sog. Produktographen; denn es handelt sich bei ihrer Anbringung weder um eine Methode, nach der fabriziert, noch um eine Methode, nach der gearbeitet wird (ebenso GK-*Oetker*, § 106 Rn. 60; GL-*Löwisch*, § 106 Rn. 53; *Rumpff/Boewer*, Mitbestimmung in wirtschaftlichen Angelegenheiten, S. 206; offengelassen DKK-*Däubler*, § 106 Rn. 73). Jedoch fällt die Einführung derartiger Kontrolleinrichtungen unter Nr. 10, soweit sie die Interessen der Arbeitnehmer des Unternehmens wesentlich berührt (ebenso *Bösche*, in: Brem/Pohl (Hrsg.), Interessenvertretung durch Information, 1978, S. 154, 160; vgl. auch DKK-*Däubler*, § 106 Rn. 73); in diesem Fall besteht auch ein Mitbestimmungsrecht des Betriebsrats nach § 87 Abs. 1 Nr. 6 (ebenso GL-*Löwisch*, § 106 Rn. 53; s. § 87 Rn. 475 ff.).

48 Vor allem bei diesem Tatbestand, den Fabrikations- und Arbeitsmethoden, besteht häufig auch ein Beteiligungsrecht des Betriebsrats. Bei Auswirkungen auf die Regelung der Arbeitszeit und die Entlohnung besteht ein Mitbestimmungsrecht des Betriebsrats nach § 87; soweit die Gestaltung von Arbeitsplatz, Arbeitsablauf und Arbeitsumgebung berührt wird, kommt eine Beteiligung des Betriebsrats nach §§ 90, 91 in Betracht. Insbesondere hat der Betriebsrat ein Mitbestimmungsrecht nach § 111 Satz 3 Nr. 5, soweit grundlegende neue Arbeitsmethoden und Fertigungsverfahren eingeführt werden.

49 (6) **Fragen des betrieblichen Umweltschutzes (Nr. 5 a).** Die durch das BetrVerf-Reformgesetz vom 23. 7. 2001 (BGBl. I S. 1852) eingeführte Norm ist im Zusammenhang insbesondere mit den Bestimmungen der §§ 80 Abs. 1 Nr. 9, 88 Nr. 1 a, 89 Abs. 2, 3 zu sehen. Die in § 89 Abs. 3 für den Bereich des BetrVG enthaltene Legaldefinition des betrieblichen Umweltschutzes (s. § 89 Rn. 29 ff.) schließt auch in Nr. 5 a die allgemeinen umweltpolitischen Fragen ohne Bezug zu den betrieblichen Gegebenheiten aus. Erfasst werden neben den einzelnen Maßnahmen des betrieblichen Umweltschutzes insbes. deren Kosten und ihre Auswirkungen auf die Arbeitnehmer sowie die wirtschaftliche Situation des Unternehmens (Begr. RegE 14/5741, S. 51). Der Beteiligungstatbestand erfasst auch umweltpolitische Ziele des Unternehmens sowie die Ein- und Durchführung eines Umweltmanagementsystems (EMAS) gem. VO (EG) Nr. 761/2001 (ABlEG Nr. L114 v. 24. 4. 2001; ebenso GK-*Oetker*, § 106 Rn. 61).

50 (7) **Die Einschränkung oder Stilllegung von Betrieben oder von Betriebsteilen (Nr. 6).** Diese Angelegenheit entspricht dem Tatbestand der Betriebsänderung nach § 111 Satz 3 Nr. 1 (s. ausführlich dort Rn. 38 ff. und 56 ff.). Ein Unterschied besteht dem Wortlaut nach insoweit, als nicht erforderlich ist, dass es sich um wesentliche Betriebsteile handelt. Allerdings ist die Notwendigkeit einer an dem in Nr. 10 verankerten Maßstab orientierten teleologischen Interpretation des Tatbestands (s. Rn. 38) zu beachten (unzutreffend daher *Fitting*, § 106 Rn. 46, soweit eine Pflicht zur Unterrichtung ohne weiteres auch „über Veränderungen bei kleineren (nicht wesentlichen) Betriebsteilen" angenommen wird), um Bagatelleinschränkungen nicht der Unterrichtungspflicht zu unterwerfen. Die Pflicht zur Unterrichtung des Wirtschaftsausschusses besteht bei Erfüllung der Tatbestandsvoraussetzungen auch dann, wenn in dem stillzulegenden Betrieb kein Betriebsrat besteht (ebenso BAG 9. 5. 1995 AP BetrVG 1972 § 106 Nr. 12).

V. Katalog der wirtschaftlichen Angelegenheiten § 106

(8) **Die Verlegung von Betrieben oder Betriebsteilen (Nr. 7).** Dieser Tatbestand entspricht § 111 Satz 3 Nr. 2 (s. ausführlich dort Rn. 91); auch hier ist nach dem Wortlaut nicht erforderlich, dass es sich um wesentliche Betriebsteile handelt. Insoweit gilt allerdings das zu Rn. 38 Ausgeführte entsprechend. 51

(9) **Der Zusammenschluss oder die Spaltung von Unternehmen oder Betrieben (Nr. 8).** Der Tatbestand beschränkte sich ursprünglich auf den „Zusammenschluss von Betrieben". Seine Neufassung ab 1. 1. 1995 erhielt er durch Art. 13 Nr. 1 UmwBerG (s. Rn. 3). Er entspricht § 111 Satz 3 Nr. 3, der ebenfalls neu gefasst wurde, aber im Unterschied zu hier sich auf den Zusammenschluss mit anderen Betrieben oder die Spaltung von Betrieben beschränkt (s. dort Rn. 96 ff.). 52

Die Unterrichtungspflicht gegenüber dem Wirtschaftsausschuss ist auf den **Zusammenschluss** oder die **Spaltung von Unternehmen** erstreckt worden (vgl. *Bauer/Lingemann*, NZA 1994, 1057, 1063; *Kreßel*, BB 1995, 925, 926 f.; *Wlotzke*, DB 1995, 40, 45 ff.). Der Gesetzestext verwendet hier nicht den Begriff der *Umwandlung*. Mit dem Zusammenschluss von Unternehmen werden aber die **Verschmelzung** und die **Vermögensübertragung** erfasst (§§ 2 ff., 174 ff. UmwG). Eine **Spaltung von Unternehmen** ist die **Aufspaltung**, die **Abspaltung** oder die **Ausgliederung** (§§ 123 ff. UmwG). Nicht erfasst wird der **Formwechsel** (§§ 190 ff. UmwG); insoweit kann aber Nr. 10 eingreifen (GK-*Oetker*, § 106 Rn. 68; zurückhaltend *Mengel*, Umwandlungen im Arbeitsrecht, S. 323 f.; a. A. Voraufl. Rn. 53; Düwell-*Steffan*, § 106 Rn. 28). Die im Wege der Einzelrechtsnachfolge vollzogene Spaltung des Unternehmens im untechnischen Sinne fällt nicht unter Nr. 8 (a. A. GK-*Oetker*, § 106 Rn. 67; *Gaul*, Das Arbeitsrecht der Betriebs- und Unternehmensspaltung, § 28 Rn. 20; *Mengel*, Umwandlungen im Arbeitsrecht, S. 322 f.), sondern unter Nr. 10 (ebenso *Hacker*, Die Pflicht des Unternehmens zur Vorlage, S. 60). 53

Neben der hier festgelegten Unterrichtungspflicht sind besondere **Unterrichtungspflichten gegenüber dem Betriebsrat** bei der Verschmelzung (§ 5 Abs. 3 UmwG), den Spaltungs- und Übernahmeverträgen (§ 126 Abs. 3 UmwG), den Umstrukturierungen (§§ 125, 135 ff. UmwG) und dem Formwechsel (§ 194 Abs. 2 UmwG) zu beachten. 54

(10) **Die Änderung der Betriebsorganisation oder des Betriebszwecks (Nr. 9).** Dieser Tatbestand entspricht weitgehend § 111 Satz 3 Nr. 4 (s. für Änderung der Betriebsorganisation oder des Betriebszwecks dort Rn. 107 ff.). Auch wenn hier dem Wortlaut nach, anders als dort, keine grundlegende Änderung vorzuliegen braucht, wird man doch verlangen müssen, dass die Maßnahme zu einer veränderten Beurteilung von Betriebsorganisation oder Betriebszweck führen kann. Dafür ist aber erforderlich, dass es durch sie zu einer wesentlichen Berührung von Arbeitnehmerinteressen kommen kann (vgl. auch Rn. 38). Nicht genannt ist hier die in § 111 Satz 3 Nr. 4 erwähnte Änderung der Betriebsanlagen, aber dieser Fall wird bereits durch die Nr. 3 bis 5 erfasst und fällt im Übrigen unter die beschränkte Generalklausel der Nr. 10 (ebenso GL-*Löwisch*, § 106 Rn. 71; DKK-*Däubler*, § 106 Rn. 77). 55

(11) **Die Übernahme des Unternehmens, wenn hiermit der Erwerb der Kontrolle verbunden ist (Nr. 9 a).** Die Bestimmung wurde mit Wirkung zum 19. 8. 2008 durch das Risikobegrenzungsgesetz (BGBl. I, S. 1666) eingefügt s. auch *Thüsing*, ZIP 2008, 106). Die Bestimmung bereitet Schwierigkeiten, weil die zwei kumulativ notwendigen Voraussetzungen, nämlich Übernahme des Unternehmens und Kontrollerwerb, nicht näher definiert sind. Die Entwurfsbegründung enthält kaum weiterführende Hinweise. Dort wird lediglich mitgeteilt, die Kontrolle des Unternehmens liege „insbesondere vor, wenn mindestens 30 Prozent der Stimmrechte an dem Unternehmen gehalten werden (vgl. § 29 Abs. 2 WpÜG)" (Begr. RegE, BT-Drucks., 16/7438, S. 15). Die den Entwurfsverfassern vor Augen stehenden Bestimmungen des WpÜG sind außerhalb seines Anwendungsbereiches für die Auslegung von Nr. 9 a indes nicht maßgeblich. Hier liegt eine Unternehmensübernahme nur vor, wenn die Gesellschaftermehrheit im Unternehmen wechselt, womit jede Form eines sog. Asset-Deals ausgeschlossen ist. Hinzukommen muss weiter, dass die 55 a

neue Gesellschaftermehrheit die Kontrolle über das Unternehmen erhält. Dazu ist erforderlich, dass die neue Gesellschaftermehrheit in der Gesellschafterversammlung – sei es durch Stimmrechtsmehrheit oder Stimmbindungsverträge – zu ihren Gunsten die Geschicke der Gesellschaft bestimmen kann. Ist die Gesellschaft durch Beherrschungsverträge unter die Herrschaft eines anderen als der Gesellschaftermehrheit gestellt, liegen die Voraussetzungen der Nr. 9 a deshalb nicht vor. Mithin genügen weder ein Erwerb der Anteilsmehrheit ohne Kontrollerwerb noch ein Kontrollerwerb ohne Erwerb der Anteilsmehrheit (in diesem Sinne auch *Simon/Dobel*, BB 2008, 1955, 1956). Mittelbare Wechsel der Gesellschaftermehrheit oder der Kontrolle werden von Nr. 9 a nicht erfasst, so dass ein Wechsel der Gesellschaftermehrheit bei der Muttergesellschaft oder ein dort stattfindender Kontrollwechsel für Nr. 9 a irrelevant sind (*Simon/Dobel*, BB 2008, 1955, 1956).

56 **(12) Sonstige Vorgänge und Vorhaben, welche die Interessen der Arbeitnehmer des Unternehmens wesentlich berühren können (Nr. 10).** Die Bestimmung, dass über sonstige Vorgänge und Vorhaben zu unterrichten ist, die die Interessen der Arbeitnehmer des Unternehmens wesentlich berühren können, enthält eine **beschränkte Generalklausel** (s. Rn. 37). Es werden damit alle Fragen erfasst, die das wirtschaftliche Leben des Unternehmens in entscheidenden Punkten ergreifen, unter der Voraussetzung allerdings, dass die Interessen der Arbeitnehmer, und zwar gerade dieses Unternehmens, wesentlich berührt werden können, d. h. sie müssen möglicherweise von bedeutungsvoller sozialer Auswirkung sein. Vor allem kommen Vorgänge in Betracht, die sich auf die Personalplanung auswirken. In diesen Bereich kann z. B. die Mitteilung fallen, mit welchen anderen Unternehmen zusammengearbeitet werden soll oder dass eine Fremdvergabe bisher unternehmensintern erledigter oder neuer Arbeitsaufgaben oder ein Betriebs(teil)übergang nach § 613 a BGB geplant ist (zu letzterem zustimmend *Franzen*, FS Birk 2008, S. 97, 103). Gleiches kann auch für einen Betriebs(teil)übergang gelten, sofern dieser die „Wesentlichkeitsschwelle" überschreitet. Ferner kommt die Einführung eines Pilotprojekts „Postzustellservice" in Betracht (BAG 11. 7. 2000, AP BetrVG 1972 § 109 Nr. 2). Gleiches gilt für die Absicht, ein Qualitätsmanagement einzuführen (DKK-*Däubler*, § 106 Rn. 78). Ferner können einzelne die Arbeitnehmer besonders berührende Rechtsstreitigkeiten in Betracht kommen (DKK-*Däubler*, § 106 Rn. 78); zur Frage, ob auch der Wechsel in einen OT-Verband hierher gehört *Gaumann/Schafft*, NZA 2001, 1125, 1128.

57 Bis zum Gesetz zur Bereinigung des Umwandlungsrechts (UmwBerG) vom 28. 10. 1994 (BGBl. I S. 3210) bezog der Katalog der wirtschaftlichen Angelegenheiten sich nicht auf die **rechtlichen Grundlagen des Unternehmensträgers** (vgl. *Joost*, FS Kissel, S. 433, 439). Deshalb war es vertretbar, die Unterrichtungspflicht auf Vorgänge und Vorhaben zu beschränken, die sich auf das Betreiben des Unternehmens beziehen, während die Gesellschafterverhältnisse und die gesellschaftsrechtlichen Organisationsverhältnisse nicht erfasst werden (so *Joost*, FS Kissel 1994, S. 433, 439 f.). Hingegen hatte das BAG angenommen, dass die Veräußerung sämtlicher Geschäftsanteile einer GmbH an einen neuen Gesellschafter nach Nr. 10 mitzuteilen ist (BAG 22. 1. 1991 AP BetrVG 1972 § 106 Nr. 9; siehe auch BAG 25. 7. 1989 AP Nr. 38 zu § 80 BetrVG 1972). Seit der Neufassung der Nr. 8 durch Art. 13 Nr. 1 UmwBerG sind auch gesellschaftsrechtliche Organisationsverhältnisse in den Katalog einbezogen (s. Rn. 52 ff.). Deshalb ist jedenfalls heute dem BAG zu folgen, dass ein Gesellschafterwechsel unter Bezeichnung der aus- und eintretenden Gesellschafter mitzuteilen ist, dass aber der Veräußerungsvertrag keine Unterlage des *Unternehmens* ist, die nach Abs. 2 dem Wirtschaftsausschuss vorzulegen ist (BAG 22. 1. 1991 AP BetrVG 1972 § 106 Nr. 9). Auch dabei richtet sich der Informationsanspruch jedoch nur gegen das Unternehmen, weshalb bei Kapitalgesellschaften kein Durchgriff auf die Gesellschafter möglich ist (ebenso *Schweibert*, Willemsen/Hohenstatt/Schweibert/Seibt, Umstrukturierung und Übertragung von Unternehmen, C 409; a. A. hinsichtlich Alleingesellschafter bzw. beherrschendem Gesellschafter DKK-*Däubler*, § 106 Rn. 80). Im Übrigen werden von Nr. 10 ins-

besondere der Abschluss von Beherrschungs- oder Ergebnisabführungsverträgen sowie von Betriebspacht- oder Betriebsüberlassungsverträgen erfasst (GK-*Oetker,* § 106 Rn. 73).

VI. Streitigkeiten – Ordnungswidrigkeit

Streitigkeiten darüber, ob ein Wirtschaftsausschuss zu bilden ist und ob bestimmte Angelegenheiten zu seinem Zuständigkeitsbereich gehören, entscheidet das **Arbeitsgericht** im Beschlussverfahren (§ 2 a Abs. 1 Nr. 1, Abs. 2 i. V. mit §§ 80 ff. ArbGG; BAG 15. 3. 2006 AP BetrVG 1972 § 118 Nr. 79). 58

Besteht dagegen Streit, ob über eine wirtschaftliche Angelegenheit Auskunft zu erteilen ist, so entscheidet darüber nach § 109 die **Einigungsstelle** (s. ausführlich dort Rn. 2 ff.). Sie ist auch dafür zuständig, ob die Unterlagen in ausreichendem Maße vorgelegt sind und das Einsichtsrecht besteht (s. § 109 Rn. 2). 59

Erfüllt der Unternehmer die ihm obliegende Auskunftspflicht nicht, wahrheitswidrig, unvollständig oder verspätet, so handelt er ordnungswidrig; die Ordnungswidrigkeit kann mit einer Geldbuße bis zu € 10 000 geahndet werden (§ 121). 60

§ 107 Bestellung und Zusammensetzung des Wirtschaftsausschusses

(1) ¹Der Wirtschaftsausschuss besteht aus mindestens drei und höchstens sieben Mitgliedern, die dem Unternehmen angehören müssen, darunter mindestens einem Betriebsratsmitglied. ²Zu Mitgliedern des Wirtschaftsausschusses können auch die in § 5 Abs. 3 genannten Angestellten bestimmt werden. ³Die Mitglieder sollen die zur Erfüllung ihrer Aufgaben erforderliche fachliche und persönliche Eignung besitzen.

(2) ¹Die Mitglieder des Wirtschaftsausschusses werden vom Betriebsrat für die Dauer seiner Amtszeit bestimmt. ²Besteht ein Gesamtbetriebsrat, so bestimmt dieser die Mitglieder des Wirtschaftsausschusses; die Amtszeit der Mitglieder endet in diesem Fall in dem Zeitpunkt, in dem die Amtszeit der Mehrheit der Mitglieder des Gesamtbetriebsrats, die an der Bestimmung mitzuwirken berechtigt waren, abgelaufen ist. ³Die Mitglieder des Wirtschaftsausschusses können jederzeit abberufen werden; auf die Abberufung sind die Sätze 1 und 2 entsprechend anzuwenden.

(3) ¹Der Betriebsrat kann mit der Mehrheit der Stimmen seiner Mitglieder beschließen, die Aufgaben des Wirtschaftsausschusses einem Ausschuss des Betriebsrats zu übertragen. ²Die Zahl der Mitglieder des Ausschusses darf die Zahl der Mitglieder des Betriebsausschusses nicht überschreiten. ³Der Betriebsrat kann jedoch weitere Arbeitnehmer einschließlich der in § 5 Abs. 3 genannten leitenden Angestellten bis zur selben Zahl, wie der Ausschuss Mitglieder hat, in den Ausschuss berufen; für die Beschlussfassung gilt Satz 1. ⁴Für die Verschwiegenheitspflicht der in Satz 3 bezeichneten weiteren Arbeitnehmer gilt § 79 entsprechend. ⁵Für die Abänderung und den Widerruf der Beschlüsse nach den Sätzen 1 bis 3 sind die gleichen Stimmenmehrheiten erforderlich wie für die Beschlüsse nach den Sätzen 1 bis 3. ⁶Ist in einem Unternehmen ein Gesamtbetriebsrat errichtet, so beschließt dieser über die anderweitige Wahrnehmung der Aufgaben des Wirtschaftsausschusses; die Sätze 1 bis 5 gelten entsprechend.

Übersicht

	Rn.
I. Vorbemerkung	1
II. Zusammensetzung des Wirtschaftsausschusses	2
1. Zahl der Mitglieder	2
2. Objektive Voraussetzungen der Mitgliedschaft	3
3. Subjektive Voraussetzung der Mitgliedschaft	8

	Rn.
III. Bestellung und Abberufung	10
1. Bestellungsorgan	10
2. Wahl der Mitglieder	13
3. Amtszeit des Wirtschaftsausschusses	15
4. Erlöschen der Mitgliedschaft	20
IV. Rechtsstellung der Mitglieder des Wirtschaftsausschusses	27
1. Ehrenamtliche Tätigkeit und Arbeitsbefreiung	27
2. Kündigungsschutz	29
3. Tätigkeits- und Entgeltschutz	30
4. Geheimhaltungspflicht	31
5. Kosten	32
6. Behinderungs- und Benachteiligungsverbot	33
V. Ersetzung des Wirtschaftsausschusses	34
1. Übertragung der Aufgaben auf einen Ausschuss des Betriebsrats	34
2. Anderweitige Wahrnehmung der Aufgaben des Wirtschaftsausschusses durch den Gesamtbetriebsrat	41
3. Abänderung und Widerruf der Übertragung	46
VI. Streitigkeiten	48

I. Vorbemerkung

1 Die Vorschrift regelt die **Bestellung** und **Zusammensetzung des Wirtschaftsausschusses** sowie dessen **Amtszeit**. Der Wirtschaftsausschuss ist nicht wie nach § 68 BetrVG 1952 paritätisch aus Vertretern des Betriebsrats und des Unternehmers zusammengesetzt, sondern seine Mitglieder werden allein durch den Betriebsrat bzw. den Gesamtbetriebsrat bestellt. Abs. 3 gibt deshalb dem Betriebsrat das Recht, die Aufgaben des Wirtschaftsausschusses einem **Ausschuss des Betriebsrats** zu übertragen, bzw. bei Bestehen eines Gesamtbetriebsrats diesem die Möglichkeit, die Aufgaben anderweitig wahrzunehmen.

II. Zusammensetzung des Wirtschaftsausschusses

1. Zahl der Mitglieder

2 Der Wirtschaftsausschuss besteht **mindestens** aus **drei**, **höchstens** aus **sieben Mitgliedern** (Abs. 1 Satz 1). Da der Wirtschaftsausschuss ein ausschließlich vom Betriebsrat zu besetzendes Sondergremium darstellt, bestimmt der Betriebsrat innerhalb des gesetzlichen Rahmens die Zahl der Mitglieder; eine Verständigung mit dem Unternehmer ist nicht erforderlich (ebenso *Fitting*, § 107 Rn. 3; HSWGNR-*Hess*, § 107 Rn. 3; *Rumpff/Boewer*, Mitbestimmung in wirtschaftlichen Angelegenheiten, S. 213; *Dütz*, FS Westermann, S. 37, 41). Das Gesetz verlangt nicht, dass die Mitgliederzahl ungerade sein muss, wenn nicht die Mindest- oder Höchstgrenze gewählt wird (ebenso *Brecht*, § 107 Rn. 2; GK-*Oetker*, § 107 Rn. 4; *Fitting*, § 107 Rn. 3; GL-*Löwisch*, § 107 Rn. 2; HSWGNR-*Hess*, § 107 Rn. 4; DKK-*Däubler*, § 107 Rn. 3; *Rumpff/Boewer*, a. a. O., S. 213).

2. Objektive Voraussetzungen der Mitgliedschaft

3 a) Alle Mitglieder des Wirtschaftsausschusses müssen dem **Unternehmen angehören**, also in ihm tätig sein (Abs. 1 Satz 1).

4 b) Zu Mitgliedern des Wirtschaftsausschusses können auch **leitende Angestellte** i. S. des § 5 Abs. 3 bestimmt werden, wie in Abs. 1 Satz 2 ausdrücklich klargestellt wird (vgl. dazu auch die Bedenken von *Boldt*, AG 1972, 299, 301 f.; *Dütz*, FS Westermann, S. 37, 43). Ein leitender Angestellter kann aber nicht gegen seinen Willen in den Wirtschaftsausschuss berufen werden; er kann auch jederzeit aus dem Wirtschaftsausschuss ausscheiden (ebenso HSWGNR-*Hess*, § 107 Rn. 17; *Rumpff/Boewer*, Mitbestimmung in wirtschaftlichen Angelegenheiten, S. 214; *Dütz*, FS Westermann, S. 37, 43).

Dem Wirtschaftsausschuss können sogar solche **Personen** angehören, die **unter § 5** **5** **Abs. 2** fallen, also nicht als Arbeitnehmer i. S. dieses Gesetzes gelten. Jedoch können der Unternehmer selbst und bei Gesellschaften der ihn repräsentierende Personenkreis, also die in § 5 Abs. 2 Nr. 1 und 2 genannten Personen, nicht zu Mitgliedern des Wirtschaftsausschusses bestellt werden; denn der Wirtschaftsausschuss ist ausschließlich ein Hilfsorgan des Betriebsrats (ebenso GK-*Oetker*, § 107 Rn. 10; *Fitting*, § 107 Rn. 5; HSWGNR-*Hess*, § 107 Rn. 6). Nicht vertretungsberechtigte Gesellschafter einer OHG oder KG können dagegen Mitglieder sein, auch wenn sie nicht den Status eines Arbeitnehmers haben; denn das Gesetz verlangt lediglich, dass die Mitglieder des Wirtschaftsausschusses dem Unternehmen angehören (a. A. ErfK-*Kania*, § 107 BetrVG Rn. 3, der stets den Bestand eines Arbeitsverhältnisses verlangt; wie hier GK-*Oetker*, § 107 Rn. 5; *Düwell-Steffan*, § 107 Rn. 2). Voraussetzung ist aber, dass sie in ihm tätig sind, also nicht nur überwachend mitwirken. Deshalb können **Aktionäre** oder **Gesellschafter einer GmbH** als solche nicht dem Wirtschaftsausschuss angehören (ebenso GK-*Oetker*, § 107 Rn. 6; *Fitting*, § 107 Rn. 6; GL-*Löwisch*, § 107 Rn. 3; DKK-*Däubler*, § 107 Rn. 8). Auch die Mitgliedschaft zum Aufsichtsrat begründet keine Zugehörigkeit zum Unternehmen i. S. dieser Bestimmung (ebenso GK-*Oetker*, § 107 Rn. 6; *Fitting*, § 107 Rn. 6; GL-*Löwisch*, § 107 Rn. 3; DKK-*Däubler*, § 107 Rn. 8). Anderes soll hingegen nach bisweilen geäußerter Ansicht für arbeitnehmerähnliche Personen und Heimarbeiter (DKK-*Däubler*, § 107 Rn. 7) und sogar für freie Mitarbeiter (GK-*Oetker*, § 107 Rn. 5) gelten. Umstritten ist, inwieweit die Tätigkeit für das Unternehmen auf Grund eines mit diesem unmittelbar bestehenden Rechtsverhältnisses erbracht werden muss (bejahend GK-*Oetker*, § 107 Rn. 7; prinzipiell verneinend DKK-*Däubler*, § 107 Rn. 7, der allerdings eine bloß vorübergehende Eingliederung nicht genügen lässt).

Arbeitnehmer ausländischer Betriebe des Unternehmens können nicht Mitglieder des **6** Wirtschaftsausschusses werden (ebenso GL-*Löwisch*, § 107 Rn. 5; HSWGNR-*Hess*, § 107 Rn. 6 a; GK-*Oetker*, § 107 Rn. 8; a. A. *Fitting*, § 107 Rn. 7; DKK-*Däubler*, § 107 Rn. 10); denn die Betriebsverfassung gilt nicht für ausländische Betriebe (s. Einl. Rn. 63 ff.). Deshalb werden Arbeitnehmer dieser Betriebe auch nicht für die Errichtung des Wirtschaftsausschusses mitgezählt (s. § 106 Rn. 13). Entsprechend können sie deshalb auch nicht als Unternehmensangehörige i. S. dieser Bestimmung angesehen werden. Wer aber lediglich ins Ausland entsandt wird, gehört einem inländischen Betrieb an und kann daher Mitglied eines Wirtschaftsausschusses sein (s. auch Einl. Rn. 70 ff.).

c) **Mindestens ein Mitglied** muss **zugleich Betriebsratsmitglied** sein (Abs. 1 Satz 1). **7** Besteht ein Gesamtbetriebsrat, so kann er das Mitglied aus seinen Reihen entsenden; erforderlich ist aber nicht, dass es sich um ein Mitglied des Gesamtbetriebsrats handelt (ebenso *Fitting*, § 107 Rn. 8; GL-*Löwisch*, § 107 Rn. 6; DKK-*Däubler*, § 107 Rn. 11; MünchArbR-*Joost*, § 231 Rn. 17; GK-*Oetker*, § 107 Rn. 11). Zulässig ist ohne weiteres, dass sämtliche Mitglieder des Wirtschaftsausschusses zugleich Betriebsratsmitglieder sind. Gehört kein Mitglied des Wirtschaftsausschusses einem Betriebsrat des Unternehmens an, so ist der Wirtschaftsausschuss nicht ordnungsgemäß besetzt und damit auch noch nicht gebildet, um die ihm vom Gesetz zugewiesenen Funktionen auszuüben (ebenso DKK-*Däubler*, § 107 Rn. 11; *Rumpff/Boewer*, Mitbestimmung in wirtschaftlichen Angelegenheiten, S. 214).

3. Subjektive Voraussetzung der Mitgliedschaft

Alle Mitglieder sollen die zur Erfüllung ihrer Aufgaben erforderliche **fachliche und** **8** **persönliche Eignung** besitzen (Abs. 1 Satz 3). Fachliche Eignung fordert insbesondere, dass das Mitglied in der Lage ist, die für die Beratung im Wirtschaftsausschuss in Betracht kommenden, vor allem wirtschaftlichen und technischen Fragen zu verstehen, zu beurteilen und dazu Stellung zu nehmen (vgl. BAG 18. 7. 1978 AP BetrVG 1972 § 108 Nr. 1). Persönliche Eignung verlangt, dass das Mitglied die Gewähr dafür bietet, nach bestem Wissen und Gewissen seine Meinung zu äußern, dass es sich nur von sachlichen Überlegungen leiten lässt und vor allem verschwiegen ist.

9   Die Bestimmung ist nicht als Mussvorschrift, sondern als **Sollvorschrift** gestaltet. Daraus folgt aber nicht, dass der Betriebsrat sich über sie hinwegsetzen kann, sondern eine Abweichung ist nur zulässig „bei Vorliegen besonderer Umstände des Einzelfalles aus vernünftigen und einsichtigen Gründen" (BAG 11. 11. 1998 AP BetrVG 1972 § 37 Nr. 129; a. A. DKK-*Däubler*, § 107 Rn. 14: „nur die Bedeutung eines Hinweises"; ähnlich GK-*Fabricius*, 6. Aufl., § 107 Rn. 18; Düwell/*Steffan*, § 107 Rn. 3). In einem Verstoß dagegen kann eine Amtspflichtverletzung i. S. d. § 23 Abs. 1 liegen (GK-*Oetker*, § 107 Rn. 22). Durch die Sollbestimmung wird klargestellt, dass der Unternehmer die ordnungsgemäße Zusammensetzung des Wirtschaftsausschusses nicht deshalb in Frage stellen kann, weil nach seiner Meinung ein Mitglied nicht die für den Wirtschaftsausschuss erforderliche fachliche und persönliche Eignung besitzt (ebenso BAG 18. 7. 1978 AP BetrVG 1972 § 108 Nr. 1 *[Boldt]*; GL-*Löwisch*, § 107 Rn. 10; GK-*Oetker*, § 107 Rn. 19). Der Arbeitgeber kann daher bei Nichteinhaltung des Abs. 1 Satz 3 insbesondere nicht die Gewährung von Informationen mit der Begründung verweigern, dass der Wirtschaftsausschuss nicht ordnungsgemäß besetzt sei (so aber *Rumpff/Boewer*, Mitbestimmung in wirtschaftlichen Angelegenheiten, S. 215). Ein Verstoß gegen die Sollvorschrift ist dagegen von Bedeutung, wenn die Hinzuziehung eines Sachverständigen zu Sitzungen des Wirtschaftsausschusses verlangt wird. Der Betriebsrat darf sich nicht über die Sollvorschrift hinwegsetzen und als Ausgleich für die unzureichende fachliche Eignung der von ihm bestellten Mitglieder des Wirtschaftsausschusses die Hinzuziehung eines Sachverständigen verlangen. Bei der Beurteilung der Erforderlichkeit der Hinzuziehung ist vielmehr davon auszugehen, dass die Mitglieder des Wirtschaftsausschusses die zur ordnungsgemäßen Erfüllung ihrer normalerweise anfallenden Aufgaben notwendige fachliche Eignung besitzen (s. aber die weitere Differenzierung in Rn. 28). Dazu gehört nach Auffassung des BAG die Fähigkeit, den Jahresabschluss an Hand der ihnen gegebenen fachgerechten Erläuterungen zu verstehen und gezielte Fragen zu stellen, um über ihnen unklar gebliebene Punkte Aufklärung zu erhalten (BAG 18. 7. 1978 AP BetrVG 1972 § 108 Nr. 1).

III. Bestellung und Abberufung

1. Bestellungsorgan

10 a) Besteht das Unternehmen nur aus einem Betrieb, so werden die Mitglieder des Wirtschaftsausschusses vom **Betriebsrat** bestimmt (Abs. 2 Satz 1).

11 b) Besteht das Unternehmen aus mehreren Betrieben und ist deshalb ein **Gesamtbetriebsrat** vorhanden, so bestellt dieser die Mitglieder des Wirtschaftsausschusses (Abs. 2 Satz 2). Besteht kein Gesamtbetriebsrat, obwohl die Voraussetzungen für seine Errichtung erfüllt sind, so kann der Wirtschaftsausschuss nicht gebildet werden (ebenso *Fitting*, § 107 Rn. 20; GL-*Löwisch*, § 107 Rn. 13; HSWGNR-*Hess*, § 107 Rn. 15; DKK-*Däubler*, § 107 Rn. 16; MünchArbR-*Joost*, § 231 Rn. 12; *Wißkirchen*, ArbRGegw. 13 [1976], 73, 75; GK-*Oetker*, § 107 Rn. 22; a. A. GK-*Fabricius*, 6. Aufl., § 107 Rn. 23 ff.).

12 Besteht dagegen im **Unternehmen nur für einen Betrieb** ein **Betriebsrat**, so sind die Voraussetzungen für die Errichtung eines Gesamtbetriebsrats nicht gegeben. Wenn nur dieser eine Betrieb betriebsratsfähig ist, bestimmt sein Betriebsrat die Mitglieder des Wirtschaftsausschusses. Jedoch auch wenn zwei oder mehrere betriebsratsfähige Betriebe vorhanden sind, aber dennoch nur ein Betriebsrat besteht, ist ihm die Kompetenz

III. Bestellung und Abberufung　　　　　　　　　　　　　　　　　　§ 107

zuzuweisen, den Wirtschaftsausschuss für das Unternehmen zu bilden, wenn die sonstigen Voraussetzungen für dessen Errichtung erfüllt sind (ebenso LAG Frankfurt 7. 11. 1989 LAGE § 106 BetrVG 1972 Nr. 5; *Fitting*, § 107 Rn. 21; MünchArbR-*Joost*, § 231 Rn. 12; *Rumpff/Boewer*, Mitbestimmung in wirtschaftlichen Angelegenheiten, S. 217). Der Betriebsrat repräsentiert in diesem Fall zwar nicht die Arbeitnehmer des Unternehmens; er hat deshalb nicht die Aufgaben eines Gesamtbetriebsrats bei der Bildung des Konzernbetriebsrats (s. § 54 Rn. 53). Bei der Errichtung eines Wirtschaftsausschusses ist aber zu beachten, dass die Beteiligung in wirtschaftlichen Angelegenheiten erheblich von seinem Bestehen abhängt. Deshalb bestünde eine Regelungslücke, wenn der Betriebsrat nicht die Möglichkeit hätte, den Wirtschaftsausschuss zu bestellen, obwohl kein Gesamtbetriebsrat gebildet werden kann. Die Errichtung eines Wirtschaftsausschusses kann auch nicht daran scheitern, dass in einem Unternehmen aus zwei Betrieben die Arbeitnehmer des einen Betriebs keinen Betriebsrat wählen, sondern in diesem Fall bestimmt der Betriebsrat des anderen Betriebs die Mitglieder des Wirtschaftsausschusses.

2. Wahl der Mitglieder

Die Mitglieder des Wirtschaftsausschusses werden vom beschlussfähigen **Betriebsrat** 13
bzw. Gesamtbetriebsrat gewählt. Jedes Mitglied ist einzeln zu wählen; erforderlich ist gemäß § 33 Abs. 1 die einfache Stimmenmehrheit (ebenso GK-*Oetker*, § 107 Rn. 25; *Fitting*, § 107 Rn. 13; GL-*Löwisch*, § 107 Rn. 11; HSWGNR-*Hess*, § 107 Rn. 16). Bei der Bestellung durch einen Gesamtbetriebsrat ist zu beachten, dass für die Wahl nicht die Mehrheit der Zahl seiner Mitglieder, sondern die Mehrheit der Stimmenzahl maßgebend ist, die die Mitglieder des Gesamtbetriebsrats haben (§ 47 Abs. 7 bis 9; ebenso GL-*Löwisch*, § 107 Rn. 13; DKK-*Däubler*, § 107 Rn. 18).

Der Betriebsrat bzw. Gesamtbetriebsrat kann in entsprechender Anwendung des § 47 14
Abs. 3 und § 55 Abs. 2 für jedes Mitglied des Wirtschaftsausschusses mindestens ein **Ersatzmitglied** bestellen; bestellt er mehrere, so muss er die Reihenfolge des Nachrückens festlegen (ebenso *Fitting*, § 107 Rn. 16; GL-*Löwisch*, § 107 Rn. 12).

3. Amtszeit des Wirtschaftsausschusses

Der Wirtschaftsausschuss ist nicht wie der Gesamtbetriebsrat und der Konzern- 15
betriebsrat eine Dauereinrichtung mit wechselnder Mitgliedschaft; er hat eine Amtszeit.

a) Werden die Mitglieder des Wirtschaftsausschusses vom **Betriebsrat** bestimmt, so 16
werden sie **für die Dauer seiner Amtszeit** bestellt (Abs. 2 Satz 1). Die Amtszeit des Wirtschaftsausschusses deckt sich also mit der Amtszeit des Betriebsrats. Die Mitglieder des Wirtschaftsausschusses bleiben so lange im Amt, wie der Betriebsrat, der sie bestellt hat, besteht.

b) Sind dagegen die Mitglieder des Wirtschaftsausschusses von einem **Gesamtbetriebs-** 17
rat bestellt, so endet die Amtszeit des Wirtschaftsausschusses, d. h. aller Mitglieder in dem Zeitpunkt, in dem die **Amtszeit der Mehrheit der Mitglieder** des Gesamtbetriebsrats, die dem Gesamtbetriebsrat bei der Bestellung der Mitglieder des Wirtschaftsausschusses angehört haben, **abgelaufen** ist (Abs. 2 Satz 2 Halbsatz 2). Keine Rolle spielt, ob während der Amtszeit ein Mitglied des Wirtschaftsausschusses durch ein anderes ersetzt wird (s. dazu Rn. 20 ff.).

Trotz des missverständlichen Wortlauts muss man darauf abstellen, dass die Amtszeit 18
des *Betriebsrats* abgelaufen ist, dem das in den Gesamtbetriebsrat entsandte Mitglied angehört (ebenso *Boldt*, AG 1972, 299, 301). Scheidet dagegen das Mitglied des Gesamtbetriebsrats vor Ablauf der Amtszeit aus seinem Betriebsrat aus (z.B. durch Amtsniederlegung, Amtsenthebung oder Beendigung des Arbeitsverhältnisses), so rückt an seine Stelle in den Betriebsrat ein Ersatzmitglied nach (§ 25), und auch in den Gesamtbetriebsrat tritt an seine Stelle ein Ersatzmitglied ein (§ 47 Abs. 3). Ein derartiger

Annuß

§ 107

Personenwechsel ist deshalb für die Amtszeit des Wirtschaftsausschusses als bedeutungslos anzusehen (ebenso GK-*Oetker*, § 107 Rn. 29; *Fitting*, § 107 Rn. 17; GL-*Löwisch*, § 107 Rn. 18; MünchArbR-*Joost*, § 231 Rn. 107; a. A. *Nipperdey/Säcker* in *Hueck/Nipperdey*, Bd. II/2 S. 1462 Fn. 18). Andererseits spielt auch keine Rolle, ob das einzelne Mitglied nach Ablauf der Amtszeit des Betriebsrats wiedergewählt und in den Gesamtbetriebsrat entsandt wird.

19 Maßgebend ist die Mehrheit der Mitglieder des Gesamtbetriebsrats, auch wenn ein Teil der Einzelbetriebe zwei, ein anderer Teil nur einen Vertreter in den Gesamtbetriebsrat entsandt hat oder wenn mehrere Betriebe gemeinsam Mitglieder in den Gesamtbetriebsrat entsandt haben. Keine Rolle spielt auch, wieviele *Stimmen* sie nach § 47 Abs. 7 bis 9 im Gesamtbetriebsrat haben (ebenso GK-*Oetker*, § 107 Rn. 29; *Fitting*, § 107 Rn. 18; DKK-*Däubler*, § 107 Rn. 23). Nicht erforderlich ist, dass das einzelne Mitglied des Gesamtbetriebsrats an der Wahl der Mitglieder des Wirtschaftsausschusses teilgenommen hat (ebenso GL-*Löwisch*, § 107 Rn. 18).

4. Erlöschen der Mitgliedschaft

20 Das Amt des einzelnen Ausschussmitglieds kann vor Ablauf der Amtszeit des Wirtschaftsausschusses enden:

21 a) Jedes Mitglied des Wirtschaftsausschusses kann jederzeit **abberufen** werden (Abs. 2 Satz 3). Die Abberufung erfolgt durch das Gremium, das die Mitglieder des Wirtschaftsausschusses gewählt hat, also bei Bestimmung durch den Gesamtbetriebsrat nur durch ihn, nicht etwa durch den Betriebsrat, dem möglicherweise ein Mitglied des Wirtschaftsausschusses angehört. Für die Abberufung genügt ein Beschluss, der mit einfacher Stimmenmehrheit gefasst wird (§ 33); erfolgt die Abberufung durch den Gesamtbetriebsrat, so ist zu beachten, dass es auf die Stimmenmehrheit ankommt, die die Mitglieder des Gesamtbetriebsrats haben (§ 47 Abs. 7 bis 9). Ein besonderer Grund ist nicht erforderlich (ebenso *Fitting*, § 107 Rn. 15; MünchArbR-*Joost*, § 231 Rn. 105; a. A. ArbG Hamburg 11. 9. 1975 DB 1975, 2331). Insbesondere kann die Abberufung nicht auf den Fall beschränkt werden, dass dem Mitglied die persönliche oder fachliche Eignung fehle (so aber ArbG Hamburg 11. 9. 1975 DB 1975, 2331; *Gege*, Die Funktionen des Wirtschaftsausschusses, S. 158; wie hier DKK-*Däubler*, § 107 Rn. 24; GK-*Oetker*, § 107 Rn. 30).

22 b) Außerdem kann jedes Mitglied des Wirtschaftsausschusses jederzeit sein Amt **niederlegen**. Eine Amtsenthebung durch das Arbeitsgericht ist nicht vorgesehen und daher unzulässig.

23 c) Soweit das **Ausschussmitglied gleichzeitig Betriebsratsmitglied ist, endet** sein Amt **mit seinem Amt als Betriebsratsmitglied** nur dann, wenn es sich um das **einzige Betriebsratsmitglied** im Wirtschaftsausschuss handelt. Das Gesetz verlangt nämlich nur, dass mindestens ein Betriebsratsmitglied dem Wirtschaftsausschuss angehören muss. Solange diesem Erfordernis genügt wird, verliert ein Arbeitnehmer mit seinem Ausscheiden aus dem Betriebsrat nicht sein Amt als Mitglied des Wirtschaftsausschusses (ebenso DKK-*Däubler*, § 107 Rn. 28; MünchArbR-*Joost*, § 231 Rn. 106; bereits zu § 68 BetrVG 1952 *Nikisch*, Bd. III S. 510; *Bührig*, § 68 Rn. 4; *Thon*, AuR 1953, 257, 259; auch *Dietz*, § 24 Rn. 24 b, anders aber § 68 Rn. 19; a. A. *Fitting*, § 107 Rn. 9; v. *Winterfeld*, AuR 1955, 161, 164 f.). Soweit darauf hingewiesen wird, dass nicht feststellbar sei, wer das dem Wirtschaftsausschuss notwendig angehörende Betriebsratsmitglied sein soll, wird übersehen, dass das Gesetz nicht verlangt, dass ein Mitglied dem Wirtschaftsausschuss als Betriebsratsmitglied angehört. Wenn ein Betriebsratsmitglied nur mit Rücksicht auf sein Betriebsratsamt in den Wirtschaftsausschuss gewählt wurde, so kann es jederzeit ohne besonderen Grund abberufen werden.

24 d) Die Mitgliedschaft im Wirtschaftsausschuss endet weiterhin auch nicht dadurch, dass ein Arbeitnehmer **leitender Angestellter i. S. des § 5 Abs. 3** wird; denn wie in Abs. 1

IV. Rechtsstellung der Mitglieder des Wirtschaftsausschusses § 107

Satz 2 ausdrücklich klargestellt wird, können auch leitende Angestellte zu Mitgliedern des Wirtschaftsausschusses bestimmt werden (ebenso DKK-*Däubler*, § 107 Rn. 28). Etwas anderes gilt auch hier mit Blick auf § 24 Nr. 4 nur dann, wenn dieser Arbeitnehmer das einzige Betriebsratsmitglied im Wirtschaftsausschuss war.

e) Die Mitgliedschaft endet nach allgemeinen Rechtsgrundsätzen, die für den Betriebsrat in § 24 Nr. 3, 4 Ausdruck gefunden haben, sobald das Mitglied die Wählbarkeitsvoraussetzungen nach Abs. 1 Satz 1 (s. Rn. 3 ff.) verliert (DKK-*Däubler*, § 107 Rn. 26; GK-*Oetker*, § 107 Rn. 34), also insbesondere mit dem Verlust der Unternehmensangehörigkeit. 25

f) Scheidet ein Mitglied aus dem Wirtschaftsausschuss aus, so rückt, sofern vorhanden, das **Ersatzmitglied** nach (s. Rn. 14); anderenfalls ist ein neues Mitglied zu bestellen. Die Dauer seines Amtes beschränkt sich auf den Rest der Amtszeit des Wirtschaftsausschusses. 26

IV. Rechtsstellung der Mitglieder des Wirtschaftsausschusses

1. Ehrenamtliche Tätigkeit und Arbeitsbefreiung

Die Mitglieder des Wirtschaftsausschusses führen ihr Amt **unentgeltlich als Ehrenamt**. Das ist zwar im Gesetz nicht ausdrücklich bestimmt, ergibt sich aber für Betriebsratsmitglieder daraus, dass ihre Tätigkeit im Wirtschaftsausschuss Ausfluss des Betriebsratsamtes ist, und für die anderen vom Betriebsrat entsandten Mitglieder folgt dasselbe aus § 78 Satz 2, nach dem die Mitglieder des Wirtschaftsausschusses wegen ihrer Tätigkeit nicht benachteiligt oder begünstigt werden dürfen. Daher gelten auch für sie die Bestimmungen, die das Verhältnis zwischen einer ordnungsgemäßen Amtstätigkeit und den Pflichten aus dem Arbeitsverhältnis allgemein regeln, also insbesondere § 37 Abs. 1 bis 3 entsprechend (ebenso GK-*Oetker*, § 107 Rn. 36; *Fitting*, § 107 Rn. 24; HSWGNR-*Hess*, § 107 Rn. 23 f.; DKK-*Däubler*, § 107 Rn. 30; MünchArbR-*Joost*, § 231 Rn. 111; a. A. GL-*Löwisch*, § 107 Rn. 20). Die Mitglieder dürfen für ihre Tätigkeit kein Entgelt erhalten. Das ist nötig, um ihre innere Unabhängigkeit auf alle Fälle zu gewährleisten. Andererseits darf ihnen durch die Tätigkeit **keine Entgelteinbuße** entstehen. Für die Zeit der Arbeitsversäumnis, soweit diese durch die Tätigkeit im Wirtschaftsausschuss erforderlich ist, haben sie Anspruch auf Arbeitsentgelt (s. § 37 Rn. 13 ff.; ebenso unter Begründung aus § 78 Satz 2 GL-*Löwisch*, § 107 Rn. 21). Notwendige Aufwendungen, die ihnen im Zusammenhang mit ihren Aufgaben als Mitglied des Wirtschaftsausschusses erwachsen, sind ihnen zu ersetzen (s. § 40 Rn. 10 ff.; ebenso DKK-*Däubler*, § 107 Rn. 30; *Nipperdey/Säcker* in *Hueck/Nipperdey*, Bd. II/2 S. 1464; s. auch Rn. 32). 27

Für die **Teilnahme an Schulungs- und Bildungsveranstaltungen** gilt § 37 Abs. 6 entsprechend, und zwar nicht nur für die dem Wirtschaftsausschuss angehörenden Betriebsratsmitglieder (a. A. BAG 6. 11. 1973 AP BetrVG 1972 § 37 Nr. 5 [abl. *Kittner*]; 20. 1. 1976 AP ArbGG 1953 § 89 Nr. 10; 28. 4. 1988 NZA 1989, 221 ff.; 11. 11. 1998 AP BetrVG 1972 § 37 Nr. 129; GK-*Oetker*, § 107 Rn. 28; HSWGNR-*Hess*, § 107 Rn. 28; *Rumpff/Boewer*, Mitbestimmung in wirtschaftlichen Angelegenheiten, S. 244; wie hier GK-*Fabricius*, 6. Aufl., § 107 Rn. 44; *Fitting*, § 107 Rn. 25; DKK-*Däubler*, § 107 Rn. 32; *Däubler/Peter*, Schulung, Rn. 285 ff., die allerdings sämtlich Abs. 1 Satz 3 für irrelevant halten; vgl. auch LAG Bremen 17. 1. 1984 AuR 1985, 132 [LS]). § 37 Abs. 6 ist eine Konkretisierung des § 37 Abs. 2 und deshalb ebenfalls entsprechend anzuwenden. Zwar sollen die Mitglieder des Wirtschaftsausschusses die zur Erfüllung ihrer Aufgaben erforderliche fachliche und persönliche Eignung besitzen (Abs. 1 Satz 3), doch lässt sich damit nicht die generelle Beschränkung der entsprechenden Anwendung des § 37 Abs. 6 auf solche Ausnahmefälle rechtfertigen, in denen der Sollbestimmung aus objektiven Gründen nicht Rechnung getragen werden kann, etwa wenn kein Unter- 28 nehmensangehöriger gefunden werden kann, der die erforderliche fachliche oder persönliche Eignung besitzt (so aber BAG 11. 11. 1998 AP BetrVG 1972 § 37 Nr. 129; auch insoweit ablehnend HSWGNR-*Hess,* § 107 Rn. 28; MünchArbR-*Joost,* § 231 Rn. 112). Zutreffend erscheint es demgegenüber, grundsätzlich von der Anwendbarkeit des § 37 Abs. 6 auszugehen (in diesem Sinne auch LAG Hamm 10. 6. 2005 – 10 TaBV 1/05; LAG Hamm 22. 6. 2007 – 10 TaBV 25/07) und die Wertung des Abs. 1 Satz 3 im Rahmen der Erforderlichkeitsprüfung zu berücksichtigen, deren Bezugspunkt nicht das einzelne Mitglied, sondern das durch seine Hilfsfunktion gegenüber dem Betriebsrat bzw. dem Gesamtbetriebsrat gekennzeichnete Gremium des Wirtschaftsausschusses ist. Sind daher geeignete Unternehmensangehörige vorhanden, ist zu berücksichtigen, dass die mit Abs. 1 Satz 3 nicht in Einklang stehende Besetzung durch eine jederzeit mögliche Abberufung einzelner Mitglieder und Nachnominierung geeigneter Personen behoben und dadurch der Schulungsbedarf beseitigt werden kann. Maßgeblicher Zeitpunkt für die Frage nach dem Vorhandensein der erforderlichen Eignung ist dabei derjenige der jeweiligen Bestellung. Nur dieser Ansatz vermag eine stimmige Lösung für jene Fälle anzubieten, in denen eine bei den Mitgliedern ursprünglich vorhandene erforderliche Eignung später – etwa auf Grund veränderter gesetzlicher Rahmenbedingungen oder technischen Fortschritts – wegfällt. Dagegen haben die Mitglieder des Wirtschaftsausschusses keinen Anspruch auf Freistellung zur Teilnahme an Schulungs- und Bildungsveranstaltungen gemäß § 37 Abs. 7 (ebenso *Däubler/Peter,* a. a. O., Rn. 287 Fn. 54; GK-*Oetker,* § 107 Rn. 39).

2. Kündigungsschutz

29   Die Mitglieder des Wirtschaftsausschusses gehören **nicht** zu dem Personenkreis, der nach § 15 KSchG im Rahmen der Betriebsverfassung **besonderen Kündigungsschutz** genießt (GK-*Oetker,* § 107 Rn. 41; a. A. GK-*Fabricius,* 6. Aufl., § 107 Rn. 50 ff. der eine Gesetzeslücke annimmt und § 15 KSchG entsprechend anwenden will). Lediglich ein relativer Kündigungsschutz besteht, der sich aus § 78 Satz 2 ergibt; erfolgt eine Kündigung wegen der Tätigkeit im Wirtschaftsausschuss oder um diese unmöglich zu machen, so ist sie nichtig (ebenso *Fitting,* § 107 Rn. 26; GL-*Löwisch,* § 78 Rn. 18; HSWGNR-*Hess,* § 107 Rn. 30; DKK-*Däubler,* § 107 Rn. 33; MünchArbR-*Joost,* § 231 Rn. 115; s. auch § 78 Rn. 22). Dabei ist zwar einerseits das Ausschussmitglied für das Vorliegen eines Nichtigkeitsgrundes beweispflichtig, aber andererseits können je nach Lage des Falles die Grundsätze des prima-facie-Beweises für die Nichtigkeit der Kündigung sprechen. Soweit das Mitglied des Wirtschaftsausschusses gleichzeitig Betriebsratsmitglied ist, besteht der besondere Kündigungsschutz des § 15 KSchG.

3. Tätigkeits- und Entgeltschutz

30   Im Gegensatz zu § 37 Abs. 1 bis 3, Abs. 6 findet § 37 Abs. 4 und 5 wie der besondere Kündigungsschutz auf die Mitglieder des Wirtschaftsausschusses nicht entsprechende Anwendung (ebenso *Fitting,* § 107 Rn. 26; a. A. DKK-*Däubler,* § 107 Rn. 30), da dies zur Sicherung der Funktionsfähigkeit des Wirtschaftsausschusses nicht erforderlich ist. Der Tätigkeits- und Entgeltschutz gilt deshalb nur für die dem Betriebsrat angehörenden Mitglieder in ihrer Ursprungsfunktion als Betriebsratsmitglieder. Für die anderen unternehmensangehörigen Mitglieder gilt Gleiches wie bei der Kündigung, so dass auch hier § 78 Satz 2 besondere Bedeutung zukommt (s. Rn. 29).

4. Geheimhaltungspflicht

31   Die Mitglieder des Wirtschaftsausschusses unterliegen der Geheimhaltungspflicht des § 79. Die Verletzung der Geheimhaltungspflicht wird mit Freiheitsstrafe oder mit Geldstrafe geahndet (§ 120).

5. Kosten

Der Unternehmer hat die Sachmittel für die Tätigkeit des Wirtschaftsausschusses zur **32** Verfügung zu stellen; er trägt die durch die Tätigkeit des Wirtschaftsausschusses entstehenden Kosten. § 40 gilt entsprechend (ebenso BAG 17. 10. 1990 AP BetrVG 1972 § 108 Nr. 8). Der Arbeitgeber hat deshalb für eine Protokollierung das erforderliche Büropersonal zur Verfügung zu stellen. Daraus ergibt sich aber kein Recht des Wirtschaftsausschusses (bzw. des Betriebsrats) zur Bestimmung der Person. Der Wirtschaftsausschuss kann vielmehr nur festlegen, ob eine Protokollführung in der Sitzung durch eines seiner Mitglieder oder mit Hilfe einer vom Arbeitgeber zur Verfügung zu stellenden Bürokraft erfolgen soll (ebenso BAG 17. 10. 1990 AP BetrVG 1972 § 108 Nr. 8).

6. Behinderungs- und Benachteiligungsverbot

Die vorsätzliche Behinderung oder Störung der Tätigkeit des Wirtschaftsausschusses **33** und die vorsätzliche Benachteiligung oder Begünstigung eines Mitglieds des Wirtschaftsausschusses um seiner Tätigkeit willen ist nach § 119 Abs. 1 Nr. 2 und 3 strafbar.

V. Ersetzung des Wirtschaftsausschusses

1. Übertragung der Aufgaben auf einen Ausschuss des Betriebsrats

a) Da der Wirtschaftsausschuss ohnehin ein Gremium der Belegschaft ist, dessen **34** Mitglieder ausschließlich vom Betriebsrat oder Gesamtbetriebsrat bestimmt werden, gibt Abs. 3 folgerichtig die **Möglichkeit,** die **Aufgaben des Wirtschaftsausschusses** einem **Ausschuss des Betriebsrats zu übertragen,** um eine Anpassung an etwaige besondere Verhältnisse in den einzelnen Unternehmen offen zu halten (vgl. Begründung des RegE, BT-Drucks. VI/1786, S. 54). Damit trägt der Gesetzgeber der von der Mitbestimmungskommission festgestellten Tatsache Rechnung, dass in den Unternehmen zunehmend die Zusammenarbeit zwischen Unternehmensleitung und Arbeitnehmervertretung sich aus dem Wirtschaftsausschuss auf eine unmittelbare Kooperation zwischen der Unternehmensleitung und dem Betriebsrat verlagert hat und sich daher die Bildung eines Wirtschaftsausschusses häufig erübrigt hat oder seine Tätigkeit praktisch zum Erliegen gekommen ist (BT-Drucks. VI/334, S. 51 ff.). Da aber ein derartiges Gremium, das die Funktion des Wirtschaftsausschusses übernimmt, nicht zu groß sein darf, hat der Gesetzgeber von der im RegE vorgesehenen Möglichkeit abgesehen, dass der Betriebsrat die Aufgaben des Wirtschaftsausschusses übernimmt (vgl. Bericht des BT-Ausschusses für Arbeit und Sozialordnung, *zu* BT-Drucks. VI/2729, S. 31; s. auch § 106 Rn. 2).

b) Besteht in einem Unternehmen **nur ein Betriebsrat** (s. auch Rn. 12), so ist dieser für **35** die Entscheidung zuständig, ob die Aufgaben des Wirtschaftsausschusses einem Ausschuss des Betriebsrats übertragen werden. Der Beschluss muss mit der **Mehrheit der Stimmen seiner Mitglieder** gefasst werden (Abs. 3 Satz 1); es genügt also nicht die einfache Stimmenmehrheit, sondern es ist die absolute Mehrheit der Mitglieder erforderlich.

c) Die Aufgaben des Wirtschaftsausschusses können **nur einem Ausschuss** des Be- **36** triebsrats übertragen werden, dessen Mitgliederzahl die **Zahl der Mitglieder des Betriebsausschusses nicht überschreiten** darf (Abs. 3 Satz 2). Angesichts dieses Bezugspunkts kommt die Übertragung nach Abs. 3 Satz 1 nur in Betracht, soweit nach § 28 ein Betriebsausschuss zu bilden ist, was nach § 9 einen Betrieb mit in der Regel mehr als 200 wahlberechtigten Arbeitnehmern voraussetzt. In kleineren Betrieben kann von der Möglichkeit nach Abs. 3 deshalb kein Gebrauch gemacht werden.

Soweit die Auffassung vertreten wird, dass in diesem Fall der Betriebsrat die Aufgaben **37** des Wirtschaftsausschusses selbst übernehmen darf, weil er auch alle seine Mitglieder in den Wirtschaftsausschuss entsenden könnte (*Dütz*, FS Westermann, S. 37, 42; *Kehrmann/Schneider*, BlStSozArbR 1972, 60, 62; unklar *Fitting*, § 107 Rn. 32), ist das unzutreffend. Abgesehen davon, dass der Gesetzgeber von der im RegE noch enthaltenen Bestimmung Abstand genommen hat, wonach der Betriebsrat die Aufgaben des Wirtschaftsausschusses selbst sollte übernehmen können (s. Rn. 34), würde dabei auch übersehen, dass Unterschiede hinsichtlich der Abberufungsmöglichkeit bestehen, die dann missachtet würden (GK-*Oetker*, § 107 Rn. 49 f.). In kleineren Betrieben hat daher der Betriebsrat nur die Möglichkeit, sämtliche Mitglieder in den Wirtschaftsausschuss zu berufen, so dass er lediglich im praktischen Ergebnis selbst die Aufgaben des Wirtschaftsausschusses übernimmt (ebenso DKK-*Däubler*, § 107 Rn. 42; GK-*Oetker*, § 107 Rn. 50; GL-*Löwisch*, § 107 Rn. 32; daraus, dass damit die Möglichkeit der Kooptation nicht gegeben ist, ergibt sich nichts anderes; vgl. dazu näher *Richardi*, 7. Aufl., Rn. 36).

38 d) Werden die Aufgaben des Wirtschaftsausschusses einem Ausschuss des Betriebsrats übertragen, so gilt für seine **Bestellung** und **Zusammensetzung** § 28 (ebenso DKK-*Däubler*, § 107 Rn. 35; *Dütz*, FS Westermann, S. 37, 41; a. A. *Kehrmann/Schneider*, BlStSozArbR 1972, 60, 62, aber ohne Begründung, warum für einen derartigen Ausschuss des Betriebsrats § 28 nicht gilt; vgl. auch *Fitting*, § 107 Rn. 30: entsprechende Geltung). Möglich ist auch, dass der Ausschuss mit dem **Betriebsausschuss** personenidentisch ist. Aus der gesetzlichen Anordnung, dass die Mitgliederzahl nicht die Zahl der Mitglieder des Betriebsausschusses überschreiten darf (Abs. 3 Satz 2), kann nicht abgeleitet werden, dass es unzulässig sei, die Aufgaben des Wirtschaftsausschusses dem Betriebsausschuss zu übertragen (so aber *Brecht*, § 107 Rn. 6; wie hier GK-*Oetker*, § 107 Rn. 47; HSWGNR-*Hess*, § 107 Rn. 32; *Rumpff/Boewer*, Mitbestimmung in wirtschaftlichen Angelegenheiten, S. 221).

39 e) Der Betriebsrat kann **weitere Arbeitnehmer** bis zur selben Zahl, wie der Ausschuss Mitglieder hat, in den Ausschuss **berufen** (Abs. 3 Satz 3). Zu diesen kooptierten Arbeitnehmern können auch leitende Angestellte i. S. des § 5 Abs. 3 gehören, angesichts des von Abs. 1 abweichenden eindeutigen Wortlauts jedoch nicht die in § 5 Abs. 2 bezeichneten Personen. Der Betriebsrat ist aber nicht darauf beschränkt, nur Arbeitnehmer zu kooptieren, die nicht dem Betriebsrat angehören, sondern er kann als weitere Arbeitnehmer auch Betriebsratsmitglieder berufen (ebenso *Fitting*, § 107 Rn. 35; *Rumpff/Boewer*, Mitbestimmung in wirtschaftlichen Angelegenheiten, S. 223). Der Beschluss kann nur mit der Mehrheit der Stimmen der Betriebsratsmitglieder gefasst werden (Abs. 3 Satz 3 i. V. mit Satz 1). Das gilt nicht nur für die Entscheidung, ob überhaupt und wieviele Arbeitnehmer kooptiert werden sollen, sondern auch für die personelle Auswahlentscheidung. Das Kooptationsrecht besteht auch, wenn der Betriebsrat Aufgaben des Wirtschaftsausschusses dem Betriebsausschuss übertragen hat (a. A. GK-*Fabricius*, 6. Aufl., § 107 Rn. 51; DKK-*Däubler*, § 107 Rn. 40). Dadurch ändert sich aber nicht die Mitgliederzahl des Betriebsausschusses für den Normalfall, sondern die kooptierten Arbeitnehmer treten nur hinzu, soweit der Betriebsausschuss die Funktion des Wirtschaftsausschusses wahrnimmt.

40 Die **kooptierten Arbeitnehmer** haben in dem Ausschuss, dem die Aufgaben des Wirtschaftsausschusses übertragen sind, die **gleichen Rechte und Pflichten wie die Betriebsratsmitglieder**. Insbesondere gilt für die Verschwiegenheitspflicht der kooptierten Mitglieder § 79 entsprechend (Abs. 3 Satz 4).

2. Anderweitige Wahrnehmung der Aufgaben des Wirtschaftsausschusses durch den Gesamtbetriebsrat

41 a) Ist in einem Unternehmen ein Gesamtbetriebsrat errichtet, so beschließt dieser über die **anderweitige Wahrnehmung der Aufgaben des Wirtschaftsausschusses** (Abs. 3 Satz 6). Für den Beschluss ist die **Mehrheit der Stimmen der Mitglieder des Gesamtbetriebsrats** (s. § 47 Abs. 7 bis 9) erforderlich.

b) Das Gesetz gibt dem Gesamtbetriebsrat das Recht, „über die anderweitige Wahrnehmung der Aufgaben des Wirtschaftsausschusses" zu beschließen. Aus dem systematischen Zusammenhang sowie der Verweisung auf die Sätze 1 bis 5 ergibt sich dabei, dass nur eine Übertragung auf Ausschüsse des Gesamtbetriebsrats in Betracht kommt, und auch das nur dann, wenn dieser einen Gesamtbetriebsausschuss zu bilden hat (im Ergebnis ebenso GL-*Löwisch*, § 107 Rn. 36; *Kehrmann/Schneider*, BlStSozArbR 1972, 60, 62; anders *Richardi*, 7. Aufl., Rn. 41; *Rumpff/Boewer*, Mitbestimmung in wirtschaftlichen Angelegenheiten, S. 222; GK-*Oetker*, § 107 Rn. 56). 42

Der Gesamtbetriebsrat kann daher die Aufgaben des Wirtschaftsausschusses weder selbst übernehmen (a. A. *Richardi*, 7. Aufl., Rn. 41; *Fitting*, § 107 Rn. 33) noch auf einzelne Betriebsräte oder Ausschüsse der Betriebsräte übertragen (Letzteres entspricht der ganz überwiegenden Ansicht GL-*Löwisch*, § 107 Rn. 36; GK-*Oetker*, § 107 Rn. 58; HSWGNR-*Hess*, § 107 Rn. 34; *Rumpff/Boewer*, Mitbestimmung in wirtschaftlichen Angelegenheiten, S. 222; *Kehrmann/Schneider*, BlStSozArbR 1972, 60, 62; ebenso *Richardi*, 7. Aufl., Rn. 42). Eine Übertragung auf einzelne Betriebsräte oder deren Ausschüsse stünde im Widerspruch mit dem Grundgedanken des Gesetzes, dass überall dort, wo ein Unternehmen aus mehreren Betrieben besteht, auf der Ebene des Unternehmens ein besonderes Gremium gebildet wird, das als Organ der Belegschaft die Aufgabe hat, wirtschaftliche Angelegenheiten mit dem Unternehmer zu beraten und den Betriebsrat zu unterrichten. 43

c) Werden die Aufgaben des Wirtschaftsausschusses einem **Ausschuss des Gesamtbetriebsrats** übertragen, so darf dessen **Mitgliederzahl** nicht die Zahl der Mitglieder des Gesamtbetriebsausschusses überschreiten (Abs. 3 Satz 6 i. V. mit Satz 2). 44

Der Gesamtbetriebsrat hat auch in diesem Fall das Recht, **weitere Arbeitnehmer** bis zur selben Zahl, wie der Ausschuss Mitglieder hat, in den Ausschuss zu **berufen** (Abs. 3 Satz 6 i. V. mit Satz 3). 45

3. Abänderung und Widerruf der Übertragung

Der Betriebsrat kann jederzeit den Beschluss, der zur Übertragung der Aufgaben des Wirtschaftsausschusses auf den Betriebsausschuss oder einen anderen Ausschuss des Betriebsrats geführt hat, sowie die Beschlüsse über die Heranziehung weiterer Arbeitnehmer als Mitglieder des Ausschusses abändern und widerrufen (ebenso *Fitting*, § 107 Rn. 37; GL-*Löwisch*, § 107 Rn. 34; HSWGNR-*Hess*, § 107 Rn. 36). Die Beschlüsse, durch die das geschieht, können nur mit der Mehrheit der Stimmen der Betriebsratsmitglieder gefasst werden (Abs. 3 Satz 5). 46

Der Gesamtbetriebsrat kann ebenfalls jederzeit den Beschluss über die anderweitige Wahrnehmung der Aufgaben des Wirtschaftsausschusses widerrufen oder abändern, wobei er auch hier den Beschluss mit der Mehrheit der Stimmen seiner Mitglieder (s. § 47 Abs. 7 bis 9) fassen muss. 47

VI. Streitigkeiten

Streitigkeiten, die mit der **Errichtung**, der **Tätigkeit** und der **Amtszeit des Wirtschaftsausschusses** zusammenhängen, entscheidet das **Arbeitsgericht im Beschlussverfahren** (§ 2a Abs. 1 Nr. 1, Abs. 2 i. V. mit §§ 80 ff. ArbGG). 48

Nicht abschließend geklärt ist bislang, inwieweit der Wirtschaftsausschuss selbst antragsberechtigt und beteiligungsbefugt ist (offengelassen BAG 18. 7. 1978 AP BetrVG 1972 § 108 Nr. 1; verneinend wohl BAG 8. 8. 1989 AP BetrVG 1972 § 106 Nr. 6; BAG 22. 1. 1991 AP BetrVG 1972 § 106 Nr. 9 [jeweils für die Geltendmachung von Auskunftsansprüchen gegen den Arbeitgeber]; ebenfalls für die Geltendmachung von Auskunftsansprüchen verneinend BAG 8. 3. 1983 AP BetrVG 1972 § 118 Nr. 26, wo 49 deutlich ausgesprochen wird, dass es für die Beteiligungsbefugnis allein darauf ankomme, ob der Wirtschaftsausschuss durch die beantragte Gerichtsentscheidung in seiner betriebsverfassungsrechtlichen Rechtsposition unmittelbar betroffen wird oder betroffen werden kann; bei einem gegen den Wirtschaftsausschuss gerichteten Anspruch wurde dessen Beteiligungsbefugnis bejaht in BAG 5. 11. 1985 AP BetrVG 1972 § 117 Nr. 4; vgl. auch BAG 11. 7. 2000 AP BetrVG 1972 § 109 Nr. 2; BAG 15. 3. 2006 AP BetrVG 1972 § 118 Nr. 79). Nicht selbst beteiligt ist der Wirtschaftsausschuss nach Ansicht des BAG, soweit die Betriebsparteien über die Berechtigung des Betriebsrats zur Bestellung eines Wirtschaftsausschusses streiten (BAG 15. 3. 2006 AP BetrVG 1972 § 118 Nr. 79). Der vom BAG gewährte Ansatz der klaren Unterscheidung zwischen abstrakter Beteiligungsfähigkeit und konkreter Beteiligungsbefugnis verdient Zustimmung. Der Wirtschaftsausschuss ist demnach generell beteiligungsfähig, beteiligungsbefugt hingegen nur, soweit es um Rechtspositionen geht, die ihm im Rahmen der Betriebsverfassung zugewiesen sind (a. A. GK-*Oetker,* § 107 Rn. 61 m. w. N.; vgl. auch *Dütz,* FS Westermann, S. 37, 47 f.).

50 Bei Meinungsverschiedenheiten über die anderweitige Wahrnehmung der Aufgaben des Wirtschaftsausschusses entscheidet das Arbeitsgericht ebenfalls im Beschlussverfahren.

51 Für **Streitigkeiten** über die Pflicht des Arbeitgebers, einem Arbeitnehmer für die versäumte Arbeitszeit infolge der Tätigkeit im Wirtschaftsausschuss das **Arbeitsentgelt fortzuzahlen,** und für Streitigkeiten über den **Freizeitausgleich** ist das **Urteilsverfahren** die richtige Verfahrensart (s. § 37 Rn. 182 ff.).

52 Streitigkeiten über die Pflicht des Unternehmers, die **Sachmittel** für die Tätigkeit des Wirtschaftsausschusses zur Verfügung zu stellen, entscheidet das Arbeitsgericht im Beschlussverfahren. Gleiches gilt für den Anspruch auf Erstattung der Aufwendungen, die einem Mitglied durch seine Amtstätigkeit entstanden sind (s. § 40 Rn. 84 ff.).

§ 108 Sitzungen

(1) Der Wirtschaftsausschuss soll monatlich einmal zusammentreten.

(2) [1] An den Sitzungen des Wirtschaftsausschusses hat der Unternehmer oder sein Vertreter teilzunehmen. [2] Er kann sachkundige Arbeitnehmer des Unternehmens einschließlich der in § 5 Abs. 3 genannten Angestellten hinzuziehen. [3] Für die Hinzuziehung und die Verschwiegenheitspflicht von Sachverständigen gilt § 80 Abs. 3 und 4 entsprechend.

(3) Die Mitglieder des Wirtschaftsausschusses sind berechtigt, in die nach § 106 Abs. 2 vorzulegenden Unterlagen Einsicht zu nehmen.

(4) Der Wirtschaftsausschuss hat über jede Sitzung dem Betriebsrat unverzüglich und vollständig zu berichten.

(5) Der Jahresabschluss ist dem Wirtschaftsausschuss unter Beteiligung des Betriebsrats zu erläutern.

(6) Hat der Betriebsrat oder der Gesamtbetriebsrat eine anderweitige Wahrnehmung der Aufgaben des Wirtschaftsausschusses beschlossen, so gelten die Absätze 1 bis 5 entsprechend.

Übersicht

	Rn.
I. Vorbemerkung	1
II. Sitzungen des Wirtschaftsausschusses	3
1. Organisation und Geschäftsführung des Wirtschaftsausschusses	3

	Rn.
2. Gebot der monatlichen Sitzung	7
3. Durchführung der Sitzungen	8
III. Teilnahme des Unternehmers und Hinzuziehung anderer Personen	12
1. Teilnahme des Unternehmers	12
2. Hinzuziehung anderer Arbeitnehmer durch den Unternehmer	18
3. Hinzuziehung von Sachverständigen	20
4. Teilnahme von Gewerkschaftsbeauftragten	23
5. Teilnahme eines Vertreters der Arbeitgebervereinigung	30
6. Teilnahme der Schwerbehinderten- bzw. Jugend- und Auszubildendenvertretung	31
IV. Rechte und Pflichten des Wirtschaftsausschusses	32
1. Einsichtsrecht der Mitglieder in die Unterlagen	33
2. Berichtspflicht gegenüber dem Betriebsrat bzw. Gesamtbetriebsrat	34
3. Erläuterung des Jahresabschlusses	36
V. Wahrnehmung der Aufgaben des Wirtschaftsausschusses durch einen Ausschuss des Betriebsrats bzw. Gesamtbetriebsrats	47
VI. Ordnungswidrigkeiten	48
VII. Streitigkeiten	49

I. Vorbemerkung

Die Vorschrift gibt Bestimmungen über die **Sitzungen des Wirtschaftsausschusses** und **weitere Pflichten des Unternehmers.** Sie ergänzt insoweit die Regelung in § 106. **1**

Das Personalvertretungsrecht kennt keine entsprechende Regelung; im SprAuG ist § 32 Abs. 1 zu beachten. **2**

II. Sitzungen des Wirtschaftsausschusses

1. Organisation und Geschäftsführung des Wirtschaftsausschusses

Das Gesetz regelt, wenn man von dieser Bestimmung über die Sitzungen absieht, nicht die Organisation und Geschäftsführung des Wirtschaftsausschusses, obwohl er ein Kollegialorgan darstellt. Da er ein Hilfsorgan des Betriebsrats ist, sind Grundregeln über seine Organisation und Geschäftsführung an den für den Betriebsrat und seine Ausschüsse geltenden Bestimmungen zu orientieren (ebenso MünchArbR-*Joost*, § 231 Rn. 72). **3**

a) Einen **Vorsitzenden** braucht der Wirtschaftsausschuss nicht zu haben (a. A. GL-*Löwisch*, § 108 Rn. 2; *Wiese*, FS Molitor, S. 365, 373), wenn auch zweckmäßigerweise bestimmt wird, wer die zwischen den Sitzungen anfallenden Geschäfte erledigen, etwa eingehende Berichte oder Äußerungen des Unternehmers entgegennehmen, die Einladungen zu den Sitzungen durchführen, die Sitzungen vorbereiten soll (ebenso GK-*Oetker*, § 108 Rn. 3; *Fitting*, § 108 Rn. 3; HSWGNR-*Hess*, § 108 Rn. 1; MünchArbR-*Joost*, § 231 Rn. 73; *Rumpff/Boewer*, Mitbestimmung in wirtschaftlichen Angelegenheiten, S. 240). Über die Geschäftsverteilung entscheiden die Mitglieder des Wirtschaftsausschusses. **4**

b) Für die **Einberufung** und **Leitung der Sitzungen** gilt § 29 Abs. 2 und 3 entsprechend (ebenso BAG 18. 11. 1980 AP BetrVG 1972 § 108 Nr. 2). **5**

c) Der Wirtschaftsausschuss kann sich eine **Geschäftsordnung** geben (ebenso GK-*Oetker*, § 108 Rn. 6; DKK-*Däubler*, § 108 Rn. 4; MünchArbR-*Joost*, § 231 Rn. 74). Nicht erforderlich ist, dass die Ordnung der Geschäftsführung und des Verfahrens im Wirtschaftsausschuss unter Beteiligung des Betriebsrats mit dem Unternehmer geregelt wird. Der Wirtschaftsausschuss hat vielmehr lediglich zu berücksichtigen, dass er immer nur zusammen mit dem Unternehmer tagen kann (s. Rn. 12). Daher muss bei der zeitlichen Festlegung der Sitzungen darauf Rücksicht genommen werden, dass dem Unternehmer oder seinem Vertreter die Teilnahme möglich ist. **6**

2. Gebot der monatlichen Sitzung

7   Der Wirtschaftsausschuss soll einmal im Monat zusammentreten (Abs. 1). Das Gebot ist aber nur in eine **Sollvorschrift** gekleidet, so dass von ihm abgewichen werden kann, wenn nichts zu beraten ist. Andererseits kann die Notwendigkeit bestehen, dass der Wirtschaftsausschuss nicht nur einmal im Monat zusammentritt, wenn dringende wirtschaftliche Entscheidungen zwischenzeitlich eine Sitzung erforderlich machen (ebenso GK-*Oetker*, § 108 Rn. 7; *Fitting*, § 108 Rn. 2; GL-*Löwisch*, § 108 Rn. 1; DKK-*Däubler*, § 108 Rn. 3; zum Rechtstatsächlichen siehe *Gege*, Die Funktionen des Wirtschaftsausschusses, S. 236, der in 40% der untersuchten Unternehmen ein- bis zweimonatige, in 52% dreimonatige und in etwa 8% noch längere Sitzungsintervalle festgestellt hat).

3. Durchführung der Sitzungen

8   a) Die Sitzungen des Wirtschaftsausschusses sind **nicht öffentlich**; denn die dort zu erörternden Fragen sind weitgehend vertraulich, und vor allem soll die Beratung selbst auf gegenseitigem Vertrauen beruhen. Deshalb findet § 30 Satz 4 entsprechend Anwendung (ebenso GK-*Oetker*, § 108 Rn. 11; *Fitting*, § 108 Rn. 7; GL-*Löwisch*, § 108 Rn. 2; HSWGNR-*Hess*, § 108 Rn. 2; *Boldt*, AG 1972, 299, 302; vgl. auch BAG 18. 11. 1980 AP BetrVG 1972 § 108 Nr. 2). Personen, die kein Teilnahmerecht haben (s. auch Rn. 12 ff.), dürfen deshalb grundsätzlich nicht anwesend sein (s. auch Rn. 18 ff. und § 30 Rn. 12). Gleiches gilt für die Mitglieder des Betriebsrats und des Gesamtbetriebsrats, abgesehen von der Sitzung, die sich mit dem Jahresabschluss befasst (s. Rn. 44 f.).

9   b) Ob die Sitzungen **während der Arbeitszeit** stattfinden, entscheiden die Mitglieder des Wirtschaftsausschusses nach pflichtgemäßem Ermessen. § 30 Satz 1 gilt entsprechend (ebenso *Fitting*, § 108 Rn. 9; GL-*Löwisch*, § 108 Rn. 2; HSWGNR-*Hess*, § 108 Rn. 2; DKK-*Däubler*, § 108 Rn. 5; vgl. auch BAG 18. 11. 1980 E 34, 260, 267 = AP BetrVG 1972 § 108 Nr. 2). Die Mitglieder haben Anspruch auf Arbeitsbefreiung unter Fortzahlung des Arbeitsentgelts; § 37 Abs. 2 und 3 findet entsprechend Anwendung (s. § 107 Rn. 27). Bei der Festlegung des Zeitpunkts der Sitzungen hat der Wirtschaftsausschuss auch dem Umstand Rechnung zu tragen, dass der Unternehmer zur Teilnahme verpflichtet ist.

10   c) Eine **Niederschrift** über die Sitzung ist **nicht notwendig** (ebenso BAG 17. 10. 1990 AP BetrVG 1972 § 108 Nr. 8; a. A. *Wiese*, FS Molitor, S. 365, 366 ff.). Das Gesetz geht davon aus, dass die Beratung möglichst formlos erfolgt. Beschlüsse sind nicht zu fassen (ebenso MünchArbR-*Joost*, § 231 Rn. 100; a. A. *Wiese*, FS Molitor, S. 365, 371 f.). Auch eine Vereinbarung zwischen dem Wirtschaftsausschuss und dem Unternehmer entsprechend der Betriebsvereinbarung gibt es nicht; denn der Wirtschaftsausschuss ist ausschließlich ein Beratungsgremium. Es liegt daher allein im Ermessen des Wirtschaftsausschusses, ob er ein Protokoll aufnehmen lässt (ebenso MünchArbR-*Joost*, § 231 Rn. 98). Er kann auch festlegen, ob die Protokollführung durch eines seiner Mitglieder oder mit Hilfe einer vom Arbeitgeber zur Verfügung zu stellenden Bürokraft erfolgen soll, ist aber nicht berechtigt, zu diesem Zweck ein Betriebsratsmitglied, das nicht dem Wirtschaftsausschuss angehört, als Protokollführer hinzuzuziehen (ebenso BAG 17. 10. 1990 AP BetrVG 1972 § 108 Nr. 8).

11   d) Die **Kosten** für die Sitzungen des Wirtschaftsausschusses trägt der Unternehmer, und zwar sowohl die sachlichen wie die persönlichen Kosten. Hat ein Mitglied für den Wirtschaftsausschuss Aufwendungen gemacht, die es für erforderlich halten durfte, so sind sie ihm zu ersetzen (s. auch § 107 Rn. 27). Es gilt insofern Gleiches wie bei den Betriebsratsmitgliedern (s. § 40 Rn. 10 ff.).

III. Teilnahme des Unternehmers und Hinzuziehung anderer Personen

1. Teilnahme des Unternehmers

a) Der **Unternehmer** oder **sein Stellvertreter** hat an den Sitzungen des Wirtschaftsausschusses **teilzunehmen** (Abs. 2 Satz 1). Anders als § 69 Abs. 2 BetrVG 1952 sieht das Gesetz somit eine Pflicht zur Teilnahme vor. Nicht erforderlich ist, dass die Mitglieder des Wirtschaftsausschusses die Teilnahme verlangen, sondern der Unternehmer oder sein Stellvertreter hat von sich aus an den Sitzungen teilzunehmen. Nimmt er oder sein Stellvertreter trotz einer Verständigung über den Zeitpunkt nicht an der Sitzung des Wirtschaftsausschusses teil, so berührt dies zwar nicht den Charakter der Sitzung; sie vermag aber nicht ihren Zweck zu erfüllen (ebenso GL-*Löwisch*, § 108 Rn. 7).

12

Davon nicht berührt wird, dass der Wirtschaftsausschuss zur **Vorbereitung einer Sitzung** auch **ohne den Unternehmer** zusammentreten kann (ebenso BAG 16. 3. 1982 AP BetrVG 1972 § 108 Nr. 3). Diese vorbereitende Sitzung ist aber streng genommen keine Sitzung des Wirtschaftsausschusses, weil in ihr nicht die ihm zugewiesene Aufgabe wahrgenommen werden kann, wirtschaftliche Angelegenheiten *mit* dem Unternehmer zu beraten (§ 106 Abs. 1 Satz 2).

13

b) **Unternehmer** ist bei Einzelfirmen der Inhaber, bei juristischen Personen sind es die **Mitglieder des Organs**, das **zur gesetzlichen Vertretung der juristischen Person** berufen ist (s. § 5 Rn. 155 ff.), und bei nicht rechtsfähigen Personengesamtheiten, die als Gesamthand am Rechtsverkehr teilnehmen, unbeschadet des § 14 Abs. 2 BGB alle Mitglieder, die zur Vertretung oder Geschäftsführung der Personengesamtheit berufen sind (s. § 5 Rn. 164 ff.). Es genügt, dass ein Mitglied des gesetzlichen Vertretungsorgans oder bei einer Personengesamtheit ein zur Vertretung oder Geschäftsführung berufenes Mitglied der Gesamthand an der Sitzung teilnimmt, auch wenn diese Person lediglich Gesamtvertretungsmacht bzw. Gesamtgeschäftsführungsbefugnis hat.

14

Nimmt nicht der Unternehmer selbst an der Sitzung des Wirtschaftsausschusses teil, so hat **sein Vertreter**, nicht irgendein Vertreter teilzunehmen. Es genügt nicht die Entsendung eines Bevollmächtigten, der für die anstehende Beratung eine besondere Sachkunde mitbringt (ebenso *Dütz*, FS Westermann, S. 37, 42 f.). Vertreter i. S. dieser Bestimmung ist vielmehr nur die Person, die den Unternehmer entweder allgemein oder mindestens in dem in Betracht kommenden Bereich allgemein und verbindlich vertritt, vor allem ein gesetzlicher Vertreter oder ein Prokurist, sofern dieser nicht nur Titularprokurist ist, sondern in der Betriebshierarchie die Funktion des Unternehmers ausübt (ebenso GK-*Oetker*, § 108 Rn. 21; *Fitting*, § 108 Rn. 14; GL-*Löwisch*, § 108 Rn. 9; HSWGNR-*Hess*, § 108 Rn. 6; DKK-*Däubler*, § 108 Rn. 11; *Rumpff/Boewer*, Mitbestimmung in wirtschaftlichen Angelegenheiten, S. 226; a. A. MünchArbR-*Joost*, § 231 Rn. 83).

15

c) Ob der **Unternehmer selbst** kommt oder **seinen Vertreter** mit dieser Aufgabe betraut, **entscheidet der Unternehmer** (ebenso GK-*Oetker*, § 108 Rn. 19; DKK-*Däubler*, § 108 Rn. 12; *Rumpff/Boewer*, Mitbestimmung in wirtschaftlichen Angelegenheiten, S. 226; *Fitting*, § 108 Rn. 15). Gehören dem zur gesetzlichen Vertretung des Unternehmens befugten Organ mehrere Personen an, so entscheidet das Vertretungsorgan, wer an den Sitzungen des Wirtschaftsausschusses teilnimmt. Ist ein Arbeitsdirektor bestellt (§ 33 MitbestG, § 13 Montan-MitbestG), so kann ihm diese Funktion übertragen werden; er hat insoweit aber keine Primärzuständigkeit (ebenso *Fitting*, § 108 Rn. 16). Bei einer Personengesamtheit ist es ebenfalls deren Angelegenheit, festzulegen, wer von den Mitgliedern für das Unternehmen an den Sitzungen des Wirtschaftsausschusses teilnimmt. Der Grundsatz der vertrauensvollen Zusammenarbeit gebietet aber, dass mit der Aufgabe betraut wird, wer in den Angelegenheiten, die mit dem Wirtschaftsausschuss zu beraten sind, innerhalb der Unternehmensleitung die maßgebliche Funktion ausübt.

16

17 Der Wirtschaftsausschuss kann weder das persönliche Erscheinen des Unternehmers noch die Entsendung eines bestimmten Mitglieds des Vertretungsorgans oder eines bestimmten Gesellschafters oder sonst eines bestimmten Vertreters verlangen (ebenso HSWGNR-*Hess*, § 108 Rn. 6; *Dütz*, FS Westermann, S. 37, 43).

2. Hinzuziehung anderer Arbeitnehmer durch den Unternehmer

18 Der Unternehmer kann **sachkundige Arbeitnehmer** des Unternehmens **einschließlich der in § 5 Abs. 3 genannten leitenden Angestellten** hinzuziehen (Abs. 2 Satz 2). Diese Befugnis besteht, damit der Unternehmer umfassend und richtig den Wirtschaftsausschuss unterrichten kann und um eine sinnvolle Beratung zu ermöglichen (vgl. dazu ausführlich *Karb*, Die Indienstnahme sachkundiger Arbeitnehmer im Rahmen der Betriebsverfassung, 2008, § 3). Der Unternehmer entscheidet, wen und wieviele Arbeitnehmer er hinzuzieht (ebenso *Dütz*, FS Westermann, S. 37, 43). Dem Wirtschaftssausschuss als Gremium steht hingegen die Möglichkeit der Hinzuziehung von Arbeitnehmern gegen den Willen des Unternehmers angesichts des eindeutigen Wortlauts nicht offen (wie hier GK-*Oetker*, § 108 Rn. 24; MünchArbR-*Joost*, § 231 Rn. 85; a. A. GK-*Fabricius*, 6. Aufl., § 105 Rn. 24; DKK-*Däubler*, § 108 Rn. 22; aus § 120 Abs. 1 Nr. 4 ergibt sich entgegen *Däubler* (a. a. O.) nichts anderes). Die Hinzuziehung kann sich auf einzelne Beratungsgegenstände beschränken.

19 Obwohl im Gesetz nicht ausdrücklich bestimmt, besteht auch für die hinzugezogenen Arbeitnehmer des Unternehmens die Pflicht zur Geheimhaltung von Betriebs- oder Geschäftsgeheimnissen. Das ergibt sich aus § 120 Abs. 1 Nr. 4, wo unter Strafe gestellt ist, wenn jemand unbefugt ein fremdes Betriebs- oder Geschäftsgeheimnis offenbart, das ihm in seiner Eigenschaft als Arbeitnehmer, der nach § 108 Abs. 2 Satz 2 hinzugezogen worden ist, bekannt geworden und das vom Arbeitgeber ausdrücklich als geheimhaltungsbedürftig bezeichnet worden ist (s. auch dort Rn. 7; wie hier *Fitting*, § 108 Rn. 17; HSWGNR-*Hess*, § 108 Rn. 8).

3. Hinzuziehung von Sachverständigen

20 Für die Hinzuziehung von Sachverständigen gilt **§ 80 Abs. 3, 4 entsprechend** (Abs. 2 Satz 3). Sachverständige sind Personen, die die fehlende Sach- und Fachkunde ersetzen, also die dem Wirtschaftsausschuss fehlende Kenntnis von Rechts- und Erfahrungssätzen vermitteln, auf Grund ihrer besonderen Sach- und Fachkunde Tatsachen feststellen oder aus einem feststehenden Sachverhalt Schlussfolgerungen ziehen (s. ausführlich § 80 Rn. 85 f.). Ihre Hinzuziehung muss sich auf die gesetzlichen Aufgaben des Wirtschaftsausschusses beziehen, und sie muss erforderlich sein, damit der Wirtschaftsausschuss seine Aufgaben ordnungsgemäß erfüllen kann (vgl. auch BAG 18. 7. 1978 AP BetrVG 1972 § 108 Nr. 1; ausführlich dazu § 107 Rn. 9).

21 Die Hinzuziehung eines Sachverständigen ist nur nach näherer Vereinbarung mit dem Arbeitgeber zulässig. Soweit sie erforderlich ist, hat der Betriebsrat bzw. Gesamtbetriebsrat aber ein unmittelbares Recht gegenüber dem Unternehmer, den Abschluss einer Vereinbarung über die Bestellung eines Sachverständigen zu verlangen (ebenso BAG 18. 7. 1978 AP BetrVG 1972 § 108 Nr. 1 [*Boldt*]; s. auch § 80 Rn. 84 ff.). Zweifelhaft erscheint, ob auch dem Wirtschaftsausschuss selbst das Recht zum Abschluss der Vereinbarung zusteht (tendenziell dafür wohl BAG 18. 7. 1978 AP BetrVG 1972 § 108 Nr. 1; dafür DKK-*Däubler*, § 108 Rn. 24 m. w. N.; *Fitting*, § 108 Rn. 18; MünchArbR-*Joost*, § 231 Rn. 93; a. A. GK-*Oetker*, § 108 Rn. 33). Der Bestimmung des § 109 dürfte die Entscheidung des Gesetzes gegen ein solches Recht des Wirtschaftsausschusses zu entnehmen sein (tendenziell anders 8. Aufl. Rn. 21). Ebenso kann der Unternehmer, wenn es erforderlich ist, Sachverständige hinzuziehen; Abs. 2 Satz 3 regelt jedoch nicht diesen Fall (ebenso *Dütz*, FS Westermann, S. 37, 44; a. A. *Fitting*, § 108 Rn. 18). Soweit der Betriebsrat verlangt, dass ein Sachverständiger hinzugezogen wird, entscheidet bei Mei-

nungsverschiedenheiten nicht die Einigungsstelle, sondern das Arbeitsgericht im Beschlussverfahren (ebenso BAG 18. 7. 1978 AP BetrVG 1972 § 108 Nr. 1; *Rumpff/ Boewer*, Mitbestimmung in wirtschaftlichen Angelegenheiten, S. 228; *Dütz*, FS Westermann, S. 37, 44; s. auch § 80 Rn. 89, 93).

Der Sachverständige unterliegt der Geheimhaltungspflicht, für deren Inhalt und Umfang § 79 entsprechend gilt (Abs. 2 Satz 3 i. V. mit § 80 Abs. 4). 22

4. Teilnahme von Gewerkschaftsbeauftragten

a) Da der Wirtschaftsausschuss nach seiner gesetzgeberischen Konzeption ein Ausschuss des Betriebsrats bzw. des Gesamtbetriebsrats ist (s. Vorbem. vor § 106 Rn. 3), besteht die den anderen Ausschüssen des Betriebsrats gegebene Möglichkeit, zu ihrer Unterstützung einen Gewerkschaftsbeauftragten hinzuzuziehen (s. § 31 Rn. 25 ff.), auch für den Wirtschaftsausschuss; **§ 31 ist auf Sitzungen des Wirtschaftsausschusses entsprechend anzuwenden** (ebenso BAG 18. 11. 1980 AP BetrVG 1972 § 108 Nr. 2; 25. 6. 1987 AP BetrVG 1972 § 108 Nr. 6 *[Däubler]; Fitting*, § 108 Rn. 21; DKK-*Däubler*, § 108 Rn. 15; GK-*Oetker*, § 108 Rn. 35; *Weiss/Weyand*, § 108 Rn. 9; MünchArbR-*Joost*, § 231 Rn. 87; *Klosterkemper*, Das Zugangsrecht der Gewerkschaften zum Betrieb, 1980, S. 17; *Klinkhammer*, DB 1977, 1139 ff. = BetrR 1977, 239 ff.; *Richardi*, EzA § 108 BetrVG 1972 Nr. 3, S. 34 ff.; *ders.*, AuR 1983, 33 ff.; a. A. HSWGNR-*Glock*, § 31 Rn. 22; HSWGNR-*Hess*, § 108 Rn. 11 a; *Stege/Weinspach/Schiefer*, §§ 106–109 Rn. 30; *Zeuner*, DB 1976, 2474 ff.; mit Ausnahme von vorbereitenden Sitzungen, zu denen der Unternehmer nicht eingeladen wird, GK-*Fabricius*, 6. Aufl., § 108 Rn. 35). 23

Vom gegenteiligen Standpunkt aus wird entscheidend Gewicht darauf gelegt, dass in Abs. 2 eine Verweisung auf § 31 fehle (vgl. *Zeuner*, DB 1976, 2474). Dass dort nur § 80 Abs. 3 für entsprechend anwendbar erklärt wird, begründet aber kein Analogieverbot; denn es kann Abs. 2 nicht eindeutig entnommen werden, dass er einen sonst für die Betriebsverfassung maßgeblichen Grundsatz ausklammert (ebenso BAG 25. 6. 1987 AP BetrVG 1972 § 108 Nr. 6; *Richardi*, AuR 1983, 33, 34). Berücksichtigt man, dass das Gesetz den im Betrieb vertretenen Gewerkschaften durch die Generalklausel in § 2 Abs. 1 eine Unterstützungsaufgabe zugewiesen hat, so ist hier von einer Lücke auszugehen. Bei der Beantwortung der Frage, wie diese Lücke zu schließen ist, spielt nicht nur eine Rolle, dass der Wirtschaftsausschuss in Organisation und Funktion dem Betriebsrat zugeordnet wird, sondern es kommt dem für Betriebsratssitzungen geltenden § 31 nicht zuletzt auch deshalb ein besonderes Gewicht zu, weil in dieser Vorschrift das Teilnahmerecht keineswegs für alle im Betrieb vertretenen Gewerkschaften eröffnet wird, sondern nur für die Gewerkschaften, die im Betriebsrat vertreten sind. Der entsprechenden Anwendung steht auch nicht die besondere Aufgabe des Wirtschaftsausschusses entgegen, mit dem Unternehmer wirtschaftliche Angelegenheiten zu beraten (§ 106 Abs. 1 Satz 2; ebenso BAG 18. 11. 1980 AP BetrVG 1972 § 108 Nr. 2; BAG 25. 6. 1987 AP BetrVG 1972 § 108 Nr. 6). Beachtet man, dass es Aufgabe des Wirtschaftsausschusses ist, den Betriebsrat zu unterrichten (§ 106 Abs. 1 Satz 2), und dass er deshalb über jede Sitzung dem Betriebsrat unverzüglich und vollständig zu berichten hat (Abs. 4), so wird deutlich, dass die dem Wirtschaftsausschuss obliegenden Aufgaben zugleich auch Aufgaben des Betriebsrats sind. Die Aufgaben des Betriebsrats und des Wirtschaftsausschusses sind also keineswegs so verschieden, dass bereits aus diesem Grund eine entsprechende Anwendung des § 31 auf Sitzungen des Wirtschaftsausschusses ausscheidet (vgl. dazu auch *Richardi*, AuR 1983, 33, 34 ff.). 24

b) Die entsprechende Anwendung des § 31 bedeutet, dass unter den dort genannten Voraussetzungen ein **Beauftragter einer im Betriebsrat vertretenen Gewerkschaft** an den Sitzungen des Wirtschaftsausschusses teilnehmen kann (ebenso BAG 18. 11. 1980 AP BetrVG 1972 § 108 Nr. 2). Das Teilnahmerecht wird also keineswegs für alle im Betrieb vertretenen Gewerkschaften eröffnet (LAG Köln 1. 2. 1989 LAGE § 108 BetrVG 1972 25

Nr. 3), sondern es besteht nur für die Gewerkschaften, die im Betriebsrat vertreten sind (s. dazu § 31 Rn. 5). Auch wenn der Wirtschaftsausschuss durch einen Gesamtbetriebsrat bestellt wird (§ 107 Abs. 2 Satz 2), genügt aber, dass die Gewerkschaft in einem Einzelbetriebsrat vertreten ist (s. § 51 Rn. 31; missverständlich deshalb, wenn formuliert wird, dass ein Beauftragter einer „im Betriebsrat [Gesamtbetriebsrat] vertretenen Gewerkschaft" teilnehmen könne, so BAG 18. 11. 1980 AP BetrVG 1972 § 108 Nr. 2).

26 Voraussetzung ist, dass ein **Viertel der Mitglieder** oder der **Mehrheit einer Gruppe des Betriebsrats** bzw. Gesamtbetriebsrats den Antrag stellt oder ein **Beschluss des Betriebsrats** bzw. Gesamtbetriebsrats vorliegt. Aber auch der **Wirtschaftsausschuss** selbst kann jedenfalls dann die Hinzuziehung eines Gewerkschaftsbeauftragten beschließen, wenn der Betriebsrat bzw. Gesamtbetriebsrat dem Wirtschaftsausschuss eine entsprechende Ermächtigung erteilt hat (so BAG 18. 11. 1980 AP BetrVG 1972 § 108 Nr. 2). Die Hinzuziehung eines Gewerkschaftsbeauftragten kann nur für eine **bestimmte Sitzung** verlangt oder beschlossen werden, nicht für alle Sitzungen des Wirtschaftsausschusses (ebenso BAG 25. 6. 1987 AP BetrVG 1972 § 108 Nr. 6 [insoweit abl. *Däubler*]; BAG 28. 2. 1990 AP BetrVG 1972 § 31 Nr. 1 ließ diese Frage ausdrücklich dahingestellt, so dass ihr kein Tendenzwechsel entnommen werden kann; a. A. DKK-*Däubler*, § 108 Rn. 18; wie hier h. L. zu § 31; s. dort Rn. 14 f.).

27 c) Nach Ansicht des BAG kann eine Hinzuziehung eines Gewerkschaftsbeauftragten stets nur bei einer inhaltlich bereits bestimmten Tagesordnung beantragt und beschlossen werden, wenn die vom Gesetzgeber gewünschte **Sachkunde der Wirtschaftsausschussmitglieder** ausnahmsweise **nicht ausreicht**, um ihrem gesetzlichen Beratungs- und Informationsauftrag hinreichend Rechnung zu tragen (BAG 25. 6. 1987 AP BetrVG 1972 § 108 Nr. 6 [abl. *Däubler*]). Damit hat es aber nur begründet, dass die Hinzuziehung nicht vorab zu allen Sitzungen beantragt bzw. beschlossen werden kann. Es ist dagegen **keine Voraussetzung für das Teilnahmerecht,** sondern insoweit unterliegt ausschließlich der Beurteilung der Antragsberechtigten, ob ihnen die Sachkunde der Wirtschaftsausschussmitglieder ausreicht.

28 Eine Schranke des Teilnahmerechts bzw. eine Begrenzung der Informationspflicht über die Fälle der Gefährdung von Betriebs- und Geschäftsgeheimnissen hinaus ist nicht anzuerkennen. Insbesondere ergibt sich eine solche nicht in Fällen, in denen vor oder in einer Tarifauseinandersetzung ein Beauftragter einer im Betriebsrat vertretenen Gewerkschaft, die Partei der Tarifauseinandersetzungen ist, hinzugezogen wird (so aber *Richardi*, 7. Aufl., Rn. 27; *ders.*, EzA § 108 BetrVG 1972 Nr. 3; *ders.*, AuR 1983, 33, 39). Denn abgesehen davon, dass der Arbeitgeber die Anwesenheit von unternehmensangehörigen Beauftragten dieser Gewerkschaft, die zu Mitgliedern des Wirtschaftsausschusses bestellt worden sind, ohnehin nicht verhindern kann, würde die Gewerkschaft solche Interna spätestens infolge der Unterrichtung des Betriebsrats nach § 108 Abs. 4 erfahren (zutreffend DKK-*Däubler*, § 108 Rn. 15; siehe auch BAG 11. 7. 2000 AP BetrVG 1972 § 109 Nr. 2: „Es ist systemimmanent, dass im Wirtschaftsausschuss Personen tätig werden, die zugleich Funktionsträger oder Beauftragte von Gewerkschaften sind").

29 Der Gewerkschaftsbeauftragte unterliegt der **Geheimhaltungspflicht** im gleichen Umfang wie die Mitglieder des Wirtschaftsausschusses (§ 79 Abs. 2; s. auch § 31 Rn. 23 und § 107 Rn. 31). Diese Pflicht trifft ihn auch gegenüber der Gewerkschaft (s. § 79 Rn. 27).

5. Teilnahme eines Vertreters der Arbeitgebervereinigung

30 Nimmt der Unternehmer oder sein Stellvertreter an der Sitzung des Wirtschaftsausschusses teil, so kann er einen Vertreter seiner Arbeitgebervereinigung hinzuziehen. § 29 Abs. 4 Satz 2 findet analoge Anwendung (ebenso BAG 18. 11. 1980 AP BetrVG 1972 § 108 Nr. 2; DKK-*Däubler*, § 108 Rn. 19 (anders noch in 5. Aufl.); GK-*Oetker*, § 108 Rn. 42; a. A. GK-*Fabricius*, 6. Aufl., § 108 Rn. 37. Für diese Interpretation spricht nicht

zuletzt das Gebot der Koalitionsparität. Wie der Gewerkschaftsbeauftragte unterliegt auch der Vertreter der Arbeitgebervereinigung der Geheimhaltungspflicht (§ 79 Abs. 2; s. auch Rn. 29).

6. Teilnahme der Schwerbehinderten- bzw. Jugend- und Auszubildendenvertretung

Die Schwerbehindertenvertretung (bzw. bei einem Unternehmen aus mehreren Betriebsräten die Gesamtschwerbehindertenvertretung) ist berechtigt, an allen Sitzungen des Wirtschaftsausschusses beratend teilzunehmen (ebenso BAG 4. 6. 1987 AP SchwbG § 22 Nr. 2; DKK-*Däubler*, § 108 Rn. 14; GK-*Oetker*, § 108 Rn. 44; MünchArbR-*Joost*, § 231 Rn. 91; a. A. GK-*Fabricius*, 6. Aufl., § 108 Rn. 38 ff.; *Gutzmann*, DB 1989, 1083, 1086; *Lahusen*, BB 1989, 1399, 1400). Nach der gesetzlichen Konzeption ist der Wirtschaftsausschuss ein Ausschuss des Betriebsrats (bzw. Gesamtbetriebsrats). §§ 95 Abs. 4, 97 Abs. 7 SGB IX finden deshalb auch auf ihn Anwendung. Umstritten ist, ob die Jugend- und Auszubildendenvertretung auch ein Teilnahmerecht hat (bejahend, MünchArbR-*Joost*, § 231 Rn. 92; Düwell-*Steffan*, § 108 Rn. 3; verneinend, GK-*Oetker*, § 108 Rn. 43).

IV. Rechte und Pflichten des Wirtschaftsausschusses

Für die Rechte und Pflichten des Wirtschaftsausschusses enthalten **Abs. 3 bis 5** eine den § 106 ergänzende Regelung.

1. Einsichtsrecht der Mitglieder in die Unterlagen

Der Unternehmer hat den Wirtschaftsausschuss rechtzeitig und umfassend über die wirtschaftlichen Angelegenheiten des Unternehmens unter Vorlage der erforderlichen Unterlagen zu unterrichten (§ 106 Abs. 2; s. ausführlich dort Rn. 20 ff.). Abs. 3 stellt klar, dass die Mitglieder des Wirtschaftsausschusses während der Sitzung berechtigt sind, in die Unterlagen Einsicht zu nehmen, die der Unternehmer zur Erfüllung seiner Unterrichtungspflicht dem Wirtschaftsausschuss nach § 106 Abs. 2 vorzulegen hat. Daraus folgt zugleich, dass die Unterlagen in den Sitzungen des Wirtschaftsausschusses zur Einsichtnahme zur Verfügung stehen müssen (ebenso GK-*Oetker*, § 106 Rn. 93, § 108 Rn. 46, 48; DKK-*Däubler*, § 108 Rn. 28). Ein Recht zur Anfertigung von Kopien oder zur Anfertigung vollständiger Abschriften ist damit jedoch nicht verbunden (abweichend *Pramann*, DB 1983, 1922, 1924); einzelne Notizen dürfen allerdings angefertigt werden (DKK-*Däubler*, § 108 Rn. 26; vgl. auch § 106 Rn. 31).

2. Berichtspflicht gegenüber dem Betriebsrat bzw. Gesamtbetriebsrat

Die dem Wirtschaftsausschuss obliegende Aufgabe, wirtschaftliche Angelegenheiten mit dem Unternehmer zu beraten und den Betriebsrat zu unterrichten (§ 106 Abs. 1 Satz 2), wird durch die Anordnung konkretisiert, dass der **Wirtschaftsausschuss über jede Sitzung dem Betriebsrat** bzw. Gesamtbetriebsrat **zu berichten** hat (Abs. 4). Der Bericht muss **unverzüglich**, d. h. ohne schuldhaftes Zögern, gemacht werden, und er muss **vollständig** sein, damit der Betriebsrat bzw. der Gesamtbetriebsrat sich ein Bild über die wirtschaftlichen Angelegenheiten des Unternehmens machen kann. Es ist also mitzuteilen, welche Auskünfte der Unternehmer gegeben hat, über welche Gegenstände beraten wurde, und insbesondere ist die Darstellung der Auswirkungen auf die Personalplanung dem Betriebsrat bzw. Gesamtbetriebsrat weiterzugeben. Die Berichtspflicht besteht lediglich nicht hinsichtlich der Erläuterung des Jahresabschlusses, weil dies unter Beteiligung des Betriebsrats geschieht (s. auch Rn. 36 ff.).

Annuß

35 Die Pflicht zum unverzüglichen und vollständigen Bericht wird nicht dadurch erfüllt, dass der Wirtschaftsausschuss dem Betriebsrat bzw. Gesamtbetriebsrat eine Sitzungsniederschrift übersendet (ebenso *Brecht*, § 108 Rn. 5; *Fitting*, § 108 Rn. 26; DKK-*Däubler*, § 108 Rn. 29; *Rumpff/Boewer*, Mitbestimmung in wirtschaftlichen Angelegenheiten, S. 236; *Dütz*, FS Westermann, S. 37, 46 f.; a. A. HSWGNR-*Hess*, § 108 Rn. 26). Erforderlich ist vielmehr eine Unterrichtung durch die Mitglieder des Wirtschaftsausschusses, wobei aber genügt, dass diese Aufgabe einem Mitglied des Wirtschaftsausschusses übertragen wird (ebenso *Brecht*, § 108 Rn. 5; GK-*Oetker*, § 108 Rn. 55; nur mit Zustimmung des Betriebsrats bzw. Gesamtbetriebsrats, wenn die Unterrichtung lediglich durch ein Mitglied des Wirtschaftsausschusses erfolgen soll: *Fitting*, § 108 Rn. 27; *Rumpff/Boewer*, a. a. O., S. 235 f.; dies ist aber nicht erforderlich, wenn auch ein Mitglied des Wirtschaftsausschusses in der Lage ist, unverzüglich einen vollständigen Bericht zu geben).

3. Erläuterung des Jahresabschlusses

36 a) Der **Jahresabschluss ist dem Wirtschaftsausschuss unter Beteiligung des Betriebsrats zu erläutern** (Abs. 5). Das geschieht entweder durch den Unternehmer selbst oder durch einen dazu ermächtigten Vertreter. Der Betriebsrat ist auch dann hinzuziehen, wenn der Wirtschaftsausschuss durch einen Ausschuss des Betriebsrats ersetzt ist (Abs. 6; ebenso DKK-*Däubler*, § 108 Rn. 32; a. A. *Rumpff/Boewer*, Mitbestimmung in wirtschaftlichen Angelegenheiten, S. 209).

37 b) Der **Jahresabschluss** umfasst die **Jahresbilanz** (Handelsbilanz) und die **Gewinn- und Verlustrechnung** (§ 242 Abs. 3 HGB). Das Bilanzrichtliniengesetz vom 19. 12. 1985 (BGBl. I S. 2355) hat die Anforderungen an den Jahresabschluss für Kaufleute und Handelsgesellschaften vereinheitlicht und zusammen mit der sonstigen Regelung über Handelsbücher in das Dritte Buch (§§ 238 ff.) des HGB aufgenommen. Für alle Kaufleute und Handelsgesellschaften gelten einheitlich §§ 242 ff. HGB; ergänzende Vorschriften für Kapitalgesellschaften (AG, KGaA und GmbH) enthalten §§ 264 ff. HGB. Die gesetzlichen Vertreter einer Kapitalgesellschaft haben den Jahresabschluss um einen **Anhang** (§§ 284 ff. HGB) zu erweitern sowie einen **Lagebericht** (§ 289 HGB) aufzustellen (§ 264 Abs. 1 Satz 1 HGB). Der Anhang bildet mit der Bilanz und der Gewinn- und Verlustrechnung eine Einheit (§ 264 Abs. 1 Satz 1 HGB). Der Lagebericht ist dagegen nach dem HGB nicht Teil des Jahresabschlusses. Beachtet man aber, dass bei Erlass des BetrVG 1972 das HGB für Einzelkaufleute und Personenhandelsgesellschaften keinen eigentlichen Jahresabschluss verlangte, sondern nur eine *Jahresbilanz* (§§ 39, 49 HGB a. F.), so darf man nach Änderung der Gesetzeslage den Begriff des Jahresabschlusses hier nicht in dem gesetzestechnischen Sinn des handelsrechtlichen Bilanzrechts interpretieren, sondern muss den Zusammenhang mit der Pflicht zur Vorlage der erforderlichen Unterlagen gemäß § 106 Abs. 2 beachten. Da der Lagebericht in einem engen funktionellen Zusammenhang mit dem Jahresabschluss steht (so *Martens*, DB 1988, 1229, 1230), erstreckt sich deshalb die Erläuterungspflicht auch auf ihn (ebenso GK-*Fabricius*, 6. Aufl., § 108 Rn. 88; *Fitting*, § 108 Rn. 29; DKK-*Däubler*, § 108 Rn. 35; *Rumpff/Boewer*, Mitbestimmung in wirtschaftlichen Angelegenheiten, S. 210; a. A. GK-*Oetker*, § 108 Rn. 59; HSWGNR-*Hess*, § 108 Rn. 17a; *Martens*, DB 1988, 1229, 1231; *Oetker*, NZA 2001, 689, 692; HWK-*Willemsen/Lembke*, § 108 BetrVG Rn. 39) einschließlich der Unterrichtung über Maßnahmen nach § 91 Abs. 2.

38 Jahresabschluss i. S. des Abs. 5 ist auch der **Konzernabschluss** (§§ 290 ff. HGB; ebenso *Martens*, DB 1988, 1229, 1231). Da nach dem hier vertretenen Standpunkt bei einem Unternehmen die Erläuterungspflicht sich auch auf den Lagebericht bezieht (s. Rn. 37), gilt Gleiches entsprechend für den Konzernlagebericht (a. A. *Martens*, a. a. O.; *Oetker*, NZA 2001, 689, 693; HWK-*Willemsen/Lembke*, § 108 BetrVG Rn. 39). Die Pflicht zur Aufstellung eines Konzernabschlusses und eines Konzernlageberichtes trifft die gesetzli-

IV. Rechte und Pflichten des Wirtschaftsausschusses § 108

chen Vertreter des herrschenden Unternehmens. Entsprechend besteht daher die Erläuterungspflicht auch nur gegenüber dem dort bestehenden Wirtschaftsausschuss, wobei hier unter Abweichung vom Gesetzestext der Konzernbetriebsrat zu beteiligen ist.

Nicht zum Jahresabschluss gehört der **Wirtschaftsprüfungsbericht** (§ 321 HGB). Er gehört aber zu den Unterlagen, die der Unternehmer dem Wirtschaftsausschuss nach § 106 Abs. 2 vorzulegen hat, soweit dadurch nicht die Betriebs- und Geschäftsgeheimnisse des Unternehmens gefährdet werden (ebenso BAG 8. 8. 1989 AP BetrVG 1972 § 106 Nr. 6; abl. *Hacker*, Die Pflicht des Unternehmens, S. 112 ff.; *Hommelhoff*, ZIP 1990, 218 ff.). Soweit die Vorlagepflicht besteht, ist der Prüfungsbericht in die Erläuterung des Jahresabschlusses einzubeziehen (zu eng *Martens*, DB 1988, 1229, 1234 f.; wie hier DKK-*Däubler*, § 108 Rn. 36; *Bösche/Grimberg*, AuR 1987, 133, 187; *Fabricius*, AuR 1989, 121, 127; anders *Oetker*, NZA 2001, 689, 692). 39

c) Der Unternehmer muss den **Jahresabschluss im Einzelnen erläutern**. Soweit die Handelsbilanz unter Beachtung der steuerrechtlichen Vorschriften korrigiert wird, muss auch dies mitgeteilt werden. Die vielfach vorgenommene Unterscheidung, nach der die Erläuterungspflicht sich nur auf den Jahresabschluss im handelsrechtlichen Sinne, nicht aber auf die **Steuerbilanz** beziehe (HSWGNR-*Hess*, § 108 Rn. 17; *Vogt*, BB 1978, 1125, 1130; MünchArbR-*Joost*, § 231 Rn. 48, der aber jedenfalls die Darstellung unterschiedlicher Wertansätze verlangt; so auch noch 6. Aufl. § 108 Rn. 34), stimmt nicht. Insbesondere lässt sich das nicht unter Berufung auf das Steuergeheimnis begründen, da es insoweit allein um eine Abweichung in den Bewertungsvorschriften geht. Damit die wirtschaftliche und finanzielle Lage des Unternehmens (§ 106 Abs. 3 Nr. 1) richtig beurteilt werden kann, sind diese unter Vorlage der Bilanz zu erläutern. Nur soweit die Steuerbilanz wie bei Einzelkaufleuten und Personenhandelsgesellschaften den *Unternehmer* persönlich betrifft, entfällt die Erläuterungspflicht (ebenso GK-*Fabricius*, 6. Aufl., § 108 Rn. 57; *Fitting*, § 108 Rn. 30; a. A. GK-*Oetker*, § 108 Rn. 62: zwar könne sie nach § 106 Abs. 2 vorzulegen sein, sei aber nicht Gegenstand der Erläuterung). 40

Die **Erläuterung** erfolgt **unter Vorlage des Jahresabschlusses**. Der Gesetzestext spricht zwar nur davon, dass der Jahresabschluss zu erläutern ist; es besteht aber kein Grund, § 106 Abs. 2 i. V. mit § 108 Abs. 3 hier nicht anzuwenden (ebenso GK-*Oetker*, § 108 Rn. 63 f.; *Fitting*, § 108 Rn. 35; GL-*Löwisch*, § 108 Rn. 22; *Löwisch*, FS 25 Jahre BAG, S. 353, 362; a. A. HSWGNR-*Hess*, § 108 Rn. 20; *Stege/Weinspach/Schiefer*, §§ 106–109 Rn. 84; Arbeitsring Chemie, § 108 Erl. 5 b; *Boldt*, AG 1972, 299, 306; im Ergebnis auch *Oetker*, NZA 2001, 689, 694, der dies unmittelbar aus Abs. 5 folgert und in ihm insoweit eine Spezialvorschrift gegenüber Abs. 2 erblickt; offengelassen LAG Düsseldorf DB 1978, 1696). Für die Interpretation von Inhalt und Umfang der Vorlagepflicht ist von Bedeutung, dass man in Abs. 5 wörtlich § 69 Abs. 4 BetrVG 1952 übernahm (a. A. GK-*Fabricius*, 6. Aufl., § 108 Rn. 61). Der Gesetzgeber hat zwar, wie es im Bericht des BT-Ausschusses für Arbeit und Sozialordnung heißt, die Zuständigkeit des dem Betriebsrat zugeordneten Wirtschaftsausschusses „beträchtlich erweitert" (zu BT-Drucks. VI/2729, S. 8); er ist aber nicht so weit gegangen, die zum BetrVG 1952 abgelehnten Anträge der SPD-Fraktion zu übernehmen, „dem Betriebsrat das Recht einzuräumen, sich die Handels- und Steuerbilanzen vorlegen zu lassen, alle Geschäftsunterlagen des Betriebes, auf die sich ein Mitbestimmungsrecht erstreckt, insbesondere die Handelsbücher, die Korrespondenz und die schriftlichen Verträge einzusehen und dabei vereidigte Sachverständige (Buch- und Wirtschaftsprüfer) auf Kosten des Unternehmens hinzuzuziehen" (Bericht des BT-Ausschusses für Arbeit, BT-Drucks. Nr. 3585, S. 14). Deshalb bedeutet der Rückgriff auf § 106 Abs. 2 i. V. mit § 108 Abs. 3 nur, dass der Jahresabschluss „zur Einsichtnahme vorgelegt und erläutert wird" (so die Formulierung in § 72 Abs. 1 BRG 1920). Daraus folgt aber nicht, dass eine Verpflichtung zur Vorlegung sämtlicher Bilanzunterlagen besteht (GK-*Oetker*, § 108 Rn. 63; a. A. GK-*Fabricius*, 6. Aufl., § 108 Rn. 68). Vielmehr beurteilt sich nach § 106 Abs. 2, welche Unterlagen jeweils vorzulegen sind (s. dort Rn. 27 ff.). Der Unternehmer kann verlan- 41 gen, dass in diese Unterlagen nur die Mitglieder des Wirtschaftsausschusses Einsicht nehmen; denn der Betriebsrat ist lediglich bei der Erläuterung des Jahresabschlusses zu beteiligen.

42 Das **Einsichtsrecht** besteht **nur bei der Erläuterung des Jahresabschlusses.** Besteht eine Pflicht zur Offenlegung (§§ 325 ff., 339 HGB), so ist der Unternehmer wegen des Gebots der vertrauensvollen Zusammenarbeit gehalten, den Mitgliedern des Wirtschaftsausschusses und des Betriebsrats ein Exemplar auszuhändigen (ebenso *Fitting,* § 108 Rn. 36; *Rumpff/Boewer,* Mitbestimmung in wirtschaftlichen Angelegenheiten, S. 210). Aber auch hier besteht keine Verpflichtung, alle Unterlagen vorzulegen, die sich auf den Jahresabschluss beziehen, sondern eine Vorlagepflicht ist nur insoweit gegeben, als der Unternehmer den Wirtschaftsausschuss nach § 106 Abs. 2 unterrichten muss (s. dort Rn. 27 ff.), und es besteht insoweit ein Einsichtsrecht nur für die Mitglieder des Wirtschaftsausschusses (Abs. 3).

43 d) Das Gesetz enthält anders als § 72 BRG keine **Frist,** innerhalb der der Jahresabschluss zu erläutern ist. Aus dem Gebot der vertrauensvollen Zusammenarbeit und der Funktion des Wirtschaftsausschusses ergibt sich aber, dass der Unternehmer den Jahresabschluss erläutern muss, sobald er ihn *fertiggestellt* hat (ebenso *GL-Löwisch,* § 108 Rn. 23; *GK-Oetker,* § 108 Rn. 65; *HSWGNR-Hess,* § 108 Rn. 17; *Rumpff/Boewer,* Mitbestimmung in wirtschaftlichen Angelegenheiten, S. 211; *Nipperdey/Säcker* in *Hueck/Nipperdey,* Bd. II/2 S. 1468; a. A. nach der gesetzlichen Prüfung, aber vor Feststellung des Jahresabschlusses durch die maßgebenden Organe *Fitting,* § 108 Rn. 33; nach Aufstellung durch den Vorstand *GK-Fabricius,* 6. Aufl., § 108 Rn. 77 ff., 86). Bei Kapitalgesellschaften (AG, KGaA und GmbH) ist der Jahresabschluss von den gesetzlichen Vertretern in den ersten drei Monaten des Geschäftsjahrs für das vergangene Geschäftsjahr aufzustellen (§ 264 Abs. 1 Satz 2 HGB). Lediglich kleine Kapitalgesellschaften (§ 267 Abs. 1 HGB) dürfen den Jahresabschluss auch später aufstellen, wenn dies einem ordnungsgemäßen Geschäftsgang entspricht, jedoch innerhalb der Ersten sechs Monate des Geschäftsjahrs (§ 264 Abs. 1 Satz 3 HGB). Soweit eine Pflicht zur Prüfung besteht (§ 316 HGB), ist der Jahresabschluss erst fertiggestellt, wenn der Bestätigungsvermerk erteilt ist. Nicht notwendig ist, dass der Aufsichtsrat den Jahresabschluss bereits gebilligt hat, er also *festgestellt ist* (so für die AG § 172 AktG; ähnlich im Ergebnis LAG Berlin 13. 7. 1988 BB 1989, 147; wie hier *Oetker,* NZA 2001, 689, 695).

44 e) Bei der Erläuterung des Jahresabschlusses ist der **Betriebsrat zu beteiligen.** Besteht ein Gesamtbetriebsrat, so ist dieser hinzuzuziehen. Soweit es um den Konzernabschluss geht (s. Rn. 38), ist der Konzernbetriebsrat hinzuzuziehen (a. A. *Oetker,* NZA 2001, 689, 696).

45 Nicht nur die Mitglieder des Wirtschaftsausschusses, sondern auch die Betriebsratsmitglieder können Fragen stellen; sie sind berechtigt, sich einzelne Notizen und Aufzeichnungen zu machen (ebenso LAG Hamm 9. 2. 1983 DB 1983, 311; *GL-Löwisch,* § 108 Rn. 25; *HSWGNR-Hess,* § 108 Rn. 22; *Rumpff/Boewer,* Mitbestimmung in wirtschaftlichen Angelegenheiten, S. 211; nunmehr auch *Fitting,* § 108 Rn. 36 (a. A. 20. Aufl. § 108 Rn. 35)). Die Betriebsratsmitglieder sind keineswegs nur auf eine passive Rolle beschränkt, wie *Dietz* (§ 69 Rn. 19) annahm, sondern die Erläuterung erfolgt unter Beteiligung des Betriebsrats (bzw. Gesamt- und Konzernbetriebsrats), so dass hier kein Unterschied zwischen den Mitgliedern des Wirtschaftsausschusses und den Betriebsratsmitgliedern besteht (ebenso *GK-Oetker,* § 108 Rn. 68; *Fitting,* § 108 Rn. 36; *GL-Löwisch,* § 108 Rn. 25).

46 Befolgen bei einer Kapitalgesellschaft die Mitglieder des vertretungsberechtigten Organs ihre Pflicht zur Aufstellung eines Jahresabschlusses nicht, so kann das Registergericht sie durch Festsetzung von Ordnungsgeld hierzu anhalten (§ 335 HGB).

V. Wahrnehmung der Aufgaben des Wirtschaftsausschusses durch einen Ausschuss des Betriebsrats bzw. Gesamtbetriebsrats

Die Bestimmungen in Abs. 1 bis 5 gelten entsprechend, wenn ein Betriebsrat die Aufgaben des Wirtschaftsausschusses dem Betriebsausschuss oder einem anderen Ausschuss des Betriebsrats übertragen hat (s. § 107 Rn. 34 ff.) oder ein Gesamtbetriebsrat eine anderweitige Wahrnehmung der Aufgaben des Wirtschaftsausschusses beschlossen hat (s. § 107 Rn. 41 ff.). 47

VI. Ordnungswidrigkeiten

Der Unternehmer, der die ihm nach § 106 Abs. 2 obliegende Aufklärungspflicht oder die nach § 108 Abs. 5 bestehende Erläuterungspflicht nicht, wahrheitswidrig, unvollständig oder verspätet erfüllt, begeht eine Ordnungswidrigkeit, die mit einer Geldbuße bis zu € 10 000 geahndet werden kann (§ 121). 48

VII. Streitigkeiten

a) Streitigkeiten, die mit der Geschäftsführung des Wirtschaftsausschusses zusammenhängen, insbesondere ob eine Angelegenheit in seine Zuständigkeit fällt und ob eine Auskunftspflicht des Unternehmers besteht, sowie Streitigkeiten über die Teilnahme des Unternehmers oder seines Vertreters und Streitigkeiten über das Teilnahmerecht anderer Personen an einer Sitzung des Wirtschaftsausschusses entscheidet das **Arbeitsgericht** im Beschlussverfahren (§ 2 a Abs. 1 Nr. 1, Abs. 2 i. V. mit §§ 80 ff. ArbGG). Die Beteiligungsbefugnis erstreckt sich jedenfalls auf Unternehmer und Betriebsrat bzw. Gesamtbetriebsrat. Zur Beteiligungsbefugnis des Wirtschaftsausschusses s. § 107 Rn. 49. Gleiches gilt für Streitigkeiten über Zeitpunkt und Umfang der Erläuterung des Jahresabschlusses. 49

b) Nur die Frage, ob der Unternehmer dem Wirtschaftsausschuss eine Auskunft geben muss, entscheidet eine **Einigungsstelle** nach § 109 (s. dort Rn. 2 ff.), jedoch mit der Einschränkung, dass auch insoweit die Kompetenz-Kompetenz beim Arbeitsgericht liegt. Dieses entscheidet im Streitfall, ob die Frage bzw. die Angelegenheit, über die eine Auskunft verlangt wird, in die Zuständigkeit des Wirtschaftsausschusses fällt, und damit auch darüber, ob die Entscheidung der Einigungsstelle, dass der Unternehmer eine Auskunft zu geben hat, bindend ist. Gleiches gilt für Meinungsverschiedenheiten, die sich auf die Erläuterung des Jahresabschlusses beziehen (s. auch § 109 Rn. 3). 50

§ 109 Beilegung von Meinungsverschiedenheiten

¹Wird eine Auskunft über wirtschaftliche Angelegenheiten des Unternehmens im Sinn des § 106 entgegen dem Verlangen des Wirtschaftsausschusses nicht, nicht rechtzeitig oder nur ungenügend erteilt und kommt hierüber zwischen Unternehmer und Betriebsrat eine Einigung nicht zustande, so entscheidet die Einigungsstelle. ²Der Spruch der Einigungsstelle ersetzt die Einigung zwischen Arbeitgeber und Betriebsrat. ³Die Einigungsstelle kann, wenn dies für ihre Entscheidung erforderlich ist, Sachverständige anhören; § 80 Abs. 4 gilt entsprechend. ⁴Hat der Betriebsrat oder der Gesamtbetriebsrat eine anderweitige Wahrnehmung der Aufgaben des Wirtschaftsausschusses beschlossen, so gilt Satz 1 entsprechend.

§ 109 Beilegung von Meinungsverschiedenheiten

Übersicht

	Rn.
I. Vorbemerkung	1
II. Zuständigkeit der Einigungsstelle	2
1. Inhalt und Umfang	2
2. Abgrenzung von der arbeitsgerichtlichen Zuständigkeit	4
III. Anrufung und Verfahren der Einigungsstelle	9
1. Antragsberechtigung	9
2. Verfahrensvoraussetzungen	10
3. Verfahren vor der Einigungsstelle	15
4. Ersetzung der Einigungsstelle durch eine tarifliche Schlichtungsstelle	17
IV. Entscheidung der Einigungsstelle	18
1. Inhalt	18
2. Arbeitsgerichtliche Überprüfbarkeit	19
V. Ordnungswidrigkeit	20
VI. Streitigkeiten	21

I. Vorbemerkung

1 Die Bestimmung entspricht im Wesentlichen § 70 BetrVG 1952. Darüber hinaus gibt sie der Einigungsstelle die Möglichkeit zur Anhörung von Sachverständigen, wenn sie dies für erforderlich hält. Durch das hier vorgesehene Verfahren soll verhindert werden, dass bei Meinungsverschiedenheiten, ob der Unternehmer dem Wirtschaftsausschuss eine Auskunft geben muss, das Arbeitsgericht angerufen wird, weil es sich um interne Angelegenheiten der Unternehmensleitung handeln kann (vgl. zur Entstehungsgeschichte des § 70 Abs. 2 BetrVG 1952 *Dütz*, Gerichtliche Überprüfung, S. 28). Obwohl die Einigungsstelle eine Rechtsentscheidung trifft (s. Rn. 19), wird nicht das in Art. 92 GG festgelegte richterliche Rechtsprechungsmonopol verletzt; denn die Sprüche der Einigungsstelle unterliegen in vollem Umfang der arbeitsgerichtlichen Kontrolle (s. dazu § 76 Rn. 121 ff. und hier Rn. 19).

II. Zuständigkeit der Einigungsstelle

1. Inhalt und Umfang

2 Die Einigungsstelle entscheidet im verbindlichen Einigungsverfahren, wenn eine **Auskunft über wirtschaftliche Angelegenheiten des Unternehmens** i. S. des § 106 entgegen dem Verlangen des Wirtschaftsausschusses **nicht, nicht rechtzeitig** oder nur **ungenügend** erteilt wird und hierüber keine Einigung zwischen Unternehmer und Betriebsrat zustande kommt (Satz 1).

3 Die Einigungsstelle ist auch zuständig, wenn die Meinungsverschiedenheit bei der **Erläuterung des Jahresabschlusses** nach § 108 Abs. 5 oder bei der **Vorbereitung des Vierteljahresberichts** besteht, durch den der Unternehmer nach § 110 die Arbeitnehmer über die wirtschaftliche Lage und Entwicklung des Unternehmens zu unterrichten hat (ebenso GK-*Oetker*, § 109 Rn. 9 und 10; *Rumpff/Boewer*, Mitbestimmung in wirtschaftlichen Angelegenheiten, S. 231, 249; für die Erläuterung des Jahresabschlusses: LAG Düsseldorf, DB 1978, 1696; *Weiss/Weyand*, § 109 Rn. 2; a. A. HSWGNR-*Hess*, § 109 Rn. 1; zu § 110, aber wie hier zu § 108 Abs. 5: *Dütz*, FS Westermann, S. 37, 53). Das war zu § 70 BetrVG 1952 allgemein anerkannt, dessen Wortlaut diese beiden Fälle ebenfalls nicht ausdrücklich erfasste (vgl. *Dietz*, § 70 Rn. 1; abweichend lediglich *Bührig*, § 70 Rn. 1; *Erdmann*, § 70 Rn. 1). Maßgebend ist, dass die Pflicht zur Erläuterung des Jahresabschlusses lediglich eine Ergänzung zur allgemeinen Auskunftspflicht nach § 106 Abs. 2 darstellt und auch die Unterrichtung der Arbeitnehmer sich nur auf wirtschaftliche Angelegenheiten bezieht, über die der Unternehmer den Wirtschaftsausschuss

II. Zuständigkeit der Einigungsstelle § 109

nach § 106 Abs. 2 zu unterrichten hat. Der Gesichtspunkt, der bei Meinungsverschiedenheiten über die Auskunftserteilung im Rahmen des § 106 zu einer Einschaltung der Einigungsstelle geführt hat, trifft deshalb auch für die Erläuterung des Jahresabschlusses nach § 108 Abs. 5 und die Vorbereitung des Berichts über die wirtschaftliche Lage und Entwicklung des Unternehmens nach § 110 zu. Für die Frage, ob ein Wirtschaftsausschuss zu bestellen ist und ob der Arbeitgeber seine Pflicht zur Teilnahme an Sitzungen des Wirtschaftsausschusses verletzt hat, ist die Einigungsstelle offensichtlich unzuständig (LAG Hessen 1. 8. 2006 NZA-RR 2007, 199).

2. Abgrenzung von der arbeitsgerichtlichen Zuständigkeit

Die Einigungsstelle ist nur insoweit zur Entscheidung berufen, als es sich um das **Verlangen nach Auskünften** handelt, die **im Rahmen der Zuständigkeit des Wirtschaftsausschusses** liegen. Sie entscheidet, ob eine konkret verlangte Auskunft rechtzeitig und genügend erteilt wurde oder zu erteilen ist (ebenso GL-*Löwisch*, § 109 Rn. 5; HSWGNR-*Hess*, § 109 Rn. 2). Eine Auskunft ist auch dann ungenügend erteilt, wenn der Unternehmer bei der Unterrichtung nicht die erforderlichen Unterlagen vorlegt (§ 106 Abs. 2) oder den Mitgliedern des Wirtschaftsausschusses verweigert, in die Unterlagen Einsicht zu nehmen (§ 108 Abs. 3; ebenso *Dütz*, FS Westermann, S. 37, 45).   4

Streitigkeiten darüber, ob das **Verlangen des Wirtschaftsausschusses im Rahmen seiner Zuständigkeit** liegt, und damit auch, ob die Einigungsstelle zuständig ist, entscheidet das **Arbeitsgericht** im Beschlussverfahren (so auch BAG 8. 8. 1989 AP BetrVG 1972 § 106 Nr. 6; BAG 22. 1. 1991 AP BetrVG 1972 § 106 Nr. 9; BAG 17. 9. 1991 AP BetrVG 1972 § 106 Nr. 13; BAG 11. 7. 2000 AP BetrVG 1972 § 109 Nr. 2; s. auch Rn. 21). Die Einigungsstelle muss aber als Vorfrage prüfen, ob die verlangte Auskunft sich auf eine wirtschaftliche Angelegenheit i. S. des § 106 bezieht, und kann eine Entscheidung nur treffen, wenn sie diese Frage bejaht. Auch wenn der Unternehmer bestreitet, dass das Unterrichtungsverlangen des Wirtschaftsausschusses statthaft ist, braucht sie das Verfahren nicht auszusetzen, bis das Arbeitsgericht die Streitfrage im Beschlussverfahren geklärt hat; sie kann aber das Verfahren aussetzen, weil es sich um eine Streitfrage handelt, bei der das Arbeitsgericht das letzte Wort hat (a. A. BAG 17. 9. 1991 AP BetrVG 1972 § 106 Nr. 13; s. auch § 76 Rn. 105 f.).   5

Verweigert dagegen der Unternehmer die Auskunft deshalb, weil durch sie **Betriebs- und Geschäftsgeheimnisse** des Unternehmens **gefährdet** werden, so entscheidet die **Einigungsstelle** (ebenso BAG 11. 7. 2000 AP BetrVG 1972 § 109 Nr. 2; LAG Düsseldorf, DB 1978, 1696 f.; GK-*Oetker*, § 109 Rn. 8; *Fitting*, § 109 Rn. 4; GL-*Löwisch*, § 109 Rn. 7; DKK-*Däubler*, § 109 Rn. 4; *Nikisch*, Bd. III S. 516 f.; *Rumpff/Boewer*, Mitbestimmung in wirtschaftlichen Angelegenheiten, S. 231; *Dütz*, Gerichtliche Überprüfung, S. 27 ff.; *Bötticher*, FS A. Hueck, S. 149, 164 ff.; *Kehrmann/Schneider*, BlStSozArbR 1972, 60, 62). Vielfach wird aber eine Überprüfung durch die Einigungsstelle abgelehnt (vgl. *Dietz*, § 67 Rn. 22; *Stege/Weinspach/Schiefer*, §§ 106–109 Rn. 78; *Neumann-Duesberg*, S. 592 f.) oder nur eine Kontrolle unter dem Gesichtspunkt eines offensichtlichen Rechtsmissbrauchs zugelassen, wenn erkennbar ist, dass der Unternehmer sich nur deshalb auf Betriebs- oder Geschäftsgeheimnisse beruft, weil er sich der Auskunftspflicht entziehen will (vgl. HSWGNR-*Hess*, § 109 Rn. 6; *Nipperdey/Säcker* in *Hueck/Nipperdey*, Bd. II/2 S. 1470; *Gutzmann*, DB 1989, 1083, 1086).   6

Die ablehnende Stellungnahme wird damit begründet, dass der Unternehmer sonst zur Offenlegung des Betriebs- oder Geschäftsgeheimnisses gezwungen wird. *Neumann-Duesberg* (S. 593) weist darauf hin, dass es sich um eine Rechtsstreitigkeit handele, und kommt deshalb zu dem Ergebnis, dass für die Entscheidung, ob die durch den Wirtschaftsausschuss vom Unternehmer verlangte Auskunft Betriebs- und Geschäftsgeheimnisse gefährdet, das Arbeitsgericht im Beschlussverfahren zuständig ist (ebenso auch *Nipperdey/Säcker* in *Hueck/Nipperdey*, Bd. II/2 S. 1470). Dabei wird aber übersehen,   7 dass die Einigungsstelle im Rahmen des § 109 Rechtsfragen entscheidet (s. Rn. 19). *Dietz* (§ 67 Rn. 22) hält deshalb folgerichtig auch das Arbeitsgericht nicht für zuständig, darüber zu entscheiden, ob ein Betriebs- oder Geschäftsgeheimnis vorliegt, weil der Unternehmer auch in diesem Fall gezwungen wäre, das Betriebs- und Geschäftsgeheimnis preiszugeben (ebenso *Stege/Weinspach/Schiefer,* §§ 106–109 Rn. 78). Nach dieser Ansicht kommt eine Kontrolle nur im Rahmen eines Ordnungswidrigkeitsverfahrens nach § 121 in Betracht. Diese Stellungnahmen lassen außer Acht, dass der maßgebliche Grundgedanke für die Einschaltung der Einigungsstelle hier gerade war, eine Geheimhaltung der für das Unternehmen mitunter lebenswichtigen Angelegenheiten sicherzustellen, wie sie im Beschlussverfahren vor den Arbeitsgerichten nicht gewährleistet werden kann (vgl. *Bötticher,* FS A. Hueck, S. 149, 153). Ob ein Betriebs- oder Geschäftsgeheimnis vorliegt, durch das die Auskunftspflicht des Unternehmers beschränkt wird, entscheidet deshalb die Einigungsstelle im Rahmen des hier geregelten Verfahrens.

8   Die Anerkennung einer Kompetenz der Einigungsstelle bedeutet nicht, dass der Arbeitgeber der Einigungsstelle das Betriebs- oder Geschäftsgeheimnis zu offenbaren hat, sondern er braucht nur **glaubhaft zu machen,** dass er die Auskunft wegen der Gefährdung von Betriebs- oder Geschäftsgeheimnissen verweigert (ebenso *Fitting,* § 109 Rn. 4; GL-*Löwisch,* § 109 Rn. 7; DKK-*Däubler,* § 109 Rn. 4; MünchArbR-*Joost,* § 231 Rn. 131; unentschieden GK-*Oetker,* § 109 Rn. 8).

III. Anrufung und Verfahren der Einigungsstelle

1. Antragsberechtigung

9   Wird das Auskunftsverlangen des Wirtschaftsausschusses nicht (nicht rechtzeitig oder nur ungenügend) erfüllt, so kann nicht er die Einigungsstelle anrufen, sondern dieses Recht hat der **Betriebsrat** (bzw. Gesamtbetriebsrat), wenn mit ihm keine Einigung zustande kommt. In diesem Fall ist auch der **Unternehmer** berechtigt, die Einigungsstelle anzurufen (s. zu deren Errichtung und Organisation § 76 Rn. 41 ff.).

2. Verfahrensvoraussetzungen

10 a) Erste Voraussetzung ist, dass der Unternehmer entgegen dem **Verlangen des Wirtschaftsausschusses** nicht, nicht rechtzeitig oder nur ungenügend eine Auskunft über wirtschaftliche Angelegenheiten des Unternehmens i. S. des § 106 erteilt hat.

11 Das Verlangen nach Auskunft ist Verfahrensvoraussetzung, damit der Betriebsrat (bzw. Gesamtbetriebsrat) sich einschalten kann, obwohl die Verpflichtung des Unternehmers zur Auskunftserteilung nicht von einem entsprechenden Antrag abhängig ist (s. § 106 Rn. 23). Der Wirtschaftsausschuss muss deshalb ausdrücklich Auskunft über eine bestimmte wirtschaftliche Angelegenheit verlangt haben (ebenso *Fitting,* § 109 Rn. 6; HSWGNR-*Hess,* § 109 Rn. 7). Das Auskunftsverlangen setzt einen Beschluss des Wirtschaftsausschusses voraus, auf den die Vorschriften über die Beschlussfassung des Betriebsrats entsprechend Anwendung finden; es genügt die einfache Stimmenmehrheit (§ 33; ebenso GK-*Oetker,* § 109 Rn. 12; GL-*Löwisch,* § 109 Rn. 9). Für den Fall, dass der Betriebsrat (oder der Gesamtbetriebsrat) eine anderweitige Wahrnehmung der Aufgaben des Wirtschaftsausschusses beschlossen hat, ist ein Beschluss des Gremiums notwendig, dem die Aufgaben des Wirtschaftsausschusses übertragen sind.

12 b) Zweite Voraussetzung ist, dass **zwischen Unternehmer und Betriebsrat** (bzw. Gesamtbetriebsrat) über die Auskunftserteilung **keine Einigung** zustande kommt; denn der Wirtschaftsausschuss ist nur ein Hilfsorgan des Betriebsrats (bzw. Gesamtbetriebsrats).

13 Eine **Einigung** zwischen dem Betriebsrat (bzw. Gesamtbetriebsrat) und dem Unternehmer ist **für den Wirtschaftsausschuss bindend.** Der Unternehmer hat entsprechend dieser

Einigung die Auskünfte zu geben und die Unterlagen vorzulegen bzw. braucht die verlangte Auskunft nicht zu geben oder die geforderte Einsicht in die Unterlagen nicht zu gewähren (ebenso GK-*Oetker*, § 109 Rn. 15; *Fitting*, § 109 Rn. 8; HSWGNR-*Hess*, § 109 Rn. 8). Die Einigung hat als solche keinen verpflichtenden Charakter, sondern dokumentiert nur die Willensübereinstimmung und bedarf keiner besonderen Form (ebenso *Fitting*, § 109 Rn. 8; *Nipperdey/Säcker* in *Hueck/Nipperdey*, Bd. II/2 S. 1470; *Schauber*, RdA 1963, 375, 380; abweichend in der rechtlichen Qualifizierung *Neumann-Duesberg*, S. 591: „verpflichtende Unternehmensvereinbarung [Unternehmenseinigung]"; ebenso GK-*Fabricius*, 6. Aufl., § 109 Rn. 16; vgl. auch GK-*Oetker*, § 109 Rn. 17). An einer solchen Einigung fehlt es auch dann, wenn der Wirtschaftsausschuss eine Auskunft über wirtschaftliche Angelegenheiten verlangt hat und zwischen Betriebsrat und Arbeitgeber eine Meinungsverschiedenheit über deren Berechtigung bzw. deren Erfüllung besteht (LAG Hessen 14. 2. 2006 – 4 TaBV 1/06).

Auch wenn die **Aufgaben des Wirtschaftsausschusses** einem **Ausschuss des Betriebsrats** (oder des Gesamtbetriebsrats) nach § 107 Abs. 3 **übertragen** sind, haben zunächst der Unternehmer und der **Betriebsrat** (bzw. der Gesamtbetriebsrat) darüber zu verhandeln, ob der Unternehmer die verlangte Auskunft geben muss oder Einsicht in die für die Unterrichtung erforderlichen Unterlagen zu gewähren hat. Erst wenn sie keine Einigung erzielt haben, kann die Einigungsstelle angerufen werden. Möglich ist aber, dass dem Ausschuss der Versuch der Einigung mit dem Unternehmer zur selbständigen Erledigung übertragen wird (§§ 27 Abs. 2 Satz 2, 28 Abs. 1 Satz 3; ebenso *Fitting*, § 109 Rn. 7; GL-*Löwisch*, § 109 Rn. 14; DKK-*Däubler*, § 109 Rn. 8). 14

3. Verfahren vor der Einigungsstelle

Für das Verfahren vor der Einigungsstelle gelten die **allgemeinen Vorschriften** (auch hier kann die Einigungsstelle den Antrag nur bei offensichtlicher Unzuständigkeit unter Berufung auf ihre fehlende Zuständigkeit zurückweisen, LAG Köln 14. 1. 2004 AP BetrVG 1972 § 106 Nr. 18; s. ferner § 76 Rn. 81 ff.). 15

Eine Besonderheit besteht insoweit, als die Einigungsstelle **Sachverständige** anhören kann, wenn dies für ihre Entscheidung erforderlich ist (Satz 3). Da nur § 80 Abs. 4, nicht aber § 80 Abs. 3 für entsprechend anwendbar erklärt wird, bedarf die Hinzuziehung eines Sachverständigen keiner vorherigen Vereinbarung mit dem Arbeitgeber (ebenso *Fitting*, § 109 Rn. 10; HSWGNR-*Hess*, § 109 Rn. 12; *Dütz*, FS Westermann, S. 37, 45). Der Arbeitgeber braucht aber die Kosten nur zu tragen, wenn die Anhörung eines Sachverständigen erforderlich ist. Besteht darüber Streit, so kann er das Arbeitsgericht anrufen, das im Beschlussverfahren entscheidet (§ 2 a Abs. 1 Nr. 1, Abs. 2 i. V. mit §§ 80 ff. ArbGG; ebenso *Fitting*, § 109 Rn. 10; *Dütz*, a. a. O.). Für die Geheimhaltungspflicht des Sachverständigen gilt § 79 entsprechend (Satz 3 Halbsatz 2 i. V. mit § 80 Abs. 4). 16

4. Ersetzung der Einigungsstelle durch eine tarifliche Schlichtungsstelle

§ 70 Abs. 2 BetrVG 1952 verbot ausdrücklich die Ersetzung der Einigungsstelle durch eine tarifliche Schlichtungsstelle, weil es sich hier häufig um Fragen aus dem inneren Bereich des Unternehmens handelt, die die Wettbewerbslage berühren können (vgl. BT-Drucks. I/3585, S. 15; abgedruckt in RdA 1952, 292). Das Gesetz hat dieses Verbot nicht übernommen, so dass auch für die Beilegung der hier angesprochenen Meinungsverschiedenheiten die Entscheidungsbefugnis durch Tarifvertrag auf eine tarifliche Schlichtungsstelle übertragen werden kann (§ 76 Abs. 8; ebenso GK-*Oetker*, § 109 Rn. 3; *Fitting*, § 109 Rn. 11; GL-*Löwisch*, § 109 Rn. 16; *Dütz*, FS Westermann, S. 37, 45; *Boldt*, AG 1972, 299, 307; im Ergebnis auch HSWGNR-*Hess*, § 109 Rn. 10). 17

IV. Entscheidung der Einigungsstelle

1. Inhalt

18   Die Einigungsstelle hat zu entscheiden, **welche Auskunft zu geben** ist und **welche Unterlagen vorzulegen** sind. Ihre Entscheidung ist bindend; sie ersetzt eine Einigung zwischen dem Unternehmer und dem Betriebsrat (bzw. dem Gesamtbetriebsrat) (Satz 2).

2. Arbeitsgerichtliche Überprüfbarkeit

19   Die Einigungsstelle entscheidet eine **Rechtsfrage** (ebenso GK-*Oetker*, § 109 Rn. 29; *Fitting*, § 109 Rn. 12; GL-*Löwisch*, § 109 Rn. 2; *Dütz*, Gerichtliche Überprüfung, S. 30; *ders.*, FS Westermann, S. 37, 46; *ders.*, DB 1971, 723; *ders.*, DB 1972, 383, 385; vor allem *ders.*, FS Gaul, S. 41 ff.). Der Spruch der Einigungsstelle unterliegt deshalb in vollem Umfang der **Nachprüfbarkeit durch das Arbeitsgericht** (ebenso BAG 11. 7. 2000 AP BetrVG 1972 § 109 Nr. 2; GL-*Löwisch*, § 109 Rn. 2; HSWGNR-*Hess*, § 109 Rn. 13; DKK-*Däubler*, § 109 Rn. 14; *Dütz*, FS Westermann, S. 37, 46; vor allem *ders.*, FS Gaul, S. 41, 50 ff. und *Schweibert*, Willemsen/Hohenstatt/Schweibert/Seibt, Umstrukturierung und Übertragung von Unternehmen, C 413; tendenziell anders noch BAG 8. 8. 1989 AP BetrVG 1972 § 106 Nr. 6; a. A. LAG Köln 13. 7. 1999 AP BetrVG 1972 § 109 Nr. 1 [Vorinstanz zu BAG AP BetrVG 1972 § 109 Nr. 2]; *Henssler*, RdA 1991, 269, 271 ff.; GK-*Oetker*, § 109 Rn. 31, will der Besonderheit des Einigungsstellenverfahrens im Rahmen des § 109 dadurch Rechnung tragen, dass bei der Rechtskontrolle durch das Arbeitsgericht die für das Revisionsgericht geltenden Maßstäbe angelegt werden; s. ausführlich § 76 Rn. 121 ff.). Auf die Einhaltung der Zweiwochenfrist des § 76 Abs. 5 Satz 4 kommt es nicht an (BAG 11. 7. 2000 AP BetrVG 1972 § 109 Nr. 2).

V. Ordnungswidrigkeit

20   Der Unternehmer begeht, wenn er die Auskunft nicht, wahrheitswidrig, unvollständig oder verspätet erteilt, nach § 121 eine Ordnungswidrigkeit. Dasselbe gilt, wenn er die für eine Unterrichtung erforderlichen Unterlagen nicht, unvollständig oder nicht rechtzeitig vorlegt. Dabei soll nach einer Entscheidung des OLG Karlsruhe ein ordnungswidriges Verhalten des Unternehmers erst angenommen werden können, nachdem die Einigungsstelle über den Umfang der Unterrichtungspflicht entschieden hat (OLG Karlsruhe 7. 6. 1985 AP BetrVG 1972 § 121 Nr. 1; kritisch DKK-*Trümner*, § 121 Rn. 16).

VI. Streitigkeiten

21   Wenn der Unternehmer entgegen einer mit ihm getroffenen Vereinbarung (s. Rn. 13) oder entgegen einem Spruch der Einigungsstelle (s. Rn. 18) seiner Pflicht zur Erteilung einer Auskunft oder zur Vorlage der erforderlichen Unterlagen nicht nachkommt, kann der **Betriebsrat** (bzw. der Gesamtbetriebsrat), **nicht** aber der **Wirtschaftsausschuss** das Arbeitsgericht anrufen, das im Beschlussverfahren entscheidet (§ 2 a Abs. 1 Nr. 1, Abs. 2 i. V. mit §§ 80 ff. ArbGG; ebenso BAG 11. 7. 2000 AP BetrVG 1972 § 109 Nr. 2; GK-*Oetker*, § 109 Rn. 33; *Fitting*, § 109 Rn. 12; GL-*Löwisch*, § 109 Rn. 21; HSWGNR-*Hess*, § 109 Rn. 14; a. A. für Antragsbefugnis des Wirtschaftsausschusses, nicht des Betriebsrats *Herschel*, AuR 1980, 21, 23 f.).

22   Der Beschluss des Arbeitsgerichts, der die Verpflichtung zur Erteilung einer konkreten Auskunft auf Grund einer Vereinbarung mit dem Unternehmer oder eines Spruchs der

Einigungsstelle ausspricht, ist nach § 85 Abs. 1 ArbGG i. V. mit § 888 ZPO **vollstreckbar** (ebenso *Fitting*, § 109 Rn. 13; GL-*Löwisch*, § 109 Rn. 21; HSWGNR-*Hess*, § 109 Rn. 14; WP-*Preis*, § 109 Rn. 5).

§ 109 a Unternehmensübernahme

In Unternehmen, in denen kein Wirtschaftsausschuss besteht, ist im Fall des § 106 Abs. 3 Nr. 9 a der Betriebsrat entsprechend § 106 Abs. 1 und 2 zu beteiligen; § 109 gilt entsprechend.

Die Bestimmung wurde durch das Gesetz zur Begrenzung der mit Finanzinvestitionen 1 verbundenen Risiken (Risikobegrenzungsgesetz) am 12. 8. 2008 (BGBl. I S. 1666) mit Wirkung zum 19. 8. 2008 in das BetrVG eingefügt. Nach Ansicht der Entwurfsverfasser wird mit ihr „dem schützenswerten Interesse der Belegschaft, über den Erwerb wesentlicher Anteile durch Investoren informiert zu werden, in allen Unternehmen [...] Rechnung getragen" (Begr.-RegE, BT-Drucks. 16/7468, S. 15).

Die Bestimmung durchbricht das Prinzip, wonach die Rechte des Wirtschaftsaus- 2 schusses in Kleinunternehmen nicht dem Betriebsrat im Sinne einer Auffangkompetenz zustehen (vgl. § 106 Rn. 16). Mag auch das Konzept nicht überzeugen, so hat der Betriebsrat, wenn ein Wirtschaftsausschuss mangels Überschreiten der Größenschwelle des § 106 Abs. 1 Satz 1 nicht errichtet werden kann (nicht aber wenn er aus anderen Gründen nicht errichtet ist), dennoch ein Beteiligungsrecht gemäß § 106 Abs. 3 Nr. 9 a i. V. m. § 106 Abs. 1, 2 (vgl. § 106 Rn. 26 a ff.; 55 a). Das Beteiligungsrecht steht neben dem Unterrichtungsanspruch gemäß § 14 Abs. 4 Satz 2 WpÜG (a. A. *Simon/Dobel*, BB 2008, 1955, 1958).

§ 110 Unterrichtung der Arbeitnehmer

(1) In Unternehmen mit in der Regel mehr als 1000 ständig beschäftigten Arbeitnehmern hat der Unternehmer mindestens einmal in jedem Kalendervierteljahr nach vorheriger Abstimmung mit dem Wirtschaftsausschuss oder den in § 107 Abs. 3 genannten Stellen und dem Betriebsrat die Arbeitnehmer schriftlich über die wirtschaftliche Lage und Entwicklung des Unternehmens zu unterrichten.

(2) ¹In Unternehmen, die die Voraussetzungen des Absatzes 1 nicht erfüllen, aber in der Regel mehr als zwanzig wahlberechtigte ständige Arbeitnehmer beschäftigen, gilt Absatz 1 mit der Maßgabe, dass die Unterrichtung der Arbeitnehmer mündlich erfolgen kann. ²Ist in diesen Unternehmen ein Wirtschaftsausschuss nicht zu errichten, so erfolgt die Unterrichtung nach vorheriger Abstimmung mit dem Betriebsrat.

Übersicht

	Rn.
I. Vorbemerkung	1
II. Voraussetzungen und Inhalt der Unterrichtungspflicht	2
1. Voraussetzungen	2
2. Zeitpunkt	3
3. Abstimmung mit Wirtschaftsausschuss und Betriebsrat	4
4. Form der Unterrichtung	6
5. Gegenstand der Unterrichtung	9
6. Kein Recht des Wirtschaftsausschusses oder des Betriebsrats zur Berichterstattung	10
III. Ordnungswidrigkeit	11
IV. Streitigkeiten	12

I. Vorbemerkung

1 Schon nach §§ 69 Abs. 3, 71 BetrVG 1952 hatte der Unternehmer mindestens einmal im Vierteljahr den Belegschaftsmitgliedern Bericht über die wirtschaftliche Lage und Entwicklung des Unternehmens zu geben, wenn in dem Unternehmen regelmäßig mehr als 20 wahlberechtigte Arbeitnehmer beschäftigt sind. Die Vorschrift fasst die damalige Regelung zusammen und bestimmt im Unterschied zu ihr, dass in Unternehmen mit regelmäßig mehr als 1000 ständig beschäftigten Arbeitnehmern die Unterrichtung schriftlich erfolgen muss. Ergänzend besteht die Verpflichtung des Arbeitgebers, mindestens einmal in jedem Kalenderjahr in einer Betriebsversammlung über das Personal- und Sozialwesen des Betriebs und über die wirtschaftliche Lage und Entwicklung des Betriebs sowie über den betrieblichen Umweltschutz zu berichten, soweit dadurch nicht Betriebs- oder Geschäftsgeheimnisse gefährdet werden (§ 43 Abs. 2 Satz 3; s. dort Rn. 14 ff.).

II. Voraussetzungen und Inhalt der Unterrichtungspflicht

1. Voraussetzungen

2 Das Gesetz stellt in Abs. 1 darauf ab, dass es sich um ein Unternehmen mit in der Regel mehr als 1000 ständig beschäftigten Arbeitnehmern handelt. Wie sich aus Abs. 2 ergibt, besteht aber die Unterrichtungspflicht auch in **Unternehmen, die in der Regel mehr als zwanzig wahlberechtigte ständige Arbeitnehmer** beschäftigen. Lediglich die verfahrensmäßigen Voraussetzungen der Berichterstattung sind modifiziert (s. Rn. 6 ff.). Das Gesetz stellt auf die Zahl der in der Regel im Unternehmen ständig beschäftigten Arbeitnehmer ab (vgl. zur regelmäßigen Beschäftigtenzahl § 1 Rn. 114; zur Abgrenzung der ständig beschäftigten Arbeitnehmer § 1 Rn. 110 ff.). Bei der Grenzzahl, von der abhängt, ob überhaupt eine Unterrichtungspflicht besteht, wird aber darauf abgestellt, dass das Unternehmen in der Regel mehr als zwanzig wahlberechtigte ständige Arbeitnehmer beschäftigt. Umstritten ist, inwieweit aus § 110 auch einklagbare Individualrechte der einzelnen Arbeitnehmer folgen (bejahend DKK-*Däubler*, § 110 Rn. 18, ErfK-*Kania*, § 110 Rn. 8; Düwell/*Steffan*, § 110 Rn. 5; a. A. GK-*Oetker*, § 110 Rn. 4).

2. Zeitpunkt

3 Die Unterrichtung der Arbeitnehmer über die wirtschaftliche Lage und Entwicklung des Unternehmens erfolgt mindestens **einmal** in jedem **Kalendervierteljahr**. Den Zeitpunkt legt der Unternehmer fest (ebenso GK-*Oetker*, § 110 Rn. 11; DKK-*Däubler*, § 110 Rn. 8; HSWGNR-*Hess*, § 110 Rn. 3).

3. Abstimmung mit Wirtschaftsausschuss und Betriebsrat

4 Bevor der Unternehmer den Bericht erstattet, hat er sich mit dem Wirtschaftsausschuss oder den in § 107 Abs. 2 genannten Stellen und dem Betriebsrat **abzustimmen**. Besteht ein Gesamtbetriebsrat, so ist dieser zuständig. Wenn im Unternehmen kein Wirtschaftsausschuss zu errichten ist, weil in ihm nicht in der Regel mehr als 100 Arbeitnehmer ständig beschäftigt werden, so ist nur die vorherige Abstimmung mit dem Betriebsrat erforderlich, wie in Abs. 2 Satz 2 ausdrücklich bestimmt ist. Dasselbe muss aber auch dann gelten, wenn zwar ein Wirtschaftsausschuss zu errichten ist, er aber tatsächlich nicht gebildet wurde (ebenso GK-*Oetker*, § 110 Rn. 12; *Fitting*, § 110 Rn. 9; DKK-*Däubler*; § 110 Rn. 11; *Rumpff/Boewer*, Mitbestimmung in wirtschaftlichen Angelegenheiten, S. 247).

Das Gesetz verlangt **nicht**, dass eine **Übereinkunft** erzielt wird, sondern es genügt, dass 5
die beteiligten Gremien zuvor über den Inhalt des Berichtes unterrichtet werden, und es
ist zu versuchen, über ihn eine Einigung herbeizuführen. Kommt sie nicht zustande, so
hat der Unternehmer den Bericht so zu erstatten, wie er ihn für richtig hält (ebenso GL-
Löwisch, § 110 Rn. 6; DKK-*Däubler*, § 110 Rn. 12; HSWGNR-*Hess*, § 110 Rn. 4;
Rumpff/Boewer, Mitbestimmung in wirtschaftlichen Angelegenheiten, S. 249; *Dütz*, FS
Westermann, S. 37, 52). Der Betriebsrat kann abweichende Stellungnahmen in seinen
Tätigkeitsbericht aufnehmen, den er nach § 43 Abs. 1 Satz 1 der Betriebsversammlung
zu erstatten hat (ebenso *Fitting*, § 110 Rn. 4; GL-*Löwisch*, § 110 Rn. 6; HSWGNR-
Hess, § 110 Rn. 9; *Rumpff/Boewer*, a. a. O.; *Dütz*, a. a. O.). Nicht zutreffend ist es
angesichts des eindeutig auf das Vorstadium der Information beschränkten Beteiligung
von Wirtschaftsausschuss und Betriebsrat, wenn verlangt wird, dass der Unternehmer
eine abweichende Auffassung des Betriebsrats und des Wirtschaftsausschusses in seinen
Bericht aufzunehmen habe (so DKK-*Däubler*, § 110 Rn. 12; *Fitting*, § 110 Rn. 4; GK-
Fabricius, 6. Aufl., § 110 Rn. 20; wie hier GK-*Oetker*, § 110 Rn. 15; HWK-*Willemsen/
Lembke*, § 110 BetrVG Rn. 11). Auch das Recht, einen eigenen Alternativbericht an die
Arbeitnehmer zu erstatten, besteht für Wirtschaftsausschuss bzw. Betriebsrat nicht im
Rahmen der Information nach § 110 (so aber DKK-*Däubler*, § 110 Rn. 12; ErfK-*Kania*,
§ 110 Rn. 6; *Fitting*, § 110 Rn. 4), sondern nur, soweit ihre allgemeinen betriebsverfas-
sungsrechtlichen Befugnisse das gestatten.

4. Form der Unterrichtung

a) Großunternehmen. Der Unternehmer hat in Unternehmen mit in der Regel mehr 6
als 1000 ständig beschäftigten Arbeitnehmern den Vierteljahresbericht **schriftlich** zu
erstatten. Da an die Schriftform keine besonderen Voraussetzungen gestellt werden, liegt
es in seinem Ermessen, wie er der Pflicht zur schriftlichen Berichterstattung nachkommt.
Sichergestellt muss lediglich sein, dass die Arbeitnehmer auf dem gewählten Weg Kenntnis von dem Bericht erhalten. Insbesondere kommt in Betracht, dass die Unterrichtung
über die wirtschaftliche Lage und Entwicklung des Unternehmens in Werkszeitungen
oder durch Vervielfältigung des Berichts mit anschließender Verteilung an die Arbeitnehmer erfolgt. Nicht ausreichend ist es hingegen, den Bericht durch Anschlag am Schwarzen Brett der Belegschaft zur Kenntnis bringen (ebenso GK-*Fabricius*, 6. Aufl., § 110
Rn. 5; GL-*Löwisch*, § 110 Rn. 7; DKK-*Däubler*, § 110 Rn. 9; ErfK-*Kania*, § 110 Rn. 3;
HWK-*Willemsen/Lembke*, § 110 BetrVG Rn. 13, a. A. GK-*Oetker*, § 110 Rn. 18, *Fitting*, § 110 Rn. 5; HSWGNR-*Hess*, § 110 Rn. 6; MünchArbR-*Joost*, § 231 Rn. 67;
Dütz, FS Westermann 1974, S. 37, 52; *Richardi*, 7. Aufl., Rn. 6). Denn dem Sinn der
schriftlichen Unterrichtung wird nur ausreichend Rechnung getragen, wenn jedem Arbeitnehmer ein Schriftstück zum beliebigen Studium überlassen wird, damit er sich eine
Meinung unbeeinflusst von jedem äußeren Druck bilden kann. Ausreichend ist hingegen
jedenfalls eine Unterrichtung in einer den Anforderungen des § 126 a Abs. 1 BGB
genügenden Weise, und Gleiches wird für Textform und die Übermittlung als elektronisches Dokument zu gelten haben.

Werden im Unternehmen nicht nur vereinzelt **ausländische Arbeitnehmer** beschäftigt, 7
die keine hinreichenden Kenntnisse der deutschen Sprache haben, so muss der Bericht
übersetzt werden (ebenso GK-*Oetker*, § 110 Rn. 19; DKK-*Däubler*, § 110 Rn. 10).

b) Kleinunternehmen. In Unternehmen mit in der Regel nicht mehr als 1000 ständig 8
beschäftigten Arbeitnehmern kann die Unterrichtung der Arbeitnehmer **mündlich** erfolgen (Abs. 2 Satz 1). Insbesondere kommt hier in Betracht, dass der Unternehmer in den
vierteljährlichen Betriebsversammlungen den Bericht erstattet (ebenso *Brecht*, § 110
Rn. 3; *Fitting*, § 110 Rn. 8; GL-*Löwisch*, § 110 Rn. 8; HSWGNR-*Hess*, § 110 Rn. 7;
MünchArbR-*Joost*, § 231 Rn. 70). Die Unterrichtung kann aber auch schriftlich erfolgen; es besteht lediglich keine Verpflichtung zur schriftlichen Berichterstattung.

5. Gegenstand der Unterrichtung

9 Gegenstand der Unterrichtung sind die **wirtschaftliche Lage** und **Entwicklung des Unternehmens** (s. zum Begriff der wirtschaftlichen Lage § 106 Rn. 40 f.). Der Unternehmer hat also darüber zu berichten, wie die wirtschaftliche Lage des Unternehmens sich seit dem letzten Bericht verändert hat, wie die Vermögens- und die Absatzlage ist; er hat weiterhin in den Bericht aufzunehmen, wie er die wirtschaftlichen Aussichten des Unternehmens beurteilt. Der Anspruch auf Unterrichtung bezieht sich nur auf die wirtschaftliche Lage des *Unternehmens*, nicht auf die des *Unternehmers* persönlich. Aus der weiten Öffentlichkeit und dem Fehlen einer Verschwiegenheitspflicht folgt, dass der Unternehmer nur solche Angaben zu machen braucht, die die Wettbewerbslage des Unternehmens nicht beeinträchtigen (*Fitting*, § 110 Rn. 7; a. A. DKK-*Däubler*, § 110 Rn. 7; GK-*Oetker*, § 110 Rn. 7, die die einzige Grenze in der möglichen Gefährdung von Betriebs- und Geschäftsgeheimnissen sehen). Regelmäßig wird also genügen, dass er die wirtschaftliche Lage und Entwicklung des Unternehmens nur in groben Zügen darstellt (ebenso *Brecht*, § 110 Rn. 1; *Fitting*, § 110 Rn. 7; GL-*Löwisch*, § 110 Rn. 4; MünchArbR-*Joost*, § 231 Rn. 66; *Dütz*, FS Westermann 1974, S. 37, 52). Insbesondere ist eine Darstellung etwaiger Maßnahmen nach § 91 Abs. 2 AktG nicht erforderlich.

6. Kein Recht des Wirtschaftsausschusses oder des Betriebsrats zur Berichterstattung

10 Zur Unterrichtung ist der **Unternehmer** verpflichtet. Andererseits kann auch nur er den **Bericht erstatten**. Das geschieht zwar **nach vorheriger Abstimmung mit dem Wirtschaftsausschuss** oder dem mit seinen Aufgaben betrauten Ausschuss und dem **Betriebsrat** (bzw. dem Gesamtbetriebsrat). Daraus ergibt sich aber für diese Gremien **kein Recht, ohne Mitwirkung und gegen den Willen des Unternehmers** ihrerseits den **Bericht zu erstatten** (vgl. BAG 1. 3. 1966 AP BetrVG § 69 Nr. 1; GL-*Löwisch*, § 110 Rn. 5; HSWGNR-*Hess*, § 110 Rn. 9).

III. Ordnungswidrigkeit

11 Verstößt der Unternehmer gegen die vierteljährliche Unterrichtungspflicht, so begeht er eine Ordnungswidrigkeit, die mit einer Geldbuße bis zu € 10 000 geahndet werden kann (§ 121).

IV. Streitigkeiten

12 Besteht zwischen dem Unternehmer und dem Betriebsrat (bzw. dem Gesamtbetriebsrat) Streit darüber, ob und wie die Arbeitnehmer über die wirtschaftliche Lage und Entwicklung des Unternehmens zu unterrichten sind, so entscheidet das **Arbeitsgericht** im Beschlussverfahren (§ 2a Abs. 1 Nr. 1, Abs. 2 i. V. mit §§ 80 ff. ArbGG; ebenso *Dütz*, FS Westermann 1974, S. 37, 53).

13 Nur für den Fall, dass der Wirtschaftsausschuss oder der Betriebsrat (bzw. der Gesamtbetriebsrat) im Rahmen der vorherigen Abstimmung eine Auskunft über eine wirtschaftliche Angelegenheit des Unternehmens verlangt, ist nach § 109 die **Einigungsstelle** zuständig (s. § 109 Rn. 3).

Zweiter Unterabschnitt. Betriebsänderungen

§ 111 Betriebsänderungen

¹ In Unternehmen mit in der Regel mehr als zwanzig wahlberechtigten Arbeitnehmern hat der Unternehmer den Betriebsrat über geplante Betriebsänderungen, die wesentliche Nachteile für die Belegschaft oder erhebliche Teile der Belegschaft zur Folge haben können, rechtzeitig und umfassend zu unterrichten und die geplanten Betriebsänderungen mit dem Betriebsrat zu beraten. ² Der Betriebsrat kann in Unternehmen mit mehr als 300 Arbeitnehmern zu seiner Unterstützung einen Berater hinzuziehen; § 80 Abs. 4 gilt entsprechend; im Übrigen bleibt § 80 Abs. 3 unberührt. ³ Als Betriebsänderung im Sinne des Satzes 1 gelten

1. Einschränkung und Stilllegung des ganzen Betriebs oder von wesentlichen Betriebsteilen,
2. Verlegung des ganzen Betriebs oder von wesentlichen Betriebsteilen,
3. Zusammenschluss mit anderen Betrieben oder die Spaltung von Betrieben,
4. grundlegende Änderungen der Betriebsorganisation, des Betriebszwecks oder der Betriebsanlagen,
5. Einführung grundlegend neuer Arbeitsmethoden und Fertigungsverfahren.

Abgekürzt zitiertes Schrifttum: *Anschütz*, Probleme der Betriebsratsbeteiligung bei Betriebs(teil)zusammenlegungen, Diss. Bielefeld 2002; *Biebel*, Das Restmandat des Betriebsrats nach Betriebsstilllegung, Diss. München 1989S. *Biedenkopf*, Interessenausgleich und Sozialplan unter Berücksichtigung der besonderen Probleme bei der Privatisierung und Sanierung von Betrieben in den neuen Bundesländern, Diss. FU Berlin 1994; *Ehmann*, Betriebsstilllegung und Mitbestimmung, 1978; *Engelen*, Sozialplan bei Betriebsaufspaltung? Eine Untersuchung unter besonderer Berücksichtigung des Gemeinschaftsbetriebes mehrerer Unternehmen, 1992; *Gaul/Gajewski*, Die Betriebsänderung, 1993; *Hartmann*, Einstweiliger Rechtsschutz zur Sicherung der Beteiligungsrechte des Betriebsrats, 1998; *Hellmann*, Betriebsauflösung und Betriebsrat: Konsequenzen der Betriebsauflösung für den Bestand betriebsverfassungsrechtlicher Aufgaben und die Rechtsstellung des Betriebsrats, 1994; *Hölscher*, Die Einführung von lean mangement als Betriebsänderung im Sinne des § 111 BetrVG und die Konsequenzen für den Unternehmer in Form von Interessenausgleich und Sozialplan gem. § 112 BetrVG, 1998; *Jaroschek*, Ausgleichsansprüche bei Betriebsänderungen nach dem neuen Betriebsverfassungsgesetz (§§ 111–113 BetrVG 1972), Diss. Würzburg 1976; *Konzen*, Unternehmensaufspaltungen und Organisationsänderungen im Betriebsverfassungsrecht, 1986; *Knorr*, Der Sozialplan im Widerstreit der Interessen, 1995; *Röder/Baeck*, Interessenausgleich und Sozialplan, 3. Aufl. 2001; *Römer*, Interessenausgleich und Sozialplan bei Outsourcing und Auftragsneuvergabe, 2001; *Rumpff/Boewer*, Mitbestimmung in wirtschaftlichen Angelegenheiten und bei der Unternehmens- und Personalplanung, 3. Aufl. 1990; *Schwanecke*, Die „grundlegende Änderung des Betriebszwecks" im Sinne des § 111 S. 2 Nr. 4 BetrVG 1972, (Diss. Erlangen) 1989; *Spitzner*, Betriebsverfassungsrechtliche Fragen bei der Einführung neuer Techniken, BlStSozArbR 1981, 257; *Staufenbiel*, Der Sozialplan, 2004; *Träxler*, Betriebsänderung nach § 111 S. 2 Nr. 1 BetrVG und Sozialplanpflicht, Diss. Regensburg 1993; *Willemsen*, Arbeitnehmerschutz bei Betriebsänderungen im Konkurs, (Diss. Köln) 1980; *Wüst*, Personaleinschränkungen, Betriebsänderungen und die Zuständigkeit der Einigungsstelle, Diss. Konstanz 1980.

Übersicht

	Rn.
A. Vorbemerkung	1
I. Inhalt und Zweck der Betriebsratsbeteiligung	1
1. Überblick über die §§ 111 bis 113	1
2. Vor- und Entstehungsgeschichte	8
3. Änderungen der Gesetzesregelung	11
4. Zweck der Betriebsratsbeteiligung	15
II. Tarifvertrag und Betriebsvereinbarung	17

	Rn.
B. Allgemeine Voraussetzungen	19
I. Geltungsbereich der gesetzlichen Regelung	19
1. Unternehmensgröße	19
2. Bestehen eines Betriebsrats	27
II. Beteiligungsrecht und Arbeitskampf	31
III. Insolvenz des Unternehmers	33
1. Unerheblichkeit einer Insolvenz des Unternehmers für den Beteiligungstatbestand	33
2. Eröffnung eines Insolvenzverfahrens und Betriebsänderung in der Insolvenz	36
C. Betriebsänderung als Voraussetzung und Gegenstand des Beteiligungsrechts	38
I. Verhältnis von Satz 1 zu Satz 3	38
1. Begriff der Betriebsänderung	38
2. Abschließende Aufzählung der Betriebsänderungen	41
3. Bedeutung des Relativsatzes in Satz 1	45
II. Recht des Betriebsrats auf Hinzuziehung eines Beraters (Satz 2)	52
III. Die einzelnen Fälle der Betriebsänderung	56
1. Stilllegung des Betriebs (Satz 3 Nr. 1)	56
2. Einschränkung des Betriebs sowie Einschränkung und Stilllegung von wesentlichen Betriebsteilen (Satz 3 Nr. 1)	68
3. Verlegung des Betriebs oder eines wesentlichen Betriebsteils (Satz 3 Nr. 2)	91
4. Zusammenschluss mit anderen Betrieben oder die Spaltung von Betrieben (Satz 3 Nr. 3)	96
5. Grundlegende Änderungen der Betriebsorganisation, des Betriebszwecks oder der Betriebsanlagen (Satz 3 Nr. 4)	107
6. Einführung grundlegend neuer Arbeitsmethoden und Fertigungsverfahren (Satz 3 Nr. 5)	119
IV. Betriebsübernahme und Betriebsänderung	124
1. Betriebsinhaberwechsel	124
2. Verbindung des Betriebsübergangs mit einer Betriebsänderung	128
3. Rechtslage bei rechtsgeschäftlicher Übertragung eines Betriebsteils	132
4. Widerspruch des Arbeitnehmers gegen den Übergang seines Arbeitsverhältnisses	135
D. Beteiligung des Betriebsrats	139
I. Rechtsdogmatische Struktur des Beteiligungsrechts	139
II. Unterrichtung und Beratung	143
1. Pflicht des Unternehmers zur Unterrichtung über die geplante Betriebsänderung	143
2. Zeitpunkt der Unterrichtung	144
3. Form der Unterrichtung	149
4. Inhalt und Umfang der Unterrichtung	150
5. Beratung mit dem Betriebsrat	154
III. Zuständigkeit für die Ausübung des Beteiligungsrechts und die Wahrnehmung der Beteiligungspflicht	158
1. Zuständigkeit auf Seiten des Betriebsrats	158
2. Zuständigkeit auf Seiten des Unternehmers	161
IV. Verletzung des Beteiligungsrechts	164
1. Nachteilsausgleich	164
2. Unterlassungsanspruch des Betriebsrats	166
3. Ordnungswidrigkeit	170
E. Streitigkeiten	171

A. Vorbemerkung

I. Inhalt und Zweck der Betriebsratsbeteiligung

1. Überblick über die §§ 111 bis 113

1   Der Betriebsrat ist in **wirtschaftlichen Angelegenheiten** unmittelbar **nur bei Betriebsänderungen** beteiligt. Er wird eingeschaltet, soweit die unternehmerische Planung Auswirkungen auf den Betrieb und dessen Belegschaft entfaltet.

A. Vorbemerkung § 111

2 In **Unternehmen mit in der Regel mehr als zwanzig wahlberechtigten Arbeitnehmern** trifft den Unternehmer die Pflicht, den jeweils zuständigen **Betriebsrat** über eine geplante Betriebsänderung rechtzeitig und umfassend zu **unterrichten** und sie mit ihm zu **beraten** (§ 111 Satz 1). Die Beratung bezieht sich darauf, ob und wie die Betriebsänderung durchgeführt wird und ob und wie wirtschaftliche Nachteile, die den Arbeitnehmern infolge der Betriebsänderung entstehen, ausgeglichen oder gemildert werden. Kommt über die geplante Betriebsänderung eine Einigung zustande, so spricht das Gesetz vom *Interessenausgleich* (§ 112 Abs. 1 Satz 1). Die Regelung über den Ausgleich oder die Milderung der wirtschaftlichen Nachteile bezeichnet es als *Sozialplan* (§ 112 Abs. 1 Satz 2). Die Einigung ist schriftlich niederzulegen und vom Unternehmer und Betriebsrat zu unterzeichnen (§ 112 Abs. 1 Satz 1 und 2 BetrVG).

3 Wird keine Einigung in schriftlicher Form erreicht, so ist der **Unterschied zwischen dem Interessenausgleich und dem Sozialplan** für die weitere **Gestaltung des Beteiligungsverfahrens** von grundlegender Bedeutung. Das gilt schon für die Beantwortung der Frage, ob der Betriebsrat überhaupt zu beteiligen ist. Nach § 112a besteht unter den dort genannten Voraussetzungen keine Sozialplanpflicht; soweit es hingegen um den Interessenausgleich geht, ist die Beteiligungspflicht des Unternehmers nicht eingeschränkt. Was man dem Gesetz für den Interessenausgleich entnehmen kann, ist dürftig und wenig aussagekräftig. Es verlangt für ihn Schriftform und behandelt damit die formlose Einigung, als läge überhaupt keine Einigung vor. § 112 Abs. 2 und 3 weisen die Betriebspartner darauf hin, dass sie den Vorstand der Bundesagentur für Arbeit oder die Einigungsstelle um Vermittlung ersuchen können. Sie sollen der Einigungsstelle Vorschläge zur Beilegung der Meinungsverschiedenheiten über den Interessenausgleich und den Sozialplan machen. Wenn keine Einigung in schriftlicher Form zustande kommt, bricht im Gesetz die Regelung des Interessenausgleichs abrupt ab. § 112 Abs. 4 und 5 regelt nur noch die Aufstellung eines Sozialplans durch die Einigungsstelle. Erst § 113 kommt auf den Interessenausgleich zurück. Er gibt den von der Betriebsänderung betroffenen Arbeitnehmern Ansprüche auf einen Nachteilsausgleich gegen den Unternehmer, wenn dieser entweder von einem gefundenen Interessenausgleich ohne zwingenden Grund abgewichen ist oder einen solchen überhaupt nicht versucht hat.

4 Soweit es um den **Interessenausgleich über die Betriebsänderung** geht, hat der Betriebsrat wegen dieser Gestaltung seiner Beteiligung nur ein **Mitwirkungsrecht**; für den **Sozialplan** hat er dagegen ein **Mitbestimmungsrecht**.

5 In **Tendenzunternehmen** i. S. des § 118 Abs. 1 Satz 1 ist der Arbeitgeber nach § 118 Abs. 1 Satz 2 von der Verpflichtung zum Versuch eines Interessenausgleichs befreit, so dass auch § 113 nicht gilt (s. § 113 Rn. 34 und § 118 Rn. 172); hingegen trifft ihn auch hier die Pflicht zur Aufstellung eines Sozialplans (s. § 118 Rn. 171). Da die Beschränkung sich auf die wirtschaftlich-unternehmerische Entscheidung bezieht, gilt sie sogar dann, wenn die Betriebsänderung einen tendenzfreien Betrieb des Tendenzunternehmens betrifft.

6 Mit Blick auf die **leitenden Angestellten** i. S. des § 5 Abs. 3 verpflichtet § 32 Abs. 2 Satz 1 SprAuG den Unternehmer dazu, den Sprecherausschuss über geplante Betriebsänderungen gemäß § 111, die auch wesentliche Nachteile für leitende Angestellte zur Folge haben können, rechtzeitig und umfassend zu unterrichten. Einen Anspruch auf Verhandlungen über einen Interessenausgleich hat der Sprecherausschuss jedoch nicht. Entstehen leitenden Angestellten aus der geplanten Betriebsänderung wirtschaftliche Nachteile, so hat der Unternehmer nach § 32 Abs. 2 Satz 2 SprAuG „mit dem Sprecherausschuss über Maßnahmen zum Ausgleich oder zur Milderung dieser Nachteile zu beraten", so dass ein Sozialplan insoweit nicht erzwungen werden kann.

7 Im **Personalvertretungsrecht** ergeben sich zahlreiche Abweichungen. So kennt das BPersVG weder den Interessen- noch den Nachteilsausgleich und beschränkt auch die Pflicht zur Aufstellung eines Sozialplans in § 75 Abs. 3 Nr. 13 BPersVG auf „Rationalisierungsmaßnahmen" (s. dazu *Edenfeld*, Arbeitnehmerbeteiligung im Betriebsverfassungs- und Personalvertretungsrecht, 2000, S. 354 ff.).

2. Vor- und Entstehungsgeschichte

8   a) Das **BetrVG 1952** gab in § 72 unter der amtlichen Überschrift „Wirtschaftliches Mitbestimmungsrecht" dem Betriebsrat bei geplanten Betriebsänderungen ein völlig anders strukturiertes Beteiligungsrecht. Es kannte noch nicht das Rechtsinstitut des Sozialplans. Es beschränkte sich vielmehr auf die Anordnung, dass der Unternehmer oder der Betriebsrat eine Vermittlungsstelle anrufen kann, wenn kein Interessenausgleich über die Betriebsänderung zustande kommt. Wenn keine Einigung gelang, hatte die Vermittlungsstelle von sich aus einen Einigungsvorschlag zur Beilegung der Meinungsverschiedenheiten zu machen (§ 73). Wich der Unternehmer von einer Einigung mit dem Betriebsrat oder von dem Einigungsvorschlag der Vermittlungsstelle ohne zwingenden Grund ab, so hatten die von einer Kündigung betroffenen Arbeitnehmer einen Anspruch auf Zahlung einer Abfindung (§ 74).

9   b) Der **RegE zum BetrVG 1972** wich von dieser Regelung ab. Er wollte nicht auf bestimmte Formen der Betriebsänderung abstellen, sondern allein darauf, ob und in welchem Umfang durch unternehmerische Maßnahmen Arbeitnehmer eines Betriebs entlassen, auf geringer bezahlte Tätigkeiten umgesetzt werden oder anderweitige wesentliche Nachteile erleiden (vgl. BT-Drucks. VI/1786, S. 23, 54). Dieser andere Ausgangspunkt machte es notwendig, die Beteiligung des Betriebsrats erst dann vorzusehen, wenn die unternehmerische Maßnahme bestimmte, nach der Betriebsgröße gestaffelte Mindestzahlen von Arbeitnehmern nachteilig erfasst, um normale und alltägliche personelle Veränderungen innerhalb des Betriebs von der Mitbestimmung des Betriebsrats in wirtschaftlichen Angelegenheiten auszunehmen. Der Gesetzgeber befürchtete aber, dass durch ein derart unbestimmtes Korrektiv die Beteiligung des Betriebsrats zu stark eingeschränkt werden könnte (vgl. Bericht des BT-Ausschusses für Arbeit und Sozialordnung, *zu* BT-Drucks. VI/2729, S. 32). Er hielt deshalb, soweit es um den **Beteiligungstatbestand** geht, an der in **§ 72 Abs. 1 BetrVG 1952 enthaltenen Regelung** fest.

10 Der **Katalog** der Maßnahmen, die als **Betriebsänderungen** gelten, entspricht in Nr. 1 bis 3 dem § 72 Abs. 1 Satz 2 lit. a bis c BetrVG 1952; ergänzt wurde Nr. 3 durch Art. 13 Nr. 2 UmwBerG um die Worte „oder die Spaltung von Betrieben" (s. auch Rn. 100 ff.). Bei der Nr. 4 hat das BetrVG 1972 gegenüber § 72 Abs. 1 Satz 2 lit. d BetrVG 1952 klargestellt, dass auch eine grundlegende Änderung der Betriebsorganisation eine Betriebsänderung darstellt. Nr. 5 hat es gegenüber § 72 Abs. 1 Satz 2 lit. e BetrVG 1952 um die Worte „und Fertigungsverfahren" ergänzt, und es hat außerdem bei Nr. 4 und 5 die einschränkenden Halbsätze in § 72 Abs. 1 Satz 2 lit. d und e BetrVG 1952 nicht übernommen, durch die bei grundlegenden Änderungen des Betriebszwecks oder der Betriebsanlagen eine Beteiligung des Betriebsrats ausgeschlossen wurde, soweit sie offensichtlich auf einer Veränderung der Marktlage beruhten, und durch die bei der Einführung grundlegend neuer Arbeitsmethoden das Mitbestimmungsrecht des Betriebsrats entfiel, soweit sie offensichtlich dem technischen Fortschritt entsprachen oder ihm dienten.

3. Änderungen der Gesetzesregelung

11 a) Das **Beschäftigungsförderungsgesetz 1985** vom 26. 4. 1985 (BGBl. I S. 710) hat durch Art. 2 mit Wirkung zum 1. 5. 1985 Abs. 4 des § 112 neu gefasst und durch einen Abs. 5 ergänzt sowie § 112a angefügt. Die in **§ 112a vorgesehene Einschränkung** bezieht sich nur auf die *Erzwingbarkeit von Sozialplänen,* sie begrenzt **nicht das Beteiligungsrecht des Betriebsrats** insgesamt, lässt also § 111 und § 112 Abs. 1 bis 3 unberührt. Das ist vor allem deshalb von Bedeutung, weil bei einer Nichtbeteiligung des Betriebsrats die von der Betriebsänderung betroffenen Arbeitnehmer von Gesetzes wegen einen Anspruch auf Nachteilsausgleich haben (§ 113 Abs. 3). Dieser Anspruch besteht auch, wenn das Mitbestimmungsrecht über den Sozialplan nach § 112a entfällt (vgl. BAG 8. 11. 1988 E 60, 87 = AP BetrVG 1972 § 113 Nr. 18).

A. Vorbemerkung § 111

b) Das **Gesetz zur Bereinigung des Umwandlungsrechts** (UmwBerG) vom 28. 10. **12**
1994 (BGBl. I S. 3210) hat mit Wirkung vom 1. 1. 1995 Nr. 3 des heutigen § 111 Satz 3
um die Worte „oder die Spaltung von Betrieben" ergänzt (Art. 13 Nr. 2). Eine Regelung,
die sich auf den Interessenausgleich bezieht, enthält § 323 Abs. 2 UmwG (s. § 112
Rn. 15).

c) Das **Arbeitsrechtliche Beschäftigungsförderungsgesetz** vom 25. 9. 1996 (BGBl. I **13**
S. 1476) hatte durch Art. 5 dem § 113 Abs. 3 die Sätze 2 und 3 angefügt. Dadurch
wurde der Versuch eines Interessenausgleichs an eine Frist gebunden. Außerdem hatte
das Gesetz den Kündigungsschutz bei einer Kündigung auf Grund einer Betriebsänderung nach § 111 modifiziert: Waren die Arbeitnehmer, denen gekündigt werden sollte,
in einem Interessenausgleich namentlich bezeichnet, so wurde nach § 1 Abs. 5 KSchG
vermutet, dass die Kündigung durch dringende betriebliche Erfordernisse i. S. des § 1
Abs. 2 KSchG bedingt sei, wobei die soziale Auswahl nur auf grobe Fehlerhaftigkeit
überprüft werden konnte (Art. 1 Nr. 1 lit. b); § 1 Abs. 5 KSchG ist nach zwischenzeitlicher Streichung in gleich lautender Fassung durch das Gesetz zu Reformen am
Arbeitsmarkt mit Wirkung zum 1. 1. 2004 wieder in Kraft gesetzt worden. Schließlich
war die Sonderregelung in §§ 120 bis 122 sowie §§ 125 bis 128 InsO für den Geltungsbereich der Konkursordnung (also für die alten Bundesländer einschließlich Berlin-West)
bereits mit Wirkung zum 1. 10. 1996 vorgezogen worden (Art. 6). Die Ergänzung des
§ 113 Abs. 3 ist zwischenzeitlich durch das Arbeitsrechtliche Korrekturgesetz vom
19. 12. 1998 (BGBl. I S. 3843, 3850) mit Ablauf des 31. 12. 1998 wieder rückgängig
gemacht worden, und die arbeitsrechtlichen Bestimmungen der Insolvenzordnung gelten
seit deren vollständigem In-Kraft-Treten am 1. 1. 1999 sämtlich im gesamten Bundesgebiet (s. auch Anhang zu § 113).

d) Durch das BetrVerf-Reformgesetz v. 23. 7. 2001 (BGBl. I S. 1852) wurden in § 111 **14**
Satz 1 der Bezugspunkt des Schwellenwerts vom „Betrieb" auf das „Unternehmen"
umgestellt, § 111 Satz 2 und § 112 Abs. 5 Nr. 2 a ergänzt sowie § 112 a Abs. 1 redaktionell angepasst und in Nr. 1 geändert. Vgl. zur **Richtlinie 2002/14/EG** v. 11. 3. 2002
über die Unterrichtung und Anhörung der Arbeitnehmer § 106 Rn. 3 und § 118
Rn. 169 a f.

4. Zweck der Betriebsratsbeteiligung

Zweck der Betriebsratsbeteiligung ist ein **Ausgleich der Interessen des Unternehmens** **15**
mit den Interessen der von einer Betriebsänderung betroffenen Arbeitnehmer. Das
Gesetz verwendet aber den Begriff des *Interessenausgleichs* in einem technischen Sinn,
um ihn vom *Sozialplan* abzugrenzen, den der Betriebsrat durch einen Spruch der
Einigungsstelle erzwingen kann, soweit nicht § 112 a ausnahmsweise ein anderes bestimmt. Das Gesetz bringt wesentlich klarer als nach §§ 72 bis 74 BetrVG 1952 zum
Ausdruck, dass die Beteiligung des Betriebsrats **nicht** die **unternehmerische Entscheidungsfreiheit aufhebt.** Deshalb sieht es nicht mehr wie § 73 Abs. 2 BetrVG 1952 vor,
dass die Einigungsstelle einen bindenden Einigungsvorschlag machen kann, ob und wie
eine Betriebsänderung durchgeführt wird. Da der Unternehmer von der Einigung mit
dem Betriebsrat oder dem Einigungsvorschlag der Vermittlungsstelle zwar nicht abweichen durfte, aber abweichen konnte, bestand die Sanktion nach § 74 BetrVG 1952
ausschließlich darin, dass der Unternehmer eine Entschädigung zu zahlen hatte, wenn
infolge einer betriebsverfassungswidrig vorgenommenen Maßnahme eine Kündigung
notwendig wurde (vgl. *Dietz,* § 74 Rn. 1). Das geltende Gesetz lässt demgegenüber
genügen, dass der Unternehmer über die geplante Betriebsänderung einen Interessenausgleich mit dem Betriebsrat *versucht* hat (so die Formulierung in § 113 Abs. 3). Der
Betriebsrat kann aber, soweit nicht § 112 a ausnahmsweise ein anderes bestimmt, die
Aufstellung eines Sozialplans verlangen, während er nach § 72 BetrVG 1952 lediglich
die Zustimmung zur Betriebsänderung von der Aufstellung eines Sozialplans abhängig

machen konnte, ohne insoweit ein Initiativrecht zu haben (vgl. BAG 20. 11. 1970 AP BetrVG § 72 Nr. 7 und 8 *[Richardi]*). Die Beteiligung des Betriebsrates gemäß § 17 Abs. 2, 3 KSchG bei Massenentlassungen kann in einem Akt mit der Beteiligung gemäß § 111 erfolgen. Der Abschluss eines Interessenausgleichs oder Sozialplans bzw. die Durchführung eines Einigungsstellenverfahrens ist für § 17 KSchG allerdings nicht erforderlich (*Lembke/Oberwinter*, NJW 2007, 721, 725; vgl. aber auch ArbG Berlin 21. 2. 2006 NZA 2006, 739).

16 Durch die **Erzwingbarkeit eines Sozialplans** erhält die Betriebsratsbeteiligung eine **Steuerungsfunktion für unternehmerisch-wirtschaftliche Entscheidungen;** denn wenn mit einer Betriebsänderung ein Sozialplan verbunden ist, wird dadurch gesichert, „dass der Unternehmer sich nicht leichtfertig und ohne Rücksicht auf die sozialen Interessen der Belegschaft zu einer Betriebsänderung entschließt und dass er, wenn er sich für eine Betriebsänderung entscheidet, diese in einer für die Belegschaft möglichst schonenden Form durchführt, um die etwaigen finanziellen Belastungen des Unternehmens durch den Sozialplan gering zu halten" (BAG 20. 4. 1982 AP BetrVG 1972 § 112 Nr. 15; vgl. auch *Reuter*, Der Sozialplan, 1983; zur Steuerungsfunktion des Sozialplans aus ökonomischer Sicht *Schellhaaß*, ZfA 1989, 167 ff.). Diese Steuerungsfunktion besteht unabhängig davon, worin man den Zweck des Sozialplans für die Arbeitnehmer erblickt (s. auch § 112 Rn. 51 ff.).

II. Tarifvertrag und Betriebsvereinbarung

17 Die Gesetzesregelung ist **weder tarif- noch betriebsvereinbarungsdispositiv.** Die Tarifvertragsparteien können daher für die Beteiligung des Betriebsrats keine abweichende Regelung treffen. Da der Betriebsrat nicht auf sein Beteiligungsrecht verzichten kann, ist auch eine Betriebsvereinbarung unzulässig, durch die der Betriebsrat von vornherein sein Einverständnis mit einer nach Art und Ausmaß noch völlig ungewissen Betriebsänderung gibt, auch wenn sie für diesen Fall Leistungen an die Arbeitnehmer vorsieht (ebenso BAG 29. 11. 1983 AP BetrVG 1972 § 113 Nr. 10; siehe allerdings zum vorsorglichen Sozialplan BAG 26. 8. 1997 AP BetrVG 1972 § 112 Nr. 117 und § 112 Rn. 63 ff.).

18 Soweit die Auffassung vertreten wird, dass die **Betriebsratsbeteiligung durch Tarifvertrag erweitert** werden kann (vgl. DKK-*Däubler*, § 111 Rn. 137; *Rumpff/Boewer*, Mitbestimmung in wirtschaftlichen Angelegenheiten, S. 397 f.; s. auch Einl. Rn. 142 ff.), wird nicht hinreichend differenziert, ob der Tarifvertrag eine Regelung unter Einbeziehung des Betriebsrats trifft oder sich darauf beschränkt, z. B. die erzwingbare Mitbestimmung entgegen dem Gesetz auf den Interessenausgleich zu erstrecken. Im letzteren Fall fehlt den Tarifvertragsparteien die Regelungskompetenz. Im ersteren Fall handelt es sich etwa um durch Tarifvertrag festgesetzte **Rationalisierungsschutzabkommen** oder Arbeitsplatzschutzabkommen, deren Zulässigkeit nicht dadurch in Frage gestellt wird, dass in ihren Regelungen eine Beteiligung des Betriebsrats vorgesehen ist (s. Einl. Rn. 151 ff.).

B. Allgemeine Voraussetzungen

I. Geltungsbereich der gesetzlichen Regelung

1. Unternehmensgröße

19 Das Beteiligungsrecht nach den §§ 111, 112 besteht in **Unternehmen mit mehr als zwanzig regelmäßig beschäftigten wahlberechtigten Arbeitnehmern,** so dass gleichgültig ist, wie groß der Einzelne von der geplanten Betriebsänderung betroffene Betrieb ist.

a) **Die Entwicklung des heutigen Schwellenwerts.** Nach dem Wortlaut der bis zur 20 Änderung durch das BetrVerf-Reformgesetz geltenden Fassung bestand das Beteiligungsrecht unabhängig von der Unternehmensgröße „in Betrieben mit in der Regel mehr als zwanzig wahlberechtigten Arbeitnehmern". Daraus wurde vielfach geschlossen, dass der Betriebsrat nicht beteiligt zu werden brauchte, soweit der jeweils betroffene Betrieb den Schwellenwert nicht erreichte, auch wenn dieser Kleinbetrieb zu einem größeren Unternehmer gehörte, das die Grenze – ggf. um ein Vielfaches – überschritt (so LAG Düsseldorf [Köln] 22. 11. 1979 DB 1980, 213; GL-*Löwisch*, § 111 Rn. 5; HSWGNR-*Hess*, 5. Aufl., § 111 Rn. 12; *Stege/Weinspach*, 8. Aufl., § 111 Rn. 7; *Weiss/Weyand*, Vorbem. vor § 111 Rn. 3; *Rumpff/Boewer*, Mitbestimmung in wirtschaftlichen Angelegenheiten, S. 257; *Becker*, BlStSozArbR 1974, 54, 55). Andererseits führte diese Betrachtung bei einem gemeinsamen Betrieb dazu, dass es nur auf dessen Größe und nicht auf diejenige der an ihm beteiligten Unternehmen ankam und hier folglich auch Unternehmen mit höchstens zwanzig Arbeitnehmern mit der Beteiligungspflicht nach §§ 111 f. BetrVG belastet werden konnten (so BAG 11. 11. 1997 AP BetrVG 1972 § 111 Nr. 42). Das BAG hatte sich zur verfassungsrechtlichen Beurteilung dieser Ansicht zunächst nicht näher geäußert und sich auf die Feststellung beschränkt, dass das Abstellen auf den Betrieb zumindest dann unbedenklich sei, wenn das Unternehmen nur über einen Betrieb verfüge (BAG 17. 10. 1989 AP BetrVG 1972 § 111 Nr. 29).

Demgegenüber hatten verschiedene Stimmen in dem Abstellen auf die Betriebsgröße 21 einen Verstoß gegen Art. 3 Abs. 1 GG gesehen. Vielmehr komme es allein auf die Zahl der beim Unternehmensträger beschäftigten Arbeitnehmer an (7. Aufl., Rn. 18; ebenso im Ergebnis LAG Bremen 31. 10. 1986 LAGE § 111 BetrVG 1972 Nr. 5; GK-*Fabricius*, 6. Aufl., § 111 Rn. 53; DKK-*Däubler*, § 111 Rn. 29; *Matthes*, AuR 1974, 325, 329 f.). Auch das BAG hatte sich in der Folge der Entscheidung des BVerfG zur Notwendigkeit einer verfassungskonformen Interpretation des § 23 KSchG (BVerfG 27. 1. 1998 AP KSchG 1969 § 23 Nr. 17) für eine korrigierende Auslegung des § 111 Satz 1 entschieden: Jedenfalls dann, wenn bei einer betriebsübergreifenden Regelung der Gesamtbetriebsrat für die Ausübung der Beteiligungsrechte originär zuständig sei, müsse auch die Berechnung des Schwellenwerts „betriebsübergreifend entsprechend der repräsentierten Belegschaft" vorgenommen werden (BAG 8. 6. 1999 AP BetrVG 1972 § 111 Nr. 47 [*Hess*]; dazu *Annuß*, FA 2000, 38).

Der Gesetzgeber des BetrVerf-Reformgesetzes ist der Kritik an der bisherigen Rege- 22 lung gefolgt und hat sich dazu entschlossen, die Arbeitnehmergrenzzahl „anstatt wie bisher auf den Betrieb auf das Unternehmen zu beziehen" (Begr. RegE BT-Drucks. 14/5741, S. 51). Wörtlich heißt es in der Begründung zum Regierungsentwurf: „Auf diese Weise wird sichergestellt, dass der Schutzzweck der Norm, kleinere Unternehmen vor zu starker finanzieller Belastung durch Sozialpläne zu schützen, auch tatsächlich nur diesen Unternehmen zugute kommt. Allein entscheidend ist die Gesamtzahl der Arbeitnehmer des Unternehmens, unabhängig davon, ob die Arbeitnehmer in einer oder mehreren Betriebseinheiten eingesetzt werden" (Begr. RegE BT-Drucks. 14/5741, S. 51).

b) **Die Bestimmung der Unternehmensgröße.** Das Gesetz verlangt, dass im Unterneh- 23 men **in der Regel mehr als zwanzig wahlberechtigte Arbeitnehmer** beschäftigt werden (zum Unternehmensbegriff s. § 106 Rn. 6 ff.; zur Ermittlung der unternehmensangehörigen Arbeitnehmer § 106 Rn. 10 ff.; entgegen DKK-*Däubler*, § 111 Rn. 24 b, ist ein Abstellen auf die [wahlberechtigte] Arbeitnehmerschaft des Konzerns nicht möglich). Gleichgültig ist, wo das Unternehmen seinen Betrieb hat (GK-*Oetker*, § 111 Rn. 10). Da das Gesetz allein auf die in § 7 geregelte Wahlberechtigung (vgl. § 7 Rn. 2 ff.), nicht aber auf die tatsächliche Möglichkeit zur Teilnahme an einer Betriebsratswahl oder gar die Existenz eines Betriebsrats abstellt, sind auch die Arbeitnehmer aus nicht betriebsratsfähigen Kleinbetrieben zu berücksichtigen (a. A. GK-*Oetker*, § 111 Rn. 15). Gehören Arbeitnehmer nur einem ausländischen Betrieb des Unternehmens an, sind sie mangels Wahlberechtigung nach dem BetrVG nicht mitzuzählen. Hingegen sind gemäß § 7 Satz 2

§ 111

wahlberechtigte Arbeitnehmer zu berücksichtigen (a. A. *Gaul,* NZA 2003, 695; *Jaeger/ Röder/Heckelmann/Röder/Baeck,* § 28 Rn. 12; anders auch BAG 16. 4. 2003 AP BetrVG 1972 § 9 Nr. 7). Da es entscheidend auf die Zahl der Arbeitsplätze ankommt, zählen befristet Beschäftigte nur dann mit, wenn auch die von ihnen eingenommenen Arbeitsplätze die regelmäßige Größe des Unternehmens prägen (ebenso *Fitting,* § 111 Rn. 26; unklar GK-*Oetker,* § 111 Rn. 16). Auf die Betriebsgröße kommt es hingegen insoweit nicht an; sie dient daher nur noch als Bezugspunkt für die Frage, ob eine Betriebsänderung i. S. des Satz 1 vorliegt. Die **Berechnung erfolgt nach Kopfzahlen**, so dass keine Rolle spielt, ob es sich um Teilzeit- oder Vollzeitarbeitnehmer handelt. Keine notwendige Voraussetzung ist das Bestehen eines Arbeitsvertrags mit dem Unternehmen (s. § 5 Rn. 89 ff.).

24 Die Belegschaftsstärke im Unternehmen ist auf Grund einer wertenden Gesamtwürdigung zu bestimmen, die grundsätzlich auch eine Prognose der weiteren Entwicklung des Unternehmens einschließt. Unbeachtet bleiben muss dabei aber eine künftige Verkleinerung der regelmäßigen Arbeitnehmerzahl, die sich gerade aus der geplanten Betriebsänderung ergibt (so im Ergebnis zur früheren Regelung auch BAG 9. 5. 1995 AP BetrVG 1972 § 111 Nr. 33; BAG 10. 12. 1996 AP BetrVG 1972 § 111 Nr. 37 und nunmehr BAG 16. 11. 2004 AP BetrVG 1972 § 111 Nr. 58). Die Bestimmung der Arbeitnehmerzahl ist dabei auf den Zeitpunkt zu beziehen, in dem die Planung abgeschlossen ist und daher das Beteiligungsrecht des Betriebsrats entsteht (ebenso BAG 9. 5. 1995 AP BetrVG 1972 § 111 Nr. 33; BAG 10. 12. 1996 AP BetrVG 1972 § 111 Nr. 37; GL-*Löwisch,* § 111 Rn. 3; *Rumpff/Boewer,* Mitbestimmung in wirtschaftlichen Angelegenheiten, S. 267; s. auch Rn. 144 ff.). Nicht auf die tatsächliche, sondern auf die zu diesem Zeitpunkt bestehende Regelbelegschaftsstärke kommt es an (BAG 16. 11. 2004 AP BetrVG 1972 § 111 Nr. 58). Hat der Arbeitgeber aber bereits vorher eine Verkleinerung der Belegschaft durchgeführt, so kann darin ein Indiz dafür liegen, dass schon zu diesem Zeitpunkt eine geplante Betriebsänderung vorlag (ebenso *Rumpff/Boewer,* a. a. O., S. 267; vgl. zum Personalabbau vor einer Betriebsänderung BAG 9. 5. 1995 AP BetrVG 1972 § 111 Nr. 33; BAG 10. 12. 1996 AP BetrVG 1972 § 111 Nr. 37) und mithin jener Zeitpunkt für die Bestimmung der Unternehmensgröße maßgebend ist.

25 c) **Fortgeltungsvereinbarung nach § 325 Abs. 2 UmwG.** Hat die **Spaltung** oder **Teilübertragung eines Rechtsträgers** die Spaltung eines Betriebs zur Folge und erreichen deshalb die aus der Spaltung hervorgegangenen Betriebe nicht mehr die hier erforderliche Arbeitnehmerzahl, so kann nach § 325 Abs. 2 Satz 1 UmwG durch Betriebsvereinbarung oder Tarifvertrag die Fortgeltung der Beteiligungsrechte bei Betriebsänderung vereinbart werden. Dem Wortlaut nach besteht diese Vereinbarungsbefugnis nicht, sofern es schon allein infolge der Veränderung auf Rechtsträgerebene zu einem Wegfall von Beteiligungsrechten kommt. Indes liegt insoweit eine systemwidrige Gesetzeslücke vor, die durch eine analoge Anwendung des § 325 Abs. 2 Satz 1 UmwG zu schließen ist. Allerdings gilt § 325 Abs. 2 UmwG nur für Maßnahmen nach dem UmwG; eine darüber hinausgreifende analoge Anwendung ist ausgeschlossen.

26 d) **Anwendbarkeit im gemeinsamen Betrieb.** Entsprechend der Entscheidung des Gesetzgebers, für die Beteiligungspflicht nicht mehr auf die Größe des Betriebs, sondern allein auf diejenige des Unternehmens abzustellen, kommt es auch im gemeinsamen Betrieb allein auf die Größe der an ihm beteiligten Unternehmen an (a. A. *Boecken,* FS 50 Jahre BAG, 2004, S. 931, 936 ff., der eine Beteiligungspflicht nur annimmt, wenn im gemeinsamen Betrieb selbst mehr als regelmäßig 20 Arbeitnehmer beschäftigt werden). Eine Beteiligungspflicht nach §§ 111 f. besteht daher nicht, wenn zwar eine Änderung des gemeinsamen Betriebs im Sinne der Sätze 1 und 3 vorliegt, jedoch kein an ihm beteiligtes Unternehmen regelmäßig mehr als zwanzig Arbeitnehmer beschäftigt (so bereits *Annuß,* NZA 2001, 367, 369; *Staufenbiel,* a. a. O., S. 14 m. w. N.; a. A. GK-*Oetker,* § 111 Rn. 11, der in diesem Fall eine „entsprechende Anwendung der §§ 111 ff." erwägt; *Gaul,* Das Arbeitsrecht der Betriebs- und Unternehmungsspaltung,

§ 28 Rn. 23, der das Beteiligungsrecht nur verneinen will, „wenn die am gemeinsamen Betrieb beteiligten Unternehmen insgesamt nicht mehr als in der Regel 20 Arbeitnehmer beschäftigen"; ebenso *ders.*, NZA 2003, 695; anders für § 99 BetrVG etwa BAG 29. 9. 2004 NZA 2005, 420; *Wißmann*, FS 25 Jahre ArbG ArbR, 2006, 1037, 1048 ff., will beim Interessenausgleich auf die Größe des Betriebs, beim Sozialplan hingegen auf diejenige des Unternehmens abstellen). Daraus ergibt sich die Notwendigkeit einer gespaltenen Betrachtung, so dass in Fällen, in denen nur eines der am gemeinsamen Betrieb beteiligten Unternehmen die erforderliche Größe aufweist, auch nur diesem gegenüber das Beteiligungsrecht des Betriebsrats besteht (*Lingemann*, NZA 2002, 934, 937; *Löwisch/Kaiser*, § 111 Rn. 3, 6; a. A. LAG Berlin 23. 1. 2003 – 18 TaBV 2141/02; DKK-*Däubler*, § 111 Rn. 24 a; *ders.*, AuR 2001, 285, 291; GK-*Oetker*, § 111 Rn. 11). Dass die ein am gemeinsamen Betrieb beteiligtes größeres Unternehmen betreffende Beteiligungspflicht angesichts der einheitlichen Betriebsorganisation reflexartige Auswirkungen entfaltet, kann nicht dazu führen, den gemeinsamen Betrieb insgesamt vom Beteiligungstatbestand auszunehmen (dezidiert *Löwisch*, BB 2001, 1790, 1797; ebenso *Röder/Baeck*, Praxishandbuch Betriebsverfassungsrecht, § 28 Rn. 11; *Staufenbiel*, a. a. O., S. 15 f.; abweichend insoweit noch *Annuß*, NZA 2001, 367, 369; a. A. *Stege/Weinspach/Schiefer*, §§ 111–113 Rn. 7 e). Das Gleiche gilt bei unternehmensübergreifenden Repräsentationseinheiten, soweit sie nach § 3 Abs. 5 als Betriebe im Sinne des Gesetzes gelten. Nicht überzeugend ist es, soweit eine Differenzierung nach dem Gegenstand des Beteiligungsrechts angenommen wird mit der Folge, dass für die Pflicht zum Versuch eines Interessenausgleichs regelmäßig auf die Größe des gemeinsamen Betriebs, für die Sozialplanpflicht hingegen auf die Arbeitnehmerzahl des jeweiligen Vertragsarbeitgebers abzustellen sei (so *Fitting*, § 111 Rn. 23).

2. Bestehen eines Betriebsrats

a) Nach der Rechtsprechung des BAG muss im Betrieb ein Betriebsrat in dem **Zeitpunkt** bestehen, in dem sich der **Arbeitgeber entschließt**, eine **Betriebsänderung durchzuführen** (BAG 20. 4. 1982 AP BetrVG 1972 § 112 Nr. 15; BAG 28. 10. 1992 AP BetrVG 1972 § 112 Nr. 63; *Fitting*, § 111 Rn. 33 f.; GL-*Löwisch*, § 111 Rn. 7; HSWGNR-*Hess*, § 111 Rn. 2; *Rumpff/Boewer*, Mitbestimmung in wirtschaftlichen Angelegenheiten, S. 255 f.). Sowohl der Versuch eines Interessenausgleichs als auch die Aufstellung eines Sozialplans setzen voraus, dass überhaupt ein Verhandlungspartner vorhanden ist. Wird ein Betriebsrat erst während der Durchführung einer Betriebsänderung gewählt, so kann er nicht mehr die Aufstellung eines Sozialplans verlangen (BAG AP BetrVG 1972 § 112 Nr. 15 und 63; vgl. auch *Schweibert*, Willemsen/Hohenstatt/Schweibert/Seibt, Umstrukturierung und Übertragung von Unternehmen, C 16; a. A. DKK-*Däubler*, § 111 Rn. 125; *Kraushaar*, AiB 1994, 289, 293, die auf den Zeitpunkt der Bekanntmachung des Wahlausschreibens abstellen wollen; beachte aber LAG Köln 5. 3. 2007 – 2 TaBV 10/07, wonach auch ein nach Beginn der Betriebsänderung etablierter Betriebsrat die Errichtung eines Sozialplans verlangen könne). Das gilt auch dann, wenn dem Arbeitgeber im Zeitpunkt seines Entschlusses bekannt war, dass im Betrieb ein Betriebsrat gewählt werden soll (anders für künftige Sachverhalte *Kocher*, NZI 2003, 527, 528 f.). Ferner ist der Unternehmer nicht verpflichtet, mit der Betriebsänderung zu warten, bis sich ein Betriebsrat konstituiert hat (BAG 28. 10. 1992 AP BetrVG 1972 § 112 Nr. 63). Die von einer Betriebsänderung betroffenen Arbeitnehmer haben in diesen Fällen auch keinen Anspruch auf Nachteilsausgleich nach § 113 (s. aber auch Rn. 29). Hingegen ist der Betriebsrat nach §§ 111 f. zu beteiligen, wenn er noch während des Planungsstadiums gewählt wird (DKK-*Däubler*, § 111 Rn. 124; GK-*Oetker*, § 111 Rn. 22). Kaum diskutiert wird die Frage, ob der Betriebsrat zu beteiligen ist, wenn er zwar nach dem Entschluss zur Betriebsänderung, aber vor deren Beginn gebildet wird. Die einschlägige Rechtsprechung ist keineswegs eindeutig. Zwar hat der 10. Senat angenommen, dass die Beteiligungsrechte nach §§ 111 ff. nur bestehen, wenn im Zeitpunkt des Entschlusses zur Betriebsänderung ein Betriebsrat besteht (BAG 28. 10. 1992 AP BetrVG 1972 § 112 Nr. 63), doch bleibt bei näherem Hinsehen ein gewisser Raum für Interpretationen (vgl. BAG 20. 4. 1982 AP BetrVG 1972 § 112 Nr. 15; BAG 28. 10. 1992 AP BetrVG 1972 § 112 Nr. 63, vgl. insbesondere BAG 18. 11. 2003 AP BetrVG 1972 § 112 Nr. 162: „Voraussetzung für die Verpflichtung des Arbeitgebers zur Unterrichtung, zur Beratung und zum Versuch eines Interessenausgleichs ist, dass der Betriebsrat zu dem Zeitpunkt besteht, zu welchem der Arbeitgeber mit der Durchführung der Betriebsänderung beginnt"). Richtig dürfte es sein, keine Beteiligungspflicht anzunehmen, wenn der Betriebsrat erst etabliert wird, nachdem der Entschluss zur Betriebsänderung abschließend gefasst ist (im Ergebnis ebenso *Fitting,* § 111 Rn. 34; *Löwisch/ Kaiser,* § 111 Rn. 8; Jaeger/Röder/Heckelmann/*Röder/Baeck,* § 28 Rn. 15; *Schweibert,* Willemsen/Hohenstatt/Schweibert/Seibt, Umstrukturierung und Übertragung von Unternehmen, C 16).

28 b) Wird ein Betrieb gespalten, ohne dass für die Spaltprodukte eine neuer Betriebsrat zuständig wird, so amtiert der bisherige Betriebsrat insoweit im Übergangsmandat nach § 21 a. Hierbei handelt es sich um ein sog. Vollmandat (s. § 21 a Rn. 16), weshalb dem Betriebsrat im Übergangsmandat für erst in den Spaltprodukten geplante Betriebsänderungen auch die Beteiligungsrechte nach §§ 111 f. in vollem Umfang zustehen.

29 c) Für einen **betriebsratslosen Betrieb** trifft den Unternehmer auch dann keine Beteiligungspflicht, wenn im Unternehmen ein **Gesamtbetriebsrat** besteht; denn dieser kann die Beteiligungsrechte nicht in Angelegenheiten ausüben, die in die Zuständigkeit des Einzelbetriebsrats fallen (s. § 50 Rn. 49 ff.). Wenn bei einer beteiligungspflichtigen Betriebsänderung jedoch ausnahmsweise die Zuständigkeit des Gesamtbetriebsrats originär gegeben ist (§ 50 Abs. 1 Satz 1, 1. Halbsatz), erstreckt sie sich auch auf Betriebe, in denen kein Betriebsrat gewählt worden ist (§ 50 Abs. 1 Satz 1, 2. Halbsatz; anders zur alten Fassung des § 50 Abs. 1 noch BAG 16. 8. 1983 AP BetrVG 1972 § 50 Nr. 5; s. auch § 50 Rn. 51). Beteiligt der Unternehmer in einem solchen Fall nicht den originär zuständigen Gesamtbetriebsrat, sondern die Einzelbetriebsräte, so genügt er der Beteiligungspflicht aus §§ 111 f. nicht, so dass sich sämtliche und damit auch die in einem von der Betriebsänderung betroffenen betriebsratslosen Betrieb beschäftigten Arbeitnehmer auf § 113 Abs. 3 berufen können.

30 d) Die Beteiligungspflicht des Unternehmers endet mit **Erlöschen des Betriebsratsamtes,** also insbesondere mit Ablauf der Amtszeit, wenn kein neuer Betriebsrat gewählt wird. Geht allerdings ein Betrieb durch Stilllegung, Spaltung oder Zusammenlegung unter, so bleibt dessen Betriebsrat nach dem durch das BetrVerf-Reformgesetz eingeführten § 21 b so lange und so weit im Amt, wie das zur Wahrnehmung der damit im Zusammenhang stehenden Mitwirkungs- und Mitbestimmungsrechte erforderlich ist.

II. Beteiligungsrecht und Arbeitskampf

31 Da der **Betriebsrat** nicht nur organisatorisch verselbständigt, sondern als ein gewerkschaftlich unabhängiger Repräsentant der Belegschaft verfasst ist, bleibt seine **Funktionsfähigkeit grundsätzlich auch im Arbeitskampf** gewahrt; eine arbeitskampfkonforme Interpretation gebietet aber, dass es durch die Beteiligung des Betriebsrats **nicht zu einer Beeinträchtigung der Kampfparität kommen darf** (s. § 74 Rn. 32 ff.; vgl. auch *Löwisch,* DB 2005, 554, 559, wonach aus diesem Grundsatz das „Ruhen der sich aus den §§ 111 ff. BetrVG ergebenden Mitwirkungs- und Mitbestimmungsrechte [folge], wenn ein Arbeitskampf um einen beschäftigungssichernden Tarifvertrag aus Anlass geplanter Betriebsänderungen geführt wird"; s. ferner § 112 Rn. 179). Deshalb hat der Betriebsrat kein Beteiligungsrecht, wenn der Arbeitgeber eine Betriebsänderung als Kampfmaßnahme vornimmt, um einem Streik zu begegnen (ebenso GK-*Oetker,* § 111 Rn. 60; GL-

Löwisch, § 74 Rn. 13; *Kraft*, FS G. Müller 1981, S. 265, 278; *Reuter*, AuR 1973, 1, 7; *Eich*, DB Beil. 9/1979, 4). Kampfrechte, die er ausüben kann, sind keine geplante Betriebsänderung; sie erfüllen streng genommen schon nicht den Beteiligungstatbestand. Wird dagegen ein Betrieb nur mittelbar von einem Arbeitskampf betroffen, so hat der Unternehmer den Betriebsrat zu beteiligen, wenn er eine Betriebsänderung plant (a. A. *Eich*, a. a. O., S. 9).

Bleibt eine Betriebsänderung, die mitbestimmungsfrei durchgeführt werden kann, nach Beendigung des Arbeitskampfes bestehen, so hat es dabei sein Bewenden. Der Betriebsrat kann nicht nachträglich die Aufstellung eines Sozialplans verlangen. Wird dagegen die Betriebsänderung rückgängig gemacht und zu diesem Zweck eine neue Betriebsänderung geplant, z. B. eine Betriebseinschränkung, so ist der Betriebsrat zu beteiligen. Bei der Aufstellung eines Sozialplans besteht aber insoweit eine immanente Schranke, als Arbeitnehmer, deren Arbeitsverhältnis wegen einer rechtswidrigen Streikbeteiligung individualrechtlich durch außerordentliche Kündigung oder kampfrechtlich durch lösende Aussperrung aufgelöst wurde, ihren Arbeitsplatz bereits verloren haben. Deshalb kann der Sozialplan für sie nicht gegen den Willen des Arbeitgebers einen Anspruch auf Abfindung festlegen; denn der Verlust des Arbeitsplatzes ist nicht infolge der Betriebsänderung, sondern infolge des Arbeitskampfes eingetreten. 32

III. Insolvenz des Unternehmers

1. Unerheblichkeit einer Insolvenz des Unternehmers für den Beteiligungstatbestand

Der Unternehmer hat nach dem Gesetzestext den Betriebsrat bei **geplanten Betriebsänderungen** zu beteiligen. Für das Mitwirkungs- und Mitbestimmungsverfahren spielt **keine Rolle, weshalb** die **Betriebsänderung notwendig** wird. Es ist unerheblich, ob der Unternehmer Rationalisierungsmaßnahmen ergreift, um wettbewerbsfähig zu bleiben, oder ob er den Betrieb schließt, weil er sich nicht mehr als Unternehmer betätigen will. Die in § 111 Abs. 2 Satz 2 RegE vorgesehene Einschränkung, dass das Beteiligungsrecht entfällt, wenn Betriebsänderungen durch nicht geplante Einschränkungen der Beschäftigungsmöglichkeiten im Betrieb, insbesondere auf Grund einer Veränderung der Auftragslage oder der wirtschaftlichen Lage des Betriebs bedingt sind (BT-Drucks. VI/1786, S. 23), wurde nicht in das Gesetz übernommen, weil man dieses Korrektiv für zu unbestimmt hielt und deshalb befürchtete, dass hierdurch das Mitbestimmungsrecht des Betriebsrats zu stark eingeschränkt werden könnte (vgl. Bericht des BT-Ausschusses für Arbeit und Sozialordnung, *zu* BT-Drucks. VI/2729, S. 32). 33

Deshalb ist es für den Beteiligungstatbestand **unerheblich,** ob die Betriebsänderung sich aus einer **wirtschaftlichen Notlage** ergibt und mehr oder minder durch die wirtschaftliche Situation diktiert wird (so zutreffend BAG [GS] 13. 12. 1978 AP BetrVG 1972 § 112 Nr. 6). Das Mitwirkungs- und Mitbestimmungsrecht besteht auch bei unvorhergesehenen – nicht geplanten – Betriebsänderungen. Das Wort „geplant" hat, wie das BAG zutreffend feststellt, „nur eine rein zeitliche Bedeutung"; es soll sichergestellt werden, dass der Betriebsrat schon zu beteiligen ist, wenn eine Betriebsänderung geplant wird (BAG 17. 9. 1974 AP BetrVG 1972 § 113 Nr. 1; bestätigt durch BAG [GS] 13. 12. 1978 AP BetrVG 1972 § 112 Nr. 6; a. A. *Ehmann*, Betriebsstilllegung und Mitbestimmung, S. 42; GK-*Oetker*, § 111 Rn. 149). 34

Der Beteiligungstatbestand greift daher auch dann ein, wenn die Betriebsänderung durch eine **Insolvenz des Unternehmers** veranlasst wird. Nach Eröffnung eines Insolvenzverfahrens über dessen Vermögen tritt an die Stelle des Unternehmers der Insolvenzverwalter. 35

2. Eröffnung eines Insolvenzverfahrens und Betriebsänderung in der Insolvenz

36 Die Eröffnung des Insolvenzverfahrens über das Vermögen des Unternehmers ist als solche **keine Betriebsänderung.** Der Betriebsrat hat daher kein Beteiligungsrecht nach §§ 111, 112, wenn der Unternehmer den Antrag stellt (ebenso GK-*Oetker,* § 111 Rn. 27; HSWGNR-*Hess,* § 111 Rn. 93; MünchArbR-*Matthes,* § 271 Rn. 2; *Richardi,* Sozialplan, S. 36 ff.; *Fuchs,* Sozialplan, S. 46 f.; a. A. ursprünglich *Uhlenbruck,* KTS 1973, 81, 83; vgl. auch GK-*Fabricius,* 6. Aufl., § 111 Rn. 335 f.).

37 Wird **nach Eröffnung eines Insolvenzverfahrens** eine **Betriebsänderung** geplant, so ist der **Betriebsrat zu beteiligen.** Insoweit enthalten aber die §§ 121 ff. InsO Modifikationen des Beteiligungsverfahrens (dazu Anh. § 113).

C. Betriebsänderung als Voraussetzung und Gegenstand des Beteiligungsrechts

I. Verhältnis von Satz 1 zu Satz 3

1. Begriff der Betriebsänderung

38 Der Betriebsrat ist nach Satz 1 an **geplanten Betriebsänderungen, die wesentliche Nachteile für die Belegschaft** oder erhebliche Teile der Belegschaft zur Folge haben können, zu beteiligen. Hier wird also nicht auf die Unternehmens-, sondern auf die Betriebsebene abgestellt. Satz 3 zählt in einem **Katalog** die Maßnahmen auf, die als Betriebsänderungen i. S. des Satzes 1 gelten.

39 Das Gesetz gibt **keine Begriffsbestimmung der Betriebsänderung.** Es stellt im Gegensatz zum RegE nicht darauf ab, ob und in welchem Umfang eine nach der Betriebsgröße gestaffelte Zahl von Arbeitnehmern durch unternehmerische Maßnahmen nachteilig betroffen wird, sondern hält im Interesse der Rechtssicherheit daran fest, das Mitbestimmungsrecht des Betriebsrats bei Betriebsänderungen wie nach § 72 BetrVG 1952 an im Einzelnen katalogmäßig umschriebene Maßnahmen des Unternehmers anzuknüpfen (vgl. Bericht des BT-Ausschusses für Arbeit und Sozialordnung, *zu* BT-Drucks. VI/2729, S. 32; BAG 22. 5. 1979 AP BetrVG 1972 § 111 Nr. 4; BAG 22. 5. 1979 AP BetrVG 1972 § 111 Nr. 3). Normzweck ist, dass die wirtschaftliche Entscheidungsfreiheit des Unternehmers nur insoweit beschränkt werden soll, als es sich um wirtschaftliche Entscheidungen mit erheblichen sozialen Auswirkungen handelt, wie sie eine Betriebsänderung in den hier erfassten Formen darstellt.

40 Der Gesetzgeber **umschreibt in Satz 3,** was als Betriebsänderung i. S. des Satzes 1 anzusehen ist. Die Bedeutung dieser Festlegung liegt darin, dass eine geplante Maßnahme des Unternehmers nur beteiligungspflichtig ist, wenn durch sie entweder die organisatorische Einheit des Betriebs, die Betriebsmittel, der Betriebszweck oder die in der Belegschaft zusammengefassten Arbeitnehmer eine Änderung in quantitativer und qualitativer Hinsicht erfahren würden (so BAG 17. 2. 1981 AP BetrVG 1972 § 111 Nr. 9). Da eine derartige Änderung wesentliche Nachteile für die Belegschaft oder erhebliche Teile der Belegschaft zur Folge haben kann, wird an ihr der Betriebsrat zum Schutz der Arbeitnehmer beteiligt. Wie die in Satz 3 genannten Fälle einer Betriebsänderung deutlich machen, muss es sich um eine **wesentliche Änderung der Gestaltung des Betriebs** handeln. Die in jedem Betrieb ständig sich ergebenden Änderungen und Umgestaltungen werden nicht erfasst. Sie fallen in den mitbestimmungsfreien Bereich der laufenden Geschäftsführung. Zur Frage der richtlinienkonformen „Verbreiterung" des Begriffs der Betriebsänderung im Hinblick auf RL 2002/14/EG *Reichold,* NZA 2003, 289, 299 (siehe auch *Deinert,* NZA 1999, 800, 803).

2. Abschließende Aufzählung der Betriebsänderungen

a) Was als Betriebsänderung i. S. des Satzes 1 anzusehen ist, wird im Katalog des **41** Satzes 3 **erschöpfend aufgezählt** (ebenso LAG Düsseldorf 29. 3. 1978 DB 1979, 114; HSWGNR-*Hess*, § 111 Rn. 45; *Stege/Weinspach/Schiefer*, §§ 111–113 Rn. 27; *Frauenkron*, § 111 Rn. 3; *Reuter/Streckel*, Grundfragen der betriebsverfassungsrechtlichen Mitbestimmung, S. 58; *Vogt*, Sozialpläne, S. 46 f.; *ders.*, DB 1974, 237; *Ohl*, Sozialplan, S. 33 ff.; *Kaven*, Recht des Sozialplans, S. 33; *Matthes*, DB 1972, 286; *Schlüter*, SAE 1973, 75 ff.; *Hanau*, ZfA 1974, 89, 93; *Hunold*, BB 1975, 1439, 1440; *ders.*, RdA 1976, 296; *Staufenbiel*, a. a. O., S. 28 ff.; offengelassen BAG 17. 2. 1981 AP BetrVG 1972 § 111 Nr. 9; BAG 17. 8. 1982 AP BetrVG 1972 § 111 Nr. 11; BAG 6. 12. 1988 AP BetrVG 1972 § 111 Nr. 26 – wie hier zu § 72 BetrVG 1952: *Dietz*, § 72 Rn. 6; *Galperin/Siebert*, § 72 Rn. 3; *Nikisch*, Bd. III S. 523; *Nipperdey/Säcker* in *Hueck/Nipperdey*, Bd. II/2 S. 1473).

Für eine erschöpfende Aufzählung spricht bereits, dass die Bestimmung in Satz 3 nicht **42** wie sonst, wenn lediglich eine beispielhafte Aufzählung gemeint ist, die Einschränkung durch das Wort „insbesondere" enthält. Entscheidend ist jedoch der gesetzessystematische und gesetzesteleologische Zusammenhang des Satzes 3 mit Satz 1: Das Gesetz stellt auf **bestimmte Formen der Betriebsänderung** ab, um den Beteiligungstatbestand vom mitbestimmungsfreien Bereich abzugrenzen.

b) Dennoch hat sich die **gegenteilige Meinung** ausgebreitet, nach der Satz 3 nur eine **43** *beispielhafte Aufzählung* enthält; sie sieht in Satz 1 eine *Generalklausel*, die unter den dort genannten Voraussetzungen für die nicht in Satz 3 genannten Betriebsänderungen gilt (vgl. LAG Baden-Württemberg 16. 6. 1987 LAGE § 111 BetrVG 1972 Nr. 6; GK-*Oetker*, § 111 Rn. 35 f.; *Fitting*, § 111 Rn. 44; DKK-*Däubler*, § 111 Rn. 33 a; WP-*Preis*, § 111 Rn. 11; *Weiss/Weyand*, § 111 Rn. 6; *Rumpff/Boewer*, Mitbestimmung in wirtschaftlichen Angelegenheiten, S. 270; *Zöllner/Loritz*, § 49 II 1 d; *Biedenkopf*, Interessenausgleich und Sozialplan, S. 47 ff.; *M. Heither*, Sozialplan und Sozialrecht, S. 34; *v. Hoyningen-Huene*, § 15 II 1; *Römer*, Interessenausgleich und Sozialplan bei Outsourcing und Auftragsneuvergabe, S. 98 ff.; *Rumpff*, BB 1972, 325, 326 f.; *Fuchs*, Sozialplan, S. 77; *Kreutz*, BlStSozArbR 1971, 209, 211; *Kehrmann/Schneider*, BlStSozArbR 1972, 60, 63; *Becker*, BlStSozArbR 1974, 54, 55; *Maurer*, DB 1974, 2305; *Engels*, DB 1979, 2227 f.; *Heither*, ZIP 1985, 513; *Gajewski*, FS Gaul 1992, S. 189, 191).

Diese Auffassung widerspricht dem vom Gesetzgeber beabsichtigten Normzweck, die **44** Beteiligung des Betriebsrats mit bestimmten Formen einer Betriebsänderung zu verbinden. Weitere Fälle einer Betriebsänderung, als sie in Satz 3 genannt sind, können nicht gebildet werden. Der Katalog in Satz 3 ist so weit gefasst, dass unter ihn Maßnahmen des Unternehmers fallen, durch die entweder die organisatorische Einheit des Betriebs, die Betriebsmittel, der Betriebszweck oder die in der Belegschaft zusammengefassten Arbeitnehmer eine Änderung in quantitativer oder qualitativer Hinsicht erfahren (vgl. auch BAG 17. 2. 1981 AP BetrVG 1972 § 111 Nr. 9). Zuzugeben ist allerdings, dass Fälle denkbar sind, die nicht unter Satz 3 fallen und gleichwohl wesentliche Nachteile für die Belegschaft zur Folge haben können (siehe insbesondere das Beispiel bei DKK/*Däubler*, § 111 Rn. 98). Hält man hier Satz 1 für anwendbar, so macht man den Begriff der *wesentlichen Nachteile* zur Grundlage eines selbständigen Mitbestimmungstatbestandes (so zutreffend *Hanau*, ZfA 1974, 89, 93). Eine derartige Annahme widerspricht aber der Entstehungsgeschichte und dem Gesetzeszweck. Allerdings stellt sich seit Ablauf der in RL 2002/14/EG genannten Umsetzungsfrist am 23. 3. 2005 im Hinblick auf Art. 4 Abs. 1 lit. c) RL 2002/14/EG im Einzelfall die Frage nach der Möglichkeit einer zur Durchbrechung des Exklusivitätsanspruchs von Satz 3 führenden richtlinienkonformen Extension von Satz 1 (vgl. dazu *Deinert*, NZA 1999, 800, 803 f.; *Reichold*, NZA 2003, 289, 299). Geht man indes davon aus, dass die äußerste Grenze des Beteiligungstatbestands durch den in Satz 3 enthaltenen Katalog gezogen wird, so ist für eine derartige Interpretation kein Raum.

3. Bedeutung des Relativsatzes in Satz 1

45 a) Nach Satz 1 müssen die geplanten Betriebsänderungen **wesentliche Nachteile für die Belegschaft oder erhebliche Teile der Belegschaft zur Folge haben können.** Aus der Formulierung, dass die in Satz 3 genannten Fälle als „Betriebsänderungen im Sinne des Satzes 1" gelten, ist aber abzuleiten, dass der Gesetzgeber bei diesen Maßnahmen die Gefahr wesentlicher Nachteile für die Belegschaft unterstellt hat und daher **nicht als zusätzliche Voraussetzung** zu prüfen ist, ob die Maßnahme wesentliche Nachteile für die Belegschaft oder erhebliche Teile der Belegschaft zur Folge haben kann (so BAG 17. 8. 1982 AP BetrVG 1972 § 111 Nr. 11; bestätigt durch BAG 26. 10. 1982 AP BetrVG 1972 § 111 Nr. 10; BAG 16. 6. 1987 AP BetrVG 1972 § 111 Nr. 19; BAG 7. 8. 1990 AP BetrVG 1972 § 111 Nr. 34; bereits zu § 72 BetrVG 1952: BAG 10. 6. 1969 AP BetrVG § 72 Nr. 6; BAG 29. 2. 1971 AP BetrVG § 72 Nr. 9; ebenso *Brecht*, § 111 Rn. 5; GK-*Oetker*, § 111 Rn. 38, 41 ff.; *Fitting*, § 111 Rn. 42; GL-*Löwisch*, § 111 Rn. 20; DKK-*Däubler*, § 111 Rn. 32; *Rumpff/Boewer*, Mitbestimmung in wirtschaftlichen Angelegenheiten, S. 273 f.; für Annahme einer widerleglichen Vermutung, dass die in Satz 3 genannten Betriebsänderungen wesentliche Nachteile für die Belegschaft zur Folge haben können, HSWGNR-*Hess*, § 111 Rn. 46).

46 Demnach hat der **Relativsatz in Satz 1 keine selbständige Bedeutung für die in Satz 3 genannten Betriebsänderungen.** Es ist daher auch kein besonderer Prüfungspunkt, ob die geplante Maßnahme nach Satz 3 wesentliche Nachteile für die Belegschaft oder erhebliche Teile der Belegschaft zur Folge haben kann (so aber noch *Dietz/Richardi*, 5. Aufl. § 111 Rn. 9; *Stege/Weinspach/Schiefer*, §§ 111–113 Rn. 11 ff.; zu § 72 BetrVG 1952: *Dietz*, § 72 Rn. 9; *Galperin/Siebert*, § 72 Rn. 5; *Nikisch*, Bd. III S. 522 und dort Fn. 91; *Nipperdey/Säcker* in *Hueck/Nipperdey*, Bd. II/2 S. 1472 Fn. 53). Denn die Notwendigkeit einer besonderen Feststellung, ob durch eine in Satz 3 genannte Betriebsänderung wesentliche Nachteile für die Belegschaft oder erhebliche Teile der Belegschaft eintreten können, ist mit dem Grundgedanken einer Anknüpfung an bestimmte Formen einer Betriebsänderung nicht vereinbar. Dadurch würde es nämlich gerade zu jener Rechtsunsicherheit kommen, die den Gesetzgeber davon abgehalten hat, nicht an im Einzelnen katalogmäßig umschriebene Maßnahmen des Unternehmens anzuknüpfen, sondern allein darauf abzustellen, ob und in welchem Umfang eine nach der Betriebsgröße gestaffelte Zahl von Arbeitnehmern durch unternehmerische Maßnahmen nachteilig betroffen werden (vgl. Bericht des BT-Ausschusses für Arbeit und Sozialordnung, *zu* BT-Drucks. VI 2729, S. 32).

47 b) Nur begrenzt zutreffend ist die Annahme des BAG, **§ 111 Satz 3 enthalte eine Fiktion dahingehend,** dass die dort genannten Betriebsänderungen **wesentliche Nachteile für die Belegschaft oder erhebliche Teile der Belegschaft** zur Folge haben können (BAG 17. 8. 1982 AP BetrVG 1972 § 111 Nr. 11). Selbst wenn man dem Relativsatz in Satz 1 keine selbständige Bedeutung zuerkennt, ist er nicht überflüssig; er ist keineswegs nur „ein Stück Gesetzesbegründung, das versehentlich in den Gesetzestext geraten ist" (so aber *Hanau*, ZfA 1974, 89, 93). Er ist vielmehr für die Interpretation der in Satz 3 genannten Maßnahmen heranzuziehen, um zu bestimmen, ob die dort abstrakt umschriebene Maßnahme eine beteiligungspflichtige Betriebsänderung darstellt. Der Relativsatz in Satz 1 gibt also einen **Interpretationsmaßstab** (ebenso BAG 22. 5. 1979 AP BetrVG 1972 § 111 Nr. 4, BAG 22. 5. 1979 AP BetrVG 1972 § 111 Nr. 3; BAG 17. 8. 1982 AP BetrVG 1972 § 111 Nr. 11), der bei den einzelnen Tatbeständen des Satzes 3 von unterschiedlicher Bedeutung ist. Er tritt nicht besonders in Erscheinung, wenn es sich um eine Betriebsstilllegung handelt (Satz 3 Nr. 1), da bei dieser Betriebsänderung schon ihrer Natur nach das Entstehen wesentlicher Nachteile für die Belegschaft oder erhebliche Teile der Belegschaft nicht ausgeschlossen werden kann. Von wesentlicher Bedeutung ist er aber beispielsweise bei der Konkretisierung des Tatbestandes der Einschränkung des ganzen Betriebs oder von wesentlichen Betriebsteilen (Satz 3 Nr. 1), da

C. Betriebsänderung als Voraussetzung und Gegenstand des Beteiligungsrechts § 111

sich hier allein an Hand des Satzes 3 nicht ermitteln lässt, welches Ausmaß die Einschränkung erreichen muss, um den Beteiligungstatbestand auszulösen.

Demgemäß hat man für die Beurteilung, ob eine beteiligungspflichtige **Betriebseinschränkung** i. S. des Satz 3 vorliegt, zu beachten, dass mit diesem Tatbestand nur eine solche Betriebsänderung erfasst werden soll, die wesentliche Nachteile für die **Belegschaft** oder **erhebliche Teile der Belegschaft** zur Folge haben kann. Dieser Zusammenhang macht gleichzeitig deutlich, dass für die Beteiligungspflicht weniger von Bedeutung ist, ob und in welchem Umfang die sächlichen Betriebsmittel verringert werden, als vielmehr, ob und inwieweit eine Personalverminderung geplant ist. Nur folgerichtig ist es daher, dass auch ein bloßer Personalabbau unter Beibehaltung der sächlichen Betriebsmittel eine Betriebseinschränkung darstellen kann (grundlegend BAG 22. 5. 1979 AP BetrVG 1972 § 111 Nr. 4; BAG 22. 5. 1979 AP BetrVG 1972 § 111 Nr. 3; s. Rn. 70). Als Richtschnur dafür, wann eine beteiligungspflichtige Betriebseinschränkung vorliegt, können die Gesetzesregelungen herangezogen werden, bei denen ebenfalls eine Rolle spielt, ob *erhebliche Teile der Belegschaft* betroffen sind, also für die Beteiligungspflicht die Zahlen- und Prozentangaben in § 17 Abs. 1 KSchG (so BAG 22. 5. 1979 AP BetrVG 1972 § 111 Nr. 4). **Die Orientierung an den Zahlengrenzen des § 17 KSchG versagt** allerdings, soweit für einen **Kleinbetrieb** mit bis zu zwanzig Arbeitnehmern zu beurteilen ist, ob eine Maßnahme des Arbeitgebers eine Betriebsänderung i. S. des Satz 1 darstellt. Hier macht sich in besonderer Weise bemerkbar, dass der Gesetzgeber eine unausgereifte Regelung geschaffen hat, als er durch Art. 1 Nr. 70 des BetrVerf-Reformgesetzes den Betrieb als Bezugspunkt für den Schwellenwert nach Satz 1 durch das Unternehmen ersetzte und gleichzeitig die Tatbestandsvoraussetzungen für das Vorliegen einer Betriebsänderung unverändert ließ. In Kleinbetrieben ist daher jeweils eine wertende Gesamtbetrachtung vorzunehmen, wobei – um die Konsistenz mit der auf § 17 Abs. 1 KSchG abstellenden Rechtsprechung zu wahren – grundsätzlich zu verlangen ist, dass von der geplanten Änderung mindestens 30 Prozent der Belegschaft betroffen werden (WP-*Preis*, § 111 Rn. 14; ähnlich DKK-*Däubler*, § 111 Rn. 45 a, der bei einem Betrieb mit 12 Arbeitnehmern die Betroffenheit von mindestens einem Drittel verlangt; a. A. GK-*Oetker*, § 111 Rn. 73: „die Zahl von drei Arbeitnehmern muss bei Entlassungen jedoch stets überschritten werden"; a. A. *Stege/Weinspach/Schiefer*, §§ 111–113 Rn. 32, 45 a f.: mindestens sechs Arbeitnehmer müssen betroffen sein; ähnlich *Fitting*, § 111 Rn. 75; *Löwisch*, BB 2001, 1790, 1797). Besondere Bedeutung für die Abgrenzung des Beteiligungstatbestands erlangt in diesen Fällen allerdings das Erfordernis einer außergewöhnlichen, über die laufende Geschäftsführung hinausgehenden Maßnahme, die sich nicht als Individualmaßnahme gegenüber einzelnen Arbeitnehmern erklären lässt, sondern das Gepräge der betrieblichen Einheit verändert.

Ebenso bedarf es für die Frage, ob bei einer Änderung der örtlichen Lage eine **Verlegung des Betriebs** oder eines wesentlichen Betriebsteils nach Satz 3 Nr. 2 anzunehmen ist (vgl. BAG 17. 8. 1982 AP BetrVG 1972 § 111 Nr. 11; s. Rn. 91 f.) zwar keiner besonderen zusätzlichen Prüfung des möglichen Eintritts wesentlicher Nachteile, doch bildet auch insoweit Satz 1 den Bezugspunkt für die Interpretation.

Gleiches gilt insbesondere für die in **Satz 3 Nr. 4** und **Nr. 5** enthaltenen unbestimmten Rechtsbegriffe. Soweit Nr. 4 für die Beteiligungspflicht eine Änderung *der* Betriebsanlagen verlangt, muss es sich zwar nicht um die Gesamtheit der Betriebsanlagen handeln, doch genügt auch nicht eine Änderung *von* Betriebsanlagen. Vielmehr müssen die sächlichen Betriebsmittel, auf die sich die Änderung bezieht, im Verhältnis zu den Anlagen des Gesamtbetriebs und damit für das betriebliche Gesamtgeschehen von erheblicher Bedeutung sein (so BAG 26. 10. 1982 AP BetrVG 1972 § 111 Nr. 10). Unter Rückgriff auf den Relativsatz in Satz 1 weist das BAG dabei der Zahl der von der Änderung betroffenen Arbeitnehmer eine indizielle Bedeutung für die Beantwortung der Frage zu, ob neu zu installierende Anlagen für den gesamten Betriebsablauf von erheblicher Bedeutung sind (BAG 26. 10. 1982 AP BetrVG 1972 § 111 Nr. 10). Allerdings soll dieser Rückgriff erst zulässig sein, wenn sich die Frage nach der erheblichen Bedeutung für den gesamten Betriebsablauf anders nicht verlässlich beantworten lässt (BAG 26. 10. 1982 AP BetrVG 1972 § 111 Nr. 10). Darüber hinaus setze der Beteiligungstatbestand eine *grundlegende* Änderung voraus, wofür nach Ansicht des BAG wegen der Eingangsnormierung im Zweifel ebenfalls darauf abgestellt werden soll, ob wegen des Grads der technischen Änderung die Möglichkeit des Eintritts wesentlicher Nachteile besteht (BAG 26. 10. 1982 AP BetrVG 1972 § 111 Nr. 10). Dadurch wird ausgeschlossen, dass die laufende Umgestaltung der Betriebsanlagen, wie sie bei jedem Betrieb an der Tagesordnung ist, z. B. die Ersatzbeschaffung veralteter Maschinen, den Beteiligungstatbestand erfüllt. Verdient diese Rechtsprechung im Ergebnis auch Zustimmung, so begegnet sie bei rechtsdogmatischer Betrachtung gewissen Zweifeln, da Abgrenzungskriterien für die von der Rechtsprechung gebildeten verschiedenen Prüfungsstufen fehlen. In der Sache handelt es sich nämlich stets nur um die Frage, ob sich aus der Betriebsänderung wesentliche Nachteile für die Belegschaft oder erhebliche Teile der Belegschaft ergeben können.

51 Die möglichen Nachteile können sowohl materieller als auch immaterieller Art sein und beispielsweise im Verlust des Arbeitsplatzes oder in einer Verringerung des Arbeitsentgelts, der Notwendigkeit eines Wohnsitzwechsels bzw. längerer Anfahrtswege oder erhöhten Arbeitsanforderungen bestehen (s. näher GK-*Oetker*, § 111 Rn. 130 ff.; *Fitting*, § 111 Rn. 47). Nicht erforderlich ist, dass es sich gerade um wirtschaftliche Nachteile handelt (zutreffend DKK-*Däubler*, § 111 Rn. 94; *Fitting*, § 111 Rn. 47; ErfK-*Kania*, § 111 Rn. 7; a. A. GL-*Löwisch*, § 111 Rn. 20 e).

II. Recht des Betriebsrats auf Hinzuziehung eines Beraters (Satz 2)

52 Die durch das BetrVerf-Reformgesetz eingefügte Bestimmung des § 111 Satz 2 gewährt dem Betriebsrat in Unternehmen mit mehr als 300 Arbeitnehmern das Recht, zu seiner Unterstützung **einen Berater hinzuzuziehen** (kritisch dazu *Hanau*, RdA 2001, 65, 72, *Oetker*, NZA 2002, 465 f.). Eine besondere Unterrichtung des Arbeitgebers über die Hinzuziehung ist nicht erforderlich (ebenso *Bauer*, NZA 2001, 375, 376, der diesem Ergebnis allerdings kritisch gegenübersteht). Anders als nach früherem Recht ist der Betriebsrat in diesen Fällen **also nicht zur Beachtung der Anforderungen des § 80 Abs. 3** gezwungen, wenn er auf externen Sachverstand zurückgreifen will. Damit soll der Betriebsrat in die Lage versetzt werden, „die Auswirkungen einer geplanten Betriebsänderung rasch zu erfassen und in kurzer Zeit (...) fundierte Alternativvorschläge (...) so rechtzeitig zu erarbeiten, dass er auf die Entscheidung des Arbeitgebers noch Einfluss nehmen kann" (BT-Drucks. 14/5741, S. 52). Die Hinzuziehungsbefugnis bezieht sich nur auf die Beratung der Betriebsänderung nach Satz 1, so dass sie sich nicht auf die **Sozialplanverhandlungen** erstreckt (*Fitting*, § 111 Rn. 119; GK-*Oetker*, § 111 Rn. 162; anders wohl ArbG Wiesbaden 18. 9. 2002 – 7 BV 7/02, zit. nach *Rose/Grimmer*, DB 2003, 1790; a. A. *Staufenbiel*, Der Sozialplan, 2004, S. 71 f.; tendenziell anders auch *Manske*, FS 25 Jahre ArbG ArbR, 2006, S. 953, 955 f.).

53 Der Wortlaut stellt im Gegensatz zu Satz 1 nicht auf die Zahl der regelmäßig im Unternehmen beschäftigten Arbeitnehmer ab. Deshalb ist entscheidend, ob dem Unternehmen **im Zeitpunkt der Hinzuziehung mehr als 300 Arbeitnehmer angehören** (a. A. *Fitting*, § 111 Rn. 118; ähnlich GK-*Oetker*, § 111, Rn. 156; DKK-*Däubler*, § 111 Rn. 135 b, die insoweit jeweils ein Redaktionsversehen annehmen, das sich freilich in der Entstehungsgeschichte nicht positiv nachweisen lässt). Wird der Sachverständige allerdings erst im Rahmen eines laufenden Personalabbaus herangezogen, kommt es auf den Stand zum Zeitpunkt seines Beginns an. Für die Bestimmung der Arbeitnehmerzahl ist relevant, ob die Arbeitnehmer wahlberechtigt sind (GK-*Oetker*, § 111 Rn. 158; *Löwisch/Kaiser*, § 111 Rn. 43). Für die Bestimmung der Unternehmenszugehörigkeit

C. Betriebsänderung als Voraussetzung und Gegenstand des Beteiligungsrechts § 111

gelten die allgemeinen Grundsätze (vgl. § 106 Rn. 6 ff.; § 5 Rn. 6 ff.). Satz 2 enthält keine Regelung über die Kostentragung, so dass § 40 Abs. 1 anzuwenden ist und folglich der Arbeitgeber unter Berücksichtigung des in § 37 Abs. 2 zum Ausdruck gelangenden allgemeinen Gedankens nur insoweit mit den Kosten belastet wird, als die Hinzuziehung eines externen Sachverständigen notwendig ist und keine unverhältnismäßigen Kosten verursacht (*Annuß*, NZA 2001, 367, 369; *Bauer*, NZA 2001, 375, 376 f.; GK-*Oetker*, § 111 Rn. 164; *Hanau*, RdA 2001, 65, 72 [s. allerdings auch *Hanau*, NJW 2001, 2513, 2517, der dort aber übersieht, dass im Rahmen der Beurteilung der Erforderlichkeit stets eine gewisse Subjektivierung geboten ist; dazu § 37 Rn. 24 f.]; *Lingemann*, NZA 2002, 934, 939; *Natzel*, NZA 2001, 874; *Reichold*, NZA 2001, 857, 865; unzutreffend DKK-*Däubler*, § 111 Rn. 135 g; *ders.*, AuR 2001, 285, 286, der davon ausgeht, der Gesetzgeber unterstelle die Erforderlichkeit der Hinzuziehung, so dass es auf die Erforderlichkeit nur hinsichtlich des Umfangs ankomme; wie hier *Fitting*, § 111 Rn. 123; s. auch § 40 Rn. 6 ff.; für den Fall der Hinzuziehung eines Rechtsanwalts vgl. § 40 Rn. 23 ff.). Dabei braucht sich der Betriebsrat prinzipiell nicht auf die Möglichkeit der Hinzuziehung unternehmensangehöriger sachkundiger Arbeitnehmer verweisen zu lassen (ebenso *Fitting*, § 111 Rn. 123; vgl. auch GK-*Oetker*, § 111 Rn. 160; a. A. *Natzel*, NZA 2001, 874). Besondere Formalqualifikationen braucht der Berater nicht zu haben, doch ist vom Betriebsrat im Streitfalle nachzuweisen, dass der Berater über die zur Beratung erforderlichen Fähigkeiten verfügt (*Oetker*, NZA 2002, 465, 467). Die Beratung kann sich auch auf rechtliche Fragen erstrecken, soweit ihre Klärung für die Beurteilung der Betriebsänderung notwendig ist (*Fitting*, § 111 Rn. 120; a. A. *Oetker*, NZA 2002, 465, 467 ff.). Die systematische Stellung von Satz 2 nach Satz 1 zeigt, dass das Hinzuziehungsrecht **frühestens für die erstmalige Unterrichtung durch den Arbeitgeber** besteht, so dass es dem Betriebsrat insbesondere nicht gestattet ist, Berater zur Erörterung nur möglicherweise zu erwartender Betriebsänderungen hinzuzuziehen (GK-*Oetker*, § 111 Rn. 161). Die Tatbestandsvoraussetzungen müssen tatsächlich vorliegen, so dass dem Betriebsrat insoweit keine Einschätzungsprärogative zukommt (in diese Richtung aber DKK-*Däubler*, § 111 Rn. 135 j).

Satz 2 ermöglicht bei wortlautgetreuer Auslegung nur die Heranziehung eines einzigen Beraters, was durch einen Vergleich mit der neuen Bestimmung in § 80 Abs. 2 Satz 3 sowie mit § 80 Abs. 3 bekräftigt wird. Auch die Begründung zum RegE unterscheidet streng zwischen der Möglichkeit, mehrere Sachverständige nach § 80 Abs. 3 und „einen Berater" nach Satz 2 hinzuzuziehen (Begr. RegE BT-Drucks. 14/5741, S. 52). Dennoch wird man angesichts der in der Entwurfsbegründung zum Ausdruck gelangenden Zielsetzung, dem Betriebsrat eine qualifizierte Wahrnehmung seiner Rechte bei Betriebsänderungen zu ermöglichen, **auch die Heranziehung mehrerer externer Berater** für **zulässig** halten müssen, soweit dies jeweils erforderlich ist (ebenso *Däubler*, AuR 2001, 285, 286; *Fitting*, § 111 Rn. 121; *M. Heither*, Sozialplan und Sozialrecht, S. 43; im Ergebnis wie hier GK-*Oetker*, § 111 Rn. 155; a. A. *Lingemann*, NZA 2002, 934, 939; Jaeger/Röder/Heckelmann/*Röder/Baeck*, § 28 Rn. 126; *Stege/Weinspach/Schiefer*, §§ 111–113 Rn. 26 e; vgl. auch *Rose/Grimmer*, DB 2003, 1790, 1792: nur nach Vereinbarung mit dem Arbeitgeber). Dabei ist in Erwägung zu ziehen, dass vom Wortlaut jedenfalls auch die Hinzuziehung einer als juristische Person verfassten Beratungsgesellschaft gedeckt wird (GK-*Oetker*, § 111 Rn. 154). Eine übermäßige Kostenbelastung des Arbeitgebers wird durch die Anwendung des Grundsatzes der Verhältnismäßigkeit verhindert (zur Frage der Vergütung des Beraters *Löwisch*, BB 2001, 1790, 1798). **54**

Nicht ausgeschlossen wird die Möglichkeit, externe Sachverständige nach § 80 Abs. 3 heranzuziehen, wie Satz 2, 3. Halbsatz ausdrücklich klarstellt (a. A. *Rose/Grimmer*, DB 2003, 1790). Zur Erfüllung seiner Aufgabe darf ein durch **Betriebsratsbeschluss** ordnungsgemäß bestellter (vgl. dazu weiter *Oetker*, NZA 2002, 465, 471) Berater das Betriebsgebäude betreten und auch an einer Betriebsratssitzung teilnehmen. Der Berater hat ein Recht auf Teilnahme an den Beratungen zwischen Arbeitgeber und Betriebsrat **55** nach Satz 1 (ebenso GK-*Oetker,* § 111 Rn. 182; a. A. *Rose/Grimmer,* DB 2003, 1790, 1792). Ein Verhandlungsmandat kommt ihm als solchem aber nicht zu (*Rose/Grimmer,* DB 2003, 1790, 1792). Für einen Berater nach Satz 2 gilt § 80 Abs. 4 entsprechend, so dass er der in § 79 verankerten **Geheimhaltungspflicht** unterliegt, die nach § 120 Abs. 1 Nr. 3 a strafbewehrt ist.

III. Die einzelnen Fälle der Betriebsänderung

1. Stilllegung des Betriebs (Satz 3 Nr. 1)

56 a) **Begriffsbestimmung.** Stilllegung des Betriebs ist die **Auflösung der die Einheit des Betriebs gestaltenden Arbeitsorganisation,** die ihren Grund und zugleich ihren unmittelbaren Ausdruck darin findet, dass der Unternehmer den **mit ihr verfolgten Zweck einstellt.** Das BAG sieht das wesentliche Element in der „Auflösung der zwischen Arbeitgeber und Arbeitnehmer bestehenden Betriebs- und Produktionsgemeinschaft", die „ihre Veranlassung und zugleich ihren sichtbaren Ausdruck darin findet, dass der Unternehmer die bisherige wirtschaftliche Betätigung in der ernstlichen Absicht einstellt, die Weiterverfolgung des bisherigen Betriebszwecks dauernd oder für eine ihrer Dauer nach unbestimmte, wirtschaftlich nicht unerhebliche Zeitspanne aufzugeben" (BAG 17. 9. 1957 AP KSchG § 13 Nr. 8; ebenso BAG 14. 10. 1982 AP KSchG 1969 Konzern § 1 Nr. 1; BAG 27. 9. 1984 AP BGB § 613 a Nr. 39; BAG 28. 4. 1988 AP BGB § 613 a Nr. 74; BAG 19. 6. 1991 AP KSchG 1969 § 1 Betriebsbedingte Kündigung Nr. 53; BAG 11. 3. 1998 AP BetrVG 1972 § 111 Nr. 43; BAG 22. 11. 2005 AP BGB § 615 Anrechnung Nr. 5).

57 Die Begriffsbestimmung ist zu § 85 und § 96 BRG entwickelt worden (grundlegend RG 16. 2. 1926 RGZ 113, 87, 89; vgl. *Flatow/Kahn-Freund,* § 85 Erl. 5 B; *Mansfeld,* § 96 Erl. 4 b; *Dietz* in *Hueck/Nipperdey/Dietz,* AOG, § 14 Rn. 24). Die Arbeitnehmer werden dabei in den Betriebsbegriff einbezogen, wie das auch der neueren, insoweit nunmehr in Übereinstimmung mit der Judikatur des EuGH stehenden Rechtsprechung des BAG entspricht (vgl. die ausdrückliche Aufgabe der früheren Rechtsprechung durch BAG 11. 5. 1997 AP BGB § 613 a Nr. 154; seither st. Rspr; siehe dazu näher Staudinger-*Annuß,* § 613 a Rn. 43 ff.; zur Problematik beim Betriebsinhaberwechsel s. Rn. 134).

58 b) **Begriffsmerkmale. aa)** Stillgelegt wird der **Betrieb.** Gemeint ist die arbeitstechnische Organisationseinheit, für die der Betriebsrat gewählt ist.

59 bb) Die Betriebsstilllegung setzt einen entsprechenden, d. h. auf Auflösung der betrieblichen Organisation gerichteten **Willen des Unternehmers** voraus (ebenso BAG 17. 9. 1957 AP KSchG § 13 Nr. 8; BAG 12. 2. 1987 AP BGB § 613 a Nr. 67). Wenn der Zustand der tatsächlichen Betriebsruhe ohne Willen des Unternehmers eingetreten ist, liegt keine Stilllegung vor; etwas anderes gilt nur, wenn er vor den ungewollt eingetretenen Ereignissen „kapituliert", also den tatsächlich schon eingetretenen Zustand nachträglich in seinen Willen aufnimmt (so RAG 25. 2. 1933 BenshSlg. 17, 409, 414 f.). Keine Rolle spielt aber, ob der Unternehmer zu der Maßnahme aus wirtschaftlichen Gründen gezwungen ist (vgl. BAG 13. 12. 1978 AP BetrVG 1972 § 112 Nr. 6). Nach Ansicht des BAG bedarf eine Betriebsstilllegung bei einer juristischen Person bzw. einer GmbH & Co. KG in keinem Fall eines vorherigen Beschlusses des für die Auflösung der Gesellschaft zuständigen Organs (BAG 11. 3. 1998 AP BetrVG 1972 § 111 Nr. 43; bestätigt durch BAG 5. 4. 2000 NZA 2001, 949, 950; kritisch dazu DKK-*Däubler,* § 111 Rn. 35; *Plander,* NZA 1999, 505 ff.).

60 cc) Die **bloße Produktionseinstellung** bedeutet **noch keine Betriebsstilllegung,** auch wenn der Unternehmer durch sie zu erkennen gibt, dass er den Betriebszweck endgültig aufgibt. Damit ist vielmehr nur das Erste, zugleich wichtigste Element einer Betriebsstill-

C. Betriebsänderung als Voraussetzung und Gegenstand des Beteiligungsrechts § 111

legung erfüllt (so zutreffend G. *Hueck*, AP BetrVG 1972 § 102 Nr. 11, Bl. 4). Hinzu kommen muss die **Auflösung der dem Betriebszweck dienenden konkreten Organisation** (BAG 3. 7. 1986 AP BGB § 613 a Nr. 53; BAG 12. 2. 1987 AP BGB § 613 a Rn. 67; vgl. auch GK-*Oetker*, § 111 Rn. 49). Für sie genügt nicht, dass die Arbeitnehmer nicht mehr beschäftigt werden, sondern erforderlich ist, dass der Unternehmer die *rechtlichen Maßnahmen* ergriffen hat, um die von ihm organisierte Zusammenarbeit der Arbeitnehmer im Betrieb zu beenden.

dd) Betriebsstilllegung bedeutet **nicht notwendigerweise** eine **Dauerauflösung des Betriebs**; sie ist aber ihrer Natur nach eine endgültige Auflösung der zwischen dem Arbeitgeber und den Arbeitnehmern bestehenden Betriebs- und Produktionsgemeinschaft (vgl. RAG 20. 8. 1928 BenshSlg. 4, 71, 72). Für die Auflösung der Betriebsorganisation ist nicht Voraussetzung, dass dies in der Absicht geschieht, die Weiterverfolgung des bisherigen Betriebszwecks dauernd aufzugeben, sondern es genügt, dass eine Wiederaufnahme für eine ihrer Dauer nach regelmäßig unbestimmte, wirtschaftlich nicht unerhebliche Zeitspanne ausscheidet (vgl. BAG 17. 9. 1957 AP KSchG § 13 Nr. 8; BAG 14. 10. 1982 AP KSchG 1969 § 1 Konzern Nr. 1; BAG 27. 9. 1984 AP BGB § 613 a Nr. 39; bereits RGZ 113, 87, 89). Beschränkt der Unternehmer von vornherein die Betriebseinstellung auf eine kurze Dauer, so besteht zumeist nur eine *Betriebspause*. Eine Betriebsstilllegung ist auch nicht anzunehmen, wenn der Arbeitgeber für die Dauer einer Betriebsstörung von einem ihm gegenüber den Arbeitnehmern zustehenden Sonderkündigungsrecht Gebrauch macht, sofern er zur Wiedereinstellung nach Behebung der Betriebsstörung verpflichtet ist (BAG 16. 6. 1987 AP BetrVG 1972 § 111 Nr. 20). Am Vorliegen einer echten Betriebsstilllegung ändert sich jedoch nichts, wenn sie auf unbestimmte Zeit beabsichtigt war und nur aus unvorhergesehenen Umständen eine alsbaldige Wiedereröffnung des Betriebs möglich wird (vgl. RAG BenshSlg. 4, 71, 72 f.). 61

Eine Betriebsstilllegung liegt nicht vor, wenn die Einstellung der betrieblichen Tätigkeit durch die *Eigenart des Betriebs* bedingt ist und sich innerhalb der gewöhnlichen Betriebstätigkeit abspielt, z. B. bei Hotels auf einer Nordseeinsel, die regelmäßig im September geschlossen werden (ebenso *Stege/Weinspach/Schiefer*, §§ 106–109 Rn. 61; *Nikisch*, Bd. III S. 525; *Nipperdey/Säcker* in *Hueck/Nipperdey*, Bd. II/2 S. 1474). 62

Für die Annahme einer Betriebsstilllegung ist unerheblich, ob der **Betrieb nur für eine von vornherein zeitlich begrenzte Arbeitsaufgabe errichtet** ist. Für den Beteiligungstatbestand ist aber unter dem Gesichtspunkt des Interessenausgleichs und des Sozialplans von Bedeutung, ob mit dem Betrieb für die Arbeitnehmer erkennbar nur ein zeitlich begrenzter Zweck verfolgt wird; denn in diesem Fall stellt die Schließung des Betriebs nach Erreichung des Betriebszwecks keine Betriebsänderung dar (ebenso LAG Hamm 1. 2. 1977 EzA § 111 BetrVG 1972 Nr. 3; LAG München 15. 2. 1989 LAGE § 111 BetrVG 1972 Nr. 9). 63

ee) Da Kriterium des Stilllegungsbegriffs ist, dass die zwischen Arbeitgeber und Arbeitnehmer bestehende Betriebs- und Produktionsgemeinschaft endgültig aufgelöst wird, genügt die **Einleitung eines Insolvenzverfahrens** (vgl. BAG 28. 4. 1988 AP BGB § 613 a Nr. 74; BAG 11. 11. 1997 AP BetrVG 1972 § 111 Nr. 42) **als solche nicht**. Notwendig ist vielmehr, dass gegenüber den Arbeitnehmern **Maßnahmen** ergriffen werden, die zu einer Zerschlagung **der Betriebsorganisation** führen. Das ist vor allem zu beachten, um den Stilllegungsbegriff vom Übergang des Betriebs oder eines Betriebsteils abzugrenzen. 64

c) **Verhältnis zu anderen Betriebsänderungen.** Die **Verlegung des Betriebs** ist keine Betriebsstilllegung, da bei einer Verlegung die Identität des Betriebs erhalten bleibt (s. Rn. 110). Der Unterschied zwischen Verlegung und Stilllegung spielt angesichts Satz 3 Nr. 2 zwar für die Beteiligungsrechte nach §§ 111 f. keine Rolle; er ist aber für den Bestand des Betriebsratsamtes von Bedeutung, weil mit der Stilllegung des Betriebs, jedoch nicht mit seiner Verlegung, das Amt des Betriebsrats endet (s. § 21 Rn. 27). 65

Auch eine **Änderung des Betriebszwecks** ist grundsätzlich keine Betriebsstilllegung (s. Rn. 118), da sie den Fortbestand des bisherigen Betriebs voraussetzt. Allerdings kann 66 die Änderung des Betriebszwecks in Ausnahmefällen zu einem Verlust der betrieblichen Identität und damit zu einer Betriebsstilllegung führen.

67 d) Die **Veräußerung** oder **Verpachtung des Betriebs** ist als solche keine Stilllegung, da hier die betriebliche Organisation aufrechterhalten bleibt; sie führt lediglich zu einem die Rechtsträgerebene betreffenden Betriebsinhaberwechsel, der als solcher keine Betriebsänderung darstellt (s. ausführlich Rn. 124 ff.). Ob eine dem Veräußerer zuzurechnende Betriebsänderung ausnahmsweise dann vorliegen kann, wenn die Betriebsveräußerung nur zum Zweck der Stilllegung durch den Erwerber durchgeführt wird, hat das BAG bislang letztlich offen gelassen (BAG 17. 3. 1987 AP BetrVG 1972 § 111 Nr. 18; s. Rn. 130).

2. Einschränkung des Betriebs sowie Einschränkung und Stilllegung von wesentlichen Betriebsteilen (Satz 3 Nr. 1)

68 a) Das Gesetz nennt als Betriebsänderung i. S. des Satzes 1 noch vor der Stilllegung die **Einschränkung des ganzen Betriebs** und stellt ihnen die **Einschränkung und Stilllegung von wesentlichen Betriebsteilen** gleich. Während bei einer Betriebsstilllegung die in dem Betrieb zusammengefasste Belegschaft aufgelöst wird, wird bei der Einschränkung nur die Leistungsfähigkeit des Betriebs auf Dauer herabgesetzt. Der Betrieb als betriebsverfassungsrechtliche Organisationseinheit bleibt bestehen. Das Gesetz hat der Betriebsstilllegung die Stilllegung eines wesentlichen Betriebsteils gleichgestellt und lässt für eine beteiligungspflichtige Betriebsänderung sogar dessen Einschränkung genügen. In beiden Fällen handelt es sich aber um Unterfälle einer Betriebseinschränkung. Ihre ausdrückliche Erwähnung hat den Charakter einer beispielhaften Aufzählung.

69 b) **Begriff der Betriebseinschränkung.** Eine Einschränkung des Betriebs liegt vor, wenn seine Leistungsfähigkeit durch eine **Verringerung der Betriebsmittel** auf Dauer herabgesetzt wird. Sie ist beispielsweise gegeben, wenn Betriebsanlagen stillgelegt oder veräußert werden. Dagegen ist die Leistungsfähigkeit des Betriebs nicht eingeschränkt, wenn Betriebsanlagen oder Betriebsmittel lediglich in einem geringeren Umfang als bisher genutzt werden. Deshalb ist die **Einführung von Kurzarbeit** keine beteiligungspflichtige Betriebseinschränkung; der Betriebsrat hat vielmehr nur nach § 87 Abs. 1 Nr. 3 mitzubestimmen (ebenso GK-*Oetker*, § 111 Rn. 59; *Fitting*, § 111 Rn. 72; GL-*Löwisch*, § 106 Rn. 61; HSWGNR-*Hess*, § 111 Rn. 100; MünchArbR-*Matthes*, § 268 Rn. 17; *Rumpff/Boewer*, Mitbestimmung in wirtschaftlichen Angelegenheiten, S. 276 f.; *Hanau*, ZfA 1974, 89, 98 f.; a. A. GK-*Fabricius*, 6. Aufl., § 111 Rn. 158 f.). Auch die Ersetzung des Mehrschichtsystems durch Arbeit in einer Schicht ist, wenn durch sie keine Veränderung in der Arbeitnehmerzahl eintritt, keine Betriebseinschränkung, sondern nur eine andere Verteilung der Arbeitszeit, über die der Betriebsrat nach § 87 Abs. 1 Nr. 2 mitzubestimmen hat.

70 c) **Personalabbau als beteiligungspflichtige Betriebsänderung.** Die Rechtsprechung ging von Anfang an davon aus, dass eine Betriebseinschränkung i. S. des Satz 3 Nr. 1 auch im bloßen **Personalabbau** unter Beibehaltung der sächlichen Betriebsmittel liegen kann (grundlegend BAG 22. 5. 1979 AP BetrVG 1972 § 111 Nr. 4, AP BetrVG 1972 § 111 Nr. 3; bestätigt BAG 15. 10. 1979 AP BetrVG 1972 § 111 Nr. 5; BAG 22. 1. 1980 AP BetrVG 1972 § 111 Nr. 7; BAG 21. 10. 1980 AP BetrVG 1972 § 111 Nr. 8; 6. 12. 1988 AP BetrVG 1972 § 111 Nr. 26; BAG 10. 12. 1996 AP BetrVG 1972 § 111 Nr. 37; in der Literatur überwog zunächst die gegenteilige Meinung; vgl. 5. Aufl. § 111 Rn. 23 f.; BAG 28. 3. 2006 AP BetrVG 1972 § 112a Nr. 12; zu § 72 BetrVG 1952: *Dietz*, § 72 Rn. 19 f.; *Nikisch*, Bd. III S. 525; *Nipperdey/Säcker* in *Hueck/Nipperdey*, Bd. II/2 S. 1474), was der Gesetzgeber mit dem durch Art. 2 BeschFG 1985 eingefügten § 112a grundsätzlich bestätigt hat.

71 Der RegE hatte darauf abgestellt, ob und in welchem Umfang durch unternehmerische Maßnahmen Arbeitnehmer eines Betriebs entlassen, auf geringer bezahlte Tätigkeiten

C. Betriebsänderung als Voraussetzung und Gegenstand des Beteiligungsrechts § 111

umgesetzt werden oder anderweitig wesentliche Nachteile erleiden (BT-Drucks. VI/1786, S. 23, 54). Nicht die in Aussicht stehenden Entlassungen, sondern die ihnen zugrundeliegenden geplanten unternehmerischen Maßnahmen sollten den Beteiligungstatbestand bilden. Dadurch, dass das Gesetz die relevanten Maßnahmen des Unternehmers durch bestimmte Formen der Betriebsänderung umschreibt, sollte lediglich eine Klarstellung erfolgen (s. Rn. 9). Gleichwohl konnte aus dieser Entstehungsgeschichte auch schon vor Inkrafttreten des § 112 a nicht abgeleitet werden, dass der Gesetzgeber mit der Rückkehr zu den Abgrenzungsmerkmalen des § 72 BetrVG 1952 den Begriff der Betriebseinschränkung i. S. der damals h. L. seiner Regelung zugrunde gelegt hat, so dass die Entlassung von Arbeitnehmern mit dem Ziel einer geringeren Ausnutzung der Betriebsanlagen noch nicht als Betriebseinschränkung zu qualifizieren sei (so aber *Reuter*, SAE 1980, 96, 97). Denn nach dem Normzweck der Gesetzesregelung ist ausschlaggebend, dass der Betriebsrat an einer Betriebsänderung beteiligt wird, damit der Unternehmer bei seiner Entscheidung die sozialen Belange der Belegschaft angemessen berücksichtigt. Deshalb ist für eine Betriebseinschränkung weniger von Bedeutung, ob die sächlichen Betriebsmittel verringert werden, als vielmehr, ob eine **Personalverminderung geplant** ist. Auch bei der Betriebsstilllegung sieht man das wesentliche Element nicht in der Veräußerung oder Zerstörung der Betriebsanlagen, sondern in der Auflösung der *Betriebs- und Produktionsgemeinschaft zwischen Unternehmer und Belegschaft* (s. Rn. 56). Wird sie bei einer Stilllegung *aufgelöst*, so wird sie hier *eingeschränkt*.

Da als Betriebsänderung i. S. des Satzes 1 nur eine Einschränkung des ganzen Betriebs **72** oder von wesentlichen Betriebsteilen gilt, ist nicht jede Personalverminderung eine beteiligungspflichtige Betriebseinschränkung. Man hat vielmehr zu beachten, dass mit dem Begriff der Betriebseinschränkung eine Betriebsänderung erfasst werden soll, die nach der Ausgangsvorschrift des Satzes 1 wesentliche Nachteile für die Belegschaft oder erhebliche Teile der Belegschaft zur Folge haben kann (vgl. BAG 22. 5. 1979 AP BetrVG 1972 § 111 Nr. 4, BAG 22. 5. 1979 AP BetrVG 1972 § 111 Nr. 3; zur Bedeutung des Relativsatzes in Satz 1 s. Rn. 41 ff.).

aa) Als Richtschnur dafür, wann erhebliche Teile der Belegschaft betroffen sind, hat **73** das BAG bislang die **Zahlen- und Prozentangaben in § 17 Abs. 1 KSchG** über die Anzeigepflicht bei Massenentlassungen herangezogen (BAG 22. 5. 1979 AP BetrVG 1972 § 111 Nr. 4, BAG 22. 5. 1979 AP BetrVG 1972 § 111 Nr. 3; bereits BAG 6. 6. 1978 AP BetrVG 1972 § 111 Nr. 2; bestätigt BAG 2. 8. 1983 AP BetrVG 1972 § 111 Nr. 12; BAG 6. 12. 1988 AP BetrVG 1972 § 111 Nr. 26; BAG 10. 12. 1996 NZA 1997, 787, 788; BAG 21. 2. 2002 NZA 2002, 1360; BAG 27. 6. 2002 NZA 2002, 1304; BAG 6. 5. 2003 AP BetrVG § 112 Nr. 161; BAG 22. 1. 2004 AP BetrVG 1972 § 112 Namensliste Nr. 1), ohne damit im Ergebnis nennenswerte Kritik zu erfahren. Dabei ist allerdings zu beachten, dass der in § 17 Abs. 1 KSchG festgelegte Zeitraum von 30 Kalendertagen allein auf arbeitsmarktbezogenen Gründen beruht und hier nicht herangezogen werden kann; es kommt vielmehr nur darauf an, „wieviele Arbeitnehmer voraussichtlich von der geplanten unternehmerischen Maßnahme insgesamt nachteilig betroffen werden können, mag die Durchführung der Maßnahme auch stufenweise erfolgen und sich über einen längeren Zeitraum hinziehen" (BAG 22. 5. 1979 AP BetrVG 1972 § 111 Nr. 4; BAG 22. 1. 2004 AP BetrVG 1972 § 112 Namensliste Nr. 1). Außerdem versagt der Rückgriff auf § 17 Abs. 1 KSchG in Großbetrieben mit mehr als 600 Arbeitnehmern. Dort kann eine Entlassung von 30 Arbeitnehmern noch nicht als erhebliche Personalreduzierung angesehen werden. Deshalb nimmt das BAG an, dass in **Betrieben mit mehr als 600 Arbeitnehmern** eine Personalreduzierung erst erheblich ist, wenn sie **mindestens fünf Prozent** der Gesamtbelegschaft ausmacht (BAG 22. 1. 1988 AP BetrVG 1972 § 111 Nr. 7; bestätigt BAG 2. 8. 1983 AP BetrVG 1972 § 111 Nr. 12; BAG 6. 12. 1988 AP BetrVG 1972 § 111 Nr. 26). Darüber hinaus verlangt das BAG, dass es sich um eine „außergewöhnliche, vom regelmäßigen Erscheinungsbild des Betriebs abweichende Maßnahme handelt", so dass eine im jeweiligen Betrieb übliche

§ 111   Betriebsänderungen

Personalfluktuation die Beteiligungspflicht nicht auslöst (BAG 2. 8. 1983 AP BetrVG 1972 § 111 Nr. 12). Nachdem das BAG zunächst die Zahlengrenzen des § 17 Abs. 1 KSchG bzw. die Fünf-Prozent-Schwelle als „unterste Grenze" bezeichnet hatte, bei der man noch von einem erheblichen Teil der Belegschaft sprechen könne (BAG 2. 8. 1983 AP BetrVG 1972 § 111 Nr. 12), erkannte es darin später nur noch „**Regelwerte**", die im Einzelfall auch geringfügig unterschritten werden könnten (BAG 7. 8. 1990 AP BetrVG 1972 § 111 Nr. 34).

74   In **Kleinbetrieben** mit nicht mehr als zwanzig Arbeitnehmern kann auf die Regelwerte des § 17 Abs. 1 KSchG nicht zurückgegriffen werden (a. A. *Lingemann*, NZA 2002, 934, 936, der daraus ableitet, dass die Umstellung des Bezugspunkts auf das Unternehmen in Satz 1 leer laufe, soweit nicht die Tatbestände des Satzes 3 eine Beteiligung unabhängig von der Wesentlichkeit der geplanten Maßnahme verlangten). Auch die in § 112a Abs. 1 Nr. 1 geforderte Mindestzahl von 6 Arbeitnehmern kann insoweit nicht herangezogen werden (a. A. *Löwisch/Kaiser*, § 111 Rn. 25; Jaeger/Röder/Heckelmann/ *Röder/Baeck*, § 28 Rn. 31; *Stege/Weinspach/Schiefer*, §§ 111–113 Rn. 32; dafür auch *Fitting*, § 111 Rn. 75). Als Entscheidungsregel ist aber zu beachten, dass die relative Bedeutung der betroffenen Arbeitnehmer gegenüber der Restbelegschaft mit abnehmender Betriebsgröße für die Annahme einer Betriebsänderung i. S. des Satz 1 tendenziell steigen muss, um gewöhnliche Vorgänge innerhalb des Betriebs nicht der Beteiligungspflicht zu unterwerfen (s. Rn. 48). Dabei dürfte davon auszugehen sein, dass bei einem reinen Personalabbau eine Betriebsänderung jedenfalls dann nicht angenommen werden kann, wenn nicht mindestens 30 Prozent der nach Kopfzahlen (siehe zum Erfordernis einer Berechnung nach Kopfzahlen LAG Baden-Württemberg 16. 6. 1987 LAGE § 111 BetrVG 1972 Nr. 6) berechneten Arbeitnehmer von der Maßnahme betroffen werden (abweichend GK-*Oetker*, § 111 Rn. 73: stets mindestens drei Arbeitnehmer; DKK-*Däubler*, § 111 Rn. 45a verlangt ein Drittel der Arbeitnehmer des Betriebs; s. auch Rn. 38).

75   bb) Keine Rolle spielt der **Zeitraum für den Personalabbau**, sofern er auf einem einheitlichen Plan beruht (ebenso BAG 22. 5. 1979 AP BetrVG 1972 § 111 Nr. 4). Ob die für die Beteiligungspflicht maßgeblichen Zahlenverhältnisse erreicht werden, richtet sich nach der *Planungsentscheidung* des Unternehmers. Von ihr hängt ab, ob eine zeitversetzte Personalverminderung eine beteiligungspflichtige Betriebseinschränkung darstellt (vgl. *Baeck/Diller*, NZA 1997, 689, 691 f.). An einer einheitlichen Betriebsänderung fehle es, „wenn mehreren aufeinander folgenden Personalreduzierungsmaßnahmen kein einheitlicher Stilllegungsentschluss zugrunde liegt, sondern wenn der endgültigen Stilllegung zunächst eine oder mehrere Betriebseinschränkungen vorausgingen. Wird der Betrieb zunächst mit entsprechend verminderter Belegschaftsstärke fortgeführt, wird diese zu der normalen bzw. den Betrieb kennzeichnenden. Dafür ist kein bestimmter Mindestzeitraum erforderlich" (BAG 24. 2. 2005 – 2 AZR 207/04). Allerdings könne eine einheitliche Planungsentscheidung, die zu einer einheitlichen Betriebsänderung führe, auch eine **stufenweise Durchführung** vorsehen. Dabei könne ein enger zeitlicher Zusammenhang zwischen den unterschiedlichen Maßnahmen ein wesentliches Indiz für eine von Anfang an einheitliche Planung sein (BAG 28. 3. 2006 AP BetrVG 1972 § 112a Nr. 12).

76   cc) Bei der Erheblichkeitsprüfung sind die **Arbeitnehmer** zu berücksichtigen, die nach der unternehmerischen Planung aus **betriebsbedingten Gründen aus dem Betrieb ausscheiden**. Keine Rolle spielt, ob es sich um Teilzeitarbeitnehmer handelt (ebenso Münch-ArbR-*Matthes*, § 268 Rn. 21). Keine Voraussetzung ist, dass ihnen *gekündigt* wird. Einer Kündigung steht es gleich, wenn mit dem Arbeitnehmer ein Aufhebungsvertrag (nicht aber eine Vorruhestandsvereinbarung) geschlossen wird oder er zu einer Eigenkündigung veranlasst wird (ebenso BAG 23. 8. 1988 AP BetrVG 1972 § 113 Nr. 17). Veranlasst in diesem Sinne sind ein Aufhebungsvertrag oder eine Eigenkündigung des Arbeitnehmers nur dann, wenn sie an „die Stelle einer im Zuge der geplanten Betriebsän-

C. Betriebsänderung als Voraussetzung und Gegenstand des Beteiligungsrechts § 111

derung sonst notwendig werdenden Kündigung treten" (BAG 20. 4. 1994 AP BetrVG 1972 § 112 Nr. 77; siehe auch BAG 19. 7. 1995 AP BetrVG 1972 § 112 Nr. 96; s. zur Veranlassung auch § 112 Rn. 109). Erforderlich ist nur ein **vom Arbeitgeber veranlasstes Ausscheiden** aus dem Betrieb, nicht dagegen ein Ausscheiden aus dem Unternehmen. Deshalb sind auch Arbeitnehmer mitzuzählen, die in einen anderen Betrieb versetzt werden (ebenso *Fitting*, § 111 Rn. 78; MünchArbR-*Matthes*, § 268 Rn. 22; *Richardi*, NZA 1984, 177, 179; a.A. *Scherer*, NZA 1985, 764, 768: Versetzungen innerhalb des individualrechtlichen Direktionsrechts zählen nicht).

In Aussicht genommene betriebsbedingte **Änderungskündigungen sind unabhängig** 77 **davon mitzuzählen,** ob sie im Ergebnis zu einer Beendigung des Arbeitsverhältnisses oder mindestens zu einem Ausscheiden aus dem Betrieb (bspw. bei Angebot eines Arbeitsplatzes in einem anderen Betrieb desselben Unternehmens) führen. Soweit abweichend hiervon ganz überwiegend die Ansicht vertreten wird, solche Änderungskündigungen seien (nur) im letzteren Fall zu berücksichtigen (so einschränkend DKK-*Däubler*, § 111 Rn. 56, der Änderungskündigungen nur dann nicht berücksichtigen will, wenn der Arbeitnehmer das Änderungsangebot einschränkungslos annimmt; *Fitting*, § 111 Rn. 79; *Scherer*, NZA 1985, 764, 767; s. auch LAG Baden-Württemberg 16. 6. 1987 LAGE § 111 BetrVG 1972 Nr. 6), wird übersehen, dass die Beteiligungspflicht bereits durch eine geplante Betriebsänderung ausgelöst wird. Schon der Ausspruch der Kündigungen bedeutet allerdings den Beginn der Realisierung der Betriebsänderung. Deshalb muss bereits im Vorfeld des Ausspruchs der Kündigungen festgestellt werden können, ob ein Beteiligungstatbestand vorliegt, so dass eine Berücksichtigung der tatsächlichen Folgen einer Änderungskündigung notwendig ausscheidet. Entscheidend ist demgegenüber, dass in jeder Änderungskündigung eine Aufsage des bisherigen Vertrags durch den Unternehmer liegt und sich ein Arbeitnehmer nicht auf eine Änderung der Vertragsbedingungen verweisen zu lassen braucht. Bei einer ex-ante-Betrachtung ist daher darauf abzustellen, dass jede Änderungskündigung zu einer (vom Unternehmer veranlassten) Beendigung des Arbeitsverhältnisses führen kann. Allerdings können die betroffenen Arbeitnehmer von den Sozialplanleistungen ausgeschlossen werden, sofern ihnen der mit der Änderungskündigung jeweils angebotene Arbeitsplatz zumutbar ist (s. § 112 Rn. 104).

Mitzurechnen sind dagegen **nicht** Arbeitnehmer, die aus **personen- oder verhaltens-** 78 **bedingten Gründen entlassen** werden oder deren Arbeitsverhältnis infolge Fristablaufs endet (ebenso BAG 2. 8. 1983 AP BetrVG 1972 § 111 Nr. 12; *Fitting*, § 111 Rn. 80; ErfK-*Kania*, § 111 Rn. 9; GK-*Oetker*, § 111 Rn. 78; kritisch DKK-*Däubler*, § 111 Rn. 57; a.A. MünchArbR-*Matthes*, § 268 Rn. 23). Gleiches gilt für Arbeitnehmer, die auf eigenen Wunsch ohne entsprechende Veranlassung durch den Arbeitgeber ausscheiden (anders insoweit allerdings GK-*Fabricius*, 6. Aufl., § 111 Rn. 229; MünchArbR-*Matthes*, § 268 Rn. 23, der bei seiner Argumentation übersieht, dass die Betriebsänderung dem Arbeitgeber zurechenbar sein muss, was in Fällen, in denen nur die Personalstärke verringert wird, die Betriebsstruktur im Übrigen jedoch unangetastet bleibt, nur möglich ist, soweit der Personalabbau durch den Arbeitgeber zumindest veranlasst ist; s. auch *Hauck*, AuA 1994, 172, 173).

Wird ein Personalabbau deshalb notwendig, weil bei **Übertragung eines Betriebsteils** 79 Arbeitnehmer dem Übergang ihres Arbeitsverhältnisses auf den Erwerber (§ 613 a Abs. 1 Satz 1 BGB) widersprochen haben (s. Rn. 135 ff.), so sind unabhängig davon, ob ein sachlich anerkennenswerter Grund für den Widerspruch besteht, auch jene **Arbeitnehmer mitzuzählen,** deren Arbeitsverhältnis mit dem Betriebsinhaber wegen eines **Widerspruchs** gegen den Übergang des jeweiligen Arbeitsverhältnisses bestehen blieb (s. näher Rn. 137). Soweit für den Widerspruch kein sachlich anerkennenswerter Grund vorliegt, können die Arbeitnehmer aber von den Sozialplanleistungen ausgeschlossen werden (s. § 112 Rn. 104).

d) Sonderfall der Entlassung von Arbeitnehmern i.S. des § 112a Abs. 1. Nach 80 § 112 a Abs. 1 kann eine geplante Betriebsänderung i.S. des Satz 3 Nr. 1 „allein in der

Entlassung von Arbeitnehmern" bestehen. Für diesen Fall wird nur die Sozialplanpflicht, **nicht die Beteiligungspflicht begrenzt.** Für die Sozialplanpflicht enthält § 112a Abs. 1 eine von § 17 KSchG abweichende Bezugsgröße (s. § 112a Rn. 11). Wegen der unterschiedlichen Arbeitnehmerzahl ist, zumal § 112a Abs. 1 eine *Entlassung* verlangt, bei Erfüllung seiner Voraussetzungen stets eine beteiligungspflichtige Betriebsänderung gegeben. Sind die Voraussetzungen des § 112a Abs. 1 aber nicht erfüllt, so kann gleichwohl eine Betriebseinschränkung i. S. des Satz 3 Nr. 1 vorliegen, so dass nur die Sozialplanpflicht entfällt (vgl. MünchArbR-*Matthes,* § 268 Rn. 29; s. auch Rn. 73 f.).

81 e) **Personalabbau durch Stilllegung oder Einschränkung von wesentlichen Betriebsteilen.** Das Gesetz stellt der Stilllegung oder Einschränkung eines Betriebs die Stilllegung oder Einschränkung eines wesentlichen Betriebsteils gleich. Bei ihr handelt es sich um einen **Sonderfall der Betriebseinschränkung**, der nach der gesetzgeberischen Konzeption einen *eigenen Anwendungsfall* darstellt.

82 aa) Dem Betrieb gleichgestellt ist nur ein **wesentlicher Betriebsteil.** Betriebsteil ist nicht identisch mit *Betriebsabteilung* i. S. des § 15 Abs. 5 KSchG. Es braucht sich nicht wie dort um einen in sich abgeschlossenen und relativ selbständig organisierten Teil des Betriebes zu handeln (vgl. BAG 30. 5. 1958 AP KSchG § 13 Nr. 13; BAG 20. 1. 1984 AP KSchG 1969 § 15 Nr. 16). Allerdings ist die Stilllegung einer Betriebsabteilung grundsätzlich auch die eines wesentlichen Betriebsteils i. S. der vorliegenden Vorschrift (vgl. BAG 10. 6. 1969 AP BetrVG § 72 Nr. 6). Aber es ist nicht notwendig, dass es sich bei dem Betriebsteil um eine Betriebsabteilung handelt, sondern es genügt eine **betriebswirtschaftlich-technologische Abgrenzbarkeit innerhalb der einheitlichen Betriebsorganisation** (ebenso *Fitting,* § 111 Rn. 69; *Nipperdey/Säcker* in *Hueck/Nipperdey,* Bd. II/2 S. 1474).

83 Eine Betriebsänderung liegt aber nur vor, wenn die Stilllegung oder Einschränkung einen **wesentlichen Teil** des Betriebs betrifft. Ob es sich um einen wesentlichen Betriebsteil handelt, ist nach dem Normzweck der gesetzlichen Regelung zu beantworten. Für die Interpretation muss man deshalb auf den Relativsatz in Satz 1 zurückgreifen (s. Rn. 48). Ein Betriebsteil ist daher wesentlich, wenn seine Stilllegung oder Einschränkung wesentliche Nachteile für die Belegschaft oder erhebliche Teile der Belegschaft des Gesamtbetriebs zur Folge haben kann (ebenso MünchArbR-*Matthes,* § 268 Rn. 32).

84 Das BAG stellt in einer primär **quantitativen Betrachtung** darauf ab, ob **in dem Betriebsteil ein erheblicher Teil der Arbeitnehmer des Gesamtbetriebs** beschäftigt ist. Daneben hat es in Erwägung gezogen, einen wesentlichen Betriebsteil unabhängig von der Zahl der in ihm beschäftigten Arbeitnehmer auf Grund einer **qualitativen Betrachtung** dann anzunehmen, wenn der Betriebsteil „wirtschaftlich gesehen für den Gesamtbetrieb von erheblicher Bedeutung ist" (BAG 6. 12. 1988 AP BetrVG 1972 § 111 Nr. 26; s. auch BAG 7. 8. 1990 AP BetrVG 1972 § 111 Nr. 34; BAG 19. 1. 1999 AP BetrVG 1972 § 113 Nr. 37; BAG 27. 6. 2002 NZA 2002, 1304).

85 Für die Beurteilung, ob in einem Betriebsteil ein erheblicher Teil der Arbeitnehmer des Gesamtbetriebs beschäftigt ist, zieht das BAG – wie für die *Einschränkung des ganzen Betriebs* – die Zahlen- und Prozentangaben in § 17 Abs. 1 KSchG als Maßstab heran (BAG 21. 10. 1980 AP BetrVG 1972 § 111 Nr. 8; bestätigt BAG 2. 8. 1983 AP BetrVG 1972 § 111 Nr. 12; BAG 6. 12. 1988 AP BetrVG 1972 § 111 Nr. 26; BAG 7. 8. 1990 AP BetrVG 1972 § 111 Nr. 34; BAG 19. 1. 1999 AP BetrVG 1972 § 113 Nr. 37). Folgt man dieser Beurteilung, so hat der Tatbestand „Stilllegung eines wesentlichen Betriebsteils" gegenüber dem Tatbestand „Einschränkung des ganzen Betriebs" keine selbständige Bedeutung, wenn die Arbeitnehmer *entlassen* oder in einen anderen Betrieb versetzt werden. Er hat sie nur, wenn die Arbeitnehmer des stillgelegten Betriebsteils in einem anderen Betrieb*teil* weiterbeschäftigt werden. Erst recht kommt es zu Verzerrungen, soweit bereits die *Einschränkung eines wesentlichen Betriebsteils* den Beteiligungstatbestand bildet. Bestimmt man die Wesentlichkeit eines Betriebsteils nach der dort betroffenen Arbeitnehmerzahl im Vergleich zur Gesamtbelegschaft des Betriebs und lässt

man dann für den Einschränkungsbegriff genügen, dass ein erheblicher Teil der Belegschaft des *Betriebsteils* betroffen wird, so kommt man zu völlig unterschiedlichen Abgrenzungen für die Beteiligungspflicht, je nach dem ob ein wesentlicher Betriebsteil oder der gesamte Betrieb betroffen wird. Diese Ungereimtheiten lassen sich nur vermeiden, wenn man darauf abstellt, dass ein Betriebsteil dann als *wesentlich* anzusehen ist, wenn seine Stilllegung oder Einschränkung **wesentliche Nachteile** für i. S. des § 17 KSchG **erhebliche Teile der Belegschaft des Gesamtbetriebs** zur Folge haben kann, ohne dass es darauf ankommt, ob die von den Nachteilen betroffenen Arbeitnehmer solche des stillgelegten oder eingeschränkten Betriebsteils sind oder in anderen Teilen des Gesamtbetriebs beschäftigt sind (so zutreffend MünchArbR-*Matthes*, § 268 Rn. 32; zustimmend auch DKK-*Däubler*, § 111 Rn. 46; GK-*Fabricius*, 6. Aufl., § 111 Rn. 168, der sich allerdings unzutreffend in Übereinstimmung mit dem BAG sieht; a. A. GK-*Oetker*, § 111 Rn. 86, der diese Fälle der von ihm als Generalklausel begriffenen Bestimmung des Satz 1 zuordnen will).

bb) Die Begriffe der **Stilllegung** und der **Einschränkung** sind hier ebenso wie bei der 86 Stilllegung oder Einschränkung des ganzen Betriebs zu bestimmen (s. Rn. 56 ff. und 68 ff.). Der Betriebsteil ist also **stillgelegt**, wenn der Unternehmer insoweit die zwischen ihm und den Arbeitnehmern bestehende Betriebs- und Produktionsgemeinschaft auflöst. Eine **Einschränkung** ist anzunehmen, wenn der Personalabbau im Betriebsteil zur Folge haben kann, dass wesentliche Nachteile für die Arbeitnehmer eintreten, wobei nicht allein auf die im betreffenden Betriebsteil, sondern auf die im gesamten Betrieb beschäftigten Arbeitnehmer abzustellen ist. Während also bei der Stilllegung genügt, dass der Personalabbau die im Betriebsteil beschäftigten Arbeitnehmer betrifft, muss bei der Einschränkung beachtet werden, dass sie nur erheblich ist, wenn sie wesentliche Nachteile für die Belegschaft oder erhebliche Teile der Belegschaft – des Gesamtbetriebs – zur Folge haben kann.

f) Wie die Verlegung des ganzen Betriebs ist auch die **Verlegung von wesentlichen** 87 **Betriebsteilen** selbst **keine Stilllegung**, aber gemäß Satz 3 Nr. 2 ebenfalls eine beteiligungspflichtige Betriebsänderung. Mit ihr kann jedoch eine Stilllegung der nicht verlegten Teile verbunden sein (s. Rn. 91).

g) Die **Ausgliederung einzelner Betriebsteile** ist **keine Stilllegung**; denn es wird der mit 88 dem Betriebsteil verfolgte arbeitstechnische Zweck nicht aufgegeben und die Teilorganisation nicht aufgelöst, sondern der Betriebsteil wird entweder als Betrieb verselbständigt oder in einen anderen Betrieb desselben oder eines anderen Unternehmers eingegliedert (vgl. auch *Kreutz*, BlStSozArbR 1971, 209 ff.). Allerdings kann es sich hierbei um eine Betriebsspaltung handeln.

h) Wird der Betriebsteil veräußert, verpachtet oder im Rahmen einer Spaltung nach 89 dem UmwG (§§ 123 ff. UmwG) verselbständigt, so erfolgt dadurch ein Betriebsinhaberwechsel. Er ist für sich allein keine Betriebsänderung, sondern insoweit gilt § 613 a BGB (s. Rn. 132 ff.).

Beruht der Personalabbau auf einer **Fremdvergabe** bislang betriebsintern erledigter 90 **Arbeitsaufgaben,** so muss ebenfalls ein **gesetzlicher Übergang der Arbeitsverhältnisse** auf den Fremdunternehmer (§ 613 a Abs. 1 Satz 1 BGB) in Betracht gezogen werden. Entscheidend ist, ob trotz der Fremdvergabe die „wirtschaftliche Einheit" erhalten bleibt und auf den Übernehmer übergeht (s. auch Rn. 134).

3. Verlegung des Betriebs oder eines wesentlichen Betriebsteils (Satz 3 Nr. 2)

a) Unter Verlegung eines Betriebs ist eine **Veränderung der örtlichen Lage** zu verste- 91 hen. Keine Verlegung, sondern eine Stilllegung mit anschließender Neugründung ist es, wenn der Unternehmer die alte Betriebsgemeinschaft auflöst und am neuen Standort eine neue Betriebsorganisation aufbaut. Das wird typischerweise der Fall sein, wenn eine nicht unerhebliche räumliche Verlegung der betrieblichen Aktivitäten vorgenommen

§ 111

wird. Wesentlich ist regelmäßig, ob der Großteil der Belegschaft an die neue Betriebsstätte übersiedelt (ebenso BAG 6. 11. 1958 AP KSchG § 13 Nr. 15 [zust. *Dietz*]; BAG 12. 2. 1987 AP BGB § 613a Nr. 67). Dabei ist nicht entscheidend, ob die Arbeitnehmer auf Grund der Bedingungen ihrer Arbeitsverhältnisse ohne weiteres zur Tätigkeit in der neuen Betriebsstätte verpflichtet sind oder ob eine Änderung der Arbeitsverträge erforderlich ist (ebenso *Fitting*, § 111 Rn. 81; a. A. RAG 31. 1. 1931 BenshSlg. 11, 223). Es kommt darauf an, ob die betriebliche Einheit aufs Ganze gesehen tatsächlich die gleiche bleibt, wobei die Kontinuität der Belegschaft eine wesentliche Rolle spielt. Da Stilllegung und Verlegung im Rahmen der §§ 111 ff. gleich behandelt werden, ist die Entscheidung zwischen diesen beiden Alternativen zwar nicht insoweit, wohl aber mit Blick auf die Frage des Fortbestands des Betriebsrats von entscheidender Bedeutung (s. Rn. 65).

92 b) Da der Relativsatz in Satz 1 den Interpretationsmaßstab bildet, darf die örtliche Veränderung **nicht nur geringfügig** sein (ebenso BAG 17. 8. 1982 AP BetrVG 1972 § 111 Nr. 11 [zust. *Richardi*]; *Fitting*, § 111 Rn. 81; GL-*Löwisch*, 106 Rn. 63; HSWGNR-*Hess*, § 111 Rn. 141; *Nipperdey/Säcker* in *Hueck/Nipperdey*, Bd. II/2 S. 1474; *Rumpff/Boewer*, Mitbestimmung in wirtschaftlichen Angelegenheiten, S. 295 f.; vgl. auch GK-*Oetker*, § 111 Rn. 94). Wenn der Betrieb etwa von einem Haus in ein anderes in der gleichen Straße verlegt wird, so ist das regelmäßig ebenso wenig eine Betriebsverlegung i. S. des Gesetzes, wie wenn bei der Ausweitung eines Betriebs eine Abteilung auf die andere Straßenseite verlagert wird. Entscheidend ist auch hier, ob aus der räumlichen Verlegung wesentliche Nachteile für die Belegschaft oder einen erheblichen Teil der Belegschaft resultieren können. Dafür ist nicht erforderlich, dass sich für die Arbeitnehmer jeweils die Notwendigkeit einer Veränderung ihres Wohnsitzes ergibt oder dass die Arbeitsbedingungen schlechter werden; auch eine erhebliche Verlängerung des Anfahrtsweges kann durchaus einen wesentlichen Nachteil i. S. dieser Vorschrift bedeuten (zu eng *Kretzschmar*, BB 1954, 32, 33; wie hier GL-*Löwisch*, § 106 Rn. 63; HSWGNR-*Hess*, § 111 Rn. 141; *Nipperdey/Säcker* in *Hueck/Nipperdey*, Bd. II/2 S. 1475), wobei nicht notwendig eine räumliche Verlängerung erforderlich ist, sondern auch eine zeitliche Verlängerung genügen kann (a. A. *Stege/Weinspach/Schiefer*, §§ 111–113 Rn. 51). Zutreffend geht daher das BAG davon aus, dass auch eine räumliche Verlagerung um 4,3 km innerhalb einer Großstadt die Beteiligungspflicht nach Nr. 2 auslösen kann (BAG 17. 8. 1982 AP BetrVG 1972 § 111 Nr. 11 [kritisch dazu *Mayer-Maly*, SAE 1984, 236]; s. auch LAG Frankfurt 28. 10. 1986 AiB 1987, 292).

93 c) Gleiches wie für die Verlegung des gesamten Betriebs gilt, wenn **wesentliche Teile eines Betriebs** verlegt werden. Für die Frage, ob es sich um wesentliche Teile handelt, sind dieselben Grundsätze maßgeblich wie bei der Einschränkung und Stilllegung (s. Rn. 81 ff.).

94 d) Eine Verlegung i. S. dieser Vorschrift liegt nicht vor, wenn der **Ortswechsel** sich aus der **Art des Betriebs** ergibt, z. B. bei Zirkus- und Jahrmarktunternehmen; denn in diesem Fall handelt es sich nicht um eine Betriebsänderung, sondern um eine gewöhnliche Maßnahme der laufenden Betriebsführung. Eine Beteiligung des Betriebsrats scheidet daher aus (ebenso *Fitting*, § 111 Rn. 81; GL-*Löwisch*, § 106 Rn. 64; HSWGNR-*Hess*, § 111 Rn. 140; DKK-*Däubler*, § 111 Rn. 67; *Rumpff/Boewer*, Mitbestimmung in wirtschaftlichen Angelegenheiten, S. 295; *Nikisch*, Bd. III S. 526; *Nipperdey/Säcker* in *Hueck/Nipperdey*, Bd. II/2 S. 1475).

95 e) **Keine Verlegung** i. S. der Nr. 2, sondern eine Stilllegung ist die örtliche Verlagerung des Betriebs über die Grenzen der Anwendbarkeit des BetrVG hinweg, da für die Auslegung der Tatbestände der Anwendungsbereich des BetrVG die äußerste Grenze bildet (a. A. DKK-*Däubler*, § 111 Rn. 69). Damit ist nicht gesagt, dass bei einer Betriebs(teil)veräußerung über die Grenzen hinweg kein Betriebs(teil)übergang vorliegen kann, da sich insoweit aus der Betriebsübergangsrichtlinie RL 2001/23/EG vom 12. 3. 2001 (ABl. EG Nr. L 82/16) innerhalb ihres Anwendungsbereichs für die Interpretation des jeweiligen nationalen Rechts etwas anderes ergeben kann.

4. Zusammenschluss mit anderen Betrieben oder die Spaltung von Betrieben (Satz 3 Nr. 3)

a) Seit dem In-Kraft-Treten des Art. 13 Nr. 2 UmwBerG am 1. 1. 1995 gilt als beteiligungspflichtige Betriebsänderung nicht nur der **Zusammenschluss mit anderen Betrieben**, sondern auch die **Spaltung von Betrieben** (s. Rn. 100 ff.). Eine Lücke konnte vorher jedoch nur annehmen, wer übersah, dass der Betriebsrat bei der Aufteilung eines bisher einheitlichen Betriebs in selbständige Betriebe, soweit damit eine räumliche Verlegung verbunden ist, bereits nach Nr. 2, sonst aber immer wegen grundlegender Änderung der Betriebsorganisation nach Nr. 4 zu beteiligen ist (s. *Dietz/Richardi*, 6. Aufl. § 111 Rn. 57). 96

b) Der **Zusammenschluss** kann darauf beruhen, dass ein **Betrieb in einen anderen eingegliedert** wird, mit der Folge, dass der aufnehmende Betrieb bestehen bleibt und der aufgenommene untergeht. Es kann aber auch so sein, dass **mehrere Betriebe zu einem neuen Betrieb zusammengeschlossen** werden mit der Folge, dass der neue Betrieb mit keinem der bisherigen Betriebe identisch ist (s. zu den Auswirkungen auf das Betriebsratsamt § 21 a Rn. 9 ff.). 97

Es muss sich um den Zusammenschluss von **Betrieben** handeln. Nicht hierher gehört der Zusammenschluss von *Unternehmen*, bei dem es sich um eine Verschmelzung der Rechtsträger handelt (§§ 2 ff. UmwG) und der nicht notwendig zur Folge hat, dass auch die Betriebe zusammengeschlossen werden. In diesem Fall ergeben sich allerdings besondere Pflichten aus dem UmwG. So muss der Verschmelzungsvertrag Angaben über die Folgen der Verschmelzung für die Arbeitnehmer und ihre Vertretungen sowie die insoweit vorgesehenen Maßnahmen enthalten (§ 5 Abs. 1 Nr. 9 UmwG) und vor der Beschlussfassung der Anteilsinhaber bei jedem beteiligten Rechtsträger dem jeweils zuständigen Betriebsrat zugeleitet werden (§ 5 Abs. 3 UmwG). 98

Auch wenn ein gesamter **Betrieb aus einem Unternehmen ausgegliedert** und in ein anderes Unternehmen eingegliedert wird, liegt darin kein Zusammenschluss i. S. der Nr. 3, sondern ein Betriebsinhaberwechsel, der als solcher keine Betriebsänderung ist (s. Rn. 124). 99

c) Einen expliziten Beteiligungstatbestand bildet seit der Neufassung durch Art. 13 Nr. 2 UmwBerG auch die **Spaltung von Betrieben**. Sie darf ebenfalls nicht mit der Spaltung eines *Unternehmens* verwechselt werden, auch wenn diese häufig mit der Spaltung von Betrieben einhergeht. In Fällen der Unternehmensspaltung muss der Spaltungsvertrag Angaben über die Folgen der Unternehmensspaltung für die Arbeitnehmer und ihre Vertretungen sowie die insoweit vorgesehenen Maßnahmen enthalten (§ 126 Abs. 1 Nr. 11 UmwG). Der Vertrag ist vor dem Beschluss der Anteilsinhaber dem zuständigen Betriebsrat des betroffenen Rechtsträgers zuzuleiten (§ 126 Abs. 3 UmwG). 100

Zu einer Betriebsspaltung i. S. des Nr. 3 kann es auch ohne Aufteilung auf Rechtsträgerebene kommen. Denkbar ist hier sowohl die Gestaltung, dass der bislang einheitliche Betrieb unter Verlust der bisherigen Betriebsidentität in zwei oder mehrere selbständige neue Betriebe aufgeteilt wird oder die Spaltprodukte in neue Betriebe eingegliedert werden. Ebenso möglich ist, dass von dem fortbestehenden bisherigen Betrieb ein kleinerer Teil oder mehrere kleinere Teile abgespalten und verselbständigt oder in neue Betriebe eingegliedert werden. Eine solche Spaltung kann auch in der **Auflösung eines gemeinsamen Betriebs** zu erblicken sein (s. § 1 Rn. 60 ff.). Unerheblich für den Beteiligungstatbestand des Abs. 3 Nr. 3 ist, ob es sich bei den Spaltprodukten um Betriebsteile i. S. des § 613 a Abs. 1 Satz 1 BGB handelt (zutreffend LAG München 18. 7. 2006 – 11 TaBV 70/05, Rechtsbeschwerde anhängig: 1 ABR 77/06). 101

Das Tatbestandsmerkmal der Spaltung eines Betriebs ist ebenfalls vor dem Hintergrund der in Satz 1 niedergelegten Grundsatzentscheidung des Gesetzgebers auszulegen, so dass eine beteiligungspflichtige Spaltung nur anzunehmen ist, wenn sie wesentliche Nachteile für die Belegschaft oder erhebliche Teile der Belegschaft zur Folge haben kann 102 (ebenso *Schweibert*, Willemsen/Hohenstatt/Schweibert/Seibt, Umstrukturierung und Übertragung von Unternehmen, C 61; siehe auch *Kreßel*, BB 1995, 925, 927: „keine Bagatellausgründungen"; vgl. ferner *Gaul*, Das Arbeitsrecht der Betriebs- und Unternehmensspaltung, § 28 Rn. 75; a. A. wohl *Richardi*, 7. Aufl., Rn. 95; DKK-*Däubler*, § 111 Rn. 77; GK-*Oetker*, § 111 Rn. 106). Das BAG ist hier freilich anderer Ansicht, wenn es betont, dass der Annahme einer Spaltung i. S. der Nr. 3 nicht entgegensteht, dass es sich „um einen verhältnismäßig kleinen Betriebsteil handelt", da Nr. 3 nicht auf die Abspaltung eines erheblichen oder wesentlichen Betriebsteils abstelle (BAG 10. 12. 1996 AP BetrVG 1972 § 112 Nr. 110; unzutreffend erscheint daher die Interpretation dieser Entscheidung bei *Lingemann/Göpfert*, NZA 1997, 1325, 1326 und *Schweibert*, Willemsen/Hohenstatt/Schweibert/Seibt, Umstrukturierung und Übertragung von Unternehmen, C 61). Nach Ansicht des BAG ist es nicht mit einem „unauflösbaren Wertungswiderspruch" verbunden, dass für Nr. 3 – anders als für Nr. 1 – nicht erforderlich sei, dass „wesentliche" Betriebsteile betroffen sind. Dem liege die typisierende gesetzgeberische Einschätzung zugrunde, „eine Spaltung betreffe anders als eine Teilstilllegung regelmäßig nicht nur den stillgelegten Teil, sondern den gesamten Betrieb" (BAG 18. 3. 2008 AP BetrVG 1972 § 111 Nr. 66). Diese Rechtsprechung ist unzutreffend (im Ergebnis ebenso *Meyer/Röger*, BB 2009, 894, 896 f.). Die Unterscheidung von Stilllegung und Abspaltung identischer Betriebsteile missachtet, dass Bezugspunkt für die Bestimmung des Vorliegens einer Betriebsänderung der jeweilige Betrieb ist. Für diesen macht es allerdings keinerlei Unterschied, ob der betreffende Betriebsteil – wie bei einer Betriebsteilabspaltung – fortgeführt wird oder – wie bei einer Betriebsteilstilllegung – nicht. Typischerweise sind die mit der Stilllegung eines Betriebsteils verbundenen Nachteile für die Belegschaft sogar größer als die mit einer bloßen Abspaltung desselben Betriebsteils verbundenen Nachteile.

Nur für „**Bagatellausgründungen**" hat auch nach Ansicht des BAG etwas anderes zu gelten hat (BAG 18. 3. 2008 AP BetrVG 1972 § 111 Nr. 6; a. A. LAG Bremen 21. 10. 2004 AP BetrVG 1972 Nr. 48). Eine Bagatellausgründung kann seit der Umstellung des Bezugspunkts für die Betriebsänderung in Satz 1 vom Betrieb auf das Unternehmen allerdings nicht mehr ohne weiteres dann angenommen werden, wenn der abgespaltene Teil die Zahlengrenze des § 1 nicht überschreitet (wie hier GK-*Oetker*, § 111 Rn. 100; a. A. weiterhin ErfK-*Kania*, § 111 BetrVG Rn. 14). Denn nunmehr kommt als Objekt einer beteiligungspflichtigen Betriebsspaltung auch ein **Kleinbetrieb** in Betracht, und insoweit kann die Abspaltung eines lediglich vier Arbeitnehmer umfassenden Teils im Einzelfall durchaus von wesentlicher Bedeutung sein, wobei die richtige Grenzziehung allerdings erhebliche Schwierigkeiten bereitet (s. auch bereits Rn. 74).

103 Wird bei der **Spaltung des Rechtsträgers** (Unternehmens; dabei ist hier ein von dem des UmwG abweichender Begriff der Spaltung im nichttechnischen Sinne zugrunde zu legen, vgl. § 1 Rn. 87) die **Organisation des betroffenen Betriebs nicht wesentlich** (zum Begriff § 1 Rn. 85 ff.) **geändert**, so **vermutet** § 1 Abs. 2 Nr. 2 für den Anwendungsbereich des BetrVG, dass **dieser Betrieb** von den beteiligten Rechtsträgern **gemeinsam geführt** wird.

104 Nr. 3 hat im Wesentlichen nur eine klarstellende Funktion (BAG 10. 12. 1996 AP BetrVG 1972 § 112 Nr. 110), weil die Betriebsaufspaltung bereits unter die anderen Tatbestände des Katalogs fällt (so unter Satz 3 Nr. 4 BAG 16. 6. 1987 AP BetrVG 1972 § 111 Nr. 19; ebenso DKK-*Däubler*, § 111 Rn. 77). Werden die aus der Spaltung hervorgehenden Betriebsteile nicht in einen Betrieb eingegliedert, in dem ein Betriebsrat besteht, so bleibt der Betriebsrat des bisherigen Betriebs für sie grundsätzlich in Wahrnehmung des zeitlich befristeten **Übergangsmandats** nach § 21a zuständig (s. dazu näher § 21a Rn. 5 ff.).

105 d) Der Beteiligungstatbestand der Nr. 3 erfasst nur solche Einheiten, die betriebsverfassungsrechtlich einen **selbständigen Betrieb** darstellen. Er ist daher auch einschlägig, wenn Betriebsteile, die nach § 4 Abs. 1 Satz 1 als selbständige Betriebe gelten, mit dem

Hauptbetrieb zusammengeschlossen werden (ebenso GK-*Oetker*, § 111 Rn. 100; *Fitting*, § 111 Rn. 85; GL-*Löwisch*, § 106 Rn. 67; *Hanau*, ZfA 1974, 89, 96; HSWGNR-*Hess*, § 111 Rn. 145; a. A. zu § 72 BetrVG 1952: *Dietz*, § 72 Rn. 27; *Nikisch*, Bd. III S. 526; *Nipperdey/Säcker* in *Hueck/Nipperdey*, Bd. II/2 S. 1475). Voraussetzung ist jedoch, dass der Zusammenschluss durch eine *organisatorische Maßnahme* des Unternehmers herbeigeführt wird. Verliert ein Betriebsteil seine rechtliche Selbständigkeit, weil er durch Verlegung des Standortes nicht mehr räumlich weit vom Hauptbetrieb entfernt ist (§ 4 Abs. 1 Satz 1 Nr. 1), so besteht das Beteiligungsrecht aber bereits unter dem Gesichtspunkt der Verlegung (Satz 3 Nr. 2). Verliert er sie deshalb, weil er nicht mehr durch Aufgabenbereich und Organisation eigenständig ist (§ 4 Abs. 1 Satz 1 Nr. 2), so bedeutet dies zugleich eine grundlegende Änderung der Betriebsorganisation, die Satz 3 Nr. 4 als Beteiligungstatbestand erfasst. Verliert dagegen ein Betrieb oder Betriebsteil nur deshalb seine betriebsverfassungsrechtliche Selbständigkeit, weil er selbst nicht mehr die Voraussetzungen des § 1 erfüllt, um einen Betriebsrat zu bilden, so liegt darin kein Zusammenschluss i. S. dieser Vorschrift; die dadurch eintretende Zuordnung zum Hauptbetrieb ist für sich genommen keine beteiligungspflichtige Betriebsänderung (ebenso *Rumpff/Boewer*, Mitbestimmung in wirtschaftlichen Angelegenheiten, S. 298). Das gilt auch, wenn die Eingliederung eine Änderung der Tarifsituation zur Folge hat (a. A. *Galperin/Siebert*, § 72 Rn. 15).

Nicht unter den Tatbestand des Zusammenschlusses von Betrieben fällt der **Zusammenschluss eines Betriebsteils mit anderen Betriebsteilen** (ebenso GK-*Oetker*, § 111 Rn. 107; *Fitting*, § 111 Rn. 85; ErfK-*Kania*, § 111 Rn. 13; GL-*Löwisch*, § 106 Rn. 67; a. A. in Analogie zu Nr. 1 und 2 bei wesentlichen Betriebsteilen *Hanau*, ZfA 1974, 89, 96). Dieser Fall wird jedoch vom Tatbestand der Nr. 4 erfasst, soweit es sich um eine grundlegende Änderung der Betriebsorganisation handelt. 106

5. Grundlegende Änderungen der Betriebsorganisation, des Betriebszwecks oder der Betriebsanlagen (Satz 3 Nr. 4)

a) Das Gesetz nennt anders als § 72 Abs. 1 Satz 2 lit. d BetrVG 1952 nicht nur die Änderungen des Betriebszwecks oder der Betriebsanlagen, sondern auch die Änderung der Betriebsorganisation. Voraussetzung ist, dass es sich in diesen Fällen um eine grundlegende Änderung handelt. Entfallen ist die Einschränkung, dass der Betriebsrat nur zu beteiligen ist, soweit die Änderungen nicht offensichtlich auf einer Veränderung der Marktlage beruhen (s. Rn. 10). Damit gewinnt Nr. 4 die Bedeutung einer **beschränkten Generalklausel** (zust. DKK-*Däubler*, § 111 Rn. 81). Die hier genannten **Voraussetzungen** bestehen **alternativ nebeneinander** (ebenso BAG 17. 12. 1985 AP BetrVG 1972 § 111 Nr. 15). 107

b) **Änderung der Betriebsorganisation**. Betriebsorganisation ist die auf die Verfolgung der arbeitstechnischen Zwecke gerichtete Organisation. Sie ist von der Unternehmensorganisation zu unterscheiden, die mehrere Betriebe umfassen kann. Zur Betriebsorganisation gehören der Betriebsaufbau, also die Organisation des Leitungsapparats. Hingegen gehört zur Betriebsorganisation **nicht die Arbeitsplatzgestaltung**, weil das Gesetz diese Fälle entweder bei der grundlegenden Änderung der Betriebsanlagen oder bei der Einführung grundlegend neuer Arbeitsmethoden und Fertigungsverfahren erfasst (ebenso GL-*Löwisch*, § 106 Rn. 69). Eine Änderung der Betriebsorganisation liegt vor „wenn der Betriebsaufbau, insbesondere hinsichtlich Zuständigkeiten und Verantwortung, umgewandelt wird" (BAG 18. 3. 2008 AP BetrVG 1972 § 111 Rn. 66). 108

Eine grundlegende Änderung der Betriebsorganisation ist insbesondere die **Betriebsaufspaltung** (ebenso BAG 16. 6. 1987 AP BetrVG 1972 § 111 Nr. 19), die jedoch bereits von Nr. 3 erfasst wird (s. Rn. 100 ff.). Sie ist darüber hinaus anzunehmen bei Einführung einer Spartenorganisation oder eines Profitcenter-Systems sowie bei der Einführung von **Telearbeit** (DKK-*Däubler*, § 111 Rn. 82; ErfK-*Kania*, § 111 Rn. 17) oder dem Über- 109 gang zur Gruppenarbeit (*Fitting*, § 111 Rn. 92; a. A. *Stege/Weinspach/Schiefer*, §§ 111–113 Rn. 58). Eine grundlegende Änderung der Betriebsorganisation kann auch in der Übertragung einer bislang mit eigenen Arbeitnehmern durchgeführten Aufgabe auf selbständige Handelsvertreter liegen (BAG 18. 11. 2003 AP BetrVG 1972 § 118 Nr. 76).

110 c) **Änderung des Betriebszwecks.** Betriebszweck ist der mit dem Betrieb verfolgte arbeitstechnische Zweck (ebenso BAG 17. 12. 1985 AP BetrVG 1972 § 111 Nr. 15; BAG 16. 6. 1987 AP BetrVG 1972 § 111 Nr. 19; s. auch § 1 Rn. 22 f.), also nicht der unternehmerische Zweck der Gewinnerzielung. Möglich ist, dass in einem Betrieb mehrere arbeitstechnische Zwecke verfolgt werden (s. § 1 Rn. 24). Der Betriebszweck wird geändert, wenn der Unternehmer den bisherigen durch einen anderen arbeitstechnischen Zweck ersetzt. Dabei ist vorausgesetzt, dass ein Wechsel des arbeitstechnischen Zwecks nicht die Identität des Betriebs berührt, da es anderenfalls zu einer Betriebsstilllegung unter gleichzeitiger Neugründung eines anderen Betriebs kommt. Eine Änderung des Betriebszwecks liegt auch vor, wenn der Unternehmer den arbeitstechnischen Zweck durch einen weiteren arbeitstechnischen Zweck ergänzt oder wenn er einen von mehreren arbeitstechnischen Zwecken aufgibt (BAG 17. 12. 1985 AP BetrVG 1972 § 111 Nr. 15; BAG 16. 6. 1987 AP BetrVG 1972 § 111 Nr. 19). Eine Änderung des Betriebszwecks ist auch bei unverändert bleibender Betriebsorganisation möglich, kann aber mit einer solchen einhergehen; bei Teilaufgabe des arbeitstechnischen Zwecks kann außerdem die Stilllegung eines wesentlichen Betriebsteils oder eine Betriebseinschränkung vorliegen.

111 Bei einem **Produktionsbetrieb** ändert sich der Betriebszweck bei Umgestaltung der konkreten Produktion, z. B. bei einem Übergang von der Herstellung von Werkzeugen zu der von Maschinen, von der Herstellung von Personenwagen zu der von Motorrädern. Eine Änderung des Betriebszwecks kann auch darin liegen, dass an Stelle von bisher produzierten Typen einer Autoproduktion andere hergestellt werden. Für den Beteiligungstatbestand ist aber Voraussetzung, dass die Änderung *grundlegend* ist, wobei hier für die Interpretation ebenfalls der Relativsatz in Satz 1 heranzuziehen ist. Deshalb ist bei einem bloßen Produktwechsel in der Regel der Beteiligungstatbestand nicht gegeben (ebenso im Ergebnis GL-*Löwisch*, § 111 Rn. 30 a; *Stege/Weinspach/Schiefer*, §§ 111–113 Rn. 62). Werden in einem Schlachthof, in dem bislang Rinder, Kälber und Schweine geschlachtet wurden, künftig nur noch Schweine geschlachtet, so soll darin keine grundlegende Änderung des Betriebszwecks liegen (vgl. BAG 28. 4. 1993 AP BetrVG 1972 § 111 Nr. 32).

112 Bei einem **Dienstleistungsbetrieb** ist eine Änderung des Betriebszwecks geplant, wenn andere Dienstleistungen als bisher angeboten werden sollen (ebenso BAG 17. 12. 1985 AP BetrVG 1972 § 111 Nr. 15). Auch die Umorganisation des Vertriebs in der Form, dass statt Arbeitnehmern selbständige Handelsvertreter den Vertrieb ausführen, kann eine Änderung des Betriebszwecks (aber auch der Betriebsorganisation) darstellen (BAG 23. 9. 2003 AP BetrVG 1972 § 113 Nr. 43; BAG 8. 6. 1999 AP BetrVG 1972 § 111 Nr. 47; daneben kommt auch der Beteiligungstatbestand des Satzes 3 Nr. 1 in Betracht).

113 Ob die Änderung des Betriebszwecks auf einer Veränderung der Marktlage beruht, spielt keine Rolle (anders aber § 72 Abs. 1 Satz 2 lit. d BetrVG 1952). Das ist insbesondere für Betriebe von Bedeutung, die in starkem Maße von der Mode abhängen, so dass infolge einer Änderung der Mode an Stelle der bisherigen Waren andere hergestellt werden müssen.

114 d) **Änderung der Betriebsanlagen.** Betriebsanlagen sind Gegenstände, die nicht zur Veräußerung bestimmt sind, also nicht dem Umlaufvermögen angehören, sondern den arbeitstechnischen Produktions- und Leistungsprozess gestalten (ebenso GK-*Oetker*, § 111 Rn. 115; zust. BAG 26. 10. 1982 AP BetrVG 1972 § 111 Nr. 10 [*Richardi*]). Mit der Änderung der Betriebsanlagen erfasst das Gesetz also eine Veränderung der baulichen und technischen Anlagen, z. B. Neugestaltung der Werkshallen und Einführung anderer Maschinen (ebenso *Fitting,* § 111 Rn. 94; GL-*Löwisch,* § 111 Rn. 30 b; HSWGNR-*Hess,* § 111 Rn. 153 ff.), gleichgültig ob es sich um ortsfeste oder bewegliche Anlagen handelt (s. zum Austausch eines Fuhrparks etwa LAG Frankfurt 26. 2. 1982 – 13 Sa 1139/81). Auch der Einsatz von Mikroprozessoren und **Datensichtgeräten** (ebenso BAG 26. 10. 1982 AP BetrVG 1972 § 111 Nr. 10; *Fitting,* § 111 Rn. 94; *Engel,* AuR 1982, 79, 84 f.; *Richardi,* NZA 1984, 177, 179 f.) oder die Einführung neuer Computersoftware (DKK-*Däubler,* § 111 Rn. 84) bzw. von Telearbeit (*Fitting,* § 111 Rn. 94; s. auch Rn. 120) gehören hierher. Ebenso kann in der Verbindung zweier bislang getrennter maschineller Komplexe zu einer In-Line-Produktionsanlage eine Änderung der Betriebsanlagen zu erblicken sein (LAG Frankfurt 27. 10. 1987 LAGE § 111 BetrVG 1972 Nr. 7).

Beteiligungspflichtig ist nicht jede Änderung von Betriebsanlagen, sondern nur, wie es im Gesetzestext heißt, eine Änderung *der* Betriebsanlagen. Die Änderung braucht zwar nicht die Gesamtheit der Betriebsanlagen zu erfassen; die sächlichen Betriebsmittel, auf die sich die Änderung bezieht, müssen aber im Verhältnis zu den Anlagen des gesamten Betriebs und damit für das betriebliche Gesamtgeschehen von erheblicher Bedeutung sein (so zutreffend BAG 26. 10. 1982 AP BetrVG 1972 § 111 Nr. 10). Dafür spricht die Gesetzessystematik; denn die Änderung der Betriebsanlagen steht in Nr. 4 gleichwertig neben der Änderung der Betriebsorganisation und des Betriebszwecks. Der Beteiligungstatbestand setzt außerdem voraus, dass es sich um eine *grundlegende* Änderung handelt, wofür auf den Relativsatz in Satz 1 zurückzugreifen ist (s. Rn. 118). Die laufende Umgestaltung der betrieblichen Einrichtungen, wie sie bei jedem Betrieb an der Tagesordnung ist, etwa die Ersatzbeschaffung veralteter Maschinen, scheidet als Beteiligungstatbestand aus. 115

Auch hier spielt keine Rolle, ob die Änderung auf einer Veränderung der Marktlage beruht, was etwa der Fall ist, wenn an Stelle der bisher produzierten Waren andere hergestellt werden müssen, deren Produktion andere Betriebsanlagen erfordert (anders aber § 72 Abs. 1 Satz 2 lit. d BetrVG 1952). 116

Der Fall der Änderung der Betriebsanlagen steht in engstem **Zusammenhang** mit der in Nr. 5 genannten **Einführung grundlegend neuer Arbeitsmethoden und Fertigungsverfahren** (vgl. BAG 6. 12. 1983 AP BetrVG 1972 § 87 Überwachung Nr. 7 *[Richardi]*). Obwohl die Änderung der Betriebsanlagen im Katalog des § 106 Abs. 3 nicht ausdrücklich genannt ist, fällt daher auch sie in die Zuständigkeit des Wirtschaftsausschusses (ebenso GL-*Löwisch,* § 106 Rn. 71). 117

e) **Notwendigkeit einer grundlegenden Änderung.** Für die Feststellung, ob es sich um eine grundlegende Änderung der Betriebsorganisation, des Betriebszwecks oder der Betriebsanlagen handelt, ist interpretatorisch von Bedeutung, dass dadurch eine Betriebsänderung erfasst werden soll, die wesentliche Nachteile für die Belegschaft oder erhebliche Teile der Belegschaft zur Folge haben kann (s. Rn. 45 ff.). Eine Änderung ist *grundlegend* und daher eine beteiligungspflichtige Betriebsänderung, wenn sie *wesentliche Nachteile* für die Belegschaft oder erhebliche Teile der Belegschaft zur Folge haben kann. Das ergibt sich aus dem Relativsatz des Satzes 1, der hier als Interpretationsmaßstab für die Auslegung der in Nr. 4 genannten unbestimmten Rechtsbegriffe heranzuziehen ist (ebenso BAG 26. 10. 1982 AP BetrVG 1972 § 111 Nr. 10 *[Richardi]*). Allerdings soll es nach Ansicht des BAG nicht genügen, dass von der Änderung die gesamte Belegschaft oder ein erheblicher Teil der Belegschaft betroffen wird, sofern die Änderung nicht grundlegend ist. So reicht die bloße Ersatzbeschaffung für abgenutzte Maschinen oder Geräte selbst dann nicht aus, wenn sie einen erheblichen Teil der Belegschaft betrifft (so BAG 26. 10. 1982 AP BetrVG 1972 § 111 Nr. 10; BAG 6. 12. 1983 AP BetrVG 1972 Überwachung Nr. 7; vgl. auch BAG 28. 4. 1993 AP BetrVG 1972 § 111 Nr. 32 [Ersetzung eines Schlachtbandes im Schlachthof]), sofern sich hieraus keine wesentlichen Nachteile für die Belegschaft oder einen erheblichen Teil der Belegschaft ergeben können. Für die Beantwortung der Frage, ob die geplante Maßnahme einen *erheblichen Teil* 118 *der Belegschaft* betrifft, knüpft das BAG an seine Rechtsprechung zur Betriebseinschränkung an (vgl. BAG 26. 10. 1982 AP BetrVG 1972 § 111 Nr. 10; BAG 6. 12. 1983 AP BetrVG 1972 § 87 Überwachung Nr. 7). Eine Änderung der Betriebsorganisation ist nach der Ansicht des BAG grundlegend, wenn sie „einschneidende Auswirkungen auf den Betriebsablauf, die Arbeitsweise oder die Arbeitsbedingungen der Arbeitnehmer hat. Die Änderung muss in ihrer Gesamtschau von erheblicher Bedeutung für den gesamten Betriebsablauf sein" (BAG 18. 3. 2008 AP BetrVG 1972 § 111 Nr. 66).

6. Einführung grundlegend neuer Arbeitsmethoden und Fertigungsverfahren (Satz 3 Nr. 5)

119 a) Dieser Tatbestand **ergänzt** den in **Nr. 4** genannten Komplex. Während dort Veränderungen der betrieblichen Organisation und der betrieblichen Anlagen erfasst werden, beziehen sich die hier genannten Fälle auf die Gestaltung der Arbeit, wobei sich allerdings im Einzelfall beträchtliche Überschneidungen ergeben können (DKK-*Däubler*, § 111 Rn. 89).

120 b) Die **Arbeitsmethoden** haben es unmittelbar mit der Gestaltung der menschlichen Arbeit zu tun; man versteht unter ihnen die **Art und Weise, wie die menschliche Arbeit zur Erfüllung des Betriebszwecks arbeitstechnisch eingesetzt** wird. Zu den Arbeitsmethoden gehört, ob und wie *technische Hilfsmittel* (wie etwa Datensichtgeräte, vgl. BAG 6. 12. 1983 AP BetrVG 1972 § 87 Überwachung Nr. 7 *[Richardi]*) für die Erbringung der Arbeit herangezogen werden. Der Begriff der Arbeitsmethode beschränkt sich aber nicht auf deren Einsatz, sondern erfasst auch die *organisatorische Gestaltung* für die Erbringung der Arbeit, z. B. die Einführung von Gruppenarbeit, wenn bisher einzeln gearbeitet wurde (ebenso DKK-*Däubler*, § 111 Rn. 90).

121 Das Gesetz nennt neben den Arbeitsmethoden die **Fertigungsverfahren.** Unter ihnen sind die technischen Methoden in der Gestaltung der Produktionsgüter im weitesten Sinne zu verstehen. Hierher gehören auch die diesem Zweck dienenden Arbeitsmethoden (vgl. *Rumpff/Boewer*, Mitbestimmung in wirtschaftlichen Angelegenheiten, S. 305). Da sie aber bereits ausdrücklich genannt wurden, entspricht der Begriff des Fertigungsverfahrens den in § 106 Abs. 3 Nr. 5 genannten Fabrikationsmethoden (ebenso GK-*Oetker*, § 111 Rn. 125; *Fitting*, § 111 Rn. 99; GL-*Löwisch*, § 111 Rn. 32; HSWGNR-*Hess*, § 111 Rn. 163).

122 Vom Begriff der Arbeitsmethoden werden alle **Rationalisierungsmaßnahmen** erfasst, soweit sie sich auf den **Arbeitsablauf** auswirken. Gemeint sind hier aber nur technische oder organisatorische Fragen der *Arbeitsleistung*, nicht dagegen solche der *Entlohnung*. Ist mit der Änderung der Arbeitsmethoden auch eine Änderung der Entlohnungsmethode verbunden, so greift insoweit das anders gestaltete Mitbestimmungsrecht des Betriebsrats nach § 87 Abs. 1 Nr. 10 ein (s. dort Rn. 760 ff.). Keine Änderung der Arbeitsmethode ist die *Gestaltung der Arbeitszeit*; denn insoweit hat der Betriebsrat nach § 87 Abs. 1 Nr. 2 mitzubestimmen (s. dort Rn. 254 ff.; ebenso MünchArbR-*Matthes*, § 268 Rn. 47).

123 c) Es muss sich um **grundlegend neue Arbeitsmethoden oder Fertigungsverfahren** handeln, die eingeführt werden sollen. Die laufende Verbesserung der Arbeitsmethoden und Fertigungsverfahren, die in jedem Betrieb eine Rolle spielt, scheidet aus. Es muss vielmehr eine *andere* Methode an Stelle der bisherigen treten. Dabei kommt es nur darauf an, dass sie **für den Betrieb neu** ist (ebenso *Fitting*, § 111 Rn. 100; GL-*Löwisch*, § 111 Rn. 34; *Stege/Weinspach/Schiefer*, §§ 111–113 Rn. 68; *Rumpff/Boewer*, Mitbestimmung in wirtschaftlichen Angelegenheiten, S. 306). Keine Rolle spielt anders als nach § 72 Abs. 1 Satz 2 lit. e BetrVG 1952, ob die Einführung offensichtlich dem technischen Fortschritt entspricht oder ihm dient. Daher ist der Betriebsrat auch zu beteiligen, wenn der Unternehmer eine bisher nicht bekannte Arbeitsmethode einführen will, um durch den damit erreichten technischen Fortschritt einen Vorsprung vor den

Mitbewerbern zu erreichen. Für die Feststellung, ob die Einführung einer neuen Arbeitsmethode oder eines neuen Fertigungsverfahrens grundlegend ist und daher einen Beteiligungstatbestand bildet, ist auch hier interpretatorisch der Relativsatz in Satz 1 heranzuziehen (ebenso BAG 6. 12. 1983 AP BetrVG 1972 § 87 Überwachung Nr. 7 *[Richardi]*; s. Rn. 50). Insbesondere bei der Einführung eines Umweltmanagementsystems nach der Umweltaudit-VO ist umstritten, inwieweit von einer grundlegenden Änderung ausgegangen werden kann (dazu *Kohte*, FS Däubler 1999, S. 639, 652).

IV. Betriebsübernahme und Betriebsänderung

1. Betriebsinhaberwechsel

a) Wird ein Betrieb durch Rechtsgeschäft von einem anderen übernommen, so ist der damit verbundene **Betriebsinhaberwechsel keine Betriebsänderung,** die der Mitbestimmung des Betriebsrats unterliegt (ebenso BAG 4. 12. 1979 AP BetrVG 1972 § 111 Nr. 6 [zust. *Seiter*]; bereits BAG 24. 7. 1979 DB 1980, 164; bestätigt BAG 21. 10. 1980 AP BetrVG 1972 § 111 Nr. 8; BAG 17. 3. 1987 AP BetrVG 1972 § 111 Nr. 18; BAG 10. 12. 1996 AP BetrVG 1972 § 112 Nr. 110; BAG 25. 1. 2000 AP BetrVG 1972 § 112 Nr. 137; vgl. aber auch BAG 27. 6. 2006 AP BetrVG 1972 § 112a Nr. 14; *Fitting*, § 111 Rn. 50; *Matthes*, NZA 2000, 1073; *Schwanda*, Der Betriebsübergang in § 613a BGB, 1992, S. 281 m. w. N.; a. A. DKK-*Däubler*, § 111 Rn. 102; GK-*Fabricius*, 6. Aufl., § 111 Rn. 267, 296; *Kittner*, Anm. AP BetrVG 1972 § 111 Nr. 9; irreführend BAG 31. 1. 2008 AP B§ 613a BGB Unterrichtung Nr. 2). Der Deutsche Gewerkschaftsbund hatte gefordert, den Betriebsinhaberwechsel als Betriebsänderung der Mitbestimmung des Betriebsrats zu unterwerfen (Vorschläge des DGB zur Änderung des BetrVG, 1970, S. 39). Der Gesetzgeber ist diesem Vorschlag nicht gefolgt (vgl. Begründung des RegE, BT-Drucks. VI/1786, S. 59). Er hat vielmehr § 613a in das BGB eingefügt, um die Rechtsfolgen eines Betriebsübergangs durch Rechtsgeschäft allgemein zu regeln (§ 122). Durch Art. 1 Nr. 5 Arbeitsrechtliches EG-Anpassungsgesetz vom 13. 8. 1980 (BGBl. I S. 1308) wurden die Sätze 2 bis 4 in Abs. 1 und der Abs. 4 dem § 613a BGB angefügt, um die EG-Richtlinie zur Angleichung der Rechtsvorschriften der Mitgliedstaaten über die Wahrung von Ansprüchen der Arbeitnehmer beim Übergang von Unternehmen, Betrieben oder Betriebsteilen (77/187/EWG) vom 14. 2. 1977 (ABl. EG Nr. L 61/26) in deutsches Recht umzusetzen. § 613a BGB ist richtlinienkonform zu interpretieren. Die Rechtsprechung des EuGH bestimmt daher mittelbar, wie § 613a BGB anzuwenden ist (vgl. auch das Memorandum der EU-Kommission mit den Leitkriterien zur Anwendung der Richtlinie 77/187/EWG, abgedruckt in DB 1997, 1030 ff.). Die Richtlinie 77/187/EWG, zuletzt geändert durch die RL 98/50/EG v. 29. 6. 1998 (ABl. EG Nr. L 201/88; s. dazu *Willemsen/Annuß*, NJW 1999, 2073), ist mittlerweile durch die Richtlinie 2001/23/EG vom 12. 3. 2001 (ABl. EG Nr. L 82/16) ersetzt worden, ohne dass sich daraus allerdings sachliche Änderungen ergeben haben. Selbst wenn im Hinblick auf Art. 7 RL 2001/23/ EG ein Umsetzungsdefizit bestehen sollte, erscheint es nicht möglich, in Fällen des bloßen Rechtsträgerwechsels ohne weitere Veränderung auf Betriebsebene auf dem Wege der richtlinienkonformen Auslegung zu einer Erfassung durch § 111 zu gelangen (a. A. *Gaul*, Das Arbeitsrecht der Betriebs- und Unternehmensspaltung, § 28 Rn. 101 ff.)

b) Geht ein **Betrieb durch Rechtsgeschäft auf einen anderen Inhaber** über, so tritt dieser in die **Rechte und Pflichten aus den im Zeitpunkt des Übergangs bestehenden Arbeitsverhältnissen** ein (§ 613a Abs. 1 Satz 1 BGB). Der Betriebsrat hat kein Beteiligungsrecht; er kann wegen des Betriebsinhaberwechsels nicht die Aufstellung eines Sozialplans verlangen (s. auch BAG 10. 12. 1996 AP BetrVG 1972 § 112 Nr. 110). Denn der Betriebsinhaberwechsel betrifft allein die Rechtsträgerebene und hat als solcher keinerlei Auswirkungen auf die Betriebsebene. Der bisherige Arbeitgeber haftet neben dem neuen Inhaber für Verbindlichkeiten aus dem Arbeitsverhältnis, soweit sie vor dem Zeitpunkt des Übergangs entstanden sind und vor Ablauf von einem Jahr nach diesem Zeitpunkt fällig werden, als Gesamtschuldner (§ 613 a Abs. 2 Satz 1 BGB).

126 Ein Betriebsübergang durch Rechtsgeschäft tritt nicht nur bei einer **Betriebsveräußerung** ein, sondern er ist auch bei einer **Betriebsverpachtung** gegeben (ebenso BAG 15. 11. 1978 AP BGB § 613 a Nr. 14; BAG 25. 2. 1981 AP BGB § 613 a Nr. 24; BAG 26. 2. 1987 AP BGB § 613 a Nr. 59). Wird ein Unternehmen in eine Besitz- und Produktionsgesellschaft aufgespalten, so liegt in der Verpachtung an die Produktionsgesellschaft ein Betriebsinhaberwechsel i. S. des § 613 a BGB (ebenso BAG 17. 2. 1981 AP BetrVG 1972 § 111 Nr. 9).

127 c) Bei einer **Umwandlung des Rechtsträgers** durch Zusammenschluss mit einem anderen Unternehmen, Spaltung oder Vermögensübertragung findet **§ 613 a Abs. 1 und 4 BGB** Anwendung. Das ergibt sich aus § 324 UmwG, der – in seiner Formulierung missglückt – anordnet, dass § 613 a Abs. 1 und 4 BGB auch im Fall einer Verschmelzung, Spaltung oder Vermögensübertragung gilt (ebenso *Boecken*, ZIP 1994, 1087, 1089 f.; *Däubler*, RdA 1995, 136, 139; *Joost*, ZIP 1995, 976, 980; *Kreßel*, BB 1995, 925, 928; überholt daher die vor § 324 UmwG vertretene h. M.; vgl. Staudinger-*Annuß* [2005], § 613 a Rn. 305).

2. Verbindung des Betriebsübergangs mit einer Betriebsänderung

128 a) Der Betriebsübergang kann mit Maßnahmen verbunden sein, die den **Tatbestand einer Betriebsänderung** erfüllen. Der Unternehmer hat in diesem Fall, soweit es um die Betriebsänderung geht, den **Betriebsrat zu beteiligen** (ebenso BAG 4. 12. 1979 AP BetrVG 1972 § 111 Nr. 6; bestätigt BAG 21. 10. 1980 AP BetrVG 1972 § 111 Nr. 18; BAG 10. 12. 1996 AP BetrVG 1972 § 112 Nr. 110; BAG 18. 3. 2008 AP BetrVG 1972 § 111 Nr. 66). Ein Beteiligungsrecht besteht nur, wenn es sich um eine Betriebsänderung handelt, die im Katalog des Satzes 3 genannt wird. Das ist z. B. der Fall, wenn der Unternehmer eine Betriebseinschränkung plant, damit ein Pächter den Betrieb übernimmt (vgl. BAG AP BetrVG 1972 § 111 Nr. 6).

129 b) Das **Beteiligungsrecht** besteht **gegenüber dem Unternehmer,** der die **Betriebsänderung plant,** was mit Blick auf die Bestimmung des Schuldners des Nachteilsausgleichsanspruchs (§ 113 Abs. 3) besondere Bedeutung erlangen kann. Das Beteiligungsrecht besteht gegenüber dem Betriebserwerber, wenn er den Betrieb verlegt, ihn mit einem anderen Betrieb seines Unternehmens zusammenschließt oder die Betriebsorganisation grundlegend ändert. Auch der Pächter kann einen Betrieb stilllegen (vgl. BAG 17. 3. 1987 AP BetrVG 1972 § 111 Nr. 18; BAG 27. 4. 1995, AP BGB § 613 a Nr. 128; BAG 22. 5. 1997 AP BGB § 613 a Nr. 154), wozu erforderlich sein soll, dass „der Pächter seine Stilllegungsabsicht unmissverständlich äußert, allen Arbeitnehmern kündigt, den Pachtvertrag zum nächstmöglichen Zeitpunkt auflöst, die Betriebsmittel, über die er verfügen kann, veräußert und die Betriebstätigkeit vollständig einstellt" (BAG 22. 5. 1997 AP BGB § 613 a Nr. 154; s. auch BAG 18. 3. 1999 AP BGB § 613 a Nr. 189 [*Willemsen/Annuß*]: „Die Rückgabe eines verpachteten Betriebs an den Verpächter nach Ablauf des Pachtverhältnisses kann nur dann einen Betriebsübergang darstellen, wenn der Verpächter den Betrieb tatsächlich selbst weiterführt").

130 **Plant** dagegen der **Veräußerer** eine **Betriebsänderung,** um den Betrieb nach deren Durchführung zu veräußern oder zu verpachten, so besteht das Beteiligungsrecht nur ihm gegenüber (vgl. BAG 4. 12. 1979 AP BetrVG 1972 § 111 Nr. 6). Das gilt auch, wenn die Betriebsänderung vom zukünftigen Erwerber zur Bedingung der Betriebsübernahme gemacht worden ist. Kommt es während der Planungsphase zu einem Betriebs(teil)übergang und werden die Planungen auch danach unverändert aufrechterhalten, so tritt der Erwerber in die insoweit bereits vom Veräußerer geschaffene Situation ein. Erfolgt eine Verpachtung, damit der Pächter den Betrieb stilllegt, so soll die Betriebsän-

derung nicht nur dem Pächter, sondern auch dem Verpächter zugerechnet werden (vgl. BAG 17. 3. 1987, AP BetrVG 1972 § 111 Nr. 18; BAG 12. 11. 1998 AP BetrVG 1972 § 111 Nr. 186). Dies ist in solcher Allgemeinheit indes kaum zu rechtfertigen, da für die damit faktisch herbeigeführte Verdoppelung der Arbeitgeberstellung keine Grundlage ersichtlich ist (zustimmend *Seitz*, FS Buchner 2009, S. 849, 854). Auch hier kann es lediglich um eine „Einheitsbetrachtung" von Veräußerer und Erwerber gehen.

Besteht die Betriebsänderung in einer **Betriebseinschränkung**, z. B. weil der Betriebs- **131** erwerber nicht bereit ist, alle Betriebsangehörigen zu übernehmen (vgl. BAG 4. 12. 1979 und AP BetrVG 1972 § 111 Nr. 6; BAG 21. 10. 1980 AP BetrVG 1972 § 111 Nr. 8), so ist zu beachten, dass nach § 613a Abs. 4 Satz 1 BGB die Kündigung des Arbeitsverhältnisses eines Arbeitnehmers durch den bisherigen Arbeitgeber oder durch den neuen Inhaber wegen des Übergangs eines Betriebs oder eines Betriebsteils unwirksam ist. Diese Rechtsfolgenanordnung ändert nichts am Vorliegen einer beteiligungspflichtigen Betriebseinschränkung; lediglich für den erzwingbaren Sozialplan ist von Bedeutung, ob die Arbeitnehmer sich auf die Nichtigkeit der Kündigung berufen (s. § 112 Rn. 96; beachte auch § 128 InsO, dazu Anh. § 113 Rn. 24).

3. Rechtslage bei rechtsgeschäftlicher Übertragung eines Betriebsteils

a) Die **Sonderregelung des § 613a BGB** gilt auch, wenn lediglich ein **Betriebsteil** **132** durch Rechtsgeschäft auf einen anderen Inhaber übergeht. Der Wechsel des Betriebsinhabers ist auch in diesem Fall **keine Betriebsänderung** (ebenso BAG 21. 10. 1980 AP BetrVG 1972 § 111 Nr. 8; 16. 6. 1987 AP BetrVG 1972 § 111 Nr. 19). Erfährt bei einem Betriebsteilübergang die Organisation des betroffenen Betriebs keine wesentliche Änderung, so wird nach § 1 Abs. 2 Nr. 2 BetrVG das Vorliegen eines gemeinsamen Betriebs der beteiligten Rechtsträger vermutet.

b) Mit dem **Übergang eines Betriebsteils** können **Maßnahmen verbunden** sein, die eine **133** **Betriebsänderung** darstellen. Dessen tatsächliche Ausgliederung kann insbesondere zu einer Betriebsspaltung i. S. der Nr. 3 oder zu einer Änderung der Organisation oder des Zwecks des ursprünglichen Betriebs bzw. eines wesentlichen Betriebsteils i. S. des BetrVG führen. Wenn es sich insoweit um eine *grundlegende* Änderung handelt (s. Rn. 118), liegt eine beteiligungspflichtige Betriebsänderung i. S. des Satzes 3 Nr. 4 vor (ebenso BAG 16. 6. 1987 E 55, 356 = AP BetrVG 1972 § 111 Nr. 19).

Für die **Interpretation des Betriebsteils i. S. des § 613a BGB** spielt hier die betriebs- **134** verfassungsrechtliche Zielsetzung keine Rolle, sondern maßgebend ist allein die Zweckbestimmung des § 613a BGB, der richtlinienkonform i. S. der Richtlinie 2001/23/EG vom 12. 3. 2001 über den Betriebsübergang zu interpretieren ist. Unter Aufgabe des früher zu § 613a BGB vertretenen „eingeschränkten Betriebsbegriffs", der die Arbeitnehmer nicht umfasste (s. nur BAG 25. 2. 1981 AP BGB § 613a Nr. 24; BAG 9. 2. 1994 AP § 613a BGB Nr. 104), sieht das BAG nunmehr im Anschluss an die ständige Rechtsprechung des EuGH (siehe nur 17. 12. 1987 – Ny Mølle Kro – Slg. 1987, 5465, 5484; 7. 3. 1996 – Merckx – Slg. 1996, 1253, 1273; s. zuletzt EuGH 20. 11. 2003 – Abler – AP EWG-Richtlinie Nr. 77/187 Nr. 34) eine übertragungsfähige wirtschaftliche Einheit in jeder organisierten Gesamtheit von Personen oder Sachen zur Ausübung einer wirtschaftlichen Tätigkeit mit eigener Zielsetzung (vgl. nur BAG 26. 6. 1997 AP BGB § 613a Nr. 165; BAG 11. 12. 1997 AP BGB § 613a Nr. 172; BAG 26. 8. 1999 AP BGB § 613a Nr. 196; s. zuletzt BAG 30. 10. 2008 NZA 2009, 485, 487). Ein Betriebsteil ist demnach eine organisatorische Untergliederung des gesamten Betriebs, „mit der innerhalb des betrieblichen Gesamtzwecks ein Teilzweck verfolgt wird, auch wenn es sich hierbei nur um eine untergeordneten Hilfsfunktion handelt" (BAG 26. 8. 1999 AP BGB § 613a Nr. 196; vgl. auch BAG 13. 2. 2003 AP § 613a BGB Nr. 245; BAG 22. 7. 2004 NZA 2004, 1383; BAG 13. 6. 2006 – 8 AZR 551/05). Die bloße Funktion vermag einen Betrieb oder Betriebsteil dabei allerdings nicht zu konstituieren (BAG 18. 3. 1999 AP

BGB § 613a Nr. 190; BAG 20. 6. 2002 AP InsO § 113 Nr. 10; BAG 22. 7. 2004 NZA 2004, 1383; BAG 13. 12. 2007 NZA 2008, 1021, 1023; vgl. allerdings EuGH 12. 2. 2009 – Klarenberg – C 466/07).

4. Widerspruch des Arbeitnehmers gegen den Übergang seines Arbeitsverhältnisses

135 a) § 613a Abs. 1 Satz 1 BGB ordnet den **Übergang des Arbeitsverhältnisses** auf den Erwerber **kraft Gesetzes** an. Die Regelung ist zu Gunsten der Arbeitnehmer zwingend. Der Eintritt des Erwerbers in die Rechte und Pflichten eines Arbeitsverhältnisses kann nicht durch Vertrag zwischen dem bisherigen Betriebsinhaber und dem Erwerber ausgeschlossen werden (vgl. BAG 29. 10. 1975 AP BGB § 613a Nr. 2).

136 Nach § 613a Abs. 6 BGB kann der Arbeitnehmer dem Übergang seines Arbeitsverhältnisses durch schriftliche Erklärung gegenüber dem bisherigen Arbeitgeber oder dem neuen Inhaber widersprechen.

137 Der Widerspruch bewirkt, dass das Arbeitsverhältnis beim Übergang des Betriebs oder Betriebsteils nicht auf dessen neuen Inhaber übergeht. Hat jedoch der Veräußerer keine Beschäftigungsmöglichkeit mehr, so ist eine ordentliche Kündigung sozial gerechtfertigt (§ 1 Abs. 2 Satz 1 KSchG). Hat der Veräußerer noch einen anderen Betrieb oder handelt es sich nur um die Veräußerung eines Betriebsteils, so ist eine Kündigung ebenfalls betriebsbedingt, wenn eine Beschäftigungsmöglichkeit ausscheidet.

138 b) Wenn nicht nur einzelne Arbeitnehmer das Widerspruchsrecht ausüben, sondern ein erheblicher Teil der Belegschaft, kann der Unternehmer zu einer Betriebsänderung gezwungen sein, die insbesondere in der Entlassung der widersprechenden Arbeitnehmer liegen kann. Die widersprechenden Arbeitnehmer sollen dabei für die Beantwortung der Frage, ob eine beteiligungspflichtige Betriebsänderung i. S. des Satzes 3 Nr. 1 vorliegt, mitzuzählen sein, sofern eine einheitliche Planung zugrunde liegt (BAG 10. 12. 1996 AP BetrVG 1972 § 113 Nr. 32 mit Erläuterung in BAG 28. 3. 2006 AP BetrVG 1972 § 112a Nr. 12). Werde die Schwelle zur beteiligungspflichtigen Betriebsänderung überschritten, sei grundsätzlich auch ein Sozialplan aufzustellen, wobei die ohne sachlichen Grund widersprechenden Arbeitnehmer unter Beachtung des in § 112 Abs. 5 Satz 2 Nr. 2 zum Ausdruck gelangenden Gedankens von den Sozialplanleistungen ausgeschlossen werden könnten (BAG 5. 2. 1997 AP BetrVG 1972 § 112 Nr. 112; siehe aber auch BAG 15. 12. 1998 AP BetrVG 1972 § 112 Nr. 126, dazu näher § 112 Rn. 104). Dieser Rechtsprechung dürfte im Wesentlichen zuzustimmen und somit anzunehmen sein, dass für die Frage nach dem Bestehen der Beteiligungsrechte nach §§ 111f. BetrVG keine Besonderheiten gelten. Wollte man demgegenüber in solchen Fällen die Anwendbarkeit der §§ 111 ff. generell unter Hinweis darauf verneinen, dass die widersprechenden Arbeitnehmer die Betriebsänderung erzwungen hätten, diese daher nicht vom Unternehmer „geplant" worden sei (so *Wellenhofer-Klein*, SAE 2000, 183, 186 f.; s. auch GK-*Fabricius*, 6. Aufl., § 111 Rn. 66 ff.; *Henssler*, NZA 1994, 913, 922; *Schlachter*, NZA 1995, 705, 709; vgl. dazu auch *Moll*, RdA 2003, 129, 137 f.), so würden beispielsweise die mit sachlichem Grund widersprechenden Arbeitnehmer schutzlos gestellt (im Ergebnis wie hier *Baeck/Diller*, NZA 1997, 689, 693 f.; GK-*Oetker*, § 111 Rn. 77; *Matthes*, NZA 2000, 1073 ff.).

D. Beteiligung des Betriebsrats

I. Rechtsdogmatische Struktur des Beteiligungsrechts

139 § 111 Satz 1 beschränkt sich auf die Anordnung, dass der Unternehmer den **Betriebsrat** über die **geplante Betriebsänderung rechtzeitig und umfassend zu unterrichten** und sie **mit ihm zu beraten** hat.

D. Beteiligung des Betriebsrats § 111

Worauf die Beteiligung sich bezieht, ergibt sich erst aus § 112. Sie bezweckt eine **140** Einigung zwischen Unternehmer und Betriebsrat. Wird keine Einigung in schriftlicher Form erreicht, so ist für die weitere **Gestaltung des Beteiligungsverfahrens** vom **Interessenausgleich** der **Sozialplan** zu unterscheiden, der nach der Legaldefinition des § 112 Abs. 1 Satz 2 die Einigung über den Ausgleich oder die Milderung der wirtschaftlichen Nachteile darstellt, die den Arbeitnehmern infolge der geplanten Betriebsänderung *entstehen*. Geht es dagegen um Maßnahmen, durch die der Eintritt wirtschaftlicher Nachteile für die von einer geplanten Betriebsänderung betroffenen Arbeitnehmer *verhütet* werden soll, so handelt es sich um den *Interessenausgleich im gesetzestechnischen Sinn*, den der Betriebsrat nicht durch den Spruch der Einigungsstelle erzwingen kann.

Daraus folgt, dass der Unternehmer den Betriebsrat zwar in seine Planung einzubeziehen hat, soweit es um die **unternehmerisch-wirtschaftliche Entscheidung über die Betriebsänderung** geht; es besteht insoweit aber nur ein **Mitwirkungsrecht** (s. § 112 Rn. 3). **141** Da der Sozialplan nach seiner Legaldefinition nicht die Regelung der **sozialen Auswirkungen** betrifft, durch die wirtschaftliche Nachteile einer Betriebsänderung für die von ihr betroffenen Arbeitnehmer *verhütet* werden sollen, besteht auch insoweit für den Betriebsrat kein paritätisches Beteiligungsrecht. Nur zum Ausgleich oder zur Milderung der wirtschaftlichen Nachteile, die den Arbeitnehmern infolge der geplanten Betriebsänderung *entstehen*, kann der Betriebsrat die Aufstellung eines **Sozialplans** erzwingen, soweit nach § 112 a keine Befreiung von der Sozialplanpflicht angeordnet ist. Lediglich soweit es um die Sozialplanmitbestimmung geht, hat deshalb der Betriebsrat ein **Mitbestimmungsrecht,** weil er auch gegen den Willen des Arbeitgebers erzwingen kann, dass im verbindlichen Einigungsverfahren ein Sozialplan aufgestellt wird (§ 112 Abs. 4 und 5).

Das Beteiligungsrecht nach §§ 111 f. steht neben den Beteiligungsrechten nach §§ 90 f. **142** und § 17 Abs. 2 KSchG sowie den Beteiligungsrechten bei personellen Einzelmaßnahmen nach §§ 99 ff.

II. Unterrichtung und Beratung

1. Pflicht des Unternehmers zur Unterrichtung über die geplante Betriebsänderung

Der Unternehmer hat den **Betriebsrat** über eine geplante Betriebsänderung **rechtzeitig** **143** **und umfassend zu unterrichten** (Satz 1). Er erfüllt seine Pflicht nicht dadurch, dass er nach § 106 Abs. 2 den Wirtschaftsausschuss oder das Gremium unterrichtet, dem die Aufgaben des Wirtschaftsausschusses übertragen sind.

2. Zeitpunkt der Unterrichtung

Der Betriebsrat ist über eine geplante Betriebsänderung **rechtzeitig** zu unterrichten. Er **144** muss also beteiligt werden, bevor der Unternehmer mit der Verwirklichung des von ihm verfolgten Plans beginnt (ebenso BAG 14. 9. 1976 AP BetrVG 1972 § 113 Nr. 2 [*Richardi*]; bereits zu § 72 BetrVG 1952: BAG 20. 11. 1970 AP BetrVG § 72 Nr. 8; BAG 18. 7. 1972 AP BetrVG § 72 Nr. 10; weiterhin GK-*Oetker*, § 111 Rn. 148; GL-*Löwisch*, § 111 Rn. 37; *Richardi*, Sozialplan, S. 27; *Ehmann*, Betriebsstilllegung und Mitbestimmung, S. 21). Das Beteiligungsverfahren muss also in einem Zeitraum abgewickelt werden, in dem der Plan noch nicht, und zwar auch noch nicht teilweise verwirklicht ist (so zutreffend BAG 14. 9. 1976 AP BetrVG 1972 § 113 Nr. 2).

Die Pflicht zur Unterrichtung besteht erst, wenn der Unternehmer eine Betriebsän- **145** derung *plant*. Der Betriebsrat muss deshalb noch nicht in die Vorüberlegungen eingeschaltet werden, aus denen sich möglicherweise der Plan zu einer Betriebsänderung ergibt; dieser Bereich gehört vielmehr ausschließlich zur unternehmerischen Planung, die

§ 111 Betriebsänderungen

von der betrieblichen Mitbestimmung nur insoweit erfasst wird, als der Wirtschaftsausschuss nach § 106 ein Beratungsrecht hat. Zur Markierung der zeitlichen Grenze hat man die Formel aufgestellt, dass die Planung schon zu einer gewissen Reife gediehen sein muss, der Unternehmer also im Prinzip entschlossen ist, eine bestimmte Betriebsänderung durchzuführen (vgl. *Fitting*, § 111 Rn. 108; zu § 72 BetrVG 1952: *Dietz*, § 72 Rn. 37 a; *Galperin/Siebert*, § 72 Rn. 31; *Nikisch*, Bd. III S. 528; *Nipperdey/Säcker* in *Hueck/Nipperdey*, Bd. II/2 S. 1476; kritisch zu dieser Formel *Schwerdtner*, EzA § 113 BetrVG 1972 Nr. 2, S. 33 f.).

146 Fraglich ist, was zu gelten hat, wenn nicht der Arbeitgeber, sondern dessen Konzernobergesellschaft die Betriebsänderung vollständig „durchplant" und den Arbeitgeber erst nach Feststehen des gesamten Konzepts zu dessen Umsetzung anweist. Sicher wäre es sinnvoll, hier bereits eine Beteiligungspflicht der Obergesellschaft anzunehmen (so GK-*Fabricius*, 6. Aufl., § 111 Rn. 42 ff. [anders allerdings für einen faktischen Konzern, Rn. 46]; siehe auch DKK-*Däubler*, § 111 Rn. 130), doch ist das mit dem geltenden Recht nicht vereinbar und hilft im Übrigen nicht weiter, wenn die anweisende Obergesellschaft nicht dem Geltungsbereich des BetrVG unterliegt (ebenso *Diller/Powietzka*, DB 2002, 1034, 1036, die aber auch in diesen Fällen grundsätzlich einen Nachteilsausgleichsanspruch für möglich halten; zur Frage, inwieweit sich im Zusammentreffen mit Betriebs(teil)übergängen etwas anderes aus Art. 7 Abs. 4 RL 2001/23/EG ergibt, *Gaul*, Das Arbeitsrecht der Betriebs- und Unternehmensspaltung, § 28 Rn. 32; vgl. auch DKK-*Däubler*, § 111 Rn. 109; s. auch Rn. 160). Unzutreffend erscheint es auch, soweit vertreten wird, dass den Arbeitgeber in diesen Fällen zwar nicht die Pflicht zur Information und Beratung nach § 111 BetrVG treffe, er jedoch u. U. nach § 113 BetrVG hafte, da der Nachteilsausgleich nur eine objektive Betriebsverfassungswidrigkeit voraussetze (*Röder/Baeck*, Interessenausgleich und Sozialplan, S. 7; *Schweibert*, Willemsen/Hohenstatt/Schweibert/Seibt, Umstrukturierung und Übertragung von Unternehmen, C 142). Denn wenn den Arbeitgeber schon keine Pflicht zur Beteiligung des Betriebsrats trifft, handelt er im Falle des Unterlassens insoweit auch nicht objektiv pflichtwidrig. Es muss daher dabei bewenden, dass nach geltendem Recht die Beteiligungspflicht nur den Arbeitgeber trifft (s. LAG Köln 19. 8. 1998 AP ArbGG 1979 § 98 Nr. 10 [Leitsatz; der dort – Stand Juli 2005 – abgedruckte Sachverhalt sowie die Gründe gehören allerdings nicht zu dieser Entscheidung, sondern zu AP ArbGG 1979] § 98 Nr. 9). Die hier vertretene Auffassung liegt auf einer Linie mit der neueren Rechtsprechung des BAG, wonach der Betriebsrat nicht vor dem Entschluss der Gesellschafterversammlung über eine in Aussicht genommene Betriebsänderung unterrichtet zu werden braucht (s. Rn. 147).

147 Das Gesetz verlangt, dass die Unterrichtung *rechtzeitig* zu geschehen hat. Zu § 72 BetrVG 1952, der diesen Hinweis noch nicht enthielt, hatte das BAG gefordert, dass der Unternehmer den Betriebsrat **so frühzeitig wie möglich** von den geplanten Maßnahmen unterrichten müsse (BAG 20. 1. 1961 AP BetrVG § 72 Nr. 2; BAG 18. 7. 1972 AP BetrVG § 72 Nr. 10). Das BAG hat daher angenommen, „dass der Betriebsrat bei einer geplanten Betriebsänderung schon in einem möglichst frühen Stadium der Planung zu beteiligen ist" (BAG 17. 9. 1974 AP BetrVG 1972 § 113 Nr. 1; ebenso BAG 14. 9. 1976 AP BetrVG 1972 § 113 Nr. 2; abl. vor allem *Ehmann*, Betriebsstilllegung und Mitbestimmung, S. 38 ff.; GK-*Fabricius*, 6. Aufl., § 111 Rn. 68 ff.). Nach seiner Meinung soll dies aus dem Wort „geplant" folgen. Diese Festlegung im Gesetzestext hat jedoch nur insoweit zeitliche Bedeutung, als der Betriebsrat zu beteiligen ist, bevor der Unternehmer seinen Plan in die Tat umsetzt. Weitere Zäsuren während des Planungsstadiums lassen sich nicht markieren; insbesondere ist eine Unterscheidung zwischen der Planung und dem feststehenden Entschluss des Unternehmers nicht sinnvoll (so jedoch BAG 18. 7. 1972 AP BetrVG § 72 Nr. 10; AP BetrVG 1972 § 113 Nr. 2). Unzutreffend ist es, eine Verletzung des Beteiligungsrechts ohne weiteres dann anzunehmen, wenn bei einer Kapitalgesellschaft das gesetzliche Vertretungsorgan den **Aufsichtsrat vor dem Betriebs-**

rat einschaltet (so aber GK-*Oetker*, § 111 Rn. 150; *Fitting*, § 111 Rn. 108; vgl. dazu BAG, AP BetrVG 1972 § 113 Nr. 2 [abl. *Richardi*]; abl. auch *Ehmann*, Betriebsstilllegung und Mitbestimmung, S. 93 ff.). Denn der Aufsichtsrat hat wegen der ihm obliegenden Überwachungspflicht eine Beratungsfunktion; er kann und muss sogar selbst bestimmen, dass bestimmte Arten von Geschäften nur mit seiner Zustimmung vorgenommen werden dürfen (§ 111 Abs. 4 Satz 2 AktG). Für den Regelfall kann man daher nicht ohne weiteres annehmen, dass durch die gesellschaftsrechtlich erforderliche Einschaltung des Aufsichtsrats eine Betriebsänderung zur beschlossenen Sache wird. Das BAG hat festgestellt, dass ein Stilllegungsbeschluss der Gesellschafterversammlung vor Beteiligung des Betriebsrats zum Meinungsbildungsprozess auf Arbeitgeberseite gehöre, weshalb ein solches Vorgehen nicht ohne weiteres die Beteiligungsrechte des Betriebsrats verletze (BAG 20. 11. 2001 AP BetrVG 1972 § 113 Nr. 39; BAG 30. 3. 2004 AP BetrVG 1972 § 113 Nr. 47).

Der **Begriff der Rechtzeitigkeit** ist vor dem Hintergrund des mit dem Beteiligungsrecht **148** verfolgten Zwecks zu sehen, der in der angemessenen Berücksichtigung der Arbeitnehmerbelange bei der schließlich allein vom Unternehmer zu treffenden Entscheidung über eine bestimmte Betriebsänderung besteht. Deshalb ist ausreichend, wenn der Betriebsrat erst informiert wird, nachdem der Arbeitgeber sich intern zur Durchführung einer bestimmten Betriebsänderung entschlossen hat, sofern mit der Verwirklichung dieser Entscheidung noch nicht begonnen wurde und sie deshalb auf Grund des Ergebnisses der Beratungen mit dem Betriebsrat noch ohne weiteres revidiert werden kann. Denn erst in diesem Zeitpunkt kann von der Planung einer Betriebsänderung gesprochen werden. Sobald der Unternehmer allerdings für sich Klarheit über die bevorstehende Betriebsänderung erlangt hat, genügt angesichts des Grundsatzes der vertrauensvollen Zusammenarbeit regelmäßig nur eine unverzügliche Unterrichtung des Betriebsrats dem durch § 121 Abs. 1 sanktionierten gesetzlichen Gebot. Lässt er diesen Zeitpunkt ungenutzt verstreichen, trägt er das Risiko, nach § 113 Abs. 3 Nachteilsausgleich leisten zu müssen (zutreffend BAG 18. 7. 1972 AP BetrVG § 72 Nr. 10; vgl. auch *Richardi*, Sozialplan, S. 28; ablehnend *Ehmann*, Betriebsstilllegung und Mitbestimmung, S. 102).

3. Form der Unterrichtung

Das Gesetz sieht für die Unterrichtung wie auch für die Beratung mit dem Betriebsrat **149** keine besondere **Form** vor. Sie kann daher mündlich erfolgen.

4. Inhalt und Umfang der Unterrichtung

a) Die Unterrichtung muss **umfassend** sein, d. h. sie muss nicht nur den Umfang der **150** Maßnahmen und deren Gründe, sondern auch die zu erwartenden Auswirkungen auf die Belegschaft erkennen lassen, weil es sonst dem Betriebsrat nicht möglich ist, zu der geplanten Betriebsänderung Stellung zu nehmen und darüber zu entscheiden, wie ein Interessenausgleich herbeigeführt werden kann und ob ein Sozialplan aufgestellt werden soll (vgl. auch BAG 20. 1. 1961 AP BetrVG § 72 Nr. 2). Die Unterrichtung ist nicht deshalb unvollständig, weil während der Beratung mit dem Betriebsrat Änderungen in Aussicht genommen werden, um einen Interessenausgleich zu erzielen; denn darin liegt der Zweck einer Beteiligung des Betriebsrats, wie das Gesetz sie hier anordnet. Auch ist nicht erforderlich, dass dem Betriebsrat bereits vor Durchführung der Betriebsänderung sämtliche für den späteren Abschluss des Sozialplans tatsächlich relevant werdenden Informationen zuteil geworden sind (BAG 30. 3. 2004 AP BetrVG 1972 § 113 Nr. 47).

Der Gesetzestext enthält nicht wie § 106 Abs. 2 beim Wirtschaftsausschuss den Hin- **151** weis, dass der Unternehmer bei der Unterrichtung die erforderlichen **Unterlagen** vorzulegen hat. Nach der allgemeinen Vorschrift des § 80 Abs. 2 Satz 2, die auch hier anwendbar ist, sind dem Betriebsrat aber auf Verlangen jederzeit die zur Durchführung seiner Aufgaben erforderlichen Unterlagen zur Verfügung zu stellen (ebenso GK-*Oetker*,

§ 111 Rn. 146; GL-*Löwisch,* § 111 Rn. 41; DKK-*Däubler,* § 111 Rn. 134; *Röder/Baeck,* Interessenausgleich und Sozialplan, S. 7 f.; *Dütz,* FS Westermann, S. 37, 49 f.). Dabei ist jedoch zu beachten, dass die Erforderlichkeit sich auf die geplante Betriebsänderung bezieht.

152 Die **Notwendigkeit einer Geheimhaltung** ist **kein Grund für eine Einschränkung der Unterrichtungspflicht** (ebenso GK-*Oetker,* § 111 Rn. 144; DKK-*Däubler,* § 111 Rn. 134; *Rumpff/Boewer,* Mitbestimmung in wirtschaftlichen Angelegenheiten, S. 328; so bereits zu § 72 BetrVG 1952 BAG 20. 11. 1970 E 23, 62, 73 f. = AP BetrVG § 72 Nr. 8). § 106 Abs. 2 ist hier auch nicht entsprechend anwendbar (a. A. für die Vorlagepflicht GL-*Löwisch,* § 111 Rn. 41; differenzierend *Zöllner/Loritz,* § 49 II 2 a, die den Unternehmer zwar nicht für verpflichtet halten, die Betriebs- und Geschäftsgeheimnisse zu offenbaren, ihn aber gleichwohl mit einem Nachteilsausgleich nach § 113 Abs. 3 belasten wollen).

153 b) Die durch das Arbeitsrechtliche Beschäftigungsförderungsgesetz zum 1. 10. 1996 mit dem Ziel einer Abkürzung des Interessenausgleichsverfahrens eingeführten Bestimmungen des § 113 Abs. 3 Sätze 2 und 3 sind mit Wirkung zum 1. 1. 1999 wieder aufgehoben worden. Seither sind die formalen Anforderungen an die Unterrichtung des Betriebsrats zur Herbeiführung einer zeitlichen Begrenzung nur noch im Insolvenzverfahren von Bedeutung (§ 122 InsO; vgl. dazu Anh. § 113 Rn. 19 ff.).

5. Beratung mit dem Betriebsrat

154 a) Der Unternehmer hat die geplante Betriebsänderung **mit dem Betriebsrat zu beraten** (Satz 1). Dieses Beratungsrecht besteht unabhängig von der Beratung mit dem Wirtschaftsausschuss. Es beschränkt sich nicht auf eine Anhörung, sondern der Unternehmer muss von sich aus auf den Betriebsrat zugehen und versuchen, mit ihm zu einer Einigung zu gelangen. **Wann** sie mit den **Beratungen beginnen,** entscheiden Arbeitgeber und Betriebsrat.

155 b) **Gegenstand der Beratung** ist die **geplante Betriebsänderung.** Wie sich aus § 112 Abs. 1 ergibt, betrifft sie nicht nur die unternehmerische Entscheidung, ob und wie die Betriebsänderung durchgeführt wird, sondern auch die Regelung, ob und in welchem Umfang Nachteile für die Arbeitnehmer auszugleichen oder zu mildern sind; denn für den Unternehmer bedeutet es ein Datum seiner unternehmerischen Entscheidung, ob und in welchem Umfang er auf die Erhaltung bestimmter Arbeitsplätze Rücksicht nehmen muss und ob er mit finanziellen Leistungen an die von einer Maßnahme betroffenen Arbeitnehmer belastet wird, wie umgekehrt für die Regelungswünsche des Betriebsrats von Bedeutung ist, ob und wie eine unternehmerische Maßnahme durchgeführt wird.

156 Die **Beratung bezweckt,** dass der Unternehmer zu einer **Einigung mit dem Betriebsrat** gelangt. Das Gesetz bezeichnet sie als *Interessenausgleich,* soweit sie sich auf die Frage bezieht, ob und wie die Betriebsänderung durchgeführt werden soll, und es bezeichnet sie nach der Legaldefinition in § 112 Abs. 1 Satz 2 als *Sozialplan,* soweit sie den Ausgleich oder die Milderung der wirtschaftlichen Nachteile zum Gegenstand hat, die den Arbeitnehmern infolge der geplanten Betriebsänderung entstehen. Das Beteiligungsverfahren ist abgeschlossen, wenn die Einigung zustande kommt. Jedoch ist notwendig, dass sie schriftlich niedergelegt und vom Unternehmer und Betriebsrat unterschrieben wird (§ 112 Abs. 1 Satz 1 und 2).

157 Kommt **keine Einigung** zustande, so ist – gegebenenfalls nach Zwischenschaltung des Vorstands der Bundesagentur für Arbeit – die **Einigungsstelle** anzurufen (§ 112 Abs. 2). Das gilt nicht nur, wenn keine Einigung über die geplante Betriebsänderung herbeigeführt wird, sondern gleichermaßen, wenn der Betriebsrat zwar mit der Betriebsänderung einverstanden ist, aber keine Einigung über die Aufstellung eines Sozialplans erzielt werden kann (s. ausführlich zur Fortführung des Mitbestimmungsverfahrens § 112 Rn. 209 ff.).

III. Zuständigkeit für die Ausübung des Beteiligungsrechts und die Wahrnehmung der Beteiligungspflicht

1. Zuständigkeit auf Seiten des Betriebsrats

a) Das Beteiligungsrecht wird auf der **Ebene des Betriebs** wahrgenommen; denn es bezieht sich auf Betriebsänderungen, d. h. es handelt sich um die Auswirkungen wirtschaftlicher Angelegenheiten auf den einzelnen Betrieb. Daher ist grundsätzlich der **Einzelbetriebsrat** zuständig. 158

b) Der **Gesamtbetriebsrat** ist von Gesetzes wegen nur zuständig, wenn die Betriebsänderung das Gesamtunternehmen oder mehrere Betriebe betrifft und nicht durch die einzelnen Betriebsräte innerhalb ihrer Betriebe geregelt werden kann (§ 50 Abs. 1 Satz 1; s. dort Rn. 7 ff. sowie zu den Fällen unklarer Zuständigkeit § 50 Rn. 19 ff.). In jedem Fall erstreckt sich die Zuständigkeit des Gesamtbetriebsrats auch bei betriebsübergreifenden Maßnahmen nur auf solche Betriebe, in denen jeweils die Voraussetzungen des Beteiligungstatbestandes erfüllt sind (ebenso DKK-*Däubler*, § 111 Rn. 120). 159

c) Gehört der Betrieb zum Unternehmen eines Konzerns und besteht ein **Konzernbetriebsrat**, so ist zu beachten, dass Gesamtbetriebsrat und Einzelbetriebsrat Beteiligungsrechte nur gegen den Unternehmer haben, dem sie als Arbeitnehmerrepräsentanten zugeordnet sind (s. Rn. 146). Sofern die Planung einer Betriebsänderung vom herrschenden Unternehmen ausgeht und nur einen einzelnen Betrieb eines abhängigen Konzernunternehmens betrifft, ist nicht der Konzernbetriebsrat, sondern der Einzelbetriebsrat zuständig (vgl. § 58 Abs. 1 Satz 1; s. dort Rn. 15). 160

2. Zuständigkeit auf Seiten des Unternehmers

Unternehmer ist die **natürliche** oder **juristische Person** oder die Gesamthandsgemeinschaft, die Inhaber des Betriebs ist (s. aber auch § 14 Abs. 2 BGB). 161

Wenn über das Vermögen des Unternehmers das Insolvenzverfahren eröffnet ist, tritt an seine Stelle der **Insolvenzverwalter** (§ 80 Abs. 1 InsO); er ist funktionell zuständig, das Beteiligungsrecht wahrzunehmen, und mit ihm ist der Sozialplan aufzustellen (s. Anhang zu § 113 Rn. 1 ff.). 162

Solange das Insolvenzverfahren noch nicht eröffnet ist, kann das Insolvenzgericht einen vorläufigen Insolvenzverwalter bestellen, auf den die Zuständigkeit des Unternehmers im Beteiligungsverfahren nur übergeht, wenn diesem ein allgemeines Verfügungsverbot auferlegt wird (§ 22 InsO) oder diese Aufgabe zu dem gerichtlich bestimmten Pflichtenkreis des vorläufigen Insolvenzverwalters (§ 22 Abs. 2 InsO) gehört. 163

IV. Verletzung des Beteiligungsrechts

1. Nachteilsausgleich

Die Verletzung des Beteiligungsrechts durch den Unternehmer führt **nicht** dazu, dass die von ihm durchgeführte **Maßnahme unwirksam** ist. Werden infolge der Maßnahme aber Arbeitnehmer entlassen oder erleiden sie andere wirtschaftliche Nachteile, so haben sie nach § 113 Abs. 3 einen Anspruch auf **Nachteilsausgleich** (s. ausführlich dort Rn. 23 ff.). Unabhängig davon hat der Betriebsrat bis zur Vornahme der Betriebsänderung einen Unterrichtungsanspruch, den er ggf. auch im Wege einer einstweiligen Verfügung geltend machen kann (s. GK-*Oetker*, § 111 Rn. 183). 164

Außerdem hat der Betriebsrat auch dann, wenn der Unternehmer ihn nicht von der geplanten Betriebsänderung unterrichtet, sondern diese ohne seine Beteiligung durch- 165 führt, das Mitbestimmungsrecht auf **Aufstellung eines Sozialplans,** das auch noch nach Realisierung der Betriebsänderung ausgeübt werden kann (s. § 112 Rn. 67 ff.).

2. Unterlassungsanspruch des Betriebsrats

166 Das Gesetz regelt nicht ausdrücklich, ob der Betriebsrat gegen den Arbeitgeber einen Anspruch auf Unterlassung einer Betriebsänderung hat, bis das Beteiligungsverfahren abgeschlossen ist. Auch die wechselvolle Gesetzesgeschichte des § 113 Abs. 3 (s. § 113 Rn. 6) gibt keinen näheren Aufschluss. Eine **abschließende Entscheidung dieser Frage durch das BAG steht** – nicht zuletzt wegen der prozessualen Besonderheiten des Verfahrens des einstweiligen Rechtsschutzes – **bislang aus;** in einer Entscheidung vom 3. 5. 1994 (AP BetrVG 1972 § 23 Nr. 23; s. dazu § 23 Rn. 81 f.) hat es mit Blick auf nach § 87 mitbestimmungspflichtige Angelegenheiten nur klargestellt, dass ein Unterlassungsanspruch auch außerhalb des Anwendungsbereichs des § 23 Abs. 3 möglich ist, ohne allerdings dessen sachliche Reichweite im Einzelnen näher zu bestimmen. **Die Instanzrechtsprechung ist gespalten.** Während das **LAG Düsseldorf** (14. 11. 1983 DB 1984, 511 f.; 19. 11. 1996 LAGE § 111 BetrVG 1972 Nr. 14 *[Andres]*; 14. 12. 2005 – 12 TaBV 60/05), das **LAG Köln** (30. 3. 2006 – 2 Ta 145/06; a. A. jedoch ArbG Köln 28. 5. 2008 – 9 BVGa 16/08), das **LAG München** (3. 4. 2003 – 2 TaBV 19/03 n. v.; 24. 9. 2003 – 5 TaBV 48/03 n. v.; 28. 6. 2005 – 5 TaBV 46/05), das **LAG Niedersachsen** (29. 11. 2002 BB 2003, 1337), das **LAG Rheinland-Pfalz** (28. 3. 1989 LAGE § 111 BetrVG 1972 Nr. 10), das **LAG Sachsen-Anhalt** (30. 11. 2004 – 11 TaBV 18/04), das **LAG Schleswig-Holstein** (13. 1. 1992 LAGE § 111 BetrVG 1972 Nr. 11; vgl. auch 7. 5. 2001 – 7 TaBV 1028/00 n. v.; tendenziell a. A. jedoch 20. 7. 2007 – NZA-RR 2008, 244) sowie das **LAG Baden-Württemberg** (28. 8. 1985 DB 1986, 805 f.; a. A. jedoch ArbG Mannheim 21. 7. 2004 – 5 BVGa 5/04 n. v.) einen gegen die Durchführung der Betriebsänderung gerichteten Unterlassungsanspruch **verneinen** (ebenso ArbG Dresden 30. 11. 1999 BB 2000, 363; ArbG Kiel 27. 7. 2000 – 1 BV Ga 39 a/00 n. v.; ArbG Neustrelitz, 24. 2. 1994 BB 1995, 206; ArbG Nürnberg, 20. 3. 1996, EzA § 111 BetrVG 1972 Nr. 32; 17. 1. 2000 BB 2000, 2100 [bestätigt durch LAG Nürnberg 6. 6. 2000 – 6 TaBV 8/00 n. v., allerdings ohne Auseinandersetzung mit der Sachfrage]; ArbG Passau 22. 10. 2002 BB 2003, 744; ArbG Schwerin 13. 2. 1998 – 1 BV Ga 2/98 n. v.), gelangen zum **gegenteiligen Ergebnis** das **LAG Berlin** (7. 9. 1995 LAGE § 111 BetrVG 1972 Nr. 13), das **LAG Frankfurt** (21. 9. 1982 DB 1983, 613; 27. 6. 2007 AuR 2008, 267, allerdings jeweils mit zeitlicher Begrenzung), das **LAG Hamburg** (13. 11. 1981 DB 1982, 1522; 26. 6. 1997 LAGE § 111 BetrVG 1972 Nr. 15; vgl. auch 20. 9. 2002 – 6 Sa 95/01), das **LAG Hamm** (23. 3. 1983 AuR 1984, 54; 28. 8. 2003 NZA-RR 2004, 80; 21. 8. 2008 – 13 TaBVGa 16/08), das **LAG München** (22. 12. 2008 AuR 2009, 142), das **LAG Niedersachsen** (4. 5. 2007 LAGE § 111 BetrVG 2001 Nr. 7) sowie das **LAG Thüringen** (26. 9. 2000 LAGE § 111 BetrVG 1972 Nr. 17; bestätigt 18. 8. 2003 – 1 Ta 104/03; wie die Letzteren auch ArbG Dessau 30. 4. 1993, AuA 1994, 184; ArbG München 6. 12. 2002 – 27 BVGa 68/02; ArbG Nürnberg 31. 3. 1987 AuR 1988, 123; ArbG Stralsund 19. 11. 1998 – 4 BV Ga 2/98 n. v.). Siehe auch die Literaturnachweise bei GK-*Oetker,* § 111 Rn. 191; vgl. auch LAG Brandenburg (8. 11. 2005 – 1 Sa 276/05), wonach jedenfalls nach Anhörung des Betriebsrats zu den geplanten Kündigungen keine einstweilige Unterlassungsverfügung mehr ergehen dürfe.

167 Als Grundlage eines Unterlassungsanspruchs kommt das **Zwangsverfahren nach § 23 Abs. 3** in Betracht, wenn der Unternehmer insoweit die Beteiligungspflicht gröblich verletzt. Es sichert die Beteiligung des Betriebsrats aber nur in *künftigen Fällen* und beinhaltet daher keine Sonderregelung negatorischer Haftung des Arbeitgebers gegenüber dem Betriebsrat (*Raab,* ZfA 1997, 183, 188; *Richardi,* FS Wlotzke, S. 407, 409). Ebensowenig kann ein Unterlassungsanspruch in dem hier behandelten Zusammenhang als selbständiger Nebenleistungsanspruch (so *Derleder,* AuR 1983, 289, 301; *ders.,* AuR

1995, 13, 14) oder als Ausfluss des betriebsverfassungsrechtlichen Behinderungsverbots des § 78 Satz 1 (so *Dütz,* Unterlassungs- und Beseitigungsansprüche des Betriebsrats gegen den Arbeitgeber im Anwendungsbereich von § 87 BetrVG, 1983, S. 5 ff.; s. auch *Trittin,* BB 1984, 1169, 1173 f.) gesehen bzw. aus dem Gebot der vertrauensvollen Zusammenarbeit gem. § 2 Abs. 1 (s. dazu BAG 3. 5. 1994 AP BetrVG 1972 § 23 Nr. 23) abgeleitet werden (s. zur Darstellung der verschiedenen Ansichten näher *Raab,* ZfA 1997, 179, 192 ff.; *Schulze,* Die Zulässigkeit einstweiliger Verfügungen gegen Betriebsänderungen, S. 31 ff.). Indes hängt die Anerkennung eines negatorischen Rechtsschutzes grundsätzlich nicht davon ab, dass sie im Gesetz abgesichert ist; es geht vielmehr ausschließlich darum, ob eine Abwehrbefugnis erforderlich ist, um eine Berechtigung zu sichern (näher *Richardi,* FS Wlotzke, S. 407, 412 ff.; im Ergebnis ebenso *Raab,* Negatorischer Rechtsschutz gegen mitbestimmungswidrige Maßnahmen des Arbeitgebers, 1993, S. 132 ff.; *ders.,* ZfA 1997, 183, 201 ff., der den Grund allerdings in einem allgemeinen Verbot der Zweckvereitelung erblickt). Entscheidend ist somit, wie das Beteiligungsrecht des Betriebsrats nach §§ 111 f. ausgestaltet ist.

Das **Beratungsrecht** bezweckt, dass die **Arbeitnehmerinteressen** bei einer Betriebsänderung im Rahmen der Entscheidungsfindung des Unternehmers von diesem zur Kenntnis genommen werden. Wird daher eine Betriebsänderung ohne vorherige Unterrichtung des Betriebsrats und Beratung mit ihm durchgeführt, so könnte man an sich durchaus einen kollektivrechtlichen Unterlassungsanspruch des Betriebsrats in Erwägung ziehen (dieser könnte allerdings keinesfalls bis zum Scheitern der Verhandlungen vor der Einigungsstelle, sondern nur bis zum Abschluss der Beratungen bestehen; insoweit zutreffend *Matthes,* FS Wlotzke, S. 393, 405 f.; *Schulze,* Die Zulässigkeit einstweiliger Verfügungen gegen Betriebsänderungen, S. 174 ff., der freilich mit Blick auf § 113 Abs. 3 unzutreffend eine weitergehende Pflicht des Arbeitgebers annimmt). Allerdings zeigt die Struktur des Beteiligungstatbestands, dass dem Betriebsrat nicht die Möglichkeit eingeräumt werden soll, die Umsetzung der Betriebsänderung selbst zu verzögern. Denn das Beteiligungsrecht besteht allein im Interesse der von der Betriebsänderung betroffenen Arbeitnehmer und soll die Entstehung von Nachteilen zu ihren Lasten verhindern. Zur Wahrung dieses Interesses sieht § 113 Abs. 3 individuelle Ansprüche für den Fall vor, dass der Betriebsrat nicht präventiv als Hüter der Arbeitnehmerinteressen eingeschaltet wird und die Beteiligung durch die Umsetzung der Betriebsänderung obsolet wird. Nur bei diesem, von einem in die Macht des Unternehmers gestellten Alternativverhältnis der Erfüllung des kollektivrechtlichen Beteiligungsanspruchs und der Individualansprüche nach § 113 Abs. 3 ausgehenden, Verständnis fügt sich diese Bestimmung widerspruchsfrei in die Gesamtregelung der §§ 111 ff. und werden Wertungswidersprüche zu § 113 Abs. 1 BetrVG vermieden. Ein Unterlassungsanspruch des Betriebsrats gegen die Durchführung der Betriebsänderung wegen Nichterfüllung des Beteiligungsrechts nach §§ 111 f. BetrVG wird deshalb vielfach nicht anerkannt (so im Ergebnis; *Bengelsdorf,* DB 1990, 1233, 1235 ff., 1282 ff.; *Ehrich,* BB 1993, 356; HSWGNR-*Hess,* § 111 Rn. 168; *Hohenstatt,* NZA 1998, 846, 850; HWK/*Hohenstatt/ Willemsen,* § 111 Rn. 80; *Hümmerich/Spirolke,* BB 1996, 1986; ErfK-*Kania,* § 111 Rn. 24; *Neef,* NZA 1997, 68; GK-*Oetker,* § 111 Rn. 192; *Raab,* ZfA 1997, 183, 246 ff.; *Schweibert,* Willemsen/Hohenstatt/Schweibert/Seibt, Umstrukturierung und Übertragung von Unternehmen, C 309; *Walker,* ZfA 2005, 45, 73; a. A. DKK-*Däubler,* §§ 112, 112 a Rn. 23; *Derleder,* AuR 1995, 13, 18; GK-*Fabricius,* 6. Aufl., § 111 Rn. 362; *Heither,* FS Däubler, S. 338, 340 ff.; *M. Heither,* Sozialplan und Sozialrecht, S. 51; *Lobinger,* FS Richardi, 657, 670 ff., der den Betriebsrat allerdings als „Standschafter" der einzelnen Arbeitnehmer sieht; im Grundsatz auch *Matthes,* FS Wlotzke, S. 393, 405 f.; *Pflüger,* DB 1998, 2062, 2063 ff.; *Zwanziger,* BB 1998, 477, 480; vgl. auch den Entschließungsantrag der PDS-Fraktion, BT-Drucks. 14/6382, S. 3, wo die Aufnahme eines Unterlassungsanspruchs in das Gesetz ausdrücklich gefordert wurde; soweit daraus allerdings der Wille des Gesetzgebers des BetrVerf-Reformgesetzes abgeleitet wird, einen

Unterlassungsanspruch nicht anzuerkennen – so *Lipinski/Melms*, BB 2002, 2226, 2229 und LAG Sachsen-Anhalt 30. 11. 2004 – 11 TaBV 18/04 –, dürfte das unzutreffend sein; vgl. auch *Bruns*, AuR 2003, 15 ff.; siehe zu praktischen Fragen *Korinth*, ArbRB 2005, 61). Da somit bereits dem materiellen Recht zu entnehmen ist, dass die Sicherung des Beratungsrechts allein durch den Nachteilsausgleichsanspruch erfolgt, fehlt es bereits an den Voraussetzungen dafür, dass die Gerichte insoweit auf § 938 ZPO zugreifen dürfen (anders *Fitting*, § 111 Rn. 135 ff., der darüber im Ergebnis zu einem Unterlassungsanspruch gelangt). Seit Verstreichen der Umsetzungsfrist der Richtlinie 2002/14/EG am 23. 3. 2005 spricht viel dafür, in deren Anwendungsbereich angesichts Art. 4 Abs. 4 lit. e) RL 2002/14/EG im Wege **richtlinienkonformer Auslegung** einen **Unterlassungsanspruch anzuerkennen** (in diesem Sinne *Fauser/Nacken*, NZA 2006, 1136, 1142 f.; vgl. auch LAG Hamm 21. 8. 2008 – 13 TaBVGa 16/08; LAG München 22. 12. 2008 AuR 2009, 142). Dagegen wird man jedenfalls nicht einwenden können, mit dem Anspruch auf Nachteilsausgleich habe Deutschland der aus Art. 8 Abs. 2 RL 2002/14/EG resultierenden Pflicht zur Schaffung einer wirksamen, angemessenen und abschreckenden Sanktion genügt (wie hier *Kohte*, FS Richardi, 601, 612; vgl. dazu in anderem Zusammenhang *Weberling*, AfP 2005, 139, 141). Ganz abgesehen davon, dass man angesichts der Anrechnung von Nachteilsausgleichsansprüchen auf Sozialplanansprüche bereits Zweifel an der abschreckenden Wirkung haben muss, ist neben Art. 8 Abs. 2 auch Art. 8 Abs. 1 RL 2002/14/EG zu beachten. Dieser fordert von den Mitgliedsstaaten die Einrichtung geeigneter Verwaltungs- und Gerichtsverfahren, „mit deren Hilfe die Erfüllung der sich aus dieser Richtlinie ergebenden Verpflichtungen durchgesetzt werden kann".

169 Der Betriebsrat hat auch keinen Anspruch darauf, dass der Unternehmer das Einigungsverfahren betreibt, also die Einigungsstelle anruft, um einen Interessenausgleich mit dem Betriebsrat zu versuchen (*Matthes*, FS Wlotzke, S. 393, 398).

3. Ordnungswidrigkeit

170 Erfüllt der Unternehmer die ihm nach § 111 obliegende Auskunftspflicht nicht, wahrheitswidrig, unvollständig oder verspätet, so begeht er eine Ordnungswidrigkeit, die mit einer Geldbuße bis zu € 10 000 geahndet werden kann (§ 121; vgl. OLG Hamm 7. 12. 1977 DB 1978, 748).

E. Streitigkeiten

171 Streitigkeiten, ob der Betriebsrat an einer Angelegenheit nach § 111 zu beteiligen ist, entscheidet das Arbeitsgericht im Beschlussverfahren (§ 2 a Abs. 1 Nr. 1, Abs. 2 i. V. mit §§ 80 ff. ArbGG). Das Arbeitsgericht ist auch für die Entscheidung zuständig, ob der Unternehmer eine Auskunft rechtzeitig und umfassend erteilt hat. Den Unterrichtungsanspruch kann der Betriebsrat erforderlichenfalls auch im Verfahren der einstweiligen Verfügung durchsetzen. Im Übrigen ist aber für die Beteiligung des Betriebsrats das in § 112 geregelte Verfahren maßgebend.

§ 112 Interessenausgleich über die Betriebsänderung, Sozialplan

(1) ¹Kommt zwischen Unternehmer und Betriebsrat ein Interessenausgleich über die geplante Betriebsänderung zustande, so ist dieser schriftlich niederzulegen und vom Unternehmer und Betriebsrat zu unterschreiben. ²Das Gleiche gilt für eine Einigung über den Ausgleich oder die Milderung der wirtschaftlichen Nachteile, die den Arbeitnehmern infolge der geplanten Betriebsänderung entstehen (Sozialplan). ³Der Sozial-

plan hat die Wirkung einer Betriebsvereinbarung. [4] § 77 Abs. 3 ist auf den Sozialplan nicht anzuwenden.

(2) [1] Kommt ein Interessenausgleich über die geplante Betriebsänderung oder eine Einigung über den Sozialplan nicht zustande, so können der Unternehmer oder der Betriebsrat den Vorstand der Bundesagentur für Arbeit um Vermittlung ersuchen, der Vorstand kann die Aufgabe auf andere Bedienstete der Bundesagentur für Arbeit übertragen. [2] Erfolgt kein Vermittlungsersuchen oder bleibt der Vermittlungsversuch ergebnislos, so können der Unternehmer oder der Betriebsrat die Einigungsstelle anrufen. [3] Auf Ersuchen des Vorsitzenden der Einigungsstelle nimmt ein Mitglied des Vorstands der Bundesagentur für Arbeit oder ein vom Vorstand der Bundesagentur für Arbeit benannter Bediensteter der Bundesagentur für Arbeit an der Verhandlung teil.

(3) [1] Unternehmer und Betriebsrat sollen der Einigungsstelle Vorschläge zur Beilegung der Meinungsverschiedenheiten über den Interessenausgleich und den Sozialplan machen. [2] Die Einigungsstelle hat eine Einigung der Parteien zu versuchen. [3] Kommt eine Einigung zustande, so ist sie schriftlich niederzulegen und von den Parteien und vom Vorsitzenden zu unterschreiben.

(4) [1] Kommt eine Einigung über den Sozialplan nicht zustande, so entscheidet die Einigungsstelle über die Aufstellung eines Sozialplans. [2] Der Spruch der Einigungsstelle ersetzt die Einigung zwischen Arbeitgeber und Betriebsrat.

(5) [1] Die Einigungsstelle hat bei ihrer Entscheidung nach Absatz 4 sowohl die sozialen Belange der betroffenen Arbeitnehmer zu berücksichtigen als auch auf die wirtschaftliche Vertretbarkeit ihrer Entscheidung für das Unternehmen zu achten. [2] Dabei hat die Einigungsstelle sich im Rahmen billigen Ermessens insbesondere von folgenden Grundsätzen leiten zu lassen:

1. Sie soll beim Ausgleich oder bei der Milderung wirtschaftlicher Nachteile, insbesondere durch Einkommensminderung, Wegfall von Sonderleistungen oder Verlust von Anwartschaften auf betriebliche Altersversorgung, Umzugskosten oder erhöhte Fahrtkosten, Leistungen vorsehen, die in der Regel den Gegebenheiten des Einzelfalles Rechnung tragen.
2. Sie hat die Aussichten der betroffenen Arbeitnehmer auf dem Arbeitsmarkt zu berücksichtigen. Sie soll Arbeitnehmer von Leistungen ausschließen, die in einem zumutbaren Arbeitsverhältnis im selben Betrieb oder in einem anderen Betrieb des Unternehmens oder eines zum Konzern gehörenden Unternehmens weiterbeschäftigt werden können und die Weiterbeschäftigung ablehnen; die mögliche Weiterbeschäftigung an einem anderen Ort begründet für sich allein nicht die Unzumutbarkeit.
2 a. Sie soll insbesondere die im Dritten Buch des Sozialgesetzbuches vorgesehenen Förderungsmöglichkeiten zur Vermeidung von Arbeitslosigkeit berücksichtigen.
3. Sie hat bei der Bemessung des Gesamtbetrages der Sozialplanleistungen darauf zu achten, dass der Fortbestand des Unternehmens oder die nach Durchführung der Betriebsänderung verbleibenden Arbeitsplätze nicht gefährdet werden.

Abgekürzt zittiertes Schrifttum: *Beuthien*, Sozialplan und Unternehmensverschuldung, 1980; *S. Biedenkopf*, Interessenausgleich und Sozialplan unter Berücksichtigung der besonderen Probleme bei der Privatisierung und Sanierung von Betrieben in den neuen Bundesländern, Diss. FU Berlin 1994; *Däubler/Bösche*, Zum Inhalt von Sozialplänen nach § 112 BetrVG, 1976; *Diepenbroick-Grüter*, Der Sozialplan in der Insolvenz, 2004; *Dorndorf*, Sozialplan im Konkurs, 1978; *Ehmann*, Betriebsstilllegung und Mitbestimmung, 1978; *Engelen*, Sozialplan bei Betriebsaufspaltung?, 1992; *Fischinger*, Arbeitskämpfe bei Standortverlagerung und -schließung, 2006; *H. Fuchs*, Der Sozialplan nach dem Betriebsverfassungsgesetz 1972, 1976; *M. Heither*, Sozialplan und Sozialrecht, 2002; *Hoffmann*, Die Förderung von Transfer-Sozialplänen, 2002; *Kaba*, Probleme des Interessenausgleichs, 2001; *Kaven*, Das Recht des Sozialplans, (Diss. Bielefeld) 1977; *Kessen*, Der Inhalt des Sozialplans, Diss. Köln 1997; *Knorr*, Der Sozialplan im Widerstreit der Interessen, 1995; *Kocher*, Neue Sozialplaninhalte bei EDV-

§ 112 Interessenausgleich über die Betriebsänderung, Sozialplan

Einführung, (Diss. Hamburg) 1994; *Kruip,* Betriebsrentenanpassung und Sozialplandotierung in Konzern und Umwandlung, (Diss. Freiburg) 1997; *Luding,* Beendigung und Veränderung von Sozialplänen, 2002C. *Meyer,* Sozialplanregelungen in Treuhandunternehmen, (Diss. Potsdam) 1995; *Ochs,* Analyse betrieblicher Sozialpläne, 1976; *Ohl,* Der Sozialplan – Recht und Praxis kompensatorischer Leistungen für den Verlust des Arbeitsplatzes, (Diss. Göttingen) 1977; *Reuter,* Der Sozialplan – Entschädigung für Arbeitsplatzverlust oder Steuerung unternehmerischen Handelns? 1983; *Richardi,* Betriebsverfassung und Privatautonomie, 1973; *ders.,* Sozialplan und Konkurs, 1975; *Röder/Baeck,* Interessenausgleich und Sozialplan, 3. Aufl. 2001; *Römer,* Interessenausgleich und Sozialplan bei Outsourcing und Auftragsneuvergabe, 2001; *Schartel,* Rechtsprobleme unternehmensübergreifender Sozialplandotierung, Diss. Gießen 1990; *Staufenbiel,* Der Sozialplan, 2004; *Tretow,* Personalabbaumaßnahmen nach der neuen Insolvenzordnung, Diss. Bremen 1999; *Willemsen,* Arbeitnehmerschutz bei Betriebsänderungen im Konkurs, (Diss. Köln) 1980; *Wolff,* Die Gestaltungsformen des Sozialplans, 2003; *Zeitz,* Sozialplan und Arbeitsmarktchancen, Diss. Köln 2002.

Übersicht

	Rn.
A. Vorbemerkung	1
I. Gesetzessystematischer Zusammenhang und Inhalt der Vorschrift	1
II. Entstehungsgeschichte der Gesetzesregelung	5
1. Abweichung vom BetrVG 1952	5
2. Neuregelung durch das BeschFG 1985	7
3. Ergänzung durch das BetrVerf-Reformgesetz	8
III. Verfassungsmäßigkeit der Gesetzesregelung	9
B. Interessenausgleich über die Betriebsänderung	13
I. Begriff, Gegenstand und Inhalt des Interessenausgleichs	13
1. Begriff und Formen des Interessenausgleichs	13
2. Gegenstand des Interessenausgleichs	16
3. Inhalt des Interessenausgleichs	18
II. Zustandekommen eines Interessenausgleichs	23
1. Freiwilligkeit	23
2. Abhängigkeit von der Aufstellung eines Sozialplans	24
3. Schriftform als Wirksamkeitsvoraussetzung	27
4. Zuständigkeit für den Interessenausgleich	31
III. Rechtsnatur und Rechtswirkungen des Interessenausgleichs	35
1. Streitstand	35
2. Die Rechtsnatur des Interessenausgleichs	41
3. Gerichtliche Durchsetzbarkeit	47
C. Der Sozialplan	49
I. Begriff und Zweck des Sozialplans	49
1. Begriff	49
2. Zweck	51
II. Mitbestimmungsrecht des Betriebsrats	59
1. Verselbständigung gegenüber dem Interessenausgleich über die geplante Betriebsänderung	59
2. Aufstellung des Sozialplans für eine geplante Betriebsänderung	61
3. Vorsorgliche Sozialpläne sowie Dauer- und Rahmensozialpläne	63
4. Aufstellung eines Sozialplans nach Durchführung einer Betriebsänderung	67
5. Restmandat des Betriebsrats	71
6. Einschränkungen der Sozialplanmitbestimmung bei Personalabbau und für neugegründete Unternehmen (§ 112 a)	72
7. Personeller Geltungsbereich der Sozialplanmitbestimmung	73
III. Aufstellung des Sozialplans durch Arbeitgeber und Betriebsrat	77
1. Zuständigkeit zur Aufstellung des Sozialplans	77
2. Form des Sozialplans	78
3. Inhalt des vereinbarten Sozialplans	80
4. Abfindungen für den Verlust des Arbeitsplatzes als Sozialplaninhalt	90
5. Ausgleich oder Milderung sonstiger wirtschaftlicher Nachteile als Sozialplaninhalt	96
6. Regelungsschranken für die Aufstellung eines Sozialplans	101
7. Förderung der Teilnahme an Transfermaßnahmen durch die Arbeitsverwaltung	117

A. Vorbemerkung   § 112

	Rn.
IV. Aufstellung des Sozialplans durch die Einigungsstelle	134
1. Zuständigkeit der Einigungsstelle im verbindlichen Einigungsverfahren	134
2. Inhalt des erzwungenen Sozialplans	136
3. Abwägungsklausel (Abs. 5 Satz 1)	139
4. Ermessensrichtlinien (Abs. 5 Satz 2)	148
V. Rechtsnatur und Rechtswirkungen des Sozialplans	171
1. Betriebsvereinbarung	171
2. Auslegungsgrundsätze	174
3. Rechtswirkungen	175
VI. Verhältnis zum Tarifvertrag	178
VII. Kündigung und Abänderung von erzwingbaren Sozialplänen	183
1. Einvernehmliche Ersetzung durch einen neuen Sozialplan	183
2. Ordentliche Kündigung eines Sozialplans	184
3. Außerordentliche Kündigung	186
4. Wegfall der Geschäftsgrundlage	187
VIII. Behandlung der Sozialplanansprüche in der Rechtsordnung	189
1. Entstehung und Geltendmachung	189
2. Steuerrechtliche Behandlung	195
3. Beitragspflicht zur Sozialversicherung	197
4. Anspruch auf Arbeitslosengeld und Sicherung des Lebensunterhalts	198
5. Vererblichkeit von Sozialplanansprüchen	199
6. Pfändbarkeit von Sozialplanansprüchen	200
7. Insolvenz des Arbeitgebers	201
IX. Verhältnis der Sozialplanansprüche zum gesetzlichen Anspruch auf Nachteilsausgleich	202
1. Betriebsänderung ohne Versuch eines Interessenausgleichs mit dem Betriebsrat	202
2. Abweichung von einem Interessenausgleich ohne zwingenden Grund	205
X. Verhältnis der Sozialplanansprüche zu wegen der Beendigung des Arbeitsverhältnisses zugesagten individualvertraglichen Leistungen	207
D. Mitbestimmungsverfahren für den Interessenausgleich und Sozialplan	209
I. Einigung zwischen Unternehmer und Betriebsrat	209
II. Vermittlung durch den Vorstand der Bundesagentur für Arbeit	212
1. Voraussetzung	212
2. Verfahren	215
3. Vermittlungsvorschlag	222
III. Anrufung der Einigungsstelle	225
1. Anrufung zum Versuch eines Interessenausgleichs oder zur Aufstellung eines Sozialplans	225
2. Einlassungszwang	228
3. Bildung der Einigungsstelle	230
IV. Zusammensetzung der Einigungsstelle	232
V. Verfahren vor der Einigungsstelle	233
1. Gestaltung des Verfahrens	233
2. Spruch über die Aufstellung eines Sozialplans	239
VI. Ersetzung des Versuchs eines Interessenausgleichs durch die Zustimmung des Arbeitsgerichts im Insolvenzverfahren	242
E. Streitigkeiten	243

A. Vorbemerkung

I. Gesetzessystematischer Zusammenhang und Inhalt der Vorschrift

Die Bestimmung regelt das **Beteiligungsverfahren bei geplanten Betriebsänderungen**. 1
Sie setzt gesetzessystematisch voraus, dass ein Beteiligungstatbestand nach § 111 gegeben ist. Während also dort der Tatbestand des Beteiligungsrechts festgelegt ist und hinsichtlich der Rechtsfolgen lediglich angeordnet wird, dass der Unternehmer den Betriebsrat rechtzeitig und umfassend zu unterrichten und die geplante Betriebsänderung mit ihm zu beraten hat, werden hier die Rechtsfolgen in ihren Einzelheiten geregelt, die dem Beteiligungsrecht des Betriebsrats seine besondere rechtsdogmatische Struktur ge-

ben. Ergänzend bestimmt § 113 die Sanktion, wenn der Unternehmer von einem Interessenausgleich über die geplante Betriebsänderung abweicht oder wenn er eine geplante Betriebsänderung durchführt, ohne über sie einen Interessenausgleich mit dem Betriebsrat versucht zu haben.

2 Die Bestimmung enthält **zwei verschiedene Mitwirkungs- und Mitbestimmungskomplexe**, die sich sowohl nach ihrem Gegenstand als auch nach dem Inhalt und Umfang des Beteiligungsrechts unterscheiden:

3 (1) Der eine Bereich betrifft die **geplante Betriebsänderung** selbst, also die unternehmerisch-wirtschaftliche Entscheidung als solche. Die Beteiligung des Betriebsrats bezieht sich hier darauf, ob und **wie** die **unternehmerische Maßnahme im Betrieb durchgeführt** wird. Ziel ist ein **Interessenausgleich** über die geplante Betriebsänderung. Kommt er nicht zustande, so darf der Unternehmer die Betriebsänderung so durchführen, wie er sie für richtig hält. Der Betriebsrat hat hier also nur ein Mitwirkungsrecht.

4 (2) Der andere Bereich bezieht sich auf den **Ausgleich oder die Milderung der wirtschaftlichen Nachteile**, die den Arbeitnehmern infolge der geplanten Betriebsänderung entstehen, also auf die **Aufstellung eines Sozialplans**. Kommt über ihn keine Einigung zustande, so entscheidet hier die Einigungsstelle mit bindender Wirkung, sofern sich nicht aus § 112 a etwas anderes ergibt. Der Betriebsrat kann also die Aufstellung eines Sozialplans erzwingen; er hat insoweit ein Mitbestimmungsrecht.

II. Entstehungsgeschichte der Gesetzesregelung

1. Abweichung vom BetrVG 1952

5 Das Gesetz gestaltet die Beteiligung des Betriebsrats **erheblich anders als §§ 72 Abs. 2, 73 BetrVG 1952**. Damals beschränkte sich das sog. wirtschaftliche Mitbestimmungsrecht auf die geplante Betriebsänderung. Kam über sie keine Einigung zwischen dem Unternehmer und dem Betriebsrat zustande, so konnte die der Einigungsstelle entsprechende Vermittlungsstelle, wenn auch ihr keine Einigung gelang, einen von der Literatur als bindend bezeichneten Einigungsvorschlag machen (vgl. *Dietz*, § 73 Rn. 13). Wich der Unternehmer von der Einigung oder dem Einigungsvorschlag ohne zwingenden Grund ab, so hatte er den von Kündigungen betroffenen Arbeitnehmern eine Entlassungsentschädigung zu zahlen (§ 74 BetrVG 1952).

6 Ein **Mitbestimmungsrecht über den Sozialplan** bestand nicht. Das BAG war aber der Ansicht, dass Abfindungszahlungen Gegenstand eines Interessenausgleichs über die geplante Betriebsänderung sein konnten, so dass der Unternehmer, wenn insoweit keine Einigung gelang, sich so behandeln lassen musste, als ob eine Einigung vorgelegen hätte, wonach die geplante Betriebsänderung nicht vorgenommen werden sollte (vgl. BAG 20. 11. 1970 AP BetrVG § 72 Nr. 7 und 8). Führte die Betriebsänderung deshalb zur Entlassung von Arbeitnehmern, so hatten sie gemäß § 74 BetrVG 1952 – wie heute nach § 113 – einen Anspruch auf Abfindungen. Das Gesetz hat die Aufstellung eines Sozialplans vom Interessenausgleich über die geplante Betriebsänderung getrennt und ihn damit zum selbständigen Gegenstand eines Mitbestimmungsrechts gemacht.

2. Neuregelung durch das BeschFG 1985

7 Das Beschäftigungsförderungsgesetz 1985 (BeschFG 1985) vom 26. 4. 1985 (BGBl. I S. 710) hat § 112 durch Art. 2 Nr. 1 geändert. Es hat Abs. 4 verkürzt sowie die ursprünglich in dessen Satz 2 enthaltene Bestimmung in den angefügten Abs. 5 als Satz 1 übernommen und um die weiteren Sätze ergänzt, um durch sie der Einigungsstelle Leitlinien für ihre Ermessensentscheidung über die Aufstellung eines Sozialplans an die Hand zu geben (vgl. Begr. RegE, BT-Drucks. 10/2102, S. 27). Außerdem hat es durch Art. 2 Nr. 2 § 112 a eingefügt, um die Erzwingbarkeit von Sozialplänen zu beschränken.

A. Vorbemerkung § 112

3. Ergänzung durch das BetrVerf-Reformgesetz

Durch das BetrVerf-Reformgesetz vom 23. 7. 2001 (BGBl. I S. 1852) wurde § 112 **8** Abs. 5 durch Nr. 2a ergänzt, damit die nach dem SGB III „zur Vermeidung von Arbeitslosigkeit vorgesehenen Instrumentarien stärker mit den Möglichkeiten eines Sozialplans zum Ausgleich oder [zur] Milderung der mit der Betriebsänderung verbundenen Nachteile verknüpft werden" (Begr. RegE, BT-Drucks. 14/5741, S. 52). Abs. 2 wurde zuletzt geändert durch das Dritte Gesetz für moderne Dienstleistungen am Arbeitsmarkt (BGBl. I 2003, S. 2848).

III. Verfassungsmäßigkeit der Gesetzesregelung

Gegen die Bestimmung, dass ein Sozialplan auch gegen den Willen des Unternehmers **9** aufgestellt werden kann, sind verfassungsrechtliche Bedenken geäußert worden; vor allem wurde darauf hingewiesen, dass durch sie in die **unternehmerische Entscheidungsfreiheit** eingegriffen und deshalb gegen Art. 14 GG verstoßen wird (so vor allem *Herbert Krüger*, Der Regierungsentwurf eines Betriebsverfassungsgesetzes vom 29. Januar 1971 und das Grundgesetz, 1971, S. 44f., 66; *Galperin*, Der Regierungsentwurf eines neuen Betriebsverfassungsgesetzes, 1971, S. 45f.). Das Mitbestimmungsrecht des Betriebsrats bezieht sich jedoch ausschließlich auf den Ausgleich oder die Milderung der wirtschaftlichen Nachteile, die den Arbeitnehmern infolge der geplanten Betriebsänderung entstehen, nicht hingegen auf die unternehmerisch-wirtschaftliche Entscheidung selbst. Dass durch einen Sozialplan möglicherweise dem Unternehmer gegen seinen Willen erhebliche finanzielle Belastungen auferlegt werden, kann zwar mittelbar einen Druck auf die unternehmerisch-wirtschaftliche Entscheidung ausüben und den Unternehmer von einer geplanten Betriebsänderung abhalten, obwohl sie nach der Marktlage erforderlich ist oder dem technischen Fortschritt entspricht. Diese rechtspolitischen Bedenken reichen aber nicht aus, um die Verfassungswidrigkeit zu begründen.

Die Sozialplanpflicht des Unternehmers verstößt nicht gegen die **Garantie des Eigen-** **10** **tums** (Art. 14 GG), da durch sie lediglich die Sozialbindung des unternehmerisch genutzten Eigentums konkretisiert wird. Das Zuordnungsverhältnis und die Substanz des Eigentums bleiben erhalten (vgl. BVerfG 1. 3. 1979 E 50, 290, 341 = AP MitbestG § 1 Nr. 1). Durch das Mitbestimmungsrecht über den Sozialplan berücksichtigt der Gesetzgeber, dass der Unternehmer zur Nutzung seines Eigentums der Mitwirkung der Arbeitnehmer bedarf. Da bei einer Betriebsänderung die Ausübung der Verfügungsbefugnis durch den Eigentümer sich zugleich auf deren Daseinsgrundlage auswirkt, berührt sie die Grundrechtssphäre der Arbeitnehmer (vgl. BVerfG 1. 3. 1979 E 50, 290, 349). Das Mitbestimmungsrecht des Betriebsrats über den Sozialplan ist deshalb eine verfassungsrechtlich zulässige Inhalts- und Schrankenbestimmung i. S. des Art. 14 Abs. 1 Satz 2 GG (ebenso *Beuthien*, Sozialplan, S. 49ff.; *Ehmann*, FS Kissel 1994, S. 175, 191).

Problematisch kann lediglich sein, dass die Einigungsstelle verbindlich über den Inhalt **11** eines Sozialplans entscheiden kann, ohne dass im Gesetz festgelegt ist, auf welche Maßnahmen er sich zu beschränken hat (vgl. *Galperin*, Der Regierungsentwurf eines neuen Betriebsverfassungsgesetzes, 1971, S. 45f., und *Kreutz*, BlStSozArbR 1971, 277, 282, wo darauf hingewiesen wird, dass der verbindliche Spruch der Einigungsstelle eine Zwangsschlichtung bedeutet, wie sie sonst als verfassungswidrig angesehen wird; dazu § 76 Rn. 25). Jedoch ermöglicht der Zweck des Sozialplans, der darauf beschränkt ist, die wirtschaftlichen Nachteile, die den Arbeitnehmern infolge der geplanten Betriebsänderung entstehen, auszugleichen oder zu mildern, den Inhalt des Mitbestimmungsrechts bei der Aufstellung eines Sozialplans so konkret zu bestimmen, dass dem Grundsatz der Vorhersehbarkeit genügt wird und insoweit keine verfassungsrechtlichen Bedenken bestehen (ebenso im Ergebnis HSWGNR-*Hess*, § 112 Rn. 62; *Kaven*, Recht des Sozialplans, S. 26 f.; *Teubner,* BB 1974, 982, 987; s. zu der insoweit problematischen Bestimmung des Abs. 5 Nr. 2 a, Rn. 161 ff.).

12 Die Beschränkung durch das Mitbestimmungsrecht über den Sozialplan betrifft nicht das Recht auf freie Berufswahl, sondern ist verfassungsrechtlich lediglich eine **Regelung der Berufsausübung,** die hinsichtlich der Inhalts- und Schrankenbestimmung durch die Sozialbindung legitimiert wird (vgl. auch BVerfG 1. 3. 1979 AP MitbestG § 1 Nr. 1).

B. Interessenausgleich über die Betriebsänderung

I. Begriff, Gegenstand und Inhalt des Interessenausgleichs

1. Begriff und Formen des Interessenausgleichs

13 Das Gesetz verwendet den **Begriff des Interessenausgleichs** in einem technischen Sinn. Es versteht unter ihm die **Einigung** zwischen Unternehmer und Betriebsrat **über die geplante Betriebsänderung.** Notwendig ist eine Abgrenzung vom Sozialplan; denn seine Aufstellung kann der Betriebsrat erzwingen, soweit sich nicht aus § 112 a etwas anderes ergibt (vgl. BAG 17. 9. 1991 AP BetrVG 1972 § 112 Nr. 59).

14 Der Begriff des Interessenausgleichs bezieht sich auf die Regelungen, in denen Unternehmer und Betriebsrat übereinstimmend niederlegen, ob, wann und wie die Betriebsänderung durchgeführt werden soll (s. Rn. 18). **Nicht zum Interessenausgleich im gesetzestechnischen Sinn** zählen Bestimmungen über den Ausgleich oder die Milderung der wirtschaftlichen Nachteile, die den Arbeitnehmern infolge der Betriebsänderung *entstehen;* denn sie bilden nach der Legaldefinition des Abs. 1 Satz 2 den Sozialplan.

15 Besondere Wirkungen legt die Rechtsordnung einem Interessenausgleich bei, in dem die zur Kündigung vorgesehenen Arbeitnehmer namentlich bezeichnet sind (§ 1 Abs. 5 KSchG, § 125 InsO). Besonderheiten gelten auch, wenn im Interessenausgleich anlässlich einer Unternehmensumwandlung eine namentliche Zuordnung von Arbeitnehmern zu den beteiligten Rechtsträgern vorgenommen wird (§ 323 Abs. 2 UmwG; vgl. auch *Schneider,* Die vertragsrechtliche Zuordnung der Arbeitnehmer im Gemeinschaftsbetrieb unter Berücksichtigung der Unternehmensspaltung, Diss. Regensburg 1997). Insoweit ist jeweils ebenfalls das Vorliegen einer Betriebsänderung i. S. des § 111 erforderlich (zu § 323 Abs. 2 UmwG ebenso MünchArbR-*Wank,* § 102 Rn. 206 ff.; *Willemsen,* Willemsen/Hohenstatt/Schweibert/Seibt, Umstrukturierung und Übertragung von Unternehmen, G 162; a. A. *Richardi,* 7. Aufl., Rn. 19; *Hohenstatt,* NZA 1998, 846, 852; zu § 125 InsO wie hier *Giesen,* ZIP 1998, 46, 50; *Hohenstatt,* NZA 1998, 846, 853; *Lakies,* RdA 1997, 145, 150; Kübler/Prütting/*Moll,* § 125 Rn. 20; a. A. *Schrader,* NZA 1997, 70, 73; *Warrikoff,* BB 1994, 2338, 2341), auch wenn das bei § 323 Abs. 2 UmwG wenig sinnvoll ist, da es hier um eine Zuordnung der Arbeitnehmer zu den an der Umwandlung beteiligten Rechtsträgern geht (s. näher Staudinger-*Annuß* [2005], § 613a Rn. 307 ff.) und die dabei zu bewältigenden Probleme unabhängig von etwaigen Veränderungen auf Betriebsebene auftreten.

2. Gegenstand des Interessenausgleichs

16 Der Interessenausgleich bezieht sich ausschließlich auf die **geplante Betriebsänderung.** Für einen Interessenausgleich ist kein Raum mehr, wenn der Unternehmer die Betriebsänderung bereits durchgeführt hat. Die von der Maßnahme betroffenen Arbeitnehmer haben nach § 113 Abs. 3 dann aber möglicherweise Anspruch auf Nachteilsausgleich. Unabhängig davon kann hier der Betriebsrat auch nach Durchführung der Betriebsänderung noch das Recht haben, die Aufstellung eines Sozialplans zu verlangen (s. Rn. 67).

B. Interessenausgleich über die Betriebsänderung § 112

Möglich ist allerdings, dass auch noch nach dem Scheitern des Versuchs eines Interes- 17
senausgleichs im Übrigen Regelungen i. S. des § 1 Abs. 5 KSchG, § 125 InsO und § 323
Abs. 2 UmwG getroffen werden (vgl. dazu, dass die Namensliste auch in einem gesonderten Dokument niedergelegt werden kann, BAG 22. 1. 2004 AP BetrVG 1972 § 112
Namensliste Nr. 1).

3. Inhalt des Interessenausgleichs

a) Den Interessenausgleich bilden **Regelungen** darüber, **ob, wann und in welcher Form** 18
die vom Unternehmer geplante **Betriebsänderung durchgeführt** werden soll (vgl. BAG 9. 7.
1985 AP BetrVG 1972 § 113 Nr. 13; BAG 27. 10. 1987 AP BetrVG 1972 § 112 Nr. 41;
BAG 20. 4. 1994 AP BetrVG 1972 § 113 Nr. 27). Durch sie soll das Interesse des Unternehmers an der Durchführung der Betriebsänderung mit dem Interesse der Arbeitnehmer
an der Vermeidung wirtschaftlicher Nachteile ausgeglichen werden, die den Arbeitnehmern infolge der geplanten Betriebsänderung entstehen. Der Interessenausgleich kann sich
auch aus mehreren **Teileinigungen** zusammensetzen, was sich als Gestaltungsalternative
insbesondere bei umfangreichen oder einen längeren Zeitraum beanspruchenden Betriebsänderungen anbieten kann (BAG 20. 4. 1994 AP BetrVG 1972 § 113 Nr. 27).

b) Der Interessenausgleich kann in der **Zustimmung des Betriebsrats zu der geplanten** 19
Betriebsänderung bestehen (vgl. *Bauer*, Betriebsänderungen, S. 209; den Mustertext von
Röder/Baeck, Interessenausgleich, S. 69 ff.). Davon unberührt bleibt, dass der Betriebsrat für diese Betriebsänderung die Aufstellung eines Sozialplans verlangen kann, damit
die wirtschaftlichen Nachteile, die den Arbeitnehmern infolge der Betriebsänderung
entstehen, ausgeglichen oder gemildert werden.

Einigen sich Unternehmer und Betriebsrat darauf, dass die **Betriebsänderung unter-** 20
bleibt, so entfällt damit zugleich auch die Möglichkeit, dass die Aufstellung eines Sozialplans erzwungen werden kann, weil dann kein Eintritt von Nachteilen infolge der
Betriebsänderung möglich ist.

c) Für den Regelfall wird es darum gehen, dass die **vom Unternehmer vorgesehene** 21
Maßnahme modifiziert wird. Der Interessenausgleich kann beispielsweise darin bestehen, dass der Unternehmer nicht eine Stilllegung, sondern lediglich eine Einschränkung
des Betriebs vornimmt oder den Betriebszweck ändert. Um einen Interessenausgleich
handelt es sich, wenn der Unternehmer bestimmte Betriebsanlagen nicht im ursprünglich
vorgesehenen Zeitraum, sondern nach Absprache mit dem Betriebsrat erst später einführt. Schließlich kann der Interessenausgleich sich auch darauf erstrecken, dass der
Unternehmer bei einer Betriebsänderung keine Maßnahmen gegenüber den zum Betrieb
gehörenden Arbeitnehmern ergreift oder notwendig werdende personelle Einzelmaßnahmen so durchführt, dass für die betroffenen Arbeitnehmer kein wirtschaftlicher Nachteil
eintritt, z. B. die Festlegung von Kündigungsverboten oder die Vereinbarung von Verset-
zungs- und Umschulungspflichten (vgl. BAG 17. 9. 1991 AP BetrVG 1972 § 112
Nr. 59). Sie bilden nicht den Inhalt eines erzwingbaren Sozialplans, sondern gehören
zum Interessenausgleich, weil durch sie der Eintritt wirtschaftlicher Nachteile *verhindert*
werden soll. Deshalb ist ein Spruch der Einigungsstelle, der solche Maßnahmen zum
Inhalt hat, unwirksam (vgl. BAG 17. 8. 1991 AP BetrVG 1972 § 112 Nr. 59; s. zu
Abs. 5 Nr. 2 a Rn. 161 ff.).

Bei einer **Typologie** denkbarer Regelungen im Interessenausgleich kann man **Organi-** 22
sationsregelungen und **Folgeregelungen** unterscheiden (so *Willemsen/Hohenstatt*, NZA
1997, 345, 346 f.). Bei den Organisationsregelungen geht es um die organisatorischen
Maßnahmen, die sich auf die Betriebsänderung beziehen, wie etwa die Ersetzung von
Maschinen. Die Folgeregelungen beziehen sich auf Zusagen des Arbeitgebers, um Nachteile für die Arbeitnehmer zu vermeiden. Ihrer Rechtsnatur nach handelt es sich hierbei
um Regelungen über soziale Angelegenheiten (zutreffend *Ehmann*, FS Kissel 1994,
S. 175, 181).

22 a d) Mit Wirkung zum 1. 1. 2004 wurde § 1 Abs. 5 KSchG in der zwischen dem 1. 10. 1996 und dem 31. 12. 1998 geltenden Fassung wieder eingeführt. Danach wird das Vorliegen dringender betrieblicher Erfordernisse i. S. d. § 1 Abs. 2 KSchG vermutet und kann die soziale Auswahl der gekündigten Arbeitnehmer nur auf grobe Fehlerhaftigkeit (vgl. dazu BAG 12. 3. 2009 – 2 AZR 418/07) überprüft werden, wenn die zu kündigenden Arbeitnehmer in einem Interessenausgleich namentlich bezeichnet sind (zur Zuständigkeit siehe § 50 Rn. 37). Voraussetzung ist in jedem Fall eine geplante Betriebsänderung i. S. d. § 111 BetrVG. Liegen dessen Voraussetzungen nicht vor, können die Wirkungen des § 1 Abs. 5 KSchG auch nicht durch einen freiwilligen Interessenausgleich herbeigeführt werden (*Hohenstatt*, NZA 1998, 846, 851; zu § 125 InsO *Oetker/Friese*, DZWIR 2000, 177 m. w. N.; a. A. *Kappenhagen*, NZA 1998, 968 ff.; vgl. näher *Jaeger*, FS 25 Jahre ArbG ArbR, 2006, S. 889 ff.). § 1 Abs. 5 KSchG hat daher weder in Tendenzbetrieben (§ 118 Abs. 2 BetrVG; *Fitting*, §§ 112, 112 a Rn. 53; a. A. *Bauer*, FS Wißmann, 2005, S. 215, 228 f.; *Lunk*, NZA 2005, 841, 847; *Thüsing/Wege*, BB 2005, 213, 215 f. m. w. N.) noch in Unternehmen mit nicht mehr als 20 Arbeitnehmern Bedeutung (ebenso *Thüsing/Wege*, BB 2005, 213, 215 und die ganz h. M.; a. A. *Fitting*, §§ 112, 112 a Rn. 54 m. w. N.). § 1 Abs. 5 KSchG greift auch dann ein, wenn die Namensliste in dem mit dem zuständigen Gesamtbetriebsrat vereinbarten Interessenausgleich verankert ist (BAG 19. 6. 2007, AP § 1 KSchG 1969 Nr. 16).

22 b § 1 Abs. 5 KSchG betrifft nur betriebsbedingte Kündigungen, die im Rahmen der geplanten Betriebsänderung ausgesprochen werden (*Hohenstatt*, NZA 1998, 846, 851), was im Streitfalle der Arbeitgeber darlegen und beweisen muss (BAG 12. 3. 2009 – 2 AZR 418/07). Die Bestimmung regelt weiterhin nur die Kündigung solcher Arbeitnehmer, die von dem jeweiligen Betriebsrat repräsentiert werden, weshalb sie sich insbesondere nicht auf leitende Angestellte i. S. d. § 5 Abs. 3 BetrVG erstreckt. § 1 Abs. 5 KSchG gilt sowohl für Beendigungs- als auch für Änderungskündigungen (BAG 19. 6. 2007 – AP KSchG 1969 § 1 Nr. 16; BAG 28. 5. 2009 – 2 AZR 844/07; *Schrader*, NZA 1997, 70, 74; a. A. *Preis*, NJW 1996, 3369, 3372), wobei die Art der gegenüber den einzelnen Arbeitnehmern jeweils auszusprechenden Kündigung im Interessenausgleich anzugeben ist, sofern sich nicht aus den Umständen ergibt, dass es nur zu Beendigungskündigungen kommen wird. Lässt sich die Kündigungsart dem Interessenausgleich nicht entnehmen, entfaltet er nicht die Wirkung nach § 1 Abs. 5 KSchG (zu § 125 InsO ebenso *Oetker/Friese*, DZWIR 2001, 177, 180). § 1 Abs. 5 KSchG verlangt die namentliche Bezeichnung der für Kündigungen vorgesehenen Arbeitnehmer. Dafür genügt eine Nennung des Nachnamens oder eines betriebsüblichen Kosenamens, wenn eine Verwechslungsgefahr besteht (a. A. zu § 125 InsO KSchR-*Däubler*, § 125 InsO Rn. 10; *Oetker/Friese*, DZWIR 2001, 177, 179, die jeweils eine Bezeichnung nach Vor- und Familiennamen verlangen). Auch wenn nur ein Teil der von einer Betriebsänderung durch betriebsbedingte Kündigung betroffenen Arbeitnehmer im Interessenausgleich bezeichnet sind, handelt es sich um eine Namensliste i. S. d. § 1 Abs. 5 KSchG (ebenso *Jaeger*, FS 25 Jahre ArbG ArbR, 2006, S. 889, 897; tendenziell auch BAG 22. 1. 2004 AP BetrVG 1972 § 112 Namensliste Nr. 1; a. A. *Fitting*, §§ 112, 112 a Rn. 57; grundsätzlich a. A. auch BAG 26. 3. 2009 – 2 AZR 296/07).

22 c Gemäß § 1 Abs. 5 Satz 3 KSchG entfällt die Regelungswirkung der Sätze 1 und 2, „soweit sich die Sachlage nach Zustandekommen des Interessenausgleichs wesentlich geändert hat". Das Gesetz schweigt zu der Frage, wie die Wesentlichkeit zu bestimmen ist. Während überwiegend auf die dem Interessenausgleich zugrunde liegende Betriebsänderung in ihrer Gesamtheit abgestellt und gefordert wird, dass die Geschäftsgrundlage des Interessenausgleichs weggefallen ist (dafür grundsätzlich BAG 22. 1. 2004 AP BetrVG 1972 § 112 Namensliste Nr. 1; BAG 12. 3. 2009 – 2 AZR 418/07), spricht einiges dafür, nicht die Betriebsänderung, sondern die Normwirkung des § 1 Abs. 5 KSchG als Bezugspunkt der Beurteilung zu wählen (vgl. im Übrigen § 113 Rn. 10). Diese greift nicht ein, soweit der Interessenausgleich infolge nach seinem Abschluss eingetretener Veränderungen nicht mehr in der Lage ist, die Rechtsfolgenanordnungen des § 1 Abs. 5 KSchG zu tragen. Es ist daher bezogen auf jeden einzelnen in der Namensliste bezeichneten Arbeitnehmer zu fragen, inwieweit die Rechtsfolgen des § 1 Abs. 5 KSchG noch eingreifen können. Werden beispielsweise einige in der Namensliste bezeichneten Arbeitnehmer nicht entlassen, so passt die Beschränkung des Prüfungsmaßstabs zwar weiterhin, soweit es um das Verhältnis der gekündigten Arbeitnehmer zu den nicht auf der Liste stehenden sonstigen Arbeitnehmern des Betriebs geht. Etwas anderes gilt jedoch für das Verhältnis der in der Namensliste aufgeführten Arbeitnehmer zueinander, sofern nicht im Interessenausgleich für diesen Fall Vorsorge getroffen wurde und eine Reihung der in der Namensliste genannten Arbeitnehmer erfolgt ist (KSchR-*Däubler*, § 125 InsO Rn. 29).

II. Zustandekommen eines Interessenausgleichs

1. Freiwilligkeit

Der Interessenausgleich kann nur freiwillig zustande kommen. Zwar können der Unternehmer oder der Betriebsrat, wenn es zu keiner Einigung kommt, den Vorstand der Bundesagentur für Arbeit um Vermittlung ersuchen (Abs. 2 Satz 1). Geschieht dies nicht oder bleibt der Vermittlungsversuch ergebnislos, so kann weiterhin jeder Teil die Einigungsstelle anrufen, um die Meinungsverschiedenheit über den Interessenausgleich beizulegen (Abs. 2 Satz 2; s. ausführlich Rn. 212 ff.). Die Einigungsstelle hat eine Einigung zwischen dem Unternehmer und dem Betriebsrat zu *versuchen* (Abs. 3 Satz 2); sie kann aber nicht wie die Vermittlungsstelle nach § 73 Abs. 2 BetrVG 1952 einen bindenden Einigungsvorschlag machen. 23

2. Abhängigkeit von der Aufstellung eines Sozialplans

Der Betriebsrat kann seine **Zustimmung zu einer Betriebsänderung** von der **Aufstellung eines Sozialplans abhängig** machen. Nach § 72 BetrVG 1952 war in diesem Fall ein Interessenausgleich nicht zustande gekommen, wenn über die Höhe der Abfindungen an die von einer geplanten Betriebsstilllegung betroffenen Arbeitnehmer keine Einigung erzielt wurde (vgl. BAG 20. 11. 1970 AP BetrVG § 72 Nr. 7). Der wegen der Betriebsstilllegung gekündigte Arbeitnehmer hatte den Abfindungsanspruch nach § 74 BetrVG 1952 (BAG 20. 11. 1970 AP BetrVG § 72 Nr. 7). Für das geltende Recht ist dagegen von Bedeutung, dass die Beteiligung des Betriebsrats doppelgleisig gestaltet ist. Dennoch ist es möglich, dass der Betriebsrat seine Zustimmung zu einem Interessenausgleich davon abhängig macht, dass ein Sozialplan aufgestellt wird (ebenso BAG 17. 9. 1974 AP BetrVG 1972 § 113 Nr. 1; GK-*Oetker*, §§ 112, 112a Rn. 29; GL-*Löwisch*, § 112 Rn. 8; *Ohl*, Sozialplan, S. 24; *Buchner*, SAE 1972, 70; *Hanau*, ZfA 1974, 89, 111; a. A. *Stege/Weinspach/Schiefer*, §§ 111–113 Rn. 110; HSWGNR-*Hess*, § 112 Rn. 37; *Ehmann*, Betriebsstilllegung und Mitbestimmung, S. 61 f., 65). 24

Deshalb ist zu unterscheiden, ob die Aufstellung eines Sozialplans eine Voraussetzung für die Einigung über die Durchführung der unternehmerischen Maßnahme, den Interessenausgleich, darstellt oder ob der Betriebsrat gegen die Betriebsänderung selbst keine Einwendungen erhebt, aber eine Abfindung für die betroffenen Arbeitnehmer in bestimmter Höhe verlangt und darüber keine Einigung erzielt wird. Im ersteren Fall ist der Interessenausgleich erst zustande gekommen, wenn auch der Sozialplan aufgestellt wird. Kommt über ihn keine Einigung zustande, so besteht Dissens auch hinsichtlich des Interessenausgleichs. Im letzteren Fall beschränkt der Mitbestimmungsstreit sich dagegen auf den Sozialplan. Der Unternehmer kann deshalb die Betriebsänderung durchführen. Die von ihr betroffenen Arbeitnehmer haben einen Abfindungsanspruch nur auf Grund eines Sozialplans. 25

26 In einem vor Durchführung der Betriebsänderung **vereinbarten Sozialplan** liegt zugleich ein **Interessenausgleich,** weil die Betriebsparteien sich darin einig sind, die Maßnahme so durchzuführen, wie sie bei der Aufstellung des Sozialplans vorausgesetzt wird (ebenso BAG 20. 4. 1994 AP BetrVG 1972 § 113 Nr. 27; kritischer *Fitting*, §§ 112, 112 a Rn. 24). Das gilt aber nicht für einen Sozialplan, der vorsorglich für noch nicht konkret geplante künftige Betriebsänderungen vereinbart wird (ebenso BAG 29. 11. 1983 AP BetrVG 1972 § 113 Nr. 10).

3. Schriftform als Wirksamkeitsvoraussetzung

27 Gelingt es, einen Interessenausgleich herbeizuführen, so ist dieser **schriftlich niederzulegen** und von Unternehmer und Betriebsrat zu unterschreiben (Abs. 1 Satz 1). Für die Schriftform gilt § 126 Abs. 1 BGB (ebenso BAG 9. 7. 1985 AP BetrVG 1972 § 113 Nr. 13; BAG 21. 1. 2004 AP BetrVG 1972 § 112 Namensliste Nr. 1; BAG 6. 7. 2006 AP KSchG 1969 § 1 Nr. 80). Für den Betriebsrat unterschreibt der Betriebsratsvorsitzende oder sein Stellvertreter. Die Unterschrift eines weiteren Betriebsratsmitglieds ist nicht erforderlich, auch wenn die Geschäftsordnung sie verlangt; denn nur der Vorsitzende des Betriebsrats oder im Fall seiner Verhinderung sein Stellvertreter vertritt den Betriebsrat nach außen (§ 26 Abs. 3; ebenso GK-*Oetker*, §§ 112, 112 a Rn. 36; GL-*Löwisch*, § 112 Rn. 11; a. A. *Matthes*, DB 1972, 286, 287). Eine Ersetzung der Schriftform durch die elektronische Form (§ 126 a BGB) kommt hier nicht in Betracht. Kommt eine Einigung erst vor der Einigungsstelle zustande, so ist sie auch vom Vorsitzenden der Einigungsstelle zu unterschreiben (Abs. 3 Satz 3). Jedoch ist nur die Unterschrift der Parteien selbst notwendig; denn ein Interessenausgleich kann auch dann noch außerhalb des Verfahrens wirksam zustande kommen, wenn die Einigungsstelle bereits angerufen ist (ebenso GL-*Löwisch*, § 112 Rn. 96).

28 Die **Wahrung der Schriftform** ist, wie man einhellig annimmt, **Wirksamkeitsvoraussetzung für den Interessenausgleich** (ebenso BAG 9. 7. 1985 AP BetrVG 1972 § 113 Nr. 13; BAG 20. 4. 1994 AP BetrVG 1972 § 113 Nr. 27; BAG 26. 10. 2004 AP BetrVG 1972 § 113 Nr. 49; *Fitting*, §§ 112, 112 a Rn. 24; GL-*Löwisch*, § 112 Rn. 11; HSWGNR-*Hess*, § 112 Rn. 20; DKK-*Däubler*, §§ 112, 112 a Rn. 11; im Ergebnis auch GK-*Oetker*, §§ 112, 112 a Rn. 40). Sie hat wie bei der Aufstellung eines Sozialplans die Funktion, die Verhandlungen im Mitbestimmungsverfahren von der Einigung abzugrenzen, und sie dient damit zugleich dem Interesse an der Klarstellung und Feststellbarkeit seines Inhalts, nicht hingegen dem Übereilungsschutz (BAG 14. 11. 2006 AP BetrVG 1972 § 112 Nr. 181). Dies ist insbesondere mit Blick auf § 113 von Bedeutung. Eine bloß mündliche Einigung reicht deshalb nicht aus. Weigert sich der Betriebsrat, sein Einverständnis auch schriftlich niederzulegen und die Erklärung zu unterschreiben, so muss der Unternehmer, wenn er Ansprüche auf Nachteilsausgleich vermeiden will, das für den Versuch einer Einigung über den Interessenausgleich vorgesehene Verfahren voll ausschöpfen, bevor er die von ihm geplante Betriebsänderung durchführt (so BAG 9. 7. 1985 AP BetrVG 1972 § 113 Nr. 13; BAG 26. 10. 2004 AP BetrVG 1972 § 113 Nr. 49; vgl. näher § 113 Rn. 30).

29 Nach neuerer Rechtsprechung des BGH ist für die Einhaltung der Schriftform über den erkennbaren inneren Zusammenhang der Urkunde hinaus keine dauernde äußere körperliche Verbindung mehr erforderlich. Es genüge, trotz der dann grundsätzlich gegebenen Möglichkeit des Austauschs einzelner Blätter, wenn sich die Einheit der Urkunde zweifelsfrei feststellen lasse, beispielsweise auf Grund einer fortlaufenden Nummerierung der Blätter oder Vertragsklauseln, einer einheitlichen graphischen Gestaltung oder des Textzusammenhangs (BGH 24. 9. 1997, 14. 4. 1999; NJW 1998, 58, 61; 1999, 2517, 2519; BAG 6. 7. 2006 AP KSchG 1969 § 1 Nr. 80; vgl. aber auch BAG 14. 11. 2006 AP BetrVG 1972 § 122 Nr. 181).

30 Das Gesetz fordert **nicht,** dass der Interessenausgleich in einer **gesonderten Urkunde** niedergelegt und als solcher **ausdrücklich bezeichnet** wird (ebenso BAG 20. 4. 1994 AP

BetrVG 1972 § 113 Nr. 27). Es ist in der Betriebspraxis vielfach üblich, Interessenausgleich und Sozialplan in einer Urkunde zusammenzufassen.

4. Zuständigkeit für den Interessenausgleich

a) Der Interessenausgleich ist mit dem **Betriebsrat** zu versuchen, der in dem von der Maßnahme betroffenen Betrieb besteht (s. auch § 111 Rn. 158). Nur wenn einer Betriebsänderung für alle oder mehrere Betriebe eines Unternehmens ein betriebsübergreifendes Konzept zugrunde liegt, ist der **Gesamtbetriebsrat** zuständig (ebenso BAG 20. 4. 1994 AP BetrVG 1972 § 113 Nr. 27; s. auch § 111 Rn. 159). Bei einer konzerneinheitlichen Planung kann unter dieser Voraussetzung auch eine Zuständigkeit des **Konzernbetriebsrats** in Betracht kommen (s. § 111 Rn. 160). Jedenfalls folgt nach unzutreffender Ansicht des BAG aus der Zuständigkeit des Gesamtbetriebsrats für die Vereinbarung eines Interessenausgleichs nicht zwingend seine Zuständigkeit für den Abschluss des Sozialplans. Dafür sei vielmehr das Vorliegen der Voraussetzungen gesondert zu prüfen (BAG 11. 12. 2001 AP BetrVG 1972 § 50 Nr. 22; BAG 23. 10. 2002 AP BetrVG 1972 § 50 Nr. 26; vgl. näher § 50 Rn. 38). 31

Die Beteiligung an dem Interessenausgleich kann der Betriebsrat **nicht** dem **Betriebsausschuss** oder einem **sonstigen Ausschuss** des Betriebsrats zur selbständigen Erledigung übertragen. Denn der Zusammenhang der Interessenausgleichsverhandlungen mit der Aufstellung eines Sozialplans, die wegen dessen notwendigen Charakters als Betriebsvereinbarung nicht auf einen Ausschuss übertragen werden kann, gebietet, dass der Betriebsrat als Gesamtorgan auch für den Interessenausgleich zuständig bleiben muss. 32

Anderes gilt indes für die Übertragung von Aufgaben auf Arbeitsgruppen nach § 28 a. Hier kommt auch die Übertragung der Zuständigkeit für Interessenausgleich und Sozialplan hinsichtlich des Wirkbereichs der Arbeitsgruppe beschränkter Betriebsänderungen in Betracht, da dem Gedanken dieser Bestimmung, die Autonomie der Arbeitsgruppe zu stärken, nur bei einem solchen Verständnis ausreichend Rechnung getragen wird (a. A. die h. M.; vgl. nur *Düwell/Blanke*, § 28 a Rn. 20; *Fitting*, § 28 a Rn. 24; *Löwisch*, BB 2001, 1734, 1740; GK-*Raab*, § 28 a Rn. 30; *ders.*, NZA 2002, 474, 478 f.; DKK-*Wedde*, § 28 a Rn. 31). Für die in der Begründung des Gesetzesentwurfs vertretene Gegenansicht (Begr. RegE BT-Drucks. 14/5741, S. 40; s. auch *Engels/Trebinger/Löhr-Steinhaus*, DB 2001, 532, 537) fehlt im Gesetz jeder Anhaltspunkt. Die zur Ablehnung der Übertragbarkeit auf Ausschüsse herangezogenen Erwägungen sind hier nicht einschlägig, da die Arbeitsgruppe auch normativ wirkende Vereinbarungen abschließen kann und eine Übertragung nach § 28 a – anders als bei der Übertragung auf Ausschüsse – zu einem Mehr an demokratischer Legitimation führt. Die Belange des Gesamtbetriebs können dagegen nicht ins Feld geführt werden, zumal dem Betriebsrat angesichts der erforderlichen Rahmenvereinbarung mit dem Arbeitgeber auch insoweit eine Steuerungsmöglichkeit verbleibt. 33

b) Ist über das Vermögen des Unternehmers die **Insolvenz eröffnet,** so tritt an seine Stelle der **Insolvenzverwalter** (§ 80 Abs. 1 InsO). Gleiches gilt vor Eröffnung des Insolvenzverfahrens für den „starken" vorläufigen Insolvenzverwalter (§ 22 Abs. 1 InsO) sowie einen vom Gericht entsprechend ermächtigten „schwachen" vorläufigen Insolvenzverwalter (§ 22 Abs. 2 InsO). 34

III. Rechtsnatur und Rechtswirkungen des Interessenausgleichs

1. Streitstand

Die Rechtsnatur des Interessenausgleichs ist außerordentlich umstritten. Das Gesetz enthält in Abs. 1 Satz 3 nur für den Sozialplan die Anordnung, dass er die Wirkung 35 einer Betriebsvereinbarung hat, während über den Interessenausgleich insoweit jede Aussage fehlt.

36 a) Eine starke Ansicht erblickt im Interessenausgleich eine **Kollektivvereinbarung besonderer Art** (*Richardi*, 7. Aufl., Rn. 38; GK-*Oetker*, §§ 112, 112a Rn. 48 f.; *Fitting*, §§ 112, 112a Rn. 44; ErfK-*Kania*, §§ 112, 112a Rn. 9; *Nikisch*, Bd. III S. 531; BAG 20. 4. 1994 AP BetrVG 1972 § 113 Nr. 27; LAG München 30. 7. 1997 LAGE § 112 BetrVG 1972 Interessenausgleich Nr. 1; wohl auch BAG 28. 8. 1991 AP ArbGG 1979 § 85 Nr. 2; LAG Düsseldorf 16. 12. 1996 LAGE § 112 BetrVG 1972 Nr. 41; ebenso wieder MünchArbR-*Matthes*, § 269 Rn. 34), womit allerdings über seine Rechtswirkungen wenig gesagt ist. Übereinstimmung besteht bei den Vertretern dieses Ansatzes lediglich darin, dass dem Interessenausgleich als solchem „eine unmittelbare und zwingende Wirkung auf die Einzelarbeitsverhältnisse nicht zukommt" (BAG 20. 4. 1994 AP BetrVG 1972 § 113 Nr. 27; BAG 23. 9. 2003 AP BetrVG 1972 § 113 Nr. 43; BAG 14. 11. 2006 AP BetrVG 1972 § 112 Nr. 181; ebenso LAG Düsseldorf 16. 12. 1996 LAGE § 112 BetrVG 1972 Nr. 41; GK-*Oetker*, §§ 112, 112a Rn. 50 f.), jedoch ergänzende freiwillige Regelungen in Form von Betriebsvereinbarungen nach § 88 BetrVG zu seinem Inhalt gemacht werden können (MünchArbR-*Matthes*, § 269 Rn. 36; *Richardi*, 7. Aufl., Rn. 39 ff.).

37 Wesentliche Unterschiede ergeben sich innerhalb dieser Ansicht bei der Frage, welche Bindungen für den Arbeitgeber aus dem Interessenausgleich resultieren. Während das BAG davon ausgeht, dass der Betriebsrat gegenüber dem Arbeitgeber die Einhaltung des Interessenausgleichs nicht erzwingen könne, weil es sich bei diesem lediglich um eine „Naturalobligation" handele (BAG 28. 8. 1991 AP ArbGG 1979 § 85 Nr. 2; ebenso *Röder/Baeck*, Interessenausgleich und Sozialplan, S. 72; ähnlich LAG Düsseldorf 16. 12. 1996 LAGE § 112 BetrVG 1972 Nr. 41; GK-*Fabricius*, 6. Aufl., §§ 112, 112a Rn. 22; ErfK-*Kania*, §§ 112, 112a Rn. 9; *Richardi*, 7. Aufl., Rn. 40 ff.), meinen andere mit Rücksicht auf den behaupteten Vereinbarungscharakter des Interessenausgleichs, er gewähre dem Betriebsrat einen klagbaren Durchführungsanspruch gegen den Arbeitgeber (LAG München 30. 7. 1997 LAGE § 112 BetrVG 1972 Interessenausgleich Nr. 1).

38 b) Abgesehen von einer schwachen Strömung, die im Interessenausgleich ohne weiteres eine **normativ wirkende Betriebsvereinbarung** sieht (*Ohl*, Sozialplan, S. 68; ebenso wohl *Matthes*, FS Wlotzke 1996, S. 393, 396 f.), findet sich in erster Linie der Versuch, den Interessenausgleich nicht als besondere Kollektivvereinbarung, sondern als „**echten schuldrechtlichen Vertrag i. S. von § 241 BGB**" zu verstehen (so ausdrücklich *Siemes*, ZfA 1998, 183, 191; ähnlich DKK-*Däubler*, §§ 112, 112a Rn. 16a; *Molkenbur/Schulte*, DB 1995, 269, 271; *Römer*, Interessenausgleich, S. 191; *Zwanziger*, BB 1998, 477, 478; im Ergebnis auch *Düwell*, FS Dieterich 1999, S. 101, 115; wohl auch bereits *Buschmann*, BB 1983, 510, 511), der eine vom Betriebsrat durchsetzbare Bindungswirkung gegen den Arbeitgeber entfalte.

39 c) Nach *Ehmann* handelt es sich beim Interessenausgleich in Anbetracht eines grundsätzlich fehlenden Rechtsbindungswillens auf Seiten des Arbeitgebers typischerweise nur um eine **tatsächliche Einigung** (*Ehmann*, FS Kissel 1994, S. 175, 177 ff.). Selbst wenn ausnahmsweise ein Rechtsbindungswille auf beiden Seiten vorliegen sollte, könne es mit Blick auf die organisatorische Durchführung der Betriebsänderung wegen der insoweit fehlenden Handlungsfähigkeit des Betriebsrats keine rechtliche Bindung geben (*Ehmann*, FS Kissel 1994, S. 175, 185 ff.), so dass eine Bindung des Arbeitgebers dann nur hinsichtlich der sozialen Folgen für die Arbeitnehmer in Betracht komme (*Ehmann*, FS Kissel 1994, S. 175, 180 f.).

40 d) Eine **nach den Umständen des jeweiligen Einzelfalls differenzierende Meinung** vertritt *Ulrike Schweibert*, deren Ausführungen insoweit allerdings nicht ganz eindeutig sind (*Schweibert*, Willemsen/Hohenstatt/Schweibert/Seibt, Umstrukturierung und Übertragung von Unternehmen, C 193 ff.). Es sei denkbar, dass ein Interessenausgleich

lediglich eine tatsächliche Einigung der Betriebspartner über die Durchführung der Betriebsänderung und ihre Auswirkungen enthalte, wodurch dem Betriebsrat kein Realisierungsanspruch vermittelt werde. Ebenso sei es jedoch möglich, dass die Betriebspartner Regelungen vorsehen, die „den Unternehmer unmittelbar gegenüber dem Betriebsrat zu bestimmten Handlungen oder Unterlassungen verpflichten sollen", und dann sei „nicht ersichtlich, wieso § 113 BetrVG einem kollektivrechtlichen Durchführungsanspruch des Betriebsrats gegen den Unternehmer entgegenstehen sollte" (*Schweibert*, Willemsen/Hohenstatt/Schweibert/Seibt, Umstrukturierung und Übertragung von Unternehmen, C 198).

2. Die Rechtsnatur des Interessenausgleichs

Ausgangspunkt für die Bestimmung der Rechtsnatur des Interessenausgleichs hat die gesetzliche Regelung zu sein. Während die Einigung über den Sozialplan in Abs. 1 Satz 3 rechtlich näher qualifiziert wird, enthält sich das Gesetz einer rechtlichen Einordnung des Interessenausgleichs. Aus dem Schriftformerfordernis des Abs. 1 Satz 1 ergibt sich nichts anderes. Soweit demgegenüber die Ansicht vertreten wird, aus ihm lasse sich ein Rückschluss auf den Charakter des Interessenausgleichs als rechtlich bindende Vereinbarung ziehen (so etwa *Molkenbur/Schulte*, DB 1995, 269, 270; *Zwanziger*, BB 1998, 477, 478), beruht das letztlich auf einer petitio principii. Demgegenüber ist darauf hinzuweisen, dass die schriftliche Form in der Privatrechtsordnung keineswegs ausschließlich als Attribut des Vertragsschlusses zu finden ist, sondern in ihrer Funktion ebenso auf den Nachweis bestehender tatsächlicher oder rechtlicher Zustände beschränkt sein kann. **41**

Dogmatisch unmöglich ist es auch, den Vertragscharakter des Interessenausgleichs allein unter Hinweis auf den „Gestaltungsakt der Einigung" zu begründen (so *Siemes*, ZfA 1998, 183, 191 f.) und im Übrigen darauf zu verweisen, dass Kriterien, die gegen einen Rechtsbindungswillen sprächen, nicht ersichtlich seien (*Siemes*, ZfA 1998, 183, 192). Dabei wird übersehen, dass der Begriff der „Einigung" zunächst einmal nichts anderes als eine tatsächliche Willensübereinstimmung bedeutet und auf dem Boden der geltenden freiheitlichen Rechtsordnung nicht das Fehlen einer rechtlichen Bindung, sondern vielmehr deren Vorliegen eines Nachweises bedarf. **42**

Auch aus dem Zweck des Interessenausgleichs lassen sich keine Hinweise darauf gewinnen, dass die den Interessenausgleich bildende Einigung zwischen Unternehmer und Betriebsrat rechtlich bindende Wirkung entfaltet. Der Betriebsrat tritt hier im Vorfeld einer Betriebsänderung lediglich als Sachwalter der betroffenen Arbeitnehmerinteressen auf, die er zwar zu Gehör des Unternehmers bringen, deren Berücksichtigung er jedoch nicht erzwingen kann. Das Gesetz geht nun davon aus, dass der Unternehmer die geplante Änderung ohne weitere Sanktionsmöglichkeit jedenfalls dann durchführen darf, wenn er einen Interessenausgleich mit dem Betriebsrat versucht (dazu näher § 113 Rn. 29 ff.), diesem also ausreichend Möglichkeit zur Einbringung der Arbeitnehmerinteressen gegeben hat. In jedem Fall soll die Vornahme der Betriebsänderung ohne weiteres dann möglich sein, wenn der Unternehmer die Arbeitnehmerinteressen bei seinen Planungen sogar zur Zufriedenheit des Betriebsrats berücksichtigt. Dass die damit erzielte Einigung schriftlich niederzulegen ist, lässt sich ohne weiteres damit erklären, dass mit Blick auf § 113 die Schaffung einer klaren Tatsachenlage erforderlich ist. **43**

Ebenso wenig verlangen die Sonderbestimmungen des § 1 Abs. 5 KSchG, § 323 Abs. 2 UmwG, § 125 InsO, von einer bindenden Wirkung des Interessenausgleichs auszugehen (a. A. *Tretow*, Personalabbaumaßnahmen, S. 232), denn sie lassen sich bruchlos auch dadurch erklären, dass bestimmte Rechtsfolgen kraft Gesetzes an eine zwischen den Betriebsparteien im Interessenausgleich niedergelegte lediglich tatsächliche Willensübereinstimmung geknüpft werden. **44**

45 Ist somit dem Gesetz kein Anhaltspunkt für die rechtliche Verbindlichkeit eines Interessenausgleichs zu entnehmen (in diese Richtung generell *Schmitt-Rolfes*, FS 50 Jahre BAG, 2004, S. 1081, 1091 f.), so ist dessen Charakter unter **Anwendung der allgemeinen Grundsätze der Rechtsgeschäftslehre** jeweils **einzelfallbezogen** zu ermitteln (in diese Richtung auch GK-*Oetker*, §§ 112, 112 a Rn. 49 ff.). Eine rechtliche Bindungswirkung kann daher nur angenommen werden, soweit bei den Betriebsparteien das Vorliegen entsprechender kongruenter Rechtsbindungswillen feststellbar ist. Ist dies der Fall, liegt ein *qualifizierter* Interessenausgleich vor. Allerdings wird die Möglichkeit einer rechtlich bindenden Vereinbarung im „Organisationsbereich" mangels Handlungsfähigkeit des Betriebsrats (so *Ehmann*, FS Kissel 1994, S. 175, 185 ff.) oder unter Berufung auf den „unverzichtbaren Schutz der Unternehmerfreiheit" (*Löwisch*, RdA 1989, 216, 217; *Willemsen/Hohenstatt*, NZA 1997, 345, 351 f.) generell für ausgeschlossen gehalten, was sich bei näherem Hinsehen als zutreffend erweist. Zwar gehört die Beteiligung des Betriebsrats an der Betriebsänderung unzweifelhaft zu seinem gesetzlich definierten Zuständigkeitsbereich, in dem er grundsätzlich zum Abschluss rechtlich bindender Vereinbarungen mit dem Unternehmer in der Lage ist. Jedoch setzt der Beteiligungstatbestand stets eine vom Arbeitgeber geplante Betriebsänderung voraus, so dass die Entscheidung darüber, ob eine Betriebsänderung überhaupt durchgeführt werden soll, nach der Struktur des Gesetzes in die alleinige Gewalt des Unternehmers gelegt ist. Im Organisationsbereich lassen sich „ob" und „wie" der Durchführung einer Betriebsänderung nicht trennen (s. § 113 Rn. 10), so dass jeder Anspruch des Betriebsrats auf Durchführung einer Betriebsänderung in einer bestimmten Form zu einer dem Handlungsbereich des Betriebsrats insoweit entzogenen Beschränkung der freien Entscheidung des Unternehmers über die Gestaltung seiner betrieblichen Organisation führen müsste (zustimmend LAG Rheinland-Pfalz 7. 5. 2001 – 7 TaBV 1028/00, n. v.; a. A. GK-*Oetker*, §§ 112, 112 a Rn. 62).

46 Enthält der Interessenausgleich keine besonderen Anhaltspunkte, so ist regelmäßig vom **Fehlen einer rechtlichen Bindungswirkung** auszugehen (ebenso wohl LAG Rheinland-Pfalz 7. 5. 2001 – 7 TaBV 1028/00, n. v.; *Fitting*, §§ 112, 112 a Rn. 51; insoweit genau andersherum GK-*Oetker*, §§ 112, 112 a Rn. 49). Sieht er Leistungen an Arbeitnehmer vor, dürfte er hingegen insoweit typischerweise eine freiwillige Betriebsvereinbarung gem. § 88 BetrVG darstellen, aus der sich unmittelbar Ansprüche der Arbeitnehmer ergeben (§ 77 Abs. 4 Satz 1). Ein **kollektivrechtlicher Erfüllungsanspruch** des Betriebsrats zugunsten der Arbeitnehmer kommt auch insoweit allerdings nicht in Betracht.

3. Gerichtliche Durchsetzbarkeit

47 Soweit ein Interessenausgleich sich auf die Einigung zwischen den Betriebsparteien über die Durchführung der Betriebsänderung beschränkt, kann er nicht gerichtlich durchgesetzt werden und gibt daher keine Grundlage für einen vollstreckbaren Titel (BAG 28. 8. 1991 AP ArbGG § 85 Nr. 2; GK-*Fabricius*, 6. Aufl., §§ 112, 112 a Rn. 22; *Willemsen/Hohenstatt*, NZA 1997, 345, 348; a. A. etwa DKK-*Däubler*, §§ 112, 112 a Rn. 15 ff.; *Siemes*, ZfA 1998, 183, 198 ff.). Auch eine einstweilige Verfügung auf Einhaltung des Interessenausgleichs bzw. auf Unterlassung interessenausgleichswidriger Maßnahmen ist dann nicht möglich (ebenso BAG 28. 8. 1991 AP ArbGG 1979 § 85 Nr. 2; a.A. LAG München 30. 7. 1997 LAGE § 112 BetrVG 1972 Interessenausgleich Nr. 1). Etwas anderes gilt allerdings, soweit die Auslegung hinsichtlich der Regelungen über die Folgen für die Arbeitnehmer einen kongruenten Rechtsbindungswillen ergibt, sofern nicht die Arbeitnehmer jeweils unmittelbar anspruchsberechtigt sind (s. Rn. 45).

48 Die betroffenen Arbeitnehmer haben unmittelbar aus dem Interessenausgleich einen gerichtlich durchsetzbaren Anspruch, soweit er Bestimmungen enthält, die eine normative Wirkung auf das Arbeitsverhältnis entfalten. Solche Ansprüche können nur sie, nicht auch der Betriebsrat, geltend machen (s. Rn. 46). Weicht der Unternehmer ohne zwingenden Grund vom Interessenausgleich ab, können Ansprüche der Arbeitnehmer aus § 113 begründet sein.

C. Der Sozialplan

I. Begriff und Zweck des Sozialplans

1. Begriff

Der Sozialplan ist nach der Legaldefinition die **Einigung über den Ausgleich oder die Milderung der wirtschaftlichen Nachteile, die den Arbeitnehmern infolge der geplanten Betriebsänderung entstehen** (Abs. 1 Satz 2). 49

Im Gegensatz zum Interessenausgleich ist, soweit § 112a nichts anderes ergibt, die **Aufstellung des Sozialplans im Mitbestimmungsverfahren erzwingbar** (Abs. 4). Für die Zulässigkeit seines Inhalts ist deshalb ausschlaggebend, ob Arbeitgeber und Betriebsrat sich einigen (**vereinbarter Sozialplan**) oder ob die Einigungsstelle entscheidet (**erzwungener Sozialplan**). 50

2. Zweck

a) Wie der Interessenausgleich verfolgt der Sozialplan den Zweck, eine geplante und nach den Interessen des Arbeitgebers notwendige Betriebsänderung so zu gestalten, dass für die betroffenen Arbeitnehmer keine unverhältnismäßige Belastung eintritt (ebenso *Reuter,* Sozialplan, S. 17; vgl. ausführlich zum Zweck des Sozialplans die Kritik bei *Lobinger,* ZfA 2006, 173, 181 ff.). Während aber der Interessenausgleich verhindern soll, dass wirtschaftliche Nachteile für die Arbeitnehmer *entstehen,* ist es **Aufgabe des Sozialplans,** dass gleichwohl **entstehende wirtschaftliche Nachteile ausgeglichen** oder **gemildert** werden. Wie dieses Ziel erreicht wird, überlässt das Gesetz primär den Betriebsparteien. Nur wenn sie sich nicht einigen, entscheidet die Einigungsstelle, deren Ermessen durch die in Abs. 5 genannten Gesichtspunkte, insbesondere durch die dort in Satz 2 festgelegten Leitlinien begrenzt wird (vgl. auch die rechtsvergleichende Studie von *Birk,* FS Konzen, 2006, S. 11 ff.). 51

b) Mit der Steuerungsfunktion für das unternehmerische Handeln ist noch nicht geklärt, ob der Sozialplan eine **Entschädigungsfunktion** (Entschädigungstheorie; vgl. *Richardi,* Sozialplan, S. 11 ff.; *Fuchs,* Sozialplan, S. 28 ff.; *Ohl,* Sozialplan, S. 7 f.; *Heinze,* DB 1974, 1814, 1817; trotz abweichender Begründung *Dorndorf,* Sozialplan im Konkurs, S. 9 ff.) oder **nur** eine **Überbrückungs- und Vorsorgefunktion** hat (Theorie der Daseinsvorsorge; vgl. GL-*Löwisch,* § 112 Rn. 3; *Willemsen,* Arbeitnehmerschutz bei Betriebsänderungen, S. 212; im Ergebnis, soweit er die Sozialplanmitbestimmung als soziales Gebot des unternehmensinternen Lastenausgleichs interpretiert, *Beuthien,* Sozialplan, S. 29; als Konsequenz der Steuerungstheorie *Reuter,* Sozialplan, S. 27 ff.; vgl. auch *Temming,* RdA 2008, 205 ff., der dem Sozialplan eine Doppelfunktion beimisst, nämlich einerseits vergangenheitsbezogene Besitzstandsabgeltung und andererseits zukunftsbezogene Überbrückung). Von dem Unterschied hängt ab, ob der **Verlust des Arbeitsplatzes** als solcher bereits einen wirtschaftlichen Nachteil darstellt, wie von der Entschädigungstheorie angenommen wird, oder ob eine ausschließlich zukunftsorientierte Betrachtung maßgebend ist, so dass bei Verlust des Arbeitsplatzes ein Abfindungsanspruch nur insoweit festgelegt werden kann, als dem Arbeitnehmer „durch die Entlassung die kontinuierliche Verwertung seiner Arbeitskraft zur Bestreitung des Lebensunterhalts für eine nicht unerhebliche Zeit unmöglich gemacht wird" (*Wiedemann/Willemsen,* Anm. AP BetrVG 1972 § 112 Nr. 3). Der **Große Senat des BAG** sah in seinem Beschluss vom 13. 12. 1978 in den Sozialplanabfindungen eine „Entschädigung 52 dafür, dass der Arbeitnehmer infolge einer von ihm hinzunehmenden Betriebsänderung seinen Arbeitsplatz einbüßt und im Laufe des Arbeitsverhältnisses erworbene Vorteile verliert" (BAG 13. 12. 1978 AP BetrVG 1972 § 112 Nr. 6). Sie sei „zugleich auf die Zukunft gerichtet" und habe „Überleitungs- und Vorsorgefunktion für die Zeit nach Durchführung der (nachteiligen) Betriebsänderung" (so unter Hinweis auf *Wiedemann/Willemsen,* Anm. AP BetrVG 1972 § 112 Nr. 3). Trotz dieser Formulierung meinte der 1. Senat in seiner Entscheidung vom 23. 4. 1985 (AP BetrVG 1972 § 112 Nr. 26), dass der Große Senat damit nicht etwa die „Entschädigungstheorie" anerkannt habe. Denn auch soweit er auf Alter und Betriebszugehörigkeit abgestellt habe, sei dies nur erfolgt, um die Prognosebasis für die zu erwartenden wirtschaftlichen Nachteile zu bestimmen. Keine Rede mehr ist von der Entschädigungstheorie in einer Entscheidung des 10. Senats vom 28. 10. 1992 (AP BetrVG 1972 § 112 Nr. 66), wo lediglich darauf abgestellt wird, dass „ein Sozialplan nach seiner gesetzlichen Definition den von der Entlassung betroffenen Arbeitnehmern eine Überbrückungshilfe bis zu einem neuen Arbeitsverhältnis oder längstens bis zum Bezug von Altersruhegeld gewähren soll". Dabei sei es mit dem Charakter der Sozialplanabfindung als Überbrückungshilfe nicht unvereinbar, die Höhe der Abfindung an der bisherigen Bindung des Arbeitnehmers an den Betrieb zu orientieren (BAG 16. 3. 1994 AP BetrVG 1972 § 112 Nr. 75; s. auch BAG 30. 11. 1994 AP BetrVG 1972 § 112 Nr. 89). Ausdrücklich heißt es schließlich in einem Urteil des 10. Senats vom 9. 11. 1994, dass Sozialplanansprüche ihrem Zweck nach keine Entschädigung für den Verlust des Arbeitsplatzes seien (AP BetrVG 1972 § 112 Nr. 85), was sodann in einem Urteil vom 5. 10. 2000 in die leitsatzähnliche Formulierung mündet, dass der Zweck des Sozialplans darin bestehe, „mit einem begrenzten Volumen möglichst allen von der Entlassung betroffenen Arbeitnehmern eine verteilungsgerechte Überbrückungshilfe bis zu einem ungewissen neuen Arbeitsverhältnis oder bis zum Bezug von Altersrente zu ermöglichen" (BAG 5. 10. 2000 AP BetrVG 1972 § 112 Nr. 141; BAG 10. 2. 2009 – 1 AZR 767/07: „Sozialpläne haben nach der ständigen Rechtsprechung des Senats eine Ausgleichs- und Überbrückungsfunktion"; vgl. auch BAG 14. 8. 2001 AP BetrVG 1972 § 112 Nr. 142, wo zusätzlich auf die Befriedungsfunktion des Sozialplans abgestellt wird; BAG 30. 10. 2001 AP BetrVG 1972 § 112 Nr. 145 m. krit. Anm. *von Hoyningen-Huene;* BAG 22. 3. 2005 – NZ 2005, 831; BAG 13. 3. 2007 – AP BetrVG 1972 § 112 Nr. 183; BAG 30. 9. 2008 – 1 AZR 684/07).

53 c) Nach der Legaldefinition des Abs. 1 Satz 2 dient der Sozialplan (allein) dem Ausgleich oder der Milderung solcher wirtschaftlichen Nachteile, „die den Arbeitnehmern infolge der geplanten Betriebsänderung entstehen". Der Wortlaut weist damit eindeutig darauf hin, dass nur solche Umstände in Betracht kommen, die erst nach der Betriebsänderung liegen (*Wiedemann/Willemsen,* Anm. BAG AP BetrVG 1972 § 112 Nr. 3; *Willemsen,* Arbeitnehmerschutz bei Betriebsänderungen im Konkurs, S. 210) und bringt weiter zum Ausdruck, dass rein rechtliche Nachteile, wie insbesondere die Beendigung des Arbeitsverhältnisses als solche, nicht ausreichen, sondern stets wirtschaftliche Nachteile erforderlich sind.

54 Demgegenüber hat *Richardi* (Sozialplan und Konkurs, S. 12 f.) geltend gemacht, dass der Wortlaut des Abs. 1 Satz 2 nicht entscheidend sein könne, sondern eine teleologische Betrachtung anzustellen sei. Diese zwinge dazu, den der Sozialplanmitbestimmung zugrunde liegenden Rechtsgedanken darin zu erblicken, „dass der Arbeitnehmer durch seine Arbeitsleistung einen Beitrag für den Erfolg des Unternehmens geleistet hat, der mit dem Arbeitsentgelt nicht abgegolten ist" (*Richardi,* Sozialplan und Konkurs, S. 13 f.). Die Abfindung sei „Gegenleistung dafür, dass der Arbeitnehmer seine Arbeitsleistung während eines erheblichen Teils seines Berufslebens in die Dienste des Arbeitgebers gestellt hat" (*Richardi,* Sozialplan und Konkurs, S. 21). Indes kann auf Basis dieser Grundannahme nicht erklärt werden, weshalb nur den im Rahmen einer sozialplanpflichtigen Betriebsänderung ausscheidenden Arbeitnehmern die Möglichkeit einer Teilhabe an dem von ihnen geschaffenen „Mehrwert" gegeben wird und der Gesetzgeber

nicht für alle Fälle des vom Arbeitgeber veranlassten Ausscheidens eine Abfindungszahlung vorgesehen hat (s. dazu auch die Überlegungen bei Dietz/*Richardi*, 6. Aufl., § 112 Rn. 53).

Ein stimmiges Bild ergibt sich demgegenüber, wenn man die Sozialplanmitbestimmung 55 als ein Stück privatisierter Daseinsvorsorge durch hoheitliche Anordnung ansieht (in diese Richtung bereits *Willemsen*, Arbeitnehmerschutz bei Betriebsänderungen im Konkurs, S. 212), womit dem Arbeitgeber eine gewisse Fürsorge für seine Arbeitnehmer über die Beendigung der Arbeitsverhältnisse hinaus abverlangt wird. Dies hat nichts zu tun mit einer abzulehnenden allgemeinen privatrechtlichen Fürsorgepflicht des Arbeitgebers (unzutreffend daher *Richardi*, Sozialplan und Konkurs, S. 15 ff.), sondern fußt auf einer unmittelbaren Abwägung der Rechtsgemeinschaft zwischen den Belangen von Arbeitgebern und Arbeitnehmern. Die damit notwendig verbundene allein zukunftsbezogene Betrachtung liegt nicht nur der durch Art. 2 Nr. 1 BeschFG 1985 eingeführten Regelung des Abs. 5 (auch *Richardi*, Grundriss, § 25 Rn. 31, geht davon aus, dass der Gesetzgeber die Frage durch Anfügung des Abs. 5 und die damit einhergehende Neugestaltung des Abs. 4 zugunsten der Ansicht von der Vorsorge- und Überbrückungsfunktion entschieden habe; tendenziell anders aber noch *Richardi*, 7. Aufl., Rn. 51), sondern ebenso den Bestimmungen über die Sozialplanpflicht in der Insolvenz zugrunde und entspricht darüber hinaus dem Wortlaut des Abs. 1 Satz 2. Trotz dieser Zukunftsorientierung können auch im Rahmen der erzwingbaren Sozialplanmitbestimmung vergangenheitsbezogene Umstände, wie insbesondere die Dauer der Betriebszugehörigkeit Berücksichtigung finden, da sie geeignet sind, die Intensität der den Arbeitgeber treffenden Fürsorgepflicht näher zu bestimmen (für eine Zukunftsorientierung des Sozialplans nach eingehender Darstellung des Streitstands auch *Gaul*, DB 2004, 1498; *Kessen*, Der Inhalt des Sozialplans, S. 13 ff.; siehe ferner die ausführliche Darstellung bei Dietz/*Richardi*, 6. Aufl. § 112 Rn. 26 ff., 52 f.).

d) Auch wenn der **Zweck der Sozialplanmitbestimmung** sonach mit der Überbrü- 56 ckungs- und Vorsorgefunktion zutreffend beschrieben wird (kritisch *Lobinger*, ZfA 2006, 173, 184), lassen sich daraus keine zwingenden Schlüsse für den konkreten Zweck eines nicht durch Spruch der Einigungsstelle zustandegekommenen, sondern freiwillig vereinbarten Sozialplans ziehen. Denn die **Betriebsparteien** sind beim Abschluss eines Sozialplans in den Grenzen von Recht und Billigkeit (§ 75) **frei, darüber zu entscheiden, welche Nachteile,** die der Verlust eines Arbeitsplatzes mit sich bringt, durch eine Abfindung **ausgeglichen** oder gemildert werden sollen (BAG 29. 11. 1978 AP BetrVG 1972 § 112 Nr. 7; st. Rspr., vgl. BAG 9. 11. 1994 AP BetrVG 1972 § 112 Nr. 85; BAG 13. 11. 1996 AP BGB § 620 Aufhebungsvertrag Nr. 4; s. auch Rn. 101). Insbesondere sind sie nicht an die in Abs. 5 normierten Richtlinien für die Einigungsstelle gebunden (ebenso MünchArbR-*Matthes*, § 270 Rn. 9; s. zur Insolvenz aber auch Anhang zu § 113 Rn. 1 ff.). In einem freiwilligen Sozialplan können deshalb Abfindungen festgesetzt werden, deren Höhe sich allein nach dem Monatseinkommen und der Dauer der Betriebszugehörigkeit bemisst; darin liegt kein Verstoß gegen den Gleichbehandlungsgrundsatz des § 75 Abs. 1. In einem freiwilligen Sozialplan können auch andere Ziele als der Ausgleich von wirtschaftlichen Nachteilen der Arbeitnehmer verfolgt werden. So ist denkbar, dass der Arbeitgeber im Interesse einer schnellen Abwicklung einer Betriebsänderung neben dem eigentlichen Nachteilsausgleich Sondervorteile für den Verzicht auf die Erhebung einer Kündigungsschutzklage zusagt (BAG 31. 5. 2005 – AP BetrVG 1972 § 112 Nr. 175; siehe auch BAG 15. 2. 2005; a. A. neuerdings offenbar BAG 6. 11. 2007 AP BetrVG 1972 § 112 Nr. 190).

Stellt dagegen die **Einigungsstelle** den **Sozialplan auf,** so gibt ihr Abs. 5 **Richtlinien** 57 vor, die es ausschließen, dass sie für alle infolge einer Betriebsänderung entlassenen Arbeitnehmer ohne Unterschied Abfindungen festsetzt, deren Höhe sich allein nach dem Monatseinkommen und der Dauer der Betriebszugehörigkeit bemisst (BAG 14. 9. 1994 AP BetrVG 1972 § 112 Nr. 87).

58 e) Bezweckt die geplante Betriebsänderung eine Rationalisierung, um den Betrieb fortführen zu können, so kann man davon sprechen, dass die infolge der Betriebsänderung freigesetzten Arbeitnehmer durch ihr Ausscheiden ein **Sonderopfer zu Gunsten des weiterbeschäftigten Belegschaftsteils** (vgl. *Beuthien*, RdA 1976, 147, 154 f.) erbringen. Unzutreffend ist es allerdings, diesen Sonderfall zum tragenden Grund der Sozialplanmitbestimmung zu erheben. Denn der Betriebsrat kann die Aufstellung eines Sozialplans auch bei einer Betriebsstilllegung erzwingen, wenn der Unternehmer durch sie seine Absicht aufgibt, sich unternehmerisch zu betätigen. Dies lässt sich nicht damit erklären, dass es hier um die „soziale Teilhabe der Arbeitnehmer an der Verwertung der von ihnen mitgeschaffenen Unternehmenssubstanz" gehe (so *Beuthien*, Sozialplan, S. 29). Der gesetzlichen Regelung lassen sich nämlich keine Hinweise auf die Vorstellung von einem Sozialvertrag zwischen dem Arbeitgeber und den Arbeitnehmern entnehmen, der seine Grundlage verliert, wenn die Unternehmenseigner das Unternehmen stilllegen, so dass den Arbeitnehmern über die Mitbestimmung ein Anspruch auf Entschädigung aus den von ihnen mitgeschaffenen Unternehmensvermögenswerten gewährt wird (vgl. *Beuthien*, a. a. O., S. 30 f.). Der Zweck der Sozialplanmitbestimmung liegt demgemäß nicht in einer Risikobeteiligung der Arbeitnehmer, sondern sie beruht im Gegenteil auf der Anerkennung, dass die Betriebsänderung ausschließlich in den unternehmerischen Risiko- und Verantwortungsbereich fällt. Dies zeigt deutlich die heute in den §§ 121 ff. InsO zu findende gesetzliche Klarstellung, dass die Sozialplanmitbestimmung auch in der Insolvenz des Unternehmers Anwendung findet.

II. Mitbestimmungsrecht des Betriebsrats

1. Verselbständigung gegenüber dem Interessenausgleich über die geplante Betriebsänderung

59 Der Betriebsrat kann die Aufstellung eines Sozialplans **unabhängig von dem Interessenausgleich über die geplante Betriebsänderung** verlangen. Kommt zwischen ihm und dem Arbeitgeber über den Sozialplan keine Einigung zustande, so entscheidet die Einigungsstelle mit bindender Wirkung über die Aufstellung eines Sozialplans (Abs. 4). Darin liegt der wesentliche Unterschied zur Rechtslage nach dem BetrVG 1952. Das BAG war zwar zu dem Ergebnis gekommen, dass ein Sozialplan Gegenstand eines Interessenausgleichs zwischen dem Unternehmer und dem Betriebsrat sein kann (BAG 20. 11. 1970 AP BetrVG § 72 Nr. 7; s. auch Rn. 6); es hatte aber offen gelassen, ob der bindende Einigungsvorschlag der Vermittlungsstelle nach § 73 Abs. 2 BetrVG 1952 sich nur auf die vom Unternehmer geplante Betriebsänderung beziehen darf oder auch Abfindungen an entlassene Arbeitnehmer enthalten kann (BAG 20. 11. 1970 AP BetrVG § 72 Nr. 8). Im Schrifttum hielt man es aber fast einhellig für unzulässig, dass die Vermittlungsstelle in ihrem Einigungsvorschlag Abfindungszahlungen als Ausgleich für den Verlust des Arbeitsplatzes festsetzt (vgl. *Dietz*, § 73 Rn. 7 b; *Fitting/Kraegeloh/Auffarth*, § 73 Rn. 10; ebenso auch LAG Düsseldorf 9. 6. 1969 DB 1969, 1801 f.).

60 Das Gesetz hat abweichend von der Rechtslage nach dem BetrVG 1952 die Beteiligung des Betriebsrats bei geplanten Betriebsänderungen doppelgleisig gestaltet, indem es scharf zwischen dem Interessenausgleich und dem Sozialplan unterscheidet. Diese Aufgliederung führt einerseits dazu, dass der Sozialplan inhaltlich vom Interessenausgleich zu trennen ist, und sie bedeutet andererseits, dass die Mitbestimmung des Betriebsrats hinsichtlich des Sozialplans unabhängig von seiner Beteiligung bezüglich des Interessenausgleichs gestaltet ist.

2. Aufstellung des Sozialplans für eine geplante Betriebsänderung

61 a) Das **Mitbestimmungsrecht über die Aufstellung eines Sozialplans** bezieht sich auf eine **konkret geplante Betriebsänderung**. Der Gesetzeswortlaut geht davon aus, dass der

C. Der Sozialplan § 112

Sozialplan aufgestellt wird, **bevor** die **Betriebsänderung durchgeführt** wird (BAG 23. 4. 1985 AP BetrVG 1972 § 112 Nr. 26). Keine Voraussetzung ist deshalb, dass die wirtschaftlichen Nachteile bereits im Zeitpunkt der Aufstellung des Sozialplans eingetreten sind; sondern es genügt, dass sie eintreten können, wenn die geplante Betriebsänderung durchgeführt wird (ebenso *Fitting*, §§ 112, 112a Rn. 120; *Fuchs*, Sozialplan, S. 28, 94). Der Sozialplan darf aber, soweit er im Mitbestimmungsverfahren erzwungen wird, keine Leistungen festlegen, die unabhängig davon gewährt werden, ob dem Arbeitnehmer durch die Betriebsänderung ein wirtschaftlicher Nachteil entsteht. Führen die Interessenausgleichsverhandlungen dazu, dass der Unternehmer sich auf eine Maßnahme beschränkt, die nicht mehr die Schwelle zur Betriebsänderung i. S. d. § 111 BetrVG überschreitet, so ist ein Sozialplan nicht mehr erzwingbar (ebenso *Röder/Baeck*, Interessenausgleich und Sozialplan, S. 12). Somit ist nicht allein auf die ursprünglichen Planungen abzustellen, sondern auf diejenigen, die schriftlich der konkreten Durchführung zugrunde gelegt werden. Dies ergibt sich ohne weiteres bereits aus Abs. 1 Satz 2, da ausgleichsfähige Nachteile nicht aus der ursprünglich geplanten, sondern nur aus der Umsetzung der letztlich geplanten Betriebsänderung resultieren können.

b) Da vom Sozialplan abhängen kann, ob und wie der Unternehmer eine Betriebsänderung durchführt, kommt in Betracht, dass für eine **alternativ geplante Betriebsänderung** ein **anderer Sozialplan** aufgestellt wird. Der Betriebsrat hat auch insoweit ein Mitbestimmungsrecht, so dass in diesem Fall von der Durchführung der alternativ geplanten Betriebsänderung abhängt, ob der andere Sozialplan Geltung erlangt. **62**

3. Vorsorgliche Sozialpläne sowie Dauer- und Rahmensozialpläne

a) Nach Ansicht des BAG kann für eine noch nicht geplante, aber in groben Umrissen schon abschätzbare Betriebsänderung ein vorsorglicher Sozialplan in Form einer freiwilligen Betriebsvereinbarung aufgestellt werden (BAG 26. 8. 1997 AP BetrVG 1972 § 112 Nr. 117; BAG 19. 1. 1999 AP BetrVG 1972 § 113 Nr. 37; BAG 11. 12. 2001 AP BetrVG 1972 § 50 Nr. 22). Zwar knüpfe das Mitbestimmungsrecht des Betriebsrats nach § 112 BetrVG an die jeweilige konkrete Betriebsänderung an, weshalb der Betriebsrat für mögliche spätere, aber noch nicht im Rechtssinne geplante Betriebsänderungen keinen Sozialplan erzwingen könne. Allerdings sei es zulässig, vorsorgliche Sozialpläne in Form freiwilliger Betriebsvereinbarungen abzuschließen (BAG 26. 8. 1997 AP BetrVG 1972 § 112 Nr. 117; insoweit zustimmend DKK-*Däubler*, §§ 112, 112a Rn. 130; *Fitting*, §§ 112, 112a Rn. 80; MünchArbR-*Matthes*, § 270 Rn. 5; *Staufenbiel*, a. a. O., S. 100 f.; kritisch *Fuchs*, Sozialplan, S. 94 ff.). Auch ein solcher freiwilliger Sozialplan soll dabei das Mitbestimmungsrecht des Betriebsrats nach § 112 BetrVG hinsichtlich des Sozialplans verbrauchen können, soweit dies von den Betriebsparteien gewollt sei, so dass dann im Falle einer später tatsächlich geplanten Betriebsänderung nur noch Verhandlungen über den Interessenausgleich geführt werden müssten. Ein unzulässiger Verzicht auf künftige Mitbestimmungsrechte liege darin nicht unbedingt. Denn im Unterschied zu dem notwendig auf eine konkrete Betriebsänderung bezogenen Verfahren des Interessenausgleichs (zur Unzulässigkeit eines vorsorglichen Interessenausgleichs BAG 29. 11. 1983 AP BetrVG 1972 § 113 Nr. 10; BAG 19. 1. 1999 AP BetrVG 1972 § 113 Nr. 37) sei die Kompensation oder Minderung von Nachteilen einer von den Besonderheiten der einzelnen Betriebsänderung unabhängigen abstrakt-generellen Regelung zugänglich. Mit der Aufstellung eines vorsorglichen Sozialplans verzichte der Betriebsrat grundsätzlich nicht auf Beteiligungsrechte, sondern nehme ihre Ausübung vorweg. Allerdings könne auch hier im Einzelfall ein unzulässiger Verzicht auf das Mitbestimmungsrecht vorliegen, wenn der vorsorgliche Sozialplan für Betriebsänderungen aufgestellt wird, „deren Vornahme, Gegenstand und Ausmaß sowie Rahmenbedingungen noch völlig ungewiss sind" (BAG 26. 8. 1997 AP BetrVG 1972 § 112 Nr. 117). **63**

64 Zutreffend ist, dass bestimmte Nachteile von den Betriebsparteien auch ohne Ansehung einer konkreten Betriebsänderung bewertet werden können und insoweit vorsorgliche Sozialpläne in Form von Dauer- oder Rahmensozialplänen (vgl. die abweichende Terminologie bei *Bender*, a. a. O., S. 441 ff.; s. ferner *Staufenbiel*, Der Sozialplan, S. 102 f.; *Wolff*, a. a. O., S. 62 ff.) in Betracht kommen. Allerdings haben diese entgegen der Ansicht des BAG in keinem Falle die Kraft, einen Verbrauch des Mitbestimmungsrechts nach § 112 BetrVG herbeizuführen (ebenso DKK-*Däubler*, §§ 112, 112a Rn. 132a; *Ehmann*, FS Kissel 1994, S. 175, 185 f.; *Löwisch*, FS Dieterich 1999, S. 345, 347 ff.; *Meyer*, Anm. AP BetrVG 1972 § 112 Nr. 117; a. A. *Fitting*, §§ 112, 112a Rn. 99; ErfK-*Kania*, §§ 112, 112a Rn. 15; *Röder/Baeck*, Interessenausgleich und Sozialplan, S. 135; *Schweibert*, Willemsen/Hohenstatt/Schweibert/Seibt, Umstrukturierung und Übertragung von Unternehmen, C 212; a. A. auch *Bender*, a. a. O., S. 447 f., der den Unterschied zwischen der Reichweite des materiellen Beteiligungstatbestandes und der rechtlichen Bindungswirkung einer Betriebsvereinbarung verkennt. Soweit *Bender* mit dem Institut des Wegfalls der Geschäftsgrundlage helfen will, übersieht er, dass bei solchen Sozialplänen die Unsicherheit über die künftige Entwicklung gerade zum Gegenstand der Geschäftsgrundlage gemacht wird, so dass spätere Änderungen insoweit nicht zu deren Wegfall führen), so dass in ihnen nur Mindestbedingungen vorgesehen werden können (nicht zutreffend *Bender*, a. a. O., S. 448, soweit er meint, dies laufe im Ergebnis „auf eine Betriebsvereinbarungen wesensfremde einseitige Bindung des Arbeitgebers im Verhältnis zum Betriebsrat hinaus"). Denn das Mitbestimmungsrecht nach § 112 kann auch hinsichtlich des Sozialplans nur dann in einer dem Gesetzeszweck entsprechenden Weise ausgeübt und damit „verbraucht" werden, wenn Klarheit über die geplante Betriebsänderung besteht. Nur dann lassen sich die möglicherweise eintretenden nachteiligen Folgen für die Arbeitnehmer wenigstens einigermaßen verlässlich beschreiben und beurteilen, inwieweit angesichts der im Zeitpunkt der Betriebsänderung herrschenden konkreten Rahmenbedingungen ein Nachteilsausgleich erforderlich ist (s. bereits *Birk*, ZfA 1986, 73, 90; *Däubler*, NZA 1985, 545, 546).

65 Innerhalb der so beschriebenen Grenzen können Rahmensozialpläne unmittelbar die Grundlage für Ansprüche der Arbeitnehmer bilden, die durch den auf die konkreten Bedingungen der später jeweils geplanten Betriebsänderung abgestimmten Sozialplan i. S. des Abs. 1 Satz 2 ergänzt wird. Ebenso ist es aber möglich, dass in ihnen allein die Betriebspartner im Verhältnis zueinander bindende Mindeststandards für später aufzustellende Sozialpläne festgesetzt werden (s. *Knorr*, Sozialplan, S. 46).

66 b) Nicht in diesen Zusammenhang gehört, dass die Betriebspartner bei rechtlicher Unsicherheit darüber, ob ein Betriebsübergang auf einen anderen Inhaber vorliegt, vorsorglich einen Sozialplan für den Fall vereinbaren können, dass kein Betriebsübergang stattgefunden hat und es daher angesichts der vorsorglich ausgesprochenen Beendigungskündigung zu einer Betriebsstilllegung kommt (BAG 1. 4. 1998 AP BetrVG 1972 § 112 Nr. 123; BAG 22. 7. 2003 AP BetrVG 1972 § 112 Nr. 160). Denn hier erfolgt die Aufstellung nur unter der „uneigentlichen" Bedingung (*Löwisch*, FS Dieterich 1999, S. 345, 346), dass der bisherige Betriebsinhaber noch tatsächlich Arbeitgeber ist. Hingegen sind alle Tatsachen, die für die Ausübung des Mitbestimmungsrechts nach § 112 bedeutsam sind, bekannt, so dass der Betriebsrat die ihm insoweit zugewiesene Aufgabe ordnungsgemäß erfüllen kann. Gegen eine solche Gestaltung bestehen keine Bedenken (DKK-*Däubler*, §§ 112, 112a Rn. 132b).

4. Aufstellung eines Sozialplans nach Durchführung einer Betriebsänderung

67 a) Der Betriebsrat kann die Aufstellung eines Sozialplans auch dann verlangen, wenn der Unternehmer die geplante **Betriebsänderung bereits durchgeführt** hat (BAG 27. 6. 2006 AP BetrVG 1972 § 112a Nr. 14); dabei spielt keine Rolle, ob er sich vorher im gesetzlich vorgesehenen Umfang um einen Interessenausgleich bemüht hat (ebenso BAG

15. 10. 1979 AP BetrVG 1972 § 111 Nr. 5 [zust. *Birk*]; LAG Hamm AP BetrVG 1972 § 112 Nr. 1 [zust. *Gaul*]; 26. 8. 1997 AP BetrVG 1972 § 112 Nr. 117; GK-*Oetker*, §§ 112, 112 a Rn. 106; HSWGNR-*Hess*, § 112 Rn. 126; *Stege/Weinspach/Schiefer*, §§ 111–113 Rn. 149; *Weiss/Weyand*, § 112 Rn. 16; *Rumpff/Boewer*, Mitbestimmung in wirtschaftlichen Angelegenheiten, S. 364; *Richardi*, Sozialplan, S. 28 ff.; *Kaven*, Recht des Sozialplans, S. 63; *Willemsen*, Arbeitnehmerschutz bei Betriebsänderungen, S. 144 ff.; *Böhm*, BB 1973, 1077, 1078 f.; *Hanau*, ZfA 1974, 89, 109). Voraussetzung ist lediglich, dass ein Betriebsrat im Zeitpunkt des Beginns der Betriebsänderung bestanden hat (in diese Richtung deuten auch einzelne Ausführungen in BAG 20. 4. 1982, AP BetrVG 1972 § 112 Nr. 15; BAG 28. 10. 1992 AP BetrVG 1972 § 112 Nr. 63; freilich scheint BAG AP BetrVG 1972 § 112 Nr. 63 eine Sozialplanpflicht letztlich nur dann anzunehmen, wenn auch bereits im Zeitpunkt des Entschlusses zur Vornahme der Betriebsänderung ein Betriebsrat bestand; s. § 111 Rn. 27). Wird ein Sozialplan nachträglich aufgestellt, können nach Ansicht des BAG als **Beurteilungsgrundlage** für die Nachteile gleichwohl die **vor Durchführung der Betriebsänderung bestehenden Verhältnisse** herangezogen werden. Es brauche daher nicht berücksichtigt zu werden, dass die zu jenem Zeitpunkt zu erwartenden Nachteile tatsächlich nicht eingetreten sind (BAG 23. 4. 1985 AP BetrVG 1972 § 112 Nr. 26; a. A. v. *Hoyningen-Huene*, RdA 1986, 102, 111).

68 b) Bereits aus der **Gestaltung des Mitbestimmungsverfahrens** ergibt sich, dass ein Sozialplan auch dann **noch aufgestellt** werden kann, wenn der **Unternehmer berechtigt** ist, die **Betriebsänderung ohne die Folgen des § 113 durchzuführen**. Das ist der Fall, wenn entweder ein Interessenausgleich bereits zustande gekommen ist, aber über die Aufstellung eines Sozialplans noch Meinungsverschiedenheiten bestehen oder wenn der Einigungsversuch über den Interessenausgleich vor der Einigungsstelle gescheitert ist (s. § 113 Rn. 29 ff.); hier wird der Spruch über die Aufstellung des Sozialplans möglicherweise erst erlassen, wenn die geplante Betriebsänderung bereits durchgeführt ist.

69 Nichts anderes kann gelten, wenn der **Betriebsrat überhaupt nicht ordnungsgemäß beteiligt** wurde (vgl. ausführlich *Richardi*, Sozialplan, S. 29 f.). Der Unternehmer ist zwar, wenn er eine Betriebsänderung ohne ordnungsgemäße Beteiligung des Betriebsrats durchführt, bereits von Gesetzes wegen zum **Nachteilsausgleich** verpflichtet (§ 113 Abs. 3). Aber der Eintritt dieser Rechtsfolge kann nicht dazu führen, dass der Betriebsrat nicht mehr berechtigt ist, die Aufstellung eines Sozialplans zu verlangen; denn anderenfalls könnte der Unternehmer allein darüber entscheiden, ob ein Sozialplan aufgestellt werden soll, indem er eine Betriebsänderung ohne Beteiligung des Betriebsrats verwirklicht. Er hätte also ein Wahlrecht zwischen dem Nachteilsausgleich nach § 113 und einem Sozialplan, der nach § 112 zustande kommt. Eine derartige Dispositionsmöglichkeit ist jedoch nicht damit vereinbar, dass das Gesetz dem Betriebsrat bei der Aufstellung des Sozialplans ein Mitbestimmungsrecht gibt (so zutreffend LAG Hamm 1. 3. 1972 AP BetrVG 1972 § 112 Nr. 1). Der Große Senat des BAG geht deshalb davon aus, dass neben dem gesetzlich begründeten Anspruch auf Nachteilsausgleich auch Ansprüche aus einem Sozialplan bestehen können (vgl. BAG 13. 12. 1978 AP BetrVG 1972 § 112 Nr. 6; dazu, dass das Wort „geplant" in § 111 Satz 1 eine rein zeitliche Bedeutung hat, BAG 13. 12. 1978 AP BetrVG 1972 § 112 Nr. 6; s. auch § 111 Rn. 147).

70 c) **Weicht der Unternehmer von dem Interessenausgleich über die geplante Betriebsänderung ab,** so kann der Betriebsrat verlangen, dass ein **neuer Sozialplan** aufgestellt wird. Mit der Abweichung fällt nämlich die Geschäftsgrundlage für den bisher aufgestellten Sozialplan weg. Hier reicht auch § 113 Abs. 1 und 2 als Sanktion nicht aus; denn nach dieser Bestimmung besteht der Anspruch auf Nachteilsausgleich nur, wenn der Unternehmer von dem Interessenausgleich ohne zwingenden Grund abweicht. Damit wird aber völlig unzureichend berücksichtigt, dass bei einem Interessenausgleich von seinem Inhalt abhängt, ob ein Sozialplan aufgestellt wird und welchen Inhalt er hat. Daher muss in diesem Fall die Aufstellung eines Sozialplans auch dann noch möglich sein, wenn die

Betriebsänderung anders durchgeführt wird, als im Interessenausgleich vereinbart war (vgl. *Richardi*, Sozialplan, S. 30).

5. Restmandat des Betriebsrats

71 Setzt der Arbeitgeber eine zum Verlust der Betriebsidentität führende Stilllegung oder Spaltung des Betriebs bzw. eine Zusammenlegung mit einem anderen Betrieb oder anderen Betrieben um, bevor das Beteiligungsverfahren nach § 112 abgeschlossen ist, so nimmt der bisherige Betriebsrat die damit im Zusammenhang stehenden Aufgaben im Restmandat wahr (BAG 27. 6. 2006 AP BetrVG 1972 § 112a Nr. 14; vgl. auch § 21b Rn. 7 ff.). Wird hingegen eine nicht zum Verlust der Identität des Gesamtbetriebs führende Abspaltung eines Betriebsteils vorgenommen, bleibt der Betriebsrat ohne weiteres zuständig. Um einen Fall des Übergangsmandats (§ 21a) handelt es sich hier nicht.

6. Einschränkungen der Sozialplanmitbestimmung bei Personalabbau und für neugegründete Unternehmen (§ 112a)

72 Besteht eine geplante Betriebsänderung i. S. des § 111 Satz 3 Nr. 1 **allein in der Entlassung von Arbeitnehmern**, so finden Abs. 4 und 5 nur unter den in § 112a Abs. 1 genannten Voraussetzungen Anwendung (s. dort Rn. 3 ff.). Ebenfalls eingeschränkt ist die Erzwingbarkeit von Sozialplänen bei **Betrieben eines Unternehmens in den ersten vier Jahren nach dessen Gründung** (§ 112a Abs. 2; s. dort Rn. 12 ff.).

7. Personeller Geltungsbereich der Sozialplanmitbestimmung

73 a) Ein Sozialplan kann nur für Arbeitnehmer aufgestellt werden, die zur **Belegschaft i. S. dieses Gesetzes** gehören, also nicht für die in § 5 Abs. 2 genannten Personen, auch wenn sie in einem Arbeitsverhältnis zum Betriebsinhaber stehen.

74 b) Ein Sozialplan gilt auch nicht für **leitende Angestellte** i. S. des § 5 Abs. 3 (ebenso BAG 31. 1. 1979 AP BetrVG 1972 § 112 Nr. 8; BAG 16. 7. 1985 AP BetrVG 1972 § 112 Nr. 32; GK-*Oetker*, §§ 112, 112a Rn. 108; HSWGNR-*Hess*, § 112 Rn. 77b ff.; *Fuchs*, Sozialplan, S. 26; *Ohl*, Sozialplan, S. 73; *Hanau*, ZfA 1974, 89, 108; vgl. auch BAG 10. 2. 2009 – 1 AZR 767/07). Der Betriebsrat hat für leitende Angestellte nicht nur kein Mitbestimmungsrecht, sondern ihm fehlt für sie auch die Regelungsbefugnis zur Aufstellung eines Sozialplans (s. § 77 Rn. 73 f.). Der *Arbeitgeber* wird dadurch aber nicht gehindert, in einem mit dem Betriebsrat freiwillig aufgestellten Sozialplan Leistungen für leitende Angestellte vorzusehen. Insoweit handelt es sich dann aber nicht um eine Betriebsvereinbarung. Nach Ansicht des BAG liegt ein Vertrag zu Gunsten Dritter i. S. des § 328 BGB vor (BAG 31. 1. 1979 AP BetrVG § 112 Nr. 8). Die Regelungskompetenz des Betriebsrats kann jedoch nicht durch Rückgriff auf den Vertrag zugunsten Dritter erweitert werden. Ebenso wenig ist es möglich, hier § 177 BGB heranzuziehen und im Betriebsrat einen Vertreter der leitenden Angestellten ohne Vertretungsmacht zu erblicken (so aber *Richardi*, 7. Aufl., Rn. 74; *Hanau*, RdA 1979, 324, 329). Denn die Vertretung der leitenden Angestellten gehört nicht zum gesetzlich bestimmten Aufgabenkreis des Betriebsrats, so dass er insoweit „ultra vires" handelt (s. Einleitung Rn. 112) und in diesem Bereich überhaupt keine wirksame Willenserklärung – auch nicht in fremdem Namen – abgeben kann (ebenso *Kessen*, Der Inhalt des Sozialplans, S. 165; ähnlich GK-*Oetker*, §§ 112, 112a Rn. 109). Vielmehr dürften die vom Arbeitgeber im Sozialplan zugunsten der leitenden Angestellten abgegebenen Erklärungen regelmäßig als unmittelbar an die damit angesprochenen Arbeitnehmer gerichtete Vertragsangebote zu verstehen sein, die von den leitenden Angestellten üblicherweise konkludent angenommen werden.

75 Erfolgt keine Einbeziehung in den Sozialplan, so ist der Arbeitgeber auch nach dem **arbeitsrechtlichen Gleichbehandlungsgrundsatz** nicht verpflichtet, den leitenden Ange-

stellten ebenso wie den von einem Sozialplan begünstigten Arbeitnehmern eine **Abfindung für den Verlust ihres Arbeitsplatzes** zu zahlen (ebenso BAG 16. 7. 1985 AP BetrVG 1972 § 112 Nr. 32 unter Aufgabe von BAG 31. 1. 1979 AP BetrVG 1972 § 112 Nr. 8; DKK-*Däubler*, §§ 112, 112 a Rn. 47; *Knorr*, Sozialplan, S. 71). Nach § 32 Abs. 2 Satz 2 SprAuG hat vielmehr der **Sprecherausschuss für leitende Angestellte** ein Beratungsrecht über Maßnahmen zum Ausgleich oder zur Milderung wirtschaftlicher Nachteile, die leitenden Angestellten infolge einer geplanten Betriebsänderung entstehen. Er kann sich daher mit dem Unternehmer auch auf die Aufstellung eines Sozialplans einigen, der für die Arbeitsverhältnisse der leitenden Angestellten unmittelbar und zwingend gilt, soweit es sich dabei um eine Sprechervereinbarung i. S. des § 28 Abs. 2 SprAuG handelt (ebenso BAG 10. 2. 2009 – 1 AZR 767/07; *Hromadka*, SprAuG, § 32 Rn. 70; *Löwisch*, SprAuG § 32 Rn. 62); eine solche Vereinbarung kann mit einem Sozialplan im Sinne des § 112 sogar in einem Dokument vereint sein (BAG 10. 2. 2009 – 1 AZR 767/07. Der Sprecherausschuss kann aber die Aufstellung eines Sozialplans nicht erzwingen; denn er hat insoweit nur ein Beratungs-, kein Mitbestimmungsrecht.

c) Zur Belegschaft gehören nicht mehr **Arbeitnehmer, die aus dem Arbeitsverhältnis ausgeschieden** sind. Ein Sozialplan kann daher grundsätzlich nicht für Arbeitnehmer aufgestellt werden, deren Arbeitsverhältnis bereits beendet ist. Eine Ausnahme gilt nur dann, wenn Arbeitnehmer infolge einer Betriebsänderung ausgeschieden sind, auf die sich der Sozialplan bezieht (ebenso BAG 10. 8. 1994 AP BetrVG 1972 § 112 Nr. 86; BAG 11. 2. 1998 AP BetrVG 1972 § 112 Nr. 121; GL-*Löwisch*, § 112 Rn. 32; HSWGNR-*Hess*, § 112 Rn. 83 f.; DKK-*Däubler*, §§ 112, 112 a Rn. 45; *Stege/Weinspach/Schiefer*, §§ 111–113 Rn. 86; *Fuchs*, Sozialplan, S. 27; *Ohl*, Sozialplan, S. 75). Dann ist sogar typischerweise davon auszugehen, dass ein erst nach Durchführung der Betriebsänderung zustande gekommener Sozialplan auch sie erfassen soll (vgl. LAG Hamm 1. 3. 1972 AP BetrVG 1972 § 112 Nr. 1).

III. Aufstellung des Sozialplans durch Arbeitgeber und Betriebsrat

1. Zuständigkeit zur Aufstellung des Sozialplans

Den Sozialplan stellen **Arbeitgeber** und **Betriebsrat** auf. Soweit es um den erzwingbaren Sozialplan geht, muss der Arbeitgeber ihn mit der Betriebsvertretung vereinbaren, die zur Ausübung des Mitbestimmungsrechts zuständig ist (s. zur Zuständigkeit eines Gesamt- oder Konzernbetriebsrats Rn. 31, § 50 Rn. 37). Das Gesetz bezeichnet hier den Unternehmer als Arbeitgeber (Abs. 4 Satz 2), weil der Sozialplan anders als der Interessenausgleich nur die Arbeitgeber-Arbeitnehmer-Beziehung regelt. Der Betriebsrat kann die Aufstellung des Sozialplans mit dem Arbeitgeber nicht dem Betriebsausschuss oder einem sonstigen Ausschuss des Betriebsrats zur selbständigen Erledigung übertragen; denn die Delegationsmöglichkeit besteht nicht für den Abschluss von Betriebsvereinbarungen (§§ 27 Abs. 2 Satz 2, 28 Abs. 1 Satz 3). Hingegen ist eine Übertragung auf Arbeitsgruppen nach § 28 a nicht grundsätzlich ausgeschlossen (s. Rn. 33).

2. Form des Sozialplans

Kommt eine Einigung über den Sozialplan zustande, so bedarf sie der **Schriftform** (Abs. 1 Satz 2). Der Sozialplan ist vom Arbeitgeber und Betriebsrat, d. h. vom Betriebsratsvorsitzenden oder seinem Stellvertreter, zu unterschreiben (s. auch Rn. 211). Die Wahrung der Schriftform ist **Wirksamkeitsvoraussetzung** für den Sozialplan im Sinne des § 125 BGB (*Raab*, FS Konzen, 2006, S. 719, 737). Auch hier ist eine Ersetzung der schriftlichen Form durch die elektronische Form nicht zulässig.

Kommt eine Einigung erst vor der Einigungsstelle zustande, so ist der Sozialplan auch vom Vorsitzenden zu unterschreiben (Abs. 3 Satz 3). Jedoch ist nur die Unterschrift der

Parteien selbst Wirksamkeitsvoraussetzung; denn Arbeitgeber und Betriebsrat können auch, wenn die Einigungsstelle bereits angerufen ist, außerhalb des Verfahrens wirksam eine Vereinbarung über den Sozialplan treffen (ebenso *Fitting*, §§ 112, 112a Rn. 129; *Ohl*, Sozialplan, S. 68).

3. Inhalt des vereinbarten Sozialplans

80 a) Gegenstand des Sozialplans ist nicht die wirtschaftliche Unternehmensentscheidung, sondern der **Ausgleich** oder die **Milderung der wirtschaftlichen Nachteile,** die den Arbeitnehmern infolge der geplanten Betriebsänderung *entstehen* (so die Legaldefinition des Sozialplans in Abs. 1 Satz 2). Es hängt also von der geplanten Betriebsänderung ab, was Inhalt eines Sozialplans sein kann.

81 Da der Betriebsrat die Aufstellung eines Sozialplans durch die Einigungsstelle erzwingen kann, ist der vereinbarte Sozialplan **keine freiwillige Betriebsvereinbarung** i. S. des § 88. Deshalb ist auch für die Bestimmung der Rechtsfolgen notwendig, ihn von einer freiwilligen Betriebsvereinbarung abzugrenzen. Ein vorsorglicher Sozialplan, der nicht für eine konkret bestimmte oder bestimmbare Betriebsänderung vereinbart wird, ist ebenso wie ein Rahmensozialplan kein Sozialplan, durch dessen Aufstellung der Betriebsrat sein Mitbestimmungsrecht ausübt (s. Rn. 63 ff.). Er ist eine freiwillige Betriebsvereinbarung. Von ihm ist der vereinbarte Sozialplan zu unterscheiden, der durch Einigung der Betriebsparteien zustande kommt, dessen Aufstellung der Betriebsrat jedoch durch Anrufung der Einigungsstelle erzwingen könnte.

82 b) Die **Betriebspartner** sind bei der Aufstellung eines Sozialplans frei in der Entscheidung, welche Nachteile durch welche Leistungen ausgeglichen oder gemildert werden sollen (ebenso BAG 8. 12. 1976 AP BetrVG 1972 § 112 Nr. 3; s. auch Rn. 101). Die **für die Einigungsstelle in Abs. 5 aufgestellten Grenzen des Ermessens** finden auf sie **keine Anwendung;** denn ihre Einhaltung wird mittelbar dadurch gesichert, dass die Einigungsstelle entscheidet, wenn keine Einigung über den Sozialplan zustande kommt.

83 c) Durch den erzwingbaren Sozialplan werden nur die **wirtschaftlichen Nachteile,** die einem Arbeitnehmer infolge der geplanten Betriebsänderung **entstehen,** ausgeglichen oder gemildert. Soweit einem Arbeitnehmer Rechte eingeräumt werden, die sie *verhindern* sollen, wie Kündigungsverbote oder Versetzungs- oder Umschulungspflichten des Arbeitgebers, handelt es sich um eine freiwillige Betriebsvereinbarung, die Teil eines *Interessenausgleichs* sein kann, aber rechtsdogmatisch keinen Teil eines erzwingbaren Sozialplans bildet (vgl. BAG 17. 9. 1991 AP BetrVG 1972 § 112 Nr. 59; s. auch Rn. 18 ff. und 51 ff.).

84 Durch den erzwingbaren Sozialplan werden **nur** die **wirtschaftlichen, nicht** die **sonstigen Nachteile,** die ein Arbeitnehmer wegen einer Betriebsänderung erleidet, ausgeglichen oder gemildert. Immaterielle Beeinträchtigungen sind nicht sein Regelungsgegenstand (ebenso DKK-*Däubler*, §§ 112, 112a Rn. 39; GK-*Oetker*, §§ 112, 112a Rn. 96 ff.; GL-*Löwisch*, § 112 Rn. 18; *Richardi*, Sozialplan, S. 12; *Fuchs*, Sozialplan, S. 28; *Hanau*, ZfA 1974, 89, 101). Bei der Einrichtung von Bildschirmarbeitsplätzen kann daher nicht die in der ergonomischen Gestaltung liegende besondere Belastung durch die Mitbestimmung über den Sozialplan ausgeglichen oder gemildert werden; insoweit hat der Betriebsrat aber nach § 91 mitzubestimmen. Leistungen in einem Sozialplan können nur erzwungen werden, wenn durch die Betriebsänderung ein *vermögenswerter Nachteil* für die von ihr betroffenen Arbeitnehmer eintritt.

85 Da der Sozialplan nur die wirtschaftlichen Nachteile ausgleichen oder mildern soll, sind **Vorteile,** die einem Arbeitnehmer infolge einer Betriebsänderung entstehen, bei der Bestimmung des Nachteils zu berücksichtigen, sofern sie durch dieselbe Maßnahme ursächlich bedingt sind und miteinander in einem adäquaten Zusammenhang stehen (*Richardi*, Sozialplan, S. 12; *Fuchs*, Sozialplan, S. 28; *Hanau*, ZfA 1974, 89, 102 f.). Ist mit einer Arbeitserschwerung, die durch eine grundlegende Änderung der Betriebsanla-

gen oder die Einführung grundlegend neuer Arbeitsmethoden eintritt, ein erhöhter Arbeitsverdienst, z. B. durch Höhergruppierung, verbunden, so liegt für den betroffenen Arbeitnehmer kein wirtschaftlicher Nachteil vor.

d) Wirtschaftliche Nachteile sind nicht nur **Entlassungen,** sondern wie nach § 113 Abs. 2 auch **andere wirtschaftliche Nachteile.** Das Gesetz verlangt nicht, dass es sich bei ihnen um *wesentliche Nachteile* handelt (so *Fitting,* §§ 112, 112 a Rn. 136; *Hanau,* ZfA 1974, 89, 92; a. A. GK-*Fabricius,* 6. Aufl., §§ 112 f. Rn. 35). Der Relativsatz in § 111 Satz 1, der darauf abstellt, bezieht sich als Interpretationsmaßstab nur auf das Vorliegen einer beteiligungspflichtigen Betriebsänderung (§ 111 Rn. 45 ff.). Für die Bestimmung, ob dem Arbeitnehmer infolge der Betriebsänderung ein wirtschaftlicher Nachteil entsteht, ist die Rechtsstellung maßgebend, die er wegen seines Arbeitsverhältnisses hat. Sie ist der Ausgangspunkt, um festzustellen, ob überhaupt ein wirtschaftlicher Nachteil für den Arbeitnehmer eintritt (so *Richardi,* Sozialplan, S. 13; zust. *Fuchs,* Sozialplan, S. 28).

86

Die Entstehung des Nachteils muss durch die geplante **Betriebsänderung verursacht** werden. Nicht zu den wirtschaftlichen Nachteilen „infolge der geplanten Betriebsänderung", für die im Sozialplan ein Ausgleich oder eine Milderung erzwungen werden kann, gehören die nur an einen Wechsel des Rechtsträgers und damit nicht an die Veränderungen auf Betriebsebene anknüpfenden Folgen, wie beispielsweise eine Verringerung der Haftungsmasse beim Betriebserwerber oder dessen befristete Befreiung von der Sozialplanpflicht nach § 112 a Abs. 2 (BAG 10. 12. 1996 AP BetrVG 1972 § 112 Nr. 110; BAG 5. 2. 1997 AP BetrVG 1972 § 112 Nr. 112; BAG 25. 1. 2000 AP BetrVG 1972 § 112 Nr. 137; BAG 18. 3. 2008 AP BetrVG 1972 § 111 Nr. 66; a. A. DKK-*Däubler,* § 112, 112 a Rn. 35; *Hanau,* FS Gaul 1992, S. 295; *Trittin,* AuR 2009, 119). Eine Ausfallhaftung des bisherigen Arbeitgebers kann deshalb im Sozialplan nicht erzwungen werden. Ebenso wenig stellt es einen solchen Nachteil dar, wenn die Sozialplanpflicht dadurch wegfällt, dass der Arbeitgeber infolge der Betriebsänderung fortan weniger als 21 Arbeitnehmer beschäftigt (s. § 111 Rn. 48) oder sich das gleiche Resultat infolge einer Überleitung der Arbeitsverhältnisse auf ein Kleinunternehmen ergibt. Gleiches gilt für eine infolge eines Rechtsträgerwechsels eintretende Verschlechterung der tariflichen Bedingungen (BAG 5. 2. 1997 AP BetrVG 1972 § 112 Nr. 111). Unbenommen bleibt es den Betriebsparteien allerdings, für diese Fälle einen – freilich nicht zu den Sozialplanbestimmungen im technischen Sinne (Abs. 1 Satz 2) gehörenden – Ausgleich vorzusehen, wobei dann allerdings die Grenzen des § 77 Abs. 3 zu beachten sind.

87

Ist mit einer Betriebsspaltung ein Betriebsteilübergang verbunden, so sind bei Arbeitnehmern, die dem Übergang ihres Arbeitsverhältnisses widersprechen, die ihnen aus der daraufhin vom Arbeitgeber ausgesprochenen betriebsbedingten Kündigung erwachsenden Nachteile nicht Folge der Betriebsspaltung (vgl. auch *Moll,* RdA 2003, 129, 138), so dass sie von einem dafür aufgestellten Sozialplan grundsätzlich nicht erfasst werden. Allerdings kann im Zusammenhang mit der Entlassung widersprechender Arbeitnehmer die Planung einer weiteren sozialplanpflichtigen Betriebsänderung beim Veräußerer vorliegen (s. § 111 Rn. 138). Möglich ist allerdings auch, dass bereits in dem anlässlich der Betriebsspaltung errichteten Sozialplan als dem Spruch der Einigungsstelle entzogener freiwilliger Bestandteil die Erstreckung der Abfindungsregelungen auf die Kündigung widersprechender Arbeitnehmer vorgesehen wird (s. Rn. 104). Zur Frage, inwieweit auch personenbedingte Kündigungen einen durch die Betriebsänderungen verursachten Nachteil darstellen können: *Müller,* BB 2001, 255 ff.

88

e) Da der Sozialplan dem Ausgleich oder der Milderung wirtschaftlicher Nachteile dient, ist es mit dem Zweck seiner Erzwingbarkeit durch den Betriebsrat nicht vereinbar, wenn **Regelungen** getroffen werden, die **Arbeitnehmer lediglich belasten.** Der Einsatz zu einem solch funktionswidrigen Zweck überschreitet die Regelungsmacht der Betriebspartner (BAG 7. 5. 1987 AP KSchG 1969 § 9 Nr. 19; ebenso DKK-*Däubler,* §§ 112, 112 a Rn. 43). Der Betriebsrat ist insoweit auch nicht befugt, eine freiwillige Betriebsver-

89

einbarung abzuschließen, weil auch dabei die Grenzen der Betriebsvereinbarungsautonomie überschritten würden (s. § 77 Rn. 111). Daher ist es unzulässig, in einem Sozialplan bereits entstandene Arbeitsentgeltansprüche zu kürzen oder unverfallbare Anwartschaften auf betriebliche Altersversorgung aufzuheben (vgl. auch Rn. 183). Enthält jedoch ein Sozialplan eine Dauerregelung, durch die er fortlaufend zeitlich unbegrenzte Leistungsansprüche der Arbeitnehmer begründet, so kann er durch eine spätere Betriebsvereinbarung die Regelung zu Ungunsten der Arbeitnehmer abgeändert werden (vgl. BAG 24. 3. 1981 AP BetrVG 1972 § 112 Nr. 12; 10. 8. 1994 AP BetrVG 1972 § 112 Nr. 86; s. Rn. 64).

4. Abfindungen für den Verlust des Arbeitsplatzes als Sozialplaninhalt

90 a) Führt die Betriebsänderung zu einer **Entlassung von Arbeitnehmern,** so kann der Sozialplan **Abfindungen für die mit dem Verlust des Arbeitsplatzes verbundenen Nachteile** festlegen. Die in Abs. 5 Satz 2 Nr. 2 genannte Ermessensrichtlinie für die Einigungsstelle enthält insoweit keine Regelungsschranke der Betriebspartner (s. Rn. 101 ff.). Zweifelhaft kann lediglich sein, ob und in welchen Grenzen die Festlegung einer Abfindung noch als Vereinbarung eines erzwingbaren Sozialplans oder nur noch als freiwillige Betriebsvereinbarung zu beurteilen ist. Maßgebend ist, ob man insoweit den Zweck der Sozialplanmitbestimmung auf eine Überbrückungs- und Vorsorgefunktion der Sozialplanleistung begrenzt oder auch deren Entschädigungscharakter anerkennt (s. Rn. 51 ff.). Schuldner der Sozialplanabfindungen ist stets allein der Vertragsarbeitgeber, auch wenn der Sozialplan in Form einer Konzernbetriebsvereinbarung von der Konzernobergesellschaft abgeschlossen worden ist (a. A. *Schmitt-Rolfes,* FS 50 Jahre BAG, 2004, S. 1081, 1097, der in diesem Fall eine gesamtschuldnerische Haftung von Konzernobergesellschaft und Vertragsarbeitgeber annimmt).

91 b) Auch wenn man den Zweck der Sozialplanmitbestimmung in einer Überbrückungs- und Vorsorgefunktion erblickt, können in einem erzwingbaren Sozialplan pauschalierte Abfindungen (s. dazu zuletzt BAG 5. 10. 2000 AP BetrVG 1972 § 112 Nr. 141) auf der Basis der **Betriebszugehörigkeit** des Arbeitnehmers sowie seines **Lebensalters** vorgesehen werden, da erstere als Maßstab für die Intensität der dem Arbeitgeber mit der Sozialplanmitbestimmung abverlangte Fürsorge und letzteres als Indikator für die Aussichten des Arbeitnehmers auf dem Arbeitsmarkt dienen (s. Rn. 55). Allerdings kann eine Anknüpfung an das Alter vor dem Hintergrund der §§ 7, 10 AGG nur gerechtfertigt werden, soweit sich – zumindest auf der Grundlage einer typisierenden Betrachtung – nachweisen lässt, dass das Alter einen Sondernachteil gegenüber den Angehörigen anderer Altersgruppen begründet. Damit wäre eine Gestaltung nicht vereinbar, bei der die Abfindung mit jedem zusätzlichen Jahr des Lebensalters ansteigt (a. A. BAG 20. 1. 2009 – 1 AZR 740/07; wie hier *Däubler/Bertzbach-Brors,* § 10 Rn. 133; wohl auch *Schweibert,* FS 25 Jahre ArbG ArbR, 2006, S. 1001, 1010. Bemerkenswert inhaltlos *Fitting,* §§ 112, 112a Rn. 182: „Die Kritik ist nicht ganz unberechtigt. Gleichwohl sollten die Gestaltungsspielräume der Betriebsparteien nicht allzu sehr eingeengt werden"). Möglich ist eine Berechnungsformel für die Abfindung, die in erster Linie nicht an das Lebensalter, sondern für den Kern der Belegschaft nur an Betriebszugehörigkeit und Bruttomonatseinkommen anknüpft (BAG 26. 5. 2009 – 1 AZR 198/08; mit einschränkender Tendenz allerdings BAG 12. 11. 2002 AP BetrVG 1972 § 111 Nr. 159; vgl. auch BAG 14. 9. 1994 AP BetrVG 1972 § 112 Nr. 87 und Rn. 150). Ebenso können **Unterhaltspflichten des Arbeitnehmers** für die Bemessung der Sozialplanabfindung herangezogen werden. Dabei sind die Betriebspartner befugt, die Zahlung eines Abfindungszuschlags für unterhaltsberechtigte **Kinder** davon abhängig zu machen, dass diese **auf der Lohnsteuerkarte eingetragen** sind (so BAG 12. 3. 1997 AP BetrVG 1972 § 112 Nr. 111). Zulässig ist es auch, Sonderabfindungen nur für solche schwerbehinderten Arbeitnehmer vorzusehen, deren **Schwerbehinderteneigenschaft** im Zeitpunkt der Er-

C. Der Sozialplan § 112

richtung des Sozialplans festgestellt ist (BAG 19. 4. 1983 AP Art. 3 GG Nr. 124; a. A. DKK-*Däubler*, §§ 112, 112 a Rn. 49 i).

Solche Formalisierungen sind erforderlich und gerechtfertigt, da nur mit ihrer Hilfe der Verteilungsrahmen von den Betriebsparteien sicher bestimmt werden kann (zustimmend *Kraft*, Anm. AP GG Art. 3 Nr. 124). Auch das BAG hat ausdrücklich anerkannt, dass die Betriebspartner bei der Aufstellung eines Sozialplans darauf Bedacht nehmen können, dass die Regelung praktikabel ist und nicht zu einem unzumutbaren Verwaltungsaufwand führt (BAG 12. 3. 1997 AP BetrVG 1972 § 112 Nr. 111). 92

c) Sollen die Abfindungen nach dem Durchschnittsentgelt „vor dem Kündigungstermin" berechnet werden, so ist damit regelmäßig der Tag des Ablaufs der Kündigungsfrist und nicht derjenige der Kündigungserklärung gemeint (BAG 17. 11. 1998 AP BetrVG 1972 § 77 Nr. 6). Zur Behandlung **rückwirkender Tariferhöhungen** nach Ausscheiden des Arbeitnehmers BAG 6. 8. 2002 AP BetrVG 1972 § 112 Nr. 154. Im Sozialplan kann vorgesehen werden, dass nur bestimmte Entgeltbestandteile für die Abfindungsberechnung maßgeblich sein sollen, selbst wenn dabei Entgeltvariable außer Betracht bleiben, die auf dem zeitlichen Umfang der Arbeitsleistung beruhen (BAG 2. 10. 2007 – NZA-RR 2008, 242). 93

d) Statt oder in Ergänzung einer pauschalierten Sozialplanabfindung können Arbeitgeber und Betriebsrat **wirtschaftliche Nachteile ausgleichen,** die den Arbeitnehmern als **Folge der Entlassung** konkret entstehen (BAG 12. 2. 1985 AP BetrVG 1972 § 112 Nr. 25). Sozialplanleistungen brauchen daher nicht nach der Dauer der Betriebszugehörigkeit bemessen zu werden (BAG 9. 11. 1994 AP BetrVG 1972 § 112 Nr. 85). 94

In Betracht kommen **Überbrückungsgelder** zur Ergänzung des Arbeitslosengeldes oder als Lohnausgleich, wenn der Arbeitnehmer auf einem neuen Arbeitsplatz weniger als bisher verdient, die Gewährung betrieblicher **Versorgungsleistungen bei vorzeitigem Eintritt in den Ruhestand,** die Aufrechterhaltung von Versorgungsanwartschaften, die bei Auflösung des Arbeitsverhältnisses noch nicht unverfallbar sind, die Gewährung von Urlaub und Urlaubsgeld für das Jahr, in dem die Entlassung durchgeführt wird, die Zahlung der Gratifikationen, Weitergewährung von Deputaten und Beiträgen an Versorgungseinrichtungen, Weiterbelassung von Werkswohnungen und Arbeitgeberdarlehen, Erhaltung des Rechts auf verbilligten Bezug von Waren und Dienstleistungen, Übernahme von Bewerbungs- und Vorstellungskosten beim neuen Arbeitgeber, Übernahme der Kosten einer Umschulung, Aufhebung und Einschränkung von Wettbewerbsverboten (vgl. *Knorr*, Sozialplan, S. 75 f.; *Ohl*, Sozialplan, S. 93 ff.; Beispiele von Sozialplänen ebenda, S. 203 ff.; *Vogt*, Sozialpläne, S. 174 ff.). 95

5. Ausgleich oder Milderung sonstiger wirtschaftlicher Nachteile als Sozialplaninhalt

Der Betriebsrat kann die Aufstellung eines Sozialplans auch zum **Ausgleich** oder zur **Milderung von wirtschaftlichen Nachteilen** verlangen, die **nicht in der Entlassung oder deren Folgen** bestehen, sondern beispielsweise aus einer **Versetzung** resultieren; denn das Gesetz bezieht das Mitbestimmungsrecht generell auf den Ausgleich oder die Milderung wirtschaftlicher Nachteile, die den Arbeitnehmern infolge der geplanten Betriebsänderung entstehen (Abs. 1 Satz 2). Der Sozialplan kann aber nicht durch Festlegung einer Abfindungsregelung für den Verlust des Arbeitsplatzes den individualrechtlich gestalteten Kündigungsschutz des Arbeitnehmers einschränken oder beseitigen (s. Rn. 112). Besteht eine Beschäftigungsmöglichkeit, so kann er auch nicht verbindlich festlegen, wer von den Arbeitnehmern einen Ersatzarbeitsplatz erhält, sondern ist insoweit auf die Rechte nach §§ 95, 99 beschränkt. Er kann **im Sozialplan auch nicht erzwingen,** dass **Arbeitnehmer nicht entlassen,** sondern nur versetzt werden (ebenso *Ohl*, Sozialplan, S. 106 f.). Lediglich im Interessenausgleich über die Betriebsänderung kann – freilich ohne Bindungswirkung für den Arbeitgeber – festgelegt werden, die 96

Betriebsänderung ohne Entlassung der von ihr betroffenen Arbeitnehmer durchzuführen (s. Rn. 21).

97 Im Einzelnen kann der Sozialplan als Leistungen zum Ausgleich oder zur Milderung von Nachteilen etwa Ausgleichszahlungen zur Absicherung des bisherigen Einkommens, die Übernahme von Umschulungskosten, Umzugs- und Fahrtkosten oder die Gewährung einer Trennungsentschädigung vorsehen (vgl. *Ohl,* Sozialplan, S. 111 ff.). Ebenso können der Verlust einer verfallbaren Anwartschaft auf betriebliche Altersversorgung (BAG 27. 10. 1987 AP BetrVG 1972 § 112 Nr. 41) sowie der Verlust einer Alters- oder Hinterbliebenenversorgung (BAG 29. 11. 1978 AP BetrVG 1972 § 112 Nr. 7) ausgleichsfähige Nachteile sein.

98 Im Sozialplan kann auch geregelt werden, wer das Risiko zu tragen hat, dass die Agentur für Arbeit eine **Sperrzeit** (§ 144 SGB III) verhängt (BAG 27. 10. 1987 AP BetrVG 1972 § 112 Nr. 41).

99 Zur Sicherung der Arbeitnehmeransprüche können **Sicherheiten** bestellt werden. Abgesehen von den Möglichkeiten der Stellung eines Bürgen oder der Errichtung eines Treuhandkontos kommt insbesondere eine Grundschuld als dingliche Sicherheit in Betracht. Praktikabel erscheint insoweit allerdings nur die Bestellung einer Grundschuld über das gesamte Sozialplanvolumen zugunsten eines zuverlässigen Treuhänders (*Fuchs,* Sozialplan, S. 68; *Hanau,* ZfA 1974, 89, 113).

100 Häufig wird im Sozialplan auch ein bestimmter Betrag als **Härtefonds** zur Verfügung gestellt, um individuelle Sondernachteile, die im Sozialplan keine oder keine ausreichende Berücksichtigung gefunden haben, ausgleichen zu können. Die Entscheidung über die Gewährung von Leistungen aus dem Härtefonds kann einer mit Arbeitgeber- und Arbeitnehmervertretern paritätisch besetzten Kommission oder dem Betriebsrat zur alleinigen Entscheidung übertragen werden. In jedem Fall handelt es sich dabei um eine Sozialeinrichtung i. S. des § 87 Abs. 1 Nr. 8 (DKK-*Däubler,* §§ 112, 112a Rn. 109). Die daraus resultierenden Arbeitnehmeransprüche richten sich unmittelbar gegen den Arbeitgeber, wobei § 319 Abs. 1 BGB zu beachten ist (BAG 17. 10. 1989 AP BetrVG 1972 § 112 Nr. 53). Üblicherweise wird der Härtefonds nur für eine bestimmte Zeit bereitgestellt und vorgesehen, dass die danach nicht verbrauchten Mittel an den Arbeitgeber zurückfallen (s. LAG Bremen 15. 6. 1990 LAGE § 112 BetrVG 1972 Nr. 17).

6. Regelungsschranken für die Aufstellung eines Sozialplans

101 a) Die Betriebspartner sind bei der Aufstellung eines Sozialplans in den Grenzen von Recht und Billigkeit (§ 75) **frei,** darüber zu entscheiden, **welche Nachteile** der von einer Betriebsänderung betroffenen Arbeitnehmer sie **in welchem Umfang** ausgleichen oder mildern wollen (ebenso BAG 29. 11. 1978 AP BetrVG 1972 § 112 Nr. 7; st. Rspr. vgl. BAG 28. 9. 1988 AP BetrVG 1972 § 112 Nr. 47; BAG 30. 11. 1994 AP BetrVG 1972 § 112 Nr. 89; BAG 13. 11. 1996 AP BGB § 620 Aufhebungsvertrag Nr. 4; BAG 15. 12. 1998 AP BetrVG 1972 § 112 Nr. 126; BAG 19. 10. 1999 AP BetrVG 1972 § 112 Nr. 135; BAG 5. 10. 2000 AP BetrVG 1972 § 112 Nr. 141; BAG 14. 8. 2001 AP BetrVG 1972 § 112 Nr. 142; BAG 6. 5. 2003 AP BetrVG 1972 § 112 Nr. 161; BAG 24. 8. 2004 AP BetrVG 1972 § 112 Nr. 174; BAG 2. 10. 2007, NZA-RR 2008, 242, 243; BAG 19. 2. 2008 AP BetrVG 1972 § 112 Nr. 191). Sie dürfen daher auch Pauschalierungen vornehmen und sind nicht gehalten, jeden wirtschaftlichen Nachteil auszugleichen oder zu mildern (BAG 20. 4. 1994 AP BetrVG 1972 § 112 Nr. 77; BAG 9. 11. 1994 AP BetrVG 1972 § 112 Nr. 85; BAG 2. 10. 2007, NZA-RR 2008, 242, 243). Im Rahmen ihres Ermessens können die Parteien von einem Nachteilsausgleich auch gänzlich absehen (BAG 24. 8. 2004 AP BetrVG 1972 § 112 Nr. 174). Das Gesetz geht allerdings davon aus, dass bei einer Einigung zwischen Arbeitgeber und Betriebsrat sowohl die sozialen Belange der betroffenen Arbeitnehmer berücksichtigt als auch die wirtschaftliche Vertretbarkeit für das Unternehmen beachtet werden. Mittelbar bestim-

C. Der Sozialplan § 112

men auch die Ermessensrichtlinien für die Einigungsstelle (Abs. 5) das Regelungsverhalten der Betriebsparteien; denn kommt keine Einigung zustande, so kann der Betriebsrat erreichen, dass die Einigungsstelle entscheidet, wie umgekehrt der Arbeitgeber sicherstellen kann, dass die Richtlinien eingehalten werden, wenn ein Sozialplan gegen seinen Willen aufgestellt wird.

b) Die Betriebspartner sind bei der Aufstellung eines Sozialplans an das **zwingende** **102** **Gesetzesrecht** und das sonstige höherrangige Recht, also insbesondere auch an die für den Betrieb geltenden Tarifverträge gebunden. Eine Regelungsschranke ergibt sich auch daraus, dass nach § 75 Abs. 1 Arbeitgeber und Betriebsrat darüber zu wachen haben, dass alle im Betrieb tätigen Personen nach den Grundsätzen von Recht und Billigkeit behandelt werden. Daher setzt der dort niedergelegte **Gleichbehandlungsgrundsatz** ihrer Regelungsbefugnis eine Schranke (vgl. BAG 9. 12. 1981 AP BetrVG 1972 § 112 Nr. 14; BAG 26. 7. 1988 AP BetrVG 1972 § 112 Nr. 45; BAG 23. 8. 1988 AP BetrVG 1972 § 112 Nr. 46; BAG 15. 1. 1991 AP BetrVG 1972 § 112 Nr. 57; BAG 30. 11. 1994 AP BetrVG 1972 § 112 Nr. 89; zur Anwendung des Gleichbehandlungsgrundsatzes bei Gruppenbildung BAG 23. 1. 2001 – 1 AZR 235/00 n. v.; zur Anwendbarkeit des Gleichbehandlungsgrundsatzes bei zwei aufeinander folgenden Sozialplänen mit gleichem persönlichen Geltungsbereich BAG 11. 2. 1998 AP BetrVG 1972 § 112 Nr. 121), wobei sich aus Abs. 5 verschiedene Anhaltspunkte für deren Konkretisierung gewinnen lassen. Eine etwa aus der Inhaltskontrolle und einer damit verbundenen „Angleichung nach oben" resultierende Ausdehnung des Finanzrahmens sei jedenfalls dann hinzunehmen, wenn die Mehrbelastung des Arbeitgebers im Verhältnis zum Gesamtvolumen nicht ins Gewicht falle (BAG 24. 8. 2004 AP BetrVG 1972 § 112 Nr. 174; ebenso bereits BAG 21. 10. 2003 AP BetrVG 1972 § 112 Nr. 163: Mehrbelastung von 1,7% unschädlich). Der Sozialplan darf im Übrigen keine Arbeitnehmer benachteiligen, weil sie in zumutbarer Weise ihre Rechte geltend machen; § 612 a BGB gilt auch hier.

Die Betriebspartner dürfen insbesondere nach der **Schwere der möglichen Nachteile** **103** **und deren Vermeidbarkeit** differenzieren (so ausdrücklich BAG 15. 1. 1991 AP BetrVG 1972 § 112 Nr. 57; BAG 24. 8. 2004 AP BetrVG 1972 § 112 Nr. 174).

Mit dem Gleichbehandlungsgrundsatz vereinbar ist etwa der Ausschluss von Arbeit- **104** nehmern, die einen ihnen **angebotenen anderen zumutbaren Arbeitsplatz ablehnen,** auch wenn die Zuerkennung von Leistungen nicht gegen Abs. 5 Satz 2 Nr. 2 Satz 2 verstoßen würde (BAG 28. 9. 1988 AP BetrVG 1972 § 112 Nr. 47 *[Löwisch]*; BAG 6. 11. 2007 AP BetrVG 1972 § 112 Nr. 190; vgl. auch BAG 19. 6. 1996 AP BetrVG 1972 § 112 Nr. 102). Ebenso kann eine geringere Abfindung für solche Arbeitnehmer vorgesehen werden, die das Angebot eines zumutbaren Arbeitsplatzes in einem anderen Betrieb ablehnen (BAG 25. 10. 1983 AP BetrVG 1972 § 112 Nr. 18; BAG 27. 10. 1987 AP BetrVG 1972 § 112 Nr. 41: 50% Abschlag). Dabei **unterliegt die Frage, wann das Arbeitsplatzangebot zumutbar ist,** grundsätzlich **der Regelung durch die Betriebspartner,** wobei persönliche Umstände der möglicherweise betroffenen Arbeitnehmer nicht berücksichtigt werden müssen (BAG 25. 10. 1983 AP BetrVG 1972 § 112 Nr. 18; BAG 27. 10. 1987 AP BetrVG 1972 § 112 Nr. 41; BAG 28. 9. 1988 AP BetrVG 1972 § 112 Nr. 47; BAG 15. 12. 1998 AP BetrVG 1972 § 112 Nr. 126; s. zur Zumutbarkeit auch Rn. 156 ff.). Möglich ist auch, dass solche Arbeitnehmer von der Abfindung ausgeschlossen werden, die **durch Vermittlung des Arbeitgebers einen neuen zumutbaren Arbeitsplatz erhalten,** wobei der Sozialplan den Begriff der Vermittlung dahin definieren kann, dass jeder Beitrag des Arbeitgebers genügt, der das neue Arbeitsverhältnis möglich macht (BAG 19. 6. 1996 AP BetrVG 1972 § 112 Nr. 102). Erst recht ist regelmäßig eine Minderung oder ein Ausschluss der Abfindung für den Fall zulässig, dass Arbeitnehmer dem **Übergang ihrer Arbeitsverhältnisse** auf Grund einer Betriebsübernahme nach § 613 a BGB **widersprechen;** denn die Weiterarbeit beim Betriebserwerber ist dem Arbeitnehmer in der Regel zumutbar (BAG 5. 2. 1997 AP BetrVG 1972 § 112 Nr. 112). Dabei erfasst eine Sozialplanbestimmung, nach der solche Arbeitnehmer ausgeschlossen werden, die einen ihnen angebotenen Arbeitsplatz ausschlagen, typischerweise auch ohne sachlichen Grund widersprechende Arbeitnehmer, selbst wenn dieser Fall im Sozialplan nicht ausdrücklich angesprochen ist (BAG 5. 2. 1997 AP BetrVG 1972 § 112 Nr. 112). Das soll nach Ansicht des 1. Senats allerdings regelmäßig dann nicht gelten, wenn der Sozialplan eine solche Ausnahme nicht enthält, sondern das Entstehen des Abfindungsanspruchs dem Wortlaut nach nur an eine vom Arbeitgeber veranlasste Beendigung des Arbeitsverhältnisses knüpft (BAG 11. 2. 1998 AP BetrVG 1972 § 112 Nr. 121; s. auch Rn. 109).

105   Es verstößt auch nicht gegen § 75, wenn die Betriebspartner Arbeitnehmer von Sozialplanleistungen ausnehmen, die bei Auflösung des Arbeitsverhältnisses die Voraussetzungen für den übergangslosen **Rentenbezug** nach Beendigung des Anspruchs auf Arbeitslosengeld erfüllen (BAG 31. 7. 1996 AP BetrVG 1972 § 112 Nr. 103) oder die ein **vorgezogenes Altersruhegeld** in Anspruch nehmen können (BAG 26. 7. 1988 AP BetrVG 1972 § 112 Nr. 45). Hierin liegt insbesondere kein Verstoß gegen das Verbot der Altersdiskriminierung (BAG 30. 9. 2008 – 1 AZR 684/07; BAG 11. 11. 2008 – 1 AZR 475/07; BAG 20. 1. 2009 – 1 AZR 740/07; verfehlt *Temming*, RdA 2008, 205 ff., der auf Basis der von ihm angenommenen Doppelfunktion des Sozialplans [vgl. Rn. 52] zu einer „Zwei-Töpfe-Theorie" gelangt, welche die Leistungen im Sozialplan in vergangenheits- und zukunftsbezogene Elemente unterteilt und sie jeweils unterschiedlichen Regeln unterwirft. Soweit es sich um zukunftsbezogene Elemente handelt, könne eine Begrenzung unter Hinweis auf die Rentennähe und die damit verbundene anderweitige Absicherung des Arbeitnehmers vorgenommen werden; verfehlt auch ArbG Köln 20. 3. 2008 – 22 Ca 8411/07; vgl. auch *Preis*, Gutachten 67. DJT, Teil B, D IV. 3 d). Keinen grundsätzlichen Bedenken begegnet es nach Ansicht des BAG ferner, wenn für ältere Arbeitnehmer die Ausgleichsleistungen nach den voraussichtlich eintretenden tatsächlichen Nachteilen bemessen werden, während jüngere Arbeitnehmer jeweils einen pauschalen Ausgleich in Form von Abfindungszahlungen erhalten (BAG 14. 2. 1984 AP BetrVG 1972 § 112 Nr. 21).

106   Zulässig ist es auch, bei **Teilzeitarbeitnehmern** die Abfindung nach dem Verhältnis der jeweiligen persönlichen Arbeitszeit zu der als Basis der vollen Abfindung herangezogenen tariflichen Regelarbeitszeit zu berechnen (BAG 28. 10. 1992 AP BetrVG 1972 § 112 Nr. 66; vgl. auch § 4 Abs. 1 TzBfG; zur Kürzung von Kinderzuschlägen bei Teilzeitbeschäftigten LAG Bremen 27. 4. 2006 NZA-RR 2007, 68). Nichts einzuwenden hatte das BAG auch dagegen, bei der Bemessung einer Sozialplanabfindung Zeiten der Teilzeit- und der Vollzeitbeschäftigung jeweils anteilig zu berücksichtigen (BAG 14. 8. 2001 AP BetrVG 1972 § 112 Nr. 142). Ebenfalls keine Bedenken bestehen dagegen, für die Bemessung der Abfindung die lediglich in einem Überleitungsvertrag anerkannte **Betriebszugehörigkeit bei einem früheren Arbeitgeber** nicht zu berücksichtigen (BAG 16. 3. 1994 AP BetrVG 1972 § 112 Nr. 75; ebenso können Dienstjahre bei der NVA, die nach der Förderungsverordnung der ehemaligen DDR auf die Betriebszugehörigkeit anzurechnen waren, außer Betracht bleiben – BAG 30. 3. 1994 AP BetrVG 1972 § 112 Nr. 76). Lag hingegen ein Betriebsübergang nach § 613a BGB zugrunde, so muss bei Berechnung der Abfindung die gesamte beim früheren Betriebsinhaber verbrachte Betriebszugehörigkeit berücksichtigt werden. Haben die Betriebsparteien für die Höhe der Abfindung auf die Dauer der Beschäftigung abgestellt, dürfen Zeiten der **Elternzeit** nicht außer Betracht bleiben (BAG 12. 11. 2002 AP BetrVG 1972 § 112 Nr. 159; anders LAG München 31. 7. 2002 – 5 Sa 877/01 n. v.).

107   c) Nach Ansicht des BAG verletzt eine Sozialplanregelung den in § 75 Abs. 1 Satz 1 verankerten Gleichbehandlungsgrundsatz, soweit sie formal zwischen Arbeitnehmer- und Arbeitgeberkündigungen unterscheidet (BAG 15. 1. 1991 AP BetrVG 1972 § 112 Nr. 57). Erforderlich sei vielmehr eine nach dem materiellen Auflösungsgrund differenzierende Betrachtung (BAG 15. 1. 1991 AP BetrVG 1972 § 112 Nr. 57). Scheide daher ein Arbeitnehmer im Zusammenhang mit einer Betriebsänderung durch **Eigenkündigung**

oder auf Grund eines Aufhebungsvertrages auf **Veranlassung des Arbeitgebers** aus, so sei das im Hinblick auf die Ansprüche aus dem Sozialplan wie eine Arbeitgeberkündigung zu behandeln (BAG 28. 4. 1993 AP BetrVG 1972 § 112 Nr. 67; BAG 26. 10. 2004 AP BetrVG 1972 § 112 Nr. 171; BAG 10. 2. 2009 – 1 AZR 767/07). Eine Veranlassung in diesem Sinne liege nicht schon vor, wenn der Arbeitgeber den Arbeitnehmern unter Hinweis auf die wirtschaftliche Lage des Unternehmens rät, sich um eine neue Arbeitsstelle zu bemühen (BAG 20. 4. 1994 AP BetrVG 1972 § 112 Nr. 77; BAG 24. 8. 2004 AP BetrVG 1972 § 112 Nr. 174). Vielmehr sei erforderlich, dass der Arbeitgeber den Arbeitnehmer im Hinblick auf eine konkret geplante Betriebsänderung bestimmt, selbst zu kündigen oder einen Aufhebungsvertrag zu schließen, umso eine sonst notwendig werdende Kündigung zu vermeiden (BAG 19. 7. 1995 AP BetrVG 1972 § 112 Nr. 96; vgl. auch BAG 29. 10. 2002, NZA 2003, 879; BAG 24. 8. 2004 AP BetrVG 1972 § 112 Nr. 174; BAG 13. 12. 2005 AP BetrVG 1972 § 112 Nr. 179). Dies sei anzunehmen, wenn der Arbeitgeber beim Arbeitnehmer im Hinblick auf die konkret geplante Betriebsänderung die berechtigte Annahme hervorgerufen hat, er komme mit der eigenen Initiative einer sonst notwendig werdenden betriebsbedingten Kündigung durch den Arbeitgeber nur zuvor (BAG 22. 2. 2003 AP BetrVG 1972 § 112 Nr. 60; BAG 13. 2. 2007 AP BetrVG 1972 § 112 Nr. 185; vgl. auch BAG 15. 5. 2007 – 1 AZR 370/06). Eine solche Veranlassung durch den Arbeitgeber sei jedenfalls dann nicht gegeben, wenn zwar der Arbeitsplatz beim bisherigen Arbeitgeber wegfällt, er jedoch – auch ohne Vorliegen der Voraussetzungen des § 613 a BGB – bei einem anderen Unternehmen der Gruppe fortgeführt wird und der Arbeitnehmer dort weiterbeschäftigt werden soll (BAG 16. 4. 2002 AP BetrVG 1972 § 112 Nr. 153). Diese Aussagen stehen in gewissem Widerspruch zu der in ebenfalls ständiger Rechtsprechung vertretenen Linie, wonach Arbeitnehmer, die ihr Arbeitsverhältnis zu einem früheren Zeitpunkt als durch die Betriebsvereinbarung geboten selbst kündigen, von Abfindungsleistungen ausgenommen werden können (BAG 9. 11. 1994 AP BetrVG 1972 § 112 Nr. 85; BAG 19. 2. 2008 AP BetrVG 1972 § 112 Nr. 191; vgl. auch BAG 8. 3. 1995 AP BGB § 242 Gleichbehandlung Nr. 109). Eine solche Regelung könne darauf gestützt werden, dass den „vorzeitig" kündigenden Arbeitnehmern durch die Betriebsänderung keine oder sehr viel geringere Nachteile drohen als den anderen Arbeitnehmern (BAG 19. 2. 2008 AP BetrVG 1972 § 112 Nr. 191). Strukturell ist für diese zutreffende Überlegung allerdings nicht die Vorzeitigkeit der Arbeitnehmerkündigung tragend, sondern der Umstand, dass der Arbeitnehmer überhaupt selbst kündigt und sich dafür entschieden hat, sein Arbeitsverhältnis aufzugeben. Allgemein darf nämlich angenommen werden, dass einem Arbeitnehmer, der sein Arbeitsverhältnis selbst kündigt oder der einem Aufhebungsvertrag zustimmt, typischerweise sehr viel geringere wirtschaftliche Nachteile entstehen als Arbeitnehmern, deren Arbeitsverhältnis durch Arbeitgeberkündigung beendet wird. Diese Annahme scheint indes unabhängig davon gerechtfertigt, ob die Eigenkündigung bzw. der Aufhebungsvertrag in vorstehend geschildertem Sinne durch den Arbeitgeber veranlasst ist oder nicht (verfehlt daher BAG 10. 2. 2009 – 1 AZR 767/07). Deshalb ist bei Fehlen ausdrücklicher Regelungen im Sozialplan keine vom Arbeitgeber veranlasste Eigenkündigung in dem Sinne anzuerkennen, dass Arbeitnehmer, die selbst kündigen oder einen Aufhebungsvertrag mit dem Arbeitgeber schließen, den vom Arbeitgeber gekündigten Arbeitnehmern im Hinblick auf die Abfindung gleichgestellt werden müssen. Entgegen der zitierten Grundannahme des BAG gilt: Einer Unterstützung durch Sozialplanleistungen bedarf ein Arbeitnehmer, der aus Anlass einer Betriebsänderung selbst kündigt oder einen Aufhebungsvertrag schließt, regelmäßig *nicht* in gleicher Weise wie ein Arbeitnehmer, dessen Arbeitsverhältnis auf Grund einer Arbeitgeberkündigung endet. Demgemäß können die Betriebspartner in einem Sozialplan auch vereinbaren, dass Arbeitnehmer, die nach Bekanntwerden eines vom Arbeitgeber zunächst geplanten Personalabbaus einen **Aufhebungsvertrag** vereinbart haben, eine geringere Abfindung erhalten als diejenigen, welche eine solche Beendigungsvereinbarung erst nach der später erfolgten Mitteilung des Arbeitgebers geschlossen haben, er beabsichtige den Betrieb stillzulegen; denn hier wird berücksichtigt, dass die erste Arbeitnehmergruppe möglicherweise größere Chancen auf dem Arbeitsmarkt hat als die letztere (BAG 24. 11. 1993 AP BetrVG 1972 § 112 Nr. 72; BAG 6. 8. 1997 AP BetrVG 1972 § 112 Nr. 116; vgl. auch BAG 13. 11. 1996 AP BGB § 620 Aufhebungsvertrag Nr. 4). Wird hingegen ein wirtschaftlich einheitliches Geschehen in zwei Etappen aufgeteilt, so **verstößt** die Errichtung getrennter Sozialpläne nach jeweils unterschiedlichen Grundsätzen **gegen die Gebote billigen Ermessens** (BAG 9. 12. 1981 AP BetrVG 1972 § 112 Nr. 14).

108   Über etwaige mit einem früheren Ausscheiden **durch Eigenkündigung eintretende Nachteile** haben sich die Arbeitnehmer selbst zu informieren (LAG Köln 2. 11. 1999 AP BetrVG 1972 § 112 Nr. 134; s. ferner BAG 16. 4. 2002 AP BetrVG 1972 § 112 Nr. 153; BAG 6. 8. 2002 AP BetrVG 1972 § 112 Nr. 154). Gleiches gilt auch bei Abschluss eines Aufhebungsvertrags, so dass den Arbeitgeber grundsätzlich keine diesbezügliche **Aufklärungspflicht** trifft. Schlägt der Arbeitgeber allerdings im betrieblichen Interesse den Abschluss eines Aufhebungsvertrags vor, und erweckt er dabei den Eindruck, er werde bei der vorzeitigen Beendigung des Arbeitsverhältnisses auch die Interessen des Arbeitnehmers wahren und ihn nicht ohne ausreichende Aufklärung erheblichen Risiken aussetzen, so treffen ihn nach Ansicht des BAG erhöhte Hinweis- und Aufklärungspflichten (BAG 22. 4. 2004 AP BGB § 620 Aufhebungsvertrag Nr. 27). Auf schwebende Sozialplanverhandlungen braucht der Arbeitgeber den Arbeitnehmer jedenfalls dann nicht hinzuweisen, wenn er davon ausgehen kann, dass der Sozialplan den betreffenden Arbeitnehmer nicht erfassen oder ihn jedenfalls nicht besser als der Aufhebungsvertrag stellen wird (BAG 22. 4. 2004 AP BGB § 620 Aufhebungsvertrag Nr. 27).

109   Nach ständiger Rechtsprechung des BAG sind auch **Stichtagsklauseln,** wonach solche Arbeitnehmer von den Sozialplanleistungen ausgeschlossen werden, die ihr Arbeitsverhältnis im Zusammenhang mit einer Betriebsänderung durch Eigenkündigung oder Abschluss eines Aufhebungsvertrages vor einem bestimmten Zeitpunkt beenden, zulässig (vgl. nur BAG 24. 1. 1996 AP BetrVG 1972 § 112 Nr. 98, BAG 6. 8. 1997 AP BetrVG 1972 § 112 Nr. 16; BAG 14. 12. 1999 – 1 AZR 268/99; BAG 24. 8. 2004 AP BetrVG 1972 § 112 Nr. 174; BAG 22. 3. 2005 AP BetrVG 1972 § 75 Nr. 48). Notwendig sei aber eine besondere Rechtfertigung solcher Stichtagsklauseln. Sie könne insbesondere in dem Ziel liegen, mit der Stichtagsklausel die Sozialplanleistungen „auf diejenigen Arbeitnehmer zu beschränken, die von der Betriebsänderung betroffen sind und durch diese Nachteile zu besorgen haben" (BAG 19. 2. 2008 AP BetrVG 1972 § 112 Nr. 191; BAG 24. 8. 2004 AP BetrVG 1972 § 112 Nr. 174). Unsicher ist hingegen, inwieweit solche Stichtagsklauseln auch durch das Interesse des Arbeitgebers an einer geordneten Abwicklung der Betriebsänderung bzw. an der Erhaltung der Belegschaft bis zu einem bestimmten Zeitpunkt gerechtfertigt werden können. Der 10. Senat hatte ein solches Beendigungsinteresse noch ausdrücklich anerkannt (BAG 9. 11. 2004 AP BetrVG 1972 § 112 Nr. 85). Hingegen hat der 1. Senat jüngst angenommen, den Betriebsparteien sei in einem Sozialplan eine Gruppenbildung verwehrt, die dem Arbeitgeber eine eingearbeitete und qualifizierte Belegschaft erhalten soll (BAG 6. 11. 2007 AP BetrVG 1972 § 112 Nr. 190; vgl. auch BAG 13. 2. 2007 AP BetrVG 1972 § 112 Nr. 185). Zur Begründung führt der Senat aus, der Sozialplan diene „nach seiner ausdrücklichen gesetzlichen Bestimmung in § 112 Abs. 1 BetrVG dem Ausgleich oder der Abmilderung der den Arbeitnehmern durch die Betriebsänderung entstehenden wirtschaftlichen Nachteile. Betriebliche Interessen an der Erhaltung der Belegschaft oder von Teilen derselben sind daher nicht geeignet, Differenzierungen bei der Höhe der Sozialplanabfindungen zu rechtfertigen" (BAG 6. 11. 2007 AP BetrVG 1972 § 112 Nr. 190; a. A. LAG Köln 29. 10. 2008 – 9 Sa 675/08). Zwar sei das Interesse, Arbeitnehmer durch Zahlung einer Abfindung zu motivieren, bis zu einem bestimmten Zeitpunkt im Unternehmen zu bleiben, grundsätzlich anerkennenswert. Diesem Interesse könne jedoch nicht durch eine Stichtagsklausel in Sozialplänen Rechnung getragen werden, sondern „nur durch andere zusätzliche Leistungen im Rahmen freiwil-

liger Betriebsvereinbarungen" (BAG 19. 2. 2008 AP BetrVG 1972 § 112 Nr. 191; vgl. auch BAG 20. 5. 2008 AP BetrVG 1972 § 112 Nr. 192). Zwar ist es richtig, dass Sozialplanklauseln, die dem Interesse des Arbeitgebers an einer geordneten Durchführung der Betriebsänderung zum Durchbruch verhelfen, nicht zum erzwingbaren Sozialplaninhalt gemäß Abs. 1 Satz 2 gehören. Damit lässt sich jedoch nur begründen, dass Stichtagsklauseln mit dieser Zielrichtung nicht durch Spruch der Einigungsstelle vorgesehen werden können (vgl. Rn. 135). Nicht begründbar ist hingegen, dass solche Stichtagsklauseln in einem vereinbarten Sozialplan nicht vorgesehen werden können. Ein „Reinheits- und Trennungsgebot" in dem Sinne, dass alle in einem Sozialplan vereinbarten Regelungen nur am Zweck des Abs. 1 Satz 2 zu messen sind, so dass sozialplanfremde Leistungen nur in einer gesonderten Vereinbarung vereinbart werden könnten, gibt es nicht (näher *Annuß*, FS Kreutz 2009; vgl. auch BAG 20. 4. 1994 AP BetrVG 1972 § 113 Nr. 27; BAG 28. 6. 2005 – 1 AZR 375/04).

d) Bietet ein Sozialplan den betroffenen Arbeitnehmern eine Abfindung oder eine vorgezogene Pensionierung zur Wahl an, so kann er auch **von einer bestehenden Versorgungsordnung abweichen.** Insbesondere ist es zulässig, für Arbeitnehmer, die sich für die Abfindung entscheiden und zugleich eine vorzeitige Altersleistung nach § 6 BetrAVG in Anspruch nehmen, einen versicherungsmathematischen Abschlag auch dann vorzusehen, wenn die Versorgungsordnung einen solchen nicht enthält (BAG 25. 2. 1986 AP BetrAVG § 6 Nr. 13). **110**

e) Ein Verstoß gegen § 75 Abs. 1 liegt in einer Sozialplanregelung, die eine vollständige **Anrechnung von Erstattungsansprüchen** gemäß § 147a SGB III auf die Abfindungen der Arbeitnehmer vorsieht (BAG 26. 6. 1990 AP BetrVG 1972 § 112 Nr. 56). Unzulässig ist auch eine Sozialplanregelung, die für eine Erhöhung der Abfindung im Hinblick auf **unterhaltsberechtigte Kinder** deren Wohnsitz im Inland voraussetzt (LAG Frankfurt 16. 7. 1996 EzA § 112 BetrVG 1972 Rn. 40). Sachwidrig ist es ferner, wenn Ansprüche wegen Annahmeverzugs des Arbeitgebers nach einem erfolgreichen Weiterbeschäftigungsverlangen gemäß § 102 Abs. 5 BetrVG auf die Abfindungsansprüche nach dem Sozialplan angerechnet werden (BAG 24. 8. 2004 AP BetrVG 1972 § 112 Nr. 174). **111**

f) Die Zahlung einer Abfindung zum Ausgleich der aus der Betriebsänderung resultierenden Nachteile darf nach Ansicht des BAG nicht davon abhängig gemacht werden, dass die wegen der Betriebsänderung entlassenen Arbeitnehmer keine **Kündigungsschutzklage** erheben (vgl. BAG 20. 12. 1983 AP BetrVG 1972 § 112 Nr. 17; BAG 20. 6. 1985 AP BetrVG 1972 § 112 Nr. 33; mit neuer Begründung auch BAG 31. 5. 2005 AP BetrVG 1972 § 112 Nr. 175). Zulässig sei aber eine Klausel, nach der die Fälligkeit der Abfindung auf den Zeitpunkt des rechtskräftigen Abschlusses eines Kündigungsrechtsstreits hinausgeschoben und bestimmt wird, dass eine zur Erledigung des Kündigungsschutzprozesses als Entschädigung für den Verlust des Arbeitsplatzes gewährte Abfindung auf die Sozialplanabfindung anzurechnen ist (BAG 20. 6. 1985 AP BetrVG 1972 § 112 Nr. 33). Grundsätzlich zulässig ist es allerdings auch nach Ansicht des BAG, Leistungen, die nicht dem Nachteilsausgleich, sondern der Verfolgung bestimmter Arbeitgeberinteressen, wie etwa der Beschleunigung oder Rechtssicherheit, dienen, unter den Vorbehalt des Klageverzichts zu stellen (BAG 31. 5. 2005 AP BetrVG 1972 § 112 Nr. 175). Allerdings weist das BAG einigermaßen kryptisch darauf hin, dass diese Gestaltung nicht zu einer Umgehung des Verbots führen dürfe, Sozialplanleistungen von einem Klageverzicht abhängig zu machen. Eine solche Umgehung könne insbesondere vorliegen, „wenn der Sozialplan keine angemessene Abmilderung der wirtschaftlichen Nachteile vorsieht (…) oder wenn greifbare Anhaltspunkte für die Annahme bestehen, dem „an sich" für den Sozialplan zur Verfügung stehenden Finanzvolumen seien zum Nachteil der von der Betriebsänderung betroffenen Arbeitnehmer Mittel entzogen und funktionswidrig im „Beendigungsinteresse" des Arbeitgebers eingesetzt worden" (BAG 31. 5. 2005 AP BetrVG 1972 § 112 Nr. 175). Insgesamt dürfte die bislang herrschende Meinung, wonach Leistungen eines erzwingbaren Sozialplans nicht an die Voraussetzung eines Klage- **112** verzichts gekoppelt werden dürfen, nicht zutreffend sein (anders noch 11. Aufl.). Wird den Betriebsparteien zugestanden, dem unternehmerischen Interesse an einer planbaren und möglichst konfliktfreien Umsetzung einer Betriebsänderung durch Anreize für einen Klageverzicht Rechnung zu tragen, so muss dies auch die Sozialplangestaltung entsprechend beeinflussen können (näher *Annuß*, RdA 2006, 378; vgl. auch *Benecke*, BB 2006, 938; *Riesenhuber*, NZA 2005, 1200; *Thüsing/Wege*, DB 2005, 2634; im Ergebnis wie hier *Raab*, RdA 2005, 1, 10 f.; tendenziell auch *Busch*, BB 2004, 267). Unzulässig ist es hingegen, die Gewährung der **Abfindung mit einer weiteren Verpflichtung des Arbeitnehmers zu verknüpfen,** wie insbesondere derjenigen, nach Beendigung des Arbeitsverhältnisses in das jeweilige Heimatland zurückzukehren (BAG 7. 5. 1987 AP KSchG 1969 § 9 Nr. 19). Unwirksam ist nach Ansicht des BAG regelmäßig auch eine Bestimmung, die Ansprüche auf Abfindung wegen Verlusts des Arbeitsplatzes davon abhängig macht, dass der Arbeitnehmer wegen eines möglicherweise vorliegenden Betriebsteilübergangs den vermuteten Betriebsteilerwerber erfolglos auf Feststellung seines Arbeitsverhältnisses verklagt hat (BAG 22. 7. 2003 AP BetrVG 1972 § 112 Nr. 160; vgl. auch Rn. 66).

113   g) Das BAG unterwirft Sozialpläne seit jeher wie gewöhnliche Betriebsvereinbarungen der **gerichtlichen Billigkeitskontrolle** (BAG 17. 2. 1981 AP BetrVG 1972 § 112 Nr. 11; BAG 9. 12. 1981 AP BetrVG 1972 § 112 Nr. 14; bereits BAG 11. 6. 1975 AP BetrVG 1972 § 77 Auslegung Nr. 1; BAG 31. 7. 1996 AP BetrVG 1972 § 112 Nr. 103; § 77 Rn. 117), die es in neuerer Zeit auf § 75 Abs. 1 Satz 1 stützt (s. nur BAG 29. 10. 2002 NZA 2003, 789; BAG 12. 11. 2002 AP BetrVG 1972 § 112 Nr. 159). Insoweit handelt es sich also um keine *Billigkeitskontrolle* i. S. des § 315 BGB, und es besteht auch keine richterliche *Gestaltungskompetenz zur Festlegung des Regelungsinhalts*, sondern es handelt sich um *Rechtskontrolle* (so ausdrücklich BAG 10. 12. 2002 AP BetrVG 1972 § 77 Nr. 10; vgl. auch *Reichold*, Anm. AP BetrVG 1972 § 77 Nr. 84; s. § 77 Rn. 125). Das BAG hat es deshalb ausgeschlossen, die **Angemessenheit der zwischen Arbeitgeber und Betriebsrat ausgehandelten finanziellen Gesamtausstattung eines Sozialplans** im Individualprozess des einzelnen Arbeitnehmers gegen seinen Arbeitgeber einer gerichtlichen Nachprüfung zu unterziehen (BAG 17. 2. 1981 AP BetrVG 1972 § 112 Nr. 1; BAG 9. 12. 1981 AP BetrVG 1972 § 112 Nr. 14). Dieses Ergebnis kann nicht auf den Individualprozess beschränkt werden. Denn für eine Beurteilung der finanziellen Gesamtausstattung eines Sozialplans gibt es keine objektiven Kriterien, an denen sich die Gerichte orientieren könnten, so dass eine Rechtskontrolle insoweit schon der Sache nach unmöglich ist (ebenso *Kraft*, Anm. AP BetrVG 1972 § 112 Nr. 11; *Konzen*, Anm. AP BetrVG 1972 § 112 Nr. 21). Soweit sich die Kontrolle von Sozialplänen auf eine Rechtskontrolle am Maßstab des § 75 Abs. 1 Satz 1 beschränkt und sie insbesondere keine allgemeine Übermachtkontrolle beinhaltet, steht ihr § 310 Abs. 4 Satz 3 BGB nicht entgegen (s. *Annuß*, BB 2002, 458, 459).

114   h) Der Gesetzestext enthält keine Grenze, bis zu **welcher Höhe** der Unternehmer in einem Sozialplan mit **finanziellen Leistungen** belastet werden kann; eine Sonderregelung findet sich lediglich für die Insolvenz in §§ 123, 124 InsO (s. Anh. § 113 Rn. 5 ff.). Aus dem Fehlen einer Grenze resultieren keine Probleme, soweit sich die Betriebspartner über das Sozialplanvolumen einigen können (s. zu den der Einigungsstelle gesetzten Grenzen Rn. 148 ff.). Stellt sich nach Errichtung des Sozialplans heraus, dass die Betriebspartner bei Vereinbarung eines Sozialplans von irrigen Vorstellungen über die zur Verfügung stehende Finanzmasse ausgegangen sind, so kann der Betriebsrat die Frage des Fehlens oder Wegfalls der Geschäftsgrundlage im arbeitsgerichtlichen Beschlussverfahren klären lassen (ebenso BAG 17. 2. 1981 AP BetrVG 1972 § 112 Nr. 11; s. näher Rn. 187). Der Sozialplan erhält dadurch aber bis zur Vornahme der Anpassung keinen anderen Inhalt, so dass er bis dahin für das Individualverhältnis der Arbeitsvertragsparteien zueinander maßgeblich bleibt.

115   Die Betriebsparteien können **Höchstgrenzen für Sozialplanleistungen** festlegen (vgl. BAG 23. 8. 1988 AP BetrVG 1972 § 112 Nr. 46 [zust. *Löwisch*]; BAG 19. 10. 1999 AP

BetrVG 1972 § 112 Nr. 135; BAG 21. 7. 2009 – 1 AZR 566/08), um bei einem begrenzten Sozialplanvolumen möglichst allen von der Entlassung betroffenen Arbeitnehmern eine verteilungsgerechte Überbrückungshilfe bis zu einem ungewissen neuen Arbeitsverhältnis oder längstens bis zum Bezug von Altersruhegeld zu ermöglichen (vgl. BAG 23. 8. 1988 AP BetrVG 1972 § 112 Nr. 46). Darin liegt regelmäßig kein Verstoß gegen das Verbot der Altersdiskriminierung (BAG 2. 10. 2007 AP BetrVG 1972 § 75 Nr. 52). Zulässig sein kann auch eine Sozialplanregelung, nach welcher der sich rechnerisch aus den Steigerungssätzen für Betriebszugehörigkeit, Lebensalter, Unterhaltsverpflichtungen und Schwerbehinderung ergebende Betrag, soweit er die Höchstgrenzen übersteigt, an alle Arbeitnehmer gleichmäßig zu verteilen ist (BAG 23. 8. 1988 AP BetrVG 1972 § 112 Nr. 46).

i) Überschreitet ein Sozialplan teilweise die ihm gesetzten Regelungsschranken, so hat das nach Ansicht des BAG im Zweifel nicht nach § 139 BGB seine Gesamtunwirksamkeit zur Folge. Im Interesse der Kontinuität und Rechtsbeständigkeit des mit dem Sozialplan aufgestellten Normengefüges sei er grundsätzlich aufrechtzuerhalten, wenn und soweit er auch ohne den unwirksamen Teil seine ordnende Funktion noch erfüllen könne (BAG 20. 12. 1983 AP BetrVG 1972 § 112 Nr. 17; BAG 7. 5. 1987 AP KSchG 1969 § 9 Nr. 19; für einen durch die Einigungsstelle aufgestellten Sozialplan BAG 25. 1. 2000 AP BetrVG 1972 § 112 Nr. 137; BAG 24. 8. 2004 AP BetrVG 1972 § 112 Nr. 174; BAG 28. 3. 2007 AP BetrVG 1972 § 112 Nr. 184; s. auch § 77 Rn. 48).

7. Förderung der Teilnahme an Transfermaßnahmen durch die Arbeitsverwaltung

a) Gemäß § 216 a SGB III (**Förderung der Teilnahme an Transfermaßnahmen**) wird die Teilnahme von Arbeitnehmern, die auf Grund von Betriebsänderungen oder im Anschluss an die Beendigung eines Berufsausbildungsverhältnisses von Arbeitslosigkeit bedroht sind, an Transfermaßnahmen unter den in § 216 a Abs. 1 Satz 1 Nr. 1–4 SGB III näher beschriebenen Voraussetzungen gefördert. Transfermaßnahmen in diesem Sinne sind gemäß § 216 a Abs. 1 Satz 2 SGB III alle Maßnahmen zur Eingliederung von Arbeitnehmern in den Arbeitsmarkt, an deren Finanzierung sich Arbeitgeber angemessen beteiligen. Die Förderung kommt auch bei Betriebsänderungen im Kleinunternehmen mit weniger als 21 Arbeitnehmern sowie unabhängig von der Anwendbarkeit des BetrVG in Betracht (§ 216 a Abs. 1 Satz 3 SGB III).

Bei der Förderung handelt es sich – anders als bei derjenigen nach den früheren §§ 254 ff. SGB III – nicht um eine Ermessens-, sondern um eine Pflichtleistung. Die Förderung wird als Zuschuss gewährt und beträgt 50% der aufzuwendenden Maßnahmekosten, höchstens jedoch 2500 € je gefördertem Arbeitnehmer. Der Arbeitgeber muss sich an der Finanzierung maßgeblich beteiligen. Irrelevant ist dabei aber, in welcher Form die Finanzierungszusage abgegeben wird.

Eine Förderung nach § 216 a SGB III scheidet aus, wenn die Maßnahme dazu dient, den Arbeitnehmer auf eine Anschlussbeschäftigung im gleichen Betrieb oder in einem anderen Betrieb des gleichen Unternehmens oder eines zum selben Konzern gehörenden anderen Unternehmens vorzubereiten oder den Arbeitgeber von bestehenden Verpflichtungen zu entlasten (§ 216 a Abs. 3 SGB III). Im Übrigen sind andere Leistungen der aktiven Arbeitsförderung mit gleichartiger Zielsetzung während der Teilnahme an Transfermaßnahmen ausgeschlossen (§ 216 a Abs. 5 SGB III).

Die Betriebsparteien haben – insbesondere im Rahmen von Sozialplanverhandlungen – einen **Anspruch auf Beratung** durch die Agenturen für Arbeit (§ 216 a Abs. 4 SGB III).

b) Nicht hierher gehört die Möglichkeit des Bezugs von Transferkurzarbeitergeld gemäß § 216 b SGB III. Insoweit wird man auch nach Einfügung des § 112 Abs. 5 Nr. 2 a davon ausgehen müssen, dass die Voraussetzungen für die Gewährung von Transferkurzarbeitergeld – wie insbesondere die Errichtung einer „betriebsorganisatorisch eigenständigen Einheit" (vgl. § 216 b Abs. 3 Nr. 2 SGB III; zu den Voraussetzungen im Einzelnen *Bachner/Schindele,* NZA 1999, 130 ff.; s. auch *Röder/Baeck,* Interessenausgleich und Sozialplan, S. 105 ff.; *Annuß/Lembke,* Arbeitsrechtliche Umstrukturierung in der Insolvenz, 2005, Rn. 544 ff.; *Mengel/Ullrich,* BB 2005, 1109; daneben kommt auch eine Förderung durch den Europäischen Sozialfonds in Betracht, vgl. § 5 Abs. 1 ESF-RL) als Folge einer Betriebsänderung im Sozialplanverfahren nicht erzwungen werden können (so zur bisherigen Rechtslage *Bachner/Schindele,* NZA 1999, 130, 134; a. A. DKK-*Däubler,* §§ 112, 112 a Rn. 183; s. Rn. 163). Auch hat der Betriebsrat kein Initiativrecht hinsichtlich der Errichtung einer „betriebsorganisatorisch eigenständigen Einheit". Jedenfalls kann in einem Sozialplan vereinbart werden, dass die Sozialplanabfindung sich im Falle eines vorzeitigen Ausscheidens des Mitarbeiters aus der externen Transfergesellschaft um die Summe der dadurch vom Arbeitgeber eingesparten Kosten für die Transfergesellschaft erhöht (BAG 10. 2. 2009 – 1 AZR 809/07).

IV. Aufstellung des Sozialplans durch die Einigungsstelle

1. Zuständigkeit der Einigungsstelle im verbindlichen Einigungsverfahren

134 Kommt auch vor der Einigungsstelle keine Einigung über den Sozialplan zustande (Abs. 3; s. Rn. 225 ff.), so entscheidet sie auf Antrag des Unternehmers oder des Betriebsrats über dessen Aufstellung (Abs. 4 Satz 1), **soweit sich aus § 112 a nichts anderes ergibt** (s. dort).

135 Der **Spruch der Einigungsstelle** ersetzt die Einigung zwischen Arbeitgeber und Betriebsrat, **soweit** der Betriebsrat die **Aufstellung eines Sozialplans erzwingen** kann (Abs. 4 Satz 2). Der Gesetzestext enthält diese Einschränkung nicht ausdrücklich; sie ergibt sich aus dem gesetzessystematischen Zusammenhang, weil die Erzwingbarkeit sich auf den Sozialplan i. S. der Legaldefinition in Abs. 1 Satz 2 bezieht. Daher darf ein von der Einigungsstelle aufgestellter Sozialplan keine Regelung enthalten, die nicht unter Abs. 1 Satz 2 subsumiert werden und daher nur den Gegenstand einer freiwilligen Betriebsvereinbarung bilden kann. Beachtet die Einigungsstelle diese Grenze nicht, so überschreitet sie ihre Zuständigkeit.

2. Inhalt des erzwungenen Sozialplans

136 a) Die Einigungsstelle kann wegen der Begrenzung ihrer Zuständigkeit auf die **Aufstellung eines Sozialplans i. S. der Legaldefinition in Abs. 1 Satz 2** (s. Rn. 49) nur wirtschaftliche Nachteile ausgleichen oder mildern, die den Arbeitnehmern infolge der geplanten Betriebsänderung *entstehen.* Der Spruch der Einigungsstelle soll dagegen keine Maßnahmen festlegen können, durch die wirtschaftliche Nachteile für die von der Betriebsänderung betroffenen Arbeitnehmer nach Möglichkeit *verhindert* werden, wie Kündigungsverbote, Versetzungs- und Umschulungspflichten und ähnliches (siehe nur BAG 17. 9. 1991 AP BetrVG 1972 § 112 Nr. 59). Solche Regelungen gehören vielmehr materiell zum Interessenausgleich, den der Unternehmer mit dem Betriebsrat versuchen muss, der jedoch nicht gegen den Unternehmer erzwungen werden kann (s. nur DKK-*Däubler,* §§ 112, 112 a Rn. 13 f., sowie die Nachweise bei *Kessen,* Der Inhalt des Sozialplans, Diss. Köln 1997, S. 66), auch wenn zutreffend darauf hingewiesen wird, dass die Abgrenzung im Grenzbereich erhebliche Schwierigkeiten bereitet (*Kessen,* a. a. O., S. 67 f.). Der so definierte Spielraum der Einigungsstelle wurde durch die Einfügung von Abs. 5 Satz 2 Nr. 2 a nicht erweitert, so dass auch Maßnahmen nach dem SGB III nur vorgesehen werden können, soweit das mit dem Begriff des Sozialplans i. S. des Abs. 1 Satz 2 vereinbar ist (s. auch Rn. 163).

137 b) Soweit der Sozialplan erzwungen werden kann, **entscheidet** die **Einigungsstelle darüber, ob und welche wirtschaftlichen Nachteile in welcher Form ausgeglichen** oder **gemildert** werden sollen (ebenso BAG 29. 11. 1978 AP BetrVG 1972 § 112 Nr. 7;

st. Rspr.; vgl. BAG 28. 9. 1988 AP BetrVG 1972 § 112 Nr. 47; BAG 14. 9. 1994 AP BetrVG 1972 § 112 Nr. 87). Dabei gelten die gleichen äußersten Regelungsschranken wie für die Aufstellung eines erzwingbaren Sozialplans durch die Betriebspartner (s. Rn. 80 ff.), so dass die Regelungsbefugnis durch höherrangiges Recht, insbesondere durch § 75 Abs. 1 Satz 1 begrenzt ist (s. Rn. 101 ff.).

c) Neben diesen Grenzen für ihre Zuständigkeit und Regelungsbefugnis zieht Abs. 5 der Einigungsstelle **Ermessensgrenzen**. Werden sie verletzt, verstößt der Regelungsinhalt des Sozialplans aber nicht gegen das Gesetz, sondern es liegt ein **Ermessensverstoß i. S. des § 76 Abs. 5 Satz 3** vor (ebenso BAG 14. 9. 1994 AP BetrVG 1972 § 112 Nr. 87; BAG 24. 8. 2004 AP BetrVG 1972 § 112 Nr. 174). **138**

3. Abwägungsklausel (Abs. 5 Satz 1)

a) Ebenso wie die Betriebspartner kann grundsätzlich auch die Einigungsstelle bei der Aufstellung eines erzwingbaren Sozialplans innerhalb der Grenzen **billigen Ermessens** (vgl. Abs. 5 Satz 2) frei darüber entscheiden, welche mit dem Verlust eines Arbeitsplatzes verbundenen Nachteile ausgeglichen werden sollen (BAG 29. 11. 1978 AP BetrVG 1972 § 112 Nr. 7; BAG 27. 10. 1987 AP BetrVG 1972 § 112 Nr. 41; BAG 28. 9. 1988 AP BetrVG 1972 § 112 Nr. 47). Dabei hat sie, wie in Abs. 5 Satz 1 ausdrücklich bestimmt wird, sowohl die **sozialen Belange der betroffenen Arbeitnehmer zu berücksichtigen,** als auch auf die **wirtschaftliche Vertretbarkeit** ihrer Entscheidung **für das Unternehmen zu achten**. Die Begriffe der „sozialen Belange" und der „wirtschaftlichen Vertretbarkeit" werden durch die **Ermessensrichtlinien** in Satz 2 des Abs. 5 konkretisiert. **139**

Mit den **sozialen Belangen der Arbeitnehmer** einerseits und der **wirtschaftlichen Vertretbarkeit für das Unternehmen** andererseits nennt Abs. 5 Satz 1 die Maßstäbe, die bei der Aufstellung eines erzwingbaren Sozialplans die Einigungsstelle im Rahmen ihrer Ermessensentscheidung zu berücksichtigen hat. Es handelt sich um **Abwägungskriterien**, wobei das Kriterium der wirtschaftlichen Vertretbarkeit eine Korrekturfunktion erfüllt (BAG 6. 5. 2003 AP BetrVG 1972 § 112 Nr. 161; BAG 24. 8. 2004 AP BetrVG 1972 § 112 Nr. 174), damit das Unternehmen durch die Aufstellung des Sozialplans nicht wirtschaftlich unvertretbar belastet wird (vgl. *v. Hoyningen-Huene*, RdA 1986, 102 ff.). **140**

b) Durch die **sozialen Belange der betroffenen Arbeitnehmer** wird der *Sozialplanbedarf* festgelegt, der für die Einigungsstelle nicht nur eine Ermessensgrenze, sondern die Grenze ihrer Zuständigkeit bildet (BAG 6. 5. 2003 AP BetrVG 1972 § 112 Nr. 161). Wenn kein Nachteil eintritt, kann der Arbeitgeber nicht zu einem Nachteilsausgleich verpflichtet werden. Daraus ergibt sich zugleich, dass der zum Ausgleich sämtlicher Nachteile benötigte Leistungsumfang für die Dotierung des Sozialplans durch die Einigungsstelle eine Obergrenze definiert. Andererseits müsse der Sozialplan angesichts seines Zwecks, jedenfalls eine Milderung der wirtschaftlichen Nachteile der Arbeitnehmer zu bewirken, unter dem Vorbehalt seiner wirtschaftlichen Vertretbarkeit für das Unternehmen zumindest so dotiert sein, dass seine Leistungen als eine „spürbare" Milderung der mit der Betriebsänderung für die Arbeitnehmer verbundenen Nachteile erscheinen (BAG 24. 8. 2004 AP BetrVG 1972 § 112 Nr. 174). Wo diese Grenze verlaufe, könne nur anhand der Umstände des jeweiligen Einzelfalles beantwortet werden, so dass insbesondere § 1 a KSchG keinen tauglichen generellen Maßstab liefere (BAG 24. 8. 2004 AP BetrVG 1972 § 112 Nr. 174). Mit den *betroffenen Arbeitnehmern* meint das Gesetz die Arbeitnehmer, die infolge der geplanten Betriebsänderung *wirtschaftliche Nachteile* erleiden, also nicht die Arbeitnehmer, die zwar auch von der Betriebsänderung betroffen werden, durch sie aber keinen wirtschaftlichen Nachteil erleiden. Deren besondere Interessenlage ist, wie sich mittelbar aus der Ermessensrichtlinie in Nr. 3 des Abs. 5 Satz 2 ergibt, bei der wirtschaftlichen Vertretbarkeit für das Unternehmen in die Beurteilung einzubeziehen. **141**

Da das Kriterium des Nachteilsausgleichs die Zuständigkeit der Einigungsstelle für die Aufstellung des Sozialplans begrenzt, entfaltet die Berücksichtigung der sozialen Belange **142** ihre selbständige Bedeutung als **Ermessensmaßstab bei der Verteilung des Sozialplanvolumens**, wobei hier die beiden Ermessensrichtlinien in Nr. 1 und Nr. 2 des Abs. 5 eingreifen (s. Rn. 149 ff. und 152 ff.). Die Grenzen zu den Schranken der Regelungsbefugnis können im Einzelfall fließend sein.

143 c) Die **wirtschaftliche Vertretbarkeit ihrer Entscheidung für das Unternehmen** zieht der Einigungsstelle eine Ermessensgrenze, die durch Nr. 3 des Abs. 5 Satz 2 konkretisiert wird. Die Einigungsstelle hat bei der Bemessung des **Gesamtbetrags der Sozialplanleistungen (Sozialplanvolumen)** darauf zu achten, dass der **Fortbestand des Unternehmens oder die nach Durchführung der Betriebsänderung verbleibenden Arbeitsplätze nicht gefährdet** werden (s. Rn. 164). Die wirtschaftliche Vertretbarkeit eines Sozialplans für das Unternehmen lässt sich nicht abstrakt beurteilen, sondern nur auf Grund einer Abwägung mit den durch die Betriebsänderung berührten sozialen Belange unter Berücksichtigung von sozialplanmindernden und sozialplanerhöhenden Faktoren (BAG 14. 9. 1994 AP BetrVG 1972 § 112 Nr. 87; BAG 24. 8. 2004 AP BetrVG 1972 § 112 Nr. 174; vgl. zu den einzelnen Faktoren *Gaul*, DB 2004, 1498, 1500 f.; s. auch die Aufzählung bei *v. Hoyningen-Huene*, RdA 1986, 102, 107 ff.). Es ist also nicht nur das Verhältnis der Aktiva und Passiva zu betrachten (BAG 6. 5. 2003 AP BetrVG 1972 § 112 Nr. 161). Die mit der Betriebsänderung verbundenen Kosteneinsparungen sind ein wesentlicher Faktor, bilden aber keine Höchstgrenze (BAG 6. 5. 2003 AP BetrVG 1972 § 112 Nr. 161).

144 Der Gesetzestext stellt auf das **Unternehmen** ab. Mit diesem Begriff erfasst das Gesetz sonst die Organisation, die in ihrer Einheit durch die wirtschaftliche Zweckverfolgung bestimmt wird und die Identität des Unternehmers voraussetzt (s. § 1 Rn. 51 ff.). Damit bleibt unklar, auf *wen* sich die wirtschaftliche Vertretbarkeit bezieht (so zutreffend *Drukarczyk*, RdA 1986, 115, 117). Das Unternehmen als solches scheidet aus, weil selbst eine objektive Ermittlung des Unternehmensgesamtwerts keinen Maßstab für die Beurteilung bildet, ob der Sozialplan wirtschaftlich vertretbar ist. Notwendig ist vielmehr ein Durchgriff auf die Personen, die betriebswirtschaftlich als Eigentümer bezeichnet werden, weil von ihrer wirtschaftlichen Beteiligung abhängt, ob das Unternehmen fortgeführt werden kann oder Anpassungsmaßnahmen notwendig werden, die weitere Arbeitsplätze gefährden. Das Gesetz spricht hier richtig nicht von der Vertretbarkeit für den Betrieb, sondern für das Unternehmen. Im **gemeinsamen Betrieb** mehrerer Unternehmen ist für jedes der beteiligten Unternehmen eine gesonderte Betrachtung vorzunehmen (offen gelassen BAG 11. 11. 1997 AP BetrVG 1972 § 111 Nr. 42; BAG 12. 11. 2002 AP BetrVG 1972 § 112 Nr. 155; wie hier *Bonanni*, Der gemeinsame Betrieb mehrerer Unternehmen, 2003, S. 182; *Fitting*, §§ 112, 112 a Rn. 259; a. A. DKK-*Däubler*, §§ 112, 112 a Rn. 85; *Gaul*, NZA 2003, 695, 700; *ders.*, DB 2004, 1498, 1503).

145 Gehört das Unternehmen zu einem **Konzern**, so stellt sich die Frage, ob für die Bestimmung der wirtschaftlichen Vertretbarkeit die **Verflechtung des Unternehmens im Konzern** zu beachten ist. Das wird im Schrifttum vielfach bejaht (vgl. DKK-*Däubler*, §§ 112, 112 a Rn. 120; *Richardi*, Sozialplan, S. 84; *Fuchs*, Sozialplan, S. 113 f.; *Windbichler*, Arbeitsrecht im Konzern, S. 411 ff.; *Hanau*, ZfA 1974, 89, 105; *v. Hoyningen-Huene*, RdA 1986, 102, 111 ff.; s. ausführlich *Kruip*, Betriebsrentenanpassung und Sozialplandotierung in Konzern und Umwandlung, 1997, insbes. S. 49 ff., 59 ff., 95 ff.). Die Ermessensrichtlinie der Nr. 2 in Abs. 5 Satz 2 bestimmt die dort vorgesehene Weiterbeschäftigungsmöglichkeit sogar ausdrücklich konzernbezogen. Für die wirtschaftliche Vertretbarkeit stellt das Gesetz aber nicht auf den Konzern, sondern auf das *Unternehmen* ab, und zwar aus gutem Grund, weil der Konzernbegriff, wie § 18 AktG definiert, keinen Zurechnungsdurchgriff begründet (vgl. auch *Windbichler*, a.a.O., S. 411 ff.). Eine generelle konzerndimensionale Betrachtung ist deshalb abzulehnen (ebenso GK-*Oetker*, §§ 112, 112 a Rn. 320; *Fitting*, §§ 112, 112 a Rn. 257; *Gaul*, NZA 2003, 695, 698 f.; siehe aber auch DKK-*Däubler*, §§ 112, 112 a Rn. 116 ff.).

C. Der Sozialplan §112

Da die wirtschaftliche Vertretbarkeit eines Sozialplans für das Unternehmen an den 146
Belastungen für die „Eigentümer" zu messen ist (s. Rn. 144), gilt dies auch hier, um die
Konzernbindung für die **wirtschaftliche Vertretbarkeit des Sozialplans** richtig zu beurteilen. Ein Zurechnungsdurchgriff ist geboten, soweit die Voraussetzungen für eine
„Durchgriffshaftung" s. (Rn. 189) erfüllt sind (ebenso DKK-*Däubler*, §§ 112, 112a
Rn. 117; generell gegen einen Zurechnungsdurchgriff etwa *Lipinski/Meyer*, DB 2003,
1845; s. auch *Gaul*, NZA 2003, 695 ff. und *Meyer*, Anm. AP BetrVG 1972 § 112
Nr. 174). Das kommt insbesondere bei Bestehen eines Beherrschungs- und Ergebnisabführungsvertrags in Betracht. Abgesehen davon kann die Zurechnung auch bei einem
faktischen Konzern bei Vorliegen weiterer Voraussetzungen erfolgen (so für „qualifiziert
faktische Konzerne" generell zu § 16 BetrAVG BAG 28. 4. 1992 AP BetrAVG § 16
Nr. 25; BAG 14. 12. 1993 AP BetrAVG § 16 Nr. 29; BAG 4. 10. 1994 AP BetrAVG § 16
Nr. 32; BAG 8. 3. 1994 AP AktG § 303 Nr. 6; zu den Voraussetzungen näher *Kruip*,
Betriebsrentenanpassung und Sozialplandotierung in Konzern und Umwandlung 1997,
S. 178 ff.; zur Aufgabe der Figur des „qualifiziert faktischen Konzerns" als Haftungsvoraussetzung durch den BGH bereits oben § 54 Rn. 25). In der Sache wird man davon
auszugehen haben, dass ein Zurechnungsdurchgriff auf die beherrschenden Gesellschafter immer dann möglich ist, wenn sie in die Unternehmensführung der Gesellschaft
eingreifen, um deren wirtschaftliche Leistungsfähigkeit zumindest teilweise unmittelbar
zu ihren Gunsten oder zu Gunsten eines von ihnen ebenfalls beherrschten Dritten
abzuschöpfen. Dem Umfang nach ist dieser Durchgriff auf eine hypothetische Zurechnung der abgeschöpften Leistungsfähigkeit beschränkt (kritisch dazu *Kruip*, Betriebsrentenanpassung und Sozialplandotierung in Konzern und Umwandlung, 1997, S. 58,
183). In keinem Fall kann die wirtschaftliche Vertretbarkeit eines Sozialplans für ein
Unternehmen allein damit begründet werden, dass die Gesellschafter eine Liquiditätszusage für Notfälle abgegeben haben (zutreffend LAG Schleswig-Holstein 28. 11. 2001
– 2 TaBV 20/01 n. v.; nachgängig BAG 6. 5. 2003 AP BetrVG 1972 § 112 Nr. 161).
Ebenso wenig genügt das Vorliegen einer echten Betriebsaufspaltung, weil damit noch
nicht gesagt ist, dass es zu einem Abzug wirtschaftlicher Leistungsfähigkeit von der
Betriebsgesellschaft zu Gunsten der Besitzgesellschaft kommt. Soweit sich die Gegenauffassung in diesem Zusammenhang auf § 134 UmwG beruft (*Fitting*, §§ 112, 112a
Rn. 257), ist das verfehlt (zutreffend demgegenüber *Gaul*, NZA 2003, 695, 697 f.).
§ 134 UmwG kann einen Berechnungsdurchgriff nicht begründen (a. A. Hess. LAG
14. 10. 2008 – 4 TaBV 68/08). Auch die Zuständigkeit des Konzernbetriebsrats führt
nicht als solche zu einer konzernbezogenen Bestimmung der wirtschaftlichen Vertretbarkeit (a. A. offenbar *Gaul*, DB 2004, 1498, 1502).

d) Der Maßstab der wirtschaftlichen Vertretbarkeit für das Unternehmen greift ins 147
Leere, wenn über das Vermögen des Unternehmers das Insolvenzverfahren eröffnet
worden ist. An die Stelle der Interessen des Unternehmens treten hier diejenigen der
Insolvenzgläubiger (so BAG [GS] 13. 12. 1978 AP BetrVG 1972 § 112 Nr. 6; insoweit
nicht beanstandet durch BVerfG 19. 10. 1983 E 65, 182 = AP BetrVG 1972 § 112
Nr. 22; s. näher Anh. § 113 Rn. 4).

Ficht der Betriebsrat den Sozialplan wegen Unterdotierung an, so muss er darlegen, 147a
dass dessen Regelungen die Untergrenze des Abs. 1 Satz 2 verletzen, weil sie nicht
einmal eine substanzielle Milderung der den Mitarbeitern erwachsenden Nachteile
bewirkt. Erst im Anschluss daran stellt sich die Frage, ob eine Unterschreitung der
Grenze des Abs. 1 Satz 2 durch die wirtschaftliche Situation des Unternehmens gerechtfertigt ist (BAG 24. 8. 2004 AP BetrVG 1972 § 112 Nr. 174).

4. Ermessensrichtlinien (Abs. 5 Satz 2)

Bei der Berücksichtigung der sozialen Belange der betroffenen Arbeitnehmer einerseits 148
und der Beachtung der wirtschaftlichen Vertretbarkeit ihrer Entscheidung für das Unter-

nehmen andererseits hat die Einigungsstelle sich im Rahmen billigen Ermessens insbesondere von den in Nr. 1 bis 3 genannten Grundsätzen leiten zu lassen. Ein **Verstoß gegen diese Richtlinien** stellt einen **Ermessensfehler** dar, der innerhalb der Frist des § 76 Abs. 5 Satz 4 geltend gemacht werden muss (ebenso BAG 26. 5. 1988 AP BetrVG 1972 § 76 Nr. 26; 14. 9. 1994 AP BetrVG 1972 § 112 Nr. 87). Ob ein Verstoß vorliegt, ist nicht anhand der von der Einigungsstelle gegebenen Begründung, sondern allein auf Grund einer Würdigung des von ihr gefundenen Ergebnisses zu entscheiden (BAG 14. 9. 1994 AP BetrVG 1972 § 112 Nr. 87).

149 a) **Nr. 1: Gegebenheiten des Einzelfalls.** Nach Nr. 1 soll die Einigungsstelle beim Ausgleich oder bei der Bildung wirtschaftlicher Nachteile **Leistungen** vorsehen, die in der Regel den **Gegebenheiten des Einzelfalls** Rechnung tragen. Das Gesetz zählt hier für die wirtschaftlichen Nachteile beispielhaft auf: „Einkommensminderung, Wegfall von Sonderleistungen oder Verlust von Anwartschaften auf betriebliche Altersversorgung, Umzugskosten oder erhöhte Fahrtkosten". Der Verlust des Arbeitsplatzes als solcher wird hier nicht ausdrücklich genannt, sondern erst in Nr. 2 mittelbar angesprochen. Daraus folgt aber nicht, dass auf ihn Nr. 1 keine Anwendung findet (ebenso *Fitting*, §§ 112, 112a Rn. 261; BAG 14. 9. 1994 AP BetrVG 1972 § 112 Nr. 87).

150 Die Beachtung dieser Ermessensrichtlinie macht der Einigungsstelle zur Pflicht, sich um die **konkrete Ermittlung feststellbarer** oder doch zu erwartender **materieller Einbußen der Arbeitnehmer** zu bemühen (vgl. Begründung des RegE, BT-Drucks. 10/2102, S. 17). Sie verletzt diese Pflicht, wenn sie für alle infolge einer Betriebsänderung entlassenen Arbeitnehmer ohne Unterschied Abfindungen festsetzt, deren Höhe sich allein nach dem Monatseinkommen und der Dauer der Betriebszugehörigkeit bemisst (BAG 14. 9. 1994 AP BetrVG 1972 § 112 Nr. 87).

151 Das Gebot, den Ausgleich oder die Milderung der durch die Betriebsänderung entstehenden Nachteile für die Arbeitnehmer möglichst konkret vorzunehmen, schließt **Pauschalierungen** nicht aus; denn es soll nicht zu bürokratischen Ermittlungen kommen, weil sonst die Aufstellung eines Sozialplans unnötig verzögert wird (so die Begründung des RegE, BT-Drucks. 10/2102, S. 27). Pauschalierende Ansätze müssen aber der typischen individuellen Situation entsprechen, wie sie sich aus dem Lebensalter, den familiären Belastungen sowie besonderen persönlichen Eigenschaften, z. B. Schwerbehinderteneigenschaft, ergibt (vgl. BAG 2. 10. 2007 NZA-RR 2008, 242, 243; vgl. auch BT-Drucks. 10/2102, 27; ebenso *Fitting*, §§ 112, 112a Rn. 222 f.; MünchArbR-*Matthes*, § 270 Rn. 18; *Berenz*, NZA 1993, 538, 539). Neben der Gewährung eines Grundbetrags können daher Sozialplanleistungen nach einem Punktesystem bemessen werden, um den Gegebenheiten des Einzelfalls Rechnung zu tragen (vgl. zur Problematik beim Alter Rn. 91).

152 b) **Nr. 2: Aussichten auf dem Arbeitsmarkt und Weiterbeschäftigungsmöglichkeit im Betrieb, Unternehmen oder Konzern.** Nach Nr. 2 Satz 1 hat die Einigungsstelle die **Aussichten der betroffenen Arbeitnehmer auf dem Arbeitsmarkt zu berücksichtigen.** Nach Satz 2 soll sie daher „Arbeitnehmer von Leistungen ausschließen, die in einem zumutbaren Arbeitsverhältnis im selben Betrieb oder in einem anderen Betrieb des Unternehmens oder eines zum Konzern gehörenden Unternehmens weiterbeschäftigt werden können und die Weiterbeschäftigung ablehnen", wobei klargestellt wird, dass die mögliche Weiterbeschäftigung an einem anderen Ort für sich allein nicht die Unzumutbarkeit begründet.

153 aa) Der Einigungsstelle wird deshalb zur Pflicht gemacht, durch eine **Prognose** die Aussichten der betroffenen Arbeitnehmer auf dem Arbeitsmarkt zu ermitteln, um hiernach die Leistungen zu bemessen (so die Begründung des RegE, BT-Drucks. 10/2102, S. 27; kritisch dazu *Richardi*, 7. Aufl., Rn. 125). Dabei hat sie insbesondere die jeweils nach Ausbildung, Fähigkeiten, besonderen Qualifikationen, Lebensalter oder sonstigen besonderen persönlichen Merkmalen sowie regionalen Besonderheiten des Arbeitsmarkts bestehenden Unterschiede zu beachten (BAG 14. 9. 1994 AP BetrVG 1972 § 112 Nr. 87).

C. Der Sozialplan § 112

bb) Nach Satz 2 soll die Einigungsstelle von den Sozialplanleistungen solche **Arbeit-** 154 **nehmer ausschließen, die in demselben Betrieb oder in einem anderen Betrieb des Unternehmens oder Konzerns weiterbeschäftigt** werden können und die Weiterbeschäftigung trotz zumutbarer Arbeitsbedingungen ablehnen. Bereits vor Einfügung dieser Sollvorschrift durch das BeschFG 1985 war die Zulässigkeit eines derartigen Ausschlusses anerkannt (vgl. BAG 8. 12. 1976 AP BetrVG 1972 § 112 Nr. 3; BAG 25. 10. 1983 AP BetrVG 1972 § 112 Nr. 18). Dabei muss man jedoch hier differenzieren; denn besteht die Weiterbeschäftigungsmöglichkeit bei demselben Arbeitgeber, ist bereits der Verlust des Arbeitsplatzes nicht mehr als wirtschaftlicher Nachteil zu bewerten, der dem Arbeitnehmer infolge der geplanten Betriebsänderung entsteht; er beruht vielmehr auf der Ablehnung der Weiterbeschäftigung. Der wirtschaftliche Nachteil kann deshalb ausschließlich in einer Verschlechterung liegen, die bei Zumutbarkeit keine Ablehnung des Arbeitsplatzangebots rechtfertigt. In diesem Fall wird die Ermessensrichtlinie verletzt, wenn der Arbeitnehmer für den *Verlust* des Arbeitsplatzes eine Sozialplanabfindung erhält. Daraus folgt aber nicht, dass die Einigungsstelle ihn auch von Leistungen ausschließen soll, die für die *Verschlechterung* des Arbeitsplatzes gewährt werden (s. Rn. 159).

Bei **Versetzung in ein anderes Konzernunternehmen** berücksichtigt das Gesetz nicht 155 hinreichend, dass der Arbeitnehmer einen *anderen Arbeitgeber* erhält. Der Weiterbeschäftigungsmöglichkeit bei demselben Arbeitgeber kann deshalb dieser Fall nur gleichgestellt werden, wenn ein *verbindliches Arbeitsplatzangebot* vorliegt (ebenso *Fitting*, §§ 112, 112a Rn. 269). Außerdem muss gesichert sein, dass der Arbeitnehmer in dem anderen Konzernunternehmen eine *gleichwertige Rechtsstellung* erlangt. Das Gesetz erfasst auch hier nur den Unterordnungs- und nicht auch den Gleichordnungskonzern (s. § 54 Rn. 3; § 112a Rn. 19).

Das Gesetz stellt darauf ab, dass der Arbeitnehmer in einem **zumutbaren Arbeitsver-** 156 **hältnis** weiterbeschäftigt werden kann. Zumutbar ist das Arbeitsverhältnis im Regelfall bei **gleichwertigen Arbeitsbedingungen,** wobei ein **Ortswechsel** für sich allein **noch nicht** die **Unzumutbarkeit** begründet (Satz 2 Halbsatz 2; vgl. BAG 25. 10. 1983 AP BetrVG 1972 § 112 Nr. 18). Nach Ansicht des BAG kann ein Arbeitsplatz aber auch dann noch zumutbar sein, wenn er „**nicht völlig gleichwertig** ist, d. h. nach der maßgebenden Bewertung etwas geringer vergütet wird" (BAG 28. 9. 1988 AP BetrVG 1972 § 112 Nr. 47). Bei der Weiterbeschäftigungsmöglichkeit im Konzern ist das Arbeitsplatzangebot eines anderen Konzernunternehmens unzumutbar, wenn nicht durch eine Verpflichtungserklärung dieses Unternehmens der Kündigungsschutz des Arbeitnehmers übergeleitet wird (ebenso Begründung des RegE, BT-Drucks. 10/2102, S. 27; *Fitting*, §§ 112, 112a Rn. 269).

Die **Gleichwertigkeit der Arbeitsbedingungen** muss grundsätzlich in **rechtlicher** wie 157 auch in **finanzieller und beruflicher Hinsicht** beurteilt werden (so zutreffend *Fitting*, §§ 112, 112a Rn. 268). Dabei ist aber nicht erforderlich, dass die Arbeitsbedingungen auch *gleichartig* sind (ebenso *Fitting*, §§ 112, 112a Rn. 268). Der Zumutbarkeitsbegriff des § 121 SGB III ist hier nicht maßgebend (BAG 6. 11. 2007 AP BetrVG 1972 § 112 Nr. 190; *M. Heither*, Sozialplan und Sozialrecht, S. 62; *HWK-Hohenstatt/Willemsem*, § 112 BetrVG Rn. 68; s. zu § 103 AFG: LAG Düsseldorf, DB 1987, 1254; LAG Hamm 25. 1. 1990 LAGE § 112 BetrVG 1972 Nr. 15; *Fitting*, §§ 112, 112a Rn. 270; HSWGNR-*Hess*, § 112 Rn. 291; a. A. *Löwisch*, BB 1985, 1200, 1205).

Bei einer **Betriebsstilllegung** soll einem Arbeitnehmer die Annahme eines gleichwerti- 158 gen Arbeitsplatzes in einem 60 Km entfernten Betrieb selbst dann zumutbar sein, wenn er dadurch zu einem Wohnortwechsel gezwungen wird (so zu einer tariflichen Zumutbarkeitsklausel BAG 26. 10. 1995 AP TVG Tarifverträge: DDR § 1 Nr. 23). Auch der Wegfall von Überstunden als solcher ändert noch nichts an der Zumutbarkeit (DKK-*Däubler*, §§ 112, 112a Rn. 75). Im Einzelnen kann die Einigungsstelle innerhalb der ihr gesetzten Grenzen die Voraussetzungen näher bestimmen, unter denen ein Arbeitsplatz für einen betroffenen Arbeitnehmer zumutbar ist (BAG 27. 10. 1985 AP BetrVG 1972 § 112 Nr. 41; BAG 23. 9. 1988 AP BetrVG 1972 § 112 Nr. 47), wobei sie sich nicht auf eine Generalklausel zu beschränken braucht, sondern auch einen Katalog von Unzumutbarkeitstatbeständen aufstellen kann (BAG 28. 9. 1988 AP BetrVG 1972 § 112 Nr. 47). Es kann sich auch empfehlen, die Entscheidung über die Zumutbarkeit jeweils einer paritätisch besetzten Kommission zu übertragen (DKK-*Däubler*, §§ 112, 112a Rn. 80).

159   cc) Das **Sollgebot,** Arbeitnehmer bei Ablehnung einer zumutbaren Weiterbeschäftigung von Leistungen auszuschließen, bezieht sich auf die **Sozialplanabfindung für den Verlust des Arbeitsplatzes.** Soweit dem Arbeitnehmer durch die Annahme des Arbeitsplatzangebots im Vergleich zu seiner bisherigen Beschäftigung wirtschaftliche Nachteile entstehen, wie Einkommensminderung, Umzugskosten oder erhöhte Fahrtkosten, findet zum Ausgleich oder zur Milderung dieser Nachteile die Ermessensrichtlinie der Nr. 1 Anwendung. Die mögliche Weiterbeschäftigung an einem anderen Ort begründet zwar für sich allein nicht die Unzumutbarkeit des Arbeitsplatzangebots; nach den Gegebenheiten des Einzelfalls richtet sich aber, ob und inwieweit die mit einem Wechsel des Arbeitsplatzes verbundenen Belastungen ausgeglichen oder gemildert werden (vgl. BAG 25. 10. 1983 AP BetrVG 1972 § 112 Nr. 18).

160   Aus dem Sollgebot der Nr. 2 ist kein Umkehrschluss dahingehend zulässig, dass die Einigungsstelle Sozialplanabfindungen zuerkennen *muss*, wenn dem Arbeitnehmer kein im Sinne des Gesetzes zumutbarer anderer Arbeitsplatz in demselben Betrieb, Unternehmen oder Konzern angeboten wird (ebenso BAG 28. 9. 1988 AP BetrVG 1972 § 112 Nr. 47). Das ergibt sich schon daraus, dass nach dem Satz 1 der Nr. 2 die Einigungsstelle die Aussichten der betroffenen Arbeitnehmer auf dem Arbeitsmarkt zu berücksichtigen hat und daher zu dem Ergebnis kommen kann, dass vor allem bei einem begrenzten Sozialplanvolumen eine Abfindung auf Arbeitnehmer beschränkt wird, die keine Aussicht haben, auf dem Arbeitsmarkt einen Arbeitsplatz zu erhalten.

161   c) Nr. 2a: **Förderungsmöglichkeiten nach dem SGB III.** Gemäß der durch das BetrVerf-Reformgesetz vom 23. 7. 2001 (BGBl. I S. 1852) eingefügten Nr. 2a soll die Einigungsstelle bei ihrer Entscheidung insbesondere die im SGB III vorgesehenen Förderungsmöglichkeiten zur Vermeidung von Arbeitslosigkeit berücksichtigen (s. zu §§ 216a SGB III Rn. 117 ff.). Der Gesetzgeber will damit zum Ausdruck bringen, dass „der Sozialplan nicht mehr wie bisher als reines Abfindungsinstrument, sondern vorrangig als Mittel für die Schaffung neuer Beschäftigungsperspektiven genutzt werden soll" (Begr. RegE 14/5741, S. 52). Dafür stünden „der Einigungsstelle, aber auch den Betriebspartnern, eine Vielzahl von Möglichkeiten zur Verfügung, die von der inner- oder außerbetrieblichen Qualifizierung, der Förderung der Anschlusstätigkeit bei einem anderen Arbeitgeber bis hin zu Leistungen, die der Vorbereitung einer selbständigen Existenz des Arbeitnehmers dienen, reichen" (Begr. RegE 14/5741, S. 52).

162   Angesprochen sind damit insbesondere die Regelungen über die Übernahme von Bewerbungskosten (§ 45 SGB III), Trainingsmaßnahmen (§ 48 SGB III), Mobilitätshilfen (§§ 53 f. SGB III) sowie Maßnahmen zur Förderung der beruflichen Weiterbildung (§§ 77 ff. SGB III). Rechtstechnisch handelt es sich hierbei nicht in allen Fällen um Maßnahmen, die durch den Ausgleich oder die Milderung wirtschaftlicher Nachteile gekennzeichnet sind, sondern es geht auch um Maßnahmen, die den Eintritt von Nachteilen verhindern sollen und damit an sich den Gegenstand des nicht erzwingbaren Interessenausgleichs bilden.

163   Für die Beantwortung der Frage, inwieweit solche Maßnahmen im Sozialplan erzwungen werden können, ist wesentlich, dass sich auch die von der Einigungsstelle nach Nr. 2a vorgesehenen Maßnahmen innerhalb des durch die Legaldefinition des Sozialplans in Abs. 1 Satz 2 gezogenen Rahmens halten müssen. Auch insoweit können daher nur solche Maßnahmen zum Gegenstand eines Spruchs der Einigungsstelle gemacht werden, die zur Bewältigung der Folgen einer als Faktum hinzunehmenden Betriebsänderung dienen und keinen gestaltenden Eingriff in die Betriebsstruktur bewirken, was

nur dann der Fall ist, wenn sie vom Unternehmer auf eine – abgesehen von der erforderlichen Mühewaltung – lediglich finanzielle Belastung beschränkt werden können. Entgegen der Begründung des Regierungsentwurfs können daher innerbetriebliche Qualifizierungsmaßnahmen unter Aufrechterhaltung des Arbeitsverhältnisses, hinsichtlich derer dem Unternehmer keine Umwandlung in eine allein wirtschaftliche Belastung durch Übertragung auf dritte Maßnahmeträger möglich ist, nicht durch Spruch der Einigungsstelle vorgesehen werden (ähnlich *Fitting*, §§ 112, 112a Rn. 277f.; *Gaul/ Bonanni/Otto*, DB 2003, 2386, 2390; *M. Heither*, Sozialplan und Sozialrecht, S. 113f.; *Lingemann*, NZA 2002, 934, 941; *Meyer*, DB 2003, 206, 208 f.; a. A. *DKK-Däubler*, §§ 112, 112a Rn. 183; *Hoffmann*, Die Förderung von Transfer-Sozialplänen, S. 54; abweichend ferner *Wendeling-Schröder/Welkoborsky*, NZA 2002, 1370, 1375 ff.; vgl. auch *Kaba*, Probleme des Interessenausgleichs, S. 25 f.).

d) Nr. 3: Gesamtbetrag der Sozialplanleistungen. Nach Nr. 3 hat die Einigungsstelle **164** bei der Bemessung des Gesamtbetrags der Sozialplanleistungen darauf zu achten, dass der **Fortbestand des Unternehmens** oder die nach Durchführung der Betriebsänderung verbleibenden **Arbeitsplätze nicht gefährdet** werden. Dadurch wird konkretisiert, dass die Einigungsstelle gem. Abs. 5 Satz 1 auf die *wirtschaftliche Vertretbarkeit* ihrer Entscheidung für das Unternehmen zu achten hat (s. Rn. 143 ff.).

Die Ermessensrichtlinie enthält **keine Grenze**, bis zu welcher Höhe der Unternehmer **165** in einem Sozialplan mit **finanziellen Leistungen belastet** werden kann (s. auch Rn. 114). Höchstbeträge für Sozialplanabfindungen sind gesetzlich nur für den Sozialplan in der Insolvenz vorgesehen (§ 123 InsO; s. Anh. § 113 Rn. 5 ff.). Der Bundesrat hatte in seiner Stellungnahme zum RegE empfohlen, die folgende Bestimmung in das Gesetz einzufügen: „Die in § 113 für den Nachteilsausgleich gezogenen Grenzen dürfen in einem von der Einigungsstelle beschlossenen Sozialplan nicht überschritten werden" (BT-Drucks. VI/1786, S. 66). Diese Anregung wurde aber nicht in das Gesetz aufgenommen. Nachdem der Gesetzgeber die Festlegung von Höchstgrenzen auf den Insolvenzfall beschränkt und das BeschFG 1985 für die Festlegung des Sozialplanvolumens nur die Richtlinie der Nr. 3 eingefügt hat, kann auch nicht mehr angenommen werden, dass sich für den Gesamtbetrag der Sozialplanleistungen mittelbar eine Schranke aus § 113 ergebe, wo für Abfindungen bei Entlassungen auf § 10 KSchG verwiesen wird und bei anderen wirtschaftlichen Nachteilen eine Ausgleichspflicht des Unternehmers nur bis zu einem Zeitraum von zwölf Monaten besteht (so noch 6. Aufl., § 112 Rn. 61; ebenso LAG Baden-Württemberg 12. 2. 1975, 15. 3. 1976, BB 1976, 36 f., 1977, 39; *Giese*, FS Wißmann, 2005, S. 314, 320 f.; *Heinze*, DB 1974, 1814, 1819; wie hier BAG 27. 10. 1987 AP BetrVG 1972 § 112 Nr. 41; BAG 6. 5. 2003 AP BetrVG 1972 § 112 Nr. 161; a. A. neuerdings wieder *Lobinger*, ZfA 2006, 173, 207). Da die Höchstgrenzen in § 113 Abs. 1 und 2 für den Fall vorgesehen sind, dass der Unternehmer eine Betriebsänderung durchführt, ohne einen Interessenausgleich mit dem Betriebsrat versucht zu haben (§ 113 Abs. 3), ist aber für den Regelfall anzunehmen, dass die sozialen Belange der Arbeitnehmer es nicht erfordern, dass die Einigungsstelle bei der Aufstellung des Sozialplans die Grenzen überschreitet, die in § 113 dem Nachteilsausgleich gezogen sind (ebenso *Reuter/Körnig*, AG 1978, 325, 330 f., 334).

Mit der in Nr. 3 enthaltenen Ermessensrichtlinie sichert der Gesetzgeber die **Verein- 166 barkeit der Sozialplanmitbestimmung** mit der verfassungsrechtlich gewährleisteten **unternehmerischen Betätigungsfreiheit** (Art. 12 Abs. 1 GG) und der **Verfassungsgarantie des Eigentums in Art. 14 GG**. Das ist auch für die Interpretation zu beachten. Der Unternehmer kann durch die Aufstellung eines Sozialplans nicht gezwungen werden, das Eigenkapital zu erhöhen (dies wird missverstanden bei *Oetker*, Anm. BAG AP BetrVG 1972 § 112 Nr. 161), damit der Fortbestand des Unternehmens oder die nach Durchführung der Betriebsänderung verbleibenden Arbeitsplätze nicht gefährdet werden; denn in diesem Fall erweist sich der Sozialplan als Eingriff in das Vermögen, das seinem Inhaber privatnützig zugewiesen ist, also noch nicht unter der Zweckbindung unternehmerischer Betätigung steht (s. aber zum Berechnungsdurchgriff in einem Konzern Rn. 146). Hingegen bildet die bloße Schmälerung des vorhandenen Eigenkapitals als solche keine generelle Grenze der wirtschaftlichen Vertretbarkeit (insoweit zutreffend *Oetker,* Anm. BAG AP BetrVG 1972 § 112 Nr. 161; vgl. dort auch zur Frage, inwieweit dem Unternehmer ein Residualgewinn zu belassen ist).

167 Bei Zweifeln über die hier in Nr. 3 genannten Gesichtspunkte ist ein **betriebswirtschaftlicher Sachverständiger** hinzuzuziehen (ebenso *Fitting,* §§ 112, 112a Rn. 284; DKK-*Däubler,* §§ 112, 112a Rn. 91; *Rumpff/Boewer,* Mitbestimmung in wirtschaftlichen Angelegenheiten, S. 395; *v. Hoyningen-Huene,* RdA 1986, 102, 110).

168 Ist ein Sozialplan innerhalb eines **gemeinsamen Betriebs** zu errichten, so ist jeweils eine getrennte Betrachtung der wirtschaftlichen Vertretbarkeit für die beteiligten Rechtsträger anzustellen (vgl. auch Rn. 144). Das Gleiche gilt in unternehmensübergreifenden Repräsentationseinheiten, die nach § 3 Abs. 5 als Betriebe i. S. des Gesetzes gelten. Auch die aus dem Sozialplan resultierenden Ansprüche der Arbeitnehmer richten sich jeweils nur gegen das Unternehmen, dem sie angehören, so dass eine gesamtschuldnerische Haftung aller am gemeinsamen Betrieb beteiligten Unternehmen insoweit ausscheidet (a. A. DKK-*Trümner,* § 1 Rn. 146).

169 Für die Beurteilung der wirtschaftlichen Vertretbarkeit ist auf jenen **Zeitpunkt** abzustellen, zu dem die Sozialplanleistungen zu erbringen sind, so dass eine prognostische Entscheidung zu treffen ist (a. A. DKK-*Däubler,* §§ 112, 112a Rn. 85: Verhältnisse im Zeitpunkt der Aufstellung; unklar BAG 6. 5. 2003 AP BetrVG 1972 § 112 Nr. 161; widersprüchlich *Gaul,* DB 2004, 1498, 1501). Im Einzelnen zieht das BAG die Grenzen der wirtschaftlichen Vertretbarkeit sehr weit. Diese seien noch nicht allein deshalb überschritten, weil der Sozialplan „für die Ertragskraft des Unternehmers einschneidend" ist (BAG 17. 10. 1989 AP BetrVG 1972 § 111 Nr. 29). Unbedenklich sei es grundsätzlich auch, wenn das Sozialplanvolumen dem Gewinn eines Jahres (BAG 27. 10. 1987 AP BetrVG 1972 § 112 Nr. 41; s. zur wirtschaftlichen Vertretbarkeit nach Abs. 5 näher *Glaubitz,* FS Hanau, S. 403 ff.) bzw. zweier Jahre (BAG 6. 5. 2003 AP BetrVG 1972 § 112 Nr. 161) entspreche. Nach Ansicht von *Gaul* soll bei einer Betriebsänderung auf Erwerberkonzept (vgl. dazu *Annuß/Stamer,* NZA 2003, 1247) für die Sozialplandotierung die wirtschaftliche Leistungsfähigkeit des übernehmenden Rechtsträgers maßgeblich sein (*Gaul,* DB 2004, 1498, 1503; ablehnend *Willemsen,* Willemsen/Hohenstatt/ Schweibert/Seibt, H 118).

170 e) **Neue Bundesländer.** Da die von der Treuhandanstalt (seit 1. 1. 1995: Bundesanstalt für vereinigungsbedingte Sonderaufgaben) privatisierten Unternehmen häufig nicht über die für eine angemessene Sozialplangestaltung erforderlichen Mittel verfügten, bestand die Gefahr, dass selbst langjährige Arbeitnehmer, die in den Betrieben einen Großteil ihrer Lebensarbeitszeit verbracht hatten, bei Verlust ihrer Arbeitsplätze infolge notwendiger Betriebsänderungen jeweils nur eine sehr geringe oder gar keine Abfindung erhalten würden. Um dem zu begegnen, hat die Treuhandanstalt mit dem DGB und der DAG am 13. 4. 1991 eine **gemeinsame Erklärung** unterzeichnet (abgedruckt in RdA 1991, 289 ff.), in der Richtlinien für die Sozialplangestaltung und für nicht leistungsfähige Unternehmen die Bereitstellung von Geldmitteln durch die Treuhandanstalt festgelegt wurden (s. näher DKK-*Däubler,* 5. Aufl. 1996, §§ 112, 112a Rn. 121 ff.).

V. Rechtsnatur und Rechtswirkungen des Sozialplans

1. Betriebsvereinbarung

171 Der Sozialplan hat, wie in Abs. 1 Satz 3 ausdrücklich bestimmt wird, die „Wirkung einer Betriebsvereinbarung". Daraus folgt aber nicht, dass er eine Kollektivvereinbarung besonderer Art ist und ihm lediglich die Rechtswirkungen einer Betriebsvereinbarung beigelegt sind, sondern er ist gerade, weil er die Wirkung einer Betriebsvereinbarung hat, selbst eine **Betriebsvereinbarung**, für die § 77 in vollem Umfang gilt, soweit nicht aus dem Gesetz oder dem Zweck des Sozialplans sich ein anderes ergibt (ebenso BAG 27. 8. 1974 AP BetrVG 1972 § 112 Nr. 2 [zust. *Natzel*]; BAG 29. 11. 1978 AP BetrVG 1972 § 112 Nr. 7; BAG 24. 3. 1981 AP BetrVG 1972 § 112 Nr. 12; BAG 8. 11. 1988 AP BetrVG 1972 § 112 Nr. 48; MünchArbR-*Matthes*, § 270 Rn. 28; *Becker*, BlStSozArbR 1974, 54, 59; *Hanau*, ZfA 1974, 89, 90). Nichts anderes gilt selbst dann, wenn der Sozialplan nicht durch eine Vereinbarung der Betriebspartner, sondern durch einen Spruch der Einigungsstelle zustandegekommen ist, da dieser gemäß § 112 Abs. 4 Satz 2 die Einigung zwischen den Betriebsparteien ersetzt (BAG 29. 11. 1978 AP BetrVG 1972 § 112 Nr. 7).

Teilweise wird der Sozialplan wegen des Ausschlusses von § 77 Abs. 3 in Abs. 1 **172** Satz 4 und im Hinblick auf die Möglichkeit der Regelung individueller Ansprüche einzelner Arbeitnehmer als *Betriebsvereinbarung besonderer Art* bezeichnet (BAG 27. 8. 1974 AP BetrVG 1972 § 112 Nr. 2; BAG 5. 2. 1997 AP BetrVG 1972 § 112 Nr. 111; ähnlich GK-*Oetker*, §§ 112, 112 a Rn. 112; *Kaven*, Recht des Sozialplans, S. 124). Da der in § 77 Abs. 3 angeordnete Vorrang des Tarifvertrags nicht zu den Begriffsmerkmalen einer Betriebsvereinbarung gehört und keine Bedenken dagegen bestehen, dass eine Betriebsvereinbarung ein einzelnes Arbeitsverhältnis normativ gestalten kann, sofern der in § 75 niedergelegte Grundsatz der Gleichbehandlung nicht verletzt wird (s. § 77 Rn. 95 f.), ist jedoch kein Grund ersichtlich, den Sozialplan lediglich als Betriebsvereinbarung besonderer Art zu qualifizieren.

Wie bei jeder anderen Betriebsvereinbarung hat der Betriebsrat auch bei einem Sozial- **173** plan einen **Durchführungsanspruch** (GK-*Kreutz*, § 77 Rn. 24) und kann verlangen, dass der Arbeitgeber sozialplanwidrige Maßnahmen unterlässt. Allerdings ist dem Betriebsrat eine Geltendmachung der durch den Sozialplan normativ begründeten Individualansprüche der Arbeitnehmer nicht möglich (BAG 17. 10. 1989 AP BetrVG 1972 § 112 Nr. 53; auch *Willemsen/Hohenstatt*, NZA 1997, 345, 346).

2. Auslegungsgrundsätze

Sozialpläne sind **wie sonstige Betriebsvereinbarungen** nach den für die **Tarifauslegung** **174** **geltenden Grundsätzen** auszulegen (ebenso BAG 27. 8. 1975 AP BetrVG 1972 § 112 Nr. 2; BAG 29. 11. 1978 AP BetrVG 1972 § 112 Nr. 7; BAG 8. 11. 1988 AP BetrVG 1972 § 112 Nr. 48; BAG 5. 2. 1997 AP BetrVG 1972 § 112 Nr. 112; BAG 15. 12. 1998 AP BetrVG 1972 § 112 Nr. 126; BAG 25. 3. 2003 – 1 AZR 335/02; BAG 22. 11. 2005 AP BetrVG 1972 § 112 Nr. 176; BAG 18. 7. 2006 – 1 AZR 521/05; BAG 14. 11. 2006 AP BetrVG 1972 § 112 Nr. 181; BAG 13. 3. 2007 – AP BetrVG 1972 § 112 Nr. 183; BAG 26. 8. 2008 – 1 AZR 349/07; ; kritisch *Bartholomä*, BB 2005, 100, 101 f.; s. § 77 Rn. 107 f.). Es gibt keinen Grundsatz, Sozialpläne im Zweifel zugunsten der Arbeitnehmer auszulegen (BAG 29. 11. 1978 AP BetrVG 1972 § 112 Nr. 7). Wenig weiterführend ist der Hinweis des BAG, im Zweifel gebühre „derjenigen Auslegung der Vorzug, die zu einer vernünftigen, sachgerechten, zweckorientierten und praktisch brauchbaren Regelung führt" (BAG 22. 7. 2003 – 1 AZR 496/02, n. v.; BAG 12. 2. 2002 AP BetrVG 1972 § 122 Nr. 155; BAG 22. 3. 2005 NZA 2005, 831; BAG 13. 3. 2007 AP BetrVG 1972 § 112 Nr. 183). Soll nach dem Sozialplan kein Anspruch auf Abfindung bestehen, wenn dem Arbeitnehmer ein „gleichwertiger Arbeitsplatz" vermittelt wird, so ist dafür nach Ansicht des BAG regelmäßig nicht erforderlich, dass die bislang zurückgelegte Betriebszugehörigkeit in dem neuen Arbeitsverhältnis anerkannt wird (BAG 22. 3. 2005 NZA 2005, 831).

3. Rechtswirkungen

Der Sozialplan trifft eine Regelung über den Inhalt und die Beendigung von Arbeits- **175** verhältnissen der von der geplanten Betriebsänderung betroffenen Arbeitnehmer. Seine Bestimmungen sind deshalb stets **Inhaltsnormen** (s. dazu § 77 Rn. 51 ff.). Sozialplanregelungen sind nur wirksam, wenn sie **ausreichend bestimmt** sind (BAG 26. 5. 2009 – 1 ABR 12/08).

176 Sie gelten **unmittelbar** und **zwingend für die vom Sozialplan erfassten Arbeitsverhältnisse** (§ 77 Abs. 4 Satz 1). Nur zugunsten des Arbeitnehmers kann von ihrer Regelung abgewichen werden. Die Rechtsnormen des Sozialplans gelten für die betroffenen Arbeitnehmer auch nach Beendigung der Betriebszugehörigkeit; denn vor allem für den Fall der Betriebsstilllegung oder der Entlassung von Arbeitnehmern ist ein Sozialplan von Bedeutung (vgl. auch *Rumpff/Boewer*, Mitbestimmung in wirtschaftlichen Angelegenheiten, S. 367 f.). Es besteht insoweit kein Unterschied zu einer Betriebsvereinbarung, die nach Beendigung des Arbeitsverhältnisses ein Ruhegeld vorsieht. Davon ist zu unterscheiden, ob ein Sozialplan auch noch für Arbeitnehmer aufgestellt werden kann, die bereits aus dem Arbeitsverhältnis ausgeschieden sind. Es handelt sich insoweit nicht um die Rechtswirkungen, die ein Sozialplan haben kann, sondern um Inhalt und Umfang des Mitbestimmungsrechts und der betriebsverfassungsrechtlichen Regelungskompetenz (s. dazu Rn. 76).

177 Für die **zeitliche Begrenzung der Rechte aus einem Sozialplan** sowie den **Verzicht** auf sie gilt Gleiches wie auch sonst bei einer Betriebsvereinbarung (Abs. 1 Satz 3 i. V. mit § 77 Abs. 4 Satz 2; s. § 77 Rn. 128 ff.). Ein Verzicht bedarf daher – im Gegensatz zum bloßen „Tatsachenvergleich" – der Zustimmung des Betriebsrats (BAG 31. 7. 1996 AP BetrVG 1972 § 77 Nr. 63). Ein ohne Zustimmung des Betriebsrats wirksamer **Tatsachenvergleich** ist dabei nur insoweit anzuerkennen, als über einen Lebenssachverhalt zwischen den Arbeitsvertragsparteien wirklich Streit besteht und der Vergleich daher nicht in Wahrheit zur Kaschierung eines Rechtsverzichts dient (ebenso DKK-*Däubler*, §§ 112, 112 a Rn. 139).

VI. Verhältnis zum Tarifvertrag

178 a) Der **Tarifvorbehalt** des § 77 Abs. 3 ist auf den Sozialplan **nicht anzuwenden** (Abs. 1 Satz 4). Daraus folgt nicht nur, dass im Sozialplan auch Arbeitsentgelte und sonstige Arbeitsbedingungen vereinbart werden können, die durch Tarifvertrag geregelt sind oder üblicherweise geregelt werden, sondern daraus ergibt sich vor allem auch, dass ein Sozialplan selbst dann noch aufgestellt und im Mitbestimmungsverfahren erzwungen werden kann, wenn eine entsprechende Regelung bereits durch Tarifvertrag getroffen ist oder üblicherweise getroffen wird (ebenso GK-*Oetker*, §§ 112, 112 a Rn. 122 f.; *Fitting*, §§ 112, 112 a Rn. 212; GL-*Löwisch*, § 112 Rn. 51–53; HSWGNR-*Hess*, § 112 Rn. 135; *Ohl*, Sozialplan, S. 69 f.; *Becker*, BlStSozArbR 1974, 54, 59; a. A. für den Fall, dass ein Tarifvertrag besteht, *Hanau*, RdA 1973, 281, 285 und ZfA 1974, 89, 106 f., der den in § 87 geregelten Vorrang des Tarifvertrags analog auf den Sozialplan anwenden will; Abs. 1 Satz 4 ist jedoch eindeutig und kann nicht durch eine entsprechende Anwendung des Tarifvorbehalts in § 87 Abs. 1 beiseite geschoben werden; ebenso GL-*Löwisch*, § 112 Rn. 52; *Ohl*, Sozialplan, S. 70).

179 Das Mitbestimmungsrecht und damit auch die Gestaltungsmacht bei der Aufstellung eines Sozialplans werden also nicht dadurch beschränkt, dass Tarifverträge bestehen, die – wie insbesondere Rationalisierungsschutzabkommen – ebenfalls den Zweck verfolgen, bei Betriebsänderungen wirtschaftliche Nachteile für die Arbeitnehmer auszugleichen oder zu mildern. Nicht grundsätzlich ausgeschlossen ist auch der auf einen sozialplanähnlichen Firmentarifvertrag gerichtete Streik, etwa um die für die Arbeitnehmer aus geplanten Standortverlagerungen resultierenden Nachteile abzufedern (BAG 24. 04. 2007 AP TVG § 1 Sozialplan Nr. 2; LAG Schleswig-Holstein 27. 3. 2003 AP GG Art. 9 Arbeitskampf Nr. 165; LAG Niedersachsen 2. 6. 2004 AP GG Art. 9 Arbeitskampf Nr. 164; *Löwisch*, DB 2005, 554, 558; a. A. LAG Hamm 16. 5. 2000 NZA-RR 2000, 535; *Hohenstatt/Schramm*, DB 2004, 2214, 2217 f.; vgl. auch *Bauer/Krieger*, NZA 2004, 1019, 1022; ArbG Frankfurt 15. 3. 2005 – 5 Ca 4542/04; zum Ganzen umfassend *Fisch-*

C. Der Sozialplan § 112

inger, Arbeitskämpfe bei Standortverlagerung und –schließung, 2006; zur Diskussion näher *Franzen*, ZfA 2005, 315; *Gaul*, RdA 2008, 13; *Greiner*, NZA 2008, 1274; *Kühling/Bertelsmann*, NZA 2005, 1017; *Lipinski/Ferme*, DB 2007, 1250; *Thüsing/Ricken*, JbArbR 42, S. 113). Die Grenzen für solche Tarifverträge und ihre Erstreikbarkeit ergeben sich aus dem allgemeinen Tarifvertrags- und Arbeitskampfrecht (vgl. in diesem Zusammenhang auch § 111 Rn. 31), wofür aus den §§ 111 ff. BetrVG keine wesentlichen Erkenntnisse zu gewinnen sind. Insbesondere besteht keine Sperrwirkung der §§ 111 ff. gegenüber Sozialplantarifverträgen (BAG 24. 4. 2007 AP TVG § 1 Sozialplan Nr. 2; BAG 6. 12. 2006 AP TVG § 1 Sozialplan Nr. 1; *Franzen*, ZfA 2005, 315, 331 f.; *Gaul*, RdA 2008, 13, 14; *Greiner*, NZA 2008, 1274, 1276 f.; *Thüsing/Ricken*, JbArbR 42, S. 113, 122; a. A. *C. Meyer*, DB 2005, 830, 831 f.; *Nicolai*, RdA 2006, 33, 34 f.; *Schiefer/Worzalla*, DB 2006, 46, 47). Unzutreffend ist die Annahme, ein Sozialplan dürfe nicht durch Spruch der Einigungsstelle zustande kommen, solange über „den Ausgleich und die Milderungen der mit der Betriebsänderung für die Arbeitnehmer verbundenen Folgen, Tarifverhandlungen unter Streikandrohungen oder bereits Arbeitskampfmaßnahmen durchgeführt werden" (so *Willemsen/Stamer*, NZA 2007, 413, 417; vgl. auch *Henssler*, FS Richardi, 2007, S. 553 ff.). Ebenso unzutreffend ist die Annahme, während des Streits um einen Sozialplantarifvertrag dürfe eine Betriebsänderung ohne vorherigen Versuch eines Interessenausgleichs durchgeführt werden (wie hier *Fitting*, §§ 112, 112 a Rn. 220; a. A. *Kappenhagen/Lambrich*, BB 2007, 2238, 2240; *Lipinski/Ferme*, DB 2007, 1250, 1252; *Willemsen/Stamer*, NZA 2007, 412, 415 ff.).

Abs. 1 Satz 4 gilt aber **nur** für den **Sozialplan** i. S. der Legaldefinition des Abs. 1 Satz 2, also dagegen für eine unabhängig vom Vorliegen einer Betriebsänderung geschlossene *freiwillige Betriebsvereinbarung*, auf die § 77 Abs. 3 anwendbar ist (ebenso BAG 14. 11. 2006 AP BetrVG 1972 § 112 Nr. 181; GL-*Löwisch*, § 112 Rn. 54). Keine Rolle spielt aber, ob der Sozialplan freiwillig zustande kam oder von der Einigungsstelle erzwungen wurde. **180**

b) Der Sozialplan hat nicht Vorrang vor einem Tarifvertrag, sondern das Konkurrenzverhältnis bestimmt sich nach dem **Günstigkeitsprinzip** (s. zum Günstigkeitsprinzip im Einzelnen § 77 Rn. 141 ff.). Der Sozialplan kann daher die Leistungen eines Tarifvertrags nur ergänzen oder verbessern, niemals aber unterschreiten (ebenso *Fitting*, §§ 112, 112 a Rn. 213; GL-*Löwisch*, § 112 Rn. 53; HSWGNR-*Hess*, § 112 Rn. 137; *Weiss/Weyand*, § 112 Rn. 27; *Rumpff/Boewer*, Mitbestimmung in wirtschaftlichen Angelegenheiten, S. 379; *Ohl*, Sozialplan, S. 168 f.). **181**

c) Erfasst eine **tarifliche Ausschlussfrist** allgemein Ansprüche aus dem Arbeitsverhältnis, so gilt sie auch für einen Anspruch auf Zahlung einer einmaligen Abfindung aus einem Sozialplan anlässlich der Beendigung des Arbeitsverhältnisses (BAG 30. 11. 1994 AP BetrVG 1972 § 112 Nr. 88; BAG 27. 3. 1996 AP TVG Ausschlussfristen § 4 Nr. 134). **182**

d) Vorsicht ist geboten, wenn ein Sozialplan sowohl vom Betriebsrat als auch von einer Gewerkschaft unterschrieben wird. In diesem Fall müsse nach Ansicht des BAG die Frage, „ob eine bestimmte Regelung Tarifvertrag oder Betriebsvereinbarung oder gar etwas Drittes ist, im Interesse der Normadressaten einer raschen und zuverlässigen Beantwortung zugänglich sein. Insoweit müssen Normurheberschaft und Normsetzungswille der jeweiligen Normgeber im Interesse der Rechtssicherheit und Rechtsklarheit deutlich und überprüfbar sein" (BAG 15. 4. 2008 AP BetrVG 1972 § 77 Nr. 96). Bestehe keine Klarheit darüber, um welche Rechtsquelle es sich bei den jeweiligen Regelungskomplexen handelt, sei die Vereinbarung entweder insgesamt oder jedenfalls hinsichtlich der Regelungskomplexe, deren Rechtsqualität unklar ist, unwirksam (BAG 15. 4. 2008 AP BetrVG § 77 Nr. 96; vgl. in diesem Zusammenhang BAG 10. 2. 2009 – 1 AZR 767/07, wonach keine Bedenken dagegen bestehen, einen Sozialplan und eine inhaltsgleiche Vereinbarung gem. § 28 Abs. 2 Satz 1 SprAuG ununterscheidbar in einem Dokument zu verankern). **182 a**

VII. Kündigung und Abänderung von erzwingbaren Sozialplänen

1. Einvernehmliche Ersetzung durch einen neuen Sozialplan

183 Da der Sozialplan eine Betriebsvereinbarung ist (s. Rn. 171), können die **Betriebspartner** ihn **einvernehmlich** aufheben und mit Wirkung für die Zukunft durch einen neuen Sozialplan ersetzen (ebenso BAG 24. 3. 1981 AP BetrVG 1972 § 112 Nr. 12; BAG 10. 8. 1994 AP BetrVG 1972 § 112 Nr. 86; BAG 11. 2. 1998 AP BetrVG 1972 § 112 Nr. 121, BAG 5. 10. 2000 AP BetrVG 1972 § 112 Nr. 141; BAG 2. 10. 2007 NZA-RR 2008, 242, 243 f.). Das gilt nicht nur für einen vereinbarten, sondern auch für einen von der Einigungsstelle aufgestellten Sozialplan. Für das Verhältnis der Sozialpläne zueinander gilt nicht das Günstigkeits-, sondern das **Ablösungsprinzip**, so dass der ablösende Sozialplan für die Arbeitnehmer ungünstigere Regelungen als der bisherige Sozialplan enthalten kann, sofern er innerhalb der Grenzen von Recht und Billigkeit bleibt (BAG 24. 3. 1981 AP BetrVG 1972 § 112 Nr. 12; BAG 10. 8. 1994 AP BetrVG 1972 § 112 Nr. 86; s. auch BAG 5. 10. 2000 AP BetrVG 1972 § 112 Nr. 141). In Ansprüche der Arbeitnehmer, die bereits auf der Grundlage des aufgehobenen Sozialplans entstanden sind, kann die neue Regelung nach Ansicht des BAG aber grundsätzlich nicht zu Lasten der Arbeitnehmer eingreifen. Insoweit seien die allgemeinen Grundsätze des Vertrauensschutzes und der Verhältnismäßigkeit zu beachten (vgl. BAG 10. 8. 1994 AP BetrVG 1972 § 112 Nr. 86; BAG 2. 10. 2007 NZA-RR 2008, 242, 244).

2. Ordentliche Kündigung eines Sozialplans

184 Da es sich beim Sozialplan um eine Betriebsvereinbarung handelt, gelten für ihn auch die Vorschriften des § 77 Abs. 5 und 6 (ebenso BAG 10. 8. 1994 AP BetrVG 1972 § 112 Nr. 86; *Fitting*, §§ 112, 112 a Rn. 246; GK-*Oetker*, §§ 112, 112 a Rn. 171 f.). Mit Blick auf einen sog. **vorsorglichen Sozialplan** ist zu beachten, dass er nur eine freiwillige Betriebsvereinbarung darstellt (s. Rn. 63). Deshalb findet insoweit nur § 77 Abs. 5 uneingeschränkt Anwendung, während eine Weitergeltung gem. § 77 Abs. 6 ausscheidet. Gleiches gilt für einen Sozialplan, der sich zwar auf eine konkrete Betriebsänderung bezieht, aber nach § 112 a nicht erzwingbar ist.

185 Ein Sozialplan nach Abs. 1 Satz 2 kann dagegen, soweit nichts Gegenteiliges vereinbart ist, **nicht ordentlich gekündigt** werden (ebenso BAG 10. 8. 1994 AP BetrVG 1972 § 112 Nr. 86). Dabei spielt keine Rolle, ob er von den Betriebsparteien vereinbart oder von der Einigungsstelle aufgestellt worden ist. Auch soweit der Sozialplan eine Dauerregelung enthält und deshalb die Kündigung als Rechtsinstitut in Betracht kommt, scheidet eine ordentliche Kündigung aus; denn anders als bei einem vorsorglichen Sozialplan oder Rahmensozialplan bezweckt hier die Dauerwirkung der Sozialplanregelung, dass die durch die Betriebsänderung konkret entstehenden wirtschaftlichen Nachteile ausgeglichen oder gemildert werden (offengelassen insoweit allerdings in BAG 10. 8. 1994 AP BetrVG 1972 § 112 Nr. 86).

3. Außerordentliche Kündigung

186 Soweit man die außerordentliche Kündigung einer Betriebsvereinbarung für zulässig hält (s. § 77 Rn. 201 f.), kommt sie auch für einen Sozialplan in Betracht (ebenso *Bender*, a. a. O., S. 481 m. w. N., auch zur Gegenansicht; offen gelassen BAG 10. 8. 1994 AP BetrVG 1972 § 112 Nr. 86). Handelt es sich aber um einen erzwingbaren Sozialplan, so findet § 77 Abs. 6 Anwendung (s. Rn. 184). Die außerordentliche Kündigung kann deshalb nur bewirken, dass entweder der Arbeitgeber oder der Betriebsrat die Befugnis erhält, die Einigungsstelle trotz des vorhandenen Sozialplans mit der Angelegenheit zu befassen, um eine andere Regelung durchzusetzen. Sie hat daher keine Auflösungswir-

kung (ebenso BAG 10. 8. 1994 AP BetrVG 1972 § 112 Nr. 86). Angesichts ihrer ex-nunc-Wirkung kann eine außerordentliche Kündigung des Sozialplanes auf seiner Grundlage bereits entstandene Ansprüche nicht beseitigen (*Fitting,* §§ 112, 112a Rn. 247).

4. Wegfall der Geschäftsgrundlage

Ist für den Sozialplan die Geschäftsgrundlage weggefallen und deshalb einem Betriebspartner das **Festhalten am Sozialplan** mit dem bisherigen Inhalt **nicht mehr zuzumuten**, so hat jeder Betriebspartner gegenüber dem anderen einen Anspruch auf Aufnahme von Verhandlungen über die **Anpassung der im Sozialplan getroffenen Regelungen an die veränderten tatsächlichen Umstände** (ebenso BAG 10. 8. 1994 AP BetrVG 1972 § 112 Nr. 86). Verweigert der andere Betriebspartner die Anpassung, so entscheidet die Einigungsstelle nach Abs. 4 und 5 (ebenso BAG 10. 8. 1994 AP BetrVG 1972 § 112 Nr. 86). Der Wegfall der Geschäftsgrundlage kann zur Folge haben, dass die anpassende Regelung des neuen Sozialplans auch Ansprüche der Arbeitnehmer, die auf Grund des anzupassenden Sozialplans schon entstanden sind, zu deren Ungunsten abändert (siehe umfassend zum Wegfall der Geschäftsgrundlage bei Sozialplänen *Bender,* a. a. O., S. 435 ff.). Nach Ansicht des BAG sollen die Arbeitnehmer insoweit keinen Vertrauensschutz genießen; denn Sozialplanansprüche stünden unter dem Vorbehalt, dass eine für den Sozialplan vorausgesetzte Geschäftsgrundlage später nicht in Wegfall gerate und deswegen die Regelungen des Sozialplans angepasst werden müssten (BAG AP BetrVG 1972 § 112 Nr. 86; a. A. *v. Hoyningen-Huene,* Anm. AP BetrVG 1972 § 112 Nr. 86). **187**

Ein **Wegfall der Geschäftsgrundlage** ist insbesondere anzunehmen, wenn die Betriebspartner oder die Einigungsstelle bei der Aufstellung des Sozialplans von **irrigen Vorstellungen über die zur Verfügung stehende Finanzmasse** ausgegangen sind (so bereits BAG 17. 2. 1981 AP BetrVG 1972 § 112 Nr. 11; so auch bei der falschen Erwartung, dass die erforderlichen finanziellen Mittel von der Treuhand zur Verfügung gestellt würden BAG 10. 8. 1994 AP BetrVG 1972 § 112 Nr. 86; weiterhin *Däubler,* NZA 1985, 545, 551). Die Eröffnung des Insolvenzverfahrens über das Vermögen des Arbeitgebers als solche vermag in keinem Fall einen Wegfall der Geschäftsgrundlage zu begründen (*Bender,* a. a. O., S. 457 ff.). Ein Wegfall der Geschäftsgrundlage liegt vor, wenn die mit der Betriebsänderung bezweckte Sanierung fehlschlägt (vgl. BAG 9. 12. 1981 AP BetrVG 1972 § 112 Nr. 14) oder die Prognose, die der Bemessung der Sozialplanleistungen zugrunde gelegt wird, sich auf Grund der tatsächlichen Entwicklung als fehlerhaft erweist. Gleiches gilt, wenn es anstelle einer geplanten Betriebsstilllegung zur Betriebsübernahme durch einen Dritten kommt, der sich zur Fortsetzung aller Arbeitsverhältnisse zu den bisherigen Bedingungen bereit erklärt (BAG 28. 8. 1996 AP BetrVG 1972 § 112 Nr. 104 [*Meyer*]; nicht zutreffend *Bender,* a. a. O., S. 453, der bei Durchführung einer anderen Betriebsänderung keinen Wegfall der Geschäftsgrundlage annimmt, sondern davon ausgeht, dass der ursprüngliche Sozialplan „gar keine rechtlich relevanten Wirkungen" entfaltet; denn es geht ja gerade um die Frage, wie die Regelungswirkung des ursprünglichen Sozialplans beseitigt werden kann). Eine zusätzliche Prüfung der Anwendbarkeit des Festhaltens am Sozialplan anhand eines heteronomen Maßstabs entsprechend § 313 BGB findet nicht statt (a. A. *Bender,* a. a. O., S. 449 ff.). Entscheidend ist allein, ob die im Sozialplan liegende Parteieinigung auch auf veränderter Tatsachengrundlage noch einen der Struktur des Sozialplans gerecht werdenden Ausgleich der Parteiinteressen herbeiführt (a. A. *Bender,* a. a. O., S. 451; GK-*Oetker,* §§ 112, 112a Rn. 180; vgl. auch *Meyer,* SAE 2002, 197 ff.); Änderungen rentenrechtlicher Vorschriften und sich daraus für den Arbeitnehmer ergebende Nachteile sollen allerdings grundsätzlich zu dem vom Arbeitnehmer zu tragenden Risiko gehören (BSG 30. 10. 2001 – B 4 RA 13/00 R n. v.). **188**

VIII. Behandlung der Sozialplanansprüche in der Rechtsordnung

1. Entstehung und Geltendmachung

189   a) Sobald die **im Sozialplan festgelegten Tatbestandsvoraussetzungen erfüllt** sind, entsteht für die Arbeitnehmer der **Anspruch auf die Sozialplanleistung**. Enthält der Sozialplan keine ausdrückliche Regelung über die Anspruchsentstehung, ist regelmäßig davon auszugehen, dass der Abfindungsanspruch mit dem rechtlichen Ende des Arbeitsverhältnisses entsteht (BAG 27. 6. 2006 AP BetrVG 1972 § 112 Nr. 180; BAG 2. 10. 2007 NZA-RR 2008, 242, 244; vgl. Rn. 199). Fehlt darüber hinaus eine Fälligkeitsregelung im Sozialplan, wird der Anspruch regelmäßig mit dem Ende des Arbeitsverhältnisses fällig (BAG 30. 3. 2004 AP BetrVG 1972 § 112 Nr. 170). Er richtet sich **gegen den Arbeitgeber,** der den Sozialplan mit dem Betriebsrat aufgestellt hat bzw. für den der Spruch der Einigungsstelle bindend ist. Regelmäßig handelt es sich bei ihm um den Arbeitgeber, der zugleich Partei des Arbeitsvertrags ist. Wird in einem **gemeinsamen Betrieb** ein Sozialplan aufgestellt, so stehen aus ihm den betroffenen Arbeitnehmern Ansprüche nur gegen den jeweiligen Vertragsarbeitgeber zu (LAG Berlin 5. 4. 2002 – 6 Sa 123/02; für den Zeitraum nach Eröffnung des Insolvenzverfahrens ebenso BAG 12. 11. 2002 AP BetrVG 1972 § 112 Nr. 155, mit darüber hinaus reichendem obiter dictum; vgl. auch BAG 14. 12. 2004 – 1 AZR 504/03; ebenso *Bonanni,* Der gemeinsame Betrieb mehrerer Unternehmen, 2003, S. 183; a. A. *Gaul,* DB 2004, 1498, 1503: gesamtschuldnerische Haftung). Ist Arbeitgeber eine OHG oder KG, so haften die Gesellschafter persönlich, die Kommanditisten aber nur bis zur Hafteinlage (§ 128, § 161 Abs. 2 i. V. mit § 128, § 171 HGB). Bei einem Konzernunternehmen kommt ein Zugriff auf das herrschende Konzernunternehmen in Betracht. Das gilt insbesondere auch für den verdichteten faktischen Konzern. Den eine GmbH beherrschenden Gesellschafter trifft nach bisheriger Ansicht des BAG eine Ausgleichspflicht entsprechend § 302 AktG, wenn er die Konzernleitungsmacht in einer Weise ausübt, die keine angemessene Rücksicht auf die Belange der abhängigen Gesellschaft nimmt (s. zuletzt BAG 8. 9. 1998 AP AktG § 303 Nr. 12; s. zum Zurechnungsdurchgriff für die Bemessung des Gesamtbetrags der Sozialplanleistungen Rn. 144 ff.; die neuere Rechtsprechung des BGH verlangt insoweit eine *Bestandsgefährdung,* vgl. die Nachweise in § 54 Rn. 25). Dies führt allerdings grds. nicht zu einem unmittelbaren Anspruch des Arbeitnehmers gegen das herrschende Unternehmen. Etwas anderes kann analog § 303 AktG lediglich dann gelten, wenn der Arbeitnehmer mit seinem Anspruch gegen den Vertragsarbeitgeber ausfällt (BAG 8. 9. 1998 AP AktG § 303 Nr. 12). Zu beachten ist die neuere Rechtsprechung des BGH, die nach Aufgabe der Figur des qualifiziert faktischen Konzerns unter Berufung auf den allgemeinen Missbrauchsgedanken einen unmittelbaren Anspruch gegen die Gesellschafter zu begründen versucht. Das BAG hat bislang nicht abschließend entschieden, inwieweit es sich der Ansicht des BGH anschließt (vgl. BAG 31. 7. 2002 NZA 2003, 213; s. ferner § 54 Rn. 25).

190   b) Ein **Verzicht des Arbeitnehmers auf die Sozialplanleistung** ist nur mit **Zustimmung des Betriebsrats** zulässig (Abs. 1 Satz 3 i. V. mit § 77 Abs. 4 Satz 2). Die Zustimmung setzt einen ordnungsgemäßen Betriebsratsbeschluss voraus; sie kann nur für einen konkreten Verzicht eines bestimmten Arbeitnehmers erteilt werden (BAG 27. 1. 2004 AP BetrVG 1972 § 112 Nr. 166; BAG 11. 12. 2007 AP BetrVG 1972 § 77 Nr. 35). Allerdings könne auch ohne eine solche Zustimmung der Verzicht nach dem Günstigkeitsprinzip wirksam sein (BAG 27. 1. 2004 AP BetrVG 1972 § 112 Nr. 166; BAG 30. 3. 2004 AP BetrVG 1972 § 112 Nr. 170).

191   Der Sozialplan kann **Ausschlussfristen** für die Geltendmachung der in ihm eingeräumten Rechte vorsehen (Abs. 1 Satz 3 i. V. mit § 77 Abs. 4 Satz 3). Auch tarifvertragliche Ausschlussfristen sind zu beachten (Abs. 1 Satz 3 i. V. mit § 77 Abs. 4 Satz 3; BAG

27. 1. 2004 AP BetrVG 1972 § 112 Nr. 166). Hingegen genügt die einzelvertragliche Bezugnahme auf tarifvertragliche Ausschlussfristen nicht (a. A. BAG 27. 1. 2004 AP BetrVG 1972 § 112 Nr. 66). Die Ansprüche aus dem Sozialplan unterliegen der dreijährigen **Regelverjährung** nach § 195 BGB.

c) **Meinungsverschiedenheiten** darüber, ob und **in welcher Höhe** Arbeitnehmern **Ansprüche aus dem Sozialplan** zustehen, sind **bürgerliche Rechtsstreitigkeiten zwischen Arbeitnehmern und Arbeitgebern aus dem Arbeitsverhältnis** oder dessen Nachwirkung. Über sie entscheidet das Arbeitsgericht im Urteilsverfahren (§ 2 Abs. 1 Nr. 3 lit. a oder lit. c ArbGG; ebenso BAG 17. 10. 1989 AP BetrVG 1972 § 112 Nr. 53). Der Betriebsrat kann sie nicht aus eigenem Recht geltend machen und insoweit auch nicht als Prozessvertreter auftreten (ebenso BAG 17. 10. 1989 AP BetrVG 1972 § 112 Nr. 53). Er kann auch kein Beschlussverfahren einleiten, damit der Arbeitgeber zur Erfüllung von Ansprüchen der Arbeitnehmer aus einem Sozialplan verurteilt wird; denn das Mitbestimmungsrecht gibt ihm zwar einen Anspruch auf den Sozialplan, aber keinen Anspruch aus dem Sozialplan (ebenso BAG 17. 10. 1989 AP BetrVG 1972 § 112 Nr. 53). In einem Individualprozess eines Arbeitnehmers gegen den Arbeitgeber kann die Angemessenheit der zwischen den Betriebsparteien ausgehandelten finanziellen Gesamtausstattung keiner gerichtlichen Billigkeitskontrolle unterzogen werden (BAG 17. 2. 1981 AP BetrVG 1972 § 112 Nr. 11; BAG 9. 12. 1981 AP BetrVG 1972 § 112 Nr. 14, s. Rn. 113). 192

Nach verfehlter Ansicht des BAG sollen auch solche Ansprüche **vor den Arbeitsgerichten geltend zu machen** sein, die sich nicht gegen die sozialplanpflichtige Kapitalgesellschaft als Arbeitgeberin richten, sondern unter Berufung auf den Sozialplan im Wege des Durchgriffs gegen deren beherrschenden Gesellschafter (s. dazu Rn. 189) erhoben werden (so für den Alleingesellschafter BAG 11. 11. 1986 AP ArbGG 1979 § 3 Nr. 2 [*Grunsky*]). 193

Die **Betriebspartner** können in einem Sozialplan **nicht vereinbaren**, dass Meinungsverschiedenheiten zwischen Arbeitgeber und Arbeitnehmern aus der Anwendung des Sozialplans durch einen **verbindlichen Spruch einer Einigungsstelle** entschieden werden sollen; denn eine solche Vereinbarung stellt eine unzulässige Schiedsabrede dar (§ 101 Abs. 3 ArbGG; ebenso BAG 27. 10. 1987 AP BetrVG 1972 § 76 Nr. 22; BAG 14. 12. 1999 – 1 AZR 175/99). 194

2. Steuerrechtliche Behandlung

Abfindungen für den Verlust des Arbeitsplatzes sind Entschädigungen, die i. S. des § 24 Nr. 1 lit. a EStG als Ersatz für entgangene oder entgehende Einnahmen gewährt werden. Deshalb sind sie gemäß § 34 Abs. 2 Nr. 2 EStG als außerordentliche Einkünfte nach § 34 Abs. 1 EStG privilegiert. Grundsätzlich sind Entschädigungen nur dann außerordentliche Einkünfte i. S. d. § 34 Abs. 1 EStG, wenn sie zusammengeballt in einem Betrag gezahlt werden. Auch müssen sie prinzipiell innerhalb eines Veranlagungszeitraums zufließen. Eine Ausnahme hält der BFH jedoch für geboten, wenn „neben einer Hauptentschädigungsleistung aus Gründen der sozialen Fürsorge für eine gewisse Übergangszeit in späteren Veranlagungszeiträumen Entschädigungszusatzleistungen gewährt werden" (BFH 24. 1. 2002 AP EStG § 24 Nr. 2). 195

Die **Steuerermäßigung** gilt nur für wegen der Auflösung des Arbeitsverhältnisses gezahlte Abfindungen, **nicht** für die **sonstigen Sozialplanleistungen** (ebenso *Knorr*, Sozialplan, S. 105; *Ohl*, Sozialplan, S. 192; *Röder/Baeck*, Interessenausgleich und Sozialplan, S. 146), so dass insbesondere Entschädigungen, die wegen der Versetzung des Arbeitnehmers auf einen schlechter dotierten Arbeitsplatz innerhalb desselben Unternehmens gezahlt werden, nicht steuerbegünstigt sind (s. zur „Umsetzung" innerhalb eines Konzerns BFH 21. 6. 1990 BStBl. II, S. 1021). Wird die Höhe der Abfindung an die vom Arbeitnehmer während der Vertragsrestlaufzeit gezeigte Leistung gekoppelt, um 196 bis zum Vertragsende einen Leistungsanreiz zu gewähren, so gefährdet dies die Steuerermäßigung (FG Baden-Württemberg 23. 11. 1988 EFG 1989, 336 f.).

3. Beitragspflicht zur Sozialversicherung

197 **Abfindungen** als Entschädigung **für den Verlust des Arbeitsplatzes** fallen trotz der weiten Definition des Arbeitsentgelts in § 14 Abs. 1 SGB IV **nicht** unter die **Beitragspflicht zur Sozialversicherung.** Das gilt schon deshalb, weil die sozialversicherungsrechtliche Beitragspflicht ein bestehendes Beschäftigungsverhältnis voraussetzt (ebenso *Ohl,* Sozialplan, S. 193; zu den Abfindungen nach §§ 9, 10 KSchG BAG 9. 11. 1988 AP KSchG 1969 § 10 Nr. 6; BSG 21. 2. 1990 NZA 1990, 751 f.). Werden dagegen in einem Sozialplan Lohnausgleichsleistungen festgelegt, so sind sie Bestandteil des Arbeitsentgelts und fallen unter die sozialversicherungsrechtliche Beitragspflicht, soweit ein Beschäftigungsverhältnis besteht (siehe LAG Düsseldorf 2. 11. 2006 BB 2007, 559; vgl. auch *Knorr,* Sozialplan, S. 107).

4. Anspruch auf Arbeitslosengeld und Sicherung des Lebensunterhalts

198 Die **Sozialplanabfindung für den Verlust des Arbeitsplatzes** ist kein Arbeitsentgelt im sozialversicherungsrechtlichen Sinn. Daher führt ihre Gewährung bei Arbeitslosigkeit grundsätzlich nicht zum **Ruhen des Anspruchs auf Arbeitslosengeld** (§ 143 Abs. 1 SGB III). Etwas anderes gilt aber in den Fällen des § 143 a SGB III, der insbesondere dann eingreift, wenn eine Kündigung nur noch bei Zahlung einer Abfindung möglich ist (§ 143 a Abs. 1 Satz 4 SGB III; vgl. BSG 9. 2. 2006 NZS 2006, 662, wonach diese Bestimmung auch dann anzuwenden sei, wenn eine Kündigung nur bei Vorliegen einer Betriebsänderung zulässig ist; siehe auch BSG 24. 5. 2006 – B 11 a AL 21/05 R). Eine Anrechnung der Abfindung auf das Arbeitslosengeld findet angesichts der Streichung des § 140 SGB III nicht statt. Mit Blick auf die Sicherung des Lebensunterhalts nach dem SGB II kann die Zahlung der Abfindung dazu führen, dass es an der Hilfebedürftigkeit gem. §§ 9, 12 SGB II fehlt. Insbesondere sind Sozialplanabfindungen zu berücksichtigendes Einkommen gem. § 19 Abs. 2 SGB II, die den Anspruch auf Arbeitslosengeld II mindern können.

5. Vererblichkeit von Sozialplanansprüchen

199 Der **Sozialplananspruch für den Verlust des Arbeitsplatzes** ist **vererblich,** sobald er entstanden ist, auch wenn er noch nicht fällig ist (BAG 27. 6. 2006 AP BetrVG 1972 § 112 Nr. 180; LAG Frankfurt/M. 1. 6. 1984 DB 1985, 876; *Knorr,* Sozialplan, S. 114; *Compensis,* DB 1992, 888, 892 f.). Notwendig ist daher, dass der Sozialplan beim Tod des Arbeitnehmers bereits aufgestellt war. Außerdem müssen die in ihm genannten Tatbestandsvoraussetzungen erfüllt sein, so dass typischerweise das Arbeitsverhältnis auf Veranlassung des Arbeitgebers bereits rechtlich beendet worden sein muss (BAG 25. 9. 1996 AP BetrVG 1972 § 112 Nr. 105). Deshalb entsteht der Anspruch regelmäßig nicht, wenn der Arbeitnehmer nach Ausspruch der Arbeitgeberkündigung oder nach Abschluss des Aufhebungsvertrags, aber vor der rechtlichen Beendigung des Arbeitsverhältnisses verstirbt (BAG 27. 6. 2006 AP BetrVG 1972 § 112 Nr. 180; s. zur analogen Situation bei individualvertraglich vereinbarten Abfindungen BAG 26. 8. 1997 AP BGB § 620 Aufhebungsvertrag Nr. 8). Gewährt der Sozialplan laufende Geldleistungen, so hängt die Vererblichkeit davon ab, ob sie ohne Rücksicht auf den Tod des Arbeitnehmers gewährt werden. Soweit sich nicht aus dem Inhalt der Sozialplanregelung ergibt, wer für diesen Fall berechtigter Dritter ist, richtet sich die Vererblichkeit nach bürgerlichem Recht (a. A. für Sonderrechtsnachfolge in entsprechender Anwendung des § 56 Abs. 1 SGB I *Compensis,* DB 1992, 888, 893).

C. Der Sozialplan § 112

6. Pfändbarkeit von Sozialplanansprüchen

Ansprüche aus einem Sozialplan unterliegen den **Pfändungsbeschränkungen der** 200 **§§ 850 ff. ZPO.** Da der Begriff des Arbeitseinkommens in § 850 ZPO weit gefasst ist, fällt unter ihn auch die Abfindung für den Verlust des Arbeitsplatzes (ebenso BAG 12. 9. 1979 AP ZPO § 850 Nr. 10; *Knorr,* Sozialplan, S. 103; *Ohl,* Sozialplan, S. 195). Für den Pfändungsschutz gilt aber nicht § 850 c ZPO, sondern § 850 i ZPO (ebenso BAG, a. a. O.; *Knorr,* a. a. O., S. 103 f.; *Ohl,* a. a. O., S. 196 f.; a. A. GL-*Löwisch,* § 112 Rn. 62; ebenso im Ergebnis *Kaven,* Recht des Sozialplans, S. 156).

7. Insolvenz des Arbeitgebers

Nach dem In-Kraft-Treten des BetrVG 1972 war zunächst streitig, ob der Betriebsrat 201 die **Aufstellung eines Sozialplans** auch verlangen kann, wenn über das Vermögen des Arbeitgebers **Konkurs eröffnet** worden ist (ausführlich *Dietz/Richardi,* 6. Aufl., § 112 Rn. 92 ff.). Der Große Senat des BAG hatte jedoch bald in Übereinstimmung mit der h. L. im Arbeitsrecht anerkannt, dass der Konkurs des Arbeitgebers nicht das Mitbestimmungsrecht über den Sozialplan beseitigt oder beschränkt (vgl. BAG [GS] 13. 12. 1978 AP BetrVG 1972 § 112 Nr. 6). Diese Beurteilung hatte sodann im Gesetz über den Sozialplan im Konkurs- und Vergleichsverfahren vom 20. 2. 1985 (BGBl. I S. 369) eine ausdrückliche Bestätigung durch den Gesetzgeber gefunden. Diese setzt sich in den einschlägigen Bestimmungen der Insolvenzordnung fort, die am 1. 1. 1999 nicht nur an die Stelle von KO und GesO trat, sondern unter anderem auch das SozplKonkG ablöste (s. dazu näher Anh. § 113).

IX. Verhältnis der Sozialplanansprüche zum gesetzlichen Anspruch auf Nachteilsausgleich

1. Betriebsänderung ohne Versuch eines Interessenausgleichs mit dem Betriebsrat

Hat der Unternehmer eine Betriebsänderung ohne Versuch eines Interessenausgleichs 202 mit dem Betriebsrat durchgeführt, so besteht der gesetzliche **Anspruch auf Nachteilsausgleich** (§ 113 Abs. 3; s. dort Rn. 23 ff.). Wird in diesem Fall ein Sozialplan aufgestellt (s. zur Zulässigkeit Rn. 67 ff.), so besteht ein Konkurrenzproblem zwischen den Ansprüchen aus dem Sozialplan und dem Anspruch auf Nachteilsausgleich.

Der von einer Betriebsänderung betroffene Arbeitnehmer kann **keineswegs** einen 203 sowohl auf den Sozialplan als auch auf § 113 Abs. 3 gestützten **doppelten Ausgleich** verlangen (ebenso BAG [GS] 13. 12. 1978 AP BetrVG 1972 § 112 Nr. 6; bestätigt BAG 18. 12. 1984 AP BetrVG 1972 § 113 Nr. 11; BAG 13. 6. 1989 AP BetrVG 1972 § 113 Nr. 19; GK-*Fabricius,* 6. Aufl., §§ 112, 112 a Rn. 110; *Richardi,* Sozialplan, S. 31 f.; *Ohl,* Sozialplan, S. 159; *Ehmann,* Betriebsstilllegung und Mitbestimmung, S. 74; *Schwerdtner,* EzA § 113 BetrVG 1972 Nr. 2, S. 43; a. A. GK-*Oetker,* § 113 Rn. 100: entweder nur teilweise Anrechnung oder das Arbeitsgericht müsse bei Anwendung des § 113 Abs. 3 den Betrag des Nachteilsausgleichs höher ansetzen als die nach dem Sozialplan zu zahlenden Abfindungen), denn der Arbeitnehmer kann grundsätzlich nicht mehr verlangen als den Ausgleich der ihm durch die Betriebsänderung entstandenen wirtschaftlichen Nachteile (*Richardi,* Sozialplan, S. 32). Allerdings steht der gesetzliche Anspruch auf Nachteilsausgleich nicht zur Disposition der Betriebspartner, weshalb er nicht durch einen Sozialplan beseitigt werden kann, der erst nach der Einleitung der Betriebsänderung zustande kommt (ebenso BAG 14. 9. 1976 AP BetrVG 1972 § 113 Nr. 2 *[Richardi]*). Die ihm beigelegte Funktion, ein betriebsverfassungswidriges Verhalten des Arbeitgebers zu sanktionieren, würde leerlaufen, wenn der Nachteilsausgleich auf den Abfindungsanspruch aus dem Sozialplan begrenzt wäre (ebenso BAG 13. 6. 1989 AP BetrVG 1972 § 113 Nr. 19). Eine vollständige Verrechnung darf aber nicht erfolgen, wenn gleichzeitig ein Verstoß gegen die Massenentlassungsrichtlinie 98/59 EG vorliegt (LAG Hessen 17. 2. 2006 – 17 Sa 1305/05 vgl. auch BAG 16. 5. 2007 AP BetrVG 1972 § 111 Nr. 64; a. A. *Leuchten/Lipinski,* NZA 2003, 1361, 1364; vgl. in diesem Zusammenhang auch BAG 20. 11. 2001 AP BetrVG 1972 § 113 Nr. 39; allgemein zum Verhältnis der Beteiligungspflichten nach § 112 BetrVG zu den Anforderungen der Massenentlassungsrichtlinie *Franzen,* ZfA 2006, 437 ff.).

204 Zwischen dem Sozialplananspruch und dem gesetzlichen Anspruch auf Nachteilsausgleich besteht eine **Anspruchskonkurrenz.** Auf die Nachteilsausgleichsforderung sind die Abfindungsleistungen anzurechnen, die der Arbeitnehmer auf Grund des Sozialplans erhält (ebenso BAG 13. 6. 1989 AP BetrVG 1972 § 113 Nr. 19; BAG 20. 11. 2001 AP BetrVG 1972 § 113 Nr. 39; BAG 16. 5. 2007 AP BetrVG 1972 § 111 Nr. 64; a. A. DKK-*Däubler,* §§ 112, 112 a Rn. 60; s. auch GK-*Oetker,* § 113 Rn. 68). Eine Anrechnung findet jedoch nur statt, soweit der Arbeitnehmer auf Grund der Sozialplanforderung tatsächlich eine Leistung erhalten hat (ebenso BAG AP 13. 6. 1989; AP BetrVG 1972 § 113 Nr. 19).

2. Abweichung von einem Interessenausgleich ohne zwingenden Grund

205 Hat der Unternehmer den Betriebsrat ordnungsgemäß beteiligt, so kann ein gesetzlicher Anspruch auf Nachteilsausgleich nur gegeben sein, wenn über die geplante Betriebsänderung ein Interessenausgleich zustande kam und der Unternehmer von ihm ohne zwingenden Grund abweicht (§ 113 Abs. 1). Die **Arbeitnehmer verlieren** dadurch **nicht** ihren **Anspruch aus dem Sozialplan.** Arbeitnehmer, die infolge der Abweichung vom Interessenausgleich entlassen werden oder andere wirtschaftliche Nachteile erleiden, haben aber insoweit den gesetzlichen Anspruch auf Nachteilsausgleich, weil im Sozialplan nicht die wirtschaftlichen Nachteile berücksichtigt sind, die den Arbeitnehmern deshalb entstehen, weil der Unternehmer von dem Interessenausgleich ohne zwingenden Grund abgewichen ist.

206 Da die Betriebsänderung nicht so durchgeführt wird, wie sie geplant war, kann der Betriebsrat außerdem verlangen, dass ein **neuer Sozialplan** aufgestellt wird. Geschieht dies, so kann eine Anspruchskonkurrenz bestehen (s. Rn. 203 f.).

X. Verhältnis der Sozialplananspüche zu wegen der Beendigung des Arbeitsverhältnisses zugesagten invidualvertraglichen Leistungen

207 Das Verhältnis zwischen einer individualvertraglich zugesagten und einer in einem Sozialplan begründeten Abfindung ist jeweils durch Auslegung beider Regelungen zu bestimmen, wobei im Zweifel von einer Anrechenbarkeit auszugehen ist, soweit Zweckidentität vorliegt.

208 In Aufhebungsverträgen, die mit Rücksicht auf die bevorstehende Betriebsänderung vor Errichtung des Sozialplans abgeschlossen werden, finden sich häufig sog. Nachbesserungsklauseln, wonach die Bestimmungen eines später aufgestellten Sozialplans an Stelle der im Aufhebungsvertrag getroffenen Vereinbarungen gelten sollen, sofern sie günstiger sind. Solche Klauseln sind nach Ansicht des BAG regelmäßig dahin auszulegen, dass ihr Zweck in der Verhinderung allein solcher Nachteile besteht, die daraus resultieren, dass der Arbeitnehmer nicht mehr vom zeitlichen Geltungsbereich des Sozialplans erfasst wird (BAG 6. 8. 1997 AP BetrVG 1972 § 112 Nr. 116 *[Weber],* für den Fall, dass der Sozialplan noch während des Bestands des Arbeitsverhältnisses zustande kommen sollte; BAG 6. 8. 1997 – 10 AZR 714/96 n. v. – für den Fall, dass der Sozialplan erst nach dem rechtlichen Ausscheiden errichtet werden sollte). Hingegen seien sie regelmäßig nicht

dahin zu verstehen, dass der Arbeitnehmer mit den erst nach Aufstellung eines Sozialplans ausscheidenden Arbeitnehmern gleichgestellt werden solle. Treffe daher der Sozialplan ausdrücklich Regelungen für die frühzeitig auf Grund von Aufhebungsverträgen ausgeschiedenen Arbeitnehmer, so seien diese auch dann maßgeblich, wenn die im Sozialplan für die später ausscheidenden Arbeitnehmer vorgesehenen Regelungen günstiger seien (BAG 6. 8. 1997 AP BetrVG 1972 § 112 Nr. 116). Im Zweifel dürfte von einer Anrechenbarkeit etwaiger Leistungen nach § 1 a KSchG auszugehen sein (zur Zulässigkeit einer solchen Anrechung BAG 19. 6. 2007 AP KSchG 1969 § 1 a Nr. 4; zur Anrechnung **tariflicher Abfindungsleistungen** vgl. BAG 14. 11. 2006 AP BetrVG 1972 § 112 Nr. 181; dazu *Oetker*, RdA 2007, 241).

D. Mitbestimmungsverfahren für den Interessenausgleich und Sozialplan

I. Einigung zwischen Unternehmer und Betriebsrat

Das Gesetz geht davon aus, dass die Betriebsparteien über die Herbeiführung eines Interessenausgleichs und die Aufstellung eines Sozialplans **gleichzeitig verhandeln.** Wenn sie sich einigen, fällt die im Gesetz vorgesehene Abgrenzung nicht ins Gewicht. Notwendig ist allein, dass die Einigung schriftlich niedergelegt und vom Unternehmer und Betriebsrat unterschrieben wird (Abs. 1 Satz 1 und 2). Die Bezeichnung ist unerheblich. Keine Rolle spielt, dass ein Sozialplan „Interessenausgleich" genannt wird, wie auch für die Rechtswirksamkeit der Vereinbarung keine Rolle spielt, ob die als „Sozialplan" genannte Vereinbarung Regelungen enthält, die nach der Legaldefinition des Abs. 1 Satz 2 nicht mehr zum Sozialplan, sondern zum Interessenausgleich gehören, z. B. Kündigungsverbote oder Versetzungs- und Umschulungsrichtlinien (s. Rn. 21). 209

Hält der Betriebsrat die vom Unternehmer geplante Betriebsänderung für geboten und verlangt er deshalb **lediglich die Aufstellung eines Sozialplans,** so liegt in der Einigung über ihn konkludent der **Interessenausgleich** über die geplante Betriebsänderung (vgl. BAG 20. 4. 1994 AP BetrVG 1972 § 113 Nr. 27). Möglich ist jedoch auch, dass der Betriebsrat keine Aufstellung eines Sozialplans verlangt, weil er der Auffassung ist, dass mit ihr verbundene wirtschaftliche Nachteile für die Arbeitnehmer hingenommen werden müssen. Die Einigung kann sich in diesem Fall auf den *Interessenausgleich* im gesetzestechnischen Sinn beschränken, also darauf, dass der Betriebsrat der vom Unternehmer geplanten Betriebsänderung zustimmt oder der Unternehmer eine vorgesehene Maßnahme modifiziert bzw. zur Verhütung oder Minderung von wirtschaftlichen Nachteilen für die Arbeitnehmer Kündigungsverbote oder Versetzungs- oder Umschulungspflichten mit dem Betriebsrat vereinbart. 210

Kommt ein **Interessenausgleich** zustande, sei es, dass er genügt, um die Interessen der Arbeitnehmer zu wahren, sei es, dass neben ihm noch ein Sozialplan aufgestellt wird, um die wirtschaftlichen Nachteile, die den Arbeitnehmern infolge der geplanten Betriebsänderung entstehen, auszugleichen oder zu mildern, so ist damit das **Verfahren beendet.** Die Vereinbarung ist schriftlich niederzulegen und vom Unternehmer und Betriebsrat, d. h. vom Vorsitzenden des Betriebsrats, zu unterschreiben (s. auch Rn. 27 ff. und 78). 211

II. Vermittlung durch den Vorstand der Bundesagentur für Arbeit

1. Voraussetzung

a) Können **Unternehmer und Betriebsrat** sich **nicht einigen,** kommt also ein Interessenausgleich über die geplante Betriebsänderung nicht zustande oder kommt es nicht zu 212 einer Einigung über den Sozialplan, so können der Unternehmer oder der Betriebsrat den **Vorstand der Bundesagentur für Arbeit um Vermittlung ersuchen** (Abs. 2 Satz 1). Das Gesetz spricht nicht wie § 72 Abs. 2 BetrVG 1952 schlechthin von einer behördlichen Stelle, sondern bestimmt den Vorstand der Bundesagentur für Arbeit, weil er die Verhältnisse am Arbeitsmarkt und die nach dem SGB III möglichen arbeitsmarktpolitischen Hilfestellungen, wie Umschulungs- und Fortbildungsmaßnahmen sowie deren Finanzierung, kennt (vgl. Begründung zum RegE, BT-Drucks. VI/1786, S. 55; weiterhin *Bovensiepen*, RdA 1975, 288).

213   Daraus folgt, dass der Unternehmer oder der Betriebsrat nicht einseitig andere Behörden zur Vermittlung anrufen können (ebenso GK-*Oetker*, §§ 112, 112a Rn. 199; HSWGNR-*Hess*, § 112 Rn. 155; *Rumpff*, BB 1972, 325, 328). Nicht berührt wird davon, dass der Betriebsrat eine im Betrieb vertretene Gewerkschaft um Vermittlung bitten kann, wie sich aus § 2 Abs. l ergibt. Andere behördliche Stellen können dagegen nicht allein auf Grund der Anrufung durch einen Teil mit der Angelegenheit befasst werden, sondern nur, wenn Unternehmer und Betriebsrat es vereinbaren (ebenso *Kaven*, Recht des Sozialplans, S. 77; *Rumpff*, BB 1972, 325, 329; *Becker*, BlStSozArbR 1974, 54, 56).

214   b) Im **Insolvenzverfahren** über das Vermögen des Unternehmers gilt Abs. 2 Satz 1 mit der Maßgabe, dass dem Verfahren vor der Einigungsstelle nur dann ein Vermittlungsversuch des Vorstands der Bundesagentur für Arbeit vorangeht, wenn der Insolvenzverwalter und der Betriebsrat gemeinsam um eine solche Vermittlung ersuchen (§ 121 InsO).

2. Verfahren

215, 216   a) Abs. 2 Satz 1 räumt dem Vorstand der Bundesagentur für Arbeit ausdrücklich die Möglichkeit ein, die Vermittlungsaufgabe auf andere Bedienstete der Bundesagentur für Arbeit zu übertragen. Eine Übertragung auf andere Personen kommt nicht in Betracht.

217   b) **Jeder Teil,** der Unternehmer wie der Betriebsrat, kann von sich aus den Vorstand der Bundesagentur für Arbeit **um Vermittlung ersuchen.** Die Anrufung seitens des Betriebsrats erfolgt durch den Vorsitzenden auf Grund eines Beschlusses des Betriebsrats i. S. des § 33; von sich aus kann der Vorsitzende den Vorstand der Bundesagentur für Arbeit nicht anrufen.

218   Im **Insolvenzverfahren** über das Vermögen des Unternehmers können der Insolvenzverwalter und der Betriebsrat **nur gemeinsam** um eine Vermittlung ersuchen (§ 121 InsO; s. auch Rn. 214).

219   c) Der **Vermittlungsversuch** durch den Vorstand der Bundesagentur für Arbeit ist **keine Voraussetzung für die Anrufung der Einigungsstelle;** seine Einschaltung ist fakultativ (GK-*Oetker*, §§ 112, 112a Rn. 206; *Fitting*, §§ 112, 112a Rn. 29; GL-*Löwisch*, § 112 Rn. 86; HSWGNR-*Hess*, § 112 Rn. 152; *Rumpff/Boewer*, Mitbestimmung in wirtschaftlichen Angelegenheiten, S. 354; *Knorr*, Sozialplan, S. 57).

220   Ersucht nur ein Teil den Vorstand der Bundesagentur für Arbeit um Vermittlung, so besteht deshalb **kein Einlassungszwang der anderen Seite** (ebenso GL-*Löwisch*, § 112 Rn. 86; *Bovensiepen*, RdA 1975, 288, 290; GK-*Oetker*, §§ 112, 112a Rn. 211). Aus dem Gebot der vertrauensvollen Zusammenarbeit ergibt sich aber, dass der andere Teil sich an einem derartigen Vermittlungsversuch beteiligen muss (ebenso GK-*Oetker*, §§ 112, 112a Rn. 211; *Fitting*, §§ 112, 112a Rn. 31; HSWGNR-*Hess*, § 112 Rn. 158; DKK-*Däubler*, §§ 112, 112a Rn. 4; *Rumpff/Boewer*, Mitbestimmung in wirtschaftlichen Angelegenheiten, S. 354; *Kaven*, Recht des Sozialplans, S. 75; *Knorr*, Sozialplan, S. 58; a. A. GL-*Löwisch*, § 112 Rn. 86). Da er jedoch nicht verpflichtet ist, sich auf den Vermittlungsversuch einzulassen, kann er auch die Einigungsstelle anrufen, womit feststeht, dass der Vermittlungsversuch ergebnislos geblieben ist (ebenso *Bovensiepen*, RdA 1975, 288, 290; HWK-*Hohenstatt/Willemsen*, § 112 Rn. 17; *Kaven*, a. a. O., S. 76).

d) Wird der Vorstand der Bundesagentur für Arbeit um Vermittlung ersucht, so ist er zur **Vermittlung** auch **verpflichtet**; denn der Zweck der gesetzlichen Regelung besteht nicht in der Zuweisung einer Zuständigkeit, sondern in der Begründung einer Aufgabe für den Vorstand der Bundesagentur für Arbeit, wenn Unternehmer oder Betriebsrat ihn um Vermittlung ersuchen (ebenso GK-*Oetker*, §§ 112, 112 a Rn. 203; *Fitting*, §§ 112, 112 a Rn. 30; GL-*Löwisch*, § 112 Rn. 85; DKK-*Däubler*, §§ 112, 112 a Rn. 4; *Rumpff/Boewer*, Mitbestimmung in wirtschaftlichen Angelegenheiten, S. 353).

3. Vermittlungsvorschlag

Der Vorstand der Bundesagentur für Arbeit hat lediglich **zwischen den Parteien zu vermitteln.** Er kann keinen bindenden Einigungsvorschlag machen. Selbstverständlich ist es ihm nicht verwehrt, den Beteiligten einen Vorschlag für eine Einigung zu unterbreiten. Unternehmer und Betriebsrat können ihn auch ermächtigen, eine für sie *verbindliche Entscheidung* zu treffen (ebenso GK-*Oetker*, §§ 112, 112 a Rn. 210; *Kaven*, Recht des Sozialplans, S. 78; *Knorr*, Sozialplan, S. 58; *Becker*, BlStSozArbR 1974, 54, 58; *Bovensiepen*, RdA 1975, 288, 290; a. A. GK-*Fabricius*, 6. Aufl., §§ 112, 112 a Rn. 133; HSWGNR-*Hess*, § 112 Rn. 158; DKK-*Däubler*, §§ 112, 112 a Rn. 4; *Küchenhoff*, § 112 Rn. 8).

Hat der Vermittlungsversuch Erfolg, können sich also Unternehmer und Betriebsrat einigen, so ist das Ergebnis schriftlich niederzulegen und von Unternehmer und Betriebsrat, d. h. vom Vorsitzenden des Betriebsrats oder einer Person, die von diesem bevollmächtigt ist, zu unterschreiben (Abs. 1 Satz 1); eine Unterschrift des Vorstands der Bundesagentur für Arbeit ist nicht erforderlich. Etwas anderes gilt nur dann, wenn ihm die Entscheidung übertragen wurde; dann bedarf die Ermächtigung, wie sich aus entsprechender Anwendung des § 182 Abs. 2 BGB ergibt, nicht der Schriftform, die vom Vorstand der Bundesagentur für Arbeit getroffene Regelung ist hier aber von ihm zu unterzeichnen, weil anderenfalls die Schriftform nicht gewahrt wird (vgl. § 126 BGB).

Kommt eine **Einigung zwischen dem Unternehmer und dem Betriebsrat nicht zustande,** so bleibt der Vermittlungsversuch ergebnislos. Unternehmer oder Betriebsrat können dann nur noch die Einigungsstelle anrufen (Abs. 2 Satz 2).

III. Anrufung der Einigungsstelle

1. Anrufung zum Versuch eines Interessenausgleichs oder zur Aufstellung eines Sozialplans

a) Bleibt der Vermittlungsversuch des Vorstands der Bundesagentur für Arbeit ergebnislos oder wird dieser überhaupt nicht angegangen, so können der **Unternehmer** oder der **Betriebsrat** die Einigungsstelle anrufen (Abs. 2 Satz 2). Die Anrufung durch einen der Beteiligten ist auch möglich, wenn der andere Beteiligte den Vorstand der Bundesagentur für Arbeit um Vermittlung ersucht hat (ebenso LAG Hamm 15. 12. 2003 – 10 TaBV 164/03), womit dessen Zuständigkeit zur vermittelnden Tätigkeit beendet wird und der Vermittlungsversuch als ergebnislos anzusehen ist. Der Vorstand der Bundesagentur für Arbeit nimmt aber auf Ersuchen des Vorsitzenden der Einigungsstelle an der Verhandlung vor der Einigungsstelle teil (Abs. 2 Satz 3).

b) Die Einigungsstelle kann angerufen werden, wenn ein **Interessenausgleich über die geplante Betriebsänderung** oder eine **Einigung über den Sozialplan nicht zustande kommt.** Das ergibt sich aus dem Zusammenhang von Abs. 2 Satz 2 mit Satz 1. Das Verfahren vor der Einigungsstelle kann sich deshalb auf den Versuch eines Interessenausgleichs oder die Aufstellung eines Sozialplans beschränken.

Die **Aufteilung des Einigungsstellenverfahrens** unterliegt im Übrigen der **Disposition des Antragstellers.** Eine Verbindung tritt aber ein, sobald der Antragsgegner – bei

Anrufung durch den Unternehmer also der Betriebsrat – seine Zustimmung zu der geplanten Betriebsänderung von der Aufstellung eines Sozialplans oder bei Meinungsverschiedenheit über den Sozialplan seine Zustimmung zu ihm von einem Interessenausgleich über die geplante Betriebsänderung abhängig macht (vgl. auch LAG Berlin 24. 1. 2006 – 16 TaBV 2293/05).

2. Einlassungszwang

228　Den **Unternehmer** trifft nach dem Gesetzestext **keine Pflicht, die Einigungsstelle anzurufen** (ebenso MünchArbR-*Matthes*, § 269 Rn. 33; *ders.*, FS Wlotzke 1996, S. 393, 398 f.; a. A. DKK-*Däubler*, §§ 112, 112a Rn. 5, dessen Rückgriff auf § 113 insoweit allerdings unzutreffend ist). Der Betriebsrat hat deshalb keinen Anspruch darauf, dass der Unternehmer die Einigungsstelle anruft, sondern er ist darauf verwiesen, von dem ihm zustehenden Antragsrecht Gebrauch zu machen.

229　Obwohl nur bei der Aufstellung des Sozialplans der Spruch der Einigungsstelle die Einigung zwischen Arbeitgeber und Betriebsrat ersetzt (Abs. 4 Satz 2), kann der **Unternehmer** auch **zum Versuch eines Interessenausgleichs** die Einigungsstelle einseitig anrufen. Abs. 2 Satz 2 enthält insoweit eine *lex specialis* zu § 76 Abs. 5 Satz 1; es besteht für den Betriebsrat ein Einlassungszwang (ebenso GL-*Löwisch*, § 112 Rn. 90; *Dütz*, DB 1971, 723; im Ergebnis auch *Fitting*, §§ 112, 112a Rn. 36; a. A. *Matthes*, FS Wlotzke 1996, S. 393, 399 f.). Ebenso kann auch der Betriebsrat die Bildung einer Einigungsstelle für den Versuch eines Interessenausgleichs einseitig herbeiführen.

3. Bildung der Einigungsstelle

230　Die Anrufung der Einigungsstelle erfolgt durch **Aufforderung** des anderen Teils, sich an der **Bildung einer Einigungsstelle zu beteiligen,** sofern nicht durch Betriebsvereinbarung eine ständige Einigungsstelle allgemein oder für Meinungsverschiedenheiten über den Interessenausgleich und den Sozialplan bei geplanten Betriebsänderungen errichtet ist (s. allgemein zur Bildung einer Einigungsstelle § 76 Rn. 41 ff.). Die Einigungsstelle wird auf Antrag einer Seite tätig (s. Rn. 229).

231　Der Antrag muss die **Meinungsverschiedenheit benennen** und Vorschläge zu ihrer Beilegung enthalten. Er kann sich auf den **Versuch eines Interessenausgleichs** oder die **Aufstellung eines Sozialplans** beschränken. Da aber der Antragsgegner seine Bereitschaft zur Einigung davon abhängig machen kann, dass bei einem Interessenausgleich ein Sozialplan aufgestellt wird oder eine Einigung über den Sozialplan von einem Interessenausgleich über die geplante Betriebsänderung abhängig gemacht wird, ist es sachwidrig, dass die Betriebspartner für Interessenausgleich und Sozialplan verschiedene Einigungsstellen bilden. Wird die Einigungsstelle aber durch das Arbeitsgericht bestellt (s. § 76 Rn. 55 ff.), so kann der Antragsteller festlegen, dass ihre Zuständigkeit sich auf den Versuch eines Interessenausgleichs beschränkt (ebenso LAG Berlin 3. 7. 1994 AP BetrVG 1972 § 76 Nr. 52). Die Betriebspartner können zwar auch in diesem Fall den Interessenausgleich von der Aufstellung eines Sozialplans abhängig machen. Die Einigungsstelle hat in diesem Fall aber keine Kompetenz für einen Spruch, der die Einigung zwischen Arbeitgeber und Betriebsrat ersetzt.

IV. Zusammensetzung der Einigungsstelle

232　Für die Zusammensetzung der Einigungsstelle gilt § 76 Abs. 2 (s. dort Rn. 44 ff.). Benennt eine Seite keine Mitglieder oder bleiben die von einer Seite benannten Mitglieder trotz rechtzeitiger Einladung der Sitzung fern, so können der Vorsitzende und die erschienenen Mitglieder das Verfahren eröffnen (vgl. § 76 Abs. 5 Satz 2).

V. Verfahren vor der Einigungsstelle

1. Gestaltung des Verfahrens

Das **Verfahren vor der Einigungsstelle** ist wie auch sonst völlig **frei gestaltet** (s. 233 ausführlich § 76 Rn. 81 ff.). Die Einigungsstelle entscheidet also selbst, ob schriftlich oder mündlich verhandelt werden soll. Eine Grenze ergibt sich nur insoweit, als nach § 76 Abs. 3 Satz 2 die Einigungsstelle ihre Beschlüsse nach mündlicher Beratung mit Stimmenmehrheit fasst, also ein schriftliches Umlaufverfahren nicht genügt (s. § 76 Rn. 96). Auf Ersuchen des Vorsitzenden der Einigungsstelle nimmt ein Mitglied des Vorstands der Bundesagentur für Arbeit oder ein vom Vorstand benannter Bediensteter der Bundesagentur für Arbeit an der Verhandlung teil (Abs. 2 Satz 3); denn seine Einschaltung kann im Einzelfall notwendig sein, um eine sachgerechte Entscheidung zu treffen (vgl. auch die Begründung zum RegE, BT-Drucks. VI/1786, S. 55). Die Hinzuziehung kann sich mit Blick auf Abs. 5 Satz 2 Nr. 2a insbesondere bei geplanten Maßnahmen nach § 216a SGB III empfehlen (s. Rn. 117 ff.).

Das Verfahren vor der Einigungsstelle zerfällt in **zwei Abschnitte mit unterschiedlichen** 234 **Aufgaben:**

(1) Zunächst hat die Einigungsstelle eine **Einigung der Parteien zu versuchen** (Abs. 3 235 Satz 2). **Unternehmer und Betriebsrat** sollen nach dem Gesetzestext zu diesem Zweck der Einigungsstelle **Vorschläge zur Beilegung der Meinungsverschiedenheiten** über den Interessenausgleich und den Sozialplan machen (Abs. 3 Satz 1). Da der Antrag auch Vorschläge enthalten muss, wenn von einer Anrufung der Einigungsstelle die Rede sein soll (s. Rn. 231), wird der Vorsitzende der Einigungsstelle zweckmäßigerweise schon vor Beginn der Verhandlung auch von der anderen Seite Vorschläge anfordern.

Die Einigungsstelle hat zu vermitteln, also darauf hinzuwirken, dass die Parteien zu 236 einer Einigung kommen. Sie hat zu klären, worin die Meinungsverschiedenheiten bestehen, und mit den Parteien zu beraten, wie sie bereinigt werden können. Zu diesem Zweck kann sie auch selbst einen Einigungsvorschlag unterbreiten, und zwar nicht nur für die Aufstellung eines **Sozialplans,** sondern auch für den **Interessenausgleich.**

Soweit die Einigungsstelle selbst Vorschläge zur Beilegung der Meinungsverschieden- 237 heiten macht, ist auf die **Beschlussfassung** § 76 Abs. 3 anzuwenden (ebenso *Matthes,* DB 1972, 286, 288). Gelingt es, eine Einigung der Beteiligten herbeizuführen, so ist diese schriftlich niederzulegen und von den Parteien, d.h. von dem Unternehmer oder seinem Vertreter und dem Vorsitzenden des Betriebsrats sowie vom Vorsitzenden der Einigungsstelle zu unterzeichnen (Abs. 3 Satz 3). Für die Wahrung der Schriftform als Wirksamkeitsvoraussetzung für den Interessenausgleich und den Sozialplan genügt aber die Unterschrift der Betriebspartner (s. Rn. 27 ff. und 78; zur – mangelnden – Ersetzbarkeit durch die elektronische Form Rn. 26, 78). Der Betriebsratsvorsitzende ist zur Unterzeichnung nur nach einer entsprechenden Beschlussfassung des Betriebsrates befugt. Der Beschluss hat dabei die fertig ausgehandelten Dokumente zum Gegenstand (großzügiger BAG 24.2.2000 AP KSchG 1969 § 1 Namensliste Nr. 7).

(2) **Scheitert der Einigungsversuch,** so ist in den zweiten Abschnitt des Verfahrens 238 überzuleiten. **Gegenstand des Verfahrens** ist dann **nur** noch die **Aufstellung eines Sozialplans.** Die Einigungsstelle ist nicht befugt, eine Entscheidung darüber zu treffen, ob und wie der Unternehmer eine geplante Betriebsänderung durchzuführen hat. Sie kann auch keine Folgeregelung treffen, wie wirtschaftliche Nachteile für die von der Betriebsänderung betroffenen Arbeitnehmer durch eine Modifikation der Betriebsänderung verhütet werden; denn eine derartige Regelung kann nicht im Sozialplan getroffen werden (s. Rn. 21 f.). Möglich ist aber, dass die Betriebspartner auch noch in diesem Verfahrensstadium einen Interessenausgleich vornehmen. Die Einigungsstelle hat jedoch insoweit keine Befugnis zur Entscheidung; sie hat aber als Datum ihrer Entscheidung zugrunde zu legen, was die Betriebspartner noch freiwillig vereinbaren.

2. Spruch über die Aufstellung eines Sozialplans

239 Kommt keine Einigung über den Sozialplan zustande, so entscheidet die Einigungsstelle **verbindlich** über die **Aufstellung eines Sozialplans** (Abs. 4). Die Einigungsstelle wird auch insoweit nur auf Antrag, nicht von Amts wegen tätig. Bei ihrer Entscheidung hat sie die in Abs. 5 festgelegten Ermessensgrenzen einzuhalten (s. Rn. 139 ff.).

240 Der **Spruch der Einigungsstelle** ersetzt die **Einigung zwischen Arbeitgeber und Betriebsrat** (Abs. 4 Satz 2). Daraus folgt, dass der erzwungene Sozialplan dieselben Rechtswirkungen hat wie der vereinbarte Sozialplan (s. zu den Rechtswirkungen Rn. 175 ff.).

241 Der Spruch der Einigungsstelle unterliegt der **arbeitsgerichtlichen Rechtskontrolle** (s. § 76 Rn. 114 ff.). Wird geltend gemacht, dass die Einigungsstelle nicht die in Abs. 5 festgelegten Ermessensgrenzen eingehalten hat, so gilt § 76 Abs. 5 Satz 4. Sowohl der Arbeitgeber als auch der Betriebsrat können die Unwirksamkeit des erzwungenen Sozialplans wegen Überschreitung der Ermessensgrenzen nur binnen einer Frist von zwei Wochen, vom Tag der Zuleitung des Beschlusses an gerechnet, beim Arbeitsgericht geltend machen (ebenso BAG 14. 9. 1994 AP BetrVG 1972 § 112 Nr. 87; s. auch § 76 Rn. 128). Ebenso kann die **Höhe der** in einem Spruch der Einigungsstelle **festgesetzten Abfindungen** nach Ansicht des BAG auch dann nur innerhalb der Zweiwochenfrist geltend gemacht werden, wenn die Einigungsstelle bei der Festsetzung der einzelnen Faktoren für die Berechnung der Abfindungen einem Rechtsirrtum unterlegen ist. Setze die Einigungsstelle nämlich einen Faktor zu Unrecht oder zu hoch an, so ändere das nichts daran, dass es sich im Ergebnis um eine Entscheidung über die Höhe der Abfindungen und damit um eine Ermessensentscheidung handelt (BAG 1. 4. 1998 AP BetrVG 1972 § 112 Nr. 123).

VI. Ersetzung des Versuchs eines Interessenausgleichs durch die Zustimmung des Arbeitsgerichts im Insolvenzverfahren

242 Nach § 122 Abs. 1 Satz 1 und 2, Abs. 2 InsO kann der **Insolvenzverwalter** drei Wochen nach der Unterrichtung des Betriebsrats über die geplante Betriebsänderung und Verhandlungsbeginn oder schriftlicher Aufforderung zur Aufnahme von Verhandlungen das **Arbeitsgericht** mit dem Ziel anrufen, die **Zustimmung zur Durchführung der Betriebsänderung** zu erhalten (s. Anhang zu § 113 Rn. 20).

E. Streitigkeiten

243 Bestehen **Meinungsverschiedenheiten über den Beteiligungstatbestand** oder das **Beteiligungsverfahren,** so entscheidet das **Arbeitsgericht im Beschlussverfahren** (§ 2 a Abs. 1 Nr. 1, Abs. 2 i. V. mit §§ 80 ff. ArbGG).

244 Der **Spruch der Einigungsstelle** unterliegt der **arbeitsgerichtlichen Rechtskontrolle.** Arbeitgeber oder Betriebsrat können zur Nachprüfung ein Beschlussverfahren vor dem Arbeitsgericht einleiten. Wird geltend gemacht, dass die Einigungsstelle bei der Aufstellung des Sozialplans gegen Abs. 5 verstoßen hat, so handelt es sich um eine **Überschreitung der Grenzen des Ermessens,** die durch den Arbeitgeber oder den Betriebsrat nur binnen einer Frist von zwei Wochen, vom Tage der Zuleitung des Beschlusses an gerechnet, beim Arbeitsgericht geltend gemacht werden kann (§ 76 Abs. 5 Satz 4; s. auch Rn. 241). Der Mangel der Zuständigkeit der Einigungsstelle kann dagegen jederzeit geltend gemacht werden. Hier ist aber zu unterscheiden, ob lediglich die Grenzen des Mitbestimmungsrechts oder zugleich auch die Schranken der Betriebsvereinbarungsautonomie überschritten werden. Im ersteren Fall kann dies nur der Arbeitgeber beanstanden. Im letzteren Fall kann der Sozialplan als Betriebsvereinbarung unwirksam sein.

I. Vorbemerkung § 112 a

Darauf können sich auch die betroffenen Arbeitnehmer in einem Rechtsstreit mit dem Arbeitgeber berufen, so dass insoweit eine Inzidentkontrolle durch das Arbeitsgericht im Urteilsverfahren erfolgt (vgl. BAG 7. 8. 1975 AP BGB § 242 Ruhegehalt Nr. 169).

§ 112 a Erzwingbarer Sozialplan bei Personalabbau, Neugründungen

(1) ¹Besteht eine geplante Betriebsänderung im Sinne des § 111 Satz 3 Nr. 1 allein in der Entlassung von Arbeitnehmern, so findet § 112 Abs. 4 und 5 nur Anwendung, wenn
1. in Betrieben mit in der Regel weniger als 60 Arbeitnehmern 20 vom Hundert der regelmäßig beschäftigten Arbeitnehmer, aber mindestens 6 Arbeitnehmer,
2. in Betrieben mit in der Regel mindestens 60 und weniger als 250 Arbeitnehmern 20 vom Hundert der regelmäßig beschäftigten Arbeitnehmer oder mindestens 37 Arbeitnehmer,
3. in Betrieben mit in der Regel mindestens 250 und weniger als 500 Arbeitnehmern 15 vom Hundert der regelmäßig beschäftigten Arbeitnehmer oder mindestens 60 Arbeitnehmer,
4. in Betrieben mit in der Regel mindestens 500 Arbeitnehmern 10 vom Hundert der regelmäßig beschäftigten Arbeitnehmer, aber mindestens 60 Arbeitnehmer

aus betriebsbedingten Gründen entlassen werden sollen. ²Als Entlassung gilt auch das vom Arbeitgeber aus Gründen der Betriebsänderung veranlasste Ausscheiden von Arbeitnehmern aufgrund von Aufhebungsverträgen.

(2) ¹§ 112 Abs. 4 und 5 findet keine Anwendung auf Betriebe eines Unternehmens in den ersten vier Jahren nach seiner Gründung. ²Dies gilt nicht für Neugründungen im Zusammenhang mit der rechtlichen Umstrukturierung von Unternehmen und Konzernen. ³Maßgebend für den Zeitpunkt der Gründung ist die Aufnahme einer Erwerbstätigkeit, die nach § 138 der Abgabenordnung dem Finanzamt mitzuteilen ist.

Abgekürzt zitiertes Schrifttum: *Träxler*, Betriebsänderung nach § 111 S. 2 Nr. 1 BetrVG und Sozialplanpflicht, Diss. Regensburg 1993.

Übersicht

	Rn.
I. Vorbemerkung	1
II. Erzwingbarer Sozialplan bei Personalabbau	3
1. Personalabbau ohne Änderung der sächlichen Betriebsmittel	3
2. Staffel für die Sozialplanpflicht	9
III. Betriebsänderungen in neu gegründeten Unternehmen	12
1. Sozialplanprivileg bei Neugründung eines Unternehmens	12
2. Neugründungen im Zusammenhang mit der rechtlichen Umstrukturierung von Unternehmen und Konzernen	17

I. Vorbemerkung

Die Vorschrift ist durch Art. 2 Nr. 2 Beschäftigungsförderungsgesetz 1985 (BeschFG 1985) vom 30. 4. 1985 (BGBl. I S. 710) in das Gesetz eingefügt worden. Sie trat am 1. 5. 1985 in Kraft. Wie durch die Neugestaltung des § 112 Abs. 4 und 5 wollte der Gesetzgeber durch sie einen Beitrag zur Beseitigung der Arbeitslosigkeit leisten. Die Sozialplanpflicht sollte kein Hinderungsgrund sein, von Neueinstellungen nur deshalb abzusehen, weil ein späterer Personalabbau zu schnell eine Sozialplanpflicht auslöst; es sollte insbesondere ein Anreiz geschaffen werden, Unternehmen neu zu gründen und damit zusätzliche Arbeitsplätze zu schaffen (vgl. Begründung des RegE, BT-Drucks. 10/ 1

2102, S. 17). Abgesehen von einer redaktionellen Änderung im Eingangssatz von Abs. 1 wurde Abs. 1 Nr. 1 durch das BetrVerf-Reformgesetz vom 23. 7. 2001 (BGBl. I S. 1852) insoweit geändert, als die bis dahin vorgesehene Mindestschwelle hinsichtlich der Betriebsgröße von „mehr als 20" Arbeitnehmern ersatzlos gestrichen wurde.

2 Die Bestimmung begrenzt **nicht** die **Beteiligungspflicht des Betriebsrats** in den hier genannten Fällen. Da sie nur die Anwendung des § 112 Abs. 4 und 5 einschränkt, bleiben die Beteiligungsrechte des Betriebsrats nach §§ 111 bis 113 im Übrigen unberührt (so ausdrücklich die Begründung des RegE, BT-Drucks. 10/2102, S. 27). Eingeschränkt wird also nur die *Erzwingbarkeit* von Sozialplänen, nicht aber die Pflicht des Unternehmers, einen Interessenausgleich zu versuchen (s. § 111 Rn. 11), wenn er Nachteilsausgleichsansprüche der Arbeitnehmer nach § 113 Abs. 3 vermeiden will (ebenso BAG 8. 11. 1988 AP BetrVG 1972 § 113 Nr. 18; gegen die Möglichkeit der Entstehung von Nachteilsausgleichsansprüchen *Heinze*, NZA 1987, 41, 50 f.; zum Begriff des Versuchs eines Interessenausgleichs näher § 113 Rn. 29 ff.). Die Betriebspartner können auch einen freiwilligen Sozialplan (s. § 112 Rn. 77 ff.) vereinbaren. Das Gesetz errichtet insoweit keine Schranke, sondern verbietet nur, dass der Betriebsrat seine Aufstellung durch Anrufung der Einigungsstelle erzwingen kann (vgl. Begründung des RegE, BT-Drucks. 10/2102, S. 17). Nicht ausgeschlossen wird hingegen das Recht des Betriebsrats, die Einigungsstelle nach § 112 Abs. 2, 3 auch zum Zwecke der Herbeiführung einer Verhandlung über einen Sozialplan anzurufen, wobei den Unternehmer ein Einlassungszwang trifft (*Heinze*, NZA 1987, 41, 50; DKK-*Däubler*, §§ 112, 112 a Rn. 38 hält den AG für verpflichtet, von sich aus einen Sozialplan vorzuschlagen; a. A. *Schweibert*, Willemsen/Hohenstatt/Schweibert/Seibt, Umstrukturierung und Übertragung von Unternehmen, C 219; s. auch *Willemsen*, DB 1990, 1405, 1413).

II. Erzwingbarer Sozialplan bei Personalabbau

1. Personalabbau ohne Änderung der sächlichen Betriebsmittel

3 a) Nach Abs. 1 ist die Anwendbarkeit des § 112 Abs. 4 und 5 eingeschränkt, wenn eine geplante Betriebsänderung i. S. des § 111 Satz 3 Nr. 1 allein in der Entlassung von Arbeitnehmern besteht. Diese Form der Betriebsänderung stellt einen besonders modifizierten Unterfall des § 111 Satz 3 Nr. 1 dar. Der Unterschied liegt bereits in der verschiedenen Tatbestandsabgrenzung, die hier darauf abstellt, dass die geplante Betriebsänderung *allein* in der *Entlassung von Arbeitnehmern* besteht. Ergibt sich die Betriebsänderung schon aus anderen Umständen, greift das Sozialplanprivileg des Abs. 1 auch dann nicht ein, wenn eine geringere als die dort genannte Zahl von Arbeitnehmern entlassen wird. Allerdings wird die Beschränkung der Sozialplanpflicht nicht schon dadurch aufgehoben, dass zu einem Personalabbau sonstige Maßnahmen hinzukommen, solange dadurch nicht die Grenze zu einer anders als durch bloßen Personalabbau begründeten Betriebsänderung überschritten wird (BAG 28. 3. 2006 AP BetrVG 1972 § 112 a Nr. 12).

4 Deshalb gilt Abs. 1 **nicht** für eine **Betriebsstilllegung**, auch wenn wegen der Versetzung in andere Betriebe weniger Arbeitnehmer entlassen werden, als hier in der Staffel festgelegt sind. Wird nämlich ein Betrieb stillgelegt, so wird die organisatorische Einheit, die den Betrieb bildet, aufgelöst. Die Stilllegung des ganzen Betriebs ist daher stets eine sozialplanpflichtige Betriebsänderung.

5 Bei einer **Betriebseinschränkung** ist Abs. 1 Satz 1 nur dann unanwendbar, wenn die weiteren Maßnahmen des Arbeitgebers als solche, und sei es unter Berücksichtigung des Personalabbaus, die Schwelle zur Betriebsänderung überschreiten (BAG 28. 3. 2006 AP BetrVG 1972 § 112 a Nr. 12).

6 Ein besonderes Gewicht erhält hier, dass § 111 Satz 3 Nr. 1 der Betriebsstilllegung und -einschränkung die **Stilllegung oder Einschränkung eines wesentlichen Betriebsteils**

gleichstellt (s. § 111 Rn. 68). Die Stilllegung eines wesentlichen Betriebsteils beschränkt sich wie die Stilllegung des ganzen Betriebs nicht allein auf die Entlassung von Arbeitnehmern. Wird also ein Betriebsteil stillgelegt, so ist entscheidend, ob es sich bei ihm um einen wesentlichen Betriebsteil handelt. In diesem Fall ist seine Stilllegung stets eine sozialplanpflichtige Betriebsänderung, auch wenn kein Arbeitnehmer entlassen wird (ebenso MünchArbR-*Matthes*, § 268 Rn. 28).

b) Der Gesetzestext verlangt eine **Entlassung von Arbeitnehmern**. Der **Begriff der Entlassung** deckt sich mit dem Entlassungsbegriff in § 113 (s. dort Rn. 37 ff.). Neben dem tatbestandlichen Merkmal einer Entlassung ist daher auch die *causa* der Entlassung von Bedeutung. Nicht mitgezählt werden deshalb nicht nur die Arbeitnehmer, die in einen anderen Betrieb versetzt werden oder deren Arbeitsverhältnis auf Grund einer Befristung oder eigener (nicht vom Arbeitgeber veranlasster) Kündigung endet, sondern wegen der Notwendigkeit, dass die Entlassung **infolge einer geplanten Betriebsänderung i. S. des § 111 Satz 3 Nr. 1** eintritt, auch die Arbeitnehmer, denen der Arbeitgeber aus personen- oder verhaltensbedingten Gründen kündigt (ebenso MünchArbR-*Matthes*, § 268 Rn. 23). Eine **Entlassung** i. S. des Abs. 1 ist nur anzunehmen, wenn der Arbeitnehmer, wie es klarstellend am Schluss des Satzes 1 in Abs. 1 heißt, aus **betriebsbedingten Gründen** entlassen wird. Dazu zählt vor allem, dass die Entlassung auf einer betriebsbedingten Kündigung des Arbeitgebers beruht. Gleichzustellen ist aber der Fall, dass der Arbeitgeber den Arbeitnehmer mit Rücksicht auf die von ihm geplante Betriebsänderung dazu veranlasst, sein Arbeitsverhältnis selbst zu kündigen (ebenso BAG 23. 8. 1988 AP BetrVG 1972 § 113 Nr. 17). Nach Abs. 1 Satz 2 gilt als Entlassung auch das vom Arbeitgeber aus Gründen der Betriebsänderung veranlasste Ausscheiden von Arbeitnehmern auf Grund von Aufhebungsverträgen (s. zur Veranlassung näher § 112 Rn. 109 ff.).

Allerdings ist auch hier eine **Subjektivierung** derart vorzunehmen, dass es allein darauf ankommt, ob nach den Planungen des Unternehmers Entlassungen in entsprechender Zahl notwendig sein werden. Vorgesehene Änderungskündigungen sind dabei Beendigungskündigungen gleichzustellen (s. § 111 Rn. 77).

2. Staffel für die Sozialplanpflicht

Wegen seiner Tatbestandsvoraussetzungen ist der Anwendungsbereich des Abs. 1 Satz 1 sehr begrenzt. Soweit sie erfüllt sind, ist ein Sozialplan nur erzwingbar, wenn die in Abs. 1 Satz 1 genannten Zahlen erreicht werden, also in Betrieben mit in der Regel (s. § 1 Rn. 114)

1. bis 59 Arbeitnehmern — 20 Prozent der Arbeitnehmer, aber mindestens 6 Arbeitnehmer,
2. 60–249 Arbeitnehmern — 20 Prozent der Arbeitnehmer, oder mindestens 37 Arbeitnehmer,
3. 250–499 Arbeitnehmern — 15 Prozent der Arbeitnehmer, oder mindestens 60 Arbeitnehmer,
4. ab 500 Arbeitnehmern — 10 Prozent der Arbeitnehmer, aber mindestens 60 Arbeitnehmer,

aus betriebsbedingten Gründen entlassen werden.

Diese betriebsbezogenen Schwellenwerte sind auch in gemeinsamen Betrieben mehrerer Unternehmen (§ 1 Satz 2) maßgeblich, wobei allerdings zusätzlich zu beachten ist, dass die Frage, ob der in § 111 Satz 1 verankerte unternehmensbezogene Schwellenwert überschritten wird, jeweils eine nach den beteiligten Unternehmen differenzierende Beurteilung erfordert (s. § 111 Rn. 26).

Die nach § 112 a für die Sozialplanpflicht maßgeblichen Zahlengrenzen liegen höher als die im Rahmen des § 111 Satz 3 Nr. 1 zur Beurteilung des Vorliegens einer lediglich in einem Personalabbau liegenden Betriebsänderung in Anlehnung an § 17 KSchG herangezogenen Schwellenwerte (dazu § 111 Rn. 70 ff., 80). Daraus folgt, dass eine allein in der Entlassung von Arbeitnehmern bestehende, nach § 111 Satz 3 Nr. 1 beteiligungspflichtige Betriebsänderung nicht stets sozialplanpflichtig ist, wie das folgende Schaubild zeigt.

§ 111 Satz 3 Nr. 1 BetrVG		§ 112 a Abs. 1 BetrVG	
Betriebsgröße	Arbeitnehmerzahl	Betriebsgröße	Arbeitnehmerzahl
bis 20	? (s. § 111 Rn. 74)	Bis 59	20%, mindestens 6
21–59	6 und mehr	60–249	20% oder 37 und mehr
60–499	10% oder 26 und mehr	250–499	15% oder 60 und mehr
500 und mehr	30, mindestens 5%	500 und mehr	10%, mindestens 60

III. Betriebsänderungen in neu gegründeten Unternehmen

1. Sozialplanprivileg bei Neugründung eines Unternehmens

12 Nach Abs. 2 Satz 1 entfällt die Sozialplanpflicht bei Betriebsänderungen von Unternehmen **in den ersten vier Jahren nach ihrer Gründung**. Maßgebend ist insoweit der Beginn der Durchführung der Betriebsänderung (DKK-*Däubler*, §§ 112, 112 a Rn. 34; a. A. *Rumpff/Boewer*, Mitbestimmung in wirtschaftlichen Angelegenheiten, S. 362: Zeitpunkt der (endgültigen) Unternehmerentscheidung; a. A. *Etzel*, Betriebsverfassungsrecht Rn. 1069, der auf das Ende der Durchführung abstellt; a. A. GK-*Oetker*, §§ 112, 112 a Rn. 240, wonach auf den (hypothetischen) Spruch der Einigungsstelle abzustellen sei). Wie in der Begründung des RegE klargestellt wird, knüpft die Ausnahmeregelung an die Neugründung des *Unternehmens*, nicht des *Betriebs* an (BT-Drucks. 10/2102, S. 28; vgl. auch BAG 13. 6. 1989 AP BetrVG 1972 § 112 a Nr. 3; *Loritz*, NZA 1993, 1105, 1107). Der Gesetzgeber will die Gründung neuer Unternehmen erleichtern. Er hat ihre Befreiung von der Sozialplanpflicht nicht zusätzlich davon abhängig gemacht, dass die Neugründung des Unternehmens unmittelbar auch mit der Schaffung neuer Arbeitsplätze verbunden ist (so zutreffend BAG 13. 6. 1989 AP BetrVG 1972 § 112 a Nr. 3). Die Gesetzesregelung beruht auf der Erkenntnis, dass gerade bei Neugründung eines Unternehmens beteiligungspflichtige Betriebsänderungen häufig sein werden, um dem Unternehmen die Existenz auf dem Markt zu sichern.

13 Maßgebend ist deshalb ausschließlich das **Alter des Unternehmens**, nicht das Alter eines Betriebs (ebenso BAG 13. 6. 1989 AP BetrVG 1972 § 112 a Nr. 3 *[Willemsen]*; BAG 22. 2. 1995 AP BetrVG 1972 § 112 a Nr. 7 und 8; BAG 27. 6. 2006 AP BetrVG 1972 § 112 a Nr. 14). Das Sozialplanprivileg gilt also nicht für Unternehmen, die länger als vier Jahre bestehen, wenn sie einen neuen Betrieb gründen (ebenso *Fitting*, §§ 112, 112 a Rn. 108; DKK-*Däubler*, §§ 112, 112 a Rn. 34; *Wlotzke*, NZA 1984, 217, 222).

14 Maßgebend für den **Zeitpunkt der Gründung** ist die tatsächliche Aufnahme einer Erwerbstätigkeit, die nach § 138 AO dem Finanzamt mitzuteilen ist (Abs. 2 Satz 3). Auf den Zeitpunkt der Anzeige an das Finanzamt kommt es nicht an (DKK-*Däubler*, §§ 112, 112 a Rn. 34). Es kommt also für Abs. 2 nicht auf den Bestand des Rechtsträgers, sondern auf die Dauer der ausgeübten unternehmerischen Tätigkeit an. Das Sozialplanprivileg greift daher insbesondere auch dann ein, wenn eine GmbH als sog. **Vorratsgesellschaft** bereits länger existiert hat, ohne unternehmerisch tätig gewesen zu sein.

15 Das Sozialplanprivileg gilt auch, wenn das neugegründete Unternehmen einen **Betrieb übernimmt**, der selbst **länger als vier Jahre besteht**, und in ihm eine beteiligungspflichtige Betriebsänderung erfolgt (ebenso BAG 13. 6. 1989 AP BetrVG 1972 § 112 a Nr. 3 [zust.

Willemsen]; bestätigt durch BAG 22. 2. 1995, AP BetrVG 1972 § 112 a Nr. 7, 8; BAG 10. 12. 1996, AP BetrVG 1972 § 112 Nr. 110; BAG 27. 6. 2006 AP BetrVG 1972 § 112 a Nr. 14; *Fitting*, §§ 112, 112 a Rn. 109; HSWGNR-*Hess*, § 112 a Rn. 16 c; *Bauer*, Betriebsänderungen, S. 88 f.; *Knorr*, Sozialplan, S. 93 f.; *v. Hoyningen-Huene*, NJW 1985, 1801, 1807; *Heinze*, NZA 1987, 41, 49; *Reichold*, RdA 2007, 372; *Schweibert*, Willemsen/Hohenstatt/Schweibert/Seibt, Umstrukturierung und Übertragung von Unternehmen, C 223; *Willemsen*, DB 1990, 1405, 1406 f.; *Loritz*, NZA 1993, 1105, 1109 f.; a. A. DKK-*Däubler*, §§ 112, 112 a Rn. 35 unter unzutreffender Berufung auf angebliche europarechtliche Vorgaben; *Rumpff/Boewer*, Mitbestimmung in wirtschaftlichen Angelegenheiten, S. 361), wobei allerdings ein **rechtsmissbräuchliches Verhalten** vorliegen kann, wenn der Betrieb nur zum Zwecke der Stilllegung auf ein neugegründetes Unternehmen übertragen wird (BAG 13. 6. 1989 AP BetrVG 1972 § 112 a Nr. 3; BAG 10. 12. 1996 AP BetrVG 1972 § 112 Nr. 110; BAG 27. 6. 2006 AP BetrVG 1972 § 112 a Nr. 14). § 613 a BGB schützt nicht vor dem Verlust der Sozialplanpflicht wegen Übergangs auf ein neu gegründetes Unternehmen (BAG 27. 6. 2006 AP BetrVG 1972 § 112 a Nr. 14).

Aus der Notwendigkeit einer streng unternehmensbezogenen Betrachtung ergibt sich auch hier mit Blick auf einen **gemeinsamen Betrieb,** dass die Sozialplanpflichtigkeit für jedes beteiligte Unternehmen gesondert zu beurteilen ist, weshalb sich ein neugegründetes Unternehmen nach dem Erwerb eines Betriebsteils von einem älteren Unternehmen auch dann auf das Privileg des Abs. 2 berufen kann, wenn es auf Betriebsebene zu keinerlei Änderung kommt. **16**

2. Neugründungen im Zusammenhang mit der rechtlichen Umstrukturierung von Unternehmen und Konzernen

Die **Befreiung von der Sozialplanpflicht** gilt nicht für Neugründungen im Zusammenhang mit der rechtlichen Umstrukturierung von Unternehmen und Konzernen (Abs. 2 Satz 2). Dadurch soll verhindert werden, dass Unternehmen durch Umwandlung in den Genuss des Sozialplanprivilegs gelangen (s. auch § 112 Rn. 87). Die tatbestandliche Abgrenzung ist unpräzise (vgl. *Loritz*, NZA 1993, 1105, 1111). Nach der Begründung des RegE hat der Gesetzgeber, da die Gestaltungsformen, in denen eine rechtliche Umstrukturierung geschehen könne, vielfältig seien, es aber nicht auf die gewählte rechtliche Konstruktion ankommen solle, „nur eine allgemeine Umschreibung" verwendet (BT-Drucks. 10/2102, S. 28). Die Begründung nennt als Beispiele: die „Verschmelzung von Unternehmen auf ein neugegründetes Unternehmen, Umwandlung auf ein neugegründetes Unternehmen, die Auflösung eines Unternehmens und Übertragung seines Vermögens auf ein neugegründetes Unternehmen, die Aufspaltung eines Unternehmens auf mehrere neugegründete Unternehmen oder die Abspaltung von Unternehmensteilen auf neugegründete Tochtergesellschaften". **17**

Nach dem Gesetzeszweck soll die Befreiung von der Sozialplanpflicht dem **unternehmerischen Neuanfang** zugute kommen, auch wenn bestehende Betriebe übernommen werden. Sie greift deshalb nicht ein, wenn ein bisher verfolgtes unternehmerisches Engagement nur in einer neuen Rechtsform, wenn auch mit erweiterter Zielsetzung, aufrecht erhalten wird (ebenso BAG 22. 2. 1995 AP BetrVG 1972 § 112 a Nr. 8 [unter B II 2]; zu Mischfällen *Dross*, Besonderheiten des Sozialplans im Konzern, 1999, S. 48 ff.). Unter Abs. 2 Satz 2 fallen deshalb die Neugründungen, die aus einer **Umwandlung nach dem Umwandlungsgesetz** hervorgehen, also durch Verschmelzung, Spaltung, Vermögensübertragung oder Formwechsel gebildet werden. Nicht notwendig ist, dass ein bestehendes Unternehmen in seiner rechtlichen Struktur verändert wird. Eine rechtliche Umstrukturierung liegt auch vor, wenn der Alleingesellschafter und Geschäftsführer der Komplementär-GmbH einer KG eine neue GmbH gründet und diese von der KG einen Betrieb übernimmt (BAG 22. 2. 1995 AP BetrVG 1972 § 112 a **18**

Nr. 7). Nicht notwendig ist, dass die Unternehmensteile, die in dem neu gegründeten Unternehmen zusammengefasst werden, bisher zu demselben Unternehmen oder einem anderen Unternehmen des Konzerns gehörten. Nach Ansicht des BAG liegt deshalb Abs. 2 Satz 2 auch vor, wenn zwei Unternehmen einzelne Betriebe einem neu gegründeten Unternehmen übertragen, das als **Gemeinschaftsunternehmen** die Betriebe mit einer auf dem Zusammenschluss beruhenden unternehmerischen Zielsetzung fortführen soll (BAG 22. 2. 1995 AP BetrVG 1972 § 112 a Nr. 8). Der auch hier maßgebliche Gesichtspunkt, dass nur bestehende unternehmerische Aktivitäten in neuer Rechtsform wahrgenommen werden, liegt dagegen nicht mehr vor, wenn ein Unternehmen eine **Tochtergesellschaft gründet**, um einen **fremden Betrieb (Drittbetrieb) zu übernehmen**. Für diesen Fall gilt die Befreiung von der Sozialplanpflicht nach Abs. 2 Satz 1 (ebenso *Willemsen*, DB 1990, 1405, 1408; *Loritz*, NZA 1993, 1105, 1111). Das gilt jedoch nur, wenn der Veräußerer nicht zum Konzern des Erwerbers gehört; denn im letzteren Fall werden nur bestehende unternehmerische Aktivitäten innerhalb eines Konzerns in eine andere Rechtsform gebracht.

19 Fraglich ist, ob Abs. 2 Satz 2 nur Unterordnungskonzerne oder auch Gleichordnungskonzerne erfasst. Dem Wortlaut nach betrifft diese Bestimmung angesichts der in § 54 Abs. 1 für den gesamten Bereich des BetrVG einschlägigen (s. § 54 Rn. 3) definitorischen Verweisung auf § 18 Abs. 1 AktG nur Unterordnungskonzerne. Weder aus der Entstehungsgeschichte noch im Wege der teleologischen Interpretation lässt sich ein anderes Ergebnis begründen. Denn bei der nachträglichen Einfügung des § 112 a hat man sich über den Konzernbegriff keine Gedanken gemacht (Begr. RegE, 10/2102, S. 28). Insbesondere sind keine Hinweise darauf vorhanden, dass der Konzernbegriff hier anders als nach der in den §§ 8 Abs. 1 Satz 2, 54 Abs. 1 Satz 1 enthaltenen allgemeinen Definition zu bestimmen ist. Allein aus dem Umstand, dass dies zu einem teleologisch sinnvollen Ergebnis führen würde, lässt sich die Einbeziehung auch der Gleichordnungskonzerne nicht begründen, da ihre Ausklammerung auch in den übrigen Bestimmungen des Gesetzes bisweilen wenig sachgerecht erscheint (siehe nur *Oetker*, ZfA 1986, 177, 182). Dem Wortlaut sowie der Systematik des Gesetzes folgend, ist daher davon auszugehen, dass auch hier nur Unterordnungskonzerne angesprochen sind.

§ 113 Nachteilsausgleich

(1) **Weicht der Unternehmer von einem Interessenausgleich über die geplante Betriebsänderung ohne zwingenden Grund ab, so können Arbeitnehmer, die infolge dieser Abweichung entlassen werden, beim Arbeitsgericht Klage erheben mit dem Antrag, den Arbeitgeber zur Zahlung von Abfindungen zu verurteilen; § 10 des Kündigungsschutzgesetzes gilt entsprechend.**

(2) **Erleiden Arbeitnehmer infolge einer Abweichung nach Absatz 1 andere wirtschaftliche Nachteile, so hat der Unternehmer diese Nachteile bis zu einem Zeitraum von zwölf Monaten auszugleichen.**

(3) **Die Absätze 1 und 2 gelten entsprechend, wenn der Unternehmer eine geplante Betriebsänderung nach § 111 durchführt, ohne über sie einen Interessenausgleich mit dem Betriebsrat versucht zu haben, und infolge der Maßnahme Arbeitnehmer entlassen werden oder andere wirtschaftliche Nachteile erleiden.**

Abgekürzt zitiertes Schrifttum: *Rebel*, Grundprobleme des Nachteilsausgleichs gemäß § 113 Abs. 3 BetrVG, 2008; *Schlüter*, Die konkursrechtliche Behandlung der Sozialplananspräche und der Ausgleichsansprüche nach § 113 BetrVG, (Diss. Münster) 1977; *Spinti*, Die Ansprüche aus Sozialplan (§ 112 BetrVG 72) und Nachteilsausgleich (§ 113 BetrVG 72) bei Insolvenz des Arbeitgebers, (Diss. Berlin) 1989; *Willemsen*, Arbeitnehmerschutz bei Betriebsänderungen im Konkurs, (Diss. Köln) 1980.

A. Vorbemerkung § 113

Übersicht

	Rn.
A. Vorbemerkung	1
I. Überblick	1
II. Zweck des gesetzlichen Nachteilsausgleichs	2
III. Vorübergehende Ergänzung durch das Arbeitsrechtliche Beschäftigungsförderungsgesetz	6
B. Voraussetzungen des gesetzlichen Nachteilsausgleichs	7
I. Abweichung vom Interessenausgleich	7
1. Bindungswirkung des Interessenausgleichs	7
2. Zwingender Grund für eine Abweichung	12
3. Kausalität der Abweichung für die Entlassung oder andere wirtschaftliche Nachteile	19
II. Betriebsänderung ohne Versuch eines Interessenausgleichs	23
1. Unterschiedlicher Tatbestand	23
2. Fehlen des Versuchs eines Interessenausgleichs	24
3. Versuch eines Interessenausgleichs	29
4. Kausalität für die Entlassung oder andere wirtschaftliche Nachteile	32
5. Verhältnis zur Aufstellung eines Sozialplans	33
III. Tendenzbetriebe	34
C. Inhalt des gesetzlichen Nachteilsausgleichs	35
I. Überblick	35
II. Abfindungsanspruch für Verlust des Arbeitsplatzes	36
1. Entlassung als Folge der betriebsverfassungswidrig durchgeführten Betriebsänderung	36
2. Prozessuale Behandlung des Abfindungsantrags	43
3. Höhe der Abfindung	49
III. Ausgleich anderer wirtschaftlicher Nachteile	50
1. Gegenstand des Ausgleichs	50
2. Ausgleichszeitraum	54
3. Streitigkeiten	55
IV. Rechtliche Behandlung der gesetzlichen Ansprüche auf Nachteilsausgleich	56
1. Insolvenz des Arbeitgebers	56
2. Steuer- und sozialrechtliche Behandlung	57
3. Pfändungsbeschränkungen	60
4. Ausschlussfristen, Verjährung und Verzicht	62
V. Verhältnis zu den Sozialplanansprüchen	65

A. Vorbemerkung

I. Überblick

Die Vorschrift behandelt die **Rechtsfolge,** wenn der Unternehmer ohne zwingenden Grund von einem vereinbarten **Interessenausgleich** über die geplante Betriebsänderung **abweicht** oder wenn er eine Betriebsänderung **ohne den Versuch eines Interessenausgleichs mit dem Betriebsrat durchführt.** Die Bestimmung knüpft an die entsprechende Regelung in § 74 BetrVG 1952 an und verankert die zu dieser Vorschrift vertretene Auffassung im Gesetz, dass der Anspruch auch dann besteht, wenn der Unternehmer die Maßnahme ohne Beteiligung des Betriebsrats durchgeführt hat (BAG 20. 1. 1961 AP BetrVG § 72 Nr. 2; BAG 10. 6. 1969 AP BetrVG § 72 Nr. 6; BAG 20. 11. 1970 AP BetrVG § 72 Nr. 7 und 8; BAG 29. 2. 1972 AP BetrVG § 72 Nr. 9; BAG 18. 7. 1972 AP BetrVG § 72 Nr. 10; *Dietz,* § 74 Rn. 11; *Fitting/Kraegeloh/Auffarth,* § 72 Rn. 29; *Nikisch,* Bd. III, S. 535; *Nipperdey/Säcker* in *Hueck/Nipperdey,* Bd. II/2 S. 1477). Das Gesetz gibt nicht nur wie § 74 BetrVG 1952 für Entlassungen einen Abfindungsanspruch (Abs. 1), sondern gewährt darüber hinaus auch für andere wirtschaftliche Nachteile, die ein Arbeitnehmer infolge der betriebsverfassungswidrigen Durchführung einer Betriebsänderung erleidet, einen zeitlich begrenzten Anspruch auf Nachteilsausgleich (Abs. 2).

1

II. Zweck des gesetzlichen Nachteilsausgleichs

2   Nach der Begründung des RegE soll durch die gesetzliche Verpflichtung des Unternehmers zum Nachteilsausgleich „einerseits die Einhaltung der Beteiligung des Betriebsrats bei unternehmerischen Maßnahmen abgesichert werden. Zum anderen soll aber auch sichergestellt werden, dass Arbeitnehmer, die von solchen, ohne Beachtung der Mitbestimmungsregelung des Entwurfs durchgeführten Maßnahmen nachteilig betroffen werden, einen Ausgleich erhalten" (BT-Drucks. VI/1786, S. 55). Demnach verfolgt die Bestimmung einen doppelten Zweck, einen Sanktionszweck und einen Kompensationszweck (BAG 13. 6. 1989 AP BetrVG 1972 § 113 Nr. 19; *Ohl,* Sozialplan, S. 154; zweifelhaft *Oetker,* Anm. BAG AP BetrVG 1972 § 113 Nr. 42: Vorrang des Sanktionszwecks vor dem Kompensationszweck; a. A. *Fitting,* § 113 Rn. 2: vor allem Sanktionsnorm).

3   **Trotz der Anknüpfung an die Regelung in § 74 BetrVG 1952** hat die gesetzliche Regelung in § 113 eine **andere Bedeutung** erlangt (vgl. auch *Richardi,* Sozialplan, S. 18 f.). § 72 BetrVG 1952 gab nur ein Mitbestimmungsrecht bei der unternehmerisch-wirtschaftlichen Entscheidung als solcher, nicht aber bei deren sozialen Auswirkungen (s. § 112 Rn. 5 f.). Zur Berücksichtigung der sozialen Gesichtspunkte war der Betriebsrat nur insoweit beteiligt, als es um die Frage ging, ob und wie eine Betriebsänderung durchgeführt wird. Anders als nach geltendem Recht konnte die Vermittlungsstelle aber einen *bindenden Einigungsvorschlag* machen. § 74 BetrVG 1952 gestaltete deshalb die Rechtsfolge, wenn der Unternehmer eine Betriebsänderung ohne Zustimmung des Betriebsrats durchführte. Das BetrVG 1972 verlangt dagegen nicht die Zustimmung des Betriebsrats oder deren Ersetzung durch einen bindenden Einigungsvorschlag, sondern lediglich die Einhaltung eines Verfahrens, um einen Interessenausgleich über die geplante Betriebsänderung zu versuchen. Die Einigungsstelle kann hinsichtlich der Betriebsänderung keinen bindenden Einigungsvorschlag machen. Der Unternehmer darf vielmehr die Betriebsänderung so durchführen, wie er sie für richtig hält, wenn der Versuch eines Interessenausgleichs vor der Einigungsstelle ergebnislos blieb. Der von einer Betriebsänderung betroffene Arbeitnehmer hat in diesem Fall Ansprüche auf Nachteilsausgleich nur nach Maßgabe eines Sozialplans.

4   Diesen **Wandel in der Mitbestimmungskonzeption** hat der **Gesetzgeber nicht berücksichtigt,** als er § 113 in Anlehnung an § 74 BetrVG 1952 gestaltet hat. Die Vorschrift enthält nicht mehr eine Sanktion für den Fall, dass der Unternehmer ohne erteilte oder durch bindenden Einigungsvorschlag ersetzte Zustimmung des Betriebsrats eine Betriebsänderung verwirklicht, sondern die Sanktion bezieht sich auf die Nichtbeachtung des *Beteiligungsverfahrens* (ebenso *Richardi,* Sozialplan, S. 18 Fn. 24). Teleologisch steht deshalb Abs. 3 im Vordergrund, der den von einer Betriebsänderung benachteiligten Arbeitnehmern einen individualrechtlichen Anspruch auf Nachteilsausgleich gibt. Rätselhaft ist dagegen Abs. 1, der den Anspruch davon abhängig macht, dass der Unternehmer von einem Interessenausgleich ohne zwingenden Grund abweicht. Es handelt sich insoweit um die legislatorisch nicht durchdachte wörtliche Übernahme einer Einschränkung aus § 74 BetrVG 1952.

5   Schwierigkeiten bereitet insbesondere die richtige Abstimmung von Abs. 1 und 3 aufeinander, wie nicht zuletzt die Behandlung des Falles zeigt, dass der Unternehmer einen Interessenausgleich hinsichtlich einer geplanten Betriebsänderung im Sinne des Gesetzes versucht, ohne ihn jedoch im Ergebnis zu erreichen, und sodann von diesen Planungen abweichen will oder muss (zu dieser Konstellation *Matthes,* DB 1972, 286, 289; s. auch GK-*Oetker,* § 113 Rn. 12). Eine stimmige Lösung lässt sich hier nur erzielen, wenn man § 113 unter dem für den Gesetzgeber wesentlichen Aspekt der Reaktion auf ohne Beachtung der Regeln über die Beteiligung des Betriebsrats bei geplanten Betriebsänderungen durchgeführte Maßnahmen interpretiert (s. Begr. RegE BT-Drucks. VI/1786, S. 55).

III. Vorübergehende Ergänzung durch das Arbeitsrechtliche Beschäftigungsförderungsgesetz

Das Arbeitsrechtliche Beschäftigungsförderungsgesetz vom 25. 9. 1996 (BGBl. I **6**
S. 1476) hatte durch Art. 5 dem Abs. 3 die Sätze 2 und 3 mit folgendem Wortlaut angefügt: „Der Unternehmer hat den Interessenausgleich versucht, wenn er den Betriebsrat gemäß § 111 Satz 1 beteiligt hat und nicht innerhalb von zwei Monaten nach Beginn der Beratungen ein Interessenausgleich nach § 112 Abs. 2 und 3 zustande gekommen ist. Wird innerhalb der Frist nach Satz 2 die Einigungsstelle angerufen, endet die Frist einen Monat nach Anrufung der Einigungsstelle, wenn dadurch die Frist nach Satz 2 überschritten wird." Die Ergänzung war am 1. 10. 1996 in Kraft getreten und ist durch das Arbeitsrechtliche Korrekturgesetz vom 19. 12. 1998 (BGBl. I S. 3843, 3850) mit Ablauf des 31. 12. 1998 wieder rückgängig gemacht worden.

B. Voraussetzungen des gesetzlichen Nachteilsausgleichs

I. Abweichung vom Interessenausgleich

1. Bindungswirkung des Interessenausgleichs

a) Kommt ein Interessenausgleich über die geplante Betriebsänderung zustande, so **7–8**
darf der **Unternehmer** bei der Durchführung der unternehmerischen Maßnahme **nicht vom Inhalt des Interessenausgleichs abweichen.** Er darf also die geplante Maßnahme nicht durchführen, wenn vereinbart wurde, dass sie zu unterbleiben hat, oder er darf sie nur in der Art und dem Umfang und zu dem Zeitpunkt durchführen, wie in dem Interessenausgleich festgelegt ist. Welche Bindungswirkung der Interessenausgleich für den Unternehmer entfaltet, ergibt sich aus seinem Inhalt (s. § 112 Rn. 18 ff.).

b) Mit Blick auf die Anwendung des § 113 ist die **Abweichung vom Interessenaus-** **9**
gleich nach der Konzeption des Gesetzes von der Vornahme einer vollständig neuen Betriebsänderung ohne Existenz eines Interessenausgleichs zu unterscheiden.

Soweit daraus allerdings bisweilen gefolgert wird, die Abweichung von einer beste- **10**
henden Planung stelle keine neue Betriebsänderung i. S. des § 111 dar, die den Unternehmer zu einer erneuten Einleitung des Beteiligungsverfahrens verpflichte (*Feuerborn,* Sachliche Gründe im Arbeitsrecht, 2003, S. 135; *Fitting,* § 113 Rn. 10; *Löwisch,* RdA 1989, 2, 16; *Richardi,* 7. Aufl., Rn. 8), ist das nicht überzeugend. Denn dabei gerät aus dem Blick, dass § 113 nicht etwa eine Beschränkung der Beteiligungsrechte nach §§ 111 f. bezweckt, sondern insbesondere auch auf eine Absicherung „der Beteiligung des Betriebsrats bei unternehmerischen Maßnahmen" (Begr. RegE BT-Drucks. VI/1786, S. 55) zielt. **Eine die Beteiligungspflicht nach § 111 beschränkende Rückwirkung des § 113 ist deshalb nicht anzuerkennen.** Bedenkt man darüber hinaus, dass sich der Interessenausgleich stets auf eine konkret geplante Betriebsänderung beziehen muss (s. § 112 Rn. 16), so wird deutlich, dass jede Abweichung von einem bestehenden Interessenausgleich im **Organisationsbereich** (s. § 112 Rn. 22) als Planung einer neuen Betriebsänderung i. S. des § 111 erscheint, die sämtliche Beteiligungsrechte neu auslöst, unabhängig davon, ob diese Abweichung als solche die Schwelle des § 111 überschreiten würde, sofern die im Interessenausgleich vereinbarte Planung vor der Abweichung bereits tatsächlich realisiert worden wäre. Dies kann insbesondere dann von Bedeutung sein, wenn zwischenzeitlich die Vierjahresfrist des § 112a Abs. 2 abgelaufen ist. Hingegen ist eine Abweichung von **Folgeregelungen** eines Interessenausgleichs (s. § 112 Rn. 22) auch ohne Herbeiführung eines neuen Interessenausgleichs möglich.

11 Vor diesem Hintergrund ist die für den Fall der Abweichung von einem bestehenden Interessenausgleich in Abs. 1 und 2 enthaltene Regelung als eine auf die individualrechtlichen Folgen der Nichtausschöpfung des Beteiligungsverfahrens nach §§ 111 f. begrenzte Einschränkung des in Abs. 3 zum Ausdruck gebrachten Grundsatzes zu verstehen. Die einzelnen Arbeitnehmer sollen keine Nachteilsausgleichsansprüche gegen den Arbeitgeber geltend machen können, soweit die neue Betriebsänderung sie nicht härter trifft, als die im Interessenausgleich vom Betriebsrat konsentierte ursprüngliche Planung sie betroffen hätte. Daraus ergibt sich für die **Bestimmung des Begriffs der Abweichung,** dass jeweils eine auf die einzelnen Arbeitnehmer bezogene individuelle Betrachtung anzustellen ist. Eine Abweichung i. S. der Abs. 1 und 2 liegt daher immer, aber auch nur dann vor, wenn sich für den einzelnen Arbeitnehmer im Vergleich zu der den Gegenstand des Interessenausgleichs bildenden Planung Veränderungen ergeben, was nach einer **wertenden Beurteilung** verlangt.

2. Zwingender Grund für eine Abweichung

12 a) Der Unternehmer ist zum **Nachteilsausgleich nur verpflichtet,** wenn er von dem **Interessenausgleich über die geplante Betriebsänderung ohne zwingenden Grund abweicht** (Abs. 1). Die Bindung an den Interessenausgleich ist also nicht absolut. Wenn zwingende Gründe vorliegen, darf er von dem Interessenausgleich abweichen. Gemeint ist die im Interessenausgleich festgelegte *Betriebsänderung*. Abs. 1 erfasst daher **nicht die Nichterfüllung des Sozialplans** (ebenso *Fitting*, § 113 Rn. 12; DKK-*Däubler*, § 113 Rn. 7).

13 b) **Zwingender Grund** ist mehr als wichtiger Grund, unter dem man allgemein versteht, dass dem Betreffenden nach Treu und Glauben nicht zumutbar ist, an einer Vereinbarung festgehalten zu werden. Es muss so sein, dass vom Standpunkt eines verantwortungsbewussten Unternehmers dieser eigentlich nicht anders handeln konnte, als die Maßnahme entgegen der getroffenen Vereinbarung vorzunehmen (GK-*Oetker*, § 113 Rn. 30; *Fitting*, § 113 Rn. 8; GL-*Löwisch*, § 113 Rn. 8; HSWGNR-*Hess*, § 113 Rn. 5; *Stege/Weinspach/Schiefer*, §§ 111–113 Rn. 165 d f.; *Rumpff/Boewer*, Mitbestimmung in wirtschaftlichen Angelegenheiten, S. 413; a. A. *Nikisch*, Bd. III, S. 534, der plausible Gründe als ausreichend ansieht; *Feuerborn*, Sachliche Gründe im Arbeitsrecht, 2003, S. 147 f., der auf die Notwendigkeit einer Interessenabwägung hinweist). Unzutreffend wäre es allerdings, die gesetzliche Regelung dahin zu verstehen, dass es genügt, wenn der Unternehmer aus zwingenden Gründen nicht mehr am Interessenausgleich festhalten kann und sodann in der Ausgestaltung der Abweichung frei ist. Vielmehr ist immer auch positiv danach zu fragen, ob für die Abweichung in ihrer konkreten Form ein zwingender Grund besteht. Ist lediglich eine Abweichung von der im Interessenausgleich vereinbarten Planung zwingend erforderlich, bestehen jedoch mehrere Möglichkeiten, wie diese Abweichung vorzunehmen ist, so ist die Auswahl in das billige Ermessen des Arbeitgebers gestellt.

14 Zweifelhaft ist, inwieweit dem Begriff des zwingenden Grundes das Merkmal der **Dringlichkeit** immanent ist. Handelt es sich um eine Änderung im Organisationsbereich, so kann ein zwingender Grund angesichts der Komplementärfunktion des § 113 zum Beteiligungsrecht des Betriebsrats nach §§ 111 f. nur vorliegen, soweit der Unternehmer keine Möglichkeit mehr hat, das Beteiligungsverfahren nach §§ 111 f. BetrVG vor der zwingend notwendigen Realisierung der vom Interessenausgleich abweichenden Betriebsänderung ordnungsgemäß durchzuführen. Geht es hingegen um Abweichungen bei Folgeregelungen, so bedeuten diese für sich nicht die Planung einer neuen Betriebsänderung. Dennoch setzt auch hier das Vorliegen eines zwingenden Grundes voraus, dass mit dem Betriebsrat keine Verhandlungen über eine Anpassung des Interessenausgleichs mehr aufgenommen werden können oder diese gescheitert sind.

15 Es kommt nicht darauf an, ob zwingende Gründe für die *Betriebsänderung* vorlagen, sondern Voraussetzung ist, dass es sich um einen Grund handelt, der den Unternehmer zum Abweichen von dem *Interessenausgleich* zwingt (ebenso BAG 10. 6. 1969 AP BetrVG § 72 Nr. 6 *[Richardi]*). Zwingende Gründe i. S. dieser Bestimmung sind daher nur *nachträglich* entstandene oder erkennbar gewordene Umstände, die deshalb beim Interessenausgleich nicht oder nicht genügend berücksichtigt werden konnten (ebenso BAG 17. 9. 1974 AP BetrVG 1972 § 113 Nr. 1; bereits BAG 10. 6. 1969 AP BetrVG § 72 Nr. 6; GK-*Oetker*, § 113 Rn. 29; *Fitting*, § 113 Rn. 7; GL-*Löwisch*, § 113 Rn. 7; HSWGNR-*Hess*, § 113 Rn. 5; DKK-*Däubler*, § 113 Rn. 4; *Stege/Weinspach/Schiefer*, §§ 111–113 Rn. 165 d; *Rumpff/Boewer*, a. a. O., S. 414). In Betracht kommen nur von außen auf den Arbeitgeber einwirkende Umstände, weshalb es nicht genügt, wenn die Gründe für die Abweichung auf einer nicht durch äußere Umstände erzwungenen Willensentschließung des Arbeitgebers beruhen.

Als zwingende Gründe können in Betracht kommen: plötzlich auftretender Rohstoffmangel, Kreditschwierigkeiten, gesetzgeberische Maßnahmen, Absatzkrise, Einfuhrbeschränkungen, Störungen der Betriebseinrichtungen, auch Wettbewerbsrücksichten sowie eine nachträgliche Veränderung der Marktlage (vgl. LAG Düsseldorf [Köln] 9. 5. 1968 DB 1968, 1955, 1956). Dagegen liegt kein zwingender Grund vor, wenn in dem Interessenausgleich festgelegt ist, dass eine Betriebsstilllegung nicht oder erst zu einem späteren Zeitpunkt durchgeführt wird, der Unternehmer aber den Betrieb schließt, weil er sich gegenüber einem anderen Unternehmer dazu verpflichtet hat oder weil auf Grund eines Umsatzrückgangs eine Kostensenkung nur durch die Stilllegung des Betriebs möglich gewesen ist; etwas anderes gilt in letzterem Fall nur, wenn durch einen plötzlichen Umsatzrückgang bei einer Nichtschließung der Betriebsstätte der Fortbestand des Unternehmens entscheidend gefährdet wäre, so dass der Unternehmer nicht anders handeln konnte, um eine schwere Schädigung des Unternehmens abzuwenden (ebenso LAG Düsseldorf [Köln] 9. 5. 1968 DB 1968, 1955, 1956).

16

c) Der maßgebliche **Zeitpunkt** für die Notwendigkeit der Abweichung ist die Durchführung der Maßnahme. Ob die Entscheidung sich nachträglich als richtig oder unrichtig herausstellt, ist nicht entscheidend (ebenso GK-*Oetker*, § 113 Rn. 33; *Fitting*, § 113 Rn. 11; *Nipperdey/Säcker* in *Hueck/Nipperdey*, Bd. II/2 S. 1482; *Rumpff/Boewer*, Mitbestimmung in wirtschaftlichen Angelegenheiten, S. 414).

17

d) Ob ein **zwingender Grund für die Abweichung** vorlag, entscheidet das Arbeitsgericht als **Vorfrage** in dem Rechtsstreit über die Verpflichtung des Unternehmers zum Nachteilsausgleich, wobei den Unternehmer die Beweislast dafür trifft, dass ein solcher Umstand vorgelegen hat (ebenso HSWGNR-*Hess*, § 113 Rn. 12). Eine **Entscheidung im Beschlussverfahren** ist **ausgeschlossen** (ebenso BAG 18. 3. 1975 AP BetrVG 1972 § 111 Nr. 1; GL-*Löwisch*, § 113 Rn. 11).

18

3. Kausalität der Abweichung für die Entlassung oder andere wirtschaftliche Nachteile

a) Voraussetzung für den Anspruch auf Nachteilsausgleich ist schließlich, dass die **Arbeitnehmer infolge der Abweichung** von dem Interessenausgleich **entlassen** werden oder **andere wirtschaftliche Nachteile** erleiden. Das Abweichen vom Interessenausgleich muss also für die Kündigung bzw. den wirtschaftlichen Nachteil, für den Ausgleich verlangt wird, ursächlich sein (ebenso LAG Bremen 21. 10. 2004 AP BetrVG 1972 § 113 Nr. 48; *Fitting*, § 113 Rn. 26; GL-*Löwisch*, § 113 Rn. 12; HSWGNR-*Hess*, § 113 Rn. 7; *Stege/Weinspach/Schiefer*, §§ 111–113 Rn. 165 e; *Rumpff/Boewer*, Mitbestimmung in wirtschaftlichen Angelegenheiten, S. 416 f.). Den Abfindungsanspruch haben also nicht alle Arbeitnehmer, die wegen der Betriebsänderung entlassen werden, sondern nur die Arbeitnehmer, die deshalb von der Betriebsänderung betroffen werden, weil der Unternehmer ohne zwingenden Grund von dem Interessenausgleich abgewichen ist. Besteht der wirtschaftliche Nachteil nicht in einer Entlassung oder deren Folgen, so besteht ein Anspruch auf Nachteilsausgleich ebenfalls nur, wenn der wirtschaftliche

19

Nachteil gerade dadurch verursacht worden ist, dass der Unternehmer von dem Interessenausgleich abgewichen ist.

20   b) **Nicht erforderlich** ist, dass die Maßnahme unmittelbar zur Entlassung führt oder den Eintritt anderer wirtschaftlicher Nachteile zur Folge hat. Es genügt auch ein **mittelbarer Kausalzusammenhang**, der z. B. gegeben ist, wenn der mit der Maßnahme erstrebte wirtschaftliche Erfolg nicht eintritt und Entlassungen notwendig werden. Hier genügt aber nicht die bloße Ursächlichkeit, sondern entscheidend ist, ob die Entwicklung mit der Maßnahme in einem adäquaten Zusammenhang steht (ebenso GK-*Oetker*, § 113 Rn. 69; HSWGNR-*Hess*, § 113 Rn. 11; im Ergebnis, soweit verlangt wird, dass die Gewährung einer Abfindung oder von Nachteilsausgleich vom Zweck des Abs. 1 und 2 her gedeckt sein muss, GL-*Löwisch*, § 113 Rn. 13; vgl. zum Kausalzusammenhang in Fällen der Kündigung eines widersprechenden Arbeitnehmers bei Betriebsteilübergang LAG Bremen 21. 10. 2004 AP BetrVG 1972 § 113 Nr. 48). Daran fehlt es, wenn die Entwicklung durch Umstände beeinflusst ist, die außergewöhnlich sind. Führt z. B. der Arbeitgeber entgegen einem Interessenausgleich eine Änderung der Arbeitsmethoden durch und kommt es später zu Entlassungen, weil nachträglich durch eine Erfindung diese Arbeitsmethoden überholt sind, so ist Kausalität in diesem Sinne nicht gegeben (sog. überholende Kausalität; ebenso im Ergebnis GL-*Löwisch*, § 113 Rn. 13; *Rumpff/ Boewer*, Mitbestimmung in wirtschaftlichen Angelegenheiten, S. 415 f.).

21   c) Handelt es sich um eine Betriebsstilllegung oder Betriebseinschränkung, so wird im Allgemeinen die **Feststellung der Kausalität** keine besonderen Schwierigkeiten bereiten (ebenso GL-*Löwisch*, § 113 Rn. 15). Bei der Verlegung von Betrieben oder Betriebsteilen kann man davon ausgehen, dass die Entlassung ortsgebundener Arbeitnehmer in einem ursächlichen Zusammenhang steht (ebenso GL-*Löwisch*, § 113 Rn. 15). Bei einem Zusammenschluss mit anderen Betrieben spricht eine tatsächliche Vermutung dafür, dass Kündigungen, die in einem zeitlichen Zusammenhang mit dem Zusammenschluss stehen, auf die Umorganisation zurückzuführen sind. Aber auch bei den sonstigen Mitbestimmungstatbeständen, wie den grundlegenden Änderungen der Betriebsorganisation, des Betriebszwecks oder der Betriebsanlagen nach § 111 Satz 3 Nr. 4 und der Einführung grundlegend neuer Arbeitsmethoden und Fertigungsverfahren nach § 111 Satz 3 Nr. 5 kann ein ursächlicher Zusammenhang zwischen diesen Maßnahmen und einer Kündigung bestehen (ebenso *Fitting*, § 113 Rn. 28).

22   d) Die **Kausalität** hat der **Arbeitnehmer zu beweisen** (ebenso GK-*Oetker*, § 113 Rn. 72; GL-*Löwisch*, § 113 Rn. 14; HSWGNR-*Hess*, § 113 Rn. 12). Dabei kommen je nach Lage des Falles die Grundsätze des prima-facie-Beweises in Betracht (ebenso GK-*Oetker*, § 113 Rn. 56; GL-*Löwisch*, § 113 Rn. 17). Ebenso obliegt dem Arbeitnehmer der Beweis, dass es sich um eine Maßnahme des Unternehmers handelt, die dem Beteiligungsrecht des Betriebsrats unterliegt, und dass der Unternehmer von einem Interessenausgleich mit dem Betriebsrat abgewichen ist. Dagegen trifft den **Unternehmer** die **Beweislast** dafür, dass die Abweichung auf einem **zwingenden Grund** beruht (s. Rn. 18).

II. Betriebsänderung ohne Versuch eines Interessenausgleichs

1. Unterschiedlicher Tatbestand

23   Dem Fall, dass der Unternehmer ohne zwingenden Grund von einem Interessenausgleich über die geplante Betriebsänderung abweicht, wird durch Abs. 3 Satz 1 der Fall gleichgestellt, dass der Unternehmer eine **geplante Betriebsänderung** nach § 111 durchführt, ohne über sie einen **Interessenausgleich mit dem Betriebsrat versucht** zu haben (umfassend dazu *Rebel*, Grundprobleme, 2008). Trotz der Anordnung einer entsprechenden Geltung der Abs. 1 und 2 handelt es sich um einen unterschiedlichen Tatbestand (ebenso BAG 17. 9. 1974 AP BetrVG 1972 § 113 Nr. 1; BAG 18. 12. 1984 AP

BetrVG 1972 § 113 Nr. 11). Das Gesetz knüpft hier an die zu § 74 BetrVG 1952 ergangene Rechtsprechung an, dass der Unternehmer sich so behandeln lassen muss, als ob ein Interessenausgleich vorläge, nach dem die Maßnahme nicht vorgenommen werden darf (BAG 20. 1. 1961 AP BetrVG § 72 Nr. 2; BAG 10. 6. 1969 AP BetrVG § 72 Nr. 6; s. auch Rn. 1). Der Unterschied zu Abs. 1 und 2 besteht darin, dass der Unternehmer bei der Betriebsänderung das Beteiligungsrecht des Betriebsrats von vornherein verletzt hat und deshalb ein Interessenausgleich nicht zustande gekommen ist. Der Anspruch auf Nachteilsausgleich entsteht, sobald der Unternehmer mit der Durchführung der Betriebsänderung begonnen hat, ohne bis dahin einen Interessenausgleich mit dem Betriebsrat versucht zu haben. Der Unternehmer beginnt mit der Durchführung einer Betriebsänderung, wenn er unumkehrbare Maßnahmen ergreift und damit vollendete Tatsachen schafft (BAG 30. 5. 2006 AP InsO § 209 Nr. 5; vgl. auch LAG Brandenburg 8. 11. 2005 – 1 Sa 276/05, wonach die Betriebsänderung bereits mit der Anhörung des Betriebsrates zu beabsichtigten Kündigungen beginnt). Das ist bei einer Betriebsstilllegung jedenfalls dann gegeben, wenn der Arbeitgeber die bestehenden Arbeitsverhältnisse zum Zwecke der Betriebsstilllegung kündigt (BAG 30. 5. 2006 AP InsO § 209 Nr. 5; vgl. auch BAG 16. 5. 2007 AP BetrVG 1972 § 111 Nr. 64). Hingegen ist die bloße Einstellung der betrieblichen Tätigkeit noch keine unumkehrbare Maßnahme (BAG 30. 5. 2006 AP InsO § 209 Nr. 5).

2. Fehlen des Versuchs eines Interessenausgleichs

a) Unter Abs. 3 Satz 1 fällt nicht nur, dass der Unternehmer eine Maßnahme durchführt, **ohne** überhaupt den **Betriebsrat zu beteiligen,** sondern auch, dass er eine Betriebsänderung vornimmt, **ohne** die Herbeiführung eines Interessenausgleichs in ausreichendem Maße versucht zu haben (s. Rn. 29 ff.). 24

b) Zweifelhaft ist, ob der Anspruch auf Nachteilsausgleich auch besteht, wenn der Unternehmer nachweisen kann, dass er von einem Interessenausgleich aus **zwingendem Grund** hätte **abweichen** müssen. Nach Ansicht des BAG stellt die Anordnung der entsprechenden **Geltung der Abs. 1 und 2,** da Abs. 3 einen unterschiedlichen Tatbestand regelt, lediglich eine **Rechtsfolgenverweisung** dar (BAG 17. 9. 1974 AP BetrVG 1972 § 113 Nr. 1; BAG 18. 12. 1974 AP BetrVG 1972 § 113 Nr. 11; BAG 9. 7. 1985 AP BetrVG 1972 § 113 Nr. 13; ebenso GK-*Oetker,* § 113 Rn. 53; *Feuerborn,* Sachliche Gründe im Arbeitsrecht, 2003, S. 149 f.; *Fitting,* § 113 Rn. 14; *Matthes,* DB 1972, 286, 289). Allerdings verneint auch das BAG einen Anspruch nach Abs. 3, wenn die sofortige Vornahme der Betriebsänderung „die einzig mögliche und auch im Interesse der Arbeitnehmer dringend gebotene Reaktion" des Unternehmers sei und der Versuch eines Interessenausgleichs „offensichtlich sinnlos" sei (BAG 23. 1. 1979 AP BetrVG 1972 § 113 Nr. 4). Davon könne aber nur gesprochen werden, wenn von vornherein ausgeschlossen ist, dass die Interessen der Arbeitnehmer im weiteren Einigungsverfahren berücksichtigt werden können (BAG 18. 12. 1984 AP BetrVG 1972 § 113 Nr. 11). Dies sei nicht schon dann anzunehmen, wenn die Betriebsänderung unausweichlich ist, sondern darüber hinaus sei erforderlich, dass auch hinsichtlich des Zeitpunkts sowie aller sonstigen Modalitäten kein Spielraum mehr besteht, der einer Regelung durch Interessenausgleich zugänglich ist (BAG 31. 10. 1995 AP ArbGG 1979 § 72 Nr. 29). Im Ergebnis zeigt sich somit, dass auch das BAG seine Theorie der Rechtsfolgenverweisung nicht bruchlos durchhalten kann. 25

Der Gesetzestext ist keineswegs eindeutig und kann daher nicht als Argument für das Vorliegen einer bloßen Rechtsfolgenverweisung herangezogen werden. Denn dass Abs. 1 und 2 „entsprechend gelten", kann auch bedeuten, dass der Unternehmer bei einer nicht ordnungsgemäßen Beteiligung des Betriebsrats so zu stellen ist, als ob ein Interessenausgleich vorläge, nach dem die Maßnahme nicht vorgenommen werden soll, so dass das Tatbestandselement der Abweichung ohne zwingenden Grund auch im Rahmen des 26

Abs. 3 eine Anspruchsvoraussetzung darstellt. Berücksichtigt man, dass dies die Auffassung des BAG zu § 74 BetrVG 1952 war (vgl. BAG 20. 1. 1961 AP BetrVG § 72 Nr. 2; BAG 10. 6. 1969 AP BetrVG § 72 Nr. 6), so wird man davon ausgehen können, dass lediglich diese Rechtsprechung gesetzlich verankert werden sollte, also keine Änderung der Rechtslage bezweckt war (ebenso HSWGNR-*Hess*, § 113 Rn. 47; ein Rückgriff auf die Rechtsprechung zu § 74 BetrVG 1952 wird ausdrücklich für unzulässig gehalten von GK-*Oetker*, § 113 Rn. 41). Dieses Ergebnis scheint auch aus Gründen der Normkonsistenz geboten, wenn man bedenkt, dass die Abweichung von der im Interessenausgleich niedergelegten Betriebsänderung im Organisationsbereich nichts anderes als die Durchführung einer anderen Betriebsänderung darstellt (s. Rn. 10).

27 Problematisch ist jedoch, worauf sich die Worte „ohne zwingenden Grund" beziehen. Im Rahmen des Abs. 1 sind unter zwingenden Gründen nicht die Gründe zu verstehen, die zur *Betriebsänderung* führen, sondern die Gründe, die den Unternehmer zwingen, *von dem Interessenausgleich abzuweichen* (s. Rn. 15). Wenn dagegen der Unternehmer die Maßnahme durchführt, ohne einen Interessenausgleich mit dem Betriebsrat versucht zu haben, versagt die Unterscheidung nach dem Zeitpunkt, weil ein Interessenausgleich überhaupt nicht vorliegt. Das BAG hatte zu § 74 BetrVG 1952 gefordert, dass der Unternehmer zunächst darlegt, wie der Einigungsvorschlag der Vermittlungsstelle, wäre sie angerufen worden, aller Voraussicht nach gelautet hätte (BAG 10. 6. 1969 AP BetrVG § 72 Nr. 6); dabei handelt es sich aber um eine probatio diabolica (vgl. *Richardi*, Anm. zu BAG, AP BetrVG § 72 Nr. 8). Es genügt vielmehr, wenn der Unternehmer nachweisen kann, dass die unternehmerische Maßnahme in jedem Fall und in dieser Form (zu den Folgen bei Bestehen mehrerer Alternativen Rn. 13) hätte durchgeführt werden müssen, auch wenn ein Interessenausgleich eine abweichende Regelung getroffen hätte (ebenso *Richardi*, Anm. zu BAG, AP BetrVG § 72 Nr. 6 und 8). Auch hier gilt aber, dass ein zwingender Grund nicht schon dann anzunehmen ist, wenn die Betriebsänderung sich aus einer wirtschaftlichen Notlage ergibt und mehr oder minder durch die wirtschaftliche Situation diktiert wird (so zutreffend BAG 17. 9. 1974 AP BetrVG 1972 § 113 Nr. 1). Wann der Versuch eines Interessenausgleichs unterbleiben darf, ist vielmehr nach Sinn und Zweck des Beteiligungsrechts zu bestimmen. Notwendig ist, dass Ereignisse eingetreten sind, die eine sofortige Betriebsänderung unausweichlich gemacht haben, und ein Hinausschieben der Betriebsänderung zum Zwecke des Versuchs eines Interessenausgleichs den betroffenen Arbeitnehmern nur weitere Nachteile hätte bringen können (so im Ergebnis auch die oben zitierte Rspr. des BAG [s. Rn. 25]; zust. HSWGNR-*Hess*, § 113 Rn. 48; im Ergebnis auch GK-*Oetker*, § 113 Rn. 55: teleologische Reduktion in Ausnahmefällen möglich; a. A. *Fitting*, § 113 Rn. 17; GK-*Fabricius*, 6. Aufl., § 113 Rn. 32).

28 c) **Keine Rolle** spielt, ob den Unternehmer ein **Verschulden** trifft (ebenso BAG 20. 11. 1970 AP BetrVG § 72 Nr. 7; BAG 4. 12. 1979 AP BetrVG 1972 § 111 Nr. 6; BAG 24. 1. 1996 AP BetrVG 1972 § 50 Nr. 16; BAG 20. 11. 2001 AP BetrVG 1972 § 113 Nr. 39; BAG 23. 9. 2003 AP BetrVG 1972 § 113 Nr. 43; GK-*Oetker*, § 113 Rn. 37; *Fitting*, § 113 Rn. 16; GL-*Löwisch*, § 113 Rn. 44; HSWGNR-*Hess*, § 113 Rn. 30). § 113 soll daher auch dann eingreifen, wenn der Arbeitgeber auf **Weisung der Konzernspitze** Betriebsänderungen durchführt, deren Hintergründe ihm nicht mitgeteilt werden und über die er auch keine Auskünfte in dem von § 111 geforderten Maße erteilen kann; denn die Verpflichtung zum Nachteilsausgleich setze kein Verschulden voraus (so *Diller/Powietzka*, DB 2001, 1034, 1037).

3. Versuch eines Interessenausgleichs

29 Der Unternehmer hat den Interessenausgleich erst versucht, wenn er das Verfahren nach § 112 vollständig durchgeführt hat. Feste zeitliche Grenzen lassen sich dafür nicht angeben. Erforderlich ist, dass die Parteien nach Abschluss der Information zumindest

einmal „frei" verhandelt haben (*Göpfert/Krieger*, NZA 2005, 254, 258). Kommt es nicht zu einer Einigung mit dem Betriebsrat, ist das gesamte in § 112 vorgesehene Verfahren bis hin zur Einigungsstelle zu beschreiten, bis diese die Verhandlungen für gescheitert erklärt (BAG 18. 12. 1984 AP BetrVG 1972 § 113 Nr. 11; BAG 9. 7. 1985 AP BetrVG 1972 § 113 Nr. 13; BAG 20. 4. 1994 AP BetrVG 1972 § 113 Nr. 27; BAG 26.10 2004 AP BetrVG 1972 § 113 Nr. 49; BAG 16. 5. 2007 AP BetrVG 1972 § 111 Nr. 64). Dies gilt auch dann, wenn der Unternehmer nach § 112a von der Sozialplanpflicht befreit ist (BAG 8. 11. 1988 AP BetrVG 1972 § 113 Nr. 18; a. A. *Heinze*, NZA 1987, 41, 50 f.). Der Unternehmer braucht vor Anrufung der Einigungsstelle allerdings nicht den Vorstand der Bundesagentur für Arbeit um Vermittlung zu ersuchen. Schon der Wortlaut des § 112 Abs. 2 bringt zum Ausdruck, dass die Einschaltung der Einigungsstelle als zur Verfahrensbeendigung führender letzter Schritt sofort eingeleitet werden kann (a. A. GK-*Fabricius*, 6. Aufl., § 113 Rn. 24). Unstreitig kommt es allein auf den Versuch eines Interessenausgleichs an, weshalb der Arbeitgeber nicht die Entscheidung der Einigungsstelle über die Aufstellung eines Sozialplans abwarten muss (LAG Hamm 1. 3. 1972 AP BetrVG 1972 § 112 Nr. 1). Für einen solchen Versuch ist erforderlich, dass in der Einigungsstelle mindestens einmal verhandelt worden ist. Nicht notwendig ist hingegen die Feststellung des Scheiterns durch den Einigungsstellenvorsitzenden sondern es genügt, dass eine Partei den Versuch für gescheitert erklärt (GK-*Oetker*, § 113 Rn. 50; HWK-*Hohenstatt/Willemsen*, § 112 BetrVG Rn. 24; im Grundsatz auch *Hesse*, FS 25 Jahre ArbG ArbR, S. 879 ff.; a. A. *Fitting*, §§ 112, 112a Rn. 42; vgl. auch *Kania/Joppich*, NZA 2005, 749, 752, die objektiv beurteilen wollen, ob eine Einigung nicht mehr in Betracht kommt, den Betriebsparteien insoweit aber eine Einschätzungsprärogative zuerkennen).

Zur Vermeidung der Rechtsfolgen des § 113 Abs. 3 muss der Arbeitgeber selbst die Initiative ergreifen (BAG 24. 1. 1996 AP BetrVG 1972 § 50 Nr. 16). Er kann sich daher nicht darauf berufen, dass auch der Betriebsrat zur Einleitung der Maßnahmen nach § 112 Abs. 2 in der Lage ist (ebenso GK-*Oetker*, § 113 Rn. 39 ff.; *Matthes*, DB 1972, 289 a. A. LAG Hamm 21. 7. 1975 DB 1975, 1899; *Galperin/Löwisch*, § 113 Rn. 46; *Hanau*, ZfA 1974, 111). Allerdings genügt es auch, wenn der Betriebsrat die Einigungsstelle wegen des Interessenausgleichs angerufen und der Arbeitgeber sich hierauf eingelassen hat (ebenso *Matthes*, FS Wlotzke 1996, 393, 403). Den Arbeitgeber trifft die Initiativlast selbst dann, wenn der Betriebsrat von vornherein signalisiert, zu einer Einigung nicht bereit zu sein (a. A. GK-*Oetker*, § 113 Rn. 40; wohl auch *Matthes*, FS Wlotzke 1996, 393, 403). Dies gilt auch, wenn der Betriebsrat mit der Maßnahme einverstanden ist, er jedoch nicht zu einem Abschluss des Interessenausgleichs in der gesetzlich vorgeschriebenen Schriftform bereit ist (BAG 26. 10. 2004 AP BetrVG 1972 § 113 Nr. 49; BAG 16. 5. 2007 AP BetrVG 1972 § 111 Nr. 64; a. A. *Kania/Joppich*, NZA 2005, 749, 751). Anders würde das BAG möglicherweise entscheiden, wenn der Betriebsratsvorsitzende sich trotz eines Betriebsratsbeschlusses über die Zustimmung zur Betriebsänderung pflichtwidrig weigert, die Unterschrift zu leisten (vgl. BAG 26. 10. 2004 AP BetrVG 1972 § 113 Nr. 49). Ein Interessenausgleich ist im Übrigen aber schon dann versucht, wenn der Arbeitgeber mit dem Betriebsrat darin übereinkommt, dass die Durchführung weiterer Einigungsversuche zwecklos ist und deshalb von der Anrufung der Einigungsstelle abgesehen werden solle (so auch *Kania/Joppich*, NZA 2005, 749, 751; MünchArbR-*Matthes*, 1. Aufl., § 353 Rn. 2; a. A. *Matthes*, FS Wlotzke 1996, 393, 403); das BAG (26. 10. 2004 AP BetrVG 1972 § 113 Nr. 49) dürfte das freilich anders sehen.

Ein ausreichender Versuch i. S. des § 113 Abs. 3 liegt nur vor, wenn der Arbeitgeber eine Einigung mit dem **zuständigen Verhandlungspartner** versucht hat. Handelt es sich daher um eine betriebsübergreifende Maßnahme, die nicht innerhalb der einzelnen Betriebe geregelt werden kann, genügt für § 113 Abs. 3 nur eine Beteiligung des Gesamtbetriebsrats. Verhandlungen mit dem falschen Betriebsrat reichen grundsätzlich nicht aus, um der Nachteilsausgleichspflicht zu entgehen, wobei auch hier allein auf die objektive Lage abzustellen ist (BAG 24. 1. 1996 AP BetrVG 1972 § 50 Nr. 16). Bestehen Zweifel, muss der Arbeitgeber die in Betracht kommenden Gremien zur Klärung der Zuständigkeitsfrage auffordern. Verhandelt er danach mit dem ihm benannten, gleichwohl aber objektiv unzuständigen Gremium, soll dies genügen, um die Sanktion des § 113 Abs. 3 zu vermeiden. Gleiches soll gelten, wenn sich die Gremien nicht einigen und die Entscheidung des Arbeitgebers, mit einer der in Betracht kommenden Vertretungen zu verhandeln, wenigstens nachvollziehbar erscheint (BAG 24. 1. 1996 AP BetrVG 1972 § 50 Nr. 16).

4. Kausalität für die Entlassung oder andere wirtschaftliche Nachteile

32   Voraussetzung ist schließlich, dass Arbeitnehmer infolge der vom Unternehmer ohne Versuch eines Interessenausgleichs durchgeführten Betriebsänderung entlassen werden oder andere wirtschaftliche Nachteile erleiden. Die betriebsverfassungswidrig durchgeführte Betriebsänderung muss also für die Entlassung oder den Eintritt der anderen wirtschaftlichen Nachteile kausal sein (s. zu dem notwendigen Kausalzusammenhang Rn. 19 ff.). Hingegen kommt es angesichts des mit § 113 auch verfolgten Sanktionszwecks nicht darauf an, ob die Nachteile gleichermaßen entstanden wären, wenn der Interessenausgleich rechtzeitig versucht worden wäre (BAG 13. 6. 1989 AP BetrVG 1972 § 113 Nr. 19).

5. Verhältnis zur Aufstellung eines Sozialplans

33   Unabhängig davon, ob ein gesetzlicher Anspruch auf Nachteilsausgleich besteht, kann der Betriebsrat die Aufstellung eines Sozialplans verlangen (s. § 112 Rn. 67 ff.).

III. Tendenzbetriebe

34   Die Vorschrift findet keine Anwendung auf Tendenzbetriebe, da die §§ 111 bis 113 nur insoweit anzuwenden sind, als sie den Ausgleich oder die Milderung wirtschaftlicher Nachteile für die Arbeitnehmer infolge von Betriebsänderungen regeln (wie hier *Bauer*, FS Wißmann, 2005, S. 215, 223 f.; a. A. BAG 27. 10. 1998 AP BetrVG 1972 § 118 Nr. 65; BAG 30. 3. 2004 AP BetrVG 1972 § 113 Nr. 47; *Fitting*, § 113 Rn. 4; vgl. § 118 Abs. 1 Satz 2; s. dort Rn. 172).

C. Inhalt des gesetzlichen Nachteilsausgleichs

I. Überblick

35   Weicht der Unternehmer von einem Interessenausgleich ohne zwingenden Grund ab oder führt er eine geplante Betriebsänderung durch, ohne über sie einen Interessenausgleich mit dem Betriebsrat versucht zu haben, so besteht für die von der betriebsverfassungswidrig durchgeführten Maßnahme betroffenen Arbeitnehmer von Gesetzes wegen ein umfassender Anspruch auf Nachteilsausgleich: Für den Fall, dass die Arbeitnehmer deswegen entlassen werden, besteht ein Anspruch auf Zahlung einer Abfindung, für deren Höhe § 10 KSchG maßgebend ist (Abs. 1); erleiden sie andere wirtschaftliche Nachteile, so hat der Unternehmer diese Nachteile bis zu einem Zeitraum von zwölf Monaten auszugleichen (Abs. 2). Der Anspruch richtet sich stets gegen den die Betriebsänderung durchführenden Unternehmer. Dies gilt auch dann, wenn für den Versuch des Interessenausgleichs der Konzernbetriebsrat zuständig ist (a. A. *Wißmann*, FS 25 Jahre ArbG ArbR, 2006, 1037, 1046 ff., nach dessen Ansicht sich der Nachteilsausgleichs-

anspruch sowohl gegen die Konzernmutter als auch gegen den einzelnen Arbeitgeber richten kann, wenn dieser Partei des Interessenausgleichs oder aus gemeinschaftsrechtlichen Gründen an ihn gebunden ist).

II. Abfindungsanspruch für Verlust des Arbeitsplatzes

1. Entlassung als Folge der betriebsverfassungswidrig durchgeführten Betriebsänderung

a) Weicht der Unternehmer ohne zwingenden Grund von einem Interessenausgleich ab oder führt er eine Betriebsänderung durch, ohne einen Interessenausgleich mit dem Betriebsrat versucht zu haben, und wird infolgedessen eine **Entlassung notwendig**, so ist er verpflichtet, den entlassenen Arbeitnehmern eine **Entschädigung** zu zahlen (Abs. 1). Voraussetzung ist im ersten Fall, dass das Abweichen *vom Interessenausgleich* für die Kündigung *ursächlich* ist (s. Rn. 19). Den Abfindungsanspruch haben also nicht alle Arbeitnehmer, die wegen der Betriebsänderung entlassen werden, sondern nur die Arbeitnehmer, die von ihr deshalb betroffen werden, weil der Unternehmer ohne zwingenden Grund von dem Interessenausgleich abgewichen ist. Im zweiten Fall besteht dagegen der Abfindungsanspruch für *alle* Arbeitnehmer, denen wegen der betriebsverfassungswidrig durchgeführten Betriebsänderung gekündigt wird (s. Rn. 32). 36

b) Das Gesetz gibt den Abfindungsanspruch, wenn der Arbeitnehmer infolge der Abweichung vom Interessenausgleich bzw. der ohne den Versuch eines Interessenausgleichs durchgeführten Betriebsänderung **entlassen** wird. § 74 BetrVG 1952 gab dagegen den Abfindungsanspruch nur den von **rechtswirksamen Kündigungen** betroffenen Arbeitnehmern. Abs. 1 enthält diesen Hinweis nicht mehr, sondern lässt genügen, dass die Arbeitnehmer *entlassen* werden. Entlassen ist ein Arbeitnehmer, wenn sein **Arbeitsverhältnis auf Veranlassung des Arbeitgebers tatsächlich beendet** wird (vgl. BAG 23. 8. 1988 AP BetrVG 1972 § 113 Nr. 17; BAG 14. 12. 2004 – 1 AZR 504/03; s. auch LAG Köln 12. 1. 2001 NZA 2001, 372, 373; GK-*Oetker*, § 113 Rn. 59). Daher bedeutet es eine durch den Zweck des § 113 nicht gerechtfertigte Einschränkung, wenn verlangt wird, dass die **Kündigung rechtswirksam** sein muss (so GL-*Löwisch*, § 113 Rn. 21; HSWGNR-*Hess*, § 113 Rn. 11; *Stege/Weinspach/Schiefer*, §§ 111–113 Rn. 165 f.; im Ergebnis wie hier *Brecht*, § 113 Rn. 5; GK-*Oetker*, § 113 Rn. 60; *Fitting*, § 113 Rn. 21, 23; DKK-*Däubler*, § 113 Rn. 14; wohl auch *Rumpff/Boewer*, Mitbestimmung in wirtschaftlichen Angelegenheiten, S. 417 f.; nach Ausweitung des Anwendungsbereichs der §§ 4, 7 KSchG mit Wirkung zum 1. 1. 2004 hat diese Frage für die Praxis allerdings an Bedeutung verloren). Für den Anspruch des Arbeitnehmers ist allein erforderlich, dass er wegen der betriebsverfassungswidrigen Durchführung einer Betriebsänderung entlassen wird. Keine Rolle spielt dagegen für den Anspruch des Arbeitnehmers, ob die Kündigung gegen die Vorschriften eines Gesetzes oder eines Tarifvertrages verstößt und deshalb unwirksam ist. 37

Ausgeschlossen ist lediglich, dass der Arbeitnehmer die Rechtsunwirksamkeit der Kündigung geltend macht und zugleich die Abfindung für den Verlust des Arbeitsplatzes verlangt. Deshalb kommt eine Abfindung nach § 113 nicht in Betracht, wenn die Unwirksamkeit der Kündigung rechtskräftig festgestellt ist (BAG 31. 10. 1995 AP ArbGG 1979 § 72 Nr. 29; BAG 14. 12. 2004 – 1 AZR 504/03). Der Arbeitnehmer kann aber mit der Klage auf Feststellung, dass die Kündigung rechtsunwirksam ist, hilfsweise den Antrag verbinden, den Arbeitgeber zur Zahlung einer Abfindung nach Abs. 1 zu verurteilen (s. Rn. 46). 38

Eine Besonderheit ergibt sich für den Fall, dass die durch die Betriebsänderung bedingte Kündigung nicht sozial gerechtfertigt und deshalb unwirksam ist, z. B. weil der Arbeitgeber die ihm nach § 1 Abs. 3 KSchG obliegende soziale Auswahlpflicht verletzt 39 hat. Wird in diesem Fall das **Arbeitsverhältnis nach § 9 KSchG aufgelöst**, so hat das Arbeitsgericht den Arbeitgeber zur **Zahlung einer angemessenen Abfindung** zu verurteilen, deren Höhe sich nach § 10 KSchG richtet. Der Arbeitnehmer hat hier nicht neben diesem Abfindungsanspruch auch noch den Abfindungsanspruch nach § 113 Abs. 1. Es besteht auch keine Anspruchskonkurrenz (a. A. *Brecht*, § 113 Rn. 5). Der hier eingeräumte Abfindungsanspruch setzt vielmehr voraus, dass der Arbeitnehmer infolge der betriebsverfassungswidrig durchgeführten Betriebsänderung *entlassen* wird. Der Abfindungsanspruch nach § 9 KSchG ist dagegen nur gegeben, wenn das Arbeitsgericht feststellt, dass das Arbeitsverhältnis durch die Kündigung *nicht aufgelöst* ist, und es auf Antrag des Arbeitnehmers oder Arbeitgebers auflöst. Die Entlassung beruht hier also *nicht* auf der *Betriebsänderung*, sondern auf dem *Gestaltungsurteil* des Arbeitsgerichts. Deshalb handelt es sich um eine *normenverdrängende Konkurrenz*. Der Arbeitnehmer hat daher stets nur einen Anspruch auf Abfindung, der sich entweder aus einer Sozialwidrigkeit auf Grund der im KSchG geregelten Tatbestände ergibt oder, sofern er die Sozialwidrigkeit nicht oder nicht rechtzeitig geltend macht (§ 4 Satz 1 KSchG), nach § 113 deshalb besteht, weil der Betriebsrat bei der Betriebsänderung nicht ordnungsgemäß beteiligt wurde.

40 c) Der Abfindungsanspruch besteht **nicht**, wenn der Unternehmer eine **Änderungskündigung** ausgesprochen hat und der Arbeitnehmer die **Änderung der Arbeitsbedingungen**, wenn auch nur nach § 2 KSchG unter dem Vorbehalt, dass die Änderung der Arbeitsbedingungen nicht sozial ungerechtfertigt ist, **angenommen** hat; denn in diesem Fall führt die Maßnahme des Unternehmers nicht zu einer Entlassung. Hier kann aber ein Anspruch auf Nachteilsausgleich nach Abs. 2 bestehen (ebenso GK-*Oetker*, § 113 Rn. 61; GL-*Löwisch*, § 113 Rn. 22; *Rumpff/Boewer*, Mitbestimmung in wirtschaftlichen Angelegenheiten, S. 480).

41 Hat dagegen der Arbeitnehmer sich **nicht mit der Änderung der Arbeitsbedingungen einverstanden** erklärt, so führt auch die Änderungskündigung zu einer **Entlassung** und erfüllt damit die Voraussetzungen für einen Abfindungsanspruch (ebenso LAG Hamm 14. 9. 2004 LAGE BetrVG 2001 § 113 Nr. 2; GK-*Oetker*, § 113 Rn. 61; *Fitting*, § 113 Rn. 23; GL-*Löwisch*, § 113 Rn. 33; *Rumpff/Boewer*, a. a. O., S. 418).

42 d) Für den Entlassungsbegriff spielt hier keine Rolle, ob die Entlassung auf einer Kündigung des Arbeitgebers beruht. Wie § 112a Abs. 1 Satz 2 klarstellt, gilt als Entlassung auch das **vom Arbeitgeber veranlasste Ausscheiden auf Grund eines Aufhebungsvertrags**. Demnach ist die rechtstechnische Form der Auflösung eines Arbeitsverhältnisses unerheblich. Notwendig ist allein, dass sie vom Arbeitgeber infolge der betriebsverfassungswidrig durchgeführten Betriebsänderung veranlasst wird. Deshalb liegt eine Entlassung i. S. der Bestimmung auch vor, wenn sie durch eine vom Arbeitgeber veranlasste **Eigenkündigung des Arbeitnehmers** erfolgt (ebenso BAG 23. 8. 1988 AP BetrVG 1972 § 113 Nr. 17; vgl. dazu näher § 112 Rn. 109).

2. Prozessuale Behandlung des Abfindungsantrags

43 a) Der Arbeitnehmer kann **Klage beim Arbeitsgericht** erheben mit dem Antrag, den Arbeitgeber zur Zahlung einer Abfindung zu verurteilen. Es handelt sich um eine Rechtsstreitigkeit aus dem Arbeitsverhältnis, über die im **Urteilsverfahren** entschieden wird (§ 2 Abs. 1 Nr. 3 lit. a, Abs. 5 i. V. mit §§ 46 ff. ArbGG).

44 Wird in einem Beschlussverfahren festgestellt, dass die geplante Maßnahme keine Beteiligungsrechte nach §§ 111 f. auslöst, sind nach Ansicht des BAG die Gerichte in späteren Verfahren, in denen ein Arbeitnehmer einen Nachteilsausgleich nach § 113 Abs. 3 fordert, an diese Entscheidung gebunden (BAG 10. 11. 1987 AP BetrVG 1972 § 113 Nr. 15). Umgekehrt soll auch die im Beschlussverfahren festgestellte Beteiligungspflichtigkeit die später mit Individualklagen auf Nachteilsausgleich befassten Gerichte binden (BAG 10. 1. 1987 AP BetrVG 1972 § 113 Nr. 15; differenzierter BAG 9. 4. 1991

C. Inhalt des gesetzlichen Nachteilsausgleichs § 113

AP BetrVG 1972 § 18 Nr. 18; kritisch *Jox*, NZA 1990, 424, 428; *Zeiss*, SAE 1988, 230).

b) Die Klage geht auf Zahlung einer Abfindung; sie ist eine **Leistungsklage** und 45 unterscheidet sich dadurch von der Klage nach § 4 Satz 1 KSchG auch dann, wenn die **Kündigungsschutzklage** mit einem Antrag nach § 9 KSchG verbunden ist. Es liegt eine Verschiedenheit des Streitgegenstandes vor (ebenso LAG Köln 14. 9. 2001, NZA-RR 2002, 437).

c) Die Leistungsklage nach § 113 Abs. 1 kann mit einer **Klage auf Feststellung der** 46 **Unwirksamkeit der Kündigung** wegen Sozialwidrigkeit nach dem KSchG (etwa mit der Behauptung, dass die Kündigung nicht durch die Verhältnisse des Betriebs bedingt sei oder dass bei der Auswahl die sozialen Gesichtspunkte nicht ausreichend berücksichtigt seien) verbunden werden. Für die Klagenverbindung kommt jedoch nur eine **Eventualstellung** in Betracht. Möglich ist, dass der Arbeitnehmer die Kündigungsschutzklage als Hauptantrag und die Leistungsklage nach § 113 Abs. 1 als Hilfsantrag stellt (ebenso GK-*Oetker*, § 113 Rn. 78; *Fitting*, § 113 Rn. 38; GL-*Löwisch*, § 113 Rn. 35; HSWGNR-*Hess*, § 113 Rn. 11). Das gilt auch, wenn der Arbeitnehmer von vornherein mit der Klage auf Feststellung der Unwirksamkeit der Kündigung i. S. des § 4 Satz 1 KSchG einen Antrag auf Auflösung des Arbeitsverhältnisses durch das Arbeitsgericht und Zahlung einer Abfindung nach § 9 KSchG verbindet; denn auch dann ist die Wirksamkeit der Kündigung angegriffen (*Fitting*, § 113 Rn. 38; GL-*Löwisch*, § 113 Rn. 35; vgl. auch GK-*Oetker*, § 113 Rn. 77).

Zulässig ist auch, dass der Arbeitnehmer den Abfindungsanspruch aus § 113 Abs. 1 47 als Hauptantrag geltend macht und nur hilfsweise Klage auf Feststellung erhebt, dass das Arbeitsverhältnis durch die Kündigung nicht aufgelöst ist (ebenso GL-*Löwisch*, § 113 Rn. 35).

d) Die für die **Kündigungsschutzklage** geltende **Dreiwochenfrist** (§ 4 Satz 1 KSchG) 48 wird nicht dadurch verlängert, dass der Arbeitnehmer zunächst aus § 113 Abs. 1 klagt. **§ 6 KSchG gilt nicht entsprechend**; denn der Arbeitnehmer macht hier nicht die Unwirksamkeit der Kündigung geltend, sondern geht von ihrer Wirksamkeit aus.

3. Höhe der Abfindung

Für die Höhe der Abfindung gilt § 10 KSchG entsprechend (Abs. 1 Halbsatz 2). Der 49 Arbeitnehmer braucht nicht anzugeben, welche Abfindungssumme er verlangt. Das Arbeitsgericht hat sie in Ausübung seines durch § 10 KSchG gebundenen Ermessens (*Oetker*, Anm. BAG AP BetrVG 1972 § 113 Nr. 42) von Amts wegen festzusetzen. Sie kann im Regelfall bis auf das Zwölffache eines Monatsverdienstes bestimmt werden. Hat ein Arbeitnehmer das 50. Lebensjahr vollendet und das Arbeitsverhältnis mindestens 15 Jahre bestanden, so können bis zu 15 Monatsverdienste, hat er das 55. Lebensjahr vollendet und das Arbeitsverhältnis mindestens 20 Jahre bestanden, so können bis zu 18 Monatsverdienste festgesetzt werden (vgl. ausführlich *Hueck/v. Hoyningen-Huene*, KSchG, § 10 Rn. 2 ff.). Auf die wirtschaftliche Vertretbarkeit für das Unternehmen kommt es bei der Bemessung der Abfindung nicht an (BAG 10. 12. 1996 AP BetrVG 1972 § 113 Nr. 32; BAG 22. 7. 2003 AP BetrVG 1972 § 113 Nr. 42 [für die Insolvenzsituation]; s. auch GK-*Oetker*, § 113 Rn. 83; *Fitting*, § 113 Rn. 30). § 112 Abs. 5 Satz 2 ist nicht – auch nicht entsprechend – anwendbar (*Berenz*, NZA 1993, 538, 543). Deshalb kann beispielsweise auch ein dem Übergang seines Arbeitsverhältnisses gem. § 613 a Abs. 1 Satz 1 BGB ohne sachlichen Grund widersprechender Arbeitnehmer (vgl. dazu Staudinger-*Annuß* [2005], § 613 a Rn. 180) Nachteilsausgleich verlangen, sofern die übrigen Voraussetzungen gegeben sind. Nach h. M. ist bei der Bemessung der Abfindung auch das Ausmaß des betriebsverfassungswidrigen Verhaltens zu berücksichtigen, BAG 4. 12. 2002 AP InsO § 38 Nr. 2; BAG 22. 7. 2003 AP BetrVG 1972 § 113 Nr. 42, mit insoweit zustimmender Anm. *Oetker* (a. A. wohl *Schweibert*, Willemsen/Hohenstatt/Schweibert/Seibt, C 299; vgl. auch LAG Rheinland-Pfalz 26. 10. 2005 – 9 Sa 347/05). Die Festsetzung des Nachteilsausgleichs ist nur in eingeschränktem Umfang revisionsgerichtlich überprüfbar (BAG 16. 5. 2007 AP BetrVG 1972 § 111 Nr. 64).

III. Ausgleich anderer wirtschaftlicher Nachteile

1. Gegenstand des Ausgleichs

50   a) Werden Arbeitnehmer infolge einer betriebsverfassungswidrig durchgeführten Betriebsänderung zwar nicht entlassen, erleiden sie dadurch aber **andere wirtschaftliche Nachteile**, so hat der Unternehmer diese Nachteile bis zu einem Zeitraum von zwölf Monaten auszugleichen (Abs. 2). Damit erstreckt das Gesetz den Anspruch auf Nachteilsausgleich auf wirtschaftliche Nachteile, die **nicht in der Entlassung oder deren Folgen** bestehen. Den Anspruch kann also nur ein Arbeitnehmer haben, der nicht entlassen ist, sondern regelmäßig auf Grund einer Versetzung wirtschaftliche Nachteile infolge der Betriebsänderung erleidet. Im **gemeinsamen Betrieb** mehrerer Unternehmen richtet sich der Anspruch allein gegen den jeweiligen Vertragsarbeitgeber (offen gelassen BAG 12. 11. 2002 AP BetrVG 1972 § 1 Gemeinsamer Betrieb Nr. 17; BAG 14. 12. 2004 – 1 AZR 504/03).

51   b) Voraussetzung ist, dass der wirtschaftliche Nachteil, wenn über die geplante Betriebsänderung ein **Interessenausgleich** besteht, deshalb eintritt, weil der Unternehmer von ihm **ohne zwingenden Grund abgewichen** ist (s. Rn. 19). Besteht der Anspruch deshalb, weil der Unternehmer die **Betriebsänderung durchgeführt** hat, **ohne** über sie einen **Interessenausgleich mit dem Betriebsrat versucht** zu haben (Abs. 3), so muss ein Kausalzusammenhang zwischen der Maßnahme und dem wirtschaftlichen Nachteil bestehen, den der Arbeitnehmer erleidet (s. Rn. 32).

52   c) Abs. 2 verpflichtet den Unternehmer lediglich zum Ausgleich **wirtschaftlicher Nachteile**, die der Arbeitnehmer infolge der betriebsverfassungswidrig durchgeführten Betriebsänderung erleidet. Eine immaterielle Beeinträchtigung bleibt unberücksichtigt; es muss sich vielmehr um einen vermögenswerten, d. h. in Geldwert bestehenden Nachteil handeln, der finanziell ausgeglichen werden kann. Nicht erforderlich ist, dass der Nachteil wesentlich ist (a. A. GK-*Fabricius*, 6. Aufl., § 113 Rn. 77). In Betracht kommen ein Lohnausgleich, wenn der Arbeitnehmer infolge einer Versetzung weniger als bisher verdient, der Ausgleich des Lohnausfalls und die Übernahme sachlicher Umschulungskosten, die Fahrtkostenerstattung bei einer Betriebsverlegung. Dass der Nachteil einen Geldwert haben muss, bedeutet nicht, dass der Ausgleich nur in einer Geldleistung erbracht werden darf (Betriebsverlegung GK-*Oetker,* § 113 Rn. 67). Statt der Fahrtkostenerstattung kann der Arbeitgeber deshalb auch den Transport durch Werksfahrzeuge durchführen lassen.

53   Da der Unternehmer die Nachteile nur auszugleichen hat, sind Vorteile, die einem Arbeitnehmer infolge einer Betriebsänderung entstehen, bei dem Nachteilsausgleich zu berücksichtigen, sofern sie durch dieselbe Maßnahme ursächlich bedingt sind und mit ihr in einem adäquaten Zusammenhang stehen (s. auch § 112 Rn. 85).

2. Ausgleichszeitraum

54   Der Unternehmer hat die Nachteile bis zu einem **Zeitraum von zwölf Monaten** auszugleichen. Voraussetzung ist selbstverständlich, dass der Nachteil solange wirkt. Fällt er bereits innerhalb eines Jahres weg, so ist insoweit auch der Anspruch nicht mehr gegeben. Der Zeitraum von zwölf Monaten ist eine Höchstgrenze, d. h. der wirtschaftliche Nachteil ist nur bis zu einem Zeitraum von zwölf Monaten auszugleichen, auch wenn er anhält. Andererseits wird durch ihn auch eine Mindestgrenze bestimmt, d. h. es besteht für die Zeit von zwölf Monaten ein Anspruch auf vollen finanziellen Ausgleich,

solange der wirtschaftliche Nachteil vorhanden ist (ebenso GK-*Oetker*, § 113 Rn. 106; GL-*Löwisch*, § 113 Rn. 38; *Rumpff/Boewer*, Mitbestimmung in wirtschaftlichen Angelegenheiten, S. 425; letztlich auch *Fitting*, § 113 Rn. 34).

3. Streitigkeiten

Streitigkeiten über den Anspruch auf Nachteilsausgleich oder seine Höhe entscheidet 55 das Arbeitsgericht im **Urteilsverfahren;** denn es handelt sich um eine Streitigkeit aus dem Arbeitsverhältnis (§ 2 Abs. 1 Nr. 3 lit. a, Abs. 5 i. V. mit §§ 46 ff. ArbGG; ebenso GK-*Oetker*, § 113 Rn. 70; *Fitting*, § 113 Rn. 35). Für die Feststellung des Nachteils und seine Höhe gilt § 287 ZPO (ebenso *Fitting*, § 113 Rn. 37; HSWGNR-*Hess*, § 113 Rn. 27).

IV. Rechtliche Behandlung der gesetzlichen Ansprüche auf Nachteilsausgleich

1. Insolvenz des Arbeitgebers

Für die Ansprüche auf Nachteilsausgleich gelten die allgemeinen Vorschriften der 56 Insolvenzordnung. Die Sonderregeln für in der Insolvenz aufgestellte Sozialpläne (vgl. § 123 InsO) finden keine Anwendung (BAG 4. 6. 2003 AP InsO § 209 Nr. 2; BAG 22. 7. 2003 AP BetrVG 1972 § 113 Nr. 42). Beruht der Anspruch auf einer pflichtwidrigen Handlung des Insolvenzverwalters, so ist er eine echte Masseverbindlichkeit i. S. des § 55 Abs. 1 Nr. 1 InsO (BAG 22. 7. 2003 AP BetrVG 1972 § 113 Nr. 42; BAG 21. 3. 2004 AP BetrVG 1972 § 112 Nr. 168; ebenso für die unter der Konkursordnung geltende Rechtslage bereits BAG 17. 9. 1974 AP BetrVG 1972 § 113 Nr. 1 [zust. *Uhlenbruck* und *Richardi*] a. A. *Häsemeyer*, ZIP 2003, 229, 232; vgl. auch LAG Köln 22. 10. 2001, ZInsO 2002, 545), im Falle der Vornahme der maßgeblichen Handlungen nach Anzeige der Masseunzulänglichkeit eine Neumasseverbindlichkeit i. S. des § 209 Abs. 1 Nr. 2 InsO (BAG 30. 5. 2006 AP InsO § 209 Nr. 5). Führt hingegen der Unternehmer eine geplante Betriebsänderung durch, ohne über sie einen Interessenausgleich mit dem Betriebsrat versucht zu haben, so sind die daraus folgenden Ansprüche entlassener Arbeitnehmer im nach Zugang der Kündigung eröffneten Insolvenzverfahren auch dann einfache Insolvenzforderungen, wenn die Kündigungen in Absprache mit dem vorläufigen Insolvenzverwalter und mit dessen Zustimmung erfolgten (BAG 4. 12. 2002 AP InsO § 38 Nr. 2).

2. Steuer- und sozialrechtliche Behandlung

a) Auf **Abfindungen** für den Verlust des Arbeitsplatzes findet die Tarifermäßigung 57 gem. §§ 24 Nr. 1, 34 Abs. 1 EStG Anwendung. Für den Ausgleich der sonstigen Nachteile besteht **keine Steuerermäßigung** (s. § 112 Rn. 196).

b) Abfindungen für den Verlust des Arbeitsplatzes fallen nicht unter die **Beitragspflicht** 58 **zur Sozialversicherung** (s. § 112 Rn. 197). Bei dem Anspruch auf Nachteilsausgleich ist zu beachten, dass Lohnausgleichsleistungen Bestandteil des Arbeitsentgelts sind und insoweit unter die sozialversicherungsrechtliche Beitragspflicht fallen.

c) Die für den Verlust des Arbeitsplatzes gezahlte Abfindung ist kein Arbeitsentgelt im 59 sozialversicherungsrechtlichen Sinn. Daher führt die Gewährung der Abfindung bei Arbeitslosigkeit grundsätzlich nicht zum **Ruhen des Anspruchs auf Arbeitslosengeld** (§ 143 Abs. 1 SGB III; s. § 112 Rn. 198).

3. Pfändungsbeschränkungen

Der Abfindungsanspruch unterliegt nicht den Pfändungsbeschränkungen des § 850 c 60 ZPO, sondern es gilt § 850 i ZPO (s. § 112 Rn. 200).

Anhang zu § 113

61 Soweit der Anspruch auf Nachteilsausgleich nach Abs. 2 einen Ausgleich für Lohn- oder Gehaltseinbußen gibt, gehört er zum Arbeitsentgelt und ist deshalb insoweit nach § 850 c ZPO nur begrenzt pfändbar. Die Erstattung der Fahrtkosten ist nach § 850 a Nr. 3 ZPO und Beihilfen für eine Umschulung sind nach § 850 a Nr. 6 ZPO unpfändbar.

4. Ausschlussfristen, Verjährung und Verzicht

62 Im Gegensatz zur Kündigungsschutzklage, die innerhalb von drei Wochen erhoben werden muss (§ 4 Satz 1 KSchG), ist für die Klage aus § 113 keine Frist gesetzt. Der Anspruch verjährt nach 3 Jahren (§§ 195, 199 BGB).

63 Der Nachteilsausgleichsanspruch hat, obwohl er auf Gesetz beruht, seine Grundlage im Arbeitsverhältnis. Tarifvertragliche Ausschlussfristen, die alle Ansprüche aus dem Arbeitsverhältnis erfassen, gelten deshalb auch für ihn (ebenso BAG 20. 6. 1978, 22. 2. 1983 AP BetrVG 1972 § 113 Nr. 3, 7; s. auch § 112 Rn. 191).

64 Ein **Verzicht** auf entstandene Ansprüche aus § 113 ist ohne weiteres möglich, so dass insbesondere § 77 Abs. 4 Satz 2 nicht – auch nicht entsprechend – Anwendung findet (*Keller*, NZA 1997, 519 ff.; BAG 23. 9. 2003 AP BetrVG 1972 § 113 Nr. 43). Hingegen ist ein im Voraus erfolgter Verzicht unwirksam (BAG 23. 9. 2003 AP BetrVG 1972 § 113 Nr. 43).

V. Verhältnis zu den Sozialplanansprüchen

65 Eine Konkurrenz mit Sozialplanansprüchen besteht nur, wenn nach einer betriebsverfassungswidrig durchgeführten Betriebsänderung ein Sozialplan aufgestellt wird (s. zur Zulässigkeit § 112 Rn. 67 ff.). Der gesetzliche Anspruch auf Nachteilsausgleich und der Anspruch aus dem Sozialplan können nebeneinander bestehen; es gibt aber keinen Anspruch auf Doppelleistung, sondern Leistungen aus dem gesetzlichen Nachteilsausgleich sind prinzipiell auf Sozialplanleistungen anzurechnen (s. ausführlich § 112 Rn. 203 f.). Entsprechendes soll nach Ansicht des LAG Thüringen (v. 28. 6. 1994 – 7 Sa 1237/93, n. v.) im Verhältnis zu tariflichen Abfindungsansprüchen gelten (zustimmend GK-*Oetker*, § 113 Rn. 99).

Anhang zu § 113
Die Betriebsänderung in der Insolvenz

A. Gesetzesregelungen

Insolvenzordnung (InsO)

vom 5. Oktober 1994 (BGBl. I S. 2866),
zuletzt geändert durch Gesetz vom 29. 7. 2009 (BGBl. I S. 2355)
Auszug

§ 120 Kündigung von Betriebsvereinbarungen

(1) Sind in Betriebsvereinbarungen Leistungen vorgesehen, welche die Insolvenzmasse belasten, so sollen Insolvenzverwalter und Betriebsrat über eine einvernehmliche Herabsetzung der Leistungen beraten. Diese Betriebsvereinbarungen können auch dann mit einer Frist von drei Monaten gekündigt werden, wenn eine längere Frist vereinbart ist.

(2) Unberührt bleibt das Recht, eine Betriebsvereinbarung aus wichtigem Grund ohne Einhaltung einer Kündigungsfrist zu kündigen.

§ 121 Betriebsänderungen und Vermittlungsverfahren

Im Insolvenzverfahren über das Vermögen des Unternehmers gilt § 112 Abs. 2 Satz 1 des Betriebsverfassungsgesetzes mit der Maßgabe, dass dem Verfahren vor der Einigungsstelle nur dann ein Vermittlungsversuch vorangeht, wenn der Insolvenzverwalter und der Betriebsrat gemeinsam um eine solche Vermittlung ersuchen.

§ 122 Gerichtliche Zustimmung zur Durchführung einer Betriebsänderung

(1) Ist eine Betriebsänderung geplant und kommt zwischen Insolvenzverwalter und Betriebsrat der Interessenausgleich nach § 112 des Betriebsverfassungsgesetzes nicht innerhalb von drei Wochen nach Verhandlungsbeginn oder schriftlicher Aufforderung zur Aufnahme von Verhandlungen zustande, obwohl der Verwalter den Betriebsrat rechtzeitig und umfassend unterrichtet hat, so kann der Verwalter die Zustimmung des Arbeitsgerichts dazu beantragen, dass die Betriebsänderung durchgeführt wird, ohne dass das Verfahren nach § 112 Abs. 2 des Betriebsverfassungsgesetzes vorangegangen ist. § 113 Abs. 3 des Betriebsverfassungsgesetzes ist insoweit nicht anzuwenden. Unberührt bleibt das Recht des Verwalters, einen Interessenausgleich nach § 125 zustande zu bringen oder einen Feststellungsantrag nach § 126 zu stellen.

(2) Das Gericht erteilt die Zustimmung, wenn die wirtschaftliche Lage des Unternehmens auch unter Berücksichtigung der sozialen Belange der Arbeitnehmer erfordert, dass die Betriebsänderung ohne vorheriges Verfahren nach § 112 Abs. 2 des Betriebsverfassungsgesetzes durchgeführt wird. Die Vorschriften des Arbeitsgerichtsgesetzes über das Beschlussverfahren gelten entsprechend; Beteiligte sind der Insolvenzverwalter und der Betriebsrat. Der Antrag ist nach Maßgabe des § 61a Abs. 3 bis 6 des Arbeitsgerichtsgesetzes vorrangig zu erledigen.

(3) Gegen den Beschluss des Gerichts findet die Beschwerde an das Landesarbeitsgericht nicht statt. Die Rechtsbeschwerde an das Bundesarbeitsgericht findet statt, wenn sie in dem Beschluss des Arbeitsgerichts zugelassen wird; § 72 Abs. 2 und 3 des Arbeitsgerichtsgesetzes gilt entsprechend. Die Rechtsbeschwerde ist innerhalb eines Monats nach Zustellung der in vollständiger Form abgefassten Entscheidung des Arbeitsgerichts beim Bundesarbeitsgericht einzulegen und zu begründen.

§ 123 Umfang des Sozialplans

(1) In einem Sozialplan, der nach der Eröffnung des Insolvenzverfahrens aufgestellt wird, kann für den Ausgleich oder die Milderung der wirtschaftlichen Nachteile, die den Arbeitnehmern infolge der geplanten Betriebsänderung entstehen, ein Gesamtbetrag von bis zu zweieinhalb Monatsverdiensten (§ 10 Abs. 3 des Kündigungsschutzgesetzes) der von einer Entlassung betroffenen Arbeitnehmer vorgesehen werden.

(2) Die Verbindlichkeiten aus einem solchen Sozialplan sind Masseverbindlichkeiten. Jedoch darf, wenn nicht ein Insolvenzplan zustande kommt, für die Berichtigung von Sozialplanforderungen nicht mehr als ein Drittel der Masse verwendet werden, die ohne einen Sozialplan für die Verteilung an die Insolvenzgläubiger zur Verfügung stünde. Übersteigt der Gesamtbetrag aller Sozialplanforderungen diese Grenze, so sind die einzelnen Forderungen anteilig zu kürzen.

(3) Sooft hinreichende Barmittel in der Masse vorhanden sind, soll der Insolvenzverwalter mit Zustimmung des Insolvenzgerichts Abschlagszahlungen auf die Sozialplanforderungen leisten. Eine Zwangsvollstreckung in die Masse wegen einer Sozialplanforderung ist unzulässig.

§ 124 Sozialplan vor Verfahrenseröffnung

(1) Ein Sozialplan, der vor der Eröffnung des Insolvenzverfahrens, jedoch nicht früher als drei Monate vor dem Eröffnungsantrag aufgestellt worden ist, kann sowohl vom Insolvenzverwalter als auch vom Betriebsrat widerrufen werden.

(2) Wird der Sozialplan widerrufen, so können die Arbeitnehmer, denen Forderungen aus dem Sozialplan zustanden, bei der Aufstellung eines Sozialplans im Insolvenzverfahren berücksichtigt werden.

(3) Leistungen, die ein Arbeitnehmer vor der Eröffnung des Verfahrens auf seine Forderung aus dem widerrufenen Sozialplan erhalten hat, können nicht wegen des Widerrufs zurückgefordert werden. Bei der Aufstellung eines neuen Sozialplans sind derartige Leistungen an einen von einer Entlassung betroffenen Arbeitnehmer bei der Berechnung des Gesamtbetrags der Sozialplanforderungen nach § 123 Abs. 1 bis zur Höhe von zweieinhalb Monatsverdiensten abzusetzen.

§ 125 Interessenausgleich und Kündigungsschutz

(1) Ist eine Betriebsänderung (§ 111 des Betriebsverfassungsgesetzes) geplant und kommt zwischen Insolvenzverwalter und Betriebsrat ein Interessenausgleich zustande, in dem die Arbeitnehmer, denen gekündigt werden soll, namentlich bezeichnet sind, so ist § 1 des Kündigungsschutzgesetzes mit folgenden Maßgaben anzuwenden:
1. es wird vermutet, dass die Kündigung der Arbeitsverhältnisse der bezeichneten Arbeitnehmer durch dringende betriebliche Erfordernisse, die einer Weiterbeschäftigung in diesem Betrieb oder einer Weiterbeschäftigung zu unveränderten Arbeitsbedingungen entgegenstehen, bedingt ist;
2. die soziale Auswahl der Arbeitnehmer kann nur im Hinblick auf die Dauer der Betriebszugehörigkeit, das Lebensalter und die Unterhaltspflichten und auch insoweit nur auf grobe Fehlerhaftigkeit nachgeprüft werden; sie ist nicht als grob fehlerhaft anzusehen, wenn eine ausgewogene Personalstruktur erhalten oder geschaffen wird.

Satz 1 gilt nicht, soweit sich die Sachlage nach Zustandekommen des Interessenausgleichs wesentlich geändert hat.

(2) Der Interessenausgleich nach Absatz 1 ersetzt die Stellungnahme des Betriebsrats nach § 17 Abs. 3 Satz 2 des Kündigungsschutzgesetzes.

§ 126 Beschlussverfahren zum Kündigungsschutz

(1) Hat der Betrieb keinen Betriebsrat oder kommt aus anderen Gründen innerhalb von drei Wochen nach Verhandlungsbeginn oder schriftlicher Aufforderung zur Aufnahme von Verhandlungen ein Interessenausgleich nach § 125 Abs. 1 nicht zustande, obwohl der Verwalter den Betriebsrat rechtzeitig und umfassend unterrichtet hat, so kann der Insolvenzverwalter beim Arbeitsgericht beantragen festzustellen, dass die Kündigung der Arbeitsverhältnisse bestimmter, im Antrag bezeichneter Arbeitnehmer durch dringende betriebliche Erfordernisse bedingt und sozial gerechtfertigt ist. Die soziale Auswahl der Arbeitnehmer kann nur im Hinblick auf die Dauer der Betriebszugehörigkeit, das Lebensalter und die Unterhaltspflichten nachgeprüft werden.

(2) Die Vorschriften des Arbeitsgerichtsgesetzes über das Beschlussverfahren gelten entsprechend; Beteiligte sind der Insolvenzverwalter, der Betriebsrat und die bezeichneten Arbeitnehmer, soweit sie nicht mit der Beendigung der Arbeitsverhältnisse oder mit den geänderten Arbeitsbedingungen einverstanden sind. § 122 Abs. 2 Satz 3, Abs. 3 gilt entsprechend.

(3) Für die Kosten, die den Beteiligten im Verfahren des ersten Rechtszugs entstehen, gilt § 12a Abs. 1 Satz 1 und 2 des Arbeitsgerichtsgesetzes entsprechend. Im Verfahren vor dem Bundesarbeitsgericht gelten die Vorschriften der Zivilprozessordnung über die Erstattung der Kosten des Rechtsstreits entsprechend.

§ 127 Klage des Arbeitnehmers

(1) Kündigt der Insolvenzverwalter einem Arbeitnehmer, der in dem Antrag nach § 126 Abs. 1 bezeichnet ist, und erhebt der Arbeitnehmer Klage auf Feststellung, dass

das Arbeitsverhältnis durch die Kündigung nicht aufgelöst oder die Änderung der Arbeitsbedingungen sozial ungerechtfertigt ist, so ist die rechtskräftige Entscheidung im Verfahren nach § 126 für die Parteien bindend. Dies gilt nicht, soweit sich die Sachlage nach dem Schluss der letzten mündlichen Verhandlung wesentlich geändert hat.

(2) Hat der Arbeitnehmer schon vor der Rechtskraft der Entscheidung im Verfahren nach § 126 Klage erhoben, so ist die Verhandlung über die Klage auf Antrag des Verwalters bis zu diesem Zeitpunkt auszusetzen.

§ 128 Betriebsveräußerung

(1) Die Anwendung der §§ 125 bis 127 wird nicht dadurch ausgeschlossen, dass die Betriebsänderung, die dem Interessenausgleich oder dem Feststellungsantrag zugrunde liegt, erst nach einer Betriebsveräußerung durchgeführt werden soll. An dem Verfahren nach § 126 ist der Erwerber des Betriebs beteiligt.

(2) Im Falle eines Betriebsübergangs erstreckt sich die Vermutung nach § 125 Abs. 1 Satz 1 Nr. 1 oder die gerichtliche Feststellung nach § 126 Abs. 1 Satz 1 auch darauf, dass die Kündigung der Arbeitsverhältnisse nicht wegen des Betriebsübergangs erfolgt.

B. Kommentierung

Abgekürzt zitiertes Schrifttum: *Beuthien,* Sozialplan und Unternehmensverschuldung, 1980; *Caspers,* Personalabbau und Betriebsänderung in der Insolvenz, 1998; *Dorndorf,* Sozialplan im Konkurs, 1978; *Klöver,* Der Sozialplan im Konkurs, (Diss. Bremen) 1992; *Richardi,* Sozialplan und Konkurs, 1975; *M. Schlüter,* Die konkursrechtliche Behandlung der Sozialplananspüche und Ausgleichsansprüche nach § 113 BetrVG, (Diss. Münster) 1977; *Spinti,* Die Ansprüche aus Sozialplan (§ 112 BetrVG 72) und Nachteilsausgleich (§ 113 BetrVG 72) bei Insolvenz des Arbeitgebers, 1989; *Tretow,* Personalabbaumaßnahmen nach der neuen Insolvenzordnung, Diss. Bremen 1999; *Willemsen,* Arbeitnehmerschutz bei Betriebsänderungen im Konkurs, (Diss. Köln) 1980; *Willemsen/Tiesler,* Interessenausgleich und Sozialplan in der Insolvenz, 1995.

Übersicht

	Rn.
I. Aufstellung eines Sozialplans in der Insolvenz	1
1. Aufstellung mit dem Insolvenzverwalter	1
2. Aufstellung eines Sozialplans durch die Einigungsstelle	4
3. Höchstzulässiges Sozialplanvolumen gem. § 123 InsO	5
II. Sozialplan vor Insolvenzeröffnung	10
III. Insolvenzsicherung für die betriebliche Altersversorgung	14
IV. Interessenausgleich in der Insolvenz	18
V. Interessenausgleich und Kündigungsschutz	24
VI. Interessenausgleich und Sozialplan im Eröffnungsverfahren	28

I. Aufstellung eines Sozialplans in der Insolvenz

1. Aufstellung mit dem Insolvenzverwalter

Der Sozialplan wird **mit dem Insolvenzverwalter aufgestellt.** Das gilt auch bei einer von der Gläubigerversammlung oder dem Gläubigerausschuss (vgl. § 158 InsO) verfügten Betriebsstilllegung (ebenso für die Konkursordnung BAG [GS] 13. 12. 1978 AP BetrVG 1972 § 112 Nr. 6). **1**

Kommt eine **Einigung zwischen dem Betriebsrat und dem Insolvenzverwalter** über den **Sozialplan** zustande, so wird die Gläubigerbeteiligung dadurch gesichert, dass der Insol- **2** venzverwalter vor dem Abschluss die **Genehmigung des Gläubigerausschusses,** hilfsweise der Gläubigerversammlung gem. § 160 Abs. 2 Nr. 1 InsO einzuholen hat.

3   Die Genehmigungspflicht entfällt, wenn die Einigung über die Aufstellung eines Sozialplans durch einen **Spruch der Einigungsstelle** ersetzt wird (so BAG [GS] 13. 12. 1978 AP BetrVG 1972 § 112 Nr. 6). Besondere Vorgaben für die Besetzung der Einigungsstelle bestehen nicht. Insbesondere ist nicht erforderlich, dass Insolvenzgläubiger oder deren Vertreter in die Einigungsstelle berufen werden, da die Insolvenzordnung durch ihre Regelungen die Interessen der Insolvenzgläubiger gegenüber den Sozialplangläubigern ausreichend wahrt (so bereits zum SozplKonkG BAG 6. 5. 1986 AP HGB § 128 Nr. 8). Allerdings ist die Einigungsstelle, um sich nicht dem Vorwurf eines Ermessensfehlgebrauchs auszusetzen, dazu verpflichtet, einen vom Gläubigerausschuss entsandten Vertreter zur wirtschaftlichen Vertretbarkeit des aufzustellenden Sozialplans anzuhören (*Willemsen,* Arbeitnehmerschutz, S. 270 ff.; *Fitting,* 19. Aufl. 1998, § 1 SozplKonkG Rn. 12 a; *Annuß,* NZI 1999, 344, 348; a. A. *Oetker/Friese,* DZWIR 2001, 265, 269).

2. Aufstellung eines Sozialplans durch die Einigungsstelle

4   Die für den Spruch der Einigungsstelle durch **§ 112 Abs. 5** festgelegten **Ermessensgrenzen** („Sozialplaninnenschranken") gelten zwar auch in der Insolvenz des Unternehmers; sie werden aber insbesondere durch allgemeine insolvenzrechtliche Grundsätze modifiziert. Die wirtschaftliche Vertretbarkeit für das Unternehmen kann keine Rolle mehr spielen, wenn es nicht um die Fortsetzung der operativen Tätigkeit, sondern um die Zerschlagung und Liquidation des Unternehmens geht (*Caspers,* Personalabbau, Rn. 464; *Klöver,* Sozialplan, S. 134; *Richardi,* Sozialplan, S. 90 f.; *Willemsen/Tiesler,* Interessenausgleich, Rn. 143; *Annuß,* NZI 1999, 344, 348; a. A. *Beuthien,* Sozialplan, S. 31 ff.; *v. Hoyningen-Huene,* RdA 1986, 102, 114). An die Stelle der Interessen des Unternehmers treten insoweit die der Insolvenzgläubiger, da die Arbeitnehmer im Falle der Zerschlagung und Liquidation bei der Verteilung des vorhandenen Vermögens mit ihnen und nicht mit dem Unternehmen in Konkurrenz stehen (vgl. § 123 Abs. 2 Satz 2 InsO). Deshalb sind an Stelle des nicht mehr vorhandenen Unternehmensinteresses allein die Interessen der Insolvenzgläubiger in den Abwägungsvorgang einzubringen (vgl. bereits RegE zum SozplKonkG, BT-Drucks. 10/2129, S. 6; *Klöver,* Sozialplan, S. 134; kritisch *Willemsen/Tiesler,* Interessenausgleich, Rn. 142). Gleiches gilt, wenn eine übertragende Sanierung zum Zweck der anschließenden Liquidation des Insolvenzschuldners erfolgt, sofern die Grundlage für die Liquidation mit der Aufstellung des Sozialplans im Rahmen des Insolvenzverfahrens gelegt worden ist (so auch *Caspers,* Personalabbau, Rn. 464). Auf die wirtschaftliche Vertretbarkeit für das Unternehmen ist deshalb im Insolvenzverfahren nur abzustellen, wenn der Abschluss eines Insolvenzplans und die Fortführung des Unternehmensträgers beabsichtigt sind. Die für die Einigungsstelle geltenden Ermessensgrenzen sind grundsätzlich auch vom Insolvenzverwalter bei der Aufstellung eines vereinbarten Sozialplans zu beachten. Überschreitet der Insolvenzverwalter diese „Sozialplaninnenschranken", kann der Sozialplan als insolvenzzweckwidrige Maßnahme nichtig sein (vgl. dazu näher *Annuß,* NZI 1999, 344, 350).

3. Höchstzulässiges Sozialplanvolumen gem. § 123 InsO

5   Für die Berücksichtigung der Gläubigerinteressen ist neben den Sozialplaninnenschranken auch § 123 InsO zu beachten. Er enthält nicht nur eine Ermessensgrenze, sondern setzt als **rechtliche Schranke** („Sozialplanaußenschranke") eine statische Obergrenze für das Sozialplanvolumen.

6   a) In dem Sozialplan kann für den Ausgleich oder die Milderung der wirtschaftlichen Nachteile, die den Arbeitnehmern infolge der geplanten Betriebsänderung entstehen, nur ein Gesamtbetrag von bis zu zweieinhalb Monatsverdiensten (§ 10 Abs. 3 KSchG) der

von einer Entlassung betroffenen Arbeitnehmer vorgesehen werden. Dies gilt selbst in der Insolvenz eines Konzernunternehmens, wenn die Voraussetzungen eines Berechnungsdurchgriffs gegeben sind (ebenso *Schwarzburg,* NZA 2009, 176; a. A. *Roden,* NZA 2009, 659). Für die Berechnung des zulässigen Gesamtvolumens ist auf das individuelle Einkommen eines jeden entlassenen Arbeitnehmers und nicht etwa auf das Durchschnittseinkommen aller im Betrieb oder Unternehmen beschäftigten Arbeitnehmer abzustellen (ebenso *Fitting,* §§ 112, 112 a Rn. 299). Für die Verteilung dieses Gesamtvolumens auf die Einzelnen betroffenen Arbeitnehmer ist hingegen allein auf die sozialen Belange der betroffenen Arbeitnehmer abzustellen, so dass die einzelne Leistung durchaus auch den Betrag von zweieinhalb Monatsverdiensten überschreiten kann (vgl. Begr. RegE zu § 141 InsO, BT-Drucks. 12/2443, S. 154). Zwar wird das Sozialplanvolumen allein durch die Zahl der entlassenen Arbeitnehmer und deren Monatsverdienst begrenzt, doch sind bei der Verteilung des Gesamtbetrags auch die von der Betriebsänderung anders als durch Entlassung nachteilig betroffenen Arbeitnehmer zu berücksichtigen (ebenso *Caspers,* Personalabbau, Rn. 435; a. A. *Fitting,* §§ 112, 112 a Rn. 308: insoweit analoge Anwendung des § 123 Abs. 1 InsO). Für diese ist daher kein besonderer Sozialplan aufzustellen, der den Schranken des § 123 InsO nicht unterliegt (so aber DKK-*Däubler,* Anhang zu §§ 111–113, § 123 InsO Rn. 22; Kübler/Prütting-*Moll,* §§ 123, 124 Rn. 32 m. w. N.). Deshalb ist kein finanzieller Nachteilsausgleich durch Sozialplan zu erbringen, wenn im Zuge der betreffenden Betriebsänderung kein Arbeitnehmer entlassen wird (zustimmend *Oetker/Friese,* DZWIR 2001, 265, 267). Für die Bestimmung der relevanten Monatsverdienste sind angesichts der eindeutigen Verweisung auf § 10 Abs. 3 KSchG jeweils die Monate entscheidend, in denen die Arbeitsverhältnisse der von einer Entlassung betroffenen Arbeitnehmer enden, so dass in den meisten Fällen eine prognostische Betrachtung erforderlich ist (ebenso HK-*Linck,* § 123 Rn. 15; GK-*Oetker,* §§ 112, 112 a Rn. 297; a. A. *Fitting,* 19. Aufl. 1998, § 2 SozplKonkG Rn. 13, wo darauf abgestellt wird, in welchem Monat „die Mehrzahl" der betroffenen Arbeitnehmer entlassen wirdFK-*Eisenbeis,* § 123 Rn. 11; a. A. *Balz,* Das neue Gesetz, S. 54, der den Zeitpunkt für entscheidend hält, in dem der Sozialplan Rechtswirksamkeit erlangt).

Im Sinne des § 123 Abs. 1 InsO „von einer Entlassung" betroffen sind nicht nur jene **7** Arbeitnehmer, denen der Insolvenzverwalter wegen der Betriebsänderung kündigt. Vielmehr zählen dazu auch solche Arbeitnehmer, die auf Veranlassung des Insolvenzverwalters einen Aufhebungsvertrag abschließen oder selbst kündigen, um einer betriebsbedingten Kündigung zuvorzukommen (vgl. nur BAG 19. 7. 1995 AP BetrVG 1972 § 112 Nr. 96; *Balz,* Das neue Gesetz, S. 59 f.; anders *Hess,* NZA 1985, 205, 206; s. auch § 112 Rn. 109). Betroffen sein können auch im Zeitpunkt der Aufstellung des Sozialplans bereits ausgeschiedene Arbeitnehmer, sofern ihr Ausscheiden durch die bevorstehende Betriebsänderung konkret veranlasst worden war.

b) Neben der Sozialplanschranke nach § 123 Abs. 1 InsO ist auch die relative Obergrenze des § 123 Abs. 2 Satz 2 InsO zu beachten. Danach darf, wenn nicht ein Insolvenzplan zustande kommt, für die Berichtigung von Sozialplanforderungen nicht mehr als ein Drittel der Masse verwendet werden, die ohne einen Sozialplan für die Verteilung an die Insolvenzgläubiger zur Verfügung stünde. Dadurch werden die Sozialplanforderungen trotz § 123 Abs. 2 Satz 1 InsO zu „Masseverbindlichkeiten zweiter Klasse", da sie stets erst nach allen übrigen Masseverbindlichkeiten zu befriedigen sind. Dies hat zur Folge, dass Forderungen aus Insolvenzsozialplänen nicht zu Masseunzulänglichkeit (§ 208 Abs. 1 Satz 1 InsO) führen können. Dass es sich formal um Masseverbindlichkeiten handelt, zeigt sich jedoch daran, dass eine Anmeldung (§§ 147 ff. InsO) nicht erforderlich ist. **8**

c) Werden die vorstehend beschriebenen **Sozialplanschranken überschritten, so ist zu unterscheiden:** Während § 123 Abs. 2 Satz 3 InsO für den Fall, dass der Gesamtbetrag aller Sozialplanforderungen mehr als ein Drittel der Teilungsmasse beträgt, ausdrücklich **9** eine anteilige Kürzung anordnet, lassen sich dem Gesetz keine Anhaltspunkte dafür entnehmen, welche Folgen aus einer Überschreitung der Sozialplaninnenschranken sowie der absoluten Grenze des § 123 Abs. 1 InsO resultieren. Die Einhaltung Letzterer kann insbesondere dann Schwierigkeiten bereiten, wenn im Rahmen der jeweiligen Betriebsänderung weniger Arbeitnehmer entlassen werden müssen, als bei Abschluss des Sozialplans vorgesehen. **Grundsätzlich führt jede Überschreitung der Innenschranken bzw. der absoluten Außenschranke zur Nichtigkeit des jeweiligen Sozialplans** (vgl. für die Innenschranken *Willemsen*, Betriebsänderung, S. 220; für die absoluten Außenschranken BT-Drucks. 10/2129, S. 7; *Fitting*, §§ 112, 112a Rn. 304; GK-*Oetker*, §§ 112, 112a Rn. 302; *Spinti*, Ansprüche, S. 69 m. w. N.). Allerdings wird eine **geltungserhaltende Reduktion** auf das jeweils zulässige Höchstvolumen sowie eine damit einhergehende anteilige Kürzung der Sozialplanansprüche für möglich gehalten. Generelle Aussagen können jedoch nicht getroffen werden, so dass stets unter Berücksichtigung der Besonderheiten des jeweiligen Einzelfalls zu entscheiden ist, ob und inwieweit eine Aufrechterhaltung in Betracht kommt. Jedenfalls wenn die Verteilungsgrundsätze nicht erkennbar sind oder sie durch eine anteilige Kürzung verfälscht würden, ist eine geltungserhaltende Reduktion nicht möglich (*Boemke/Tietze*, DB 1999, 1389, 1392; DKK-*Däubler*, Anhang zu §§ 111–113, § 123 InsO Rn. 16; *Fitting*, §§ 112, 112a Rn. 306; GK-*Oetker*, §§ 112, 112a Rn. 303; *Spinti*, Ansprüche, S. 71). Haben die Betriebsparteien für diesen Fall keine Vorsorge in Form einer sog. Nachbesserungsklausel getroffen, muss der Sozialplan insgesamt neu verhandelt werden (*Klöver*, Sozialplan, S. 116; *Spinti*, Ansprüche, S. 69).

II. Sozialplan vor Insolvenzeröffnung

10   a) Ein vor Insolvenzeröffnung aufgestellter Sozialplan kann Gegenstand einer **Insolvenzanfechtung** sein (§ 129 InsO; ebenso zu § 29 KO LAG Hamm, DB 1982, 1119; *Richardi*, Sozialplan, S. 71 f.; *Fuchs*, Sozialplan, S. 54; *Kaven*, Recht des Sozialplans, S. 150; *Ohl*, Sozialplan, S. 186; *Schlüter*, Die konkursrechtliche Behandlung der Sozialplanansprüche, S. 83; *Willemsen*, Arbeitnehmerschutz bei Betriebsänderungen im Konkurs, S. 354 ff.; *Hanau*, ZfA 1974, 84, 113 f.). Der Sozialplan ist auch dann dem Gemeinschuldner zuzurechnen, wenn er nicht von ihm mit dem Betriebsrat vereinbart, sondern von der Einigungsstelle im verbindlichen Einigungsverfahren aufgestellt worden ist (vgl. *Richardi*, a. a. O., S. 72; zust. *Schlüter*, a. a. O., S. 83; a. A. *Willemsen*, a. a. O., S. 360; *Hanau*, ZfA 1974, 89, 114). Ein Sozialplan unterliegt der Insolvenzanfechtung allerdings nur, wenn einer der in §§ 130 bis 136 InsO genannten Anfechtungstatbestände gegeben ist.

11   b) Da bei einem Sozialplan der Tatbestand der Insolvenzanfechtung nur ausnahmsweise gegeben ist, hat der Gesetzgeber in § 124 InsO eine **ergänzende Regelung** getroffen, die den früheren § 3 SozplKonkG ersetzt hat: Während nach früherer Rechtslage die innerhalb der letzten drei Monate vor Konkurseröffnung aufgestellten Sozialpläne durch § 3 SozplKonkG im Wesentlichen genauso behandelt wurden wie die während des Konkurses errichteten, hält § 124 InsO eine davon völlig verschiedene Regelung bereit. Ein Sozialplan, der vor der Eröffnung des Insolvenzverfahrens, jedoch nicht früher als drei Monate vor dem Eröffnungsantrag aufgestellt worden ist, kann sowohl vom Insolvenzverwalter als auch vom Betriebsrat widerrufen werden (§ 124 Abs. 1 InsO). Bei der **Widerrufsmöglichkeit** handelt es sich um ein einseitiges Gestaltungsrecht (zur Terminologie kritisch Smid-*Müller*, InsO, § 124 Rn. 4). § 124 InsO gewährt lediglich ein Widerrufsrecht und begründet **keine Widerrufspflicht**. Sowohl der Insolvenzverwalter als auch der Betriebsrat können aber aus anderen Gründen verpflichtet sein, von ihrem Widerrufsrecht Gebrauch zu machen (vgl. FK-*Eisenbeis*, § 124 Rn. 6). Die Ausübung des Widerrufsrechts ist nicht fristgebunden (HK-*Linck*, § 124 Rn. 3). Sie

bedarf keines sachlichen Grundes (FK-*Eisenbeis*, § 124 Rn. 5). Erfolgt ein Widerruf, ist ein neuer Sozialplan unter Beachtung des § 123 InsO aufzustellen, wobei die Arbeitnehmer, denen Forderungen aus dem widerrufenen Sozialplan zustanden, erneut berücksichtigt werden können (§ 124 Abs. 2 InsO). Bereits ausgezahlte Sozialplanleistungen können nicht wegen des Widerrufs zurückgefordert werden; sie sind allerdings bei Ermittlung der Sozialplanaußenschranke nach § 123 Abs. 1 InsO zu berücksichtigen (§ 124 Abs. 3 InsO).

Sofern der Sozialplan nicht widerrufen wird, sind die aus ihm resultierenden Ansprüche – ebenso wie solche, die aus mehr als drei Monate vor dem Eröffnungsantrag aufgestellten Sozialplänen resultieren – in voller Höhe Insolvenzforderungen nach § 38 InsO (vgl. BAG 27. 9. 2007 AP InsO § 38 Nr. 5). Die Unterlassung des Widerrufs durch den Insolvenzverwalter begründet keine Masseverbindlichkeit gem. § 55 Abs. 1 Nr. 1 InsO (so aber *Kania*, DStR 1996, 832, 835; *Lakies*, BB 1999, 206, 210; *Warrikoff*, DB 1994, 2338, 2344 f.; wohl auch *Lohkemper*, KTS 1996, 1, 36; wie hier demgegenüber BAG 31. 7. 2002 NZA 2002, 1332; *Boemke/Tietze*, DB 1999, 1389, 1394; *Caspers*, Personalabbau, Rn. 477 f.; *Fitting*, §§ 112, 112 a Rn. 327; Nerlich/Römermann-*Hamacher*, § 124 InsO Rn. 22; Kübler/Prütting-*Moll*, §§ 123, 124 Rn. 104). Etwas anderes gilt wegen § 55 Abs. 2 InsO nur für Sozialpläne, die ein „starker" vorläufiger Insolvenzverwalter vor Verfahrenseröffnung abschließt (BAG 31. 7. 2002 NZA 2002, 1232). Handelt der Insolvenzverwalter pflichtwidrig, kann ihn jedoch die persönliche Haftung gem. § 60 InsO treffen. Zur Haftungsbeschränkung bei einem Betriebsteilerwerb aus der Insolvenz gem. § 613 a BGB im Hinblick auf Ansprüche aus Insolvenzsozialplänen BAG 15. 1. 2002 AP SozplKonkG § 2 Nr. 1. 12

Die Sondervorschriften der §§ 123, 124 InsO betreffen nur Sozialplananspruche. Sie gelten daher nicht für Nachteilsausgleichsansprüche gem. § 113 Abs. 1, 3. Diese richten sich vielmehr nach den allgemeinen Bestimmungen, so dass Nachteilsausgleichsansprüche, die durch Handlungen des Insolvenzverwalters verursacht werden, echte Masseverbindlichkeiten i. S. des § 55 Abs. 1 Nr. 1 InsO sind (vgl. dazu auch § 113 Rn. 56). 13

III. Insolvenzsicherung für die betriebliche Altersversorgung

Für **betriebliche Versorgungsleistungen** und nach § 1 b BetrAVG **unverfallbare Versorgungsanwartschaften** besteht die **Insolvenzsicherung nach §§ 7 ff. BetrAVG**. Für den Anspruch auf Insolvenzsicherung spielt keine Rolle, ob das Leistungsversprechen durch einen Sozialplan inhaltlich geändert wurde, um durch eine Betriebsänderung herbeigeführte wirtschaftliche Nachteile auszugleichen oder zu mildern. Der Sozialplan kann, da er die Wirkung einer Betriebsvereinbarung hat (Abs. 1 Satz 3), eine Versorgungszusage i. S. des § 1 BetrAVG sein. Erforderlich ist aber, dass auch die sonstigen Voraussetzungen des Anspruchs auf Insolvenzsicherung erfüllt sind: 14

a) Verbesserungen der betrieblichen Versorgungsleistungen, die in einem **Sozialplan mit dem Insolvenzverwalter** festgelegt sind, fallen deshalb nicht unter die Insolvenzsicherung. Gleiches gilt, wenn eine Versorgungsanwartschaft durch den Sozialplan für unverfallbar erklärt wird. 15

b) Ist in einem **vor Insolvenzeröffnung** aufgestellten Sozialplan der Eintritt des Versorgungsfalles vorverlagert und sind deshalb die betrieblichen Versorgungsleistungen verbessert worden, um den Eintritt in den Ruhestand zu ermöglichen, haben die Versorgungsempfänger nach § 7 Abs. 1 BetrAVG den Anspruch auf Insolvenzsicherung, auch soweit Rechtsgrundlage des Versorgungsanspruchs der Sozialplan ist. Der Insolvenzschutz bezieht sich nicht nur auf künftige Versorgungsleistungen, sondern auch rückständige Versorgungsleistungen sind bis zu sechs Monaten vor Eröffnung des Insolvenzverfahrens insolvenzgesichert (vgl. § 7 Abs. 1a BetrAVG sowie in Anlehnung an § 59 Abs. 1 Nr. 3 lit. d KO BGH 14. 7. 1980 BGHZ 78, 73 = AP BetrAVG § 7 Nr. 5). 16

17 Versorgungsanwartschaften sind aber nur insolvenzgesichert, wenn sie nach § 1 b BetrAVG unverfallbar sind (§ 7 Abs. 2 BetrAVG). Deshalb genügt nicht, wenn sie in einem Sozialplan für unverfallbar erklärt werden (ebenso *Paulsdorff,* Kommentar zur Insolvenzsicherung der betrieblichen Altersversorgung, 1988, BetrAVG § 7 Rn. 294; *Willemsen,* Arbeitnehmerschutz bei Betriebsänderungen im Konkurs, S. 242 Fn. 84; *Schoden,* MitbGespr. 1975, 93; vgl. auch BAG 3. 8. 1978 AP BetrAVG § 7 Nr. 1; a. A. ursprünglich *Richardi,* Sozialplan, S. 68).

IV. Interessenausgleich in der Insolvenz

18 Die sich aus § 112 ergebende **Pflicht zur Verhandlung eines Interessenausgleichs** bei Vorliegen einer Betriebsänderung i. S. des § 111 besteht unverändert auch in der Insolvenz. Die §§ 121, 122 InsO enthalten insoweit lediglich verschiedene Modifikationen des Verfahrens. Die Verhandlungen über einen Interessenausgleich sind daher erst aufzunehmen, sobald eine Betriebsänderung „geplant" wird (dazu § 111 Rn. 144 ff.). Weder der Eröffnungsantrag noch die Insolvenzeröffnung als solche stellen mithin eine beteiligungspflichtige Betriebsänderung dar, da beides nur die Unternehmensebene betrifft und keine Auswirkungen auf die allein von § 111 BetrVG erfasste Betriebsebene hat (grundlegend *Willemsen,* Arbeitnehmerschutz, S. 26 ff.; a. A. GK-*Fabricius,* 6. Aufl., § 111 Rn. 335 ff.). Für die Auslösung der Beteiligungspflicht ist nicht die Planung der Gläubigerversammlung oder des Gläubigerausschusses sondern allein die des Insolvenzverwalters ausschlaggebend (vgl. nur *Kuhn/Uhlenbruck,* § 132 Rn. 2 b; *Annuß,* NZI 1999, 344, 345; a. A. GK-*Fabricius,* 6. Aufl., § 111 Rn. 343 ff.).

19 Will der Insolvenzverwalter sich nicht der Gefahr von **Nachteilsausgleichsansprüchen** gem. § 113 Abs. 3 (vgl. dazu § 113 Rn. 23 ff.) aussetzen, die zu den Masseverbindlichkeiten nach § 55 Abs. 1 Satz 1 Nr. 1 InsO gehören (vgl. § 113 Rn. 56) und für die er gem. § 60 InsO persönlich einstandspflichtig sein kann (Nerlich/Römermann-*Hamacher,* § 124 InsO Rn. 10; *Tretow,* Personalabbaumaßnahmen, S. 235), muss er vor Durchführung der Maßnahme einen Interessenausgleich mit dem Betriebsrat herbeiführen oder das zumindest im Sinne des Gesetzes versuchen. Insoweit bringt § 121 InsO eine gewisse Erleichterung, als er bestimmt, dass ein Vermittlungsversuch durch den Vorstand der Bundesagentur für Arbeit nur dann stattfinden kann, wenn Insolvenzverwalter und Betriebsrat dies übereinstimmend beantragen. Im Übrigen hält § 122 InsO eine wichtige Beschleunigungsmöglichkeit bereit: Kommt innerhalb von drei Wochen nach Verhandlungsbeginn oder schriftlicher Aufforderung zur Aufnahme von Verhandlungen kein Interessenausgleich über die geplante Betriebsänderung zustande, obwohl der Verwalter den Betriebsrat rechtzeitig und umfassend informiert hat, kann der Insolvenzverwalter unmittelbar die **Zustimmung des Arbeitsgerichts** dazu beantragen, dass die Betriebsänderung ohne vorherige Durchführung des Verfahrens nach § 112 Abs. 2 vorgenommen wird (§ 122 Abs. 1 InsO). Für das Verfahren gelten die Vorschriften über das Beschlussverfahren entsprechend (§ 122 Abs. 2 Satz 2 InsO). Erteilt das Gericht seine Zustimmung, kann die Durchführung der Betriebsänderung nicht zu Nachteilsausgleichsansprüchen führen (§ 122 Abs. 1 Satz 2 InsO).

20 Den **Beginn der Dreiwochenfrist** knüpft das Gesetz an den Verhandlungsbeginn oder die schriftliche Aufforderung zur Aufnahme von Verhandlungen. In beiden Fällen ist weitere Voraussetzung, dass „der Verwalter den Betriebsrat rechtzeitig und umfassend unterrichtet hat", womit an die Pflicht des § 111 Satz 1 angeknüpft wird (s. § 111 Rn. 143 ff.; sowie *Annuß,* NZI 1999, 344, 345). Für die Rechtzeitigkeit muss es aber genügen, wenn die Information des Betriebsrats zu einem Zeitpunkt erfolgt, in dem die Durchführung eines Interessenausgleichsverfahrens vor einer tatsächlichen Umsetzung noch möglich ist (ebenso FK-*Eisenbeis,* § 122 Rn. 11; a. A. wohl Smid/*Müller,* § 122 Rn. 9). Dem Schriftformerfordernis kommt angesichts der Formalisierungsfunktion

konstitutive Bedeutung zu (so wohl auch HK-*Linck*, § 122 Rn. 9; a. A. FK-*Eisenbeis*, § 122 Rn. 11). Werden die Verhandlungen ohne vorherige Unterrichtung aufgenommen, wird die Dreiwochenfrist erst durch die spätere vollständige Information in Gang gesetzt. Fehlt eine schriftliche Aufforderung zur Aufnahme der Beratungen, so beginnt die Dreiwochenfrist erst mit der Beratung. Maßgebend ist insoweit die zu diesem Zweck einberufene Sitzung des Betriebsrats. Der Klarheit dient es somit jedenfalls, wenn der Unternehmer den Betriebsrat schriftlich informiert sowie zur Aufnahme der Beratungen auffordert und dadurch die Dreiwochenfrist in Gang setzt. Die Aufforderung kann mit der umfassenden Unterrichtung verbunden werden (ebenso *Löwisch*, RdA 1997, 80, 83). Die Frist beginnt mit dem Zugang der schriftlichen Aufforderung; sie endet mit dem Ablauf desjenigen Tages der dritten Woche, der dem Tag entspricht, an dem die Aufforderung zur Beratung dem Betriebsrat zugegangen ist (§ 188 Abs. 2 BGB).

21 Ebenso wenig wie die Information und die Aufforderung zu Verhandlungen bzw. der Verhandlungsbeginn nach Insolvenzeröffnung liegen müssen, ist dies für den Ablauf der Dreiwochenfrist erforderlich. Deshalb kann der Insolvenzverwalter sich auch auf eine noch vom späteren Insolvenzschuldner oder vom vorläufigen Insolvenzverwalter (s. dazu Rn. 28 ff.) vorgenommene Information und Verhandlungsaufforderung berufen (ArbG Lingen, 9. 7. 1999, ZIP 1999, 1892, 1895; *Berscheid*, InVo 1997, 309, 310, FK-*Eisenbeis*, § 122 Rn. 13; HK-*Linck*, § 122 Rn. 10; Kübler/Prütting-*Moll*, § 122 Rn. 21 a; a. A. DKK-*Däubler*, Anhang zu §§ 111–113, § 122 InsO Rn. 5; *Friese*, ZInsO 2001, 350, 352). Im Übrigen erfüllt der Insolvenzverwalter die Voraussetzungen des § 122 InsO nicht bereits dadurch, dass er nach Verhandlungsbeginn bzw. Verhandlungsaufforderung und ausreichender Unterrichtung den Ablauf der Dreiwochenfrist untätig abwartet, sofern der Betriebsrat verhandlungsbereit ist (ebenso *Lohkemper*, KTS 1996, 1, 18 f.; *Rummel*, DB 1997, 774, 775; *Schrader*, NZA 1997, 70, 72; *Warrikoff*, BB 1994, 2338, 2339; unklar *Giesen*, ZIP 1998, 142, 144; *Lakies*, RdA 1997, 145, 148; vgl. auch Begr. Rechtsausschuss zu § 140 InsO, BT-Drucks. 12/7302, S. 171).

22 Ist der Antrag zulässig, erteilt das angerufene Arbeitsgericht im Wege einer Gestaltungsentscheidung die Zustimmung zur Durchführung der im Antrag genau bezeichneten Betriebsänderung, wenn „die wirtschaftliche Lage des Unternehmens auch unter Berücksichtigung der sozialen Belange der Arbeitnehmer" eine Durchführung der Betriebsänderung ohne vorheriges vollständiges Durchlaufen des Interessenausgleichsverfahrens erfordert (§ 122 Abs. 2 InsO). Prüfungsgegenstand ist also nicht die sachliche Rechtfertigung der geplanten Betriebsänderung, sondern allein die Eilbedürftigkeit der Realisierung (*Caspers*, Personalabbau, Rn. 402; *Giesen*, ZIP 1998, 142, 144). Hierfür ist eine Abwägungsentscheidung zu treffen, bei der trotz des nicht ganz klaren Wortlauts nur einerseits die Interessen der Arbeitnehmer und andererseits die Gesichtspunkte der Wirtschaftlichkeit zu berücksichtigen sind (vgl. Begr. RegE zu § 140 InsO, BT-Drucks. 12/2443, S. 154). Sofern allerdings die Betriebsänderung wirtschaftlich geboten ist, können die Arbeitnehmerbelange nur ausnahmsweise überwiegen (dazu näher *Annuß*, NZI 1999, 344, 347).

23 Das Zustimmungsverfahren ist gem. § 122 Abs. 2 Satz 3 InsO i. V. m. § 61 a Abs. 3–6 ArbGG vorrangig zu erledigen. Als einziges Rechtsmittel gegen den Beschluss des Arbeitsgerichts kommt gem. § 122 Abs. 3 Satz 2 InsO die Rechtsbeschwerde zum Bundesarbeitsgericht in Betracht, und auch dies nur dann, wenn sie vom Arbeitsgericht zugelassen wird (vgl. BAG 14. 8. 2001 AP ArbGG 1979 § 72 a Divergenz Nr. 44). In Eilfällen kann die Zustimmung auch im Verfahren des einstweiligen Rechtsschutzes erteilt werden (vgl. ausdrücklich Begr. Rechtsausschuss zu § 140 InsO (heute § 122 InsO), BT-Drucks. 17/7302, S. 171, wonach „auch im Beschlussverfahren nach § 140 der Erlass einer einstweiligen Verfügung zulässig" sei; wie hier *Caspers*, Personalabbau, Rn. 424; *Zwanziger*, Das Arbeitsrecht der Insolvenzordnung, § 122 Rn. 29; a. A. DKK-*Däubler*, Anhang zu §§ 111–113, § 122 InsO Rn. 13). Die Zustimmung wird erst mit Rechtskraft des Beschlusses wirksam.

V. Interessenausgleich und Kündigungsschutz

24 Kommt im Zusammenhang mit einer in der Insolvenz geplanten Betriebsänderung im Sinne des § 111 BetrVG zwischen Insolvenzverwalter und Betriebsrat ein Interessenausgleich zustande, in dem die zur Kündigung vorgesehenen Arbeitnehmer namentlich bezeichnet sind, hat dies für den Arbeitgeber die in § 125 InsO enthaltenen Erleichterungen (vgl. daneben allgemein § 1 Abs. 5 KSchG) zur Folge (s. dazu, dass auch § 125 InsO eine Betriebsänderung i. S. des § 111 voraussetzt, § 112 Rn. 15). Das gilt auch dann, wenn die zum Gegenstand des Interessenausgleichs gemachte Betriebsänderung erst nach einer Betriebsveräußerung außerhalb der Insolvenz erfolgen soll (§ 128 Abs. 1 InsO).

25 Liegen die Voraussetzungen des § 125 Abs. 1 InsO vor, so wird vermutet, dass die Kündigung der im Interessenausgleich namentlich bezeichneten Arbeitnehmer durch dringende betriebliche Erfordernisse, die einer Weiterbeschäftigung in dem jeweiligen Betrieb oder Unternehmen überhaupt oder einer Weiterbeschäftigung zu unveränderten Bedingungen entgegenstehen, bedingt ist (§ 125 Abs. 1 Nr. 1 InsO). Diese **Vermutung der Betriebsbedingtheit** der Kündigung beinhaltet eine echte Beweislastumkehr gemäß § 46 Abs. 2 Satz 1 ArbGG, § 292 ZPO, so dass der Arbeitnehmer in Abweichung von der allgemeinen Beweislastregel des § 1 Abs. 2 Satz 4 KSchG die Betriebsbedingtheit der Kündigung vollumfänglich widerlegen muss. Deshalb braucht der Arbeitgeber im Prozess außer der Darlegung der Voraussetzungen eines wirksamen Interessenausgleichs und Benennung des Arbeitnehmers im Interessenausgleich (BAG 26. 4. 2007 AP InsO § 125 Nr. 4) keine weiteren Tatsachen vorzutragen (DKK-*Däubler*, Anhang zu §§ 111–113, § 125 InsO Rn. 15; s. näher Kübler/Prütting-*Moll*, § 125 Rn. 38; a. A. zu § 1 Abs. 5 KSchG a. F. *Zwanziger*, DB 1997, 2174, 2175), sondern es obliegt dem Arbeitnehmer, substantiiert darzulegen und im Streitfall zu beweisen, dass keine dringenden Erfordernisse für die Kündigung vorliegen (BAG 24. 2. 2000 AP KSchG 1969 § 1 Nr. 7; BAG 21. 2. 2002 NZA 2002, 1360; s. zu § 1 Abs. 5 KSchG BAG 7. 5. 1998, AP KSchG 1969 § 1 Betriebsbedingte Kündigung Nr. 94; BAG 12. 3. 2009 – 2 AZR 418/07).

26 Weiter bestimmt § 125 Abs. 1 Satz 1 Nr. 2 InsO, dass die soziale Auswahl der gekündigten Arbeitnehmer **nur im Hinblick auf die drei Sozialkriterien:** Dauer der Betriebszugehörigkeit, Lebensalter und Unterhaltspflichten, und auch insoweit nur auf grobe Fehlerhaftigkeit **nachgeprüft werden kann**. Diese Beschränkung der richterlichen Prüfungsbefugnis erfasst den gesamten Prozess der Sozialauswahl (BAG 3. 4. 2008 – 2 AZR 879/06; BAG 12. 3. 2009 – 2 AZR 418/07), weshalb sowohl die Bildung der jeweils relevanten Vergleichsgruppe (BAG 28. 8. 2003 AP InsO § 125 Nr. 1) als auch die Herausnahme einzelner Arbeitnehmer aus der Sozialauswahl wegen berechtigter betrieblicher Bedürfnisse (ebenso BAG 12. 3. 2009 – 2 AZR 418/07; FK-*Eisenbeis*, § 125 Rn. 14; *Caspers*, a. a. O., Rn. 202; HK-*Linck*, § 125 Rn. 27; a. A. *Preis*, NJW 1996, 3369, 3372; wie hier im Hinblick auf Erhalt oder Schaffung einer ausgewogenen Personalstruktur auch BAG 28. 8. 2003 AP InsO § 125 Nr. 1) nur auf grobe Fehlerhaftigkeit überprüft werden kann. Ferner sagt das Gesetz ausdrücklich, dass die Sozialauswahl nicht grob fehlerhaft ist, wenn durch die Kündigung eine ausgewogene Personalstruktur erhalten oder geschaffen wird (vgl. zum Aspekt der Altersdiskriminierung insoweit BAG 6. 11. 2008 – 2 AZR 523/07; BAG 12. 3. 2009 – 2 AZR 418/07). Grob fehlerhaft ist die Sozialauswahl, wenn eines der drei Sozialkriterien überhaupt nicht berücksichtigt wird oder ihre Gewichtung jede Ausgewogenheit vermissen lässt (BAG 12. 3. 2009 – 2 AZR 418/07). Da die Bestimmung eine Überprüfung der Sozialauswahl durch das Gericht nur anhand der drei im Gesetz genannten Kriterien gestattet, dürfen bei der Sozialauswahl auch keine anderen sozialen Gesichtspunkte berücksichtigt werden (vgl. auch § 112 Rn. 22 a ff.).

27 Die Pflicht zur ordnungsgemäßen **Anhörung des Betriebsrats** gem. § 102 BetrVG vor jeder Kündigung bleibt auch von einer namentlichen Benennung der Arbeitnehmer im

Interessenausgleich gem. § 125 InsO unberührt (zu § 1 Abs. 5 KSchG 1996 BAG 20. 5. 1999 AP KSchG 1969 Namensliste § 1 Nr. 4, 5).

VI. Interessenausgleich und Sozialplan im Eröffnungsverfahren

Sofern im Eröffnungsverfahren ein vorläufiger Insolvenzverwalter bestellt (§ 21 Abs. 2 Nr. 1 InsO) und dem Schuldner ein allgemeines Verfügungsverbot (§ 21 Abs. 2 Nr. 2 InsO) auferlegt wird, geht die Verwaltungs- und Verfügungsbefugnis über das Schuldnervermögen wie bei der Insolvenzeröffnung auf den vorläufigen Insolvenzverwalter über (§ 22 Abs. 1 Satz 1 InsO). Dieser ist somit bei Planung einer Betriebsänderung zur Verhandlung eines Interessenausgleichs bzw. zum Abschluss eines Sozialplans berufen. Gemäß § 22 Abs. 1 Nr. 2 InsO darf der vorläufige Insolvenzverwalter eine Stilllegung des Unternehmens allerdings nur mit Zustimmung des Insolvenzgerichts vornehmen. Das Zustimmungserfordernis ist über den Wortlaut hinaus unabhängig von der Erfüllung des Tatbestandes des § 111 Satz 3 Nr. 1 BetrVG auf alle Betriebs(teil)stilllegungen zu erstrecken (so im Ergebnis auch *Caspers*, Personalabbau, Rn. 501 ff.; vgl. näher *Annuß*, NZI 1999, 344, 351). **28**

Wird dem Schuldner kein allgemeines Verfügungsverbot auferlegt und kommt dem vorläufigen Insolvenzverwalter auch nach § 22 Abs. 2 InsO keine partielle Befugnis zur selbständigen Wahrnehmung der Arbeitgeberrechte zu, so ist weiterhin allein der Schuldner – ggf. mit Zustimmung des Insolvenzverwalters (§ 21 Abs. 2 Nr. 2 InsO) – handlungsbefugt und hat die Verhandlungen über Interessenausgleich und Sozialplan zu führen. **29**

Die §§ 122 ff. InsO finden im Eröffnungsverfahren auf Handlungen des vorläufigen Insolvenzverwalters keine, auch keine analoge Anwendung (ebenso *Braun/Uhlenbruck*, Unternehmensinsolvenz, 1997, S. 238, 241; *Berscheid*, ZIP 1997, 1569, 1580; *ders.*, NZI 1999, 6, 9; a.A. FK-*Eisenbeis*, § 113 Rn. 11; Kübler/Prütting-*Moll*, § 113 Rn. 22 ff.; *Caspers*, Personalabbau, Rn. 523). **30**

Fünfter Teil. Besondere Vorschriften für einzelne Betriebsarten

Erster Abschnitt. Seeschifffahrt

§ 114 Grundsätze

(1) Auf Seeschifffahrtsunternehmen und ihre Betriebe ist dieses Gesetz anzuwenden, soweit sich aus den Vorschriften dieses Abschnitts nichts anderes ergibt.

(2) [1] Seeschifffahrtsunternehmen im Sinne dieses Gesetzes ist ein Unternehmen, das Handelsschifffahrt betreibt und seinen Sitz im Geltungsbereich dieses Gesetzes hat. [2] Ein Seeschifffahrtsunternehmen im Sinne dieses Abschnitts betreibt auch, wer als Korrespondenzreeder, Vertragsreeder, Ausrüster oder aufgrund eines ähnlichen Rechtsverhältnisses Schiffe zum Erwerb durch die Seeschifffahrt verwendet, wenn er Arbeitgeber des Kapitäns und der Besatzungsmitglieder ist oder überwiegend die Befugnisse des Arbeitgebers ausübt.

(3) Als Seebetrieb im Sinne dieses Gesetzes gilt die Gesamtheit der Schiffe eines Seeschifffahrtsunternehmens einschließlich der in Absatz 2 Satz 2 genannten Schiffe.

(4) [1] Schiffe im Sinne dieses Gesetzes sind Kauffahrteischiffe, die nach dem Flaggenrechtsgesetz die Bundesflagge führen. [2] Schiffe, die in der Regel binnen 24 Stunden nach dem Auslaufen an den Sitz eines Landbetriebs zurückkehren, gelten als Teil dieses Landbetriebs des Seeschifffahrtsunternehmens.

(5) Jugend- und Auszubildendenvertretungen werden nur für die Landbetriebe von Seeschifffahrtsunternehmen gebildet.

(6) [1] Besatzungsmitglieder sind die in § 3 des Seemannsgesetzes genannten Personen. [2] Leitende Angestellte im Sinne des § 5 Abs. 3 dieses Gesetzes sind nur die Kapitäne.

Schrifttum: 1. Allgemein zu arbeitsrechtlichen Aspekten der Seeschifffahrt: *Franzen*, Einführung und allgemeine Vorschriften, AR-Blattei: Seearbeitsrecht II, AR-Blattei SD 1450.2.

2. Zur Seebetriebsverfassung: *Dzida*, Deutsche Mitbestimmung und ausländische Schiffe, RIW 2006, 914.

Übersicht

	Rn.
I. Vorbemerkung	1
1. Rechtsquellen	1
2. Rechtslage bis zum BetrVG 1972	2
3. Entstehungsgeschichte der gesetzlichen Regelung	6
4. Binnenschifffahrt	8
II. Geltungsbereich des BetrVG in der Seeschifffahrt	9
1. Allgemeines	9
2. Legaldefinition des Seeschifffahrtsunternehmens als Anknüpfungspunkt der Sonderregelung	10
III. Das Seeschifffahrtsunternehmen	17
1. Bedeutung der Legaldefinition	17
2. Reeder und Partenreederei	19
3. Korrespondentreeder	22
4. Vertragsreeder	24
5. Ausrüster	25
6. Verwendung auf Grund eines ähnlichen Rechtsverhältnisses	26

	Rn.
7. Einheit des Seeschifffahrtsunternehmens bei gleichzeitiger Eigenschaft als Eigenreeder, Korrespondentreeder, Vertragsreeder, Ausrüster oder bei Verwendung auf Grund eines ähnlichen Rechtsverhältnisses	27
IV. Begriffsbestimmung des Seebetriebs und Abgrenzung vom Landbetrieb eines Seeschifffahrtsunternehmens	28
1. Unterscheidung zwischen Seebetrieb und Landbetrieb	28
2. Begriff des Seebetriebs	29
3. Schiffe als Teil des Seebetriebs	32
4. Landbetrieb eines Seeschifffahrtsunternehmens	38
V. Belegschaft eines Seebetriebs	41
1. Besatzungsmitglieder	41
2. Zugehörigkeit zum Seebetrieb	43
3. Leitende Angestellte	44
VI. Rechtsstellung und Ersetzung des Kapitäns	45
1. Rechtsstellung	45
2. Ersetzung und Vertretung des Kapitäns	47
VII. Verhältnis zu den Gewerkschaften	49
1. Rechtsstellung in der Seebetriebsverfassung	49
2. Zugangsrecht der Gewerkschaften	50
VIII. Streitigkeiten	52

I. Vorbemerkung

1. Rechtsquellen

1 Das Gesetz gibt in den §§ 114 bis 116 eine Regelung des Betriebsverfassungsrechts für den Bereich der Seeschifffahrt. Sie wird ergänzt durch die auf Grund von § 126 erlassene Zweite Verordnung zur Durchführung des Betriebsverfassungsgesetzes (Wahlordnung Seeschifffahrt – WOS –) vom 7. 2. 2002 (BGBl. I S. 594; abgedruckt im Anh. 2). Durch das **BetrVerf-Reformgesetz** vom 23. 7. 2001 (BGBl. I S. 1852) wurde der bisherige Abs. 6 Satz 3 aufgehoben, der eine Zuordnung der Seeleute zu den Gruppen von Arbeiter und Angestellten vorsah. Mit der Abschaffung des Gruppenprinzips insgesamt wurde die Unterscheidung auch hier entbehrlich.

1 a Entsprechende Vorschrift: § 33 SprAuG.

2. Rechtslage bis zum BetrVG 1972

2 Nach § 5 BRG 1920 sollte die Einrichtung von Arbeitnehmervertretungen für die Betriebe der Seeschifffahrt und der Binnenschifffahrt durch ein **besonderes Gesetz** geregelt werden. Dieses Gesetz ist **nie ergangen** (vgl. dazu *Flatow/Kahn-Freund*, BRG, § 5 Anm. 1; *Mansfeld*, § 5 Anm. 1). Unausgefüllt blieb auch die Bestimmung des § 88 Abs. 3 BetrVG 1952, wonach die Regelung für den Bereich der Seeschifffahrt einem besonderen Gesetz vorbehalten blieb (vgl. aber den vom DGB im März 1954 vorgelegten, nicht publizierten Entwurf eines BetrVG für die deutsche Seeschifffahrt, teilweise wiedergegeben bei *Monnerjahn*, Das Arbeitsverhältnis in der deutschen Seeschifffahrt, 1964, S. 137 f.).

3 Jedoch war die Einrichtung von Betriebsvertretungen im Bereich der Seeschifffahrt nicht völlig ausgeschlossen. Man war vielmehr zu § 5 BRG 1920 der Ansicht, dass **Landbetriebe** der Seeschifffahrt von dieser Ausnahmevorschrift nicht erfasst wurden (vgl. RAG 11. 7. 1928, BenshSlg. 3, 93; *Flatow/Kahn-Freund*, BRG, § 5 Anm. 1). § 88 Abs. 4 BetrVG 1952 enthielt sogar die ausdrückliche Bestimmung, dass bis zum In-Kraft-Treten des vorgesehenen Gesetzes für die Seeschifffahrt die Landbetriebe dem BetrVG unterstellt sind. Schiffe, die ausschließlich im Hafen verwendet werden, gehörten entweder zum Landbetrieb des Seeschifffahrtsunternehmens oder unterstanden als selbständige Betriebe dem Geltungsbereich des BRG 1920 bzw. des BetrVG 1952 (vgl. *Flatow/Kahn-Freund*, BRG, § 5 Anm. 1; *Dietz*, BetrVG, § 88 Rn. 8).

I. Vorbemerkung **§ 114**

Die für die **Seeschiffe** bestehende Lücke wurde teilweise durch eine Vereinbarung 4
zwischen dem Verband Deutscher Reeder e. V. und der Gewerkschaft ÖTV über die
Bildung von Sozialausschüssen an Bord deutscher Schiffe vom 1. Juli 1948 geschlossen
(abgedruckt bei *Schaps/Abraham*, 4. Aufl., Bd. 3, S. 249). Der Manteltarifvertrag für
die deutsche Seeschifffahrt vom 18. 12. 1970 enthielt in § 96 die Bestimmung, dass
Beschwerden und Wünsche der Besatzungsmitglieder an Bord im Sinne dieser Vereinbarung geregelt werden.

Die Vorschriften der §§ 76, 77 BetrVG 1952 über die **Beteiligung der Arbeitnehmer im** 5
Aufsichtsrat hat dagegen das BAG auch auf Unternehmen der Seeschifffahrt angewandt,
wobei es nicht nur die Arbeitnehmer der Landbetriebe, sondern auch die Besatzungsmitglieder der Seeschiffe als wahlberechtigt angesehen hat (BAG 3. 12. 1954 AP BetrVG § 88
Nr. 1; 30. 8. 1963 AP BetrVG § 88 Nr. 2; zust. *Fitting/Kraegeloh/Auffarth*, § 76 Rn. 11;
Nikisch, Bd. III S. 44 f.; *Nipperdey/Säcker* in *Hueck/Nipperdey*, Bd. II/2 S. 1120; *Neumann-Duesberg*, S. 95 f.; nur unter Beschränkung des Wahlrechts auf die Arbeitnehmer
der Landbetriebe: *Dietz*, Vorbem. vor § 76 Rn. 16 a, § 88 Rn. 10; – a. A. *Galperin/Siebert*,
§ 76 Rn. 23, § 88 Rn. 15 f.; *Erdmann*, § 88 Rn. 3; *Baumbach/Hueck*, AktG, 13. Aufl.
1968, Anh. nach § 96 Rn. 8). Da das BetrVG 1972 die Regelung über die Beteiligung der
Arbeitnehmer im Aufsichtsrat aufrechterhalten hat (§ 129), gilt sie auch weiterhin uneingeschränkt für Seeschifffahrtsunternehmen (ebenso *Fitting*, § 76 BetrVG 1952 Rn. 14 bis
zur 21. Auflage; GL-*Kröger*, Vorbem. vor § 114 Rn. 2; GK-*Wiese/Franzen*, Vorbem. vor
§ 114 Rn. 1; *Wißmann*, DB 1983, 1685; a. A. *Marienhagen*, BB 1973, 293 Fn. 3). Das
DrittelbeteiligungsG hat daran nichts geändert.

3. Entstehungsgeschichte der gesetzlichen Regelung

Das Gesetz sieht davon ab, die Regelung der Betriebsverfassung für den Bereich der 6
Seeschifffahrt einem besonderen Gesetz vorzubehalten (anders noch die Gesetzesvorlagen der BT-Fraktionen in der 5. Legislaturperiode des Deutschen Bundestages, s. Einl.
Rn. 18, und der Gesetzentwurf der BT-Fraktion der CDU/CSU, BT-Drucks. VI/1806).
Auf Seeschifffahrtsunternehmen und ihre Betriebe ist vielmehr dieses Gesetz anzuwenden, soweit sich aus den §§ 114 bis 117 nichts anderes ergibt; denn die besonderen
Verhältnisse im Bereich der Seeschifffahrt machen eine Reihe von Sonderregelungen
notwendig. Diese sind so umfangreich, dass sie der Betriebsverfassung für den Bereich
der Seeschifffahrt eine grundlegend andere Struktur geben. Ihr Schwerpunkt besteht
darin, dass auf jedem Kauffahrteischiff, das nach dem Flaggenrechtsgesetz die Bundesflagge führt, zur Wahrnehmung der Interessen der Besatzungsmitglieder eine Bordvertretung und zur Wahrnehmung der Interessen aller Besatzungsmitglieder in jedem Seebetrieb, d. i. die Gesamtheit der Schiffe eines Seeschifffahrtsunternehmens, ein Seebetriebsrat gebildet werden. Der RegE sah außerdem einen Reedereibetriebsrat zur
Wahrnehmung der gemeinsamen Interessen der Arbeitnehmer und Besatzungsmitglieder
in Land- und Seebetrieben eines Seeschifffahrtsunternehmens vor (§ 117 RegE BT-Drucks. VI/1786, S. 26, 56, 58); man sah aber davon ab, ihn in das Gesetz zu übernehmen, weil seine Aufgaben weitgehend mit denen des Gesamtbetriebsrats identisch seien
und deshalb auch von diesem wahrgenommen werden könnten (Bericht des BT-Ausschusses für Arbeit und Sozialordnung, zu BT-Drucks. VI/2729, S. 35).

Die Bestimmungen des Abschnitts über die Seeschifffahrt wurden in wesentlich stärke- 7
rem Maße als die übrigen Teile des Gesetzes durch den BT-Ausschuss für Arbeit und
Sozialordnung umgestaltet (vgl. die Synopse in BT-Drucks. VI/2729, S. 53 ff.). Neben
materiellen Änderungen wurde vor allem die Systematik neu gestaltet, um die Abweichungen von den allgemeinen Regelungen des Gesetzes stärker als im RegE sichtbar zu
machen. Doch bereiten die zahlreichen Verweisungen erhebliche Verständnisschwierigkeiten und offenbaren den fragmentarischen Charakter der gesetzlichen Regelung für
die Betriebsverfassung in der Seeschifffahrt.

4. Binnenschifffahrt

8 Für die Binnenschifffahrt gelten die allgemeinen Vorschriften des BetrVG in vollem Umfang (ebenso GL-*Kröger*, § 114 Rn. 28; GK-*Wiese/Franzen*, § 114 Rn. 18; vgl. zur Abgrenzung HansOLG Hamburg, MDR 1960, 316). Zur Binnenschifffahrt rechnen alle Fahrzeuge, die bestimmungsgemäß auf Wasserstraßen fahren, die nicht der Seewasserordnung unterfallen. Ob das einzelne Binnenschiff als selbständiger Betrieb oder als Ausstrahlung eines einheitlichen, auch die Landanlagen umfassenden Betriebs erscheint, muss sich aus den Umständen der Organisation im einzelnen Fall ergeben. Zur Binnenschifffahrt gehören die Schiffe, die ausschließlich im Hafen verwendet werden, auch wenn sie einem Schifffahrtunternehmen gehören (z. B. Ewer, Leichter, Schuten, Werftfahrzeuge); für die Zugehörigkeit zu einem Landbetrieb gilt hier aber § 114 Abs. 4 Satz 2 analog (s. auch Rn. 39).

II. Geltungsbereich des BetrVG in der Seeschifffahrt

1. Allgemeines

9 Die **Vorschriften in Abs. 1 bis 4** legen den **Bereich der Seeschifffahrt für die Betriebsverfassung** fest. Durch sie wird abgegrenzt, welche Betriebe eines Seeschifffahrtsunternehmens allein den allgemeinen Regelungen des BetrVG unterliegen und für welche Betriebe die besonderen Vorschriften dieses Abschnitts über die Seeschifffahrt gelten, insbesondere die für die Seeschifffahrt spezifischen Betriebsvertretungen, die Bordvertretung und der Seebetriebsrat, zu bilden sind (s. Rn. 28 ff.). Doch darin erschöpft sich nicht die Bedeutung dieser Bestimmungen. Durch sie wird vielmehr auch der Geltungsbereich dieses Gesetzes für die Seeschifffahrtsunternehmen und deren Betriebe modifiziert (s. Rn. 10 ff.). Nicht zuletzt ergeben sich Besonderheiten für die Abgrenzung des Betriebs und Unternehmens und die Bestimmung der Belegschaft (Rn. 13, 17 ff., 39, 41 ff.).

2. Legaldefinition des Seeschifffahrtsunternehmens als Anknüpfungspunkt der Sonderregelung

10 a) Während das Gesetz sonst keine Bestimmung über seinen Geltungsbereich trifft (s. Einl. Rn. 60 ff.), ergibt sich hier aus der Legaldefinition des Seeschifffahrtsunternehmens in Abs. 2 in Verbindung mit der Regelung in Abs. 1 eine besondere Abgrenzung seiner Geltung für die Seeschifffahrt: Das **Seeschifffahrtsunternehmen** muss seinen **Sitz im Geltungsbereich dieses Gesetzes** haben. Die Tragweite dieser Bestimmung ist außerordentlich zweifelhaft, obwohl der BT-Ausschuss für Arbeit und Sozialordnung sie zu dem Zweck eingefügt hat, Rechtssicherheit zu schaffen (*zu* BT-Drucks. VI/2729, S. 32; s. auch Rn. 17 ff.).

11 Fraglich ist insbesondere, ob auch für den **Landbetrieb** eines Seeschifffahrtsunternehmens die allgemeinen Vorschriften des BetrVG nur dann gelten, wenn das Unternehmen seinen Sitz in der Bundesrepublik Deutschland hat. Da die Begriffsbestimmung des Seeschifffahrtsunternehmens für den Bereich dieses Gesetzes auch für die allgemeine Anordnung in § 114 Abs. 1 gilt, liegt der Schluss nahe, dass auch Landbetriebe eines Seeschifffahrtsunternehmens nur dann unter das BetrVG fallen, wenn das Unternehmen seinen Sitz in der Bundesrepublik Deutschland hat (so GL-*Kröger*, § 114 Rn. 11; *Birk*, FS Schnorr v. Carolsfeld, S. 61, 86; GK-*Wiese/Franzen* § 114 Rn. 4). Dieses Ergebnis widerspricht aber dem sonst für die Betriebsverfassung maßgeblichen Kollisionsrecht, das an die *lex loci laboris* anknüpft (s. Einl. Rn. 63 ff.). Die Folge wäre, dass die in der Bundesrepublik Deutschland gelegenen Landbetriebe ausländischer Seehandelsunternehmen nicht unter das BetrVG fielen. Eine derartige Einschränkung des Geltungsbereichs

II. Geltungsbereich des BetrVG in der Seeschifffahrt § 114

ist aber nicht der Zweck der in § 114 Abs. 2 niedergelegten Legaldefinition (ebenso HSWGNR-*Hess*, § 114 Rn. 3; GK-*Wiese*, 7. Aufl., § 114 Rn. 4; *Jahnke*, AR-Blattei: Seearbeitsrecht, Anm. zu Entsch. 12). Gedacht ist vielmehr in erster Linie an den Seebetrieb, der unter den Geltungsbereich dieses Gesetzes fallen soll, wenn er zu einem Seeschifffahrtsunternehmen gehört, das seinen Sitz in der Bundesrepublik Deutschland hat. Durch die Regelung in Abs. 1 sollte dagegen lediglich klargestellt werden, dass die Vorschriften dieses Abschnitts nicht nur auf die Betriebe der Seeschifffahrtsunternehmen, sondern auch auf das Seeschifffahrtsunternehmen selbst Anwendung finden.

Für den Geltungsbereich des BetrVG ist daher die **Erforderlichkeit eines Inlandsitzes** **12** **des Unternehmens** nur insoweit Voraussetzung, als eine gesetzliche Regelung auf das **Seeschifffahrtsunternehmen** als solches abstellt. Außerdem hat sie für den Seebetrieb insoweit Bedeutung, als notwendig ist, dass die Seeschiffe von einem Unternehmen mit Inlandsitz betrieben werden. Daher gilt das Gesetz nicht für Schiffe ausländischer Seehandelsunternehmen, auch wenn sie unter deutscher Flagge laufen (ebenso BAG 26. 9. 1978 AP BetrVG 1972 § 114 Nr. 1 [zust. *Fettback*]; GL-*Kröger*, § 114 Rn. 29; *Joost*, MünchArbR § 321 Rn. 10; HSWGNR-*Hess*, § 114 Rn. 3; GK-*Wiese/Franzen* § 114 Rn. 4; a. A. *Brecht*, § 115 Rn. 1; DKK-*Berg*, 5. Aufl., § 114 Rn. 18; GK-*Wiese*, 7. Aufl., § 114 Rn. 4 und 20; *Jahnke*, AR-Blattei: Seearbeitsrecht, Anm. zu Entsch. 12). Landbetriebe ausländischer Seeschifffahrtsunternehmen fallen aber in den Geltungsbereich des BetrVG, wenn sie in der Bundesrepublik Deutschland liegen (s. Rn. 11). Reedereiagenturen ausländischer Seeschifffahrtsunternehmen sind selbständige Unternehmen und unterstehen schon deshalb dem deutschen Betriebsverfassungsrecht, wenn ihre Betriebe ihren Sitz in der Bundesrepublik Deutschland haben (vgl. auch GL-*Kröger*, § 114 Rn. 11).

b) Die besonderen Vorschriften dieses Abschnitts gelten weiterhin nur für Unterneh- **13** men, die **Handelsschifffahrt** betreiben. Voraussetzung ist also, dass das Schiff zum Erwerb durch die Seefahrt dient, es sich also um ein *Kauffahrteischiff* handelt, wie die Bezeichnung in der Legaldefinition des Abs. 4 lautet (§ 484 HGB; s. auch Rn. 33). Damit wird hier der Begriff des Unternehmens modifiziert, indem ein wirtschaftlicher Erwerbszweck verlangt wird. Doch spielt das für die Anwendung des BetrVG nur insoweit eine Rolle, als die allgemeine Regelung durch die Vorschriften dieses Abschnitts geändert wird. Abgesehen von § 130 ist daher das BetrVG schon wegen Fehlen eines Seeschifffahrtsunternehmens im Sinne dieses Gesetzes nicht auf Schiffe anwendbar, die mit hoheitlichen Aufgaben betraut sind, wie die Schiffe der Bundesmarine, der Wasser- und Schifffahrtsverwaltungen, Fischereischutzboote und Fischereiforschungsschiffe, Fahrzeuge der Zollverwaltung und des Bundesgrenzschutzes (ebenso GL-*Kröger*, § 114 Rn. 8; HSWGNR-*Hess*, § 114 Rn. 6; GK-*Wiese/Franzen*, § 114 Rn. 3 und 17). Nicht erforderlich ist, dass die Handelsschifffahrt den alleinigen Zweck oder Hauptzweck des Unternehmens bildet (ebenso GL-*Kröger* § 114 Rn. 7; HSWGNR-*Hess*, § 114 Rn. 6; GK-*Wiese/Franzen*, § 114 Rn. 3).

Das Gesetz verlangt dass das Unternehmen Handelsschifffahrt betreibt, wobei unter **14** Handelsschiffen nur die Kauffahrteischiffe verstanden werden (s. Rn. 13). Daher stellt sich die Frage, ob zur weiteren Bestimmung des Begriffs Handelsschifffahrt, wie es gesetzessystematisch naheliegt, die Legaldefinition des Schiffes nach Abs. 4 herangezogen werden muss. Die gesetzessystematische Verknüpfung der Legaldefinition hätte aber zur Folge, dass dieses Gesetz auf Seeschifffahrtsunternehmen nur dann anzuwenden ist, wenn es wenigstens ein Kauffahrteischiff betreibt, das nach dem Flaggenrechtsgesetz die Bundesflagge führt. Bei Unternehmen, deren Schiffe ausschließlich unter fremder Flagge fahren, würde diese Rechtsansicht dazu führen, dass eine Mitbestimmung der Arbeitnehmer auf Unternehmensebene entfiele; folgt man dann noch der Auffassung, dass auch für den Landbetrieb eines Schifffahrtsunternehmens das BetrVG nur dann gilt, wenn es sich um ein Seeschifffahrtsunternehmen im Sinne der Legaldefinition des Abs. 2 handelt (s. Rn. 11), so könnten nicht einmal in den Landbetrieben dieser Unternehmen Betriebs-

Thüsing

räte gebildet werden. Da diese Schlechterstellung vom Gesetzgeber ersichtlich nicht gewollt war, kann man bei sinnvoller Interpretation nur zu dem Ergebnis kommen, dass das BetrVG auch dann für Seeschifffahrtsunternehmen gilt, wenn ihre Schiffe ausschließlich unter fremder Flagge fahren, sofern das Unternehmen seinen Sitz im Geltungsbereich dieses Gesetzes hat (ebenso GL-*Kröger*, § 114 Rn. 9; GK-*Wiese/Franzen*, § 114 Rn. 3). Anderenfalls würde eine Diskrepanz zum Individualarbeitsrecht bestehen, das nur für den Kapitän und die Besatzungsmitglieder von Seeschiffen Sonderregelungen im Seemannsgesetz enthält, nicht dagegen für sonstige Arbeitnehmer eines Seeschifffahrtsunternehmens.

15   c) Besonders gravierend für den Geltungsbereich des BetrVG ist die sich aus der Vorschrift des Abs. 4 ergebende Einschränkung, dass Schiffe i. S. dieses Gesetzes nur **Kauffahrteischiffe** sind, die **nach dem Flaggenrechtsgesetz die Bundesflagge führen**. Diese Regelung entspricht § 1 SeemG sowie der diesen Vorschriften zugrunde liegenden, auch im internationalen Arbeitsrecht weitgehend anerkannten Kollisionsnorm, dass für Arbeitsverhältnisse auf Seeschiffen das Recht der Flagge gilt (*Gamillscheg*, Internationales Arbeitsrecht, 1959, S. 136 f., 177 ff.; *Thüsing*, NZA 2004, 1303; vgl. auch BAG 30. 5. 1963 AP Internationales Privatrecht/Arbeitsrecht Nr. 7 *[Abraham]*). Kauffahrteischiffe, die nach dem Flaggenrechtsgesetz die Bundesflagge nicht führen, fallen auch dann nicht unter das BetrVG, wenn das Seeschifffahrtsunternehmen seinen Sitz im Geltungsbereich dieses Gesetzes hat.

16   Eine weitere Einschränkung für den Geltungsbereich des BetrVG ergibt sich daraus, dass auch Kauffahrteischiffe, die nach dem Flaggenrechtsgesetz die Bundesflagge führen, zu einem Seeschifffahrtsunternehmen gehören müssen, das seinen Sitz im Geltungsbereich dieses Gesetzes hat. Daher gilt die deutsche Seebetriebsverfassung auch dann nicht, wenn ein unter deutscher Flagge fahrendes Handelsschiff von einem ausländischen Seehandelsunternehmen betrieben wird (s. auch Rn. 12).

III. Das Seeschifffahrtsunternehmen

1. Bedeutung der Legaldefinition

17   Der erst durch den BT-Ausschuss für Arbeit und Sozialordnung eingefügte Abs. 2 bringt eine **eigenständige Begriffsbestimmung des Seeschifffahrtsunternehmens** (BT-Drucks. VI/2729, S. 53; *zu* BT-Drucks. VI/2729, S. 32). Diese Legaldefinition ist allerdings völlig verunglückt: Sie hat in Satz 1 vornehmlich nur Bedeutung für die Abgrenzung des Geltungsbereichs des BetrVG in der Seeschifffahrt (s. Rn. 10 ff.). Durch die Regelung in Satz 2 wird dagegen der Begriff des Seeschifffahrtsunternehmens rechtlich modifiziert, weil ein Seeschifffahrtsunternehmen i. S. dieses Abschnitts auch betreibt, wer als Korrespondentreeder, Vertragsreeder, Ausrüster oder auf Grund eines ähnlichen Rechtsverhältnisses Schiffe zum Erwerb durch die Seeschifffahrt verwendet, sofern er Arbeitgeber des Kapitäns und der Besatzungsmitglieder ist oder überwiegend die Befugnisse des Arbeitgebers ausübt.

18   Wenn im Rahmen eines in Abs. 2 Satz 2 genannten Rechtsverhältnisses Schiffe zum Erwerb durch die Seeschifffahrt verwendet werden, liegt insoweit, ohne Rücksicht auf die organisationssoziologische Abgrenzung des Unternehmens, ein Seeschifffahrtsunternehmen vor, wenn derjenige, der die Schiffe zum Erwerb durch die Seeschifffahrt verwendet, **Arbeitgeber des Kapitäns und der Besatzungsmitglieder** ist oder überwiegend die Befugnisse des Arbeitgebers ausübt. Das Verständnis der Regelung in Abs. 2 Satz 2 wird allerdings erheblich dadurch erschwert, dass zwei dogmatisch völlig verschiedene Rechtstypen in einer Norm zusammengefasst sind: Wer als Ausrüster oder auf Grund eines ähnlichen Rechtsverhältnisses Schiffe zum Erwerb durch die Seeschifffahrt verwendet, handelt stets im eigenen Namen, während der Korrespondentreeder ständi-

ger Vertreter einer Partenreederei und der Vertragsreeder Vertreter für einen anderen Reeder ist.

2. Reeder und Partenreederei

a) Ein Seeschifffahrtsunternehmen i. S. dieses Gesetzes betreibt vor allem der **Reeder**. Er ist Eigentümer eines Schiffes, das ihm zum Erwerbe durch die Seefahrt dient (§ 484 HGB). Dabei spielt keine Rolle, ob der Eigentümer eine natürliche oder juristische Person oder eine Personengesamtheit ist. Die Reedereigenschaft bezieht sich nur auf das Eigentum an einem *einzelnen Schiff* (vgl. Schaps/Abraham, Bd. I/1, § 484 Rn. 6). Ist jemand Eigentümer mehrerer Schiffe, so ist er mehrfacher Reeder. Dadurch wird aber nicht die Einheit des Seeschifffahrtsunternehmens aufgehoben, sondern insoweit ist allein auf das Unternehmen als Organisation abzustellen, vorausgesetzt, dass für sie eine Identität des Inhabers besteht (ebenso GL-*Kröger*, § 114 Rn. 12; GK-*Wiese/Franzen*, § 114 Rn. 7). 19

b) Steht ein Schiff mehreren Personen gemeinschaftlich zu, so kann es in der dem Seerecht eigentümlichen Rechtsform der **Reederei**, in der Praxis als **Partenreederei** bezeichnet, betrieben werden (§§ 489 ff. HGB). Eine Partenreederei liegt aber nur dann vor, wenn die Eigentümer des Schiffes keine Handelsgesellschaft bilden, die das Schiff im Rahmen ihres Unternehmens verwendet, und zwischen ihnen auch keine Gesellschaft des bürgerlichen Rechts, Güter- oder Erbengemeinschaft besteht. Eine Partenreederei ist also nur dann anzunehmen, wenn die Miteigentümer eines Schiffes sich vertraglich vereinigen, um das ihnen gemeinschaftlich zustehende Schiff zum Erwerb für die Seefahrt durch gemeinschaftliche Rechnung zu verwenden, ohne eine Handelsgesellschaft zu bilden (§ 489 HGB; vgl. zur Rechtsnatur der Partenreederei als Zuordnungsform und Gesellschaft eigener Art *Prüßmann/Rabe*, § 489 Anm. B; *Schaps/Abraham*, Bd. I/1, § 489 Rn. 13; *Ruhwedel*, Die Partenreederei, 1973, S. 23 ff.). Auch die Partenreederei bezieht sich immer nur auf ein *einzelnes Schiff*. Gehören denselben Personen mehrere Schiffe und schließen sie sich zu einer Partenreederei zusammen, so bestehen so viele Partenreedereien wie Schiffe (ebenso GL-*Kröger*, § 114 Rn. 13). 20

Diese Eigentümlichkeit der Partenreederei wirkt auch auf die Identität des Seeschifffahrtsunternehmens. Werden **mehrere Schiffe in der Rechtsform der Partenreederei** betrieben, so liegen **mehrere Seeschifffahrtsunternehmen** vor. Etwas anderes gilt lediglich dann, wenn die Mitreeder sich zu einer Gesellschaft des bürgerlichen Rechts zusammengeschlossen haben, um die Leitung in den Partenreedereien einheitlich auszuüben, insbesondere wenn sie einen gemeinsamen Korrespondentreeder bestellen (s. auch Rn. 23). 21

3. Korrespondentreeder

a) Gemäß § 492 HGB kann durch Mehrheitsbeschluss der Mitreeder einer Partenreederei ein **Korrespondentreeder** bestellt werden, der bei Einstimmigkeit nicht zu den Mitreedern zu gehören braucht. § 493 HGB räumt ihm eine ähnlich umfassende Vertretungsmacht ein wie dem Prokuristen. Er ist insbesondere befugt, den Kapitän anzustellen und zu entlassen sowie ihm Weisungen zu erteilen (§ 493 Abs. 4 HGB; vgl. auch § 496 Abs. 2 HGB; zur Stellung des Korrespondentreeders gegenüber dem Kapitän *Schaps/Abraham*, Bd. I/1, § 493 Rn. 18 f.). **Vertragspartner** ist aber auch bei den Dienst- bzw. Heuerverträgen **mit dem Kapitän und der Schiffsbesatzung** grundsätzlich allein die **Partenreederei**, in deren Namen der Korrespondentreeder handelt; nur die Partenreederei, nicht der Korrespondentreeder ist Arbeitgeber (ebenso GK-*Wiese/Franzen*, § 114 Rn. 9). Daher kann der Gesetzeswortlaut in Abs. 2 Satz 2 zu Missverständnissen Anlass geben, wenn dort darauf abgestellt wird, dass der Korrespondentreeder Arbeitgeber des Kapitäns und der Besatzungsmitglieder sein oder überwiegend die Befugnisse des Arbeitgebers ausüben muss. Die Formulierung weist einen Defekt auf; denn für den Fall, dass der Korrespondentreeder im Namen der Partenreederei handelt, ist die im Gesetz um- 22

Thüsing

schriebene Voraussetzung überflüssig. Da die Schiffe von Partenreedereien allerdings vielfach die Schornsteinmarke und Reedereiflagge des Korrespondentreeders führen und das Vertretungsverhältnis auch sonst insbesondere gegenüber den Besatzungsmitgliedern kaum in Erscheinung tritt, wird der Korrespondentreeder häufig nach § 179 Abs. 1 BGB als Vertragspartner behandelt, weil er nicht erkennbar in fremdem Namen auftritt (vgl. auch § 3 Abs. 1 Satz 2 des Manteltarifvertrags für die deutsche Seeschifffahrt vom 17. 4. 1986 i. F. vom 20. 12. 1990, wonach der Korrespondentreeder Reeder i. S. des Manteltarifvertrags ist, wenn er bei der Einstellung des Besatzungsmitglieds nicht ausdrücklich im Namen der Partenreederei handelt). Für die Betriebsverfassung ist aber allein die gesetzliche Stellung des Korrespondentreeders als eines Vertreters der Partenreederei maßgebend.

23   b) Eine eigenständige Bedeutung erlangt die Umschreibung in Abs. 2 Satz 2 allerdings dann, wenn, wie vielfach üblich, ein **Korrespondentreeder für mehrere Partenreedereien** bestellt wird. Nach dem Vorbild des (insoweit wesentlich klareren) § 136 SeemG gelten mehrere Partenreedereien als *ein* Reeder, wenn ihre Geschäfte von demselben Korrespondentreeder geleitet werden (ebenso § 3 Abs. 2 Satz 1 des Manteltarifvertrags für die deutsche Seeschifffahrt vom 17. 4. 1986 i. F. vom 20. 12. 1990). Die Gesamtheit der zu diesem Seeschifffahrtsunternehmen gehörenden Schiffe gelten gemäß § 114 Abs. 3 als *ein* Seebetrieb, obwohl auch hier Vertragspartner der Kapitäne und Besatzungsmitglieder regelmäßig die einzelnen Partenreedereien sind. Da in diesen Fällen nur ein Seebetrieb besteht, kann Arbeitgeber i. S. des BetrVG nur der Korrespondentreeder selbst sein (vgl. GL-*Kröger*, § 114 Rn. 14 f.; GK-*Wiese/Franzen*, § 114 Rn. 9). Mit der Bestellung eines Korrespondentreeders für mehrere Partenreedereien wird das Seeschiff daher in den Seebetrieb des Korrespondentreeders eingegliedert, mit Widerruf der Bestellung bildet es wieder den Seebetrieb der Partenreederei. Wegen § 136 SeemG und der weitreichenden Vertretungsmacht des Korrespondentreeders ergeben sich aus dieser Aufspaltung der Arbeitgeberfunktionen bezüglich des Individualarbeitsrechts einerseits und des Betriebsverfassungsrechts andererseits keine Schwierigkeiten.

4. Vertragsreeder

24   Dieselbe Regelung gilt, wie sich ebenfalls aus Abs. 2 Satz 2 ergibt, für den im HGB nicht erwähnten **Vertragsreeder,** der auf Grund eines Bereederungsvertrags die Bewirtschaftung eines nicht einer Partenreederei gehörenden Schiffes für dessen Eigentümer und in dessen Vertretung übernimmt (vgl. *Prüßmann/Rabe*, § 492 Anm. A 1; *Schaps/ Abraham*, Bd. I/1, § 492 Rn. 2). Er ist als Handelsvertreter i. S. der §§ 84 ff. HGB anzusehen (ebenso GL-*Kröger* § 114 Rn. 17). Der Umfang seiner Vertretungsmacht ergibt sich grundsätzlich aus dem Inhalt des Bereederungsvertrags. Da die Praxis den Vertragsreeder jedoch häufig ebenfalls als Korrespondentreeder bezeichnet, kann man davon ausgehen. dass seine Vollmacht mit dem Umfang der Vertretungsmacht eines Korrespondentreeders regelmäßig übereinstimmt (vgl. HansOLG Bremen, Hansa 1951, 996). Der Vertragsreeder übt daher auch, was beim Korrespondentreeder stets der Fall sein wird, überwiegend die Befugnisse des Arbeitgebers i. S. des Abs. 2 Satz 2 aus. Das Schiff, auf das sich der Bereederungsvertrag bezieht, ist in diesem Fall mit Abschluss des Vertrags betriebsverfassungsrechtlich in Unternehmen und Seebetrieb des Vertragsreeders eingegliedert (ebenso GL-*Kröger*, § 114 Rn. 18).

5. Ausrüster

25   **Ausrüster** ist nach § 510 Abs. 1 HGB, wer ein **ihm nicht gehöriges Schiff zum Erwerb durch die Seefahrt für seine Rechnung** verwendet und es entweder selbst führt oder die Führung einem Kapitän anvertraut. Unter Verwendung für eigene Rechnung ist dabei Verwendung im eigenen Namen zu verstehen (h. M.; vgl. *Prüßmann/Rabe*, § 510 Anm. B 3; *Schaps/Abraham*, Bd. I/1, § 510 Rn. 3). Die Führung des Schiffes durch den

III. Das Seeschifffahrtsunternehmen   § 114

Ausrüster selbst kommt fast nur noch in der Küstenschifffahrt vor (*Prüßmann/Rabe*, § 510 Anm. B 4 a). Die Frage, wann ein Schiff einem Kapitän anvertraut ist, gehört zu den umstrittensten Fragen des Seehandelsrechts; denn bis zur Neuordnung der Reederhaftung durch das Seerechtsänderungsgesetz vom 21. 6. 1972 (BGBl. I S. 966) konnte sich bei Verwendung eines Schiffes auf Grund von Zeitcharterverträgen der Charterer nur dann auf die beschränkte Reederhaftung berufen, wenn er Ausrüster i. S. des § 510 HGB war. Für das BetrVG spielt die Streitfrage keine erhebliche Rolle, weil dem Ausrüster die Personen gleichgestellt werden, die auf Grund eines ähnlichen Rechtsverhältnisses Schiffe zum Erwerb durch die Seeschifffahrt verwenden. Nach der Rechtsprechung des BGH und der herrschenden Lehre ist für den Begriff des Ausrüsters erforderlich, dass der Kapitän im Dienst des Verwenders steht und allein von ihm abhängig ist, also seiner alleinigen Befehlsgewalt unterstellt ist (BGHZ 22, 197, 200; vgl. auch *Prüßmann/Rabe*, § 510 Anm. B 4 b; *Schaps/Abraham*, Bd. I/1, § 510 Rn. 4). Der Mieter eines Schiffes ist daher nur dann Ausrüster gemäß § 510 HGB, wenn arbeitsrechtliche Beziehungen des Kapitäns und der Besatzung allein zu ihm bestehen. Das ist der Fall, wenn Kapitän und Besatzung vom Verwender angestellt werden (sog. bare-boat-charter), aber auch dann, wenn der Vercharterer sich durch die sog. Management-agreement-Klausel verpflichtet, für Rechnung und in Vertretung des Charterers das Schiff auszurüsten und die Besatzung anzuheuern (sog. charter by demise). Arbeitgeber ist daher stets der Ausrüster, so dass hier die in Abs. 2 Satz 2 formulierte Voraussetzung keine selbständige Bedeutung hat. Das Schiff gehört betriebsverfassungsrechtlich allein zum Seeschifffahrtsunternehmen und zum Seebetrieb des Ausrüsters (ebenso GL-*Kröger*, § 114 Rn. 19; GK-*Wiese/Franzen*, § 114 Rn. 8).

6. Verwendung auf Grund eines ähnlichen Rechtsverhältnisses

Als Verwendung eines Schiffes zum Erwerb durch die Seeschifffahrt auf Grund eines **ähnlichen Rechtsverhältnisses** kommen vor allem die Fälle in Betracht, in denen nicht bloß der Schiffskörper, sondern ein Seeschiff mit Dienstleistungen der Besatzung gemietet wird, also zwischen Reeder und Verwender ein Dienstverschaffungsvertrag besteht oder zumindest der Reeder den Kapitän anweist, den Anordnungen des Verwenders zu folgen. Es handelt sich vor allem um die Zeitcharterverträge mit Employmentklausel (z. B. Baltime-Charter und die Deutzeit-Charter; abgedruckt in *Prüßmann/Rabe*, Anh. zu § 557). Voraussetzung für das Bestehen eines Seeschifffahrtsunternehmens i. S. des Betriebsverfassungsrechts ist allerdings, dass der Charterer „Arbeitgeber des Kapitäns und der Besatzungsmitglieder ist oder überwiegend die Befugnisse des Arbeitgebers ausübt". Ist der Charterer selbst Arbeitgeber, so ist er stets auch Ausrüster und schon deshalb Inhaber eines Seeschifffahrtsunternehmens (s. Rn. 25). Daher ist hier allein entscheidend, ob der Charterer überwiegend die Befugnisse des Arbeitgebers ausübt, wobei Abs. 2 Satz 2 ein Weisungsrecht gegenüber Kapitän und Besatzungsmitgliedern verlangt. Durch die Employmentklausel, wie sie in der Baltime-Charter und der Deutzeit-Charter enthalten ist, erhält der Charterer aber nicht überwiegend die Befugnisse des Arbeitgebers; vielmehr kommen im Konfliktsfall allein die vom Vercharterer gegebenen Weisungen zum Zug, sofern nicht überhaupt der Kapitän kraft der ihm vom Schiffseigentümer übertragenen Schiffsführung an dessen Stelle tritt (vgl. auch BGHZ 22, 197, 203). Die Voraussetzungen des § 114 Abs. 2 Satz 2 sind jedenfalls bei den genannten Zeitcharterverträgen nicht erfüllt (im Ergebnis ebenso *Schelp/Fettback*, SeemG, Vorbem. vor § 23 Rn. 9). Die gecharterten Schiffe gehören daher betriebsverfassungsrechtlich zum Unternehmen und Seebetrieb des Vercharterers (ebenso GL-*Kröger*, § 114 Rn. 20; GK-*Wiese/Franzen*, § 114 Rn. 11).

26

Thüsing

§ 114

7. Einheit des Seeschifffahrtsunternehmens bei gleichzeitiger Eigenschaft als Eigenreeder, Korrespondentreeder, Vertragsreeder, Ausrüster oder bei Verwendung auf Grund eines ähnlichen Rechtsverhältnisses

27 Obwohl nicht ausdrücklich geregelt, folgt aus Sinn und Zweck der Bestimmungen in Abs. 2 Satz 2, dass nur ein Seeschifffahrtsunternehmen und damit auch nur ein Seebetrieb vorhanden ist, wenn jemand zugleich Eigenreeder, Korrespondentreeder, Vertragsreeder oder Ausrüster ist bzw. zugleich auf Grund eines ähnlichen Rechtsverhältnisses Schiffe zum Erwerb durch die Seeschifffahrt verwendet (ebenso GK-*Wiese/Franzen*, § 114 Rn. 5).

IV. Begriffsbestimmung des Seebetriebs und Abgrenzung vom Landbetrieb eines Seeschifffahrtsunternehmens

1. Unterscheidung zwischen Seebetrieb und Landbetrieb

28 Das Gesetz unterscheidet scharf zwischen Seebetrieb und Landbetrieb eines Seeschifffahrtsunternehmens. Die besonderen betriebsverfassungsrechtlichen Einrichtungen der Bordvertretung und des Seebetriebsrats werden nur auf Seeschiffen bzw. in Seebetrieben gebildet. Jugend- und Auszubildendenvertretungen werden nur für die Landbetriebe, nicht aber für den Seebetrieb von Seeschifffahrtsunternehmen gebildet (Abs. 5). Während für Landbetriebe das Territorialitätsprinzip maßgebend ist, gilt das BetrVG für einen Seebetrieb nur dann, wenn das Seeschifffahrtsunternehmen seinen Sitz im Geltungsbereich dieses Gesetzes hat (s. Rn. 12).

2. Begriff des Seebetriebs

29 a) Das Gesetz gibt für den Seebetrieb eine **Legaldefinition:** Als Seebetrieb gilt die Gesamtheit der Schiffe eines Seeschifffahrtsunternehmens (Abs. 3). Dazu gehören, wie sich aus Abs. 4 ergibt, aber nur Kauffahrteischiffe, die nach dem Flaggenrechtsgesetz die Bundesflagge führen (s. Rn. 32) und nicht in der Regel binnen 24 Stunden nach dem Auslaufen an den Sitz eines Landbetriebs zurückkehren (s. Rn. 35 ff.). Nicht zum Seebetrieb gehören deshalb Schiffe, die unter fremder Flagge fahren, auch wenn sie von einem inländischen Seeschifffahrtsunternehmen betrieben werden, und weiterhin Schiffe, die in der Regel binnen 24 Stunden nach dem Auslaufen an den Sitz eines Landbetriebs zurückkehren (ebenso GL-*Kröger*, § 114 Rn. 24; GK-*Wiese/Franzen*, § 114 Rn. 13).

30 b) Nach dem Vorbild des § 24 Abs. 1 Satz 2 KSchG fasst das BetrVG die Seeschiffe, soweit sie nicht nach Abs. 4 Satz 2 einem Landbetrieb zugeordnet werden, zu einem **einheitlichen Betrieb** zusammen, gleichgültig, ob sie nach allgemeinen Regeln selbständige Betriebe wären oder mit einem Landbetrieb einen einheitlichen Betrieb darstellen würden (vgl. auch BAG 28. 12. 1956 AP KSchG a. F. § 22 Nr. 1 *[Herschel]*; GL-*Kröger*, § 114 Rn. 22; GK-*Wiese/Franzen*, § 114 Rn. 13). Erst durch diese Zusammenfassung ist es möglich, eine funktionsfähige Betriebsvertretung in Form des Seebetriebsrats zu bilden (§ 116).

31 Ein Seebetrieb kann auch aus nur **einem Schiff** bestehen, was vor allem dann in Betracht kommen wird, wenn Seeschifffahrtsunternehmen eine Partenreederei ist (s. Rn. 20 f.; ebenso GL-*Kröger*, § 114 Rn. 23; GK-*Wiese/Franzen*, § 114 Rn. 13).

3. Schiffe als Teil des Seebetriebs

32 Nach der **Legaldefinition** in Abs. 4 Satz 1 sind Schiffe i. S. dieses Gesetzes Kauffahrteischiffe, die nach dem Flaggenrechtsgesetz die Bundesflagge führen. Es gehört aber nicht jedes Schiff, das diese Voraussetzungen erfüllt, zum Seebetrieb; denn nach Abs. 4 Satz 2

IV. Begriffsbestimmung des Seebetriebs und Abgrenzung vom Landbetrieb § 114

gelten Schiffe, die in der Regel binnen 24 Stunden nach dem Auslaufen an den Sitz eines Landbetriebs zurückkehren, als Teil dieses Landbetriebs des Seeschifffahrtsunternehmens.

a) **Kauffahrteischiff** ist, wie sich aus der Legaldefinition des Reeders in § 484 HGB 33 ergibt, ein zum Erwerb durch die Seefahrt dienendes Schiff. Da es nach dem Flaggenrechtsgesetz die Bundesflagge führen muss, ist hier erforderlich, dass es für dauernd zum Erwerb durch Seefahrt bestimmt ist (ebenso GK-*Wiese/Franzen*, § 114 Rn. 17). Jedoch ist nicht Voraussetzung, dass es zum unmittelbaren Erwerb durch Seefahrt bestimmt ist, also zur entgeltlichen Beförderung von Gütern (§§ 556 ff. HGB) und Personen (§§ 664 ff. HGB), sondern es genügt auch der mittelbare Erwerb mittels eines Schiffes, z. B. Fischfang, gewerbsmäßige Bergung und Hilfeleistung, gewerblicher Lotsendienst, Schlepp- und Bugsierdienst als Gewerbe sowie Beförderung eigener Waren im eigenen Schiff (vgl. *Prüßmann/Rabe*, Einführung zum Fünften Buch, I B 2 a bb; *Abraham*, Seerecht, S. 44). Keine Kauffahrteischiffe sind Schiffe, die hoheitliche Aufgaben erfüllen, Forschungs- und Expeditionsschiffe, Schulschiffe, soweit sie ausschließlich der Ausbildung dienen, sowie Privatjachten (ebenso GL-*Kröger*, § 114 Rn. 27; GK-*Wiese/Franzen*, § 114 Rn. 17). Das gilt aber nicht, wenn solche Schiffe vom Verwender gechartert sind und dem Vercharterer zum Erwerb durch die Seefahrt dienen. Sie gehören dann zum Seeschifffahrtsunternehmen und dem Seebetrieb des Vercharterers (ebenso GL-*Kröger*, § 114 Rn. 27; GK-*Wiese/Franzen*, § 114 Rn. 17).

b) Das Schiff muss nach dem Flaggenrechtsgesetz i. F. vom 26. 10. 1994 (BGBl. I 34 S. 3140) die **Bundesflagge** führen. Maßgebend ist nicht, ob der Reeder verpflichtet ist, die Bundesflagge zu führen. Es kommt vielmehr für die Betriebsverfassung ausschließlich darauf an, dass die Bundesflagge tatsächlich geführt wird (ebenso GL-*Kröger*, § 114 Rn. 29; HSWGNR-*Hess*, § 114 Rn. 16; GK-*Wiese/Franzen*, § 114 Rn. 19; *Dzida*, RIW 2006, 914). Ein Schiff unter ausländischer Flagge wird auch dann nicht erfasst, wenn es sich um eine sog. „billige Flagge" handelt (ebenso GL-*Kröger*, § 114 Rn. 33; GK-*Wiese/Franzen*, § 114 Rn. 20; offen gelassen von BAG 17. 9. 1974 AP BetrVG 1972 § 116 Nr. 1; a. A. für den Fall, dass keine echte Verbindung („genuine link") zwischen dem Schiff und dem verleihenden Staat besteht, DKK-*Berg*, 5. Aufl., § 114 Rn. 12). Führt dagegen ein Schiff die Bundesflagge, so spielt für die Geltung des BetrVG grundsätzlich keine Rolle, wo es sich aufhält (s. aber Rn. 36). Es unterliegt auch dann den Vorschriften des BetrVG, wenn es sich auf hoher See oder in ausländischen Hoheitsgewässern befindet (ebenso GL-*Kröger*, § 114 Rn. 31; GK-*Wiese/Franzen*, § 114 Rn. 19). Keine Rolle spielt, ob das Schiff in das sog. Internationale Seeschifffahrtsregister nach § 12 FlRG, das sog. **Zweitregister**, eingetragen ist (ebenso GK-*Wiese/Franzen*, § 114 Rn. 19; zweifelnd *Däubler*, Das zweite Schiffsregister, S. 15 f.; zur Vereinbarkeit der Regelung über das Internationale Schiffsregister mit dem Grundgesetz BVerfG 10. 1. 1995 E 92, 26).

c) Von dem Grundsatz, dass alle Schiffe eines Seeschifffahrtsunternehmens den See- 35 betrieb bilden, besteht eine **Ausnahme** für den Fall, dass **Schiffe in der Regel binnen 24 Stunden nach dem Auslaufen an den Sitz eines Landbetriebs** zurückkehren; sie gehören dann nicht zum Seebetrieb, sondern gelten als Teil dieses Landbetriebs des Seeschifffahrtsunternehmens (Abs. 4 Satz 2). Durch diese Zuordnung verlieren die Schiffe aber nicht den Charakter eines Seeschiffs; das allgemeine Seerecht, insbesondere auch das Seearbeitsrecht, ist auf sie grundsätzlich anwendbar. Lediglich hinsichtlich der betriebsverfassungsrechtlichen Vertretung ihrer Besatzungsmitglieder werden sie den Landbetrieben zugeordnet; denn bei ihnen ist ebenso wie bei Schiffen der Binnenschifffahrt die Landbezogenheit so stark, dass eine eigene Vertretung ihrer Besatzungsmitglieder nicht erforderlich erscheint (so die Begründung des BT-Ausschusses für Arbeit und Sozialordnung, *zu* BT-Drucks. VI/2729, S. 32 f.).

Das Schiff muss in der Regel binnen 24 Stunden nach dem Auslaufen an den Sitz 36 desselben Landbetriebs zurückkehren (nicht der Arbeitnehmer, schwer verständlich daher LAG Kiel 8. 12. 1982, BB 1983, 1161). Dies braucht nicht der Heimathafen des Schiffs (§ 480 HGB) oder der Sitz des Seeschifffahrtsunternehmens zu sein. Erforderlich ist aber, dass der Landbetrieb Teil des Seeschifffahrtsunternehmens ist, zu dem das Schiff gehört. Es reicht daher nicht aus, dass sich im Hafen lediglich eine Reedereiagentur befindet, da diese ein selbständiges Unternehmen ist (s. Rn. 12; ebenso GL-*Kröger*, § 114 Rn. 37; a. A. GK-*Wiese/Franzen*, § 114 Rn. 21). Die Abgrenzung gilt auch für den Fall der regelmäßigen Rückkehr an einen im Ausland befindlichen Landbetrieb. Sie führt dann zu dem Ergebnis, dass das BetrVG für ein derartiges Schiff nicht gilt, weil das Gesetz auf ausländische Betriebe keine Anwendung findet, auch wenn sie zu einem deutschen Unternehmen gehören (ebenso GL-*Kröger*, § 114 Rn. 37; GK-*Wiese/Franzen*, § 114 Rn. 22).

37 Die 24-Stunden-Frist berechnet sich nach dem bestimmungsgemäßen regelmäßigen Einsatz; vorübergehende Abweichungen haben keine Auswirkungen (ebenso GL-*Kröger*, § 114 Rn. 36; GK-*Wiese/Franzen*, § 114 Rn. 21).

4. Landbetrieb eines Seeschifffahrtsunternehmens

38 Zum Landbetrieb eines Seeschifffahrtsunternehmens gehören neben den Kurzstreckenschiffen i. S. des Abs. 4 Satz 2 (s. Rn. 35 ff.) insbesondere die kaufmännische Verwaltung, Werften, Speditionen, Stauereien, Lagerhäuser, Kaibetriebe und Reparaturwerkstätten (vgl. *Flatow/Kahn-Freund*, BRG, § 5 Anm. 1). Einen selbständigen Betrieb bilden die Gesamthafenbetriebe, die nach dem Gesetz vom 3. 8. 1950 (BGBl. S. 352) errichtet sind; sie sind sogar ein selbständiger Arbeitgeber (s. § 1 Rn. 92). Zum Landbetrieb zählen ferner, da nicht Schiffe im Rechtssinne, Gaststättenschiffe, die fest vertäut sind, Schwimmdocks sowie Schiffsbauwerke (vgl. *Prüßmann/Rabe*, Einführung zum Fünften Buch, I A 1 c bb; *Abraham*, Seerecht, S. 40 ff.).

39 Ob in einem Seeschifffahrtsunternehmen **ein** oder **mehrere Landbetriebe** bestehen, ist nach allgemeinen Grundsätzen zu bestimmen (s. § 1 Rn. 15 ff. und die Kommentierung zu § 4). Eine Besonderheit gilt lediglich für Schiffe, die ausschließlich im Hafen verwendet werden, sonstige Binnenschiffe eines Seeschifffahrtsunternehmens und die Kauffahrteischiffe, die in der Regel binnen 24 Stunden nach dem Auslaufen an den Sitz eines Landbetriebs zurückkehren. Sie gelten als Teil dieses Landbetriebs, auch wenn sie nach allgemeinen Grundsätzen einen selbständigen Betrieb bilden, wie für die Kauffahrteischiffe in Abs. 4 Satz 2 ausdrücklich bestimmt ist, aber auch für Schiffe, die ausschließlich im Hafen verwendet werden, und sonstige Binnenschiffe eines Seeschifffahrtsunternehmens entsprechend gelten muss.

40 Die Landbetriebe eines Seeschifffahrtsunternehmens unterstehen den **allgemeinen Normen des BetrVG** (ebenso GL-*Kröger*, § 114 Rn. 2, 21; HSWGNR-*Hess*, § 114 Rn. 4; GK-*Wiese/Franzen*, § 114 Rn. 15; *Hoyningen-Huene*, MünchArbR § 211 Rn. 10). In ihnen werden im Gegensatz zum Seebetrieb auch Jugend- und Auszubildendenvertretungen gebildet (Abs. 5).

V. Belegschaft eines Seebetriebs

1. Besatzungsmitglieder

41 Zur **Belegschaft eines Seebetriebs** gehören **nur** die **Besatzungsmitglieder** (Abs. 6 Satz 1); das sind gemäß § 3 SeemG die **Schiffsoffiziere** (§ 4 SeemG), die sonstigen **Angestellten** (§ 5 SeemG) und die **Schiffsleute** (§ 6 SeemG). Kein Besatzungsmitglied im Sinne des BetrVG ist dagegen der Kapitän (s. Rn. 45 ff.), obwohl ihn § 481 HGB zur Schiffsbesatzung zählt; denn maßgebend ist der Kreis der Besatzungsmitglieder nach dem SeemG (vgl. dazu *Schelp/Fettback*, SeemG, § 3 Rn. 3, 4 und 5). Nicht zu den Besatzungsmitgliedern gehören weiterhin die in § 7 SeemG genannten Personen, also Arbeitnehmer, die

VI. Rechtsstellung und Ersetzung des Kapitäns § 114

nicht in einem Heuerverhältnis zum Reeder stehen, Selbständige, die während der Reise im Rahmen des Schiffsbetriebs tätig sind, und Lotsen, auch soweit auf sie das SeemG sinngemäß Anwendung findet. Nicht Besatzungsmitglieder sind endlich solche Personen, die nur vorübergehend im Hafen Arbeiten auf dem Schiff verrichten, wie Werftarbeiter, Hafenarbeiter oder Wachmänner, und zwar ohne Rücksicht darauf, ob sie in einen Arbeitsverhältnis zum Reeder stehen (ebenso GK-*Wiese/Franzen*, § 114 Rn. 25).

Besatzungsmitglieder sind dagegen auch die **Auszubildenden für die jeweiligen Seefahrtsberufe** (ebenso GL-*Kröger*, § 114 Rn. 43; GK-*Wiese/Franzen*, § 114 Rn. 29). Sie gehören zum Seebetrieb des Seeschifffahrtsunternehmens, das für die Berufsausbildung rechtlich verantwortlich ist (abweichend, soweit doppelte Betriebszugehörigkeit angenommen wird, soweit der Auszubildende in den Seebetrieb eines Seeschifffahrtsunternehmens entsandt wird, mit dem er nicht den Ausbildungsvertrag geschlossen hat, GL-*Kröger*, § 114 Rn. 45). 42

2. Zugehörigkeit zum Seebetrieb

Für den **betriebsverfassungsrechtlichen Begriff des Besatzungsmitglieds** genügt nicht, dass die in § 3 SeemG genannte Person zum Seeschifffahrtsunternehmen gehören, sondern erforderlich ist die **Zugehörigkeit zum Seebetrieb** (ebenso BAG 17. 9. 1974 AP BetrVG 1972 § 116 Nr. 1). Voraussetzung ist deshalb, dass das Besatzungsmitglied auf einem Kauffahrteischiff des Seebetriebs eingesetzt wird. Besatzungsmitglieder, die ausschließlich auf Schiffen unter ausländischer Flagge fahren, gehören nicht zur Belegschaft eines Seebetriebs, der unter das BetrVG fällt, auch wenn das Seeschifffahrtsunternehmen seinen Sitz im Geltungsbereich des BetrVG hat (ebenso BAG 17. 9. 1974 AP BetrVG 1972 § 116 Nr. 1; s. auch Rn. 34). Wenn dagegen Arbeitnehmer nach ihrem Heuerverhältnis auch auf Schiffen zum Schiffsdienst verpflichtet sind, die unter deutscher Flagge fahren, gehören sie ebenfalls zur Belegschaft des Seebetriebs; denn als Seebetrieb i. S. des BetrVG gilt die Gesamtheit der Schiffe unter deutscher Flagge (Abs. 3; ebenso BAG 17. 9. 1974 AP BetrVG 1972 § 116 Nr. 1 [abl. Anm. von *Galperin*, SAE 1976, 6 ff.]; GL-*Kröger*, § 114 Rn. 40; GK-*Wiese/Franzen*, § 114 Rn. 26). Auch wenn ein Besatzungsmitglied nicht an Bord eines Schiffes beschäftigt wird, z. B. wegen Urlaubs, Krankheit, Ausbildung oder vorübergehender Tätigkeit in einem Landbetrieb, gehört es zur Belegschaft des Seebetriebs, wenn mit einer aktiven Rückkehr auf ein Kauffahrteischiff unter deutscher Flagge zu rechnen ist. Die Zugehörigkeit zum Seebetrieb bleibt deshalb auch erhalten, wenn das Heuerverhältnis zum Seeschifffahrtsunternehmen ruht, z. B. wegen Ableistung des Grundwehrdienstes oder eines Einsatzes auf Schiffen unter fremder Flagge (vgl. BAG 17. 9. 1974 AP BetrVG 1972 § 116 Nr. 1). 43

3. Leitende Angestellte

Leitende Angestellte i. S. des § 5 Abs. 3 dieses Gesetzes sind **nur** die **Kapitäne** (Abs. 6 Satz 2), nicht sonstige Besatzungsmitglieder, insbesondere also nicht Schiffsoffiziere, auch wenn in ihrer Person die Voraussetzungen des § 5 Abs. 3 gegeben sind (s. aber Rn. 48; ebenso GL-*Kröger*, § 114 Rn. 49; GK-*Wiese/Franzen*, § 114 Rn. 27). Anderseits sind auch Kapitäne, die weder Abmahnungen aussprechen noch Einstellungen oder Entlassungen vornehmen, leitende Angestellte (LAG Kiel 7. 5. 1998 – 4 TaBV 34/97 –). 44

VI. Rechtsstellung und Ersetzung des Kapitäns

1. Rechtsstellung

Der Kapitän als der in der Regel vom Reeder bestellte **Führer eines Schiffes** (§ 2 Abs. 1 SeemG) nimmt im Rahmen der Betriebsverfassung des einzelnen Seeschiffes eine Sonder- 45 stellung ein. Soweit die **Zuständigkeit der Bordvertretung** reicht, tritt er kraft Gesetzes **an die Stelle des Arbeitgebers,** also in der Regel des Reeders (s. § 115 Rn. 3 ff.).

46 Der Kapitän wird in der Regel vom Reeder oder Ausrüster auf Grund eines Dienstvertrags angestellt, und zwar auf bestimmte oder unbestimmte Zeit (vgl. zur Bestellung durch den Korrespondentreeder § 493 Abs. 4 und § 496 Abs. 2 HGB). Seine arbeitsrechtliche Stellung als Angestellter bestimmt sich nach § 78 SeemG; diese zwingenden Gesetzesvorschriften werden ergänzt durch die tarifvertragliche Vereinbarung über Anstellungsbedingungen für Kapitäne in der deutschen Seeschifffahrt vom 17. 4. 1986/ 20. 12. 1990 (Kapitäns-MTV) sowie die Manteltarifverträge für die Kapitäne und Besatzungen der deutschen Hochseefischerei vom 26. 4. 1993 bzw. 20. 12. 1995. Nach Abs. 6 Satz 2 ist allein der Kapitän **leitender Angestellter** i. S. dieses Gesetzes.

2. Ersetzung und Vertretung des Kapitäns

47 Nach § 516 Abs. 2 HGB kann der Kapitän, soweit er durch Krankheit oder andere Ursachen verhindert ist, das Schiff zu führen, einen **anderen Kapitän** einsetzen, falls der Reeder nicht mehr benachrichtigt werden kann. Mit der Einsetzung wird zwar kein Anstellungsverhältnis des neuen Kapitäns zum Reeder begründet, der neue Kapitän ist aber trotz des irreführenden Gesetzeswortlauts in § 516 Abs. 2 HGB nicht Stellvertreter des ihn einsetzenden Kapitäns, sondern ist selbst Kapitän (vgl. *Prüßmann/Rabe*, § 516 Anm. C 2; *Schaps/Abraham*, Bd. I/1, § 516 Rn. 5). Der neue Kapitän hat die vollen Rechte und Pflichten eines Kapitäns einschließlich der sich aus dem BetrVG ergebenden Befugnisse.

48 Von dem Fall der Einsetzung eines neuen Kapitäns ist der Fall zu unterscheiden, dass der Kapitän stirbt oder sonst verhindert ist, das Schiff zu führen, und deshalb nicht in der Lage ist, einen anderen Kapitän einzusetzen. Hier gilt § 2 Abs. 3 SeemG, der für diesen Fall anordnet, dass der Erste Offizier des Decksdienstes oder der Alleinsteuermann die Pflichten und Befugnisse des Kapitäns wahrnimmt. Da die nach § 2 Abs. 3 SeemG berufenen **Kapitänsvertreter** nur vorübergehend die Funktion eines Kapitäns ausüben, scheiden sie nicht aus der Belegschaft des Seebetriebs aus, die durch die Bordvertretung und den Seebetriebsrat repräsentiert wird. Falls der Kapitänsvertreter Mitglied der Bordvertretung ist, verliert er deshalb nicht sein Amt, sondern ist in der Ausübung seines Amts lediglich zeitweilig verhindert, so dass für den Zeitraum der Vertretung ein Ersatzmitglied gemäß § 25 Abs. 1 Satz 2 nachrückt (§ 115 Abs. 3; ebenso GL-*Kröger*, § 114 Rn. 52; GK-*Wiese/Franzen*, § 115 Rn. 5).

VII. Verhältnis zu den Gewerkschaften

1. Rechtsstellung in der Seebetriebsverfassung

49 Die Gewerkschaften haben in der Seebetriebsverfassung die gleiche **Rechtsstellung wie auch sonst in der Betriebsverfassung** (s. § 2 Rn. 64 ff.). Da die betriebsverfassungsrechtliche Unterstützungsbefugnis nur im Betrieb vertretene Gewerkschaften haben, ist hier auf den Funktionsbereich abzustellen, in dem die Gewerkschaft tätig wird (ebenso GK-*Wiese/Franzen*, § 114 Rn. 30). Soweit es um das Verhältnis zur Bordvertretung geht, muss die Gewerkschaft an Bord vertreten sein (s. § 115 Rn. 75); soweit es um das Verhältnis zum Seebetriebsrat geht, genügt, dass sie im Seebetrieb vertreten ist (s. § 2 Rn. 66 ff.). Da das Teilnahmerecht an Sitzungen des Betriebsrats unter den gesetzlichen Voraussetzungen nur für eine im Betriebsrat vertretene Gewerkschaft besteht (§ 31), hängt es bei Sitzungen der Bordvertretung davon ab, dass die Gewerkschaft in der Bordvertretung vertreten ist (s. § 115 Rn. 52) und bei Sitzungen des Seebetriebsrats ist Voraussetzung, dass sie im Seebetriebsrat vertreten ist (s. § 31 Rn. 5).

2. Zugangsrecht der Gewerkschaften

Das **betriebsverfassungsrechtliche Zugangsrecht** der Gewerkschaften zum Betrieb nach § 2 Abs. 2 besteht auch im Rahmen der Seebetriebsverfassung; § 2 Abs. 2 ist eine lex specialis zu § 111 Abs. 1 SeemG (ebenso GK-*Wiese/Franzen*, § 114 Rn. 30). Eine Gewerkschaft kann also zur Wahrnehmung ihrer in diesem Gesetz genannten Aufgaben und Befugnisse verlangen, das Schiff zu betreten (ebenso GL-*Kröger*, § 114 Rn. 53; GK-*Wiese/Franzen*, § 114 Rn. 30). Der Anspruch richtet sich gegen den Kapitän. Er besteht aber nur für die an Bord vertretenen Gewerkschaften, wenn Aufgaben im Zusammenhang mit der Bordvertretung wahrgenommen werden. Beziehen die Aufgaben und Befugnisse sich dagegen auf den Seebetriebsrat, so genügt, dass eine Gewerkschaft im Seebetrieb vertreten ist (ebenso GK-*Wiese/Franzen*, § 114 Rn. 30; s. auch Rn. 49).

Die Gewerkschaften haben dagegen **kein selbständiges Zugangsrecht,** um an Bord eines Schiffes Mitglieder zu werben oder sonst eine **Koalitionsbetätigung auszuüben.** Aus Art. 9 Abs. 3 GG lässt sich unmittelbar ein solches Recht nicht entnehmen (s. § 2 Rn. 149). Die Besatzungsmitglieder sind aber berechtigt, Gewerkschaftsbeauftragte an Bord zu nehmen, um sich arbeits- und tarifrechtlich betreuen zu lassen und neue Mitglieder für die Gewerkschaft zu werben. Sie dürfen zwar Personen, die nicht zur Schiffsbesatzung gehören oder nicht im Rahmen des Schiffbetriebs an Bord tätig sind, nicht ohne Erlaubnis an Bord bringen (§ 111 Abs. 1 Satz 1 SeemG). Die Erlaubnis darf aber nicht verweigert werden, weil sonst ein Verstoß gegen Art. 9 Abs. 3 GG vorliegt; § 111 Abs. 1 Satz 2 SeemG ist entsprechend anzuwenden (ebenso *Reuter*, ZfA 1976, 107, 173 ff.). Die Erlaubnis darf aber verweigert werden, wenn der Zutritt zum Zwecke der Vorbereitung und Durchführung eines Arbeitskampfes erfolgt (ebenso LAG Baden-Württemberg [Stuttgart], AuR 1974, 320; *Reuter*, ZfA 1976, 107, 178; a. A. DKK-*Berg*, 5. Aufl., § 114 Rn. 30; *Säcker*, Inhalt und Grenzen des gewerkschaftlichen Zutrittsrechts zum Betrieb unter besonderer Berücksichtigung der Verhältnisse in der Seeschifffahrt, 1975, S. 24 ff., 51 ff.).

VIII. Streitigkeiten

Soweit die Anwendung des § 114 betriebsverfassungsrechtlich von Bedeutung ist, entscheidet Streitigkeiten das Arbeitsgericht im Beschlussverfahren (§ 2a Abs. 1 Nr. 1, Abs. 2 i. V. mit §§ 80 ff. ArbGG; s. zur örtlichen Zuständigkeit § 115 Rn. 120).

§ 115 Bordvertretung

(1) ¹Auf Schiffen, die mit in der Regel mindestens fünf wahlberechtigten Besatzungsmitgliedern besetzt sind, von denen drei wählbar sind, wird eine Bordvertretung gewählt. ²Auf die Bordvertretung finden, soweit sich aus diesem Gesetz oder aus anderen gesetzlichen Vorschriften nicht etwas anderes ergibt, die Vorschriften über die Rechte und Pflichten des Betriebsrats und die Rechtsstellung seiner Mitglieder Anwendung.

(2) Die Vorschriften über die Wahl und Zusammensetzung des Betriebsrats finden mit folgender Maßgabe Anwendung:
1. Wahlberechtigt sind alle Besatzungsmitglieder des Schiffes.
2. Wählbar sind die Besatzungsmitglieder des Schiffes, die am Wahltag das 18. Lebensjahr vollendet haben und ein Jahr Besatzungsmitglied eines Schiffes waren, das nach dem Flaggenrechtsgesetz die Bundesflagge führt. § 8 Abs. 1 Satz 3 bleibt unberührt.
3. Die Bordvertretung besteht auf Schiffen mit in der Regel
   - 5 bis 20 wahlberechtigten Besatzungsmitgliedern aus einer Person,
   - 21 bis 75 wahlberechtigten Besatzungsmitgliedern aus drei Mitgliedern,
   - über 75 wahlberechtigten Besatzungsmitgliedern aus fünf Mitgliedern.

Thüsing

§ 115

4. (weggefallen)
5. § 13 Abs. 1 und 3 findet keine Anwendung. Die Bordvertretung ist vor Ablauf ihrer Amtszeit unter den in § 13 Abs. 2 Nr. 2 bis 5 genannten Voraussetzungen neu zu wählen.
6. Die wahlberechtigten Besatzungsmitglieder können mit der Mehrheit aller Stimmen beschließen, die Wahl der Bordvertretung binnen 24 Stunden durchzuführen.
7. Die in § 16 Abs. 1 Satz 1 genannte Frist wird auf zwei Wochen, die in § 16 Abs. 2 Satz 1 genannte Frist wird auf eine Woche verkürzt.
8. Bestellt die im Amt befindliche Bordvertretung nicht rechtzeitig einen Wahlvorstand oder besteht keine Bordvertretung, wird der Wahlvorstand in einer Bordversammlung von der Mehrheit der anwesenden Besatzungsmitglieder gewählt; § 17 Abs. 3 gilt entsprechend. Kann aus Gründen der Aufrechterhaltung des ordnungsgemäßen Schiffsbetriebs eine Bordversammlung nicht stattfinden, so kann der Kapitän auf Antrag von drei Wahlberechtigten den Wahlvorstand bestellen. Bestellt der Kapitän den Wahlvorstand nicht, so ist der Seebetriebsrat berechtigt, den Wahlvorstand zu bestellen. Die Vorschriften über die Bestellung des Wahlvorstands durch das Arbeitsgericht bleiben unberührt.
9. Die Frist für die Wahlanfechtung beginnt für Besatzungsmitglieder an Bord, wenn das Schiff nach Bekanntgabe des Wahlergebnisses erstmalig einen Hafen im Geltungsbereich dieses Gesetzes oder einen Hafen, in dem ein Seemannsamt seinen Sitz hat, anläuft. Die Wahlanfechtung kann auch zu Protokoll des Seemannsamtes erklärt werden. Wird die Wahl zur Bordvertretung angefochten, zieht das Seemannsamt die an Bord befindlichen Wahlunterlagen ein. Die Anfechtungserklärung und die eingezogenen Wahlunterlagen sind vom Seemannsamt unverzüglich an das für die Anfechtung zuständige Arbeitsgericht weiterzuleiten.

(3) Auf die Amtszeit der Bordvertretung finden die §§ 21, 22 bis 25 mit der Maßgabe Anwendung, dass
1. die Amtszeit ein Jahr beträgt,
2. die Mitgliedschaft in der Bordvertretung auch endet, wenn das Besatzungsmitglied den Dienst an Bord beendet, es sei denn, dass es den Dienst an Bord vor Ablauf der Amtszeit nach Nummer 1 wieder antritt.

(4) ¹Für die Geschäftsführung der Bordvertretung gelten die §§ 26 bis 36, § 37 Abs. 1 bis 3 sowie die §§ 39 bis 41 entsprechend. ²§ 40 Abs. 2 ist mit der Maßgabe anzuwenden, dass die Bordvertretung in dem für ihre Tätigkeit erforderlichen Umfang auch die für die Verbindung des Schiffes zur Reederei eingerichteten Mittel zur beschleunigten Übermittlung von Nachrichten in Anspruch nehmen kann.

(5) ¹Die §§ 42 bis 46 über die Betriebsversammlung finden für die Versammlung der Besatzungsmitglieder eines Schiffes (Bordversammlung) entsprechende Anwendung. ²Auf Verlangen der Bordvertretung hat der Kapitän der Bordversammlung einen Bericht über die Schiffsreise und die damit zusammenhängenden Angelegenheiten zu erstatten. ³Er hat Fragen, die den Schiffsbetrieb, die Schiffsreise und die Schiffssicherheit betreffen, zu beantworten.

(6) Die §§ 47 bis 59 über den Gesamtbetriebsrat und den Konzernbetriebsrat finden für die Bordvertretung keine Anwendung.

(7) Die §§ 74 bis 105 über die Mitwirkung und Mitbestimmung der Arbeitnehmer finden auf die Bordvertretung mit folgender Maßgabe Anwendung:
1. Die Bordvertretung ist zuständig für die Behandlung derjenigen nach diesem Gesetz der Mitwirkung und Mitbestimmung des Betriebsrats unterliegenden Angelegenheiten, die den Bordbetrieb oder die Besatzungsmitglieder des Schiffes betreffen und deren Regelung dem Kapitän aufgrund gesetzlicher Vorschriften oder der ihm von der Reederei übertragenen Befugnisse obliegt.

2. Kommt es zwischen Kapitän und Bordvertretung in einer der Mitwirkung oder Mitbestimmung der Bordvertretung unterliegenden Angelegenheit nicht zu einer Einigung, so kann die Angelegenheit von der Bordvertretung an den Seebetriebsrat abgegeben werden. Der Seebetriebsrat hat die Bordvertretung über die weitere Behandlung der Angelegenheit zu unterrichten. Bordvertretung und Kapitän dürfen die Einigungsstelle oder das Arbeitsgericht nur anrufen, wenn ein Seebetriebsrat nicht gewählt ist.
3. Bordvertretung und Kapitän können im Rahmen ihrer Zuständigkeiten Bordvereinbarungen abschließen. Die Vorschriften über Betriebsvereinbarungen gelten für Bordvereinbarungen entsprechend. Bordvereinbarungen sind unzulässig, soweit eine Angelegenheit durch eine Betriebsvereinbarung zwischen Seebetriebsrat und Arbeitgeber geregelt ist.
4. In Angelegenheiten, die der Mitbestimmung der Bordvertretung unterliegen, kann der Kapitän, auch wenn eine Einigung mit der Bordvertretung noch nicht erzielt ist, vorläufige Regelungen treffen, wenn dies zur Aufrechterhaltung des ordnungsgemäßen Schiffsbetriebs dringend erforderlich ist. Den von der Anordnung betroffenen Besatzungsmitgliedern ist die Vorläufigkeit der Regelung bekannt zu geben. Soweit die vorläufige Regelung der endgültigen Regelung nicht entspricht, hat das Schiffahrtsunternehmen Nachteile auszugleichen, die den Besatzungsmitgliedern durch die vorläufige Regelung entstanden sind.
5. Die Bordvertretung hat das Recht auf regelmäßige und umfassende Unterrichtung über den Schiffsbetrieb. Die erforderlichen Unterlagen sind der Bordvertretung vorzulegen. Zum Schiffsbetrieb gehören insbesondere die Schiffssicherheit, die Reiserouten, die voraussichtlichen Ankunfts- und Abfahrtszeiten sowie die zu befördernde Ladung.
6. Auf Verlangen der Bordvertretung hat der Kapitän ihr Einsicht in die an Bord befindlichen Schiffstagebücher zu gewähren. In den Fällen, in denen der Kapitän eine Eintragung über Angelegenheiten macht, die der Mitwirkung oder Mitbestimmung der Bordvertretung unterliegen, kann diese eine Abschrift der Eintragung verlangen und Erklärungen zum Schiffstagebuch abgeben. In den Fällen, in denen über eine der Mitwirkung oder Mitbestimmung der Bordvertretung unterliegenden Angelegenheit eine Einigung zwischen Kapitän und Bordvertretung nicht erzielt wird, kann die Bordvertretung dies zum Schiffstagebuch erklären und eine Abschrift dieser Eintragung verlangen.
7. Die Zuständigkeit der Bordvertretung im Rahmen des Arbeitsschutzes bezieht sich auch auf die Schiffssicherheit und die Zusammenarbeit mit den insoweit zuständigen Behörden und sonstigen in Betracht kommenden Stellen.

Übersicht

	Rn.
I. Vorbemerkung	1
II. Kapitän und Bordvertretung	3
1. Kapitän als Organ der Bordverfassung	3
2. Bordvertretung als Organ der Bordverfassung	6
III. Wahl und Zusammensetzung der Bordvertretung	10
1. Wahlberechtigung	11
2. Wählbarkeit	17
3. Mitgliederzahl und Zusammensetzung der Bordvertretung	23
4. Zeitpunkt der Wahlen	24
5. Abgekürztes Wahlverfahren	26
6. Bestellung des Wahlvorstands	30
7. Wahlverfahren	35
8. Wahlanfechtung	37
IV. Amtszeit der Bordvertretung	41
1. Regelmäßige Amtszeit	41
2. Erlöschen der Mitgliedschaft	45

§ 115 Bordvertretung

	Rn.
V. Organisation und Geschäftsführung der Bordvertretung	46
1. Organisation	47
2. Geschäftsführung	51
3. Rechtsstellung der Mitglieder	56
4. Sprechstunden	59
5. Kosten	61
VI. Bordversammlung	62
1. Entsprechende Anwendung der Vorschriften über die Betriebsversammlung	62
2. Rechte und Pflichten des Kapitäns in der Bordversammlung	66
3. Abhaltung einer Bordversammlung durch den Seebetriebsrat	69
VII. Mitwirkung und Mitbestimmung durch die Bordvertretung	70
1. Zuständigkeit für die Mitbestimmungsausübung	70
2. Allgemeine Bestimmungen	75
3. Anrufung der Einigungsstelle und des Arbeitsgerichts	78
4. Notrecht des Kapitäns	81
5. Bordvereinbarungen	85
6. Allgemeine Aufgaben und Informationsrecht der Bordvertretung	88
7. Mitwirkungs- und Beschwerderecht der Besatzungsmitglieder	94
8. Mitbestimmung in sozialen Angelegenheiten	98
9. Gesetzlicher und autonomer Arbeitsschutz	106
10. Mitbestimmung bei allgemeinen personellen Angelegenheiten und der Berufsbildung	110
11. Mitbestimmung bei personellen Einzelmaßnahmen	112
12. Beteiligung in wirtschaftlichen Angelegenheiten	117
VIII. Streitigkeiten	118

I. Vorbemerkung

1 Die **Aufgaben,** die nach allgemeinem Recht dem Betriebsrat obliegen, sind in der Seebetriebsverfassung auf zwei Institutionen aufgeteilt, die Bordvertretung und den Seebetriebsrat (s. auch § 114 Rn. 6). Die Vorschrift behandelt die Bildung der Bordvertretung, deren Amtszeit und Aufgaben und gibt Bestimmungen über die Bordversammlung. Sie ist durch den BT-Ausschuss für Arbeit und Sozialordnung neu gefasst und gegenüber dem RegE in einigen Punkten abgeändert und ergänzt worden (vgl. *zu* BT-Drucks. VI/2729, S. 33). Das Gesetz bedient sich der Technik, auf die Vorschriften über den Betriebsrat zu verweisen und trifft hier lediglich die erforderlichen Sonderregelungen.

2 Das **BetrVerf-Reformgesetz** vom 23. 7. 2001 (BGBl. I S. 1852) brachte einige Änderungen, die als Folgeänderungen zu Änderungen des allgemeinen Betriebsverfassungsrechts notwendig wurden. Die Aufgabe des Gruppenprinzips führte zur Aufhebung des Abs. 1 Nr. 4, wonach Mindestvertreter für Minderheitsgruppen vorgesehen waren, die Neuregelung des § 17 führte zur Anpassung der Regeln zur Bestellung eines Wahlvorstands auch hier und damit zu einer Änderung des Abs. 1 Nr. 8. Schließlich sollte durch eine Neufassung der Verweisungen in Abs. 3 („§§ 21, 22 bis 25" statt „§§ 21 bis 25") klargestellt werden, dass die §§ 21 a und 21 b wegen der fehlenden Zuständigkeit der Bordvertretung für die Fälle der §§ 111 ff. keine Anwendung finden. Hierfür ist ausschließlich der Seebetriebsrat gemäß § 116 Abs. 6 Nr. 1c zuständig (BT-Drucks. 14/5741, 52), s. auch Rn. 44.

II. Kapitän und Bordvertretung

1. Kapitän als Organ der Bordverfassung

3 Der Kapitän nimmt als **Partner der Bordvertretung** eine zentrale Stellung im Rahmen der Bordverfassung ein. Soweit § 115 Ausnahmeregelungen gegenüber den allgemeinen Vorschriften des BetrVG trifft, wird durchwegs der Kapitän als Träger der allgemein dem Arbeitgeber eingeräumten Rechte und der von diesem zu erfüllenden Pflichten genannt. Daraus folgt, dass der Kapitän im Verhältnis zur Bordvertretung auch dann die Stelle des Arbeitgebers, also des Reeders oder der ihm in § 114 Abs. 2 Satz 2 gleichgestellten Personen einnimmt, wenn die allgemeinen Vorschriften auf die Bordvertretung entsprechend anzuwenden sind (vgl. Abs. 1 Satz 2). Der Kapitän ist deshalb, obwohl selbst Arbeitnehmer, in der Bordverfassung ein **eigenständiges Organ,** das in dem hier umschriebenen Umfang die Funktion als Arbeitgeber ausübt.

Die eigenständige Stellung des Kapitäns im Rahmen der Bordverfassung wird aber durch **Befugnisse des Reeders gegenüber dem Kapitän** relativiert. In Betracht kommt vor allem, dass der Reeder die gesetzlich umschriebenen Vertretungsbefugnisse des Kapitäns nach §§ 526 ff. HGB grundsätzlich auch mit Wirkung gegenüber Dritten, insbesondere gegenüber den Besatzungsmitgliedern beschränken kann (vgl. § 531 HGB, also anders als gegenüber dem Prokuristen, § 50 Abs. 1 HGB). Außerdem kann der Reeder dem Kapitän kraft seines arbeitsrechtlichen Direktionsrechts Weisungen erteilen, soweit nicht zwingende gesetzliche Vorschriften entgegenstehen. Dies gilt auch für die dem Kapitän zustehenden Regelungsbefugnisse, die der Mitwirkung oder Mitbestimmung durch die Bordvertretung unterliegen. Wird aber nicht die Vertretungsmacht des Kapitäns gegenüber Dritten eingeschränkt, so bleibt die Kompetenz im Rahmen der Bordverfassung beim Kapitän, so dass auch die Zuständigkeit der Bordvertretung gegeben ist. 4

Außerdem muss berücksichtigt werden, dass die dem Kapitän kraft Gesetzes oder besonderer Vollmacht eingeräumten Rechte nicht die Zuständigkeit des Reeders beseitigen; das gilt insbesondere für die Annahme der Schiffsmannschaft (vgl. *Schaps/Abraham,* Bd. I/1, § 526 Rn. 10). Der Reeder bleibt daher neben dem Kapitän berechtigt, Regelungen zu treffen, die den Bordbetrieb oder die Besatzungsmitglieder des Schiffes betreffen. Wird in einem derartigen Fall nicht der Kapitän sondern der Reeder tätig, so ist nicht die Bordvertretung, sondern der Seebetriebsrat zuständig. 5

2. Bordvertretung als Organ der Bordverfassung

a) Die Bordvertretung hat die **Funktion des Betriebsrats gegenüber dem Kapitän** (s. Rn. 70). 6

b) **Bordvertretungsfähig** sind **Schiffe,** die mit in der Regel mindestens **fünf wahlberechtigten Besatzungsmitgliedern** besetzt sind, von denen **drei wählbar** sind. Nur auf ihnen wird eine Bordvertretung gewählt (Abs. 1 Satz 1). Die Regelung entspricht § 1. Jedoch ist hier nicht erforderlich, dass die Besatzungsmitglieder ständig beschäftigt sind, weil dieses Merkmal wegen der Besonderheit der Seeschifffahrt keine Rolle spielt. 7

Voraussetzung ist, dass das Schiff ein Schiff i. S. dieses Gesetzes ist, es sich also um ein Kauffahrteischiff handelt, das nach dem Flaggenrechtsgesetz die Bundesflagge führt (s. § 114 Rn. 32 ff.). Außerdem kommt die Bildung einer Bordvertretung nur in Betracht, wenn das Schiff zu einem Seeschifffahrtsunternehmen gehört, das seinen Sitz im Geltungsbereich dieses Gesetzes hat (s. § 114 Rn. 12). 8

Für die Bordvertretungsfähigkeit maßgebend ist die Zahl der in der Regel beschäftigten Besatzungsmitglieder (s. zum Begriff § 114 Rn. 41 f.), d. h. es ist von dem im regelmäßigen Gang befindlichen Betrieb auszugehen (s. § 1 Rn. 114). Einen Anhaltspunkt bietet die in der Schiffsbesetzungsverordnung vom 4. 4. 1984 (BGBl. I S. 523, zuletzt geändert durch VO vom 18. 12. 1989, BGBl. I S. 2457) und in den Bemannungsrichtlinien der See-Berufsgenossenschaft zwingend vorgeschriebene Mindestbesetzung. Dabei ist allerdings zu beachten, dass bei regelmäßiger Über- oder Unterschreitung die Zahl der üblicherweise auf dem Schiff angeheuerten Besatzungsmitglieder zugrunde zu legen ist (ebenso GL-*Kröger,* § 115 Rn. 2; GK-*Wiese/Franzen,* § 115 Rn. 2). 9

III. Wahl und Zusammensetzung der Bordvertretung

10 Für die Wahl und Zusammensetzung der Bordvertretung gelten die Vorschriften über die Wahl und Zusammensetzung des Betriebsrats (§§ 7 bis 20) nach Maßgabe der Regelung in § 115 Abs. 2; sie werden ergänzt durch die §§ 1 bis 32 der auf Grund von § 126 erlassenen Zweiten Verordnung zur Durchführung des Betriebsverfassungsgesetzes (**Wahlordnung Seeschifffahrt – WOS –**) vom 7. 2. 2002 (BGBl. I S. 594).

1. Wahlberechtigung

11 a) Wahlberechtigt sind alle **Besatzungsmitglieder des Schiffes** (§ 115 Abs. 2 Nr. 1). Wer Besatzungsmitglied ist, bestimmt sich nach § 114 Abs. 6 Satz 1; es sind die in § 3 SeemG genannten Personen, also die Schiffsoffiziere, die sonstigen Angestellten und die Schiffsleute. Nach dem RegE wurde darauf abgestellt, dass es sich um Besatzungsmitglieder handelt, die am Wahltag an Bord des Schiffes sind (BT-Drucks. VI/1786, S. 24). Dieser Zusatz ist im BT-Ausschuss für Arbeit und Sozialordnung entfallen, um klarzustellen, dass es für die Wahlberechtigung zur Bordvertretung entscheidend auf die *rechtliche* Zugehörigkeit zur Schiffsbesatzung, nicht auf die tatsächliche Anwesenheit an Bord am Wahltag ankommt (*zu* BT-Drucks. VI/2729, S. 33; ebenso HSWGNR-*Hess*, § 115 Rn. 6; GK-*Wiese/Freanzen*, § 115 Rn. 8).

12 Die rechtliche Zugehörigkeit ergibt sich bei **Schiffsleuten** (§ 6 SeemG) aus dem Heuervertrag, weil Schiffsleute, soweit nichts anderes vereinbart ist, nur zur Dienstleistung auf einem bestimmten Schiff verpflichtet sind (§ 27 Abs. 1 SeemG; ebenso GK-*Wiese/Franzen*, § 115 Rn. 8; a. A. GL-*Kröger*, § 115 Rn. 6). Die Umsetzung auf ein anderes Schiff ist daher nur mit Zustimmung des Schiffsmannes zulässig (vgl. *Schwedes/Franz*, § 27 Rn. 2). Das Schiff der Dienstleistung ist nach § 24 Abs. 1 Satz 2 Nr. 3 SeemG in dem vom Reeder oder dessen Vertreter auszustellenden Heuerschein oder im schriftlichen Heuervertrag gemäß § 24 Abs. 2 SeemG anzugeben. Die Zugehörigkeit zur Schiffsbesatzung beginnt mit Abschluss des Heuervertrags, nicht erst mit Dienstantritt gemäß § 25 SeemG (wie hier GK-*Wiese*, 7. Aufl., § 115 Rn. 8; a. A. GK-*Wiese/Franzen*, § 115 Rn. 8: mit Dienstantritt; vgl. zur Aufnahme in die Wählerliste § 2 Abs. 1 Satz 3 WOS; wie hier aber § 33 Abs. 2 WOS); sie endet mit Beendigung des Heuerverhältnisses oder dem Wechsel des Schiffes auf Grund eines Änderungsvertrags (ebenso GK-*Wiese*, 7. Aufl., § 115 Rn. 8; a. A. GL-*Kröger*, § 115 Rn. 6; GK-*Wiese/Franzen*, § 115 Rn. 8). Eine vorübergehende Abwesenheit, etwa wegen Krankheit oder Urlaub, berührt nicht die Wahlberechtigung (ebenso GL-*Kröger*, a. a. O.; *Wiese*, a. a. O.); insbesondere ist unerheblich, ob eine Abmusterung nach § 19 SeemG stattgefunden hat.

13 Im Gegensatz zu den Schiffsleuten sind **Schiffsoffiziere** und **sonstige Angestellte** nach § 27 Abs. 1 SeemG zum Schiffsdienst auf jedem Schiff des Reeders verpflichtet. Sie können durch einseitige Weisung des Reeders auf ein anderes Schiff umgesetzt werden, wenn wichtige betriebliche Gründe die Umsetzung erfordern und die Maßnahme nicht nur den Zweck haben soll, dem Betroffenen Schaden zuzufügen (§ 27 Abs. 2 SeemG); da es sich um eine Versetzung im betriebsverfassungsrechtlichen Sinne handelt, besteht hier ein Mitbestimmungsrecht des Seebetriebsrats nach § 99 (§ 116 Abs. 6 Nr. 1 lit. a). Da jedoch § 24 SeemG auch auf diese Personen Anwendung findet, ist auch bei ihnen das Schiff, auf dem sie Dienst zu tun haben, im Heuerschein oder schriftlichen Heuervertrag anzugeben; bei Umsetzung ist diese Angabe entsprechend zu ändern. Daher steht auch bei ihnen fest, zu welcher Schiffsbesatzung sie rechtlich gehören.

14 Maßgebend für die rechtliche Zugehörigkeit zur Schiffsbesatzung und damit für die Wahlberechtigung zur Bordvertretung ist der **Tag der Wahl** (s. auch § 7 Rn. 20).

15 b) Eine **Altersgrenze** ist für die Wahlberechtigung **nicht aufgestellt**. Wahlberechtigt sind daher abweichend von § 7 alle Besatzungsmitglieder eines Schiffes ohne Rücksicht

III. Wahl und Zusammensetzung der Bordvertretung § 115

auf ihr Alter. Diese Regelung erschien notwendig, weil in der Seeschifffahrt Jugend- und Auszubildendenvertretungen nicht gebildet werden (so die Begründung zum RegE, BT-Drucks. VI/1786, S. 56).

c) Eine **formelle Voraussetzung der Wahlberechtigung** besteht insofern, als das Wahl- 16 recht nur ausüben kann, wer in die **Wählerliste eingetragen** ist (§ 2 Abs. 2 WOS; s. auch § 7 Rn. 51). Die Ausübung des Wahlrechts setzt die Anwesenheit des Besatzungsmitglieds an Bord voraus, weil die Wahlordnung Seeschifffahrt abweichend von den Vorschriften der allgemeinen Wahlordnung (§ 25 WO) keine Stimmabgabe durch die Übersendung eines Stimmzettels vorsieht (ebenso GL-*Kröger*, § 115 Rn. 6; GK-*Wiese/Franzen*, § 115 Rn. 8).

2. Wählbarkeit

Wählbar sind die Besatzungsmitglieder des Schiffes, die am Wahltag das 18. Lebens- 17 jahr vollendet haben und ein Jahr Besatzungsmitglied eines Schiffes waren, das nach dem Flaggenrechtsgesetz die Bundesflagge führt (Abs. 2 Nr. 2 Satz 1).

a) Für die Wählbarkeit zur Bordvertretung verlangt das Gesetz anders als für die 18 Wahlberechtigung als Mindestalter die **Vollendung des 18. Lebensjahres** (s. dazu § 7 Rn. 16).

b) Weitere Voraussetzung ist, dass der Bewerber am Wahltag **ein Jahr Besatzungsmit-** 19 **glied** eines Schiffes war, das nach dem Flaggenrechtsgesetz die Bundesflagge führt (s. zur Führung der Bundesflagge § 114 Rn. 34). Eine einjährige Fahrzeit auf einem deutschen Schiff erschien dem Gesetzgeber deshalb notwendig, weil für eine sachgerechte Ausübung des Amtes der Bordvertretung nicht nur eine gewisse generelle seemännische Erfahrung, sondern auch eine spezielle Kenntnis des deutschen Seerechts erforderlich ist (so die Begründung des BT-Ausschusses für Arbeit und Sozialordnung, *zu* BT-Drucks. VI/2729, S. 33). Trotz des zu engen Wortlauts genügt es deshalb, dass die einjährige Fahrzeit auf *verschiedenen* deutschen Schiffen abgeleistet wurde; insbesondere ist nicht erforderlich, dass die Fahrzeit auf dem Schiff erbracht wurde, auf dem die Bordvertretung gewählt wird (ebenso *Brecht*, § 115 Rn. 2; GL-*Kröger*, § 115 Rn. 7; GK-*Wiese/Franzen*, § 115 Rn. 9). Der Zweck der Wählbarkeitsvoraussetzung verlangt auch nicht, dass es sich um Schiffe handelt, die zu einem Seebetrieb gehören, sondern es genügt die Fahrzeit auf einem deutschen Schiff, das nach § 114 Abs. 4 Satz 2 als Teil des Landbetriebs eines Seeschifffahrtsunternehmens gilt. Im Gegensatz zu § 8 ist nicht erforderlich, dass die Schiffe zum gleichen Betrieb, Unternehmen oder Konzern gehören, in dem der Bewerber nunmehr beschäftigt ist. Der Nachweis der einjährigen Fahrzeit wird durch das vom Seemannsamt ausgestellte Seefahrtbuch geführt (§ 11 SeemG). Der Wahlvorstand kann zur Feststellung der Wählbarkeitsvoraussetzung nach § 1 Abs. 1 WOS Einsicht in das nach § 18 SeemG während der Reise vom Kapitän zu verwahrende Seefahrtbuch verlangen.

c) Wählbarkeitsvoraussetzung ist weiterhin, dass der Kandidat **am Wahltag Besat-** 20 **zungsmitglied des Schiffes** ist (s. Rn. 11 ff.). Wählbar ist auch, wer infolge einer vorübergehenden Abwesenheit, z. B. wegen Krankheit oder Urlaub, am Wahltag nicht an Bord tätig ist. Eine Abmusterung aus diesen Gründen hat daher keinen Einfluss auf die Wählbarkeit (s. Rn. 12).

d) **Nicht wählbar** ist, wer infolge strafgerichtlicher Verurteilung die Fähigkeit, Rechte 21 aus öffentlichen Wahlen zu erlangen, nicht besitzt (Abs. 2 Nr. 2 Satz 2 i. V. mit § 8 Abs. 1 Satz 3; s. § 8 Rn. 40).

e) **Formelle Voraussetzung für die Wählbarkeit** ist die **Eintragung in die Wählerliste** 22 (§ 2 Abs. 2 WOS; s. auch § 8 Rn. 47).

3. Mitgliederzahl und Zusammensetzung der Bordvertretung

Wegen des engen Kontaktes der Besatzungsmitglieder untereinander ist die **Zahl der** 23 **Mitglieder der Bordvertretung** gegenüber § 9 erheblich vermindert. Die Bordvertretung

Thüsing

besteht auf Schiffen mit in der Regel 5 bis 20 wahlberechtigten Besatzungsmitgliedern aus einer Person, bei 21 bis 75 wahlberechtigten Besatzungsmitgliedern aus drei Mitgliedern und bei über 75 wahlberechtigten Besatzungsmitgliedern aus fünf Mitgliedern (Abs. 2 Nr. 3). Das BetrVerf-Reformgesetz hat hier keine Änderung gebracht. Für die Größe der Bordvertretung sind im Gegensatz zu § 9 stets *nur die wahlberechtigten* Besatzungsmitglieder maßgeblich. Es ist von der Zahl der wahlberechtigten Besatzungsmitglieder am Tag des *Erlasses des Wahlausschreibens* auszugehen (s. § 5 Abs. 2 Nr. 5 WOS). Ist eine entsprechende Zahl von wählbaren Besatzungsmitgliedern nicht vorhanden oder nicht zur Übernahme des Amtes bereit, so gilt § 11. Die Zahl der Mitglieder der Bordvertretung bleibt für die ganze Dauer des Amtes maßgeblich; § 13 Abs. 2 Nr. 1 findet auf die Bordvertretung keine Anwendung (Abs. 2 Nr. 5 Satz 2; s. auch Rn. 25).

4. Zeitpunkt der Wahlen

24 Die Wahlen zur Bordvertretung sind anders als die Betriebsratswahlen **nicht** an einen **bestimmten Zeitraum** gebunden; § 13 Abs. 1 und 3 findet keine Anwendung (Abs. 2 Nr. 5 Satz 1).

25 Da die Amtszeit ohnehin nur ein Jahr beträgt (s. Rn. 41), ist auch § 13 Abs. 2 Nr. 1 nicht anwendbar; eine vorzeitige Neuwahl findet daher nur unter den in § 13 Abs. 2 Nr. 2 bis 5 genannten Voraussetzungen statt (Abs. 2 Nr. 5). Eine Neuwahl wegen Absinkens der Mitgliederzahl der Bordvertretung unter die vorgeschriebene Zahl (§ 13 Abs. 2 Nr. 2) kann auch deshalb notwendig werden, weil die Mitgliedschaft in der Bordvertretung nach § 115 Abs. 3 Nr. 2 geendet hat (s. dazu auch Rn. 45; zu den einzelnen Gründen für eine vorzeitige Wahl der Bordvertretung § 13 Rn. 17 ff.).

5. Abgekürztes Wahlverfahren

26 Die **Wahl der Bordvertretung** kann auf einen **Zeitraum von 24 Stunden verkürzt** werden, wenn die wahlberechtigten Besatzungsmitglieder dies mit der Mehrheit aller Stimmen beschließen (Abs. 2 Nr. 6). Die Anregung, das Wahlverfahren zur Bordvertretung abzukürzen, kann von jedem Wahlberechtigten, aber auch vom Kapitän und jeder an Bord vertretenen Gewerkschaft ausgehen (ebenso GL-*Kröger*, § 115 Rn. 11; GK-*Wiese/Franzen*, § 115 Rn. 16). Die Leitung der Abstimmung gehört nicht zu den unmittelbaren Aufgaben des Wahlvorstands; die Mitglieder des Wahlvorstands können aber als Mitglieder der Belegschaft die Abstimmung einleiten. Andererseits kann auch, wenn ein Wahlvorstand vorhanden ist, jedes wahlberechtigte Besatzungsmitglied diese Aufgabe übernehmen. Die Abstimmung kann vor oder nach Bestellung des Wahlvorstands durchgeführt werden. Mit Erlass des Wahlausschreibens nach § 5 WOS ist aber diese Abstimmung ausgeschlossen, weil mit diesem Zeitpunkt gemäß § 5 Abs. 1 Satz 2 WOS das normale Wahlverfahren mit den hierfür geltenden Fristen eingeleitet ist (ebenso GL-*Kröger*, § 115 Rn. 11; a. A. GK-*Wiese/Franzen*, § 115 Rn. 16; DKK-*Berg*, 5. Aufl., § 115 Rn. 12).

27 Für den Beschluss ist die Mehrheit aller Stimmen der wahlberechtigten Besatzungsmitglieder erforderlich; es genügt also nicht die Mehrheit der abgegebenen Stimmen, auch wenn sich an der Abstimmung die Mehrheit der wahlberechtigten Besatzungsmitglieder beteiligt hat.

28 Die 24-Stunden-Frist beginnt nicht mit dem Beschluss, sondern erst mit dem Erlass des Wahlausschreibens (§ 31 Nr. 1 WOS). Zum Wahlverfahren im Einzelnen vgl. § 31 WOS.

29 Die verkürzte Wahl ist nicht deshalb fehlerhaft, weil die Frist von 24 Stunden vor Beendigung der Wahl abgelaufen ist. Angesichts der Bestimmung des § 31 Nr. 2 WOS, nach der sowohl für den Einspruch gegen die Wählerliste (§ 3 Abs. 1 WOS) und die Einreichung von Wahlvorschlägen (§ 6 Abs. 1 Satz 1 WOS) wie für die Bekanntmachung der Wahlvorschläge (§ 11 Abs. 1 und 2 WOS) jeweils ein Zeitraum von

mindestens sechs Stunden zur Verfügung stehen muss, ist eine derartige Überschreitung vielfach unvermeidlich. Allerdings fordert § 31 Nr. 4 zwingende Gründe für diese Überschreitung. Nur dann hat der Wahlvorstand die Wahl auch nach Ablauf von 24 Stunden seit Erlass des Wahlausschreibens weiterzuführen (vgl. im Einzelnen § 31 Nr. 4 WOS).

6. Bestellung des Wahlvorstands

Die Wahl der Bordvertretung ist durch einen Wahlvorstand vorzubereiten und durchzuführen. Eine nicht von einem Wahlvorstand durchgeführte Wahl ist nichtig. Die Vorschriften über die Bestellung des Wahlvorstands sind gegenüber der allgemeinen Regelung in §§ 16 und 17 erheblich modifiziert: 30

a) Die **Bestellung** des Wahlvorstands ist wie bei der Betriebsratswahl in erster Linie **Aufgabe der Bordvertretung.** Besteht eine Bordvertretung, so hat sie spätestens zwei Wochen (Abs. 2 Nr. 7) vor Ablauf ihrer Amtszeit (s. dazu Rn. 41) einen aus drei Wahlberechtigten bestehenden Wahlvorstand und einen von ihnen als Vorsitzenden zu bestellen (s. im Übrigen § 16 Rn. 8 ff.; jedoch wird hier eine Erhöhung der Zahl der Wahlvorstandsmitglieder nicht in Betracht kommen, weil dies zur ordnungsgemäßen Durchführung der Wahl nicht erforderlich ist). Endet die Amtszeit aus den in § 13 Abs. 2 Nr. 2 und 3 genannten Gründen vorzeitig, so hat die Bordvertretung gemäß § 22 die Geschäfte vorläufig weiterzuführen. Sie hat dann den Wahlvorstand unverzüglich zu bestellen (s. auch § 16 Rn. 22). Endet die Amtszeit durch Anfechtung der Wahl, so besteht keine Bordvertretung mehr, so dass für die Bestellung des Wahlvorstands § 115 Abs. 2 Nr. 8 i. V. mit § 17 maßgebend ist. Wird die Bordvertretung nach § 23 Abs. 1 durch arbeitsgerichtliche Entscheidung aufgelöst (§ 13 Abs. 2 Nr. 5), so ist nach § 23 Abs. 2 allein das Arbeitsgericht zur Einsetzung eines Wahlvorstands befugt. 31

b) **Besteht** eine Woche vor Ablauf der Amtszeit der Bordvertretung **kein Wahlvorstand** (Abs. 2 Nr. 7) oder wird er bei vorzeitiger Neuwahl nicht unverzüglich gebildet (s. Rn. 31), so stehen hier anders als beim Betriebsrat wahlweise **zwei Möglichkeiten** offen: Der Wahlvorstand kann nach § 16 Abs. 2 auf Antrag von mindestens drei Wahlberechtigten oder einer an Bord vertretenen Gewerkschaft durch das zuständige **Arbeitsgericht** bestellt werden (s. § 16 Rn. 32 ff.). Da dieses Verfahren nur während des Aufenthalts im Heimathafen möglich ist, kann abweichend von § 16 der Wahlvorstand durch die **Bordversammlung** gewählt werden; § 17 Abs. 3 findet entsprechende Anwendung (Abs. 2 Nr. 8 Satz 1; s. im Einzelnen § 17 Rn. 10 ff.). Kann aus Gründen der Aufrechterhaltung des ordnungsgemäßen Schiffsbetriebs eine **Bordversammlung nicht stattfinden,** so ist der **Kapitän berechtigt,** auf Antrag von drei Wahlberechtigten den Wahlvorstand zu bestellen (Abs. 2 Nr. 8 Satz 2). Die Voraussetzung ist nicht schon gegeben, wenn nur wenige Besatzungsmitglieder nicht abkömmlich sind (ebenso GL-*Kröger,* § 115 Rn. 14; GK-*Wiese/Franzen,* § 115 Rn. 20), sondern erforderlich ist, dass ein nicht unerheblicher Teil der Besatzung nicht teilnehmen kann und daher die Bordversammlung für die Wahl des Wahlvorstands nicht repräsentativ ist (zu eng, soweit darauf abgestellt wird, dass dem größeren Teil der Besatzung die Teilnahme an der Versammlung nicht möglich ist, GK-*Wiese/Franzen,* § 115 Rn. 20). Ob die Gründe vorliegen, hat der Kapitän nach pflichtgemäßem Ermessen zu entscheiden; denn er trägt die Verantwortung für einen ordnungsgemäßen Schiffsbetrieb (s. § 106 Abs. 2 SeemG). Die Antragsteller haben in entsprechender Anwendung des § 16 Abs. 2 Satz 2 das Recht, Vorschläge für die Zusammensetzung des Wahlvorstands zu machen. Der **Kapitän** ist **nicht verpflichtet,** einen **Wahlvorstand zu bestellen** (ebenso GL-*Kröger,* § 115 Rn. 14; DKK-*Berg,* 5. Aufl., § 115 Rn. 15; a. A., soweit der Kapitän nur aus sachlich gerechtfertigten Gründen die Bestellung ablehnen darf, GK-*Wiese/Franzen,* § 115 Rn. 21). Bestellt der Kapitän den Wahlvorstand nicht, so ist der **Seebetriebsrat zur Bestellung berechtigt** (Abs. 2 Nr. 8 Satz 3). Ein Antrag unmittelbar an den Seebetriebsrat ohne vorherige Einschaltung des Kapitäns ist dagegen nach dem klaren Wortlaut des Gesetzes unzulässig (ebenso GK-*Wiese/* 32

Franzen, § 115 Rn. 22). Die Einsetzung des Wahlvorstands durch den Seebetriebsrat kann über Funk oder Fernschreiben erfolgen (ebenso *Brecht*, § 115 Rn. 2; GL-*Kröger*, § 115 Rn. 15; GK-*Wiese/Franzen*, § 115 Rn. 23).

33 c) **Besteht keine Bordvertretung,** so bestellt die **Bordversammlung** den Wahlvorstand. Eine Ersatzbestellung durch das Arbeitsgericht kommt hier erst dann in Betracht, wenn trotz Einladung keine Bordversammlung stattfindet (Abs. 2 Nr. 8 Satz 4 i. V. mit § 17 Abs. 3). Auch hier kann der Kapitän, ersatzweise der Seebetriebsrat, den Wahlvorstand auf Antrag von drei Wahlberechtigten bestellen, wenn aus Gründen der Aufrechterhaltung des ordnungsgemäßen Schiffsbetriebs eine Bordversammlung nicht stattfinden kann. Problematisch ist, ob dieses Recht auch dann besteht, wenn trotz Einladung keine Bordversammlung stattfindet. Nach dem Gesetzeswortlaut kommt hier nur die Ersatzbestellung durch das Arbeitsgericht in Betracht; im Interesse der Erleichterung der Bildung einer Bordvertretung erscheint es aber zweckmäßig, dem Kapitän und ersatzweise dem Seebetriebsrat das Recht zu geben, auf Antrag von drei Wahlberechtigten den Wahlvorstand zu bestellen. Es ist nämlich nicht einzusehen, warum dieses Recht nur besteht, wenn aus Gründen der Aufrechterhaltung des ordnungsgemäßen Schiffsbetriebs eine Bordversammlung nicht stattfinden kann, aber dann nicht gegeben sein soll, wenn trotz Einladung keine Bordversammlung stattfindet oder diese keinen Wahlvorstand bestellt (ebenso GL-*Kröger*, § 115 Rn. 16; a. A. GK-*Wiese/Franzen*, § 115 Rn. 26; DKK-*Berg*, 5. Aufl., § 115 Rn. 17). Bestellt der Kapitän oder der Seebetriebsrat einen Wahlvorstand, bevor in einem parallel laufenden arbeitsgerichtlichen Verfahren nach § 17 Abs. 3 ein Beschluss ergangen ist, so wird dieses Verfahren gegenstandslos (ebenso GL-*Kröger*, § 115 Rn. 16).

34 d) Für die **Vorbereitung und Durchführung der Wahl** gelten § 18 Abs. 1 und 3 sowie §§ 1 bis 31 WOS. Der Wahlvorstand hat die Wahl unverzüglich einzuleiten, sie durchzuführen und das Wahlergebnis festzustellen (§ 18 Abs. 1 Satz 1). § 5 Abs. 1 WOS bestimmt, dass der Wahlvorstand unverzüglich, jedoch nicht vor Ablauf von 24 Stunden seit seiner Bestellung, das Wahlausschreiben erlässt; die zeitliche Grenze, dass das Wahlausschreiben nicht vor Ablauf von 24 Stunden ergehen kann, ist aber von der gesetzlichen Ermächtigung nicht gedeckt, sondern widerspricht § 18 Abs. 1, dass der Wahlvorstand die Wahl unverzüglich einzuleiten hat, daher also auch vor Ablauf von 24 Stunden nach seiner Bestellung das Wahlausschreiben erlassen kann.

7. Wahlverfahren

35 Die Wahlvorschriften des § 14 gelten auch für die Wahl der Bordvertretung, ergänzt durch die Bestimmungen der §§ 1 bis 31 WOS. Die Bordvertretung ist in **geheimer** und **unmittelbarer Wahl** zu wählen (s. § 14 Rn. 8 ff.). Die Wahl erfolgt grundsätzlich als Verhältniswahl (§ 14 Abs. 2 i. V. mit §§ 21 ff. WOS; s. auch § 14 Rn. 24). Wird nur ein Wahlvorschlag gemacht, so findet die Wahl als Mehrheitswahl statt (§ 14 Abs. 2 Satz 2 i. V. mit §§ 24 f. WOS; s. auch § 14 Rn. 37 ff.). Nach den Grundsätzen der Mehrheitswahl bestimmt sich die Wahl auch, wenn lediglich eine Person zu wählen ist (§ 14 Abs. 2 Satz 2 i. V. mit §§ 20 ff. WO, 27 WOS; s. auch § 14 Rn. 37). Das vereinfachte Wahlverfahren findet auf die Wahl der Bordvertretung keine Anwendung. Die Regeln des § 115 sind hierzu *lex specialis*. Daher hat der Gesetzgeber in § 125 Abs. 4 keine Übergangsregelung zur Anpassung der WOS an das vereinfachte Wahlverfahren erlassen.

36 Gewählt kann nur werden, wer in der Wählerliste eingetragen und auf einem **Wahlvorschlag** benannt ist. Erfolgt die Wahl nicht auf Grund von Wahlvorschlägen so ist sie nicht nur anfechtbar, sondern nichtig. Vorschlagsberechtigt sind die wahlberechtigten Besatzungsmitglieder und die an Bord vertretenen Gewerkschaften (s. zum Begriff Rn. 75). Es gilt hier Gleiches wie bei der Wahl zum Betriebsrat (s. § 14 Rn. 41 ff.); für die Frist und Form der Einreichung der Wahlvorschläge und ihre Behandlung durch den Wahlvorstand enthalten die §§ 6 ff., 19 f., 28 und WOS Vorschriften.

8. Wahlanfechtung

Die Wahl der Bordvertretung kann angefochten werden, wenn gegen wesentliche **37** Vorschriften über das Wahlrecht, die Wählbarkeit oder das Wahlverfahren verstoßen worden ist und eine Berichtigung nicht erfolgt ist, es sei denn, dass durch den Verstoß das Wahlergebnis nicht geändert oder beeinflusst werden konnte; § 19 Abs. 1 gilt auch für die Wahl der Bordvertretung (s. über die Voraussetzungen der Anfechtbarkeit ausführlich dort Rn. 4 ff.; über die Wirkung der Anfechtung Rn. 61 ff.). Lediglich das **Wahlanfechtungsverfahren** ist in Abs. 2 Nr. 9 den **Besonderheiten der Seeschifffahrt angepasst** worden. Obwohl nicht ausdrücklich bestimmt, ist der Kapitän neben den in § 19 Abs. 2 Satz 1 genannten Personen zur Anfechtung berechtigt. Für die Besatzungsmitglieder und entsprechend für den Kapitän ist der Fristenablauf abweichend von § 19 Abs. 2 Satz 2 gestaltet (a. A. bezüglich des Kapitäns: GL-*Kröger*, § 115 Rn. 17; GK-*Wiese/Franzen*, § 115 Rn. 27; DKK-*Berg*, 5. Aufl., § 115 Rn. 18); die Frist beginnt für diesen Personenkreis, wenn das Schiff nach Bekanntgabe des Wahlergebnisses erstmalig einen Hafen im Geltungsbereich dieses Gesetzes oder einen Hafen, in dem ein Seemannsamt seinen Sitz hat, anläuft (vgl. zur Bekanntgabe des Wahlergebnisses § 17 Abs. 2 WOS i. V. mit § 5 Abs. 3 WOS). Läuft das Schiff einen bundesdeutschen Hafen an, beginnt die Frist auch dann zu laufen, wenn sich in diesem Hafen kein Seemannsamt befindet. Entsprechend § 116 Abs. 3 Nr. 7 Satz 2 gelten die Schleusen des Nordostseekanals nicht als Häfen i. S. dieser Vorschrift (ebenso GK-*Wiese/Franzen*, § 115 Rn. 29). Seemannsämter sind nach § 9 SeemG im Geltungsbereich des Grundgesetzes die von den Landesregierungen als Seemannsämter eingerichteten Verwaltungsbehörden, außerhalb des Geltungsbereichs des Grundgesetzes die vom Bundesminister des Auswärtigen bestimmten diplomatischen und konsularischen Vertretungen der Bundesrepublik einschließlich der Honorarkonsularbeamten (vgl. Bekanntmachung über die Seemannsämter außerhalb des Geltungsbereichs des Grundgesetzes und die mit der Wahrnehmung seemannsamtlicher Aufgaben beauftragten Honorarkonsularbeamten der Bundesrepublik Deutschland vom 2. 9. 1982, BAnz. Nr. 186).

Die **Anfechtungsfrist** von zwei Wochen beginnt gemäß § 187 Abs. 1 BGB mit dem **38** Tag, der auf den Tag des Einlaufens in den Hafen folgt. Der Kapitän ist verpflichtet, dem Besatzungsmitglied Landgang zu gewähren (vgl. auch § 61 i. V. mit § 28 SeemG).

Die **Anfechtungserklärung** kann nach § 81 Abs. 1 ArbGG schriftlich oder zu Pro- **39** tokoll der Geschäftsstelle eines Arbeitsgerichts abgegeben werden. Da zur Entscheidung von Streitigkeiten im Rahmen der Bordvertretung das Arbeitsgericht zuständig ist, in dessen Bezirk der Heimathafen des Schiffes liegt (s. ausführlich Rn. 120), kann hier nicht gefordert werden, dass der Antrag beim zuständigen Arbeitsgericht gestellt wird. Nach § 115 Abs. 2 Nr. 9 Satz 2 genügt deshalb auch die Erklärung zu Protokoll eines Seemannsamtes. Das Seemannsamt hat in diesem Fall die an Bord befindlichen Wahlunterlagen einzuziehen. Die Anfechtungserklärung und die eingezogenen Wahlunterlagen sind vom Seemannsamt unverzüglich an das für die Anfechtung zuständige Arbeitsgericht weiterzuleiten. Mit Zugang der Anfechtungserklärung beim Arbeitsgericht ist das Beschlussverfahren eingeleitet.

Außer einer anfechtbaren Wahl gibt es auch eine **nichtige Wahl**, d. h. eine Wahl, die **40** ohne weiteres, ohne dass es einer besonderen Vernichtung durch die Entscheidung des Arbeitsgerichts bedarf, als rechtlich nicht vorhanden anzusehen ist. Jedoch kommt die Nichtigkeit der Wahl nur dann in Betracht, wenn die Voraussetzungen für eine Wahl zur Bordvertretung überhaupt nicht vorliegen oder gegen Grundsätze einer ordnungsmäßigen Wahl in so hohem Maße verstoßen wurde, dass auch der Anschein einer Wahl nicht mehr vorliegt (s. ausführlich § 19 Rn. 72 ff.).

IV. Amtszeit der Bordvertretung

1. Regelmäßige Amtszeit

41 Die §§ 21, 22 bis 25 sind auf die Bordvertretung grundsätzlich anwendbar, jedoch beträgt die regelmäßige Amtszeit in Abweichung von § 21 Satz 1 nur **ein Jahr** (Abs. 3 Nr. 1). Die Amtszeit beginnt mit der Bekanntgabe des Wahlergebnisses (§ 17 Abs. 2 WOS) oder, wenn zu diesem Zeitpunkt noch eine Bordvertretung besteht, mit Ablauf von deren Amtszeit (§ 21 Satz 2). Da für die Wahl der Bordvertretung kein fester Zeitraum vorgeschrieben ist (§ 115 Abs. 2 Nr. 5), finden § 21 Satz 3 und 4 keine Anwendung.

42 Das Amt der Bordvertretung endet vor Ablauf eines Jahres, wenn nach § 13 Abs. 2 Nr. 2 bis 5 eine neue Bordvertretung zu wählen ist. Im Fall des § 13 Abs. 2 Nr. 2 endet die Amtszeit mit der Bekanntgabe des Wahlergebnisses der neu gewählten Bordvertretung (§ 21 Satz 5). Dasselbe gilt wegen § 22 im Fall des § 13 Abs. 2 Nr. 3 (s. auch § 21 Rn. 19). Die Amtszeit der Bordvertretung endet schließlich auch dann vorzeitig, wenn das Schiff umgeflaggt wird, da nach § 114 Abs. 4 Satz 1 nur auf Schiffen unter deutscher Flagge eine Bordvertretung gebildet werden kann, oder wenn die Zahl der wahlberechtigten Besatzungsmitglieder endgültig unter fünf absinkt.

43 § 23 Abs. 1 und 2 ist auch auf die Bordvertretung anwendbar. Das **Zwangsverfahren** gegen den Arbeitgeber gemäß § 23 Abs. 3 kann auch gegen den Kapitän durchgeführt werden, soweit er im Rahmen der Bordverfassung die Stelle des Arbeitgebers einnimmt.

44 Nicht anwendbar nach dem Wortlaut des Gesetzes und ausdrücklichem Hinweis in der Begründung sind das **Übergangsmandat und das Restmandat** gemäß § 21a und § 21b. Die Begründung, die Rechte der §§ 111 ff. stünden nur dem Seebetriebsrat zu (BT-Drucks. 14/5741, 52), können für das Übergangsmandat nicht überzeugen. Hier ist vielmehr entscheidend, dass es eine Teilung und Zusammenlegung von Schiffen nicht gibt, Organisationsänderungen auf Betriebsebene, die zum Verlust der Identität der durch die Bordvertretung repräsentierten Einheit führen, kaum vorstellbar sind.

2. Erlöschen der Mitgliedschaft

45 Über die in § 24 aufgeführten Beendigungsgründe hinaus erlischt die Mitgliedschaft in der Bordvertretung auch dann, wenn das Besatzungsmitglied den **Dienst an Bord beendet,** es sei denn, dass es den Dienst an Bord vor Ablauf der einjährigen Amtszeit wieder antritt (§ 115 Abs. 3 Nr. 2). Dieser Beendigungsgrund ist durch den BT-Ausschuss für Arbeit und Sozialordnung neu formuliert worden; im Gegensatz zu § 115 Abs. 8 RegE, der die Beendigung der Mitgliedschaft mit dem förmlichen Akt der Abmusterung (§§ 13, 19 SeemG) verknüpfte (BT-Drucks. VI/1786, S. 25), soll durch die Neufassung zum Ausdruck kommen, dass auf den Bestand des Arbeitsverhältnisses zu dem betreffenden Schiff abzustellen ist (so die Begründung des BT-Ausschusses für Arbeit und Sozialordnung, *zu* BT-Drucks. VI/2729, S. 33). Der Gesetzeswortlaut ist allerdings völlig missglückt, wenn er einerseits die Legaldefinition der Abmusterung in § 15 Abs. 1 SeemG übernimmt, indem er darauf abstellt, dass das Besatzungsmitglied den Dienst an Bord beendet, und andererseits die Einschränkung vornimmt, dass der Verlust der Mitgliedschaft in der Bordvertretung nicht eintritt, wenn das Besatzungsmitglied vor Ablauf der Amtszeit wieder den Dienst an Bord aufnimmt, um zu verhindern, dass ein Urlaubsantritt oder das vorübergehende Verlassen des Schiffs wegen Erkrankung stets den Verlust der Mitgliedschaft nach sich zieht (so die Begründung des BT-Ausschusses für Arbeit und Sozialordnung, *zu* BT-Drucks. VI/2729, S. 33). Hätte das Gesetz klar zum Ausdruck gebracht, dass es allein auf den *rechtlichen Bestand* des Arbeitsverhältnisses zu dem betreffenden Schiff ankommt, so wäre die im Gesetzeswortlaut vorgenommene

Einschränkung überflüssig; denn durch Urlaub oder Krankheit allein wird das Arbeitsverhältnis zu einem bestimmten Schiff niemals aufgehoben. Der Wortlaut des § 115 Abs. 3 Nr. 2 geht weit über diese Zweckbestimmung hinaus: Wenn die Mitgliedschaft in der Bordvertretung nur unter der Bedingung enden soll, dass das Besatzungsmitglied bis zum Ablauf der einjährigen Amtszeit nicht wieder den Dienst an Bord antritt, so kann dieser Fall nicht einmal ausgeschlossen werden, wenn der Bestand des Arbeitsverhältnisses zu dem betreffenden Schiff aufgehoben wird. Entsprechend dem Willen des Gesetzgebers muss daher § 115 Abs. 3 Nr. 2 so ausgelegt werden, dass ein Verlust der Mitgliedschaft in der Bordvertretung dann eintritt, wenn im Zeitpunkt des Ausscheidens eine Wiederaufnahme des Dienstes an Bord des betreffenden Schiffes nicht beabsichtigt ist. Indiz dafür ist die Änderung des Heuerscheins gemäß § 24 Satz 2 Nr. 3 SeemG. Nach § 25 Abs. 1 Satz 1 rückt in diesem Fall ein Ersatzmitglied nach (s. zur Reihenfolge des Einrückens der Ersatzmitglieder § 25 Rn. 16 ff.). Bei vorübergehendem Verlassen des Schiffes, etwa wegen Urlaub oder Krankheit, bleibt dagegen die Mitgliedschaft in der Bordvertretung erhalten (ebenso GL-*Kröger*, § 115 Rn. 20; HSWGNR-*Hess*, § 115 Rn. 20; GK-*Wiese/Franzen*, § 115 Rn. 34). Ein Ersatzmitglied vertritt während dieser Zeit das verhinderte Mitglied der Bordvertretung (§ 25 Abs. 1 Satz 2).

V. Organisation und Geschäftsführung der Bordvertretung

Nach § 115 Abs. 4 Satz 1 sind auf die Organisation und Geschäftsführung der Bordvertretung die §§ 26 bis 36, § 37 Abs. 1 bis 3, §§ 39 bis 41 entsprechend anwendbar. Abweichungen ergeben sich aber insbesondere deshalb, weil die Bordvertretung höchstens aus fünf Mitgliedern bestehen kann, auf Seeschiffen keine Jugend- und Auszubildendenvertretungen gebildet werden und der Kapitän die Stelle des Arbeitgebers in der Bordverfassung einnimmt. 46

1. Organisation

a) Die Bordvertretung hat wie der Betriebsrat einen **Vorsitzenden** und einen stellvertretenden Vorsitzenden. Für deren Wahl gelten die gleichen Grundsätze wie bei der Wahl des Vorsitzenden des Betriebsrats und dessen Stellvertreter (s. § 26 Rn. 3 ff.). 47

Der Vorsitzende der Bordvertretung und sein Stellvertreter haben die gleiche Rechtsstellung wie der Vorsitzende des Betriebsrats und dessen Stellvertreter (s. ausführlich § 26 Rn. 33 ff.). 48

b) § 27 Abs. 1 bis 3 und § 28 finden keine Anwendung, weil die Bordvertretung aus höchstens fünf Mitgliedern besteht und ein Betriebsausschuss erst gebildet werden kann, wenn der Betriebsrat aus mindestens neun Mitgliedern besteht (§ 115 Abs. 2 Nr. 3, § 27 Abs. 1 Satz 1). Daher kann **kein Bordausschuss** errichtet werden, der die laufenden Geschäfte der Bordvertretung führt, und es können auch **keine weiteren Ausschüsse** gebildet werden. 49

c) Nach § 27 Abs. 4 kann die Bordvertretung aber die **laufenden Geschäfte** auf ihren Vorsitzenden oder andere Mitglieder der Bordvertretung übertragen (s. dazu auch § 27 Rn. 73 ff.; zum Begriff der laufenden Geschäfte § 27 Rn. 49 ff.). 50

2. Geschäftsführung

a) Dem Vorsitzenden der Bordvertretung obliegt, die **Sitzungen der Bordvertretung** einzuberufen. § 29 findet entsprechende Anwendung. Jedoch ist zu berücksichtigen, dass Jugend- und Auszubildendenvertretungen auf Seeschiffen nicht gebildet werden und Schwerbehinderte wegen der Art der zu leistenden Arbeit an Bord von Kauffahrteischiffen nicht beschäftigt werden dürfen (Verordnung über die Seediensttauglichkeit vom 19. 8. 1970, BGBl. I S. 1241, zuletzt geändert durch Verordnung vom 9. 9. 1975, 51

BGBl. I S. 2507). Daher finden § 29 Abs. 2 Satz 4, § 32, § 33 Abs. 3, § 35 Abs. 3 und § 39 Abs. 2 auf die Bordvertretung keine Anwendung (ebenso GL-*Kröger,* § 115 Rn. 22; GK-*Wiese/Franzen,* § 115 Rn. 37).

52 Das Recht, nach § 29 Abs. 3 Satz 1 die Einberufung einer Sitzung der Bordvertretung zu beantragen, hat neben den dort genannten Personen auch der Kapitän als Vertreter des Arbeitgebers. Er ist unter den Voraussetzungen des § 29 Abs. 4 Satz 1 auch berechtigt, an den Sitzungen teilzunehmen. Die Hinzuziehung eines Vertreters der Arbeitgebervereinigung, der der Reeder angehört, nach § 29 Abs. 4 Satz 2 wird allerdings nur während der Hafenliegezeit in Betracht kommen. Dasselbe gilt für das Teilnahmerecht des Beauftragten einer Gewerkschaft nach § 31, sofern der Gewerkschaftsbeauftragte nicht selbst Besatzungsmitglied des betreffenden Schiffes ist; die Gewerkschaft muss in der Bordvertretung vertreten sein, es genügt also nicht, dass sie an Bord vertreten ist (s. Rn. 75), sondern es muss mindestens ein Mitglied der Bordvertretung ihr angehören (s. auch § 31 Rn. 5 f.).

53 Nach § 116 Abs. 3 Nr. 5 sind die **Mitglieder des Seebetriebsrats berechtigt,** an den Sitzungen der Bordvertretung **teilzunehmen,** ohne dass es einer Ladung durch die Bordvertretung bedarf (s. im Einzelnen § 116 Rn. 55 f.).

54 Nach § 30 finden die **Sitzungen** der Bordvertretung in der Regel **während der Arbeitszeit** statt. Dabei sind aber die Besonderheiten des Seearbeitszeitrechts zu berücksichtigen (s. §§ 84 ff., 138 ff. SeemG. Da die Seearbeitszeit nach dem Dreiwachenplan eingeteilt wird (§ 85 Abs. 1 Satz 2 SeemG; vgl. aber auch die Zulässigkeit einer Einteilung nach dem Zweiwachensystem gemäß §§ 138 ff. SeemG), ist hier stets der Anspruch auf Freizeitausgleich nach § 37 Abs. 3 gegeben, wenn ein Besatzungsmitglied außerhalb seiner Arbeitszeit an der Sitzung der Bordvertretung teilnimmt. Dies gilt in jedem Fall für die Mitglieder der Bordvertretung, die zum Wachdienst bestimmt sind.

55 b) Wie der Betriebsrat kann auch die Bordvertretung **Beschlüsse** nur in einer Sitzung fassen. Es gilt für die Beschlussfassung und die Sitzungsniederschrift Gleiches wie beim Betriebsrat (§§ 33, 34). Eine Abweichung ergibt sich nur insoweit, als Jugend- und Auszubildendenvertretungen auf Seeschiffen nicht gebildet werden und daher § 33 Abs. 3 keine Anwendung findet.

3. Rechtsstellung der Mitglieder

56 Für die Rechtsstellung der Mitglieder der Bordvertretung gilt Gleiches wie für die Betriebsratsmitglieder; auch sie führen ihr Amt **unentgeltlich als Ehrenamt,** sollen aber keinen Nachteil dadurch erleiden, dass sie die Aufgaben eines Mitglieds der Bordvertretung erfüllen. Das Gesetz erklärt jedoch nur § 37 Abs. 1 bis 3 für entsprechend anwendbar (Abs. 4 Satz 1; s. zum Anspruch auf Befreiung von beruflicher Tätigkeit ohne Minderung des Arbeitsentgelts § 37 Rn. 13 ff.; zum Freizeitausgleich für Betriebsratstätigkeit dort Rn. 49 ff.).

57 Daher gilt für die Mitglieder der Bordvertretung **nicht die Arbeitsentgelt- und Tätigkeitsgarantie in § 37 Abs. 4 und 5** sowie die Regelung über die **Freistellung zur Teilnahme an Schulungs- und Bildungsveranstaltungen nach § 37 Abs. 6 und 7.** Sie fallen aber unter die allgemeine Schutzbestimmung des § 78, wonach sie in der Ausübung ihrer Tätigkeit nicht gestört oder behindert und wegen ihrer Tätigkeit nicht benachteiligt oder begünstigt werden dürfen, und dies gilt auch für ihre berufliche Entwicklung. Die Nichtanwendung des § 37 Abs. 4 und 5 bedeutet daher im Wesentlichen nur, dass Mitglieder einer Bordvertretung nicht in den Genuss der sonst für die Dauer eines Jahres nach Beendigung der Amtszeit vorgesehenen nachwirkenden Arbeitsentgelt- und Tätigkeitsgarantie kommen (ebenso GL-*Kröger,* § 115 Rn. 22; GK-*Wiese/Franzen,* § 115 Rn. 36). Dass § 37 Abs. 6 und 7 keine Anwendung findet, berechtigt ebenfalls nicht zu dem Umkehrschluss, dass bei Mitgliedern der Bordvertretung eine Teilnahme an Schulungs- und Bildungsveranstaltungen nicht in den Bereich des Amtes der Bordvertretung fällt,

VI. Bordversammlung § 115

auch soweit Kenntnisse vermittelt werden, die für die Arbeit der Bordvertretung erforderlich sind; ausgeschlossen ist lediglich der in § 37 Abs. 7 geregelte Anspruch auf bezahlte Freistellung für die Teilnahme an Schulungs- und Bildungsveranstaltungen. Eine Arbeitsbefreiung zur Teilnahme an einer Schulungs- und Bildungsveranstaltung kann daher nur im Rahmen von § 37 Abs. 2 in Betracht kommen. Sind die dort genannten Voraussetzungen erfüllt (s. auch § 37 Rn. 79), so entfällt der Anspruch nicht deshalb, weil § 37 Abs. 6, auf den hier nicht verwiesen wird, die Freistellung zur Teilnahme an Schulungen regelt, die für die Betriebsratsarbeit erforderlich sind (ebenso DKK-*Berg*, 5. Aufl., § 115 Rn. 23; a. A. GK-*Wiese/Franzen*, § 115 Rn. 35; wohl auch GL-*Kröger*, § 115 Rn. 22). Dem Mitglied der Bordvertretung sind die Aufwendungen zu ersetzen, die durch die Teilnahme an der Schulungs- und Bildungsveranstaltung entstehen; es handelt sich insoweit um durch die Tätigkeit der Bordvertretung entstehende Kosten, die nach § 40 der Arbeitgeber trägt (ebenso DKK-*Berg*, 5. Aufl., § 115 Rn. 23; a. A. GK-*Wiese/Franzen*, § 115 Rn. 35).

Nicht für entsprechend anwendbar erklärt ist die Regelung über die **Freistellung** nach § 38. Dabei ist allerdings zu berücksichtigen, dass die dort vorgesehene Freistellungsstaffel erst eingreift, wenn im Betrieb in der Regel 200 Arbeitnehmer beschäftigt werden. Die Nichterwähnung des § 38 bedeutet also keineswegs, dass bei der Bordvertretung keine Freistellung von beruflicher Tätigkeit in Betracht kommt, sondern dies beurteilt sich ausschließlich nach § 37 Abs. 2 (s. auch § 38 Rn. 16). 58

4. Sprechstunden

Die Bordvertretung kann während der Arbeitszeit Sprechstunden einrichten (§ 39 Abs. 1). Zeit und Ort sind mit dem Kapitän zu vereinbaren. Kommt eine Einigung nicht zustande, so entscheidet die Einigungsstelle verbindlich. Bordvertretung und Kapitän dürfen die Einigungsstelle aber nur anrufen, wenn ein Seebetriebsrat nicht gewählt ist; § 115 Abs. 7 Nr. 2 muss auch hier entsprechende Anwendung finden, so dass die Bordvertretung die Angelegenheit an den Seebetriebsrat abzugeben hat, wenn zwischen ihr und dem Kapitän keine Einigung zustande kommt. 59

Neben der Bordvertretung kann nach § 116 Abs. 3 Nr. 6 bis 8 auch der Seebetriebsrat Sprechstunden an Bord abhalten (s. ausführlich § 116 Rn. 58, 60 ff.). 60

5. Kosten

Für die Kostenregelung gilt Gleiches wie beim Betriebsrat (§ 40). Ergänzend wird lediglich bestimmt, dass die Bordvertretung in dem für ihre Tätigkeit erforderlichen Umfang auch die für die Verbindung des Schiffes zur Reederei eingerichteten Mittel zur beschleunigten Übermittlung von Nachrichten in Anspruch nehmen kann (Abs. 4 Satz 2). Die Benutzung dieser Nachrichtenmittel ist nicht nur für den Kontakt der Bordvertretung mit dem Reeder selbst, sondern auch und vor allem mit dem der Bordvertretung übergeordneten Seebetriebsrat zulässig, der gemäß § 116 Abs. 3 i. V. mit § 40 Abs. 2 vom Reeder die Bereitstellung von Räumen, sachlichen Mitteln und Büropersonal in dessen Landbetrieb verlangen kann. 61

VI. Bordversammlung

1. Entsprechende Anwendung der Vorschriften über die Betriebsversammlung

Die Regelung über die Betriebsversammlung in §§ 42 bis 46 findet auf die Bordversammlung entsprechende Anwendung (Abs. 5 Satz 1). 62

a) Nach der Legaldefinition in Abs. 5 Satz 1 ist die Bordversammlung die **Versammlung der Besatzungsmitglieder eines Schiffes** (s. zum Begriff der Besatzungsmitglieder § 114 63

Abs. 6 und dort Rn. 41 f.). Die Bordversammlung wird vom Vorsitzenden der Bordvertretung geleitet. Sie ist nicht öffentlich. Deshalb sind auch die nach § 7 SeemG an Bord tätigen Personen nicht teilnahmeberechtigt. Die Anwesenheit einer Mindestzahl von Besatzungsmitgliedern ist zwar nicht erforderlich (s. für die Betriebsversammlung § 45 Rn. 30). Die Bordversammlung kann ihren Zweck aber nur erfüllen, wenn die Mehrheit der Besatzungsmitglieder wenigstens die Möglichkeit hat, an der Bordversammlung teilzunehmen. Während der Seereise werden daher wegen des Dreiwachensystems (§ 85 SeemG) regelmäßig nur Teilversammlungen nach § 42 Abs. 1 Satz 3 in Betracht kommen. Eine Durchführung von Abteilungsversammlungen nach § 42 Abs. 2 scheidet dagegen wegen der räumlichen Nähe und der einheitlichen Organisation auf Seeschiffen aus (vgl. GL-*Kröger*, § 115 Rn. 25, und GK-*Wiese/Franzen*, § 115 Rn. 40, die Abteilungsversammlungen als grundsätzlich zulässig ansehen, aber annehmen, dass die Voraussetzungen des § 42 Abs. 2 nur in Ausnahmefällen vorliegen). Mangels geeigneter Räume auf dem Schiff können Bordversammlungen notfalls auch in Räumen eines Landbetriebs des Seeschifffahrtsunternehmens oder in angemieteten Räumen stattfinden (s. auch § 42 Rn. 18).

64 b) Die Bordvertretung ist nach § 43 Abs. 1 Satz 1 verpflichtet, **einmal in jedem Kalendervierteljahr** eine Bordversammlung einzuberufen und in ihr einen Tätigkeitsbericht zu erstatten (s. dazu auch § 43 Rn. 7 ff.). Wenn im vorhergegangenen Kalenderhalbjahr keine Bordversammlung durchgeführt worden ist, so kann jede an Bord vertretene Gewerkschaft (s. zum Begriff Rn. 75) die Einberufung einer Bordversammlung verlangen (s. dazu auch § 43 Rn. 56; zur Einberufung zusätzlicher Bordversammlungen § 43 Abs. 1 Satz 4 und Abs. 3 und dort Rn. 25 ff.).

65 c) Eine **Teilnahme der in § 46 genannten Beauftragten** ist nur bei Bordversammlungen im Hafen möglich. Daher ist auch nur in diesen Fällen eine Mitteilung an die in der Bordvertretung vertretenen Gewerkschaften (s. zum Begriff Rn. 75) erforderlich.

2. Rechte und Pflichten des Kapitäns in der Bordversammlung

66 a) Der **Kapitän** ist nach § 43 Abs. 2 zu den Bordversammlungen unter Mitteilung der Tagesordnung **einzuladen** (s. auch § 43 Rn. 42 ff., die hier für das Teilnahmerecht des Kapitäns entsprechend gelten). Der Kapitän ist berechtigt, in den Bordversammlungen zu sprechen; er kann auch Anträge stellen (s. § 43 Rn. 55).

67 b) Nach § 115 Abs. 5 Satz 2 hat der Kapitän auf Verlangen der Bordvertretung der Bordversammlung einen **Bericht über die Schiffsreise und die damit zusammenhängenden Angelegenheiten** zu erstatten. Der Kapitän ist hierzu persönlich verpflichtet, darf sich also nicht vertreten lassen (ebenso GL-*Kröger*, § 115 Rn. 27; HSWGNR-*Hess*, § 115 Rn. 24; GK-*Wiese/Franzen*, § 115 Rn. 41). Obwohl nicht ausdrücklich bestimmt, verdrängt diese Vorschrift die Bestimmung des § 43 Abs. 2 Satz 3 über den jährlichen Bericht des Arbeitgebers. Der Kapitän ist ohne nähere Informationen durch den Reeder regelmäßig nicht in der Lage, authentisch und umfassend über das Personal- und Sozialwesen sowie über die wirtschaftliche Lage und Entwicklung des Seebetriebs bzw. des Seeschiffes zu berichten. Eine dahingehende Pflicht kann daher nicht bestehen (ebenso GL-*Kröger*, § 115 Rn. 27; a. A. GK-*Wiese/Franzen*, § 115 Rn. 41). Soweit er aber nach dem Seemannsgesetz, sonstigen Gesetzen und der ihm vom Reeder übertragenen Befugnisse zuständig ist, soziale oder personelle Maßnahmen zu treffen (s. Rn. 71), ist er auch verpflichtet, darauf in seinem Bericht über die mit der Schiffsreise zusammenhängenden Angelegenheiten einzugehen. Nach § 115 Abs. 5 Satz 3 hat der Kapitän Fragen, die den Schiffsbetrieb, die Schiffsreise und die Schiffssicherheit betreffen, zu beantworten; diese Verpflichtung entspricht der Regelung in § 115 Abs. 7 Nr. 7, wo festgelegt ist, dass die Zuständigkeit der Bordvertretung im Rahmen des Arbeitsschutzes sich auch auf die Schiffssicherheit bezieht (s. Rn. 106).

68 Der Kapitän ist zur Berichterstattung **nur verpflichtet,** wenn die **Bordvertretung** es **verlangt.** Darin liegt ein Unterschied zur Berichterstattungspflicht des Arbeitgebers nach

§ 43 Abs. 2 Satz 3. Andererseits gilt für den Kapitän nicht die Begrenzung auf eine einmalige Berichterstattung im Jahr. Dies ergibt sich nicht zuletzt daraus, dass der Bericht sich vor allem auf die konkrete Schiffsreise beziehen muss. Der Kapitän ist daher verpflichtet, auf Verlangen der Bordvertretung auf den ordentlichen Bordversammlungen einen Bericht zu erstatten; im Übrigen ist hier das Gebot der vertrauensvollen Zusammenarbeit nach § 2 Abs. 1 zu beachten.

3. Abhaltung einer Bordversammlung durch den Seebetriebsrat

Da auf der Ebene des Seebetriebs Betriebsversammlungen gemäß § 116 Abs. 4 nicht stattfinden, hat der **Seebetriebsrat** nach § 116 Abs. 3 Nr. 6 bis 8 das **Recht,** von sich aus **Bordversammlungen durchzuführen** (s. im Einzelnen § 116 Rn. 59 ff.). Über das Verhältnis dieser vom Seebetriebsrat einberufenen und von dessen Vorsitzenden geleiteten Versammlung zur Bordversammlung nach § 115 Abs. 5 schweigt das Gesetz. Da Bordvertretung und Seebetriebsrat aber nicht gleichgeordnete Repräsentationsorgane sind, sondern in einem Stufenverhältnis zueinander stehen, ist davon auszugehen, dass Bordversammlungen durch den Seebetriebsrat die von der Bordvertretung durchzuführenden Versammlungen „konsumieren" (ebenso wohl die Meinung des BT-Ausschusses für Arbeit und Sozialordnung, *zu* BT-Drucks. VI/2729, S. 34, wenn es dort heißt, im Seebereich solle es nur die Bordversammlungen jedes Schiffes geben, die entsprechend den Vorschriften des § 116 Abs. 3 Nr. 6 bis 8 auch vom Seebetriebsrat durchgeführt werden könnten). Die vom Seebetriebsrat durchgeführten Versammlungen werden daher auf die in § 43 Abs. 1 festgelegte Zahl von ordentlichen Bordversammlungen angerechnet (a. A. GL-*Kröger,* § 116 Rn. 35; GK-*Wiese/Franzen,* § 115 Rn. 39).

69

VII. Mitwirkung und Mitbestimmung durch die Bordvertretung

1. Zuständigkeit für die Mitbestimmungsausübung

a) Die **Beteiligungsrechte der Arbeitnehmer** werden, soweit ihre Ausübung nach allgemeinem Betriebsverfassungsrecht dem Betriebsrat obliegt, im Bereich der Seeschifffahrt durch die **Bordvertretung** und den **Seebetriebsrat** ausgeübt. Die Zuständigkeitsabgrenzung ist nicht nach dem Subsidiaritätsprinzip gestaltet, sondern zwischen der Bordvertretung und dem Seebetriebsrat besteht ein **Stufenverhältnis:** Entsprechend der für die Seeschifffahrt typischen Aufspaltung der Arbeitgeberfunktion auf den Reeder und den Kapitän sollen sich grundsätzlich nur Kapitän und Bordvertretung sowie Reederei und Seebetriebsrat als Gesprächspartner gegenüberstehen (so die Begründung des BT-Ausschusses für Arbeit und Sozialordnung, *zu* BT-Drucks. VI/2729, S. 34). Der Seebetriebsrat ist aber insoweit der Bordvertretung übergeordnet, als die Bordvertretung bei Meinungsverschiedenheiten mit dem Kapitän die Einigungsstelle oder das Arbeitsgericht nur anrufen darf, wenn ein Seebetriebsrat nicht gewählt ist (§ 115 Abs. 7 Nr. 2 Satz 3). Betriebsvereinbarungen mit dem Seebetriebsrat haben den Vorrang vor einer Bordvereinbarung (§ 115 Abs. 7 Nr. 3 Satz 3). Die Zuständigkeitsabgrenzung weist deshalb Parallelen zu dem Verhältnis zwischen dem Personalrat und der Stufenvertretung in der Personalvertretung auf (s. ausführlich § 116 Rn. 2 ff.).

70

b) § 115 Abs. 7 Nr. 1 enthält die grundlegende Bestimmung über die **Zuständigkeit der Bordvertretung;** sie muss im Zusammenhang mit § 116 Abs. 6 Nr. 1 gesehen werden, der die Zuständigkeit des Seebetriebsrats regelt. Die Zuständigkeit der Bordvertretung wird von zwei Voraussetzungen abhängig gemacht, die kumulativ gegeben sein müssen: Die **Angelegenheit** darf **nur den Bordbetrieb oder die Besatzungsmitglieder des Schiffes betreffen,** und ihre **Regelung** muss **dem Kapitän** auf Grund gesetzlicher Vorschriften oder der ihm von der Reederei übertragenen Befugnisse **obliegen.**

71

72 aa) Die **erste Voraussetzung** ist **praktisch von geringer Bedeutung,** weil der Reeder für Regelungen, die mehrere Schiffe oder die Besatzungsmitglieder mehrerer Schiffe betreffen, dem Kapitän selten Sondervollmacht erteilen wird und die gesetzliche Vertretungsmacht ohnehin nur Rechtsgeschäfte und Rechtshandlungen deckt, die sich auf die konkrete Reise des Schiffes beziehen (§ 527 HGB). Der *Begriff des Bordbetriebs* ist nicht mit dem Begriff des *Schiffsbetriebs* identisch (ebenso GK-*Wiese/Franzen,* § 115 Rn. 49, 64 f.). Durch ihn soll die Kompetenz zwischen Bordvertretung und Seebetriebsrat abgegrenzt werden. Er erfasst den gesamten Betriebs- und Arbeitsablauf an Bord (ebenso GL-*Kröger,* § 115 Rn. 32; GK-*Wiese/Franzen,* § 115 Rn. 49). Zum Bordbetrieb gehört auch die Schiffssicherheit, soweit es um den Arbeitsschutz und die ergonomische Gestaltung von Arbeitsplatz, Arbeitsablauf und Arbeitsumgebung geht. Der Begriff überschneidet sich insoweit mit dem Begriff des Schiffsbetriebs i. S. des Abs. 7 Nr. 5 (s. Rn. 90; ebenso GK-*Wiese/Franzen,* § 115 Rn. 65; abweichend, soweit Begriffsidentität angenommen wird, GL-*Kröger,* § 115 Rn. 32).

73 bb) Auch soweit eine Angelegenheit allein den Bordbetrieb oder die Besatzungsmitglieder des Schiffes betrifft, ist die **Zuständigkeit der Bordvertretung nur gegeben,** wenn ihre Regelung auf Grund gesetzlicher Vorschriften oder der vom Reeder übertragenen Befugnisse in die **Kompetenz des Kapitäns** fällt. Der Reeder kann, wie sich aus § 531 HGB ergibt, die gesetzlichen Befugnisse des Kapitäns auch mit Rechtswirkung gegenüber Dritten einschränken; der Dritte ist jedoch insoweit geschützt als die Nichteinhaltung dieser Beschränkungen ihm nur entgegengesetzt werden kann, wenn sie ihm bekannt waren. Eine Erweiterung der Zuständigkeit der Bordvertretung ist damit aber nicht verbunden (ebenso GK-*Wiese/Franzen,* § 115 Rn. 50).

74 Die **nautischen Befugnisse des Kapitäns** können **nicht vom Reeder eingeschränkt** werden. Das gilt insbesondere für die in § 106 SeemG dem Kapitän eingeräumte Anordnungsbefugnis zur Erhaltung der Ordnung und Sicherheit an Bord; denn der Kapitän übt diese Befugnisse nicht als Vertreter des Reeders, sondern als vom Staat Beliehener aus. Wegen der engen Verknüpfung mit der öffentlich-rechtlichen Anordnungsbefugnis kann auch das in § 29 SeemG enthaltene Direktionsrecht des Kapitäns grundsätzlich nicht durch den Reeder eingeschränkt werden, wobei keine Rolle spielt, ob man in der Ausübung des Direktionsrechts eine rechtsgeschäftliche Erklärung sieht oder nicht (vgl. zu § 29 SeemG: *Monnerjahn,* Das Arbeitsverhältnis in der deutschen Seeschifffahrt, 1964, S. 33 ff.; *Söllner,* Einseitige Leistungsbestimmung im Arbeitsverhältnis, 1966, S. 46 f.; *Böttner,* Das Direktionsrecht des Arbeitgebers, 1971, S. 44, 71 f.; *Birk,* Die arbeitsrechtliche Leitungsmacht, 1973, S. 150 ff.). Dasselbe gilt insbesondere für die Befugnisse des Kapitäns im Rahmen des Arbeitsschutzes und der Schiffssicherheit (s. §§ 80 ff. SeemG). Das Recht des Reeders, Weisungen an den Kapitän zu erteilen, wird durch diese Beschränkungen allerdings nicht berührt. Soweit sie gesetzmäßig sind, hat sie der Kapitän zu beachten. Unberührt bleibt auch die Befugnis des Reeders, auf diesen Gebieten von sich aus Maßnahmen zu treffen. Für den Bereich des Arbeitsschutzes und der Schiffssicherheit ergibt sich dies schon daraus, dass er regelmäßig, wenn auch bisweilen in anderem Umfang, neben dem Kapitän die Verantwortung trägt (s. § 80 Abs. 1 SeemG, §§ 775, 868 RVO, § 4 Abs. 1 SchiffssicherheitsVO i. F. vom 21. 10. 1994, BGBl. I S. 3281, 3532).

2. Allgemeine Bestimmungen

75 Die **allgemeinen Grundsätze** der betriebsverfassungsrechtlichen Mitbestimmungsordnung, die § 2, § 74 und § 75 enthalten, **beherrschen auch die Bordverfassung.** Die den Gewerkschaften und Arbeitgeberverbänden durch das BetrVG eingeräumten Rechte stehen diesen auch auf Seeschiffen zu, soweit dies technisch durchführbar ist. Die **an Bord vertretenen Gewerkschaften** haben daher auch das Zugangsrecht nach § 2 Abs. 2 (s. § 114 Rn. 53; ausführlich § 2 Rn. 98 ff.; zum koalitionsrechtlichen Zugangsrecht

§ 114 Rn. 49). An Bord vertreten ist jede Gewerkschaft, sofern ihr mindestens ein Besatzungsmitglied angehört. Aus der Natur der Sache ergibt sich, dass die Gewerkschaft ihr Zugangsrecht nur während der Hafenliegezeit ausüben kann.

Das Gebot der vertrauensvollen Zusammenarbeit in § 2 Abs. 1 wird durch § 105 SeemG ergänzt, wonach die Schiffsbesatzung vertrauensvoll und unter gegenseitiger Achtung und Rücksichtnahme zusammenzuarbeiten hat, um den Schiffbetrieb zu fördern und Ordnung und Sicherheit an Bord zu erhalten. Die Regelung des § 75 findet sich schon in § 108 SeemG, wo angeordnet ist, dass der Kapitän und die anderen Vorgesetzten die ihnen unterstellten Personen gerecht und verständnisvoll zu behandeln und Verstößen gegen die Gesetze und die guten Sitten entgegenzutreten haben; § 75 ergänzt diese Bestimmung, indem er das in ihr enthaltene Gebot auch auf die Bordvertretung erstreckt. 76

Kraft ausdrücklicher Bestimmung gelten § 78 und § 79 auch für die Mitglieder der Bordvertretung. 77

3. Anrufung der Einigungsstelle und des Arbeitsgerichts

Kommt es zwischen Kapitän und Bordvertretung in einer der Mitwirkung oder Mitbestimmung der Bordvertretung unterliegenden Angelegenheit nicht zu einer Einigung, so dürfen sie die **Einigungsstelle** oder das **Arbeitsgericht nur anrufen,** wenn ein **Seebetriebsrat nicht gewählt** ist (Abs. 7 Nr. 2 Satz 3). Darin kommt zum Ausdruck, dass Meinungsverschiedenheiten nicht auf der Ebene des Schiffbetriebs, sondern nur des Seebetriebs ausgetragen werden sollen. Nur wenn kein Seebetriebsrat besteht, sind Bordvertretung und Kapitän aktiv- und passivlegitimiert, die Einigungsstelle oder das Arbeitsgericht anzurufen. Dem Reeder bleibt aber auch hier das Recht, an Stelle des Kapitäns zu handeln. Problematisch ist, ob durch Bordvereinbarung in einem derartigen Fall eine ständige Einigungsstelle errichtet werden kann. Berücksichtigt man, dass der Seebetriebsrat auch bei nur einem Seeschiff gebildet werden kann, so entspricht eine derart weitgehende Befugnis nicht der hier festgelegten Hilfszuständigkeit, so dass im Rahmen von § 115 Abs. 7 Nr. 2 Satz 3 eine Einigungsstelle nur bei Bedarf zu errichten ist. 78

Ist dagegen ein **Seebetriebsrat gewählt**, so hat die Bordvertretung bei Nichteinigung **nur** die **Möglichkeit,** die **Angelegenheit an den Seebetriebsrat abzugeben** (Abs. 7 Nr. 2 Satz 1). Das Einigungsverfahren nach § 76 wird erst auf dieser Stufe, also mit dem Reeder als Gegner, durchgeführt. Die Abgabe ist allerdings nur zulässig, wenn vorher ein Versuch zur Einigung mit dem Kapitän gemacht wurde und dieser Versuch ergebnislos geblieben ist; denn auch für die Bordvertretung gilt § 74 Abs. 1 Satz 2 (s. auch § 74 Rn. 12 ff.). Zur Abgabe an den Seebetriebsrat ist nur die Bordvertretung befugt. Dem Kapitän wird dagegen in § 115 Abs. 7 Nr. 2 kein entsprechendes Recht eingeräumt (a. A. GL-*Kröger*, § 115 Rn. 34; GK-*Wiese/Franzen*, § 115 Rn. 52; *Stabenow*, Hansa 1971, 1797, 1799); jedoch ist dies auch nicht notwendig, weil der Reeder kraft seiner Stellung als eigentlicher Arbeitgeber befugt ist, die Angelegenheit an sich zu ziehen (a. A. GK-*Wiese/Franzen*, § 115 Rn. 52). In den Fällen, in denen der Spruch der Einigungsstelle die Einigung zwischen Kapitän und Bordvertretung ersetzt, können daher sowohl der Seebetriebsrat wie der Reeder den Antrag nach § 76 Abs. 5 Satz 1 stellen. Der Seebetriebsrat ist dazu allerdings nur zuständig, wenn die Bordvertretung durch Beschluss die Angelegenheit an ihn abgegeben hat. Leitet dagegen der Reeder das verbindliche Einigungsverfahren ein, so ist stets der Seebetriebsrat als dessen Gegner zuständig, ohne dass es eines Beschlusses der Bordvertretung bedarf. Der Seebetriebsrat hat die Bordvertretung in jedem Fall über die weitere Behandlung der Angelegenheit zu unterrichten (Abs. 7 Nr. 2 Satz 2). 79

Seerechtliche Besonderheit ist es, dass in Fällen, in denen über eine der Mitwirkung oder Mitbestimmung der Bordvertretung unterliegende Angelegenheit eine Einigung 80 zwischen Kapitän und Bordvertretung nicht erzielt wird, die Bordvertretung dies zum Schiffstagebuch erklären und eine Abschrift dieser Eintragung verlangen kann (Abs. 7 Nr. 6 Satz 3).

4. Notrecht des Kapitäns

81 a) Während das Gesetz sonst – abgesehen von § 100 – in mitbestimmungspflichtigen Angelegenheiten keine vorläufige, einseitige Durchführung zulässt (s. auch § 87 Rn. 55 ff.), sieht hier für die Bordverfassung das Gesetz ausdrücklich vor, dass in Angelegenheiten, die der Mitbestimmung der Bordvertretung unterliegen, der **Kapitän** einseitig **vorläufige Regelungen** treffen kann, **wenn dies zur Aufrechterhaltung des ordnungsgemäßen Schiffsbetriebs dringend erforderlich ist** (Abs. 7 Nr. 4 Satz 1). Damit berücksichtigt das Gesetz, dass während einer Schiffsreise eine neutrale Instanz nicht rechtzeitig erreichbar ist, um eine einstweilige Regelung zu treffen (vgl. auch *Dütz*, ZfA 1972, 247, 265; *Säcker*, ZfA-Sonderheft 1972, 41, 60). Der Kapitän hat aber das Notrecht zur vorläufigen Regelung nur in den hier umrissenen Grenzen, also nur, wenn eine vorläufige Regelung zur Aufrechterhaltung des ordnungsgemäßen Schiffsbetriebs dringend erforderlich ist, wobei Voraussetzung ist, dass er vorher den Versuch einer Einigung mit der Bordvertretung gemacht hat, wie sich aus der Formulierung ergibt, dass der Kapitän vorläufige Regelungen treffen kann, „auch wenn eine Regelung mit der Bordvertretung noch nicht erzielt ist". Die Vorschrift bezieht sich auf Angelegenheiten, die der Mitbestimmung der Bordvertretung unterliegen. Es muss also das Recht des Kapitäns durch ein Mitbestimmungsrecht begrenzt sein; es genügt nicht, dass die Bordvertretung lediglich ein Mitwirkungsrecht hat (ebenso GL-*Kröger*, § 115 Rn. 40; DKK-*Berg*, 5. Aufl., § 115 Rn. 42; GK-*Wiese/Franzen*, § 115 Rn. 55; a. A. GK-*Wiese*, 7. Aufl., § 115 Rn. 55). Der Unterschied spielt lediglich dann keine Rolle, wenn in besonders eilbedürftigen Fällen die Bordvertretung nicht vorher eingeschaltet werden kann.

82 § 115 Abs. 7 Nr. 4 verdrängt auch die Regelung über die vorläufige Durchführung personeller Maßnahmen nach § 100. Zwar decken sich im Wesentlichen die Voraussetzungen, unter denen eine Einstellung, Eingruppierung, Umgruppierung und Versetzung vorläufig durchgeführt werden kann, weil § 100 verlangt, dass dies aus sachlichen Gründen dringend erforderlich ist. Der Unterschied zwischen den beiden Normen liegt aber darin, dass im Falle des § 100 bei Streit darüber, ob eine Maßnahme aus sachlichen Gründen dringend erforderlich ist, der Arbeitgeber die Maßnahme nur dann aufrechterhalten darf, wenn er beim Arbeitsgericht die in § 100 Abs. 2 genannten Anträge stellt, während § 115 Abs. 7 Nr. 4 diese verfahrensmäßige Einschränkung nicht kennt. Berücksichtigt man jedoch, dass § 115 Abs. 7 Nr. 4 geschaffen wurde, weil eine neutrale Instanz nicht rechtzeitig erreicht werden kann, so würde es diesem Rechtsgedanken widersprechen, dem § 100 gegenüber der hier getroffenen Regelung den Vorrang zu geben, zumal es während einer Schiffsreise ausgeschlossen ist, die in § 100 genannten Fristen für die Anrufung des Arbeitsgerichts zu wahren.

83 b) Den von der Anordnung betroffenen Besatzungsmitgliedern ist die **Vorläufigkeit** der Regelung **bekanntzugeben** (Abs. 7 Nr. 4 Satz 2). Eine Form ist hierfür nicht vorgeschrieben. Auch zur Eintragung in das Schiffstagebuch ist der Kapitän nicht verpflichtet. Die Bordvertretung kann allerdings in diesen Fällen zum Schiffstagebuch erklären, dass eine Einigung nicht erzielt worden ist, und eine Abschrift dieser Eintragung verlangen.

84 c) Soweit die vorläufige Regelung der endgültigen Regelung nicht entspricht, hat das Schifffahrtsunternehmen **Nachteile auszugleichen,** die den Besatzungsmitgliedern durch die vorläufige Regelung entstanden sind (Abs. 7 Nr. 4 Satz 3). Der Nachteilsausgleich beschränkt sich nicht auf den Ersatz eines durch die vorläufige Regelung entstandenen *Schadens* (so noch § 115 Abs. 14 RegE, BT-Drucks. VI/1786; geändert auf eine Emp-

VII. Mitwirkung und Mitbestimmung durch die Bordvertretung   § 115

fehlung des Rechtsausschusses; vgl. den Bericht des BT-Ausschusses für Arbeit und Sozialordnung, *zu* BT-Drucks. VI/2729, S. 34). Für den Anspruch auf Nachteilsausgleich ist das Arbeitsgericht im Urteilsverfahren zuständig (§ 2 Abs. 1 Nr. 3 lit. a, Abs. 5 i. V. mit §§ 46 ff. ArbGG).

5. Bordvereinbarungen

a) Bordvertretung und Kapitän können im Rahmen ihrer Zuständigkeiten **Bordver-** 85
einbarungen abschließen (Abs. 7 Nr. 3 Satz 1). Da die Vorschriften über Betriebsvereinbarungen für Bordvertretungen entsprechend gelten (Abs. 7 Nr. 3 Satz 2), sind **Inhalt und Schranken der Betriebsvereinbarungsautonomie** in gleichem Umfang zu beachten (s. ausführlich § 77 Rn. 64 ff.). Außerdem ist hier die Zuständigkeitsabgrenzung in § 115 Abs. 7 Nr. 1 zu berücksichtigen (s. ausführlich Rn. 70 ff.). Überschreiten Bordvertretung und Kapitän ihre Zuständigkeit, so ist die Bordvereinbarung unwirksam.

b) Bordvereinbarungen gelten nur für das **einzelne Seeschiff**. § 77 Abs. 2 bis 6 ist auf 86
Bordvereinbarungen entsprechend anzuwenden (Abs. 7 Nr. 3 Satz 2; s. im Einzelnen den Komm. zu § 77, wobei auch die Regelungssperre des § 77 Abs. 3 zu beachten ist, durch die das Verhältnis zur Tarifautonomie bestimmt wird; s. § 77 Rn. 239 ff.).

c) Da der Seebetriebsrat mit dem Arbeitgeber Betriebsvereinbarungen abschließen 87
kann, die, falls nichts anderes vereinbart ist, für alle Seeschiffe des Unternehmens gelten (§ 114 Abs. 3), bestimmt das Gesetz, dass **Bordvereinbarungen unzulässig** sind, **soweit eine Angelegenheit durch eine Betriebsvereinbarung zwischen Seebetriebsrat und Arbeitgeber** geregelt ist (Abs. 7 Nr. 3 Satz 3). Die Konkurrenz wird also nicht nach dem Spezialitätsprinzip gelöst, sondern entsprechend dem Stufenverhältnis zwischen Bordvertretung und Seebetriebsrat hat die Betriebsvereinbarung den Vorrang. Das Gesetz behandelt zwar ausdrücklich nur den Fall, dass eine Bordvereinbarung abgeschlossen wird. Aus dem Stufenverhältnis zwischen Bordvertretung und Seebetriebsrat ergibt sich aber, dass auch durch eine nachfolgende Betriebsvereinbarung bestehende Bordvereinbarungen über die gleiche Materie aufgehoben werden, und zwar ohne Rücksicht darauf, ob diese für die Besatzungsmitglieder günstiger sind (ebenso GL-*Kröger*, § 115 Rn. 37; HSWGNR-*Hess*, § 115 Rn. 30; GK-*Wiese/Franzen*, § 115 Rn. 54; a. A. *Brecht*, § 115 Rn. 5).

6. Allgemeine Aufgaben und Informationsrecht der Bordvertretung

a) Die Bordvertretung hat die **allgemeinen Aufgaben** nach § 80 Abs. 1 Nr. 1 bis 4, 6 88
und 7. Da im Bereich der Seeschifffahrt Rechtsvorschriften zugunsten der Arbeitnehmer in besonderem Maße bestehen, zählt die Überwachungspflicht nach § 80 Abs. 1 Nr. 1 zu den wichtigsten Aufgaben der Bordvertretung. Sie wird durch die Bestimmung in § 115 Abs. 7 Nr. 7 ergänzt, wo ausdrücklich festgelegt wird, dass die Zuständigkeit der Bordvertretung im Rahmen des Arbeitsschutzes sich auch auf die Schiffssicherheit bezieht (s. zur Beschäftigung schwerbehinderter Menschen Rn. 51).

b) Die Bestimmungen des § 80 Abs. 2 über das **Informationsrecht** zur Wahrnehmung 89
der Betriebsratsaufgaben werden durch § 115 Abs. 7 Nr. 5 und 6 konkretisiert und modifiziert, aber nicht verdrängt (ebenso GK-*Wiese/Franzen*, § 115 Rn. 63; a. A. GL-*Kröger*, § 115 Rn. 43; HSWGNR-*Hess*, § 115 Rn. 33).

aa) Die Bordvertretung hat das **Recht auf regelmäßige und umfassende Unterrichtung** 90
über den Schiffsbetrieb (Abs. 7 Nr. 5 Satz 1). Der Gegenstand der Unterrichtungspflicht ist hier gegenüber § 80 Abs. 2 Satz 1 genau umschrieben und entsprechend den eingeschränkten Befugnissen des Kapitäns begrenzt. Zum Schiffsbetrieb gehören insbesondere die Schiffssicherheit, die Reiserouten, die voraussichtlichen Ankunfts- und Abfahrtszeiten sowie die zu befördernde Ladung (Abs. 7 Nr. 5 Satz 3). Der Kapitän hat die Bordvertretung regelmäßig und umfassend zu unterrichten. Dass das Gesetz hier vom Recht der Bordvertretung auf regelmäßige und umfassende Unterrichtung spricht und

nicht wie in § 80 Abs. 2 Satz 1 darauf abstellt, dass rechtzeitig und umfassend zu unterrichten ist, bedeutet keinen Unterschied der Rechtslage.

91 Der Bordvertretung sind die **erforderlichen Unterlagen vorzulegen** (Abs. 7 Nr. 5 Satz 2). Nach dem Gesetzestext ist anders als nach § 80 Abs. 2 Satz 2 nicht erforderlich, dass die Bordvertretung dies ausdrücklich verlangt. Ihr sind die erforderlichen Unterlagen aber nur vorzulegen, während sie nach § 80 Abs. 2 Satz 2 zur Verfügung zu stellen sind. Soweit an Bord Bruttolohn- und -gehaltslisten geführt werden, hat die Bordvertretung das Recht, in sie Einblick zu nehmen (ebenso GK-*Wiese/Franzen*, § 115 Rn. 66). Da die Bordvertretung keine Ausschüsse nach §§ 27, 28 bildet, besteht hier dieselbe Rechtslage wie für nichtausschussfähige Betriebsräte (s. § 80 Rn. 70 f.). Das Einsichtsrecht darf nur durch den Vorsitzenden oder ein anderes Mitglied der Bordvertretung ausgeübt werden, dem die Bordvertretung nach § 27 Abs. 4 die Führung der laufenden Geschäfte übertragen hat (s. § 80 Rn. 72 ff.).

92 bb) Nach § 115 Abs. 7 Nr. 6 Satz 1 hat der Kapitän der Bordvertretung auf ihr Verlangen **Einsicht in die an Bord befindlichen Schiffstagebücher** zu gewähren. Diese haben erhebliche Bedeutung als Beweismittel für nachfolgende Verfahren (vgl. *Prüßmann/Rabe*, § 520 Anm. B; *Schwedes/Franz*, SeemG, Vorbem. vor § 23, Rn. 59). Aus der Formulierung im Plural wie auch aus dem Zweck dieser Regelung folgt, dass das Recht auf Einsicht sich nicht auf das in § 520 HGB genannte Schiffstagebuch im engeren Sinn beschränkt, sondern auch für die sonstigen an Bord zu führenden Tagebücher gilt (vgl. die Zusammenstellung bei *Prüßmann/Rabe*, § 520 Anm. C; ebenso GK-*Wiese/Franzen*, § 115 Rn. 67; differenzierend GL-*Kröger*, § 115 Rn. 44; HSWGNR-*Hess*, § 115 Rn. 34). Die Pflicht zur Führung des Schiffstagebuchs regelt § 9 Abs. 3 des Gesetzes über die Aufgaben des Bundes auf dem Gebiet der Seeschifffahrt i. F. vom 27. 9. 1994 (BGBl. I S. 2802) i. V. mit der Verordnung über Seetagebücher (Seetagebuchverordnung) vom 8. 2. 1985 (BGBl. I S. 306).

93 c) Nach § 115 Abs. 7 Nr. 6 Satz 2 kann die Bordvertretung darüber hinaus in den Fällen, in denen der Kapitän eine Eintragung über Angelegenheiten macht, die ihrer Mitwirkung oder Mitbestimmung unterliegen, eine Abschrift der Eintragung verlangen und Erklärungen zum Schiffstagebuch abgeben. Da zu den Mitwirkungsrechten alle Anhörungs-, Überwachungs- und Beratungsrechte gehören, kann die Bordvertretung sich für alle ihrer Zuständigkeit unterfallenden Angelegenheiten im Hinblick auf spätere Verfahren vor der Einigungsstelle oder dem Arbeitsgericht die nötigen Beweise sichern. Ergänzend bestimmt daher § 115 Abs. 7 Nr. 6 Satz 3, dass in Fällen, in denen über eine der Mitwirkung oder Mitbestimmung der Bordvertretung unterliegenden Angelegenheit eine Einigung zwischen Kapitän und Bordvertretung nicht erzielt wird, die Bordvertretung dies zum Schiffstagebuch erklären und eine Abschrift dieser Eintragung verlangen kann (s. auch Rn. 80).

7. Mitwirkungs- und Beschwerderecht der Besatzungsmitglieder

94 a) Die den einzelnen Arbeitnehmern in §§ 81 bis 86 eingeräumten **Mitwirkungs- und Beschwerderechte** „rund um seinen Arbeitsplatz" stehen auch den Besatzungsmitgliedern im Verhältnis zum Kapitän zu, soweit dieser für die Behandlung der Angelegenheiten zuständig ist. Anderenfalls hat unmittelbar der Reeder die Pflichten aus §§ 81 ff. zu erfüllen.

95 b) Das in § 84 normierte **Beschwerderecht des einzelnen Arbeitnehmers** wird überlagert durch die Regelung in § 112 SeemG. Daraus ergibt sich folgendes Verfahren: Jedes Besatzungsmitglied hat das Recht, sich beim Kapitän zu beschweren, wenn es sich vom Kapitän, sonstigen Vorgesetzten oder anderen Besatzungsmitgliedern benachteiligt oder ungerecht behandelt oder in sonstiger Weise beeinträchtigt fühlt. Es kann ein Mitglied der Bordvertretung zur Unterstützung oder Vermittlung hinzuziehen. Der Kapitän hat einen gütlichen Ausgleich zu versuchen. Soweit er die Beschwerde für berechtigt hält, hat

VII. Mitwirkung und Mitbestimmung durch die Bordvertretung   § 115

er ihr abzuhelfen. Hilft er der Beschwerde nicht ab, kann er grundsätzlich selbst entscheiden; nur wenn sich die Beschwerde gegen ihn selbst richtet, hat er sie an den Reeder weiterzuleiten (§ 112 Abs. 1 SeemG). Der Kapitän hat die Beschwerde und seine Entscheidung auf Verlangen eines Beteiligten, also auch des hinzugezogenen Mitglieds der Bordvertretung, unter Darstellung des Sachverhalts in das Schiffstagebuch einzutragen (§ 112 Abs. 2 Satz 1 SeemG). Der Beschwerdeführer kann eine Abschrift der Eintragungen verlangen (§ 112 Abs. 2 Satz 2 SeemG).

Das kollektive Beschwerdeverfahren nach § 85 gilt auch in der Seeschifffahrt. Zu **96** beachten ist, dass bei Meinungsverschiedenheiten zwischen Kapitän und Bordvertretung über die Berechtigung der Beschwerde in der Regel nicht gemäß § 85 Abs. 2 die Einigungsstelle angerufen werden kann, sondern die Bordvertretung nur befugt ist, die Angelegenheit an den Seebetriebsrat abzugeben (Abs. 7 Nr. 2; s. ausführlich Rn. 79).

c) Ein den Besatzungsmitgliedern zustehendes **Beschwerderecht besonderer Art** ent- **97** hält § 113 SeemG. Nach dieser Bestimmung kann ein Besatzungsmitglied sich beim Seemannsamt mündlich zur Niederschrift oder schriftlich darüber beschweren, dass das Schiff nicht seetüchtig ist, seine Sicherheitseinrichtungen nicht in ordnungsgemäßem Zustand oder die Verpflegungsvorräte ungenügend oder verdorben sind. Bevor das Besatzungsmitglied das Seemannsamt anruft, hat es aber den Kapitän davon in Kenntnis zu setzen (ebenso GK-*Wiese/Franzen*, § 115 Rn. 46). Außerdem kann das Besatzungsmitglied nach § 80 Abs. 1 Nr. 3 die Beschwerde auch an die Bordvertretung richten, die, falls die Beschwerde berechtigt erscheint, durch Verhandlungen mit dem Kapitän auf eine Erledigung hinzuwirken hat und für den Fall, dass ihre Bemühungen erfolglos bleiben, sich ihrerseits nach § 115 Abs. 7 Nr. 7 an das Seemannsamt wenden kann.

8. Mitbestimmung in sozialen Angelegenheiten

a) Die Mitbestimmung der Bordvertretung in sozialen Angelegenheiten nach § 87 ist **98** einerseits durch zwingende gesetzliche Regelungen, andererseits dadurch eingeschränkt dass die Bordvertretung nach § 115 Abs. 7 Nr. 1 zur **Ausübung des Mitbestimmungsrechts** nur **zuständig** ist, wenn nach der konkreten Aufgabenverteilung zwischen dem Reeder und dem **Kapitän** dieser die **Befugnis zur Regelung der mitbestimmungspflichtigen Angelegenheit** hat (s. auch Rn. 71 ff.).

b) Das Mitbestimmungsrecht der Bordvertretung nach § 87 Abs. 1 Nr. 1 über **Fragen** **99** **der Ordnung an Bord und des Verhaltens der Arbeitnehmer an Bord** wird durch die Bestimmung des § 106 Abs. 2 SeemG eingeschränkt, wonach der Kapitän für die Erhaltung der Ordnung und Sicherheit an Bord zu sorgen hat (ebenso GK-*Wiese/Franzen*, § 115 Rn. 47). Da der Kapitän insoweit öffentlich-rechtliche Befugnisse im Rahmen seiner Schiffsgewalt ausübt, haben die Maßnahmen hoheitlichen Charakter. Ein Mitbestimmungsrecht der Bordvertretung besteht aber nur bei den *arbeitsrechtlichen Befugnissen* des Arbeitgebers. Auch der BT-Ausschuss für Arbeit und Sozialordnung weist in seiner Begründung zu § 115 Abs. 7 Nr. 1 darauf hin, dass die hoheitsrechtlichen Befugnisse des Kapitäns unberührt bleiben. Andererseits ist zu berücksichtigen, dass die hoheitlichen Befugnisse des Kapitäns nach § 106 SeemG sich mit dem in § 29 SeemG normierten arbeitsrechtlichen Direktionsrecht überschneiden. Beachtet man weiterhin, dass im Rahmen von § 87 Abs. 1 Nr. 7 der Betriebsrat auch bei Regelungen öffentlich-rechtlichen Charakters mitzubestimmen hat (s. § 87 Rn. 534 ff.), so bietet sich für die Beteiligung der Bordvertretung die folgende Lösung an: Normative Regelungen über die Ordnung an Bord und das Verhalten der Arbeitnehmer an Bord können nur mit Zustimmung der Bordvertretung durch Bordvereinbarung erfolgen. Soweit Einzelmaßnahmen unter den Mitbestimmungstatbestand fallen (s. auch § 87 Rn. 15 ff.), sind Anordnungen des Kapitäns, soweit er nach § 106 Abs. 3 SeemG notfalls die erforderlichen Zwangsmittel einsetzen kann, mitbestimmungsfrei, also dann, wenn Menschen oder dem Schiff eine unmittelbare Gefahr droht; im Übrigen ist zu berücksichtigen, dass

§ 115 Bordvertretung

der Kapitän bei sonstigen Maßnahmen eine vorläufige Regelung treffen kann, wenn dies zur Aufrechterhaltung des ordnungsgemäßen Schiffsbetriebs dringend erforderlich ist (Abs. 7 Nr. 4).

100 Eine weitere Unstimmigkeit ergibt sich daraus, dass eine Bordordnung, die durch Bordvereinbarung festgelegt wird, normative Geltung nur gegenüber den Besatzungsmitgliedern i. S. von § 3 SeemG hat, während die Vorschriften über die Ordnung an Bord in §§ 105 ff. SeemG gemäß § 7 SeemG auch für die sonstigen, nicht in einem Heuerverhältnis zum Reeder stehenden Personen an Bord gelten. Bordordnungen können daher nur durch einseitige Anordnung des Kapitäns auf diese Personen ausgedehnt werden. Dagegen steht der Beteiligung der Bordvertretung nicht entgegen, dass sich das Anordnungsrecht des Kapitäns nach § 106 SeemG über die Arbeitszeit hinaus auch auf die Freizeit erstreckt; denn die Besatzungsmitglieder sind auf Grund ihres Arbeitsverhältnisses auch in der Freizeit grundsätzlich zur Bordanwesenheit verpflichtet.

101 c) Das Mitbestimmungsrecht der Bordvertretung bei der **Lage der Arbeitszeit** nach § 87 Abs. 1 Nr. 2 wird vor allem durch das Drei- bzw. Zweiwachensystem erheblich eingeschränkt (§ 85 Abs. 1 und §§ 138 ff. SeemG).

102 d) Die **vorübergehende Verlängerung der täglichen Arbeitszeit** spielt vor allem in der Seeschifffahrt eine erhebliche Rolle. Die Voraussetzungen, unter denen Mehrarbeit angeordnet werden kann, sind aber gesetzlich so umgrenzt, dass wegen des Vorrangs des Gesetzes für ein Mitbestimmungsrecht der Bordvertretung nach § 87 Abs. 1 Nr. 3 kein Entscheidungsrahmen bleibt (s. §§ 88, 89 SeemG).

103 e) **Zeit, Art und Ort der Auszahlung des Arbeitsentgelts** sind in §§ 34, 35 SeemG erschöpfend geregelt, so dass ein Mitbestimmungsrecht nach § 87 Abs. 1 Nr. 4 entfällt. Ein Mitbestimmungsrecht ist lediglich dann anzuerkennen, wenn der Reeder die bargeldlose Entlohnung einführen will, obwohl nicht der Fall vorliegt, dass außerhalb des Geltungsbereichs des Grundgesetzes zwingende Gründe die Barauszahlung nicht zulassen. Doch ist dann wegen § 115 Abs. 7 Nr. 1 nicht die Bordvertretung, sondern der Seebetriebsrat zuständig.

104 f) Wird der **Urlaub** vom Kapitän gewährt, so ist die Bordvertretung nach § 87 Abs. 1 Nr. 5 zu beteiligen. Wegen der systematischen Einordnung der Regelung über den *Landgang* in dem gleichen Abschnitt des Gesetzes (§ 61 SeemG) besteht das Mitbestimmungsrecht der Bordvertretung auch hier, also insbesondere bei der Aufstellung eines Plans über die Verteilung des notwendigen *Wachdienstes* (§ 61 Abs. 4 SeemG).

105 g) In den **sonstigen Fällen des § 87 Abs. 1** wird dagegen **regelmäßig** der **Seebetriebsrat** zuständig sein. Eine Beteiligung der Bordvertretung bei der Unterbringung der Besatzungsmitglieder an Bord (§ 41 SeemG) ergibt sich nicht aus § 87 Abs. 1 Nr. 9, sondern nur aus § 87 Abs. 1 Nr. 1; jedoch ist hier die Verordnung über die Unterbringung der Besatzungsmitglieder an Bord von Kauffahrteischiffen vom 8. 2. 1973 zu berücksichtigen (BGBl. I S. 66, zuletzt geändert durch VO vom 23. 8. 1976, BGBl. I S. 2443). Die in der Hochseefischerei übliche Beteiligung der Besatzungsmitglieder am Fangerlös unterfällt zwar dem Mitbestimmungstatbestand in § 87 Abs. 1 Nr. 11, aber wegen des Vorrangs des Tarifvertrags besteht hier regelmäßig kein Mitbestimmungsrecht, weil detaillierte Bestimmungen in den entsprechenden Mantel- und Heuertarifverträgen eine Regelung geben.

9. Gesetzlicher und autonomer Arbeitsschutz

106 a) Die **Zuständigkeit der Bordvertretung im Rahmen des Arbeitsschutzes** bezieht sich nach § 115 Abs. 7 Nr. 7 auch auf die **Schiffssicherheit und die Zusammenarbeit mit den insoweit zuständigen Behörden** und sonstigen in Betracht kommenden Stellen. Der Grund für diese Erweiterung liegt einmal darin, dass sich im Bereich der Seeschifffahrt Arbeitsschutz und Schiffssicherheit nur schwer trennen lassen (vgl. *Schwedes/Franz*, SeemG, Vorbem. vor § 80 Rn. 2 ff.), zum anderen sind die Besatzungsmitglieder gemäß

§§ 28, 61 SeemG grundsätzlich zur Bordanwesenheit verpflichtet und haben schon deshalb ein existentielles Interesse an der Sicherheit des Schiffes. Eine Erweiterung der Zuständigkeit der Bordvertretung auf alle Fragen der Schiffssicherheit ist damit nicht verbunden (ebenso GL-*Kröger*, § 115 Rn. 48; GK-*Wiese/Franzen*, § 115 Rn. 69).

b) Für den **Arbeitsschutz im engeren Sinne** sind die Arbeitsschutzbehörden der Länder in Zusammenarbeit mit der See-Berufsgenossenschaft, im Ausland die Seemannsämter zuständig (§§ 102, 102 a SeemG). Die Schiffssicherheit hat dagegen regelmäßig die See-Berufsgenossenschaft zu überwachen (s. § 16 SchiffssicherheitsVO i. F. vom 21. 10. 1994, BGBl. I S. 3281). Unfälle, die sich während der Seereise ereignen und die die in § 193 Abs. 1 SGB VII bezeichneten Folgen haben, sind nach § 193 Abs. 9 SGB VII im Schiffstagebuch aufzuzeichnen. Die Bordvertretung hat hier nicht nur das Recht auf Aushändigung einer Durchschrift der Unfallanzeige (§ 89 Abs. 5), sondern sie kann auch eine Abschrift der Eintragung im Schiffstagebuch verlangen und eine Erklärung zum Schifftagebuch abgeben (Abs. 7 Nr. 6 Satz 2).

Da das Gesetz über Betriebsärzte, Sicherheitsingenieure und andere Fachkräfte für Arbeitssicherheit vom 12. 12. 1973 (BGBl. I S. 1885) grundsätzlich auf die Seeschifffahrt Anwendung findet (§ 17 Abs. 2 ASiG), ist auf jedem Schiff ein **Arbeitsschutzausschuss** nach § 11 ASiG zu errichten. Betrieb i. S. des § 11 ASiG ist nicht der Seebetrieb, sondern das einzelne Schiff. Dem Arbeitsschutzausschuss gehören deshalb **zwei Mitglieder der Bordvertretung** an (ebenso BAG 10. 8. 1994 AP BetrVG 1972 § 115 Nr. 1).

c) Für die Beteiligung bei **Gestaltung von Arbeitsplatz, Arbeitsablauf und Arbeitsumgebung** nach §§ 90, 91 ist regelmäßig nicht die Bordvertretung, sondern der Seebetriebsrat zuständig; denn für die Planung besteht überhaupt keine, bei Änderung der Arbeitsplätze, des Arbeitsablaufs oder der Arbeitsumgebung nur selten eine Kompetenz des Kapitäns (Abs. 7 Nr. 1).

10. Mitbestimmung bei allgemeinen personellen Angelegenheiten und der Berufsbildung

a) Für die **allgemeinen personellen Maßnahmen** nach §§ 92 bis 95 ist nur der Seebetriebsrat zuständig. Dies gilt auch für die Ausschreibung von Arbeitsplätzen, weil die Befugnis zu Einstellungen weitgehend vom Kapitän auf den Reeder oder dessen Vertreter verlagert ist (s. auch Rn. 112).

b) Die Mitwirkungsrechte nach §§ 96, 97 in Fragen der Förderung der **Berufsbildung** werden, da sie regelmäßig für alle Schiffe des Seebetriebs einheitlich gelöst werden müssen, vom Seebetriebsrat ausgeübt. Die Bordvertretung hat aber für die Berufsbildung an Bord das allgemeine Überwachungsrecht nach § 80 Abs. 1 Nr. 1; außerdem übt sie im Allgemeinen die Mitbestimmungsrechte nach § 98 aus. Das Berufsbildungsgesetz vom 14. 8. 1969 gilt im Bereich der Seeschifffahrt nach seinem § 2 Abs. 2 Nr. 2 nur für Schiffe der kleinen Hochseefischerei und der Küstenfischerei. Die Berufsausbildung ist deshalb auf Grund der Ermächtigung des § 142 SeemG durch Rechtsverordnungen geregelt (s. den Nachweis in Nipperdey I, Arbeitsrecht, unter Nr. 114 bei § 142 Fn. 4). Da für die Ausbildung an Bord der Kapitän zuständig ist, übt in der Regel die Bordvertretung die Mitbestimmungsrechte nach § 98 aus. Soweit der Kapitän die Ausbildung nicht selbst durchführt, sondern damit Schiffsoffiziere oder sonstige Besatzungsmitglieder beauftragt, kann die Bordvertretung unter den Voraussetzungen des § 98 Abs. 2 der Bestellung widersprechen oder die Abberufung verlangen. Das weitere Verfahren bestimmt sich abweichend von § 98 Abs. 4 und 5 nach § 115 Abs. 7 Nr. 2.

11. Mitbestimmung bei personellen Einzelmaßnahmen

a) Die **Befugnis des Kapitäns zu personellen Einzelmaßnahmen** – und damit die Zuständigkeit der Bordvertretung – bestimmt sich grundsätzlich nach §§ 526 ff. HGB. Nach § 526 Abs. 2 HGB ist der Kapitän zur Annahme der Schiffsmannschaft auch im

Heimathafen befugt; befindet sich das Schiff außerhalb des Heimathafens, so erstreckt sich seine Vertretungsmacht nach § 527 Abs. 1 HGB auf alle Geschäfte und Rechtshandlungen, welche unter anderem die Bemannung des Schiffes mit sich bringt. Die gesetzliche Vertretung bei Annahme der Schiffsmannschaft beschränkt sich nicht nur auf die Anheuerung, sondern bezieht sich auch auf andere mit dem Heuerverhältnis zusammenhängende Rechtsgeschäfte, also auch auf die Kündigung (vgl. *Prüßmann/Rabe*, § 526 Anm. C 1). Diese weitgehend veralteten Vorschriften haben aber in der Praxis nur noch geringe Bedeutung: Nach § 62 Abs. 2 SeemG kann die **ordentliche Kündigung gegenüber Schiffsoffizieren und sonstigen Angestellten** nur vom **Reeder** ausgesprochen werden. In der Hochseefischerei erfolgt nach den hier einschlägigen Tarifverträgen vom 26. 4. 1993 bzw. 20. 12. 1995 die **Einstellung aller Besatzungsmitglieder** durch die Reederei. Auch sonst hat die Vertretungsmacht des Kapitäns bei der Einstellung nur noch geringe praktische Bedeutung, weil die Reeder im Heimathafen in der Regel entweder ein eigenes Heuerbüro unterhalten oder hiermit ihre Agenten beauftragen (vgl. *Prüßmann/Rabe,* § 526 Anm. C 1). Auch die Fachvermittlungsstellen für Seeleute beschränken sich ebenso wenig wie die früheren seemännischen Heuerstellen auf bloße Vermittlungstätigkeit, sondern schließen, ohne dass hierfür eine gesetzliche Grundlage besteht, üblicherweise in Vertretung des Reeders die Heuerverträge ab und fertigen den Heuerschein gemäß § 24 SeemG aus. Der Kapitän ist im Hafen daher allenfalls dann zur Einstellung von Seeleuten befugt, wenn die Besatzungsvorschriften missachtet wurden, weil er nach § 513 HGB persönlich für die gehörige Bemannung verantwortlich ist. Außerhalb des Heimathafens bleibt der Kapitän dagegen zu personellen Maßnahmen befugt, soweit nicht der Reeder hierfür in auswärtigen Häfen Agenten beauftragt hat.

113 b) Soweit der **Kapitän berechtigt** ist, eine **personelle Einzelmaßnahme** nach § 99 Abs. 1 Satz 1 zu treffen, hat die **Bordvertretung** ein **Mitbestimmungsrecht**, wenn bei Vornahme dieser Maßnahme an Bord des Schiffes mehr als zwanzig wahlberechtigte Besatzungsmitglieder beschäftigt sind. Außer Einstellungen kommen vor allem **Versetzungen** in Betracht. Doch ist hier zu berücksichtigen, dass die Versetzung auf ein anderes Schiff, soweit sie nach § 27 SeemG zulässig ist, regelmäßig in die Kompetenz des Reeders fällt, so dass für die Beteiligung nicht die Bordvertretung, sondern der Seebetriebsrat zuständig ist. Beförderungen unterliegen dem Mitbestimmungsrecht nach § 99 nur insoweit, als sie entweder eine Versetzung oder eine Umgruppierung darstellen; auch hier ist dann regelmäßig der Seebetriebsrat zuständig, weil der Kapitän nach § 15 SeemG zwar verpflichtet ist, eine Musterung zu veranlassen, wenn sich die Dienststellung eines Besatzungsmitglieds ändert, die Beförderung selbst aber regelmäßig nur vom Reeder ausgesprochen werden kann.

114 Soweit der Kapitän für personelle Einzelmaßnahmen i. S. des § 99 Abs. 1 Satz 1 zuständig ist, kann er auch **vorläufige Maßnahmen** treffen. Es gilt § 115 Abs. 7 Nr. 4, nicht § 100 (s. Rn. 82). Der Reeder kann dagegen eine personelle Maßnahme nur nach § 100 vorläufig durchführen.

115 c) Für die vom Kapitän ausgesprochenen **Kündigungen** (s. auch Rn. 112) hat die Bordvertretung ohne Einschränkungen das in § 102 geregelte Anhörungs- und Widerspruchsrecht. Insbesondere besteht auch die Weiterbeschäftigungspflicht nach § 102 Abs. 5; jedoch ist hier zu beachten, dass nach § 63 Abs. 3 SeemG das Heuerverhältnis sich regelmäßig über den Ablauf der Kündigungsfrist bis zur Ankunft des Schiffs in einem Hafen im Geltungsbereich des Grundgesetzes fortsetzt. Erhebt das Besatzungsmitglied die Kündigungsschutzklage (vgl. zur Sechsmonatsfrist für den Bestand des Kündigungsschutzes § 24 Abs. 2, für die Klagefrist § 24 Abs. 3 KSchG), so besteht die Verpflichtung zur Weiterbeschäftigung nach § 102 Abs. 5 auch nach Ablauf dieses Zeitpunkts.

116 d) Die **Mitglieder der Bordvertretung** haben den **besonderen Kündigungsschutz** nach § 15 KSchG. Eine **außerordentliche Kündigung** bedarf nach § 103, wenn sie durch den Kapitän erfolgt, der **Zustimmung der Bordvertretung** (s. auch § 103 Rn. 39).

12. Beteiligung in wirtschaftlichen Angelegenheiten

Die Vorschriften über die Mitwirkung und Mitbestimmung der Arbeitnehmer in wirtschaftlichen Angelegenheiten, die §§ 106 bis 113, sind, wie sich aus § 115 Abs. 7 ergibt, auf die Bordvertretung nicht anwendbar.

VIII. Streitigkeiten

Zur Entscheidung von Streitigkeiten im Rahmen der Bordverfassung ist das Arbeitsgericht zuständig; es entscheidet im Beschlussverfahren (§ 2a Abs. 1 Nr. 1, Abs. 2 i. V. mit §§ 80 ff. ArbGG).

Die unmittelbare Anrufung durch Kapitän oder Bordvertretung kommt bei Streitigkeiten in einer der Mitwirkung oder Mitbestimmung der Bordvertretung unterliegenden Angelegenheiten nur in Betracht, wenn ein Seebetriebsrat nicht gewählt ist (s. ausführlich Rn. 78 ff.). Bei sonstigen Streitigkeiten, insbesondere bei Streitigkeiten im Rahmen des Wahlverfahrens zur Bordvertretung, kann das Arbeitsgericht aber unmittelbar angerufen werden.

Da das Schiff als solches keinen Betriebssitz hat, ist in entsprechender Anwendung der §§ 488, 508 HGB, 132 Abs. 2 SeemG, 942 Abs. 2 ZPO, 10 StPO das Arbeitsgericht örtlich zuständig, in dessen Bezirk der Heimathafen des Schiffes liegt (ebenso im Ergebnis GL-*Kröger*, § 115 Rn. 51; GK-*Wiese/Franzen*, § 115 Rn. 71). Dies ist gemäß § 480 HGB in der Regel der Hafen, in dem sich die gewerbliche Niederlassung des Reeders bzw. der Partenreederei befindet (vgl. *Prüßmann/Rabe*, § 480 Anm. A 1). In den Fällen des § 114 Abs. 2 Satz 2 ist der Sitz des Korrespondent- oder Vertragsreeders oder des Ausrüsters maßgebend. Hat das Schiff ausnahmsweise keinen Heimathafen im Geltungsbereich des Grundgesetzes, obwohl es zu einem Seeschifffahrtsunternehmen gehört, das seinen Sitz im Geltungsbereich des BetrVG hat, so ist das Arbeitsgericht zuständig, in dessen Bezirk der Registerhafen liegt (vgl. auch BAG 30. 5. 1963 AP Internat. Privatrecht/Arbeitsrecht Nr. 7; *Prüßmann/Rabe*, § 480 Anm. A 2, § 488 Anm. B; GL-*Kröger*, § 115 Rn. 51; GK-*Wiese/Franzen*, § 115 Rn. 71). Da der Gerichtsstand im Beschlussverfahren ein ausschließlicher ist, sind abweichende Vereinbarungen über die örtliche Zuständigkeit, auch solche in Tarifverträgen, unwirksam. Die tarifvertragliche Vereinbarung der Zuständigkeit eines Schiedsgerichts nach § 101 Abs. 2 ArbGG gilt nicht für das Beschlussverfahren.

Hat das Arbeitsgericht im Urteilsverfahren zu entscheiden (s. § 37 Rn. 181 ff.), so ist bei tarifgebundenen Parteien in der Seeschifffahrt die Regelung des § 35 MTV Seeschifffahrt 2002, in der Hochseefischerei die dort einschlägigen Tarifverträge zu beachten.

§ 116 Seebetriebsrat

(1) ¹In Seebetrieben werden Seebetriebsräte gewählt. ²Auf die Seebetriebsräte finden, soweit sich aus diesem Gesetz oder aus anderen gesetzlichen Vorschriften nicht etwas anderes ergibt, die Vorschriften über die Rechte und Pflichten des Betriebsrats und die Rechtsstellung seiner Mitglieder Anwendung.

(2) Die Vorschriften über die Wahl, Zusammensetzung und Amtszeit des Betriebsrats finden mit folgender Maßgabe Anwendung:
1. Wahlberechtigt zum Seebetriebsrat sind alle zum Seeschifffahrtsunternehmen gehörenden Besatzungsmitglieder.
2. Für die Wählbarkeit zum Seebetriebsrat gilt § 8 mit der Maßgabe, dass
    a) in Seeschifffahrtsunternehmen, zu denen mehr als acht Schiffe gehören oder in denen in der Regel mehr als 250 Besatzungsmitglieder beschäftigt sind, nur nach § 115 Abs. 2 Nr. 2 wählbare Besatzungsmitglieder wählbar sind;

b) in den Fällen, in denen die Voraussetzungen des Buchstabens a nicht vorliegen, nur Arbeitnehmer wählbar sind, die nach § 8 die Wählbarkeit im Landbetrieb des Seeschifffahrtsunternehmens besitzen, es sei denn, dass der Arbeitgeber mit der Wahl von Besatzungsmitgliedern einverstanden ist.

3. Der Seebetriebsrat besteht in Seebetrieben mit in der Regel

5 bis	400	wahlberechtigten Besatzungsmitgliedern

aus einer Person,

401 bis	800	wahlberechtigten Besatzungsmitgliedern

aus drei Mitgliedern,

über	800	wahlberechtigten Besatzungsmitgliedern

aus fünf Mitgliedern.

4. Ein Wahlvorschlag ist gültig, wenn er im Falle des § 14 Abs. 4 Satz 1 erster Halbsatz und Satz 2 mindestens von drei wahlberechtigten Besatzungsmitgliedern unterschrieben ist.
5. § 14 a findet keine Anwendung.
6. Die in § 16 Abs. 1 Satz 1 genannte Frist wird auf drei Monate, die in § 16 Abs. 2 Satz 1 genannte Frist auf zwei Monate verlängert.
7. Zu Mitgliedern des Wahlvorstands können auch im Landbetrieb des Seeschifffahrtsunternehmens beschäftigte Arbeitnehmer bestellt werden. § 17 Abs. 2 bis 4 findet keine Anwendung. Besteht kein Seebetriebsrat, so bestellt der Gesamtbetriebsrat oder, falls ein solcher nicht besteht, der Konzernbetriebsrat den Wahlvorstand. Besteht weder ein Gesamtbetriebsrat noch ein Konzernbetriebsrat, wird der Wahlvorstand gemeinsam vom Arbeitgeber und den im Seebetrieb vertretenen Gewerkschaften bestellt; Gleiches gilt, wenn der Gesamtbetriebsrat oder der Konzernbetriebsrat die Bestellung des Wahlvorstands nach Satz 3 unterlässt. Einigen sich Arbeitgeber und Gewerkschaften nicht, so bestellt ihn das Arbeitsgericht auf Antrag des Arbeitgebers, einer im Seebetrieb vertretenen Gewerkschaft oder von mindestens drei wahlberechtigten Besatzungsmitgliedern. § 16 Abs. 2 Satz 2 und 3 gilt entsprechend.
8. Die Frist für die Wahlanfechtung nach § 19 Abs. 2 beginnt für Besatzungsmitglieder an Bord, wenn das Schiff nach Bekanntgabe des Wahlergebnisses erstmalig einen Hafen im Geltungsbereich dieses Gesetzes oder einen Hafen, in dem ein Seemannsamt seinen Sitz hat, anläuft. Nach Ablauf von drei Monaten seit Bekanntgabe des Wahlergebnisses ist eine Wahlanfechtung unzulässig. Die Wahlanfechtung kann auch zu Protokoll des Seemannsamtes erklärt werden. Die Anfechtungserklärung ist vom Seemannsamt unverzüglich an das für die Anfechtung zuständige Arbeitsgericht weiterzuleiten.
9. Die Mitgliedschaft im Seebetriebsrat endet, wenn der Seebetriebsrat aus Besatzungsmitgliedern besteht, auch, wenn das Mitglied des Seebetriebsrats nicht mehr Besatzungsmitglied ist. Die Eigenschaft als Besatzungsmitglied wird durch die Tätigkeit im Seebetriebsrat oder durch eine Beschäftigung gemäß Absatz 3 Nr. 2 nicht berührt.

(3) Die §§ 26 bis 41 über die Geschäftsführung des Betriebsrats finden auf den Seebetriebsrat mit folgender Maßgabe Anwendung:

1. In Angelegenheiten, in denen der Seebetriebsrat nach diesem Gesetz innerhalb einer bestimmten Frist Stellung zu nehmen hat, kann er, abweichend von § 33 Abs. 2, ohne Rücksicht auf die Zahl der zur Sitzung erschienenen Mitglieder einen Beschluss fassen, wenn die Mitglieder ordnungsgemäß geladen worden sind.
2. Soweit die Mitglieder des Seebetriebsrats nicht freizustellen sind, sind sie so zu beschäftigen, dass sie durch ihre Tätigkeit nicht gehindert sind, die Aufgaben des Seebetriebsrats wahrzunehmen. Der Arbeitsplatz soll den Fähigkeiten und Kenntnissen des Mitglieds des Seebetriebsrats und seiner bisherigen beruflichen Stellung entsprechen. Der Arbeitsplatz ist im Einvernehmen mit dem Seebetriebsrat zu bestimmen. Kommt eine Einigung über die Bestimmung des Arbeitsplatzes nicht zustande,

so entscheidet die Einigungsstelle. Der Spruch der Einigungsstelle ersetzt die Einigung zwischen Arbeitgeber und Seebetriebsrat.
3. Den Mitgliedern des Seebetriebsrats, die Besatzungsmitglieder sind, ist die Heuer auch dann fortzuzahlen, wenn sie im Landbetrieb beschäftigt werden. Sachbezüge sind angemessen abzugelten. Ist der neue Arbeitsplatz höherwertig, so ist das diesem Arbeitsplatz entsprechende Arbeitsentgelt zu zahlen.
4. Unter Berücksichtigung der örtlichen Verhältnisse ist über die Unterkunft der in den Seebetriebsrat gewählten Besatzungsmitglieder eine Regelung zwischen dem Seebetriebsrat und dem Arbeitgeber zu treffen, wenn der Arbeitsplatz sich nicht am Wohnort befindet. Kommt eine Einigung nicht zustande, so entscheidet die Einigungsstelle. Der Spruch der Einigungsstelle ersetzt die Einigung zwischen Arbeitgeber und Seebetriebsrat.
5. Der Seebetriebsrat hat das Recht, jedes zum Seebetrieb gehörende Schiff zu betreten, dort im Rahmen seiner Aufgaben tätig zu werden sowie an den Sitzungen der Bordvertretung teilzunehmen. § 115 Abs. 7 Nr. 5 Satz 1 gilt entsprechend.
6. Liegt ein Schiff in einem Hafen innerhalb des Geltungsbereichs dieses Gesetzes, so kann der Seebetriebsrat nach Unterrichtung des Kapitäns Sprechstunden an Bord abhalten und Bordversammlungen der Besatzungsmitglieder durchführen.
7. Läuft ein Schiff innerhalb eines Kalenderjahres keinen Hafen im Geltungsbereich dieses Gesetzes an, so gelten die Nummern 5 und 6 für europäische Häfen. Die Schleusen des Nordostseekanals gelten nicht als Häfen.
8. Im Einvernehmen mit dem Arbeitgeber können Sprechstunden und Bordversammlungen, abweichend von den Nummern 6 und 7, auch in anderen Liegehäfen des Schiffes durchgeführt werden, wenn ein dringendes Bedürfnis hierfür besteht. Kommt eine Einigung nicht zustande, so entscheidet die Einigungsstelle. Der Spruch der Einigungsstelle ersetzt die Einigung zwischen Arbeitgeber und Seebetriebsrat.

(4) Die §§ 42 bis 46 über die Betriebsversammlung finden auf den Seebetrieb keine Anwendung.

(5) Für den Seebetrieb nimmt der Seebetriebsrat die in den §§ 47 bis 59 dem Betriebsrat übertragenen Aufgaben, Befugnisse und Pflichten wahr.

(6) Die §§ 74 bis 113 über die Mitwirkung und Mitbestimmung der Arbeitnehmer finden auf den Seebetriebsrat mit folgender Maßgabe Anwendung:
1. Der Seebetriebsrat ist zuständig für die Behandlung derjenigen nach diesem Gesetz der Mitwirkung oder Mitbestimmung des Betriebsrats unterliegenden Angelegenheiten,
   a) die alle oder mehrere Schiffe des Seebetriebs oder die Besatzungsmitglieder aller oder mehrerer Schiffe des Seebetriebs betreffen,
   b) die nach § 115 Abs. 7 Nr. 2 von der Bordvertretung abgegeben worden sind oder
   c) für die nicht die Zuständigkeit der Bordvertretung nach § 115 Abs. 7 Nr. 1 gegeben ist.
2. Der Seebetriebsrat ist regelmäßig und umfassend über den Schiffsbetrieb des Seeschifffahrtsunternehmens zu unterrichten. Die erforderlichen Unterlagen sind ihm vorzulegen.

Übersicht

	Rn.
I. Vorbemerkung	1
II. Seebetriebsrat als Institution der Seebetriebsverfassung	2
III. Voraussetzungen für die Errichtung eines Seebetriebsrats	5
IV. Wahl und Zusammensetzung des Seebetriebsrats	7
1. Wahlberechtigung	8
2. Wählbarkeit	11
3. Mitgliederzahl und Zusammensetzung	17

	Rn.
4. Zeitpunkt der Wahlen	19
5. Bestellung des Wahlvorstands	20
6. Wahlverfahren	26
7. Wahlanfechtung	29
V. Amtszeit des Seebetriebsrats	31
1. Regelmäßige Amtszeit	31
2. Vorzeitige Beendigung	32
3. Erlöschen der Mitgliedschaft	33
VI. Organisation und Geschäftsführung des Seebetriebsrats	34
1. Organisation	35
2. Geschäftsführung	39
VII. Rechtsstellung der Seebetriebsratsmitglieder	44
1. Freistellung	45
2. Beschäftigung	46
3. Arbeitsentgeltgarantie	49
4. Sonderregelung über die Unterkunft	53
VIII. Zutritt des Seebetriebsrats zu den Schiffen und Betätigung an Bord	54
1. Zutritt zu den Schiffen des Seebetriebs	55
2. Einblicksrecht in Schiffstagebücher	57
3. Sprechstunden und Bordversammlungen	58
4. Ausübungsort bei einjähriger Abwesenheit von einem inländischen Hafen	60
5. Sprechstunden und Bordversammlungen in ausländischen Liegehäfen des Schiffes	62
IX. Seebetriebsrat, Gesamtbetriebsrat und Konzernbetriebsrat	66
X. Mitwirkung und Mitbestimmung durch den Seebetriebsrat	69
1. Zuständigkeit des Seebetriebsrats	69
2. Informationsrecht über den Schiffsbetrieb des Seeschifffahrtsunternehmens	70
3. Beteiligung in wirtschaftlichen Angelegenheiten	71
XI. Streitigkeiten	74

I. Vorbemerkung

1 Die Vorschrift behandelt die Bildung des Seebetriebsrats, dessen Amtszeit und Aufgaben. Sie ist durch den BT-Ausschuss für Arbeit und Sozialordnung neu gefasst und gegenüber dem RegE in einigen Punkten abgeändert und ergänzt worden (vgl. *zu* BT-Drucks. VI/2729, S. 34). Das Gesetz bedient sich auch hier wie bei der Bordvertretung der Technik, auf die Vorschriften über den Betriebsrat zu verweisen, und trifft lediglich die erforderlichen Sonderregelungen. Da die Aufgaben, die nach allgemeinem Recht dem Betriebsrat obliegen, in der Seebetriebsverfassung auf die Bordvertretung und den Seebetriebsrat aufgeteilt sind (s. auch § 115 Rn. 68), ergibt sich die Notwendigkeit der Kompetenzabgrenzung. Diese ist nicht nach dem Subsidiaritätsprinzip gestaltet, sondern zwischen der Bordvertretung und dem Seebetriebsrat besteht ein Stufenverhältnis (s. dazu auch Rn. 2).

1a Das **BetrVerf-Reformgesetz** vom 23. 7. 2001 (BGBl. I S. 1852) hat einige kleinere Änderungen gebracht, die allesamt Folgeänderungen zu Neuregelungen im Bereich des allgemeinen Betriebsverfassungsrechts sind: Die Schwellenwerte zur Größe der Betriebsräte wurden in Anknüpfung an die Neuregelung in § 9 und § 62 abgesenkt (Abs. 2 Nr. 3), die ehemalige Nr. 4, die Regelungen zur Wahrung des Gruppenprinzips enthielt, wurde aufgehoben und durch eine ebenfalls angepasste Neufassung der ehemaligen Nr. 5 ersetzt; in der jetzigen Nr. 5 wurde der Hinweis aufgenommen, dass das vereinfachte Wahlverfahren des § 14a keine Anwendung findet, begründet mit den Besonderheiten der Seeschifffahrt (BT-Drucks. 14/5741, 52). Die Neuregelung der Nr. 7 Sätze 2 und 3 sind Folgeänderungen auf Grund der Neuregelung des § 17.

II. Seebetriebsrat als Institution der Seebetriebsverfassung

Der Seebetriebsrat als das der Bordvertretung übergeordnete Organ in der Betriebs- 2
verfassung der Seeschifffahrtsunternehmen **repräsentiert** die **Besatzungsmitglieder der
nach § 114 Abs. 3 zu einem Seebetrieb zusammengefassten Seeschiffe eines Unterneh**mens. Sein „Gesprächspartner" (vgl. Bericht des BT-Ausschusses für Arbeit und Sozialordnung, zu BT-Drucks. VI/2729, S. 34) ist der Reeder bzw. in den Fällen des § 114 Abs. 2 Satz 2 der Korrespondent- oder Vertragsreeder, der Ausrüster oder unter bestimmten Voraussetzungen ein Charterer (s. § 114 Rn. 22 ff.).

Zwischen der Bordvertretung und dem Seebetriebsrat besteht ein **Stufenverhältnis**, das 3
Parallelen zu dem Verhältnis zwischen dem Personalrat und der Stufenvertretung in der Personalvertretung aufweist. Es kommt darin zum Ausdruck, dass die Existenz eines Seebetriebsrats für Kapitän und Bordvertretung den unmittelbaren Zugang zur Einigungsstelle und zum Arbeitsgericht abschneidet (§ 115 Abs. 7 Nr. 2; s. ausführlich dort Rn. 75 ff.). Die zwischen Kapitän und Bordvertretung streitig gebliebene Angelegenheit ist vielmehr auf der Ebene des Seebetriebs nochmals zu verhandeln. Die **Überordnung des Seebetriebsrats** zeigt sich auch darin, dass Betriebsvereinbarungen zwischen Seebetriebsrat und Arbeitgeber den Bordvereinbarungen vorgehen (§ 115 Abs. 7 Nr. 3; s. dort Rn. 85 ff.). Die Überordnung bedeutet allerdings nicht, dass der Seebetriebsrat auf Seeschiffen, die keine Bordvertretung haben, deren Aufgaben und Befugnisse wahrnimmt; denn Seebetriebsrat und Bordvertretung haben trotz Einordnung in ein Stufenverhältnis einen voneinander geschiedenen eigenen Zuständigkeitsbereich. Soweit die Kompetenz des Seebetriebsrats aber gegeben ist, erstreckt sie sich auch auf die Seeschiffe, auf denen keine Bordvertretung besteht.

Da die Kompetenz der Bordvertretung entsprechend dem Zuständigkeitsbereich des 4
Kapitäns beschränkt ist, ist erst die **Arbeitnehmervertretung auf der Ebene des Seebetriebs**, die dem Reeder oder einer nach § 114 Abs. 2 Satz 2 gleichgestellten Person zugeordnet wird, den **Betriebsräten der Landbetriebe gleichgestellt.** Das kommt vor allem auch darin zum Ausdruck, dass nicht die Bordvertretung, sondern der Seebetriebsrat die in den §§ 47 bis 59 dem Betriebsrat übertragenen Aufgaben, Befugnisse und Pflichten wahrnimmt (§§ 115 Abs. 6, 116 Abs. 5). Deshalb ist ein Seebetriebsrat auch in Seeschifffahrtsunternehmen zu wählen, die nur ein Schiff unter deutscher Flagge betreiben (s. Rn. 6).

III. Voraussetzungen für die Errichtung eines Seebetriebsrats

Das Gesetz bestimmt mit lapidarer Kürze, dass in **Seebetrieben** Seebetriebsräte 5
gewählt werden (Abs. 1 Satz 1). Dass der Seebetrieb in der Regel **mindestens fünf wahlberechtigte Besatzungsmitglieder** umfassen muss, ergibt sich aber aus § 116 Abs. 2 Nr. 3. Das Erfordernis einer **Mindestzahl wählbarer Besatzungsmitglieder** ist wegen der Regelung in § 116 Abs. 2 Nr. 2 lit. b für Kleinunternehmen sinnlos; jedoch wird man hier, wo nur Arbeitnehmer des Landbetriebs wählbar sind, in entsprechender Anwendung des § 1 fordern müssen, dass von diesen Arbeitnehmern mindestens drei wählbar sind (ebenso GL-*Kröger*, § 116 Rn. 2; GK-*Wiese/Franzen*, § 116 Rn. 2).

Da erst der Seebetriebsrat den Betriebsräten der Landbetriebe gleichgestellt ist (s. 6
Rn. 4), spielt keine Rolle, wie viele Schiffe zum Seebetrieb gehören und ob auf ihnen Bordvertretungen bestehen. Ein Seebetriebsrat kann auch gebildet werden, wenn ein Seeschifffahrtsunternehmen **nur ein Schiff unter deutscher Flagge** betreibt und auf ihm **keine Bordvertretung** vorhanden ist (ebenso GL-*Kröger*, § 116 Rn. 2; GK-*Wiese/Franzen*, § 116 Rn. 2).

IV. Wahl und Zusammensetzung des Seebetriebsrats

7   Für die Wahl und Zusammensetzung des Seebetriebsrats gelten die Vorschriften über die Wahl und Zusammensetzung des Betriebsrats nach Maßgabe der Regelung in § 116 Abs. 2; sie werden ergänzt durch die §§ 32 bis 58 der auf Grund von § 126 erlassenen Zweiten Verordnung zur Durchführung des Betriebsverfassungsgesetzes (**Wahlordnung Seeschifffahrt – WOS –**) vom 7. 2. 2002 (BGBl. I S. 594).

1. Wahlberechtigung

8   a) Wahlberechtigt zum Seebetriebsrat sind **alle zum Seeschifffahrtsunternehmen gehörenden Besatzungsmitglieder** (Abs. 2 Nr. 1). Wer Besatzungsmitglied ist, bestimmt sich nach § 114 Abs. 6 Satz 1; es sind die in § 3 SeemG genannten Personen, also die Schiffsoffiziere, die sonstigen Angestellten und die Schiffsleute, einschließlich der Auszubildenden, nicht der Kapitän (s. § 114 Rn. 41 f.). Eine Altersgrenze besteht hier ebenso wenig wie bei der Bordvertretung, weil in der Seeschifffahrt Jugend- und Auszubildendenvertretungen nicht gebildet werden.

9   Da nur die Kauffahrteischiffe, die nach dem Flaggenrechtsgesetz die Bundesflagge führen und nicht in der Regel binnen 24 Stunden nach dem Auslaufen an den Sitz eines Landbetriebs zurückkehren, den Seebetrieb bilden (s. § 114 Rn. 28 ff.), genügt nicht, dass ein Besatzungsmitglied lediglich zum Seeschifffahrtsunternehmen gehört, sondern erforderlich ist die **Zugehörigkeit zum Seebetrieb**, d. h. der Gesamtheit der Schiffe unter deutscher Flagge (ebenso BAG 17. 9. 1974 AP BetrVG 1972 § 116 Nr. 1). Das Gesetz verlangt nicht, dass das Besatzungsmitglied am Tag der Wahl einem derartigen Schiff konkret zugeordnet ist, sondern es genügt die Zugehörigkeit zur Gesamtheit der Schiffe unter deutscher Flagge. Sie ist auch gegeben, wenn das Heuerverhältnis ruht, weil ein Besatzungsmitglied derzeit auf einem Schiff unter fremder Flagge fährt oder eine Seemanns- oder Ingenieursschule besucht (ebenso BAG 17. 9. 1974 AP BetrVG 1972 § 116 Nr. 1 [abl. Anm. von *Galperin*, SAE 1976, 6 ff.]; GL-*Kröger*, § 116 Rn. 6; GK-*Wiesel Franzen*, § 116 Rn. 5).

10   b) Eine **formelle Voraussetzung** der Wahlberechtigung besteht nur insofern, als das Wahlrecht nur ausüben kann, wer in die Wählerliste eingetragen ist (§ 33 Abs. 3 WOS; s. auch § 7 Rn. 51).

2. Wählbarkeit

11   Obwohl nirgendwo ausdrücklich geregelt, geht das Gesetz, insbesondere in den Bestimmungen über die Geschäftsführung des Seebetriebsrats (Abs. 3), davon aus, dass der Seebetriebsrat seine Tätigkeit an Land ausübt (vgl. auch die Begründung des RegE, BT-Drucks. VI/1786, S. 57). Der Dienst an Bord eines Schiffes ist daher im Allgemeinen für Mitglieder des Seebetriebsrats nicht mehr möglich (s. Rn. 44). Um für Kleinunternehmen die damit verbundenen wirtschaftlichen Härten zu vermeiden, ist in § 116 Abs. 2 Nr. 2 hinsichtlich der Wählbarkeit die folgende Aufteilung vorgenommen worden:

12   a) In **Seeschifffahrtsunternehmen**, zu denen **mehr als acht Schiffe** gehören oder in denen in der Regel **mehr als 250 Besatzungsmitglieder** beschäftigt sind, sind **nur Besatzungsmitglieder wählbar**. Wenn zu dem Seeschifffahrtsunternehmen mehr als acht Schiffe gehören, spielt keine Rolle, wie viele Besatzungsmitglieder auf ihnen beschäftigt sind. Gemäß § 114 Abs. 4 werden dabei aber nur die Schiffe gezählt, die die Bundesflagge führen und nicht in der Regel binnen 24 Stunden nach dem Auslaufen an den Sitz eines Landbetriebs zurückkehren (ebenso GL-*Kröger*, § 116 Rn. 8; GK-*Wiese/Franzen*, § 116 Rn. 6). Gehören zu den Seeschifffahrtsunternehmen nur acht oder weniger Schiffe, so sind gleichwohl nur Besatzungsmitglieder wählbar, wenn im Seeschifffahrtsunternehmen

IV. Wahl und Zusammensetzung des Seebetriebsrats §116

in der Regel mehr als 250 Besatzungsmitglieder beschäftigt sind. Trotz des missverständlichen Gesetzeswortlauts kommt es auch hier darauf an, dass diese Besatzungsmitglieder auf Schiffen beschäftigt sind, die nach dem Flaggenrechtsgesetz die Bundesflagge führen und nicht in der Regel binnen 24 Stunden nach dem Auslaufen an den Sitz eines Landbetriebs zurückkehren.

Erfüllt ein Seeschifffahrtsunternehmen **weder** die **Voraussetzung**, dass zu ihm **mehr als** **13** **acht Schiffe** gehören, **noch** die Voraussetzung, dass in ihm in der Regel **mehr als 250 Besatzungsmitglieder** beschäftigt sind, so sind nur **Arbeitnehmer wählbar, die im Landbetrieb beschäftigt** sind, es sei denn, dass der Arbeitgeber mit der Wahl von Besatzungsmitgliedern einverstanden ist. Das Einverständnis ist an keine Form gebunden; es kann in einer Betriebsvereinbarung oder in einer formlosen Betriebsabsprache mit dem Seebetriebsrat erteilt werden, es kann aber auch gegenüber dem Wahlvorstand des Seebetriebsrats erklärt werden. Die Einverständniserklärung muss aber vor Erlass des Wahlausschreibens vorliegen, weil die Wählbarkeitsliste (§ 34 WOS) mit ihm gemäß § 35 WOS zu übersenden ist (ebenso GL-*Kröger*, § 116 Rn. 10; GK-*Wiese/Franzen*, § 116 Rn. 9). Erteilt der Arbeitgeber sein Einverständnis zur Wahl von Besatzungsmitgliedern, so sind nur diese wählbar; es besteht dann also nicht die Möglichkeit einer Auswahl zwischen Besatzungsmitgliedern und im Landbetrieb beschäftigten Arbeitnehmern (ebenso GK-*Wiese/Franzen*, § 116 Rn. 9).

b) Sind **nur Besatzungsmitglieder wählbar**, so bestimmt sich ihre **Wählbarkeit allein** **14** **nach § 115 Abs. 2 Nr. 2** (s. ausführlich dort Rn. 17 ff.). § 8 gilt in diesem Fall nicht, obwohl der Gesetzeswortlaut dafür spricht, wenn es allgemein heißt: „Für die Wählbarkeit zum Seebetriebsrat gilt § 8 mit der Maßgabe ..." (ebenso GK-*Wiese/Franzen*, § 116 Rn. 7; a. A. GL-*Kröger*, § 116 Rn. 9; HSWGNR-*Hess*, § 116 Rn. 10). Soweit dieser Passus sich auf die nachfolgende lit. a bezieht, handelt es sich aber um ein Redaktionsversehen, und Gleiches ist für den Fall anzunehmen, dass der Arbeitgeber sich mit der Wahl von Besatzungsmitgliedern einverstanden erklärt. Der Fehler erklärt sich daraus, dass nach § 116 Abs. 3 RegE § 8 für beide Gruppen entsprechend gelten sollte (vgl. BT-Drucks. VI/1786, S. 25; vgl. auch die Synopse in BT-Drucks. VI/2729, S. 57 f.). Bei der dem § 115 Abs. 2 Nr. 2 folgenden Änderung der Wählbarkeitsvoraussetzungen für Besatzungsmitglieder durch den BT-Ausschuss für Arbeit und Sozialordnung wurde übersehen, den sinnlos gewordenen Passus zu streichen.

Sind **nur Arbeitnehmer eines Landbetriebs** für den Seebetriebsrat **wählbar**, so richten **15** sich die **Wählbarkeitsvoraussetzungen nach § 8**. Entgegen der Formulierung des Gesetzes kann ein Seeschifffahrtsunternehmen auch mehrere Landbetriebe umfassen; es genügt dann die Zugehörigkeit zu einem dieser Landbetriebe. Der Wählbarkeit steht nicht entgegen, dass der Arbeitnehmer bereits Mitglied des Betriebsrats in einem Landbetrieb des Seeschifffahrtsunternehmens ist (ebenso GL-*Kröger*, § 116 Rn. 10; GK-*Wiese/Franzen*, § 116 Rn. 8; s. zum Problem der Doppelmitgliedschaft auch § 8 Rn. 11 f.).

c) **Formelle Voraussetzung** für die Wählbarkeit ist die **Eintragung in die Wählbarkeits-** **16** **liste** (§ 34 WOS).

3. Mitgliederzahl und Zusammensetzung

a) Die **Mitgliederzahl des Seebetriebsrats** ist gegenüber der allgemeinen Regelung des **17** § 9 erheblich verringert, weil „der Betriebsrat grundsätzlich seine Tätigkeit am Sitz des Arbeitgebers an Land ausübt und seine Mitglieder sich von einer bestimmten Größe des Seeschifffahrtsunternehmens ab nur aus Besatzungsmitgliedern zusammensetzen sollen" (so die Begründung des RegE, BT-Drucks. VI/1786, S. 57). Der Seebetriebsrat besteht in Seebetrieben mit in der Regel fünf bis 500 wahlberechtigten Besatzungsmitgliedern aus einer Person (vgl. § 58 WOS), bei 501 bis 1000 wahlberechtigten Besatzungsmitgliedern aus drei Mitgliedern, bei über 1000 wahlberechtigten Besatzungsmitgliedern aus fünf Mitgliedern (Abs. 2 Nr. 3). Im Gegensatz zu § 9, aber wie bei der Bordvertretung nach

§ 115 Abs. 2 Nr. 3, werden nur die wahlberechtigten Besatzungsmitglieder berücksichtigt. Wie ein Vergleich des Zahlenverhältnisses mit der Regelung in § 116 Abs. 2 Nr. 2 lit. a zeigt, besteht der Seebetriebsrat in den Fällen, in denen nach § 116 Abs. 2 Nr. 2 lit. b nur Arbeitnehmer der Landbetriebe wählbar sind, stets nur aus einer Person.

18 b) Für die Größe des Seebetriebsrats ist von der Zahl der wahlberechtigten Besatzungsmitglieder am Tag des Erlasses des Wahlausschreibens auszugehen (vgl. § 38 Abs. 2 Nr. 6 WOS). Ist eine entsprechende Zahl von wählbaren Personen nicht vorhanden oder nicht zur Übernahme des Amtes bereit, so gilt § 11. Die Zahl der Mitglieder des Seebetriebsrats bleibt grundsätzlich für die ganze Dauer des Amtes gleich; Veränderungen in der Zahl der wahlberechtigten Besatzungsmitglieder werden nur berücksichtigt, wenn nach Ablauf von zwei Jahren, gerechnet vom Tage der Wahl an, eine Vergrößerung oder Verkleinerung in dem in § 13 Abs. 2 Nr. 1 umschriebenen Rahmen stattgefunden hat (s. dort Rn. 17 ff.).

4. Zeitpunkt der Wahlen

19 Die Regelung des § 13 über den Zeitpunkt der Wahlen gilt für den Seebetriebsrat uneingeschränkt. Die regelmäßigen Wahlen finden danach alle drei Jahre in der Zeit vom 1. März bis 31. Mai statt (§ 13 Abs. 1). Die Ersten regelmäßigen Seebetriebsratswahlen konnten zwar noch nicht gemäß § 125 im Frühjahr 1972 stattfinden, weil die Wahlordnung Seeschifffahrt erst am 24. 10. 1972 erlassen wurde. § 125 hat aber über diesen konkreten Zeitraum hinaus deshalb Bedeutung, weil er den Anfang für den dreijährigen Wahlrhythmus bestimmt. Die Erste regelmäßige Wahl der Seebetriebsräte fand mit den allgemeinen Betriebsratswahlen im Jahre 1975 statt.

5. Bestellung des Wahlvorstands

20 Die **Wahl des Seebetriebsrats** ist durch einen **Wahlvorstand vorzubereiten und durchzuführen**. Eine nicht von einem Wahlvorstand durchgeführte Wahl ist nichtig (s. auch § 16 Rn. 1). Die Vorschriften über die **Bestellung** des Wahlvorstands sind gegenüber der allgemeinen Regelung in §§ 16 und 17 **erheblich modifiziert:**

21 a) Die Bestellung des Wahlvorstands ist in erster Linie **Aufgabe des Seebetriebsrats**. Besteht ein Seebetriebsrat, so hat er abweichend von § 16 Abs. 1 Satz 1 schon spätestens drei Monate vor Ablauf seiner Amtszeit einen Wahlvorstand zu bestellen, da die Vorbereitung der Wahlen alle Schiffe unabhängig von ihrem Standort erfassen muss (Abs. 2 Nr. 6). Aus dem gleichen Grund kann eine Ersatzbestellung durch das Arbeitsgericht abweichend von § 16 Abs. 2 Satz 1 bereits dann erfolgen, wenn zwei Monate vor Ablauf der Amtszeit des Seebetriebsrats kein Wahlvorstand besteht (Abs. 2 Nr. 6).

22 Endet die Amtszeit aus den in § 13 Abs. 2 Nr. 1 bis 3 genannten Gründen vorzeitig, so hat der Seebetriebsrat gemäß § 22 die Geschäfte vorläufig weiterzuführen. Er hat dann den Wahlvorstand unverzüglich zu bestellen (s. auch § 16 Rn. 22). Endet die Amtszeit durch Anfechtung der Wahl, so besteht kein Seebetriebsrat mehr, so dass die Bestellung des Wahlvorstands Aufgabe des Arbeitgebers und der im Seebetrieb vertretenen Gewerkschaften ist (s. Rn. 24). Wird der Seebetriebsrat nach § 23 Abs. 1 durch arbeitsgerichtliche Entscheidung aufgelöst (§ 13 Abs. 2 Nr. 5), so ist nach § 23 Abs. 2 allein das Arbeitsgericht zur Einsetzung eines Wahlvorstands befugt.

23 b) Der Wahlvorstand muss aus mindestens drei Wahlberechtigten bestehen, wobei einer von ihnen als Vorsitzender zu bestimmen ist (s. im Übrigen § 16 Rn. 8 ff.). Zu Mitgliedern des Wahlvorstands können nach § 116 Abs. 2 Nr. 7 Satz 1 auch im Landbetrieb des Seeschifffahrtsunternehmens beschäftigte Arbeitnehmer bestellt werden. Die Berufung von Besatzungsmitgliedern neben Arbeitnehmern des Landbetriebs ist ebenfalls zulässig (ebenso GL-*Kröger*, § 116 Rn. 15 f.; GK-*Wiese/Franzen*, § 116 Rn. 17).

24 c) Besteht **kein Seebetriebsrat**, so kommt hier **nicht** die Bestellung durch eine **Betriebsversammlung** in Betracht; denn auf der Ebene des Seebetriebs finden keine Betriebsver-

IV. Wahl und Zusammensetzung des Seebetriebsrats § 116

sammlungen statt. § 17 Abs. 2 bis 4 findet deshalb keine Anwendung (Abs. 2 Nr. 7 Satz 2). Vielmehr bestellt der Gesamtbetriebsrat oder, falls ein solcher nicht besteht, der Konzernbetriebsrat den Wahlvorstand. Fehlen beide oder unterlassen sie es, einen Wahlvorstand zu bestellen, ist der Wahlvorstand **gemeinsam vom Arbeitgeber und den im Seebetrieb vertretenen Gewerkschaften** zu bestellen (Abs. 2 Nr. 7 Satz 3). Eine Gewerkschaft ist im Seebetrieb vertreten, wenn ihr mindestens ein Besatzungsmitglied eines den Seebetrieb bildenden Seeschiffes angehört. Nach dem Gesetzeswortlaut ist erforderlich, dass *alle* im Seebetrieb vertretenen Gewerkschaften sich beteiligen. Einigen sich Arbeitgeber und Gewerkschaften nicht, so bestellt den Wahlvorstand das Arbeitsgericht auf Antrag des Arbeitgebers, einer im Seebetrieb vertretenen Gewerkschaft oder von mindestens drei wahlberechtigten Besatzungsmitgliedern. In dem Antrag können nach § 16 Abs. 2 Satz 2 Vorschläge für die Zusammensetzung des Wahlvorstands gemacht werden; ferner kann das Arbeitsgericht nach § 16 Abs. 2 Satz 3 Gewerkschaftsmitglieder in den Wahlvorstand berufen (Abs. 2 Nr. 7 Satz 5).

d) Für die Vorbereitung und Durchführung der Wahl gelten § 18 Abs. 1 und 3 sowie §§ 32 bis 58 WOS. 25

6. Wahlverfahren

a) Die **Wahlvorschriften** des § 14 gelten auch für die Wahl des Seebetriebsrats, ergänzt 26 durch die Bestimmungen der §§ 32 bis 58 WOS. Der Seebetriebsrat ist in geheimer und unmittelbarer Wahl zu wählen (s. § 14 Rn. 8 ff.). Die Wahl erfolgt grundsätzlich als Verhältniswahl (§ 14 Abs. 2 Satz 1 i. V. mit §§ 21 ff., 57 WOS; s. auch § 14 Rn. 24). Wird nur ein Wahlvorschlag gemacht, so findet die Wahl als Mehrheitswahl statt (§ 14 Abs. 2 Satz 1 i. V. mit §§ 24 f., 57 WOS; s. auch § 14 Rn. 37 ff.). Für den Fall, dass der Seebetriebsrat nur aus einer Person besteht, ist in einem getrennten Wahlgang ein Ersatzmitglied zu wählen (§§ 27 ff., 58 WOS). Das vereinfachte Wahlverfahren des § 14a findet gemäß Abs. 2 Nr. 5 auf die Wahl der Seebetriebsräte keine Anwendung.

Die Wahl erfolgt nach § 46 WOS allein durch **Briefwahl** (vgl. die Regelung der Stimm- 27 abgabe in §§ 47 ff. WOS).

b) **Gewählt** kann nur werden, wer in der **Wählbarkeitsliste** (§ 34 WOS) eingetragen und 28 auf einem **Wahlvorschlag** benannt ist. Vorschlagsberechtigt sind die wahlberechtigten Besatzungsmitglieder und die im Seebetrieb vertretenen Gewerkschaften (§ 14 Abs. 5). Über den Wahlvorschlag der Besatzungsmitglieder ist gegenüber der allgemeinen Regelung in § 14 Abs. 6 und 7 das Unterschriftenquorum auf drei bestimmt, auch wenn es nicht ein Zwanzigstel der wahlberechtigten Besatzungsmitglieder ausmacht (Abs. 2 Nr. 5). Dadurch wird die Aufstellung von Wahlvorschlägen erleichtert, „um zu ermöglichen, dass auch die Besatzungsmitglieder der kleineren Schiffe eigene Wahlvorschläge zum Seebetriebsrat einreichen können" (so die Begründung des RegE, BT-Drucks VI/1786, S. 57). Für die Frist und Form der Einreichung der Wahlvorschläge und ihre Behandlung durch den Wahlvorstand enthalten die §§ 39 ff., 57 und 58 WOS Vorschriften.

7. Wahlanfechtung

Die Wahl des Seebetriebsrats kann **angefochten** werden, wenn gegen wesentliche Vor- 29 schriften über das Wahlrecht, die Wählbarkeit oder das Wahlverfahren verstoßen worden ist und eine Berichtigung nicht erfolgt ist, es sei denn, dass durch den Verstoß das Wahlergebnis nicht geändert oder beeinflusst werden konnte; § 19 Abs. 1 gilt auch für die Wahl des Seebetriebsrats (s. über die Voraussetzungen der Anfechtbarkeit dort Rn. 4 ff.; über die Wirkung der Anfechtung Rn. 61 ff.). Lediglich das **Wahlanfechtungsverfahren** ist **den Besonderheiten der Seeschifffahrt angepasst** worden, wobei die Sonderregelung weitgehend § 115 Abs. 2 Nr. 9 nachgebildet ist (Abs. 2 Nr. 8; s. § 115 Rn. 37). Zur Anfechtung berechtigt sind gemäß § 19 Abs. 2 Satz 1 mindestens drei Wahlberechtigte, eine im Seebetrieb vertretene Gewerkschaft oder der Arbeitgeber. Die Wahlanfechtung ist hier aber nach § 116 Abs. 2 Nr. 8 Satz 2 nach Ablauf von drei Monaten seit Bekanntgabe des Wahlergebnisses (§ 55 Abs. 2 WOS i. V. mit § 38 Abs. 4 WOS) unzulässig, um die Rechtssicherheit und die Kontinuität der Betriebsratsarbeit nicht zu gefährden (so die Begründung des BT-Ausschusses für Arbeit und Sozialordnung, *zu* BT-Drucks. VI/2729, S. 34). Keine Rolle spielt, ob das Schiff inzwischen einen deutschen oder ausländischen Hafen mit Sitz eines Seemannsamtes angelaufen hat (ebenso GL-*Kröger*, § 116 Rn. 18; HSWGNR-*Hess*, § 116 Rn. 18; GK-*Wiese/Franzen*, § 116 Rn. 20). Diese Begrenzung gilt nur für den Seebetriebsrat, nicht für die Bordvertretung. Da der Wahlvorstand in der Regel am Sitz des Unternehmens tätig ist, kommt anders als bei der Wahl der Bordvertretung eine Einziehung der Wahlunterlagen durch das Seemannsamt auch dann nicht in Betracht, wenn die Wahlanfechtung zu Protokoll des Seemannsamtes erklärt wird. Die Anfechtungserklärung ist vom Seemannsamt unverzüglich an das für die Anfechtung zuständige Arbeitsgericht weiterzuleiten, wenn die Wahlanfechtung nicht dort, sondern zu Protokoll des Seemannsamtes erklärt wurde (Abs. 2 Nr. 8 Satz 4). Mit Zugang der Anfechtungserklärung beim Arbeitsgericht ist das Beschlussverfahren eingeleitet.

30 Außer einer anfechtbaren Wahl gibt es auch hier eine **nichtige Wahl** (s. § 115 Rn. 40; ausführlich § 19 Rn. 72 ff.).

V. Amtszeit des Seebetriebsrats

1. Regelmäßige Amtszeit

31 Die Vorschriften der §§ 21 bis 25 über die Amtszeit des Betriebsrats sind ohne Einschränkungen auch auf den Seebetriebsrat anwendbar (Abs. 2 Satz 1). Die regelmäßige Amtszeit des Seebetriebsrats beträgt nach § 21 vier Jahre. Sie beginnt mit der Bekanntgabe des Wahlergebnisses (§ 55 Abs. 2 WOS i. V. mit § 38 Abs. 4 WOS) oder, wenn zu diesem Zeitpunkt noch ein Seebetriebsrat besteht, mit Ablauf von dessen Amtszeit. Sie endet spätestens am 31. Mai des Jahres, in dem die regelmäßigen Wahlen stattfinden (s. ausführlich § 21 Rn. 11 ff.).

2. Vorzeitige Beendigung

32 Das Amt des Seebetriebsrats endet vor dem im Gesetz bestimmten Termin, wenn nach § 13 Abs. 2 ein neuer Seebetriebsrat zu wählen ist (s. § 13 Rn. 13 ff.). Außer in den dort genannten Fällen endet die Amtszeit auch dann, wenn alle Schiffe des Unternehmens unter fremde Flagge gestellt werden (ebenso GL-*Kröger*, § 116 Rn. 19; GK-*Wiese/Franzen*, § 116 Rn. 21) oder die Zahl der wahlberechtigten Besatzungsmitglieder endgültig unter fünf absinkt (s. § 115 Rn. 42).

3. Erlöschen der Mitgliedschaft

33 Die Mitgliedschaft im Seebetriebsrat endet über die in § 24 Abs. 1 genannten Fälle hinaus auch dann, wenn das Mitglied des Seebetriebsrats **nicht mehr Besatzungsmitglied** ist, vorausgesetzt, dass der **Seebetriebsrat** gemäß § 116 Abs. 2 Nr. 2 lit. a **nur aus Besatzungsmitgliedern** besteht (Abs. 2 Nr. 9 Satz 1). Die Eigenschaft als Besatzungsmitglied wird aber durch die Tätigkeit im Seebetriebsrat oder eine Beschäftigung gemäß § 116 Abs. 3 Nr. 2 im Landbetrieb nicht berührt (Abs. 2 Nr. 9 Satz 2). Diese vom BT-Ausschuss für Arbeit und Sozialordnung in das Gesetz eingefügte Klarstellung ist deshalb notwendig, weil der Seebetriebsrat grundsätzlich seine Tätigkeit an Land ausübt und daher eine Beschäftigung als Besatzungsmitglied auf einem Seeschiff des Seebetriebs ausscheidet (vgl. *zu* BT-Drucks. VI/2729, S. 34). Endet aber das Heuerverhältnis und wird das Besatzungsmitglied als Arbeitnehmer in den Landbetrieb des Seeschifffahrtsunternehmens übernommen, so scheidet es kraft Gesetzes aus dem Seebetriebsrat aus. Das Gleiche gilt, wenn das Besatzungsmitglied durch Änderung des Heuervertrags in den Dienst auf einem der in § 114 Abs. 4 Satz 2 genannten Schiffe übernommen wird.

Die Versetzung auf ein anderes Schiff führt hier anders als bei der Bordvertretung (§ 115 Abs. 3 Nr. 2) nicht zum Erlöschen der Mitgliedschaft im Seebetriebsrat; denn die Versetzung berührt nicht die Stellung als Besatzungsmitglied und die Zugehörigkeit zum Seebetrieb. Gleiches gilt bei längerer betrieblicher Abwesenheit infolge Urlaubs, Weiterbildung oder Ableistung des Grundwehrdienstes (ebenso GL-*Kröger*, § 116 Rn. 20; HSWGNR-*Hess*, § 116 Rn. 19; GK-*Wiese/Franzen*, § 116 Rn. 21).

VI. Organisation und Geschäftsführung des Seebetriebsrats

Nach § 116 Abs. 3 sind auf die Organisation und Geschäftsführung des Seebetriebsrats grundsätzlich die §§ 26 bis 41 entsprechend anwendbar. Abweichungen ergeben sich insbesondere deshalb, weil der Seebetriebsrat höchstens aus fünf Mitgliedern bestehen kann. Da Jugend- und Auszubildendenvertretungen im Seebetrieb nicht gebildet werden (§ 114 Abs. 5) und Schwerbehinderte wegen der Art der zu leistenden Arbeit an Bord von Kauffahrteischiffen nicht beschäftigt werden dürfen (Verordnung über die Seediensttauglichkeit vom 19. 8. 1970, BGBl. I S. 1241, zuletzt geändert durch VO vom 9. 9. 1975, BGBl. I S. 2507), finden § 29 Abs. 2 Satz 4, § 32, § 33 Abs. 3, § 35 Abs. 3 und § 39 Abs. 2 keine Anwendung (ebenso GL-*Kröger*, § 116 Rn. 21; GK-*Wiese/Franzen*, § 116 Rn. 22 und 23). Außerdem bestehen in erheblichem Umfang Sonderregelungen, weil der Seebetriebsrat grundsätzlich seine Tätigkeit an Land ausübt. 34

1. Organisation

a) Der Seebetriebsrat hat wie der Betriebsrat einen **Vorsitzenden** und einen stellvertretenden Vorsitzenden. Für deren Wahl gelten die gleichen Grundsätze wie bei der Wahl des Vorsitzenden des Betriebsrats und dessen Stellvertreter (s. § 26 Rn. 3 ff.). 35

Der Vorsitzende des Seebetriebsrats und sein Stellvertreter haben die gleiche Rechtsstellung wie der Vorsitzende des Betriebsrats und dessen Stellvertreter (s. ausführlich § 26 Rn. 33 ff.). 36

b) § 27 Abs. 1 bis 3 und § 28 finden keine Anwendung, weil der Seebetriebsrat aus höchstens fünf Mitgliedern besteht und ein Betriebsausschuss erst gebildet werden kann, wenn der Betriebsrat aus mindestens neun Mitgliedern besteht (§ 116 Abs. 2 Nr. 3, § 27 Abs. 1 Satz 1). Daher kann **kein Seebetriebsausschuss** errichtet werden, der die laufenden Geschäfte des Seebetriebsrats führt, und es können auch **keine weiteren Ausschüsse** gebildet werden. 37

Nach § 27 Abs. 4 kann der Seebetriebsrat aber die **laufenden Geschäfte** auf seinen Vorsitzenden oder andere Mitglieder des Seebetriebsrats übertragen (s. dazu auch § 27 Rn. 73 ff.; zum Begriff der laufenden Geschäfte § 27 Rn. 49 ff.). 38

2. Geschäftsführung

a) Die **Einberufung der konstituierenden Sitzung** des Seebetriebsrats spätestens eine Woche nach dem letzten Tag der Stimmabgabe (§ 49 WOS) durch den Wahlvorstand (§ 29 Abs. 1) wird nur dann möglich sein, wenn ein Arbeitnehmer des Landbetriebs zu wählen war oder alle gewählten Besatzungsmitglieder sich an Land befinden. Anderenfalls sind die gewählten Besatzungsmitglieder verpflichtet, unverzüglich nach Benachrichtigung von ihrer Wahl (§ 55 Abs. 1 WOS) auf schnellstmöglichem Weg zum Sitz des Seeschifffahrtsunternehmens zurückzukehren (ebenso GK-*Wiese/Franzen*, § 116 Rn. 24). Die Kosten der Reise hat gemäß § 40 Abs. 1 der Reeder zu tragen. Die konstituierende Sitzung ist alsdann unverzüglich einzuberufen. 39

Die **weiteren Sitzungen** beruft der Vorsitzende des Seebetriebsrats ein. § 29 findet entsprechende Anwendung, nicht aber § 29 Abs. 2 Satz 4 (s. Rn. 34). § 30 gilt auch für die Sitzungen des Seebetriebsrats, und unter den Voraussetzungen des § 31 besteht auch ein **Teilnahmerecht** für einen **Beauftragten einer im Seebetriebsrat vertretenen Gewerk-** 40 schaft; es genügt nicht, dass die Gewerkschaft im Seebetrieb vertreten ist, sondern ihr muss mindestens ein Mitglied des Seebetriebsrats angehören.

41   b) Wie der Betriebsrat kann auch der Seebetriebsrat **Beschlüsse** nur in einer Sitzung fassen. Es gilt für die Beschlussfassung und die Sitzungsniederschrift Gleiches wie beim Betriebsrat (§§ 33, 34). Eine Abweichung ergibt sich aber für die Beschlussfähigkeit, wenn der Seebetriebsrat in einer Angelegenheit nach diesem Gesetz innerhalb einer bestimmten Frist Stellung zu nehmen hat: Hier kann er abweichend von § 33 Abs. 2 ohne Rücksicht auf die Zahl der zur Sitzung erschienenen Mitglieder einen Beschluss fassen, wenn die Mitglieder ordnungsgemäß geladen worden sind (Abs. 3 Nr. 1). Für ein verhindertes Mitglied muss der Vorsitzende das Ersatzmitglied laden (Abs. 3 i. V. mit § 29 Abs. 2 Satz 6; s. auch § 29 Rn. 32; ebenso GK-*Wiese*, 7. Aufl., § 116 Rn. 26; a. A. GL-*Kröger*, § 116 Rn. 22; GK-*Wiese/Franzen* § 116 Rn. 26). Die Regelung über die Beschlussfähigkeit ist vor allem für die Mitbestimmung bei den personellen Einzelmaßnahmen nach §§ 99, 100 und bei Kündigungen nach § 102 von Bedeutung.

42   Da es eine Jugend- und Auszubildendenvertretung auf Seeschiffen nicht gibt (§ 114 Abs. 5), findet § 33 Abs. 3 keine Anwendung. Da auch die Voraussetzungen für eine Schwerbehindertenvertretung nicht bestehen (s. Rn. 34), läuft das in § 35 gegebene Aussetzungsrecht leer.

43   c) Für die **Kostenregelung** gilt Gleiches wie beim Betriebsrat (§ 40). § 115 Abs. 4 Satz 2 ist auf den Seebetriebsrat entsprechend anzuwenden, so dass der Seebetriebsrat in dem für seine Tätigkeit erforderlichen Umfang auch die für die Verbindung der Reederei zu den einzelnen Schiffen eingerichteten Mittel zur beschleunigten Übermittlung von Nachrichten in Anspruch nehmen kann (s. auch § 115 Rn. 61; ebenso GK-*Wiese/Franzen*, § 116 Rn. 50).

VII. Rechtsstellung der Seebetriebsratsmitglieder

44   Für die Rechtsstellung der Mitglieder des Seebetriebsrats gilt **grundsätzlich Gleiches wie für die Betriebsratsmitglieder** eines Landbetriebs (s. den Komm. zu § 37). Das Gesetz trifft aber **Sondervorschriften** über die **Beschäftigung**, das **Arbeitsentgelt** und die **Unterkunft** der Mitglieder des Seebetriebsrats, weil sie – abgesehen von dem Fall, dass ein Arbeitnehmer des Landbetriebs zu wählen war – Besatzungsmitglieder sind, die wegen ihrer Mitgliedschaft im Seebetriebsrat regelmäßig nicht mehr an Bord des Seeschiffes tätig sein können, zu dessen Besatzung sie gehören, und auch nicht nach § 38 stets in voller Zahl freizustellen sind.

1. Freistellung

45   Die in § 38 niedergelegte Regelung über die Freistellung von Betriebsratsmitgliedern gilt auch für den Seebetriebsrat. Dabei ist besonders misslich, dass die Bestimmung über die Größe des Seebetriebsrats in § 116 Abs. 2 Nr. 3 nicht an die Freistellungsregelung in § 38 Abs. 1 angepasst wurde. Deshalb ergeben sich folgende Möglichkeiten:

- Besteht der Seebetriebsrat aus einer Person (in Unternehmen mit 5 bis 400 wahlberechtigten Besatzungsmitgliedern), so ist diese freizustellen, wenn im Seebetrieb in der Regel 200 und mehr Besatzungsmitglieder beschäftigt werden.
- Bei einem aus drei Mitgliedern bestehenden Seebetriebsrat (in Unternehmen mit 401 bis 800 wahlberechtigten Besatzungsmitgliedern) sind mindestens freizustellen: Ein Mitglied, wenn im Seebetrieb nicht mehr als 500 Besatzungsmitglieder beschäftigt sind, ansonsten zwei Mitglieder.
- Bei einem aus fünf Mitgliedern bestehenden Seebetriebsrat (in Unternehmen mit mehr als 800 wahlberechtigten Besatzungsmitgliedern) sind mindestens freizustellen: Zwei Mitglieder in Seebetrieben mit in der Regel bis zu 900 Besatzungsmitgliedern, drei

VII. Rechtsstellung der Seebetriebsratsmitglieder § 116

Mitglieder in Seebetrieben bis in der Regel 1500 Besatzungsmitgliedern, vier Mitglieder in Seebetrieben bis in der Regel 2000 Besatzungsmitgliedern, alle Mitglieder in Seebetrieben mit in der Regel über 2000 Besatzungsmitgliedern.

Daraus folgt, dass ein nach § 116 Abs. 2 Nr. 2 lit. b gewählter Arbeitnehmer eines Landbetriebs nur unter den Voraussetzungen des § 37 Abs. 2 Anspruch auf Freistellung hat (s. auch zur Freistellung über die in § 38 festgelegte Mindestzahl hinaus § 38 Rn. 11 f.). Im Übrigen gilt § 38 auch hier für das Freistellungsverfahren.

2. Beschäftigung

a) Soweit die Mitglieder des Seebetriebsrats nicht freizustellen sind, hat der Arbeitgeber sie so zu **beschäftigen, dass sie durch ihre Tätigkeit nicht gehindert sind, die Aufgaben des Seebetriebsrats wahrzunehmen** (Abs. 3 Nr. 2 Satz 1). Das Gesetz geht zwar, wie schon die Existenz dieser Sondervorschrift zeigt, davon aus, dass eine weitere Tätigkeit an Bord eines zum Seebetrieb gehörenden Schiffes regelmäßig nicht mehr möglich ist (vgl. die Begründung des RegE, BT-Drucks. VI/1786, S. 57). Zwingend ausgeschlossen ist aber eine derartige Tätigkeit nicht; in Betracht kommt vor allem die Beschäftigung auf Seeschiffen, die häufig zum Sitz des Seebetriebsrats zurückkehren. Scheidet eine Beschäftigung im Seebetrieb aus, so ist das Mitglied auf einem Arbeitsplatz zu beschäftigen, der seinen Fähigkeiten und Kenntnissen und seiner bisherigen beruflichen Stellung entsprechen soll (Abs. 3 Nr. 2 Satz 2). In Betracht kommt vor allem die Beschäftigung an Bord von Schiffen, die nach § 114 Abs. 4 Satz 2 als Teil eines Landbetriebs gelten, weil sie in der Regel binnen 24 Stunden nach dem Auslaufen an den Sitz des Landbetriebs zurückkehren (ebenso GL-*Kröger*, § 116 Rn. 24; GK-*Wiese/Franzen*, § 116 Rn. 28 i. V. mit § 114 Rn. 15). Soweit eine Beschäftigung nur im Landbetrieb möglich ist, wird es allerdings erhebliche Schwierigkeiten bereiten, wegen der gegenüber Landbetrieben völlig verschiedenen Ausbildung und des weithin nur in der Seeschifffahrt einsetzbaren Erfahrungswissens einen entsprechenden Arbeitsplatz zu finden, wenn das Besatzungsmitglied eine nicht ganz untergeordnete Stellung eingenommen hat. Daher ist § 116 Abs. 3 Nr. 2 Satz 2 im Gegensatz zu der entsprechenden Bestimmung des § 116 Abs. 10 Satz 2 RegE (BT-Drucks. VI/1786, S. 26) nicht als Mussvorschrift, sondern nur als *Sollvorschrift* gestaltet. Abweichungen sind in entsprechender Anwendung von § 37 Abs. 5 insbesondere dann zulässig, wenn zwingende betriebliche Notwendigkeiten entgegenstehen (ebenso GK-*Wiese/Franzen*, § 116 Rn. 28).

b) Der **Arbeitsplatz ist im Einvernehmen mit dem Seebetriebsrat zu bestimmen** (Abs. 3 Nr. 2 Satz 3). Kommt eine Einigung über die Bestimmung des Arbeitsplatzes nicht zustande, so entscheidet die **Einigungsstelle** mit bindender Wirkung (Abs. 3 Nr. 2 Satz 4 und 5). Die Einigungsstelle hat hier die Kompetenz zur verbindlichen Entscheidung in einem Regelungsstreit. Sowohl der Arbeitgeber als auch der Seebetriebsrat können sie einseitig anrufen. Der Spruch der Einigungsstelle ersetzt die Einigung zwischen Arbeitgeber und Seebetriebsrat. Er unterliegt der arbeitsgerichtlichen Rechtskontrolle. Wird geltend gemacht, die Einigungsstelle habe bei der Bestimmung des Arbeitsplatzes die Grenzen des Ermessens überschritten, so ist für die Anrufung des Arbeitsgerichts die Zwei-Wochen-Frist des § 76 Abs. 5 Satz 4 zu wahren. Können Arbeitgeber und Seebetriebsrat sich über die Bestimmung des Arbeitsplatzes auch nicht vorläufig einigen, so kann das Arbeitsgericht auf Antrag im Beschlussverfahren eine einstweilige Verfügung erlassen (§ 85 Abs. 2 ArbGG i. V. mit § 940 ZPO; ebenso GK-*Wiese/Franzen*, § 116 Rn. 29).

Die Zuweisung eines anderen Arbeitsplatzes ist zugleich eine **personelle Einzelmaßnahme i. S. des § 99 Abs. 1 Satz 1.** Bei Versetzung innerhalb des Seebetriebs wird das Mitbestimmungsrecht aber durch die Sonderregelung des Abs. 3 Nr. 2 verdrängt (ebenso GK-*Wiese/Franzen*, § 116 Rn. 30). Bei Wechsel zu einem Landbetrieb handelt es sich um die Versetzung in einen anderen Betrieb, die aus der Sicht des Gastbetriebs eine Einstellung darstellt (ebenso GL-*Kröger*, § 116 Rn. 25; GK-*Wiese/Franzen*, § 116

Rn. 30). Besteht ein Gesamtbetriebsrat (s. Rn. 66), so ist er für die Erteilung der Zustimmung nach Abs. 3 Nr. 2 Satz 3 zuständig, da der Seebetrieb und der Landbetrieb betroffen sind und das Mitbestimmungsrecht nur einheitlich ausgeübt werden kann (ebenso GL-*Kröger*, § 116 Rn. 25; GK-*Wiese/Franzen*, § 116 Rn. 30).

3. Arbeitsentgeltgarantie

49 a) Eine Konkretisierung der in § 37 Abs. 4 enthaltenen Arbeitsentgeltgarantie gibt § 116 Abs. 3 Nr. 3: Den Mitgliedern des Seebetriebsrats, die Besatzungsmitglieder sind, ist die **Heuer** auch dann **fortzuzahlen**, wenn sie im **Landbetrieb beschäftigt** werden. Neben der Grundheuer (§ 30 Abs. 2 Satz 1 SeemG) gehören hierzu vor allem auch die verschiedenartigen Zulagen und Zuschläge (vgl. *Schweden/Franz,* SeemG, § 30 Rn. 7; *Giesen,* MünchArbR § 333 Rn. 23). Soweit diese Zulagen mit der zuletzt konkret ausgeübten Tätigkeit an Bord notwendig verbunden waren, sind sie auch den Mitgliedern des Seebetriebsrats fortzuzahlen. Dazu gehören insbesondere im Bereich der Seeschifffahrt die Schmutzarbeitszulage, die Tankerzulage, die Funkdienstzulage, die Ladungszulage und der Fahrgastzuschlag (vgl. §§ 38 ff. und Anlage III MTV Seeschifffahrt a. F.). Die sonstigen Zuschläge und Zulagen werden dagegen für eine außergewöhnliche, nicht die Art der Tätigkeit selbst prägende Belastung gewährt. Das gilt insbesondere für die Überstunden- und die Sonntags- und Nachtarbeitsvergütung, die im MTV Seeschifffahrt jedoch in der Gesamtvergütung als Festheuer enthalten sind (vgl. § 15 MTV Seeschifffahrt 2002). Besteht das Arbeitsentgelt wie in der Hochseefischerei ganz oder teilweise in einem Anteil am Fangerlös, so hat das Seebetriebsratsmitglied Anspruch auf geldliche Bezüge, wie sie ein Besatzungsmitglied in seiner Stellung an Bord des Schiffes erhält, auf dem es nach seinem Heuervertrag Dienst zu leisten hätte. Die Feststellung der maßgebenden Heuer kann Schwierigkeiten bereiten, weil die Höhe der Zuschläge und Zulagen schwankt. Hinzu kommt, dass oft nicht bekannt ist, auf welchem Schiff das Seebetriebsratsmitglied künftig gefahren wäre, da viele Besatzungsmitglieder zur Dienstleistung auf jedem Schiff des Reeders verpflichtet sind (§ 27 Abs. 1 Halbsatz 2 und Abs. 2 SeemG, § 6 Abs. 4 MTV Seeschifffahrt 2002). Da es nach dem Zweck des Abs. 3 Nr. 3 auf den hypothetischen Verdienst ankommt und nicht darauf, welches Entgelt das Seebetriebsratsmitglied zufällig im letzten Monat vor Amtsantritt erhalten hat, ist es sinnvoll, wie bei der Berechnung der Urlaubsbezüge nach § 24 Abs. 1 MTV Seeschifffahrt 2002, auf den durchschnittlichen Bruttoverdienst der letzten sechs Monate vor Amtsantritt abzustellen. Möglich ist aber auch, den Verdienst entsprechend § 37 Abs. 4 nach den Durchschnittsbezügen vergleichbarer Besatzungsmitglieder des Seeschifffahrtsunternehmens zu bestimmen (vgl. GL-*Kröger,* § 116 Rn. 26; GK-*Wiese/Franzen,* § 116 Rn. 32).

50 **Sachbezüge** sind nach § 116 Abs. 3 Nr. 3 Satz 2 **angemessen abzugelten.** Hierzu zählt insbesondere die Verpflegung, auf die die Besatzungsmitglieder nach § 39 SeemG Anspruch haben. Als angemessene Abgeltung dürfte dabei das in den Heuertarifverträgen festgesetzte normale Verpflegungsgeld anzusehen sein (vgl. § 16 MTV Seeschifffahrt 2002; ebenso GL-*Kröger,* § 116 Rn. 28; GK-*Wiese/Franzen,* § 116 Rn. 33). Die Pflicht zur Abgeltung erfasst auch den Anspruch auf Stellung einer Uniform (§ 19 MTV Seeschifffahrt 2002). Sachbezüge sind weiterhin die in der Hochseefischerei üblichen Fischdeputate. Zu den Sachbezügen zählt dagegen nicht die den Besatzungsmitgliedern nach § 41 SeemG zustehende freie Unterkunft an Bord, da hierfür § 116 Abs. 3 Nr. 4 eine Sonderregelung trifft (s. Rn. 53). Bei der Berechnung der Abgeltung ist zu berücksichtigen, was das Seebetriebsratsmitglied auf Grund seiner Tätigkeit an Land erspart (ebenso GL-*Kröger,* § 116 Rn. 28; GK-*Wiese/Franzen,* § 116 Rn. 33).

51 b) Die **Heuergarantie** spielt **keine Rolle,** wenn der **neue Arbeitsplatz höherwertig** ist. In diesem Fall ist das diesem Arbeitsplatz entsprechende Arbeitsentgelt zu zahlen (Abs. 3 Nr. 3 Satz 3).

c) Die Regelung in § 116 Abs. 3 Nr. 3 wird **durch § 37 Abs. 4 ergänzt.** Das Arbeitsentgelt von Mitgliedern des Seebetriebsrats darf einschließlich eines Zeitraums von einem Jahr nach Beendigung der Amtszeit nicht geringer bemessen werden als das Arbeitsentgelt vergleichbarer Besatzungsmitglieder mit der an Bord üblichen beruflichen Entwicklung. Für freigestellte Besatzungsmitglieder erhöht sich dieser Zeitraum unter den Voraussetzungen des § 38 Abs. 3 auf zwei Jahre nach Ablauf der Amtszeit.

52

4. Sonderregelung über die Unterkunft

Da die Besatzungsmitglieder gemäß § 41 SeemG an Bord freie Unterkunft haben, der Seebetriebsrat aber an Land tätig ist, trifft § 116 Abs. 3 Nr. 4 eine Sonderregelung über die Unterkunft der in den Seebetriebsrat gewählten Besatzungsmitglieder: Wenn der **Arbeitsplatz** sich **nicht am Wohnort** befindet, ist unter Berücksichtigung der örtlichen Verhältnisse über die Unterkunft der in den Seebetriebsrat gewählten Besatzungsmitglieder eine **Regelung zwischen dem Seebetriebsrat und dem Arbeitgeber** zu treffen. Kommt eine Einigung nicht zustande, so entscheidet die **Einigungsstelle** mit bindender Wirkung (s. auch Rn. 47). Obwohl im Gesetz nicht ausdrücklich bestimmt, kann die hier niedergelegte Regelungsnotwendigkeit nur den Sinn haben, dass der Arbeitgeber verpflichtet ist, die Kosten der Unterkunft nach § 40 Abs. 1 zu tragen (ebenso GL-*Kröger*, § 116 Rn. 29; GK-*Wiese/Franzen*, § 116 Rn. 35). Die Freizügigkeit des einzelnen Mitglieds wird durch diese Regelung nicht berührt. Obwohl nach dem Gesetzeswortlaut Voraussetzung ist, dass der Arbeitsplatz sich nicht am Wohnort befindet, das Gesetz also davon ausgeht, dass das Seebetriebsratsmitglied arbeitet, gilt die Regelung auch für die freigestellten Mitglieder des Seebetriebsrats; denn auch hier kann der Fall eintreten, dass das Besatzungsmitglied außerhalb seines Wohnortes tätig ist, um die ihm obliegenden Aufgaben zu erfüllen (ebenso GL-*Kröger*, § 116 Rn. 29; GK-*Wiese/Franzen*, § 116 Rn. 35 i. V. mit Rn. 31).

53

VIII. Zutritt des Seebetriebsrats zu den Schiffen und Betätigung an Bord

Da der Seebetriebsrat seine Tätigkeit an Land ausübt, sind besondere Vorschriften notwendig, die den Kontakt zu den von ihm repräsentierten Besatzungsmitgliedern gewährleisten (Abs. 3 Nr. 5 bis 8).

54

1. Zutritt zu den Schiffen des Seebetriebs

Nach § 116 Abs. 3 Nr. 5 Satz 1 hat der Seebetriebsrat das **Recht, jedes zum Seebetrieb gehörende Schiff zu betreten.** Er bedarf dazu nicht der Erlaubnis des Kapitäns; § 111 SeemG findet keine Anwendung. Da der Kapitän aber die Schiffsgewalt hat, ist er vorher zu unterrichten; denn er muss wissen, wer sich an Bord aufhält (ebenso GL-*Kröger*, § 116 Rn. 32; HSWGNR-*Hess*, § 116 Rn. 29; GK-*Wiese/Franzen*, § 116 Rn. 41). Der Seebetriebsrat kann an Bord des Schiffes im Rahmen seiner Aufgaben tätig werden. Dazu gehören insbesondere die Durchführung von Sprechstunden und Bordversammlungen (Abs. 3 Nr. 6 bis 8), die Teilnahme an den Sitzungen der Bordvertretung mit beratender Stimme (s. § 115 Rn. 53), sonstige Beratungen mit Mitgliedern der Bordvertretung, die Entgegennahme von Beschwerden der Besatzungsmitglieder (§ 85), soweit hierfür nicht die Bordvertretung zuständig ist (s. § 115 Rn. 95), sowie alle Tätigkeiten, die im Rahmen seiner Zuständigkeit zur Erfüllung seiner allgemeinen Überwachungspflicht nach § 80 Abs. 1 Nr. 1 erforderlich sind (s. zum Teilnahmerecht an Sitzungen des auf dem Schiff errichteten Arbeitsschutzausschusses § 115 Rn. 108). Der Kapitän darf die Mitglieder des Seebetriebsrats nicht in der Ausübung ihrer Tätigkeit stören oder behindern (§ 78 Satz 1). Er kann daher Maßnahmen nur insoweit ergreifen, als sie zur Aufrechterhaltung des ordnungsgemäßen Schiffsbetriebs dringend erforderlich sind. Da die Anwesenheit an

55

Bord nicht den Schiffsbetrieb beeinträchtigen kann, darf der Kapitän nicht das Betreten des Schiffes untersagen (ebenso DKK-*Berg*, 5. Aufl., § 116 Rn. 34; a. A. GL-*Kröger*, § 116 Rn. 32; HSWGNR-*Hess*, § 116 Rn. 29; GK-*Wiese/Franzen*, § 116 Rn. 41). Er kann vielmehr lediglich bestimmte Tätigkeiten verbieten, wenn durch sie der ordnungsgemäße Schiffsbetrieb beeinträchtigt wird, darf aber auch insoweit nicht darauf Einfluss nehmen, wie der Seebetriebsrat seine Aufgaben an Bord erfüllt.

56 Das in § 116 Abs. 3 Nr. 5 eingeräumte Zutritts- und Betätigungsrecht kann, wie sich allerdings erst aus § 116 Abs. 3 Nr. 7 ergibt, grundsätzlich nur in einem Hafen innerhalb des Geltungsbereichs dieses Gesetzes ausgeübt werden (s. auch Rn. 60; ebenso GL-*Kröger*, § 116 Rn. 32; GK-*Wiese/Franzen*, § 116 Rn. 39).

2. Einblicksrecht in Schiffstagebücher

57 Auf Verlangen des Seebetriebsrats hat der Kapitän ihm Einsicht in die an Bord befindlichen Schiffstagebücher zu gewähren. Das ergibt sich aus § 116 Abs. 3 Nr. 5 Satz 2, der infolge eines Redaktionsversehens auf § 115 Abs. 7 Nr. 5 Satz 1 verweist, aber § 115 Abs. 7 Nr. 6 Satz 1 meint. § 116 Abs. 13 RegE, der ohne Änderungen in das Gesetz übernommen werden sollte (vgl. den Bericht des BT-Ausschusses für Arbeit und Sozialordnung, *zu* BT-Drucks. VI/2729, S. 34), verwies auf § 115 Abs. 15 Satz 1 RegE, der im Gesetz dem § 115 Abs. 7 Nr. 6 Satz 1 entspricht. Mit der Verweisung auf § 115 Abs. 7 Nr. 5 Satz 1 wiederholt dagegen das Gesetz das dem Seebetriebsrat mit fast gleich lautender Formulierung und unter zutreffender systematischer Einordnung in § 116 Abs. 6 Nr. 2 eingeräumte Recht auf regelmäßige und umfassende Unterrichtung über den Schiffsbetrieb des Seeschifffahrtsunternehmens. Berücksichtigt man weiterhin die Bedeutung, die Schiffstagebücher als Beweismittel in den der Mitwirkung und Mitbestimmung der Arbeitnehmer unterliegenden Angelegenheiten haben (s. § 115 Rn. 92), so wird verständlich, dass auch der Seebetriebsrat das Recht haben muss, Einsicht in diese Bücher zu nehmen. Die Verweisung in § 116 Abs. 3 Nr. 5 Satz 2 auf § 115 Abs. 7 Nr. 5 Satz 1 beruht daher offenbar auf einem Redaktionsfehler und muss als Verweisung auf § 115 Abs. 7 Nr. 6 Satz 1 verstanden werden (a. A. HSWGNR-*Hess*, § 116 Rn. 28; GK-*Wiese/Franzen*, § 116 Rn. 43; wohl auch GL-*Kröger*, § 116 Rn. 34).

3. Sprechstunden und Bordversammlungen

58 a) Liegt ein Schiff in einem Hafen innerhalb des Geltungsbereichs dieses Gesetzes, so kann der Seebetriebsrat nach § 116 Abs. 3 Nr. 6 selbst **Sprechstunden** abhalten. Der Kapitän ist davon vorher nur zu unterrichten. Eine Vereinbarung über Zeit und Ort der Sprechstunden gemäß § 39 Abs. 1 Satz 2 ist daher hier nicht erforderlich (ebenso GL-*Kröger*, § 116 Rn. 34; HSWGNR-*Hess*, § 116 Rn. 31; GK-*Wiese/Franzen*, § 116 Rn. 47). Der Kapitän hat für diese Sprechstunden nach § 40 Abs. 2 in erforderlichem Umfang Räume, sachliche Mittel und Büropersonal zur Verfügung zu stellen.

59 b) Unter den gleichen Voraussetzungen kann der Seebetriebsrat **Bordversammlungen** durchführen (Abs. 3 Nr. 6). Sie werden gemäß § 43 Abs. 1 von ihm einberufen und gemäß § 42 Abs. 1 von seinem Vorsitzenden geleitet. Der Seebetriebsrat ist zur Einberufung von Bordversammlungen nur berechtigt, nicht aber verpflichtet (s. zum Verhältnis der vom Seebetriebsrat einberufenen Bordversammlungen zu den gemäß § 43 Abs. 1 von der Bordvertretung einberufenen Versammlungen § 115 Rn. 69). Soweit der Seebetriebsrat aber eine Bordversammlung durchführt, ist er verpflichtet, einen Tätigkeitsbericht zu erstatten.

4. Ausübungsort bei einjähriger Abwesenheit von einem inländischen Hafen

60 Läuft ein Schiff **innerhalb eines Kalenderjahres keinen Hafen im Geltungsbereich dieses Gesetzes** an, so kann der Seebetriebsrat das Recht, jedes zum Seebetrieb gehören-

de Schiff zu betreten und dort im Rahmen seiner Aufgaben tätig zu werden, Einblick in die Schiffstagebücher zu verlangen, Sprechstunden an Bord abzuhalten und Bordversammlungen der Besatzungsmitglieder durchzuführen, in allen **europäischen Häfen** ausüben (Abs. 3 Nr. 7). Welche Häfen dazu gehören, bestimmt sich nach der Verkehrsauffassung; die veraltete Bestimmung des § 483 HGB kann dazu nicht herangezogen werden (ebenso GK-*Wiese/Franzen*, § 116 Rn. 37). Als (deutsche) Häfen gelten, im Gegensatz zu § 63 Abs. 3 Satz 1 2. HS SeemG, nicht die Schleusen des Nordostseekanals (Abs. 3 Nr. 7 Satz 2). Daraus folgt, dass auch dann, wenn ein Schiff innerhalb eines Kalenderjahres die Schleusen des Nordostseekanals anläuft, die in § 116 Abs. 3 Nr. 5 und 6 enthaltenen Rechte in allen europäischen Häfen ausgeübt werden können.

Die **Einwilligung des Reeders** ist **nicht erforderlich**. Dieser hat gemäß § 40 Abs. 1 die 61 Kosten für Reise und Unterkunft zu tragen, wenn der Seebetriebsrat in einem europäischen Hafen seine gesetzlichen Rechte ausübt. Jedoch ist nicht erforderlich, dass alle Mitglieder des Seebetriebsrats reisen, um die Aufgaben ordnungsgemäß zu erfüllen; der Reeder ist zur Kostentragung nur in den Grenzen der Notwendigkeit und Verhältnismäßigkeit verpflichtet (s. auch § 40 Rn. 6 ff.; ebenso GL-*Kröger*, § 116 Rn. 39 f.; HSWGNR-*Hess*, § 116 Rn. 34; GK-*Wiese/Franzen*, § 116 Rn. 49). Aus der Fristbestimmung in Nr. 7 folgt außerdem, dass der Seebetriebsrat die ihm in Nr. 5 und 6 eingeräumten Rechte in einem europäischen Hafen außerhalb des Geltungsbereichs dieses Gesetzes grundsätzlich nur einmal im Kalenderjahr ausüben darf (ebenso ArbG Hamburg 25. 3. 1975 SeeAE Nr. 3 zu § 116 BetrVG; GL-*Kröger*, § 116 Rn. 37; GK-*Wiese/ Franzen*, § 116 Rn. 39; s. aber auch Rn. 62 ff.).

5. Sprechstunden und Bordversammlungen in ausländischen Liegehäfen des Schiffes

a) Eine Sonderregelung enthält § 116 Abs. 3 Nr. 8 insoweit, als Sprechstunden und 62 Bordversammlungen in Liegehäfen des Schiffes außerhalb des Geltungsbereichs dieses Gesetzes im **Einvernehmen mit dem Arbeitgeber** durchgeführt werden können, wenn ein **dringendes Bedürfnis** hierfür besteht. Es spielt in diesem Fall keine Rolle, ob das Schiff innerhalb eines Jahres einen deutschen Hafen anläuft, und es ist auch unerheblich, ob es sich bei dem Liegehafen um einen europäischen Hafen handelt (ebenso ArbG Hamburg 25. 3. 1975, SeeAE Nr. 3 zu § 116 BetrVG; GL-*Kröger*, § 116 Rn. 38; HSWGNR-*Hess*, § 116 Rn. 33; GK-*Wiese/Franzen*, § 116 Rn. 45). Deshalb kommt auch in Betracht, dass im Rahmen von § 116 Abs. 3 Nr. 8 Sprechstunden und Bordversammlungen in **außereuropäischen Liegehäfen** des Schiffes durchgeführt werden. Voraussetzung ist lediglich, dass ein dringendes Bedürfnis hierfür besteht. Diese Voraussetzung ist erfüllt, wenn der Seebetriebsrat auf Grund eines besonderen Anlasses annehmen kann, dass die Durchführung einer Sprechstunde oder Bordversammlung keinen Aufschub verträgt (ebenso HSWGNR-*Hess*, § 116 Rn. 33; GK-*Wiese/Franzen*, § 116 Rn. 45). Außerdem verlangt das Gesetz, dass die Sprechstunden und Bordversammlungen im Einvernehmen mit dem Arbeitgeber durchgeführt werden; es genügt also nicht die Unterrichtung des Kapitäns, sondern es ist die Zustimmung des *Reeders* erforderlich.

b) Kommt **keine Einigung mit dem Arbeitgeber** zustande, so entscheidet die **Eini-** 63 **gungsstelle mit bindender Wirkung** (Abs. 3 Nr. 8 Satz 2 und 3). Sie entscheidet nicht nur darüber, ob für die Abhaltung der Sprechstunden oder die Durchführung der Bordversammlungen ein dringendes Bedürfnis besteht, sondern sie legt auch fest, in welchem Liegehafen des Schiffes die Sprechstunden und Bordversammlungen durchgeführt werden.

Der Spruch der Einigungsstelle ersetzt die Einigung zwischen Arbeitgeber und See- 64 betriebsrat (Abs. 3 Nr. 8 Satz 3). Die Einigungsstelle trifft eine Rechtsentscheidung, soweit sie die Frage beantwortet, ob ein dringendes Bedürfnis dafür besteht, Sprechstunden und Bordversammlungen, abweichend von § 116 Abs. 3 Nr. 6 und 7, auch in anderen Liegehäfen des Schiffes durchzuführen. Kommt sie zu dem Ergebnis, dass dieses Bedürfnis besteht, so muss sie selbst die Entscheidung an Stelle des Arbeitgebers und des Seebetriebsrats treffen, wo die Sprechstunden und Bordversammlungen durchgeführt werden, also eine Regelung vornehmen, für die die allgemeine Rahmenbegrenzung nach § 76 Abs. 5 Satz 3 maßgebend ist.

65 Der Spruch der Einigungsstelle unterliegt der **arbeitsgerichtlichen Rechtskontrolle.** Wird geltend gemacht, die Einigungsstelle habe die Grenzen des Ermessens überschritten, so ist die Zwei-Wochen-Frist des § 76 Abs. 5 Satz 4 zu wahren. Hier stellt sich die schwierige Frage, ob diese Frist auch einzuhalten ist, wenn geltend gemacht wird, die Einigungsstelle habe bei ihrer Entscheidung verkannt, dass ein dringendes Bedürfnis für die Durchführung der Sprechstunden und Bordversammlungen in anderen Liegehäfen des Schiffes, als in § 116 Abs. 3 Nr. 6 und 7 genannt, bestand. Hat die Einigungsstelle insoweit eine positive Entscheidung getroffen und deshalb den Liegehafen festgelegt, wo der Seebetriebsrat die Sprechstunde bzw. die Bordversammlung durchgeführt, so liegt eine *Regelungsentscheidung* vor, bei der das Erfordernis eines dringenden Bedürfnisses lediglich die Grenzen des Ermessens verstärkt, so dass auch insoweit die Zwei-Wochen-Frist zu wahren ist (a. A. GK-*Wiese/Franzen,* § 116 Rn. 45). Kommt die Einigungsstelle dagegen zu einem negativen Ergebnis, verneint sie also das dringende Bedürfnis, so ist dies eine *Rechtsentscheidung*. Da im Rahmen einer Rechtsentscheidung kein Ermessen besteht, sondern lediglich ein Beurteilungsspielraum gegeben sein kann, wie es hier der Fall ist, weil die Entscheidung von der Konkretisierung eines unbestimmten Rechtsbegriffs abhängt, besteht nicht die Zwei-Wochen-Frist des § 76 Abs. 5 Satz 4 (s. auch § 76 Rn. 128).

IX. Seebetriebsrat, Gesamtbetriebsrat und Konzernbetriebsrat

66 Da die §§ 47 bis 59 über den Gesamtbetriebsrat und den Konzernbetriebsrat für die Bordvertretung keine Anwendung finden (§ 115 Abs. 6), nimmt der Seebetriebsrat die dort dem Betriebsrat übertragenen Aufgaben, Befugnisse und Pflichten wahr (§ 116 Abs. 5). Ein **Gesamtbetriebsrat** ist daher nach § 47 Abs. 1 dann zu bilden, wenn in einem Seeschifffahrtsunternehmen ein Seebetriebsrat und ein oder mehrere Betriebsräte für die Landbetriebe bestehen. Für die Bildung des Gesamtbetriebsrats hat der Seebetriebsrat die gleichen Aufgaben, Befugnisse und Pflichten wie ein Betriebsrat. Der Gesamtbetriebsrat ist nach § 50 Abs. 1 für die Behandlung der Angelegenheiten zuständig, die das Gesamtunternehmen oder See- und Landbetrieb gemeinsam betreffen und nicht durch den Seebetriebsrat und den Betriebsrat bzw. die Betriebsräte geregelt werden können (s. im Übrigen § 50 Rn. 3 ff.). Darüber hinaus kann der Seebetriebsrat wie auch jeder Betriebsrat an Land den Gesamtbetriebsrat beauftragen, eine Angelegenheit für ihn zu behandeln (§ 50 Abs. 2; s. dort Rn. 53 ff.). Der Gesamtbetriebsrat nimmt daher im Wesentlichen die Aufgaben wahr, die nach § 117 RegE ein eigener Reedereibetriebsrat behandeln sollte (vgl. BT-Drucks. VI/1786, S. 26).

67 Ist das Seeschifffahrtsunternehmen einem Konzern eingegliedert (s. zum Konzernbegriff i. S. des BetrVG § 54 Rn. 3 ff.) und ist nach § 54 ein **Konzernbetriebsrat** errichtet, so nimmt auch insoweit der Seebetriebsrat die Aufgaben eines Betriebsrats wahr, wenn für das Seeschifffahrtsunternehmen kein Gesamtbetriebsrat besteht. Jedoch gilt dies nur für den Fall, dass ein Landbetrieb nicht vorhanden oder nicht betriebsratsfähig ist, nicht dagegen, wenn ein betriebsratsfähiger Landbetrieb besteht (s. auch § 54 Rn. 55 f.). Der Konzernbetriebsrat ist nach § 58 Abs. 1 für die Behandlung der Angelegenheiten zuständig, die den Konzern, mehrere Konzernunternehmen, mehrere Seebetriebe oder den See- und Landbetrieb verschiedener Konzernunternehmen betreffen und nicht durch die einzelnen Gesamtbetriebsräte innerhalb ihrer Unternehmen geregelt werden können (s. auch § 58 Rn. 5 ff.).

Da in Seebetrieben Jugend- und Auszubildendenvertretungen nicht gebildet werden, kann eine **Gesamt-Jugend- und Auszubildendenvertretung** und eine **Konzern-Jugend- und Auszubildendenvertretung** nur von den **Jugend- und Auszubildendenvertretungen der Landbetriebe** gebildet werden. Ihr Aufgabenbereich beschränkt sich auf die dort beschäftigten jugendlichen und auszubildenden Arbeitnehmer, erstreckt sich also nicht auf die im Seebetrieb beschäftigten jugendlichen und auszubildenden Arbeitnehmer. **68**

X. Mitwirkung und Mitbestimmung durch den Seebetriebsrat

1. Zuständigkeit des Seebetriebsrats

Die Zuständigkeitsregelung in § 116 Abs. 6 Nr. 1 entspricht der Regelung für die Zuständigkeit der Bordvertretung in § 115 Abs. 7 Nr. 1 (s. ausführlich § 115 Rn. 71 ff.). In die Kompetenz des Seebetriebsrats fallen daher vor allem jene Angelegenheiten, zu deren Regelung der Kapitän nicht befugt ist. Der Schwerpunkt der Kompetenz des Seebetriebsrats liegt daher weniger in der Mitbestimmung in sozialen Angelegenheiten als vielmehr in der Mitwirkung bei Planungen nach § 90 und § 92 und vor allem in der Mitbestimmung bei personellen Einzelmaßnahmen nach §§ 99 bis 105 (s. § 115 Rn. 109 und 110 ff.). **69**

2. Informationsrecht über den Schiffsbetrieb des Seeschifffahrtsunternehmens

Die dem Arbeitgeber nach § 80 Abs. 2 obliegende allgemeine Unterrichtungspflicht wird durch § 116 Abs. 6 Nr. 2 konkretisiert und modifiziert, aber nicht verdrängt (ebenso GK-*Wiese/Franzen*, § 116 Rn. 56; DKK-*Berg*, 5. Aufl., § 116 Rn. 49; a. A. GL-*Kröger*, § 116 Rn. 47). Der Seebetriebsrat hat das Recht auf regelmäßige und umfassende Unterrichtung über den Schiffsbetrieb des Seeschifffahrtsunternehmens. Wie sich aus § 115 Abs. 7 Nr. 5 Satz 3 ergibt, gehören zum Schiffsbetrieb insbesondere die Schiffssicherheit, die Reiserouten, die voraussichtlichen Ankunfts- und Abfahrtszeiten sowie die zu befördernde Ladung. Der Reeder hat den Seebetriebsrat regelmäßig und umfassend zu unterrichten und ihm dabei die erforderlichen Unterlagen vorzulegen. Er ist aber anders als nach § 80 Abs. 2 Satz 2 nicht verpflichtet, sie ihm zur Verfügung zu stellen (s. auch § 115 Rn. 89 ff.). **70**

3. Beteiligung in wirtschaftlichen Angelegenheiten

Der **Seebetriebsrat** ist wegen der Regelung in § 115 Abs. 7 **ausschließlich zuständig für die Mitwirkung und Mitbestimmung in wirtschaftlichen Angelegenheiten** nach §§ 106 bis 113. Soweit kein Gesamtbetriebsrat gebildet ist, hat der Seebetriebsrat die **Mitglieder des Wirtschaftsausschusses** zu bestimmen (§ 107 Abs. 2). Da diese weder einen Anspruch auf generelle Freistellung von ihrer beruflichen Tätigkeit haben, noch sich, soweit sie Besatzungsmitglieder sind, auf § 116 Abs. 3 Nr. 2 berufen können, ist eine Bestellung von nicht dem Seebetriebsrat angehörenden Besatzungsmitgliedern unzweckmäßig. Die Übertragung der Aufgaben des Wirtschaftsausschusses auf einen Ausschuss des Seebetriebsrats gemäß § 107 Abs. 3 scheidet allerdings deshalb aus, weil der Seebetriebsrat keinen Seebetriebsausschuss und damit auch keine weiteren Ausschüsse bilden kann (s. Rn. 37). **71**

Die **Unterrichtungspflicht** nach § 110 gilt auch für Seeschifffahrtsunternehmen. Jedoch kommt hier nur eine schriftliche Unterrichtung über die wirtschaftliche Lage und Entwicklung des Unternehmens in Betracht, weil wegen der Eigenart des Seebetriebs eine mündliche Unterrichtung der dort beschäftigten Arbeitnehmer im Rahmen einer Versammlung ausscheidet. **72**

§ 116

73 Bei **Betriebsänderungen** i. S. von § 111 kommt eine Beteiligung des Seebetriebsrats auch dann in Betracht, wenn die Maßnahme nur ein einziges Schiff betrifft; denn die Seeschiffe sind als Betriebsteil des Seebetriebs anzusehen. Dagegen ist eine **Verlegung** gemäß § 111 Satz 2 Nr. 2 bei Seeschiffen auch dann gegeben, wenn sie **umgeflaggt** werden, weil damit in aller Regel zugleich der Heimathafen als rechtlicher Sitz des Schiffes wechselt. Da von der Flagge die Anwendbarkeit des deutschen individuellen wie kollektiven Seearbeitsrechts, insbesondere auch der §§ 114 bis 116 selbst abhängt (s. § 114 Rn. 34), ist eine Ausflaggung eine Betriebsänderung, die wesentliche Nachteile für die Schiffsbesatzung zur Folge haben kann (ebenso GK-*Wiese/Franzen*, § 116 Rn. 55; a. A. noch GK-*Wiese*, 7. Aufl., § 116 Rn. 55).

XI. Streitigkeiten

74 Über Streitigkeiten betriebsverfassungsrechtlicher Art im Rahmen des Seebetriebs entscheidet das Arbeitsgericht im Beschlussverfahren (§ 2a Abs. 1 Nr. 1, Abs. 2 i. V. mit §§ 80 ff. ArbGG; s. dazu auch § 115 Rn. 118 ff.). Örtlich zuständig ist entsprechend der Regelung für den Gesamtbetriebsrat nach § 82 Satz 2 ArbGG das Arbeitsgericht, in dessen Bezirk das Seeschifffahrtsunternehmen seinen Sitz hat (ebenso ArbG Bremen vom 17. 1. 1980 – 1 BV 10/79; GL-*Kröger*, § 116 Rn. 48; GK-*Wiese/Franzen*, § 115 Rn. 71). Da der Gerichtsstand im Beschlussverfahren ein ausschließlicher ist, sind abweichende Vereinbarungen über die örtliche Zuständigkeit, auch solche in Tarifverträgen, unwirksam. Die tarifvertragliche Vereinbarung der Zuständigkeit eines Schiedsgerichts nach § 101 Abs. 2 ArbGG gilt nicht für das Beschlussverfahren.

Zweiter Abschnitt. Luftfahrt

§ 117 Geltung für die Luftfahrt

(1) Auf Landbetriebe von Luftfahrtunternehmen ist dieses Gesetz anzuwenden.

(2) ¹Für im Flugbetrieb beschäftigte Arbeitnehmer von Luftfahrtunternehmen kann durch Tarifvertrag eine Vertretung errichtet werden. ²Über die Zusammenarbeit dieser Vertretung mit den nach diesem Gesetz zu errichtenden Vertretungen der Arbeitnehmer der Landbetriebe des Luftfahrtunternehmens kann der Tarifvertrag von diesem Gesetz abweichende Regelungen vorsehen.

Schrifttum: *Roßmann,* Die Stellung des Bordpersonals in der Betriebs- und Unternehmensverfassung, TranspR 2003, 57.

Übersicht

	Rn.
I. Vorbemerkung	1
II. Geltung des Gesetzes für Landbetriebe von Luftfahrtunternehmen	4
1. Luftfahrtunternehmen	4
2. Abgrenzung des Landbetriebs von den im Flugbetrieb beschäftigten Arbeitnehmern	5
3. Beteiligung der im Flugbetrieb beschäftigten Arbeitnehmer an der gesetzlichen Betriebsverfassung	10
III. Sondervertretung für im Flugbetrieb beschäftigte Arbeitnehmer	12
1. Errichtung durch Tarifvertrag	12
2. Zusammenarbeit mit den Betriebsräten der Landbetriebe	15
IV. Beteiligung der Arbeitnehmer im Aufsichtsrat	16
V. Streitigkeiten	17

I. Vorbemerkung

Das BetrVG 1952 fand nach seinem § 88 Abs. 3 keine Anwendung auf Betriebe der **1** Luftfahrt; die Regelung für diesen Bereich war vielmehr einem besonderen Gesetz vorbehalten. Bis zum Inkrafttreten des vorgesehenen Gesetzes wurden aber für die Landbetriebe der Luftfahrt die Vorschriften des BetrVG für anwendbar erklärt (§ 88 Abs. 4 BetrVG 1952). Da das vorgesehene Gesetz aber niemals erging, hat der Gesetzgeber daraus die Konsequenz gezogen, nicht nur für eine Übergangszeit festzulegen, dass auf Landbetriebe von Luftfahrtunternehmen dieses Gesetz anzuwenden ist (Abs. 1), während das sog. **„fliegende Personal"**, d. h. in der Hauptsache die Besatzungsmitglieder von Flugzeugen, wegen der besonderen, nicht ortsgebundenen Art der Tätigkeit wie bisher aus dem Geltungsbereich des BetrVG ausgenommen ist (vgl. die Begründung zum RegE, BT-Drucks. VI/1786, S. 58).

Diese **Differenzierung** ist **mit dem Grundgesetz vereinbar** (ebenso BAG 5. 11. 1985 **2** AP BetrVG 1972 § 117 Nr. 4; zuletzt BAG 24. 6. 2008 AP BetrVG 1972 § 117 Nr. 4; *Fitting,* § 117 Rn. 5; HSWGNR-*Hess,* § 117 Rn. 6; GK-*Wiese/Franzen,* § 117 Rn. 9; *v. Hoyningen-Huene,* MünchArbR § 211 Rn. 10; ErfK-*Kania,* § 117 Rn. 1; a. A. DKK-*Däubler,* § 117 Rn. 4 ff. m. w. N.; *Grabherr,* NZA 1988, 532 ff.; zur verfassungsrechtlichen Zulässigkeit differenzierend *Mußgnug,* FS Duden, S. 335, 338 f.). Auch europarechtlich bestehen keine durchgreifenden Bedenken (LAG Hessen 19. 9. 2006, AuR 2007, 226). Weder die Regelungen des EG-Vertrages noch die der Richtlinie 2002/14/

EG enthalten Vorgaben an die Mitgliedsstaaten, wie die kollektive Vertretung der Arbeitnehmer zu organisieren ist. Sie knüpfen vielmehr an die bestehenden nationalen Vertretungsstrukturen an.

3 Das **BetrVerf-Reformgesetz** vom 23. 7. 2001 (BGBl. I S. 1852) führte zum Fortfall des Verweises auf § 3 Abs. 2 in Abs. 2 Satz 2 zweiter Halbsatz. Es handelte sich um eine Folgeänderung der dortigen Neuregelung (s. § 3 Rn. 4).

3a Entsprechende Vorschriften: Keine.

II. Geltung des Gesetzes für Landbetriebe von Luftfahrtunternehmen

1. Luftfahrtunternehmen

4 Nach der **Legaldefinition** des § 20 Abs. 1 Satz 1 LuftVG sind Luftfahrtunternehmen „Unternehmen, die Personen oder Sachen durch Luftfahrzeuge gewerbsmäßig befördern". Diese Begriffsbestimmung ist auch hier für die Abgrenzung der Sonderregelung maßgebend (ebenso BAG 14. 10. 1986 AP BetrVG 1972 § 117 Nr. 5). Luftfahrzeuge sind gemäß § 1 Abs. 2 LuftVG Flugzeuge, Drehflügler, Luftschiffe, Segelflugzeuge, Motorsegler, Frei- und Fesselballone, Drachen, Rettungsfallschirme, Flugmodelle, Luftsportgeräte und sonstige für die Benutzung des Luftraums bestimmte Geräte, sofern sie in Höhen von mehr als 30 Meter über Grund oder Wasser betrieben werden können. Nicht zu den Luftfahrtunternehmen, die hier erfasst werden, gehört der nichtgewerbliche Luftverkehr (ebenso GL-*Kröger*, § 117 Rn. 2; DKK-*Däubler*, § 117 Rn. 3). Auch die Betreibergesellschaften von Flugplätzen sind als solche keine Luftfahrtunternehmen, weil der Gegenstand ihres Unternehmens nicht in der Beförderung von Personen oder Sachen liegt.

2. Abgrenzung des Landbetriebs von den im Flugbetrieb beschäftigten Arbeitnehmern

5 a) Das Gesetz gilt nach Abs. 1 nur für die **Landbetriebe** von Luftfahrtunternehmen, nicht dagegen für **im Flugbetrieb beschäftigte Arbeitnehmer**. Die Abgrenzung bezieht sich nicht auf eine Verschiedenheit des *Betriebs* i. S. einer arbeitstechnischen Organisationseinheit. Der Flugbetrieb hat seine Parallele auch nicht im Seebetrieb der Seebetriebsverfassung, sondern mit ihm wird der Teil des Luftfahrtunternehmens erfasst, dessen arbeitstechnischer Zweck unmittelbar darauf gerichtet ist, die Beförderung von Personen oder Gütern durch Luftfahrzeuge tatsächlich auszuführen (BAG 14. 10. 1986 AP BetrVG 1972 § 117 Nr. 5). Generell ist bei der Abgrenzung zu beachten, dass es sich bei § 117 Abs. 2 um eine Ausnahmevorschrift handelt, die eng auszulegen ist (LAG Düsseldorf 22. 7. 2004, ZTR 2004, 658) und daher nur solche Arbeitnehmer der Regelung unterfallen, bei denen das Schwergewicht der Tätigkeit im mit ständigem Ortswechsel verbundenen fliegerischen Einsatz liegt (BAG 13. 10. 1981 AP BetrVG 1972 § 117 Nr. 1; BAG 20. 2. 2001 AP BetrVG 1972 § 117 Nr. 6; LAG Düsseldorf 22. 7. 2004, ZTR 2004, 658).

6 b) **Im Flugbetrieb beschäftigt** ist deshalb ein **Arbeitnehmer**, dessen Tätigkeit unmittelbar der Beförderung von Personen und Gütern durch Luftfahrzeuge dient (BAG 14. 10. 1986 AP BetrVG 1972 § 117 Nr. 5). Maßgeblich für die Ausnahme des fliegenden Personals aus der Betriebsverfassung ist stets eine **zweckorientierte Auslegung** der Ausnahmevorschrift des § 117 Abs. 2 (BAG 20. 2. 2001, NZA 2001, 1089). Erfasst werden die Personen, die unmittelbar die **Beförderungstätigkeit ausführen** (vgl. zuletzt BAG 24. 6. 2008 AP BetrVG 1972 § 117 Nr. 4), sei es, dass sie das Flugzeug führen oder dabei mitwirken, wie Piloten, Kopiloten, Navigatoren, sei es, dass sie Personen oder auch Güter während der Beförderung betreuen und die mit der Beförderung verbundenen Dienstleistungen erbringen, z. B. Bordstewards und -stewardessen.

Nicht im Flugbetrieb beschäftigt ist ein Arbeitnehmer, der durch seine Dienstleistung 7
die Beförderungstätigkeit technisch, organisatorisch und kaufmännisch ermöglicht. Er
gehört zum Landbetrieb (vgl. BAG 14. 10. 1986 AP BetrVG 1972 § 117 Nr. 5). Das gilt
auch, wenn die Tätigkeit ganz oder teilweise im Flugzeug selbst und während eines Flugs
erbracht wird. So gehört etwa der Mitarbeiter des technischen Wartungsdienstes nicht
zu den im Flugbetrieb beschäftigten Arbeitnehmern, auch wenn er in Erfüllung seiner
Aufgaben zu Kontroll- und Prüfungszwecken mitfliegt.

Ist ein Arbeitnehmer im Flugbetrieb beschäftigt und verrichtet er daneben auch an den 8
Boden gebundene Verwaltungs-, Leitungs- und Organisationsaufgaben, so gehört er
zum Landbetrieb, wenn diese Tätigkeit seiner arbeitsvertraglich geschuldeten Gesamttätigkeit das Gepräge gibt (so BAG 14. 10. 1986 AP BetrVG 1972 § 117 Nr. 5). Nicht
im Flugbetrieb beschäftigt ist deshalb der für das fliegende Personal zuständige Dienst-
stellenleiter (ebenso BAG 13. 10. 1981 AP BetrVG 1972 § 113 Nr. 1). Auch das fliegende Personal, das nach dem Einsatz (Luftrettung) jeweils wieder in die Station zurückkehrt und im Übrigen dort Bereitschaftsdienst leistet, ist von § 117 Abs. 2 erfasst (LAG
München 7. 12. 1999 – 6 TaBV 60/97, juris).

c) Ob der **Landbetrieb** eines Luftfahrtunternehmens **einen Betrieb** bildet oder sich in 9
mehrere Betriebe gliedert, hängt von der Organisation des Luftfahrtunternehmens ab (s.
auch § 1 Rn. 10 ff.). Für die Frage nach der Größe der Belegschaft bleiben die im
Flugbetrieb beschäftigten Arbeitnehmer außer Betracht (ebenso *Fitting*, § 117 Rn. 3;
GL-*Kröger*, § 117 Rn. 4; GK-*Wiese/Franzen*, § 117 Rn. 6).

3. Beteiligung der im Flugbetrieb beschäftigten Arbeitnehmer an der gesetzlichen Betriebsverfassung

a) Die im Flugbetrieb beschäftigten Arbeitnehmer können sich **nicht** an der **Wahl** 10
eines Betriebsrats beteiligen, wie auch dieser in ihren Angelegenheiten kein Beteiligungsrecht hat. Dabei spielt keine Rolle, ob das Flugzeug als selbständiger Betrieb
oder als Teil eines Landbetriebs aufzufassen ist (ebenso GL-*Kröger*, § 117 Rn. 3; GK-
Wiese/Franzen, § 117 Rn. 10; Bei der Versetzung eines Arbeitnehmers vom Flugbetrieb
zum Bodenpersonal ist neben dem Betriebsrat des Bodenpersonals, auch die für den
Flugbetrieb errichtete Personalvertretung zu beteiligen, soweit der Tarifvertrag ein
entsprechendes Mitbestimmungsrecht vorsieht (BAG 22. 11. 2005 AP BetrVG 1972
§ 117 Nr. 7).

b) Die im Flugbetrieb beschäftigten Arbeitnehmer zählen zwar nicht zu der vom 11
Betriebsrat repräsentierten Belegschaft, sie sind aber **Angehörige des Unternehmens.**
Deshalb können sie nach § 107 Abs. 1 zu Mitgliedern des Wirtschaftsausschusses be-
stimmt werden (ebenso BAG 5. 11. 1985 AP BetrVG 1972 § 117 Nr. 4).

III. Sondervertretung für im Flugbetrieb beschäftigte Arbeitnehmer

1. Errichtung durch Tarifvertrag

a) Für im Flugbetrieb beschäftigte Arbeitnehmer von Luftfahrtunternehmen kann 12
durch Tarifvertrag eine Vertretung errichtet werden (Abs. 2 Satz 1). Sie gilt als **Betriebsrat iS. des § 125 InsO** (BAG 26. 4. 2007 AP InsO § 125 Nr. 4). Bilden sie eine Vertretung, obwohl kein Tarifvertrag vorliegt, so soll die Wahl mangels Rechtsgrundlage
nichtig sein (LAG Frankfurt/M., DB 1973, 1512; GL-*Kröger*, § 117 Rn. 5; GK-*Wiese/
Franzen*, § 117 Rn. 11; a. A. wegen Verfassungswidrigkeit des § 117 Abs. 2 DKK-
Däubler, § 117 Rn. 10). Richtig an dieser Feststellung ist nur, dass die ohne Tarifvertrag
gebildete Vertretung keine *betriebsverfassungsrechtliche Vertretung* ist, die auch die
Arbeitnehmer vertritt, die sich an der Wahl nicht beteiligen. Es handelt sich nur um eine
auf privatrechtlicher Grundlage errichtete Vertretung. Sie ist nur dann unzulässig, wenn

ein Tarifvertrag die Errichtung einer Vertretung vorsieht; denn es gilt für die durch Tarifvertrag errichtete Sondervertretung, dass ihre Tätigkeit in entsprechender Anwendung des § 78 weder gestört noch behindert werden darf.

13   b) Der Tarifvertrag kann sich darauf beschränken, im Wesentlichen die **Vorschriften des BetrVG** zu übernehmen; er kann aber auch abweichend von den Vorschriften über die Errichtung von Betriebsräten die Bildung einer Vertretung des „fliegenden Personals" regeln und **eigenständige Bestimmungen über deren Beteiligung** (ebenso GL-*Kröger*, § 117 Rn. 5; GK-*Wiese/Franzen*, § 117 Rn. 13 f.; so auch ArbG Frankfurt a. M. 15. 12. 2004 – 9 BV 426/03 – zur tarifvertraglich vorgeschriebenen Beteiligung des Betriebsrates im Fall der Versetzung eines Kapitäns auf den Posten des First Officer; Hessisches LAG 8. 3. 2007 - 5 TaBV 102/06, juirs) **oder auch zur Wahl treffen** (zur Gruppenwahl: LAG Köln 20. 8. 2007 - 2 TaBV 21/07, juris). Gehören die im Flug beschäftigten Arbeitnehmer zu einem ausländischen Betrieb, so findet auf sie das deutsche BetrVG und damit auch § 117 Abs. 2 keine Anwendung (s. Einl. Rn. 70 ff.). Ist der Arbeitnehmer aber einer Organisationseinheit zugeordnet, die im Inland liegt, so spielt keine Rolle, ob sein Arbeitsverhältnis sich nach ausländischem Recht richtet, und es ist auch unerheblich, ob er auf ausländischen Teilstrecken eingesetzt wird, denn die Eigenart eines Luftfahrtunternehmens bringt es mit sich, dass die im Flugbetrieb beschäftigten Arbeitnehmer weltweit eingesetzt werden (ebenso BAG 10. 9. 1985 AP BetrVG 1972 § 117 Nr. 3). Wegen dieser Besonderheit ist es auch sachlich gerechtfertigt, dass die Sondervertretung keine Beteiligungsrechte erhält, wie sie dem gesetzlichen Betriebsrat zustehen (a. A. *Mußgnug*, FS Duden, S. 335, 345 f.) und eigenständige Modelle der Partizipation formulieren (s. z. B. den Tarifvertrag Personalvertretung Condor, BAG 19. 2. 2002 AP TVG § 1 Nr. 27 Tarifverträge: Lufthansa). Auch die Zuständigkeit zur Mitbestimmungsausübung kann abweichend gestaltet werden, z. B. bei Versetzungen der Konzernvertretung zugewiesen werden (so BAG 10. 9. 1985 AP BetrVG 1972 § 117 Nr. 3).

14   Anders als der Tarifvertrag kann eine Vertretung für das fliegende Personal nicht durch **Betriebsvereinbarung** festgelegt werden. Das Gesetz enthält insoweit eine Sonderregelung zu § 3 Abs. 2. Von dieser Möglichkeit wurde für die meisten deutschen Fluglinien Gebrauch gemacht.

2. Zusammenarbeit mit den Betriebsräten der Landbetriebe

15   Der **Tarifvertrag** kann **Bestimmungen über die Zusammenarbeit** der tarifvertraglich errichteten Vertretung **mit den nach diesem Gesetz zu errichtenden Vertretungen der Arbeitnehmer der Landbetriebe** des Luftfahrtunternehmens treffen. Er kann zu diesem Zweck, wie Abs. 2 Satz 2 insoweit klarstellt, von diesem Gesetz abweichende Regelungen vorsehen. Solange der Tarifvertrag keine ausdrückliche Regelung vorsieht, haben die Mitglieder der Personalvertretung jedoch kein Teilnahmerecht an den Sitzungen des Betriebsrates (ArbG Frankfurt a. M. 26. 8. 2003, NZA-RR 2004, 168).

IV. Beteiligung der Arbeitnehmer im Aufsichtsrat

16   Bei der Wahl der Arbeitnehmer im Aufsichtsrat des Luftfahrtunternehmens sind nicht nur die in den Landbetrieben beschäftigten Arbeitnehmer, sondern auch die im Flugbetrieb beschäftigten Arbeitnehmer zu beteiligen. Die Sonderbestimmungen des § 88 Abs. 3 und 4 BetrVG 1952 a. F. sind durch § 129 Abs. 1 Satz 1 BetrVG 1972 aufgehoben. Bereits damit war auch die Beschränkung gefallen, dass das BetrVG 1952 mit seiner Regelung über die Aufsichtsratsmitbestimmung nur auf die Landbetriebe anzuwenden war. Dem entspricht heute das Drittelbeteiligungsgesetz.

V. Streitigkeiten

Streitigkeiten über die Zuordnung von Arbeitnehmern zum Landbetrieb eines Luftfahrtunternehmens entscheidet das Arbeitsgericht im Beschlussverfahren (§ 2 a Abs. 1 Nr. 1, Abs. 2 i. V. mit §§ 80 ff. ArbGG). Gleiches gilt auch bei Meinungsverschiedenheiten über die Errichtung einer Vertretung für im Flugbetrieb beschäftigte Arbeitnehmer durch Tarifvertrag und für Streitigkeiten über die Beteiligung einer derartigen Vertretung (so im Ergebnis auch BAG 10. 9. 1985 AP BetrVG 1972 § 117 Nr. 3; s. auch Hessisches LAG 31. 1. 2006, AuR 2006, 214).

Dritter Abschnitt. Tendenzbetriebe und Religionsgemeinschaften

§ 118 Geltung für Tendenzbetriebe und Religionsgemeinschaften

(1) ¹Auf Unternehmen und Betriebe, die unmittelbar und überwiegend
1. politischen, koalitionspolitischen, konfessionellen, karitativen, erzieherischen, wissenschaftlichen oder künstlerischen Bestimmungen oder
2. Zwecken der Berichterstattung oder Meinungsäußerung, auf die Artikel 5 Abs. 1 Satz 2 des Grundgesetzes Anwendung findet,

dienen, finden die Vorschriften dieses Gesetzes keine Anwendung, soweit die Eigenart des Unternehmens oder des Betriebs dem entgegensteht. ²Die §§ 106 bis 110 sind nicht, die §§ 111 bis 113 nur insoweit anzuwenden, als sie den Ausgleich oder die Milderung wirtschaftlicher Nachteile für die Arbeitnehmer infolge von Betriebsänderungen regeln.

(2) Dieses Gesetz findet keine Anwendung auf Religionsgemeinschaften und ihre karitativen und erzieherischen Einrichtungen unbeschadet deren Rechtsform.

Schrifttum: 1. Tendenzunternehmen: *Bauer/Mengel*, Tendenzschutz für Neue Medien-Unternehmen, NZA 2001, 307; *ders.*, Betriebsänderungen in Tendenzunternehmen, FS Wißmann 2005, S. 215; *Bauschke*, Tendenzbetriebe – allgemeine Problematik und brisante Themenbereiche, ZTR 2006, 69; *Becke*, Arbeitnehmerüberlassung im Pressebetrieb, FS Pressefreiheit 2008, 121; *Dütz*, Mitbestimmung für kirchliche Mitarbeiter, ZfPR 2009, 23; *Dzida/Hohenstatt*, Tendenzschutz nur gegenüber Tendenzträgern?, NZA 2004, 1084; *Gillen/Hörle*, Betriebsänderungen in Tendenzbetrieben, NZA 2003, 1225; *Grimm/Pelzer*, Tarifsozialpläne im Tendenzunternehmen?, NZA 2008, 1321; *Grund*, Der Weiterbeschäftigungsanspruch des Tendenzträgers, FS Pressefreiheit 2008, 181; *Kleinebrink*, Beteiligungsrechte bei Betriebsänderungen in Tendenzunternehmen und Tendenzbetrieben, ArbRB 2008, 375; *Korinth*, Weiterbeschäftigungsanspruch in Tendenzbetrieben, ArbRB 2003, 350; *Kreuder*, Tendenzschutz und Mitbestimmung, AuR 2000, 122; *Lunk*, Der Tendenzgemeinschaftsbetrieb, NZA 2005, 841; *Plander*, Merkwürdigkeiten des betriebsverfassungsrechtlichen Tendenzschutzes, AuR 2002, 12; *Rinsdorf*, Einstweiliger Rechtsschutz statt Nachteilsausgleich bei Betriebsänderungen im Tendenzbetrieb, ZTR 2001, 197; *Schlachter*, Verletzung von Konsultationsrechten des Betriebsrats in Tendenzunternehmen, FS Wißmann 2005, 421; *Singer*, Der mitbestimmungsrechtliche Status der Parlamentsfraktion, NZA 2008, 789; *Sterzel*, Tendenzschutz und Grundgesetz, 2001; *Stölzel*, Neue Entwicklungen zum Tendenzbetrieb mit erzieherischer Zwecksetzung, NZA 2009, 239; *Thüsing*, Das Arbeitsrecht privater Hochschulen, ZTR 2003, 544; *ders./Wege*, Freiwilliger Interessenausgleich und Sozialwahl, BB 2005, 213; – S. die Nachw. des älteren Schrifttums zu § 81 Abs. 1 BetrVG 1952 in der 6. Aufl., S. 1945 f.

2. Religionsgemeinschaften: *Beckers*, Errichtung von Betriebsräten in kirchlichen Einrichtungen?, ZTR 2000, 63; *Hanau/Thüsing*, Arbeitsrechtliche Konsequenzen beim Betriebsübergang kirchlicher Einrichtungen, KuR 2000, 165; *Kühling*, Betriebsverfassung und Religionsgemeinschaft, AuR 2007, 138; *Münzel*, Rechenschaftspflicht des kirchlichen Arbeitgebers gegenüber der Mitarbeitervertretung in wirtschaftlichen Angelegenheiten?, NZA 2005, 449; *Richardi*, Arbeitsrecht in der Kirche, 4. Aufl. 2003; *ders.*, Staatlicher und kirchlicher Gerichtsschutz für das Mitarbeitervertretungsrecht der Kirchen, NZA 2000, 1306; *Thüsing*, Mitbestimmung und Tarifrecht im kirchlichen Konzern, ZTR 2002, S. 56; *v. Tilling*, Die Rechtsfolgen des Betriebsübergangs im Spannungsfeld von Kirchenfreiheit und staatlicher Arbeitsrechtsordnung, Diss. Heidelberg, 2004; *Richardi*, MünchArbR § 327 mit weit. Nachw. aus dem Schrifttum.

Übersicht

	Rn.
A. Vorbemerkung	1
I. Inhalt der Vorschrift	1
II. Rechtssystematischer Zusammenhang mit anderen Tendenzschutzbestimmungen	3
1. Tendenzunternehmen	3
2. Religionsgemeinschaften	5

	Rn.
B. Zweck und Voraussetzungen des Tendenzschutzes	6
I. Rechtsentwicklung	6
1. Vorgeschichte	6
2. Entstehungsgeschichte der Vorschrift	9
3. Abweichungen gegenüber § 81 BetrVG 1952	10
II. Zweck des Tendenzschutzes	13
1. Meinungsstand	13
2. Sicherung grundrechtlich geschützter Entfaltungsmöglichkeiten	17
3. Beseitigung des Tendenzschutzes durch Tarifvertrag oder Verzicht des Arbeitgebers	23
III. Allgemeine Voraussetzungen für die Bestimmung des Tendenzschutzes	24
1. Unternehmen und Betrieb	24
2. Kriterium der unmittelbaren und überwiegenden Bestimmung	29
3. Persönliche Einstellung des Unternehmers	37
4. Tendenzvielfalt	39
5. Gewinnerzielung	41
IV. Geistig-ideelle Bestimmungen (Abs. 1 Satz 1 Nr. 1)	47
1. Abschließende Aufzählung	47
2. Politische Bestimmungen	49
3. Koalitionspolitische Bestimmungen	53
4. Konfessionelle Bestimmungen	55
5. Karitative Bestimmungen	58
6. Erzieherische Bestimmungen	63
7. Wissenschaftliche Bestimmungen	66
8. Künstlerische Bestimmungen	71
V. Presseunternehmen und Verlage (Abs. 1 Satz 1 Nr. 2)	76
1. Gesetzestext	76
2. Begriffsbestimmung durch Verweisung auf Art. 5 Abs. 1 Satz 2 GG (Presse- und Rundfunkfreiheit)	78
3. Presse- und sonstige Verlagsunternehmen	80
4. Presse- und Nachrichtenagenturen	88
5. Rundfunk, Film und Fernsehen	89
6. Lohndruckereien	91
VI. Tendenzschutz bei Mischunternehmen und Mischbetrieben	96
1. Bestimmung der Tendenzeigenschaft eines Unternehmens	96
2. Tendenzfreie Betriebe eines Tendenzunternehmens – Tendenzbetriebe eines tendenzfreien Unternehmens	101
3. Mischbetrieb	103
VII. Tendenzunternehmen im Konzern und Tendenzkonzern	104
1. Problemübersicht	104
2. Tendenzcharakter eines abhängigen Konzernunternehmens	106
3. Tendenzcharakter eines herrschenden Konzernunternehmens	108
4. Geltung der Konzernbetriebsverfassung im Tendenzkonzern	110
C. Tendenzautonomie als Schranke für die Geltung des BetrVG	111
I. Übersicht	111
II. Grundsätze des relativen Tendenzschutzes	115
1. Allgemeine Gesichtspunkte für die Interpretation der Relativklausel	115
2. Kriterien (Tendenzträgertheorie – uneingeschränkte oder eingeschränkte Maßnahmetheorie – Anhörungstheorie)	119
III. Begriff und Personenkreis der Tendenzträger	123
1. Begriff	123
2. Presse- und Verlagsunternehmen	124
3. Sonstige Tendenzunternehmen	128
IV. Organisation der Betriebsverfassung	131
1. Wahl, Amtszeit und Geschäftsführung des Betriebsrats	132
2. Gesamtbetriebsrat und Konzernbetriebsrat	133
3. Rechtsstellung der Betriebsratsmitglieder	135
4. Betriebs- und Abteilungsversammlungen	136
5. Gewerkschaften in der Betriebsverfassung, insbesondere Zugangsrecht zum Betrieb	137
V. Allgemeine Aufgaben und Rechte des Betriebsrats	138
1. Grundsätze über die Mitwirkung und Mitbestimmung der Arbeitnehmer	138
2. Aufgaben des Betriebsrats	139
3. Allgemeines Informationsrecht des Betriebsrats	140

	Rn.
VI. Mitbestimmung in sozialen Angelegenheiten	142
1. Mitbestimmungsfreiheit bei der Tendenzverwirklichung	142
2. Arbeitszeitregelung	144
3. Fragen der betrieblichen Lohngestaltung	149
4. Gestaltung von Arbeitsplatz, Arbeitsablauf und Arbeitsumgebung	150
VII. Mitbestimmung in personellen Angelegenheiten	151
1. Allgemeine Gesichtspunkte für die Interpretation	151
2. Allgemeine personelle Angelegenheiten	153
3. Berufsbildung	159
4. Personelle Einzelmaßnahmen	160
5. Kündigungen	164
6. Initiativrecht des Betriebsrats zur Entlassung oder Versetzung eines Arbeitnehmers	167
7. Informationsrecht bei Einstellung oder personeller Veränderung eines leitenden Angestellten	168
VIII. Mitbestimmung in wirtschaftlichen Angelegenheiten	169
1. Wirtschaftsausschuss und wirtschaftliche Unterrichtspflicht	169
2. Beteiligungspflicht bei Betriebsänderungen	170
3. Arbeitnehmerbeteiligung im Aufsichtsrat	173
IX. Mitwirkungs- und Beschwerderecht des Arbeitnehmers	175
1. Betriebsverfassungsrechtliche Individualrechte des Arbeitnehmers	175
2. Beschwerderecht des Arbeitnehmers	176
X. Betriebsinhaberwechsel	177
XI. Beteiligung am Europäischen Betriebsrat	178
XII. Streitigkeiten	179
D. Kirchenautonomie und gesetzliche Betriebsverfassung	181
I. Kircheneigene Regelung der Betriebsverfassung als Teil des Selbstbestimmungsrechts einer Religionsgemeinschaft	181
1. Ausklammerung aus der Geltung staatlicher Gesetze über die Betriebsverfassung, Personalvertretung und Mitbestimmung	181
2. Entstehungsgeschichte der Bereichsausklammerung	182
3. Verfassungsbezug der gesetzlichen Bereichsausklammerung	185
II. Ausklammerung der Religionsgemeinschaften und ihrer karitativen und erzieherischen Einrichtungen aus dem Geltungsbereich des BetrVG	189
1. Begriff der Religionsgemeinschaft	189
2. Karitative und erzieherische Einrichtungen einer Religionsgemeinschaft	196
3. Einrichtungen der Caritas und der Diakonie	208
4. Kirchliche Wirtschaftsbetriebe	209
5. Weltanschauungsgemeinschaften	210
6. Gemischt kirchlich-weltliche Unternehmen und Konzerne	211
III. Betriebsverfassungsrecht auf kirchengesetzlicher Grundlage	217
1. Mitarbeitervertretungsrecht als kircheneigenes Betriebsverfassungsrecht	217
2. Mitarbeitervertretungsrecht in der evangelischen Kirche	222
3. Mitarbeitervertretungsrecht der katholischen Kirche	224
IV. Streitigkeiten	229
1. Streitigkeiten über den Geltungsbereich des BetrVG	229
2. Gerichtsschutz bei Streitigkeiten aus dem kirchlichen Mitarbeitervertretungsrecht	230
E. Betriebsverfassung und redaktionelle Mitbestimmung in Presseunternehmen	235
I. Redaktionelle Mitbestimmung als Sonderbetriebsverfassung der Presse	235
II. Redaktionelle Mitbestimmung durch Tarifvertrag	238
III. Rechtsnatur und Rechtswirkungen von Redaktionsstatuten	241

A. Vorbemerkung

I. Inhalt der Vorschrift

1   Die Vorschrift schränkt die Anwendung dieses Gesetzes für die in Abs. 1 genannten **Unternehmen** und Betriebe, die unmittelbar und überwiegend bestimmte **geistig-ideelle Ziele verfolgen**, ein (Abs. 1) und nimmt die **Religionsgemeinschaften** und ihre karitati-

A. Vorbemerkung § 118

ven und erzieherischen Einrichtungen von seiner Geltung aus (Abs. 2). Damit schützt sie die verfassungsrechtlich gewährleistete Tendenzautonomie vor einer Beeinträchtigung durch betriebliche Mitbestimmungsrechte. Entsprechend bezeichnet man die in Abs. 1 Satz 1 genannten Unternehmen und Betriebe als **Tendenzunternehmen** und **Tendenzbetriebe** und spricht hier von Tendenzschutz. Diese Bezeichnungen sind missglückt; denn sie haben abwertenden Charakter. Der materielle Grund für das Zurücktreten der betrieblichen Mitbestimmungsrechte ist der besondere Verfassungsschutz für die hier genannten Zweckbetätigungen. Er soll deren Pluralität sichern.

Mit der Ausklammerung der **Religionsgemeinschaften und ihrer karitativen und erzieherischen Einrichtungen** aus dem Geltungsbereich dieses Gesetzes respektiert der Gesetzgeber die staatskirchenrechtliche Ordnung des Grundgesetzes (s. Rn. 181 ff.). Eine Mitbestimmungsregelung ist untrennbar mit der Dienstverfassung verbunden, deren Gestaltung zu den eigenen Angelegenheiten einer Religionsgesellschaft gehört. 2

II. Rechtssystematischer Zusammenhang mit anderen Tendenzschutzbestimmungen

1. Tendenzunternehmen

Die in Abs. 1 genannten Unternehmen haben eine vom Tendenzzweck her bestimmte **Sonderbetriebsverfassung mit entsprechend eingeschränkten Mitwirkungs- und Mitbestimmungsbefugnissen des Betriebsrats** (Abs. 1). Das Gesetz realisiert insoweit einen *relativen Tendenzschutz.* Da der Sprecherausschuss für leitende Angestellte nur Mitwirkungs-, aber keine Mitbestimmungsrechte hat, enthält das Sprecherausschussgesetz einen Tendenzschutz nur in § 32 Abs. 1 Satz 2: Die Bestimmung, dass der Unternehmer den Sprecherausschuss mindestens einmal im Kalenderhalbjahr über die wirtschaftlichen Angelegenheiten des Betriebs und des Unternehmens i. S. von § 106 Abs. 3 BetrVG zu unterrichten hat, gilt nicht für Unternehmen und Betriebe i. S. des § 118 Abs. 1 BetrVG. 3

Für die **unternehmensbezogene Mitbestimmung** gilt sogar ein **absoluter Tendenzschutz**; denn Tendenzunternehmen können nach dem Unternehmensgegenstand weder unter das MontanMitbestG noch unter das MitbestErgG fallen, und das MitbestG 1976 und die Regelung im DrittelbG finden auf sie keine Anwendung (§ 1 Abs. 4 Satz 1 MitbestG, § 1 Abs. 2 Satz 1 DrittelbG). Die Begriffsbestimmung im ehemaligen § 81 Abs. 1 BetrVG 1952 hat man, obwohl die in diesem Gesetz genannten Vorschriften über die Arbeitnehmerbeteiligung im Aufsichtsrat aufrechterhalten blieben (§ 129), nicht der Neufassung in Abs. 1 Satz 1 des § 118 BetrVG 1972 angepasst. § 1 Abs. 4 Satz 1 MitbestG entspricht dagegen wörtlich der hier in Abs. 1 Satz 1 vorgenommenen Begriffsbestimmung. 4

2. Religionsgemeinschaften

Die Religionsgemeinschaften und ihre karitativen und erzieherischen Einrichtungen sind ohne Rücksicht auf die für sie gewählte Rechtsform nicht nur aus dem Geltungsbereich des BetrVG, sondern auch sonst aus dem Geltungsbereich des staatlichen Mitbestimmungsrechts ausgeklammert (§ 1 Abs. 3 Nr. 2 SprAuG, § 112 BPersVG, § 1 Abs. 4 Satz 2 MitbestG, § 1 Abs. 2 Satz 2 DrittelbG). Die Kirchen haben daher ein Mitarbeitervertretungsrecht geschaffen, um in Anlehnung an das Betriebsverfassungs- und Personalvertretungsrecht, aber unter Beachtung ihrer bekenntnismäßig geprägten Dienstverfassung und der Besonderheit ihres Auftrags eine Mitwirkung und Mitbestimmung der im kirchlichen Dienst Beschäftigten zu verwirklichen (s. Rn. 217 ff.). Auch sie sind ebenso wie die Tendenzunternehmen gemäß § 1 Abs. 3 Satz 2 MitbestG gänzlich aus der Unternehmensmitbestimmung ausgenommen. Ein kirchenrechtliches Äquivalent gibt es nicht, weder bei der Katholischen Kirche, noch bei den evangelischen Kirchen. 5

Thüsing 2123

B. Zweck und Voraussetzungen des Tendenzschutzes
I. Rechtsentwicklung
1. Vorgeschichte

6 Schon § 67 BRG 1920 hatte die Mitwirkung des Betriebsrats, soweit sie sich vor allem auf die wirtschaftliche Leitung des Betriebs bezog, für alle jene Betriebe eingeschränkt, die politischen, gewerkschaftlichen, militärischen, konfessionellen, wissenschaftlichen, künstlerischen und ähnlichen Bestrebungen dienten. Anlass für diese Regelung war der Wunsch, „die Preßfreiheit vor Beeinträchtigungen durch die Arbeitnehmer des Druckereigewerbes zu sichern" (*Flatow/Kahn-Freund*, BRG, § 67 Anm. 1; vgl. auch *E. Frey*, Tendenzschutz, S. 11 ff.; *Mayer-Maly*, AR-Blattei: Tendenzbetrieb I, C II 1). § 81 **BetrVG 1952** hat diese Vorschrift im Wesentlichen übernommen. Da bereits bei der Konzeption der gesetzlichen Vorschrift keine Klarheit darüber erzielt wurde, weshalb eine Sonderstellung erfolgt, wurde die Bestimmung Gegenstand rechtsdogmatischer Kontroversen.

7 Auch der **Rechtsprechung des BAG** gelang es nicht, eine klare Linie zu finden und Konstanz zu gewinnen. Zunächst betonte das BAG, dass eine enge Auslegung nicht angebracht sei, und kam zu dem Ergebnis, dass auch die bloße Mitwirkung beim Druck einer Tageszeitung Tendenzcharakter haben könne; den Zweck der Sonderstellung sah es im Schutz der Grundrechte des Unternehmers auf freie Entfaltung der Persönlichkeit (Art. 2 Abs. 1 GG), Gewissens- und Bekenntnisfreiheit (Art. 4 Abs. 1 GG), freie Meinungsäußerung (Art. 5 Abs. 1 Satz 1 GG), Freiheit der Presse und der Berichterstattung durch Rundfunk und Film (Art. 5 Abs. 1 Satz 2 GG) und Freiheit von Kunst, Wissenschaft, Forschung und Lehre (Art. 5 Abs. 3 GG), die den Vorrang vor den Beteiligungsrechten des Betriebsrats hätten (BAG 13. 7. 1955 AP BetrVG § 81 Nr. 1). Dann betonte das BAG den Ausnahmecharakter der Bestimmung und ging zu einer restriktiven Interpretation über, indem es überwiegend auf Gewinnerzielung gerichtete Unternehmen von der Sonderstellung ausschloss; es forderte sogar, dass die unternehmerische Tätigkeit maßgeblich und entscheidend um der Förderung der im Gesetz genannten geistig-ideellen Werte willen erfolgt (BAG 22. 2. 1966 AP BetrVG § 81 Nr. 4 [abl. *Galperin*]; bestätigt durch BAG 27. 8. 1968 AP BetrVG § 81 Nr. 10 und Nr. 11; dort ließ es nicht einmal genügen, dass der Unternehmer die geistig-ideelle Zielsetzung unterstützt, sondern verlangte, dass er sie sich nach außen hin erkennbar zu eigen gemacht hat, und stellte für die Frage, ob geistig-ideelle Zielsetzungen einem Unternehmen das Gepräge geben, auf den prozentmäßigen Anteil am Umsatz ab; vgl. dazu die ablehnenden Stellungnahmen von *Mayer-Maly*, Anm. zu AP BetrVG § 81 Nr. 1; *Buchner*, SAE 1969, 92 ff.; *Richardi*, SAE 1969, 86 ff.).

8 Eine Modifikation dieser Rechtsprechung brachte der Beschluss des BAG vom 29. 5. 1970 (AP BetrVG § 81 Nr. 13) insoweit, als eine Beziehung zu den Grundrechten ausdrücklich verneint und angenommen wurde, dass die Motivation des Unternehmers als Persönlichkeit für die Frage des Tendenzcharakters des Unternehmens keine Rolle spiele und bei einem Mischunternehmen es auf die Prozentzahlen von Umsatz und Ertrag nur dann ankomme, wenn das Gesamtgepräge ohne sie nicht feststellbar sei (vgl. dazu die ausführliche Anm. von *Fabricius*, Anm. zu BAG AP BetrVG § 81 Nr. 13; *Mayer-Maly*, SAE 1971, 81 ff.).

2. Entstehungsgeschichte der Vorschrift

9 Obwohl die Regelung über die Sonderstellung der fälschlich sog. Tendenzbetriebe in § 81 Abs. 1 BetrVG 1952 zu erheblichen rechtsdogmatischen Kontroversen geführt und

auch die Rechtsprechung des BAG keine Klärung gebracht hatte (s. Rn. 7 f.), hatte noch der RegE darauf verzichtet, eine Neuregelung zu bringen; nach der Begründung entsprach § 119 RegE, von redaktionellen Anpassungen abgesehen, dem § 81 BetrVG 1952, wobei die Erwähnung des Unternehmens neben dem Betrieb lediglich der Klarstellung dienen sollte (BT-Drucks. VI/1806, S. 27, 58). Die Neugestaltung der Bestimmung erfolgte auf Vorschlag des BT-Ausschusses für Arbeit und Sozialordnung, der am 13. 5. 1971 im Rahmen einer öffentlichen Informationssitzung eine Anhörung von Sachverständigen zum Thema „Tendenzbetriebe im Betriebsverfassungsgesetz" veranstaltet hatte (vgl. das Protokoll der 57. Sitzung des Ausschusses für Arbeit und Sozialordnung am 13. 5. 1971, S. 7 ff., sowie den Bericht von *Mikat*, FS Küchenhoff, Bd. I S. 261, 272 ff.). Durch die Änderung soll eine „ausgewogene Regelung zwischen dem Sozialstaatsprinzip und den Freiheitsrechten der Tendenzträger" erreicht werden; dies erschien dem Ausschuss umso mehr erforderlich, als die Regelung des bisherigen Rechts eine über den Willen des Gesetzgebers hinausgehende extensive Auslegung erfahren hätte (*zu* BT-Drucks. VI/2729, S. 17).

3. Abweichungen gegenüber § 81 BetrVG 1952

Der Gesetzeswortlaut der Vorschrift in Abs. 1 weicht erheblich von der vorangegangenen Regelung in § 81 Abs. 1 BetrVG 1952 ab, während die Bestimmung in Abs. 2 wörtlich § 81 Abs. 2 BetrVG 1952 entspricht. **10**

Vor allem der **Begriff des Tendenzbetriebs** wird anders als in § 81 Abs. 1 BetrVG 1952 umschrieben. Hieß es bisher nur „Betriebe", so wird nunmehr auf „Unternehmen und Betriebe" abgestellt. Es wird hervorgehoben, dass die Sonderstellung nur für Unternehmen und Betriebe gilt, die „unmittelbar und überwiegend" den im Gesetz genannten Bestimmungen oder Zwecken dienen. Statt von gewerkschaftlichen Bestimmungen spricht das Gesetz allgemein von „koalitionspolitischen" Bestimmungen, um bereits im Gesetzestext zum Ausdruck zu bringen, dass die Sonderstellung auch für die Arbeitgeberverbände gilt. Gestrichen wurde der Hinweis auf die „ähnlichen" Bestimmungen, so dass eine Zielsetzung, die den im Gesetz genannten Bestimmungen ähnlich ist, nicht schon aus diesem Grunde nach dem Gesetzestext eine Sonderstellung begründet. An die Stelle dieses unbestimmten Merkmals ist die Regelung in Nr. 2 getreten, durch die ausdrücklich im Gesetz angeordnet wird, dass die Sonderstellung auch für Betriebe gilt, die „Zwecken der Berichterstattung oder Meinungsäußerung, auf die Artikel 5 Abs. 1 Satz 2 des Grundgesetzes Anwendung findet, dienen". **11**

Trotz dieser Präzisierungen ist es dem Gesetzgeber nicht gelungen, eine Regelung zu finden, die Auslegungsschwierigkeiten vermeidet. Das gilt nicht nur für die Voraussetzungen, die eine Sonderstellung begründen (s. ausführlich Rn. 24 ff.), sondern dies gilt vor allem auch für die Anordnung der Rechtsfolgen, den Bestand und Umfang der Mitwirkungs- und Mitbestimmungsrechte (vgl. zur Textkritik *Mayer-Maly*, DB 1971, 2259 f.; *E. Frey*, AuR 1972, 161, 166). **12**

II. Zweck des Tendenzschutzes

1. Meinungsstand

a) Für die Interpretation der Bestimmung ist von grundlegender Bedeutung, worin man den Zweck des Tendenzschutzes sieht. Ursprünglich stand der Gesichtspunkt im Vordergrund, dass bei geistig-ideeller Zielsetzung die unternehmerische Entscheidung und Verantwortung nicht durch die Beteiligung des Betriebsrats eingeschränkt und auch der Betriebsablauf nicht dadurch gestört werden soll, dass die Arbeitnehmer und ihre Repräsentanten eine abweichende ideelle Einstellung haben (so bereits *Flatow/Kahn-Freund*, BRG, § 67 Anm. 1; vgl. vor allem *Nikisch*, Bd. III S. 46 f.). Dabei wurde als **13** belanglos angesehen, dass der Betrieb vom Standpunkt des Unternehmers aus zugleich der Gewinnerzielung dient (*Flatow/Kahn-Freund*, BRG, § 67 Anm. 1; vgl. auch *Nikisch*, Bd. III S. 52).

14 b) Bereits in seiner ersten Entscheidung zu § 81 Abs. 1 BetrVG 1952 hat das **BAG eine Beziehung zu den Grundrechten** hergestellt (BAG 13. 7. 1955 AP BetrVG § 81 Nr. 1; BAG 22. 2. 1966 AP BetrVG § 81 Nr. 4). Im Schrifttum setzte sich daher die Auffassung durch, § 81 BetrVG 1952 als Konkretisierung von Grundrechtsgewährleistungen zu verstehen (vgl. *Dietz*, NJW 1967, 81, 84; *Mayer-Maly*, RdA 1966, 441, 447 f.; *ders.*, AfP 1971, 51, 57; *Nipperdey/Säcker* in *Hueck/Nipperdey*, Bd. II/2 S. 1123 f.; *Neumann-Duesberg*, S. 104; *ders.*, DB 1970, 1832, 1833; *Buchner*, SAE 1969, 92, 94; *Richardi*, SAE 1969, 86, 88; *Galperin*, AfP 1971, 50). Die These vom Grundrechtsbezug hat das BAG in seinem Beschluss vom 29. 5. 1970 aufgegeben, indem es eine Beziehung der Bestimmung zu den Grundrechten der Verfassung ausdrücklich verneinte (BAG AP BetrVG § 81 Nr. 13 [zust. *Fabricius*]).

15 Die Neuregelung des Tendenzschutzes in Abs. 1 hat das BAG veranlasst, den Grundrechtsbezug des Tendenzschutzes wieder anzuerkennen (BAG 22. 4. 1975 AP BetrVG 1972 § 118 Nr. 2; BAG 31. 10. 1975 AP BetrVG 1972 § 118 Nr. 3; vor allem BAG 7. 11. 1975 AP BetrVG 1972 § 118 Nr. 4; weiterhin BAG 14. 11. 1975 AP BetrVG 1972 § 118 Nr. 5; 8. 5. 1990 AP BetrVG 1972 § 118 Nr. 46). Das ist insbesondere für Presseunternehmen entschieden. Das BVerfG hat ausdrücklich anerkannt, dass der Tendenzschutz die Pressefreiheit – im Rahmen der Reichweite der Norm – vor einer Beeinträchtigung der betrieblichen Mitbestimmungsrechte abschirme (BVerfG 6. 11. 1979 E 52, 283, 298 f. = AP BetrVG 1972 § 118 Nr. 14; BVerfG 15. 12. 1999 AP BetrVG 1972 § 118 Nr. 67, 68). Aber auch für die sonstigen Tendenzunternehmen bildet der Grundrechtsbezug die materielle Rechtfertigung für ihre Sonderstellung in der Mitbestimmungsordnung, so für Einrichtungen, die wissenschaftlichen Bestimmungen dienen, das Grundrecht der Wissenschaftsfreiheit (vgl. BAG 20. 11. 1990 AP BetrVG 1972 § 118 Nr. 47).

16 Im **Schrifttum** wird der Normzweck ebenfalls überwiegend in der **Gewährleistung von Grundrechtsentfaltungen** für Unternehmen gesehen, die politischen und geistig-ideellen Zielen dienen (vgl. *Fitting*, § 118 Rn. 2; GL-*Löwisch*, § 118 Rn. 3; HSWGNR-*Hess*, § 118 Rn. 2; *Mikat*, FS Küchenhoff, Bd. I S. 261, 280; *Mayer-Maly*, AR-Blattei: Tendenzbetrieb I, G IV; *ders.*, AfP 1972, 194, 195; *ders.*, BB 1973, 761, 765; *Rüthers*, AfP 1974, 542, 543; *ders.*, NJW 1978, 2066, 2068 f.; *ders.*, AfP 1980, 2 f.; *Birk*, JZ 1973, 753, 754; *Hanau*, BB 1973, 901, 902; *Dütz*, BB 1975, 1261; *Richardi*, AfP 1976, 107, 109; *Buchner*, SAE 1977, 86; kritisch *Kunze*, FS Ballerstedt, S. 79, 82–84; abl. GK-*Fabricius*, 6. Aufl. § 118 Rn. 102 ff.). *Fabricius* sieht dagegen den allein tragenden Grund für die Sonderstellung in der **nicht wirtschaftlichen unternehmerischen Betätigung** (vgl. ausführlich zu § 81 Abs. 1 BetrVG 1952 seine Anm. zu BAG, AP BetrVG § 81 Nr. 13; bestätigt für das geltende Recht in GK-*Fabricius*, 6. Aufl. § 118 Rn. 82 ff.; nunmehr allerdings wie hier GK-*Fabricius/Weber*, § 118 Rn. 18 ff.). Man kann den Grund für die Sonderregelung des Abs. 1 aber nicht in einer nichtwirtschaftlichen Zielsetzung der dort genannten Unternehmen bzw. Betriebe erblicken; denn der Tendenzschutz beschränkt sich nicht darauf, dass die Vorschriften über die Mitwirkung und Mitbestimmung in wirtschaftlichen Angelegenheiten keine Anwendung finden. Für eine Einschränkung der Beteiligungsrechte in sozialen und personellen Angelegenheiten kann es nicht darauf ankommen, ob das Unternehmen eine wirtschaftliche oder eine nichtwirtschaftliche Zielsetzung hat. Die Verfassung räumt gemeinnützig Handelnden keine privilegierte Grundrechtsposition ein. Sie ist nur Mittel zur Erreichung verfassungsrechtlich geschützter Ziele und daher nicht um ihrer selbst Willen Gegenstand besonderen Schutzes (*Belling/Meyer*, Anm. AP BetrVG 1972 § 118 Nr. 66). Deshalb kann man auch den Normzweck nicht in einer Privilegierung von Unternehmen bzw. Betrieben mit nichtwirtschaftlicher Zwecksetzung sehen (vgl. krit. auch *Kunze*, FS Ballerstedt, S. 79,

B. Zweck und Voraussetzungen des Tendenzschutzes   § 118

93 f.; *Dütz/Schulin*, ZfA 1975, 103, 125 f.; *Stiebner*, Tendenzschutz bei Mischunternehmen im Verlagswesen, S. 28 ff.).

2. Sicherung grundrechtlich geschützter Entfaltungsmöglichkeiten

a) Der **Tendenzschutz des Abs. 1** sichert die **grundrechtlich gewährleistete Betätigung** **17** **im geistig-ideellen Bereich** und die Verfassungsgarantie für die Parteien (Art. 21 GG) vor einer Beeinträchtigung durch betriebliche Mitbestimmungsrechte (vgl. BVerfG 6. 11. 1979 E 52, 283, 298 f. = AP BetrVG 1972 § 118 Nr. 14; ebenso BVerfG 29. 4. 2003 = AP BetrVG 1972 § 118 Nr. 75). Die Grundrechte enthalten nicht nur Eingriffsverbote und Abwehrrechte, sondern aus ihrem Charakter als objektive Grundsatznormen ergeben sich auch Schutzpflichten des Staates für das in ihnen gewährleistete Rechtsgut (vgl. *Richardi*, MünchArbR § 10 Rn. 13 ff.). Durch den Tendenzschutzparagraphen erfüllt der Gesetzgeber seinen Schutzauftrag. Durch die hier im Rahmen der Reichweite der Norm erfolgte Mitbestimmungseinschränkung verfolgt er das gleiche Ziel wie in Abs. 2 mit der Ausklammerung der Religionsgemeinschaften und ihrer karitativen und erzieherischen Einrichtungen (s. dazu auch Rn. 185 ff.; ebenso *Mayer-Maly*, AfP 1971, 56, 57). Der Tendenzschutz ist damit **keine grundrechtsbeschränkende**, sondern eine **grundrechtsausgestaltende** Regelung (BVerfG 15. 12. 1999 AP BetrVG 1972 § 118 Nr. 67, 68).

Für den **Verfassungsbezug des Tendenzschutzes** spricht, dass bei der Regelung für die **18** Medien in Nr. 2 ausdrücklich auf Art. 5 Abs. 1 Satz 2 GG hingewiesen wird. *Mayer-Maly* (AfP 1972, 194, 195) sieht darin sogar eine „legislative Entscheidung zugunsten der Theorie vom Verfassungsbezug" (vgl. auch *Mayer-Maly*, AR-Blattei: Tendenzbetrieb I, G IV; *ders.*, BB 1973, 761, 765; ebenso *Mikat*, FS Küchenhoff, Bd. I S. 261, 280). Auch die Gesetzesmaterialien zeigen, dass der entscheidende Gesichtspunkt für die Sonderstellung die Sicherung von Betätigungen ist, für die ein über Art. 12 Abs. 1 und 14 Abs. 1 GG hinausgehender Verfassungsschutz besteht; denn mit der Neugestaltung des Tendenzschutzparagraphen sollte „eine ausgewogene Regelung zwischen dem Sozialstaatsprinzip und den Freiheitsrechten der Tendenzträger gefunden werden", wie es wörtlich im Bericht des BT-Ausschusses für Arbeit und Sozialordnung heißt (*zu* BT-Drucks. VI/2729, S. 17). Der Gesetzgeber hat den Verfassungsbezug des Tendenzschutzes aufs neue bestätigt, als er Tendenzunternehmen durch § 1 Abs. 4 Satz 1 MitbestG, der sich in der Abgrenzung wörtlich mit Abs. 1 deckt, mit folgender Begründung von der qualifizierten Mitbestimmung in den Unternehmensorganen ausnahm: „Diese Regelung soll vor allem die Entfaltung der Grundrechte für Unternehmen gewährleisten, die politischen und geistig-ideellen Zielen dienen. Es handelt sich um das Grundrecht der Pressefreiheit (Artikel 5 Abs. 1 Satz 2 des Grundgesetzes), aber auch um andere grundrechtlich geschützte Entfaltungsmöglichkeiten, die ihre Grundlagen in Artikel 4 (Freiheit der Religionsgemeinschaften), Artikel 5 Abs. 3 (Freiheit von Kunst und Wissenschaft), Artikel 9 Abs. 3 (Koalitionsfreiheit) und Artikel 21 des Grundgesetzes (Freiheit der Parteien) haben" (Begründung des RegE, BT-Drucks. 7/2172, S. 20).

b) Bei **Presse- und Verlagsunternehmen** soll der Tendenzschutz die **Pressefreiheit** **19** sichern. Er gilt also vor allem für die Presse- und Verlagsunternehmen, die aus eigener Kraft „unmittelbar und überwiegend Zwecken der Berichterstattung oder Meinungsäußerung, auf die Art. 5 Abs. 1 Satz 2 GG Anwendung findet, dienen", ist aber kein „Privileg einer notorisch wirtschaftlich fußkranken reinen Ideologie-Presse ohne Rücksicht auf wirtschaftliche Existenzbedingungen eines marktorientierten Pressewesens" (*Rüthers*, AfP 1974, 542, 546). Das BVerfG sieht im Tendenzschutz ein Verfassungspostulat für die Innenverhältnisse der Presseunternehmen (vgl. BVerfG 6. 11. 1979 E 52, 283, 296 ff. = AP BetrVG 1972 § 118 Nr. 14): Das Grundrecht der Pressefreiheit verwehre dem Staat eine unmittelbare Einflussnahme auf die Tendenz von Presseerzeugnissen; er dürfe auch „nicht durch rechtliche Regelungen die Presse fremden – nicht staatlichen – Einflüssen unterwerfen oder öffnen, die mit dem durch Art. 5 Abs. 1 Satz 2 GG begründeten Postulat unvereinbar wären, der Freiheit der Presse Rechnung zu tragen" (BVerfGE 52, 283, 296). Einem fremden Einfluss unterläge aber der Verleger, wenn dem Betriebsrat ein Mitbestimmungsrecht zukäme, das ihm eine Einwirkung auf die Bestimmung oder Verwirklichung der Tendenz einer Zeitung eröffne. Dem Betriebsrat stehe deshalb „unter verfassungsrechtlichen Aspekten ein Einfluss auf die Tendenz der Zeitung nicht zu" (BVerfGE 52, 283, 298). Eine Einschränkung der Pressefreiheit des Verlegers wäre mit dem Grundgesetz nur vereinbar, wenn sie von der Verfassung selbst zugelassen oder wenn der Gesetzgeber zu ihr verfassungsrechtlich ermächtigt wäre und von dieser Ermächtigung in zulässiger Weise Gebrauch gemacht hätte. Beides sei aber nicht der Fall; denn unmittelbare verfassungsrechtliche Schranken der Pressefreiheit seien für die Innenverhältnisse der Presseunternehmen nicht erkennbar, und § 118 Abs. 1 Satz 1 BetrVG sei kein allgemeines Gesetz i. S. des Art. 5 Abs. 2 GG, das Pressefreiheit beschränke, sondern er schirme sie gerade – im Rahmen der Reichweite der Norm – vor einer Beeinträchtigung durch betriebliche Mitbestimmungsrechte ab (BVerfGE 52, 283, 298).

20 Diese **verfassungsgerichtliche Erkenntnis** ist für die **Interpretation der Relativklausel** in Abs. 1 Satz 1 von grundlegender Bedeutung (vgl. BAG 14. 1. 1992 AP BetrVG 1972 § 118 Nr. 49). Soweit das BAG den Sinn und Zweck des Abs. 1 darin erblickt, „den Konflikt und das Spannungsverhältnis zwischen dem Freiheitsraum des einzelnen einerseits und dem Sozialstaatsprinzip andererseits angemessen und ausgewogen zu lösen" (BAG 7. 11. 1975 AP BetrVG 1972 § 118 Nr. 4, Bl. 3 R; ähnlich BAG 20. 11. 1990 AP BetrVG 1972 § 118 Nr. 47), darf dies nicht im Sinne einer Gleichrangigkeit verstanden werden, so dass für die Konkretisierung der Relativklausel ein Güterabwägungsprinzip maßgebend ist (vgl. auch *Dütz*, EzA § 118 BetrVG 1972 Nr. 9, S. 72 c ff.; *Mayer-Maly*, AfP 1976, 3, 7; *Rüthers*, NJW 1978, 2066, 2068). Das BVerfG betont vielmehr, dass das Sozialstaatsprinzip als Schranke der Pressefreiheit für die Innenverhältnisse der Presseunternehmen nicht in Betracht kommt; „denn eine Begrenzung der Pressefreiheit durch die Verfassung selbst würde insoweit voraussetzen, dass das Sozialstaatsprinzip einen konkreten und verbindlichen Auftrag zur Einführung einer Mitbestimmung des Betriebsrats in Presseunternehmen enthält" (BVerfG 6. 11. 1979 E 52, 283, 298 = AP BetrVG 1972 § 118 Nr. 14). Ebenso wenig vermögen, wie das BVerfG (a. a. O.) feststellt, „Grundrechte der Arbeitnehmer unmittelbar kraft Verfassungsrechts das Grundrecht der Verleger aus Art. 5 Abs. 1 Satz 2 GG zu begrenzen; auch sie umfassen keinen verbindlichen Verfassungsauftrag zur Einführung einer Mitbestimmung des Betriebsrats in Presseunternehmen".

21 Deshalb kann man den Tendenzschutzparagraphen zwar als ausgewogene Regelung zwischen dem Sozialstaatsprinzip und den Freiheitsrechten bezeichnen (so im Bericht des BT-Ausschusses für Arbeit und Sozialordnung, *zu* BT-Drucks. VI/2729, S. 17), darf daraus aber für die Interpretation **keine Gleichrangigkeit des Sozialstaatsprinzips mit der Grundrechtsgewährleistung** ableiten. Die sozialen und wirtschaftlichen Interessen der Arbeitnehmer sind zwar angemessen zu berücksichtigen; die Heranziehung des Sozialstaatsprinzips darf aber „nicht in eine Beschränkung des Grundrechts umschlagen" (BVerfG 6. 11. 1979 E 52, 283, 299 = AP BetrVG 1972 § 118 Nr. 14). Auch soweit Art. 5 Abs. 1 Satz 2 GG nicht nur eine Schutznorm für den Verleger, sondern auch für die Redakteure ist, kann man die Beteiligungsrechte des Betriebsrats nicht als deren Freiheitspositionen interpretieren, die miteinander auszutarieren sind (so aber *Weiss/Weyand*, AuR 1990, 33, 35 f.).

22 c) Der **Verfassungsbezug** besteht nicht nur für Presse- und Verlagsunternehmen, sondern auch für die in **Abs. 1 Satz 1 Nr. 1 genannten Tendenzunternehmen.** Auch bei ihnen ist die Tendenzautonomie verfassungsrechtlich geschützt. Der Tendenzschutz beruht zwar auf einer **Norm des einfachen Gesetzesrechts;** er ist aber für den Grundrechtsschutz eine *grundrechtsausgestaltende* Regelung (ebenso BVerfG 6. 11. 1979 E 52, 283,

299 = AP BetrVG 1972 § 118 Nr. 14). Der Gesetzgeber kann deshalb den Tendenzschutzparagraphen nicht mit der Rechtsfolge beseitigen, dass für Tendenzunternehmen die gleiche Betriebsverfassung und unternehmensbezogene Mitbestimmungsordnung wie für sonstige Unternehmen gilt. Die Gesetze über die Betriebsverfassung und die unternehmensbezogene Mitbestimmungsordnung sind nämlich ohne den Tendenzschutz grundrechtsbegrenzende Regelungen. Für Presse- und Verlagsunternehmen müssen sie deshalb die Qualität allgemeiner Gesetze i. S. des Art. 5 Abs. 2 GG haben, können also insbesondere nicht die Freiheit des Verlegers, die Tendenz einer Zeitung festzulegen, beizubehalten, zu ändern und diese Tendenz zu verwirklichen, beschränken (vgl. BVerfGE 52, 283, 296 ff.).

3. Beseitigung des Tendenzschutzes durch Tarifvertrag oder Verzicht des Arbeitgebers

Der Tendenzschutz kann nicht durch Tarifvertrag beseitigt werden (ebenso *Rüthers*, Tarifmacht und Mitbestimmung in der Presse, S. 49 ff.; *Mayer-Maly*, AfP 1977, 209 ff.; *Löwisch/Rieble*, TVG § 1 Rn. 175; *Wiedemann*, TVG, § 1 Rn. 137; s. auch Rn. 235 ff.). Das BAG hat jedoch in neuerer Rechtsprechung festgestellt, dass ein Arbeitgeber auf den betriebsverfassungsrechtlichen Tendenzschutz verzichten kann, wenn dieser sich aus einer karitativen oder erzieherischen Zwecksetzung ergibt, denn ein Verzicht könne hier gerade der besonderen Ausrichtung des Unternehmens entsprechen (BAG 5. 10. 2000, DB 2000, 2126 = AuR 2001, 318; s. bereits vorher BAG 21. 1. 1995 AP BetrVG 1972 § 118 Nr. 56; offen lassend beim Redaktionsstatut BAG 19. 6. 2001, AP BetrVG 1972 § 3 Nr. 3 = EzA Nr. 73 zu § 118 BetrVG 1972 zur freiwilligen Verzichtsmöglichkeit des Arbeitgebers s. auch LAG Baden Württemberg 26. 1. 2004 – 15 TaBV 6/03, juris). Daraus wird man für die Praxis schließen können, dass zumindest durch **Firmentarifvertrag** der gesetzliche Tendenzschutz zurückgedrängt werden kann (s. zumindest BAG a. a. O. – offen gelassen für den durch Meinungsäußerung begründeten Tendenzschutz; LAG Kiel 4. 1. 2000, BB 2000, 773; sogar für einen Verbandstarifvertrag BAG AP BetrVG 1972 § 118 Nr. 56). Das ist nicht unbedenklich, setzt es doch voraus, dass der Tendenzschutz ausschließlich im Interesse des Tendenzträgers besteht, was entgegen dem BAG wohl auch bei karitativen und erzieherischen Zwecksetzungen nicht generell angenommen werden kann. Entsprechend den allgemeinen verfassungsrechtlichen Regeln zum Grundrechtsverzicht wird man jedenfalls auch bei Anerkennung dieser Rechtsprechung strikte **Freiwilligkeit des Verzichts** fordern müssen. Ein solcher Tarifvertrag kann daher nicht erstreikbar sein, und auch eine ordentliche Kündigung des Tarifvertrags darf nicht ausgeschlossen sein. Ein **Verbandstarifvertrag** kann an der Mitbestimmung nach Abs. 1 nichts ändern, da es hier an einem Verzicht durch das betroffene Mitglied selbst fehlt; die bloße Legitimation durch Verbandsbeitritt reicht nicht (s. auch *Wiedemann*, TVG, § 1 Rn. 137; GK-*Fabricius/Weber*, § 118 Rn. 36).

III. Allgemeine Voraussetzungen für die Bestimmung des Tendenzschutzes

1. Unternehmen und Betrieb

a) Für die **Feststellung der Tendenzgebundenheit** ist **nicht** auf den **Betrieb**, sondern auf das **Unternehmen** abzustellen (ebenso BAG 27. 7. 1993 AP BetrVG 1972 § 118 Nr. 51 [unter III 1 a]; GK-*Fabricius/Weber*, § 118 Rn. 47; *Fitting*, § 118 Rn. 5; *Frauenkron*, § 118 Rn. 3; GL-*Löwisch*, § 118 Rn. 31; HSWGNR-*Hess*, § 118 Rn. 5; *Birk*, JZ 1973, 753, 756; *Richardi*, AfP 1976, 107, 111; a. A. *Kunze*, FS Ballerstedt, S. 79, 100; wie hier dagegen zu § 81 BetrVG 1952: BAG 13. 7. 1955 und 22. 2. 1966 AP BetrVG § 81 Nr. 1

§ 118 Geltung für Tendenzbetriebe und Religionsgemeinschaften

und 4; bestätigt durch BAG 29. 5. 1970 AP BetrVG § 81 Nr. 13; *Galperin/Siebert*, § 81 Rn. 1 a; *Nikisch*, Bd. III S. 47; *Nipperdey/Säcker* in *Hueck/Nipperdey*, Bd. II/2 S. 1121; *Neumann-Duesberg*, S. 101). Der Betrieb verfolgt nämlich lediglich einen arbeitstechnischen Zweck, während es für die Frage der Tendenzgebundenheit auf den Zweck ankommt, dem die im Betrieb verfolgten arbeitstechnischen Zwecke dienen.

25   b) Während § 81 Abs. 1 BetrVG 1952 nur von Betrieben sprach, nennt das **Gesetz jetzt Unternehmen und Betrieb nebeneinander.** Nach der Begründung zum RegE dient die Erwähnung des Unternehmens neben dem Betrieb der Klarstellung (BT-Drucks. VI/1786, S. 58; ebenso *Fitting*, § 118 Rn. 5). Damit knüpft das Gesetz an die zum ehemaligen § 81 BetrVG 1952 bestehende Streitfrage an, ob auch der Betrieb eines Unternehmens eine Tendenz hat. Es wird die Auffassung vertreten, dass hinsichtlich der Mitbestimmung des Betriebsrats in sozialen und personellen Angelegenheiten und bei Betriebsänderungen der Tendenzcharakter des Betriebs maßgebend sei (so *Fitting*, § 118 Rn. 5; vor allem *Kunze*, FS Ballerstedt, S. 79, 100; *Neumann-Duesberg*, BB 1974, 334; weiterhin *Nikisch*, Bd. III S. 47 f.; *E. Frey*, Der Tendenzbetrieb, 1959, S. 38 ff., insbes. S. 42 f.). Dabei wird zwar anerkannt, dass die Tendenz vom Unternehmen ausgeht; es wird aber darauf abgestellt, dass die Tendenzeigenschaft des Unternehmens sich in den einzelnen Betrieben unterschiedlich auswirken kann und deshalb bei einem mehrgliedrigen Tendenzunternehmen ein Betrieb nur dann eine betriebsverfassungsrechtliche Sonderstellung erhält, wenn in ihm die Tendenz des Unternehmens realisiert wird (vgl. auch *Mayer-Maly*, BB 1973, 761, 762).

26   Die Tatsache, dass die Tendenzeigenschaft sich bei einem dezentralisiert organisierten Unternehmen nicht auf alle Betriebe erstrecken muss, wurde in § 81 Abs. 1 Satz 2 BetrVG 1952 bereits dadurch berücksichtigt dass die „sonstigen Bestimmungen", also vor allem die Regelung über die Mitbestimmung in sozialen und personellen Angelegenheiten insoweit Anwendung fand, als nicht die Eigenart des Betriebs dem entgegensteht. Andererseits kann für den Wirtschaftsausschuss und die Beteiligung der Arbeitnehmer im Aufsichtsrat nur auf die Unternehmensebene abgestellt werden, so dass die Streitfrage lediglich Bedeutung für die Mitbestimmung des Betriebsrats bei Betriebsänderungen hatte. Wer hier auf die Tendenz des Betriebs abstellte, übersah aber, dass es sich bei den wirtschaftlichen Angelegenheiten in § 72 BetrVG 1952 um Maßnahmen handelte, die der Betriebsinhaber nicht als Arbeitgeber, sondern als *Unternehmer* traf (*Dietz*, NJW 1967, 81, 82; *Richardi*, SAE 1969, 86, 87 f.). Berücksichtigt man, dass nach ausdrücklicher Bestimmung in § 118 Abs. 1 Satz 2 bei Tendenzbetrieben die §§ 111 bis 113 insoweit anzuwenden sind, als sie den Ausgleich oder die Milderung wirtschaftlicher Nachteile für die Arbeitnehmer infolge von Betriebsänderungen regeln, so ist eigentlich der Streitfrage, ob auf das Unternehmen oder den Betrieb abzustellen ist, die Spitze genommen. Die Meinungsverschiedenheit hat nur noch für den Interessenausgleich zwischen Arbeitgeber und Betriebsrat Bedeutung. Für den Umfang der Sonderstellung kann aber keine Rolle spielen, wie der Inhaber eines Tendenzunternehmens die Organisation zur Verwirklichung des Unternehmenszwecks gestaltet, ob er zur Bewältigung der arbeitstechnischen Aufgaben einen oder mehrere Betriebe bildet. Daher kommt es insoweit nur auf die Tendenzeigenschaft des *Unternehmens* an.

27   c) Die Differenzierung zwischen der Betriebs- und der Unternehmensebene im Gesetzestext wirkt daher nicht klarstellend, sondern wirft Zweifelsfragen auf. Sie hat nämlich nur dann Sinn, wenn man es für möglich hält, dass ein **tendenzfreies Unternehmen** einen **Tendenzbetrieb** haben kann (so GL-*Löwisch*, § 118 Rn. 33; *Neumann-Duesberg*, BB 1974, 334 f.), während der umgekehrte Fall, dass der **Tendenzcharakter eines Unternehmens** sich auf **einzelne Betriebe** überhaupt nicht auswirkt, bereits durch die **Abstufung in der Rechtsfolgenanordnung** angemessen geregelt wird.

28   Für die eigentliche Problematik der sog. **Mischunternehmen,** wie sie vor allem im Pressewesen eine Rolle spielen (s. Rn. 96 ff.), bringt die Unterscheidung zwischen Betrieb und Unternehmen keine Lösung, weil sie keinen Maßstab liefert, um die Auswirkungen

der Tendenzeigenschaft des Unternehmens auf die Einzelbetriebe festzustellen (vgl. auch *Mayer-Maly*, AfP 1972, 194, 195).

2. Kriterium der unmittelbaren und überwiegenden Bestimmung

a) Das Gesetz verlangt, dass die Unternehmen und Betriebe **unmittelbar und überwiegend** den im Gesetz genannten Bestimmungen oder Zwecken dienen. Dadurch soll sichergestellt werden, dass der Tendenzschutz sich auf Unternehmen und Betriebe beschränkt, „deren unternehmerisches Gepräge von einer geistig-ideellen Aufgabe bestimmt wird" (so der Bericht des BT-Ausschusses für Arbeit und Sozialordnung, *zu* BT-Drucks. VI/2729, S. 17). § 81 Abs. 1 BetrVG 1952, der für die Arbeitnehmerbeteiligung im Aufsichtsrat der Kapitalgesellschaften und Genossenschaften lange Zeit weitergeltendes Recht war, enthielt nicht diese Einschränkung – wohl aber jetzt § 1 Abs. 2 Nr. 2 DrittelbG. Dennoch hat das BAG bei Mischunternehmen, die zugleich tendenzgeschützte und andere Zwecke verfolgen, für die Frage des Tendenzschutzes darauf abgestellt, welcher Zweck dem Unternehmen insgesamt das Gepräge gibt (BAG 22. 2. 1966 und 27. 8. 1968 AP BetrVG § 81 Nr. 4 und 10; 27. 8. 1968 AP BetrVG § 81 Nr. 11; 29. 5. 1970 AP BetrVG § 81 Nr. 13). Das Gesamtgepräge wurde als *qualitatives Merkmal* verstanden. Ein Überwiegen der den geistig-ideellen Zielen dienenden Tätigkeit gegenüber der tendenzfreien Tätigkeit des Unternehmens wurde für die Zuerkennung des Tendenzschutzes nicht gefordert (so bereits BAG 13. 7. 1955 AP BetrVG § 81 Nr. 1). 29

Nach **Ansicht des BAG** soll der Gesetzgeber durch die Bestimmung, die ein „unmittelbares und überwiegendes Dienen" voraussetzt, eine **Korrektur der Geprägerechtsprechung zum ehemaligen § 81 BetrVG 1952** vorgenommen haben (BAG 31. 10. 1975 AP BetrVG 1972 § 118 Nr. 3; offengelassen aber von BAG 9. 12. 1975 AP BetrVG 1972 § 118 Nr. 7; 15. 2. 1989 AP BetrVG 1972 § 118 Nr. 39; bestätigt dann aber durch BAG 21. 6. 1989 AP BetrVG 1972 § 118 Nr. 43; 27. 7. 1993 AP BetrVG 1972 § 118 Nr. 51). Dem BAG geht es jedoch insoweit lediglich um die Feststellung, dass das Merkmal „überwiegend" nicht nach qualitativen, sondern ausschließlich nach **quantitativen Gesichtspunkten** zu bestimmen ist (vgl. BAG 21. 6. 1989 AP BetrVG 1972 § 118 Nr. 43; s. Rn. 33 ff.; ErfK-*Kania*, § 118 Rn. 7; HWK-*Hohenstatt/Dzida*, § 118 Rn. 13). 30

Das Gesetz verlangt, dass das Unternehmen den im Gesetz genannten Bestimmungen oder Zwecken **unmittelbar und überwiegend** dient. **Beide Voraussetzungen** müssen vorliegen. 31

b) **Unmittelbarkeit** ist nach der Rechtsprechung des BAG gegeben, wenn der Zweck des Unternehmens selbst auf die hier genannte geistig-ideelle Zielsetzung *gerichtet* ist, während eine wirtschaftliche Zielsetzung der Tätigkeit auch dann nicht genügt, wenn durch sie die hier genannten Ziele *unterstützt* werden sollen (BAG 31. 10. 1975 AP BetrVG 1972 § 118 Nr. 3; GK-*Fabricius/Weber*, § 118 Rn. 56; *Fitting*, § 118 Rn. 13; GL-*Löwisch*, § 118 Rn. 36; DKK-*Wedde*, § 118 Rn. 7; HSWGNR-*Hess*, § 118 Rn. 9; E. *Frey*, AuR 1972, 161, 162; zur Holding s. Rn. 108 f.). Freilich darf das **Gerichtetsein** nicht dahin verstanden werden, dass es dem Unternehmen gerade auf die Realisierung der Tendenz ankommen muss. Dem Wortsinn ist wäre ein solch enges Verständnis nicht immanent und auch in der teleologischen Auslegung kann dies nicht entnommen werden. Es reicht, dass Unternehmen und Betrieb der besonderen geistig-ideellen Zwecksetzung tatsächlich dienen. Ein subjektives Moment ist hierfür nicht erforderlich, noch wäre es ausreichend: Unmittelbarkeit ist ein logischer Begriff. Er meint die Verursachung ohne das Dazwischentreten einer weiteren Ursache. Ein Unternehmen oder ein Betrieb, der lediglich dienende Funktion an der Zweckverfolgung des eigentlichen Tendenzunternehmens hat, kann sich selber auf den Tendenzschutz nicht berufen. Maßgeblich ist damit die *eigene* **Tendenzverfolgung**. Ein Unternehmen, das pharmazeutische Produkte herstellt, dient daher selbst nicht unmittelbar nicht wissenschaftlichen Bestimmungen (Beispiele nach BAG 21. 6. 1989, AP BetrVG 1972 § 118 Nr. 43) und auch eine Biblio- 32 thek, die bloß Hilfsmittel zur wissenschaftlichen Forschung anderer bereitstellt, ist nicht tendenzgeschützt (BAG 20. 11. 1990 AP BetrVG 1972 § 118 Nr. 47). Auch Lohndruckereien scheiden deshalb aus (s. auch Rn. 91 ff.). Das Unmittelbarkeitserfordernis verbietet nicht, dass der Unternehmer Gewinn erzielen will und auch deshalb sein Unternehmen betreibt (ebenso BAG 14. 11. 1975 AP BetrVG 1972 § 118 Nr. 5 [zust. *Mayer-Maly*]; s. auch Rn. 41 ff.).

33   c) Das Gesetz verlangt als weitere Voraussetzung, dass die Betätigung **überwiegend** den hier genannten geistig-ideellen Zielen zu dienen hat. Tendenzsplitter sind also nicht geeignet, eine Sonderstellung für das Unternehmen zu begründen. Das BAG sieht in der Einfügung des Merkmals „überwiegend" eine Abkehr von dem zum ehemaligen § 81 Abs. 1 BetrVG 1952 qualitativ bestimmten Gepräbegriff. Maßgebend seien ausschließlich **quantitative Gesichtspunkte** (so schon BAG 31. 10. 1975 AP BetrVG 1972 § 118 Nr. 3; bestätigt BAG 21. 6. 1989 AP BetrVG 1972 § 118 Nr. 43; 27. 7. 1993 AP BetrVG 1972 § 118 Nr. 51; 15. 3. 2006 AP BetrVG 1972 § 118 Nr. 79). Die h. M im Schrifttum folgt dieser Auffassung (*Fitting*, § 118 Rn. 14; *DKK-Wedde*, § 118 Rn. 9 ff.; *Matthes*, MünchArbR § 272 Rn. 30; *E. Frey*, Tendenzschutz, S. 45 ff.; *ders.*, AuR 1972, 161, 162; *Ihlefeld/Blanke*, Film und Recht 1973, 160, 162; *Ihlefeld*, AuR 1975, 234, 237 ff.). Bei personalintensiven Unternehmen liegt daher das Hauptaugenmerk auf dem Umfang der für die geschützten Ziele eingesetzten Arbeitszeit aller Arbeitnehmer (LAG Niedersachsen 23. 5. 2005, LAGReport 2005, 278).

34   Diese **Quantitätstheorie** führt zuweilen zu Zufallsresultaten und ist teleologisch nicht begründet. Von ihrem Begründungsansatz her folgerichtig hätte sie zu dem Ergebnis fgeührt, dass der Tendenzschutz anders abzugrenzen wäre, sobald § 81 Abs. 1 BetrVG 1952 noch Anwendung gefunden hätte. Auch nach Gleichklang im DrittelbG bliebe das Ergebnis nicht überzeugend. In diesem Fall hätten ehemals für den Tendenzschutz in der Betriebsverfassung und der Arbeitnehmerbeteiligung im Aufsichtsrat verschiedene Tatbestandsvoraussetzungen gegolten. Den Gesetzesmaterialien lässt sich nicht entnehmen, dass eine derartige Zweiteilung beabsichtigt war. Jedenfalls ist nicht anzunehmen, der Gesetzgeber habe bewusst die Rechtsprechung des BAG korrigieren wollen, die ursprünglich darauf zielte, bei Mischunternehmen auf die Prozentzahlen von Umsatz und Ertrag abzustellen (BAG 27. 8. 1968 AP BetrVG § 81 Nr. 10; AP BetrVG § 81 Nr. 11), dann aber zu dem Ergebnis gelangte, dass es sich bei dem Gesamtgepräge um ein qualitatives Merkmal handelt und daher quantitative Gesichtspunkte nur insoweit eine Rolle spielen, als „der recht unbestimmte, gleichwohl aber nicht zu entbehrende, weil nicht zu ersetzende Begriff des Gesamtgepräges nicht ohne sie feststellbar ist" (BAG 29. 5. 1970 AP BetrVG § 81 Nr. 13).

35   Wer gleichwohl eine **Abkehr von der Geprägetheorie** annimmt und deshalb den Begriff überwiegend quantitativ interpretiert, **löst sich vom Gesetzestext und verfehlt damit auch den Gesetzeszweck,** wenn er Maßstäbe ausschließlich unter dem Gesichtspunkt heranzieht, ob sie für eine Quantifizierung geeignet sind: Nicht der Gegenstand des Unternehmens, auf den es für den Tendenzschutz ankommt (vgl. *Kunze*, FS Ballerstedt, S. 79, 95 ff.), sondern die Zahl der Arbeitnehmer oder die Prozentzahlen von Umsatz und Ertrag treten in den Mittelpunkt (vgl. vor allem *Ihlefeld*, AuR 1975, 234, 237 ff.). Der vom Gesetz festgelegte Maßstab, dass die geistig-ideelle Bestimmung des Unternehmens entscheidend ist, wird eliminiert. Eine quantitative Beurteilung vermag noch nicht einmal eine klare Abgrenzung zu gewährleisten. Das BAG hat deshalb anerkannt, dass eine Orientierung am Umsatz oder Gewinn vielfach von Zufälligkeiten abhängt und den Umfang der auf die verschiedenen Unternehmensziele entfallenden Aktivitäten des Unternehmens nicht richtig widerspiegelt (BAG 21. 6. 1989 AP BetrVG 1972 § 118 Nr. 43). Hinter der Wahl eines quantitativen Bewertungsmaßstabes, der sich am Umsatz oder Gewinn des Unternehmens orientiert, steht außerdem die mehrfach widerlegte These, dass eine Gewinnerzielungsabsicht den Tendenzschutz ausschließt (s. dazu Rn. 41 ff.). Aber auch ein Abstellen auf die Arbeitnehmerzahl wird nicht vom Gesetzes-

text gedeckt; denn entscheidend ist, ob der Gegenstand des Unternehmens unmittelbar und überwiegend der in Abs. 1 umschriebenen geistig-ideellen Zielsetzung dient. Daher kann es nicht darauf ankommen, ob Arbeitnehmer, die eine tendenzbezogene Tätigkeit ausüben, gegenüber den anderen Arbeitnehmern ein zahlenmäßiges Übergewicht haben (ebenso insoweit BAG 9. 12. 1975 AP BetrVG 1972 § 118 Nr. 7).

Wegweiser muss bleiben, worauf sich die **Begriffe „unmittelbar und überwiegend"** im Gesetzestext des Abs. 1 beziehen: Entscheidend ist, ob der Gegenstand des Unternehmens die **Verwirklichung einer dort genannten geistig-ideellen Zielsetzung** darstellt. Mit dem Kriterium des Überwiegens wird lediglich konkretisiert, dass die geistig-ideelle Zielsetzung dem Unternehmen sein Gepräge geben muss. Eine quantitativ-numerische Abgrenzung hat nur die Bedeutung eines Indizes. Dass die Arbeitnehmerzahl oder der Anteil von Umsatz und Ertrag bei den unmittelbar tendenzbezogenen Tätigkeiten ein Übergewicht haben muss, wird keineswegs verlangt; es kann durchaus umgekehrt sein, sofern die geistig-ideelle Zweckbestimmung unmittelbar und überwiegend das sachliche Unternehmensziel darstellt (ebenso im Ergebnis *Brecht*, § 118 Rn. 2; GL-*Löwisch*, § 118 Rn. 46; HSWGNR-*Hess*, § 118 Rn. 11; *Hanau*, Pressefreiheit und paritätische Mitbestimmung, S. 97; *Mayer-Maly*, BB 1973, 761, 763; *Birk*, JZ 1973, 753, 756; *Richardi*, AfP 1976, 107, 111; *Wiedemann*, BB 1978, 5, 9). 36

3. Persönliche Einstellung des Unternehmers

Keine Rolle spielt die persönliche Einstellung des Unternehmers (ebenso BAG 14. 11. 1975 AP BetrVG 1972 § 118 Nr. 5; so bereits BAG 29. 5. 1970 AP BetrVG § 81 Nr. 13, nachdem es zunächst darauf abstellen wollte, ob der Unternehmer Gewinn erzielen will und deshalb sein Unternehmen betreibt, BAG 22. 2. 1966 AP BetrVG § 81 Nr. 4; weiterhin *Fitting*, § 118 Rn. 8; GL-*Löwisch*, § 118 Rn. 37). **Nicht die Einstellung des Unternehmers,** sondern die **Art des Unternehmens begründet** die **Tendenzeigenschaft;** denn es geht nicht um ein Privileg zu mitbestimmungsfreier Betriebs- und Unternehmensgestaltung, sondern die Beschränkung der Mitbestimmung bei Unternehmen mit der hier umrissenen Zielsetzung soll im gesellschaftlichen Interesse eine ungebundene Entfaltung der Betätigungen im geistig-ideellen Bereich gewährleisten (vgl. *Richardi*, SAE 1969, 86, 88; ausführlich zum Normzweck Rn. 13 ff.). 37

Deshalb kann insbesondere nicht gefordert werden, dass der Unternehmer von der Förderung des ideellen Zieles „erfüllt" sein müsse, wie es das BAG in AP BetrVG § 81 Nr. 4 verlangt hatte (aufgegeben durch BAG AP BetrVG § 81 Nr. 13; gegen die Identifikationstheorie: *Dietz*, NJW 1967, 81, 85; *Galperin*, Anm. zu AP BetrVG § 81 Nr. 4; *Mayer-Maly*, RdA 1966, 441, 444; *Trinkner*, BB 1966, 658, 661). 38

4. Tendenzvielfalt

Tendenzvielfalt schließt nicht die **Tendenzeigenschaft** aus (ebenso BAG 14. 11. 1975 AP BetrVG 1972 § 118 Nr. 5; OLG Hamburg 22. 1. 1980, DB 1980, 635; *Fitting*, § 118 Rn. 9; GL-*Löwisch*, § 118 Rn. 36; HSWGNR-*Hess*, § 118 Rn. 9; *Matthes*, MünchArbR § 272 Rn. 5; *Kunze*, FS Ballerstedt, S. 79, 98). Ein Unternehmen, das nicht nur erzieherischen, sondern ebenso wissenschaftlichen Zwecken dient (etwa eine wissenschaftliche Hochschule mit einer Berufsbildungseinrichtung), kann sich daher in gleicher Weise auf den Tendenzschutz berufen, wie eines, das sich auf eines dieser Ziele beschränkt. Das Postulat der Identifikation mit der geistig-ideellen Zielsetzung hatte das BAG zunächst zu der Fragestellung veranlasst ob unter den Tendenzschutz „auch solche Unternehmen fallen, die eine oder mehrere der dort erwähnten geistig-ideellen Bestimmungen gleichsam wertungsneutral fördern", oder ob Voraussetzung ist, dass sie „ihre Tätigkeit auf die Förderung geistig-ideeller Ziele in einem bestimmten einseitigen Sinne, nämlich zur Förderung eines ganz bestimmten geistig-ideellen Gedankengutes, insbesondere im Gegensatz zu anderen Anschauungen oder Wertungen, abgestellt haben" (BAG 39

22. 2. 1966 AP BetrVG § 81 Nr. 4). Das BAG ließ zwar die Frage dahingestellt, meinte aber, für letzteres könnten im Hinblick auf den Gesamtzusammenhang gewichtige Gründe sprechen, wobei es ausdrücklich als Indiz gegen den Tendenzcharakter wertete, dass ein Buchverlag wertungsneutral Bücher auf den verschiedensten Gebieten verlege (BAG 22. 2. 1966 AP BetrVG § 81 Nr. 4). Das BAG hat jedoch wenig später klargestellt, dass der Tendenzschutz auch solchen Unternehmen zukommen kann, die mehreren Bestimmungen der in Abs. 1 erwähnten Art dienen, zugleich aber für eine Betätigung, die in sich widersprüchlichen Bestimmungen dient, die Tendenzpluralität als Indiz dafür gewertet, dass das Gewinnstreben im Vordergrund steht und damit die Tendenzeigenschaft ausscheidet (BAG 27. 8. 1968 AP BetrVG § 81 Nr. 10; ebenso BAG 29. 5. 1970 AP BetrVG § 81 Nr. 13; DKK-*Wedde*, § 118 Rn. 19; *E. Frey*, Tendenzschutz, S. 31 f.). Diese Meinung lässt sich von der in die Irre führenden Blendwirkung des Wortes „Tendenzbetrieb" leiten.

40 Das Gesetz verlangt **nicht Parteinahme**, sondern hat die Sonderstellung gerade deshalb eingeräumt, um die **pluralistische Offenheit** zu sichern (vgl. vor allem *Mayer-Maly*, RdA 1966, 441, 444 ff.; *ders.*, AfP 1968, 712, 721; weiterhin *Dietz*, NJW 1967, 81, 84; *Neumann-Duesberg*, BB 1967, 549, 550; *Trinkner*, BB 1966, 658, 661 f.). Diese Auffassung wird jetzt durch den Gesetzestext in Nr. 2 bestätigt, wenn es dort allgemein heißt, dass der Tendenzschutz sich auf Unternehmen und Betriebe erstreckt, die unmittelbar und überwiegend Zwecken der Berichterstattung oder Meinungsäußerung dienen, auf die Art. 5 Abs. 1 Satz 2 GG Anwendung findet (vgl. auch *Mayer-Maly*, BB 1973, 761, 765). Die Berichterstattung ist, wie das BAG zutreffend feststellt, „jedenfalls in aller Regel – notwendig vielfältig" (BAG 14. 11. 1975 AP BetrVG 1972 § 118 Nr. 5, Bl. 3). Wenn aber nach dem Gesetzestext gleichwohl der Tendenzschutz eingreift, so ist, wie das BAG ausführt, nicht einzusehen, dass für Nr. 1 etwas anderes gelten soll, d. h. die „Berichterstattung" durch Verlegen von literarischen Werken verschiedener Richtungen tendenzschädlich sein soll. Gerade der auch durch Art. 5 Abs. 3 GG geschützte wissenschaftliche und künstlerische Bereich „beinhaltet notwendig eine gewisse „Tendenzvielfalt" er verträgt keine bestimmte „Gesinnung" (BAG, a. a. O.). Deshalb genießt den Tendenzschutz auch ein **Buchverlag mit breitem Verlagsprogramm** (ebenso BAG 14. 11. 1975 und 15. 2. 1989 AP BetrVG 1972 § 118 Nr. 5 und 39).

5. Gewinnerzielung

41 a) Die Tendenzeigenschaft wird **nicht** dadurch **aufgehoben**, dass das Unternehmen **Gewinn erzielt**. Dass ein Gewinnstreben der Verfolgung der hier genannten geistig-ideellen Ziele nicht entgegensteht, wird nahezu einhellig anerkannt (vgl. BAG 14. 11. 1975 AP BetrVG 1972 § 118 Nr. 5; OLG Hamburg, DB 1980, 637; *Brecht*, § 118 Rn. 2; *Fitting*, § 118 Rn. 10; *Frauenkron*, § 118 Rn. 4; GL-*Löwisch*, § 118 Rn. 37; DKK-*Wedde*, § 118 Rn. 18; HSWGNR-*Hess*, § 118 Rn. 9; *Nikisch*, Bd. III S. 52; *Nipperdey/Säcker* in *Hueck/Nipperdey*, Bd. II/2 S. 1124; *E. Frey*, Tendenzschutz, S. 50 f.; *Hanau*, Pressefreiheit und paritätische Mitbestimmung, S. 92 f.; *Kunze*, FS Ballerstedt, S. 79, 92 ff.; *Mayer-Maly*, AR-Blattei: Tendenzbetrieb I, G III; *ders.*, RdA 1966, 441; *ders.*, DB 1971, 2259, 2260; *ders.*, BB 1973, 761, 763; *ders.*, AfP 1976, 3, 11; *Trinkner*, BB 1966, 658, 661; *Dietz*, NJW 1967, 81, 86; *Neumann-Duesberg*, BB 1967, 549, 551; *ders.*, DB 1970, 1832; *Galperin*, AfP 1971, 50, 53; *Birk*, JZ 1973, 753, 756; *v. Maydell*, AfP 1973, 512, 514; *Rüthers*, AfP 1974, 542, 545; *Dütz*, BB 1975, 1261; a. A. vor allem GK-*Fabricius*, 6. Aufl. § 118 Rn. 93, 146 ff., 437 ff. und speziell zur hiesigen Kommentierung Rn. 441 ff.; nunmehr allerdings wie hier GK-*Fabricius/Weber*, § 118 Rn. 23).

42 b) Außerordentlich bestritten war **zu § 81 BetrVG 1952**, ob das **Gewinnstreben** die **Tendenzeigenschaft des Unternehmens ausschließen** kann. Das BAG war zunächst der Ansicht, dass es für die Qualifikation als Tendenzunternehmen unschädlich sei, ob ein Unternehmer mit seiner gesamten Tätigkeit außer ideellen Zielen auch wirtschaftliche

Erfolge erstrebe (BAG 13. 7. 1955 AP BetrVG § 81 Nr. 1). Dann vertrat es aber die Auffassung, dass die Anwendung des Tendenzschutzparagraphen zwar nicht schon dann ausgeschlossen sei, wenn das Unternehmen durch seine Tätigkeit Gewinn erziele, dass aber das Gewinnstreben nicht im Vordergrund stehen dürfe; denn in einem solchen Fall charakterisiere nicht das „Dienen" für die im ehemaligen § 81 Abs. 1 BetrVG 1952 genannten Bestimmungen das Unternehmen, sondern das Gewinnstreben (BAG 22. 2. 1966 AP BetrVG § 81 Nr. 4). Diese Entscheidung wurde im Schrifttum überwiegend abgelehnt (vgl. *Dietz*, NJW 1967, 81, 86; *Mayer-Maly*, RdA 1966, 441, 442; *ders.*, SAE 1966, 175; *Neumann-Duesberg*, BB 1967, 549, 551; *Trinkner*, BB 1966, 658, 661; *Nipperdey/Säcker* in *Hueck/Nipperdey*, Bd. II/2 S. 1125 Fn. 46; zust. nur *E. Frey*, AuR 1966, 198). Trotzdem hielt das BAG auch in zwei weiteren Entscheidungen daran fest, dass ein Tendenzcharakter auszuschließen sei, wenn die Betätigung vornehmlich dem Gewinnstreben diene (BAG 27. 8. 1968 AP BetrVG § 81 Nr. 10; AP BetrVG § 81 Nr. 11; abl. *Buchner*, SAE 1969, 93; *Mayer-Maly*, Anm. zu AP BetrVG § 81 Nr. 10; *Richardi*, SAE 1969, 86, 88). Diese Auffassung hat es im Beschluss vom 29. 5. 1970 dahin korrigiert, dass keine entscheidende Rolle spiele, ob gleichzeitig mit der Verfolgung geistig-ideeller Vorstellungen ein Gewinnstreben verbunden sei, weil die Verwirklichung ganz besonderer Werte durch ein gleichzeitiges Gewinnstreben nicht berührt werde; etwas anderes könne nur dann gelten, „wenn das Unternehmen nicht aus einer geistig-ideellen Zielrichtung heraus betrieben wird, sondern lediglich zum Zwecke des Geldverdienens" (BAG 29. 5. 1970 AP BetrVG § 81 Nr. 13).

Ein **Teil des Schrifttums** orientiert sich auch **zum geltenden Recht** an dieser Rechtsprechung des BAG. Die Tendenzeigenschaft soll nicht mehr gegeben sein, „wenn das Unternehmen allein zur Gewinnerzielung betrieben wird" (*Brecht*, § 118 Rn. 2) oder „wenn rein kommerzielle Gesichtspunkte im Vordergrund stehen" (*Fitting*, § 118 Rn. 11; ähnlich *Frauenkron*, § 118 Rn. 5; *DKK-Wedde*, § 118 Rn. 18; *Sahmer*, § 118 Rn. 3; *Weiss/Weyand*, § 118 Rn. 8; *Ihlefeld/Blanke*, Film und Recht 1973, 160, 163; *Ihlefeld*, AuR 1975, 234, 239; unter Beschränkung auf die Zielsetzungen nach Nr. 1 *E. Frey*, Tendenzschutz, S. 50 f.). Zur Begründung beruft man sich auf den Gesetzestext, nach dem die Betätigung unmittelbar und überwiegend den dort genannten Bestimmungen und Zielen zu dienen hat. Der Rekurs auf den Gesetzestext versagt aber, wenn ein Gewinnstreben mit den hier genannten geistig-ideellen Zielsetzungen durchaus vereinbar ist, wenn also eine Antithese zwischen dem Gewinnstreben und der Tendenzverfolgung überhaupt nicht besteht. Maßgebend für die Interpretation ist deshalb, worin man den Grundgedanken für die Sonderstellung zu erblicken hat. Folgt man der These von *Fabricius* (Anm. zu AP BetrVG § 81 Nr. 13), dass im Fehlen einer wirtschaftlichen Zwecksetzung des Unternehmens der alleintragende Grund für die Sonderstellung zu sehen sei, dann ist streng genommen jedes Gewinnstreben schädlich. Zweck der Sonderstellung ist aber ein Zurücktreten des Mitbestimmungsgedankens zugunsten von Aktivitäten, die einen besonderen Grundrechtsschutz genießen (s. ausführlich Rn. 9 ff.). Daraus folgt, dass die Sonderstellung überhaupt nicht auf einem Zurücktreten des Gewinnstrebens beruht (vgl. auch *Mayer-Maly*, BB 1973, 761, 763; so bereits zu § 81 BetrVG 1952 *ders.*, Erwerbsabsicht und Arbeitnehmerbegriff, S. 18; *ders.*, RdA 1966, 441, 442 f.). 43

c) Mit der **Sonderstellung als Tendenzunternehmen** ist deshalb durchaus **vereinbar,** dass der **Unternehmer mit dem Unternehmen Gewinn erzielen will** (ebenso BAG 14. 11. 1975 AP BetrVG 1972 § 118 Nr. 5 [zust. *Mayer-Maly*] = SAE 1976, 172 [zust. *Löwisch*] = JZ 1976, 519 [insoweit abl. *Mallmann*]; bestätigt BAG 15. 2. 1989 AP BetrVG 1972 § 118 Nr. 39). Es schadet nicht, wenn der ideelle Zweck nur im Rahmen des wirtschaftlich Möglichen verfolgt wird, was meistens der Fall ist, wenn das Unternehmen sich selbst tragen muss, aber ebenso wenig, wenn eine vom Standpunkt des ideellen Zieles aus erstrebenswerte Maßnahme unterbleibt, weil sie nach wirtschaftlichen Überlegungen nicht zu vertreten ist. 44

45 Der Gesetzgeber kennzeichnet die **in Abs. 1 Satz 1 Nr. 1 genannten Unternehmen** durch Merkmale, wie sie sonst Verwendung finden, um einen Gegensatz zu Einrichtungen mit *wirtschaftlicher Zwecksetzung* zu umschreiben (vgl. *Fabricius,* Anm. zu AP BetrVG § 81 Nr. 13, Bl. 14 R). Aber auch für sie ist zu beachten, dass das *persönliche Gewinninteresse des Unternehmers* nicht mit dem *Unternehmenszweck* identisch ist (vgl. *Flume,* Allgemeiner Teil des Bürgerlichen Rechts, Bd. I/1 S. 43). Nur die Besonderheit der *Tendenzeigenschaft,* aber nicht der *Tendenzschutz* kann davon abhängen, ob die Gewinnerzielungsabsicht im Vordergrund steht. Ein **Krankenhaus,** das **ausschließlich unter kommerziellen Gesichtspunkten betrieben** wird, ist **keine karitative Einrichtung** (ebenso BAG 29. 6. 1988 AP BetrVG 1972 § 118 Nr. 37 [*Kohte*]; BAG 24. 5. 1995 AP BetrVG 1972 § 118 Nr. 57 [zust. *Mayer-Maly* AR-Blattei ES 1570 Nr. 54; krit. *Trümner,* PersR 1996, 81]; BayObLG 10. 8. 1995 AP MitbestG § 4 Nr. 1). Es verliert aber nicht dadurch seinen karitativen Charakter, dass es *kostendeckend* arbeitet (ebenso BAG 29. 6. 1988 AP BetrVG 1972 § 118 Nr. 37; s. auch Rn. 59).

46 Bei den **Presseunternehmen** und **Verlagen,** die historisch den eigentlichen Kernbereich der Tendenzschutzbestimmungen bildeten (s. Rn. 6), führt dagegen jede Differenzierung nach dem Umfang des Gewinnstrebens dazu, dass die Sonderstellung auf Presseunternehmen und Verlage beschränkt wird, die wirtschaftlich von anderen Tendenzträgern abhängig sind; denn für einen unabhängigen Verlag ist Existenzgrundlage, dass er auch Gewinn erzielt. Eine derartige Privilegierung richtungsgebundener Verlage lässt sich aber aus Nr. 2 nicht entnehmen, sondern im Gegenteil ist hier Grundgedanke des Gesetzes, wegen der verfassungsrechtlichen Gewährleistung der *Pressefreiheit* und der *Freiheit der Berichterstattung* durch Rundfunk und Film eine *betriebsverfassungsrechtliche Sonderstellung* zu schaffen (ebenso *Rüthers,* AfP 1974, 542, 545 f.; s. auch Rn. 17). Nichts anderes kann gelten, wenn es sich um ein **Unternehmen mit erzieherischer, wissenschaftlicher oder künstlerischer Bestimmung** handelt (ebenso BAG 14. 11. 1975 AP BetrVG 1972 § 118 Nr. 5).

IV. Geistig-ideelle Bestimmungen (Abs. 1 Satz 1 Nr. 1)

1. Abschließende Aufzählung

47 Nr. 1 nennt die Bestimmungen, die bereits nach § 81 Abs. 1 BetrVG 1952 den Tendenzschutz begründeten. Um auch die Vereinigungen der Arbeitgeber ausdrücklich in die Ausnahmebestimmung aufzunehmen, wurde der Begriff „gewerkschaftlich" durch „koalitionspolitisch" ersetzt (vgl. den Bericht des BT-Ausschusses für Arbeit und Sozialordnung, *zu* BT-Drucks. VI/2729, S. 17). Von Bedeutung ist die Eliminierung der „ähnlichen Bestimmungen", aus dem Gesetzestext; denn für die bisher vor allem von diesem Merkmal erfassten Presse- und Verlagsunternehmen ist in Nr. 2 eine ausdrückliche Regelung enthalten. Durch die Streichung der „ähnlichen Bestimmungen" soll eine unsachgemäße Ausweitung des Tendenzschutzparagraphen vermieden werden (vgl. Bericht des BT-Ausschusses für Arbeit und Sozialordnung, *zu* BT-Drucks. VI/2729, S. 17).

48 Die hier gegebene Aufzählung ist deshalb als **abschließend** anzusehen (ebenso *Brecht,* § 118 Rn. 4; *Fitting,* § 118 Rn. 3; GL-*Löwisch,* § 118 Rn. 30; HSWGNR-*Hess,* § 118 Rn. 12). Aus dem Charakter einer abschließenden Aufzählung folgt, dass eine analoge Anwendung ausscheidet (a. A. *Mayer-Maly,* DB 1971, 2259, 2260; *ders.,* AfP 1972, 194, 196; *ders.,* BB 1973, 761, 764; *ders.,* AR-Blattei: Tendenzbetrieb I, G VI 2; ebenso BAG 23. 3. 1999 AP BetrVG 1972 § 118 Nr. 66; ArbG Berlin 25. 11. 1977 AP BetrVG 1972 § 118 Nr. 9; wie hier *Fitting,* § 118 Rn. 3; GL-*Löwisch,* § 118 Rn. 30; HSWGNR-*Hess,* § 118 Rn. 12; DKK-*Wedde,* § 118 Rn. 1, 20; *Matthes,* MünchArbR § 272 Rn. 1; *E. Frey,* Tendenzschutz, S. 79; *ders.,* AuR 1972, 161, 164). Der Unterschied zwischen Rechtsanwendung und Rechtsfindung ist zwar nur graduell. Die Eliminierung der „ähnlichen Bestimmungen" aus dem Gesetzestext ist jedoch insoweit ernst zu nehmen, als die Bestimmung nach dem Willen des Gesetzgebers nicht auf Offenheit hin angelegt ist (wie hier im Ergebnis auch *E. Frey*, AuR 1972, 161, 164). Man muss freilich berücksichtigen, dass die in Nr. 1 genannten Bestimmungen durch Begriffe umschrieben werden, deren semantische Leistung wesentlich vom Vorverständnis abhängt, das man mit ihnen verbindet.

2. Politische Bestimmungen

Zu den Unternehmen und Betrieben, die unmittelbar und überwiegend politischen **49** Bestimmungen dienen, gehören in erster Linie die Betriebe der **politischen Parteien** in allen Erscheinungsformen, die Parteibüros ohne Rücksicht darauf, ob es sich um Büros der Zentrale oder örtlicher oder bezirklicher Untergliederungen handelt, aber auch die von den Parteien getragenen Einrichtungen, wenn sie den Zielen der Parteien dienen oder eine allgemeine politische Zweckbestimmung haben, etwa Betriebe der Jugendorganisationen, der Parteizeitungen, Informationsbüros (vgl. *Tens*, Die politischen Parteien als Tendenzbetriebe, Diss. FU Berlin 1972; *Preis*, Zur Betriebsratsfähigkeit politischer Parteien, FS Däubler, 1999, S. 261) und insb. auch politischen Stiftungen (BAG 28. 8. 2003 AP BetrVG 1972 § 103 Nr. 49).

Der **Politikbegriff** ist hier **weit zu interpretieren** (ebenso *Mayer-Maly*, AR-Blattei: **50** Tendenzbetrieb I, D I; *Kothe*, BB 1999, 1110). Es braucht sich nicht um Unternehmen zu handeln, die parteipolitische Ziele im engeren Sinne verfolgen. Bei der Neuformulierung der Bestimmung war man einmütig der Auffassung, dass der Begriff politisch wie bisher nicht nur als *parteipolitisch* zu verstehen sei (BAG 21. 7. 1998, 23. 3. 1999 AP BetrVG 1972 § 118 Nr. 63, 66; a. A. DKK-*Wedde*, § 118 Rn. 21), sondern hierunter auch *wirtschaftspolitische* und *sozialpolitische* Vereinigungen fallen (Bericht des BT-Ausschusses für Arbeit und Sozialordnung, *zu* BT-Drucks. VI/2729, S. 17). Deshalb zählen zu den Unternehmen mit politischer Zweckbestimmung auch die **Wirtschaftsverbände**, z. B. der Bundesverband der Deutschen Industrie, und die Verbände der Vertriebenen (ebenso GK-*Fabricius/Weber*, § 118 Rn. 77; *Fitting*, § 118 Rn. 15; HSWGNR-*Hess*, § 118 Rn. 14; a. A. DKK-*Wedde*, § 118 Rn. 23).

Der Politikbegriff ergreift nach dem weitest möglichen Wortsinn alle Aktivitäten, die **51** geeignet sind, **Einfluss auf die Gestaltung der gesellschaftlichen Ordnung** zu nehmen (weiter Politikbegriff; vgl. *Mayer-Maly*, AR-Blattei: Tendenzbetrieb I, D I). Dieser muss freilich **eingeschränkt** werden, um handhabbar zu sein. Hinzukommen muss ein finales Moment: Der Einfluss muss gerade angestrebt sein. Auch muss diese Einflussnahme das wesentliche Anliegen des Unternehmens sein; es darf nicht nur Mittel zum Zweck, sondern muss Endziel sein. Insoweit ist nicht nur bei Abs. 1 Nr. 2, sondern auch hier der Zusammenhang zur Meinungsfreiheit des Art. 5 GG zu beachten, die durch den betriebsverfassungsrechtlichen Tendenzschutz konkretisiert wird (tendenziell weiter die 7. Aufl.; ähnlich wie hier BAG AP BetrVG § 118 Nr. 66; *Fitting*, § 118 Rn. 15; GK-*Fabricius/Weber*, § 118 Rn. 73; eingehend zum Grundrechtsbezug des Politischen *Belling/Meyer*, Anm. AP BetrVG 1972 § 118 Nr. 66; *Kothe*, BB 1999, 1110). Eine Richtung gerade auf die staatliche Willensbildung ist jedoch nicht erforderlich (a. A. BAG a. a. O.): Das Politische betrifft das Gemeinwesen, nicht den Staat. Dem entspricht es, dass die Rechtsprechung auch in anderen Fällen den Begriff des Politischen weit auslegt (zur politischen Verfolgung VerwG Aachen InfAuslR 1996, 237; *Lübbe-Wolff*, in: Dreier, GG, Art. 16 a, Rn. 33 – Politische Verfolgung wegen Homosexualität).

Verbände der Sportförderung sind nach der Rechtsprechung des BAG keine Unternehmen mit politischer Bestimmung (BAG AP BetrVG 1972 § 118 Nr. 66; [zust. *Belling/Meyer*]; *Kothe*, BB 1999, 1110; a. A. *Richardi*, Sportverbände und Tendenzunternehmen in der Betriebsverfassung, FS Tomandl, 1998, S. 299), ebenso nicht Lizenzfußballvereine (s. Rn. 73). **51a**

51 b Nicht erfasst werden ferner Verbände, denen es nicht um die Gestaltung der gesellschaftlichen Ordnung geht, sondern die sich auf eine **Interessenvertretung ihrer Mitglieder** beschränken, z. B. Mieter- oder Haus- und Grundbesitzervereine (ebenso GK-*Fabricius/Weber*, § 118 Rn. 78; GL-*Löwisch*, § 118 Rn. 10, 13; DKK-*Wedde*, § 118 Rn. 23; HWK-*Hohenstatt/Dzida*, § 118 Rn. 3; HaKo-BetrVG/*Lakies*, § 118 Rn. 10; *Matthes*, MünchArbR § 272 Rn. 7; a. A. *Mayer-Maly*, AR-Blattei: Tendenzbetrieb I, D II).

51 c Auch Vereinigungen, die staatsentlastende Aufgaben wahrnehmen, aber nicht selbst bezwecken, auf die öffentlichen Dinge Einfluss zu nehmen, sind keine Unternehmen mit politischer Zweckbestimmung. Die **Technischen Überwachungsvereine** genießen keinen Tendenzschutz (ebenso GK-*Fabricius/Weber*, § 118 Rn. 78; GL-*Löwisch*, § 118 Rn. 10; DKK-*Wedde*, § 118 Rn. 23; bereits zu § 81 Abs. 1 BetrVG 1952: BAG 28. 9. 1971 AP BetrVG § 81 Nr. 14). Sie sind zwar Beliehene im Sinne des öffentlichen Rechts, ein Unternehmen enthält jedoch keinen Tendenzschutz allein dadurch, dass sich staatliche Stellen zur Erfüllung öffentlicher Aufgaben seiner bedienen (BAG 21. 7. 1998, 23. 3. 1999 AP BetrVG 1972 § 118 Nr. 63, 66).

52 Grundsätzlich gehören auch die **Presseunternehmen** hierher, und zwar ohne Rücksicht darauf, ob es sich um die parteipolitische Presse im gewöhnlichen Sinne oder um sog. Zeitungen handelt, auch die sog. Generalanzeigerpresse und die Heimatblätter (so jedenfalls zu § 81 Abs. 1 BetrVG 1952: BAG 13. 7. 1955 AP BetrVG § 81 Nr. 1; vgl. *Dietz*, 4. Aufl., § 81 Rn. 7 mit weiteren Angaben aus dem Schrifttum; zum geltenden Recht: GL-*Löwisch*, § 118 Rn. 11; *Mayer-Maly*, AR-Blattei: Tendenzbetrieb I, D I). Der gesamte Komplex der Berichterstattung und Meinungsäußerung durch Presse, Rundfunk, Film und Fernsehen wird jedoch durch Nr. 2 erfasst, so dass man zur Begründung des Tendenzschutzes nicht auf Nr. 1 zurückzugreifen braucht. Unternehmen, die sich der **Entwicklungshilfe** widmen, zielen regelmäßig nicht auf Willensbildung ab, und haben daher keine politische Bestimmung (so für das MitbestG *Raiser*, MitbestG, § 1 Rn. 39; *Wißmann*, MünchArbR, § 279 Rn. 22; *Liemen*, RdA 1985, 85; LAG Frankfurt 1. 4. 1982, DB 1982, 1312). Sie können aber – verfolgen sie keine Gewinnerzielungsabsicht – karitativen Zwecken dienen.

3. Koalitionspolitische Bestimmungen

53 Der Begriff *gewerkschaftlich* wurde durch den Begriff *koalitionspolitisch* ersetzt, um ausdrücklich klarzustellen, dass nicht nur die **Gewerkschaften**, sondern auch die **Vereinigungen der Arbeitgeber** unter den Tendenzschutz fallen (vgl. Bericht des BT-Ausschusses für Arbeit und Sozialordnung, zu BT-Drucks. VI/2729, S. 17). Koalitionspolitischen Zielen dienen nicht nur die unmittelbaren Verwaltungsstellen der Gewerkschaften und Arbeitgeberverbände, sondern auch die sonstigen Einrichtungen, die von ihnen getragen werden, z. B. Institute und Schulungseinrichtungen (vgl. zu Letzteren *Wedde*, DB 1994, 730, 732 f.), aber nicht Wirtschaftsunternehmen, die von den betreffenden Verbänden abhängig sind, wie Wohnungsbaugesellschaften, Versicherungsgesellschaften, Banken, Konsumvereine (ebenso GK-*Fabricius/Weber*, § 118 Rn. 82; *Fitting*, § 118 Rn. 16; GL-*Löwisch*, § 118 Rn. 12; DKK-*Wedde*, § 118 Rn. 24; HaKo-BetrVG/*Lakies*, § 118 Rn. 11; *Matthes*, MünchArbR § 272 Rn. 9; *E. Frey*, Tendenzschutz, S. 28; s. auch LAG Baden-Württemberg 10. 10. 2005, AuR 2006, 133). Das Gleiche gilt für die **gemeinsamen Einrichtungen der Tarifvertragsparteien**, soweit sie nicht anderen geschützten Bestimmungen dienen (GL-*Löwisch*, § 118 Rn. 14; *Matthes*, MünchArbR § 272 Rn. 9).

54 Der **Begriff der koalitionspolitischen Bestimmung** bezieht sich auf den **Schutzbereich von Art. 9 Abs. 3 GG** (ebenso *Mayer-Maly*, AR-Blattei: Tendenzbetrieb I, D II). Deshalb werden alle Koalitionen i. S. des Art. 9 Abs. 3 GG erfasst.

4. Konfessionelle Bestimmungen

Konfessionellen Bestimmungen dienen die Organisationen und Verbände, deren Zielsetzung **Ausdruck eines Glaubens im Hinblick auf eine bestimmte Religionsgemeinschaft** ist (ebenso GK-*Fabricius*/*Weber*, § 118 Rn. 84; DKK-*Wedde*, § 118 Rn. 26; *Matthes*, MünchArbR § 272 Rn. 10; *Mayer-Maly*, AR-Blattei: Tendenzbetrieb I, D III). Dabei ist allerdings zu beachten, dass die Verfassungsgarantie des Selbstbestimmungsrechts in Art. 140 GG i. V. mit Art. 137 Abs. 3 WRV sich auf alle Einrichtungen erstreckt, die Wesens- und Lebensäußerung der Religionsgemeinschaft sind (s. Rn. 186 ff.). Diese Einrichtungen fallen zwar auch unter den Gesetzestext der Nr. 1, sind aber nach Abs. 2 überhaupt aus dem Geltungsbereich des BetrVG ausgenommen (s. Rn. 196 ff.). 55

Der Anwendungsbereich des Tendenzschutzparagraphen beschränkt sich daher auf **Einrichtungen mit konfessioneller Zielsetzung,** die entweder auf Selbständigkeit gegenüber ihrer Kirche bedacht sind und deshalb nicht unter Abs. 2 fallen oder die nach kirchlichem Selbstverständnis keine Einrichtungen der Kirche darstellen (s. Rn. 198 ff.). In Betracht kommen konfessionell orientierte Frauen- und Jugendverbände, Vereine zur Missionsförderung, konfessionelle Eheanbahnungsinstitute (ebenso *Mayer-Maly*, AR-Blattei: Tendenzbetrieb I, D III; GK-*Fabricius*/*Weber*, § 118 Rn. 87). Die Betriebe der Caritas und der Inneren Mission fallen unter Abs. 2 (s. Rn. 208). Konfessionelle Preßvereine sind auch nach Nr. 2 Tendenzunternehmen (ebenso *Mayer-Maly*, a. a. O.). Eine Besonderheit gilt aber für Einrichtungen, die der kirchlichen Verkündigungsaufgabe dienen. Sie gehören auch dann zur Kirche, wenn man sie nicht im strengen Sinn als erzieherische Einrichtungen ansehen kann. Deshalb fallen der Evangelische Pressedienst (epd) und die Katholische Nachrichten-Agentur (KNA) unter Abs. 2 (so anerkannt für den epd Hamburg und Kiel BAG 24. 7. 1991 AP BetrVG 1972 § 118 Nr. 48). Nicht zu den konfessionellen Einrichtungen zählt die h. M. **Krankenhäuser** auch dann, wenn ihr Betrieb bestimmten Bindungen im Hinblick auf eine Religionsgemeinschaft unterliegt (LAG Hamm 14. 3. 2000, NZA-RR 2000, 532; GK-*Fabricius*/*Weber*, § 118 Rn. 91; *Frey*, Der Tendenzschutz, S. 30). Werden sie nicht kommerziell betrieben, liegt regelmäßig eine karitative Einrichtung vor, s. Rn. 58 ff. 56

Da man von konfessioneller Bestimmung nur im Zusammenhang mit einer Religionsgemeinschaft sprechen kann, gehören hierher eigentlich nicht die **Freidenkerverbände** und die **anthroposophischen Vereinigungen** (ebenso *Mayer-Maly*, AR-Blattei: Tendenzbetrieb I, D III). Jedoch durfte hier wohl regelwidrig eine Analogie gestattet sein, weil diese Vereinigungen eine ähnliche Bestimmung haben wie die konfessionellen Einrichtungen (ebenso *Mayer-Maly*, a. a. O.; im Ergebnis, aber auf dem Wege teleologischer Auslegung GL-*Löwisch*, § 118 Rn. 15; HSWGNR-*Hess*, § 118 Rn. 16 b; jedoch werden die Grenzen einer Auslegung überschritten, so dass es sich rechtstheoretisch um eine entsprechende Anwendung handelt; s. zum Problem der Analogie Rn. 48; für unmittelbare Anwendung GK-*Fabricius*/*Weber*, § 118 Rn. 86; im Ergebnis, aber ohne Begründung DKK-*Wedde*, § 118 Rn. 26; *Matthes*, MünchArbR § 272 Rn. 10). Eine dem Wortlaut der Bestimmung verhaftete Interpretation wäre mit Art. 4 Abs. 1 GG nicht verträglich. 57

5. Karitative Bestimmungen

Der **Bedeutungsgehalt des Karitativen** hat seine Wurzel in der praktisch geübten Liebestätigkeit in der Nachfolge Christi. Dieser Zusammenhang ist für die Regelung in Abs. 2 maßgebend, weil die dort genannten karitativen Einrichtungen nach kirchlichem Verständnis Wesens- und Lebensäußerung der Kirche sind (s. Rn. 199). Im Rahmen des Abs. 1 ist der Begriff der Caritas aus dem kirchlichen Verständnis des Lebens in der Nachfolge Christi gelöst, gleichsam *säkularisiert*, aber wegen seiner Herkunft aus dem christlichen Verständnis hinreichend bestimmt: Karitativ ist der selbstlose **Dienst an den** 58

Hilfsbedürftigen und Unterprivilegierten, wobei keine Rolle spielt, aus welchen Motiven gehandelt wird. Ein Unternehmen dient daher stets karitativen Zwecken, wenn „es sich mit seiner Aufgabe die Hilfe am körperlich, geistig und seelisch leidenden Menschen zum Ziel gesetzt hat, seine Tätigkeit auf die Heilung oder Minderung oder vorbeugende Abwehr der inneren oder äußeren Nöte solcher Hilfsbedürftiger gerichtet ist" (BAG 29. 6. 1988 AP BetrVG 1972 § 118 Nr. 38 [*Kothe*]; s. auch BAG 5. 10. 2000, DB 2000, 2126 = AuR 2000, 428; 15. 3. 2006, DB 2006, 2300 = EzA § 118 BetrVG 2001 Nr. 5; ebenso BAG 7. 4. 1981 AP BetrVG 1972 § 118 Nr. 16). Soweit das BAG den **Aspekt des Leidens** betont und daher die bloße Förderung von Sozialhilfeempfängern und Langzeitarbeitslosen nicht als karitative Arbeit werten will (BAG 5. 10. 2000, DB 2000, 2126 = AuR 2000, 428) erscheint dies zu streng. Weder Wortsinn noch Normzweck geben ein solch enges Verständnis vor: Leiden ist ein sehr relativer Begriff, und wer will sagen, wo es anfängt. Schon die sieben Werke der Barmherzigkeit (zurückgehend auf Markus 10, 45; 1. Joh. 4, 7–11), auch als sieben Werke der Caritas bezeichnet, umfassen die Bestattung von Toten – die aber leiden nicht mehr. Es reicht die selbstlose Hilfe dem, der sich selbst nicht mehr helfen kann. Dem entspricht auch das weite Verständnis des Karitativen in anderen Rechtsgebieten und anderen Rechtsordnungen (so. z. B. zur sog. *immunity of charities* im traditionellen Deliktsrecht des *common law: Keeton/Dobbs/ Keeton/Owen*, Prosser and Keeton on Torts, 5. Aufl. 1988, S. 1069).

59 Zur Karitas gehört vor allem die **Krankenpflege**. Es ist nicht erforderlich, dass sie unentgeltlich erfolgt; eine **kostendeckende Gestaltung** der Tätigkeit steht einer karitativen Bestimmung nicht entgegen (ebenso BAG 7. 4. 1981 AP BetrVG 1972 § 118 Nr. 16; bestätigt durch BAG 29. 6. 1988 AP BetrVG 1972 § 118 Nr. 37 und BAG 15. 3. 2006 AP BetrVG 1972 § 118 Nr. 79 s. auch *Löwisch*, FS Wlotzke, 1996, 382 ff.; ErfK-*Kania*, § 118 Rn. 11). Jedoch schließt die karitative Zielsetzung aus, dass ein **Gewinnstreben** verfolgt wird. Der Dienst am leidenden Menschen muss den Charakter der Einrichtung bestimmen. Unternehmen mit Gewinnstreben können daher nicht zugleich Einrichtungen mit karitativer Zielsetzung sein (ebenso *Mayer-Maly*, AR-Blattei: Tendenzbetrieb I, D III; s. zur Bedeutung der Gewinnerzielung für den Tendenzschutz Rn. 41 ff., insbes. Rn. 45; *Fitting* § 118 Rn. 11; DKK-*Wedde*, § 118 Rn. 18). Private Krankenhäuser, Kinderheime und Altersheime, die ausschließlich unter kommerziellen Gesichtspunkten geführt werden, fallen nicht unter diese Bestimmung (ebenso *Fitting*, § 118 Rn. 11, 18; GL-*Löwisch*, § 118 Rn. 17; DKK-*Wedde*, § 118 Rn. 18).

60 Zur Karitativität gehört die **Freiwilligkeit der Hilfeleistung** (ebenso BAG 29. 6. 1988 AP BetrVG 1972 § 118 Nr. 37; 24. 5. 1995, 22. 11. 1995, AP BetrVG 1972 § 118 Nr. 57, 58). Eine karitative Bestimmung liegt deshalb nicht mehr vor, wenn das Unternehmen von Gesetzes wegen unmittelbar zur Hilfstätigkeit verpflichtet ist. Die Freiwilligkeit wird aber nicht dadurch ausgeschlossen, dass die leidenden Menschen, denen Hilfe geleistet wird, ihrerseits einen Rechtsanspruch gegen Dritte, insbesondere gegen die öffentliche Hand, auf derartige Hilfeleistung bzw. deren Finanzierung haben, z. B. im Rahmen der Sozialversicherung (ebenso BAG 29. 6. 1988 AP BetrVG 1972 § 118 Nr. 37). Daher ist es für eine Einrichtung im Sinne des § 118 Abs. 1 BetrVG unerheblich, dass das Krankenhaus in den staatlichen Krankenhausplan aufgenommen wird, denn der durch die **Aufnahme in den Krankenhausplan** fiktiv begründete öffentlich-rechtliche Versorgungsvertrag ändert nichts an der Freiwilligkeit der Hilfeleistung, auch wenn das zugelassene Krankenhaus im Rahmen seines Versorgungsauftrags bundesgesetzlich zur Krankenhausbehandlung der Versicherten verpflichtet ist. Diese gesetzliche Verpflichtung beruht darauf, dass sich das privatrechtlich-organisierte Unternehmen diese Aufgabe freiwillig auf Grund Gesellschaftsvertrag *selbst gesetzt* hat, ohne mit der Erbringung der Hilfeleistung einem gesetzlichen Zwang zu genügen (BAG 22. 11. 1995 AP BetrVG 1972 § 118 Nr. 58; zweifelnd *Mayer-Maly*, Anm. zu BAG 24. 5. 1995, AR-Blattei ES 1570 Nr. 54; krit. auch *Löwisch*, FS Wlotzke, 1996, 386 ff.; ErfK-*Kania*, § 118 Rn. 11).

B. Zweck und Voraussetzungen des Tendenzschutzes   § 118

Einrichtungen mit karitativer Zielsetzung sind die Betriebe des Roten Kreuzes, der   61
Arbeiterwohlfahrt (LAG Hamm 10. 8. 2007 – 13 TaBV 26/07, juris), private Fürsorgevereine, Heime für Drogengefährdete, die Deutsche Krebshilfe, die Deutsche Gesellschaft zur Rettung Schiffbrüchiger, der Volksbund Deutsche Kriegsgräberfürsorge (BAG 8. 12. 1970 AP BetrVG § 59 Nr. 28) sowie Werkstätten für Behinderte i. S. des § 136 SGB IX (BAG 7. 4. 1981 AP BetrVG 1972 § 118 Nr. 16) und Berufsförderungswerke zur beruflichen Rehabilitation von Behinderten (BAG 29. 6. 1988 AP BetrVG 1972 § 118 Nr. 37; 8. 11. 1988 und 31. 1. 1995 AP BetrVG 1972 § 118 Nr. 38 und 56).

Betriebe mit karitativer Zielsetzung, die **Einrichtungen von Religionsgemeinschaften**   62
sind, fallen zwar ebenfalls unter den Gesetzestext der Nr. 1, sind aber nach Abs. 2 aus dem Geltungsbereich des BetrVG ausgenommen (s. Rn. 196 ff.). Übernimmt ein kirchlicher Rechtsträger einen Betrieb mit karitativer Zielsetzung und führt er ihn als kirchliche Einrichtung weiter, so wird der Betrieb mit dem Übergang (§ 613a BGB) eine Einrichtung der Kirche, die unter Abs. 2 fällt, so dass auf sie das BetrVG keine Anwendung mehr findet (ebenso BAG 9. 2. 1982 AP BetrVG 1972 § 118 Nr. 24).

6. Erzieherische Bestimmungen

Erziehung ist ein schillernder Begriff; ihn für § 118 Abs. 1 zu konkretisieren fällt auch   63
deshalb schwer, weil – anders etwa als bei der wissenschaftlichen Zweckbestimmung – eine verfassungsrechtliche Rechtsprechung, die diesen Begriff für das Grundgesetz ausgedeutet hätte und an der man sich orientieren könnte, fehlt (s. allerdings Art. 6 Abs. 2 GG: Erziehungsrecht der Eltern; hierzu von Münch/Kunig-*Coester-Waltjen*, GG, Art. 6 Rn. 63 ff.). Die Rechtsprechung geht einen Umweg und orientiert sich am Schulbegriff des Art. 7 GG als Ort der Erziehung, ausgehend von der Überlegung, dass der Tendenzschutz hier das **Grundrecht zur Errichtung von privaten Schulen** sichert (Art. 7 Abs. 4 GG). Einer erzieherischen Bestimmung wird danach jedenfalls gedient, wenn durch **planmäßige und methodische Unterweisung in einer Mehrzahl allgemeinbildender oder berufsbildender Fächer die Persönlichkeit des Menschen geformt** wird (vgl. BAG 13. 1. 1987 AP BetrVG 1972 § 118 Nr. 33; 21. 6. 1989 AP BetrVG 1972 § 118 Nr. 43; unzutreffend enger, weil diese Merkmale als zwingend erforderlich für eine erzieherische Tendenz formulierend BAG 21. 7. 1998, 23. 3. 1999, AP BetrVG 1972 § 118 Nr. 63, 66). Erziehung kann jedoch weiter verstanden werden: als jede Sorge für die seelisch-geistige Entwicklung, jeder Vorgang, der geeignet ist, den Menschen in seiner geistigen und sittlichen Entfaltung zu unterstützen. Danach wird man auch der reinen Wissensvermittlung den erzieherischen Charakter nicht immer absprechen können. Das Wissen formt unmittelbar die Persönlichkeit und damit ist auch die Wissensvermittlung unmittelbar auf die Erziehung hingerichtet. Allein bezüglich der Hilfsvorgänge der Wissensvermittlung (Erstellung der erforderlichen Software, Drucken der erforderlichen Lernunterlagen, Reinigen der Bildungsräume) fehlt danach die Unmittelbarkeit (s. auch zum Verein, der Materialien für den Deutschunterricht im Ausland zur Verfügung stellt, BAG 21. 7. 1998 AP BetrVG 1972 § 118 Nr. 63; s. aber auch Rn. 64). Richtig jedoch ist, dass das zu vermittelnde Wissen eine gewisse Breite haben muss. Die Persönlichkeit bildet sich nicht allein durch Vermittlung punktueller Faktenkenntnis, die nicht in ein gedankliches System eingeordnet ist. Der Mensch als Person muss angesprochen sein, nicht als Funktionsträger zur Erfüllung bestimmter beruflicher Aufgaben. Erziehung im Sinne des § 118 Abs. 1 kann daher nur dann stattfinden, wenn sie mit einer gewisse Nachhaltigkeit gegenüber dem einzelnen zu erziehenden Menschen vorgenommen wird. Die auf Stunden oder wenige Tage beschränkte einmalige Vermittlung von Eindrücken oder Wissen ist daher nach der Rechtsprechung des BAG nicht als erzieherisch zu werten. Erziehung bedürfe einer länger währenden Einwirkungsmöglichkeit auf den zu erziehenden Menschen (BAG 21. 6. 1989, AP BetrVG 1972 § 118 Nr. 43: Zoobesuch daher keine Erziehung; ErfK-*Kania*, § 118 Rn. 12; *Oldenburg*, NZA 1989, S. 412, 414; s.

§ 118

auch Rn. 68). Mag der damals zu entscheidende Sachverhalt im Ergebnis richtig beurteilt worden sein, kann doch an der einschränkungslosen Gültigkeit dieser Aussage gezweifelt werden. Auch zeitlich kurze Begebenheiten können fundamentale persönlichkeitsbildende Wirkung haben und gerade darauf ausgerichtet sein: Eine Predigt, ein Drama, ein Vortrag – all das kann den Menschen in seinen grundlegenden Wertevorstellungen und Entscheidungsfindungen beeinflussen und prägen, ohne dass es einer langwierigen Einwirkung bedürfte. Die zeitliche Kürze wird hier durch Intensität aufgewogen.

64   Zu den Unternehmen mit erzieherischer Bestimmung gehören **Privatschulen** aller Art (vgl. BAG 22. 5. 1979 und 13. 1. 1987 AP BetrVG 1972 § 118 Nr. 12 und 33; 13. 6. 1989 AP BetrVG 1972 § 87 Nr. 36 Arbeitszeit), Internate, private Waisenhäuser, Lehrlingsheime und auch **Berufsbildungseinrichtungen** (vgl. BAG 14. 4. 1988 AP BetrVG 1972 § 118 Nr. 36; 31. 1. 1995 AP BetrVG 1972 § 118 Nr. 56; zum Bildungswerk einer Gewerkschaft BAG 3. 7. 1990 AP BetrVG 1972 § 99 Nr. 81; ErfK-*Kania*, § 118 Rn. 12). Eine erzieherische Bestimmung können auch Fernlehrinstitute haben (ebenso *Fitting*, § 118 Rn. 20; GL-*Löwisch*, § 118 Rn. 19; HaKo-BetrVG/*Lakies*, § 118 Rn. 14; a. A. DKK-*Wedde*, § 118 Rn. 32), nicht dagegen **Fahrschulen** (ebenso *Fitting*, § 118 Rn. 20; GL-*Löwisch*, § 118 Rn. 19; HaKo-BetrVG/*Lakies*, § 118 Rn. 14). Eine **Sprachschule**, die ausschließlich Fremdsprachenunterricht nach einer bestimmten Methode erteilt, dient ebenfalls nicht erzieherischen Bestimmungen und ist daher kein Tendenzunternehmen (ebenso BAG 7. 4. 1981 AP BetrVG 1972 § 118 Nr. 17), ebenso wie ein Verein, der Materialien für den Deutschunterricht im Ausland zur Verfügung stellt (BAG 21. 7. 1998 AP BetrVG 1972 § 118 Nr. 63; *Fitting*, § 118 Rn. 20). Das Gleiche gilt für **Sportvereine und Landessportverbände:** Persönlichkeitsbildung ist hier nicht angestrebt oder auch typischerweise zu erwarten. Erziehung zielt auf die geistige Weiterentwicklung, Sport auf die körperliche – und selbst der Sport wird vom Landessportverband nicht unmittelbar betrieben, sondern nur wirtschaftlich und organisatorisch abgesichert (s. auch mit anderer Begründung BAG 23. 3. 1999 AP BetrVG 1972 § 118 Nr. 66; ErfK-*Kania*, § 118 Rn. 12; im Ergebnis ebenso *Richardi*, Sportverbände und Tendenzunternehmen in der Betriebsverfassung, FS Tomandl, 1998, S. 299).

65   Auf erzieherische Einrichtungen einer **Religionsgemeinschaft** (z. B. kirchliche Privatschulen und Berufsbildungseinrichtungen) findet nach Abs. 2 das BetrVG überhaupt keine Anwendung; für sie gilt Gleiches wie für die karitativen Einrichtungen, die einer Religionsgemeinschaft zugeordnet sind (s. Rn. 62 und Rn. 196 ff.).

7. Wissenschaftliche Bestimmungen

66   Der Tendenzschutz sichert hier das **Grundrecht der Freiheit der Wissenschaft** (Art. 5 Abs. 3 GG). Das BVerfG definiert als **Wissenschaft** „alles, was nach Inhalt und Form als ernsthafter planmäßiger Versuch zur Ermittlung der Wahrheit anzusehen ist" (BVerfG 29. 5. 1973 E 35, 79, 113; vgl. auch BAG 21. 6. 1989 AP BetrVG 1972 § 118 Nr. 43; 20. 11. 1990 AP BetrVG 1972 § 118 Nr. 47). Der **Einsatz wissenschaftlicher Methoden** reicht nicht aus, um für ein Unternehmen Tendenzschutz zu begründen (BAG 21. 7. 1998 AP BetrVG 1972 § 118 Nr. 63).

67   Zu den Unternehmen mit wissenschaftlicher Zweckbestimmung gehören **Forschungsinstitute,** Versuchsgüter, Mustergüter, **wissenschaftliche Bibliotheken** und **Museen.** Von dieser Bestimmung werden beispielsweise alle Institute der Max-Planck-Gesellschaft erfasst (vgl. BAG 20. 11. 1990 AP BetrVG 1972 § 118 Nr. 47), nicht dagegen die Forschungsabteilungen der Großindustrie (ebenso BAG 21. 6. 1989 AP BetrVG 1972 § 118 Nr. 43; a. A. ErfK-*Kania*, § 118 Rn. 13). Keine Rolle spielt aber, ob es sich um **grundlagen-** oder **anwendungsorientierte Forschung** handelt (ebenso GL-*Löwisch*, § 118 Rn. 20 b); denn maßgebend ist der weite Wissenschaftsbegriff des Art. 5 Abs. 3 GG (vgl. BAG 20. 11. 1990 AP BetrVG 1972 § 118 Nr. 47; a. A. *Wendeling-Schröder*, AuR 1984,

328, 331 f.). **Großforschungseinrichtungen** sind deshalb Tendenzunternehmen, auch wenn die in ihnen betriebene Forschung anwendungsorientiert ist und von Wirtschaftsunternehmen finanziert wird (ebenso GL-*Löwisch*, § 118 Rn. 20c; *Meusel*, WissR 17 [1984], 15 ff.; HWK-*Hohenstatt/Dzida*, § 118 Rn. 8; a. A. DKK-*Wedde*, § 118 Rn. 34; *Wendeling-Schröder*, AuR 1984, 328 ff.). Etwas anderes gilt nur, wenn Forschungsinstitute zwar rechtlich selbständig, aber in der Gestaltung der Forschung von Weisungen der an ihnen beteiligten Wirtschaftsunternehmen abhängig sind.

Wissenschaftliche Buch- und Zeitschriftenverlage werden ebenfalls erfasst (ebenso **68** BAG 14. 11. 1975 AP BetrVG 1972 § 118 Nr. 5); sie fallen aber auch unter Nr. 2 (ebenso GL-*Löwisch*, § 118 Rn. 21; *Mayer-Maly*, AR-Blattei: Tendenzbetrieb I, D VI). Auch ein **Zoologischer Garten** dient wissenschaftlichen Bestimmungen, soweit er dazu bestimmt ist, Erkenntnisse über Tierbiologie zu gewinnen oder Methoden der Arterhaltung zu erforschen oder zu entwickeln; das Halten von Wildtieren oder die Erhaltung für sich allein stellen als Aufgaben des Zoos keine wissenschaftliche Bestimmung im hier verstandenen Sinn dar (ebenso BAG 21. 6. 1989 AP BetrVG 1972 § 118 Nr. 43; ErfK-*Kania*, § 118 Rn. 13).

Der Begriff der Wissenschaft bildet für die Interpretation des Grundrechts der Freiheit **69** der Wissenschaft, Forschung und Lehre (Art. 5 Abs. 3 GG) den Oberbegriff für die Begriffe von Forschung und Lehre (vgl. *Scholz* in *Maunz/Dürig*, GG, Art. 5 Abs. III Rn. 85). Eine **privatrechtlich organisierte Universität** oder **(Fach-)Hochschule** ist deshalb ein Tendenzunternehmen (*Thüsing*, ZTR 2003, 544). Nicht nur die Ermittlung von Erkenntnis, sondern die damit verbundene Vermittlung genießt im gleichen Range Tendenzschutz. Als erzieherischer Tendenzbetrieb ist durch die Rechtsprechung ebenfalls anerkannt ein **überbetriebliches Ausbildungszentrum** einer IHK, in dem Auszubildende nach dem Berufsbildungsgesetz und den Berufsausbildungsordnungen ausgebildet werden, eine als Ersatzschule anerkannte **Berufsakademie**, die eine für Abiturienten organisierte alternative Berufsausbildung anbietet, und auch eine als Ersatzschule anerkannte „**Fachschule für Wirtschaft**", die zum staatlich geprüften Betriebswirt ausbildet (ArbG Kiel 11. 6. 1987 – 2 b BV 14/87).

Verwirklicht das Unternehmen eine wissenschaftliche Zielsetzung, so steht auch seine **70** Arbeitsorganisation unter dieser Bestimmung. Aus diesem Grund sichert der Gesetzgeber die Grundrechtsausübung in der Betriebsverfassung. Damit ist es völlig unvereinbar, Teilorganisationen, auch wenn sie einen Betrieb i. S. des BetrVG darstellen, nur deshalb aus dem Tendenzschutz auszuklammern, weil sie nicht selbst Forschung oder Lehre betreiben, wie eine **Universitätsbibliothek** oder die **Rechenzentren für wissenschaftliche Datenverarbeitung**, die für die Forschung innerhalb einer Forschungsorganisation die notwendige Unterstützung gewährleisten (a. A. aber insoweit unter Verkennung des Wissenschaftsbetriebs BAG 20. 11. 1990 AP BetrVG 1972 § 118 Nr. 47).

8. Künstlerische Bestimmungen

Der Tendenzschutz sichert hier das **Grundrecht der Kunstfreiheit** (Art. 5 Abs. 3 GG). **71** Für das Verständnis des Begriffes „künstlerische Bestimmung" ist deshalb auf den Inhalt dieses Grundrechts abzustellen (ebenso BAG 15. 2. 1989 AP BetrVG 1972 § 118 Nr. 39).

Zur **Kunst** gehören **Werke der Sprache, der Musik, der Tanzkunst und der bildenden** **72** **Künste sowie Lichtbild- und Filmwerke** (vgl. § 2 UrhG; ebenso GL-*Löwisch* § 118 Rn. 22; *Mayer-Maly*, AR-Blattei: Tendenzbetrieb I, D VII; ausführlich zur Musik als Kunst i. S. des Tendenzschutzes *Löwisch*, FS v. Caemmerer, S. 559 ff.). Kunst setzt einen „schöpferisch-individualen Akt sinnlich-anschaulicher Formgebung" voraus, der „auf kommunikative Sinnvermittlung nach außen gerichtet ist" (so die Begriffsbestimmung von Kunst im verfassungsrechtlichen Sinn von *Scholz* in *Maunz/Dürig*, GG, Art. 5 Abs. III Rn. 29). Die Kunstfreiheitsgarantie betrifft in gleicher Weise den „Werkbereich" und den „Wirkbereich" des künstlerischen Schaffens, so dass nicht nur die künstlerische Betätigung (Werkbereich), sondern auch Darbietung und Verbreitung des Kunstwerks (Wirkbereich) unter die Freiheitsgarantie fällt (grundlegend BVerfG 24. 2. 1971 E 30, 173; vgl. BAG 15. 2. 1989 AP BetrVG 1972 § 118 Nr. 39). Der **Einsatz künstlerischer Mittel** reicht nicht aus, um für ein Unternehmen Tendenzschutz zu begründen (BAG 21. 7. 1998 AP BetrVG 1972 § 118 Nr. 63).

73 Unternehmen mit künstlerischer Bestimmung sind insbesondere **Theater** (auch Musicaltheater, vgl. LAG Berlin-Brandenburg 17. 12. 2008 – 15 TaBV 1213/08, juris), **Filmateliers, Kunstausstellungen, Orchesterbetriebe, Kabaretts**. Dagegen werden der bloße Kinobetrieb oder reine Tanz- und Unterhaltungsstätten nicht erfasst (ebenso *Fitting*, § 118 Rn. 22; *GL-Löwisch*, § 118 Rn. 23; *HSWGNR-Hess* § 118 Rn. 20 a; *HWK-Hohenstatt/Dzida*, § 118 Rn. 9). Gleiches gilt für **Lizenzfußballvereine** (a. A. *Kania*, SpuRt 1994, 121, 125 f.). **Zirkusunternehmen** sind dagegen regelmäßig Unternehmen mit künstlerischer Zielsetzung (ebenso *GL-Löwisch*, § 118 Rn. 24; *HSWGNR-Hess*, § 118 Rn. 20; a. A. *Fitting*, § 118 Rn. 22; *DKK-Wedde*, § 118 Rn. 37; *HaKo-BetrVG/Lakies*, § 118 Rn. 16; offengelassen *Matthes*, MünchArbR § 272 Rn. 21; offen gelassen *ErfK-Kania*, § 118 Rn. 14).

74 **Buchverlage, die literarische Werke verlegen,** fallen ebenfalls als Unternehmen, die unmittelbar und überwiegend künstlerischen Bestimmungen dienen, bereits nach Nr. 1 unter den Tendenzschutz, wobei das Verlagsprogramm literarische Werke verschiedener Richtungen umfassen kann (ebenso BAG 14. 11. 1975 AP BetrVG 1972 § 118 Nr. 5; 15. 2. 1989 AP BetrVG 1972 § 118 Nr. 39; s. auch Rn. 82 ff.). Wie Buchverlage sind **Musikverlage** anzusehen (ebenso *Löwisch*, FS v. Caemmerer S. 559, 565). Zu ihnen gehören auch die Produzenten von Schallplatten, Compact-Discs und Musikcassetten. Auch **Konzertagenturen** dienen unmittelbar und überwiegend künstlerischen Bestimmungen.

75 Nicht erfasst werden **Buch- und Schallplattenhandlungen**; auch die technische Herstellung der Tonträger (Schallplatten, Compact-Discs und Musikcassetten) dient keiner künstlerischen Bestimmung. Die **urheberrechtlichen Verwertungsgesellschaften** sind ebenfalls keine Tendenzunternehmen, z. B. die GEMA (vgl. BAG 8. 3. 1983 AP BetrVG 1972 § 118 Nr. 26 [*Herschel*]) und die Verwertungsgesellschaft WORT; sie sind „nicht an der Verwirklichung der Kunst, sondern an der Einziehung des Entgelts dafür beteiligt" (GL-*Löwisch*, § 118 Rn. 23 ebenso *Fitting*, § 118 Rn. 22; *E. Frey*, Tendenzschutz, S. 29; a. A. *Neumann-Duesberg*, Die GEMA als Tendenzunternehmen/Tendenzbetrieb [§ 118 Abs. 1 BetrVG], S. 18 ff.).

V. Presseunternehmen und Verlage (Abs. 1 Satz 1 Nr. 2)

1. Gesetzestext

76 Das Gesetz spricht von **Unternehmen und Betrieben, die unmittelbar und überwiegend Zwecken der Berichterstattung oder Meinungsäußerung dienen, auf die Art. 5 Abs. 1 Satz 2 GG Anwendung findet** (Abs. 1 Satz 1 Nr. 2). Presse- und Verlagsunternehmen waren schon in § 81 Abs. 1 BetrVG 1952 ebenso wie vorher in § 67 BRG 1920 nicht ausdrücklich genannt, obwohl für die Sonderstellung der Tendenzbetriebe historisch die Pressefreiheit den Entstehungsgrund lieferte (vgl. *Flatow/Kahn-Freund*, BRG, § 67 Anm. 1; *E. Frey*, Tendenzschutz, S. 11 ff.). Presseunternehmen wurden vielmehr zu den Unternehmen mit politischen Zielen gerechnet (vgl. *Dietz*, § 81 Rn. 7; *Fitting/Kraegeloh/Auffarth*, § 81 Rn. 7). Soweit der Tendenzschutz nicht aus der politischen Zielsetzung wie bei den Zeitungen begründet werden konnte, ergab er sich aus den sonstigen Zielbestimmungen, da Verlagsunternehmen regelmäßig mindestens eines der gesetzlich genannten geistig-ideellen Ziele verfolgen (s. auch Rn. 52, 68 und 74). Pres-

B. Zweck und Voraussetzungen des Tendenzschutzes   § 118

seunternehmen und Verlage erscheinen zwar auch jetzt nicht im Gesetzestext, bilden aber nunmehr in Abs. 1 Satz 1 Nr. 2 eine eigene Gruppe.

Der **Gesetzeswortlaut** ist **missglückt** (vgl. die Kritik von *Mayer-Maly*, AfP 1972, 194, 196). Zunächst erweckt die Texierung den Eindruck, als sei von zwei grundsätzlich verschiedenen Alternativen auszugehen und Nr. 2 als Sonderregelung für Presse, Rundfunk, Film und Fernsehen gestaltet. Gegen diese Annahme spricht aber die Entstehungsgeschichte der Bestimmung; denn, wie sich aus dem Bericht des BT-Ausschusses für Arbeit und Sozialordnung ergibt, kam es dem Gesetzgeber nur darauf an, die weitere Alternative im Hinblick auf die grundgesetzlich garantierte Pressefreiheit und die Freiheit der Berichterstattung durch Rundfunk und Film ausdrücklich im Gesetz aufzuführen (*zu* BT-Drucks. VI/2729, S. 17). Die Bestimmung weist einen Defekt auf, weil sie einerseits auf die Zwecke der Berichterstattung oder Meinungsäußerung abstellt, andererseits aber eine Einschränkung insoweit vornimmt, als Art. 5 Abs. 1 Satz 2 GG Anwendung findet, der hier nur von der Pressefreiheit und der Freiheit der Berichterstattung spricht, während Satz 1, der das Grundrecht auf freie Meinungsäußerung enthält, nicht in Bezug genommen wird (vgl. dazu auch die Kritik von *Mayer-Maly*, AfP 1972, 194, 196 und BB 1973, 761, 764). Dieser Defekt lässt sich nur beseitigen, indem man im Wege korrigierender Interpretation die zweite Alternative auch auf Betätigungen anwendet, die unter den Schutz des Art. 5 Abs. 1 Satz 1 GG fallen, damit nicht von der Bestimmung des Pressebegriffs abhängt, ob Unternehmen und Betriebe, die unmittelbar und überwiegend Zwecken der Meinungsäußerung dienen, die betriebsverfassungsrechtliche Sonderstellung erhalten.

2. Begriffsbestimmung durch Verweisung auf Art. 5 Abs. 1 Satz 2 GG (Presse- und Rundfunkfreiheit)

a) Die von Nr. 2 erfassten Unternehmen und Betriebe werden durch die **Verweisung auf Art. 5 Abs. 1 Satz 2 GG** definiert, der den folgenden Wortlaut hat: „Die Pressefreiheit und die Freiheit der Berichterstattung durch Rundfunk und Film werden gewährleistet." Das Unternehmen muss deshalb unter den Schutz der **Pressefreiheit** bzw. der **Freiheit der Berichterstattung durch Rundfunk und Film** fallen.

b) **Presse i. S. der verfassungsrechtlichen Freiheitsgarantie** sind alle Erzeugnisse der Buchdruckerpresse (formaler Pressebegriff); neben Zeitschriften und Zeitungen genießen den Schutz der Pressefreiheit auch Bücher, Broschüren, Flugschriften, Handzettel, Plakate ohne Rücksicht auf ihren Inhalt (so *Herzog* in *Maunz/Dürig*, GG, Art. 5 Abs. 1, 2 Rn. 129–132). Eine materielle Definition des Pressebegriffs enthält Auswahlkriterien, die das Verbot der Zensur relativieren (vgl. *Herzog*, a. a. O., Art. 5 Abs. 1, 2 Rn. 128). Wegen der Verweisung auf Art. 5 Abs. 1 Satz 2 GG ist der **weite Pressebegriff** auch für das Betriebsverfassungsrecht heranzuziehen (ebenso GL-*Löwisch*, § 118 Rn. 25; HSWGNR-*Hess*, § 118 Rn. 22; *Birk*, JZ 1973, 753, 755; s. auch LAG Rheinland-Pfalz 27. 3. 2007 – 3 TaBV 2/07, juris; a. A. *Brecht*, § 118 Rn. 5; DKK-*Wedde*, § 118 Rn. 39; E. *Frey*, Tendenzschutz, S. 33; im Ergebnis auch *Kunze*, FS Ballerstedt, S. 79, 102 f.). Dabei ist hier aber zu beachten, dass es sich um Betriebe und Unternehmen handeln muss, bei denen die Berichterstattung oder Meinungsäußerung im Vordergrund steht. Der weite Pressebegriff hat interpretatorisch Bedeutung lediglich für das Tatbestandsmerkmal der Berichterstattung oder Meinungsäußerung, auf die Art. 5 Abs. 1 Satz 2 GG Anwendung findet (ebenso *Stiebner*, Tendenzschutz bei Mischunternehmen im Verlagswesen, S. 53).

3. Presse- und sonstige Verlagsunternehmen

a) Zwecken der Berichterstattung oder Meinungsäußerung, auf die Art. 5 Abs. 1 Satz 2 GG Anwendung findet, dienen alle **Unternehmen, die Zeitungen oder Zeitschriften veröffentlichen** (vgl. BAG 7. 11. 1975 AP BetrVG 1972 § 99 Nr. 3; BAG 14. 11.

77

78

79

80

§ 118 Geltung für Tendenzbetriebe und Religionsgemeinschaften

1975 und 9. 12. 1975 AP BetrVG 1972 § 118 Nr. 5 und 7). Dabei ist es gleichgültig, ob es sich um die parteipolitische Presse im gewöhnlichen Sinn oder um sog. neutrale Zeitungen handelt (ebenso BAG AP BetrVG 1972 § 118 Nr. 7). Es ist auch nicht erforderlich, dass die Zeitung unmittelbar Einfluss auf politische Fragen gewinnen will. Beide Kategorien dienen der Meinungsäußerung oder zumindest der Berichterstattung (ebenso *Fitting*, § 118 Rn. 25; GL-*Löwisch*, § 118 Rn. 26; *E. Frey*, Tendenzschutz, S. 35 f.; s. auch Rn. 52).

81 Der **Handel mit Zeitungen oder Zeitschriften,** wozu insbesondere auch die Lesezirkel gehören, fällt **nicht unter Nr. 2.** Selbst wenn man bei Lesezirkeln in der Auswahl der zur Verfügung gestellten Zeitschriften den Ausdruck einer Meinungsäußerung erblicken will, geschieht dies nicht überwiegend zum Zwecke der Meinungsäußerung (ebenso im Ergebnis *Fitting*, § 118 Rn. 28). Nur soweit ein Lesezirkel konfessionelle oder wissenschaftliche Ziele verfolgt, besteht für ihn nach Nr. 1 eine betriebsverfassungsrechtliche Sonderstellung.

82 b) Den Tendenzschutz nach Nr. 2 haben nicht nur Verlagsunternehmen, die (politische) Zeitungen und Zeitschriften veröffentlichen, sondern **alle Verlagsunternehmen,** insbesondere auch die **Buchverlage** (ebenso GL-*Löwisch*, § 118 Rn. 25; HSWGNR-*Hess*, § 118 Rn. 24; *Zöllner/Loritz*, § 44 IV 5 a; *Mayer-Maly*, AR-Blattei: Tendenzbetrieb I, D VIII; *ders.*, BB 1973, 761, 764; *Birk*, JZ 1973, 753, 755; *Buchner*, SAE 1977, 86 f.; a. A. *Kunze*, FS Ballerstedt, S. 79, 103; für Nr. 2 offengelassen, da bereits die Voraussetzungen nach Nr. 1 erfüllt sind, BAG 14. 11. 1975 AP BetrVG 1972 § 118 Nr. 5). Den Schutz des Art. 5 Abs. 1 Satz 2 GG genießen nämlich nicht nur Zeitungen und Zeitschriften, sondern auch Bücher, Broschüren, Flugschriften, Handzettel, Plakate, ohne dass es auf den Inhalt oder die Art des Inhalts ankommt, also auch wissenschaftliche Veröffentlichungen und Bildbände (vgl. *Herzog* in *Maunz/Dürig*, GG, Art. 5 Abs. 1, 2 Rn. 132).

83, 84 Den Tendenzschutz genießen deshalb auch **Fachverlage** mit lediglich unterstützender Zielsetzung für erzieherische oder wissenschaftliche Arbeit, wie insbesondere Schulbuchverlage. Das BAG wollte zu § 81 Abs. 1 BetrVG 1952 unterscheiden, ob der Unternehmer Schulbücher, medizinische Zeitschriften und wissenschaftliche Bücher verlegt, um dadurch nach außen hin erkennbar sich zu eigen gemachte erzieherische und wissenschaftliche Ziele um dieser Ziele selbst willen zu fördern, oder ob er sie vornehmlich deshalb verlegt, um anderen die Hilfsmittel für deren wissenschaftliche und erzieherische Arbeit zur Verfügung zu stellen; in letzterem Fall werde die Literatur gleichsam wie eine Ware abgesetzt, und zwar wie eine Ware, die mit wissenschaftlichen Mitteln durch namhafte Autoren hergestellt und deshalb besonders „marktgängig" sei (BAG 27. 8. 1968 AP BetrVG § 81 Nr. 10). Entsprechend hatte es bereits vorher die Auffassung vertreten, dass ein Verlag, der Romane, Erzählungen, Essays, Anthologien sowie Werke der Belletristik, der Politik, der Geschichte, der Wirtschaft und der Soziologie verlegt, also ein **Verlag mit breiter Fächerung der Werke** keine Tendenzeigenschaft habe (BAG 22. 2. 1966 AP BetrVG § 81 Nr. 4). Ein Buchverlag, der wertungsneutral Bücher auf verschiedenen Gebieten verlege, habe diese Bücher regelmäßig nicht wegen ihrer geistig-ideellen Zielsetzung in sein Verlagsprogramm aufgenommen, sondern habe sich von wirtschaftlichen Erwägungen leiten lassen. Die These von der Identifikation mit der geistig-ideellen Zielsetzung war hier mit der ebenfalls unhaltbaren These von der Einseitigkeit der Zielverfolgung und der gleichfalls nicht zutreffenden These vom Verlust des Tendenzschutzes bei Gewinnstreben ein Bündnis eingegangen. Die Entscheidung hatte fast einhellig keinen Beifall gefunden (vgl. *Dietz*, NJW 1967, 81; *Galperin*, Anm. zu AP BetrVG § 81 Nr. 4; *Mayer-Maly*, RdA 1966, 441; *Neumann-Duesberg*, BB 1967, 549, 551; *Trinkner*, BB 1966, 658, 661; zust. nur *E. Frey*, AuR 1966, 198).

85 Deshalb hat das **BAG** folgerichtig **jede Einschränkung aufgegeben** und ausdrücklich **anerkannt,** dass die **Breite des Verlagsprogramms nicht tendenzschädlich** sein kann (BAG 14. 11. 1975 AP BetrVG 1972 § 118 Nr. 5 [zust. *Mayer-Maly*]; bestätigt BAG

B. Zweck und Voraussetzungen des Tendenzschutzes   § 118

15. 2. 1989 AP BetrVG 1972 § 118 Nr. 39). Auch Verlagsunternehmen, die Werke der **Belletristik** veröffentlichen, fallen deshalb unter Nr. 2 (ebenso BAG AP BetrVG 1972 § 118 Nr. 5; bestätigt BAG 15. 2. 1989 AP BetrVG 1972 § 118 Nr. 39). Sie sind außerdem aber auch zugleich Unternehmen, die künstlerischen Bestimmungen i. S. der Nr. 1 dienen (ebenso BAG 15. 2. 1989 AP BetrVG 1972 § 118 Nr. 39).

c) Wenn ein Verlag sich dagegen ausschließlich oder überwiegend auf die **Herausgabe von Anzeigeblättern, amtlichen Mitteilungen, Formularen, Adress- und Telefonbüchern** beschränkt, wird er nicht zum Zweck der Meinungsäußerung oder Berichterstattung tätig und fällt deshalb **nicht unter den Tendenzschutz** (ebenso *Fitting*, § 118 Rn. 23; HSWGNR-*Hess*, § 118 Rn. 24 a; *Matthes*, MünchArbR § 272 Rn. 24; *E. Frey*, Tendenzschutz, S. 36; *ders.*, AuR 1972 S. 161, 165; *Birk*, JZ 1973, 753, 755; a. A. GL-*Löwisch*, § 118 Rn. 27; offengelassen für Adressbuchverlage BAG 14. 11. 1975 AP BetrVG 1972 § 118 Nr. 5; wie hier im Ergebnis auch schon zu § 81 Abs. 1 BetrVG 1952: *Dietz*, § 81 Rn. 15; *Nikisch*, Bd. III S. 51 f.; *Löffler*, NJW 1954, 489, 490; *Richardi*, SAE 1969, 86, 88). Das gilt aber nur, soweit der Verlag keine Auswahlentscheidung trifft, also lediglich als Sprachrohr tätig wird (vgl. *Stiebner*, Tendenzschutz bei Mischunternehmen im Verlagswesen, S. 61, 95 f.).

d) Bei **Buchgemeinschaften** ist zu unterscheiden, ob es sich lediglich um Buchhandel oder um Buchverlage handelt. In letzterem Fall ist die Tendenzeigenschaft gegeben. Handelt es sich bei den Buchgemeinschaften dagegen um Lesezirkel, so kommt eine Tendenzeigenschaft nur insoweit in Betracht, als der Lesezirkel unmittelbar und überwiegend konfessionellen oder wissenschaftlichen Bestimmungen dient (s. auch Rn. 81).

4. Presse- und Nachrichtenagenturen

Presse- und Nachrichtenagenturen fallen unter Nr. 2 (s. BAG 3. 12. 1985 AP BetrVG 1972 § 99 Nr. 31; 9. 12. 1975 AP BetrVG 1972 § 118 Nr. 7; 1. 9. 1987 AP BetrVG 1972 § 101 Nr. 10; ebenso *Fitting*, § 118 Rn. 28; HSWGNR-*Hess*, § 118 Rn. 23; DKK-*Wedde*, § 118 Rn. 43; *Matthes*, MünchArbR § 272 Rn. 24; *E. Frey*, Tendenzschutz S. 36; *Mayer-Maly*, AR-Blattei: Tendenzbetrieb I, D VIII). Dies war nach § 81 Abs. 1 BetrVG 1952 zweifelhaft, weil sie die Sonderstellung nur dann hatten, wenn sie als Unternehmen mit politischen Zielen angesehen wurden (vgl. *Dietz*, § 81 Rn. 7). Dieser Nachweis braucht nicht mehr geführt zu werden; denn Presse- und Nachrichtenagenturen stehen unter dem Schutz des Art. 5 Abs. 1 Satz 2 GG und dienen Zwecken der Berichterstattung. Zweifelhaft kann lediglich sein, ob sie unmittelbar der Berichterstattung dienen (vgl. die Bedenken bei *Neumann-Duesberg*, AfP 1970, 951, 955). Denn die Presse- und Nachrichtenagentur liefert nicht an den „Endverbraucher"; sie verbreitet Nachrichten an Nachrichtenverbreiter, dies aber als unmittelbare Zielsetzung ihres Unternehmens, so dass wegen des Unmittelbarkeitserfordernisses keine Bedenken dagegen bestehen, sie als Tendenzunternehmen anzuerkennen.

5. Rundfunk, Film und Fernsehen

Durch die Verweisung auf Art. 5 Abs. 1 Satz 2 GG erstreckt Nr. 2 den Tendenzschutz auf **Rundfunk und Film** (ebenso BAG 11. 2. 1992 AP BetrVG 1972 § 118 Nr. 50; 27. 7. 1993 AP BetrVG 1972 § 118 Nr. 51; *Fitting*, § 118 Rn. 28; GL-*Löwisch*, § 118 Rn. 27; *Mayer-Maly*, AR-Blattei: Tendenzbetrieb I, D VIII). Zum Begriff des Rundfunks i. S. des Art. 5 Abs. 1 Satz 2 GG gehört auch das **Fernsehen** (BVerfG 28. 2. 1961 E 12, 205, 259 ff.). Soweit der Rechtsträger allerdings eine juristische Person des öffentlichen Rechts ist, unterfallen diese Personen überhaupt nicht dem BetrVG (§ 130). Filmherstellungs- und Filmverleihunternehmen werden bereits von Nr. 1 erfasst.

Eine Aufgliederung zwischen Unternehmen, die einer künstlerischen Bestimmung dienen, und Unternehmen, die nur auf dem Unterhaltungssektor tätig sind, ist nicht möglich. Aber auch wenn man nach der Geprägetheorie zu dem Ergebnis gelangen sollte, dass die Unterhaltung im Vordergrund steht, ist damit kein Gegensatz zu einer künstlerischen Bestimmung umschrieben; außerdem kann die sog. Unterhaltung nicht von vornherein aus dem Bereich der Meinungsäußerung eliminiert werden, und zwar auch im Hinblick auf Art. 5 Abs. 1 Satz 2 GG. Jedenfalls lässt sich nicht die These halten, dass Filmgesellschaften, die nur auf dem Unterhaltungssektor tätig sind, mit Sicherheit nicht vom Tendenzschutzparagraphen erfasst werden (so aber *E. Frey,* AuR 1972, 161, 166).

6. Lohndruckereien

91 a) **Lohndruckereien** haben als solche **keinen Tendenzcharakter.** Sie gehören nicht zu den Unternehmen, die unmittelbar und überwiegend den in Nr. 1 genannten geistig-ideellen Zielen dienen; sie gehören aber auch nicht zu den Unternehmen, die unmittelbar und überwiegend Zwecken der Berichterstattung oder Meinungsäußerung i. S. der Nr. 2 dienen (ebenso BAG 31. 10. 1975 AP BetrVG 1972 § 118 Nr. 3 [abl. *Mayer-Maly*]; 30. 6. 1981 AP BetrVG 1972 § 118 Nr. 20; *Fitting,* § 118 Rn. 27; *Frauenkron,* § 118 Rn. 4; GL-*Löwisch,* § 118 Rn. 40; HSWGNR-*Hess,* § 118 Rn. 25 c; *E. Frey,* Tendenzschutz, S. 43 ff.; *ders.,* AuR 1972, 161, 162; *Stiebner,* Tendenzschutz bei Mischunternehmen im Verlagswesen, S. 113 ff.; *Ihlefeld,* AuR 1975, 234, 235 f.; *Richardi,* AfP 1976, 107, 112; a. A. *Löffler/Ricker,* Handbuch des Presserechts, 3. Aufl. 1994, S. 240; *Mayer-Maly,* AR-Blattei: Tendenzbetrieb I, E II; *ders.,* BB 1973, 761, 762; – wie hier in st. Rspr. zu § 81 Abs. 1 BetrVG 1952: BAG 27. 7. 1966 AP BetrVG § 81 Nr. 4; BAG 27. 8. 1968, AP BetrVG § 81 Nr. 11; BAG 29. 5. 1970 AP BetrVG § 81 Nr. 13; ebenso *Nikisch,* Bd. III S. 51; *E. Frey,* AuR 1966, 198, 200; *Dietz,* NJW 1967, 81, 87; *Richardi,* SAE 1969, 86, 89; *Neumann-Duesberg,* DB 1970, 1832; *Galperin,* AfP 1971, 50, 53; a. A. *Nipperdey/Säcker* in *Hueck/Nipperdey,* Bd. II/2, S. 1125; *Löffler,* NJW 1954, 489, 492; *Arras,* RdA 1954, 459, 460; *ders.,* BB 1971, 441, 442; *Mayer-Maly,* RdA 1966, 441, 447; *ders.,* AfP 1969, 842, 843; *ders.,* AfP 1971, 14).

92 b) Die **verfassungsrechtlich garantierte Pressefreiheit** erstreckt sich zwar auch auf **Lohndruckereien;** die betriebsverfassungsrechtliche Sonderstellung besteht aber nur für Unternehmen, deren Zweck die Berichterstattung oder Meinungsäußerung ist. **Unternehmenszweck** einer Lohndruckerei ist der Druck, **nicht die Berichterstattung oder Meinungsäußerung.** Auch eine teleologische Interpretation fordert kein anderes Ergebnis. Für den Tendenzschutz eines Unternehmens genügt nicht, dass es seinerseits für ein tendenzgebundenes Unternehmen arbeitet. Der Druck gehört zwar zu den wesentlichen Voraussetzungen, damit eine Zeitung und ein Buch erscheinen kann; wesentlich ist aber, dass die reine Lohndruckerei keinen Einfluss auf die Auswahl und die Gestaltung des Verlagsprogramms nehmen kann. Würde man die Druckerei bloß auf Grund eines Schuldvertrags mit dem Tendenzunternehmen in den Tendenzschutz einbeziehen, weil ihr Beitrag für das Erscheinen der verlegten Literatur wesentlich ist, so würde der Tendenzschutzparagraph jede Kontur verlieren; denn mit dem gleichen Recht könnte man auch andere Unternehmer, die einen Beitrag auf Grund eines Schuldvertrags für ein Tendenzunternehmen leisten, in den Tendenzschutz einbeziehen (zust. BAG 31. 10. 1975 AP BetrVG 1972 § 118 Nr. 3).

93 Vom gegenteiligen Standpunkt aus wird zwar auf die enge Verflechtung von Lohndruck und Presse hingewiesen und dafür als Beispiel genannt, dass durch Demonstrationen gegen Lohndruckereien die Verlage getroffen werden können und sogar getroffen werden sollen (so vor allem *Mayer-Maly,* AfP 1969, 842, 843 und AfP 1971, 14 f.; ebenso *Nipperdey/Säcker* in *Hueck/Nipperdey,* Bd. II/2 S. 1125 Fn. 49). Daraus kann aber nicht abgeleitet werden, dass der Tendenzschutz auf Lohndruckereien zu erstrecken ist; denn die als Beispiel genannten Demonstrationen sind Störungen der Pressefreiheit, die mit dem Problem einer Einschränkung der Mitbestimmung wegen der besonderen Zweckverfolgung eines Unternehmens keinen Zusammenhang haben (ebenso BAG

30. 6. 1981 AP BetrVG 1972 § 118 Nr. 20; bereits BAG 20. 5. 1970 AP BetrVG § 81 Nr. 13).

c) Besteht der **Zweck eines Druckunternehmens** ausschließlich in der **technischen Herstellung von Zeitungen oder sonstigen Publikationen**, so dient das Unternehmen nicht unmittelbar Zwecken der Berichterstattung oder Meinungsäußerung, sondern es leistet nur eine technische Vorarbeit für die Herausgabe der Zeitungen und Publikationen. Eine derart bloß unterstützende Tätigkeit für ein Verlagsunternehmen reicht nicht aus, um dem Druckunternehmen einen Tendenzschutz zu vermitteln (so ausdrücklich BAG 30. 6. 1981 AP BetrVG 1972 § 118 Nr. 20; bereits BAG 31. 10. 1975 AP BetrVG 1972 § 118 Nr. 3). Das BAG hat jedoch zum ehemaligen § 81 Abs. 1 BetrVG 1952 ausgesprochen, in besonderen Fällen könne auch die bloße Mitwirkung beim Druck einer Tageszeitung Tendenzcharakter haben (BAG 13. 7. 1955 AP BetrVG § 81 Nr. l). Eine Lohndruckerei habe dann Tendenzcharakter, „wenn sie entweder Einfluss nehmen kann auf den Inhalt etwa der politischen Publikationen, die sie druckt, oder wenn sie betrieben wird, um dadurch den Bestand eines anderen Teils des Unternehmens zu ermöglichen oder zu sichern, der geistig-ideelle Vorstellungen i. S. von § 81 BetrVG verwirklichen will" (BAG 29. 5. 1970 AP BetrVG § 81 Nr. 13). 94

Das BAG hat offen gelassen, ob man diese Auffassung zum geltenden Recht noch aufrechterhalten kann; sie würde in jedem Fall besondere rechtliche und tatsächliche Bindungen zwischen den beiden Unternehmen voraussetzen (BAG 31. 10. 1975 AP BetrVG 1972 § 118 Nr. 3). Der Ausschluss betrieblicher Mitbestimmungsrechte in einem Druckunternehmen soll nur dann gerechtfertigt sein, „wenn anderenfalls durch mitbestimmte Entscheidungen des Druckunternehmens auf die Tendenzverwirklichung im Verlagsunternehmen Einfluss genommen werden könnte" (BAG 30. 6. 1981 AP BetrVG 1972 § 118 Nr. 20). Nach Ansicht des BAG genügt nicht, dass das Verlagsunternehmen auf das Druckunternehmen Einfluss nehmen kann (BAG 31. 10. 1975 AP BetrVG 1972 § 118 Nr. 3), auch wenn das Druckunternehmen zu dem oder den Verlagsunternehmen in einem konzernrechtlichen Verbund steht (BAG 30. 6. 1981 AP BetrVG 1972 § 118 Nr. 20; s. auch Rn. 104 ff.). Es muss vielmehr umgekehrt das Druckunternehmen auf die Tendenzverwirklichung im Verlagsunternehmen Einfluss nehmen können (ebenso BAG 31. 10. 1975 AP BetrVG 1972 § 118 Nr. 3; 30. 6. 1981 AP BetrVG 1972 § 118 Nr. 20). Wenn diese Einflussmöglichkeit besteht, handelt es sich aber nicht mehr um ein reines Druckunternehmen. Der Unternehmenszweck beschränkt sich gesellschaftsrechtlich nicht auf die Drucktätigkeit, sondern umfasst auch diese Einflussmöglichkeit; es handelt sich also um ein sog. Mischunternehmen (s. Rn. 100 und 109). 95

VI. Tendenzschutz bei Mischunternehmen und Mischbetrieben

1. Bestimmung der Tendenzeigenschaft eines Unternehmens

Bei Presseunternehmen bilden **Verlag und Druckerei** häufig **ein Unternehmen**, oder es besteht trotz rechtlicher Selbständigkeit eine feste Verbindung zwischen einem Druck- und einem Verlagsunternehmen (vgl. *Mayer-Maly*, FS Löffler, S. 267, 271). Da für die Feststellung der Tendenzgebundenheit auf das Unternehmen abzustellen ist (s. Rn. 24), hat die rechtliche Gestaltung Konsequenzen für den Tendenzschutz. 96

Für die Annahme eines Tendenzunternehmens spielt es keine Rolle, ob die verfolgten **Zielsetzungen auf verschiedenen der in der Gesetzesbestimmung genannten Gebiete** liegen (ebenso BAG 29. 5. 1970 AP BetrVG § 81 Nr. 13; BAG 14. 11. 1975 AP BetrVG 1972 § 118 Nr. 5; s. auch Rn. 39 f.). Unerheblich ist auch, ob ein Teil des Unternehmens Gewinn erzielt (s. dazu Rn. 41 ff.). 97

Problematisch sind daher lediglich die Fälle, in denen ein Unternehmen nach seinem Zweck **nicht nur die hier genannten, sondern auch andere Ziele** verfolgt. Der Gesetzes- 98 wortlaut verlangt, dass das Unternehmen **überwiegend** den dort genannten Bestimmungen dient. Eine Privilegierung der Tendenzverfolgung tritt also auch dann ein, wenn zu der geistig-ideellen Zielsetzung eine tendenzfreie Produktion tritt. Es genügt, dass das Unternehmen *überwiegend* einen Tendenzzweck verfolgt. Nach Ansicht des BAG richtet sich die Beurteilung ausschließlich nach **quantitativ-numerischen Gesichtspunkten** (BAG 21. 6. 1989 AP BetrVG 1972 § 118 Nr. 43; 27. 7. 1993 AP BetrVG 1972 § 118 Nr. 51; 15. 3. 2006, DB 2006, 2300 = EzA § 118 BetrVG 2001 Nr. 5; s. ausführlich Rn. 33 ff.).

99 Der Tendenzeigenschaft eines Unternehmens steht nicht entgegen, dass der **Anteil des tendenzfreien Teils** an dem Umsatz oder Ertrag überwiegt (s. auch Rn. 36). Es kann auch nicht entscheidend sein, ob der Unternehmer tendenzfreie Tätigkeiten in seinem Betrieb so weit wegrationalisiert, dass die Zahl der Tendenzträger überwiegt. Zutreffend hat daher das BAG anerkannt, dass bei personalintensiven Unternehmen es nicht auf die Zahl der Mitarbeiter ankomme, die zur Verwirklichung der tendenzgeschützten und der nicht tendenzgeschützten Bestimmungen des Unternehmens eingesetzt werden; es soll vielmehr die *Arbeitszeitmenge* den Ausschlag geben, die regelmäßig zur Erreichung der verschiedenen Unternehmensziele verwendet werde (BAG 21. 6. 1989 AP BetrVG 1972 § 118 Nr. 43). Aber damit wird letztlich für die Feststellung der Tendenzeigenschaft zwischen kapital- und personalintensiven Unternehmen unterschieden, obwohl dieser Unterschied für die Feststellung, ob das Unternehmen einer der hier genannten Bestimmungen dient, keine Rolle spielt. Wie wenig die arbeitstechnische Gestaltung den Ausschlag geben kann, zeigt die verfehlte Annahme des BAG, bei einer Rundfunkanstalt hänge die Zuordnung zu den Tendenzunternehmen davon ab, ob Musikbeiträge moderiert würden oder lediglich ausgestrahlt würden, für die nur die Mitarbeiter der Technik verantwortlich seien (BAG 27. 7. 1993 AP BetrVG 1972 § 118 Nr. 51). Mit einer an der arbeitstechnischen Gestaltung orientierten Erbsenzählmethode kann man nicht beurteilen, ob ein Unternehmen den hier genannten Bestimmungen dient, sondern insoweit ist ausschließlich maßgebend, ob der *Unternehmensgegenstand* überwiegend eine Tendenzverwirklichung bezweckt.

100 Für die **Tendenzeigenschaft eines Unternehmens** spielt keine Rolle, ob es zur Tendenzverwirklichung selbst eine **arbeitstechnische Organisation** bildet, also einen oder mehrere Betriebe unterhält, oder ob es sich an einem anderen Unternehmen beteiligt, um durch eine konzernrechtlich begründete Herrschaft den Tendenzzweck zu verwirklichen. Deshalb kann man weder von der Zahl der zur Tendenzverwirklichung beschäftigten Arbeitnehmer noch von der zu diesem Zweck verwendeten Arbeitszeitmenge abhängig machen, ob ein Unternehmen Tendenzunternehmen ist. Erst recht gilt dies, wenn Verlag und Druckerei ein Unternehmen bilden. Betriebs- und Unternehmensebene werden vertauscht, wenn das BAG darauf abstellt, ob die Druckerei überwiegend für den Verlag tätig ist oder mit anderen Druckaufträgen ausgelastet ist, und im letzteren Fall ein Presseunternehmen nur dann noch unter Nr. 2 fallen lässt, wenn der Verlag seiner Bedeutung, insbesondere seiner Arbeitnehmerzahl nach gleichwohl gegenüber der Druckerei das Übergewicht hat (so für den Fall, dass Verlag und Druckerei einen einheitlichen Betrieb bilden, BAG 9. 12. 1975 AP BetrVG 1972 § 118 Nr. 7; zur Ersetzung der Arbeitnehmerzahl durch die Arbeitszeitmenge in der Begründung BAG 21. 6. 1989 AP BetrVG 1972 § 118 Nr. 43). Dabei wird übersehen, dass für die Tendenzeigenschaft des Unternehmens der Unternehmenszweck maßgebend ist. Deshalb kann ein Tendenzunternehmen vorliegen, wenn die Druckerei betrieben wird, um die verlegerische Tätigkeit des Unternehmens zu ermöglichen oder zu sichern (vgl. dazu den Hinweis in BAG 29. 5. 1970 AP BetrVG § 81 Nr. 13).

2. Tendenzfreie Betriebe eines Tendenzunternehmens – Tendenzbetriebe eines tendenzfreien Unternehmens

101 a) Bei **Mischunternehmen** wirkt sich der **Tendenzcharakter** unterschiedlich auf die **Verwirklichung der arbeitstechnischen Zielsetzung** aus. Daher differenziert das Gesetz

B. Zweck und Voraussetzungen des Tendenzschutzes   § 118

zwischen Unternehmen und Betrieb; jedoch kommt dieser Unterscheidung nur dann Bedeutung zu, wenn das Unternehmen eine dezentralisierte Organisation hat, sich also in **mehrere Betriebe** gliedert. Hier ist es möglich, dass in einem Betrieb keine tendenzbezogene Tätigkeit ausgeübt wird, es sich also um einen **tendenzfreien Betrieb** handelt, z. B. wenn die Druckerei gegenüber dem Verlag als selbständiger Betrieb organisiert ist. Da die betriebsverfassungsrechtliche Mitbestimmungsordnung sich nicht auf den Betrieb beschränkt, bleibt auch für tendenzfreie Betriebe eines Tendenzunternehmens der Tendenzschutz maßgebend. Die Tendenzeigenschaft des Unternehmens wirkt sich jedoch unterschiedlich aus, weil für die Betriebsverfassung lediglich ein relativer Tendenzschutz gilt. Wenn einem Betrieb lediglich eine Hilfsfunktion für die Erfüllung der geistig-ideellen Aufgaben zukommt, diese selbst dort aber nicht wahrgenommen werden, so ergibt sich bereits aus der Abstufung in der Rechtsfolgenanordnung, wie sie der Relativklausel des Abs. 1 Satz 1 zugrunde liegt, dass die Eigenart des Betriebs nicht der Anwendung des Gesetzes entgegensteht. Soweit aber für die Beteiligung der Arbeitnehmer das Unternehmen maßgebend ist, tritt die Einbeziehung in ein Tendenzunternehmen in Erscheinung; dies gilt auch bei einer Betriebsänderung für die wirtschaftlich-unternehmerische Entscheidung, so dass die in Abs. 1 Satz 2 enthaltene Beschränkung der Mitbestimmung auch für tendenzfreie Betriebe eines Tendenzunternehmens gilt (ähnlich *Fitting*, § 118 Rn. 5; DKK-*Wedde*, § 118 Rn. 15).

b) Nach dem Gesetzestext besteht die Möglichkeit, dass ein **tendenzfreies Unternehmen** einen **Tendenzbetrieb** haben kann. Gliedert ein Unternehmen sich in mehrere Betriebe, so ist allerdings zu beachten, dass der Betrieb lediglich eine relativ verselbständigte Teilorganisation des Unternehmens darstellt. Für den Tendenzcharakter ist deshalb zwar möglich, dass er sich in den lediglich auf einen arbeitstechnischen Zweck bezogenen Teilorganisationen unterschiedlich auswirkt; es ist aber regelmäßig ausgeschlossen, dass die Teilorganisation, die der Betrieb darstellt, einen anderen Zweck verfolgt als das Unternehmen (zust. HSWGNR-*Hess*, § 118 Rn. 7; enger *Fitting*, § 118 Rn. 5; DKK-*Wedde*, § 118 Rn. 16). Da für die Tendenzeigenschaft der Unternehmenszweck maßgebend ist, kommt es darauf an, ob die Tendenzverwirklichung in einem Betrieb das Unternehmen zu einem Mischunternehmen macht, das überwiegend die hier in Abs. 1 Satz 1 genannten Ziele verfolgt. Wenn dies nicht der Fall ist, es sich also lediglich um einen *Tendenzsplitter* handelt, besteht kein Tendenzschutz. Die Forschungsabteilung eines pharmazeutischen Unternehmens und erst recht der Betrieb einer Werkszeitung in einem Waschmittelunternehmen fallen nicht unter die Tendenzschutzbestimmung. 102

3. Mischbetrieb

Ein Mischbetrieb liegt vor, wenn der **Tendenzzweck neben anderen Aufgaben in einem Betrieb**, also innerhalb derselben arbeitstechnischen Organisation, verwirklicht wird. Für den Tendenzschutz ist auch in diesem Fall **allein der Unternehmenszweck maßgebend**. Besteht das Unternehmen nur aus einem Betrieb, so erfasst der Tendenzcharakter die gesamte arbeitsteilige Organisation, z. B. wenn Verlag und Druckerei einen Betrieb bilden. Die Relativklausel sichert aber, dass für die in der Druckerei tätigen Arbeitnehmer eine Beschränkung der Mitbestimmung nicht in Betracht kommt; denn bei der Beantwortung der Frage, welchen Vorschriften des BetrVG der Tendenzcharakter entgegensteht, kommt vor allem zwei Gesichtspunkten wesentliches Gewicht zu: Einmal ist die Stellung der von Maßnahmen des Arbeitgebers betroffenen Arbeitnehmer zu beachten, insbesondere, ob sie Tendenzträger sind, d. h. zu den Personen gehören, die den Tendenzcharakter des Unternehmens mitverwirklichen, und zum anderen ist auf den Charakter der Maßnahme abzustellen, d. h. ob sie in unmittelbarem Zusammenhang mit der spezifischen Zielsetzung des Unternehmens steht (s. ausführlich Rn. 115 ff.). 103

VII. Tendenzunternehmen im Konzern und Tendenzkonzern

1. Problemübersicht

104 Der **Gesetzestext** nennt nur Betriebe und Unternehmen, **nicht den Konzern**. Deshalb ist zweifelhaft, ob ein Tendenzschutz für den Konzern anzunehmen ist und wie die Anerkennung als Tendenzkonzern sich auf die beteiligten Konzernunternehmen auswirkt (vgl. dazu vor allem *Wiedemann*, Gesellschaftsrecht, Bd. I, 1980, S. 621 f.; *Mayer-Maly*, FS Möhring, S. 251 ff.; ders., FS Löffler, S. 267 ff.; *Sieling-Wendeling*, AuR 1977, 240 ff.; *Martens*, AG 1980, 289 ff.). Hier geht es um die folgenden Fragen:

a) Verliert ein Tendenzunternehmen seinen Tendenzschutz, wenn es in einen Konzern eingeordnet wird, dem überwiegend tendenzfreie Unternehmen angehören?

b) Erhält ein Unternehmen die Tendenzeigenschaft, weil das herrschende Unternehmen des Konzerns ein Tendenzunternehmen ist?

c) Genügt beim herrschenden Unternehmen für die Anerkennung als Tendenzunternehmen, dass die konzernrechtliche Leitungsmacht sich überwiegend auf Tendenzunternehmen bezieht?

d) Nach welchen Kriterien richtet sich der relative Tendenzschutz bei Mitbestimmungsmöglichkeiten auf Konzernebene?

105 Für die Beantwortung dieser Fragen kann man nicht darauf abstellen, ob der Konzern als gesamter Unternehmensverbund überwiegend den in Abs. 1 Satz 1 genannten Zwecken dient. Konzernherrschaft bedeutet nicht, dass die abhängigen Konzernunternehmen zwar rechtlich selbständig bleiben, wirtschaftlich aber zum Betrieb herabsinken (so *Kunze*, FS Ballerstedt, S. 79, 91; zust. *Mayer-Maly*, FS Löffler, S. 267, 275). Auch wenn der Konzern wie ein Unternehmen geführt wird, kann die Tendenzbeurteilung nicht konzerneinheitlich erfolgen; es ist vielmehr von der *rechtlichen Selbständigkeit* der Konzernunternehmen auszugehen (ebenso OLG Hamburg 22. 1. 1980, DB 1980, 636; GL-*Löwisch*, § 118 Rn. 34; *Wiedemann*, Gesellschaftsrecht, Bd. I S. 621; *Sieling-Wendeling*, AuR 1977, 240, 241; *Martens*, AG 1980, 289, 291; a. A. *Mayer-Maly*, FS Möhring, S. 251, 253 f.).

2. Tendenzcharakter eines abhängigen Konzernunternehmens

106 Wird ein **Tendenzunternehmen in einen Konzern** eingeordnet, so **verliert es nicht dadurch den Tendenzschutz**, auch wenn das herrschende Unternehmen lediglich ein Wirtschaftsunternehmen ist (vgl. ausführlich *Martens*, AG 1980, 289, 296 ff.; ebenso hier auch *Kunze*, FS Ballerstedt, S. 79, 91).

107 Zweifelhaft kann lediglich sein, ob und unter welchen Voraussetzungen Konzernunternehmen, die selbst nicht unter Abs. 1 Satz 1 fallen, nur deshalb Tendenzschutz erhalten, weil die **Konzernleitungsmacht** einem **Tendenzunternehmen** zusteht. Da durch die Zusammenfassung unter einheitlicher Leitung die abhängigen Konzernunternehmen nicht den Status eines Betriebs erhalten, bleibt für sie der satzungsrechtlich festgelegte Unternehmenszweck maßgebend. Die **Beherrschung durch ein Tendenzunternehmen** führt deshalb **nicht** dazu, dass ein **tendenzfreies Unternehmen Tendenzschutz** genießt (ebenso BAG 30. 6. 1981 AP BetrVG 1972 § 118 Nr. 20; bereits BAG 31. 10. 1975 AP BetrVG 1972 § 118 Nr. 3 s. auch BVerfG 29. 4. 2003 = AP BetrVG 1972 § 118 Nr. 75, NZA 2003, 864; *Martens*, AG 1980, 289, 295 f.; a. A. für den Fall, dass das konzernabhängige und an sich tendenzfreie Unternehmen durch einen Beherrschungsvertrag oder durch Eingliederung in den Konzern eingebunden ist, *Birk*, JZ 1973, 753, 757; wie hier, wobei jedoch auf die Eigenart des Konzerns abgestellt werden soll, ob ein beherrschtes Unternehmen trotz Tendenzcharakter des herrschenden Unternehmens tendenzfrei ist, GL-*Löwisch*, § 118 Rn. 34 a; *Mayer-Maly*, FS Möhring, S. 251, 254).

3. Tendenzcharakter eines herrschenden Konzernunternehmens

Das **herrschende Unternehmen** eines Konzerns ist Tendenzunternehmen, wenn es **nach seinem Unternehmenszweck** den **Tendenzcharakter** hat; es verliert ihn nicht dadurch, dass der Konzernleitung überwiegend Wirtschaftsunternehmen unterliegen (ebenso GL-*Löwisch*, § 118 Rn. 34 b; a. A. *Kunze*, FS Ballerstedt, S. 79, 91). 108

Wenn dagegen das herrschende Unternehmen lediglich **Konzernleitungsaufgaben** erfüllt, ist zweifelhaft, ob es durch die Leitungstätigkeit den Charakter eines Tendenzunternehmens erhalten kann. Das wird teilweise verneint (vgl. *Birk*, JZ 1973, 753, 757; *Sieling-Wendeling*, AuR 1977, 240, 241 f.; *Wiedemann*, Gesellschaftsrecht I, S. 621 f., ders., BB 1978, 5, 9 ff.; OLG Stuttgart 3. 5. 1989, BB 1989 S. 1005; Vorinstanz LG Stuttgart 29. 11. 1988, AG 1989, 445. S. auch die Vorinstanz zu OLG Hamburg vom 22. 1. 1980: LG Hamburg vom 24. 9. 1979, DB 1979, 2279). Dabei wird aber nicht beachtet, dass der Unternehmenszweck durch eine Beherrschung rechtlich selbständiger, aber abhängiger Unternehmen verwirklicht werden kann. Es ist nicht erforderlich, dass ein Unternehmen selbst eine arbeitstechnische Organisation zur Tendenzverwirklichung unterhält (s. Rn. 100). Deshalb ist für die Anerkennung des herrschenden Unternehmens als Tendenzunternehmen eine Gesamtbeurteilung des Konzerns geboten, und es kann insoweit Abs. 1 Satz 1 entsprechend Anwendung finden (ebenso im Ergebnis OLG Hamburg 20. 1. 1980, DB 1980, 636 f.; *Mayer-Maly*, FS Möhring, S. 251, 254 f.). Es genügt, dass beherrschte Unternehmen nach ihrem Tätigkeitsgegenstand einem Tendenzzweck dienen und die Leitungstätigkeit des herrschenden Unternehmens überwiegend durch sie bestimmt wird (ebenso OLG Hamburg 22. 1. 1980, DB 1980, 636 f.; BAG 30. 6. 1981 AP BetrVG 1972 § 18 Nr. 20; *Hanau/Ulmer*, MitbestG, § 5 Rn. 60; *Mertens*, in: KölnKomm § 117 B § 1 MitbestG Rn. 18, § 5 MitbestG Rn. 38; ErfK-*Oetker*, MitbestG § 5 Rn. 16; GK-*Fabricius/Weber*, § 118 Rn. 53; *Matthes*, MünchArbR § 272 Rn. 32; *Wißmann*, MünchArbR § 279 Rn. 24 jeweils mit weiteren Nachweisen. S. auch *Scholz*, Pressefreiheit und Arbeitsverfassung, 1978, S. 205; abweichend, soweit darauf abgestellt wird, dass die konzernrechtliche Leitungsmacht sich nicht auf die Tendenzautonomie auswirken kann, *Martens*, AG 1980, 289, 293 ff.). 109

4. Geltung der Konzernbetriebsverfassung im Tendenzkonzern

Die Geltung der Konzernbetriebsverfassung richtet sich nicht danach, ob in dem Konzern die Tendenzunternehmen überwiegen, es sich also um einen Tendenzkonzern handelt (a. A. *Mayer-Maly*, FS Möhring, S. 251, 255 f.). Für diese Annahme spricht zwar, dass der Gesetzgeber von der Existenz eines Konzernarbeitgebers ausgegangen ist, als er den Konzern neben dem Betrieb und Unternehmen als Bezugsebene für die betriebsverfassungsrechtliche Mitbestimmungsordnung anerkannt hat. Er hat übersehen, dass der Konzern selbst nicht Arbeitgeber ist (s. § 58 Rn. 2). Einrichtung und Kompetenz eines Konzernbetriebsrats verändern auch nicht partiell das Gesellschaftsrecht. Deshalb bleibt Ansatzpunkt für den Tendenzschutz der Zweck des Unternehmens, und die Einordnung in einen Konzern hat für den Tendenzschutz nur insoweit Bedeutung, als von ihr die Tendenzeigenschaft des Unternehmens abhängen kann (s. Rn. 106 ff.). 110

C. Tendenzautonomie als Schranke für die Geltung des BetrVG

I. Übersicht

Für Tendenzunternehmen besteht in der Mitbestimmungsordnung ein **absoluter** und ein **relativer** Tendenzschutz: 111
– Die **Unternehmensmitbestimmung** gilt **nicht für Tendenzunternehmen**, d. h. die Vorschriften über die Beteiligung der Arbeitnehmer im Aufsichtsrat finden auf sie keine 112

Anwendung (§ 1 Abs. 4 Satz 1 MitbestG und § 81 Abs. 1 BetrVG 1952; s. auch Rn. 4).

113 – Die **Mitbestimmung innerhalb der Betriebsverfassung** ist ebenfalls ausgeschlossen, soweit sie sich auf die **wirtschaftlichen Angelegenheiten** bezieht. Ein Wirtschaftsausschuss ist nicht zu bilden, weil der Unternehmer nicht verpflichtet sein soll, über die wirtschaftlichen Angelegenheiten des Unternehmens Bericht zu erstatten, und daher entfällt auch die Regelung in § 110 über die Unterrichtung der Arbeitnehmer (Abs. 1 Satz 2; BAG 7. 4. 1981, 24. 5. 1995 AP BetrVG § 118 Nr. 16, 57). Bei Betriebsänderungen bezieht die Beteiligung sich nicht auf die wirtschaftlich-unternehmerische Entscheidung, sondern nur auf die sozialen Folgewirkungen, d. h. den Ausgleich oder die Milderung wirtschaftlicher Nachteile, die dem Arbeitnehmer infolge von Betriebsänderungen entstehen (Abs. 1 Satz 2; s. auch Rn. 170 ff.).

114 Für die **sonstige Regelung der Betriebsverfassung**, insbesondere für den arbeitsrechtlichen Kern der Mitbestimmung, die Beteiligung in sozialen und personellen Angelegenheiten, **findet** dagegen das **Gesetz Anwendung, soweit nicht die Eigenart des Unternehmens** oder des Betriebs **seine Unanwendbarkeit begründet** (Abs. 1 Satz 1).

II. Grundsätze des relativen Tendenzschutzes

1. Allgemeine Gesichtspunkte für die Interpretation der Relativklausel

115 a) Das Gesetz ordnet in Abs. 1 Satz 1 zunächst allgemein an, dass die **Vorschriften dieses Gesetzes keine Anwendung** finden, **soweit die Eigenart des Unternehmens oder des Betriebs dem entgegensteht**. In Satz 2 folgt sodann eine ausdrückliche Regelung der Ausnahmen; die §§ 106 bis 110 sind nicht, die §§ 111 bis 113 nur insoweit anzuwenden, als sie den Ausgleich oder die Milderung wirtschaftlicher Nachteile für die Arbeitnehmer infolge von Betriebsänderungen regeln. Dagegen war in § 81 Abs. 1 BetrVG 1952 die Reihenfolge gerade umgekehrt: Dem eine Mitbestimmung ausschließenden Satz folgte als zweiter Satz, dass die sonstigen Bestimmungen des Gesetzes nur insoweit Anwendung finden, als nicht die Eigenart des Betriebs dem entgegensteht.

116 Die Abweichung in der Formulierung reicht **nicht** aus, um aus ihr ein **Regel-Ausnahme-Schema** für die Interpretation der Bestimmung abzuleiten; es kann nicht der Auslegungsgrundsatz aufgestellt werden, dass das Gesetz im Zweifelsfall Anwendung findet, wie es auch umgekehrt verfehlt ist, anzunehmen, dass das Gesetz im Zweifelsfall keine Anwendung findet (so zutreffend *Mayer-Maly*, AfP 1972, 194, 198; vgl. auch *Hanau*, BB 1973, 901, 902; *Dütz*, BB 1975, 1261, 1267). Dafür spricht nicht zuletzt auch die Bemerkung im Bericht des BT-Ausschusses für Arbeit und Sozialordnung, hinsichtlich der Einschränkung der Beteiligungsrechte des Betriebsrats in Tendenzunternehmen und -betrieben sei es sachgerecht, „dass bei tendenzbezogenen Maßnahmen des Arbeitgebers der Tendenzschutz den Vorrang genießt" (*zu* BT-Drucks. VI/2729, S. 17). Weder aus dem Gesetzestext noch aus den Gesetzesmaterialien ergibt sich also eine Wertung, dass im Zweifelsfall eine Maßnahme nicht tendenzbezogen ist, sondern es wird lediglich anerkannt, dass bei Tendenzbezogenheit einer Maßnahme der Tendenzschutz den Vorrang hat.

117 b) Die **Relativklausel begrenzt** die **Beteiligungsrechte des Betriebsrats.** Nach Ansicht des BAG müssen sie aber erst dann und nur insoweit zurücktreten, als sie die **Tendenzverwirklichung ernsthaft beeinträchtigen** und damit letztlich in das hier geschützte **Grundrecht** oder die sonstige gesicherte Verfassungsgarantie **eingreifen** (BAG 7. 11. 1975 AP BetrVG 1972 § 99 Nr. 3; st. Rspr.; vgl. BAG 31. 5. 1983 AP BetrVG 1972 § 118 Nr. 27; 1. 9. 1987 AP BetrVG 1972 § 101 Nr. 10; 11. 2. 1992 AP BetrVG 1972 § 118 Nr. 50; auch LAG Nürnberg 22. 12. 2004, ZTR 2005, 384). Diese restriktive Interpretation verkennt den Zweck des Tendenzschutzes. Es geht nicht nur um Grund-

rechtsbeeinträchtigungen durch den staatlichen Gesetzgeber, sondern es soll vor allem auch die Grundrechtsausübung vor einem fremdbestimmten Einfluss abgeschirmt werden. Darauf beruht insbesondere die Herausnahme aus der Mitbestimmung in wirtschaftlichen Angelegenheiten. Aber auch für den relativen Tendenzschutz, der hier durch eine Generalklausel realisiert wird, kann man nicht unterstellen, dass jeweils erst eine Grundrechtsverletzung im konkreten Fall das Beteiligungsrecht des Betriebsrats zurücktreten lässt. Es genügt vielmehr, dass durch die Anwendung einer Gesetzesvorschrift die Tendenzautonomie behindert wird (ebenso bereits *Dütz*, BB 1975, 1261, 1267). Nach dem Normzweck soll die Tendenzautonomie sich ohne Fremdbeeinflussung entfalten können.

c) Der Arbeitgeber trägt im Streitfall die (objektive) **Beweislast** für die Voraussetzungen der Tendenzautonomie, aber nicht dafür, dass die Eigenart des Unternehmens oder des Betriebs der Anwendung einer Vorschrift dieses Gesetzes entgegensteht; denn insoweit handelt es sich um ein Problem der rechtlichen Beurteilung (ebenso wohl auch *Dütz*, RdA 1976, 18, 21; a. A. *Fitting*, § 118 Rn. 29; *E. Frey*, AuR 1972, 161, 166).

2. Kriterien (Tendenzträgertheorie – uneingeschränkte oder eingeschränkte Maßnahmetheorie – Anhörungstheorie)

Die Frage, welchen Vorschriften des BetrVG der Tendenzcharakter entgegensteht, kann nicht einheitlich beantwortet werden; insbesondere lässt sich **nicht ein einheitlicher Maßstab** aufstellen. Es hängt vielmehr vom Normenkomplex einerseits und dem Tendenzcharakter andererseits ab, ob das Gesetz Anwendung findet.

Das **Schwergewicht** der sich aus der Relativklausel ergebenden beschränkten Anwendung des Gesetzes liegt bei der **Beteiligung des Betriebsrats in personellen Angelegenheiten**; denn die Absicherung der Tendenzverwirklichung vor fremdbestimmtem Einfluss hat vor allem bei der Auswahl der Mitarbeiter Bedeutung. Es genügt aber nicht, dass Arbeitnehmer lediglich Aufgaben rein technischer Natur erfüllen, sondern Voraussetzung ist, dass sie **Tendenzträger** sind, d. h. zu den Personen gehören, die den Tendenzcharakter des Unternehmens mitverwirklichen (ebenso bereits BAG 30. 4. 1974 AP BetrVG 1972 § 118 Nr. 1 [zust. *Mayer-Maly*]; vgl. auch BVerfG 6. 11. 1979 E 52, 283, 297 = AP BetrVG 1972 § 118 Nr. 14).

Man kann jedoch selbst für den personellen Bereich nicht allein auf die **Stellung des Arbeitnehmers** abheben (*Tendenzträgertheorie* – so *Mayer-Maly*, AR-Blattei: Tendenzbetrieb I, H III 3; *Niemann*, AfP 1972, 262 f.). Notwendig ist vielmehr, dass auch die **Maßnahme** als solche **tendenzbezogen** ist (*uneingeschränkte Maßnahmetheorie* – so vor allem Dütz, BB 1975, 1261, 1268; weiterhin *E. Frey*, Tendenzschutz, S. 69; *Mathy*, AfP 1972, 259, 260 f.; aus dem neuere Schrifttum *Dzida/Hohenstatt*, NZA 2004, 1084). Teilweise wird sogar verlangt, dass eine tendenzbezogene Maßnahme aus tendenzbedingten Gründen erfolgt, so dass der Betriebsrat hinsichtlich der tendenzfreien Aspekte tendenzbezogener Maßnahmen mitzubestimmen hat (*eingeschränkte Maßnahmetheorie* – so *Hanau*, BB 1973, 901; *Richter*, DB 1991, 2661, 2665). Es ist aber kein brauchbares Kriterium, darauf abzustellen, ob eine tendenzbezogene personelle Maßnahme aus tendenzfreien oder tendenzbedingten Gründen erfolgt; denn es ist nicht nur ein Gebot der Rechtssicherheit, dass generell feststehen muss, ob der Betriebsrat mitzubestimmen hat, sondern vor allem widerspricht es dem Gesetzeszweck der Relativklausel, wenn man darauf abstellt, ob die Maßnahme im konkreten Fall tendenzbedingt ist (ebenso *Dütz*, BB 1975, 1261, 1268). Der Betriebsrat erhielte über die Beteiligung hinsichtlich der sozialen Gesichtspunkte einen Einfluss auf die tendenzbezogene Maßnahme, die ihm nach dem Zweck der Relativklausel nicht zustehen soll.

Neben der Zugehörigkeit zu den Tendenzträgern und dem Tendenzbezug der Maßnahme ist auch die **Qualität des Beteiligungsrechts** von Bedeutung. Normzweck ist nämlich, dass die Beteiligung des Betriebsrats sich nicht auf den Tendenzcharakter des

Unternehmens auswirken soll. Die Relativklausel verhindert andererseits aber auch, dass der Betriebsrat ausgeschaltet wird. Mit der **Sicherung der geistig-ideellen Zielsetzung** sind grundsätzlich **nur Mitbestimmungsrechte unvereinbar**, weil sie entweder das Recht zur Mitentscheidung (positives Konsensprinzip) oder ein Einspruchsrecht (negatives Konsensprinzip) geben, nicht dagegen die bloßen Mitwirkungsrechte. Aber auch der Wegfall des Mitbestimmungsrechts hat nicht zur Folge, dass in dem mitbestimmungspflichtigen Bereich die Beteiligung des Betriebsrats überhaupt entfällt, sondern hier endet das Mitbestimmungsverfahren auf der Ebene der *Mitwirkung* i. S. eines Informations-, Anhörungs- oder Beratungsrechts, sofern einer derartigen Mitwirkung nicht die Eigenart des Unternehmens oder Betriebs entgegensteht (ebenso zur Mitbestimmung bei der Einstellung: BAG 7. 11. 1975 AP BetrVG 1972 § 99 Nr. 3; zur Mitbestimmung bei der Versetzung: BAG 8. 5. 1990 AP BetrVG 1972 § 118 Nr. 46; s. auch Rn. 162).

III. Begriff und Personenkreis der Tendenzträger

1. Begriff

123 Tendenzträger sind in einem Tendenzunternehmen die **Arbeitnehmer, die tendenzbezogene Aufgaben wahrzunehmen** haben (vgl. BVerfG 6. 11. 1979 E 52, 283, 297 = AP BetrVG 1972 § 118 Nr. 14). Es handelt sich also um die Arbeitnehmer, die an der Tendenzverwirklichung unmittelbar und maßgeblich beteiligt sind, hierfür eine notwendige Hilfestellung leisten und für deren Tätigkeit die geistig-ideelle Zielsetzung des Unternehmens prägend ist. Eine bloße Mitbewirkung des Tendenzerfolgs genügt nicht (BAG 13. 2. 2007, NZA 2007, 1121).

2. Presse- und Verlagsunternehmen

124 Bei Presse- und Verlagsunternehmen gehören zu den Tendenzträgern alle Arbeitnehmer, die, wie das BAG zutreffend feststellt, **inhaltlich** auf **Berichterstattung** oder **Meinungsäußerung Einfluss nehmen** können, wobei ihr Beitrag in eigenen Veröffentlichungen oder auch lediglich in der Auswahl oder Redigierung der Beiträge anderer Mitarbeiter bestehen kann (BAG 7. 11. 1975 AP BetrVG 1972 § 99 Nr. 3; bestätigt BAG 9. 12. 1975 AP BetrVG 1972 § 118 Nr. 7; 19. 5. 1981 AP BetrVG 1972 § 118 Nr. 18). Tendenzträger sind also insbesondere die **Redakteure** (ebenso BVerfG 6. 11. 1979 E 52, 283, 296 f. = AP BetrVG 1972 § 118 Nr. 14; weiterhin BAG 31. 5. 1983 AP BetrVG 1972 § 118 Nr. 27; 11. 2. 1992 AP BetrVG 1972 § 118 Nr. 50; wieder LAG Hamburg 26. 5. 2004 – 5 Sa 65/03, juris). Es spielt keine Rolle, ob der Redakteur presserechtlich verantwortlich oder lediglich nachgeordnet ist (ebenso BAG 7. 11. 1975 AP BetrVG 1972 § 99 Nr. 3; BAG 7. 11. 1975 und 9. 12. 1975 AP BetrVG 1972 § 118 Nr. 4 und 7). Doch ist erheblich zu eng, wenn das BAG den verantwortlichen Redakteur nur insoweit zu den Tendenzträgern zählt, als er auch in seinem eigentlichen Beruf als Redakteur tätig wird (BAG 7. 11. 1975 AP BetrVG 1972 § 118 Nr. 4); denn es übersieht, dass auch die Funktion als presserechtlich verantwortlicher Redakteur wesentlich zum Dienst an den in Nr. 2 genannten Zwecken gehört (so zutreffend *Mayer-Maly*, Anm. zu BAG AP BetrVG 1972 § 118 Nr. 4).

125 Tendenzträger sind beispielsweise **Lokalredakteure** (vgl. BAG 7. 11. 1975 AP BetrVG 1972 § 99 Nr. 3 *[Kraft/Geppert]*, **Sportredakteure** (vgl. BAG 9. 12. 1975 AP BetrVG 1972 § 118 Nr. 7 *[Löwisch]*) und auch Anzeigenredakteure, weil der durch Art. 5 Abs. 1 Satz 2 GG bewirkte Grundrechtsschutz auch diesen Bereich der Presse umfasst (ebenso ebenso LAG Köln 24. 6. 2008 – 9 TaBV 74/07, juris; *Mayer-Maly*, AfP 1976, 3, 10; *Menzel*, Rechte des Betriebsrats im Tendenzbetrieb, S. 75; a. A. *Fitting*, § 118 Rn. 35). Keine Voraussetzung ist, dass der Redakteur Mitglied der Redaktionskonferenz ist, wie es nach dem amtlich formulierten Leitsatz in BAG AP BetrVG 1972 § 118 Nr. 7,

den Anschein hat; denn das BAG verwertet diesen Gesichtspunkt in den Gründen lediglich ergänzend. Es heißt dort: „Schließlich wird die Tendenzträgereigenschaft des Beteiligten im vorliegenden Fall auch noch dadurch erhärtet, dass er unstreitig Mitglied der Redaktionskonferenz ist". Die Tendenzträgereigenschaft wird also durch die Mitgliedschaft in der Redaktionskonferenz lediglich erhärtet, nicht erst begründet (vgl. *Richardi*, AfP 1976, 107, 110 siehe auch LAG Köln 24. 6. 2008 – 9 TaBV 74/07, juris).

Keine Tendenzträger sind die **Angehörigen des technischen oder sonstigen nicht mit dem Inhalt der Zeitung befassten Personals** (ebenso BVerfG 6. 11. 1979 E 52, 283, 297 = AP BetrVG 1972 § 118 Nr. 14), z. B. Buchhalter, Sekretärinnen, Setzer, Drucker einschließlich der in der Filmsatzmontage tätigen Arbeitnehmer (vgl. BAG 30. 4. 1974 AP BetrVG 1972 § 118 Nr. 1) und Zeitungsausträger. Hierzu zählen auch Schlussredakteure, sofern sie nur für die stilistische und grammatikalische Korrektur eines Textes verantwortlich sind (vgl. LAG Hamburg 22. 10. 2008 – 5 SaGa 5/08, juris). Redaktionsvolontäre sind dagegen Tendenzträger; denn der Ausbildungszweck, der bei ihnen das Arbeitsverhältnis beherrscht, verdrängt nicht, dass sie tendenzbezogene Aufgaben wahrzunehmen haben (ebenso BAG 19. 5. 1981 AP BetrVG 1972 § 118 Nr. 21; LAG Berlin [Vorinstanz], BB 1979, 1293; zust. *Hanau*, AfP 1982, 1, 2; a. A. LAG Niedersachsen, Film und Recht 1976, 680; zust. *Blanke*, Film und Recht 1977, 84).

126

Bei den Buchverlagen gehören zu den Tendenzträgern die **Lektoren**. Der Korrektor in einem Verlagsbetrieb ist dagegen nicht Tendenzträger; er gehört zum technischen Personal (ebenso LAG Hamburg, DB 1974, 2406).

127

3. Sonstige Tendenzunternehmen

Bei den **Parteien, Gewerkschaften** und **Arbeitgeberverbänden** sind deren **Funktionsinhaber** Tendenzträger (so die Rechtsschutzsekretäre einer Gewerkschaft Hessisches LAG 3. 9. 1996, NZA 1997, 671 ff.; auch nach Ausgliederung in eine RechtsschutzGmbH: LAG Baden-Württemberg 10. 10. 2005, AuR 2006, 133).

128

Bei **konfessionellen Einrichtungen** bestimmt sich ebenfalls nach der Nähe der Tendenzverwirklichung, wer zu den Tendenzträgern gehört. Tendenzträger ist beispielsweise die Leiterin einer katholischen Familienbildungsstätte (vgl. ArbG Köln, AR-Blattei: Kirchenbedienstete: Entsch. 10 *[Richardi]*) oder die Leiterin eines katholischen Kindergartens (vgl. BAG 25. 4. 1978 AP GG Art. 140 Nr. 2; 4. 3. 1980 AP GG Art. 140 Nr. 3), die auch erzieherischer Tendenzträger ist. Die Abgrenzung spielt hier jedoch für den betriebsverfassungsrechtlichen Tendenzschutz regelmäßig keine Rolle, weil Abs. 2 Anwendung findet, wenn die Einrichtung der Kirche zugeordnet ist (s. Rn. 196 ff.).

129

Bei **wissenschaftlichen** oder **künstlerischen Einrichtungen** sind die dort tätigen **Wissenschaftler** bzw. **Künstler** Tendenzträger. Deshalb zählen zu ihnen auch die OrchesterMusiker, „weil die einzelnen Mitglieder eines Orchesters insgesamt den künstlerischen Charakter des Orchesters als Klangkörper ausmachen" (BAG 7. 11. 1975 AP BetrVG 1972 § 130 Nr. 1) und die Bühnenangestellten (ebenso BAG 4. 8. 1981 AP BetrVG 1972 § 87 Nr. 5 Arbeitszeit). Abzulehnen ist die Tendenzträgereigenschaft dagegen für Leiter von Kostümabteilungen an Theatern. Anders als den dortigen Kostümbildnern, fehlt ihnen ein eigener künstlerischer Gestaltungsspielraum (zutreffend BAG 13. 2. 2007, NZA 2007, 1121). In einem wissenschaftlichen Tendenzbetrieb ist jeder Tendenzträger, wer selbst wissenschaftliche Tätigkeiten ausübt. Dabei reiche es aus, wenn diese Tätigkeit etwa 30% der Gesamtarbeitszeit des Arbeitnehmers ausmache; es genügt, wenn der Arbeitnehmer nicht in völlig unbedeutendem Umfang tendenzbezogene Arbeiten verrichte (so BAG 20. 11. 1990 AP BetrVG 1972 § 118 Nr. 47; vgl. auch BAG 21. 9. 1993 AP BetrVG 1972 § 94 Nr. 4). Damit gehören auch wissenschaftliche Mitarbeiter zum Kreis der Tendenzträger (s. auch LAG Berlin 18. 10. 1982, BB 1983, 502). Die Annahme des BAG, dass den „wissenschaftlichen Mitarbeitern an einem Forschungsprojekts" der Max-Planck-Gesellschaft nicht ohne weiteres als Tendenzträger einzustufen sind, weil

130

diese Begründung letztlich auf alle Mitarbeiter der Gesellschaft bezogen werden könne (BAG 10. 4. 1984 AP ArbGG 1979 § 81 Nr. 3), kann nur als Ausrutscher der Rechtsprechung gewertet werden, der künftige Judikate nicht präjudizieren dürfte. Darüber hinaus ist es fragwürdig, die Gruppe der Tendenzträger gerade allein auf die Wissenschaftler zu beschränken. Zunächst begegnet dies Bedenken im Hinblick auf die von der Rechtsprechung und Lehre selbst gewählte Definition der Tendenzträger. Gehören dann alle Arbeitnehmer, die an der Tendenzverwirklichung mitwirken und diese inhaltlich mit beeinflussen können, so kann davon in Einzelfällen auch das sogenannte technische Personal umfasst werden. Es ist darauf hinzuweisen, dass bereits in der Diskussion um die Regelung des wissenschaftlichen Tendenzschutzes im Betriebsrätegesetz 1920 Wert darauf gelegt wurde, den Kreis derjenigen Arbeitnehmer, deren Arbeit für die Errichtung des wissenschaftlichen Zwecks von Erheblichkeit ist, nicht zu eng zu ziehen sei (s. ausführlich *Poeche*, Mitbestimmung in wissenschaftlichen Tendenzbetrieben, 1999, 117 ff.).

130 a Etwas schwieriger fällt es, die Tendenzträger im **erzieherischen Bereich** einzugrenzen. Tendenzträger sind auch hier sicherlich Lehrer und Honorarkräfte (s. BAG 22. 5. 1979 AP BetrVG 1972 § 118 Nr. 12; BAG 4. 3. 1980 AP GG § 140 Nr. 4; BAG 3. 7. 1990 AP BetrVG 1972 § 99 Nr. 81; BAG 31. 10. 1984 AP GG Art. 140 Nr. 20; BAG 3. 12. 1985 AP BetrVG 1972 § 99 Nr. 31; BAG 31. 1. 1995 AP BetrVG 1972 § 118 Nr. 56; eingrenzend ArbG Leipzig 22. 6. 2006, SAE 2006, 284: Ein Honorardozent ist nicht Tendenzträger i. S. d. § 118 Abs. 1 bei einem Unternehmen der Jugend- und Erwachsenenbildung, sofern er lediglich zu Aus- und Weiterbildungszwecken eingesetzt wird und nicht zu erzieherischen Tätigkeiten). Dies lässt sich auch auf andere Ausbildungskräfte wie Ausbilder, Tutoren, Trainer übertragen. Dazuzurechnen sind Kräfte, die die Lehrgänge wissenschaftlich begleiten oder didaktische, fachliche, organisatorische Konzepte und Projekte entwickeln oder anwenden. Hier ist ein Parallelschluss zu den wissenschaftlichen Mitarbeitern im Hinblick auf die wissenschaftliche Bestimmung eines Betriebs sinnvoll. Ob hier der Kreis der Tendenzträger aufhört, mag unterschiedlich beurteilt werden. Tendenzträger sind regelmäßig auch die in einer Tagesförderstätte tätigen Psychologen (LAG Berlin-Brandenburg 9. 12. 2008 – 16 TaBV 1234/08, juris – abstellend auf den karitativen Zweck) oder pädagogische Mitarbeiter, Heilerziehungspfleger und Physiotherapeuten in Wohnheimen, nicht nur wenn die Tendenzeigenschaft des betriebs aus der erzieherischen, sondern auch, wenn sie aus dessen karitativer Prägung herzuleiten ist (a. A. LAG Berlin-Brandenburg 9. 12. 2008 – 16 TaBV 1476/08, juris; LAG Berlin-Brandenburg 19. 11. 2008 – 21 TaBV 1084/08, juris; ebenso streng bei einem Erzieher in einem Wohnheim 2. 12. 2008 – 3 TaBV 1131/08, juris; LAG Nürnberg 19. 1. 2007 – 8 TaBV 30/06, juris) Vom **Verwaltungspersonal** kann man diejenigen Mitarbeiter als Tendenzträger einstufen, die an der organisatorischen oder inhaltlichen Überwachung und Durchführung der Maßnahme mitwirken sowie alle Mitarbeiter, die das Lehrmaterial erstellen und konzipieren sowie Prüfer bei den Zwischen- oder Abschlussprüfungen. Denn auch diese Personengruppen wirken einzeln oder im Zusammenhang mit anderen an der Erreichung des tendenzgeschützten Unternehmensziels mit und müssen daher vor Einflussnahmen des Betriebsrats geschützt werden (s. auch *Oldenburg*, NZA 1989, S. 415). Ihre Einbeziehung stünde freilich im tendenziellen Konflikt zum restriktiven Kurs der Rechtsprechung bei den wissenschaftlichen Unternehmen und Betrieben.

IV. Organisation der Betriebsverfassung

131 Die Tendenzautonomie steht der Anwendung dieses Gesetzes nur insoweit entgegen, als sie durch die Regelung fremden Einflüssen unterworfen oder geöffnet wird (vgl. BVerfG 6. 11. 1979 E 52, 283, 296 = AP BetrVG 1972 § 118 Nr. 14). Für die Einschränkung des Geltungsanspruchs ist deshalb von Bedeutung, dass es sich um eine tendenzbezogene Maßnahme handelt.

1. Wahl, Amtszeit und Geschäftsführung des Betriebsrats

Deshalb kommen **ohne Einschränkung** alle Vorschriften zur Anwendung, die sich mit der Abgrenzung des Betriebs und mit der Wahl, Amtszeit und Geschäftsführung des Betriebsrats befassen (ebenso *Fitting*, § 118 Rn. 31; GL-*Löwisch*, § 118 Rn. 55). Auch für Tendenzträger besteht insoweit keine Sonderstellung; sie sind wahlberechtigt und wählbar und haben im Betriebsrat die gleiche Rechtsstellung wie die sonstigen Betriebsratsmitglieder. Die Möglichkeit einer abweichenden Gestaltung der Vertretung der Arbeitnehmer durch Tarifvertrag oder Betriebsvereinbarung in § 3 kann anderes nicht begründen, denn nach § 3 Abs. 5 S. 2 kann nicht die Rechtsstellung der Betriebsratsmitglieder, sondern nur die organisatorische Zuständigkeit hierdurch geregelt werden. **132**

2. Gesamtbetriebsrat und Konzernbetriebsrat

Die Regelung über die **Errichtung eines Gesamtbetriebsrats** (§§ 47 ff.) und die **Bildung eines Konzernbetriebsrats** (§§ 54 ff.) findet Anwendung. **133**

Einschränkungen für die **Kompetenz des Gesamtbetriebsrats** oder **Konzernbetriebsrats** können sich lediglich daraus ergeben, dass durch die Zuständigkeitsverlagerung auf den Gesamtbetriebsrat oder Konzernbetriebsrat keine Beseitigung der durch den Tendenzschutz bewirkten Einschränkung der Beteiligungsrechte eintritt. Besteht in einem Tendenzunternehmen wegen des Tendenzzwecks keine Mitbestimmungsmöglichkeit, so hat sie insoweit auch nicht der Konzernbetriebsrat. Das Tendenzunternehmen steht außerhalb der Konzernmitbestimmung. **134**

3. Rechtsstellung der Betriebsratsmitglieder

Die Bestimmungen über die Rechtsstellung der Betriebsratsmitglieder (§§ 37, 38) gelten auch für Tendenzträger, die Mitglied eines Betriebsrats sind (vgl. *Menzel*, Rechte des Betriebsrats im Tendenzbetrieb, S. 54 ff.). Für sie besteht auch der **besondere Kündigungsschutz im Rahmen der Betriebsverfassung** (§§ 15, 16 KSchG). Der Tendenzautonomie steht aber entgegen, dass nach § 103 die außerordentliche Kündigung der Zustimmung des Betriebsrats bedarf, jedenfalls wenn sie aus tendenzbedingten Gründen ausgesprochen wird (BAG 28. 8. 2003 AP BetrVG 1972 § 103 Nr. 49 mit Anm. von *Moll/Henke*, EWiR 2004, 532 [zustimmend] und *Dzida/Hohenstatt*, NZA 2004, 1084 [zustimmend zum Begriff des Tendenzträgers jedoch kritisch]; s. auch § 103 Rn. 14 f.; ebenso GL-*Löwisch*, § 118 Rn. 81; *G. Müller*, FS Hilger/Stumpf, S. 477, 508 f.; *Hanau*, BB 1973, 901, 907; *Dütz*, BB 1975, 1261, 1270; *Richter*, DB 1991, 2661, 2665 ff.). Der Betriebsrat ist vor der Kündigung lediglich nach § 102 zu hören (s. Rn. 164 ff.; a. A. [lediglich Unterrichtungspflicht] *Dütz*, BB 1975, 1261, 1270). **135**

4. Betriebs- und Abteilungsversammlungen

Die Vorschriften über die Betriebs- und Abteilungsversammlungen (§§ 42 ff.) finden in Tendenzbetrieben Anwendung. Eine Beschränkung besteht nur für die Verpflichtung des Arbeitgebers zur Erstattung des Lageberichts, soweit dieser sich auf die wirtschaftliche Lage und Entwicklung des Betriebs zu erstrecken hat (§ 43 Abs. 2 Satz 3); denn § 110, der den Arbeitgeber verpflichtet, die Arbeitnehmer über die wirtschaftliche Lage und Entwicklung des Unternehmens zu unterrichten, ist nicht anzuwenden (Abs. 1 Satz 2). Deshalb kann auch nicht zum Thema einer Betriebs- oder Abteilungsversammlung gemacht werden, was nicht Gegenstand der Unterrichtungspflicht des Arbeitgebers ist (ebenso GL-*Löwisch*, § 118 Rn. 59; ebenso im Ergebnis *G. Müller*, FS Hilger/Stumpf, S. 477, 495 f.; HWK-*Hohenstatt/Dzida*, § 118 Rn. 31). Der Lagebericht kann also so **136** gestaltet werden, dass der Tendenzschutz nicht gefährdet wird. Das BAG ist anderer Ansicht, deutet die hier vertretene Argumentation jedoch an, indem es feststellt, dass sich in aller Regel der Bericht nicht auf die nähere Darlegung konkreter künstlerischer Entscheidung zu erstrecken hat; das ist auf andere Grundlagenentscheidung in der Tendenzverwirklichung übertragbar (s. BAG 8. 3. 1977 AP BetrVG 1972 § 43 Nr. 1 im Hinblick auf ein städtisches Theater; uneingeschränkt im Hinblick auf ein Informations-, Beratungs- und Anhörungsrecht im Tendenzbetrieb allerdings BAG 22. 4. 1975, 7. 11. 1975, 9. 12. 1975, 30. 1. 1979, 21. 5. 1983 AP BetrVG 1972 § 118 Nr. 2, 4, 7, 11, 27; BAG 7. 11. 1975 AP BetrVG 1972 § 99 Nr. 3).

5. Gewerkschaften in der Betriebsverfassung, insbesondere Zugangsrecht zum Betrieb

137 Der rechtliche Status der Gewerkschaften in der Betriebsverfassung erfährt keine Einschränkung; eine Ausnahme gilt nur, wenn der Tendenzcharakter einer Betätigung der Gewerkschaft im Betrieb, insbesondere dem Zugang zum Betrieb gemäß § 2 Abs. 2 entgegensteht (ebenso *Fitting*, § 118 Rn. 31; GL-*Löwisch*, § 118 Rn. 58; *Mayer-Maly*, AfP 1972, 194, 198; *Neumann-Duesberg*, DB 1973, 619). Das gilt z. B. für Betriebe eines Arbeitgeberverbandes. Aber auch soweit die Tendenzautonomie das Zugangsrecht nicht ausschließt, ergeben sich Beschränkungen insoweit, als das Zugangsrecht auf die allgemeine Unterstützungsfunktion der Gewerkschaft gegenüber dem Betriebsrat gestützt wird (s. § 2 Rn. 109 f., 112); denn soweit der Tendenzcharakter sich auf den Aufgabenbereich des Betriebsrats auswirkt gilt dies auch für die Unterstützungsfunktion und damit für das Zutrittsrecht der Gewerkschaften. Schließlich kann der Tendenzcharakter die Missbräuchlichkeit der Wahrnehmung des Zutrittsrechts begründen, z. B. kann eine Partei einem Gewerkschaftsfunktionär, der innerhalb einer anderen Partei Funktionen ausübt, den Zugang zu ihrem Betrieb verbieten (ebenso GL-*Löwisch*, § 118 Rn. 58). Eine konfessionelle Einrichtung kann den Zugang verweigern, wenn die Gewerkschaft einen Beauftragten entsendet, der sich kirchenfeindlich betätigt.

V. Allgemeine Aufgaben und Rechte des Betriebsrats

1. Grundsätze über die Mitwirkung und Mitbestimmung der Arbeitnehmer

138 Die Grundsätze über die Mitwirkung und Mitbestimmung der Arbeitnehmer, wie das Gebot der vertrauensvollen Zusammenarbeit (§ 2 Abs. 1), die Friedenspflicht und das Neutralitätsgebot (§ 74 Abs. 2) und das Gebot zur Gleichbehandlung und zur Sicherung der Entfaltung der Persönlichkeit im Betrieb (§ 75), gelten uneingeschränkt für die Betriebsverfassung der Tendenzunternehmen. Die Tendenzautonomie führt hier lediglich zu Modifikationen. Die Pflicht zur Gleichbehandlung wird durch die von der Rechtsordnung anerkannte und sogar verfassungsrechtlich geschützte geistig-ideelle Zielsetzung des Unternehmens relativiert. Die Gewerkschaft kann verlangen, dass ihre Arbeitnehmer ihr angehören; ein Arbeitgeberverband kann erwarten, dass seine Arbeitnehmer keine Gewerkschaftsmitglieder sind. Für eine konfessionelle Einrichtung gilt, dass der Arbeitgeber bei der Einstellung von Arbeitnehmern die Auswahl von der konfessionellen Zugehörigkeit abhängig machen kann.

2. Aufgaben des Betriebsrats

139 Für die Aufgaben des Betriebsrats ergibt sich eine Einschränkung insoweit, als es sich um eine Angelegenheit handelt, die mit dem Tendenzcharakter des Unternehmens im unmittelbaren Zusammenhang steht. Das gilt sowohl im allgemeinen Bereich seiner Funktion (§§ 74 ff.) wie hinsichtlich der sozialen und personellen Angelegenheiten.

3. Allgemeines Informationsrecht des Betriebsrats

Soweit der Betriebsrat Aufgaben nach diesem Gesetz hat, besteht sein allgemeines **140** Informationsrecht (§ 80 Abs. 2). Er kann aber, weil insoweit der Aufgabenbezug nicht gegeben ist, keine Auskunft über solche Fragen verlangen, die mit der geistig-ideellen Zielsetzung in unmittelbarem Zusammenhang stehen.

Der Betriebsrat hat das **Einblicksrecht in die Bruttolohn- und -gehaltslisten** gemäß **141** § 80 Abs. 2 Satz 2 Halbsatz 2. Einblick kann er nicht nur in die Bruttolohn- und -gehaltslisten der Nichttendenzträger verlangen (so bereits BAG 30. 4. 1974 AP BetrVG 1972 § 118 Nr. 1), sondern auch für Tendenzträger steht die Tendenzautonomie nicht dem Einblicksrecht entgegen (ebenso für das Einblicksrecht des Betriebsrats in die Bruttogehaltslisten der Lehrer und Erzieher einer staatlich anerkannten privaten Ersatzschule BAG 22. 5. 1979 AP BetrVG 1972 § 118 Nr. 12; für das Einblicksrecht in die Gehaltslisten der Redakteure BAG 30. 6. 1981 AP BetrVG 1972 § 80 Nr. 15; *Fitting*, § 118 Rn. 31; GL-*Löwisch*, § 118 Rn. 61; *Stege/Weinspach/Schiefer*, § 80 Rn. 20; *Hanau*, AfP 1982, 2; a. A. *Mayer-Maly*, Anm. zu BAG AP BetrVG 1972 § 118 Nr. 1).

VI. Mitbestimmung in sozialen Angelegenheiten

1. Mitbestimmungsfreiheit bei der Tendenzverwirklichung

Bei der Mitbestimmung des Betriebsrats in sozialen Angelegenheiten kommt es darauf **142** an, ob eine von § 87 Abs. 1 erfasste Maßnahme der **verfassungsrechtlich geschützten Tendenzverwirklichung** dient, weil die Freiheitsgewährleistung insoweit **jede fremde Einflussnahme verbietet**. In diesem Fall steht die Eigenart des Unternehmens dem Mitbestimmungsrecht des Betriebsrats entgegen. Nach dem BAG und der h. L. kommt eine Einschränkung des Mitbestimmungsrechts in sozialen Angelegenheiten nur in Ausnahmefälle in Betracht, da es hier meist um den wertneutralen Arbeitsablauf des Betriebs gehe (BAG 13. 6. 1989 AP BetrVG 1972 § 87 Nr. 36 Arbeitszeit; *Fitting*, § 118 Rn. 32; GL-*Löwisch*, § 118 Rn. 62; HSWGNR-*Hess*, § 118 Rn. 57; *E. Frey*, Tendenzschutz, S. 66). Dabei wird aber übersehen, dass der Katalog des § 87 Abs. 1 Fallgestaltungen erfasst, deren Regelung eine notwendige Bedingung für die Tendenzverwirklichung darstellen kann (vgl. *Dütz*, AfP 1988, 193, 197; *Rüthers/Franke*, DB 1992, 374, 376).

Während bei der Mitbestimmung in personellen Angelegenheiten das Kriterium der **143** Tendenzträgerschaft (s. Rn. 123 ff.) den Ausschlag gibt (s. Rn. 151 ff.), ist es hier weder erforderlich noch ausreichend, um ein Zurücktreten des Mitbestimmungsrechts zu begründen. Es ist lediglich ein wesentlicher Gesichtspunkt, um zu begründen, dass eine Maßnahme, die diesen Personenkreis betrifft, auf die Tendenzverwirklichung einwirkt. Entscheidend ist vor allem, ob Maßnahmen der Tendenzverwirklichung eine i. S. des § 87 Abs. 1 mitbestimmungspflichtige Angelegenheit darstellen oder Daten für deren Regelung setzen. Maßgeblich kann dafür nicht allein die Regelung selbst, sondern auch ihr Ziel sein (s. Argumentation BAG 28. 5. 2002, NZA 2003, 166). Der relative Tendenzschutz gebietet im ersteren Fall einen Wegfall, im letzteren Fall eine Einschränkung des Mitbestimmungsrechts.

2. Arbeitszeitregelung

a) Nach Ansicht des BAG hat der Betriebsrat über die **Arbeitszeitverteilung** nach § 87 **144** Abs. 1 Nr. 2 mitzubestimmen, soweit es um den **wertneutralen Arbeitsablauf des Betriebs** geht. Das soll auch gelten, wenn es sich um Tendenzträger handelt, z. B. bei einem **Presseunternehmen** für die **Arbeitszeit der Redakteure** (BAG 30. 1. 1990 und 14. 1. 1992 AP BetrVG 1972 § 118 Nr. 44 und 49; bereits zu einer vorübergehenden Anordnung von Sonntagsarbeit BAG 22. 5. 1979 AP BetrVG 1972 § 118 Nr. 13; für die

Berichterstattung bei einem Rundfunksender BAG 11. 2. 1992 AP BetrVG 1972 § 118 Nr. 50). Das BAG betont zwar, dass die Mitbestimmung nicht die Freiheit zur Tendenzbestimmung und Tendenzverwirklichung beeinträchtigen dürfe (BAG 30. 1. 1990 AP BetrVG 1972 § 118 Nr. 44; 14. 1. 1992 AP BetrVG 1972 § 118 Nr. 49 und 11. 2. 1992 AP BetrVG 1972 § 118 Nr. 50). Es meint aber, dass selbst die Aktualität der Berichterstattung keinen Wegfall des Mitbestimmungsrechts, sondern nur eine Schranke in der Mitbestimmungsausübung begründet (BAG 30. 1. 1990 AP BetrVG 1972 § 118 Nr. 44; 14. 1. 1992 AP BetrVG 1972 § 118 Nr. 49 und 11. 2. 1992 AP BetrVG 1972 § 118 Nr. 50; abl. *Dütz*, AfP 1992, 329, 330 ff.).

145 Man muss hier differenzieren: Das Mitbestimmungsrecht gibt dem Betriebsrat die Befugnis, eine Regelung über die Arbeitszeitverteilung zu erzwingen, sofern er die für die Aktualität der Berichterstattung relevanten Entscheidungen des Arbeitgebers, wie die Zeitvorgabe für den Redaktionsschluss sowie Lage und Umfang der Redaktionskonferenzen, respektiert; es besteht aber außerdem ein immanenter Mitbestimmungsvorbehalt, dass der Arbeitgeber berechtigt bleibt, ohne paritätische Beteiligung des Betriebsrats Abweichungen vorzunehmen, um die Aktualität der Berichterstattung zu sichern. Das gilt auch, soweit der Betriebsrat nach § 87 Abs. 1 Nr. 3 über die vorübergehende Verkürzung oder Verlängerung der betriebsüblichen Arbeitszeit mitzubestimmen hat. Erfordert die Aktualität der Berichterstattung einen Sondereinsatz, so kann der Arbeitgeber eine Überstundenregelung auch ohne Beteiligung des Betriebsrats mit dem einzelnen Arbeitnehmer vereinbaren (vgl. BAG 14. 1. 1992 AP BetrVG 1972 § 118 Nr. 49).

146 b) Bei einem **Theater** ist die Festlegung von Beginn und Ende der täglichen Aufführung mitbestimmungsfrei, und daher ist auch insoweit das Mitbestimmungsrecht über Beginn und Ende der täglichen Arbeitszeit einschließlich der Pausen (§ 87 Abs. 1 Nr. 2) beschränkt (ebenso *Neumann-Duesberg*, DB 1973, 619). Mitbestimmungspflichtig ist jedoch die zeitliche Lage der einzelnen Probezeiten, nicht aber die Gesamtdauer der Proben, und das Mitbestimmungsrecht entfällt auch, wenn künstlerische Gesichtspunkte eine bestimmte zeitliche Lage oder eine bestimmte Mindestdauer der einzelnen Probe erfordern (ebenso BAG 4. 8. 1981 AP BetrVG 1972 § 87 Nr. 5 Arbeitszeit).

147 Bei einer **erzieherischen Einrichtung** entscheidet der Rechtsträger über Programm und Durchführung der Erziehung. Der Betriebsrat kann deshalb einen Einsatz der Lehrer im Nachmittagsdienst nicht durch sein Mitbestimmungsrecht verhindern (BAG 13. 1. 1987 AP BetrVG 1972 § 118 Nr. 33).

148 Bei einer **karitativen Einrichtung** entscheidet ihr Rechtsträger nicht nur über die Art, sondern auch über die Zeit des Dienstes am körperlich oder seelisch leidenden Menschen. Für ein Dialysezentrum ist deshalb die Mitbestimmung des Betriebsrats für die Arbeitszeitverteilung insoweit eingeschränkt, als der Rechtsträger mitbestimmungsfrei entscheidet, ob er den Dienst „rund um die Uhr" oder nur zu bestimmten Zeiten anbietet (BAG 18. 4. 1989 AP BetrVG 1972 § 87 Nr. 34 Arbeitszeit). Die Mitbestimmungseinschränkung bezieht sich hier nicht nur auf die sog. Tendenzträger, also das qualifizierte Pflegepersonal, sondern auch auf die sonstigen Arbeitnehmer, weil ohne deren Hilfsdienste Ärzte und Pflegepersonal ihren Dienst nicht leisten können (ebenso *Rüthers/Franke*, DB 1992, 374, 376; nicht zutreffend daher die Differenzierung in BAG 18. 4. 1989 AP BetrVG 1972 § 87 Nr. 34 Arbeitszeit).

3. Fragen der betrieblichen Lohngestaltung

149 Fragen der betrieblichen Lohngestaltung sind jedenfalls dann nicht dem Mitbestimmungsrecht des Betriebsrats entzogen, wenn die Ausgestaltung des betrieblichen Entgeltsystems keinen besonderen Tendenzbezug hat, sondern tendenzneutral ist (vgl. BAG 31. 1. 1984 AP BetrVG 1972 § 87 Nr. 15 Lohngestaltung [*Satzky*]). Die Weite des § 87 Abs. 1 Nr. 10, die ein Mitbestimmungsrecht bei Einführung und Anwendung von neuen Entlohnungsmethoden gibt, lässt eine Fülle an tendenzschutzrechtlichen Fragen ver-

muten, gleichwohl konzentriert sich die tendenzschutzrechtliche Diskussion allein auf das Teilproblem der Mitbestimmung bei **freiwilligen Zulagen**. Hier stellte das BAG fest, dass „auch bei Fragen der betrieblichen Lohngestaltung i. S. d. § 87 Abs. 1 Nr. 10 BetrVG die geistig-ideelle Zielsetzung eines Betriebs durch die Mitbestimmung ernstlich beeinträchtigt werden kann, wenn eine Entgeltform gerade die Tendenz fördern soll, indem sie z. B. die Arbeitnehmer zu besonderen Leistungen für die Tendenzverwirklichung anspornt und sie dafür honorieren will, wie dies z. B. bei einem System besonderer Leistungszulagen der Fall sein kann" (BAG 13. 2. 1990, AP BetrVG 1972 § 118 Nr. 45). Bei freiwilligen Zulagen ist das Mitbestimmungsrecht des Betriebsrats aber bereits auf Grund ihrer Freiwilligkeit eingeschränkt: sie sind mitbestimmungsfrei hinsichtlich ihrer Einführung, ihrer Zweckbestimmung, der Festlegung des begünstigten Personenkreises und des Dotierungsrahmens, s. § 87 Rn. 771. Auch wenn das BAG den Schritt bislang noch nicht gegangen ist, so entspricht es doch der wohl herrschenden Auffassung in der Literatur, dass über diese generelle Einschränkung des Mitbestimmungsrechts bei freiwilligen Zulagen ein Mitbestimmungsrecht gänzlich ausgeschlossen sein muss, wenn die Zulage tendenzbezogen ist (s. auch GK-*Fabricius/Weber*, § 118 Rn. 188; *Löwisch/Röder*, Anm. AP BetrVG 1972 § 87 Nr. 45 Lohngestaltung; *Endlich*, NZA 1990, S. 13, 17).

Auch die **Einführung einer neuen betrieblichen Vergütungsordnung** kann eine tendenzwesentliche Maßnahme sein (hierzu BAG 31. 1. 1984 AP BetrVG 1972 § 87 Nr. 15 Lohngestaltung). Die Rechtsprechung hat jedoch eine tendenzschutzbedingte Einschränkung des Mitbestimmungsrechts abgelehnt, sofern die Regelung keine besondere Entgeltform vorsieht, die gerade die Tendenz fördern sollte. Man mag der damit vorgenommen Beschränkung möglicher tendenzrelevanter Maßnahmen im Rahmen des § 87 Abs. 1 Nr. 10 auf bestimmte Entgeltformen kritisch gegenüberstehen, da in jeder Form der Vergütungsregelung, die Tendenzträger betrifft, sich die besondere Zielrichtung und Absicht des Unternehmens in der Bindung und Motivation ihrer Tendenzträger ausdrücken kann (eingehend *Poeche*, Die Mitbestimmung in wissenschaftlichen Tendenzbetrieben, S. 209). Für die Praxis dürfte die bisherige Rechtsprechung jedoch den weiterhin verbindlichen Rahmen vorgeben. Eine Einschränkung des Mitbestimmungsrechts kann sich damit nur in Bezug auf Tendenzträger und dort auch nur im Hinblick auf entlohnungsspezifische tendenzsensible Leistungen oder Anforderungen stellen.

149a

4. Gestaltung von Arbeitsplatz, Arbeitsablauf und Arbeitsumgebung

Die Beteiligung des Betriebsrats bei der Gestaltung von Arbeitsplatz, Arbeitsablauf und Arbeitsumgebung wird durch die Tendenzautonomie nicht eingeschränkt; denn es handelt sich hier um arbeitstechnische, nicht um wirtschaftliche Angelegenheiten (ebenso *Fitting*, § 118 Rn. 31; GL-*Löwisch*, § 118 Rn. 66; HSWGNR-*Hess*, § 118 Rn. 59; E. *Frey*, Tendenzschutz, S. 67; a. A. *Mayer-Maly*, AR-Blattei: Tendenzbetrieb I, H III 2; ders., AfP 1972, 194, 199). Lediglich beim korrigierenden Mitbestimmungsrecht des § 91 tritt eine Modifizierung insoweit ein, als der Betriebsrat keine Maßnahme zur Abwendung, zur Milderung oder zum Ausgleich der Belastung verlangen kann, die eine Verwirklichung der geistig-ideellen Zielsetzung des Unternehmens ausschließt oder erschwert (zust. GL-*Löwisch*, § 118 Rn. 66); jedoch ergibt sich das bereits auch aus § 91, weil der Betriebsrat nach dieser Bestimmung nur angemessene Maßnahmen verlangen kann (s. ausführlich § 91 Rn. 16 f.).

150

Bei der Einführung von **Ethikregeln**, die für Redakteure einer Wirtschaftszeitung den Besitz von Wertpapieren oder die Ausübung von Nebentätigkeiten mit dem Ziel einschränken, die Unabhängigkeit der Berichterstattung zu gewährleisten, schließt der Tendenzschutz eine Mitbestimmung des Betriebsrats aus (BAG 28. 5. 2002, NZA 2003, 166).

150a

VII. Mitbestimmung in personellen Angelegenheiten

1. Allgemeine Gesichtspunkte für die Interpretation

151 Das **Schwergewicht der sich aus der Relativklausel ergebenden beschränkten Anwendung des BetrVG** liegt bei der **Beteiligung des Betriebsrats in personellen Angelegenheiten** (ebenso *Fitting*, § 118 Rn. 33; *Mayer-Maly*, AR-Blattei: Tendenzbetrieb I, H III 3; *Hanau*, BB 1973, 901; *Dütz*, BB 1975, 1261). Die Tendenzautonomie wirkt sich nämlich vor allem bei der Auswahl der Mitarbeiter aus. Die Feststellung, ob und in welchem Umfang der Betriebsrat in personellen Angelegenheiten ein Beteiligungsrecht hat, ist nach folgenden Gesichtspunkten zu treffen: Es ist zu differenzieren, ob der Arbeitnehmer *Tendenzträger* ist und es sich um eine *tendenzbezogene Maßnahme* handelt (s. Rn. 119 ff.).

152 Die Feststellung, dass die Maßnahme einen Tendenzträger betrifft und es sich bei ihr um eine tendenzbezogene Maßnahme handelt, bedeutet allerdings nicht, dass der Betriebsrat ausgeschaltet wird; denn die Tendenzautonomie verbietet nur eine fremdbestimmte Einflussnahme auf die Festlegung der Tendenz. Mit ihr ist deshalb vereinbar, dass der Betriebsrat im Verfahren der Entscheidungsfindung beteiligt wird, sofern der Arbeitgeber die Freiheit seiner Entscheidungsbildung behält (vgl. BVerfG 6. 11. 1979 E 52, 283, 300 = AP BetrVG 1972 § 118 Nr. 14). Deshalb bleiben in der Regel die bloßen Mitwirkungsrechte bestehen. Aber auch der **Wegfall des Mitbestimmungsrechts** bedeutet nicht, dass der Betriebsrat überhaupt nicht zu beteiligen ist, sondern hier endet das Mitbestimmungsverfahren auf der Ebene der im Gesetz festgelegten **Vorstufe einer Mitwirkung i. S. eines Informations-, Anhörungs- oder Beratungsrechts**, sofern einer derartigen Mitwirkung nicht die Eigenart des Unternehmens oder Betriebs entgegensteht (s. Rn. 122 und 161 f.).

2. Allgemeine personelle Angelegenheiten

153 a) Bei der **Personalplanung** ist zu beachten, dass die Vorschriften der §§ 106 ff., die in wirtschaftlichen Angelegenheiten ein Unterrichtungs- und Beratungsrecht geben und die den Arbeitgeber insoweit verpflichten, die sich daraus ergebenden Auswirkungen auf die Personalplanung darzustellen, auf Tendenzunternehmen keine Anwendung finden (Abs. 1 Satz 2). Das **Unterrichtungs- und Beratungsrecht bei der Personalplanung nach § 92** kann daher nicht gewähren, was der Gesetzgeber ausdrücklich verweigert (ebenso GL-*Löwisch*, § 118 Rn. 67; *Hanau*, BB 1973, 901, 904; *Dütz*, BB 1975, 1261, 1269; a. A. BAG 6. 11. 1990 AP BetrVG 1972 § 92 Nr. 3; *Matthes*, MünchArbR § 273 Rn. 10). Deshalb ist der Betriebsrat in einem Tendenzunternehmen nicht über die Personalbedarfsplanung zu unterrichten; er ist aber an der Personaldeckungsplanung zu beteiligen. Das gilt jedenfalls, soweit es sich um den Teil der Belegschaft handelt, der keine tendenzbezogenen Aufgaben wahrzunehmen hat (ebenso GL-*Löwisch*, § 118 Rn. 67). Obwohl Rechtsprechung bislang fehlt, ist davon auszugehen, dass das BAG die restriktive Haltung gegenüber dem Tendenzschutz auch beim Vorschlagsrecht des Betriebsrats zur **Beschäftigungssicherung nach § 92 a** beibehalten wird. Obwohl die Beratungspflicht nach § 92 a Abs. 2 und die Begründungspflicht für Betriebe mit mehr als 100 Arbeitnehmern durchaus auch Tendenzaspekte mit betreffen kann, ist davon auszugehen, dass das BAG diese bloße Bindung durch Information und Meinungsaustausch nicht als eine hinreichend ernsthafte Beeinträchtigung der Tendenzverwirklichung wertet.

154 b) Dem **Verlangen des Betriebsrats, Arbeitsplätze, die besetzt werden sollen, innerbetrieblich auszuschreiben** (§ 93), steht die Eigenart eines Tendenzunternehmens nicht entgegen. Das gilt auch, wenn sich die Ausschreibung auf Tendenzträger erstrecken soll

C. Tendenzautonomie als Schranke für die Geltung des BetrVG   § 118

(ebenso BAG 30. 1. 1979 AP BetrVG 1972 § 118 Nr. 11 [abl. *Kraft*]; *Fitting*, § 118 Rn. 33; GL-*Löwisch*, § 118 Rn. 68; DKK-*Wedde*, § 118 Rn. 85; *E. Frey*, Tendenzschutz, S. 71; *Menzel*, Rechte des Betriebsrats im Tendenzbetrieb, S. 89 f.; *Hanau*, BB 1973, 901, 905; *Ihlefeld/Blanke*, Film und Recht 1973, 160, 165; *Herschel*, UFITA 89 (1981), 47, 59; a.A. HSWGNR-*Hess*, § 118 Rn. 38). Tendenzbezogen ist nicht die Ausschreibung, sondern die Entscheidung über die Auswahl (ebenso GL-*Löwisch*, a.a.O.). Die Frage der Tendenzbeeinträchtigung stellt sich deshalb erst, wenn der Betriebsrat wegen einer unterbliebenen Ausschreibung nach § 99 Abs. 2 Nr. 5 seine Zustimmung zur personellen Einzelmaßnahme verweigern will (ebenso BAG AP BetrVG 1972 § 118 Nr. 11). Der Betriebsrat hat insoweit kein Zustimmungsverweigerungsrecht (s. Rn. 161 f.).

c) Bei der Gestaltung der **Personalfragebogen** (§ 94 Abs. 1) entfällt bei Tendenzträgern das Mitbestimmungsrecht, soweit es um tendenzbezogene Fragen geht, z. B. Fragen nach der fachlichen Qualifikation, der politischen, gewerkschaftlichen oder konfessionellen Einstellung (ebenso BAG 21. 9. 1993 AP BetrVG 1972 § 94 Nr. 4; GL-*Löwisch*, § 118 Rn. 69; *Matthes*, MünchArbR § 273 Rn. 13; *Hanau*, BB 1973, 901, 905; *Dütz*, BB 1975, 1261, 1270; a.A. DKK-*Wedde*, § 118 Rn. 86). 155

Die Beurteilung der Leistung und des Verhaltens von Tendenzträgern steht in so engem Zusammenhang mit der tendenzbezogenen Tätigkeit, dass die **Aufstellung allgemeiner Beurteilungsgrundsätze** (§ 94 Abs. 2) bei ihnen überhaupt mitbestimmungsfrei ist (ebenso GL-*Löwisch*, § 118 Rn. 69; *Matthes*, MünchArbR § 273 Rn. 12; im Ergebnis auch *Hanau*, BB 1973, 901, 905; *Dütz*, BB 1975, 1261, 1270; jedenfalls in Hinblick auf die Tendenzträger HWK-*Hohenstatt/Dzida*, § 118 Rn. 23; a.A. DKK-*Wedde*, § 118 Rn. 86). 156

d) Bei der **Aufstellung von Auswahlrichtlinien** (§ 95) ist zu beachten, dass Einstellung und Kündigung tendenzbezogene Maßnahmen sind. Deshalb entfällt bei ihnen für Tendenzträger das Mitbestimmungsrecht des Betriebsrats (ebenso *Matthes*, MünchArbR § 273 Rn. 11; a.A. DKK-*Wedde*, § 118 Rn. 86). Das gilt nicht nur für die tendenzbezogenen Auswahlgesichtspunkte, sondern auch für die sonstigen fachlichen und persönlichen Voraussetzungen und die sozialen Gesichtspunkte; denn auch eine Festlegung der Präferenz nach diesen Kriterien eröffnet einen fremdbestimmten Einfluss auf die Auswahlentscheidung des Arbeitgebers und widerspricht deshalb der durch die Relativklausel gesicherten Tendenzautonomie (ebenso im Ergebnis *Dütz*, BB 1975, 1261, 1270; a.A. offenbar für eine Differenzierung nach tendenzbezogenen Gründen GL-*Löwisch*, § 118 Rn. 69; *Hanau*, BB 1973, 901, 905). 157

e) Der Tendenzschutz führt bei der Einführung von Personalfragebogen und allgemeinen Beurteilungsgrundsätzen (§ 94) und bei der Aufstellung von Auswahlrichtlinien (§ 95) nur zu einer Beschränkung des Rechts auf Mitbestimmung, **nicht** aber zu einer **Beseitigung des Unterrichtungsrechts**; denn das Recht auf Information ergibt sich bereits aus § 80 Abs. 2 und zwingt den Arbeitgeber nicht zur Erörterung seiner tendenzbedingten Gründe (ebenso *Menzel*, Rechte des Betriebsrats im Tendenzbetrieb, S. 92, 93, 95; a.A. *Dütz*, BB 1975, 1261, 1270). 158

3. Berufsbildung

Die Vorschriften über die Förderung der Berufsbildung in § 96 beziehen sich nicht auf eine geistig-ideelle Zielsetzung und sind daher in vollem Umfang anwendbar. Auch das Beratungsrecht über Einrichtungen und Maßnahmen der Berufsbildung nach § 97 steht dem Tendenzcharakter nicht entgegen. Dagegen ist das Mitbestimmungsrecht bei der Durchführung betrieblicher Bildungsmaßnahmen (§ 98) insoweit ausgeschlossen, als es sich um die Berufsausbildung und berufliche Fortbildung der Tendenzträger handelt (BAG 30. 5. 2006 AP BetrVG 1972 § 118 Nr. 80; LAG Köln 24. 6. 2008 – 9 TaBV 74/07, juris; ebenso GK-*Fabricius/Weber*, § 118 Rn. 201; ErfK-*Kania*, § 118 Rn. 24; GL- 159

Löwisch, § 118 Rn. 70; *Matthes*, MünchArbR § 273 Rn. 14; *Menzel*, Rechte des Betriebsrats im Tendenzbetrieb, S. 97 f.; a. A. DKK-*Wedde*, § 118 Rn. 87; *E. Frey*, Tendenzschutz, S. 71).

4. Personelle Einzelmaßnahmen

160 a) Da von der Auswahl der Tendenzträger die Verwirklichung der Tendenz abhängt, sind ihre **Einstellung** und **Versetzung** tendenzbezogene Maßnahmen. Die Auswahlentscheidung fällt in die verfassungsrechtlich geschützte Tendenzautonomie (so ausdrücklich entschieden für Redakteure eines Presseunternehmens BVerfG 6. 11. 1979 E 52, 283, 296, 300 f. = AP BetrVG 1972 § 118 Nr. 14). **Keine Einschränkung** ergibt sich für das **Mitbestimmungsrecht bei Eingruppierung und Umgruppierung,** weil die Einstufung in eine Lohn- oder Gehaltsgruppe tendenzfrei ist (ebenso BAG 31. 5. 1983 AP BetrVG 1972 § 118 Nr. 27 *[Misera]*; 3. 12. 1985 AP BetrVG 1972 § 99 Nr. 31; bereits BAG 14. 3. 1967 AP BetrVG § 61 Nr. 3; *Fitting*, § 118 Rn. 34; *Matthes*, MünchArbR § 273 Rn. 17; *E. Frey*, Tendenzschutz, S. 80; *Menzel*, Rechte des Betriebsrats im Tendenzbetrieb, S. 103; a. A. GL-*Löwisch*, § 118 Rn. 78 mit der Einschränkung, dass hier nicht von einer tatsächlichen Vermutung der Tendenzbedingtheit ausgegangen werden kann).

161 b) Da die **Einstellung von Tendenzträgern** eine tendenzbezogene Maßnahme darstellt, **entfällt** das **Mitbestimmungsrecht des Betriebsrats** (ebenso BAG 7. 11. 1975 AP BetrVG 1972 § 99 Nr. 3 *[Kraft/Geipert]*; bestätigt durch BAG 9. 12. 1975 AP BetrVG 1972 § 118 Nr. 7 *[Löwisch]*; 19. 5. 1981 AP BetrVG 1972 § 118 Nr. 21; 1. 9. 1987 AP BetrVG 1972 § 101 Nr. 11; 11. 4. 2006 AP BGB § 307 Nr. 17; *Fitting*, § 118 Rn. 36; GL-*Löwisch*, § 118 Rn. 76; *Mathy*, AfP 1972, 259, 261; *Mayer-Maly*, AfP 1976, 3, 9; a. A. *Hanau*, BB 1973, 901, 906; *Plander*, AuR 1976, 289, 296; *Ihlefeld*, RdA 1977, 223, 225 f.; *ders.*, AuR 1980, 257, 267). Nach Ansicht des BAG soll eine tatsächliche Vermutung dafür sprechen, dass eine Einstellung von Tendenzträgern aus tendenzbedingten Gründen erfolgt (BAG 7. 11. 1975 AP BetrVG 1972 § 99 Nr. 3; 9. 12. 1975 und 19. 5. 1981 AP BetrVG 1972 § 118 Nr. 7 und 18; ebenso *Fitting*, § 118 Rn. 36; GL-*Löwisch*, § 118 Rn. 76). Diese Begründung ist nicht zutreffend, weil sie für möglich hält, dass die Einstellung eines Tendenzträgers aus tendenzfreien Gründen erfolgt. Entscheidend ist allein, dass die Einstellung eine tendenzbezogene Maßnahme darstellt, die der Arbeitgeber mitbestimmungsfrei durchsetzen kann. Das BAG hat daher auch anerkannt, dass für die Rechtsposition des Betriebsrats keine Rolle spielt, ob von ihm sog. tendenzneutrale oder tendenzbezogene Zustimmungsverweigerungsgründe geltend gemacht werden (BAG 27. 7. 1993 AP BetrVG 1972 § 118 Nr. 51).

162 Die Versagung eines Mitbestimmungsrechts bedeutet nicht, dass eine **Beteiligung des Betriebsrats** überhaupt ausscheidet (s. auch Rn. 122 und 152). Der Arbeitgeber hat vielmehr den Betriebsrat nach § 99 Abs. 1 zu unterrichten (ebenso BAG 7. 11. 1975 AP BetrVG 1972 § 99 Nr. 3; bestätigt BAG 9. 12. 1975 und 8. 5. 1990 AP BetrVG 1972 § 118 Nr. 7 und 46; ErfK-*Kania*, § 118 Rn. 25); er hat insbesondere auch die Pflicht, die Bewerbungsunterlagen sämtlicher Bewerber vorzulegen (so ausdrücklich BAG 19. 5. 1981 AP BetrVG 1972 § 118 Nr. 18). Der Betriebsrat hat auch das Recht, binnen einer Woche nach Zugang der Information aus den in § 99 Abs. 2 genannten Gründen schriftlich Bedenken geltend zu machen, mit denen der Arbeitgeber sich sachlich auseinandersetzen muss (ebenso BAG 7. 11. 1975 AP BetrVG 1972 § 99 Nr. 3; 19. 5. 1981 AP BetrVG 1972 § 118 Nr. 18). Der Betriebsrat hat hier aber kein Zustimmungsverweigerungsrecht; es entfallen also die sich aus §§ 99 Abs. 2, 100 und 101 ergebenden weitergehenden Beteiligungsrechte (so ausdrücklich BAG 7. 11. 1975 AP BetrVG 1972 § 99 Nr. 3; bestätigt BAG 9. 12. 1975 AP BetrVG 1972 § 118 Nr. 7; zust. *Mayer-Maly*, AfP 1976, 3, 10; *Richardi*, AfP 1976, 107, 110 f.; abl. *Ihlefeld*, RdA 1977, 223, 225 f.). Nach Ansicht des BAG ist aber die ohne Zustimmung des Betriebsrats durchgeführte personelle Maßnahme auf Antrag des Betriebsrats nach § 101 Satz 1 aufzuheben, wenn

der Arbeitgeber für sie keinen Tendenzschutz in Anspruch nehmen konnte (BAG 1. 9. 1987 AP BetrVG 1972 § 101 Nr. 11). Das kann aber nur in Betracht kommen, wenn der eingestellte Arbeitnehmer nicht zu den Tendenzträgern gehört.

c) Da die **Versetzung** ebenfalls eine tendenzbezogene Maßnahme darstellt, gilt für sie Gleiches wie für die Einstellung (ebenso BAG 1. 9. 1987 AP BetrVG 1972 § 111 Nr. 10; 8. 5. 1990 und 27. 7. 1993 AP BetrVG 1972 § 118 Nr. 46 und 51 sowie 11. 4. 2006 AP BGB § 307 Nr. 17; LAG Stuttgart 3. 3. 1999 – 22 TaBV 1/98, juris; *Fitting*, § 118 Rn. 36; *Matthes*, MünchArbR § 273 Rn. 15 ff.; a. A. *GL-Löwisch*, § 118 Rn. 78, der dort die Versetzung mit der Eingruppierung und Umgruppierung gleichstellt; s. dazu Rn. 160). Das gilt auch dann, wenn die Versetzung ersichtlich gegen die arbeitsvertraglichen Vereinbarungen mit dem betroffenen Tendenzträger verstößt, der Sonderkündigungsschutz gemäß § 15 Abs. 1 Satz 1 KSchG, § 103 BetrVG genießt (BAG 10. 8. 1993, NZA 1994, 187; LAG Stuttgart 3. 3. 1999 – 22 TaBV 1/98, juris). 163

5. Kündigungen

a) Wie die Einstellung und Versetzung ist auch die **Kündigung** eine **tendenzbezogene Maßnahme**. Der Betriebsrat hat hier aber kein Mitbestimmungsrecht, sondern nach § 102 nur ein **Recht auf Anhörung**. Deshalb steht die verfassungsrechtlich geschützte Tendenzautonomie nicht der Beteiligung des Betriebsrats entgegen, und zwar nicht nur, wenn die Kündigung eines Tendenzträgers ausschließlich auf wirtschaftlichen Gründen beruht (so bereits BAG 22. 4. 1975 AP BetrVG 1972 § 118 Nr. 2 [abl. *Mayer-Maly*]), sondern auch, wenn die Kündigung eines Tendenzträgers aus tendenzbedingten Gründen erfolgt (ebenso BAG 7. 11. 1975 AP BetrVG 1972 § 118 Nr. 4 [abl. *Mayer-Maly*]; bestätigt durch BVerfG 6. 11. 1979 E 52, 283, 300 f. = AP BetrVG 1972 § 118 Nr. 14; weiterhin *Fitting*, § 118 Rn. 38; *GL-Löwisch*, § 118 Rn. 79; *E. Frey*, Tendenzschutz, S. 72; Pflicht zur Anhörung nicht über die Tendenzbedingtheit, wohl aber über die soziale Seite der Kündigung *Neumann-Duesberg*, NJW 1973, 268, 269; a. A. HSWGNR-*Hess*, § 118 Rn. 48a; *Gaul-Wamhoff*, DB 1973, 2187; *Dütz*, BB 1975, 1261, insbes. S. 1262 ff.; *Mayer-Maly*, AfP 1976, 3, 14). Eine Kündigung wegen Leistungsmängeln muss nicht notwendig tendenzbedingt sein (BAG 3. 11. 1982 AP KSchG § 15 Nr. 12). 164

Der Arbeitgeber wird durch die Anhörung nicht gehindert, die beabsichtigte Kündigung zu erklären. Außerdem kann nach Auffassung des BAG der Betriebsrat gegen die tendenzbedingten Motive der beabsichtigten Kündigung Bedenken nur insoweit erheben, als auch soziale Gesichtspunkte in Betracht kommen (BAG 7. 11. 1975 AP BetrVG 1972 § 118 Nr. 4). Da eine Stellungnahme zu tendenzbezogenen Kündigungsgründen ausscheidet, kann es zu einer Einflussnahme auf die Tendenz im Wege einer tendenzbezogenen Auseinandersetzung nicht kommen (so BVerfG 6. 11. 1979 E 52, 283, 302 f. = AP BetrVG 1972 § 118 Nr. 14). 165

b) Der Betriebsrat kann der **ordentlichen Kündigung** eines Tendenzträgers auch nach § 102 Abs. 3 **widersprechen,** mit der Folge, dass der Arbeitgeber dem Arbeitnehmer mit der Kündigung eine Abschrift der Stellungnahme des Betriebsrats zuzuleiten hat (§ 102 Abs. 4). Der Widerspruch löst hier aber **nicht** die **Weiterbeschäftigungspflicht nach § 102 Abs. 5** aus; denn das dem Arbeitnehmer eingeräumte Gestaltungsrecht, die Rechtsfolgen einer Kündigung bis zum rechtskräftigen Abschluss des Kündigungsrechtsstreits hinauszuschieben, eröffnet eine fremdbestimmte Einflussnahme auf die Tendenzverwirklichung (ebenso Hessisches LAG 2. 6. 2006 AR-Blattei ES 1570 Nr 71; ArbG Gera 9. 1. 2006 – 3 Ga 24/05, juris; LAG Hamburg 17. 7. 1974, BB 1974, 1396; *GL-Löwisch*, § 118 Rn. 79; *Matthes*, MünchArbR § 273 Rn. 19; *Neumann-Duesberg*, NJW 1973, 269; *Oldenburg*, NZA 1989, 412; HWK-*Hohenstatt-Dzida*, § 118 Rn. 23; a. A. bei einer Kündigung aus tendenzfreien Gründen DKK-*Wedde*, § 118 Rn. 96; *Hanau*, BB 1973, 901, 907; *Plander*, AuR 1976, 289, 297 f.). Der Widerspruch hat hier auch keine kündigungsschutzrechtliche Wirkung gemäß § 1 Abs. 2 Satz 2 und 3 KSchG, 166 weil die Stellungnahme des Betriebsrats ohne Abwägung der tendenzbezogenen Kündigungsgründe erfolgt.

6. Initiativrecht des Betriebsrats zur Entlassung oder Versetzung eines Arbeitnehmers

167 Das Recht des Betriebsrats, nach § 104 die Entlassung oder Versetzung eines Arbeitnehmers zu verlangen, ist mit der Eigenart eines Tendenzunternehmens vereinbar (ebenso *Fitting*, § 118 Rn. 41; GL-*Löwisch*, § 118 Rn. 82; *E. Frey*, Tendenzschutz, S. 73; *Richter*, NZA 1991, 2661; *Dütz*, BB 1975, 1261, 1270; DKK-*Wedde*, § 118 Rn. 101; a. A. *Oldenburg*, NZA 1989, 412). Soweit das Initiativrecht davon abhängt, dass ein Arbeitnehmer durch gesetzwidriges Verhalten den Betriebsfrieden wiederholt gestört hat, bedarf dieses Recht keiner Einschränkung; denn die Verfolgung geistig-ideeller Ziele kann ein gesetzwidriges Verhalten nicht rechtfertigen. Dagegen kann eine derartige Zielsetzung eine unterschiedliche Behandlung von Arbeitnehmern auch nach den in § 75 genannten Gesichtspunkten verlangen. Daher kann das in § 104 dem Betriebsrat gegebene Initiativrecht nicht darauf gestützt werden, dass die in § 75 Abs. 1 enthaltenen Grundsätze grob verletzt wurden, wenn die Differenzierung wegen der geistig-ideellen Zielsetzung erfolgt (ebenso GL-*Löwisch*, § 118 Rn. 82). Doch ist in diesen Fällen bereits der Tatbestand der Störung des Betriebsfriedens nicht gegeben.

7. Informationsrecht bei Einstellung oder personeller Veränderung eines leitenden Angestellten

168 Das Informationsrecht des Betriebsrats über eine beabsichtigte Einstellung oder personelle Veränderung eines leitenden Angestellten (§ 105) wird nicht durch die Tendenzautonomie ausgeschlossen (ebenso GL-*Löwisch*, § 118 Rn. 83).

VIII. Mitbestimmung in wirtschaftlichen Angelegenheiten

1. Wirtschaftsausschuss und wirtschaftliche Unterrichtungspflicht

169 Keine Anwendung finden die §§ 106 bis 110 (Abs. 1 Satz 2). Daher wird in einem Tendenzunternehmen **kein Wirtschaftsausschuss** gebildet, und es besteht auch **keine Verpflichtung des Unternehmers,** den Betriebsrat oder die Arbeitnehmer des Unternehmens über die **wirtschaftliche Lage und Entwicklung des Unternehmens zu unterrichten.** Zum **Lagebericht** nach § 43 Abs. 2 Satz 3 s. Rn. 14.

169a Dies wird sich vielleicht ändern. Bis zum 23. 3. 2005 muss der deutsche Gesetzgeber die **Richtlinie 2002/14/EG** vom 11. 3. 2002 zur Festlegung eines allgemeinen Rahmens für die Unterrichtung und Anhörung der Arbeitnehmer in der Europäischen Gemeinschaft umsetzen (ABl. L 80, S. 29). Ziel dieser Richtlinie ist – entsprechend ihrem Titel – die Festlegung von Mindestvorschriften für das Recht auf Unterrichtung und Anhörung der Arbeitnehmer von in der Gemeinschaft ansässigen Unternehmen oder Betrieben (Art. 1 Abs. 1 der Richtlinie). Erfasst werden je nach Entscheidung der Mitgliedstaaten Unternehmen mit mindestens 50 Arbeitnehmern in einem Mitgliedstaat oder Betriebe mit mindestens 20 Arbeitnehmern in einem Mitgliedstaat (Art. 3 Abs. 1 der Richtlinie). Unternehmen ist dabei jedes öffentliche oder private Unternehmen, das eine wirtschaftliche Tätigkeit ausübt, unabhängig davon, ob es einen Erwerbszweck verfolgt oder nicht, und das im Hoheitsgebiet eines Mitgliedstaates ansässig ist (Art. 2 lit. a der Richtlinie). Ausgeschlossen sind damit allein öffentliche Stellen, die hoheitliche Funktionen ausüben (s. *Reichold*, NZA 2003, 289).

169b Die Unterrichtung und Anhörung der Arbeitnehmer oder Arbeitnehmervertreter umfasst nach Art. 4 Abs. 2 die Unterrichtung über die jüngste Entwicklung und die wahrscheinliche Weiterentwicklung der Tätigkeit und der **wirtschaftlichen Situation** des Betriebes (lit. a); die Unterrichtung und Anhörung zur Beschäftigungssituation, Beschäftigungsstruktur und wahrscheinlicher Beschäftigungsentwicklung im Unternehmen oder Betrieb sowie zu ggf. geplanten antizipativen Maßnahmen, insbesondere bei einer Bedrohung für die Beschäftigung (lit. b); die Unterrichtung und Anhörung zur Entscheidung, die wesentliche Veränderungen der Arbeitsorganisation oder der Arbeitsverträge mit sich bringen können, einschließlich solcher, die Gegenstand der in Art. 9 Abs. 1 genannten Gemeinschaftsbestimmung sind (lit. c). Unterrichtung bedeutet danach die Übermittlung von Informationen durch den Arbeitgeber an die Arbeitnehmervertreter, um ihnen Gelegenheit zur Kenntnisnahme und Prüfung der behandelten Fragen zu geben (Art. 2 lit. f), Anhörung, die Durchführung eines Meinungsaustausches und eines Dialogs zwischen Arbeitnehmervertretern und Arbeitgeber (Art. 2 lit. g). Über den Umsetzungsbedarf des deutschen Gesetzgebers im Hinblick auf diese Richtlinie ist schon einiges geschrieben worden (s. *Bonin*, AuR 2004, 321; *Reichold*, NZA 2003, 289; *Giesen*, RdA 2001, 289; *Deinert*, NZA 1999, 800). Diesen Bedarf zu ermessen, ist insbesondere Art. 3 Abs. 2 der Richtlinie und der dort formulierte Tendenzschutz maßgeblich: „Die Mitgliedstaaten können – unter Einhaltung der in dieser Richtlinie festgelegten Grundsätze und Ziele – spezifische Bestimmungen für Unternehmen oder Betriebe vorsehen, die unmittelbar oder überwiegend politischen, koalitionspolitischen, konfessionellen, karitativen, erzieherischen, wissenschaftlichen oder künstlerischen Bestimmungen oder Zwecken der Berichterstattung oder Meinungsäußerung dienen, falls das innerstaatliche Recht Bestimmungen dieser Art zum Zeitpunkt des Inkrafttretens dieser Richtlinie bereits enthält". Diese Vorschrift – erkennbar dem deutschen Tendenzschutz nachgezeichnet – gibt den Tendenzbetrieben eine größere Freiheit des nationalen Gesetzgebers bei der Umsetzung. Bindend sind lediglich die Grundsätze und Ziele, nicht aber die einzelnen Mittel und Ausgestaltungen. Kommentierende Materialien des Gesetzgebungsverfahrens gerade zur Tendenzschutzklausel sind nicht ersichtlich. Es handelt sich hier um eine typische Kompromissformel, deren Ausdeutung *en détail* dunkel bleibt (s. auch *Bonin*, AuR 2004, 321, 322). Die Vorschrift steht in der Tradition einiger anderer Tendenzklauseln (s. Art. 4 Abs. 2 Richtlinie 2000/78/EG; Art. 8 Abs. 3 Richtlinie 94/45/EG. Da das Gebot zur europarechtskonformen Auslegung nach der Rechtsprechung nationaler Gerichte – nicht des EuGH (EuGH v. 8. 10. 1987 – Rs. 80/86, Slg. 1987, 3969, 3987) – erst nach Ablauf der Umsetzungsfrist eingreift (BGH v. 5. 2. 1998, NJW 1998, 2208), ändert sich bis zu einem eventuellen Tätigwerden des Gesetzgebers nichts. Ob dies im Hinblick auf Tendenzunternehmen erforderlich ist, ist zweifelhaft, aber wohl zu verneinen (s. auch *Reichold*, NZA 2003, 289). Zu Einrichtungen einer Religionsgemeinschaft s. Rn. 196 ff. Generell zur richtlinienkonformen Auslegung und ihren Grenzen s. *Thüsing*, ZIP 2004, 2301.

2. Beteiligungspflicht bei Betriebsänderungen

Bei Betriebsänderungen sind die **§§ 111 bis 113 nur insoweit anzuwenden,** als sie den **Ausgleich** oder die **Milderung wirtschaftlicher Nachteile für die Arbeitnehmer** regeln (Abs. 1 Satz 2). Daraus folgt dass die in § 111 statuierte Unterrichtungs- und Beratungspflicht auch für Tendenzunternehmen gilt (BAG 30. 3. 2004 AP BetrVG 1972 § 113 Nr. 47; ebenso *Fitting*, § 118 Rn. 46; GL-*Löwisch*, § 118 Rn. 51; HSWGNR-*Hess*, § 118 Rn. 54). Der Tendenzunternehmer muss den Betriebsrat über die beschlossene Betriebsänderung jedenfalls so informieren, dass dieser schon vor deren Durchführung sachangemessene Überlegungen zum Inhalt eines künftigen Sozialplans anstellen kann (BAG 18. 11. 2003 § 118 BetrVG 1972 § 118 Nr. 76). Dazu können auch Informationen über das Ob und wie der Betriebsänderung gehören (a. A. *Bauer*, FS Wißmann, 215, 218). 170

Nicht anwendbar ist dagegen § 112, soweit diese Bestimmung sich auf den **Interessenausgleich über die Betriebsänderung** bezieht. Der Unternehmer ist nicht verpflichtet, 171 einen Interessenausgleich mit dem Betriebsrat zu versuchen (ganz h. M. BAG 18. 11. 2003 § 118 BetrVG 1972 § 118 Nr. 76; ErfK-*Kania*, § 118 Rn. 18; *Fitting*, § 118 Rn. 47; *Matthes*, MünchArbR § 273 Rn. 3; a. A. vor allem *Grunsky*, FS Mallmann, S. 79, 84 f.; DKK-*Wedde*, § 118 Rn. 61). Da die Vorschrift aber insoweit gilt, als sie den Ausgleich oder die Milderung wirtschaftlicher Nachteile für die Arbeitnehmer infolge von Betriebsänderungen regelt, hat der Betriebsrat das **Mitbestimmungsrecht über die Aufstellung eines Sozialplans**, soweit sich aus § 112 a nichts anderes ergibt (vgl. BAG 17. 8. 1982 AP BetrVG 1972 § 111 Nr. 11). Ebenfalls anwendbar sind die Vorschriften, die sich auf den **besonderen Interessenausgleich** beziehen, also § 1 Abs. 5 KSchG (*Thüsing/Wege*, BB 2005, 213), § 125 InsO und § 323 Abs. 2 UmwG (ebenso, wenn der Unternehmer auf den Ausschluss des Interessenausgleichs verzichtet, ErfK-*Kania*, § 118 Rn. 18).

172   Keine Anwendung findet **§ 113**, weil dort auf den Interessenausgleich abgestellt wird (offengelassen für Abs. 1 und 2: BAG 27. 10. 1998 AP BetrVG 1972 § 118 Nr. 65). Das gilt auch für § 113 Abs. 3; denn der Unternehmer kann eine geplante Betriebsänderung durchführen, ohne über sie einen Interessenausgleich mit dem Betriebsrat versucht zu haben (ebenso *Bauer*, FS Wißmann, 215; GK-*Fabricius/Weber*, § 118 Rn. 152; GL-*Löwisch*, § 118 Rn. 53; HSWGNR-*Hess*, § 118 Rn. 55 a; *Matthes*, MünchArbR § 273 Rn. 3; *Menzel*, Rechte des Betriebsrats im Tendenzbetrieb, S. 116; *Wlotzke*, § 118 Rn. 172; HWK-*Hohenstatt-Dzida*, § 118 Rn. 30; **a. A.** BAG 18. 11. 2003 § 118 BetrVG 1972 § 118 Nr. 76; BAG 30. 3. 2004 AP BetrVG 1972 § 113 Nr. 47; BAG 27. 10. 1998 AP BetrVG 1972 § 118 Nr. 65; LAG Niedersachsen 29. 11. 2002, BB 2003, 1337; DKK-*Wedde*, § 118 Rn. 62; *Fitting*, § 118 Rn. 47; HaKo-BetrVG/*Lakies*, § 118 Rn. 23; *Mayer-Maly*, AR-Blattei: Tendenzbetrieb I, H II; *Kehrmann/Schneider*, BlStSozArbR 1972, 60, 64; *Kukat*, BB 1999, 688). Die abweichende Argumentation wird dem Wortlaut des § 118 Abs. 1 nicht gerecht, der sich in seinem Wortwahl allein auf den Sozialplan bezieht. Eine Schutzlücke für den Fall, dass der Arbeitgeber seine Unterrichtungs- und Beratungspflicht nicht erfüllt, entsteht auch bei Unanwendbarkeit des § 113 Abs. 3 nicht, denn der Betriebsrat kann einen Sozialplan auch ohne Erfüllung dieser Pflichten durchsetzen (ebenso *Bauer*, FS Wißmann, 215, 223). Das BAG entscheidet dennoch in ständiger Rspr., das in Tendenzbetrieben § 113 Abs. 3 jedenfalls insoweit anzuwenden ist, als die Vorschrift eine **Sanktion** für die Verletzung von Pflichten bietet, die dem Arbeitgeber im Hinblick auf das **Zustandekommen eines Sozialplans** auferlegt sind (BAG 18. 11. 2003 § 118 BetrVG 1972 § 118 Nr. 76). Da hört. die Rspr. jedoch auf: Zwar unterliegen auch Tendenzunternehmer der weitergehenden Beratungspflicht des § 17 Abs. 2 KSchG, Art. 2 Abs. 2, Abs. 3 Richtlinie 98/59 EG. Auch durch eine gemeinschaftsrechtskonforme Auslegung der § 18 Abs. 1 KSchG, § 118 Abs. 1 Satz 2 lässt sich aber ein Anspruch auf Nachteilsausgleich wegen Verletzung dieser Pflicht nicht begründen (BAG a. a. O.; s. hierzu auch *Schlachter*, FS Wißmann, 412).

172 a   Auch in einem Tendenzbetrieb besitzt der Betriebsrat keinen Unterlassungsanspruch zur Verhinderung des Ausspruchs betriebsbedingter Kündigungen im Rahmen einer geplanten Betriebsänderung (LAG Niedersachsen, 29. 11. 2002, BB 2003, 1337 [*Lipinsky*]; s. auch § 111 Rn. 5).

3. Arbeitnehmerbeteiligung im Aufsichtsrat

173, 174   Bei Tendenzunternehmen besteht **keine Beteiligung der Arbeitnehmer im Aufsichtsrat** (§ 1 Abs. 4 Satz 1 MitbestG und § 1 Abs. 2 Satz 1 Nr. 2 DrittelbG; s. auch Rn. 4). Die Voraussetzungen des § 1 Abs. 4 Satz 1 MitbestG und des § 1 Abs. 2 Satz 1 Nr. 2 DrittelbG entsprechen wörtlich Abs. 1 Satz 1. S. hierzu *Ulmer/Habersack/Henssler*, § 1 MitbestG Rn. 58 ff.).

IX. Mitwirkungs- und Beschwerderecht des Arbeitnehmers

1. Betriebsverfassungsrechtliche Individualrechte des Arbeitnehmers

Die in §§ 81 bis 83 geschaffenen Individualrechte des Arbeitnehmers sind rechtsdogmatisch Rechte aus dem Arbeitsverhältnis. Sie bestehen auch in einem Tendenzunternehmen (ebenso GL-*Löwisch*, § 118 Rn. 84; *Mayer-Maly*, AR-Blattei: Tendenzbetrieb I, H III 4; *ders.*, AfP 1972, 194, 199). Auch Tendenzträger haben die hier genannten Unterrichtungs-, Anhörungs- und Erörterungsrechte. Es besteht für sie auch der Anspruch auf Einsicht in die Personalakten; denn durch das Einsichtsrecht wird die Tendenzautonomie nicht behindert (ebenso GL-*Löwisch*, § 118 Rn. 84; a. A. *Mayer-Maly*, AR-Blattei: Tendenzbetrieb I, H III 4).

175

2. Beschwerderecht des Arbeitnehmers

Arbeitnehmer eines Tendenzunternehmens haben das Beschwerderecht nach §§ 84, 85. Jedoch erfährt das in § 85 geregelte kollektive Beschwerdeverfahren über den Betriebsrat insoweit eine Einschränkung, als dieser nicht die Einigungsstelle anrufen kann, um einen verbindlichen Spruch herbeizuführen. Gegenstand der Beschwerde darf nämlich in diesem Fall kein Rechtsanspruch sein, so dass es sich nur um Angelegenheiten handeln kann, bei denen eine Rolle spielt, wie der Unternehmer die geistig-ideelle Zielsetzung seines Unternehmens in der Betriebsgestaltung verwirklicht. Bei einem verbindlichen Spruch der Einigungsstelle wäre damit ein fremdbestimmter Einfluss auf die Festlegung und Verwirklichung der Tendenz des Unternehmens eröffnet; damit steht aber dem verbindlichen Einigungsverfahren die Eigenart des Unternehmens entgegen (ebenso GL-*Löwisch*, § 118 Rn. 84; *Mayer-Maly*, AR-Blattei: Tendenzbetrieb I, H III 4).

176

X. Betriebsinhaberwechsel

Beim Betriebsinhaberwechsel spielt für die Anwendung des § 613a BGB keine Rolle, ob es sich um ein Tendenzunternehmen handelt. § 613a BGB fällt nicht unter die Relativklausel; denn er ist zwar durch § 122 BetrVG 1972 in das BGB eingefügt worden, ist aber nicht eine betriebsverfassungsrechtliche, sondern eine bürgerlich-rechtliche Bestimmung (ebenso BAG 7. 11. 1975 AP BetrVG 1972 § 99 Nr. 3 [zust. *Kraft/Geppert*]; GL-*Löwisch*, § 118 Rn. 85; *Neumann-Duesberg*, NJW 1973, 268; a. A. *Mayer-Maly*, AR-Blattei: Tendenzbetrieb I, H III 6; *ders.*, BB 1973, 761, 769).

177

XI. Beteiligung am Europäischen Betriebsrat

Auf Tendenzunternehmen und herrschende Unternehmen von Unternehmensgruppen, die unmittelbar und überwiegend den in Abs. 1 Satz 1 Nr. 1 und 2 genannten Bestimmungen oder Zwecken dienen, finden nur § 32 Abs. 2 Nr. 5 bis 10 und § 31 EBRG Anwendung mit der Maßgabe, dass eine Unterrichtung und Anhörung allein über den Ausgleich oder die Milderung der wirtschaftlichen Nachteile erfolgen muss, die den Arbeitnehmern infolge der Unternehmens- oder Betriebsänderungen entstehen (§ 34 EBRG).

178

XII. Streitigkeiten

Streitigkeiten darüber, ob die Tendenzautonomie der Anwendung einer Vorschrift dieses Gesetzes entgegensteht, entscheidet das Arbeitsgericht im Beschlussverfahren

179

(§ 2a Abs. 1 Nr. 1, Abs. 2 i. V. mit §§ 80 ff. ArbGG). Die Beschränkung einer Beteiligung des Betriebsrats kann aber auch als Vorfrage in einem anderen Rechtsstreit beantwortet werden, z. B. wenn zweifelhaft ist, ob eine Kündigung wirksam ist oder der Arbeitgeber zur Weiterbeschäftigung verpflichtet ist (vgl. BAG 22. 4. 1975 und 7. 11. 1975 AP BetrVG 1972 § 118 Nr. 2 und 4).

180 Eine abstrakte Entscheidung, ob es sich um ein Tendenzunternehmen i. S. des Gesetzes handelt, ist ausgeschlossen; es kann immer nur die Entscheidung darüber, ob ein Wirtschaftsausschuss gebildet werden muss oder ob der Betriebsrat in einer bestimmten Angelegenheit ein Mitwirkungs- oder Mitbestimmungsrecht hat, verlangt werden (vgl. BAG 13. 7. 1955 AP BetrVG § 81 Nr. 2).

D. Kirchenautonomie und gesetzliche Betriebsverfassung

I. Kircheneigene Regelung der Betriebsverfassung als Teil des Selbstbestimmungsrechts einer Religionsgemeinschaft

1. Ausklammerung aus der Geltung staatlicher Gesetze über die Betriebsverfassung, Personalvertretung und Mitbestimmung

181 Nach Abs. 2 findet das BetrVG keine Anwendung auf Religionsgemeinschaften und ihre karitativen und erzieherischen Einrichtungen unbeschadet deren Rechtsform. Dieselbe Bestimmung enthält für das Sprecherausschussgesetz § 1 Abs. 3 Nr. 2 SprAuG. Ebenfalls keine Anwendung finden auf Grund ausdrücklicher Bestimmung die Gesetze über die Personalvertretung (§ 112 BPersVG) und die Mitbestimmung in Kapitalgesellschaften und Genossenschaften (§ 1 Abs. 4 Satz 2 MitbestG, § 1 Abs. 2 Satz 2 DrittelbG).

2. Entstehungsgeschichte der Bereichsausklammerung

182 a) Die Vorschrift entspricht **unverändert dem ehemaligen § 81 Abs. 2 BetrVG 1952**. Das BRG 1920 hatte noch keine ausdrückliche Ausklammerung aus seinem Geltungsbereich vorgesehen (vgl. *Richardi*, Arbeitsrecht in der Kirche, S. 227 ff.). Auch der RegE des BetrVG 1952 vom 31. 10. 1950 enthielt noch nicht diese Bestimmung (vgl. § 98 Abs. 1 RegE, BT-Drucks. Nr. 1546, S. 32; abgedruckt in RdA 1950, 349). Der BT-Ausschuss für Arbeit, der sie in das Gesetz eingefügt hat, ist nicht dem Vorschlag der Opposition gefolgt, die Herausnahme auf die seelsorgerischen Einrichtungen der Religionsgemeinschaften zu beschränken und die karitativen und erzieherischen Einrichtungen lediglich als Tendenzbetrieb zu behandeln; er war der Ansicht, „dass die gewählte Fassung zweckmäßig und der Eigenart dieser Betriebe und Einrichtungen angemessen sei, nicht zuletzt im Hinblick auf die Tatsache, dass diese Stellen selbst in der sowjetischen Besatzungszone nicht unter das dortige Betriebsverfassungsrecht fallen, da man ihnen eine gewisse Autonomie eingeräumt habe"; man müsse daher verhindern, dass sich wegen der Einbeziehung in die gesetzliche Betriebsverfassung „die Lage der kirchlichen Einrichtungen in der Ostzone verschlechtere" (BT-Drucks. Nr. 3585, S. 18; abgedruckt in RdA 1952, 295 f.).

183 Mit dieser Bemerkung sind die Gründe, die zur Aufnahme des § 81 Abs. 2 in das BetrVG 1952 geführt hatten, nur unvollständig wiedergegeben. Maßgebend war vielmehr, dass die Kirchen in der Regelung des RegE eine Beschränkung der Kirchenautonomie sahen (vgl. *Richardi*, a. a. O., S. 203 ff.). In einem nicht veröffentlichten Rechtsgutachten des Kirchenrechtlichen Instituts der EKD vom 18. 9. 1951 kam *Smend* zu dem Ergebnis: „Die vom Bund zu erlassenden Betriebsverfassungsgesetze sind kein allgemeines Gesetz i. S. des Art. 137 Abs. 3 WRV. Jedoch sind die Kirchen als verpflichtet

D. Kirchenautonomie und gesetzliche Betriebsverfassung   § 118

anzusehen, kirchengesetzlich eine Regelung des Rechts ihrer Arbeitnehmer auf Beteiligung und Mitbestimmung in den Betrieben und Verwaltungen zu schaffen."

b) Der **Referentenentwurf zum BetrVG 1972** hatte die bisherige Regelung lediglich als 184
Alternative vorgeschlagen und neben ihr für § 119 Abs. 2 die folgende Fassung vorgesehen: „Dieses Gesetz findet keine Anwendung auf Religionsgemeinschaften" (abgedruckt in RdA 1970, 368). Bereits der **RegE** hielt aber an der **bisherigen Regelung** fest (BT-Drucks. VI/1786, S. 27). Bestrebungen, den Absatz ersatzlos zu streichen (so die Forderung des Vertreters der Gewerkschaft ÖTV *Schlosser*, Anhörung des BT-Ausschusses für Arbeit und Sozialordnung, Deutscher Bundestag, 6. Wahlperiode, Ausschuss für Arbeit und Sozialordnung, Protokolle Nr. 57 und 58, S. 40) oder die Erstreckung auf die karitativen und erzieherischen Einrichtungen zu beseitigen (so die Forderung des Vertreters der Gewerkschaft ÖTV *Stein*, a. a. O., S. 39), hatten keinen Erfolg. Sie berücksichtigen nicht die Verfassungsgarantie des Selbstbestimmungsrechts, die auch die karitativen und erzieherischen Einrichtungen einbezieht (Art. 140 GG i. V. mit Art. 137 Abs. 3 WRV).

3. Verfassungsbezug der gesetzlichen Bereichsausklammerung

a) Die Bereichsausklammerung auf Grund ausdrücklicher Gesetzesbestimmung be- 185
ruht auf der staatskirchenrechtlichen Ordnung des Grundgesetzes. Durch sie entspricht
der Gesetzgeber dem **Grundrecht der freien Religionsausübung** (Art. 4 Abs. 2 GG) und
der durch Art. 140 GG rezipierten **Gewährleistung des Art. 137 Abs. 3 WRV**, dass **jede
Religionsgesellschaft ihre Angelegenheiten selbständig innerhalb der Schranken des für
alle geltenden Gesetzes ordnet** und verwaltet sowie ihre Ämter ohne Mitwirkung des
Staates oder der bürgerlichen Gemeinde verleiht (grundlegend BVerfG 11. 10. 1977
E 46, 73 = AP GG Art. 140 Nr. 1). Den Kirchen ist deshalb die Gestaltung ihrer
Mitbestimmungsordnung als Teil des Selbstbestimmungsrechts verfassungsrechtlich garantiert. Sie bestimmen als *eigene Angelegenheit* i. S. des Art. 137 Abs. 3 WRV, „ob und
in welcher Weise die Arbeitnehmer und ihre Vertretungsorgane in Angelegenheiten des
Betriebs, die ihre Interessen berühren, mitwirken und mitbestimmen" (BVerfGE 46, 73,
94; ebenso BAG 11. 3. 1986 und 25. 4. 1989 AP GG Art. 140 Nr. 25 und 34).

b) Die Verfassungsgarantie beschränkt sich nicht auf die **verfasste Kirche**, sondern 186
bezieht auch die **rechtlich verselbständigten karitativen und erzieherischen Einrichtungen**
ein, wie das BVerfG im Fall Goch für die Betriebsverfassung ausdrücklich klargestellt
hat: „Nach Art. 137 Abs. 3 WRV sind nicht nur organisierte Kirche und die rechtlich
selbständigen Teile dieser Organisation, sondern alle der Kirche in bestimmter Weise
zugeordneten Einrichtungen ohne Rücksicht auf ihre Rechtsform Objekte, bei deren
Ordnung und Verwaltung die Kirche grundsätzlich frei ist, wenn sie nach kirchlichem
Selbstverständnis ihrem Zweck oder ihrer Aufgabe entsprechend berufen sind, ein Stück
Auftrag der Kirche in dieser Welt wahrzunehmen und zu erfüllen" (BVerfG 11. 10. 1977
E 46, 73, 85 = AP GG Art. 140 Nr. 1). Nach dem Selbstverständnis der evangelischen
und katholischen Kirche beschränkt die Religionsausübung sich nicht nur auf den
Bereich des Glaubens und des Gottesdienstes, sondern sie umfasst auch die Freiheit zur
Entfaltung und Wirksamkeit in der Welt, wie es ihrem missionarisch-diakonischen
Auftrag entspricht. Hierzu gehört insbesondere das karitative Wirken (ebenso BVerfGE
46, 73, 92 f.; weiterhin BVerfG 21. 9. 1976, 25. 3. 1980 und 4. 6. 1985 E 42, 312,
334 f., E 53, 366, 393 und E 70, 138, 163 = AP GG Art. 140 Nr. 5, 6 und 24). Ein
weiterer Schwerpunkt liegt im erzieherischen Bereich (vgl. BAG 23. 3. 1984 AP GG
Art. 140 Nr. 16; insoweit bestätigt durch BVerfGE 70, 138, 163). Eine rechtlich verselbständigte Einrichtung muss jedoch der Kirche so zugeordnet sein, „dass sie teilhat an
der Verwirklichung eines Stücks Auftrag der Kirche im Geist christlicher Religiosität, im
Einklang mit dem Bekenntnis der christlichen Kirche und in Verbindung mit den Amtsträgern der Kirche" (BVerfGE 53, 366, 392; ebenso bereits BVerfGE 46, 73, 87; vgl.

Thüsing

auch BAG 24. 7. 1991 AP BetrVG 1972 § 118 Nr. 48). Es bedarf einer institutionellen Verbindung zwischen der Kirche und der Einrichtung, auf Grund derer die Kirche über ein Mindestmaß an Einflussmöglichkeiten verfügt, um auf Dauer eine Übereinstimmung der religiösen Betätigung der Einrichtung mit ihren Vorstellungen gewährleisten zu können (siehe BAG 5. 12. 2007 AP BetrVG 1972 § 118 Nr. 82).

187 c) Die Verfassungsgarantie des kirchlichen Selbstbestimmungsrechts gewährleistet zugleich die **Freiheit der Kirche im Staat**. Dazu gehört, dass die Kirche sich auch der **Organisationsformen des staatlichen Rechts** bedienen kann, um ihren Auftrag in der Welt zu erfüllen, ohne dass dadurch die Zugehörigkeit zur Kirche aufgehoben wird (ebenso BVerfG 25. 3. 1980 und 4. 6. 1985 E 53, 366, 392 und 70, 138, 165 = AP GG Art. 140 Nr. 6 und 24; vgl. im Einzelnen *Richardi*, MünchArbR § 327 Rn. 25 ff.).

188 Mit der **Verfassungsgarantie des Selbstbestimmungsrechts** wäre es deshalb **unvereinbar**, den rechtlich verselbständigten Einrichtungen, die eine kirchliche Grundfunktion im karitativen und erzieherischen Bereich erfüllen, **nur** den **Status eines Tendenzunternehmens in der Betriebsverfassung** einzuräumen. Für sie besteht nicht bloß eine Tendenzautonomie, zu deren Sicherung ein Tendenzschutz innerhalb der staatlich geordneten Betriebsverfassung genügt, sondern die Gestaltung ihrer Mitbestimmungsordnung ist den Kirchen durch Art. 137 Abs. 3 WRV als eigene Angelegenheit gewährleistet (vgl. BVerfG 11. 10. 1977 E 46, 73, 94 = AP GG Art. 140 Nr. 1).

188a d) Das **Europarecht** wird hieran wohl nichts ändern. Bis zum 23. 3. 2005 musste der deutsche Gesetzgeber die Richtlinie 2002/14/EG vom 11. 3. 2000 zur Festlegung eines allgemeinen Rahmens für die Unterrichtung und Anhörung der Arbeitnehmer in der Europäischen Gemeinschaft umsetzen (s. Rn. 169a). In der Analyse dieser Verpflichtung wird der spezifisch kirchliche Bereich zumeist nur gestreift, aber auch hier wird Umsetzungsbedarf angemahnt (s. *Weiss*, NZA 2003, S. 177; *Reichold*, NZA 2003, S. 289). Ausgangspunkt ist insbesondere Art. 3 Abs. 2 der Richtlinie und der dort formulierte Tendenzschutz (zum Wortlaut s. Rn. 169b). Einige wesentliche Eckpunkte lassen sich festmachen, die einen Umsetzungsbedarf letztlich doch ausschließen:

188b – Zum einen müssen kirchliche Einrichtungen als Unternehmen oder Betriebe i. S. d. Art. 3 Abs. 2 verstanden werden. Wenn Art. 3 Abs. 2 den Tendenzbetrieben, die nach § 118 Abs. 1 nur teilweise vom Betriebsverfassungsgesetz freigestellt werden, eine größere Gestaltungsmöglichkeit eröffnen will, muss dies *erst recht* für den kirchlichen Dienst gelten, der gemäß § 118 Abs. 2 gänzlich vom Anwendungsbereich des BetrVG ausgenommen ist (ebenso *Reichold*, NZA 2003, S. 289). Dafür spricht nicht zuletzt eine primärrechtskonforme Auslegung des europäischen Sekundärrechts (vgl. zu diesem Gebot EuGH, Slg. 1983, S. 4063 ff.; dazu auch *Oppermann*, Europarecht, Rn. 688). Die Europäische Union hat in ihrer Erklärung Nr. 11 zum Vertrag von Amsterdam ausdrücklich anerkannt, dass sie den Status, den Kirchen und religiöse Vereinigungen oder Gemeinschaft in den Mitgliedstaaten nach deren Rechtsvorschriften achtet und ihn nicht beeinträchtigt (jetzt Art. 51 im gescheiterten Entwurf einer EU-Verfassung). Eben um eine solche Beeinträchtigung zu verhindern, muss der kirchliche Dienst von Art. 3 Abs. 2 der Richtlinie 2002/14/EG erfasst sein.

188c – Auch das in Art. 3 Abs. 2 der Richtlinie formulierte **Erfordernis spezifischer Bestimmungen** für Unternehmen oder Betriebe zum Zeitpunkt des Inkrafttretens der Richtlinie ist für den kirchlichen Dienst erfüllt. Die Herausnahme des kirchlichen Dienstes durch § 118 Abs. 2 ist eine spezifische Bestimmung in diesem Sinne. Nicht erforderlich ist die Beibehaltung des *status quo*, denn soweit einmal spezifische Bestimmungen vorliegen, können diese auch in der weiteren Entwicklung angepasst und modifiziert werden: Ist einmal ein Freiraum geschaffen worden, kann dieser nach dem Wortlaut und Zweck der Norm auch in Zukunft eigenständig genutzt werden. Einzuhalten sind allein die in der Richtlinie festgelegten Grundsätze und Ziele.

– Die wohl am schwierigsten zu beantwortende Frage ist, wie weit die Bindung eben **188 d**
dieser **Grundsätze und Ziele** reicht. Art. 1 Abs. 1 liefert drei Ziele und Grundsätze:
Die Unterrichtung und Anhörung der Arbeitnehmer, die Wirksamkeit der Mitwirkung
und einen Geist der Zusammenarbeit. Das wirkt einer uferlosen Ausdehnung des
Tendenzschutzes entgegen. Die einzelnen Grenzen werden vielleicht nicht zu ermitteln
sein, denn die Katholische Kirche hat im Mai 2003 einen § 27a in die **Rahmen-
MAVO** eingefügt, in dem ein Informationsrecht in wirtschaftlichen Angelegenheiten
geschaffen wird. In der Begründung zum Entwurf der Änderung wird ausdrücklich
darauf hingewiesen, dass die Mitarbeitervertretung Anregungen geben kann; die
Informationen, die nach § 27a Abs. 2 MAVO darzulegen sind, entsprechen den
Vorgaben der Richtlinie. Fraglicher erscheint es, ob die im November 2002 neugeschaffene Regelung des § 34 Abs. 2 **MVG-EKD** diesen Vorgaben genügt. Auch hier
ist eine Information in wirtschaftlichen Angelegenheiten geschaffen worden, jedoch
allein beschränkt auf den Bereich der diakonischen Einrichtungen und Einrichtungen mit mehr als 150 Arbeitnehmern. Ob diese Schwellenwerte auch den Modifikationen des Art. 3 Abs. 2 Richtlinie 2002/14/EG unterfallen, ist schwieriger zu sagen. Da
auch für kleinere Einheiten keine direkte Information gegenüber den Mitarbeitern der
Einrichtung vorgesehen ist, dürfte hier Konfliktpotential für die Zukunft bestehen.
Die weitere Entwicklung bleibt abzuwarten.

II. Ausklammerung der Religionsgemeinschaften und ihrer karitativen und erzieherischen Einrichtungen aus dem Geltungsbereich des BetrVG

1. Begriff der Religionsgemeinschaft

a) Der Begriff der Religionsgemeinschaft wird im Gesetz nicht definiert. Er ist aber in **189**
dem gleichen Sinn zu verstehen wie der **Begriff der Religionsgesellschaft in Art. 137
WRV** (ebenso BAG 6. 12. 1977 AP BetrVG 1972 § 118 Nr. 10; GK-*Fabricius/Weber*,
§ 118 Rn. 218; GL-*Löwisch*, § 118 Rn. 87; HSWGNR-*Hess*, § 118 Rn. 68; *Weiss/
Weyand*, § 118 Rn. 52; offen gelassen noch BAG 21. 6. 1975 AP BetrVG 1972 § 118
Nr. 6; aufgehoben durch BVerfG 11. 10. 1977 E 46, 73 = AP GG Art. 140 Nr. 1). Es gilt
hier Gleiches wie für Art. 7 Abs. 3 Satz 2 GG, wo ebenfalls von Religionsgemeinschaften die Rede ist (vgl. auch *Obermayer*, Bonner Kommentar [Zweitbearbeitung], Art. 140
GG Rn. 36; *Jurina*, HdbStKirchR, 2. Aufl. 1994, Bd. I S. 690). Nicht zutreffend ist
deshalb die Meinung, dass hier der Begriff der Religionsgemeinschaften weiter sei als der
der Religionsgesellschaften (so aber *E. Frey*, Tendenzschutz, S. 76 und AuR 1972, 161,
167; vgl. auch BAG 19. 12. 1969 AP BetrVG § 81 Nr. 12, wenn dort festgestellt wird,
dass unter den Begriff der Religionsgemeinschaften nicht nur die eigentlichen Religionsgesellschaften, sondern auch deren ausgegliederte selbständige Teile wie die religiösen
Orden und die Säkularinstitute der katholischen Kirche fallen; dazu die Kritik von
Mayer-Maly, Anm. zu AP BetrVG § 81 Nr. 12; s. auch Rn. 196).

Der Begriff der „Religionsgemeinschaft" ist wie der Begriff der „Religionsgesell- **190**
schaft" ein **Begriff des deutschen Staatskirchenrechts**, der nach Auflösung der einen
Kirche in die verschiedenen Bekenntnisse und ihre Umdeutung in „Gesellschaften" die
christlichen und jüdischen Konfessionsgemeinschaften bezeichnete. Für die Begriffsbestimmung maßgebend ist aber die grundrechtliche Gewährleistung der Glaubensfrei-
heit in Art. 4 Abs. 1 und 2 GG (vgl. BVerfG 5. 2. 1991 E 83, 341, 354). Der Begriff der
Religionsgemeinschaft erfasst deshalb auch nichtchristliche Religionen. Zu seinem Kern
zählt aber der „Glauben" an ein außermenschliches Sein oder eine außermenschliche
Kraft. Der Begriff der Religionsgesellschaft weist außerdem darauf hin, dass ein Zusammenschluss auf dem Boden der staatlichen Rechtsordnung gemeint ist, wobei unerheblich ist, ob die Vereinigung sich insoweit der Organisationsformen des staatlichen Rechts

bedient oder eigene Rechtsformen entwickelt (vgl. BVerfGE 83, 341, 355 f.). Der Unterschied spielt nur insoweit eine Rolle, als Religionsgesellschaften, die nicht als Körperschaften des öffentlichen Rechts Anerkennung finden (Art. 140 GG i. V. mit Art. 137 Abs. 5 WRV), nur einen privatrechtlichen Rechtsstatus haben (vgl. zu diesen Religionsgemeinschaften *Jurina*, HdbStKirchR, 2. Aufl. 1994, Bd. I S. 689 ff.).

191 Ob es sich um eine Religionsgemeinschaft handelt, haben die staatlichen Gerichte zu entscheiden (vgl. BAG 22. 3. 1995 AP ArbGG 1979 § 5 Nr. 21). Sie üben insoweit aber keine freie Bestimmungsmacht aus, sondern haben das grundrechtliche Verständnis der Religionsfreiheit zugrunde zu legen. Dienen die religiösen Lehren nur als Vorwand für die Verfolgung wirtschaftlicher Ziele, kann von einer Religionsgemeinschaft nicht mehr gesprochen werden, z. B. bei der sog. Scientology Kirche (so BAG 22. 3. 1995 AP ArbGG 1979 § 5 Nr. 21; s. hierzu *Thüsing*, ZevKR 2000, S. 592).

192 b) Folgt man dem Wortlaut des Gesetzes, so spielt für das BetrVG keine Rolle, ob die Religionsgemeinschaften **Körperschaften des öffentlichen Rechts** sind oder privatrechtlich organisiert sind. Nach Art. 140 GG i. V. mit Art. 137 Abs. 5 WRV bleiben Religionsgesellschaften Körperschaften des öffentlichen Rechts, soweit sie solche bisher waren; anderen Religionsgesellschaften sind auf ihren Antrag gleiche Rechte zu gewähren, wenn sie durch ihre Verfassung und die Zahl ihrer Mitglieder die Gewähr der Dauer bieten. Schließen sich mehrere öffentlich-rechtliche Religionsgesellschaften zu einem Verband zusammen, so ist auch dieser Verband eine öffentlich-rechtliche Körperschaft.

193 Körperschaften des öffentlichen Rechts sind für den Bereich der römisch-katholischen Kirche die **Bistümer** (Erzdiözesen und Diözesen) und der Verband der Diözesen Deutschlands (vgl. Art. 137 Abs. 5 Satz 3 WRV), nicht dagegen die Kirche als Weltkirche, weil diese für den Staat nicht als staatskirchenrechtliches, sondern als völkerrechtliches Rechtssubjekt in Betracht kommt. Körperschaften des öffentlichen Rechts sind weiterhin die **evangelischen Landeskirchen,** ihre Zusammenschlüsse in der Evangelischen Kirche in Deutschland (EKD), der Evangelischen Kirche der Union (EKU) und der Vereinigten Evangelisch-Lutherischen Kirche Deutschlands (VELKD) sowie die evangelischen Freikirchen, die jüdischen Kultusgemeinden und der Zentralrat der Juden in Deutschland. Die Rechtsform einer Körperschaft des öffentlichen Rechts haben auch die Niederlassungen der Orden und religiösen Kongregationen nach Art. 182 der Bayerischen Verfassung i. V. mit Art. 2 Abs. 2 Satz 1 des Konkordats zwischen dem Heiligen Stuhl und dem Freistaat Bayern vom 29. 3. 1924 (BayBS II S. 639; vgl. BAG 30. 7. 1987 AP BetrVG 1972 § 130 Nr. 3); eine vollständige Liste findet sich bei *Kirchhof*, in: *Listl/ Pirson*, Handbuch des Staatskirchenrecht der Bundesrepublik Deutschland, 2. Aufl., Bd. I, S. 678 f.

194 Soweit eine Religionsgemeinschaft Körperschaft des öffentlichen Rechts ist, findet das BetrVG schon **gemäß § 130 keine Anwendung** (vgl. BAG 30. 7. 1987 AP BetrVG 1972 § 130 Nr. 3). Diese Bestimmung dient zwar primär dazu, den Geltungsbereich des BetrVG gegenüber dem der Personalvertretungsgesetze des Bundes und der Länder abzugrenzen; sie ist aber auch hier einschlägig, obwohl durch die Anerkennung als Körperschaft des öffentlichen Rechts keine Einordnung in den organisatorisch gestuften Staatsaufbau erfolgt. Die Ausklammerung des § 118 Abs. 2 betrifft daher nicht primär die verfasste Kirche, die öffentlich-rechtlich organisiert ist und auf die deshalb ohnehin das BetrVG keine Anwendung findet. Aber auch das Personalvertretungsrecht gilt nicht, wie § 112 BPersVG nicht nur für die Bundesregelung, sondern auch für die Landespersonalvertretungsgesetze klarstellt.

195 Betreibt ein **Orden**, der wie in **Bayern Körperschaft des öffentlichen Rechts** sein kann (s. Rn. 193), nicht als rechtlich verselbständigtes Unternehmen, sondern als Eigenbetrieb eine Brauerei, so findet auf sie das BetrVG nach § 130 keine Anwendung (so zutreffend BAG 30. 7. 1987 AP BetrVG 1972 § 130 Nr. 3 [Klosterbrauerei Andechs]; hierzu auch LAG München 30. 10. 1985, NZA 1986, 540 = LAGE Nr. 1 zu § 130 BetrVG 1972).

Dort ist dann allerdings ein Personalrat zu wählen (BayVG München 22. 7. 1988, PersR 1989, S. 235).

2. Karitative und erzieherische Einrichtungen einer Religionsgemeinschaft

a) Da die verfasste Kirche (missverständlich auch als Amtskirche bezeichnet) öffentlich-rechtlich organisiert ist und deshalb auf sie das BetrVG ohnehin keine Anwendung findet, betrifft die Bereichsausklammerung des Abs. 2 neben den **privatrechtlich organisierten Religionsgemeinschaften** vor allem die in privatrechtlicher Form verselbständigten **karitativen und erzieherischen Einrichtungen der Kirchen** (ebenso BAG 30. 7. 1987 AP BetrVG 1972 § 130 Nr. 3). Erfasst werden insbesondere auch die Niederlassungen der **Orden**, soweit sie nicht ausnahmsweise eine Körperschaft des öffentlichen Rechts sind (s. Rn. 193). Gleiches gilt für die **Säkularinstitute** der römisch-katholischen Kirche (ebenso BAG 19. 12. 1969, AP BetrVG § 81 Nr. 12); denn die Säkularinstitute sind kirchenrechtlich so klar abgegrenzt, dass sie Wesens- und Lebensäußerung der katholischen Kirche sind (vgl. can. 710 ff. CIC). 196

b) Nach ausdrücklicher Klarstellung im Gesetzestext ist es für die **karitativen und erzieherischen Einrichtungen** einer Religionsgemeinschaft **unerheblich, welche Rechtsform** sie haben. Die Bereichsausnahme hat deshalb vor allem dort ihre selbständige Bedeutung, wo eine Distanz zur verfassten Kirche vorgegeben ist. Der Gesetzgeber zieht damit die Konsequenz aus der Verfassungsgarantie des Selbstbestimmungsrechts, die den Religionsgesellschaften gestattet, sich wie jedermann der Privatautonomie zu bedienen, um in den Organisationsformen des staatlichen Rechts ihren Auftrag zu erfüllen, ohne dass dadurch die Zugehörigkeit zu den eigenen Angelegenheiten der Religionsgesellschaft aufgehoben wird (s. Rn. 187). Für die Interpretation ist deshalb zu beachten, dass es der Verfassungsgarantie widerspräche, die Erfassung der rechtlich verselbständigten karitativen und erzieherischen Einrichtungen in Abs. 2 zu streichen, um sie auf den Status eines Tendenzunternehmens i. S. des Abs. 1 zu beschränken (s. Rn. 188; vgl. die Aufhebung von BAG 21. 11. 1975 AP BetrVG 1972 § 118 Nr. 6 durch BVerfG 11. 10. 1977 E 46, 73 = AP GG Art. 140 Nr. 1, obwohl dem BAG eine eingeschränkte Anwendung des BetrVG gemäß Abs. 1 nicht zweifelhaft erschien; es hat damit aber gleichwohl die Verfassungsgarantie des Selbstbestimmungsrechts verletzt). 197

c) Die Nichtgeltung des BetrVG sichert die **arbeitsrechtliche Regelungsautonomie der Religionsgesellschaft,** auch soweit es sich um rechtlich verselbständigte Einrichtungen handelt. Das Selbstbestimmungsrecht ist nämlich ein Recht der *Religionsgesellschaft*, nicht der von ihr geschaffenen, unterhaltenen oder anerkannten Einrichtungen. Das Selbstbestimmungsrecht haben die Kirchen zwar auch im Bezug auf ihre Einrichtungen, nicht aber diese gegenüber ihrer Kirche; denn die Verfassungsgarantie des Selbstbestimmungsrechts ist zwar jeder Religionsgesellschaft eingeräumt, aber auch nur ihr und nicht ihren Einrichtungen. Diese haben vielmehr nur teil an dem der Religionsgesellschaft gegenüber dem Staat verfassungsrechtlich garantierten Selbstbestimmungsrecht. 198

Bei rechtlich verselbständigten Einrichtungen ergeben sich daraus die folgenden **Zuordnungskriterien,** um die karitative oder erzieherische Einrichtung einer Religionsgemeinschaft von den in Abs. 1 Satz 1 genannten Tendenzunternehmen abzugrenzen: Die Einrichtung muss mit ihrer karitativen oder erzieherischen Zweckbestimmung einen Auftrag der Religionsgemeinschaft erfüllen. Für die christlichen Kirchen gehören die Verkündigung und die tätige Nächstenliebe zum Sendungsauftrag. Karitative und erzieherische Einrichtungen erfüllen deshalb eine kirchliche Grundfunktion, wenn sie in Übereinstimmung mit der kirchlichen Lehre geführt werden. Wie das BVerfG im Fall Goch für die **katholische Kirche** festgestellt hat, muss eine karitative Einrichtung der Kirche so zugeordnet sein, dass sie teilhat „an der Verwirklichung eines Stückes Auftrag der Kirche im Geist katholischer Religiosität, **im Einklang mit dem Bekenntnis der katholischen Kirche und in Verbindung mit den Amtsträgern der katholischen Kirche"** 199

(BVerfG 11. 10. 1977 E 46, 73, 87 = AP GG Art. 140 Nr. 1). Dem Staatskirchenrecht entspricht, was das Kirchenrecht verlangt: Keine Einrichtung darf sich ohne Zustimmung der zuständigen katholischen Autorität „katholisch" nennen (vgl. can. 216, 300, 803 § 3, 808 CIC). Was für die katholische Kirche gilt, ist entsprechend auf **Einrichtungen der evangelischen Kirche** anzuwenden. Auch sie müssen den kirchlichen Auftrag „in Verbindung mit den Amtsträgern der Kirche" erfüllen (BAG 24. 7. 1991 AP BetrVG 1972 § 118 Nr. 48).

200 d) Trotz dieser deutlichen Vorgaben des BVerfG ist im Einzelnen strittig, welchen **Einfluss die Religionsgemeinschaft auf die Einrichtung** haben muss, damit sie als ihre betrachtet werden kann (s. *Beckers*, ZTR 2000, 63; *Weth/Wern*, NZA 1999, 118; *Hanau/Thüsing*, KuR 2001, 165, 176). Während die Rechtsprechung früher zur Feststellung einer hinreichenden Zuordnung zu Religionsgemeinschaften darauf abstellte, ob die Einrichtung unter Verwaltung und Aufsicht kirchlicher Organe steht (BAG 21. 1. 1975 AP BetrVG 1972 § 118 Nr. 6), ließ eine spätere Entscheidung es genügen, dass die Gemeinschaft nach ihrem Selbstverständnis die Einrichtung als ihre begreift (BAG 6. 12. 1977 AP BetrVG 1972 § 118 Nr. 10 [Volmarstein]). Seit einer vielbeachteten Entscheidung von 1988 stellt die Rechtsprechung zu Recht zusätzlich darauf ab, ob ein „ordnender und verwaltender Einfluss" der Kirche gegeben ist. Der aber muss sich nicht aus einer kirchlichen Eigentümerstellung oder satzungsmäßiger Absicherung der kirchlichen Entscheidungsrechte ergeben (BAG 14. 4. 1988, 30. 4. 1997 AP BetrVG 1972 § 118 Nr. 36, 60). Allerdings ist dies zum Teil auf Widerspruch gestoßen (*Fitting*, § 118 Rn. 60), dem ist jedoch entgegenzutreten: Wenn vom Schrifttum gefordert wird, dass die Kirche *gerade satzungsgemäß* maßgeblichen Einfluss auf die Einrichtungen ausüben kann (so auch de lege ferenda die Novellierungsvorschläge des DGB zum BetrVG 1972, 1998, § 118 Abs. 2), bleibt unbeachtet, dass es nicht auf die rechtliche Absicherung der Einflussnahme ankommen kann und erst Recht nicht gerade auf die satzungsrechtliche Absicherung. Es muss ausreichen, dass die Kirche wie auch immer geartete Einflussmöglichkeiten hat „um ... einen etwaigen Dissens in religiösen Angelegenheiten zwischen ihr und der Einrichtung zu unterbinden" (BAG AP BetrVG 1972 § 118 Nr. 69). Das Ob des Einflusses, nicht das Wie ist entscheidend; welcher Art die Einflussmöglichkeiten sind, ist dann ihre Sache. Es gehört zu den Wesensmerkmalen der Kirchenautonomie, dass Anlass und Intensität der Kontrolle und Einflussnahme auf ihre Einrichtungen in eigener Verantwortung liegen. So lassen sich zwar der letztgenannten Entscheidung durchaus Bedenken entgegenbringen (ErfK-*Kania*, § 118 Rn. 33; *Thüsing/Börschel*, NZA-RR 1999, S. 561, 566), diese beziehen sich jedoch einzig darauf, dass bei fehlender satzungsrechtlicher Absicherung der Nachweis eines maßgeblichen Einflusses regelmäßig schwieriger sein dürfte, und rufen in Erinnerung, dass sich der Einfluss gerade auf die Einrichtung selbst beziehen muss, ein Einfluss bloß auf die dort Tätigen (etwa durch mögliche Kirchenstrafen) mithin nicht ausreicht.

201 Legt man also die Kriterien der Rechtsprechung zugrunde, dann ist jedenfalls bei einer kirchlichen **Eigentümerschaft** von einer Einrichtung einer Religionsgemeinschaft auszugehen. „Ihre" Einrichtung ist nicht notwendigerweise possessiv zu verstehen; wenn die Kirche aber Eigentümer der Einrichtung ist, dann ist dies die engste mögliche Zuordnung, und somit jedenfalls ausreichend. Fehlt es demgegenüber an der Eigentümerstellung der Religionsgemeinschaft, oder ist sie nur Teileigentümer (etwa Minderheitsaktionär einer AG), dann ist nach anderen Kriterien zu suchen. Hier hat für den Krankenhausbereich vor einiger Zeit *Leisner* überzeugende Kriterien geliefert, und auf andere Einrichtungen ist dies übertragbar: Sind etwa die Kuratorien stets nach ihrem jeweiligen Bekenntnis zu besetzen, sind bestimmte Positionen soweit möglich von Geistlichen einzunehmen, ist eine beratende Funktion des Bischofs satzungsmäßig vorgesehen oder besteht sogar die Vermögensaufsicht des bischöflichen Ordinariats oder eines (teilweise) geistlich-kirchlich besetzten Aufsichtsrats, dann versteht die Kirche sie als ihre Einrichtung und die Einrichtung sich als ein Bestandteil der Kirche; das BetrVG ist hier unanwendbar (*Leisner,* Das kirchliche Krankenhaus im Staatskirchenrecht der Bundesrepublik Deutschland, Essener Gespräche Band 17, S. 25 f.). Ähnlich [ebenfalls für ein Krankenhaus, das von einem privaten Verein getragen wird] BAG 26. 7. 2001 – 6 AZR 350/00, juris).

Versteht sich ein Verein demgegenüber nicht als Verein der Kirche, dann ordnet er sich 202 selber in das weltliche Arbeitsrecht ein. Die Kirche kann hier nicht einseitig eine Bindung festlegen (zutr. ArbG Mönchengladbach 12. 7. 2001 ZMV 2001, 244). Auf der anderen Seite ist ein Verein, der sich selbst als ein Teil der Kirche betrachtet regelmäßig auf sie hingeordnet und stellt sich freiwillig unter ihren Einfluss. Erste **Indizfunktion** hat also nicht nur das Selbstverständnis der Kirche, sondern auch das **Selbstverständnis** der Einrichtung selber, das sich z. B. auch in der Wahl einer kirchlichen Mitarbeitervertretung ausdrückt. Ist ein Verein nicht der Kirche zugeordnet, dann unterfällt er dem BetrVG, ggf. in den Modifikationen des Abs. 1. Einen Weg dazwischen, der von jeder betrieblichen Mitbestimmung freistellt, gibt es nicht (ebenso ArbG Mönchengladbach a. a. O.).

e) Entsprechend dem Wortlaut der Norm ist nicht jede **Einrichtung** einer Religions- 203 gemeinschaft vom BetrVG ausgenommen, sondern nur die **mit karitativem oder erzieherischen Zweck.** Dieser Bereich ist im Hinblick auf den umfassenden Ansatz der kirchlichen Dienstgemeinschaft und die verfassungsrechtlich garantierte Autonomie auch des kirchlichen Arbeitgebers durchaus weit zu verstehen, und nur die Betriebe und Unternehmen sind auszuklammern, bei denen rein wirtschaftliche Zwecke mit der durch die Kirche gehaltenen Einrichtung verfolgt werden. Entscheidend ist somit allein die Verwirklichung eines kirchlichen **Sendungsauftrags** (BAG 2. 12. 1977 AP BetrVG § 118 Nr. 10: „Eine Stiftung des privaten Rechts ist eine karitative Einrichtung einer Religionsgemeinschaft im Sinne von § 118 Abs. 2 BetrVG, wenn die von ihr wahrzunehmenden Aufgaben sich als Wesens- und Lebensäußerung der Kirche darstellen"; a. A. LAG Hamm 5. 12. 1979, DB 1980, 696: Das Deutsche Institut für wissenschaftliche Pädagogik, das vom Verband Diözesen Deutschlands in Münster betrieben wird, sei eine wissenschaftliche Einrichtung, die nicht unter § 118 Abs. 2 BetrVG, sondern unter § 118 Abs. 1 BetrVG falle; zust. *Otto,* AuR 1980, S. 289, 299; GK-*Fabricius/Weber,* § 118 Rn. 225). Damit ist der Begriff der karitativen Einrichtung in Abs. 2 allerdings **weiter zu verstehen als in Abs. 1.** Dies läuft einem systematischen Argument der Gesetzesauslegung tendenziell entgegen, ist jedoch geboten vor dem Hintergrund einer funktionalen, verfassungskonformen Interpretation der Norm; wenn zwei das Gleiche tun, ist es nicht dasselbe. Das BAG lässt dies in einer älteren Entscheidung anklingen, indem es feststellt: „Wenn die Kirche nach Art. 140 GG i. V. mit Art. 137 Abs. 3 WRV frei ist, ihre Angelegenheiten selbständig zu verwalten und allein nach ihrem Selbstverständnis zu bestimmen, ob eine Einrichtung eine solche der Kirche ist, dann folgt aus dieser Freiheit auch das Recht zu bestimmen, ob die Betätigung dieser Einrichtung „Caritas" und damit Wesensäußerung der Kirche in der Welt ist. Durch die Übernahme gleicher oder ähnlicher Aufgaben kann der Staat das Wirken der Kirche und ihrer Einrichtungen nicht beschränken. Karitative Bestimmungen weltlicher Unternehmen und Betriebe können hingegen ohne Rücksicht auf diese Freiheitsrechte der Kirchen definiert und begrenzt werden (BAG 24. 11. 1981 AP ArbGG 1979 § 72 a Nr. 10; bestätigt BAG 23. 10. 2002 AP BetrVG 1972 § 118 Nr. 72 = EzA § 118 BetrVG 2001 Nr. 1 *[Thüsing];* anders für den Bereich der Erziehung, wo das BAG *obiter dictum* davon ausging, es gebe hier keinen Unterschied zwischen § 118 Abs. 1 und § 118 Abs. 2: BAG 14. 4. 1988 AP BetrVG 1972 § 118 Nr. 36 unter Rückgriff auf GK-*Fabricius,* Stand Juni 1985, § 118 Rn. 773). Das BAG hat mit dieser weiten Auslegung des Begriffs das Problem vermieden, welcher Arbeitgeber die Religionsgemeinschaft selbst ist – denn hier kommt es dem Wortlaut des § 118 Abs. 2 ja nicht auf Karitas und Erziehung an – und was demgegenüber lediglich eine Einrichtung der Religionsgemeinschaft ist. Vom ursprünglichen Ausgangspunkt, dass es sich bei einem Unternehmen oder Betrieb der Religionsgemeinschaft selbst um eine hierarchisch in die Struktur eingeordnete Einheit handeln muss, sie in die Kirche inkorporiert sein muss, ist das Gericht zurecht abgerückt (BAG 24. 7. 1991 AP BetrVG 1972 § 118 Nr. 48; Deutung wie hier *Dütz/Becker,* Anm. zu AP BetrVG 1972 § 118 Nr. 36); damit aber verschwand ein sicheres Abgrenzungskriterium zwischen beiden Bereichen.

204 f) Zu den **karitativen Einrichtungen,** die aus dem Geltungsbereich des BetrVG ausgeklammert sind, gehören die **kirchlichen Krankenhäuser** (so anerkannt für ein Krankenhaus, das von einem Säkularinstitut der katholischen Kirche betrieben wird, BAG 19. 12. 1969 AP BetrVG § 81 Nr. 12; im Fall Goch für das von einer Stiftung betriebene Krankenhaus BVerfG 11. 10. 1977 E 46, 73 = AP GG Art. 140 Nr. 1 unter Aufhebung von BAG 21. 11. 1975 AP BetrVG 1972 § 118 Nr. 6; für die Orthopädischen Anstalten Volmarstein als Einrichtungen der Diakonie BAG 6. 12. 1977 AP BetrVG 1972 § 118 Nr. 10; BAG 31. 7. 2002 AP BetrVG 1972 § 118 Nr. 70 *[Thüsing];* hierzu auch *Hünlein,* ZTR 2002, 524). Auch eine **Behindertenwerkstatt** in privatrechtlicher Rechtsform kann hierzu gehören [LAG Hamm 22. 6. 2001 – 10 TaBV 96/00], und ebenso eine kirchliche **Wohnungsbaugesellschaft** (BAG 23. 10. 2002 AP BetrVG 1972 § 118 Nr. 72 *[Dütz]* = EzA § 118 BetrVG 2001 Nr. 1 *[Thüsing]*) sowie – deutlich ersichtlich bereits durch die Geschichte der Kolpingbewegung – kirchliche Arbeitslosenprojekte (grober Unfug daher die Entscheidung ArbG Hamburg 10. 4. 2006, AuR 2007, 137; zu Recht aufgehoben durch LAG Hamburg 15. 2. 2007 ZMV 2007, 271; dennoch zustimmend *Kühling,* AuR 2007, 137).

205 Zu den **erzieherischen Einrichtungen,** auf die wegen ihrer Zuordnung zur katholischen Kirche das BetrVG keine Anwendung findet, zählen das **Kolpingwerk** und seine nach staatlichen Vereins- und Gesellschaftsrecht gegründeten Untergliederungen (BAG 14. 4. 1988 AP BetrVG 1972 § 118 Nr. 36). Daneben hat die Rechtsprechung anerkannt, dass **Kindergärten** (BAG 25. 4. 1978, 11. 3. 1986 AP GG Art. 140 Nr. 2, Nr. 25) und **Jugenddörfer** (BAG 30. 4. 1997 AP BetrVG 1972 § 118 Nr. 60) Einrichtungen mit erzieherischen Zweck sind. Kirchliche **Schulen** gehören ebenfalls dazu (s. BAG 25. 4. 1978 und BAG 4. 3. 1980 AP GG Art. 140 Nr. 2 und 3).

206 **Öffentlichkeitsarbeit mit publizistischen Mitteln** ist ebenfalls Teil kirchlicher Mission. Das BAG hat deshalb anerkannt, dass der Evangelische Presseverband Nord e. V., zu dessen Betätigung der Evangelische Pressedienst (epd Hamburg und Kiel) gehört, Teil der evangelischen Kirche ist (BAG 24. 7. 1991 AP BetrVG 1972 § 118 Nr. 48). Gleiches muss folgerichtig auch für die Katholische Nachrichten-Agentur (KNA) gelten.

207 Für die Zuordnung zur Kirche kann schließlich genügen, dass eine Einrichtung ausschließlich kirchlichen Mitarbeitern dient. Wenn die Kirchen für sie rechtlich verselbständigte **Versorgungseinrichtungen** schaffen, wird dort zwar nach dem betrieblichen Zweck nicht unmittelbar eine kirchliche Grundfunktion wahrgenommen; die Einrichtung soll aber für Mitarbeiter, die einen derartigen Dienst wahrnehmen, deren Versorgung sicherstellen. Deshalb gehört eine kirchliche Versorgungskasse, auch wenn sie als Versicherungsverein auf Gegenseitigkeit besteht, zu den Einrichtungen, die der Kirche zugeordnet sind.

3. Einrichtungen der Caritas und der Diakonie

208 Nach den Zuordnungskriterien für die Bereichsausklammerung fallen unter das BetrVG nicht die **Einrichtungen des Deutschen Caritasverbandes** und der **Diözesancaritasverbände;** denn die Caritas ist eine Wesens- und Lebensäußerung der römisch-katholischen Kirche (ebenso *Fitting,* § 118 Rn. 58; eine assoziierte Mitgliedschaft eines Krankenhauses für nicht ausreichend hielt allerdings LAG Hamm 14. 3. 2000, NZA-RR 2000, 532; a. A. [Mitgliedschaft in der Caritas nur Indizcharakter] die später vom BVerfG aufgehobene Entscheidung des BAG 21. 11. 1975 AP BetrVG § 118 Nr. 6 [mit krit. Anmerkung II von *Richardi];* offengelassen BAG 24. 11. 1981 AP ArbGG 1979

§ 72 a Nr. 19). Entsprechend sind die **Einrichtungen der Diakonie** Wesens- und Lebensäußerung der evangelischen Kirche. Das Diakonische Werk der Evangelischen Kirche in Deutschland sowie die gliedkirchlichen Diakonischen Werke und die ihnen angeschlossenen selbständigen Werke, Einrichtungen und Geschäftsstellen fallen nicht unter das BetrVG (ebenso BAG 6. 12. 1977 AP BetrVG 1972 § 118 Nr. 10; s. auch BAG 6. 12. 1977 AP BetrVG 1972 § 118 Nr. 10; ausführlich begründend BAG 30. 3. 1997 AP BetrVG 1972 § 118 Nr. 60; BAG 31. 7. 2002 AP BetrVG 1972 § 118 Nr. 70; zuletzt BAG 5. 12. 2007 AP BetrVG 1972 § 118 Nr. 82: nur für die Regelmitgliedschaft, dass das Diakonische Werk seinerseits über entsprechende Einflussmöglichkeiten gegenüber der Einrichtung oder ihrem Rechtsträger verfügt); *Fitting,* § 118 Rn. 58). Für die Betriebsverfassung dieser Einrichtungen gilt das kirchliche Mitarbeitervertretungsrecht (s. für die evangelische Kirche Rn. 222 f.; für die Katholische Kirche Rn. 224 ff.).

4. Kirchliche Wirtschaftsbetriebe

Abs. 2 erfasst nach seinem Wortlaut nicht kirchliche Wirtschaftsbetriebe, z. B. Druckereien, Weinberge, Brauereien. Daraus folgt aber nicht, dass in ihnen stets ein Betriebsrat zu bilden ist und allenfalls ein Tendenzschutz nach Abs. 1 in Betracht kommt (vgl. *Dütz,* FS Stahlhacke 1995, S. 101 ff.). Ist ein Wirtschaftsbetrieb Regie- oder Eigenbetrieb einer Körperschaft des öffentlichen Rechts, so findet auf ihn das BetrVG nach § 130 keine Anwendung. **209**

5. Weltanschauungsgemeinschaften

Nicht zu den Religionsgemeinschaften gehören die sog. **Weltanschauungsgemeinschaften,** „die das Weltganze und die Stellung des Menschen in ihm von anderen als von religiösen Grundlagen aus zu erkennen und zu bewerten suchen, religionsfrei oder doch betont religionsfeindlich sind (Monismus, Atheismus, Freidenkervereine)" (so die Definition von *Mikat,* in: *Bettermann/Nipperdey/Scheuner,* Die Grundrechte, Bd. IV/1, 1960, S. 150). Nach Art. 140 GG i. V. mit Art. 137 Abs. 7 WRV sind zwar die Weltanschauungsgemeinschaften den Religionsgemeinschaften gleichgestellt. Diese Gleichstellung fordert aber keineswegs, Abs. 2 auch auf Weltanschauungsgemeinschaften anzuwenden und sie von der Geltung des staatlichen Betriebsverfassungsrechts freizustellen (ebenso LAG Hamm 17. 5. 2002, NZA-RR 2002, 625; GK-*Fabricius/Weber,* § 118 Rn. 221 wohl auch ErfK-*Kania,* § 118 Rn 30; a. A. *Fitting,* § 118 Rn. 54; GL-*Löwisch,* § 118 Rn. 88; HSWGNR-*Hess,* § 118 Rn. 68; HWK-*Hohenstatt/Dzida,* § 118 Rn. 33; vgl. auch G. *Müller,* DB 1970, 1023, 1024, der wohl den hier vertretenen Standpunkt teilt, aber eine Erstreckung auf Weltanschauungsgemeinschaften fordert). Man muss in diesem Zusammenhang beachten, dass die Religionsgemeinschaften im Gegensatz zu Weltanschauungsgemeinschaften von einer Offenbarung her ihre Struktur erhalten. Das ist vor allem für die Interpretation des Schrankenvorbehalts in Art. 137 Abs. 3 WRV von prägender Bedeutung; denn zu einer Offenbarung kann sich der Staat nicht äußern und kann daher auch keine Regelungen treffen, wie eine von ihr geprägte Dienstverfassung zu gestalten ist. Die Bindung an das für alle geltende Gesetz hat deshalb dort ihre Schranke, wo es um die Verfassung der Kirche und ihren Auftrag geht, und Gleiches gilt entsprechend für nicht christliche Religionsgemeinschaften. Bei einer Weltanschauungsgemeinschaft, die nicht auf einem Offenbarungsglauben beruht, besteht dagegen kein Hinderungsgrund, das staatliche Betriebsverfassungsrecht auf ihre Einrichtungen anzuwenden. Deshalb ist auch verfassungsrechtlich unbedenklich, dass die Ausklammerung sich auf die Religionsgemeinschaften und ihre karitativen und erzieherischen Einrichtungen beschränkt. **210**

6. Gemischt kirchlich-weltliche Unternehmen und Konzerne

211 Besondere Fragestellungen treten auf, wenn ein Unternehmen oder Konzern nur teilweise kirchliche Zwecke verfolgt, oder nur zum Teil einer Religionsgemeinschaft gehört. Beide Fragestellungen sind von einander zu unterscheiden: Für die zweite Frage gelten die allgemeinen Regeln, nach denen zu prüfen ist, ob trotz Beteiligung Dritter ein hinreichender kirchlicher Einfluss gegeben ist, dass es sich um die Einrichtung einer Religionsgemeinschaft handelt (s. Rn. 200). Im Übrigen gilt folgendes (ausführlicher *Thüsing*, ZTR 2002, 56):

212 – Beim Unternehmen ist wie beim Tendenzunternehmen nicht auf den einzelnen Betrieb abzustellen, sondern es ist auf das **Unternehmen als Ganzes** zu schauen: Dieses ist Einrichtung im Sinne des § 118 Abs. 2 oder nicht; eine Aufgliederung heruntergebrochen auf die einzelnen Betriebe findet nicht statt. Dem entspricht auch die Praxis der Kirchengesetze: § 1 MVG-EKD stellt zur Bestimmung der „Einrichtung" dezidiert auf den Rechtsträger ab. Für die Zuordnung eines Unternehmens, das auch wirtschaftliche Zwecke verfolgt, ist wie beim Tendenzunternehmen das Gesamtgepräge maßgeblich (Rn. 29 ff.).

213 – Eine Einrichtung einer Religionsgemeinschaft i. S. des § 118 Abs. 2 kann auch ein **konzerneingebundenes Unternehmen** sein. Das hinreichende Maß kirchlicher Einflussnahme, das erforderlich ist für die Zuordnung einer Einrichtung zur Religionsgemeinschaft, wird durch die gesellschaftsrechtliche Schachtelung nicht verhindert.

214 – Einrichtung einer Religionsgemeinschaft kann auch eine bloße **Holding** sein. Maßgeblich für den Ausschluss von betrieblicher und Unternehmensmitbestimmung ist, inwieweit die von ihr beherrschten Unternehmen selber Einrichtungen mit kirchlicher Zwecksetzung sind. Überwiegen sie nach dem Gesamtgepräge, dann ist auch die Holding, die nur Holdingfunktionen ausfüllt, eine karitative oder erzieherische Einrichtung einer Religionsgemeinschaft.

215 – Bei der betrieblichen Mitbestimmung ist nicht **konzerneinheitlich** zu entscheiden, sondern in Ansehung jedes einzelnen Unternehmens. Es gilt nichts anderes als beim Tendenzkonzern.

216 – In gemischten Konzernen kann ein **Konzernbetriebsrat** durch die nicht dem kirchlichen Arbeitsrecht unterliegenden Unternehmen gebildet werden. Dieser erfasst in der Wahrnehmung seiner Mitwirkungsrechte jedoch nur die Unternehmen, die ihn gebildet haben. Erforderlich zur Bildung eines Konzernbetriebsrats ist gem. § 58, dass die ihn bildenden Gesamtbetriebsräte 50% der Belegschaft repräsentieren. In die Berechnung der 50% sind die dem kirchlichen Mitarbeitervertretungsrecht unterfallenden Betriebe einzurechnen. Ein überwiegend karitativen oder erzieherischen Bestimmungen dienender Konzern in kirchlicher Zuordnung kann daher keinen Konzernbetriebsrat haben.

III. Betriebsverfassungsrecht auf kirchengesetzlicher Grundlage

1. Mitarbeitervertretungsrecht als kircheneigenes Betriebsverfassungsrecht

217 a) § 112 Halbsatz 2 BPersVG bestimmt, dass den Religionsgemeinschaften die **selbständige Ordnung eines Personalvertretungsrechts überlassen** bleibt. Darin liegt keine die Religionsgemeinschaften bindende Pflicht (ebenso *Frank*, HdbStKirchR, 1. Aufl. 1974, Bd. I S. 707 Fn. 244; a. A. *Hollerbach*, AöR 106 [1981], 218, 244 Fn. 60). Aber der Staat bringt durch diese Vorschrift eine Erwartung zum Ausdruck (ebenso BAG 11. 3. 1986 AP GG Art. 140 Nr. 25); denn die Verfassungsgarantie des kirchlichen Selbstbestimmungsrechts bezweckt nicht die Schaffung eines rechtsfreien Raumes, sondern die Bildung von Recht entsprechend dem Bekenntnis der Kirche (so bereits *Mayer-*

Maly, Erwerbsabsicht und Arbeitnehmerbegriff, 1965, S. 19). Der Konkordanz zwischen staatlicher und kirchlicher Ordnung dient es, dass die Kirchen im Mitarbeitervertretungsrecht ein kircheneigenes Betriebsverfassungsrecht geschaffen haben.

b) Das als Kirchengesetz erlassene Mitarbeitervertretungsrecht ist **Kirchenrecht**. Es entfaltet aber, weil es auf dem verfassungsrechtlich gewährleisteten Selbstbestimmungsrecht der Kirchen beruht, auch eine **Bindung innerhalb der staatlichen Rechtsordnung**. Soweit kirchengesetzlich bestimmt ist, dass eine ohne Einhaltung des Beteiligungsverfahrens ausgesprochene Kündigung gegenüber einem Arbeitnehmer unwirksam ist, muss auch das Arbeitsgericht bei einem Rechtsstreit für die Wirksamkeit der Kündigung prüfen, ob der Arbeitgeber die Mitarbeitervertretung beteiligt hat (vgl. BAG 10. 12. 1992 AP GG Art. 140 Nr. 41).

c) Einrichtungen, die staatskirchenrechtlich einer Kirche zugeordnet sind, erhalten durch das kircheneigene Mitarbeitervertretungsrecht eine **Betriebsverfassung**. Da unter das Selbstbestimmungsrecht fällt, wer als Mitarbeiter in Betracht kommt, spielt für die Geltung des Mitarbeitervertretungsrechts keine Rolle, ob die Arbeitnehmer der Kirche angehören (ebenso *v. Campenhausen*, in: *v. Mangoldt/Klein*, Das Bonner Grundgesetz, 3. Aufl. Bd. 14, 1991, Art. 140 GG/Art. 137 WRV Rn. 98; *Christoph*, ZevKR 32 [1987], 47, 60 ff.).

Das kirchliche Mitarbeitervertretungsrecht hat die **karitativen und erzieherischen Einrichtungen**, die **den Kirchen zugeordnet** sind, in ihren Geltungsbereich einbezogen, auch soweit sie rechtlich verselbständigt sind. Das gilt insbesondere für die **Einrichtungen der Caritas und der Diakonie**. Das Mitarbeitervertretungsrecht gilt dort nicht auf der Grundlage der *Satzungsautonomie*. Die Zuordnung zur Kirche durch die Satzung ist zwar ebenso wie die kirchenrechtliche Anerkennung als kirchliche Einrichtung eine Voraussetzung, nicht aber der Geltungsgrund; denn die Satzungsautonomie umfasst nicht die Kompetenz zum Erlass einer arbeitsrechtlichen Mitbestimmungsordnung (ebenso BAG 10. 12. 1992 AP GG Art. 140 Nr. 41). Die Befugnis, ein Mitarbeitervertretungsrecht zu schaffen, hat nach der Kompetenzverteilung des Staatskirchenrechts die *Religionsgesellschaft*, nicht die *Einrichtung* einer Religionsgesellschaft.

Die **Verfassungsgarantie des Selbstbestimmungsrechts** bildet die Rechtsgrundlage für das Mitarbeitervertretungsrecht. Die Anerkennung als Körperschaft des öffentlichen Rechts hat nur insoweit Bedeutung, als es um die Frage geht, ob eine Einrichtung sich der nach Kirchenrecht maßgeblichen Gesetzgebungsbefugnis, also für die katholische Kirche der Rechtsetzungsgewalt des Bischofs, entziehen kann. Dies ist für den Bereich der verfassten Kirche ausgeschlossen, soweit die öffentlich-rechtliche Ämterorganisation reicht. Ist dagegen eine Einrichtung privatrechtlich organisiert, so ist zwar für die Zuordnung zur Kirche ebenfalls maßgebend, dass sie ihren Auftrag in Verbindung mit den Amtsträgern der Kirche wahrnimmt; es muss aber auch durch die Satzung abgesichert sein, dass die Einrichtung zur Kirche gehört. Deshalb kann in der Satzung festgelegt sein, dass das kirchliche Mitarbeitervertretungsrecht auf die Einrichtung keine Anwendung findet. Darin liegt aber ein Rechtsakt, durch den die Einrichtung sich partiell dem kirchlichen Recht entzieht. Für die Betriebsverfassung handelt es sich nicht mehr um eine Einrichtung der Religionsgemeinschaft, sondern nur noch um ein *Tendenzunternehmen*, so dass Abs. 1 Anwendung findet.

2. Mitarbeitervertretungsrecht in der evangelischen Kirche

a) Der Rat der EKD hatte durch die Richtlinie für ein Kirchengesetz über Mitarbeitervertretungen in kirchlichen und diakonischen Dienststellen und Einrichtungen vom 26. 5. 1972 (ABl. EKD S. 285) den Gliedkirchen empfohlen, das Mitarbeitervertretungsrecht nach diesem Muster zu regeln. Die Landeskirchen haben in der Folgezeit eigene Kirchengesetze mit verschiedenem Inhalt erlassen (vgl. die Zusammenstellung bei *Richardi*, Arbeitsrecht in der Kirche, 2. Aufl., § 18 Rn. 8, S. 283 f.).

223 b) Die Synode der Evangelischen Kirche in Deutschland hat versucht, durch das **Kirchengesetz über Mitarbeitervertretungen in der evangelischen Kirche in Deutschland (Mitarbeitervertretungsgesetz – MVG)** die Rechtszersplitterung zu beseitigen. Die ursprüngliche Fassung des Gesetzes wurde im November 1992 verabschiedet (ABl. EKD 1992, S. 455). Eine erste Novellierung erfolgte 1996 (ABl. EKD 1996, S. 521), eine weitere 1998 (ABl. EKD 1998, S. 478), ein Drittes Änderungsgesetz wurde von der Synode der EKD am 27. 11. 2002 beschlossen; seine Änderungen traten zum 1. 1. 2003 für die Landeskirchen und ihre Einrichtungen, die das MVG-EKD unmittelbar anwenden, in Kraft. Elf der 24 Gliedkirchen haben sich für die unmittelbare Anwendbarkeit des MVG-EKD entschieden, eine andere Gruppe von Landeskirchen (z. B. die Bremische Evangelische Kirche und Evangelische Kirche im Rheinland) haben landeskirchliche Gesetze verabschiedet, die nur wenige Detailabweichungen vom MVG-EKD enthalten. Eine dritte Gruppe von Landeskirchen orientiert sich zwar am MVG-EKD, sieht aber eine Vielzahl von Abweichungen im Detail vor – so z. B. die Konföderation evangelischer Kirchen in Niedersachsen. In der Evangelischen Kirche von Hessen und Nassau gilt noch das Kirchengesetz vom 2. 12. 1988 (Kirchliches Amtsblatt Hessen und Nassau 1989, S. 17). Diese Landeskirche hat als einzige noch keine Angleichung an den gemeinsamen Standard vorgenommen. Eine Rechtsvereinheitlichung im engeren Sinne wurde bislang also noch nicht erreicht, jedoch eine weitgehende Angleichung des bis in den Anfang der neunziger Jahre stark zersplitterten Mitarbeitervertretungsrechts innerhalb der verschiedenen evangelischen Kirchen (zum Gesetz *Richardi*, FS Kissel 1994, S. 967 ff.; Kommentar von *Fey/Rehren* u. a., Loseblatt 2002; dort auch zur Übernahme des Gesetzes durch die Landeskirchen; – Beiträge, Informationen und Rechtsprechung zu einzelnen Fragen des Mitarbeitervertretungsrechts in der zweimonatlich erscheinenden Zeitschrift *Die Mitarbeitervertretung* [ZMV]).

3. Mitarbeitervertretungsrecht der katholischen Kirche

224 a) Der für die katholische Kirche als Gesamtkirche maßgebliche **Codex Iuris Canonici** gibt **keine Regelung über das Mitarbeitervertretungsrecht.** Daraus kann aber für den katholischen Bereich nicht abgeleitet werden, dass die Teilkirchen nicht befugt seien, ein Mitarbeitervertretungsrecht zu schaffen. Im Gegenteil hat für den Bereich seiner Diözese der Bischof die Gesetzgebungsgewalt, wenn er sie in Übereinstimmung mit dem vom Papst wahrgenommenen Petrusamt ausübt. Dass die Gestaltung eines Mitarbeitervertretungsrechts zu seiner Hirtenaufgabe gehört, ist auf dem Zweiten Vatikanischen Konzil durch das Dekret „Christus Dominus" bestätigt worden; dort heißt es in Art. 16: „Bei der Wahrnehmung dieser Hirtensorge mögen sie (die Bischöfe) ihren Gläubigen in den Angelegenheiten der Kirche den ihnen gebührenden Anteil belassen und deren Pflicht und Recht anerkennen, aktiv am Aufbau des mystischen Leibes Christi mitzuwirken" (abgedruckt in: Lexikon für Theologie und Kirche, Das Zweite Vatikanische Konzil, Bd. II S. 181). Dadurch ist die kirchenrechtliche Legitimation für den Erlass eines Mitarbeitervertretungsrechts klargestellt.

225 Nach can. 391 § 2 CIC übt der **Diözesanbischof** für die ihm anvertraute Teilkirche die **gesetzgebende Gewalt** aus. Das von ihm erlassene Mitarbeitervertretungsrecht gilt nicht nur für die **Einrichtungen der verfassten Kirche,** sondern auch für die **privatrechtlich verselbständigten Einrichtungen** (s. Rn. 196 ff.).

226 Auch die **Einrichtungen der Orden** fallen, soweit es um das Mitarbeitervertretungsrecht geht, unter die Rechtsetzungsbefugnis des Diözesanbischofs. Das gilt nicht nur für *Orden bischöflichen Rechts* (can. 594 CIC), sondern auch für Orden päpstlichen Rechts, die in Bezug auf die interne Leitung und Rechtsordnung unmittelbar und ausschließlich der Gewalt des Apostolischen Stuhles unterstehen (can. 593 CIC). Daraus folgt nämlich nicht, dass die Geltung einer Mitarbeitervertretungsordnung nur vom Heiligen Stuhl vorgeschrieben werden kann (so *v. Nell-Breuning*, AuR 1979, 1, 5). Die Betriebsverfassung betrifft zwar auch den Orden und seine Organisation, wenn er zur Erfüllung seines Auftrags karitative oder erzieherische Einrichtungen betreibt; es handelt sich aber insoweit nicht um den Innenbereich des Ordensinstituts, der unter die dem Orden gewährleistete Autonomie fällt (can. 586 CIC). Einschlägig ist vielmehr, dass gemäß can. 678 § 1 CIC die Ordensleute der Gewalt der Bischöfe unterstehen, soweit eine Angelegenheit die Seelsorge, die öffentliche Abhaltung des Gottesdienstes und andere Apostolatswerke betrifft. Da die Betriebsverfassung in den Außenbereich des Ordens ragt, hat der Bischof nach dem Prinzip der einheitlichen Leitung der Diözese (can. 394 § 1 CIC) die Befugnis, die Geltung seiner Mitarbeitervertretungsordnung anzuordnen, wenn der Orden in Ausübung seines Apostolats eine Arbeitsorganisation in seinem Bereich einrichtet (ebenso im Ergebnis *Thiel* in *Bleistein/Thiel*, Kommentar zur Rahmenordnung für eine Mitarbeitervertretungsordnung [MAVO], 3. Aufl. 1997, § 1 Rn. 33).

b) Die von der Deutschen Bischofskonferenz am 22. 9. 1993 verabschiedete **Grund-** **227** **ordnung des kirchlichen Dienstes im Rahmen kirchlicher Arbeitsverhältnisse** legt in Art. 6 bis 8 die Ordnungsgrundsätze für das kollektive Arbeitsrecht der katholischen Kirche fest. Sie ist von den Bischöfen für ihren Bereich als Kirchengesetz in Kraft gesetzt worden (vgl. *Richardi*, HdbStKirchR Bd. II S. 927, 934 ff. und dort den Fundstellennachweis in Fn. 28). Art. 8 GrO enthält die Grundsatzgewährleistung für eine kircheneigene Regelung der Betriebsverfassung durch das Mitarbeitervertretungsrecht.

Das Mitarbeitervertretungsrecht der katholischen Kirche beruht auf der **Rahmen-** **228** **ordnung für eine Mitarbeitervertretungsordnung (MAVO)**. Beschlossen wurde sie in ihrer novellierten Fassung von der Bischofskonferenz auf ihrer Vollversammlung am 20. 11. 1995 (abgedruckt in: Sekretariat der Deutschen Bischofskonferenz: Arbeitshilfen 128). Sie hat die auf der Vollversammlung am 24. 1. 1977 verabschiedete und auf der Vollversammlung am 25. 11. 1985 geänderte Rahmenordnung novelliert, die ihrerseits die Rahmenordnung für Mitarbeitervertretungen (MAV) im kirchlichen und karitativen Dienst, beschlossen von der Vollversammlung des Verbandes der Diözesen Deutschlands am 3. 3. 1971, ersetzt hat. Eine erneute Novellierung erfolgte im Mai 2002 (hierzu *Thüsing*, KuR 2003, S. 143 ff.). Die Rahmenordnung gilt nicht unmittelbar für die Diözesen, sondern maßgebend ist die Fassung, die der Ortsbischof ihr gegeben hat. Die Bischöfe haben aber die novellierte Fassung in ihrer Diözese in Kraft gesetzt (so z. B. für die Erzdiözese München und Freising ABl. 1996, 218). Das Mitarbeitervertretungsrecht ist deshalb wegen der Verschiedenheit der Rechtsquelle kein *gemeines Recht;* es ist aber, wenn man von wenigen Abweichungen absieht, inhaltlich *allgemeines Recht* der katholischen Kirche in der Bundesrepublik Deutschland (vgl. zum Mitarbeitervertretungsrecht der katholischen Kirche *Richardi*, MünchArbR § 327 Rn. 19 ff.; Kommentare zur MAVO: *Bleistein/Thiel*, 3. Aufl. 1997; *Frey/Coutelle/Bayer*, Loseblatt; Beiträge, Informationen und Rechtsprechung zu einzelnen Fragen des Mitarbeitervertretungsrechts in der zweimonatlich erscheinenden Zeitschrift *Die Mitarbeitervertretung* [ZMV]).

IV. Streitigkeiten

1. Streitigkeiten über den Geltungsbereich des BetrVG

Streitigkeiten darüber, ob ein Betrieb nach Abs. 2 aus dem Geltungsbereich des **229** BetrVG ausgeklammert ist, entscheidet das **Arbeitsgericht im Beschlussverfahren** (§ 2 a Abs. 1 Nr. 1, Abs. 2 i. V. mit §§ 80 ff. ArbGG). Das Arbeitsgericht hat die Feststellung im Rahmen einer Inzidentenentscheidung zu treffen, wenn beantragt wird, für den Betrieb einen Wahlvorstand zur Wahl eines Betriebsrats zu bestellen (vgl. BAG 19. 12. 1969 AP BetrVG § 81 Nr. 12; BAG 21. 11. 1975 AP BetrVG 1972 § 118 Nr. 6; BAG 6. 12. 1977 AP BetrVG 1972 § 118 Nr. 10).

2. Gerichtsschutz bei Streitigkeiten aus dem kirchlichen Mitarbeitervertretungsrecht

230 a) Für **Streitigkeiten über Gestaltung und Anwendung der kirchlichen Mitarbeitervertretungsgesetze** ist der **Rechtsweg zu den staatlichen Gerichten nicht gegeben** (ebenso BAG 11. 3. 1986, 25. 4. 1989 und 9. 9. 1992 AP GG Art. 140 Nr. 25, 34 und 40; vgl. auch *Richardi*, MünchArbR § 332 Rn. 1 ff.; ausführlich *Richardi*, NZA 2000, 1306). Mit dem Selbstbestimmungsrecht ist den Kirchen zugleich garantiert, eine Rechtskontrolle in eigener Verantwortung durchzuführen. Ein staatliches Gericht kann deshalb nicht darüber entscheiden, wer zur kirchlichen Mitarbeitervertretung wählbar ist (vgl. BAG 11. 3. 1986 AP GG Art. 140 Nr. 5) und ob deren Mitglied Erstattung der Kosten verlangen kann, die ihm durch seine Tätigkeit für die Mitarbeitervertretung entstanden sind (vgl. BAG 9. 9. 1992 AP GG Art. 140 Nr. 40), und es ist nicht zuständig für Streitigkeiten über das Bestehen von Mitbestimmungsrechten (vgl. BAG 25. 4. 1989 AP GG Art. 140 Nr. 34). Eine solche Zuständigkeit kann auch nicht durch Kirchengesetz begründet werden (OVG Schleswig 12. 4. 1996, AP MVG-EK Schleswig-Holstein § 22 Nr. 1; *Weiß*, PersR 1996, 294; s. allgemein zur neueren Entwicklungen des staatlichen Rechtsschutzes im kirchlichen Bereich *v. Campenhausen*, ZevKR 45, 205; *Kästner*, NVwZ 2000, 889).

231 Wenn dagegen Streitgegenstand eine **Rechtsstreitigkeit aus dem Arbeitsverhältnis** ist, entscheidet über sie das staatliche Arbeitsgericht im Urteilsverfahren, auch soweit die Entscheidung von der Anwendung des kirchlichen Mitarbeitervertretungsrechts abhängt (§ 2 Abs. 1 Nr. 3 und Abs. 5 ArbGG). Die Arbeitsgerichte haben die **Kompetenz zur Inzidentkontrolle** (vgl. BAG 10. 12. 1992 AP GG Art. 140 Nr. 41). Der staatliche Rechtsweg kann – zumindest solange ein eigener Rechtsweg nicht existiert – nicht kirchlicherseits ausgeschlossen werden (eingehend *Wißmann*, JZ 2004, 190).

232 b) Der kirchliche Rechtschutz hat sich in jüngerer Zeit deutlich weiterentwickelt. Nach den kirchlichen Mitarbeitervertretungsgesetzen wurden ehedem die in ihnen vorgesehenen **Schlichtungsstellen** nicht nur in Regelungsstreitigkeiten, sondern auch in Rechtsstreitigkeiten tätig. Da ihre Besetzung und Organisation den rechtsstaatlichen Mindestanforderungen an ein Gericht genügte, konnten sie aus der *Sicht des Staatskirchenrechts* nicht nur als *schlichtenden Einigungsstellen,* sondern auch als *besondere kirchliche Gerichte* angesehen werden (so BAG 25. 4. 1989 AP GG Art. 140 Nr. 34).

233 In der **evangelischen Kirche** waren bis zum 31. 12. 2003 zu gerichtlichen Entscheidungen nach dem MVG.EKD die Schlichtungsstellen in erster Instanz und in zweiter Instanz das Verwaltungsgericht für mitarbeitervertretungsrechtliche Streitigkeiten der Evangelischen Kirche in Deutschland, kurz VerwG.EKD, berufen. Mit dem von der Synode der EKD am 6. November 2003 verabschiedeten Kirchengesetz über die Errichtung, die Organisation und das Verfahren der Kirchengerichte der Evangelischen Kirche in Deutschland wurde im MVG.EKD eine Änderung der Bezeichnung der Schlichtungsstellen in „Kirchengerichte" vorgenommen, die die Qualität und Verortung als kirchliche Rechtsprechungsorgane deutlich macht. Die Kirchengerichte erster Instanz entscheiden nach § 60 MVG.EKD über alle Streitigkeiten, die sich aus der Anwendung des MVG.EKD zwischen den Beteiligten ergeben. Ihre Zuständigkeit ist unterschiedlich geregelt, teilweise sind sie nur für Streitigkeiten aus dem Bereich einer Gliedkirche oder ihres gliedkirchlichen Diakonischen Werkes zuständig, teilweise aber auch für diese gemeinsam oder für mehrere Gliedkirchen oder gliedkirchliche Diakonische Werke. Gegen die Beschlüsse der Kirchengerichte erster Instanz findet gemäß § 63 MVG.EKD nun die Beschwerde an den **Kirchengerichtshof der Evangelischen Kirche in Deutschland**, kurz KGH.EKD, statt. Die Beschwerde bedarf der Annahme. Näheres über seine Errichtung und Organisation findet sich im Kirchengerichtsgesetz der Evangelischen Kirche in Deutschland (KiGG.EKD).

234 Für die **katholische Kirche** bestimmt Art. 10 Abs. 2 GrO, dass zur Entscheidung von Rechtsstreitigkeiten auf dem Gebiet des Mitarbeitervertretungsrechts für den gericht-

lichen Rechtsschutz unabhängige kirchliche Gerichte gebildet werden. Diese Aufgabe wird von den kirchlichen Arbeitsgerichten (vgl. *Richardi,* NJW 2005, 2744 ff.; *Eder,* ZTR 2005, 350; *Thiel,* ZMV 2006, 165) wahrgenommen. Der **Kirchliche Arbeitsgerichtshof** ist das auf der Ebene der Deutschen Bischofskonferenz eingerichtete kirchliche Arbeitsgericht 2. Instanz mit Sitz in Bonn. Er entscheidet abschließend in Rechtsstreitigkeiten auf den Gebieten der kirchlichen Ordnungen für ein Arbeitsvertragsrecht (KODA-Ordnungen) und des Mitarbeitervertretungsrechts. Die KODA-Ordnungen regeln das Recht der arbeitsrechtlichen Kommissionen, das kollektive Arbeitsrecht auf dem kircheneigenen Dritten Weg zu gestalten. Das Mitarbeitervertretungsrecht regelt die betriebliche Mitbestimmung. Die Kirchlichen Arbeitsgerichte 1. Instanz wurden entweder für eine Diözese (Fulda, Freiburg, Rottenburg), oder aber auch für mehrere Diözesen gemeinsam (Bayern, Nordrhein-Westfalen, Mittelraum, Region Nord-Ost) eingerichtet. Das Verfahren vor dem Kirchlichen Arbeitsgerichtshof richtet sich nach der Kirchlichen Arbeitsgerichtsordnung (KAGO).

E. Betriebsverfassung und redaktionelle Mitbestimmung in Presseunternehmen

I. Redaktionelle Mitbestimmung als Sonderbetriebsverfassung der Presse

Unter dem **Schlagwort der inneren Pressefreiheit** wird die Gestaltung der inneren Ordnung von Presseunternehmen diskutiert; mit ihr hat sich die Presserechtliche Abteilung des 49. Deutschen Juristentages 1972 in Düsseldorf befasst (vgl. das Gutachten von *Kübler,* Empfiehlt es sich, zum Schutze der Pressefreiheit gesetzliche Vorschriften über die innere Ordnung von Presseunternehmen zu erlassen?, Verhandlungen des 49. DJT, Bd. I/D, und das Referat von *Mallmann,* Verhandlungen des 49. DJT, Bd. II/2, N). Dabei steht die Frage im Mittelpunkt, ob und inwieweit Art. 5 Abs. 1 Satz 2 GG eine bestimmte Struktur der Presseunternehmen fordert; insbesondere geht es um die **Kompetenzabgrenzung zwischen Verleger und Redaktion** bei der Gestaltung von Zeitungen und Zeitschriften und die Mitwirkungsbefugnisse der Redaktion bei personellen Veränderungen. Das Grundrecht der Pressefreiheit soll einen Kernbereich redaktioneller Eigenverantwortung gewährleisten (vgl. *Kübler,* a. a. O., S. 75). Das Instrumentarium für die Sicherung der inneren Pressefreiheit wird deshalb in der **Mitbestimmung** gesehen, die sich auf die **Gestaltung der Zeitungen und Zeitschriften** und auf **personelle Veränderungen im Bereich der Redaktion** beziehen soll. Sie soll aber nicht von den Repräsentanten aller Arbeitnehmer wahrgenommen werden, sondern sie wird als Instrument redaktioneller Eigenverantwortung auf die sog. Tendenzträger begrenzt. 235

Der redaktionellen Autonomie geht es „um die Gestaltung des Produktes" (*Kübler,* Verhandlungen des 49. DJT, Bd. I/D, S. 74). Darin liegt der entscheidende Unterschied zum BetrVG, das keine Mitbestimmung bei der „Gestaltung des Produktes" kennt. Dennoch ist es verfehlt, die Gewährleistung redaktioneller Eigenständigkeit gegenüber dem Betriebsverfassungsrecht als ein *aliud* zu bewerten (so aber *Kübler,* a. a. O.; dagegen *Rüthers,* Tarifmacht und Mitbestimmung in der Presse, S. 20 ff.; *ders.,* DB 1972, 2471, 2474). Das hängt vielmehr ausschließlich vom Instrumentarium ab, das für die Sicherung der inneren Pressefreiheit gewählt wird. Soweit die redaktionelle Autonomie durch die Schaffung von Mitwirkungs- und Mitbestimmungsrechten einer Redaktionsvertretung konkretisiert werden soll, handelt es sich um ein betriebsverfassungsrechtliches Problem ersten Ranges. Das kann nur übersehen, wer den Zweck des Betriebsverfassungsrechts auf den Schutz des Arbeitnehmers verkürzt (so *Kübler,* a. a. O.). Auch wenn man den Zweck der Redaktionsmitbestimmung anders bestimmt als den Zweck der Betriebsverfassung, ihn also in der Sicherung der „öffentlichen Aufgabe" der Presse sieht 236 (vgl. dazu aber *Rüthers*, DB 1972, 2471, 2474), bedeutet der Einsatz dieses Instrumentariums, dass neben dem Betriebsrat Sondervertretungen geschaffen werden, deren Beteiligungsrechte in Konkurrenz zu den Mitwirkungs- und Mitbestimmungsrechten des Betriebsrats treten.

237 **Pläne für eine pressespezifische Mitbestimmungsordnung** hat der **Gesetzgeber bisher nicht realisiert.** Die durch das Grundrecht der Pressefreiheit geschützte Tendenzautonomie sichert dem Verleger nämlich nicht nur im Verhältnis zum Betriebsrat, sondern auch gegenüber den Redakteuren die Befugnis, die Tendenz einer Zeitung festzulegen und zu verwirklichen (grundlegend BVerfG 6. 11. 1979 E 52, 283, 296 f. = AP BetrVG 1972 § 118 Nr. 14). Die Redakteure sind Teilhaber des Grundrechts der Pressefreiheit nur insoweit, als sie auf Grund des Arbeitsvertrags mit dem Verleger als Tendenzträger tätig werden (ebenso *Rüthers*, AfP 1980, 2, 3 f.).

II. Redaktionelle Mitbestimmung durch Tarifvertrag

238 Da die Redakteure auch Arbeitnehmer sind, kann durch Tarifvertrag ihre redaktionelle Eigenverantwortung gesichert werden. Das gilt aber **nur** für die **arbeitsrechtlichen Beziehungen zwischen Verleger und Redakteuren** (ebenso *Rüthers,* Tarifmacht und Mitbestimmung in der Presse, S. 21 ff., 38).

239 Die Tarifvertragsparteien können dagegen **keine eigenständigen Redaktionsvertretungen** schaffen und ihnen die **Mitbestimmungsbefugnisse bei der Gestaltung der Zeitungen und Zeitschriften und der personellen Zusammensetzung der Redaktion** übertragen (ebenso *GL-Löwisch*, § 118 Rn. 56; *Rüthers,* Tarifmacht und Mitbestimmung in der Presse, S. 24 ff., 39 ff.; *Mayer-Maly*, DB 1971, 335, 338; *ders.,* BB 1973, 761, 767; a. A. *Neumann-Duesberg*, BB 1970, 1052, 1054; *Schwerdtner,* BB 1971, 833, 837; *ders.*, JR 1972, 357, 360; *Kübler*, Verhandlungen des 49. DJT, Bd. I/D, S. 77 f.; im Ergebnis auch *Fitting*, § 118 Rn. 52). Weder das Tarifvertragsgesetz noch das Grundrecht der Koalitionsfreiheit gibt ihnen die Befugnis zur Regelung spezifisch presserechtlicher Materien (vgl. auch *Dütz*, AfP 1989, 605, 606).

240 Eine **zusätzliche Betriebsvertretung** kann durch Tarifvertrag nur im Rahmen von § 3 Abs. 1 Nr. 4 und 5 geschaffen werden. Dieser zusätzlichen betriebsverfassungsrechtlichen Vertretung können **keine Mitwirkungs- und Mitbestimmungsrechte** übertragen werden (s. § 3 Rn. 26 f., 29 f.). § 3 ist deshalb keine Rechtsnorm, auf die eine tarifvertragliche Regelung von Redaktionsvertretungen gestützt werden kann (ebenso zur alten Fassung *GL-Löwisch*, § 118 Rn. 56; *Rüthers,* Tarifmacht und Mitbestimmung in der Presse, S. 39 ff.; *Mayer-Maly,* AR-Blattei: Tendenzbetrieb I, J 1; *Schwerdtner*, JR 1972, 357, 360). Betriebsverfassungsrechtlich hat also der Betriebsrat ein Repräsentationsmonopol (ebenso *Rüthers,* a. a. O., S. 43; *ders.*, DB 1972, 2471, 2473).

III. Rechtsnatur und Rechtswirkungen von Redaktionsstatuten

241 Redaktionsstatute, die eine Redaktionsvertretung vorsehen und ihr Beteiligungsrechte einräumen, sind **keine Betriebsvereinbarungen;** denn Betriebsvereinbarungen können nur zwischen dem Arbeitgeber und dem Betriebsrat abgeschlossen werden. Sie können **auch nicht in einer Betriebsvereinbarung festgelegt** werden; denn der Betriebsrat überschreitet seine funktionelle Zuständigkeit, wenn er einer Redaktionsvertretung Beteiligungsrechte bei der Gestaltung der personellen Zusammensetzung der Redaktion einräumt (ebenso *Fitting*, § 118 Rn. 52; *GL-Löwisch*, § 118 Rn. 57; a. A. *Schwerdtner*, BB 1971, 833, 840 von seinem Standpunkt aus, dass durch eine Betriebsvereinbarung die bestehende Betriebsverfassung erweitert werden kann; dagegen aber *Mayer-Maly,* AfP 1970, 879, 881, DB 1971, 335, 339, AfP 1972, 298, 300 und BB 1973, 761, 767 mit

der Begründung, § 118 Abs. 1 beschränke die Mitbestimmungsmöglichkeiten des Betriebsrats nicht deshalb, um Raum für die Mitbestimmung durch Sondervertretungen zu schaffen, sondern sein Zweck sei es, Betrieben und Unternehmen mit bestimmten Zielsetzungen die mitbestimmungsfreie Verfolgung dieser Ziele zu ermöglichen).

Redaktionsstatute können deshalb **nur als Bestandteil der Einzelarbeitsverträge** mit **242** den Journalisten (ebenso LAG Stuttgart 5. 5. 2000, NZA-RR 2000, 479: Gesamtzusage; bestätigt BAG 19. 6. 2001 AP BetrVG 1972 § 3 Nr. 3 = EzA Nr. 73 zu § 118 BetrVG 1972 *[Auer]*; hierzu auch *Schaffeld*, AfP 2002, 139) oder, soweit sich aus dem Gesellschaftsrecht keine Schranken ergeben, **durch die für das Unternehmen maßgebliche Satzung** rechtsverbindlich festgelegt werden (ebenso im Ergebnis *Mayer-Maly*, AR-Blattei: Tendenzbetrieb I, J 2). Auch hier sind jedoch Grenzen zu beachten: Nach § 3 Abs. 1 Nr. 5 können durch Tarifvertrag zusätzliche betriebsverfassungsrechtliche Vertretungen bestimmt werden. Die Vorgängervorschrift, § 3 Abs. 1 Nr. 1 a. F. hat das BAG mit zwei Beschlüssen vom 19. Februar 1975 (BAG 19. 2. 1975 AP BetrVG 1972 § 5 Nr. 9 und – 1 ABR 94/73 –, jeweils zu III 1 b, c der Gründe) als in dem Sinne zwingend angesehen, dass sie der Bildung anderer Arbeitnehmervertretungen auch auf individualvertraglicher Basis entgegensteht, soweit deren Befugnisse sich mit Kompetenzen des Betriebsrats überschneiden. Demnach ist die Bildung eines Organs zur Repräsentation von Redakteuren nur insoweit als zulässig anzusehen, soweit **Rechte des Betriebsrats nicht beeinträchtigt** werden (s. auch Fitting, § 118 Rn. 51; GK-*Fabricius/Weber* § 118 Rn. 40; DKK-*Wedde*, § 118 Rn. 104; *Seiler* AfP 1999, 7, 17, 18; a. A. *Marhold* AR-Blattei SD 1570 Rn. 180; *Galperin* AfP 1971, 50, 55; beschränkt auf die Bildung von Redaktionsvertretungen durch Tarifvertrag auch *Rüthers* Tarifmacht und Mitbestimmung in der Presse S. 40, 41; *Löffler/Ricker* Handbuch des Presserechts 2. Aufl. Kapitel 38 Rn. 8 bis 10). Art. 5 Abs. 1 Satz 2 GG verwehrt dem Betriebsrat jeden Einfluss auf die Tendenz des Presseerzeugnisses (BVerfG 6. 11. 1979 BVerfGE 52, 283, zu B II 1 b, c der Gründe; 1. Kammer des Ersten Senats 15. Dezember 1999 AP BetrVG 1972 § 118 Nr. 67, zu II 2 b bb der Gründe). Ist der Betriebsrat an der Mitwirkung in Tendenzfragen bereits von Verfassungs wegen gehindert, so können Redaktionsvertretungen, die gerade in Tendenzfragen Beteiligungsbefugnisse ausüben sollen, nicht in Konkurrenz zum Betriebsrat treten.

Redaktionsstatute dürften nicht gegen **zwingende Grundrechte des Herausgebers, 243** insbesondere Art. 5 GG, verstoßen. Weil Redaktionsstatute aber nur im Einverständnis des Arbeitgebers zustande kommen können, ist hier ein großzügiger Maßstab anzulegen. Begrenzt werden sie nur durch die Grenzen eines Verzicht auf Tendenzschutz, s. Rn. 23. Inwieweit ein vollständiger Verzicht des Arbeitgebers möglich ist, hat das BAG offen gelassen (BAG 19. 6. 2001 AP BetrVG 1972 § 3 Nr. 3). Zweifel sind angebracht.

Sechster Teil. Straf- und Bußgeldvorschriften

Vorbemerkung

Abgekürzt zitiertes Schrifttum: *Krumm-Mauermann*, Rechtsgüterschutz durch die Straf- und Bußgeldbestimmungen des Betriebsverfassungsgesetzes, (Diss. Konstanz) 1990; *Le Friant*, Die straf- und verwaltungsrechtliche Verantwortung des Arbeitgebers, 1987; *Sax*, Die Strafbestimmungen des Betriebsverfassungsrechts, Diss. Würzburg 1975; *Schlünder*, Die Rechtsfolgen der Missachtung der Betriebsverfassung durch den Arbeitgeber, (Diss. Freiburg i. Br. 1990) 1991.

Der Sechste Teil des Gesetzes enthält **Straf- und Bußgeldvorschriften**. Er will damit **1** vor allem die Tätigkeit der im BetrVG vorgesehenen Vertretungen der Arbeitnehmer und ihrer Mitglieder sicherstellen (§ 119). Darüber hinaus bedroht er die Verletzung der im Hinblick auf die weitreichende Unterrichtungspflicht des Arbeitgebers (Unternehmers) besonders wichtigen Geheimhaltungspflicht mit Strafe (§ 120). Schließlich bewertet er die Verletzung bestimmter Aufklärungs- und Auskunftspflichten durch den Arbeitgeber als Ordnungswidrigkeit (§ 121).

Die Vorschriften dieses Abschnittes haben **nicht** selbst den Charakter von **Schutzvor- 2 schriften i. S. des § 823 Abs. 2 BGB**. In Betracht kämen nach dem Schutzzweck allein § 119 Abs. 1 Nr. 3 und § 120. Aber die diesen Strafdrohungen zugrunde liegenden Vorschriften der §§ 78 Satz 2, 79, 82 Abs. 2 Satz 3, 83 Abs. 1 Satz 3, 99 Abs. 1 Satz 3 und 102 Abs. 2 Satz 5 sind selbst bereits Schutzgesetze. *Schnorr v. Carolsfeld* (RdA 1962, 400, 401) will dagegen den Bestimmungen des § 119 den Charakter von Schutzvorschriften auch insoweit zusprechen, als sie sich nicht auf ein Gebot beziehen, das selbst ein Schutzgesetz i. S. des § 823 Abs. 2 BGB ist. Da aber die in § 119 genannten Straftatbestände als Schutzvorschriften i. S. des § 823 Abs. 2 BGB insoweit ausscheiden, als es sich um den Schutz des Betriebsrats, des Gesamtbetriebsrats, des Konzernbetriebsrats, der Jugend- und Auszubildendenvertretung, der Gesamt-Jugend- und Auszubildendenvertretung, der Konzern-Jugend- und Auszubildendenvertretung, der Bordvertretung, des Seebetriebsrats, der in § 3 Abs. 1 bezeichneten Vertretungen der Arbeitnehmer, der Einigungsstelle, einer tariflichen Schlichtungsstelle, einer betrieblichen Beschwerdestelle oder des Wirtschaftsausschusses als solche handelt, weil diese nicht vermögensfähig sind und daher auch nicht Träger eines Schadensersatzanspruchs sein können, bleiben nur die Vorschriften, die die einzelnen Mitglieder der in § 119 genannten Gremien oder die Auskunftspersonen nach § 80 Abs. 2 Satz 3 schützen, und diese sind bereits durch § 78 geschützt (ebenso GK-*Oetker*, § 119 Rn. 3, § 120 Rn. 6).

Die §§ 119, 120 sind durch Art. 238 Nr. 6 und 7 EGStGB geändert worden (vgl. **3** Begründung des RegE, BT-Drucks. 7/550, S. 424). Eine neuerliche Änderung der §§ 119–121 erfolgte durch das BetrVerf-Reformgesetz vom 23. 7. 2001 (BGBl. IS. 1852).

§ 119 Straftaten gegen Betriebsverfassungsorgane und ihre Mitglieder

(1) Mit Freiheitsstrafe bis zu einem Jahr oder mit Geldstrafe wird bestraft, wer
1. eine Wahl des Betriebsrats, der Jugend- und Auszubildendenvertretung, der Bordvertretung, des Seebetriebsrats oder der in § 3 Abs. 1 Nr. 1 bis 3 oder 5 bezeichneten Vertretungen der Arbeitnehmer behindert oder durch Zufügung oder Androhung von Nachteilen oder durch Gewährung oder Versprechen von Vorteilen beeinflusst,
2. die Tätigkeit des Betriebsrats, des Gesamtbetriebsrats, des Konzernbetriebsrats, der Jugend- und Auszubildendenvertretung, der Gesamt-Jugend- und Auszubildendenver-

tretung, der Konzern-Jugend- und Auszubildendenvertretung, der Bordvertretung, des Seebetriebsrats, der in § 3 Abs. 1 bezeichneten Vertretungen der Arbeitnehmer, der Einigungsstelle, der in § 76 Abs. 8 bezeichneten tariflichen Schlichtungsstelle, der in § 86 bezeichneten betrieblichen Beschwerdestelle oder des Wirtschaftsausschusses behindert oder stört, oder

3. ein Mitglied oder ein Ersatzmitglied des Betriebsrats, des Gesamtbetriebsrats, des Konzernbetriebsrats, der Jugend- und Auszubildendenvertretung, der Gesamt-Jugend- und Auszubildendenvertretung, der Konzern-Jugend- und Auszubildendenvertretung, der Bordvertretung, des Seebetriebsrats, der in § 3 Abs. 1 bezeichneten Vertretungen der Arbeitnehmer, der Einigungsstelle, der in § 76 Abs. 8 bezeichneten Schlichtungsstelle, der in § 86 bezeichneten betrieblichen Beschwerdestelle oder des Wirtschaftsausschusses um seiner Tätigkeit willen oder eine Auskunftsperson nach § 80 Abs. 2 Satz 3 um ihrer Tätigkeit willen benachteiligt oder begünstigt.

(2) Die Tat wird nur auf Antrag des Betriebsrats, des Gesamtbetriebsrats, des Konzernbetriebsrats, der Bordvertretung, des Seebetriebsrats, einer der in § 3 Abs. 1 bezeichneten Vertretungen der Arbeitnehmer, des Wahlvorstands, des Unternehmers oder einer im Betrieb vertretenen Gewerkschaft verfolgt.

Übersicht

	Rn.
I. Vorbemerkung	1
II. Allgemeiner Teil	4
III. Die einzelnen Straftatbestände	11
1. Wahlbehinderung	11
2. Behinderung der Amtstätigkeit	19
3. Benachteiligung oder Begünstigung der Amtsträger	24
IV. Strafantrag	29
V. Verjährung	37

I. Vorbemerkung

1 Die Vorschrift entspricht § 78 BetrVG 1952. Da das Gesetz die betriebsverfassungsrechtlichen Institutionen erweitert hat, sind auch sie in den Strafschutz aufgenommen worden. Außerdem wird den im Betrieb vertretenen Gewerkschaften ein Antragsrecht eingeräumt (vgl. dazu die Begründung zum RegE, BT-Drucks. VI/1786, S. 58). Durch Art. 238 Nr. 6 EGStGB vom 2. 3. 1974 (BGBl. I S. 469) sind in Abs. 1 die Worte „und mit Geldstrafe oder mit einer dieser Strafen" mit Wirkung vom 1. 1. 1975 durch die Worte „oder mit Geldstrafe" ersetzt worden; Satz 2 in Abs. 2 wurde gestrichen, weil die gleiche Regelung seither § 77 d StGB enthält. Durch das BetrVerf-Reformgesetz vom 23. 7. 2001 (BGBl. I S. 1852) wurden mit Wirkung zum 28. 7. 2001 verschiedene kleinere Änderungen vorgenommen.

2 Die Strafbestimmung hat nur eine geringe praktische Bedeutung (vgl. dazu *Krumm-Mauermann*, Rechtsgüterschutz, S. 33 ff.).

3 Vergleichbare Regelungen finden sich in § 34 SprAuG und § 44 Abs. 1 Nr. 2 EBRG, während im Personalvertretungsrecht und im Recht der Schwerbehindertenvertretung keine entsprechenden Bestimmungen existieren.

II. Allgemeiner Teil

4 Die **Strafdrohung** richtet sich nicht nur gegen den Arbeitgeber und seine Vertreter, sondern **gegen jedermann**, auch gegen Belegschaftsangehörige und sonst im Betrieb tätige Personen, aber auch gegen außerhalb des Betriebs stehende Personen, z. B. die

III. Die einzelnen Straftatbestände **§ 119**

Beauftragten von Gewerkschaften und Arbeitgeberverbänden (LAG Düsseldorf 12. 8. 1993 LAGE § 40 BetrVG 1972 Nr. 42; LG Braunschweig 22. 2. 2008 – 6 KLs 20/07; vgl. ferner LG Braunschweig 25. 1. 2007 – 6 KLs 48/06; s. auch § 20 Rn. 2 und § 78 Rn. 11 und 19). Zur Frage des durch Abs. 1 geschützten Rechtsguts *Dannecker*, FS Gitter, S. 167, 169 ff.; *Pasewaldt*, ZIS 2007, 75 f.

Während § 78 BetrVG 1952 in den hier genannten Fällen ausdrücklich die **vorsätz-** 5 **liche Begehung** der Straftat verlangte, wird jetzt im Gesetzestext nicht mehr erwähnt, dass Vorsatz gegeben sein muss. Der Gesetzgeber hat damit bereits bei Erlass des BetrVG 1972 § 15 StGB i. F. des Zweiten Gesetzes zur Reform des Strafrechts vom 4. 7. 1969 (BGBl. I S. 717) berücksichtigt, obwohl das 2. Strafrechtsreformgesetz erst am 1. 1. 1975 in Kraft getreten ist (vgl. Bericht des BT-Ausschusses für Arbeit und Sozialordnung, *zu* BT-Drucks. VI/2729, S. 35). Nach § 15 StGB ist strafbar nur vorsätzliches Handeln, wenn nicht das Gesetz fahrlässiges Handeln ausdrücklich mit Strafe bedroht. Die Bestrafung kommt deshalb hier nur bei Vorsatz in Betracht, wobei auch ein bedingter Vorsatz genügt; Fahrlässigkeit reicht nicht aus (ebenso OLG Stuttgart 9. 9. 1988 NStZ 1989, 31, 32; *Fitting*, § 119 Rn. 10; GL-*Löwisch*, § 119 Rn. 5; GK-*Oetker*, § 119 Rn. 28 f.; DKK-*Trümner*, § 119 Rn. 29; *Sax*, Strafbestimmungen des Betriebsverfassungsrechts, S. 112; a. A. wegen der Änderung des Gesetzestextes unter Nichtbeachtung der Gesetzesmaterialien und des § 15 StGB: *Brecht*, § 119 Rn. 6).

Die in § 119 genannten Straftaten sind **Vergehen** i. S. des Strafgesetzbuches (§ 12 6 Abs. 2 StGB).

Der **Versuch** ist **nicht strafbar**, da es sich um ein Vergehen handelt und die Strafbarkeit 7 des Versuchs nicht ausdrücklich angeordnet ist (§ 23 Abs. 1 StGB).

Es kommt **jede Tatform** in Betracht: Täterschaft (§ 25 StGB), Anstiftung (§ 26 StGB) 8 oder Beihilfe (§ 27 StGB).

Die **Strafe** ist Freiheitsstrafe bis zu einem Jahr oder Geldstrafe. Das Gesetz enthält seit 9 der Neufassung durch Art. 238 Nr. 6 lit. a EGStGB nicht mehr die ausdrückliche Anordnung, dass neben Freiheitsstrafe auf Geldstrafe erkannt werden kann. Für den Fall, dass der Täter sich durch die Tat bereichert oder zu bereichern versucht hat, ergibt sich aber aus § 41 StGB, dass neben einer Freiheitsstrafe eine Geldstrafe verhängt werden kann, wenn dies auch unter Berücksichtigung der persönlichen und wirtschaftlichen Verhältnisse des Täters angebracht ist.

Das Mindestmaß der Freiheitsstrafe ist ein Monat (§ 38 Abs. 2 StGB). Eine Freiheits- 10 strafe unter sechs Monaten wird aber nur verhängt, wenn besondere Umstände, die in der Tat oder der Persönlichkeit des Täters liegen, die Verhängung einer Freiheitsstrafe zur Einwirkung auf den Täter oder zur Verteidigung der Rechtsordnung unerlässlich machen (§ 47 Abs. 1 StGB). Die Geldstrafe wird seit dem 1. 1. 1975 in Tagessätzen verhängt (§ 40 StGB).

III. Die einzelnen Straftatbestände

1. Wahlbehinderung

a) Strafbar ist die **Behinderung** oder **unzulässige Beeinflussung** der Wahl des Betriebs- 11 rats, der Jugend- und Auszubildendenvertretung, der Bordvertretung, des Seebetriebsrats oder der in § 3 Abs. 1 Nr. 1 bis 3 oder 5 bezeichneten Vertretungen der Arbeitnehmer (Abs. 1 Nr. 1). Der Gesamtbetriebsrat, der Konzernbetriebsrat, die Gesamt-Jugend- und Auszubildendenvertretung und die Konzern-Jugend- und Auszubildendenvertretung sowie der Wirtschaftsausschuss werden hier nicht genannt, weil sie nicht eigentlich gewählt, sondern von den dafür zuständigen Gremien bestimmt werden. Auch die Bildung besonderer betriebsverfassungsrechtlicher Gremien i. S. des § 3 Abs. 1 Nr. 4 steht unter keinem besonderen strafrechtlichen Schutz.

12 b) Unter den **Begriff der Wahl** fallen vorbereitende Maßnahmen, wie die Einberufung und Durchführung einer Betriebsversammlung zur Wahl des Wahlvorstands (vgl. auch BayObLG 29. 7. 1980 AP BetrVG 1972 § 119 Nr. 1) sowie der Wahlvorgang selbst und die Auszählung (LG Braunschweig 28. 4. 1999 NStZ-RR 2000, 93).

13 c) Es muss sich um eine **Behinderung** handeln, und zwar um eine vorsätzliche Behinderung (s. Rn. 5). Der Begriff der Behinderung verlangt nicht, dass es überhaupt nicht zur Wahl kommt, sondern es genügt bereits die Erschwerung (vgl. BayObLG 29. 7. 1980 AP BetrVG 1972 § 119 Nr. 1; GK-*Oetker*, § 119 Rn. 14; *Sax*, Strafbestimmungen, S. 134; *Schnorr v. Carolsfeld*, RdA 1962, 400, 401). Bei Nr. 1 handelt es sich nicht um ein Tätigkeits- (so aber DKK-*Trümner*, § 119 Rn. 1 a), sondern um ein Erfolgsdelikt, so dass eine objektive Wahlbehinderung oder -beeinflussung erforderlich ist und eine lediglich darauf gerichtete Tätigkeit als solche nicht genügt (ebenso GK-*Oetker*, § 119 Rn. 13).

14 Die Behinderung kann durch **positives Handeln**, z. B. durch tatsächliche Verhinderung der Arbeitnehmer an der Abgabe ihrer Stimme, aber auch durch **Unterlassen** erfolgen. Letzteres setzt voraus, dass eine Pflicht zum Handeln besteht, und zwar eine Pflicht, die aus dem Gesetz folgt. Das bedeutet aber nicht, dass die Wahlbehinderung durch Unterlassen lediglich ein unechtes Unterlassungsdelikt darstellt (so im Ergebnis zutreffend *Sax*, Strafbestimmungen, S. 106 ff.; zust. GK-*Oetker*, § 119 Rn. 15). Eine Behinderung kann auch darin liegen, dass die Mitglieder des Wahlvorstands untätig bleiben oder der Arbeitgeber seine Pflicht zur Kostentragung gemäß § 20 Abs. 3 nicht erfüllt. Keine strafbare Behinderung der Wahl liegt darin, dass die Arbeitnehmer von ihrem Wahlrecht keinen Gebrauch machen; denn es besteht nur ein Wahlrecht, aber keine Wahlpflicht.

15 Als Behinderung kommt beispielsweise die Anordnung einer Kündigung wegen Beteiligung an der Wahlvorbereitung (LG Marburg 10. 5. 2007 – 2 Ns 2JS 18719/05; AG Emmendingen 24. 7. 2008 – 5 Cs 440 Js 26354 – AK 329/07) oder Verweigerung des Zutrittsrechts eines Gewerkschaftsbeauftragten (LG Siegen 13. 11. 1986 6 Ls 25 Js 354/84 S 2/85) in Betracht. Gleiches gilt für einen Austausch von Wahlunterlagen (LG Braunschweig 28. 4. 1999 NStZ-RR 2000, 93) oder die eigenmächtige Streichung von Namen und Unterschriften aus einer im Betrieb ausgehängten Wählerliste. Eine unzulässige Wahlbeeinflussung soll im Einzelfall auch darin liegen können, dass der Arbeitgeber einzelne Arbeitnehmer unter Hinweis darauf, dass er sie als leitende Angestellte ansehe, zur Erhebung eines Einspruchs gegen ihre Eintragung in die Wählerliste auffordert (s. LAG Hamm 27. 4. 1972 DB 1972, 1298, LAG Baden-Württemberg 31. 5. 1972 DB 1972, 1392). Eine Behinderung stellt es auch dar, wenn „der amtierende Betriebsrat eine (Neu-)Wahl dadurch vorsätzlich verzögert, dass er die Betriebsvoraussetzungen in Frage stellt oder die Voraussetzungen einer außerplanmäßigen Betriebsratswahl leugnet" (*Rieble/Klebeck*, NZA 2006, 758, 767).

16 Der **Vorsatz** muss sich auf die Behinderung erstrecken, d. h. diesen Erfolg der Handlung umfassen. Es genügt nicht die vorsätzliche Herbeiführung der Umstände, aus denen sich dann objektiv eine Behinderung der Wahl ergibt, wenn diese Behinderung selbst nicht gewollt ist. Doch genügt es, wenn hinsichtlich der Behinderung ein **dolus eventualis** vorliegt, d. h. der Täter damit rechnet, dass durch seine Handlung eine Behinderung der Wahl eintritt, und er diesen Erfolg billigt.

17 d) Der Behinderung der Wahl steht gleich eine **unzulässige Beeinflussung der Wahl**. Zum Straftatbestand gehört nicht, dass das Ergebnis der Wahl wirklich beeinflusst worden ist; die Beeinflussung kann sich auf die Aufstellung der Kandidatenliste beziehen. Jedoch genügt nicht der bloße Versuch (s. auch Rn. 7). Unzulässig ist die Beeinflussung dann, wenn sie durch Zufügung oder Androhung von Nachteilen oder durch Gewährung oder Versprechen von Vorteilen geschieht. Die Androhung oder Zufügung von Nachteilen oder die Gewährung oder das Versprechen von Vorteilen braucht nicht durch den Arbeitgeber oder seine Vertreter zu erfolgen. Die Vorteile oder Nachteile brauchen sich nicht auf die Stellung des Betreffenden im Betrieb zu beziehen; z. B. ist die Andro-

III. Die einzelnen Straftatbestände § 119

hung des Ausschlusses aus der Gewerkschaft bei Kandidatur auf einer gewerkschaftsfreien Liste dann unzulässig, wenn die Gewerkschaft einer Gruppe ihrer Mitglieder die Möglichkeit vorenthält, ihre betriebsverfassungsrechtlichen Wahlinteressen auf der gewerkschaftlich unterstützten Liste in angemessener Weise wahrzunehmen (s. § 20 Rn. 23 ff.). Aber nur wenn die Beeinflussung der Wahl durch diese Mittel erfolgt, ist sie strafbar. Wahlpropaganda ist zulässig; aber auch eine Propaganda, überhaupt keinen Betriebsrat zu wählen, erfüllt nicht die Voraussetzungen des Straftatbestandes.

e) Eine **Bestrafung nach §§ 107 ff. StGB kommt nicht in Betracht**, weil diese Bestimmungen nur für Wahlen zu den Volksvertretungen, für die Wahl der Abgeordneten des Europäischen Parlaments und für sonstige Wahlen und Abstimmungen des Volkes im Bund, in den Ländern, Gemeinden und Gemeindeverbänden sowie für einige andere besonders aufgeführte Fälle gelten (§ 108 d StGB; ebenso BayObLG, AP BetrVG 1972 § 119 Nr. 1; *Fitting*, § 119 Rn. 6; GL-*Löwisch*, § 119 Rn. 12; *Sax*, Strafbestimmungen, S. 135). 18

2. Behinderung der Amtstätigkeit

a) Strafbar ist die **Behinderung** oder **Störung der Tätigkeit des Betriebsrats**, des Gesamtbetriebsrats, des Konzernbetriebsrats, der Jugend- und Auszubildendenvertretung, der Gesamt-Jugend- und Auszubildendenvertretung, der Konzern-Jugend- und Auszubildendenvertretung, der Bordvertretung, des Seebetriebsrats, der in § 3 Abs. 1 bezeichneten Vertretungen der Arbeitnehmer, der Einigungsstelle, der in § 76 Abs. 8 bezeichneten tariflichen Schlichtungsstelle, der in § 86 bezeichneten betrieblichen Beschwerdestelle oder des Wirtschaftsausschusses (Abs. 1 Nr. 2). Damit besteht ein umfassender Strafschutz für die Amtsführung der im Gesetz genannten betriebsverfassungsrechtlichen Institutionen. 19

b) Straftatbestand ist **jeder Eingriff** in die Tätigkeit dieser Stellen, der eine Behinderung oder Störung darstellt Beispiele bei *Fitting*, § 119 Rn. 7). Deren Tätigkeit kann auch dadurch behindert oder gestört werden, dass die einzelnen Mitglieder an der Erfüllung ihrer Aufgaben behindert oder gestört werden. Sie selber können sich aber nur strafbar machen, wenn sie die Tätigkeit eines anderen betriebsverfassungsrechtlichen Gremiums behindern oder stören; denn geschütztes Rechtsgut ist die von außen nicht behinderte oder gestörte Amtstätigkeit. Die Strafdrohung richtet sich daher nicht gegen Mitglieder der betriebsverfassungsrechtlichen Einrichtungen wegen ihres Verhaltens in den Gremien; hier genügt vielmehr die Möglichkeit der Amtsenthebung nach § 23 Abs. 1 (ebenso *Fitting*, § 119 Rn. 8; DKK-*Trümner*, § 119 Rn. 14; GL-*Löwisch*, § 119 Rn. 3; a. A. *Dannecker*, FS Gitter 1995, S. 167, 192; GK-*Oetker*, § 119 Rn. 6; *Schnorr v. Carolsfeld*, RdA 1962, 400, 402, wenn er Strafbarkeit für den Fall annimmt, dass die Betriebsratsmitglieder Obstruktion betreiben). Auch diese Straftat ist ein Erfolgsdelikt und kann sowohl durch Tun wie auch durch Unterlassen geschehen. Auch hier ist die Unterlassung nur strafbar, wenn eine Pflicht zum Handeln besteht, die aus dem Gesetz abzuleiten ist (s. auch Rn. 14). Für den Arbeitgeber besteht z. B. die Pflicht, die materiellen Unterlagen für die Geschäftsführung des Betriebsrats zur Verfügung zu stellen (s. zu weiteren Einzelheiten § 78 Rn. 11 ff.). 20

Eine Behinderung oder Störung der Amtstätigkeit liegt nicht bereits dann vor, wenn der Arbeitgeber es pflichtwidrig versäumt, den Betriebsrat in mitwirkungs- oder mitbestimmungspflichtigen Angelegenheiten zu beteiligen. Notwendig ist hier vielmehr das **subjektive Tatbestandselement** eines **bewussten Beiseiteschiebens**; denn nur dann kann davon die Rede sein, dass eine Behinderung oder Störung der Amtstätigkeit vorliegt (ebenso BAG 20. 9. 1957 AP KSchG § 1 Nr. 34 [Nichtanhörung des Betriebsrats vor der Kündigung von Arbeitnehmern]; GL-*Löwisch*, § 119 Rn. 13; DKK-*Trümner*, § 119 Rn. 13; kritisch zu dieser Formel *Dannecker*, FS Gitter 1995, S. 167, 182; GK-*Oetker*, § 119 Rn. 20; *Pasewaldt*, ZIS 2007, 75, 79). Daher bedeutet nicht jede Verletzung einer 21

Annuß

dem Arbeitgeber obliegenden Aufklärungs- oder Auskunftspflicht eine Straftat i. S. dieser Vorschrift, wie auch dadurch bestätigt wird, dass das Gesetz in § 121 die Verletzung der wichtigsten Aufklärungs- und Auskunftspflichten nur als Ordnungswidrigkeit bewertet.

22   c) Die **Behinderung oder Störung muss vorsätzlich** erfolgen. Der Vorsatz muss sich auf die Störung oder Behinderung erstrecken, nicht nur auf die Tatsachen, die dann objektiv zu einer Behinderung oder Störung führen (s. auch Rn. 5 und 16). Dass durch eine Maßnahme etwa des Arbeitgebers, z. B. die Versetzung eines Betriebsratsmitglieds in eine entfernte Betriebsabteilung, dieses in der Ausübung seiner Tätigkeit tatsächlich behindert wird, genügt noch nicht (vgl. LAG Düsseldorf [Köln] 9. 9. 1961 DB 1961, 1555).

23   d) Unter Nr. 2 soll etwa fallen, wenn der Arbeitgeber gegenüber den Arbeitnehmern ohne vorherige ernsthafte Verhandlungen ankündigt, ihnen werde eine Tariflohnerhöhung zu 100% angerechnet, falls der Betriebsrat nicht einer bestimmten Art der teilweisen Anrechnung zustimme (LAG Frankfurt 28. 1. 1998 8 Sa 2219/96). Gleiches soll gelten, wenn der Arbeitgeber durch betriebsöffentlichen Aushang empfiehlt, eine Betriebsversammlung nicht zu besuchen (OLG Stuttgart 9. 9. 1988 NStZ 1989, 31; dabei ist aber zu bedenken, dass die Betriebsversammlung nicht selbst geschützt ist, weshalb stets danach gefragt werden muss, ob dadurch auch der Betriebsrat in seiner Tätigkeit gestört oder behindert wird; vgl. dazu näher DKK-*Berg*, § 42 Rn. 31 f.) oder wenn er Telefongespräche des Betriebsrats verhindert oder stört (AG Passau 5. 6. 1985 AiB 1992, 42). Auch der Hinweis des Arbeitgebers auf die Kosten der Betriebsratstätigkeit kann nach Ansicht des BAG eine Behinderung der Betriebsratstätigkeit darstellen, wenn nicht erkennbar wird, dass es sich um für die Betriebsratstätigkeit erforderliche und verhältnismäßige Kosten handelt (BAG 12. 11. 1997 AP BetrVG 1972 § 23 Nr. 27).

3. Benachteiligung oder Begünstigung der Amtsträger

24   a) Strafbar ist weiterhin die **Benachteiligung** oder **Begünstigung eines Mitglieds** oder Ersatzmitglieds der im Gesetz genannten betriebsverfassungsrechtlichen Einrichtungen **um seiner Tätigkeit willen** (Abs. 1 Nr. 3). Geschützt werden also die Mitglieder oder Ersatzmitglieder des Betriebsrats, des Gesamtbetriebsrats, des Konzernbetriebsrats, der Jugend- und Auszubildendenvertretung, der Gesamt-Jugend- und Auszubildendenvertretung, der Konzern-Jugend- und Auszubildendenvertretung, der Bordvertretung, des Seebetriebsrats, der in § 3 Abs. 1 bezeichneten Vertretungen der Arbeitnehmer, der Einigungsstelle, der in § 76 Abs. 8 bezeichneten Schlichtungsstelle, der in § 86 bezeichneten betrieblichen Beschwerdestelle und des Wirtschaftsausschusses sowie Auskunftspersonen nach § 80 Abs. 2 Satz 3.

25   b) Der Nachteil oder die Begünstigung bezieht sich auf die **persönliche Rechtsstellung** (s. im Einzelnen § 78 Rn. 19 ff.).

26   c) Es muss sich um eine **vorsätzliche Benachteiligung oder Begünstigung** handeln, und diese muss gerade mit Rücksicht auf die Zugehörigkeit des Betreffenden zum Betriebsrat oder einer anderen, im Gesetz aufgeführten betriebsverfassungsrechtlichen Institution erfolgen. Verfehlt ist hingegen die Forderung nach einer darüber hinausgehenden besonderen Benachteiligungs- oder Begünstigungsabsicht (so aber GK-*Oetker*, § 119 Rn. 31; wie hier *Dannecker*, FS Gitter 1995, S. 167, 183). Eine solche Begünstigung kann beispielsweise in der Zusicherung einer dem Begünstigten nicht zustehenden vorteilhaften Tätigkeitsbezeichnung liegen (Sächsisches LAG 27. 8. 2008 – 2 Sa 752/07). Ebenso gehört dazu jede über das Entgeltausfallprinzip des § 37 Abs. 2 hinausgehende Gegenleistung für die Amtsführung (LG Braunschweig 25. 1. 2007 – 6 KLs 48/06; vgl. dazu *Rieble*, NZA 2008, 276; vgl. auch *Schemmel/Slowinski*, BB 2009, 830, 831 f.; zu den steuerrechtlichen Folgen *Graf/Link*, NJW 2009, 409; siehe ergänzend *Rieble*, BB 2009, 1016).

27   d) **Strafbar** ist **nur derjenige, der** ein Mitglied der genannten Gremien **benachteiligt oder begünstigt**. Das Mitglied selbst steht nur unter Strafdrohung, wenn es andere

IV. Strafantrag § 119

Mitglieder benachteiligt oder begünstigt, – **nicht** aber, wenn es sich selbst **begünstigen lässt** (ebenso LG Braunschweig 22. 2. 2008 – 6 KLs 20/07; *Brecht*, § 119 Rn. 5; *Fitting*, § 119 Rn. 9; *GL-Löwisch*, § 119 Rn. 21; *GK-Oetker*, § 119 Rn. 25). Lässt sich aber ein Betriebsratsmitglied eine Begünstigung gewähren, so liegt darin regelmäßig eine Amtspflichtverletzung, die zur Amtsenthebung nach § 23 berechtigt. Allerdings soll eine Strafbarkeit des begünstigten Betriebsratsmitglieds wegen Anstiftung oder Beihilfe in Betracht kommen, wenn es die Grenzen der notwendigen Teilnahme überschreitet (LG Braunschweig 22. 2. 2008 – 6 KLs 20/07; *Pasewaldt*, ZIS 2007, 75, 80 m. w. N.; *Rieble/ Klebeck*, NZA 2006, 758, 767).

e) Nach Ansicht des LAG München kann es eine strafbare Bevorzugung oder Benachteiligung von Einigungsstellenmitgliedern darstellen, wenn ihnen ohne Vorliegen eines sachlichen Grundes extrem unterschiedliche Vergütungen gewährt werden (LAG München 11. 1. 1991 BB 1991, 551). **28**

IV. Strafantrag

Die Strafverfolgung tritt **nur auf Antrag** ein (Abs. 2). **29**

Antragsberechtigt sind der Betriebsrat, der Gesamtbetriebsrat, der Konzernbetriebsrat, die Bordvertretung, die in § 3 Abs. 1 bezeichneten Arbeitnehmervertretungen, der Seebetriebsrat, der Wahlvorstand, der Unternehmer und jede im Betrieb vertretene Gewerkschaft (s. zum Begriff § 2 Rn. 40 ff. und 66 ff.). Die Gewährung der Antragsberechtigung für die „in § 3 Abs. 1 bezeichneten Vertretungen der Arbeitnehmer" ist nicht unbedingt einsichtig. Mit Blick auf § 3 Abs. 1 Nr. 1–3 hätte es dieser Ergänzung angesichts § 3 Abs. 5 nicht bedurft, so dass sie insbesondere für die zusätzlichen Gremien und Vertretungen nach § 3 Abs. 1 Nr. 4, 5 Bedeutung erlangt. **30**

Der Antrag ist **schriftlich** oder zu Protokoll bei der Staatsanwaltschaft, dem Gericht oder einer Polizeidienststelle zu stellen (§ 158 Abs. 2 StPO). Da es sich um die Verletzung immaterieller Güter handelt, ist das Antragsrecht höchstpersönlich; es kommt nur eine Vertretung in der Erklärung in Betracht. Bei einem Antrag des Betriebsrats wird dessen Vorsitzender im Namen des Betriebsrats tätig, sofern ein entsprechender ordnungsmäßig gefasster Beschluss des Betriebsrats vorliegt. Gleiches gilt für die anderen in Abs. 2 genannten betriebsverfassungsrechtlichen Einrichtungen. Das Erfordernis der Schriftform wird auch durch Telegramm gewahrt (s. zur Form näher Schönke/Schröder-*Stree/Sternberg-Lieben*, § 77 Rn. 34 ff.). Der Antrag muss die Straftat so bezeichnen, dass ihre Identität feststeht. **31**

Der Antrag ist **binnen drei Monaten** zu stellen; diese Frist beginnt mit Ablauf des Tages, an dem der Antragsberechtigte von der Tat und der Person des Täters Kenntnis erlangt (§ 77 b StGB). Beim Betriebsrat, Gesamtbetriebsrat, Konzernbetriebsrat, bei der Bordvertretung, beim Seebetriebsrat und beim Wahlvorstand ist der Zeitpunkt maßgeblich, an dem der Vorsitzende von der Straftat erfährt; denn wie eine diesen betriebsverfassungsrechtlichen Einrichtungen abzugebende Willenserklärung erst mit dem Zugang an deren Vorsitzenden wirksam wird, so ist ihnen eine Kenntnis auch erst mit der Kenntnisnahme durch ihren Vorsitzenden zuzurechnen (ebenso GK-*Oetker*, § 119 Rn. 48; DKK-*Trümner*, § 119 Rn. 22; a. A. *Schnorr v. Carolsfeld*, RdA 1962, 400, 404 Fn. 56). Das Gleiche gilt für die in den nach § 3 Abs. 1 Nr. 1–3 geformten Repräsentationsbereichen gebildeten Arbeitnehmervertretungen (s. § 3 Abs. 5), während es in den Fällen der § 3 Abs. 1 Nr. 4, 5 auf die jeweilige konkrete Organisationsstruktur ankommt. Mit Blick auf die Antragsbefugnis des Unternehmers beginnt, sofern dieser eine juristische Person mit mehreren zur Einzelvertretung befugten gesetzlichen Vertretern ist, die Frist mit Kenntnis eines dieser Vertreter. Entsprechendes gilt, wenn der Unternehmer ein nicht rechtsfähiger Personenverband mit mehreren Vertretungsberechtigten ist. Auch für das Antragsrecht einer im Betrieb vertretenen Gewerkschaft ist maßgebend, dass eine **32**

§ 120

zu ihrer Vertretung satzungsmäßig berechtigte Person Kenntnis erlangt. Kenntnis der Tat und des Täters ist notwendig, aber nicht Kenntnis aller Einzelheiten.

33 Die Frist beginnt mit Ablauf des Tages der Kenntniserlangung (§ 77 b Abs. 2 Satz 1 StGB). Fällt der letzte Tag auf einen Samstag, Sonntag oder Feiertag, so endet die Frist mit Ablauf des nächsten Werktages (§ 77 b Abs. 1 Satz 2 StGB).

34 Der Antrag kann **zurückgenommen** werden. Das war zunächst in Abs. 2 Satz 2 ausdrücklich bestimmt. Die Streichung dieses Satzes durch Art. 238 Nr. 6 lit. b EGStGB hat nicht die Rechtslage geändert; es handelt sich vielmehr nur um eine redaktionelle Angleichung, weil nach § 77 d Abs. 1 Satz 1 StGB allgemein angeordnet ist, dass der Antrag zurückgenommen werden kann (vgl. die Begründung zum RegE, BT-Drucks. 7/550, S. 424). Die Zurücknahme kann bis zum rechtskräftigen Abschluss des Strafverfahrens erklärt werden (§ 77 d Abs. 1 Satz 2 StGB), also auch noch in der zweiten Instanz, wenn die erste Instanz freigesprochen hat. Ein zurückgenommener Antrag kann nicht nochmals gestellt werden (§ 77 d Abs. 1 Satz 3 StGB).

35 Die Stellung eines Antrags stellt weder einen wichtigen Grund zur außerordentlichen Kündigung des Arbeitsverhältnisses noch zur Auflösung des Betriebsrats oder zur Amtsenthebung eines Betriebsratsmitglieds dar. Etwas anderes gilt nur dann, wenn der Antrag offensichtlich missbräuchlich oder bewusst unberechtigt gestellt wird (vgl. auch LAG Baden-Württemberg [Mannheim] 25. 10. 1957 DB 1958, 256; ebenso *Fitting*, § 119 Rn. 14; GL-*Löwisch*, § 119 Rn. 28; HSWGNR-*Hess*, § 119 Rn. 13 c; einschränkend *Bychelberg*, DB 1959, 1112).

36 Stellt die Staatsanwaltschaft das Ermittlungsverfahren ein, besteht die Möglichkeit eines Klageerzwingungsverfahrens nach §§ 172 ff. StPO, sofern der Antragsteller gleichzeitig Verletzter ist. Dabei kommt eine im Betrieb vertretene Gewerkschaft angesichts der Tatbestandsstruktur des Abs. 1 als Verletzte nur in den Fällen des Nr. 1 in Betracht, sofern sie einen eigenen Wahlvorschlag (§ 14 Abs. 3) gemacht hat (a. A. GK-*Oetker*, § 119 Rn. 56, nach dessen Ansicht eine Gewerkschaft als Verletzte überhaupt nicht in Betracht kommt; a. A. *Fitting*, § 119 Rn. 15; DKK-*Trümner*, § 119 Rn. 24, nach denen die Gewerkschaft grundsätzlich in allen Fällen des Abs. 1 i. S. des § 172 StPO verletzt ist).

V. Verjährung

37 Der Antrag kann nicht mehr gestellt werden, wenn die Strafverfolgung verjährt ist. Die Verjährungsfrist beträgt drei Jahre (§ 78 Abs. 3 Nr. 5 StGB).

§ 120 Verletzung von Geheimnissen

(1) Wer unbefugt ein fremdes Betriebs- oder Geschäftsgeheimnis offenbart, das ihm in seiner Eigenschaft als

1. Mitglied oder Ersatzmitglied des Betriebsrats oder einer der in § 79 Abs. 2 bezeichneten Stellen,
2. Vertreter einer Gewerkschaft oder Arbeitgebervereinigung,
3. Sachverständiger, der vom Betriebsrat nach § 80 Abs. 3 hinzugezogen oder von der Einigungsstelle nach § 109 Satz 3 angehört worden ist,
3 a. Berater, der vom Betriebsrat nach § 111 Satz 2 hinzugezogen worden ist,
3 b. Auskunftsperson, die dem Betriebsrat nach § 80 Abs. 2 Satz 3 zur Verfügung gestellt worden ist, oder
4. Arbeitnehmer, der vom Betriebsrat nach § 107 Abs. 3 Satz 3 oder vom Wirtschaftsausschuss nach § 108 Abs. 2 Satz 2 hinzugezogen worden ist,

bekannt geworden und das vom Arbeitgeber ausdrücklich als geheimhaltungsbedürftig bezeichnet worden ist, wird mit Freiheitsstrafe bis zu einem Jahr oder mit Geldstrafe bestraft.

(2) Ebenso wird bestraft, wer unbefugt ein fremdes Geheimnis eines Arbeitnehmers, namentlich ein zu dessen persönlichen Lebensbereich gehörendes Geheimnis, offenbart, das ihm in seiner Eigenschaft als Mitglied oder Ersatzmitglied des Betriebsrats oder einer der in § 79 Abs. 2 bezeichneten Stellen bekannt geworden ist und über das nach den Vorschriften dieses Gesetzes Stillschweigen zu bewahren ist.

(3) ¹Handelt der Täter gegen Entgelt oder in der Absicht, sich oder einen anderen zu bereichern oder einen anderen zu schädigen, so ist die Strafe Freiheitsstrafe bis zu zwei Jahren oder Geldstrafe. ²Ebenso wird bestraft, wer unbefugt ein fremdes Geheimnis, namentlich ein Betriebs- oder Geschäftsgeheimnis, zu dessen Geheimhaltung er nach den Absätzen 1 oder 2 verpflichtet ist, verwertet.

(4) Die Absätze 1 bis 3 sind auch anzuwenden, wenn der Täter das fremde Geheimnis nach dem Tode des Betroffenen unbefugt offenbart oder verwertet.

(5) ¹Die Tat wird nur auf Antrag des Verletzten verfolgt. ²Stirbt der Verletzte, so geht das Antragsrecht nach § 77 Abs. 2 des Strafgesetzbuches auf die Angehörigen über, wenn das Geheimnis zum persönlichen Lebensbereich des Verletzten gehört; in anderen Fällen geht es auf die Erben über. ³Offenbart der Täter das Geheimnis nach dem Tode des Betroffenen, so gilt Satz 2 sinngemäß.

Übersicht

	Rn.
I. Vorbemerkung	1
II. Verletzung von Betriebs- oder Geschäftsgeheimnissen	8
III. Verletzung von Geheimnissen eines Arbeitnehmers	17
IV. Strafrahmen	22
V. Strafantrag	26
VI. Verjährung	28
VII. Konkurrenzen	29
1. Idealkonkurrenz mit § 17 UWG	29
2. Weitere Konkurrenzen	31

I. Vorbemerkung

Die Vorschrift entspricht inhaltlich § 79 BetrVG 1952. Sie ist aber anders als dort durch den BT-Ausschuss für Arbeit und Sozialordnung als selbständiger Tatbestand gestaltet und damit übersichtlicher und verständlicher als bisher; außerdem wurde auf Empfehlung des Bundesrates in Abs. 2 ein Straftatbestand aufgenommen, der auch die Geheimnisse der Arbeitnehmer unter denselben Schutz stellt (*zu* BT-Drucks. VI/2729, S. 35). **1**

Die Bestimmung wies in ihrer ursprünglichen Fassung legislatorische Defekte auf. Man hatte übersehen, dass die Geheimhaltungspflicht nicht nur durch eine *Offenbarung*, sondern auch durch eine *Verwertung* des Betriebs- oder Geschäftsgeheimnisses verletzt werden kann. Durch die Anfügung des Satzes 2 in Abs. 3 wurde durch Art. 238 Nr. 7 lit. a EGStGB vom 2. 3. 1974 (BGBl. I S. 469) mit Wirkung vom 1. 1. 1975 ergänzend angeordnet, dass derjenige, der unbefugt ein fremdes Geheimnis, namentlich ein Betriebs- oder Geschäftsgeheimnis, zu dessen Geheimhaltung er nach Abs. 1 oder 2 verpflichtet ist, verwertet, ebenso bestraft wird wie derjenige, der bei der unbefugten Offenbarung gegen Entgelt oder in der Absicht, sich oder einen anderen zu bereichern oder einen anderen zu schädigen, handelt. **2**

Durch Art. 238 Nr. 7 lit. b EGStGB wurde außerdem Abs. 4 eingefügt. **3**

4   Der bisherige Abs. 4 wurde dadurch Abs. 5 (Art. 238 Nr. 7 lit. c EGStGB). Satz 2, der in seiner ursprünglichen Fassung die Anordnung enthielt, dass der Antrag zurückgenommen werden kann, wurde durch § 77 d Abs. 1 Satz 1 StGB überflüssig (s. § 119 Rn. 34).

5   Durch das BetrVerf-Reformgesetz vom 23. 7. 2001 (BGBl. I S. 1852) wurde Abs. 1 mit Wirkung zum 28. 7. 2001 um die Tatbestände Nr. 3 a und 3 b ergänzt.

6   Die Bestimmung weist gewisse Schutzlücken auf. So ist die unbefugte Offenbarung von persönlichen Verhältnissen und Angelegenheiten der Arbeitnehmer, die ihrer Bedeutung oder ihrem Inhalt nach einer vertraulichen Behandlung bedürfen, nur strafbar, wenn der Betreffende insoweit nach den Vorschriften dieses Gesetzes Stillschweigen zu bewahren hat. Da der Arbeitgeber verpflichtet ist, dem Betriebsrat alle ihm bekannt werdenden Fälle der Schwangerschaft von Arbeitnehmerinnen unaufgefordert mitzuteilen (s. § 80 Rn. 59), insoweit aber im Gesetz nicht ausdrücklich angeordnet ist, dass die Mitglieder des Betriebsrats zur Geheimhaltung verpflichtet sind, steht hier wegen des Analogieverbots im Strafrecht der Bruch der Geheimhaltung beispielsweise nicht unter der Strafdrohung des Abs. 2 (s. auch § 79 Rn. 32).

7   Der Gesetzestext enthält außerdem in Abs. 1 Nr. 4 einen **Redaktionsfehler**; denn die Arbeitnehmer werden nach § 108 Abs. 2 Satz 2 nicht vom Wirtschaftsausschuss, sondern vom Arbeitgeber hinzugezogen (s. § 108 Rn. 18 f.; ebenso GL-*Löwisch*, § 120 Rn. 7). Vergleichbare Strafvorschriften finden sich in § 35 SprAuG, §§ 43, 44 Abs. 1 Nr. 1 EBRG, 155 SGB IX.

II. Verletzung von Betriebs- oder Geschäftsgeheimnissen

8   Für den **objektiven Teil des Tatbestands** ist erforderlich, dass jemand ein fremdes Betriebs- oder Geschäftsgeheimnis offenbart (oder verwertet), das ihm in seiner Eigenschaft als Mitglied oder Ersatzmitglied des Betriebsrats oder einer der in § 79 Abs. 2 bezeichneten Stellen, als Vertreter einer Gewerkschaft oder Arbeitgebervereinigung, als Sachverständiger, der vom Betriebsrat nach § 80 Abs. 3 hinzugezogen oder von der Einigungsstelle nach § 109 Satz 3 angehört worden ist, als Berater i. S. des § 111 Satz 2 bzw. als Auskunftsperson nach § 80 Abs. 2 Satz 3, oder als Arbeitnehmer, der vom Betriebsrat nach § 107 Abs. 3 Satz 3 oder vom Arbeitgeber zu einer Sitzung des Wirtschaftsausschusses nach § 108 Abs. 2 Satz 2 hinzugezogen worden ist (s. Rn. 7), bekannt geworden und das vom Arbeitgeber ausdrücklich als geheimhaltungsbedürftig bezeichnet worden ist.

9   Hinsichtlich der „in § 79 Abs. 2 bezeichneten Stellen" wird bisweilen insbesondere unter Berufung auf den Wortlaut die Ansicht vertreten, es würden nur Mitglieder der Einigungsstelle, der tariflichen Schlichtungsstelle sowie der betrieblichen Beschwerdestelle erfasst (so GK-*Oetker*, § 120 Rn. 23; DKK-*Trümner*, § 120 Rn. 5 f.; mit Blick auf Abs. 2 auch *Tag*, BB 2001, 1578, 1580 f.), doch dürfte das unzutreffend sein. Was zunächst die Teleologie sowie die in der Begründung des Gesetzentwurfs zum Ausdruck gelangende Intention des Gesetzgebers angeht, so kommt angesichts der eindeutigen Anlehnung der Nr. 1 an § 79 (vgl. auch Begr. RegE VI/1786, S. 59) nur eine Interpretation in Betracht, welche die Mitglieder sämtlicher der in § 79 Abs. 2 bezeichneten Gremien und Organisationen der Strafandrohung unterwirft, schon um nicht angesichts § 78 Abs. 1 Satz 4 teleologisch nicht zu rechtfertigende Strafbarkeitslücken entstehen zu lassen. Gestützt wird dieses Ergebnis durch die Zusammenfassung der Mitglieder einer der in § 79 Abs. 2 genannten Stellen mit den nicht in § 79 Abs. 1, sondern nur in § 79 Abs. 2 angesprochenen Mitgliedern und Ersatzmitgliedern des Betriebsrats in Nr. 1. Die sich bei diesem Verständnis ergebende doppelte Erfassung der in Nr. 2 ausdrücklich angesprochenen Vertreter einer Gewerkschaft oder Arbeitgebervereinigung spricht nicht gegen ein solches Verständnis, sondern erscheint unter Berücksichtigung der Nr. 3–4 als

II. Verletzung von Betriebs- oder Geschäftsgeheimnissen § 120

Folge des Bestrebens, den Kreis der nicht den unmittelbaren Vertretungs- und Handlungsgremien der Betriebsverfassung angehörenden Personen, die von der Strafandrohung erfasst werden, ausdrücklich zu benennen. Aus dem Wortlaut ergibt sich nichts anderes, sondern im Gegenteil stützt auch er die vorangehenden Überlegungen. Zunächst ist darauf hinzuweisen, dass das BetrVG den allgemeinen Begriff der „Stelle" selbst nur in einem funktionalen Sinne gebraucht, wie ein Blick in §§ 84, 89, 96 und insbesondere in § 110 Abs. 1 bestätigt. „Stelle" meint wie dort, so auch in Nr. 1 nichts anderes als jenen Aufgabenkomplex, der durch die Gesamtheit der dem jeweiligen Aufgabenträger zugewiesenen Aufgaben beschrieben wird. Nur so lässt sich auch die Verwendung des Begriffs in Nr. 1 verstehen, und deshalb werden die Mitglieder sämtlicher der in § 79 Abs. 2 bezeichneten Gremien und Organisationen erfasst (wie hier im Ergebnis HSWGNR-*Hess*, § 120 Rn. 7; GK-*Kraft*, 4. Aufl. 1990, § 120 Rn. 5; Galperin-*Löwisch*, § 120 Rn. 6; WP-*Preis*, § 120 Rn. 13; *Sax*, Strafbestimmungen, S. 51). Schließlich stützt dieses Ergebnis ein Blick in das StGB, beispielhaft in § 164 Abs. 2 und in §§ 153 f., wo der Begriff der „Stelle" ebenfalls nur in einem funktionalen Sinn gebraucht wird.

Strafbar ist nur die Offenbarung (oder Verwertung) von **Betriebs- oder Geschäfts-** 10 **geheimnissen,** also nicht von sonstigen vertraulichen Angaben. Der Begriff des Betriebs- oder Geschäftsgeheimnisses ist hier ebenso zu verstehen wie im Rahmen von § 79 (s. dort Rn. 4 f.). Notwendig ist auch hier, dass das Betriebs- oder Geschäftsgeheimnis vom Arbeitgeber **ausdrücklich als geheimhaltungsbedürftig bezeichnet** worden ist (s. § 79 Rn. 6 f.). Das Betriebs- oder Geschäftsgeheimnis muss dem Täter in der in Abs. 1 umschriebenen Eigenschaft bekannt geworden sein (s. § 79 Rn. 8).

Tathandlung ist in Abs. 1 die **Offenbarung des Betriebs- oder Geschäftsgeheimnisses.** 11 Es ist offenbart, wenn es einem Dritten mitgeteilt wird, der nicht zu dem Personenkreis gehört, dem der Arbeitgeber das Betriebs- oder Geschäftsgeheimnis mitgeteilt hat. Eine förmliche Mitteilung ist nicht erforderlich, sondern es genügt, dass dem Dritten die Einsicht in Unterlagen gewährt wird, die das Betriebs- oder Geschäftsgeheimnis enthalten. Erforderlich ist aber, dass das Geheimnis dem Empfänger noch nicht bekannt war, weil anderenfalls nur ein (strafloser) Versuch vorliegt. Der Strafbarkeit steht grundsätzlich nicht entgegen, dass der Empfänger selbst zur Verschwiegenheit verpflichtet ist (GK-*Oetker*, § 120 Rn. 11).

Wie sich aus Abs. 3 Satz 2 ergibt, kann Tathandlung auch die **Verwertung** eines 12 Betriebs- oder Geschäftsgeheimnisses sein. Verwerten ist die wirtschaftliche Ausnutzung zum Zwecke der Gewinnerzielung auf andere Weise als durch Offenbaren (vgl. Begründung des RegE zu § 204 StGB, BT-Drucks. 7/550 S. 244; *Fischer*, StGB, § 204 Rn. 3). Die Verletzung der Geheimhaltung durch Verwerten ist deshalb nicht eine Qualifizierung des Offenbarungstatbestandes, sondern bildet einen eigenen Grundtatbestand. Lediglich hinsichtlich des Strafrahmens wird der Verwertungstatbestand ebenso behandelt wie der qualifizierte Offenbarungstatbestand (s. Rn. 25).

Die **Offenbarung** bzw. **Verwertung** des Betriebs- oder Geschäftsgeheimnisses muss 13 **unbefugt** erfolgen. Unbefugt ist sie, wenn sie ohne Erlaubnis des Arbeitgebers erfolgt und nicht durch ein Recht zur Mitteilung oder Verwertung gedeckt wird. Die Offenbarung oder Verwertung ist also nur insoweit unbefugt, als sie eine Verletzung der Geheimhaltungspflicht nach § 79 darstellt (s. § 79 Rn. 12 ff. und § 89 Rn. 18). Die Geheimhaltungspflicht bleibt auch bestehen, wenn der Arbeitgeber stirbt. Deshalb ist auch strafbar, wer das Betriebs- oder Geschäftsgeheimnis nach dem Tode des Arbeitgebers unbefugt offenbart oder verwertet (Abs. 4).

Zum subjektiven Teil des Tatbestands gehört **Vorsatz**; Fahrlässigkeit genügt nicht (s. 14 § 119 Rn. 5).

Da die Straftat ein **Vergehen** ist (§ 12 Abs. 2 StGB) und der Versuch eines Vergehens 15 nur strafbar ist, wenn das Gesetz es ausdrücklich bestimmt (§ 23 Abs. 1 StGB), ist der **Versuch** hier **straflos.**

Annuß

16 Täter kann nur sein, wer in Abs. 1 benannt ist und zur Geheimhaltung des Betriebs- oder Geschäftsgeheimnisses verpflichtet ist. **Teilnahme** durch Anstiftung (§ 26 StGB) oder Beihilfe (§ 27 StGB) ist möglich. Ist aber der Teilnehmer kein zur Wahrung des Geheimnisses Mitverpflichteter, so gilt für ihn § 28 Abs. 1 StGB (str., vgl. auch *Fischer*, StGB § 203 Rn. 49).

III. Verletzung von Geheimnissen eines Arbeitnehmers

17 Nach Abs. 2 wird ebenso bestraft, wer **unbefugt** ein **fremdes Geheimnis eines Arbeitnehmers,** namentlich ein zu dessen persönlichem Lebensbereich gehörendes Geheimnis, offenbart, das ihm in seiner Eigenschaft als Mitglied oder Ersatzmitglied des Betriebsrats oder einer der in § 79 Abs. 2 bezeichneten Stellen bekannt geworden ist und über das nach den Vorschriften dieses Gesetzes **Stillschweigen zu bewahren** ist (zum Schutzzweck *Tag*, BB 2001, 1578, 1579 f.). Damit berücksichtigt das Gesetz, dass Mitglieder oder Ersatzmitglieder des Betriebsrats in ihrer amtlichen Eigenschaft Tatsachen erfahren, die ihrer Natur nach vertraulich zu behandeln sind, insbesondere, wenn es sich um persönliche Verhältnisse und Angelegenheiten handelt, die dem Betriebsrat im Rahmen seiner Beteiligung bei personellen Einzelmaßnahmen bekannt werden, wie Familienverhältnisse, Krankheiten und Vorstrafen. Doch muss es sich um ein Geheimnis handeln, also um Tatsachen, die nur einem beschränkten Kreis von Personen bekannt sind und an deren Geheimhaltung der Geheimnisträger ein Interesse hat.

18 Der **Straftatbestand** ist auf den **Bruch eines Geheimnisses** beschränkt, über das **nach den Vorschriften dieses Gesetzes Stillschweigen zu bewahren** ist. Strafbewehrt ist also die Schweigepflicht nur insoweit, als sie sich aus § 82 Abs. 2 Satz 3, § 83 Abs. 1 Satz 3, § 99 Abs. 1 Satz 3 und § 102 Abs. 2 Satz 5 ergibt, nicht dagegen, soweit man in Analogie zu diesen Vorschriften unter Berücksichtigung des Gebots der vertrauensvollen Zusammenarbeit zum Wohl der Arbeitnehmer und des Betriebs eine Schweigepflicht hinsichtlich weiterer vertraulicher Angaben über persönliche Verhältnisse oder Angelegenheiten eines Arbeitnehmers annimmt, wie z. B. im Zusammenhang mit der Offenbarungspflicht des Arbeitgebers über die Schwangerschaft einer Arbeitnehmerin (s. § 79 Rn. 32). Wegen des Analogieverbots im Strafrecht steht der Bruch der Geheimhaltung in diesen Fällen nicht unter der Strafdrohung dieser Bestimmung.

19 Das Gesetz verlangt, dass es sich um das Geheimnis eines Arbeitnehmers handelt; es ist aber nicht erforderlich, dass der Geheimnisträger bereits in einem Arbeitsverhältnis zu dem Inhaber des Betriebs steht, sondern es genügt, dass er sich um einen Arbeitsplatz bewirbt und der Täter kraft seines Amtes als Betriebsratsmitglied bei der Beteiligung nach § 99 das Geheimnis erfährt (a. A. WP-*Preis*, § 120 Rn. 21).

20 **Tathandlung** ist entweder die **Offenbarung** oder **Verwertung des Geheimnisses** (s. auch Rn. 11 f.). Sie erfüllt den Straftatbestand aber nur, wenn die Offenbarung oder Verwertung **unbefugt** erfolgt (s. Rn. 13). Vor allem hier ist von Bedeutung, dass der Straftatbestand auch gegeben ist, wenn der Täter das fremde Geheimnis nach dem Tode des Betroffenen unbefugt offenbart oder verwertet (Abs. 4).

21 Im Übrigen gilt Gleiches wie bei der Verletzung eines fremden Betriebs- oder Geschäftsgeheimnisses (s. Rn. 14).

IV. Strafrahmen

22 Besteht die Tathandlung in der **Offenbarung des Geheimnisses**, so wird die Straftat mit Freiheitsstrafe bis zu einem Jahr oder mit Geldstrafe bestraft (Abs. 1 und 2). Der Strafrahmen ist also für das Grunddelikt des Offenbarungstatbestandes der gleiche wie in § 119 (s. dort Rn. 10).

VII. Konkurrenzen

Die in Abs. 1 und Abs. 2 umschriebenen Offenbarungstatbestände erhalten durch Abs. 3 Satz 1 eine **Qualifizierung**, wenn der Täter **gegen Entgelt** oder in der **Absicht** handelt, **sich oder einen anderen zu bereichern oder einen anderen zu schädigen**. Beim Handeln gegen Entgelt wird der *objektive Tatbestand*, beim Handeln in der Absicht, sich oder einen anderen zu bereichern oder einen anderen zu schädigen, der *subjektive Tatbestand* qualifiziert. Der Täter handelt gegen Entgelt, wenn er für die Offenbarung des Geheimnisses eine Gegenleistung erhält. Absicht, sich oder einen anderen zu bereichern oder einen anderen zu schädigen, liegt vor, wenn die unbefugte Offenbarung des Geheimnisses zu diesem Zweck erfolgt. Notwendig ist hier nur die „überschießende Innentendenz"; nicht erforderlich ist, dass die Bereicherung oder der Schaden tatsächlich eingetreten ist (ebenso GK-*Oetker*, § 120 Rn. 54 und 56; WP-*Preis*, § 120 Rn. 23). 23

Liegt die Qualifizierung vor, so ist die Strafe Freiheitsstrafe bis zu zwei Jahren oder Geldstrafe (Abs. 3 Satz 1; s. auch § 119 Rn. 9 f.). 24

Besteht die Straftat in der **Verwertung des Geheimnisses**, so wird sie ebenso bestraft wie die qualifizierte Offenbarungsstraftat: Die Strafe ist Freiheitsstrafe bis zu zwei Jahren oder Geldstrafe (Abs. 3 Satz 2; s. Rn. 24). 25

V. Strafantrag

Die Straftaten werden nur auf **Antrag des Verletzten** verfolgt (Abs. 5 Satz 1). Verletzter ist der Geheimnisgeschützte, also im Rahmen von Abs. 1 der Arbeitgeber, im Rahmen von Abs. 2 der Arbeitnehmer. Stirbt der Arbeitgeber, so geht sein Antragsrecht auf die Erben über (Abs. 5 Satz 2 Halbsatz 2). Stirbt der Arbeitnehmer, so geht das Antragsrecht, wenn das Geheimnis zu seinem persönlichen Lebensbereich gehört, auf die Angehörigen, sonst auf die Erben über (Abs. 5 Satz 2). Offenbart der Täter das Geheimnis erst nach dem Tod der geheimnisgeschützten Person, so sind, wenn das Geheimnis zum persönlichen Lebensbereich des Verletzten gehört, dessen Angehörige, sonst dessen Erben antragsberechtigt (Abs. 5 Satz 3). 26

Über die Form des Antrags s. § 119 Rn. 31, über die Frist § 119 Rn. 32 f.; auch hier kann der Antrag zurückgenommen werden, s. hierzu § 119 Rn. 34. 27

VI. Verjährung

Der Strafantrag kann nicht mehr gestellt werden, wenn die Strafverfolgung verjährt ist. Die Verjährungsfrist beträgt für das Grunddelikt der unbefugten Offenbarung drei Jahre (§ 78 Abs. 3 Nr. 5 StGB), für den Qualifikationstatbestand der Offenbarung und für die Verwertungstat dagegen fünf Jahre (§ 78 Abs. 3 Nr. 4 StGB). 28

VII. Konkurrenzen

1. Idealkonkurrenz mit § 17 UWG

Bei unbefugter **Offenbarung oder Verwertung eines Betriebs- oder Geschäftsgeheimnisses** ist Idealkonkurrenz mit § 17 UWG möglich (ebenso GL-*Löwisch*, § 120 Rn. 10; GK-*Oetker*, § 120 Rn. 62). Durch diese Bestimmung wird mit Freiheitsstrafe bis zu drei Jahren oder mit Geldstrafe bedroht, wer ein ihm als Arbeitnehmer vermöge des Arbeitsverhältnisses anvertrautes oder zugänglich gewordenes Geschäfts- oder Betriebsgeheimnis verrät, wenn dies während des Arbeitsverhältnisses zu Zwecken des Wettbewerbs oder aus Eigennutz oder in der Absicht geschieht, dem Inhaber des Geschäftsbetriebes Schaden zuzufügen. Gleiches gilt, wenn jemand ein Geschäfts- oder Betriebsgeheimnis, das ihm auf gleiche Weise anvertraut worden oder zugänglich geworden ist oder das er 29 durch eine gegen das Gesetz oder die guten Sitten verstoßende eigene Handlung erlangt hat, zu Zwecken des Wettbewerbes oder aus Eigennutz unbefugt verwertet oder an jemand mitteilt.

30 Nach § 19 UWG sind auch Verleiten und Erbieten zum Verrat bereits Vorbereitungshandlungen strafbar. Die Strafverfolgung tritt aber auch hier nur auf Antrag ein (§ 19 Abs. 4 UWG).

2. Weitere Konkurrenzen

31 Eine **unechte Gesetzeskonkurrenz** liegt mit § 44 BDSG vor; denn diese Strafvorschrift ist **subsidiär** (vgl. § 1 Abs. 4 BDSG; ebenso *Fitting*, § 120 Rn. 11; GK-*Oetker*, § 120 Rn. 62; DKK-*Trümner*, § 120 Rn. 14; *Krumm-Mauermann*, Rechtsgüterschutz, S. 120 f.).

32 Bei Rechtsanwälten kommt eine **Idealkonkurrenz** mit §§ 203 Abs. 1 Nr. 3, 204 StGB in Betracht, wenn sie Mitglied einer Einigungsstelle sind (ebenso GK-*Oetker*, § 120 Rn. 63).

§ 121 Bußgeldvorschriften

(1) **Ordnungswidrig handelt, wer eine der in § 90 Abs. 1, 2 Satz 1, § 92 Abs. 1 Satz 1 auch in Verbindung mit Abs. 3, § 99 Abs. 1, § 106 Abs. 2, § 108 Abs. 5, § 110 oder § 111 bezeichneten Aufklärungs- oder Auskunftspflichten nicht, wahrheitswidrig, unvollständig oder verspätet erfüllt.**

(2) **Die Ordnungswidrigkeit kann mit einer Geldbuße bis zu zehntausend Euro geahndet werden.**

Abgekürzt zitiertes Schrifttum: *Growe*, Ordnungswidrigkeitenverfahren nach dem Betriebsverfassungsrecht, (Diss. Bremen 1988) 1990.

Übersicht

	Rn.
I. Vorbemerkung	1
II. Verletzung der Aufklärungs- oder Auskunftspflichten als Ordnungswidrigkeitentatbestand	3
1. Aufklärungs- oder Auskunftspflichten	3
2. Täter	5
3. Tathandlungen	6
4. Vorsatz	9
5. Verbotsirrtum	11
III. Verhängung der Geldbuße	12
IV. Verfahren	15
V. Verjährung	18

I. Vorbemerkung

1 Die Verletzung bestimmter Aufklärungs- oder Auskunftspflichten war in § 78 Abs. 1 lit. d BetrVG 1952 unter Strafe gestellt. Der Gesetzgeber hat den Vergehenstatbestand zu einer Ordnungswidrigkeit herabgestuft, wobei der Schutzbereich erweitert wurde. Die Ersetzung der Überschrift „Ordnungswidrigkeiten" durch „Bußgeldvorschriften" und eine redaktionelle Überarbeitung des Abs. 1 erfolgte durch Art. 1 Nr. 25 der Novelle vom 20. 12. 1988 (BGBl. I S. 2312). Der Höchstbetrag der möglichen Geldbuße

II. Verletzung der Aufklärungs- oder Auskunftspflicht § 121

wurde durch das 4. Euro-Einführungsgesetz vom 21. 12. 2000 (BGBl. I S. 1983) mit Wirkung zum 1. 1. 2002 von DM 20 000 auf € 10 000 umgestellt.

Ähnliche Bestimmungen finden sich in § 36 SprAuG, § 45 EBRG und § 156 Abs. 1 Nr. 7 und 9 SGB IX.

II. Verletzung der Aufklärungs- oder Auskunftspflichten als Ordnungswidrigkeitentatbestand

1. Aufklärungs- oder Auskunftspflichten

a) Die **Aufzählung** der Aufklärungs- oder Auskunftspflichten, deren Verletzung eine Ordnungswidrigkeit darstellt, ist **abschließend** (ebenso *Fitting*, § 121 Rn. 3; GL-*Löwisch*, § 121 Rn. 5; GK-*Oetker*, § 121 Rn. 10; HSWGNR-*Hess*, § 121 Rn. 4). Soweit eine Aufklärungs- oder Auskunftspflicht hier nicht aufgeführt ist, kommt auch eine Bestrafung nach § 119 Abs. 1 Nr. 2 nur dann in Betracht, wenn dadurch die Amtstätigkeit behindert oder gestört wird (s. dort Rn. 21). Da die Verletzung der umfassenden Unterrichtungspflicht nach § 80 Abs. 2 hier nicht als Ordnungswidrigkeit genannt wird, kommt deshalb eine Bestrafung nur in Betracht, wenn dadurch der Tatbestand der Behinderung oder Störung der Betriebsratstätigkeit gegeben ist (ebenso DKK-*Trümner*, § 121 Rn. 2).

b) Die **Verletzung folgender Aufklärungs- oder Auskunftspflichten** wird als Ordnungswidrigkeit geahndet:

– Pflicht zur rechtzeitigen Unterrichtung über die Planung von Neu-, Um- und Erweiterungsbauten von Fabrikations-, Verwaltungs- und sonstigen betrieblichen Räumen, von technischen Anlagen, von Arbeitsverfahren und Arbeitsabläufen oder der Arbeitsplätze (§ 90 Abs. 1 und Abs. 2 Satz 1; s. dort Rn. 7 ff.; vgl. dazu OLG Düsseldorf 8. 4. 1982 BB 1982, 1113).
– Pflicht zur rechtzeitigen und umfassenden Unterrichtung über die Personalplanung, insbesondere über den gegenwärtigen und künftigen Personalbedarf sowie über die sich daraus ergebenden personellen Maßnahmen und Maßnahmen der Berufsbildung an Hand von Unterlagen (§ 92 Abs. 1 Satz 1; s. dort Rn. 3 ff., 24 ff.; vgl. dazu OLG Hamm 7. 12. 1977 DB 1978, 748 f.; Regprä s. Tübingen 8. 1. 1992 AiB 1992, 461, 462).
– Pflicht zur rechtzeitigen und umfassenden Unterrichtung über Maßnahmen i. S. des § 80 Abs. 1 Nr. 2 a (Maßnahmen zur Durchsetzung der tatsächlichen Gleichstellung, § 92 Abs. 3; s. dort Rn. 51).
– Pflicht zur Unterrichtung vor jeder Einstellung, Eingruppierung, Umgruppierung und Versetzung gemäß § 99 Abs. 1 (s. dort Rn. 130 ff.; vgl. dazu Hamburg AS113-Owi 1170/81-AS21-B AiB 1993, 42 f.).
– Pflicht zur rechtzeitigen Unterrichtung des Wirtschaftsausschusses über die wirtschaftlichen Angelegenheiten des Unternehmens unter Vorlage der erforderlichen Unterlagen, soweit dadurch nicht die Betriebs- und Geschäftsgeheimnisse des Unternehmens gefährdet werden, sowie über die sich daraus ergebenden Auswirkungen auf die Personalplanung (§ 106 Abs. 2; s. dort 20 ff.; vgl. dazu OLG Karlsruhe 7. 6. 1985 AP BetrVG 1972 § 121 Nr. 1; OLG Hamburg 4. 6. 1985 NZA 1985, 568, 569).
– Pflicht zur Erläuterung des Jahresabschlusses gegenüber dem Wirtschaftsausschuss unter Beteiligung des Betriebsrats (§ 108 Abs. 5; s. dort Rn. 36 ff.).
– Pflicht zur Unterrichtung der Arbeitnehmer über die wirtschaftliche Lage und Entwicklung des Unternehmens gemäß § 110 (s. dort Rn. 2 ff.; vgl. dazu OLG Hamm 7. 12. 1977, 748 f.).
– Pflicht zur rechtzeitigen und umfassenden Unterrichtung über geplante Betriebsänderungen (s. § 111 Rn. 136 ff.; vgl. dazu OLG Hamm 7. 12. 1977 DB 1978, 748 f.; OLG Hamburg 4. 6. 1985, 568, 569; OLG Stuttgart 22. 11. 1984 AuR 1985, 293).

2. Täter

5   Es handelt sich um Pflichten des Arbeitgebers bzw. des Unternehmers. Dennoch bedroht die Vorschrift *jeden*, „wer" die hier genannten Aufklärungs- und Auskunftspflichten nicht, wahrheitswidrig, unvollständig oder verspätet erfüllt. Darin kommt zum Ausdruck, dass Normadressat der Bußgelddrohung nicht nur der Arbeitgeber bzw. der Unternehmer ist, sondern bei juristischen Personen auch die Mitglieder des Organs, das zur gesetzlichen Vertretung der juristischen Person berufen ist (s. § 5 Rn. 153 ff.), bei einer Personenhandelsgesellschaft deren vertretungsberechtigte Gesellschafter (s. § 5 Rn. 164 ff.) und sonst der gesetzliche Vertreter eines anderen sowie Personen, die der Arbeitgeber bzw. Unternehmer beauftragt hat, in eigener Verantwortung die Aufklärungs- und Auskunftspflichten zu erfüllen (vgl. auch § 9 OWiG). Eine Beteiligung nach § 14 OWiG ist möglich, auch wenn der Beteiligte nicht selbst Adressat der Aufklärungspflicht ist (GK-*Oetker*, § 121 Rn. 30).

3. Tathandlungen

6   Der Tatbestand der Ordnungswidrigkeit ist nicht nur gegeben, wenn die Aufklärung oder Unterrichtung **unterlassen** ist, sondern er ist auch verwirklicht, wenn die Aufklärung oder Unterrichtung **wahrheitswidrig, unvollständig** oder **verspätet** erfolgt ist.

7   Bei der Frage, ob die Aufklärung oder Auskunft *vollständig* gegeben ist, muss berücksichtigt werden, dass häufig nicht abstrakt und ein für allemal festgelegt werden kann, wo im Einzelfall die Grenze zu ziehen ist. Bedenken bestehen deshalb wegen des Bestimmtheitsgrundsatzes (Art. 103 Abs. 2 GG; vgl. GK-*Oetker*, § 121 Rn. 18; *Krumm-Mauermann*, Rechtsgüterschutz, S. 162 ff.). Eine Ordnungswidrigkeit kann daher nur angenommen werden, wenn die Aufklärung oder Auskunft offensichtlich unvollständig ist, also wesentliche Angaben nicht gemacht werden. Entscheidend ist, ob die Angabe für die Stellungnahme desjenigen von Bedeutung ist, dem gegenüber die Aufklärung oder Auskunft zu geben ist. Aufklärung oder Auskunft ist dabei weniger als Beratung, so dass die Verletzung des Beratungsanspruchs des Betriebsrats keine Ordnungswidrigkeit darstellt, sofern ausreichend aufgeklärt und unterrichtet wurde (GK-*Oetker*, § 121 Rn. 18).

8   Bedenken wegen des Bestimmtheitsgrundsatzes bestehen auch, soweit der Tatbestand genügen lässt, dass die Mitteilung *verspätet* ist (vgl. GK-*Oetker*, § 121 Rn. 21; *Krumm-Mauermann*, Rechtsgüterschutz, S. 162 ff.). Wann eine Verspätung vorliegt, kann gleichfalls nur aus dem Sinn der Bestimmung abgeleitet werden. Die Mitteilung ist dann verspätet, wenn sie für den anderen keine Bedeutung mehr hat. Zweifelhaft erscheint es, ob davon abgesehen schon dann eine Verspätung i. S. dieser Vorschrift anzunehmen ist, wenn das Gesetz eine bestimmte Frist vorsieht, so wenn es nach § 110 verlangt, dass der Unternehmer mindestens einmal in jedem Kalendervierteljahr einen Bericht über die wirtschaftliche Lage und Entwicklung des Unternehmens abzugeben hat. Man wird hier eine Ordnungswidrigkeit nicht schon dann zu bejahen haben, wenn die Vierteljahresfrist überschritten worden ist, sondern erst, wenn es sich um ein so erhebliches Maß handelt, dass die Berichterstattung nicht mehr sinnvoll ist (ebenso im Ergebnis GL-*Löwisch*, § 121 Rn. 7; WP-*Preis*, § 121 Rn. 7; a. A. *Dannecker*, FS Gitter 1995, S. 167, 188 m. w. N.). Auch im Falle des § 99 Abs. 1, der den Arbeitgeber zur Unterrichtung des Betriebsrats vor jeder Einstellung, Eingruppierung, Umgruppierung und Versetzung verpflichtet, liegt eine Ordnungswidrigkeit nicht immer schon vor, wenn die Mitteilung erst nach Einstellung, Eingruppierung, Umgruppierung oder Versetzung erfolgt; hier ist nämlich zu berücksichtigen, dass der Arbeitgeber nach § 100 berechtigt ist, die personelle Maßnahme vorläufig durchzuführen, wenn dies aus sachlichen Gründen dringend erforderlich ist, sofern er das dort geregelte Verfahren beachtet.

4. Vorsatz

Ordnungswidrig ist nur die vorsätzliche Verletzung dieser Pflichten; Fahrlässigkeit 9
genügt nicht (§ 10 OWiG; ebenso OLG Hamm 7. 12. 1977, DB 1978, 748, 749).
Allerdings ist insoweit § 130 OWiG zu beachten, der auch die vorsätzliche oder fahrlässige Verletzung der Pflicht zur Vornahme jener Aufsichtsmaßnahmen erfasst, die erforderlich sind, um im Betrieb oder Unternehmen Zuwiderhandlungen gegen Pflichten zu verhindern, die den Inhaber als solchen treffen.

Bei wahrheitswidriger, unvollständiger und verspäteter Erfüllung der Pflicht muss der 10
Täter wissen und wollen, dass die Aufklärung oder Auskunft wahrheitswidrig, unvollständig oder verspätet ist; jedoch ist nicht Absicht erforderlich, sondern es genügt auch **Eventualvorsatz** (s. auch § 119 Rn. 26).

5. Verbotsirrtum

Fehlt dem Täter bei Begehung der Handlung die Einsicht, etwas Unerlaubtes zu tun, 11
namentlich weil er das Bestehen oder die Anwendbarkeit der Vorschrift, die ihm die Aufklärungs- oder Auskunftspflicht auferlegt, nicht kennt, so handelt er nicht vorwerfbar, wenn er diesen Irrtum nicht vermeiden konnte (§ 11 Abs. 2 OWiG). In diesem Fall liegt keine Ordnungswidrigkeit vor (§ 1 OWiG). Beim Arbeitgeber bzw. Unternehmer ist aber stets davon auszugehen, dass er die ihm nach dem BetrVG obliegenden Pflichten kennen muss; deren Unkenntnis ist ihm vorzuwerfen.

III. Verhängung der Geldbuße

Die **Höhe der Geldbuße** beträgt mindestens fünf Euro (§ 17 Abs. 1 OWiG) und höch- 12
stens € 10 000 (§ 121 Abs. 2). Grundlage für die Bemessung der Geldbuße sind die Bedeutung der Ordnungswidrigkeit, der Vorwurf, der den Täter trifft, und dessen wirtschaftliche Verhältnisse (vgl. § 17 Abs. 3 und 4 OWiG).

Hat jemand als gesetzlicher Vertreter einer juristischen Person oder als Vorstand eines 13
nicht rechtsfähigen Vereins oder hat jemand als vertretungsberechtigter Gesellschafter einer Personenhandelsgesellschaft die Ordnungswidrigkeit begangen, so kann auch gegen die juristische Person oder Personengesamtheit als Nebenfolge der Ordnungswidrigkeit eine Geldbuße festgesetzt werden (§ 30 OWiG).

Bedeutet die Verletzung der Aufklärungs- und Auskunftspflicht **zugleich** eine **Straftat**, 14
kommt also insbesondere eine Bestrafung nach § 119 Abs. 1 Nr. 2 in Betracht, so kann sie als Ordnungswidrigkeit nur geahndet werden, wenn eine Strafe nicht verhängt wird (§ 21 OWiG).

IV. Verfahren

Die Verfolgung der Ordnungswidrigkeit liegt im **pflichtgemäßen Ermessen** der Behör- 15
de; es gilt das **Opportunitätsprinzip** (§ 47 OWiG).

Für die Verfolgung der Ordnungswidrigkeit ist sachlich zuständig die fachlich zustän- 16
dige oberste Landesbehörde, also in der Regel der Arbeitsminister des Landes (§ 36 Abs. 1 Nr. 2 lit. a OWiG). Die Zuständigkeit kann durch Rechtsverordnung auf eine andere Behörde oder sonstige Stelle übertragen werden (§ 36 Abs. 2 OWiG; s. dazu die Aufstellung bei GK-*Oetker*, § 121 Rn. 34). Örtlich zuständig ist die Verwaltungsbehörde, in deren Bezirk die Ordnungswidrigkeit begangen oder entdeckt worden ist oder der Betroffene zurzeit der Einleitung des Bußgeldverfahrens seinen Wohnsitz hat (§ 37 OWiG).

17 Gegen den Bußgeldbescheid kann innerhalb einer Woche nach Zustellung schriftlich oder zur Niederschrift bei der Behörde, die den Bußgeldbescheid erlassen hat, Einspruch eingelegt werden (§ 67 OWiG). Zuständig für die Entscheidung über den Einspruch ist das Amtsgericht (§ 68 OWiG). Ist der Einspruch nicht rechtzeitig oder nicht in der vorgeschriebenen Form eingelegt, so verwirft ihn das Gericht als unzulässig; gegen den Beschluss ist sofortige Beschwerde zulässig (§ 70 OWiG). Gegen die Entscheidung des Amtsgerichts über die Ordnungswidrigkeit ist unter den Voraussetzungen des § 79 OWiG die Rechtsbeschwerde zulässig.

V. Verjährung

18 Die Verfolgung der Ordnungswidrigkeit verjährt zwei Jahre nach Begehen der Tat (§ 31 Abs. 2 Nr. 2 OWiG).

Siebenter Teil. Änderung von Gesetzen

Bis zur Bekanntmachung der Neufassung des Gesetzes vom 23. 12. 1988 enthielt dieser Teil Vorschriften, die andere Gesetze änderten (vgl. zur Fassung im ursprünglichen Wortlaut *Dietz/Richardi*, 6. Aufl., S. 2019 ff.).

§ 122 (Änderung des Bürgerlichen Gesetzbuches) (gegenstandslos)

Durch diese Vorschrift wurde § 613 a in das BGB eingefügt. Durch das Arbeitsrechtliche EG-Anpassungsgesetz vom 13. 8. 1980 (BGBl. I S. 1308) sind § 613 a Abs. 1 Satz 2 bis 4 und Abs. 4 angefügt worden.

§ 123 (Änderung des Kündigungsschutzgesetzes) (gegenstandslos)

§ 124 (Änderung des Arbeitsgerichtsgesetzes) (gegenstandslos)

Siebenter Teil. Änderung von Gesetzen

Bis 12. Paketänderung der Neufassung des Gesetzes vom 23.12.1984 geändert, soweit bei Vorschriften nicht etwas anderes (z.B. zur Fassung ursprünglichen Neufassung) ausgewiesen ist, zuletzt 30.9.?

§ 12.1. Anderung des Urteilichen Gesetzbuches [ausgelassen]

Nach dem Vorschlag erhielten § 71 in der DDR-angelegte Durch die Zehnte neue der Übergangsregelung vom 1.8.2.1982 (DBl. I S. 198) und § 81 3 Abs. 4 In Satz 1 neu und Abs. 5 neu aufgenommen.

§ 12.2. Änderung des Kraftfahrzeugsteuer-Gesetzes [ausgelassen]

§ 12.3. Änderung des Arbeitsgerichtsgesetzes [ausgelassen]

Achter Teil. Übergangs- und Schlussvorschriften

§ 125 Erstmalige Wahlen nach diesem Gesetz

(1) Die erstmaligen Betriebsratswahlen nach § 13 Abs. 1 finden im Jahre 1972 statt.

(2) ¹Die erstmaligen Wahlen der Jugend- und Auszubildendenvertretung nach § 64 Abs. 1 Satz 1 finden im Jahre 1988 statt. ²Die Amtszeit der Jugendvertretung endet mit der Bekanntgabe des Wahlergebnisses der neu gewählten Jugend- und Auszubildendenvertretung, spätestens am 30. November 1988.

(3) Auf Wahlen des Betriebsrats, der Bordvertretung, des Seebetriebsrats und der Jugend- und Auszubildendenvertretung, die nach dem 28. Juli 2001 eingeleitet werden, finden die Erste Verordnung zur Durchführung des Betriebsverfassungsgesetzes vom 16. Januar 1972 (BGBl. I S. 49), zuletzt geändert durch die Verordnung vom 16. Januar 1995 (BGBl. I S. 43), die Zweite Verordnung zur Durchführung des Betriebsverfassungsgesetzes vom 24. Oktober 1972 (BGBl. I S. 2029), zuletzt geändert durch die Verordnung vom 28. September 1989 (BGBl. I S. 1795) und die Verordnung zur Durchführung der Betriebsratswahlen bei den Postunternehmen vom 26. Juni 1995 (BGBl. I S. 871) bis zu deren Änderung entsprechende Anwendung.

(4) Ergänzend findet für das vereinfachte Wahlverfahren nach § 14a die Erste Verordnung zur Durchführung des Betriebsverfassungsgesetzes bis zu deren Änderung mit folgenden Maßgaben entsprechende Anwendung:
1. Die Frist für die Einladung zur Wahlversammlung zur Wahl des Wahlvorstands nach § 14a Abs. 1 des Gesetzes beträgt mindestens sieben Tage. Die Einladung muss Ort, Tag und Zeit der Wahlversammlung sowie den Hinweis enthalten, dass bis zum Ende dieser Wahlversammlung Wahlvorschläge zur Wahl des Betriebsrats gemacht werden können (§ 14a Abs. 2 des Gesetzes).
2. § 3 findet wie folgt Anwendung:
    a) Im Fall des § 14a Abs. 1 des Gesetzes erlässt der Wahlvorstand auf der Wahlversammlung das Wahlausschreiben. Die Einspruchsfrist nach § 3 Abs. 2 Nr. 3 verkürzt sich auf drei Tage. Die Angabe nach § 3 Abs. 2 Nr. 4 muss die Zahl der Mindestsitze des Geschlechts in der Minderheit (§ 15 Abs. 2 des Gesetzes) enthalten. Die Wahlvorschläge sind abweichend von § 3 Abs. 2 Nr. 7 bis zum Abschluss der Wahlversammlung zur Wahl des Wahlvorstands bei diesem einzureichen. Ergänzend zu § 3 Abs. 2 Nr. 10 gibt der Wahlvorstand den Ort, Tag und Zeit der nachträglichen Stimmabgabe an (§ 14a Abs. 4 des Gesetzes).
    b) Im Fall des § 14a Abs. 3 des Gesetzes erlässt der Wahlvorstand unverzüglich das Wahlausschreiben mit den unter Buchstabe a genannten Maßgaben zu § 3 Abs. 2 Nr. 3, 4 und 10. Abweichend von § 3 Abs. 2 Nr. 7 sind die Wahlvorschläge spätestens eine Woche vor der Wahlversammlung zur Wahl des Betriebsrats (§ 14a Abs. 3 Satz 2 des Gesetzes) beim Wahlvorstand einzureichen.
3. Die Einspruchsfrist des § 4 Abs. 1 verkürzt sich auf drei Tage.
4. Die §§ 6 bis 8 und § 10 Abs. 2 finden entsprechende Anwendung mit der Maßgabe, dass die Wahl aufgrund von Wahlvorschlägen erfolgt. Im Fall des § 14a Abs. 1 des Gesetzes sind die Wahlvorschläge bis zum Abschluss der Wahlversammlung zur Wahl des Wahlvorstands bei diesem einzureichen; im Fall des § 14a Abs. 3 des Gesetzes sind die Wahlvorschläge spätestens eine Woche vor der Wahlversammlung zur Wahl des Betriebsrats (§ 14a Abs. 3 Satz 2 des Gesetzes) beim Wahlvorstand einzureichen.
5. § 9 findet keine Anwendung.

6. Auf das Wahlverfahren finden die §§ 21 ff. entsprechende Anwendung. Auf den Stimmzetteln sind die Bewerber in alphabetischer Reihenfolge unter Angabe von Familienname, Vorname und Art der Beschäftigung im Betrieb aufzuführen.
7. § 25 Abs. 5 bis 8 findet keine Anwendung.
8. § 26 Abs. 1 findet mit der Maßgabe Anwendung, dass der Wahlberechtigte sein Verlangen auf schriftliche Stimmabgabe spätestens drei Tage vor dem Tag der Wahlversammlung zur Wahl des Betriebsrats dem Wahlvorstand mitgeteilt haben muss.
9. § 31 findet entsprechende Anwendung mit der Maßgabe, dass die Wahl der Jugend- und Auszubildendenvertretung aufgrund von Wahlvorschlägen erfolgt.

Übersicht

	Rn.
I. Vorbemerkung	1
II. Bestimmung des Jahres für die regelmäßigen Wahlen nach dem BetrVG	3
1. Betriebsratswahlen	3
2. Wahlen der Jugend- und Auszubildendenvertretung	4
III. Übergangsregelung der Abs. 3 und 4	5

I. Vorbemerkung

1   Aus der ursprünglichen Fassung der Bestimmung ergab sich, dass die erstmaligen Betriebsratswahlen nach § 13 Abs. 1 und die erstmaligen Wahlen der Jugendvertretung nach § 64 Abs. 1 Satz 1 im Jahre 1972 stattfanden (Abs. 1). Durch Gesetz über die Verlängerung der Amtszeit der Betriebsräte vom 16. 12. 1970 (BGBl. I S. 1718) war festgelegt worden, dass Betriebsräte, deren Amtszeit gemäß § 21 BetrVG 1952 nach dem 31. 12. 1970 abgelaufen wäre, bis zum 30. 4. 1972 im Amt blieben. Durch Abs. 2 in der bei Erlass des Gesetzes geltenden Fassung wurde diese Regelung dahin modifiziert, dass Betriebsräte, die beim Inkrafttreten dieses Gesetzes bestanden, bis zur Neuwahl des Betriebsrats innerhalb des ersten regelmäßigen Wahlzeitraums im Jahre 1972 im Amt blieben.

2   Durch das Gesetz zur Bildung von Jugend- und Auszubildendenvertretungen in den Betrieben vom 13. 7. 1988 (BGBl. I S. 1034) wurden Abs. 1 und 2 neu gefasst. Art. 1 Nr. 26 der Novelle vom 20. 12. 1988 (BGBl. I S. 2312) hat der Vorschrift den Abs. 3 angefügt. Durch das BetrVerf-Reformgesetz vom 23. 7. 2001 (BGBl. I S. 1852) wurden Abs. 3 neu gefasst und Abs. 4 neu angefügt.

II. Bestimmung des Jahres für die regelmäßigen Wahlen nach dem BetrVG

1. Betriebsratswahlen

3   Während § 13 Abs. 1 Satz 1 sich darauf beschränkt, den Monatszeitraum für die regelmäßigen Betriebsratswahlen festzulegen, die alle vier Jahre stattfinden, ergibt sich aus Abs. 1 die Festlegung des Jahres. Die regelmäßigen Betriebsratswahlen waren erstmals 1972 durchzuführen; sie fanden im Dreijahresrhythmus in den Jahren 1975, 1978, 1981, 1984 und 1987 statt; denn in der ursprünglichen Fassung des § 13 Abs. 1 war ein dreijähriger Wahlturnus vorgesehen. Die Novelle vom 20. 12. 1988 hat den Vierjahresrhythmus eingeführt (Art. 1 Nr. 3 lit. a) und angeordnet, dass die insoweit maßgebliche Vorschrift erstmalig anzuwenden ist, wenn Betriebsräte nach dem 31. 12. 1988 gewählt worden sind (Abs. 3). Daraus folgt, dass die letzten regelmäßigen Betriebsratswahlen im Dreijahresrhythmus 1990 stattfanden. Die nächsten regelmäßigen Betriebsratswahlen waren 1994, 1998, 2002 und 2006. Demgemäß finden nach dieser Bestimmung i. V. mit § 13 Abs. 1 Satz 1 die nächsten regelmäßigen Betriebsratswahlen 2010, 2014, 2018 usw. statt.

2. Wahlen der Jugend- und Auszubildendenvertretung

Die erstmaligen Wahlen der Jugend- und Auszubildendenvertretung nach § 64 Abs. 1 Satz 1 fanden im Jahre 1988 statt (Abs. 2 Satz 1). Das Gesetz zur Bildung von Jugend- und Auszubildendenvertretungen in den Betrieben vom 13. 7. 1988 hat nicht den für die Jugendvertretung geltenden Zweijahresrhythmus geändert. Daraus folgt, dass die folgenden Wahlen nach § 64 Abs. 1 Satz 1, 1990, 1992, 1994, 1996, 1998, 2000, 2002, 2004, 2006 und 2008 stattfanden. Die nächsten regelmäßigen Wahlen liegen daher in den Jahren 2010, 2012, usw.

III. Übergangsregelung der Abs. 3 und 4

Angesichts der Aufgabe des Gruppenprinzips und Einführung der Mindestrepräsentation des in der Belegschaft zahlenmäßig schwächer vertretenen Geschlechts durch das BetrVerf-Reformgesetz entsprachen die ursprünglich zum BetrVG 1972 erlassenen Wahlordnungen nicht mehr den gesetzlichen Wahlbestimmungen. Abs. 3 sah deshalb vor, dass Wahlen des Betriebsrats, der Bordvertretung, des Seebetriebsrats und der Jugend- und Auszubildendenvertretung, die außerhalb des regelmäßigen Wahlzeitraums nach § 13 und nach dem In-Kraft-Treten des BetrVerf-Reformgesetzes stattfanden, in entsprechender Anwendung der vormals maßgeblichen Wahlordnungen bis zu deren Änderungen durchgeführt werden konnten.

Damit das durch das BetrVerf-Reformgesetz eingeführte vereinfachte Wahlverfahren nach § 14a bereits vor Verankerung entsprechender Vorschriften in der geänderten Wahlordnung durchgeführt werden konnte, sah Abs. 4 für die Übergangsfrist die entsprechende Anwendung der bei In-Kraft-Treten des BetrVerf-Reformgesetzes geltenden ersten Verordnung zur Durchführung des Betriebsverfassungsgesetzes vor und enthält verschiedene, dem Charakter des vereinfachten Wahlverfahrens Rechnung tragende Modifikationen. Vor dem In-Kraft-Treten des BetrVerf-Reformgesetzes eingeleitete Wahlen waren vollständig nach altem Recht durchzuführen (LAG Bremen 11. 7. 2002 LAGE § 14 BetrVG 2001 Nr. 3).

§ 126 Ermächtigung zum Erlass von Wahlordnungen

Das Bundesministerium für Arbeit und Soziales wird ermächtigt, mit Zustimmung des Bundesrates Rechtsverordnungen zu erlassen zur Regelung der in den §§ 7 bis 20, 60 bis 63, 115 und 116 bezeichneten Wahlen über
1. die Vorbereitung der Wahl, insbesondere die Aufstellung der Wählerlisten und die Errechnung der Vertreterzahl;
2. die Frist für die Einsichtnahme in die Wählerlisten und die Erhebung von Einsprüchen gegen sie;
3. die Vorschlagslisten und die Frist für ihre Einreichung;
4. das Wahlausschreiben und die Fristen für seine Bekanntmachung;
5. die Stimmabgabe;
5 a. die Verteilung der Sitze im Betriebsrat, in der Bordvertretung, im Seebetriebsrat sowie in der Jugend- und Auszubildendenvertretung auf die Geschlechter, auch soweit die Sitze nicht gemäß § 15 Abs. 2 und § 62 Abs. 3 besetzt werden können;
6. die Feststellung des Wahlergebnisses und die Fristen für seine Bekanntmachung;
7. die Aufbewahrung der Wahlakten.

Die Vorschrift entspricht im Wesentlichen § 87 BetrVG 1952. Nr. 5a wurde durch das BetrVerf-Reformgesetz vom 23. 7. 2001 (BGBl. I S. 1852) eingefügt (zu dessen

Zweck näher Begr. RegE, BT-Drucks. 14/5741, S. 53). Sie ermächtigt den Bundesminister für Wirtschaft und Arbeit, mit Zustimmung des Bundesrates zur Durchführung der hier bezeichneten Wahlen Rechtsverordnungen zu erlassen. Die Ermächtigung bezieht sich auf die **Wahl des Betriebsrats**, der **Jugend- und Auszubildendenvertretung**, der **Bordvertretung** und des **Seebetriebsrats**. Da sich die Ermächtigung hier generell auf die in den §§ 7 bis 20, 60 bis 63, 115 und 116 bezeichneten Wahlen bezieht, gilt sie auch für die Wahl des Wahlvorstands durch die Betriebsversammlung bzw. Bordversammlung. Sie bezieht sich dagegen **nicht** auf die **betriebsratsinternen Wahlen**.

2 Die Vorschrift genügt den Anforderungen des Art. 80 GG; insbesondere sind Inhalt, Zweck und Ausmaß der erteilten Ermächtigung im Gesetz hinreichend bestimmt (ebenso GL-*Löwisch*, § 126 Rn. 1). Ermächtigt ist der Bundesminister für Arbeit und Sozialordnung, der für den Erlass der Wahlbestimmungen der Zustimmung des Bundesrates bedarf. Nicht notwendig ist, dass sie in einer Rechtsverordnung erlassen werden, sondern die Regelung kann auch durch mehrere Rechtsverordnungen erfolgen. Bis zum Erlass der auf die Änderungen des BetrVerf-Reformgesetzes abgestimmten Wahlordnungen war § 125 Abs. 3, 4 zu beachten.

§ 127 Verweisungen

Soweit in anderen Vorschriften auf Vorschriften verwiesen wird oder Bezeichnungen verwendet werden, die durch dieses Gesetz aufgehoben oder geändert werden, treten an ihre Stelle die entsprechenden Vorschriften oder Bezeichnungen dieses Gesetzes.

Die Bestimmung regelt die Verweisung in Vorschriften auf aufgehobene Bestimmungen des BetrVG 1952: An deren Stelle treten die entsprechenden Vorschriften dieses Gesetzes. Gleiches gilt, soweit Bezeichnungen geändert wurden. Die Verweisungsvorschrift gilt nicht nur für Gesetze, sondern auch für sonstige Vorschriften, also insbesondere Rechtsverordnungen.

§ 128 Bestehende abweichende Tarifverträge

Die im Zeitpunkt des Inkrafttretens dieses Gesetzes nach § 20 Abs. 3 des Betriebsverfassungsgesetzes vom 11. Oktober 1952 geltenden Tarifverträge über die Errichtung einer anderen Vertretung der Arbeitnehmer für Betriebe, in denen wegen ihrer Eigenart der Errichtung von Betriebsräten besondere Schwierigkeiten entgegenstehen, werden durch dieses Gesetz nicht berührt.

Die Vorschrift ist durch den BT-Ausschuss für Arbeit und Sozialordnung in das Gesetz eingefügt worden und soll sicherstellen, dass die bereits auf Grund des § 20 Abs. 3 BetrVG 1952 abgeschlossenen Tarifverträge über die Errichtung einer anderen Vertretung der Arbeitnehmer aufrechterhalten bleiben (vgl. *zu* BT-Drucks. VI/2729, S. 36). Die Voraussetzungen des § 20 Abs. 3 BetrVG 1952 für Tarifverträge über die Errichtung einer anderen Vertretung der Arbeitnehmer entsprachen § 3 Abs. 1 Nr. 2 a. F. Deshalb war es folgerichtig, dass Tarifverträge, die auf Grund des § 20 Abs. 3 BetrVG 1952 abgeschlossen worden waren, durch das In-Kraft-Treten dieses Gesetzes nicht berührt wurden. Dies gilt auch für den Fall, dass der Tarifvertrag von Vorschriften dieses Gesetzes abweicht, die im BetrVG 1952 noch nicht enthalten waren (ebenso *Fitting*, § 128 Rn. 2; HSWGNR-*Hess*, § 128 Rn. 2).

§ 129 Außerkrafttreten von Vorschriften *(Aufgehoben durch Art. 5 Nr. 2 Zweites Gesetz zur Vereinfachung der Wahl der Arbeitnehmervertreter in den Aufsichtsrat v. 18. 5. 2004 (BGBl. I S. 974))*

§ 130 Öffentlicher Dienst

Dieses Gesetz findet keine Anwendung auf Verwaltungen und Betriebe des Bundes, der Länder, der Gemeinden und sonstiger Körperschaften, Anstalten und Stiftungen des öffentlichen Rechts.

Abgekürzt zitiertes Schrifttum: *Pfeifer,* Die Mitbestimmung der Betriebsvertretungen der Zivilbeschäftigten im Spannungsfeld zwischen NATO und nationalem Recht, Diss. Frankfurt a. M. 1994.

Übersicht

	Rn.
I. Keine Geltung für den öffentlichen Dienst	1
1. Ausklammerung aus dem Geltungsbereich des BetrVG	1
2. Abgrenzung des öffentlichen Dienstes	3
3. Internationale und zwischenstaatliche Organisationen	6
II. Dienststellen und Betriebe der NATO-Streitkräfte	8
III. Übergangsmandat bei Privatisierung	12

I. Keine Geltung für den öffentlichen Dienst

1. Ausklammerung aus dem Geltungsbereich des BetrVG

Das BetrVG gestaltet nur die Betriebsverfassung der Betriebe und Unternehmen privatrechtlicher Rechtsträger. Es gilt nicht für den öffentlichen Dienst. Es findet, wie es im Gesetzestext heißt, keine Anwendung auf Verwaltungen und Betriebe des Bundes, der Länder, der Gemeinden und sonstiger Körperschaften, Anstalten und Stiftungen des öffentlichen Rechts. 1

Mit dieser Ausklammerung zieht das Gesetz zugleich die **Grenze zum Personalvertretungsrecht** (vgl. BAG 30. 7. 1987 AP BetrVG 1972 § 130 Nr. 3). Die Betriebsverfassung für den Bereich des öffentlichen Dienstes ist im Bundespersonalvertretungsgesetz (BPersVG) vom 15. 3. 1974 und in den Landespersonalvertretungsgesetzen geregelt (s. auch Einl. Rn. 55). 2

2. Abgrenzung des öffentlichen Dienstes

Die Abgrenzung zwischen dem Geltungsbereich des BetrVG und der Regelung des Personalvertretungsrechts richtet sich ausschließlich nach der **Rechtsform des Rechtsträgers** (ebenso BAG 18. 4. 1967 AP BetrVG § 63 Nr. 3; BAG 7. 11. 1975 AP BetrVG 1972 § 130 Nr. 1; BAG 30. 7. 1987 AP BetrVG 1972 § 130 Nr. 3; BVerwG 9. 12. 1980 PersV 1981, 506, 507; siehe aber auch BAG 24. 1. 1996 AP BetrVG 1972 § 1 Gemeinsamer Betrieb Nr. 8). Auf den Zweck, der mit einer Einrichtung verfolgt wird, oder deren Organisation kommt es nicht an. Deshalb gilt das BetrVG auch für Versorgungsbetriebe, die in der Form einer juristischen Person des Privatrechts als AG oder als GmbH betrieben werden, auch wenn sich alle Anteile in der Hand einer öffentlichen Körperschaft befinden (vgl. BAG 28. 4. 1964 AP BetrVG § 4 Nr. 3). Gleiches gilt, wenn zwei Gebietskörperschaften in der Rechtsform der BGB-Gesellschaft ein Theater unterhalten (vgl. BAG 18. 4. 1967 AP BetrVG § 63 Nr. 3; bestätigt BAG 7. 11. 1975 AP BetrVG 1972 § 130 Nr. 1). Ferner findet das BetrVG auf die Fraktionen des Deutschen Bundestags Anwendung (ArbG Berlin 17. 1. 2003 NZA-RR 2003, 656; *Singer,* NZA 2008, 789, 794). Andererseits fällt der Betrieb bei gleicher Organisation nicht unter das BetrVG, wenn er von der öffentlichen Körperschaft unmittelbar geführt wird. Daher gilt für wirtschaftliche Unternehmen einer Gemeinde ohne eigene Rechtspersön- 3 lichkeit (Eigenbetriebe) und Sparkassen, die Anstalten des öffentlichen Rechts sind, nicht das BetrVG, sondern das jeweils maßgebliche Landespersonalvertretungsgesetz. Haben ein privat-rechtlicher und ein öffentlich-rechtlicher Rechtsträger zur gemeinsamen Verfolgung arbeitstechnischer Zwecke durch einen einheitlichen Leitungsapparat in Form eines **gemeinsamen Betriebs** eine BGB-Gesellschaft gegründet, so erfolgt nach Ansicht des BAG die Betätigung des öffentlich-rechtlichen Rechtsträgers innerhalb des gemeinsamen Betriebs in privat-rechtlicher Rechtsform, weshalb für den gesamten gemeinsamen Betrieb das BetrVG gelte (BAG 24. 1. 1996 AP BetrVG 1972 § 1 Gemeinsamer Betrieb Nr. 8; ebenso BVerwG 13. 6. 2001 ZfPR 2001, 231; zustimmend MünchArbR-*Richardi*, § 22 Rn. 41; ablehnend jedoch *Löwisch*, FS Söllner 2000, S. 689 ff.; siehe dazu auch *Däubler*, FS Zeuner 1994, S. 19, 30 und *Th. Blanke*, Mitbestimmung im öffentlich-privatrechtlichen Gemeinschaftsbetrieb, 1999). Auch dann seien allerdings Beamte nicht wie Arbeitnehmer zu behandeln, soweit keine entsprechende gesetzliche Anordnung (vgl. § 24 Abs. 2 Satz 1 PostPersRG) vorhanden ist (BAG 25. 2. 1998 AP BetrVG 1972 § 8 Nr. 8; bestätigt BAG 28. 3. 2001 DVBl 2001, 1689). Diese Auffassung des BAG ist unzutreffend. Weder unterfallen zwei öffentliche Rechtsträger, die ihre Betriebsorganisation gemeinsam führen, insoweit dem Geltungsbereich des BetrVG, noch ist es auf diese Weise möglich, dass ein öffentlichrechtlicher und ein privatrechtlicher Arbeitgeber ihre Arbeitsorganisation durch Führung eines gemeinsamen Betriebes einheitlich dem BetrVG unterstellen. Ein gemischt öffentlich-/privatrechtlicher gemeinsamer Betrieb ist nicht anzuerkennen (näher *Rupp*, Fortgeltung von Betriebs- und Dienstvereinbarungen beim Rechtsträgerwechsel, Diss. Regensburg 2009, E. V.2).

4   Für die Ausklammerung aus dem Geltungsbereich des BetrVG spielt jedoch **keine Rolle**, ob der Betrieb unter den **Geltungsbereich eines Personalvertretungsgesetzes** fällt. Soweit eine Religionsgemeinschaft Körperschaft des öffentlichen Rechts ist (Art. 140 GG i. V. mit Art. 137 Abs. 5 WRV), fallen ihre Einrichtungen daher schon nach dieser Vorschrift nicht unter den Geltungsbereich des BetrVG (ebenso BAG 30. 7. 1987 AP BetrVG 1972 § 130 Nr. 3). Das gilt insbesondere für die **Behörden** und **Verwaltungsstellen der Kirchen**, soweit sie zur verfassten Kirche gehören (s. § 118 Rn. 192 ff.). Bereits nach § 130 ausgeklammert sind weiterhin die Niederlassungen der Orden, die nach Art. 182 der Bayerischen Verfassung i. V. mit Art. 2 Abs. 2 Satz 1 des Konkordats zwischen dem Heiligen Stuhl und dem Freistaat Bayern am 29. 3. 1924 (BayBS II S. 639) die Rechtsform einer Körperschaft des öffentlichen Rechts haben. Betreibt ein derartiger Orden als Eigenbetrieb eine Brauerei, so ergibt sich bereits aus § 130, dass auf sie das BetrVG keine Anwendung findet (so zutreffend BAG 30. 7. 1987 AP BetrVG 1972 § 130 Nr. 3 [Klosterbrauerei Andechs], vgl. auch BayVGH 16. 6. 1999 BayVBl. 2000, 663, 664 f.).

5   Das Gesetz spricht von **Verwaltungen** und **Betrieben** der öffentlichen Hand. Diese Unterscheidung hat jedoch für das BetrVG keinerlei Bedeutung. Sie spielt im Gegensatz zum Gesetz zur Ordnung der Arbeit in öffentlichen Verwaltungen und Betrieben vom 23. März 1934 (vgl. *Hueck/Nipperdey/Dietz*, AOG, 4. Aufl. 1943, § 1 AOGÖ Rn. 5 ff.) auch innerhalb des öffentlichen Dienstes keine Rolle mehr, da das BPersVG und die Landespersonalvertretungsgesetze Verwaltungen und Betriebe unter der gemeinsamen Bezeichnung „Dienststellen" in jeder Hinsicht gleich behandeln (vgl. *Dietz/Richardi*, PersVG, § 6 Rn. 3 ff.).

3. Internationale und zwischenstaatliche Organisationen

6   Verwaltungen und Betriebe internationaler und zwischenstaatlicher Organisationen, die in der Bundesrepublik Deutschland bestehen, unterfallen dem BetrVG. Diese Organisationen sind keine juristischen Personen des deutschen öffentlichen Rechts (ebenso LAG Berlin 31. 8. 1992 BB 1993, 141; *Fitting*, § 130 Rn. 7; GL-*Löwisch*, § 130 Rn. 4; DKK-*Trümner*, § 130 Rn. 5). Etwas anderes gilt nur, wenn sie das Recht der Exterritorialität genießen.

Auf die Verwaltungen und Betriebe der **Europäischen Gemeinschaften** findet das 7
BetrVG keine Anwendung (vgl. zu den Personalvertretungen auf Unionsebene *Rogalla*,
Dienstrecht der Europäischen Gemeinschaften, 2. Aufl. 1992, S. 229 ff.).

II. Dienststellen und Betriebe der NATO-Streitkräfte

Die Verwaltungen und Betriebe der in der Bundesrepublik Deutschland stationierten 8
NATO-Streitkräfte unterstehen **nicht** dem **BetrVG**.

Die Mitbestimmung der Zivilbeschäftigten bei den NATO-Streitkräften ist im **Zusatz-** 9
abkommen zum NATO-Truppenstatut vom 3. 8. 1959 (BGBl. II 1961, 1183, 1218) i. F.
der durch das Abkommen vom 21. 10. 1971 geänderten Fassung (BGBl. II 1973
S. 1021) geregelt. Geändert wurde es durch Abkommen vom 18. 3. 1993 (BGBl. II 1994
S. 2598, ratifiziert durch Gesetz vom 28. 9. 1994, BGBl. II 1994 S. 2594) und durch
das Abkommen vom 16. 5. 1994 (ratifiziert durch Gesetz vom 23. 11. 1994, BGBL. II
1994, 3710). Nach Art. 56 Abs. 9 des Zusatzabkommens (ZA) sind für die **Betriebs-**
vertretung der Zivilbeschäftigten die **Vorschriften über die Personalvertretung der Zivil-**
bediensteten bei der Bundeswehr anzuwenden, soweit nicht in dem auf Art. 56 Abs. 9
ZA bezugnehmenden Abschnitt des Unterzeichnungsprotokolls etwas anderes bestimmt
ist.

Das am 18. 3. 1993 unterzeichnete Änderungsabkommen zum Zusatzabkommen hat 10
Art. 56 Abs. 9 ZO nicht beseitigt, die Mitbestimmung zugunsten der Zivilbeschäftigten
aber erweitert (vgl. *Kissel*, NZA 1996, 57 ff.).

Über die **Streitigkeiten** entscheiden nicht die Verwaltungsgerichte, sondern die **Arbeits-** 11
gerichte im Beschlussverfahren (Abs. 9 des Unterzeichnungsprotokolls zu Art. 56 Abs. 9
ZA; vgl. BAG 12. 2. 1985 AP Nato-Truppenstatut Art. I Nr. 1; 9. 2. 1994 AP ZA-
NATO-Truppenstatut Art. 56 Nr. 17; bereits BAG 19. 12. 1969 AP ZA-Truppenstatut
Art. 56 Nr. 1). Nach Abs. 6 a (i) Satz 3 des Unterzeichnungsprotokolls ist bei Einschrän-
kung des Mitbestimmungsrechts wegen einer notwendigen Geheimhaltung vorgesehen,
dass die oberste Dienstbehörde den Nachweis durch eine förmliche Erklärung bewirken
kann, die durch den Präsidenten des Bundesarbeitsgerichts zu bestätigen ist (vgl. zur
Problematik dieser Regelung *Pfeifer*, Mitbestimmung im Spannungsverhältnis zwischen
NATO und nationalem Recht, S. 213 ff.; *Kissel*, NZA 1996, 57, 59 ff.).

III. Übergangsmandat bei Privatisierung

Beim Wechsel von einer öffentlich-rechtlichen in eine privatrechtliche Organisations- 12
form erlischt mit dem Stichtag der Privatisierung das Amt des Personalrats. Bei der
Privatisierung von Bahn und Post hat der Gesetzgeber dem Personalrat deshalb ein
Übergangsmandat eingeräumt (vgl. § 15 DBGrG, § 25 PostPersRG; vgl. auch § 213
Abs. 2 SGB V; § 12 des Gesetzes über die Umwandlung der Deutschen Siedlungs- und
Landesrentenbank in eine Aktiengesellschaft – DSLB UmwG – vom 16. 12. 1999,
BGBl. I S. 2441, § 7 Kooperationsgesetz der Bundeswehr – BwKoopG – vom 30. 7.
2004, BGBl. I S. 2027 und § 4 Abs. 4 des Gesetzes zu Übergangsregelungen zur Organi-
sationsreform in der gesetzlichen Rentenversicherung vom 9. 12. 2004, BGBl. I S. 3242
sowie § 5 Abs. 1 SachsenLBUmwG vom 4. 7. 2007).

Fraglich ist, inwieweit auch außerhalb des Anwendungsbereichs dieser Bestimmungen 13
ein Übergangsmandat des Personalrats in Betracht kommt (vgl. zum Ganzen *Vogel-*
gesang, PersV 2005, 4 ff.). Aus § 21 a lassen sich für die Beantwortung dieser Frage
keine Anhaltspunkte gewinnen, da er nur Betriebsspaltungen innerhalb des Anwendungsbereichs des BetrVG erfasst. In Anbetracht der Tatsache, dass diese Problematik
seit langem Gegenstand der rechtswissenschaftlichen Diskussion ist und der Gesetzgeber

durch die gleichzeitig mit In-Kraft-Treten des § 21a erfolgende Aufhebung des § 321 UmwG dessen Unanwendbarkeit auf Personalräte zum Ausdruck gebracht hat, ist insoweit nicht von einer Regelungslücke, sondern allenfalls vom Vorliegen einer Rechtslücke auszugehen, deren Schließung dem Gesetzgeber vorbehalten ist. Insbesondere bieten die jeweils unterschiedliche Fristen für das Übergangsmandat vorsehenden Spezialvorschriften § 15 DBGrG und § 25 PostPersRG keine Basis für eine Analogie (wie hier GK-*Weber,* § 130 Rn. 10 m. w. N.; vgl. auch ArbG Berlin 19. 2. 2001 NZA-RR 2002, 92: Dem Personalrat kommt als „Notbetriebsrat" ein Übergangsmandat von längstens drei Monaten zu; vgl. zum Ganzen auch *Schubert,* AuR 2003, 132). Entsprechendes gilt für Vorschriften wie Art. 27a BayPersVG, wo ein Übergangsmandat des Personalrats für Veränderungen innerhalb des öffentlichen Dienstes vorgesehen ist. Selbst wenn man davon ausgehen wollte, dass damit Art. 6 RL 2001/23/EG in seinem Anwendungsbereich nicht vollständig umgesetzt worden sei (vgl. dazu DKK-*Trümner,* § 130 Rn. 1a; *v. Roetteken,* NZA 2001, 414 ff.), fehlt im nationalen Recht eine entsprechende Grundlage (im Ergebnis wie hier LAG Köln 10. 3. 2000 NZA-RR 2001, 423; *Kast/Freihube,* DB 2004, 2530, 2531; Richardi/Dörner/Weber-*Schwarze,* BPersVG, § 26 Rn. 26; GK-*Weber,* § 130 Rn. 10 m.w. N.; WP-*Preis,* § 130 Rn. 6). Auch eine Direktwirkung der Richtlinie (vgl. dazu DKK-*Trümner,* § 130 Rn. 1a) kommt insoweit nicht in Betracht (letztlich offen gelassen in der insgesamt etwas kryptisch erscheinenden Entscheidung BAG 25. 5. 2000 AP BGB § 613a Nr. 209; dazu auch *Kast/Feihube,* DB 2004, 2530, 2532). Der Vorrang des Bundesrechts (Art. 73 GG) steht einem Landesgesetz nicht entgegen, mit dem bei Privatisierungen die Weitergeltung von Dienstvereinbarungen als Betriebsvereinbarungen geregelt wird (BAG 23. 11. 2004 – 9 AZR 639/03).

§ 131 (Berlin-Klausel) (gegenstandslos)

§ 132 (Inkrafttreten)

Bis zur Bekanntmachung der Neufassung vom 23. 12. 1988 hatte diese Vorschrift den folgenden Inhalt: „Dieses Gesetz tritt am Tage nach seiner Verkündung in Kraft." Das BetrVG war am 15. 1. 1972 ausgefertigt; es ist im Bundesgesetzblatt 1972 Teil I Nr. 2 veröffentlicht. Da diese Nummer des Bundesgesetzblattes am 18. 1. 1972 ausgegeben wurde, ist folglich das Gesetz am 19. 1. 1972 in Kraft getreten. Die Bekanntmachung der Neufassung des Gesetzes vom 23. 12. 1988 (BGBl. I 1989 S. 1, ber. S. 902) beruht auf Art. 5 des Gesetzes zur Änderung des Betriebsverfassungsgesetzes, über Sprecherausschüsse der leitenden Angestellten und zur Sicherung der Montan-Mitbestimmung vom 20. 12. 1988 (BGBl. I S. 2312); die durch Art. 1 dieses Gesetzes erfolgten Änderungen sind am 1. 1. 1989 in Kraft getreten (Art. 7). Die Bekanntmachung der Neufassung vom 25. 9. 2001 (BGBl. I S. 2518) beruht auf der in Art. 13 des BetrVerf-Reformgesetzes enthaltenen Ermächtigung.

Anhang

1. Erste Verordnung zur Durchführung des Betriebsverfassungsgesetzes (Wahlordnung – WO)

Vom 11. Dezember 2001

FNA 801-7-1-1

(BGBl. I S. 3494) geändert durch VO vom 23. Juni 2004 (BGBl. I S. 1393)

Auf Grund des § 126 des Betriebsverfassungsgesetzes in der Fassung der Bekanntmachung vom 25. September 2001 (BGBl. I S. 2518) verordnet das Bundesministerium für Arbeit und Sozialordnung:

Schrifttum: S. die Nachw. vor § 7.

Vorbemerkung

Die Wahlordnung (WO) 2001 ist eine **Durchführungsverordnung**. Die Ermächtigung zu ihrem Erlass ergibt sich aus § 126 BetrVG. Die WO 2001 regelt nur die Wahl des Betriebsrats und der Jugend- und Auszubildendenvertretung. Für die Wahl der Bordvertretung und des Seebetriebsrats gilt eine eigene Wahlordnung, die Zweite Verordnung zur Durchführung des Betriebsverfassungsgesetzes (Wahlordnung Seeschifffahrt – WOS –) vom 7. 2. 2002 (BGBl. I S. 594). Für die Wahl des Betriebsrats in Postunternehmen gilt ebenfalls eine eigene Wahlordnung, die Verordnung zur Durchführung der Betriebsratswahlen bei den Postunternehmen (Wahlordnung Post – WOP –) vom 22. 2. 2002 (BGBl. I S. 946). Die WO 2001 entspricht in weiten Teilen der WO 1972; Letztere entsprach weitgehend der WO 1953, die sie für die Wahl des Betriebsrats und der Jugend- und Auszubildendenvertretung abgelöst hatte, die aber durch § 35 Abs. 2 WO 1972 noch insoweit aufrechterhalten worden war, als sie die Wahl der Vertreter der Arbeitnehmer im Aufsichtsrat nach dem BetrVG 1952 regelte (s. Anhang 5). 1

Die Wahlordnungen regeln nur die technische Vorbereitung und Durchführung einer Wahl, können aber als Rechtsverordnungen nicht vom Gesetz abweichen. 2

Die WO 1972 ist insgesamt dreimal geändert worden. Durch die VO vom 20. 7. 1988 (BGBl. I S. 1072) sind die Vorschriften über die Wahl der Jugendvertretung an die Änderungen des BetrVG durch die Einführung der Jugend- und Auszubildendenvertretung angepasst worden. Die VO vom 28. 9. 1989 (BGBl. I S. 1793) hat die Anpassungen vorgenommen, die wegen der Änderungen des BetrVG durch Art. 1 der Novelle vom 20. 12. 1988 (BGBl. I S. 2312) notwendig geworden waren. Die VO vom 16. 1. 1995 (BGBl. I S. 43) sicherte in Ergänzung des Zweiten Gleichberechtigungsgesetzes (2. GleiBG) vom 24. 6. 1994 (BGBl. I S. 1406, 2103) die Gleichstellung von Frauen und Männern bei der Durchführung einer Betriebsratswahl. Durch die VO vom 11. 12. 2001 (BGBl. I S. 3494) ist die WO 1972 abgelöst worden. Die WO 2001 enthält weitreichende Änderungen, die als Folge des am 28. 7. 2001 in Kraft getretenen BetrVerf-ReformG (BGBl. I, S. 1852) notwendig wurden. Die Änderungen betreffen insbesondere die Umsetzung der zwingenden Geschlechterquote gemäß § 15 Abs. 2 BetrVG sowie des vereinfachten Wahlverfahrens für Kleinbetriebe gemäß § 14a BetrVG. Weggefallen sind hingegen die Vorschriften über die Gruppenwahl oder die gemeinsame Wahl von Arbeitern und Angestellten, da das BetrVerf-ReformG das Gruppenprinzip abgeschafft hat. 3

4 In einem Punkt enthält die WO 2001 im Vergleich zu den Vorgaben des BetrVG in seiner Fassung vom 28. 7. 2001 sogar ein „Mehr" an Gleichstellung der Geschlechter. Während sich § 5 BetrVG mit der Legaldefinition der Arbeitnehmer als „Arbeitnehmerinnen und Arbeitnehmer" begnügt, hat sich der VO-Geber dafür entschieden, die Adressaten der Regelungen der WO 2001 in männlicher und weiblicher Form zu bezeichnen. Dies ist nicht nur regelungstechnisch inkonsequent, sondern schlicht überflüssig. Niemand wird bestreiten, dass Gesetze und Verordnungen, die sich in sprachlicher Hinsicht auf die männliche Form beschränken, gleichermaßen auch Frauen erfassen, es sei denn, aus dem Gesamtzusammenhang ergibt sich etwas anderes. Viel wichtiger als sprachliche Glasperlenspiele ist es, wirkungsvolle Maßnahmen zur tatsächlichen Durchsetzung der Gleichberechtigung der Geschlechter, die der Staat gemäß Art. 3 Abs. 2 GG zu fördern hat, zu ergreifen. Durch eine sprachliche Gleichstellung wird dies jedenfalls nicht erreicht, letztlich nicht einmal gefördert (s. *Thüsing*, NJW 1996, 2634 f.). Umso unglücklicher ist es, wenn die Bezeichnung mit der männlichen und weiblichen Form innerhalb eines Regelwerks nicht einmal konsequent durchgehalten wird. So heißt es z. B. in § 6 Abs. 5 Satz 2: „Hat *ein Wahlberechtigter* mehrere Vorschläge unterzeichnet, so hat *er* auf Aufforderung des Wahlvorstands binnen einer ihm gesetzten angemessenen Frist, spätestens jedoch vor Ablauf von drei Arbeitstagen, zu erklären, welche Unterschrift *er* aufrecht erhält." Wenn teils nach Geschlechtern differenziert wird, teils nur die männliche Form benutzt wird, dürfte bei sauberer juristischer Methodik die Schlussfolgerung nur lauten, dass in letzterem Fall weibliche Personen gerade nicht erfasst sein sollen. Aber saubere juristische Methodik darf bei mangelnder Sauberkeit der Regelungstechnik nicht zur Anwendung gelangen. Im Fall der neuen WO treibt die Nachlässigkeit des VO-Gebers eine Blüte, die nur als „Ohrfeige" für das – vermeintlich – gleichgestellte weibliche Geschlecht bezeichnet werden kann: Sofern es um die Person des Arbeitgebers geht, benutzt der VO-Geber weiterhin ausschließlich die männliche Form (s. § 2 Abs. 2). Den Sprung in die Führungsetagen und Geschäftsleitungen traut das Bundesministerium für Arbeit und Sozialordnung oder jetzt das Bundesministerium für Wirtschaft und Arbeit Frauen also scheinbar nicht zu.

Erster Teil. Wahl des Betriebsrats (§ 14 des Gesetzes)

Erster Abschnitt. Allgemeine Vorschriften

§ 1 Wahlvorstand

(1) Die Leitung der Wahl obliegt dem Wahlvorstand.

(2) ¹Der Wahlvorstand kann sich eine schriftliche Geschäftsordnung geben. ²Er kann Wahlberechtigte als Wahlhelferinnen und Wahlhelfer zu seiner Unterstützung bei der Durchführung der Stimmabgabe und bei der Stimmenzählung heranziehen.

(3) ¹Die Beschlüsse des Wahlvorstands werden mit einfacher Stimmenmehrheit seiner stimmberechtigten Mitglieder gefasst. ²Über jede Sitzung des Wahlvorstands ist eine Niederschrift aufzunehmen, die mindestens den Wortlaut der gefassten Beschlüsse enthält. ³Die Niederschrift ist von der oder dem Vorsitzenden und einem weiteren stimmberechtigten Mitglied des Wahlvorstands zu unterzeichnen.

I. Bestellung und Zusammensetzung des Wahlvorstands

1 Die **Wahl des Betriebsrats** ist stets durch einen Wahlvorstand vorzubereiten und durchzuführen. Sie ist sonst nichtig (s. § 16 BetrVG Rn. 1).

Für die **Bestellung des Wahlvorstands** gelten §§ 16, 17, 17a BetrVG. Verletzt der Wahlvorstand seine Pflicht, die Wahl unverzüglich einzuleiten und rechtzeitig durchzuführen, so kann er durch einen anderen ersetzt werden (§ 18 Abs. 1 Satz 2 BetrVG; s. dort Rn. 10 ff.). Wird der Betriebsrat nach § 23 Abs. 1 BetrVG aufgelöst, so setzt das Arbeitsgericht einen Wahlvorstand für die neue Wahl ein (§ 23 Abs. 2 BetrVG; s. dort Rn. 69 ff.). 2

Der Wahlvorstand besteht aus **drei wahlberechtigten Arbeitnehmern** (§ 16 Abs. 1 Satz 1 BetrVG). Der Betriebsrat kann aber die Zahl der Wahlvorstandsmitglieder erhöhen, wenn dies zur ordnungsgemäßen Durchführung der Wahl erforderlich ist; in jedem Fall muss der Wahlvorstand jedoch aus einer ungeraden Zahl von Mitgliedern bestehen (§ 16 Abs. 1 Satz 2 und 3 BetrVG; s. dort Rn. 10). Dem Wahlvorstand sollen **Frauen und Männer** angehören (§ 16 Abs. 1 Satz 5 BetrVG). Wird der Wahlvorstand durch Beschluss des Arbeitsgerichts eingesetzt, so können für Betriebe mit in der Regel mehr als zwanzig wahlberechtigten Arbeitnehmern betriebsfremde Mitglieder einer im Betrieb vertretenen Gewerkschaft zu Mitgliedern des Wahlvorstands bestellt werden, wenn dies zur ordnungsgemäßen Durchführung der Wahl erforderlich ist (§ 16 Abs. 2 Satz 3 BetrVG; s. dort Rn. 44 ff.). Außerdem kann jede im Betrieb vertretene Gewerkschaft zusätzlich einen dem Betrieb angehörenden Beauftragten als nicht stimmberechtigtes Mitglied in den Wahlvorstand entsenden, sofern ihr nicht ein stimmberechtigtes Wahlvorstandsmitglied angehört (§ 16 Abs. 1 Satz 6; s. dort Rn. 25 ff., 47). 3

Der Wahlvorstand hat einen **Vorsitzenden**, der von der Stelle bestimmt wird, die den Wahlvorstand einsetzt. Der Wahlvorstand selbst kann den Vorsitzenden aus seiner Mitte nur bestellen, wenn die ihn einsetzende Stelle es versäumt hat und es nicht nachholen kann (s. § 16 BetrVG Rn. 18 und 42, § 17 BetrVG Rn. 25). 4

Für jedes Mitglied des Wahlvorstands kann ein **Ersatzmitglied** bestellt werden (§ 16 Abs. 1 Satz 4 BetrVG; s. dort Rn. 19 f.). 5

Im Gegensatz zu § 1 Abs. 3 BPersVWO ist hier nicht ausdrücklich vorgesehen, dass der Wahlvorstand die Namen seiner Mitglieder unverzüglich nach seiner Bestellung bekannt zu geben hat. 6

II. Aufgaben des Wahlvorstands

Aufgabe des Wahlvorstands ist die **Vorbereitung und Durchführung der Wahl** sowie die **Feststellung des Wahlergebnisses** (§ 18 Abs. 1 Satz 1 BetrVG). Außerdem hat er den Betriebsrat zur konstituierenden Sitzung einzuberufen (§ 29 Abs. 1 BetrVG). 7

III. Geschäftsführung des Wahlvorstands

Die **Leitung der Wahl** obliegt dem Wahlvorstand, nicht seinem Vorsitzenden. Das ergibt sich mittelbar aus Abs. 3. Die Rechtsstellung des Vorsitzenden entspricht der des Vorsitzenden des Betriebsrats (s. § 26 Abs. 3 BetrVG und dort Rn. 33). 8

Der Wahlvorstand kann sich eine **Geschäftsordnung** geben (Abs. 2 Satz 1). Er ist dazu aber nicht verpflichtet. Die Geschäftsordnung bedarf der Schriftform, wie ausdrücklich festgestellt wird. Sie muss sich im Rahmen des Gesetzes und der WO halten. Soweit sie den Vorsitzenden oder sonstige Mitglieder mit Aufgaben betraut, dürfen diese lediglich vorbereitenden Charakter haben; die für das Wahlverfahren maßgeblichen materiellen Entscheidungen kann der Wahlvorstand nicht zur selbständigen Erledigung übertragen, sondern muss diese selbst treffen. Die Geschäftsordnung kann auch nicht abweichend von Abs. 3 vorsehen, dass Beschlüsse im Umlaufverfahren oder dass sie einstimmig zu fassen sind. Die Geschäftsordnung gilt nur für die Amtsdauer des jeweiligen Wahlvorstands; denn der Wahlvorstand ist im Gegensatz zum Betriebsrat keine kontinuierliche 9

Einrichtung (ebenso *Fitting*, § 1 Rn. 3; GL-*Marienhagen*, § 1 Rn. 5; GK-*Kreutz*, § 1 Rn. 15).

10 Der Wahlvorstand kann wahlberechtigte Arbeitnehmer als **Wahlhelfer** zu seiner Unterstützung bei der Durchführung der Stimmabgabe und bei der Stimmenzählung heranziehen (Abs. 2 Satz 2). Er ist in der Zahl und Auswahl grundsätzlich frei. Notwendig ist lediglich, dass der Wahlhelfer wahlberechtigt ist, also das aktive Wahlrecht hat. Über die Hinzuziehung von Wahlhelfern entscheidet der Wahlvorstand, nicht sein Vorsitzender allein. Eine Pflicht zur Übernahme der Tätigkeit als Wahlhelfer besteht nicht.

11 Wahlhelfer sind nur zur Unterstützung bei der Durchführung der Stimmabgabe und bei der Stimmenzählung heranzuziehen. Sie haben bei den Entscheidungen des Wahlvorstands kein Stimmrecht und dürfen deshalb nicht an der Beschlussfassung des Wahlvorstands beteiligt werden.

12 Da die Wahlhelfer nicht Mitglieder des Wahlvorstands sind, gilt für sie nicht der besondere Kündigungsschutz im Rahmen der Betriebsverfassung (§ 103 BetrVG i. V. mit § 15 Abs. 3 KSchG); aus dem für die Betriebsratswahl geltenden Behinderungs- und Benachteiligungsverbot ergibt sich lediglich ein relativer Kündigungsschutz (s. § 20 BetrVG Rn. 29). Versäumnis von Arbeitszeit, die für die Tätigkeit bei der Durchführung der Stimmabgabe und bei der Stimmenzählung erforderlich ist, berechtigt den Arbeitgeber nicht zur Minderung des Arbeitsentgelts. § 20 Abs. 3 Satz 2 BetrVG gilt auch für Wahlhelfer; mit dem Begriff der Betätigung im Wahlvorstand wird auch die Unterstützung durch Wahlhelfer erfasst (ebenso *Fitting*, § 1 Rn. 4; GK-*Kreutz*, § 1 Rn. 16; *Schneider*vgl. auch § 1 Abs. 1 Satz 3 BPersVWO). Der Wahlvorstand hat aber bei der Festlegung der Zahl und der Auswahl der Wahlhelfer den Grundsatz der Erforderlichkeit und Verhältnismäßigkeit zu beachten.

13 Die **Entscheidungen des Wahlvorstands** sind ebenso wie die des Betriebsrats **in Sitzungen** zu treffen, nicht im Umlaufverfahren (ebenso *Fitting*, § 1 Rn. 5; GK-*Kreutz*, § 1 Rn. 7; *Schneider*, Betriebsratswahl, § 1 Rn. 20). Die Sitzungen sind **nicht öffentlich**, soweit nichts anderes bestimmt ist (vgl. § 13; ebenso *Fitting*, § 1 Rn. 6; GK-*Kreutz*, § 1 Rn. 11; a. A., weil eine entsprechende Vorschrift für die Sitzungen des Wahlvorstands nicht vorgesehen sei, DKK-*Schneider*, § 1 Rn. 11, nach dem der Wahlvorstand nach pflichtgemäßem Ermessen darüber entscheiden könne, ob er eine Sitzung ganz oder teilweise öffentlich oder nicht öffentlich durchführe; das aber widerspricht dem sonst für Sitzungen eines Gremiums der Betriebsverfassung maßgeblichen Gebot der Nichtöffentlichkeit). Mit dem Gebot der Nichtöffentlichkeit ist vereinbar, dass der Wahlvorstand Sachverständige und sonstige Auskunftspersonen zur Erörterung einer bestimmten Frage hinzuzieht oder sich der Unterstützung einer Schreibkraft bedient (ebenso *Fitting*, § 1 Rn. 6; s. auch § 30 BetrVG Rn. 12 f. und § 34 BetrVG Rn. 5).

14 Der Wahlvorstand kann sich zur Unterstützung der **im Betrieb vertretenen Gewerkschaften** bedienen (s. § 16 BetrVG Rn. 53).

15 Die **Beschlüsse des Wahlvorstands** werden mit einfacher Stimmenmehrheit seiner stimmberechtigten Mitglieder gefasst (Abs. 3 Satz 1). Nicht erforderlich ist, dass alle Mitglieder anwesend sind, vorausgesetzt, dass sie ordnungsgemäß geladen sind. Besteht der Wahlvorstand wie im Regelfall nur aus drei Personen, so müssen aber mindestens zwei Mitglieder erschienen sein, weil ein Beschluss nur mit Mehrheit der Stimmen aller stimmberechtigten Mitglieder gefasst werden kann (ebenso *Fitting*, § 1 Rn. 5; GL-*Marienhagen*, § 1 Rn. 7; DKK-*Schneider* § 1 Rn. 15).

16 Über jede Sitzung des Wahlvorstands ist eine **Niederschrift** aufzunehmen (Abs. 3 Satz 2). Sie muss mindestens den Wortlaut der gefassten Beschlüsse enthalten. Sie braucht dagegen nicht anzugeben, mit welcher Stimmenmehrheit sie gefasst sind und wie jeder sich zu einem Antrag geäußert hat. Die Niederschrift ist nicht Wirksamkeitsvoraussetzung für einen Beschluss (ebenso *Fitting*, § 1 Rn. 7; GK-*Kreutz*, § 1 Rn. 14; GL-*Marienhagen*, § 1 Rn. 8; DKK-*Schneider*, § 1 Rn. 16). Auch eine Anfechtung der Betriebsratswahl nur wegen des Mangels der Niederschrift allein ist nicht begründet.

Nach dem Ende des Amtes hat der Vorsitzende des Wahlvorstands die Niederschriften und sonstigen Akten dem neuen Betriebsrat zu übergeben.

Kosten des Wahlvorstands sind Kosten der Betriebsratswahl, die der Arbeitgeber gemäß § 20 Abs. 3 Satz 1 BetrVG trägt (s. dort Rn. 34 ff.). **17**

IV. Streitigkeiten

Streitigkeiten über die Zuständigkeit und Tätigkeit des Wahlvorstands entscheidet das Arbeitsgericht im Beschlussverfahren (§ 2 a Abs. 1 Nr. 1, Abs. 2 i. V. mit §§ 80 ff. ArbGG; s. ausführlich § 16 BetrVG Rn. 64 ff.). **18**

§ 2 Wählerliste

(1) ¹Der Wahlvorstand hat für jede Betriebsratswahl eine Liste der Wahlberechtigten (Wählerliste), getrennt nach den Geschlechtern, aufzustellen. ²Die Wahlberechtigten sollen mit Familienname, Vorname und Geburtsdatum in alphabetischer Reihenfolge aufgeführt werden. ³Die nach § 14 Abs. 2 Satz 1 des Arbeitnehmerüberlassungsgesetzes nicht passiv Wahlberechtigten sind in der Wählerliste auszuweisen.

(2) ¹Der Arbeitgeber hat dem Wahlvorstand alle für die Anfertigung der Wählerliste erforderlichen Auskünfte zu erteilen und die erforderlichen Unterlagen zur Verfügung zu stellen. ²Er hat den Wahlvorstand insbesondere bei Feststellung der in § 5 Abs. 3 des Gesetzes genannten Personen zu unterstützen.

(3) ¹Das aktive und passive Wahlrecht steht nur Arbeitnehmerinnen und Arbeitnehmern zu, die in die Wählerliste eingetragen sind. ²Wahlberechtigten Leiharbeitnehmerinnen und Leiharbeitnehmern im Sinne des Arbeitnehmerüberlassungsgesetzes steht nur das aktive Wahlrecht zu (§ 14 Abs. 2 Satz 1 des Arbeitnehmerüberlassungsgesetzes).

(4) ¹Ein Abdruck der Wählerliste und ein Abdruck dieser Verordnung sind vom Tage der Einleitung der Wahl (§ 3 Abs. 1) bis zum Abschluss der Stimmabgabe an geeigneter Stelle im Betrieb zur Einsichtnahme auszulegen. ²Der Abdruck der Wählerliste soll die Geburtsdaten der Wahlberechtigten nicht enthalten. ³Ergänzend können der Abdruck der Wählerliste und die Verordnung mittels der im Betrieb vorhandenen Informations- und Kommunikationstechnik bekannt gemacht werden. ⁴Die Bekanntmachung ausschließlich in elektronischer Form ist nur zulässig, wenn alle Arbeitnehmerinnen und Arbeitnehmer von der Bekanntmachung Kenntnis erlangen können und Vorkehrungen getroffen werden, dass Änderungen der Bekanntmachung nur vom Wahlvorstand vorgenommen werden können.

(5) Der Wahlvorstand soll dafür sorgen, dass ausländische Arbeitnehmerinnen und Arbeitnehmer, die der deutschen Sprache nicht mächtig sind, vor Einleitung der Betriebsratswahl über Wahlverfahren, Aufstellung der Wähler- und Vorschlagslisten, Wahlvorgang und Stimmabgabe in geeigneter Weise unterrichtet werden.

I. Feststellung der Arbeitnehmerzahl

Der Wahlvorstand hat für jede Betriebsratswahl eine **Liste der Wahlberechtigten,** getrennt nach den Geschlechtern, die Wählerliste, aufzustellen (Abs. 1 Satz 1). In die Wählerliste sind auch die gemäß § 7 Satz 2 BetrVG *aktiv* wahlberechtigten Arbeitnehmer eines anderen Arbeitgebers aufzunehmen. Damit sind **Leiharbeitnehmer** gemeint, die dem Unternehmen überlassen werden und daher in die betriebliche Organisation eingegliedert sind, nicht aber sog. Fremdfirmenarbeitnehmer (s. § 7 BetrVG Rn. 9). **1**

Obwohl Leiharbeitnehmer nicht in einem Arbeitsverhältnis zum Betriebsinhaber stehen, sind sie unter der Voraussetzung, dass sie länger als drei Monate im Betrieb eingesetzt werden, aktiv wahlberechtigt. Das soll ausweislich der Gesetzesbegründung (BT-Drucks. 14/5741, S. 36) bereits mit dem ersten Tag des Arbeitseinsatzes gelten. Zur Feststellung der Wahlberechtigung ist daher eine Prognoseentscheidung notwendig, die sich vor allem am Vertrag zwischen dem Betriebsinhaber und dem Entleiher orientieren wird (s. näher § 7 BetrVG Rn. 10). Die Prognoseentscheidung ist am Tag des Erlasses des Wahlausschreibens zu treffen. In Abs. 3 Satz 1 ist klar gestellt, dass Leiharbeitnehmern gemäß § 14 Abs. 2 Satz 1 AÜG lediglich das aktive, nicht aber das passive Wahlrecht zusteht. Entsprechend sind in der Wählerliste Leiharbeitnehmer, die nach § 14 Abs. 2 Satz 1 AÜG nicht *passiv* wahlberechtigt sind, gesondert kenntlich zu machen (Abs. 1 Satz 3). Die Pflicht zur Kenntlichmachung erstreckt sich, auch ohne eine entsprechende Klarstellung durch den VO-Geber, nur auf die gemäß § 7 Satz 2 BetrVG aktiv wahlberechtigten Leiharbeitnehmer; eine Aufnahme weder passiv noch aktiv wahlberechtigter Leiharbeitnehmer unter Kenntlichmachung ihrer mangelnden passiven Wahlberechtigung wäre sinnwidrig.

2   Ausweislich der Begründung zu § 2 sollen andere Personengruppen, denen nach § 7 Satz 2 BetrVG das aktive Wahlrecht im Entleiherbetrieb zusteht, von dem Ausschluss des **passiven Wahlrechts** im Entleiherbetrieb nicht erfasst werden. Der VO-Geber geht ausdrücklich davon aus, dass insbesondere sog. echte – d. h. nicht gewerbsmäßig überlassene – **Leiharbeitnehmer** im Rahmen einer Konzernleihe im Entleiherbetrieb auch passiv wahlberechtigt sind und folglich nicht gem. Abs. 1 Satz 3 gesondert kenntlich gemacht werden müssen. Diese Vorstellung steht im Widerspruch zur zutreffenden Rechtsprechung des BAG, dass § 14 Abs. 2 Satz 1 AÜG wegen der Vergleichbarkeit der Interessenlage auch auf die gesetzlich nicht geregelten Erscheinungsformen der nicht gewerbsmäßigen Arbeitnehmerüberlassung entsprechende Anwendung finden soll (BAG 18. 1. 1989 AP AÜG § 14 Nr. 2; auch 13. 3. 1991 AP BetrVG § 60 Nr. 2; s. hierzu auch § 7 BetrVG Rn. 11). Aus Abs. 3 Satz 1 i. V. mit Abs. 1 Satz 3 kann jedenfalls nicht positiv im Wege eines Umkehrschlusses gefolgert werden, dass sog. echten Leiharbeitnehmern unter den Voraussetzungen des § 7 Satz 2 BetrVG neben dem aktiven stets auch das passive Wahlrecht zusteht. Hierzu bedarf es ihrer organisatorischen Eingliederung in den Entleiherbetrieb, an der es wegen der durch das BAG (a. a. O.) zu Recht angenommenen analogen Anwendung des § 14 Abs. 1 AÜG auf die sog. echte Leiharbeit indessen fehlt; auch echte Leiharbeitnehmer bleiben Arbeitnehmer des Verleiherbetriebs. Hinzu kommt, dass nach § 8 BetrVG die passive Wahlberechtigung eine mindestens sechs Monate andauernde Eingliederung in die Betriebsorganisation verlangt; erst nach diesem Zeitraum wird angenommen, dass der Arbeitnehmer hinreichend mit den betrieblichen Besonderheiten vertraut ist, um das Amt eines Betriebsratsmitglieds zu übernehmen. Bei einer Einsatzzeit von unter sechs Monaten kommt ein passives Wahlrecht sog. echter Leiharbeitnehmer – unabhängig von der analogen Anwendung des § 14 Abs. 2 Satz 1 AÜG – somit allein wegen der gesetzlichen Wertung des § 8 BetrVG nicht in Betracht. Abs. 1 S. 3 muss daher analog auch für die echten Leiharbeitnehmer gelten (ebenso GK-*Kreutz*, § 2 Rn. 1; a. A. *Fitting*, § 2 Rn. 5).

3   Der Wahlvorstand hat nicht nur zu ermitteln, wer *wahlberechtigt* ist, sondern muss darüber hinaus auch die *Zahl der in der Regel beschäftigten Arbeitnehmer* feststellen, weil von ihr die Zahl der zu wählenden Betriebsratsmitglieder abhängt (vgl. auch § 5). Maßgebend ist die Zahl am Tag des Erlasses des Wahlausschreibens.

4   Für die **Zahl der Betriebsratsmitglieder** ist maßgebend, wie viele Arbeitnehmer in der Regel zum Betrieb gehören (s. § 9 BetrVG Rn. 10 ff.). Das gilt auch, soweit das Gesetz für die Größe des Betriebsrats auf die Zahl der wahlberechtigten Arbeitnehmer abstellt (s. § 9 Rn. 3 ff.). Wahlberechtigt ist dagegen auch, wer dem Betrieb nicht in der Regel angehört (s. § 7 BetrVG Rn. 31). Deshalb muss der Wahlvorstand neben der Wählerliste

die Zahl der in der Regel zum Betrieb gehörenden Arbeitnehmer feststellen. Übersteigt diese Zahl 50 nicht, so muss er außerdem feststellen, wie viele von diesen Arbeitnehmern wahlberechtigt sind, weil in diesem Fall für Betriebe mit in der Regel 5 bis 20 wahlberechtigten Arbeitnehmern nur eine Person und mit in der Regel 21 bis 50 wahlberechtigten Arbeitnehmern nur ein Betriebsrat aus drei Mitgliedern gewählt werden kann.

Bei der Feststellung der Arbeitnehmerzahl des Betriebs sind nach der Rechtsprechung des BAG die gemäß § 7 Satz 2 BetrVG mit aktivem Wahlrecht ausgestatteten Arbeitnehmer eines anderen Arbeitgebers (**Leiharbeitnehmer**) nicht mitzuzählen (BAG 16. 4. 2003 – 7 ABR 53/02, AP BetrVG 2002 § 9 Nr. 1; *Hanau*, NJW 2001, 2513, 2515; *Löwisch*, BB 2001, 1734, 1737; a. A. *Däubler*, AuR 2001, 285, 286; s. auch § 9 BetrVG Rn. 7). Die Tatsache, dass sie keinen Arbeitsvertrag mit dem Betriebsinhaber haben, soll ihrer Berücksichtigung entgegenstehen. Überzeugend ist das nicht: § 7 Satz 2 BetrVG gewährt ihnen deswegen das aktive Wahlrecht, weil sie nach einer Einsatzzeit von mindestens drei Monaten als Mitglieder der Betriebsgemeinschaft anzusehen sind, weshalb ihnen die Möglichkeit offen stehen soll, auf die Zusammensetzung des Betriebsrats Einfluss zu nehmen. Um die Zahl der Betriebsratsmitglieder zu bestimmen, kommt es auf die zahlenmäßige Größe der Betriebsgemeinschaft und nicht darauf an, mit wie vielen Arbeitnehmern der Betriebsinhaber in individualrechtlichen Vertragsbeziehungen steht. 5

II. Aufstellung der Wählerliste

Die Aufstellung der Wählerliste ist ausschließlich Aufgabe des Wahlvorstands. Die Aufnahme in die Wählerliste ist von entscheidender Bedeutung, da das aktive und passive Wahlrecht nur Arbeitnehmern zusteht, die in die Wählerliste eingetragen sind (Abs. 3). Die Eintragung ist aber nur eine formelle Voraussetzung; sie genügt nicht, wenn die materiellen Voraussetzungen für die Wahlberechtigung oder Wählbarkeit nicht vorliegen, z. B. der Arbeitnehmer bis zum Wahltag ausscheidet oder aus einem sonstigen Grund nicht wahlberechtigt ist. Die Eintragung in die Wählerliste hat also keine konstitutive Bedeutung (ebenso BAG 5. 3. 1974 AP BetrVG 1972 § 5 Nr. 1; *Fitting*, § 2 Rn. 8; GK-*Kreutz*, § 2 Rn. 1; GL-*Marienhagen*, § 2 Rn. 2; DKK-*Schneider*, § 2 Rn. 13). 6

Ist ein Arbeitnehmer ausgeschieden oder in den Betrieb eingetreten, so ist die Wählerliste auch noch nach Ablauf der Einspruchsfrist bis zum Tag vor dem Beginn der Stimmabgabe zu berichtigen oder zu ergänzen (§ 4 Abs. 3 Satz 2; ebenso *Fitting*, § 2 Rn. 3; GK-*Kreutz*, § 4 Rn. 17 und 19; GL-*Marienhagen*, § 2 Rn. 3; DKK-*Schneider*, § 4 Rn. 22 f.). Das hat durch einen Beschluss des Wahlvorstands zu geschehen. S. zur Rechtslage, wenn einem Arbeitnehmer gekündigt ist, ausführlich § 7 BetrVG Rn. 37 ff. und § 8 BetrVG Rn. 13 ff. 7

Die Wählerliste ist das **Verzeichnis der Wahlberechtigten**. Sie wird **getrennt nach den Geschlechtern aufgestellt (Abs. 1 Satz 1)**. 8

Die Wahlberechtigten sollen mit Familienname, Vorname und Geburtsdatum in alphabetischer Reihenfolge aufgeführt werden (Abs. 1 Satz 2). Die Bestimmung ist eine *Sollvorschrift*. Ihre Verletzung berechtigt daher nicht zur Wahlanfechtung. Jedoch müssen die einzelnen Arbeitnehmer in der Wählerliste so identifiziert sein, dass feststeht, um wen es sich handelt. Daher ist in der Regel die Angabe des Familiennamens, des Vornamens und des Geburtsdatums erforderlich (ebenso *Fitting*, § 2 Rn. 4; DKK-*Schneider*, § 2 Rn. 3). Die instanzgerichtliche Rechtsprechung verlangt in besonders gelagerten Fällen auch die Angabe der Privatadresse zur Ermöglichung von Briefwahl (s. zweifelhaft im Hinblick auf das Recht auf informationelle Selbstbestimmung der Belegschaft ArbG Leipzig 24. 2. 2006, AE 2006, 123). 9

Soweit der Wahlvorstand Angestellte den **leitenden Angestellten** zuordnet, hat er das **Zuordnungsverfahren nach § 18 a BetrVG** durchzuführen. 10

III. Unterstützung durch den Arbeitgeber

11 Der Arbeitgeber hat dem Wahlvorstand alle für die Anfertigung der Wählerliste erforderlichen **Auskünfte zu erteilen** und die **erforderlichen Unterlagen zur Verfügung zu stellen** (Abs. 2 Satz 1). Die Bestimmung ist seit ihrer Neufassung durch die VO vom 28. 9. 1989 (s. Vorbem. vor § 1 Rn. 3) als *Mussvorschrift* gestaltet. Ihre Verletzung rechtfertigt aber keine Wahlanfechtung. Der Wahlvorstand hat einen Rechtsanspruch, den er im Beschlussverfahren geltend machen kann, notfalls durch eine einstweilige Verfügung (vgl. auch LAG Hamm 27. 5. 1977, DB 1977, 1269 und 1271; 29. 3. 2006, 13 TaBV 26/06, juris). Unbeachtlich ist dabei, ob der Arbeitgeber der Auffassung ist, seine Einrichtung stelle keinen betriebsratsfähigen Betrieb dar. Die Unterstützungspflicht des Arbeitgebers wird schon von Gesetzes wegen nicht vom Bestehen eines betriebsratsfähigen Betriebs abhängig gemacht (LAG Hamm 14. 3. 2005, NZA-RR 2005, 373 ff.). Es darf freilich nicht offensichtlich ausgeschlossen sein, dass ein betriebsratsfähiger Betrieb besteht. Legt der Arbeitgeber dar, dass dem eben so ist, dann besteht auch kein Anspruch auf Herausgabe.

11 a Der Arbeitgeber, der sich seiner Pflicht zur Unterstützung des Wahlvorstands entzieht, kann sich nach § 119 Abs. 1 Nr. 1 BetrVG strafbar machen (ebenso *Fitting*, § 2 Rn. 6; GK-*Kreutz*, § 2 Rn. 10; DKK-*Schneider*, § 2 Rn. 15).

12 Der Arbeitgeber hat den Wahlvorstand insbesondere bei Feststellung, wie es wörtlich heißt, der in § 5 Abs. 3 des Gesetzes genannten Personen zu unterstützen (Abs. 2 Satz 2). Er hat also dem Wahlvorstand die erforderlichen Auskünfte zu erteilen und die erforderlichen Unterlagen zur Verfügung zu stellen, damit dieser entscheiden kann, ob ein Arbeitnehmer zu den **leitenden Angestellten** i. S. des § 5 Abs. 3 BetrVG gehört. Der Wahlvorstand hat zu diesem Zweck aber kein Einblicksrecht in die Bruttogehaltslisten aller Angestellten (ebenso GL-*Marienhagen*, § 2 Rn. 8).

13 Obwohl in der WO nicht ausdrücklich genannt, gilt die Unterstützungspflicht auch für die Feststellung der in § 5 Abs. 2 des Gesetzes genannten Personen (ebenso *Fitting*, § 2 Rn. 7; GK-*Kreutz*, § 2 Rn. 12; *Schneider*, Betriebsratswahl, § 2 Rn. 20). Die Beschränkung auf § 5 Abs. 3 BetrVG ist offensichtlich ein Redaktionsversehen, das auch in der Neubekanntmachung der Wahlordnung beibehalten wurde. § 2 Abs. 2 Satz 2 WO 1953 sprach allgemein von den „in § 4 Abs. 2 des Gesetzes genannten Personen", erfasste also sowohl die nunmehr in § 5 Abs. 2 BetrVG genannten Betriebsangehörigen als auch die leitenden Angestellten.

14 Die Entscheidung, ob es sich um eine Person handelt, die nicht zur Belegschaft i. S. des BetrVG gehört, trifft der Wahlvorstand allein (*Fitting*, § 2 Rn. 7; GK-*Kreutz*, § 2 Rn. 12; ArbG Ludwigshafen, BB 1974, 1207) – vorbehaltlich einer Nachprüfung durch das Arbeitsgericht, wobei für die Zuordnung zu den leitenden Angestellten die Sonderregelung des § 18 a BetrVG eingreift. Ob hier den Arbeitgeber eine ähnlich weitgehende Unterstützungspflicht trifft, ist zweifelhaft. Ob ein Mitarbeiter Arbeitnehmer oder freier Mitarbeiter im Betrieb ist, oder als Leiharbeitnehmer tätig ist, ist für den Betriebsrat ohne Hilfe des Arbeitgeber oftmals nicht feststellbar (gegen eine Unterstützungspflicht aber ArbG Augsburg, BB 1989, 218; dafür *Fitting*, § 2 Rn. 7; Jaeger/Röder/Heckelmann/*Merten*, Kap. 3 Rn. 58). Man wird dem Betriebsrat daher einen gewissen Beurteilungsspielraum zubilligen müssen (*Fitting*, § 2 Rn. 7; s. auch LAG Frankfurt, BB 2001, 1095, 1096; ähnlich *Maschmann*, DB 2001, 2446, 2447).

IV. Auslegung der Wählerliste

15 Ein **Abdruck der Wählerliste** und ein Abdruck dieser Verordnung sind vom Tage der Einleitung der Wahl, also mit Erlass des Wahlausschreibens (§ 3 Abs. 1 Satz 2), bis zum

Abschluss der Stimmabgabe an **geeigneter Stelle im Betrieb zur Einsichtnahme auszulegen** (Abs. 4 Satz 1). Während die Wählerliste in ihrem Original die Wahlberechtigten mit Geburtsdatum aufführen soll (Abs. 1 Satz 2), ist für den Abdruck, der im Betrieb auszulegen ist, vorgesehen, dass er die Geburtsdaten nicht enthalten soll (Abs. 4 Satz 2). Mit dieser Sollvorschrift wird dem Datenschutz Rechnung getragen.

Der Abdruck der Wählerliste und die Verordnung können alternativ oder kumulativ auch mittels der **im Betrieb vorhandenen Informations- und Kommunikationstechnik** bekannt gemacht werden. Die Begründung zu § 2 nennt beispielhaft die Bekanntmachung im Intranet. Nach Abs. 4 Satz 4 ist die Bekanntmachung **ausschließlich** in elektronischer Form nur zulässig, wenn alle Arbeitnehmer von der Bekanntmachung Kenntnis erlangen können und Vorkehrungen getroffen werden, dass Änderungen der Bekanntmachung nur vom Wahlvorstand vorgenommen werden können. Eine ausschließliche Bekanntmachung im **Intranet** kommt daher nur in Betracht, sofern jeder Arbeitnehmer des Betriebs Zugriff auf einen Computer mit Netzzugang hat (*Fitting*, § 2 Rn. 11); die gemeinsame Nutzungsmöglichkeit eines Computers durch mehrere Arbeitnehmer genügt, wenn jedem von ihnen eine ausreichende Nutzungszeit zusteht, um die Bekanntmachung zur Kenntnis nehmen zu können. Damit die Kenntnisnahme tatsächlich sicher gestellt ist, erscheint es ratsam, dass der Wahlvorstand allen Arbeitnehmern die Bekanntmachung im Intranet unter Benennung des genauen Standorts mitteilt; dies kann durch Versendung einer E-Mail an alle Arbeitnehmer geschehen. Eine Bekanntmachung der Wählerliste selbst mittels **E-Mail** kommt hingegen nicht in Betracht. Erforderlich ist, dass die Wählerliste an einer einzigen zentralen Stelle, sei es körperlich oder virtuell, bekannt gemacht wird. Hinzu kommt, dass bei jeder Änderung der Wählerliste die Verschickung neuer E-Mails an alle Arbeitnehmer notwendig würde; das ist nicht praktikabel. Wird die Wählerliste in elektronischer Form bekannt gemacht, muss weiterhin gewährleistet sein, dass Änderungen nur vom Wahlvorstand vorgenommen werden können. Technisch ist mit Hilfe eines Passworts sicherzustellen, dass ausschließlich die Mitglieder des Wahlvorstands Zugriffs- und Änderungsrechte für die Intranet-Seite haben, auf der die Bekanntmachung erfolgt (so jetzt auch BAG 21. 1. 2009 – 7 ABR 65/07, DB 2009, 1302). In der Praxis dürften den Mitgliedern des Wahlvorstands häufig die technischen Fähigkeiten fehlen, selbst Programmierungen im Intranet vorzunehmen. Ausweislich des klaren Wortlauts des Abs. 4 Satz 4 ist es dennoch nicht zulässig, wenn die das Intranet betreuenden Mitarbeiter des Unternehmens, selbst bei Überwachung durch den Wahlvorstand, selbständig Änderungen durchführen können. Andere Personen als die Mitglieder des Wahlvorstands sind zu Änderungen allenfalls dann befugt, wenn – etwa durch einen doppelten Zugangscode – sicher gestellt ist, dass bei jedem ändernden Zugriff auf die Intranet-Seite ein Mitglied des Wahlvorstands anwesend ist (vgl. BAG 21. 1. 2009 – 7 ABR 65/07, DB 2009, 1302).

Auf Grund der strengen Anforderungen des Abs. 4 Satz 4 ist eine ausschließliche Bekanntmachung in elektronischer Form häufig nicht praktikabel. Abs. 4 Satz 3 lässt daher die Bekanntmachung der Wählerliste und der Verordnung mittels der im Betrieb vorhandenen Informations- und Kommunikationstechnik auch **ergänzend** zu, d. h. neben der Auslage an geeigneter Stelle im Betrieb gemäß Abs. 4 Satz 1. Die ergänzende Bekanntmachung in elektronischer Form kommt in Betracht, wenn nicht alle Arbeitnehmer über die technischen Einrichtungen verfügen, die ihnen eine Kenntnisnahme ermöglichen. Für diejenigen Arbeitnehmer, welche Zugriff auf einen Computer mit Netzzugang haben, bietet die ergänzende Bekanntmachung in elektronischer Form eine Vereinfachung. Fehlt es hingegen an den notwendigen technischen Vorkehrungen, die sicher stellen sollen, dass Änderungen der Bekanntmachung nur vom Wahlvorstand gemacht werden können, muss auch eine ergänzende Bekanntmachung in elektronischer Form ausscheiden. Diese in Abs. 4 Satz 4 genannte Einschränkung ist dem Wortlaut des Abs. 4 Satz 3 nicht unmittelbar zu entnehmen, ergibt sich jedoch aus der Erwägung, dass die Befugnis, die Wählerliste aufzustellen und wenn nötig zu ändern, generell allein dem Wahlvorstand obliegt. Es muss daher gewährleistet sein, dass kein Unbefugter den Inhalt der Wählerliste eigenmächtig beeinflussen kann. Dies muss gleichermaßen bei der ergänzenden Bekanntmachung in elektronischer Form gelten; es wäre nicht hinnehmbar, könnte die ausgelegte Wählerliste nur durch den Wahlvorstand, die kumulativ elektronisch veröffentlichte Wählerliste auch von anderen Personen, z. B. den das Intranet betreuenden Mitarbeitern des Unternehmens, modifiziert werden. Dies ist allein deswegen zu verhindern, damit – in Anbetracht der hohen Bedeutung der Wählerliste (vgl. Abs. 3 Satz 1, dazu Rn. 6) – die Möglichkeit inhaltlich divergierender Versionen völlig ausgeschlossen ist.

18   Der Arbeitgeber ist lediglich verpflichtet, dem Wahlvorstand im Betrieb **vorhandene** Informations- und Kommunikationstechnik zur Verfügung zu stellen. Der Wahlvorstand kann weder die Anschaffung oder Einrichtung von Informations- und Kommunikationstechnik noch anderweitige Unterstützungshandlungen verlangen. Der Arbeitgeber muss ihm also nicht eine allgemeine Mailing-Liste aller Arbeitnehmer des Betriebs zukommen lassen oder bei der Einrichtung einer Intranet-Seite in irgendeiner Weise, etwa durch eigene oder externe Techniker, behilflich sein. Die Verpflichtung erstreckt sich lediglich auf die Gewährung des Zugangs zu einer vorhandenen Kommunikations-Infrastruktur.

19   Macht der Wahlvorstand von der Möglichkeit einer Bekanntmachung mittels der im Betrieb vorhandenen Informations- und Kommunikationstechnik Gebrauch, kann er die elektronische Wählerliste auch später bei der **Stimmabgabe** in der Weise nutzen, dass er die Stimmabgabe der Wähler in dieser elektronisch vermerkt. Darauf weist der VO-Geber in der Begründung zu § 2 ausdrücklich hin. Umso wichtiger ist es, dass zuvor ausschließlich der Wahlvorstand Änderungen der elektronischen Wählerliste vornehmen konnte (s. dazu Rn. 17), damit keine Unsicherheiten über den Kreis der Wahlberechtigten und darüber entstehen, wer von ihnen tatsächlich seine Stimme abgegeben hat.

20   Die **Bekanntmachung eines Abdrucks der Wählerliste** ist **wesentlicher Verfahrensteil.** Unterbleibt sie oder erfolgt sie nicht ordnungsgemäß, so begründet der Verstoß die Wahlanfechtung, falls das Wahlergebnis beeinflusst sein kann. Dagegen wird man in der Pflicht zur Bekanntmachung eines Abdrucks dieser Verordnung nur eine Ordnungsvorschrift zu erblicken haben, so dass dieser Verfahrensmangel eine Anfechtung der Betriebsratswahl nicht rechtfertigt (ebenso *Fitting*, § 2 Rn. 9; GL-*Marienhagen*, § 2 Rn. 10; DKK-*Schneider*, § 2 Rn. 11; s. auch LAG Hamm 17. 8. 2007 EzAÜG BetrVG Nr. 100; a. A. GK-*Kreutz*, § 2 Rn. 15).

V. Unterrichtung der ausländischen Arbeitnehmer

21   Dem Wahlvorstand wird aufgegeben, dafür Sorge zu tragen, dass ausländische Arbeitnehmer, die der deutschen Sprache nicht mächtig sind, vor Einleitung der Betriebsratswahl über Wahlverfahren, Aufstellung der Wähler- und Vorschlagslisten, Wahlvorgang und Stimmabgabe in geeigneter Weise unterrichtet werden (Abs. 5). Dieser Pflicht wird regelmäßig dadurch genügt, dass der Wahlvorstand die Aushänge im Zusammenhang mit der Betriebsratswahl auch in den Sprachen macht, die von den ausländischen Arbeitnehmern verstanden werden (vgl. BAG 13. 10. 2004 AP WahlO BetrVG 1972 § 2 Nr. 1, DB 2005, 675; LAG Hamm 15. 5. 1973, DB 1973, 1403; a. A. GK-*Kreutz*, § 2 Rn. 21). Die Bestimmung ist zwar nur als *Sollvorschrift* gestaltet (s. auch § 3 Rn. 5). Führt ihre Verletzung aber dazu, dass die ausländischen Arbeitnehmer nicht die erforderliche Kenntnis erhielten, um sich an der Betriebsratswahl zu beteiligen, so liegt darin nach h. M. ein so wesentlicher Verfahrensmangel, dass die Wahl nach § 19 BetrVG angefochten werden kann (*Fitting*, § 2 Rn. 12; GK-*Kreutz*, § 2 Rn. 19; GL-*Marienhagen*, § 2 Rn. 11; DKK-*Schneider*, § 2 Rn. 17; s. auch BAG 13. 10. 2004 AP WahlO BetrVG 1972 § 2 Nr. 1, DB 2005, 675; ArbG Frankfurt 12. 11. 2002, AuR 2003, 158). Das vermag im Hinblick auf die eindeutig in die andere Richtung deutende Gesetz-

gebungsgeschichte nicht zu überzeugen (s. klar und deutlich *Ricken*, BAG-Report 2005, 151). Zum Umfang der Unterrichtungspflicht s. ausführlich LAG Niedersachsen 16. 6. 2008 – 9 TaBV 14/07, AE 2009, 131; LAG Hessen 17. 4. 2008 – 9 TaBV 163/07, juris; LAG Hamm 15. 5. 1973, DB 1973, 1403: Verneinend hinsichtlich der Aufforderung nach § 6 Abs. 6 bei Doppelunterzeichnung von Vorschlagslisten.

§ 3 Wahlausschreiben

(1) ¹Spätestens sechs Wochen vor dem ersten Tag der Stimmabgabe erlässt der Wahlvorstand ein Wahlausschreiben, das von der oder dem Vorsitzenden und von mindestens einem weiteren stimmberechtigten Mitglied des Wahlvorstands zu unterschreiben ist. ²Mit Erlass des Wahlausschreibens ist die Betriebsratswahl eingeleitet. ³Der erste Tag der Stimmabgabe soll spätestens eine Woche vor dem Tag liegen, an dem die Amtszeit des Betriebsrats abläuft.

(2) Das Wahlausschreiben muss folgende Angaben enthalten:
1. das Datum seines Erlasses;
2. die Bestimmung des Orts, an dem die Wählerliste und diese Verordnung ausliegen, sowie im Fall der Bekanntmachung in elektronischer Form (§ 2 Abs. 4 Satz 3 und 4) wo und wie von der Wählerliste und der Verordnung Kenntnis genommen werden kann;
3. dass nur Arbeitnehmerinnen und Arbeitnehmer wählen oder gewählt werden können, die in die Wählerliste eingetragen sind, und dass Einsprüche gegen die Wählerliste (§ 4) nur vor Ablauf von zwei Wochen seit dem Erlass des Wahlausschreibens schriftlich beim Wahlvorstand eingelegt werden können; der letzte Tag der Frist ist anzugeben;
4. den Anteil der Geschlechter und den Hinweis, dass das Geschlecht in der Minderheit im Betriebsrat mindestens entsprechend seinem zahlenmäßigen Verhältnis vertreten sein muss, wenn der Betriebsrat aus mindestens drei Mitgliedern besteht (§ 15 Abs. 2 des Gesetzes);
5. die Zahl der zu wählenden Betriebsratsmitglieder (§ 9 des Gesetzes) sowie die auf das Geschlecht in der Minderheit entfallenden Mindestsitze im Betriebsrat (§ 15 Abs. 2 des Gesetzes);
6. die Mindestzahl von Wahlberechtigten, von denen ein Wahlvorschlag unterzeichnet sein muss (§ 14 Abs. 4 des Gesetzes);
7. dass der Wahlvorschlag einer im Betrieb vertretenen Gewerkschaft von zwei Beauftragten unterzeichnet sein muss (§ 14 Abs. 5 des Gesetzes);
8. dass Wahlvorschläge vor Ablauf von zwei Wochen seit dem Erlass des Wahlausschreibens beim Wahlvorstand in Form von Vorschlagslisten einzureichen sind, wenn mehr als drei Betriebsratsmitglieder zu wählen sind; der letzte Tag der Frist ist anzugeben;
9. dass die Stimmabgabe an die Wahlvorschläge gebunden ist und dass nur solche Wahlvorschläge berücksichtigt werden dürfen, die fristgerecht (Nr. 8) eingereicht sind;
10. die Bestimmung des Orts, an dem die Wahlvorschläge bis zum Abschluss der Stimmabgabe aushängen;
11. Ort, Tag und Zeit der Stimmabgabe sowie die Betriebsteile und Kleinstbetriebe, für die schriftliche Stimmabgabe (§ 24 Abs. 3) beschlossen ist;
12. den Ort, an dem Einsprüche, Wahlvorschläge und sonstige Erklärungen gegenüber dem Wahlvorstand abzugeben sind (Betriebsadresse des Wahlvorstands);
13. Ort, Tag und Zeit der öffentlichen Stimmauszählung.

(3) Sofern es nach Größe, Eigenart oder Zusammensetzung der Arbeitnehmerschaft des Betriebs zweckmäßig ist, soll der Wahlvorstand im Wahlausschreiben darauf hin-

weisen, dass bei der Aufstellung von Wahlvorschlägen die einzelnen Organisationsbereiche und die verschiedenen Beschäftigungsarten berücksichtigt werden sollen.

(4) ¹Ein Abdruck des Wahlausschreibens ist vom Tage seines Erlasses bis zum letzten Tage der Stimmabgabe an einer oder mehreren geeigneten, den Wahlberechtigten zugänglichen Stellen vom Wahlvorstand auszuhängen und in gut lesbarem Zustand zu erhalten. ²Ergänzend kann das Wahlausschreiben mittels der im Betrieb vorhandenen Informations- und Kommunikationstechnik bekannt gemacht werden. ³§ 2 Abs. 4 Satz 4 gilt entsprechend.

I. Erlass des Wahlausschreibens

1. Bedeutung für die Betriebsratswahl

1   Die Vorschrift regelt Erlass und Inhalt des Wahlausschreibens. Mit Erlass des Wahlausschreibens ist die **Betriebsratswahl eingeleitet** (Abs. 1 Satz 2). Das Wahlausschreiben ist erlassen, sobald der Wahlvorstand es durch Aushang oder im Fall des Abs. 4 Satz 3 und i. V. mit § 2 Abs. 4 Satz 3 und 4 mittels im Betrieb vorhandener Informations- und Kommunikationstechnik im Betrieb bekannt macht. Erklärt er den Aushang an verschiedenen Stellen für notwendig, so ist maßgebend darauf abzustellen, wann der letzte Aushang erfolgt ist (ebenso LAG Hamm 26. 2. 1976, DB 1976, 921; *Fitting*, § 3 Rn. 1; GK-*Kreutz*, § 3 Rn. 3; DKK-*Schneider*, § 3 Rn. 3). Wird das Wahlausschreiben gemäß Abs. 4 Satz 2 ergänzend in elektronischer Form bekannt gemacht, ist für seinen Erlass allein der Zeitpunkt seines Aushangs i. S. des Abs. 4 Satz 1 entscheidend. Nach dem Zeitpunkt des Erlasses richtet sich, von welcher Arbeitnehmerzahl für die Größe des Betriebsrats auszugehen ist (s. § 9 BetrVG Rn. 13) und wie viele Sitze des Betriebsrats auf das Geschlecht in der Minderheit entfallen (vgl. § 15 BetrVG Rn. 13). Mit diesem Zeitpunkt beginnen weiterhin die Einspruchsfrist gegen die Wählerliste (§ 4 Abs. 1), die Frist für die Einreichung der Vorschlagslisten (§ 6 Abs. 1 Satz 2) und die Mindestfrist für die Festlegung des ersten Tages der Stimmabgabe (§ 3 Abs. 1 Satz 1).

2. Zeitpunkt des Erlasses

2   Das Wahlausschreiben ist **spätestens sechs Wochen vor dem ersten Tag der Stimmabgabe** zu erlassen (Abs. 1 Satz 1). Diese Frist ist eine Mindestfrist; sie beginnt mit dem ersten Tag nach Aushang des Wahlausschreibens. Wird sie nicht gewahrt, so liegt darin ein Verstoß gegen wesentliche Vorschriften über das Wahlverfahren, so dass eine Wahlanfechtung nach § 19 BetrVG in Betracht kommt (ebenso *Fitting*, § 3 Rn. 4; GK-*Kreutz*, § 3 Rn. 4; DKK-*Schneider*, § 3 Rn. 4). Da das Wahlausschreiben die Zahl der zu wählenden Betriebsratsmitglieder und die dem Geschlecht in der Minderheit zustehenden Mindestsitze angeben muss (Abs. 2 Nr. 4), hat der Wahlvorstand vorher nicht nur die Wählerlisten anzufertigen, sondern auch die Zahl der dem Betrieb in der Regel angehörenden Arbeitnehmer festzustellen (s. § 2 Rn. 1 f.). Er muss weiterhin das Zuordnungsverfahren nach § 18a BetrVG durchführen. Sind die regelmäßigen Betriebsratswahlen mit den regelmäßigen Sprecherausschusswahlen zeitgleich einzuleiten (s. § 13 BetrVG Rn. 9 ff.), so trifft die beteiligten Wahlvorstände die Rechtspflicht, das jeweilige Wahlausschreiben am selben Tag zu erlassen (ebenso GK-*Kreutz*, § 3 Rn. 2). Ein Verstoß hat aber nicht zur Folge, dass auf ihn eine Wahlanfechtung gestützt werden kann (s. § 13 BetrVG Rn. 12).

3   Beim Erlass des Wahlausschreibens ist darauf zu achten, dass der erste Tag der Stimmabgabe spätestens eine Woche vor dem Tag liegen soll, an dem die Amtszeit des Betriebsrats abläuft (Abs. 1 Satz 3). Es handelt sich insoweit aber nur um eine *Sollvorschrift*. Sie

ist daher keine wesentliche Vorschrift über das Wahlverfahren i. S. des § 19 Abs. 1 BetrVG (ebenso GK-*Kreutz*, § 3 Rn. 5).

3. Form des Erlasses

Das Wahlausschreiben ist vom **Vorsitzenden** und von **mindestens einem weiteren stimmberechtigten Mitglied des Wahlvorstands zu unterschreiben** (Abs. 1 Satz 1). Es ist also nicht mehr wie nach § 3 Abs. 1 WO 1953 erforderlich, dass alle Mitglieder des Wahlvorstands unterschreiben. Wird das Wahlausschreiben nur vom Vorsitzenden unterzeichnet, so liegt darin zwar ein Verfahrensmangel; dieser führt aber nicht zur Nichtigkeit der mit der Veröffentlichung des Wahlausschreibens eingeleiteten Maßnahmen zur Durchführung des Wahlverfahrens (vgl. ArbG Gelsenkirchen 15. 3. 1968, BB 1968, 627; *Fitting*, § 3 Rn. 5; GK-*Kreutz*, § 3 Rn. 6; GL-*Marienhagen*, § 3 Rn. 4; DKK-*Schneider*, § 3 Rn. 7).

Nach § 2 Abs. 5 WO soll der Wahlvorstand dafür sorgen, dass ausländische Arbeitnehmer, die der deutschen Sprache nicht mächtig sind, vor Einleitung der Betriebsratswahl über Wahlverfahren, Aufstellung der Wähler- und Vorschlagslisten, Wahlvorgang und Stimmabgabe in geeigneter Weise unterrichtet werden. Nicht notwendig ist, dass das Wahlausschreiben in der Muttersprache der ausländischen Arbeitnehmer erscheint; es genügt, wenn auf andere Weise sichergestellt wird, dass die ausländischen Arbeitnehmer die notwendige Kenntnis erhalten (s. auch § 2 Rn. 14).

II. Inhalt des Wahlausschreibens

Die in **Abs. 2 genannten Angaben muss** das **Wahlausschreiben enthalten;** fehlen sie oder sind sie unrichtig angegeben, so liegt darin ein Verstoß gegen wesentliche Vorschriften über das Wahlverfahren i. S. des § 19 BetrVG (ebenso *Fitting*, § 3 Rn. 6; GK-*Kreutz*, § 3 Rn. 7; GL-*Marienhagen*, § 3 Rn. 5; DKK-*Schneider*, § 3 Rn. 10). Der Wahlvorstand *soll* weiterhin, sofern es nach Größe, Eigenart oder Zusammensetzung der Arbeitnehmerschaft des Betriebs zweckmäßig ist, im Wahlausschreiben darauf hinweisen, dass bei der Aufstellung von Wahlvorschlägen die einzelnen Organisationsbereiche und die verschiedenen Beschäftigungsarten berücksichtigt werden sollen (Abs. 3). Das Wahlausschreiben *kann* aber auch weitere Angaben enthalten, z. B. wer Vorsitzender des Wahlvorstands ist und wer ihm als Mitglied angehört. Aber sie müssen sich auf die Wahl beziehen und dürfen nicht den Versuch einer Wahlbeeinflussung enthalten.

1. Notwendiger Inhalt

a) Das Wahlausschreiben muss das **Datum seines Erlasses** enthalten (Abs. 2 Nr. 1); der Tag des Erlasses muss der Tag sein, an dem das Wahlausschreiben ausgehängt wird (s. Rn. 2). Das Wahlausschreiben muss weiterhin den Ort angeben, **an dem ein Abdruck der Wählerliste** und ein **Abdruck dieser Verordnung ausliegen,** bzw. im Fall elektronischer Bekanntmachung wo und wie von der Wählerliste und der Verordnung Kenntnis genommen werden kann (Abs. 2 Nr. 2). Der Wortlaut der WO spricht hier zwar von der „Bestimmung des Orts, an dem die Wählerliste und diese Verordnung ausliegen"; aus § 2 Abs. 4 Satz 1 ergibt sich aber, dass nicht die Wählerliste in ihrem Original, sondern ein Abdruck der Wählerliste auszulegen oder mittels im Betrieb vorhandener Informations- und Kommunikationstechnik bekannt zu machen ist.

b) Das Wahlausschreiben muss darauf hinweisen, dass nur **Arbeitnehmer wählen oder gewählt** werden können, die in die **Wählerliste eingetragen** sind, und dass **Einsprüche gegen die Wählerliste** nur vor Ablauf von zwei Wochen seit dem Erlass des Wahlausschreibens schriftlich beim Wahlvorstand eingelegt werden können, wobei der letzte Tag der Frist anzugeben ist (Abs. 2 Nr. 3; s. auch Rn. 12).

9   Zur Sicherung des in § 15 Abs. 2 BetrVG zwingend vorgeschriebenen Mindestanteils von Betriebsratsmitgliedern des Geschlechts in der Minderheit ist Nr. 4 durch die VO vom 11. 12. 2001 (BGBl. I, S. 3494) wie folgt geändert worden: Das Wahlausschreiben *muss* den **Anteil der Geschlechter** und den **Hinweis** enthalten, **dass das Geschlecht in der Minderheit mindestens entsprechend seinem zahlenmäßigen Verhältnis im Betrieb vertreten sein muss, wenn der Betriebsrat aus mindestens drei Mitgliedern besteht (§ 15 Abs. 2 BetrVG).**

10 c) Das Wahlausschreiben muss angeben, **wie viele Betriebsratsmitglieder** zu wählen sind und wie viele **Sitze des Betriebsrats** mindestens auf das Geschlecht in der Minderheit entfallen müssen (Abs. 2 Nr. 5). Der Wahlvorstand muss daher vor Erlass des Wahlausschreibens nach § 5 die Zahl der Mindestsitze für das Geschlecht in der Minderheit bestimmen.

11 d) Das Wahlausschreiben muss für **Wahlvorschläge der Wahlberechtigten** die **Mindestzahl derjenigen,** die einen **Wahlvorschlag zu unterzeichnen** haben, enthalten (Abs. 2 Nr. 6). Es genügt nicht der Hinweis auf § 14 Abs. 4 des Gesetzes, sondern es muss genau angegeben werden, welche Zahl von Unterschriften ausreichend und erforderlich ist (s. § 14 BetrVG Rn. 44 ff.). Niemand kann sich an mehreren Wahlvorschlägen beteiligen. Ein Hinweis hierauf ist zweckmäßig, aber nicht zwingend erforderlich (DKK-*Schneider,* § 3 Rn. 16; Jaeger/Röder/Heckelmann/*Merten,* Kap. 3 Rn. 70). Hat ein Arbeitnehmer es trotzdem getan, so ist ihm eine angemessene Frist von höchstens drei Arbeitstagen zu setzen, innerhalb der er zu erklären hat, welche Unterschrift als gültig anzusehen ist (§ 6 Abs. 5 Satz 2). Unter Arbeitstagen sind die Tage zu verstehen, an denen im Betrieb allgemein gearbeitet wird, d. h. der ganz überwiegende Teil der Belegschaft regelmäßig arbeitet (ebenso BAG 12. 2. 1960 AP BetrVG § 18 Nr. 11). Es kommt auf den Betrieb als solchen, nicht auf einzelne Betriebsabteilungen an. Bei fruchtlosem Verstreichen lassen der Frist ist die Unterschrift unter dem zuerst eingereichten Wahlvorschlag maßgeblich; notfalls entscheidet darüber das Los (§ 6 Abs. 5 Satz 3). Eine nachträgliche Rücknahme der Unterschrift ist für die Wirksamkeit des Wahlvorschlags ohne Bedeutung (§ 8 Abs. 1 Nr. 3).

12 Das Wahlausschreiben muss den Hinweis enthalten, dass der **Wahlvorschlag einer im Betrieb vertretenen Gewerkschaft von zwei Beauftragten unterzeichnet** sein muss (Abs. 2 Nr. 7; vgl. § 14 Abs. 5 BetrVG; s. dort Rn. 146).

13 Das Wahlausschreiben muss an die Wahlberechtigten und die im Betrieb vertretenen Gewerkschaften die **Aufforderung** richten, innerhalb von zwei Wochen seit seinem Erlass beim Wahlvorstand **Wahlvorschläge** in Form von Vorschlagslisten einzureichen, wenn mehr als drei Betriebsratsmitglieder zu wählen sind (Abs. 2 Nr. 8). Der letzte Tag der Frist für die Einreichung ist im Wahlausschreiben anzugeben. Er ergibt sich aus § 6 Abs. 1 Satz 2 (vgl. BAG 9. 12. 1992 AP WahlO BetrVG 1972 § 6 Nr. 2). Das Wahlausschreiben muss weiterhin den Hinweis enthalten, dass die Stimmabgabe an die Wahlvorschläge gebunden ist und dass nur solche Wahlvorschläge berücksichtigt werden dürfen, die fristgerecht eingereicht sind (Abs. 2 Nr. 9).

14 e) Das Wahlausschreiben muss den **Ort** nennen, an dem die **Wahlvorschläge** bis zum Abschluss der Stimmabgabe **aushängen** (Abs. 2 Nr. 10), und es muss **Ort, Tag und Zeit der Stimmabgabe** sowie die **Betriebsteile und Kleinstbetriebe** angeben, für die **schriftliche Stimmabgabe** (§ 24 Abs. 3) beschlossen ist (Abs. 2 Nr. 11). Im letzteren Fall muss sich aus dem Wahlausschreiben klar ergeben, dass die Möglichkeit einer anderen Stimmabgabe dort nicht besteht, es sich also nicht um den Fall der in § 24 Abs. 1 vorgesehenen Möglichkeit einer schriftlichen Stimmabgabe handelt. Will der Wahlvorstand die Wahl in einzelnen Filialen nach einem bestimmten „Tourenplan" durchführen, muss im Wahlausschreiben für jede einzelne Filiale die konkrete Zeit, in der die Stimmabgabe möglich sein soll, festgelegt und in den einzelnen Filialen bekannt gemacht werden; die bloße Angabe von Rahmenzeiten reicht nicht aus und stellt einen die Anfechtung der Wahl begründenden Verstoß gegen Verfahrensregeln dar (LAG Brandenburg 27. 11. 1998,

NZA-RR 1999, 418; s. auch LAG Düsseldorf 3. 8. 2007 – 9 TaBV 41/07, ArbuR 2008, 120).

f) Das Wahlausschreiben muss die **Betriebsadresse des Wahlvorstands** angeben (Abs. 2 Nr. 12). Mit ihr ist nach der Definition in Nr. 12 der Ort gemeint, an dem Einsprüche, Wahlvorschläge und sonstige Erklärungen gegenüber dem Wahlvorstand abzugeben sind. Zulässig und auch zweckmäßig ist es in der Regel, die Dienststunden des Wahlvorstands anzugeben, in denen die Einsprüche, Wahlvorschläge und sonstigen Erklärungen entgegengenommen werden können (GK-*Kreutz*, § 3 Rn. 21; Jaeger/Röder/Heckelmann/*Merten*, Kap. 3 Rn. 76). 15

g) Schließlich muss das Wahlausschreiben Ort, Tag und Zeit der öffentlichen Stimmauszählung angeben (Abs. 2 Nr. 13). Nr. 13 war in der WO 1972 nicht enthalten und trägt der Tatsache Rechnung, dass ohne eine ordnungsgemäße Information der Wahlberechtigten über Ort und Zeit der Stimmauszählung dem Öffentlichkeitsprinzip gemäß § 18 Abs. 3 Satz 1 BetrVG nicht Rechnung getragen wird (BAG 15. 11. 2000, NZA 2001, 853). Die öffentliche Stimmauszählung hat gemäß § 13 unverzüglich nach Abschluss der Wahl durch den Wahlvorstand stattzufinden. 16

2. Angabe von Dienststunden

Hat der Wahlvorstand im Wahlausschreiben Dienststunden angegeben, dann müssen Erklärungen, die ihm gegenüber abzugeben sind, wie Einsprüche (§ 4), Wahlvorschläge (§ 6) und Ähnliches, zur Wahrung der Frist bis zum Ende der Dienststunden am letzten Tag der Frist bei ihm eingehen. Doch darf das Ende der Frist nicht so festgelegt werden, dass sie vor dem Ende der Arbeitszeit der ganz überwiegenden Mehrzahl der Arbeitnehmer liegt (ebenso BAG 2. 12. 1960 AP BetrVG § 18 Nr. 11; 1. 6. 1966 AP WO 1953 § 6 Nr. 2; 4. 10. 1977 AP BetrVG 1972 § 18 Nr. 2). 17

III. Aushang des Wahlausschreibens

Der **Aushang** des Wahlausschreibens ist **Wirksamkeitsvoraussetzung**. Wird das Wahlausschreiben für eine Betriebsratswahl in einem Berieb mit vielen Betriebsstätten in Deutschland durch Aushang nach § 3 Abs. 4 Satz 2 bekannt gemacht, muss grundsätzlich in jeder Betriebsstätte ein Abdruck des Wahlausschreibens ausgehangen werden, andernfalls ist die Wahl nach § 19 Abs. 1 BetrVG anfechtbar (BAG 5. 5. 2004 AP WahlO BetrVG 1972 § 3 Nr. 1; LAG Hamm 3. 5. 2007 – 10 TaBV 112/06, juris). Bei einem Aushang an mehreren Stellen ist der letzte Aushang für den Beginn der Fristen maßgeblich (s. Rn. 1). Der Wahlvorstand ist gemäß Abs. 4 Satz 1 verpflichtet, dafür Sorge zu tragen, dass eine Abschrift oder ein Abdruck des Wahlausschreibens vom Tage seines Erlasses bis zum letzten Tage der Stimmabgabe an einer oder mehreren geeigneten, den Wahlberechtigten zugänglichen Stellen ausgehängt und in gut lesbarem Zustand erhalten wird. Dies gilt auch für Betriebe, in denen die Arbeitnehmer nicht regelmäßig die Betriebsstätte aufsuchen. Selbst hier ist der in der Wahlordnung vorgeschriebene Aushang der Wahlausschreibung nicht durch andere Maßnahmen ersetzbar (LAG Köln 11. 4. 2003, AuR 2003, 76; s. auch GK-*Kreutz*, § 3 Rn. 26). Andernfalls ist die erforderliche Möglichkeit der Kenntnisnahme durch alle Wahlberechtigten nicht gewährleistet (LAG Köln 11. 4. 2003, ArbuR 2003, 76; s. auch GK-*Kreutz*, § 3 Rn. 26). Lediglich **ergänzend** kommt nach Abs. 4 Satz 2 die Bekanntmachung mittels der **im Betrieb vorhandenen Informations- und Kommunikationstechnik** in Betracht. Insoweit gelten dieselben Grundsätze wie bei der ergänzenden Bekanntmachung der Wählerliste in elektronischer Form (s. dazu § 2 Rn. 17). Der Wahlvorstand kann das Wahlausschreiben auch **ausschließlich** in elektronischer Form bekannt machen. Dies ergibt sich aus Abs. 4 Satz 3, der bestimmt, dass § 2 Abs. 4 Satz 4 entsprechend gilt. Der Wortlaut der 18

Vorschrift ist missverständlich. Aus der Begründung ergibt sich, dass nach dem Willen des VO-Gebers nicht etwa die Voraussetzungen des § 2 Abs. 4 Satz 4 bereits für die ergänzende Bekanntmachung des Wahlausschreibens in elektronischer Form nach Abs. 4 Satz 2 gelten sollen. Der VO-Geber wollte ausdrücklich auch die ausschließlich elektronische Bekanntmachung des Wahlausschreibens zulassen. Allerdings sind hierfür nach Abs. 4 Satz 3 dieselben Voraussetzungen zu beachten, die § 2 Abs. 4 Satz 4 für die ausschließlich elektronische Bekanntmachung der Wählerliste vorsieht. Sie kommt nur in Betracht, wenn alle Arbeitnehmer von der Bekanntmachung Kenntnis erlangen können und Vorkehrungen getroffen werden, dass Änderungen der Bekanntmachung nur vom Wahlvorstand vorgenommen werden können (s. näher § 2 Rn. 16).

IV. Berichtigung des Wahlausschreibens

19 Nur **offenbare Unrichtigkeiten** des Wahlausschreibens können vom Wahlvorstand **jederzeit** berichtigt werden; § 6 Abs. 4 BPersVWO gilt entsprechend (ebenso im Ergebnis GL-*Marienhagen*, § 3 Rn. 10; DKK-*Schneider*, § 3 Rn. 29). Ist das Wahlausschreiben sonst fehlerhaft, so muss es neu erlassen werden. Die Wahl ist in diesem Fall erst mit Neuerlass des Wahlausschreibens eingeleitet (a. A. *Fitting*, § 3 Rn. 14; DKK-*Schneider*, § 3 Rn. 29 ff.: Änderung zulässig, aber soweit zwischen Bekanntmachung der Änderung und dem Ablauf der Einrichtungsfrist für Wahlvorschläge nicht mindestens eine Woche liegt, ist in entsprechender Anwendung des § 9 Abs. 1 S. 1 eine Nachfrist von einer Woche für die Einreichung von Wahlvorschlägen zu setzen). Wird ein fehlerhaftes Wahlausschreiben korrigiert und ausgetauscht, muss die Belegschaft darauf hingewiesen werden (LAG Hessen 22. 3. 2007 – 9 TaBV 199/06, AE 2007, 248).

20 Für die Zulässigkeit einer Berichtigung ist also maßgebend, ob die Unrichtigkeit *offenbar* ist, sich also aus dem Wahlausschreiben selbst ergibt, z. B. wenn die Zahl der zu wählenden Betriebsratsmitglieder nicht mit der Zahl der auf die Gruppen entfallenden Sitze übereinstimmt. Sind sie zwar fehlerhaft errechnet, stimmen sie aber miteinander überein, so ist dies keine offenbare Unrichtigkeit des Wahlausschreibens, sondern es muss das Wahlausschreiben neu erlassen werden (a. A. für Berichtigung, solange noch keine Wahlvorschläge eingereicht sind, GL-*Marienhagen*, § 3 Rn. 11). Außerdem ist für die Zulässigkeit einer Korrektur maßgebend, dass trotz der offenbaren Unrichtigkeit kein Vertrauensschutz eingetreten ist; es darf also für die wahlberechtigten Arbeitnehmer keine Beschneidung ihrer Rechte eintreten.

§ 4 Einspruch gegen die Wählerliste

(1) Einsprüche gegen die Richtigkeit der Wählerliste können mit Wirksamkeit für die Betriebsratswahl nur vor Ablauf von zwei Wochen seit Erlass des Wahlausschreibens beim Wahlvorstand schriftlich eingelegt werden.

(2) ¹Über Einsprüche nach Absatz 1 hat der Wahlvorstand unverzüglich zu entscheiden. ²Der Einspruch ist ausgeschlossen, soweit er darauf gestützt wird, dass die Zuordnung nach § 18 a des Gesetzes fehlerhaft erfolgt sei. ³Satz 2 gilt nicht, soweit die nach § 18 a Abs. 1 oder 4 Satz 1 und 2 des Gesetzes am Zuordnungsverfahren Beteiligten die Zuordnung übereinstimmend für offensichtlich fehlerhaft halten. ⁴Wird der Einspruch für begründet erachtet, so ist die Wählerliste zu berichtigen. ⁵Die Entscheidung des Wahlvorstands ist der Arbeitnehmerin oder dem Arbeitnehmer, die oder der den Einspruch eingelegt hat, unverzüglich schriftlich mitzuteilen; die Entscheidung muss der Arbeitnehmerin oder dem Arbeitnehmer spätestens am Tage vor dem Beginn der Stimmabgabe zugehen.

(3) ¹Nach Ablauf der Einspruchsfrist soll der Wahlvorstand die Wählerliste nochmals auf ihre Vollständigkeit hin überprüfen. ²Im Übrigen kann nach Ablauf der Einspruchsfrist die Wählerliste nur bei Schreibfehlern, offenbaren Unrichtigkeiten, in Erledigung rechtzeitig eingelegter Einsprüche oder bei Eintritt von Wahlberechtigten in den Betrieb oder bei Ausscheiden aus dem Betrieb bis zum Tage vor dem Beginn der Stimmabgabe berichtigt oder ergänzt werden.

I. Einspruch gegen die Wählerliste

1. Einlegung des Einspruchs

a) Der Einspruch ist **keine formelle Voraussetzung für eine Korrektur der Wählerliste.** 1 Der Wahlvorstand hat Fehler von Amts wegen zu beheben, wie er auch verpflichtet ist, das Verzeichnis auf dem laufenden zu halten (s. auch Rn. 12 f.). Der frist- und formgerecht eingelegte Einspruch begründet aber einen **Anspruch auf Verbescheidung.**

b) Einsprüche gegen die Richtigkeit der Wählerliste können mit Wirksamkeit für die 2 Betriebsratswahl nur innerhalb von **zwei Wochen seit Erlass des Wahlausschreibens** beim Wahlvorstand eingelegt werden (Abs. 1). Die Frist beginnt mit Erlass des Wahlausschreibens, bei Bekanntgabe an verschiedener Stelle also mit dem letzten Aushang des Wahlausschreibens (s. § 3 Rn. 1). Die Frist berechnet sich nach §§ 187 Abs. 1, 188 Abs. 2 BGB (§ 41). Der letzte Tag der Einspruchsfrist ist mit dem Hinweis, dass Einsprüche gegen die Wählerliste nur bis zu diesem Zeitpunkt schriftlich beim Wahlvorstand eingelegt werden können, im Wahlausschreiben anzugeben (§ 3 Abs. 2 Nr. 3). Das Wahlausschreiben muss weiterhin auch den Ort enthalten, an dem der Einspruch gegenüber dem Wahlvorstand abzugeben ist (§ 3 Abs. 2 Nr. 11). Hat der Wahlvorstand im Wahlausschreiben Dienststunden angegeben, dann muss der Einspruch bis zum Ende der Dienststunden am letzten Tag der Frist dem Wahlvorstand zugehen, vorausgesetzt, dass der festgesetzte Fristablauf nicht vor dem Ende der Arbeitszeit der überwiegenden Mehrheit der Arbeitnehmer liegt (ebenso BAG 4. 10. 1977 AP BetrVG 1972 § 18 Nr. 2; s. auch § 3 Rn. 17). Gleiches gilt auch, wenn der Wahlvorstand den Ablauf der Frist auf das Ende der Arbeitszeit im Betrieb am letzten Tag der Frist begrenzt, sofern diese Begrenzung der Einspruchsfrist ordnungsgemäß im Wahlausschreiben angegeben ist (ebenso BAG, a. a. O.). Die Einspruchsfrist endet mit Ablauf von zwei Wochen seit Erlass des Wahlausschreibens aber nur, wenn mit Erlass des Wahlausschreibens die Wählerliste im Betrieb ausgelegt ist (§ 2 Abs. 4).

Der Einspruch ist **schriftlich** einzulegen, d.h. er muss unterschrieben sein (§ 126 3 BGB).

c) **Einspruchsberechtigt ist jeder Arbeitnehmer des Betriebs.** Ob er wahlberechtigt 4 oder wählbar ist, spielt keine Rolle. Der Einspruch kann sowohl darauf gestützt werden, dass jemand in die Wählerliste eingetragen ist, der nicht wahlberechtigt ist, wie auch darauf, dass ein Wahlberechtigter nicht eingetragen ist. Nicht erforderlich ist, dass der Arbeitnehmer, der den Einspruch eingelegt hat, selbst unmittelbar betroffen ist, sondern das Einspruchsrecht hat jeder Arbeitnehmer des Betriebs (ebenso *Fitting*, § 4 Rn. 2; GK-*Kreutz*, § 4 Rn. 2; GL-*Marienhagen*, § 4 Rn. 4; DKK-*Schneider*, § 4 Rn. 14). Das Einspruchsrecht können auch Arbeitnehmer eines anderen Arbeitgebers (sog. Leiharbeitnehmer) geltend machen, denen nach § 7 Satz 2 BetrVG, wenn sie länger als drei Monate im Betrieb eingesetzt werden, das aktive Wahlrecht zusteht, nicht aber sog. Fremdfirmenarbeitnehmer (s. hierzu § 7 BetrVG Rn. 9).

Einspruchsberechtigt ist, wie sich mittelbar aus § 4 Abs. 2 Satz 5 ergibt, nur ein 5 Arbeitnehmer, also **nicht eine im Betrieb vertretene Gewerkschaft** (ebenso BAG 29. 3. 1974 AP BetrVG 1972 § 19 Nr. 2; 25. 6. 1974 AP BetrVG 1972 § 19 Nr. 3; *Fitting*, § 4 Rn. 2; GL-*Marienhagen*, § 4 Rn. 4a; a. A. GK-*Kreutz*, § 4 Rn. 3; HSWGNR-*Nioclai*,

§ 19 BetrVG Rn. 19; DKK-*Schneider,* § 4 Rn. 16; W. *Bulla,* DB 1977, 303, 394) und auch **nicht** der **Arbeitgeber** (ebenso BAG 11. 3. 1975 AP BetrVG 1972 § 24 Nr. 1; *Fitting* und *Schneider,* a. a. O.; a. A. GL-*Marienhagen,* § 4 Rn. 4, sowie *Kreutz, Schlochauer* und W. *Bulla,* jeweils a. a. O.). Jedoch empfiehlt sich, dass der Wahlvorstand auch einen von einer Gewerkschaft oder dem Arbeitgeber eingelegten Einspruch behandelt, weil er von Amts wegen verpflichtet ist, Unrichtigkeiten der Wählerliste zu bereinigen, um eine Wahlanfechtung zu vermeiden.

6 d) Der **Einspruch** ist **ausgeschlossen, soweit** er **darauf gestützt** wird, dass die **Zuordnung nach § 18 a BetrVG fehlerhaft erfolgt** sei (Abs. 2 Satz 2). Das gilt aber nicht, soweit die nach § 18 a Abs. 1 oder 4 Satz 1 und 2 BetrVG am Zuordnungsverfahren Beteiligten die Zuordnung übereinstimmend für offensichtlich fehlerhaft halten (Abs. 2 Satz 3). Durch diese Regelung soll einerseits verhindert werden, dass eine im Verfahren nach § 18 a BetrVG getroffene Zuordnungsentscheidung nachträglich durch den Wahlvorstand einseitig geändert wird; andererseits soll aber auch die Möglichkeit eröffnet sein, eine offensichtlich fehlerhafte Zuordnung zu korrigieren, wenn nicht nur der Wahlvorstand für die Betriebsratswahl, sondern auch der Wahlvorstand für die Sprecherausschusswahl bzw. die vom Sprecherausschuss benannten Mitglieder in ihrer Beurteilung übereinstimmen. Der letztere Fall kommt in Betracht, wenn im Zuordnungsverfahren der Vermittler die Entscheidung getroffen hat.

2. Entscheidung des Wahlvorstands

7 a) Der Wahlvorstand entscheidet **unverzüglich,** d. h. ohne schuldhaftes Zögern, über den Einspruch (Abs. 2 Satz 1). Die Entscheidung ergeht durch **Beschluss in einer Sitzung** (§ 1 Abs. 3; s. dort Rn. 13 ff.).

8 Wird der **Einspruch** für **begründet** erachtet, so ist die **Wählerliste zu berichtigen** (Abs. 2 Satz 4). Ändern sich dadurch Angaben, die zum notwendigen Inhalt des Wahlausschreibens gehören (§ 3 Abs. 2), so muss es neu erlassen werden.

9 Die Entscheidung des Wahlvorstands ist dem **Arbeitnehmer,** der den Einspruch eingelegt hat, **unverzüglich schriftlich mitzuteilen;** sie muss ihm spätestens am Tage vor dem Beginn der Stimmabgabe zugehen (Abs. 2 Satz 5). Telegraphische Mitteilung genügt. Eine Begründung ist nicht vorgeschrieben; sie ist aber zweckmäßig, wenn der Wahlvorstand den Einspruch ablehnt.

10 b) Die Entscheidung des Wahlvorstands kann beim **Arbeitsgericht** angegriffen werden, das im Beschlussverfahren entscheidet (s. auch § 16 BetrVG Rn. 64 ff.); insbesondere kann eine einstweilige Verfügung beantragt werden (§ 85 Abs. 2 ArbGG).

11 c) Auf die Unrichtigkeit der Entscheidung des Wahlvorstands kann eine **Anfechtung der Betriebsratswahl** gestützt werden, vorausgesetzt, dass dadurch das Wahlergebnis beeinflusst sein kann (§ 19 BetrVG). Die Wahlanfechtung setzt aber nicht voraus, dass rechtzeitig und ordnungsgemäß Einspruch gegen die Richtigkeit der Wählerliste eingelegt wurde (LAG Köln 4. 5. 2000, AuR 2000, 438; s. § 19 BetrVG Rn. 8 ff.).

II. Von Amts wegen bestehende Kontrollpflicht des Wahlvorstands

12 Der Wahlvorstand ist von Amts wegen verpflichtet, dafür zu sorgen, dass die **Wählerliste richtig** ist. Vor allem muss sie vollständig sein; denn wählen und gewählt werden kann nur, wer in die Wählerliste eingetragen ist (§ 2 Abs. 3; s. auch dort Rn. 6). Deshalb wird der Wahlvorstand verpflichtet, nach Ablauf der Einspruchsfrist die Wählerliste nochmals auf ihre Vollständigkeit hin zu überprüfen (Abs. 3 Satz 1). Jedoch handelt es sich insoweit nur um eine *Sollvorschrift.*

13 Im Übrigen kann, wie es in Abs. 3 Satz 2 heißt, nach Ablauf der Einspruchsfrist die Wählerliste nur bei Schreibfehlern, offenbaren Unrichtigkeiten, in Erledigung rechtzeitig

eingelegter Einsprüche oder bei Eintritt von Wahlberechtigten in den Betrieb oder bei Ausscheiden aus dem Betrieb bis zum Tage vor dem Beginn der Stimmabgabe berichtigt oder ergänzt werden. Die Vorschrift ist missglückt; denn auch vorher kann die Wählerliste nur unter den hier genannten Voraussetzungen berichtigt oder ergänzt werden; der maßgebliche Zeitpunkt ist bereits mit Auslage der Wählerliste bei Erlass des Wahlausschreibens (§ 2 Abs. 4) eingetreten, weil sonst die Arbeitnehmer sich nicht darauf verlassen können, ob sie in der Wählerliste eingetragen sind. Wird die Wählerliste, von den in Abs. 3 Satz 2 genannten Fällen abgesehen, nach Einleitung der Betriebsratswahl geändert, so ist das Wahlausschreiben neu zu erlassen. Die Berichtigung oder Ergänzung ist aber in jedem Falle nur bis zum Tage vor dem Beginn der Stimmabgabe zulässig (ebenso *Fitting*, § 4 Rn. 15; GK-*Kreutz*, § 4 Rn. 19; GL-*Marienhagen*, § 4 Rn. 8). Dadurch soll verhindert werden, dass das Wahlergebnis manipuliert werden kann.

§ 5 Bestimmung der Mindestsitze für das Geschlecht in der Minderheit

(1) ¹Der Wahlvorstand stellt fest, welches Geschlecht von seinem zahlenmäßigen Verhältnis im Betrieb in der Minderheit ist. ²Sodann errechnet der Wahlvorstand den Mindestanteil der Betriebsratssitze für das Geschlecht in der Minderheit (§ 15 Abs. 2 des Gesetzes) nach den Grundsätzen der Verhältniswahl. ³Zu diesem Zweck werden die Zahlen der am Tage des Erlasses des Wahlausschreibens im Betrieb beschäftigten Frauen und Männer in einer Reihe nebeneinander gestellt und beide durch 1, 2, 3, 4 usw. geteilt. ⁴Die ermittelten Teilzahlen sind nacheinander reihenweise unter den Zahlen der ersten Reihe aufzuführen, bis höhere Teilzahlen für die Zuweisung der zu verteilenden Sitze nicht mehr in Betracht kommen.

(2) ¹Unter den so gefundenen Teilzahlen werden so viele Höchstzahlen ausgesondert und der Größe nach geordnet, wie Betriebsratsmitglieder zu wählen sind. ²Das Geschlecht in der Minderheit erhält so viele Mitgliedersitze zugeteilt, wie Höchstzahlen auf es entfallen. ³Wenn die niedrigste in Betracht kommende Höchstzahl auf beide Geschlechter zugleich entfällt, so entscheidet das Los darüber, welchem Geschlecht dieser Sitz zufällt.

I. Vorbemerkung

§ 15 Abs. 2 BetrVG bestimmt, dass das Geschlecht, das in der Belegschaft in der **1** Minderheit ist, mindestens seinem Anteil entsprechend im Betriebsrat berücksichtigt werden muss, wenn der Betriebsrat aus mindestens drei Mitgliedern besteht. Die Berücksichtigung des Geschlechts bei Betriebsratsmitgliedern hat seinen ersten Vorläufer in § 10 Abs. 4 BetrVG 1952. Die Neufassung durch das BetrVerf-ReformG vom 28. 7. 2001 (BGBl. I, S. 1852) schreibt die geschlechterabhängige Mindestbesetzung nun erstmals **zwingend** vor. § 5 enthält **technische Ausführungsbestimmungen,** mithilfe derer der Wahlvorstand die Zahl der Mindestsitze für das Geschlecht in der Minderheit bestimmt. Gegen dieses Verfahren sind **Bedenken** erhoben worden. Die ausdrückliche gesetzliche Regelung, dass das Geschlecht, das in der Belegschaft in der Minderheit ist, mindestens entsprechend seinem zahlenmäßigen Verhältnis im Betriebsrat vertreten sein muss, lasse eine Anwendung des d'Hondtschen Verfahrens bei der Ermittlung der Zahl der für das Minderheitengeschlecht reservierten Betriebsratssitze nicht zu. Nach dem klaren Wortlaut des Gesetzes müsse stets zu Gunsten des Minderheitengeschlechts aufgerundet werden. Die entgegenstehende Vorschrift sei insoweit nichtig (ArbG Ludwigshafen 19. 6. 2002, BB 2002, 2016 [krit. *Boemke*]; ebenso *Etzel*, AuR 2002, 62; *Franke*, NJW 2002, 638; s. auch *Löwisch*, BB 2001, 1738). Das ist wohl zu eng gedacht, schon weil sinnvolle Alternativen fehlen, ausführlicher § 15 BetrVG Rn. 16 a.

Thüsing

II. Bestimmung des Geschlechts in der Minderheit

2   Nach Abs. 1 Satz 1 stellt der Wahlvorstand zunächst fest, welches Geschlecht von seinem zahlenmäßigen Verhältnis im Betrieb in der Minderheit ist. Hierbei ist auf die *Gesamtzahl* der Arbeitnehmer, *nicht* auf die Zahl der *wahlberechtigten* Arbeitnehmer abzustellen. Maßgebend ist die **Zahl der männlichen und weiblichen Arbeitnehmer** bei Erlass des Wahlausschreibens, das die Mindestsitze des Geschlechts in der Minderheit angeben muss (§ 3 Abs. 2 Nr. 4). Es ist nicht auf die regelmäßige Zahl der Frauen und Männer abzustellen (*Fitting*, § 5 Rn. 2; GK-*Kreutz*, § 5 Rn. 3; ebenso zum alten Gruppenprinzip Arbeiter/Angestellte *Brecht*, § 10 Rn. 2; *Fitting*, 20. *Auflage* § 10 BetrVG Rn. 5; GK-*Kreutz*, 6. *Auflage* § 10 BetrVG Rn. 10; GL-*Marienhagen*, § 10 Rn. 3; *Nikisch*, Bd. III, S. 68; *Nipperdey/Säcker*, in: *Hueck/Nipperdey*, Bd. II/2, S. 1158). Bei vorübergehend beschäftigten Arbeitnehmern spielt es daher keine Rolle, ob eine entsprechende Zahl dem Betrieb in der Regel angehört. Die Entscheidung ist hier also anders als nach § 9 BetrVG für die Bemessung der Betriebsratsgröße zu treffen (GK-*Kreutz*, § 5 Rn. 3; ebenso zum alten Gruppenprinzip Arbeiter/Angestellte GK-*Kreutz*, 6. Auflage § 10 BetrVG Rn. 10). Auf die Wahlberechtigung der Arbeitnehmer kommt es nicht an, s. § 15 BetrVG Rn. 12 und 13. Sofern die Geschlechter in einem Betrieb genau hälftig vertreten sind, scheidet die Zuordnung einer bestimmten Anzahl von Mindestsitzen für eines der beiden Geschlechter aus. In diesem Fall kann bereits terminologisch nicht von einem Minderheitsgeschlecht die Rede sein.

III. Bestimmung der Mindestsitze

3   Die Verteilung der Sitze auf die Geschlechter wird nach den Grundsätzen der Verhältniswahl errechnet (Abs. 1 Satz 2), d. h. nach dem **Höchstzahlensystem** (s. hierzu auch BAG 10. 3. 2004 AP BetrVG 1972 § 7 Nr. 8); es ist also die Zahl der Frauen und Männer jeweils durch 1, 2, 3, 4 usw. zu teilen, bis höhere Teilzahlen für die Zuweisung der zu verteilenden Sitze nicht mehr in Betracht kommen. Auf jede sich danach ergebende sog. Höchstzahl entfällt ein Vertreter des jeweiligen Geschlechts, bis die zur Verfügung stehenden Sitze (vgl. § 9 BetrVG) besetzt sind. Wenn die niedrigste in Betracht kommende Höchstzahl auf beide Geschlechter zugleich entfällt, entscheidet das Los darüber, welchem Geschlecht der Sitz zufällt (Abs. 2 Satz 3).

4   Die Berechnung soll durch folgendes Beispiel verdeutlicht werden: Sind 1100 männliche Arbeitnehmer und 900 weibliche Arbeitnehmer vorhanden und sind 17 Betriebsratsmitglieder zu wählen (§ 9 BetrVG), so ist folgendermaßen zu verfahren:

	Männer	Frauen
: 1	1100^1	900^2
: 2	550^3	450^4
: 3	$366^{2}/_{3}{}^{5}$	300^6
: 4	275^7	225^8
: 5	290^9	180^{11}
: 6	$183^{1}/_{3}{}^{10}$	150^{13}
: 7	$157^{1}/_{7}{}^{12}$	$128^{4}/_{7}{}^{15}$
: 8	$137{,}5^{14}$	$112{,}5^{17}$
: 9	$122{,}22^{16}$	100
: 10	110	90

5   Es erhalten von den 17 Sitzen die weiblichen Bewerber mindestens 8 Sitze. Würde die letzte in Betracht kommende Höchstzahl bei Männern und Frauen gleich sein, so ent-

schiede das Los (Abs. 2 Satz 3), vorausgesetzt, dass nicht noch zwei Sitze zur Verteilung zur Verfügung stehen.

Zweiter Abschnitt. Wahl von mehr als drei Betriebsratsmitgliedern (auf Grund von Vorschlagslisten)

Erster Unterabschnitt. Einreichung und Bekanntmachung von Vorschlagslisten

§ 6 Vorschlagslisten

(1) ¹Sind mehr als drei Betriebsratsmitglieder zu wählen, so erfolgt die Wahl aufgrund von Vorschlagslisten. ²Die Vorschlagslisten sind von den Wahlberechtigten vor Ablauf von zwei Wochen seit Erlass des Wahlausschreibens beim Wahlvorstand einzureichen.

(2) Jede Vorschlagsliste soll mindestens doppelt so viele Bewerberinnen oder Bewerber aufweisen, wie Betriebsratsmitglieder zu wählen sind.

(3) ¹In jeder Vorschlagsliste sind die einzelnen Bewerberinnen oder Bewerber in erkennbarer Reihenfolge unter fortlaufender Nummer und unter Angabe von Familienname, Vorname, Geburtsdatum und Art der Beschäftigung im Betrieb aufzuführen. ²Die schriftliche Zustimmung der Bewerberinnen oder Bewerber zur Aufnahme in die Liste ist beizufügen.

(4) ¹Wenn kein anderer Unterzeichner der Vorschlagsliste ausdrücklich als Listenvertreter bezeichnet ist, wird die oder der an erster Stelle Unterzeichnete als Listenvertreterin oder Listenvertreter angesehen. ²Diese Person ist berechtigt und verpflichtet, dem Wahlvorstand die zur Beseitigung von Beanstandungen erforderlichen Erklärungen abzugeben sowie Erklärungen und Entscheidungen des Wahlvorstands entgegenzunehmen.

(5) ¹Die Unterschrift eines Wahlberechtigten zählt nur auf einer Vorschlagsliste. ²Hat ein Wahlberechtigter mehrere Vorschlagslisten unterzeichnet, so hat er auf Aufforderung des Wahlvorstands binnen einer ihm gesetzten angemessenen Frist, spätestens jedoch vor Ablauf von drei Arbeitstagen, zu erklären, welche Unterschrift er aufrechterhält. ³Unterbleibt die fristgerechte Erklärung, so wird sein Name auf der zuerst eingereichten Vorschlagsliste gezählt und auf den übrigen Listen gestrichen; sind mehrere Vorschlagslisten, die von demselben Wahlberechtigten unterschrieben sind, gleichzeitig eingereicht worden, so entscheidet das Los darüber, auf welcher Vorschlagsliste die Unterschrift gilt.

(6) Eine Verbindung von Vorschlagslisten ist unzulässig.

(7) ¹Eine Bewerberin oder ein Bewerber kann nur auf einer Vorschlagsliste vorgeschlagen werden. ²Ist der Name dieser Person mit ihrer schriftlichen Zustimmung auf mehreren Vorschlagslisten aufgeführt, so hat sie auf Aufforderung des Wahlvorstands vor Ablauf von drei Arbeitstagen zu erklären, welche Bewerbung sie aufrechterhält. ³Unterbleibt die fristgerechte Erklärung, so ist die Bewerberin oder der Bewerber auf sämtlichen Listen zu streichen.

I. Vorbemerkung

Die Wahl erfolgt auf Grund von **Wahlvorschlägen**. Die WO bezeichnet sie hier, wenn wie im Regelfall mehrere Betriebsratsmitglieder zu wählen sind, als **Vorschlagslisten**; denn in diesem Fall erfolgt die Wahl, wenn mehrere Wahlvorschläge eingereicht werden, 1 nach den Grundsätzen der Verhältniswahl, also als *Listenwahl* (§ 14 Abs. 2 BetrVG). Für das vereinfachte Wahlverfahren in Kleinbetrieben mit nicht mehr als 50 wahlberechtigten Arbeitnehmern, in denen entweder ein (in Betrieben mit bis zu 20 Arbeitnehmern) oder drei Betriebsratsmitglieder zu wählen sind, spricht die WO in § 33 von *Wahlvorschlägen,* weil hier die Wahl nicht als Listenwahl, sondern als *Personenwahl* durchgeführt wird. Die unterschiedliche Bezeichnung hat materiell-rechtlich keine Bedeutung. Auch die äußere Gestaltung eines Wahlvorschlags ist gleich, zumal, wenn bei Wahl mehrerer Betriebsratsmitglieder nur eine gültige Vorschlagsliste eingereicht wird, ebenso wie bei der Wahl des aus einer Person bestehenden Betriebsrats Personenwahl stattfindet. Ein Unterschied besteht in diesem Fall lediglich insoweit, als bei einer Wahl mehrerer Mitglieder auf den Stimmzetteln die Bewerber in der Reihenfolge aufzuführen sind, in der sie auf der Vorschlagsliste benannt sind (§ 20 Abs. 2), während beim vereinfachten Wahlverfahren die Bewerber in alphabetischer Reihenfolge aufzuführen sind (§ 34 Abs. 1 Satz 2).

2 § 6 enthält **Durchführungsbestimmungen zu § 14 Abs. 4 BetrVG.** Er regelt die Frist für die Einreichung von Wahlvorschlägen und deren äußere Form.

II. Einreichung der Vorschlagslisten

1. Vorschlagsberechtigte

3 Sind mehr als drei Betriebsratsmitglieder zu wählen, so sind von den **wahlberechtigten Arbeitnehmern** Wahlvorschläge als Vorschlagslisten einzureichen (Abs. 1). Vorschlagsberechtigt sind die wahlberechtigten Arbeitnehmer. Jede Vorschlagsliste muss von einer Mindestzahl der Wahlberechtigten unterstützt werden (s. § 14 BetrVG Rn. 44 ff.). Vorschlagsberechtigt sind auch die im Betrieb vertretenen Gewerkschaften. Die WO trifft für sie eine besondere Durchführungsbestimmung in § 27, nach dessen Abs. 1 §§ 6 bis 26 entsprechend gelten.

2. Frist

4 Die Vorschlagslisten sind vor Ablauf von **zwei Wochen seit Erlass des Wahlausschreibens** (s. § 3 Rn. 1) beim Wahlvorstand einzureichen (Abs. 1 Satz 2). Für die Fristberechnung gelten §§ 187 Abs. 1, 188 Abs. 2 BGB (§ 41). Hat der Wahlvorstand im Wahlausschreiben bestimmte Dienststunden angegeben, dann müssen die Wahlvorschläge bis zum Ende der Dienststunden am letzten Tag der Frist beim Wahlvorstand eingegangen sein (ebenso OVG Münster 26. 10. 1956, AP WahlO z. PersVG § 7 Nr. 1). Dabei darf jedoch die Frist nicht vor dem Ende der Arbeitszeit des überwiegenden Teils der Arbeitnehmer an diesem Tag enden (LAG München 18. 7. 2007 – 7 TaBV 79/07, juris; s. § 3 Rn. 17).

5 Die Festlegung der Frist ist für den Wahlvorstand bindend (vgl. BAG 9. 12. 1992 AP WahlO BetrVG 1972 § 6 Nr. 2).

3. Nachfristsetzung

6 Wird innerhalb der Zweiwochenfrist gemäß Abs. 1 keine gültige Vorschlagsliste eingereicht, hat der Wahlvorstand dies bekannt zu machen und eine **Nachfrist von einer Woche** für die Einreichung von Vorschlagslisten zu setzen (§ 9 Abs. 1). Die Bekanntmachung ist in der gleichen Weise vorzunehmen wie die Bekanntmachung des Wahlausschreibens. Sie kann daher durch Aushang oder mittels der im Betrieb vorhandenen Informations- und Kommunikationstechnik erfolgen (s. § 3 Abs. 4 i. V. mit § 2 Abs. 4). Hat sich der Wahlvorstand zuvor hinsichtlich des Wahlausschreibens für eine Art der Bekanntmachung entschieden, muss er sich an diese auch bei der etwaigen Mitteilung

und Nachfristsetzung nach § 9 Abs. 1 halten. Eine Mitteilung und Nachfristsetzung auf einer eigenen Intranet-Seite des Wahlvorstands kommt nur in Betracht, wenn alle wahlberechtigten Arbeitnehmer des Betriebs freien Zugriff zu einem Computer mit Netzzugang haben und technisch sicher gestellt ist, dass ausschließlich Mitgliedern des Wahlvorstands das Änderungsrecht hinsichtlich der zur Bekanntmachung genutzten Intranet-Seite zusteht. In Anbetracht der kurzen Nachfrist von nur einer Woche erscheint es ratsam, dass der Wahlvorstand die Bekanntmachung im Intranet durch eine E-Mail an alle wahlberechtigten Arbeitnehmer ankündigt. Die Mitteilung und Nachfristsetzung gemäß § 9 Abs. 1 selbst kann allerdings nicht allein durch E-Mail erfolgen, da das Wahlausschreiben nicht per E-Mail bekannt gemacht werden kann (s. § 3 Rn. 18 u. § 2 Rn. 16) und § 9 Abs. 1 die gleiche Weise der Bekanntmachung wie beim Wahlausschreiben verlangt.

Die Nachfrist von einer Woche beginnt mit der Bekanntmachung, dass keine gültige 7 Vorschlagsliste eingereicht worden ist. Sie verlängert also den Ablauf der ursprünglichen Zweiwochenfrist um eine Woche.

III. Form und Inhalt der Vorschlagslisten

1. Benennung der Wahlbewerber

a) Jede Vorschlagsliste *soll* mindestens **doppelt so viele Bewerber** aufweisen, wie 8 Betriebsratsmitglieder zu wählen sind (Abs. 2). Ein Verstoß gegen diese *Sollvorschrift* berührt nicht die Gültigkeit der Wahl. Der Wahlvorstand darf die Liste nicht zurückweisen. Er hat zwar auf die Einhaltung der Sollvorschrift durch Beanstandung hinzuwirken (§ 7 Abs. 2 Satz 2), muss die Vorschlagsliste aber auch dann als gültigen Wahlvorschlag behandeln, wenn eine Ergänzung nicht vorgenommen wird. Der Wahlvorschlag ist sogar dann gültig, wenn die Liste nicht einmal so viele Kandidaten enthält, wie Betriebsratsmitglieder zu wählen sind (vgl. BAG 29. 6. 1965 AP BetrVG § 13 Nr. 11; s. auch § 14 BetrVG Rn. 60; – a. A. *Galperin/Siebert*, § 6 WO Rn. 7c, die meinen, dass die Liste mindestens eine Person mehr aufweisen müsse, als zu wählen seien, anderenfalls die Wahl unwirksam sei, weil keine Auswahlmöglichkeit bestehe; wie hier *Fitting*, § 6 Rn. 7; GK-*Kreutz*, § 6 Rn. 7; GL-*Marienhagen*, § 6 Rn. 7; DKK-*Schneider*, § 6 Rn. 14) Enthält eine Vorschlagsliste mehr als 80% der wahlberechtigten Arbeitnehmer als Wahlbewerber, liegt auch darin kein Verstoß gegen Wahlvorschriften (LAG Köln 29. 3. 2001, BB 2001, 1356).

b) Jede Vorschlagsliste *muss* erkennen lassen, in welcher **Reihenfolge** die Bewerber 9 vorgeschlagen werden (Abs. 3 Satz 1); denn bei Verhältniswahl werden die auf eine Liste entfallenden Sitze auf die Kandidaten in der Reihenfolge ihrer Benennung verteilt (§ 15 Abs. 4). Sind die Bewerber nicht in erkennbarer Reihenfolge aufgeführt, so ist die Vorschlagsliste ungültig (§ 8 Abs. 1 Nr. 2); sie kann nur innerhalb der Einreichungsfrist neu eingereicht werden. Das gilt auch, wenn nur eine Vorschlagsliste für die Wahl mehrerer Vertreter eingereicht wird, obwohl für die Ermittlung der Gewählten, da Mehrheitswahl stattfindet, nicht maßgebend ist, in welcher Reihenfolge die Bewerber auf der Vorschlagsliste und damit auf den Stimmzetteln benannt sind (vgl. §§ 20, 22; ebenso GK-*Kreutz*, § 6 Rn. 8; *Fitting*, § 6 Rn. 8; s. auch LAG Mecklenburg-Vorpommern 30. 3. 2006 – 1 TaBV 2/06, juris). Lediglich wenn im vereinfachten Verfahren für Kleinbetriebe ein aus einer Person bestehender Betriebsrat zu wählen ist, spielt, obwohl Abs. 4 entsprechend gilt (§ 33 Abs. 2 Satz 1), keine Rolle, in welcher Reihenfolge die Bewerber benannt werden; denn hier steht von vornherein fest, dass nur eine Personenwahl stattfindet, und außerdem werden die Bewerber auf den Stimmzetteln nicht wie im Verfahren der Wahl mehrerer Mitglieder bei nur einer Vorschlagsliste in der Reihenfolge, in der sie auf der Vorschlagsliste benannt sind, sondern in alphabetischer Reihenfolge aufgeführt (§ 34 Abs. 1 Satz 2; ebenso GK-*Kreutz*, § 6 Rn. 8). Ein Wahlvorschlag, in dem die Namen der Bewerber in tabellarischer Form untereinander aufgereiht sind und entsprechend der vertikalen Folge der Namen durchnumeriert sind, hat eine erkennbare Reihenfolge und ist gültig (LAG Mecklenburg-Vorpommern 30. 3. 2006 – 1 TaBV 2/06, juris).

10 In der Vorschlagsliste sind die einzelnen Bewerber nicht nur in erkennbarer Reihenfolge unter fortlaufender Nummer zu nennen, sondern sie sind dort auch unter **Angabe von Familienname, Vorname, Geburtsdatum und Art der Beschäftigung im Betrieb** aufzuführen (Abs. 3 Satz 1). Werden die Bewerber nicht in der in Abs. 3 bestimmten Weise bezeichnet, so ist die Vorschlagsliste aber nur ungültig, falls dieser Mangel trotz Beanstandung nicht binnen einer Frist von drei Arbeitstagen beseitigt wird (§ 8 Abs. 2 Nr. 1). Versäumt der Wahlvorstand die Beanstandung und behandelt er die Vorschlagsliste als ungültig, so liegt darin ein wesentlicher Verfahrensverstoß, der die Wahlanfechtung rechtfertigt; behandelt er sie dagegen als gültig, so ist entscheidend darauf abzustellen, ob das Fehlen der persönlichen Angaben in der Vorschlagsliste sich als Verstoß gegen eine wesentliche Vorschrift darstellt. Das ist nur anzunehmen, wenn der Wähler wegen fehlender oder unrichtiger Angaben den Bewerber mit anderen Personen verwechseln oder nicht identifizieren kann. Dagegen begründet der Mangel oder die Unrichtigkeit der Berufsangabe die Anfechtung nicht (ebenso *Fitting*, § 6 Rn. 9; GK-*Kreutz*, § 6 Rn. 10; GL-*Marienhagen*, § 6 Rn. 11; a. A. LAG Frankfurt 5. 7. 1965, DB 1965, 1746).

2. Zustimmung des Wahlbewerbers

11 Der Vorschlagsliste ist die **schriftliche Zustimmung der Bewerber** zur Aufnahme in die Liste **beizufügen** (Abs. 3 Satz 2). Diese muss nicht die Schriftform des § 126 Abs. 1 BGB erfüllen; die eigenhändig erstellte Zustimmungserklärung muss nicht unterschrieben sein (LAG Frankfurt 14. 7. 1988, BB 1988, 2317; strenger LAG Hamm 20. 5. 2005 – 10 TaBV 94/04, juris: Unterschrift nach § 126 Abs. 1 BGB immer erforderlich). Sie kann innerhalb der Einreichungsfrist nachgereicht werden. Fehlt sie bei der Einreichung der Vorschlagsliste, so hat dies der Wahlvorstand aber ebenfalls unverzüglich zu beanstanden (§ 7 Abs. 2 Satz 2). Wie sich aus § 8 Abs. 2 Nr. 2 ergibt, ist die Vorschlagsliste ungültig, falls der Mangel trotz Beanstandung nicht innerhalb einer Frist von drei Arbeitstagen beseitigt wird. Der Wahlvorstand hat also bei Beanstandung eine Nachfrist von drei Arbeitstagen zu setzen. Die Nachreichung der Zustimmung nach Ablauf dieser Frist bleibt aber so lange zulässig, als die Frist für die Einreichung von Vorschlagslisten noch nicht abgelaufen ist (a. A. GK-*Kreutz*, § 6 Rn. 11). Eine gefälschte Unterschrift gilt als nicht geschrieben (ebenso BVerwG 8. 3. 1963 AP WahlO z. PersVG § 10 Nr. 5).

12 Die Zustimmung kann anders als nach § 9 Abs. 2 BPersVWO **zurückgenommen** werden; denn ihr Widerruf ist materiell nichts anderes als eine vorweggenommene Ablehnung des Amtes. Die Rücknahme ist noch nach Ablauf der Einreichungsfrist bis zum Beginn des Wahlvorgangs zulässig (s. § 14 BetrVG Rn. 61). Erfolgt die Rücknahme vor Einreichung der Vorschlagsliste und wird deshalb der Kandidat gestrichen, so wird dadurch die Vorschlagsliste inhaltlich geändert; fehlt das Einverständnis der Unterzeichner, so wird die Vorschlagsliste durch die Streichung unrichtig und ist kein Wahlvorschlag i. S. des BetrVG (ebenso BAG 15. 12. 1972 AP BetrVG 1972 § 14 Nr. 1). Eine Rücknahme nach Einreichung der Vorschlagsliste ist dagegen ohne Einfluss auf deren Wirksamkeit (ebenso GK-Kreutz, § 6 WO 2001 Rn 12, a. A. LAG Niedersachsen 28. 6. 2007 AuR 2007, 406); denn für die Ordnungsmäßigkeit einer Vorschlagsliste kommt es allein auf den Zeitpunkt ihrer Einreichung an. Erfolgt die Rücknahme innerhalb der Einreichungsfrist, so ist der Wahlvorstand aber in entsprechender Anwendung des § 7 Abs. 2 Satz 2 verpflichtet, davon den Listenvertreter unverzüglich zu unterrichten; er hat ihm aufzugeben, binnen einer Frist von drei Arbeitstagen die Vorschlagsliste entspre-

chend zu berichtigen oder zu ergänzen, wobei dieser die Zustimmung der Unterzeichner herbeiführen muss. Erfolgt trotz Beanstandung innerhalb dieser Frist keine Klarstellung, so ist die Vorschlagsliste jedoch nicht nach § 8 Abs. 2 als ungültig anzusehen, sondern sie ist gültig; der Wahlvorstand hat aber bei der Bekanntmachung der Vorschlagslisten darauf hinzuweisen, dass der Kandidat seine Zustimmung zur Aufnahme in die Vorschlagsliste zurückgenommen hat.

3. Listenvertreter

Jede **Vorschlagsliste** muss einen **Listenvertreter** haben. Der Wahlvorschlag ist aber kein Vorschlag des Listenvertreters oder des Einreichenden, sondern ein Vorschlag aller, die ihn unterzeichnet haben (ebenso BAG 15. 12. 1972 AP BetrVG 1972 § 14 Nr. 1). Der Listenvertreter ist lediglich berechtigt und verpflichtet, dem Wahlvorstand die zur Beseitigung von Beanstandungen erforderlichen Erklärungen abzugeben sowie Erklärungen und Entscheidungen des Wahlvorstands entgegenzunehmen (Abs. 5 Satz 2). Er ist nicht berechtigt, die Vorschlagsliste inhaltlich zu ändern (ebenso BAG 15. 12. 1972 AP BetrVG 1972 § 14 Nr. 1). Ferner ist er nicht befugt, die von ihm eingereichte Vorschlagsliste ohne gegenüber dem Wahlvorstand dokumentierte Zustimmung der auf der Vorschlagsliste aufgeführten Wahlbewerber und Unterstützer zurückzunehmen (LAG Niedersachsen 28. 6. 2007, AuR 2007, 406).

Als Listenvertreter kann nur jemand benannt werden, der den Wahlvorschlag mit unterzeichnet hat. Ist niemand als Listenvertreter benannt, so wird der an erster Stelle Unterzeichnete als Listenvertreter angesehen (Abs. 4 Satz 1).

4. Unterzeichnung

Die Bewerberliste und die Liste der nach § 14 Abs. 4 BetrVG erforderlichen Zahl von Stützunterschriften müssen eine **einheitliche zusammenhängende Urkunde** darstellen (s. auch LAG Saarland 30. 10. 1995, NZA-RR 1996, 172). Unterschriften auf losen Blättern, die erst später der Vorschlagsliste mit den in Abs. 3 vorgeschriebenen Angaben angeheftet werden, sind daher unwirksam. Der Vorschlags- und der Unterschriftenteil müssen, sofern sie nicht ohnehin schon direkt verbunden sind, gegen Trennung gesichert werden und zu einer einheitlichen zusammenhängenden Urkunde verbunden werden. Die urkundliche Verbindung muss von der Ersten bis zur letzten Stützunterschrift bestehen bleiben. Ein bloßes Zusammenheften beider Listen mithilfe von Metallklammern reicht hierfür nicht aus (LAG Frankfurt 16. 3. 1987, DB 1987, 1204). Die Verbindung mit einer Heftklammer kann dann genügen, wenn zusätzlich alle Blätter aufgefächert und so gestempelt werden, dass bei Entfernen eines Blattes eine Lücke im Stempel entstehen würde (LAG Bremen 26. 3. 1998, NZA-RR 1998, 401). Auf das Erfordernis einer festen körperlichen Verbindung von Wahlvorschlag und Liste der Stützunterschriften kann ausnahmsweise verzichtet werden, wenn die Liste der Wahlbewerber mit der gleichzeitig dem Wahlvorstand vorgelegten Liste der Unterstützer des Vorschlags identisch ist (LAG Frankfurt 21. 12. 1995, NZA-RR 1996, 461). Aus der Vorschlagsliste selbst muss in diesem Fall erkennbar sein, wer Wahlbewerber sein will und wer mit seiner unterschriftlichen Bereiterklärung nicht nur seine Kandidatur erklären, sondern zugleich die eigene Liste stützen will (LAG Frankfurt 10. 4. 1989, NZA 1990, 117).

Abs. 5 schreibt ausdrücklich vor, dass ein Wahlberechtigter **nur einen Wahlvorschlag** unterzeichnen kann. Wenn er mehrere unterzeichnet, ist er vom Wahlvorstand aufzufordern, binnen einer angemessenen Frist, höchstens innerhalb von drei Arbeitstagen, zu erklären, welche Unterschrift er aufrechterhält (Abs. 5 Satz 2; s. zum Begriff des Arbeitstags § 3 Rn. 11). Das Aufforderungsschreiben an ausländische Arbeitnehmer kann in deutscher Sprache abgefasst sein, sofern der Wahlvorstand nach § 2 Abs. 4 dafür Sorge getragen hat, dass ausländische Arbeitnehmer, die der deutschen Sprache nicht mächtig sind, über die Einleitung und Durchführung der Betriebsratswahl in geeigneter Weise unterrichtet wurden (vgl. LAG Hamm 17. 5. 1973, DB 1973 S. 1403). Erfolgt keine fristgerechte Erklärung, so gilt die Unterschrift auf der zuerst eingereichten Liste; bei gleichzeitigem Eingang mehrerer Listen entscheidet das Los, welche Unterschrift gültig ist (Abs. 5 Satz 3). Eine Erklärung nach Ablauf der Frist ist nicht mehr zulässig. Auf diese Folge ist der Doppelunterzeichner durch den Wahlvorstand ausdrücklich und deutlich hinzuweisen, sonst ist Anfechtung der Wahl möglich (vgl. LAG Hamm 29. 10. 1965, DB 1966, 38). Da der Wahlberechtigte seine Unterschrift auf einer Vorschlagsliste nur bis zu deren Einreichung zurücknehmen kann (s. § 8 Rn. 3), ist, wenn er innerhalb der ihm vom Wahlvorstand gesetzten Frist alle Unterschriften zurücknimmt, ebenso zu verfahren, als wäre die fristgerechte Erklärung unterblieben (ebenso *Fitting*, § 6 Rn. 16, § 8 Rn. 6; GK-*Kreutz*, § 6 Rn. 18; DKK-*Schneider*, § 6 Rn. 43).

17   Führt die Streichung einer Unterschrift dazu, dass die Vorschlagsliste **nicht mehr die erforderliche Zahl von Unterschriften** aufweist, so hat der Wahlvorstand eine Nachfrist von drei Arbeitstagen zur Beseitigung dieses Mangels zu setzen; wird er nicht rechtzeitig behoben, so ist die Vorschlagsliste ungültig (§ 8 Abs. 2 Nr. 3).

5. Verbot der Verbindung von Vorschlagslisten

18   Das Verbot der Verbindung von Vorschlagslisten (Abs. 6) will verhindern, dass Splittergruppen Berücksichtigung finden. Unter Verbindung von Vorschlagslisten ist das Verlangen zu verstehen, dass mehrere Vorschlagslisten gegenüber den anderen Wahlvorschlägen als einheitliche Vorschlagsliste gelten sollen.

6. Kandidatur auf mehreren Vorschlagslisten

19   Ein **Bewerber** kann deshalb **nur auf einer Vorschlagsliste** vorgeschlagen werden (Abs. 7 Satz 1). Das Verbot der Kandidatur auf mehreren Vorschlagslisten ist Ausfluss der vorausgehenden Vorschrift, dass eine Verbindung von Vorschlagslisten unzulässig ist (ebenso *Fitting*, § 6 Rn. 18; GK-*Kreutz*, § 6 Rn. 20). Im Gegensatz zu der Regelung bei der Unterzeichnung mehrerer Vorschlagslisten durch ein und dieselbe Person ist hier der Kandidat, wenn er nicht innerhalb von drei Arbeitstagen erklärt, welche Bewerbung er aufrecht erhält, nach Ablauf der Frist auf sämtlichen Listen zu streichen (Abs. 7 Satz 2 und 3; s. zur Frist § 3 Rn. 11). Eine nachträgliche Erklärung ist nicht mehr möglich. Das gilt auch, wenn die Drei-Tages-Frist vor der Frist zur Einreichung von Vorschlagslisten abläuft (ebenso *Fitting*, § 6 Rn. 18; DKK-*Schneider*, § 6 Rn. 45). Läuft die Nachfrist vor der Einreichungsfrist für die Vorschlagslisten ab, so hat der Wahlvorstand die Listenvertreter der Vorschlagslisten, auf denen der Bewerber vorgeschlagen ist, von der Kandidatur auf mehreren Listen zu unterrichten, damit die Einreicher der betroffenen Vorschlagslisten nach Streichung von ihrer Vorschlagsliste noch bis zum Ablauf der Einreichungsfrist eine Ergänzung vornehmen können. Die Ungültigkeit einer Vorschlagsliste entbindet den Wahlvorstand nicht von seiner Verpflichtung, Doppelkandidaten zu einer Erklärung aufzufordern, welche Bewerbungen sie aufrechterhalten (so auch LAG München 25. 1. 2007 – 2 TaBV 102/06, juris). Ist der Kandidat von allen Listen gestrichen worden, so kann auch er vorgeschlagen werden. Möglich ist auch, dass eine neue Vorschlagsliste mit dem gestrichenen Kandidaten eingereicht wird (ebenso GL-*Marienhagen*, § 6 Rn. 18).

20   Die Bestimmung, dass niemand auf mehreren Wahlvorschlägen erscheinen kann, ist ohne Bedeutung, wenn im vereinfachten Wahlverfahren für Kleinbetriebe ein aus einer Person oder drei Personen bestehender Betriebsrat zu wählen ist. Da die Wahl als Personenwahl durchgeführt wird, ist die Benennung auf mehreren Wahlvorschlägen zulässig; § 33 Abs. 2 erklärt daher Abs. 7 nicht für entsprechend anwendbar.

§ 7 Prüfung der Vorschlagslisten

(1) Der Wahlvorstand hat bei Überbringen der Vorschlagsliste oder, falls die Vorschlagsliste auf eine andere Weise eingereicht wird, der Listenvertreterin oder dem Listenvertreter den Zeitpunkt der Einreichung schriftlich zu bestätigen.

(2) ¹Der Wahlvorstand hat die eingereichten Vorschlagslisten, wenn die Liste nicht mit einem Kennwort versehen ist, mit Familienname und Vorname der beiden in der Liste an erster Stelle Benannten zu bezeichnen. ²Er hat die Vorschlagsliste unverzüglich, möglichst binnen einer Frist von zwei Arbeitstagen nach ihrem Eingang, zu prüfen und bei Ungültigkeit oder Beanstandung einer Liste die Listenvertreterin oder den Listenvertreter unverzüglich schriftlich unter Angabe der Gründe zu unterrichten.

I. Bestätigung der Einreichung der Vorschlagsliste

Wird die Vorschlagsliste persönlich überbracht, so hat der Wahlvorstand dem Überbringer den Zeitpunkt der Einreichung schriftlich zu bestätigen; wird sie auf eine andere Weise eingereicht, so erfolgt die Bestätigung gegenüber dem Listenvertreter (Abs. 1; vgl. zum Listenvertreter § 6 Abs. 4). Keine Rolle spielt, ob sie verlangt wird (ebenso DKK-*Schneider*, § 7 Rn. 2). Die Bestätigung dient dem Beweis, ob die Vorschlagsliste fristgerecht eingereicht worden ist. Auch der Eingang von Ergänzungen oder Berichtigungen einer Vorschlagsliste ist zu bestätigen. Der Zeitpunkt der Einreichung bestimmt nicht die Reihenfolge der Vorschlagsliste auf dem Stimmzettel, sondern insoweit entscheidet das Los (§§ 10 Abs. 1, 11 Abs. 2). 1

II. Kennzeichnung der Vorschlagslisten

Jede Vorschlagsliste kann ein **Kennwort** erhalten. Die WO verlangt aber nicht wie § 8 Abs. 5 BPersVWO, dass sie mit einem Kennwort versehen werden soll. Das Kennwort kann auf die Mitgliedschaft der Kandidaten in einer Gewerkschaft hinweisen; aber es kann die Liste nur dann als die einer Gewerkschaft bezeichnen, wenn diese den Wahlvorschlag macht. Durch das Kennwort darf keine Verwechslungsgefahr eintreten. Deshalb darf für eine nicht von der Gewerkschaft unterstützte Vorschlagsliste kein Kennwort gewählt werden, das auf die Gewerkschaft verweist (vgl. auch BVerwG 13. 5. 1966 AP PersVG § 21 Nr. 3, wo das Kennwort „Gewerkschaft Öffentlicher Dienst, Fachverband der Wehrbediensteten" für zulässig gehalten und eine Verwechslungsgefahr mit dem ebenfalls verwendeten Kennwort ÖTV abgelehnt wurde). Ein parteipolitisches Kennwort ist unzulässig, weil für Arbeitgeber und Betriebsrat das Verbot parteipolitischer Betätigung im Betrieb gilt (§ 74 Abs. 2 Satz 3 BetrVG). Die Verwendung des Kennworts „unabhängig" in einer Vorschlagsliste ist nicht schon deshalb unzulässig, weil die Kandidaten gewerkschaftlich organisiert sind, sofern sie nicht nahezu ausschließlich derselben Gewerkschaft angehören (vgl. OVG Münster 27. 10. 1958, AP PersVG § 21 Nr. 1). Trägt die Vorschlagsliste das Kennwort „nicht organisierte Angestellte", so wird die Wahl in einer gegen die guten Sitten verstoßenden Weise beeinflusst und kann daher nach § 19 BetrVG angefochten werden, wenn der Spitzenkandidat seinen vor der Wahl vollzogenen Eintritt in eine Gewerkschaft nicht allen Wahlberechtigten bekannt gibt (vgl. BVerwG 7. 11. 1969 E 34, 177, 179). Unzulässig sind weiterhin beleidigende oder sonst anstößige Kennworte. 2

Ist die Liste nicht mit einem Kennwort versehen, so hat der Wahlvorstand die eingereichte Vorschlagsliste mit Familienname und Vorname der beiden in der Liste an erster Stelle benannten Bewerber zu bezeichnen (Abs. 2 Satz 1). Er kann also in diesem Fall nicht selbst ein Kennwort festlegen. 3

III. Prüfung der Vorschlagslisten

4 Der Wahlvorstand hat unverzüglich zu prüfen, ob die Vorschlagsliste dem Gesetz und der WO entspricht, also insbesondere, ob die Kandidaten in erkennbarer Reihenfolge aufgeführt sind, die Vorschlagsliste die erforderliche Zahl von Unterschriften aufweist, die Bewerber ihre Zustimmung schriftlich gegeben haben und ob sie wählbar sind. Die Prüfungspflicht umfasst lediglich die **formelle Gestaltung der Vorschlagsliste** (LAG Frankfurt 23. 8. 2001, DB 2001, 2559: Der Wahlvorstand kann daher Wahlvorschläge nicht wegen „Einflussnahme" des Arbeitgebers zurückweisen). Die Prüfung hat *unverzüglich* zu geschehen, d. h. ohne schuldhaftes Zögern, wobei in Abs. 2 Satz 2 insoweit eine Konkretisierung erfolgt ist, als der Wahlvorstand die Vorschlagsliste **möglichst binnen einer Frist von zwei Arbeitstagen** nach ihrem Eingang zu prüfen hat (s. auch LAG Nürnberg 13. 3. 2002, AuR 2002, 238: Jedenfalls unverzüglich, wenn die Prüfung noch am Tag der Einreichung der Wahlvorschläge erfolgt). Wird am letzten Tag der Einreichungsfrist gegen Arbeitsschluss ein ungültiger Wahlvorschlag eingereicht, so handelt jedenfalls in größeren Betrieben der Wahlvorstand regelmäßig rechtmäßig, wenn er den Wahlvorschlag erst am nächsten Tag zurückweist, obgleich dann ein neuer Vorschlag nicht mehr eingereicht werden kann (LAG Düsseldorf 13. 9. 1988 – 16 [17] TaBV 42/88 ähnlich auch LAG Nürnberg 15. 3. 2004, AR-Blattei ES 530.6.1 Nr. 39). Der Wahlvorstand hat jedoch am letzten Tag der Frist zur Einreichung von Wahlvorschlägen Vorkehrungen zu treffen, damit er eingehende Wahlvorschläge möglichst sofort prüfen und die Listenvertreter über etwaige Mängel informieren kann (vgl. BAG 21. 1. 2009, DB 2009, 1302; 25. 5. 2005 AP BetrVG 1972 § 14 Nr. 2; ArbG Duisburg 7. 2. 2008 – 2 BV 127/07, juris). Ausreichend ist aber bereits die sofortige Anberaumung einer Wahlvorstandssitzung, selbst wenn nach Einreichung des fehlerhaften Wahlvorschlages bis zum Ablauf der Einreichungsfrist ein ausreichender Zeitraum für die Prüfung des Wahlvorschlages, die Vorbereitung der Sitzung und die Ladung der Mitglieder des Wahlvorstandes zur Verfügung gestanden hätte. Wenn es darum geht, ob Vorschlagsliste und Unterschriftenliste eine einheitliche zusammenhängende Urkunde darstellen (s. § 6 Rn. 15), sind an die Prüfungspflicht keine besonders hohen Anforderungen zu stellen. Es ist nicht Aufgabe des Wahlvorstands, bei der Überprüfung jede Form der Manipulationsmöglichkeit auszuschließen. Es genügt, wenn sich bei einer oberflächlichen Betrachtung keine Anhaltspunkte dafür ergeben, dass Wahlvorschläge und Stützunterschriften nicht während der ganzen Zeit verbunden waren (LAG Bremen 26. 3. 1998, NZA-RR 1998, 401). Der Wahlvorstand sollte Tag und Uhrzeit des Eingangs der Vorschlagliste angeben, da der genaue Zeitpunkt der Einreichung im Fall von Doppelunterzeichnungen bedeutsam werden kann, s. § 6 Abs. 5 S. 3 (s. auch Jaeger/Röder/Heckelmann/*Merten*, Kap. 3 Rn. 86).

5 Die Prüfung beschränkt sich darauf, ob eine **Vorschlagsliste gültig** ist oder nicht. In diesem Rahmen muss der Wahlvorstand untersuchen, ob die **Hinzufügung eines Lichtbildes** zulässig ist oder nicht. Er kann aber nicht verlangen, dass eine eingereichte Vorschlagsliste um die Lichtbilder der Kandidaten ergänzt wird (vgl. BAG 3. 12. 1987 AP BetrVG 1972 § 20 Nr. 13).

IV. Beanstandung einer Vorschlagsliste

6 Stellt der Wahlvorstand fest, dass die **Vorschlagsliste ungültig** ist oder sonst an Mängeln leidet, so hat er davon den **Listenvertreter** unverzüglich schriftlich unter Angabe der Gründe **zu unterrichten** (Abs. 2 Satz 2, s. zum Begriff des Listenvertreters auch jüngst LAG Berlin 14. 5. 2003 – 15 TaBV 2341/02, juris). Er hat auch auf die Einhaltung von Sollvorschriften durch Beanstandung hinzuwirken. Ergibt die Prüfung, dass zwingende

Erfordernisse fehlen, deren Mangel nicht nachträglich behoben werden kann (§ 8 Abs. 1; s. dort Rn. 2 ff.), so hat der Wahlvorstand die Ungültigkeit der Vorschlagsliste festzustellen und davon den Listenvertreter zu unterrichten. Handelt es sich dagegen um zwingende Erfordernisse, deren Mangel behoben werden kann, so hat der Wahlvorstand durch Mitteilung an den Listenvertreter eine Nachfrist von drei Arbeitstagen zu setzen, innerhalb der die Mängel noch beseitigt werden können, und er hat darauf hinzuweisen, dass die Vorschlagsliste, falls die Mängel trotz Beanstandung nicht innerhalb der Frist beseitigt werden, ungültig ist (§ 8 Abs. 2 s. dort Rn. 6 ff.). Verstreicht die Frist, ohne dass die beanstandeten Mängel behoben werden, so hat der Wahlvorstand dies durch Beschluss festzustellen und auch davon den Listenvertreter zu unterrichten. Handelt es sich dagegen um sonstige Mängel, die nicht die Ungültigkeit der Vorschlagsliste zur Folge haben, so hat der Wahlvorstand zwar ebenfalls durch Beanstandung darauf hinzuwirken, dass sie beseitigt werden. Er kann in diesem Fall aber keine Nachfrist setzen, sondern lediglich darauf hinweisen, dass die Vorschlagsliste noch innerhalb der Einreichungsfrist berichtigt oder ergänzt werden kann. Weist die Urkunde, die die Vorschlagsliste enthält, eine Änderung durch Überklebung auf, so kann die Vorschlagsliste nicht allein aus diesem Grund zurückgewiesen werden; besteht aber der Verdacht, die Vorschlagsliste sei gefälscht oder verfälscht worden, so hat der Wahlvorstand den Listenvertreter zur Stellungnahme aufzufordern, insbesondere zu einer Erklärung darüber, in welchem Zeitpunkt die ersichtliche Änderung vorgenommen worden ist (vgl. OVG Münster 27. 10. 1958, AP PersVG § 21 Nr. 1). Werden die Zweifel nicht behoben, bestätigt sich aber auch andererseits der Verdacht nicht, so muss der Wahlvorstand sich darüber klar sein, dass er durch eine Zurückweisung der Vorschlagsliste lediglich auf Verdacht hin dann einen Anfechtungsgrund setzt, wenn der Wahlvorschlag tatsächlich in Ordnung war.

Der Wahlvorstand hat bei Ungültigkeit oder Beanstandung einer Vorschlagsliste den Listenvertreter davon **unverzüglich**, d. h. ohne schuldhaftes Zögern, zu unterrichten (vgl. zum Personalvertretungsrecht OVG Münster 15. 8. 1966, DB 1966 S. 2035, das sofortige Prüfung und Rüge noch am gleichen Tage – notfalls unter Verzicht auf den Postweg – verlangt). Verzögerung kann Anfechtungsgrund sein, wenn sie dazu führt, dass die Behebung des Mangels vor der Wahl nicht mehr möglich ist (ebenso BAG 4. 11. 1960, AP BetrVG § 13 Nr. 3; *Fitting*, § 7 Rn. 4). 7

Die Unterrichtung hat **schriftlich** zu erfolgen. Die Aufforderung zur Mängelbeseitigung muss deutlich erkennen lassen, um welche Mängel es sich handelt (vgl. OVG Koblenz 16. 4. 1957, ZBR 1957, 150). 8

Die **beanstandete Vorschlagsliste** darf **nicht zurückgegeben** werden, auch nicht zur Ergänzung, damit eine spätere Nachprüfung ihrer Ordnungsmäßigkeit in einem Wahlanfechtungsverfahren möglich ist, vor allem auch zur Klärung, ob es sich um eine Ergänzung oder um eine unzulässige neue Vorschlagsliste handelt (ebenso LAG Kiel 9. 4. 1953, AuR 1953, 255; *Fitting*, § 7 Rn. 5; GK-*Kreutz*, § 7 Rn. 11; GL-*Marienhagen*, § 7 Rn. 2). 9

Der Wahlvorstand kann seine **Entscheidung** über die Ungültigkeit eines Wahlvorschlags jedenfalls dann **korrigieren**, wenn dadurch Wahlanfechtungsgründe entfallen und hierbei die Wochenfrist nach § 10 Abs. 2 gewahrt bleibt (LAG Nürnberg 13. 3. 2002, AuR 2002, 238). Diese Möglichkeit der Korrektur schließt freilich nicht das Kontrollverfahren vor dem Amtsgericht nach § 18 BetrVG aus, s. dort Rn. 18 ff. 10

Die **Unterlassung der Beanstandung** kann zur Anfechtung führen (LAG Nürnberg 15. 3. 2004, AR-Blattei ES 530.6.1 Nr. 39). Bei einer ungültigen Vorschlagsliste ist aber die Wahlanfechtung bereits dann begründet, wenn sie zur Wahl gestellt wurde, ohne Rücksicht darauf, ob der Wahlvorstand trotz gegebener Anhaltspunkte für eine Fehlerhaftigkeit eine ihm zumutbare und mögliche Nachprüfung unterlassen hat (a. A. BAG 2. 2. 1962 AP BetrVG § 13 Nr. 10). 11

§ 8 Ungültige Vorschlagslisten

(1) Ungültig sind Vorschlagslisten,
1. die nicht fristgerecht eingereicht worden sind,
2. auf denen die Bewerberinnen oder Bewerber nicht in erkennbarer Reihenfolge aufgeführt sind,
3. die bei der Einreichung nicht die erforderliche Zahl von Unterschriften (§ 14 Abs. 4 des Gesetzes) aufweisen. Die Rücknahme von Unterschriften auf einer eingereichten Vorschlagsliste beeinträchtigt deren Gültigkeit nicht; § 6 Abs. 5 bleibt unberührt.

(2) Ungültig sind auch Vorschlagslisten,
1. auf denen die Bewerberinnen oder Bewerber nicht in der in § 6 Abs. 3 bestimmten Weise bezeichnet sind,
2. wenn die schriftliche Zustimmung der Bewerberinnen oder Bewerber zur Aufnahme in die Vorschlagsliste nicht vorliegt,
3. wenn die Vorschlagsliste infolge von Streichung gemäß § 6 Abs. 5 nicht mehr die erforderliche Zahl von Unterschriften aufweist,

falls diese Mängel trotz Beanstandung nicht binnen einer Frist von drei Arbeitstagen beseitigt werde.

I. Vorbemerkung

1   Die Vorschrift unterscheidet zwischen **Mängeln**, bei denen die **Vorschlagsliste schlechthin ungültig** ist (Abs. 1), und Mängeln, die noch **nachträglich beseitigt** werden können, aber ebenfalls die Ungültigkeit einer Vorschlagsliste zur Folge haben, wenn sie trotz Beanstandung nicht binnen einer Frist von drei Arbeitstagen beseitigt werden (Abs. 2). Die Vorschrift bezieht sich vornehmlich auf in § 6 aufgestellte Erfordernisse. **Ungültig** ist eine Vorschlagsliste aber vor allem auch, wenn sie gegen **zwingende Vorschriften des materiellen Rechts** verstößt.

II. Ungültigkeit einer Vorschlagsliste wegen unheilbarer Mängel

2   Sind die Vorschlagslisten nicht bis zum Ablauf der Einreichungsfrist eingegangen (vgl. § 6 Abs. 1 Satz 2, § 9 Abs. 1) oder sind auf ihnen die Bewerber nicht in erkennbarer Reihenfolge aufgeführt (§ 6 Abs. 3 Satz 1), so sind sie schlechthin ungültig (Abs. 1 Nr. 1 und Nr. 2). Dasselbe gilt für den Fall, dass die Vorschlagslisten bei der Einreichung nicht die erforderliche Zahl von Unterschriften aufweisen (Abs. 1 Nr. 3).

3   Durch die Bestimmung, dass die **nachträgliche Rücknahme einer Unterschrift** auf einer eingereichten Vorschlagsliste deren **Gültigkeit nicht beeinträchtigt** (Abs. 1 Nr. 3 Satz 2), wird klargestellt, was sich von selbst verstanden hat; denn ob eine Erklärung wirksam ist, richtet sich immer nach dem Zeitpunkt, zu dem sie abgegeben wird. Aus der Verweisung auf § 6 Abs. 5 folgt jedoch, dass das nicht bei der Unterzeichnung *mehrerer* Vorschlagslisten gilt. Allerdings kann eine dieser mehrfachen Unterzeichnungen nur durch die Aufforderung des Wahlvorstands nach § 6 Abs. 5, sich zu erklären, wirksam werden – sei es, dass der Betreffende erklärt, welche gelten soll, sei es, dass er schweigt und so die Unterschrift auf der zuerst eingereichten Liste maßgeblich wird –; eine Rücknahme der Unterschrift auf einem Wahlvorschlag aus eigener Initiative ist wirkungslos (ebenso BAG 1. 6. 1966 AP WO 1953 § 6 Nr. 2).

4   Die in **Abs. 1 genannten Gründe** sind nur **Beispiele**. Eine Vorschlagsliste ist insbesondere auch dann ungültig, wenn sie Bewerber enthält, die nicht wählbar sind (ebenso BVerwG 27. 5. 1960 E 10, 344 = AP WahlO z. PersVG § 10 Nr. 2; *Fitting*, § 8 Rn. 3; DKK-*Schneider*, § 8 Rn. 3). Die Vorschlagsliste wird in diesem Fall nicht allein durch die

Streichung des nicht wählbaren Bewerbers gültig (LAG Düsseldorf 13. 9. 1988 – 16 [17] TaBV 42/88, juris). Maßgebend ist, dass ein Bewerber am Tag der Wahl die Voraussetzungen der Wählbarkeit erfüllt (s. auch § 8 BetrVG Rn. 17 f.). Verliert ein Bewerber nach Einreichung der Vorschlagsliste die Wählbarkeit, so ist die Vorschlagsliste nur ungültig, wenn der Tatbestand, dass der Bewerber am Tag der Wahl nicht wählbar ist, bereits bei Einreichung bekannt ist. Ansonsten bleibt die Vorschlagsliste gültig; jedoch ist der Wahlvorstand berechtigt und verpflichtet, darauf hinzuweisen, dass der Kandidat nicht mehr wählbar ist (ebenso im Ergebnis *Fitting*, § 8 Rn. 4). Sofern der Wegfall der Wählbarkeit vor Ablauf der Einreichungsfrist dem Wahlvorstand bekannt wird, hat er davon den Listenvertreter unverzüglich zu unterrichten (s. § 7 Rn. 6 ff.), damit der Einreicher noch die Möglichkeit haben, die Vorschlagsliste durch eine andere Vorschlagsliste zu ersetzen. Weiterhin ist eine Vorschlagsliste ungültig, wenn der Arbeitgeber oder dessen leitende Angestellte durch Schaffung der Voraussetzungen für die Einreichung einer Liste, etwa durch die Sammlung von Stützunterschriften, aktiv auf das Wahlverfahren Einfluss nehmen. Hierin liegt eine unzulässige Wahlbeeinflussung, die den Wahlvorstand berechtigt, eine so zustande gekommene Vorschlagsliste zurückzuweisen (LAG Hamburg 12. 3. 1998, AiB 2006, 109).

Die Ungültigkeit der Vorschlagslisten ist nicht davon abhängig, dass der Wahlvorstand den Mangel festgestellt hat. Behandelt er eine ungültige Vorschlagsliste als gültig oder weist er eine gültige Vorschlagsliste als ungültig zurück, so ist eine Wahlanfechtung begründet (ebenso GL-*Marienhagen*, § 8 Rn. 2; s. auch § 19 BetrVG Rn. 20). 5

III. Vorschlagslisten mit heilbaren Mängeln

Die in Abs. 2 genannten Mängel haben ebenfalls die Ungültigkeit einer Vorschlagsliste 6 zur Folge. Der Unterschied zu den sonstigen Fällen besteht hier aber darin, dass der Mangel noch innerhalb einer **Frist von drei Arbeitstagen** (s. zum Begriff des Arbeitstags § 3 Rn. 13) behoben werden kann, also heilbar ist. Die Frist beginnt mit dem Zugang an den Listenvertreter, diesen Tag nicht mitgerechnet (§ 187 Abs. 1 BGB; ebenso LAG Düsseldorf 25. 10. 1961, DB 1961, 1586; s. auch § 3 Rn. 17). Verlängerung oder Verkürzung durch den Wahlvorstand ist unzulässig. Eine Verkürzung rechtfertigt eine Anfechtung der Betriebsratswahl (ebenso BAG 1. 6. 1966 AP WO 1953 § 6 Nr. 2; *Fitting*, § 8 Rn. 8; GK-*Kreutz*, § 8 Rn. 6; GL-*Marienhagen*, § 8 Rn. 4).

Zu den Mängeln, die noch innerhalb einer Nachfrist von drei Arbeitstagen beseitigt 7 werden können, gehören, dass die Bewerber auf der Vorschlagsliste zwar in erkennbarer Reihenfolge aufgeführt, aber nicht in der sonst in § 6 Abs. 3 bestimmten Weise bezeichnet sind (Abs. 2 Nr. 1; s. § 6 Rn. 10), dass die schriftliche Zustimmung der Bewerber zur Aufnahme in die Vorschlagsliste nicht vorliegt (Abs. 2 Nr. 2; s. § 6 Rn. 11 f.) und dass die Vorschlagsliste infolge von Streichung gemäß § 6 Abs. 5 nicht mehr die erforderliche Zahl von Unterschriften aufweist, obwohl sie bei der Einreichung diese Zahl enthielt (Abs. 2 Nr. 3; s. § 6 Rn. 15 f.).

Behandelt der Wahlvorstand die Vorschlagslisten bei den in Abs. 2 genannten Mängeln als ungültig, ohne den Listenvertreter zur Mängelbeseitigung binnen einer Frist von drei Arbeitstagen aufzufordern, so ist eine **Wahlanfechtung** begründet. Die Vorschlagsliste ist nur ungültig, falls die hier genannten Mängel trotz Beanstandung nicht binnen einer Frist von drei Arbeitstagen beseitigt werden. Erkennt der Wahlvorstand nicht die Fehlerhaftigkeit oder versäumt er eine Beanstandung, so ist, wenn die Vorschlagsliste als gültig behandelt wird, eine Wahlanfechtung nur begründet, wenn wie bei nicht ordnungsgemäßer Bezeichnung der Bewerber zweifelhaft ist, wer sich zur Wahl stellt (s. auch § 6 Rn. 10), sonst ist eine Wahlanfechtung nur gerechtfertigt, wenn der Wahlvorstand seine Pflicht zur Beanstandung grob verletzt hat und daher nicht auszuschließen ist, dass das Wahlergebnis auf einer Verletzung dieser Verfahrensvorschrift beruht (vgl. 8

auch BAG 2. 2. 1962 AP BetrVG § 13 Nr. 10, das die Wahl nur für anfechtbar hält, wenn der Wahlvorstand den Fehler bemerkt hat und die Liste trotzdem nicht zurückgegeben hat oder wenn er trotz gegebener Anhaltspunkte für eine Fehlerhaftigkeit eine ihm zumutbare und mögliche Nachprüfung unterlassen hat, dabei aber der Besonderheit fehlerhafter Bezeichnung der Bewerber in der Vorschlagsliste nicht genügend Rechnung trägt; s. § 6 Rn. 10).

9   Stellt sich nach Berichtigung einer **Mehrfachunterzeichnung** heraus, dass ein Wahlberechtigter, der die Vorschlagsliste nachträglich unterzeichnet, bereits andere Vorschlagslisten unterzeichnet hat, so muss der Wahlvorstand erneut eine Nachfrist zur Mängelbeseitigung setzen, und zwar auch gegenüber dem Listenvertreter, dessen Vorschlagsliste zunächst nicht von der Doppelunterzeichnung betroffen war. Nur wenn die Unterschrift des Doppelunterzeichners auf der Ergänzungsliste für die erforderliche Zahl von Unterschriften nicht benötigt wird, ist sie auf ihr zu streichen (ohne diese Einschränkung ArbG Gelsenkirchen 15. 3. 1968, BB 1968, 627; *Fitting*, § 8 Rn. 8; GK-*Kreutz*, § 8 Rn. 7; DKK-*Schneider*, § 8 Rn. 13).

§ 9 Nachfrist für Vorschlagslisten

(1) ¹Ist nach Ablauf der in § 6 Abs. 1 genannten Frist keine gültige Vorschlagsliste eingereicht, so hat dies der Wahlvorstand sofort in der gleichen Weise bekannt zu machen wie das Wahlausschreiben und eine Nachfrist von einer Woche für die Einreichung von Vorschlagslisten zu setzen. ²In der Bekanntmachung ist darauf hinzuweisen, dass die Wahl nur stattfinden kann, wenn innerhalb der Nachfrist mindestens eine gültige Vorschlagsliste eingereicht wird.

(2) Wird trotz Bekanntmachung nach Absatz 1 eine gültige Vorschlagsliste nicht eingereicht, so hat der Wahlvorstand sofort bekannt zu machen, dass die Wahl nicht stattfindet.

I. Fehlen gültiger Vorschlagslisten für die Betriebsratswahl

1   Ist innerhalb der Einreichungsfrist (§ 6 Abs. 1 Satz 2) keine Vorschlagsliste oder keine gültige Vorschlagsliste eingegangen, so hat der Wahlvorstand dies sofort in der gleichen Weise bekannt zu machen wie das Wahlausschreiben und eine **Nachfrist von einer Woche** für die Einreichung von Vorschlagslisten zu setzen (Abs. 1 Satz 1). Gleiches gilt, wenn die gültigen Vorschlagslisten insgesamt nicht so viele Bewerber enthalten, wie Betriebsratsmitglieder zu wählen sind (ebenso *Fitting*, § 9 Rn. 2; vgl. auch LAG Mecklenburg-Vorpommern 30. 3. 2006 – 1 TaBV 2/06, juris). Ist eine Vorschlagsliste eingereicht worden, die nach § 8 Abs. 2 ungültig ist, so hat der Wahlvorstand abzuwarten, ob die Mängel innerhalb der von ihm gesetzten Nachfrist von drei Arbeitstagen noch beseitigt werden (ebenso *Fitting*, § 9 Rn. 1; GK-*Kreutz*, § 9 Rn. 1; DKK-*Schneider*, § 9 Rn. 2). Die Nachfristsetzung zur Einreichung von Wahlvorschlägen ist im vereinfachten Wahlverfahren nach § 14a nicht möglich (LAG Berlin 8. 4. 2003, LAG Report 2003, 242; *Fitting*, § 33 Rn. 12).

2   Die Bekanntmachung hat *sofort* zu erfolgen. Die WO stellt hier also nicht darauf ab, dass sie unverzüglich, d. h. ohne schuldhaftes Zögern, zu geschehen hat. Darin kommt zum Ausdruck, dass keine zusätzlichen Erwägungen über die Zweckmäßigkeit die Bekanntgabe verzögern dürfen. Die WO schreibt ausdrücklich vor, dass die Festsetzung der Nachfrist in der gleichen Weise bekannt gemacht werden muss **wie der Erlass des Wahlausschreibens**, d. h. durch Aushang oder mittels der im Betrieb vorhandenen Informations- und Kommunikationstechnik (s. § 3 Rn. 18), je nach dem, für welche Art der Bekanntmachung sich der Wahlvorstand für das Wahlausschreiben entschieden hat. Bei

mehrfachem Aushang des Wahlausschreibens ist die Bekanntmachung an den gleichen Stellen anzuschlagen wie das Wahlausschreiben. Hat der Wahlvorstand das Wahlausschreiben ausgehängt und ergänzend mittels der im Betrieb vorhandenen Informations- und Kommunikationstechnik bekannt gemacht (§ 3 Abs. 4 Satz 3), muss die Bekanntmachung gemäß Abs. 1 Satz 1 ebenfalls sowohl durch Aushang als auch in der für das Wahlausschreiben gewählten elektronischen Form vorgenommen werden. In diesem Fall können die Arbeitnehmer darauf vertrauen, auf jedem der beiden Wege stets aktuelle Informationen und Mitteilungen zur Wahl zu erhalten. In der Bekanntmachung ist darauf hinzuweisen, dass die Wahl nur stattfinden kann, wenn innerhalb der Nachfrist mindestens eine gültige Vorschlagsliste eingereicht wird (Abs. 1 Satz 2).

II. Einreichung von Vorschlagslisten während der Nachfrist

Die **Nachfrist** beträgt **eine Woche.** Sie beginnt mit der Bekanntmachung, diesen Tag nicht mitgerechnet (§§ 187 Abs. 1, 188 Abs. 2 BGB i. V. mit § 41). Vorschlagslisten, die nicht innerhalb der Einreichungsfrist dem Wahlvorstand zugingen und deshalb ungültig sind (§ 8 Abs. 1 Nr. 1), erlangen Gültigkeit, weil sie innerhalb der Nachfrist eingehen (ebenso *Fitting*, § 9 Rn. 7; GK-*Kreutz*, § 9 Rn. 5; a. A. DKK-*Schneider*, § 9 Rn. 5, der in diesem Fall verlangt, dass die nach § 8 Abs. 1 Nr. 1 ungültige Vorschlagsliste erneut eingereicht wird). 3

Nach **Ablauf der Nachfrist** kann keine gültige Vorschlagsliste mehr eingereicht werden. Sind Vorschlagslisten innerhalb der Frist eingereicht worden, aber ungültig, so fehlt ebenfalls ein gültiger Wahlvorschlag nach Ablauf der Nachfrist. Nur wenn es sich um heilbare Mängel handelt (§ 8 Abs. 2), hat der Wahlvorstand noch eine Nachfrist von drei Arbeitstagen zur Mängelbeseitigung zu setzen. Werden die Mängel trotz Beanstandung nicht innerhalb dieser Frist beseitigt, so ist auch eine derartige Vorschlagsliste ungültig (§ 8 Abs. 2). 4

Fehlt eine **gültige Vorschlagsliste,** so ist das **Amt des Wahlvorstands** erloschen. Soll es trotzdem noch zu einer Wahl kommen, so muss ein neuer Wahlvorstand bestellt werden (ebenso *Fitting*, § 9 Rn. 9; GK-*Kreutz*, § 9 Rn. 7; GL-*Marienhagen*, § 9 Rn. 4; DKK-*Schneider*, § 9 Rn. 6; JHR-*Merten*, BetrVerfR, Kap. 3 Rn. 89). 5

§ 10 Bekanntmachung der Vorschlagslisten

(1) ¹Nach Ablauf der in § 6 Abs. 1, § 8 Abs. 2 und § 9 Abs. 1 genannten Fristen ermittelt der Wahlvorstand durch das Los die Reihenfolge der Ordnungsnummern, die den eingereichten Vorschlagslisten zugeteilt werden (Liste 1 usw.). ²Die Listenvertreterin oder der Listenvertreter sind zu der Losentscheidung rechtzeitig einzuladen.

(2) Spätestens eine Woche vor Beginn der Stimmabgabe hat der Wahlvorstand die als gültig anerkannten Vorschlagslisten bis zum Abschluss der Stimmabgabe in gleicher Weise bekannt zu machen wie das Wahlausschreiben (§ 3 Abs. 4).

Erläuterung

Wenn mehr als eine Vorschlagsliste eingereicht wird, erhält **jede Vorschlagsliste** eine **Ordnungsnummer,** die für die Reihenfolge maßgeblich ist, in der die Wahlvorschläge auf den Stimmzetteln aufgeführt werden (vgl. § 11 Abs. 2). Der Wahlvorstand hat nach Ablauf der Einreichungsfrist unter Berücksichtigung einer nach § 8 Abs. 2 oder § 9 gesetzten Nachfrist für die von ihm als gültig anerkannten Vorschlagslisten die Reihenfolge der Ordnungsnummern **durch das Los zu ermitteln.** Die Ordnungsnummer richtet 1 sich also nicht nach der Reihenfolge der Einreichung der Vorschlagslisten beim Wahlvorstand, sondern sie wird in einer Sitzung des Wahlvorstands durch Los bestimmt, zu der die Listenvertreter rechtzeitig einzuladen sind (Abs. 1 Satz 2).

2   Die als gültig anerkannten Vorschlagslisten müssen an einer allgemein zugänglichen Stelle bis zum Ablauf des letzten Tages der Stimmabgabe **ausgehängt** werden, und zwar an all den Stellen, an denen das Wahlausschreiben ausgehängt ist (Abs. 2; s. § 3 Rn. 1). Sofern sich der Wahlvorstand beim Wahlausschreiben für die Bekanntmachung mittels der **im Betrieb vorhandenen Informations- und Kommunikationstechnik** entschieden hat (§ 3 Abs. 4 Satz 4), müssen die Vorschlagslisten in gleicher Weise bekannt gemacht werden. Hat der Wahlvorstand das Wahlausschreiben ausgehängt und ergänzend in elektronischer Form bekannt gemacht (§ 3 Abs. 4 Satz 3), muss die Bekanntmachung der Vorschlagslisten ebenfalls sowohl durch Aushang als auch in der für das Wahlausschreiben gewählten elektronischen Form vorgenommen werden. In diesem Fall können die Arbeitnehmer darauf vertrauen, auf jedem der beiden Wege stets aktuelle Informationen und Mitteilungen zur Wahl zu erhalten. Die Vorschlagslisten hat der Wahlvorstand spätestens eine Woche vor Beginn der Stimmabgabe bekannt zu machen. Findet die Wahl also an einem Freitag statt, so müssen die Vorschlagslisten spätestens am Donnerstag der vorausgehenden Woche ausgehängt werden; denn die Wochenfrist läuft erst am Donnerstag ab (ebenso GK-*Kreutz*, § 10 Rn. 5). Die Vorschlagslisten sind vollständig in der Reihenfolge der ihnen zugeteilten Ordnungsnummern bekannt zu machen. Sie müssen die Ordnungsnummer sowie das Kennwort (s. § 7 Rn. 2 f.) und alle Bewerber enthalten. Die Namen der Unterzeichner werden dagegen nicht bekannt gemacht (ebenso *Fitting*, § 10 Rn. 4; DKK-*Schneider*, § 10 Rn. 8).

3   Die Beachtung des § 10 ist **wesentliche Verfahrensvorschrift** i. S. des § 19 BetrVG (ebenso ArbG Wetzlar 12. 6. 1972, DB 1972, 1731; *Fitting*, § 10 Rn. 4; GK-*Kreutz*, § 10 Rn. 6; GL-*Marienhagen*, § 10 Rn. 3; DKK-*Schneider*, § 10 Rn. 9).

Zweiter Unterabschnitt.
Wahlverfahren bei mehreren Vorschlagslisten (§ 14 Abs. 2 Satz 1 des Gesetzes)

Vorbemerkung

Dieser Unterabschnitt regelt das Wahlverfahren, wenn mehrere als gültig anerkannte Vorschlagslisten eingereicht worden sind. Ist nur eine gültige Vorschlagsliste eingereicht worden, so regelt das Wahlverfahren der Dritte Unterabschnitt (§§ 20 bis 23). Für das vereinfachte Wahlverfahren in Kleinbetrieben mit bis zu 50 wahlberechtigten Arbeitnehmern, in denen entweder ein Betriebsratsmitglied oder drei Betriebsratsmitglieder zu wählen sind, gilt der durch die VO vom 11. 12. 2001 (BGBl. I, S. 3494) neu eingefügte Zweite Teil (§§ 28 bis 37).

§ 11 Stimmabgabe

(1) ¹Die Wählerin oder der Wähler kann ihre oder seine Stimme nur für eine der als gültig anerkannten Vorschlagslisten abgeben. ²Die Stimmabgabe erfolgt durch Abgabe von Stimmzetteln in den hierfür bestimmten Umschlägen (Wahlumschlägen).

(2) ¹Auf den Stimmzetteln sind die Vorschlagslisten nach der Reihenfolge der Ordnungsnummern sowie unter Angabe der beiden an erster Stelle benannten Bewerberinnen oder Bewerber mit Familienname, Vorname und Art der Beschäftigung im Betrieb untereinander aufzuführen; bei Listen, die mit Kennworten versehen sind, ist auch das Kennwort anzugeben. ²Die Stimmzettel für die Betriebsratswahl müssen sämt-

lich die gleiche Größe, Farbe, Beschaffenheit und Beschriftung haben. ³Das Gleiche gilt für die Wahlumschläge.

(3) Die Wählerin oder der Wähler kennzeichnet die von ihr oder ihm gewählte Vorschlagsliste durch Ankreuzen an der im Stimmzettel hierfür vorgesehenen Stelle.

(4) Stimmzettel, die mit einem besonderen Merkmal versehen sind oder aus denen sich der Wille der Wählerin oder des Wählers nicht unzweifelhaft ergibt oder die andere Angaben als die in Absatz 1 genannten Vorschlagslisten, einen Zusatz oder sonstige Änderungen enthalten, sind ungültig.

I. Gestaltung der Stimmzettel und Wahlumschläge

Das Wahlrecht wird durch Abgabe eines **Stimmzettels** in einem Wahlumschlag ausgeübt (vgl. Abs. 1 Satz 2). Jeder Stimmzettel muss alle Vorschlagslisten nach der Reihenfolge der Ordnungsnummern (§ 10 Abs. 1) unter deren Angabe aufführen (Abs. 2 Satz 1). Für jede Vorschlagsliste sind die beiden an erster Stelle benannten Bewerber zu nennen; ihre Angabe ist erforderlich aber auch ausreichend, weil keine Personenwahl, sondern nur Listenwahl stattfindet. Bei Listen, die mit Kennworten versehen sind, muss der Stimmzettel auch das Kennwort der Liste enthalten. Jede Differenzierung in den Angaben über die Listen, so schon im Druck des Kennwortes, ist unzulässig (vgl. OVG Hamburg, ZBR 1957, 28). Hat einer der beiden an erster Stelle benannten Kandidaten seine Zustimmung zur Aufnahme in die Vorschlagsliste nach deren Einreichung zurückgenommen (s. § 6 Rn. 12), so ist er hier gleichwohl aufzuführen, wenn die Unterzeichner den Kandidaten nicht innerhalb der Einreichungsfrist bzw. der vom Wahlvorstand gesetzten Nachfrist gestrichen haben; es genügt, dass der Wahlvorstand beim Aushang der Vorschlagsliste darauf hingewiesen hat, dass der Bewerber seine Zustimmung zur Aufnahme in die Vorschlagsliste zurückgenommen hat. 1

II. Stimmabgabe

Die Stimmabgabe kann **nur mittels** einheitlicher, vom Wahlvorstand zur Verfügung gestellter **Stimmzettel** erfolgen. Sie müssen in Wahlumschlägen abgegeben werden, wobei die unterlassene Verwendung von Wahlumschlägen einen Anfechtungsgrund der Betriebsratswahl darstellt (LAG Niedersachsen 1. 3. 2004 – 16 TaBV 60/03; juris). Die Stimmabgabe erfolgt **grundsätzlich persönlich im Wahlraum** (§ 12). Nur wenn ein wahlberechtigter Arbeitnehmer im Zeitpunkt der Wahl wegen Abwesenheit vom Betrieb verhindert ist, seine Stimme persönlich abzugeben, kann er sein Wahlrecht durch **schriftliche Stimmabgabe** ausüben (§§ 24, 25). Für Betriebsteile und Kleinstbetriebe, die räumlich weit vom Hauptbetrieb entfernt sind, kann der Wahlvorstand die schriftliche Stimmabgabe beschließen (§ 24 Abs. 3). 2

Der Wähler kann seine Stimme **nur für eine Vorschlagsliste** abgeben (Abs. 1 Satz 1). Das geschieht, indem er die von ihm gewählte Vorschlagsliste durch Ankreuzen an der im Stimmzettel hierfür vorgesehenen Stelle kennzeichnet (Abs. 3). Das Ankreuzen mehrerer Listen macht die Stimmabgabe unwirksam (vgl. aber für den Fall, dass mehrere Stimmzettel gekennzeichnet werden, § 14 Abs. 2). Gleiches gilt, wenn sonstige Veränderungen oder irgendwelche Kennzeichen auf dem Stimmzettel angebracht sind (Abs. 4). Doch ist zulässig, dass ein Wähler alle Listen bis auf eine durchstreicht (ebenso *Fitting*, § 11 Rn. 6; GK-*Kreutz*, § 11 Rn. 3; DKK-*Schneider*, § 11 Rn. 11). Da nur die Listen angekreuzt werden, ist die Streichung eines Kandidaten ausgeschlossen. Geschieht sie gleichwohl, ist die Stimmabgabe ungültig. 3

4   Die WO verlangt zwar, dass der Wähler die von ihm gewählte Vorschlagsliste durch **Ankreuzen** kennzeichnet (Abs. 3), sieht aber als ungültige Stimmzettel nur an, wenn sich aus ihnen der Wille des Wählers nicht unzweifelhaft ergibt (Abs. 4). Daraus folgt, dass die Kennzeichnung durch Ankreuzen durch eine andere Form der Kennzeichnung ersetzt werden kann, sofern sich aus ihr der Wille des Wählers ebenfalls unzweifelhaft ergibt und die Geheimhaltung der Stimmabgabe gewahrt wird, z. B. durch eine Lochung des Stimmzettels, um eine Stimmauszählung durch eine EDV-Anlage zu ermöglichen (ebenso *Fitting*, § 11 Rn. 6; GK-*Kreutz*, § 11 Rn. 3; DKK-*Schneider*, § 11 Rn. 9).

5   Über die **Gültigkeit der Stimmabgabe** entscheidet der Wahlvorstand durch Beschluss (vgl. § 14 Abs. 1; ebenso *Fitting*, § 11 Rn. 7; GK-*Kreutz*, § 11 Rn. 9; GL-*Marienhagen*, § 11 Rn. 1; DKK-*Schneider*, § 11 Rn. 14).

§ 12 Wahlvorgang

(1) ¹Der Wahlvorstand hat geeignete Vorkehrungen für die unbeobachtete Bezeichnung der Stimmzettel im Wahlraum zu treffen und für die Bereitstellung einer Wahlurne oder mehrerer Wahlurnen zu sorgen. ²Die Wahlurne muss vom Wahlvorstand verschlossen und so eingerichtet sein, dass die eingeworfenen Wahlumschläge nicht herausgenommen werden können, ohne dass die Urne geöffnet wird.

(2) Während der Wahl müssen immer mindestens zwei stimmberechtigte Mitglieder des Wahlvorstands im Wahlraum anwesend sein; sind Wahlhelferinnen oder Wahlhelfer bestellt (§ 1 Abs. 2), so genügt die Anwesenheit eines stimmberechtigten Mitglieds des Wahlvorstands und einer Wahlhelferin oder eines Wahlhelfers.

(3) Die Wählerin oder der Wähler gibt ihren oder seinen Namen an und wirft den Wahlumschlag, in den der Stimmzettel eingelegt ist, in die Wahlurne ein, nachdem die Stimmabgabe in der Wählerliste vermerkt worden ist.

(4) ¹Wer infolge seiner Behinderung bei der Stimmabgabe beeinträchtigt ist, kann eine Person seines Vertrauens bestimmen, die ihm bei der Stimmabgabe behilflich sein soll, und teilt dies dem Wahlvorstand mit. ²Wahlbewerberinnen oder Wahlbewerber, Mitglieder des Wahlvorstands sowie Wahlhelferinnen und Wahlhelfer dürfen nicht zur Hilfeleistung herangezogen werden. ³Die Hilfeleistung beschränkt sich auf die Erfüllung der Wünsche der Wählerin oder des Wählers zur Stimmabgabe; die Person des Vertrauens darf gemeinsam mit der Wählerin oder dem Wähler die Wahlzelle aufsuchen. ⁴Sie ist zur Geheimhaltung der Kenntnisse verpflichtet, die sie bei der Hilfeleistung zur Stimmabgabe erlangt hat. ⁵Die Sätze 1 bis 4 gelten entsprechend für des Lesens unkundige Wählerinnen und Wähler.

(5) ¹Nach Abschluss der Stimmabgabe ist die Wahlurne zu versiegeln, wenn die Stimmenzählung nicht unmittelbar nach Beendigung der Wahl durchgeführt wird. ²Gleiches gilt, wenn die Stimmabgabe unterbrochen wird, insbesondere wenn sie an mehreren Tagen erfolgt.

Erläuterung

1   Die Vorschrift will sicherstellen, dass durch den Wahlvorgang nicht die **Geheimhaltung der Stimmabgabe** gefährdet wird. Der Grundsatz der Geheimhaltung der Wahl ist in aller Strenge durchzuführen.

2   Der Wahlvorstand hat **geeignete Vorkehrungen für die unbeobachtete Bezeichnung der Stimmzettel im Wahlraum** zu treffen (Abs. 1 Satz 1). Zu diesem Zweck sind Wahlkabinen aufzustellen, die dem Wähler ermöglichen, den Stimmzettel unbeobachtet zu kennzeichnen.

Die Wahl braucht nicht für alle Arbeitnehmer im **gleichen Raum** stattfinden. Es 3
müssen aber während der Wahl immer zwei Mitglieder des Wahlvorstands oder ein
Mitglied und ein Wahlhelfer anwesend sein (Abs. 2).

Der Wahlvorstand muss für die Bereitstellung der **Wahlurnen** sorgen, in die der Wahl- 4
umschlag mit dem Stimmzettel einzuwerfen ist. Die Wahlurne muss vom Wahlvorstand
verschlossen und so eingerichtet sein, dass die eingeworfenen Wahlumschläge nicht
herausgenommen werden können, ohne dass die Urne geöffnet wird (Abs. 1 Satz 2). Die
Wahlurnen dürfen während des Wahlgangs nicht unbeaufsichtigt bleiben (vgl. LAG
Hamm 1. 8. 1952, BB 1953, 234). Vor allem dürfen sie nicht während des Wahlvorgangs geöffnet werden, um mit der Stimmenauszählung vorzeitig zu beginnen (vgl. ArbG
Bochum 15. 6. 1972, DB 1972, 1730).

Nach Abschluss der Stimmabgabe ist die Wahlurne zu versiegeln, wenn die Stimmen- 5
zählung nicht unmittelbar nach Beendigung der Wahl durchgeführt wird (Abs. 5). Aber
auch wenn die Wahlhandlung unterbrochen wird, weil die Stimmabgabe sich über
mehrere Tage erstreckt, sind die Wahlurnen zu versiegeln (vgl. § 16 Abs. 5 BPersVWO;
ebenso *Fitting*, § 12 Rn. 14; GK-*Kreutz*, § 12 Rn. 7; GL-*Marienhagen*, § 12 Rn. 3;
DKK-*Schneider*, § 12 Rn. 3). Die Versiegelung braucht nicht unbedingt mit Siegellack
oder Metallplombe zu erfolgen. Es genügt, wenn sichergestellt ist, dass die Wahlurne
nicht ohne erkennbare Verletzung des Verschlusses geöffnet werden kann (ebenso
Fitting, § 12 Rn. 15; DKK-*Schneider*, § 12 Rn. 8). Dies ist allerdings nicht gewährleistet,
wenn lediglich der Einwurfschlitz mit einem Klebeband abgedeckt wird (für ein Textilklebeband LAG Brandenburg 27. 11. 1998 NZA-RR 1999, 418; a. A. für andere
Klebebänder GK-*Kreutz*, § 12 Rn. 7). Werden die Wahlurnen nicht versiegelt, obwohl
die Voraussetzungen des Abs. 5 vorliegen, kann dies die Nichtigkeit der Wahl zur Folge
haben (LAG Köln 16. 9. 1987, LAGE 519 BetrVG 1972 Nr. 5).

Jeder Wähler gibt seine Stimme in der Weise ab, dass er den **Stimmzettel unbeobachtet** 6
persönlich kennzeichnet und in dem **Wahlumschlag verschließt**. Bei der Ausfüllung des
Stimmzettels darf **nicht von einem Dritten Hilfe geleistet** werden. Das gilt auch, wenn es
sich um einen ausländischen Arbeitnehmer handelt, der Sprachschwierigkeiten hat (vgl.
ArbG Bremen 19. 7. 1972, DB 1972, 1831; JHR-*Merten*, BetrVerfR, Kap. 3 Rn. 96).
Den Bedürfnissen ausländischer Arbeitnehmer, die der deutschen Sprache nicht mächtig
sind, wird allein durch die Unterrichtung durch den Wahlvorstand gemäß § 2 Abs. 5
Rechnung getragen (s. dazu § 2 Rn. 21). Die WO 2001 enthält mit Abs. 4 erstmals eine
Vorschrift, durch die sicher gestellt werden soll, dass auch **behinderte Menschen** ihr
Wahlrecht ausüben können. Für Personalratswahlen existiert eine ähnliche Vorschrift
bereits seit längerem in § 16 Abs. 2 BPersVWO, der bislang bei der Betriebsratswahl
entsprechend herangezogen wurde; Abs. 4 hat somit letztlich deklaratorischen Charakter.
Voraussetzung ist, dass der Wahlberechtigte infolge seiner Behinderung in der Stimmabgabe beeinträchtigt ist (Abs. 4 Satz 1). Dies ist z. B. bei einer Amputation der Hände
oder bei Blindheit anzunehmen, nicht dagegen bei einer Gehbehinderung. Nicht erforderlich erscheint eine dauerhafte Behinderung; nach Sinn und Zweck der Vorschrift reicht es
aus, wenn der Wahlberechtigte durch eine vorübergehende Verletzung zum Zeitpunkt der
Wahl in der Stimmabgabe beeinträchtigt ist (z. B. Fraktur beider Arme). Gleiches gilt nach
Abs. 4 Satz 5 für des Lesens unkundige Wähler. Es ist vorgesehen, dass sich der Wahlberechtigte bei Vorliegen der genannten Voraussetzungen einer Vertrauensperson bedienen kann, um den Stimmzettel zu kennzeichnen. Zu diesem Zweck darf die Vertrauensperson gemeinsam mit dem Wahlbewerber die Wahlzelle aufsuchen (Abs. 4 Satz 3 Halbsatz 2). Ob die Voraussetzungen dafür gegeben sind, dass ein Wähler die Hilfeleistung
einer Person seines Vertrauens in Anspruch nehmen kann, entscheidet der Wahlvorstand.
Der Wahlberechtigte muss daher dem Wahlvorstand mitteilen, welche Vertrauensperson
er ausgewählt hat (Abs. 4 Satz 1). Wahlbewerber, Mitglieder des Wahlvorstands und
Wahlhelfer dürfen nicht zur Hilfeleistung herangezogen werden (Abs. 4 Satz 2). Die
Hilfeleistung hat sich auf die Erfüllung der Wünsche des Wählers zur Stimmabgabe zu

beschränken (Abs. 4 Satz 3 Halbsatz 1). Um den Grundsatz der geheimen Wahl zu gewährleisten, verpflichtet Abs. 4 Satz 4 die Vertrauensperson zur Geheimhaltung der Kenntnisse, die sie bei der Hilfeleistung zur Stimmabgabe erlangt hat.

7   Hat der **Wähler** den Stimmzettel gekennzeichnet und in dem Wahlumschlag verschlossen, so **händigt** er den **Wahlumschlag**, in dem der Stimmzettel eingelegt ist, **persönlich dem mit der Entgegennahme der Wahlumschläge betrauten stimmberechtigten Mitglied des Wahlvorstands,** nicht dem Wahlhelfer aus, und zwar ausschließlich im Wahllokal. Eine Ausnahme gilt nur für die schriftliche Stimmabgabe nach §§ 24 ff. Der Wähler hat bei Aushändigung des Wahlumschlags seinen Namen anzugeben. In der Wählerliste ist sodann die Stimmabgabe zu vermerken, wobei der Vermerk auch durch einen Wahlhelfer erfolgen kann. Erst nachdem die Stimmabgabe in der Wählerliste vermerkt worden ist, ist der Wahlumschlag durch das Mitglied des Wahlvorstands in Gegenwart des Wählers in die Wahlurne einzuwerfen. Die Gegenwart des Wählers ist eine wesentliche Verfahrensvoraussetzung. Stimmt die Zahl der in der Wählerliste erfolgten Vermerke nicht mit der Zahl der Stimmzettel überein, so steht damit fest, dass gegen Abs. 3 verstoßen worden ist; entweder haben Wähler mehrfach einen Wahlumschlag abgegeben, oder es sind bei der Stimmauszählung nicht alle abgegebenen Stimmen berücksichtigt worden. Eine Wahlanfechtung ist begründet (vgl. LAG Hamm 7. 7. 1976, EzA § 19 BetrVG 1972 Nr. 9).

8   Der **Abschluss der Stimmabgabe** ergibt sich aus der im Wahlausschreiben festgelegten Zeit der Stimmabgabe (§ 3 Abs. 2 Nr. 11). Nach diesem Zeitpunkt darf der Wahlvorstand keine Stimmabgabe mehr entgegennehmen, sondern die Wahlurne ist zu versiegeln, wenn die Stimmenzählung nicht unmittelbar danach durchgeführt wird (Abs. 5; s. auch Rn. 5). Der Abschluss der Stimmabgabe kann bereits vor dem im Wahlausschreiben genannten Zeitpunkt eintreten, wenn alle in der Wählerliste eingetragenen wahlberechtigten Arbeitnehmer ihre Stimme abgegeben haben.

9   Die Sicherstellung der geheimen Stimmabgabe, die Anwesenheit zweier stimmberechtigter Mitglieder des Wahlvorstands oder eines stimmberechtigten Mitglieds und eines Wahlhelfers, die Beachtung der Vorschriften bei der Durchführung der Stimmabgabe und die Regelung über die Versiegelung der Wahlurnen bei Unterbrechung der Wahlhandlung bzw. Abschluss der Stimmabgabe sind **wesentliche Verfahrensbestimmungen i. S. des § 19 BetrVG** (vgl. auch LAG München 10. 3. 2008 – 6 TaBV 87/07, juris; LAG Baden-Württemberg 1. 8. 2007 LAGE § 19 BetrVG 2001 Nr. 3; LAG Hamm 20. 5. 2005, 10 TaBV 94/04, juris und ArbG Bochum 15. 6. 1972, DB 1972, 1730, das bei Öffnen der Wahlurne vor Abschluss der Wahl, um mit der Stimmenauszählung zu beginnen, Nichtigkeit der Betriebsratswahl annimmt).

§ 13 Öffentliche Stimmauszählung

Unverzüglich nach Abschluss der Wahl nimmt der Wahlvorstand öffentlich die Auszählung der Stimmen vor und gibt das aufgrund der Auszählung sich ergebende Wahlergebnis bekannt.

Erläuterung

1   Der Wahlvorstand nimmt unverzüglich **nach Abschluss der Wahl** die **Auszählung der Stimmen** vor. Wie das geschieht, regelt § 14. Nach § 15 ermittelt er, welche Arbeitnehmer als Betriebsratsmitglieder gewählt sind, wobei sichergestellt werden muss, dass dem Geschlecht in der Minderheit die ihm zustehenden Mindestsitze zugesprochen werden (§ 15 Abs. 5). Sodann benachrichtigt der Wahlvorstand die als Betriebsratsmitglieder gewählten Arbeitnehmer (§ 17). Sobald die Namen der Betriebsratsmitglieder endgültig feststehen, gibt der Wahlvorstand das Wahlergebnis bekannt (§ 18).

Die Stimmenauszählung erfolgt unverzüglich, d. h. ohne schuldhaftes Zögern, nach 2
Abschluss der Wahl; die in § 13 WO 1953 enthaltene Bestimmung, dass dies spätestens
am dritten Arbeitstag zu geschehen habe, ist weggefallen.

Die Stimmenauszählung erfolgt öffentlich. Öffentlich ist hier im Sinne der **Zugänglich-** 3
keit für alle Betriebsangehörigen (Betriebsöffentlichkeit) zu verstehen, verlangt aber nicht,
dass alle Arbeitnehmer gleichzeitig anwesend sein können. Reicht der vorhandene Raum
dazu nicht aus, so ist das unschädlich, und es kann weiteren Personen der Zutritt versagt
werden (ebenso BAG 15. 11. 2000, NZA 2001, 853; LAG Hamm 29. 9. 1961, DB 1961,
1491; *Fitting,* § 13 Rn. 4; DKK-*Schneider,* § 13 Rn. 5; zur Auszählung der Stimmen mit
Hilfe einer EDV-Anlage s. § 14 Rn. 3). Zur Betriebsöffentlichkeit gehören auch die im
Betrieb vertretenen Gewerkschaften (BAG 16. 4. 2003 AP BetrVG 1972 § 20 Nr. 21;
ebenso *Fitting,* § 18 BetrVG Rn. 23, § 13 WO Rn. 4; GK-*Kreutz,* § 18 BetrVG Rn. 33;
DKK-*Schneider,* § 13 Rn. 6; HSWGNR-*Nicolai,* § 18 BetrVG Rn. 23). Das Öffentlich-
keitsprinzip wird verletzt, wenn der Wahlvorstand es unterlässt, Ort und Zeit der Stimm-
auszählung vorher öffentlich bekannt zu machen (BAG 15. 11. 2000, NZA 2001, 853);
dies muss nunmehr gemäß § 3 Abs. 2 Nr. 13 im Wahlausschreiben erfolgen (s. § 3
Rn. 16). Wird zu einem früheren Zeitpunkt, als im Wahlausschreiben mitgeteilt, die
Wahlversammlung beendet und mit der Stimmenauszählung begonnen, stellt dies einen
Verstoß gegen das Gebot der Betriebsöffentlichkeit dar, der jedoch jedenfalls nicht zur
Nichtigkeit der Betriebsratswahl, wenn nicht ersichtlich ist, dass sich wahlberechtigte
Arbeitnehmer noch an der Betriebsratswahl beteiligen wollen (LAG Düsseldorf 19. 12.
2008 – 9 TaBV 165/08, juris; vgl. auch LAG München 10. 3. 2008 – 6 TaBV 87/07, juris).

Nicht erst die Auszählung der Stimmen, sondern bereits die **Öffnung der Wahlurnen** 4
hat **öffentlich** zu erfolgen (ebenso ArbG Bochum 15. 6. 1972, DB 1972, 1730; *Fitting,*
§ 13 Rn. 5; GL-*Marienhagen,* § 13 Rn. 2; DKK-*Schneider,* § 13 Rn. 8). Darüber hinaus
muss die **gesamte Ermittlung des Wahlergebnisses,** also nicht nur die Stimmenauszählung, sondern auch die sich daraus ergebende Verteilung der Sitze auf die Vorschlagslisten und die Feststellung, wer als Betriebsratsmitglied gewählt ist, in einer öffentlichen
Sitzung des Wahlvorstands erfolgen (ebenso ArbG Bochum 20. 6. 1975, DB 1975,
1898; *Fitting,* § 18 BetrVG Rn. 21, § 13 WO Rn. 5; HSWGNR-*Nicolai,* § 18 BetrVG
Rn. 22; DKK-*Schneider,* § 13 Rn. 8). Auch die Feststellung der Wahlniederschrift nach
§ 16 hat der Wahlvorstand in einer öffentlichen Sitzung zu treffen (ebenso ArbG
Bochum, a. a. O.; *Fitting,* a. a. O.; a. A. DKK-*Schneider,* § 13 Rn. 8).

Ein **Verstoß gegen das Gebot der Betriebsöffentlichkeit** bei der Stimmenauszählung ist 5
ein erheblicher Verstoß gegen **wesentliche Vorschriften über das Wahlverfahren** i. S. des
§ 19 BetrVG und kann unter besonderen Umständen sogar die Nichtigkeit einer Betriebsratswahl begründen (vgl. ArbG Bochum 15. 6. 1972, DB 1972, 1730).

§ 14 Verfahren bei der Stimmauszählung

(1) ¹Nach Öffnung der Wahlurne entnimmt der Wahlvorstand die Stimmzettel den
Wahlumschlägen und zählt die auf jede Vorschlagsliste entfallenden Stimmen zusammen.
²Dabei ist die Gültigkeit der Stimmzettel zu prüfen.

(2) Befinden sich in einem Wahlumschlag mehrere gekennzeichnete Stimmzettel (§ 11
Abs. 3), so werden sie, wenn sie vollständig übereinstimmen, nur einfach gezählt,
andernfalls als ungültig angesehen.

Erläuterung

Die **Öffnung der Wahlurnen** und die **Zählung der Stimmen** erfolgt durch den **Wahl-** 1
vorstand in einer Sitzung, nicht durch ein Mitglied oder den Vorsitzenden allein. Bereits

die Öffnung der Wahlurnen, nicht erst die Auszählung der Stimmen erfolgt öffentlich (s. § 13 Rn. 4).

2   Die Öffnung der Wahlurnen erfolgt durch Entnahme der Wahlumschläge. Da der Wahlvorstand sich von der Ordnungsmäßigkeit des Verschlusses überzeugen muss, hat in der Sitzung des Wahlvorstands ein (stimmberechtigtes) Mitglied, nicht ein Wahlhelfer, die Wahlumschläge der Wahlurne zu entnehmen (ebenso GK-*Kreutz*, § 14 Rn. 2; GL-*Marienhagen*, § 14 Rn. 1; DKK-*Schneider*, § 14 Rn. 1). Der Wahlvorstand kann aber die Wahlhelfer damit beauftragen, die Stimmzettel den Wahlumschlägen zu entnehmen und die auf jede Vorschlagsliste entfallenden Stimmen zusammenzuzählen, soweit es um die rein rechnerische Aufgabe geht. Über die Gültigkeit der Stimmzettel entscheidet der Wahlvorstand durch Beschluss. Die Entscheidung kann in einer getrennten Sitzung erfolgen; diese muss aber ebenfalls öffentlich sein (s. § 13 Rn. 4).

3   Die **Benutzung einer Datenverarbeitungsanlage zur Auszählung der Stimmen** ist zulässig (ebenso ArbG Bremen 19. 7. 1972, DB 1972, 1830; LAG Hamm 26. 2. 1976, BB 1978, 358; LAG Berlin 16. 11. 1987, DB 1988, 504; *Fitting*, § 14 Rn. 2; GL-*Marienhagen*, § 14 Rn. 1; DKK-*Schneider*, § 14 Rn. 4). Wird die Stimmenauszählung aus technischen Gründen in die frühen Morgenstunden verlegt, weil anderenfalls die EDV-Anlage nicht zur Verfügung steht, so liegt darin auch kein Verstoß gegen das Gebot der öffentlichen Stimmenauszählung, wenn der Betrieb zur fraglichen Zeit noch nicht mit öffentlichen Verkehrsmitteln zu erreichen ist (so jedenfalls LAG Hamm, BB 1978, 358 f.). Ein Verstoß ist aber anzunehmen, wenn die Stimmenauszählung im Rechenzentrum stattfindet und interessierte Beobachter nur auf Klingelzeichen Einlass finden (vgl. LAG Berlin 16. 11. 1987, DB 1988, 504 f.).

4   Befinden sich in einem Wahlumschlag **mehrere gekennzeichnete Stimmzettel** (§ 11 Abs. 3), so werden sie, wenn sie vollständig übereinstimmen, nur einfach gezählt, anderenfalls als ungültig angesehen. Leere Stimmzettel neben einem angekreuzten werden nicht berücksichtigt.

§ 15 Verteilung der Betriebsratssitze auf die Vorschlagslisten

(1) ¹Die Betriebsratssitze werden auf die Vorschlagslisten verteilt. ²Dazu werden die den einzelnen Vorschlagslisten zugefallenen Stimmenzahlen in einer Reihe nebeneinander gestellt und sämtlich durch 1, 2, 3, 4 usw. geteilt. ³Die ermittelten Teilzahlen sind nacheinander reihenweise unter den Zahlen der ersten Reihe aufzuführen, bis höhere Teilzahlen für die Zuweisung der zu verteilenden Sitze nicht mehr in Betracht kommen.

(2) ¹Unter den so gefundenen Teilzahlen werden so viele Höchstzahlen ausgesondert und der Größe nach geordnet, wie Betriebsratsmitglieder zu wählen sind. ²Jede Vorschlagsliste erhält so viele Mitgliedersitze zugeteilt, wie Höchstzahlen auf sie entfallen. ³Entfällt die niedrigste in Betracht kommende Höchstzahl auf mehrere Vorschlagslisten zugleich, so entscheidet das Los darüber, welcher Vorschlagsliste dieser Sitz zufällt.

(3) Wenn eine Vorschlagsliste weniger Bewerberinnen oder Bewerber enthält, als Höchstzahlen auf sie entfallen, so gehen die überschüssigen Mitgliedersitze auf die folgenden Höchstzahlen der anderen Vorschlagslisten über.

(4) Die Reihenfolge der Bewerberinnen oder Bewerber innerhalb der einzelnen Vorschlagslisten bestimmt sich nach der Reihenfolge ihrer Benennung.

(5) Befindet sich unter den auf die Vorschlagslisten entfallenden Höchstzahlen nicht die erforderliche Mindestzahl von Angehörigen des Geschlechts in der Minderheit nach § 15 Abs. 2 des Gesetzes, so gilt Folgendes:
1. An die Stelle der auf der Vorschlagsliste mit der niedrigsten Höchstzahl benannten Person, die nicht dem Geschlecht in der Minderheit angehört, tritt die in derselben

Vorschlagsliste in der Reihenfolge nach ihr benannte, nicht berücksichtigte Person des Geschlechts in der Minderheit.
2. Enthält diese Vorschlagsliste keine Person des Geschlechts in der Minderheit, so geht dieser Sitz auf die Vorschlagsliste mit der folgenden, noch nicht berücksichtigten Höchstzahl und mit Angehörigen des Geschlechts in der Minderheit über. Entfällt die folgende Höchstzahl auf mehrere Vorschlagslisten zugleich, so entscheidet das Los darüber, welcher Vorschlagsliste dieser Sitz zufällt.
3. Das Verfahren nach den Nummern 1 und 2 ist solange fortzusetzen, bis der Mindestanteil der Sitze des Geschlechts in der Minderheit nach § 15 Abs. 2 des Gesetzes erreicht ist.
4. Bei der Verteilung der Sitze des Geschlechts in der Minderheit sind auf den einzelnen Vorschlagslisten nur die Angehörigen dieses Geschlechts in der Reihenfolge ihrer Benennung zu berücksichtigen.
5. Verfügt keine andere Vorschlagsliste über Angehörige des Geschlechts in der Minderheit, verbleibt der Sitz bei der Vorschlagsliste, die zuletzt ihren Sitz zu Gunsten des Geschlechts in der Minderheit nach Nummer 1 hätte abgeben müssen.

I. Vorbemerkung

Die Vorschrift enthält **technische Ausführungsregelungen** für die Bestimmung der 1
gewählten Betriebsratsmitglieder. Das BetrVerf-ReformG, das am 28. 7. 2001 in Kraft getreten ist (BGBl. I, S. 1852), hat das Gruppenprinzip zwischen Arbeitern und Angestellten abgeschafft. An seine Stelle hat es in § 15 Abs. 2 BetrVG erstmals einen zwingenden Geschlechterproporz gestellt. Wenn der Betriebsrat aus mindestens drei Mitgliedern besteht, muss das Geschlecht in der Minderheit in diesem mindestens entsprechend seinem zahlenmäßigen Verhältnis vertreten sein (zur Verfassungsmäßigkeit ArbG Bonn 16. 10. 2002, AuR 2003, 76). Um die zwingende Mindestquote für das Geschlecht in der Minderheit umzusetzen, ist § 15 durch die VO vom 11. 12. 2001 (BGBl. I, S. 3494) weitreichend geändert worden. Der Verordnungsgeber hat sich entgegen anders lautender Vorschläge in der Literatur (*Däubler*, DB 2001, 1669, 1672) für ein **zweistufiges Verfahren** entschieden: In einem ersten Durchlauf sind nach dem Höchstzahlenprinzip, angewandt einheitlich für Männer und Frauen, die auf jede Liste entfallenden Sitze zu ermitteln (Abs. 1 bis 4). Ist nach dieser Berechnung das Geschlecht in der Minderheit nicht seinem Belegschaftsanteil entsprechend im Betriebsrat vertreten, sind die Gewählten nach Abs. 5 in einem zweiten Ansatz neu zu ermitteln. Die Notwendigkeit mehrfach abgestufter Rechenoperationen stellt erhebliche Anforderungen an den Wahlvorstand und birgt neben praktischen Schwierigkeiten erhebliches Fehlerpotential. Die Folge dürfte eine erhöhte Zahl von Wahlanfechtungen sein (zu den verfassungsrechtlichen Bedenken gegen den zwingenden Geschlechterproporz s. § 15 BetrVG Rn. 4).

II. Verteilung der Betriebsratssitze auf die Vorschlagslisten

Die Zuteilung der Betriebsratssitze erfolgt nach dem **d'Hondt'schen System**. Nach 2
diesem System werden die für jede Liste abgegebenen Stimmzahlen durch 1, 2, 3, 4 usw. geteilt, bis höhere Teilzahlen für die Zuweisung der zu verteilenden Sitze nicht mehr in Betracht kommen (Abs. 1 Satz 1 und 2). Auf jede danach sich jeweils ergebende höchste Zahl (sog. *Höchstzahl*) entfällt ein Sitz (Abs. 2 Satz 1). Ist nur noch ein Sitz zu vergeben und kommt die nächste Höchstzahl bei mehreren Listen in Betracht, so entscheidet das Los, welcher Liste der letzte Sitz zugeteilt wird (Abs. 2 Satz 2).

Steht fest, wie viele Betriebsratssitze auf eine Liste entfallen, so sind die Sitze auf die 3
Bewerber in der Reihenfolge ihrer Benennung auf dem Wahlvorschlag zu verteilen

(Abs. 4). Lehnt ein auf der Liste genannter Kandidat die Annahme der Wahl ab, so tritt der auf ihr nächst Genannte an seine Stelle. Enthält eine Liste weniger Bewerber, als Höchstzahlen auf sie entfallen, oder lehnen soviel Kandidaten die Wahl ab, so werden die nicht besetzten Höchstzahlen dieser Liste nicht berücksichtigt; es sind die Kandidaten anderer Listen, auf welche die nächstgrößten Höchstzahlen entfallen, gewählt (Abs. 3). Ist nach dieser Berechnung das Geschlecht in der Minderheit mindestens entsprechend seinem Anteil an der Belegschaft im Betriebsrat vertreten (zur Bestimmung der Anzahl der Mindestsitze s. § 5 Rn. 3 f.), bleibt es dabei; dem Erfordernis des § 15 Abs. 2 BetrVG ist Rechnung getragen.

III. Sicherstellung des Geschlechterproporzes

4   Erhält das Geschlecht in der Minderheit nach dem Verfahren gemäß Abs. 1 bis 4 nicht die ihm zustehenden Mindestsitze, sind die Gewählten in einem **zweiten Ansatz** nach Abs. 5 **neu zu ermitteln.** An die Stelle des auf der Vorschlagsliste genannten Bewerbers mit der niedrigsten Höchstzahl, der nicht dem Geschlecht in der Minderheit angehört, tritt der in derselben Vorschlagsliste in der Reihenfolge nach ihm benannte, nicht berücksichtigte Bewerber des Geschlechts in der Minderheit (Abs. 5 Nr. 1; s. auch ArbG Bonn 16. 10. 2002, AuR 2003, 76). Enthält diese Vorschlagsliste keinen Bewerber des Geschlechts in der Minderheit, so geht dieser Sitz auf die Vorschlagsliste mit der folgenden, noch nicht berücksichtigten Höchstzahl und mit Bewerbern des Geschlechts in der Minderheit über. Entfällt die folgende Höchstzahl auf mehrere Vorschlagslisten zugleich, so entscheidet das Los darüber, welcher Vorschlagsliste dieser Sitz zufällt (Abs. 5 Nr. 2). Das Überwechseln von einer auf die andere Wählerliste bedingt notwendig eine den Wählerwillen verfälschende Zusammensetzung des Betriebsrats; dies ist jedoch, sofern man eine zwingenden Geschlechterproporz rechtspolitisch für richtig hält, als zwangsläufige Folge eines solchen hinzunehmen.

5   Das mittels Abs. 5 erzielte Ergebnis ist auch deswegen sinnwidrig, weil es diejenigen Listen bevorzugt, die das Geschlecht in der Minderheit möglichst weit unten platziert (s. auch GK-*Kreutz*, § 15 Rn. 10). Nur solche Listen verhindern, dass ihnen nicht Sitze durch übergreifen auf andere Listen verloren gehen. Dies wird durch das folgende Beispiel, das einen kompletten Fall durchrechnet, verdeutlicht: Ein Betrieb hat 2000 Arbeitnehmer (= 17 Betriebsratmitglieder, § 9 BetrVG), davon 55% Männer und 45% Frauen. Bei der Wahl hat die Liste I 800, die Liste II 200, die Liste III 550 und die Liste IV 310 Stimmen erhalten. Die Verteilung der Sitze zwischen Männern und Frauen erfolgt nach dem Höchstzahlenprinzip: Danach muss es mindestens 8 Sitze für weibliche Arbeitnehmer geben (s. § 5 Rn. 4). Diese Zahl im Hinterkopf, wird zunächst einheitlich durchgerechnet, ohne die Listen zu trennen:

: 1	800	*(1)*	200	*(8)*	550	*(2)*	310	*(4)*
: 2	400	*(3)*	100	*(17)*	275	*(5)*	155	*(11)*
: 3	266	*(6)*	66		183	*(9)*	103	*(16)*
: 4	200	*(7)*	50		137,5	*(12)*	77,5	
: 5	160	*(10)*	40		110	*(15)*	62	
: 6	133	*(13)*	33		91		51	
: 7	114,29	*(14)*	28,57		78,57		44,285	
: 8	100	*(17)*	25		68,75		38,75	

Es entfällt der

1. Sitz auf Liste   I   für   800
2. Sitz auf Liste   III   für   550

3. Sitz auf Liste	I	für	400
4. Sitz auf Liste	IV	für	310
5. Sitz auf Liste	III	für	275
6. Sitz auf Liste	I	für	266
7. Sitz auf Liste	I	für	200 (wäre dies der letzte Sitz, müsste gelost werden)
8. Sitz auf Liste	II	für	200
9. Sitz auf Liste	III	für	183
10. Sitz auf Liste	I	für	160
11. Sitz auf Liste	IV	für	155
12. Sitz auf Liste	III	für	137,5
13. Sitz auf Liste	I	für	133
14. Sitz auf Liste	I	für	114,29
15. Sitz auf Liste	III	für	110
16. Sitz auf Liste	IV	für	103
17. Sitz auf Liste	II	für	100 oder I für 100, *je nach Los*

Es entfallen also auf Liste I 7 oder 8 Sitze, auf Liste II 1 Sitz oder 2 Sitze, auf Liste III 5 Sitze und auf Liste IV 3 Sitze. Die auf die einzelnen Listen entfallenden Sitze werden auf die Bewerber in der Reihenfolge ihrer Benennung auf dem Wahlvorschlag verteilt. Sind unter den hiernach 17 Gewählten 8 Frauen, dann bleibt es dabei. **5a**

Ist dem nicht so, so ist in einem zweiten Schritt der Mann mit der niedrigsten Höchstzahl durch diejenige Frau, die hinter ihm auf derselben Liste steht, zu ersetzen. Steht da keine Frau mehr, dann geht der Sitz auf die nächste Liste mit der höchsten nicht berücksichtigten Höchstzahl über, auf der sich eine Frau befindet. Fällt etwa das Los auf die erste Liste und sind die Ersten sieben Listenplätze von Frauen besetzt und alle späteren von Männern, dann würde die Liste den achten Platz verlieren. Wären demgegenüber alle oberen Listenplätze von Männern besetzt und nur der achte von einer Frau, dann würde die Liste 8 Betriebsratsmitglieder stellen. **6**

Die Konsequenz, dass bei Listen, die nicht die geschlechtermäßige Verteilung in der Belegschaft widerspiegeln, die Reihenfolge der Listenplätze nicht notwendig über die Mitgliedschaft im Betriebsrat entscheidet, liegt in der Natur der Quote. Eine solche verlangt, dass Angehörige des Geschlechts in der Minderheit „hochgeholt" werden. Dass das Ergebnis der einheitlichen und der getrennten Zählung durchaus abweichend ausfallen kann, liegt in der Natur des Höchstzahlenverfahrens. Diese Unsicherheit – die sonst ähnlich beim Hare-Niemeyer-Verfahren (reines Proportionalverfahren) durch Rundungen entstehen kann – ist jedoch hinzunehmen, wie dies auch im Staatsrecht hinzunehmen ist (s. BVerfG 22. 5. 1963 E 16, 130, 144). Sie wird allerdings verstärkt, wenn zusätzlich noch ein Quorum von Beamtenvertretern im Betriebsrat vertreten sein muss (s. § 14 BetrVG Rn. 66 ff. zu den Besonderheiten bei privatisierten Unternehmen der Post). **7**

Das Verfahren nach Abs. 5 Nr. 1 und Nr. 2 ist solange fortzusetzen, bis der Mindestanteil der Sitze des Geschlechts in der Minderheit erreicht ist (Abs. 5 Nr. 3). Wenn keine andere Vorschlagsliste mehr über Bewerber des Geschlechts in der Minderheit verfügt, bleibt der Sitz bei der Vorschlagsliste, die zuletzt ihren Sitz nach Abs. 5 Nr. 1 zu Gunsten des Geschlechts in der Minderheit hätte abgeben müssen (Abs. 5 Nr. 5). Dadurch wird sicher gestellt, dass die in § 9 BetrVG festgelegte Größe des Betriebsrats beibehalten wird. **8**

Wenn nach einer Betriebsratswahl zur ausreichenden Berücksichtigung von Kandidaten des Geschlechts in der Minderheit i. S. d. § 15 Abs. 2 BetrVG mehrere Bewerber des Mehrheitsgeschlechts nach § 15 Abs. 5 Nr. 1 bis 3 WO ihren Sitz mit der Folge abgeben, dass alle Bewerber des Minderheitsgeschlechts einen Sitz erhalten haben, so ist im Fall der Verhinderung oder des Ausscheidens eines Betriebsratsmitgliedes des Minderheitsgeschlechts i. S. d. § 15 Abs. 1 Satz 2 BetrVG für die Ermittlung des nachrückenden **9**

Ersatzmitgliedes wie folgt zu verfahren: Unabhängig davon, ob der Bewerbertausch innerhalb einer Liste (§ 15 Abs. 5 Nr. 1 WO) oder listenübergreifend § 15 Abs. 5 Nr. 2 WO stattgefunden hat, ist der jeweils letzte Bewerbertausch rückgängig zu machen (LAG Nürnberg 13. 5. 2004 AP BetrVG 1972 § 15 Nr. 2).

§ 16 Wahlniederschrift

(1) Nachdem ermittelt ist, welche Arbeitnehmerinnen und Arbeitnehmer als Betriebsratsmitglieder gewählt sind, hat der Wahlvorstand in einer Niederschrift festzustellen:
1. die Gesamtzahl der abgegebenen Wahlumschläge und die Zahl der abgegebenen gültigen Stimmen;
2. die jeder Liste zugefallenen Stimmenzahlen;
3. die berechneten Höchstzahlen;
4. die Verteilung der berechneten Höchstzahlen auf die Listen;
5. die Zahl der ungültigen Stimmen;
6. die Namen der in den Betriebsrat gewählten Bewerberinnen und Bewerber;
7. gegebenenfalls besondere während der Betriebsratswahl eingetretene Zwischenfälle oder sonstige Ereignisse.

(2) Die Niederschrift ist von der oder dem Vorsitzenden und von mindestens einem weiteren stimmberechtigten Mitglied des Wahlvorstands zu unterschreiben.

Erläuterung

1   Die Wahlniederschrift ist nicht mit der Niederschrift identisch, die über jede Sitzung des Wahlvorstands aufzunehmen ist (§ 1 Abs. 3 Satz 2 und 3; s. dort Rn. 16). Sie wird durch **Beschluss des Wahlvorstands** festgelegt. Die Feststellung hat der Wahlvorstand in einer öffentlichen Sitzung mit Stimmenmehrheit (§ 1 Abs. 3 Satz 1) zu treffen (s. auch § 13 Rn. 4).

2   Die Wahlniederschrift muss die in Abs. 1 genannten Feststellungen haben; sie ist vom Vorsitzenden und von mindestens einem weiteren Mitglied des Wahlvorstands zu unterschreiben (Abs. 2). Die Wahlniederschrift ist **keine Wirksamkeitsvoraussetzung für die Feststellung des Wahlergebnisses.** Erst mit der Bekanntmachung der Namen der endgültig gewählten Betriebsratsmitglieder beginnt die Frist für die Anfechtung der Betriebsratswahl (§ 19).

§ 17 Benachrichtigung der Gewählten

(1) [1]Der Wahlvorstand hat die als Betriebsratsmitglieder gewählten Arbeitnehmerinnen und Arbeitnehmer unverzüglich schriftlich von ihrer Wahl zu benachrichtigen. [2]Erklärt die gewählte Person nicht binnen drei Arbeitstagen nach Zugang der Benachrichtigung dem Wahlvorstand, dass sie die Wahl ablehne, so gilt die Wahl als angenommen.

(2) [1]Lehnt eine gewählte Person die Wahl ab, so tritt an ihre Stelle die in derselben Vorschlagsliste in der Reihenfolge nach ihr benannte, nicht gewählte Person. [2]Gehört die gewählte Person dem Geschlecht in der Minderheit an, so tritt an ihre Stelle die in derselben Vorschlagsliste in der Reihenfolge nach ihr benannte, nicht gewählte Person desselben Geschlechts, wenn ansonsten das Geschlecht in der Minderheit nicht die ihm nach § 15 Abs. 2 des Gesetzes zustehenden Mindestsitze erhält. [3]§ 15 Abs. 5 Nr. 2 bis 5 gilt entsprechend.

Erläuterung

Die **Benachrichtigung** hat unverzüglich, d.h. ohne schuldhaftes Zögern, nach der entsprechend § 15 getroffenen Feststellung zu erfolgen. Sie hat **keine materiell-rechtliche Bedeutung** (ebenso *Fitting*, § 17 Rn. 2). Der als Betriebsratsmitglied gewählte Arbeitnehmer erlangt sein Amt durch die Wahl – vorbehaltlich der Möglichkeit der Ablehnung. 1

Eine **Pflicht zur Annahme des Betriebsratsamtes** besteht **nicht**; sie wird auch nicht dadurch begründet, dass der Kandidat seine Zustimmung zur Aufnahme in den Wahlvorschlag gegeben hat (§ 6 Abs. 3 Satz 2). Die Regelung über die Annahme der Wahl ist lediglich eine Ordnungsvorschrift. Sie entfaltet nur bei der Wahl des aus einer Person bestehenden Betriebsrats materiell-rechtliche Wirkungen, weil bei Ablehnung der Wahl an die Stelle des Gewählten der nichtgewählte Bewerber mit der nächsthöchsten Stimmenzahl tritt (§ 34 Abs. 4 Satz 3), während bei Niederlegung des Betriebsratsamts das gewählte Ersatzmitglied nachrückt (§ 25 Abs. 1 BetrVG). 2

Der als Betriebsratsmitglied gewählte Arbeitnehmer kann die Wahl innerhalb von drei Arbeitstagen gegenüber dem Wahlvorstand ablehnen (Abs. 1 Satz 2). Die Frist beginnt mit dem Tag nach Zugang der schriftlichen Benachrichtigung (s. zum Begriff des Arbeitstags § 3 Rn. 11). Nach Ablauf der Frist kann die Wahl nicht mehr abgelehnt werden; sie gilt als angenommen. Das Betriebsratsmitglied kann aber jederzeit sein Betriebsratsamt niederlegen (s. § 24 BetrVG Rn. 8 ff.), auch wenn die Amtszeit noch nicht begonnen hat (ebenso *Fitting*, § 17 Rn. 4). Erfolgt keine Benachrichtigung durch den Wahlvorstand, so wird die hier vorgesehene Frist nicht in Lauf gesetzt. Gibt der Gewählte in diesem Fall keine Erklärung gegenüber dem Wahlvorstand ab, so gilt die Wahl erst als angenommen, wenn die Mitgliedschaft im Betriebsrat übernommen wird. 3

Lehnt ein Gewählter die Wahl ab, so wird er so behandelt, als ob er gar nicht auf der Vorschlagsliste gestanden hätte, an seine Stelle tritt der in derselben Vorschlagsliste in der Reihenfolge nach ihm benannte, nicht gewählte Bewerber (Abs. 2 Satz 1). Gehört der Gewählte dem Geschlecht in der Minderheit an, so tritt an seine Stelle der in derselben Vorschlagsliste in der Reihenfolge nach ihm benannte, nicht gewählte Bewerber desselben Geschlechts, wenn ansonsten das Geschlecht in der Minderheit nicht die ihm nach § 15 Abs. 2 BetrVG zustehenden Mindestsitze erhält (Abs. 2 Satz 2). Wenn die Liste keinen Bewerber des Geschlechts in der Minderheit aufweist, gilt § 15 Abs. 5 Nr. 2: Der Sitz geht auf die Vorschlagsliste mit der folgenden, noch nicht berücksichtigten Höchstzahl und Bewerbern des Geschlechts in der Minderheit über. So wird sicher gestellt, dass das Geschlecht in der Minderheit die gemäß § 15 Abs. 2 BetrVG ihm zustehenden Mindestsitze erhält (s. im Einzelnen § 15 Rn. 4 ff.). 4

Das **Eintreten eines neuen Wahlbewerbers** bei Ablehnung der Wahl ist in die Wahlniederschrift aufzunehmen (ebenso *Fitting*, § 17 Rn. 6; GK-*Kreutz*, § 17 Rn. 5; GL-*Marienhagen*, § 18 Rn. 2). Der Wahlvorstand hat ihn davon unverzüglich schriftlich zu benachrichtigen. Erklärt er nicht binnen drei Arbeitstagen nach Zugang der Benachrichtigung dem Wahlvorstand, dass er die Wahl ablehne, so gilt die Wahl als angenommen. 5

§ 18 Bekanntmachung der Gewählten

¹Sobald die Namen der Betriebsratsmitglieder endgültig feststehen, hat der Wahlvorstand sie durch zweiwöchigen Aushang in gleicher Weise bekannt zu machen wie das Wahlausschreiben (§ 3 Abs. 4). ²Je eine Abschrift der Wahlniederschrift (§ 16) ist dem Arbeitgeber und den im Betrieb vertretenen Gewerkschaften unverzüglich zu übersenden.

Erläuterung

1   Wenn die **Namen der Betriebsratsmitglieder endgültig feststehen,** liegt das **Wahlergebnis** fest. Die Namen der Betriebsratsmitglieder stehen endgültig fest, sobald alle Bewerber das Amt angenommen haben oder gegen sie die Ausschlussfrist von drei Arbeitstagen abgelaufen ist (§ 1 Abs. 1 Satz 2). Lehnt ein Gewählter die Wahl ab, so stehen die Namen der Betriebsratsmitglieder erst endgültig fest, wenn der an seine Stelle tretende Bewerber die Wahl angenommen hat oder die Wahl als angenommen gilt.

2   Der Wahlvorstand gibt das Wahlergebnis und die Namen der Betriebsratsmitglieder für einen **Zeitraum von zwei Wochen** in gleicher Weise bekannt wie das Wahlausschreiben (Satz 1), d. h. durch **Aushang** oder mittels der **im Betrieb vorhandenen Informations- und Kommunikationstechnik** (s. § 3 Rn. 18), je nach dem, für welche Art der Bekanntmachung sich der Wahlvorstand für das Wahlausschreiben entschieden hat. Ist das Wahlausschreiben an mehreren Stellen ausgehängt worden, so ist auch das Wahlergebnis an diesen Stellen bekannt zu machen. Hat der Wahlvorstand das Wahlausschreiben ausgehängt und ergänzend in elektronischer Form bekannt gemacht (§ 3 Abs. 4 Satz 3), muss das Wahlergebnis ebenfalls sowohl durch Aushang als auch in der für das Wahlausschreiben gewählten elektronischen Form bekannt gemacht werden. In diesem Fall können die Arbeitnehmer darauf vertrauen, auf jedem der beiden Wege stets aktuelle Informationen und Mitteilungen zur Wahl zu erhalten. Mit der Bekanntmachung des Wahlergebnisses beginnt die Frist von zwei Wochen zur Anfechtung der Wahl nach § 19 BetrVG (s. dort Rn. 40 f.).

3   Dem **Arbeitgeber** und den **im Betrieb vertretenen Gewerkschaften** ist unverzüglich eine **Abschrift der endgültigen Wahlniederschrift** zu übersenden (Satz 2).

§ 19 Aufbewahrung der Wahlakten

Der Betriebsrat hat die Wahlakten mindestens bis zur Beendigung seiner Amtszeit aufzubewahren.

Erläuterung

Schrifttum: *Peifer,* Einsichtnahme in die Wahlakten der Betriebratswahl, AR-Blattei ES 530.6 Nr. 89, 2006.

1   Der Wahlvorstand ist verpflichtet, die **Wahlakten dem Betriebsrat auszuhändigen,** sobald dieser sich konstituiert hat (§ 29 Abs. 1 BetrVG; s. dort Rn. 14; über das Eigentum an den Wahlakten § 40 BetrVG Rn. 74 ff.). Kommt es zu keiner Wahl (§ 9 Abs. 3), so hat der Wahlvorstand die Wahlakten dem Arbeitgeber auszuhändigen. Zu den Wahlakten gehören die gesamten Wahlunterlagen, also die Aushänge, Protokolle, Bekanntmachungen, Stimmzettel, Wahlumschläge, Zustellungsnachweise, die Wahlniederschrift nach § 16 WO, bei schriftlicher Stimmabgabe die Freiumschläge. Ob man sämtlichen Schriftwechsel hierzu zählen will (LAG Düsseldorf 29. 10. 2004, ArbuR 2005, 37; GK-*Kreutz,* § 19 Rn. 2) mag im Einzelfall fraglich sein. Es genügt, wenn die Wahlakten für die Amtszeit des gewählten Betriebsrats aufbewahrt werden.

2   In die Wahlakten besteht ein **Einsichtsrecht,** und zwar sowohl der Arbeitnehmer wie des Arbeitgebers, aber auch jeder im Betrieb vertretenen Gewerkschaft, weil sich daraus u. U. die Begründung einer **Wahlanfechtung** ergibt (ebenso BAG 27. 7. 2005 AP WahlO BetrVG 1972 § 19 Nr. 1; BAG AP BetrVG 1972 § 19 Nr. 48; vorsichtiger LAG Düsseldorf 29. 10. 2004, ArbuR 2005, 37, für ein Einsichtsrecht nach Ablauf der Anfechtungs-

frist unter objektiven Anhaltspunkten für eine Nichtigkeit der Wahl; *Fitting,* § 19 Rn. 2; GK-*Kreutz,* § 19 Rn. 3; GL-*Marienhagen,* § 20 Rn. 2; DKK-*Schneider,* § 19 Rn. 4). Das Einsichtsrecht besteht unabhängig von der Geltendmachung eines besonderen Interesses oder von der Darlegung von Anhaltspunkten für die Anfechtbarkeit oder Nichtigkeit der Betriebsratswahl. Eine Ausnahme von diesem Grundsatz macht das BAG nur für den Fall, dass Bestandteile der Wahlakten Rückschlüsse auf das Wahlverhalten einzelner wahlberechtigter Arbeitnehmer zulassen; etwa die mit Stimmabgabevermerken des Wahlvorstands versehenen Wählerlisten. Eine Einsichtnahme durch den Arbeitgeber in derartige Unterlagen ist nur zulässig, wenn gerade dies zur Überprüfung der Ordnungsmäßigkeit der Wahl erforderlich ist. Die Darlegungslast liegt insoweit beim Arbeitgeber (vgl. BAG 27. 7. 2005 a. a. O.; abl. hinsichtlich Ausnahme *Peifer,* AR-Blattei ES 530.6 Nr. 89, 2006).

Dritter Unterabschnitt.
Wahlverfahren bei nur einer Vorschlagsliste (§ 14 Abs. 2 Satz 2 erster Halbsatz des Gesetzes)

§ 20 Stimmabgabe

(1) Ist nur eine gültige Vorschlagsliste eingereicht, so kann die Wählerin oder der Wähler ihre oder seine Stimme nur für solche Bewerberinnen oder Bewerber abgeben, die in der Vorschlagsliste aufgeführt sind.

(2) Auf den Stimmzetteln sind die Bewerberinnen oder Bewerber unter Angabe von Familienname, Vorname und Art der Beschäftigung im Betrieb in der Reihenfolge aufzuführen, in der sie auf der Vorschlagsliste benannt sind.

(3) [1]Die Wählerin oder der Wähler kennzeichnet die von ihr oder ihm gewählten Bewerberinnen oder Bewerber durch Ankreuzen an der hierfür im Stimmzettel vorgesehenen Stelle; es dürfen nicht mehr Bewerberinnen oder Bewerber angekreuzt werden, als Betriebsratsmitglieder zu wählen sind. [2]§ 11 Abs. 1 Satz 2, Abs. 2 Satz 2 und 3, Abs. 4, §§ 12 und 13 gelten entsprechend.

I. Wahl nach den Grundsätzen der Mehrheitswahl

Die **Vorschrift konkretisiert** in Abs. 1 § **14 Abs. 2 Satz 2 Halbsatz 1 BetrVG.** Die Wahl erfolgt in diesem Fall nicht nach den Grundsätzen der Verhältniswahl, sondern nach den Grundsätzen der Mehrheitswahl. Sie kann daher nicht als Listenwahl, sondern muss als **Personenwahl** durchgeführt werden. 1

Der Wähler kann auswählen, wem von den Kandidaten er seine Stimme geben will. Er kann seine Stimme aber nur für solche **Bewerber** abgeben, die **in der Vorschlagsliste aufgeführt** sind (Abs. 1); denn gewählt kann nur werden, wer auf einem gültigen Wahlvorschlag benannt ist (s. § 14 BetrVG Rn. 41). 2

Die Mehrheitswahl findet statt, wenn nur eine gültige Vorschlagsliste eingereicht ist, oder im vereinfachten Wahlverfahren für Kleinbetriebe (§ 14 Abs. 2 Satz 2 Halbsatz 2 BetrVG). Vorschriften für das vereinfachte Wahlverfahren enthalten die §§ 28 ff. 3

II. Gestaltung der Stimmzettel

Erfolgt die Wahl nach den Grundsätzen der Mehrheitswahl, so sind auf den Stimmzetteln die **Bewerber in der Reihenfolge aufzuführen,** in der sie **auf der Vorschlagsliste** 4 benannt sind (Abs. 2). Die Reihenfolge der Benennung entscheidet hier im Gegensatz zur Listenwahl (§ 15 Abs. 4) nicht über den Eintritt in den Betriebsrat; sie hat also insoweit keine materiell-rechtliche Bedeutung, da hier für die Ermittlung der Gewählten nicht die Platzierung auf der Vorschlagsliste, sondern die Stimmenzahl, die jeder erhält, entscheidet (§ 22 Abs. 2); vorrangig sind dem Geschlecht in der Minderheit die ihm nach § 15 Abs. 2 BetrVG zustehenden Mindestsitze zuzuteilen (§ 22 Abs. 1). Dennoch ist eine **wesentliche Verfahrensvorschrift,** dass die Reihenfolge auf den Stimmzetteln der Reihenfolge auf der Vorschlagsliste entspricht; denn bei einer anderen Reihenfolge kann eine unzulässige Wahlbeeinflussung vorliegen. Ein Verstoß rechtfertigt deshalb eine Wahlanfechtung.

5   Bei jedem Namen sind außerdem die in Abs. 2 genannten Angaben aufzuführen; ein Verstoß führt zur Wahlanfechtung aber nur dann, wenn im konkreten Fall eine Verwechslungsgefahr besteht oder der Bewerber nicht identifiziert werden kann (s. § 6 Rn. 10).

6   Im Übrigen gilt für die Gestaltung der Stimmzettel und Wahlumschläge § 11 Abs. 2 Satz 2 und 3 entsprechend (Abs. 3 Satz 2; s. § 11 Rn. 1).

III. Stimmabgabe

7   Die Stimmabgabe erfolgt durch Abgabe von **Stimmzetteln in den hierfür bestimmten Wahlumschlägen** (Abs. 3 Satz 2 i. V. mit § 11 Abs. 1 Satz 2; s. auch dort Rn. 2). Der Wähler kann seine Stimme **nicht** für die **gesamte Vorschlagsliste,** sondern **nur** für die **Bewerber** abgeben, die in der **Vorschlagsliste aufgeführt** sind (Abs. 1). Das geschieht, indem er die von ihm gewählten Bewerber durch Ankreuzen an der hierfür im Stimmzettel vorgesehenen Stelle kennzeichnet (Abs. 3 Satz 1; s. auch § 11 Rn. 4). Er darf nicht mehr Bewerber ankreuzen, als Betriebsratsmitglieder in dem Wahlgang zu wählen sind. Kreuzt er mehr an, so ist die Stimmabgabe ungültig. Wenn er weniger ankreuzt, ist seine Stimmabgabe für die von ihm bezeichneten Personen wirksam.

8   Für den Wahlvorgang gilt im Übrigen § 12 entsprechend (Abs. 3 Satz 2).

§ 21 Stimmauszählung

Nach Öffnung der Wahlurne entnimmt der Wahlvorstand die Stimmzettel den Wahlumschlägen und zählt die auf jede Bewerberin und jeden Bewerber entfallenden Stimmen zusammen; § 14 Abs. 1 Satz 2 und Abs. 2 gilt entsprechend.

Erläuterung

1   Der Wahlvorstand nimmt unverzüglich nach Abschluss der Wahl öffentlich die Auszählung der Stimmen vor; § 13 gilt entsprechend (§ 20 Abs. 3 Satz 2).

2   Die Vorschrift entspricht § 14 (s. Erl. zu § 14). Ein Unterschied ergibt sich lediglich daraus, dass bei Verhältniswahl die auf jede Vorschlagsliste entfallenden Stimmen maßgebend sind, während hier die auf jeden Bewerber entfallenden Stimmen den Ausschlag geben.

§ 22 Ermittlung der Gewählten

(1) ¹Zunächst werden die dem Geschlecht in der Minderheit zustehenden Mindestsitze (§ 15 Abs. 2 des Gesetzes) verteilt. ²Dazu werden die dem Geschlecht in der

Minderheit zustehenden Mindestsitze mit den Angehörigen dieses Geschlechts in der Reihenfolge der jeweils höchsten auf sie entfallenden Stimmenzahlen besetzt.

(2) ¹Nach der Verteilung der Mindestsitze des Geschlechts in der Minderheit nach Absatz 1 erfolgt die Verteilung der weiteren Sitze. ²Die weiteren Sitze werden mit Bewerberinnen und Bewerbern, unabhängig von ihrem Geschlecht, in der Reihenfolge der jeweils höchsten auf sie entfallenden Stimmenzahlen besetzt.

(3) Haben in den Fällen des Absatzes 1 oder 2 für den zuletzt zu vergebenden Betriebsratssitz mehrere Bewerberinnen oder Bewerber die gleiche Stimmenzahl erhalten, so entscheidet das Los darüber, wer gewählt ist.

(4) Haben sich weniger Angehörige des Geschlechts in der Minderheit zur Wahl gestellt oder sind weniger Angehörige dieses Geschlechts gewählt worden als ihm nach § 15 Abs. 2 des Gesetzes Mindestsitze zustehen, so sind die insoweit überschüssigen Mitgliedersitze des Geschlechts in der Minderheit bei der Sitzverteilung nach Absatz 2 Satz 2 zu berücksichtigen.

Erläuterung

Die Bewerber sind in der Reihenfolge gewählt, in der auf sie die **meisten Stimmen** 1 entfallen. Zunächst aber ist sicherzustellen, dass das **Geschlecht in der Minderheit** die ihm nach § 15 Abs. 2 BetrVG zustehenden **Mindestsitze** enthält. Die Anzahl der Mindestsitze ist dem Wahlausschreiben zu entnehmen (§ 3 Abs. 2 Nr. 5). Der Wahlvorstand hat sie vor Erlass des Wahlausschreibens gemäß § 5 anhand des Höchstzahlensystems zu ermitteln (s. § 5 Rn. 3 f.). Für die Verteilung der Sitze ist, wie bei § 15 für die Verhältniswahl (s. § 15 Rn. 4 ff.), eine zweistufige Rechenoperation vorzunehmen. Das konkrete Verfahren weicht jedoch bei Verhältniswahl und Mehrheitswahl ab, ohne dass die Besonderheiten der Mehrheitswahl dies gebieten würden. Nach Abs. 1 sind in einem ersten Schritt die dem Geschlecht in der Minderheit zustehenden Mindestsitze mit Bewerbern dieses Geschlechts zu besetzen. Die Besetzung erfolgt nach der Reihenfolge der auf die Bewerber des Minderheitsgeschlechts entfallenden Stimmenzahlen. In einem zweiten Schritt sind dann die übrigen Sitze unabhängig vom Geschlecht der Bewerber in der Reihenfolge der jeweils höchsten auf sie entfallenden Stimmenzahlen zu besetzen (Abs. 2). Durch dieses Verfahren ist gewährleistet, dass das Geschlecht in der Minderheit, sofern seine Bewerber mehr als die Mindestsitze errungen haben, auch über den ihm entsprechenden Anteil an der Belegschaft hinaus im Betriebsrat vertreten ist.

Haben sich weniger Kandidaten des Geschlechts in der Minderheit zur Wahl gestellt 2 oder sind weniger gewählt worden, als ihm nach § 15 Abs. 2 BetrVG Mindestsitze zustehen, so entfallen diese Sitze nicht. Sie sind vielmehr bei der Verteilung nach Abs. 2 Satz 2 zu berücksichtigen, d. h. mit gewählten Bewerbern des anderen Geschlechts zu besetzen. Wer keine Stimme erhält, kann nicht Mitglied des Betriebsrats werden und auch nicht Ersatzmitglied sein (*Fitting*, § 22 Rn. 5; DKK-*Schneider*, § 22 Rn. 4; GK-*Kreutz*, § 22 Rn. 2; ebenso für das Gruppenprinzip Arbeiter/Angestellte *Fitting*, 20. Auflage § 23 Rn. 3; GL-*Marienhagen*, § 23 Rn. 3; DKK-*Schneider*, 7. Auflage § 23 Rn. 4); hieran kann auch eine zwingende Mindestquote nichts ändern.

Erhalten nicht so viele Bewerber wenigstens eine Stimme, um den Betriebsrat entspre- 3 chend der nach § 9 BetrVG für den Betrieb maßgeblichen Zahl zu besetzen, so ist von der nächstniedrigen Zahl auszugehen; § 11 BetrVG gilt entsprechend (ebenso *Fitting*, § 22 Rn. 9; a. A. GK-*Kreutz*, 6. Auflage § 23 Rn. 4; GL-*Marienhagen*, § 23 Rn. 3).

Die nicht mehr zum Zuge kommenden Bewerber sind in der Reihenfolge, in der auf 4 sie die meisten Stimmen entfallen, Ersatzmitglieder (§ 25 Abs. 2 Satz 3 BetrVG). Notwendig ist jedoch, dass sie überhaupt eine Stimme erhalten haben (s. Rn. 2). Scheidet ein Mitglied, das dem Geschlecht in der Minderheit angehört, aus dem Wahlvorstand aus, ist darauf zu achten, dass der Angehörige dieses Geschlechts mit der nächsthöchsten Stimmenzahl nachrückt, wenn das Nachrücken eines Ersatzmitglieds des anderen Geschlechts dazu führen würde, dass das Geschlecht in der Minderheit nicht mehr entsprechend seinem Belegschaftsanteil im Betriebsrat vertreten wäre. Steht hingegen kein Angehöriger des Geschlechts in der Minderheit mehr als Ersatzmitglied zur Verfügung, rückt das Ersatzmitglied des anderen Geschlechts mit der höchsten Stimmenzahl nach. Hierdurch wird sicher gestellt, dass die Größe des Betriebsrats gemäß § 9 BetrVG beibehalten wird. Dies entspricht einem, auch in § 15 Abs. 5 Nr. 5 und § 23 Abs. 2 Satz 3 zum Ausdruck kommenden, allgemeinen Rechtsgedanken.

§ 23 Wahlniederschrift, Bekanntmachung

(1) ¹Nachdem ermittelt ist, welche Arbeitnehmerinnen und Arbeitnehmer als Betriebsratsmitglieder gewählt sind, hat der Wahlvorstand eine Niederschrift anzufertigen, in der außer den Angaben nach § 16 Abs. 1 Nr. 1, 5 bis 7 die jeder Bewerberin und jedem Bewerber zugefallenen Stimmenzahlen festzustellen sind. ²§ 16 Abs. 2, § 17 Abs. l, §§ 18 und 19 gelten entsprechend.

(2) ¹Lehnt eine gewählte Person die Wahl ab, so tritt an ihre Stelle die nicht gewählte Person mit der nächsthöchsten Stimmenzahl. ²Gehört die gewählte Person dem Geschlecht in der Minderheit an, so tritt an ihre Stelle die nicht gewählte Person dieses Geschlechts mit der nächsthöchsten Stimmenzahl, wenn ansonsten das Geschlecht in der Minderheit nicht die ihm nach § 15 Abs. 2 des Gesetzes zustehenden Mindestsitze erhalten würde. ³Gibt es keine weiteren Angehörigen dieses Geschlechts, auf die Stimmen entfallen sind, geht dieser Sitz auf die nicht gewählte Person des anderen Geschlechts mit der nächsthöchsten Stimmenzahl über.

Erläuterung

1 S. Erl. zu §§ 16, 17, 18 und 19. Insbesondere ist darauf zu achten, dass dem Geschlecht in der Minderheit auch dann die ihm nach § 15 Abs. 2 BetrVG zustehenden Mindestsitze zugeteilt werden, wenn ein Gewählter die Wahl ablehnt. Gehört der Gewählte dem Geschlecht in der Minderheit an, tritt an seine Stelle der gewählte Bewerber dieses Geschlechts mit der nächsthöchsten Stimmenzahl. Hat kein weiterer Bewerber des Geschlechts in der Minderheit mehr eine Stimme erhalten, ist der Sitz an den ersten nicht berücksichtigten Bewerber des anderen Geschlechts zu vergeben (s. auch § 22 Rn. 2).

Dritter Abschnitt. Schriftliche Stimmabgabe

§ 24 Voraussetzungen

(1) ¹Wahlberechtigten, die im Zeitpunkt der Wahl wegen Abwesenheit vom Betrieb verhindert sind, ihre Stimme persönlich abzugeben, hat der Wahlvorstand auf ihr Verlangen
1. das Wahlausschreiben,
2. die Vorschlagslisten,
3. den Stimmzettel und den Wahlumschlag,
4. eine vorgedruckte von der Wählerin oder dem Wähler abzugebende Erklärung, in der gegenüber dem Wahlvorstand zu versichern ist, dass der Stimmzettel persönlich gekennzeichnet worden ist, sowie

5. einen größeren Freiumschlag, der die Anschrift des Wahlvorstands und als Absender den Namen und die Anschrift der oder des Wahlberechtigten sowie den Vermerk „Schriftliche Stimmabgabe" trägt,

auszuhändigen oder zu übersenden. ²Der Wahlvorstand soll der Wählerin oder dem Wähler ferner ein Merkblatt über die Art und Weise der schriftlichen Stimmabgabe (§ 25) aushändigen oder übersenden. ³Der Wahlvorstand hat die Aushändigung oder die Übersendung der Unterlagen in der Wählerliste zu vermerken.

(2) Wahlberechtigte, von denen dem Wahlvorstand bekannt ist, dass sie im Zeitpunkt der Wahl nach der Eigenart ihres Beschäftigungsverhältnisses voraussichtlich nicht im Betrieb anwesend sein werden (insbesondere im Außendienst oder mit Telearbeit Beschäftigte und in Heimarbeit Beschäftigte), erhalten die in Absatz 1 bezeichneten Unterlagen, ohne dass es eines Verlangens der Wahlberechtigten bedarf.

(3) ¹Für Betriebsteile und Kleinstbetriebe, die räumlich weit vom Hauptbetrieb entfernt sind, kann der Wahlvorstand die schriftliche Stimmabgabe beschließen. ²Absatz 2 gilt entsprechend.

I. Vorbemerkung

Die §§ 24 bis 26 regeln die schriftliche Stimmabgabe, die sog. **Briefwahl** (s. auch § 14 BetrVG Rn. 13).   **1**

II. Voraussetzungen einer schriftlichen Stimmabgabe

1. Verhinderung einer persönlichen Stimmabgabe

a) Die Möglichkeit einer schriftlichen Stimmabgabe besteht nur, wenn ein wahlberechtigter Arbeitnehmer im Zeitpunkt der Wahl wegen **Abwesenheit vom Betrieb** verhindert ist, seine Stimme persönlich abzugeben (Abs. 1 Satz 1). Sieht man von diesem Fall ab, so kann eine Briefwahl nur für Betriebsteile und Kleinstbetriebe, die räumlich weit vom Hauptbetrieb entfernt sind, durchgeführt werden (Abs. 3). Fordert der Wahlvorstand zur Briefwahl auf, ohne dass die Voraussetzungen des Abs. 1 oder Abs. 3 vorliegen, stellt dies eine Verletzung der wesentlichen Vorschriften über das Wahlverfahren dar (LAG Schleswig-Holstein 18. 3. 1999, NZA-RR, 523; s. § 19 BetrVG Rn. 26).   **2**

b) Zur schriftlichen Stimmabgabe sind **nicht nur** die Arbeitnehmer berechtigt, die nach der **Eigenart ihres Beschäftigungsverhältnisses** voraussichtlich nicht im Betrieb anwesend sein werden, sondern **alle Arbeitnehmer**, die zum **Zeitpunkt der Wahl wegen Abwesenheit vom Betrieb ihr Stimmrecht nicht persönlich ausüben** können, weil sie durch Urlaub, Krankheit oder auch zufällige dienstliche Veranlassung, z. B. eine Dienstreise, nicht anwesend sind. Es genügt aber nicht, dass ein Arbeitnehmer unberechtigt von der Arbeit fernbleibt; denn Voraussetzung ist die Verhinderung, seine Stimme persönlich abzugeben.   **3**

2. Beschluss des Wahlvorstands

Für **Betriebsteile** und **Kleinstbetriebe**, die **räumlich weit vom Hauptbetrieb entfernt** sind, jedoch betriebsverfassungsrechtlich zum Hauptbetrieb gehören, kann der Wahlvorstand die schriftliche Stimmabgabe beschließen (Abs. 3 Satz 1), also nicht für den gesamten Betrieb. Voraussetzung ist, dass der Betriebsteil oder Kleinstbetrieb betriebsverfassungsrechtlich zum Betrieb gehört. Dies ist für Kleinstbetriebe explizit in § 4 Abs. 2 BetrVG angeordnet. Auch Betriebsteile sind regelmäßig betriebsverfassungsrechtlich Teil des Betriebs. Sie gelten aber insbesondere dann als selbständiger Betrieb, wenn   **4** sie räumlich weit vom Hauptbetrieb entfernt sind (§ 4 Satz 1 Nr. 1 BetrVG); jedoch ist erforderlich, dass sie die Voraussetzungen des § 1 BetrVG erfüllen, weil sie sonst wie Kleinstbetriebe i. S. des § 4 Abs. 2 BetrVG, die nicht betriebsratsfähig sind, dem Hauptbetrieb zugeordnet bleiben.

5   Schriftliche Stimmabgabe kann **nur** bei **räumlich weiter Entfernung vom Hauptbetrieb** beschlossen werden. Die Formulierung entspricht insoweit wörtlich § 4 Satz 1 Nr. 1 BetrVG. Wäre die räumlich weite Entfernung im gleichen Sinn zu interpretieren, so käme für einen Betriebsteil eine Briefwahl nur in Betracht, wenn die betriebsverfassungsrechtliche Selbständigkeit eines Betriebsteils daran scheitert, dass er selbst nicht betriebsratsfähig ist. Für die räumlich weite Entfernung ist hier aber allein darauf abzustellen, ob bei ordnungsgemäßer Durchführung der Betriebsratswahl für den Betriebsteil oder Kleinstbetrieb ein eigenes Wahllokal einzurichten ist, um den dort beschäftigten Arbeitnehmern *in zumutbarer Weise* die Möglichkeit zu geben, ihre Stimme persönlich abzugeben (s. dazu LAG Hessen 17. 4. 2008 – 9 TaBV 163/07, juris). Unter dieser Voraussetzung kann der Wahlvorstand statt Einrichtung eines eigenen Wahllokals die schriftliche Stimmabgabe anordnen (ebenso im Ergebnis *Fitting*, § 24 Rn. 18; GL-*Marienhagen*, § 26 Rn. 4; DKK-*Schneider*, § 24 Rn. 14). In diesem Fall muss er den Wahlberechtigten in dem Betriebsteil oder dem Kleinstbetrieb die Wahlunterlagen so rechtzeitig zusenden, dass ihnen die aktive Teilnahme an der Wahl möglich ist (LAG Baden-Württemberg 29. 11. 1990, AiB 1991, 276 f.).

III. Übermittlung der Wahlunterlagen

1. Pflicht des Wahlvorstands

6   a) **Wahlberechtigte Arbeitnehmer,** die im Zeitpunkt der Wahl wegen **Abwesenheit vom Betrieb** verhindert sind, ihre Stimme persönlich abzugeben, sind zur schriftlichen Stimmabgabe berechtigt. Sie können **verlangen,** dass der Wahlvorstand ihnen die Wahlunterlagen aushändigt oder übersendet (Abs. 1 Satz 1).

7   b) Bei Arbeitnehmern, die im Zeitpunkt der Wahl nach der **Eigenart ihres Beschäftigungsverhältnisses voraussichtlich nicht im Betrieb anwesend** sein werden, hat der Wahlvorstand **von Amts wegen,** soweit er von dieser Tatsache Kenntnis hat, die Wahlunterlagen zu übersenden (Abs. 2). Dies gilt nicht im vereinfachten Wahlverfahren für Kleinbetriebe gemäß §§ 28 ff. (s. § 35 Rn. 2). Die Abwesenheit muss sich aus der Eigenart des Beschäftigungsverhältnisses ergeben, d. h. dieses muss so gestaltet sein, dass der Betreffende regelmäßig im Betrieb nicht anwesend ist. Die VO nennt ausdrücklich die im Außendienst oder mit Telearbeit Beschäftigten und in Heimarbeit Beschäftigten; es gehören hierher aber auch die Reisenden, nicht dagegen jemand, der, sei es auch aus dienstlichen Gründen, gleichsam zufällig und ausnahmsweise zum Zeitpunkt der Wahl nicht im Betrieb anwesend ist, also jemand, der eine Dienstreise unternimmt oder ausnahmsweise auf Montagearbeiten ist. Ob letzteres der Fall ist, weiß nämlich der Wahlvorstand regelmäßig nicht, weil es sich nicht aus den Unterlagen ergibt, die ihm der Arbeitgeber zur Anfertigung der Wählerlisten zur Verfügung stellen muss. Selbstverständlich können auch diejenigen, die wegen der Eigenart ihres Beschäftigungsverhältnisses abwesend sind, die Übersendung der Wahlunterlagen verlangen; denn der Wahlvorstand ist von Amts wegen nur dann zur Übersendung verpflichtet, wenn er die Besonderheit des Arbeitsverhältnisses kennt. Bei einem Arbeitgeber, der Arbeitnehmerüberlassungen zum Unternehmensgegenstand hat, darf der Wahlvorstand regelmäßig davon ausgehen, dass die Leiharbeitnehmer am Wahltag verliehen und nicht in der Niederlassung anwesend sein werden, es sei denn, er hat entgegenstehende Kenntnisse. Bei Leiharbeitnehmern ergibt sich die Betriebsabwesenheit bereits aus der Eigenart des Beschäftigungsverhältnisses (LAG Hessen 17. 4. 2008 – 9 TaBV 163/07, juris).

Die Verpflichtung zur Übersendung der Wahlunterlagen von Amts wegen besteht auch dann, wenn der Wahlvorstand für **Betriebsteile und Kleinstbetriebe**, die räumlich weit vom Hauptbetrieb entfernt sind, die **schriftliche Stimmabgabe** beschließt (Abs. 3 Satz 2 i. V. mit Abs. 2). 8

Arbeitnehmern, die am Wahltag nicht anwesend sind, ohne dass dies sich aus der Eigenart ihres Beschäftigungsverhältnisses ergibt, und die auch nicht in einem Betriebsteil oder Kleinstbetrieb beschäftigt sind, für die der Wahlvorstand die schriftliche Stimmabgabe beschlossen hat, hat der Wahlvorstand die Wahlunterlagen nur zu übersenden, wenn sie das ausdrücklich verlangen. Verstößt er dagegen, so ist eine Wahlanfechtung begründet. 9

2. Wahlunterlagen

Als Wahlunterlagen sind die in Abs. 1 Satz 1 genannten Papiere zu übersenden, also das Wahlausschreiben, die Vorschlagslisten, der Stimmzettel und der Wahlumschlag, eine vorgedruckte, vom Wähler abzugebende Erklärung, in der dieser gegenüber dem Wahlvorstand versichert, dass er den Stimmzettel persönlich gekennzeichnet hat, sowie ein größerer Freiumschlag, der die Anschrift des Wahlvorstands und als Absender den Namen und die Anschrift des Wahlberechtigten sowie den Vermerk „Schriftliche Stimmabgabe" trägt. Dass die Vorschlagslisten mitübersandt werden müssen, hat nur Bedeutung, wenn die Wahl als Listenwahl durchgeführt wird, weil in diesem Fall auf dem Stimmzettel nur die beiden an erster Stelle benannten Bewerber aufgeführt sind (§ 11 Abs. 2 Satz 1). Der Wahlvorstand soll dem Wähler ein Merkblatt über die Art und Weise der schriftlichen Stimmabgabe aushändigen oder übersenden (Abs. 1 Satz 2). 10

Dass für die Übersendung des Wahlumschlags, der den Stimmzettel enthält, und der vorgedruckten Erklärung, die vom Wähler zu unterzeichnen ist, ein Freiumschlag zur Verfügung zu stellen ist, ergibt sich daraus, dass die Kosten der Wahl der Arbeitgeber zu tragen hat (§ 20 Abs. 3 Satz 1 BetrVG). 11

Der Wahlumschlag darf keinen Namen und kein Kennzeichen tragen, aus dem ersichtlich ist, wer die Stimme abgegeben hat. Die Stimmzettel müssen mit denen, die die ortsanwesenden Arbeitnehmer benützen, übereinstimmen. 12

3. Form der Übermittlung

Sind die gesetzlichen Voraussetzungen gegeben, so hat der Wahlvorstand dem Wähler die Wahlunterlagen **auszuhändigen** oder zu **übersenden**. Die Übersendung braucht nicht auf dem Postweg zu geschehen, sondern kann auch durch Boten erfolgen, gegen deren Zuverlässigkeit keine Bedenken bestehen (vgl. BVerwG 6. 2. 1959 E 8, 144 = AP WahlO z. PersVG § 17 Nr. 1). Bei der Entgegennahme der ausgefüllten Briefwahlunterlagen durch den Wahlvorstandsvorsitzenden müssen Vorkehrungen getroffen werden, die die Gefahr eines unbeobachteten Zugriffs auf die Wahlunterlagen ausschließen (LAG Hamm 1. 6. 2007 – 13 TaBV 86/06, juris). Der Wahlvorstand hat nicht nur im Fall des Abs. 1, sondern auch des Abs. 2 und 3 in der Wählerliste zu vermerken, dass er die Wahlunterlagen zur schriftlichen Stimmabgabe überlassen hat, damit nicht neben der schriftlichen Stimmabgabe noch eine persönliche erfolgen kann. Er muss auch kennzeichnen, ob die Überlassung der Wahlunterlagen durch Aushändigung oder Übersendung geschehen ist. 13

§ 25 Stimmabgabe

[1] Die Stimmabgabe erfolgt in der Weise, dass die Wählerin oder der Wähler
1. den Stimmzettel unbeobachtet persönlich kennzeichnet und in dem Wahlumschlag verschließt,

2. die vorgedruckte Erklärung unter Angabe des Orts und des Datums unterschreibt und
3. den Wahlumschlag und die unterschriebene vorgedruckte Erklärung in dem Freiumschlag verschließt und diesen so rechtzeitig an den Wahlvorstand absendet oder übergibt, dass er vor Abschluss der Stimmabgabe vorliegt.

²Die Wählerin oder der Wähler kann unter den Voraussetzungen des § 12 Abs. 4 die in den Nummern 1 bis 3 bezeichneten Tätigkeiten durch eine Person des Vertrauens verrichten lassen.

Erläuterung

1 Die Vorschrift regelt, **wie** der Wähler bei Briefwahl seine **Stimme abgibt.** Die Bestimmung, dass er den Stimmzettel unbeobachtet zu kennzeichnen hat, ist eine *lex imperfecta*. Weiterhin wird verlangt, dass der Wähler den Stimmzettel in dem Wahlumschlag verschließt. Die Stimmabgabe ist aber nicht ungültig, wenn der Wahlumschlag nicht verschlossen ist, sofern der Freiumschlag verschlossen ist (ebenso *Fitting*, § 25 Rn. 2; GK-*Kreutz*, § 25 Rn. 4; GL-*Marienhagen*, § 27 Rn. 1; DKK-*Schneider*, § 25 Rn. 3). Nur der Freiumschlag, nicht aber der Wahlumschlag, darf den Namen und die Anschrift des Wählers tragen. Ist der Wahlberechtigte infolge seiner Behinderung bei der schriftlichen Stimmabgabe beeinträchtigt (zu den Voraussetzungen hierfür s. § 12 Rn. 6), kann er die für die schriftliche Stimmabgabe notwendigen Handlungen durch eine Vertrauensperson vornehmen lassen. Satz 2 verweist insoweit uneingeschränkt auf die Voraussetzungen des § 12 Abs. 4. Daraus folgt, dass die Vertrauensperson dem Wahlvorstand auch bei der schriftlichen Stimmabgabe zuvor mitgeteilt werden muss. Es darf sich bei ihr nicht um einen Wahlbewerber, ein Mitglied des Wahlvorstands oder einen Wahlhelfer handeln.

2 Der Freiumschlag mit dem Wahlumschlag und der unterschriebenen vorgedruckten Erklärung muss **bis zum Ende der Stimmabgabe** dem Wahlvorstand vorliegen. Der Wähler trägt das Risiko des rechtzeitigen Eingangs beim Wahlvorstand (ebenso *Fitting*, § 25 Rn. 6). Die Übersendung oder Übergabe kann auch vor Beginn der Wahlhandlung vorgenommen werden, etwa wenn der Arbeitnehmer vor dem Wahlbeginn in Urlaub geht. Sofern der Freiumschlag nicht mit der Post übersandt wird, braucht die Übergabe nicht persönlich zu erfolgen, sondern es kann auch ein Bote zwischengeschaltet werden, gegen dessen Zuverlässigkeit keine Bedenken bestehen (vgl. BVerwG 6. 2. 1969 E 8, 144 = AP WahlO z. PersVG § 17 Nr. 1; LAG Hamm 1. 6. 2007 – 13 TaBV 86/06, juris). Voraussetzung ist aber, dass der Wähler selbst die Übermittlung seiner Stimmabgabe einem Boten anvertrauen will, dieser also auch das Vertrauen des Wählers besitzt (vgl. BVerwG 14. 8. 1959 E 9, 107 = AP WahlO z. PersVG § 17 Nr. 2).

3 Ist der Wähler am Tag der Wahl **wider Erwarten nicht verhindert,** seine Stimme persönlich abzugeben, so kann er die ihm überlassenen Wahlunterlagen an den Wahlvorstand zurückgeben, um seine Stimme persönlich abzugeben. Er kann aber auch die Übergabe des verschlossenen Freiumschlags persönlich vornehmen.

§ 26 Verfahren bei der Stimmabgabe

(1) ¹Unmittelbar vor Abschluss der Stimmabgabe öffnet der Wahlvorstand in öffentlicher Sitzung die bis zu diesem Zeitpunkt eingegangenen Freiumschläge und entnimmt ihnen die Wahlumschläge sowie die vorgedruckten Erklärungen. ²Ist die schriftliche Stimmabgabe ordnungsgemäß erfolgt (§ 25), so legt der Wahlvorstand den Wahlumschlag nach Vermerk der Stimmabgabe in der Wählerliste ungeöffnet in die Wahlurne.

(2) ¹Verspätet eingehende Briefumschläge hat der Wahlvorstand mit einem Vermerk über den Zeitpunkt des Eingangs ungeöffnet zu den Wahlunterlagen zu nehmen. ²Die Briefumschläge sind einen Monat nach Bekanntgabe des Wahlergebnisses ungeöffnet zu vernichten, wenn die Wahl nicht angefochten worden ist.

I. Rechtzeitig eingehende Briefumschläge

Die **bis zur Beendigung der Wahlhandlung** eingehenden Freiumschläge sind **ungeöffnet zu den Wahlakten** zu nehmen, selbstverständlich auch diejenigen, die schon vor Beginn der Wahlhandlung eintreffen. 1

Erst **während der Stimmabgabe**, und zwar unmittelbar vor deren Abschluss, darf der Wahlvorstand die **Freiumschläge öffnen** (Abs. 1 Satz 1). Das geschieht ebenfalls in öffentlicher Sitzung. Die Vorschrift sieht vor, dass die Öffnung der Freiumschläge unmittelbar *vor* Abschluss der Stimmabgabe erfolgt. Das ist aber nur möglich, wenn zu diesem Zeitpunkt alle Wähler, die Briefwahlunterlagen erhalten haben, ihre Stimme durch Übersendung oder Übergabe des Freiumschlags abgegeben haben. Ist das nicht der Fall, so muss der Wahlvorstand sicherstellen, dass Freiumschläge, die bis zum Abschluss der Stimmabgabe eingehen, bei der Stimmenzählung berücksichtigt werden. Außerdem muss bei mehreren Wahllokalen dort jeweils zumindest ein stimmberechtigtes Mitglied des Wahlvorstands anwesend sein (§ 12 Abs. 2). Deshalb kann in diesem Fall die Öffnung der Freiumschläge regelmäßig erst unmittelbar nach Abschluss der Stimmabgabe vorgenommen werden (ebenso *Fitting*, § 26 Rn. 1). 2

Die Öffnung der Freiumschläge obliegt dem Wahlvorstand in **öffentlicher** Sitzung (LAG Köln 11. 4. 2003, AuR 2003, 76). Sie darf nicht von Mitgliedern des Wahlvorstands oder Wahlhelfern außerhalb einer Sitzung vorgenommen werden. Der Wahlvorstand muss Arbeitnehmern, die der Öffnung der Freiumschläge beiwohnen wollen, den Zugang zu dieser Sitzung gestatten; anderenfalls liegt ein Verstoß gegen das Öffentlichkeitsgebot vor (LAG Schleswig-Holstein 18. 3. 1999, NZA-RR 1999, 523). Beginnt der Wahlvorstand mit der Öffnung der Freiumschläge der Briefwähler vor demjenigen Zeitpunkt, der im Wahlausschreiben als Beginn des Wahlzeitraums im Wahllokal angegeben ist, ist die Betriebsratswahl für unwirksam zu erklären (LAG Nürnberg 27. 11. 2007 LAGE § 19 BetrVG 2001 Nr. 3 a). Die Öffnung ist Aufgabe des Wahlvorstands als Gesamtgremium. Allerdings soll es zulässig sein, mit der Öffnung der Freiumschläge auch dann zu beginnen, wenn ein Mitglied des Wahlvorstands zu dem hierfür festgelegten Termin nicht erschienen sei. Sinn der Vorschrift könne nicht sein, dass in einem solchen Fall die Öffnung der Briefwahlunterlagen verschoben werden müsse (LAG Nürnberg 23. 11. 1999 – 6 TaBV 37/98, juris). Nachdem der Wahlvorstand geprüft hat, dass die Freiumschläge rechtzeitig zugegangen sind und verschlossen waren, entnimmt er ihnen nach Öffnung die Wahlumschläge sowie die vorgedruckten Erklärungen (Abs. 1 Satz 1). Dabei können ihn Wahlhelfer unterstützen. 3

Nachdem der Wahlvorstand festgestellt hat, dass die schriftliche Stimmabgabe ordnungsgemäß erfolgt ist, legt er den **Wahlumschlag** nach Vermerk der Stimmabgabe in der Wählerliste **ungeöffnet in die Wahlurne** (Abs. 1 Satz 2). Die Verwendung einer Wahlurne ist auch bei der schriftlichen Stimmabgabe gemäß § 12 Abs. 1 unerlässlich (LAG Hamm 9. 3. 2007 – 10 TaBV 105/06, juris). Ist der Freiumschlag nicht verschlossen oder fehlt die vorgesehene Erklärung oder ist sie nicht unterschrieben, so ist die schriftliche Stimmabgabe nicht ordnungsgemäß erfolgt (ebenso *Fitting*, § 26 Rn. 4; GK-*Kreutz*, § 26 Rn. 3; GL-*Marienhagen*, § 28 Rn. 2; s. auch LAG Hamm 9. 3. 2007 – 10 TaBV 105/06, juris). Sie ist ungültig. Die Feststellung erfolgt durch Beschluss des Wahlvorstands (LAG Köln 11. 4. 2003, ArbuR 2003, 76). Erklärungen über die persönliche Stimmabgabe dürfen auch nicht getrennt von den jeweiligen Wahlumschlägen per Post beim Wahlvorstand eingehen (LAG Hamm 9. 3. 2007 – 10 TaBV 105/06, juris). Der 4

Wahlvorstand darf in diesem Fall den Wahlumschlag nicht in die Wahlurne legen, sondern hat ihn ungeöffnet mit dem Freiumschlag, dem er entnommen ist, zu den Wahlunterlagen zu nehmen. Ist dagegen nur der Wahlumschlag nicht verschlossen, so wird davon die Gültigkeit der Stimmabgabe nicht berührt (s. § 27 Rn. 1). Der Wahlvorstand legt den Wahlumschlag, ohne den Stimmzettel zu entnehmen, in die Wahlurne.

5   Die Wahlurne darf erst geöffnet werden, wenn der Wahlvorstand alle Wahlumschläge, die aus rechtzeitig eingegangenen Freiumschlägen entnommen sind, sofern die schriftliche Stimmabgabe auch sonst ordnungsgemäß erfolgt ist, ungeöffnet in die Wahlurne gelegt hat. Die Stimmenauszählung darf vorher nicht beginnen, weil sonst der Grundsatz der geheimen Wahl verletzt wird. Die Wahlumschläge sind also erst bei der Stimmenzählung zu öffnen.

II. Verspätet eingehende Briefumschläge

6   Verspätet eingehende Briefumschläge sind **nicht** an den Absender **zurückzusenden**. Es ist auf ihnen durch den Wahlvorstand, und zwar, da es sich um eine technische Angelegenheit handelt, durch dessen Vorsitzenden, ein Vermerk über den Zeitpunkt des Eingangs anzubringen. Diese Freiumschläge sind **ungeöffnet zu den Wahlunterlagen** zu nehmen (Abs. 2 Satz l). Die Stimme ist keine ungültige Stimme, sondern nicht rechtzeitig abgegeben. Sie ist daher in der Wahlniederschrift nicht zur Zahl der ungültigen Stimmen i. S. des § 17 Abs. 1 Nr. 6 zu rechnen (ebenso *Fitting*, § 26 Rn. 8; GK-*Kreutz*, § 26 Rn. 6).

7   Die verspätet eingehenden Briefumschläge sind **einen Monat nach Bekanntgabe des Wahlergebnisses ungeöffnet zu vernichten,** wenn die Wahl nicht angefochten worden ist (Abs. 2 Satz 2). Wird die **Wahl angefochten,** so sind sie **während des Wahlanfechtungsverfahrens aufzubewahren;** sie dürfen erst nach rechtskräftiger Entscheidung der Wahlanfechtung vernichtet werden. Die Briefumschläge bleiben auch während eines Wahlanfechtungsverfahrens ungeöffnet (ebenso *Fitting*, § 26 Rn. 10; GK-*Kreutz*, § 26 Rn. 7; GL-*Marienhagen*, § 28 Rn. 4; DKK-*Schneider*, § 26 Rn. 10).

Vierter Abschnitt. Wahlvorschläge der Gewerkschaften

§ 27 Voraussetzungen, Verfahren

(1) Für den Wahlvorschlag einer im Betrieb vertretenen Gewerkschaft (§ 14 Abs. 3 des Gesetzes) gelten die §§ 6 bis 26 entsprechend.

(2) Der Wahlvorschlag einer Gewerkschaft ist ungültig, wenn er nicht von zwei Beauftragten der Gewerkschaft unterzeichnet ist (§ 14 Abs. 5 des Gesetzes).

(3) [1]Die oder der an erster Stelle unterzeichnete Beauftragte gilt als Listenvertreterin oder Listenvertreter. [2]Die Gewerkschaft kann hierfür eine Arbeitnehmerin oder einen Arbeitnehmer des Betriebs, die oder der Mitglied der Gewerkschaft ist, benennen.

Erläuterung

1   Macht eine Gewerkschaft einen Wahlvorschlag, so ergibt sich ein **Unterschied in der Gestaltung des Wahlverfahrens** nur daraus, dass der Wahlvorschlag nicht die notwendige Anzahl von Stützunterschriften der Arbeitnehmer des Betriebs nach § 14 Abs. 4 BetrVG haben muss. Für den Wahlvorschlag ist vielmehr notwendig, aber auch aus-

reichend, dass er von zwei Beauftragten der Gewerkschaft unterzeichnet ist (§ 14 Abs. 5 BetrVG).

Vorschlagsberechtigt ist jede **im Betrieb vertretene Gewerkschaft** (§ 14 Abs. 3 BetrVG; s. dort Rn. 45). Sie kann **nur einen Wahlvorschlag** machen. Der Wahlvorschlag ist ungültig, wenn er nicht von **zwei Beauftragten der Gewerkschaft unterzeichnet** ist (Abs. 2). Wer Beauftragter ist, entscheidet die Gewerkschaft. Die Unterzeichnung durch eine nichtvertretungsberechtigte Person ist nur wirksam, wenn die Vollmacht bis zum Ablauf der Frist für die Einreichung der Wahlvorschläge erbracht wird (a. A. LAG Hamm 10. 3. 1998, NZA-RR 1998, 400, das den Nachweis der Bevollmächtigung innerhalb der Zweiwochenfrist des § 6 Abs. 1 Satz 2 dann nicht verlangt, wenn der Wahlvorstand einen solchen Nachweis nicht in der Frist gefordert hat). Geschieht dies nicht, so ist der Wahlvorschlag ungültig. Keine Rolle spielt, ob die Beauftragten dem Betrieb angehören. Deshalb ist vorgesehen, dass die Gewerkschaft einen Arbeitnehmer des Betriebs, der Mitglied der Gewerkschaft ist, als Listenvertreter benennen kann (Abs. 3 Satz 2). Der Arbeitnehmer braucht nicht einer der beiden Beauftragten zu sein, die den Wahlvorschlag unterzeichnet haben. Wird kein Listenvertreter benannt, so gilt der an erster Stelle unterzeichnete Beauftragte als Listenvertreter (Abs. 3 Satz 1).

Im Übrigen gelten die **gleichen Grundsätze wie für die Wahlvorschläge der Belegschaftsangehörigen.**

Zweiter Teil.
Wahl des Betriebsrats im vereinfachten Wahlverfahren
(§ 14 a des Gesetzes)

Vorbemerkung

Ein erklärtes Ziel des BetrVerf-ReformG (BGBl. I, S. 1852) war es, Hürden für die Bildung von Betriebsräten abzubauen, um dem Umstand Rechnung zu tragen, dass gerade in Kleinbetrieben verhältnismäßig selten Betriebsräte bestehen (BT-Drucks. 14/5741, S. 36 f.). Zu diesem Zweck hat der Gesetzgeber in § 14 a Abs. 1 BetrVG für Kleinbetriebe mit **bis zu 50 wahlberechtigten Arbeitnehmern** ein vereinfachtes Wahlverfahren **zwingend** eingeführt. In solchen Betrieben besteht nicht die Möglichkeit, statt nach § 14 a BetrVG nach dem regulären Wahlverfahren zu wählen. In Betrieben mit **51 bis 100 wahlberechtigten Arbeitnehmern** können nach § 14 a Abs. 5 BetrVG Wahlvorstand und Arbeitgeber **vereinbaren,** dass die Betriebsratswahl nach Maßgabe des vereinfachten Wahlverfahrens stattfinden soll. Die Bestellung des Wahlvorstands erfolgt in diesem Fall allerdings gemäß § 16 BetrVG nach den allgemeinen Regeln (s. § 37).

Die wesentlichen Grundzüge des vereinfachten Wahlverfahrens sind die Verkürzung von Fristen und die Ersetzung der Urnenwahl durch eine Wahlversammlung. § 14 a BetrVG unterscheidet abhängig davon, ob in dem Betrieb bereits ein Betriebsrat besteht oder nicht, zwischen einen zweistufigen und einem einstufigen Wahlverfahren.

§ 14 a Abs. 1 und Abs. 2 BetrVG enthält das **zweistufige** vereinfachte Wahlverfahren; Einzelheiten sind in §§ 28 bis 35 geregelt. Hierbei wird in einer ersten Wahlversammlung der Wahlvorstand gewählt; die Betriebsratswahl findet eine Woche später auf einer zweiten Wahlversammlung statt. Indem sie das zweistufige Wahlverfahren in § 14 a Abs. 1 und 2 BetrVG sowie in §§ 28 ff. an die Spitze stellt, erweckt die Systematik des Gesetzes und der VO den Eindruck, dieses sei die Grundform des vereinfachten Wahlverfahrens. Das ist zumindest irreführend. In der Praxis dürfte besagte Form verhältnismäßig selten vorkommen. Das zweistufige Verfahren ist nur für betriebsratslose Betriebe vorgesehen und gelangt überdies nur dann zur Anwendung, wenn weder ein

Gesamtbetriebsrat noch ein Konzernbetriebsrat existiert, oder diese die Bestellung eines Wahlvorstands unterlassen haben. Das zweistufige Verfahren scheidet ebenso aus, wenn der Wahlvorstand gemäß § 17a Nr. 4 i. V. mit § 17 Abs. 4 BetrVG durch das Arbeitsgericht bestellt wird.

4 In der Praxis dürfte daher das **einstufige** vereinfachte Verfahren i. S. des § 14a Abs. 3 BetrVG weitaus häufiger werden. Dieses ist in § 36 geregelt. Hierbei kommt es nur zu einer Wahlversammlung, auf der direkt die Wahl des Betriebsrats stattfindet. Es gelangt in Kleinbetrieben zur Anwendung, in denen bereits ein Betriebsrat besteht, wenn dieser am Ende seiner Amtszeit ordnungsgemäß einen Wahlvorstand bestellt (§ 16 Abs. 1 BetrVG); in § 17a Nr. 1 BetrVG ist für Kleinbetriebe lediglich die Frist für die Bestellung von zehn auf vier Wochen verkürzt. Bestellt der Betriebsrat den Wahlvorstand nicht rechtzeitig, kann dies nach § 16 Abs. 3 BetrVG durch den Gesamtbetriebsrat oder, falls ein solcher nicht besteht, durch den Konzernbetriebsrat erfolgen. Daneben kommt eine Ersatzbestellung durch das Arbeitsgericht gemäß § 16 Abs. 2 BetrVG auf Antrag von mindestens drei wahlberechtigten Arbeitnehmern oder einer im Betrieb vertretenen Gewerkschaft in Betracht; § 17a Nr. 1 BetrVG verkürzt insoweit die Frist des § 16 Abs. 2 und Abs. 3 BetrVG von acht auf drei Wochen. In sämtlichen genannten Fällen (Bestellung des Wahlvorstands durch den amtierenden Betriebsrat, Bestellung durch den Gesamt- oder Konzernbetriebsrat, Ersatzbestellung durch das Arbeitsgericht) wird der Betriebsrat in nur einer Wahlversammlung in geheimer und unmittelbarer Wahl gewählt.

Erster Abschnitt. Wahl des Betriebsrats im zweistufigen Verfahren (§ 14a Abs. 1 des Gesetzes)

Erster Unterabschnitt. Wahl des Wahlvorstands

§ 28 Einladung zur Wahlversammlung

(1) ¹Zu der Wahlversammlung, in der der Wahlvorstand nach § 17a Nr. 3 des Gesetzes (§ 14a Abs. 1 des Gesetzes) gewählt wird, können drei Wahlberechtigte des Betriebs oder eine im Betrieb vertretene Gewerkschaft einladen (einladende Stelle) und Vorschläge für die Zusammensetzung des Wahlvorstands machen. ²Die Einladung muss mindestens sieben Tage vor dem Tag der Wahlversammlung erfolgen. ³Sie ist durch Aushang an geeigneten Stellen im Betrieb bekannt zu machen. ⁴Ergänzend kann die Einladung mittels der im Betrieb vorhandenen Informations- und Kommunikationstechnik bekannt gemacht werden; § 2 Abs. 4 Satz 4 gilt entsprechend. ⁵Die Einladung muss folgende Hinweise enthalten:

a) Ort, Tag und Zeit der Wahlversammlung zur Wahl des Wahlvorstands;
b) dass Wahlvorschläge zur Wahl des Betriebsrats bis zum Ende der Wahlversammlung zur Wahl des Wahlvorstands gemacht werden können (§ 14a Abs. 2 des Gesetzes);
c) dass Wahlvorschläge der Arbeitnehmerinnen und Arbeitnehmer zur Wahl des Betriebsrats mindestens von einem Zwanzigstel der Wahlberechtigten, mindestens jedoch von drei Wahlberechtigten unterzeichnet sein müssen; in Betrieben mit in der Regel bis zu zwanzig Wahlberechtigten reicht die Unterzeichnung durch zwei Wahlberechtigte;
d) dass Wahlvorschläge zur Wahl des Betriebsrats, die erst in der Wahlversammlung zur Wahl des Wahlvorstands gemacht werden, nicht der Schriftform bedürfen.

(2) Der Arbeitgeber hat unverzüglich nach Aushang der Einladung zur Wahlversammlung nach Absatz 1 der einladenden Stelle alle für die Anfertigung der Wählerliste erforderlichen Unterlagen in einem versiegelten Umschlag auszuhändigen.

I. Einladung und einladende Stellen

Nach Abs. 1 Satz 1 können **drei wahlberechtigte Arbeitnehmer** oder eine **im Betrieb vertretene Gewerkschaft** zur Wahlversammlung zur Wahl des Wahlvorstands einladen und Vorschläge für die Zusammensetzung des Wahlvorstands machen (entsprechend §§ 17a Nr. 3 Satz 2, 17 Abs. 3 BetrVG). Die Einladung muss mindestens **sieben Tage** vor dem Tag der Wahlversammlung erfolgen (Abs. 1 Satz 2).

Die Einladung kann durch **Aushang** an geeigneten Stellen im Betrieb bekannt gemacht werden, nach Abs. 1 Satz 4 auch mittels der **im Betrieb vorhandenen Informations- und Kommunikationstechnik**. In Betracht kommt also eine Einladung per E-Mail oder durch Veröffentlichung im Intranet. Die Einladung kann ergänzend (Abs. 1 Satz 4 Halbsatz 1) oder ausschließlich (Abs. 1 Satz 4 Halbsatz 2 i. V. mit § 2 Abs. 4 Satz 4) in elektronischer Form vorgenommen werden. Abs. 1 Satz 4 Halbsatz 2 ist unglücklich formuliert; er ist nicht dahingehend zu verstehen, dass bereits bei der ergänzenden Einladung in elektronischer Form die strengen Voraussetzungen des § 2 Abs. 4 Satz 4 gegeben sein müssen (ebenso GK-*Kreutz*, § 28 Rn. 5). Der VO-Geber hat die gleiche Formulierung in § 3 Abs. 4 Satz 3 hinsichtlich der Bekanntmachung des Wahlausschreibens im regulären Wahlverfahren benutzt. Insoweit wird in der Begründung ausdrücklich klar gestellt, dass die entsprechende Anwendung des § 2 Abs. 4 Satz 4 die Möglichkeit der Bekanntmachung des Wahlausschreibens ausschließlich in elektronischer Form eröffnet. Auch ohne eine explizite entsprechende Klarstellung in der Begründung zu Abs. 1 Satz 4 besteht kein Anlass, bei der Einladung im vereinfachten Wahlverfahren anders zu entscheiden. Voraussetzung für eine Einladung **ausschließlich** in elektronischer Form ist nach Abs. 1 Satz 4 Halbsatz 2 i. V. mit § 2 Abs. 4 Satz 4 zunächst, dass alle wahlberechtigten Arbeitnehmer von der Einladung Kenntnis erlangen können, also einen eigenen E-Mail-Account oder Netzzugang und freien Zugriff auf einen Computer haben. Andernfalls kommt eine Bekanntmachung in elektronischer Form gemäß Abs. 1 Satz 4 Halbsatz 1 nur **ergänzend** neben dem Aushang der Einladung an geeigneten Stellen im Betrieb in Betracht. § 2 Abs. 4 Satz 4 setzt weiterhin voraus, dass Verkehrungen getroffen werden, dass Änderungen der Bekanntmachung nur vom Wahlvorstand vorgenommen werden können (s. hierzu näher § 2 Rn. 16). Diese Voraussetzung muss im Ergebnis sowohl bei der ausschließlichen als auch bei der ergänzenden Bekanntmachung in elektronischer Form erfüllt sein (s. dazu § 2 Rn. 17). Dies gilt auch für die elektronische Einladung zur Wahlversammlung; insbesondere in Anbetracht des engen Zeitplans für die Wahl des Betriebsrats im vereinfachten Verfahren ist jegliche Gefahr unzutreffender oder widersprüchlicher Angaben über Ort und Zeit der Wahlversammlung sowie hinsichtlich der Mindestangaben in Bezug auf die Einreichung der Wahlvorschläge (Abs. 1 Satz 5, s. dazu Rn. 4) zu vermeiden.

Der Arbeitgeber ist verpflichtet, der einladenden Stelle den **Zugriff auf ein vorhandenes Intranet oder E-Mail-System** und seine Nutzung zum Zwecke der Initiierung einer Betriebsratswahl zu gestatten; dies gilt auch dann, wenn die Initiative hierzu von einer im Betrieb vertretenen Gewerkschaft ausgeht (*Fitting*, § 28 Rn. 4). Die Pflicht des Arbeitgebers kann allerdings nicht so weit gehen, die Einladung durch eigenes Tätigwerden aktiv unterstützen zu müssen (weitergehend unter Bezugnahme auf den Grundsatz der vertrauensvollen Zusammenarbeit gemäß § 2 Abs. 1 BetrVG LAG Hamburg 16. 6. 1992, AiB 1993, 566 f., das eine Verpflichtung des Arbeitgebers bejaht, Einladungsschreiben der Gewerkschaft an die Beschäftigten zu übersenden; ebenso zumindest in Bezug auf betriebsabwesende Beschäftigte LAG Frankfurt 31. 3. 1994, AuR 1995, 104). Er hat der einladenden Stelle daher z. B. nicht eine allgemeine Mailing-Liste aller Arbeitnehmer des Betriebs zu überlassen (insoweit entsprechend auch LAG Hamburg, a. a. O., hinsichtlich der Aushändigung einer vollständigen Anschriftenliste aller Beschäftigten) oder bei der Einrichtung der Intranet-Seite behilflich zu sein. Die Möglichkeiten moderner Informations- und Kommunikationstechnik effektiv zu nutzen, ist allein Sache der einladenden Stelle selbst; der Arbeitgeber muss nur eine bereits vorhandene Infrastruktur zur Verfügung stellen. Nach Ansicht der Rechtsprechung ist der Arbeitgeber allerdings verpflichtet, allen regelmäßig auswärts beschäftigten Arbeitnehmern eine Einladung zu einer Betriebsversammlung zum Zweck der Wahl eines Wahlvorstands für die erstmalige Betriebsratswahl zukommen zu lassen (BAG 26. 2. 1992, DB 1992, 2147). Fehlt es an einer hinreichenden Möglichkeit der Kenntnisnahme für alle Arbeitnehmer, kann die Wahl des Wahlvorstands nichtig sein (BAG 7. 5. 1986 AP KSchG 1969 § 15 Nr. 18).

4   Die Einladung muss zunächst **Ort, Tag** und **Zeit der ersten Wahlversammlung** enthalten (Abs. 1 Satz 5 lit. a) Daneben verlangt Abs. 1 Satz 5 Mindestangaben im Hinblick auf die **Einreichung** und **Gestaltung von Wahlvorschlägen**. Die Angaben sind notwendig, da Wahlvorschläge beim Wahlvorstand nur bis zum Ende der Wahlversammlung zur Wahl des Wahlvorstands eingereicht werden können. Fehlen die Angaben in der Einladung, ist zu befürchten, dass nicht alle Arbeitnehmer von ihrem Wahlvorschlagsrecht Gebrauch machen können; dies wäre ein Verstoß gegen die Grundsätze einer demokratischen Wahl. Abs. 1 Satz 5 ist daher als **wesentliche Verfahrensvorschrift** zu erachten, bei deren Verletzung eine Wahlanfechtung gemäß § 19 BetrVG begründet sein kann. Inhaltlich ist zunächst der Hinweis aufzunehmen, dass bis zum Ende der Wahlversammlung zur Wahl des Wahlvorstands Wahlvorschläge gemacht werden können (Abs. 1 Satz 5 lit. b; s. auch § 33 Rn. 2). Daneben ist die Anzahl der gemäß § 14 Abs. 4 BetrVG notwendigen Stützunterschriften anzugeben (Abs. 1 Satz 5 lit. c) sowie darauf hinzuweisen, dass Wahlvorschläge zur Wahl des Betriebsrats, die erst in der Wahlversammlung zur Wahl des Wahlvorstands gemacht werden, nicht der Schriftform bedürfen (Abs. 1 Satz 5 lit. d). Sämtliche Angaben sind erneut in dem auf der ersten Wahlversammlung zu erlassenden Wahlausschreiben zu machen (§ 33 Abs. 1 Nr. 6 und 8). Ihre vorherige Bekanntmachung ist notwendig, damit die Arbeitnehmer dort ihre Wahlvorschläge ordnungsgemäß abgeben können. Wünschenswert wäre gewesen, wenn die Einladung auch bereits Informationen über die Möglichkeit der schriftlichen Stimmabgabe (§ 35) enthalten müsste. Hiervon erfahren die einzelnen Arbeitnehmer, sofern sie an dieser teilnehmen, erst auf der Wahlversammlung zur Wahl des Wahlvorstands. Da Anträge auf schriftliche Stimmabgabe spätestens drei Tage vor dem Tag der Wahlversammlung zur Wahl des Betriebsrats eingereicht werden müssen (§ 35 Abs. 1 Satz 2) und diese nur eine Woche nach der Wahlversammlung zur Wahl des Wahlvorstands statt findet (§ 14 Abs. 1 Satz 4 BetrVG), bleiben den Arbeitnehmern für die Mitteilung ihres Verlangens an den Wahlvorstand faktisch nur vier Tage Zeit. Um eine möglichst breite Teilnahme an der Betriebsratswahl zu ermöglichen, sollten Angaben zur schriftlichen Stimmabgabe, insbesondere zur Frist ihrer Geltendmachung, in die Einladung aufgenommen werden, obwohl Abs. 1 Satz 5 dies nicht ausdrücklich vorschreibt.

II. Unterstützungspflicht des Arbeitgebers

5   Unverzüglich nach Aushang der Einladung zur Wahlversammlung muss der Arbeitgeber der einladenden Stelle alle für die Anfertigung der Wählerliste erforderlichen Unterlagen in einem versiegelten Umschlag aushändigen (Abs. 2). Hierin liegt eine Besonderheit des vereinfachten Wahlverfahrens. Die Vorschrift tritt an die Stelle der allgemeinen Unterstützungspflicht des Arbeitgebers im regulären Wahlverfahren nach § 2 Abs. 2. Nach der Begründung des VO-Gebers sollen durch Abs. 2 die Voraussetzungen dafür geschaffen werden, dass der Wahlvorstand nach seiner Wahl schnellstmöglich über die Unterlagen zur Aufstellung der Wählerliste verfügen kann. Die Aufstellung der Wählerliste erfolgt unmittelbar im Anschluss an die Wahl des Wahlvorstands auf der ersten Wahlversammlung (s. § 30 Abs. 1 Satz 2).

Die Aushändigung der Unterlagen hat **unverzüglich** nach Aushang der Einladung zu 6 erfolgen, d. h. der Arbeitgeber hat ohne schuldhaftes Zögern die erforderlichen Unterlagen zusammenzustellen und an die einladende Stelle zu übergeben (*Fitting*, § 28 Rn. 6). Maximal bleibt ihm hierfür bis zum Tag der Wahlversammlung Zeit (d. h. mindestens sieben Tage, vgl. Abs. 1 Satz 2), da allein der dort zu wählende Wahlvorstand für die Auswertung der Unterlagen zwecks Aufstellung der Wählerliste zuständig ist. In vielen Fällen dürfte es allein deswegen notwendig sein, die **Maximalfrist ausnutzen,** um sicherzustellen, dass sich die Unterlagen auf neuestem Stand befinden. Je sorgfältiger der Arbeitgeber die Unterlagen zusammenstellt, desto geringer ist die Gefahr, dass die Wählerliste auf der ersten Wahlversammlung mangels hinreichender Informationen nicht ordnungsgemäß erstellt werden kann. Nur in wenigen Ausnahmefällen wird man daher ein schuldhaftes Zögern des Arbeitgebers und damit eine Verletzung seiner Unterstützungspflicht annehmen können. Hinzu kommt, dass der einladenden Stelle dem Arbeitgeber gegenüber keine Informationspflicht hinsichtlich der Initiierung der Betriebsratswahl obliegt; es wird erwartet, dass der Arbeitgeber von dieser allein auf Grund der (nicht an ihn gerichteten) Einladung Kenntnis erlangt. Solange dies tatsächlich nicht geschehen ist, kann schuldhaftes Zögern nicht angenommen werden.

Die einladende Stelle hat kein Einsichtsrecht in die ihr übergebenen Unterlagen, sie 7 hat lediglich eine Botenfunktion; dem wird durch die auch aus datenschutzrechtlichen Gründen notwendige Übergabe in einem **versiegelten Umschlag** Rechnung getragen. Im ersten Entwurf der WO sollte noch ein verschlossener Umschlag genügen; die dem Bundesrat zur Zustimmung weitergeleitete Fassung verlangte sodann die Übergabe in einem versiegelten Umschlag. Voraussetzung kann keine Versiegelung im technischen Sinne sein, da hierzu ausschließlich siegelführende Stellen (Behörden, Notare) befugt und in der Lage sind. Der Verschärfung der Anforderungen durch den VO-Geber scheint die Absicht zu Grunde zu liegen, gewährleisten zu wollen, dass der Umschlag jedenfalls dergestalt verschlossen sein muss, dass eine unbefugte Öffnung durch die einladende Stelle sichtbar wird. Es muss daher reichen, wenn der Umschlag fest verklebt und an der Verklebung mit einem Stempel (z. B. Firmenstempel) versehen wird (zum gleichen Begriff in § 12 Abs. 5 s. dort Rn. 5). Abs. 2 gibt der einladenden Stelle einen **Rechtsanspruch** gegen den Arbeitgeber, der im Wege des Beschlussverfahrens, notfalls auch durch eine einstweilige Verfügung durchgesetzt werden kann. Der Anspruch ist allerdings lediglich auf die Übergabe eines versiegelten Umschlags bis spätestens vor Beginn der Wahlversammlung gerichtet, völlig unabhängig vom Inhalt der in dem Umschlag enthaltenen Unterlagen.

Der Arbeitgeber hat die Unterlagen **nach Aushang der Einladung,** d. h. ohne gesonder- 8 te Mitteilung oder Aufforderung durch die einladende Stelle, zu übergeben. Der einladenden Stelle ist zu raten, den Arbeitgeber auch ohne entsprechende gesetzliche Verpflichtung ausdrücklich um die Übergabe der Unterlagen zu bitten. Erfolgt die Einladung durch drei wahlberechtigte Arbeitnehmer des Betriebs, reicht die Aushändigung an einen der auf der Einladung Genannten. Bei einer Einladung durch eine im Betrieb vertretene Gewerkschaft ist der versiegelte Umschlag einem im Betrieb beschäftigten, auf der Einladung genannten Gewerkschaftsvertreter zu übergeben.

Gegenständlich sind an die Unterstützungspflicht des Arbeitgebers die gleichen Anfor- 9 derungen zu stellen wie allgemein bei § 2 Abs. 2 (s. § 2 Rn. 11 ff.). Die Angaben müssen den Familiennamen, Vornamen, das Geburtsdatum und das Datum des Eintritts in den Betrieb hinsichtlich aller dort beschäftigten Arbeitnehmer enthalten (DKK-*Schneider,* § 2 Rn. 15 unter Hinweis auf LAG Baden-Württemberg 30. 10. 92 – 1 TaBV 2/92, juris). Ob die Angaben in Form von selbst erstellten Listen gemacht werden oder die Arbeitsverträge übergeben werden, bleibt dem Arbeitgeber überlassen; Abs. 2 enthält keine Vorgaben hinsichtlich der Art und Weise, wie er seiner Unterstützungspflicht nachzukommen hat. Es muss aber gewährleistet sein, dass der Wahlvorstand durch die Angaben die **Arbeitnehmereigenschaft** und die **Wahlberechtigung** der im Betrieb Be-

Thüsing

schäftigten **feststellen** kann. Hierbei geht es insbesondere um die Abgrenzung zu leitenden Angestellten i. S. des § 5 Abs. 3 BetrVG, zu den von der betriebsverfassungsrechtlichen Arbeitnehmereigenschaft ausgenommenen Personen gemäß § 5 Abs. 2 BetrVG und zu freien Mitarbeitern (s. § 2 Rn. 12 f.). Diesen „Problemgruppen" hat § 7 Satz 2 BetrVG mit den wahlberechtigten Arbeitnehmern eines anderen Arbeitgebers (Leiharbeitnehmer) eine neue hinzugefügt. Um ihre Wahlberechtigung beurteilen zu können, müssen Unterlagen übergeben werden, aus denen sich Beginn und (voraussichtliches) Ende ihres Einsatzes im Betrieb ergeben (vgl. § 7 BetrVG Rn. 10 und § 2 Rn. 1 f.). Der Arbeitgeber ist allerdings nicht verpflichtet, zur Beurteilung etwaiger Problemfälle zwingend Vertragsdokumente, z. B. den Dienstvertrag mit einem freien Mitarbeiter oder im Falle eines Leiharbeitnehmers den Leihvertrag, zur Verfügung zu stellen. Dem Arbeitgeber ist hinsichtlich der Erforderlichkeit der Unterlagen eine Einschätzungsprärogative zuzubilligen.

10   Dies kann den Wahlvorstand vor erhebliche Schwierigkeiten stellen, die der VO-Geber entweder übersehen oder bewusst in Kauf genommen hat. Während die zur Erstellung der Wählerliste erforderlichen Angaben im regulären Verfahren nach § 2 Abs. 2 in einem Dialog vom Wahlvorstand angefragt und durch den Arbeitgeber übermittelt werden können, muss der Wahlvorstand im vereinfachten Verfahren die Wählerliste nach § 30 Abs. 1 Satz 2 allein anhand der in dem versiegelten Umschlag enthaltenen Unterlagen erstellen. Sind die Angaben des Arbeitgebers hierfür unzureichend, bringt dies den Ablauf und den engen Zeitplan des Wahlverfahrens erheblich in Unordnung. Die WO enthält keine Regelung oder Sanktion für den Fall, dass die dem Wahlvorstand übergebenen Unterlagen ihn nicht zur Aufstellung der Wählerliste befähigen.

11   Verletzt der Arbeitgeber die Unterstützungspflicht nach Abs. 2, folgen die auch allgemein bei einem Verstoß gegen § 2 Abs. 2 einschlägigen Sanktionen (s. § 2 Rn. 11). Dem Wahlvorstand ist, obwohl er in Abs. 2 nicht als Adressat der Unterlagen genannt ist, ein **Rechtsanspruch** gegen den Arbeitgeber auf Aushändigung der zur Aufstellung der Wählerliste erforderlichen Unterlagen zuzubilligen. Dieser Anspruch kann im Beschlussverfahren geltend gemacht werden. Da die Aufstellung der Wählerliste jedoch auf der ersten Wahlversammlung unmittelbar nach Aushändigung des Umschlags zu erfolgen hat, hilft dem Wahlvorstand, sofern die Unterlagen ihn hierzu nicht befähigen, selbst die Möglichkeit, eine einstweilige Verfügung zu beantragen, nicht weiter.

12   Diese praktischen Schwierigkeiten können dadurch etwas gemildert werden, dass man **kumulativ die allgemeine Unterstützungspflicht gemäß § 2 Abs. 2** auch im vereinfachten Verfahren anwendet; in § 30 Abs. 1 Satz 5 ist ausdrücklich die entsprechende Anwendung des § 2 Abs. 2 angeordnet. Insoweit kommt nicht in Betracht, dass der Arbeitgeber über die in dem versiegelten Umschlag enthaltenen Angaben hinaus auf der Wahlversammlung zur Wahl des Wahlvorstands selbst weitere Auskünfte gibt und Unterlagen vorlegt. Der Arbeitgeber hat kein Teilnahmerecht an der Wahlversammlung (s. § 29 Rn. 2); ebenso wenig steht der einladenden Stelle das Recht zu, sein Erscheinen zwecks Aufklärung von etwaigen „Problemfällen" bei der Aufstellung der Wählerliste zu verlangen. § 2 Abs. 2 gibt nur dem Wahlvorstand einen Rechtsanspruch gegen den Arbeitgeber; er wird auf der Wahlversammlung aber erst gewählt. Nach § 30 Abs. 2 i. V. mit § 4 Abs. 3 hat der Wahlvorstand die Wählerliste nach Ablauf der Einspruchsfrist (im vereinfachten Verfahren: drei Tage seit Erlass des Wahlausschreibens, s. § 30 Abs. 2) nochmals auf ihre Vollständigkeit hin zu überprüfen. Bis zu diesem Zeitpunkt kann er vom Arbeitgeber erforderliche Angaben und Unterlagen, die nicht in dem ihm übergebenen Umschlag enthalten waren, verlangen. Eine entsprechende Unterstützungspflicht des Arbeitgebers ist auf Grund der hohen Bedeutung, die der Richtigkeit der Wählerliste für die Ordnungsmäßigkeit der Wahl zukommt, in teleologischer Ergänzung des Abs. 2 zu bejahen.

§ 29 Wahl des Wahlvorstands

¹Der Wahlvorstand wird in der Wahlversammlung zur Wahl des Wahlvorstands von der Mehrheit der anwesenden Arbeitnehmerinnen und Arbeitnehmer gewählt (§ 17a Nr. 3 Satz 1 des Gesetzes). ²Er besteht aus drei Mitgliedern (§ 17a Nr. 2 des Gesetzes). ³Für die Wahl der oder des Vorsitzenden des Wahlvorstands gilt Satz 1 entsprechend.

Erläuterung

Für die Wahl des aus drei Mitgliedern (Satz 2) bestehenden Wahlvorstands (Satz 1) ist ein bestimmtes Quorum nicht vorausgesetzt. Das Fernbleiben von der Wahlversammlung – sei es aus Desinteresse, sei es aus Ablehnung – kann die Bestellung des Wahlvorstands also nicht verhindern. Es reicht die **Mehrheit der anwesenden Arbeitnehmer**. Gleiches gilt für die obligatorische Wahl eines Vorsitzenden des Wahlvorstands. Satz 3 legt fest, dass dieser unmittelbar von den bei der Wahlversammlung anwesenden Arbeitnehmern und nicht durch den Wahlvorstand selbst zu wählen ist. 1

Dem Arbeitgeber steht **kein Teilnahmerecht** an der Wahlversammlung zu. Die Frage ist für das reguläre Wahlverfahren nach altem Recht umstritten. Weder der Gesetzgeber noch der VO-Geber haben sie im Zuge der Reform des BetrVG und der VO ausdrücklich entschieden (krit. hierzu *Däubler*, AuR 2001, 285, 287). Gegen die Annahme eines Teilnahmerechts des Arbeitgebers spricht, dass dies die Möglichkeit einer Beeinflussung bei der Bildung des Wahlvorstands mit sich bringen könnte und der generellen Gesetzestendenz zuwiderliefe, die Bildung von Organen der Betriebsverfassung zu erleichtern (DKK-*Schneider*, § 17 BetrVG Rn. 6 unter Hinweis auf LAG Niedersachsen 15. 4. 1977 – 5 TaBV 38/77; a. A. LAG Baden-Württemberg 30. 10. 1992, AuR 1993, 374; LAG Berlin 10. 2. 1986, AuR 1987, 34; *Fitting*, § 17 BetrVG Rn. 26; GK-*Kreutz*, § 17 BetrVG Rn. 28). In § 14a und § 17 BetrVG ist von einem Teilnahmerecht des Arbeitgeber nicht die Rede, ebenso wenig in §§ 29 ff. Bereits im Wege eines Umkehrschlusses aus § 43 Abs. 2 Satz 1 und 2 BetrVG, wo das Teilnahmerecht für andere Betriebsversammlungen als die Wahlversammlung hingegen explizit vorgesehen ist, folgt daher, dass ein solches für die Wahlversammlung nicht besteht. Diese Vorstellung lag offenbar auch der Regelung des § 28 Abs. 2 zu Grunde, der zufolge der Arbeitgeber die für die Erstellung der Wählerliste erforderlichen Unterlagen der einladenden Stelle in einem versiegelten Umschlag auszuhändigen hat. Der unnötige Umweg über die einladende Stelle hätte vermieden werden können, wäre es dem Arbeitgeber möglich, dem Wahlvorstand die erforderlichen Unterlagen auf der ersten Wahlversammlung persönlich auszuhändigen. Da dort die Anwesenheit des Arbeitgebers verhindert werden soll, hat sich der VO-Geber für die komplizierte Regelung des § 28 Abs. 2 entschieden. Der Arbeitgeber hat im zweistufigen vereinfachten Verfahren weder bei der Wahlversammlung zur Wahl des Wahlvorstands noch bei der Wahlversammlung zur Wahl des Betriebsrats ein Teilnahmerecht. 2

Zweiter Unterabschnitt. Wahl des Betriebsrats

§ 30 Wahlvorstand, Wählerliste

(1) ¹Unmittelbar nach seiner Wahl hat der Wahlvorstand in der Wahlversammlung zur Wahl des Wahlvorstands die Wahl des Betriebsrats einzuleiten. ²§ 1 gilt entsprechend. ³Er hat unverzüglich in der Wahlversammlung eine Liste der Wahlberechtigten (Wählerliste), getrennt nach den Geschlechtern, aufzustellen. ⁴Die einladende Stelle hat dem Wahlvorstand den ihr nach § 28 Abs. 2 ausgehändigten versiegelten Umschlag zu

übergeben. ⁵Die Wahlberechtigten sollen in der Wählerliste mit Familienname, Vorname und Geburtsdatum in alphabetischer Reihenfolge aufgeführt werden. ⁶§ 2 Abs. 1 Satz 3, Abs. 2 bis 4 gilt entsprechend.

(2) ¹Einsprüche gegen die Richtigkeit der Wählerliste können mit Wirksamkeit für die Betriebsratswahl nur vor Ablauf von drei Tagen seit Erlass des Wahlausschreibens beim Wahlvorstand schriftlich eingelegt werden. ²§ 4 Abs. 2 und 3 gilt entsprechend.

I. Einleitung der Betriebsratswahl

1   Unmittelbar nach seiner Konstituierung hat der Wahlvorstand auf der Wahlversammlung die Wahl des Betriebsrats einzuleiten. Die erste Wahlversammlung dient also nicht nur der Wahl des Wahlvorstands. Die Wahl des Betriebsrats ist mit Erlass des Wahlausschreibens (§ 31 Abs. 1 Satz 2) eingeleitet. Für die Geschäftsführung des Wahlvorstands gilt die allgemeine Vorschrift des § 1 (s. § 1 Rn. 8 ff.).

II. Aufstellung und Bekanntgabe der Wählerliste

2   Zunächst hat der Wahlvorstand auf der ersten Wahlversammlung (vgl. § 31 Abs. 1 Satz 1) die Wählerliste aufzustellen. Dies muss **unverzüglich**, d. h. ohne schuldhaftes Zögern, als erste Amtshandlung nach seiner Konstituierung geschehen. Die Wählerliste ist **getrennt nach den Geschlechtern** aufzustellen (Abs. 1 Satz 2); dies ermöglicht die spätere Bestimmung der Mindestsitze für das Geschlecht in der Minderheit nach § 5. Damit der Wahlvorstand die Wählerliste aufstellen kann, hat die einladende Stelle ihm die ihr vom Arbeitgeber gemäß § 28 Abs. 2 in einem versiegelten Umschlag übergebenen Unterlagen weiterzugeben (Abs. 1 Satz 3). Andere Unterlagen oder Auskunftsquellen stehen dem Wahlvorstand auf der Wahlversammlung nicht zur Verfügung; die Wählerliste kann nur so aufgestellt werden, wie sich die Arbeitnehmereigenschaft und die Wahlberechtigung (s. § 2 Rn. 1 ff.) der im Betrieb Beschäftigten aus den übergebenen Unterlagen ermitteln lassen. Nach Beendigung kommt ein weitergehender Auskunftsanspruch des Wahlvorstands gegen den Arbeitgeber gemäß Abs. 1 Satz 5 i. V. mit § 2 Abs. 2 und die Möglichkeit der Berichtigung der Wählerliste in Betracht (s. § 28 Rn. 12).

3   Die Wählerliste soll die Wahlberechtigten mit Familienname, Vorname und Geburtsdatum in alphabetischer Reihenfolge enthalten (Abs. 1 Satz 4). Die Verletzung dieser *Soll-Vorschrift* rechtfertigt nicht die Anfechtung der Wahl (s. § 2 Rn. 9). Weiterhin sind die nach § 14 Abs. 2 Satz 1 AÜG nicht passiv Wahlberechtigten in der Wählerliste auszuweisen (Abs. 1 Satz 5 i. V. mit § 2 Abs. 1 Satz 3).

4   Gemäß Abs. 1 Satz 5 i. V. mit § 2 Abs. 4 sind ein Abdruck der WO selbst und der erstellten Wählerliste vom Tage der Einleitung der Wahl, d. h. vom Tage der ersten Wahlversammlung (§ 31 Abs. 1 Satz 2), bis zum Abschluss der Stimmabgabe an geeigneter Stelle im Betrieb zur Einsichtnahme **auszulegen**. Dies kann das bewährte „Schwarze Brett" sein, nach § 2 Abs. 4 Satz 3 und 4 aber auch **im Betrieb vorhandene Informations- oder Kommunikationstechnik**. Die Bekanntgabe **ausschließlich** in elektronischer Form kommt nur unter der Voraussetzung in Betracht, dass alle Arbeitnehmer von der Bekanntmachung Kenntnis erlangen können und Vorkehrungen getroffen werden, dass Änderungen der Bekanntmachung nur vom Wahlvorstand vorgenommen werden können. Eine Bekanntmachung im Intranet ist daher nur in Betrieben möglich, in denen jeder Arbeitnehmer Zugriff auf einen Computer mit Netzzugang hat. Weiterhin ist sicherzustellen, dass allein dem Wahlvorstand von einem nur ihm zugänglichen Computer aus Änderungsrechte eingeräumt sind (zu den Anforderungen s. § 2 Rn. 16). Praktisch schwierig kann im Einzelfall zu realisieren sein, dass die Bekanntmachung wie

vorgeschrieben bereits am Tag der Wahlversammlung im Netz steht. Eine Versendung per E-Mail an alle Arbeitnehmer kommt nicht in Betracht, da die Wählerliste an einer einzigen zentralen Stelle (sei es körperlich oder virtuell) bekannt gemacht werden muss; überdies würde eine solche Vorgehensweise für jeden Fall ihrer Änderung die Verschickung neuer E-Mails notwendig machen. Können nicht alle Arbeitnehmer von der Bekanntmachung mittels im Betrieb vorhandener Informations- und Kommunikationstechnik Kenntnis erlangen, kommt nach Abs. 1 Satz 5 i. V. mit § 2 Abs. 4 Satz 3 eine **ergänzende** Bekanntmachung in elektronischer Form in Betracht. Auch in diesem Fall müssen allerdings Vorkehrungen getroffen werden, dass Änderungen ausschließlich vom Wahlvorstand vorgenommen werden können (s. hierzu § 2 Rn. 17). Zur Reichweite der Mitwirkungspflicht des Arbeitgebers s. § 2 Rn. 18.

Die **Bekanntmachung eines Abdrucks der Wählerliste** ist wesentlicher Verfahrensteil. 5 Unterbleibt sie oder erfolgt sie nicht ordnungsgemäß, so begründet der Verstoß die Wahlanfechtung, falls das Wahlergebnis beeinflusst sein kann. Dagegen wird man in der Pflicht zur Bekanntmachung eines Abdrucks dieser VO nur eine Ordnungsvorschrift zu erblicken haben, so dass dieser Verfahrensmangel eine Anfechtung der Betriebsratswahl nicht rechtfertigt (ebenso *Fitting*, § 2 Rn. 9; GL-*Marienhagen*, § 2 Rn. 10; DKK-*Schneider*, § 2 Rn. 11; a. A. GK-*Kreutz*, § 2 Rn. 15).

III. Einsprüche gegen die Richtigkeit der Wählerliste

Auf Grund der „ad-hoc-Aufstellung" der Wählerliste in der Wahlversammlung allein 6 mit Hilfe der einseitig vom Arbeitgeber zusammengestellten Unterlagen besteht im vereinfachten Verfahren eine erhöhte Gefahr von Streitfällen und damit eine höhere Wahrscheinlichkeit von Einsprüchen gegen die Richtigkeit der Wählerliste. Mit Wirksamkeit für die Betriebsratswahl können diese **binnen drei Tagen seit Erlass des Wahlausschreibens** geltend gemacht werden; sie sind **schriftlich** beim Wahlvorstand einzulegen. Die Frist berechnet sich nach den allgemeinen Vorschriften des BGB. Fällt das Fristende auf einen Sonn- oder Feiertag, endet die Frist mit dem nachfolgenden Werktag (§§ 187, 188, 193 BGB i. V. mit § 41). Im regulären Verfahren bleibt den Betroffenen demgegenüber zwei Wochen Zeit, um einen Einspruch gegen die Wählerliste einzulegen (§ 4 Abs. 1). In der Verkürzung dieser Frist für das vereinfachte Wahlverfahren liegt eine nach demokratischen Wahlgrundsätzen bedenkliche Beeinträchtigung der Verfahrenssicherheit.

Der Wahlvorstand hat über Einsprüche unverzüglich, d. h. ohne schuldhaftes Zögern, 7 zu entscheiden (Abs. 2 Satz 2 i. V. mit § 4 Abs. 2 Satz 1). Im vereinfachten Verfahren bleibt dem Wahlvorstand für seine Entscheidung ohnehin nicht viel Zeit. Nach Ablauf der dreitägigen Einspruchsfrist ist die Wählerliste abschließend auf ihre Vollständigkeit zu überprüfen (Abs. 2 Satz 2 i. V. mit § 4 Abs. 3). Die Entscheidung muss dem Einspruchsführer spätestens am Tage vor dem Beginn der Stimmabgabe zugehen (Abs. 2 Satz 2 i. V. mit § 4 Abs. 2 Satz 5 Halbsatz 2), auf Grund der Wochenfrist zwischen erster und zweiter Wahlversammlung (§ 14a Abs. 1 Satz 2 BetrVG) also binnen drei Tagen nach Ablauf der Einspruchsfrist.

§ 31 Wahlausschreiben

(1) ¹Im Anschluss an die Aufstellung der Wählerliste erlässt der Wahlvorstand in der Wahlversammlung das Wahlausschreiben, das von der oder dem Vorsitzenden und von mindestens einem weiteren stimmberechtigten Mitglied des Wahlvorstands zu unterschreiben ist. ²Mit Erlass des Wahlausschreibens ist die Betriebsratswahl eingeleitet. ³Das Wahlausschreiben muss folgende Angaben enthalten:

1. das Datum seines Erlasses;
2. die Bestimmung des Orts, an dem die Wählerliste und diese Verordnung ausliegen sowie im Fall der Bekanntmachung in elektronischer Form (§ 2 Abs. 4 Satz 3 und 4) wo und wie von der Wählerliste und der Verordnung Kenntnis genommen werden kann;
3. dass nur Arbeitnehmerinnen und Arbeitnehmer wählen oder gewählt werden können, die in die Wählerliste eingetragen sind, und dass Einsprüche gegen die Wählerliste (§ 4) nur vor Ablauf von drei Tagen seit dem Erlass des Wahlausschreibens schriftlich beim Wahlvorstand eingelegt werden können; der letzte Tag der Frist ist anzugeben;
4. den Anteil der Geschlechter und den Hinweis, dass das Geschlecht in der Minderheit im Betriebsrat mindestens entsprechend seinem zahlenmäßigen Verhältnis vertreten sein muss, wenn der Betriebsrat aus mindestens drei Mitgliedern besteht (§ 15 Abs. 2 des Gesetzes);
5. die Zahl der zu wählenden Betriebsratsmitglieder (§ 9 des Gesetzes) sowie die auf das Geschlecht in der Minderheit entfallenden Mindestsitze im Betriebsrat (§ 15 Abs. 2 des Gesetzes);
6. die Mindestzahl von Wahlberechtigten, von denen ein Wahlvorschlag unterzeichnet sein muss (§ 14 Abs. 4 des Gesetzes) und den Hinweis, dass Wahlvorschläge, die erst in der Wahlversammlung zur Wahl des Wahlvorstands gemacht werden, nicht der Schriftform bedürfen (§ 14 a Abs. 2 zweiter Halbsatz des Gesetzes);
7. dass der Wahlvorschlag einer im Betrieb vertretenen Gewerkschaft von zwei Beauftragten unterzeichnet sein muss (§ 14 Abs. 5 des Gesetzes);
8. dass Wahlvorschläge bis zum Abschluss der Wahlversammlung zur Wahl des Wahlvorstands bei diesem einzureichen sind (§ 14 a Abs. 2 erster Halbsatz des Gesetzes);
9. dass die Stimmabgabe an die Wahlvorschläge gebunden ist und dass nur solche Wahlvorschläge berücksichtigt werden dürfen, die fristgerecht (Nr. 8) eingereicht sind;
10. die Bestimmung des Orts, an dem die Wahlvorschläge bis zum Abschluss der Stimmabgabe aushängen;
11. Ort, Tag und Zeit der Wahlversammlung zur Wahl des Betriebsrats (Tag der Stimmabgabe – § 14 a Abs. 1 Satz 3 und 4 des Gesetzes);
12. dass Wahlberechtigten, die an der Wahlversammlung zur Wahl des Betriebsrats nicht teilnehmen können, Gelegenheit zur nachträglichen schriftlichen Stimmabgabe gegeben wird (§ 14 Abs. 4 des Gesetzes); das Verlangen auf nachträgliche schriftliche Stimmabgabe muss spätestens drei Tage vor dem Tag der Wahlversammlung zur Wahl des Betriebsrats dem Wahlvorstand mitgeteilt werden;
13. Ort, Tag und Zeit der nachträglichen schriftlichen Stimmabgabe (§ 14 a Abs. 4 des Gesetzes) sowie die Betriebsteile und Kleinstbetriebe, für die nachträgliche schriftliche Stimmabgabe entsprechend § 24 Abs. 3 beschlossen ist;
14. den Ort, an dem Einsprüche, Wahlvorschläge und sonstige Erklärungen gegenüber dem Wahlvorstand abzugeben sind (Betriebsadresse des Wahlvorstands);
15. Ort, Tag und Zeit der öffentlichen Stimmauszählung.

(2) [1]Ein Abdruck des Wahlausschreibens ist vom Tage seines Erlasses bis zum letzten Tage der Stimmabgabe an einer oder mehreren geeigneten, den Wahlberechtigten zugänglichen Stellen vom Wahlvorstand auszuhängen und in gut lesbarem Zustand zu erhalten. [2]Ergänzend kann das Wahlausschreiben mittels der im Betrieb vorhandenen Informations- und Kommunikationstechnik bekannt gemacht werden. [3]§ 2 Abs. 4 Satz 4 gilt entsprechend.

I. Erlass und Inhalt des Wahlausschreibens

Nach der Aufstellung der Wählerliste (§ 30 Abs. 1 Satz 2) muss der Wahlvorstand auf der ersten Wahlversammlung das Wahlausschreiben erlassen, das vom Vorsitzenden und einem weiteren Mitglied des Wahlvorstands zu unterschreiben ist (vgl. § 3 Rn. 4). Mit seinem Erlass ist die Betriebsratswahl eingeleitet.

Abs. 1 gibt dem Wahlvorstand einen 15 Punkte umfassenden, in der Wahlversammlung abzuarbeitenden **Katalog von Angaben** an die Hand, die im Wahlausschreiben enthalten sein müssen. Der Inhalt des Wahlausschreibens entspricht im vereinfachten Verfahren in weiten Teilen dem im regulären Wahlverfahren zu erlassenden Wahlausschreiben; der Katalog des Abs. 1 stimmt daher im Wesentlichen mit § 3 Abs. 2 überein. Der Zweck der gesonderten Aufzählung liegt in der besseren Handhabbarkeit der VO in der Wahlversammlung; durch die vereinzelten Abweichungen wird die allgemeine Vorschrift an die Besonderheiten des vereinfachten Verfahrens angepasst und ergänzt. Soweit die verlangten Angaben übereinstimmen, wird auf die Ausführungen in § 3 Rn. 7 ff. verwiesen. Im Folgenden sollen lediglich die Besonderheiten des Wahlausschreibens im vereinfachten Verfahren hervorgehoben werden:

In Nr. 3 ist an Stelle der Zweiwochenfrist die auf **drei Tage** verkürzte Frist für die Einlegung von Einsprüchen gegen die Richtigkeit der Wählerliste genannt (vgl. § 30 Abs. 2).

Nr. 4 und Nr. 5 unterscheiden sich ihrem Wortlaut nach nicht von § 3 Abs. 2 Nr. 4 und Nr. 5. Im Wahlausschreiben muss nach Nr. 4 der Anteil der Geschlechter angegeben und der Hinweis enthalten sein, dass das **Geschlecht in der Minderheit** im Betriebsrat entsprechend seinem zahlenmäßigen Verhältnis vertreten sein muss, wenn der Betriebsrat aus mindestens drei Mitgliedern besteht. Nach Nr. 5 müssen die auf das Geschlecht in der Minderheit entfallenden Mindestsitze im Betriebsrat beziffert werden. Um diese Angaben machen zu können, muss der Wahlvorstand vor Erlass des Wahlausschreibens in der Wahlversammlung gemäß § 32 die Mindestsitze für das Geschlecht in der Minderheit bestimmen; er hat also dort die Berechnung nach § 5 vorzunehmen (s. § 5 Rn. 3 f.).

Nach Nr. 6 ist der Hinweis aufzunehmen, dass Wahlvorschläge, die erst auf der Wahlversammlung zur Wahl des Wahlvorstands gemacht werden, **nicht der Schriftform** bedürfen (vgl. § 33 Rn. 3).

Gemäß Nr. 8 ist anzugeben, dass Wahlvorschläge bis zum Abschluss der Wahlversammlung zur Wahl des Wahlvorstands bei diesem **einzureichen** sind (vgl. § 33 Rn. 2).

Weiterhin sind **Ort, Tag, und Zeit** der Wahlversammlung zur Wahl des Betriebsrats (Tag der Stimmabgabe – § 14 a Abs. 1 Satz 3 und 4 BetrVG) anzugeben (Nr. 11).

Nr. 12 und Nr. 13 enthalten Angaben, die § 3 Abs. 2 für das Wahlausschreiben im regulären Wahlverfahren nicht nennt. Gemäß Nr. 12 ist darauf hinzuweisen, dass wahlberechtigten Arbeitnehmer, die an der Wahlversammlung zur Wahl des Betriebsrats nicht teilnehmen können, **Gelegenheit zur nachträglichen Stimmabgabe** gegeben wird; hierbei ist insbesondere auf die Frist von **drei Tagen vor dem Tag der Wahlversammlung** zur Wahl des Betriebsrats hinzuweisen, innerhalb derer die Briefwahl beim Wahlvorstand beantragt werden muss. Weiterhin sind Ort, Tag und Zeit der nachträglichen schriftlichen Stimmabgabe sowie die Betriebsteile und Kleinstbetriebe zu nennen, für die nachträgliche schriftliche Stimmabgabe entsprechend § 24 Abs. 3 beschlossen ist. Ein solcher Beschluss ist durch den Wahlvorstand zu fassen. Soll in einem Betriebsteil oder Kleinstbetrieb eine schriftliche Stimmabgabe stattfinden, müsste der Wahlvorstand dies in der ersten Wahlversammlung noch vor Erlass des Wahlausschreibens beschließen. § 24 Abs. 3 spricht allgemein von der schriftlichen Stimmabgabe, nicht von der nachträglichen schriftlichen Stimmabgabe. § 35 erklärt die Nachträglichkeit für das vereinfachte Wahlverfahren zur Regel, obschon in Betriebsteilen und Kleinstbetrieben zumindest theoretisch auch eine schriftliche Stimmabgabe bis zum Tag der Wahlversammlung zur Wahl des Betriebsrats möglich erscheint. Da zwischen der Wahlversammlung zur Wahl des Wahlvorstands und der Wahlversammlung zur Wahl des Betriebsrats nur sieben Tage liegen, dürfte dies praktisch jedoch in aller Regel undurchführbar sein.

9   Schließlich ist gemäß Nr. 13 der Ort anzugeben, an dem Einsprüche, Wahlvorschläge und sonstige Erklärungen gegenüber dem Wahlvorstand abzugeben sind. Da Wahlvorschläge im zweistufigen Verfahren nur bis zum Ende der ersten Wahlversammlung eingereicht werden können (§ 14a Abs. 2 Halbsatz 1 BetrVG), auf der auch das Wahlausschreiben erlassen wird, ist die Bekanntgabe der Betriebsadresse des Wahlvorstands für Wahlvorschläge sinnlos.

II. Bekanntgabe des Wahlausschreibens

10 Der **Aushang** des Wahlausschreibens gemäß Abs. 2 ist **Wirksamkeitsvoraussetzung**. Wird es an mehreren Stellen ausgehängt, so ist der letzte Aushang für den Beginn der Fristen maßgeblich (s. § 3 Rn. 1). Der Wahlvorstand ist verpflichtet, dafür Sorge zu tragen, dass eine Abschrift oder ein Abdruck des Wahlausschreibens vom Tage seines Erlasses bis zum letzten Tage der Stimmabgabe an einer oder mehreren geeigneten, den Wahlberechtigten zugänglichen Stellen ausgehängt und in gut lesbarem Zustand erhalten wird. Alternativ kommt gemäß Abs. 2 Satz 3 wie bei der Wählerliste unter den Voraussetzungen des § 2 Abs. 4 Satz 4 die Bekanntmachung **ausschließlich** durch **im Betrieb vorhandene Informations- und Kommunikationstechnik** in Betracht (zur insoweit unglücklichen Formulierung des Abs. 2 Satz 3 vgl. § 3 Rn. 18). Der Wahlvorstand kann das Wahlausschreiben auf einer eigenen Intranet-Seite, nicht aber durch eine E-Mail an alle Arbeitnehmer des Betriebs bekannt machen. Voraussetzung ist, dass alle Arbeitnehmer von der Bekanntmachung Kenntnis erlangen können (s. näher § 2 Rn. 16). Fehlt es hieran, kann die Bekanntmachung in elektronischer Form nur **ergänzend** neben dem Aushang an geeigneten Stellen im Betrieb erfolgen. Auch hierbei sind Vorkehrungen zu treffen, dass Änderungen nur durch den Wahlvorstand vorgenommen werden können (s. hierzu § 2 Rn. 17).

§ 32 Bestimmung der Mindestsitze für das Geschlecht in der Minderheit

Besteht der zu wählende Betriebsrat aus mindestens drei Mitgliedern, so hat der Wahlvorstand den Mindestanteil der Betriebsratssitze für das Geschlecht in der Minderheit (§ 15 Abs. 2 des Gesetzes) gemäß § 5 zu errechnen.

Erläuterung

S. hierzu § 2 Rn. 1f. und § 5 Rn. 1 ff. Die Bestimmung der Mindestsitze hat in der ersten Wahlversammlung vor Erlass des Wahlausschreibens zu erfolgen, da dieses gemäß § 31 Abs. 1 Nr. 5 die Zahl der Mindestsitze für das Geschlecht in der Minderheit angeben muss. Dem Wahlvorstand stehen für die Berechnung des Anteils des jeweiligen Geschlechts an der Gesamtbelegschaft die Unterlagen zur Verfügung, die ihm von der einladenden Stelle in dem vom Arbeitgeber vorbereiteten versiegelten Umschlag übergeben werden (§ 30 Abs. 1 Satz 4).

§ 33 Wahlvorschläge

(1) ¹Die **Wahl** des Betriebsrats erfolgt aufgrund von Wahlvorschlägen. ²Die Wahlvorschläge sind von den Wahlberechtigten und den im Betrieb vertretenen Gewerkschaf-

ten bis zum Ende der Wahlversammlung zur Wahl des Wahlvorstands bei diesem einzureichen. ³Wahlvorschläge, die erst in dieser Wahlversammlung gemacht werden, bedürfen nicht der Schriftform (§ 14 a Abs. 2 des Gesetzes).

(2) ¹Für Wahlvorschläge gilt § 6 Abs. 2 bis 4 entsprechend. ²§ 6 Abs. 5 gilt entsprechend mit der Maßgabe, dass ein Wahlberechtigter, der mehrere Wahlvorschläge unterstützt, auf Aufforderung des Wahlvorstands in der Wahlversammlung erklären muss, welche Unterstützung er aufrechterhält. ³Für den Wahlvorschlag einer im Betrieb vertretenen Gewerkschaft gilt § 27 entsprechend.

(3) ¹§ 7 gilt entsprechend. ²§ 8 gilt entsprechend mit der Maßgabe, dass Mängel der Wahlvorschläge nach § 8 Abs. 2 nur in der Wahlversammlung zur Wahl des Wahlvorstands beseitigt werden können.

(4) Unmittelbar nach Abschluss der Wahlversammlung hat der Wahlvorstand die als gültig anerkannten Wahlvorschläge bis zum Abschluss der Stimmabgabe in gleicher Weise bekannt zu machen wie das Wahlausschreiben (§ 31 Abs. 2).

(5) ¹Ist in der Wahlversammlung kein Wahlvorschlag zur Wahl des Betriebsrats gemacht worden, hat der Wahlvorstand bekannt zu machen, dass die Wahl nicht stattfindet. ²Die Bekanntmachung hat in gleicher Weise wie das Wahlausschreiben (§ 31 Abs. 2) zu erfolgen.

I. Gestaltung der Wahlvorschläge

Das vereinfachte Wahlverfahren findet nach § 14 Abs. 2 BetrVG nach Maßgabe der **Mehrheitswahl** statt. Es erfolgt daher nicht mittels Vorschlagslisten sondern im Wege der **Personenwahl** durch Benennung einzelner Kandidaten auf Wahlvorschlägen, ohne dass sich daraus ein materiell-rechtlicher Unterschied ergibt. Nach Abs. 2 Satz 1 gelten die Vorschriften in § 6 Abs. 2 bis 4 über die Gestaltung von Vorschlagslisten entsprechend (s. hierzu § 6 Rn. 8 ff.). § 6 Abs. 6 (Verbot der Verbindung von Vorschlagslisten) und Abs. 7, nach dem ein Bewerber nur auf einer Vorschlagsliste vorgeschlagen werden kann, finden demgegenüber keine Anwendung. Ein Bewerber kann bei der Personenwahl von mehreren Arbeitnehmern vorgeschlagen werden. 1

II. Abgabe in der Wahlversammlung

Nach Abs. 1 Satz 2 (entsprechend § 14 a Abs. 2 BetrVG) sind die Wahlvorschläge von den wahlberechtigten Arbeitnehmern und den im Betrieb vertretenen Gewerkschaften bis zum Ende der Wahlversammlung zur Wahl des Wahlvorstands bei diesem zu machen. Genau genommen können sie vor der ersten Wahlversammlung auch gar nicht abgegeben werden, da der Wahlvorstand erst auf der ersten Wahlversammlung bestellt wird. Faktisch kommt also nur die Abgabe von Wahlvorschlägen **in der ersten Wahlversammlung** in Betracht. Die VO hat es versäumt festzulegen, wann die Wahlversammlung zur Wahl des Wahlvorstands endet. Nähme man die Bezeichnung wörtlich und sähe ihren Sinn allein in der Bestellung des Wahlvorstands, wäre sie mit dessen Konstituierung beendet. Auf ihr werden jedoch auch die Wählerliste erstellt (§ 30 Abs. 1 Satz 2) und das Wahlausschreiben erlassen (§ 31 Abs. 1). Für die Praxis ist zu raten, dass der Wahlvorstand hiernach zur Abgabe von Wahlvorschlägen aufruft. Wenn erkennbar niemand der Teilnehmer mehr einen Wahlvorschlag machen will, ist die Wahlversammlung für beendet zu erklären. Keine Pflicht besteht zur Unterbrechung der Sitzung, um unvorbereitete Wahlvorschläge noch vorbereiten zu können (a. A. GK-*Kreutz,* § 33 Rn. 3). Nach der formellen Beendigung eingereichte Wahlvorschläge können keine Berücksichtigung mehr finden. 2

3   Wahlvorschläge können vor der Wahlversammlung vorbereitet und in dieser in **schriftlicher Form** abgegeben werden. In diesem Fall müssen sie von der in § 14 Abs. 4 BetrVG angegebenen Anzahl von wahlberechtigten Arbeitnehmern **unterzeichnet** sein (d. h. von drei, in Betrieben mit in der Regel bis zu 20 wahlberechtigten Arbeitnehmern von zwei wahlberechtigten Arbeitnehmern). Gemäß Abs. 1 Satz 2 (entsprechend § 14a Abs. 2 BetrVG) kommt für Wahlvorschläge aus den Reihen der **Arbeitnehmer** auch die **mündliche** Abgabe in der ersten Wahlversammlung in Betracht. Die VO nennt insoweit keine Mindestvoraussetzungen. An die Stelle der Unterschrift gemäß § 14 Abs. 4 BetrVG tritt hier die mündliche Zustimmung einer hinreichenden Zahl anwesender Arbeitnehmer. Sie kann durch Handzeichen erklärt werden (*Fitting*, § 33 Rn. 3). Unzulässig ist es, einen schriftlichen Wahlvorschlag, der nicht genügend Unterschriften enthält, durch mündliche Zustimmungen auf der Wahlversammlung zu ergänzen; er kann nur durch einen mündlichen Vorschlag mit einem entsprechenden Quorum ersetzt werden (*Fitting*, § 33 Rn. 5).

4   Der Wahlvorstand hat darauf zu achten, dass derselbe Arbeitnehmer nicht zwei verschiedene Wahlvorschläge unterstützt. Er hat diesen Arbeitnehmer aufzufordern, in der Wahlversammlung zu erklären, welche Unterstützung er aufrecht erhält (Abs. 2 Satz 2 i. V. mit § 6 Abs. 5).

5   Wahlvorschläge einer **im Betrieb vertretenen Gewerkschaft** unterfallen nicht der Ausnahme vom Schriftformerfordernis; § 14 a Abs. 2 Halbsatz 2 BetrVG spricht ausdrücklich nur von „Wahlvorschlägen der Arbeitnehmer". Für Wahlvorschläge einer Gewerkschaft gelten gemäß Abs. 2 Satz 2 nach § 27 die für das reguläre Wahlverfahren einschlägigen §§ 6 bis 26. Da vor der ersten Wahlversammlung mangels Konstituierung des Wahlvorstands keine Wahlvorschläge eingereicht werden können, müssen Wahlvorschläge einer Gewerkschaft immer nach seiner Wahl auf der Wahlversammlung **in schriftlicher Form** übergeben werden (GK-*Kreutz*, § 33 Rn. 4; *Fitting*, § 33 Rn. 10). Sie müssen, um gültig zu sein, von zwei Beauftragten der Gewerkschaft unterzeichnet werden (§ 27 Abs. 2; s. hierzu § 27 Rn. 2).

III. Prüfung durch den Wahlvorstand

6   Nach Abs. 3 Satz 1 gilt § 7 entsprechend. Der Wahlvorstand muss dem Vorschlagenden die Einreichung eines Wahlvorschlags **schriftlich bestätigen;** dies gilt auch und aus Gründen der Verfahrenssicherheit erst recht, wenn ein Wahlvorschlag in der Wahlversammlung mündlich gemacht wird. Wahlvorschläge sind **unverzüglich,** d. h. ohne schuldhaftes Zögern, **auf ihre Gültigkeit zu überprüfen.** Insoweit ist – wie bei Vorschlagslisten – zwischen Ungültigkeit wegen unheilbarer Mängel (Abs. 3 Satz 2 i. V. mit § 8 Abs. 1; s. § 8 Rn. 2 ff.) und heilbaren Mängeln (Abs. 3 Satz 2 i. V. mit § 8 Abs. 2; s. § 8 Rn. 6 ff.) zu unterscheiden. Heilbare Mängel können im vereinfachten Wahlverfahren nur auf der ersten Wahlversammlung selbst beseitigt werden; die Dreitagesfrist des § 8 Abs. 2 gilt nicht. Der Wahlvorstand muss die abgegebenen Wahlvorschläge daher in der Wahlversammlung genau prüfen und etwaige Beanstandungen sofort mitteilen. Als zu beanstandende Mängel kommen eine nicht ordnungsgemäße Benennung der Kandidaten (§ 8 Abs. 2 Nr. 1 i. V. mit § 6 Abs. 3) und das Fehlen einer hinreichenden Anzahl von Stützunterschriften in Betracht, wenn dies darauf beruht, dass derselbe Arbeitnehmer mehrere Wahlvorschläge unterstützt, auf Aufforderung des Wahlvorstands in der Wahlversammlung eine Unterstützung aufrecht erhält und dadurch einem anderen Wahlvorschlag das erforderliche Quorum fehlt (§ 8 Abs. 2 Nr. 3, § 33 Abs. 2 Satz 2 i. V. mit § 6 Abs. 5). Der schriftlichen Zustimmung des Wahlbewerbers bedarf es bei der Personenwahl anders als bei der Listenwahl nicht; § 8 Abs. 2 Nr. 2 kommt daher nicht als ein möglicher heilbarer Mangel in Betracht.

IV. Bekanntgabe

Nach Abs. 4 hat der Wahlvorstand **unmittelbar nach Abschluss der Wahlversammlung** die als gültig anerkannten Wahlvorschläge bis zum Abschluss der Stimmabgabe in gleicher Weise bekannt zu machen wie das Wahlausschreiben (§ 31 Abs. 2). Das Wahlausschreiben ist am Tag seines Erlasses bekannt zu machen. Die als gültig anerkannten Wahlvorschläge müssen daher noch am gleichen Tag, jedenfalls zu Beginn des folgenden Arbeitstages, bekannt gemacht werden, um dem Unmittelbarkeitserfordernis und der Tatsache Rechnung zu tragen, dass die Wahlversammlung zur Wahl des Betriebsrats nur eine Woche nach der Wahlversammlung zur Wahl des Wahlvorstands stattfinden wird (§ 14a Abs. 1 Satz BetrVG; ebenso *Fitting*, § 33 Rn. 13). Die Bekanntgabe hat in gleicher Weise zu erfolgen wie das Wahlausschreiben, d. h. durch **Aushang** bzw. – **ausschließlich** oder **ergänzend** – mittels der **im Betrieb vorhandenen Informations- und Kommunikationstechnik** (s. § 3 Rn. 18), je nach dem, für welche Art der Bekanntmachung sich der Wahlvorstand für das Wahlausschreiben entschieden hat. Bei mehrfachem Aushang des Wahlausschreibens ist die Bekanntmachung an den gleichen Stellen anzuschlagen wie das Wahlausschreiben. Wurde das Wahlausschreiben ausgehängt und ergänzend in elektronischer Form bekannt gemacht, müssen auch die Wahlvorschläge in beiden Formen bekannt gegeben werden; in diesem Fall können die Arbeitnehmer darauf vertrauen, sämtliche Mitteilungen zur Betriebsratswahl stets auch elektronisch zu erhalten. 7

Ist in der Wahlversammlung kein Wahlvorschlag abgegeben worden, so ist in gleicher Weise bekannt zu machen, dass die Wahl nicht stattfindet (Abs. 5). 8

§ 34 Wahlverfahren

(1) ¹Die Wählerin oder der Wähler kann ihre oder seine Stimme nur für solche Bewerberinnen oder Bewerber abgeben, die in einem Wahlvorschlag benannt sind. ²Auf den Stimmzetteln sind die Bewerberinnen oder Bewerber in alphabetischer Reihenfolge unter Angabe von Familienname, Vorname und Art der Beschäftigung im Betrieb aufzuführen. ³Die Wählerin oder der Wähler kennzeichnet die von ihm Gewählten durch Ankreuzen an der hierfür im Stimmzettel vorgesehenen Stelle; es dürfen nicht mehr Bewerberinnen oder Bewerber angekreuzt werden, als Betriebsratsmitglieder zu wählen sind. ⁴§ 11 Abs. 1 Satz 2, Abs. 2 Satz 2 und 3, Abs. 4 und § 12 gelten entsprechend.

(2) Im Fall der nachträglichen schriftlichen Stimmabgabe (§ 35) hat der Wahlvorstand am Ende der Wahlversammlung zur Wahl des Betriebsrats die Wahlurne zu versiegeln und aufzubewahren.

(3) ¹Erfolgt keine nachträgliche schriftliche Stimmabgabe, hat der Wahlvorstand unverzüglich nach Abschluss der Wahl die öffentliche Auszählung der Stimmen vorzunehmen und das sich daraus ergebende Wahlergebnis bekannt zu geben. ²Die §§ 21, 23 Abs. 1 gelten entsprechend.

(4) ¹Ist nur ein Betriebsratsmitglied zu wählen, so ist die Person gewählt, die die meisten Stimmen erhalten hat. ²Bei Stimmengleichheit entscheidet das Los. ³Lehnt eine gewählte Person die Wahl ab, so tritt an ihre Stelle die nicht gewählte Person mit der nächsthöchsten Stimmenzahl.

(5) Sind mehrere Betriebsratsmitglieder zu wählen, gelten für die Ermittlung der Gewählten die §§ 22 und 23 Abs. 2 entsprechend.

I. Vorbemerkung

1   Die Vorschrift regelt das Verfahren für die Wahl des Betriebsrats auf der zweiten Wahlversammlung, die gemäß § 14a Abs. 1 Satz 4 BetrVG eine Woche nach der Wahlversammlung zur Wahl des Wahlvorstands stattfindet. Fällt dies auf einen Feiertag, gilt wie allgemein der nachfolgende Werktag (§§ 186, 193 BGB i. V. mit § 41). Die Wahl findet nach den Grundsätzen der Mehrheitswahl statt (§ 14 Abs. 2 Satz 2 BetrVG). Abs. 1 entspricht im Wesentlichen § 20, der die Stimmabgabe im Wahlverfahren bei nur einer Vorschlagsliste regelt, und verweist darüber hinaus weitgehend auf die im regulären Wahlverfahren einschlägigen Vorschriften in § 11 Abs. 1 Satz 2, Abs. 2 Satz 2 und 3, Abs. 4 und § 12.

II. Gestaltung der Stimmzettel

2   Auf den Stimmzetteln sind die **Bewerber in alphabetischer Reihenfolge aufzuführen** (Abs. 1 Satz 2). Die Reihenfolge der Benennung entscheidet hier im Gegensatz zur Listenwahl (§ 15 Abs. 4) nicht über den Eintritt in den Betriebsrat; sie hat also insoweit keine materiell-rechtliche Bedeutung, da hier für die Ermittlung der Gewählten nicht die Platzierung auf der Vorschlagsliste, sondern die Stimmenzahl, die jeder erhält, entscheidet (Abs. 4 bzw. Abs. 5 i. V. mit § 22 Abs. 2); vorrangig sind dem Geschlecht in der Minderheit die ihm nach § 15 Abs. 2 BetrVG zustehenden Mindestsitze zuzuteilen (Abs. 5 i. V. mit § 22 Abs. 1). Dennoch ist eine **wesentliche Verfahrensvorschrift,** dass die alphabetische Reihenfolge auf den Stimmzetteln eingehalten wird; denn bei einer anderen Reihenfolge kann eine unzulässige Wahlbeeinflussung vorliegen. Ein Verstoß rechtfertigt deshalb eine Wahlanfechtung.

3   Im Übrigen gilt für die Gestaltung der Stimmzettel und Wahlumschläge § 11 Abs. 2 Satz 2 und 3 entsprechend (Abs. 1 Satz 4; s. § 11 Rn. 1).

III. Stimmabgabe

4   Die Stimmabgabe erfolgt durch Abgabe von **Stimmzetteln in den hierfür bestimmten Wahlumschlägen** (Abs. 1 Satz 4 i. V. mit § 11 Abs. 1 Satz 2; s. auch dort Rn. 2). Das geschieht, indem der Wahlberechtigte die von ihm gewählten Bewerber durch Ankreuzen an der hierfür im Stimmzettel vorgesehenen Stelle kennzeichnet; er darf nicht mehr Bewerber ankreuzen, als Betriebsratsmitglieder in dem Wahlgang zu wählen sind (Abs. 1 Satz 3). Kreuzt er mehr an, so ist die Stimmabgabe ungültig. Wenn er weniger ankreuzt, ist seine Stimmabgabe für die von ihm bezeichneten Personen wirksam.

5   Für den Wahlvorgang gilt im Übrigen § 12 entsprechend (Abs. 1 Satz 4).

IV. Stimmauszählung

6   Das Verfahren bei der Stimmauszählung hängt davon ab, ob ein Arbeitnehmer wegen Verhinderung am Tag der Wahlversammlung zur Wahl des Betriebsrats **nachträgliche schriftliche Stimmabgabe** gemäß § 35 beantragt hat. In diesem Fall hat der Wahlvorstand die Wahlurne am Ende der Wahlversammlung zu versiegeln und aufzubewahren (Abs. 2). Versiegelung ist nicht im engen juristischen Begriff zu verstehen, für die Versiegelung reicht es aber auch nicht aus, dass der Einwurfschlitz der Wahlurne lediglich mittels eines Klebebandes abgedeckt wird (s. LAG Brandenburg 27. 11. 1998, NZA-RR 1999, 418; s. § 12 Rn. 5). Die Stimmauszählung findet dann an dem vom Wahlvorstand im Wahlausschreiben festgelegten Termin statt (§ 31 Abs. 1 Nr. 13; s. § 35 Rn. 6).

Wurde von keinem Arbeitnehmer nachträgliche schriftliche Stimmabgabe beantragt, hat der Wahlvorstand die öffentliche Stimmauszählung **unverzüglich nach Abschluss der Wahl** vorzunehmen (Abs. 3). Da im Wege der Mehrheitswahl gewählt wird, sind hierbei die auf jeden Bewerber entfallenden Stimmen entscheidend; es gelten die §§ 21, 23 Abs. 1 entsprechend. Ist nur ein Betriebsratsmitglied zu wählen, so ist der Bewerber gewählt, der die meisten Stimmen bekommen hat. Bei Stimmengleichheit entscheidet das Los. An die Stelle eines Bewerbers, der die Wahl ablehnt, tritt der Bewerber mit der nächsthöchsten Stimmenzahl (Abs. 4). Für die Wahl eines aus drei Mitgliedern bestehenden Betriebsrats gelten §§ 22, 23 Abs. 2 (Abs. 5). Hier ist sicherzustellen, dass das Geschlecht in der Minderheit mit mindestens einem Mitglied im Betriebsrat vertreten ist (§ 15 Abs. 2 BetrVG; s. dazu § 22 Rn. 1).

§ 35 Nachträgliche schriftliche Stimmabgabe

(1) ¹Können Wahlberechtigte an der Wahlversammlung zur Wahl des Betriebsrats nicht teilnehmen, um ihre Stimme persönlich abzugeben, können sie beim Wahlvorstand die nachträgliche schriftliche Stimmabgabe beantragen (§ 14a Abs. 4 des Gesetzes). ²Das Verlangen auf nachträgliche schriftliche Stimmabgabe muss die oder der Wahlberechtigte dem Wahlvorstand spätestens drei Tage vor dem Tag der Wahlversammlung zur Wahl des Betriebsrats mitgeteilt haben. ³Die §§ 24, 25 gelten entsprechend.

(2) Wird die nachträgliche schriftliche Stimmabgabe aufgrund eines Antrags nach Absatz 1 Satz 1 erforderlich, hat dies der Wahlvorstand unter Angabe des Orts, des Tags und der Zeit der öffentlichen Stimmauszählung in gleicher Weise bekannt zu machen wie das Wahlausschreiben (§ 31 Abs. 2).

(3) ¹Unmittelbar nach Ablauf der Frist für die nachträgliche schriftliche Stimmabgabe öffnet der Wahlvorstand in öffentlicher Sitzung die bis zu diesem Zeitpunkt eingegangenen Freiumschläge und entnimmt ihnen die Wahlumschläge sowie die vorgedruckten Erklärungen. ²Ist die nachträgliche schriftliche Stimmabgabe ordnungsgemäß erfolgt (§ 25), so legt der Wahlvorstand den Wahlumschlag nach Vermerk der Stimmabgabe in der Wählerliste in die bis dahin versiegelte Wahlurne.

(4) ¹Nachdem alle ordnungsgemäß nachträglich abgegebenen Wahlumschläge in die Wahlurne gelegt worden sind, nimmt der Wahlvorstand die Auszählung der Stimmen vor. ²§ 34 Abs. 3 bis 5 gilt entsprechend.

I. Antrag des Arbeitnehmers

Nach § 14a Abs. 4 BetrVG ist wahlberechtigten Arbeitnehmer, die an der Wahlversammlung zur Wahl des Betriebsrats nicht teilnehmen können, Gelegenheit zur schriftlichen Stimmabgabe zu geben. Dies geschieht gemäß Abs. 1 Satz 1 **auf Antrag**; der Betreffende muss sein Verlangen **drei Tage vor dem Tag der Wahlversammlung zur Wahl des Betriebsrats** dem Wahlvorstand mitteilen (Abs. 1 Satz 2). Ein Schriftformerfordernis für die Antragstellung ist nicht vorgesehen (*Fitting*, § 35 Rn. 1; GK-*Kreutz*, § 35 Rn. 2). Ebenso wenig ist es nach dem Wortlaut der Vorschrift notwendig, dass der Arbeitnehmer bei der Mitteilung Gründe für die fehlende Teilnahmemöglichkeit an der Wahlversammlung nennt oder gar nachweist. Anders als § 24 sprechen weder § 14a Abs. 4 BetrVG noch Abs. 1 davon, dass der Arbeitnehmer *wegen Abwesenheit vom Betrieb* nicht an der Wahl teilnehmen kann. Im vereinfachten Verfahren für Kleinbetriebe findet die Betriebsratswahl in einer Wahlversammlung, d. h. zu einer bestimmten Uhrzeit am Wahltag statt. Dies kann dazu führen, dass Arbeitnehmer auch deswegen nicht an ihr teilnehmen können, weil sie etwa nicht gleichzeitig mit allen anderen Kollegen ihrer

Abteilung den Arbeitsplatz verlassen können oder an diesem bestimmten Zeitpunkt einen bereits länger feststehenden Termin haben, ohne dass sie vom Betrieb abwesend sind. Über die in § 24 Rn. 3 genannten abwesenheitsbedingten Gründe hinaus genügen auch solche Gründe, um eine nachträgliche schriftliche Stimmabgabe beantragen zu können.

2   § 24 Abs. 2 sieht für das reguläre Wahlverfahren vor, dass Wahlberechtigten, von denen dem Wahlvorstand bekannt ist, dass sie im Zeitpunkt der Wahl nach der Eigenart ihres Beschäftigungsverhältnisses nicht im Betrieb anwesend sein werden, **von Amts wegen** Briefwahlunterlagen zuzusenden sind. In Abs. 1 Satz 3 wird § 24 ohne Einschränkung für entsprechend anwendbar erklärt. Dieser Verweis kann sich sinnvoller Weise jedoch nicht auf § 24 Abs. 2 beziehen (a. A. *Fitting*, § 35 Rn. 3; DKK-*Schneider*, § 35 Rn. 2). Innerhalb der kurzen Frist von einer Woche zwischen erster und zweiter Wahlversammlung entsprechende Arbeitnehmer ausfindig zu machen und ihnen unaufgefordert Briefwahlunterlagen zukommen zu lassen, ist dem Wahlvorstand selbst in Betrieben mit nur bis zu 50 wahlberechtigten Arbeitnehmern in Anbetracht seiner sonstigen umfangreichen Aufgaben nicht zuzumuten. Entsprechende Anwendung des § 24 ist somit dahingehend zu verstehen, dass lediglich die dort geregelten *Verfahrensvorschriften* für die schriftliche Stimmabgabe *auf Antrag* des Arbeitnehmers heranzuziehen sind; dies gilt insbesondere hinsichtlich der einem Arbeitnehmer, der nachträgliche schriftliche Stimmabgabe beantragt, nach § 24 Abs. 1 zuzusendenden Wahlunterlagen und die Art und Weise ihrer Übermittlung (s. hierzu § 24 Rn. 10 ff.).

II. Beschluss des Wahlvorstands

3   Ohne Antrag eines wahlberechtigten Arbeitnehmers kommt die nachträgliche schriftliche Stimmabgabe nur gemäß Abs. 1 Satz 3 i. V. mit § 24 Abs. 3 für Betriebsteile und Kleinstbetriebe in Betracht, die räumlich weit vom Hauptbetrieb entfernt sind, jedoch betriebsverfassungsrechtlich zum Hauptbetrieb gehören. In diesem Fall kann der Wahlvorstand die nachträgliche schriftliche Stimmabgabe beschließen (s. § 24 Rn. 4 f.).

III. Bekanntgabe

4   Wird die nachträgliche schriftliche Stimmabgabe auf Grund eines Antrags erforderlich, hat dies der Wahlvorstand unter Angabe des Orts, des Tags und der Zeit der öffentlichen Stimmauszählung in gleicher Weise bekannt zu machen wie das Wahlausschreiben (Abs. 2); d. h. durch **Aushang** bzw. – **ausschließlich** oder **ergänzend** – mittels der **im Betrieb vorhandenen Informations- und Kommunikationstechnik** (s. § 3 Rn. 18), je nach dem, für welche Art der Bekanntmachung sich der Wahlvorstand für das Wahlausschreiben entschieden hat. Bei mehrfachem Aushang des Wahlausschreibens ist die Bekanntmachung an den gleichen Stellen anzuschlagen wie das Wahlausschreiben. Wurde das Wahlausschreiben durch Aushang und ergänzend mittels im Betrieb vorhandener Informations- und Kommunikationstechnik bekannt gemacht, muss auch die Mitteilung über die nachträgliche Stimmauszählung in beiden Formen bekannt gegeben werden; in diesem Fall können die Arbeitnehmer darauf vertrauen, stets auch elektronisch aktuelle Informationen über die Betriebsratswahl zu erhalten.

5   Die Bekanntgabepflicht nach Abs. 2 ist nicht an eine bestimmte zeitliche Frist gebunden. Man wird davon auszugehen haben, dass ihr *unmittelbar* nach Eingang des ersten Verlangens auf Briefwahl nachzukommen ist, d. h. noch am gleichen Tag, spätestens zu Beginn des auf den Eingang der Antragstellung folgenden Tages.

6   Die WO enthält keine zeitlichen Vorgaben, innerhalb derer die öffentliche Stimmauszählung im Fall der nachträglichen schriftlichen Stimmabgabe stattzufinden hat. Die

Festlegung der **Frist** ist in das **Ermessen des Wahlvorstands** gestellt. In § 31 Abs. 1 Nr. 13 ist angeordnet, dass er den Zeitpunkt der nachträglichen schriftlichen Stimmabgabe – gewissermaßen vorsorglich – bereits in der ersten Wahlversammlung festzulegen und in das Wahlausschreiben aufzunehmen hat. Die Frist ist unter Beachtung der üblichen betriebsinternen oder externen Postlaufzeit zu bemessen. Der Wahlvorstand kann die Unterlagen nach Abs. 1 Satz 3 i. V. mit § 24 Abs. 1 Satz 1 aushändigen oder übersenden. Letzteres muss nicht auf dem Postweg geschehen; die Übermittlung kann auch durch Boten erfolgen, gegen deren Zuverlässigkeit keine Bedenken bestehen (s. § 24 Rn. 13). Auf Grund der Frist von drei Tagen vor der zweiten Wahlversammlung für das Verlangen schriftlicher Stimmabgabe (Abs. 1 Satz 2) ist unter Berücksichtigung der Bearbeitungszeit durch den Wahlvorstand und einer regelmäßigen Postlaufzeit von zwei Tagen davon auszugehen, dass dem Wahlberechtigten die Unterlagen an dem Tag vorliegen, an dem die zweite Wahlversammlung stattfindet. Stellt man eine entsprechend lange Rücklaufzeit in Rechnung, kann die öffentliche Stimmauszählung frühestens am dritten Tag nach dem Datum der zweiten Wahlversammlung angesetzt werden. Denkbar ist auch eine Frist von einer Woche nach dem letztmöglichen Zeitpunkt für die Mitteilung des Briefwahlverlangens (*Fitting*, § 35 Rn. 7; ähnlich GK-*Kreutz*, § 35 Rn. 3: „wenige Tage"). Eine Frist von einer Woche nach der zweiten Wahlversammlung selbst erscheint in Ansehung des ohnehin misslichen Umstands, dass nicht sofort auf dieser mit der Stimmauszählung begonnen werden kann, als Obergrenze. Dabei spielt es keine Rolle, aus welchen Gründen der/die Briefwähler nicht an der Wahlversammlung teilnehmen kann/können; insbesondere ist es irrelevant, ob wegen längerer Ortsabwesenheit im Einzelfall die gesetzte Frist eingehalten werden kann oder nicht. Dies ist konsequenter Weise als Preis für das zeitlich ohnehin knapp bemessene vereinfachte Wahlverfahren hinzunehmen.

Es erscheint ratsam, dass der Wahlvorstand die Frist für die nachträgliche schriftliche **7** Stimmabgabe unter Nennung von Datum und Uhrzeit festlegt und zur gleichen Zeit die öffentliche Stimmauszählung terminiert.

IV. Öffentliche Stimmauszählung

Das Verfahren bei der Stimmauszählung nach Abs. 3 entspricht demjenigen bei der **8** schriftlichen Stimmabgabe im regulären Wahlverfahren (§ 26 Abs. 1) mit dem Unterschied, dass die Öffnung der eingehenden Freiumschläge **unmittelbar** nach Ablauf der Frist für die nachträgliche schriftliche Stimmabgabe (s. Rn. 6) erfolgt (s. § 26 Rn. 3 ff.). Die Auszählung selbst findet, nachdem die ordnungsgemäß abgegebenen Wahlumschläge in die Wahlurne gelegt worden sind, nach den gleichen Vorschriften statt wie bei der öffentlichen Stimmauszählung am Ende der Wahlversammlung zur Wahl des Betriebsrats (Abs. 4 i. V. mit § 34 Abs. 3 bis 5; s. hierzu § 34 Rn. 6 f.).

Zweiter Abschnitt. Wahl des Betriebsrats im einstufigen Verfahren (§ 14 a Abs. 3 des Gesetzes)

§ 36 Wahlvorstand, Wahlverfahren

(1) ¹Nach der Bestellung des Wahlvorstands durch den Betriebsrat, Gesamtbetriebsrat, Konzernbetriebsrat oder das Arbeitsgericht (§ 14 a Abs. 3, § 17 a des Gesetzes) hat der Wahlvorstand die Wahl des Betriebsrats unverzüglich einzuleiten. ²Die Wahl des Betriebsrats findet auf einer Wahlversammlung statt (§ 14 a Abs. 3 des Gesetzes). ³Die §§ 1, 2 und 30 Abs. 2 gelten entsprechend.

(2) ¹Im Anschluss an die Aufstellung der Wählerliste erlässt der Wahlvorstand das Wahlausschreiben, das von der oder dem Vorsitzenden und von mindestens einem weiteren stimmberechtigten Mitglied des Wahlvorstands zu unterschreiben ist. ²Mit Erlass des Wahlausschreibens ist die Betriebsratswahl eingeleitet. ³Besteht im Betrieb ein Betriebsrat, soll der letzte Tag der Stimmabgabe (nachträgliche schriftliche Stimmabgabe) eine Woche vor dem Tag liegen, an dem die Amtszeit des Betriebsrats abläuft.

(3) ¹Das Wahlausschreiben hat die in § 31 Abs. 1 Satz 3 vorgeschriebenen Angaben zu enthalten, soweit nachfolgend nichts anderes bestimmt ist:
1. Abweichend von Nummer 6 ist ausschließlich die Mindestzahl von Wahlberechtigten anzugeben, von denen ein Wahlvorschlag unterzeichnet sein muss (§ 14 Abs. 4 des Gesetzes).
2. Abweichend von Nummer 8 hat der Wahlvorstand anzugeben, dass die Wahlvorschläge spätestens eine Woche vor dem Tag der Wahlversammlung zur Wahl des Betriebsrats beim Wahlvorstand einzureichen sind (§ 14 a Abs. 3 Satz 2 des Gesetzes); der letzte Tag der Frist ist anzugeben.

²Für die Bekanntmachung des Wahlausschreibens gilt § 31 Abs. 2 entsprechend.

(4) Die Vorschriften über die Bestimmung der Mindestsitze nach § 32, das Wahlverfahren nach § 34 und die nachträgliche Stimmabgabe nach § 35 gelten entsprechend.

(5) ¹Für Wahlvorschläge gilt § 33 Abs. 1 entsprechend mit der Maßgabe, dass die Wahlvorschläge von den Wahlberechtigten und den im Betrieb vertretenen Gewerkschaften spätestens eine Woche vor der Wahlversammlung zur Wahl des Betriebsrats beim Wahlvorstand schriftlich einzureichen sind (§ 14 a Abs. 3 Satz 2 zweiter Halbsatz des Gesetzes). ²§ 6 Abs. 2 bis 5 und die §§ 7 und 8 gelten entsprechend mit der Maßgabe, dass die in § 6 Abs. 5 und § 8 Abs. 2 genannten Fristen nicht die gesetzliche Mindestfrist zur Einreichung der Wahlvorschläge nach § 14 a Abs. 3 Satz 2 erster Halbsatz des Gesetzes überschreiten dürfen. ³Nach Ablauf der gesetzlichen Mindestfrist zur Einreichung der Wahlvorschläge hat der Wahlvorstand die als gültig anerkannten Wahlvorschläge bis zum Abschluss der Stimmabgabe in gleicher Weise bekannt zu machen wie das Wahlausschreiben (Absatz 3).

(6) ¹Ist kein Wahlvorschlag zur Wahl des Betriebsrats gemacht worden, hat der Wahlvorstand bekannt zu machen, dass die Wahl nicht stattfindet. ²Die Bekanntmachung hat in gleicher Weise wie das Wahlausschreiben (Absatz 3) zu erfolgen.

I. Vorbemerkung

1   Wird der Wahlvorstand durch den im Betrieb bereits bestehenden **Betriebsrat** (§ 16 Abs. 1 BetrVG), den **Gesamt- oder Konzernbetriebsrat** (§ 16 Abs. 3 BetrVG) oder durch das **Arbeitsgericht** (§ 16 Abs. 2 BetrVG) bestellt (zu den hierbei einzuhaltenden Fristen s. vor § 28 Rn. 4), bedarf es für seine Konstituierung keiner gesonderten Wahlversammlung. Findet in einem betriebsratslosen Betrieb eine solche trotz Einladung nicht statt oder wird auf ihr kein Wahlvorstand gewählt, kann die Bestellung gemäß § 17 a Nr. 4, § 17 Abs. 4 BetrVG auf Antrag von mindestens drei Arbeitnehmern oder einer im Betrieb vertretenen Gewerkschaft durch das Arbeitsgericht erfolgen. Ebenso kommt in betriebsratslosen Kleinbetrieben die Bestellung durch den Gesamt- oder hilfsweise den Konzernbetriebsrat in Betracht (§ 17 a Einls., § 17 Abs. 1 BetrVG).

2   In den genannten Fällen wird die Wahl des Betriebsrats in einer einzigen Wahlversammlung abgehalten. Zu beachten ist allerdings, dass die unzulässige Durchführung der Betriebsratswahl im vereinfachten Wahlverfahren einen schwerwiegenden und offensichtlichen Verstoß gegen wesentliche Wahlvorschriften darstellt (LAG Sachsen 1. 4. 2003 – 5 TaBV 13/02, juris). Soweit § 36 keine abweichenden Regelungen enthält, findet

das einstufige Verfahren nach denselben Grundsätzen statt, die auch für das zweistufige Verfahren gelten; in Abs. 4 ist für die Bestimmung der Mindestsitze für das Geschlecht in der Minderheit (§ 32), das Wahlverfahren nach § 34 und die nachträgliche Stimmabgabe nach § 35 die entsprechende Anwendung der Vorschriften für das zweistufige Verfahren ausdrücklich angeordnet.

II. Einleitung der Wahl

Der Wahlvorstand hat die Betriebsratswahl **unverzüglich** nach seiner Bestellung, d. h. ohne schuldhaftes Zögern, einzuleiten. Hinsichtlich der Geschäftsführung des Wahlvorstands gilt nach Abs. 1 Satz 3 die allgemeine Vorschrift des § 1. **3**

III. Aufstellung der Wählerliste

Der Wahlvorstand hat zunächst die Wählerliste aufzustellen; hierfür gilt gemäß Abs. 1 Satz 3 die allgemeine Vorschrift des § 2. Der Arbeitgeber ist verpflichtet, den Wahlvorstand hierbei zu unterstützen, indem er ihm die erforderlichen Auskünfte erteilt und die erforderlichen Unterlagen zur Verfügung stellt (s. § 2 Rn. 11 ff.). Die Wählerliste ist gemäß § 2 Abs. 4 Satz 1 an geeigneter Stelle im Betriebs auszulegen, sie kann auch gemäß § 2 Abs. 4 Satz 3 oder 4 ergänzend oder ausschließlich mittels der im Betrieb vorhandenen Kommunikations- und Informationstechnik bekannt gemacht werden (s. § 2 Rn. 16 ff.). **4**

IV. Erlass des Wahlausschreibens

1. Zeitpunkt

Im Anschluss an die Aufstellung der Wählerliste erlässt der Wahlvorstand das Wahlausschreiben (Abs. 2). Hinsichtlich der Formalien seines Erlasses gilt das Gleiche wie im regulären Wahlverfahren (s. § 3 Rn. 4 f.). Die VO nennt **keine Frist,** die seit Aufstellung der Wählerliste einzuhalten ist, und setzt keine Mindestfrist, die zwischen Erlass des Wahlausschreibens und der Wahlversammlung zur Wahl des Betriebsrats liegen muss. Die Mindestfrist von sechs Wochen, die § 3 Abs. 1 Satz 1 für das reguläre Verfahren aufstellt, ist im vereinfachten Verfahren nicht anzuwenden; § 36 enthält keinen Verweis auf § 3. Damit ist dem einstufigen vereinfachten Verfahren in der VO kein zeitliches Limit gesetzt. Aus § 14 a Abs. 3 Satz 2 BetrVG ergibt sich allerdings die Vorgabe, dass Wahlvorschläge bis eine Woche vor der Wahlversammlung zur Wahl des Betriebsrats gemacht werden können. Im zweistufigen vereinfachten Wahlverfahren bleibt wahlberechtigten Arbeitnehmern und im Betrieb vertretenen Gewerkschaften eine Woche zwischen Einladung und Wahlversammlung zur Wahl des Wahlvorstands, um über die Aufstellung von Wahlvorschlägen nachzudenken, die sodann auf dieser Wahlversammlung gemacht werden. Diese Überlegenszeit muss auch im einstufigen Verfahren gewährleistet sein, so dass der Erlass des Wahlausschreibens mindestens **zwei Wochen vor dem Datum der Stimmabgabe** erfolgen sollte. Mangels ausdrücklicher Regelung in der VO berechtigt eine kürzere Zeit zwischen Erlass des Wahlausschreibens und Wahlversammlung jedoch nicht zur Wahlanfechtung. **5**

Nach Abs. 2 Satz 3 soll, wenn im Betrieb ein Betriebsrat besteht, der letzte Tag der Stimmabgabe (nachträgliche schriftliche Stimmabgabe) eine Woche vor dem Tag liegen, an dem die Amtszeit des Betriebsrats abläuft. Zweck der Vorschrift ist es sicherzustellen, dass vor Ablauf der Amtszeit die Gewählten bestimmt und bekannt gegeben werden können. Die *Soll-Vorschrift* stellt keine wesentliche Vorschrift über das Wahlverfahren i. S. des § 19 Abs. 1 BetrVG dar, die zur Wahlanfechtung berechtigt (vgl. auch § 3 Rn. 3). **6**

2. Inhalt

7   Abs. 3 regelt den Inhalt des Wahlausschreibens unter Verweis auf § 31 Abs. 1 Satz 3 und schreibt nur insoweit abweichende Angaben vor, als die Besonderheiten des einstufigen Verfahrens dies gebieten (s. daher auch § 31 Rn. 2 ff.):

8   Nach Nr. 1 ist abweichend von § 31 Abs. 1 Satz 3 Nr. 6 ausschließlich die Mindestzahl von Arbeitnehmern anzugeben, von denen ein Wahlvorschlag unterzeichnet sein muss. Der Hinweis auf die Möglichkeit der mündlichen Abgabe von Wahlvorschlägen auf der Wahlversammlung hat bei der Wahl des Betriebsrats in nur einer Wahlversammlung zu unterbleiben.

9   Unter Nennung des letzten Tages der Frist ist anzugeben, dass Wahlvorschläge bis spätestens eine Woche vor dem Tag der Wahlversammlung des Betriebsrats beim Wahlvorstand einzureichen sind (Abs. 3 Nr. 2).

3. Bekanntmachung

10   S. § 31 Rn. 10.

V. Wahlvorschläge

11   Abs. 5 verweist auf den für das zweistufige Verfahren geltenden § 33 Abs. 1 sowie die allgemeinen Vorschriften in § 6 Abs. 2 bis 5 sowie §§ 7 und 8. Es gelten die folgenden Besonderheiten: Nach § 14a Abs. 3 Satz 2 Halbsatz 2 BetrVG sind Wahlvorschläge spätestens eine Woche vor der Wahlversammlung zur Wahl des Betriebsrats einzureichen (Abs. 5 Satz 1). Sofern der Wahlvorstand einem Arbeitnehmer, der mehr als einen Wahlvorschlag unterzeichnet hat, eine Frist setzt, innerhalb der er sich erklären soll, welche Unterstützung er aufrechterhält (§ 6 Abs. 5 Satz 2), so darf diese Frist die gesetzliche Mindestfrist zur Einreichung von Wahlvorschlägen nicht überschreiten. Dasselbe gilt, wenn der Wahlvorstand eine Frist zur Behebung eines heilbaren Mangels einer Vorschlagsliste gemäß § 8 Abs. 2 setzt (Abs. 5 Satz 2).

12   Als gültig anerkannte Wahlvorschläge sind nach Ablauf der gesetzlichen Mindestfrist für ihre Einreichung bis zum Tag der Stimmabgabe in gleicher Weise bekannt zu machen wie das Wahlausschreiben, d. h. durch **Aushang** bzw. – ausschließlich oder ergänzend – mittels der **im Betrieb vorhandenen Informations- und Kommunikationstechnik** (s. § 3 Rn. 18), je nach dem, für welche Art der Bekanntmachung sich der Wahlvorstand für das Wahlausschreiben entschieden hat. Ist das Wahlausschreiben an mehreren Stellen ausgehängt worden, so ist auch das Wahlergebnis an diesen Stellen bekannt zu machen. Sofern der Wahlvorstand das Wahlausschreiben durch Aushang und ergänzend in elektronischer Form bekannt gemacht hat, muss auch das Wahlergebnis in beiden Formen bekannt gegeben werden; in diesem Fall können die Arbeitnehmer darauf vertrauen, dass sie aktuelle Informationen über die Betriebsratswahl stets auch elektronisch erhalten.

13   Ist **kein Wahlvorschlag** gemacht worden, ist in gleicher Weise bekannt zu machen, dass die Wahl nicht stattfindet (Abs. 6). Eine Nachfristsetzung nach § 9 ist im vereinfachten Wahlverfahren nicht zulässig.

VI. Terminierung der Wahlversammlung

14   § 36 enthält keine Vorgabe für den Wahlvorstand hinsichtlich der Frist, binnen derer nach seiner Bestellung die Wahlversammlung zur Wahl des Betriebsrats stattzufinden hat. Dies ist eine für die praktische Handhabbarkeit der VO missliche Auslassung des VO-Gebers (vgl. auch *Hanau*, ZIP 2001, 2163, 2167). Hinsichtlich des Termins für die

Wahlversammlung ist danach zu unterscheiden, ob das einstufige vereinfachte Verfahren in einem Betrieb durchgeführt wird, in dem bereits ein **Betriebsrat besteht,** oder ob in einem betriebsratslosen Betrieb erstmals ein Betriebsrat gewählt werden soll. Existiert bereits eine Betriebsrat, wird der Wahlvorstand grundsätzlich durch diesen selbst bestellt (§ 16 Abs. 1 BetrVG). Dies hat gemäß § 17a Nr. 1 BetrVG spätestens vier Wochen vor Ablauf seiner Amtszeit zu erfolgen. Nach Abs. 2 Satz 3 *soll,* wenn im Betrieb ein Betriebsrat besteht, der letzte Tag der Stimmabgabe (nachträgliche schriftliche Stimmabgabe) eine Woche vor dem Tag liegen, an dem die Amtszeit des Betriebsrats abläuft. Die Frist zur nachträglichen schriftlichen Stimmabgabe, deren Festlegung die WO ebenfalls in das Ermessen des Wahlvorstands stellt, sollte nach hier vertretener Auffassung mindestens drei Tage und maximal eine Woche nach dem Tag der Wahlversammlung betragen (s. hierzu § 35 Rn. 6). Daraus folgt, dass die Wahlversammlung zwischen 10 Tagen und zwei Wochen vor Beendigung der Amtszeit des existierenden Betriebsrats zu terminieren ist. Bestellt der existierende Betriebsrat den Wahlvorstand zum letztmöglichen Zeitpunkt, sprich: vier Wochen vor Ende seiner Amtszeit, liegen zwischen der Bestellung des Wahlvorstands und dem Termin der Wahlversammlung somit bestenfalls nur zwei Wochen. Nach § 14a Abs. 3 Satz 2 BetrVG können Wahlvorschläge bis eine Woche vor dem Tag der Wahlversammlung gemacht werden; diese zeitliche Vorgabe hat der Betriebsrat zwingend zu beachten. Um den Arbeitnehmern für die Einreichung von Wahlvorschlägen die gleiche Überlegenszeit zu gewähren, die im zweistufigen vereinfachten Verfahren gilt (eine Woche zwischen Einladung und Wahlversammlung zur Wahl des Wahlvorstands, § 28 Abs. 1 Satz 2; s. hierzu oben Rn. 5; ebenso *Hanau,* ZIP 2001, 2163, 2167; vgl. auch LAG Frankfurt 23. 1. 2003, AuR 2003, 158), müsste der Wahlvorstand bei letztmöglicher Bestellung durch den Betriebsrat noch am Tag seiner Bestellung die Wählerliste erstellen und das Wahlausschreiben erlassen; dies ist mangels der hierfür erforderlichen Informationen, die ihm der Arbeitgeber gemäß Abs. 1 Satz 3 i. V. mit § 2 Abs. 2 zu übergeben hat, faktisch nicht möglich. In diesem Fall kann der Zeitplan nur eingehalten werden, indem der Wahlvorstand die Wochenfrist zwischen nachträglicher schriftlicher Stimmabgabe und Ende der Amtszeit (*Soll-Vorschrift* des Abs. 2 Satz 3) nicht beachtet und/oder die Frist für die nachträgliche schriftliche Stimmabgabe unter einer Woche nach dem Tag der Wahlversammlung bemisst (z. B. eine Woche nach Ablauf der Frist für die Geltendmachung des Verlangens nach nachträglicher schriftlicher Stimmabgabe; s. hierzu § 35 Rn. 6). Die Berechnung zeigt, dass die zeitlichen Vorgaben des einstufigen vereinfachten Verfahrens jedenfalls für den „Ernstfall" der letztmöglichen Bestellung des Wahlvorstands erst vier Wochen vor dem Ende der Amtszeit des Betriebsrats bedenklich kurz bemessen sind und **vom Wahlvorstand faktisch Unmögliches verlangen.**

Die Unzulänglichkeit der Regelungen verschärft sich noch, falls der Wahlvorstand **15** gemäß § 16 Abs. 3 BetrVG durch den **Gesamt- oder Konzernbetriebsrat** oder nach § 16 Abs. 2 BetrVG **gerichtlich** bestellt wird, weil der amtierende Betriebsrat die Bestellung unterlässt. Für diese Fälle sieht § 17a Nr. 1 BetrVG im vereinfachten Verfahren für Kleinbetriebe lediglich eine Drei-Wochen-Frist vor Ablauf der Amtszeit des Betriebsrats vor. Bedenkt man, dass zwischen dem letztmöglichen Zeitpunkt zur Einreichung von Wahlvorschlägen und dem Termin der Wahlversammlung eine Woche liegen muss (§ 14a Abs. 3 Satz 2 BetrVG), zwischen der Stimmauszählung bei nachträglicher schriftlicher Stimmabgabe und Ende der Amtszeit eine Woche liegen *soll* (Abs. 2 Satz 3) und die im Ermessen des Wahlvorstands liegende Frist für die nachträgliche schriftliche Stimmabgabe bis zu einer Woche nach dem Termin der Wahlversammlung betragen kann (s. hierzu § 35 Rn. 6), bleiben für die Erstellung der Wählerliste und den Erlass des Wahlausschreibens sowie die Einreichung von Wahlvorschlägen nur wenige Tage, schlimmstenfalls sogar überhaupt keine Zeit. Im Falle der Ersatzbestellung durch das Arbeitsgericht ist zusätzlich in Rechnung stellen, dass das hierfür notwendige Verfahren selbst auch gewisse Zeit in Anspruch nimmt. Die Berechnung zeigt, dass die zeitlichen

Vorgaben für das einstufige vereinfachte Wahlverfahren in Gesetz und WO **nicht stimmig** sind. Die Praxis wird sich, sofern die Bestellung des Wahlvorstands zum letztmöglichen Zeitpunkt erfolgt, mit Missachtung der *Soll-Vorschrift* des Abs. 2 Satz 3 sowie einer möglichst kurz bemessenen Frist für die nachträgliche schriftliche Stimmabgabe (Minimum: drei Tage nach dem Tag der Wahlversammlung; s. hierzu § 35 Rn. 6) behelfen müssen, um überhaupt die Erstellung der Wählerliste, den Erlass des Wahlausschreibens und die Einreichung von Wahlvorschlägen zu ermöglichen.

16 Wird der Wahlvorstand durch den amtierenden Betriebsrat **früher als vier Wochen vor dem Ende seiner Amtszeit** bestellt, erscheint es ratsam, den Termin für die Wahlversammlung etwa 10 Tage bis zwei Wochen vor dem Ende der Amtszeit des Betriebsrats festzulegen. Damit wird der *Soll-Vorschrift* des Abs. 2 Satz 3 entsprochen und eine hinreichende Frist zur nachträglichen schriftlichen Stimmabgabe gewährt. Zwingend zu beachten ist, dass Wahlvorschläge gemäß § 14a Abs. 3 Satz 2 BetrVG bis eine Woche vor der Wahlversammlung gemacht werden können. Die Zeit zwischen dem sich hieraus ergebenden Zeitpunkt und dem Zeitpunkt der Bestellung des Wahlvorstands unterteilt sich in die Einreichungsfrist (nach Erlass des Wahlausschreibens) und die Zeit, die der Wahlvorstand für die Erstellung der Wählerliste und den Erlass des Wahlausschreibens benötigt. Die Überlegenszeit für die Einreichung von Wahlvorschlägen sollte eine Woche betragen (s. oben Rn. 5). Die übrige Zeit kann der Wahlvorstand auf die ordnungsgemäße Fertigung von Wählerliste und Wahlausschreiben verwenden.

17 Gesetz und VO enthalten keinerlei zeitliche Richtlinien für Fälle, in denen der Wahlvorstand **in betriebsratslosen Kleinbetrieben** gemäß §§ 17 Abs. 1, 17a Einls. i. V. mit § 14a Abs. 3 BetrVG durch den **Gesamt- oder Konzernbetriebsrat** oder gemäß § 17 Abs. 4, 17a Nr. 4 i. V. mit § 14a Abs. 3 BetrVG durch das **Arbeitsgericht** bestellt wird. Zu beachten ist lediglich, dass zwischen letztmöglicher Einreichung von Wahlvorschlägen und dem Tag der Wahlversammlung eine Woche liegen muss (§ 14a Abs. 3 Satz 2 BetrVG). Wie im zweistufigen Verfahren sollte für die Abgabe von Wahlvorschlägen eine Frist von einer Woche (Wochen-Frist zwischen Einladung und Wahlversammlung zur Wahl des Wahlvorstands, § 28 Abs. 1 Satz 2; s. hierzu oben Rn. 5) gewährt werden (LAG Frankfurt 23. 1. 2003, AuR 2003, 158; *Quecke,* AuR 2002, 1, 4; *Neumann,* BB 2002, 510, 517). Anders als beim zweistufigen Verfahren, bei dem er die für die Erstellung der Wählerliste erforderlichen Unterlagen auf der ersten Wahlversammlung durch die einladende Stelle in einem vom Arbeitgeber versiegelten Umschlag erhält (§ 30 Abs. 1 Satz 3), stehen dem Wahlvorstand diese Informationen im einstufigen Verfahren am Tag seiner Bestellung noch nicht zur Verfügung; er muss sie vielmehr erst gemäß Abs. 1 Satz 3 i. V. mit § 2 Abs. 2 vom Arbeitgeber erfragen (s. oben Rn. 4). Im zweistufigen Verfahren hat der Arbeitgeber maximal eine Woche Zeit, um die erforderlichen Unterlagen zusammenzustellen (s. hierzu § 28 Rn. 6). Diese Zeit muss als Mindestvoraussetzung auch im einstufigen Verfahren zur Verfügung stehen, so dass in diesem die Wahlversammlung zur Wahl des Betriebsrats **nicht vor drei Wochen nach dem Tag der Bestellung des Wahlvorstands** stattfinden kann (vgl. auch *Hanau,* ZIP 2001, 2163, 2167: Mindestfrist von zwei Wochen). Um den rechtspolitisch fragwürdigen Charakter eines „Hau-Ruck-Verfahrens" zu verringern und statt dessen ein nach rechtsstaatlichen und demokratischen Grundsätzen möglichst einwandfreies Verfahren zu ermöglichen, ist sicher auch eine längere Dauer zulässig und sogar wünschenswert. Es liegt nahe, als **Maximaldauer** allerdings von **vier Wochen** auszugehen, da der Gesetzgeber in § 17a Nr. 1 i. V. mit § 16 BetrVG zum Ausdruck gebracht hat, dass das einstufige vereinfachte Verfahren in vier Wochen – wenn auch wie gesehen (s. oben Rn. 14) nur mit äußersten Schwierigkeiten – durchführbar ist. Das mag man noch immer aus rechtspolitischer Sicht für zu kurz halten, ist jedoch im Hinblick darauf hinzunehmen, dass das zweistufige vereinfachte Verfahren auf einen Zeitraum von zwei Wochen zwischen Einladung zur ersten und Durchführung der zweiten Wahlversammlung angelegt ist. Ein zu großer Unterschied in der Dauer beider Verfahrensarten wäre nicht systemkonform.

Dritter Abschnitt.
Wahl des Betriebsrats in Betrieben mit in der Regel 51 bis 100 Wahlberechtigten
(§ 14a Abs. 5 des Gesetzes)

§ 37 Wahlverfahren

Haben Arbeitgeber und Wahlvorstand in einem Betrieb mit in der Regel 51 bis 100 Wahlberechtigten die Wahl des Betriebsrats im vereinfachten Wahlverfahren vereinbart (§ 14a Abs. 5 des Gesetzes), richtet sich das Wahlverfahren nach § 36.

Erläuterung

Die Vorschrift ordnet die Anwendung des einstufigen Verfahrens an, wenn sich in 1
Betrieben mit in der Regel 51 bis 100 wahlberechtigten Arbeitnehmern (s. § 2 Rn. 1 ff.) Wahlvorstand und Arbeitgeber gemäß § 14 Abs. 5 BetrVG auf die Durchführung der Betriebsratswahl nach dem vereinfachten Wahlverfahren einigen. Damit wird klargestellt, dass die Bestellung des Wahlvorstands selbst in diesen Betrieben in jedem Fall nach der allgemeinen Vorschrift des § 16 BetrVG erfolgt (s. auch LAG Sachsen 1. 4. 2003 – 5 TaBV 13/02, juris; BAG 19. 11. 2003 AP BetrVG 1972 § 19 Nr. 5). Zu den Einzelheiten der Durchführung des Wahlverfahrens s. § 36 Rn. 1 ff.

Dritter Teil. Wahl der Jugend- und Auszubildendenvertretung

§ 38 Wahlvorstand, Wahlvorbereitung

¹Für die Wahl der Jugend- und Auszubildendenvertretung gelten die Vorschriften der §§ 1 bis 5 über den Wahlvorstand, die Wählerliste, das Wahlausschreiben und die Bestimmung der Mindestsitze für das Geschlecht in der Minderheit entsprechend. ²Dem Wahlvorstand muss mindestens eine nach § 8 des Gesetzes wählbare Person angehören.

Erläuterung

Für die Wahl der Jugend- und Auszubildendenvertretung werden die **Vorschriften über** 1
die Wahl des Betriebsrats für entsprechend anwendbar erklärt. Auch für die Jugend- und Auszubildendenvertretung gilt ein zwingender Geschlechterproporz.

Die Wahl erfolgt ebenfalls unter der **Leitung eines Wahlvorstands** (s. § 63 BetrVG 2
Rn. 3 ff.). Satz 2 ergänzt § 63 BetrVG dahin, dass mindestens ein Mitglied zum Betriebsrat wählbar sein muss. Es genügt nicht, dass es als Mitglied der Jugend- und Auszubildendenvertretung wählbar ist. Das ist vor allem deshalb von Bedeutung, weil nach § 8 BetrVG nur wählbar ist, wer sechs Monate dem Betrieb angehört.

Der Wahlvorstand trifft seine Entscheidungen auch hier in Sitzungen mit einfacher 3
Stimmenmehrheit; darüber ist eine Niederschrift anzufertigen. Er kann Wahlhelfer hinzuziehen und sich auch eine Geschäftsordnung geben.

Der Wahlvorstand hat für die Wahl eine **Wählerliste** aufzustellen. Der Eintrag in die 4
Wählerliste ist nur eine für die Ausübung des aktiven Wahlrechts formelle Voraussetzung, *nicht* dagegen für die *Wählbarkeit* (s. auch § 61 BetrVG Rn. 14); denn wählbar ist auch ein Arbeitnehmer, der nicht zur Jugend- und Auszubildendenvertretung wahl-

berechtigt ist, sofern er das 25. Lebensjahr noch nicht vollendet hat (§ 61 Abs. 2 Satz 1 BetrVG; s. dort Rn. 5; a. A. in Bezug auf Wahlbewerber, die unter 18 Jahren oder zur Berufsausbildung beschäftigt sind und zwischen 18 und 25 Jahren alt sind (*Fitting*, § 38 Rn. 4). Gegen Eintragung oder Nichteintragung ist Einspruch möglich (§ 4).

5   Wie für die Wahl des Betriebsrats ist ein **Wahlausschreiben** zu erlassen. Für den Mindestinhalt ist zu berücksichtigen, dass § 3 Abs. 2 sich auf die Betriebsratswahl bezieht und daher nicht die Besonderheiten der Wahl einer Jugend- und Auszubildendenvertretung berücksichtigt. Das Wahlausschreiben muss deshalb zwar enthalten, dass nur die in § 60 Abs. 1 BetrVG genannten Arbeitnehmer wählen können, die in die Wählerliste eingetragen sind, dass aber auch Arbeitnehmer wählbar sind, die das 25. Lebensjahr noch nicht vollendet haben und dem Betrieb angehören (§ 61 Abs. 2 Satz 1 BetrVG). Es muss klarstellen, dass Mitglieder des Betriebsrats nicht zu Jugend- und Auszubildendenvertretern gewählt werden können (§ 61 Abs. 2 Satz 2 BetrVG; s. dort Rn. 10 ff.).

§ 39 Durchführung der Wahl

(1) ¹Sind mehr als drei Mitglieder zur Jugend- und Auszubildendenvertretung zu wählen, so erfolgt die Wahl aufgrund von Vorschlagslisten. ²§ 6 Abs. 1 Satz 2, Abs. 2 und 4 bis 7, die §§ 7 bis 10 und § 27 gelten entsprechend. ³§ 6 Abs. 3 gilt entsprechend mit der Maßgabe, dass in jeder Vorschlagsliste auch der Ausbildungsberuf der einzelnen Bewerberinnen oder Bewerber aufzuführen ist.

(2) ¹Sind mehrere gültige Vorschlagslisten eingereicht, so kann die Stimme nur für eine Vorschlagsliste abgegeben werden. ²§ 11 Abs. 1 Satz 2, Abs. 3 und 4, die §§ 12 bis 19 gelten entsprechend. ³§ 11 Abs. 2 gilt entsprechend mit der Maßgabe, dass auf den Stimmzetteln auch der Ausbildungsberuf der einzelnen Bewerberinnen oder Bewerber aufzuführen ist.

(3) ¹Ist nur eine gültige Vorschlagsliste eingereicht, so kann die Stimme nur für solche Bewerberinnen oder Bewerber abgegeben werden, die in der Vorschlagsliste aufgeführt sind. ²§ 20 Abs. 3, die §§ 21 bis 23 gelten entsprechend. ³§ 20 Abs. 2 gilt entsprechend mit der Maßgabe, dass auf den Stimmzetteln auch der Ausbildungsberuf der einzelnen Bewerber aufzuführen ist.

(4) Für die schriftliche Stimmabgabe gelten die §§ 24 bis 26 entsprechend.

Erläuterung

1   Das Gesetz zur Bildung von Jugend- und Auszubildendenvertretungen in den Betrieben vom 13. 7. 1988 (BGBl. I S. 1034) hat nicht nur die Jugendvertretung zur Jugend- und Auszubildendenvertretung weiterentwickelt, sondern auch das Wahlsystem geändert. Die ursprünglich in § 63 Abs. 1 BetrVG vorgesehene Bestimmung, dass nach den Grundsätzen der Mehrheitswahl gewählt wird, wurde gestrichen und durch entsprechende Verweisungen in Abs. 2 festgelegt, dass die Wahl wie bei der Betriebsratswahl grundsätzlich als **Verhältniswahl** durchgeführt wird.

2   Sind **mehrere Jugend- und Auszubildendenvertreter zu wählen**, so erfolgt die Wahl auf Grund von **Vorschlagslisten** (Abs. 1 Satz 1). Es gilt Gleiches wie bei der Betriebsratswahl. Da die Jugend- und Auszubildendenvertretung vor allem die besonderen Belange der zu ihrer Berufsausbildung Beschäftigten wahrnimmt, wird verlangt, dass in jeder Vorschlagsliste auch der Ausbildungsberuf der einzelnen Bewerber aufzuführen ist (Abs. 1 Satz 3). Entsprechend gilt dies für die Gestaltung der Stimmzettel (Abs. 2 Satz 3).

Ist **nur eine gültige Vorschlagsliste eingereicht**, so erfolgt die Wahl nach den **Grundsätzen der Mehrheitswahl** (§ 63 Abs. 2 Satz 2 i. V. mit § 14 Abs. 2 Satz 2 Halbsatz 1 BetrVG). Für Stimmabgabe und Ermittlung der Gewählten gilt auch insoweit entsprechend Gleiches wie bei der Betriebsratswahl (vgl. Abs. 3). Auf den Stimmzetteln sind daher auch hier die Bewerber in der Reihenfolge aufzuführen, in der sie auf der Vorschlagsliste benannt sind, wobei ergänzend bestimmt ist, dass auch der Ausbildungsberuf der einzelnen Bewerber aufzuführen ist (Abs. 3 Satz 3 i. V. mit § 21 Abs. 2). 3

Schließlich kommt unter denselben Voraussetzungen wie bei der Betriebsratswahl die **schriftliche Stimmabgabe** in Betracht (Abs. 4 i. V. mit §§ 24 bis 26). 4

§ 40 Wahl der Jugend- und Auszubildendenvertretung im vereinfachten Wahlverfahren

(1) ¹In Betrieben mit in der Regel fünf bis fünfzig der in § 60 Abs. 1 des Gesetzes genannten Arbeitnehmerinnen und Arbeitnehmern wird die Jugend- und Auszubildendenvertretung im vereinfachten Wahlverfahren gewählt (§ 63 Abs. 4 Satz 1 des Gesetzes). ²Für das Wahlverfahren gilt § 36 entsprechend mit der Maßgabe, dass in den Wahlvorschlägen und auf den Stimmzetteln auch der Ausbildungsberuf der einzelnen Bewerberinnen oder Bewerber aufzuführen ist. ³ § 38 Satz 2 gilt entsprechend.

(2) Absatz 1 Satz 2 und 3 gilt entsprechend, wenn in einem Betrieb mit in der Regel 51 bis 100 der in § 60 Abs. 1 des Gesetzes genannten Arbeitnehmerinnen und Arbeitnehmern Arbeitgeber und Wahlvorstand die Anwendung des vereinfachten Wahlverfahrens vereinbart haben (§ 63 Abs. 5 des Gesetzes).

Erläuterung

Die Vorschrift regelt das vereinfachte Wahlverfahren für die Wahl der Jugend- und Auszubildendenvertretung in Betrieben mit in der Regel fünf bis 50 jugendlichen Arbeitnehmern oder zu ihrer Berufsausbildung Beschäftigten, die das 25. Lebensjahr noch nicht vollendet haben (§ 60 Abs. 1 BetrVG). In diesen Betrieben ist das vereinfachte Wahlverfahren zwingend angeordnet (vgl. vor §§ 28 ff. Rn. 1). Das Wahl findet im einstufigen Verfahren gemäß § 36 statt mit der Maßgabe, dass in den Wahlvorschlägen und auf den Stimmzetteln auch der Ausbildungsberuf der einzelnen Bewerber aufgeführt werden muss. Zu den Einzelheiten der Durchführung der Wahl s. § 36 Rn. 3 ff. 1

In Betrieben mit in der Regel 51 bis 100 der in § 60 Abs. 1 BetrVG genannten Arbeitnehmer ist nach Maßgabe des vereinfachten Verfahrens zu wählen, wenn sich Wahlvorstand und Arbeitgeber hierauf verständigen. 2

Vierter Teil. Übergangs- und Schlussvorschriften

§ 41 Berechnung der Fristen

Für die Berechnung der in dieser Verordnung festgelegten Fristen finden die §§ 186 bis 193 des Bürgerlichen Gesetzbuchs entsprechende Anwendung.

Erläuterung

Das versteht sich nach § 186 BGB von selbst und gilt auch für die Fristen des BetrVG. Wesentlich ist, dass dann, wenn der Beginn einer Frist an ein bestimmtes Ereignis, etwa 1 an den Aushang des Wahlausschreibens geknüpft ist, der Tag des Ereignisses selbst nicht mitgezählt wird (§ 187 Abs. 1 BGB). Zur Einhaltung der Frist ist notwendig, dass die jeweilige Erklärung oder Handlung innerhalb der Frist beim Empfänger eingeht bzw. vorgenommen wird.

2   Die Vorschrift des § 193 BGB, dass dann, wenn der letzte Tag einer Frist ein Samstag oder Sonntag oder allgemein anerkannter Feiertag ist, die Frist erst mit Ablauf des darauf folgenden Werktags endet, gilt nicht, wenn die Frist nach **Arbeitstagen** bestimmt ist. Dann ist allein entscheidend, ob der betreffende Tag in dem Betrieb Arbeitstag ist (s. § 3 Rn. 11).

3   Sind bei der für die Entgegennahme zuständigen Stelle **Dienststunden** eingerichtet, so muss die Erklärung bis zum Ende der Dienststunden des letzten Tages der Frist dort eingehen. Diese dürfen am letzten Tag der Frist nicht vor dem Ende der allgemeinen Arbeitszeit des betreffenden Betriebs enden (BAG 4. 10. 1977 AP § 18 BetrVG 1972 Nr. 2; vgl. § 3 Rn. 17). Dennoch ist der Wahlvorstand von Gesetzes wegen nicht berechtigt, die Einreichung von Wahlvorschlägen am letzten Tag der Frist auf eine bestimmte Uhrzeit zu begrenzen (vergleiche BVerwG 17. 7. 1980, PersV 1981, 498).

§ 42 Bereich der Seeschifffahrt

Die Regelung der Wahlen für die Bordvertretung und den Seebetriebsrat (§§ 115 und 116 des Gesetzes) bleibt einer besonderen Rechtsverordnung vorbehalten.

Erläuterung

Für die Wahl der Bordvertretung und des Seebetriebsrats gilt eine eigene Wahlordnung, die Zweite Verordnung zur Durchführung des Betriebsverfassungsgesetzes (**Wahlordnung Seeschifffahrt – WOS –**) vom 7. 2. 2002 (BGBl. I S. 594). Sie hat die Zweite Verordnung zur Durchführung des Betriebsverfassungsgesetzes vom 24. 10. 1972 (BGBl. I S. 2029) abgelöst. Die Wahlordnung enthält nähere Regelungen für die Wahl der **Bordvertretung** (§§ 1–31 WOS) und des Seebetriebsrats (§§ 32–58 WOS). Sie konkretisiert damit die Regelungen der §§ 114–116 BetrVG. Für die Wahl und Zusammensetzung der Bordvertretung gelten im Grundsatz die Vorschriften über Wahl und Zusammensetzung des Betriebsrats (§§ 7–20 BetrVG) nach Maßgabe der Regelung in § 115 Abs. 2 BetrVG. Die Leistung der Wahl der Bordvertretung obliegt dem Wahlvorstand; dieser ist von der Bordvertretung spätestens zwei Wochen vor dem Ablauf ihrer Amtszeit zu bestellen. Besteht keine Bordvertretung, bestellt die Bordversammlung und notfalls das Arbeitsgericht den Wahlvorstand. Dieser hat für die Wahl eine Wählerliste, getrennt nach Geschlechtern, aufzustellen (§ 2 WOS) und ein Wahlausschreiben zu erlassen (§ 5 WOS). Ab diesem Zeitpunkt können die Wahlberechtigten vor Ablauf von 48 Stunden Wahlvorschläge einreichen (§ 6 Abs. 1 WOS). Die Wahl hat nach den Grundsätzen der Verhältniswahl (Listenwahl) zu erfolgen, wenn mehrere Vorschlagslisten eingegangen sind, andernfalls findet Mehrheitswahl statt. Die Wahl des **Seebetriebsrats** ist durch den Wahlvorstand vorzubereiten und durchzuführen. Einzelheiten regeln die §§ 32 ff. WOS. Zu beachten ist insbesondere, dass der Wahlvorstand festzustellen hat, welches Geschlecht von seinen zahlenmäßigen Verhältnis im Seebetrieb in der Minderheit ist und errechnen muss, wie viele Sitze mindestens auf dieses Geschlecht entfallen müssen (§ 37 WOS).

§ 43 Inkrafttreten

(1) ¹Diese Verordnung tritt am Tage nach der Verkündung in Kraft. ²Gleichzeitig tritt die Erste Verordnung zur Durchführung des Betriebsverfassungsgesetzes vom 16. Januar

1972 (BGBl. I S. 49), zuletzt geändert durch die Verordnung vom 16. Januar 1995 (BGBl. I S. 43), außer Kraft.

(2) *(aufgehoben)*

Erläuterung

Das Bundesgesetzblatt, das die WO enthält, ist am 14. 12. 2001 ausgegeben worden (BGBl. I S. 3494). Sie ist daher am 15. 12. 2001 in Kraft getreten. Der VO-Geber hat es versäumt, eine Übergangsvorschrift für Wahlverfahren aufzunehmen, die zu diesem Zeitpunkt bereits eingeleitet oder noch nicht abgeschlossen wurden. Auch ohne dahingehende Klarstellung ist davon auszugehen, dass das im Zeitpunkt der Einleitung der Wahl geltende Recht Anwendung findet.

2. Verordnung zur Durchführung der Betriebsratswahlen bei den Postunternehmen (Wahlordnung Post – WOP)

Vom 22. Februar 2002

(BGBl. I S. 946)

FNA 900-10-4-22

Auf Grund des § 34 des Postpersonalrechtsgesetzes vom 14. September 1994 (BGBl. I S. 2325, 2353) verordnet das Bundesministerium für Arbeit und Sozialordnung im Einvernehmen mit dem Bundesministerium des Innern:

Erster Abschnitt. Allgemeine Vorschriften

§ 1 [Anwendung der (Wahlordnung – WO)]

Die Vorschriften der Ersten Verordnung zur Durchführung des Betriebsverfassungsgesetzes (Wahlordnung – WO) vom 11. Dezember 2001 (BGBl. I S. 3494) in der jeweiligen Fassung finden für die Wahlen zum Betriebsrat in den Postunternehmen Anwendung, soweit sich aus dieser Verordnung nicht etwas anderes ergibt.

§ 2 [Aktiengesellschaften]

Die bei den Aktiengesellschaften beschäftigten Beamtinnen und Beamten gelten für die Anwendung der Vorschriften der Wahlordnung als Arbeitnehmerinnen und Arbeitnehmer.

§ 3 [Gruppe der Beamten]

[1] Die Beamtinnen und Beamten bilden bei der Wahl zum Betriebsrat neben der Gruppe der Arbeitnehmerinnen und Arbeitnehmer eine eigene Gruppe, wenn nicht die Mehrheit der wahlberechtigten Beamtinnen und Beamten in geheimer Abstimmung innerhalb der vom Wahlvorstand festzusetzenden Frist hierauf verzichtet (§ 26 Nr. 1 Postpersonalrechtsgesetz). [2] Im vereinfachten Wahlverfahren nach § 14a Abs. 1 des Betriebsverfassungsgesetzes kann die Abstimmung nach Satz 1 bis zur Wahl des Wahlvorstands erfolgen.

§ 4 [Vertretung der Beamten im Betriebsrat]

(1) [1] Bilden die Beamtinnen und Beamten eine eigene Gruppe, müssen sie und die Arbeitnehmerinnen und Arbeitnehmer entsprechend ihrem zahlenmäßigen Verhältnis im Betriebsrat vertreten sein, wenn dieser aus mindestens drei Mitgliedern besteht (§ 26 Nr. 2 Postpersonalrechtsgesetz). [2] Innerhalb der jeweiligen Gruppe im Betriebsrat muss das Geschlecht in der Minderheit mindestens entsprechend seinem zahlenmäßigen Verhältnis in der Gruppe vertreten sein.

(2) Bilden die Beamtinnen und Beamten keine eigene Gruppe, muss das Geschlecht, das in der Belegschaft in der Minderheit ist, mindestens entsprechend seinem zahlenmäßigen Verhältnis im Betriebsrat vertreten sein, wenn dieser aus mindestens drei Mitgliedern besteht (§ 26 Postpersonalrechtsgesetz i. V. m. § 15 Abs. 2 Betriebsverfassungsgesetz).

§ 5 [Wahlvorstand]

(1) ¹Der Wahlvorstand, dem in Betrieben mit Beamten eine Beamtin oder ein Beamter angehören muss, hat unverzüglich nach seiner Bestellung durch Aushang
a) die wahlberechtigten Beamtinnen und Beamten darauf hinzuweisen, dass sie in geheimer Abstimmung mit Stimmenmehrheit darüber entscheiden können, ob sie auf die Bildung einer eigenen Gruppe bei der Wahl zum Betriebsrat verzichten,
b) den Zeitpunkt bekannt zu geben, bis zu dem die Entscheidung dem Wahlvorstand mitzuteilen ist. Zwischen dem Aushang und der Mitteilung müssen mindestens fünf Arbeitstage liegen.
²Der Aushang hat an einer oder mehreren geeigneten, den Beamtinnen und Beamten zugänglichen Stellen zu erfolgen. ³Erfolgt die Bekanntmachung in elektronischer Form, so gilt § 2 Abs. 4 Satz 3 und 4 der Wahlordnung entsprechend.

(2) ¹Absatz 1 findet keine Anwendung im vereinfachten Wahlverfahren nach § 14a Abs. 1 des Betriebsverfassungsgesetzes. ²Im vereinfachten Wahlverfahren nach § 14a Abs. 3 und 5 des Betriebsverfassungsgesetzes verkürzt sich die Frist in Absatz 1 auf mindestens drei Arbeitstage.

Zweiter Abschnitt. Bildung einer eigenen Wählergruppe der Beamtinnen und Beamten

§ 6 [Eigene Wählergruppe der Beamtinnen und Beamten]

Bei Bildung einer eigenen Gruppe der Beamtinnen und Beamten bei der Wahl zum Betriebsrat findet die Wahlordnung mit folgender Maßgabe Anwendung:
1. a) Der Wahlvorstand hat abweichend von § 2 Abs. 1 Satz 1 der Wahlordnung eine Liste der Wahlberechtigten (Wählerliste), getrennt nach den Gruppen der Arbeitnehmerinnen und Arbeitnehmer sowie der Beamtinnen und Beamten, aufzustellen. Innerhalb der Gruppen sind die Wahlberechtigten getrennt nach den Geschlechtern aufzuführen.
   b) Zusätzlich zu den in § 2 Abs. 4 Satz 1 der Wahlordnung genannten Abdrucken ist ein Abdruck dieser Verordnung auszulegen. Bei Bekanntmachung in elektronischer Form nach § 2 Abs. 4 Satz 3 und 4 der Wahlordnung ist auch diese Verordnung elektronisch bekannt zu machen.
2. Das Wahlausschreiben (§ 3 Wahlordnung) muss enthalten
   a) zusätzlich zu den Angaben nach Absatz 2 Nr. 2 die Bestimmung des Orts, an dem diese Verordnung ausliegt, sowie im Fall der Bekanntmachung in elektronischer Form (§ 2 Abs. 4 Satz 3 und 4 Wahlordnung), wo und wie von dieser Verordnung Kenntnis genommen werden kann,
   b) abweichend von Absatz 2 Nr. 4 die Angabe über den Anteil der Geschlechter innerhalb der Gruppen sowie den Hinweis, dass das Geschlecht in der Minderheit in der jeweiligen Gruppe im Betriebsrat mindestens entsprechend seinem zahlenmäßigen Verhältnis vertreten sein muss,
   c) neben der Angabe über die Zahl der zu wählenden Betriebsratsmitglieder (§ 9 Betriebsverfassungsgesetz) abweichend von Absatz 2 Nr. 5 die Angabe über die Verteilung der Betriebsratssitze auf die Gruppen der Arbeitnehmerinnen und Arbeitnehmer sowie der Beamtinnen und Beamten und die Angabe über die auf das Geschlecht in der Minderheit entfallenden Mindestsitze in der jeweiligen Gruppe,
   d) ergänzend zu Absatz 2 die Angabe, ob die Arbeitnehmerinnen und Arbeitnehmer sowie die Beamtinnen und Beamten ihre Vertreter in getrennten Wahlgängen

wählen (Gruppenwahl) oder ob vor Erlass des Wahlausschreibens von beiden Gruppen gemeinsame Wahl beschlossen worden ist (§ 26 Nr. 3 Satz 1 Postpersonalrechtsgesetz),

e) ergänzend zu Absatz 2 Nr. 6 die Angabe, dass bei Gruppenwahl zur Unterzeichnung von Wahlvorschlägen der Gruppen nur die wahlberechtigten Angehörigen der jeweiligen Gruppe entsprechend § 14 Abs. 4 des Betriebsverfassungsgesetzes berechtigt sind (§ 26 Nr. 5 Postpersonalrechtsgesetz),

f) ergänzend zu Absatz 2 Nr. 8 die Angabe, dass bei Gruppenwahl Wahlvorschläge beim Wahlvorstand in Form von Vorschlagslisten einzureichen sind, wenn für eine Gruppe mehrere Vertreter zu wählen sind.

3. Die Berechnung der Verteilung der Sitze auf die Gruppen (§ 4 Abs. 1 Satz 1) bestimmt sich wie folgt:

a) Der Wahlvorstand errechnet die Verteilung der Betriebsratsmitglieder auf die Gruppen (§ 26 Nr. 2 Postpersonalrechtsgesetz) nach den Grundsätzen der Verhältniswahl. Zu diesem Zweck werden die Zahlen der am Tage des Erlasses des Wahlausschreibens im Betrieb beschäftigten Arbeitnehmerinnen und Arbeitnehmer sowie Beamtinnen und Beamten in einer Reihe nebeneinander gestellt und beide durch 1, 2, 3, 4 usw. geteilt. Die ermittelten Teilzahlen sind nacheinander reihenweise unter den Zahlen der ersten Reihe aufzuführen, bis höhere Teilzahlen für die Zuweisung der zu verteilenden Sitze nicht mehr in Betracht kommen.

b) Unter den so gefundenen Teilzahlen werden so viele Höchstzahlen ausgesondert und der Größe nach geordnet, wie Betriebsratsmitglieder zu wählen sind. Jede Gruppe erhält so viele Mitgliedersitze zugeteilt, wie Höchstzahlen auf sie entfallen. Wenn die niedrigste in Betracht kommende Höchstzahl auf beide Gruppen zugleich entfällt, so entscheidet das Los darüber, welcher Gruppe dieser Sitz zufällt.

c) Gehört beiden Gruppen die gleiche Zahl von Arbeitnehmern an, so entscheidet das Los darüber, welcher Gruppe die höhere Zahl von Sitzen zufällt.

4. Die Verteilung der Mindestsitze des Geschlechts in der Minderheit innerhalb der jeweiligen Gruppe (§ 4 Abs. 1 Satz 2) erfolgt entsprechend § 5 der Wahlordnung.

5. a) Abweichend von § 6 Abs. 1 der Wahlordnung erfolgt die Wahl aufgrund von Vorschlagslisten auch dann, wenn im Fall der Gruppenwahl mehrere Vertreter zu wählen sind.

b) Beschließen die wahlberechtigten Angehörigen beider Gruppen nach Erlass des Wahlausschreibens, aber vor Ablauf der in § 6 Abs. 1 Satz 2 der Wahlordnung genannten Frist, die gemeinsame Wahl (§ 26 Nr. 3 Satz 1 Postpersonalrechtsgesetz), so hat der Wahlvorstand eine Nachfrist von einer Woche für die Einreichung neuer Vorschlagslisten zu setzen und dies in gleicher Weise bekannt zu machen wie das Wahlausschreiben (§ 3 Abs. 4 Wahlordnung). Vorher eingereichte Wahlvorschläge verlieren ihre Gültigkeit.

c) Ergänzend zu § 6 Abs. 3 Satz 1 der Wahlordnung ist in jeder Vorschlagsliste auch die Gruppe zu nennen, der die Bewerberinnen oder Bewerber angehören.

6. a) Findet gemäß § 26 Nr. 3 Satz 1 des Postpersonalrechtsgesetzes Gruppenwahl statt und wird für eine Gruppe keine gültige Vorschlagsliste eingereicht, so hat der Wahlvorstand bei Festsetzung der Nachfrist nach § 9 Abs. 1 der Wahlordnung darauf hinzuweisen, dass, wenn für die andere Gruppe mindestens ein gültiger Wahlvorschlag eingereicht ist, der Betriebsrat nur aus Vertretern dieser Gruppe bestehen würde, wenn die Nachfrist ungenützt verstreicht.

b) Wird trotz Bekanntmachung nach Buchstabe a keine gültige Vorschlagsliste eingereicht, so hat der Wahlvorstand sofort bekannt zu machen, dass der Wahlgang nicht stattfindet.

7. Ergänzend zu § 11 Abs. 2 Satz 1 der Wahlordnung ist die Gruppe anzugeben, der die an erster Stelle benannten Bewerberinnen oder Bewerber angehören. § 11 Abs. 2

Satz 2 und 3 der Wahlordnung gilt entsprechend für die Stimmzettel und die Wahlumschläge, die für eine Gruppe Verwendung finden.
8. Die Stimmabgabe nach § 12 der Wahlordnung erfolgt nach Gruppen getrennt, wenn nicht gemeinsame Wahl stattfindet.
9. Hat Gruppenwahl stattgefunden, so erfolgt die Verteilung der nach Maßgabe der Nummer 3 festgestellten Sitze der Gruppen der Arbeitnehmerinnen und Arbeitnehmer sowie der Beamtinnen und Beamten auf die Vorschlagslisten wie folgt:
   a) Die den einzelnen Vorschlagslisten der Gruppe zugefallenen Stimmenzahlen werden in einer Reihe nebeneinander gestellt und sämtliche durch 1, 2, 3, 4 usw. geteilt. Die ermittelten Teilzahlen sind nacheinander reihenweise unter den Zahlen der ersten Reihe aufzuführen, bis höhere Teilzahlen für die Zuweisung der zu verteilenden Sitze nicht mehr in Betracht kommen.
   b) Unter den so gefundenen Teilzahlen werden so viele Höchstzahlen ausgesondert und der Größe nach geordnet, wie Betriebsratsmitglieder für die Gruppe zu wählen sind. Jede Vorschlagsliste erhält so viele Mitgliedersitze zugeteilt, wie Höchstzahlen auf sie entfallen. Wenn die niedrigste in Betracht kommende Höchstzahl auf mehrere Vorschlagslisten zugleich entfällt, so entscheidet das Los darüber, welcher Vorschlagsliste dieser Sitz zufällt.
   c) Wenn eine Vorschlagsliste weniger Bewerberinnen oder Bewerber enthält, als Höchstzahlen auf sie entfallen, so gehen die überschüssigen Mitgliedersitze auf die folgenden Höchstzahlen der anderen Vorschlagslisten über. Verfügt keine Vorschlagsliste mehr über Angehörige der Gruppe, so gehen die überschüssigen Mitgliedersitze auf die folgenden, nicht berücksichtigten Höchstzahlen der Vorschlagslisten der anderen Gruppe über.
   d) Die Reihenfolge der Bewerberinnen oder Bewerber innerhalb der einzelnen Vorschlagslisten bestimmt sich nach der Reihenfolge ihrer Benennung.
   e) Befindet sich unter den auf die Vorschlagslisten entfallenden Höchstzahlen nicht die nach der Maßgabe der Nummer 4 festgestellte Mindestzahl von Angehörigen des Geschlechts in der Minderheit, so gilt für jede Gruppe § 15 Abs. 5 Nr. 1 bis 5 der Wahlordnung entsprechend.
10. Hat gemeinsame Wahl stattgefunden, so erfolgt die Verteilung der nach Maßgabe der Nummer 3 festgestellten Sitze der Gruppen der Arbeitnehmerinnen und Arbeitnehmer sowie der Beamtinnen und Beamten auf die Vorschlagslisten wie folgt:
   a) Es werden zunächst die Sitze der Arbeitnehmerinnen und Arbeitnehmer, sodann in gesonderterer Rechnung die Sitze der Beamtinnen und Beamten verteilt. Jede Vorschlagsliste erhält so viele Mitgliedersitze von jeder Gruppe zugeteilt, wie bei der gesonderten Berechnung Höchstzahlen auf sie entfallen. Wenn die niedrigste in Betracht kommende Höchstzahl auf mehrere Vorschlagslisten zugleich entfällt, so entscheidet das Los darüber, welcher Vorschlagsliste dieser Sitz zufällt.
   b) Bei der Verteilung der Sitze der Arbeitnehmerinnen und Arbeitnehmer sind nur die der Arbeitnehmergruppe, bei der Verteilung der Sitze der Beamtinnen und Beamten nur die der Beamtengruppe der einzelnen Listen zugehörigen Bewerberinnen und Bewerber zu berücksichtigen.
   c) Enthält eine Vorschlagsliste weniger Angehörige einer Gruppe, als Höchstzahlen auf sie für diese Gruppe entfallen, so gehen die überschüssigen Mitgliedersitze auf die folgenden, nicht berücksichtigten Höchstzahlen der anderen Vorschlagslisten mit Angehörigen derselben Gruppe über. Verfügt keine andere Vorschlagsliste mehr über Angehörige einer Gruppe, so gehen die überschüssigen Mitgliedersitze dieser Gruppe auf die folgenden, nicht berücksichtigten Höchstzahlen der Vorschlagslisten mit Angehörigen der anderen Gruppe über.
   d) Innerhalb der Vorschlagslisten werden die den einzelnen Gruppen zustehenden Sitze auf die Angehörigen der entsprechenden Gruppe in der Reihenfolge ihrer Benennung verteilt.

e) Befindet sich nach der Verteilung der Sitze auf die Gruppen nach den Buchstaben a bis d unter den auf die Vorschlagslisten entfallenden Höchstzahlen nicht die für die jeweilige Gruppe nach der Maßgabe der Nummer 4 festgestellte Mindestzahl von Angehörigen des Geschlechts in der Minderheit, so gilt Folgendes:

aa) Der für die Gruppe zuletzt verteilte Sitz, der auf eine Person entfällt, die nicht dem Geschlecht in der Minderheit angehört, geht an die in derselben Vorschlagsliste in der Reihenfolge nach ihr benannte, nicht berücksichtigte Person des Geschlechts in der Minderheit, die derselben Gruppe angehört.

bb) Enthält diese Vorschlagsliste keine Person des Geschlechts in der Minderheit, die derselben Gruppe angehört, so geht dieser Sitz auf die Vorschlagsliste mit der folgenden, noch nicht für die Gruppe berücksichtigten Höchstzahl und mit Angehörigen des Geschlechts in der Minderheit dieser Gruppe über. Entfällt die folgende Höchstzahl auf mehrere Vorschlagslisten zugleich, so entscheidet das Los darüber, welcher Vorschlagsliste dieser Sitz zufällt.

cc) Das Verfahren nach den Doppelbuchstaben aa und bb ist so lange fortzusetzen, bis der Mindestanteil der auf das Geschlecht in der Minderheit entfallenden Gruppensitze erreicht ist.

dd) Bei der Verteilung der Sitze des Geschlechts in der Minderheit sind auf den einzelnen Vorschlagslisten nur die Angehörigen dieses Geschlechts und derselben Gruppe in der Reihenfolge ihrer Benennung zu berücksichtigen.

ee) Verfügt keine andere Vorschlagsliste über Angehörige des Geschlechts in der Minderheit und derselben Gruppe, verbleibt der Gruppensitz bei der Vorschlagsliste, die zuletzt ihren Sitz zu Gunsten des Geschlechts in der Minderheit nach Doppelbuchstabe aa hätte abgeben müssen.

11. Abweichend von § 16 Abs. 1 Nr. 1 der Wahlordnung ist bei Gruppenwahl in der Niederschrift die Gesamtzahl der von jeder Gruppe abgegebenen Wahlumschläge und die Zahl der für jede Gruppe abgegebenen gültigen Stimmen festzustellen.

12. § 17 Abs. 2 der Wahlordnung gilt für die jeweilige Gruppe entsprechend.

13. Bei Gruppenwahl gilt für die Stimmabgabe nach § 20 der Wahlordnung Folgendes:

a) Absatz 1 gilt entsprechend, wenn für einen Wahlgang nur eine gültige Vorschlagsliste eingereicht ist.

b) Ergänzend zu Absatz 2 ist auf den Stimmzetteln die Gruppenzugehörigkeit der Bewerberinnen oder Bewerber aufzuführen.

c) Abweichend von Absatz 3 dürfen nicht mehr Bewerberinnen oder Bewerber angekreuzt werden, als Betriebsratsmitglieder in dem Wahlgang zu wählen sind.

14. Ist bei Gruppenwahl für einen Wahlgang nur eine gültige Vorschlagsliste eingereicht worden, gilt für die Ermittlung der Gewählten § 22 der Wahlordnung entsprechend.

15. Bei gemeinsamer Wahl und nur einer gültigen Vorschlagsliste gilt für die Ermittlung der Gewählten Folgendes:

a) Die den einzelnen Gruppen zustehenden Sitze werden mit den Bewerberinnen oder Bewerbern der jeweiligen Gruppe besetzt. Dabei werden für jede Gruppe zunächst die ihr zustehenden Mindestsitze für das Geschlecht in der Minderheit in der Reihenfolge der jeweils höchsten auf die Angehörigen dieses Geschlechts entfallenden Stimmenzahl verteilt. Im Anschluss daran werden die weiteren der jeweiligen Gruppe zustehenden Sitze mit Bewerberinnen und Bewerbern, unabhängig von ihrem Geschlecht, in der Reihenfolge der jeweils höchsten auf sie entfallenden Stimmenzahlen besetzt. Ist für eine Gruppe nur ein Vertreter zu wählen, so ist die Person gewählt, die die meisten Stimmen erhalten hat. Bei Stimmengleichheit entscheidet das Los.

b) Haben in den Fällen des Buchstaben a Satz 2 und 3 für den zuletzt zu vergebenden Sitz mehrere Bewerberinnen oder Bewerber die gleiche Stimmzahl erhalten, so entscheidet das Los darüber, wer gewählt ist.

c) Haben sich für die jeweilige Gruppe weniger Angehörige des Geschlechts in der Minderheit zur Wahl gestellt oder sind weniger Angehörige dieses Geschlechts gewählt worden, als ihnen Gruppensitze nach § 4 Abs. 1 Satz 2 zustehen, so sind die insoweit überschüssigen Mitgliedersitze des Geschlechts in der Minderheit bei der Sitzverteilung nach Buchstabe a Satz 3 zu berücksichtigen.
d) Sind innerhalb der Gruppe weniger Bewerberinnen oder Bewerber gewählt worden, als der Gruppe Betriebsratssitze zustehen, gehen die überschüssigen Mitgliedersitze auf nicht gewählte Angehörige der anderen Gruppe in der Reihenfolge der jeweils höchsten auf sie entfallenden Stimmenzahlen über.

16. Lehnt eine gewählte Person im Fall nur einer Vorschlagsliste die Wahl ab, gilt § 23 Abs. 2 der Wahlordnung für die jeweilige Gruppe entsprechend.
17. Ist bei Gruppenwahl für eine Gruppe nur ein Vertreter zu wählen, so gilt Folgendes:
    a) Die Wahl erfolgt aufgrund von Wahlvorschlägen; § 6 Abs. 1 Satz 2 und Abs. 2 bis 5, §§ 7 bis 9 und 10 Abs. 2 der Wahlordnung, gelten für die Wahlvorschläge entsprechend.
    b) Die Wählerin oder der Wähler kann ihre oder seine Stimme nur für solche Bewerberinnen oder Bewerber abgeben, die in einem Wahlvorschlag nach Buchstabe a benannt sind.
    c) Auf den Stimmzetteln sind die Bewerberinnen oder Bewerber in alphabetischer Reihenfolge unter Angabe von Familienname, Vorname, Art der Beschäftigung im Betrieb und der Gruppenzugehörigkeit aufzuführen. Die Wählerin oder der Wähler kennzeichnet die von ihr oder ihm gewählte Person durch Ankreuzen an der im Stimmzettel vorgesehenen Stelle. § 20 Abs. 3 und 21 der Wahlordnung gelten entsprechend.
    d) Gewählt ist die Person, die die meisten Stimmen erhalten hat; § 23 Abs. 1 der Wahlordnung gilt entsprechend. Bei Stimmengleichheit entscheidet das Los. Lehnt eine gewählte Person die Wahl ab, so tritt an ihre Stelle die nicht gewählte Person mit der nächsthöchsten Stimmenzahl.
18. Die Vorschriften über das vereinfachte Wahlverfahren (§§ 28 bis 37 Wahlordnung), das stets in gemeinsamer Wahl erfolgt (§ 26 Nr. 3 Satz 2 Postpersonalrechtsgesetz), gelten mit folgenden Maßgaben:
    a) Die Einladung zur Wahlversammlung (§ 28 Abs. 1 Wahlordnung) muss ergänzend zu Satz 5 den Hinweis enthalten, dass die wahlberechtigten Beamtinnen und Beamten in geheimer Abstimmung mit Stimmenmehrheit darüber entscheiden können, ob sie auf die Bildung einer eigenen Gruppe bei der Wahl zum Betriebsrat verzichten, und dass die Abstimmung hierüber bis zur Wahl des Wahlvorstands erfolgen kann.
    b) Dem Wahlvorstand nach § 29 Satz 1 der Wahlordnung muss in Betrieben mit Beamten eine Beamtin oder ein Beamter angehören (§ 26 Nr. 6 Postpersonalrechtsgesetz).
    c) Abweichend von § 30 Abs. 1 Satz 3 der Wahlordnung hat der Wahlvorstand die Wählerliste, getrennt nach den Gruppen der Arbeitnehmerinnen und Arbeitnehmer sowie der Beamtinnen und Beamten, aufzustellen. Innerhalb der Gruppen sind die Wahlberechtigten getrennt nach den Geschlechtern aufzuführen. Ergänzend zu § 30 Abs. 1 Satz 6 der Wahlordnung ist zusätzlich zu den in § 2 Abs. 4 Satz 1 der Wahlordnung genannten Abdrucken ein Abdruck dieser Verordnung auszulegen. Bei Bekanntmachung in elektronischer Form nach § 2 Abs. 4 Satz 3 und 4 der Wahlordnung ist auch diese Verordnung elektronisch bekannt zu machen.
    d) Das Wahlausschreiben (§ 31 Wahlordnung) muss enthalten
        aa) zusätzlich zu der Angabe nach Absatz 1 Nr. 2 die Bestimmung des Orts, an dem diese Verordnung ausliegt, sowie im Fall der Bekanntmachung in elektronischer Form (§ 2 Abs. 4 Satz 3 und 4 Wahlordnung), wo und wie von dieser Verordnung Kenntnis genommen werden kann,

bb) abweichend von Absatz 1 Nr. 4 die Angabe über den Anteil der Geschlechter innerhalb der Gruppen sowie den Hinweis, dass das Geschlecht in der Minderheit in der jeweiligen Gruppe im Betriebsrat mindestens entsprechend seinem zahlenmäßigen Verhältnis vertreten sein muss,
cc) neben der Angabe über die Zahl der zu wählenden Betriebsratsmitglieder (§ 9 Betriebsverfassungsgesetz) abweichend von Absatz 1 Nr. 5 die Angabe über die Verteilung der Betriebsratssitze auf die Gruppen der Arbeitnehmerinnen und Arbeitnehmer sowie der Beamtinnen und Beamten und die Angabe über die auf das Geschlecht in der Minderheit entfallenden Mindestsitze in der jeweiligen Gruppe.
dd) ergänzend zur Absatz 1 Satz 3 die Angabe, dass die Wahl als gemeinsame Wahl erfolgt (§ 26 Nr. 3 Satz 2 Postpersonalrechtsgesetz).
e) § 32 der Wahlordnung findet keine Anwendung. Besteht der zu wählende Betriebsrat aus mindestens drei Mitgliedern, so erfolgt die Verteilung der Sitze auf die Gruppen nach Maßgabe der Nummer 3. Die Verteilung der Mindestsitze des Geschlechts in der Minderheit innerhalb der jeweiligen Gruppe erfolgt nach Maßgabe der Nummer 4.
f) Ergänzend zu § 33 Abs. 2 Satz 1 i. V. m. § 6 Abs. 3 der Wahlordnung ist in jedem Wahlvorschlag auch die Gruppe zu nennen, der die Bewerberinnen oder Bewerber angehören.
g) Für das Wahlverfahren nach § 34 der Wahlordnung gilt Folgendes:
aa) Ergänzend zu Absatz 1 Satz 2 ist auf den Stimmzetteln die Gruppenzugehörigkeit der Bewerberinnen oder Bewerber aufzuführen.
bb) Absatz 4 gilt entsprechend, wenn für eine Gruppe nur ein Vertreter zu wählen ist.
cc) Absatz 5 gilt entsprechend, wenn für eine Gruppe mehrere Vertreter zu wählen sind.
h) Im einstufigen vereinfachten Wahlverfahren nach § 36 der Wahlordnung sind die Maßgaben der Buchstaben c bis g zu beachten.
i) Für das vereinbarte vereinfachte Wahlverfahren nach § 37 der Wahlordnung gilt die Maßgabe nach Buchstabe h entsprechend. Sind für beide Gruppen mehrere Vertreter zu wählen, erfolgt die Ermittlung der Gewählten abweichend von Buchstabe g Doppelbuchstabe bb und cc in entsprechender Anwendung der Maßgaben der Nummern 15 und 16.

Dritter Abschnitt. Verzicht der Beamtinnen und Beamten auf eine eigene Wählergruppe

§ 7 [Verzicht auf Wählergruppe]

Haben die Beamtinnen und Beamten auf die Bildung einer eigenen Gruppe verzichtet, findet die Wahlordnung mit der Maßgabe Anwendung, dass das Wahlausschreiben (§§ 3, 31 und 36 Abs. 3 Wahlordnung) zusätzlich die Angabe zu enthalten hat, dass die Beamtinnen und Beamten auf die Bildung einer eigenen Gruppe verzichtet haben.

Vierter Abschnitt. Schlussbestimmung

§ 8 [Inkrafttreten, Außerkrafttreten]

[1]Diese Verordnung tritt am Tage nach der Verkündung[1] in Kraft. [2]Gleichzeitig tritt die Verordnung zur Durchführung der Betriebsratswahlen bei den Postunternehmen vom 26. Juni 1995 (BGBl. I S. 871) außer Kraft.

---

[1] Verkündet am 27. 2. 2002.

3. Zweite Verordnung zur Durchführung des Betriebsverfassungsgesetzes (Wahlordnung Seeschifffahrt – WOS)

Vom 7. Februar 2002

(BGBl. I S. 594)

FNA 801-7-2-1

Auf Grund des § 126 des Betriebsverfassungsgesetzes in der Fassung der Bekanntmachung vom 25. September 2001 (BGBl. I S. 2518) verordnet das Bundesministerium für Arbeit und Sozialordnung:

Inhaltsübersicht

		Rn.
Erster Teil.	Wahl der Bordvertretung	1–31
Erster Abschnitt.	Allgemeine Vorschriften	1–18
Zweiter Abschnitt.	Besondere Vorschriften für die Wahl mehrerer Mitglieder der Bordvertretung	19–26
Erster Unterabschnitt.	Wahlvorschläge	19, 20
Zweiter Unterabschnitt.	Wahlverfahren bei mehreren Vorschlagslisten (Verhältniswahl)	21–23
Dritter Unterabschnitt.	Wahlverfahren bei nur einer Vorschlagsliste (Mehrheitswahl)	24–26
Dritter Abschnitt.	Besondere Vorschriften für die Wahl nur eines Mitglieds der Bordvertretung (Mehrheitswahl)	27–30
Vierter Abschnitt.	§ 115 Abs. 2 Nr. 6 des GesetzesVerkürztes Wahlverfahren gemäß	31
Zweiter Teil.	Wahl des Seebetriebsrats	32–58
Erster Abschnitt.	Allgemeine Vorschriften	32–56
Zweiter Abschnitt.	Besondere Vorschriften	57, 58
Dritter Teil.	Übergangs- und Schlussvorschriften	59, 60

Erster Teil. Wahl der Bordvertretung

Erster Abschnitt. Allgemeine Vorschriften

§ 1 Wahlvorstand

(1) ¹Die Leitung der Wahl der Bordvertretung obliegt dem Wahlvorstand. ²Dieser hat bei der Durchführung der Wahl auf die Erfordernisse des ordnungsgemäßen Schiffsbetriebs zu achten. ³Der Kapitän hat dem Wahlvorstand die für eine ordnungsgemäße Durchführung der Wahl erforderlichen Auskünfte zu erteilen und die erforderlichen Unterlagen zur Verfügung zu stellen.

(2) ¹Der Wahlvorstand kann sich eine schriftliche Geschäftsordnung geben. ²Er kann Wahlberechtigte als Wahlhelferinnen und Wahlhelfer zu seiner Unterstützung bei der Durchführung der Stimmabgabe und bei der Auszählung der Stimmen heranziehen.

(3) ¹Die Beschlüsse des Wahlvorstands werden mit einfacher Stimmenmehrheit seiner stimmberechtigten Mitglieder gefasst. ²Über jede Sitzung des Wahlvorstands ist eine Niederschrift aufzunehmen, die mindestens den Wortlaut der gefassten Beschlüsse ent-

hält. ³Die Niederschrift ist von der oder dem Vorsitzenden und einem weiteren stimmberechtigten Mitglied des Wahlvorstands zu unterzeichnen.

§ 2 Wählerliste

(1) ¹Der Wahlvorstand hat für jede Wahl der Bordvertretung eine Liste der Wahlberechtigten (Wählerliste), getrennt nach den Geschlechtern, aufzustellen. ²Die Wahlberechtigten sollen mit Familiennamen, Vornamen und Geburtsdatum in alphabetischer Reihenfolge aufgeführt werden. ³Der Wahlvorstand hat die Wählerliste bis zum Beginn der Stimmabgabe zu berichtigen, wenn ein Besatzungsmitglied den Dienst an Bord aufnimmt oder beendet.

(2) Wahlberechtigt und wählbar sind nur Besatzungsmitglieder, die in die Wählerliste eingetragen sind.

(3) ¹Ein Abdruck der Wählerliste und ein Abdruck dieser Verordnung sind vom Tage der Einleitung der Wahl (§ 5 Abs. 1 Satz 2) bis zum Abschluss der Stimmabgabe an geeigneter Stelle an Bord zur Einsichtnahme auszulegen. ²Der Abdruck der Wählerliste soll die Geburtsdaten der Wahlberechtigten nicht enthalten. ³Ergänzend kann der Abdruck der Wählerliste und der Verordnung mittels der an Bord vorhandenen Informations- und Kommunikationstechnik bekannt gemacht werden. ⁴Die Bekanntmachung ausschließlich in elektronischer Weise ist nur zulässig, wenn alle Besatzungsmitglieder von der Bekanntmachung Kenntnis erlangen können und Vorkehrungen getroffen werden, dass Änderungen der Bekanntmachung nur vom Wahlvorstand vorgenommen werden können.

(4) Der Wahlvorstand soll dafür sorgen, dass ausländische Besatzungsmitglieder, die der deutschen Sprache nicht mächtig sind, rechtzeitig über die Wahl der Bordvertretung, insbesondere über die Bedeutung der Wählerliste, über die Aufstellung von Wahlvorschlägen und über die Stimmabgabe in geeigneter Weise unterrichtet werden.

§ 3 Einsprüche gegen die Wählerliste

(1) Einsprüche gegen die Richtigkeit der Wählerliste können mit Wirksamkeit für die Wahl der Bordvertretung nur vor Ablauf von 48 Stunden seit Erlass des Wahlausschreibens beim Wahlvorstand eingelegt werden.

(2) ¹Über Einsprüche nach Absatz 1 hat der Wahlvorstand unverzüglich zu entscheiden. ²Wird ein Einspruch für begründet erachtet, so ist die Wählerliste zu berichtigen. ³Die Entscheidung des Wahlvorstands ist dem Besatzungsmitglied, das den Einspruch eingelegt hat, unverzüglich, spätestens jedoch bis zum Beginn der Stimmabgabe, schriftlich mitzuteilen.

(3) Die Wählerliste kann nach Ablauf der Einspruchsfrist nur bei Schreibfehlern, offenbaren Unrichtigkeiten und in Erledigung rechtzeitig eingelegter Einsprüche bis zum Beginn der Stimmabgabe berichtigt werden; § 2 Abs. 1 Satz 3 bleibt unberührt.

§ 4 Bestimmung der Mindestsitze für das Geschlecht in der Minderheit

(1) ¹Der Wahlvorstand stellt fest, welches Geschlecht von seinem zahlenmäßigen Verhältnis an Bord in der Minderheit ist. ²Sodann errechnet der Wahlvorstand den Mindestanteil der Sitze in der Bordvertretung für das Geschlecht in der Minderheit (§ 115 Abs. 2 i.V.m. § 15 Abs. 2 des Gesetzes) nach den Grundsätzen der Verhältniswahl. ³Zu diesem Zweck werden die Zahlen der am Tage des Erlasses des Wahlausschreibens an Bord beschäftigten Frauen und Männer in einer Reihe nebeneinander gestellt und beide durch 1, 2, 3, 4 usw. geteilt. ⁴Die ermittelten Teilzahlen sind nacheinander reihenweise unter den Zahlen der ersten Reihe aufzuführen, bis höhere Teilzahlen für die Zuweisung der zu verteilenden Sitze nicht mehr in Betracht kommen.

(2) ¹Unter den so gefundenen Teilzahlen werden so viele Höchstzahlen ausgesondert und der Größe nach geordnet, wie Mitglieder der Bordvertretung zu wählen sind. ²Das Geschlecht in der Minderheit erhält so viele Mitgliedersitze zugeteilt, wie Höchstzahlen auf es entfallen. ³Wenn die niedrigste in Betracht kommende Höchstzahl auf beide Geschlechter zugleich entfällt, so entscheidet das Los darüber, welchem Geschlecht dieser Sitz zufällt.

§ 5 Wahlausschreiben

(1) ¹Unverzüglich, jedoch nicht vor Ablauf von 24 Stunden seit seiner Bestellung, erlässt der Wahlvorstand ein Wahlausschreiben, das von der oder dem Vorsitzenden und von mindestens einem weiteren stimmberechtigten Mitglied des Wahlvorstands zu unterzeichnen ist. ²Mit Erlass des Wahlausschreibens ist die Wahl der Bordvertretung eingeleitet.

(2) Das Wahlausschreiben muss folgende Angaben enthalten:
1. den Zeitpunkt (Datum und Uhrzeit) seines Erlasses;
2. den Ort, an dem die Wählerliste und diese Verordnung an Bord ausliegen, sowie im Fall der Bekanntmachung in elektronischer Weise (§ 2 Abs. 3 Satz 3 und 4) wo und wie von der Wählerliste und der Verordnung Kenntnis genommen werden kann;
3. dass wahlberechtigt und wählbar nur ist, wer in die Wählerliste eingetragen ist, und dass Einsprüche gegen die Wählerliste nur vor Ablauf von 48 Stunden seit dem Erlass des Wahlausschreibens beim Wahlvorstand eingelegt werden können; der Zeitpunkt des Ablaufs der Frist ist anzugeben;
4. den Anteil der Geschlechter und den Hinweis, dass das Geschlecht in der Minderheit in der Bordvertretung mindestens entsprechend seinem zahlenmäßigen Verhältnis vertreten sein muss, wenn die Bordvertretung aus mindestens drei Mitgliedern besteht (§ 115 Abs. 2 i. V. m. § 15 Abs. 2 des Gesetzes);
5. die Zahl der zu wählenden Mitglieder der Bordvertretung (§ 115 Abs. 2 Nr. 3, § 11 des Gesetzes) sowie die auf das Geschlecht in der Minderheit entfallenden Mindestsitze in der Bordvertretung (§ 15 Abs. 2 des Gesetzes);
6. die Mindestzahl von Besatzungsmitgliedern, von denen ein Wahlvorschlag unterzeichnet sein muss (§ 14 Abs. 4 des Gesetzes);
7. dass der Wahlvorschlag einer an Bord vertretenen Gewerkschaft von zwei Beauftragten unterzeichnet sein muss (§ 14 Abs. 5 des Gesetzes);
8. dass die Wahlvorschläge in Form von Vorschlagslisten einzureichen sind, wenn mehrere Mitglieder der Bordvertretung zu wählen sind;
9. dass ein Wahlvorschlag mindestens doppelt so viele Bewerberinnen oder Bewerber aufweisen soll, wie in dem Wahlgang Mitglieder der Bordvertretung zu wählen sind;
10. dass Wahlvorschläge vor Ablauf von 48 Stunden seit dem Erlass des Wahlausschreibens beim Wahlvorstand einzureichen sind; der Zeitpunkt des Ablaufs der Frist ist anzugeben;
11. dass die Stimmabgabe an Wahlvorschläge gebunden ist und dass nur solche Wahlvorschläge berücksichtigt werden, die fristgerecht beim Wahlvorstand eingegangen sind;
12. dass die Wahlvorschläge, Ort und Zeitpunkt der Stimmabgabe sowie Ort, Tag und Zeit der öffentlichen Stimmauszählung in gleicher Weise wie das Wahlausschreiben durch besonderen Aushang bekannt gemacht werden;
13. den Ort, an dem der Wahlvorstand an Bord erreichbar ist, und die Namen seiner Mitglieder.

(3) ¹Ein Abdruck des Wahlausschreibens ist vom Zeitpunkt seines Erlasses bis zum Abschluss der Stimmabgabe an einer oder mehreren geeigneten, den Wahlberechtigten zugänglichen Stellen vom Wahlvorstand auszuhängen und in gut lesbarem Zustand zu erhalten. ²Ergänzend kann das Wahlausschreiben mittels der an Bord vorhandenen

Informations- und Kommunikationstechnik bekannt gemacht werden. ³§ 2 Abs. 3 Satz 4 gilt entsprechend.

§ 6 Wahlvorschläge

(1) Zur Wahl der Bordvertretung können die Wahlberechtigten vor Ablauf von 48 Stunden seit Erlass des Wahlausschreibens Wahlvorschläge einreichen.

(2) Auf dem Wahlvorschlag sind Familienname, Vorname, Geburtsdatum und Art der Beschäftigung der Bewerberinnen oder Bewerber anzugeben.

(3) Dem Wahlvorschlag ist die schriftliche Zustimmung der in ihm aufgeführten Bewerberinnen und Bewerber zur Aufnahme in den Wahlvorschlag beizufügen.

(4) ¹Aus dem Wahlvorschlag soll zu ersehen sein, welcher Unterzeichner zur Vertretung des Vorschlags gegenüber dem Wahlvorstand und zur Entgegennahme von Erklärungen des Wahlvorstands berechtigt ist (Listenvertreterin, Listenvertreter). ²Fehlt eine Angabe hierüber, so gilt die Unterzeichnerin oder der Unterzeichner als berechtigt, die oder der an erster Stelle steht.

(5) Der Wahlvorschlag kann mit einem Kennwort versehen werden.

§ 7 Wahlvorschläge der Gewerkschaften

(1) Für den Wahlvorschlag einer an Bord vertretenen Gewerkschaft (§ 14 Abs. 3 des Gesetzes) gelten § 6 sowie die §§ 8 bis 31 entsprechend.

(2) Der Wahlvorschlag einer Gewerkschaft ist ungültig, wenn er nicht von zwei Beauftragten der Gewerkschaft unterzeichnet ist (§ 14 Abs. 5 des Gesetzes).

(3) ¹Die oder der an erster Stelle unterzeichnete Beauftragte gilt als Listenvertreterin oder Listenvertreter. ²Die Gewerkschaft kann ein Besatzungsmitglied, das ihr angehört, als Listenvertreterin oder Listenvertreter benennen.

§ 8 Behandlung der Wahlvorschläge durch den Wahlvorstand

(1) Der Wahlvorstand hat bei Überbringen des Wahlvorschlags oder, falls dieser auf andere Weise eingereicht wird, der Listenvertreterin oder dem Listenvertreter den Zeitpunkt der Einreichung schriftlich zu bestätigen.

(2) ¹Der Wahlvorstand hat Wahlvorschläge, die nicht mit einem Kennwort versehen sind, mit Familiennamen und Vornamen des oder der an erster Stelle benannten Bewerberin oder Bewerbers zu bezeichnen. ²Er hat die Wahlvorschläge unverzüglich zu prüfen und bei Ungültigkeit oder Beanstandungen die Listenvertreterin oder den Listenvertreter unverzüglich schriftlich unter Angabe der Gründe zu unterrichten.

(3) ¹Hat ein Wahlberechtigter mehrere Wahlvorschläge unterzeichnet, so hat er auf Aufforderung des Wahlvorstands binnen einer ihm gesetzten angemessenen Frist, spätestens jedoch vor Ablauf von sechs Stunden, zu erklären, welche Unterschrift er aufrechterhält. ²Unterbleibt die fristgerechte Erklärung, so wird sein Name auf dem zuerst eingereichten Wahlvorschlag gezählt und auf den übrigen Wahlvorschlägen gestrichen; sind mehrere Wahlvorschläge, die von demselben Wahlberechtigten unterzeichnet sind, gleichzeitig eingereicht worden, so entscheidet das Los darüber, auf welchem Wahlvorschlag die Unterschrift gilt.

(4) ¹Ist der Name einer Bewerberin oder eines Bewerbers mit ihrer oder seiner schriftlichen Zustimmung auf mehreren Vorschlagslisten (§ 19 Abs. 1) aufgeführt, so hat diese Person auf Aufforderung des Wahlvorstands binnen einer ihr gesetzten angemessenen Frist, spätestens jedoch vor Ablauf von sechs Stunden, zu erklären, welche Bewerbung sie aufrechterhält. ²Unterbleibt die fristgerechte Erklärung, so ist die Bewerberin oder der Bewerber auf sämtlichen Vorschlagslisten zu streichen.

§ 9 Ungültige Wahlvorschläge

(1) Ungültig sind Wahlvorschläge,
1. die nicht fristgerecht eingereicht worden sind,
2. auf denen die Bewerberinnen oder Bewerber nicht in erkennbarer Reihenfolge aufgeführt sind,
3. die bei Einreichung nicht die erforderliche Zahl von Unterschriften (§ 14 Abs. 4 des Gesetzes) aufweisen. Die Rücknahme von Unterschriften auf einem eingereichten Wahlvorschlag beeinträchtigt dessen Gültigkeit nicht; § 8 Abs. 3 bleibt unberührt.

(2) Ungültig sind auch Wahlvorschläge,
1. auf denen die Bewerberinnen oder Bewerber nicht in der in § 6 Abs. 2 bestimmten Weise bezeichnet sind,
2. wenn die schriftliche Zustimmung der Bewerberinnen oder Bewerber zur Aufnahme in den Wahlvorschlag nicht vorliegt (§ 6 Abs. 3),
3. wenn der Wahlvorschlag infolge von Streichung gemäß § 8 Abs. 3 nicht mehr die erforderliche Zahl von Unterschriften aufweist,

falls diese Mängel trotz Beanstandung nicht vor Ablauf einer Frist von sechs Stunden beseitigt werden.

§ 10 Nachfrist für die Einreichung von Wahlvorschlägen

(1) ¹Ist vor Ablauf der in § 6 Abs. 1 und § 9 Abs. 2 genannten Fristen kein gültiger Wahlvorschlag eingereicht worden, so hat dies der Wahlvorstand unverzüglich in der gleichen Weise wie das Wahlausschreiben bekannt zu machen und eine Nachfrist von 24 Stunden für die Einreichung von Wahlvorschlägen zu setzen. ²In der Bekanntmachung ist darauf hinzuweisen, dass die Wahl nur stattfindet, wenn innerhalb der Nachfrist mindestens ein gültiger Wahlvorschlag eingereicht wird.

(2) ¹Wird vor Ablauf der Nachfrist kein gültiger Wahlvorschlag eingereicht, so findet die Wahl nicht statt. ²Der Wahlvorstand hat dies unverzüglich in gleicher Weise wie das Wahlausschreiben bekannt zu machen.

§ 11 Bekanntmachungen zur Stimmabgabe

(1) Unverzüglich nach Ordnung der Wahlvorschläge (§§ 20, 28 Abs. 2) hat der Wahlvorstand
1. die als gültig anerkannten Wahlvorschläge,
2. den Ort und den Zeitraum der Stimmabgabe (Absatz 2) und
3. Hinweise für die Stimmabgabe (Absatz 3)

in gleicher Weise wie das Wahlausschreiben bis zum Abschluss der Stimmabgabe bekannt zu machen.

(2) ¹Der Zeitraum der Stimmabgabe darf nicht vor Ablauf von 24 Stunden nach der Bekanntmachung beginnen und soll spätestens 48 Stunden nach der Bekanntmachung enden. ²Er ist so zu bemessen, dass allen Wahlberechtigten die Stimmabgabe unter Berücksichtigung der Erfordernisse des ordnungsgemäßen Schiffsbetriebs möglich ist.

(3) In den Hinweisen für die Stimmabgabe ist anzugeben, dass die Wählerin oder der Wähler auf dem Stimmzettel nur ankreuzen darf
1. bei Verhältniswahl (§§ 21 bis 23) eine Vorschlagsliste;
2. bei Mehrheitswahl nach den §§ 24 bis 30 so viele Namen, wie Mitglieder der Bordvertretung zu wählen sind.

§ 12 Stimmabgabe

(1) ¹Das Wahlrecht wird durch Abgabe eines Stimmzettels in einem Wahlumschlag ausgeübt. ²Die Stimmzettel müssen alle dieselbe Größe, Farbe, Beschaffenheit und Beschriftung haben; dasselbe gilt für die Wahlumschläge.

(2) ¹Ist die Bordvertretung nach den Grundsätzen der Verhältniswahl zu wählen (§§ 21 bis 23), so kann der Wahlberechtigte seine Stimme nur für die gesamte Vorschlagsliste abgeben. ²Ist nach den Grundsätzen der Mehrheitswahl zu wählen (§§ 24 bis 30), so ist die Stimme für die einzelnen Bewerberinnen oder Bewerber abzugeben.

§ 13 Wahlvorgang

(1) ¹Der Wahlvorstand hat Vorkehrungen zu treffen, dass die Wählerin oder der Wähler den Stimmzettel im Wahlraum unbeobachtet kennzeichnen und in den Wahlumschlag legen kann. ²Für die Aufnahme der Wahlumschläge sind eine oder mehrere Wahlurnen zu verwenden. ³Vor Beginn der Stimmabgabe sind die Wahlurnen vom Wahlvorstand zu verschließen. ⁴Sie müssen so eingerichtet sein, dass die Wahlumschläge nicht entnommen werden können, ohne dass die Wahlurne geöffnet wird.

(2) ¹Während des Zeitraums der Stimmabgabe müssen mindestens zwei stimmberechtigte Mitglieder des Wahlvorstands im Wahlraum anwesend sein. ²Sind Wahlhelferinnen oder Wahlhelfer bestellt, so genügt die Anwesenheit eines stimmberechtigten Mitglieds des Wahlvorstands und einer Wahlhelferin oder eines Wahlhelfers.

(3) Die Wählerin oder der Wähler gibt ihren oder seinen Namen an und wirft den Wahlumschlag, in den der Stimmzettel eingelegt ist, in die Wahlurne ein, nachdem die Stimmabgabe in der Wählerliste vermerkt worden ist.

(4) ¹Wer infolge seiner Behinderung bei der Stimmabgabe beeinträchtigt ist, kann eine Person seines Vertrauens bestimmen, die ihm bei der Stimmabgabe behilflich sein soll, und teilt dies dem Wahlvorstand mit. ²Wahlbewerberinnen oder Wahlbewerber, Mitglieder des Wahlvorstands sowie Wahlhelferinnen und Wahlhelfer dürfen nicht zur Hilfeleistung herangezogen werden. ³Die Hilfeleistung beschränkt sich auf die Erfüllung der Wünsche der Wählerin oder des Wählers zur Stimmabgabe; die Person des Vertrauens darf gemeinsam mit der Wählerin oder dem Wähler die Wahlzelle aufsuchen. ⁴Sie ist zur Geheimhaltung der Kenntnisse verpflichtet, die sie bei der Hilfeleistung zur Stimmabgabe erlangt hat. ⁵Die Sätze 1 bis 4 gelten entsprechend für des Lesens unkundige Wählerinnen und Wähler.

(5) ¹Werden die Stimmen nicht unmittelbar nach Abschluss der Stimmabgabe ausgezählt, so hat der Wahlvorstand die Wahlurnen zu versiegeln. ²Dasselbe gilt im Fall der Unterbrechung der Stimmabgabe.

§ 14 Öffentliche Stimmauszählung

Unverzüglich nach Abschluss der Stimmabgabe nimmt der Wahlvorstand öffentlich die Auszählung der Stimmen vor und gibt das Wahlergebnis bekannt.

§ 15 Feststellung des Wahlergebnisses

(1) Nach Öffnung der Wahlurnen entnimmt der Wahlvorstand den Wahlumschlägen die Stimmzettel und prüft ihre Gültigkeit.

(2) Ungültig sind Stimmzettel,
1. die nicht in einem Wahlumschlag abgegeben sind,
2. die nicht den Erfordernissen des § 12 Abs. 1 Satz 2 entsprechen,
3. aus denen sich der Wille des Wählers nicht zweifelsfrei ergibt,
4. die ein besonderes Merkmal, einen Zusatz oder einen Vorbehalt enthalten.

(3) ¹Mehrere in einem Wahlumschlag enthaltene Stimmzettel, die vollständig übereinstimmen, werden als eine Stimme gezählt. ²Stimmen sie nicht vollständig überein, so sind sie ungültig.

(4) Der Wahlvorstand zählt
1. im Fall der Verhältniswahl (§§ 21 bis 23) die auf jede Vorschlagsliste,
2. im Fall der Mehrheitswahl (§§ 24 bis 30) die auf jede einzelne Bewerberin oder jeden einzelnen Bewerber

entfallenen gültigen Stimmen zusammen.

§ 16 Wahlniederschrift

(1) Nachdem ermittelt ist, wer gewählt ist, hat der Wahlvorstand in einer Niederschrift festzustellen
1. die Gesamtzahl der abgegebenen Stimmen und die Zahl der gültigen Stimmen;
2. die Zahl der ungültigen Stimmen;
3. im Fall der Verhältniswahl (§§ 21 bis 23) die Zahl der auf jede Vorschlagsliste entfallenen gültigen Stimmen sowie die berechneten Höchstzahlen und ihre Verteilung auf die Vorschlagslisten;
4. im Fall der Mehrheitswahl (§§ 24 bis 30) die Zahl der auf jede Bewerberin und jeden Bewerber entfallenen gültigen Stimmen;
5. die Namen der gewählten Bewerberinnen und Bewerber;
6. gegebenenfalls besondere während der Wahl der Bordvertretung eingetretene Zwischenfälle oder sonstige Ereignisse.

(2) Die Niederschrift ist von der oder dem Vorsitzenden und von mindestens einem weiteren stimmberechtigten Mitglied des Wahlvorstands zu unterzeichnen.

(3) Der Wahlvorstand hat je eine Abschrift der Wahlniederschrift dem Kapitän, dem Seebetriebsrat und den an Bord vertretenen Gewerkschaften unverzüglich zu übermitteln.

§ 17 Benachrichtigung der Bekanntmachung der Gewählten

(1) ¹Der Wahlvorstand hat die Gewählten unverzüglich schriftlich von ihrer Wahl zu benachrichtigen. ²Erklärt die gewählte Person nicht binnen drei Arbeitstagen nach Zugang der Benachrichtigung dem Wahlvorstand, dass sie die Wahl ablehne, so gilt die Wahl als angenommen.

(2) Die Namen der als Mitglieder der Bordvertretung Gewählten sind durch einwöchigen Aushang in gleicher Weise bekannt zu machen wie das Wahlausschreiben.

§ 18 Aufbewahrung der Wahlakten

Die Bordvertretung hat die Wahlakten mindestens bis zur Beendigung ihrer Amtszeit aufzubewahren.

Zweiter Abschnitt. Besondere Vorschriften für die Wahl mehrerer Mitglieder der Bordvertretung

Erster Unterabschnitt. Wahlvorschläge

§ 19 Zusätzliche Erfordernisse

(1) ¹Sind mehrere Mitglieder der Bordvertretung zu wählen, so soll jeder Wahlvorschlag mindestens doppelt so viele Bewerberinnen oder Bewerber enthalten, wie Mit-

glieder der Bordvertretung zu wählen sind. ²Die Namen der einzelnen Bewerberinnen oder Bewerber sind in erkennbarer Reihenfolge aufzuführen und mit fortlaufenden Nummern zu versehen (Vorschlagsliste).

(2) Ein Wahlberechtigter kann seine Unterschrift rechtswirksam nur für eine Vorschlagsliste abgeben.

(3) Eine Bewerberin oder ein Bewerber kann rechtswirksam nur auf einer Vorschlagsliste vorgeschlagen werden.

(4) Eine Verbindung von Vorschlagslisten ist unzulässig.

§ 20 Ordnung der Vorschlagslisten

¹Unverzüglich nach Ablauf der in § 6 Abs. 1, § 9 Abs. 2 und § 10 Abs. 1 genannten Fristen ermittelt der Wahlvorstand durch Los die Reihenfolge der Ordnungsnummern, die den als gültig anerkannten Vorschlagslisten zugeteilt werden (Liste 1 usw.). ²Die Listenvertreterinnen oder Listenvertreter sind zu der Losentscheidung rechtzeitig einzuladen.

Zweiter Unterabschnitt. Wahlverfahren bei mehreren Vorschlagslisten (Verhältniswahl)

§ 21 Stimmzettel, Stimmabgabe

(1) Nach den Grundsätzen der Verhältniswahl (Listenwahl) ist zu wählen, wenn mehrere gültige Vorschlagslisten eingegangen sind.

(2) Auf dem Stimmzettel sind die Vorschlagslisten in der Reihenfolge der Ordnungsnummern unter Angabe von Familiennamen, Vornamen und Art der Beschäftigung des oder der an erster Stelle Benannten aufzuführen; bei Listen, die mit einem Kennwort versehen sind, ist auch das Kennwort anzugeben.

(3) ¹Die Wählerin oder der Wähler kreuzt auf dem Stimmzettel die Vorschlagsliste an, für die sie oder er ihre oder seine Stimme abgeben will. ²Die Stimme kann nur für eine Vorschlagsliste abgegeben werden.

§ 22 Verteilung der Sitze auf die Vorschlagslisten

(1) ¹Die Sitze werden auf die Vorschlagslisten verteilt. ²Dazu werden die den einzelnen Vorschlagslisten zugefallenen Stimmenzahlen in einer Reihe nebeneinander gestellt und sämtlich durch 1, 2, 3, 4 usw. geteilt. ³Die ermittelten Teilzahlen sind nacheinander reihenweise unter den Zahlen der ersten Reihe aufzuführen, bis höhere Teilzahlen für die Zuweisung der zu verteilenden Sitze nicht mehr in Betracht kommen.

(2) ¹Unter den so gefundenen Teilzahlen werden so viele Höchstzahlen ausgesondert und der Größe nach geordnet, wie Mitglieder der Bordvertretung zu wählen sind. ²Jede Vorschlagsliste erhält so viele Mitgliedersitze zugeteilt, wie Höchstzahlen auf sie entfallen. ³Entfällt die niedrigste in Betracht kommende Höchstzahl auf mehrere Vorschlagslisten zugleich, so entscheidet das Los darüber, welcher Vorschlagsliste dieser Sitz zufällt.

(3) Wenn eine Vorschlagsliste weniger Bewerberinnen oder Bewerber enthält, als Höchstzahlen auf sie entfallen, so gehen die überschüssigen Mitgliedersitze auf die folgenden Höchstzahlen der anderen Vorschlagslisten über.

(4) Die Reihenfolge der Bewerberinnen oder Bewerber innerhalb der einzelnen Vorschlagslisten bestimmt sich nach der Reihenfolge ihrer Benennung.

(5) Befindet sich unter den auf die Vorschlagslisten entfallenden Höchstzahlen nicht die erforderliche Mindestzahl von Angehörigen des Geschlechts in der Minderheit nach § 15 Abs. 2 des Gesetzes, so gilt Folgendes:

1. An die Stelle der auf der Vorschlagsliste mit der niedrigsten Höchstzahl benannten Person, die nicht dem Geschlecht in der Minderheit angehört, tritt die in derselben Vorschlagsliste in der Reihenfolge nach ihr benannte, nicht berücksichtigte Person des Geschlechts in der Minderheit.
2. Enthält diese Vorschlagsliste keine Person des Geschlechts in der Minderheit, so geht dieser Sitz auf die Vorschlagsliste mit der folgenden, noch nicht berücksichtigten Höchstzahl und mit Angehörigen des Geschlechts in der Minderheit über. Entfällt die folgende Höchstzahl auf mehrere Vorschlagslisten zugleich, so entscheidet das Los darüber, welcher Vorschlagsliste dieser Sitz zufällt.
3. Das Verfahren nach den Nummern 1 und 2 ist so lange fortzusetzen, bis der Mindestanteil der Sitze des Geschlechts in der Minderheit nach § 15 Abs. 2 des Gesetzes erreicht ist.
4. Bei der Verteilung der Sitze des Geschlechts in der Minderheit sind auf den einzelnen Vorschlagslisten nur die Angehörigen dieses Geschlechts in der Reihenfolge ihrer Benennung zu berücksichtigen.
5. Verfügt keine andere Vorschlagsliste über Angehörige des Geschlechts in der Minderheit, verbleibt der Sitz bei der Vorschlagsliste, die zuletzt ihren Sitz zu Gunsten des Geschlechts in der Minderheit nach Nummer 1 hätte abgeben müssen.

§ 23 Ablehnung der Wahl

¹Lehnt eine gewählte Person die Wahl ab, so tritt an ihre Stelle die in derselben Vorschlagsliste in der Reihenfolge nach ihr benannte, nicht gewählte Person. ²Gehört die gewählte Person dem Geschlecht in der Minderheit an, so tritt an ihre Stelle die in derselben Vorschlagsliste in der Reihenfolge nach ihr benannte, nicht gewählte Person desselben Geschlechts, wenn ansonsten das Geschlecht in der Minderheit nicht die ihm nach § 15 Abs. 2 des Gesetzes zustehenden Mindestsitze erhält. ³§ 22 Abs. 5 Nr. 2 bis 5 gilt entsprechend.

Dritter Unterabschnitt. Wahlverfahren bei nur einer Vorschlagsliste (Mehrheitswahl)

§ 24 Stimmzettel, Stimmabgabe

(1) Nach den Grundsätzen der Mehrheitswahl ist zu wählen, wenn nur eine gültige Vorschlagsliste eingegangen ist.

(2) Auf den Stimmzetteln sind die Bewerberinnen oder Bewerber unter Angabe von Familiennamen, Vornamen und Art der Beschäftigung in der Reihenfolge aufzuführen, in der sie auf der Vorschlagsliste benannt sind.

(3) ¹Die Wählerin oder der Wähler kreuzt auf dem Stimmzettel die Namen der Bewerberinnen oder Bewerber an, für die sie oder er die Stimme abgeben will. ²Die Stimme kann nur für solche Bewerberinnen oder Bewerber abgegeben werden, die auf dem Stimmzettel aufgeführt sind. ³Es dürfen nicht mehr Namen angekreuzt werden, als Mitglieder der Bordvertretung zu wählen sind.

§ 25 Ermittlung der Gewählten

(1) ¹Zunächst werden die dem Geschlecht in der Minderheit zustehenden Mindestsitze (§ 15 Abs. 2 des Gesetzes) verteilt. ²Dazu werden die dem Geschlecht in der Minderheit zustehenden Mindestsitze mit Angehörigen dieses Geschlechts in der Reihenfolge der jeweils höchsten auf sie entfallenden Stimmenzahlen besetzt.

(2) ¹Nach der Verteilung der Mindestsitze des Geschlechts in der Minderheit nach Absatz 1 erfolgt die Verteilung der weiteren Sitze. ²Die weiteren Sitze werden mit

Bewerberinnen und Bewerbern, unabhängig von ihrem Geschlecht, in der Reihenfolge der jeweils höchsten auf sie entfallenden Stimmenzahlen besetzt.

(3) Haben in den Fällen des Absatzes 1 oder 2 für den zuletzt zu vergebenden Sitz mehrere Bewerberinnen oder Bewerber die gleiche Stimmenzahl erhalten, so entscheidet das Los darüber, wer gewählt ist.

(4) Haben sich weniger Angehörige des Geschlechts in der Minderheit zur Wahl gestellt oder sind weniger Angehörige dieses Geschlechts gewählt worden als ihm nach § 15 Abs. 2 des Gesetzes Mindestsitze zustehen, so sind die insoweit überschüssigen Mitgliedersitze des Geschlechts in der Minderheit bei der Sitzverteilung nach Absatz 2 Satz 2 zu berücksichtigen.

§ 26 Ablehnung der Wahl

[1] Lehnt eine gewählte Person die Wahl ab, so tritt an ihre Stelle die nicht gewählte Person mit der nächsthöchsten Stimmenzahl. [2] Gehört die gewählte Person dem Geschlecht in der Minderheit an, so tritt an ihre Stelle die nicht gewählte Person dieses Geschlechts mit der nächsthöchsten Stimmenzahl, wenn ansonsten das Geschlecht in der Minderheit nicht die ihm nach § 15 Abs. 2 des Gesetzes zustehenden Mindestsitze erhalten würde. [3] Gibt es keine weiteren Angehörigen dieses Geschlechts, auf die Stimmen entfallen sind, geht dieser Sitz auf die nicht gewählte Person des anderen Geschlechts mit der nächsthöchsten Stimmenzahl über.

Dritter Abschnitt. Besondere Vorschriften für die Wahl nur eines Mitglieds der Bordvertretung (Mehrheitswahl)

§ 27 Grundsatz für die Wahl des Mitglieds der Bordvertretung

Ist nur ein Mitglied der Bordvertretung zu wählen, erfolgt die Wahl nach den Grundsätzen der Mehrheitswahl (§ 14 Abs. 2 des Gesetzes).

§ 28 Wahlvorschläge

(1) Wahlberechtigte können für die Wahl des Mitglieds der Bordvertretung rechtswirksam nur einen Wahlvorschlag unterzeichnen.

(2) Unverzüglich nach Ablauf der in § 6 Abs. 1, § 9 Abs. 2 und § 10 Abs. 1 genannten Fristen ordnet der Wahlvorstand die als gültig anerkannten Wahlvorschläge in alphabetischer Reihenfolge.

§ 29 Stimmzettel, Stimmabgabe

(1) Die Bewerberinnen oder Bewerber sind auf dem Stimmzettel in alphabetischer Reihenfolge unter Angabe von Familienname, Vorname und Art der Beschäftigung aufzuführen.

(2) [1] Die Wählerin oder der Wähler kreuzt auf dem Stimmzettel den Namen der Bewerberin oder des Bewerbers an, für den sie oder er seine Stimme abgeben will. [2] Die Stimme kann nur für eine Bewerberin oder einen Bewerber abgegeben werden, die oder der auf dem Stimmzettel aufgeführt ist.

§ 30 Wahlergebnis

(1) [1] Als Mitglied der Bordvertretung ist gewählt, wer die meisten Stimmen erhalten hat. [2] Bei gleicher Stimmenzahl entscheidet das Los.

(2) Lehnt die gewählte Person die Wahl ab, so tritt an ihre Stelle die nicht gewählte Person mit der nächsthöchsten Stimmenzahl.

Vierter Abschnitt. Verkürztes Wahlverfahren gemäß § 115 Abs. 2 Nr. 6 des Gesetzes

§ 31 Verfahren

Liegt ein Beschluss nach § 115 Abs. 2 Nr. 6 des Gesetzes vor, so gelten die Vorschriften der §§ 1 bis 30 mit folgender Maßgabe:
1. Der Wahlvorstand hat die Wahl unverzüglich einzuleiten und so durchzuführen, dass die Stimmabgabe vor Ablauf von 24 Stunden seit Erlass des Wahlausschreibens beendet ist.
2. Der Wahlvorstand hat den Ablauf der Wahl abweichend von den in § 3 Abs. 1, § 5 Abs. 1, Abs. 2 Nr. 3 und 10, § 6 Abs. 1, § 8 Abs. 3 Satz 1 und Abs. 4 Satz 1, § 9 Abs. 2 und § 11 Abs. 1 und 2 genannten Fristen festzulegen. Dabei muss
    a) für den Einspruch gegen die Wählerliste (§ 3 Abs. 1) sowie für die Einreichung von Wahlvorschlägen (§ 6 Abs. 1 Satz 1) und
    b) für die Bekanntmachung der Wahlvorschläge (§ 11 Abs. 1 und 2) jeweils mindestens ein Zeitraum von sechs Stunden zur Verfügung stehen.
3. Abweichend von § 5 Abs. 2 Nr. 12 und § 11 hat der Wahlvorstand den Ort und den Zeitraum der Stimmabgabe sowie der öffentlichen Stimmauszählung und die Hinweise für die Stimmabgabe im Wahlausschreiben bekannt zu machen.
4. Verzögert sich der Ablauf der Wahl aus zwingenden Gründen, so hat der Wahlvorstand die Wahl auch nach Ablauf der in Nummer 1 genannten Frist weiterzuführen. Er hat unter Beachtung der in Nummer 2 Satz 2 genannten Fristen für einen zügigen Fortgang der Wahl zu sorgen. Das Wahlausschreiben ist entsprechend zu berichtigen.

Zweiter Teil. Wahl des Seebetriebsrats

Erster Abschnitt. Allgemeine Vorschriften

§ 32 Wahlvorstand

(1) [1] Die Leitung der Wahl des Seebetriebsrats obliegt dem Wahlvorstand. [2] Der Arbeitgeber hat dem Wahlvorstand die für eine ordnungsgemäße Durchführung der Wahl erforderlichen Auskünfte zu erteilen und die erforderlichen Unterlagen zur Verfügung zu stellen; hierzu gehört insbesondere die Angabe der Häfen, die die einzelnen zum Seeschifffahrtsunternehmen gehörigen Schiffe anlaufen, sowie der voraussichtlichen jeweiligen Liegezeiten.

(2) [1] Der Wahlvorstand kann sich eine schriftliche Geschäftsordnung geben. [2] Er kann Arbeitnehmerinnen oder Arbeitnehmer, die im Landbetrieb des Seeschifffahrtsunternehmens wahlberechtigt sind, als Wahlhelferinnen oder Wahlhelfer zu seiner Unterstützung bei den in § 51 Abs. 2 genannten Aufgaben und bei der Auszählung der Stimmen heranziehen.

(3) [1] Die Beschlüsse des Wahlvorstands werden mit einfacher Stimmenmehrheit seiner stimmberechtigten Mitglieder gefasst. [2] Über jede Sitzung des Wahlvorstands ist eine Niederschrift aufzunehmen, die mindestens den Wortlaut der gefassten Beschlüsse ent-

hält. ³Die Niederschrift ist von der oder dem Vorsitzenden und einem weiteren stimmberechtigten Mitglied des Wahlvorstands zu unterzeichnen.

§ 33 Wählerliste

(1) ¹Der Wahlvorstand hat für jede Wahl des Seebetriebsrats eine Liste der Wahlberechtigten (Wählerliste), geordnet nach den zum Seebetrieb gehörigen Schiffen, aufzustellen. ²In dieser sind die Geschlechter getrennt aufzuführen. ³Die bei Aufstellung der Wählerliste nicht an Bord eines Schiffes beschäftigten Wahlberechtigten sind, getrennt nach ihrem Geschlecht, in der Wählerliste gesondert aufzuführen. ⁴Die Wahlberechtigten sollen mit Familiennamen, Vornamen und Geburtsdatum in alphabetischer Reihenfolge aufgeführt werden.

(2) Der Wahlvorstand hat die Wählerliste bis zum Abschluss der Stimmabgabe zu berichtigen, wenn ein Besatzungsmitglied ein Heuerverhältnis zum Seeschifffahrtsunternehmen eingeht oder beendet.

(3) Wahlberechtigt sind nur Besatzungsmitglieder, die in die Wählerliste eingetragen sind.

§ 34 Wählbarkeitsliste

(1) ¹Sind zum Seebetriebsrat lediglich im Landbetrieb des Seeschifffahrtsunternehmens beschäftigte Arbeitnehmerinnen und Arbeitnehmer wählbar (§ 116 Abs. 2 Nr. 2 Buchstabe b des Gesetzes), so hat der Wahlvorstand eine Liste dieser wählbaren Arbeitnehmerinnen und Arbeitnehmer (Wählbarkeitsliste), getrennt nach den Geschlechtern, aufzustellen. ²§ 33 Abs. 1 Satz 4 gilt entsprechend.

(2) Wählbar sind nur Arbeitnehmerinnen und Arbeitnehmer, die im Fall des § 116 Abs. 2 Nr. 2 Buchstabe a des Gesetzes in die Wählerliste und im Fall des § 116 Abs. 2 Nr. 2 Buchstabe b des Gesetzes in die Wählbarkeitsliste eingetragen sind.

§ 35 Bekanntmachung

(1) ¹Je ein Abdruck der Wählerliste, der Wählbarkeitsliste und dieser Verordnung sind jedem zum Seebetrieb gehörigen Schiff zusammen mit dem Wahlausschreiben zu übersenden und von der Bordvertretung oder, wenn eine solche nicht besteht, vom Kapitän unverzüglich bis zum Abschluss der Stimmabgabe an geeigneter Stelle an Bord zur Einsichtnahme auszulegen. ²Der Wahlvorstand hat außerdem je einen Abdruck der Wählerliste, der Wählbarkeitsliste und einen Abdruck dieser Verordnung vom Tage der Einleitung der Wahl bis zum Abschluss der Stimmabgabe an geeigneter, den Wahlberechtigten zugänglicher Stelle des Landbetriebs des Seeschifffahrtsunternehmens zur Einsichtnahme auszulegen. ³Die Abdrucke der Wählerliste und der Wählbarkeitsliste sollen die Geburtsdaten der Wahlberechtigten und der wählbaren Arbeitnehmerinnen und Arbeitnehmer nicht enthalten. ⁴Ergänzend können die Abdrucke der Wählerliste, der Wählbarkeitsliste sowie der Verordnung mittels der vorhandenen Informations- und Kommunikationstechnik bekannt gemacht werden. ⁵Die Bekanntmachung ausschließlich in elektronischer Weise ist nur zulässig, wenn alle Wahlberechtigten von der Bekanntmachung Kenntnis erlangen können und Vorkehrungen getroffen werden, dass Änderungen der Bekanntmachung nur vom Wahlvorstand vorgenommen werden können.

(2) Der Wahlvorstand soll dafür sorgen, dass ausländische Arbeitnehmerinnen und Arbeitnehmer, die der deutschen Sprache nicht mächtig sind, rechtzeitig über die Wahl des Seebetriebsrats, insbesondere über die Bedeutung der Wählerliste und der Wählbarkeitsliste, über die Aufstellung von Wahlvorschlägen und über die Stimmabgabe in geeigneter Weise unterrichtet werden.

§ 36 Einsprüche gegen die Wählerliste oder die Wählbarkeitsliste

(1) Einsprüche gegen die Richtigkeit der Wählerliste oder der Wählbarkeitsliste können mit Wirksamkeit für die Wahl des Seebetriebsrats nur vor Ablauf der für die Einreichung von Wahlvorschlägen festgesetzten Frist (§ 40) schriftlich beim Wahlvorstand eingelegt werden.

(2) ¹Über Einsprüche nach Absatz 1 hat der Wahlvorstand unverzüglich zu entscheiden. ²Wird ein Einspruch für begründet erachtet, so ist die Liste zu berichtigen. ³Die Entscheidung des Wahlvorstands ist der Arbeitnehmerin oder dem Arbeitnehmer, die oder der den Einspruch eingelegt hat, unverzüglich schriftlich mitzuteilen.

(3) Die Wählerliste und die Wählbarkeitsliste können nach Ablauf der Einspruchsfrist nur bei Schreibfehlern, offenbaren Unrichtigkeiten und in Erledigung rechtzeitig eingelegter Einsprüche bis zum Abschluss der Stimmabgabe berichtigt werden; § 33 Abs. 2 bleibt unberührt.

§ 37 Bestimmung der Mindestsitze für das Geschlecht in der Minderheit

(1) ¹Der Wahlvorstand stellt fest, welches Geschlecht von seinem zahlenmäßigen Verhältnis im Seebetrieb in der Minderheit ist. ²Sodann errechnet der Wahlvorstand den Mindestanteil der Sitze im Seebetriebsrat für das Geschlecht in der Minderheit (§ 116 Abs. 2 i. V. m. § 15 Abs. 2 des Gesetzes) nach den Grundsätzen der Verhältniswahl. ³Zu diesem Zweck werden die Zahlen der am Tage des Erlasses des Wahlausschreibens zum Seebetrieb gehörigen Frauen und Männer in einer Reihe nebeneinander gestellt und beide durch 1, 2, 3, 4 usw. geteilt. ⁴Die ermittelten Teilzahlen sind nacheinander reihenweise unter den Zahlen der ersten Reihe aufzuführen, bis höhere Teilzahlen für die Zuweisung der zu verteilenden Sitze nicht mehr in Betracht kommen.

(2) ¹Unter den so gefundenen Teilzahlen werden so viele Höchstzahlen ausgesondert und der Größe nach geordnet, wie Mitglieder des Seebetriebsrats zu wählen sind. ²Das Geschlecht in der Minderheit erhält so viele Mitgliedersitze zugeteilt, wie Höchstzahlen auf es entfallen. ³Wenn die niedrigste in Betracht kommende Höchstzahl auf beide Geschlechter zugleich entfällt, so entscheidet das Los darüber, welchem Geschlecht dieser Sitz zufällt.

§ 38 Wahlausschreiben

(1) ¹Unverzüglich nach seiner Bestellung erlässt der Wahlvorstand ein Wahlausschreiben, das von der oder dem Vorsitzenden und von mindestens einem weiteren stimmberechtigten Mitglied des Wahlvorstands zu unterzeichnen ist. ²Mit Erlass des Wahlausschreibens ist die Wahl des Seebetriebsrats eingeleitet.

(2) Das Wahlausschreiben muss folgende Angaben enthalten:
1. das Datum seines Erlasses;
2. den Ort im Landbetrieb, an dem die Wählerliste, die Wählbarkeitsliste und diese Verordnung ausliegen, sowie im Fall der Bekanntmachung in elektronischer Weise (§ 35 Abs. 1 Satz 4 und 5) wo und wie von der Wählerliste, der Wählbarkeitsliste und der Verordnung Kenntnis genommen werden kann;
3. dass die Bordvertretung oder, wenn eine solche nicht besteht, der Kapitän eines jeden Schiffes den Ort, an dem die Wählerliste, die Wählbarkeitsliste und diese Verordnung an Bord ausliegen, bestimmt und in gleicher Weise wie das Wahlausschreiben bekannt macht;
4. dass wahlberechtigt nur ist, wer in die Wählerliste eingetragen ist, und dass wählbar nur ist, wer
    a) im Fall des § 116 Abs. 2 Nr. 2 Buchstabe a des Gesetzes in die Wählerliste und

b) im Fall des § 116 Abs. 2 Nr. 2 Buchstabe b des Gesetzes in die Wählbarkeitsliste eingetragen ist, und dass Einsprüche gegen diese Listen nur bis zu dem vom Wahlvorstand für die Einreichung von Wahlvorschlägen festgesetzten Zeitpunkt schriftlich beim Wahlvorstand eingelegt werden können; der Zeitpunkt des Ablaufs der Frist ist anzugeben;
5. den Anteil der Geschlechter und den Hinweis, dass das Geschlecht in der Minderheit im Seebetriebsrat mindestens entsprechend seinem zahlenmäßigen Verhältnis vertreten sein muss, wenn der Seebetriebsrat aus mindestens drei Mitgliedern besteht (§ 115 Abs. 2 i. V. m. § 15 Abs. 2 des Gesetzes);
6. die Zahl der zu wählenden Mitglieder des Seebetriebsrats (§ 116 Abs. 2 Nr. 3, § 11 des Gesetzes) sowie die auf das Geschlecht in der Minderheit entfallenden Mindestsitze im Seebetriebsrat (§ 15 Abs. 2 des Gesetzes);
7. dass ein Wahlvorschlag der Wahlberechtigten von mindestens drei wahlberechtigten Besatzungsmitgliedern oder, wenn nur in der Regel bis zu zwanzig Besatzungsmitglieder wahlberechtigt sind, von mindestens zwei wahlberechtigten Besatzungsmitgliedern unterzeichnet sein muss (§ 14 Abs. 4 Satz 1 zweiter Halbsatz, § 116 Abs. 2 Nr. 4 des Gesetzes);
8. dass der Wahlvorschlag einer unter den Besatzungsmitgliedern des Seeschifffahrtsunternehmens vertretenen Gewerkschaft von zwei Beauftragten unterzeichnet sein muss;
9. dass jeder Wahlberechtigte nur einen Wahlvorschlag unterzeichnen darf und dass andernfalls sämtliche von ihm geleisteten Unterschriften ungültig sind;
10. dass die Wahlvorschläge in Form von Vorschlagslisten einzureichen sind, wenn mehrere Mitglieder des Seebetriebsrats zu wählen sind;
11. dass ein Wahlvorschlag mindestens doppelt so viele Bewerberinnen oder Bewerber aufweisen soll, wie Mitglieder des Seebetriebsrats zu wählen sind;
12. dass Wahlvorschläge bis zu dem vom Wahlvorstand hierfür festgesetzten Zeitpunkt (§ 40) beim Wahlvorstand eingegangen sein müssen; der Zeitpunkt des Ablaufs der Frist ist anzugeben;
13. dass die Stimmabgabe an Wahlvorschläge gebunden ist und dass nur solche Wahlvorschläge berücksichtigt werden, die fristgerecht beim Wahlvorstand eingegangen sind;
14. dass die Mitglieder des Seebetriebsrats durch Briefwahl gewählt werden;
15. dass die Wahlvorschläge und der Zeitpunkt, bis zu dem die Wahlbriefe beim Wahlvorstand eingegangen sein müssen, sowie Ort, Tag und Zeit der öffentlichen Stimmauszählung in gleicher Weise wie das Wahlausschreiben durch besonderen Aushang bekannt gemacht werden;
16. die Namen der Mitglieder des Wahlvorstands und seine Betriebsanschrift.

(3) ¹Ein Abdruck des Wahlausschreibens ist unverzüglich nach seinem Erlass vom Wahlvorstand den einzelnen Schiffen gleichzeitig zu übersenden; dies kann auch mittels der vorhandenen Informations- und Kommunikationstechnik erfolgen. ²Der Tag der Versendung ist in einer Niederschrift zu vermerken.

(4) ¹Ein Abdruck des Wahlausschreibens ist
1. an Bord eines jeden Schiffes unverzüglich von der Bordvertretung oder, wenn eine solche nicht besteht, vom Kapitän,
2. im Landbetrieb vom Zeitpunkt seines Erlasses an durch den Wahlvorstand

bis zum Abschluss der Stimmabgabe an einer oder mehreren geeigneten, den Wahlberechtigten zugänglichen Stellen auszuhängen und in gut lesbarem Zustand zu erhalten. ²Ergänzend kann das Wahlausschreiben mittels der vorhandenen Informations- und Kommunikationstechnik bekannt gemacht werden. ³§ 35 Abs. 1 Satz 5 gilt entsprechend. ⁴Die Bordvertretung oder, wenn eine solche nicht besteht, der Kapitän hat den Tag des Aushangs auf dem Wahlausschreiben zu vermerken und den Ort, an dem die

Wählerliste, die Wählbarkeitsliste und diese Verordnung an Bord zur Einsichtnahme auszuliegen, in gleicher Weise wie das Wahlausschreiben bekannt zu machen. ⁵Der Eingang des Wahlausschreibens, der Wählerliste und der Wählbarkeitsliste auf dem Schiff soll dem Wahlvorstand unverzüglich bestätigt werden.

(5) ¹Der Wahlvorstand hat Besatzungsmitgliedern, von denen ihm bekannt ist, dass sie sich nicht an Bord eines Schiffes befinden, einen Abdruck des Wahlausschreibens sowie auf Verlangen einen Abdruck der Wählerliste und der Wählbarkeitsliste zu übersenden. ²Die Übersendung ist in der Wählerliste zu vermerken.

§ 39 Wahlvorschläge

(1) Zur Wahl des Seebetriebsrats können die Wahlberechtigten Wahlvorschläge einreichen.

(2) Auf dem Wahlvorschlag sind Familienname, Vorname, Geburtsdatum und Art der Beschäftigung der Bewerberinnen oder Bewerber anzugeben.

(3) ¹Aus dem Wahlvorschlag soll zu ersehen sein, welcher Unterzeichner zur Vertretung des Vorschlags gegenüber dem Wahlvorstand und zur Entgegennahme von Erklärungen des Wahlvorstands berechtigt ist (Listenvertreterin, Listenvertreter). ²Fehlt eine Angabe hierüber, so gilt die Unterzeichnerin oder der Unterzeichner als berechtigt, die oder der an erster Stelle steht.

(4) Der Wahlvorschlag kann mit einem Kennwort versehen werden.

§ 40 Einreichungsfrist für Wahlvorschläge

(1) Die Wahlvorschläge müssen vor Ablauf von fünf Wochen nach Versendung des Wahlausschreibens an die Schiffe (§ 38 Abs. 3) beim Wahlvorstand eingehen.

(2) Ist zu besorgen, dass die in Absatz 1 genannte Frist für eine ordnungsgemäße Einreichung von Wahlvorschlägen der Besatzungsmitglieder der einzelnen Schiffe nicht ausreicht, so hat der Wahlvorstand nach Beratung mit dem Arbeitgeber eine längere Frist, höchstens jedoch eine Frist von zwölf Wochen, festzusetzen.

(3) ¹Ergibt sich nach Erlass des Wahlausschreibens die Besorgnis, dass die für die Einreichung von Wahlvorschlägen festgesetzte Frist (Absätze 1 und 2) nicht ausreicht, so hat der Wahlvorstand nach Beratung mit dem Arbeitgeber die Frist zu verlängern. ²Sie darf jedoch insgesamt zwölf Wochen nicht überschreiten. ³Die Verlängerung der Frist ist unverzüglich in gleicher Weise wie das Wahlausschreiben bekannt zu machen.

§ 41 Zustimmungserklärung der Bewerberinnen und Bewerber

(1) Zu jedem Wahlvorschlag muss vor Ablauf der für die Einreichung von Wahlvorschlägen festgesetzten Frist eine mit Datum versehene schriftliche Erklärung jeder Bewerberin und jedes Bewerbers vorliegen, in der diese oder dieser
1. der Aufnahme in den Wahlvorschlag zustimmt,
2. im Fall des § 116 Abs. 2 Nr. 2 Buchstabe a des Gesetzes angibt, ob sie oder er bereits ein Jahr Besatzungsmitglied eines Schiffes gewesen ist, das nach dem Flaggenrechtsgesetz die Bundesflagge führt, oder, wenn dies nicht der Fall ist, wie lange sie oder er als Besatzungsmitglied einem solchen Schiff angehört.

(2) Werden mehrere Erklärungen einer Bewerberin oder eines Bewerbers nach Absatz 1 eingereicht, so gilt nur die Erklärung mit dem jüngsten Datum.

§ 42 Wahlvorschläge der Gewerkschaften

(1) Für den Wahlvorschlag einer unter den Besatzungsmitgliedern des Seeschifffahrtsunternehmens vertretenen Gewerkschaft (§ 14 Abs. 3 des Gesetzes) gelten die §§ 39 bis 41 und 43 bis 58 entsprechend.

Thüsing

(2) Der Wahlvorschlag einer Gewerkschaft ist ungültig, wenn er nicht von zwei Beauftragten der Gewerkschaft unterzeichnet ist (§ 14 Abs. 5 des Gesetzes).

(3) ¹Die oder der an erster Stelle unterzeichnete Beauftragte gilt als Listenvertreterin oder Listenvertreter. ²Die Gewerkschaft kann hierfür eine Arbeitnehmerin oder einen Arbeitnehmer des Seeschifffahrtsunternehmens, die oder der ihr angehört, benennen.

§ 43 Behandlung der Wahlvorschläge durch den Wahlvorstand

(1) Der Wahlvorstand hat den Zeitpunkt des Eingangs eines Wahlvorschlags unverzüglich in einer Niederschrift zu vermerken und der Listenvertreterin oder dem Listenvertreter schriftlich zu bestätigen.

(2) ¹Der Wahlvorstand hat Wahlvorschläge, die nicht mit einem Kennwort zu versehen sind, mit Familiennamen und Vornamen der oder des an erster Stelle Benannten zu bezeichnen. ²Er hat die Wahlvorschläge unverzüglich zu prüfen und bei Ungültigkeit oder Beanstandungen die Listenvertreterin oder den Listenvertreter unverzüglich schriftlich unter Angabe der Gründe zu unterrichten.

§ 44 Ungültige Wahlvorschläge

(1) Ungültig sind Wahlvorschläge,
1. die nicht fristgerecht eingereicht worden sind,
2. auf denen die Bewerberinnen oder Bewerber nicht in erkennbarer Reihenfolge aufgeführt sind,
3. die bei Einreichung nicht die erforderliche Mindestzahl gültiger Unterschriften (§ 38 Abs. 2 Nr. 7) aufweisen. Die Rücknahme von Unterschriften auf einem eingereichten Wahlvorschlag beeinträchtigt dessen Gültigkeit nicht.

(2) Ungültig sind auch Wahlvorschläge,
1. auf denen die Bewerberinnen oder Bewerber nicht in der in § 39 Abs. 2 bestimmten Weise bezeichnet sind,
2. wenn die schriftliche Erklärung der Bewerberinnen oder Bewerber nach § 41 nicht vorliegt, falls diese Mängel trotz Beanstandung nicht vor Ablauf der für die Einreichung von Wahlvorschlägen festgesetzten Frist beseitigt werden.

§ 45 Nichteinreichung von Wahlvorschlägen

¹Wird vor Ablauf der für die Einreichung von Wahlvorschlägen festgesetzten Frist kein gültiger Wahlvorschlag eingereicht, so findet die Wahl nicht statt. ²Der Wahlvorstand hat dies unverzüglich in gleicher Weise wie das Wahlausschreiben bekannt zu machen.

§ 46 Briefwahl

Die Mitglieder des Seebetriebsrats werden durch Briefwahl gewählt.

§ 47 Vorbereitung der Stimmabgabe

¹Der Wahlvorstand hat unverzüglich nach Ordnung der Wahlvorschläge (§§ 20, 28 Abs. 2, §§ 57, 58) folgende, zur Stimmabgabe erforderliche Unterlagen herzustellen:
1. Stimmzettel und Wahlumschläge,
2. vorgedruckte, von der Wählerin oder dem Wähler zu unterzeichnende Erklärungen, in denen diese versichern, dass sie den Stimmzettel persönlich gekennzeichnet haben, sowie
3. Wahlbriefumschläge, die die Anschrift des Wahlvorstands und den Vermerk „Schriftliche Stimmabgabe" tragen.

² Die Stimmzettel müssen alle dieselbe Größe, Farbe, Beschaffenheit und Beschriftung haben; dasselbe gilt für die Wahlumschläge.

§ 48 Bekanntmachungen zur Stimmabgabe

(1) ¹ Der Wahlvorstand hat unverzüglich in gleicher Weise wie das Wahlausschreiben bis zum Abschluss der Stimmabgabe bekannt zu machen:
1. die als gültig anerkannten Wahlvorschläge;
2. den Zeitpunkt, bis zu dem die Wahlbriefe bei ihm eingehen müssen;
3. dass bei Verhältniswahl (§§ 21 bis 23, 57) auf dem Stimmzettel nur eine Vorschlagsliste angekreuzt werden darf;
4. dass bei Mehrheitswahl nach den §§ 24 bis 25 und 57 auf dem Stimmzettel nur so viele Namen angekreuzt werden dürfen, wie Mitglieder des Seebetriebsrats zu wählen sind;
5. dass bei Mehrheitswahl nach den §§ 27 bis 30 und 58 nur eine Bewerberin oder ein Bewerber für die Wahl des Mitglieds des Seebetriebsrats angekreuzt werden darf;
6. dass die Stimmzettel unbeobachtet persönlich zu kennzeichnen und in dem Wahlumschlag zu verschließen sind;
7. dass die vorgedruckte Erklärung (§ 47 Nr. 2) unter Angabe des Datums zu unterzeichnen und zusammen mit dem Wahlumschlag im Wahlbriefumschlag zu verschließen ist;
8. dass auf dem Wahlbriefumschlag der Absender zu vermerken ist;
9. dass die Besatzungsmitglieder eines jeden Schiffes die Wahlbriefe möglichst gleichzeitig zurücksenden sollen.

² Für die Bekanntmachung an Bord der Schiffe gilt § 38 Abs. 4 entsprechend.

(2) ¹ Zusammen mit der in Absatz 1 genannten Bekanntmachung hat der Wahlvorstand gleichzeitig
1. jedem Schiff die zur Stimmabgabe erforderlichen Unterlagen in einer Anzahl zu übersenden, die die Zahl der Regelbesatzung des Schiffes um mindestens 10 vom Hundert übersteigt;
2. allen Besatzungsmitgliedern, von denen ihm bekannt ist, dass sie sich nicht an Bord eines Schiffes befinden, die zur Stimmabgabe erforderlichen Unterlagen sowie einen Abdruck der Bekanntmachung nach Absatz 1 zu übersenden.

² Der Tag der Versendung ist in einer Niederschrift, die Übersendung nach Nummer 2 in der Wählerliste zu vermerken. ³ Die Bordvertretung oder, wenn eine solche nicht besteht, der Kapitän hat jedem Besatzungsmitglied die zur Stimmabgabe erforderlichen Unterlagen auszuhändigen.

§ 49 Frist für die Stimmabgabe

(1) Die Wahlbriefe müssen vor Ablauf von fünf Wochen nach ihrer Versendung an die Schiffe (§ 48 Abs. 2) beim Wahlvorstand eingehen.

(2) Ist zu besorgen, dass die in Absatz 1 genannte Frist für eine ordnungsgemäße Durchführung der Stimmabgabe nicht ausreicht, so hat der Wahlvorstand nach Beratung mit dem Arbeitgeber eine längere Frist, höchstens jedoch eine Frist von zwölf Wochen, festzusetzen.

(3) ¹ Ergibt sich nach Versendung der Bekanntmachungen zur Stimmabgabe die Besorgnis, dass die für die Stimmabgabe festgesetzte Frist (Absätze 1 und 2) nicht ausreicht, so hat der Wahlvorstand nach Beratung mit dem Arbeitgeber die Frist zu verlängern. ² Sie darf jedoch insgesamt zwölf Wochen nicht überschreiten. ³ Die Verlängerung der Frist ist unverzüglich in gleicher Weise wie das Wahlausschreiben bekannt zu machen.

§ 50 Stimmabgabe

(1) ¹Ist der Seebetriebsrat nach den Grundsätzen der Verhältniswahl zu wählen (§§ 21 bis 23, 57), so kann der Wahlberechtigte seine Stimme nur für die gesamte Vorschlagsliste abgeben. ²Ist nach den Grundsätzen der Mehrheitswahl zu wählen (§§ 24 bis 30, 57, 58), so ist die Stimme für die einzelnen Bewerber abzugeben.

(2) ¹Die Wählerin oder der Wähler hat
1. den Stimmzettel unbeobachtet persönlich zu kennzeichnen und ihn in dem Wahlumschlag zu verschließen,
2. die vorgedruckte Erklärung (§ 47 Nr. 2) unter Angabe des Datums zu unterzeichnen und diese zusammen mit dem Wahlumschlag in dem Wahlbriefumschlag zu verschließen,
3. auf dem Wahlbriefumschlag den Namen und die Anschrift zu vermerken und diesen an den Wahlvorstand zurückzusenden.

²Die Wahlbriefe der Besatzungsmitglieder eines Schiffes sollen möglichst gleichzeitig abgesandt werden.

§ 51 Behandlung der Wahlbriefe durch den Wahlvorstand

(1) Der Wahlvorstand hat unverzüglich nach Eingang eines Wahlbriefs
1. auf dem Wahlbriefumschlag das Datum seines Eingangs zu vermerken,
2. in der Wählerliste bei dem Namen der Wählerin oder des Wählers den Eingang zu vermerken und
3. den Wahlbrief unter Verschluss zu nehmen.

(2) ¹Am ersten Arbeitstag nach Ablauf der für die Stimmabgabe festgesetzten Frist öffnet der Wahlvorstand in öffentlicher Sitzung die rechtzeitig eingegangenen Wahlbriefumschläge und entnimmt diesen den Wahlumschlag und die vorgedruckte Erklärung. ²Ist die Stimmabgabe ordnungsgemäß erfolgt, so hat der Wahlvorstand diese in der Wählerliste zu vermerken und den Wahlumschlag ungeöffnet in die Wahlurne zu legen. ³Diese muss so eingerichtet sein, dass die Wahlumschläge nicht entnommen werden können, ohne dass die Wahlurne geöffnet wird.

(3) ¹Nicht ordnungsgemäß ist die Stimmabgabe, wenn
1. ein Wahlbrief keinen Absender trägt,
2. ein Wahlbrief nicht eine unterzeichnete vorgedruckte Erklärung des Absenders nach § 47 Nr. 2 enthält,
3. der Stimmzettel nicht in einem verschlossenen Wahlumschlag eingegangen ist,
4. von einer Wählerin oder einem Wähler mehrere Wahlbriefe eingegangen sind oder
5. ein Wahlbrief verspätet eingegangen ist.

²Der Wahlvorstand hat diese Wahlbriefe gesondert zu verwahren; sie bleiben für die Wahl unberücksichtigt. ³Die Wahlumschläge dürfen nicht geöffnet werden. ⁴Sie sind drei Monate nach Bekanntgabe des Wahlergebnisses zu vernichten, es sei denn, die Wahl ist angefochten worden.

(4) Werden die Stimmen nicht unmittelbar nach Einwurf der Wahlumschläge in die Wahlurnen ausgezählt, so hat der Wahlvorstand die Wahlurnen zu versiegeln.

§ 52 Öffentliche Stimmauszählung

Unverzüglich nach Einwurf der Wahlumschläge in die Wahlurnen (§ 51 Abs. 2) nimmt der Wahlvorstand öffentlich die Auszählung der Stimmen vor und gibt das Wahlergebnis bekannt.

§ 53 Feststellung des Wahlergebnisses

(1) Nach Öffnung der Wahlurnen entnimmt der Wahlvorstand den Wahlumschlägen die Stimmzettel und prüft ihre Gültigkeit.

(2) Ungültig sind Stimmzettel,
1. die nicht den Erfordernissen des § 47 Satz 2 entsprechen;
2. aus denen sich der Wille des Wählers nicht zweifelsfrei ergibt;
3. die ein besonderes Merkmal, einen Zusatz oder einen Vorbehalt enthalten.

(3) ¹Mehrere in einem Wahlumschlag enthaltene Stimmzettel, die vollständig übereinstimmen, werden als eine Stimme gezählt. ²Stimmen sie nicht vollständig überein, so sind sie ungültig.

(4) Der Wahlvorstand zählt
1. im Fall der Verhältniswahl (§§ 21 bis 23, 57) die auf jede Vorschlagliste,
2. im Fall der Mehrheitswahl (§§ 24 bis 30, 57, 58) die auf jede einzelne Bewerberin oder jeden einzelnen Bewerber

entfallenen gültigen Stimmen zusammen.

§ 54 Wahlniederschrift

(1) Nachdem ermittelt ist, wer gewählt ist, hat der Wahlvorstand in einer Niederschrift festzustellen
1. die Zahl der nach § 51 Abs. 3 nicht berücksichtigten Stimmen;
2. die Gesamtzahl der abgegebenen Stimmen und die Zahl der gültigen Stimmen;
3. die Zahl der ungültigen Stimmen;
4. im Fall der Verhältniswahl (§§ 21 bis 23, 57) die Zahl der auf jede Vorschlagsliste entfallenen gültigen Stimmen sowie die berechneten Höchstzahlen und ihre Verteilung auf die Vorschlagslisten;
5. im Fall der Mehrheitswahl (§§ 24 bis 30, 57, 58) die Zahl der auf jede Bewerberin und jeden Bewerber entfallenen gültigen Stimmen;
6. die Namen der gewählten Bewerberinnen und Bewerber;
7. gegebenenfalls besondere während der Wahl des Seebetriebsrats eingetretene Zwischenfälle oder sonstige Ereignisse.

(2) Die Niederschrift ist von der oder dem Vorsitzenden und von mindestens einem weiteren stimmberechtigten Mitglied des Wahlvorstands zu unterzeichnen.

(3) Der Wahlvorstand hat je eine Abschrift der Wahlniederschrift dem Arbeitgeber und den unter den Besatzungsmitgliedern vertretenen Gewerkschaften unverzüglich zu übersenden.

§ 55 Benachrichtigung und Bekanntmachung der Gewählten

(1) Der Wahlvorstand hat die Gewählten unverzüglich schriftlich von ihrer Wahl zu benachrichtigen.

(2) Die Namen der als Mitglieder des Seebetriebsrats Gewählten sind durch einwöchigen Aushang in gleicher Weise bekannt zu machen wie das Wahlausschreiben.

§ 56 Aufbewahrung der Wahlakten

Der Seebetriebsrat hat die Wahlakten mindestens bis zur Beendigung seiner Amtszeit aufzubewahren.

Zweiter Abschnitt. Besondere Vorschriften

§ 57 Wahl mehrerer Mitglieder des Seebetriebsrats

Die Vorschriften der §§ 19 bis 26 gelten für die Wahl der Mitglieder des Seebetriebsrats mit folgender Maßgabe entsprechend:
1. An die Stelle der in § 20 Satz 1 genannten Fristen tritt die für die Einreichung von Wahlvorschlägen für die Wahl des Seebetriebsrats festgesetzte Frist (§ 40).
2. § 20 Satz 2 findet keine Anwendung.
3. Das Ergebnis der Auslosung (§ 20 Satz 1) ist in die Sitzungsniederschrift des Wahlvorstands aufzunehmen.

§ 58 Wahl nur eines Mitglieds des Seebetriebsrats

Die Vorschriften der §§ 27 bis 30 gelten für die Wahl nur eines Mitglieds des Seebetriebsrats entsprechend mit der Maßgabe, dass an die Stelle der in § 28 Abs. 2 genannten Fristen die für die Einreichung von Wahlvorschlägen für die Wahl des Seebetriebsrats festgesetzte Frist (§ 40) tritt.

Dritter Teil. Übergangs- und Schlussvorschriften

§ 59 Berechnung der Fristen

[1] Soweit nach dieser Verordnung eine Frist nach Stunden bemessen ist, beginnt sie mit der nächsten vollen Stunde, die auf das maßgebende Ereignis folgt. [2] Im Übrigen gelten für die Berechnung der in dieser Verordnung festgelegten Fristen die §§ 186 bis 193 des Bürgerlichen Gesetzbuchs.

§ 60 Inkrafttreten

[1] Diese Verordnung tritt am Tag nach der Verkündigung[2] in Kraft. [2] Gleichzeitig tritt die Zweite Verordnung zur Durchführung des Betriebsverfassungsgesetzes vom 24. Oktober 1972 (BGBl. I S. 2029), geändert durch die Verordnung vom 28. September 1989 (BGBl. I S. 1795), außer Kraft. [3] Der Bundesrat hat zugestimmt.

---

[2] Verkündet am 15. 2. 2002.

Fundstellenverzeichnis

Sofern nicht anders angegeben, handelt es sich um Entscheidungen des Bundesarbeitsgerichtes.

Datum	Fundstelle AP	Weitere Fundstellen[1]
1954		
7. 7. 1 ABR 2/54	BetrVG § 13 Nr. 1 (Bühlrig)	BAG 1, 46; BB 54, 745; 55, 162 (Hess); Betrieb 54, 744; 55, 289 (Popp); NJW 54, 1420; BABl. 55, 106 (Fitting); SAE 54, 140 (Bohn)
7. 7. 1 ABR 6/54	BetrVG § 24 Nr. 1 (Schnorr)	BAG 1, 43; BB 54, 685; Betrieb 54, 700; NJW 54, 1421; BABl. 55, 312 (Fitting); AR-Blattei Nr. 1631; Betriebsverfassung VI, Entsch. 2 (Dietz) Betriebsverfassung VI, Entsch. 1 (Dietz); SAE 55, 140 (Sabin); AuR 55, 140 (Frey)
7. 7. 1 ABR 14/54	BetrVG § 13 Nr. 2	BB 55, 162 (Hess); AR-Blattei Betriebsverfassung VI Entsch. 1 (Dietz)
15. 9. 1 AZR 154/54	BetrVG § 66 Nr. 2 (A. Hueck)	BAG 1, 80; BB 54, 870, 970 (Bötticher); 55, 737 (Klug); 58, 47 (Rappenecker); Betrieb 54, 803; NJW 54, 1863; 55, 569 (Güntner)
15. 9. 1 AZR 258/54	BetrVG § 66 Nr. 1 (A. Hueck)	BAG 1, 69; BB 54, 871, 970 (Bötticher); Betrieb 54, 803; 55, 70 (Hildeg. Krüger); 56, 1108 (Nikisch); 58, 543 (Schröder); NJW 54, 1702; 55, 1053 (Hildeg. Krüger); BABl. 55, 170 (Fitting); AR-Blattei BetrVerf. XIV C, Entsch. 2 (Molitor); SAE 55, 26 (Bohn); MDR 56, 257 (Zeuner)
20. 10. 1 ABR 11/54	BetrVG § 25 Nr. 1 (Dietz)	BAG 1, 114; RdA 54, 478; BB 54, 966; NJW 54, 1862; AR-Blattei BetrVerf. VI, Entsch. 3 (Herschel); SAE 55, 30 (Bohn)
20. 10. 1 ABR 17/54	BetrVG § 76 Nr. 1 (Dietz)	BAG 1, 121; BB 54, 1028; Betrieb 54, 1003; NJW 54, 1950; BABl. 55, 141 (Fitting); AR-Blattei BetrVerf. XV, Entsch. 3; SAE 55, 50 (Bohn)
10. 11. 1 AZR 19/53	BetrVG § 37 Nr. 1 (Galperin)	BAG 1, 158; BB 55, 28; Betrieb 54, 1107; NJW 55, 236; BABl. 55, 512; AR-Blattei BetrVerf. X, Entsch. 4 (Dietz); SAE 55, 53 (Osswald)
10. 11. 1 AZR 99/54	BetrVG § 37 Nr. 2 (Galperin)	BAG 1, 145; BB 54, 1108; Betrieb 54, 978, 1072; NJW 55, 80; BABl. 55, 261; AR-Blattei BetrVerf. X, Entsch. 5 (Dietz); SAE 55, 49 (Wagner)
10. 11. 1 ABR 24/54	BetrVG § 76 Nr. 2	BAG 1, 166; BB 54, 995, 1108; 55, 228 (Froehlich, Wagner); Betrieb 54, 978, 1071; 55, 1164 (Kauffmann); NJW 55, 237, 700 (Schunck); BABl. 55, 142 (Fitting); AR-Blattei BetrVerf. XV, Entsch. 4 (A. Hueck); SAE 55, 73 (Osswald); JZ 55, 178 (Dietz)
3. 12. 1 ABR 7/54	BetrVG § 88 Nr. 1 (Küchenhoff)	BAG 1, 175; BB 55, 65; 58, 378 (Kunze, Spieker); Betrieb 54, 1072; 98, 99; NJW 55, 277; BABl. 55, 364; AR-Blattei BetrVerf. XV, Entsch. 5 (Fitting); SAE 55, 76 (Bohn)
3. 12. 1 ABR 23/54	BetrVG § 76 Nr. 3	BAG 1, 182; BB 55, 65, 228 (Froehlich, Wagner); 58, 378 (Kunze, Spieker); Betrieb 54, 1072; 55, 75, 1154 (Kauffmann); AR-Blattei Rechtsprechung Nr. 1678; SAE 55, 74 (Osswald)

---

[1] BAG = Entscheidungen des Bundesarbeitsgerichts, RdA = Recht der Arbeit, BB = Betriebs-Berater, Betrieb = Der Betrieb, NJW = Neue Juristische Wochenschrift, ArbuR = Arbeit und Recht, SAE = Sammlung Arbeitsrechtlicher Entscheidungen, EzA = Entscheidungssammlung zum Arbeitsrecht, NZA = Neue Zeitschrift für Arbeitsrecht, AiB = Arbeitsrecht im Betrieb, BABl = Bundesarbeitsblatt; FA = Fachanwalt Arbeitsrecht; ZBVR = Zeitschrift für Betriebsverfassungsrecht; () = Anmerkung oder Besprechung von ...

Fundstellenverzeichnis

Datum	Fundstelle AP	Weitere Fundstellen
1955		
28. 1. GS 1/54	GG Art. 9 Arbeitskampf Nr. 1	BAG 1, 291; BB 55, 454 (Molitor); Betrieb 55, 455, 725 (Meissinger); NJW 55, 882, 972 (Meissinger); BABl. 55, 510 (Reichel); AR-Blattei Arbeitskampf II, Entsch. 4; SAE 56, 1 (Nikisch); AuR 55, 218, 231 (Frey); JZ 55, 440 (Nikisch)
2. 3. 1 ABR 3/53	WahlO § 16 Nr. 1 (Dietz)	BAG 1, 322; BB 55, 316 (Heß); Betrieb 55, 339; NJW 55, 767; BABl. 55, 645 (Fitting); AR-Blattei Betriebsverfassung VI, Entsch. 4; SAE 55, 218 (Bohn)
2. 3. 1 ABR 19/54	BetrVG § 18 Nr. 1 (Dietz)	BAG 1, 317; BB 55, 317; Betrieb 55, 338; NJW 55, 766; AR-Blattei Entsch. 1 Betriebsverfassung VI, Entsch. 5; SAE 55, 216 (Bohn)
6. 4. 1 ABR 25/54	BetrVG § 76 Nr. 5 (A. Hueck)	BAG 1, 328; BB 55, 348, 448; Betrieb 55, 363, 482; NJW 55, 886; AR-Blattei Betriebsverfassung XV, Entsch. 6; SAE 55, 234 (Walter)
4. 5. 1 ABR 4/53	BetrVG § 44 Nr. 1 (Dietz)	BAG 1, 359; BB 56, 77, 57, 1112 (Radke); Betrieb 55, 631; NJW 55, 1126; BABl. 55, 796; 56, 452 (Trieschmann); AR-Blattei BetrVerf. XI, Entsch. 1 (Hesse)
4. 5. 1 AZR 493/54	GG Art. 9 Arbeitskampf Nr. 2	BAG 2, 75; BB 55, 1028 (Hessel), 732; Betrieb 55, 779, 460; NJW 55, 1373; BABl. 57, 319; SAE 56, 12 (Dietz)
27. 6. 1 AZR 429/54	BetrVG § 66 Nr. 4	BAG 2, 87; BB 55, 733, 737 (Klug); Betrieb 55, 755; 56, 1108 (Nikisch); NJW 55, 1374; BABl. 55, 1054; AR-Blattei BetrVerf. XIV C, Entsch. 3 (Molitor); SAE 55, 229 (Bohn)
13. 7. 1 ABR 20/54	BetrVG § 81 Nr. 1	BAG 2, 91; BB 55, 833; Betrieb 55, 898; NJW 55, 1574; AR-Blattei Tendenzbetrieb, Entsch. I; SAE 56, 30 (Bohn)
13. 7. 1 ABR 31/54	BetrVG § 81 Nr. 2 (Bötticher)	BAG 2, 97; RdA 55, 479; BB 55, 768; Betrieb 55, 803; NJW 55, 1415; BABl. 55, 1085; AR-Blattei Arbeitsgerichtsbarkeit XII, Entsch. 2; SAE 55, 264 (Osswald)
12. 10. 1 ABR 1/54	ArbGG 1953 § 96 Nr. 3 (Pohle) BetrVG § 63 Nr. 1 (Küchenhoff)	BAG 2, 147; BB 55, 929, 1088, 1144; 56, 10 (Hilger), 999 (Hilger); Betrieb 55, 995, 1143, 1228; NJW 55, 1942; AR-Blattei BetrVerf. XIV C, Entsch. 5 (Herschel); SAE 56, 25 (Seibertz); 56, 163 (Nipperdey)
12. 10. 1 ABR 13/54	BetrVG § 56 Nr. 1 (Küchenhoff)	BAG 2, 165; BB 55, 929, 1057; 56, 10 (Hilger), 46 (Siebert); Betrieb 55, 995, 1142; NJW 55, 1894; AR-Blattei Tarifvertrag V A, Entsch. 1 (Sommer); SAE 56, 85 (Walter)
12. 10. 1 ABR 29/54	BetrVG § 61 Nr. 1	BAG 2, 159; BB 55, 1058, 929; Betrieb 55, 995, 1142; NJW 55, 1941; AR-Blattei BetrVerf. XIV C, Entsch. 4; SAE 56, 96 (Osswald)
2. 11. 1 ABR 30/54	BetrVG § 23 Nr. 1 (A. Hueck, Bötticher)	BAG 2, 175; BB 56, 77; Betrieb 56, 68; NJW 56, 240; BABl. 56, 208; AR-Blattei BetrVerf. VI, Entsch. 6 (Herschel); SAE 56, 63 (Küchenhoff)
2. 11. 1 ABR 6/55	BetrVG § 27 Nr. 1	BAG 2, 182; BB 56, 140; Betrieb 56, 115; NJW 56, 319; BABl. 56, 268; AR-Blattei BetrVerf. X, Entsch. 8 (Herschel); SAE 56, 90 (Osswald); BetrVerf. 56, 58; JZ 56, 293; ZBR 56, 366 (OVG Koblenz); Betriebsrat 56, 72; WA 55, 181; 56, 39; BlfSt. 57, 154 (König)
9. 11. 1 AZR 329/54	Art. IX KRG Nr. 22 Betriebsrätegesetz Nr. 1 (Meissinger)	BAB 2, 187; BB 55, 1025; 56, 41; Betrieb 55, 1091; 56, 23; NJW 56, 158; SAE 56, 66 (Bohn)
7. 12. 1 ABR 9/55	BetrVG § 27 Nr. 2	

Fundstellenverzeichnis

Datum	Fundstelle AP	Weitere Fundstellen
1956		
16. 3. GS 1/55	BetrVG § 57 Nr. 1	BAG 3, 1; BB 56, 308, 560, 1149 (Hilger, Rau, Wilke); Betrieb 56, 573, 988 (Kauffmann); NJW 56, 1086; AR-Blattei Ruhegeld (-gehalt), Entsch. 10 (Sitzler); 56, 156 (Molitor)
20. 4. 1 ABR 2/56	BetrVG § 27 Nr. 3	BB 56, 593; Betrieb 56, 598; NJW 56, 1175; SAE 56, 207 (Osswald)
6. 7. 1 ABR 7/55	BetrVG § 27 Nr. 4 (Küchenhoff)	BAG 3, 80; BB 56, 785; Betrieb 56, 822; NJW 56, 1613; AR-Blattei Betriebsverfassung X, Entsch. 9 (Herschel); SAE 57, 74 (Gift)
17. 7. 1 AZR 570/77	BetrVG § 66 Nr. 6	BAG 3, 63; BB 56, 786; 58, 543 (Schröder); Betrieb 56, 1614; NJW 57, 320; AR-Blattei Betriebsverfassung XIV C, Entsch. 7 (Molitor); SAE 56, 203 (Osswald)
7. 9. 1 AZR 646/54	BetrVG § 56 Nr. 2 (Dersch)	BAG 3, 207; BB 57, 853, 183, 219 (Hilger); Betrieb 56, 895; 57, 166; NJW 57, 726; AR-Blattei Betriebsverfassung XIV B, Entsch. 1 (Herschel); SAE 58, 8 (Pawelke)
26. 10. 1 ABR 26/54	BetrVG § 43 Nr. 1 (Dietz)	BB 57, 219; Betrieb 57, 215; NJW 57, 764
14. 11. 1 AZR 168/54	BetrVG § 66 Nr. 9	BAG 3, 142; BB 57, 148; Betrieb 57, 119; NJW 57, 476; AR-Blattei Betriebsverfassung XIV C, Entsch. 8 (Molitor); SAE 57, 70 (Molitor); AuR 57, 220 (Herschel)
1957		
1. 2. 1 AZR 521/54	BetrVG § 56 Nr. 4 (Küchenhoff)	BAG 3, 266; BB 57, 292, 327 (Gumpert); Betrieb 57, 262, 286; 58, 767 (Butz), 1392 (Rewolle); AR-Blattei Arbeitskampf III, Entsch. 1 (Molitor); SAE 59, 65 (Gaul); AuR 57, 282 (Bührig)
8. 2. 1 AZR 338/55	BGB § 615 Betriebsrisiko Nr. 2 (A. Hueck)	BAG 3, 346; BB 57, 183, 366; Betrieb 57, 165, 310, 718 (Müller), 845 (Kauffmann); 58, 572 (Natzel); NJW 57, 687; BABl. 58, 138 (Halbach); AR-Blattei Arbeitskampf II, Entsch. 7 (Bulla); SAE 57, 169 (Nikisch)
8. 2. 1 ABR 11/55	BetrVG § 82 Nr. 1 (Küchenhoff)	BAG 3, 288; BB 57, 291; Betrieb 57, 263; AR-Blattei Arbeitsgerichtsbarkeit XII, Entsch. 3
15. 2. 1 ABR 10/55	BetrVG § 56 Nr. 3 (Küchenhoff)	BB 57, 927 (Radke); Betrieb 57, 407; AR-Blattei Arbeitsgerichtsbarkeit XII, Entsch. 4
1. 3. 1 AZR 433/55	BetrVG § 66 Nr. 10 (A. Hueck)	BAG 4, 27; BB 57, 580; Betrieb 57, 535, 536; 58, 543 (Schröder); NJW 57, 1086; AR-Blattei Betriebsverfassung XIV C, Entsch. 9 (Molitor); SAE 57, 147 (Osswald)
8. 3. 1 AZR 113/55	BetrVG § 37 Nr. 4 (Küchenhoff)	BAG 4, 75; BB 57, 291, 644; Betrieb 57, 263, 606; NJW 57, 1086; AR-Blattei Betriebsverfassung X, Entsch. 10
8. 3. 1 ABR 5/55	BetrVG § 19 Nr. 1 (Küchenhoff)	BAG 4, 63; BB 57, 291, 644; Betrieb 57, 264, 607; NJW 57, 1086; AR-Blattei Betriebsverfassung VI, Entsch. 7; SAE 58, 181 (Bohn); BetrVerf. 57, 99; WA 57, 95, 109, 119; MuA 57, 156; Funktionär 57, 188; JR 58, 11 (Jaerisch); BlfSt. 58, 10 (Schneider); Arb. u. SozPol. 58, 50 (Jaerisch)
15. 5. 1 ABR 8/55	BetrVG § 56 Nr. 5 (Küchenhoff)	BB 57, 655; Betrieb 57, 634; AR-Blattei Betriebsverfassung XIV B, Entsch. 2 (Herschel); SAE 57, 185 (Bohn), 233 (Bohn); WA 57, 127; MuA 57, 250; JR 58, 11 (Jaerisch); BlfSt. 58, 10 (Schneider), 364 (Sturn); Arb. u. SozPol. 58, 50 (Jaerisch); BetrVerf. 58, 39, 86 (Lemcke)
24. 5. 1 ABR 4/56	BetrVG § 76 Nr. 7 (Dietz)	BAG 4, 176; BB 57, 928; Betrieb 57, 870, 1021 (Natzel); NJW 57, 1574; AR-Blattei Betriebsverfassung XV, Entsch. 7; SAE 57, 214 (Vallenthin)

Fundstellenverzeichnis

Datum	Fundstelle AP	Weitere Fundstellen
24. 5. 1 ABR 9/56	BetrVG § 76 Nr. 6 (Dietz)	BB 57, 750; Betrieb 57, 723, 1021 (Natzel); NJW 58, 973 (Radke)
19. 6. 4 AZR 499/55	ZPO § 161 Nr. 2 (Baumgärtel)	Jg., Bl. 57, 626; BAG 4, 291; RdA 57, 438; NJW 57, 1492; SAE 57, 211; AuR 58, 156 (Neumann-Duesberg); BlfSt. 58, 26 (Schneider)
19. 6. 1 AZB 20/57	ZPO § 233 Nr. 15 (Pohle)	Jg., Bl. 57, 633; RdA 57, 439; BlfSt. 58, 26 (Schneider)
21. 6. 1 AZR 460/56	FeiertagslohnzahlungsG Berlin § 1 Nr. 4 (E. Frey)	Jg., Bl. 57, 491; RdA 57, 359; BlfSt. 58, 26 (Schneider); BetrVerf. 58, 108 (Meier-Scherling)
21. 6. 1 AZR 465/56	BetrVG § 37 Nr. 5 (Küchenhoff)	Jg., Bl. 57, 566; BAG 4, 192; RdA 57, 399; Betrieb 57, 799; NJW 57, 1454; AR-Blattei Betriebsverfassung X, Entsch. 11 (Herschel); SAE 58, 109 (Reinicke); 59, 2 (Bohn); AuR 58, 219 (Frey); WA 57, 142; Arb. u. SozPol. 57, 298 (Jaerisch); MDR 58, 17 (Schelp); JR 58, 11 (Jaerisch); BlfSt. 58, 10 (Schneider); Bergbau u. Wirtschaft, Arbeitsrecht im Bergbau 58, 1; BetrVerf. 58, 76; MuA 58, 125
21. 6. 1 ABR 1/56	ArbGG 1953 § 81 Nr. 2 (Pohle)	Jg., Bl. 58, 15; BAG 4, 268; RdA 58, 76; Betrieb 57, 972; SAE 57, 155; AuR 58, 63 (Herschel); MDR 58, 16 (Schelp); JR 58, 11 (Jaerisch); BlfSt. 58, 26 (Schneider)
26. 6. 4 AZR 15/55	TOA § 3 Nr. 24 (Fettback)	Jg., Bl. 58, 131; RdA 58, 119; Betrieb 57, 1103; RiA 57, 347
26. 6. 4 AZR 70/55	TOA § 3 Nr. 22 (Neumann-Duesberg)	Jg., Bl. 57, 797; BAG 4, 295; BB 57, 480; Betrieb 57, 848
26. 6. 2 AZR 248/57	ArbGG 1953 § 72 Nr. 47 (Jesch)	Jg., Bl. 57, 451; RdA 57, 312; BB 57, 712; Betrieb 57, 687; SAE 57, 146; BetrVerf. 57, 201 (Haberkorn); BlfSt. 58, 26 (Schneider), RiA 58, 31; JR 59, 373
27. 6. 2 AZR 58/55	BGB § 611 Vertragsabschluß Nr. 1 (Schnorr v. Carolsfeld)	Jg., Bl. 57, 594; BAG 4, 196; RdA 57, 400; Betrieb 57, 785; NJW 57, 750; NJW 57, 1332; WA 57, 120; Arb-Geb. 57, 705; BlfSt. 58, 10 (Schneider); MuA 58, 28, 218; Arb. u. SozPol. 59, 175; JR 60, 57
29. 6. 1 AZB 24/57	ZPO § 232 Nr. 9 (Pohle)	Jg., Bl. 57, 628; RdA 57, 439
12. 7. 1 ABR 6/56	BetrVG § 54 Nr. 1 (Franke)	BAG 4, 217; BB 57, 892; Betrieb 57, 898; NJW 57, 1491; AR-Blattei Betriebsverfassung XIV A, Entsch. 1; SAE 58, 190 (Frey)
19. 7. 1 AZR 420/54	BetrVG § 52 Nr. 1 (G. Hueck)	BAG 4, 232; BB 57, 966; Betrieb 57, 925
26. 9. 2 AZR 309/56	HGB § 74 Nr. 2 (Larenz)	Jg., Bl. 58, 215; RdA 58, 197; BB 57, 1109; Betrieb 57, 1103; AR-Blattei Wettbewerbsverbot, Entsch. 5 (Gros); SAE 58, 14 (Walter); ArbGeb. 57, 785; WA 57, 177; BetrVerf. 58, 59; BlfSt. 58, 139 (Schneider); Arb. u. SozPol. 58, 176 (Jaerisch)
27. 9. 1 AZR 493/55	KSchG § 13 Nr. 7 (Küchenhoff)	Jg., Bl. 58, 91; RdA 58, 80; BB 57, 1179, 1183; Betrieb 57, 1155, 1156; 60, 1009; NJW 58, 39; SAE 58, 12 (Bohn); ArbGeb. 57, 849; Arb. u. SozPol. 58, 50 (Jaerisch); MuA 58, 58; BetrVerf. 58, 59; BlfSt. 58, 139 (Schneider)
27. 9. 1 AZR 53/56	ZPO § 313 Nr. 1 (Pohle)	Jg., Bl. 58, 184; RdA 58, 159; BlfSt. 58, 139 (Schneider)
27. 9. 1 AZR 81/56	GG Art. 9 Arbeitskampf Nr. 6	Jg., Bl. 57, 775; RdA 58, 39; BB 57, 1142; Betrieb 57, 1130; NJW 57, 1942; SAE 58, 17 (Molitor); SAE 58, 341 (Frey); WA 57, 185; ArbGeb. 57, 849; BlfSt. 58, 13; 58, 139 (Schneider); Bergbau und Wirtschaft, Arbeitsrecht im Bergbau 58, 12; MuA 58, 125

Fundstellenverzeichnis

Datum	Fundstelle AP	Weitere Fundstellen
1. 10. 3 AZR 506/54	RegelungsG § 77 Nr. 5 (Reinhardt)	Jg., Bl. 58, 629; RdA 58, 398
2. 10. 2 AZR 352/54	RAGebO § 126 Nr. 1 (Hofmann)	Jg., Bl. 58, 389
3. 10. 2 AZR 13/55	HGB § 70 Nr. 1 (Neumann-Duesberg)	Jg., Bl. 58, 211; BAG 4, 313; RdA 58, 160; BB 57, 1144; Betrieb 57, 1104; WA 58, 9; Arb. u. SozPol. 58, 205 (Jaerisch); JR 59, 373
3. 10. 2 AZR 41/57	ZPO § 832 Nr. 2 (Baumgärtel)	Jg., Bl. 58, 52; RdA 58, 78; Rpfleger 58, 82
4. 10. 1 AZR 463/55	BGB § 611 Ärzte Nr. 4, Gehaltsansprüche (Neumann-Duesberg)	Jg., Bl. 58, 33; BAG 4, 333; RdA 58, 77; NJW 58, 119; Der Angest. Arzt 57, 230 (Kipper-Anderson); 58, 52 (Kipper-Anderson); BlfSt. 58, 204 (Schneider)
25. 10. 1 AZR 397/56	BetrVG § 56 Nr. 6	BB 57, 1180 (Hilger); Betrieb 57, 1155
9. 12. 1 AZR 497/57	BetrVG § 66 Nr. 11 (Küchenhoff)	BB 58, 83; Betrieb 58, 54, 543 (Schröder); SAE 58, 19
20. 12. 1 AZR 87/57	Truppenvertrag Art. 44 Nr. 11 (Beitzke)	BAG 5, 130; BB 58, 304, 417 (Hilger); NJW 58, 885; BABl. 58, 253 (Reichel)
1958 28. 2. 1 ABR 3/57	BetrVG § 29 Nr. 1 (Küchenhoff)	BB 58, 557; 58, 603; AR-Blattei Betriebsverfassung VI, Entsch. 8; SAE 58, 184 (Bohn); AuR 59, 93 (Frey)
6. 3. 2 AZR 230/57	BetrVG § 59 Nr. 1 (Tophoven)	BAG 5, 226; BB 58, 520; Betrieb 58, 548
11. 4. 1 ABR 4/57	WahlO § 6 Nr. 1 (Dietz)	BAG 5, 274; BB 58, 701; Betrieb 58, 742; AR-Blattei Betriebsverfassung VI, Entsch. 9; SAE 58, 186 (Bohn); AuR 59, 60 (Frey)
9. 5. 1 ABR 5/57	BetrVG § 3 Nr. 1 (Dietz)	BAG 6, 19; BB 58, 808; Betrieb 58, 871; NJW 58, 1509; AR-Blattei Betriebsverfassung V, Entsch. 2
9. 5. 1 ABR 7/57	BetrVG § 56 Wohlfahrtseinrichtungen Nr. 1 (Bettermann)	BB 58, 808; Betrieb 58, 871; SAE 58, 189
6. 6. 1 AZR 269/57	BetrVG § 66 Nr. 17 (A. Hueck)	Jg., Bl. 58, 730; RdA 58, 439; BB 58, 912; Betrieb 58, 1015; AR-Blattei Kündigungsschutz, Entsch. 36
6. 6. 1 AZR 26/58	PersVG § 61 Nr. 2 (Dietz)	SAE 59, 32 (Neumann-Duesberg)
3. 10. 1 ABR 3/58	BetrVG § 18 Nr. 3 (Dietz)	BB 58, 1245; Betrieb 58, 1394
1959 17. 4. 1 AZR 83/58	TVG Günstigkeitsprinzip § 4 Nr. 1 (Tophoven)	BAG 7, 340; BB 59, 704; Betrieb 59, 767, 768; BABl. 60, 135 (Wlotzke) AR-Blattei Betriebsvereinbarung, Entsch. 2; AuR 59, 287 (Herschel)
22. 5. 1 ABR 2/59	BetrVG § 23 Nr. 3	BB 59, 848; 59, 979; BABl. 60, 315 (Wlotzke); AR-Blattei Betriebsverfassung VI, Entsch. 10; SAE 59, 178 (Bohn)
8. 10. 2 AZR 503/56	BetrVG § 56 Nr. 14 (A. Hueck)	BAG 8, 143; BB 59, 1137, 1172; 60, 453 (Galperin); Betrieb 59, 1257, 1258, 1260; BABl. 60, 135 (Wlotzke); AR-Blattei Arbeitsausfall I B, Entschl. 1 (Herschel); SAE 61, 140 (Wiedemann)
15. 1. 1 ABR 7/59	BetrVG § 56 Wohlfahrtseinrichtungen Nr. 3	BB 60, 445; Betrieb 60, 472; BABl. 60, 368 (Wlotzke); AR-Blattei Werkwohnung, Entsch. 5; SAE 60, 97 (Gaul); AuR 60, 249
12. 2. 1 ABR 13/59	BetrVG § 18 Nr. 11 (Küchenhoff)	BB 60, 444; Betrieb 60, 471; BABl. 60, 459 (Wlotzke); AR-Blattei Betriebsverfassung VI, Entsch. 11; SAE 61, 74 (Wiedemann); AuR 60, 250

Fundstellenverzeichnis

Datum	Fundstelle AP	Weitere Fundstellen
11. 3. 1 ABR 15/59	BetrVG § 18 Nr. 13 (Auffarth)	BB 60, 824; Betrieb 60, 846, 847, 921; AR-Blattei Betriebsverfassung VI, Entsch. 12; AuR 61, 29
22. 4. 1 ABR 14/59	ARBGG 1953 Betriebsverfassungsstreit § 2 Nr. 1 (Bötticher)	BB 60, 862; Betrieb 60, 1188; BABl. 60, 649 (Wlotzke); AR-Blattei Arbeitsgerichtsbarkeit XII, Entsch. 7; SAE 61, 2 (Nikisch)
27. 5. 1 ABR 11/59	BetrVG § 56 Ordnung des Betriebes Nr. 1 (Küchenhoff)	BAG 9, 238; BB 60, 627, 938; Betrieb 60, 669, 983; 61, 914 (Schäcker); BABl. 60, 649 (Wlotzke); AR-Blattei Betriebsverfassung XIV B, Entsch. 3; SAE 62, 12 (Gaul); AuR 61, 356 (Musa)
3. 6. 1 ABR 6/59	BetrVG § 56 Nr. 21	BB 60, 939, 1170 (Hiersemann)
16. 9. 1 ABR 5/59	ArbGG 1953 Betriebsvereinbarung § 2 Nr. 1 (Auffarth)	BB 60, 1329; Betrieb 60, 1459; BABl. 61, 118 (Wlotzke); AR-Blattei Arbeitsgerichtsbarkeit XII, Entsch. 10; Betriebsvereinbarung, Entsch. 3; SAE 62, 65 (Schirrmacher)
23. 9. 1 ABR 9/59	BetrVG § 3 Nr. 4 (Küchenhoff)	BB 60, 1326; Betrieb 60, 1426; AR-Blattei Betriebsverfassung V, Entsch. 3 (Herschel); SAE 61, 211 (Gaul)
13. 10. 5 AZR 284/59	BGB § 242 Gleichbehandlung Nr. 30 (G. Hueck)	BB 60, 1326; Betrieb 60, 1425; BABl. 61, 334 (Wlotzke); AR-Blattei Betriebsübung, Entsch. 1; SAE 62, 100 (Reckenfelderbäumer); AuR 61, 190
4. 11. 1 ABR 21/59	BetrVG § 13 Nr. 3 (Küchenhoff)	BAG 10, 148; BB 61, 94; Betrieb 61, 139; NJW 61, 428; BABl. 61, 334 (Wlotzke); SAE 61, 101 (Lehna)
4. 11. 1 ABR 4/60	BetrVG § 16 Nr. 2 (Küchenhoff)	BAG 10, 154; Betrieb 61, 208; AR-Blattei Arbeitsgerichtsbarkeit XII, Entsch. 13; SAE 61, 76 (Trieschmann)
4. 11. 1 ABR 5/60	BetrVG § 20 Nr. 1 (Neumann-Duesberg)	BB 61, 98; Betrieb 61, 71; AR-Blattei Arbeitsgerichtsbarkeit XII, Entsch. 11; SAE 61, 65 (Bötticher)
2. 12. 1 ABR 20/59	BetrVG § 19 Nr. 2 (Neumann-Duesberg)	BAG 10, 223; BB 61, 330; Betrieb 61, 377; NJW 61, 894 BABl. 61, 334 (Wlotzke); AR-Blattei Betriebsverfassung VI, Entsch. 13; SAE 61, 60 (Molitor)
2. 12. 1 ABR 22/59	BetrVG § 56 Entlohnung Nr. 1 (Küchenhoff)	BB 61, 368; Betrieb 61, 411
16. 12. 1 AZR 548/58	BetrVG § 56 Nr. 22 (Neumann-Duesberg)	BAG 10, 262; BB 61, 331; Betrieb 61, 377; NJW 61, 896; BABl. 61, 334 (Wlotzke); AR-Blattei Betriebsverfassung XIV C, Entsch. 10; SAE 61, 136 (Gaul)
1961 20. 1. 1 AZR 53/60	BetrVG § 72 Nr. 2 (Neumann-Duesberg)	BAG 10, 329; BB 61, 482; Betrieb 61, 543; NJW 61, 1040; SAE 62, 8 (Isele)
8. 12. 1 ABR 8/60	BetrVG § 23 Nr. 7 (Neumann-Duesberg)	BAG 12, 107; BB 62, 220; Betrieb 62, 306; NJW 62, 654; AR-Blattei Arbeitsgerichtsbarkeit XII, Entsch. 14; SAE 63, 29 (Baumgärtel)
15. 12. 1 AZR 492/59	BetrVG § 56 Arbeitszeit Nr. 1 (Küchenhoff)	BAG 12, 117; BB 62, 371; 63, 562 (Boers); Betrieb 62, 442; NJW 62, 932; BABl. 62, 477 (Wlotzke); AR-Blattei Arbeitszeit V, Entsch. 2 (Farthmann); SAE 63, 15 (Neumann-Duesberg); AuR 62, 185
15. 12. 1 AZR 310/60	BetrVG § 56 Arbeitszeit Nr. 2 (Küchenhoff)	BAG 12, 135; BB 62, 295; 63, 562 (Boers); Betrieb 62, 338; NJW 62, 932; AR-Blattei Arbeitszeit V, Entsch. 1 (Farthmann); SAE 63, 15 (Neumann-Duesberg); AuR 62, 184, 190 (Herschel)
15. 12. 1 ABR 3/60	BetrVG § 56 Ordnung des Betriebes Nr. 3 (Küchenhoff)	BAG 12, 124; BB 62, 220; Betrieb 62, 274; NJW 62, 477 (Wlotzke); AR-Blattei Betriebsverfassung XIV B, Entsch. 5 (Sommer); SAE 62, 127 (Gaul); AuR 62, 54, 188 (Herschel)
15. 12. 1 ABR 6/60	BetrVG § 47 Nr. 1 (Neumann-Duesberg)	BAG 12, 128; BB 62, 219, 220; Betrieb 62, 275; NJW 62, 980; AR-Blattei Betriebsverfassung XII, Entsch. 1; SAE 62, 207 (Gaul)

Fundstellenverzeichnis

Datum	Fundstelle AP	Weitere Fundstellen
20. 12. 4 AZR 213/60	BetrVG § 59 Nr. 7	BAG **12**, 143; BB **62**, 220, 222; Betrieb **62**, 375, 409; BABl. **62**, 477 (Wlotzke); AR-Blattei Betriebsvereinbarung, Entsch. 4
18. 1. 2 AZR 179/59	BetrVG § 66 Nr. 20 (A. Hueck)	BAG **12**, 174; BB **62**, 596; Betrieb **62**, 706; NJW **62**, 1637; BABl. **62**, 856 (Wlotzke); AR-Blattei Betriebsverfassung XIV C, Entsch. II (Molitor); SAE **62**, 203 (Bohn); AuR **63**, 30 (Auffarth), 221
1962 2. 2. 1 ABR 5/61	BetrVG § 13 Nr. 10 (Neumann-Duesberg)	BAG **12**, 244; BB **62**, 447; Betrieb **62**, 573; AR-Blattei Betriebsverfassung VI A, Entsch. 1; SAE **62**, 241 (Zöllner)
23. 3. 1 ABR 7/60	BetrVG § 56 Akkord Nr. 1 (Küchenhoff)	BAG **13**, 31; BB **62**, 596; Betrieb **62**, 743; NJW **62**, 1637; BABl. **62**, 856 (Wlotzke); AR-Blattei Tarifvertrag IX, Entsch. 4; Akkordarbeit, Entsch. 8; SAE **62**, 238 (Hiersemann)
23. 3. 1 ABR 13/60	BetrVG § 56 Akkord Nr. 2	BB **62**, 878; Betrieb **62**, 1051; AR-Blattei Akkordarbeit, Entsch. 9 (Gaul)
22. 6. 1 AZR 344/60	BetrVG § 52 Nr. 2	BAG **13**, 156; BB **62**, 1081; Betrieb **62**, 1278; NJW **62**, 2029; BABl. **63**, 98 (Wlotzke); SAE **63**, 41 (Molitor)
6. 7. 1 AZR 488/60	BetrVG § 37 Nr. 7 (Küchenhoff)	BB **62**, 1243; Betrieb **62**, 1474; NJW **62**, 2319; AR-Blattei Betriebsverfassung X, Entsch. 12 (Herschel); SAE **63**, 25 (Knevels)
6. 7. 1 ABR 16/60	BetrVG § 63 Nr. 2 (Nikisch)	BAG **13**, 182; BB **62**, 920; Betrieb **62**, 1115; NJW **62**, 1886; BABl. **63**, 208 (Wlotzke); AR-Blattei Betriebsverfassung XIV C, Entsch. 12 (Molitor)
13. 7. 1 ABR 1/61	BetrVG § 24 Nr. 2	BB **62**, 1161; Betrieb **62**, 1280; AR-Blattei Arbeitsgerichtsbarkeit XII, Entsch. 18
13. 7. 1 ABR 2/61	BetrVG § 57 Nr. 3 (Küchenhoff)	BB **62**, 1243; Betrieb **62**, 1473; NJW **62**, 2367; BABl. **63**, 209 (Wlotzke); AR-Blattei Betriebsverfassung XIV B, Entsch. 6 (Dietz); SAE **63**, 43 (Gaul)
18. 10. 2 AZR 151/60	Truppenvertrag Art. 44 Nr. 31 (Richardi)	BB **63**, 93; Betrieb **63**, 138; AR-Blattei Betriebsverfassung XIV C, Entsch. 14
25. 10. 2 AZR 549/61	BetrVG § 66 Nr. 21 (A. Hueck)	BAG **13**, 287; BB **63**, 93; Betrieb **63**, 101; NJW **63**, 317; BABl. **63**, 424 (Wlotzke); AR-Blattei Betriebsverfassung IX, Entsch. 11; Betriebsverfassung XIV C; Entsch. 13; SAE **63**, 73 (Richardi); AuR **63**, 92
15. 11. 2 AZR 301/62	BGB § 130 Nr. 4 (Richardi)	BAG **13**, 313; BB **62**, 1331; **63**, 142; Betrieb **62**, 1542; **63**, 176; NJW **63**, 554; BABl. **63**, 423 (Wlotzke); AR-Blattei Kündigung II, Entsch. 5 (Bulla)
7. 12. 1 ABR 4/61	BetrVG § 56 Akkord Nr. 3 (A. Hueck)	BAG **13**, 345; BB **63**, 38, 307; **64**, 890 (Böhrs); Betrieb **63**, 347; AR-Blattei Betriebsverfassung XIV B, Entsch. 7 (Herschel); SAE **63**, 123 (Gangloff)
1963 1. 2. 1 ABR 6/61	BetrVG § 59 Nr. 8 (Wlotzke)	BB **63**, 186, 538
1. 2. 1 ABR 1/62	BetrVG § 3 Nr. 5 (Neumann-Duesberg)	BAG **14**, 82; BB **63**, 601; Betrieb **63**, 663; NJW **63**, 1325; AR-Blattei Betrieb, Entsch. 1; SAE **63**, 169 (Nikisch)
8. 2. 1 AZR 543/61	BetrVG § 56 Akkord Nr. 4 (Dietz)	BB **63**, 644; Betrieb **63**, 697; AR-Blattei Betriebsverfassung XIV B, Entsch. 8; SAE **63**, 175 (Gaul)
14. 2. 2 AZR 364/62	BetrVG § 66 Nr. 22 (Neumann-Duesberg)	BB **63**, 500, 561; Betrieb **63**, 664, 801; AR-Blattei Betriebsverfassung IX, Entsch. 12; Akkordarbeit, Entsch. 11; Betriebsverfassung XIV C, Entsch. 15; SAE **63**, 146 (Bohn)

Fundstellenverzeichnis

Datum	Fundstelle AP	Weitere Fundstellen
1. 3. 1 ABR 3/62	BetrVG § 37 Nr. 8 (Neumann-Duesberg)	BAG **14**, 117; BB **63**, 729; Betrieb **63**, 869; NJW **63**, 1566; AR-Blattei Betriebsverfassung X, Entsch. 13; SAE **63**, 207 (Gaul)
12. 3. 3 AZR 266/62	BGB § 242 Ruhegehalt Nr. 90 (Zöllner)	BAG **14**, 126; BB **63**, 1019 (Gumpert); **64**, 599 (Adomeit); Betrieb **63**, 1191; NJW **63**, 1996; BABl. **64**, 49 (Wlotzke); AR-Blattei Ruhegeld Entsch. 36 (Nikisch); SAE **63**, 213 (Heissmann)
27. 3. 4 AZR 72/62	BetrVG § 59 Nr. 9 (Neumann-Duesberg)	Jg., Bl. **63**, 617; BAG **14**, 140; RdA **63**, 246; BB **63**, 687; Betrieb **63**, 902; NJW **63**, 1566; BABl. **63**, 693 (Wlotzke); AR-Blattei Betriebsvereinbarung, Entsch. 5; Ausschlussfristen, Entsch. 7; SAE **63**, 203 (Nikisch)
19. 4. 1 AZR 160/62	BetrVG § 52 Nr. 3	BB **63**, 514, 897; Betrieb **63**, 1053; BABl. **64**, 51 (Wlotzke); SAE **63**, 155 (Meisel)
19. 4. 1 ABR 6/62	BetrVG § 56 Entlohnung Nr. 2 (Küchenhoff)	BAG **14**, 164; BB **63**, 514, 814; Betrieb **63**, 966, 967; BABl. **64**, 50 (Wlotzke); AR-Blattei Betriebsverfassung XIV B, Entsch. 9 (Farthmann); SAE **64**, 36 (Dietz)
30. 8. 1 ABR 11/62	BetrVG § 88 Nr. 2 (A. Hueck)	AR-Blattei Betriebsverfassung XV, Entsch. 10; SAE **64**, 33 (Nikisch)
30. 8. 1 ABR 12/62	BetrVG § 57 Nr. 4	BB **63**, 1096, 1483; Betrieb **63**, 1290, 1718; BABl. **64**, 309 (Wlotzke); AR-Blattei Betriebsvereinbarung, Entsch. 6; SAE **64**, 40 (Heissmann)
26. 9. 2 AZR 220/63	PersVG Kündigung § 70 Nr. 2 (Richardi)	BB **63**, 1421; AR-Blattei Personalvertretung XI D, Entsch. 2 (Dietz)
22. 11. 1 ABR 6/63	BetrVG § 56 Entlohnung Nr. 3 (G. Hueck)	BB **63**, 1483, 306; Betrieb **63**, 1647; **64**, 410; AR-Blattei Betriebsverfassung XIV B, Entsch. 11 (Sommer); SAE **64**, 183 (Knevels)
6. 12. 1 ABR 7/63	BetrVG § 59 Nr. 23 (G. Hueck)	BB **64**, 38, 307; Betrieb **63**, 1774; **64**, 411; BABl. **64**, 619 (Wlotzke); AR-Blattei Betriebsvereinbarung, Entsch. 7; SAE **64**, 166 (Neumann-Duesberg)
6. 12. 1 AR 9/63	BetrVG § 56 Wohlfahrtseinrichtungen Nr. 6 (Neumann-Duesberg)	BAG **15**, 136; BB **63**, 1483; **64**, 130, 181 (Gumpert); Betrieb **63**, 1718; **64**, 154; NJW **64**, 515; BABl. **64**, 619 (Wlotzke); AR-Blattei Betriebsverfassung XIV B, Entsch. 10 (Herschel); SAE **64**, 57 (Nikisch)

1964

24. 1. 1 ABR 14/63	BetrVG § 3 Nr. 6 (Küchenhoff)	BAG **15**, 235; BB **64**, 174, 471, 472; Betrieb **64**, 156, 589; NJW **64**, 1338; BABl. **64**, 812 (Wlotzke); AR-Blattei Betriebsverfassung VI, Entsch. 15; SAE **64**, 126 (Herschel)
18. 3. 1 ABR 10/63	BetrVG § 56 Entlohnung Nr. 4	BB **64**, 805; Betrieb **64**, 446, 993; AR-Blattei Arbeitsgerichtsbarkeit XII, Entsch. 24; Betriebsverfassung XIV B, Entsch. 12; SAE **65**, 21 (Gaul)
18. 3. 1 ABR 12/63	BetrVG § 45 Nr. 1 (Dietz)	BAG **15**, 307; BB **64**, 429, 804; Betrieb **64**, 446, 992; BABl. **64**, 812 (Wlotzke); AR-Blattei Betriebsverfassung XI, Entsch. 4 (Herschel); SAE **64**, 160 (Mayer-Maly)
28. 4. 1 ABR 1/64	BetrVG § 4 Nr. 3 (Dietz)	BAG **16**, 1; BB **64**, 883; Betrieb **64**, 1122, 1123; NJW **64**, 1873; BABl. **66**, 230 (Schwedes); AR-Blattei Betriebsverfassung V, Entsch. 4 (Nikisch); SAE **65**, 44 (Wiedemann)
28. 4. 1 ABR 2/64	BetrVG § 4 Nr. 4 (A. Hueck)	BAG **16**, 8; BB **64**, 963; NJW **64**, 1873; AR-Blattei Betriebsverfassung V, Entsch. 5; SAE **65**, 6 (Neumann-Duesberg)
15. 5. 1 ABR 15/63	BetrVG § 56 Akkord Nr. 5 (Dietz)	BAG **16**, 31; BB **64**, 639, 1004; BABl. **66**, 230 (Schwedes); AR-Blattei Betriebsvereinbarung, Entsch. 8
29. 5. 1 AZR 281/63	BetrVG § 59 Nr. 24 (Neumann-Dueseberg)	BAG **16**, 58; BB **64**, 1083; Betrieb **64**, 1342; BABl. **66**, 230; AR-Blattei Betriebsvereinbarung, Entsch. 9; SAE **65**, 48 (Natzel); AuR **64**, 218

Fundstellenverzeichnis

Datum	Fundstelle AP	Weitere Fundstellen
5. 6. 1 ABR 11/63	BetrVG § 3 Nr. 7 (Wiedemann)	AR-Blattei Arbeitsgerichtsbarkeit XII, Entsch. 25; SAE 66, 69 (Dietz); AuR 65, 63 (Herschel)
13. 11. 1 ABR 6/64	BetrVG § 56 Nr. 25 (Neumann-Duesberg)	BB 65, 371; Betrieb 65, 330; AR-Blattei Betriebsvereinbarung, Entsch. 10; SAE 65, 112 (Neumann-Duesberg)
13. 11. 1 ABR 7/64	BetrVG § 37 Nr. 9 (Neumann-Duesberg)	BAG 16, 300; BB 65, 332; Betrieb 65, 402; NJW 65, 886; AR-Blattei Betriebsverfassung X, Entsch. 14; SAE 65, 110 (Herschel)
14. 12. 1 ABR 6/65	BetrVG § 16 Nr. 5 (Neumann-Duesberg)	BAG 18, 41; BB 66, 367; Betrieb 66, 37, 425; AR-Blattei Betriebsverfassung VI, Entsch. 22; Arbeitsgerichtsbarkeit XII, Entsch. 29; SAE 67, 78 (Dietz)
1965 22. 1. 1 AZR 289/64	BetrVG § 37 Nr. 10 (Neumann-Duesberg)	BB 65, 541; Betrieb 65, 147, 745; AR-Blattei Betriebsverfassung X, Entsch. 15; SAE 65, 167 (Bohn)
22. 1. 1 ABR 9/64	BetrVG § 56 Wohlfahrtseinrichtungen Nr. 7 (Nikisch)	BB 65, 541; Betrieb 65, 147, 709; AR-Blattei Betriebsverfassung XIV B, Entsch. 13 (Herschel); SAE 65, 196 (Neumann-Duesberg)
29. 1. 1 ABR 8/64	BetrVG § 27 Nr. 8 (Neumann-Duesberg)	BB 65, 584; Betrieb 65, 222, 856; AR-Blattei Betriebsverfassung VI, Entsch. 16 (Isele); SAE 65, 233 (Wiedemann)
5. 2. 1 ABR 14/64	BetrVG § 56 Urlaubsplan Nr. 1 (Gaul)	Jg., Bl. 66, 864; BAG 17, 72; RdA 65, 314; BB 65, 668; Betrieb 65, 222, 898; NJW 65, 1501; AR-Blattei Betriebsverfassung XIV B, Entsch. 14; SAE 65, 192 (Pleyer)
12. 2. 1 ABR 12/64	BetrVG § 39 Nr. 1 (Böhle-Stamschräder)	Jg., Bl. 65, 399; BAG 17, 84; RdA 65, 239; Betrieb 65, 258, 711; NJW 65, 1245; AR-Blattei Betriebsverfassung X, Entsch. 16
18. 3. 2 AZR 263/64	BetrVG § 66 Nr. 24 (A. Hueck)	BAG 17, 129; BB 65, 585; Betrieb 65, 786; NJW 65, 1502; BABl. 66, 688 (Schwedes); AR-Blattei Betriebsverfassung XIV C, Entsch. 16; SAE 65, 130 (Mayer-Maly); AuR 65, 351 (Herschel)
18. 3. 2 AZR 270/64	BetrVG § 66 Nr. 25 (A. Hueck)	BAG 17, 133; BB 65, 584; Betrieb 65, 746; BABl. 66, 688 (Schwedes); AR-Blattei Betriebsverfassung XIV C, Entsch. 17; SAE 65, 127 (Mayer-Maly); AuR 65, 317 (Küchenhoff)
18. 5. 2 AZR 329/64	BetrVG § 56 Nr. 26 (Farthmann)	BB 65, 908; Betrieb 65, 144; AR-Blattei Arbeitsgerichtsbarkeit VII, Entsch. 31; SAE 66, 127
24. 5. 1 ABR 1/65	BetrVG § 18 Nr. 14 (Neumann-Duesberg)	BAG 17, 165; BB 65, 1068; Betrieb 65, 824, 1407; AR-Blattei Betriebsverfassung VI, Entsch. 17; SAE 66, 20 (Natzel)
29. 6. 1 ABR 2/65	BetrVG § 13 Nr. 11 (Küchenhoff)	BAG 17, 223; BB 65, 988; Betrieb 65, 1253; AR-Blattei Betriebsverfassung VI, Entsch. 18; SAE 65, 259 (Richardi)
14. 10. 2 AZR 455/64	BetrVG § 66 Nr. 26 (A. Hueck)	BB 66, 81; Betrieb 66, 78; 68, 217 (Pfitzner); BABl. 66, 688 (Schwedes); AR-Blattei Betriebsverfassung XIV C, Entsch. 18 (Sommer); SAE 66, 37 (Herschel)
14. 10. 2 AZR 466/64	BetrVG § 66 Nr. 27 (Wiedemann)	BB 66, 81, 82; Betrieb 66, 116, 155; BABl. 66, 688 (Schwedes); AR-Blattei Betriebsverfassung XIV C, Entsch. 19 (Sommer); SAE 66, 39 (Mayer-Maly), 156
26. 10. 1 ABR 7/65	BetrVG § 56 Wohlfahrtseinrichtungen Nr. 8 (Nikisch)	BAG 17, 316; BB 65, 1270; 66, 78 (Gumpert); Betrieb 65, 1634; 66, 77; NJW 66, 565; AR-Blattei Betriebsverfassung XIV B, Entsch. 15 (Sommer); SAE 66, 73 (Hiersemann); AuR 66, 94 (Herschel)
1966 22. 2. 1 ABR 9/65	BetrVG § 81 Nr. 4 (Galperin)	Jg., Bl. 66, 870; 67, 700; BAG 18, 159; RdA 66, 198; BB 66, 658 (Trinkner); Betrieb 66, 345, 865; NJW 66,

Fundstellenverzeichnis

Datum	Fundstelle AP	Weitere Fundstellen
		1578; **67**, 81 (Dietz); AR-Blattei Tendenzbetrieb, Entsch. 2 (Herschel); SAE **66**, 172 (Mayer-Maly); SAE **66**, 198 (Frey)
25. 2. 4 AZR 179/63	PersVG § 66 Nr. 8 (Ballerstedt)	BAG **18**, 172; BB **66**, 238, 699; Betrieb **66**, 745; NJW **66**, 1430; AR-Blattei Betriebsbußen, Entsch. 2 (Sommer); Personalvertretung XI C, Entsch. 1; SAE **66**, 129 (Nikisch); AuR **66**, 382 (Herschel)
1. 3. 1 ABR 14/65	BetrVG § 69 Nr. 1 (Neumann-Duesberg)	Jg., Bl. **67**, 235; BAG **18**, 182; RdA **66**, 238; BB **66**, 286, 578; Betrieb **66**, 384, 705, 706; NJW **66**, 1333; AR-Blattei Betriebsverfassung X, Entsch. 17 (Dietz); SAE **67**, 117 (Isele); AuR **67**, 61 (Herschel)
1. 6. 1 ABR 16/65	WahlO § 6 Nr. 2 (Galperin)	BAG **18**, 312; BB **66**, 1227; Betrieb **66**, 1693; AR-Blattei Betriebsverfassung VI, Entsch. 26; SAE **67**, 85
1. 6. 1 ABR 17/65	BetrVG § 18 Nr. 15 (Neumann-Duesberg)	BB **66**, 1063; Betrieb **66**, 1438; AR-Blattei Betriebsverfassung VI, Entsch. 24; SAE **67**, 87 (Bohn)
1. 6. 1 ABR 18/65	BetrVG § 18 Nr. 16 (Galperin)	BAG **18**, 319; BB **66**, 1063; Betrieb **66**, 946, 1357; NJW **66**, 1939; AR-Blattei Betriebsverfassung VI, Entsch. 25; SAE **67**, 88 (Bohn)
14. 12. 4 AZR 18/65	BetrVG § 59 Nr. 27 (Rüthers)	BAG **19**, 181; BB **67**, 795; Betrieb **66**, 2033; **67**, 1181; NJW **67**, 2176; AR-Blattei Betriebsbußen, Entsch. 4 (Sommer); Betriebsvereinbarung, Entsch. 12
1967		
14. 2. 1 AZR 494/55	GG Art. 9 Nr. 10 (Mayer-Maly)	BAG **19**, 217; BB **67**, 330; Betrieb **67**, 341, 815, 864 (Jürging, Kass); NJW **67**, 843; AR-Blattei Vereinigungsfreiheit, Entsch. 2 (Sommer)
14. 2. 1 AZR 533/65	GG Art. 9 Nr. 11 (Mayer-Maly)	BB **67**, 458; Betrieb **67**, 341; AR-Blattei Vereinigungsfreiheit, Entsch. 3; SAE **67**, 105 (Zöllner)
14. 2. 1 ABR 6/66	BetrVG 56 Wohlfahrtseinrichtungen Nr. 9 (Galperin)	BAG **19**, 229; BB **67**, 499, 1427 (Fuchs); Betrieb **67**, 385, 777, 1500 (Peters); NJW **67**, 1246; AR-Blattei Betriebsverfassung XIV B, Entsch. 16; SAE **68**, 135 (Wiese)
14. 2. 1 ABR 7/66	BetrVG § 45 Nr. 2 (Mayer-Maly)	BAG **19**, 236; BB **67**, 584; Betrieb **67**, 384, 775; NJW **67**, 1295; AR-Blattei Betriebsverfassung XI, Entsch. 8 (Wiese); SAE **67**, 242 (Bohn) **67**, 349 (Herschel)
21. 2. 1 ABR 2/66	BetrVG § 59 Nr. 25 (G. Hueck)	BAG **19**, 279; BB **67**, 585; Betrieb **67**, 385, 820; NJW **67**, 1342; AR-Blattei Betriebsverfassung XIV b, Entsch. 17 (Wiese); SAE **67**, 293 (Richardi)
21. 2. 1 ABR 9/66	BetrVG § 59 Nr. 26 (G. Hueck)	BB **67**, 627; Betrieb **67**, 385, 821; AR-Blattei Betriebsvereinbarung, Entsch. 13; SAE **68**, 13 (Säcker)
14. 3. 1 ABR 5/66	BetrVG § 61 Nr. 3 (Küchenhoff)	BB **67**, 584; Betrieb **67**, 604, 911; AR-Blattei Betriebsverfassung XIV C, Entsch. 20; SAE **68**, 10 (Mayer-Maly)
18. 4. 1 ABR 10/66	BetrVG § 63 Nr. 3 (Neumann-Duesberg)	BAG **19**, 307; BB **67**, 839; Betrieb **67**, 776, 1330; NJW **67**, 2176; AR-Blattei Betriebsverfassung XIV C, Entsch. 21
18. 4. 1 ABR 11/66	BetrVG § 39 Nr. 7 (Neumann-Duesberg)	BAG **19**, 314; BB **67**, 1166; Betrieb **67**, 733, 1769; NJW **67**, 2377; AR-Blattei Betriebsverfassung X, Entsch. 19; SAE **69**, 119 (Wiese)
5. 9. 1 ABR 1/67	BetrVG § 23 Nr. 8 (Galperin)	BAG **20**, 56; BB **67**, 1335, 1336; Betrieb **67**, 1592, 1947, 1990; NJW **68**, 73; AR-Blattei Betriebsverfassung VI, Entsch. 27; SAE **68**, 83 (Richardi); AuR **68**, 60 (Herschel)
12. 9. 1 AZR 34/66	BetrVG § 56 Betriebsbuße Nr. 1 (Dietz)	BAG **20**, 79; BB **68**, 41; Betrieb **67**, 1637; **68**, 45; NJW **68**, 317; AR-Blattei Betriebsbußen, Entsch. 5 (Sommer); SAE **68**, 29 (Sieg); AuR **68**, 123 (Reuß)

Fundstellenverzeichnis

Datum	Fundstelle AP	Weitere Fundstellen
29. 11. GS 1/67	GG Art. 9 Nr. 13	BAG **20**, 175; BB **68**, 993; Betrieb **68**, 1539; **70**, 444 (Mayer-Maly); NJW **68**, 1903; AR-Blattei Tarifvertrag V, Entsch. 2; SAE **69**, 246 (Wiedemann)
1968 18. 1. 2 AZR 45/67	BetrVG § 66 Nr. 28 (Wiedemann)	BB **68**, 589; Betrieb **68**, 179, 1030, 1031; NJW **68**, 1648; AR-Blattei Kündigung IX, Entsch. 34; SAE **68**, 240 (Pleyer)
14. 2. 4 AZR 275/67	TVG Effektivklausel 4 Nr. 7 (Bötticher)	BAG **20**, 308; BB **68**, 665, 161 (Rumpff); Betrieb **68**, 1133; **69**, 791 (Stahlhacke); NJW **68**, 1396; AR-Blattei Tarifvertrag V B, Entsch. 1 (Sommer); SAE **68**, 109 (Knevels); AuR **68**, 316 (Frey); **69**, 225 (Kunze); JZ **68**, 743 (Richardi)
27. 2. 1 ABR 6/67	BetrVG § 58 Nr. 1 (Dietz)	BAG **20**, 333; BB **68**, 831; **69**, 45 (Bitter); Betrieb **68**, 447, 1224; **70**, 1735 (Leinemann); NJW **68**, 1903; **69**, 649 (Federlein); AR-Blattei Betriebsverfassung XIV A, Entsch. 3; SAE **68**, 228 (Meisel); JZ **68**, 671 (Monjau)
5. 7. 3 AZR 134/67	BGB § 242 Betriebliche Übung Nr. 6 (Richardi)	Betrieb **68**, 1817; AR-Blattei Betriebsübung, Entsch. 3; SAE **69**, 21 (Seiter)
27. 8. 1 ABR 3/67	BetrVG § 81 Nr. 10 (Mayer-Maly)	Jg., Bl. **69**, 192; BAG **21**, 130; RdA **68**, 501; BB **69**, 93 (Schmittner); Betrieb **68**, 1584; **69**, 48; AR-Blattei Tendenzbetrieb Entsch. 3 (Mayer-Maly); SAE **68**, 89 (Buchner)
27. 8. 1 ABR 4/67	BetrVG § 81 Nr. 11	Jg., Bl. **69**, 197; RdA **68**, 501 BB **69**, 84 (Schmittner); Betrieb **68**, 1584, 2222, 2224; AR-Blattei Tendenzbetrieb, Entsch. 3 (Mayer-Maly); Betriebsverfassung VI, Entsch. 30; SAE **68**, 82 (Richardi)
3. 9. 1 AZR 113/68	GG Art. 9 Arbeitskampf Nr. 39 (Nipperdey, Säcker)	BB **68**, 1079; Betrieb **69**, 838 (Söllner), 2176; SAE **69**, 10
10. 9. 1 ABR 5/68	BetrVG § 24 Nr. 5 (Farthmann)	BAG **21**, 164; BB **69**, 42; Betrieb **69**, 46; NJW **69**, 255; AR-Blattei Betriebsverfassung VI, Entsch. 29 (Monjau); SAE **69**, 95 (Neumann-Duesberg); SAE **69**, 155; 29; BlfSt. **69**, 48
24. 9. 1 ABR 3/68	BetrVG § 61 Nr. 5 (Galperin)	BAG **21**, 168; BB **69**, 43; Betrieb **69**, 47, 574 (Schönherr); NJW **69**, 255; AR-Blattei Betriebsverfassung XIV C, Entsch. 25; SAE **69**, 165 (Meisel)
24. 9. 1 ABR 4/68	BetrVG § 3 Nr. 9 (Küchenhoff)	BB **69**, 135; Betrieb **68**, 1761; **69**, 89; AR-Blattei Betriebsverfassung V, Entsch. 6; SAE **69**, 97 (Blomeyer)
22. 10. 1 AZR 46/68	BetrVG § 66 Nr. 29 (A. Hueck)	BB **69**, 272; Betrieb **69**, 311; AR-Blattei Betriebsverfassung XIV C, Entsch. 26 (Falkenberg); SAE **70**, 32 (Meisel)
7. 11. 5 AZR 80/68	TVG § 4 Nr. 38	BB **69**, 44; Betrieb **69**, 90; AR-Blattei Ausschlussfristen, Entsch. 26
12. 12. 2 AZR 120/68	BetrVG § 24 Nr. 6 (Herschel)	BAG **21**, 259; BB **69**, 492; Betrieb **69**, 488; NJW **69**, 813; AR-Blattei Betriebsverfassung IX, Entsch. 15; SAE **70**, 53 (G. Hueck)
17. 12. 1 AZR 178/68	BetrVG § 56 Nr. 27 (Gaul)	BB **69**, 444; Betrieb **69**, 576; AR-Blattei Betriebsverfassung XIV B, Entsch. 18; Akkordarbeit, Entsch. 13; SAE **70**, 25 (Bohn)
1969 14. 1. 1 ABR 14/68	BetrVG § 13 Nr. 12 (Galperin)	BAG **21**, 277; BB **69**, 490; Betrieb **69**, 664; NJW **69**, 1134; AR-Blattei Betriebsverfassung VI A, Entsch. 2 (Monjau); SAE **69**, 157 (Küchenhoff)

Fundstellenverzeichnis

Datum	Fundstelle AP	Weitere Fundstellen
31. 1. 1 ABR 11/68	BetrVG § 56 Entlohnung Nr. 5 (Dietz)	BB 69, 534; Betrieb 69, 311, 796; AR-Blattei Betriebsverfassung XIV B, Entsch. 19 (Wiese); SAE 69, 179 (Richardi)
31. 1. 1 ABR 18/68	BetrVG § 56 Berufsausbildung Nr. 1 (Neumann-Duesberg)	BAG 21, 323; BB 69, 758; Betrieb 69, 1020; AR-Blattei Betriebsverfassung XIV B, Entsch. 20; SAE 70, 21 (Richardi)
11. 2. 1 ABR 12/68	BetrVG § 28 Nr. 1 (Galperin)	BB 69, 491; Betrieb 69, 663; NJW 69, 1134; AR-Blattei Betriebsverfassung VI A, Entsch. 3; SAE 70, 28 (Blomeyer)
27. 3. 2 AZR 422/68	BetrVG § 66 Nr. 30 (Wiedemann)	BB 70, 532; Betrieb 70, 642; SAE 70, 233 (Meisel); AuR 70, 220 (Herschel)
29. 4. 1 ABR 19/68	BetrVG § 23 Nr. 9 (Dietz)	BB 69, 1224; Betrieb 69, 1560; NJW 69, 2220; AR-Blattei Betriebsverfassung VI, Entsch. 31 (Herschel); SAE 70, 242 (Fenn); AuR 70, 93 (Hessel)
20. 5. 1 ABR 20/68	BetrVG § 5 Nr. 1 (Schnorr)	BB 69, 996; Betrieb 69, 1414; AR-Blattei Angestellter, Entsch. 20; SAE 70, 113 (Blomeyer)
3. 6. 1 ABR 1/69	BetrVG § 37 Nr. 11 (Richardi)	BAG 22, 31; BB 69, 1434; Betrieb 69, 1705; NJW 69, 2221; AR-Blattei Betriebsverfassung X, Entsch. 20; SAE 70, 128 (Fabricius)
3. 6. 1 ABR 3/69	BetrVG § 18 Nr. 17 (Galperin)	BAG 22, 38; BB 69, 996; Betrieb 69, 1707; NJW 69, 1735; AR-Blattei Betriebsverfassung VI A, Entsch. 4 (Monjau); SAE 70, 165 (Buchner)
10. 6. 1 AZR 203/68	BetrVG § 37 Nr. 12 (Tipke, Wiedemann)	BAG 22, 57; BB 69, 1433; Betrieb 69, 1755; AR-Blattei Betriebsverfassung X, Entsch. 21; SAE 70, 141 (Däubler)
10. 6. 1 AZR 2/69	BetrVG § 72 Nr. 6 (Richardi)	BAG 22, 762; BB 69, 1434; Betrieb 69, 1706; NJW 69, 2221; AR-Blattei Betriebsverfassung XIV E, Entsch. 1; SAE 70, 161 (Mayer-Maly)
25. 6. 1 ABR 6/69	BetrVG § 39 Nr. 8 (Neumann-Duesberg)	BB 69, 1037; Betrieb 69, 1754; AR-Blattei Betriebsverfassung X, Entsch. 22; SAE 70, 170 (Bohn)
21. 10. 1 ABR 8/69	BetrVG § 3 Nr. 10 (Neumann-Duesberg)	Jg., Bl. 70, 379; RdA 70, 126; BB 70, 301; Betrieb 70, 249; AR-Blattei Arbeitsgerichtsbarkeit XII, Entsch. 43; Betriebsverfassung VI A, Entsch. 5; SAE 71, 218 (Wiese)
19. 12. 1 ABR 10/69	BetrVG § 81 Nr. 12 (Mayer-Maly)	BB 70, 394; Betrieb 70, 594; AR-Blattei Tendenzbetrieb, Entsch. 4; SAE 70, 258 (Richardi)
1970		
30. 1. 3 AZR 44/68	BGB § 242 Ruhegehalt Nr. 142 (Richardi)	BAG 22, 252; BB 70, 1097 (v. Arnim); Betrieb 70, 1393; NJW 70, 1620; AR-Blattei Ruhegeld (-gehalt), Entsch. 92; SAE 70, 262 (Säcker)
9. 10. 1 ABR 18/69	BetrVG § 63 Nr. 4 (Richardi)	BAG 22, 448; BB 71, 129; Betrieb 71, 53; NJW 71, 480; AR-Blattei Arbeitsgerichtsbarkeit XII, Entsch. 48; SAE 71, 150 (Peterek)
20. 11. 1 AZR 408/69	BetrVG § 72 Nr. 7 (Richardi)	BAG 23, 53; BB 71, 437; Betrieb 71, 389, 1012 (Keller); NJW 71, 772; AR-Blattei Betriebsverfassung XIV E, Entsch. 4; SAE 72, 61 (Buchner); AuR 71, 311 (Herschel)
20. 11. 1 AZR 409/69	BetrVG § 72 Nr. 8 (Richardi)	BAG 23, 62; BB 71, 567; Betrieb 71, 534, 1012 (Keller); NJW 71, 774; AR-Blattei Betriebsverfassung XIV E, Entsch. 5; Konkurs, Entsch. 16; SAE 72, 64 (Buchner)
8. 12. 1 ABR 20/70	BetrVG § 59 Nr. 28 (Fabricius)	BAG 23, 122; BB 71, 1054; Betrieb 71, 582; NJW 71, 1056; Prakt.-ArbR BetrVG §§ 56–59 Nr. 178; § 81 Nr. 21; AR-Blattei Betriebsvereinbarung, Entsch. 17
21. 12. 3 AZR 510/69	BGB § 305 Billigkeitskontrolle Nr. 1 (M. Wolf)	BAG 23, 160; BB 71, 522; Betrieb 71, 727; NJW 71, 1149; AR-Blattei Lohn XVI, Entsch. 8 (Söllner); SAE 72, 157 (G. Hueck)

Fundstellenverzeichnis

Datum	Fundstelle AP	Weitere Fundstellen
22. 12. 3 AZR 52/70	BGB § 305 Billigkeitskontrolle Nr. 2 (Lieb)	BB 71, 523; Betrieb 71, 729; AR-Blattei Lohn XVI, Entsch. 9 (Söllner); SAE 72, 149 (M. Wolf)
1971 5. 2. 1 ABR 24/70	BetrVG § 61 Nr. 6 (Richardi)	BAG 23, 196; BB 71, 1153; Betrieb 71, 1528; AR-Blattei Betriebsverfassung XIV C, Entsch. 31; SAE 72, 125 (Buchner)
5. 2. 1 ABR 25/70	ArbGG 1953 § 94 Nr. 5 (Richardi)	BAG 23, 209; BB 71, 747; Betrieb 71, 1020; NJW 71, 1285; AR-Blattei Arbeitsgerichtsbarkeit XII, Entsch. 52
25. 3. 2 AZR 185/70	BetrVG § 57 Nr. 5	BAG 23, 257; BB 71, 871, 1234; Betrieb 71, 1113; NJW 71, 1629; AR-Blattei Betriebsvereinbarung, Entsch. 18; Arbeitsgerichtsbarkeit XII, Entsch. 53; SAE 72, 132 (Richardi); AuR 72, 88 (Herschel)
21. 4. GS 1/68	GG Art. 9 Arbeitskampf Nr. 43	BAG 23, 292; BB 71, 701; Betrieb 71, 1061; NJW 71, 1668; AR-Blattei Arbeitskampf I, Entsch. 3 (Löwisch); SAE 72, 1 (Richardi); AuR 71, 353 (Reuß)
23. 4. 1 ABR 27/70	BetrVG § 25 Nr. 3 (Neumann-Duesberg)	Jg., Bl. 71, 754; BAG 23, 326; RdA 71, 318; BB 71, 1152; Betrieb 71, 1481; NJW 71, 2093; AR-Blattei Betriebsverfassung VI, Entsch. 32
28. 9. 1 ABR 4/71	BetrVG § 81 Nr. 14	BAG 23, 450; BB 72, 657; NJW 72, 600; Prakt.-ArbR BetrVG § 118 Nr. 12; AR-Blattei Betrieb, Entsch. 5; SAE 73, 89 (Mayer-Maly)
26. 10. 1 AZR 113/68	GG Art. 9 Arbeitskampf Nr. 44 (Richardi)	BAG 23, 484; Betrieb 72, 143; NJW 72, 599; Prakt.-ArbR BGB § 615 Nr. 282; AR-Blattei Arbeitskampf I, Entsch. 4 (Löwisch); SAE 73, 33 (Buchner)
9. 11. 1 ABR 1/71	BetrVG § 67 Nr. 1 (Fabricius)	BB 72, 1094 (Gumpert); Betrieb 72, 584
1972 14. 1. 1 ABR 6/71	BetrVG § 20 Jugendvertreter Nr. 2	Betrieb 72, 686; Prakt.-ArbR BetrVG §§ 60–71 Nr. 2; AR-Blattei Betriebsverfassung VI A, Entsch. 6; SAE 73, 69 (Blomeyer)
22. 2. 2 AZR 205/71	BBiG § 15 Nr. 1 (Söllner, Volmer)	BAG 24, 133; BB 72, 1191; Betrieb 72, 1731, 1732, 1783; AR-Blattei Berufsausbildung, Entsch. 2; SAE 73, 108 (Monjau)
29. 2. 1 AZR 176/71	BetrVG § 72 Nr. 9 (Küchenhoff)	BAG 24, 141; Betrieb 72, 1118; NJW 72, 1342; SAE 73, 73 (Schlüter)
16. 3. 5 AZR 460/71	BGB § 611 Lehrer Nr. 10, Dozenten (Söllner)	BB 72, 659; Betrieb 72, 1028; AR-Blattei Nebentätigkeit des Arbeitnehmers, Entsch. 6
25. 4. 1 AZR 322/71	BGB § 611 Öffentlicher Dienst Nr. 9	BAG 24, 247; BB 72, 1139 (Anm.), 1186; Betrieb 72, 1783; NJW 72, 2016; AR-Blattei Personalakten, Entsch. 2; Zwangsvollstreckung, Entsch. 15
14. 6. 4 AZR 315/71	BAT §§ 22, 23 Nr. 54 (Wiedemann)	BAG 24, 307; Betrieb 72, 2488; NJW 72, 2103; AR-Blattei Personalvertretung XI D, Entsch. 7
6. 7. 2 AZR 386/71	BGB § 626 Ausschlussfrist Nr. 3 (Söllner)	BAG 24, 341; BB 72, 1408; Betrieb 72, 2119; NJW 73, 214; Prakt.-ArbR BGH § 626 Nr. 468; AR-Blattei Kündigung VIII, Entsch. 37; SAE 73, 134 (Schwerdtner)
11. 7. 1 ABR 2/72	BetrVG 1972 § 80 Nr. 1 (Richardi)	Jg., Bl. 73, 252; BAG 24, 349; RdA 72, 389; BB 72, 1322; Betrieb 72, 2020; Prakt.-ArbR BetrVG § 80 Nr. 8; AR-Blattei Betriebsverfassung XIV A, Entsch. 4; SAE 74, 97 (Wiese); AuR 72, 279; 73, 29; BetrR 72, 555; BlfSt. 72, 340; ARSt 72, 178; BUV 72, 340; Quelle 73, 74 (W. Schneider), 125; AktG 73, 171; Personal 73, 241; Arb. u. SozR 73, 203; Arb. u. SozPol. 74, 182; JR 74, 316

Fundstellenverzeichnis

Datum	Fundstelle AP	Weitere Fundstellen
17. 8. 2 AZR 415/71	BGB § 626 Nr. 65 (Birk)	BAG 24, 401; BB 73, 1396; Betrieb 73, 481; NJW 73, 553; AR-Blattei Kündigungsschutz, Entsch. 135 (Herschel); SAE 74, 42 (Beuthien)
31. 10. 1 ABR 7/72	BetrVG 1972 § 40 Nr. 2 (Richardi)	BAG 24, 459; BB 73, 243, 287 (Hiersemann), 333 (Ohlgardt); Betrieb 73, 528; NJW 73, 822; Prakt.-ArbR BetrVG §§ 37–41 Nr. 38; AR-Blattei Betriebsverfassung VIII A, Entsch. 1 (Wiese); SAE 74, 129 (Buchner)
9. 11. 5 AZR 224/72	BGB § 242 Gleichbehandlung Nr. 36 (G. Hueck)	BB 73, 245; Betrieb 73, 432; AR-Blattei Gleichbehandlung im Arbeitsverhältnis, Entsch. 35; SAE 74, 87 (M. Wolf)
15. 12. 1 ABR 5/72	ArbGG 1953 § 80 Nr. 5	BB 73, 520; Prakt.-ArbR BetrVG §§ 13–20 Nr. 61; AR-Blattei Betriebsverfassung VI, Entsch. 34; SAE 75, 37 (Dütz)
15. 12. 1 ABR 8/72	BetrVG 1972 § 14 Nr. 1	BAG 24, 480; BB 73, 750; Betrieb 73, 2052; NJW 73, 1016; Prakt.-ArbR BetrVG §§ 13–20 Nr. 62; AR-Blattei Betriebsverfassung VI, Entsch. 35; SAE 73, 234 (Bohn)

1973

Datum	Fundstelle AP	Weitere Fundstellen
11. 1. 5 AZR 321/72	GG Art. 3 Nr. 110	BB 73, 520; Betrieb 73, 728; AR-Blattei Gleichbehandlung im Arbeitsverhältnis, Entsch. 37; SAE 74, 33 (Kreutz)
30. 1. 1 ABR 22/72	BetrVG 1972 § 37 Nr. 1 (Richardi)	BAG 25, 23; BB 73, 847; Betrieb 73, 1025; NJW 73, 1391; Prakt.-ArbR BetrVG §§ 37–41 Nr. 43; AR-Blattei Betriebsverfassung VIII A, Entsch. 3; Arbeitsgerichtsbarkeit XII, Entsch. 58 (Dütz); SAE 73, 236 (Bohn)
30. 1. 1 ABR 1/73	BetrVG 1972 § 40 Nr. 3 (Buchner)	BB 73, 474; Prakt.-ArbR BetrVG §§ 37–41 Nr. 44; AR-Blattei Betriebsverfassung VIII A; Entsch. 2: Ausschlussfristen, Entsch. 59; SAE 74, 244 (Dütz)
16. 2. 1 ABR 18/72	BetrVG 1972 § 19 Nr. 1 (Natzel)	BAG 25, 60; BB 73, 1071, 1634; Betrieb 73, 1245; Prakt.-ArbR BetrVG §§ 26–36 Nr. 29; AR-Blattei Betriebsverfassung VI, Entsch. 38; SAE 74, 233 (Galperin)
23. 2. 1 ABR 17/72	BetrVG 1972 § 80 Nr. 2 (Hanau)	BAG 25, 75; BB 73, 1255; Betrieb 73, 799; NJW 73, 1472; Prakt.-ArbR BetrVG § 80 Nr. 12; AR-Blattei Betriebsverfassung X, Entsch. 23; SAE 74, 237 (Thiele)
1. 3. 5 AZR 453/72	BGB § 611 Persönlichkeitsrecht Nr. 1 (Wiese)	BAG 25, 80; BB 73, 704; Betrieb 73, 972; NJW 73, 1247; AR-Blattei Arbeitsvertrag – Arbeitsverhältnis II, Entsch. 8; SAE 73, 239 (Herschel)
13. 3. 1 ABR 16/72	BetrVG 1972 § 87 Werkmietwohnungen Nr. 1 (Richardi)	BAG 25, 93; BB 73, 845; Betrieb 73, 1458; NJW 73, 1900; AR-Blattei Betriebsverfassung XIV B, Entsch. 21; SAE 73, 229 (Bötticher)
6. 4. 1 ABR 13/72	BetrVG 1972 § 99 Nr. 1 (Wiedemann)	BB 73, 940 (H. Frey), 988 (Neef); 81, 501 (Pauly); Betrieb 73, 1456; NJW 73, 1630; AR-Blattei Betriebsverfassung XIV C, Entsch. 32
6. 4. 1 ABR 20/72	BetrVG 1972 § 76 Nr. 1	BAG 25, 174; BB 73, 1438; Betrieb 73, 2197; NJW 73, 2222; Prakt.-ArbR BetrVG §§ 37–41 Nr. 63; AR-Blattei Einigungsstelle, Entsch. 1 (Martens)
10. 4. 4 AZR 180/72	BGB § 242 Gleichbehandlung Nr. 38 (Crisolli)	BB 73, 1357; Betrieb 73, 1755; AR-Blattei Gleichbehandlung im Arbeitsverhältnis, Entsch. 38
11. 5. 1 ABR 3/73	BetrVG 1972 § 20 Nr. 2 (Richardi)	BB 73, 1071; Betrieb 73, 1659; Prakt.-ArbR BetrVG §§ 13–20 Nr. 65
22. 5. 1 ABR 26/72	BetrVG 1972 § 38 Nr. 1 (Richardi)	BB 73, 1305; Betrieb 73, 1901; 74, 190 (Schumann); Prakt.-ArbR BetrVG §§ 37–41 Nr. 69; AR-Blattei Betriebsverfassung X, Entsch. 24
22. 5. 1 ABR 2/73	BetrVG 1972 § 38 Nr. 2 (Richardi)	BAG 25, 204; BB 73, 1258; Betrieb 73, 1900; Prakt.-ArbR BetrVG §§ 37–41 Nr. 70; AR-Blattei Betriebsverfassung X, Entsch. 25

Fundstellenverzeichnis

Datum	Fundstelle AP	Weitere Fundstellen
22. 5. 1 ABR 10/73	BetrVG 1972 § 37 Nr. 2 (Meisel)	Betrieb 73, 1955; Prakt.-ArbR BetrVG §§ 37–41 Nr. 71; AR-Blattei Betriebsverfassung X, Entsch. 26
26. 6. 1 AZR 170/73	BetrVG 1972 § 20 Nr. 4 (Richardi)	BB 73, 1306; Betrieb 73, 1955; Prakt.-ArbR BetrVG §§ 13–20 Nr. 69; AR-Blattei Betriebsverfassung VIII A, Entsch. 6
26. 6. 1 ABR 24/72	BetrVG 1972 § 2 Nr. 2 (Richardi)	BAG 25, 242; BB 73, 1437; Betrieb 73, 2146; NJW 73, 2222; Prakt.-ArbR BetrVG §§ 1–3 Nr. 32; AR-Blattei Betriebsverfassung V A, Entsch. 1; SAE 74, 144 (Bohn)
5. 9. 4 AZR 549/72	BAT § 24 Nr. 3 (Fieberg)	BB 74, 1580; AR-Blattei Öffentlicher Dienst III A, Entsch. 143
13. 9. 2 AZR 601/72	KSchG 1969 § 1 Nr. 2 (G. Hueck)	BAG 25, 278; BB 73, 1635; Betrieb 73, 2534; AR-Blattei Kündigungsschutz, Entsch. 146 (Herschel); SAE 75, 1 (Otto)
18. 9. 1 AZR 102/73	BetrVG 1972 § 37 Nr. 3 (M. Weiss)	BAG 25, 305; BB 74, 89; Betrieb 74, 147; NJW 74, 335; Prakt.-ArbR BetrVG §§ 37–41 Nr. 105; AR-Blattei Betriebsverfassung VIII A, Entsch. 7; SAE 74, 134 (Bohn)
18. 9. 1 AZR 116/73	BetrVG 1972 § 44 Nr. 1 (Kreutz)	BAG 25, 310; BB 74, 90; Betrieb 74, 145; NJW 74, 336; AR-Blattei Betriebsverfassung XI, Entsch. 9; SAE 74, 209 (Bohn)
18. 9. 1 ABR 7/73	BetrVG 1972 § 80 Nr. 3 (Richardi)	BAG 25, 292; BB 74, 133; Betrieb 74, 143; NJW 74, 333; Prakt.-ArbR BetrVG § 80 Nr. 16; AR-Blattei Betriebsverfassung XIV A, Entsch. 5; SAE 74, 239 (Thiele)
9. 10. 1 ABR 6/73	BetrVG 1972 § 37 Nr. 4 (Natzel)	BAG 25, 325; BB 74, 88; Betrieb 74, 146; Prakt.-ArbR BetrVG §§ 37–41 Nr. 108; AR-Blattei Betriebsverfassung VIII A, Entsch. 8; SAE 74, 177 (Kraft)
9. 10. 1 ABR 29/73	BetrVG 1972 § 38 Nr. 3 (Buchner)	BB 74, 185; Betrieb 74, 339; NJW 74, 471; Prakt.-ArbR BetrVG §§ 37–41 Nr. 109; AR-Blattei Betriebsverfassung X, Entsch. 28
6. 11. 1 ABR 8/73	BetrVG 1972 § 37 Nr. 5 (Kittner)	BAG 25, 348; BB 74, 461; Betrieb 74, 780, 781; Prakt.-ArbR BetrVG §§ 37–41 Nr. 110; AR-Blattei Betriebsverfassung VIII A, Entsch. 10; SAE 75, 155 (Schlüter)
6. 11. 1 ABR 26/73	BetrVG 1972 § 37 Nr. 6 (Wiese)	BAG 25, 357; BB 74, 416; Betrieb 74, 633; Prakt.-ArbR BetrVG §§ 37–41 Nr. 111; AR-Blattei Betriebsverfassung VIII A, Entsch. 9; SAE 75, 162 (Meisel)
20. 11. 1 AZR 331/73	BetrVG 1972 § 65 Nr. 1 (Kraft)	BAG 25, 394; BB 74, 416; Betrieb 74, 683; NJW 74, 879, 1349 (Linder); Prakt.-ArbR BetrVG §§ 60–71 Nr. 8; AR-Blattei Betriebsverfassung XIII, Entsch. 2
22. 11. 2 AZR 543/72	KSchG Betriebsbedingte Kündigung § 1 Nr. 22 (Meisel)	BB 74, 323; Betrieb 74, 438; AR-Blattei Kündigungsschutz, Entsch. 148 (Herschel); SAE 75, 135 (Weitnauer)
22. 11. 2 AZR 580/72	BGB § 626 Nr. 67 (Küchenhoff)	BB 74, 463; Betrieb 74, 878, 879; NJW 74, 1155; AR-Blattei Kündigung VIII, Entsch. 43 (Herschel); Haftung des Arbeitnehmers, Entsch. 90 (Herschel); SAE 75, 127 (E. Wolf)
27. 11. 1 ABR 5/73	ArbGG 1953 § 89 Nr. 9 (Richardi)	BAG 25, 407; BB 74, 507, 559; Betrieb 74, 830; NJW 74, 1156; Prakt.-ArbR BetrVG §§ 37–41 Nr. 114; AR-Blattei Betriebsverfassung VIII A, Entsch. 11; Arbeitsgerichtsbarkeit XII, Entsch. 64
27. 11. 1 ABR 11/73	BetrVG 1972 § 40 Nr. 4	BAG 25, 415; Betrieb 74, 731; Prakt.-ArbR BetrVG §§ 37–41 Nr. 115; AR-Blattei Arbeitsgerichtsbarkeit XII, Entsch. 65; SAE 75, 198 (Gravenhorst)
6. 12. 2 AZR 10/73	KSchG 1969 § 17 Nr. 1 (G. Hueck)	BAG 25, 430; BB 74, 603; Betrieb 74, 119; NJW 74, 1263; AR-Blattei Kündigungsschutz, Entsch. 149 (Hessel); SAE 74, 191 (Herschel)

Fundstellenverzeichnis

Datum	Fundstelle AP	Weitere Fundstellen
11. 12. 1 ABR 37/73	BetrVG 1972 § 80 Nr. 5 (Thiele)	BAG 25, 439; BB 74, 602; Betrieb 74, 880; Prakt.-ArbR BetrVG § 80 Nr. 18; AR-Blattei Betriebsverfassung VIII A, Entsch. 12; SAE 75, 263 (Kreutz)
18. 12. 1 ABR 35/73	BetrVG 1972 § 37 Nr. 7 (Richardi)	BAG 25, 452; BB 74, 601; Betrieb 74, 923; NJW 74, 1016; Prakt.-ArbR BetrVG §§ 37–41 Nr. 13; AR-Blattei Betriebsverfassung VIII A, Entsch. 13; SAE 74, 136 (Streckel)
1974 15. 1. 1 AZR 234/73	PersVG Baden-Württemberg § 68 Nr. 1	BAG 25, 470; BB 74, 885; Betrieb 75, 455; NJW 74, 1527; AR-Blattei Personalvertretung VI, Entsch. 2 (Söllner)
17. 1. 5 AZR 380/3	BUrlG § 1 Nr. 3 (Boldt)	BB 74, 509; Betrieb 74, 783; Prakt.-ArbR BUrlG §§ 7–10 Nr. 271; AR-Blattei Urlaub, Entsch. 212; SAE 75, 123 (Blomeyer)
29. 1. 1 ABR 34/73	BetrVG 1972 § 37 Nr. 8	BB 74, 1023; Betrieb 74, 1535; Prakt.-ArbR BetrVG §§ 37–41 Nr. 127; AR-Blattei Betriebsverfassung VIII A, Entsch. 14
29. 1. 1 ABR 39/73	BetrVG 1972 § 37 Nr. 9	Prakt.-ArbR BetrVG §§ 37–41 Nr. 128
29. 1. 1 ABR 41/73	BetrVG 1972 § 40 Nr. 5 (Kraft)	BAG 25, 482; BB 74, 883, 1029 (Ohlgardt); Betrieb 74, 1292; Prakt.-ArbR BetrVG §§ 37–41 Nr. 129; AR-Blattei Betriebsverfassung VIII A, Entsch. 15; SAE 75, 81 (Wiesemann)
28. 2. 2 AZR 455/73	BetrVG 1972 § 102 Nr. 2 (Richardi)	BAG 26, 27; BB 74, 836; Betrieb 74, 1294; NJW 74, 1526; Prakt.-ArbR BetrVG §§ 102–105 Nr. 62; AR-Blattei Betriebsverfassung XIV C, Entsch. 33 (Herschel); SAE 75, 119 (Meisel)
5. 3. 1 AZR 50/73	BetrVG 1972 § 20 Nr. 5	BB 74, 1071; Betrieb 74, 1534, 1535; AR-Blattei Betriebsverfassung VIII A, Entsch. 16; SAE 75, 44 (Böhm)
5. 3. 1 ABR 19/73	BetrVG 1972 § 5 Nr. 1 (Wiedemann, Wank)	BAG 26, 36; BB 74, 553, 653 (Grüll); Betrieb 74, 826, 1239 (Janert); NJW 74, 965, 1161 (Hoffmann); AR-Blattei Angestellter, Entsch. 21; SAE 74, 165 (Beuthien)
5. 3. 1 ABR 28/73	BetrVG 1972 § 87 Kurzarbeit Nr. 1 (Wiese)	BAG 26, 60; BB 74, 931; Betrieb 74, 1389; NJW 74, 1724; SAE 74, 201 (Bötticher)
19. 3. 1 ABR 44/73	BetrVG 1972 § 26 Nr. 1 (Küchenhoff)	BB 74, 1119, 1124; Betrieb 74, 1629; AR-Blattei Betriebsverfassung X, Entsch. 29
19. 3. 1 ABR 87/73	BetrVG 1972 § 17 Nr. 1	BB 74, 1120; Betrieb 74, 1775; AR-Blattei Betriebsverfassung VI, Entsch. 42 (Monjau)
28. 3. 2 AZR 472/73	BetrVG 1972 § 102 Nr. 3 (Herschel)	BAG 26, 102; BB 74, 980; Betrieb 74, 1438; NJW 74, 1726; Prakt.-ArbR BetrVG §§ 102–105 Nr. 65; AR-Blattei Betriebsverfassung XIV C, Entsch. 34; SAE 75, 112 (Meisel)
29. 3. 1 ABR 27/73	BetrVG 1972 § 19 Nr. 2 (Seipel)	BAG 26, 107; BB 74, 837, 838; Betrieb 74, 1342, 1680; NJW 74, 1526; AR-Blattei Betriebsverfassung VI, Entsch. 39
4. 4. 2 AZR 452/7	BGB § 626 Arbeitnehmervertreter im Aufsichtsrat Nr. 1 (G. Hueck)	BAG 26, 116; BB 74, 739; Betrieb 74, 1067; NJW 74, 1389; Prakt.-ArbR BetrVG §§ 78–79 Nr. 11; AR-Blattei Betriebsverfassung IX, Entsch. 21; SAE 75, 245 (Reuter)
23. 4. 1 AZR 139/73	BetrVG 1972 § 37 Nr. 11 (Blumensaat)	BB 74, 1119; Betrieb 74, 1725; Prakt.-ArbR BetrVG §§ 37–41 Nr. 144; AR-Blattei Betriebsverfassung VIII A, Entsch. 17
10. 5. 1 ABR 47/73	BetrVG 1972 § 65 Nr. 2	BB 74, 1206; Betrieb 74, 2162; 75, 446 (Teichmüller); Prakt.-ArbR BetrVG §§ 60–71 Nr. 10; AR-Blattei Betriebsverfassung VIII A, Entsch. 18

Fundstellenverzeichnis

Datum	Fundstelle AP	Weitere Fundstellen
10. 5. 1 ABR 57/73	BetrVG 1972 § 65 Nr. 3	BB 74, 1205; Betrieb 74, 1773; 75, 446 (Teichmüller); Prakt.-ArbR BetrVG §§ 60–71 Nr. 13; AR-Blattei Betriebsverfassung VIII A, Entsch. 19
10. 5. 1 ABR 60/73	BetrVG 1972 § 65 Nr. 4	BB 74, 1205; Betrieb 74, 1772; Prakt.-ArbR BetrVG §§ 60–71 Nr. 12; AR-Blattei Betriebsverfassung VIII, Entsch. 20; Betriebsverfassung XIII, Entsch. 5
14. 5. 1 ABR 40/73	BetrVG 1972 § 99 Nr. 2 (Kraft)	BAG 26, 149; BB 74, 1071; Betrieb 74, 1580; NJW 74, 1966 (Becker); Prakt.-ArbR BetrVG §§ 99–101 Nr. 36; AR-Blattei Betriebsverfassung XIV C, Entsch. 35; SAE 74, 145 (G. Hueck)
14. 5. 1 ABR 45/73	BetrVG 1972 § 87 Überwachung Nr. 1 (Wiese)	BB 74, 1164; Betrieb 74, 1868; NJW 74, 2023; AR-Blattei Betriebsverfassung XVI B, Entsch. 23; SAE 75, 151 (Buchner)
21. 5. 1 AZR 477/73	BetrVG 1972 § 37 Nr. 14	BB 74, 1163; Betrieb 74, 1823; Prakt.-ArbR BetrVG §§ 37–41 Nr. 153; AR-Blattei Betriebsverfassung X, Entsch. 32
21. 5. 1 ABR 73/73	BetrVG 1972 § 37 Nr. 12	BAG 26, 156; BB 74, 1123; Betrieb 74, 1726; NJW 74, 2024; Prakt.-ArbR BetrVG §§ 37–41 Nr. 151; AR-Blattei Arbeitsgerichtsbarkeit XII, Entsch. 70; SAE 75, 49 (Halbach)
28. 5. 1 ABR 101/73	BetrVG 1972 § 80 Nr. 7	BB 74, 1206; Betrieb 74, 1868; Prakt.-ArbR BetrVG § 80 Nr. 21; AR-Blattei Betriebsverfassung XIV A, Entsch. 10
10. 6. 1 ABR 23/73	BetrVG 1972 § 80 Nr. 8	BB 74, 1641; Betrieb 75, 60; NJW 75, 279; Prakt.-ArbR BetrVG § 80 Nr. 22; AR-Blattei Arbeitsgerichtsbarkeit XII, Entsch. 72; SAE 75, 256 (Dütz)
10. 6. 1 ABR 136/73	BetrVG 1972 § 37 Nr. 15	BB 74, 1210; Betrieb 74, 1824; NJW 74, 2023; Prakt.-ArbR BetrVG §§ 37–41 Nr. 154; AR-Blattei Betriebsverfassung VIII A, Entsch. 22
14. 6. 3 AZR 456/73	BGB § 670 Nr. 20 (Wiedemann)	BAG 26, 187; BB 74, 1531; Betrieb 74, 2210; NJW 75, 79; AR-Blattei Ausschlussfristen, Entsch. 71
18. 6. 1 ABR 25/73	BetrVG 1972 § 87 Urlaub Nr. 1	BAG 26, 193; BB 74, 1639; Betrieb 74, 2263; NJW 75, 80; AR-Blattei Betriebsverfassung XIV B, Entsch. 25; SAE 76, 9 (Blomeyer)
18. 6. 1 ABR 119/73	BetrVG 1972 § 37 Nr. 16	Prakt.-ArbR BetrVG §§ 37–41 Nr. 155
19. 6. 4 AZR 436/73	BAT § 3 Nr. 3 (H. Weber)	BAG 26, 198; BB 74, 1210; Betrieb 74, 1920; Prakt.-ArbR BBiG 1 Nr. 7; BBiG VI Nr. 10; AR-Blattei Berufsausbildung, Entsch. 9 (Säcker, Streckel)
25. 6. 1 ABR 68/73	BetrVG 1972 § 19 Nr. 3	BB 74, 1399; Betrieb 74, 2115; AR-Blattei Betriebsverfassung VI, Entsch. 40
22. 8. 2 ABR 17/74	BetrVG 1972 § 103 Nr. 1 (G. Hueck)	BAG 26, 219; BB 74, 1578; Betrieb 74, 2310, 2370; NJW 75, 181; Prakt.-ArbR BetrVG §§ 102–105 Nr. 91; AR-Blattei Betriebsverfassung IX, Entsch. 20 (Herschel); SAE 75, 213 (Kraft)
27. 8. 1 AZR 505/73	PersVG Niedersachsen § 72 Nr. 1	Betrieb 75, 62; Prakt.-ArbR BetrVG §§ 102–105 Nr. 92; AR-Blattei Personalvertreung VI, Entsch. 3
11. 9. 4 AZR 515/73	TVG Tarifverträge: Metallindustrie § 1 Nr. 3 (Wiedemann)	BAG 26, 235; BB 75, 44; Betrieb 74, 2485; AR-Blattei Lohn V, Entsch. 1
11. 9. 5 AZR 567/73	BGB § 242 Gleichbehandlung Nr. 39 (Birk)	BB 75, 281; Betrieb 75, 551; NJW 75, 751; AR-Blattei Gleichbehandlung im Arbeitsverhältnis, Entsch. 42
13. 9. 5 AZR 48/74	BGB § 611 Gratifikation Nr. 84 (Schwerdtner)	BB 74, 1639; Betrieb 74, 2483; NJW 75, 278; AR-Blattei Gratifikation, Entsch. 65
17. 9. 1 AZR 574/73	BetrVG 1972 § 37 Nr. 17 (Dütz)	BB 75, 283; Prakt.-ArbR BetrVG §§ 37–41 Nr. 168; AR-Blattei Arbeitsgerichtsbarkeit XII, Entsch. 73

Fundstellenverzeichnis

Datum	Fundstelle AP	Weitere Fundstellen
17. 9. 1 AZR 16/74	BetrVG 1972 § 113 Nr. 1 (Uhlenbruck, Richardi)	BAG 26, 257; BB 74, 1483; 76, 325 (Ritze); Betrieb 74, 2207; NJW 75, 182; Prakt.-ArbR BetrVG §§ 111–113 Nr. 29; BetrVG §§ 114–117 Nr. 5; AR-Blattei Betriebsverfassung XIV E, Entsch. 7; SAE 76, 18 (Otto)
17. 9. 1 ABR 98/73	BetrVG 1972 § 40 Nr. 6	BB 75, 329; Betrieb 75, 452; Prakt.-ArbR BetrVG §§ 37–41 Nr. 167; AR-Blattei Betriebsverfassung VIII A, Entsch. 23; SAE 75, 260 (Monjau)
27. 9. 1 ABR 67/73	BetrVG 1972 § 40 Nr. 8 (Weimar)	BB 75, 371; Betrieb 75, 505; Prakt.-ArbR BetrVG §§ 37–41 Nr. 169; AR-Blattei Betriebsverfassung XIV A, Entsch. 11
27. 9. 1 ABR 71/73	BertVG 1972 § 37 Nr. 18 (Halberstadt)	BAG 26, 269; BB 75, 372; Betrieb 75, 504; Prakt.-ArbR BetrVG §§ 37–41 Nr. 170; AR-Blattei Betriebsverfassung VIII A, Entsch. 24; SAE 76, 44 (Streckel)
27. 9. 1 ABR 90/73	BetrVG 1972 § 6 Nr. 1	BAG 26, 280; BB 75, 651; Betrieb 75, 936; AR-Blattei Betriebsverfassung V, Entsch. 8; SAE 76, 28 (Peterek)
1. 10. 1 ABR 77/73	BetrVG 1972 § 106 Nr. 1 (Hinz)	BAG 26, 286; BB 75, 327; Betrieb 75, 453; NJW 75, 1091; AR-Blattei Betriebsverfassung XIV D, Entsch. 1; SAE 76, 144 (Schlüter)
2. 10. 5 AZR 504/73	BGB § 613 a Nr. 1 (Seiter)	BAG 26, 301; BB 75, 468; 77, 501 (Hess); Betrieb 75, 601; NJW 75, 1378; Prakt.-ArbR BGB § 613 a Nr. 6; AR-Blattei Betriebsinhaberwechsel, Entsch. 9; SAE 76, 74 (Stratmann)
2. 10. 5 AZR 507/73	BUrlG § 7 Betriebsferien Nr. 2 (Natzel)	BAG 26, 312; BB 74, 136; Betrieb 75, 157; Prakt.-ArbR BUrlG §§ 10 Nr. 276
8. 10. 1 ABR 72/73	BetrVG 1972 § 40 Nr. 7	BB 75, 371; Betrieb 75, 698; Prakt.-ArbR BetrVT §§ 37–41 Nr. 171; AR-Blattei Betriebsverfassung VIII A, Entsch. 25; AuR 75, 51, 154
14. 11. 1 ABR 65/73	BetrVG 1972 § 87 Nr. 1 (Richardi)	BB 75, 420 (Gumpert); Betrieb 75, 647; AR-Blattei Betriebsverfassung XIV B, Entsch. 24; SAE 76, 14 (Reuter)
19. 11. 1 ABR 20/73	BetrVG 1972 § 5 Nr. 2 (Wiedemann, Wank)	BAG 26, 345; BB 75, 279; Betrieb 75, 405; NJW 75, 797, 1246 (Hoffmann); AR-Blattei Angestellter, Entsch. 23; SAE 75, 182 (Buchner)
19. 11. 1 ABR 50/73	BetrVG 1972 § 5 Nr. 3 (Wiedemann, Wank)	BAG 26, 358; BB 75, 326; Betrieb 75, 406; NJW 75, 1244 (Hoffmann); AR-Blattei Angestellter, Entsch. 24; SAE 75, 187 (Buchner)
26. 11. 1 ABR 16/74	BetrVG 1972 § 20 Nr. 6	BAG 26, 376; BB 75, 700; Betrieb 75, 1178; AR-Blattei Arbeitsgerichtsbarkeit XII, Entsch. 74 (Herschel); SAE 76, 54 (Schukai)
4. 12. 1 ABR 48/73	BetrVG 1972 § 5 Nr. 4	BB 75, 743; Betrieb 75, 1031; AR-Blattei Angestellter, Entsch. 25
17. 12. 1 ABR 105/73	BetrVG 1972 § 5 Nr. 7	BB 75, 788; Betrieb 75, 1032; NJW 75, 1720; AR-Blattei Angestellter, Entsch. 26; EzA § 5 BetrVG 1972 Nr. 15
17. 12. 1 ABR 113/73	BetrVG 1972 § 5 Nr. 8	BB 75, 606; Betrieb 75, 889, 984; AR-Blattei Arbeitsgerichtsbarkeit XII, Entsch. 77; Angestellter, Entsch. 27; EzA § 5 BetrVG 1972 Nr. 12
17. 12. 1 ABR 131/73	BetrVG 1972 § 5 Nr. 6 (Wiedemann, Wank)	BAG 26, 403; BB 75, 604; Betrieb 75, 887; NJW 75, 1717; AR-Blattei Arbeitsgerichtsbarkeit XII, Entsch. 78; Angestellter, Entsch. 28; EzA § 5 BetrVG 1972 Nr. 11
1975 28. 1. 1 ABR 52/73	BetrVG 1972 § 5 Nr. 5 (Zöllner)	BAG 27, 13; BB 75, 743; Betrieb 75, 1034; NJW 75, 1295; AR-Blattei Angestellter, Entsch. 29; EzA § 5 BetrVG 1972 Nr. 16

Fundstellenverzeichnis

Datum	Fundstelle AP	Weitere Fundstellen
28. 1. 1 ABR 92/73	BetrVG 1972 § 37 Nr. 20	BB 75, 703; Betrieb 75, 1084, 1996; Prakt.-ArbR BetrVG §§ 37–41 Nr. 186; AR-Blattei Arbeitsgerichtsbarkeit XII, Entsch. 80; EzA § 37 BetrVG 1972 Nr. 37
29. 1. 4 AZR 218/74	TVG Nachwirkung § 4 Nr. 8 (Wiedemann)	BAG 27, 22; BB 75, 699; 75, 2455; AR-Blattei Tarifvertrag VI, Entsch. 20 b (Richardi); SAE 76, 85 (Leipold); EzA § 4 TVG Nachwirkung Nr. 3
12. 2. 5 AZR 79/74	BetrVG 1972 § 78 Nr. 1	BB 75, 701; Betrieb 75, 1226; Prakt.-ArbR BetrVG §§ 78–79 Nr. 17; AR-Blattei Berufsausbildung, Entsch. 13 (Söllner); EzA § 78 BetrVG 1972 Nr. 4
13. 2. 3 AZR 24/74	BGB § 242 Ruhegehalt – Unverfallbarkeit Nr. 9 (Canaris)	BB 75, 789; Betrieb 75, 1080; AR-Blattei Ruhegeld (-gehalt), Entsch. 138; SAE 75, 204 (Ortlepp); EzA § 242 BGB Ruhegeld Nr. 38
19. 2. 1 ABR 55/73	BetrVG 1972 § 5 Nr. 9 (Richardi)	BAG 27, 33; BB 75, 925; Betrieb 75, 1320; NJW 75, 1941 (W. Bulla); AR-Blattei Betriebsverfassung V, Entsch. 9; SAE 76, 133 (Beuthien); EzA 75, 120, 349
11. 3. 1 ABR 77/74	BetrVG 1972 § 24 Nr. 1 (Ottow)	BB 75, 967; Betrieb 75, 1753; AR-Blattei Baugewerbe VI, Entsch. 1; EzA § 24 BetrVG 1972 Nr. 1
13. 3. 5 AZR 199/74	BBiG § 5 Nr. 2 (Natzel/ Volmer)	BB 75, 883; Betrieb 75, 1417; NJW 75, 1575; Prakt.-ArbR BBiG II Nr. 37; AR-Blattei Berufsausbildung, Entsch. 14; EzA § 5 BBiG Nr. 3
18. 3. 1 ABR 102/73	BetrVG 1972 § 111 Nr. 1 (Pfarr)	BAG 27, 72; BB 75, 884; Betrieb 75, 1322; AR-Blattei Einigungsquelle, Entsch. 4 (Martens); EzA § 80 ArbGG Nr. 7
20. 3. 2 ABR 111/74	BetrVG 1972 § 103 Nr. 2 (Richardi)	BAG 27, 93; BB 75, 880; Betrieb 75, 1321; NJW 75, 1575; Prakt.-ArbR BetrVG §§ 102–105 Nr. 126; AR-Blattei Betriebsverfassung IX, Entsch. 24; SAE 77, 1 (Rüthers); EzA § 103 BetrVG 1972 Nr. 7 (Herschel)
22. 4. 1 AzR 604/73	BetrVG 1972 § 118 Nr. 2 (Mayer-Maly)	NJW 75, 1907; Prakt.-ArbR BetrVG §§ 102–105 Nr. 127; BetrVG § 118 Nr. 23; AR-Blattei Tendenzbetrieb, Entsch. 6 (Hanau); EzA § 118 BetrVG 1972 Nr. 4 (Mathy)
24. 4. 2 AZR 118/74	BetrVG 1972 § 103 Nr. 3 (G. Hueck)	BAG 27, 113; BB 75, 1014; Berieb 75, 1610; NJW 75, 1752; Prakt.-ArbR BetrVG §§ 102–105 Nr. 128; AR-Blattei Betriebsverfassung IX, Entsch. 25 (Hanau); SAE 77, 3 (Rüthers); EzA § 103 BetrVG 1972 Nr. 8 (Dütz)
29. 4. 1 ABR 40/74	BetrVG 1972 § 40 Nr. 9	BB 75, 1111; Prakt.-ArbR BetrVG §§ 37–41 Nr. 189; AR-Blattei Betriebsverfassung VIII A, Entsch. 27; EzA § 40 BetrVG 1972 Nr. 22 (Pfarr)
6. 5. 1 ABR 135/73	BetrVG 1972 § 65 Nr. 5	BB 75, 1112; Betrieb 75, 1706, 1947; Prakt.-ArbR BetrVG §§ 60–71 Nr. 16; AR-Blattei Arbeitsgerichtsbarkeit XII, Entsch. 81 (Dütz); AuR 76, 27
28. 5. 5 AZR 172/74	SchwBeschG § 12 Nr. 6 (Schwedes)	BB 75, 1345; Betrieb 75, 2330; AR-Blattei Schwerbehinderte, Entsch. 35; SAE 76, 158 (Herschel); EzA § 11 SchwBG Nr. 1
3. 6. 1 ABR 118/73	BetrVG 1972 § 87 Werkmietwohnungen Nr. 3 (Dütz)	BB 75, 1159; Betrieb 75, 1752; AR-Blattei Betriebsverfassung XIV B, Entsch. 26; EzA § 87 BetrVG 1972 Werkswohnung
3. 6. 1 ABR 98/74	BetrVG 1972 § 5 Rotes Kreuz Nr. 1	BAG 27, 163; BB 75, 1388; Betrieb 75, 2380; NJW 76, 386; AR-Blattei Arbeitnehmer, Entsch. 14 (Fenn); SAE 76, 204 (Gitter); EzA § 5 BetrVG 1972 Nr. 19
10. 6. 1 ABR 139/73	BetrVG 1972 § 65 Nr. 6	BB 75, 1112; Betrieb 75, 1947; Prakt.-ArbR BetrVG §§ 60–71 Nr. 17; AR-Blattei Betriebsverfassung VIII A, Entsch. 28; EzA § 65 BetrVG 1972 Nr. 6
10. 6. 1 ABR 140/73	BetrVG 1972 § 73 Nr. 1	BB 75, 1344; Betrieb 75, 2092, 2234; Prakt.-ArbR BetrVG §§ 60–71 Nr. 18; AR-Blattei Betriebsverfassung VIII A, Entsch. 29; Betriebsverfassung X, Entsch. 34;

Fundstellenverzeichnis

Datum	Fundstelle AP	Weitere Fundstellen
11. 6. 4 AZR 217/74	BetrVG 1972 § 77 Auslegung Nr. 1	Betriebsverfassung XIII, Entsch. 7; Arbeitsgerichtsbarkeit VI C, Entsch. 22; SAE 76, 107 (Bohn); EzA § 37 BetrVG 1972 Nr. 42 BAG 27, 187; BB 75, 1252; Betrieb 75, 1945, 2044; NJW 76, 78; AR-Blattei Betriebsvereinbarung, Entsch. 19; SAE 76, 103 (Glaubitz); EzA § 77 BetrVG 1972 Nr. 1
12. 6. 3 ABR 137/73	BetrVG 1972 § 87 Altersversorgung Nr. 2 (Steindorff)	BB 75, 1064; 76, 90 (Hanau), 605 (Gumpert); EzA § 87 BetrVG 1972 Lohn und Arbeitsentgelt Nr. 2 (Birk)
12. 6. 3 ABR 13/74	BetrVG 1972 § 87 Altersversorgung Nr. 1 (Richardi)	BAG 27, 194; BB 75, 1062; 76, 90 (Hanau), 605 (Gumpert); AR-Blattei Betriebsverfassung XIV B, Entsch. 27 (Buchner); SAE 76, 37 (Kraft); EzA § 87 BetrVG 1972 Lohn und Arbeitsentgelt Nr. 4 (Birk)
12. 6. 3 ABR 66/74	BetrVG 1972 § 87 Altersversorgung Nr. 3 (Blomeyer)	BB 75, 1065; 76, 90 (Hanau), 605 (Gumpert); EzA § 87 BetrVG 1972 Lohn und Arbeitsentgelt Nr. 3 (Birk)
23. 6. 1 ABR 104/73	BetrVG 1972 § 40 Nr. 10	BB 75, 1111; Betrieb 75, 1707; Prakt.-ArbR BetrVG §§ 37–41 Nr. 192; AR-Blattei Betriebsverfassung VIII A, Entsch. 30; EzA § 40 BetrVG 1972 Nr. 21
25. 6. 5 AZR 260/74	BGB § 611 Parkplatz Nr. 4 (Weitnauer-Holtkamp)	BB 75, 1343; NJW 75, 2119; AR-Blattei Haftung des Arbeitgebers, Entsch. 42 (Herschel); SAE 76, 153 (Lepke); EzA § 611 BGB Fürsorgepflicht Nr. 17; JZ 75, 675
4. 8. 2 AZR 266/74	BetrVG 1972 § 102 Nr. 4 (Meisel)	BAG 27, 209; BB 75, 1435; Betrieb 75, 2184; AR-Blattei Betriebsverfassung XIV C, Entsch. 37 (Hanau); SAE 76, 185 (Bohn); EzA § 102 BetrVG 1972 Nr. 14 (Nickel)
7. 8. 3 AZR 505/74	BGB § 242 Ruhegehalt Nr. 169	BB 75, 1390; Betrieb 75, 1991; AR-Blattei Betriebsvereinbarung, Entsch. 20 (Hanau); SAE 76, 58 (Sieg); EzA § 112 BetrVG 1972 Nr. 5
19. 8. 1 AZR 565/74	BetrVG 1972 § 105 Nr. 1	BAG 27, 218; BB 75, 1483; Betrieb 75, 2231; AR-Blattei Angestellter, Entsch. 32; SAE 76, 257 (Otto); EzA § 102 BetrVG 1972 Nr. 16 (Meisel)
19. 8. 1 AZR 613/74	BetrVG 1972 § 102 Nr. 5 (Herschel)	BAG 27, 230; BB 75, 1483; Betrieb 75, 2138; NJW 76, 310; AR-Blattei Angestellter, Entsch. 33; SAE 76, 261 (Otto); EzA § 102 BetrVG 1972 Nr. 15 (Meisel)
26. 8. 1 ABR 12/74	BetrVG 1972 § 37 Nr. 21	BB 75, 1577; Betrieb 75, 2450; Prakt.-ArbR BetrVG §§ 37–41 Nr. 193; AR-Blattei Betriebsverfassung VIII A, Entsch. 31; EzA § 37 BetrVG 1972 Nr. 44
27. 8. 4 AZR 454/74	BetrVG 1972 § 112 Nr. 2 (Natzel)	BB 75, 1481; AR-Blattei Betriebsverfassung XIV E, Entsch. 9; EzA § 4 TVG Bergbau Nr. 4
9. 9. 1 ABR 20/74	BetrVG 1972 § 87 Überwachung Nr. 2 (1. Hinz, 2. Wiese)	BAG 27, 256; BB 75, 1480; Betrieb 75, 2233; NJW 76, 261; AR-Blattei Betriebsverfassung XIV B, Entsch. 28; SAE 76, 189 (Peterek); EzA § 87 BetrVG 1972 Kontrolleinrichtung Nr. 2
18. 9. 2 AZR 311/74	BGB § 626 Druckkündigung Nr. 10 (Hölters)	BAG 27, 263; BB 76, 465; Betrieb 76, 634; NJW 76, 869; AR-Blattei Kündigung XII, Entsch. 2 (Herschel); EzA § 626 BGB Druckkündigung Nr. 1; JZ 76, 323
18. 9. 2 AZR 594/74	BetrVG 1972 § 102 Nr. 6	BAG 27, 273; BB 76, 227; Betrieb 76, 344; NJW 76, 536; AR-Blattei Kündigungsschutz, Entsch. 153 (Herschel); SAE 76, 141 (Glaubitz); EzA § 102 BetrVG 1972 Nr. 17 (Schlüter)
3. 10. 5 AZR 162/74	BGB § 611 Abhängigkeit Nr. 15 (Beuthien-Wehler)	Jg., Bl. 77, 697; BB 76, 271; Betrieb 76, 393; AR-Blattei Arbeitnehmer, Entsch. 15; Arbeitsgerichtsbarkeit VII, Entsch. 131 a; EzA § 611 BGB Arbeitnehmerbegriff Nr. 1

Fundstellenverzeichnis

Datum	Fundstelle AP	Weitere Fundstellen
31. 10. 1 ABR 4/74	BetrVG 1972 § 106 Nr. 2 (Hinz)	BB 76, 271; Betrieb 76, 295; AR-Blattei Betriebsverfassung XIV D, Entsch. 2; EzA § 106 BetrVG 1972 Nr. 2
31. 10. 1 ABR 64/74	BetrVG 1972 § 118 Nr. 3 (Mayer-Maly)	BAG 27, 301; BB 76, 136; Prakt.-ArbR BetrVG § 118 Nr. 24; AR-Blattei Tendenzbetrieb, Entsch. 7 (Herschel); SAE 76, 169 (Löwisch); EzA § 118 BetrVG 1972 Nr. 5
7. 11. 1 AZR 74/74	BetrVG 1972 § 130 Nr. 1 (Mayer-Maly)	BAG 27, 316; BB 76, 270; Prakt.-ArbR BetrVG § 118 Nr. 25; AR-Blattei Tendenzbetrieb, Entsch. 8; EzA § 118 BetrVG 1972 Nr. 8 (Dütz)
7. 11. 1 AZR 282/74	BetrVG 1972 § 118 Nr. 4 (Mayer-Maly)	BB 76, 416; Betrieb 76, 585; NJW 76, 727; Prakt.-ArbR BetrVG § 118 Nr. 27; AR-Blattei Betriebsverfassung XIV C, Entsch. 41 (Hanau); SAE 77, 81 (Buchner); EzA § 118 BetrVG 1972 Nr. 9 (Dütz)
7. 11. 1 ABR 78/74	BetrVG 1972 § 99 Nr. 3 (Kraft, Geppert)	BAG 27, 322; BB 76, 134; Prakt.-ArbR BetrVG § 118 Nr. 26; AR-Blattei Betriebsinhaberwechsel, Entsch. 12 (Seiter); SAE 77, 35 (Meisel); EzA § 118 BetrVG 1972 Nr. 7
13. 11. 2 AZR 610/74	BetrVG 1972 § 102 Nr. 7	BAG 27, 331; Betrieb 76, 969; NJW 76, 694, 1766; AR-Blattei Betriebsverfassung XIV C, Entsch. 42; SAE 77, 207 (Kreuz, Geppert); EzA § 102 BetrVG 1972 Nr. 20
14. 11. 1 ABR 107/74	BetrVG 1972 § 118 Nr. 5 (Mayer-Maly)	BB 76, 183; Betrieb 76, 297; Prakt.-ArbR BetrVG § 118 Nr. 28; AR-Blattei Tendenzbetrieb, Entsch. 11; SAE 76, 172 (Löwisch); EzA § 118 BetrVG 1972 Nr. 6; JZ 76, 519
14. 11. 1 ABR 61/75	BetrVG 1972 § 18 Nr. 1	BB 76, 270; Betrieb 76, 300; AR-Blattei Arbeitsgerichtsbarkeit XII, Entsch. 83; EzA § 16 BetrVG 1972 Nr. 4
21. 11. 1 ABR 12/75	BetrVG 1972 § 118 Nr. 6 (Küchenhoff, Richardi)	BB 76, 602; Betrieb 77, 249 (Mayer-Maly), NJW 76, 1165; Prakt.-ArbR BetrVG § 118 Nr. 29; AR-Blattei Arbeitsgerichtsbarkeit XII, Entsch. 84; Tendenzbetrieb, Entsch. 12; EzA § 118 BetrVG 1972 Nr. 11
5. 12. 1 AZR 94/74	BetrVG 1972 § 87 Betriebseinbuße Nr. 1 (Konzen)	BAG 27, 366; BB 76, 415; Betrieb 76, 583; NJW 76, 909; AR-Blattei Betriebsbußen, Entsch. 8 (Herschel); SAE 77, 88 (Meisel); EzA § 87 BetrVG 1972 Betriebl. Ordnung Nr. 1 (Wiese)
5. 12. 1 ABR 8/74	BetrVG 1972 § 47 Nr. 1 (Wiedemann, Strohn)	BAG 27, 359; BB 76, 414; Betrieb 76, 588; NJW 76, 870; AR-Blattei Betriebsverfassung XII, Entsch. 3; SAE 77, 137 (Leipold); EzA § 47 BetrVG 1972 Nr. 1
9. 12. 1 ABR 80/73	BetrVG 1972 § 5 Nr. 11	BAG 27, 374; BB 76, 414; Betrieb 76, 631; AR-Blattei Angestellter, Entsch. 34; SAE 77, 73 (G. Hueck); EzA § 5 BetrVG 1972 Nr. 22 (Kraft)
9. 12. 1 ABR 37/74	BetrVG 1972 § 118 Nr. 7 (Löwisch)	BB 76, 416; Betrieb 76, 584; AR-Blattei Tendenzbetrieb, Entsch. 13; SAE 77, 84 (Buchner); EzA § 118 BetrVG 1972 Nr. 10 (Schulin)
12. 12. 2 AZR 426/74	KSchG 1969 § 15 Nr. 1	BB 76, 464; Betrieb 76, 870; AR-Blattei Kündigung IX, Entsch. 48; EzA § 15 KSchG n. F. Nr. 6; JZ 76, 288
1976 20. 1. 1 ABR 44/75	ArbGG 1953 § 89 Nr. 10 (Fenn)	BB 76, 467; Betrieb 76, 729; NJW 76, 727; AR-Blattei Arbeitsgerichtsbarkeit XII, Entsch. 86; Betriebsverfassung VIII A, Entsch. 33; EzA § 89 ArbGG Nr. 4
20. 1. 1 ABR 48/75	BetrVG 1972 § 47 Nr. 2	BB 76, 510; Betrieb 76, 828; AR-Blattei Betriebsverfassung XII, Entsch. 4; EzA § 171 ZPO Nr. 1
3. 2. 1 ABR 121/74	BetrVG 1972 § 118 Nr. 8 (Dütz)	BAG 28, 4; BB 76, 509; Betrieb 76, 823; AR-Blattei Arbeitsgerichtsbarkeit XII, Entsch. 87; SAE 76, 201 (Galperin); EzA § 118 BetrVG 1972 Nr. 12

Fundstellenverzeichnis

Datum	Fundstelle AP	Weitere Fundstellen
4. 2. 5 AZR 83/75	BGB § 242 Gleichbehandlung Nr. 40 (Schwerdtner)	BAG 28, 14; BB 76, 744; Betrieb 76, 1111; NJW 76, 1551; AR-Blattei Kirchenbedienstete Entsch. 9 (Richardi); EzA § 242 BGB Gleichbehandlung Nr. 10
10. 2. 1 ABR 49/74	BetrVG 1972 § 99 Nr. 4 (Kraft)	BB 76, 510; Betrieb 76, 788; AR-Blattei Betriebsverfassung XIV C, Entsch. 43; SAE 77, 15 (Glaubitz)
24. 2. 1 ABR 62/75	BetrVG 1972 § 4 Nr. 2	BB 76, 1075; 76, 1579; AR-Blattei Betrieb, Entsch. 8; SAE 77, 52 (Fabricius, Decker); EzA § 4 BetrVG 1972 Nr. 1
4. 3. 2 AZR 620/74	KSchG 1969 Wahlbewerber § 15 Nr. 1 (G. Hueck)	BAG 28, 30; BB 76, 1128; Betrieb 76, 1335; NJW 76, 1652; AR-Blattei Kündigungsschutz, Entsch. 155 (Hanau); EzA § 15 KSchG n. F. Nr. 8
4. 3. 2 AZR 15/75	BetrVG 1972 § 103 Nr. 5	BB 76, 1463; Betrieb 76, 1160; AR-Blattei Kündigungsschutz, Entsch. 160; EzA § 103 BetrVG 1972 Nr. 11
9. 3. 1 ABR 74/74	BetrVG 1972 § 44 Nr. 3 (Meisel)	BB 76, 977; Betrieb 76, 1292; AR-Blattei Betriebsverfassung XI, Entsch. 11; SAE 78, 73; EzA § 44 BetrVG 1972 Nr. 4
10. 3. 5 AZR 34/75	BGB § 618 Nr. 17 (Herschel)	AR-Blattei Unfallverhütung, Entsch. 1 (Streckel); SAE 77, 12 (Sieg); EzA § 618 BGB Nr. 2
11. 3. 2 AZR 43/75	BetrVG 1972 § 95 Nr. 1 (G. Hueck)	BAG 28, 40; BB 76, 883; Betrieb 76, 1470; AR-Blattei Kündigungsschutz, Entsch. 156; SAE 77, 145 (Peterek); EzA § 95 BetrVG 1972 Nr. 1 (Gamillscheg)
11. 3. 3 AZR 334/75	BGB § 242 Ruhegehalt – Unverfallbarkeit Nr. 11 (Canaris)	BB 76, 841; Betrieb 76, 1236; NJW 76, 1421; AR-Blattei Ruhegeld (-gehalt), Entsch. 149; EzA § 242 BGB Ruhegeld Nr. 51
16. 3. 1 ABR 43/74	BetrVG 1972 § 37 Nr. 22	BB 76, 509; NJW 76, 991; AR-Blattei Arbeitsgerichtsbarkeit XII, Entsch. 88; Betriebsverfassung VIII A, Entsch. 34; EzA § 37 BetrVG 1972 Nr. 40
18. 3. 3 ABR 32/75	BetrVG 1972 § 87 Altersversorgung Nr. 4 (Hanau)	BB 76, 1175; Betrieb 76, 1631; EzA § 87 BetrVG 1972 Lohn und Arbeitsentgelt Nr. 5 (Weiss)
23. 3. 1 AZR 314/75	BetrVG 1972 § 5 Nr. 14	EzA § 5 BetrVG 1972 Nr. 25
25. 3. 2 AZR 163/75	BetrVG 1972 § 103 Nr. 6	BAG 28, 54; BB 76, 932; Betrieb 76, 1337; AR-Blattei Betriebsverfassung IX, Entsch. 20 (Hanau); EzA § 103 BetrVG 1972 Nr. 12
25. 3. 1 AZR 192/75	BetrVG 1972 § 5 Nr. 13	BB 76, 743; Betrieb 76, 1064; NJW 76, 1285; AR-Blattei Angestellter, Entsch. 36; § 5 BetrVG 1972 Nr. 23
1. 4. 2 AZR 179/75	BetrVG 1972 § 102 Nr. 8	BAG 28, 81; BB 76, 884; Betrieb 76, 1241; NJW 76, 1470; AR-Blattei Betriebsverfassung XIV C, Entsch. 44; Kündigungsschutz, Entsch. 161; EzA § 102 BetrVG 1972 Nr. 23
2. 4. 2 AZR 513/75	BetrVG 1972 § 102 Nr. 9	BB 76, 1127; Betrieb 76, 1063; NJW 76, 1519; AR-Blattei Betriebsverfassung XIV C, Entsch. 45; SAE 77, 210 (Kreutz, Geppert); EzA § 102 BetrVG 1972 Nr. 21 (Buchner)
6. 4. 1 ABR 27/74	BetrVG 1972 § 50 Nr. 2 (Löwisch, Mikosch)	BB 76, 791; Betrieb 76, 1290; AR-Blattei Betriebsverfassung XII, Entsch. 5; SAE 77, 41 (Körnig); EzA § 50 BetrVG 1972 Nr. 2
6. 4. 1 ABR 96/74	BetrVG 1972 § 37 Nr. 23	BAG 28, 95; SAE 77, 48 (Bohn); EzA § 37 BetrVG 1972 Nr. 48
27. 4. 1 AZR 482/75	BetrVG 1972 § 19 Nr. 4	NJW 76, 2229; AR-Blattei Betriebsverfassung VI, Entsch. 51; EzA § 19 BetrVG 1972 Nr. 8
11. 5. 1 ABR 15/75	BetrVG 1972 § 76 Nr. 2 (Dütz)	BAG 28, 103; NJW 76, 2039; AR-Blattei Einigungsstelle, Entsch. 6; SAE 78, 132 (Wiese); EzA § 78 BetrVG 1972 Nr. 5
11. 5. 1 ABR 37/75	BetrVG 1972 § 76 Nr. 3 (Dütz)	BB 76, 1222; Betrieb 76, 1772; AR-Blattei Einigungsstelle, Entsch. 7; EzA § 76 BetrVG 1972 Nr. 8

Fundstellenverzeichnis

Datum	Fundstelle AP	Weitere Fundstellen
28. 5. 1 AZR 116/74	BetrVG 1972 § 37 Nr. 24	SAE 77, 105 (Schlüter); EzA § 37 BetrVG 1972 Nr. 49 (Otto)
28. 5. 1 ABR 44/74	BetrVG 1972 § 40 Nr. 11	BAG 28, 126; BB 76, 1027, 1233; Betrieb 76, 1628; AR-Blattei Betriebsverfassung VIII A, Entsch. 35; EzA § 40 BetrVG 1972 Nr. 27
1. 6. 1 ABR 99/74	BetrVG 1972 § 28 Nr. 1 (Bulla)	AR-Blattei Betriebsverfassung X, Entsch. 38; EzA § 28 BetrVG 1972 Nr. 3 (Herschel)
1. 6. 1 ABR 118/74	BetrVG 1972 § 5 Nr. 15	BB 76, 1223; Betrieb 76, 1819; AR-Blattei Angestellter, Entsch. 37; EzA § 5 BetrVG 1972 Nr. 26
10. 6. 3 AZR 412/75	BBiG § 6 Nr. 2	BB 76, 1419; Betrieb 76, 2216; NJW 77, 74; Prakt.-ArbR BbiG III Nr. 40; AR-Blattei Berufausbildung, Entsch. 19; EzA § 6 BBiG Nr. 2
15. 6. 1 ABR 81/74	BetrVG 1972 § 40 Nr. 12	AR-Blattei Betriebsverfassung VIII A, Entsch. 36; EzA § 37 BetrVG 1972 Nr. 50 (Otto)
15. 6. 1 ABR 116/74	BetrVG 1972 § 80 Nr. 9	BB 76, 1223; Betrieb 76, 1773; Prakt.-ArbR BetrVG § 80 Nr. 30; AR-Blattei Betriebsverfassung XVI, Entsch. 12; EzA § 80 BetrVG 1972 Nr. 14
16. 6. 3 AZR 36/75	TVG Ausschlussfristen § 4 Nr. 57 (Wiedemann)	BB 76, 1559; Betrieb 76, 2405; NJW 77, 544; AR-Blattei Personalvertretung XI D, Entsch. 8; Ausschlussfristen, Entsch. 76; EzA § 4 TVG Ausschlussfristen Nr. 28 (Falkenberg)
5. 7. 5 AZR 264/75	AZO § 12 Nr. 10 (Schlüter)	BB 76, 1223; 82, 2053 (Linnenkohl); Betrieb 76, 1868; AR-Blattei Betriebsverfassung XIV B, Entsch. 30; EzA § 12 AZO Nr. 2
12. 8. 2 AZR 303/75	KSchG 1969 § 15 Nr. 2 (G. Hueck)	BAG 28, 152; BB 76, 1415; Betrieb 76, 2165; AR-Blattei Betriebsverfassung IX, Entsch. 28 (Hanau); SAE 77, 149 (Glaubitz); EzA § 15 KSchG n. F. Nr. 9
12. 8. 2 AZR 311/75	BetrVG 1972 § 102 Nr. 10 (Pfarr)	BB 76, 1416; Betrieb 76, 2163; AR-Blattei Betriebsverfassung XIV C, Entsch. 46 (Herschel); SAE 78, 77 (v. Maydell); EzA § 102 BetrVG 1972 Nr. 25 (Löwisch, Schreiner)
19. 8. 3 AZR 173/75	BGB § 611 Beschäftigungspflicht Nr. 4 (Birk)	BAG 28, 168; BB 76, 1561; Betrieb 76, 2308; NJW 77, 215; AR-Blattei Beschäftigungspflicht, Entsch. 4 (Buchner); SAE 78, 66 (Mayer-Maly); EzA § 611 BGB Beschäftigungspflicht Nr. 1
24. 8. 1 ABR 19/74	ArbGG 1953 § 95 Nr. 2	BB 76, 1516; Betrieb 76, 2312; NJW 77, 408; AR-Blattei Betriebsverfassung VIII A, Entsch. 37; EzA § 37 BetrVG 1972 Nr. 51
14. 9. 1 AZR 784/85	BetrVG 1972 § 113 Nr. 2 (Richardi)	BB 77, 142; Betrieb 77, 309; NJW 77, 727; AR-Blattei Betriebsverfassung XIV E, Entsch. 10; SAE 77, 282 (Otto); EzA § 113 BetrVG 1972 Nr. 2 (Schwerdtner)
23. 9. 2 AZR 309/75	KSchG 1969 Wartezeit § 1 Nr. 1 (G. Hueck)	BAG 28, 176; BB 77, 194; Betrieb 77, 213; NJW 77, 1311; Prakt.-ArbR KSchG § 1 Abs. 1 Nr. 101; AR-Blattei Kündigungsschutz, Entsch. 168 (Herschel); SAE 77, 153 (Lepke); EzA § 1 KSchG n. F. Nr. 35
12. 10. 1 ABR 1/76	BetrVG 1972 § 8 Nr. 1	BAG 28, 203; BB 77, 243; Betrieb 77, 356; NJW 77, 647; AR-Blattei Betriebsverfassung VI, Entsch. 50; SAE 78, 1 (Dütz); EzA § 8 BetrVG 1972 Nr. 2
12. 10. 1 ABR 14/76	BetrVG 1972 § 19 Nr. 5	BAG 28, 212; BB 77, 244; Betrieb 77, 212; AR-Blattei Betriebsverfassung VI E, Entsch. 7 (Richardi); SAE 77, 441 (Bohn); EzA § 19 BetrVG 1972 Nr. 10; JZ 77, 407
12. 10. 1 ABR 17/76	BetrVG 1972 § 26 Nr. 2 (Richardi)	BAG 28, 219; BB 77, 245; Betrieb 77, 168; NJW 77, 831; AR-Blattei Betriebsverfassung X, Entsch. 36 (Gast); SAE 77, 273 (Fabricius); EzA § 26 BetrVG 1972 Nr. 2

Fundstellenverzeichnis

Datum	Fundstelle AP	Weitere Fundstellen
13. 10. 3 AZR 345/75	BGB § 242 Ruhegehalt – Unverfallbarkeit Nr. 15	BB 77, 497; Betrieb 77, 681; AR-Blattei Ruhegeld (-gehalt), Entsch. 152; SAE 77, 70; EzA § 242 BGB Ruhegeld Nr. 58
11. 11. 2 AZR 457/75	BetrVG 1972 § 103 Nr. 8 (G. Hueck)	BAG 28, 233; BB 77, 895; Betrieb 77, 1190; NJW 78, 72; AR-Blattei Betriebsverfassung IX, Entsch. 29 (Hanau); Arbeitsgerichtsbarkeit XIII, Entsch. 80; SAE 78, 96 (Grasmann); EzA § 103 BetrVG 1972 Nr. 17 (Kraft)
6. 12. 2 AZR 470/75	KSchG 1969 Wartezeit § 1 Nr. 2	BAG 28, 252; BB 77, 445; Betrieb 77, 587; NJW 77, 1309; Prakt.-ArbR KSchG § 1 Abs. 1 Nr. 102; AR-Blattei Kündigungsschutz, Entsch. 172 (Herschel); SAE 77, 238 (Sieg); EzA § 1 KSchG Nr. 36
8. 12. 5 AZR 613/75	BetrVG 1972 § 112 Nr. 3 (Wiedemann, Willemsen)	BB 77, 495; Betrieb 77, 729; AR-Blattei Sozialplan, Entsch. 1; EzA § 112 BetrVG 1972 Nr. 11
15. 12. 4 AZR 540/75	§§ 22, 23 BAT Nr. 95 (Crisolli)	BB 77, 544; AR-Blattei Öffentlicher Dienst III A, Entsch. 168; EzA §§ 23–23; BAT VergGr. VIII Nr. 2
17. 12. 1 AZR 772/75	GG Art. 9 Arbeitskampf Nr. 52 (Richardi)	BAG 28, 302; BB 77, 544; Betrieb 77, 728; NJW 77, 918; AR-Blattei Arbeitskampf II, Entsch. 19 (Löwisch); SAE 77, 185 (Herschel); EzA Art. 9 GG Arbeitskampf Nr. 20; JZ 77, 309
1977		
13. 1. 2 AZR 423/75	AFG § 19 Nr. 2 (Engels)	BAG 29, 1; BB 77, 596; Betrieb 77, 917; NJW 77, 1023; AR-Blattei Ausländische Arbeitnehmer, Entsch. 19 (Hanau); SAE 78, 257 (Hofmann); EzA § 19 AFG Nr. 2 (Herschel)
26. 1. 5 AZR 796/75	BGB § 611 Lehrer Nr. 13, Dozenten	Betrieb 77, 1323; AR-Blattei Freie Mitarbeit, Entsch. 6; SAE 77, 136; EzA § 611 BGB Arbeitnehmerbegriff Nr. 8
3. 2. 2 AZR 476/75	KSchG 1969 Betriebsbedingte Kündigung § 1 Nr. 4	BB 77, 489; Betrieb 77, 1320; NJW 77, 1846; AR-Blattei Kündigungsschutz, Entsch. 174 (Herschel); EzA § 1 KSchG Betriebsbedingte Kündigung Nr. 7
8. 2. 1 ABR 82/74	BetrVG 1972 § 80 Nr. 10	BB 77, 647; Betrieb 77, 914; 78, 395 (Eich); AR-Blattei Betriebsverfassung XIII. Entsch. 11: SAE 78, 45 (Schlüter, Belling); EzA § 70 BetrVG 1972 Nr. 1
8. 2. 1 ABR 124/74	BetrVG 1972 § 37 Nr. 26	BB 77, 995; Betrieb 77, 1323; AR-Blattei Betriebsverfassung VIII A, Entsch. 38; EzA § 37 BetrVG 1972 Nr. 52
8. 2. 1 ABR 22/76	BetrVG 1972 § 5 Nr. 16	BB 77, 945; Betrieb 77, 1146; AR-Blattei Angestellter, Entsch. 39; SAE 78, 284 (Buchner); EzA § 5 BetrVG 1972 Nr. 27
9. 2. 5 AZR 2/76	BGB § 611 Fürsorgepflicht Nr. 83 (Crisolli)	BB 77, 1401; NJW 78, 124; AR-Blattei Personalakten, Entsch. 3; EzA § 611 BGB Fürsorgepflicht Nr. 21
10. 2. 2 ABR 80/76	BetrVG 1972 § 103 Nr. 9 (Moritz)	BAG 29, 7; BB 77, 945, 1150; Betrieb 77, 1273; NJW 77, 1413; AR-Blattei Leiharbeitsverhältnis, Entsch. 11 (Seiter); SAE 78, 171 (Schnorr v. Carolsfeld); EzA § 103 BetrVG 1972 Nr. 18
8. 3. 1 ABR 18/75	BetrVG 1972 § 43 Nr. 1	BB 77, 648; Betrieb 77, 962; AR-Blattei Betriebsverfassung XI, Entsch. 12; EzA § 43 BetrVG 1972 Nr. 1
8. 3. 1 ABR 33/75	BetrVG 1972 § 87 Auszahlung Nr. 1 (Wiedemann, Moll)	BAG 29, 40; BB 77, 1199; Betrieb 77, 1464; NJW 78, 775; AR-Blattei Betriebsverfassung XIV B, Entsch. 32; SAE 78, 139 (Peterek); EzA § 87 BetrVG 1972 Lohn u. Arbeitsentgelt (Klinkhammer)
10. 3. 4 AZR 675/75	ZPO § 313 Nr. 9 (Grunsky)	BAG 29, 57; BB 77, 948; Betrieb 77, 1322; NJW 77, 1504; AR-Blattei Kündigungsschutz, Entsch. 175 (Herschel); EzA § 322 ZPO Nr. 3

Fundstellenverzeichnis

Datum	Fundstelle AP	Weitere Fundstellen
10. 3. 2 AZR 79/76	KSchG 1969 Krankheit § 1 Nr. 4	BAG 29, 49; BB 77, 1098; Betrieb 77, 1463; NJW 77, 2132; AR-Blattei Kündigungsschutz, Entsch. 176 (Herschel); SAE 78, 22 (Schukai); EzA § 1 KSchG Krankheit Nr. 4 (Falkenberg); JZ 77, 804
15. 3. 1 ABR 16/75	GG Art. 9 Nr. 24 (Wiedemann)	BAG 29, 72; BB 77, 593; Betrieb 77, 772; NJW 77, 1551; AR-Blattei Tarifvertrag II, Entsch. 11 (Seiter); SAE 78, 37 (Kraft); EzA § 2 TVG Nr. 12 (Dütz); JZ 77, 470
18. 3. 1 ABR 54/74	BetrVG 1972 § 37 Nr. 27	BAG 29, 89; BB 77, 995; Betrieb 77, 1148; NJW 77, 1312; AR-Blattei Betriebsverfassung VIII A, Entsch. 39; SAE 78, 50 (Bohn); EzA § 37 BetrVG 1972 Nr. 53
24. 3. 2 AZR 289/76	BetrVG 1972 § 102 Nr. 12 (G. Hueck)	BB 77, 1249; Betrieb 77, 1853; NJW 78, 122; AR-Blattei Kündigungsschutz, Entsch. 178 (Herschel); SAE 78, 82 (Bohn); EzA § 102 BetrVG 1972 Nr. 28 (Kittner)
29. 3. 1 AZR 46/75	BetrVG 1972 § 102 Nr. 11 (G. Hueck)	BAG 29, 114; BB 77, 947; Betrieb 77, 1320; NJW 77, 2182; AR-Blattei Betriebsverfassung IX, Entsch. 31 (Hanau); SAE 78, 87 (Thiele); EzA § 102 BetrVG 1972 Nr. 27
20. 4. 4 AZR 732/75	GG Art. 3 Nr. 111 (Wiedemann, Willemsen)	BAG 29, 122; BB 77, 1098; Betrieb 77, 1751; NJW 77, 1742; AR-Blattei Gleichbehandlung im Arbeitsverhältnis, Entsch. 46 (Herschel); SAE 77, 286 (Blomeyer); EzA Art. 3 GG Nr. 4
27. 4. 5 AZR 129/76	BGB § 611 Entwicklungshelfer Nr. 1 (Herschel)	BB 77, 1304; AR-Blattei Entwicklungshelfer, Entsch. 1; EzA § 611 BGB Arbeitnehmergetriff Nr. 10
5. 5. 3 ABR 24/76	BetrVG 1972 § 50 Nr. 3	BB 77, 1199; Betrieb 77, 1610; AR-Blattei Betriebserfassung XII, Entsch. 6; SAE 77, 231; EzA § 50 BetrVG 1972 Nr. 4
17. 5. 1 AZR 458/74	BetrVG 1972 § 37 Nr. 28	BB 77, 1400; Betrieb 77, 1562; AR-Blattei Betriebsverfassung VIII, Entsch. 1; SAE 78, 136 (Geppert); EzA § 37 BetrVG 1972 Nr. 54
18. 5. 3 AZR 371/76	BGB § 242 Ruhegehalt Nr. 175	BAG 29, 169; BB 77, 1353; Betrieb 77, 1655; NJW 77, 1982; AR-Blattei Betriebliche Altersversorgung Entsch. 10; SAE 78, 27 (Riedel); EzA § 242 BGB Ruhegeld Nr. 65
26. 5. 2 AZR 135/76	BetrVG 1972 § 102 Nr. 13 (Meisel)	BB 77, 1351; Betrieb 77, 1852; NJW 77, 2230; AR-Blattei Arbeitsgerichtsbarkeit XIII, Entsch. 81; Betriebsverfassung XIV C, Entsch. 49; SAE 77, 232; EzA § 102 BetrVG 1972 Nr. 29 (Klinkhammer)
26. 5. 2 AZR 201/76	BetrVG 1972 § 102 Nr. 14 (v. Stebut)	BB 78, 96; Betrieb 77, 2455; NJW 78, 603; Kündigungsschutz, Entsch. 180 (Herschel); SAE 78, 163 (Meisel); EzA § 102 BetrVG 1972 Nr. 30 (Käppler)
26. 5. 2 AZR 632/76	BGB § 611 Beschäftigungspflicht Nr. 5 (H. Weber)	BAG 29, 195; BB 77, 1254, 1504; Betrieb 77, 2099, 2192; 83, 939 (Feichtinger); NJW 78, 239; 79, 86 (Grunsky); AR-Blattei Beschäftigungspflicht, Entsch. 6 (Buchner); SAE 78, 232 (Reuter); EzA § 611 BGB Beschäftigungspflicht Nr. 2 (Dütz)
14. 6. 1 ABR 92/74	BetrVG 1972 § 37 Nr. 30	AR-Blattei Betriebsverfassung VIII A, Entsch. 41
13. 7. 1 AZR 336/75	BetrVG 1972 § 87 Kurzarbeit Nr. 2 (Löwisch)	BB 77, 1702; Betrieb 77, 2235; AR-Blattei Bergarbeitsrecht, Entsch. 14 (Boldt); SAE 79, 145 (Otto); EzA § 87 BetrVG 1972 Arbeitszeit Nr. 3
13. 7. 1 ABR 19/75	ArbGG 1953 § 83 Nr. 8	BB 78, 1062; Betrieb 78, 168; AR-Blattei Betriebsverfassung VIII A, Entsch. 40; Arbeitsgerichtsbarkeit XII, Entsch. 94; SAE 78, 225 (Misera); EzA § 83 ArbGG Nr. 24

Fundstellenverzeichnis

Datum	Fundstelle AP	Weitere Fundstellen
19. 7. 1 AZR 302/76	BetrVG 1972 § 37 Nr. 31	BB 78, 153; Betrieb 77, 2458; AR-Blattei Betriebsverfassung VIII, Entsch. 6; SAE 78, 73; EzA § 37 BetrVG 1972 Nr. 57
19. 7. 1 AZR 376/74	BetrVG 1972 § 37 Nr. 29 (Schlüter)	BAG 29, 242; BB 77, 1601; Betrieb 77, 2101; AR-Blattei Betriebsverfassung VIII, Entsch. 5 (Hunold); SAE 78, 157 (Ehmann); EzA § 37 BetrVG 1972 Nr. 55
19. 7. 1 AZR 483/74	BetrVG 1972 § 77 Nr. 1	AR-Blattei Betriebsverfassung X, Entsch. 39
20. 7. 5 AZR 658/76	RVO § 720 Nr. 1	BB 77, 1604; Betrieb 77, 2333; AR-Blattei Arbeitsausfall IV, Entsch. 16 (Herschel); SAE 77, 312
16. 8. 1 ABR 49/76	SchwbG § 23 Nr. 1	BB 77, 1653; Betrieb 77, 2287; AR-Blattei Schwerbehinderte, Entsch. 39; SAE 77, 312; EzA § 23 SchwbG Nr. 3
18. 8. 2 ABR 19/77	BetrVG 1972 § 103 Nr. 10 (G. Hueck)	BAG 29, 270; BB 78, 43; Betrieb 78, 109, 586 (Eich); NJW 78, 661; AR-Blattei Betriebsverfassung IX, Entsch. 32 (Hanau); SAE 79, 194 (Richardi); EzA § 103 BetrVG 1972 Nr. 20 (Herschel)
13. 9. 1 ABR 67/75	BetrVG 1972 § 42 Nr. 1	BAG 29, 281; BB 78, 43; Betrieb 77, 2452; NJW 78, 287; AR-Blattei Betriebsverfassung XI, Entsch. 13; SAE 78, 126 (Weitnauer); EzA § 45 BetrVG 1972 Nr. 1 (Hanau); JZ 78, 153
21. 9. 4 AZR 292/76	MTB II § 19 Nr. 3	BB 77, 1609; Betrieb 77, 2384; AR-Blattei Personalvertretung VII, Entsch. 2; EzA § 19 MTB II Nr. 2
4. 10. 1 ABR 37/77	BetrVG 1972 § 18 Nr. 2	BB 78, 254; Betrieb 78, 449; AR-Blattei Betriebsverfassung VI, Entsch. 52; SAE 78, 74; EzA § 8 BetrVG 1972 Nr. 3
13. 10. 2 AZR 387/76	KSchG 1969 Verhaltensbedingte Kündigung § 1 Nr. 1 (Pfarr)	BB 78, 660; Betrieb 78, 641; NJW 78, 1872; AR-Blattei Betriebsverfassung VI, Entsch. 53; SAE 79, 76; EzA § 74 BetrVG 1972 Nr. 3 (Löwisch)
25. 10. 1 AZR 452/74	BetrVG 1972 § 87 Arbeitszeit Nr. 1 (Wiedemann, Moll)	BB 78, 610; Betrieb 78, 403; AR-Blattei Betriebsverfassung XIV B, Entsch. 35; SAE 78, 161 (Bohn); EzA § 615 BGB Nr. 34
3. 11. 2 AZR 277/76	BPersVG § 75 Nr. 1 (Richardi)	BB 78, 1135; Betrieb 78, 2168; AR-Blattei Personalvertretung XI D, Entsch. 13; SAE 79, 201 (Dütz)
7. 11. 1 ABR 55/75	BetrVG 1972 § 100 Nr. 1 (Richardi)	BAG 29, 345; BB 78, 1166; Betrieb 78, 447; NJW 78, 848; AR-Blattei Betriebsverfassung XIV C, Entsch. 51; SAE 78, 228 (Koller); EzA § 100 BetrVG 1972 Nr. 1
9. 11. 5 AZR 132/76	Privatrecht Internat. Nr. 13, Arbeitsrecht (Beitzke)	BB 78, 403; Betrieb 78, 451; NJW 78, 1124; AR-Blattei Internationales Arbeitsrecht, Entsch. 1; SAE 78, 236 (Birk); EzA § 102 BetrVG 1972 Nr. 31
9. 11. 5 AZR 175/76	KSchG 1969 § 15 Nr. 3 (G. Hueck)	BB 78, 359; Betrieb 78, 495; NJW 78, 909; AR-Blattei Betriebsverfassung IX, Entsch. 35 (Hanau); SAE 80, 263 (Nickel, Kuznik); EzA § 15 KSchG n. F. Nr. 13
10. 11. 3 AZR 705/76	BGB § 242 Ruhegehalt – Unterstützungskassen Nr. 8 (Kraft)	BB 78, 762; Betrieb 78, 939; AR-Blattei Betriebliche Altersversorgung, Entsch. 16; Juristische Personen Entsch. 20; SAE 79, 288 (Schnorr v. Carolsfeld); EzA § 242 BGB Ruhegeld Nr. 69
17. 11. 5 AZR 599/76	BUrlG § 9 Nr. 8 (Trieschmann)	BB 78, 360; Betrieb 78, 499; AR-Blattei Ausländische Arbeitnehmer, Entsch. 24; SAE 78, 75; EzA § 9 BUrlG Nr. 9
24. 11. 3 AZR 732/76	BGB § 242 Ruhegehalt Nr. 177 (Weitnauer)	BAG 29, 379; BB 78, 450; Betrieb 78, 545; NJW 78, 1069; AR-Blattei Betriebliche Altersversorgung, Entsch. 18; EzA § 242 BGB Ruhegeld Nr. 67
28. 11. 1 ABR 36/76	BetrVG 1972 § 19 Nr. 6	BAG 29, 392; BB 78, 1011; Betrieb 78, 643; NJW 78, 1992; AR-Blattei Betriebsverfassung VI A, Entsch. 10;

Fundstellenverzeichnis

Datum	Fundstelle AP	Weitere Fundstellen
28. 11. 1 ABR 40/76	BetrVG 1972 § 8 Nr. 2	SAE 78, 153 (Fabricius, Decker); EzA § 19 BetrVG 1972 Nr. 14 BAG 29, 398; BB 78, 255; Betrieb 78, 450; NJW 78, 1072; AR-Blattei Betriebsverfassung VI, Entsch. 54; SAE 79, 10 (Schlüter, Belling); EzA § 8 BetrVG 1972 Nr. 4
1. 12. 5 AZR 426/76	BetrVG 1972 § 103 Nr. 11	BB 78, 450; Betrieb 78, 355; NJW 78, 661; AR-Blattei Betriebsverfassung IX, Entsch. 33 (Hanau); SAE 78, 291 (Bulla); EzA § 103 BetrVG 1972 Nr. 21
6. 12. 1 ABR 28/77	BetrVG 1972 § 118 Nr. 10	BAG 29, 405; BB 79, 165; Betrieb 78, 943; AR-Blattei Kirchenbedienstete, Entsch. 14 (Richardi); SAE 78, 207 (Küchenhoff); EzA § 118 BetrVG 1972 Nr. 16 (Rüthers, Klosterkemper)
8. 12. 3 AZR 530/76	BGB § 242 Ruhegehalt Nr. 176 (G. Hueck)	BB 78, 558; Betrieb 78, 991; AR-Blattei Gleichbehandlung im Arbeitsrecht, Entsch. 47 (Mayer-Maly); SAE 79, 56 (Mayer-Maly); EzA § 242 BGB Ruhegeld Nr. 68
15. 12. 3 AZR 184/76	BGB § 626 Nr. 69 (Schriftleitung)	BB 78, 812; Betrieb 78, 1038; NJW 78, 1874; AR-Blattei Kündigung IX, Entsch. 52; SAE 78, 274 (Leipold); EzA § 626 BGB n. F. Nr. 61
1978 11. 1. 5 AZR 829/76	LohnFG § 2 Nr. 7 (Trieschmann)	BB 78, 502; Betrieb 78, 942; AR-Blattei Krankheit III A, Entsch. 81; SAE 78, 253 (Peterek); EzA § 2 LohnFG Nr. 11
25. 1. 4 AZR 509/76	BGB § 611 Croupier Nr. 10 (Wiedemann)	AR-Blattei Tarifvertrag IX, Entsch. 33 (Buchner); EzA § 1 TVG Nr. 9
14. 2. 1 AZR 54/76	GG Art. 9 Arbeitskampf Nr. 57 (Konzen)	BAG 30, 43; BB 78, 913; Betrieb 78, 1231; NJW 78, 2054; AR-Blattei Betriebsverfassung IX, Entsch. 37 (Hanau); SAE 80, 152 (Seiter); EzA § 15 KSchG n. F. Nr. 19 (Herschel)
14. 2. 1 AZR 76/76	GG Art. 9 Arbeitskampf Nr. 58 (Konzen)	BAG 30, 50; BB 78, 1115; Betrieb 78, 1403; NJW 79, 236; AR-Blattei Arbeitskampf I, Entsch. 14; SAE 80, 139 (Seiter); EzA Art. 9 GG Arbeitskampf Nr. 22 (Herschel)
14. 2. 1 AZR 154/76	GG Art. 9 Arbeitskampf Nr. 60 (Konzen)	BAG 30, 86; BB 78, 1064; Betrieb 78, 1501; NJW 79, 233; AR-Blattei Arbeitskampf I, Entsch. 15; Betriebsvereinbarung, Entsch. 25; Betriebsverfassung XIV C, Entsch. 54; Kündigungsschutz, Entsch. 181; Betriebsinhaberwechsel, Entsch. 25 a; SAE 80, 129 (Seiter); EzA § 102 BetrVG 1972 Nr. 33 (Herschel)
14. 2. 1 AZR 280/77	GG Art. 9 Nr. 26 (Frank)	BAG 30, 122; BB 78, 710; Betrieb 78, 892; NJW 78, 605; 79, 1844; AR-Blattei Kirchenbedienstete, Entsch. 15 (Richardi); SAE 80, 108 (Schwerdtner); EzA Art. 9 GG Nr. 25 (Rüthers, Klosterkemper)
14. 2. 1 ABR 46/77	BetrVG 1972 § 19 Nr. 7	BAG 30, 114; BB 78, 1520; Betrieb 78, 1451; AR-Blattei Betriebsverfassung VI A, Entsch. 11; SAE 80, 72 (Kreutz); EzA § 19 BetrVG 1972 Nr. 16
21. 2. 1 ABR 54/76	BetrVG 1972 § 74 Nr. 1 (Löwisch)	BB 78, 1116; Betrieb 78, 1547; NJW 78, 2216; AR-Blattei Betriebsverfassung XIV A, Entsch. 14; SAE 79, 59 (Bohn); EzA § 74 BetrVG 1972 Nr. 4
22. 2. 4 AZR 579/76	BAT § 17 Nr. 3	Betrieb 78, 1284; AR-Blattei Arbeitsgerichtsbarkeit XIII, Entsch. 91 (Herschel); Dienstreise und Wegezeit, Entsch. 2 (Herschel); EzA § 17 BAT Nr. 2
22. 2. 5 AZR 800/76	BGB § 613 a Nr. 11 (Küchenhoff)	BB 78, 914; Betrieb 78, 1453; AR-Blattei Betriebsinhaberwechsel, Entsch. 26; SAE 79, 84 (Hadding, Häuser); EzA § 613 a BGB Nr. 18

Fundstellenverzeichnis

Datum	Fundstelle AP	Weitere Fundstellen
14. 3. 1 ABR 2/76	TVG § 2 Nr. 30 (Wiedemann)	BB 78, 1213; Betrieb 78, 1279
15. 3. 3 AZR 819/76	BGB § 611 Abhängigkeit Nr. 26	BAG 30, 163; BB 78, 760; Betrieb 78, 1035; AR-Blattei Freie Mitarbeit, Entsch. 12; EzA § 611 BGB Arbeitnehmerbegriff Nr. 17
15. 3. 3 AZR 831/76	BGB § 620 Befristeter Arbeitsvertrag Nr. 45	BB 78, 1265; Betrieb 78, 1744; NJW 78, 2319; AR-Blattei Probearbeitsverhältnis, Entsch. 17 (Falkenberg); EzA § 620 BGB Nr. 34 (Bunge)
16. 3. 2 AZR 424/76	BetrVG 1972 § 102 Nr. 15 (Meisel)	BAG 30, 176; BB 79, 371; Betrieb 79, 1454; NJW 79, 76; AR-Blattei Betriebsverfassung XIV C, Entsch. 55; SAE 79, 4 (Heckelmann); EzA § 102 BetrVG 1972 Nr. 32
11. 4. 6 ABR 22/77	BetrVG 1972 § 19 Nr. 8	BB 78, 1467; Betrieb 78, 1452; AR-Blattei Betriebsverfassung VI A, Entsch. 12; SAE 78, 212; EzA § 19 BetrVG 1972 Nr. 17
25. 4. 1 AZR 70/76	GG Art. 140 Nr. 2 (Mayer-Maly)	BAG 30, 247; BB 78, 1779; Betrieb 78, 2175; NJW 78, 2116; AR-Blattei Kirchenbedienstete, Entsch. 16 (Richardi); SAE 78, 301; EzA § 1 KSchG Tendenzbetrieb Nr. 4 (Dütz)
25. 4. 6 ABR 9/75	BetrVG 1972 § 80 Nr. 11	BB 79, 45; Betrieb 78, 1747; AR-Blattei Betriebsverfassung X, Entsch. 40 (Hunold); SAE 78, 256; EzA § 80 BetrVG 1972 Nr. 15 (Blomeyer)
25. 4. 6 ABR 22/75	BetrVG 1972 § 37 Nr. 33	BB 78, 1263; Betrieb 78, 1976; AR-Blattei Betriebsverfassung VIII A, Entsch. 44; SAE 78, 301; EzA § 37 BetrVG 1972 Nr. 59 (Kittner)
25. 4. 6 ABR 2/77	Privatrecht Internat. Nr. 16, Arbeitsrecht (Simitis)	BAG 30, 266; BB 78, 1520; Betrieb 78, 1840; AR-Blattei Auslandsarbeit, Entsch. 3 (Birk); SAE 79, 221 (Lorenz); EzA § 8 BetrVG 1972 Nr. 6
17. 5. 5 AZR 132/77	BGB § 242 Geichbehandlung Nr. 42	BB 78, 1521; Betrieb 78, 1887; NJW 79, 181; AR-Blattei Gleichbehandlung im Arbeitsverhältnis, Entsch. 49 (Mayer-Maly); SAE 79, 50 (Sieg); EzA § 242 BGB Gleichbehandlung Nr. 14 (Herschel)
19. 5. 6 ABR 25/75	BetrVG 1972 § 88 Nr. 1 (Löwisch, Hetzel)	BAG 30, 298; BB 78, 1518; Betrieb 78, 2225; AR-Blattei Arbeitsgerichtsbarkeit XII, Entsch. 97; Betriebsvereinbarung Nr. 26; SAE 80, 30 (Gamp); EzA § 77 BetrVG 1972 Nr. 6
19. 5. 6 ABR 41/75	BetrVG 1972 § 43 Nr. 3	BB 78, 1519; Betrieb 78, 2032; AR-Blattei Betriebsverfassung XI, Entsch. 15; Arbeitsgerichtsbarkeit XII, Entsch. 102; SAE 80, 41; EzA § 46 BetrVG 1972 Nr. 2
30. 5. 2 AZR 598/76	HGB § 60 Nr. 9 (Schröder)	BB 79, 325; Betrieb 78, 2177; NJW 79, 335; AR-Blattei Wettbewerbsverbot, Entsch. 125 (Buchner); SAE 78, 302; EzA § 60 HGB Nr. 11
30. 5. 2 AZR 637/76	KSchG 1969 § 15 Nr. 4 (G. Hueck)	BAG 30, 320; BB 79, 323; Betrieb 79, 359; NJW 80, 80; AR-Blattei Betriebsverfassung IX, Entsch. 39 (Hanau); SAE 79, 235 (Thiele); EzA § 102 BetrVG 1972 Nr. 34
6. 6. 1 AZR 495/75	BetrVG 1972 § 111 Nr. 2 (Ehmann)	BB 78, 1362; Betrieb 78, 1650; AR-Blattei Betriebsverfassung XIV E, Entsch. 11; SAE 78, 303; EzA § 111 BetrVG 1972 Nr. 5 (Kittner)
6. 6. 1 ABR 66/75	BetrVG 1972 § 99 Nr. 6 (Löwisch)	BB 78, 1520; Betrieb 78, 1841; AR-Blattei Leiharbeitsverhältnis, Entsch. 13; SAE 79, 1 (Herschel); EzA § 99 BetrVG 1972 § 19
20. 6. 1 ABR 65/75	BetrVG 1972 § 99 Nr. 8	BB 79, 422; Betrieb 78, 2033; AR-Blattei Betriebsverfassung XIV C, Entsch. 59; SAE 78, 303; EzA § 99 BetrVG 1972 Nr. 20 (Löwisch, Schiff)

Fundstellenverzeichnis

Datum	Fundstelle AP	Weitere Fundstellen
5. 7. 4 AZR 809/77	BPersVG § 75 Nr. 2 (Richardi)	BAG 30, 366; BB 78, 1777; Betrieb 79, 214; AR-Blattei Öffentlicher Dienst, Entsch. 197
6. 7. 2 AZR 810/76	BetrVG 1972 § 102 Nr. 16 (G. Hueck)	BAG 30, 370; BB 79, 627; Betrieb 78, 2367; 79, 316; NJW 79, 1672; AR-Blattei Betriebsverfassung XIV C, Entsch. 56; SAE 79, 125 (Reuter); EzA § 102 BetrVG 1972 Nr. 37 (Hanau)
11. 7. 6 AZR 387/75	BetrVG 1972 § 37 Nr. 57	Betrieb 78, 2177
13. 7. 2 AZR 717/76	BetrVG § 102 Nr. 17 (G. Hueck)	BAG 30, 386; BB 79, 322; Betrieb 79, 314; NJW 79, 1677; AR-Blattei Betriebsverfassung XIV C, Entsch. 57; SAE 79, 206 (v. Hoyningen-Huene); EzA § 102 BetrVG 1972 Nr. 35 (Meisel)
13. 7. 2 AZR 798/77	BetrVG 1972 § 102 Nr. 18 (G. Hueck)	BAG 31, 1; BB 79, 323; Betrieb 79, 313; NJW 79, 1675; AR-Blattei Betriebsverfassung XIV, C, Entsch. 58; SAE 79, 210 (v. Hoyningen-Huene); EzA § 102 BetrVG 1972 Nr. 36 (Otto)
13. 7. 3 ABR 108/77	BetrVG 1972 § 87 Altersversorgung Nr. 5 (Hanau)	BAG 31, 11; BB 78, 1617; Betrieb 78, 2129; NJW 79, 2534; AR-Blattei Betriebsverfassung XIV B, Entsch. 37; SAE 79, 230 (Meisel); EzA § 87 BetrVG 1972 Sozialeinrichtung Nr. 9
18. 7. 1 ABR 8/75	BetrVG 1972 § 99 Nr. 7	BB 78, 1719; 81, 501 (Pauly); Betrieb 78, 2320; AR-Blattei Einstellung, Entsch. 4; SAE 79, 269 (Buchner); EzA § 99 BetrVG 1972 Nr. 22 (Peterek)
18. 7. 1 ABR 20/75	BetrVG 1972 § 87 Werkmietwohnungen Nr. 4	BB 78, 1668; Betrieb 78, 2418; AR-Blattei Betriebsverfassung XIV B, Entsch. 38; SAE 79, 151 (v. Hoyningen-Huene); EzA § 87 BetrVG 1972 Werkswohnung Nr. 6
18. 7. 1 ABR 34/75	BetrVG 1972 § 108 Nr. 1 (Boldt)	BB 78, 1777; Betrieb 78, 2223; AR-Blattei Betriebsverfassung XIV D, Entsch. 3; SAE 78, 304; EzA § 108 BetrVG 1972 Nr. 3 (Richardi)
18. 7. 1 ABR 43/75	BetrVG 1972 § 101 Nr. 1 (Meisel)	BB 80, 157, 522 (Becker); Betrieb 78, 2322; NJW 79, 671; AR-Blattei Einstellung, Entsch. 5; SAE 80, 98 (Misera); EzA § 99 BetrVG 1972 Nr. 23 (Ehmann)
18. 7. 1 ABR 79/75	BetrVG 1972 § 99 Nr. 9 (Kraft)	BAG 31, 20; BB 78, 1718 (Gumpert); Betrieb 78, 2319; AR-Blattei Einstellung, Entsch. 6; SAE 79, 276 (Schlüter, Belling); EzA § 99 BetrVG 1972 Nr. 21
19. 7. 4 AZR 31/77	BAT 1975 §§ 22, 23 Nr. 8 (Zängl)	BAG 31, 26; BB 78, 1569; AR-Blattei Öffentlicher Dienst III A, Entsch. 183; EzA §§ 22–23 BAT Nr. 18
21. 7. 6 AZR 561/75	BetrVG 1972 § 38 Nr. 4	BB 79, 782; Betrieb 79, 2371; AR-Blattei Betriebsverfassung VIII A, Entsch. 45; SAE 79, 76; EzA § 37 BetrVG 1972 Nr. 60
15. 8. 6 ABR 10/76	BetrVG 1972 § 23 Nr. 1	BB 78, 522; Betrieb 78, 2275; AR-Blattei Arbeitsgerichtsbarkeit XII, Entsch. 98; Betriebsverfassung XIII, Entsch. 12; SAE 79, 76; EzA § 23 BetrVG 1972 Nr. 7
15. 8. 6 ABR 56/77	BetrVG 1972 § 47 Nr. 3 (Löwisch, Hetzel)	BAG 31, 58; BB 79, 987; Betrieb 78, 2224; 81, 214 (Gaul); NJW 79, 2422; AR-Blattei Betriebsverfassung XII, Entsch. 7; SAE 79, 159 (Streckel); EzA § 47 BetrVG 1972 Nr. 2
31. 8. 3 AZR 989/77	BetrVG 1972 § 102 Weiterbeschäftigung Nr. 1 (Grunsky)	BB 79, 523; Betrieb 79, 652; AR-Blattei Beschäftigungspflicht Entsch. 9; SAE 79, 189 (Weber); EzA § 102 BetrVG 1972 Beschäftigungspflicht Nr. 7
28. 9. 2 AZR 2/77	BetrVG 1972 § 102 Nr. 19	Jg., Bl. 79, 1131; BAG 31, 83; RdA 79, 253; BB 79, 1094; Betrieb 79, 1135, 1136; NJW 79, 2421; AR-Blattei Kündigungsschutz, Entsch. 187; Betriebsverfassung XIV C, Entsch. 62 (Herschel); SAE 80, 36 (Schreiber); EzA § 102 BetrVG 1972 Nr. 39; BlfSt. 79, 298; Gewerkschafter 79 H. 11 S. 40; JuS 79, 828; WM 79,

Fundstellenverzeichnis

Datum	Fundstelle AP	Weitere Fundstellen
3. 10. 6 ABR 46/76	BetrVG 1972 § 5 Nr. 18	1227; BetrR 79, 308; Personal 79, 340; ARST 79, 184; Quelle 80, 165; ArbuSozR 80, 111 Betrieb 79, 1186; AR-Blattei Betriebsverfassung XIV C, Entsch. 63; SAE 79, 139; EzA § 5 BetrVG 1972 Nr. 33
3. 10. 6 ABR 102/76	BetrVG 1972 § 40 Nr. 14 (Grunsky)	BAG 31, 93; BB 79, 163; Betrieb 79, 107, 315; NJW 80, 1486; AR-Blattei Arbeitsgerichtsbarkeit XII, Entsch. 100; SAE 79, 215 (Hanau); EzA § 40 BetrVG 1972 Nr. 37
6. 10. 1 ABR 51/77	BetrVG 1972 § 99 Nr. 10	BB 79, 373; Betrieb 79, 311; AR-Blattei Betriebsverfassung XIV C, Entsch. 60; SAE 79, 154 (Bohn); EzA § 99 BetrVG 1972 Nr. 24
14. 11. 6 ABR 85/75	KO § 59 Nr. 6 (Uhlenbruck)	BB 79, 522; Betrieb 79, 849; AR-Blattei Betriebsverfassung X, Entsch. 41; Konkurs, Entsch. 31; SAE 79, 140; EzA § 40 BetrVG 1972 Nr. 39
16. 11. 3 AZR 258/73	BGB § 611 Gefährdungshaftung des Arbeitgebers Nr. 5	BAG 31, 147; BB 79, 783; Betrieb 79, 1091; NJW 79, 1424; AR-Blattei Haftung des Arbeitgebers, Entsch. 51 (Mayer-Maly); SAE 80, 5 (Neumann-Duesberg); EzA § 670 BGB Nr. 12
21. 11. 6 AZR 247/76	BetrVG 1972 § 37 Nr. 34 (Jülicher)	BB 79, 627; Betrieb 79, 899; AR-Blattei Betriebsverfassung VIII, Entsch. 9; SAE 79, 297 (Ottow); EzA § 37 BetrVG 1972 Nr. 63
21. 11. 6 ABR 55/76	BetrVG 1972 § 50 Nr. 4 (Meisel)	BB 79, 938; Betrieb 79, 703; AR-Blattei Betriebsverfassung XIII, Entsch. 9; EzA § 40 BetrVG 1972 Nr. 40
21. 11. 1 ABR 67/76	BetrVG 1972 § 87 Arbeitszeit Nr. 2 (Wiedemann, Moll)	BB 79, 576; Betrieb 79, 655; NJW 79, 1847; AR-Blattei Betriebsverfassung XIV B, Entsch. 39; EzA § 87 BetrVG 1972 Arbeitszeit Nr. 7
21. 11. 6 ABR 85/76	BetrVG 1972 § 40 Nr. 15 (Meisel)	BB 79, 523; Betrieb 79, 751; AR-Blattei Betriebsverfassung X, Entsch. 42 (Hunold); SAE 79, 164 (Roemheld); EzA § 40 BetrVG 1972 Nr. 41 (Herschel)
21. 11. 1 ABR 91/76	BetrVG 1972 § 101 Nr. 3 (Richardi)	BB 79, 678; Betrieb 79, 749; AR-Blattei Betriebsverfassung XIV C, Entsch. 64; SAE 80, 101 (Misera); EzA § 101 BetrVG 1972 Nr. 3
21. 11. 6 ABR 10/77	BetrVG 1972 § 37 Nr. 35	BB 79, 422; Betrieb 79, 507; AR-Blattei Betriebsverfassung VIII A, Entsch. 46; Zinsen, Entsch. 8; SAE 79, 167 (Peterek); EzA § 37 BetrVG 1972 Nr. 62
28. 11. 6 ABR 101/77	BetrVG 1972 § 42 Nr. 4	BB 79, 988; Betrieb 79, 109, 1185; AR-Blattei Betriebsverfassung XI, Entsch. 17; SAE 79, 140; EzA § 42 BetrVG 1972 Nr. 2
29. 11. 4 AZR 276/77	BGB § 611 Bergbau Nr. 18 (Boldt)	BB 79, 627; Betrieb 79, 995; AR-Blattei Bergarbeitsrecht, Entsch. 18; SAE 79, 140; BlfSt. 79, 215
29. 11. 5 AZR 553/76	BetrVG 1972 § 112 Nr. 7	BB 79, 474; Betrieb 79, 795; AR-Blattei Sozialplan, Entsch. 3; SAE 79, 140; EzA § 112 BetrVG 1972 Nr. 16
5. 12. 6 ABR 70/77	BetrVG 1972 § 101 Nr. 4 (Kittner)	BB 79, 1556; Betrieb 79, 1282; AR-Blattei Betriebsverfassung XIV A, Entsch. 15; SAE 79, 175; AuR 79, 347; EzA § 101 BetrVG 1972 Nr. 4
8. 12. 1 AZR 303/77	GG Art. 9 Nr. 28 (Konzen)	BAG 31, 166; BB 79, 1400; Betrieb 79, 1043; NJW 79, 1847; AR-Blattei Berufsverbände, Entsch. 14 (Säcker); SAE 80, 23 (Weitnauer); AuR 79, 242 (Pfarr), 254, 282; EzA Art. 9 GG Nr. 28 (Zöllner)
13. 2. GS 1/77	BetrVG § 112 Nr. 6	BAG 31, 176; BB 79, 267, 282 (Lux); Betrieb 79, 261; 84, 346 (Kraushaar), 539 (Kraushaar); NJW 79, 774 (Heilmann); 80, 145 (Heinze); 84, 1246 (Löwisch); AR-Blattei Konkurs, Entsch. 33 (Arens); SAE 79, 105 (Sieg); AuR 79, 316; EzA § 112 BetrVG 1972 Nr. 15 (Heß)

Fundstellenverzeichnis

Datum	Fundstelle AP	Weitere Fundstellen
15. 12. 6 ABR 64/77	BetrVG 1972 § 76 Nr. 5 (Gaul)	BB 79, 1293; Betrieb 79, 64, 1467; AR-Blattei Einigungsstelle, Entsch. 12 (Hunold); EzA § 76 BetrVG 1972 Nr. 21
15. 12. 6 ABR 93/77	BetrVG 1972 § 76 Nr. 6 (Gaul)	BB 79, 1242; Betrieb 79, 1800; AR-Blattei Einigungsstelle, Entsch. 13 (Hunold); SAE 79, 265 (Herschel); EzA § 76 BetrVG 1972 Nr. 23 (Wohlgemuth)
1979 16. 1. 6 AZR 683/76	BetrVG 1972 § 38 Nr. 5	BB 79, 1772; Betrieb 79, 1515; AR-Blattei Betriebsverfassung X, Entsch. 43; Arbeitsgerichtsbarkeit X B, Entsch. 93; SAE 80, 41; EzA § 38 BetrVG 1972 Nr. 9
16. 1. 6 AZR 153/77	BetrVG 1972 § 78 a Nr. 5 (Schwedes)	BB 79, 1037; 83, 579 (Strieder); Betrieb 79, 1138; 81, 889 (Reineke); AR-Blattei Betriebsverfassung, IX, Entsch. 40; SAE 79, 281 (Reuter); EzA § 78 a BetrVG 1972 Nr. 5
17. 1. 5 AZR 891/77	KSchG 1969 § 15 Nr. 5 (G. Hueck)	BB 79, 888; Betrieb 79, 1136; AR-Blattei Betriebsverfassung IX, Entsch. 41 (Hanau); SA 79, 176; 80, 265; (Nickel, Kuznik); EzA § 15 KSchG n. F. Nr. 21 (Dütz)
18. 1. 2 AZR 254/77	KSchG 1969 Wartezeit § 1 Nr. 3 (G. Hueck)	BB 79, 1505; Betrieb 79, 1754; AR-Blattei Kündigungsschutz, Entsch. 189 (Herschel); SAE 80, 42; EzA § 1 KSchG Nr. 39
23. 1. 1 AZR 64/76	BetrVG 1972 § 113 Nr. 4 (Meisel)	BB 79, 782; Betrieb 79, 1139; AR-Blattei Betriebsverfassung XIV E, Entsch. 14; SAE 79, 248 (Peterek); EzA § 113 BetrVG 1972 Nr. 9
25. 1. 2 AZR 983/77	BetrVG 1972 § 103 Nr. 12 (Grunsky)	BAG 31, 253; BB 79, 1242; Betrieb 79, 1704; AR-Blattei Betriebsverfassung IC, Entsch. 42; EzA § 103 BetrVG 1972 Nr. 22
30. 1. 1 AZR 342/76	BetrVG 1972 § 87 Betriebsbuße Nr. 2 (Pfarr)	BB 79, 1451; Betrieb 79, 1511; NJW 80, 856; AR-Blattei Betriebsbußen, Entsch. 10 (Herschel); SAE 79, 242 (Grasmann); EzA § 87 BetrVG 1972 Betriebsbuße Nr. 3
30. 1. 1 ABR 78/76	BetrVG 1972 § 118 Nr. 11 (Kraft)	BB 79, 1555; Betrieb 79, 1609; AR-Blattei Tendenzbetrieb, Entsch. 16 (Mayer-Maly); SAE 80, 42; EzA § 118 BetrVG 1972 Nr. 20
31. 1. 5 AZR 454/77	BetrVG 1972 § 112 Nr. 101	BAG 31, 266; BB 79, 833; Betrieb 79, 412, 1039; NJW 79, 1621; AR-Blattei Gleichbehandlung im Arbeitsverhältnis Entsch. 54 (Mayer-Maly); SAE 80, 49 (Löwisch, Hetzel); EzA § 112 BetrVG 1972 Nr. 17
21. 2. 5 AZR 568/77	BGB § 847 Nr. 13 (Wiese)	BB 79, 1558; Betrieb 79, 1513; NJW 79, 2532; 80, 358 (Strauch); AR-Blattei Ehrenschutz im Arbeitsverhältnis, Entsch. 6; SAE 81, 69 (Körnig); EzA § 847 BGB Nr. 3
23. 2. 1 AZR 540/77	GG Art. 9 Nr. 29 (Konzen)	BB 79, 887; Betrieb 79, 1185; AR-Blattei Berufsverbände, Entsch. 15 (Säcker); SAE 79, 176; EzA Art. 9 GG Nr. 30 (Zöllner)
23. 2. 1 AZR 172/78	GG Art. 9 Nr. 30 (Mayer-Maly)	BAG 31, 318; BB 79, 887; Betrieb 79, 1089; NJW 79, 1847; AR-Blattei Berufsverbände, Entsch. 16 (Säcker); SAE 80, 187 (Buchner); EzA Art. 9 GG Nr. 29 (Zöllner)
6. 3. 1 AZR 866/77	BetrVG 1972 § 102 Nr. 20 (Meisel)	BB 79, 1142; Betrieb 79, 1464; NJW 79, 2635; AR-Blattei Betriebsverfassung XIV C, Entsch. 65 (Herschel); SAE 80, 221 (Heinze); EzA § 102 BetrVG 1972 Nr. 40
27. 3. 6 ABR 39/76	BetrVG 1972 § 76 Nr. 7 (Gaul)	BB 79, 1143; Betrieb 79, 1562; AR-Blattei Konkurs, Entsch. 36; SAE 81, 46 (Fabricius, Decker); EzA § 76 BetrVG 1972 Nr. 22
27. 3. 6 ABR 15/77	ArbGG 1953 § 80 Nr. 7	AR-Blattei Betriebsverfassung VIII A, Entsch. 47; SAE 79, 262 (Wittmann); EzA § 89 ArbGG Nr. 9

Fundstellenverzeichnis

Datum	Fundstelle AP	Weitere Fundstellen
28. 3. 5 AZR 80/77	BPersVG § 75 Nr. 3 (Richardi)	BB 79, 1401; Betrieb 79, 1703; AR-Blattei Personalakten, Entsch. 6; EzA § 611 BGB Fürsorgepflicht Nr. 24
3. 4. 6 ABR 63/76	BetrVG 1972 § 40 Nr. 16	BB 80, 415; Betrieb 79, 1706; AR-Blattei Betriebsverfassung IX, Entsch. 43 (Hanau); SAE 80, 43; EzA § 40 BetrVG 1972 Nr. 43
3. 4. 6 ABR 64/76	BetrVG 1972 § 13 Nr. 1	BB 79, 1504; Betrieb 79, 2091; AR-Blattei Betriebsverfassung VIII, Entsch. 10; SAE 80, 68 (Grunsky); EzA § 40 BetrVG 1972 Nr. 45
3. 4. 6 ABR 70/76	BetrVG 1972 § 40 Nr. 17 (Hunold)	BB 79, 1662; Betrieb 79, 1799; AR-Blattei Betriegsverfassung VIII A, Entsch. 48; SAE 80, 26 (Bohn); EzA § 40 BetrVG 1972 Nr. 44
3. 4. 6 ABR 29/77	BetrVG 1972 § 87 Nr. 2	BB 79, 1604; Betrieb 79, 2186; AR-Blattei Betriebsverfassung XIV B, Entsch. 41; SAE 80, 43; EzA § 87 BetrVG 1972 Nr. 7
10. 4. 1 ABR 34/77	BetrVG 1972 § 87 Arbeitssicherheit Nr. 1 (Hanau)	BAG 31, 357; BB 79, 1713; Betrieb 79, 1995; NJW 79, 2362; AR-Blattei Betriebsarzt, Entsch. 3; EzA § 87 BetrVG 1972 Arbeitssicherheit Nr. 2 (Gaul)
24. 4. 6 AZR 69/77	BetrVG 1972 § 82 Nr. 1	BB 79, 1604; Betrieb 79, 1755; NJW 79, 2422; AR-Blattei Betriebsverfassung XIV A, Entsch. 17; SAE 80, 43; EzA § 82 BetrVG 1972 Nr. 1
24. 4. 1 ABR 43/77	GG Art. 9 Arbeitskampf Nr. 63 (Räthers, Klosterkemper)	BAG 31, 372; BB 79, 1348; Betrieb 79, 1655; NJW 80, 140; AR-Blattei Betriebsverfassung XIV B, Entsch. 43 (Herschel); SAE 79, 300 (Kraft); EzA Art. 9 GG Arbeitskampf Nr. 34
26. 4. 2 AZR 431/77	BGB § 620 Befristeter Arbeitsvertrag Nr. 47 (Koller)	BB 79, 1557; Betrieb 79, 1991; AR-Blattei Arbeitsvertrag – Arbeitsverhältnis VIII, Entsch. 31; SAE 80, 345 (v. Hoyningen-Huene); EzA § 620 BGB Nr. 39
22. 5. 1 AZR 848/76	BetrVG 1972 § 111 Nr. 3 (Birk)	BB 79, 1501; 80, 1750 (Hunold); Betrieb 79, 1897; SAE 80, 85 (Reuter); EzA § 111 BetrVG 1972 Nr. 6 (Löwisch, Schiff)
22. 5. 1 ABR 17/77	BetrVG 1972 § 111 Nr. 4 (Birk)	BAG 32, 14; BB 79, 1501; 80, 1750 (Hunold); Betrieb 79, 1896; NJW 80, 83; AR-Blattei Sozialplan, Entsch. 5; Betriebsverfassung XIV E, Entsch. 15 (Hunold); SAE 80, 90 (Reuter); EzA § 111 BetrVG 1972 Nr. 7
22. 5. 1 ABR 45/77	BetrVG 1972 § 118 Nr. 12	BB 79, 1662; Betrieb 79, 2183; AR-Blattei Tendenzbetrieb, Entsch. 17 (Mayer-Maly); SAE 80, 44; EzA § 118 BetrVG 1972 Nr, 21
22. 5. 1 ABR 100/77	BetrVG 1972 § 118 Nr. 13	BB 79, 1555; Betrieb 79, 2184; AR-Blattei Tendenzbetrieb, Entsch. 18 (Mayer-Maly); SAE 80, 44; EzA § 118 BetrVG 1972 Nr. 22
19. 6. 6 AZR 638/77	BetrVG 1972 § 37 Nr. 36	Betrieb 80, 546; AR-Blattei Betriebsverfassung VIII A, Entsch. 50; SAE 80, 44; EzA § 37 BetrVG 1972 Nr. 65
21. 6. 3 ABR 3/78	BetrVG 1972 § 87 Sozialeinrichtung Nr. 1 (Martens)	BAG 32, 39; BB 79, 1718; Betrieb 79, 2039; AR-Blattei Betriebliche Altersversorgung, Entsch. 42 (Hanau); SAE 81, 31 (Dütz); EzA § 87 BetrVG 1972 Sozialeinrichtung Nr. 10
4. 7. 5 AZR 8/78	BGB § 611 Rotes Kreuz Nr. 10 (Mayer-Maly)	BAG 32, 47; Betrieb 79, 2282; AR-Blattei Arbeitnehmer, Entsch. 18
5. 7. 2 AZR 521/77	KSchG 1969 § 15 Nr. 6 (Richardi)	BB 79, 1769; Betrieb 79, 2327; NJW 80, 359; AR-Blattei Betriebsverfassung IX, Entsch. 44 (Hanau); SAE 80, 322 (Nickel, Kuznik); EzA § 15 KSchG n. F. Nr. 22
10. 7. 1 ABR 88/77	BetrVG 1972 § 87 Lohngestaltung Nr. 2 (Schulze-Osterloh)	BB 79, 1824; Betrieb 79, 2496; AR-Blattei Betriebsverfassung XIV B, Entsch. 44; SAE 81, 41 (Lieb, Randerath); EzA § 87 BetrVG 1972 Leistungslohn Nr. 3

Fundstellenverzeichnis

Datum	Fundstelle AP	Weitere Fundstellen
10. 7. 1 ABR 97/77	Betr-VG 1972 Überwachung § 87 Nr. 4 (Moritz)	BB 79, 1714; Betrieb 79, 2427; NJW 80, 359; AR-Blattei Betriebsverfassung XIV B, Entsch. 45; SAE 80, 45; EzA § 87 BetrVG 1972 Kontrolleinrichtung Nr. 7
10. 7. 1 ABR 50/78	Betr-VG 1972 Überwachung § 87 Nr. 3 (Moritz)	Betrieb 79, 2428; AR-Blattei Betriebsverfassung XIV B, Entsch. 46; SAE 80, 46; EzA § 87 BetrVG 1972 Kontrolleinrichtung Nr. 6
24. 7. 1 ABR 78/77	BetrVG 1972 § 99 Nr. 11 (Kraft)	BB 80, 104; Betrieb 79, 2327; AR-Blattei Betriebsverfassung XIV C, Entsch. 67; SAE 80, 45; EzA § 99 BetrVG 1972 Nr. 26
24. 7. 6 ABR 96/77	BetrVG 1972 § 51 Nr. 1	BB 80, 578; Betrieb 80, 263; NJW 80, 1128; AR-Blattei Betriebsverfassung XII, Entsch. 10; SAE 81, 272 (Buchner); EzA § 40 BetrVG 1972 Nr. 46
21. 8. 6 AZR 789/77	BetrVG 1972 § 78 a Nr. 6 (Kraft)	BB 80, 314; Betrieb 80, 454; 81, 889 (Reineke); NJW 80, 1541; AR-Blattei Betriebsverfassung IX, Entsch. 45; SAE 80, 127; EzA § 78 a BetrVG 1972 Nr. 6
5. 9. 4 AZR 875/77	SchwbG § 12 Nr. 6 (Meisel)	BB 80, 158; Betrieb 80, 455; NJW 80, 1918; AR-Blattei Schwerbehinderte, Entsch. 52; EzA § 12 SchwbG Nr. 8
6. 9. 2 AZR 548/77	KSchG 1969 § 15 Nr. 7 (Löwisch, Mikosch)	BB 80, 317; Betrieb 80, 451; 81, 217 (Nipperdey); AR-Blattei Betriebsverfassung IX, Entsch. 46 (Hanau); EzA § 15 KSchG n. F. Nr. 23 (Kraft)
12. 9. 4 AZR 420/77	ZPO § 850 Nr. 10 (Walchshöfer)	BAG 32, 96; BB 80, 728; Betrieb 80, 358; NJW 80, 800; AR-Blattei Zwangsvollstreckung, Entsch. 29; Lohnpfändung, Entsch. 52; EzA § 9 KSchG n. F. Nr. 8
9. 10. 6 AZR 1059/77	KSchG 1969 § 9 Nr. 4 (G. Hueck)	BAG 32, 122; BB 80, 369; Betrieb 80, 501; NJW 80, 1484; EzA § 9 KSchG n. F. Nr. 9
12. 10. 7 AZR 959/77	KSchG 1969 Betriebsbedingte Kündigung § 1 Nr. 7	BB 80, 1163; Betrieb 80, 502; AR-Blattei Kündigungsschutz, Entsch. 192 (Herschel); EzA § 1 KSchG Betriebsbedingte Kündigung Nr. 12
15. 10. 1 ABR 49/77	BetrVG 1972 § 111 Nr. 5 (Birk)	BB 80, 524; Betrieb 80, 549, 550; AR-Blattei Betriebsverfassung XIV E, Entsch. 16; AuR 80, 181; EzA § 111 BetrVG 1972 Nr. 6
24. 10. 5 AZR 851/78	BGB § 620 Befristeter Arbeitsvertrag Nr. 49 (Koller)	Betrieb 80, 455; AR-Blattei Arbeitsvertrag – Arbeitsverhältnis VIII, Entsch. 34 (Herschel); SAE 80, 83; EzA § 620 BGB Nr. 41 (Binkert)
26. 10. 7 AZR 752/77	KSchG 1969 § 9 Nr. 5 (Grunsky)	BB 80, 315; Betrieb 80, 356, NJW 80, 1484; AR-Blattei Kündigungsschutz, Entsch. 195 (Herschel); SAE 80, 57 (Sieg); EzA § 9 KSchG n. F. Nr. 7
30. 10. 1 ABR 112/77	BetrVG 1972 § 112 Nr. 9	Betrieb 80, 548; NJW 80, 1542; AR-Blattei Sozialplan, Entsch. 7; SAE 80, 316 (Beuthien); EzA § 76 BetrVG 1972 Nr. 26
7. 11. 5 AZR 962/77	BetrVG 1972 § 87 Betriebsbuße Nr. 3 (Herschel)	BB 80, 414; Betrieb 80, 550; AR-Blattei Betriebsbußen, Entsch. 12; SAE 81, 236 (Thiele); EzA § 87 BetrVG 1972 Betriebsbuße Nr. 4
13. 11. 6 AZR 934/77	KSchG 1969 Krankheit § 1 Nr. 5 (Herschel)	BB 80, 836; Betrieb 80, 741; 81, 1282 (Pauly); SAE 80, 1917; AR-Blattei Nebentätigkeit des Arbeitnehmers, Entsch. 8; SAE 80, 170; EzA § 1 KSchG Verhaltensbedingte Kündigung Nr. 6; JZ 80, 106
4. 12. 1 AZR 843/76	BetrVG 1972 § 111 Nr. 6 (Seiter)	BB 80, 679; Betrieb 80, 743; AR-Blattei Betriebsverfassung XIV E, Entsch. 17; SAE 80, 226 (Bohn); EzA § 111 BetrVG 1972 Nr. 9 (Löwisch, Röder)
4. 12. 6 ABR 37/76	BetrVG 1972 § 40 Nr. 18 (Hanau)	BB 80, 938; Betrieb 80, 2091; AR-Blattei Betriebsverfassung X, Entsch. 44; SAE 80, 170; EzA § 40 BetrVG 1972 Nr. 47

Fundstellenverzeichnis

Datum	Fundstelle AP	Weitere Fundstellen
6. 12. 2 AZR 1055/77	KSchG 1969 Verhaltensbedingte Kündigung § 1 Nr. 2 (Kunze)	BAG 32, 214; BB 80, 1102; Betrieb 80, 547; AR-Blattei Tendenzbetrieb, Entsch. 20; SAE 81, 91 (Koller); EzA § 1 KSchG Tendenzbetrieb Nr. 5 (Rüthers)
7. 12. 7 AZR 1063/77	BetrVG 1972 § 102 Nr. 21 (Meisel)	BB 80, 628; Betrieb 80, 742; AR-Blattei Betriebsverfassung XIV C, Entsch. 68; SAE 80, 127; EzA § 102 BetrVG 1972 Nr. 42
1980		
9. 1. 5 AZR 21/78	BGB § 613a Nr. 19 (Vollkommer)	BB 80, 990; Betrieb 80, 1497; NJW 80, 2148; AR-Blattei Betriebsinhaberwechsel, Entsch. 35; SAE 80, 171; EzA § 613a BGB Nr. 25 (Gaul)
15. 1. 6 AZR 621/78	BetrVG 1972 § 78a Nr. 7	BB 80, 1213; Betrieb 80, 1648; 81, 889 (Reineke); AR-Blattei Betriebsverfassung IX, Entsch. 47; SAE 80, 171; EzA § 78a BetrVG 1972 Nr. 8 (Grunsky)
15. 1. 6 AZR 361/79	BetrVG 1972 § 78a Nr. 9	BAG 32, 285; BB 83, 597 (Strieder); Betrieb 80, 1647; 81, 889 (Reineke); NJW 80, 2271; AR-Blattei Betriebsverfassung IX, Entsch. 48 (Hanau); SAE 80, 257 (Misera); EzA § 78a BetrVG 1972 Nr. 7 (Grunsky)
15. 1. 6 AZR 726/79	BetrVG 1972 § 78a Nr. 8	Betrieb 80, 1649; 81, 889 (Reineke); AR-Blattei Betriebsverfassung IX, Entsch. 49; SAE 80, 171; EzA § 78a BetrVG 1972 Nr. 9 (Gaul)
17. 1. 3 AZR 4456/78	BGB § 242 Ruhegehalt Nr. 185	BAG 32, 293; BB 80, 941; Betrieb 80, 1399; NJW 80, 1976; AR-Blattei Betriebliche Altersversorgung, Entsch. 51; SAE 81, 66 (Löwisch, Hetzel); EzA § 242 BGB Ruhegeld Nr. 86
18. 1. 7 AZR 260/78	BGB § 626 Nachschieben von Kündigungsgründen Nr. 1 (Birk)	BB 80, 1160; Betrieb 80, 1350; NJW 80, 2486; AR-Blattei Kündigung IX, Entsch. 58 (Mayer-Maly); SAE 80, 171; EzA 626 BGB n. F. Nr. 71
22. 1. 1 ABR 48/77	BetrVG 1972 § 87 Lohngestaltung Nr. 3 (Moll)	BAG 32, 350; BB 82, 432; Betrieb 80, 1895; NJW 81, 75; Betriebsverfassung XIV B, Entsch. 47; SAE 81, 109 (Weber); EzA § 87 BetrVG 1972 Lohn u. Arbeitsentgelt Nr. 11
22. 1. 1 ABR 28/78	BetrVG 1972 § 111 Nr. 7 (Löwisch, Roeder)	BAG 32, 339; BB 80, 1267; Betrieb 80, 1402; NJW 80, 2094; AR-Blattei Betriebsverfassung XIV E, Entsch. 19; Einigungsstelle, Entsch. 17; SAE 82, 220 (Kreutz); EzA § 111 BetrVG 1972 Nr. 11 (Fabricius, Cottmann)
29. 1. 1 ABR 49/78	BetrVG 1972 § 5 Nr. 24 (Martens)	BB 80, 1525; Betrieb 80, 1946; AR-Blattei Angestellter, Entsch. 46; SAE 81, 24 (Hromadka)
29. 1. 1 ABR 45/79	BetrVG 1972 § 5 Nr. 22 (Martens)	BAG 32, 381; BB 80, 1374; Betrieb 80, 1545; 83, 1597 (Müller), 1653 (Müller); NJW 80, 2665 (Martens), 2274; AR-Blattei Angestellter, Entsch. 47; SAE 80, 305 (Rüthers, Brodmann); EzA § 5 BetrVG 1972 Nr. 35 (Kraft)
6. 2. 4 AZR 158/78	TVG Rückwirkung § 1 Nr. 7 (Clemens)	AR-Blattei Tarifliche Eingruppierung, Entsch. 3 (Buchner); SAE 80, 171
6. 2. 5 AZR 275/78	BGB § 613a Nr. 21 (Herschel)	BB 80, 1585; Betrieb 80, 1945; NJW 80, 2149; AR-Blattei Betriebsinhaberwechsel, Entsch. 36; SAE 81, 9 (M. Wolf); EzA § 613a BGB Nr. 26 (Gaul)
4. 3. 1 AZR 125/78	GG Art. 140 Nr. 3 (Stein)	BAG 33, 14; BB 80, 1102; NJW 80, 2211; AR-Blattei Kirchenbedienstete, Entsch. 17 (Richardi); SAE 80, 172; EzA § 1 KSchG Tendenzbetrieb Nr. 8
5. 3. 5 AZR 881/78	BGB § 242 Gleichbehandlung Nr. 44 (Mayer-Maly)	BAG 33, 57; BB 80, 1629; Betrieb 80, 1650; NJW 80, 2374; AR-Blattei Gratifikation, Entsch. 80 (Herschel); SAE 81, 1 (Reuter); EzA § 242 BGB Gleichbehandlung Nr. 21 (Falkenberg)

Fundstellenverzeichnis

Datum	Fundstelle AP	Weitere Fundstellen
27. 3. 2 AZR 506/78	BGB § 611 Direktionsrecht Nr. 26 (Löwisch)	BAG 33, 71; BB 80, 1267; Betrieb 80, 1603; AR-Blattei Direktionsrecht, Entsch. 16; SAE 81, 268 (Hanau); EzA § 611 BGB Direktionsrecht Nr. 2
23. 4. 5 AZR 49/78	KSchG 1969 § 15 Nr. 8 (Meisel)	BAG 33, 94; BB 81, 1335; Betrieb 80, 1601; NJW 80, 2543; AR-Blattei Betriebsinhaberwechsel, Entsch. 38; SAE 81, 52 (Heckelmann); EzA § 15 KSchG n. F. Nr. 24
24. 4. 3 AZR 911/77	HGB § 84 Nr. 1 (Künster)	BB 80, 1471; Betrieb 80, 2039; AR-Blattei Zeitarbeit, Entsch. 8
8. 5. 3 AZR 82/79	BGB § 611 Gefährdungshaftung des Arbeitgebes Nr. 6 (Brox)	Jg., Bl. 81, 380; BAG 33, 108; RdA 80, 347; BB 81, 183; Betrieb 81, 115; NJW 81, 702; AR-Blattei Haftung des Arbeitgebers, Entsch. 53 (Mayer-Maly); SAE 82, 49 (v. Hoyningen-Huene); SAE 80, 379; EzA § 670 BGB Nr. 14 (Käppler)
10. 6. 1 AZR 331/79	GG Art. 9 Arbeitskampf Nr. 66 (Mayer-Maly)	BAG 33, 195; BB 80, Beil. 4, 2–4; 2141 (Wohlgemuth, Bobke); Betrieb 80, 1335, 1593 (Konzen, Scholz), 1694 (H. P. Müller), 2188 (Lieb); NJW 80, 1653; AR-Blattei Arbeitskampf III, Entsch. 8 (Löwisch, Mikosch); SAE 80, 170, 293 (Kraft); SAE Art. 9 GG Arbeitskampf Nr. 38 (Rüthers); JZ 80, 749 (Seiter), 771
19. 6. 3 AZR 958/79	BetrAVG Wartezeit § 1 Nr. 8	BB 81, 911; Betrieb 81, 431; AR-Blattei Betriebliche Altersversorgung, Entsch. 60; SAE 81, 76; EzA § 1 BetrAVG Nr. 8
2. 7. 5 AZR 56/79	BetrVG 1972 § 101 Nr. 5 (Misera)	BB 81, 119; AR-Blattei Betriebsverfassung IV, Entsch. 1; SAE 82, 149 (Martens)
2. 7. 5 AZR 1241/79	Abs. 2 GG Art. 33 Nr. 9 (Misera)	BAG 34, 1; BB 81, 119; Betrieb 81, 272; NJW 81, 703; AR-Blattei Öffentlicher Dienst, Entsch. 220; Personalvertretung XI D, Entsch. 18; SAE 82, 149 (Markens); 82, 154 (Martens); EzA § 99 BetrVG 1972 Nr. 28 (Löwisch/Röder)
3. 7. 2 AZR 340/78	SchwbG § 18 Nr. 2 (G. Hueck)	BAG 34, 20; BB 82, 1115; Betrieb 81, 103; AR-Blattei Schwerbehinderte, Entsch. 56 (Gröninger); SAE 81, 153 (Braasch); EzA § 18 SchwbG Nr. 3
3. 7. 3 AZR 1077/78	BGB § 613 a Nr. 23 (Bernert)	BAG 34, 34; BB 81, 1466; NJW 81, 1399; AR-Blattei Heimarbeit, Entsch. 19; EzA § 613 a BGB Nr. 29
9. 7. 4 AZR 564/78	TVG Form § 1 Nr. 7 (Wiedemann)	BAG 34, 42; BB 81, 2068; Betrieb 81, 374; NJW 81, 1574; AR-Blattei Tarifvertrag V C, Entsch. 1 (Birk/Brühler); SAE 81, 37; EzA § 1 TVG Nr. 13
22. 7. 6 ABR 5/78	BetrVG 1972 § 74 Nr. 3	BAG 34, 75; BB 81, 494; Betrieb 81, 481; NJW 81, 1800; AR-Blattei Betriebsverfassung X, Entsch. 47; EzA § 74 BetrVG 1972 Nr. 5
29. 7. 6 AZR 231/78	BetrVG 1972 § 37 Nr. 37 (Bernert)	BAG 34, 80; BB 81, 429; Betrieb 81, 427; NJW 81, 1287; AR-Blattei Betriebsverfassung VIII, Entsch. 11; SAE 82, 69 (Misera); EzA § 37 BetrVG 1972 Nr. 70 (Kittner)
13. 8. 5 AZR 325/78	BetrVG 1972 § 77 Nr. 2	BB 81, 554; Betrieb 81, 274; AR-Blattei Gleichbehandlung im Arbeitsverhältnis, Entsch. 63 (Mayer-Maly); SAE 81, 38; EzA § 77 BetrVG 1972 Nr. 8
13. 8. 4 AZR 592/78	BGB § 611 Abhängigkeit Nr. 37	BAG 34, 111; BB 81, 183; AR-Blattei Arbeitnehmer, Entsch. 25
20. 8. 5 AZR 589/79	LohnFG § 6 Nr. 15 (Herschel)	BB 81, 242; Betrieb 81, 221; AR-Blattei Krankheit III A, Entsch. 103; SAE 81, 38; EzA § 6 LohnFG Nr. 16
21. 8. 3 AZR 143/80	BetrAVG Wartezeit § 1 Nr. 7	BAG 34, 140; BB 81, 671; Betrieb 81, 430; NJW 81, 1855; AR-Blattei Betriebliche Altersversorgung, Entsch. 68; SAE 82, 53 (Hofmann); EzA § 1 BetrAVG Nr. 9

Fundstellenverzeichnis

Datum	Fundstelle AP	Weitere Fundstellen
11. 9. 3 AZR 606/79	BGB § 242 Ruhegehalt Nr. 187 (Herschel)	BB 81, 851; Betrieb 81, 943; NJW 81, 2773; AR-Blattei Betriebliche Altersversorgung, Entsch. 70; SAE 81, 140; EzA § 242 BGB Gleichbehandlung Nr. 22
11. 9. 3 AZR 185/80	BetrAVG § 6 Nr. 3 (Herschel)	BB 81, 737; Betrieb 81, 944; AR-Blattei Betriebliche Altersversorgung Entsch. 71; SAE 81, 40; EzA § 6 BetrAVG Nr. 4
23. 9. 6 ABR 8/78	BetrVG § 47 Nr. 4	BB 81, 1095; AR-Blattei Betriebsverfassung XII, Entsch. 11; EzA § 47 BetrVG 1972 Nr. 3
7. 10. 6 ABR 56/79	BetrVG 1972 § 27 Nr. 1	BB 81, 909; Betrieb 81, 803; AR-Blattei Betriebsverfassung X, Entsch. 48; SAE 81, 140; EzA § 27 BetrVG 1972 Nr. 6
14. 10. 1 AZR 1274/79	GG Art. 140 Nr. 7 (Schlaich)	BAG 34, 195; Betrieb 81, 1290; NJW 81, 1228; AR-Blattei Kirchenbedienstete, Entsch. 20 (Richardi); SAE 81, 140; EzA § 1 KSchG Tendenzbetrieb Nr. 10 (Herschel)
17. 10. 7 AZR 675/78	KSchG 1969 Betriebsbedingte Kündigung § 1 Nr. 10	BB 81, 555; Betrieb 81, 747; NJW 81, 1686; AR-Blattei Kündigungsschutz, Entsch. 208; SAE 81, 148 (Peterek); EzA § 1 KSchG Betriebsbedingte Kündigung Nr. 15
21. 10. 1 AZR 145/79	BetrVG 1972 § 111 Nr. 8 (Seiter)	Betrieb 81, 698; NJW 81, 2599; AR-Blattei Betriebsverfassung XIV E, Entsch. 20; SAE 81, 140; EzA § 111 BetrVG 1972 Nr. 12
21. 10. 6 AZR 640/79	Internat. Privatrecht, Arbeitsrecht Nr. 17 (Beitzke)	BB 80, 1639; 82, 618; Betrieb 81, 696; NJW 81, 1175; Auslandsarbeit, Entsch. 6 (Birk); SAE 81, 140; EzA § 102 BetrVG 1972 Nr. 43
21. 10. 6 ABR 41/78	BetrVG 1972 § 54 Nr. 1 (Fabricius)	BAG 34, 230; BB 81, 1461; Betrieb 81, 895; NJW 82, 1303; AR-Blattei Betriebsverfassung XII A, Entsch. 1; SAE 82, 208 (Dütz); EzA § 54 BetrVG 1972 Nr. 1
18. 11. 1 ABR 31/78	BetrVG 1972 § 108 Nr. 2	BAG 34, 260; BB 81, 1030; Betrieb 81, 1240; AR-Blattei Betriebsverfassung XIV D, Entsch. 4; SAE 80, 243 (Koch); EzA § 108 BetrVG 1972 Nr. 4 (Wohlgemuth)
18. 11. 1 ABR 63/78	BetrVG 1972 § 93 Nr. 1 (Küchenhoff)	BB 81, 1463; Betrieb 81, 998; AR-Blattei Betriebsverfassung XIV C, Entsch. 73; SAE 81, 175; EzA § 93 BetrVG 1972 Nr. 1
18. 11. 1 ABR 87/78	BetrVG 1972 § 87 Arbeitszeit Nr. 3 (Meisel)	BB 81, 1464; Betrieb 81, 946; 82, 2357 (Marsch-Barner); NJW 81, 1751; AR-Blattei Betriebsverfassung XIV B, Entsch. 48; SAE 80, 239 (Reuter); EzA § 87 BetrVG 1972 Arbeitszeit Nr. 8 (Klinkhammer)
25. 11. 6 ABR 62/79	BetrVG 1972 § 18 Nr. 3	Betrieb 81, 1242; AR-Blattei Betriebsverfassung VI A, Entsch. 13 (Herschel); SAE 81, 176; EzA § 18 BetrVG 1972 Nr. 4
5. 12. 7 AZR 781/78	KSchG 1969 § 15 Nr. 9 (Pfarr)	Jg., Bl. 83, 656; BAG 34, 291; RdA 81, 197; BB 81, 1274; Betrieb 81, 1142; AR-Blattei Betriebsverfassung VI, Entsch. 59 (Herschel); SAE 81, 176; AuR 81, 219; EzA § 15 KSchG n. F. Nr. 25 (Löwisch, Arnold); Quelle 81, 361; Gewerkschafter 81 H. 7 S. 34; ARST 81, 118; BlfSt. 81, 249; ArbGeb. 82, 140
17. 12. 5 AZR 570/78	BetrVG 1972 § 87 Lohngestaltung Nr. 4 (Löwisch, Röder)	BB 81, 789; Betrieb 81, 1045; AR-Blattei Betriebsverfassung XIV B, Entsch. 51; SAE 80, 251 (Bohn); EzA § 87 BetrVG 1972 Betriebliche Lohngestaltung Nr. 2 (Weiss)
18. 12. 2 AZR 1006/78	BetrVG 1972 § 102 Nr. 22 (Herschel)	BAG 34, 309; BB 81, 1895; Betrieb 81, 1624; NJW 81, 2316; AR-Blattei Kündigungsschutz, Entsch. 210; SAE 82, 20 (Koller); EzA § 102 BetrVG 1972 Nr. 44
22. 12. 1 ABR 2/79	GG Art. 9 Arbeitskampf Nr. 70 (Richardi)	BAG 34, 331; BB 81, 609; Betrieb 81, 321, 578 (Seiter); NJW 81, 937; AR-Blattei Arbeitskampf 1, Entsch. 18

Fundstellenverzeichnis

Datum	Fundstelle AP	Weitere Fundstellen
22. 12. 1 ABR 76/79	GG Art. 9 Arbeitskampf Nr. 71 (Richardi)	(Hanau); SAE 81, 197 (Konzen); 82, 361 (Däubler); EzA § 6165 BGB Betriebsrisiko Nr. 7 (1. Dütz; 2. Ehmann, Schnauder) BAG 34, 355; BB 81, 609; Betrieb 81, 327, 578 (Seiter), 1086 (Adomeit); NJW 81, 937; AR-Blattei Arbeitskampf I, Entsch. 19 (Hanau); SAE 81, 205 (Konzen); EzA § 615 BGB Betriebsrisiko Nr. 8 (1. Dütz; 2. Ehmann, Schnauder)
1981		
13. 1. 6 AZR 678/78	PersVG § 46 Nr. 2	Personalvertretung VII, Entsch. 6
13. 1. 6 ABR 106/78	BetrVG 1972 § 76 Nr. 8	BB 81, 1274; Betrieb 81, 1192; AR-Blattei Einigungsstelle, Entsch. 19; SAE 81, 141 (Ottow); EzA § 76 BetrVG 1972 Nr. 31
27. 1. 6 ABR 68/79	ArbGG 1979 § 80 Nr. 2 (Grunsky)	BAG 35, 1; BB 81, 1582; Betrieb 81, 2182; NJW 81, 2271; AR-Blattei Arbeitsgerichtsbarkeit XII, Entsch. 108; SAE 82, 317 (Schreiber)
29. 1. 2 AZR 778/78	KSchG 1969 § 15 Nr. 10 (Beitzke)	BAG 35, 17; BB 81, 2069; Betrieb 81, 2283; NJW 82, 252; AR-Blattei Kündigungsschutz, Entsch. 212; Betriebsverfassung IX, Entsch. 51 (Hanau); SAE 82, 35; EzA § 15 KSchG n. F. Nr. 26 (Schwerdtner)
29. 1. 2 AZR 1055/78	KSchG 1969 § 9 Nr. 6 (Herschel)	BAG 35, 30; Betrieb 81, 2438; NJW 82, 1118; AR-Blattei Kündigungsschutz, Entsch. 213; SAE 82, 98 (Corts); EzA § 9 KSchG n. F. Nr. 10
5. 2. 2 AZR 1135/78	LPVG NW § 72 Nr. 1 (Meisel)	Betrieb 82, 1171; AR-Blattei Personalvertretung XI D, Entsch. 23; SAE 82, 110; EzA § 102 BetrVG 1972 Nr. 47
10. 2. 6 ABR 86/78	BetrVG 1972 § 5 Nr. 25 (Natzel)	BAG 35, 59; BB 81, 1901; Betrieb 81, 1935; NJW 82, 350; AR-Blattei Berufsausbildung Entsch. 30 (Knigge); AuR 81, 321; 82, 133 (Fangmann)
10. 2. 6 ABR 91/78	BetrVG 1972 § 54 Nr. 2	BAG 35, 68; BB 81, 1769; Betrieb 81, 1937; NJW 81, 2600; AR-Blattei Betriebsverfassung XII A, Entsch. 2; SAE 81, 255; AuR 81, 285
17. 2. 1 AZR 290/78	BetrVG 1972 § 112 Nr. 11 (Kraft)	BAG 35, 80; BB 81, 1092; Betrieb 81, 1414; NJW 82, 69; AR-Blattei Sozialplan, Entsch. 12 (Herschel); SAE 82, 43 (Schulin); EzA § 112 BetrVG 1972 Nr. 1
17. 2. 1 ABR 101/78	BetrVG 1972 § 111 Nr. 9 (Kittner)	BB 81, 1214; Betrieb 81, 1190, 1244 (Gutbrod); NJW 81, 2716; AR-Blattei Betriebsverfassung XIV E, Entsch. 21 (Seiter); SAE 82, 17 (Löwisch); EzA § 111 BetrVG 1972 Nr. 13
25. 2. 5 AZR 991/78	BGB § 613 a Nr. 24 (Lüke)	BAG 35, 104; BB 81, 838; Betrieb 81, 1140; 82, 1168 (Meilicke); NJW 81, 2212; AR-Blattei Betriebsinhaberwechsel, Entsch. 40 (Seiter); SAE 81, 219 (Roemheld); EzA § 613 a BGB Nr. 28
4. 3. 7 AZR 104/79	LPVG Baden-Württemberg § 77 Nr. 1 (G. Hueck)	BAG 35, 118; AR-Blattei Personalvertretung XI D, Entsch. 19; SAE 81, 256
19. 3. 3 ABR 38/80	BetrVG 1972 § 80 Nr. 14 (Kemper, Küpper)	BB 81, 1952; Betrieb 81, 2181; NJW 82, 2461; AR-Blattei Betriebliche Altersversorgung, Entsch. 80; SAE 82, 35; EzA § 80 BetrVG 1972 Nr. 18
24. 3. 1 AZR 805/78	BetrVG 1972 § 112 Nr. 12 (Hilger)	BAG 35, 160; BB 83, 250; Betrieb 81, 2178; NJW 82, 70; AR-Blattei Sozialplan, Entsch. 13; SAE 82, 76 (Mayer-Maly); EzA § 12 BetrVG 1972 Nr. 22
24. 3. 1 ABR 32/78	BetrVG 1972 § 87 Arbeitssicherheit Nr. 2 (Wiese, Starck)	BAG 35, 150; BB 81, 1674; Betrieb 81, 1886; NJW 82, 404; AR-Blattei Betriebsverfassung XIV B, Entsch. 52;

Fundstellenverzeichnis

Datum	Fundstelle AP	Weitere Fundstellen
25. 3. 5 AZR 353/79	BBiG § 19 Nr. 1 (Hj. Weber)	SAE 82, 203 (Schlüter, Belling); EzA § 87 BetrVG 1972 Betriebliche Ordnung Nr. 6 BAG 35, 173; BB 81, 1838; NJW 81, 2534; AR-Blattei Berufsausbildung, Entsch. 31; Volontär und Praktikant, Entsch. 1; EzA § 19 BBiG Nr. 3
1. 4. 7 AZR 1003/78	BetrVG 1972 § 102 Nr. 23 (G. Hueck)	BAG 35, 190; BB 81, 2008; Betrieb 81, 2128; NJW 81, 2772; AR-Blattei Betriebsverfassung XIV C, Entsch. 77 (Gröninger); SAE 82, 37 (Streckel); EzA § 102 BetrVG 1972 Nr. 45 (Löwisch)
7. 4. 1 ABR 62/78	BetrVG 1972 § 118 Nr. 17 (Birk)	BB 81, 1894; Betrieb 81, 999; AR-Blattei Tendenzbetrieb, Entsch. 22; SAE 81, 256; EzA § 118 BetrVG 1972 Nr. 25
7. 4. 1 ABR 83/78	BetrVG 1972 § 118 Nr. 16 (Birk)	BB 81, 2005; Betrieb 81, 2623; NJW 82, 254; AR-Blattei Tendenzbetrieb, Entsch. 23; SAE 81, 256; EzA § 118 BetrVG 1972 Nr. 26
28. 4. 1 ABR 53/79	BetrVG 1972 § 87 Vorschlagswesen Nr. 1 (Herschel)	BB 35, 205; BB 82, 861; Betrieb 81, 1882; NJW 82, 405; AR-Blattei Betriebsverfassung XIV B, Entsch. 53; SAE 82, 313 (Krauß); EzA § 87 BetrVG 1972 Vorschlagswesen Nr. 2 (Kraft)
13. 5. 4 AZR 1076/78	HGB § 59 Nr. 24 (v. Hoyningen-Huene)	BAG 35, 239; BB 80, 2547; AR-Blattei Angestellter, Entsch. 48; SAE 81, 292; EzA § 59 HGB Nr. 2
19. 5. 1 ABR 109/78	BetrVG 1972 § 118 Nr. 18 (Meisel)	BAG 35, 278; BB 82, 1984; Betrieb 81, 2384; NJW 82, 124; 82, 2227 (Kull); AR-Blattei Tendenzbetrieb, Entsch. 24 (Mayer-Maly); SAE 82, 124 (Kraft); EzA § 99 BetrVG 1972 Nr. 32
19. 5. 1 ABR 39/79	BetrVG 1972 § 118 Nr. 21 (Herschel)	BAG 35, 289; BB 81, 2071; Betrieb 82, 129; NJW 82, 846; AR-Blattei Tendenzbetrieb, Entsch. 25 (Mayer-Maly); SAE 82, 35; EzA § 118 BetrVG 1972 Nr. 30
25. 6. 6 ABR 92/79	BetrVG 1972 § 37 Nr. 38 (Grunsky)	BAG 35, 337; BB 81, 2135; 82, 1368 (Loritz); Betrieb 81, 2180; NJW 82, 68; AR-Blattei Betriebsverfassung VIII A, Entsch. 53 a (Dütz); SAE 84, 5 (Richardi); EzA § 37 BetrVG 1972 Nr. 71
30. 6. 1 ABR 30/79	BetrVG 1972 § 118 Nr. 20 (1. Naendrup, 2. Fenn)	BAG 35, 352; BB 81, 1336; 82, 990; Betrieb 81, 2624, 2627; NJW 82, 125; AR-Blattei Tendenzbetrieb, Entsch. 27 (Mayer-Maly); SAE 82, 231 (Koch); EzA § 118 BetrVG 1972 Nr. 27
28. 7. 1 ABR 56/78	BetrVG 1972 § 87 Provision Nr. 2 (Schulze-Osterloh)	BAG 36, 1; BB 81, 1050; Betrieb 81, 2031, 2336; 82, 279 (Heuking); AR-Blattei Betriebsverfaassung XIV B, Entsch. 54; SAE 82, 113 (Löwisch); EzA § 87 BetrVG 1972 Leistungslohn Nr. 4 (Gaul)
28. 7. 1 ABR 65/79	BetrVG 1972 § 87 Arbeitssicherheit Nr. 3 (Richardi)	BAG 36, 138; BB 82, 493; Betrieb 82, 386; NJW 82, 2140; AR-Blattei Betriebsverfassung XIV B, Entsch. 55; EzA § 87 BetrVG 1972 Arbeitszeit Nr. 9 (Kraft)
28. 7. 1 ABR 79/79	BetrVG 1972 § 87 Urlaub Nr. 2 (Boldt)	BAG 36, 14; BB 81, 1397; 82, 616; Betrieb 81, 2621; NJW 82, 959; AR-Blattei Urlaub, Entsch. 23 (Boldt); SAE 84, 114 (Birk); EzA § 87 BetrVG 1972 Urlaub Nr. 4
28. 7. 1 ABR 90/79	BetrVG 1972 § 87 Arbeitszeit Nr. 4 (Zmarzlik)	BAG 36, 26; BB 81, 1337; Betrieb 82, 117; NJW 82, 1116; AR-Blattei Arbeitszeit III, Entsch. 26; SAE 82, 167 (Meisel); EzA § 6 AZO Nr. 1 (Kreutz)
6. 8. 6 AZR 505/78	BetrVG 1972 § 37 Nr. 39	AR-Blattei Abmahnung, Entsch. 4 (Herschel); SAE 82, 111; EzA § 37 BetrVG 1972 Nr. 3
6. 8. 6 AZR 1086/79	BetrVG 1972 § 37 Nr. 49 (Joachim)	BB 82, 675; Betrieb 82, 758; AR-Blattei Betriebsverfassung X, Entsch. 50 (Herschel); SAE 82, 111; EzA § 37 BetrVG 1972 Nr. 74

Fundstellenverzeichnis

Datum	Fundstelle AP	Weitere Fundstellen
25. 8. 1 ABR 61/79	ArbGG 1979 § 83 Nr. 2 (Grunsky)	BAG 37, 31; BB 83, 579; Betrieb 82, 546; AR-Blattei Arbeitsgerichtsbarkeit XII, Entsch. 109; Betriebsverfassung XV, Entsch. 22; SAE 82, 195 (Zeiss)
26. 8. 7 AZR 550/79	BetrVG 1972 § 103 Nr. 13 (Bickel)	BAG 36, 72; BB 82, 738; Betrieb 81, 1937, 2627; NJW 82, 1175; AR-Blattei Betriebsverfassung IX, Entsch. 52; SAE 82, 67; EzA § 103 BetrVG 1972 Nr. 27
9. 9. 5 AZR 1182/79	GG Art. 3 Nr. 117 (Pfarr)	BAG 36, 187; BB 81, 1579; 82, 676; Betrieb 82, 119; 83, 1430 (Seeland); NJW 82, 461; AR-Blattei Gleichbehandlung im Arbeitsverhältnis, Entsch. 64 (Mayer-Maly); SAE 82, 81 (Hromadka); EzA § 242 BGB Gleichbehandlung Nr. 6
23. 9. 5 AZR 284/78	BGB § 611 Lehrer Nr. 22, Dozenten	BAG 37, 58; BB 82, 991; SAE 82, 111; EzA § 611 BGB Arbeitnehmerbegriff Nr. 24
24. 9. 6 ABR 7/81	BetrVG 1972 § 5 Nr. 26 (Natzel)	BAG 36, 363; Betrieb 82, 606; AR-Blattei Berufausbildung, Entsch. 33; SAE 82, 277 (Gast)
8. 10. 6 AZR 81/79	BAT § 49 Nr. 2 (Meisel)	NJW 82, 1348; AR-Blattei Öffentlicher Dienst, Entsch. 230; Personalvertretung VII, Entsch. 8
22. 10. 6 ABR 69/79	BetrVG 1972 § 76 Nr. 10 (Hilger)	BAG 36, 385; BB 82, 806; Betrieb 82, 811; AR-Blattei Einigungsstelle, Entsch. 22; SAE 82, 228 (Gamp); EzA § 76 BetrVG 1972 Nr. 32 (Herschel)
5. 11. 6 ABR 24/78	BetrVG 1972 § 76 Nr. 9	BAG 36, 315; BB 82, 806; Betrieb 82, 604; AR-Blattei Einigungsstelle, Entsch. 23; SAE 83, 329 (Hanau); EzA § 40 BetrVG 1972 Nr. 50
24. 11. 1 ABR 42/79	BetrVG 1972 § 76 Nr. 11 (Grunsky)	BAG 37, 102; Betrieb 82, 1413; AR-Blattei Arbeitsgerichtsbarkeit XII, Entsch. 110; SAE 83, 246 (Dütz); EzA § 76 BetrVG 1972 Nr. 33 (Gaul)
24. 11. 1 ABR 80/79	BetrVG [1952] § 76 Nr. 24	BAG 37, 92; BB 82, 245; Betrieb 82, 2543; 82, 755; NJW 82, 2518; AR-Blattei Aufsichtsrat, Entsch. 3; SAE 83, 55 (Konzen, Heß); EzA § 76 BetrVG 1952 Nr. 11
24. 11. 1 ABR 108/79	BetrVG 1972 § 87 Ordnung des Betriebes Nr. 3 (Herschel)	BAG 37, 112; BB 82, 1421 (Schirdewahn); Betrieb 82, 1116; AR-Blattei Betriebsverfassung XIV B, Entsch. 58; SAE 84, 102 (Ehmann); EzA § 87 BetrVG 1972 Betriebliche Ordnung Nr. 7 (Weiss)
24. 11. 1 ABN 12/81	ArbGG 1979 § 72 a Divergenz Nr. 10	BB 82, 1363; AR-Blattei Arbeitsgerichtsbarkeit X E, Entsch. 42; SAE 82, 112; EzA § 72 a ArbGG, 1979 Nr. 37
25. 11. 4 AZR 274/79	TVAL II § 9 Nr. 3 (Beitzke)	BAG 37, 120; Betrieb 82, 909; AR-Blattei Stationierungsstreitkräfte, Entsch. 26; SAE 82, 148
25. 11. 7 AZR 382/79	KSchG 1969 § 15 Nr. 11	BAG 37, 128; BB 82, 2047; Betrieb 82, 809; NJW 82, 1719; AR-Blattei Betriebsverfassung IX, Entsch. 54 (Hanau); SAE 83, 17 (Baumgärtel); EzA § 15 KSchG n. F. Nr. 27 (Herschel)
26. 11. 2 AZR 509/79	KSchG 1979 § 9 Nr. 8 (Denck)	BAG 37, 135; BB 82, 1113; Betrieb 82, 757; NJW 82, 2015; AR-Blattei Kündigungsschutz, Entsch. 221; SAE 82, 133 (Beitzke); EzA § 9 KSchG n. F. Nr. 11 (Herschel)
3. 12. 6 ABR 60/79	BetrVG 1972 § 80 Nr. 16	BB 82, 615; Betrieb 82, 855; AR-Blattei Betriebsverfassung XIV A, Entsch. 22 a; SAE 82, 112; EzA § 80 BetrVG 1972 Nr. 21
3. 12. 6 ABR 8/80	BetrVG 1972 § 80 Nr. 17	BAG 37, 195; BB 82, 615; Betrieb 82, 653; NJW 82, 3299; AR-Blattei Betriebsverfassung XIV A, Entsch. 22 b; SAE 82, 112; EzA § 80 BetrVG 1972 Nr. 20
8. 12. 3 AZR 518/80	BetrAVG § 1 Unterstützungskassen Nr. 1 (Herschel)	BAG 37, 217; BB 82, 2139; 82, 246, 565 (Höfer, Küpper); Betrieb 82, 50, 336; NJW 82, 1773; AR-Blattei Betriebliche Altersversorgung, Entsch. 91 (Löwisch/Rö-

Fundstellenverzeichnis

Datum	Fundstelle AP	Weitere Fundstellen
8. 12. 1 ABR 55/79	BetrVG 1972 § 87 Prämie Nr. 1 (Hilger)	der); SAE 83, 197 (Reuter); EzA § 242 BGB Ruhegeld Nr. 97 BAG 37, 206; BB 82, 245, 2106 (Gaul); Betrieb 82, 1276; AR-Blattei Betriebsverfassung XIV B, Entsch. 59; SAE 84, 192 (Beuthien); EzA § 87 BetrVG 1972 Leistungslohn Nr. 6 (Hanau)
8. 12. 1 ABR 91/79	BetrVG 1972 § 87 Lohngestaltung Nr. 6 (Kraft)	BAG 37, 212; BB 82, 186, 989; Betrieb 82, 960; AR-Blattei Betriebsverfassung XIV B, Entsch. 60; SAE 83, 73 (Hanau); AuR 82, 164; EzA § 87 BetrVG 1972 Betriebliche Ordnung Nr. 8
8. 12. 3 ABR 53/80	BetrAVG Ablösung § 1 Nr. 1 (Herschel)	BAG 36, 327; BB 81, 2139; 82, 186, 565 (Höfer, Küpper); Betrieb 82, 46, 336; 84, 926 (Blomeyer); NJW 82, 1416; AR-Blattei Betriebliche Altersversorgung, Entsch. 90 (Löwisch/Röder); SAE 83, 191 (Reuter); AuR 82, 98; EzA § 242 BGB Ruhegeld Nr. 96
9. 12. 5 AZR 549/79	BetrVG 1972 § 112 Nr. 14	BAG 37, 237; BB 82, 1299; Betrieb 82, 908; NJW 82, 1718; AR-Blattei Sozialplan, Entsch. 14; SAE 82, 299 (Wolf, Hammen); EzA § 112 BetrVG 1972 Nr. 24
17. 12. 6 AZR 546/78	BetrVG 1972 § 37 Nr. 41 (Grunsky)	BB 82, 1546; AR-Blattei Betriebsverfassung VIII A, Entsch. 53 b; SAE 84, 6 (Richardi); EzA § 37 BetrVG 1972 Nr. 75
22. 12. 1 ABR 38/79	BetrVG 1972 § 87 Lohngestaltung Nr. 7 (Heckelmann)	BAG 37, 255; BB 82, 1920; Betrieb 82, 1274; AR-Blattei Betriebsverfassung XIV B, Entsch. 61; SAE 83, 12 (Löwisch, Röder); EzA § 87 BetrVG 1972 Betriebliche Lohngestaltung Nr. 3
1982 19. 1. 1 AZR 279/81	GG Art. 140 Nr. 10	BAG 37, 331; BB 82, 367, 674; Betrieb 82, 1015; NJW 82, 2279; AR-Blattei Kirchenbedienstete, Entsch. 22 b; SAE 83, 170; EzA Art. 9 GG Nr. 34 (Dütz)
21. 1. 6 ABR 17/79	BetrVG § 70 Nr. 1 (Natzel)	BAG 37, 348; BB 82, 1236; Betrieb 82, 1277; NJW 82, 2088; AR-Blattei Betriebsverfassung XII, Entsch. 13; SAE 82, 200 (Kraft); EzA § 70 BetrVG 1972 Nr. 2
26. 1. 1 AZR 610/80	GG Art. 9 Nr. 35	BAG 41, 1; BB 82, 1173; Betrieb 82, 1277; NJW 82, 2890; AR-Blattei Vereinigungsfreiheit, Entsch. 11 (v. Hoyningen-Huene/Hofmann); EzA Art. 9 GG Nr. 35
3. 2. 7 AZR 907/79	BPersVG § 72 Nr. 1 (Herschel)	BAG 37, 387; BB 83, 1215; Betrieb 82, 1416, 1417; NJW 82, 2791; AR-Blattei Personalvertretung XI D, Entsch. 20
9. 2. 1 ABR 36/80	BetrVG 1972 § 118 Nr. 24	BAG 41, 5; BB 82, 367, 924; Betrieb 82, 1414; NJW 82, 1894; AR-Blattei Tendenzbetrieb, Entsch. 28; NJW 82, 286; EzA § 118 BetrVG 1972 Nr. 33
2. 3. 1 AZR 694/70	GG Art. 5 Abs. 1 Meinungsfreiheit Nr. 8	BAG 38, 85; BB 82, 619, 1730; Betrieb 82, 2142; NJW 82, 2888; AR-Blattei Grundgesetz, Entsch. 5 (Echterhölter); SAE 82, 320; EzA Art. 5 GG Nr. 10 (Löwisch, Schönfeld); JZ 82, 869
2. 3. 1 ABR 74/79	BetrVG 1972 § 87 Arbeitszeit Nr. 6	BAG 38, 96; BB 82, 1236; Betrieb 82, 1115; AR-Blattei Betriebsverfassung XIV B, Entsch. 62; SAE 82, 304 (Weber); EzA § 87 BetrVG 1972 Arbeitszeit Nr. 11
4. 3. 6 AZR 594/79	BetrVG 1972 § 77 Nr. 3	BB 82, 1421; Betrieb 82, 1829; AR-Blattei Betriebsvereinbarung, Entsch. 27; SA 84, 323 (Körnig); EzA § 77 BetrVG 1972 Nr. 10
10. 3. 4 AZR 158/79	KSchG 1969 § 2 Nr. 2 (Meisel)	BAG 38, 106; Betrieb 82, 1520; NJW 82, 2839; AR-Blattei Kündigungsschutz, Entsch. 224 (Herschel); SAE 83, 104 (v. Hoyningen-Huene); EzA § 2 KSchG Nr. 3

Fundstellenverzeichnis

Datum	Fundstelle AP	Weitere Fundstellen
10. 3. 4 AZR 540/79	BGB § 242 Gleichbehandlung Nr. 47 (Wiedemann)	BAG 38, 118; BB 82, 675; 83, 445; Betrieb 82, 1223; NJW 82, 2575; AR-Blattei Tariflohnerhöhung, Entsch. 13; SAE 82, 188; EzA § 242 BGB Gleichbehandlung Nr. 29
10. 3. 4 AZR 541/79	BPersVG § 75 Nr. 7 (Löwisch, Schüren)	BAG 38, 130; BB 82, 1921; Betrieb 82, 2712; AR-Blattei Personalvertretung XI D, Entsch. 22
10. 3. 5 AZR 927/79	BAT § 13 Nr. 1	BAG 38, 141; BB 82, 1547; AR-Blattei Öffentlicher Dienst, Entsch. 241
11. 3. 6 AZR 136/79	BetrVG 1972 § 5 Nr. 28	BB 82, 1729; Betrieb 82, 1990; 83, 1597 (Müller, G.), 1653 (Müller, G.); AR-Blattei Angestellter, Entsch. 50; SAE 82, 287; EzA § 5 BetrVG 1972 Nr. 41
16. 3. 3 AZR 83/79	BGB § 611 Betriebsgeheimnis Nr. 1	BAG 41, 21; BB 82, 1792 (Gumpert); Betrieb 83, 2247; NJW 83, 134; AR-Blattei Geheimnisschutz im Arbeitsrecht, Entsch. 5; EzA § 242 BGB Nachvertragliche Treuepflicht Nr. 1
16. 3. 1 AZR 406/80	BetrVG 1972 § 108 Nr. 3	BAG 38, 159; BB 82, 675, 1857; Betrieb 82, 1326; NJW 82, 1831; AR-Blattei Betriebsverfassung XIV D, Entsch. 6; SAE 82, 188; EzA § 108 BetrVG 1972 Nr. 5
16. 3. 1 ABR 63/80	BetrVG 1972 § 87 Vorschlagswesen Nr. 2 (Misera)	BAG 38, 148; BB 83, 963; Betrieb 82, 1468; AR-Blattei Betriebsverfassung XIV B, Entsch. 68 (Jahnke); SAE 82, 287; EzA § 87 BetrVG 1972 Vorschlagswesen Nr. 3
30. 3. 1 AZR 265/80	GG Art. 9 Arbeitskampf Nr. 74 (v. Stebut)	BAG 38, 207; BB 82, 675; 83, 766; Betrieb 82, 2139; NJW 82, 2835; AR-Blattei Arbeitskampf II, Entsch. 22 (Löwisch); SAE 83, 55 (Hromadka); EzA Art. 9 GG Arbeitskampf Nr. 46 (Buschmann)
30. 3. 1 ABR 55/80	BetrVG 1972 § 87 Lohngestaltung Nr. 10 (Weiss)	BB 82, 1300; Betrieb 82, 1519; AR-Blattei Betriebsverfassung XIV B, Entsch. 63; SAE 83, 50 (Steindl); EzA § 87 BetrVG 1972 Betriebl. Lohngestaltung Nr. 4
6. 4. 3 AZR 134/79	BetrAVG § 1 Gleichbehandlung Nr. 1 (Pfarr)	BAG 38, 232; BB 82, 1176; 83, 382 (v. Usslar); Betrieb 82, 1466, 1563 (Ahrend/Förster/Rühmann); NJW 82, 2013; AR-Blattei Betriebliche Altersversorgung, Entsch. 96; SAE 82, 256 (Sieg); EzA § 1 BetrAVG Nr. 16
20. 4. 1 ABR 3/80	BetrVG 1972 § 112 Nr. 15	BAG 38, 284; BB 82, 804, 1423; Betrieb 82, 1727; NJW 82, 2334; AR-Blattei Sozialplan, Entsch. 16; SAE 82, 287; EzA § 112 BetrVG 1972 Nr. 25
28. 4. 7 AZR 962/79	BetrVG 1972 § 87 Betriebsbuße Nr. 4 (Herschel)	BAG 39, 31; Betrieb 83, 775; EzA § 87 BetrVG 1972 Betriebsbuße Nr. 5
28. 4. 7 AZR 1139/79	KSchG 1969 § 2 Nr. 3 (v. Hoyningen-Huene)	BAG 38, 348; BB 83, 1413; Betrieb 82, 1776; NJW 82, 2687; AR-Blattei Kündigungsschutz I A, Entsch. I; SAE 82, 246 (Beitzke); AuR 82, 291; 83, 381 (Kempff); EzA § 2 KSchG Nr. 4
29. 4. 6 ABR 54/79	BAT § 15 Nr. 4 (Clemens)	BB 83, 1280; Betrieb 82, 2469 (v. Friesen); EzA § 2 AZO Nr. 1
25. 5. 1 AZR 1073/79	BGB § 611 Dienstordnungs-Angestellte Nr. 53 (Stutzky)	BAG 39, 76; BB 83, 1343; Betrieb 82, 2712; AR-Blattei Personalvertretung XI A, Entsch. 1
25. 5. 1 ABR 19/80	BetrVG 1972 § 87 Prämie Nr. 2 (Gaul)	BAG 39, 86; Betrieb 82, 2467; AR-Blattei Betriebsverfassung XIV B, Entsch. 64; SAE 83, 173 (Kraft); EzA § 87 BetrVG 1972 Leistungslohn Nr. 7 (Gaul)
27. 5. 6 ABR 66/79	BetrVG 1972 § 34 Nr. 1	BB 82, 2183; Betrieb 82, 2578; AR-Blattei Betriebsverfassung X, Entsch. 51; SAE 83, 24; EzA § 34 BetrVG 1972 Nr. 1
27. 5. 6 ABR 105/79	ArbGG 1979 § 80 Nr. 3 (V. Schmidt)	BAG 39, 102; BB 83, 442; Betrieb 82, 2410; NJW 83, 192; AR-Blattei Arbeitsgerichtsbarkeit XII, Entsch. 112; SAE 83, 20 (Grunsky); EzA § 83 ArbGG 1979 Nr. 1

Fundstellenverzeichnis

Datum	Fundstelle AP	Weitere Fundstellen
27. 5. 6 ABR 28/80	BetrVG 1972 § 42 Nr. 3 (Beitzke)	BAG 39, 108; BB 82, 2183; Betrieb 82, 2519; NJW 83, 413; AR-Blattei Auslandsarbeit, Entsch. 7; SAE 83, 25; EzA § 42 BetrVG 1972 Nr. 3
2. 6. 2 AZR 1237/79	ZPO § 284 Nr. 3 (Baumgärtel)	BAG 41, 37; BB 83, 1727 (Schlund); Betrieb 83, 1827; NJW 83, 1691; AR-Blattei Kündigung II, Entsch. 29 (Wiese); SAE 84, 294 (Lorenz, Unger); EzA Art. 2 GG Nr. 2
8. 6. 1 ABR 56/80	BetrVG 1972 § 87 Arbeitszeit Nr. 7	BB 83, 59; 84, 676 (Neumann); Betrieb 82, 2356 (Marsch-Barner); AR-Blattei Betriebsverfassung XIV B, Entsch. 65; SAE 83, 144 (Jahnke); EzA § 87 BetrVG 1972 Arbeitszeit Nr. 12
9. 6. 4 AZR 766/79	BPersVG § 107 Nr. 1 (Herschel)	BAG 39, 118; Betrieb 82, 2711; AR-Blattei Personalvertretung VII, Entsch. 7; SAE 83, 25
20. 7. 3 AZR 261/80	BGB § 613 a Nr. 31	BAG 39, 208; Betrieb 83, 50, 1097 (Bauer); NJW 83, 472; AR-Blattei Betriebsinhaberwechsel, Entsch. 46; SAE 86, 29 (Häuser); AuR 83, 58; EzA § 613 a BGB Nr. 33
20. 7. 3 AZR 446/80	BGB § 611 Mittelbares Arbeitsverhältnis Nr. 5 (Koller)	BAG 39, 200; BB 83, 59; NJW 83, 645; AR-Blattei Arbeitsvertrag – Arbeitsverhältnis III; Entsch. 4; SAE 83, 46 (Zeiss); EzA § 611 BGB Mittelbares Arbeitsverhältnis Nr. 1
20. 7. 1 ABR 19/81	BetrVG § 76 Nr. 26 [1952]	BB 83, 832; Betrieb 82, 2087; NJW 83, 701; AR-Blattei Betriebsverfassung VI A, Entsch. 14; SAE 83, 334 (Otto/Bachmann); EzA § 76 BetrVG 1956 Nr. 12
22. 7. 2 AZR 30/81	KSchG 1969 Verhaltensbedingte Kündigung § 1 Nr. 5 (Otto)	BB 83, 834; Betrieb 83, 180; NJW 83, 700; AR-Blattei Kündigungsschutz, Entsch. 227 (Herschel); SAE 83, 313 (Ottow); EzA § 1 KSchG Verhaltensbedingte Kündigung Nr. 10 (Weiss)
29. 7. 6 ABR 51/79	ArbGG 1979 § 83 Nr. 5	BAG 39, 259; BB 83, 1412; Betrieb 83, 666; AR-Blattei Arbeitsgerichtsbarkeit XII, Entsch. 113; SAE 83, 343 (Schreiber); EzA § 81 ArbGG 1979 Nr. 2
3. 8. 3 AZR 503/79	BGB § 242 Betriebliche Übung Nr. 12 (Scheuring)	BAG 39, 271; BB 83, 1285; AR-Blattei Öffentlicher Dienst, Entsch. 254; Betriebsübung, Entsch. 8; EzA § 242 BGB Betriebliche Übung Nr. 7
3. 8. 3 AZR 1219/79	BetrVG 1972 § 87 Lohngestaltung Nr. 12 (Misera)	BAG 39, 277; BB 83, 376; Betrieb 83, 237; NJW 83, 2519; AR-Blattei Betriebsverfassung XIV B, Entsch. 70; SAE 83, 317 (Hirschberg); EzA § 87 BetrVG 1972 Betriebl. Lohngestaltung Nr. 5
12. 8. 6 AZR 1117/79	BetrVG 1972 § 77 Nr. 4 (Hanau)	BAG 39, 295; BB 82, 2183; Betrieb 82, 2298, 2513 (Belling); 84, 875 (Falkenberg); NJW 83, 68; AR-Blattei Betriebsvereinbarung, Entsch. 28 (Fastrich); SAE 83, 125 (Lieb); EzA § 77 BetrVG 1972 Nr. 9 (Buchner)
12. 8. 6 ABR 98/79	BetrVG 1972 § 77 Nr. 5	BB 83, 249; Betrieb 82, 2301; AR-Blattei Betriebsvereinbarung, Entsch. 30; SAE 83, 26
17. 8. 1 ABR 40/80	BetrVG 1972 § 111 Nr. 11 (Richardi)	BAG 40, 36; BB 83, 501; Betrieb 83, 344; NJW 83, 1870; AR-Blattei Betriebsverfassung XIV E, Entsch. 22; SAE 84, 234 (Mayer-Maly); EzA § 111 BetrVG 1972 Nr. 14
17. 8. 1 ABR 50/80	BetrVG 1972 § 87 Ordnung des Betriebes Nr. 5	BB 82, 1920; Betrieb 82, 2579; NJW 83, 646; AR-Blattei Betriebsverfassung XIV B, Entsch. 66; EzA § 87 BetrVG 1972 Betriebl. Ordnung Nr. 9
18. 8. 7 AzR 437/80	BetrVG 1972 § 102 Nr. 24	BAG 40, 42; BB 83, 251; Betrieb 83, 288, 289; NJW 83, 2836; AR-Blattei Betriebsverfassung XIV C, Entsch. 80 (Herschel); SAE 84, 121 (Körnig); EzA § 102 BetrVG 1972 Nr. 48 (Heinze)

Fundstellenverzeichnis

Datum	Fundstelle AP	Weitere Fundstellen
18. 8. 5 AZR 493/80	BGB § 618 Nr. 18 (Lorenz)	BAG 40, 50; BB 83, 637; Betrieb 83, 234; AR-Blattei Unfallverhütung, Entsch. 3; SAE 83, 26; EzA § 618 BGB Nr. 4
19. 8. 2 AZR 230/80	KSchG 1969 § 9 Nr. 9 (Bernert)	BAG 40, 56; BB 83, 704; Betrieb 83, 663; NJW 83, 1628; AR-Blattei Kündigungsschutz, Entsch. 228 (Herschel); EzA § 9 KSchG n. F. Nr. 14
25. 8. 5 AZR 107/80	BGB § 242 Gleichbehandlung Nr. 53	BAG 39, 336; BB 82, 1546, 1921; Betrieb 82, 2354; 83, 1430 (Seeland); NJW 83, 190; AR-Blattei Gleichbehandlung im Arbeitsverhältnis, Entsch. 69 (Gröninger); EzA § 242 BGB Gleichbehandlung Nr. 31
25. 8. 5 AZR 7/81	BGB § 611 Lehrer Nr. 32, Dozenten	BAG 39, 329; BB 83, 899; EzA § 611 BGB Arbeitnehmerbegriff Nr. 25
27. 8. 7 AZR 30/80	BetrVG 1972 § 102 Nr. 25	BAG 40, 95; BB 83, 377; Betrieb 83, 181; NJW 83, 2835; AR-Blattei Betriebsverfassung XIV C, Entsch. 81 (Herschel); SAE 83, 26; EzA § 102 BetrVG 1972 Nr. 49
31. 8. 1 ABR 27/80	BetrVG 1972 § 87 Arbeitszeit Nr. 8 (Rath-Glawatz)	BAG 40, 107; BB 82, 1609; 83, 1597; Betrieb 83, 453, 1818 (Joost); NJW 83, 953; AR-Blattei Betriebsverfassung XIV B, Entsch. 71; SAE 83, 134 (Löwisch); EzA § 87 BetrVG 1972 Arbeitszeit Nr. 13 (Richardi)
31. 8. 1 ABR 8/81	BetrVG 1972 § 87 Auszahlung Nr. 2	BAG 39, 351; BB 83, 60; Betrieb 82, 2519; NJW 83, 2284; AR-Blattei Betriebsverfassung XIV B, Entsch. 72; EzA § 87 BetrVG 1972 Nr. 9
1. 9. 4 AZR 951/79	BAT 1975 §§ 22, 23 Nr. 65 (Jesse)	BAG 39, 358; AR-Blattei Öffentlicher Dienst III A, Entsch. 250
16. 9. 2 AZR 228/80	BGB § 123 Nr. 24 (Brox)	BAG 41, 54; Betrieb 83, 2780; NJW 84, 446; AR-Blattei Einstellung, Entsch. 12 (Bürger); SAE 84, 78; EzA § 123 BGB Nr. 22 (Wohlgemuth)
16. 9. 2 AZR 271/80	KO § 22 Nr. 4	BB 83, 314; Betrieb 83, 504; NJW 83, 1341; AR-Blattei Kündigungsschutz, Entsch. 229; EzA § 1 KSchG Betriebsbedingte Kündigung Nr. 18 (Herschel)
23. 9. 6 ABR 86/79	BetrVG 1972 § 37 Nr. 42	BB 83, 382; Betrieb 83, 182; AR-Blattei Betriebsverfassung VIII A, Entsch. 55; SAE 83, 27; EzA § 37 BetrVG 1972 Nr. 76
23. 9. 6 ABR 42/81	BetrVG 1972 § 4 Nr. 3	BAG 40, 163; Betrieb 83, 1498; AR-Blattei Betrieb, Entsch. 10 (Löwisch); EzA § 1 BetrVG 1972 Nr. 3
7. 10. 2 AZR 455/80	BGB § 620 Teilkündigung Nr. 5 (M. Wolf)	BAG 40, 199; BB 83, 1791; Betrieb 83, 1368; NJW 83, 2284; AR-Blattei Kündigung I B, Entsch. 3 (Gröninger); SAE 83, 185 (Beitzke); EzA § 315 BGB Nr. 28 (Herschel)
14. 10. 2 AZR 811/79	BGB § 613 a Nr. 36	BB 84, 1554; Betrieb 84, 1306; AR-Blattei Betriebsinhaberwechsel, Entsch. 53; EzA § 613 a BGB Nr. 38
14. 10. 2 AZR 568/80	KSchG 1969 § 1 Konzern Nr. 1 (Wiedemann)	BAG 41, 72; Betrieb 83, 2635; NJW 84, 381; AR-Blattei Kündigungsschutz, Entsch. 233 (Herschel); SAE 84, 139 (Windbichler); EzA § 15 KSchG n. F. Nr. 29
14. 10. 6 ABR 37/79	BetrVG 1972 § 40 Nr. 19 (Otto)	BAG 40, 244; BB 83, 1215; Betrieb 83, 665; AR-Blattei Betriebsverfassung VIII A, Entsch. 54; SAE 83, 209 (Peterek); EzA § 40 BetrVG 1972 Nr. 52
21. 10. 2 AZR 591/80	GG Art. 140 Nr. 14 (A. Stein)	BB 83, 2052; Betrieb 83, 2778; NJW 84, 826; AR-Blattei Kirchenbedienstete, Entsch. 23 (Mayer-Maly); SAE 84, 78; EzA § 1 KSchG Tendenzbetrieb Nr. 12 (Rüthers)
26. 10. 1 ABR 11/81	BetrVG 1972 § 111 Nr. 10 (Richardi)	BAG 41, 92; BB 82, 1985; Betrieb 82, 1766; NJW 83, 2838; AR-Blattei Betriebsverfassung XIV E, Entsch. 23; SAE 84, 269 (Buchner); EzA § 111 BetrVG 1972 Nr. 15
3. 11. 7 AZR 5/81	KSchG 1969 § 15 Nr. 12	BAG 40, 296; BB 83, 1097; Betrieb 83, 830; NJW 83, 1221; AR-Blattei Betriebsverfassung IX, Entsch. 55

Fundstellenverzeichnis

Datum	Fundstelle AP	Weitere Fundstellen
10. 11. 4 AZR 1203/79	TVG § 1 Form Nr. 8 (Mangen)	(Hanau); SAE 83, 282 (Gangel); EzA § 15 KSchG n. F. Nr. 28 BAG **40**, 327; BB 83, 1344; Betrieb 83, 717; AR-Blattei Tarifvertrag V C, Entsch. 3 (Herschel); EzA § 1 TVG Nr. 16
16. 11. 1 ABR 22/78	TVG § 2 Nr. 32 (Rüthers, Roth)	BB 83, 2047; Betrieb 83, 1151; 84, 718 (Hagemeier); SAE **84**, 133 (Konzen); EzA Art. 9 GG Nr. 36
25. 11. 2 AZR 140/81	KSchG 1969 § 1 Krankheit Nr. 7 (Meisel)	BAG **40**, 361; BB **83**, 899; Betrieb 83, 1047; **84**, 43 (Mohr); NJW 83, 2897; AR-Blattei Kündigungsschutz, Entsch. 234 (Jahnke); EzA § 1 KSchG Krankheit Nr. 10 (Otto)
3. 12. 7 AZR 622/80	BGB § 620 Befristeter Arbeitsvertrag Nr. 72	BAG **41**, 110; BB 83, 2119; Betrieb 83, 2158; AR-Blattei Arbeitsvertrag – Arbeitsverhältnis VIII, Entsch. 50; SAE 83, 171; EzA § 620 BGB Nr. 63
9. 12. 2 AZR 620/80	BGB § 626 Nr. 73	BAG **41**, 150; BB 83, 2257; Betrieb 83, 2578; NJW **84**, 1142; AR-Blattei Kündigung VIII, Entsch. 58 (Buchner); SAE **84**, 158 (Roemheld); EzA § 626 BGB n. F. Nr. 86 (Löwisch, Schönfeld); JZ 84, 56
14. 12. 4 AZR 251/80	BetrVG § 1 Besitzstand Nr. 1 (Wiedemann, Mangen)	BAG **41**, 161; BB 83, 1034; Betrieb 83, 944; AR-Blattei Betriebliche Altersversorgung, Entsch. 109; SAE **85**, 9 (Pestalozza); EzA § 242 BGB Ruhegeld Nr. 100
16. 12. 2 AZR 76/81	KSchG 1969 § 15 Nr. 13 (Kraft)	BAG **41**, 180; Betrieb 83, 1049; AR-Blattei Betriebsverfassung IX, Entsch. 56; SAE 83, 277 (Coester); EzA § 103 BetrVG 1972 Nr. 29
21. 12. 1 AZR 14/81	BetrVG 1972 § 87 Arbeitszeit Nr. 9 (Gast)	BAG **41**, 200; BB 83, 503; Betrieb 83, 611; NJW 83, 1135; AR-Blattei Betriebsverfassung XIV B, Entsch. 73; SAE 83, 321 (Wiese); EzA § 87 BetrVG 1972 Arbeitszeit Nr. 16
1983 13. 1. 5 AZR 149/82	BGB § 611 Abhängigkeit Nr. 42 (Herschel)	BAG **41**, 247; BB 83, 1855; Betrieb 83, 2042; NJW **84**, 1985; AR-Blattei Freie Mitarbeit, Entsch. 18; SAE 83, 262; EzA § 611 BGB Arbeitnehmerbegriff Nr. 26
14. 1. 6 ABR 67/79	BetrVG 1972 § 76 Nr. 12	BB **84**, 338; Betrieb 83, 2583; AR-Blattei Einigungsstelle, Entsch. 24 (Herschel); SAE **84**, 154 (Meisel); EzA § 76 BetrVG 1972 Nr. 34
14. 1. 6 ABR 39/82	BetrVG 1972 § 19 Nr. 9	BAG **41**, 275; BB 83, 1223; Betrieb 83, 2142; AR-Blattei Arbeitsgerichtsbarkeit XII, Entsch. 114; SAE 83, 171; EzA § 81 ArbGG 1970 Nr. 1
19. 1. 7 AZR 514/80	BetrVG 1972 § 102 Nr. 28	BB 83, 1920; Betrieb 83, 1153; NJW 83, 2047; AR-Blattei Betriebsverfassung XIV C, Entsch. 82; SAE 83, 171; EzA § 102 BetrVG 1972 Nr. 50
26. 1. 4 AZR 206/80	LPVG Rheinland-Pfalz § 75 Nr. 1 (Pecher)	BAG **41**, 297; BB **84**, 145; AR-Blattei Lohnabtretung Entsch. 14
1. 2. 1 ABR 33/78	ZPO § 322 Nr. 14 (Leipold)	BAG **41**, 316; BB 83, 1478; Betrieb 83, 1660; NJW **84**, 1710; AR-Blattei Arbeitsgerichtsbarkeit XI, Entsch. 97; Berufsverbände, Entsch. 22; SAE 83, 263; EzA § 322 ZPO Nr. 4
17. 2. 2 AZR 481/81	KSchG 1969 § 15 Nr. 14	BAG **41**, 391; BB 83, 1218; Betrieb 83, 1551; NJW 83, 1927; AR-Blattei Betriebsverfassung IX, Entsch. 57; Arbeitsvertrag – Arbeitsverhältnis VIII, Entsch. 51; SAE 83, 172; EzA § 620 BGB Nr. 64
17. 2. 6 ABR 18/82	ZPO § 212 a Nr. 6	BAG **41**, 408; Betrieb 83, 2473; AR-Blattei Arbeitsgerichtsbarkeit VI C, Entsch. 36; Arbeitsgerichtsbarkeit VII, Entsch. 170; Arbeitsgerichtsbarkeit XII, Entsch. 115; SAE 83, 263; EzA § 212 a ZPO Nr. 4

Fundstellenverzeichnis

Datum	Fundstelle AP	Weitere Fundstellen
22. 2. 1 AZR 260/81	BetrVG 1972 § 113 Nr. 7	BAG **42**, 1; BB **84**, 61; Betrieb **83**, 1447; NJW **84**, 323; AR-Blattei Ausschlußfristen Entsch. 105; SAE **83**, 172; EzA § 4 TVG Ausschlußfristen Nr. 54
22. 2. 1 ABR 27/81	BetrVG 1972 § 23 Nr. 2 (v. Hoyningen-Huene)	BAG **42**, 11; BB **83**, 1724; **84**, 676 (Neumann), 1169 (Trittin); Betrieb **83**, 1926; **84**, 2695 (Konzen, Rupp); NJW **84**, 196; AR-Blattei Arbeitsgerichtsbarkeit XII, Entsch. 119 (Bertelsmann); SAE **84**, 182 (Buchner); EzA § 23 BetrVG 1972 Nr. 9 (Rüthers, Henssler)
25. 2. 2 AZR 298/81	BGB § 626 Ausschlußfrist Nr. 14	BB **83**, 1922; **88**, 2932 (Gerauer); **89**, 1061 (Kapischke); Betrieb **83**, 1605; NJW **83**, 2720; AR-Blattei Kündigung VIII, Entsch. 59; SAE **83**, 263; EzA § 626 BGB n. F. Nr. 83
3. 3. 6 ABR 4/80	BetrVG 1972 § 20 Nr. 8 (Löwisch)	BAG **42**, 71; BB **83**, 1922; Betrieb **83**, 1366; NJW **84**, 198; AR-Blattei Haftung des Arbeitgebers, Entsch. 56 (Mayer-Maly); SAE **83**, 263; EzA § 20 BetrVG 1972 Nr. 12
8. 3. 1 ABR 38/81	BetrVG 1972 § 87 Lohngestaltung Nr. 14 (Weiß)	BB **83**, 2114; Betrieb **83**, 2040; AR-Blattei Tarifliche Eingruppierung, Entsch. 4; SAE **83**, 263; EzA § 87 BetrVG 1972 Betriebliche Lohngestaltung Nr. 6
8. 3. 1 ABR 44/81	BetrVG 1972 § 118 Nr. 26 (Herschel)	BAG **42**, 75; BB **83**, 2115; Betrieb **83**, 1875; NJW **84**, 1144; AR-Blattei Arbeitsgerichtsbarkeit XII, Entsch. 116; Tendenzbetrieb, Entsch. 29; SAE **83**, 263; EzA § 118 BetrVG 1972 Nr. 34
17. 3. 6 ABR 33/80	BetrVG 1972 § 80 Nr. 18	BAG **42**, 113; BB **83**, 1280 (v. Friesen), 1282; Betrieb **83**, 1607; NJW **83**, 2463; AR-Blattei Datenschutz, Entsch. 5; SAE **83**, 264; EzA § 80 BetrVG 1972 Nr. 24 (Kroll)
22. 3. 1 ABR 49/81	BetrVG 1972 § 101 Nr. 6 (Löwisch)	BAG **42**, 121; BB **83**, 1986; Betrieb **83**, 2313; AR-Blattei Arbeitsgerichtsbarkeit XII, Entsch. 117; SAE **84**, 59 (Kraft); EzA § 101 BetrVG 1972 Nr. 5
21. 4. 6 AZR 407/80	BetrVG 1972 § 37 Nr. 43	BB **83**, 1853; Betrieb **83**, 2253; AR-Blattei Betriebsverfassung VIII, Entsch. 12; SAE **84**, 79; EzA § 37 BetrVG 1972 Nr. 79
21. 4. 6 ABR 70/82	BetrVG 1972 § 40 Nr. 20 (Naendrup)	BAG **42**, 259; BB **84**, 469; Betrieb **84**, 248; NJW **84**, 2309; AR-Blattei Betriebsverfassung X, Entsch. 54; SAE **84**, 261 (Schwerdtner); EzA § 40 BetrVG 1972 Nr. 53 (Kreutz)
17. 5. 1 AZR 1249/79	BPersVG § 75 Nr. 11 (Wiese)	BAG **42**, 375; BB **84**, 140; Betrieb **84**, 139; NJW **84**, 824; AR-Blattei Öffentlicher Dienst Entsch. 271 (Echterhölter); SAE **84**, 79; EzA Art. 2 GG Nr. 3
17. 5. 1 ABR 5/80	BetrVG 1972 § 99 Nr. 18 (Faude)	BAG **42**, 386; BB **84**, 671; Betrieb **83**, 2638; SAE **84**, 79; EzA § 99 BetrVG 1972 Nr. 36
17. 5. 1 ABR 21/80	BetrVG 1972 § 80 Nr. 19 (v. Hoyningen-Huene)	BAG **42**, 366; BB **83**, 1984; **84**, 676 (Neumann); Betrieb **83**, 1986; AR-Blattei Betriebsverfassung XIV A, Entsch. 24; Arbeitsgerichtsbarkeit XII, Entsch. 118; SAE **85**, 56 (Joost); EzA § 80 BetrVG 1972 Nr. 25
19. 5. 2 AZR 171/81	BGB § 123 Nr. 25 (Mühl)	BB **84**, 533; Betrieb **84**, 298; AR-Blattei Wettbewerbsverbot Entsch. 137 (Buchner); SAE **84**, 173 (Misera); EzA § 123 BGB Nr. 23 (Wank)
19. 5. 6 AZR 290/81	BetrVG 1972 § 37 Nr. 44 (Weiss)	BAG **42**, 405; BB **84**, 532; Betrieb **83**, 2038; NJW **83**, 2720; AR-Blattei Betriebsverfassung X, Entsch. 52; SAE **84**, 79; EzA § 37 BetrVG 1972 Nr. 77
26. 5. 2 AZR 477/81	BGB § 613 a Nr. 34 (Grunsky)	BAG **43**, 13; BB **83**, 2116; Betrieb **83**, 2690; NJW **84**, 627 Betriebsinhaberwechsel, Entsch. 51 (Seiter); EzA § 613 a BGB Nr. 34
31. 5. 1 ABR 6/80	BetrVG 1972 § 95 Nr. 2 (Löwisch)	BAG **43**, 26; BB **84**, 275; Betrieb **83**, 2311; AR-Blattei Betriebsverfassung XIV A, Entsch. 25; SAE **84**, 108 (Hj. Weber)

Fundstellenverzeichnis

Datum	Fundstelle AP	Weitere Fundstellen
31. 5. 1 ABR 57/80	BetrVG 1972 § 118 Nr. 27 (Misera)	BAB 43, 35; Betrieb 84, 995; NJW 84, 1143; AR-Blattei Betriebsverfassung XIV C, Entsch. 83; Tendenzbetrieb, Entsch. 30; SAE 84, 62 (Kraft)
9. 6. 2 AZR 494/81	KSchG 1969 § 23 Nr. 2	BAG 43, 80; BB 84, 143; Betrieb 83, 2473; NJW 84, 82; AR-Blattei Kündigungsschutz, Entsch. 238 (Herschel); SAE 84, 283 (Gast); EzA § 23 KSchG Nr. 4
10. 6. 6 ABR 50/82	BetrVG 1972 § 19 Nr. 10	BAG 44, 57; Betrieb 83, 2142; AR-Blattei Betriebsverfassung VI A, Entsch. 15; SAE 84, 80; EzA § 19 BetrVG 1972 Nr. 19
14. 6. 3 AZR 565/81	BGB § 242 Gleichbehandlung Nr. 58 (Herschel)	BAG 44, 61; BB 84, 1432; Betrieb 84, 1251; AR-Blattei Gleichbehandlung im Arbeitsverhältnis, Entsch. 70
15. 6. 5 AZR 111/81	AÜG § 10 Nr. 5	BAG 43, 102; BB 83, 2420; NJW 84, 2912; AR-Blattei Leiharbeitsverhältnis, Entsch. 15; SAE 85, 71 (Wank)
23. 6. 6 AZR 595/80	BetrVG 1972 § 78 a Nr. 10 (Natzel)	BAG 43, 115; Betrieb 84, 1786; NJW 84, 1779; AR-Blattei Berufsausbildung, Entsch. 39; EzA § 78 a BetrVG 1972 Nr. 11
23. 6. 6 AZR 65/80	BetrVG 1972 § 37 Nr. 45 (Löwisch, Reimann)	BAG 43, 109; BB 84, 598; Betrieb 83, 2419; AR-Blattei Betriebsverfassung X, Entsch. 53; SAE 84, 196 (Meisel); EzA § 37 BetrVG 1972 Nr. 78
30. 6. 2 AZR 524/81	GG Art. 140 Nr. 1 (Richardi)	NJW 84, 1917; AR-Blattei Kirchenbedienstete, Entsch. 25; EzA § 1 KSchG Tendenzbetrieb Nr. 14
19. 7. 1 AZR 307/81	BetrVG 1972 § 87 Betriebsbuße Nr. 5 (Herschel)	BB 84, 469; Betrieb 83, 2695; AR-Blattei Abmahnung, Entsch. 9 (Buchner); SAE 84, 172; EzA § 611 BGB Fürsorgepflicht Nr. 34 (H + D. Klinkhammer)
28. 7. 2 AZR 122/82	SchwbG § 22 Nr. 1 (Herschel)	BAG 43, 210; Betrieb 84, 133; NJW 84, 687; AR-Blattei Schwerbehinderte, Entsch. 72; SAE 84, 172; EzA § 22 SchwbG Nr. 1
2. 8. 1 AZR 516/81	BetrVG 1972 § 111 Nr. 12 (Fabricius, Pottmeyer)	BAG 43, 222; BB 84, 274; Betrieb 83, 2776; NJW 84, 1781; AR-Blattei Betriebsverfassung XIV E, Entsch. 24; SAE 84, 148 (Gitter); EzA § 111 BetrVG 1972 Nr. 16 (Mummenhof, Klinkhammer)
16. 8. 1 AZR 544/81	BetrVG 1972 § 50 Nr. 5	BAG 44, 86; BB 84, 598; Betrieb 83, 129, 1875; NJW 84, 2966; AR-Blattei Betriebsverfassung XII, Entsch. 12; SAE 84, 334 (Dütz); EzA § 50 BetrVG 1972 Nr. 9
16. 8. 1 ABR 11/82	ArbGG 1979 § 81 Nr. 2	BB 84, 729; Betrieb 84, 408; AR-Blattei Arbeitsgerichtsbarkeit XII, Entsch. 120; EzA § 81 ArbGG 1979 Nr. 3
25. 8. 6 ABR 52/80	KO § 59 Nr. 14 (Gerhardt)	Betrieb 84, 303; AR-Blattei Einigungsstelle, Entsch. 26; EzA § 59 KO Nr. 11
25. 8. 6 ABR 40/82	BetrVG 1972 § 77 Nr. 7 (Misera)	BAG 44, 94; BB 84, 981; Betrieb 84, 1302; AR-Blattei Betriebsvereinbarung, Entsch. 32 (Säcker); EzA § 77 BetrVG 1972 Nr. 12
30. 8. 1 AZR 121/81	GG Art. 9 Nr. 38 (Herschel)	BB 84, 212; Betrieb 84, 462; AR-Blattei Vereinigungsfreiheit, Entsch. 13 (v. Hoyningen-Huene); EzA Art. 9 GG Nr. 37
13. 9. 1 ABR 32/81	BetrVG 1972 § 87 Prämie Nr. 3 (Hanau)	BAG 43, 278; BB 83, 2051; Betrieb 83, 2470; AR-Blattei Betriebsverfassung XIV B, Entsch. 78 (v. Hoyningen-Huene); SAE 88, 253 (Lieb); EzA § 87 BetrVG 1972 Leistungslohn Nr. 8 (Löwisch, Reimann)
13. 9. 1 ABR 69/81	TVG § 1 Tarifverträge Druckindustrie Nr. 1 (Reuter)	BAG 44, 141; BB 84, 1551; Betrieb 84, 1099; AR-Blattei Tarifvertrag V, Entsch. 9 (Buchner); EzA § 4 TVG Druckindustrie Nr. 1
22. 9. 6 AZR 323/81	BetrVG 1972 § 78 a Nr. 11 (Löwisch)	BAG 44, 154; BB 84, 1682; Betrieb 84, 936; NJW 84, 2599; AR-Blattei Betriebsverfassung XIII, Entsch. 15 (Hanau); EzA § 78 a BetrVG 1972 Nr. 12
28. 9. 7 AZR 266/82	BetrVG 1972 § 21 Nr. 1 (Gast)	BAG 44, 164; Betrieb 84, 833; AR-Blattei Betriebsverfassung X, Entsch. 55; EzA § 102 BetrVG 1972 Nr. 56

Fundstellenverzeichnis

Datum	Fundstelle AP	Weitere Fundstellen
28. 9. 4 AZR 313/82	TVG § 1 Rückwirkung Nr. 9 (Herschel)	BAG 43, 305; BB 84, 724; Betrieb 84, 303; AR-Blattei Tarifvertrag VI, Entsch. 25 (Buchner); EzA § 1 TVG Rückwirkung Nr. 2
29. 9. 2 AZR 212/82	KSchG 1969 § 15 Nr. 15 (Richardi)	BB 84, 1097; Betrieb 84, 302; AR-Blattei Betriebsverfassung IX, Entsch. 6 (Hanau); SAE 85, 115 (Schulin); EzA § 15 KSchG n. F. Nr. 32
20. 10. 2 AZR 211/82	KSchG 1969 § 1 Betriebsbedingte Kündigung Nr. 13 (v. Hoyningen-Huene)	BAG 43, 357; BB 84, 671; Betrieb 84, 563, 1467 (Vogt); NJW 84, 1648; AR-Blattei Kündigungsschutz, Entsch. 240 (Ehmann); SAE 85, 215 (Otto); EzA § 1 KSchG Betriebsbedingte Kündigung Nr. 28 (Kraft)
25. 10. 1 AZR 260/82	BetrVG 1972 § 112 Nr. 18	BB 84, 598; Betrieb 84, 725; AR-Blattei Sozialplan, Entsch. 18; SAE 84, 326 (Hromadka); EzA § 112 BetrVG 1972 Nr. 28
2. 11. 7 AZR 65/82	BetrVG 1972 § 102 Nr. 29	BAG 44, 201; BB 84, 1749; Betrieb 84, 407; AR-Blattei Betriebsverfassung XIV C, Entsch. 84 (Echterhölter); EzA § 102 BetrVG 1972 Nr. 53 (Streckel)
24. 11. 2 AZR 347/82	BetrVG 1972 § 102 Nr. 30	BAG 44, 249; BB 84, 1045; Betrieb 84, 1149; AR-Blattei Krankheit des Arbeitnehmers, Entsch. 167; SAE 84, 300; EzA § 102 BetrVG 1972 Nr. 54 (Grunsky)
29. 11. 1 AZR 523/82	BetrVG 1972 § 113 Nr. 10	BAG 44, 260; Betrieb 84, 724; NJW 84, 1650; AR-Blattei Ausschlußfristen, Entsch. 108; Betriebsverfassung XIV E, Entsch. 25; SAE 84, 257 (Kraft); EzA § 113 BetrVG 1972 Nr. 11
1. 12. 6 ABR 6/81	BetrVG 1972 § 76 Nr. 13 (Weiss)	BB 84, 598; Betrieb 84, 934; AR-Blattei Einigungsstelle, Entsch. 29; SAE 84, 301; EzA § 40 BetrVG 1972 Nr. 54
6. 12. 1 AZR 43/81	BetrVG 1972 § 87 Überwachung Nr. 7 (Richardi)	BAG 44, 285; BB 84, 850; 85, 531 (Schwarz); Betrieb 84, 775, 1723 (Gaul), 2560 (Moll, Gaul); 85, 1341 (Weng); NJW 84, 1476; AR-Blattei Betriebsverfassung XIV B, Entsch. 74; SAE 85, 225 (Heinze); EzA 1972 Bildschirmarbeitsplatz Nr. 1 (Ehmann)
15. 12. 6 AZR 60/83	BetrVG 1972 § 78 a Nr. 12 (Löwisch)	BAG 44, 355; BB 84, 1364; Betrieb 84, 1101; NJW 84, 2598; AR-Blattei Betriebsverfassung XIII, Entsch. 16; SAE 84, 301; EzA § 78 a BetrVG 1972 Nr. 13
20. 12. 1 AZR 442/82	BetrVG 1972 § 112 Nr. 17 (v. Hoyningen-Huene)	BAG 44, 364; BB 84, 143, 2003; Betrieb 84, 56, 723; NJW 84, 1581; AR-Blattei Sozialplan, Entsch. 19 (Löwisch); SAE 85, 263 (Hanau); EzA § 112 BetrVG 1972 Nr. 29 (Kreutz)
1984 19. 1. 6 ABR 19/83	BetrVG 1972 § 74 Nr. 4	BAG 45, 22; BB 85, 269; Betrieb 84, 1529; NZA 84, 166; AR-Blattei Schwerbehinderte, Entsch. 75; SAE 84, 353
20. 1. 7 AZR 443/82	KSchG 1969 § 15 Nr. 16	BAG 45, 26; BB 84, 1043; Betrieb 84, 1248; NJW 84, 2488; NZA 84, 38; AR-Blattei Betriebsverfassung IX, Entsch. 58 (Herschel); SAE 85, 159 (Schlüter, Belling); EzA § 15 KSchG n. F. Nr. 33
25. 1. 5 AZR 89/82	BGB § 242 Gleichbehandlung Nr. 67 (Herschel)	BAG 45, 76; BB 84, 1940; Betrieb 84, 2251; NJW 85, 168; NZA 84, 326; AR-Blattei Gleichbehandlung im Arbeitsverhältnis, Entsch. 72; SAE 85, 204 (Misera); EzA § 242 BGB Gleichbehandlung Nr. 38 (Weiss)
25. 1. 5 AZR 251/82	BGB § 242 Gleichbehandlung Nr. 68 (Herschel)	BAG 45, 86; BB 84, 1940; Betrieb 84, 2355; NJW 85, 165; NZA 84, 323; AR-Blattei Gratifikation, Entsch. 85; SAE 85, 200 (Misera); EzA § 242 BGB Gleichbehandlung Nr. 39 (Weiss)

Fundstellenverzeichnis

Datum	Fundstelle AP	Weitere Fundstellen
31. 1. 1 AZR 174/81	BetrVG 1972 § 87 Lohngestaltung Nr. 15 (Satzky)	BAG 45, 91; BB 85, 398; Betrieb 84, 1353; NZA 84, 167; AR-Blattei Betriebsverfassung XIV B, Entsch. 77; Arbeitsgerichtsbarkeit X B 1979, Entsch. 23; Tendenzbetrieb, Entsch. 31; EzA § 87 BetrVG 1972 Betriebliche Lohngestaltung Nr. 8
31. 1. 1 ABR 63/81	BetrVG 1972 § 95 Nr. 3 (Löwisch)	BB 84, 915; Betrieb 84, 1199; NJW 84, 1709; NZA 84, 51; AR-Blattei Betriebsverfassung XIV B, Entsch. 75; SAE 84, 302; EzA § 95 BetrVG 1972 Nr. 7
9. 2. 6 ABR 10/81	BetrVG 1972 § 77 Nr. 9	BAG 45, 132; BB 84, 1746; Betrieb 84, 1477; NZA 84, 96; AR-Blattei Betriebsvereinbarung, Entsch. 33; SAE 84, 302; EzA § 77 BetrVG 1972 Nr. 13
14. 2. 1 AZR 574/82	BetrVG 1972 § 112 Nr. 21 (Konzen)	Betrieb 84, 1527; NZA 84, 201; AR-Blattei Sozialplan, Entsch. 20; SAE 85, 321 (Löwisch); EzA § 112 BetrVG 1972 Nr. 30
15. 2. 5 AZR 123/82	BGB § 613 a Nr. 37 (Herschel)	BAG 45, 140; BB 84, 2266; Betrieb 84, 1403; NZA 84, 32; AR-Blattei Betriebsinhaberwechsel, Entsch. 54; SAE 84, 303; EzA § 613 a BGB Nr. 39
23. 2. 6 ABR 22/81	BetrVG 1972 § 82 Nr. 2 (Schreiber)	BB 84, 1874; Betrieb 84, 2098; NZA 85, 128; AR-Blattei Betriebsverfassung XIV C, Entsch. 87; AuR 85, 27 (Peterek); EzA § 82 BetrVG 1971 Nr. 2
28. 2. 1 ABR 37/82	BetrVG 1972 § 87 Tarifvorrang Nr. 4	BB 85, 462; Betrieb 84, 1682; NZA 84, 230; AR-Blattei Betriebsverfassung XIV B, Entsch. 79; SAE 85, 293 (v. Hoyningen-Huene); EzA § 87 BetrVG 1972 Leistungslohn Nr. 9
6. 3. 3 AZR 82/82	BetrAVG § 1 Nr. 10	BAG 45, 178; BB 84, 2004; Betrieb 84, 2516; NZA 84, 356; AR-Blattei Betriebliche Altersversorgung, Entsch. 140; EzA § 1 BetrAVG Nr. 31
8. 3. 6 AZR 442/83	BUrlG § 13 Nr. 15	BAG 45, 199; BB 84, 1489; Betrieb 84, 1885; AR-Blattei Urlaub, Entsch. 261 (Buchner); SAE 86, 166 (Birk); EzA § 13 BUrlG Nr. 18
13. 3. ABR 49/82	ArbGG 1979 § 83 Nr. 9	Betrieb 84, 2148; NZA 84, 172; AR-Blattei Arbeitsgerichtsbarkeit XII, Entsch. 124; SAE 84, 304; EzA § 83 ArbGG 1979 Nr. 2
13. 3. 1 ABR 57/82	BetrVG 1972 § 87 Provision Nr. 4 (Hanau)	BAG 45, 208; BB 84, 2128; Betrieb 84, 2145; NJW 85, 399; NZA 84, 296; AR-Blattei Betriebsverfassung XIV B, Entsch. 80; SAE 85, 120 (Meisel); EzA § 87 BetrVG 1972 Leistungslohn Nr. 10 (Otto)
23. 3. 7 AZR 249/81	GG Art. 140 Nr. 16 (Mayer-Maly)	BAG 45, 250; BB 84, 1552; NJW 84, 2596; NZA 84, 287; AR-Blattei Kirchenbedienstete, Entsch. 26 (Hofmann); EzA § 1 KSchG Tendenzbetrieb Nr. 15 (Herschel)
23. 3. 7 AZR 515/82	KSchG 1969 § 23 Nr. 4	Jg., Bl. 922; BAG 45, 259; RdA 84, 259; Betrieb 84, 1684; NZA 84, 88; AR-Blattei Betrieb, Entsch. 12 (Löwisch); AuR 84, 217; EzA § 23 KSchG Nr. 7
29. 3. 2 AZR 429/83 A	BetrVG 1972 § 102 Nr. 31 (v. Hoyningen-Huene)	BAG 45, 277; BB 84, 1426; Betrieb 84, 1990; NJW 84, 2374; NZA 84, 169; AR-Blattei Kündigungsschutz, Entsch. 252 (Löwisch); SAE 85, 88 (Reuter); EzA § 102 BetrVG 1972 Nr. 55 (Moll)
5. 4. 6 AZR 495/81	BetrVG 1972 § 37 Nr. 46 (Löwisch, Riehle)	BB 84, 1874; Betrieb 84, 1785; NZA 84, 127; AR-Blattei Betriebsverfassung VIII A, Entsch. 56; SAE 84, 304; EzA § 37 BetrVG 1972 Nr. 80
5. 4. 2 AZR 513/82	BBiG § 17 Nr. 2 (Herschel)	BB 85, 1985; Betrieb 85, 602; NZA 85, 329; AR-Blattei Berufsausbildung, Entsch. 41; EzA § 17 BBiG Nr. 1
5. 4. 6 AZR 70/83	BetrVG 1972 § 78 a Nr. 13	BAG 45, 305; BB 85, 1797; Betrieb 84, 1992; NJW 84, 2599; NZA 84, 333; AR-Blattei Betriebsverfassung XIII, Entsch. 14; Betriebsverfassung IX, Entsch. 59; EzA § 78 a BetrVG 1972 Nr. 14

Fundstellenverzeichnis

Datum	Fundstelle AP	Weitere Fundstellen
10. 4. 1 ABR 67/82	BetrVG 1972 § 95 Nr. 4 (Hönn)	BB **84**, 1937; Betrieb **84**, 2198; NZA **84**, 233; AR-Blattei Versetzte Arbeitnehmer, Entsch. 3; SAE **85**, 29; EzA § 95 BetrVG 1972 Nr. 8
10. 4. 1 ABR 69/82	BetrVG 1972 § 87 Ordnung des Betriebes Nr. 7	BB **85**, 121; Betrieb **84**, 2097; NJW **84**, 2431; AR-Blattei Betriebsverfassung XIV B, Entsch. 81; SAE **86**, 20 (Kreutz)
30. 4. 1 AZR 34/84	BetrVG 1972 § 112 Nr. 23	BAG **45**, 357; BB **84**, 1616; Betrieb **84**, 1043, 1831; NJW **84**, 2486; NZA **84**, 20 (Heß), 27, 191; AR-Blattei Sozialplan, Entsch. 27; SAE **84**, 316 (Weitnauer); EzA § 112 BetrVG 1972 Nr. 31
3. 5. 6 ABR 60/80	BetrVG 1972 § 76 Nr. 15	BB **84**, 1746; Betrieb **84**, 2307; NZA **84**, 33; AR-Blattei Einigungsstelle, Entsch. 30; SAE **84**, 355; EzA § 40 BetrVG 1972 Nr. 56
3. 5. 6 ABR 68/81	BetrVG 1972 § 95 Nr. 5 (Fabricius)	BAG **46**, 4; BB **85**, 125; Betrieb **84**, 2413; AR-Blattei Arbeitsgerichtsbarkeit XII, Entsch. 128; SAE **84**, 355; EzA § 81 ArbGG 1979 Nr. 6
9. 5. 5 AZR 412/81	LohnFG § 1 Nr. 58	BAG **46**, 1; BB **84**, 1687; Betrieb **84**, 2099; NZA **84**, 162; AR-Blattei Betriebsvereinbarung, Entsch. 34 (Fastrich); SAE **85**, 30; EzA § 1 LohnFG Nr. 71 (Söllner)
9. 5. 5 AZR 195/82	BGB § 611 Abhängigkeit Nr. 45	Betrieb **84**, 2203; AR-Blattei Arbeitnehmer, Entsch. 26; SAE **85**, 30; EzA § 611 BGB Arbeitnehmerbegriff Nr. 30
17. 5. 2 AZR 109/83	KSchG 1969 Betriebsbedingte Kündigung § 1 Nr. 21 (v. Hoyningen-Huene)	BAG **46**, 191; Betrieb **85**, 1190; NZA **85**, 489; AR-Blattei Kündigungsschutz, Entsch. 254; SAE **86**, 273 (Schulin); EzA § 1 KSchG Betriebsbedingte Kündigung Nr. 32
23. 5. 4 AZR 129/82	BGB § 339 Nr. 9 (Brox)	BAG **46**, 50; BB **84**, 2268; **85**, 1402 (Stein); Betrieb **84**, 2143; NJW **85**, 91; NZA **84**, 255; AR-Blattei Vertragsstrafe, Entsch. 12; SAE **85**, 151 (Koller)
5. 6. 3 AZR 66/83	EWG-Vertrag Art. 119 Nr. 3	BAG **46**, 70; BB **84**, 1167; Betrieb **84**, 1308, 1577; NJW **84**, 2056; NZA **84**, 84; SAE **85**, 30; EzA § 242 BGB Gleichbehandlung Nr. 35
6. 6. 7 AZR 458/82	BGB § 620 Befristeter Arbeitsvertrag Nr. 83	BB **85**, 221; Betrieb **84**, 2708; NZA **85**, 90; AR-Blattei Arbeitsvertrag – Arbeitsverhältnis VIII, Entsch. 56; SAE **85**, 62 (Hj. Weber); EzA § 620 BGB Nr. 71
7. 6. 6 AZR 3/82	BetrVG 1972 § 20 Nr. 10	BB **85**, 397; Betrieb **85**, 2358; NZA **85**, 66; AR-Blattei Betriebsverfassung VIII A, Entsch. 59; SAE **86**, 144 (Färber); EzA § 20 BetrVG 1972 Nr. 13
7. 6. 2 AZR 270/83	BGB § 123 Nr. 26	BB **85**, 1398; Betrieb **84**, 2706; NJW **85**, 6445; NZA **85**, 57; AR-Blattei Anfechtung, Entsch. 20; SAE **85**, 165 (Naendrup); EzA § 123 BGB Nr. 24 (Peterek)
7. 6. 6 ABR 66/81	BetrVG 1972 § 40 Nr. 24	BB **84**, 2192; Betrieb **84**, 2200; NZA **84**, 362; AR-Blattei Betriebsverfassung VIII A, Entsch. 57; SAE **84**, 356; EzA § 40 BetrVG 1972 Nr. 57
19. 6. 1 ABR 65/82	ZA-Nato-Truppenstatut Art. 72 Nr. 1 (Beitzke)	BAG **46**, 107; BB **85**, 658; AR-Blattei Stationierungsstreitkräfte, Entsch. 30
28. 6. 6 ABR 5/83	BetrVG 1972 § 85 Nr. 1 (Misera)	BAG **46**, 228; BB **85**, 1196; Betrieb **85**, 1138; NZA **85**, 189; AR-Blattei Betriebsverfassung XIV A, Entsch. 26; SAE **85**, 265 (Herschel); EzA § 85 BetrVG 1972 Nr. 1
3. 7. 1 ABR 74/82	BetrVG 1972 § 99 Nr. 20 (Löwisch, Schönfeld)	BAG **46**, 158; BB **85**, 67; Betrieb **84**, 2304; NZA **84**, 191; **85**, 67; AR-Blattei Betriebsverfassung XIV C, Entsch. 89; SAE **85**, 31; EzA § 99 BetrVG 1972 Nr. 37 (Dütz)
12. 7. 2 AZR 320/83	BetrVG 1972 § 102 Nr. 32	BB **85**, 1599; Betrieb **85**, 340; NZA **85**, 96; AR-Blattei Abmahnung, Entsch. 10; SAE **85**, 31; EzA § 102 BetrVG 1972 Nr. 57

Fundstellenverzeichnis

Datum	Fundstelle AP	Weitere Fundstellen
23. 8. 6 AZR 520/82	BetrVG 1972 § 102 Nr. 36 (Richardi)	BAG 46, 282; BB 85, 1066; Betrieb 85, 1085; NZA 85, 566; AR-Blattei Betriebsverfassung XIV C, Entsch. 93; SAE 86, 117 (Meisel); EzA § 102 BetrVG 1972 Nr. 59 (Wiese)
23. 8. 2 AZR 391/83	BetrVG 1972 § 103 Nr. 17 (van Venrooy)	BAG 46, 258; BB 85, 335; Betrieb 85, 554; NJW 85, 1976; NZA 85, 254; AR-Blattei Betriebsverfassung IX, Entsch. 61 (Hanau); EzA § 103 BetrVG 1972 Nr. 30
13. 9. 6 ABR 43/83	BetrVG 1972 § 1 Nr. 3	BAG 46, 363; BB 85, 997; Betrieb 85, 711; NZA 85, 293; AR-Blattei Betriebsverfassung VI, Entsch. 60; EzA § 19 BetrVG 1972 Nr. 20
14. 9. 1 ABR 23/82	BetrVG 1972 § 87 Überwachung Nr. 9 (Richardi)	BAG 46, 367; BB 84, 1808; 85, 193 (Hunold), 531 (Schwarz); Betrieb 84, 2045, 2513; 85, 1341 (Weng); NJW 85, 450 (Kilian); NZA 85, 28 Beil. 1, 2 (Ehmann), 11 (Samland), 15 (Hesse); AR-Blattei Betriebsverfassung XIV B, Entsch. 83 (Marsch-Barner); SAE 85, 181 (Ehmann), 193; EzA § 87 BetrVG 1972 Kontrolleinrichtung Nr. 11 (Löwisch/Rieble)
20. 9. 2 AZR 633/82	BGB § 626 Nr. 80	Betrieb 85, 655; NJW 85, 1854; NZA 85, 286, 588 (Tschöpe); AR-Blattei Betriebsverfassung XIV C, Entsch. 91; Kündigung IX, Entsch. 65; SAE 85, 171 (Oetker); EzA § 626 BGB n. F. Nr. 91 (Dütz)
27. 9. 2 AZR 62/83	KSchG 1969 § 2 Nr. 8 (v. Hoyningen-Huene)	BAG 47, 26; BB 85, 1130; Betrieb 85, 1186; NJW 85, 1797; NZA 85, 455; AR-Blattei Kündigungsschutz, Entsch. 257; SAE 86, 216 (Hönn); EzA § 2 KSchG Nr. 5 (Kraft)
27. 9. 2 AZR 309/83	BGB § 613 a Nr. 39	BAG 47, 13; BB 85, 1333; Betrieb 85, 1399; NJW 86, 91; NZA 85, 493; AR-Blattei Kündigungsschutz, Entsch. 258 (Boldt); SAE 86, 147 (Wank); EzA § 613 Sa BGB Nr. 40
23. 10. 1 ABR 2/83	BetrVG 1972 § 87 Ordnung des Betriebes Nr. 8 (v. Hoyningen-Huene)	BAG 47, 96; BB 84, 2002; Betrieb 84, 2353; 85, 495; NJW 85, 1045; NZA 85, 224; AR-Blattei Betriebsverfassung XIV A, Entsch. 27; EzA § 94 BetrVG 1972 Nr. 1
31. 10. 7 AZR 232/83	GG Art. 140 Nr. 20 (Dütz)	BAG 47, 144; BB 85, 1603; NJW 85, 1855; NZA 85, 215; AR-Blattei Kirchenbedienstete, Entsch. 30 (Richardi); SAE 85, 79; EzA § 1 KSchG Tendenzbetrieb Nr. 16
15. 11. 2 AZR 341/82	BetrVG 1972 § 25 Nr. 2	BAG 47, 201; BB 85, 866; Betrieb 85, 1028; NZA 85, 367; AR-Blattei Betriebsverfassung XIV C, Entsch. 92; SAE 85, 135; EzA § 102 BetrVG 1972 Nr. 58
20. 11. 3 AZR 584/83	BGB § 613 a Nr. 38 (Willemsen)	BAG 47, 206; BB 85, 869; Betrieb 85, 1135; NJW 85, 1574; NZA 85, 393; AR-Blattei Betriebliche Altersversorgung VI, Entsch. 34; SAE 85, 135; EzA § 613 a BGB Nr. 41
20. 11. 1 ABR 59/80	BetrVG 1972 § 112 Nr. 24	BAG 47, 214; BB 85, 658; Betrieb 85, 926; NJW 85, 1484; NZA 85, 227; AR-Blattei Sozialplan, Entsch. 21; SAE 85, 80; EzA § 112 BetrVG 1972 Nr. 32
20. 11. 1 ABR 64/82	BetrVG 1972 § 106 Nr. 3 (Kraft)	BAG 47, 218; BB 85, 927; Betrieb 85, 924; NJW 85, 2663; NZA 85, 432; AR-Blattei Betriebsverfassung XIV D, Entsch. 8; SAE 85, 350 (Eich); EzA § 106 BetrVG 1972 Nr. 6
22. 11. 6 ABR 9/84	BetrVG 1972 § 64 Nr. 1	BB 85, 1197; Betrieb 85, 1534; NZA 85, 715; AR-Blattei Betriebsverfassung XIII, Entsch. 17; SAE 85, 135; EzA § 64 BetrVG 1972 Nr. 1
28. 11. 5 AZR 195/83	TVG § 4 Bestimmungsrecht Nr. 2 (Wiedemann)	BB 84, 2267; Betrieb 85, 183; EzA § 4 TVG Rundfunk Nr. 12

Fundstellenverzeichnis

Datum	Fundstelle AP	Weitere Fundstellen
6. 12. 2 AZR 754/79 B	ArbGG 1979 § 12 Nr. 8	BB 85, 667; Betrieb 85, 556; NZA 85, 296; AR-Blattei Arbeitsgerichtsbarkeit XIII, Entsch. 148; SAE 85, 80; EzA § 12 ArbGG 1979 Streitwert Nr. 34 (Schneider)
6. 12. 2 AZR 348/81	KO § 61 Nr. 14	BB 85, 998; Betrieb 85, 1349; NJW 85, 1724; NZA 85, 394; AR-Blattei Konkurs, Entsch. 58; SAE 85, 135; EzA § 9 KSchG n. F. Nr. 17
12. 12. 7 AZR 509/83	KSchG 1969 § 2 Nr. 6	BAG 47, 314; BB 85, 731; Betrieb 85, 1240; NJW 85, 2151; NZA 85, 321; AR-Blattei Direktionsrecht, Entsch. 18; SAE 85, 357 (Schüren); EzA § 315 BGB Nr. 29
18. 12. 1 AZR 176/82	BetrVG 1972 § 113 Nr. 11	BAG 47, 329; BB 85, 55, 1394; Betrieb 85, 1293 (Nipperdey); NZA 85, 400; AR-Blattei Betriebsverfassung XIV E, Entsch. 26 (Löwisch); SAE 86, 125 (Buchner); EzA § 113 BetrVG 1972 Nr. 12
18. 12. 1 AZR 588/82	TVG § 4 Ausschlußfristen Nr. 88 (Zeuner)	BAG 47, 343; BB 85, 1067; Betrieb 85, 1497, 1297; NZA 85, 396; AR-Blattei Ausschlußfristen, Entsch. 116; Konkurs, Entsch. 59; SAE 85, 223
18. 12. 3 AZR 389/83	BGB § 611 Persönlichkeitsrecht Nr. 8	Betrieb 85, 2307; NJW 86, 341; NZA 85, 811; AR-Blattei Persönlichkeitsrecht, Entsch. 3; SAE 86, 33
20. 12. 2 AZR 436/83	BGB § 611 Direktionsrecht Nr. 27 (Brox)	BAG 47, 363; BB 85, 1853; 86, 385 (Reuter); Betrieb 85, 2689; NJW 86, 85; NZA 86, 21 AR-Blattei Arbeitsvertrag – Arbeitsverhältnis VIII, Entsch. 60; Direktionsrecht, Entsch. 19 (Söllner); EzA § 1 KSchG Verhaltensbedingte Kündigung Nr. 16; JZ 85, 1108 (U. Mayer)
1985 31. 1. 2 AZR 530/83	BGB § 613 a Nr. 40	BAG 48, 40; BB 85, 1913; Betrieb 85, 1842; NJW 86, 87; NZA 85, 593; AR-Blattei Betriebsinhaberwechsel, Entsch. 55 (J. A. E. Meyer); EzA § 613 a BGB Nr. 42 (Wank)
6. 2. 5 AZR 411/83	BGB § 613 a Nr. 44	BAG 48, 59; BB 86, 1716; Betrieb 85, 2411; NJW 86, 453; NZA 85, 735; 86, 286 (Schröder); AR-Blattei Betriebsinhaberwechsel, Entsch. 56; SAE 86, 34; EzA § 613 a BGB Nr. 44 (Gaul)
7. 2. 6 AZR 72/82	BPersVG § 46 Nr. 3	BAG 48, 76; BB 85, 1396; Betrieb 85, 1699; AR-Blattei Personalvertretung VII, Entsch. 9 (Söllner); SAE 85, 223
7. 2. 6 AZR 370/82	BetrVG 1972 § 37 Nr. 48	BB 85, 1263; Betrieb 85, 1346; NZA 85, 600; SAE 85, 180; EzA § 37 BetrVG 1972 Nr. 81
12. 2. 1 AZR 40/84	BetrVG 1972 § 112 Nr. 25	BB 85, 1129; Betrieb 85, 1487; NZA 85, 717; AR-Blattei Sozialplan, Entsch. 22; SAE 85, 224; EzA § 112 BetrVG 1972 Nr. 33
12. 2. 1 ABR 11/84	BetrVG § 76 Nr. 27 [1952] (Rittner)	BAG 48, 96; BB 85, 1330; Betrieb 85, 1799; NZA 85, 786; AR-Blattei Betriebsverfassung VI A, Entsch. 16; SAE 86, 23 (Petrek); EzA § 19 BetrVG 1972 Nr. 21
27. 2. GS 1/84	BGB § 611 Beschäftigungspflicht Nr. 14	BAG 48, 122; BB 85, 463, 1978; 86, 795 (Berkowski), 799 (Bauer); Betrieb 85, 551, 2197, 2610 (Dänzer-Vanotti); 86, 186 (Bengelsdorf), 482 (Schukai), 692 (Eich); 87, 1534; NJW 85, 2968; NZA 85, 702, 688 (Schumann); 86, 209 (Dütz), 215 (Färber/Kappes); 87, 295 (Grunsky); AR-Blattei Beschäftigungspflicht, Entsch. 15 (Buchner); SAE 86, 37 (Liebl); EzA § 611 BGB Beschäftigungspflicht Nr. 9 (Gamillscheg)
26. 3. 3 AZR 236/83	BetrAVG § 6 Nr. 10	BB 86, 877; Betrieb 85, 2617; NZA 86, 232; AR-Blattei Betriebliche Altersversorgung, Entsch. 158; SAE 86, 35; EzA § 6 BetrAVG Nr. 9

Fundstellenverzeichnis

Datum	Fundstelle AP	Weitere Fundstellen
11. 4. 2 AZR 239/84	BetrVG 1972 § 102 Nr. 3	BAG **49**, 39; BB **87**, 1316; Betrieb **86**, 1726; NJW **86**, 3159; NZA **86**, 674; **87**, 361 (Schwerdtner); AR-Blattei Kündigung IX, Entsch. 69 (Röder); SAE **86**, 225; EzA § 102 BetrVG 1972 Nr. 62 (Kraft)
18. 4. 6 ABR 19/84	BetrVG 1972 § 23 Nr. 5 (v. Hoyningen-Huene)	BAG **48**, 246; BB **86**, 1358; Betrieb **85**, 2511; NJW **86**, 400; NZA **85**, 783; AR-Blattei Arbeitsgerichtsbarkeit XII, Entsch. 138 (Bertelsmann); EzA § 23 BetrVG 1972 Nr. 10 (Konzen)
23. 4. 1 ABR 3/81	BetrVG 1972 § 112 Nr. 26	BAG **48**, 294; BB **85**, 929; Betrieb **85**, 1030, 1593; NJW **86**, 150; NZA **85**, 628; AR-Blattei Sozialplan, Entsch. 23; SAE **85**, 327 (Reuter); EzA § 112 BetrVG 1972 Nr. 34
23. 4. 1 ABR 39/81	BetrVG 1972 § 87 Überwachung Nr. 11	BB **85**, 1664; Betrieb **85**, 1897; NJW **86**, 152; NZA **85**, 669; AR-Blattei Betriebsverfassung XIV B, Entsch. 84 a (Marsch-Barner); SAE **85**, 273 (Ehmann), 284; EzA § 87 BetrVG 1972 Kontrolleinrichtung Nr. 12
23. 4. 1 ABR 2/82	BetrVG 1972 § 87 Überwachung Nr. 12	BB **85**, 1664; Betrieb **85**, 1898; NJW **86**, 152; NZA **85**, 671; AR-Blattei Betriebsverfassung XIV B, Entsch. 84 b (Marsch-Barner); SAE **85**, 273 (Ehmann), 287; EzA § 87 BetrVG 1972 Kontrolleinrichtung Nr. 13
15. 5. 5 AZR 276/84	BGB § 613 a Nr. 41 (v. Hoyningen-Huene)	BAG **48**, 345; BB **85**, 1794; NJW **86**, 454; NZA **85**, 736; AR-Blattei Betriebsinhaberwechsel, Entsch. 57; SAE **86**, 36; EzA § 613 a BGB Nr. 43 (Birk)
22. 5. 5 AZR 30/84	BGB § 613 a Nr. 42 (Herschel)	BAG **48**, 365; BB **86**, 193; Betrieb **85**, 2409; NJW **86**, 451; NZA **85**, 775; AR-Blattei Betriebsinhaberwechsel, Entsch. 59 (Röder); SAE **86**, 133 (Loritz); EzA § 613 a BGB Nr. 45 (Gaul)
13. 6. 2 AZR 410/84	BGB § 611 Beschäftigungspflicht Nr. 19 (Belling)	BB **86**, 1437; Betrieb **86**, 1827; NJW **87**, 680; NZA **86**, 562; AR-Blattei Beschäftigungspflicht, Entsch. 17 (Buchner); SAE **87**, 11 (Kraft); EzA § 611 BGB Beschäftigungspflicht Nr. 16
13. 6. 2 AZR 452/68	KSchG 1969 § 1 Nr. 10 (Wiedemann)	Betrieb **86**, 1287; NZA **86**, 600; AR-Blattei Kündigungsschutz, Entsch. 265; SAE **86**, 196; EzA § 1 KSchG Nr. 41
20. 6. 2 AZR 427/84	BetrVG 1972 § 112 Nr. 33 (Hj. Weber)	BB **85**, 530; Betrieb **85**, 2357; NJW **86**, 2785; NZA **86**, 258; AR-Blattei Sozialplan, Entsch. 24; SAE **86**, 36; EzA § 4 KSchG Ausgleichsquittung Nr. 1
25. 6. 3 AZR 254/83	BetrAVG § 7 Nr. 2 (Kraft)	BAG **49**, 102; BB **86**, 1017; Betrieb **85**, 2459; NJW **86**, 450; NZA **86**, 93; AR-Blattei Betriebliche Altersversorgung VI, Entsch. 36; SAE **86**, 136 (Loritz); EzA § 613 a BGB Nr. 48
27. 6. 6 AZR 392/81	BetrVG 1972 § 77 Nr. 14	BAG **49**, 151; Betrieb **86**, 596; NZA **86**, 401; AR-Blattei Betriebsverfassung XIV B, Entsch. 85; Betriebsvereinbarung, Entsch. 35; SAE **86**, 175 (Eich); EzA § 77 BetrVG 1972 Nr. 16
27. 6. 2 AZR 412/84	BetrVG 1972 § 102 Nr. 37 (Ortlepp)	BAG **49**, 136; BB **86**, 321; Betrieb **86**, 332; NAZ **86**, 426; AR-Blattei Betriebsverfassung XIV C, Entsch. 94; SAE **86**, 309 (Mummenhoff); EzA § 102 BetrVG 1972 Nr. 60
9. 7. 1 AZR 631/80	BPersVG § 75 Nr. 16 (Hromadka)	Betrieb **86**, 230; AR-Blattei Personalvertretung XI C, Entsch. 4
9. 7. 3 AZR 546/82	BetrAVG Ablösung § 1 Nr. 6	BB **86**, 1088; Betrieb **86**, 1231; NAZ **86**, 517; AR-Blattei Betriebliche Altersversorgung, Entsch. 163 a (Konzen); SAE **87**, 195 (Windbichler); EzA § 1 BetrAVG Nr. 37
9. 7. 1 AZR 323/83	BetrVG 1972 § 113 Nr. 13	BAG **49**, 160; BB **85**, 1333; **86**, 1015; Betrieb **85**, 1533; **86**, 279; NJW **86**, 2454; NZA **85**, 529; **86**, 100; AR-

Fundstellenverzeichnis

Datum	Fundstelle AP	Weitere Fundstellen
16. 7. 1 AZR 206/81	BetrVG 1972 § 112 Nr. 32	Blattei Konkurs, Entsch. 64 (Richardi); SAE 86, 87; EzA § 113 BetrVG 1972 Nr. 13 BAG 49, 199; BB 85, 1395, 2112; Betrieb 85, 1600, 2207; 86, 157 (Spinti); NJW 86, 94; NZA 85, 713; AR-Blattei Sozialplan, Entsch. 26; SAE 86, 75 (Hromadka); EzA § 112 BetrVG 1972 Nr. 38 (Mayer-Maly)
16. 7. 1 ABR 9/83	BetrVG 1972 § 87 Lohngestaltung Nr. 17 (Löwisch/Bernards)	Betrieb 86, 231; NZA 86, 235; AR-Blattei Betriebsverfassung XIV B, Entsch. 86; SAE 86, 87; EzA § 87 BetrVG 1972 Betriebliche Lohngestaltung Nr. 9
16. 7. ABR 35/83	BetrVG 1972 § 99 Nr. 21 (Kraft)	BAG 49, 180; BB 86, 525 (Hunold); Betrieb 86, 124; NJW 86, 2967; NZA 86, 163; AR-Blattei Betriebsverfassung XIV C, Entsch. 95 (Hunold); SAE 86, 180 (v. Hoyningen-Huene); EzA § 99 BetrVG 1972 Nr. 40
1. 8. 2 AZR 101/83	BGB § 123 Nr. 30	BAG 49, 214; BB 86, 1643; Betrieb 86, 2238; NJW 87, 398; NZA 86, 635; EzA § 123 BGB Nr. 36 (Peterek)
21. 8. 7 AZR 199/83	BGB § 618 Nr. 19 (Mühl)	BB 86, 193; Betrieb 86, 283; NZA 86, 324; AR-Blattei Unfallverhütung, Entsch. 5; SAE 86, 88; AuR 86, 58; EzA § 618 BGB Nr. 5
22. 8. 6 AZR 504/83	BetrVG 1972 § 37 Nr. 50	BB 86, 1222; NZA 86, 263; AR-Blattei Betriebsverfassung VIII, Entsch. 13; SAE 86, 88; EzA § 37 BetrVG 1972 Nr. 82
29. 8. 6 ABR 63/82	ArbGG 1979 § 83 Nr. 1 (Wiedemann)	BAG 49, 267; BB 86, 1092; Betrieb 86, 1024; NZA 86, 400; AR-Blattei Arbeitsgerichtsbarkeit XII, Entsch. 133; SAE 86, 122
4. 9. 7 AZR 262/83	BGB § 242 Betriebliche Übung Nr. 22	BAG 49, 290; BB 87, 1465; Betrieb 86, 1627; NJW 87, 2101; NZA 86, 521; AR-Blattei Betriebsübung, Entsch. 16 (Kort); SAE 86, 281 (Hromadka); EzA § 242 BGB Betriebl. Übung Nr. 16
10. 9. 1 ABR 28/83	BetrVG 1972 § 117 Nr. 3 (Beitzke)	Betrieb 86, 331; AR-Blattei Betriebsverfassung XIV B, Entsch. 87; SAE 86, 122; EzA § 99 BetrVG 1972 Nr. 41
10. 9. 1 ABR 32/83	TVG § 2 Nr. 34	BAG 49, 322; Betrieb 85, 2056; 86, 755; NJW 86, 1708; NZA 86, 332; AR-Blattei Berufsverbände, Entsch. 24; SAE 86, 229 (Brox); EzA § 2 TVG Nr. 14
11. 9. 7 AZR 276/83	BGB § 615 Nr. 38	BB 86, 1918; Betrieb 86, 1780; NZA 86, 785; AR-Blattei Arbeitsausfall I B. Entsch. 2; SAE 86, 196; EzA § 615 BGB Nr. 49
11. 9. 7 AZR 371/83	BGB § 242 Gleichbehandlung Nr. 76 (Hromadka)	BGB 49, 346; BB 86, 2418; Betrieb 86, 2602; NZA 87, 156; AR-Blattei Gleichbehandlung im Arbeitsverhältnis, Entsch. 80 (Mayer-Maly); SAE 88, 293 (Hofmann, Paul); EzA § 242 BGB Gleichbehandlung Nr. 43
12. 9. 2 AZR 324/84	BetrVG 1972 § 102 Weiterbeschäftigung Nr. 7	BB 86, 802; Betrieb 86, 752; NJW 86, 1831; NZA 86, 424; AR-Blattei Annahmeverzug, Entsch. 30; Betriebsverfassung XIV C, Entsch. 99; SAE 86, 196; EzA § 102 BetrVG 1972 Nr. 61
19. 9. 6 AZR 476/83	LPVG Rheinland-Pfalz § 41 Nr. 1	BAG 49, 378; AR-Blattei Personalvertretung VI, Entsch. 6
19. 9. 6 ABR 4/85	BetrVG 1972 § 19 Nr. 12	BAG 50, 1; Betrieb 86, 864; NZA 86, 368; AR-Blattei Betriebsverfassung VI A, Entsch. 17; SAE 86, 196; EzA § 19 BetrVG 1972 Nr. 22
8. 10. 1 ABR 40/83	BetrVG 1972 § 99 Nr. 22	BB 86, 1016; Betrieb 86, 594; AR-Blattei Betriebsverfassung XIV C, Entsch. 96; SAE 86, 123; EzA § 99 BetrVG 1972 Nr. 42
22. 10. 1 ABR 38/83	BetrVG 1972 § 87 Lohngestaltung Nr. 18 (Glaubitz)	BAG 50, 29; BB 86, 1357; Betrieb 86, 384; NZA 86, 299; AR-Blattei Betriebsbußen, Entsch. 13; SAE 86, 157 (Roemheld); EzA § 87 BetrVG 1972 Betriebl. Lohngestaltung Nr. 10

Fundstellenverzeichnis

Datum	Fundstelle AP	Weitere Fundstellen
22. 10. 1 ABR 47/83	BetrVG 1972 § 87 Werkmietwohnungen Nr. 5	BAG 50, 37; BB 86, 1640; Betrieb 86, 704; SAE 86, 123; EzA § 87 BetrVG 1972 Werkwohnung Nr. 7
22. 10. 1 ABR 67/83	BetrVG 1972 87 Leistungslohn Nr. 3 (Streckel)	BAG 50, 43; BB 86, 1224; Betrieb 86, 544; NJW 86, 2849; NZA 86, 296; AR-Blattei Betriebsverfassung XIV B, Entsch. 88; SAE 86, 248 (Löwisch, Rumler); EzA § 87 BetrVG 1972 Leistungslohn Nr. 11
22. 10. 1 ABR 42/84	BetrVG 1972 § 99 Nr. 23 (Kraft)	BAG 50, 55; BB 86, 1776; Betrieb 86, 593; NZA 86, 366; AR-Blattei Betriebsverfassung XIV C, Entsch. 100; SAE 86, 190 (Natzel); EzA § 99 BetrVG 1972 Nr. 44
23. 10. 4 AZR 119/84	TVG Tarifverträge: Metallindustrie § 1 Nr. 33	BB 86, 1361; Betrieb 86, 595; SAE 86, 286 (Coester); EzA § 4 TVG Metallindustrie Nr. 21
31. 10. 6 AZR 129/83	BPersVG § 46 Nr. 5	
31. 10. 6 AZR 175/83	BetrVG 1972 § 37 Nr. 52	BAG 50, 76; BB 86, 1016; Betrieb 86, 1026; AR-Blattei Betriebsverfassung XIII, Entsch. 14; EzA § 37 BetrVG 1972 Nr. 83
31. 10. 6 AZR 557/84	BetrVG 1972 § 78 a Nr. 15	BAG 50, 79; BB 86, 1223; Betrieb 86, 700; NZA 86, 401; AR-Blattei Betriebsverfassung XIII, Entsch. 18 (Löwisch); SAE 86, 123; EzA § 78 a BetrVG 1972 Nr. 15
5. 11. 1 ABR 49/83	BetrVG 1972 § 98 Nr. 2 (Natzel)	BAG 50, 85; BB 86, 1575; Betrieb 86, 1341; NZA 86, 535; AR-Blattei Betriebsverfassung XIV B, Entsch. 89; SAE 86, 226; EzA § 98 BetrVG 1972 Nr. 2
5. 11. 1 ABR 56/83	BetrVG 1972 § 117 Nr. 4	AR-Blattei Arbeitsgerichtsbarkeit XII, Entsch. 132; EzA § 117 BetrVG 1972 Nr. 2
13. 11. 4 AZR 2234/84	GG Art. 3 Nr. 136 (Zuleeg)	BAG 50, 137; BB 86, 1085; Betrieb 85, 2567; 86, 542; NJW 86, 1006; NZA 86, 321; AR-Blattei Gleichbehandlung im Arbeitsverhältnis, Entsch. 82 (Schleicher); EzA Art. 3 GG Nr. 18
19. 11. 1 ABR 37/83	TVG § 2 Tarifzuständigkeit Nr. 4 (Reuter)	BAG 50, 179; BB 85, 2240; Betrieb 86, 1235; NJW 87, 514; NZA 86, 480; AR-Blattei Tarifvertrag II A, Entsch. 1 (Buchner); SAE 87, 1 (Martens); EzA § 2 TVG Nr. 15
27. 11. 5 AZR 101/84	BGB § 611 Fürsorgepflicht Nr. 93 (Echterhölter)	BAG 50, 202; BB 86, 594; Betrieb 86, 489; NJW 86, 1065; NZA 86, 227; AR-Blattei Persönlichkeitsrecht, Entsch. 4; SAE 86, 197 (Misera); EzA § 611 BGB Fürsorgepflicht Nr. 38
3. 12. 1 AZR 545/84	KO § 146 Nr. 3	BAG 50, 221; BB 86, 463; Betrieb 86, 650; NJW 86, 1896; NZA 86, 429; AR-Blattei Konkurs, Entsch. 67; Sozialplan, Entsch. 28; SAE 86, 227; EzA § 146 KO Nr. 1
3. 12. 1 ABR 58/83	BetrVG 1972 § 95 Nr. 8 (Natzel)	BAG 50, 226; BB 86, 1291; Betrieb 86, 915; NZA 86, 532; AR-Blattei Versetzung des Arbeitnehmers, Entsch. 6; SAE 87, 151 (Otto); EzA § 95 BetrVG 1972 Nr. 10
3. 12. 1 ABR 72/83	BetrVG 1972 § 99 Nr. 29 (Meisel)	BAG 50, 236; BB 86, 876; Betrieb 86, 917; NJW 86, 1709; NZA 86, 335; AR-Blattei Betriebsverfassung XIV C, Entsch. 101; SAE 86, 160; EzA § 99 BetrVG 1972 Nr. 46
3. 12. 4 ABR 80/83	BetrVG 1972 § 99 Nr. 31	BAG 50. 241; Betrieb 86, 1932; AR-Blattei Betriebsverfassung XIV C, Entsch. 102; Öffentlicher Dienst III A, Entsch. 296; Tendenzbetrieb, Entsch. 32; Tarifliche Eingruppierung, Entsch. 6; SAE 86, 160; EzA § 118 BetrVG 1972 Nr. 37
3. 12. 1 ABR 29/84	BetrVG 1972 § 99 Nr. 28 (Otto)	BAG 50, 251; BB 86, 1576; Betrieb 86, 1076; NZA 86, 334; AR-Blattei Betriebsverfassung V, Entsch. 11; EzA § 4 BetrVG 1972 Nr. 4 (Gamillscheg)

Fundstellenverzeichnis

Datum	Fundstelle AP	Weitere Fundstellen
3. 12. 4 ABR 7/85	BAT § 74 Nr. 1 (Clemens)	BAG 50, 277; Betrieb 86, 1980; AR-Blattei Arbeitsgerichtsbarkeit X A 1979, Entsch. 11; Betriebsverfassung XIV C, Entsch. 103; Öffentlicher Dienst III A, Entsch. 297; EzA § 1 TVG Auslegung Nr. 16
3. 12. 4 ABR 60/84	BAT § 78 Nr. 2 (Clemens)	BAG 50, 258; Betrieb 86, 756; NZA 86, 337; AR-Blattei Öffentlicher Dienst III A, Entsch. 295; SAE 86, 227; EzA § 1 TVG Nr. 21
17. 12. 1 ABR 78/83	BetrVG 1972 § 111 Nr. 15 (Löwisch)	BAG 50, 307; BB 86, 1576; Betrieb 86, 2085; NZA 86, 804; AR-Blattei Betriebsverfassung XIV E, Entsch. 27; SAE 86, 228; EzA § 111 BetrVG 1972 Nr. 17
17. 12. 1 ABR 6/84	BetrVG 1972 § 87 Tarifvorrang Nr. 5 (Kraft)	BAG 50, 313; BB 86, 734; Betrieb 86, 914, 1520 (Kappes), 1921 (Hromadka); 87, 738 (Herbst); NZA 86, 364, 701 (Goos); AR-Blattei Betriebsverfassung XIV B, Entsch. 91 (Löwisch); AuR 91, 329 (Trittin); EzA § 87 BetrVG 1972 Betriebl. Lohngestaltung Nr. 11
1986 9. 1. 2 ABR 24/85	BGB § 626 Ausschlußfrist Nr. 20	BB 86, 943; Betrieb 86, 1339; NJW 86, 2338; NZA 86, 467; 87, 366 (Popp); AR-Blattei Kündigung VIII, Entsch. 67; SAE 86, 228; EzA § 626 BGB n. F. Nr. 98
14. 1. 3 AZR 456/84	BetrAVG § 1 Gleichbehandlung Nr. 5 (v. Hoyningen-Huene)	BAG 50, 356; BB 87, 1535; Betrieb 86, 2030, 2237; NZA 87, 23; AR-Blattei Betriebliche Altersversorgung, Entsch. 173; SAE 86, 316; EzA § 1 BetrAVG Nr. 40
14. 1. 1 ABR 75/83	BetrVG § 87 Ordnung des Betriebes Nr. 10 (v. Hoyningen-Huene)	BAG 50, 330; BB 86, 1087; Betrieb 86, 1025, 1573 (Hromadka); 87, 2256 (Liebers); 86, 1286; NJW 86, 1952; NZA 86, 435; AR-Blattei Betriebsverfassung XIV, B, Entsch. 90; SAE 87, 40 (Natzel); EzA § 87 BetrVG 1972 Betrieb. Ordnung Nr. 11
14. 1. 1 ABR 82/83	BetrVG 1972 § 87 Lohngestaltung Nr. 21	BAG 50, 337; Betrieb 86, 1286; NZA 86, 531; AR-Blattei Betriebsverfassung XIV B, Entsch. 92; SAE 86, 228; EzA § 95 BetrVG 1972 Nr. 11
15. 1. 5 AZR 70/84	BGB § 611 Fürsorgepflicht Nr. 96 (Echterhölter)	BAG 50, 362; BB 86, 943; Betrieb 86, 1075; NJW 86, 1777; NZA 86, 421; AR-Blattei Abmahnung Entsch. 14; SAE 86, 200 (Beitzke); EzA § 611 BGB Fürsorgepflicht Nr. 39; JZ 86, 603
15. 1. 5 AZR 237/84	LohnFG § 1 Nr. 66	BAG 50, 370; BB 86, 1157; Betrieb 86, 1393; 87, 92 (Ramrath); NJW 86, 2133; NZA 86, 561; AR-Blattei Beschäftigungspflicht, Entsch. 20 (Buchner); SAE 86, 258 (Misera); EzA § 1 LohnFG Nr. 79
23. 1. 6 ABR 51/81	BetrVG 1972 § 5 Nr. 32	BAG 51, 1; Betrieb 86, 1131; NJW 86, 2273; NZA 86, 458 (Trenckhoff), 484; AR-Blattei Angestellter, Entsch. 53; SAE 87, 85 (Martens); EzA § 5 BetrVG 1972 Nr. 42 (Gamillscheg)
23. 1. 6 ABR 22/82	BetrVG 1972 § 5 Nr. 30	BAG 51, 19; Betrieb 86, 1983; NJW 86, 2273; NZA 86, 487; AR-Blattei Bergarbeitsrecht, Entsch. 31; Angestellter, Entsch. 54; EzA § 5 BetrVG 1972 Nr. 43 (Gamillscheg)
28. 1. 1 ABR 8/84	BetrVG 1972 § 99 Nr. 32	BAG 51, 34; Betrieb 86, 1398; NZA 86, 536; AR-Blattei Betriebsverfassung XIV C, Entsch. 105 (Löwisch, Bittner); SAE 86, 270; EzA § 99 BetrVG 1972 Nr. 47
28. 1. 1 ABR 10/84	BetrVG 1972 § 99 Nr. 34 (Dütz, Bayer)	BAG 51, 42; BB 86, 1778; Betrieb 86, 1077; NJW 86, 2273; NZA 86, 490; AR-Blattei Betriebsverfassung XIV C, Entsch. 105 (Natzel); EzA § 99 BetrVG 1972 Nr. 48
29. 1. 7 AZR 257/84	BetrVG 1972 § 102 Nr. 42	BB 87, 615; Betrieb 86, 2549; NZA 87, 32; SAE 87, 81; EzA § 102 BetrVG 1972 Nr. 64

Fundstellenverzeichnis

Datum	Fundstelle AP	Weitere Fundstellen
5. 2. 5 AZR 564/84	BGB § 339 Nr. 12 (Löwisch)	Betrieb 86, 1979; NZA 86, 782; AR-Blattei Sport, Entsch. 16; Betriebsbußen, Entsch. 14; SAE 86, 271; EzA § 339 BGB Nr. 2
18. 2. 1 ABR 21/84	BetrVG 1972 § 87 Überwachung Nr. 13 (Kraft)	BAG 51, 143; BB 86, 1154; Betrieb 86, 1178; NJW 86, 2069; NZA 86, 488; AR-Blattei Betriebsverfassung XIV B, Entsch. 1 (Marsch-Barner); SAE 86, 253 (Ehmann); EzA § 87 BetrVG 1972 Kontrolleinrichtung Nr. 14
18. 2. 1 ABR 27/84	BetrVG 1972 § 99 Nr. 33 (Misera)	BAG 51, 151; BB 86, 2056; Betrieb 86, 1523; NZA 86, 616; AR-Blattei Versetzung des Arbeitnehmers, Entsch. 7; Betriebsverfassung XIV B, Entsch. 96; SAE 86, 271; EzA § 95 BetrVG 1972 Nr. 12
20. 2. 2 AZR 244/85	BGB § 123 Nr. 31 (Coester)	BAG 51, 167; BB 86, 1852; Betrieb 86, 2287, 2413 (1. Donat, 2. Bellgardt); NZA 86, 739; 87, 4 (Hunold); AR-Blattei Mutterschutz, Entsch. 81; EzA § 123 BGB Nr. 27
20. 2. 6 ABR 5/85	BetrVG 1972 § 5 Rotes Kreuz Nr. 2	NJW 86, 2906; NZA 86, 690; AR-Blattei Arbeitnehmer, Entsch. 28; EzA § 5 BetrVG 1972 Nr. 45
20. 2. 6 ABR 25/85	BetrVG 1972 § 63 Nr. 1	Betrieb 86, 2552; NZA 87, 105; AR-Blattei Arbeitsgerichtsbarkeit XII, Entsch. 137; Betriebsverfassung XIII, Entsch. 20; SAE 87, 81; EzA § 64 BetrVG 1972 Nr. 2
26. 2. 4 AZR 535/84	TVG § 4 Ordnungsprinzip Nr. 12	BAG 51, 178; BB 86, 1916; Betrieb 86, 2031; NZA 86, 790; AR-Blattei Tariflohnerhöhung, Entsch. 17; SAE 86, 272; EzA § 4 TVG Tariflohnerhöhung Nr. 8
4. 3. 1 ABR 15/84	BetrVG 1972 § 87 Kurzarbeit Nr. 3 (Wiese)	BAG 51, 187; BB 86, 524, 1641; Betrieb 86, 1395; NJW 87, 1844; NZA 86, 224, 412 (Gäbert), 432; AR-Blattei Betriebsverfassung XIV B, Entsch. 93 (Löwisch, Rieble); SAE 87, 34 (Reuter); EzA § 87 BetrVG 1972 Arbeitszeit Nr. 17
6. 3. 2 AZR 262/85	BGB § 620 Altersgrenze Nr. 1	AR-Blattei Arbeitvertrag – Arbeitsverhältnis VIII, Entsch. 68; SAE 86, 82; EzA § 620 BGB Bedingung Nr. 6
6. 3. 2 ABR 15/85	KSchG 1969 § 15 Nr. 19 (Schlaeper)	BAG 51, 200; BB 86, 2419; Betrieb 86, 2605; NZA 87, 102; AR-Blattei Betriebsverfassung IX, Entsch. 62 (Löwisch, Abshagen); SAE 87, 81; EzA § 15 KSchG n. F. Nr. 34
11. 3. 1 ABR 12/84	BetrVG 1972 § 87 Überwachung Nr. 14 (Kraft)	BAG 51, 217; BB 86, 665, 1292; Betrieb 86, 702, 1469; NZA 86, 526; AR-Blattei Betriebsverfassung XIV B 1, Entsch. 2 (Ehmann); SAE 87, 94 (Meisel); AuR 285 (Hinrichs), 317; EzA § 87 BetrVG 1972 Kontrolleinrichtung Nr. 15 (Wohlgemuth)
11. 3. 1 ABR 26/84	GG Art. 140 Nr. 25 (Dütz)	BAG 51, 239; Betrieb 86, 754; NJW 86, 2591; NZA 86, 685; AR-Blattei Kirchenbediensteste, Entsch. 32 (Richardi); SAE 86, 272; EzA § 611 BGB Kirchliche Arbeitnehmer Nr. 25
13. 3. 6 AZR 207/85	BPersVG § 9 Nr. 3	BAG 51, 261; BB 87, 686, 827; Betrieb 86, 2235; 87, 109 (Trümner); NZA 86, 836; AR-Blattei Betriebsverfassung XIII, Entsch. 23 (Knigge); SAE 87, 82; EzA § 78 a BetrVG 1972 Nr. 17
13. 3. 6 AZR 381/85	BPersVG § 9 Nr. 2	AR-Blattei Betriebsverfassung XIII, Entsch. 21; SAE 87, 82; EzA § 78 a BetrVG 1972 Nr. 16
19. 3. 4 AZR 640/84	BGB § 613 a Nr. 49 (v. Stebut)	BAG 51, 274; BB 86, 1361; Betrieb 86, 1575; NJW 87, 94; NZA 86, 687; SAE 87, 140 (Wank); EzA § 613 a BGB Nr. 51
20. 3. 2 AZR 294/85	KSchG 1969 § 2 Nr. 14	BB 86, 2130; Betrieb 86, 2442; NZA 86, 824; AR-Blattei Kündigungsschutz, Entsch. 272; EzA § 2 KSchGNr. 6 (Löwisch, Bernards)

Fundstellenverzeichnis

Datum	Fundstelle AP	Weitere Fundstellen
3. 4. 2 AZR 324/85	BGB § 626 Verdacht strafbarer Handlung Nr. 18	BB 87, 1114; Betrieb 86, 2187; NJW 87, 516; NZA 86, 677; AR-Blattei Betriebsverfassung XIV C, Entsch. 106; SAE 87, 83; EzA § 102 BetrVG 1972 Nr. 63 (Rüthers, Backer)
15. 4. 1 ABR 44/84	BetrVG 1972 § 99 Nr. 35 (Streckel)	BAG 51, 337; BB 86, 1986; Betrieb 86, 2497; NZA 86, 688; AR-Blattei Betriebsverfassung XIV C, Entsch. 108; SAE 87, 298 (Schreiber); EzA § 99 BetrVG 1972 Nr. 50
15. 4. 1 ABR 55/84	BetrVG 1972 § 99 Nr. 36	Jg., Bl. 86, 1458; BAG 51, 345; RdA 86, 336; Betrieb 86, 1783; NZA 86, 755; AR-Blattei Betriebsverfassung XIV C, Entsch. 107; SAE 87, 83; EzA § 99 BetrVG 1972 Nr. 49
22. 4. 3 AZR 100/83	BetrVG 1972 § 87 Altersversorgung Nr. 13 (Schulin)	BAG 51, 387; BB 86, 879, 1989; Betrieb 86, 1130, 1343; NZA 86, 357, 574; AR-Blattei Betriebliche Altersversorgung, Entsch. 180 (Otto); SAE 86, 303 (Blomeyer); EzA § 87 BetrVG 1972 Altersversorgung Nr. 1
24. 4. 6 AZR 607/83	BetrVG 1972 § 87 Sozialeinrichtung Nr. 7 (Mühl)	BAG 52, 1; BB 87, 545; Betrieb 86, 2680; NZA 87, 100; AR-Blattei Betriebsverfassung VII, Entsch. 4 (v. Hoyningen-Huene); SAE 87, 244 (Bickel); EzA § 1 BetrVG 1972 Nr. 4 (Weber)
6. 5. 1 AZR 553/84	HGB § 128 Nr. 8 (Zeuner)	BAG 52, 24; BB 87, 1739; Betrieb 86, 2027; NJW 87, 92; NZA 86, 800; AR-Blattei Einigungsstelle, Entsch. 33 (Dütz/Vogg); SAE 87, 24; EzA § 112 BetrVG 1972 Nr. 39
7. 5. 2 AZR 349/85	KSchG 1969 § 15 Nr. 18	BB 86, 1851; Betrieb 86, 1883; NZA 86, 753; AR-Blattei Betriebsverfassung VI, Entsch. 61; Betriebsverfassung IX, Entsch. 64; SAE 87, 84; EzA § 17 BetrVG 1972 Nr. 5
7. 5. 2 ABR 27/85	BetrVG 1972 § 103 Nr. 18 (Leipold)	BAG 52, 50; Betrieb 86, 1883; NZA 86, 719; AR-Blattei Betriebsverfassung IX, Entsch. 63; SAE 87, 58 (Weiss); EzA § 103 BetrVG 1972 Nr. 31
15. 5. 6 ABR 64/83	BetrVG 1972 § 37 Nr. 53	BAG 52, 73; BB 87, 332; Betrieb 86, 2189; NZA 86, 803; AR-Blattei Betriebsverfassung VIII A, Entsch. 62; SAE 87, 103 (v. Hoyningen-Huene); EzA § 37 BetrVG 1972 Nr. 84
15. 5. 6 ABR 74/83	BetrVG 1972 § 37 Nr. 54	BAG 52, 78; Betrieb 86, 2496; NZA 87, 63; AR-Blattei Betriebsverfassung VIII A, Entsch. 60; SAE 87, 84; EzA § 37 BetrVG 1972 Nr. 85
22. 5. 2 AZR 612/85	KSchG 1969 Konzern § 1 Nr. 4	BB 86, 2270; Betrieb 86, 2547; NZA 87, 125; SAE 87, 129 (Windbichler); EzA § 1 KSchG Soziale Auswahl Nr. 22
27. 5. 1 ABR 48/84	BetrVG 1972 § 87 Überwachung Nr. 15	BAG 52, 88; BB 86, 1087, 2333 (Kappes); Betrieb 86, 1287, 2080; NJW 87, 674; NZA 86, 643; 87, 7 (Versteyl); AR-Blattei Betriebsverfassung XIV B 1, Entsch. 3 (Ehmann); SAE 89, 277 (Ehmann), 283; EzA § 87 BetrVG 1972 Kontrolleinrichtung Nr. 16
10. 6. 1 ABR 59/84	BetrVG 1972 § 80 Nr. 26	BAG 52, 150; BB 87, 62; Betrieb 86, 2393, 2396; NZA 87, 28; SAE 88, 275 (Dütz); EzA § 80 BetrVG 1972 Nr. 26
10. 6. 1 ABR 61/84	BetrVG 1972 § 87 Arbeitszeit Nr. 18	BAG 52, 160; BB 87, 543; Betrieb 86, 2391; NZA 86, 840; SAE 88, 184 (Loritz); EzA § 87 BetrVG 1972 Arbeitszeit Nr. 18
10. 6. 1 ABR 65/84	BetrVG 1972 § 87 Lohngestaltung Nr. 22	BAG 52, 171; Betrieb 86, 2340; NZA 87, 30; AR-Blattei Betriebsverfassung XIV B, Entsch. 94; EzA § 87 BetrVG 1972 Betriebl. Lohngestaltung Nr. 12
12. 6. 6 ABR 8/83	BetrVG 1972 § 5 Nr. 33	BAG 52, 182; BB 86, 2061; NJW 87, 680; NZA 87, 136; EzA § 5 BetrVG 1972 Nr. 44

Fundstellenverzeichnis

Datum	Fundstelle AP	Weitere Fundstellen
12. 6. 6 ABR 67/84	BetrVG 1972 § 74 Nr. 5	BB 87, 1810; Betrieb 87, 1898; EzA § 74 BetrVG 1972 Nr. 7
19. 6. 2 AZR 563/85	KSchG 1969 § 1 Betriebsbedingte Kündigung Nr. 33 (Gamillscheg)	Jg., Bl. 87, 693; BB 86, 2271; Betrieb 86, 2489; NJW 87, 211; NZA 87, 21; SAE 86, 348; EzA § 1 KSchG Betriebsbedingte Kündigung Nr. 39
24. 6. 1 ABR 31/84	BetrVG 1972 § 99 Nr. 37	BAG 52, 218; BB 87, 60; Betrieb 86, 2392; NZA 86, 31; AR-Blattei Betriebsverfassung XIV C, Entsch. 109; AuR 86, 349; EzA § 99 BetrVG 1972 Nr. 51
3. 7. 2 AZR 68/85	BGB § 613a Nr. 53 (Loritz)	BB 87, 63; Betrieb 87, 99; NZA 87, 123; SAE 88, 50 (Reiff); EzA § 613 a BGB Nr. 53; JZ 87, 312
31. 7. 6 AZR 298/84	BetrVG 1972 § 37 Nr. 55	BB 87, 2018; Betrieb 87, 1845; NZA 87, 528; AR-Blattei Baugewerbe VIII, Entsch. 79; SAE 87, 163; EzA § 37 BetrVG 1972 Nr. 86
31. 7. 2 AZR 594/85	KSchG 1969 § 17 Nr. 5	BB 87, 1608; Betrieb 87, 1591; NZA 87, 587; AR-Blattei Kündigungsschutz II, Entsch. 2; SAE 88, 33 (Tschöpke); EzA § 17 KSchG Nr. 3
31. 7. 6 ABR 79/83	BetrVG 1972 § 76 Nr. 19	BB 87, 550; Betrieb 87, 441; AR-Blattei Einigungsstelle, Entsch. 32; SAE 87, 155 (van Venrooy); EzA § 76 BetrVG 1972 Nr. 36
7. 8. 6 ABR 77/83	BetrVG 1972 § 80 Nr. 25	BAG 52, 316; BB 87, 195; Betrieb 86, 1784; NZA 87, 134; AR-Blattei Betriebsverfassung XIV G, Entsch. 1; SAE 87, 230 (Natzel); EzA § 80 BetrVG 1972 Nr. 27
7. 8. 6 ABR 57/85	BetrVG 1972 § 1 Nr. 5 (Wiedemann)	BAG 52, 325; BB 87, 193; Betrieb 86, 1784; 87, 176; NJW 87, 2036; NZA 87, 131; AR-Blattei Betrieb, Entsch. 13 a (Heenen); SAE 88, 91 (Konzen); EzA § 4 BetrVG 1972 Nr. 5 (Gamillscheg)
13. 8. 4 ABR 2/86	MTV AngDFVLR § 2 Nr. 1 (Wiedemann)	AR-Blattei Öffentlicher Dienst, Entsch. 323; Tarifvertrag IX, Entsch. 57; EzA § 1 TVG Auslegung Nr. 15
14. 8. 2 AZR 561/85	BetrVG 1972 § 102 Nr. 43	BAG 52, 346; BB 86, 1641; 87, 1324; Betrieb 86, 1831; 87, 1050; NZA 87, 601; AR-Blattei Betriebsverfassung XIV C, Entsch. 110; Kündigungsschutz II, Entsch. 3; SAE 87, 288 (Natzel); AuR 87, 214; EzA § 102 BetrVG 1972 Nr. 69
20. 8. 4 AZR 272/85	TVG § 1 Tarifverträge: Seniorität Nr. 6 (v. Hoyningen-Huene)	BAG 52, 380; Betrieb 87, 693; AR-Blattei Gleichbehandlung im Arbeitsverhältnis; Entsch. 81; Tarifvertrag 1 D, Entsch. 2; EzA § 242 BGB Gleichbehandlung Nr. 44
5. 9. 7 AZR 175/85	KSchG 1969 § 15 Nr. 26	BAG 53, 23; BB 87, 1319; Betrieb 87, 1641; AR-Blattei Personalvertretung, Entsch. 11; SAE 87, 199; EzA § 15 KSchG n. F. Nr. 36 (Schulin)
16. 9. GS 1/82	BetrVG 1972 § 77 Nr. 17	BAG 53, 42; BB 86, 1851; 87, 265; Beilage 7 (Ahrend, Förster, Rühmann); 88, 333 (Ahrend, Dernberger, Rößler); 89, 1905 (Leinemann); Betrieb 86, 2027; 87, 383; 88, 2510 (Schuhmann); 90, 1512 (Nebel); NZA 87, 168, 185 (Richardi); AR-Blattei Betriebsvereinbarung, Entsch. 38; SAE 87, 175 (Löwisch); EzA § 77 BetrVG 1972 Nr. 17 (Otto)
23. 9. 1 AZR 83/85	BPersVG § 75 Nr. 20	BAG 53, 97; BB 87, 548; Betrieb 87, 337; SAE 87, 250; AR-Blattei Personalvertretung XI A, Entsch. 4; Betriebsverfassung XIV B, Entsch. 97; EzA § 87 BetrVG 1972 Betriebliche Ordnung Nr. 12
23. 9. 1 AZR 597/85	GG Art. 9 Nr. 45 (Bauschke)	BAG 53, 89; Betrieb 87, 440; NJW 87, 2891; NZA 87, 164; AR-Blattei Berufsverbände; Entsch. 27; Vereinigungsfreiheit, Entsch. 14; EzA Art. 9 GG Nr. 40; JZ 87, 367

Fundstellenverzeichnis

Datum	Fundstelle AP	Weitere Fundstellen
25. 9. 6 ABR 68/84	BetrVG 1972 § 1 Nr. 7	BAG 53, 119; BB 87, 1668; Betrieb 87, 1202; NZA 87, 708; AR-Blattei Betriebsverfassung VI, Entsch. 62; Arbeitsgerichtsbarkeit XII, Entsch. 141; Betrieb, Entsch. 14; Betriebsverfassung V, Entsch. 13; SAE 87, 224 (Kort); EzA § 1 BetrVG 1972 Nr. 6
9. 10. 2 AZR 650/85	KSchG 1969 § 15 Nr. 23 (Glaubitz)	BAG 53, 152; BB 87, 613; Betrieb 87, 792; NJW 87, 1663; NZA 87, 279; AR-Blattei Betriebsverfassung IX, Entsch. 65; SAE 87, 315 (Hammen); EzA § 15 KSchG n. F. Nr. 35
14. 10. 3 AZR 66/83	EWG-Vertrag Art. 119 Nr. 11 (Pfarr)	BAG 53, 161; BB 87, 829; Betrieb 86, 2237; 87, 994; NJW 87, 2183; NZA 87, 445; AR-Blattei Betriebliche Altersversorgung, Entsch. 183 (Kohte); EzA § 1 BetrAVG Gleichberechtigung Nr. 1
14. 10. 1 ABR 13/85	BetrVG 1972 § 117 Nr. 5	Betrieb 87, 2657; NZA 87, 282; AR-Blattei Betriebsverfassung IV, Entsch. 2; SAE 87, 164; EzA § 117 BetrVG 1972 Nr. 3
16. 10. 6 ABR 12/83	BetrVG 1972 § 40 Nr. 26 (Uhlenbruck)	BAG 53, 193; BB 87, 2018; Betrieb 87, 1541; NJW 87, 2768; SAE 87, 752; AR-Blattei Vergleichsverfahren, Entsch. 3; SAE 88, 38; EzA § 40 BetrVG 1972 Nr. 58
16. 10. 6 ABR 14/84	BetrVG 1972 § 37 Nr. 58	BAG 53, 186; BB 87, 1459; Betrieb 87, 891; NZA 87, 643; AR-Blattei Betriebsverfassung VIII A, Entsch. 61; SAE 88, 22 (Winterfeld); EzA § 37 BetrVG 1972 Nr. 87
16. 10. 6 ABR 2/85	BetrVG 1972 § 40 Nr. 31	NZA 87, 753
16. 10. 2 ABR 71/85	BGB § 626 Nr. 95	BB 87, 1952; Betrieb 87, 1304; NZA 87, 392; AR-Blattei Betriebsverfassung IX, Entsch. 66; SAE 87, 199; EzA § 626 BGB n. F. Nr. 105
22. 10. 5 AZR 660/85	BDSG § 23 Nr. 2 (Däubler)	BAG 53, 226; BB 87, 1461; Betrieb 87, 1048; NJW 87, 2459; NZA 87, 415; AR-Blattei Datenschutz, Entsch. 8; SAE 88, 150 (Hromadka); EzA § 23 BDSG Nr. 4
28. 10. 1 ABR 11/85	BetrVG 1972 § 87 Arbeitszeit Nr. 20 (Rath-Glawatz)	BB 87, 404; Betrieb 87, 692; NZA 87, 248; AR-Blattei Betriebsverfassung XIV B, Entsch. 95 (Führich); SAE 87, 277 (Blomeyer); EzA § 87 BetrVG 1972 Arbeitszeit Nr. 20
28. 10. 1 ABR 16/85	BetrVG 1972 § 118 Nr. 32 (Mummenhoff)	BAG 53, 237; BB 87, 2298; Betrieb 87, 847; NJW 87, 2540; NZA 87, 530; AR-Blattei Betriebsverfassung XIV C, Entsch. 111; Tendenzbetrieb, Entsch. 33; SAE 87, 200; EzA § 118 BetrVG 1972 Nr. 38
30. 10. 6 ABR 52/83	BetrVG 1972 47 Nr. 6 (Dütz)	Jg., Bl. 89, 1182; BAG 53, 279; BB 87, 1881; Betrieb 87, 1642; NZA 88, 27; AR-Blattei Arbeitsgerichtsbarkeit XII, Entsch. 142; Betriebsverfassung XII, Entsch. 13; SAE 88, 1 (Leipold); EzA § 47 BetrVG 1972 Nr. 4
30. 10. 6 ABR 19/85	BetrVG 1972 § 55 Nr. 1	BAG 53, 287; BB 87, 1880; Betrieb 87, 1691; AR-Blattei Betriebsverfassung XII A, Entsch. 3; SAE 88, 178 (v. Hoyningen-Huene); EzA § 54 BetrVG 1972 Nr. 3
11. 11. 1 ABR 17/85	BetrVG 1972 § 87 Arbeitszeit Nr. 21	BB 87, 544; Betrieb 87, 336; NZA 87, 207; AR-Blattei Betriebsverfassung XIV B, Entsch. 98; SAE 87, 200; EzA § 87 BetrVG 1972 Arbeitszeit Nr. 21
11. 11. 3 ABR 74/85	BetrAVG § 1 Gleichberechtigung Nr. 4	BAG 53, 309; BB 87, 1116; Betrieb 87, 994; NZA 87, 449; AR-Blattei Betriebliche Altersversorgung, Entsch. 187; SAE 87, 191 (Sieg); EzA § 1 BetrAVG Gleichberechtigung Nr. 2
18. 11. 7 AZR 674/84	KSchG 1969 § 1 Verhaltensbedingte Kündigung Nr. 17 (Conze)	BB 87, 1252; Betrieb 87, 1303; NZA 87, 418; AR-Blattei Abmahnung, Entsch. 15; SAE 87, 240; EzA § 611 BGB Abmahnung Nr. 4 (Peterek)

Fundstellenverzeichnis

Datum	Fundstelle AP	Weitere Fundstellen
25. 11. 1 ABR 22/85	TVG § 2 Nr. 36	BB 53, 347; BB 87, 967; Betrieb 87, 947; NJW 87, 2038; NZA 87, 492; AR-Blattei Berufsverbände, Entsch. 28; SAE 87, 240; EzA 2 TVG Nr. 17 (Schulin)
4. 12. 6 ABR 48/85	BetrVG 1972 § 19 Nr. 13	BAG 53, 385; BB 87, 412; Betrieb 87, 232; NZA 87, 120, 166; AR-Blattei Betriebsverfassung VI A, Entsch. 18 (Führich); SAE 87, 220 (M. Wolf); EzA § 19 BetrVG 1972 Nr. 24
16. 12. 1 ABR 26/85	BetrVG 1972 § 87 Prämie Nr. 8 (Linnenkohl/ Rauschenberg/Schütz)	BAG 54, 46; BB 87, 2450; Betrieb 87, 1198; NZA 87, 568; AR-Blattei Betriebsverfassung XIV B, Entsch. 99; SAE 88, 257 (Lieb); EzA § 87 BetrVG 1972 Leistungslohn Nr. 14 (Gaul)
16. 12. 1 ABR 35/85	BetrVG 1972 § 87 Ordnung des Betriebes Nr. 13 (Rüthers/Henssler)	BAG 54, 36; BB 87, 683; Betrieb 87, 791; NJW 87, 1358; NZA 87, 355; AR-Blattei Arbeitskampf I, Entsch. 26 (Löwisch); SAE 89, 243 (Natzel); EzA Art. 9 GG Arbeitskampf Nr. 64
18. 12. 8 AZR 502/84	BUrlG § 7 Nr. 10 (Leipold)	BAG 54, 63; BB 87, 1044; Betrieb 87, 1362, NZA 87, 379; AR-Blattei Urlaub, Entsch. 290; SAE 87, 272; EzA § 7 BUrlG Nr. 48
1987 13. 1. 1 AZR 267/85	BDSG § 23 Nr. 3 (Echterhölter)	BAG 54, 67; BB 87, 339, 1037; Betrieb 87, 1153; NJW 87, 1509; NZA 87, 121, 515; AR-Blattei Datenschutz, Entsch. 9; SAE 88, 114 (Mummenhoff); EzA § 87 BetrVG 1972 Kontrolleinrichtung Nr. 17
13. 1. 1 ABR 49/85	BetrVG 1972 § 118 Nr. 33	BB 87, 967; AR-Blattei Tendenzbetrieb, Entsch. 34; EzA § 118 BetrVG 1972 Nr. 39
13. 1. 1 ABR 51/85	BetrVG 1972 § 87 Lohngestaltung Nr. 26 (Gaul)	BAG 54, 79; BB 87, 1178; Betrieb 87, 1096; NZA 87, 386; AR-Blattei Betriebsverfassung XIV B, Entsch. 100 (Löwisch); EzA § 87 BetrVG 1972 Betriebliche Lohngestaltung Nr. 14 (Streckel)
15. 1. 6 AZR 589/84	BPersVG § 75 Nr. 21	BB 87, 2092; Betrieb 87, 2315; NZA 87, 788; AuR 88, 38; EzA § 4 TVG Rundfunk Nr. 14
22. 1. 2 ABR 6/86	BetrVG 1972 § 1093 Nr. 2	BAG 55, 9; BB 87, 1670; Betrieb 87, 1743; NZA 87, 563; AR-Blattei Betriebsverfassung IX, Entsch. 68; SAE 87, 273; EzA § 103 BetrVG 1972 Nr. 32
27. 1. 8 AZR 579/84	BUrlG § 13 Nr. 30	BAG 54, 141; BB 87, 335, 1672; Betrieb 87, 340, 1151; NJW 87, 1904; NZA 87, 462; AR-Blattei Urlaub, Entsch. 292; SAE 87, 273; EzA § 3 BUrlG Nr. 18
27. 1. 1 ABR 66/85	BetrVG 1972 § 99 Nr. 42 (Zängl)	BAG 54, 147; Betrieb 87, 2316; NZA 87, 489, 598; AR-Blattei Betriebsverfassung XIV C, Entsch. 113; SAE 87, 274; EzA § 99 BetrVG 1972 Nr. 55
29. 1. 6 ABR 23/85	BetrVG 1972 § 1 Nr. 6 (Schriftleitung)	BB 87, 2017; Betrieb 87, 1539; NZA 87, 707; AR-Blattei Betrieb, Entsch. 13 b; SAE 87, 274; EzA § 1 BetrVG 1972 Nr. 5
10. 2. 1 ABR 43/84	BetrVG 1972 § 80 Nr. 27 (Kraft)	BB 87, 1177; Betrieb 87, 1152; NJW 87, 2038; NZA 87, 385; AR-Blattei Betriebsverfassung XIV A, Entsch. 28; SAE 87, 275; EzA § 80 BetrVG 1972 Nr. 28
12. 2. 2 AZR 247/86	BGB § 613 a Nr. 67	BB 87, 2370; Betrieb 88, 126; NJW 88, 990; NZA 88, 170; SAE 88, 39; EzA § 613 a BGB Nr. 64
18. 2. 4 ABR 35/86	TVG § 1 Tarifverträge: Druckindustrie Nr. 13	NZA 87, 645; AR-Blattei Tarifvertrag IX, Entsch. 63; SAE 87, 275; EzA § 4 TVG Druckindustrie Nr. 9
24. 2. 1 ABR 73/84	BetrVG 1972 § 80 Nr. 28	BB 87, 1880; Betrieb 87, 1483; NZA 87, 674; AR-Blattei Betriebsverfassung XIV A, Entsch. 29; Arbeitsgerichtsbarkeit XII, Entsch. 143; Tarifvertrag IX, Entsch. 64; SAE 87, 276; EzA § 80 BetrVG 1972 Nr. 29

## Fundstellenverzeichnis

Datum	Fundstelle AP	Weitere Fundstellen
24. 2. 1 ABR 18/85	BetrVG 1972 § 77 Nr. 21 (Richardi)	BAG 54, 191; BB 87, 1246; Betrieb 87, 1435; NZA 87, 639; AR-Blattei Betriebsverfassung XIV B, Entsch. 102 (Löwisch/Rieble); SAE 89, 1 (Wiese); EzA § 87 BetrVG 1972 Nr. 10 (Gaul)
25. 2. 4 AZR 209/86	TVG Tarifverträge: Einzelhandel § 1 Nr. 16	Betrieb 87, 1999; SAE 87, 273
26. 2. 6 ABR 46/84	BetrVG 1972 § 79 Nr. 2 (Teplitzky)	BAG 55, 96; BB 87, 2448; Betrieb 87, 2526; NZA 88, 63; AR-Blattei Geheimschutz im Arbeitsrecht, Entsch. 6 (Führich); SAE 88, 58 (Kort); EzA § 79 BetrVG 1972 Nr. 1 (v. Hoyningen-Huene)
26. 2. 6 ABR 54/85	BetrVG 1972 § 38 Nr. 7	BAG 55, 90; BB 87, 545, 1668; Betrieb 87, 1995; NZA 87, 271, 750; AR-Blattei Betriebsverfassung VII, Entsch. 5; SAE 87, 276; EzA § 38 BetrVG 1972 Nr. 10
26. 2. 6 ABR 55/85	BetrVG 1972 § 26 Nr. 5	BB 87, 545; Betrieb 87, 1995; NZA 87, 271; SAE 88, 39; EzA § 26 BetrVG 1972 Nr. 4
5. 3. 2 AZR 623/85	KSchG 1969 § 15 Nr. 30	BAG 55, 117; BB 87, 2304; Betrieb 87, 2362; NZA 88, 32; AR-Blattei Betriebsverfassung IX, Entsch. 67; SAE 89, 46 (Windbichler); EzA § 15 KSchG n. F. Nr. 38
12. 3. 2 AZR 176/86	BetrVG 1972 § 102 Nr. 47	BB 88, 976; Betrieb 88, 658; NZA 88, 137; SAE 88, 39; EzA § 102 BetrVG 1972 Nr. 71 (Kraft)
17. 3. 3 AZR 64/84	BetrAVG § 1 Ablösung Nr. 9	BAG 54, 261; BB 87, 1673; Betrieb 87, 1639; NJW 87, 2607; NZA 87, 855; AR-Blattei Betriebliche Altersversorgung, Entsch. 193; SAE 87, 281 (Reuter); EzA § 1 BetrAVG Nr. 48 (Schulin)
17. 3. 1 ABR 47/85	BetrVG 1972 § 111 Nr. 1	BB 87, 1603; Betrieb 87, 1540; NZA 87, 523; AR-Blattei Betriebsverfassung XIV E, Entsch. 29; EzA § 111 BetrVG 1972 Nr. 19
17. 3. 1 ABR 59/85	BetrVG 1972 § 80 Nr. 29	BAG 54, 278; BB 87, 1806; Betrieb 87, 1491; NJW 87, 2894; NZA 87, 747; AR-Blattei Betriebsverfassung XIV A, Entsch. 30; SAE 88, 106 (Kraft); EzA § 80 BetrVG 1972 Nr. 30
17. 3. 1 ABR 65/85	BetrVG 1972 § 23 Nr. 7 (v. Hoyningen-Huene)	BB 87, 1878; Betrieb 87, 2051; NZA 87, 786; AR-Blattei Arbeitsgerichtsbarkeit XII, Entsch. 149 (Dütz/Kronthaler); SAE 89, 24 (Hönn); EzA § 23 BetrVG 1972 Nr. 16
18. 3. 4 AZR 274/86	BAT 1975 §§ 22, 23 Nr. 132	AR-Blattei Öffentlicher Dienst III A, Entsch. 313
26. 3. 6 ABR 1/86	BetrVG § 26 Nr. 7	BB 87, 1669; Betrieb 87, 2108; NZA 88, 65; AR-Blattei Betriebsverfassung VIII, Entsch. 16; SAE 88, 40; EzA § 26 BetrVG 1972 Nr. 3
1. 4. 4 AZR 77/86	BGB § 613 a Nr. 64	BAG 55, 154; BB 87, 1670; Betrieb 87, 845, 1643; NZA 87, 593; AR-Blattei Betriebsinhaberwechsel, Entsch. 69; SAE 87, 103 (Oetker); EzA § 613 a BGB Nr. 63
28. 4. 3 AZR 75/86	BetrAVG § 1 Betriebsveräußerung Nr. 5 (Loritz)	BAG 55, 228; BB 88, 831; Betrieb 88, 400; NZA 88, 198; AR-Blattei Betriebliche Altersversorgung VI, Entsch. 48 (Hanau); SAE 88, 81; EzA § 613 a BGB Nr. 67 (Willemsen)
5. 5. 1 AZR 292/85	BetrVG 1972 § 44 Nr. 4 (Kraft/Raab)	BAG 54, 314; BB 88, 343; Betrieb 87, 1155, 2154; NZA 87, 853; AR-Blattei Betriebsverfassung XI, Entsch. 20 (Löwisch/Lorenz); SAE 88, 5 (Buchner); EzA § 44 BetrVG 1972 Nr. 7
5. 5. 1 AZR 665/85	BetrVG 1972 § 44 Nr. 5 (Kraft/Raab)	Jg., Bl. 89, 1167; BAG 54, 325; RdA 87, 317; BB 87, 1809; Betrieb 87, 1155, 1945; NZA 87, 712; AR-Blattei Betriebsverfassung XI, Entsch. 21 (Löwisch); SAE 88, 15 (van Venrooy); AuR 87, 345; EzA §44 BetrVG 1972 Nr. 5

Fundstellenverzeichnis

Datum	Fundstelle AP	Weitere Fundstellen
5. 5. 1 AZR 666/85	BetrVG 1972 § 44 Nr. 6 (Kraft/Raab)	BAG 54, 333; BB 87, 1809; NZA 87, 714; AR-Blattei Betriebsverfassung XI, Entsch. 22 (Löwisch); SAE 88, 8 (Buchner); EzA § 44 BetrVG 1972 Nr. 6
7. 5. 2 AZR 271/86	KSchG 1969 § 9 Nr. 19	BB 88, 564; Betrieb 88, 450; NJW 88, 159; NZA 88, 15; AR-Blattei Ausländische Arbeitnehmer, Entsch. 32; SAE 88, 82; EzA § 9 KSchG n. F. Nr. 21
14. 5. 6 AZR 498/85	BPersVG § 9 Nr. 4 (Grunsky)	BAG 55, 284; BB 87, 2091; NZA 87, 443, 820; AR-Blattei Berufsausbildung, Entsch. 55; SAE 88, 231 (Bengelsdorf); EzA § 78 a BetrVG 1972 Nr. 18
27. 5. 4 AZR 613/86	BAT § 74 Nr. 6	AR-Blattei Öffentlicher Dienst, Entsch. 334; Personalvertretung XI C, Entsch. 7
2. 6. 1 AZR 651/85	GG Art. 9 Nr. 49 (Rüthers)	BAG 54, 353; BB 87, 1178; Betrieb 87, 1303, 2312; NJW 87, 2893; NZA 87, 554; 88, 64; AR-Blattei Vereinigungsfreiheit, Entsch. 16; SAE 88, 83; EzA Art. 9 GG Nr. 43
3. 6. 5 AZR 285/86	TVG § 1 Tarifverträge: Bau Nr. 85	Betrieb 88, 1018; NZA 88, 66; AR-Blattei Berufausbildung, Entsch. 56 (Knigge); SAE 88, 84
4. 6. 6 ABR 63/85	BetrVG 1972 § 80 Nr. 30	BB 88, 69, 766 (Linnenkohl); Betrieb 88, 50; NZA 88, 208; SAE 88, 84; EzA § 80 BetrVG 1972 Nr. 31
4. 6. 6 ABR 70/85	SchwbG § 22 Nr. 2	BAG 55, 332; BB 87, 1951; Betrieb 87, 2467; NZA 87, 861; AR-Blattei Schwerbehinderte, Entsch. 91; SAE 88, 84; EzA § 108 BetrVG 1972 Nr. 6
16. 6. 1 AZR 528/85	BetrVG 1972 § 111 Nr. 20 (Löwisch/Göller)	BAG 55, 344; BB 87, 2231; Betrieb 87, 2365; NZA 87, 858; AR-Blattei Betrieb, Entsch. 15 (Richardi); SAE 88, 138 (Otto); EzA § 111 BetrVG 1972 Nr. 21 (Preis)
16. 6. 1 ABR 41/85	BetrVG 1972 § 111 Nr. 19	BAG Otto, 356; BB 87, 1737; Betrieb 87, 1842; NZA 87, 671; AR-Blattei Betriebsverfassung XIV E, Entsch. 30; SAE 88, 126; 89, 214 (Eich); EzA § 111 BetrVG 1972 Nr. 20 (1. Gaul, 2. Kort)
25. 6. 6 ABR 45/85	BetrVG 1972 § 108 Nr. 6 (Däubler)	BAG 55, 386; BB 88, 1118; Betrieb 87, 2468; NZA 88, 167; AR-Blattei Betriebsverfassung XIV D, Entsch. 10; SAE 88, 127; EzA § 108 BetrVG 1972 Nr. 7
15. 7. 5 AZR 215/86	BGB § 611 Persönlichkeitsrecht Nr. 14	BAG 54, 365; BB 87, 2300; Betrieb 87, 2571; NZA 88, 53; AR-Blattei Personalakten, Entsch. 10; Persönlichkeitsrecht, Entsch. 6; Anschlußfristen, Entsch. 122; SAE 89, 42 (Krause); EzA § 611 BGB Persönlichkeitsrecht Nr. 5 (Wiese)
30. 7. 6 ABR 78/85	BetrVG 1972 § 130 Nr. 3	BAG 56, 1; Betrieb 87, 2658; NJW 88, 933; NZA 88, 402; AR-Blattei Betriebsverfassung IV, Entsch. 3 (Echterhölter); SAE 88, 127; EzA § 130 BetrVG 1972 Nr. 2
4. 8. 1 AZR 486/85	GG Art. 9 Arbeitskampf Nr. 88	BAG 56, 6; BB 87, 1606; 88, 345; Betrieb 87, 1692, 2470; NZA 87, 584; 88, 61; 90, 214 (Belling); AR-Blattei Arbeitskampf II, Entsch. 29 (Löwisch/Rummler); SAE 89, 20 (Konzen/Gans); EzA Art. 9 GG Arbeitskampf Nr. 70 (Belling)
4. 8. 1 AZR 488/86	GG Art. 9 Arbeitskampf Nr. 89 (Rüthers/Hennslein)	BB 88, 347; Betrieb 87, 1692; 88, 183; NZA 87, 817; AR-Blattei Arbeitskampf II, Entsch. 30 (Löwisch/Rummler); EzA Arbeitskampf Nr. 71
18. 8. 1 ABR 30/86	BetrVG 1972 § 77 Nr. 23 (v. Hoyningen-Huene)	BAG 56, 18; BB 87, 2160; 88, 1459 (Linnenkohl); Betrieb 87, 2257; NJW 88, 510; NZA 87, 779; 90, 249 (Veit); AR-Blattei Betriebsvereinbarung, Entsch. 39; Arbeitszeit I, Entsch. 4; SAE 88, 97 (Löwisch/Rieble); EzA § 77 BetrVG 1972 Nr. 18
18. 8. 1 ABR 65/86	ArbGG 1979 § 81 Nr. 6	BAG 56, 44; BB 87, 1669, 2166; Betrieb 87, 2368; 88, 285 (Matthießen); NZA 88, 26; AR-Blattei Arbeits-

Fundstellenverzeichnis

Datum	Fundstelle AP	Weitere Fundstellen
		gerichtsbarkeit XII, Entsch. 146; SAE 88, 128; EzA § 81 ArbGG 1979 Nr. 11
1. 9. 1 ABR 22/86	BetrVG 1972 § 101 Nr. 10 (Fabricius)	BAG 56, 71; BB 88, 68; Betrieb 87, 2656; NJW 88, 370; NZA 88, 99; AR-Blattei Tendenzbetrieb, Entsch. 35; SAE 88, 168; EzA § 118 BetrVG 1972 Nr. 40
1. 9. 1 ABR 23/86	BetrVG 1972 § 101 Nr. 11 (Fabricius)	BAG 56, 81; BB 88, 67; Betrieb 87, 2653; NJW 88, 372; NZA 88, 97; AR-Blattei Tendenzbetrieb Entsch. 36; SAE 88, 168; EzA § 118 BetrVG 1972 Nr. 41
15. 9. 1 ABR 29/86	BetrVG 1972 § 99 Nr. 45 (Streckel)	BAG 56, 99; BB 88, 348; Betrieb 88, 235; NZA 88, 624; AR-Blattei Versetzung des Arbeitnehmers, Entsch. 8; SAE 88, 192 (Oetker); EzA § 99 BetrVG 1972 Nr. 56
15. 9. 1 ABR 31/86	BetrVG 1972 § 87 Sozialeinrichtung Nr. 9	Betrieb 88, 404; NZA 88, 104; AR-Blattei Betriebsverfassung XIV B, Entsch. 103; SAE 88, 271 (Brunz); EzA § 87 BetrVG 1972 Sozialeinrichtung Nr. 15
15. 9. 1 ABR 44/86	BetrVG § 99 Nr. 46 (Streckel)	BAG 56, 108; BB 88, 482; Betrieb 88, 128; NZA 88, 101; AR-Blattei Betriebsverfassung XIV C, Entsch. 115; SAE 88, 194 (Oetker); EzA § 99 BetrVG 1972 Nr. 57
22. 9. 3 AZR 662/85	BetrAVG § 1 Besitzstand Nr. 5 (Schulin)	BAG 56, 138; Betrieb 88, 291; NZA 88, 732; AR-Blattei Betriebliche Altersversorgung XI, Entsch. 47 (Hanau/Preis); SAE 89, 79 (v. Maydell); EzA § 1 BetrAVG Ablösung Nr. 1
7. 10. 5 AZR 116/86	BGB § 611 Persönlichkeitsrecht Nr. 15	BB 88, 137; Betrieb 88, 403; NZA 88, 92; AR-Blattei Persönlichkeitsrecht, Entsch. 7; EzA § 611 BGB Persönlichkeitsrecht Nr. 6 (Wiese); JZ 88, 108
13. 10. 1 ABR 10/86	BetrVG 1972 § 87 Arbeitszeit Nr. 24	BAG 56, 197; BB 87, 2091; 88, 270; Betrieb 88, 341; NZA 87, 805; 88, 251; AR-Blattei Betriebsverfassung XIV B, Entsch. 104; EzA § 87 BetrVG 1972 Arbeitszeit Nr. 25
13. 10. 1 ABR 51/86	BetrVG 1972 § 77 Auslegung Nr. 2	BB 88, 275; Betrieb 88, 345; NZA 88, 253; AR-Blattei Teilzeitarbeit, Entsch. 16; SAE 88, 214; EzA § 611 BGB Teilzeitarbeit Nr. 2
13. 10. 1 ABR 53/86	ArbGG 1979 § 81 Nr. 7	BB 87, 2091; Betrieb 88, 334 (Klevemann); NZA 87, 805; 88, 249; SAE 88, 214; EzA § 81 ArabGG 1979 Nr. 12
16. 10. 7 AZR 519/86	BGB § 613a Nr. 69 (Windbichler)	Jg., Bl. 89, 49; BB 88, 207; Betrieb 88, 712; SAE 88, 214; EzA § 613a BGB Nr. 66
27. 10. 1 AZR 80/86	BetrVG 1972 § 76 Nr. 22	Betrieb 88, 503; NZA 88, 207; AR-Blattei Sozialplan, Entsch. 31; SAE 88, 215; EzA § 76 BetrVG 1972 Nr. 37
27. 10. 1 ABR 9/87	BetrVG § 112 Nr. 41	BAG 56, 270; BB 88, 761 (Hunold); Betrieb 88, 558; NZA 88, 203; AR-Blattei Sozialplan, Entsch. 30 (Hanau); SAE 88, 262 (Blomeyer); EzA § 112 BetrVG 1972 Nr. 41
3. 11. 8 AZR 316/81	BetrVG 1972 § 77 Nr. 25 (Hromadka)	BAG 56, 289; BB 87, 2231; 88, 1257; Betrieb 87, 2362; 88, 966; NZA 87, 842; 88, 509; AR-Blattei Betriebsvereinbarung, Entsch. 44 (Fastrich); SAE 88, 311 (Eich); EzA § 77 BetrVG 1972 Nr. 20 (Wank)
10. 11. 1 AZR 360/86	BetrVG 1972 § 113 Nr. 15 (Leipold)	BAG 56, 304; BB 88, 842; Betrieb 88, 609; NZA 88, 287; 90, 424 (Jox); AR-Blattei Arbeitsgerichtsbarkeit XII, Entsch. 148; SAE 88, 228 (Zeiss); EzA § 113 BetrVG 1972 Nr. 16
10. 11. 1 ABR 55/86	BetrVG 1972 § 77 Nr. 24 (Schmitt, J.)	BAG 56, 313; BB 87, 2300; 88, 911; Betrieb 87, 2420; NJW 87, 2420; NJW 88, 1687, 2324; NZA 88, 255;

Fundstellenverzeichnis

Datum	Fundstelle AP	Weitere Fundstellen
13. 11. 7 AZR 246/87	BetrVG 1972 § 78 a Nr. 18	AR-Blattei Betriebsvereinbarung, Entsch. 42 (Kort); SAE 88, 215; EzA § 77 BetrVG 1972 Nr. 19 BAG 57, 21; BB 88, 2110, 2244; Betrieb 88, 2414; NZA 89, 439; AR-Blattei Berufsausbildung, Entsch. 59; SAE 89, 144 (Natzel); EzA § 78 a BetrVG 1972 Nr. 19; JZ 88, 254
13. 11. 7 AZR 550/87	BetrVG 1972 § 37 Nr. 61	BB 88, 765; Betrieb 88, 812; NZA 88, 404; AR-Blattei Betriebsverfassung VIII, Entsch. 17; SAE 88, 317 (Streckel); EzA § 37 BetrVG 1972 Nr. 88
20. 11. 2 AZR 284/86	BGB § 620 Altersgrenze Nr. 2 (Joost)	BAG 57, 30; BB 88, 1466, 1820; Betrieb 88, 1501; NZA 88, 617; AR-Blattei Betriebsvereinbarung, Entsch. 43 (Hanau); SAE 89, 84 (Weber); EzA § 620 BGB Altersgrenze Nr. 1 (Belling)
24. 11. 1 ABR 12/86	BetrVG 1972 § 87 Akkord Nr. 6 (Gaul)	BB 88, 977; Betrieb 88, 811; NZA 88, 320; AR-Blattei Betriebsverfassung XIV B, Entsch. 105 (Schwab); SAE 88, 215; EzA § 87 BetrVG 1972 Leistungslohn Nr. 15
24. 11. 1 ABR 25/86	BetrVG 1972 § 87 Auszahlung Nr. 6 (Pleyer)	BB 88, 1387; Betrieb 88, 813; NZA 88, 405; AR-Blattei Betriebsverfassung XIV B, Entsch. 107; SAE 88, 216; EzA § 87 BetrVG 1972 Lohn u. Arbeitsentgelt Nr. 14
26. 11. 6 ABR 8/83	BetrVG 1972 § 5 Nr. 36	BAG 56, 366; BB 88, 1388; Betrieb 88, 972; NZA 88, 505; AR-Blattei Berufsausbildung, Entsch. 60; SAE 88, 216; EzA § 5 BetrVG 1972 Nr. 46
27. 11. 7 AZR 29/87	BetrVG 1972 § 44 Nr. 7	BB 88, 912; Betrieb 88, 810; NZA 88, 661; AR-Blattei Betriebsverfassung XI, Entsch. 23; SAE 88, 169 (van Venrooy); EzA § 44 BetrVG 1972 Nr. 8
3. 12. 6 AZR 569/85	BetrVG 1972 § 37 Nr. 62	BAG 57, 96; BB 88, 1461; NZA 88, 437; AR-Blattei Betriebsverfassung X, Entsch. 57; EzA § 37 BetrVG 1972 Nr. 89
3. 12. 6 ABR 79/85	BetrVG 1972 § 20 Nr. 13	BAG 57, 106; BB 88, 1042; Betrieb 88, 862; NZA 88, 440; AR-Blattei Betriebsverfassung VI, Entsch. 64; EzA § 20 BetrVG 1972 Nr. 14
8. 12. 1 ABR 32/86	BetrVG 1972 § 98 Nr. 4	BAG 57, 114; BB 88, 1183, 2468 (Kaiser); Betrieb 88, 760; NZA 88, 401; AR-Blattei Betriebsverfassung XIV G, Entsch. 2; EzA § 98 BetrVG 1972 Nr. 3
11. 12. 7 ABR 49/87	BetrVG 1972 § 47 Nr. 7 (Wiedemann)	Jg., Bl. 89, 713; BAG 57, 144; BB 88, 1389; Betrieb 88, 759; AR-Blattei Betriebsverfassung XII, Entsch. 14; EzA § 47 BetrVG 1972 Nr. 5
15. 12. 3 AZR 474/86	BGB § 611 Betriebsgeheimnis Nr. 5	BAG 57, 159; BB 88, 980; Betrieb 88, 1020; NJW 88, 1186; NZA 88, 502; AR-Blattei Geheimschutz im Arbeitsrecht, Entsch. 7 (Röder); EzA § 611 BGB Betriebsgeheimnis Nr. 1

1988

Datum	Fundstelle AP	Weitere Fundstellen
12. 1. 1 AZR 219/86	GG Art. 9 Arbeitskampf Nr. 90 (Rüthers/Berghaus)	BB 88, 978; Betrieb 88, 188, 1270; NJW 88, 2061; NZA 88, 474; 89, 453 (Sibben); AR-Blattei Arbeitskampf II, Entsch. 31 (Löwisch); SAE 88, 307 (Mayer-Maly); EzA Art. 9 GG Arbeitskampf Nr. 73 (Preis)
12. 1. 1 ABR 54/86	ArbGG 1979 § 81 Nr. 8	BB 88, 1331; Betrieb 88, 1272; NZA 88, 517; AR-Blattei Betriebsverfassung XIV B, Entsch. 106; EzA § 87 BetrVG 1972 Arbeitszeit Nr. 26
19. 1. 3 AZR 263/86	BGB § 613 a Blank Nr. 70	BAG 57, 198; BB 88, 2039; Betrieb 88, 1166; NZA 88, 501; AR-Blattei Betriebliche Altersversorgung, Entsch. 202; EzA § 613 a BGB Nr. 69 (Streckel)
26. 1. 1 AZR 531/86	BetrVG 1972 § 99 Nr. 50	BAG 57, 242; BB 88, 1327; Betrieb 88, 1167; NZA 88, 476; AR-Blattei Versetzung des Arbeitnehmers,

Fundstellenverzeichnis

Datum	Fundstelle AP	Weitere Fundstellen
26. 1. 1 ABR 34/86	BetrVG 1972 § 80 Nr. 31	Entsch. 9 (Löwisch); SAE 89, 73 (Kraft); EzA § 99 BetrVG 1972 Nr. 58 (Weber, Chr.) BB 88, 1387; Betrieb 88, 1551; NZA 88, 620; AR-Blattei Betriebsverfassung XIV A, Entsch. 32; SAE 88, 328; EzA § 80 BetrVG 1972 Nr. 32
10. 2. 7 AZR 36/87	BetrVG 1972 § 37 Nr. 64	BAG 58, 1; Betrieb 88, 2367; NZA 89, 112; AR-Blattei Betriebsverfassung VIII, Entsch. 18; Auswärtszulage (Auslösung), Entsch. 11; SAE 88, 328; EzA § 37 BetrVG 1972 Nr. 91
10. 2. 1 ABR 39/86	BetrVG 1972 § 98 Nr. 5	BAG 57, 295; BB 88, 1326; Betrieb 88, 1325; NZA 88, 549; AR-Blattei Betriebsverfassung XIV A, Entsch. 33 (Löwisch); SAE 89, 30; EzA § 98 BetrVG 1972 Nr. 4
10. 2. 1 ABR 56/86	BetrVG 1972 § 87 Lohngestaltung Nr. 33	BAG 57, 309; BB 88, 1118; Betrieb 88, 1223; NZA 88, 479; AR-Blattei Tariflohnerhöhung, Entsch. 23; EzA § 87 BetrVG 1972 Betriebliche Lohngestaltung Nr. 18 (Glaubitz)
10. 2. 1 ABR 70/86	BetrVG 1972 § 99 Nr. 53 (Lund)	BAG 57, 317; BB 88, 1386; Betrieb 88, 1397; AR-Blattei Betriebsverfassung XIV A, Entsch. 34 (Löwisch); SAE 91, 352 (Buchner); EzA § 1 TVG Nr. 34
10. 2. 1 ABN 51/87	ArbGG 1979 § 92 a Nr. 6	BB 88, 1331; Betrieb 88, 1327; NZA 88, 519; AR-Blattei Arbeitsgerichtsbarkeit X E, Entsch. 66; SAE 89, 30; EzA § 72 ArbGG 1979 Nr. 50
23. 2. 1 ABR 75/86	ArbGG 1979 § 81 Nr. 9	BB 88, 1465; NZA 89, 229; SAE 89, 31; EzA § 81 ArbGG 1979 Nr. 13
23. 2. 1 ABR 82/86	BetrVG 1972 § 93 Nr. 2	BB 88, 1327; Betrieb 88, 1452; NZA 89, 551; AR-Blattei Betriebsverfassung XIV A, Entsch. 35; SAE 89, 31; EzA § 93 BetrVG 1972 Nr. 3
24. 2. 7 AZR 454/87	BeschFG 1985 § 1 Nr. 3	BB 88, 1390; Betrieb 88, 1327; NZA 89, 545; AR-Blattei Arbeitsvertrag – Arbeitsverhältnis VIII, Entsch. 80; Beschäftigungsförderung, Entsch. 1; SAE 89, 31; EzA § 1 BeschFG 1985 Nr. 3
16. 3. 7 AZR 557/87	BetrVG 1972 § 37 Nr. 63	BB 88, 1326; Betrieb 88, 1453; AR-Blattei Betriebsverfassung VIII A, Entsch. 63; EzA § 37 BetrVG 1972 Nr. 90
17. 3. 2 AZR 576/87	BGB § 626 Nr. 99	BAG 58, 37; RdA 88, 380; Betrieb 89, 329; NJW 89, 546; NZA 89, 261; SAE 89, 186 (Börgmann); AuR 89, 25; EzA § 626 BGB n. F. Nr. 116 (1. Kraft/Raab; 2. Willemsen)
24. 3. 2 AZR 369/87	ASiG § 9 Nr. 1	BAG 58, 69; BB 89, 74; Betrieb 89, 227; NJW 89, 793; NZA 89, 60; AR-Blattei Betriebsarzt, Entsch. 5; SAE 89, 290 (Blomeyer/Reichold); EzA § 9 ASiG Nr. 1
13. 4. 5 AZR 537/86	BGB § 611 Fürsorgepflicht Nr. 100 (Conze)	Jg., Bl. 89, 1096; BB 88, 1467, 1893; Betrieb 88, 1702; NJW 88, 2693; NZA 88, 654; SAE 89, 72; EzA § 611 BGB Fürsorgepflicht Nr. 47 (Buchner)
14. 4. 6 ABR 28/86	BPersVG § 66 Nr. 1	BAG 58, 107; BB 88, 2110; NZA 89, 72; AR-Blattei Stationierungskräfte, Entsch. 44; Personalvertretung XI A, Entsch. 6; AuR 88, 387
14. 4. 6 ABR 36/86	BetrVG 1972 § 118 Nr. 36 (Dütz/Bayer)	Jg., Bl. 89, 729; BAG 58, 92; BB 88, 1808; Betrieb 88, 3283; AR-Blattei Küchenbedienstete, Entsch. 33; SAE 89, 72; EzA § 118 BetrVG 1972 Nr. 42
26. 4. 3 AZR 168/86	BetrVG 1972 § 87 Altersversorgung Nr. 16	BAG 58, 156; BB 88, 915, 2112, 2249; Betrieb 88, 1019, 2411; NZA 89, 219; AR-Blattei Betriebliche Altersversorgung III, Entsch. 2; SAE 89, 209 (Schulin); EzA § 87 BetrVG 1972 Altersversorgung Nr. 2
27. 4. 5 AZR 358/87	BGB § 613 a Nr. 71	BAG 58, 176; BB 88, 1467; Betrieb 88, 1653; NJW 88, 3035; NZA 88, 655; AR-Blattei Betriebsinhaberwechsel, Entsch. 74 (Hergenröder); EzA § 613 a BGB Nr. 70

Fundstellenverzeichnis

Datum	Fundstelle AP	Weitere Fundstellen
27. 4. 7 AZR 593/87	BeschFG 1985 § 1 Nr. 4 (Gamillscheg)	BAG 58, 183; BB 88, 1675, 1751; Betrieb 88, 1803; NZA 88, 771; AR-Blattei Arbeitsvertrag – Arbeitsverhältnis VIII, Entsch. 83 (Hanau); SAE 89, 155; EzA § 1 BeschFG 1985 Nr. 4
27. 4. 7 ABR 5/87	BetrVG 1972 § 5 Nr. 37	BAG 58, 203; BB 88, 2030; Betrieb 88, 2003; NJW 89, 998; NZA 88, 809; EzA § 5 BetrVG 1972 Nr. 47
28. 4. 6 AZR 405/86	BetrVG 1972 § 29 Nr. 2	BAG 58, 221; BB 88, 2390; Betrieb 88, 2259; NZA 89, 223; AR-Blattei Betriebsverfassung XIV A, Entsch. 36; SAE 89, 156; EzA § 29 BetrVG 1972 Nr. 1 (Klevemann)
28. 4. 2 AZR 623/87	BGB § 613 a Nr. 74 (Hefermehl)	BB 89, 75; Betrieb 89, 430; NZA 89, 265; SAE 89, 156; EzA § 613 a BGB Nr. 80 (Löwisch)
5. 5. 2 AZR 795/87	AÜG § 1 Nr. 8 (Wiedemann)	BB 88, 2111; Betrieb 89, 1139; NZA 89, 18; AR-Blattei Leiharbeitsverhältnis, Entsch. 17; SAE 89, 62 (Oetker); EzA § 1 AÜG Nr. 1
26. 5. 1 ABR 9/87	BetrVG 1972 § 87 Ordnung des Betriebes Nr. 14	BAG 58, 297; BB 88, 1182, 2316; Betrieb 88, 1276; NZA 88, 811; AR-Blattei Betriebsverfassung XIV A, Entsch. 37; SAE 89, 138 (Fabricius); EzA § 87 BetrVG 1972 Nr. 11 (Löwisch/Rieble)
26. 5. 1 ABR 11/87	BetrVG 1972 § 76 Nr. 26	BB 88, 2111, 2174; Betrieb 88, 2154; NZA 89, 26; AR-Blattei Sozialplan, Entsch. 32; SAE 89, 198; EzA § 76 BetrVG 1972 Nr. 41
26. 5. 1 ABR 18/87	BetrVG 1972 § 95 Nr. 13	BB 88, 2100 (Hunold); Betrieb 88, 2158; NZA 89, 438; AR-Blattei Versetzung des Arbeitnehmers, Entsch. 12; SAE 89, 198; EzA § 95 BetrVG 1972 Nr. 13 (Peterek)
31. 5. 1 AZR 192/87	§ 1 FeiertagslohnzahlungsG Nr. 57	BAG 58, 315; BB 88, 2111, 2465; Betrieb 88, 1328, 2261; NJW 89, 123; AR-Blattei Arbeitskampf III, Entsch. 12; Feiertage, Entsch. 60; SAE 89, 199; EzA Art. 9 GG Arbeitskampf Nr. 77 (Mummenhoff); JZ 88, 254
31. 5. 1 AZR 200/87	§ 1 FeiertagslohnzahlungsG Nr. 58	BAG 58, 310; BB 88, 1182, 2111, 2466; Betrieb 88, 1328, 2262; NJW 89, 124; AR-Blattei Feiertage, Entsch. 59; SAE 89, 199; JZ 88, 255
7. 6. 1 AZR 372/86	GG Art. 9 Arbeitskampf Nr. 106	BAG 58, 343; BB 88, 2111; 89, 503; NJW 89, 63; AR-Blattei Arbeitskampf II, Entsch. 33 (Löwisch); EzA Art. 9 GG Arbeitskampf Nr. 80 (Wank)
10. 6. 2 AZR 7/88	BeschFG 1985 § 1 Nr. 5	NZA 89, 21; AR-Blattei Beschäftigungsförderung, Entsch. 2; SAE 89, 200; EzA § 1 BeschFG 1985 Nr. 5 (Oetker)
21. 6. 1 AZR 651/86	GG Art. 9 Arbeitskampf Nr. 108 (1. Mayer-Maly; 2. Kirchner; 3. Steinkühler/Zwickel)	BAG 58, 364; BB 88, 1329, 2461; 89, 1334 (Buchner); Betrieb 88, 1397, 1952, 2097 (Groggert); 89, 1566 (Hohenstatt/Schaude) Beilage 16/89 (Picker); NJW 89, 57; NZA 88, 846, Beilage 2 S. 18 (Bobbe/Grünberg); AR-Blattei Arbeitskampf II, Entsch. 34 (Käppler); SA 89, 93 (Reuter); EzA Art. 9 GG Arbeitskampf Nr. 75 (Konzen); JZ 89, 85
29. 6. 7 AZR 459/87	LPVG NW § 72 Nr. 2	BAG 59, 132; BB 89, 634, 1198; Betrieb 89, 1090; NZA 89, 364; AR-Blattei Personalvertretung XI D, Entsch. 27; SAE 89, 200
29. 6. 7 AZR 651/87	BPersVG § 24 Nr. 1	BB 89, 359; Betrieb 89, 888; NZA 89, 315; AR-Blattei Personalvertretung VII, Entsch. 14; EzA § 37 BetrVG 1972 Nr. 97
29. 6. 7 ABR 15/87	BetrVG 1972 § 118 Nr. 37 (Kohte)	BAG 59, 120; BB 89, 74, 628; Betrieb 89, 536; NZA 89, 431; AR-Blattei Tendenzbetrieb, Entsch. 38 (Mayer-Maly); SAE 89, 200; EzA § 118 BetrVG 1972 Nr. 43
12. 7. 1 ABR 85/86	BetrVG 1972 § 99 Nr. 54	BB 88, 1458, 2111, 2176; Betrieb 88, 1556; 89, 633; NZA 88, 577; 89, 225; AR-Blattei Lufthansa, Entsch. 10; SAE 89, 235

Fundstellenverzeichnis

Datum	Fundstelle AP	Weitere Fundstellen
26. 7. 1 AZR 54/87	BetrVG 1972 § 87 Provision Nr. 6 (Sibben)	BB 88, 2390; Betrieb 89, 384; NZA 89, 109; AR-Blattei Betriebsverfassung XIV B, Entsch. 109 (Schwab); SAE 89, 236; EzA § 87 BetrVG 1972 Leistungslohn Nr. 16 (Otto)
26. 7. 1 AZR 156/87	BetrVG 1972 § 112 Nr. 45 (Löwisch)	BB 88, 2385; Betrieb 88, 2464; NJW 89, 480; NZA 89, 25; AR-Blattei Sozialplan, Entsch. 33; SAE 89, 163 (Bengelsdorf); EzA § 112 BetrVG 1972 Nr. 43
27. 7. 5 AZR 244/87	BGB § 242 Gleichbehandlung Nr. 83	BB 88, 2111, 2178; Betrieb 88, 2519; AR-Blattei Gleichbehandlung im Arbeitsverhältnis, Entsch. 83; SAE 89, 236; EzA § 242 BGB Gleichbehandlung Nr. 47
10. 8. 5 AZR 478/87	KO § 146 Nr. 5	BAG 59, 197; BB 88, 2390; 89, 500; Betrieb 88, 2567; NJW 89, 480; NZA 89, 187; SAE 89, 236; EzA § 146 KO Nr. 2
23. 8. 1 AZR 276/87	BetrVG 1972 § 113 Nr. 17 (Hromadka/Heise)	BAG 59, 242; BB 88, 2387; Betrieb 88, 2413, 2569; NJW 89, 1054; NZA 89, 31; AR-Blattei Betriebsverfassung XIV E, Entsch. 31; Konkurs, Entsch. 74; SAE 89, 274; EzA § 113 BetrVG 1972 Nr. 17 (Löwisch/Rieble)
23. 8. 1 AZR 284/87	BetrVG 1972 § 112 Nr. 46 (Löwisch)	BAG 59, 255; BB 88, 2391; 89, 144; Betrieb 88, 2465; NJW 89, 480; NZA 89, 28; AR-Blattei Sozialplan, Entsch. 34; SAE 89, 165 (Bengelsdorf); EzA § 112 BetrVG 1972 Nr. 44
7. 9. 5 AZR 625/87	BGB § 611 Abmahnung Nr. 2 (Conze)	BB 89, 75, 222; Betrieb 89, 284; NJW 89, 545; NZA 89, 272; SAE 89, 275; EzA § 611 BGB Abmahnung Nr. 17 (Mummenhof)
7. 9. 4 ABR 32/88	BetrVG 1972 § 87 Lohngestaltung Nr. 35	BAG 59, 276; BB 88, 2391; Betrieb 89, 983; NZA 89, 857; AR-Blattei Betriebsverfassung XIV B, Entsch. 110 (Echterhölter); EzA § 87 BetrVG 1972 Betriebl. Lohngestaltung Nr. 21
8. 9. 2 AZR 103/88	BetrVG 1972 § 102 Nr. 49	BAG 59, 295; BB 89, 1345; Betrieb 89, 1575; NJW 90, 69; NZA 89, 852; AR-Blattei Kündigungsschutz, Entsch. 298; SAE 89, 299 (Oetker); EzA § 102 BetrVG 1972 Nr. 73 (Schwerdtner)
14. 9. 7 ABR 10/87	BetrVG 1972 § 1 Nr. 9 (Reuter)	BAG 59, 319; BB 89, 74, 495; Betrieb 89, 127; NZA 89, 190; SAE 89, 275; AuR 89, 27; EzA § 1 BetrVG 1972 Nr. 7
14. 9. 7 ABR 93/87	BetrVG 1972 § 16 Nr. 1	BAG 59, 328; BB 89, 74, 496; Betrieb 89, 50; NZA 89, 361; SAE 89, 275; EzA § 16 BetrVG 1972 Nr. 6 (Gaul)
28. 9. 1 ABR 23/87	BetrVG 1972 § 112 Nr. 47 (Löwisch)	BAG 59, 359; BB 89, 74, 498; Betrieb 89, 48; NZA 89, 186; AR-Blattei Sozialplan, Entsch. 37; SAE 89, 219 (Dütz/Vogg); EzA § 112 BetrVG 1972 Nr. 49
28. 9. 1 ABR 37/87	BetrVG 1972 § 99 Nr. 55	BAG 59, 371; BB 89, 74, 286; Betrieb 89, 386; NZA 89, 188; AR-Blattei Versetzung des Arbeitnehmers, Entsch. 10; Betriebsverfassung XIV C, Entsch. 116; Betriebsinhaberwechsel, Entsch. 79; SAE 89, 149 (Walker); EzA § 95 BetrVG 1972 Nr. 14 (Rieble)
28. 9. 1 ABR 41/87	BetrVG 1972 § 87 Arbeitszeit Nr. 29	BB 89, 358, 423; Betrieb 89, 385, 1033; NZA 89, 184; SAE 90, 74 (Peterek); EzA § 87 BetrVG 1972 Arbeitszeit Nr. 30
28. 9. 1 ABR 85/87	BetrVG 1972 § 99 Nr. 60	BAG 59, 380; BB 89, 358, 910; Betrieb 89, 433; NZA 89, 358; AR-Blattei Zeitarbeit, Entsch. 19; SAE 89, 276; EzA § 99 BetrVG 1972 Nr. 68
29. 9. 2 AZR 107/88	BGB § 613a Nr. 76 (Joost)	BB 89, 1623; Betrieb 89, 2176; NZA 89, 799; AR-Blattei Betriebsinhaberwechsel, Entsch. 80; SAE 89, 276; EzA § 613a BGB Nr. 85
18. 10. 1 ABR 26/87	BetrVG 1972 § 99 Nr. 56	BB 89, 358, 422; Betrieb 89, 732; NZA 89, 402; EzA § 95 BetrVG 1972 Nr. 15

Fundstellenverzeichnis

Datum	Fundstelle AP	Weitere Fundstellen
18. 10. 1 ABR 33/87	BetrVG 1972 § 99 Nr. 57	BAG 60, 57; BB 89, 626; Betrieb 89, 530; NZA 89, 355; AR-Blattei Betriebsverfassung XIV C, Entsch. 119; SAE 89, 334; EzA § 99 BetrVG 1972 Nr. 69 (v. Hoyningen-Huene)
18. 10. 1 ABR 36/87	BetrVG 1972 § 100 Nr. 4 (Sundermann)	BAG 60, 66; BB 89, 358, 700; Betrieb 89, 487; NZA 89, 183; EzA § 100 BetrVG 1972 Nr. 4
25. 10. 3 AZR 483/86	BetrAVG § 1 Betriebsvereinbarung Nr. 1	BAG 60, 78; BB 88, 2179; 89, 1548; Betrieb 88, 2312; 89, 1195; NZA 89, 522; AR-Blattei Betriebliche Altersversorgung, Entsch. 215; Betriebsvereinbarung, Entsch. 45; SAE 89, 335; EzA § 77 BetrVG 1972 Nr. 26 (Rüthers/Bakker)
25. 10. 1 AZR 368/87	GG Art. 9 Arbeitskampf Nr. 110 (Brox)	BAG 60, 71; BB 88, 2176; 89, 634, 1055; Betrieb 88, 2311; 89, 682; NJW 89, 2076; NZA 89, 353; AR-Blattei Arbeitskampf III, Entsch. 14 (Löwisch); SAE 90, 202 (Loritz); EzA Art. 9 GG Arbeitskampf Nr. 89
27. 10. 2 AZR 109/88	BGB § 620 Bedingung Nr. 16	BB 89, 1347; Betrieb 89, 1730; NZA 89, 432; EzA § 620 BGB Bedingung Nr. 9 (Moll)
8. 11. 3 AZR 85/87	BetrAVG § 1 Betriebsveräußerung Nr. 6	BAG 60, 118; BB 88, 2251; 89, 1127, 2041; Betrieb 89, 1526; NJW 89, 795; NZA 89, 679; AR-Blattei Betriebliche Altersversorgung, Entsch. 216; SAE 90, 38 (Reichold); EzA § 613 a BGB Nr. 83
8. 11. 1 AZR 687/87	BetrVG 1972 § 113 Nr. 18	BAG 60, 87; BB 89, 358, 773; Betrieb 89, 331; NZA 89, 278; AR-Blattei Betriebsverfassung XIV E, Entsch. 32; EzA § 113 BetrVG 1972 Nr. 18
8. 11. 1 AZR 721/87	BetrVG 1972 § 112 Nr. 48	BAG 60, 94; BB 89, 635, 911; Betrieb 89, 587; NZA 89, 401; SAE 89, 335; EzA § 112 BetrVG 1972 Nr. 50
8. 11. 1 ABR 17/87	BetrVG 1972 § 118 Nr. 38	BB 89, 630; Betrieb 89, 1295; NZA 89, 429; AR-Blattei Tendenzbetrieb, Entsch. 37; EzA § 118 BetrVG 1972 Nr. 44
10. 11. 2 AZR 215/88	KSchG 1969 § 1 Abmahnung Nr. 3	BB 89, 1347, 1483; Betrieb 89, 1427; NJW 89, 2493; NZA 89, 633; SAE 89, 336; EzA § 611 BGB Abmahnung Nr. 18 (Peterek)
23. 11. 7 AZR 121/88	BGB § 613 a Nr. 77	BAG 60, 192; BB 89, 851, 1054; Betrieb 89, 1194; NZA 89, 433; 97, 470 (Klar); AR-Blattei Betriebsinhaberwechsel, Entsch. 81; SAE 89, 336; EzA § 102 BetrVG 1972 Nr. 72 (Mummenhoff)
29. 11. 3 AZR 250/87	BetrAVG § 1 Betriebsveräußerung Nr. 7	BB 89, 558, 1140; NZA 89, 425; AR-Blattei Betriebliche Altersversorgung, Entsch. 214; SAE 90, 53; EzA § 613 a BGB Nr. 81
6. 12. 1 ABR 44/87	BetrVG 1972 § 87 Lohngestaltung Nr. 37 (Reuter)	BAG 60, 244; BB 89, 851, 1822; Betrieb 89, 984; NZA 89, 479; AR-Blattei Betriebsverfassung XIV B. Entsch. 111 (Schwab); SAE 90, 1 (Wiese); EzA § 87 BetrVG 1972 Betriebl. Lohngestaltung Nr. 23 (Gaul)
6. 12. 1 ABR 47/87	BetrVG 1972 § 111 Nr. 26 (Streckel)	Jg., Bl. 90; BJ 89; BAG 60, 237; BB 89, 634, 1058; Betrieb 89, 883; NZA 89, 399, 557; AR-Blattei Sozialplan, Entsch. 39; Betriebsverfassung XIV E, Entsch. 33; SAE 89, 160 (Misera); EzA § 111 BetrVG 1972 Nr. 23 (Teske)
7. 12. 7 ABR 10/88	BetrVG 1972 § 19 Nr. 15	BAG 60, 276; BB 89, 1346, 1619; Betrieb 89, 1525; NZA 89, 731; AR-Blattei Betriebsverfassung VI A, Entsch. 19; SAE 90, 54; EzA § 19 BetrVG 1972 Nr. 25
14. 12. 5 AZR 809/87	GesamthafenbetriebsG § 1 Nr. 4	BAG 60, 292; NZA 89, 565
14. 12. 7 ABR 73/87	BetrVG 1972 § 76 Nr. 30	BB 89, 634; Betrieb 89, 888, 983; NZA 89, 515; AR-Blattei Einigungsstelle Entsch. 36; SAE 90, 55; EzA § 76 BetrVG 1972 Nr. 47

Fundstellenverzeichnis

Datum	Fundstelle AP	Weitere Fundstellen
20. 12. 1 ABR 57/87	BetrVG 1972 § 87 Auszahlung Nr. 9	BAG **60**, 323; BB **89**, 1056; Betrieb **89**, 1340; NZA **89**, 564; AR-Blattei Betriebsverfassung XIV B, Entsch. 112; öffentlicher Dienst; Entsch. 354; Einigungsstelle, Entsch. 37; EzA § 87 BetrVG 1972 Nr. 12
20. 12. 1 ABR 63/87	ArbGG 1979 § 92 Nr. 5	BAG **60**, 331; BB **89**, 851, 1268; Betrieb **89**, 1032; NZA **89**, 393; AR-Blattei Betriebsverfassung XIV A, Entsch. 38; Arbeitsgerichtsbarkeit XII, Entsch. 153; SAE **89**, 265 (Stolte); EzA § 80 BetrVG 1972 Nr. 33
20. 12. 1 ABR 68/87	BetrVG 1972 § 99 Nr. 62 (Misera)	BAG **60**, 330; BB **89**, 851, 1549; Betrieb **89**, 1240; NZA **89**, 518; AR-Blattei Betriebsverfassung XIV C, Entsch. 120; NZA **89**, 307 (Pottmeyer); EzA § 99 BetrVG 1972 Nr. 70
1989 17. 1. 1 AZR 805/87	LPVG NW § 2 Nr. 1	BB **89**, 1126; Betrieb **89**, 1528; NZA **89**, 938; AR-Blattei Betriebsverfassung V A, Entsch. 2; EzA § 2 BetrVG 1972 Nr. 12
18. 1. 7 ABR 62/87	AÜG § 14 Nr. 2	BAG **60**, 368; BB **89**, 1127, 1408; Betrieb **89**, 1419; NJW **89**, 2838; NZA **89**, 728; AR-Blattei Leiharbeitsverhältnis, Entsch. 19; SAE **90**, 55; EzA § 14 AÜG Nr. 1
18. 1. 7 ABR 89/87	BetrVG 1972 § 40 Nr. 28	BAG **60**, 385; BB **89**, 1346, 1618; Betrieb **89**, 1829; NZA **89**, 641; AR-Blattei Zinsen, Entsch. 15; Betriebsverfassung X, Entsch. 58; SAE **90**, 55; EzA § 40 BetrVG 1972 Nr. 60
18. 1. 7 ABR 21/88	BetrVG 1972 § 9 Nr. 1	BAG **61**, 7; BB **89**, 1126, 1406; Betrieb **89**, 1420; NZA **89**, 725; SAE **89**, 56; EzA § 8 BetrVG 1972 Nr. 4
25. 1. 5 AZR 161/88	BeschFG 1985 § 2 Nr. 2 (Berger-Delhey)	BAG **61**, 43; BB **89**, 288, 1127; Betrieb **89**, 1271, 1726; NZA **89**, 209; AR-Blattei Teilzeitarbeit, Entsch. 19; Beschäftigungsförderung, Entsch. 6; SAE **90**, 90; EzA § 2 BeschFG 1985 Nr. 1
31. 1. 1 ABR 60/87	ArbGG 1979 § 81 Nr. 12	BB **89**, 1128; NZA **89**, 606; AR-Blattei Arbeitsgerichtsbarkeit XII, Entsch. 154; Betriebsverfassung XII, Entsch. 15; SAE **90**, 91; EzA § 81 ArbGG 1979 Nr. 14
31. 1. 1 ABR 67/87	BetrVG 1972 § 87 Tarifvorrang Nr. 15	BB **89**, 1126, 1339; Betrieb **89**, 1630; NZA **89**, 604; AR-Blattei Betriebsverfassung XIV B, Entsch. 113; SAE **90**, 91; EzA § 87 BetrVG 1972 Arbeitszeit Nr. 31
31. 1. 1 ABR 69/87	BetrVG 1972 § 87 Arbeitszeit Nr. 31	BAG **61**, 57; BB **89**, 1346; Betrieb **89**, 1631; NZA **89**, 646; AR-Blattei Betriebsverfassung XIV B, Entsch. 118 (Bengelsdorf); SAE **90**, 91; EzA § 87 BetrVG 1972 Arbeitszeit Nr. 32 (Streckel)
31. 1. 1 ABR 72/87	BetrVG 1972 § 80 Nr. 33	BB **89**, 1346, 1693 (Hunold); Betrieb **89**, 978 (Jedzig), 982; NZA **89**, 932; AR-Blattei Leiharbeiterverhältnis, Entsch. 20; SAE **90**, 69 (Koffka); EzA § 80 BetrVG 1972 Nr. 34
1. 2. 4 ABR 86/88	BetrVG 1972 § 99 Nr. 63	BAG **61**, 66; BB **89**, 1128; Betrieb **90**, 132; NZA **89**, 814; AR-Blattei Arbeitsgerichtsbarkeit XII, Entsch. 155; Betriebsverfassung XIV B, Entsch. 114; Betriebsverfassung XII, Entsch. 16; SAE **90**, 91; EzA § 256 ZPO Nr. 33
9. 2. 6 AZR 174/87	BeschFG 1985 § 2 Nr. 4	BAG **61**, 77; BB **89**, 425, 1127, 1341; Betrieb **89**, 1424; NJW **89**, 1948; NZA **89**, 209, 593; AR-Blattei Teilzeitarbeit, Entsch. 20; SAE **90**, 46 (Schürer/Kirsten); EzA § 2 BeschFG 1985 Nr. 2
9. 2. 8 AZR 310/87	BetrVG 1972 § 77 Nr. 40 (Richardi)	BAG **61**, 87; BB **89**, 1982, 2112; Betrieb **89**, 2339; NZA **89**, 765; AR-Blattei Urlaub, Entsch. 322; SAE **90**, 91; EzA § 77 BetrVG 1972 Nr. 27

Fundstellenverzeichnis

Datum	Fundstelle AP	Weitere Fundstellen
14. 2. 1 AZR 97/88	BetrVG 1972 § 87 Akkord Nr. 8	BB 89, 1346; Betrieb 89, 1929; NZA 89, 648; AR-Blattei Akkordarbeit, Entsch. 24; SAE 90, 92; EzA § 87 BetrVG 1972 Leistungslohn Nr. 17 (Wiese)
15. 2. 7 AZR 193/88	BetrVG 1972 § 37 Nr. 70	BB 90, 563, 777; Betrieb 90, 1141; NZA 90, 447; AR-Blattei Betriebsverfassung X, Entsch. 60; SAE 90, 92; EzA § 37 BetrVG 1972 Nr. 101
15. 2. 7 ABR 12/87	BetrVG 1972 § 118 Nr. 39	BAG 61, 113; BB 89, 1982; Betrieb 89, 2625; NJW 90, 2021; NZA 90, 240; AR-Blattei Tendenzbetrieb, Entsch. 39 (Mayer-Maly); SAE 90, 92; EzA § 118 BetrVG 1972 Nr. 45 (Henssler)
15. 2. 7 ABR 9/88	BetrVG 1972 § 19 Nr. 17	BAG 61, 125; BB 89, 1984; Betrieb 89, 2626; NZA 90, 115; AR-Blattei Betriebsverfassung VI A, Entsch. 21; SAE 90, 289 (Werth); AuR 89, 320; EzA § 19 BetrVG 1972 Nr. 28 (Marhold)
16. 2. 2 AZR 347/88	BGB § 138 Nr. 46 (Kramer)	BAG 61, 151; BB 89, 425, 2255; 90, 209; Betrieb 89, 2382; NJW 89, 141; NZA 89, 962; AR-Blattei Kündigung IX, Entsch. 73; SAE 90, 135; EzA § 138 BGB Nr. 23 (Wank)
2. 3. 2 AZR 280/88	BGB § 626 Nr. 101	BB 89, 1127, 1553; Betrieb 89, 1679; NJW 89, 1884; NZA 89, 755; AR-Blattei Kündigung VIII, Entsch. 73 (Führich); SAE 90, 136; EzA § 626 BGB n. F. Nr. 118
14. 3. 8 AZR 351/86	BGB § 611a Nr. 6 (Scholz)	BAG 61, 220; BB 89, 2118; Betrieb 89, 2281; NJW 90, 67; NZA 89, 882; 90, 24; AR-Blattei Gleichbehandlung im Arbeitsverhältnis, Entsch. 84b (Käppler); EzA § 611a BGB Nr. 5 (Schlachter)
14. 3. 8 AZR 447/87	BGB § 611a Nr. 5 (Scholz)	BAG 61, 209; BB 89, 630, 2118, 2187; Betrieb 89, 2279; NJW 90, 65; NZA 90, 21; AR-Blattei Gleichbehandlung im Arbeitsverhältnis, Entsch. 84a (Käppler); EzA § 611a BGB Nr. 4; JZ 91, 43
14. 3. 3 AZR 490/87	BetrAVG § 1 Gleichberechtigung Nr. 5	BAG 61, 226; BB 89, 2115; Betrieb 89, 2336; NJW 90, 68; NZA 90, 25; AR-Blattei Gleichbehandlung im Arbeitsverhältnis, Entsch. 85 (Käppler); SAE 92, 249; EzA § 1 BetrAVG Gleichberechtigung Nr. 4 (Steinmeyer)
14. 3. 1 ABR 80/87	BetrVG 1972 § 99 Nr. 64	BAG 61, 189; BB 89, 1346; Betrieb 89, 1523; NZA 89, 639; AR-Blattei Betriebsverfassung XIV C, Entsch. 121 (Bengelsdorf); SAE 90, 136; EzA § 99 BetrVG 1972 Nr. 71 (Schüren/Feuerborn)
15. 3. 7 AZR 449/88	BeschlFG 1985 § 1 Nr. 7	BB 89, 1346; NZA 89, 690; AR-Blattei Beschäftigungsförderung, Entsch. 7; EzA § 1 BeschFG 1985 Nr. 8 (Mayer-Maly)
18. 4. 3 AZR 688/87	BetrAVG § 1 Betriebsvereinbarung Nr. 2 (1. Richardi; 2. Hanau)	BAG 61, 323; BB 89, 2118; 90, 781; Betrieb 89, 2232; NZA 90, 67; AR-Blattei Betriebliche Altersversorgung, Entsch. 226 (Otto); SAE 90, 181 (Kraft); EzA § 77 BetrVG 1972 Nr. 28 (Schulin)
18. 4. 1 ABR 97/87	BetrVG 1972 § 99 Nr. 65 (Kraft/Raab)	BAG 61, 283; BB 89, 1622; Betrieb 89, 179; NJW 89, 2771; NZA 89, 804; AR-Blattei Arzt, Entsch. 28; SAE 90, 179; EzA § 99 BetrVG 1972 Nr. 73
18. 4. 1 ABR 100/87	BetrVG 1972 § 87 Tarifvorrang Nr. 18 (Rieble)	BAG 61, 296; BB 89, 1622, 2039; Betrieb 89, 1676; NZA 89, 887; AR-Blattei Betriebsverfassung XIV A, Entsch. 41; SAE 90, 18 (Hromadka); EzA § 87 BetrVG 1972 Nr. 13 (Wiese)
18. 4. 1 ABR 2/88	BetrVG 1972 § 87 Arbeitszeit Nr. 34 (Kraft/Raab)	BAG 61, 305; BB 89, 1622; Betrieb 89, 1926; NJW 89, 2771; NZA 89, 807; AR-Blattei Einigungsstelle, Entsch. 38; Betriebsverfassung XIV B, Entsch. 116; Krankenpflege- und Heilpersonal, Entsch. 9; SAE 90, 145 (Herrmann); EzA § 76 BetrVG 1972 Nr. 48 (Rotter)

Fundstellenverzeichnis

Datum	Fundstelle AP	Weitere Fundstellen
18. 4. 1 ABR 3/88	BetrVG 1972 § 87 Arbeitszeit Nr. 33 (Schüren/Feuerborn)	BB 89, 1622; Betrieb 89, 1978; NZA 89, 732; AR-Blattei Betriebsverfassung XIV B, Entsch. 115; Betriebsvereinbarung, Entsch. 48; SAE 90, 62 (v. Hoyningen-Huene); EzA § 87 BetrVG 1972 Arbeitszeit Nr. 35
19. 4. 7 AZR 128/88	BetrVG 1972 § 37 Nr. 68	BB 90, 142, 281; Betrieb 90, 696; NZA 90, 317; AR-Blattei Betriebsverfassung VIII A, Entsch. 64; SAE 90, 179; EzA § 37 BetrVG 1972 Nr. 99
19. 4. 7 ABR 87/87	BetrVG 1972 § 80 Nr. 35	BAG 61, 311; BB 89, 1622, 1696; Betrieb 89, 1774; NZA 89, 936; AR-Blattei Betriebsverfassung XI, Entsch. 24; SAE 90, 8 (Rieble); EzA § 80 BetrVG 1972 Nr. 35
19. 4. 7 ABR 6/88	BetrVG 1972 § 40 Nr. 29 (v. Hoyningen-Huene)	BAG 61, 34; BB 90, 142; Betrieb 90, 740; NJW 90, 853; NZA 90, 233; AR-Blattei Betriebsverfassung X, Entsch. 61; SAE 90, 296 (Krichel); EzA § 40 BetrVG 1972 Nr. 62
25. 4. 1 ABR 88/87	GG Art. 140 Nr. 34 (Stein)	BAG 61, 376; BB 89, 1624; AR-Blattei Kirchenbedienstete, Entsch. 35; EzA § 611 BGB Kirchliche Arbeitnehmer Nr. 28
25. 4. 1 ABR 91/87	ArbGG 1979 § 98 Nr. 3	BAG 62, 1; BB 89, 1624; Betrieb 89, 1928; NZA 89, 976; AR-Blattei Einigungsstelle, Entsch. 39; Arbeitsgerichtsbarkeit XI, Entsch. 108; SAE 91, 37 (Salje); EzA § 98 ArbGG 1979 Nr. 6
9. 5. 3 AZR 439/88	BetrVG 1972 § 87 Altersversorgung Nr. 18 (v. Hoyningen-Huene)	BAG 62, 26; BB 89, 1982; Betrieb 89, 2491; NZA 89, 889; AR-Blattei Betriebliche Altersversorgung, Entsch. 227 (Otto); SAE 90, 156 (Walker); EzA § 87 BetrVG 1972 Altersversorgung Nr. 3
24. 5. 2 AZR 285/88	BGB § 611 Gewissensfreiheit Nr. 1 (1. Kraft/Raab; 2. Berger-Delhey)	BAG 62, 59; BB 89, 1120, 2255; 90, 212; Betrieb 89, 2538; NJW 89, 203; NZA 90, 144; AR-Blattei Kündigungsschutz, Entsch. 302 (Kort); SAE 91, 1 (Bydlinski); EzA § 611 BGB Direktionsrecht Nr. 3; JZ 90, 139 (Mayer-Maly)
31. 5. 7 ZR 277/88	BetrVG 1972 § 38 Nr. 9	BB 90, 354, 491; Betrieb 90, 742; NZA 90, 313; AR-Blattei Betriebsverfassung X, Entsch. 62; SAE 90, 217; EzA § 37 BetrVG 1972 Nr. 100
31. 5. 7 AZR 574/88	BetrVG 1972 § 44 Nr. 9	BB 90, 355; Betrieb 90, 793; NZA 90, 449; AR-Blattei Erziehungsurlaub, Entsch. 3; SAE 90, 217; EzA § 44 BetrVG 1972 Nr. 9
7. 6. 7 AZR 500/88	BetrVG 1972 § 37 Nr. 72	BAG 62, 83; BB 90, 710, 993; Betrieb 90, 995; NZA 90, 531; SAE 90, 273; EzA § 37 BetrVG 1972 Nr. 102
7. 6. 7 ABR 26/88	BetrVG 1972 § 37 Nr. 67	BAG 62, 74; BB 90, 137; Betrieb 90, 230; NZA 90, 149; AR-Blattei Betriebsverfassung VIII A, Entsch. 65; SAE 90, 217; EzA § 37 BetrVG 1972 Nr. 98
8. 6. 2 AZR 624/88	KSchG 1969 § 17 Nr. 6	BB 89, 2403; Betrieb 90, 183; NZA 90, 224; AR-Blattei Kündigungsschutz II, Entsch. 5; SAE 90, 217; EzA § 17 KSchG Nr. 4
13. 6. 1 AZR 819/87	BetrVG 1972 § 113 Nr. 19 (1. Lüke) (2. Schriftleitung)	BAG 62, 88; BB 89, 1624; Betrieb 89, 2026; NJW 89, 2771; NZA 89, 894; AR-Blattei Betriebsverfassung XIV E, Entsch. 34; Konkurs, Entsch. 75; SAE 90, 218; EzA § 113 BetrVG 1972 Nr. 19 (Uhlenbruck)
13. 6. 1 ABR 4/88	BetrVG 1972 § 80 Nr. 36	BAG 62, 100; BAG 89, 2118; Betrieb 89, 2439; NZA 89, 934; AR-Blattei Betriebsverfassung X, Entsch. 59 (Löwisch); EzA § 80 BetrVG 1972 Nr. 36
13. 6. 1 ABR 11/88	BetrVG 1972 § 99 Nr. 66	BB 89, 2119, 2328; Betrieb 90, 283; NZA 89, 937; EzA § 99 BetrVG 1972 Nr. 74
13. 6. 1 ABR 14/88	BetrVG 1972 § 112 a Nr. 3 (Willemsen)	BAG 62, 108; BB 89, 2118; 90, 418; Betrieb 89, 2335; NZA 89, 974; AR-Blattei Sozialplan, Entsch. 40 (Löwisch/Kaiser); EzA § 112 a BetrVG 1972 Nr. 4

Fundstellenverzeichnis

Datum	Fundstelle AP	Weitere Fundstellen
14. 6. 4 AZR 200/89	TVG § 4 Tarifkonkurrenz Nr. 16 (Wiedemann/Arnold)	BB 89, 1983; Betrieb 90, 129; NZA 90, 325; SAE 90, 218 EzA § 4 TVG Tarifkonkurrenz Nr. 4
15. 6. 2 AZR 580/88	KSchG 1969 § 1 Soziale Auswahl Nr. 18	BAG 62, 116; BB 90, 143, 351; Betrieb 90, 380; NZA 90, 226; AR-Blattei Kündigungsschutz, Entsch. 304 (Wank); SAE 90, 208 (Preis); EzA § 1 KSchG Soziale Auswahl Nr. 27 (Hergenröder)
15. 6. 2 AZR 600/88	KSchG 1969 § 1 Betriebsbedingte Kündigung Nr. 45	BB 89, 2119, 2191; Betrieb 89, 2384; NZA 90, 65; AR-Blattei Kündigungsschutz, Entsch. 300; EzA § 1 KSchG Betriebsbedingte Kündigung Nr. 63 (Rotter)
21. 6. 7 ABR 58/87	BetrVG 1972 § 118 Nr. 43	BAG 62, 156; BB 90, 563, 920; Betrieb 90, 794; NZA 90, 402; AR-Blattei Tendenzbetrieb, Entsch. 43 (Mayer-Maly); SAE 90, 218; EzA § 118 BetrVG 1972 Nr. 49
21. 6. 7 ABR 78/87	BetrVG 1972 § 76 Nr. 34 (Berger-Delhey)	BAG 62, 139; BB 89, 2256; 90, 138; Betrieb 89, 2436; NJW 90, 404; NZA 90, 107; AR-Blattei Einigungsstelle, Entsch. 40; SAE 90, 105 (Eich); EzA § 40 BetrVG 1972 Nr. 61 (Vogg)
21. 6. 7 ABR 92/87	BetrVG 1972 § 76 Nr. 35	BAG 62, 129; BB 89, 2256; 90, 1349; Betrieb 89, 2438; NZA 90, 110; AR-Blattei Einigungsstelle, Entsch. 41; EzA § 76 BetrVG 1972 Nr. 49
27. 6. 1 ABR 19/88	BetrVG 1972 § 80 Nr. 37	BB 89, 2254; Betrieb 90, 181; NZA 89, 929; SAE 90, 219; EzA § 80 BetrVG 1972 Nr. 37
27. 6. 1 ABR 28/88	BetrVG 1972 § 42 Nr. 5	BAG 62, 192; BB 89, 2254; Betrieb 89, 2543; NZA 90, 113; AR-Blattei Betriebsverfassung XI, Entsch. 25; SAE 90, 162 (Belling/Liedmeier); EzA § 42 BetrVG 1972 Nr. 4
27. 6. 1 ABR 33/88	BetrVG 1972 § 87 Arbeitszeit Nr. 35 (Misera)	BAG 62, 202; BB 89, 2118; Betrieb 89, 2386; NZA 90, 35; AR-Blattei Betriebsverfassung XIV B, Entsch. 119; EzA § 87 BetrVG 1972 Arbeitszeit Nr. 36
4. 7. 1 ABR 35/88	BetrVG 1972 § 111 Nr. 27	BB 89, 2256; Betrieb 90, 485; SAE 90, 219; EzA § 111 BetrVG 1972 Nr. 24
4. 7. 1 ABR 40/88	BetrVG 1972 § 87 Tarifvorrang Nr. 20 (Dütz/Rotter)	Jg., Bl. 91, 383; BAG 62, 233; BB 89, 2255; 90, 918; Betrieb 90, 127; NZA 90, 29; AR-Blattei Betriebsverfassung XIV B, Entsch. 120 (Löwisch); SAE 90, 219; EzA § 87 BetrVG 1972 Betriebliche Lohngestaltung Nr. 24 (Gaul)
25. 7. 1 ABR 41/88	BetrVG 1972 § 80 Nr. 38	BB 89, 2255; NZA 90, 33; SAE 90, 220; EzA § 80 BetrVG 1972 Nr. 38
25. 7. 1 ABR 46/88	BetrVG 1972 § 87 Arbeitszeit Nr. 38	BB 89, 2255; Betrieb 90, 791; NZA 89, 979; AR-Blattei Betriebsverfassung XIV B, Entsch. 121; EzA § 87 BetrVG 1972 Arbeitszeit Nr. 38
26. 7. 7 ABR 64/88	BetrVG 1972 § 38 Nr. 10	BAG 63, 1; BB 90, 1134, 1272; Betrieb 90, 1290; NZA 90, 621; SAE 90, 273; EzA § 38 BetrVG 1972 Nr. 11
26. 7. 7 ABR 72/88	ArbGG 1979 § 2 a Nr. 4	BB 90, 1208; NZA 90, 273; EzA § 2 a ArbGG 1979 Nr. 1
1. 8. 1 ABR 51/88	BetrVG 1972 § 95 Nr. 17	BB 89, 2255; Betrieb 90, 382; NZA 90, 196; AR-Blattei Versetzung des Arbeitnehmers, Entsch. 13; SAE 90, 274; EzA § 95 BetrVG 1972 Nr. 16
1. 8. 1 ABR 54/88	BetrVG 1972 § 99 Nr. 68	BAG 62, 271; BB 89, 2255; 90, 419; Betrieb 90, 483; NZA 90, 229; AR-Blattei Einstellung, Entsch. 19; SAE 90, 356 (Reuter); EzA § 99 BetrVG 1972 Nr. 75
8. 8. 1 ABR 59/88	BetrVG 1972 § 23 Nr. 11	BB 90, 142; Betrieb 90, 1191; NZA 90, 569; SAE 91, 63 (Löwisch); EzA § 23 BetrVG 1972 Nr. 27
8. 8. 1 ABR 61/88	BetrVG 1972 § 106 Nr. 6	BB 89, 294; Betrieb 89, 2621; NZA 90, 150; AR-Blattei Betriebsverfassung XIV D, Entsch. 11 (Rieble); SAE 91, 225 (Dütz/Vogg); EzA § 106 BetrVG 1972 Nr. 8 (Henssler)

Fundstellenverzeichnis

Datum	Fundstelle AP	Weitere Fundstellen
8. 8. 1 ABR 62/88	BetrVG 1972 § 87 Initiativrecht Nr. 3 (Wiese)	BAG **62**, 322; BB **90**, 142, 347; Betrieb **90**, 281, 537; NZA **90**, 322; AR-Blattei Betriebsverfassung XIV D, Entsch. 122 (Löwisch); SAE **91**, 285 (Käppler); EzA § 87 BetrVG 1972 Initiativrecht Nr. 6
8. 8. 1 ABR 63/88	BetrVG 1972 § 95 Nr. 18	BAG **62**, 314; BB **90**, 143; NZA **90**, 198; AR-Blattei Versetzung des Arbeitnehmers, Entsch. 14; SAE **90**, 187 (Weber); EzA § 95 BetrVG 1972 Nr. 18
8. 8. 1 ABR 65/88	BetrVG 1972 § 87 Ordnung des Betriebes Nr. 15	BB **90**, 142; Betrieb **90**, 893; NZA **90**, 320; SAE **90**, 340 (Henssler); EzA § 87 BetrVG 1972 Betriebl. Ordnung Nr. 13 (Wiese)
23. 8. 5 AZR 391/88	BetrVG 1972 § 77 Nr. 42 (Hromadka)	BB **79**, 2255; 2330; Betrieb **90**, 184; NZA **90**, 69; AR-Blattei Betriebsvereinbarung, Entsch. 49; SAE **90**, 274; EzA § 140 BGB Nr. 16 (Moll/Kreitner)
23. 8. 7 ABR 39/88	BetrVG 1972 § 106 Nr. 7 (Wiedemann)	Jg., Bl. **91**, 406; BAG **63**, 11; Betrieb **90**, 1519; NZA **90**, 863; AR-Blattei Betriebsverfassung XIV D, Entsch. 12; Betriebsverfassung XII A, Entsch. 4; SAE **90**, 274; EzA § 106 BetrVG 1972 Nr. 9
29. 8. 3 AZR 370/88	BeschFG 1985 § 2 Nr. 6 (Schüren/Kirsten)	BAG **62**, 334; BB **89**, 2116; Betrieb **89**, 2338; NZA **90**, 37; AR-Blattei Betriebliche Altersversorgung Entsch. 225; EzA § 2 BeschFG 1985 Nr. 3 (Kraft)
30. 8. 7 ABR 65/87	BetrVG 1972 § 37 Nr. 73	BAG **63**, 35; BB **90**, 1134, 1556 (Berger-Delhey); **91**, 475 (Mauer); Betrieb **90**, 1241; NZA **90**, 483; AR-Blattei Betriebsverfassung VIII A, Entsch. 66; EzA § 37 BetrVG 1972 Nr. 103 (Berger-Delhey)
21. 9. 1 AZR 454/88	BetrVG 1972 § 77 Nr. 43 (Löwisch)	BAG **62**, 360; BB **90**, 355, 994; Betrieb **90**, 692; NJW **90**, 1315; NZA **90**, 331 (Richardi), 351; SAE **90**, 329 (Schmitt, J.); EzA § 77 BetrVG 1972 Nr. 33 (Otto)
21. 9. 1 AZR 465/88	SchwbG § 25 Nr. 1	BAG **62**, 382; BB **90**, 356; Betrieb **90**, 796; NZA **90**, 362; NZA **91**, 43; EzA § 14 SchwbG 1986 Nr. 2
21. 9. 1 ABR 32/89	BetrVG 1972 § 99 Nr. 72	BB **90**, 354, 631; Betrieb **90**, 891; NZA **90**, 314; AR-Blattei Arbeitsgerichtsbarkeit XI, Entsch. 110; Versetzung des Arbeitnehmers, Entsch. 15; SAE **92**, 9 (Fastrich); EzA § 99 BetrVG 1972 Nr. 76
28. 9. 8 AZR 120/88	BGB § 611 Parkplatz Nr. 5 (Brox)	BAG **63**, 63; BB **90**, 356, 634; Betrieb **90**, 690; NZA **90**, 345; AR-Blattei Haftung des Arbeitgebers, Entsch. 63 (Mayer-Maly); SAE **90**, 362 (Misera); EzA § 611 BGB Parkplatz Nr. 1
3. 10. 1 ABR 12/88	BetrVG § 76 Nr. 28 [1952]	BB **90**, 354; Betrieb **90**, 1142; NZA **90**, 325; SAE **91**, 44; EzA § 76 BetrVG Nr. 13
3. 10. 1 ABR 66/88	BetrVG 1972 § 99 Nr. 75	BB **90**, 356; Betrieb **90**, 1092; NZA **90**, 359; SAE **91**, 44; EzA § 99 BetrVG 1972 Nr. 83
3. 10. 1 ABR 68/88	BetrVG 1972 § 99 Nr. 73 (Natzel)	BB **90**, 354, 851; Betrieb **90**, 1140; NZA **90**, 366; AR-Blattei Berufsausbildung, Entsch. 69; SAE **91**, 44; EzA § 99 BetrVG 1972 Nr. 79
3. 10. 1 ABR 73/88	BetrVG 1972 § 99 Nr. 74	BB **90**, 354; Betrieb **90**, 995; NZA **90**, 231; AR-Blattei Einstellung, Entsch. 16; SAE **91**, 95; EzA § 99 BetrVG 1972 Nr. 77
11. 10. 2 AZR 61/89	KSchG 1969 § 1 Betriebsbedingte Kündigung Nr. 47 (Berger-Delhey)	BB **90**, 1207, 1628; Betrieb **90**, 2024; NZA **90**, 607; SAE **91**, 95; EzA § 1 KSchG Betriebsbedingte Kündigung Nr. 64
11. 10. 2 AZR 88/89	BetrVG 1972 § 102 Nr. 55	BB **90**, 1701; Betrieb **90**, 1974; NJW **90**, 2489; NZA **90**, 748; SAE **91**, 95; EzA § 102 BetrVG 1972 Nr. 78 (Kraft)
17. 10. 1 ABR 41/87 (B)	BetrVG 1972 § 76 Nr. 39 (Gaul)	BAG **63**, 140; BB **90**, 354, 853; Betrieb **90**, 589, 2018 (Nebendahl); NZA **90**, 399; AR-Blattei Provision, Entsch. 41; SAE **90**, 170 (Rieble); EzA § 76 BetrVG 1972 Nr. 54

Fundstellenverzeichnis

Datum	Fundstelle AP	Weitere Fundstellen
17. 10. 1 ABR 75/88	BetrVG 1972 § 112 Nr. 53	BAG 63, 152; BB 90, 354, 489; Betrieb 90, 486, 2018 (Nebndahl); NZA 90, 441; SAE 91, 96; EzA § 112 BetrVG 1972 Nr. 54
17. 10. 1 ABR 80/88	BetrVG 1972 § 111 Nr. 29	BAG 63, 162; BB 90, 354, 632; Betrieb 90, 694; NZA 90, 443; SAE 91, 96; EzA § 111 BetrVG 1972 Nr. 26
17. 10. 1 ABR 100/88	BetrVG 1972 § 87 Betriebsbuße Nr. 12 (Brox)	BAG 63, 169; BB 90, 354, 705; Betrieb 90, 483; NZA 90, 192; AR-Blattei Betriebsbußen, Entsch. 16; Lufthansa, Entsch. 13; SAE 91, 21 (Danne); EzA § 87 BetrVG 1972 Betriebsbuße Nr. 8 (Leßmann)
24. 10. 8 AZR 5/89	BUrlG § 11 Nr. 29	BAG 63, 181; BB 90, 1135, 1414; Betrieb 90, 1044; NZA 90, 486; SAE 91, 96; EzA § 11 BUrlG Nr. 28
25. 10. 7 ABR 1/88	BetrVG 1972 § 5 Nr. 40 (Natzel)	BAG 63, 188; BB 90, 563; Betrieb 90, 1192; AR-Blattei Arbeitnehmer, Entsch. 30; EzA § 5 BetrVG 1972 Nr. 48
25. 10. 7 ABR 60/88	BetrVG § 5 Nr. 42	BAG 63, 200; BB 90, 1700; Betrieb 90, 1775; NZA 90, 820; AR-Blattei Angestellter, Entsch. 35; SAE 91, 96; EzA § 5 BetrVG 1972 Nr. 49
7. 11. GS 3/85	BetrVG 1972 § 77 Nr. 46	BAG 63, 211; BB 90, 1774, 1840; Betrieb 90, 1715 (Buchner), 1724; NZA 90, 816; AR-Blattei Betriebsvereinbarung, Entsch. 52; EzA § 77 BetrVG 1972 Nr. 34 (Otto)
14. 11. 1 ABR 87/88	BetrVG 1972 § 99 Nr. 76	BB 90, 355, 1129; Betrieb 90, 1093; NZA 90, 357; AR-Blattei Betriebsverfassung V, Entsch. 17; Versetzung des Arbeitnehmers, Entsch. 16; SAE 91, 134; EzA § 99 BetrVG 1972 Nr. 85
14. 11. 1 ABR 88/88	BetrVG 1972 § 99 Nr. 77	BAG 63, 226; BB 90, 355, 421; Betrieb 90, 936; NZA 90, 368; SAE 90, 192 (Pottmeyer); EzA § 99 BetrVG 1972 Nr. 84 (v. Maydell)
16. 11. 6 AZR 64/88	BAT § 13 Nr. 2 (Conze)	BAG 63, 240; BB 90, 564, 708; Betrieb 90, 841; NJW 90, 1933; NZA 90, 477; AR-Blattei Abmahnung, Entsch. 20; EzA § 611 BGB Abmahnung Nr. 19
28. 11. 3 AZR 118/88	BetrVG 1972 § 88 Nr. 6 (Frey)	BAG 63, 267; BB 90, 711; Betrieb 90, 1095; NZA 90, 559; AR-Blattei Gewinnbeteiligung, Entsch. 5; SAE 91, 293 (Windbichler); EzA § 315 BGB Nr. 37
28. 11. 1 ABR 90/88	AÜG § 14 Nr. 5	BB 90, 563, 1343 (Neuss); Betrieb 90, 1139; NZA 90, 364; AR-Blattei Zeitarbeit, Entsch. 21; SAE 91, 135; EzA § 14 AÜG Nr. 2
28. 11. 1 ABR 94/88	BetrVG 1972 § 77 Auslegung Nr. 5	BAG 63, 274; BB 90, 564, 923; Betrieb 90, 792; NZA 90, 445; AR-Blattei Urlaub, Entsch. 330; Arbeitszeit I, Entsch. 15; SAE 91, 135; EzA § 4 TVG Einzelhandel Nr. 13
28. 11. 1 ABR 97/88	BetrVG 1972 § 87 Initiativrecht Nr. 4	BAG 63, 283; BB 89, 2398; 90, 563, 1062; Betrieb 90, 743; NZA 90, 406; AR-Blattei Betriebsverfassung XIV 31, Entsch. 4 (Marsch-Barner); EzA § 87 BetrVG 1972 Kontrolleinrichtung Nr. 18 (Strekkel)
29. 11. 7 ABR 64/87	ArbGG 1979 § 10 Nr. 3 (Reuter)	BAG 63, 302; BB 90, 1206; Betrieb 90, 1568; NZA 90, 615; AR-Blattei Betriebsverfassung XII, Entsch. 17; SAE 91, 135; EzA § 47 BetrVG 1972 Nr. 6
29. 11. 7 ABR 67/88	BetrVG 1972 § 78 Nr. 20 (Berger-Delhey)	BAG 63, 319; BB 91, 65; Betrieb 91, 234; NZA 91, 233, 537 (Bengelsdorf); AR-Blattei Berufsausbildung, Entsch. 71; SAE 91, 373 (Eich); EzA § 78a BetrVG 1972 Nr. 20 (Kraft, Raab)
29. 11. 7 ABR 42/89	BetrVG 1972 § 40 Nr. 32	BB 90, 563, 633; Betrieb 90, 1093; NZA 90, 448; AR-Blattei Betriebsverfassung X, Entsch. 63; SAE 91, 135; EzA § 40 BetrVG 1972 Nr. 63
30. 11. 2 AZR 197/89	BetrVG 1972 § 102 Nr. 53	BAG 63, 351; BB 90, 704; Betrieb 90, 993; NZA 90, 529; SAE 91, 128 (Schmitt); EzA § 102 BetrVG 1972 Nr. 77

Fundstellenverzeichnis

Datum	Fundstelle AP	Weitere Fundstellen
7. 12. 2 AZR 228/89	Internat. Privatrecht, Arbeitsrecht Nr. 27 (Lorenz)	BB 90, 564, 707; Betrieb 90, 992; NZA 90, 658; AR-Blattei Auslandsarbeit, Entsch. 11; Sonderleistungen, Entsch. 21; SAE 90, 248 (Reiff); EzA § 102 BetrVG 1972 Nr. 74
1990 16. 1. 1 ABR 93/88	TVG § 2 Nr. 38	BB 90, 281, 710; Betrieb 90, 840; NZA 90, 626; AR-Blattei Berufsverbände, Entsch. 31 (Löwisch/Rieble); EzA § 2 TVG Nr. 19
18. 1. 2 AZR 183/89	KSchG 1969 § 2 Nr. 27	BAG 64, 24; BB 90, 1843; Betrieb 90, 1773; NZA 90, 734; AR-Blattei Kündigungsschutz I A, Entsch. 10; SAE 91, 11 (Oetker); EzA § 1 KSchG Betriebsbedingte Kündigung Nr. 65
18. 1. 2 AZR 355/89	KSchG 1969 § 23 Nr. 9	BB 90, 2050; Betrieb 91, 500; NZA 90, 977; SAE 90, 177; EzA § 23 KSchG Nr. 9
18. 1. 2 AZR 357/89	KSchG 1969 § 1 Soziale Auswahl Nr. 19	BAG 64, 34; BB 90, 1207, 1274; Betrieb 90, 1335, 1917 (Fenski); NZA 90, 729; AR-Blattei Kündigungsschutz, Entsch. 310 (Rieble); SAE 91, 118 (v. Hoyningen-Huene); EzA § 1 KSchG Soziale Auswahl Nr. 28
23. 1. 3 AZR 171/88	BetrAVG § 1 Gleichberechtigung Nr. 7	Jg., Bl. 91, 236; Betrieb 90, 1620; NZA 90, 778; AR-Blattei Betriebliche Altersversorgung, Entsch. 236 (Schlachter); SAE 92, 253 (Hanau); EzA § 1 BetrAVG Gleichberechtigung Nr. 6 (Steinmeyer)
24. 1. 5 AZR 749/87	ArbGG 1979 § 2 Nr. 16	BAG 64, 75; BB 90, 712; NZA 90, 539; AR-Blattei Werkwohnung, Entsch. 13; SAE 91, 178; AuR 90, 164; EzA § 2 ArbGG 1979 Nr. 17
30. 1. 1 ABR 98/88	BetrVG 1972 § 99 Nr. 78 (Schüren/Kirsten)	BAG 64, 94; BB 90, 1134, 1626; Betrieb 90, 2023; NZA 90, 493; AR-Blattei ES 1550.6 Nr. 29 (Buchner); SAE 91, 179; EzA § 99 BetrVG 1972 Nr. 86
30. 1. 1 ABR 101/88	BetrVG 1972 § 118 Nr. 44 (Berger-Delhey)	BAG 64, 103; BB 90, 1207, 1904 (Reske/Berger-Delhey); NZA 90, 693; AR-Blattei Betriebsverfassung XIV B, Entsch. 126; SAE 90, 281 (Reske/Berger-Delhey); EzA § 118 BetrVG 1972 Nr. 50 (Gaul)
30. 1. 1 ABR 2/89	BetrVG 1972 § 87 Lohngestaltung Nr. 41	BAG 64, 117; BB 90, 1134, 1090; Betrieb 90, 1090; NZA 90, 571; AR-Blattei Betriebsverfassung XIV B, Entsch. 124; Einigungsstelle, Entsch. 44; SAE 90, 347 (van Venrooy), EzA § 87 BetrVG 1972 Betrieb. Lohngestaltung Nr. 27
31. 1. 1 ABR 39/89	BetrVG 1972 § 103 Nr. 28	BAG 65, 28; BB 91, 70, 205; Betrieb 91, 495; NZA 91, 152; SAE 91, 179; AuR 91, 29; EzA § 40 BetrVG 1972 Nr. 64
13. 2. 1 AZR 171/87	BetrVG 1972 § 87 Lohngestaltung Nr. 44	BAG 64, 138; BB 90, 491, 1135; 91, 406 (Meisel), 2386 (Stege/Rinke); Betrieb 90, 1466, 2593 (Ramrath); NJW 90, 1624; NZA 90, 654, 793 (Wiese); SAE 90, 226 (Lieb); EzA § 87 BetrVG 1972 Betriebl. Lohngestaltung Nr. 26 (Reuter)
13. 2. 1 ABR 35/87	BetrVG 1972 § 87 Lohngestaltung Nr. 43	BAG 64, 151; BB 90, 491, 1135, 1485; 91, 406 (Meisel), 2386 (Stesge/Rinke); Betrieb 90, 1238, 2593 (Ramrath); NZA 90, 658, 793 (Wiese); AR-Blattei Tariflohnerhöhung, Entsch. 24; SAE 90, 221 (Lieb); EzA § 87 BetrVG 1972 Betriebl. Lohngestaltung Nr. 25
13. 2. 1 ABR 13/89	BetrVG 1972 § 118 Nr. 45	BB 90, 1135; Betrieb 90, 2228; NZA 90, 575; AR-Blattei Betriebsverfassung XIV B, Entsch. 125; Tendenzbetrieb, Entsch. 41; EzA § 118 BetrVG 1972 Nr. 51

Fundstellenverzeichnis

Datum	Fundstelle AP	Weitere Fundstellen
28. 2. 7 ABR 22/89	BetrVG 1972 § 31 Nr. 1	BAG 64, 229; BB 90, 1347; Betrieb 90, 1288; NZA 90, 660; AR-Blattei Betriebsverfassung X, Entsch. 66 (Löwisch); SAE 91, 31 (Meisel); EzA § 31 BetrVG 1972 Nr. 1 (Rieble)
20. 3. 1 ABR 20/89	BetrVG 1972 § 99 Nr. 79	BAG 64, 254; BB 90, 1207, 1271; 91, 418; Betrieb 90, 1671; NZA 90, 699; EzA § 99 BetrVG 1972 Nr. 87 (v. Hoyningen-Huene)
29. 3. 2 AZR 369/89	KSchG 1969 § 1 Betriebsbedingte Kündigung Nr. 50	BAG 65, 61; Betrieb 91, 173; NJW 91, 587; NZA 91, 181; AR-Blattei Kündigungsschutz, Entsch. 314; SAE 91, 203 (Pottmeyer); EA § 1 KSchG Soziale Auswahl Nr. 29 (Preis)
29. 3. 2 AZR 420/89	BetrVG 1972 § 102 Nr. 56	BB 90, 1774, 2118; Betrieb 90, 2124; NZA 90, 894; SAE 91, 282; EzA § 102 BetrVG 1972 Nr. 79 (Marhold)
3. 4. 1 AZR 150/89	BetrVG 1972 § 113 Nr. 20	BB 90, 1208, 1420; Betrieb 90, 2275; NZA 90, 619; SAE 91, 283; EzA § 113 BetrVG 1972 Nr. 20 (Uhlenbruck)
4. 4. 7 AZR 259/89	BGB § 620 Befristeter Arbeitsvertrag Nr. 136	BAG 65, 86; BB 90, 1775, 1907; Betrieb 90, 1874; NZA 91, 18; AR-Blattei Werkstudent, Entsch. 3; SAE 91, 283; EzA § 620 BGB Nr. 107
4. 4. 5 AZR 299/89	BGB § 611 Persönlichkeitsrecht Nr. 21	BAG 64, 308; BB 90, 1208, 1490; Betrieb 90, 1522; NZA 90, 933; AR-Blattei Persönlichkeitsrecht, Entsch. 8; SAE 91, 283; EzA § 611 BGB Persönlichkeitsrecht Nr. 9
4. 4. 7 ABR 91/89	BetrVG 1972 § 60 Nr. 1	Betrieb 90, 281; NZA 90, 315; SAE 91, 283; EzA § 60 BetrVG 1972 Nr. 1
26. 4. 6 AZR 278/88	BetrVG 1972 § 77 Nachwirkung Nr. 4)	BAG 64, 336; BB 90, 1774; Betrieb 90, 1871; NZA 90, 814; AR-Blattei Betriebsvereinbarung, Entsch. 53; EzA § 77 BetrVG 1972 Nr. 35
26. 4. 1 ABR 79/89	ArbGG 1979 § 83 a Nr. 3	BAG 65, 105; NZA 90, 822; AR-Blattei Arbeitsgerichtsbarkeit XII, Entsch. 159; SAE 91, 163 (Peterek/Jox); EzA § 83 ArbGG 1979 Nr. 1
8. 5. 1 ABR 7/89	BetrVG 1972 § 99 Nr. 80	BB 90, 1774; Betrieb 90, 2124; NZA 90, 896; AR-Blattei Volontär und Praktikant, Entsch. 3; SAE 91, 284; EzA § 99 BetrVG 1972 Nr. 88
8. 5. 1 ABR 33/89	BetrVG 1972 § 118 Nr. 46	BB 90, 1774; Betrieb 90, 2227; NZA 90, 901; AR-Blattei Tendenzbetrieb, Entsch. 42; SAE 91, 284; EzA § 118 BetrVG 1972 Nr. 52
22. 5. 3 AZR 128/89	BetrAVG § 1 Betriebsvereinbarung Nr. 3 BetrAVG § 1 Ablösung Nr. 11	BAG 65, 157; BB 90, 1133, 1774, 2047, 2074; Betrieb 90, 2174; NZA 90, 813; AR-Blattei Betriebsvereinbarung, Entsch. 54; Betriebliche Altersversorgung, Entsch. 248; SAE 92, 293 (Herrmann); EzA § 1 BetrAVG Ablösung Nr. 2
30. 5. 4 AZR 74/90	BPersVG § 75 Nr. 31	BAG 65, 163; BB 90, 2043; Betrieb 91, 338; NZA 90, 899; AR-Blattei Personalvertretung XI D, Entsch. 29; SAE 91, 327; EzA § 99 BetrVG 1972 Nr. 89
26. 6. 1 AZR 263/88	BetrVG 1972 § 112 Nr. 56	BAG 65, 169; BB 90, 2050; 91, 621; Betrieb 90, 2477; NJW 91, 317; NZA 91, 111; AR-Blattei Sozialplan, Entsch. 41; SAE 91, 172 (Rieble); EzA § 112 BetrVG 1972 Nr. 55
27. 6. 7 AZR 292/89	BetrVG 1972 § 37 Nr. 76	BAG 65, 238; BB 91, 272; Betrieb 91, 49; NZA 91, 200; AR-Blattei Betriebsverfassung VIII A, Entsch. 67; SAE 91, 392; EzA § 37 BetrVG 1972 Nr. 104
27. 6. 7 ABR 43/89	BetrVG 1972 § 37 Nr. 78	BAG 65, 230; BB 91, 759; Betrieb 91, 973; NZA 91, 430; SAE 92, 65 (Krichel); EzA § 37 BetrVG 1972 Nr. 105

Fundstellenverzeichnis

Datum	Fundstelle AP	Weitere Fundstellen
3. 7. 1 ABR 36/89	BetrVG 1972 § 99 Nr. 81	BB **90**, 2050, 2188; Betrieb **91**, 1476; NZA **90**, 903; SAE **91**, 189 (Kreßel); EzA § 99 BetrVG 1972 Nr. 90
11. 7. 5 AZR 557/89	BGB § 615 Betriebsrisiko Nr. 32	BAG **65**, 260; BB **90**, 2493; Betrieb **91**, 392; NZA **91**, 67; AR-Blattei Kurzarbeit, Entsch. 6; SAE **92**, 43; EzA § 615 BGB Betriebsrisiko Nr. 11
12. 7. 2 AZR 39/90	BGB § 613 a Nr. 87	BB **91**, 140; Betrieb **91**, 340; NJW **91**, 247; NZA **91**, 63; SAE **92**, 44; EzA § 613 a BGB Nr. 90 (Rüthers/Franke)
1. 8. 7 ABR 91/88	BetrVG 1972 § 106 Nr. 8	BAG **65**, 304; BB **91**, 1418; Betrieb **91**, 1782; NZA **91**, 643; SAE **92**, 44; EzA § 106 BetrVG 1972 Nr. 16 (Rüthers)
1. 8. 7 ABR 99/99	ZA-Nato-Truppenstatut Art. 56 Nr. 20	BB **91**, 47
7. 8. 1 AZR 372/89	BGB § 80 Nr. 1	BAG **65**, 311; Betrieb **91**, 808; NJW **91**, 514; AR-Blattei Mitbestimmung, Entsch. 7 (Rieble); SAE **92**, 44; EzA § 80 BGB Nr. 1
7. 8. 1 AZR 445/89	BetrVG 1972 § 111 Nr. 34	Betrieb **91**, 761; NZA **91**, 113; SAE **92**, 44; EzA § 111 BetrVG 1972 Nr. 27
7. 8. 1 ABR 68/89	BetrVG 1972 § 99 Nr. 82	BAG **65**, 329; BB **90**, 2489; Betrieb **91**, 46; NZA **91**, 150; AR-Blattei Probearbeitsverhältnis, Entsch. 22; SAE **92**, 44; EzA § 99 BetrVG 1972 Nr. 91
21. 8. 3 AZR 422/89	BetrAVG § 6 Nr. 19	BB **91**, 1051; Betrieb **91**, 1632; NZA **91**, 507; AR-Blattei Betriebliche Altersversorgung, Entsch. 256; SAE **92**, 88; EzA § 6 BetrAVG Nr. 16
21. 8. 1 AZR 567/89	BetrVG 1972 § 87 Ordnung des Betriebes Nr. 17	BB **91**, 71; Betrieb **91**, 394, 1469; NZA **91**, 154; AR-Blattei Versetzung des Arbeitnehmers, Entsch. 17; Pausen und Ruhezeiten, Entsch. 4; SAE **92**, 142; EzA § 87 BetrVG 1972 Betriebliche Ordnung (Joost)
21. 8. 1 AZR 576/89	LPVG NW § 72 Nr. 3	BB **91**, 70; NZA **91**, 392; EzA § 87 BetrVG 1972 Betriebliche Ordnung Nr. 16
21. 8. 1 ABR 73/89	BetrVG 1972 § 77 Nachwirkung Nr. 5	BAG **66**, 8; BB **90**, 2406; Betrieb **91**, 232; NJW **91**, 85; NZA **91**, 190; SAE **92**, 142; EzA § 77 BetrVG 1972 Nr. 36 (Kittner)
22. 8. 5 AZR 543/89	BeschFG 1985 § 2 Nr. 8	BAG **66**, 17; BB **91**, 71, 141; Betrieb **91**, 285; NZA **91**, 107; SAE **91**, 114 (Schüren/Kirsten); EzA § 2 BeschFG 1985 Nr. 4
5. 9. 4 AZR 59/90	TVG § 4 Tarifkonkurrenz Nr. 19	BB **91**, 344; Betrieb **90**, 2527; NZA **91**, 202; SAE **92**, 142; EzA § 4 TVG Tarifkonkurrenz Nr. 5
11. 9. 3 AZR 380/89	BetrAVG § 1 Besitzstand Nr. 8	BAG **66**, 39; BB **91**, 72; Betrieb **91**, 503; NZA **91**, 176; AR-Blattei Betriebliche Altersversorgung, Entsch. 255 (Otto); SAE **92**, 13; § 1 BetrAVG Ablösung Nr. 3 (Steinmeyer)
20. 9. 1 ABR 17/90	BetrVG 1972 § 99 Nr. 83	BAG **66**, 48; BB **91**, 420; Betrieb **91**, 552; NZA **91**, 244; AR-Blattei Heimarbeit, Entsch. 32; SAE **92**, 143; EzA § 99 BetrVG 1972 Nr. 96
20. 9. 1 ABR 37/909	BetrVG 1972 § 99 Nr. 84	BAG **66**, 57; BB **91**, 1263 (Hunold); Betrieb **91**, 335, 550; NZA **91**, 195; SAE **92**, 173 (Frey); EzA § 99 BetrVG Nr. 95 (Gaul)
25. 9. 3 AZR 266/89	TVG 1969 § 9 Nr. 8	BAG **66**, 71; BB **91**, 418; Betrieb **91**, 1476; NZA **91**, 314; AR-Blattei Berufsverbände, Entsch. 33 (Löwisch/Rieble); SAE **92**, 143; EzA § 10 ArbGG 1979 Nr. 4
26. 9. 7 AZR 208/89	BPersVG § 8 Nr. 4	BAG **66**, 85; BB **91**, 1199; Betrieb **91**, 2678; NZA **91**, 694; AR-Blattei Personalvertretung VII, Entsch. 15; SAE **92**, 143
17. 10. 7 ABR 69/89	BetrVG 1972 § 108 Nr. 8	BAG **66**, 120; BB **91**, 769, 1264; Betrieb **91**, 1523; NZA **91**, 432; AR-Blattei Betriebsverfassung XIV D,

Fundstellenverzeichnis

Datum	Fundstelle AP	Weitere Fundstellen
18. 10. 2 AZR 172/90	BGB § 613a Nr. 88	Entsch. 15; SAE **92**, 189; EzA § 40 BetrVG 1972 Nr. 65 BB **91**, 419; Betrieb **91**, 549; NZA **91**, 305; AR-Blattei Betriebsinhaberwechsel, Entsch. 88 (Hahn); EzA § 613a BGB Nr. 91 (Peterek)
23. 10. 3 AZR 260/89	BetrAVG § 1 Ablösung Nr. 13	BAG **66**, 146; BB **91**, 420, 699; Betrieb **91**, 449; NZA **91**, 242; AR-Blattei Betriebliche Altersversorgung, Entsch. 258; SAE **92**, 189; EzA § 1 BetrAVG Ablösung Nr. 4
31. 10. 4 AZR 114/90	TVG § 1 Tarifverträge: Presse Nr. 11	BAG **66**, 177; BB **91**, 70; Betrieb **91**, 607; NZA **91**, 201; AR-Blattei Dienstreise und Wegezeit, Entsch. 6; SAE **92**, 190; EzA § 4 TVG Presse Nr. 3; JZ **91**, 419 (Rütters/Heilmann)
6. 11. 1 ABR 34/89	TVG § 1 Tarifverträge: Metallindustrie Nr. 94	BB **91**, 418; Betrieb **91**, 758; NZA **91**, 183; AR-Blattei Schichtarbeit, Entsch. 13; SAE **92**, 190; EzA § 4 TVG Metallindustrie Nr. 78
6. 11. 1 ABR 88/89	AZO Kr § 3 Nr. 8	BAG **66**, 202; BB **91**, 418, 1119; Betrieb **91**, 2141; **92**, 374 (Rüthers/Franke); NZA **91**, 355; AR-Blattei Betriebsverfassung XIV B, Entsch. 127; EzA § 87 BetrVG 1972 Nr. 15
14. 11. 5 AZR 509/89	BGB § 611 Arzt-Krankenhaus-Vertrag Nr. 25	BAG **66**, 214; BB **91**, 770, 1268; Betrieb **91**, 2673; NJW **91**, 2370; NZA **91**, 377; EzA § 622 BGB Teilkündigung Nr. 5
15. 11. 8 AZR 283/89	BeschFG 1985 § 2 Nr. 11	BAG **66**, 220; BB **91**, 771, 981; Betrieb **91**, 865; NZA **91**, 346; AR-Blattei Teilzeitarbeit, Entsch. 24; Gleichbehandlung im Arbeitsverhältnis, Entsch. 88; SAE **91**, 364 (Meisel); EzA § 2 BeschFG 1985 Nr. 5
20. 11. 3 AZR 573/89	BetrAVG § 1 Ablösung Nr. 14	BAG **66**, 228; BB **91**, 772, 914, 1126; Betrieb **91**, 915; NZA **91**, 477; AR-Blattei Betriebliche Altersversorgung, Entsch. 261 (Otto); SAE **92**, 276 (v. Maydell/Kruse); EzA § 77 BetrVG 1972 Nr. 38
20. 11. 3 AZR 613/89	BetrAVG § 1 Gleichberechtigung Nr. 8	BAG **66**, 264; BB **91**, 1300, 1570; Betrieb **91**, 1330; NJW **91**, 2927; NZA **91**, 635; AR-Blattei ES 460 Nr. 263; SAE **92**, 89 (v. Stebut); EzA Art. 19 EWG-Vertrag Nr. 2 (Boeken)
20. 11. 1 AZR 643/789	BetrVG 1972 § 77 Regelungsabrede Nr. 2	BB **91**, 769, 835; Betrieb **91**, 1229; NZA **91**, 426; SAE **92**, 191; EzA § 77 BetrVG 1972 Nr. 37
20. 11. 1 ABR 45/89	BetrVG 1972 § 76 Nr. 43	BAG **66**, 243; BB **91**, 769; Betrieb **91**, 1025; NZA **91**, 473; AR-Blattei Einigungsstelle, Entsch. 45; SAE **91**, 296 (Oetker); EzA § 76 BetrVG 1972 Nr. 55 (Rieble)
20. 11. 1 ABR 62/89	TVG § 2 Nr. 40	BAG **66**, 258; BB **91**, 770; Betrieb **91**, 1027; **92**, 269 (Müller, G.); NJW **91**, 1699; NZA **91**, 428; AR-Blattei Berufsverbände, Entsch. 34 (Löwisch); SAE **92**, 314 (Rieble); EzA § 2 TVG Nr. 20 (Hergenröder)
20. 11. 1 ABR 87/89	BetrVG 1972 § 118 Nr. 47	BB **91**, 770; NJW **91**, 2165; AR-Blattei Tendenzbetrieb, Entsch. 46; Betriebsverfassung XIV C, Entsch. 133; EzA § 118 BetrVG 1972 Nr. 57
27. 11. 1 ABR 77/89	BetrVG 1972 § 87 Nr. 41 (Arbeitszeit)	BB **91**, 418, 548; Betrieb **91**, 706; NZA **91**, 382; SAE **92**, 192; EzA § 87 BetrVG 1972 Arbeitszeit Nr. 40 (Kraft)
28. 11. 4 AZR 198/90	TVG § 1 Tarifverträge: Bau Nr. 137 (Kraft)	BB **91**, 420, 479; Betrieb **91**, 659; NZA **91**, 392; SAE **92**, 192; EzA § 611 BGB Arbeitnehmerbegriff Nr. 37 (v. Maydell)
4. 12. 1 ABR 10/90	BetrVG 1972 § 97 Nr. 1	BAG **66**, 292; BB **91**, 770; Betrieb **91**, 971; NZA **91**, 388; SAE **91**, 261 (van Venrooy); EzA § 98 BetrVG 1972 Nr. 6

Fundstellenverzeichnis

Datum	Fundstelle AP	Weitere Fundstellen
6. 12. 6 AZR 159/89	BeschFG 1985 § 2 Nr. 12	BAG **66**, 314; BB **91**, 771, 2299; Betrieb **91**, 866; NZA **91**, 350; AR-Blattei Gratifikation, Entsch. 96; AR-Blattei Gratifikation, Entsch. 96; SAE **91**, 367 (Meisel); EzA § 2 BeschFG 1985 Nr. 7 (Oetker)
18. 12. 1 ABR 11/90	TVG § 1 Tarifverträge: Metallindustrie Nr. 98	BAG **66**, 338; BB **91**, 770; Betrieb **91**, 1076; NZA **91**, 484; AR-Blattei Betriebsverfassung XIV B, Entsch. 129; SAE **92**, 246; EzA § 4 TVG Metallindustrie Nr. 79
18. 12. 1 ABR 15/90	BetrVG 1972 § 99 Nr. 85	BAG **66**, 328; BB **91**, 761; Betrieb **91**, 969; NZA **91**, 482; AR-Blattei Sozialplan, Entsch. 43; Einstellung, Entsch. 18; SAE **92**, 77 (Weber); EzA § 99 BetrVG 1972 Nr. 97
1991 15. 1. 1 AZR 80/90	BetrVG 1972 § 112 Nr. 57	BAG **67**, 29; BB **91**, 1198, 1488; Betrieb **91**, 1526; NZA **91**, 692; AR-Blattei ES 1470 Nr. 44; SAE **92**, 70 (Danne); EzA § 112 BetrVG 1972 Nr. 56
15. 1. 1 AZR 94/90	BetrVG 1972 § 113 Nr. 21	BB **91**, 1051; Betrieb **91**, 1472; NJW **91**, 2923; NZA **91**, 681; SAE **92**, 247; EzA § 303 AktG Nr. 1 (Beling v. Steinau-Steinrück)
15. 1. 1 AZR 178/90	GG Art. 9 Arbeitskampf Nr. 114	BAG **67**, 50; BB **91**, 1194; Betrieb **91**, 281, 1465; NZA **91**, 604; AR-Blattei Arbeitskampf II, Entsch. 35 (Löwisch); SAE **91**, 344 (Hennsler); EzA Art. 9 GG Arbeitskampf Nr. 96 (Weiss)
16. 1. 4 AZR 301/90	MTA § 24 Nr. 3	BAG **67**, 59; BB **91**, 1051, 1567; Betrieb **91**, 1285; NZA **91**, 940; AR-Blattei Direktionsrecht, Entsch. 21; EzA § 24 BAT Nr. 4
17. 1. 2 AZR 375/90	KSchG 1969 § 1 Verhaltensbedingte Kündigung Nr. 25	BAG **67**, 75; BB **91**, 1051; Betrieb **91**, 1226, 1637; NJW **91**, 1906; NZA **91**, 557; AR-Blattei Kündigungsschutz, Entsch. 317; SAE **92**, 116 (Bengelsdorf); EzA § 1 KSchG Verhaltensbedingte Kündigung Nr. 37 (Rüthers/Franke)
22. 1. 1 ABR 38/89	BetrVG 1972 § 106 Nr. 9	BAG **67**, 97; BB **91**, 1191; Betrieb **91**, 1176; NJW **67**, 97; NZA **91**, 649; AR-Blattei Betriebsverfassung XIV D, Entsch. 16; SAE **92**, 248; EzA § 106 BetrVG 1972 Nr. 14
22. 1. 1 ABR 18/90	BetrVG 1972 § 99 Nr. 86	BB **91**, 1198; Betrieb **91**, 2088; NZA **91**, 569; AR-Blattei Betriebsverfassung XIV C, Entsch. 135; Ausländische Arbeitnehmer, Entsch. 37; ES 1700 Nr. 18; SAE **92**, 248; EzA § 99 BetrVG 1972 Nr. 98
22. 1. 1 ABR 19/90	GG Art. 12 Nr. 6	BB **91**, 1198; Betrieb **91**, 2248; NZA **91**, 675; EzA § 4 TVG Druckindustrie Nr. 22
30. 1. 7 AZR 497/89	AÜG § 10 Nr. 8	BAG **67**, 125; BB **91**, 2164, 2375; Betrieb **91**, 2342; NZA **91**, 19, 817 (Dauner-Lieb); AR-Blattei ES 1100 Nr. 22; SAE **92**, 209 (Dauner-Lieb); EzA § 10 AÜG Nr. 3
31. 1. 2 AZR 356/90	KSchG 1969 § 23 Nr. 11	BB **91**, 1047; Betrieb **92**, 48; NZA **91**, 562; SAE **92**, 338; EzA § 23 KSchG Nr. 11
5. 2. 1 ABR 24/90	BetrVG 1972 § 106 Nr. 10	BAG **67**, 155; BB **91**, 1198, 1635; Betrieb **91**, 1382; NZA **91**, 644; SAE **92**, 339; EzA § 106 BetrVG 1972 Nr. 15
5. 2. 1 ABR 32/90	BGB § 613a Nr. 89	BAG **67**, 168; BB **91**, 1052; Betrieb **91**, 1937; NZA **91**, 639; AR-Blattei ES 160.11 Nr. 113; SAE **92**, 339; EzA § 613a BGB Nr. 93
7. 2. 2 AZR 205/90	KSchG 1969 § 1 Umschulung Nr. 1	BAG **67**, 198; BB **91**, 1419; **92**, 214; NZA **91**, 806; AR-Blattei ES 1020 Nr. 320; SAE **92**, 339; EzA § 1 KSchG Personenbedingte Kündigung Nr. 9 (Kraft/Raab)

Fundstellenverzeichnis

Datum	Fundstelle AP	Weitere Fundstellen
14. 2. 2 AZR 415/90	BGB § 615 Kurzarbeit Nr. 4	BB **91**, 1050, 2017; Betrieb **91**, 1990; NZA **91**, 607; **93**, 679 (Waltermann); AR-Blattei ES 1040 Nr. 8; SAE **92**, 340; EzA § 87 BetrVG 1972 Kurzarbeit Nr. 1
19. 2. 1 ABR 21/70	BetrVG 1972 § 95 Nr. 5	BAG **67**, 225; BB **91**, 1199, 2079; Betrieb **91**, 1469; NZA **91**, 601; AR-Blattei Betriebsverfassung XIV C, Entsch. 136; ES 1700 Nr. 19; SAE **92**, 300, 311 (Hromadka); EzA § 95 BetrVG 1972 Nr. 23 (v. Hoyningen-Huene)
19. 2. 1 ABR 31/90	BetrVG 1972 § 87 Arbeitszeit Nr. 42	BB **91**, 1050; Betrieb **91**, 2043; NZA **91**, 609; SAE **92**, 320 (Worzalla); EzA § 87 BetrVG 1972 Arbeitszeit Nr. 46
19. 2. 1 ABR 36/90	BetrVG 1972 § 95 Nr. 26	BAG **67**, 236; BB **91**, 1198, 1486; Betrieb **91**, 1627; NZA **91**, 565; AR-Blattei ES 530.14.3 Nr. 140 (Löwisch); SAE **92**, 304, 311 (Hromadka); EzA § 95 BetrVG 1972 Nr. 24
20. 2. 7 AZR 81/90	BGB § 620 Befristeter Arbeitsvertrag Nr. 137	BB **91**, 2164, 2448; Betrieb **91**, 2548; NZA **92**, 31; EzA § 620 BGB Nr. 109
20. 2. 7 ABR 85/89	MitbestG § 9 Nr. 1	BAG **67**, 254; BB **91**, 2163, 2446; Betrieb **91**, 2550; NZA **92**, 33; AR-Blattei ES 280 Nr. 7; EzA § 22 MitbestG Nr. 1
20. 2. 7 ABR 6/90	BetrVG 1972 § 76 Nr. 44	BAG **67**, 248; BB **91**, 1190; Betrieb **91**, 1939; NJW **91**, 1846; NZA **91**, 651; AR-Blattei Einigungsstelle, Entsch. 46; SAE **92**, 340; EzA § 76 BetrVG 1972 Nr. 56
5. 3. 1 ABR 39/90	BetrVG 1972 § 99 Nr. 90	BAG **67**, 290; BB **91**, 1199, 1388; Betrieb **91**, 1334; NZA **91**, 686; SAE **92**, 226 (Hager); EzA § 99 BetrVG 1972 Nr. 99
5. 3. 1 ABR 41/90	BetrVG 1972 § 87 Auszahlung Nr. 11	BB **91**, 1199; Betrieb **91**, 2044; NZA **91**, 611; SAE **92**, 341; EzA § 87 BetrVG 1972 Lohn- und Arbeitsentgelt Nr. 15
13. 3. 7 ABR 89/89	BetrVG 1972 § 60 Nr. 2	BAG **67**, 320; BB **91**, 624, 2380; **92**, 66; Betrieb **91**, 708; **92**, 99; NZA **92**, 223; ES 400 Nr. 72; SAE **92**, 341; EzA § 60 BetrVG 1972 Nr. 2
13. 3. 7 ABR 5/90	BetrVG 1972 § 19 Nr. 20	BAG **67**, 316; BB **91**, 2163, 2452; Betrieb **91**, 2495; NZA **91**, 946; AR-Blattei ES 530.6.1 Nr. 22; SAE **92**, 341; EzA § 19 BetrVG 1972 Nr. 29
20. 3. 4 AZR 455/90	TVG § 4 Tarifkonkurrenz Nr. 20 (Hanau/Kania)	BAG **67**, 330; BB **91**, 974, 1419, 1861; **93**, 572 (Merten); Betrieb **91**, 708, 1779; **92**, 1678 (Hohenstatt); NZA **91**, 436; AR-Blattei Tarifvertrag XII, Entsch. 2; SAE **93**, 74 (Salje); EzA § 4 TVG Tarifkonkurrenz Nr. 7 (Vogg)
26. 3. 1 ABR 26/90	BetrVG 1972 § 87 Überwachung Nr. 21	BB **91**, 1419, 1566; Betrieb **91**, 1834; NZA **91**, 729; AR-Blattei ES 530.14.2 Nr. 130; SAE **92**, 342; EzA § 87 BetrVG 1972 Überwachung Nr. 1
26. 3. 1 ABR 43/90	BPersVG § 75 Nr. 32	BB **91**, 1419; Betrieb **91**, 1734; NZA **91**, 783; AR-Blattei ES 1500 Nr. 52; SAE **92**, 342; EzA § 87 BetrVG 1972 Arbeitszeit Nr. 47
27. 3. 5 AZR 194/90	BGB § 611 Abhängigkeit Nr. 53	BB **91**, 1200, 1414; Betrieb **91**, 2668; NZA **91**, 933; SAE **92**, 343; EzA § 611 BGB Arbeitnehmerbegriff Nr. 38
9. 4. 3 AZR 598/89	BetrAVG § 1 Ablösung Nr. 15	BAG **67**, 387; BB **91**, 1796, 2161; Betrieb **91**, 2040; NZA **91**, 730; AR-Blattei ES 460 Nr. 267; SAE **93**, 343; EzA § 1 BetrAVG Ablösung Nr. 5
9. 4. 1 AZR 406/90	BetrVG 1972 § 77 Tarifvorbehalt Nr. 1	BAG **67**, 377; BB **91**, 1419, 2012; Betrieb **91**, 1629; NZA **91**, 734; AR-Blattei ES 350 Nr. 135; ES 530.14.1 Nr. 46; SAE **92**, 193 (Hönn); EzA § 77 BetrVG 1972 Nr. 39 (Schulin)

Fundstellenverzeichnis

Datum	Fundstelle AP	Weitere Fundstellen
9. 4. 1 AZR 488/90	BetrVG 1972 § 18 Nr. 8	BAG **68**, 1; BB **91**, 1796, 2087; Betrieb **91**, 2392; NZA **91**, 812; AR-Blattei ES 160.12 Nr. 161; SAE **92**, 343; EzA § 18 BetrVG 1972 Nr. 7 (Dütz/Rotter, Gamillscheg)
10. 4. 4 AZR 47/90	BGB § 611 Abhängigkeit Nr. 54	BB **91**, 1795; Betrieb **91**, 2595; NZA **91**, 856; AR-Blattei ES 940 Nr. 40; SAE **92**, 342; EzA § 611 BGB Arbeitnehmerbegriff Nr. 39
10. 4. 4 AZR 479/90	TVG § 1 Tarifverträge: Bau Nr. 141	BB **91**, 1795; Betrieb **91**, 2447; NZA **91**, 857; AR-Blattei Baugewerbe VIII, Entsch. 128; SAE **93**, 343; EzA § 4 TVG Bauindustrie Nr. 59
23. 4. 1 ABR 49/90	BetrVG 1972 § 98 Nr. 7	BB **91**, 1794; **92**, 565; Betrieb **91**, 2347; NZA **91**, 817; AR-Blattei ES 530.14.1 Nr. 45; SAE **92**, 344; EzA § 98 BetrVG 1972 Nr. 7
25. 4. 6 AZR 532/89	BGB § 611 Gratifikation Nr. 137	BAG **68**, 32; BB **91**, 1420, 1715; Betrieb **91**, 1075; NZA **91**, 763; AR-Blattei Gratifikation Entsch. 97; SAE **92**, 234 (Misera); SAE **91**, 281; EzA § 611 BGB Gratifikation Prämie Nr. 84 (Henssler)
15. 5. 5 AZR 115/90	BGB § 611 Persönlichkeitsrecht Nr. 23	BAG **68**, 52; BB **91**, 2228; Betrieb **91**, 2680; NZA **92**, 43; AR-Blattei ES 1500 Nr. 57 (Dütz); EzA § 1004 BGB Nr. 3
29. 5. 7 ABR 27/90	BPersVG § 17 Nr. 1	BAG **68**, 84; BB **91**, 2380; **92**, 773; NZA **92**, 182
29. 5. 7 ABR 54/90	BetrVG 1972 § 4 Nr. 5	Jg., Bl. **93**, 18; BAG **68**, 67; RdA **91**, 382; BB **91**, 2228, 2373; Betrieb **92**, 231; NZA **92**, 74; AR-Blattei ES 450 Nr. 17; ES 530.6.1 Nr. 23; SAE **92**, 344; AuR **91**, 381; EzA § 4 BetrVG 1972 Nr. 6
29. 5. 7 ABR 67/90	BetrVG 1972 § 9 Nr. 2	BAG **68**, 74; BB **91**, 2308; **92**, 136; Betrieb **92**, 46; AR-Blattei ES 530.6.1 Nr. 24; SAE **92**, 382; EzA § 19 BetrVG 1972 Nr. 31
18. 6. 1 ABR 53/90	BetrVG 1972 § 99 Nr. 105	BAG **68**, 104; BB **91**, 1795, 1933; Betrieb **91**, 2086; NZA **91**, 852; SAE **92**, 169 (v. Hoyningen-Huene/Reisener); EzA § 99 BetrVG 1972 Nr. 100
18. 6. 1 ABR 60/90	BetrVG 1972 § 99 Eingruppierung Nr. 15	BB **91**, 1860; Betrieb **91**, 2140; NZA **91**, 903; AR-Blattei ES 1530 Nr. 17; SAE **92**, 383; EzA § 99 BetrVG 1972 Nr. 101
19. 6. 2 AZR 127/91	KSchG 1969 § 1 Betriebsbedingte Kündigung Nr. 53	BB **91**, 2164; **92**, 1067; Betrieb **91**, 2442; NZA **91**, 891; AR-Blattei ES 1020 Nr. 321; SAE **92**, 383; EzA § 1 KSchG Betriebsbedingte Kündigung Nr. 70 (Kraft/Raab)
9. 7. 1 ABR 45/90	BetrVG 1972 § 99 Nr. 94	BB **92**, 72; Betrieb **92**, 327; NZA **92**, 275; AR-Blattei ES 530.14.3 Nr. 139; SAE **92**, 383; EzA § 99 BetrVG 1972 Nr. 102 (v. Hoyningen-Huene)
9. 7. 1 ABR 57/90	BetrVG 1972 § 87 Ordnung des Betriebes Nr. 19	BAG **68**, 127; BB **91**, 2228; Betrieb **92**, 143; NZA **92**, 126; AR-Blattei ES 530.14.1 Nr. 47; SAE **92**, 383; EzA § 87 BetrVG 1972 Betriebliche Ordnung Nr. 18
11. 7. 2 AZR 119/91	BetrVG 1972 § 102 Nr. 57	BB **91**, 2163, 2371; Betrieb **91**, 2445; NZA **92**, 38; AR-Blattei ES 1020 Nr. 322; SAE **92**, 384; EzA § 102 BetrVG 1972 Nr. 81 (Kraft)
16. 7. 1 ABR 66/90	BetrVG 1972 § 87 Lohngestaltung Nr. 49	RdA **92**, 59; BB **91**, 2380; **92**, 564; Betrieb **91**, 2677; NZA **92**, 178; AR-Blattei ES 530.14.1 Nr. 48; SAE **92**, 384; EzA § 87 BetrVG 1972 Betriebliche Lohngestaltung Nr. 28
16. 7. 1 ABR 69/90	BetrVG 1972 § 87 Arbeitszeit Nr. 44	RdA **91**, 384; BB **91**, 2156; Betrieb **91**, 2492 (Trümner); NZA **92**, 70; AR-Blattei ES 530.14.2 Nr. 131; SAE **92**, 384; EzA § 87 BetrVG 1972 Arbeitszeit Nr. 49

Fundstellenverzeichnis

Datum	Fundstelle AP	Weitere Fundstellen
16. 7. 1 ABR 71/90	BetrVG 1972 § 95 Nr. 28	BAG 68, 155; RdA 91, 384; BB 91, 2370; Betrieb 92, 145; NZA 92, 180; AR-Blattei ES 1560 Nr. 26; SAE 92, 309 (Hromadka); EzA § 95 BetrVG 1972 Nr. 25 (Peterek)
24. 7. 7 ABR 34/90	BetrVG 1972 § 118 Nr. 48	BAG 68, 171; BB 91, 2163; Betrieb 92, 1427; NZA 91, 977; AR-Blattei ES 1570 Nr. 47 (Mayer-Maly); SAE 93, 41; EzA § 118 BetrVG 1972 Nr. 58
24. 7. 7 ABR 68/90	BetrVG 1972 § 78 a Nr. 23	BAG 68, 187; BB 91, 2535; 92, 352; Betrieb 92, 483, 1290 (Graf); NZA 92, 174; AR-Blattei ES 530.13 Nr. 24; EzA § 78 a BetrVG 1972 Nr. 21
6. 8. 1 AZR 3/90	BetrVG 1972 § 77 Nr. 52	BB 91, 2380; 92, 427; Betrieb 92, 146; NZA 92, 177; AR-Blattei ES 1710 Nr. 15; SAE 92, 197 (Rieble); AuR 91, 314; 92, 29; EzA § 77 BetrVG 1972 Nr. 40
20. 8. 1 AZR 326/90	BetrVG 1972 § 87 Lohngestaltung Nr. 50	BB 92, 72, 276; Betrieb 92, 687; NZA 92, 225; AR-Blattei ES 530, 14.1 Nr. 52; SAE 93, 337 (Käppler); EzA § 87 BetrVG 1972 Betriebliche Lohngestaltung Nr. 29 (Kohte)
20. 8. 1 ABR 85/90	BetrVG 1972 § 77 Tarifvorbehalt Nr. 2	BAG 68, 201; BB 91, 2535; 92, 490 (Reske); Betrieb 92, 275; NZA 92, 317; AR-Blattei ES 520 Nr. 55; SAE 92, 151 (Oetker); EzA § 77 BetrVG 1972 Nr. 41 (Berger-Delhey)
28. 8. 7 AZR 137/90	BPersVG § 46 Nr. 16	BAG 68, 242; BB 92, 1072; Betrieb 92, 1990; NZA 92, 709; AR-Blattei ES 530.8 Nr. 19; SAE 93, 43; EzA § 37 BetrVG 1972 Nr. 107
28. 8. 7 ABR 46/90	BetrVG 1972 § 40 Nr. 39	BAG 68, 224; BB 91, 2228; 92, 921; Betrieb 91, 2594; NZA 92, 72; AR-Blattei ES 530.10 Nr. 69; SAE 93, 43; EzA § 40 BetrVG 1972 Nr. 66
28. 8. 7 ABR 72/90	ArbGG 1979 § 85 Nr. 2	BAG 68, 232; BB 91, 2306; Betrieb 92, 380; NZA 92, 41; AR-Blattei ES 160.12 Nr. 162 (Dütz); SAE 92, 333 (Schreiber); EzA § 113 BetrVG 1972 Nr. 21 (Schilken)
29. 8. 2 AZR 59/91	BetrVG 1972 § 102 Nr. 58	BB 92, 144; Betrieb 92, 379; NZA 92, 416; AR-Blattei ES 530.14.3 Nr. 138; SAE 93, 43; EzA § 102 BetrVG 1972 Nr. 82 (Winterfeld)
3. 9. 3 AZR 369/90	BetrAVG § 1 Überversorgung Nr. 3	BAG 68, 248; BB 92, 572; Betrieb 92, 994; NJW 68, 248; NZA 92, 515; SAE 93, 43; EzA § 1 BetrAVG Nr. 7
17. 9. 1 ABR 74/90	BetrVG 1972 § 106 Nr. 13	BB 91, 2527, 2536; Betrieb 92, 435; NZA 92, 418; AR-Blattei ES 630 Nr. 49; EzA § 106 BetrVG 1972 Nr. 17
17. 9. 1 ABR 23/91	BetrVG 1972 § 112 Nr. 59	BAG 68, 277; BB 91, 2535; 92, 1133; Betrieb 92, 229; NJW 68, 277; NZA 92, 227; AR-Blattei ES 1470 Nr. 45; SAE 92, 202 (Koffka); EzA § 112 BetrVG 1972 Nr. 58 (Vogg)
18. 9. 7 AZR 41/90	BetrVG 1972 § 37 Nr. 82	BAG 68, 293; BB 92, 1432; Betrieb 92, 2303; NZA 92, 936; AR-Blattei ES 530.8 Nr. 20; SAE 93, 43; EzA § 37 BetrVG 1972 Nr. 109
18. 9. 7 ABR 63/90	BetrVG 1972 § 40 Nr. 40	BB 92, 144; Betrieb 92, 434; NZA 92, 315; AR-Blattei ES 530.10 Nr. 70; EzA § 40 BetrVG 1972 Nr. 67 (Berger-Delhey)
26. 9. 2 AZR 132/91	KSchG 1969 § 1 Krankheit Nr. 28	BB 92, 1648, 1930; Betrieb 92, 2196; NZA 92, 1073; SAE 93, 225 (Schiefer/Köster); EzA § 1 KSchG Personenbedingte Kündigung Nr. 10 (Raab)
23. 10. 7 AZR 249/90	BetrVG 1972 § 43 Nr. 5	BB 92, 436; Betrieb 92, 689; AR-Blattei ES 530.11 Nr. 26 (Buschbeck-Bülow); SAE 93, 95; EzA § 43 BetrVG 1972 Nr. 2
30. 10. 7 ABR 11/91	BetrVG 1972 § 5 Ausbildung Nr. 2 (Natzel)	RdA 92, 220; BB 92, 1072; Betrieb 92, 1635; NZA 92, 808; SAE 93, 96; EzA § 5 BetrVG 1972 Nr. 50

Fundstellenverzeichnis

Datum	Fundstelle AP	Weitere Fundstellen
30. 10. 7 ABR 19/91	BGB § 611 Abhängigkeit Nr. 59	BB 92, 436, 1356; Betrieb 92, 742; NJW 92, 2110; NZA 92, 407; AR-Blattei ES 720 Nr. 19; SAE 93, 179; EzA § 611 BGB Arbeitnehmerbegriff Nr. 44
12. 11. 1 ABR 21/91	BetrVG 1972 § 98 Nr. 8 (Natzel)	BB 92, 572; Betrieb 92, 741; NZA 92, 657; AR-Blattei ES 530.14.1 Nr. 49; SAE 93, 180; EzA § 98 BetrVG 1972 Nr. 8
13. 11. 4 AZR 20/91	ZPO § 850 Nr. 13	BAG 69, 29; BB 92, 358; Betrieb 92, 585; NJW 92, 1646; NZA 92, 384; AR-Blattei ES 1130 Nr. 70 (Kothe); SAE 93, 222; EzA § 850 ZPO Nr. 4
13. 11. 7 AZR 31/91	BGB § 611 Abhängigkeit Nr. 60	BAG 69, 62; BB 92, 1860; NJW 92, 86; NZA 92, 1125; SAE 93, 222; EzA § 611 BGB Arbeitnehmerbegriff Nr. 45
13. 11. 5 AZR 74/91	BGB § 611 Abmahnung Nr. 7	BAG 69, 34; BB 92, 781; Betrieb 92, 843; NZA 92, 690; AR-Blattei ES 20 Nr. 23 (v. Hoyningen-Huene); SAE 92, 316 (van Venrooy); EzA § 611 BGB – Abmahnung Nr. 24
13. 11. 7 ABR 70/90	BetrVG 1972 § 76 a Nr. 1	BB 92, 572, 855; Betrieb 92, 789; NZA 92, 459; AR-Blattei ES 630 Nr. 50; SAE 93, 222; AuR 92, 158; EzA § 76 a BetrVG 1972 Nr. 1 (Vogg)
13. 11. 7 ABR 5/91	BetrVG 1972 § 37 Nr. 80 (Boemke)	BB 92, 360, 636; Betrieb 92, 740; NZA 92, 414; AR-Blattei ES 530.10 Nr. 75; SAE 93, 180; EzA § 37 BetrVG 1972 Nr. 106
13. 11. 7 ABR 8/91	BetrVG 1972 § 26 Nr. 9	BAG 69, 41; BB 92, 1431, 2429; Betrieb 92, 1988; NZA 92, 944; AR-Blattei ES 530.6.2 Nr. 5; SAE 93, 222; EzA § 26 BetrVG 1972 Nr. 5
13. 11. 7 ABR 18/91	BetrVG 1972 § 27 Nr. 3	BAG 69, 49; BB 92, 1648; Betrieb 92, 1986; NZA 92, 989; AR-Blattei ES 530.6.2 Nr. 1; EzA § 27 BetrVG 1972 Nr. 7
21. 11. 6 AZR 551/89	BAT § 34 Nr. 2	BAG 69, 85; BB 92, 572, 1562; Betrieb 92, 1091; SAE 93, 34 (Coester); AuR 92, 123; EzA § 2 BeschFG 1985 Nr. 15
27. 11. 4 AZR 211/91	TVG § 4 Nachwirkung Nr. 22	BAG 69, 119; BB 92, 1215, 1559; Betrieb 92, 1294; NZA 92, 800; AR-Blattei ES 1550. 6 Nr. 32 (Pulte); SAE 93, 126, 133 (Krebs); EzA § 4 TVG Nachwirkung Nr. 15 (Oetker)
27. 11. 2 AZR 255/91	KSchG 1969 § 1 Konzern Nr. 6 (Windbichler)	BB 92, 864, 1062; Betrieb 92, 1247; NZA 92, 644; AR-Blattei ES 1020 Nr. 324; SAE 93, 224; EzA § 1 KSchG Betriebsbedingte Kündigung Nr. 72 (Rüthers)
3. 12. GS 1/90	Nr. 52 zu § 87 BetrVG 1972 Lohngestaltung	BB 92, 1859; Betrieb 92, 2342 (Stege); NZA 92, 967 (Schukai); 93, 632 (Weber/Hoß); SAE 93, 144; AuR (Weyand), 28
3. 12. GS 2/90	BetrVG 1972 § 87 Lohngestaltung Nr. 51	BAG 69, 134; BB 92, 1418, 1859; 93, 495 (Schwab); Betrieb 92, 1573 (Hromadka); 1579, 2342 (Stege); NZA 92, 749, 961 (Richardi), 767 (Schukai); 93, 632 (Weber/Hoß); AR-Blattei ES 1540 Nr. 26 (Sauerbier); SAE 93, 97, 114 (Lieb), EzA § 87 BetrVG 1972 Betriebl. Lohngestaltung Nr. 30 (Gaul)
11. 12. 7 ABR 16/91	BetrVG 1972 § 90 Nr. 2	BB 92, 1351; Betrieb 92, 1732; NZA 92, 850; AR-Blattei ES 530.5 Nr. 19; SAE 93, 224; EzA § 90 BetrVG 1972 Nr. 2
1992 14. 1. 1 ABR 35/91	BetrVG 1972 § 118 Nr. 49 (Berger-Delhey)	BAG 69, 187; BB 92, 716, 1135 (Reske/Berger-Delhey); Betrieb 92, 1143; NZA 92, 512; AR-Blattei ES 1570 Nr. 48 (Mayer-Maly); ES 1640 Nr. 348; SAE 92, 374 (Reske/Berger-Delhey); EzA § 118 BetrVG 1972 Nr. 59 (Hanau/Kania)

Fundstellenverzeichnis

Datum	Fundstelle AP	Weitere Fundstellen
15. 1. 7 AZR 194/91	BetrVG 1972 § 37 Nr. 84	BB **92**, 2151; Betrieb **93**, 1379; AR-Blattei ES 530.8 Nr. 21; SAE **93**, 263; EzA § 37 BetrVG 1972 Nr. 100
15. 1. 7 ABR 23/90	BetrVG 1972 § 40 Nr. 41	BAG **69**, 214; BB **92**, 2150; **93**, 138; NZA **93**, 189; AR-Blattei ES 530.5.1 Nr. 3; EzA § 40 BetrVG 1972 Nr. 68
15. 1. 7 ABR 24/91	BetrVG 1972 § 26 Nr. 10	BAG **69**, 228; BB **92**, 2007; Betrieb **93**, 334; NZA **92**, 1091; AR-Blattei ES 530.6.2 Nr. 2; SAE **93**, 263; EzA § 19 BetrVG 1972 Nr. 37
28. 1. 1 ABR 41/91	BetrVG 1972 § 96 Nr. 1	BB **92**, 1488; Betrieb **92**, 1634; NZA **92**, 707; AR-Blattei ES 530.14.7 Nr. 5; AE **93**, 264; EzA § 96 BetrVG 1972 Nr. 1
28. 1. 1 ABR 45/91	BetrVG 1972 § 99 Nr. 95	BB **92**, 716, 994; Betrieb **92**, 1049; NZA **92**, 606; AR-Blattei ES 640 Nr. 19; SAE **92**, 176 (Rieble); EzA § 99 BetrVG 1972 Nr. 103 (Dauner-Lieb)
29. 1. 5 AZR 518/90	BeschFG 1985 § 2 Nr. 18	BB **92**, 1724; Betrieb **93**, 278; NZA **92**, 1037; AR-Blattei ES 1560 Nr. 30; SAE **93**, 373; EzA § 2 BeschFG 1985 Nr. 19 (Raab)
29. 1. 5 AZR 37/91	SGB V § 74 Nr. 1	BAG **69**, 272; BB **93**, 143; Betrieb **92**, 1478; NZA **92**, 643; AR-Blattei ES 1000 Nr. 186; SAE **92**, 353 (Misera); EzA § 74 SGB V Nr. 1
29. 1. 4 AZR 293/91	BeschFG 1985 § 2 Nr. 16	BAG **69**, 278; BB **92**, 856; Betrieb **92**, 998; NZA **92**, 611; AR-Blattei ES 1560 Nr. 29 (Wank); SAE **92**, 328 (Peterek); EzA § 2 BeschFG 1985 Nr. 16 (Schüren/Beduhn)
29. 1. 7 ABR 25/91	BetrVG 1972 § 5 Nr. 47 (Wank)	BB **92**, 1216, 1490; Betrieb **92**, 1781; NZA **92**, 835; AR-Blattei ES 110 Nr. 33; SAE **93**, 264; EzA § 5 BetrVG 1972 Nr. 52
29. 1. 7 ABR 27/91	BetrVG 1972 § 7 Nr. 1 (Kothe)	BAG **69**, 286; BB **92**, 1215, 1486; Betrieb **92**, 1429; NZA **92**, 894; AR-Blattei ES 530.6.1 Nr. 27; SAE **94**, 69 (Kreutz); EzA § 7 BetrVG 1972 Nr. 1
11. 2. 1 ABR 49/91	BetrVG 1972 § 118 Nr. 50	BAG **69**, 302; BB **92**, 993; Betrieb **92**, 1145; NZA **92**, 705; AR-Blattei ES 1570 Nr. 49 (Mayer-Maly); SAE **93**, 373; EzA § 118 BetrVG 1972 Nr. 60
11. 2. 1 ABR 51/91	BetrVG 1972 § 76 Nr. 50	BB **92**, 1215; Betrieb **92**, 1730; NJW **93**, 382; NZA **92**, 702; AR-Blattei ES 630 Nr. 51; SAE **93**, 374; EzA § 76 BetrVG 1972 Nr. 60
12. 2. 5 AZR 297/90	BGB § 611 Weiterbeschäftigung Nr. 9	BAG **69**, 324; BB **92**, 2005; **93**, 2225 (Pallasch); Betrieb **92**, 2298; NJW **93**, 484; NZA **93**, 177; AR-Blattei ES 440 Nr. 27; SAE **93**, 375; EzA § 611 BGB Beschäftigungspflicht Nr. 52 (Pallasch)
12. 2. 7 AZR 100/91	BGB § 620 Altersgrenze Nr. 5	BB **92**, 2151; **93**, 998; Betrieb **93**, 443; AR-Blattei ES 1170 Nr. 14; SAE **93**, 375; EzA § 620 BGB Altersgrenze Nr. 2
12. 2. 7 ABR 20/91	BetrVG 1972 § 76 a Nr. 2	BAG **69**, 331; BB **93**, 581; Betrieb **93**, 743; NZA **93**, 606; AR-Blattei ES 630 Nr. 52; SAE **95**, 23 (Bengelsdorf); EzA § 76 a BetrVG 1972 Nr. 6 (Kaiser)
12. 2. 7 ABR 42/91	BetrVG 1972 § 5 Nr. 52	BB **92**, 2150; Betrieb **93**, 1377; NZA **93**, 334; AR-Blattei ES 530.5 Nr. 20; SAE **93**, 375; EzA § 5 BetrVG 1972 Nr. 53
17. 2. 10 AZR 448/91	ArbGG 1979 § 84 Nr. 1	BAG **69**, 367; BB **92**, 1216, 2083; Betrieb **92**, 1833; NZA **92**, 999; AR-Blattei ES 160.11 Nr. 114; SAE **93**, 376; EzA § 112 BetrVG 1972 Nr. 59 (Rieble)
26. 2. 7 AZR 201/91	BPersVG § 46 Nr. 18	BB **92**, 2151; Betrieb **93**, 1424; NZA **93**, 423; EzA § 4 TVG Ausschlußfristen Nr. 99
26. 2. 7 ABR 51/90	BetrVG 1972 § 80 Nr. 48	BAG **70**, 1; BB **92**, 2007; Betrieb **92**, 2245; NZA **93**, 86; AR-Blattei ES 530.14.2 Nr. 133; SAE **93**, 120 (Meisel); EzA § 80 BetrVG 1972 Nr. 40 (Kittner)

Fundstellenverzeichnis

Datum	Fundstelle AP	Weitere Fundstellen
26. 2. 7 ABR 37/91	BetrVG 1972 § 17 Nr. 6	BAG 70, 12; BB 92, 1567; Betrieb 92, 2147; NZA 92, 942; AR-Blattei ES 530.6 Nr. 65; SAE 93, 376; EzA § 17 BetrVG 1972 Nr. 6
10. 3. 3 AZR 221/91	BetrAVG § 1 Unterstützungskassen Nr. 34 (Blomeyer)	BAG 70, 26; BB 92, 1431; Betrieb 92, 1885; NJW 92, 3190; NZA 92, 949; AR-Blattei ES 460.3 Nr. 9; SAE 93, 29 (Gitter); EzA § 87 BetrVG 1972 Altersversorgung Nr. 4
10. 3. 1 ABR 31/91	BetrVG 1972 § 77 Regelungsabrede Nr. 1	BB 92, 1360, 1486; Betrieb 92, 1734; NZA 92, 952; AR-Blattei ES 530.14.1 Nr. 50; SAE 93, 164 (Raab); EzA § 77 BetrVG 1972 Nr. 47
10. 3. 3 ABR 54/91	BetrAVG § 1 Betriebsvereinbarung Nr. 5	BAG 70, 41; BB 92, 1431, 1928; Betrieb 92, 1735; NZA 93, 234; AR-Blattei ES 460 Nr. 277; EzA § 77 BetrVG 1972 Nr. 46
10. 3. 1 ABR 67/91	BetrVG 1972 § 99 Nr. 96 (Steinmeyer)	BB 92, 1360, 1790; Betrieb 92, 1530; NJW 93, 157; NZA 92, 992; AR-Blattei ES 520 Nr. 56 (Echterhölter); EzA § 99 BetrVG 1972 Nr. 104
11. 3. 7 ABR 50/91	BetrVG 1972 § 38 Nr. 11	BAG 70, 53; BB 92, 1568; Betrieb 92, 1887; NZA 92, 946; AR-Blattei ES 530.10 Nr. 71 (Rieble); SAE 94, 262 (Schüren/Quandt); EzA § 38 BetrVG 1972 Nr. 12
25. 3. 7 ABR 65/90	BetrVG 1972 § 2 Nr. 4	BAG 70, 85; BB 92, 2295; Betrieb 93, 95; NJW 93, 612; NZA 93, 134; AR-Blattei ES 530.5 Nr. 21 (Boemke); SAE 93, 302 (Schilken); EzA § 2 BetrVG 1972 Nr. 14 (Teske)
25. 3. 7 ABR 52/91	BetrVG 1972 § 5 Nr. 48 (Otto)	BAG 70, 104; BB 92, 1568; Betrieb 92, 1782; NZA 92, 899; AR-Blattei ES 530.5 Nr. 22 (Buschbeck-Bülow); SAE 94, 86; EzA § 6 BetrVG 1972 Nr. 3
26. 3. 2 AZR 519/91	BGB § 626 Verdacht strafbarer Handlung Nr. 23	BB 92, 1860; Betrieb 92, 2194; NJW 92, 83; NZA 92, 1121; AR-Blattei ES 1010.0 Nr. 76; SAE 94, 86; EzA § 626 BGB Verdacht strafbarer Handlung Nr. 4 (Kittner)
8. 4. 7 ABR 56/91	BetrVG 1972 § 20 Nr. 15	BAG 70, 126; BB 93, 366; Betrieb 93, 1376; NZA 93, 415; AR-Blattei ES 530.6.1 Nr. 25 (Buschbeck-Bülow); SAE 94, 87; EzA § 20 BetrVG 1972 Nr. 15
8. 4. 7 ABR 71/91	BetrVG 1972 § 26 Nr. 11	BB 92, 2151; Betrieb 93, 1377; NZA 93, 270; AR-Blattei ES 530.6.2 Nr. 3; SAE 94, 87; EzA § 26 BetrVG 1972 Nr. 6
28. 4. 3 AZR 244/91	BetrAVG § 16 Nr. 25 (Wiedemann)	BAG 70, 158; BB 92, 2152, 2292; Betrieb 92, 2402; 93, 70 (Dernberger/Förster), Beilage 5 (Matthießen/Rößler/Rühmann); NZA 93, 72; AR-Blattei ES 460 Nr. 298 (Windbichler); EzA § 16 BetrVG Nr. 23
28. 4. 1 ABR 68/91	BetrVG 1972 § 50 Nr. 11	BB 92, 1859; Betrieb 92, 2641; NZA 93, 31; SAE 93, 155 (Sowka); EzA § 50 BetrVG 1972 Nr. 10
28. 4. 1 ABR 73/91	BetrVG 1972 § 99 Nr. 98 (Hromadka)	BAG 70, 147; BB 92, 1723, 1852; Betrieb 92, 2144; NJW 93, 485; NZA 92, 1141; AR-Blattei ES 640 Nr. 20; SAE 94, 87; EzA § 99 BetrVG 1972 Nr. 106 (Kaiser)
29. 4. 4 AZR 432/91	TVG § 1 Durchführungspflicht Nr. 3	BAG 70, 165; BB 92, 992, 1568, 2214; Betrieb 92, 1684; 93, 682 (Kasper); NZA 92, 846; AR-Blattei ES 1550.5 Nr. 14 (Bengelsdorf); SAE 93, 238 (Walker); EzA § 1 TVG Durchführungspflicht Nr. 2 (Rieble)
29. 4. 7 ABR 74/91	BetrVG 1972 § 38 Nr. 15	BAG 70, 178; BB 93, 366; Betrieb 93, 1527; NZA 93, 329; AR-Blattei 530.6.2 Nr. 6; SAE 94, 88; EzA § 38 BetrVG 1972 Nr. 13
5. 5. 1 ABR 78/91	BetrVG 1972 § 99 Nr. 97	BAG 70, 201; BB 92, 1723, 1999; Betrieb 92, 1936; NZA 92, 1044; AR-Blattei ES 640 Nr. 21; SAE 94, 126; EzA § 99 BetrVG 1972 Nr. 105

Fundstellenverzeichnis

Datum	Fundstelle AP	Weitere Fundstellen
12. 5. 3 AZR 247/91	BetrAVG § 1 Betriebsveräußerung Nr. 14	BAG 70, 209; BB 92, 1126, 1860; Betrieb 92, 2038; 93, 145; NZA 92, 1080; AR-Blattei ES 460 Nr. 281; SAE 94, 126; EzA § 613 a BGB Nr. 104
13. 5. 7 ABR 72/91	BetrVG 1972 § 5 Ausbildung Nr. 4	BAG 70, 215; BB 93, 366; Betrieb 93, 1244; NZA 93, 762; AR-Blattei ES 530.5 Nr. 23 (Löwisch); SAE 94, 126; EzA § 5 BetrVG 1972 Nr. 54
21. 5. 2 AZR 399/91	KSchG 1969 § 1 Krankheit Nr. 30	BB 93, 727; Betrieb 93, 1292; NZW 93, 497; SAE 94, 1 (Hromadka); EzA § 1 KSchG Krankheit Nr. 38
21. 5. 2 AZR 551/91	KSchG 1969 § 1 Verhaltensbedingte Kündigung Nr. 28	BB 92, 1860, 2079; Betrieb 92, 2143; NJW 93, 154; NZA 92, 1028; AR-Blattei ES 20 Nr. 24; SAE 94, 126; EzA § 1 KSchG Verhaltensbedingte Kündigung Nr. 42
26. 5. 10 ABR 63/91	AGB-DDR § 28 Nr. 1	BAG 70, 281; BB 92, 1135, 2008; Betrieb 92, 2301; 93, 217; NZA 92, 1135; AR-Blattei ES 10 Nr. 5; SAE 94, 127; EzA § 28 AGB 1977 (DDR) Nr. 1
23. 6. 1 ABR 53/91	BetrVG 1972 § 87 Arbeitszeit Nr. 51	BB 92, 1724; Betrieb 92, 2643; NJW 93, 485; NZA 92, 1098; AR-Blattei ES 530.14.2 Nr. 134; SAE 93, 68 (Peterek); EzA § 87 BetrVG 1972 Arbeitszeit Nr. 50 (Berger-Delhey)
23. 6. 1 ABR 9/92	BerVG 1972 § 77 Nr. 55 (Wiedemann/Arnold)	BAG 70, 356; BB 92, 2150; 93, 289; Betrieb 93, 441; NZA 93, 229; AR-Blattei ES 1530 Nr. 23 (Buchner); SAE 94, 128; EzA § 77 BetrVG 1972 Nr. 49
23. 6. 1 ABR 11/92	BetrVG 1972 § 23 Nr. 20	BB 92, 2004; Betrieb 92, 2450; NZA 92, 1095; AR-Blattei ES 530.14.1 Nr. 51; SAE 94, 128; EzA § 87 BetrVG 1972 Arbeitszeit Nr. 51
24. 6. 5 AZR 384/91	BGB § 611 Abhängigkeit Nr. 61	Betrieb 93, 236; NJW 93, 1156; NZA 93, 174; AR-Blattei ES 720 Nr. 21; EzA § 611 BGB Arbeitnehmerbegriff Nr. 46
7. 7. 3 AZR 522/91	BetrAVG § 1 Besitzstand Nr. 11	BAG 71, 1; BB 92, 2224; Betrieb 92, 2451; NTA 93, 179; AR-Blattei ES 460 Nr. 283; SAE 94, 128; EzA § 1 BetrAVG Ablösung Nr. 9
15. 7. 7 AZR 466/91	BGB § 611 Abmahnung Nr. 9 (Conze)	BAG 71, 14; BB 92, 2512; Betrieb 93, 438; NZA 93, 220; AR-Blattei ES 20 Nr. 25; SAE 94, 128; EzA § 611 BGB – Abmahnung Nr. 26 (Kittner)
15. 7. 7 AZR 491/91	BPersVG § 46 Nr. 19	Jg., Bl. 93, 1160; RdA 93, 188; BB 93, 796; Betrieb 93, 2537; NZA 93, 661; SAE 93, 187
28. 7. 1 AZR 87/92	GG Art. 9 Arbeitskampf Nr. 123	BB 92, 2224; Betrieb 93, 232, 362; NZA 93, 267; AR-Blattei ES 170.5 Nr. 4 (Löwisch); SAE 93, 48 (Belling/Steinau-Steinrück); EzA Art. 9 GG Arbeitskampf Nr. 106 (Marhold/Beckers)
28. 7. 3 AZR 173/92	BetrAVG § 1 Gleichbehandlung Nr. 18	BAG 71, 29; BB 92, 2296; 93, 224, 437; Betrieb 93, 169; NJW 93, 874; NZA 93, 215; AR-Blattei ES 1560 Nr. 32 (Pfarr); SAE 93, 321, 333 (Misera); EzA § 1 BetrAVG Gleichbehandlung Nr. 2
28. 7. 1 ABR 22/92	BetrVG 1972 § 87 Werkmietwohnungen Nr. 7 (Natzel)	BB 93, 75; Betrieb 93, 740; NZA 93, 272; AR-Blattei ES 1820 Nr. 14; ES 990 Nr. 16; SAE 93, 363 (Reichold); EzA § 87 BetrVG 1972 Werkwohnung Nr. 8
30. 7. 6 AZR 11/92	TVAng Bundespost § 1 Nr. 1	BAG 71, 68; BB 92, 2224; Betrieb 93, 332; NZA 93, 324; EzA § 4 TVG Geltungsbereich Nr. 3
5. 8. 5 AZR 531/91	BGB § 611 Abmahnung Nr. 8	BB 92, 2295; Betrieb 93, 1677; NJW 93, 3159; NZA 93, 838; AR-Blattei ES 20 Nr. 26; SAE 94, 164 (L); EzA § 611 BGB Abmahnung Nr. 25
11. 8. 1 AZR 279/90	BetrVG 1972 § 87 Lohngestaltung Nr. 53	BB 92, 2295; Betrieb 93, 46; NZA 93, 418; AR-Blattei ES 1540 Nr. 27; SAE 93, 111 (Lieb); EzA § 87 BetrVG 1972 Betribl. Lohngestaltung Nr. 32

Fundstellenverzeichnis

Datum	Fundstelle AP	Weitere Fundstellen
13. 8. 2 AZR 22/92	KSchG 1969 § 15 Nr. 32	BB 92, 2295; Betrieb 93, 1424; NJW 93, 1095; NZA 93, 224; AR-Blattei ES 530.9 Nr. 71; SAE 94, 164 (L); EzA § 15 KSchG n. F. Nr. 39
19. 8. 7 AZR 262/91	BPersVG § 8 Nr. 5	BAG 71, 110; BB 92, 2512; Betrieb 93, 1525; NZA 93, 222; AR-Blattei ES 1820 Nr. 31; EzA § 630 BGB Nr. 14
19. 8. 5 AZR 513/91	BGB § 242 Gleichbehandlung Nr. 102	BB 92, 2295, 2431; Betrieb 93, 539; NJW 93, 679; NZA 93, 171; SAE 93, 329 (Misera); EzA § 242 BGB Gleichbehandlung Nr. 52 (Steinmeyer)
19. 8. 7 ABR 58/91	BetrVG 1972 § 76 a Nr. 3	BB 93, 1088, 1433; Betrieb 93, 1196; NZA 93, 710; SAE 94, 164 (L); EzA § 76 a BetrVG 1972 Nr. 7
9. 9. 5 AZR 456/91	GG Art. 140 Nr. 40	BAG 71, 157; BB 93, 796; NZA 93, 597; AR-Blattei ES 960 Nr. 47 (Richardi); EzA § 611 BGB Kirchliche Arbeitnehmer Nr. 39
9. 9. 7 AZR 492/91	BetrVG 1972 § 37 Nr. 86	BB 93, 508; Betrieb 93, 592; NZA 93, 468; SAE 94, 204 (L); EzA § 630 BGB Nr. 15
22. 9. 1 AZR 235/90	BetrVG 1972 § 87 Lohngestaltung Nr. 54 (Kraft)	BAG 71, 164; BB 93, 137; Betrieb 92, 2512; 93, 280; NZA 93, 232; AR-Blattei ES 1540 Nr. 28; EzA § 87 BetrVG 1972 Betriebl. Lohngestaltung Nr. 33
22. 9. 1 AZR 405/90	BetrVG 1972 § 87 Lohngestaltung Nr. 55	BAG 71, 180; BB 93, 135; Betrieb 93, 380; NZA 93, 668; AR-Blattei ES 1540 Nr. 29; SAE 94, 251 (L); EzA § 87 BetrVG 1972 Betriebl. Lohngestaltung Nr. 35
22. 9. 1 AZR 459/90	BetrVG 1972 § 87 Lohngestaltung Nr. 56 (Hennsler)	BB 93, 366, 726; Betrieb 93, 385; NZA 93, 56; AR-Blattei ES 1540 Nr. 30; SAE 93, 346, 360 (Oetker); EzA § 87 BetrVG 1972 Betriebl. Lohngestaltung Nr. 36
22. 9. 1 AZR 460/90	BetrVG 1972 § 87 Lohngestaltung Nr. 60 (Hennsler)	BB 93, 366; Betrieb 93, 382; NZA 93, 568; AR-Blattei ES 1540 Nr. 3; SAE 93, 349, 360 (Oetker); EzA § 87 BetrVG 1972 Betrieb. Lohngestaltung Nr. 37
22. 9. 1 AZR 461/90	BetrVG 1972 § 87 Lohngestaltung Nr. 57 (Hennsler)	BB 93, 366; Betrieb 93, 384; NZA 93, 569; AR-Blattei ES 1540 Nr. 32; SAE 93, 350, 360 (Oetker); EzA § 87 BetrVG 1972 Betrieb. Lohngestaltung Nr. 38
23. 9. 4 AZR 562/91	AZO Kr. § 3 Nr. 6 (Zmarzlik)	BB 92, 2512; Betrieb 93, 1194; NZA 93, 752; AR-Blattei ES 1240 Nr. 5; EzA § 12 AZO Nr. 6
23. 9. 4 AZR 30/92	BGB § 612 Diskriminierung Nr. 1	BAG 71, 195; BB 93, 650; Betrieb 93, 737; NJW 93, 891; NZA 93, 891; AR-Blattei ES 800 Nr. 92 (Beck-Mannagetta); SAE 93, 283 (Bittner); EzA § 612 BGB Nr. 16 (Schuren/Beduhn)
6. 10. 3 AZR 242/91	BetrAVG § 1 Konzern Nr. 5	BB 93, 508, 866, 2382 (Nägele); Betrieb 93, 791; NJW 93, 954; NZA 93, 316; AR-Blattei ES 460 Nr. 298 (Windbichler); SAE 94, 252 (L); EzA § 303 AktG Nr. 3
7. 10. 10 AZR 51/91	TVG § 1 Tarifverträge: Einzelhandel Nr. 34	BB 93, 508, 652; Betrieb 93, 891; NZA 93, 902; SAE 94, 22 (L); EzA § 611 BGB Teilzeitarbeit Nr. 7
15. 10. 2 AZR 227/92	BGB § 611 a Nr. 8 (Coester)	BAG 71, 252; BB 93, 219 (Zeller); 360 (Buschbeck-Bülow), 367, 433; Betrieb 93, 431 (Ehrich), 435; NJW 93, 1154; NZA 93, 257; AR-Blattei ES 1220 Nr. 98 (Buchner); EzA § 123 BGB Nr. 37 (Winterfeld); JZ 93, 844 (Adomeit)
27. 10. 1 ABR 4/92	BetrVG 1972 § 95 Nr. 29	BAG 71, 259; BB 93, 1285; Betrieb 93, 885; NZA 93, 608; AR-Blattei ES 630 Nr. 54; SAE 94, 7 (Hennsler/Holletschek); EzA § 95 BetrVG 1972 Nr. 26
27. 10. 1 ABR 17/92	BetrVG 1972 § 87 Lohngestaltung Nr. 61	BB 93, 795, 1589; Betrieb 93, 1143; NZA 93, 561; SAE 93, 352, 360 (Oetker); EzA § 87 BetrVG 1972 Betriebl. Lohngestaltung Nr. 40
28. 10. 10 AZR 406/91	BetrVG 1972 § 112 Nr. 65	BB 93, 508, 592; Betrieb 93, 590; NZA 93, 422; SAE 94, 116 (Milde); EzA § 112 a BetrVG 1972 Nr. 6

Fundstellenverzeichnis

Datum	Fundstelle AP	Weitere Fundstellen
28. 10. 10 AZR 129/92	BetrVG 1972 § 112 Nr. 66	BAG 71, 280; BB 93, 506; Betrieb 93, 591; NJW 93, 2556; NZA 93, 717; ES 1470 Nr. 47; SAE 94, 114, 121 (Milde); EzA § 112 BetrVG 1972 Nr. 65
28. 10. 10 ABR 75/91	BetrVG 1972 § 112 Nr. 63	BB 93, 140, 224; Betrieb 93, 385; NZA 93, 420; AR-Blattei ES 1470 Nr. 52; SAE 94, 253 (L); EzA § 112 BetrVG 1972 Nr. 60 (Fenn)
28. 10. 7 ABR 2/92	BetrVG 1972 § 38 Nr. 16	BAG 71, 286; BB 93, 1658; Betrieb 93, 2085; NZA 93, 910; AR-Blattei ES 530.6.2 Nr. 4 (Löwisch); SAE 94, 253 (L); EzA § 38 BetrVG 1972 Nr. 14 (Wiese)
28. 10. 7 ABR 14/92	BetrVG 1972 § 29 Nr. 4	BB 93, 580; Betrieb 93, 840; NZA 93, 466; AR-Blattei ES 530.10 Nr. 73; SAE 94, 253 (L); EzA § 29 BetrVG 1972 Nr. 2
5. 11. 6 AZR 420/91	TVArb Bundespost § 10 Nr. 5	BB 93, 584; NZA 93, 511; EzA § 2 BeschFG 1985 Nr. 24
10. 11. 1 AZR 183/92	BetrVG 1972 § 87 Lohngestaltung Nr. 58 (Hennsler)	BAG 71, 327; BB 93, 360; Betrieb 93, 439; NZA 93, 570; AR-Blattei ES 520 Nr. 59; SAE 94, 254 (L); EzA § 87 BetrVG 1972 Betriebl. Lohngestaltung Nr. 39 (Ahrens)
10. 11. 1 ABR 21/92 (Loritz)	BetrVG 1972 § 99 Nr. 100	BAG 81, 337; BB 93, 367; Betrieb 93, 1141; NZA 93, 376; AR-Blattei ES 530.14.3 Nr. 141; ES 1440 Nr. 107 (Franzen); SAE 94, 254 (L); EzA § 99 BetrVG 1972 Nr. 108 (v. Hoyningen-Huene)
19. 11. 10 AZR 290/91	BGB § 611 Gratifikation Nr. 145	BB 93, 584, 942; Betrieb 93, 843; NJW 93, 1813; NZA 93, 405; AR-Blattei ES 800 Nr. 93 (Mayer-Maly); SAE 94, 20 (Preis); EzA § 242 BGB Gleichbehandlung Nr. 54
25. 11. 7 ABR 7/92	GesamthafenbetriebsG § 1 Nr. 8	BAG 72, 12; BB 93, 1087; Betrieb 93, 2084; NZA 93, 955; AR-Blattei ES 530.5 Nr. 24; SAE 94, 256 (L); EzA § 9 BetrVG 1972 Nr. 5
1. 12. 1 AZR 234/92	BetrVG 1972 § 77 Nr. 3	BB 93, 796; NZA 93, 613; AR-Blattei ES 370.8 Nr. 138; SAE 94, 295 (L); EzA § 77 BetrVG 1972 Nr. 50
1. 12. 1 AZR 260/92	BetrVG 1972 § 87 Ordnung des Betriebes Nr. 20	BAG 72, 40; BB 93, 939; Betrieb 93, 990; NZA 93, 711; AR-Blattei ES 520 Nr. 60; SAE 94, 316 (Weber); EzA § 87 BetrVG 1972 Betriebl. Ordnung Nr. 20 (v. Hoyningen-Huene)
1. 12. 1 ABR 28/92	AGB-DDR § 28 Nr. 2	BAG 72, 29; BB 93, 656; Betrieb 93, 942; NZA 93, 508; AR-Blattei ES 520 Nr. 58; SAE 94, 295 (L); EzA § 28 AGB 1977 (DDR) Nr. 2
2. 12. 4 AZR 152/92	BAT § 23 a Nr. 28	BAG 72, 64; BB 93, 503; Betrieb 93, 586; NJW 93, 1287; NZA 93, 367; AR-Blattei ES 1560 Nr. 34; EzA Art. 119 EWG-Vertrag Nr. 7 (Schürer/Beduhn)
9. 12. 7 ABR 27/92	WahlO z. BetrVG 1972 § 6 Nr. 2	BB 93, 1217; Betrieb 93, 2084; NZA 93, 765; AR-Blattei ES 530.6.1 Nr. 26; SAE 94, 296 (L); EzA § 19 BetrVG 1972 Nr. 38
10. 12. 2 AZR 271/92	GG Art. 140 Nr. 41	BB 93, 656; Betrieb 93, 1371; NZA 93, 593; AR-Blattei ES 960 Nr. 48 (Richardi); EzA § 611 BGB Kirchliche Arbeitnehmer Nr. 38
10. 12. 2 ABR 32/92	ArbGG 1979 § 87 Nr. 4	Betrieb 93, 889; NZA 93, 501; AR-Blattei ES 530.9 Nr. 72; SAE 94, 297 (L); EzA § 103 BetrVG 1972 Nr. 33 (Schultes)
15. 12. 1 ABR 38/92	AÜG § 14 Nr. 7	BAG 72, 107; BB 93, 648; Betrieb 93, 888; NZA 98, 513; AR-Blattei ES 1840 Nr. 22; SAE 94, 109 (v. Hoyningen-Huene); EzA § 14 AÜG Nr. 3
17. 12. 10 AZR 306/91	BGB § 242 Gleichbehandlung Nr. 105 (Fastrich)	BB 93, 128; Betrieb 93, 584; NZA 93, 691; SAE 94, 297 (L); EzA § 242 BGB Gleichbehandlung Nr. 55

Fundstellenverzeichnis

Datum	Fundstelle AP	Weitere Fundstellen
1993		
12. 1. 1 ABR 42/92	BetrVG 1972 § 99 Nr. 101	BAG **72**, 123; BB **93**, 1088; Betrieb **93**, 1094; SAE **94**, 298; EzA § 99 BetrVG 1972 Nr. 112
26. 1. 1 AZR 303/92	BetrVG 1972 § 99 Nr. 102 (v. Hoyningen-Huene)	BB **93**, 796 (L), **93**, 1871; Betrieb **93**, 1475; NZA **93**, 714; AR-Blattei ES 1700 Nr. 20; SAE **94**, 298 (L); EzA § 99 BetrVG 1972 Nr. 109
27. 1. 7 ABR 37/92	BetrVG § 76 1952 Nr. 29	BAG **72**, 161; BB **93**, 1663 (L); Betrieb **93**, 2031; NZA **93**, 949; AR-Blattei ES 280 Nr. 8; SAE **95**, 274 (Dütz/Kiefer); EzA § 76 BetrVG 1972 Nr. 14
9. 2. 1 ABR 51/92	BetrVG 1972 § 99 Nr. 103 (Misera)	BAG **72**, 187; BB **93**, 1007; Betrieb **93**, 1294; NZA **93**, 664; AR-Blattei ES 530.14.3 Nr. 143 (Oetker); SAE **94**, 298 (L); EzA § 99 BetrVG 1972 Nr. 11
9. 2. 9 AZR 648/90	BildungsurlaubsG Hessen 1984 § 9 Nr. 1 (Wank)	BAG **72**, 200; BB **93**, 1663 (L); **94**, 646; Betrieb **93**, 1573 (Schiefer); NJW **94**, 278 (L); NZA **93**, 1032; AR-Blattei ES 130 Nr. 7; SAE **94**, 62 (Schiefer); EzA § 1 HBUG Nr. 2
16. 2. 3 ABR 29/92	BetrVG 1972 § 87 Altersversorgung Nr. 19 (Blomeyer)	BAG **72**, 229; BB **93**, 1088 (L), **93**, 1291; Betrieb **93**, 1240; NZA **93**, 953; AR-Blattei ES 460.4 Nr. 9; SAE **94**, 299 (L); EzA § 87 BetrVG 1972 Lohngestaltung Nr. 41
17. 2. 7 ABR 19/92	BetrVG 1972 § 40 Nr. 37	BAG **72**, 274; BB **93**, 1368, **93**, 1515; Betrieb **93**, 1418 (Klebe/Wedde), **93**, 1426; NZA **93**, 854; SAE **94**, 78 (Peterek); EzA § 40 BetrVG 1972 Nr. 69
17. 2. 7 AZR 167/92	AÜG § 10 Nr. 9	BAG **72**, 255; BB **93**, 2024 (L); Betrieb **93**, 2287; NZA **93**, 1125; AR-Blattei ES 1170 Nr. 16; SAE **94**, 299 (L); EzA § 10 AÜG Nr. 6
17. 2. 7 AZR 373/92	LPVG Rheinland-Pfalz § 42 Nr. 2	BAG **72**, 268; BB **93**, 2311 (L); NZA **94**, 138; EzA § 37 BetrVG 1972 Nr. 114
18. 2. 2 AZR 526/92	KSchG 1969 § 15 Nr. 35	BB **93**, 2381; NJW **94**, 816 (L); NZA **94**, 74; AR-Blattei ES 530.9 Nr. 73; SAE **94**, 299 (L); EzA § 15 KSchG n. F. Nr. 40
3. 3. 5 AZR 182/92	BGB § 630 Nr. 20 (van Venrooy)	BB **93**, 1439; Betrieb **93**, 1624; NJW **93**, 2197; NZA **93**, 697; SAE **94**, 300 (L); EzA § 630 BGB Nr. 17
4. 3. 2 AZR 507/92	BGB § 613 a Nr. 101	BB **93**, 2456 (L); NJW **94**, 2172 (L); NZA **94**, 260; AR-Blattei ES 500 Nr. 97; SAE **94**, 350 (L); EzA § 613 a BGB Nr. 107
23. 3. 1 ABR 65/92	BetrVG 1972 § 87 Werkmietwohnungen Nr. 8 (Däubler/Schiek)	Betrieb **93**, 1829; NZA **93**, 767; AR-Blattei ES 530.14.1 Nr. 54; SAE **94**, 351 (L); EzA § 87 BetrVG 1972 Werkwohnung Nr. 9
23. 3. 1 AZR 520/92	BetrVG 1972 § 87 Tarifvorrang Nr. 26 (Loritz)	BAG **72**, 367; BB **93**, 1368 (L), **93**, 2088; Betrieb **93**, 1980; NJW **93**, 3159 (L); NZA **93**, 806; AR-Blattei ES 1540 Nr. 35; SAE **94**, 351 (L); EzA § 4 TVG Tariflohnerhöhung Nr. 24
23. 3. 1 AZR 582/92	BetrVG 1972 § 87 Lohngestaltung Nr. 64 (Hromadka)	BAG **72**, 376; BB **93**, 1663 (L), **93**, 1873; Betrieb **93**, 1931; NZA **93**, 904; AR-Blattei ES 1540 Nr. 34; SAE **93**, 358 (Oetker); EzA § 87 BetrVG 1972 Betriebl. Lohngestaltung Nr. 42
24. 3. 4 AZR 291/92	TVG § 1 Tarifverträge: Autokraft Nr. 1	BB **93**, 1368 (L); Betrieb **94**, 482; NZA **94**, 133 (L)
31. 3. 7 AZR 338/92	AÜG § 9 Nr. 2 (Ekkardt)	BB **93**, 1880 (L); Betrieb **93**, 2337; NZA **93**, 1078; EzA § 10 AÜG Nr. 5
7. 4. 2 AZR 449/91 (B)	KSchG 1969 § 1 Soziale Auswahl Nr. 22 (Gentges)	BB **93**, 1596 (L); Betrieb **93**, 1877; NJW **93**, 3156; NZA **93**, 795; **95**, 711 (Lunk); AR-Blattei ES 1020.1.2 Nr. 1 (v. Hoyningen-Huene); EzA § 1 KSchG Soziale Auswahl Nr. 30 (Preis/Steffan)

Fundstellenverzeichnis

Datum	Fundstelle AP	Weitere Fundstellen
20. 4. 1 ABR 59/92	BetrVG 1972 § 99 Nr. 106 (Natzel)	BB **93**, 1663 (L); **93**, 1946; Betrieb **93**, 2033; NZA **93**, 1096; AR-Blattei ES 640 Nr. 22; SAE **94**, 353 (L); EzA § 99 BetrVG 1972 Nr. 114
21. 4. 7 ABR 44/92	SchwBG 1986 § 25 Nr. 4	BAG **73**, 93; BB **94**, 716; NZA **94**, 43; AR-Blattei ES 1440 Nr. 109; SAE **94**, 104 (Meisel); EzA § 25 SchwBG 1986 Nr. 2
22. 4. 2 AZR 313/92	BGB § 613 a Nr. 102	RdA **94**, 122 (L); BB **94**, 363 (L); **94**, 1861; Betrieb **94**, 941; NJW **94**, 2170; NZA **94**, 357; AR-Blattei ES 500 Nr. 96 (Hergenröder); SAE **94**, 105 (L); EzA § 613 a BGB Nr. 112
22. 4. 2 AZR 50/92	BGB § 613 a Nr. 103 (Moll)	BB **94**, 363 (L); **94**, 505; Betrieb **94**, 943; NJW **94**, 2245; NZA **94**, 360; AR-Blattei ES 500 Nr. 95 (Hergenröder); EzA § 613 a BGB Nr. 111
28. 4. 10 AZR 222/92	BetrVG 1972 § 112 Nr. 67	BB **93**, 1807; Betrieb **93**, 2034; AR-Blattei ES 260 Nr. 1 (Buschbeck-Bülow); SAE **94**, 354 (L); EzA § 112 BetrVG 1972 Nr. 68
28. 4. 10 AZR 38/92	BetrVG 1972 § 111 Nr. 32	RdA **93**, 248 (L); BB **93**, 1444 (L); Betrieb **94**, 151 (L); NZA **93**, 1142; SAE **94**, 354 (L); EzA § 111 BetrVG 1972 Nr. 28
28. 4. 10 AZR 391/92	BetrVG 1972 § 113 Nr. 24	BB **93**, 1596 (L); Betrieb **93**, 2604; NZA **93**, 1005; AR-Blattei ES 530.4 Nr. 4; EzA § 130 BetrVG 1972 Nr. 3
19. 5. 2 AZR 584/92	KSchG 1969 § 2 Nr. 31 (Waas)	BAG **73**. 151; BB **93**, 2020; Betrieb **93**, 1879; NJW **93**, 3218; NZA **93**, 1075; AR-Blattei ES 1020.1.1 Nr. 13 SAE **94**, 150 (Steinmeyer); EzA § 1 KSchG Betriebsbedingte Kündigung Nr. 73 (Raab)
26. 5. 4 AZR 461/92	BGB § 612 Diskriminierung Nr. 2	BB **93**, 1664; Betrieb **93**, 2289; NJW **94**, 959 (L); NZA **93**, 1049; AR-Blattei ES 800 Nr. 95, ES 1560 Nr. 36; SAE **94**, 355 (L); EzA § 2 BeschFG 1985 Nr. 28 Art. 119 EWG-Vertrag Nr. 12
9. 6. 5 AZR 123/92	BGB § 611 Abhängigkeit Nr. 66	BB **93**, 2313 (L); Betrieb **94**, 787; NZA **94**, 169; AR-Blattei ES 110 Nr. 34; EzA § 611 BGB Arbeitnehmerbegriff Nr. 51
17. 6. 6 AZR 620/92	BeschFG 1985 § 2 Nr. 32 (Schüren/Beduhn)	BAG **73**, 262; BB **94**, 938; Betrieb **94**, 1930; NZA **94**, 764; AR-Blattei ES 160.10.3 (1979) Nr. 49; SAE **94**, 355 (L); EzA § 2 BeschFG 1985 Nr. 34
22. 6. 1 ABR 62/92	BetrVG 1972 § 23 Nr. 22	BAG **73**, 291; BB **94**, 234; Betrieb **94**, 234; NZA **94**, 184; AR-Blattei ES 530.10 Nr. 77 (Kaiser); SAE **94**, 136 (Schwarze); EzA § 23 BetrVG 1972 Nr. 35 (Kittner)
22. 6. 1 AZR 590/92	GG Art. 3 Nr. 193 (Maidewski/Pfarr)	BAG **73**, 269; BB **93**, 2455; Betrieb **94**, 429; NJW **93**, 2136 (L); NZA **94**, 77; AR-Blattei ES 800 Nr. 97; SAE **95**, 242; **95**, 229 (Herrmann); EzA Art. 3 GG Nr. 40
23. 6. 10 AZR 127/92	BAT § 34 Nr. 1	BAG **73**, 307; BB **93**, 1875; Betrieb **93**, 2188; NZA **94**, 41; EzA § 2 BeschFG 1985 Nr. 30
23. 6. 2 ABR 58/92	ArbGG 1979 § 83 a Nr. 2	BB **93**, 1880 (L); **94**, 284; Betrieb **93**, 2390; NZA **93**, 1052; SAE **94**, 356 (L); EzA § 103 BetrVG 1972 Nr. 34 (Brehm)
30. 6. 7 ABR 45/92	ArbGG 1979 § 12 a Nr. 8	BAG **73**, 314; BB **93**, 2449; Betrieb **94**, 2634; NZA **94**, 284; ES 160.13 Nr. 195; SAE **94**, 356 (L); EzA § 12 a ArbGG 1979 Nr. 10
1. 7. 2 AZR 25/93	BGB § 123 Nr. 36 (Wank)	BB **93**, 2085 (Buschbeck-Bülow; Zeidler); Betrieb **93**, 1978 (Ehrich); NJW **94**, 148; NZA **93**, 933; AR-Blattei ES 1220 Nr. 100 (Buchner); SAE **95**, 42 (L); EzA § 123 BGB Nr. 39 (Buchner); JZ **94**, 210

Fundstellenverzeichnis

Datum	Fundstelle AP	Weitere Fundstellen
13. 7. 1 AZR 676/92	GG Art. 9 Arbeitskampf Nr. 127 (v. Hoyningen-Huene)	BAG 73, 320; BB 94, 577; Betrieb 94, 148; NJW 94, 74; 94, 1025 (Gaul); NZA 93, 1135; AR-Blattei ES 170.1 Nr. 36 (Löwisch); EzA Art. 9 GG Arbeitskampf Nr. 112 (Hergenröder)
20. 7. 3 AZR 52/93	BetrAVG § 1 Gleichbehandlung Nr. 11	BAG 73, 343; BB 93, 2456 (L); Betrieb 94, 102; NZA 94, 125; AR-Blattei ES 460 Nr. 289; SAE 95, 43 (L); EzA § 1 BetrAVG Gleichbehandlung Nr. 4 (Lieb)
21. 7. 4 AZR 468/92	TVG § 1 Auslegung Nr. 144	BAG 73, 364; BB 94, 75 (L); Betrieb 94, 1294; NZA 94, 181; AR-Blattei ES 1550.9 Nr. 74; SAE 94, 246 (Weber); EzA § 1 TVG Auslegung Nr. 28
21. 7. 5 AZR 554/92	AÜG § 10 Nr. 10	BAG 73, 372; BB 93, 2310 (L); Betrieb 93, 2536; NZA 94, 217; AR-Blattei ES 1840 Nr. 24; EzA § 10 AÜG Nr. 7
21. 7. 7 ABR 35/92	BetrVG 1972 § 5 Ausbildung Nr. 8	BAG 74, 1; BB 94, 575; Betrieb 94, 842; NZA 94, 713; 97, 365 (Rohlfing); AR-Blattei ES 530.5 Nr. 25 (Glatzel); SAE 94, 257 (Kraft); EzA § 5 BetrVG 1972 Nr. 56
27. 7. 1 ABR 11/93	BetrVG 1972 § 99 Nr. 110 (Zängl)	BAG 74, 10; BB 93, 2240 (L); NZA 94, 952; SAE 95, 44 (L); EzA § 99 BetrVG 1972 Nr. 116
27. 7. 1 ABR 7/93	BetrVG 1972 § 93 Nr. 3	BB 93, 2233; Betrieb 94, 332; NZA 94, 92; AR-Blattei ES 550.14.3 Nr. 144, ES 640 Nr. 23; SAE 94, 129 (Hromadka); EzA § 99 BetrVG 1972 Nr. 115
27. 7. 1 ABR 8/93	BetrVG 1972 § 118 Nr. 51	BB 93, 2240 (L); Betrieb 94, 2550; NZA 94, 329; AR-Blattei ES 1570 Nr. 51 (Marhold); SAE 95, 44 (L); EzA § 118 BetrVG 1972 Nr. 61 (Dütz)
4. 8. 4 AZR 515/92	BAT § 1 Nr. 1	BAG 74, 47; BB 93, 2313 (L); 93, 250; Betrieb 94, 788; NZA 94, 39; AR-Blattei ES 70 Nr. 56 (Wank)
10. 8. 1 ABR 21/93	BetrVG 1972 § 87 Auszahlung Nr. 12	BB 93, 2240 (L); 94, 140; Betrieb 94, 281; NZA 94, 326; AR-Blattei ES 1160 Nr. 35; SAE 95, 44 (L); EzA § 87 BetrVG 1972 Lohn- u. Arbeitsentg. Nr. 16 (Vogg)
11. 8. 10 AZR 558/92	BetrVG 1972 § 112 Nr. 7	BAG 74, 62; BB 93, 2312 (L); 94, 359; Betrieb 94, 102; NJW 94, 1365 (L); NZA 94, 139; AR-Blattei ES 1470 Nr. 51; SAE 95, 90 (L); EzA § 112 BetrVG 1972 Nr. 70
11. 8. 7 ABR 34/92	BetrVG 1972 § 54 Nr. 6	BAG 74, 68; BB 93, 2455 (L); Betrieb 94, 480; NZA 94, 326; AR-Blattei ES 530.12.1 Nr. 5 (Windbichler); SAE 95, 89 (L); EzA § 54 BetrVG 1972 Nr. 4
11. 8. 7 ABR 52/92	BetrVG 1972 § 37 Nr. 92	BAG 74, 72; BB 94, 651 (L); Betrieb 94, 535 (Schiefer); NZA 94, 517; AR-Blattei ES 530.8 Nr. 23; SAE 94, 240 (Glaubitz); EzA § 37 BetrVG 1972 Nr. 117
24. 8. 3 AZR 313/93	BetrAVG § 1 Ablösung Nr. 19	BB 94, 724 (L); 94, 1076; Betrieb 94, 891; NZA 94, 807; AR-Blattei ES 460 Nr. 293; SAE 95, 91 (L); EzA § 1 BetrAVG Ablösung Nr. 10 (Windbichler)
16. 9. 2 AZR 267/93	BetrVG 1972 § 102 Nr. 62	BAG 74, 185; BB 94, 74 (L); Betrieb 94, 381; 94, 429; Betrieb 94, 1365 (L); NZA 94, 311; AR-Blattei ES 530.14.3 Nr. 146; EzA § 102 BetrVG 1972 Nr. 84
21. 9. 1 ABR 16/93	BetrVG 1972 § 87 Arbeitszeit Nr. 62	BAG 74, 206; BB 94, 75 (L); 94, 500; Betrieb 94, 1193; NZA 94, 427; AR-Blattei ES 530.14.2 Nr. 135, ES 610; SAE 95, 348 (Fastrich); EzA § 87 BetrVG 1972 Nr. 19
21. 9. 1 ABR 28/93	BetrVG 1972 § 94 Nr. 4	BB 94, 75 (L); Betrieb 94, 480; NZA 94, 375; AR-Blattei ES 530.14.3 Nr. 147, ES 1570 Nr. 50; SAE 95, 149 (Berger-Delhey); EzA § 118 BetrVG 1972 Nr. 62
23. 9. 8 AZR 484/92	I Kap. XIX Einigungsvertrag Anlage Nr. 19	BAG 74, 257; BB 94, 218; Betrieb 94, 586; AR-Blattei ES 1010.13 Nr. 11; EzA Art. 20 Einigungsvertrag Nr. 26
30. 9. 2 AZR 268/93	BGB § 123 Nr. 37 (Boemke)	BAG 74, 281; BB 94, 76 (L); 94, 785; Betrieb 94, 279; 94, 282 (Zwanziger); 97, 874 (Bengelsdorf); NJW 94, 980 (Bauer); 94, 1021; NZA 94, 209; 94, 438 (Ehrich);

Fundstellenverzeichnis

Datum	Fundstelle AP	Weitere Fundstellen
30. 9. 2 AZR 283/93	KSchG 1969 § 2 Nr. 33 (Wlotzke)	AR-Blattei ES 260 Nr. 2 (Buschbeck-Bülow); EzA § 611 BGB Aufhebungsvertrag Nr. 13 (Kaiser) BAG 74, 291; BB 94, 148 (L); 94, 428; Betrieb 94, 637; NZA 94, 615; AR-Blattei ES 1700 Nr. 21 (v. Hoyningen-Huene); SAE 95, 360 (Waltermann); EzA § 99 BetrVG 1972 Nr. 118
5. 10. 3 AZR 695/92	BetrAVG § 1 Lebensversicherung Nr. 20	BAG 74, 309; BB 94, 76 (L); 94, 220; Betrieb 94, 739; NZA 94, 315; AR-Blattei ES 460.4 Nr. 12; SAE 94, 174 (Blomeyer); EzA § 1 BetrAVG Lohnversicherung Nr. 5
20. 10. 7 ABR 14/93	BetrVG 1972 § 37 Nr. 91	BB 94, 139; Betrieb 94, 282; NZA 94, 190; AR-Blattei ES 530.8.1 Nr. 69; SAE 95, 133 (L); EzA § 37 BetrVG 1972 Nr. 116
20. 10. 7 ABR 26/93	BetrVG 1972 § 28 Nr. 5	BAG 75, 1; Betrieb 94, 989; NZA 94, 567; EzA § 28 BetrVG 1972 Nr. 4
20. 10. 7 AZR 135/93	SGB VI § 41 Nr. 3 (Linnenkohl/Rauschenberg)	BAG 74, 363; Betrieb 94, 66 (Reiserer); NJW 94, 46; NZA 94, 128; AR-Blattei ES 45 Nr. 1; SAE 94, 165 (Gitter); EzA § 41 SGB VI Nr. 1 (Oetker)
20. 10. 7 AZR 581/92 (A)	BetrVG 1972 § 37 Nr. 90 (Schiefer)	BAG 74, 351; BB 93, 2536 (L); Betrieb 94, 334; NZA 94, 77 (L); 94, 279; AR-Blattei ES 800 Nr. 99, ES 530.8 Nr. 22, ES 1560 Nr. 41; SAE 94, 306 (Otto); EzA § 37 BetrVG 1972 Nr. 115
26. 10. 1 AZR 46/93	BetrVG 1972 § 77 Nachwirkung Nr. 6	BAG 75, 16; BB 94, 651 (L); 94, 1072; Betrieb 94, 987; NZA 94, 572; AR-Blattei ES 520 Nr. 61; SAE 95, 280 (Krebs); EzA § 77 BetrVG 1972 Nr. 53 (Schulin)
2. 11. 1 ABR 36/93	BetrVG 1972 § 95 Nr. 32	BAG 75, 24; BB 94, 651 (L); Betrieb 94, 985; NZA 94, 627; AR-Blattei ES 1700 Nr. 23 (Franzen); SAE 95, 134 (L); EzA § 95 BetrVG 1972 Nr. 27 (L)
10. 11. 7 AZR 682/92	BetrVG 1972 § 78 Nr. 4	BB 94, 651 (L); 94, 1290; Betrieb 94, 2554; NZA 94, 500; AR-Blattei ES 20 Nr. 27; SAE 95, 135 (L); EzA § 611 BGB Abmahnung Nr. 28
11. 11. 2 AZR 467/93	BGB § 123 Nr. 38	BAG 75, 77; BB 94, 357; Betrieb 94, 939; NJW 94, 1363; NZA 94, 407; AR-Blattei ES 60 Nr. 25; SAE 95, 136 (L); EzA § 123 BGB Nr. 40 (Rieble)
23. 11. 1 ABR 34/93	BetrVG 1972 § 99 Nr. 111	BB 94, 292 (L); Betrieb 94, 1575; NZA 94, 461; AR-Blattei ES 1530 Nr. 22; SAE 95, 136 (L); AuR 94, 107 (L); EzA § 99 BetrVG 1972 Nr. 119
23. 11. 1 ABR 38/93	BetrVG 1972 § 95 Nr. 33	BAG 75, 97; BB 94, 935; Betrieb 94, 735; NZA 94, 718; AR-Blattei ES 1700 Nr. 22; SAE 95, 136 (L); AuR 94, 159 (L); EzA § 95 BetrVG 1972 Nr. 28
24. 11. 10 AZR 311/93	BetrVG 1972 § 112 Nr. 72	BB 94, 723 (L); Betrieb 94, 1043; NZA 94, 716; AR-Blattei ES 1470 Nr. 53 (Glatzel); SAE 94, 182 (L); AuR 94, 159 (L); EzA § 112 BetrVG 1972 Nr. 71
25. 11. 2 AZR 324/93	BGB § 242 Gleichbehandlung Nr. 114	BAG 75, 143; BB 94, 652 (L); Betrieb 94, 1089; NZA 94, 788; AR-Blattei ES 260 Nr. 3 (Glatzel); SAE 95, 137 (Schlachter); EzA § 242 BGB Gleichbehandlung Nr. 58
1. 12. 7 AZR 428/93	SGB VI § 41 Nr. 4 (Steinmeyer)	BAG 75, 166; BB 94, 652 (L); Betrieb 94, 1490; NZA 94, 369; AR-Blattei ES 45 Nr. 2; SAE 94, 267 (Henssler); EzA § 41 SGB VI Nr. 2 (Oetker)
14. 12. 1 ABR 31/93	BetrVG 1972 § 87 Lohngestaltung Nr. 65	BB 94, 723 (L); Betrieb 94, 1573; NZA 94, 809; AR-Blattei ES 530.14.2 Nr. 136, ES 630 Nr. 55; SAE 95, 183 (L); EzA § 87 BetrVG 1972 Betriebliche Lohngestaltung Nr. 43
14. 12. 3 AZR 618/93	BetrAVG § 7 Nr. 81	BAG 75, 196; BB 94, 652 (L); Betrieb 94, 686; NZA 94, 554; AR-Blattei ES 460.6 Nr. 77; SAE 95, 184 (L); EzA § 7 BetrAVG Nr. 47

Fundstellenverzeichnis

Datum	Fundstelle AP	Weitere Fundstellen
1994		
10. 1. 2 AZR 489/93	KSchG 1969 § 1 Konzern Nr. 8	BB 95, 933; Betrieb 94, 1627; NJW 94, 2246; AR-Blattei ES 1020 Nr. 331; EzA § 1 KSchG Betriebsbedingte Kündigung Nr. 74
18. 1. 1 ABR 42/93	BetrVG 1972 § 99 Eingruppierung Nr. 1	BAG 75, 253; BB 94, 795 (L); 94, 1287; Betrieb 94, 2634; NZA 94, 901; AR-Blattei ES 1530 Nr. 24; EzA § 99 BetrVG 1972 Nr. 120
18. 1. 1 ABR 43/93	BetrVG 1972 § 76 Nr. 51	BAG 75, 261; BB 94, 796 (L); 94, 1145; 94, 1214; Betrieb 94, 838; AR-Blattei ES 630 Nr. 56; EzA § 76 BetrVG 1972 Nr. 63
26. 1. 7 ABR 13/92	BetrVG 1972 § 5 Nr. 54	BAG 75, 312; BB 94, 1224 (L); Betrieb 94, 1371; AR-Blattei ES 110 Nr. 37; SAE 94, 334 (Meisel); EzA § 5 BetrVG 1972 Nr. 57
26. 1. 7 AZR 593/92	BetrVG 1972 § 37 Nr. 93	Betrieb 94, 1244; NZA 94, 765; AR-Blattei ES 530.10 Nr. 78; EzA § 37 BetrVG 1972 Nr. 118
2. 2. 5 AZR 273/93	BGB § 273 Nr. 4 (Wank)	BAG 75, 332; BB 94, 1011; 94, 1865 (Schmidt); Betrieb 94, 1087; NZA 95, 877 (Borchert); 94, 610; AR-Blattei ES 200 Nr. 2 (Schwab); SAE 95, 64 (Mummenhoff); EzA § 618 BGB Nr. 10 (Franzen)
9. 2. 2 AZR 781/93	BGB § 613 a Nr. 104	BAG 75, 367; BB 94, 1084 (L); 94, 1217; Betrieb 94, 1144; NJW 95, 73; AR-Blattei ES 500 Nr. 98; SAE 94, 279 (Pottmeyer); EzA § 613 a BGB Nr. 15
15. 2. 3 AZR 708/93	BetrAVG § 1 Gleichberechtigung Nr. 12	BAG 76, 1; BB 94, 1638; NZA 94, 794; AR-Blattei ES 460 Nr. 295; EzA § 1 BetrAVG Gleichbehandlung Nr. 9
16. 2. 5 AZR 251/93	BBiG § 14 Nr. 6 (Weber)	BAG 76, 10; BB 94, 1084 (L); Betrieb 94, 1189; NZA 94, 855; AR-Blattei ES 400 Nr. 79 b; SAE 95, 11 (Natzel); EzA § 14 BBiG Nr. 8
16. 2. 5 AZR 402/93	BGB § 611 Rundfunk Nr. 15	BAG 76, 21; BB 94, 1224 (L); NZA 95, 21; AR-Blattei ES 110 Nr. 38; EzA § 611 BGB Arbeitnehmerbegriff Nr. 52
24. 2. 6 AZR 588/92	BAT-O § 1 Nr. 1	BAG 76, 57; BB 94, 1785; Betrieb 94, 2037; NZA 95, 133; EzA § 4 TVG Geltungsbereich Nr. 4
8. 3. 9 AZR 197/92	AktG § 303 Nr. 6	BAG 76, 79; RdA 94, 2350; BB 94, 1780; Betrieb 94, 3244; NJW 94, 931; AR-Blattei ES 1470 Nr. 57; SAE 96, 249 (Belling/Steinau-Steinrück); EzA § 303 AktG Nr. 5
16. 3. 10 AZR 606/93	BetrVG 1972 § 112 Nr. 75	BB 94, 2635; NZA 94, 1147; AR-Blattei ES 1470 Nr. 55 a; EzA § 112 BetrVG 1972 Nr. 73
16. 3. 5 AZR 447/92	BGB § 611 Abhängigkeit Nr. 68	NZA 94, 1132; AR-Blattei ES 110 Nr. 39; SAE 95, 122 (Boemke); EzA § 611 BGB Arbeitnehmerbegriff Nr. 53
22. 3. 1 ABR 51/93	BetrVG 1972 § 99 Versetzung Nr. 4 (Wohlgemuth)	BAG 76, 184; BB 94, 2070; 95, 1352 (Wohlgemuth); Betrieb 94, 1678 (Ehrich); NZA 94, 1049; AR-Blattei ES 580 Nr. 13 (Sauerbier); SAE 95, 155 (v. Hoyningen-Huene); EzA § 99 BetrVG 1972 Nr. 121
22. 3. 1 AZR 622/93	GG Art. 9 Arbeitskampf Nr. 130 (Oetker)	BAG 76, 196; BB 95, 410; 96, 212 (Gamillscheg); Betrieb 95, 100; NJW 95, 477; 96, 1256 (Schulte Westenberg); NZA 94, 1097; AR-Blattei ES 170.2 Nr. 39 (Löwisch); SAE 95, 254 (Lieb); EzA Art. 9 GG Arbeitskampf Nr. 115 (Fischer/Rüthers)
30. 3. 10 AZR 352/93	BetrVG 1972 § 112 Nr. 76	Betrieb 94, 1935; NZA 95, 88; AR-Blattei ES 1470 Nr. 55 b; EzA § 112 BetrVG 1972 Nr. 74
30. 3. 10 AZR 681/92	BGB § 242 Gleichbehandlung Nr. 113	BB 94, 1219; Betrieb 94, 2141; NJW 94, 3310; NZA 94, 786; AR-Blattei ES 800 Nr. 197 (Marhold); EzA § 611 BGB Gratifikation, Prämie Nr. 110

Fundstellenverzeichnis

Datum	Fundstelle AP	Weitere Fundstellen
30. 3. 7 ABR 45/93	BetrVG 1972 § 40 Nr. 42 (Sowka)	BAG 76, 214; BB 94, 2347; Betrieb 94, 2295 (Sowka); NZA 95, 382; AR-Blattei ES 530.8.1 Nr. 71; SAE 97, 147 (Loritz); EzA § 40 BetrVG 1972 Nr. 71
13. 4. 7 AZR 551/93	HRG § 57 c Nr. 1	NZA 95, 67; AR-Blattei ES 380 Nr. 3; EzA § 620 BGB Nr. 125
13. 4. 7 AZR 651/93	LPVG NW § 72 Nr. 9 (Plander)	BAG 76, 234; Betrieb 95, 435; NZA 94, 1099; EzA § 620 BGB Nr. 123
19. 4. 9 AZR 462/92	SGB V § 74 Nr. 2 (Gitter/Boerner)	Betrieb 94, 1880; NJW 95, 1636; AR-Blattei ES 1640 Nr. 359; EzA § 74 SGB V Nr. 2
20. 4. 10 AZR 186/93	BetrVG 1972 § 113 Nr. 27	BAG 76, 255; BB 94, 1936; Betrieb 94, 2038; NZA 95, 89; AR-Blattei ES 1470 Nr. 58 (Echterhölter); EzA § 113 BetrVG 1972 Nr. 22
20. 4. 10 AZR 323/93	BetrVG 1972 § 112 Nr. 77 (Ernst)	BB 94, 1938; Betrieb 94, 1882; NZA 95, 489; AR-Blattei ES 1470 Nr. 56; EzA § 112 BetrVG 1972 Nr. 75
3. 5. 1 ABR 24/93	BetrVG 1972 § 23 Nr. 23 (Richardi)	BAG 76. 364; BB 94, 2273; Betrieb 94, 2450; NJW 95, 1044; 95, 1004 (Adomeit); 95, 1333 (Dobberahn); NZA 95, 8 (Richardi); 95, 40; 96, 681 (Busemann); AR-Blattei ES 530.14.1 Nr. 57 (Löwisch); SAE 95, 93 (Walker); 96, 137 (Bengelsdorf); EzA § 23 BetrVG 1972 Nr. 36 (Raab)
3. 5. 1 ABR 58/93	BetrVG 1972 § 99 Eingruppierung Nr. 2	BAG 77, 1; BB 94, 2490; 95, 1587 (Hey); Betrieb 95, 228; NZA 95, 484; AR-Blattei ES 530.14.3 Nr. 158 (Buchner); SAE 95, 33 (Pallasch); EzA § 99 BetrVG 1972 Nr. 122 (Rieble)
5. 5. 2 AZR 917/93	KSchG 1969 § 1 Soziale Auswahl Nr. 23 (Mummenhoff)	Betrieb 94, 1827; NJW 94, 3370; NZA 94, 1023; AR-Blattei ES 1030.1.2 Nr. 2; EzA § 1 KSchG Soziale Auswahl Nr. 31
18. 5. 2 AZR 626/93	BPersVG § 108 Nr. 3	Betrieb 95, 532; NZA 95, 65; AR-Blattei ES 20 Nr. 28; EzA § 611 BGB Abmahnung Nr. 31 (Bährle)
18. 5. 2 AZR 920/93	BetrVG 1972 § 102 Nr. 6 (Kraft)	BAG 77, 13; BB 94, 1783; Betrieb 94, 1984; NZA 95, 24; AR-Blattei ES 530.14.3 Nr. 148 (Echterhölter); EzA § 102 BetrVG 1972 Nr. 85 (Streckel)
14. 6. 1 ABR 63/93	BetrVG 1972 § 87 Lohngestaltung Nr. 69	BAG 77, 86; BB 95, 825; Betrieb 95, 680 (Reichold); NZA 95, 543; AR-Blattei ES 530.14.1 Nr. 55; EzA § 87 BetrVG 1972 Betrieb. Lohngestaltung Nr. 45
22. 6. 7 AZR 286/93	AÜG § 1 Nr. 16	BAG 77, 102; Betrieb 95, 981; NZA 95, 462; AR-Blattei ES 1100 Nr. 23; EzA § 1 AÜG Nr. 4
28. 6. 1 ABR 59/93	BetrVG 1972 § 99 Einstellung Nr. 4	BAG 77, 165; Betrieb 95, 326; NZA 95, 397; AR-Blattei ES 530.14.3 Nr. 149; EzA § 99 BetrVG 1972 Nr. 123
13. 7. 7 ABR 50/93	KO § 61 Nr. 28	BAG 77, 218; BB 94, 2142; Betrieb 95, 150; NZA 94, 1144; AR-Blattei ES 970 Nr. 87; EzA § 40 BetrVG 1972 Nr. 70
13. 7. 7 AZR 477/93	BetrVG 1972 § 37 Nr. 97	BAG 77, 195; Betrieb 95, 383; NZA 95, 588; AR-Blattei ES 610 Nr. 17; EzA § 37 BetrVG 1972 Nr. 119
20. 7. 5 AZR 169/93	ZPO 1977 § 256 Nr. 26	Betrieb 95, 834; NZA 95, 190; AR-Blattei ES 110 Nr. 40; EzA § 256 ZPO Nr. 43
20. 7. 5 AZR 627/93	BGB § 611 Abhängigkeit Nr. 73 (Mohr)	BAG 77, 226; Betrieb 94, 2502; NJW 95, 902; NZA 95, 161; AR-Blattei ES 110 Nr. 41; EzA § 611 BGB Arbeitnehmerbegriff Nr. 5
27. 7. 10 AZR 538/93	BeschFG 1985 § 2 Nr. 37	BB 94, 2279; Betrieb 94, 2348; NJW 95, 1048; NZA 94, 1130; AR-Blattei ES 570 Nr. 5; SAE 95, 339 (Künster); EzA § 2 BeschFG 1985 Nr. 36
27. 7. 7 ABR 10/93	BetrVG 1972 § 76 a Nr. 4	BAG 77, 273; Betrieb 95, 835; NZA 95, 545; AR-Blattei ES 630 Nr. 57; EzA § 76 a BetrVG 1972 Nr. 8

Fundstellenverzeichnis

Datum	Fundstelle AP	Weitere Fundstellen
27. 7. 7 ABR 37/93	BGB § 613a Nr. 118 (Gussen)	BB 95, 570; Betrieb 95, 431; NZA 95, 222; AR-Blattei ES 500 Nr. 106; EzA § 613a BGB Nr. 123
10. 8. 10 ABR 61/93	BetrVG 1972 § 112 Nr. 86 (v. Hoyningen-Huene)	BAG 77, 313; BB 95, 1240 (Keßler); Betrieb 95, 480; NZA 95, 314; 95, 974 (Meyer C.); AR-Blattei ES 1470 Nr. 59; SAE 95, 304 (Pottmeyer); EzA § 112 BetrVG 1972 Nr. 76
10. 8. 7 ABR 48/93	BetrVG 1972 § 115 Nr. 1	BAG 77, 308; Betrieb 95, 1340; NZA 95, 284; AR-Blattei ES 1450 Nr. 22 (Franzen)
10. 8. 7 AZR 695/93	BGB § 620 Befristeter Arbeitsvertrag Nr. 162 (Winterfeld)	Betrieb 94, 2504; NJW 95, 981; NZA 95, 30; AR-Blattei ES 1810 Nr. 5; SAE 95, 332 (Hartmann); EzA § 620 BGB Nr. 126
30. 8. 1 ABR 10/94	GG Art. 9 Arbeitskampf Nr. 132	BAG 75, 335; BB 95, 99; Betrieb 95, 102; NZA 95, 183; AR-Blattei ES 170.2 Nr. 40 (Löwisch); SAE 96, 323 (Hergenröder); EzA Art. 9 GG Arbeitskampf Nr. 116
30. 8. 1 AZB 3/94	BetrVG 1972 § 99 Einstellung Nr. 6	NZA 95, 649; AR-Blattei ES 530.14.3 Nr. 151; SAE 95, 293 (Weber); EzA § 99 BetrVG 1972 Nr. 125
30. 8. 1 AZR 765/93	GG Art. 9 Arbeitskampf Nr. 131	Betrieb 95, 101; NJW 95, 613; NZA 95, 32; AR-Blattei ES 810 Nr. 2; EzA Art. 9 GG Arbeitskampf Nr. 114
31. 8. 7 AZR 893/93	BetrVG 1972 § 37 Nr. 98	Betrieb 95, 1235; NZA 95, 225; AR-Blattei ES 20 Nr. 29; EzA § 611 BGB Abmahnung Nr. 33 (Berger-Delhey)
13. 9. 3 AZR 148/94	TVG § 1 Rückwirkung Nr. 11	BAG 77, 353; BB 95, 675; Betrieb 95, 1133; NZA 95, 740; AR-Blattei ES 500 Nr. 107; EzA § 613a BGB Nr. 125
14. 9. 10 ABR 7/94	BetrVG 1972 § 112 Nr. 87	BAG 78, 30; BB 95, 407; Betrieb 95, 430; NZA 95, 440; AR-Blattei ES 1470 Nr. 60; SAE 96, 349 (Krichel); EzA § 112 BetrVG 1972 Nr. 77
14. 9. 10 AZR 621/92	AGB-DDR § 28 Nr. 3	BAG 77, 365; Betrieb 95, 535; AR-Blattei ES 1300 Nr. 9
14. 9. 2 AZR 164/94	BGB § 626 Verdacht strafbarer Handlung Nr. 24 (Belling/Künster)	BAG 78, 18; Betrieb 95, 534; NJW 95, 1110; NZA 95, 269; AR-Blattei ES 1010.9 Nr. 81; SAE 96, 52 (Weber); EzA § 626 BGB Verdacht strafbarer Handlung Nr. 5
14. 9. 5 AZR 679/93	BGB § 242 Betriebliche Übung Nr. 46	Betrieb 95, 327; NZA 95, 419; AR-Blattei ES 510 Nr. 31; EzA § 242 BGB Betriebliche Übung Nr. 32
14. 9. 7 ABR 27/94	BetrVG 1972 § 37 Nr. 99	Betrieb 95, 634; NZA 95, 381; AR-Blattei ES 530.8.1 Nr. 70; EzA § 37 BetrVG 1972 Nr. 120
22. 9. 2 AZR 31/94	BetrVG 1972 § 102 Nr. 68	BAG 78, 39; Betrieb 95, 477; NZA 95, 363; AR-Blattei ES 530.14.3 Nr. 150, ES 1020 Nr. 335; SAE 96, 22 (Boecken); EzA § 102 BetrVG 1972 Nr. 86 (Kittner)
28. 9. 1 AZR 870/93	BetrVG 1972 § 87 Lohngestaltung Nr. 6 (Reichold)	BAG 78, 74; Betrieb 95, 678; NZA 95, 277; AR-Blattei ES 1540 Nr. 36; EzA § 87 BetrVG 1972 Betriebl. Lohngest. Nr. 44 (Rolfs)
4. 10. 3 AZR 910/93	BetrAVG § 16 Nr. 32	BAG 78, 87; BB 95, 777; Betrieb 95, 528 (Reiners); NZA 95, 368; AR-Blattei ES 460 Nr. 312 (Kemper/Kister-Kölkes, Griebeling); EzA § 16 BetrAVG Nr. 28
6. 10. 6 AZR 324/94	BAT-O § 1 Nr. 2	BAG 78, 108; BB 95, 565; Betrieb 95, 883; NZA 95, 1057; ES 1550.4 Nr. 20
12. 10. 7 AZR 398/93	BetrVG 1972 § 87 Arbeitszeit Nr. 66	Betrieb 95, 734; NZA 95, 641; AR-Blattei ES 1040 Nr. 11; EzA § 87 BetrVG 1972 Kurzarbeit Nr. 2
18. 10. 1 ABR 17/94	BetrVG 1972 § 87 Lohngestaltung Nr. 70 (Joost)	BB 95, 566; Betrieb 95, 832; NZA 95, 390; AR-Blattei ES 530.12 Nr. 18, ES 530, 14.2 Nr. 137; SAE 95, 355 (Danne); EzA § 87 BetrVG 1972 Betriebl. Lohngestaltung Nr. 47

Fundstellenverzeichnis

Datum	Fundstelle AP	Weitere Fundstellen
18. 10. 1 ABR 9/94	BetrVG 1972 § 99 Einstellung Nr. 5	BAG 78, 142; BB 95, 518; Betrieb 95, 382; NZA 95, 281; AR-Blattei ES 530.14.3 Nr. 152; SAE 96, 157 (Waas); EzA § 99 BetrVG 1972 Nr. 24
26. 10. 10 AZR 482/93	BGB § 611 Anwesenheitsprämie Nr. 18 (Thüsing)	BAG 78, 174; BB 95, 312; Betrieb 95, 830; NJW 95, 1511; NZA 95, 266; AR-Blattei ES 90 Nr. 5 (Krause); SAE 95, 320 (Meisel); EzA § 611 BGB Anwesenheitsprämie Nr. 10 (Gaul)
26. 10. 7 ABR 15/94	BetrVG 1972 § 40 Nr. 43	BB 95, 464; 95, 878 (Molls); Betrieb 95, 581; NZA 95, 386; AR-Blattei ES 530.10 Nr. 79; EZA § 40 BetrVG 1972 Nr. 72
8. 11. 1 ABR 22/94	BetrVG 1972 § 87 Ordnung des Betriebes Nr. 24 (Raab)	BAG 78, 224; BB 95, 1188 (Neuß); Betrieb 95, 1132; NZA 95, 857; AR-Blattei ES 1640.6.2 Nr. 4; AuR 95, 279; EzA § 87 BetrVG 1972 Betriebl. Ordnung Nr. 21
8. 11. 1 AZB 20/94	BetrVG 1972 § 87 Überwachung Nr. 27	BB 95, 517; Betrieb 95, 783; NZA 95, 313; AR-Blattei ES 530.14.2.1 Nr. 5; EzA § 87 BetrVO 1972 Kontrolleinrichtung Nr. 20
9. 11. 10 AZR 281/94	BetrVG 1972 § 112 Nr. 85	BB 95, 1038; Betrieb 95, 782; NZA 95, 644; 95, 769 (Meier); AR-Blattei ES 1470 Nr. 61; EzA § 112 BetrVG 1972 Nr. 78
9. 11. 10 AZR 3/74	BAT § 23 a Nr. 33	Betrieb 95, 1967; NZA 95, 1003; 95, 990; EzA § 23 a BAT Nr. 3
9. 11. 7 AZR 217/94	AÜG § 1 Nr. 18	BAG 78, 252; Betrieb 95, 1293; NZA 95, 572; AR-Blattei ES 1840 Nr. 25; EzA § 10 AÜG Nr. 8 (Feuerborn)
15. 11. 5 AZR 682/93	BGB § 242 Gleichbehandlung Nr. 121 (Röckl)	BAG 78, 272; BB 95, 409; Betrieb 95, 580; NJW 95, 1309; NZA 95, 939; AR-Blattei ES 800 Nr. 108 (Marhold); EzA § 242 BGB Gleichbehandlung Nr. 61
22. 11. 3 AZR 349/94	BetrAVG § 1 Gleichbehandlung Nr. 24 (Höfer)	BAG 78, 288; BB 95, 2011; Betrieb 95, 930; NZA 95, 733; AR-Blattei ES 460 Nr. 310; EzA § 1 BetrAVG Gleichbehandlung Nr. 6
23. 11. 4 AZR 879/93	TVG § 1 Rückwirkung Nr. 12 (Wiedemann, Buchner)	BAG 78, 309; Betrieb 95, 778; NZA 95, 844; AR-Blattei ES 1550.6 Nr. 38 (Buchner); EzA § 1 TVG Rückwirkung Nr. 3
30. 11. 10 AZR 578/93	BetrVG 1972 § 112 Nr. 89	BB 95, 620; NZA 95, 492; AR-Blattei ES 1470 Nr. 62; EzA § 112 BetrVG 1972 Nr. 80
30. 11. 10 AZR 79/94	BetrVG 1972 § 112 Nr. 88	Betrieb 95, 781; NZA 95, 643; AR-Blattei ES 1470 Nr. 63; EzA § 4 TVG Ausschlußfristen Nr. 108
30. 11. 5 AZR 704/93	BGB § 611 Abhängigkeit Nr. 74	BAG 78, 343; NZA 95, 622; AR-Blattei ES 110 Nr. 42; EzA § 611 BGB Arbeitnehmerbegriff Nr. 55 (Rüthers/B.)
6. 12. 1 ABR 30/94	BetrVG 1972 § 23 Nr. 24	BAG 78, 379; NZA 95, 488; AR-Blattei ES 530.14.1 Nr. 56, ES 1700 Nr. 24; SAE 96, 137 (Bengelsdorf); EzA § 23 BetrVG 1972 Nr. 37
13. 12. 3 AZR 367/94	BetrAVG § 1 Gleichbehandlung Nr. 23	BAG 79, 8; Betrieb 95, 931; NZA 95, 886; AR-Blattei ES 460 Nr. 31; EzA § 1 BetrAVG Gleichbehandlung Nr. 5
14. 12. 5 AZR 137/94	BGB § 611 Abmahnung Nr. 15	BAG 79, 37; BB 95, 622; Betrieb 95, 981; NZA 95, 676; AR-Blattei ES 20 Nr. 32; EzA § 4 TVG Ausschlußfristen Nr. 109; ZTR 95, 175; RDV 95, 78; PersR 95, 231
14. 12. 7 ABR 26/94	BetrVG 1972 § 5 Rotes Kreuz Nr. 3	BAG 79, 47; NZA 95, 906; AR-Blattei ES 450 Nr. 18; EzA BetrVG 1973 § 1 Nr. 9
14. 12. 7 ABR 31/94	BetrVG 1972 § 37 Nr. 100	BAG 79, 43; NZA 95, 593; AR-Blattei ES 530.8.1 Nr. 72; EzA § 37 BetrVG 1972 Nr. 122

Fundstellenverzeichnis

Datum	Fundstelle AP	Weitere Fundstellen
15. 12. 2 AZR 320/94	KSchG 1969 § 1 Betriebsbedingte Kündigung Nr. 66	BAG 79, 66; BB 95, 930; Betrieb 95, 878; NJW 96, 339; 96, 291 (Berkowski); NZA 95, 413; 95, 662 (Schiefer); AR-Blattei ES 1020.1.2 Nr. 4; EzA § 1 KSchG Betriebsbedingte Kündigung Nr. 76
15. 12. 2 AZR 327/94	KSchG 1969 § 1 Betriebsbedingte Kündigung Nr. 67	Betrieb 95, 979; NZA 95, 521; 95, 662 (Schiefer); AR-Blattei ES 1020 Nr. 337; SAE 96, 116 (Oetker); EzA § 1 KSchG Betriebsbedingte Kündigung Nr. 75
1995 11. 1. 7 ABR 33/94	BetrVG 1972 § 5 Nr. 55 (Wlotzke)	BAG 79, 801; BB 95, 1645; Betrieb 95, 1333; NZA 95, 747; AR-Blattei ES 1105 Nr. 1 (Kaiser); SAE 96, 238 (Reichold); EzA BetrVG 1972 § 5 Nr. 58
11. 1. 7 AZR 543/94	BetrVG 1972 § 37 Nr. 103	BB 95, 1542; NZA 96, 105; AR-Blattei ES 1640 Nr. 362; EzA BetrVG 1972 § 37 Nr. 123
11. 1. 7 AZR 574/94	BetrVG 1972 § 78a Nr. 24	BB 95, 1418 (Berger-Delhey); Betrieb 95, 1418 (Berger-Delhey); NZA 95, 647; AR-Blattei ES 400 Nr 85 (Krause); EzA BetrVG 1972 § 78a Nr. 22 (Schiefer)
17. 1. 1 ABR 19/94	BetrVG 1972 § 87 Lohngestaltung Nr. 71	BAG 79, 96; BB 95, 1482; Betrieb 95, 1410; NZA 95, 792; AR-Blattei ES 1540 Nr. 37; SAE 96, 94 (Kreßel); EzA BetrVG 1972 § 87 Betriebl. Lohngestaltung Nr. 48
17. 1. 1 ABR 29/94	BetrVG 1972 77 Nachwirkung Nr. 7 (Loritz)	BB 95, 1643; NZA 95, 1010; AR-Blattei ES 820 Nr. 128, ES 520 Nr. 62; EzA BetrVG 1972 § 77 Nr. 54
25. 1. 7 ABR 37/94	BetrVG 1972 § 40 Nr. 46	BB 95, 1087; Betrieb 95, 1339; NZA 95, 591; AR-Blattei ES 530.10 Nr. 80; EzA BetrVG 1972 § 40 Nr. 72
26. 1. 2 AZR 386/94	BetrVG 1972 § 102 Nr. 69	Betrieb 95, 1134; NZA 95, 672; AR-Blattei ES 530.14.3 Nr. 153; EzA BetrVG 1972 § 102 Nr. 87 (Kittner)
26. 1. 2 AZR 649/94	KSchG 1969 § 1 Verhaltensbedingte Kündigung Nr. 34 (Fleck)	BAG 79, 176; BB 95, 1089; Betrieb 95, 1028; NJW 95, 1851; NZA 95, 517; AR-Blattei ES 1010.9 Nr. 83; EzA KSchG § 1 Verhaltensbed. Kündigung Nr. 46
31. 1. 1 ABR 35/94	BetrVG 1972 § 118 Nr. 56	Betrieb 95, 1670; NZA 95, 1059; AR-Blattei ES 1570 Nr. 52; EzA BetrVG 1972 § 99 Nr. 126 (Dütz/Dörrwächter)
31. 1. 1 AZR 142/94	GG Art. 9 Arbeitskampf Nr. 135	BAG 79, 152; BB 96, 214; Betrieb 95, 1817; NJW 95, 2869; NZA 95, 959; AR-Blattei ES 170.2 Nr. 42 (Löwisch); AuR 95, 374; EzA Art. 9 GG Arbeitskampf Nr. 119 (Thüsing)
7. 2. 3 AZR 402/94	TVG § 4 Verdienstsicherung Nr. 6	Betrieb 95, 1769; NZA 95, 894; AR-Blattei ES 1520 Nr. 9; EzA TVG § 44 Tariflohnerhöhung Nr. 30
14. 2. 1 ABR 41/94	BetrVG 1972 § 87 Lohngestaltung Nr. 72	BB 95, 1481; Betrieb 95, 1411 (Sowka); NZA 95, 795; AR-Blattei ES 1540 Nr. 38; SAE 96, 97 (Kreßel) EzA BetrVG 1972 § 87 Betriebl. Lohngestaltung Nr. 49
14. 2. 1 AZR 565/94	BetrVG 1972 § 87 Lohngestaltung Nr. 73	BB 95, 2061; NZA 96, 328; AR-Blattei ES 1540 Nr. 39; EzA BetrVG 1972 § 87 Betr. Lohnges. Nr. 50
15. 2. 7 ATR 670/94	BetrVG 1972 § 37 Nr. 106	BB 95, 1906; NZA 95, 1036; AR-Blattei ES 530.8.1 Nr. 73; EzA BetrVG 1972 § 37 Nr. 125
16. 2. 8 AZR 714/93	Einigungsvertrag Anlage II zu Kap. VI Nr. 1	BAG 79, 193; Betrieb 95, 1519; NZA 95, 881; AR-Blattei ES 220.2 Nr. 12; EzA BGB § 611 Arbeitnehmerstatus-DDR Nr. 2
22. 2. 10 ABR 23/94	BetrVG 1972 § 112a Nr. 8	BB 95, 1591; Betrieb 95, 1287; NZA 95, 697; AR-Blattei ES 1470 Nr. 65; EzA BetrVG 1972 § 112a Nr. 8
22. 2. 10 AZR 21/94	BetrVG 1972 § 112a Nr. 7	Betrieb 95, 1182; NZA 95, 699; AR-Blattei ES 1470 Nr. 64; EzA BetrVG 1972 § 112a Nr. 7
7. 3. 3 AZR 282/94	BetrAVG § 1 Gleichbehandlung Nr. 26 (Bauschke)	BAG 79, 236; BB 95, 2217; Betrieb 95, 2020; NZA 96, 48; AR-Blattei ES 460 Nr. 313, ES 800 Nr. 11; SAE 97, 96 (v. Maydell/Seibold); EzA BetrAVG § 1 Gleichbehandlung Nr. 9 (Schulin)

Fundstellenverzeichnis

Datum	Fundstelle AP	Weitere Fundstellen
8. 3. 5 AZR 869/93	BGB § 242 Gleichbehandlung Nr. 123	BB 95, 1851; Betrieb 95, 1239; NJW 95, 3140; NZA 95, 675; AR-Blattei ES 10 Nr. 9; EzA BGB § 242 Gleichbehandlung Nr. 62
15. 3. 7 AZR 643/94	BetrVG 1972 § 37 Nr. 105	BAG 79, 263; BB 95, 1744; Betrieb 95, 1514; 95, 1510 (Leege); NZA 95, 961; AR-Blattei ES 530.8 Nr. 25; SAE 96, 383 (Wietek); EzA § 37 BetrVG 1972 Nr. 124 (Kittner)
22. 3. 5 AZB 21/94	ArbGG 1979 § 5 Nr. 21	BAG 79, 319; Betrieb 95, 1714; NJW 96, 143; NZA 95, 823; AR-Blattei ES 1570 Nr. 53; EzA GG Art. 140 Nr. 26; JZ 95, 951
22. 3. 5 AZR 934/93	BGB § 611 Arbeitszeit Nr. 8	BAG 79, 312; BB 95, 1692; Betrieb 95, 2073; NZA 96, 107; SAE 96, 369 (Wiese); BGB § 611 Arbeitszeit Nr. 1
19. 4. 10 AZR 136/94	BGB § 611 Gratifikation Nr. 172	Betrieb 95, 1966; NZA 96, 133; AR-Blattei ES 1460 Nr. 30 (Gaul); EzA BGB § 611 Gratifikation, Prämie Nr. 123 (Kittner)
19. 4. 10 AZR 344/94	BGB § 242 Gleichbehandlung Nr. 124	BB 95, 2272, 2454 (Zumbausen/Kim); Betrieb 95, 2221; NZA 95, 985; AR-Blattei ES 820 Nr. 130; EzA BGB § 242 Gleichbehandlung Nr. 63
25. 4. 9 AZR 690/93	BGB § 242 Gleichbehandlung Nr. 130	BAG 80, 10; BB 95, 2170; Betrieb 96, 278; NZA 95, 1063; AR-Blattei ES 800 Nr. 112; EzA BGB § 242 Gleichbehandlung Nr. 65
26. 4. 7 AZR 874/94	BetrVG 1972 § 20 Nr. 17	BAG 80, 54; Betrieb 96, 283; NZA 96, 160; AR-Blattei ES 530.6 Nr. 66; EzA BetrVG 1972 § 20 Nr. 17
9. 5. 1 ABR 51/94	BetrVG 1972 § 111 Nr. 33	NZA 96, 166; AR-Blattei ES 505 Nr. 2; EzA BetrVG 1972 § 111 Nr. 30
9. 5. 1 ABR 56/94	BetrVG 1972 § 76 Einigungsstelle Nr. 2	BAG 80, 116; Betrieb 95, 2610; 96, 137 (Bauer/Diller); NZA 96, 156; 96, 234 (Bertelsmann); AR-Blattei ES 630 Nr. 58; SAE 97, 58 (Schwarze); EzA BetrVG 1972 § 76 Nr. 66
9. 5. 1 ABR 61/94	BetrVG 1972 § 106 Nr. 12	BAG 80, 104; NZA 96, 55; AR-Blattei ES 505 Nr. 1; EzA BetrVG 1972 § 106 Nr. 18
16. 5. 3 AZR 627/94	TVG § 4 Verdienstsicherung Nr. 8	BB 96, 57; Betrieb 96, 146; NZA 96, 153; AR-Blattei ES 1520 Nr. 10; EzA TVG § 4 Verdienstsicherung Nr. 1
24. 5. 7 ABR 48/94	BetrVG 1972 § 118 Nr. 57	Betrieb 96, 1347; NZA 96, 444; AR-Blattei ES 1570 Nr. 54 (Mayer-Maly); EzA BetrVG 1972 § 118 Nr. 63
24. 5. 7 ABR 54/94	BetrVG 1972 § 37 Nr. 109	BB 95, 2530; Betrieb 96, 145; NZA 96, 783; AR-Blattei ES 530.8 Nr. 26; EzA BetrVG 1972 § 37 Nr. 127
1. 6. 6 AZR 922/94	BAT-O § 1 Nr. 5	BAG 80, 153; BB 96, 269; Betrieb 96, 284; NZA 96, 322; AR-Blattei ES 1550.14 Nr. 13; EzA § 4 TVG Geltungsbereich Nr. 9
20. 6. 3 AZR 539/93	TVG § 1 Tarifverträge: Nährmittelindustrie Nr. 1 (Schüren)	Betrieb 96, 685; NZA 96, 597; 96, 1306 (Schüren), 97, 643 (Andritzky); AR-Blattei ES 1560 Nr. 54; EzA BeschFG 1985 § 2 Nr. 41
20. 6. 3 AZR 684/93	TVG § 1 Tarifverträge: Chemie Nr. 11 (Wisskirchen)	BAG 80, 174; BB 96, 1277; Betrieb 96, 687; NZA 96, 600; AR-Blattei ES 1560 Nr. 53 (Schwarze); EzA EWG-Vertrag Art. 119 Nr. 33
21. 6. 2 ABR 28/94	KSchG 1969 § 15 Nr. 36 (Preis)	BAG 80, 185; BB 95, 2113; Betrieb 95, 2429; NZA 95, 1157; 97, 470 (Hilbrandt); AR-Blattei ES 530.9 Nr. 75; SAE 96, 354 (Mummenhoff); EzA KSchG § 15 n. F. Nr. 43 (Bernstein) (Oetker)
27. 6. 1 ABR 3/95	BetrVG 1972 § 76 Einigungsstelle Nr. 1	BAG 80, 222; BB 95, 2581; Betrieb 95, 2219; NZA 96, 161; AR-Blattei ES 630 Nr. 59; EzA § 76 BetrVG 1972 Nr. 65 (Heinze)
27. 6. 1 ABR 62/94	BetrVG 1972 § 4 Nr. 7	BB 96, 1504 (Kohte); Betrieb 96, 147; NZA 96, 164; AR-Blattei ES 505 Nr. 3; SAE 96, 302 (v. Hoyningen-Huene); EzA BetrVG 1972 § 111 Nr. 31 (Gaul)

Fundstellenverzeichnis

Datum	Fundstelle AP	Weitere Fundstellen
28. 6. 7 ABR 47/94	BetrVG 1972 § 40 Nr. 47	Betrieb 95, 2121; NZA 95, 1220; AR-Blattei ES 530.8.1 Nr. 74; SAE 96, 283 (Thüsing); EzA § 40 BetrVG 1972 Nr. 75 (Bakker)
28. 6. 7 ABR 55/94	BetrVG 1972 § 40 Nr. 48	BAB 80, 236; BB 95, 2478; Betrieb 95, 2118; NZA 95, 1216; AR-Blattei ES 530.8.1 Nr. 75; SAE 96, 280 (Thüsing); EzA BetrVG 1972 § 40 Nr. 74 (Bakker)
28. 6. 7 ABR 59/94	BetrVG 1972 § 4 Nr. 8	BB 96, 113; Betrieb 96, 687; NZA 96, 276; AR-Blattei ES 450 Nr. 19; EzA § 4 BetrVG 1972 Nr. 7
28. 6. 7 AZR 1001/94	BetrVG 1972 § 37 Nr. 112	BAG 80, 230; BB 96, 164; Betrieb 96, 226; NZA 96, 252; SAE 97, 121 (Treber); EzA § 11 BUrlG Nr. 38
11. 7. 3 AZR 8/95	TVG § 1 Tarifverträge: Versicherungsgewerbe Nr. 10	Betrieb 97, 51; NZA 96, 265; AR-Blattei ES 1300 Nr. 11; EzA TVG § 4 Öffnungsklausel Nr. 1
13. 7. 5 AZB 37/94	ArbGG 1979 § 5 Nr. 23 (Diller)	Betrieb 95, 2271; NJW 95, 3338; NZA 95, 1070; AR-Blattei ES 110 Nr. 44; EzA ArbGG 1979 § 5 Nr. 10
19. 7. 10 AZR 885/94	BetrVG 1972 § 112 Nr. 96 (v. Hoyningen-Huene)	BAG 80, 286; BB 95, 2534; Betrieb 95, 2531; 96, 1570 (Löw); NZA 96, 271; AR-Blattei ES 1470 Nr. 66; NZA 96, 236 (Kraft); EzA § 112 BetrVG 1972 Nr. 82
19. 7. 7 ABR 49/94	BetrVG 1972 § 37 Nr. 110	Betrieb 95, 2378; NZA 95, 442; AR-Blattei ES 530.9 Nr. 76; EzA § 37 BetrVG 1972 Nr. 126
19. 7. 7 ABR 60/94	BetrVG 1972 § 23 Nr. 25	BAG 80, 296; BB 96, 328; Betrieb 96, 431; NJW 96, 1231; NZA 96, 332; AR-Blattei ES 530.11 Nr. 27; EzA § 43 BetrVG 1972 Nr. 3 (Bengelsdorf)
26. 7. 5 AZR 22/94	BGB § 611 Abhängigkeit Nr. 79	BB 96, 60; Betrieb 96, 381; NZA 96, 477; AR-Blattei ES 110 Nr. 45; EzA BGB § 611 Arbeitnehmerbegriff Nr. 56
1. 8. 9 AZR 378/94	AktG § 303 Nr. 8	BB 96, 2153 (Bitter/Bitter); Betrieb 96, 1526; NJW 96, 311; AR-Blattei ES 860 Nr. 70; SAE 98, 22 (Schwab); EzA AktG § 303 Nr. 6
16. 8. 7 ABR 52/94	BetrVG 1972 § 78 a Nr. 25	BB 96, 537; Betrieb 96, 1631; NZA 96, 493; AR-Blattei ES 530.13 Nr. 26; EzA § 78 a BetrVG 1972 Nr. 23
16. 8. 7 ABR 57/94	BetrVG § 76 1952 Nr. 30	BAG 80, 322; NJW 96, 1691; NZA 96, 274; AR-Blattei ES 530.6.1 Nr. 28; EzA § 76 BetrVG 1972 Nr. 15; ZIP 96, 292; BetrR 96, 38 (Fahlbusch)
16. 8. 7 ABR 63/94	BetrVG 1972 § 80 Nr. 53	BAG 80, 329; BB 96, 485; 96, 479 (Lange); Betrieb 96, 430; NZA 96, 330; AR-Blattei ES 530.10 Nr. 81; SAE 96, 337 (Boemke); EzA BetrVG 1972 § 80 Nr. 41
23. 8. 5 AZR 293/94	BGB § 242 Gleichbehandlung Nr. 134	BAG 80, 354; BB 96, 855; Betrieb 96, 834; NJW 96, 1914; NZA 96, 829; AR-Blattei ES 800 Nr. 14; SAE 97, 228 (Boecken); EzA § 242 BGB Gleichbehandlung Nr. 69
23. 8. 5 AZR 942/93	BGB § 612 Nr. 48	BAG 80, 343; BB 96, 1279; Betrieb 96, 889; NZA 96, 579; AR-Blattei ES 800 Nr. 121; SAE 97, 182 (Henssler/Schaffner); EzA § 612 BGB Nr. 18 (Schüren)
24. 8. 8 AZR 134/94	BGB § 242 Geschäftsgrundlage Nr. 17	BAG 80, 363; BB 95, 2584; Betrieb 96, 97; NJW 96, 475; NZA 96, 29; AR-Blattei ES 1790 Nr. 3; EzA BGB § 242 Geschäftsgrundlage Nr. 5
30. 8. 1 ABR 11/95	BetrVG 1972 § 99 Versetzung Nr. 5	BB 96, 797; Betrieb 96, 1140; NZA 96, 496; AR-Blattei ES 1700 Nr. 26; EzA § 99 BetrVG 1972 Nr. 130 (Löwisch)
30. 8. 1 ABR 4/95	BetrVG 1972 § 87 Überwachung Nr. 29	BAG 80, 366; BB 96, 643; Betrieb 95, 1816; NZA 96, 218; AR-Blattei ES 630 Nr. 60; SAE 96, 342 (Schüren); EzA § 87 BetrVG 1972 Kontrolleinrichtung Nr. 21

Fundstellenverzeichnis

Datum	Fundstelle AP	Weitere Fundstellen
7. 9. 8 AZR 828/93	BGB § 242 Auskunftspflicht Nr. 24	BAG 81, 15; BB 96, 749; Betrieb 96, 634; NZA 96, 637; AR-Blattei ES 320 Nr. 7; EzA BGB § 242 Auskunftspflicht Nr. 4
13. 9. 2 AZR 587/94	BGB § 626 Verdacht strafbarer Handlung Nr. 25 (Höland)	BAG 81, 27; BB 95, 2655; Betrieb 96, 96; NJW 96, 540; NZA 96, 81; AR-Blattei ES 1010.9 Nr. 84; EzA § 626 BGB Verdacht strafb. Handlung Nr. 6 (Kraft)
19. 9. 1 ABR 20/95	BetrVG 1972 § 87 Lohngestaltung Nr. 81	BB 96, 1113; Betrieb 96, 736; NZA 96, 484; EzA § 87 BetrVG 1972 Betriebl. Lohngestaltung Nr. 53
19. 9. 1 AZR 208/95	BetrVG 1972 § 77 Nr. 61	BAG 81, 38; BB 96, 326; Betrieb 95, 2020; 96, 1576; NZA 96, 386; AR-Blattei ES 1540 Nr. 41; EzA BetrVG 1972 § 76 Nr. 67
28. 9. 5 AZB 4/95	ArbGG 1979 § 5 Nr. 24	BB 96, 114; NJW 96, 614; NZA 96, 143; AR-Blattei ES 260 Nr. 5; EzA ArbGG 1079 § 5 Nr. 12
5. 10. 2 AZR 923/94	BGB § 123 Nr. 40	BAG 81, 120; BB 96, 696; Betrieb 96, 580; NJW 96, 2323; NZA 96, 371; AR-Blattei ES 60 Nr. 26; EzA § 123 BGB Nr. 41
11. 10. 7 ABR 17/95	BetrVG 1972 § 21 Nr. 2	BB 96, 747; Betrieb 96, 1190; NZA 96, 495; AR-Blattei ES 500 Nr. 114 (Hergenröder); EzA § 81 ArbGG 1979 Nr. 16
11. 10. 7 ABR 42/94	BetrVG 1972 § 37 Nr. 115	BAG 81, 157; NZA 96, 934; AR-Blattei ES 530.8.1 Nr. 76; SAE 97, 88 (Gutzeit); EzA § 37 BetrVG 1972 Nr. 131
20. 10. 5 AZB 5/95	ArbGG 1979 § 2 Nr. 36	BB 96, 274; NJW 96, 1076; NZA 96, 200; AR-Blattei ES 160.5.2 Nr. 67; EzA § 5 ArbGG 1979 Nr. 13
26. 10. 6 AZR 125/95	BAT-O § 1 Nr. 7	BAG 81, 207; BB 96, 1014; Betrieb 96, 1191; NZA 96, 765; AR-Blattei ES 1550.14 Nr. 17; EzA § 242 BGB Gleichbehandlung Nr. 70
31. 10. 1 ABR 5/95	BetrVG 1972 § 99 Eingruppierung Nr. 5	BB 96, 1009; Betrieb 96, 1142; NZA 96, 890; AR-Blattei ES 530.14.3 Nr. 154; SAE 97, 18 (Ekkert); EzA § 99 BetrVG 1972 Nr. 131 (Berger-Delhey)
31. 10. 1 AZR 217/95	GG Art. 9 Arbeitskampf Nr. 140	BAG 81, 213; BB 96, 1275; Betrieb 96, 578; NJW 96, 1844; NZA 96, 389; AR-Blattei ES 170.1 Nr. 42 (Löwisch); SAE 96, 182 (Lieb); 96, 198; EzA GG Art. 9 Arbeitskampf Nr. 123
31. 10. 1 AZR 276/95	BetrVG 1972 § 87 Lohngestaltung Nr. 80	BB 96, 646; Betrieb 96, 1189; NZA 96, 613; AR-Blattei ES 1540 Nr. 43; EzA § 87 BetrVG 1972 Betzr. Lohngestaltung Nr. 54
1. 11. 5 AZR 84/94	BeschFG 1985 § 2 Nr. 45 (Schüren)	BAG 81, 233; BB 96, 1385; Betrieb 96, 1285; NJW 96, 2812; NZA 96, 813; AR-Blattei ES 1230 Nr. 14 (Wank); SAE 97, 219 (Fastrich/Erling); EzA § 2 BeschFG 1985 Nr. 43
7. 11. 3 AZR 1064/94	EWG-Vertrag Art. 119 Nr. 71	BB 97, 264; Betrieb 96, 941; NZA 96, 653; AR-Blattei ES 800 Nr. 116, ES 1550.5.1 Nr. 3; EzA Art. 119 EWG-Vertrag Nr. 32
7. 11. 9 AZR 268/94	BetrVG 1972 § 102 Nr. 74	BAG 81, 245; BB 96, 592; Betrieb 96, 1525; NZA 96, 380; EzA BetrVG § 102 1972 Nr. 88
15. 11. 2 AZR 974/94	BetrVG 1972 § 102 Nr. 73	BB 95, 2378; Betrieb 96, 836; NJW 96, 1556; NZA 96, 419; AR-Blattei ES 530.14.3 Nr. 155, ES 1010.8 Nr. 76; EzA BetrVG § 102; BetrVG 1972 Nr. 89
22. 11. 7 ABR 9/95	BetrVG 1972 § 54 Nr. 7 (Junker)	Betrieb 96, 1043; NJW 96, 2884; NZA 96, 706; AR-Blattei ES 530.12.1 Nr. 6; EzA § 54 BetrVG 1972 Nr. 5
6. 12. 10 AZR 123/95	BGB § 611 Gratifikation Nr. 186	BB 96, 1383; Betrieb 96, 2342; NZA 96, 531; AR-Blattei ES 800 Nr. 131; EzA § 242 BGB Gleichbehandlung Nr. 68

Fundstellenverzeichnis

Datum	Fundstelle AP	Weitere Fundstellen
6. 12. 10 AZR 198/95	BGB § 611 Gratifikation Nr. 187	BB 96, 1617; Betrieb 96, 739; NZA 96, 12 027; AR-Blattei ES 820 Nr. 138; EzA § 611 BGB Gratifikation, Prämie Nr. 134
7. 12. 2 AZR 1008/94	KSchG 1969 Soziale Auswahl § 1 Nr. 29	BB 96, 1992 (Keppeler); 96, 2659; Betrieb 96, 783; NJW 96, 1843; NZA 96, 473; AR-Blattei ES 1020.1.2 Nr. 6; EzA § 1 KSchG Soziale Auswahl Nr. 35 (Schwarze)
12. 12. 1 ABR 23/95	BetrVG 1972 § 99 Versetzung Nr. 8 (Engels/Trebinger)	BAG 81, 379; Betrieb 96, 1044; NZA 96, 667; AR-Blattei ES 560 Nr. 23; EzA § 99 BetrVG 1972 Nr. 132
12. 12. 1 ABR 31/95	BetrVG 1972 § 99 Eingruppierung Nr. 6	NZA 96, 837; AR-Blattei ES 560 Nr. 22; EzA § 99 BetrVG 1972 Nr. 136
20. 12. 10 AZR 742/94	141 zu Art. 9 GG Arbeitskampf	Betrieb 96, 1423; NJW 97, 341; NZA 96, 491; AR-Blattei ES 820 Nr. 139; EzA § 611 BGB Gratifikation, Prämie Nr. 135
20. 12. 7 ABR 14/95	BetrVG 1972 § 37 Nr. 113	BB 96, 1169; Betrieb 96, 1139; NZA 96, 895; AR-Blattei ES 530.10 Nr. 82; EzA § 37 BetrVG 1972 Nr. 130
20. 12. 7 ABR 8/95	BetrVG 1972 § 58 Nr. 1	BAG 82, 36; BB 96, 2686 (Feuerborn); 96, 2686 (Feuerborn); Betrieb 96, 1985; NZA 96, 945; AR-Blattei ES 530.12.1 Nr. 7; SAE 97, 139 (Windbichler); EzA § 58 BetrVG 1972 Nr. 1
20. 12. 7 AZR 194/95	BGB § 620 Befristeter Arbeitsvertrag Nr. 177	Betrieb 96, 1418; NZA 96, 642; AR-Blattei ES 380 Nr. 10; EzA § 620 BGB Nr. 136

1996

Datum	Fundstelle AP	Weitere Fundstellen
16. 1. 3 AZR 767/94	Art. 3 GG 2 Art Nr. 2	BB 96, 1225; Betrieb 96, 939; NZA 96, 607; AR-Blattei ES 1560 Nr. 48; SAE 97, 105 (v. Maydell); EzA Art. 3 GG Nr. 50
18. 1. 6 AZR 314/95	BGB § 242 Auskunftspflicht Nr. 25	NZA 97, 41; AR-Blattei ES 320 Nr. 8; EzA § 242 BGB Auskunftspflicht Nr. 5
24. 1. 1 AZR 542/95	BetrVG 1972 § 50 Nr. 16	BAG 82, 79; BB 96, 2093; NZA 96, 1107; AR-Blattei ES 530.14.5 Nr. 41; AuR 96, 323; EzA § 113 BetrVG 1972 Nr. 24
24. 1. 1 AZR 597/95	BetrVG 1972 § 77 Tarifvorbehalt Nr. 8 (Moll)	BAG 82, 89; BB 96, 1717; Betrieb 96, 1882; NZA 96, 948; AR-Blattei ES 520 Nr. 63; SAE 97, 41 (Misera); EzR § 77 BetrVG 1972 Nr. 55 (Fischer)
24. 1. 10 AZR 155/95	BetrVG 1972 § 112 Nr. 98	Betrieb 96, 1682; NZA 96, 834; AR-Blattei ES 1470 Nr. 67; EzA § 12 BetrVG 1972 Nr. 83
24. 1. 7 ABR 10/95	BetrVG 1972 § 1 Gemeinsamer Betrieb Nr. 8 (Däubler)	BAG 82, 112; Betrieb 96, 2131; NZA 96, 1110; AR-Blattei ES 450 Nr. 21 (Löwisch), ES 450 Nr. 21 (Löwisch); EzA § 1 BetrVG 1972 Nr. 10
24. 1. 7 ABR 22/95	BetrVG 1972 § 40 Nr. 52	BB 96, 2355; Betrieb 96, 2034; NZA 97, 60; AR-Blattei ES 530 Nr. 23; EzA § 40 BetrVG 1972 Nr. 77
24. 1. 7 AZR 496/95	BGB § 620 Befristeter Arbeitsvertrag Nr. 179 (Plander)	BAG 82, 101; BB 96, 2042; NJW 96, 3226; NZA 96, 1089; AR-Blattei ES 380 Nr. 18; EzA § 620 BGB Nr. 139
31. 1. 2 AZR 273/95	BetrVG 1972 § 102 Nr. 80	Betrieb 96, 1042; NZA 96, 649; AR-Blattei ES 530.14.3 Nr. 156; EzA § 102 BetrVG 1972 Nr. 79
7. 2. 1 AZR 657/95	BetrVG 1972 § 87 Lohngestaltung Nr. 85	BAG 82, 47; BB 96, 1838; Betrieb 96, 1630; NZA 96, 832; AR-Blattei ES 1540 Nr. 44; SAE 97, 309 (Waltermann); EzA § 87 BetrVG 1972 Betr. Lohngest. Nr. 55 (Kraft)
14. 2. 5 AZR 978/94	BGB § 611 Aufwandsentschädigung Nr. 5	Betrieb 96, 1288; NZA 96, 883; AR-Blattei ES 360 Nr. 16, ES 370.8 Nr. 174; EzA § 670 BGB Nr. 25

Fundstellenverzeichnis

Datum	Fundstelle AP	Weitere Fundstellen
14. 2. 7 ABR 24/95	BetrVG 1972 § 76 a Nr. 6	BB 96, 1937; NZA 96, 1225; AR-Blattei ES 630 Nr. 62; SAE 97, 233 (Bengelsdorf); EzA § 76 a BetrVG 1972 Nr. 9
27. 2. 3 AZR 886/94	BetrAVG § 1 Gleichbehandlung Nr. 28	BB 96, 1561; Betrieb 96, 1827; NZA 96, 992; AR-Blattei ES 460.5 Nr. 20 (Marschner); EzA § 1 BetrAVG Gleichbehandlung Nr. 10
29. 2. 6 AZR 424/95	TVG § 1 Tarifverträge: Kirchen Nr. 7	AR-Blattei ES 960 Nr. 57; EzA Art. 3 GG Nr. 56
5. 3. 1 AZR 590/92	GG Art. 3 Nr. 226 (Schiek)	BB 96, 1332; NJW 96, 2529; NZA 96, 751; AR-Blattei ES 800 Nr. 122 (Fuchsloh); SAE 97, 3 (Blomeyer/Häußler); EzA Art. 3 GG Nr. 52
7. 3. 2 AZR 432/95	BetrVG 1972 § 102 Weiterbeschäftigung Nr. 9	BB 96, 1721; Betrieb 96, 1985; NZA 96, 930; AR-Blattei ES 80 Nr. 46; EzA § 102 BetrVG 1972 Besch.-pflicht Nr. 9 (Beninca)
12. 3. 3 AZR 993/94	TV Arb Bundespost § 24 Nr. 1	Betrieb 96, 2085; NZA 96, 939; AR-Blattei ES 450.5 Nr. 21 (Marschner); EzA § 1 BetrAVG Gleichbehandlung Nr. 11
20. 3. 7 ABR 34/95	BetrVG 1972 § 5 Ausbildung Nr. 10 (Schlachter)	NZA 97, 107; AR-Blattei ES 530.6 Nr. 67; EzA § 5 BetrVG 1972 Nr. 60
20. 3. 7 ABR 41/95	BetrVG 1972 § 19 Nr. 32 (Krause)	BAG 82, 291; BB 96, 1469; NZA 96, 1058; ES 530.6.1 Nr. 29; EzA § 322 ZPO Nr. 10
20. 3. 7 ABR 46/95	BetrVG 1972 § 5 Ausbildung Nr. 9	BAG 82, 302; NZA 97, 326; AR-Blattei ES 530.6 Nr. 68; EzA § 5 BetrVG 1972 Nr. 59
21. 3. 2 AZR 559/95	BetrVG 1972 § 102 Nr. 81	BAG 82, 316; BB 96, 1502; NJW 97, 410; NZA 96, 974; AR-Blattei ES 530.14.3 Nr. 157; EzA § 102 BetrVG 1972 Nr. 91
27. 3. 10 AZR 668/95	TVG § 4 Ausschlußfrist Nr. 134	BB 96, 2302; Betrieb 97, 234; NJW 97, 234; NZA 96, 986; AR-Blattei ES 350 Nr. 150; EzA § 4 TVG Ausschlußfristen Nr. 123
28. 3. 6 AZR 501/95	BeschFG 1985 § 2 Nr. 4	BAG 82, 344; BB 96, 2464; Betrieb 96, 2549; NZA 96, 1280; AR-Blattei ES 800 Nr. 124; AuR 97, 35; EzA Art. 3 GG Nr. 57; ZTR 96, 549; EzBAT § 3 Buchst. n (n. F.) BAT Nr. 8 (Marschner); Nr. 7 zu § 17 BErzGG (Bauschke)er ZTR 96, 463
2. 4. 1 ABR 39/95	BetrVG 1972 § 99 Nr. 9 (Jansen)	BB 97, 97; Betrieb 97, 181; NZA 97, 219; AR-Blattei ES 1700 Nr. 28; SAE 98, 92 (Kania); EzA § 99 BetrVG 1972 Versetzung Nr. 1
2. 4. 1 ABR 47/95	BetrVG 1972 § 87 Gesundheitsschutz Nr. 5 (Börgmann)	BAG 82, 349; BB 97, 1259; Betrieb 96, 1725; NZA 96, 998; AR-Blattei ES 530.14.7 Nr. 7; SAE 97, 77 (Löwisch/Neumann); EzA § 87 BetrVG 1972 Bildschirmarbeit Nr. 1 (Gaul)
2. 4. 1 ABR 50/95	BetrVG 1972 § 99 Eingruppierung Nr. 7	Betrieb 96, 2392; NZA 96, 1105; AR-Blattei ES 530.14.3 Nr. 159; § 99 BetrVG 1972 Nr. 137
2. 4. 1 AZR 743/95	BetrVG 1972 § 95 Nr. 34	BB 96, 1940; Betrieb 96, 1880; NZA 97, 112; EzA § 95 BetrVG 1972 Nr. 29
17. 4. 10 AZR 606/95	BetrVG 1972 § 112 Nr. 101	NZA 96, 1113; ES 800 Nr. 123 (Mayer-Maly); EzA § 112 BetrVG 1972 Nr. 85
24. 4. 7 ABR 40/95	BetrVG 1972 § 76 Nr. 5	BB 96, 1991; NZA 96, 1171; AR-Blattei ES 630 Nr. 63; SAE 97, 190 (Bengelsdorf); EzA § 76 a BetrVG 1972 Nr. 10
25. 4. 2 AZR 609/95	KSchG 1969 § 1 Betriebsbedingte Kündigung Nr. 78	BAG 83, 82; BB 97, 369; Betrieb 96, 1780; NJW 97, 1524; NZA 96, 1197; AR-Blattei ES 380 Nr. 20; SAE 97, 50 (Weber); EzA § 2 KSchG Nr. 25

Fundstellenverzeichnis

Datum	Fundstelle AP	Weitere Fundstellen
8. 5. 5 AZR 315/95	BGB § 618 Nr. 23 (Wlotzke)	BAG 83, 105; BB 97, 208; Betrieb 96, 2446; NZA 97, 86; 97, 849 (Molkentin); AR-Blattei ES 1880 Nr. 3; SAE 97, 329 (Mummenhoff); EzA § 273 BGB Nr. 5
8. 5. 5 AZR 971/94	BGB § 618 Nr. 20	BAG 83, 95; BB 96, 2095; NJW 96, 308; NZA 96, 927; 97, 849 (Molkentin); AR-Blattei ES 1310 Nr. 2; EzA § 618 BGB Nr. 11
9. 5. 2 AZR 438/95	KSchG 1969 § 1 Betriebsbedingte Kündigung Nr. 79	BAG 83, 127; BB 96, 2358; Betrieb 96, 2033; NZA 96, 1145; EzA § 1 KSchG Betriebsbed. Kündigung Nr. 85 (Franzen)
13. 5. 5 AZB 27/95	ArbGG 1979 § 5 Nr. 27	BB 96, 1774; NJW 96, 2678; NZA 96, 952; AR-Blattei ES 110 Nr. 46; EzA § 5 ArbGG 1979 Nr. 14
22. 5. 8 AZR 101/96	BGB § 613 a Nr. 154	
22. 5. 10 AZR 618/95	BAT § 39 Nr. 1	NZA 96, 938; AR-Blattei ES 1560 Nr. 50; EzA § 2 BeschFG 1985 Nr. 45
28. 5. 3 AZR 752/95	TVG § 1 Tarifverträge: Metallindustrie Nr. 143	Betrieb 97, 102; NZA 97, 101; AR-Blattei ES 800 Nr. 125; EzA Art. 3 GG Nr. 55
30. 5. 6 AZR 537/95	BGB § 611 Nebentätigkeit Nr. 2	Betrieb 97, 233; NZA 97, 145; AR-Blattei ES 1230 Nr. 12; EzA § 611 BGB Abmahnung Nr. 34
12. 6. 5 AZR 960/94	BGB § 611 Werkstudent Nr. 4	BAG 83, 168; BB 97, 262; Betrieb 97, 429; NJW 97, 962; 97, 2295 (Adomeit); NZA 97, 191; EzA § 2 BeschFG 1985 Nr. 49
13. 6. 2 AZR 431/95	KSchG 1969 § 15 Wahlbewerber Nr. 2	BB 96, 2098; Betrieb 96, 1832; NJW 97, 78; NZA 96, 1032; AR-Blattei ES 530.9 Nr. 77; EzA § 15 KSchG n. F. Nr. 44
13. 6. 8 AZR 20/94	AGB-DDR § 15 Nr. 1	Betrieb 96, 2393; NZA 97, 542; EzA § 611 BGB Arbeitnehmerstatus-DDR Nr. 3
19. 6. 10 AZR 23/96	BetrVG 1972 § 112 Nr. 102	BB 96, 2522; Betrieb 96, 2083; NZA 97, 562; AR-Blattei ES 1470 Nr. 68; EzA § 112 BetrVG 1972 Nr. 85
26. 6. 1 AZB 4/96	ArbGG 1979 § 2 a Nr. 12	NZA 96, 1061; AR-Blattei ES 160.5.1 Nr. 16; EzA § 2 a ArbGG 1979 Nr. 2
26. 6. 7 ABR 48/95	BetrVG 1972 § 38 Nr. 17	BAG 83, 234; BB 96, 2356; NZA 97, 58; AR-Blattei ES 530.8 Nr. 27 (Neumann); EzA § 1 LohnFG Nr. 127
9. 7. 1 ABR 55/95	BetrVG 1972 § 99 Einstellung Nr. 9	BB 96, 2570; 96, 2551; NZA 97, 447; AR-Blattei ES 530.14.3 Nr. 160; EA § 99 BetrVG 1972 Einstellung Nr. 1
9. 7. 1 AZR 690/95	BetrVG 1972 § 87 Lohngestaltung Nr. 86	Betrieb 97, 332; NZA 97, 277; AR-Blattei ES 5230.14.3 Nr. 161; EzA § 87 BetrVG 1972 Betr. Lohngestaltung
16. 7. 3 AZR 398/95	BetrAVG § 1 Ablösung Nr. 21	BAG 83, 293; BB 97, 632; Betrieb 97, 631; NZA 97, 533; AR-Blattei ES 460 Nr. 328; EzA § 1 BetrAVG Ablösung Nr. 13
18. 7. 8 AZR 127/94	BGB § 613 a Nr. 147	BAG 83, 302; BB 96, 2305; Betrieb 96, 2288; NZA 97, 148; AR-Blattei ES 500 Nr. 118; SAE 97, 154 (Sandmann); EzA § 613 a BGB Nr. 142
23. 7. 1 ABR 13/96	BetrVG 1972 § 87 Arbeitszeit Nr. 68 (Heinze)	BB 97, 472; Betrieb 97, 378; NZA 92, 274; AR-Blattei ES 1560 Nr. 51; EzA § 87 BetrVG 1972 Arbeitszeit Nr. 56 (Gamillscheg)
23. 7. 1 ABR 17/96	BetrVG 1972 § 87 Ordnung des Betriebes Nr. 26	BB 97, 206; Betrieb 97, 380; NZA 97, 216; AR-Blattei ES 590 Nr. 8; EzA § 87 BetrVG 1972 Arbeitszeit Nr. 55 (Berg.-Del.)
25. 7. 6 AZR 138/94	BAT § 35 Nr. 6	BAG 83, 327; AR-Blattei ES 1560 Nr. 52; EzA § 611 BGB Mehrarbeit Nr. 6
25. 7. 6 AZR 774/95	BAT § 27 Nr. 7	BAG 83, 348; BB 97, 790; Betrieb 97, 1139; NZA 97, 619; AR-Blattei ES 1540 Nr. 46; EzA § 87 BetrVG 1972 Betr. Lohngestaltung Nr. 58

Fundstellenverzeichnis

Datum	Fundstelle AP	Weitere Fundstellen
31. 7. 10 AZR 138/96	BetrVG 1972 § 77 Nr. 63	Betrieb 97, 882; NZA 97, 167; AR-Blattei ES 1470 Nr. 71; EzA § 112 BetrVG 1972 Nr. 88
31. 7. 10 AZR 45/96	BetrVG 1972 § 112 Nr. 103	BB 97, 364; Betrieb 97, 281; NZA 97, 165; AR-Blattei ES 1470 Nr. 70; EzA § 112 BetrVG 1972 Nr. 86
14. 8. 10 AZR 69/96	BGB § 242 Betriebliche Übung Nr. 47	BB 96, 2465; 97, 1049 (Feudner); Betrieb 96, 2547; NJW 97, 212; NZA 96, 1323; AR-Blattei ES 510 Nr. 33; EzA § 611 BGB Gratifikation, Prämie Nr. 144
27. 8. 3 ABR 21/95	ArbGG 1979 § 83 a Nr. 4	Betrieb 97, 104; NZA 97, 623; AR-Blattei ES 160.12 Nr. 165; EzA § 83 a ArbGG 1979 Nr. 4
28. 8. 10 AZR 886/95	BertrVG 1972 § 112 Nr. 104 (Meyer)	BAG 84, 62; BB 96, 2624; Betrieb 97, 100; NZA 97, 109; AR-Blattei ES 1470 Nr. 72; SAE 98, 277 (Pollert); EzA § 112 BetrVG 1972 Nr. 87 (Gaul)
28. 8. 7 ABR 42/95	BetrVG 1972 § 76 a Nr. 7 (Joost)	NZA 97, 222; AR-Blattei ES 630 Nr. 64; EzA § 76 a BetrVG 1972 Nr. 11
28. 8. 7 AZR 840/96	BetrVG 1972 § 37 Nr. 117	BB 96, 2569; Betrieb 97, 283; NZA 97, 169; AR-Blattei ES 530.8.1 Nr. 77; EzA § 37 BetrVG 1972 Nr. 132
12. 9. 5 AZR 104/95	BGB § 611 Lehrer Nr. 122, Dozenten	BAG 84, 124; Betrieb 97, 1037; NZA 97, 600; EzA § 611 BGB Arbeitnehmerbegriff Nr. 60
12. 9. 5 AZR 1066/94	BGB § 611 Freier Mitarbeiter Nr. 1	BAG 84, 108; BB 96, 2690; Betrieb 97, 47; NZA 97, 194; AR-Blattei ES 720 Nr. 22; EzA § 611 BGB Arbeitnehmerbegriff Nr. 58
12. 9. 5 AZR 30/95	ZDG § 30 Nr. 1	BAG 84, 116; Betrieb 97, 484; NZA 97, 381
12. 9. 7 ABR 61/95	BetrVG 1972 § 5 Ausbildung Nr. 11	BB 97, 318; NZA 97, 273; AR-Blattei ES 530.6 Nr. 69; EzA § 5 BetrVG 1972 Nr. 61
25. 9. 1 ABR 25/96	ArbGG 1979 § 97 Nr. 4 (Oetker)	Betrieb 97, 584; NZA 97, 668; EzA § 97 ArbGG 1979 Nr. 2
26. 9. 2 AZR 528/95	KSchG 1969 § 15 Wahlbewerber Nr. 3	BB 97, 2164; NZA 97, 666; AR-Blattei ES 530.9 Nr. 78; EzA § 15 n. F. KSchG Nr. 45
24. 10. 2 AZR 3/96	BetrVG 1972 § 103 Nr. 32	BB 97, 629; Betrieb 97, 1285; NZA 97, 371; AR-Blattei ES 530.9 Nr. 79; AuR 97, 256; EzA § 103 BetrVG 1972 Nr. 37 ZTR 97, 192; AiB 97, 541 (Dornieden)
24. 10. 2 AZR 895/95	BetrVG 1972 § 102 Nr. 87	
6. 11. 7 ABR 54/95	BetrVG 1972 § 78 a Nr. 26	BAG 84, 294; BB 97, 1793 (Kukat); Betrieb 97, 1520; NZA 97, 783; AR-Blattei ES 930 Nr. 7; EzA § 78 a BetrVG 1972 Nr. 24 (Franzen)
6. 11. 7 AZR 909/95	BGB § 620 Befristeter Arbeitsvertrag Nr. 188	BB 97, 1797; Betrieb 97, 1927; NZA 97, 1222; AR-Blattei ES 380 Nr. 29; § 620 BGB Nr. 146
13. 11. 10 AZR 340/96	BGB § 620 Aufhebungsvertrag Nr. 4	BB 97, 1362; Betrieb 97, 936; NJW 97, 3043; NZA 97, 390; AR-Blattei ES 260 Nr. 8; EzA § 112 BetrVG 1972 Nr. 90
13. 11. 10 AZR 804/94	MantelG DDR § 30 Nr. 4	Betrieb 97, 729; NZA 97, 509
19. 11. 3 AZR 394/95	BGB § 613 a Nr. 152	BB 97, 1051; Betrieb 97, 1036; NZA 97, 722; AR-Blattei ES 500 Nr. 121; EzA § 613 a BGB Nr. 146
20. 11. 5 AZR 401/95	BGB § 242 Gleichbehandlung Nr. 133	Betrieb 97, 1139; NJW 97, 2000; NZA 97, 724; AR-Blattei ES 800 Nr. 129; EzA § 612 BGB Nr. 19
20. 11. 5 AZR 645/95	BetrAVG § 1 Gleichbehandlung Nr. 31	BAG 84, 331; BB 97, 267; Betrieb 97, 683; NJW 97, 2836; NZA 97, 312; AR-Blattei ES 460 Nr. 329; EzA § 242 BGB Gleichbehandlung Nr. 71

Fundstellenverzeichnis

Datum	Fundstelle AP	Weitere Fundstellen
10. 12. 1 ABR 32/96	BetrVG 1972 § 112 Nr. 110	BAG 85, 1; BB 97, 1587; Betrieb 97, 1416; NZA 97, 898; 97, 1325 (Lingemann); AR-Blattei ES 530.14.7 Nr. 8; EzA § 111 BetrVG 1972 Nr. 35 (Kraft)
10. 12. 1 ABR 43/96	BetrVG 1972 § 111 Nr. 37	BB 97, 1205; Betrieb 97, 1084; NZA 97, 723; AR-Blattei ES 1470 Nr. 73; EzA § 111 BetrVG 1972 Nr. 33
10. 12. 1 AZR 290/96	BetrVG 1972 § 113 Nr. 32	BB 97, 1899; NZA 97, 787; AR-Blattei ES 530.14.5 Nr. 42; EzA § 111 BetrVG 1972 Nr. 34
11. 12. 5 AZR 708/95	BGB § 242 Unzulässige Rechtsausübung-Verwirkung Nr. 36	BB 97, 1484; Betrieb 97, 1778; NJW 97, 2618; NZA 97, 818; AR-Blattei ES 720 Nr. 24; EzA § 242 BGB Rechtsmißbrauch Nr. 2
18. 12. 4 AZR 129/96	TVG § 1 Kündigung Nr. 1 (Löwisch)	BAG 85, 28; Betrieb 97, 782; 97, 2334 (Meyer); NZA 97, 830; AR-Blattei ES 1550.8 Nr. 4 (Buchner); AuR 97, 338; 97, 273; EzA § 1 TVG Fristlose Kündigung Nr. 2 (Rieble); JZ 98, 203 (Oetker)

1997

Datum	Fundstelle AP	Weitere Fundstellen
15. 1. 7 ABR 14/96	BetrVG 1972 § 37 Nr. 118	BAG 85, 56; BB 97, 1480; Betrieb 97, 1475; NZA 97, 781; AR-Blattei ES 1215 Nr. 1; EzA § 37 BetrVG 1972 Nr. 133
15. 1. 7 AZR 873/95	LPVG Rheinland-Pfalz § 39 Nr. 1	Betrieb 97, 1676; NZA 97, 897; EzA § 37 BetrVG 1972 Nr. 134
21. 1. 1 ABR 53/96	BetrVG 1972 § 87 Ordnung des Betriebes Nr. 27	BB 97, 1690; NZA 97, 785; AR-Blattei ES 530.14.1 Nr. 58; EzA § 87 BetrVG 1972 Betriebl. Ordn. Nr. 23 (Kittner), § 87 BetrVG 1972 Betriebliche Ordnung Nr. 23
21. 1. 1 AZR 572/96	BetrVG 1972 § 77 Nr. 64	NZA 97, 1009; AR-Blattei ES 1410 Nr. 20; EzA § 242 BGB Betriebliche Übung Nr. 36, § 242 BGB Betriebl. Übung Nr. 36
22. 1. 10 AZR 459/96	BAT § 70 Nr. 27	BB 97, 1158; Betrieb 97, 880; NZA 97, 445; AR-Blattei ES 350 Nr. 154; EzA § 4 TVG Ausschlußfristen Nr. 125
29. 1. 2 AZR 292/96	BGB § 626 Nr. 131	BAG 85, 114; Betrieb 97, 1411; NZA 97, 813; AR-Blattei ES 260 Nr. 11; EzA § 611 BGB Aufhebungsvertrag Nr. 1
29. 1. 2 AZR 9/96	KSchG § 1 Krankheit Nr. 32	BAG 85, 107; BB 97, 894; 97, 1106 (Lingemann); Betrieb 97, 1039; NJW 97, 2700; NZA 97, 709; 99, 683 (Bernardi); AR-Blattei ES 1010.9 Nr. 86; SAE 98, 15 (K. Gamillscheg); EzA § 1 KSchG 1969 Krankheit Nr. 42 (Streckel)
5. 2. 10 AZR 553/96	BetrVG 1972 § 112 Nr. 112 (Salje)	BB 97, 2167; Betrieb 97, 1263; NZA 98, 158; AR-Blattei ES 500 Nr. 124; EzA § 112 BetrVG 1972 Nr. 92
6. 2. 2 AZR 168/96	BetrVG 1972 § 102 Nr. 86	NZA 97, 877; AR-Blattei ES 530.14.3; EzA § 102 BetrVG 1972 Nr. 97
12. 2. 7 ABR 40/96	BetrVG 1972 § 38 Nr. 19	NZA 97, 782; AR-Blattei ES 530.8 Nr. 30; EzA § 38 BetrVG 1972 Nr. 16
19. 2. 5 AZR 982/94	BGB § 618 Nr. 24	BAG 85, 155; BB 97, 1364; Betrieb 97, 2623; NZA 97, 281; AR-Blattei ES 740 Nr. 22; SAE 97, 324 (Mummenhoff); EzA § 273 BGB Nr. 7
25. 2. 1 ABR 69/96	BetrVG 1972 § 87 Arbeitszeit Nr. 72	BAG 85, 185; BB 97, 2003; NZA 97, 955; AR-Blattei ES 530.14.3 Nr. 165; SAE 98, 41 (Reichold); EzA § 87 BetrVG 1972 Arbeitszeit Nr. 57
27. 2. 2 AZR 160/96	KSchG 1969 § 1 Wiedereinstellung Nr. 1	BB 97, 1953; **2000**, 1032 (C. Meyer); Betrieb 97, 1414; NJW 97, 2257; NZA 97, 757; 98, 460 (Ricken); AR-Blattei ES 1010.10 Nr. 2; SAE 98, 98 (Walker); EzA § 1 KSchG Wiedereinstellungsanspruch Nr. 1 (Kania)

Fundstellenverzeichnis

Datum	Fundstelle AP	Weitere Fundstellen
27. 2. 2 AZR 302/96	KSchG 1969 § 1 Verhaltensbedingte Kündigung Nr. 36	BB 97, 1949; NJW 97, 2540; NZA 97, 761; AR-Blattei ES 1020 Nr. 340; EzA § 1 KSchG Verh.-bed. Kündigung Nr. 51 (Friese)
5. 3. 4 AZR 532/95	BetrVG 1972 § 77 Tarifvorbehalt Nr. 10	BAG 85, 208; NZA 97, 951; AR-Blattei ES 520 Nr. 64; SAE 98, 66 (Kort); EzA § 77 BetrVG 1972 Nr. 58
5. 3. 7 ABR 3/96	BetrVG 1972 § 40 Nr. 56	BB 97, 1538; NZA 97, 844; AR-Blattei ES 530.10 Nr. 86; EzA § 40 BetrVG 1972 Nr. 79
5. 3. 7 AZR 581/92	BetrVG 1972 § 37 Nr. 123	BAG 85, 224; BB 97, 2218; Betrieb 98, 373; NZA 97, 1242; AR-Blattei ES 530.8 Nr. 33 (Boemke); SAE 99, 59 (Dedek) (Henssler/Dedek)
18. 3. 3 AZR 729/95	BetrAVG § 1 Betriebsveräußerung Nr. 16	BAG 85, 291; Betrieb 97, 2282; NZA 98, 97; AR-Blattei ES 1450 Nr. 24; EzA § 613 a BGB Nr. 150
20. 3. 6 AZR 10/96	BAT-O § 1 Nr. 8	BAG 85, 322; Betrieb 97, 1826; NZA 98, 108; AR-Blattei ES 1550, 14 Nr. 21
22. 4. 1 ABR 74/96	BetrVG 1972 § 99 Einstellung Nr. 18 (Börgmann)	NZA 97, 1297; AR-Blattei ES 990 Nr. 19; EzA § 99 BetrVG 1972 Einstellung Nr. 3 (Kraft)
22. 4. 1 ABR 77/96	BetrVG 1972 § 87 Lohngestaltung Nr. 88	NZA 97, 1059; AR-Blattei ES 1540 Nr. 47; EzA § 87 BetrVG 1972 Betrieb. Lohngestaltung Nr. 60
22. 4. 1 ABR 84/96	BetrVG 1972 § 99 Versetzung Nr. 14	Betrieb 98, 208; NZA 97, 1358; AR-Blattei ES 1700 Nr. 29; EzA § 99 BetrVG 1972 Versetzung Nr. 2
30. 4. 7 ABR 60/95	BetrVG 1972 § 118 Nr. 60	Betrieb 97, 2628; NZA 97, 1240; AR-Blattei ES 530.4 Nr. 5; EzA § 118 BetrVG 1972 Nr. 66
13. 5. 1 ABR 2/97	BetrVG 1972 § 37 Nr. 119	BB 97, 1691; Betrieb 97, 2131; NZA 97, 1062; AR-Blattei ES 530.10 Nr. 87; SAE 98, 1 (Kraft); EzA § 37 BetrVG 1972 Nr. 135
13. 5. 1 AZR 75/97	BetrVG 1972 § 77 Nr. 65	BB 97, 2328; NZA 98, 160; 98, 505 (Waltermann); AR-Blattei ES 520 Nr. 65; SAE 99, 72 (Blomeyer/Huep); EzA § 77 BetrVG 1972 Ruhestand Nr. 1
14. 5. 7 ABR 26/96	BetrVG 1972 § 8 Nr. 6	BAG 85, 370; NZA 97, 1245; AR-Blattei ES 530.6 Nr. 71; SAE 98, 89 (v. Hoyningen-Huene); EzA § 8 BetrVG 1972 Nr. 8
15. 5. 2 AZR 519/96	BetrVG 1972 § 104 Nr. 1	Betrieb 97, 2227; NZA 97, 1106; AR-Blattei ES 1010.12 Nr. 5; SAE 99, 13 (Raab); EzA § 102 BetrVG 1972 Nr. 99
15. 5. 6 AZR 26/96	BAT § 29 Nr. 12	BAG 85, 375; Betrieb 98, 2612; NJW 98, 1012; NZA 98, 207; AR-Blattei ES 1550.3 Nr. 14; EzA Art. 3 GG Nr. 72 (Marhold)
3. 6. 3 AZR 25/96	BetrVG 1972 § 77 Nr. 69	NZA 98, 382; AR-Blattei ES 520 Nr. 66; EzA § 77 BetrVG 1972 Nr. 59
11. 6. 7 ABR 24/96	MitbestG § 22 Nr. 1	BAG 86, 117; Betrieb 98, 139; NZA 98, 162; AR-Blattei ES 280 Nr. 9; EzA § 22 MitbestG Nr. 2
11. 6. 7 ABR 5/96	BetrVG 1972 § 38 Nr. 22	NZA 97, 1301; AR-Blattei ES 530.8 Nr. 31; SAE 98, 50 (Brors); EzA § 38 BetrVG 1972 Nr. 17
11. 6. 7 AZR 186/96	SGB VI § 41 Nr. 7 (Bittner/Boerner)	BAG 86, 105; BB 97, 2274; Betrieb 97, 2280; NZA 97, 1290; AR-Blattei ES 45 Nr. 5; SAE 98, 174 (Boecken); EzA § 620 BGB Altersgrenze Nr. 6 (Vollstädt)
17. 6. 1 ABR 3/97	TVG § 3 Betriebsnormen Nr. 2 (Wiedemann)	BAG 86, 126; Betrieb 98, 86; NZA 98, 213; AR-Blattei ES 1550.1.3 Nr. 2; SAE 99, 125 (Ingelfinger); EzA § 99 BetrVG 1972 Einstellung Nr. 4 (Buchner)
18. 6. 5 AZR 259/96	BAT § 3 d Nr. 2	BAG 86, 136; BB 97, 2378; Betrieb 97, 1874; NZA 97, 1171; AR-Blattei ES 1550.6 Nr. 39; SAE 98, 33 (Natzel); EzA Art. 3 GG Nr. 66
25. 6. 5 AZB 41/96	ArbGG 1979 § 5 Nr. 36	NJW 98, 261; NZA 97, 1363; AR-Blattei ES 160.5.1 Nr. 76; EzA § 2 ArbGG Nr. 37
9. 7. 7 ABR 18/96	BetrVG 1972 § 38 Nr. 23	NZA 98, 164; AR-Blattei ES 530.8 Nr. 32; EzA § 37 BetrVG 1972 Nr. 137

Fundstellenverzeichnis

Datum	Fundstelle AP	Weitere Fundstellen
16. 7. 5 AZB 29/96	ArbGG 1979 § 5 Nr. 37 (Kreuder)	Nr. 37 zu § 5 ArbGG 1979 (Kreuder); BAG 86, 178; BB 97, 2220; Betrieb 97, 2127; NJW 97, 2973; NZA 97, 1126; AR-Blattei ES 110 Nr. 48; EzA § 5 ArbGG 1979 Nr. 24
16. 7. 5 AZR 312/96	BGB § 611 Zeitungsausträger Nr. 4	BAG 86, 170; BB 97, 2377; Betrieb 97, 2437; NZA 98, 368; AR-Blattei ES 110 Nr. 49; EzA § 611 BGB Arbeitnehmerbegriff Nr. 61
17. 7. 8 AZR 156/95 (B)	EWG-Richtlinie Nr. 77/187 Nr. 15	Betrieb 97, 1875 (Willemsen/Annuß); NZA 97, 1050; AR-Blattei ES 500 Nr. 117a; SAE 98, 208 (Wank)
6. 8. 10 AZR 66/97	BetrVG 1972 § 112 Nr. 116 (Weber)	NZA 98, 155; AR-Blattei ES 1470 Nr. 75; EzA § 112 BetrVG 1972 Nr. 95
6. 8. 7 AZR 557/96	KSchG 1969 § 1 Wiedereinstellung Nr. 2	BAG 86, 194; BB 98, 538; 2000, 1032 (C. Meyer); Betrieb 98, 423; NZA 98, 254; AR-Blattei ES 1010.10 Nr. 3; SAE 98, 317 (Bartel); EzA § 1 KSchG Wiedereinstellungsanspruch Nr. 2
12. 8. 1 ABR 13/97	BetrVG 1972 § 99 Eingruppierung Nr. 14	NZA 98, 378; AR-Blattei ES 1530 Nr. 35; EzA § 99 BetrVG 1972 Umgruppierung Nr. 1
12. 8. 1 ABR 7/97	BetrVG 1972 § 99 Versetzung Nr. 15	BAG 86, 198; NZA 98, 273; AR-Blattei ES 1700 Nr. 30; EzA § 99 BetrVG 1972 Versetzung Nr. 3
26. 8. 1 ABR 12/97	BetrVG 1972 § 112 Nr. 117 (Meyer C.)	BAG 86, 228; BB 98, 371; NZA 98, 216; AR-Blattei Nr. 77; EzA § 112 BetrVG 1972 Nr. 96 (Löwisch/Flüchter)
26. 8. 1 ABR 16/97	BetrVG 1972 § 87 Arbeitszeit Nr. 74	BAG 86, 249; BB 98, 845; NZA 98, 441; AR-Blattei ES 530.14.3 Nr. 167 (Arens); EzA § 87 BetrVG 1972 Gesundheitsschutz Nr. 1
26. 8. 3 AZR 235/96	BetrAVG § 1 Ablösung Nr. 27 (Rolfs)	BAG 86, 216; BB 98, 1114; Betrieb 98, 1190; NZA 98, 818; AR-Blattei ES 460 Nr. 333; EzA § 1 BetrAVG Ablösung Nr. 17
3. 9. 5 AZR 427/96	BGB § 611 Dienstreise Nr. 1 (Hager)	BAB 86, 261; BB 98, 52; NJW 98, 1581; NZA 98, 540; AR-Blattei ES 590 Nr. 10; SAE 98, 150 (Sandmann); EzA § 612 BGB Nr. 20 (Bernstein)
8. 9. 5 AZB 3/97	ArbGG 1979 § 5 Nr. 38	BAG 86, 267; Betrieb 97, 2544; NJW 98, 701; NZA 97, 1302; AR-Blattei ES 120 Nr. 13; EzA § 5 ArbGG 1979 Nr. 25
18. 9. 2 ABR 15/97	BetrVG 1972 § 103 Nr. 35 (Hilbrandt)	BAG 86, 298; BB 98, 482; Betrieb 98, 210; NZA 98, 189; AR-Blattei ES 1010.2 Nr. 43; SAE 99, 136 (Eckert); EzA § 15 KSchG n. F. Nr. 46 (Kraft)
18. 9. 2 AZR 592/96	BAT § 53 Nr. 5	BAG 86, 291; BB 98, 164; Betrieb 98, 317; NZA 98, 153; AR-Blattei ES 1560 Nr. 60; EzA § 2 BeschFG 1985 Nr. 55
23. 9. 3 AZR 85/96	BetrAVG § 1 Ablösung Nr. 26 (Höfer/Lerner)	BAG 86, 312; BB 98, 839; Betrieb 98, 779; NZA 98, 719; AR-Blattei ES 630 Nr. 65; SAE 98, 292 (Schmitt); EzA § 77 BetrVG 1972 Nr. 60
25. 9. 6 AZR 65/96	BeschFG 1985 § 2 Nr. 63 (Wedde)	BAG 86, 326; BB 98, 590; Betrieb 98, 730; NZA 98, 151; AR-Blattei ES 1560 Nr. 61; EzA § 2 BeschFG 1985 Nr. 54 (Schüren/Beduhn)
25. 9. 8 AZR 493/96	KSchG 1969 § 15 Nr. 39	BAG 86, 336; Betrieb 98, 525; NZA 98, 640; AR-Blattei ES 500 Nr. 134; EzA § 613a BGB Nr. 155
8. 10. 4 AZR 87/96	TVG § 4 Nachwirkung Nr. 29	BAG 86, 366; NZA 98, 492; 98, 854 (Bauer/Haußmann); AR-Blattei ES 1550.6 Nr. 40; EzA § 4 TVG Nachwirkung Nr. 24
9. 10. 2 AZR 64/97	KSchG 1969 § 23 Nr. 16	BAG 86, 374; BB 98, 222; Betrieb 98, 83; NJW 98, 1661; NZA 98, 141; AR-Blattei ES 1020 Nr. 342; EzA § 23 KSchG Nr. 16

Fundstellenverzeichnis

Datum	Fundstelle AP	Weitere Fundstellen
14. 10. 7 AZR 660/96	SGB VI § 41 Nr. 10	BAG 86, 380; BB 98, 321; Betrieb 98, 583; NZA 98, 652; AR-Blattei ES 400 Nr. 90, ES 46 Nr. 6; SAE 98, 125 (Gitter/Boerner); EzA § 41 SGB VI Nr. 6
15. 10. 3 AZR 443/96	TVG § 4 Verdienstsicherung Nr. 10	BAG 87, 10; BB 98, 847; NZA 98, 608; AR-Blattei ES 1520 Nr. 17; EzA § 4 TVG Verdienstsicherung Nr. 4
29. 10. 5 AZR 508/96	BGB § 611 Persönlichkeitsrecht Nr. 27 (Otto)	BAG 87, 31; BB 98, 431; Betrieb 98, 371; NJW 98, 1331; NZA 98, 307; AR-Blattei ES 1260 Nr. 11; SAE 98, 285 (Löwisch/Wallisch); EzA § 611 BGB Persönlichkeitsrecht Nr. 12 (Dörrw.); JZ 98, 790
5. 11. 4 AZR 682/95	TVG § 4 Nr. 17 (Zachert)	BB 98, 1798; Betrieb 98, 579; NZA 98, 434; AR-Blattei ES 1550.6 Nr. 41; EzA § 4 TVG Verzicht Nr. 3
11. 11. 1 ABR 21/97	BDSG § 36 Nr. 1	BAG 87, 64; BB 98, 897; Betrieb 98, 627; NJW 97, 2466; NZA 98, 385; AR-Blattei ES 110 Nr. 53, ES 530.16 Nr. 1; SAE 98, 193 (Kort); EzA §§ 36–37 BDSG Nr. 1 (Blechmann)
11. 11. 1 ABR 29/97	BetrVG 1972 § 99 Eingruppierung Nr. 17	Betrieb 98, 1923; NZA 98, 319; AR-Blattei ES 530.14.3 Nr. 166; EzA § 99 BetrVG 1972 Eingruppierung Nr. 1
11. 11. 1 ABR 6/97	BetrVG 1972 § 111 Nr. 42	BB 98, 1315; NZA 98, 724; AR-Blattei ES 450 Nr. 23; EzA § 111 BetrVG 1972 Nr. 36
12. 11. 7 ABR 14/97	BetrVG 1972 § 23 Nr. 27 (Bengelsdorf)	BB 98, 1006; NZA 98, 559; AR-Blattei ES 530.10 Nr. 88; EzA § 23 BetrVG 1972 Nr. 38
12. 11. 7 ABR 63/96	BetrVG 1972 § 78 a Nr. 30	BAG 87, 105; BB 98, 1366; Betrieb 98, 1423; NZA 98, 1056; AR-Blattei ES 530.13 Nr. 27; SAE 99, 1 (Coester); EzA § 78 a BetrVG 1972 Nr. 25 (Schwarze)
12. 11. 7 ABR 73/96	BetrVG 1972 § 78 a Nr. 31	BAG 87, 110; BB 98, 1638; Betrieb 98, 1720 (Natzel); NZA 98, 1057; AR-Blattei ES 400 Nr. 92; SAE 99, 6 (Natzel); EzA § 78 a BetrVG 1972 Nr. 26 (Vollstädt)
12. 11. 7 ABR 78/96	BetrVG 1972 § 58 Nr. 2	NZA 98, 497; AR-Blattei ES 530.12.1 Nr. 8; EzA § 58 BetrVG 1972 Nr. 2
13. 11. 8 AZR 295/96	BGB § 613 a Nr. 169	BAG 87, 115; BB 98, 319; 98, 1582 (Lakies); Betrieb 98, 316; 98, 309 (Preis/Steffan); NJW 98, 1885; NZA 98, 251; AR-Blattei ES 500 Nr. 135; SAE 98, 143 (Langenbucher); EzA § 613 a BGB Nr. 154 (Peters/Thüsing)
19. 11. 5 AZR 653/96	BGB § 611 Abhängigkeit Nr. 90 (Mayer)	BAG 87, 129; BB 98, 794; Betrieb 98, 624; NZA 98, 364; AR-Blattei ES 110 Nr. 52; SAE 98, 164 (Misera); EzA § 611 BGB Arbeitnehmerbegriff Nr. 63
3. 12. 7 AZR 490/93	BetrVG 1972 § 37 Nr. 124	NZA 98, 558; AR-Blattei ES 530.8 Nr. 34; EzA § 37 BetrVG 1972 Nr. 138
3. 12. 7 AZR 764/96	AÜG § 1 Nr. 24	BAG 87, 186; BB 98, 1640; Betrieb 98, 1520; NZA 98, 876; AR-Blattei ES 1840 Nr. 30; SAE 99, 81 (Windbichler); EzA § 1 AÜG Nr. 9
4. 12. 2 AZR 140/97	KSchG 1969 § 1 Wiedereinstellung Nr. 4	BAG 87, 221; BB 98, 1108; 2000, 1032 (C. Meyer); Betrieb 98, 1087; NJW 98, 2379; NZA 98, 702; 99, 1121 (Böwer); AR-Blattei ES 1010.10 Nr. 4; § 1 KSchG Wiedereinstellungsanspruch Nr. 3 (H.), § 1 KSchG Wiedereinstellgsanspr. Nr. 3 (Hergenr.)
9. 12. 1 AZR 319/97	BetrVG 1972 § 77 Tarifvorbehalt Nr. 11	BAG 87, 234; NZA 98, 661; AR-Blattei ES 520 Nr. 67; SAE 98, 303 (H. Weber); EzA § 77 BetrVG 1972 Nr. 61 (Dörrwächter)
9. 12. 1 AZR 330/97	BetrVG 1972 § 77 Regelungsabrede Nr. 3	NZA 98, 609; AR-Blattei ES 520 Nr. 68; EzA § 77 BetrVG 1972 Nr. 62
9. 12. 3 AZR 661/96	BetrAVG § 1 Gleichbehandlung Nr. 40	BB 98, 2114; NZA 98, 1174; AR-Blattei ES 800 Nr. 140; EzA § 1 BetrVG Gleichbehandlung Nr. 16
11. 12. 8 AZR 426/94	613 a BGB 1 § Nr. 1	BAG 87, 296; BB 98, 696; 98, 1582 (Annuß); Betrieb 98, 885; NJW 98, 2549; NZA 98, 532; AR-Blattei ES 500 Nr. 139; EzA § 613 a BGB Nr. 160

Fundstellenverzeichnis

Datum	Fundstelle AP	Weitere Fundstellen
17. 12. 5 AZR 78/97	BAT-O § 3 d Nr. 1	BAG 87, 319; Betrieb 98, 728; NZA 98, 550; AR-Blattei ES 430 Nr. 11; EzA Art. 3 GG Nr. 77
18. 12. 2 AZR 709/96	KSchG 1969 § 2 Nr. 46 (Wiedemann)	BAG 87, 327; Betrieb 98, 477; NJW 98, 2075; NZA 98, 304; AR-Blattei ES 1020.1.1 Nr. 18; SAE 98, 266 (Hromadka); EzA § 2 KSchG Nr. 28
1998 21. 1. 5 AZR 50/97	BGB § 612 Nr. 55	BAG 87, 349; BB 98, 796; Betrieb 98, 886; NJW 98, 2694; NZA 98, 594; AR-Blattei ES 220.2 Nr. 18; SAE 99, 317 (Steinau/Steinrück); EzA § 612 BGB Nr. 21
22. 1. 2 AZR 267/97	BGB § 174 Nr. 11	Betrieb 98, 990; NZA 98, 699; AR-Blattei ES 970 Nr. 92; EzA § 174 BGB Nr. 13
27. 1. 1 ABR 35/97	BetrVG 1972 § 87 Sozialeinrichtung Nr. 14	BB 98, 1419; NZA 98, 835; AR-Blattei ES 810 Nr. 3; EzA § 87 BetrVG 1972 Arbeitszeit Nr. 58
5. 2. 2 AZR 227/97	BGB § 626 Nr. 143 (Höland)	BAG 88, 10; BB 98, 1330; Betrieb 98, 1035; NZA 98, 771; 99, 850 (Groeger); AR-Blattei ES 1010.7 Nr. 15; SAE 98, 214 (Schleusner); EzA § 626 BGB Unkündbarkeit Nr. 2 (Walker)
11. 2. 10 AZR 22/97	BetrVG 1972 § 112 Nr. 121	BB 98, 1211; Betrieb 98, 1138; NZA 98, 895; AR-Blattei ES 800 Nr. 137; SAE 99, 190 (C. Meyer); EzA § 112 BetrVG 1972 Nr. 97
17. 2. 1 AZR 364/97	GG Art. 9 Nr. 87 (Oetker)	BAG 88, 38; Betrieb 98, 1414; NJW 99, 2691; 99, 2649 (Schulte/Westenberg); NZA 99, 754; AR-Blattei ES 420 Nr. 39 (Löwisch); SAE 98, 237 (Rieble); EzA Art. 9 GG Nr. 63
17. 2. 3 AZR 578/96	BetrAVG § 1 Gleichbehandlung Nr. 38	BAG 88, 32; BB 98, 1267; Betrieb 98, 1239; AR-Blattei ES 460 Nr. 334; EzA § 1 BetrAVG Gleichbehandlung Nr. 15
17. 2. 3 AZR 783/96	BetrAVG § 1 Gleichbehandlung Nr. 37	BAG 88, 23; BB 98, 1319; Betrieb 98, 1139; NZA 98, 762; AR-Blattei ES 460 Nr. 335; SAE 99, 32 (Franzen); EzA § 1 BetrAVG Gleichbehandlung Nr. 14
17. 2. 9 AZR 130/97	BGB § 618 Nr. 27	BB 98, 2477; Betrieb 99, 100; NZA 99, 33; AR-Blattei ES 1000.2 Nr. 5; EzA § 615 BGB Nr. 89 (Annuß)
17. 2. 9 AZR 84/97	BGB § 618 Nr. 26 (Börgmann)	BAG 88, 63; BB 98, 2113; Betrieb 98, 2068; NJW 99, 162; NZA 98, 1231; AR-Blattei ES 1310 Nr. 4; EzA § 618 BGB Nr. 14 (Streckel)
19. 2. 6 AZR 460/96	BAT § 40 Nr. 12 (Beduhn)	BAG 88, 92; BB 98, 2162; Betrieb 98, 2223; NZA 98, 887; EzA § 2 BeschFG 1985 Nr. 56
19. 2. 6 AZR 477/96	BeschFG 1985 § 2 Nr. 68	BB 98, 2420; NZA 98, 1131; AR-Blattei ES 1560 Nr. 62; EzA § 2 BeschFG 1985 Nr. 57
25. 2. 7 ABR 11/97	BetrVG 1972 § 8 Nr. 8	NZA 98, 838; AR-Blattei ES 530.6 Nr. 72; EzA § 5 BetrVG 1972 Nr. 62
25. 2. 7 AZR 641/96	TVG § 1 Tarifverträge: Luftfahrt Nr. 11	BAG 88, 118; BB 98, 2165; Betrieb 98, 1420; NZA 98, 715; AR-Blattei ES 1170 Nr. 23; SAE 99, 143, 149 (Oetker); EzA § 620 BGB Altersgrenze Nr. 9; JZ 99, 200 (Möstl)
10. 3. 1 AZR 509/97	BGB § 611 Gratifikation Nr. 207	BB 98, 2213; Betrieb 98, 2372; NZA 98, 1297; AR-Blattei ES 800 Nr. 141; SAE 99, 233 (K. Gamillscheg); EzA § 242 BGB Betr. Übung Nr. 40
10. 3. 1 AZR 658/97	ArbGG 1979 § 84 Nr. 5	Betrieb 99, 2651; NZA 98, 1242; AR-Blattei ES 600 Nr. 28; EzA § 84 ArbGG 1979 Nr. 2
11. 3. 7 ABR 59/96	BetrVG 1972 § 40 Nr. 57	BAG 88, 188; BB 98, 1690; NZA 98, 953; AR-Blattei ES 530.10 Nr. 89; SAE 99, 67 (Kraft); EzA § 40 BetrVG 1972 Nr. 81 (Richardi/Annuß)
11. 3. 7 AZR 700/96	TVG § 1 Tarifverträge: Luftfahrt Nr. 12	BAG 88, 162; Betrieb 98, 1422; NZA 98, 717; AR-Blattei ES 1170 Nr. 24; SAE 99, 146 (Oetker); EzA § 620 BGB Altersgrenze Nr. 8

Fundstellenverzeichnis

Datum	Fundstelle AP	Weitere Fundstellen
1. 4. 10 AZR 17/97	BetrVG 1972 § 112 Nr. 123 (Meyer C.)	BAG 88, 247; BB 98, 1588; Betrieb 98, 1471; NZA 98, 768; AR-Blattei ES 1470 Nr. 76; EzA § 112 BetrVG 1972 Nr. 99
22. 4. 5 AZR 191/97	BGB § 611 Abhängigkeit Nr. 96	Betrieb 98, 2276; NZA 98, 1275; AR-Blattei ES 110 Nr. 59; EzA § 611 BGB Arbeitnehmerbegriff Nr. 69
22. 4. 5 AZR 342/97	BGB § 611 Rundfunk Nr. 2 (Kamanabrou)	BG 88, 263; Betrieb 98, 2167; NZA 98, 1336; ARBlattei ES 110 Nr. 57; EzA § 611 BGB Arbeitnehmerbegriff Nr. 67
22. 4. 5 AZR 92/97	BGB § 611 Rundfunk Nr. 25	BB 98, 2211; NZA 99, 82; AR-Blattei ES 380 Nr. 40; EzA § 620 BGB Nr. 151
28. 4. 1 ABR 43/97	BetrVG 1972 § 77 Nachwirkung Nr. 11 (Rech)	BAG 88, 298; BB 98, 2315; Betrieb 98, 2423; NZA 98, 1348; 2000, 69 (Jacobs); AR-Blattei ES 520 Nr. 48; SAE 99, 209 (v. Hoyningen-Huene); EzA § 77 BetrVG 1972 Nachwirkung Nr. 1 (Krause)
28. 4. 1 ABR 50/97	BetrVG 1972 § 99 Eingruppierung Nr. 18	BAG 88, 309; BB 98, 2059; Betrieb 98, 1919; NZA 99, 52; AR-Blattei ES 530.14.3 Nr. 168; SAE 2000, 188 (Gutzeit); EzA § 99 BetrVG 1972 Eingruppierungen Nr. 2
28. 4. 1 ABR 53/97	BetrVG 1972 § 87 Lohngestaltung Nr. 91	NZA 98, 1188; AR-Blattei ES 530.14.2 Nr. 139; EzA § 87 BetrVG 1972 Betrieb. Lohngestaltung Nr. 62
28. 4. 1 ABR 63/97	BetrVG 1972 § 99 Einstellung Nr. 22	BB 98, 2525; Betrieb 98, 2278; NZA 98, 1352; AR-Blattei ES 640 Nr. 25; SAE 2000, 120 (Ramrath); EzA § 99 BetrVG 1972 Einstellung Nr. 5
29. 4. 7 ABR 42 797	BetrVG 1972 § 40 Nr. 58	BAG 88, 322; BB 98, 1950; Betrieb 98, 2275; NZA 98, 1133; AR-Blattei ES 530.8.1 Nr. 79; EzA § 40 BetrVG 1972 Nr. 82
6. 5. 5 AZR 247/97	BGB § 611 Abhängigkeit Nr. 102	Betrieb 98, 2609; NZA 99, 205; AR-Blattei ES 110 Nr. 63; EzA § 611 BGB Arbeitnehmerbegriff Nr. 73
6. 5. 5 AZR 347/97	BGB § 611 Abhängigkeit Nr. 94	BAG 88, 327; BB 98, 1849; Betrieb 98, 2275; NZA 98, 873; AR-Blattei ES 110 Nr. 55; EzA § 611 BGB Arbeitnehmerbegriff Nr. 66
7. 5. 2 AZR 536/97	KSchG 1969 Betriebsbedingte Kündigung § 1 Nr. 94 (Schiefer)	BAG 88, 363; BB 98, 2263 (Kappenhagen); 98, 2417 (C. Meyer); Betrieb 98, 1768 (Baeck/Schuster); NJW 98, 3586; NZA 98, 933; AR-Blattei ES 1020 Nr. 347; SAE 99, 93 (Büdenbender); EzA § 1 KSchG Interessenausgleich Nr. 5 (v. Hoyn.-H.)
13. 5. 7 ABR 5/97	MitbestG § 12 Nr. 1	BAG 89, 15; Betrieb 99, 2653; NZA 99, 158; AR-Blattei ES 280 Nr. 10; EzA § 12 MitbestG Nr. 1
13. 5. 7 ABR 65/96	BetrVG 1972 § 80 Nr. 55	Betrieb 98, 1670; 99, 426; NZA 98, 900; AR-Blattei ES 160.13 Nr. 210; EzA § 80 BetrVG 1972 Nr. 42
26. 5. 1 AZR 704/97	BetrVG 1972 § 87 Lohngestaltung Nr. 98 (Moll)	BAG 89, 32; RdA 99, 261 (Hanau); BB 98, 1291; AR-Blattei ES 1540 Nr. 49; SAE 99, 117 (Reichold); EzA § 87 BetrVG 1971 Betrieb. Lohngestaltung Nr. 65
28. 5. 2 AZR 615/97	KSchG 1969 § 2 Nr. 48 (Löwisch)	BAG 89, 48; BB 99, 1269; 99, 1266 (Berkowsky); Betrieb 98, 2168; NJW 99, 379; NZA 98, 1167; AR-Blattei ES 1020.1.1 Nr. 19; SAE 2000, 69 (Künster/Steinberg); EzA § 2 KSchG Nr. 29 (Brehm)
16. 6. 1 ABR 67/97	BetrVG 1972 § 87 Lohngestaltung Nr. 92	BAG 89, 95; Betrieb 99, 2576; NJW 2001, 1752 (Münzel); NZA 98, 1185; 98, 1288; AR-Blattei ES 1000.3.1 Nr. 183, ES 250 Nr. 54; SAE 98, 523; EzA § 87 BetrVG 1972 Betriebl. Lohngestaltung Nr. 64, § 4 EntgeltfortzG Nr. 4; ArztR 99, 64 (Löwisch); AiB 99, 413 (Bolt)
16. 6. 1 ABR 68/97	BetrVG 1972 § 87 Gesundheitsschutz Nr. 7 (Merten)	BAG 89, 139; BB 99, 55; Betrieb 99, 428; NZA 99, 49; AR-Blattei ES 1610 Nr. 6; SAE 2000, 333 (Carl); EzA § 87 BetrVG 1972 Arbeitssicherheit Nr. 3; ZTR 99, 91; ZBVR 99, 30; AiB 99, 343 (Hess-Grunewald)

Fundstellenverzeichnis

Datum	Fundstelle AP	Weitere Fundstellen
16. 6. 5 AZN 154/98	ArbGG 1979 § 5 Nr. 44	BB **98**, 1590; Betrieb **98**, 2276; NZA **98**, 839; AR-Blattei ES 110 Nr. 56; EzA § 611 BGB Arbeitnehmerbegriff Nr. 65
16. 6. 5 AZR 255/98	ZPO § 543 Nr. 3	BB **98**, 1954 (Reiserer) Betrieb **98**, 2280; NZA **98**, 1079; AR-Blattei ES 160.8 Nr. 3; EzA § 543 ZPO Nr. 10
17. 6. 2 AZR 336/97	KSchG 1969 § 2 Nr. 49 (H. Hanau)	BAG **89**, 149; Betrieb **98**, 2170; NZA **98**, 1225; AR-Blattei ES 1010.11 Nr. 3; SAE **2000**, 238 (Henssler); EzA § 2 KSchG Nr. 30
17. 6. 7 ABR 20/97	BetrVG 1972 § 40 Nr. 61	BB **99**, 262; Betrieb **99**, 2650; NZA **99**, 220; AR-Blattei ES 130 Nr. 40; EzA § 40 BetrVG 1972 Nr. 83
17. 6. 7 ABR 22/97	BetrVG 1972 § 40 Nr. 62	BB **99**, 107; Betrieb **99**, 389; NZA **99**, 161 ES 530.8 Nr. 35; EzA § 40 BetrVG 1972 Nr. 85 (Peterek)
17. 6. 7 ABR 25/97	BetrVG 1972 § 40 Nr. 63	BAG **89**, 171; Betrieb **99**, 387; NZA **99**, 163; AR-Blattei ES 530.8 Nr. 36; EzA § 40 BetrVG 1972 Nr. 84 (Peterek)
25. 6. 6 AZR 475/96	TV Arb Bundespost § 1 Nr. 1	BAG **89**, 202; NZA **99**, 274; AR-Blattei ES 1550.14 Nr. 29; EzA § 4 TVG Geltungsbereich Nr. 12
8. 7. 10 AZR 274/97	TVG Tarifverträge: Bau § 1 Nr. 214	Betrieb **99**, 386; NZA **99**, 493; AR-Blattei ES 1100 Nr. 25; EzA § 10 ArbNerfG Nr. 9
8. 7. 7 AZR 245/97	BGB § 620 Befristeter Arbeitsvertrag Nr. 201	BAG **89**, 216; BB **98**, 2582; Betrieb **98**, 2472; NJW **99**, 597; NZA **99**, 81; AR-Blattei ES 380 Nr. 42; EzA § 630 BGB Nr. 152
9. 7. 8 AZR 142/98	BetrVG 1972 § 103 Nr. 36	BAG **89**, 220; BB **98**, 2317; Betrieb **98**, 2124; NJW **99**, 444; NZA **98**, 1273; AR-Blattei ES 530.9 Nr. 80; SAE **2000**, 192 (Kohte/Lenart); EzA § 103 BetrVG 1972 Nr. 39
21. 7. 1 ABR 2/98	BetrVG 1972 § 118 Nr. 63	BAG **89**, 228; BB **99**, 1116; **99**, 111 (Kohte); Betrieb **99**, 641; NZA **99**, 277; AR-Blattei ES 1570 Nr. 59 (Mayer-Maly); EzA § 118 BetrVG 1972 Nr. 68 (Oetker)
28. 7. 3 AZR 357/97	LPVG Baden-Württemberg § 79 Nr. 9 (Blomeyer)	BAG **89**, 279; Betrieb **99**, 750; NZA **99**, 780; AR-Blattei ES 460.5 Nr. 31; EzA § 1 BetrAVG Ablösung Nr. 19
20. 8. 2 AZR 83/98	KSchG 1969 § 1 Wartezeit Nr. 10 (Schleusener)	BAG **89**, 307; Betrieb **98**, 2475; NZA **99**, 314; AR-Blattei ES 1020.3 Nr. 12; EzA § 1 KSchG Nr. 50
20. 8. 2 AZR 84/98	KSchG 1969 § 2 Nr. 50	BB **99**, 320; **99**, 904 (Günzel); Betrieb **99**, 103; NZA **99**, 255; AR-Blattei ES 1010.11 Nr. 4; EzA § 2 KSchG Nr. 31 (Thüsing)
20. 8. 7 AZR 349/97	BGB § 620 Befristeter Arbeitsvertrag Nr. 203	BAG **89**, 345; BB **99**, 424; Betrieb **99**, 535; NZA **99**, 476; AR-Blattei ES 380 Nr. 44; EzA § 620 BGB Nr. 154 (Gamillscheg)
8. 9. 3 AZR 185/97	AktG § 303 Nr. 12	RdA **2000**, 2236 (Windbichler); Betrieb **99**, 1068; **99**, 1398 (Janßen); NJW **99**, 2612; NZA **99**, 543; AR-Blattei ES 860.1 Nr. 1; EzA § 303 AktG Nr. 8
16. 9. 5 AZR 598/97	BGB § 242 Betriebliche Übung Nr. 54	BB **99**, 160; Betrieb **99**, 589; NZA **99**, 203; AR-Blattei ES 510 Nr. 35; EzA § 242 BGB Betriebliche Übung Nr. 41 (Richardt)
30. 9. 5 AZR 563/97	BGB § 611 Nr. 103	BAG **90**, 36; RdA **99**, 334 (Raab); BB **99**, 587; Betrieb **99**, 436; NZA **99**, 374; AR-Blattei ES 110 Nr. 65; SAE **99**, 161 (Hromadka); EzA § 611 BGB Arbeitnehmerbegriff Nr. 74
27. 10. 1 ABR 3/98	BetrVG 1972 § 87 Lohngestaltung Nr. 99	BAG **90**, 76; BB **99**, 370; **99**, 744 (Pohle); Betrieb **99**, 489; NZA **99**, 381; AR-Blattei ES 590 Nr. 12; EzA § 87 BetrVG 1972 Betriebl. Lohngestaltung Nr. 66

Fundstellenverzeichnis

Datum	Fundstelle AP	Weitere Fundstellen
27. 10. 1 AZR 766/97	BetrVG 1972 § 118 Nr. 65	BAG **90**, 65; BB **99**, 687 (Kukat); Betrieb **99**, 2652; NZA **99**, 328; AR-Blattei ES 1570 Nr. 57; EzA § 113 BetrVG 1972 Nr. 27 (Kraft); AuA **2000**, 40 (Oetker); AiB **2000**, 38 (Wedde)
27. 10. 1 AZR 94/98	KO § 61 Nr. 29	Betrieb **99**, 1069; NZA **99**, 719; AR-Blattei ES 970 Nr. 95; EzA § 112 BetrVG 1972 Nr. 102
27. 10. 9 AZR 299/97	BGB § 611 Gratifikation Nr. 211 (Fastrich)	BAG **90**, 85; BB **99**, 1013; Betrieb **99**, 1118; NZA **99**, 700; AR-Blattei ES 800 Nr. 144; SAE **99**, 287 (Krebs); EzA § 242 BGB Gleichbehandlung Nr. 80
29. 10. 7 AZR 676/96	BPersVG § 46 Nr. 22	BAG **90**, 106; Betrieb **2000**, 151; NZA **99**, 717; AR-Blattei ES 830 Nr. 20; EzA Art. 33 GG Nr. 20
11. 11. 4 AZR 40/97	BetrVG 1972 § 50 Nr. 18 (Jacobs)	BAG **90**, 135; Betrieb **99**, 1458; NZA **99**, 1056; AR-Blattei ES 530.12 Nr. 20; EzA § 50 BetrVG 1972 Nr. 16
11. 11. 7 ABR 47/97	BetrVG 1972 § 50 Nr. 19	BB **99**, 1327; Betrieb **99**, 1457; NZA **99**, 947; AR-Blattei ES 530.12 Nr. 21; EzA § 50 BetrVG 1972 Nr. 17
11. 11. 7 ABR 57/97	BetrVG 1972 § 40 Nr. 64	BB **99**, 1923; Betrieb **2000**, 150; NZA **99**, 945; AR-Blattei ES 530.10 Nr. 90; EzA § 40 BetrVG 1972 Nr. 86
11. 11. 7 AZR 491/97	BetrVG 1972 § 37 Nr. 129	BB **99**, 1328; Betrieb **99**, 2476; NZA **99**, 1119; AR-Blattei ES 530.14.4 Nr. 17; EzA § 37 BetrVG 1972 Nr. 139
12. 11. 2 AZR 91/98	KSchG 1969 § 2 Nr. 51	BAG **90**, 182; BB **99**, 956; Betrieb **99**, 536; NZA **99**, 471; AR-Blattei ES 1020 Nr. 349; EzA § 2 KSchG Nr. 33 (Löwisch)
12. 11. 8 AZR 282/97	BGB § 613a Nr. 186	BAG **90**, 163; Betrieb **99**, 337; NJW **99**, 1131; NZA **99**, 310; AR-Blattei ES 500 Nr. 148 (Hergenröder); EzA § 613a BGB Nr. 170
12. 11. 8 AZR 365/97	BGB § 611a Nr. 18	BAG **90**, 170; BB **99**, 372; Betrieb **99**, 324; NZA **99**, 371; AR-Blattei ES 800.2 Nr. 10; SAE **2000**, 60 (Walker); EzA § 611a BGB Nr. 14 (Annuß), § 611a BGB Nr. 14 (Annuß)
17. 11. 1 ABR 12/98	BetrVG 1972 § 87 Arbeitszeit Nr. 79	BAG **90**, 194; RdA **99**, 342 (Veit); Betrieb **99**, 854; NZA **99**, 662; AR-Blattei ES 530.14.2 Nr. 140; SAE **2000**, 149 (Worzalla); EzA § 87 BetrVG 1972 Arbeitszeit Nr. 59
17. 11. 1 ABR 221/98	BetrVG 1972 § 77 Auslegung Nr. 6	Betrieb **99**, 749; NZA **99**, 609; AR-Blattei ES 1010.6 Nr. 2; EzA § 112 BetrVG 1972 Nr. 101
17. 11. 1 AZR 147/98	BGB § 242 Gleichbehandlung Nr. 162 (Richardi)	RdA **2000**, 94 (Wiedemann); BB **99**, 692; Betrieb **99**, 637; NZA **99**, 606; AR-Blattei ES 820 Nr. 146; SAE **2000**, 129 (Herrmann); EzA § 242 BGB Gleichbehandlung Nr. 79
26. 11. 6 AZR 335/97	BAT-O § 1 Nr. 11	BAG **90**, 219; BB **99**, 2359; Betrieb **99**, 1708; NZA **99**, 1108; AR-Blattei ES 1550.4 Nr. 22; EzA § 242 BGB Gleichbehandlung Nr. 81
3. 12. 2 AZR 234/88	BetrVG 1972 § 102 Nr. 99	Betrieb **99**, 1172; NJW **99**, 1653; NZA **99**, 477; AR-Blattei ES 530.14.3 Nr. 169; EzA § 102 BetrVG 1972 Nr. 100 KSchG (Bährle)
10. 12. 8 AZR 676/97	BGB § 613a Nr. 187	Betrieb **99**, 539; NJW **99**, 1884; NZA **99**, 420; AR-Blattei ES 500 Nr. 151; EzA § 613a BGB Nr. 174
15. 12. 1 ABR 9/98	BetrVG 1972 § 80 Nr. 56 (Wank)	BAG **90**, 288; RdA **99**, 327 (Zeuner); BB **99**, 1497; **99**, 2401 (Pohle); Betrieb **99**, 910; NZA **99**, 722; AR-Blattei ES 530.14.1 Nr. 59; SAE **99**, 297 (Weber); EzA § 80 BetrVG 1972 Nr. 43
15. 12. 1 AZR 332/98	BetrVG 1972 § 112 Nr. 126	Betrieb **99**, 1402; NZA **99**, 667; AR-Blattei ES 1470 Nr. 79; SAE **2001**, 63 (C. Mayer); EzA Art. 9 GG Arbeitskampf Nr. 131

Fundstellenverzeichnis

Datum	Fundstelle AP	Weitere Fundstellen
15. 12. 3 AZR 239/97	BeschFG 1985 § 2 Nr. 71	BAG **90**, 303; RdA **2000**, 46 (Schüren); BB **99**, 1435; Betrieb **99**, 1762; NZA **99**, 882; AR-Blattei ES 1560 Nr. 64; EzA § 2 BeschFG 1985 Nr. 59
1999 19. 1. 1 AZR 342/98	BetrVG 1972 § 113 Nr. 37 (C. Meyer)	BB **2000**, 47; Betrieb **2000**, 231; **2000**, 231; NZA **99**, 949; AR-Blattei ES 530.14.5 Nr. 43; SAE **2000**, 178 (Wellenhofer/Klein); EzA § 113 BetrVG 1972 Nr. 28
19. 1. 1 AZR 499/98	BetrVG 1972 § 87 Ordnung des Betriebes Nr. 28 (v. Hoyningen-Huene)	BAG **90**, 316; RdA **99**, 397 (Börgmann); BB **99**, 1380; **99**, 2187 (Künzl); Betrieb **99**, 962; NJW **99**, 2203; NZA **99**, 546; **99**, 686 (Ahrens); AR-Blattei ES 1310 Nr. 5; EzA § 87 BetrVG 1972 Betriebl. Ordnung Nr. 24
21. 1. 2 AZR 648/97	KSchG 1969 § 1 Konzern Nr. 9	BAG **90**, 353; BB **99**, 2513; Betrieb **99**, 806; **99**, 2161 (Lingemann/Steinau-Steinrück); NZA **99**, 539; AR-Blattei ES 1020 Nr. 350; SAE **99**, 267 (Kraft); EzA § 1 KSchG Nr. 51
10. 2. 10 ABR 42/98	ArbGG 1979 § 83 a Nr. 5	NZA **99**, 1225; EzA § 83 a ArbGG 1979 Nr. 6
10. 2. 10 ABR 49/98	ArbGG 1979 § 83 a Nr. 6	NZA **99**, 1226; EzA § 83 a ArbGG 1979 Nr. 5
10. 2. 2 ABR 31/98	KSchG 1969 § 15 Nr. 42	BB **99**, 1121; NZA **99**, 708; AR-Blattei ES 530.9 Nr. 81; SAE **2000**, 135 (Mummenhoff); EzA § 15 n. F. KSchG Nr. 47 (Auer)
18. 2. 8 AZR 735/97	BGB § 611 Persönlichkeitsrecht Nr. 31 (Wiese)	BB **99**, 1119; Betrieb **99**, 1506; NJW **99**, 1988; NZA **99**, 645; **2000**, 124 (Kern); AR-Blattei ES 620 Nr. 7; EzA § 611 BGB Persönlichkeitsrecht Nr. 13
24. 2. 5 AZR 10/98	ArbGG 1979 § 5 Nr. 445	Betrieb **99**, 1019; NZA **99**, 557; AR-Blattei ES 400 Nr. 97; EzA § 5 ArbGG 1979 Nr. 32
18. 3. 8 AZR 190/98	KSchG 1969 § 1 Soziale Auswahl Nr. 41	BB **99**, 1712; Betrieb **99**, 1805; NJW **99**, 3508; NZA **99**, 870; AR-Blattei ES 1020.1.2 Nr. 13 (Hergenröder); SAE **2000**, 286 (Schiefer); EzA § 1 KSchG Soziale Auswahl Nr. 40
23. 3. 1 ABR 28/98	BetrVG 1972 § 118 Nr. 66 (Belling/Meyer)	Betrieb **99**, 1110 (Kohte); NZA **99**, 1347; AR-Blattei ES 1480 Nr. 28; EzA § 118 BetrVG 1972 Nr. 69
23. 3. 1 ABR 33/98	BetrVG 1972 § 87 Arbeitszeit Nr. 80	BB **99**, 2674; NZA **99**, 1230; AR-Blattei ES 240.1 Nr. 27; EzA § 87 BetrVG 1972 Arbeitszeit Nr. 60
15. 4. 7 AZR 716/97	BGB § 611 Abmahnung Nr. 22	BB **99**, 2195; Betrieb **99**, 1810; NJW **99**, 3576; NZA **99**, 1037; AR-Blattei ES 20 Nr. 39; EzA § 611 BGB Abmahnung Nr. 41
20. 4. 1 ABR 72/98	GG Art. 9 Nr. 89 (Richardi)	BB **99**, 657; **99**, 1657; **99**, 2080 (Löwisch), **2000**, 614 (Kast/Stuhlmann); Betrieb **99**, 1555; **99**, 1552 (Thüsing); **99**, 2310 (Müller); **99**, 2632 (Berg/Platow), **2000**, 42 (Richardi); NJW **99**, 3281; **99**, 3217 (Trappehl/Lambrich); NZA **99**, 887; **99**, 897 (Buchner); **99**, 957 (Bauer); **99**, 962 (Wohlfahrt); **2000**, 81 (Friant); AR-Blattei ES 1550.1.4 Nr. 3; SAE **99**, 253 (Reuter); EzA Art. 9 GG Nr. 65 (Fischer)
20. 4. 1 AZR 631/98	BetrVG 1972 § 77 Tarifvorbehalt Nr. 12 (Plander)	BB **99**, 1978; Betrieb **99**, 1660; NZA **99**, 1059; AR-Blattei ES 520 Nr. 71; SAE **2000**, 109 (Natzel); EzA § 77 BetrVG 1972 Nr. 64; ZTR **99**, 481; AuA **2000**, 442 (Oetker)
29. 4. 2 AZR 352/98	KSchG 1969 § 23 Nr. 21	BB **99**, 2406; Betrieb **99**, 1710; NJW **99**, 3212; NZA **99**, 932; AR-Blattei ES 1020 Nr. 351; SAE **2000**, 102 (Franzen); EzA § 23 KSchG Nr. 21

Fundstellenverzeichnis

Datum	Fundstelle AP	Weitere Fundstellen
4. 5. 10 AZR 290/98	BGB § 242 Betriebliche Übung Nr. 55 (Kettler)	BB **99**, 1924; **2000**, 1095 (Becker); Betrieb **99**, 1907; NJW **2000**, 308; NZA **99**, 1162; AR-Blattei ES 510 Nr. 26; EzA § 242 BGB Betriebliche Übung Nr. 43 (Richardt); § 242 BGB Betriebliche Übung Nr. 43 (Richardt)
6. 5. 5 AZB 22/98	ArbGG 1979 § 5 Nr. 46	BB **99**, 1437; Betrieb **99**, 1811; NJW **99**, 3069; NZA **99**, 839; AR-Blattei ES 160.5.2 Nr. 80; SAE **2000**, 256 (Walle); EzA § 5 ArbGG 1979 Nr. 33
11. 5. 3 AZR 21/98	BetrAVG § 1 Betriebsvereinbarung Nr. 6 (Käppler)	RdA **2000**, 365 (Blomeyer/Vienken); BB **2000**, 516; **2000**, 1885 (Langohr-Plato); Betrieb **2000**, 525; NZA **2000**, 322; AR-Blattei ES 460 Nr. 345; EzA § 1 BetrAVG Betriebsvereinbarung Nr. 1
12. 5. 7 ABR 36/97	BetrVG 1972 § 40 Nr. 65	NZA **99**, 1290; AR-Blattei ES 530.10 Nr. 92; EzA § 40 BetrVG 1972 Nr. 87
18. 5. 9 AZR 13/98	TVG § 1 Betonsteingewerbe Tarifverträge Nr. 7	BB **99**, 2194; Betrieb **99**, 2169; NZA **99**, 1166; AR-Blattei ES 80 Nr. 49; EzA § 4 ArbGG 1979 Nr. 1
18. 5. 9 AZR 515/98	TVG § 1 Tarifverträge: Bau Nr. 223	BB **2000**, 1411; Betrieb **2000**, 428; NZA **2000**, 155; AR-Blattei ES 370.4 Nr. 7; EzA BUrlG § 11 Nr. 43
18. 5. 9 AZR 682/98	ArbGG 1979 § 4 Nr. 1	NZA **99**, 1350; AR-Blattei ES 960 Nr. 63; EzA § 615 BGB Nr. 94
20. 5. 2 AZR 148/99	KSchG 1969 § 1 Namensliste Nr. 4	Betrieb **2000**, 148; NZA **99**, 1039; AR-Blattei ES 530.9 Nr. 82; EzA § 102 BetrVG 1972 Nr. 101
20. 5. 2 AZR 320/98	BGB § 123 Nr. 50	BAG **91**, 349; BB **99**, 2249; Betrieb **99**, 1859; NJW **99**, 3653; NZA **99**, 975; AR-Blattei ES 60 Nr. 32; EzA § 123 BGB Nr. 52
20. 5. 2 AZR 532/99	KSchG 1969 § 1 Namensliste Nr. 5	BB **99**, 2032; Betrieb **2000**, 149; NZA **99**, 1101; AR-Blattei ES 530.14.3 Nr. 170; EzA § 102 BetrVG 1972 Nr. 102 (Bernstein)
21. 5. 5 AZB 31/98	BGB § 611 Zeitungsverlage Nr. 1	Betrieb **2000**, 577; NJW **2000**, 1516; NZA **2000**, 220; **99**, 837; AR-Blattei ES 160.5.1 Nr. 27; EzA § 2 ArbGG 1979 Nr. 43
26. 5. 5 AZR 469/98	BGB § 611 Abhängigkeit Nr. 104	BB **99**, 1876; Betrieb **99**, 1704; NZA **99**, 983; AR-Blattei ES 110 Nr. 66; EzA § 611 BGB Arbeitnehmerbegriff Nr. 75
8. 6. 1 ABR 28/97	BetrVG 1972 § 80 Nr. 57	NZA **99**, 1345; AR-Blattei ES 530.2 Nr. 1; EzA § 80 BetrVG 1972 Nr. 44
8. 6. 1 ABR 67/98	BetrVG 1972 § 87 Ordnung des Betriebes Nr. 31	BB **99**, 2357; Betrieb **99**, 2218; NZA **99**, 1288; AR-Blattei ES 1260 Nr. 14; EzA § 87 BetrVG 1972 Betriebliche Ordnung Nr. 25
8. 6. 1 AZR 831/98	BetrVG 1972 § 111 Nr. 47 (Hess)	BAG **92**, 11; RdA **2001**, 37 (Richardi); BB **99**, 2244; NZA **99**, 1168; AR-Blattei ES 530.12 Nr. 22; SAE **2000**, 169 (Löwisch); EzA § 111 BetrVG 1972 Nr. 37 (Jacobs); FA **2000**, 38 (Annuß)
9. 6. 7 ABR 66/97	BetrVG 1972 § 40 Nr. 66 (Kort)	BAG **92**, 26; NZA **99**, 1292; EzA § 40 BetrVG 1972 Nr. 88
17. 6. 2 AZR 608/98	BetrVG 1972 § 102 Weiterbeschäftigung Nr. 11 (Gussone/Wroblewski)	BB **2000**, 2042 (Mareck); Betrieb **99**, 2012; NJW **2000**, 236; NZA **99**, 1154; AR-Blattei ES 530.14.1 Nr. 171; SAE **2001**, 23 (Dedek); EzA § 102 BetrVG 1972 Beschäftigungspflicht Nr. 10
1. 7. 2 AZR 676/98	BBiG § 15 Nr. 11	BB **99**, 2302; Betrieb **99**, 2216; NZA **99**, 1270 AR-Blattei ES 400 Nr. 99; EzA § 15 BBiG Nr. 13
1. 7. 2 AZR 826/97	KSchG 1969 § 2 Nr. 53	BB **99**, 2562; Betrieb **99**, 2320; NJW **2000**, 756; NZA **99**, 1336; EzA § 2 KSchG Nr. 35
7. 7. 7 ABR 4/98	BetrVG 1972 § 20 Nr. 19	NZA **99**, 1232; AR-Blattei ES 530.6.1 Nr. 30; EzA § 24 BPersVG Nr. 1

Fundstellenverzeichnis

Datum	Fundstelle AP	Weitere Fundstellen
7. 7. 7 AZR 232/98	BGB § 620 Befristeter Arbeitsvertrag Nr. 211	BB 2000, 566; Betrieb 2000, 50; NZA 99, 1335; AR-Blattei ES 380 Nr. 55; EzA § 620 BGB Nr. 165
20. 7. 1 ABR 66/98	BetrVG 1972 § 76 Einigungsstelle Nr. 8	Betrieb 2000, 929; NZA 2000, 495; AR-Blattei ES 630 Nr. 66; EzA § 87 BetrVG 1972 Betr. Lohngestaltung Nr. 67
28. 7. 4 AZR 295/987	TVG § 4 Verdienstsicherung Nr. 14	Betrieb 99, 2475; NZA 2000, 47; EzA § 4 TVG Verdienstsicherung Nr. 7
3. 8. 1 ABR 30/98	BetrVG 1972 § 25 Nr. 7	BAG 92, 162; Betrieb 2000, 626; NZA 2000, 440; AR-Blattei ES 530.8 Nr. 37; EzA § 33 BetrVG 1972 Nr. 1
3. 8. 1 AZR 735/98	GG Art. 9 Arbeitskampf Nr. 156	BAG 92, 154; BB 2000, 776; Betrieb 2000, 677; NJW 2000, 1285; NZA 2000, 487; AR-Blattei ES 170.2 Nr. 44; EzA Art. 9 GG Arbeitskampf Nr. 133 (Nicolai)
12. 8. 2 AZR 923/98	BGB § 626 Verdacht strafbarer Handlung Nr. 28	Betrieb 2000, 48; NJW 2000, 1969; NZA 2000, 421; AR-Blattei ES 1010.8 Nr. 84; SAE 2001, 211 (Eckert); EzA BGB § 626 Verd. strafb. Handlung Nr. 8 (Walker)
17. 8. 3 ABR 55/98	BetrVG 1972 § 77 Nr. 79	BAG 92, 201; BB 2000, 777; 2000, 1885 (Langohr-Plato); Betrieb 2000, 774; NZA 2000, 498; AR-Blattei ES Nr. 460 Nr. 346; SAE 2000, 225 (Blomeyer); EzA § 1 BetrAVG Betriebsvereinbarung Nr. 2
25. 8. 7 AZR 713/97	BetrVG 1972 § 37 Nr. 130	BAG 92, 241; BB 2000, 774; Betrieb 2000, 883; NZA 2000, 554; AR-Blattei ES 530.8.1 Nr. 80; EzA § 37 BetrVG 1972 Nr. 140
26. 8. 8 AZR 718/98	BGB § 613 a Nr. 196	BB 2000, 466; Betrieb 2000, 94; NJW 2000, 1589; NZA 2000, 144; AR-Blattei ES 500 Nr. 158; EzA BGB § 613 a Nr. 185
8. 9. 4 AZR 661/98	TVG § 4 Nachwirkung Nr. 33	BAG 92, 259; BB 2000, 99; Betrieb 2000, 145; NZA 2000, 223; AR-Blattei ES 1550.6 Nr. 43; EzA TVG § 1 Rückwirkung Nr. 4
16. 9. 2 AZR 68/98	BetrVG 1972 § 103 Nr. 38	BAG 92, 289; BB 2000, 306; Betrieb 2000, 229; NJW 2000, 1132; NZA 2000, 158; AR-Blattei ES 530.9 Nr. 83; EzA BetrVG 1972 § 103 Nr. 40
16. 9. 2 AZR 712/98	GrO kath. Kirche Art. 4 Nr. 1 (Thüsing)	Betrieb 2000, 147; NZA 2000, 208; AR-Blattei ES 960 Nr. 64; EzA BGB § 611 Kirchliche Arbeitnehmer Nr. 45 (Dütz)
21. 9. 1 ABR 40/98	BetrVG 1972 § 99 Versetzung Nr. 21 (Stege)	BB 2000, 1036 (Hunold); Betrieb 2000, 928; NZA 2000, 781 AR-Blattei ES 530.14.3 Nr. 173; EZA § 95 BetrVG 1972 Nr. 30
19. 10. 1 ABR 75/98	BetrVG 1972 § 80 Nr. 58	BB 2000, 1297; 2000, 2153 (Pohle); 2000, 2153 (Pohle); Betrieb 2000, 1031; NZA 2000, 837; AR-Blattei ES 530.14.1 Nr. 60; EzA § 80 BetrVG 1972 Nr. 45
19. 10. 1 AZR 838/98	BetrVG 1972 § 112 Nr. 135	Betrieb 2000, 930; NZA 2000, 732; AR-Blattei ES 1470 Nr. 80; SAE 2001, 248 (C. Mayer); EzA § 112 BetrVG 1972 Nr. 102
20. 10. 7 ABR 25/98	BetrVG 1972 § 40 Nr. 68	BB 2000, 515; Betrieb 2000, 524; NZA 2000, 556; AR-Blattei ES 530.8.1 Nr. 81; EzA § 40 BetrVG 1972 Nr. 89
28. 10. 2 AZR 437/98	KSchG 1969 § 15 Nr. 44	BB 2000, 544; Betrieb 2000, 578; NZA 2000, 825 AR-Blattei ES 530.9 Nr. 84; EzA § 15 KSchG n. F. Nr. 48
18. 11. 2 AZR 743/98	BGB § 626 Verdacht strafbarer Handlung Nr. 32	BAG 93, 1; RdA 2001, 49 (Ricken); Betrieb 2000, 726; NJW 2000, 1211; NJW 2000, 418; AR-Blattei ES 1010.8 Nr. 85; SAE 2001, 178 (K. Gamillscheg); EzA § 626 BGB Verdacht strafbarer Handlung Nr. 9
2. 12. 2 AZR 724/98	BPersVG § 79 Nr. 16	BAG 93, 41; BB 2000, 1092; Betrieb 2000, 1418; NJW 2000, 2444; NZA 2001, 107; AR-Blattei ES 530.14.3

Fundstellenverzeichnis

Datum	Fundstelle AP	Weitere Fundstellen
15. 12. 5 AZR 3/99	HGB § 92 Nr. 5	Nr. 172; SAE 2000, 341 (Gitter); EzA § 94 BetrVG 1972 Nr. 4 BAG 93, 112; BB 2000, 1469 (Reiserer); Betrieb 2000, 879; NJW 2001, 422 (Bolle); NZA 2000, 534; AR-Blattei ES 110 Nr. 72; EzA § 611 BGB Arbeitnehmerbegriff Nr. 80
15. 12. 5 AZR 566/98	HGB § 84 Nr. 9	BB 2000, 826; Betrieb 2000, 723; NJW 2001, 422 (Bolle); NZA 2000, 447; AR-Blattei ES 110 Nr. 70; EzA § 611 BGB Arbeitnehmerbegriff Nr. 78
2000 12. 1. 10 AZR 840/98	BGB § 611 Gratifikation Nr. 223	BB 2000, 2047; Betrieb 2000, 1717; NZA 2000, 944; AR-Blattei ES 820 Nr. 149; EzA § 611 BGB Gratifikation, Prämie Nr. 158
12. 1. 7 ABR 61/98	BetrVG 1972 § 24 Nr. 5	BB 2000, 1088, 2000, 1088; Betrieb 2000, 1422; NZA 2000, 669; AR-Blattei ES 530.8 Nr. 38; EzA § 24 BetrVG 1972 Nr. 2
19. 1. 5 AZR 644/98	BGB § 611 Rundfunk Nr. 33	BAG 93, 218; RdA 2000, 360 (Rüthers); 2000, 360 (Rüthers); Betrieb 2000, 1520; NZA 2000, 1102; AR-Blattei ES 110 Nr. 74; EzA § 611 BGB Arbeitnehmerbegriff Nr. 81
25. 1. 1 ABR 1/99	BetrVG 1972 § 112 Nr. 137	BB 2000, 2261; Betrieb 2000, 2329; NZA 2000, 1069; AR-Blattei ES 630 Nr. 67; EzA § 112 BetrVG 1972 Nr. 106
25. 1. 1 ABR 3/99	BetrVG 1972 § 87 Ordnung des Betriebes Nr. 34 (Worzalla)	BAG 93, 276; BB 2000, 1195; Betrieb 2000, 1128; NZA 2000, 665; AR-Blattei ES 530.14.2 Nr. 141; SAE 2002, 134 (Rebhahn); EzA § 87 BetrVG 1972 Betriebl. Ordnung Nr. 26 (Jacobs)
17. 2. 2 AZR 913/98	BetrVG 1972 § 102 Nr. 113	BAG 93, 366; BB 2000, 1407; Betrieb 2000, 1130; NJW 2000, 3802; NZA 2000, 761; AR-Blattei ES 530.14.3 Nr. 174; EzA § 102 BetrVG 1972 Nr. 103 (Raab)
24. 2. 6 AZR 550/98	TVG § 1 Tarifverträge: Deutsche Bahn Nr. 7	BAG 94, 32; NZA 2001, 67; AR-Blattei ES 560 Nr. 27; EzA § 4 TVG Deutsche Bahn Nr. 4
24. 2. 8 AZR 167/99	KSchG 1969 Soziale Auswahl § 1 Nr. 47	Betrieb 2000, 1420; NZA 2000, 764; AR-Blattei ES 530.14.3 Nr. 175; SAE 2001, 117 (Reichold); EzA § 102 BetrVG 1972 Nr. 104
29. 2. 1 ABR 15/99	BetrVG 1972 § 87 Arbeitszeit Nr. 81	Betrieb 2000, 1971; NZA 2000, 1243; AR-Blattei ES 530.14.2 Nr. 143; EzA § 87 BetrVG 1972 Arbeitszeit Nr. 61 (Wiese)
29. 2. 1 ABR 4/99	BetrVG 1972 § 87 Lohngestaltung Nr. 105 (Raab)	BB 2000, 2045; 2001, 780 (Pohle); Betrieb 2000, 2614; NZA 2000, 1066; AR-Blattei ES 530.14.2 Nr. 142; EzA § 87 BetrVG 1972 Betriebl. Lohngestaltung Nr. 69
29. 2. 1 ABR 5/99	BetrVG 1972 § 95 Nr. 36	BB 2000, 1784; Betrieb 2000, 2384; NZA 2000, 1356; AR-Blattei ES 530.14.3 Nr. 176; EzA § 95 BetrVG 1972 Nr. 31
8. 3. 7 ABR 11/98	BetrVG 1972 § 40 Nr. 68	BAG 94, 42; BB 2000, 1335; Betrieb 2000, 1626; NZA 2000, 838; 2002, 492 (Reitze); AR-Blattei ES 530.8.1 Nr. 82; EzA § 40 BetrVG 1972 Nr. 90
15. 3. 5 AZR 622/78	BBiG § 14 Nr. 10	BAG 94, 66; BB 2000, 1787; Betrieb 2000, 1623; NZA 2001, 214; AR-Blattei ES 4000 Nr. 100; SAE 2001, 273 (Jacobs); EzA § 14 BBiG Nr. 10
22. 3. 7 ABR 34/98	AÜG § 14 Nr. 34	BAG 94, 144; BB 2000, 2098; Betrieb 2000, 2330; NZA 2000, 1119; AR-Blattei ES 1100 Nr. 28; EzA § 14 AÜG Nr. 4 (Hamann)

Fundstellenverzeichnis

Datum	Fundstelle AP	Weitere Fundstellen
22. 3. 7 AZR 824/98	BGB § 620 Befristeter Arbeitsvertrag Nr. 222	BAG 94, 138; Betrieb 2001, 282; NZA 2001, 605; AR-Blattei ES 380 Nr. 73; EzA § 620 BGB Nr. 171
28. 3. 1 ABR 16/99	BetrVG 1972 § 99 Einstellung Nr. 27	BAG 94, 169; RdA 2002, 46 (Thüsing); BB 2000, 2311; Betrieb 2001, 203; NZA 2000, 1294; AR-Blattei ES 530.14.3 Nr. 179 (Zachert); EzA BetrVG 1972 Einstellung Nr. 6
28. 3. 1 AZR 366/99	BetrVG 1972 § 77 Nr. 83 (Richardi)	BAG 94, 179; RdA 2000, 404 (Wiese); BB 2001, 670; Betrieb 2001, 47; 2001, 646 (Merten/Schwartz); NZA 2001, 49; 2001, 756 (Annuß); AR-Blattei ES 520 Nr. 72; SAE 2001, 145 (Benecke); EzA BetrVG 1972 § 77 Ablösung Nr. 1 (Krause)
4. 4. 3 AZR 729/98	TVG § 1 Gleichbehandlung Nr. 2	RdA 2001, 110 (Dieterich); Betrieb 2001, 870; NZA 2002, 917; AR-Blattei ES 460 Nr. 357, ES 800 Nr. 148; EzA BetrAVG Gleichbehandlung Nr. 19
5. 4. 7 ABR 20/99	BetrVG 1972 § 5 Nr. 62	NZA 2001, 629; AR-Blattei ES 110 Nr. 76; EzA § 5 BetrVG 1972 Nr. 63
5. 4. 7 ABR 6/99	BetrVG 1972 § 78 a Nr. 33	BB 2001, 1357; Berieb 2000, 2280; AR-Blattei ES 530.6.1 Nr. 84
5. 4. 7 AZR 213/99	BetrVG 1972 § 37 Nr. 131	BB 2001, 96; NZA 2000, 1174; AR-Blattei ES 530.8.1 Nr. 82; EzA § 37 BetrVG 1972 Nr. 141
18. 4. 1 ABR 22/99	BetrVG 1972 § 87 Überwachung Nr. 33	BB 2000, 2521; Betrieb 2000, 2227; NZA 2000, 1176; AR-Blattei ES 530.14.2 Nr. 144; EzA § 87 BetrVG 1972 Betriebl. Ordnung Nr. 27
18. 4. 1 ABR 28/99	BetrVG 1972 Nr. 9	BAG 94, 245; Betrieb 2000, 2433; NZA 2001, 167; AR-Blattei ES 530.14.3 Nr. 180; EzA BetrVG 1972 § 98 Nr. 9
11. 5. 2 AZR 276/99	BetrVG 1972 § 103 Nr. 42	BAG 94, 313; BB 2000, 2470; Betrieb 2001, 205; NZA 2001, 1106; AR-Blattei ES 1440 Nr. 120; AuR 2001, 28; 2001, 28 (Pütz/Allerdissen); EzA § 103 BetrVG 1972 Nr. 41
11. 5. 2 AZR 54/99	BetrVG 1972 § 102 Weiterbeschäftigung Nr. 13	BB 2000, 2049; Betrieb 2000, 1969; NJW 2000, 3587; NZA 2000, 1055; AR-Blattei ES 530.14.3 Nr. 177; SAE 2001, 20 (Dedek); EzA § 102 BetrVG 1972 Besch.-pflicht Nr. 11
24. 5. 10 AZR 629/99	BeschFG 1985 § 2 Nr. 79	Betrieb 2000, 2431; NZA 2001, 216; AR-Blattei ES 1560 Nr. 67; EzA § 611 BGB Gratifikation, Prämie Nr. 159
31. 5. 7 ABR 78/98	BetrVG 1972 § 1 Gemeinsamer Betrieb Nr. 12 (v. Hoyningen-Huene)	BAG 95, 15; RdA 2001, 411 (Willemsen); Betrieb 2000, 2482; NZA 2000, 1350; AR-Blattei ES 530.6.1 Nr. 33 (Wiese); SAE 2001, 97 (Boecken); EzA BetrVG 1982 § 19 Nr. 39
31. 5. 7 ABR 8/99	BetrVG 1972 § 20 Nr. 20	BAG 95, 30; BB 2000, 2574; Betrieb 2000, 2532; NZA 2001, 114; AR-Blattei ES 530.6 Nr. 73; EzA BetrVG 1972 § 20 Nr. 19
8. 6. 2 ABR 1/00	BeschSchG § 2 Nr. 3	NZA 2001, 91; AR-Blattei ES 530.9 Nr. 87, ES 1010.9 Nr. 93
8. 6. 2 AZN 276/00	BetrVG 1972 § 103 Nr. 41	BAG 95, 60; BB 2000, 1944; Betrieb 2000, 1772; NZA 2000, 899; AR-Blattei ES 530.9 Nr. 86; EzA § 102 BetrVG 1972 Nr. 106
21. 6. 4 AZR 379/99	VG 1972 § 102 Nr. 121 (Kraft)	BAG 95, 124; BB 2001, 258; Betrieb 2001, 389; NZA 2001, 271; AR-Blattei ES 530.14.3 Nr. 181; SAE 2001, 169 (Gutzeit); EzA TVG § 1 Betriebsverfassungsnorm Nr. 1
21. 6. 5 AZR 806/98	BGB § 612 Nr. 60	Betrieb 2000, 1920; NJW 2000, 3589; NZA 2000, 1050; AR-Blattei ES 800 Nr. 147 (Glatzel); SAE 2001, 165 (Körner); EzA § 242 BGB Gleichbehandlung Nr. 83

Fundstellenverzeichnis

Datum	Fundstelle AP	Weitere Fundstellen
27. 6. 1 ABR 32/99 (A)	Nr. 94/45 EWG Richtlinie Nr. 1	BAG 95, 150; BB 2001, 414; Betrieb 2001, 50; NZA 2000, 1330; AR-Blattei ES 695 Nr. 1; EzA EG-Vertrag 1999 Richtlinie 94/45 Nr. 1
27. 6. 1 ABR 36/99	BetrVG 1972 § 99 Eingruppierung Nr. 23	BB 2001, 1094; Betrieb 2001, 600; NZA 2001, 626; AR-Blattei ES 530.14.3 Nr. 182; SAE 2001, 265 (Franzen); EzA § 99 BetrVG 1972 Eingruppierung Nr. 3
11. 7. 1 ABR 39/99	BetrVG 1972 § 103 Nr. 44	BAG 95, 240; BB 2001, 1042; Betrieb 2001, 765; NZA 2001, 516; AR-Blattei ES 1700 Nr. 91; SAE 2001, 265 (Franzen); EzA § 103 BetrVG 1972 Nr. 42 (Kittner)
11. 7. 1 ABR 43/99	BetrVG 1972 § 109 Nr. 2	BAG 95, 228; BB 2000, 2637; Betrieb 2001, 598; NZA 2001, 402; AR-Blattei ES 630 Nr. 68; SAE 2002, 177 (Kreßel); EzA § 109 BetrVG 1972 Nr. 2
11. 7. 1 AZR 551/99	BetrVG 1972 § 87 Sozialeinrichtung Nr. 16 (v. Hoyningen-Huene)	BAG 95, 221; BB 2001, 471; Betrieb 2001, 545; NZA 2001, 462; AR-Blattei ES 520 Nr. 73; SAE 2001, 157 (Giesen); EzA § 87 BetrVG 1972 Sozialeinrichtung Nr. 17
9. 8. 7 ABR 56/98	BetrVG 1972 § 47 Nr. 9	BAG 95, 269; Betrieb 2001, 2101; NZA 2001, 116; AR-Blattei ES 530.12 Nr. 24; EzA BetrVG 1972 § 47 Nr. 7
30. 8. 4 AZR 563/99	TVG § 4 Geltungsbereich Nr. 25	BAG 95, 277; Betrieb 2001, 985; NZA 2001, 613; AR-Blattei ES 1550.1.4 Nr. 5 (Dieterich); SAE 2001, 289 (Löwisch); AuR 2001, 223 (F. Gamillscheg); EzA TVG § 4 Bergbau Nr. 6, Art. 9 GG Nr. 74; KZTR 2001, 169; EWiR 2001, 433 (Blomeyer)
20. 9. 5 AZR 271/99	ArbGG 1979 Zuständigkeitsprüfung § 2 Nr. 8	BAG 95, 324; BB 2001, 48; Betrieb 2001, 280; NZA 2001, 210; AR-Blattei ES 110 Nr. 79; EzA BGB § 611 Arbeitnehmerbegriff Nr. 83
20. 9. 5 AZR 61/99	BGB § 611 Rundfunk Nr. 37	BB 2001, 888; Betrieb 2001, 48; NZA 2001, 551; AR-Blattei ES 110 Nr. 80; EzA ArbGG 1979 § 72 Nr. 25, § 611 Arbeitnehmerbegriff Nr. 84
5. 10. 1 ABR 14/00	BetrVG 1972 § 118 Nr. 69	NZA 2001, 1325; AR-Blattei ES 1570 Nr. 62; EzA BetrVG 1972 § 118 Nr. 72
5. 10. 1 AZR 48/00	BetrVG 1972 § 112 Nr. 141	BAG 96, 15; Betrieb 2001, 1563; NZA 2001, 849; AR-Blattei ES 1470 Nr. 81, ES 530.8 Nr. 39; SAE 2002, 193 (C. Mayer); EzA BetrVG 1972 § 112 Nr. 107
18. 10. 2 AZR 380/99	BGB § 123 Nr. 59	BAG 96, 123; BB 2001, 627; Betrieb 2001, 707; NJW 2001, 1885; NZA 2001, 315; AR-Blattei ES 60 Nr. 35; EzA § 123 BGB Nr. 56
18. 10. 2 AZR 494/99	KSchG 1969 § 15 Nr. 49 (Schleusener)	BAG 96, 78; RdA 2002, 52 (Krause); BB 2001, 1097; Betrieb 2001, 1729; NJW 2001, 2420; NZA 2001, 321; AR-Blattei ES 530.9 Nr. 88; SAE 2001, 1 (Wank); EzA KSchG § 15 n. F. Nr. 51 (Auer)
25. 10. 7 ABR 18/00	BetrVG 1952 § 76 Nr. 32 (Rombach)	BAG 96, 163; BB 2001, 832; Betrieb 2001, 706; 2001, 702 (Haag/Gräter/Dangelmaier); NZA 2001, 461; AR-Blattei ES 530.15 Nr. 23; SAE 2001, 207 (Windbichler); EzA § 76 BetrVG 1972 Nr. 16
25. 10. 7 AZR 487/99	AÜG § 10 Nr. 15	BAG 96, 150; RdA 2002, 107 (Schüren/Behrend); Betrieb 2001, 707; NJW 2001, 1516; NZA 2001, 259; AR-Blattei ES 1100 Nr. 29; EzA AÜG § 10 Nr. 10 (Hamann)
7. 11. 1 ABR 55/99	ZA-Nato-Truppenstatut Art. 56 Nr. 22	BAG 96, 200; NZA 2001, 1211; AR-Blattei ES 1500 Nr. 70; EzA ArbGG 1979 § 83 Nr. 9
7. 11. 1 AZR 175/00	BetrVG 1972 § 77 Tarifvorbehalt Nr. 14 (Ehmann/Lambrich)	BAG 96, 208; BB 2001, 1150; Betrieb 2001, 1151; NZA 2001, 727; AR-Blattei ES 1550.13 Nr. 5, ES 1550.5 Nr. 19; EzA TVG § 1 Nr. 43
15. 11. 5 AZR 310/99	BetrVG 1972 § 77 Nr. 84 (Reichold)	BAG 96, 249; BB 2001, 1412; Betrieb 2001, 1835; NZA 2001, 900 AR-Blattei ES 520 Nr. 75; EzA BetrVG 1972 § 77 Ablösung Nr. 2

Fundstellenverzeichnis

Datum	Fundstelle AP	Weitere Fundstellen
15. 11. 7 ABR 53/99	BetrVG 1972 § 18 Nr. 10	BAG **96**, 223; BB **2001**, 1534; Betrieb **2001**, 1152; NZA **2001**, 853; AR-Blattei ES 530.6 Nr. 74 (Glatzel); ES 530.6 Nr. 74 (Glatzel); EzA BetrVG 1972 § 18 Nr. 9
6. 12. 7 ABR 34/99	BetrVG 1972 § 19 Nr. 48	BAG **96**, 326; Betrieb **2001**, 1422; AR-Blattei ES 530.6.1 Nr. 34, ES 74 530.6.1 Nr. 34; EzA BetrVG 1972 § 19 Nr. 40
6. 12. 7 AZR 302/99	TVG § 1 Tarifverträge: Deutsche Post Nr. 3	NZA **2001**, 792; AR-Blattei ES 220.8 Nr. 103; EzA § 620 BGB Bedingung Nr. 16
7. 12. 2 AZR 391/99	KSchG 1969 § 1 Betriebsbedingte Kündigung Nr. 113	Betrieb **2001**, 1154; NJW **2001**, 2737; NZA **2001**, 495; AR-Blattei ES 530.14.3 Nr. 183; EzA § 1 KSchG Betr.-bed. Kündigung Nr. 108
12. 12. 9 AZR 508/99	TVG § 1 Tarifverträge: Textilindustrie Nr. 27	BAG **96**, 344; Betrieb **2001**, 875; NZA **2001**, 514; AR-Blattei ES 1640.2 Nr. 6; EzA § 4 TVG Textilindustrie Nr. 11
2001 18. 1. 2 AZR 514/99	KSchG 1969 § 1 Betriebsbedingte Kündigung Nr. 115 (Schrader)	BAG **97**, 10; BB **2001**, 1747; Betrieb **2001**, 1370; NJW **2001**, 2116; NZA **2001**, 719; AR-Blattei ES 1020 Nr. 360, ES 1020 Nr. 360; SAE **2002**, 47 (Mummenhoff); EzA KSchG § 1 Betriebsbed. Kündigung Nr. 109
23. 1. 1 ABR 36/00	BPersVG § 75 Nr. 78	BB **2001**, 1477; Betrieb **2001**, 1371; NZA **2001**, 741; AR-Blattei ES 1500 Nr. 71, ES 1500 Nr. 71; EzA BPersVG § 75 Nr. 1; ZTR **2001**, 379
25. 1. 8 AZR 366/00	BGB § 613a Nr. 215	NJW **2001**, 2751; NZA **2001**, 840; AR-Blattei ES 500 Nr. 163; EzA § 613a BGB Nr. 194
20. 2. 1 ABR 27/00	BetrVG 1972 § 117 Nr. 6	BAG **97**, 52; NZA **2001**, 1089; AR-Blattei ES 1170 Nr. 30; EzA BetrVG § 117 Nr. 5
20. 2. 1 ABR 30/00	BetrVG 1972 § 101 Nr. 23	Betrieb **2001**, 2055; NZA **2001**, 1033; AR-Blattei ES 530.14.3 Nr. 185; EzA BetrVG 1972 § 99 Einstellung Nr. 7
20. 2. 1 AZR 233/00	BetrVG 1972 § 77 Tarifvorbehalt Nr. 15 (Edenfeld)	BAG **97**, 44; RdA **2002**, 173 (Hanau); BB **2001**, 1532 (S. Schulz); Betrieb **2001**, 2100; NZA **2001**, 903; AR-Blattei ES 520 Nr. 76; EzA BetrVG 1972 § 77 Nr. 65
20. 2. 1 AZR 322/00	BetrVG 1972 § 87 Lohngestaltung Nr. 107	BB **2001**, 2481; Betrieb **2001**, 2253; NZA **2001**, 1204; AR-Blattei ES 160.11 Nr. 133, ES 420 Nr. 44; EzA § 77 BetrVG 1972 Nr. 66
21. 2. 2 AZR 15/00	BGB § 242 Kündigung Nr. 12 (Richardi/Kortstock)	BAG **97**, 93; RdA **2002**, 99 (Otto); BB **2001**, 1693; **2001**, 1898 (Annuß); **2001**, 1683; Betrieb **2001**, 1677; NZA **2001**, 833; **2001**, 934 (Gragert/Wiehe) **2001**, 833; AR-Blattei ES 1020 Nr. 361(Dieterich); ES 830 Nr. 25 (Dieterich); SAE **2001**, 319 (v. Hoyningen-Huene); EzA § 242 BGB Kündigung Nr. 1 (Oetker)
21. 2. 4 AZR 18/00	TVG § 4 Nr. 20 (Gussen)	BAG **97**, 107; Betrieb **2001**, 1837 (Haußmann); **2001**, 1847 (Waas); NZA **2001**, 1318; AR-Blattei ES 500 Nr. 164 (Hergenröder); SAE **2002**, 19 (Kamanabrou); EzA § 613a BGB Nr. 195 (Thüsing/Stelljes)
21. 2. 7 ABR 41/99	BetrVG 1972 § 19 Nr. 49	Betrieb **2002**, 154; NZA **2002**, 282; AR-Blattei ES 530.6.1 Nr. 35; EzA BetrVG 1972 § 19 Nr. 41
13. 3. 1 ABR 33/00	BetrVG 1972 § 87 Arbeitszeit Nr. 87	Betrieb **2001**, 2055; NZA **2001**, 976; AR-Blattei ES 530.14.2 Nr. 145; EzA BetrVG 1972 § 87 Arbeitszeit Nr. 62
13. 3. 1 ABR 34/00	BetrVG 1972 § 99 Nr. 34 (Einstellung)	BB **2001**, 2586; Berieb **2001**, 2558; NZA **2001**, 1262; AR-Blattei ES 530.14.3 Nr. 186; EzA BetrVG 1972 § 99 Einstellung Nr. 8

Fundstellenverzeichnis

Datum	Fundstelle AP	Weitere Fundstellen
13. 3. 1 AZB 19/00	ArbGG 1979 § 2 a Nr. 17 (Reuter)	BAG 97, 167; BB 2001, 2119; NJW 2001, 3724; NZA 2001, 1037; AR-Blattei ES 160.12 Nr. 168; SAE 2002, 287 (Leipold); EzA ArbGG 1979 § 2 a Nr. 4 (Seifert)
21. 3. 10 AZR 444/00	BAT § 33 a Nr. 17	BB 2001, 1414; Betrieb 2001, 1369; NJW 2001, 2276; NZA 2001, 782; EzA BGB § 242 Gleichbehandlung Nr. 84
28. 3. 7 ABR 21/00	BetrVG 1972 § 7 Nr. 5	BAG 97, 226; Betrieb 2002, 221; NZA 2002, 1294; AR-Blattei ES 530.6 Nr. 75; EzA BetrVG 1972 § 7 Nr. 2
5. 4. 2 AZR 580/99	BetrVG 1972 § 99 Einstellung Nr. 32	BAG 97, 276; BB 2001, 2115; Betrieb 2001, 2403; NJW 2001, 698; NZA 2001, 893; AR-Blattei ES 530.14.3 Nr. 184; EzA BGB § 626 n. F. Nr. 186
25. 4. 7 ABR 26/00	BetrVG 1972 § 25 Nr. 8 (Wiese)	BAG 97, 340; Betrieb 2002, 1165; NZA 2001, 977; AR-Blattei ES 530.6.2 Nr. 8; SAE 2002, 98 (Wolf); EzA BetrVG § 38 Nr. 18
15. 5. 1 ABR 39/00	BetrVG 1972 § 87 Prämie Nr. 17	BAG 97, 379 RdA 2002, 239 (Reichold); BB 2001, 2320; NZA 2001, 1154; AR-Blattei ES 530.14.2 Nr. 146; EzA BetrVG 1972 § 87 Leistungslohn Nr. 18 (Jacobs)
19. 6. 1 ABR 25/00	BetrVG 1972 § 39 Einstellung Nr. 35 (Waas)	BAG 98, 70; BB 2002, 47; Betrieb 2002, 1278; AR-Blattei ES 530.14.3 Nr. 187; SAE 2002, 142 (Giesen); EzA BetrVG 1972 § 99 Einstellung Nr. 9 (Boch)
19. 6. 1 ABR 43/00	BetrVG 1972 § 87 Leiharbeitnehmer Nr. 1 (Marschall)	BAG 98, 60; BB 2001, 2582 (Ankersen); Betrieb 2001, 2300; NZA 2001, 1263; AR-Blattei ES 530.14.2 Nr. 147; SAE 2002, 41 (Kraft); EzA BetrVG 1972 § 87 Arbeitszeit Nr. 63 (Hamann)
19. 6. 1 ABR 48/00	ArbGG 1979 § 83 a Nr. 8	BB 2001, 2653; Betrieb 2001, 2659; NZA 2002, 756; AR-Blattei ES 160.12 Nr. 169; EzA ArbGG 1979 § 83 a Nr. 7
14. 8. 1 ABR 52/00	BetrVG 1972 § 21 b Nr. 1	BB 2002, 48; Betrieb 2001, 2610; NZA 2002, 109 AR-Blattei ES 530.8 Nr. 40; EzA § 24 BetrVG 1972 Nr. 3
14. 8. 1 AZR 744/00	BetrVG 1972 § 77 Regelungsabrede Nr. 4	Betrieb 2002, 902; NZA 2002, 342; AR-Blattei ES 1540 Nr. 54; EzA § 88 BetrVG 1972 Nr. 1
14. 8. 1 AZR 760/00	BetrVG 1972 § 112 Nr. 142	Betrieb 2002, 153; NZA 2002, 451; AR-Blattei ES 1470 Nr. 82; SAE 2002, 228 (Büdenbender); EzA § 112 BetrVG 1972 Nr. 108
14. 8. 2 ABN 20/99	ArbGG 1979 § 2 a Divergenz Nr. 44	BB 2001, 2535; AR-Blattei ES 160.10.5 Nr. 113
21. 8. 3 AZR 746/00	BetrVG 1972 § 77 Auslegung Nr. 10	BB 2002, 735; Betrieb 2002, 851; AR-Blattei ES 460 Nr. 391; EzA § 1 BetrAVG Nr. 78
11. 9. 1 ABR 5/01	BetrVG 1972 § 76 Einwilligungsstelle Nr. 15 (Schwarze)	BAG 99, 42; BB 2002, 576 (Caspers); NZA 2002, 572; AR-Blattei ES 630 Nr. 70; EzA § 76 BetrVG 1972 Nr. 68 (Brehm/Hezel)
19. 9. 7 ABR 32/00	BetrVG 1972 § 25 Nr. 9 (Bengelsdorf)	BAG 99, 103; Betrieb 2002, 256; AR-Blattei ES 530.81 Nr. 85; EzA § 37 BetrVG 1972 Nr. 142
26. 9.	BetrVG 1972 § 95 Nr. 40	ZInsO 2002, 95
27. 9. 2 AZR 236/00	TVG § 4 Nachwirkung Nr. 40	BAG 99, 167; BB 2002, 1914 (Spirolke); Betrieb 2002, 2169; NZA 2002, 750; AR-Blattei ES 1550.6 Nr. 48; EzA § 2 KSchG Nr. 44
4. 10.	EWG-Richtlinie Nr. 76/207 Nr. 27	BB 2001, 2478; NJW 2002, 13; NZA 2001, 1241; SAE 2003, 134; EzA § 611 a BGB Nr. 16; EuGHE I 2001, 6993; Betrieb 2001, 245
24. 10. 7 ABR 20/00	BetrVG 1972 § 40 Nr. 71 (Wiese)	BAG 99, 208; BB 2002, 2282; Betrieb 2002, 849; NZA 2003, 53; AR-Blattei ES 530.8.1 Nr. 86; EzA BetrVG 1972 § 22 Nr. 2

Fundstellenverzeichnis

Datum	Fundstelle AP	Weitere Fundstellen
30. 10. 1 ABR 8/01	BetrVG 1972 § 99 Eingruppierung Nr. 26 (Walker)	BAG **99**, 258; Betrieb **2002**, 798; NZA **2002**, 919; AR-Blattei ES 530.14.2 Nr. 149; SAE **2003**, 18 (v. Hoyningen-Huene); EzA BetrVG 1972 § 87 Betriebl. Lohngestaltung Nr. 75
30. 10. 1 AZR 65/01	BetrVG 1972 § 112 Nr. 145 (v. Hoyningen-Huene)	BAG **99**, 266; Betrieb **2002**, 903; NZA **2002**, 449; EzA BetrVG 1972 § 112 Nr. 109
14. 11. 7 ABR 31/00	BetrVG 1972 § 38 Nr. 24	Betrieb **2002**, 1510; NZA **2002**, 755; AR-Blattei ES 530.8 Nr. 41
20. 11. 1 AZR 97/01	BetrVG 1972 § 113 Nr. 39	BAG **99**, 377; BB **2002**, 1862; Betrieb **2002**, 950; NZA **2002**, 992; AuR **2003**, 68 (Oberberg); EzA § 113 BetrVG 1972 Nr. 29
24. 11. 7 ABR 20/00	BetrVG 1972 § 40 Nr. 71	
11. 12. 1 ABR 3/01	BetrVG 1972 § 87 Arbeitszeit Nr. 93	Betrieb **2002**, 2002; AR-Blattei ES 530.14.2 Nr. 150; EzA § 87 BetrVG 1972 Arbeitszeit Nr. 64
11. 12. 1 AZR 193/00	BetrVG 1972 § 50 Nr. 22	BB **2002**, 1487; Betrieb **2002**, 1276; NZA **2002**, 688; AR-Blattei ES 530.12 Nr. 25; SAE **2003**, 41 (Fischer)
2002 15. 1. 1 ABR 10/01	BetrVG 1972 § 50 Nr. 23 (U. Weber)	NZA **2002**, 988; BB **2002**, 1699; ZIP **2002**, 1265; Betrieb **2002**, 1564; ZBVR **2002**, 176 (Ilbertz); EzA § 50 BetrVG 1972 Nr. 19; AR-Blattei ES 530.12 Nr. 26; SAE **2003**, 1 (Löwisch/Wiebke); EWiR **2003**, 5 (Wolff); RdA **2003**, 111 (Fischer); BAG **100**, 157
15. 1. 1 ABR 13/01	BetrVG 1972 § 87 Gesundheitsschutz Nr. 12	NZA **2002**, 995; ZTR **2002**, 504; Betrieb **2002**, 2278; EzA § 87 BetrVG 1972 Gesundheitsschutz Nr. 2; AiB **2003**, 110 (Nitsche); ZBVR **2002**, 242 (Ilbertz)
15. 1. 1 AZR 58/01	SozplanKonkG § 2 Nr. 1 (Hess)	NZA **2002**, 1034; ZIP **2002**, 1543; Betrieb **2002**, 1834; NJW **2002**, 3493; BB **2002**, 1967 (Hess); EzA § 613 a BGB Nr. 206; ; AR-Blattei ES 915 Nr. 18 (Hergenröder); BAG **104**, 353
22. 1. 3 ABR 28/01	BetrVG 1972 § 76 Einigungsstelle Nr. 16	ZIP **2002**, 1642; Betrieb **2002**, 1839; EzA § 76 BetrVG 1972 Nr. 69; AR-Blattei ES 630 Nr. 72
22. 1. 3 AZR 554/00	BetrVG 1972 § 77 Betriebsvereinbarung Nr. 4	BB **2002**, 2333; NZA **2002**, 1224; EzA § 77 BetrVG 1972 Nr. 8; Betrieb **2002**, 1896; AR-Blattei ES 460 Nr. 405
23. 1. 6 P 5.01 (BVerwG)	BPersVG § 68 Nr. 7	ZfPR **2002**, 73; ZTR **2002**, 196; PersV **2003**, 153
23. 1. 7 AZR 611/00	BGB § 611 Befristeter Arbeitsvertrag Nr. 230 (Meinel)	BB **2002**, 1097; Betrieb **2002**, 1379; NZA **2002**, 986; NJW **2002**, 2265; ZTR **2002**, 344; AuA **2002**, 377 (Holthaus); ZBVR **2002**, 180 (Ilbertz); AiB **2003**, 49 (Fuchs)
24. 1. XI R 43/99 (BFH)	EStG § 24 Nr. 2	EzA § 34 EStG Nr. 2; SAE **2003**, 118 (Loritz)
29. 1. 1 ABR 18/01	BetrVG 1972 § 76 Einigungsstelle Nr. 19	Betrieb **2002**, 1948; EzA § 76 BetrVG 1972 Nr. 70 (Thiel); ZBVR **2002**, 194; AR-Blattei ES 630 Nr. 73; ZBVR **2002**, 194 (Ilbertz)
13. 2. 8 TaBV 10/01 (LAG Hamburg)	BGB § 611 Bereitschaftsdienst Nr. 1	Betrieb **2002**, 691; NZA **2002**, 507
19. 2. 1 ABR 20/01	TVG § 1 Tarifverträge: Lufthansa Nr. 27	EzA § 256 ZPO Nr. 65; AR-Blattei ES 1170 Nr. 35; NZA **2003**, 1160; BAG **100**, 281

Fundstellenverzeichnis

Datum	Fundstelle AP	Weitere Fundstellen
19. 2. 1 ABR 26/01	BetrVG 1972 § 4 Nr. 13	NZA **2002**, 1300; ZBVR **2002**, 183 (Ilbertz); EWiR **2002**, 741 (Sassl); EzA § 4 BetrVG 1972 Nr. 8; AR-Blattei ES 450 Nr. 26
20. 2. 7 AZR 707/00	LPVG NW § 72 Nr. 23	ZTR **2002**, 449; Betrieb **2002**, 1838; BB **2002**, 1594; NZA **2002**, 811; AR-Blattei ES 380 Nr. 101; EzA § 620 BGB Nr. 188; BAG **100**, 311
20. 3. 6 BV Ga 13 a/02 (ArbG Kiel)	BetrVG 1972 § 1 Nr. 17	
31. 3. 7 ABR 12/01	BetrVG 1972 § 118 Nr. 70	
9. 4. 8 Ta 235/02 (LAG Berlin)	ArbGG 1979 § 83 Nr. 31	AR-Blattei ES 1890 Nr. 56
16. 4. 1 ABR 23/01	BetrVG 1972 § 5 Nr. 69	Betrieb **2002**, 2113; EzA § 5 BetrVG 1972 Nr. 66; AuA **2003**, 52 (Holtkamp); NZA **2003**, 56; AR-Blattei ES 70 Nr. 60; AiB **2003**, 483 (Schneider); BAG **101**, 53
16. 4. 1 ABR 34/01	BetrVG 1972 § 87 Akkord Nr. 9	Betrieb **2003**, 212; ZBVR **2002**, 245 (Ilbertz); EzA § 87 BetrVG 1972 Leistungslohn Nr. 19; AuA **2003**, 56 (Holtkamp)
16. 4. 1 AZR 363/01	TVG § 4 Übertarifl. Lohn und Tariflohnerhöhung Nr. 38	NZA **2003**, 224; EzA § 4 TVG Tariflohnerhöhung Nr. 39; Betrieb **2003**, 1584; AR-Blattei ES 1540 Nr. 56
16. 4. 1 AZR 368/01	BetrVG 1972 § 112 Nr. 153	ZIP **2002**, 2055; EzA § 112 BetrVG 1972 Nr. 111; AuA **2003**, 55 (Oetker)
4. 4. 6 P 3.01 (BVerwG)	LPVG § 86 Hamburg Nr. 6	
15. 5. 6 P 18.01 (BVerwG)	LPVG NW § 10 Nr. 1	
16. 5. 8 AZR 319/01	BGB § 613 a Nr. 237	Betrieb **2002**, 2552; NZA **2003**, 93; EzA § 613 a BGB Nr. 210
28. 5. 1 ABR 32/01	BetrVG 1972 § 87 Ordnung des Betriebes Nr. 39	Betrieb **2003**, 287; NZA **2003**, 166, 352 (Bargmann); EzA § 87 BetrVG 1972 Betriebliche Ordnung Nr. 29; BAG **101**, 216
28. 5. 1 ABR 37/01	BetrVG 1972 § 87 Urlaub Nr. 10	NZA **2003**, 171; EzA § 87 BetrVG 1972 Bildungsurlaub Nr. 1; ZBVR **2003**, 55 (Ilbertz); AiB **2003**, 491 (Lenz); BAG **101**, 203
28. 5. 1 ABR 40/01	BetrVG 1972 § 87 Arbeitszeit Nr. 96	Betrieb **2002**, 2385; EzA § 87 BetrVG 1972 Arbeitszeit Nr. 65; AR-Blattei ES 530.14.2 Nr. 152; ZBVR **2002**, 248 (Ilbertz); NZA **2003**, 1352; AuA **2003**, 51 (Peglau); AiB **2003**, 313 (Herbst)
5. 6. 7 ABR 17/01	BetrVG 1972 § 47 Nr. 11 (v. Hoyningen-Huene)	Betrieb **2003**, 512; ZIP **2003**, 271; NZA **2003**, 336, 766 (Hohenstatt/Müller-Bonanni); SAE **2003**, 216 (Giesen); AiB **2003**, 312 (Kunz); BAG **101**, 273
11. 6. 1 ABR 43/01	BetrVG 1972 § 99 Nr. 118 (Oetker)	Betrieb **2003**, 160; NZA **2003**, 226; ZIP **2003**, 317; BB **2003**, 310; NJW **2003**, 843; ZBVR **2003**, 26 (Ilbertz); BAG **101**, 298
11. 6. 1 ABR 46/01	BetrVG 1972 § 87 Ordnung des Betriebes Nr. 38	NZA **2002**, 1299; Betrieb **2002**, 2280; ZTR **2002**, 604; BB **2003**, 50; ZBVR **2002**, 224 (Ilbertz); EzA § 87 BetrVG 1972 Betriebliche Ordnung Nr. 28; BAG **101**, 285
11. 6. 1 AZR 390/01	BetrVG 1972 § 87 Lohngestaltung Nr. 113 (Wiese)	Betrieb **2002**, 2725; ZIP **2002**, 2331; EzA § 87 BetrVG 1972 Betr. Lohngestaltung Nr. 76; EWiR **2003**, 95 (Thüsing); NZA **2003**, 570; BAG **101**, 288

Fundstellenverzeichnis

Datum	Fundstelle AP	Weitere Fundstellen
13. 6. 12 TaBV 244/02 (LAG Köln)	BetrVG 1972 § 99 Einstellung Nr. 37	
18. 6. 6 P 12.01 (BVerwG)	LPVG NW § 72 Nr. 24	
27. 6. 2 ABR 22/01	BetrVG 1972 § 103 Nr. 47	ZIP 2002, 2229; Betrieb 2002, 2655; EzA § 103 BetrVG 1972 Nr. 43; EWiR 2003, 97 (Grimm); NZA 2003, 229; SAE 2003, 247 (Küttner-Schmitt)
11. 7. 2 TaBV 2/01 (LAG Baden-Württemberg)	BetrVG 1972 § 77 Betriebsvereinbarung Nr. 3	Betrieb 2002, 1613; BB 2002, 1751 (Bayreuther)
31. 7. 10 AZR 275/01	InsO § 38 Nr. 1 (Moll)	ZInsO 2002, 998 (Kolmhuber), 2003, 581 (Ahrens); NZA 2002, 1332; BB 2002, 2451; ZIP 2002, 2051; Betrieb 2002, 2655; EzA § 55 InsO Nr. 3; ZIP 2002, 2051, 2003, 229 (Häsemeyer); EWiR 2003, 283 (Moll/Langhoff)
31. 7. 7 ABR 12/01	BetrVG 1972 § 118 Nr. 70 (Thüsing)	ZTR 2003, 45; ZTR 2003, 524 (Hünlein); BB 2002, 2508; EzA § 118 BetrVG 1972 Nr. 74; Betrieb 2002, 2729; NZA 2002, 1409
6. 8. 1 ABR 47/01	BPersVG § 75 Nr. 80	Betrieb 2003, 104; EzA § 75 BPersVG Nr. 2; ZfPR 2003, 76 (Ilbertz); AR-Blattei ES 530.14.3 Nr. 190
6. 8. 1 ABR 49/01	BetrVG 1972 § 99 Eingruppierung Nr. 27	Betrieb 2003, 290; BB 2003, 639; NZA 2003, 386; ZBVR 2003, 59 (Ilbertz); SAE 2003, 239 (Rolfs/Vorsmann); BAGReport 2003, 148 (Düwell); EzA § 99 BetrVG 1972 Umgruppierung Nr. 2
6. 8. 1 AZR 247/01	BetrVG 1972 § 112 Nr. 154	NZA 2003, 449; EzA § 112 BetrVG 2001 Nr. 1
12. 8. 6 P 17.01 (BVerwG)	LPVG NW § 72 Nr. 25	ZTR 2003, 100
14. 8. 7 ABR 29/01	BetrVG 1972 § 41 Nr. 2	ZBVR 2003, 74 (Ilbertz); EzA § 41 BetrVG 2001 Nr. 1
15. 8. 2 AZR 214/02	BetrVG 1972 § 103 Nr. 48	BB 2003, 637; ZIP 2003, 456; Betrieb 2003, 453; NJW 2003, 1204; NZA 2003, 430; AiB 2002, 777 (Krüger); EzA § 103 BetrVG 1972 Nr. 44
20. 8. 9 AZR 261/01	BetrVG 1972 § 38 Nr. 27	NZA 2003, 1046
5. 9. 2 AZR 523/01	LPVG Sachsen § 78 Nr. 1	ZTR 2003, 153; EWiR 2003, 135 (G. Griebeling)
10. 9. 3 AZR 635/01	BetrAVG § 1 Ablösung Nr. 37	Betrieb 2003, 1525 (Schumann); BB 2003, 2749; SAE 2004, 26 (Vienken); EzA § 1 BetrAVG Ablösung Nr. 34
18. 9. 1 ABR 54/01	BetrVG 1972 § 77 Betriebsvereinbarung Nr. 7 (C. Hergenröder)	Betrieb 2003, 1281, 1273 (Mues); ZIP 2003, 1059; BB 2003, 1387 (Grobys); NZA 2003, 670 (Bachner), 766 (Hohenstatt/Müller-Bonanni); SAE 2003, 304 (C. Meyer); RdA 2004, 167 (Richardi); NJW 2003, 3734 (Schiefer/Pogge); AiB 2004, 41 (Trittin); AuA 2004, 14 (Wahlig/Witteler)
18. 9. 1 ABR 56/01	BetrVG 1972 § 99 Versetzung Nr. 31	NZA 2003, 622; ZBVR 2003, 60 (Ilbertz); AR-Blattei ES 540.14.3 Nr. 195; EzA § 99 BetrVG 1972 Nr. 140; SAE 2004, 102 (Jacobs)
18. 9. 1 AZR 477/01	BGB § 242 Betriebliche Übung Nr. 59	ZTR 2003, 194; Betrieb 2003, 776; BB 2003, 795; EzA § 242 BGB Betriebliche Übung Nr. 48
18. 9. 1 AZR 668/01	BGB § 615 Nr. 99	BB 2003, 740; Betrieb 2003, 1121

Fundstellenverzeichnis

Datum	Fundstelle AP	Weitere Fundstellen
25. 9. 10 AZR 554/01	BGB § 611 Gratifikation Nr. 241	EzA § 4 TVG Tariflohnerhöhung Nr. 40; AuA **2003**, 530 (Oetker)
14. 10. 6 P 7.01 (BVerwG)	BPersVG § 75 Nr. 81	ZTR **2003**, 362
17. 10. 3 Sa 147/02 (LAG Bremen)	BetrVG 1972 § 1 Gemeinsamer Betrieb Nr. 15	
17. 10. 5 (4) TaBV 44/02 (LAG Köln)	InsO § 124 Nr. 1	AR-Blattei ES 915 Nr. 26; AiB **2004**, 44 (Thannheiser)
23. 10. 7 ABR 55/01	BetrVG 1972 § 50 Nr. 26	BuW **2003**, 746; ZIP **2003**, 1514; Betrieb **2003**, 1852; EzA § 50 BetrVG 2001 Nr. 1
23. 10. 7 ABR 59/01	BetrVG 1972 § 118 Nr. 72	ZTR **2003**, 416; AR-Blattei ES 1570 Nr. 64; NZA **2004**, 334; BAG **103**, 163
23. 10. 7 AZR 416/01	LPVG NW § 42 Nr. 1	BB **2003**, 791; ZfPR **2003**, 341 (Ilbertz); BAG **103**, 158
29. 10. 1 AZR 573/01	BetrVG 1972 § 77 Tarifvorbehalt Nr. 18	NZA **2003**, 393; Betrieb **2003**, 445; BB **2003**, 963; AR-Blattei ES 520 Nr. 79; EzA § 77 BetrVG 1972 Nr. 72; BAG **103**, 187
31. 10. 5 TaBV 42/02 (LAG Düsseldorf)	BetrVG 1972 § 7 Nr. 6	
6. 11. XI R 42/01 (BFH)	EStG § 39 b Nr. 1	Betrieb **2003**, 422
7. 11. 2 AZR 599/01	KSchG 1969 § 1 Krankheit Nr. 40	Betrieb **2003**, 724; AR-Blattei ES 1000.3.1 Nr. 251; EzA § 1 KSchG Krankheit Nr. 50
12. 11. 1 ABR 1/02	BetrVG 1972 § 99 Einstellung Nr. 41	BB **2003**, 850; EzA § 99 BetrVG 2001 Nr. 1 (Hamann); NZA **2003**, 513; ZBVR **2003**, 83 (Ilbertz); AR-Blattei ES 1100 Nr. 32; BAG **103**, 304
12. 11. 1 ABR 60/01	BetrVG 1972 Einstellung § 99 Nr. 43 (v. Hoyningen-Huene)	AuR **2003**, 309 (Plander); ZTR **2003**, 525; AR-Blattei ES 530.14.3 Nr. 196; BAG **103**, 329; NZA **2004**, 2189; AiB **2005**, 188 (Rahn)
12. 11. 1 AZR 58/02	BetrVG 1972 § 112 Nr. 159	NZA **2003**, 1288; ZIP **2003**, 1463; ZTR **2003**, 520; Betrieb **2003**, 1635; AR-Blattei ES 1470 Nr. 89; BAG **103**, 321
12. 11. 1 AZR 632/01	BetrVG 1972 § 112 Nr. 155	NZA **2003**, 676; BB **2003**, 2401; Betrieb **2003**, 1686; EzA § 112 BetrVG 2001 Nr. 2; BAG **103**, 312
21. 11. 5 Sa 818/02 (LAG Köln)	GG Art. 12 Nr. 130	
27. 11. 4 AZR 660/01	BetrVG 1972 § 87 Tarifvorrang Nr. 34	
27. 11. 7 ABR 33/01	BetrVG 1972 § 40 Nr. 76	AiB **2003**, 746 (Ahlborn/Braun); Betrieb **2003**, 1800; EzA § 40 BetrVG 2001 Nr. 1
27. 11. 7 ABR 36/01	BetrVG 1972 § 40 Nr. 75 (Kort)	Betrieb **2003**, 1799; ZBVR **2003**, 146 (Ilbertz); NZA **2003**, 803; AR-Blattei ES 530.10 Nr. 96; EzA § 40 BetrVG 2001 Nr. 2; BAG **104**, 32
3. 12. 9 AZR 481/01	SGB IX § 81 Nr. 2	ZTR **2003**, 359; ZBVR **2003**, 194 (Ilbertz); NZA **2003**, 1216; BB **2003**, 1024; Betrieb **2003**, 1230; EWiR **2003**, 615 (Gagel); BAG **104**, 45; EzA § 81 SGB IX Nr. 1 (Klumpp)

Fundstellenverzeichnis

Datum	Fundstelle AP	Weitere Fundstellen
4. 12. 10 AZR 16/02	InsO § 38 Nr. 2	Betrieb 2003, 618; EzA § 113 BetrVG 1972 Nr. 30; BAG 104, 94
10. 12. 1 ABR 27/01	BetrVG 1972 § 95 Nr. 42	ZTR 2003, 585; EzA § 99 BetrVG Umgruppierung Nr. 1; AR-Blattei ES 530.14.2 Nr. 160; BAG 104, 187
10. 12. 1 ABR 7/02	BetrVG 1972 § 80 Nr. 59	Betrieb 2003, 2072; SAE 2003, 343 (Hergenröder); BB 2003, 1900; ZTR 2003, 468; NZA 2004, 223, 247 (Reichold); ZBVR 2004, 2 (Ilbertz); EzA § 80 BetrVG 2001 Nr. 1 (Krause); BAG 104, 175
10. 12. 3 AZR 671/01	BGB Gratifikation § 611 Nr. 252	Betrieb 2004, 1568
10. 12. 3 AZR 92/02	BGB § 611 Gratifikation Nr. 249	Betrieb 2004, 1566; EWiR 2003, 907 (Hertzfeld); BB 2003, 1903; EzA § 1 BetrAVG Ablösung Nr. 37; AR-Blattei ES 460 Nr. 417; NZA 2004, 271; BAG 104, 220
2003 16. 1. 2 AZR 609/01	KSchG 1969 § 1 Gemeinschaftsbetrieb Nr. 1	
16. 1. 2 AZR 707/01	BetrVG 1972 § 102 Nr. 129	NZA 2003, 927; BB 2003, 1791; NJW 2003, 3076; BuW 2003, 1009 (Heinemann); ZBVR 2004, 242 (Ilbertz)
21. 1. 1 ABR 5/02	BetrVG 1972 § 87 Lohngestaltung Nr. 117	EzA § 87 BetrVG 2001 Betriebliche Lohngestaltung Nr. 1; EWiR 2003, 499 (Fleddermann); AuA 2003, 51 (Korinth); Betrieb 2004, 260; EzA § 87 BetrVG 2001 Betriebliche Lohngestaltung Nr. 1
21. 1. 1 ABR 9/02	BetrVG 1972 § 21 a Nr. 1	NZA 2003, 1097; EzA § 77 BetrVG 2001 Nr. 3
21. 1. 1 AZR 125/02	BetrVG 1972 § 87 Lohngestaltung Nr. 118	Betrieb 2003, 1584; EWiR 2003, 3851 (Pomberg)
21. 1. 3 AZR 30/02	BetrAVG § 3 Nr. 13	Betrieb 2003, 2130; EWiR 2003, 1003 (Schnitker/Grau); EzA § 3 BetrAVG Nr. 9; NZA 2004, 331
29. 1. 6 P 19.01 (BVerwG)	LPVG Berlin § 86 Nr. 3	ZTR 2003, 252
13. 2. 3 TaBV 15/01 (LAG Brandenburg)	BetrVG 1972 § 87 Überwachung Nr. 37	
13. 2. 6 AZR 537/01	BBiG § 7 Nr. 2	Betrieb 2003, 1743; NZA 2003, 984; ZTR 2003, 562; AuR 2003, 473 (Mache); AR-Blattei ES 400 Nr. 113; EzA § 77 BetrVG 2001 Nr. 1; BAG 104, 353
16. 2. 1 ABR 17/02	BetrVG 1972 § 77 Betriebsvereinbarung Nr. 11	Betrieb 2003, 2290; EzA § 77 BetrVG 2001 Nr. 4
18. 2. 1 ABR 17/02	BetrVG 1972 § 77 Betriebsvereinbarung Nr. 11	FA 2003, 97 (Linck); EWiR 2003, 1223 (Spirolke); NZA 2004, 336; BAG 105, 19
24. 2. 6 P 12.02 (BVerwG)	LPVG Hessen § 74 Nr. 7	ZTR 2003, 412
3. 3. 6 P 14.01 (BVerwG)	BPersVG § 25 Nr. 5	ZfPR 2003, 104
19. 3. 4 AZR 271/02	ZPO § 253 Nr. 41	BB 2003, 2355, 2569 (Kast/Freihube); Betrieb 2003, 2555; NZA 2003, 1221, 2005, 140 (Kocher); ZBVR 2003, 218 (Ilbertz); EzA § 253 ZPO 2002 Nr. 1; BAG 105, 275
19. 3. 7 ABR 15/02	BetrVG 1972 § 40 Nr. 77	BB 2003, 1681; NZA 2003, 870; Betrieb 2003, 1911; ZBVR 2003, 175 (Ilbertz); EzA § 40 BetrVG 2001 Nr. 3; AR-Blattei ES 530.8.1 Nr. 88; BAG 105, 311

Fundstellenverzeichnis

Datum	Fundstelle AP	Weitere Fundstellen
27. 3. 2 AZR 51/02	BetrVG 1972 § 87 Überwachung Nr. 36 (Otto)	BB **2003**, 2578; NJW **2003**, 3436; NZA **2003**, 1193; Betrieb **2003**, 2230, 2650 (Grosjean); ZBVR **2003**, 222 (Ilbertz); EzA § 611 BGB 2002 Persönlichkeitsrecht Nr. 1; JZ **2004**, 366 (Helle); BAG **105**, 356
27. 3. 5 Sa 137/03 (LAG Schleswig-Holstein)	GG Art. 9 Arbeitskampf Nr. 165	AuR **2004**, 152 (Hensche); SAE **2004**, 227 (Nicolai)
8. 4. 2 AZR 15/02	BetrVG 1972 § 113 Nr. 40	EzA § 55 InsO Nr. 4
8. 4. 2 AZR 515/02	BetrVG 1972 § 102 Nr. 133	NZA **2003**, 961, 954 (Reiter); Betrieb **2003**, 2342; BAGReport **2003**, 336 (Düwell); EzA § 102 BetrVG 2001 Nr. 3; ZTR **2004**, 52
16. 4. 7 ABR 29/02	BetrVG 1972 § 20 Nr. 21	AuA **2003**, 48; Betrieb **2003**, 2234; EzA § 20 BetrVG 2001 Nr. 1; ZBVR **2003**, 226 (Ilbertz)
16. 4. 7 ABR 53/02	BetrVG 1972 § 9 Nr. 1 (Maschmann)	Betrieb **2003**, 2128, 2599 (Besgen); ZBVR **2003**, 201 (Ilbertz); ZTR **2003**, 633; NZA **2003**, 1345, 1380 (Brors), BAG **106**, 64; RdA **2004**, 181 (Schüren); BB **2003**, 2178; SAE **2004**, 165 (Kreutz); AuR **2004**, 109, 81 (Däubler); EzA § 9 BetrVG 2001 Nr. 1 (Hamann)
16. 4. 7 AZR 423/01	BetrVG 1972 § 37 Nr. 138	NZA **2004**, 171; EzA § 37 BetrVG 2001 Nr. 1; ZBVR **2004**, 50 (Ilbertz); AR-Blattei ES 530.8 Nr. 47; AiB **2005**, 183 (Peter); BAG **106**, 87
29. 4. 1 BvR 62/99 (BVerfG)	BetrVG 1972 § 118 Nr. 75	NZA **2003**, 864; NJW **2003**, 3189; EzA § 118 BetrVG 2001 Nr. 2; AR-Blattei ES 1570 Nr. 65
6. 5. 1 ABR 11/02	BetrVG 1972 § 112 Nr. 161 (Oetker)	EzA § 112 BetrVG 2001 Nr. 8; NZA **2004**, 108; BB **2004**, 218; Betrieb **2004**, 193; EWiR **2004**, 99 (v. Hoyningen-Huene); AR-Blattei ES 1470 Nr. 90; BAG **106**, 95
6. 5. 1 ABR 13/02	BetrVG 1972 § 80 Nr. 61 (Hamm)	Betrieb **2003**, 2445; AiB **2003**, 749 (Wagner); NZA **2003**, 1348; ZTR **2004**, 101; AuR **2004**, 70 (Krabbe/Rachut); EzA § 80 BetrVG 2001 Nr. 2; BAG **106**, 111
7. 5. 6 P 17.02 (BVerwG)	LPVG Baden-Württemberg § 28 Nr. 1	
3. 6. 1 ABR 19/02	BetrVG 1972 § 89 Nr. 1 (Simitis)	Betrieb **2003**, 2496; ZIP **2004**, 85; EzA § 89 BetrVG 2001 Nr. 1; AiB **2004**, 184 (Bergmann); ZBVR **2004**, 149 (Ilbertz); EWiR **2004**, 317 (Thüsing/Bodenstedt); SAE **2004**, 297 (C. Mayer), 287 (Reichold); BAG **106**, 188
3. 6. 1 AZR 349/02	BetrVG 1972 § 77 Tarifvorbehalt Nr. 19 (Lobinger)	NZA **2003**, 1155; Betrieb **2004**, 385; AuA **2004**, 47 (Peglau); EzA § 77 BetrVG 2001 Nr. 5; AR-Blattei ES 520 Nr. 81; EWiR **2004**, 631 (Haußmann); BAG **106**, 204
4. 6. 10 AZR 586/02	InsO § 209 Nr. 2	NZA **2003**, 1087; ZIP **2003**, 1850; EzA § 209 InsO Nr. 1; EWiR **2004**, 243 (Papoe)
4. 6. 7 ABR 42/02	BetrVG 1972 § 37 Nr. 136 (Wedde)	NZA **2003**, 1284; BB **2003**, 2517; Betrieb **2003**, 2344; AuA **2003**, 47 (Reichel); BuW **2003**, 1053 (Udke); EzA § 40 BetrVG 2001 Nr. 4; BAG **106**, 233
5. 6. 6 P 1.03 (BVerwG)	BPersVG § 75 Nr. 84	ZTR **2003**, 527
17. 6. 3 ABR 43/02	BetrAVG § 1 Ablösung Nr. 44	Betrieb **2004**, 714; EWiR **2004**, 213 (Schumann); BB **2004**, 612, 2185 (Rengier); NZA **2004**, 1110; RdA

Fundstellenverzeichnis

Datum	Fundstelle AP	Weitere Fundstellen
1. 7. 1 ABR 20/02	BetrVG 1972 § 87 Arbeitszeit Nr. 107 (Bauer/Krets)	2004, 304 (Däubler); BAG **106**, 301; AR-Blattei ES 460 Nr 426 (Neef); EzA § 1 BetrAVG Ablösung Nr. 40 BAGReport **2004**, 79 (Düwell); EzA BetrVG 2001 § 87 Arbeitszeit Nr. 3; ZBVR **2004**, 54 (Ilbertz); NZA **2004**, 620; ZTR **2004**, 383; SAE **2004**, 188 (Kraft); BAG **107**, 1; Betrieb **2005**, 170
1. 7. 1 ABR 22/02	BetrVG 1972 § 87 Arbeitszeit Nr. 103	NZA **2003**, 1209; EzA § 87 BetrVG 2001 Arbeitszeit Nr. 2; ZBVR **2004**, 250 (Ilbertz); Betrieb **2004**, 607; AR-Blattei ES 530.14.2 Nr. 163; SAE **2004**, 106 (Joussen); ZBVR **2004**, 74 (Ilbertz); BAG **107**, 9
9. 7. 5 AZR 305/02	BetrVG 1972 § 102 Weiterbeschäftigung Nr. 14	NZA **2003**, 1191; BB **2003**, 2400; ZIP **2003**, 1951; Betrieb **2003**, 2233; NJW **2004**, 314; AuA **2004**, 46 (Holthausen); BAG **107**, 66; SAE **2004**, 145 (Waas); EzA § 102 BetrVG 2001 Bechäftigungspflicht Nr. 1
22. 7. 6 P 3.03 (BVerwG)	GleichstellungsG NW § 16 Nr. 1	ZTR **2003**, 631
22. 7. 1 ABR 28/02	BetrVG 1972 § 87 Arbeitszeit Nr. 108	Betrieb **2004**, 766; NZA **2004**, 507; ZTR **2004**, 380; AR-Blattei ES 630 Nr. 75; BAG **107**, 78; EzA § 87 BetrVG 2001 Arbeitszeit Nr. 4; BAG **107**, 78
22. 7. 1 AZR 541/02	BetrVG 1972 § 113 Nr. 42 (Oetker)	EzA § 111 BetrVG 2001 Nr. 1; NZA **2004**, 93; NJW **2004**, 875; EWiR **2004**, 239; DZWIR **2004**, 148 (Bichlmeier); BAG **107**, 91
22. 7. 1 AZR 575/02	BetrVG 1972 § 112 Nr. 160	Betrieb **2003**, 2658; ZIP **2003**, 2216; EWiR **2004**, 49 (Grimm/Brock); EzA § 112 BetrVG 2001 Nr. 7; AR-Blattei ES 1470 Nr. 91; BB **2004**, 2022; BAG **107**, 100
29. 7. 3 ABR 34/02	BetrVG 1972 § 87 Sozialeinrichtung Nr. 18	Betrieb **2004**, 883; BB **2004**, 1116; EWiR **2004**, 417 (Schumann); ZBVR **2004**, 152 (Ilbertz); EzA § 87 BetrVG 2001 Betriebl. Lohngestaltung Nr. 2; NZA **2004**, 1344; BAG **107**, 112
18. 8. 6 P 6.03 (BVerwG)	LPVG Hamburg § 78 Nr. 1	ZTR **2003**, 634
28. 8. 12 TaBV 127/03 (LAG Hamm)	BetrVG 1972 § 112 Nr. 165	
28. 8. 2 ABR 48/02	BetrVG 1972 § 103 Nr. 49	NZA **2004**, 501 (Dzida/Hohenstatt); EWiR **2004**, 531 (Moll/Henke); EzA § 118 BetrVG 2001 Nr. r; AR-Blattei ES 1570 Nr. 66; BAG **107**, 204
28. 8. 2 AZR 377/02	BetrVG 1972 § 102 Nr. 134	ZIP **2004**, 525; Betrieb **2004**, 937; EWiR **2004**, 419 (Grimm/Brock); BB **2004**, 1056; AR-Blattei ES 915 Nr. 37; SAE **2005**, 45 (Leipold); EzA § 102 BetrVG 2001 Nr. 4; BAG **107**, 221
3. 9. 7 ABR 12/03	BetrVG 1972 § 40 Nr. 78	Betrieb **2004**, 491, 1558 (Hopfner/Schrock); AuA **2004**, 52 (Hunold); ZfPR **2003**, 290 (Süllwold); NZA **2004**, 278; BB **2004**, 668; ZBVR **2004**, 29 (Ilbertz); SAE **2005**, 131 (Beckschulze); AuR **2005**, 110 (Wedde); EzA § 40 BetrVG 2001 Nr. 5
3. 9. 7 ABR 8/03	BetrVG 1972 § 40 Nr. 79	Betrieb **2004**, 493; AuA **2004**, 52 (Hunold); ZfPR **2003**, 290 (Süllwold); NZA **2004**, 280 (Hunold); BB **2004**, 557 (Hunold); ZBVR **2004**, 26 (Ilbertz); BAG **107**, 231; SAE **2005**, 131 (Beckschulze); AuR **2005**, 111 (Wedde)

Fundstellenverzeichnis

Datum	Fundstelle AP	Weitere Fundstellen
18. 9. 2 AZR 403/02	BetrVG 1972 § 102 Weiterbeschäftigung Nr. 15	EzA § 102 BetrVG 2001 Beschäftigungspflicht Nr. 2
23. 9. 1 ABR 35/02	BetrVG 1972 § 99 Eingruppierung Nr. 28	EzA § 99 BetrVG 2001 Nr. 3; Betrieb **2004**, 550; EWiR **2004**, 155 (Junker); NZA **2004**, 800; AR-Blattei ES 530.14.3 Nr. 200; BAG **107**, 338
23. 9. 1 AZR 576/02	BetrVG 1972 § 113 Nr. 43	Betrieb **2004**, 658; AuA **2004**, 47 (Holtkamp); ZIP **2004**, 627; NZA **2004**, 440; AR-Blattei ES 530.14.5 Nr. 45; EWiR **2004**, 895 (Joost); BAG **107**, 347; EzA § 113 BetrVG 2001 Nr. 3
23. 9. 3 AZR 551/02	BetrVG 1972 § 77 Nr. 93	EzA § 305 c BGB 2002 Nr. 1
6. 9. 1 A 3411/01 PVB (OVG Münster)	BPersVG § 75 Nr. 83	
13. 10. 2 TaBV 1/03 (LAG Köln)	BetrVG 1972 § 15 Nr. 1	AR-Blattei ES 530.6 Nr. 80
13. 10. 2 TaBV 1/03 (LAG Niedersachsen)	BetrVG 1972 § 15 Nr. 1	
15. 10. 6 P 8.03 (BVerwG)	LPVG NW § 72 Nr. 27	ZTR **2004**, 99, 75 (Goez)
21. 10. 1 ABR 39/02	BetrVG 1972 § 80 Nr. 62 (Wiese)	Betrieb **2004**, 322; BB **2004**, 2467, 2462 (Rieble/Gistel); ZIP **2004**, 275; EzA BetrVG 2001 § 80 Nr. 3; ZBVR **2004**, 58 (Ilbertz); NZA **2004**, 936; EWiR **2004**, 473 (Pomberg)
21. 10. 1 AZR 407/02	BetrVG 1972 § 112 Nr. 163	ZIP **2004**, 578; Betrieb **2004**, 722; EWiR **2004**, 475 (Ehrich); NZA **2004**, 559; AR-Blattei ES 1470 Nr. 92; ZBVR **2004**, 170 (Ilbertz); JR **2004**, 527 (Kohte/Nebe); EzA § 112 BetrVG 2001 Nr. 9
21. 10. 3 AZR 60/03	BetrAVG § 1 Beamtenversorgung Nr. 17	
22. 10. 7 ABR 18/03	BetrVG 1972 § 1 Gemeinsamer Betrieb Nr. 21	EzA § 1 BetrVG 2001 Nr. 1
22. 10. 7 ABR 3/03	BetrVG 1972 § 38 Nr. 28	NZA **2004**, 1052; AiB **2004**, 239 (Ratajczak); ZIP **2004**, 770; Betrieb **2004**, 939; ZBVR **2004**, 122 (Ilbertz); EWiR **2004**, 529 (Oetker); EzA § 38 BetrVG 2001 Nr. 2
22. 10. 7 AZR 113/03	TzBfG § 14 Nr. 6 (Löwisch)	Betrieb **2004**, 2815; ZTR **2004**, 484; AuA **2004**, 50 (Umbach); NJW **2004**, 3586; NZA **2004**, 1275; SAE **2005**, 50 (Bengelsdorf)
23. 10. 6 P 10.03 (BVerwG)	BPersVG § 23 Nr. 1	BVerwGE **119**, 138
30. 10. 16 TaBv 677/03 (LAG Berlin)	BetrVG 1972 § 18 Nr. 12	
10. 11. 7 ABR 25/03	BetrVG 1972 § 19 Nr. 55	
11. 11. 7 AZB 40/03	SGB IX § 94 Nr. 1	EzA § 2 a ArbGG 1979 Nr. 5; AR-Blattei ES 160.5.2 Nr. 111; NZA **2004**, 1372 (Adlhoch)

Fundstellenverzeichnis

Datum	Fundstelle AP	Weitere Fundstellen
18. 11. 1 AZR 30/03	BetrVG 1972 § 112 Nr. 162	ZIP **2004**, 235; NZA **2004**, 220; BB **2004**, 556; ZBVR **2004**, 81 (Ilbertz); AR-Blattei ES 915 Nr. 39; Betrieb **2004**, 2820; EzA BetrVG 2001 Nr. 2
18. 11. 1 AZR 604/02	BetrVG 1972 § 77 Nachwirkung Nr. 15	NZA **2004**, 803; Betrieb **2004**, 1508; EzA § 77 BetrVG 2001 Nr. 9; BB **2004**, 2529; EWiR **2004**, 1009 (Hertzfeld/Riedemann)
18. 11. 1 AZR 637/02	BetrVG 1972 § 118 Nr. 76	NZA **2004**, 741; Betrieb **2004**, 1375; EzA § 118 BetrVG 2001 Nr. 4
19. 11. 7 ABR 24/03	BetrVG 1972 § 19 Nr. 54	NZA **2004**, 395; Betrieb **2004**, 2819; AuA **2004**, 44 (Holtkamp); AiB **2004**, 432 (Schneider); SAE **2004**, 193 (Dewender); AuR **2004**, 309 (Rudolph); ZBVR **2004**, 125 (Ilbertz); EzA § 19 BetrVG 2001 Nr. 2
19. 11. 7 ABR 25/03	BetrVG 1972 § 19 Nr. 55	EzA § 19 BetrVG 2001 Nr. 1
19. 11. 7 AZR 11/03	BetrVG 1972 § 1 Gemeinsamer Betrieb Nr. 19	ZIP **2004**, 426; Betrieb **2004**, 822; NZA **2004**, 435, 420 (Annuß/Hohenstatt); NJW **2004**, 1613; AR-Blattei ES 530.14.3 Nr. 201; EzA § 22 BetrVG 2001 Nr. 1
27. 11. 2 AZR 654/02	BetrVG 1972 § 102 Nr. 136	EzA § 102 BetrVG 2001 Nr. 6; PflR **2004**, 558 (Roßbruch)
9. 12. 1 ABR 44/02	BetrVG 1972 § 33 Nr. 1	NZA **2004**, 746; Betrieb **2004**, 2055
9. 12. 1 ABR 49/02	BetrVG 1972 § 50 Nr. 27	EzA § 50 BetrVG 2001 Nr. 3; ZBVR **2004**, 197 (Ilbertz); SAE **2005**, 76 (Sandmann); NZA **2005**, 234
11. 12. 2 AZR 536/02	KSchG 1969 § 1 Soziale Auswahl Nr. 65	AuA **2004**, 49 (Oetker); EzA § 102 BetrVG 2001 Nr. 5; ZBVR **2004**, 199 (Ilbertz); AiB **2005**, 55 (Grimberg)
2004 14. 1. 8 TaBV 72/03 (LAG Köln)	BetrVG 1972 § 106 Nr. 18	
20. 1. 9 AZR 393/03	BetrVG 1972 § 87 Vorschlagswesen Nr. 3	Betrieb **2004**, 1049; NZA **2004**, 995; AiB **2004**, 560 (Schwab); AR-Blattei ES 1760 Nr. 7
22. 1. 2 AZR 111/02	BetrVG 1972 § 112 Namensliste Nr. 1	EzA § 1 KSchG Interessenausgleich Nr. 11; AR-Blattei ES 1010.9 Nt. 102
27. 1. 1 ABR 7/03	BetrVG 1972 § 87 Überwachung Nr. 40 (Wiese)	NZA **2004**, 556; BB **2004**, 1791, 1992 (Hunold); ZBVR **2004**, 156 (Ilbertz); Betrieb **2004**, 1733
27. 1. 1 AZR 105/03	ArbGG 1979 § 64 Nr. 35	Betrieb **2004**, 1376
27. 1. 1 AZR 148/03	BetrVG 1972 § 112 Nr. 166	ZIP **2004**, 1165; BB **2004**, 1282; NZA **2004**, 607; Betrieb **2004**, 1676; EzA § 77 BetrVG 2001 Nr. 7; EWiR **2004**, 689 (Ehrich); RdA **2005**, 45 (Löwisch/Geisenberger)
11. 2. 7 ABR 27/03	BetrVG 1972 § 1 Gemeinsamer Betrieb Nr. 22 (Joost)	NZA **2004**, 618, **2005**, 242 (Rieble/Gistel); BB **2004**, 1213; AuA **2004**, 44; EzA § 1 BetrVG 2001 Nr. 2; EWiR **2004**, 1067 (Joost)
25. 2. 6 P 12.03 (BVerwG)	BPersVG § 47 Nr. 4	ZTR **2004**, 330
2. 3. 1 AZR 271/03	TVG § 3 Nr. 31	ZTR **2004**, 575; NZA **2004**, 852; Betrieb **2004**, 1669; EzA § 87 BetrVG 2001 Betriebl. Lohngestaltung Nr. 4; ZBVR **2005**, 4 Ilbertz)
2. 3. 1 AZR 272/03	BetrVG 1972 § 77 Auslegung Nr. 13	

Fundstellenverzeichnis

Datum	Fundstelle AP	Weitere Fundstellen
4. 3. 2 AZR 147/03	BetrVG 1972 § 103 Nr. 50	Betrieb 2004, 1370; NZA 2004, 717; NJW 2004, 2612; ZTR 2004, 491; EzA § 103 BetrVG 2001 Nr. 3; ZBVR 2004, 177 (Ilbertz)
10. 3. 7 ABR 49/03	BetrVG 1972 § 7 Nr. 8	Betrieb 2004, 1836; NZA 2004, 1340, 2005, 394 (Franke); EzA § 9 BetrVG 2001 Nr. 2 (Hamann); BB 2004, 2753; AR-Blattei ES 1100 Nr. 34
25. 3. 2 AZR 380/03	BGB § 611 Kirchendienst Nr. 40	EzA § 611 BGB 2002 Kirchliche Arbeitnehmer Nr. 3; AR-Blattei ES 960 Nr. 72
30. 3. 1 AZR 7/03	BetrVG 1972 § 113 Nr. 47	NZA 2004, 931; BB 2004, 1389 (Hunold); Betrieb 2004, 1511; ZIP 2004, 1823; EzA § 113 BetrVG 2001 Nr. 4; AR-Blattei ES 530.14.5 Nr. 46
30. 3. 1 AZR 85/03	BetrVG 1972 § 112 Nr. 170	EzA § 112 BetrVG 2001 Nr. 10
31. 3. 10 AZR 253/03	InsO § 209 Nr. 3	ZIP 2004, 1323; Betrieb 2004, 1993; EWiR 2004, 815 (Bork); BB 2004, 2079; EzA § 209 InsO Nr. 2; NZA 2004, 1093; SAE 2004, 302 (Adam); JR 2004, 439 (Busch); DZWIR 2005, 106 (Oetker)
7. 4. 7 ABR 41/03	BetrVG 1972 § 106 Nr. 17	Betrieb 2004, 1839; ZIP 2004, 1722; EzA § 106 BetrVG 2001 Nr. 1; ZBVR 2004, 218 (Ilbertz); AR-Blattei ES 530.14.4 Nr. 20; NZA 2005, 311
29. 4. 1 ABR 30/02	BetrVG 1972 § 77 Durchführung Nr. 3	NZA 2004, 670; AuA 2004, 47 (Korinth); EzA § 77 BetrVG 2001 Nr. 8; Betrieb 2004, 2220; ZBVR 2004, 54 (Ilbertz)
5. 5. 7 ABR 44/03	WahlO BetrVG 1972 § 3 Nr. 1	Betrieb 2004, 1947; NZA 2004, 1285; AuA 2004, 53 (Rudolph); EzA § 19 BetrVG 2001 Nr. 3; ZBVR 2004, 221 (Ilbertz); AR-Blattei ES 530.6.1 Nr. 40; BB 2005, 108
5. 5. 7 AZR 629/03	BeschFG 1996 § 1 Nr. 27	NZA 2004, 1346; ZTR 2005, 213; EzA § 15 TzBfG Nr. 1; NJ 2005, 95 (Rudolph)
13. 5. 2 AZR 329/03	BetrVG 1972 § 102 Nr. 140	NZA 2004, 1038; ZIP 2004, 1773; BB 2004, 2190; Betrieb 2004, 2327; EWiR 2004, 1011 (Feichtinger); EzA § 102 BetrVG 2001 Nr. 7
13. 5. 5 TaBV 54/03 (LAG Nürnberg)	BetrVG 1972 § 15 Nr. 2	
2. 6. 7 Sa 819/04 (LAG Niedersachsen)	GG Art. 9 Arbeitskampf Nr. 164	
3. 6. 2 AZR 577/03	BetrVG 1972 § 102 Nr. 141	NZA 2005, 175; EzA § 1 KSchG Soziale Auswahl Nr. 55
8. 6. 1 ABR 13/03	BetrVG 1972 § 87 Gesundheitsschutz Nr. 13 (Schimmelpfennig)	NZA 2004, 1175; Betrieb 2004, 2274; ZBVR 2004, 225 (Ilbertz); AiB 2005, 252 (Pieper); ZTR 2005, 57; EzA § 87 BetrVG 2001 Gesundheitsschutz Nr. 1
8. 6. 1 ABR 4/03	BetrVG 1972 § 76 Einigungsstelle Nr. 20	NZA 2005, 227; AiB 2005, 252 (Pieper); ZBVR 2005, 26 (Ilbertz); EzA § 87 BetrVG 2001 Gesundheitsschutz Nr. 2; Betrieb 2005, 233; AR-Blattei ES 630 Nr. 77
8. 6. 1 AZR 308/03	BetrVG 1972 § 87 Lohngestaltung Nr. 124	NZA 2005, 66; BB 2005, 722; EzA § 87 BetrVG 2001 Betriebliche Lohngestaltung Nr. 5; Betrieb 2005, 168; AR-Blattei ES 530.14.2 Nr. 170
23. 6. 7 AZR 514/03	BetrVG 1972 § 37 Nr. 139	NZA 2004, 1287; BB 2005, 111; Betrieb 2004, 2702; EzA § 37 BetrVG 2001 Nr. 2; ZBVR 2005, 10 (Ilbertz)
24. 6. 2 AZR 461/03	BGB § 620 Kündigungserklärung Nr. 22	NZA 2004, 1330; ZTR 2005, 103; EzA § 102 BetrVG 2001 Nr. 9

Fundstellenverzeichnis

Datum	Fundstelle AP	Weitere Fundstellen
29. 6. 1 ABR 21/03	BetrVG 1972 § 87 Überwachung Nr. 41 (Ehmann)	Betrieb **2004**, 2377; NZA **2004**, 1278; BB **2005**, 102 (Hunold); BAGReport **2005**, 15 (Oetker); AiB **2005**, 225 (Wilke); EzA § 611 BGB **2002** Persönlichkeitsrecht Nr. 2 (Bender); NJW **2005**, 313
15. 7. 6 P 15.03 (BVerwG)	BPersVG § 47 Nr. 5	ZTR **2004**, 607
21. 7. 7 ABR 38/04	BetrVG 1972 § 9 Nr. 8	Betrieb **2005**, 236; EzA § 9 BetrVG **2001** Nr. 3
21. 7. 7 ABR 57/03	BetrVG 1972 § 4 Nr. 1	ZBVR **2004**, 58 (Ilbertz); EzA § 4 BetrVG **2001** Nr. 1
21. 7. 7 ABR 58/03	BetrVG 1972 § 47 Nr. 13	Betrieb **2005**, 730; EzA § 47 BetrVG **2001** Nr. 1; NZA **2005**, 170
21. 7. 7 ABR 62/03	BetrVG 1972 § 51 Nr. 4	EzA § 51 BetrVG **2001** Nr. 1; NZA **2005**, 173; Betrieb **2005**, 1066
24. 8. 1 ABR 23/03	BetrVG 1972 § 112 a Nr. 12	ZIP **2005**, 543; NZA **2005**, 302; Betrieb **2005**, 397; EzA § 112 BetrVG **2001** Nr. 12; AuA **2004**, 51 (Hunold)
24. 8. 1 ABR 28/03	BetrVG 1972 § 98 Nr. 12	NZA **2005**, 371; Betrieb **2005**, 781; EzA § 98 BetrVG **2001** Nr. 1
25. 8. 1 AZB 41/03	BetrVG 1972 § 23 Nr. 41	EzA § 78 ArbGG 1979 Nr. 7
16. 9. 2 AZR 511/03	BetrVG 1972 § 102 Nr. 142	AuA **2005**, 247 (Reichel); EzA § 102 BetrVG **2001** Nr. 10; ZBVR **2004**, 62 (Ilbertz)
29. 9. 1 ABR 29/03	BetrVG 1972 § 87 Nr. 112	ZBVR **2005**, 30 (Ilbertz); NZA **2005**, 313; Betrieb **2005**, 343; EzA § 87 BetrVG **2001** Arbeitszeit Nr. 6
29. 9. 1 ABR 30/03	BetrVG 1972 § 40 Nr. 81	NZA **2005**, 123; BB **2005**, 163; ZIP **2005**, 183; EzA § 40 BetrVG **2001** Nr. 7
29. 9. 1 ABR 39/03	BetrVG 1972 § 99 Versetzung Nr. 40	NZA **2005**, 420; Betrieb **2005**, 951
29. 9. 1 AZR 445/03	BetrVG 1972 § 77 Nachwirkung Nr. 16	NZA **2005**, 532; Betrieb **2005**, 1064
29. 9. 5 AZR 559/03	BetrVG 1972 § 87 Arbeitszeit Nr. 111	EzA § 87 BetrVG **2001** Arbeitszeit Nr. 5; ZTR **2005**, 274
7. 10. 2 AZR 81/04	KSchG 1969 § 15 Nr. 56	Betrieb **2005**, 334, **2004**, 2752 (U. Fischer); NZA **2005**, 156; EzA § 15 KSchG n. F. Nr. 57; BB **2005**, 894
13. 10. 7 ABR 5/04	WahlO BetrVG 1972 § 2 Nr. 1	Betrieb **2005**, 675; AiB **2005**, 245 (Mittländer); AuA **2004**, 177 (Stück); EzA § 19 BetrVG **2001** Nr. 4
13. 10. 7 ABR 56/03	BetrVG 1972 § 54 Nr. 9	
13. 10. 7 ABR 6/04	BetrVG 1972 § 5 Nr. 71	ZIP **2005**, 726; NZA **2005**, 480; Betrieb **2005**, 837
21. 10. 3 Sa 77/04 (LAG Bremen)	BetrVG 1972 § 113 Nr. 48	
26. 10. 1 ABR 31/03	BetrVG 1972 § 87 Arbeitszeit Nr. 113	NZA **2005**, 538
26. 10. 1 ABR 37/03	BetrVG 1972 § 99 Eingruppierung Nr. 29	NZA **2005**, 367; Betrieb **2005**, 561; EzA § 99 BetrVG **2001** Umgruppierung Nr. 2
26. 10. 1 ABR 45/03	BetrVG 1972 § 99 Versetzung Nr. 41	NZA **2005**, 535
26. 10. 1 AZR 493/03	BetrVG 1972 § 113 Nr. 49	NZA **2005**, 237; BB **2005**, 559; Betrieb **2005**, 115; AuA **2005**, 246 (Holtkamp); ZIP **2005**, 272; BAGReport **2005**, 122 (Rieble/Bitta); EzA § 113 BetrVG **2001** Nr. 5

Fundstellenverzeichnis

Datum	Fundstelle AP	Weitere Fundstellen
26. 10. 1 AZR 503/03	BetrVG 1972 § 112 Nr. 171	EzA § 112 BetrVG 2001 Nr. 11
10. 11. 7 ABR 12/04	BetrVG 1972 § 8 Nr. 11	
10. 11. 7 ABR 17/04	BetrVG 1972 § 3 Nr. 2	EzA § 3 BetrVG 2001 Nr. 1
10. 11. 7 ABR 19/04	BetrVG 1972 § 17 Nr. 7	NZA **2005**, 426; Betrieb **2005**, 1011
10. 11. 7 AZR 131/04	BetrVG 1972 § 37 Nr. 140	
16. 11. 1 ABR 53/03	BetrVG 1972 § 82 Nr. 3	Betrieb **2005**, 504; NZA **2005**, 416; EzA § 82 BetrVG 2001 Nr. 1; BAGReport **2005**, 1 (Tschöpe); AR-Blattei ES 380 Nr. 122
16. 11. 1 AZR 642/03	BetrVG 1972 § 111 Nr. 58	EzA § 111 BetrVG Nr. 2; EzA § 83 BetrVG 2001 Nr. 1
1. 12. 7 ABR 18/04	BetrVG 1972 § 40 Nr. 82	
11. 12. Rs C 19/02 Hlozek (EuGH)	EWG-Richtlinie Nr. 75/117 Nr. 20	BB **2005**, 273; Betrieb **2005**, 167
14. 12. 1 ABR 54/03	BetrVG 1972 § 99 Nr. 121	Betrieb **2005**, 729; NZA **2005**, 424; BB **2005**, 1170; BAG **113**, 102
14. 12. 1 ABR 55/03	BetrVG 1972 § 99 Nr. 122	NZA **2005**, 827; Betrieb **2005**, 1524; EzA § 99 BetrVG 2001 Nr. 6; AR-Blattei ES 530.14.3 Nr. 213; BAG **113**, 109
16. 12. 2 ABR 7/04	BGB § 626 Nr. 191	EzA § 626 BGB 2002 Nr. 7; AuA **2005**, 565
2005 18. 1. 3 ABR 21/04	BetrVG 1972 § 77 Nr. 24 (v. Hoyningen-Huene)	NZA **2006**, 167; Betrieb **2005**, 2417; AR-Blattei ES 520 Nr. 85; EzA § 77 BetrVG 2001 Nr. 11; BAG **113**, 173
25. 1. 1 ABR 59/03	BetrVG 1972 § 87 Arbeitszeit Nr. 114 (Kort)	NZA **2005**, 945, 910 (Hunold); Betrieb **2005**, 1630; ZTR **2005**, 497; AiB **2006**, 386 (Müller); EzA § 99 BetrVG 2001 Einstellung Nr. 3 (Thüsing, Fuhlrott); ArbuR **2007**, 120 (Wulff, Richter); SAE **2006**, 80 (Brors); AR-Blattei ES 530.14.3 Nr. 214; BAG **113**, 206
25. 1. 1 ABR 61/03	BetrVG 1972 § 99 Einstellung Nr. 48 (Thüsing, Jamann)	NZA **2005**, 1199; Betrieb **2005**, 1693; BB **2005**, 2189; ArbRB **2005**, 296 (Ohle); EzA § 99 BetrVG 2001 Nr. 7; AR-Blattei ES 1100 Nr. 35; BAG **113**, 218
27. 1 Rs. C 188/03 Junk (EuGH)	KSchG 1969 § 17 Nr. 18	ZIP **2005**, 230, 593 (Ferme); NZA **2005**, 213; Betrieb **2005**, 453; NJW **2005**, 1099; **2007**, 721 (Lembke, Oberwinter); ZfA **2006**, 437 (Franzen); FA **2005**, 290 (Bauer); BB **2005**, 885 (Dornbusch); EzA § 17 KSchG Nr. 13; AR-Blattei ES 1020.2 Nr. 12; EuGHE I **2005**, 885
15. 2. 9 AZR 116/04	BGB § 612 a Nr. 15	NZA **2005**, 1117; Betrieb **2005**, 224, 2634 (Thüsing, Wege); ZTR **2005**, 657; ArbRB **2005**, 344 (Gaul, Otto); AR-Blattei ES 1183 Nr. 2 (Peifer); EzA § 612 a BGB 2002 Nr. 2; BAG **113**, 327
16. 02 7 AZR 330/04	BetrVG 1972 § 37 Nr. 141	NZA **2005**, 936; ZTR **2005**, 550; EzA § 37 BetrVG 2001 Nr. 4
23. 2. 4 AZR 79/04	TVG § 1 Tarifverträge: Verkehrsgewerbe Nr. 12	ZTR **2005**, 646; NZA-RR **2005**, 559

Fundstellenverzeichnis

Datum	Fundstelle AP	Weitere Fundstellen
24. 2. 2 AZR 207/04	KSchG 1969 § 17 Nr. 20	NZA **2005**, 766; Betrieb **2005**, 1576, 1570 (Bauer, Krieger, Powietzka); ZIP **2005**, 1330; AuA **2005**, 498 (Stück); ArbRB **2005**, 228 (Hülbach); SAE **2006**, 72 (Nicolai); EzA § 17 KSchG Nr. 14 (Brehm)
16. 3. 7 ABR 37/04	BetrVG 1972 § 51 Nr. 5	NZA **2005**, 1069; ArbRB **2005**, 270 (Oetter); ZBVR **2005**, 105 (Ilbertz); EzA § 51 BetrVG 2001 Nr. 2; AR-Blattei ES 530.12 Nr. 33; BAG **114**, 110
16. 3. 7 ABR 33/04	BetrVG 1972 § 47 Nr. 14	EzA § 47 BetrVG 2001 Nr. 2; AR-Blattei ES 530.12 Nr. 32
16. 3. 7 ABR 43/04	BetrVG 1972 § 28 Nr. 6	NZA **2005**, 1072; SAE **2005**, 345, 349 (Lange); ArbRB **2005**, 270 (Oetter); dbr **2005**, Nr 11, 37 (Wolff); EzA § 28 BetrVG 2001 Nr. 2; AR-Blattei ES 530.8 Nr. 50; BAG **114**, 136
16. 3. 7 ABR 40/04	BetrVG 1972 § 15 Nr. 3 (Ubber)	NZA **2005**, 1252, 1228 (Weller); BB **2005**, 2521 (Podewin); AiB **2005**, 716 (Schneider); EWiR **2005**, 751 (Brock, Windeln); RdA **2006**, 186 (Kamanabrou); EzA § 15 BetrVG 2001 Nr. 1; AR-Blattei ES 530.6 Nr. 86; BAG **114**, 119
17. 3. 8 ABR 8/04	TVG § 1 Tarifverträge: Einzelhandel Nr. 90	AiB **2005**, 694, 695 (Thannheiser); EzA § 4 TVG Eingruppierung Nr. 10
17. 3. 2 AZR 275/04	BetrVG 1972 § 27 Nr. 6	NZA **2005**, 1064; SAE **2005**, 315; AiB **2006**, 178, 179 (Müller); SAE **2005**, 315, 320 (Weinspach); EzA § 28 BetrVG 2001 Nr. 1; AR-Blattei ES 530.10 Nr. 99
22. 3. 1 ABR 64/03	TVG § 4 Geltungsbereich Nr. 26 (Wiese)	NZA **2006**, 383; RdA **2006**, 312 (Waas); ArbRB **2005**, 331 (Groeger); EzA § 77 BetrVG 2001 Nr. 10; AR-Blattei ES 520 Nr. 86; BAG **114**, 162;
22. 3. 1 AZR 49/04	BetrVG 1972 § 75 Nr. 48	NZA **2005**, 773; Betrieb **2005**, 1467; EzA § 75 BetrVG 2001 Nr. 2; AR-Blattei ES 520 Nr. 84; BAG **114**, 179
1. 4. 18 Sa 1950/04	BGB § 613 a Nr. 295 (Meyer)	Betrieb **2005**, 1741, 2465 (Gaul, Otto); ZInsO **2005**, 1284; EWiR **2006**, 395 (Lelley)
19. 4. 3 AZR 468/04	BetrAVG § 1 Betriebsvereinbarung Nr. 9	Betrieb **2005**, 1527; EzA § 1 BetrAVG Ablösung Nr. 43
20. 4. 7 ABR 14/04	BetrVG 1972 § 40 Nr. 84	NZA **2005**, 1010, 1149 (Hunold); Betrieb **2005**, 2754; AiB **2006**, 56, 59 (Peter); ArbRB **2005**, 295 (Oetter); AuA **2006**, 370 (Rudolph); AR-Blattei ES 530.8 Nr. 51
20. 4. 7 ABR 47/04	BetrVG 1972 § 38 Nr. 29	NZA **2005**, 1013; ArbRB **2005**, 329 (Oetter); dbr **2005**, Nr 12, 37 (Burgmer); EzA § 38 BetrVG 2001 Nr 3; AR-Blattei ES 530.8 Nr. 52
20. 4. 7 ABR 44/04	BetrVG 1972 § 38 Nr. 30	NZA **2005**, 1426; Betrieb **2005**, 2416; ArbRB **2005**, 364 (Oetter); EzA § 38 BetrVG 2001 Nr. 4; AR-Blattei ES 530.6.2 Nr. 10; BAG **114**, 228
26. 4. 1 ABR 1/04	BetrVG 1972 § 87 Nr. 118 Arbeitszeit	NZA **2005**, 884; Betrieb **2005**, 2030; AuR **2006**, 123 (Ulber); AR-Blattei ES 530.14.2 Nr. 173
26. 4. 1 AZR 76/04	BetrVG 1972 § 87 Nr. 12	NZA **2005**, 892; BB **2005**, 2418; AR-Blattei ES 530.14.2 Nr. 174
12. 5. 2 AZR 149/04	BetrVG 1972 § 102 Nr. 145	NZA **2005**, 1358; EzA § 102 BetrVG 2001 Nr. 13
25. 5. 7 ABR 45/04	BetrVG 1972 § 24 Nr. 13	NZA **2005**, 1002; AiB **2006**, 322 (Rudolph); EzA § 40 BetrVG 2001 Nr. 9
25. 5. 7 ABR 10/04	BetrVG 1972 § 47 Nr. 16	NZA **2006**, 215; EzA § 47 BetrVG 2001 Nr. 3
25. 5. 7 ABR 39/04	BetrVG 1972 § 14 Nr. 2	NZA **2006**, 116; EzA § 14 BetrVG 2001 Nr. 1
31. 5. 1 AZR 254/04	BetrVG 1972 § 112 Nr. 17	NZA **2005**, 997; EzA § 112 BetrVG 2001 Nr. 14

Fundstellenverzeichnis

Datum	Fundstelle AP	Weitere Fundstellen
31. 5. 1 ABR 22/04	BetrVG 1972 § 112 Nr. 125	NZA **2006**, 56; EzA § 87 BetrVG 2001 Betriebliche Lohngestaltung Nr. 7
22. 6. 7 ABR 57/04	BetrVG 1972 § 1 Nr. 23	NZA **2005**, 1248; EzA § 1 BetrVG 2001 Nr. 4
23. 6. 2 AZR 193/04	ZPO § 138 Nr. 11	NZA **2005**, 1233; EzA § 102 BetrVG 2001 Nr. 12
28. 6. 1 ABR 25/04	BetrVG 1972 § 102 Nr. 146	NZA **2006**, 48; EzA § 102 BetrVG 2001 Nr. 14
28. 6. 1 ABR 26/04	BetrVG 1972 § 99 Nr. 49	NZA **2006**, 111; EzA § 99 BetrVG 2001 Nr. 8
28. 6. 1 AZR 213/04	BetrVG 1972 § 77 Nr. 25	NZA **2005**, 1431; EzA § 77 BetrVG 2001 Nr. 12
19. 7. 3 AZR 472/04	BetrAVG § 1 Nr. 42	NZA **2005**, 1431; Betrieb 2006, 343; AiB **2006** 241 (Perreng); EzA § 1 BetrAVG Betriebliche Übung Nr. 7
21. 7. 6 AZR 592/04	BetrVG 1972 § 113 Nr. 50	NZA **2006**, 162; ZIP **2006**, 199; EzA § 125 InsO Nr. 2; AR-Blattei ES 915 Nr. 54; BAG **115**, 225
26. 7. 1 ABR 29/04	BetrVG 1972 § 95 Nr. 43 (Bauer/Krieger)	NZA **2005**, 1372; BB **2005**, 2819; Betrieb **2005**, 2530; MDR **2006**, 272; AiB **2006**, 710 (Vollrath); AuA **2005**, 749 (Mohnke); SAE **2006**, 261 (Jacobs/Burger); EzA § 23 BetrVG 2001 Nr. 1; AR-Blattei ES 530.14.3 Nr. 215; BAG **115**, 239
27. 7. 7 ABR 54/04	BetrVG 1972 § 19 WahlO Nr. 1	NZA **2006**, 59; AuA **2006**, 176 (Rudolph); EzA § 19 BetrVG 2001 Nr. 5; AR-Blattei ES 530.6 Nr 89 (Pfeifer); BAG **115**, 257
16. 8. 9 AZR 470/04	TVG § 1 Altersteilzeit Nr. 25	NZA **2006**, 1052; Betrieb **2006**, 677; NZI **2006**, 304 (Krüger/Marx); EzA § 823 BGB 2002 Nr. 2
16. 8. 9 AZR 79/05	TVG § 1 Altersteilzeit Nr. 24	NZA **2006**, 1057; Betreib **2006**, 679; EWiR **2006**, 333 (Hertzfeld); EzA § 823 BGB 2002 Nr 3
17. 8. 7 AZR 528/04	BetrVG 1972 § 37 Nr. 142	NZA **2006**, 448; ZTR **2006**, 285; EzA § 37 BetrVG 2001 Nr. 5
17. 8. 7 ABR 56/04	InsO § 55 Nr. 10	NZA **2006**, 109; ZIP **2006**, 144; EWiR **2006**, 687 (Moll/Leisbrock); EzA § 40 BetrVG 2001 Nr. 10; AR-Blattei ES 530.8.1 Nr 95; BAG **115**, 332
22. 9. 2 AZR 519/04	SBG IX § 81 Nr. 10	NZA **2006**, 486; Betrieb **2006**, 952; EzA § 81 SGB IX Nr. 10; AR-Blattei ES 1440 Nr. 140; BAG **116**, 7
22. 9. 6 AZR 607/04	KSchG 1969 § 1 Wartezeit Nr. 20	NZA **2006**, 429; NJW **2006**, 1612; EzA § 1 KSchG Nr. 58
22. 9. 2 AZR 366/04	BGB § 130 Nr. 24	NZA **2006**, 204; AuA **2006**, 117 (Holtkamp); EzA § 130 BGB 2002 Nr. 5
22. 9. 6 AZR 526/04	UmwG § 323 Nr. 1	NZA **2006**, 658; BB **2006**, 1278 (Schramm); Betrieb **2006**, 788; MDR **2006**, 936; ZIP **2006**, 631; EzA § 113 InsO Nr 18; BAG **116**, 19
29. 9. 8 AZR 647/04	KSchG 1969 § 1 Betriebsbedingte Kündigung Nr. 139	NZA **2006**, 720; DZWIR **2006**, 461 (Bichlmeier); EzA § 1 KSchG Betriebsbedingte Kündigung Nr. 140
6. 10. 2 AZR 316/04	BetrVG 1972 § 102 Nr. 150	NZA **2006**, 990; EzA § 102 BetrVG 2001 Nr. 16
19. 10. 7 AZR 32/05	BetrVG 1972 § 77 Betriebsvereinbarung Nr 26	NZA **2006**, 393; BB **2006**, 1747; EzA § 77 BetrVG 2001 Nr. 13
1. 11. 1 AZR 355/04	BAT § 33 Nr. 16 (Stein)	ZTR **2006**, 445; EzA § 4 TVG Tariflohnerhöhung Nr. 46; BAG **116**, 175
10. 11. 2 AZR 623/04	BGB § 626 Nr. 196	NZA **2006**, 491; AiB **2006**, 762 (Piezynski); EzA § 626 BGB 2002 Nr. 11
15. 11. 3 AZR 521/04	BetrAVG § 17 Nr. 36	NZA-RR **2006**, 482

Fundstellenverzeichnis

Datum	Fundstelle AP	Weitere Fundstellen
16. 11. 7 ABR 12/05	BetrVG 1972 § 80 Nr. 64	NZA **2006**, 553; BB **2006**, 1004; Betrieb **2006**, 1437; MDR **2006**, 999; AiB **2006**, 758 (Plessner); AuA **2006**, 495 (Stück); RdA **2007**, 44 (Lunk); EzA § 80 BetrVG 2001 Nr. 4; AR-Blattei ES 530.10 Nr. 101; BAG **116**, 192
16. 11. 7 ABR 9/05	SGB IX § 94 Nr. 4	NZA **2006**, 340; Betrieb **2006**, 847; AiB **2006**, 447 (Rudolph); SAE **2007**, 155 (Boch); EzA § 94 SGB IX Nr. 3; AR-Blattei ES 1440 Nr 139; BAG **116**, 205
16. 11. 7 ABR 11/05	BetrVG 1972 § 28 Nr. 7	NZA **2006**, 445; Betrieb **2006**, 731; EzA § 28 BetrVG 2001 Nr. 3; AR-Blattei ES 530.10 Nr. 100
17. 11. 6 AZR 118/05	KSchG 1969 § 15 Nr. 60	NZA **2006**, 370; ZIP **2006**, 918; EzA § 1 KSchG Soziale Auswahl Nr. 64
22. 11. 1 AZR 407/04	BGB § 615 Anrechnung Nr. 5	NZA **2006**, 736; Betrieb **2006**, 1907; ZIP **2006**, 1312; EzA § 615 BGB 2002 Nr. 14; AR-Blattei ES 80 Nr. 62; BAG **116**, 246
22. 11. 1 AZR 458/04	BetrVG 1972 § 112 Nr. 176	NZA **2006**, 220; ZIP **2006**, 489; DZWIR **2006**, 409 (Oberhofer); EWiR **2006**, 327 (Grimm/Brock); EzA § 112 BetrVG 2001 Nr. 15
22. 11. 1 ABR 50/04	BetrVG 1972 § 85 Nr. 2	NZA **2006**, 803; EzA § 85 BetrVG 2001 Nr. 1 (Lunk); AR-Blattei ES 630 Nr 80; BAG **116**, 235
22. 11. 1 ABR 49/04	BetrVG 1972 § 117 Nr. 7	NZA **2006**, 389; EzA § 99 BetrVG 2001 Versetzung Nr. 1; AR-Blattei ES 530. 14.3 Nr. 219; BAG **116**, 223
24. 11. 2 ABR 55/04	BetrVG 1972 § 103 Nr. 55	EzA § 103 BetrVG 2001 Nr. 5
13. 12. 9 AZR 436/04	ATG § 8 a Nr. 1	NZA **2006**, 729; Betrieb **2006**, 1619; ZIP **2006**, 1213; EzA § 823 BGB 2002 Nr. 4; AR-Blattei ES 1400 Nr. 76; BAG **116**, 293
13. 12. 1 AZR 551/04	BetrVG 1972 § 112 Nr. 179	NZA **2006**, 1430; EzA § 112 BetrVG 2001 Nr. 16
13. 12. 1 ABR 51/04	BetrVG 1972 § 99 Einstellung Nr. 50	NZA **2006**, 1369; AiB **2007**, 52 (Müller);AuA **2006**, 561 (Mohnke); EzA § 99 BetrVG 2001 Einstellung Nr. 4
2006 12. 1. 2 AZR 242/05	BGB § 626 Krankheit Nr. 13	NZA **2006**, 512; ZTR **2006**, 338; EzA § 626 BGB 2002 Unkündbarkeit Nr. 9
24. 1. 3 AZR 583/04	BGB § 313 Nr. 1	NZA **2006**, 1431; Betrieb **2006**, 1621
24. 1. 3 AZR 483/04	BetrAVG § 1 Ablösung Nr. 50	EWiR **2007**, 485 (Cisch); EzA § 1 BetrAVG Ablösung Nr. 46
24. 1. 1 ABR 6/05	ArbZG § 3 Nr. 8	NZA **2006**, 862; BB **2006**, 1685 (Meinel); Betrieb **2006**, 1161; ZTR **2006**, 371; EzA § 87 BetrVG 2001 Arbeitszeit Nr. 8; AR-Blattei ES 240.1 Nr 37
24. 1. 1 ABR 60/04	BetrVG 1972 § 80 Nr. 65	NZA **2006**, 1050; EzA § 80 BetrVG 2001 Nr. 5
1. 2. 5 AZR 187/05	BetrVG 1972 § 77 Nr. 28	NZA **2006**, 563; NJW **2006**, 2060; BB **2006**; 1057; Betrieb **2006**, 1165; AuA **2006**, 752 (Möller); EzA § 310 BGB 2002 Nr. 3; AR-Blattei ES 35 Nr. 13
21. 2. 3 AZR 77/05	BetrAVG § 1 Auslegung Nr. 4	NZA **2006**, 879
28. 2. 1 AZR 460/04	GG Art. 9 Nr. 127 (Richardi)	NZA **2006**, 798; BB **2006**, 1798; Betrieb **2006**, 1381; AuA **2006**, 492 (Vogel); RdA **2007**, 110 (Dieterich); EzA Art 9 GG Nr. 87; AR-Blattei ES 1650 Nr 23 (Boemke)
28. 2. 1 ABR 1/05	BetrVG 1972 § 99 Einstellung Nr. 51	NZA **2006**, 1178; Betrieb **2006**, 2183; EzA § 99 BetrVG 2001 Nr. 10; AR-Blattei ES 530. 14.3 Nr. 220

Fundstellenverzeichnis

Datum	Fundstelle AP	Weitere Fundstellen
28. 2. 1 ABR 4/05	BetrVG 1972 § 87 Lohngestaltung Nr. 127 (Engels)	NZA **2006**, 1426; BB **2006**, 2419; Betrieb **2006**, 2823; ZTR **2007**, 111; EzA § 87 BetrVG 2001 Betriebliche Lohngestaltung Nr. 9; AR-Blattei ES 530. 14.2 Nr. 179
1. 3. 5 AZR 363/05	BGB § 308 Nr. 3 (Fuchs)	NZA **2006**, 746; BB **2006**, 1282; Betrieb **2006**, 1377; AiB **2006**, 640 (Mittag); AuA **2006**, 428 (Hunold); ZTR **2006**, 505; EzA § 4 TVG Tariflohnerhöhung Nr. 48; SAE **2006**, 228 (Natzel)
8. 3. 10 AZR 186/05	BGB § 611 Gewerkschaftsangestellte Nr. 7	ZTR **2006**, 585
15. 3. 7 ABR 24/05	BetrVG 1972 § 118 Nr. 79	NZA **2006**, 1422; ZTR **2006**, 564; EzA § 118 BetrVG 2001 Nr 5
23. 3. 2 AZR 162/05	KSchG 1969 § 1 Konzern Nr. 13	NZA **2007**, 30; Betrieb **2006**, 2351; ZIP **2006**, 2279; AuA **2007**, 119 (Schmidt); EzA § 1 KSchG Betriebsbedingte Kündigung Nr 147; AR-Blattei ES 1010.9 Nr. 108
28. 3. 1 ABR 59/04	BetrVG 1972 § 87 Lohngestaltung Nr. 128	NZA **2006**, 1367; EzA § 83 ArbGG 1979 Nr. 10; AR-Blattei ES 530. 14.2 Nr. 177
28. 3. 1 ABR 5/05	BetrVG 1972 § 112 a Nr. 12 (Oetker)	NZA **2006**, 932; BB **2006**, 2084; Betrieb **2006**, 1792; ZIP **2006**, 1460; EWiR **2006**, 583 (Oetker); EzA § 111 BetrVG 2001 Nr. 4; AR-Blattei ES 1470 Nr. 95
11. 4. 9 AZR 557/05	§ 307 BGB Nr. 17 (Benecke)	NZA **2006**, 1149; NJW **2006**, 3303 (Hohenstatt); BB **2006**, 2195; Betrieb **2007**, 289; ZIP **2007**, 443; EWiR **2006**, 747 (Lelley); AuA **2006**, 751 (Schröder); ZTR **2007**, 91; EzA § 308 BGB 2002 Nr. 5; AR-Blattei ES 35 Nr. 17
27. 4. 6 AZR 364/05	InsO § 38 Nr. 4 (Kocher)	NZA **2006**, 1282; BB **2006**, 2474; NZI **2006**, 716; Betrieb **2006**, 2296; ZIP **2006**, 1962; EzA § 55 InsO Nr. 12; AR-Blattei ES 915 Nr. 64
3. 5. 1 ABR 15/05	BetrVG 1972 § 50 Nr. 29	BB **2006**, 2250; Betrieb **2006**, 2410; ZIP **2006**, 1596; AiB **2007**, 494 (Trittin); Rda **2007**, 114 (Joussen); EzA § 112 BetrVG 2001 Nr. 17; AR-Blattei ES 530.12 Nr. 36
3. 5. 4 AZR 189/05	BGB § 612 a Nr. 17 (Krebber)	NZA **2006**, 1420; BB **2006**, 2758; Betrieb **2006**, 2638; ZTR **2007**, 158; EzA § 612 a BGB 2002 Nr. 3; AR-Blattei ES 10 Nr. 23 (Pfeifer)
3. 5. 1 ABR 2/05	BetrVG 1972 § 99 Nr. 31	NZA **2007**, 47; Betrieb **2006**, 2746; EzA § 99 BetrVG 2001 Umgruppierung Nr. 3; AR-Blattei ES 530. 14.3 Nr. 221
3. 5. 1 ABR 14/05	BetrVG 1972 § 87 Nr. 119	Betrieb **2007**, 60; EzA § 87 BetrVG 2001 Arbeitszeit Nr. 9; AR-Blattei ES 530. 14.2 Nr. 178
18. 5. 2 AZR 245/05	KSchG 1969 § 1 Betriebsbedingte Kündigung Nr. 157	ZTR **2007**, 50; EzA § 1 KSchG Betriebsbedingte Kündigung Nr. 148; AR-Blattei ES 1500 Nr. 80
18. 5. 6 AZR 627/05	KSchG 1969 § 15 Ersatzmitglied Nr. 2	NZA **2006**, 1037; NJW **2006**, 3020; Betrieb **2006**, 2693; AuA **2006**, 749 (Rudolph); EzA § 69 ArbGG 1979 Nr. 5
30. 5. 1 AZR 25/05	InsO § 209 Nr. 5	NZA **2006**, 1122; BB **2006**, 1745; NZI **2007**, 126; Betrieb **2006**, 1851; ZIP **2006**, 1510; EWiR **2007**, 213 (Henkel); AuA **2007**, 250 (Stück); EzA § 113 BetrVG 2001 Nr. 7; AR-Blattei ES 915 Nr. 63
30. 5. 1 ABR 17/05	BetrVG 1972 § 118 Nr. 80	NZA **2006**, 1291; Betrieb **2006**, 2748; EzA § 98 BetrVG 2001 Nr. 2; AR-Blattei ES 1570 Nr. 70
30. 5. 1 AZR 111/05	BetrVG 1972 § 77 Tarifvorbehalt Nr. 23	NZA **2006**, 1170; BB **2006**, 2356; Betrieb **2006**, 1795; EzA § 77 BetrVG 2001 Nr. 14; AR-Blattei ES 1540 Nr. 58

Fundstellenverzeichnis

Datum	Fundstelle AP	Weitere Fundstellen
27. 6. 3 AZR 255/05	BetrAVG § 1 Ablösung Nr. 49 (Winkelmann)	NZA 2006, 1285; Betrieb 2007, 118; BetrAV 2006, 685; EzA § 1 BetrAVG Ablösung Nr. 45; AR-Blattei ES 460 Nr. 448
27. 6. 1 AZR 322/05	BetrVG 1972 § 112 Nr. 180	NZA 2006, 1238; BB 2006, 2027; Betrieb 2006, 2131; MDR 2007, 159; ZIP 2006, 1836; EzA § 112 BetrVG 2001 Nr. 18; AR-Blattei ES 1470 Nr. 96
27. 6. 1 ABR 18/05	BetrVG 1972 § 112 a Nr. 14	NZA 2007, 106; Betrieb 2007, 63; ZIP 2007, 39; EzA § 112 a BetrVG 2001 Nr. 2; AR-Blattei ES 1470 Nr. 97
27. 6. 1 ABR 35/05	BetrVG 1972 § 95 Nr. 47	NZA 2006, 1289; BB 2006, 2647; Betrieb 2006, 2468; MDR 2007, 281; AuA 2007, 120 (Stück); EzA § 95 BetrVG 2001 Nr. 3; AR-Blattei ES 530. 14.3 Nr. 222
28. 6. 10 AZR 385/05	BGB § 242 Betriebliche Übung Nr. 74	NZA 2006, 1174; Betrieb 2007, 113; EzA § 242 BGB 2002 Betriebliche Übung Nr. 7; AR-Blattei ES 510 Nr. 41
28. 6. 10 ABR 42/05	BetrVG 1972 § 99 Eingruppierung Nr. 30	NZA-RR 2006, 648; BB 2006, 1913; Betrieb 2006, 2016; AuA 2006, 616; PflR 2006, 468 (Roßbruch); EzA § 99 BetrVG 2001 Eingruppierung Nr. 1; AR-Blattei ES 1530 Nr. 58
6. 7. 2 AZR 520/05	KSchG 1969 § 1 Nr. 80	NZA 2007, 266; ZIP 2006, 2329; EzA § 1 KSchG Soziale Auswahl Nr. 68
18. 7. 1 AZR 578/05	ZPO § 850 Nr. 15	NZA 2007, 462; NJW 2007, 1302; BB 2007, 221 (Schielke); Betrieb 2007, 227; EzA § 75 BetrVG 2001 Nr. 4; AR-Blattei ES 1130 Nr. 82
22. 8. 3 AZR 319/05	BetrVG 1972 § 77 Betriebsvereinbarung Nr. 30	Betrieb 2007, 639; EzA § 77 BetrVG 2001 Nr 17
23. 8. 7 ABR 55/05	BetrVG 1972 § 40 Nr. 88	NZA 2007, 337; AiB 2007, 363 (Lück)
23. 8. 7 ABR 51/05	BetrVG 1972 § 54 Nr. 12	EzA § 54 BetrVG 2001 Nr. 2
24. 8. 8 AZR 317/05	KSchG 1969 § 1 Nr. 152 Betriebsbedingte Kündigung	EzA § 613 a BGB 2002 Nr. 60
24. 8. 8 AZR 414/05	BGB § 276 Vertragsverletzung Nr. 3	NZA 2007, 51; NJW 2007, 172; Betrieb 2006, 2745; EzA § 40 BetrVG 2001 Nr. 11; AR-Blattei ES 1400 Nr. 78
19. 9. 1 ABR 58/05	BetrVG 1972 § 77 Betriebsvereinbarung Nr. 29	EzA § 77 BetrVG 2001 Nr. 16
19. 9. 1 ABR 53/05	BetrVG 1972 § 2 Nr. 5	NZA 2007, 518; NJW 2007, 1018; Betrieb 2007, 1256; ZTR 2007, 468; EzA Art 9 GG Nr. 89; AR-Blattei ES 1550.2.1 Nr. 13 (C. W. Hergenröder)
20. 9. 6 AZR 219/06	KSchG 1969 § 17 Nr. 24	
20. 9. 6 AZR 249/05	BGB § 613 a Nr. 316	NZA 2007, 387; ZIP 2007, 595; EWiR 2007, 363 (Grimm/Michaelis); EzA § 613 a BGB 2002 Nr. 62
10. 10. 1 AZR 811/05	BPersVG § 75 Nr. 85	NZA 2007, 637; ZTR 2007, 407; EzA § 75 BPersVG Nr. 3
10. 10. 1 ABR 68/05	BetrVG 1972 § 80 Nr. 68	NZA 2007, 99; BB 2007, 106; Betrieb 2007, 174; AiB 2007, 422 (Thannheiser); AuA 2007, 374 (Stück); EzA § 80 BetrVG 2001 Nr. 6; AR-Blattei ES 530. 14.1 Nr. 67
10. 10. 1 ABR 59/05	BetrVG 1972 § 77 Nr. 24	NZA 2007, 523; Betrieb 2007, 751; EzA § 77 BetrVG 2001 Nr. 18
18. 10. 2 AZR 434/05	BetrVG 1972 § 92 a Nr. 1	NZA 2007, 552; Betrieb 2007, 810; EzA § 1 KSchG Betriebsbedingte Kündigung Nr. 151
18. 10. 2 AZR 473/05	KSchG 1969 § 1 Nr. 86 Soziale Auswahl	NZA 2007, 504; Betrieb 2007, 922; EzA § 1 KSchG Soziale Auswahl Nr. 70

Fundstellenverzeichnis

Datum	Fundstelle AP	Weitere Fundstellen
9. 11. 2 AZR 812/05	KSchG 1969 § 1 Soziale Auswahl Nr. 87	NZA 2007, 549; NJW 2007, 2429 (Oelkers); BB 2007, 1393 (Bauer); Betrieb 2007, 1087; AuA 2007, 437 (Deich); EzA § 1 KSchG Soziale Auswahl Nr. 71
14. 11. 1 ABR 5/06		NZA 2007, 458; Betrieb 2007, 749; MDR 2007, 782; ZTR 2007, 344; EzA § 87 BetrVG 2001 Arbeitszeit Nr. 10; AR-Blattei ES 530. 14.2 Nr. 181
14. 11. 1 ABR 4/06	BetrVG 1972 § 87 Überwachung Nr. 43	NZA 2007, 399; Betrieb 2007, 1141; EzA § 50 BetrVG 2001 Nr. 6; AR-Blattei ES 530.12 Nr. 37
14. 11. 1 AZR 40/06	BetrVG 1972 § 112 Nr. 181	NZA 2007, 339; BB 2007, 218; Betrieb 2007, 173; ZIP 2007, 197; EzA § 112 BetrVG 2001 Nr. 19; AR-Blattei ES 1470 Nr. 198
15. 11. 7 ABR 15/06	BetrVG 1972 § 78 a Nr. 38	Betrieb 2007, 1646; MDR 2007, 845; EzA § 78 a BetrVG 2001 Nr. 3
6. 12. 4 AZR 798/05	TVG § 1 Sozialplan Nr. 1	NZA 2007, 821; Betrieb 2007, 1362; ZIP 2007, 1173
12. 12. 1 AZR 96/06	BetrVG 1972 § 77 Nr. 94	NZA 2007, 453; Betrieb 2007, 866; MDR 2007, 841; EzA § 88 BetrVG 2001 Nr. 1; AR-Blattei ES 520 Nr. 87
12. 12. 3 AZR 476/05		
12. 12. 1 ABR 13/06	BetrVG 1972 § 99 Eingruppierung Nr. 32	NZA 2007, 348; Betrieb 2007, 527; MDR 2007, 726; AiB 2007, 431 (Rudolph); ZTR 2007, 218; EzA § 99 BetrVG 2001 Eingruppierung Nr. 2
12. 12. 1 ABR 38/05	BetrVG 1972 § 1 Gemeinsamer Betrieb Nr. 27	Betrieb 2007, 1361; EzA § 87 BetrVG 2001 Betriebliche Lohngestaltung Nr. 13
19. 12. 9 AZR 343/06	TVG § 1 Tarifverträge: Versicherungsgewerbe Nr. 17	NZA 2007, 759; EzA § 4 TVG Ausschlussfristen Nr. 187

2007

17. 1. 7 ABR 63/05	BetrVG 1972 § 4 Nr. 18	NZA 2007, 703; Betrieb 2007, 1872; EzA § 4 BetrVG 2001 Nr. 2
13. 2. 1 AZR 163/06		NZA 2007, 756; Betrieb 2007, 1315; ZIP 2007, 1075; AuA 2007, 434; EzA § 112 BetrVG 2001 Nr. 20
13. 2. 1 ABR 14/06		
13. 2. 1 ABR 18/06	BetrVG 1972 § 87 Ordnung des Betriebes Nr. 40	NZA 2007, 640; Betrieb 2007, 1592; EzA § 87 BetrVG 2001 Betriebliche Ordnung Nr. 2
13. 2. 1 AZR 184/06	BetrVG 1972 § 47 Nr. 17	NZA 2007, 825; Betrieb 2007, 1419; ZIP 2007, 1129
14. 2. 7 ABR 26/06		Betrieb 2007, 1589; ZIP 2007, 1518
13. 3. 1 AZR 262/06	BetrVG 1972 § 112 Nr. 183	
13. 3. 1 AZR 232/06	BetrVG 1972 § 77 Betriebsvereinbarung Nr. 32	NZA-RR 2007, 411
14. 3. 5 AZR 420/06		NZA 2007, 862; Betrieb 2007, 1817; ZIP 2007, 1478
28. 3. 10 AZR 719/05	BetrVG 1972 § 112 Nr. 184	
18. 4. 7 ABR 30/06		
24. 4. 1 ABR 47/06		NZA 2007, 818; Betrieb 2007, 1475

Fundstellenverzeichnis

Datum	Fundstelle AP	Weitere Fundstellen
24. 4. 1 AZR 252/06		Betrieb **2007**, 1924
28. 6. 6 AZR 750/06		
2007		
28. 8. 1 ABR 70/06	BetrVG 1972 § 95 Nr. 53	NZA **2008**, 188; Betrieb **2008**, 70; AuA **2008**, 112; EzA § 95 BetrVG 2001 Nr. 6
2. 10. 1 AZN 793/07	BetrVG 1972 § 75 Nr. 52	NZA **2008**, 848; Betrieb **2008**, 69; EzA § 75 BetrVG 2001 Nr. 6
2. 10. 1 AZR 815/06		NZA-RR **2008**, 242; EzA § 77 BetrVG 2001 Nr. 20
2. 10. 1 ABR 60/06	BetrVG 1972 § 99 Einstellung Nr. 54	NZA **2008**, 244; AiB **2008**, 225; ZTR **2008**, 228; EzA § 99 BetrVG 2001 Einstellung Nr. 7
6. 11. 1 AZR 843/06	BetrVG 1972 § 112 Nr. 193	
6. 11. 1 AZR 960/06	BetrVG 1972 § 112 Nr. 190	NZA **2008**, 232; Betrieb **2008**, AiB **2008**, 673; 356; MDR **2008**, 457; ZIP **2008**, 327; EzA § 112 BetrVG 2001 Nr. 25
6. 11. 1 AZR 826/06	BetrVG 1972 § 77 Betriebsvereinbarung Nr. 35	NZA **2008**, 422; Betrieb **2008**, 1218; AiB **2008**, 616; EzA § 77 BetrVG 2001 Nr. 19
11. 12. 1 ABR 73/06	BetrVG 1972 § 99 Versetzung Nr. 45	NZA-RR **2008**, 353; EzA § 95 BetrVG 2001 Nr. 7
11. 12. 1 AZR 824/06	BetrVG 1972 § 77 Betriebsvereinbarung Nr. 39	NZA-RR **2008**, 298; Betrieb **2008**, 1163; EzA § 77 BetrVG 2001 Nr. 21
2008		
23. 1. 1 ABR 82/06	BetrVG 1972 § 87 Leistungslohn Nr. 9	NZA **2008**, 774; ZTR **2008**, 515
23. 1. 1 AZR 988/06	BetrVG 1972 § 77 Betriebsvereinbarung Nr. 40	NZA **2008**, 709; EzA § 77 BetrVG 2001 Nr. 24
19. 2. 1 ABR 86/06	BetrVG 1972 § 77 Nr. 97	NZA **2008**, 899; Betrieb **2009**, 127
19. 2. 1 ABR 84/06	BetrVG 1972 § 80 Nr. 69	NZA **2008**, 1078; AuA **2008**, 626; ZTR **2008**, 578; EzA § 80 BetrVG 2001 Nr. 8
19. 2. 1 AZR 114/07	BetrVG 1972 § 77 Betriebsvereinbarung Nr. 41	NZA-RR **2008**, 412; Betrieb **2008**, 1384; EzA § 77 BetrVG 2001 Nr. 23
19. 2. 1 AZR 1004/06	BetrVG 1972 § 112 Nr. 191	NZA **2008**, 719; Betrieb **2008**, 1384; AiB **2009**, 172; MDR **2008**, 862; ZIP **2008**, 1087; EzA § 112 BetrVG 2001 Nr. 26
18. 3. 1 ABR 77/06	BetrVG 1972 § 11 Nr. 66	NZA **2008**, 957; Betrieb **2009**, 126; ZIP **2008**, 1444; EzA § 111 BetrVG 2001 Nr. 5
18. 3. 1 ABR 3/07	BetrVG 1972 § 3 Nr. 6	NZA **2008**, 1259; Betrieb **2009**, 795; EzA § 3 BetrVG 2001 Nr. 2
18. 3. 1 ABR 81/06	BetrVG 1972 § 99 Einstellung Nr. 56	NZA **2008**, 832; Betrieb **2008**, 1922; MDR **2008**, 1107; EzA § 99 BetrVG 2001 Einstellung Nr. 9
15. 4. 1 ABR 14/07	BetrVG 1972 § 95 Nr. 54	NZA **2008**, 1020
15. 4. 1 ABR 44/07	BetrVG 1972 § 80 Nr. 70	NZA-RR **2009**, 98; EzA § 80 BetrVG 2001 Nr. 9
15. 4. 1 AZR 86/07	BetrVG 1972 § 77 Nr. 96	NZA **2008**, 1074; ZIP **2008**, 1544; ZTR **2008**, 617
15. 4. 1 AZR 65/07	BetrVG 1972 § 87 Lohngestaltung Nr. 133	NZA **2008**, 888; AiB **2008**, 547; ZTR **2008**, 571; EzA § 87 BetrVG 2001 Betriebliche Lohngestaltung Nr. 15

Fundstellenverzeichnis

Datum	Fundstelle AP	Weitere Fundstellen
20. 5. 1 AZR 203/07	BetrVG 1972 § 112 Nr. 192	NZA-RR 2008, 636; EzA § 112 BetrVG 2001 Nr. 27
20. 5. 1 ABR 19/07	BetrVG 1972 § 81 Nr. 4	NZA-RR 2009, 102
17. 6. 1 ABR 39/07	BetrVG 1972 § 99 Eingruppierung Nr. 34	NZA 2009, 112; Betrieb 2008, 2658; ZTR 2009, 279; EzA § 99 BetrVG 2001 Eingruppierung Nr. 3
17. 6. 1 ABR 38/07	BetrVG 1972 § 99 Versetzung Nr. 47	NZA 2008, 1432; Betrieb 2008, 2771; EzA § 95 BetrVG 2001 Nr. 8
17. 6. 1 ABR 37/07	BetrVG 1972 § 99 Nr. 126	NZA 2009, 280; ZTR 2008, 638; EzA § 99 BetrVG 2001 Umgruppierung Nr. 4
17. 6. 1 ABR 20/07	BetrVG 1972 § 99 Versetzung Nr. 46	NZA 2008, 1139; Betrieb 2008, 2200; MDR 2008, 1282; ZTR 2009, 104
22. 7. 1 ABR 40/07	BetrVG 1972 § 87 Nr. 14	NZA 2008, 1248; BB 2008, 2520; Betrieb 2008, 2485; AiB 2008, 669; ZIP 2008, 2433; EzA § 87 BetrVG 2001 Betriebliche Ordnung Nr. 3
22. 7. 1 AZR 259/07	BetrVG 1972 § 77 Nr. 98	
26. 8. 1 AZR 354/07	BetrVG 1972 § 87 Nr. 15	NZA 2008, 1426; BB 2009, 501; Betrieb 2008, 2709; ZIP 2009, 88; ZTR 2009, 161; EzA § 87 BetrVG 2001 Betriebliche Lohngestaltung Nr. 16
26. 8. 1 AZR 349/07	BetrVG 1972 § 112 Nr. 195	
26. 8. 1 ABR 16/07	BetrVG 1972 § 75 Nr. 54	NZA 2008, 1187; BB 2008, 2743; Betrieb 2008, 2144; ZTR 2008, 632; MDR 2008, 1401; AiB 2009, 108; EzA § 87 BetrVG 2001 Überwachung Nr. 2
30. 9. 1 ABR 81/07		NZA 2009, 112; Betrieb 2009, 350; EzA § 99 BetrVG 2001 Einstellung Nr. 10
30. 9. 1 ABR 54/07	BetrVG 1972 § 80 Nr. 71	NZA 2009, 502; Betrieb 2009, 407; EzA § 80 BetrVG 2001 Nr. 10
30. 9. 1 AZR 684/07	BetrVG 1972 § 112 Nr. 197	NZA 2009, 386; Betrieb 2009, 573; MDR 2009, 394; EzA § 112 BetrVG 2001 Nr. 29
11. 11. 1 AZR 475/07	BetrVG 1972 § 112 Nr. 196	NZA 2009, 210; Betrieb 2009, 347; MDR 2009, 335; ZIP 2009, 336; EzA § 112 BetrVG 2001 Nr. 30
11. 11. 1 ABR 68/07	BetrVG 1972 § 99 Eingruppierung Nr. 35	NZA 2009, 450; MDR 2009, 701; EzA § 87 BetrVG 2001 Betriebliche Lohngestaltung Nr. 17
9. 12. 1 ABR 74/07		NZA-RR 2009, 260; Betrieb 2009, 743; MDR 2009, 514; ZTR 2009, 276; EzA § 99 BetrVG 2001 Einstellung Nr. 11
9. 12. 1 ABR 79/07		NZA 2009, 627; Betrieb 2009, 1357; AiB 2009, 593; MDR 2009, 870; PersR 2009, 314; EzA § 99 BetrVG 2001 Nr. 11
2009		
20. 1. 1 AZR 740/07		NZA 2009, 495; Betrieb 2009, 1023
20. 1. 1 ABR 78/07	BetrVG 1972 § 77 Betriebsvereinbarung Nr. 44	NZA 2009, 640
10. 2. 1 ABR 94/07		NZA 2009, 562; Betrieb 2009, 1655; EzA § 87 BetrVG 2001 Sozialeinrichtung Nr. 1
10. 2. 1 AZR 809/07		
10. 3. 1 BR 93/07	BetrVG 1972 § 99 Nr. 127	NZA 2009, 622; Betrieb 2009, 1301; ZTR 2009, 389; EzA § 99 BetrVG 2001 Nr. 12
10. 3. 1 AZR 55/08	BetrVG 1972 § 87 Lohngestaltung Nr. 134	NZA 2009, 684; Betrieb 2009, 1471
10. 3. 1 ABR 87/07		BB 2009, 661

Fundstellenverzeichnis

Datum	Fundstelle AP	Weitere Fundstellen
28. 4. 1 AZR 18/08		
28. 4. 1 ABR 97/07		ArbR 2009, 68
26. 5. 1 ABR 12/08		
26. 5. 1 ZR 212/08		
23. 6. 1 ZR 214/08		BB 2009, 2085; ArbR 2009, 69
23. 6. 1 BR 30/08		Betrieb 2009, 1939

Sachverzeichnis

fette Ziffern = §§; magere Ziffern = Randnummern
ä, ö, ü, ß werden wie a, o, u, ss behandelt

Abberufung
- Ausbilder **98** 22 ff.
- Betriebsarzt **87** 576 ff.
- Betriebsratsvorsitzender s. Abberufung des Betriebsratsvorsitzenden
- freigestellte Betriebsratsmitglieder **38** 26, 45 ff.
- keine – von Mitgliedern des Wahlvorstandes **16** 59
- Mitglied der Gesamtjugend- und Auszubildendenvertretung **72** 12
- Mitglied der Konzern-Jugend- und Auszubildendenvertretung **73 a** 16
- Mitglied des Betriebsausschusses oder eines anderen Ausschusses **27** 24 ff.
- Mitglied des Gesamtbetriebsrats **47** 36; **49** 9
- Mitglied des Konzernbetriebsrats **55** 10; **57** 7
- Mitglied des Wirtschaftsausschusses **107** 10 ff., 21
- Vorsitzender der Einigungsstelle, keine einseitige – **76** 53

Abberufung des Betriebsratsvorsitzenden
- Abberufung **26** 27 ff.
- Amtszeit des Vorsitzenden und seines Stellvertreters **26** 27
- gerichtliche Nachprüfbarkeit **26** 31 f.

Abfindung
- Abweichen vom Interessenausgleich oder bei nicht versuchtem Interessenausgleich **113** 7 ff.
- Höhe **113** 49
- steuerliche Behandlung **112** 195 f.; **113** 57
- für Verlust des Arbeitsplatzes **113** 36 ff.

Abgeltung des Freizeitausgleichs für Betriebsratstätigkeit **37** 56 ff.

Abhängigkeit
- persönliche – des Arbeitnehmers **5** 16 ff.
- wirtschaftliche – des Arbeitnehmers **5** 15

Ablauf der Amtszeit des Betriebsrats s. Amtsbeendigung des Betriebsrats

Ablehnung
- der Bestellung als Mitglied der Einigungsstelle **76** 141
- eines Vorsitzenden der Einigungsstelle wegen Befangenheit **76** 53
- der Wahl als Betriebsratsmitglied **14** 64; **17 WO** 2 ff.
- der Wahl in den Betriebsausschuss **27** 22
- der Wahl in weitere Ausschüsse **28** 17
- der Wahl zum Vorsitzenden **26** 12 f.

Ablösungsprinzip, Betriebsvereinbarung **77** 119, 159 ff., 174 ff.

Abmahnung 37 28; **87** 182, 227 ff.

Abmelden vor Verlassen des Arbeitsplatzes
37 27 ff.; **39** 23

ABM-Maßnahmen, Beschäftigte als Arbeitnehmer **5** 133

Absatzlage 106 42

Abschließende Gestaltung der Betriebsverfassung
- Ausnahmen s. abweichende –; s. auch zusätzliche betriebsverfassungsrechtliche Vertretungen der Arbeitnehmer
- Betriebsverfassung als Gegenstand tarifvertraglicher Regelung **Einleitung** 141 ff.; **3** 1 ff.
- Betriebsverfassungsgesetz als zwingendes Gesetz **Einleitung** 134 ff.
- Betriebsverfassungsrechtliche Mitwirkungs- und Mitbestimmungsrechte **Einleitung** 138 ff.
- Organisation der Betriebsverfassung **Einleitung** 143
- Tarifautonomie und Betriebsverfassung **Einleitung** 141

Abschrift
- Bruttolohn- u. Gehaltslisten **80** 64, 69 ff., 82
- aus der Sitzungsniederschrift einer Betriebsratssitzung **34** 28
- Unterlagen für den Wirtschaftsausschuss **106** 31
- Unterlagen Jahresabschluss **108** 41 f.

Absoluter Tendenzschutz 118 4

Abspaltung von Betrieben **21 a** 5; **111** 96 ff.; s. auch Spaltung; s. auch Umwandlung

Abstammung, Verbot einer Benachteiligung wegen – **75** 15, 17

Abstimmung s. auch Beschlüsse
- über gemeinsame Wahl **14** 26 ff., 34 ff.

Abstimmungsverfahren 33 23 f.; s. auch Beschlüsse

Abteilungsversammlung Vor 42 5; **42** 58 ff.; s. auch Betriebsversammlung
- Anspruch des Arbeitgebers auf Einberufung **43** 32
- Anspruch eines Viertels der wahlberechtigten Arbeitnehmer auf Einberufung **43** 33
- Arbeitgeber, Rechte und Pflichten in der – **43** 42 ff., 54 ff.
- Arbeitsbefreiung **44** 26 ff.
- Arbeitskampf, – während eines **44** 23
- Aufzeichnungen, Tonband und schriftliche – **42** 40 ff.
- außerordentliche – **43** 25 ff.
- außerordentliche –, Antragsrecht **43** 29 ff.
- außerordentliche –, Einberufung durch den Betriebsrat **43** 25 f.

2473

Sachverzeichnis

Magere Zahlen = Randnummern

– Begriff **42** 58 f.
– Behandlungsgegenstände **45** 9
– Beschlussfassung **45** 27 ff.
– besondere Versammlungsart der Betriebsversammlung **42** 58
– Dauer **44** 21 f.
– Durchführung **42** 67 ff.
– Form der Betriebsversammlung **Vor 42** 4 f.
– Initiativrecht der Gewerkschaften **43** 56 ff.
– Kostentragungspflicht des Arbeitgebers **42** 71
– Leitung **42** 69
– Nichtöffentlichkeit **42** 70
– Organisation **42** 58 f.
– Pflicht des Betriebsrats zur Einberufung **43** 22 ff., 41
– pflichtwidrige Festlegung des Zeitpunkts **44** 24 f.
– Rechte **45** 26
– Rechtsstellung der Beauftragten der Koalitionen **46** 11 f., 22 f.
– Rechtswirkungen von gefassten Beschlüssen **45** 31
– regelmäßige **43** 4 f.
– Teilnahme von Beauftragten der Koalitionen **2** 115; **46** 4 ff., 17 ff.
– Teilnahmerecht der Arbeitgeberverbände, kein selbstständiges **46** 17
– Teilnahmerecht der Gewerkschaften **46** 4 ff.
– Teilnahmerecht des Arbeitgebers **43** 45 ff.
– Teilversammlung, Abgrenzung zur – **42** 60
– Tendenzbetriebe **118** 136
– Themen, unzulässige **45** 18 ff.
– Themen, zulässige **45** 5 ff.
– Überschreiten der Zuständigkeit, Rechtsfolgen **45** 32 f.
– Unfall während der – **44** 55
– Vergütungsanspruch **44** 26 ff.
– Verhältnis zum Betriebsrat **45** 24 ff.
– Voraussetzungen **42** 61 ff.
– Zeitpunkt außerordentlicher – **43** 37 ff.
– Zeitpunkt ordentlicher – **44** 2 ff.
Abtretung von Kostenerstattungsansprüchen aus Betriebsratstätigkeit **40** 57
Abtretungsverbot, Lohn, Betriebsvereinbarung **77** 105
Abweichende
– Anzahl von Betriebsratssitzen **9** 16 ff.
– Ausgestaltung der Betriebsverfassung durch Tarifvertrag **3** 1 ff.; s. auch zusätzliche betriebsverfassungsrechtliche Vertretungen der Arbeitnehmer
– Errichtung von Betriebsvertretungen **3** 35 ff.
Abwendung der Belastung, menschengerechte Arbeitsgestaltung **91** 7 f.
Abwicklungsvertrag 102 22; s. auch Aufhebungsvertrag
AIDS, Frage nach – **94** 14
Akkordfestsetzung 87 737, 809 ff., 873 ff.
Akkordkommission 87 916

Akkordlohn 87 809 ff.
– Akkordansatz **87** 812
– Akkordsatz **87** 820, 896 ff.
– Änderung einzelner Akkordfaktoren als Mitbestimmungstatbestand **87** 900
– ausgehandelter Akkord **87** 816, 901
– Betriebsvereinbarung **87** 865
– Bezugsbasis **87** 810, 897 ff.
– Faustakkord **87** 817
– Festsetzung der Bezugsgrößen **87** 896
– Geldakkord **87** 811 ff.
– Geldfaktor **87** 812, 820, 897
– Gewichtsakkord **87** 810
– Initiativrecht des Betriebsrats **87** 912
– keine Mitbestimmung über die Entgelthöhe **87** 904 ff.
– Maßakkord **87** 810
– Meisterakkord **87** 817
– Mitbestimmung bei der Einführung **87** 809
– Mitbestimmung bei der Festsetzung der Geldfaktoren **87** 897, 908
– Mitbestimmung bei der Wahl des Akkordsystems **87** 808
– Mitbestimmung und Vorrang der tariflichen Regelung **87** 863 f.
– Pauschalakkord **87** 810
– Rechtsfolgen einer Nichtbeteiligung des Betriebsrats **87** 920 ff.
– Reichweite der tariflichen Sperrwirkung **77** 283
– Schätzakkord **87** 819
– Stückakkord **87** 810
– System der Mitbestimmung **87** 732 ff.
– tarifvertragliche Regelung des Akkordrichtsatzes **87** 910
– Tarifvorrang **87** 913 ff.
– wissenschaftliche Akkordsysteme **87** 816, 918
– Zeitakkord **87** 811
– Zeitfaktor **87** 811, 897
– Zweck des Mitbestimmungsrechts **87** 875, 908 ff.
Akten des Betriebsrats
– Aufbewahrung **40** 66
– Eigentum an **40** 74
Aktives Wahlrecht s. Wahlberechtigung
Alkohol
– Gewohnheiten **94** 15
– Verbot **87** 190
Allgemeine Arbeitsbedingungen
– Begriff **77** 235 ff.
– Bestandteil des Individualrechts **77** 236
– Günstigkeitsprinzip als Kollisionsnorm **77** 237
Allgemeine Aufgaben des Betriebsrats
– Anregungen **80** 31 ff.
– Antragsrecht von Maßnahmen, die dem Betrieb und der Belegschaft dienen **80** 19 ff.
– Arbeitsschutzgesetze **80** 6
– Betriebsvereinbarungen **80** 11
– Bundesdatenschutzgesetz **80** 8
– Einblicksrecht **80** 69 ff.

Fette Zahlen = §§

- Förderung der Beschäftigung älterer Arbeitnehmer **80** 42
- Förderung der Beschäftigung im Betrieb **80** 44
- Forderung der Durchsetzung der Gleichberechtigung von Frauen und Männern **80** 27 ff.
- Förderung der Eingliederung ausländischer Arbeitnehmer **80** 43
- Förderung der Vereinbarkeit von Familie und Erwerbstätigkeit **80** 30
- Gleichbehandlungsgrundsatz **80** 7
- Inhalt des Überwachungsrechts **80** 16 ff.
- Lohnsteuerrecht **80** 9
- Maßnahmen gegen Rassismus und Fremdenfeindlichkeit **80** 24
- Pflicht des Arbeitgebers zur Stellungnahme zu den Anträgen **80** 25 f.
- Pflicht des Betriebsrats zur Entgegennahme von Anregungen **80** 33 ff.
- Sorge für Schwerbehinderte und sonstige besonders schutzbedürftige Personen **80** 36 ff.
- Streitigkeiten **80** 46
- Tarifverträge **80** 11 ff.
- Überwachung der Durchführung der geltenden Gesetze, Verordnungen, Unfallverhütungsvorschriften, Tarifverträge und Betriebsvereinbarungen **80** 5 ff.
- Unfallverhütungsvorschriften **80** 10
- Wahl der Jugend- und Auszubildendenvertretung **80** 41

Ältere Arbeitnehmer
- Altersteilzeit **87** 300
- Förderung der Beschäftigung durch Betriebsrat **80** 42
- Schutz vor Benachteiligung **75** 34 ff.
- Teilnahme an Maßnahmen der Berufsbildung **96** 24

Altersgrenze
- Beschäftigung über die Altersgrenze hinaus als mitbestimmungspflichtige Einstellung **99** 37 f.
- Festlegung durch Betriebsvereinbarung **77** 90, 107, 149
- Vollendung des 65. Lebensjahres **24** 17; **77** 90, 107 ff., 149
- Wählbarkeit als Betriebsrat **8** 2, 9, 22; s. auch Wählbarkeit
- Wahlberechtigung bei Betriebsratswahlen **7** 16; s. auch Wahlberechtigung
- Wahlrecht des Arbeitnehmers **77** 149

Altersteilzeit 5 90

Altersversorgung
- betriebliche **87** 837 ff.
- Mitbestimmung bei – durch eine Unterstützungs- oder Pensionskasse oder durch einen Pensionsfonds **87** 849 f.

Amtsbeendigung
- Betriebsrat s. Amtsbeendigung des Betriebsrats
- Bordvertretung **115** 42 f.
- Seebetriebsrat **116** 32 f.

- Wahlvorstand **16** 58 f.

Amtsbeendigung des Betriebsrats s. auch Amtszeit
- Ablauf der regelmäßigen Amtszeit **21** 12 f.
- Ablauf einer verkürzten oder verlängerten Amtszeit **21** 14 f.
- Altersgrenze, Erreichen der – **24** 17
- durch Anfechtung der Betriebsratswahl **13** 42 ff.; **21** 21
- Aufhebungsvertrag, Beendigungsgrund **24** 13, 15 f.
- Auflösung des Betriebsrats durch gerichtliche Entscheidung, Beendigungsgrund **24** 27
- Ausscheiden aus dem Betrieb als Beendigungsgrund **24** 21 ff.
- Ausschluss aus dem Betriebsrat als Beendigungsgrund **24** 27
- Beendigung der Rechtsstellung als Betriebsratsmitglied bei Beendigung des Betriebsrats **24** 2
- Beendigung der Rechtsstellung als Betriebsratsmitglied bei Fortbestehen des Betriebsrats **24** 3
- Beendigung der Rechtsstellung als Ersatzmitglied **24** 5
- Beendigung des Arbeitsverhältnisses als Beendigungsgrund **24** 11 ff.
- befristetes Arbeitsverhältnis, Zeitablauf als Beendigungsgrund **24** 17
- Elternzeit, kein Erlöschen der Mitgliedschaft **24** 18
- Erlöschen der Mitgliedschaft **24** 2 ff.; s. auch Erlöschen der Mitgliedschaft im Betriebsrat
- Feststellung der Nichtwählbarkeit, gerichtliche als Beendigungsgrund **24** 28
- Folgen der – **24** 34 f.
- Fortsetzung des Arbeitsverhältnisses nach Erreichen der Altersgrenze **24** 17
- gerichtliche Entscheidung über Nichtwählbarkeit, Beendigungsgrund **24** 28 ff.
- gesetzliche Betreuung als Beendigungsgrund **24** 25
- Grundwehrdienst **24** 26
- Gruppenzugehörigkeit s. Gruppenschutz
- keine – bei Restmandat **21** 17; **21 b** 7 ff.; s. auch Restmandat
- keine – bei Übergangsmandat **21** 16; **21 a** 16 ff.
- Kündigung, Beendigungsgrund **24** 13 f.
- Modifikation bei Übergangs- und Restmandat des Betriebsrats **21** 16 f.
- Nichtigkeit des Arbeitsvertrags, Beendigungsgrund **24** 13
- Niederlegung des Betriebsratsamtes als Beendigungsgrund **24** 8 ff.
- Tod oder Todeserklärung als Beendigungsgrund **24** 7
- Verlust der Wählbarkeit als Beendigungsgrund **24** 20 ff.
- Verneinung der Wählbarkeit durch gerichtliche Entscheidung **24** 28 ff.

Sachverzeichnis

Magere Zahlen = Randnummern

- vorzeitige –, Anfechtung der Betriebsratswahl **13** 42 ff.; **21** 21
- vorzeitige – bei Errichtung einer tarifvertraglichen Sondervertretung **21** 22
- vorzeitige – bei Notwendigkeit einer Neuwahl nach § 13 Abs. 2 **21** 18 ff.
- vorzeitige – bei Rücktritt durch den Betriebsrat **21** 19
- vorzeitige – bei Untergang des Betriebs **21** 27
- vorzeitige – bei Verlust der Betriebsratsfähigkeit **21** 23 ff.
- vorzeitige – durch Amtsverlust aller Mitglieder und Ersatzmitglieder **21** 26
- vorzeitige – durch arbeitsgerichtliche Auflösung **13** 46 ff.; **23** 51 ff.; **77** 10
- vorzeitige – durch Beschluss des Betriebsrats **13** 26
- vorzeitige – nicht durch Übertragung des Betriebs **21** 28 ff.
- vorzeitige –, Untergang des Betriebs **21** 27
- vorzeitige –, wegen Neuwahlen **13** 14; **21** 18 ff.
- Wehrübung **24** 18, 26
- Weiterführung der Geschäfte in Fällen von § 13 Abs. 2 Nr. 1 bis 3 bis zur Neuwahl **22** 4 ff.; s. auch Weiterführung der Geschäfte

Amtsbeginn des Betriebsrats 21 4 ff.; s. auch Amtszeit
- Beginn des besonderen Kündigungsschutzes **21** 10
- Bestehen eines Betriebsrats **21** 8 ff.
- Fehlen eines Betriebsrats **21** 5 ff.
- Rechtsstellung als Betriebsratsmitglied **21** 10

Amtsende s. Amtsbeendigung

Amtsenthebung
- Amtspflichtverletzung **23** 9 f., 11 ff., 19 ff., 27 ff.; **77** 10; **79** 36
- Amtspflichtverletzung in der vorhergehenden Amtsperiode **23** 25 f.
- Antragsrecht **23** 33 ff.
- Antragsverbindungen mit anderen Anträgen **23** 44 ff.
- Betriebsratsmitglied **23** 9 ff.
- einstweilige Verfügung **23** 49
- Entscheidung im Beschlussverfahren **23** 32
- Erlöschen der Mitgliedschaft während des Beschlussverfahrens **23** 41 f.
- Ersatzmitglied **23** 31
- Gesamtbetriebsratsmitglied **48** 12 f.; **51** 52
- grobe Pflichtverletzung **23** 27 ff.
- Jugend- und Auszubildendenvertreter **65** 5
- Konzernbetriebsratsmitglied **56** 3 ff.
- Konzern-Jugend- und Auszubildendenvertreter **73 b** 13
- nicht bei Pflichtverletzung aus dem Arbeitsverhältnis **23** 19 ff.
- nur bei grober Verletzung gesetzlicher Pflichten **23** 9, 11 ff.
- nur durch Beschluss des Arbeitsgerichts **23** 32
- schuldhafte Pflichtverletzung **23** 28 f.
- Streitgegenstand **23** 38 ff.
- unterschiedliche Beurteilung der Amtspflichtverletzung, keine **23** 30
- Verhältnis zur außerordentlichen Kündigung **23** 20 f.
- Wählbarkeit des ausgeschlossenen Betriebsratsmitglieds **8** 44 f.; **23** 50
- Zeitpunkt der Pflichtverletzung **23** 24 ff.

Amtsniederlegung
- Betriebsrat **24** 8 ff.
- Betriebsratsvorsitzender **26** 14 f.; s. auch Vorsitzender des Betriebsrats
- Gesamtbetriebsrat **47** 35; **49** 6
- Jugend- und Auszubildendenvertretung **64** 13
- Konzernbetriebsrat **54** 46; **57** 5
- Konzern-Jugend- und Auszubildendenvertretung, keine – **73 a** 12
- Rücktritt durch Mehrheitsbeschluss **13** 38 ff.; **22** 2
- durch sämtliche Betriebsratsmitglieder und Ersatzmitglieder **13** 51
- Sinken der Zahl der Betriebsratsmitglieder unter die gesetzliche Zahl **9** 25; **13** 28 ff.
- bei Weiterführung der Geschäfte **13** 41, 51 f.; **22** 2

Amtspflichtverletzung, Kündigung eines Betriebsratsmitglieds **23** 9 ff., 19 ff.; s. auch Amtsenthebung; s. auch Pflichtverletzung

Amtsübernahme, keine Pflicht zur –
- Betriebsratsmitglied **14** 64
- Mitglied im Betriebsausschuss **27** 22
- Mitglied in weiteren Ausschüssen **28** 17

Amtsverlust
- eines Betriebsratsmitgliedes s. Amtsbeendigung des Betriebsrats
- eines Mitgliedes weiterer Ausschüsse **28** 17
- Rechtsfolgen **24** 34 f.

Amtszeit
- Betriebsrat s. Amtszeit des Betriebsrats
- Bordvertretung **115** 41 ff.
- Gesamtbetriebsrat, keine **47** 26 f.; **49** 3
- Gesamtjugend- und Auszubildendenvertretung, keine **72** 8
- Jugend- und Auszubildendenvertretung **64** 16 ff.
- Konzernbetriebsrat, keine **54** 45; **57** 2
- Schwerbehindertenvertretung **32** 4 ff.
- Seebetriebsrat **116** 31 ff.
- Vorsitzender des Betriebsrats und sein Stellvertreter **26** 27
- Wahlvorstand **16** 49 ff.

Amtszeit des Betriebsrats
- Ablauf der regelmäßigen Amtszeit **21** 11
- Ablauf einer verkürzten oder verlängerten Amtszeit **21** 14 f.
- Amtsbeendigung des Betriebsrats s. dort
- Amtsbeginn **21** 4 ff.; s. auch Amtsbeginn des Betriebsrats

Fette Zahlen = §§

Sachverzeichnis

- Beginn bei Bestehen eines Betriebsrats **21** 8 ff.
- Beginn bei Fehlen eines Betriebsrats **21** 5 ff.
- Kündigungsschutz im Rahmen der Betriebsverfassung **21** 10
- Neuwahlen wegen Veränderung der Belegschaftsstärke, vorzeitige Beendigung der – **13** 17 ff.
- Rechtsstellung als Betriebsratsmitglied **21** 10
- Restmandat, Modifikation der – **21** 17
- Übergangsmandat, Modifikation der – **21** 16
- Veränderung der Größe des Betriebsrats während der – **9** 24 ff.
- vorzeitige Beendigung **21** 18 ff.; s. auch Amtsbeendigung des Betriebsrats
- Weiterführung der Geschäfte bis zur Neuwahl **22** 4 ff.; s. auch Weiterführung der Geschäfte

Analogie, Tendenzschutz **118** 48

andere Betriebsvertretungen 3 35 ff.
- Begrenzung der Amtszeit des Betriebsrats **3** 71
- Errichtung durch Tarifvertrag **3** 53
- Rechtsstellung der Mitglieder **3** 63

Änderung
- Arbeitsbereich **81** 9
- Arbeitsplatz, Arbeitsablauf und Arbeitsumgebung **91** 4 ff.; s. auch dort
- Beispiele für Änderungen des Arbeitsbereiches **81** 10
- Beschlüsse des Betriebsrats **33** 34; s. auch Beschlüsse des Betriebsrats
- Betriebsänderungen s. dort
- Tagesordnung **29** 34 ff., 39 f.

Änderungskündigung 102 11, 54, 62, 266 ff.
- Anhörung des Betriebsrats **102** 11, 268 ff.
- Anwendbarkeit der §§ 99 und 102 **102** 273 ff.
- Begriff **102** 266 f.
- Betriebsratsmitglied **78** 26 ff.; **Anhang zu 103** 29
- Betriebsvereinbarung **77** 204
- Kurzarbeit **87** 406
- Nachteilsausgleich bei Betriebsänderung **113** 40 f.
- Tatbestand einer Betriebsänderung **111** 77
- Weiterbeschäftigungsanspruch **102** 280 ff.
- Weiterbeschäftigungspflicht **102** 211 f.
- Widerspruchsrecht des Betriebsrats **102** 272

Anerkennung
- Anerkennungsbescheid **37** 156 ff.
- Anerkennungsverfahren **37** 149 ff.
- als Schulungs- und Bildungsveranstaltung **37** 84 ff., 141 ff.

Anfechtung
- Arbeitsvertrag, Wirkung auf Betriebsratsamt **24** 13 ff.
- Auswahl der freigestellten Betriebsratsratsmitglieder, Spruch der Einigungsstelle **38** 38 f.
- Betriebsratsbeschluss **33** 35 f.
- Betriebsvereinbarung **77** 49
- keine – von Beschlüssen des Betriebsrats als solchen **33** 35 f.
- Korrektur des Wahlergebnisses **19** 65 f.

- Verhältnis zur außerordentlichen Kündigung **5** 88
- Wahl der Ausschussmitglieder **27** 34 ff.
- Wahl der Jugend- und Auszubildendenvertretung **63** 31
- Wahl des Betriebsrats **1** 135; **19** 4 ff.; s. auch Wahlanfechtung
- Wahl des Betriebsratsvorsitzenden **26** 16 ff.
- Wahl des Seebetriebsrats **116** 29
- Wahl eines Betriebsratsmitgliedes, Folgen der – **19** 67 f.
- Wirkung **5** 87 f.; **19** 61 ff.

Anfechtungsberechtigung
- der Auswahl der freigestellten Betriebsratsmitglieder **38** 67
- der Betriebsratswahl **19** 36 ff.
- der Jugend- und Auszubildendenvertretung **63** 31
- der Wahl des Betriebsausschusses **27** 34 ff.
- der Wahl des Betriebsratsvorsitzenden **26** 21 ff.

Anfechtungsfrist
- der Betriebsratswahl **19** 44 ff.
- der Wahl des Betriebsausschusses **27** 36
- der Wahl des Betriebsratsvorsitzenden **26** 25

Anfechtungsgründe bei Anfechtung der Betriebsratswahl **19** 5 ff., 13 f., 15 ff.

Anfechtungsverfahren bei Anfechtung der Betriebsratswahl **19** 35 ff.

Anforderungsprofile 94 11, 56; **95** 19 f.

Angestellter
- außertariflicher s. AT-Angestellter
- Einsichtsrecht des Betriebsrats in die Lohn- und Gehaltslisten **80** 69 ff.
- leitender – s. dort

Anhörung des Betriebsrats
- Änderungskündigung **102** 11, 268 ff.
- Anfechtung des Arbeitsvertrags **5** 72; **102** 27 f.
- Anhörungsfrist **102** 98 ff.
- Arbeitnehmer im Auslandseinsatz **102** 37
- Arbeitnehmer mit besonderem betriebsverfassungsrechtlichen Kündigungsschutz **102** 46
- Arbeitnehmer ohne allgemeinen Kündigungsschutz **102** 14, 60 f.
- im Arbeitskampf **102** 44 f.
- Aufhebungsvertrag bezüglich des Arbeitsverhältnisses **102** 21
- auflösend bedingtes Arbeitsverhältnis **102** 19
- außerordentliche Kündigung **102** 59, 63, 99
- Aussperrung **102** 24
- Beendigung des Berufsausbildungsverhältnisses **102** 20
- Beendigung eines durch vorläufige Einstellung begründeten Arbeitsverhältnisses **102** 23
- befristetes Arbeitsverhältnis **102** 16 ff.
- Betriebsstilllegung wegen Insolvenz **102** 40 ff.
- Betriebsübergang **102** 36
- Eingliederungsvertrag s. auch dort
- einstweilige Verfügung **102** 248 ff.
- Entlassung von Beamten **102** 25
- Fehlen der Anhörung des Betriebsrats **102** 113 ff.

2477

Sachverzeichnis

Magere Zahlen = Randnummern

- Fehler des Betriebsrats **102** 121 ff.
- Form der Stellungnahme **102** 92 ff.
- Fristversäumung für Stellungnahme **102** 105 f.
- Geltendmachung der fehlenden – im Kündigungsrechtsstreit **102** 131 ff.
- Insolvenz **102** 40 ff.; **Anhang zu 113** 27
- Interessenausgleich mit Namensliste **102** 41, 71
- keine – bei Widerruf einzelner Leistungen **102** 13
- Kündigung **102** 9 ff.
- bei Kündigung auf Anregung des Betriebsrats **102** 38
- Kündigung leitender Angestellter **102** 33 f.
- Kündigung vor Vertragsantritt **102** 14
- kündigungsschutzrechtliche Wirkung bei Unterlassen der – **102** 111 ff.
- Mängel bei der – **102** 131 ff.
- Mängel im Anhörungsverfahren **102** 119 ff.
- Mitteilungspflicht des Arbeitgebers **102** 48 f.
- Nachschieben von Kündigungsgründen **102** 125 f.
- Nichtanhörung auf Wunsch des Arbeitnehmers **102** 39
- nichtiger Arbeitsvertrag **102** 26
- Notwendigkeit eines zeitlichen Zusammenhangs mit der Kündigung **102** 116 f.
- persönlicher Geltungsbereich des Beteiligungsrechts **102** 32 ff.
- Rückversetzung **102** 25
- Sozialauswahl **102** 67 ff., 149 ff.
- subjektive Determination **102** 63
- Teilkündigung **102** 12
- Tendenzbetriebe **102** 43
- zu unternehmerischer Entscheidung **102** 66
- Unterrichtung des Betriebsrats **102** 48 ff., 125 ff.
- Unvollständigkeit der Unterrichtung **102** 125 ff.
- Verfahren **102** 47 ff.
- Verletzung durch den Arbeitgeber **102** 5, 113 ff.
- Verwertungsverbot im Kündigungsrechtsstreit **102** 125 ff.
- Wechsel der Kündigungsart nach Anhörung **102** 52
- Wirksamkeitsvoraussetzung **102** 2, 5, 111 ff.
- Wissenszurechnung **102** 49 a
- Zuständigkeit und Verfahren bei Kündigungen **102** 86 ff.
- Zuständigkeit und Verfahren der Stellungnahme des Betriebsrats **102** 124
- Zustimmung des Betriebsrats **102** 73
- Zweckbefristung **102** 19

Anhörungsrecht des Arbeitnehmers
- Abgrenzung zum Beschwerderecht **82** 9
- Inhalt **82** 5 ff.
- Rechtsfolgen bei Nichtbeachtung **82** 10

Anregungen der Arbeitnehmer und der Jugend- und Auszubildendenvertretung **80** 31 ff.

Anscheinsvollmacht 26 49 ff.; s. auch Vertretungsbefugnis des Betriebsratsvorsitzenden

Anschläge am schwarzen Brett s. auch schwarzes Brett
- Anspruch auf Verringerung der Arbeitszeit nach § 8 TzBfG **87** 298
- Auswahl durch den Betriebsrat **40** 78
- Bekanntmachungen **40** 77 ff.
- Entfernung **40** 79
- Rechte des Arbeitgebers **40** 78 f.

Ansteigen der Zahl der Arbeitnehmer 9 25; **13** 17 ff.

Antrag
- auf Auflösung des Betriebsrats oder auf Ausschluss aus dem Betriebsrat **23** 38; s. auch Amtsenthebung; s. auch Auflösung des Betriebsrats
- auf Ausschluss aus dem Gesamtbetriebsrat **48** 6 ff.
- auf Ausschluss aus dem Konzernbetriebsrat **56** 3 ff.
- auf Aussetzung von Betriebsratsbeschlüssen **35** 2 ff.
- auf Durchführung des Zwangsverfahrens gegen den Arbeitgeber **101** 22
- auf Einberufung einer Betriebsratssitzung **29** 18 ff.
- auf Einberufung einer Betriebsversammlung **17** 10; **43** 23, 29 ff.
- auf Ersetzung der Zustimmung des Betriebsrats **99** 273; **100** 22 ff.
- auf Feststellung eines groben Verstoßes des Arbeitgebers gegen seine betriebsverfassungsrechtlichen Pflichten **23** 95 ff.; s. auch Zwangsverfahren gegen den Arbeitgeber
- auf gerichtliche Bestellung des Wahlvorstandes **16** 35; **17** 27
- auf Zuziehung eines Beauftragten einer Gewerkschaft **31** 7 ff.

Antragsberechtigung im Beschlussverfahren bei Streitigkeiten
- über Anfechtung einer Betriebsratswahl **19** 36 ff.
- über Ausschluss oder Amtsenthebung auf Grund grober Pflichtverletzung **23** 33 ff., 58
- über Befugnisse der Koalitionen innerhalb der Betriebsverfassung **2** 177 ff.
- über Betriebsratsfähigkeit **1** 133
- über Zwangsverfahren auf Feststellung grober Verstöße des Arbeitgebers **23** 85 f.; s. auch Zwangsverfahren gegen den Arbeitgeber

Antragsgegner bei Anfechtung der Betriebsratswahl **19** 53

Antragsrechte s. auch einzelne Organe bzw. Gegenstände
- des Betriebsrats für Maßnahmen, die dem Betrieb und der Belegschaft dienen **80** 19 ff.
- der Gewerkschaft **2** 89 ff., 92

Anwendbarkeit des BetrVG s. auch Geltungsbereich des Gesetzes
- Anwendung deutschen Betriebsverfassungsrechts auf im Ausland tätige Arbeitnehmer **Einleitung** 73 ff.

Anwesenheitsliste, Betriebsratssitzung **34** 10

Fette Zahlen = §§

Sachverzeichnis

Anwesenheitsprämie 87 744, 821
Anzahl s. Zahl
Arbeitgeber
- Anrufen der Einigungsstelle **37** 125 ff., 174; **38** 33 ff.; **39** 8 ff.
- Anspruch auf Einberufung einer Betriebsratssitzung **29** 19
- Anspruch auf Einberufung einer Betriebsversammlung **43** 29 ff.
- Antragsrecht auf Amtsenthebung eines Jugend- und Auszubildendenvertreters **65** 6
- Antragsrecht auf Ausschluss eines Gesamtbetriebsratsmitglieds **48** 7 ff.
- Antragsrecht auf Ausschluss eines Konzernbetriebsratsmitgliedes **56** 6
- Aushändigung der Sitzungsniederschrift **34** 11 f.
- Begriff **Einleitung** 121
- Beratung über die freizustellenden Betriebsratsmitglieder **38** 27 ff.; s. auch Freistellung von Betriebsratsmitgliedern
- Bericht zur Lage in der Betriebsversammlung **43** 14 ff.
- Durchführung betrieblicher Vereinbarungen **77** 3 ff.
- Eigentum an den dem Betriebsrat zur Verfügung gestellten Einrichtungen **40** 74 ff.
- Einberufungsverlangen einer Betriebsratssitzung **29** 19
- Einigung über Zeit und Ort von Sprechstunden **39** 4 ff.
- Einigungsstelle, Anrufung durch den Arbeitgeber **37** 125 ff., 174; **38** 33 ff.; **39** 8 ff.
- Einsicht in Sitzungsniederschrift **34** 24 ff.
- Ersetzung durch Partei kraft Amtes **Einleitung** 125
- Gebot der vertrauensvollen Zusammenarbeit **2** 1, 4 ff.; **74** 1 ff.
- grobe Verstöße gegen die betriebsverfassungsrechtlichen Pflichten **23** 88 ff.; s. auch Zwangsverfahren gegen den Arbeitgeber
- Haftung für Handlungen des Betriebsrats **Vor 26** 17
- Ladung zu Sitzungen des Betriebsrats **29** 29, 46
- Ordnungs- und Zwangsgeld, Festsetzung im Zwangsverfahren **23** 116 ff.
- Personenidentität mit dem Unternehmer **Einleitung** 122
- Rechte und Pflichten in Betriebsratssitzungen **29** 47 ff.
- Rechte und Pflichten in der Betriebsräteversammlung **53** 34 ff.
- Rechte und Pflichten in der Betriebsversammlung **43** 42 ff., 54 ff.
- Stellung in der Betriebsverfassung **Einleitung** 121 ff.
- Teilnahmerecht an Betriebsausschusssitzungen **29** 54

- Teilnahmerecht an Betriebsräteversammlung **53** 34
- Teilnahmerecht an Betriebsratssitzungen **29** 46 ff.; **30** 10 f.
- Teilnahmerecht an Betriebsversammlungen **42** 8; **43** 45 ff.
- Teilnahmerecht an Jugend- und Auszubildendenversammlung **71** 6
- Teilnahmerecht an Sitzungen der Gesamt-Jugend- und Auszubildendenvertretung **73** 7
- Teilnahmerecht an Sitzungen der Jugend- und Auszubildendenvertretung **65** 24
- Teilnahmerecht an Sitzungen des Gesamtbetriebsrats **51** 30
- Teilnahmerecht an Sitzungen des Konzernbetriebsrats **59** 22
- Teilnahmerecht an Sitzungen weiterer Ausschüsse **29** 54
- Teilnahmerecht eines hinzugezogenen Beauftragten der Arbeitgebervereinigung **29** 52 f.
- Unterrichtung über die freigestellten Betriebsratsmitglieder **38** 32
- Unterrichtungspflicht gegenüber dem Arbeitnehmer **81** 3 ff.; s. auch Unterrichtungspflicht des Arbeitgebers
- Unterrichtungspflicht gegenüber dem Betriebsrat zur Wahrnehmung der allgemeinen Aufgaben **80** 47 ff.
- Verbot parteipolitischer Betätigung im Betrieb **74** 57 ff., 67 f.
- Verpflichtung zu Handlungen, Duldungen oder Unterlassungen **23** 106 ff., 112 ff.; s. auch Zwangsverfahren gegen den Arbeitgeber
- Vertretung **Einleitung** 123 f.
- Vorlage von Unterlagen an Betriebsrat **80** 61 ff.
- Zwangsverfahren bei Pflichtverletzung **23** 72 ff.; s. auch Zwangsverfahren gegen den Arbeitgeber

Arbeitgeberverband s. Arbeitgebervereinigung
Arbeitgebervereinigung s. auch Koalitionen
- Begriff **2** 31, 62 ff.
- Beteiligung der Spitzenorganisationen bei Auswahl von geeigneten Schulungs- und Bildungsveranstaltungen **37** 154 f.
- Geheimhaltungspflicht, betriebsverfassungsrechtliche **79** 4 ff., 22
- Stellung in der Betriebsverfassung **2** 30, 62 ff.
- Tariffähigkeit als Voraussetzung betriebsverfassungsrechtlicher Mitwirkung **2** 64
- Teilnahme an Betriebsräteversammlung **53** 9, 36
- Teilnahme an Betriebsratssitzung **29** 52 f.; **30** 10 f.
- Teilnahme an Betriebsversammlung **42** 8, 31; **43** 51; **46** 17 ff.
- Teilnahme an Gesamtbetriebsratssitzungen **51** 30
- Teilnahme an Jugendversammlung **71** 7
- Teilnahme an Sitzungen der Gesamt-Jugend- und Auszubildendenvertretung **73** 7
- Tendenzbetrieb **118** 53 f., 128
- Zusammenarbeit mit Arbeitgeber und Betriebsrat **2** 30 ff.

2479

Sachverzeichnis

Magere Zahlen = Randnummern

Arbeitgebervertreter, Sitzungsteilnahme im Wirtschaftsausschuss **108** 30
Arbeitnehmer
- Altersteilzeit **5** 90
- Anhörungs- und Vorschlagsrecht **82** 5 ff.
- arbeitnehmerähnliche Personen s. dort
- Arbeitnehmereigenschaft s. dort
- Arbeitsbeschaffungsmaßnahmen, Beschäftigte als − **5** 133
- Arbeitsentgelt **5** 46 ff.
- Arbeitsversäumnis wegen Inanspruchnahme des Betriebsrats **39** 21 ff.
- Arbeitsvertrag als Voraussetzung für -eigenschaft **5** 71 ff.
- ausländische − **5** 80 ff.
- Außendienst **5** 59
- Auszubildende **5** 64 ff.
- Beamte, keine − **5** 113, 115, 130 ff.
- Beginn der -eigenschaft **5** 83 f.
- Begriff **5** 6 ff.
- Beiträge zur Finanzierung der Kosten der Betriebsratstätigkeit, unzulässig **41** 2 ff.; s. auch Umlageverbot
- zur Berufsausbildung Beschäftigte **5** 64 ff.; s. auch Auszubildende als zur Berufsbildung Beschäftigte
- Beschäftigung zur Heilung, Wiedereingewöhnung, Besserung oder Erziehung **5** 179
- Beschwerderecht **84** 6 ff.; **85** 2 ff.
- bestimmter Beschäftigungsarten oder Arbeitsbereiche **3** 50
- Betriebsratstätigkeit, Gleichstellung der − mit der arbeitsvertraglich zu leistenden Arbeit **37** 12
- betriebsstörender − **104** 2 f.
- betriebsverfassungsrechtlicher Arbeitnehmerbegriff **5** 1, 153 ff.
- BGB-Gesellschafter **5** 171
- Diakonisse **5** 141, 177
- Ehegatte **5** 139, 174, 181 ff.
- Ein-Euro-Job **5** 132
- Eingliederungsvertrag, ABM-Maßnahmen **5** 133
- Einsichtsrecht in die Personalakten **83** 15 ff.
- Entgeltlichkeit der Arbeit **5** 46 ff.
- Entwicklungshelfer **5** 136
- Erklärungen des − zum Inhalt der Personalakte **83** 37 ff.
- Erläuterung des Arbeitsentgelts **82** 11
- Erörterung der beruflichen Entwicklungsmöglichkeit **82** 12
- Erörterung der Beurteilung seiner Leistungen **82** 12
- Familienangehörige des Arbeitgebers, keine − **5** 181
- Franchise-Vertrag, keine − **5** 150 ff.
- freie Mitarbeiter, keine − **5** 37, 146; s. auch dort
- freier Dienstvertrag, kein − **5** 53
- freiwilliges soziales Jahr **5** 137
- Fremdfirmeneinsatz **5** 91 f.

- Fremdnützigkeit als Merkmal persönlich abhängiger Arbeit **5** 20, 29
- Gesellschafter auf Grund gesellschaftsvertraglicher Verpflichtungen, keine − **5** 140
- Gesellschafter oder Komplementär **5** 167 f.
- Gestellungsvertrag **5** 110 ff.
- Gruppenarbeit **5** 103 ff.
- Hinzuziehung der Schwerbehindertenvertretung **83** 36
- Hinzuziehung eines Betriebsratsmitglieds **82** 14 f.; **83** 33 ff.; **84** 16
- aus karitativen oder religiösen Beweggründen Beschäftigte **5** 176 ff.
- Kind **5** 75, 139
- Kind des Arbeitgebers **5** 181 f.
- Kommanditist **5** 168
- Krankenschwestern **5** 178
- Künstler **5** 26, 47, 53
- Lehrer **5** 27
- leitende Angestellte, keine − **5** 186, 263 ff.
- Mitarbeiter von Presseunternehmen und Rundfunk- und Fernsehanstalten **5** 28 f., 42
- Mitglieder des Vertretungsorgans juristischer Personen, keine − **5** 148, 155 ff.
- Mitglieder einer ausländischen nicht rechtsfähigen Personengesamtheit **5** 175
- Mitglieder nicht rechtsfähiger Personengesamtheiten **5** 164
- mittelbares Arbeitsverhältnis **5** 101
- nichterwerbsdienliche Beschäftigung, keine − **5** 176 ff., 179
- Ordensangehörige **5** 141
- Organe einer ausländischen juristischen Person **5** 163
- Organmitglieder und − **5** 148
- Personen im Sinne von § 5 Abs. 2, keine − **5** 153
- persönliche Abhängigkeit **5** 16, 19 ff., 30
- Perspektivjobber **5** 134
- Praktikant **5** 68
- Reeder **5** 170
- Rot-Kreuz-Schwester, keine − **5** 142 f.
- Sozialversicherung bei Betriebsratsmitgliedern **37** 12, 35
- Staatsangehörigkeit **5** 80
- Strafgefangene, keine − **5** 131
- Teilnehmer berufsvorbereitender Maßnahmen **5** 68
- Teilzeitbeschäftigung **5** 54 ff.
- Umschüler **5** 68
- Unterrichtungspflicht des Arbeitgebers **81**; s. auch dort
- verbandsrechtliche Sonderbindung zum Empfänger der Dienstleistung **5** 138
- Vereinsmitglied **5** 172
- Verletzung von Geheimnissen eines − als Straftatbestand **120** 17 ff.
- Vertragsgestaltung, Bedeutung für -eigenschaft **5** 36 ff.

Fette Zahlen = §§

Sachverzeichnis

- Verwandte, Verschwägerte **5** 174, 181 ff.
- Volontär **5** 68
- Werkstudent **5** 50
- Werkvertrag und – **5** 13, 36, 53, 61
- zeitliche Inspruchnahme, Bedeutung für -eigenschaft **5** 49 ff.
- Zivildienstleistende, keine – **5** 135

Arbeitnehmerähnliche Personen 5 3, 13, 61, 145 ff.
- Abgrenzung zum Arbeitnehmer **5** 37 ff.
- freie Mitarbeiter **5** 146
- Handelsvertreter **5** 145
- Hausgewerbetreibender **5** 123
- Heimarbeiter **5** 120

Arbeitnehmereigenschaft
- arbeitnehmerähnliche Personen s. dort
- Arbeitsbeschaffungsmaßnahmen **5** 133
- Arbeitsentgeltregelung, Unerheblichkeit für – **5** 46 ff.
- Arbeitsvertrag als Voraussetzung für – **5** 71 ff.
- ohne Arbeitsvertrag mit dem Betriebsinhaber **5** 89
- Beginn der – **5** 83 f.
- Beschäftigung auf Grund rechtlich mangelhaften Arbeitsvertrags **5** 85
- Familienangehörige des Arbeitgebers **5** 181
- Franchise-Vertrag **5** 150 ff.
- freier Mitarbeiter, Abgrenzung **5** 37 ff.
- Fremdnützigkeit der Arbeitsleistung **5** 29
- Leistungsort, Bedeutung für **5** 58 ff.
- Leitende Angestellte **5** 185 ff.; s. auch dort
- Mitglieder einer Personengesamtheit **5** 164
- Nichterwerbsdienliche Beschäftigung **5** 176 ff.
- persönliche Abhängigkeit **5** 16, 30 ff.
- Vertragsgestaltung, Bedeutung für – **5** 36 ff.
- Voraussetzung für Wahlberechtigung **7** 2 ff.
- Werkstatt für behinderte Menschen **5** 180
- Zweck der Beschäftigung, Bedeutung für – **5** 63

Arbeitnehmerentsendung und Anwendung deutschen Betriebsverfassungsrechts **Einleitung** 75 f.

Arbeitnehmererfindungen 87 927

Arbeitnehmerüberlassung 5 5, 73, 94 ff.
- Abgrenzung vom Fremdfirmeneinsatz **5** 93
- Arbeitnehmerüberlassungsgesetz **5** 95
- illegale – **5** 98
- Leiharbeitsverhältnis **5** 94
- nichtgewerbsmäßige – **1** 126
- Wahlberechtigung **7** 9 ff.
- Zuordnung, betriebsverfassungsrechtliche – des Leiharbeitnehmers **5** 97 ff.

Arbeitsablauf s. Arbeitsplatz, Arbeitsablauf und Arbeitsumgebung

Arbeitsbedingungen, formelle und materielle, Unterscheidung **87** 35 ff.

Arbeitsbefreiung von Betriebsratsmitgliedern 37 26 ff.; **38** 5; s. auch Freistellung von Betriebsratsmitgliedern

- Bildungsurlaub **37** 176 f.
- Erforderlichkeit der Aufgabenerfüllung **37** 21 ff.
- zur Erfüllung der Betriebsratsaufgaben **37** 15 ff.
- Ersatzfreistellung **38** 18 f.
- generelle – **38** 48 ff.
- von Jugend- und Auszubildendenvertretern **65** 36, 38 f., 47
- zu Schulungs- und Bildungszwecken **37** 132 ff.
- Teilfreistellungen **38** 14 f.

Arbeitsbehörde, Beteiligung bei der Anerkennung von Schulungs- und Bildungsveranstaltungen **37** 149

Arbeitsbereich 81 3 ff.; **99** 29, 93 ff., 98 ff.

Arbeitsentgelt s. Entgelt und Lohn

Arbeitsentgeltgarantie
- bei Betriebsratsmitgliedern **37** 62 ff.
- freigestellten Betriebsratsmitgliedern **38** 57 ff.
- Mitglieder der Bordvertretung **115** 57

Arbeitserlaubnis eines ausländischen Arbeitnehmers **5** 81

Arbeitsgemeinschaften 3 67

Arbeitsgericht
- Anfechtung einer Betriebsratswahl **19** 35 ff.
- Auflösung der Jugend- und Auszubildendenvertretung **65** 5
- Auflösung des Betriebsrats **23** 63 ff.; s. auch dort
- Ausschluss aus dem Betriebsrat **23** 47 ff.; s. auch Amtsenthebung
- Ausschluss aus dem Gesamtbetriebsrat **48** 1 ff., 6 ff.
- Ausschluss aus dem Konzernbetriebsrat **56** 4 ff.
- Ausschluss aus der Jugend- und Auszubildendenvertretung **65** 6
- Bestellung der Mitglieder der Einigungsstelle **76** 55 ff., 61 ff.
- Bestellung des Wahlvorstands **16** 32 ff.
- Entbindung von der Weiterbeschäftigungspflicht **78 a** 30 ff.
- Ersetzung des Wahlvorstands **18** 10 ff.
- Zwangsverfahren gegen den Arbeitgeber wegen groben Pflichtverstößen **23** 88 ff., 99 ff.

Arbeitsgestaltung, rechtzeitige Unterrichtung über – **80** 47 ff.; **90** 19 ff.

Arbeitsgruppen 3 50; **28 a** 8
- Förderung der Selbstständigkeit und der Eigeninitiative **75** 42 ff.
- Übertragung von Aufgaben an – **28 a** 1 ff.
- Übertragung von Mitbestimmungsrechten durch den Betriebsrat **87** 92

Arbeitskampf
- Arbeitskampfrisiko und Mitbestimmung des Betriebsrats **87** 382 ff.
- Ausübung des Betriebsratsamts während eines – **74** 23 ff.
- Beteiligung des Betriebsrats bei Kampfkündigung **74** 33, 35 f.; **102** 44 f.
- Betriebsratsamt **74** 23 ff.
- Durchführung der Mitbestimmung **87** 402 ff.

2481

Sachverzeichnis

Magere Zahlen = Randnummern

- Kündigung von Arbeitnehmervertretern **103** 28 f.
- Mitbestimmung bei Änderung der Arbeitszeit **87** 378 ff.
- Mitbestimmung bei Betriebsänderungen **111** 31 f.
- Mitbestimmung bei personellen Einzelmaßnahmen **99** 20 ff.
- Mitbestimmung bei Teilstreik im Betrieb **87** 400 f.
- Mitbestimmung in mittelbar arbeitskampfbetroffenen Betrieben **87** 387 ff.
- Mitwirkungs- und Mitbestimmungsrechte des Betriebsrats **74** 32 ff.
- Rechte und Pflichten des Arbeitgebers in mittelbar arbeitskampfbetroffenen Betrieben **87** 397 ff.
- Rechtsstellung der Betriebsratsmitglieder **74** 26 ff.

Arbeitskampfverbot
- Adressaten **74** 19 f.
- Arbeitskämpfe tariffähiger Parteien, Auswirkungen **74** 21 f.
- Arbeitskleidung **77** 114
- betriebsverfassungsrechtliches **74** 16 ff.; s. auch Grundsätze für die Zusammenarbeit
- Gegenstand **74** 17 f.
- Maßnahmen **74** 16 ff.

Arbeitskollegen, Belästigung durch – **84** 9

Arbeitslose, Beschäftigung auf Grund eines Eingliederungsvertrages s. auch Eingliederungsvertrag

Arbeitslosengeld und Nachteilsausgleich **113** 59

Arbeitsmethoden
- Begriff **111** 120
- Beteiligung des Wirtschaftsausschusses bei Neueinführung **106** 46 ff.
- Einführung neuer – **111** 119 ff.

Arbeitsort, Wechsel als Versetzung **99** 103

Arbeitsplatz s. auch Arbeitsplatz, Arbeitsablauf und Arbeitsumgebung
- Abmelden vor Verlassen des – **37** 27; **39** 23
- Änderung **91** 4 ff.; **99** 111
- Arbeitsablauf und Umgebung s. Arbeitsplatz, Arbeitsablauf und Arbeitsumgebung
- Ausschreibung, geschlechtsneutrale **93** 21
- Begriff **91** 4
- Beteiligungsrechte bei Gestaltung des – **89** 4 ff.; **90** 15 ff.; **91** 16 ff.; **115** 109
- Bordvertretung **115** 109
- Mitteilung bei Rückkehr an den – **39** 26
- Personalfragebogen **94** 5 ff.
- Rückmeldung bei Rückkehr aus der Sprechstunde des Betriebsrats **39** 26
- Unterrichtung **81** 3 ff.

Arbeitsplatz, Arbeitsablauf und Arbeitsumgebung
- Anspruch auf angemessene Korrekturmaßnahmen **91** 15 ff.
- Arbeitsumgebung **91** 5
- Begriff **91** 4 f.

- Beratungs- und Unterrichtungsrecht des Betriebsrats **90** 19 ff.
- Beteiligung des Betriebsrats in Tendenzunternehmen **118** 150 f.
- Betriebsabsprache **91** 24
- Betriebsvereinbarung **91** 24
- Einigungsstelle **91** 26 ff.
- Korrekturmaßnahmen bei Belastung **91** 18 ff., 20 f., 22 ff.
- korrigierendes Mitbestimmungsrecht des Betriebsrats **91** 1, 15 ff.
- Lohnzuschläge **91** 23
- Mitbestimmung der Bordvertretung **115** 109
- Mitbestimmung des Seebetriebsrats **115** 109; **116** 69
- Streitigkeiten **91** 35 ff.
- Verletzung der Unterrichtungspflicht durch den Unternehmer als Ordnungswidrigkeit **121** 4; s. auch Ordnungswidrigkeiten im Rahmen der Betriebsverfassung
- Zuständigkeit für die Mitbestimmung **91** 25

Arbeitsrechtliches Beschäftigungsförderungsgesetz 95 2; **113** 6

Arbeitsschutz
- Anzeigepflicht des Arbeitgebers bei Unfall **89** 22 f.
- Arbeitsschutzausschuss **87** 569 f.; **89** 41; s. auch dort
- Aufgabe des Betriebsrats **89** 4 f.
- Auskunftspflicht des Betriebsrats **89** 18
- Ausübung der Mitbestimmung **87** 564
- autonomer – als Mitbestimmungstatbestand **87** 536 ff.; **115** 106 ff.; s. auch autonomer Arbeitsschutz
- Bestellung u. Abberufung des Sicherheitsbeauftragten für Arbeitssicherheit als Mitbestimmungstatbestand **87** 594 ff.; **89** 33 ff.
- Bestellung u. Abberufung von Betriebsärzten als Mitbestimmungstatbestand **87** 570, 576 ff.
- Beteiligung des Betriebsrats bei der Durchführung **89** 4 ff., 15, 21
- EG-Rahmenrichtlinie **81** 18
- Einrichtungen für – s. Arbeitsschutzeinrichtungen
- gesetzlicher **89** 39 ff.
- Inhalt der Hinzuziehung des Betriebsrats **88** 24
- Initiativrecht des Betriebsrats **87** 561
- Kosten der Arbeitsschutzregelung **87** 560
- Mitbestimmung des Betriebsrats **87** 557 ff.
- Rechtsfolgen einer Nichtbeteiligung des Betriebsrats **87** 566 f.
- Streitigkeiten über die Mitwirkung des Betriebsrats **89** 43
- Teilnahme des Betriebsrats an Besprechungen mit dem Sicherheitsbeauftragten **89** 36 ff.
- Umfang der Arbeitsschutzvorschriften **89** 4 ff.
- Unterrichtungspflicht des Arbeitgebers **89** 20, 24

Fette Zahlen = §§

Sachverzeichnis

- Verhältnis zum Arbeitssicherheitsgesetz **87** 568 ff.; **89** 39
- Vorrang von Gesetz und Tarifvertrag **87** 562
- zusätzliche Maßnahmen **88** 11 ff.
- Zuständigkeit der Bordvertretung **115** 106 f.
- Zuständigkeit für die Mitbestimmung **87** 565

Arbeitsschutzausschuss 87 569 ff., 595 ff.; **89** 41
- Beteiligung des Betriebsrats bei Zusammensetzung und Geschäftsführung **87** 595 ff.
- Bordvertretung **115** 108

Arbeitsschutzeinrichtungen, Hinzuziehung des Betriebsrats bei Einführung und Prüfung **89** 21 ff.

Arbeitssicherheitsgesetz 87 545; **89** 39

Arbeitsstättenverordnung 90 35

Arbeitsumgebung s. Arbeitsplatz, Arbeitsablauf und Arbeitsumgebung

Arbeitsunfall, Maßnahmen zur Verhütung **87** 535 ff.; **88** 11 ff.

Arbeitsverfahren, Beteiligungsrechte des Betriebsrats bei der Gestaltung **89** 4 ff.; **90** 13 f.; **91** 4 ff.

Arbeitsverhalten 87 178 f., 194 ff.

Arbeitsverhältnis
- Arbeitsleistung von Familienangehörigen **5** 181 ff.
- Auswirkung von Mitwirkungs- und Mitbestimmungsrechten des Betriebsrats **Vor 4. Teil** 31 ff.
- Beendigung des –, Grund für Beendigung der Mitgliedschaft im Betriebsrat **24** 11 ff.
- befristetes **5** 52
- Begründung durch Arbeitsvertrag **5** 71 ff.
- Berufsausbildungsverhältnis **5** 64 ff., 75
- Betriebsratswahl, – als Voraussetzung der Wahlberechtigung **7** 2 ff.
- Diakonisse **5** 141, 177
- Einfluss abgelaufener Betriebsvereinbarungen **77** 161 ff.
- Eingliederungstheorie **5** 72
- Ende durch Zeitablauf **102** 16
- Entgeltlichkeit der Arbeit, keine Voraussetzung für – **5** 46 ff.
- Gesellschafter **5** 140
- hauptberufliche Ausübung der Tätigkeit **5** 51
- Kurzzeitbeschäftigungsverhältnis **5** 53
- Maßnahmen zur Arbeitsbeschaffung **5** 133
- Mitglied eines Ordens, einer Kongregation, eines Säkularinstituts der kath. Kirche **5** 141
- Mitglied eines Ordens, einer Kongregation, eines Säkularinstituts der katholischen Kirche **5** 176 f.
- mittelbares Arbeitsverhältnis **5** 101 f.
- persönliche Abhängigkeit **5** 16, 30 ff.
- Rechtsformverfehlung **5** 43
- Rechtsformwahl **5** 39 ff.
- Teilzeitbeschäftigung **5** 54 ff.
- Überlassung eines Arbeitnehmers **5** 73, 94 ff.
- Verpflichtung zur Arbeit **5** 14
- Vertragstheorie **5** 74
- Wählbarkeit, – als Voraussetzung **8** 13 f.
- Wahlberechtigung, – als Voraussetzung **7** 36 ff.
- Weisungsgebundenheit **5** 15, 21 ff.
- wirtschaftliche Abhängigkeit **5** 15

Arbeitsversäumnis
- Arbeitnehmer für das Aufsuchen der Sprechstunde **39** 21 ff.
- Betriebs- und Abteilungsversammlungen **44** 26 ff.
- Betriebsratsmitglied für Aufgabenerfüllung **37** 13 ff., 26 ff.
- Betriebsratsmitglied für Sprechstunden **39** 19 f.
- Bildungsurlaub **37** 162 ff.
- freigestellte Betriebsratsmitglieder **38** 48 ff.
- Gesamtbetriebsrat **51** 49
- Gesamt-Jugend- und Auszubildendenvertretung **73** 17
- Jugend- und Auszubildendenversammlung **71** 25 ff.
- Jugend- und Auszubildendenvertretung **65** 35 f.
- Konzernbetriebsrat **59** 36
- Schulungs- und Bildungsveranstaltungen **37** 132 ff.; **38** 55
- Vermittler im Zuordnungsverfahren **20** 45
- auf Grund Wahlrechtsausübung **20** 41 ff.
- Wahlvorstandsmitglieder **16** 62

Arbeitsvertrag
- Anfechtbarkeit **5** 72
- Anfechtung **5** 87 f.; **102** 27 f.
- Befristung oder Bedingung **5** 52, 79
- Begründungstatbestand eines Arbeitsverhältnisses **5** 71 ff.
- Form **5** 74
- Geschäftsunfähigkeit, beschränkte Geschäftsfähigkeit **5** 77 f.
- gesetzliche Betreuung **5** 78
- Mitbestimmung bei der Einstellung keine Wirksamkeitsvoraussetzung für – **99** 293 ff.
- Nachweis der wesentlichen Vertragsbedingungen **5** 74
- Nichtigkeit **5** 86 f.; **102** 26
- rechtlicher Mangel **5** 85 ff.
- Rechtsfolge fehlender Arbeitserlaubnis für Ausländer **5** 81
- Stellvertretung **5** 76

Arbeitswissenschaftliche Erkenntnisse
- Arbeitsstättenverordnung **90** 35
- über die menschengerechte Gestaltung der Arbeit **90** 28 ff.; **91** 7 ff.

Arbeitszeit
- Arbeitsbereitschaft **87** 301 ff.
- arbeitskampfbedingte Änderung **87** 316
- Arbeitsunterbrechung aus technischen Gründen **87** 278
- Beginn und Ende der täglichen – **87** 373
- Begriff **87** 256 ff.
- Bekanntgabe der Arbeitszeitregeln **87** 331
- Bereitschaftsdienst **87** 301 ff., 350
- Betriebsvereinbarung **87** 324 f.
- Dauer der Arbeitszeit **87** 262, 274
- Durchführung der Mitbestimmung **87** 324 ff.
- Eil- und Notfall **87** 311

2483

Sachverzeichnis

Magere Zahlen = Randnummern

- Einführung der Fünf-Tage-Woche **87** 283
- einmalige Abweichung **87** 306 ff.
- Entgeltschutz bei Wahlrechtsausübung **20** 46
- Erholungszeit **87** 277
- Festlegung der Pausen **87** 276 ff.
- flexible Arbeitszeitregelungen **87** 287 ff.
- gleitende **87** 279
- Initiativrecht des Betriebsrats **87** 310
- Kurzarbeit **87** 305
- Ladenöffnungszeit **87** 259
- Lage **87** 261 ff.
- Mitbestimmung der Bordvertretung **115** 101 f.
- Mitbestimmung des Betriebsrats **87** 326 ff.
- Mitbestimmung im Tendenzbetrieb **118** 144 ff.
- Rechtsfolgen einer Nichtbeteiligung des Betriebsrats **87** 332 ff.
- Regelung nur für einzelne Arbeitnehmer **87** 308 f.
- Rufbereitschaft **87** 301 ff., 350
- Schichtarbeit **87** 287
- tarifliche Jahresarbeitszeit **87** 338
- Teilzeitbeschäftigung **87** 294 ff.
- Tendenzbetrieb **87** 317
- Übergang von der Fünf-Tage-Woche zur Vier-Tage-Woche **87** 283
- Überstunden **87** 304
- unternehmerische Entscheidungsautonomie als Schranke der Mitbestimmungsausübung **87** 313 ff.
- Verlegung der Arbeitszeit **87** 307
- Versäumnis von – auf Grund Tätigkeit als Betriebsrat **37** 13 ff.; s. auch Tätigkeit
- Versäumnis von – auf Grund Tätigkeit als Vermittler im Zuordnungsverfahren **20** 45
- Versäumnis von – auf Grund Tätigkeit im Wahlvorstand **20** 41 ff.
- Versäumnis von – infolge Wahlrechtsausübung **20** 46
- Verteilung auf die einzelnen Wochentage **87** 282 ff.
- Vorrang von Gesetz und Tarifvertrag **87** 321 ff.
- zeitliche Inanspruchnahme, Bedeutung für die Arbeitnehmereigenschaft **5** 49 ff.
- Zuständigkeit des Gesamtbetriebsrats **50** 21
- Zuständigkeit für die Mitbestimmungsausübung **87** 326 ff.

Arbeitszeugnis, Ausweis der Tätigkeit als Betriebsrat **37** 12

Ärztliche Untersuchung 94 8

Assessment-Center 94 65; **95** 26

AT-Angestellte 5 187; **77** 265; **80** 15; **87** 160, 780; **99** 67 ff., 89
- leitende Angestellte **5** 262
- Mitbestimmung bei außertariflichen Angestellten **87** 781 ff.

Aufgaben, allgemeine
- Betriebsausschüsse **27** 47 ff.; s. auch Übertragung von Aufgaben an Ausschüsse

- Betriebsrat **37** 16 ff.; **80** 5 ff.; s. auch allgemeine Aufgaben des Betriebsrats
- Betriebsratsvorsitzender **26** 33 ff.; **27** 76 f.; s. auch Vorsitzender des Betriebsrats
- Gesamtbetriebsrat **50** 1, 19 ff., 53 ff., 67 ff.
- Gesamt-Jugend- und Auszubildendenvertretung **73** 20 f.
- Jugend- und Auszubildendenvertretung **60** 12 ff.; **70** 5 ff.
- Koalitionen **2** 66 ff.; s. auch dort
- Konzernbetriebsrat **58** 1, 9 ff., 24 ff.
- Schwerbehindertenvertretung **2** 11
- Wahlvorstand **18** 3 ff.; **1 ff. WO**; s. auch dort; s. auch Wahlverfahren gemäß Wahlordnung
- weitere Ausschüsse **28** 23 ff.

Aufhebung
- Arbeitsverträge und Nachteilsausgleich **113** 42
- Arbeitsverträge und Sozialplan **112** 107
- Betriebsratsbeschlüsse **33** 34
- Betriebsvereinbarungen **77** 194
- Geschäftsordnung **36** 13

Aufhebungsvertrag 102 21; **112** 107; s. auch Abwicklungsvertrag
- Beendigungsgrund für das Betriebsratsamt **24** 15 f.

Aufklärungspflicht
- Strafbarkeit bei Verletzung **121** 3 f.
- bei vorläufigen personellen Maßnahmen **100** 9 ff.

Auflösung des Betriebsrats 23 51 ff.
- Amtsniederlegung sämtlicher Betriebsratsmitglieder während des Auflösungsverfahrens **23** 60
- Amtspflichtverletzung, grobe **23** 53 ff.
- Antragsrecht **23** 51, 57 f.
- Antragsverbindung **23** 61 f.
- Beendigung der Amtszeit während des Beschlussverfahrens **23** 59
- durch Beschluss des Arbeitsgerichts **13** 46 ff.; **23** 63 ff.
- Bestellung des Wahlvorstands für die Neuwahl **23** 69 ff.
- einstweilige Verfügung **23** 65
- grobe Amtspflichtverletzung **23** 53 ff.
- kein Entziehen durch Rücktrittsbeschluss während des Auflösungsverfahrens **23** 60
- kein Nachrücken der Ersatzmitglieder **23** 67
- Neuwahl außerhalb des regelmäßigen Wahlzeitraums **9** 25; **13** 46 ff.
- Nichtbestehen eines Betriebsrats im Betrieb **13** 49 ff.
- Niederlegung durch sämtliche Betriebsratsmitglieder **13** 51 f.
- Rechtswirkung auf Mitglieder des Betriebsrats **23** 66 f.
- Rücktritt während des Beschlussverfahrens, nicht möglich **23** 60
- Verbindung mit Anfechtung der Wahl **23** 61 f.
- Verbindung mit Antrag auf Amtsenthebung eines Betriebsratsmitglieds **23** 61 f.

Fette Zahlen = §§

Sachverzeichnis

Auflösungsantrag des Arbeitnehmers nach § 9 KSchG **102** 135 ff.
Aufspaltung s. auch Umwandlung
– von Betrieben und Unternehmen **1** 87 ff.; **77** 212; **111** 96 ff., 100 ff.
Aufstellung des Sozialplans 112 61 ff., **77** ff.; s. auch Sozialplan
Aufstellung des Urlaubsplans 87 441 ff., 448 ff.
Aufstellung von Entlohnungsgrundsätzen 87 728 ff.
Aufsuchen von Arbeitnehmern am Arbeitsplatz durch den Betriebsrat **39** 30
Aufwendungen s. auch Kosten; s. auch Kostentragungspflicht des Arbeitgebers
– Ersatz von – für Betriebsratstätigkeit **37** 33; **40** 42 ff.
– Ersatz von persönlichen – der Betriebsratsmitglieder **40** 48 ff.
– Fahrtkostenerstattung **40** 49 ff.; **44** 41 ff.; s. auch Fahrtkosten
– Nachweis **40** 51
– Pauschalaufwendungsersatz, Unzulässigkeit eines – **40** 45 f.
– Unfallschaden als – **40** 53 ff.
Ausbildung s. Berufsbildung
Ausbildungsberatung 96 3 ff., 18 ff.
Ausbildungsordnung 96 23
Ausbildungsverhältnis 5 64 ff.; **78 a** 4 ff.; **96** 6 ff.; **99** 39; s. Berufsbildung
ausgeschlossenes Betriebsratsmitglied, Wiederwahl **23** 50; s. auch Amtsenthebung
Ausgleich
– Ausgleichsanspruch der Betriebsratsmitglieder, Abgeltung **37** 56 ff.
– für Belastungen am Arbeitsplatz **91** 22 ff.
– für Betriebsratstätigkeit außerhalb der Arbeitszeit **37** 49 ff.
– wirtschaftlicher Nachteile, Nachteilsausgleich **113**
Ausgliederung von Unternehmen s. Umwandlung
Aushilfskräfte 9 12
– Wahlberechtigung zum Betriebsrat **7** 31
Auskunft über
– Arbeitsplatz und vorgesehene Eingruppierung **99** 150, 152
– Auswirkungen der geplanten Einstellung **99** 133, 148 ff.
– Bewerber und andere Personen **99** 134 ff.
– geplante Einstellung **99** 133
Auskünfte des Betriebsrats, Haftung für – **39** 29
Auskunftspflicht
– des Arbeitgebers **90** 19 ff.; **99** 130 ff.; **100** 12 ff.; **102** 47 ff.; **106** 20 ff.; **111** 143 ff.
– personelle Angelegenheiten leitender Angestellter **105** 3 ff.
– Verletzung **121** 3 f.
Auslagen s. Aufwendungen; s. Kostentragungspflicht des Arbeitgebers

Ausländisch tätige Arbeitnehmer inländischer Betriebe Einleitung 73 ff.
– Beteiligung an der Betriebsratswahl **Einleitung** 80
– Mitwirkung und Mitbestimmung des Betriebsrats **Einleitung** 81
ausländische Arbeitnehmer
– Behandlung der Fragen der Integration der im Betrieb beschäftigten – **45** 17
– Bericht des Arbeitgebers über die Integration der im Betrieb beschäftigten – **43** 14 ff.; **53** 15
– Förderung der Eingliederung durch Betriebsrat **80** 43
– Mitbestimmung bei personellen Einzelmaßnahmen **99** 23 f.
– Unterrichtung der Belegschaft über wirtschaftliche Lage **110** 7
– Unterrichtung von Wählerliste **2 WO** 21
Auslandsbezug
– Anwendung deutschen Betriebsverfassungsrechts auf im Ausland tätige Unternehmen **Einleitung** 73 ff.
– ins Ausland entsandte Arbeitnehmer **Einleitung** 75 ff.; **7** 15
– Ausländische Unternehmen **Einleitung** 63 ff., 68; **47** 21; **54** 34 f.; **106** 14 f.
– Ausländischer Betrieb inländischer Unternehmen **Einleitung** 69 ff.; **47** 19
– Betrieb im Ausland **Einleitung** 68
– Betriebsteile im Ausland **Einleitung** 69
– Bildung eines Wirtschaftsausschusses **Einleitung** 71; **106** 15
– Europa, Gesetz über Europäische Betriebsräte **47** 20
– inländische Betriebe ausländischer Unternehmen **Einleitung** 70; **47** 21
– inländische Unternehmen mit Betrieben im Ausland **Einleitung** 68 f.
– keine Beteiligung der ausländischen Betriebe bei der Bildung des Gesamtbetriebsrats **47** 19
– Teilkonzern bei ausländischer Konzernspitze **Einleitung** 72; **54** 35
Auslösungen, pauschalierter Aufwendungsersatz **87** 413
Ausrüster 114 25
Ausscheiden
– aus Betriebsrat **24** 2 ff., 6 ff.; **25** 2 ff.; s. auch Erlöschen der Mitgliedschaft im Betriebsrat
– aus Gesamtbetriebsrat **49** 3 ff.
– aus Gesamt-Jugend- und Auszubildendenvertretung **73** 14
– aus Jugend- und Auszubildendenvertretung **65** 7 ff.
– aus Konzernbetriebsrat **57** 4 ff.
Ausschluss
– bei Abstimmungen in eigenen Angelegenheiten **33** 22
– aus Betriebsrat **23** 9 ff.; s. auch Amtsenthebung

Sachverzeichnis

Magere Zahlen = Randnummern

- aus Betriebsratssitzung **29** 44
- von Ersatzmitgliedern **23** 31; s. auch Ersatzmitglied
- aus Gesamtbetriebsrat **48** 1 ff., 6 ff.; **49** 8
- aus Jugend- und Auszubildendenvertretung **65** 6
- aus Konzernbetriebsrat **56** 3 ff.
- von Teilnahme an Betriebsversammlungen **42** 22 ff., 29
- aus Wirtschaftsausschuss **107** 21 ff.

Ausschlussfrist
- Anfechtung der Betriebsratswahl **19** 46
- Ansprüche aus Betriebsvereinbarungen **77** 186 ff.
- Außerordentliche Kündigung und Beteiligung des Betriebsrats **103** 59 f.
- Geltendmachung von Rechten aus dem Sozialplan **112** 182
- Kostenerstattungsansprüche aus Betriebsratstätigkeit **40** 56

Ausschreibung von Arbeitsplätzen
- Auswahlrecht des Arbeitgebers **93** 25
- Auswahlrichtlinien **93** 23, 26
- innerhalb des Betriebs **93** 2 ff., 8
- Betriebsvereinbarung **93** 22 f.
- Chancengleichheit **93** 10
- Durchführung des Beteiligungsrechts **93** 19 ff.
- Inhalt der Ausschreibung **93** 9, 20
- Inhalt des Ausschreibungsverlangens **93** 6 ff., 11
- bei leitenden Angestellten **93** 5
- Rechtsfolgen des Ausschreibungsverlangens des Betriebsrats **93** 19, 24 ff.
- Rechtsmissbrauch **93** 28
- Teilzeit **93** 4, 9
- Tendenzbetriebe **93** 18, 29; **118** 154
- innerhalb des Unternehmens und Konzerns **93** 14 f.
- Zeitpunkt des Ausschreibungsverlangens **93** 13
- Zuständigkeit des Gesamtbetriebsrats **93** 16
- Zuständigkeit des Konzernbetriebsrats **93** 17
- Zustimmungsverweigerungsrecht des Betriebsrats bei Einstellung und Versetzung **93** 27

Ausschüsse s. Betriebsausschuss; s. gemeinsame Ausschüsse; s. Gesamtbetriebsausschuss; s. Konzernbetriebsausschuss; s. weitere Ausschüsse

Außendienst 5 59
- eines Betriebes **1** 37

Außerkrafttreten von Vorschriften 129 1 ff.

außerordentliche Betriebsversammlung
Vor **42** 6 f.; **43** 25 ff.

außerordentliche Kündigung 102 59, 114, 285 f.; **103** 24 ff.; **Anhang zu 103** 15 ff.
- Anhörungsfrist **102** 99
- von Arbeitnehmervertretern **103**
- mit Auslauffrist **103** 26
- Äußerungsfrist für Betriebsrat **102** 99
- eines Sozialplans **112** 186
- Umfang der Unterrichtung des Betriebsrats **102** 59, 63
- wichtiger Grund **Anhang zu 103** 17 ff.

Aussetzung von Beschlüssen des Betriebsrats
- Antragsberechtigung **35** 2 ff.
- Antragsgegenstand **35** 9 ff.
- Aussetzung des Beschlusses **35** 16 f.
- Aussetzungsgrund **35** 7 f.
- gegenüber Beschlüssen des Betriebsausschusses sonstiger Ausschüsse des Betriebsrats **35** 25
- erneute Beschlussfassung **35** 19
- Form **35** 13
- Frist **35** 12
- Hinzuziehung von Gewerkschaften **35** 18
- Jugend- und Auszubildendenvertretung **66** 3 ff.
- Rechtsmissbrauch als Antragsschranke **35** 14 f.
- Rechtswirkungen **35** 22 ff.

Aussetzung von Beschlüssen des Gesamtbetriebsrats 51 42 ff.

Aussetzung von Beschlüssen des Konzernbetriebsrats 59 32

Aussperrung 74 17 ff., 39 f.
- Beteiligung des Betriebsrats **102** 23

Ausstrahlung eines Betriebes **1** 37

Ausübung des Wahlrechts
- Behinderung **20** 6 ff.
- Zeitversäumnis **20** 46

Auswahl
- Änderung der Freistellung **38** 43 ff.
- Beratung mit dem Arbeitgeber **38** 27 ff.
- Einigungsstelle, Anrufung durch den Arbeitgeber und Zuständigkeit **38** 33 ff., 36 ff.
- einstweiliger Rechtsschutz **38** 42
- Einverständniserklärung des freizustellenden Betriebsratsmitglieds **38** 31
- Freistellung der ausgewählten Mitglieder **38** 40 f.
- der freizustellenden Betriebsratsmitglieder **38** 26 ff.; s. auch Freistellung von Betriebsratsmitgliedern
- durch geheime Wahl der freizustellenden Betriebsratsmitglieder **38** 30
- Unterrichtung des Arbeitgebers **38** 32

Auswahlrecht des Arbeitgebers **93** 25 f.

Auswahlrichtlinien
- Abgrenzung **95** 18
- Ausschreibung von Arbeitsplätzen **93** 22, 26
- Begriff **95** 5 ff.
- Betriebsvereinbarung **95** 52
- Durchführung der Mitbestimmung **95** 51 ff.
- Einigungsstelle **95** 60 ff.
- Einstellungsrichtlinien **95** 21 ff.
- Entscheidungsfreiheit des Arbeitgebers **95** 16
- Festlegung von Anforderungsprofilen **95** 19 f.
- Gegenstand **95** 8 f.
- Gesamtbetriebsrat **95** 57 ff.
- Inhalt **95** 10 ff., 16, 21
- Inhalt der Mitbestimmung **95** 44 ff.
- Initiativrecht des Betriebsrats **95** 47 ff.
- Konzernbetriebsrat **95** 57
- Kündigung der Betriebsvereinbarung über – **95** 54

Sachverzeichnis

Fette Zahlen = §§

- Kündigungsrichtlinien **95** 37 ff.
- Mitbestimmung **95** 44 ff.
- Nachwirkung **95** 55
- Rechtsfolgen bei Verstoß **95** 29, 34, 43, 70 f.
- Rechtsnatur **95** 3 ff.
- Rechtswirkungen **95** 14 ff., 21
- Sozialauswahl **95** 38 ff.
- Tendenzbetriebe **118** 157
- Umgruppierungsrichtlinien **95** 35 ff.
- Verfassungsmäßigkeit der Mitbestimmung **95** 3 ff.
- Vergleichbarkeit der Arbeitnehmer vor betriebsbedingter Kündigung **95** 42 a
- Versetzung **95** 69
- Versetzungsrichtlinien **95** 30 ff.
- Widerruf der Zustimmung des Betriebsrats **95** 53
- Widerspruch des Betriebsrats gegen eine ordentliche Kündigung bei Verstoß gegen eine – **95** 43; **102** 157 f.
- Zustimmungsrecht des Betriebsrats **95** 28, 44 ff.
- Zweck der Mitbestimmung **95** 1 ff.

Ausweise 87 184, 205
Auszahlung des Arbeitsentgelts 87 413 ff.
Auszubildende
- als Arbeitnehmer **5** 64 ff.
- Beendigung des Berufsausbildungsverhältnisses **78 a** 8
- Begriff des Auszubildenden **78 a** 5
- Berufsausbildung **96** 6 ff.
- Durchführung der Berufsausbildung **98** 9 ff.
- Einrichtungen der Berufsausbildung **97** 4 ff.
- Förderung der Berufsbildung **96** 3 ff.
- Praktikant **5** 68
- Schifffahrt **114** 42
- Teilnehmer berufsvorbereitender Maßnahmen **5** 68
- Umschüler **5** 68
- Volontär **5** 68

Auszubildende als zur Berufsausbildung Beschäftigte s. auch Berufsbildung
- Weiterbeschäftigungsanspruch s. Weiterbeschäftigungsanspruch Auszubildender

Automatische Datenverarbeitung 83 4 ff.; **87** 484 ff.; **92** 33; **94** 4 ff., 11
Autonome Satzung, Betriebsvereinbarung **77** 23
Autonomer Arbeitsschutz 87 537 ff.; **89** 15; s. auch Arbeitsschutz
- Abgrenzung **89** 39
- Informations- und Beratungsrechte **89** 20; **90** 19 ff.
- Zuständigkeit der Bordvertretung **115** 106 ff.

Bahn s. Deutsche Bahn
Bargeldlose Entlohnung
- Kontoführungskostentragepflicht als Annexregelung zum Mitbestimmungstatbestand **87** 38, 427 ff.
- Mitbestimmung des Betriebsrats **87** 425 ff.

Beamte
- Entlassung **102** 25
- keine Arbeitnehmer **5** 115, 130 ff.
- Zuweisung in einen Betrieb **5** 113

Beamtengruppe
- Beschlussfassung in Beamtenangelegenheiten **33** 10
- Besetzung der Einigungsstelle **76** 47
- kein Gruppenrecht bei Wahl des Betriebsratsvorsitzenden und der Mitglieder des Betriebsausschusses **27** 70
- keine eigene Gruppe in Organisation und Geschäftsführung des Betriebsrats **33** 10
- Übertragung von Personalangelegenheiten der Beamten auf Betriebsausschuss in Postunternehmen, keine **27** 70

Bedaux-Verfahren 87 761
Bedienungsgelder im Gaststättengewerbe, Mitbestimmung des Betriebsrats **87** 831, 892
Beeinflussung des Wahlergebnisses 20 1 ff., 14 ff.; s. auch Wahlbeeinflussung
- Rechtsfolgen **20** 28 ff.

Beendigung
- Amtszeit des Betriebsrats s. Amtsbeendigung des Betriebsrats
- Mitgliedschaft im Betriebsrat **24** 2 ff.; s. auch Amtsbeendigung des Betriebsrats
- Mitgliedschaft im Gesamtbetriebsrat **49** 3 ff.
- Mitgliedschaft im Konzernbetriebsrat **57** 4 ff.
- Mitgliedschaft im Wirtschaftsausschuss **107** 20 ff.
- Mitgliedschaft in der Jugend- und Auszubildendenvertretung **65** 5 ff.

Befangenheit, Mitglieder der Einigungsstelle **76** 53
Beförderung
- Beteiligung der Bordvertretung **115** 113
- Widerspruchsrecht des Betriebsrats **99** 217

Befristetes Arbeitsverhältnis
- Beteiligung des Betriebsrats **102** 16 ff.
- Erlöschen der Mitgliedschaft im Betriebsrat **24** 17

Befugnisse
- Betriebsausschüsse **27** 47 ff.; s. auch Übertragung von Aufgaben auf –
- Betriebsratsvorsitzender **26** 33 ff.; **27** 76 f.
- Betriebsversammlung **45** 25 ff.
- gemeinsame Ausschüsse **28** 36
- Gesamtbetriebsrat **50** 53 ff.
- Jugend- und Auszubildendenvertretung **70** 5 ff., 12 f.
- Koalitionen in der Betriebsverfassung **2** 30 ff., 37 ff.; s. auch Koalitionen
- Konzernbetriebsrat **58** 32 ff.
- Schwerbehindertenvertretung **32** 12 ff.
- weitere Ausschüsse **28** 23 ff.

Beginn
- Amtszeit des Betriebsrats **21** 4 ff.
- Arbeitsverhältnis **5** 74
- tägliche Arbeitszeit **87** 273 ff.

2487

Sachverzeichnis

Magere Zahlen = Randnummern

Begünstigungsverbot 78 3 f., 26 ff.
- Änderungskündigung **78** 27 ff.
- Beispiele **78** 33
- Erlass von Pflichten **78** 32
- Strafbarkeit **78** 38; **119** 24 ff.
- Vergünstigungen eines Betriebsratsmitglieds **78** 30 f.

Behandlung der Betriebsangehörigen
- Beschwerde des Arbeitnehmers gegen ungerechte – **84** 6 ff.
- Grundsätze **75** 3 ff., 11 ff., 39 ff.; s. auch Grundsätze für die Behandlung der Betriebsangehörigen

Behandlungsgegenstände der Betriebs- und Abteilungsversammlungen 45 9 ff.

Beherrschungsvertrag 54 8

Behindertenwerkstatt, kirchliche **118** 204

Behinderungsverbot 78 3 f., 11 ff.
- Beispiele **78** 17 ff.
- Rechtsfolgen bei Verstoß **78** 34 ff.
- Strafbarkeit **78** 38; **119** 13 ff.
- unzulässige Beeinflussung **119** 17
- von Wahlen **20** 1 ff., 6 ff.; s. auch Wahlbehinderung
- Weisung innerhalb des Arbeitsverhältnisses und Amtstätigkeit **78** 18
- Wirtschaftsausschuss **107** 33

Beisitzer, Einigungsstelle **76** 45 ff.; **76 a** 12, 15

Beiträge zur Finanzierung der Kosten der Betriebsratstätigkeit durch Arbeitnehmer bzw. Dritte, unzulässig **41** 2 ff.; s. auch Umlageverbot

Beitrittsgebiet Einleitung 28 ff.
- Sozialplan **112** 170

Bekämpfung von Arbeitsunfällen und Gesundheitsgefahren 87 534 ff.; **88** 11; **89** 15 ff.; s. auch Arbeitsschutz

Bekanntmachung
- Betriebsvereinbarung **77** 7, 40
- Wahlergebnis **18** 7; **18 WO** 2 f.

Belästigung von Mitarbeitern
- sexuelle **84** 7, 28
- Störung des Betriebsfriedens **99** 240 ff.; **104** 5 ff.

Belastungen der Arbeitnehmer
- Korrekturmaßnahmen zum Ausgleich der – **91** 22 ff.
- Korrekturmaßnahmen zur Abwendung der – **91** 18 ff.
- Korrekturmaßnahmen zur Milderung der – **91** 20 f.
- Mitbestimmungsrecht **91** 10 ff.

Belegschaft
- Abgrenzung **5** 3 f.
- Arbeitsleistung innerhalb der betrieblichen Organisation **5** 5, 99 ff.
- ausländisches Arbeitsvertragsstatut **5** 82
- Beamte s. dort
- Begriff **5** 4
- Beteiligte der Betriebsverfassung **Einleitung** 88 ff.

- Betriebsgemeinschaft **5** 153, 267
- Einheitliche Repräsentation **1** 13
- freiwilliges soziales Jahr **5** 137
- Fremdfirmeneinsatz **5** 91 f.
- Gemeinschaft zur gesamten Hand **Einleitung** 92
- Gesamthafenbetrieb, Arbeitnehmer eines – als Sonderfall der Gruppenarbeit **5** 108
- Gruppenarbeit **5** 103 ff.
- Heimarbeiter **5** 3, 147
- juristische Teilperson **Einleitung** 89
- Kommanditist als Belegschaftsmitglied **5** 3, 140
- Leiharbeitsverhältnis **5** 94 f., 98
- leitende Angestellte, keine Mitglieder der – **5** 4, 225, 267; s. auch leitende Angestellte
- mittelbar Beschäftigte **5** 101 ff.
- Rechtsgemeinschaft **Einleitung** 92 f.
- Rechtsnatur der – **Einleitung** 89 ff.
- Rechtsstellung gegenüber dem Betriebsrat **Einleitung** 98 ff.
- Seebetrieb **114** 41 ff.
- sozialrechtliche Sonderexistenz **Einleitung** 94
- tatsächliche Gemeinschaft **Einleitung** 95 f.
- Träger der Mitwirkungs- und Mitbestimmungsrechte **Einleitung** 97
- überlassener Arbeitnehmer **5** 73, 94 ff.
- Unternehmerarbeiter **5** 91
- Veränderung der Belegschaftszahl als Grund für vorzeitige Betriebsratswahl **9** 25; **13** 17 ff.
- Zeitarbeit **5** 94
- Zivildienstleistende **5** 135
- Zuweisung von Beamten in den Betrieb **5** 113

Benachteiligung, Beschwerde des Arbeitnehmers hiergegen **84** 20

Benachteiligungsverbot 75 30; **78** 19 ff.
- Arbeitnehmerbeteiligung in Unternehmensorganen **78** 24 f.
- Beispiele **78** 25
- berufliche Entwicklung **78** 23
- Mitglieder der Bordvertretung **115** 56 ff.
- Mitglieder des Wirtschaftsausschusses **107** 29, 33
- Rechtsfolgen bei Verstoß **78** 34 ff.
- relativer Kündigungsschutz **78** 22
- Strafbarkeit **78** 38; **119** 24 ff.

Berater bei Betriebsänderungen **111** 52 ff.

Beratungspflicht des Arbeitgebers s. Beschäftigungssicherung

Beratungsrecht des Betriebsrats
- bei Einrichtungen und Maßnahmen der Berufsbildung **97** 1 ff.
- Gegenstand **90** 25
- bei Personalplanung **92** 34
- bei Planungen des Arbeitgebers **90** 24 ff.
- Zeitpunkt der Beratung **90** 27

Bergmannsprämie für unter Tage beschäftigte Betriebsratsmitglieder **37** 34

Berichtigung des Wahlergebnisses durch den Wahlvorstand **19** 34 f.; s. auch Wahlanfechtung

Berufsausbildung s. Berufsbildung

Fette Zahlen = §§

Sachverzeichnis

Berufsausbildungsverhältnis 5 64 ff.
Berufsauszubildende s. Berufsbildung
Berufsbildung
- Abberufung von Ausbildern als Mitbestimmungstatbestand **98** 22 ff., 30
- Abgrenzung **96** 13
- ältere Arbeitnehmer **96** 24
- Änderungen im Betrieb **97** 9 ff.
- Anrufung des Arbeitsgerichts bei Bestellung oder Abberufung von Ausbildern **98** 34 ff.
- Ausbilder, mangelnde Eignung **98** 27 f.
- Auswahl der Arbeitnehmer für die Teilnahme an Berufsbildungsmaßnahmen als Mitbestimmungstatbestand **98** 54 ff.
- Begriff **96** 6 ff.
- Beratungsrecht des Betriebsrats **96** 4, 18 f.; **97** 4 ff.
- berufliche Fortbildung **96** 10; **98** 13
- berufliche Umschulung **96** 12; **98** 13
- Berufsausbildung **98** 12
- Berufsbildungsbedarf **98** 21
- Berufsbildungsgesetz **98** 53
- besonderer Schutz freigestellter Betriebsratsmitglieder, kein Ausschluss von der – **38** 62
- Bestellung von Ausbildern als Mitbestimmungstatbestand **98** 22 ff.
- Beteiligung der Bordvertretung **115** 111
- Beteiligung des Seebetriebsrats **115** 111
- betriebliche –, Begriff **98** 9
- betriebliche Einrichtungen zur Berufsbildung, Beteiligung des Betriebsrats bei Errichtung, Ausstattung, Änderung **97** 4 ff.
- Betriebsabsprache über Durchführung der betrieblichen – **98** 15 f.
- Bildungsmaßnahmen **98** 66 ff.
- Durchführung von Maßnahmen der betrieblichen – **98** 9 ff.
- Einführung betrieblicher Berufsbildungsmaßnahmen, Beteiligung des Betriebsrats **97** 6 f.
- Einigungsstelle **98** 3, 19 ff., 63 ff.
- Einrichtungen **118** 64
- Ermittlung des Berufsbildungsbedarfs **96** 21
- Errichtung und Ausstattung betrieblicher Einrichtungen zur – **97** 4 f.
- Förderung der – als gemeinsame Aufgabe von Arbeitgeber und Betriebsrat **96** 3 f.
- freigestellte Betriebsratsmitglieder, kein Ausschluss von der – **38** 62
- freiwillige Berufsbildungsmaßnahmen **97** 11
- Gegenstand des Mitbestimmungsrechts nach § 97 Abs. 2 BetrVG **97** 11 a
- Gesamtbetriebsrat **98** 17, 32
- Konzernbetriebsrat **98** 18, 32
- Mitbestimmung bei Änderungen im Betrieb **97** 9 ff.
- Mitbestimmung hinsichtlich der Durchführung im Betrieb **98** 11
- Mitbestimmung in Tendenzbetrieben **98** 7; **118** 159
- Ordnungsgeld **98** 38 ff.
- Pflicht zur Förderung der Berufsbildung **96** 16 f.
- Praktikant **5** 68
- Rechtsfolgen bei unterlassener Mitbestimmung **97** 16; **98** 34 ff.
- Teilnahme an außerbetrieblichen Berufsbildungsmaßnahmen, Beteiligung des Betriebsrats **97** 8; **98** 69 f.
- Teilnahme an Maßnahmen der – **96** 24 ff.
- Umfang von Schulungsmaßnahmen **97** 12 ff.
- Unterlassungsantrag **98** 36
- Unterrichtungsrecht **81** 19
- Volontär **5** 68
- Vorschlagsrecht des Betriebsrats **96** 20 f.
- zuständige Stellen **96** 3
- Zuständigkeit der Jugend- und Auszubildendenvertretung **70** 1 ff., 5, 14
- Zuständigkeit des Gesamtbetriebsrats **50** 34
- Zuständigkeit des Konzernbetriebsrats **58** 12
- Zustimmungs- und Initiativrecht **98** 3 ff.
- Zwangsgeld **98** 44 ff.
- Zwangsverfahren bei Bestellung von Ausbildern entgegen rechtskräftiger Entscheidung des Arbeitsgerichts **98** 38 ff.
- Zwangsverfahren bei Unterlassung der Abberufung von Ausbildern **98** 37, 44 ff.

Berufsbildungsgesetz 5 65 ff.
Berufsbildungsreformgesetz 5 65
Berufsbildungswerk 5 69
Berufsverbot 99 203
Beschäftigung s. auch Arbeitnehmer; s. auch Arbeitsverhältnis
- außerhalb eines Arbeitsverhältnisses s. Beschäftigung außerhalb eines Arbeitsverhältnisses
- Kurzzeit- **5** 53
- Leiharbeitnehmer **1** 120
- nichterwerbsdienliche – s. dort
- Probezeit **1** 114
- auf Grund rechtlich mangelhaften Vertrags **5** 85 ff.
- ständige – **1** 100, 113
- Teilzeit- **1** 115
- von vorläufig Eingestellten **101** 9 ff.
- vorübergehende – **1** 111
- Weiterbeschäftigung s. Weiterbeschäftigungsanspruch Auszubildender; s. Weiterbeschäftigungspflicht

Beschäftigung außerhalb eines Arbeitsverhältnisses
- Bedeutung für die betriebsverfassungsrechtliche Zuordnung **5** 129
- Entwicklungshelfer **5** 136
- freie Mitarbeiter **5** 146
- freiwilliges soziales Jahr **5** 137
- Handelsvertreter **5** 144
- Hausgewerbetreibende **5** 147
- Heimarbeiter **5** 147

Sachverzeichnis

Magere Zahlen = Randnummern

- bei verbandsrechtlicher Sonderbeziehung zum Dienstleistungsempfänger **5** 138
- Verpflichtung auf öffentlich-rechtlicher Grundlage **5** 130

Beschäftigungsarten, Berücksichtigung bei der Zusammensetzung des Betriebsrats **15** 8 ff.

Beschäftigungssicherung 92 a
- Begründungspflicht des Arbeitgebers **92 a** 11 ff.
- Beratungspflicht des Arbeitgebers **92 a** 7 ff.
- Form der Begründung **92 a** 13
- Gegenstand der Beratungspflicht **92 a** 7
- Gegenstand des Vorschlagsrechts **92 a** 4 f.
- Geheimhaltungspflicht bei Hinzuziehung eines Vertreters der Agentur für Arbeit **92 a** 14
- Hinzuziehung eines Vertreters der Agentur für Arbeit **92 a** 14
- Inhalt der Beratungspflicht **92 a** 8
- Pflichten des Arbeitgebers **92 a** 7 ff.
- Quorum **92 a** 12
- Reichweite des Vorschlagsrechts **92 a** 6
- Streitigkeiten **92 a** 15
- Umfang der Begründungspflicht **92 a** 11
- Vorschlagsrecht des Betriebsrats **92 a** 4 ff.

Beschäftigungsverbote 99 204

Beschlüsse
- Betriebsrat s. Beschlüsse des Betriebsrats
- Betriebsversammlung **45** 27 ff.
- Bordvertretung **115** 55
- Gesamtbetriebsrat s. Beschlüsse des Gesamtbetriebsrats
- Gesamt-Jugend- und Auszubildendenvertretung **73** 8
- Jugend- und Auszubildendenvertretung s. Beschlüsse der Jugend- und Auszubildendenvertretung
- Konzernbetriebsrat s. Beschlüsse des Konzernbetriebsrats
- Konzern-Jugend- und Auszubildendenvertretung **73 b** 8
- Seebetriebsrat **116** 41 f.

Beschlüsse der Betriebsversammlung 45 27 ff.

Beschlüsse der Bordvertretung 115 55

Beschlüsse der Gesamt-Jugend- und Auszubildendenvertretung 73 8; s. auch Sitzungen der Gesamt-Jugend- und Auszubildendenvertretung

Beschlüsse der Jugend- und Auszubildendenvertretung 65 12, 27 f.; s. auch Sitzungen der Jugend- und Auszubildendenvertretung
- kein Aussetzungsrecht gegenüber – **65** 30
- kein Stimmrecht des Betriebsratsvorsitzenden oder des mit der Teilnahme an der Sitzung beauftragten Betriebsratsmitglieds **65** 28

Beschlüsse der Konzern-Jugend- und Auszubildendenvertretung 73 b 8

Beschlüsse des Betriebsrats s. auch Sitzungen des Betriebsrats
- Abstimmungsverfahren **33** 23 f.
- Änderung, inhaltliche **33** 34
- Anfechtung **33** 35 f.
- Antragsberechtigung bei gerichtlichen Streitigkeiten **33** 48
- Aufhebung **33** 34
- Aussetzung **35;** s. auch Aussetzung der Beschlüsse des Betriebsrats
- Aussetzungsrecht der Jugend- und Auszubildendenvertretung **66** 3 ff.
- Beamtenvertreter in privatisierten Postunternehmen **33** 14
- Beschlussfähigkeit **33** 4 ff.
- Beseitigung **33** 34 ff.
- Ersatzmitglied **33** 12
- gerichtliche Nachprüfung **33** 38 ff.
- Gesetzesverletzungen mit der Sanktion der Nichtigkeit **33** 41 ff.
- Ladung **33** 3
- Mitteilung der Tagesordnung **33** 3
- nichtige – **33** 41 ff.
- Niederschrift **33** 24
- Notwendigkeit absoluter Mehrheit, Fälle **33** 20 f.
- nur in einer Sitzung **33** 2
- rechtzeitige Ladung und ordnungsgemäße Mitteilung der Tagesordnung als Voraussetzung **29** 34 f., 39 f.
- Schweigen der Betriebsratsmitglieder **33** 25 ff.
- Stellvertretung **33** 12
- kein Stichentscheid des Vorsitzenden **33** 16
- stillschweigender Beschluss **33** 25 ff.
- Stimmberechtigung **33** 13 ff.
- Stimmenmehrheit **33** 16 ff.
- Stimmenthaltung **33** 17
- Stimmrecht der Jugend- und Auszubildendenvertreter **33** 15, 18; **67** 9, 12, 17, 20 ff.
- Stimmverbot **33** 22
- suspensives Vetorecht der Jugend- und Auszubildendenvertretung und des Vertrauensmanns der Schwerbehinderten **35** 2 f.
- suspensives Vetorecht der Jugend- und Auszubildendenvertretung und des Vertrauensmanns der schwerbehinderten Menschen **35** 2 ff.
- kein Umlaufverfahren **33** 2
- Vertretung durch Ersatzmitglieder **33** 12
- Zurechnung bei fehlendem – **33** 25 ff.
- Zurechnung nach den Grundsätzen der Vertrauenshaftung **33** 31 ff.
- Zurechnung von Schweigen **33** 28 ff.
- Zurücknahme **33** 37

Beschlüsse des Gesamtbetriebsrats 51 35 f., 42 ff.; s. auch Sitzungen des Gesamtbetriebsrats
- Aussetzung **51** 46
- Aussetzungsrecht der Gesamtschwerbehindertenvertretung **52** 10
- Sitzungsniederschrift **51** 36
- Stimmengewicht bei gesetzlicher Anzahl der Mitglieder **47** 70 f.
- Stimmgewicht bei Verringerung oder Erhöhung der Anzahl der Mitglieder **47** 72

Fette Zahlen = §§

Sachverzeichnis

- Stimmrecht der Gesamt-Jugend- und Auszubildendenvertretung **51** 44
- suspensives Vetorecht **51** 46

Beschlüsse des Konzernbetriebsrats 59 27 ff.; s. auch Sitzungen des Konzernbetriebsrats
- Aussetzung von – **59** 32
- Beschlussfähigkeit **59** 29
- nur in einer Sitzung **59** 27
- Sitzungsniederschrift **59** 31
- Stimmgewicht bei gesetzlicher Anzahl der Mitglieder **59** 29
- Stimmrecht nur der Konzernbetriebsratsmitglieder **59** 29
- suspensives Vetorecht **59** 32
- kein Umlaufverfahren **59** 27

Beschlüsse des Seebetriebsrats 116 41 f.
Beschlussfähigkeit des Betriebsrats **33** 4 ff.
Beschlussverfahren vgl. hierzu die Kommentierungen am Ende der einzelnen Paragraphen unter „Streitigkeiten"
Beschränkung des Wahlrechts, Verbot **20** 2 ff., 6 ff.

Beschwerderecht des Arbeitnehmers
- beschwerdefähige Angelegenheiten **84** 6 ff.
- Bordverfassung **115** 94 ff.
- Einlegung der Beschwerde **84** 11
- Gegenstand der Beschwerde **84** 4 ff., 8
- Individualbeschwerde **84** 4
- kollektives Beschwerdeverfahren **85** 5
- nicht hinsichtlich Amtstätigkeit des Betriebsrats **84** 10
- Popularbeschwerde, keine **84** 4
- Recht des einzelnen Arbeitnehmers **84** 2
- Selbstbindung des Arbeitgebers **84** 23
- Streitigkeiten **84** 31 ff.
- subjektive Beeinträchtigung **84** 4
- Verhältnis zum kollektiven Beschwerdeverfahren **84** 30
- Verhältnis zum Mitwirkungs- und Mitbestimmungsrecht des Betriebsrats **85** 6
- Wiederholung der Beschwerde **84** 28 f.

Beschwerdestelle, betriebliche 86 7 ff.
- Begünstigungsverbot **78** 6, 26 ff.
- Behinderungsverbot **78** 6, 11 ff.
- Benachteiligungsverbot **78** 6, 19 ff.
- Betriebsvereinbarung **77** 57; **86** 2 ff., 6 ff., 11
- Ersetzung der Einigungsstelle **86** 7
- Geheimhaltungspflicht **79** 4 ff., 21
- Störungsverbot **78** 6, 11 ff.
- Streitigkeiten **86** 12
- Zusammensetzung **86** 10

Beschwerdeverfahren
- Betriebsvereinbarung **86** 6 ff.
- unter Einschaltung des Betriebsrats **85** 6 ff.
- individuelles s. Beschwerdeverfahren, individuelles
- kollektives s. Beschwerdeverfahren, kollektives
- Tarifvertrag **86** 4 ff.

Beschwerdeverfahren, individuelles
- Abhilfe der Beschwerde **84** 27
- Anspruch auf Verbescheidung **84** 28
- aufschiebende Wirkung der Beschwerde, keine **84** 17
- außergerichtliches Vorverfahren, kein **84** 16
- Beeinträchtigung in seiner individuellen Position als Gegenstand des – **84** 4
- Begründung der Beschwerdeentscheidung **84** 21
- Benachteiligungsverbot **84** 18
- Einlegung der Beschwerde **84** 11 f.
- Gegenstand **84** 4 ff.
- Hinzuziehung eines Betriebsratsmitgliedes durch Arbeitnehmer **84** 14 f.
- rechtliche Bedeutung der Abhilfe **84** 23 ff.
- Regelung durch Betriebsvereinbarung **84** 12 f., 28 f.; **86** 6
- Regelung durch Tarifvertrag **84** 30; **86** 4 f.
- Verhältnis zum kollektiven Beschwerdeverfahren **84** 30
- Verschwiegenheitspflicht des hinzugezogenen Betriebsratsmitglieds, keine **84** 14 f.
- Wiederholung der Beschwerde **84** 28 f.
- Zwischenbescheid **84** 21

Beschwerdeverfahren, kollektives 85
- Abhilfe durch Arbeitgeber **85** 11 f.
- Behandlung der Beschwerde durch Betriebsrat **85** 8 ff.
- Benachteiligungsverbot **85** 37
- Beschwerdestelle, betriebliche **86** 7 ff.
- Einigungsstelle **85** 14 ff.
- Einlegung der Beschwerde **85** 6 f.
- Gegenstand **85** 2 ff.
- Pflichten des Arbeitgebers **85** 34 ff.
- Pflichten des Betriebsrats im – **85** 8 ff.
- Rechtsanspruch auf Abhilfe **85** 12, 36
- Rechtslage bei Rechtsanspruch als Beschwerdegegenstand **85** 17 ff.
- Rechtsstellung des Beschwerdeführers **85** 12
- Streitigkeiten **85** 38 ff.
- System der Mitbestimmungsordnung als Schranke für Anrufung und Spruch der Einigungsstelle **85** 26 ff.
- Unterrichtungspflicht des Arbeitgebers **85** 34 f.
- Verhältnis zu mitbestimmungspflichtigen Angelegenheiten **85** 5
- Verhältnis zum individuellen Beschwerdeverfahren **84** 30
- Versäumnis der Arbeitszeit **85** 13

Beseitigungsanspruch von mitbestimmungswidrigen Zuständen **23** 80 ff.; s. auch Zwangsverfahren gegen den Arbeitgeber
Besitzrecht an Betriebsratsakten 40 76
Besonderer Interessenausgleich 112 22, 44; s. auch Interessenausgleich
besonderer Kündigungsschutz, Anhörung des Betriebsrats **102** 55

Sachverzeichnis

Magere Zahlen = Randnummern

Besprechungen zwischen Arbeitgeber und Betriebsrat, monatliche **74** 4 ff., 7 ff.
Bestellung
- Ausbilder **98** 22 ff.
- Betriebsarzt **87** 576 ff.
- Mitglied des Wirtschaftsausschusses **107** 10 ff.
- Mitglieder der Einigungsstelle, Benennung **76** 46, 49; s. auch Einigungsstelle
- Vermittler im Zuordnungsverfahren **18 a** 37 ff.
- Vorsitzender der Einigungsstelle **76** 50 ff.
- Wahlvorstand für Betriebsratswahl **16** 2 ff.; s. auch Wahlvorstand
- Wahlvorstand für die Wahl der Jugend- und Auszubildendenvertretung **63** 3 ff.
- Wahlvorstand im vereinfachten Verfahren **17 a** 1 f.; s. auch vereinfachtes Wahlverfahren

Besuch der Sprechstunden des Betriebsrats 39 21 ff.
Beteiligte der Betriebsverfassung Einleitung 83 ff.
- Arbeitgeber **Einleitung** 121 ff.
- Belegschaft **Einleitung** 88 ff.
- Betriebsrat **Einleitung** 98 ff.

Beteiligte im Wahlanfechtungsverfahren 19 53 ff.; s. auch Wahlanfechtung
Beteiligung der Arbeitnehmer im Aufsichtsrat, außerordentliche Kündigung **103** 13
Beteiligungsrechte, betriebsverfassungsrechtliche
- Arbeitgeber als Adressat **1** 42 ff.
- der Belegschaft **Einleitung** 120, 130 f.
- des Betriebsrats **Vor 4. Teil** 2 ff.; s. auch dort
- Umfangsänderung **Einleitung** 139 ff.

Betreten des Betriebs durch Gewerkschaftsvertreter s. Zugang der Gewerkschaften zum Betrieb

Betrieb
- arbeitstechnischer Zweck **1** 17 f., 22
- Außendienst **1** 37
- Ausstrahlung eines – **1** 37
- Begriff **1** 3 ff., 15 ff., 22 ff.
- Betrieb mehrerer Unternehmen **1** 60 ff.
- Betriebsgemeinschaft **1** 38
- Betriebsstätte **1** 38
- Betriebsteile **1** 57
- Eingliederung **1** 87; s. auch Umwandlung
- Einheit der Organisation **1** 27 ff.
- Einheitliche Belegschaft **1** 20
- Einheitlicher Leitungsapparat **1** 27 ff.
- Entscheidung über Selbstständigkeit oder Unselbstständigkeit **18** 22 ff.
- Gemeinschaftsbetrieb **1** 60 ff.
- Gesamthafenbetrieb s. dort
- Gewerbebetrieb **1** 47
- als Grundlage der Betriebsverfassung **1** 3 ff.
- Grundlage des BetrVG **1** 3 ff.
- Handelsgewerbebetrieb **1** 48
- Hauptverwaltung als selbstständiger Betrieb **1** 45 ff.
- Identität des Inhabers **1** 43
- räumliche Verbundenheit der Arbeitsstätten **1** 32 ff.
- relativ verselbstständigter Teil des Unternehmens **1** 12
- als Repräsentationsbereich der Betriebsverfassung **1** 10 ff.
- Stilllegung s. Betriebsstilllegung
- Teleologische Begriffsbestimmung **1** 19 ff.
- Unerheblichkeit der Betriebsart **1** 45 ff.
- Untergang als selbstständiger – **1** 87 ff.
- als Unternehmen oder Unternehmensteil **1** 55 ff.
- Verhältnis zum Unternehmen **1** 55 ff.
- Verlegung s. Betriebsverlegung
- Wechsel des Betriebsinhabers **1** 88; **21** 28 ff.; **111** 124 ff.
- Wechsel des Betriebszwecks **1** 26
- Zeitelement **1** 40 f.
- Zuordnung zum Arbeitgeber als Adressaten der betriebsverfassungsrechtlichen Beteiligungsrechte **1** 42 ff.
- Zusammenfassung von Betrieben und Bildung eines unternehmenseinheitlichen Betriebsrats durch Tarifvertrag **3** 16 ff.; **4** 48
- Zusammenfassung zu einem neuen Betrieb **21 a** 9 ff.
- Zusammenlegung mehrerer Betriebe **1** 87, 89; **21 a** 9 ff.
- Zweckbestimmung **1** 22 ff.

Betriebliche Altersversorgung
- Änderung oder Ablösung einer betrieblichen Versorgungsordnung **87** 851 ff.
- Direktzusagen oder Direktversicherung **87** 847
- Insolvenzsicherung **Anhang zu 113** 14 ff.
- Mitbestimmung des Betriebsrats **87** 837 ff.
- Schrankensystem **87** 841 ff.
- Unterstützungs- oder Pensionskassen **87** 849 ff.

Betriebliche Übung 77 152, 235, 295, 312 f.
Betrieblicher Umweltschutz s. auch Umweltschutz
- Behandlung in Betriebs- und Abteilungsversammlungen **45** 11 ff.
- Bericht des Arbeitgebers **43** 14 ff.
- Maßnahmen **88** 15 ff.

Betriebliches Bündnis für Arbeit 77 2, 309
- Konsolidierungsvertrag **77** 31

Betriebliches Vorschlagswesen
- Betriebsvereinbarung **87** 944
- Gegenstand **87** 926 ff.
- Grundsätze **87** 931 ff.
- Initiativrecht des Betriebsrats **87** 940 f.
- Mitbestimmung als Wirksamkeitsvoraussetzung **87** 946
- Mitbestimmung des Betriebsrats **87** 944
- mitbestimmungsfreier Bereich **87** 937 ff.
- Prämierungsgrundsätze als Mitbestimmungstatbestand **87** 936

Fette Zahlen = §§

- Rechtsfolgen einer Nichtbeteiligung des Betriebsrats **87** 946
- Zuständigkeit **87** 945

Betriebs- und Geschäftsgeheimnisse, Geheimhaltungspflicht s. auch Geheimhaltungspflicht
- Auskunftsverweigerung wegen Gefährdung von – **109** 6 ff.
- Begriff **79** 4 ff.
- Unterrichtungspflicht des Arbeitgebers gegenüber dem Betriebsrat **80** 58
- Unterrichtungspflicht des Unternehmers gegenüber dem Wirtschaftsausschuss **106** 32 ff.
- Verletzung als Straftatbestand **120** 8 ff.

Betriebsabsprache 77 224 ff.
- Abschluss **77** 227
- allgemeine Arbeitsbedingungen **77** 235 f.
- Anwendungsbereich **77** 224 ff.
- Beendigung **77** 231 ff.
- Begriff **77** 224 ff.
- Form **77** 225
- Form der Mitbestimmung in sozialen Angelegenheiten **87** 76
- Günstigkeitsprinzip als Kollisionsnorm **77** 237
- Kündigung **77** 232
- Rechtsnatur **77** 224 f.
- Rechtswirkungen **77** 228 f.
- Streitigkeiten **77** 238
- Tarifvorbehalt **77** 230
- Verhältnis zum Tarifvertrag **77** 230
- Verhältnis zur Betriebsvereinbarung **77** 61, 63
- Weitergeltung **77** 234

Betriebsabteilungen s. auch Betriebsteil
- Kündigungsschutz bei Stilllegung **Anhang zu 103** 30 ff.
- als selbstständiger Betrieb **4** 2
- Zusammensetzung des Betriebsrats, Berücksichtigung der – **15** 6 ff.

Betriebsänderungen 106 55; **111** 38 ff.
- Abfindungsanspruch s. Nachteilsausgleich
- Änderung der örtlichen Lage **111** 49, 91 ff.
- Änderungskündigung **111** 77
- Begriff **111** 38 ff.
- Beratung mit dem Betriebsrat **111** 154 ff., 168 f.
- Bestehen eines Betriebsrats **111** 27 ff.
- Bestimmung der Unternehmensgröße **111** 23 ff.
- Beteiligungsrecht bei – vor Veräußerung **111** 130
- Beteiligungsrecht des Betriebsrats bei der Eröffnung eines Insolvenzverfahrens, kein **111** 33
- Beteiligungsrecht und Arbeitskampf **111** 31 f.
- Beteiligungsverfahren nach §§ 121 ff. InsO **111** 37
- Betriebsauflösung **111** 101
- Betriebsaufspaltung **111** 89 f., 100 ff.; s. auch dort
- Betriebseinschränkung **111** 68 ff.
- Betriebsinhaberwechsel **111** 124 ff.
- betriebsratsloser Betrieb **111** 29
- Betriebsübernahme **111** 124 ff.

Sachverzeichnis

- Einführung grundlegend neuer Arbeitsmethoden und Fertigungsverfahren **111** 119 ff.
- Einigungsstelle **111** 157
- Einschränkung des Betriebs oder wesentlicher Teile des Betriebs **111** 69 ff.; s. auch Betriebseinschränkung
- Erweiterung oder Einschränkung der Beteiligung durch Tarifvertrag, keine **111** 17 f.
- Erweiterung oder Einschränkung durch Betriebsvereinbarung, keine **111** 17 f.
- Fortgeltungsvereinbarung **111** 25
- Geltungsbereich der gesetzlichen Regelung **111** 19 ff.
- Gemeinsamer Betrieb **111** 26
- grundlegende Änderungen der Betriebsorganisation, des Betriebszwecks oder der Betriebsanlagen **111** 107 ff.
- Hinzuziehung eines Beraters **111** 52 ff.
- Inhalt und Umfang der Unterrichtung und Beratung **111** 150 ff., 154 ff.
- Insolvenz **111** 33 ff.; **Anhang zu 113** 1 ff.
- Insolvenzverwalter **111** 162 f.
- Interessenausgleich s. dort
- leitende Angestellte **111** 6
- Mitbestimmung **111** 143 ff.
- Mitbestimmungtatbestand **111** 19 ff.
- Mitwirkungs- und Mitbestimmungsrecht des Betriebsrats **Vor 4. Teil** 19; **111** 1 ff.
- Nachteilsausgleich bei Abweichung vom Interessenausgleich **113** 7 ff.; s. auch Nachteilsausgleich
- Nachteilsausgleich bei Betriebsänderungen ohne Versuch eines Interessenausgleichs **111** 164; **113** 23 ff.; s. auch Nachteilsausgleich
- Nachteilsausgleich bei – ohne Versuch eines Interessenausgleichs **112** 202 ff.
- namentliche Bezeichnung zu kündigender Arbeitnehmer in einem Interessenausgleich bei – **112** 22 a ff.
- Ordnungswidrigkeit **111** 170
- Rationalisierungsschutzabkommen **112** 179
- Rechtsgeschäftliche Übertragung eines Betriebsteils **111** 132 ff.
- rechtzeitige Unterrichtung über – **111** 144 ff.
- Schwellenwert **111** 14, 20 ff.
- Seebetriebsrat **116** 73
- Sozialplan **111** 165; **112** 49 ff.; s. auch dort
- Stilllegung des Betriebs **111** 56 ff.; s. auch Betriebsstilllegung
- Stilllegung von wesentlichen Betriebsteilen **111** 81 ff.
- Streitigkeit über die Beteiligung eines Betriebsrats an einer – **111** 171
- Tarifvertrag und Betriebsvereinbarung **111** 17 f.
- Tendenzunternehmen **111** 5; **118** 170 ff.
- Übergangsmandat **111** 104
- Unterlassungsanspruch des Betriebsrats **111** 166 ff.
- Unternehmensgröße **111** 19 ff.

Sachverzeichnis

Magere Zahlen = Randnummern

- Unterrichtungs- und Beratungspflicht des Unternehmers **111** 143 ff.
- Verlegung des Betriebs **111** 49, 91 ff.
- Verletzung des Beteiligungsrechts des Betriebsrats **111** 164 ff.
- Vorlage von Unterlagen an den Betriebsrat **111** 151
- wesentliche Nachteile für die Belegschaft als Voraussetzung der Mitbestimmung **111** 45 ff.
- Zusammenschluss eines Betriebsteils mit anderen Betriebsteilen **111** 106
- Zusammenschluss mit anderen Betrieben **111** 96 ff.
- Zusammenschluss von Unternehmen **111** 98
- Zuständigkeit des Gesamtbetriebsrats **50** 37; **111** 159
- Zuständigkeit des Konzernbetriebsrats **58** 15; **111** 160
- Zuständigkeit für die Ausübung des Beteiligungsrechts und die Wahrnehmung der Beteiligungspflicht **111** 158 ff.
- Zwangsverfahren **111** 167
- Zweck der Betriebsratsbeteiligung **111** 15 f.

Betriebsangehörige s. auch Betriebsgemeinschaft
- Bedeutung der Betriebszugehörigkeit **5** 89
- auf Grund eines mittelbaren Arbeitsverhältnisses **5** 101 f.
- leitende Angestellte als – **5** 267
- sechs Monate, Voraussetzung für die Wählbarkeit **8** 17 ff.
- Voraussetzung für Wahlberechtigung **7** 5 ff.

Betriebsanlagen, Änderung **111** 114 ff.

Betriebsarzt
- Abberufung **87** 576 ff.
- Bestellung **87** 570 ff., 576 ff.
- leitender Angestellter **5** 260; s. auch leitende Angestellte
- Übertragung, Erweiterung und Einschränkung von Aufgaben **87** 588 ff.

Betriebsaufspaltung 1 76 f.; **21 a** 5 ff.; **77** 58, 212; **111** 96 ff.; s. auch Umwandlung

Betriebsausschuss
- Abberufung von Mitgliedern **27** 24 ff.
- Anfechtung der Wahl **27** 32 ff.
- Aufgaben **27** 47 ff.
- Aussetzung von Beschlüssen **35** 25
- Aussetzungsrecht der Jugend- und Auszubildendenvertretung gegenüber Beschlüssen des – **66** 10
- Befugnisse **27** 47 ff.
- Einsichtsrecht in die Lohn- und Gehaltslisten **27** 57, 78; **80** 69 ff.
- Ersatzmitglied **27** 16 ff.
- fortbestehende Betriebsidentität **21 a** 6 ff.
- Führung der laufenden Geschäfte **27** 47 ff.
- gerichtliche Nachprüfbarkeit der Wahl und Zusammensetzung **27** 32 ff.
- Gesamtbetriebsausschuss **27** 71
- Geschäftsführung **27** 40 ff.

- Geschäftsordnung **27** 44, 64; **36** 6 f.; s. auch Geschäftsordnung des Betriebsrats
- kein Ausschluss von Mitgliedern durch den Betriebsausschuss **27** 25
- keine Pflicht zur Übernahme des Amtes **27** 22
- Konzernbetriebsausschuss **27** 71
- Mitbestimmung in sozialen Angelegenheiten **87** 89 ff.
- Niederlegung des Amtes **27** 23
- Pflicht zur Bestellung **27** 4 f.
- Rechtsfolgen der Nichtbestellung **27** 5
- Rechtsstellung **27** 38 ff.
- Rechtsstellung der Mitglieder **27** 45 f.
- Sitzungsniederschrift **34** 2
- Stimmrecht der Jugendvertreter bei Beschlüssen des – **67** 24
- Teilnahme der Jugend- und Auszubildendenvertretung an Sitzungen des – **27** 43; **67** 10, 18
- Teilnahme der Schwerbehindertenvertretung an Sitzungen des Betriebsrats **27** 43; **32** 19
- Teilnahme eines Gewerkschaftsbeauftragten an Sitzungen **31** 25 ff.
- Teilnahmerecht an Sitzungen des Arbeitgebers bei Einladung **27** 41
- Übertragung von Aufgaben zur selbstständigen Erledigung **27** 58 ff.
- Übertragung von Aufgaben zur Vorbereitung **27** 69
- Verhältnis zum Betriebsrat **27** 65
- Verlust der Betriebsratsfähigkeit **21 a** 7
- Vorberatungsrecht der Jugend- und Auszubildendenvertretung **67** 33
- Vorsitz **27** 38
- Wahlverfahren **27** 11 ff.
- Zahl der Mitglieder **27** 6
- Zeitpunkt der Bestellung **27** 9 f.
- Zusammensetzung **27** 6 ff.
- Zuständigkeit bei Kündigungen **102** 88

Betriebsbegriff s. Betrieb

Betriebsbuße 87 213 ff.; s. auch Betriebsstrafgewalt
- Abmahnung **87** 227 ff.
- arbeitsgerichtliche Kontrolle **87** 246
- Betriebsbußenordnung **87** 223 ff., 243
- Betriebsstrafenlehre **87** 221 ff.
- Disziplinarstrafen **87** 217
- Einzelfall **87** 244
- Entlassung **87** 247 ff.
- Geldbußen **87** 225 f., 232 ff., 238 ff.
- Rechtsgrundlage **87** 215 ff.
- Rechtsnatur **87** 218
- Rückgruppierung **87** 247 ff.
- Sanktionsmöglichkeiten **87** 213
- Satzungsstrafen **87** 217 f.
- Satzungstheorie **87** 220
- Verfahrensgarantien **87** 241
- Verhältnis zu Vertragsstrafen **87** 217

Fette Zahlen = §§

- Veröffentlichung von Namen am „Schwarzen Brett" **87** 253
- Vertragsstrafen **87** 217 f.
- Verwarnung **87** 221
- Verweis **87** 221
- Voraussetzung **87** 224
- Zulässigkeit **87** 215 ff.

Betriebseinschränkung 111 68 ff.
- Begriff **111** 69
- Einführung von Kurzarbeit **111** 69
- Entlassung von Arbeitnehmern **111** 70 ff., 80
- Personalabbau **111** 70 ff., 81 ff.
- Übertragung eines Betriebsteils **111** 79

Betriebsersetzung
- durch Betriebsvereinbarung **3** 11 ff., 15 ff., 60 ff., 73, 94, 98
- materielle Kriterien **3** 77
- durch Tarifvertrag **3** 11 ff., 15 ff., 94, 98

Betriebsferien, Mitbestimmung des Betriebsrats **87** 446

Betriebsfrieden
- betriebsverfassungsrechtliche Friedenspflicht **74** 44 ff.
- Betriebsversammlungen **45** 8, 25
- Störung **99** 240 ff.; **104** 5 ff.

Betriebsführungsgesellschaft 47 10 f.
- Abgrenzung zum gemeinsamen Betrieb **47** 11
- mehrere Gesamtbetriebsräte gegenüber einem Arbeitgeber **47** 24

Betriebsgemeinschaft s. auch Betriebsangehörige
- Abgrenzung von der Belegschaft **5** 129, 153
- Betriebsangehörigkeit **5** 129, 267 f.
- Rechtsnatur **Einleitung** 106

Betriebsgröße
- Neuwahl bei Veränderung der – **9** 25; **13** 17 ff.
- Voraussetzung für die Betriebsratsbildung **1** 100 ff.
- Zahl der wahlberechtigten Arbeitnehmer **9** 3 ff.

Betriebsgruppe s. Gruppenarbeit

Betriebsinhaber
- Betriebsveräußerung **111** 126
- Betriebsverpachtung **111** 126
- Identität des **1** 43
- Leiharbeitsverhältnis **1** 44
- Umwandlung des Rechtsträgers **111** 127
- Wechsel des – **1** 88; **111** 124 ff.
- Wechsel des – im Tendenzbetrieb **118** 177
- Wechsel des –, keine Konsequenzen für die Amtszeit des Betriebsrats **21** 28 ff.
- Wechsel des –, Konsequenzen für die Wählbarkeit des Betriebsrats **8** 30 f.

Betriebsjustiz 87 215 ff.; s. auch Betriebsstrafgewalt
- Aufrechterhaltung der Ordnung im Betrieb **87** 232 ff.
- Betriebsbuße s. dort
- Verfahrensgarantien **87** 241 f.
- Vertragsstrafe **87** 232 ff.

Betriebskrankenkasse 87 625

Sachverzeichnis

Betriebsleiter 5 254, 258; s. auch leitende Angestellte

Betriebsleitung 77 3 ff., 8

Betriebsobmann aus einer Person bestehender Betriebsrat **9** 22

Betriebsordnungen 87 175 ff.

Betriebsorganisation
- Begriff **111** 108
- grundlegende Änderung der – **111** 107 ff.

Betriebsrat
- Abberufung des Vorsitzenden und seines Stellvertreters **26** 27 ff.; s. auch Vorsitzender des Betriebsrats
- Abgrenzung zwischen Restmandat und Übergangsmandat **21 b** 5 f.
- abschließende Gestaltung der Errichtung, Wahl, Organisation und Repräsentation **Einleitung** 134 ff.
- abweichende Errichtung auf Grund Tarifvertrag **3** 16 ff.
- abweichender betriebsübergreifender Repräsentationsbereich für die Bildung eines Betriebsrats im Unternehmen **3** 16 f.
- Abweichung von der gesetzlichen Sitzverteilung **11** 10
- Amtspflichtverletzung **23** 51 ff.; **27** 5
- Amtswechsel **Einleitung** 119 f.
- Amtszeit **21** 3 ff.; s. auch Amtszeit des Betriebsrats
- Anregungen der Belegschaft **80** 31 ff.
- Anregungen der Jugend- und Auszubildendenvertretung **80** 32 ff.
- Anspruch auf Überlassung erforderlicher Unterlagen **80** 61 ff.
- Antragsrecht **80** 19 ff.
- Antragsrecht der Jugend- und Auszubildendenvertretung **67** 26 ff.
- Arbeitsentgeltgarantie **37** 62 ff.; s. auch Tätigkeit
- Arbeitskampfverbot **74** 16 ff.
- Arbeitsschutz **87** 541 ff.; s. auch dort
- Aufgaben **Vor 4. Teil** 2 ff.; **80** 5 ff.
- Aufgaben des Vorsitzenden **26** 33 ff.; s. auch Vorsitzender des Betriebsrats
- Auflösung wegen grober Pflichtverletzung **23** 9 ff., 51 ff.; s. auch Auflösung des Betriebsrats
- Aufsuchen des Arbeitnehmers am Arbeitsplatz durch – **39** 30
- Ausschluss der Doppelmitgliedschaft in – und Jugend- und Auszubildendenvertretung **61** 10 ff.
- Aussetzung von Beschlüssen **35**; s. auch Aussetzung von Beschlüssen des Betriebsrats
- Ausübung der Beteiligungsrechte **Einleitung** 120, 130 f.
- Beachtung der Unfallverhütungsvorschriften **80** 10
- Beachtung des Lohnsteuerrechts **80** 9
- Beauftragung des Gesamtbetriebsrats **50** 54 ff.
- Beauftragung des Konzernbetriebsrats **58** 31
- Beendigung des –amtes **1** 130

Sachverzeichnis

Magere Zahlen = Randnummern

- Behandlung von Beschwerden der Arbeitnehmer **85** 2 ff.; s. auch Beschwerderecht des Arbeitnehmers
- Behinderungsverbot **78** 8, 11 ff.
- Benachteiligungsverbot **78** 8, 19 ff.
- Beratungs- und Unterrichtungsrecht hinsichtlich Arbeitsplatz, Arbeitsablauf und Arbeitsumgebung **90** 19 ff.
- Berücksichtigung der Geschlechter **15** 11 ff.
- Beschlüsse s. dort
- Beschlussfähigkeit **33** 2 ff.
- Beschlussfassung **33** 13 ff.
- Bestellung des Wahlvorstandes für die Betriebsratswahl, Pflicht zur – **16** 8; s. auch Wahlvorstand
- Bestellung des Wahlvorstands für die Wahl der Jugend- und Auszubildendenvertretung **63** 4, 9
- Bestimmung der Mindestzahl für das Geschlecht in der Minderheit s. **WO**
- Bestimmung der Zahl der Betriebsratsmitglieder **9** 3 ff.
- Beteiligung an der Errichtung eines Konzernbetriebsrats **54** 37 ff.
- Beteiligung an der Unterrichtung der Belegschaft durch den Unternehmer über wirtschaftliche Angelegenheiten **110** 2 ff.
- Beteiligung bei der Erläuterung des Jahresabschlusses **108** 36 f.
- Beteiligung bei Kündigung des Arbeitsverhältnisses durch den Arbeitgeber **102** 8 ff.
- Beteiligung des – als Gegenstand tarifvertraglicher Regelung **Einleitung** 144 ff.
- Beteiligung in tarifvertraglichen Regelungen **Einleitung** 153 ff.
- Beteiligungsrechte **Vor 4. Teil** 2 f.
- Betriebsausschuss s. dort
- Betriebsgröße als Voraussetzung für die Bildung **1** 100 ff.
- Betriebsratsamt und Kooperationsmaxime **Einleitung** 106 f.
- in Betriebsteilen **1** 14
- Bevollmächtigung des Vorsitzenden oder seines Stellvertreters **26** 44
- Büropersonal des – **40** 71 ff.
- Datengeheimnis **80** 68
- Durchführung betrieblicher Vereinbarungen **77** 3 ff.
- ehrenamtliche Tätigkeit **37** 5 ff.
- Eigentum an den vom Arbeitgeber zur Verfügung gestellten Einrichtungen **40** 74 f.
- Einsicht in Sitzungsniederschrift **34** 24 ff.
- Einsichtsrecht in die Lohn- und Gehaltslisten **80** 69 ff.
- Empfangszuständigkeit des Vorsitzenden **26** 40 ff.
- Förderung der Beschäftigung älterer Arbeitnehmer **80** 42
- Förderung der Eingliederung ausländischer Arbeitnehmer **80** 43

- Freistellung von der beruflichen Tätigkeit von Mitgliedern **38** 5 ff.; s. auch Freistellung von Betriebsratsmitgliedern
- Freizeitausgleich für Tätigkeit **37** 37 ff.; s. auch Tätigkeit
- Friedenspflicht, betriebsverfassungsrechtliche **74** 45 ff.
- Führung der laufenden Geschäfte **26** 43
- Funktionsfähigkeit **102** 30 f.
- Gebot der vertrauensvollen Zusammenarbeit **2** 4 ff.; **74** 1 ff.
- Geheimhaltungspflicht **79**; s. auch dort
- Geltung des Bundesdatenschutzgesetzes für – **80** 68 ff.
- Geltung des zivilrechtlichen Haftungssystems **Vor 26** 8 ff.
- gemeinsamer Repräsentant der Angestellten und Arbeiter **Einleitung** 101 f.
- Geschäftsführung **Vor 26** 3 ff.
- Geschäftsordnung **36**; s. auch Geschäftsordnung des Betriebsrats
- gesetzlicher Vertreter der Belegschaft **Einleitung** 99
- Gewerkschaftsbeauftragte, Rechtsstellung **31** 17 ff., 21 f.; s. auch Gewerkschaftsbeauftragte
- Größe **9** 3 ff.
- Grundrechtsfähigkeit **Einleitung** 116
- Grundrechtsschutz **Einleitung** 116
- Gruppenschutz s. dort
- Haftung **Vor 26** 8 ff.
- Haftung des Arbeitgebers für Handlungen des – **Vor 26** 17
- Haftung für Auskünfte **39** 29
- Hausrecht **40** 65
- Hinzuziehung eines Sachverständigen **80** 84 ff.
- Hinzuziehung von Gewerkschaftsbeauftragten **31** 3 ff., 17 ff.; s. auch Gewerkschaftsbeauftragte
- Identität bei Amtswechsel **Einleitung** 119 f.
- immanente Schranken der Beteiligung **75** 41
- Informationsrecht **80** 47 ff.
- Inhaber eines privaten Amtes **Einleitung** 102 ff.
- Initiativrecht **80** 26
- kein Anfechtungsrecht hinsichtlich der Betriebsratswahl **19** 42
- kein Beschwerderecht des Arbeitnehmers hinsichtlich Amtstätigkeit des – **84** 12
- kein dem Arbeitgeber übergeordnetes Kontrollorgan **80** 16
- kein Einsichtsrecht in Personalakten **80** 64; **83** 25
- kein Prozessführungsrecht **80** 18
- kein Stimmrecht bei persönlicher Betroffenheit **33** 8, 22
- keine Umlage von Kosten der Betriebsratstätigkeit auf die Arbeitnehmer oder Dritte **41** 2 ff., 5 f.
- keine Weiterführung der Geschäfte bei Amtsniederlegung durch sämtliche Betriebsratsmitglieder und Ersatzmitglieder **13** 51 f.
- Konstituierung **29** 2 ff.

Fette Zahlen = §§

- konstitutionelles Formprinzip der Repräsentation **Einleitung** 97
- Kostentragungspflicht für Betriebsratstätigkeit **40** 3 ff.; s. auch Kostentragungspflicht des Arbeitgebers
- Kündigungsschutz im Rahmen der Betriebsverfassung, Beginn **21** 10
- laufende Geschäfte s. dort
- Mangel an wählbaren Arbeitnehmern **11** 2 ff.
- Mitwirkungs- und Mitbestimmungsrecht s. dort
- öffentlich-rechtliche Natur **Einleitung** 127 ff.
- Organ der Belegschaft **Einleitung** 100
- Organisation **Vor 26** 2
- Partei kraft Amtes **Einleitung** 102
- Pflicht zur Unterrichtung der Jugend- und Auszubildendenvertretung **70** 18 ff.
- privatrechtliche Natur **Einleitung** 130 ff.
- Rechte des – zur Wahrnehmung seiner Aufgaben **80** 47 ff.
- Rechtsfolgen der Errichtungsmöglichkeit **1** 103 ff.
- Rechtsfolgen der Nichterrichtung **1** 106
- Rechtsnatur **Einleitung** 99 ff.
- Rechtsstellung als –, Beginn **21** 10
- Rechtssubjekt **Einleitung** 108 ff.
- Repräsentant der Belegschaft **Einleitung** 101
- Repräsentation der Belegschaft in Angelegenheiten, die nur jugendliche Arbeitnehmer betreffen **65** 23, 28
- Restmandat **21** 17; **21 b** 7 ff.
- Sachaufwand **40** 66 ff.; s. auch Sachmittel
- Sammlungen **41** 7 f.
- Schweigen als Abstimmungsverhalten **33** 25 ff.; s. auch Beschlüsse des Betriebsrats
- Sitzungen s. Sitzungen des Betriebsrats
- Sitzverteilung bei Gruppenwahl (Mehrheitswahl) bei den privatisierten Unternehmen der Post **14** 79
- Sitzverteilung bei Gruppenwahl (Verhältniswahl) bei den privatisierten Unternehmen der Post **14** 75 ff.
- Sitzverteilung bei nur einem Wahlvorschlag (Mehrheitswahl) **14** 37
- Sitzverteilung bei vereinfachtem Wahlverfahren nach § 14 a (Mehrheitswahl) **14** 37
- Sitzverteilung (Mehrheitswahl) **14** 37
- Sitzverteilung (Verhältniswahl) **14** 24 ff.
- Sorge für besonders schutzbedürftige Personen **80** 38 ff.
- Sorge für Schwerbehinderte **80** 36 ff.
- Sprechstunden **39** 2 ff.; s. auch Sprechstunden des Betriebsrats
- Stellung in der Rechtsordnung s. Rechtsstellung
- Stellvertretender Vorsitzender **26** 53 ff.; s. auch Vorsitzender des Betriebsrats
- Stimmrecht der Jugend- und Auszubildendenvertreter bei Betriebsratsbeschlüssen **67** 9, 12, 17, 20 ff.

- Störungsverbot **78** 8, 11 ff.
- Tätigkeit, ehrenamtliche **37** 5 ff.; s. auch Tätigkeit
- Tätigkeitsbericht **43** 7 ff.
- Tätigkeitsgarantie **37** 73 ff.; s. auch Tätigkeit
- Teilnahme an Besprechungen mit dem Sicherheitsbeauftragten **89** 36 ff.
- Teilnahme an Schulungs- und Bildungsveranstaltungen **37** 79 ff.; s. auch Schulungs- und Bildungsveranstaltungen
- Teilnahmerecht der Jugend- und Auszubildendenvertretung an Sitzungen **67** 5 ff.
- Übergangsmandat **21 a** 15 ff.; s. auch dort
- Übertragung von Aufgaben an Arbeitsgruppen **28 a** 1 ff.
- Übertragung von Aufgaben auf den Betriebsausschuss zur selbstständigen Erledigung **27** 58 ff.
- Übertragung von Aufgaben auf den Betriebsausschuss zur Vorbereitung **27** 69
- Übertragung von Aufgaben auf gemeinsame Ausschüsse **28** 26 ff.
- Übertragung von Aufgaben auf weitere Ausschüsse des Betriebsrats **28** 23 ff.
- Überwachung der Durchführung der geltenden Gesetze, Verordnungen, Unfallverhütungen, Tarifverträge und Betriebsvereinbarungen **80** 5 ff.
- Überwachungsaufgabe **80** 5 ff.
- umfassende funktionelle Zuständigkeit in sozialen Angelegenheiten **Vor 4. Teil** 8; **77** 50, 66; **Vor 87** 8; **87** 6; **88** 5
- Umlageverbot von Betriebsratskosten **41** 2 ff.
- Verbot der Bevorzugung **80** 26 ff.
- Verbot des Eingriffs in die Betriebsleitung **77** 8 ff.
- Verbot parteipolitischer Betätigung im Betrieb **74** 57 ff.
- Verhältnis zu den Gewerkschaften **2** 73 ff.
- Verhältnis zu den Sprecherausschüssen **5** 293 ff.
- Verhältnis zum einzelnen Arbeitnehmer **Einleitung** 86 f.
- Verhältnis zum Gesamtbetriebsrat **50** 1, 3, 44 ff.
- Verhältnis zum Konzernbetriebsrat **58** 6 f., 21
- Verhältnis zur Betriebsversammlung **Vor 42** 3 f.; **45** 5 ff., 24 ff.
- Verletzung gesetzlicher Pflichten **23** 9 ff., 51 ff.; s. auch Amtsenthebung; s. auch Auflösung des Betriebsrats
- Vermögensfähigkeit, partielle **Einleitung** 111
- Versäumnis von Arbeitszeit **37** 13 ff.; s. auch Tätigkeit
- Vertretung der Gewerkschaft im – **31** 5 f.
- Vertretung einzelner Arbeitnehmer **Einleitung** 118
- Vertretungsmonopol des Vorsitzenden **26** 37 ff.
- Vollstreckungsgläubiger, -schuldner **Einleitung** 110
- Voraussetzung für die Errichtung **1** 100 ff.
- Vorberatungsrecht der Jugend- und Auszubildendenvertretung **67** 31 ff.

Sachverzeichnis

Magere Zahlen = Randnummern

- Vorlage von Unterlagen an – **80** 61 ff.
- Vorsitzender **26**; s. auch Vorsitzender des Betriebsrats
- Wahl der Jugend- und Auszubildendenvertretung **80** 41; **38–40 WO**
- Wahl des Vorsitzenden **26** 3 ff.; s. auch Vorsitzender des Betriebsrats
- Wählbarkeit des Jugend- und Auszubildendenvertreters für den – **61** 12
- Wählbarkeit des Vorsitzenden **26** 9 ff.; s. auch Vorsitzender des Betriebsrats
- weitere Ausschüsse s. dort
- Weiterführung der Geschäfte bei vorzeitigem Amtsende **22** 4 ff., 7; s. auch Weiterführung der Geschäfte
- wiederholte Pflichtverletzung **23** 93
- Zusammenarbeit mit den Betriebsärzten **89** 40 f.
- Zusammenarbeit mit der Jugend- und Auszubildendenvertretung **68** 2 f., 4 ff.; **70** 18 ff., 32 f.
- Zusammensetzung nach Beschäftigungsarten **15** 8 ff.
- Zusammensetzung nach Betriebsabteilungen **15** 6 f.
- Zusammensetzung nach unselbstständigen Betriebsteilen **15** 6
- Zustimmung des Betriebsrats zur Kündigung **103** 4, 39 ff.
- Zuteilung der Betriebsratssitze bei Verhältniswahl **14** 26 ff.

Betriebsrätegesetz, Geschichte der Betriebsverfassung **Einleitung** 11

Betriebsräteversammlung
- Abweichung von gesetzlicher Zusammensetzung **53** 5 f.
- Aufgaben **53** 12 ff.
- Behandlungsgegenstände, weitere **53** 17
- Beschlüsse **53** 39
- Einberufungskompetenz des Gesamtbetriebsrats **53** 19
- Ersatzmitglieder **53** 7
- Hausrecht **53** 32
- Hinzuziehung von Beauftragten der Arbeitgebervereinigung **53** 37
- kein Antragsrecht der Gewerkschaften auf Einberufung **53** 21 f., 38
- kein Einberufungsanspruch von Arbeitgeber und Gewerkschaften **53** 22
- kein Initiativrecht der Gewerkschaften zur Einberufung **53** 21, 38
- Kostentragungspflicht des Unternehmers **53** 30
- Ladung **53** 24 ff.
- Ladung des Arbeitgebers **53** 28
- Lagebericht des Unternehmers **53** 15 f.
- Leitung **53** 31 f.
- Mitteilung von Zeitpunkt und Tagesordnung an die im Betrieb vertretenen Gewerkschaften **53** 29
- Nichtöffentlichkeit **53** 33 ff.
- Ort **53** 29

- Rechte und Pflichten des Arbeitgebers **53** 34 ff.
- Tagesordnung **53** 27
- Tätigkeitsbericht des Gesamtbetriebsrats **53** 13 f.
- Teilnahme eines Gewerkschaftsbeauftragten **53** 10, 38
- Teilnahmerecht **53** 4 ff.
- Teilnahmerecht des Arbeitgebers **53** 34
- Teilversammlung **53** 23
- Themen **45** 5 ff.; **53** 17
- Unterlassen einer Einladung durch den Gesamtbetriebsrat, Pflichtverletzung **53** 20
- Verhältnis zum Gesamtbetriebsrat **53** 12, 38
- Vollversammlung **53** 23
- Vorsitzender des Gesamtbetriebsrats, Leiter **53** 31
- Wahrnehmung einer Betriebsratsaufgabe durch Teilnahme **53** 40
- Zahl der entsandten Mitglieder **53** 5 f.
- Zeitpunkt **53** 18 ff., 26
- Zusammensetzung **53** 4 ff.

Betriebsratsamt
- Arbeitsentgeltgarantie **37** 63 ff.
- während des Arbeitskampfes **74** 23 ff.; s. auch Arbeitskampfverbot
- Beginn **21** 4 ff.; s. auch Amtsbeginn des Betriebsrats; s. auch Amtszeit des Betriebsrats
- Betriebsausschuss s. dort
- Ehrenamt **37** 5
- Ende **21** 11 ff.; s. auch Amtsbeendigung des Betriebsrats; s. auch Amtszeit
- Entgeltverbot **37** 7 ff.
- Erlöschen der Mitgliedschaft **24** 2 ff., 6 ff.
- Freizeitausgleich **37** 37 ff.
- gewerkschaftliche Betätigung **74** 75 ff.; s. auch Vereinbarkeit von Betriebsratsamt und gewerkschaftlicher Betätigung
- Gleichstellung der Amtstätigkeit mit der arbeitsvertraglich zu leistenden Arbeit **37** 12
- Koalitionsfreiheit **74** 81
- privatrechtliches Amt **37** 5
- Ruhen des Arbeitsverhältnisses, kein Erlöschen des – **24** 18
- Tätigkeitsgarantie **37** 73 ff.
- Versäumnis von Arbeitszeit **37** 13 ff.; s. auch Arbeitszeit
- vorzeitige Beendigung **13** 14, 17 ff., 28 ff., 38 ff., 42 ff.
- weitere Ausschüsse s. dort
- Wiedereinstellung, kein Wiederaufleben des – **24** 19

Betriebsratsbeschlüsse s. Beschlüsse des Betriebsrats

Betriebsratsfähigkeit 1 100 ff.
- Bindungswirkung der Entscheidung im Beschlussverfahren **1** 137
- Kampagne- und Saisonbetriebe **1** 121 f.
- keine – bei Fehlen von drei wählbaren Arbeitnehmern **11** 4
- Leiharbeitnehmer **1** 123 ff.

Fette Zahlen = §§

Sachverzeichnis

- Mangel an wählbaren Arbeitnehmern **11** 2 ff.
- Notwendigkeit für die Verselbstständigung von Betriebsteilen **4** 28
- Verlust **1** 127 ff.; **9** 26; **11** 4; **21** 23 ff.
- Voraussetzungen **1** 108 ff.

Betriebsratsgröße 9 3 ff.
- Absinken der Zahl der Betriebsratsmitglieder **9** 25
- Abweichung von der gesetzlichen Sitzverteilung **11** 10
- Abweichung von der gesetzlichen Zahl **9** 15 ff.
- regelmäßige Zahl der Beschäftigten **9** 10 ff.
- Sinken der Zahl der Betriebsratsmitglieder unter die gesetzliche Zahl **9** 25; **13** 28 ff.
- stets ungerade Zahl der Mitglieder **11** 3
- Veränderung der Belegschaftsstärke **13** 17 ff.
- Veränderung des Belegschaftsstandes **9** 24 ff.
- Verschiebung innerhalb der Geschlechter **11** 10
- Zeitpunkt, maßgeblicher für Festlegung der – **9** 13
- Zeitpunkt zur Bestimmung der – **11** 5
- Zurückstufung bei Mangel an Arbeitnehmern **11** 2 f.

Betriebsratsloser Betrieb
- Betriebsvereinbarungen, Wegfall der Betriebsratsfähigkeit **77** 209
- Betriebsversammlungen, keine Anwendung der §§ 42–46 **Vor 42** 10
- Kompetenz der Betriebsversammlung zur Bestellung des Wahlvorstandes **16** 34
- Rechtsfolgen des Fehlens eines Betriebsrats **1** 106 f.

Betriebsratsmitglied
- Amtsenthebung **23** 9 ff., 32 ff.; s. auch dort
- Amtsniederlegung, Beendigungsgrund **24** 8 ff.
- Amtspflichtverletzung **23** 11 ff.
- Amtsverlust, Rechtsfolgen des – **24** 34 f.
- Änderungskündigung **78** 27 ff.
- Anfechtung des Arbeitsvertrags, Beendigungsgrund **24** 13
- Arbeitsausfall **37** 32
- Arbeitsentgeltgarantie **37** 63 ff.; **38** 53 f.
- Aufgabenerfüllung **37** 15 ff.
- Aufhebungsvertrag, Beendigungsgrund **24** 13, 15 f.
- Auflösung des Betriebsrats durch gerichtliche Entscheidung, Beendigungsgrund **24** 27
- Aufwendungsersatz **37** 33
- Ausscheiden aus dem Betrieb als Beendigungsgrund **24** 21 ff.
- Ausscheiden eines Betriebsratsmitglieds **25** 2 ff.
- Ausschluss aus dem Betriebsrat, Beendigungsgrund **24** 27
- außerordentliche Kündigung **Anhang zu 103**
- außerordentliche Kündigung wegen Amtspflichtverletzung, keine – **23** 20
- Beendigung des Arbeitsverhältnisses, Beendigungsgrund **24** 11 ff.

- Befreiung von beruflicher Tätigkeit **37** 13 ff.; **38**; s. auch Freistellung von Betriebsratsmitgliedern
- befristetes Arbeitsverhältnis, Zeitablauf als Beendigungsgrund **24** 17
- Beginn der Rechtsstellung als – **21** 4 ff., 10
- Begünstigungsverbot **78** 26 ff.
- Bergmannsprämie **37** 34
- Bildungsurlaub **37** 138 ff.; s. auch Bildungsurlaub für Betriebsratsmitglieder
- Ehrenamtliche Tätigkeit **37** 5 ff.
- Einrücken der Ersatzmitglieder in den Betriebsrat **25** 16
- Einsicht in Sitzungsniederschrift **34** 24 ff.
- Elternzeit, kein Erlöschen der Mitgliedschaft **24** 18
- Erlöschen der Mitgliedschaft **24** 2 ff.
- Fortsetzung des Arbeitsverhältnisses nach Erreichen der Altersgrenze **24** 17
- Fortzahlung des Arbeitsentgelts bei Freistellung von beruflicher Tätigkeit **38** 53 f.
- Fortzahlung des Arbeitsentgelts bei notwendiger Arbeitsversäumnis **37** 21 ff., 30 ff.
- Freistellung für Schulungsveranstaltungen **37** 112; s. auch Schulungs- und Bildungsveranstaltungen
- Freistellung für Tätigkeit als – **37** 14; **38**; s. auch Freistellung von Betriebsratsmitgliedern
- Freizeitausgleich für Betriebsratstätigkeit **37** 49 ff.
- Geheimhaltungspflicht **30** 14 ff.; **79** 4 ff., 8, 12 ff., 17 ff.
- gekündigtes Arbeitsverhältnis eines Betriebsratsmitglieds **25** 12 ff.
- gerichtliche Entscheidung über Nichtwählbarkeit, Beendigungsgrund **24** 28 ff.
- gesetzliche Betreuung als Beendigungsgrund **24** 25
- Haftung **Vor 26** 14 ff.
- Haftung für Auskünfte **39** 29
- Hinzuziehung durch Arbeitnehmer **82** 14 f.; **83** 33; **84** 16
- kein Beschwerderecht des Arbeitnehmers hinsichtlich Verhalten eines – **84** 12
- Kündigung, Beendigungsgrund **24** 13 f.
- Lohnsteuer **37** 35
- Mitbestimmung in sozialen Angelegenheiten **87** 75 ff.
- Nachrücken eines Ersatzmitglieds als endgültiges Betriebsratsmitglied **25** 22
- Neuwahl des Betriebsrats, Notwendigkeit **25** 23
- Nichtigkeit des Arbeitsvertrags, Beendigungsgrund **5** 72; **24** 13
- notwendige Arbeitsversäumnis **37** 14 ff.
- notwendige Aufwendungen **40** 10 ff., 48 ff.
- Pauschalaufwendungsersatz **37** 8
- Persönliche Rechtsstellung eines Ersatzmitglieds nach Eintritt in den Betriebsrat **25** 24 ff.
- Rechtsstellung **Vor 26** 6 f.
- Rechtsstellung im Arbeitskampf **74** 22 ff.
- Rechtsstellung im Tendenzbetrieb **118** 138 ff.

2499

Sachverzeichnis

Magere Zahlen = Randnummern

- Ruhen der Mitgliedschaft während Wehr- und Zivildienst **24** 26
- Schutz **78** 3 ff., 11 ff.
- Sicherung der Unabhängigkeit der Amtsausübung **78** 2
- Sitzungsgelder **37** 7
- Sozialversicherung **37** 35
- Stellvertretung bei zeitlicher Verhinderung **25** 15
- Stellvertretung eines Betriebsratsmitglieds, keine gewillkürte **25** 15
- Stimmverbot **33** 22
- Tätigkeitsgarantie **37** 73 ff.; **38** 57 ff.
- Teilnahme an Betriebsräteversammlung **53** 4 ff., 7
- Teilnahme an Schulungs- und Bildungsveranstaltungen s. Schulungs- und Bildungsveranstaltungen
- teilzeitbeschäftigtes –, Teilnahme an Bildungs- und Schulungsveranstaltungen **37** 135 a
- Tod oder Todeserklärung, Beendigungsgrund **24** 7
- Verbot des Entgelts **37** 7 ff.
- Vergütungsanspruch bei Teilnahme an Betriebsversammlungen **44** 37 f.
- Verlust der Wählbarkeit als Beendigungsgrund **24** 20 ff.
- Verneinung der Wählbarkeit durch gerichtliche Entscheidung **24** 28 ff.
- Verschwiegenheitspflicht bei Hinzuziehung durch Arbeitnehmer **82** 16 f.
- Wahlvorstandsmitglied **16** 12
- Wehrdienst **24** 26
- Wehrübung **24** 18, 26
- Weiterbeschäftigungsanspruch nach Beendigung der Berufsausbildung **78 a** 4 ff.; s. auch Weiterbeschäftigungsanspruch Auszubildender
- zeitweilig verhindertes Betriebsratsmitglied, Nachrücken des Stellvertreters **25** 22
- zeitweilige Verhinderung **25** 5 ff.
- zeitweilige Verhinderung eines Betriebsratsmitglieds **25** 5 ff.
- Zivildienst **24** 18, 26
- Zustimmungserfordernis des Betriebsrats bei Kündigung **103** 4, 39 ff.

Betriebsratspflicht 1 104
Betriebsratssitzungen
- Antragsrecht der Jugend- und Auszubildendenvertretung **67** 26 ff.
- Arbeitsversäumnis der Betriebsratsmitglieder **37** 12 ff.
- Berücksichtigung betrieblicher Notwendigkeiten **30** 3 ff.
- Beschlussfassung s. Beschlüsse des Betriebsrats
- Einberufung durch den Vorsitzenden **29** 16 f.
- Einberufung durch den Wahlvorstand **29** 3 ff.
- Form der Ladung **29** 37 f.
- formeller Anspruch auf Aufnahme eines Gegenstandes in die Tagesordnung **29** 23 f., 35
- formeller Anspruch auf Einberufung **29** 19 ff.
- Fortzahlung des Arbeitsentgelts **30** 8
- Freizeitausgleich **30** 8
- Geheimhaltungspflicht **30** 14 ff.
- Hinzuziehung einer Schreibkraft **34** 5
- Hinzuziehung eines Beauftragten der Arbeitgebervereinigung durch den Arbeitgeber **29** 52 f.
- Hinzuziehung von Gewerkschaftsbeauftragten durch den Betriebsrat **31** 3 ff.
- keine Entgeltminderung durch Teilnahme an – **3** 69; **37** 13 f.
- konstituierende Sitzung **29** 2 ff., 12 ff.
- Ladung **29** 26 ff.
- Ladung der Jugend- und Auszubildendenvertretung **29** 28; **67** 8, 16
- Ladung der Schwerbehindertenvertretung **29** 27
- Ladung des Arbeitgebers **29** 29, 46
- Ladung des Gewerkschaftsbeauftragten **29** 30; **31** 17
- Ladung des Vertrauensmanns der Zivildienstleistenden **29** 28
- Ladungsfrist **29** 36 ff.
- Leitung **29** 42 ff.
- Nichtöffentlichkeit **30** 9 ff.; s. auch dort
- Niederschrift **34** 3 ff.
- Pflicht zur Aufnahme von Gegenständen in die Tagesordnung **29** 23 f.
- Pflicht zur Einberufung **29** 18 f.
- Protokollführer **30** 13; **34** 4 ff.
- Rechtsstellung des Arbeitgebers **29** 47 ff.
- Rechtsstellung des Gewerkschaftsbeauftragten **31** 21 f.
- Rechtswirksamkeit von unter Verletzung der Geheimhaltungspflicht getroffener Beschlüsse **30** 17
- Selbstversammlungsrecht **29** 10 f.
- Sitzungsgelder, keine **37** 7
- Tagesordnung **29** 23 f., 34 f.
- Teilnahmerecht anderer Personen **29** 55 f.
- Teilnahmerecht der Gewerkschaft **31** 3 ff., 17 ff.; s. auch Gewerkschaft
- Teilnahmerecht der Jugend- und Auszubildendenvertretung **29** 55; **67** 5 ff.
- Teilnahmerecht der Mitglieder zusätzlicher betriebsverfassungsrechtlicher Vertretungen **3** 44
- Teilnahmerecht der Schwerbehindertenvertretung **32** 18 ff.
- Teilnahmerecht des Arbeitgebers **29** 46 ff.; **30** 10 f.
- Teilnahmerecht des Vertrauensmanns der Zivildienstleistenden **29** 55
- Teilnahmerecht von Beauftragten der Arbeitgebervereinigung **29** 52 f.
- Verständigung des Arbeitgebers von – **30** 6
- weitere Sitzungen **29** 16 ff.
- Zeitpunkt **30** 2 ff.; s. auch Zeitpunkt der Betriebsratssitzung
- zu ladender Personenkreis **29** 26 ff.
- Zugang des Gewerkschaftsbeauftragten zum Betrieb **31** 24

Fette Zahlen = §§

Sachverzeichnis

Betriebsratstätigkeit 37 4 ff.
– Abgeltung **37** 12 ff., 30 ff.
– Arbeitsbefreiung für – **37** 26 ff.
– Ausgleich für – außerhalb der Arbeitszeit **37** 37 ff., 56 ff.
– Kostentragungspflicht des Arbeitgebers **40** 3 ff.; s. auch dort
– Schutz **78** 8 ff.
– Umlageverbot der Kosten aus der – auf die Arbeitnehmer oder Dritte **41** 2 ff., 5 f.; s. auch Umlageverbot

Betriebsratsvorsitzender s. Vorsitzender des Betriebsrats

Betriebsratswahl s. auch Wahl des Betriebsrats; s. auch Wahlverfahren gemäß Wahlordnung
– Ablehnung der Wahl **14** 64
– Abwahl, keine – durch Neuwahlen **13** 14
– allgemeine Wahl **14** 18 f.
– Anfechtung **13** 42 ff.; **16** 1; **19** 4 ff.; s. auch Wahlanfechtung
– Anschluss an die regelmäßigen Betriebsratswahlen bei vorzeitiger – **13** 54 ff.
– Aufgaben des Wahlvorstandes **18** 3 ff.
– Auflösung des Betriebsrats durch Beschluss des Arbeitsgerichts **13** 46 ff.
– Bedeutung des Wahlvorstands für die – **16** 1
– Bestellung eines Wahlvorstandes s. Wahlvorstand
– Bestimmung des Jahres für die regelmäßigen Wahlen **125** 3
– Betriebsobmann, aus einer Person bestehender Betriebsrat **9** 22
– Durchführung der Wahl durch den Wahlvorstand **18** 6
– Einleitung der Wahl durch den Wahlvorstand **18** 4 f.
– Feststellung des Wahlergebnisses **18** 7
– geheime Wahl **14** 9 ff.
– Gemeinschaftswahl bei privatisierten Unternehmen der Post **14** 76, 80; s. auch dort
– gleiche Wahl **14** 18 f.
– Gruppenwahl nach § 26 Nr. 3 PostPersRG **14** 72 ff.
– Kandidatur nur auf einem Wahlvorschlag **14** 51
– Kostentragungspflicht **20** 34 ff.
– Lohn für Arbeitsversäumnis **20** 46
– Mehrheitswahl **14** 37, 79 f., 4 f.
– Neuwahlen, keine Abwahl durch – **13** 14
– Neuwahlen, regelmäßige **13** 54 ff.
– nicht zeitgleich mit der Sprecherausschusswahl **18 a** 30 ff.
– Nichtbestehen eines Betriebsrats im Betrieb **13** 49 ff.
– Nichtigkeit **13** 44; **19** 3, 72 ff.; s. auch Nichtigkeit der Betriebsratswahl
– Notwendigkeit des Wahlvorstands **16** 1
– Notwendigkeit einer Neuwahl bei Fehlen nachrückender Ersatzmitglieder **25** 23

– Ort der Wahl **14** 22
– regelmäßige – **13** 4 ff.
– außerhalb des regelmäßigen Wahlzeitraums **13** 13 ff.
– Rücktritt des Betriebsrats durch Mehrheitsbeschluss **13** 38 ff.
– Sinken der Zahl der Betriebsratsmitglieder unter die gesetzliche Zahl **9** 25; **13** 28 ff.
– Stimmabgabe, schriftliche **14** 10, 13
– unmittelbare Wahl **14** 16 f.
– Veränderung der Belegschaftsstärke **13** 17 ff.
– Verbot der Wahlbehinderung **20** 2 ff., 6 ff.
– Verhältniswahl **14** 24 ff., 75 f.
– Vierjahresrhythmus **13** 4
– vorzeitige **13** 17 ff.; s. auch vorzeitige Neuwahl des Betriebsrats
– Wahl des aus einer Person bestehenden Betriebsrats bei den privatisierten Unternehmen der Post **14** 82 f.
– Wahl nicht nach Betriebsabteilungen **4** 2
– Wahl nur eines Gruppenvertreters bei den privatisierten Unternehmen der Post **14** 82 f.
– Wählbarkeit **8**; s. auch dort
– Wahlberechtigung **7**; s. auch dort
– Wahlgrundsätze **14** 8 ff.; s. auch dort
– Wahlkosten **20** 34 ff.
– Wahlschutz **20** 2 ff.
– Wahlvorschläge s. dort
– Wahlvorstand s. dort
– Werbung der Gewerkschaft **2** 84, 98; **20** 5, 22 f.
– Wiederholung nach Wahlanfechtung **19** 69 ff.
– Zeit der Wahl **14** 23; **20** 46
– zeitgleiche Einleitung mit Sprecherausschusswahlen **13** 9; **18 a** 5 ff.
– Zeitraum **13** 6 ff.
– Zuordnung der leitenden Angestellten **18 a** 2 ff.; s. auch Zuordnungsverfahren

Betriebsspaltung, Weitergeltung von Betriebsvereinbarungen **77** 212

Betriebsstilllegung 1 38; **111** 56 ff.
– Begriff **111** 56 f.
– Betriebspause **111** 61
– Betriebsvereinbarung **77** 210
– Einleitung eines Insolvenzverfahrens **111** 64
– erzwingbarer Sozialplan bei Personalabbau **112 a** 4 f.
– Produktionseinstellung **111** 60
– Restmandat **21** 17; **21 b** 3 ff.
– Teilstilllegung **21 b** 3; **111** 81 ff.
– wesentlicher Teil des Betriebes **111** 83 ff.
– Zulässigkeit der Kündigung **Anhang zu 103** 30 ff.

Betriebsstörender Arbeitnehmer s. Entfernung betriebsstörender Arbeitnehmer

Betriebsstrafgewalt
– Rechtsgrundlage **87** 215 ff.
– Satzungstheorie **87** 220

2501

Sachverzeichnis

Magere Zahlen = Randnummern

Betriebsteil 111 82
- Ausnahme von der Betriebseinheit als betriebsratsfähiger Einheit **4** 32 f.
- Begriff **4** 6 f., 9 ff.
- Betriebsvereinbarung bei Übernahme eines – **77** 214
- betriebsverfassungsrechtliche Selbstständigkeit **4** 32
- Bindungswirkung arbeitsgerichtlicher Entscheidungen über die Betriebszuordnung **18** 29 ff.
- Eigenständigkeit in Aufgabenbereich und Organisation **4** 25 ff.
- Entscheidung über Selbstständigkeit oder Unselbstständigkeit **18** 22 ff.
- keine Betriebsratswahl nach Betriebsteilen **4** 2; **15** 6
- Mindestmaß an organisatorischer Selbstständigkeit **4** 12
- Notwendigkeit der Betriebsratsfähigkeit für die Verselbstständigung **4** 28
- räumlich weite Entfernung vom Hauptbetrieb **4** 19 ff.
- Rechtsfolgen bei fehlender Betriebsratsfähigkeit **4** 42 f.
- Rechtsfolgen der Verselbstständigung **4** 32
- selbstständiger Betrieb **4** 32 ff.
- Tarifvertrag über die Bildung eines unternehmenseinheitlichen Betriebsrats **3** 16 ff.; **4** 49

Betriebsübergang 1 88; **21** 28 ff.; **21 b** 5 ff.; **111** 124 ff.
- Beteiligungsrecht **111** 129
- Betriebsveräußerung **111** 126
- Betriebsvereinbarung **77** 213 ff.
- Betriebsverpachtung **111** 126
- EG-Betriebsübergangsrichtlinie **111** 134
- Fortbestand des Betriebsrats **21** 28 ff.; **21 a** 15 ff.
- Fortführung der Gesamtbetriebsvereinbarung **77** 218
- Interpretation des Betriebsteils **111** 134
- Rechtsfolgen **1** 88
- durch Rechtsgeschäft **111** 125 ff.
- Übertragung eines Betriebsteils **111** 132 ff.
- Umwandlung des Rechtsträgers **111** 127
- Verbindung mit einer Betriebsänderung **111** 128 ff.
- Weitergeltung von Betriebsvereinbarungen **77** 161 ff.
- Widerspruch des Arbeitnehmers gegen den Übergang seines Arbeitsverhältnisses **102** 36; **111** 135 ff.

Betriebsübung 77 152, 235, 295, 312 f.

Betriebsvereinbarung 77 17 ff.
- Abänderung allgemeiner Arbeitsbedingungen **77** 176 f.
- Abänderung durch Betriebsvereinbarung **77** 174 ff.
- Abänderung einer betrieblichen Übung **77** 176 ff.
- Abänderung einer betriebseinheitlichen Regelung **77** 174 ff.
- Ablösungsprinzip **77** 119 ff., 174 ff.
- Abschluss **77** 30 ff.
- Abschlussnormen **77** 55
- Akkordkommission **87** 916
- Akkordlohn **87** 809 ff.
- allgemeine Urlaubsgrundsätze **87** 441 ff., 448 ff., 502 f.; s. auch Urlaubsgrundsätze
- Altersdiskriminierung **77** 108
- Änderungskündigung **77** 204; s. auch dort
- Anfechtung **77** 49
- Anhörung des Sprecherausschusses **77** 43 f.
- Arbeitsplatz, Arbeitsablauf und Arbeitsumgebung **91** 24; s. auch dort
- Arbeitszeit **87** 255 ff.; s. auch dort
- Aufhebung **77** 194
- Aufrechterhaltung einer unwirksamen Betriebsvereinbarung als Regelung auf individualrechtlicher Ebene **77** 296
- Auslegungsgrundsätze **77** 115 ff.
- Ausschlussfristen **77** 186 ff.
- Ausschreibung von Arbeitsplätzen **93** 2 ff.
- Auswahlrichtlinien **77** 55, 162; **95** 5 ff., 57
- Beendigung **77** 192 ff.
- Begrenzung der Regelungszuständigkeit für die Arbeitnehmerseite **77** 71 f.
- Begriff **77** 21 f.
- Bekanntgabe **77** 40 f.
- Beschränkung der Rechtssetzungsbefugnis durch Betriebsvereinbarung **77** 277 ff.
- Beschränkung der Regelungszuständigkeit der Betriebspartner durch tarifvertragliche oder tarifübliche Regelung **77** 45, 239 ff.
- Beschwerdestelle, betriebliche **77** 57; **86** 7 ff.
- Beschwerdeverfahren **86** 6 ff.
- Beteiligung des Betriebsrats im Rahmen der von ihr getroffenen Regelung **Vor 87** 12
- betriebliche Lohngestaltung **87** 728 ff.
- betriebliches Vorschlagswesen **87** 925 ff.
- Betriebsautonomie **87** 64 ff.
- Betriebsbußenordnung **87** 223 ff., 243, 271
- Betriebsersetzung **3** 11 ff., 15 ff., 73
- Betriebsnormen **77** 52; **88** 18
- Betriebsspaltung **77** 212
- Betriebsstilllegung **77** 210
- Betriebsteil **77** 214
- Betriebsübergang **77** 213 ff.
- Betriebsvereinbarungsoffenheit **77** 158
- Betriebsverfassungsnormen **77** 56 ff.
- Betriebsversammlung, keine Dispositivität der zeitlichen Lage einer – **44** 16
- Beurteilungsgrundsätze **94** 54 ff.
- Billigkeitskontrolle durch die Arbeitsgerichte **75** 14; **77** 117 ff.
- Bordvereinbarungen **115** 85 ff.
- Dauer des Urlaubs **87** 456 f.
- Durchführung **77** 3 ff.

2502

Fette Zahlen = §§

Sachverzeichnis

- Durchführung von Maßnahmen der betrieblichen Berufsbildung **98** 3 ff.
- Dynamische Blankettverweisung **77** 35 f.
- Einsicht in die Personalakten **80** 64; **83** 25
- Entgeltsätze beim Akkord- oder Prämienlohn **77** 283
- ergänzende – **77** 301 ff.
- Erweiterung des Mitbestimmungsrechts bei Kündigung **102** 283 ff., 287, 305
- Erweiterung des Mitbestimmungsrechts in sozialen Angelegenheiten **Vor 87** 13; **88** 4 ff.
- erzwingbare – **77** 67, 85
- Ethikregeln **77** 88
- Fehlen oder Wegfall der Geschäftsgrundlage **77** 196
- Firmentarifvertrag **77** 258, 272
- Form **77** 33 ff.
- Form der Mitbestimmung in sozialen Angelegenheiten **87** 77 ff.
- Form für die Ausübung des Mitbestimmungsrechts **77** 17
- Formbestimmung, konstitutive **77** 38
- formelle Arbeitsbedingungen **77** 255 f.
- Formzwang nur für den normativen Teil **77** 63
- Fortbestand der – bei Fusion **77** 211
- Fortbestand der – bei Spaltung **77** 197, 210 ff., 212
- Freistellung von Betriebsratsmitgliedern **38** 20 ff.
- freiwillige **77** 67; **87** 169 ff.; **88** 2 ff.
- Geltung des Tarifvorbehalts für betriebseinheitliche Regelungen auf individualrechtlicher Ebene **77** 295 ff.
- Geltung des Tarifvorbehalts für formlose Betriebsabsprachen **77** 292 ff.
- Geltungsbereich **77** 126 ff.
- Geltungsdauer der tariflichen Ermächtigung **77** 306
- Geltungsdauer einer –, die einen Tarifvertrag auf Grund Öffnungsklausel ergänzt **77** 307
- gerichtliche Inhaltskontrolle **77** 117
- Gesamtbetriebsrat **47** 2, 47 ff.
- Gesamtbetriebsvereinbarung **50** 37
- Gesamt-Jugend- und Auszubildendenvertretung **72** 15 ff.
- Günstigkeitsprinzip **77** 94, 141 ff., 151 ff., 176; s. auch dort
- historischer Ursprung **77** 21 ff.
- Höchstarbeitszeit **77** 148; s. auch dort
- Inhalt **77** 50 ff.
- Inhaltsnormen **77** 52
- Innenschranken der Betriebsvereinbarungsautonomie **77** 103 ff.
- Institut des Privatrechts **77** 29
- Interessenausgleich als – **112** 45 ff.
- kein Verbot von Individualnormen **77** 151
- keine Einschränkung oder Erweiterung des Mitbestimmungsrechts **Vor 87** 12; **88** 7
- keine – über Betriebsänderung **111** 17

- Kollisionsnorm **77** 175
- Konkretisierung einer tariflichen Regelung **77** 305
- Konzernbetriebsrat **55** 3, 18, 20 f.
- Konzernbetriebsvereinbarung **58** 44 ff.; s. auch dort
- Kündigung **77** 199 ff.
- Kurzarbeit **87** 305
- Leiharbeitnehmer **77** 80
- Lohnabtretungsverbot **77** 105
- Luftfahrt **117** 14
- Maßnahmen des betrieblichen Umweltschutzes **88** 15 ff.
- Maßnahmen zur Förderung der Vermögensbildung **88** 27 ff.
- Maßnahmen zur Integration ausländischer Arbeitnehmer **88** 32 f.
- materielle Arbeitsbedingungen **77** 252 ff., 255, 257 ff.
- mitbestimmungspflichtige Angelegenheit **77** 114
- Mitwirkungs- und Mitbestimmungsrecht bei Betriebsänderungen **111** 19 ff., 168 ff.
- Nachwirkung **77** 164 f., 169
- Nichtanwendbarkeit **77** 160
- Nichtigkeit **77** 45 ff., 160
- Normenvertrag **77** 26
- öffentlich-rechtliche Vereinbarung **77** 28
- Öffnungsklausel im Tarifvertrag **77** 298 ff.
- Öffnungsklausel zum Individualvertrag **77** 140
- Ordnungsprinzip **77** 152, 174
- Parallelbehandlung mit dem Tarifvertrag **77** 26, 66, 92
- paritätischer Personalplanungsausschuss **92** 47
- Parteien **77** 31
- Personalfragebogen **94** 34
- persönlicher Geltungsbereich **77** 73 ff.
- räumlicher und personeller Geltungsbereich **77** 126 f.
- Rechtsfolgen der Sperrwirkung **77** 277 ff.
- Rechtsinstitut für die innerbetriebliche Rechtsetzung **77** 18
- Rechtslage nach Ablauf einer Betriebsvereinbarung **77** 166 ff.
- Rechtsnatur **77** 23 ff.
- Rechtswirkungen **77** 132 ff.
- Redaktionsstatute **118** 241 ff.
- Regelungsbefugnis der Betriebspartner **77** 66
- Regelungsinhalt **77** 50 ff., 125
- Regelungssperre bei tariflicher oder tariffüblicher Regelung **77** 252 ff.
- Reichweite der Sperrwirkung **77** 280 ff.
- Revisibilität **77** 223
- Richtlinien **77** 89
- Rückwirkung **77** 129
- sachlicher Geltungsbereich **77** 81 ff.
- Satzungstheorie **77** 23, 30 f., 60
- Schiedsgericht **77** 57

2503

Sachverzeichnis

Magere Zahlen = Randnummern

- Schranken der Betriebsautonomie **77** 141 ff.; s. auch Betriebsvereinbarungsautonomie
- Schriftform **77** 33
- schuldrechtliche Abreden **77** 59 ff.
- schuldrechtliche Wirkung **77** 190 f.
- Sitzungsniederschrift, Unterzeichnung durch den Arbeitgeber **34** 13
- Sozialeinrichtung **87** 645 ff.; **88** 20 ff.
- Spaltung eines Betriebs **77** 58
- Sperrwirkung tarifvertraglicher oder tarifüblicher Regelung **77** 230, 247, 252 ff.
- ständige Einigungsstelle **76** 78, 109 ff.; **77** 57
- Streitigkeit über eine Betriebsvereinbarung **77** 220 ff., 314 f.
- Streitigkeiten bei freiwilliger Betriebsvereinbarung **88** 34 f.
- Tarifvorbehalt **77** 240, 244 ff.
- Teilkündigung **77** 206; **102** 12
- teilmitbestimmte – über freiwillige Leistungen **77** 88
- Teilnichtigkeit **77** 45 f.
- Übernahme einer tariflichen Regelung **77** 288 ff.
- Überstunden **87** 304
- Übertragung eines Betriebs oder Betriebsteils **77** 213 ff.
- Umdeutung einer unwirksamen – **77** 296 f.
- Umfang u. Grenzen der betrieblichen Autonomie s. Betriebsvereinbarungsautonomie
- Umfang und Grenzen der Betriebsvereinbarungsautonomie **77** 64 ff.; vgl. auch Betriebsvereinbarungsautonomie
- umfassende funktionelle Zuständigkeit in sozialen Angelegenheiten **Vor 4. Teil** 8; **77** 50, 64; **Vor 87** 9; **87** 6; **88** 5
- Unabdingbarkeit **77** 138 ff., 178, 181
- unmittelbare Wirkung **77** 165
- Urlaubsplan **87** 441 ff., 448 ff., 490 ff.
- Vereinbarungstheorie **77** 24
- Verhältnis zum Tarifvertrag **77** 26, 239 ff.
- Verhältnis zum Tarifvorrang im Eingangshalbsatz des § 87 Abs. 1 **77** 247 ff.
- Verhältnis zur Betriebsabsprache **77** 61, 73
- Verhältnismäßigkeitsgrundsatz **77** 124, 175
- Verkürzung der Verjährungsfristen **77** 186 ff.
- Verschmelzung **77** 211
- Verschmelzung des Betriebs mit einem anderen Betrieb **77** 211
- Verstoß gegen die Sperrwirkung **77** 310 ff.
- Vertragstheorie **77** 24
- Vertrauensschutz **77** 124, 175
- Verwirkung von Rechten aus einer – **77** 185
- Verzicht auf Rechte aus der – **77** 178 ff.
- Vorrangtheorie **77** 248
- Wechsel des Betriebsrats **Einleitung** 119; **77** 212
- Wegfall der Betriebsratsfähigkeit **77** 209
- Wegfall des Betriebsrats **77** 209
- Weitergeltung abgelaufener – **77** 161 ff.
- Werkmietwohnung **87** 621, 690 ff., 745 ff.

- über Wirtschaftsausschuss **Vor 106** 13
- Zeit und Ort von Sprechstunden der Jugend- und Auszubildendenvertretung **69** 6 f.
- Zeit und Ort von Sprechstunden des Betriebsrats **39** 7
- Zeitkollisionsregel, Begrenzung **77** 122
- zeitlicher Geltungsbereich **77** 128 ff.
- Zulassung ergänzender und abweichender Betriebsvereinbarungen **77** 301 ff.
- zusätzliche Maßnahmen zur Verhütung von Arbeitsunfällen und Gesundheitsschädigungen **88** 3, 6, 9, 11 ff.
- Zuständigkeit des Betriebsrats zum Abschluss **88** 6, 33
- Zwei-Schranken-Theorie **77** 249; **87** 167
- zwingende Wirkung **77** 159 ff.

Betriebsvereinbarungsautonomie
- Altersgrenze **77** 90, 107 ff.
- Anwartschaften auf künftige Rechte **77** 77
- Begrenzung auf generell-abstrakte Regelungen **77** 95
- Begrenzung durch kollektiv-freien Individualbereich **77** 97
- dispositives Gesetzesrecht **77** 91
- Erlass entstandener Ansprüche **77** 171
- Festlegung von Pflichten des Arbeitnehmers **77** 125
- Festlegung von Rechten des Arbeitgebers **77** 125
- Gleichbehandlungsgrundsatz **77** 96
- Grundrechte **77** 100 ff.
- Haftungsausschluss **77** 112
- Individualbereich **77** 94, 97
- Individualnorm **77** 151
- Innenschranken **77** 103 ff.
- Kündigungsrichtlinien **77** 89
- Lohnabtretungsverbot **77** 105
- materielle Arbeitsbedingungen **77** 252 ff., 255, 257 ff.
- Nebenbeschäftigungsverbot **77** 104
- Rückwirkung **77** 128 ff.
- sachlicher Geltungsbereich **77** 81 ff.
- Schranken **77** 141 ff.
- soziale Angelegenheiten **77** 84
- Stundung entstandener Ansprüche **77** 97, 121
- Verkürzung der Verjährungsfristen **77** 186
- Vertragsstrafen **77** 113
- Vorrangtheorie **77** 248, 250
- Zwei-Schranken-Theorie **77** 249
- zwingendes Gesetzesrecht **77** 65

Betriebsverfassung
- abschließende Gestaltung **Einleitung** 134 ff.
- Arbeitgeber **Einleitung** 121 ff.
- Arbeitskampfverbot **74** 16 ff.; s. auch dort
- Auslandsbeziehung **Einleitung** 63 ff.
- Außerkrafttreten von Vorschriften **129** 1 ff.
- Befugnisse des einzelnen Arbeitnehmers **Einleitung** 85
- Belegschaft als Beteiligte der – **Einleitung** 88 ff.

Fette Zahlen = §§

Sachverzeichnis

- und Berufsfreiheit **Einleitung** 44, 52
- Beteiligte der – **Einleitung** 83 ff.
- und Eigentumsgarantie **Einleitung** 51
- und Einzelarbeitsverhältnis **Einleitung** 85, 121
- Friedenspflicht, betriebsverfassungsrechtliche **74** 16 ff., 44 ff.; s. auch dort
- Funktionen des Betriebsrats **Einleitung** 99 ff., 108 ff., 138
- Gebot der vertrauensvollen Zusammenarbeit **2** 4 ff.; **74** 1 ff.; s. auch vertrauensvolle Zusammenarbeit
- als Gegenstand tarifvertraglicher Regelung **Einleitung** 141 ff.
- Geltung des Bundesdatenschutzgesetzes in der – **94** 28
- Geltungsbereich **Einleitung** 57 ff.
- Geschichte **Einleitung** 6 ff.
- als Gesetz der betrieblichen Mitbestimmung **Einleitung** 1 ff.
- Gewährleistung der freien Entfaltung der Persönlichkeit im Betrieb **75** 38 ff.
- und Grundgesetz **Einleitung** 42 ff.; **2** 102 f.
- Grundsätze für die Behandlung der Betriebsangehörigen **75** 3 ff., 11 ff., 34 ff., 38 ff.
- Inkrafttreten **132**
- Koalitionsfreiheit **Einleitung** 47 ff.
- und Koalitionsfreiheit, kollektive **2** 79
- Konzern **1** 97 ff.
- öffentlich-rechtlicher Charakter **Einleitung** 128
- privatrechtlicher Charakter **Einleitung** 127 ff., 130
- Rechtsstellung der leitenden Angestellten **5** 263 ff.
- Rechtsstellung des Betriebsrats gegenüber der Belegschaft **Einleitung** 98 ff.
- Schutz älterer Arbeitnehmer vor Benachteiligung **75** 34 ff.
- Seebetriebsverfassung s. dort
- Sozialstaatsprinzip, Konkretisierung des – **Einleitung** 42 ff.
- Stellung des Betriebsrats in der Rechtsordnung **Einleitung** 108 ff.
- Verbot parteipolitischer Betätigung im Betrieb **74** 57 ff.
- Vereinbarkeit mit dem Grundgesetz **Einleitung** 50
- Verhältnis zur Koalitionsfreiheit **Einleitung** 47 ff.
- Wirtschaftsverfassung **Einleitung** 127, 129

Betriebsverfassungsgesetz 1952, Geschichte der Betriebsverfassung **Einleitung** 15 ff.

Betriebsverfassungsgesetz 1972
- Entstehungsgeschichte **Einleitung** 18 ff.
- als zwingendes Gesetz **Einleitung** 134 ff.

Betriebsverfassungsrechtliche Selbstständigkeit
- von Betriebsteilen **4** 14 ff., 32 ff.; s. auch Betriebsteile

- Bindungswirkung arbeitsgerichtlicher Betriebszuordnung **18** 29 ff.
- Entscheidung durch den Wahlvorstand **18** 22 ff.
- Verfahren **18** 24 ff.
- Voraussetzungen **18** 22 f.

Betriebsverfassungsrechtliche Sondervertretungen 3 44 ff.

Betriebsverlegung 1 38; **111** 91 ff.

Betriebsverpachtung, Betriebsübergang **111** 126

Betriebsversammlung Vor 42; **42 ff.**
- Abgrenzung der Teilversammlung von der Abteilungsversammlung **42** 46
- Abteilungsversammlung **Vor 42** 4 f.; **42** 58 ff.; s. auch dort
- Anspruch des Arbeitgebers auf Einberufung **43** 29 ff.
- Anspruch eines Viertels der wahlberechtigten Arbeitnehmer auf Einberufung **43** 33 f.
- Arbeitgebervereinigung **42** 8, 36; **43** 51; **46** 17 ff.
- Arbeitgebervereinigungsvertreter, Rechtsstellung in der – **46** 22 f.
- Arbeitsbefreiung **44** 26 ff.
- Arbeitskampf, Vergütung der Versammlungsteilnahme **44** 34
- Arbeitskampf, – während eines **44** 23
- Aufzeichnungen und Lautsprecheranlagen **42** 40
- im Ausland **Vor 42** 9
- außerordentliche – **Vor 42** 6 f.; **43** 25 ff.
- Behandlung anderer Themen auf vom Arbeitgeber verlangter außerordentlicher –, Vergütungsanspruch **44** 50
- Behandlungsgegenstände **45** 9 ff.
- Bericht des Arbeitgebers über das Personal- und Sozialwesen einschließlich des Stands der Gleichstellung zwischen Frauen und Männern im Betrieb sowie der Integration der im Betrieb beschäftigten ausländischen Arbeitnehmer, über die wirtschaftliche Lage und Entwicklung des Betriebs sowie über den betrieblichen Umweltschutz **43** 14 ff.
- Beschlüsse **45** 27 ff.
- Betriebsvereinbarung, keine zur abweichenden zeitlichen Lage einer – **44** 16
- betriebsverfassungsrechtliche Friedenspflicht **45** 8; **74** 16 ff.; s. auch Friedenspflicht, betriebsverfassungsrechtliche
- Dauer **44** 21 f.
- Einberufung **42** 10 ff.
- Einberufung durch den Betriebsrat, Möglichkeit der Einberufung außerordentlicher – **Vor 42** 7
- Einberufung durch den Betriebsrat, Pflicht zur Einberufung ordentlicher – **Vor 42** 7; **42** 10
- Einberufung von Abteilungsversammlungen **43** 4 ff.
- Einberufung zur Wahl des Wahlvorstandes **17** 10 ff.
- einstweilige Verfügung **42** 77
- Erörterung unzulässiger Themen, Folgen **45** 18

2505

Sachverzeichnis

Magere Zahlen = Randnummern

- Erstattung von Fahrkosten **44** 41 ff.
- Fahrtkostenerstattung zur Teilnahme an – **44** 41 ff.
- Festlegung des konkreten Zeitpunkts einer – **44** 18 ff.
- Form der Einberufung **42** 13 ff.
- Frist zur Einberufung **42** 12
- Geltung der Normen der Betriebsversammlung bei der Wahl des Wahlvorstandes in betriebsratslosem, aber -fähigem Betrieb **17** 13 ff.
- Geschäftsordnung **42** 21
- Gewerkschaftsbeauftragte, Bestimmung der teilnahmeberechtigten Personen durch die Gewerkschaft **46** 9 f.
- Gewerkschaftsbeauftragte, Rechtsstellung **46** 11 f.
- Gewerkschaftsbeauftragte, Verhältnis zum Betriebsrat **46** 13
- Gewerkschaftsbeauftragte, Zutrittsrecht zum Betrieb **46** 14 ff.
- Gruppenversammlung, Unzulässigkeit **42** 52
- Hausrecht **42** 23 ff.
- Hinzuziehung eines Dolmetschers **42** 37
- Initiativrecht der Gewerkschaft zur Einberufung **43** 23, 36, 56 ff.
- kein Anspruch auf Überstunden- und Mehrarbeitszuschläge bei Abhaltung der Betriebsversammlung außerhalb der Arbeitszeit **44** 38
- kein Einberufungsrecht der Gewerkschaften **43** 61 f.
- kein Selbstversammlungsrecht **42** 11
- keine Teilung nach Gruppen der Arbeitnehmer **42** 52
- Kosten **42** 30 f.
- Ladung der Gewerkschaftsbeauftragten **46** 7 f.
- Ladung des Arbeitgebers **43** 42
- Lautsprecheranlagen **42** 43
- Leitung der Versammlung, Hausrecht **42** 20 ff.
- Leitung und Durchführung **42** 19 ff.
- Lohnanspruch **44** 26 ff.
- Lohnzahlungspflicht des Arbeitgebers bei Behandlung anderer Themen in einer auf Verlangen des Arbeitgebers abgehaltenen außerordentlichen Betriebsversammlung **44** 50
- Nichtöffentlichkeit, Gebot der – **42** 32 ff.
- ordentliche – **43** 3 ff.
- Ort der Versammlung **42** 16 ff.
- pflichtwidrige Festlegung des Zeitpunkts durch den Betriebsrat **44** 24
- Rechte und Pflichten des Arbeitgebers **43** 42 ff., 54 ff.
- Rechtsfolgen bei Nichteinberufung durch den Betriebsrat **43** 61 f.
- Rechtsfolgen bei Verlust des Charakters als Betriebsversammlung **44** 51 f.
- Rechtswirksamkeit von Beschlüssen **45** 31
- regelmäßige – **Vor 42** 6 f.; **43** 3 ff.
- Sachaufwand **42** 30
- Sachverständige, Hinzuziehung von – **42** 36
- schriftliche Aufzeichnungen **42** 42
- sonstige Versammlungen im Betrieb **Vor 42** 10 f.; **42** 72 ff.
- Tagesordnung, Ergänzungsanspruch **43** 34 f.
- Tarifvertrag, kein – zur abweichenden zeitlichen Lage einer – **44** 16
- Tätigkeitsbericht des Arbeitgebers **42** 14
- Tätigkeitsbericht des Betriebsrats **43** 7 ff.
- Teilnahme betriebsfremder Personen **42** 34 ff.
- Teilnahme der Gewerkschaften **2** 115; **42** 8, 29; **46** 4 ff.
- Teilnahme des Beauftragten einer Arbeitgebervereinigung **46** 17 ff.
- Teilnahmerecht **42** 3 ff., 8 f.
- Teilnahmerecht des Arbeitgebers **43** 45 ff.
- Teilnahmevergütung, Berechnung der – **44** 37
- Teilversammlungen **42** 46 ff.
- Tendenzbetriebe **118** 136
- Themen **45** 5 ff.
- Themen, unzulässige **45** 18 ff.
- Themen, zulässige **45** 5 ff., 11 ff.
- Tonbandaufnahmen **42** 40 f.
- Überschreitung der Zuständigkeit bei Beschlussfassungen, Rechtsfolgen **45** 32
- Unfall eines Arbeitnehmers während der Teilnahme **44** 55
- Unterschied zwischen Teilversammlung und Abteilungsversammlung **42** 46
- Vergütungsanspruch **44** 26 ff.
- Vergütungsanspruch bei Betriebsversammlung während eines Arbeitskampfes **44** 34
- Vergütungsanspruch der Betriebsratsmitglieder **44** 39
- Vergütungspflicht nur bei Teilnahme **44** 53 f.
- Verhältnis Vollversammlung – Teilversammlung **42** 46; **44** 13
- Verhältnis zum Betriebsrat **Vor 42** 3 f.; **45** 24
- Verlegung einer – in die Arbeitszeit **44** 17
- Verlust des Charakters einer –, Rechtsfolgen **44** 51 f.
- Versammlungen in Betrieben ohne Betriebsrat **Vor 42** 10
- Verstöße gegen das Gebot der Nichtöffentlichkeit **42** 44
- Vollversammlung als Regelfall **42** 46
- Wahlversammlung als besondere Form einer – **Vor 42** 8
- Wahlvorstand, Bestellung in einer – **17** 10 ff.; s. auch Wahlversammlung
- zeitliche Lage **44** 2 ff.
- zeitliche Lage, Abweichung wegen der Eigenart des Betriebs **44** 8 ff.
- Zeitliche Lage, keine Abweichung durch Betriebsvereinbarung oder Tarifvertrag **44** 16
- Zulassung betriebsfremder Personen **42** 34 ff.
- Zusammensetzung der Teilnehmer **42** 3 ff.
- zusätzliche – **43** 28, 38 ff.
- Zuständigkeit der – **Vor 42** 3 f.; **45** 24 ff.

Fette Zahlen = §§

Sachverzeichnis

– Zutrittsrecht der Gewerkschaften zum Betrieb zur Teilnahme **46** 14 ff.
Betriebsvertretung s. auch Betriebsrat; s. auch Gesamtbetriebsrat; s. auch Konzernbetriebsrat
– abweichende Errichtung der – **3** 35 ff.
Betriebszugehörigkeit 5 89; **8** 17 ff.; **9** 9 ff.; s. auch Betriebsangehörige
– Dauer als Maßstab für Sozialplanabfindung **112** 91, 94
Betriebszuordnung s. auch betriebsverfassungsrechtliche Selbstständigkeit
– Bindungswirkung arbeitsgerichtlicher Entscheidungen **18** 29 ff.
– Entscheidung durch den Wahlvorstand **18** 22 ff.
Betriebszusammenschluss 111 96 ff.
Betriebszweck 1 22 ff., 37, 45
– Änderung **111** 100 ff.
– Begriff **111** 110
Beurteilungsgrundsätze
– Begriff **94** 55
– Betriebsvereinbarung **94** 6
– Durchführung der Beurteilung kein Mitbestimmungstatbestand **94** 70
– Durchführung der Mitbestimmung **94** 66
– Einigungsstelle **94** 68, 73 ff.
– fehlende Zustimmung **94** 71
– Inhalt des Mitbestimmungsrechts **94** 63 ff.
– leitende Angestellte **94** 62
– Mitbestimmungstatbestand **94** 54 ff.
– im Rahmen eines Entgeltsystems **94** 58
– Reichweite des Mitbestimmungsrechts **94** 60
– Tendenzbetriebe **94** 61; **118** 156
– Testverfahren **94** 65
– Widerruf der Zustimmung des Betriebsrats **94** 67
– Zuständigkeit der Arbeitsgerichte **94** 76
– Zuständigkeit des Gesamtbetriebsrats **94** 69
– Zuständigkeit des Konzernbetriebsrats **94** 69
– Zustimmungsrecht des Betriebsrats **94** 63
Bevollmächtigung des Vorsitzenden oder eines anderen Mitglieds des Betriebsrats **26** 44; s. auch laufende Geschäfte; s. auch Vorsitzender des Betriebsrats
Beweislast für Anhörung des Betriebsrates bei Kündigung **102** 134
Bewerbungsunterlagen
– Aushändigung an Betriebsrat **99** 141 ff.
– Personalberatungsunternehmen **99** 144
Bilanz, Vorlage an Wirtschaftsausschuss **108** 36 ff.
Bildschirmarbeitsplätze
– Beratungs- und Unterrichtsrecht des Betriebsrats **90** 11, 37
– Bildschirmarbeitsverordnung **87** 545 ff.
– EG-Bildschirmrichtlinie **87** 556
– Ergonomische Gestaltung **87** 603 ff.
– gesicherte arbeitswissenschaftliche Erkenntnisse **90** 28 ff.; **91** 7 ff.
– korrigierendes Mitbestimmungsrecht **90** 11; **91** 21

– Mitbestimmung des Betriebsrats **87** 39, 278, 510 f.
– Pausenregelung **87** 556, 898; **91** 20 f.
– technische Einrichtungen zur Verhaltens- und Leistungskontrolle **87** 477 ff.
Bildung eines unternehmenseinheitlichen Betriebsrats 3 16
Bildungsmaßnahmen im Betrieb s. auch Berufsbildung
– Begriff **98** 9
– Durchführung von Maßnahmen der betrieblichen Berufsbildung **98** 9 ff.
– Mitbestimmung des Betriebsrats **98** 11 ff.
Bildungsurlaub
– für Betriebsratsmitglieder **37** 138 ff.; s. Bildungsurlaub für Betriebsratsmitglieder
– Mitbestimmung des Betriebsrats **87** 441, 458, 466
Bildungsurlaub für Betriebsratsmitglieder
– Anerkennungsbescheid **37** 156 ff.
– Anerkennungsverfahren **37** 149 ff.
– Anrufen der Einigungsstelle **37** 174
– Anrufen des Arbeitsgerichts **37** 175
– Anspruch auf bezahlte Freistellung **37** 162 ff.
– Berücksichtigung betrieblicher Notwendigkeiten **37** 174
– Berufsausübungsregelung zu Lasten des Arbeitgebers **37** 140
– Beteiligung der Spitzenorganisationen der Gewerkschaften und Arbeitgeber bei Auswahl von Veranstaltungen **37** 154 f., 157
– bezahlte Freistellung **37** 138
– Ersatzmitglieder, kein Anspruch auf – **37** 163
– Festlegung der zeitlichen Lage **37** 171 ff.
– Fortzahlung des Arbeitsentgelts **37** 177
– geeignete Schulungs- und Bildungsveranstaltungen **37** 141 ff.
– individualrechtlicher Anspruch **37** 139
– Jugend- und Auszubildendenvertreter **37** 162
– keine Anrechnung auf Ansprüche einer Freistellung zu Schulungs- und Bildungsveranstaltungen gemäß § 37 Abs. 6 BetrVG **37** 170
– Kostenerstattung **37** 179
– Nützlichkeit für die Betriebsratstätigkeit **37** 144
– oberste Arbeitsbehörde des Landes, Anerkennung der Veranstaltung durch **37** 149
– Rechtsnatur des Anspruchs **37** 138 ff.
– Unfallschutz **37** 178
– Vermittlung von Grundlagenkenntnissen **37** 145 f.
Billigkeitskontrolle durch die Arbeitsgerichte
– Abgrenzung zum Gleichbehandlungsgrundsatz **75** 14
– Betriebsvereinbarung **75** 14; **77** 117
– einzelvertragliche Abreden **75** 9, 12
Binnenschifffahrt, Geltung des BetrVG **114** 8
Bordordnung 115 99 f.
Bordvereinbarung 115 85 ff., 99
Bordversammlung 115 62 ff.; **116** 59

Sachverzeichnis

Magere Zahlen = Randnummern

- Abhaltung durch den Seebetriebsrat **115** 69
- Bestellung des Wahlvorstandes **115** 33
- Einberufung **115** 64
- Einigungsstelle **116** 47, 63 ff.
- Ort **115** 63
- Rechte und Pflichten des Kapitäns **115** 66 ff.
- Teilversammlung **115** 63
- Zusammensetzung **115** 63

Bordvertretung
- Abschrift aus dem Schiffstagebuch **115** 93
- allgemeine Aufgaben **115** 88 ff.
- Amtszeit **115** 41 ff.
- Anrufung der Einigungsstelle **115** 78 ff.
- Anrufung des Arbeitsgerichts **115** 78 ff.
- Arbeitsentgeltgarantie **115** 57
- Arbeitsschutzausschuss **115** 108
- außerordentliche Kündigung **103** 4, 40; **Anhang zu 103**
- Begünstigungsverbot **78** 3 f., 25 ff.
- Behinderungsverbot **78** 3 f., 11 ff.
- Benachteiligungsverbot **78** 3 f.
- Beschlussfassung **115** 55
- Beteiligung an Kündigungen **115** 115
- Beteiligung an Versetzungen **115** 113
- Beteiligung bei der Gestaltung von Arbeitsplatz, Arbeitsablauf und Arbeitsumgebung **115** 109
- Beteiligung bei Einstellungen **115** 112
- Bordbetrieb **115** 71
- Bordordnung **115** 99 f.
- Bordvereinbarung **115** 70, 85 ff., 99, 115
- Einsicht in die Bruttolohn- und -gehaltslisten **115** 91
- Einsicht in die Schiffstagebücher **115** 92
- Erklärungen zum Schiffstagebuch **115** 93
- Erlöschen der Mitgliedschaft in der – **115** 45
- Freistellung von Mitgliedern **115** 57
- Führung der laufenden Geschäfte **115** 50
- Geheimhaltungspflicht **79** 20
- Geschäftsführung **115** 46, 51 ff.
- gesetzlicher und autonomer Arbeitsschutz **115** 106 ff.
- Informationsrecht **115** 89 ff.
- Kapitän als Organ der Bordverfassung **115** 3 ff.
- kein Bordausschuss und keine weiteren Ausschüsse **115** 49
- keine Beteiligung in wirtschaftlichen Angelegenheiten **115** 117
- Kompetenz des Kapitäns **115** 73 f.
- Kosten **115** 61
- Kündigungsschutz für Mitglieder der – **115** 116
- Mitbestimmung bei der Berufsbildung **115** 111
- Mitbestimmung bei personellen Einzelmaßnahmen **115** 112 f.
- Mitbestimmung in personellen Angelegenheiten **115** 110 ff.
- Mitbestimmung in sozialen Angelegenheiten **115** 98 ff.
- Mitwirkung und Mitbestimmung **115** 70 ff.
- Mitwirkungs- und Beschwerderecht der Besatzungsmitglieder **115** 94 ff.
- Notrecht des Kapitäns **115** 81 ff.
- Organ der Bordverfassung **115** 6 ff.
- Organisation **115** 47 ff.
- Rechtsstellung der Mitglieder **115** 56 ff.
- Restmandat **115** 44
- Sitzungen **115** 51 ff.
- Sprechstunden **115** 59 f.
- Störungsverbot **78** 11 ff.
- Streitigkeiten **115** 118 ff.
- Tätigkeitsgarantie **115** 57
- Teilnahme an Schulungs- und Bildungsveranstaltungen **115** 57
- Übergangsmandat **115** 44
- Unterrichtungsrecht **115** 90
- Urlaub **115** 104
- Verhältnis zum Seebetriebsrat **115** 79, 105; **116** 3
- Voraussetzung für die Errichtung **115** 7 ff.
- Vorlage von Unterlagen an die – **115** 91 ff.
- Vorsitzender **115** 47 f.
- Wahl **115** 10 ff.; s. auch Wahl der Bordvertretung
- Wahlberechtigung **115** 11 ff.
- Zahl der Mitglieder **115** 23
- Zusammensetzung **115** 10 ff.
- Zuständigkeit **115** 70 ff.
- Zuständigkeit im Rahmen des Arbeitsschutzes **115** 67, 88, 106 ff.
- Zustimmungserfordernis bei Kündigungen **103** 40
- Zustimmungserfordernis des Betriebsrats bei Kündigungen **103** 4

Briefwahl
- Beschluss des Wahlvorstandes **24 WO** 4
- bei räumlich weiter Entfernung vom Hauptbetrieb **24 WO** 5
- Seebetriebsrat **116** 27
- Stimmabgabe **25 WO**
- Verfahren der Stimmerfassung **26 WO** 2 ff.
- bei Verhinderung **24 WO** 2
- verspätet eingehende Briefumschläge **26 WO**
- Wahl zum Betriebsrat mittels schriftlicher Stimmabgabe **14** 13; **24–26 WO**
- Wahlunterlagen, Aushändigung bzw. Versendung an Wahlberechtigte **24 WO** 6 ff., 10 ff., 13
- Zeitpunkt der Erfassung der eingegangenen Briefwahlstimmen **26 WO** 2 f.

Bruttolohn- und Gehaltslisten 80 69 ff.
- einblicksberechtigter Personenkreis **80** 71 ff.
- Einblicksrecht **80** 69 ff.
- Inhalt des Einsichtsrechts **80** 82

Buchgemeinschaften 118 87

Buchverlage 118 74, 82 ff.

Bundesagentur für Arbeit
- Förderung von Transfermaßnahmen **112** 117 ff.
- Vermittlung bei Interessenausgleich und Sozialplan **112** 212 ff.
- Vermittlung eines Interessenausgleichs **112** 23

Fette Zahlen = §§

Sachverzeichnis

Bundesdatenschutzgesetz, Überwachung der Beachtung **80** 8, 23, 68
Bundesländer, neue s. Beitrittsgebiet
Büropersonal
– Arbeitsverhältnis zum Arbeitgeber **40** 73
– ausschließliche Verwendung für Erledigung von Betriebsratsaufgaben **40** 73
– Hilfskräfte für Schreibarbeiten **40** 71
– kein Auswahlrecht des Betriebsrats **40** 72
– Überlassung an den Betriebsrat **40** 71 ff.
Bußgeldvorschriften 121 3 f.

Caritas 118 208
Complience s. Ethikregeln
Computergesteuerte Systeme 87 507; **90** 14

Datei
– Begriff **83** 5
– Personaldatei **83** 5
Datengeheimnis und Betriebsrat **79** 33
Datenschutz Einleitung 22; **80** 8 ff.; **83** 15
– Betriebsrat **80** 8 ff.
– Gesamtbetriebsrat **80** 75 ff.
– keine Einschränkung der Unterrichtungspflicht des Arbeitgebers durch das Bundesdatenschutzgesetz **80** 57, 68
– Konzernbetriebsrat **80** 77
– Personalfragebogen **94** 4, 23
– Überwachung der Einhaltung des – durch Betriebsrat **80** 8, 68 ff.
– Vorrangige Vorschriften des BetrVG **80** 57
Datenschutzbeauftragter Einleitung 22
– Beteiligung des Betriebsrats bei der Bestellung des – **80** 8 ff.
Datenverarbeitung
– Datenverarbeitungssystem als Mitbestimmungstatbestand **87** 509
– Einblicksrecht in alle personenbezogenen Daten **83** 16 ff.
– Einführung und Durchführung als Mitbestimmungstatbestand **87** 513
– personenbezogene Daten **80** 15, 17, 19, 28, 32, 57; **94** 6, 29
– Überwachung der Arbeitnehmer durch – **87** 491
– Verhältnis zur Regelung über die Berichtigung, Löschung und Sperrung personenbezogener Daten in § 35 BDSG **83** 41 f.
Delegation von Aufgaben
– des Arbeitgebers Einleitung 123 f.; **43** 18
– Begrenzung der – bei privatisierten Post-Aktiengesellschaften **27** 70
– des Betriebsrats **27** 58 ff., 69; **28** 23 ff.; **50** 53; **58** 31 ff.
– des Gesamtbetriebsrats **58** 24 ff.
– des Vorsitzenden **26** 56 f.

Deutsche Bahn
– Arbeitnehmereigenschaft ohne Arbeitsvertrag mit dem Arbeitgeber, besondere Regelung für – **5** 115 f.
– Ausübung von Beteiligungsrechten **92** 46
– Mitbestimmung bei Versetzung von Beamten **99** 127 f.
Deutsche Post s. Post, privatisierte Postaktiengesellschaften
d'Hondt'sches Höchstzahlverfahren 14 26 ff.; **25** 18; **27** 13; **15** WO
Diakonisches Werk 118 208
Dienstpläne, Aufstellen von – **87** 333
Dienstreisen von Betriebsratsmitgliedern, Fahrtkostenerstattung **40** 10 ff., 49 ff.
Dienstreiseordnung 87 196
Differenzierungsverbote 75 15 ff.
– Abstammung **75** 17
– bei Einbeziehung leitender Angestellte **5** 268
– Diskriminierungsverbot **75** 3, 7, 15 ff.
– Elternzeit **75** 26
– Geschlecht **75** 23
– geschützter Personenkreis **75** 6 ff.
– gesetzliche Benachteiligungsverbote **75** 30
– gewerkschaftliche Betätigung oder Einstellung **75** 22
– Herkunft **75** 20
– Konkretisierung der Pflicht zur Gleichbehandlung **75** 13
– Nationalität **75** 19
– nichteheliche Geburt **75** 25
– zwischen organisierten und nicht organisierten Arbeitnehmern **75** 31 ff.
– politische Betätigung oder Einstellung **75** 21
– relative – **75** 26
– Religion **75** 18
– sexuelle Identität **75** 24
– Tendenzbetrieb **75** 49 f.
Direktionsrecht des Arbeitgebers
– Mitbestimmung des Betriebsrats **87** 308, 324, 330 f., 402, 527
– Weisungsgebundenheit des Arbeitnehmers **5** 15, 21 ff.
Direktzusagen, Direktversicherung
– betriebliche Altersversorgung **87** 847 ff.
– Initiativrecht des Betriebsrats **87** 852
– Mitbestimmung des Betriebsrats **87** 847 ff.
Diskriminierungsverbote 75 3, 7, 15 ff.; s. auch Differenzierungsverbote
Disziplinarmaßnahmen 87 213, 217, 225, 243, 248; s. auch Betriebsbuße
Doppelmandat, Jugend- und Auszubildendenvertreter und Betriebsratsmitglied **61** 10 ff.
Dreiwochenfrist bei Interessenausgleich in der Insolvenz **Anhang zu 113** 20
Druckkündigung 104 15, 17
– Tendenzbetrieb **118** 167

2509

Sachverzeichnis

Magere Zahlen = Randnummern

Duldungsvollmacht 26 49 ff.; s. auch Vertretungsbefugnis des Betriebsratsvorsitzenden
Durchführung der Betriebsratswahl 18 6
Durchführungspflicht des Arbeitgebers von betrieblichen Vereinbarungen **77** 3 ff.
Durchgriffshaftung Vor 26 14 ff.; **112** 146, 189, 193
Durchschnittszahl der Arbeitnehmer 1 116

EDV 94 4; s. auch Informations- und Kommunikationstechnik
EDV-Anlage 87 485, 495, 502, 504, 511
EG-Betriebsübergangsrichtlinie 111 134; s. auch Betriebsübergang
EG-Freizügigkeitsrichtlinie 75 19
EG-Rahmenrichtlinie Arbeitsschutz, Gesetz zur Umsetzung der – und weiterer Arbeitsschutzrichtlinien **81** 18
Ehrenamt
– des Betriebsrats **37** 5 ff.; s. auch Tätigkeit
– Entgeltverbot **37** 7 ff.
– Jugend- und Auszubildendenvertreter **65** 35
– Mitglied der Einigungsstelle, betriebsangehöriges – **76 a** 12 ff.
– Mitgliedschaft im Wirtschaftsausschuss **107** 27
– Wahlvorstand **16** 62
Eigene Angelegenheit, kein Stimmrecht in – **33** 22; **103** 47 f.
Eigengruppe s. Gruppenarbeit
Eigenständigkeit eines Betriebsteils in Aufgabenbereich und Organisation **4** 25 ff.
Eigentum des Arbeitgebers an Einrichtungen und Akten des Betriebsrats **40** 74 f.; **87** 202, 520
Eignung
– als Mitglied der Einigungsstelle **76** 45 ff., 50 ff.
– als Mitglied des Wirtschaftsausschusses **107** 3 ff., 8 ff.
Eignungsprofile 94 10, 56; **95** 19 f.
Eilfälle, Mitbestimmung in sozialen Angelegenheiten **87** 55, 58, 370
Einberufung
– Betriebsräteversammlung **53** 19
– Betriebsratssitzungen s. Einberufung von Betriebsratssitzungen
– Betriebsversammlung **17** 10 ff.; **42** 10 ff.; **43** 29 f., 57
Einberufung von Betriebsratssitzungen
– Kompetenz zur – **29** 16 f.
– Ladung **29** 26 ff.; s. auch Einladung zur Betriebsratssitzung
– Pflicht zur – **29** 18 ff.
– pflichtwidriges Verhalten des Vorsitzenden, Rechtsfolgen **29** 25
– Tagesordnung, Aufnahme von Gegenständen **29** 23 f.
Einberufung zu Betriebsratssitzungen 29 3 ff.
Ein-Euro-Job 5 132

Einführung
– Entlohnungsmethoden **87** 760 ff.
– Kurzarbeit **87** 353 ff.
– technischer Kontrolleinrichtungen **87** 513 ff.
Eingliederung
– einer Aktiengesellschaft **54** 8
– Schwerbehinderter und schutzbedürftiger Personen in den Betrieb **80** 36 ff.
– -skonzern **54** 8
– -stheorie **5** 72
– -svertrag s. dort
Eingriffsverbot des Betriebsrats in die Betriebsleitung **77** 8 f.
Eingruppierung 99 59 ff.; s. auch Widerspruchsrecht des Betriebsrats bei personellen Einzelmaßnahmen
– Aufhebungsanspruch des Betriebsrats bei Verletzung des Mitbestimmungsrechts **101** 8
– außertariflicher Angestellter als Mitbestimmungstatbestand **99** 67 ff., 90
– Beendigung vorläufiger – **100** 44 ff.
– Begriff **99** 59 ff.
– Einstufung auf Grund einer Betriebsvereinbarung **99** 68, 77
– Entgeltsystem **99** 78
– geringfügig beschäftigte Arbeitnehmer **99** 74
– Mitbestimmung in Tendenzbetrieben **118** 160 ff.
– Mitbestimmungsrecht bei individuellen Lohn- oder Gehaltsvereinbarungen **99** 69 ff.
– Pflicht des Arbeitgebers zur – **99** 79 ff.
– auf Grund Tarifvertrags als Mitbestimmungstatbestand **99** 64 ff., 75 ff.
– Umkategorisierung **99** 73
– Vergütungsgruppe **99** 63 ff.
– Verletzung der Mitbestimmung des Betriebsrats **99** 104, 297 ff.
– Zuständigkeit des Gesamtbetriebsrats **50** 35
– Zuständigkeit des Konzernbetriebsrats **58** 13
Einheitliche Leitung eines Konzerns 54 4
Einheitsregelung, arbeitsvertragliche **77** 119, 152 ff., 176
Einigung, betriebliche 77 224 ff.; s. Betriebsabsprache
Einigungsstelle 76
– Anerkennung als Schulungs- und Bildungsveranstaltung, Verfahren vor der – **37** 125 ff., 130 f., 174
– Anrufung durch Bordbetriebsrat **115** 78 ff.
– Anrufung und Spruch der – bei Uneinigkeit über Maßnahmen zur Abwendung, Milderung oder zum Ausgleich von Belastungen **91** 26 ff.
– Antragsberechtigung bei gerichtlicher Bestellung **76** 56 ff.
– arbeitsgerichtliche Bestellung, Antragsberechtigung **76** 56 ff.
– arbeitsgerichtliche Bestellung, Form und Frist für Anrufung des Gerichts **76** 59 f.

2510

Fette Zahlen = §§

Sachverzeichnis

- arbeitsgerichtliche Bestellung, verbindliches und freiwilliges Einigungsverfahren **76** 55
- Auskunftspflicht des Unternehmers gegenüber dem Wirtschaftsausschuss **109** 2 ff.
- Ausschreibungspflicht **99** 234 ff.
- Auswahl der Arbeitnehmer für die Teilnahme an Berufsbildungsmaßnahmen **98** 63 ff.
- Auswahlrichtlinien **95** 60 ff.
- Begünstigungsverbot **78** 6, 26 ff.
- Behinderungsverbot **78** 6, 11 ff.
- Beisitzer, Bestellung und persönliche Voraussetzungen **76** 45 ff.
- Benachteiligungsverbot **78** 6, 19 ff.
- Beschlussfassung **76** 96 ff.
- Beschlussfassung, Form der Beschlüsse **76** 108
- Beschlussverfahren über die Zuständigkeit einer – **76** 71 f.
- Beschwerdeverfahren, kollektives **85** 14 ff.
- Besorgnis der Befangenheit **76** 53, 89
- Bestellung des Vorsitzenden **76** 50 f.
- Bestellungsbeschluss des Betriebsrats **76** 48
- Bestellungsverfahren einer – durch das Arbeitsgericht **76** 55 ff., 61 ff.
- betriebliche Schiedsstelle, keine – **76** 75
- Betriebsvereinbarung über Errichtung einer – **76** 83
- Betriebsvereinbarung über Errichtung einer ständigen – **76** 74 f.
- Betriebsvereinbarung, Wirkung von Sprüchen gleich einer – **76** 109 ff.; **77** 208, 234
- betriebsverfassungsrechtliche Institution eigener Art **76** 1, 6
- Beurteilungsgrundsätze **94** 68 ff.
- Bildung einer – im Bedarfsfall **76** 41
- Bordversammlung **116** 63 ff.
- Durchführung von Maßnahmen der betrieblichen Berufsbildung **98** 9 ff.
- Einigungsspruch kein Vollstreckungstitel **76** 113, 159
- Einigungsverfahren zur Bildung einer – **76** 42 f.
- Einlassungszwang bei Zwangsschlichtung **76** 29
- Einstweiliger Rechts- und Interessenschutz **76** 33 f.
- Entscheidung nach billigem Ermessen **76** 124 ff.
- Entscheidungsrahmen bei Beschlussfassungen **76** 104
- Ermessenskontrolle **76** 152
- Errichtung **76** 41 ff.
- Errichtung einer ständigen – **76** 74 ff.
- Errichtungszeitpunkt der – bei Zuständigkeit im verbindlichen Einigungsverfahren **76** 73
- Ersatzmitglieder **76** 80
- Ersetzung der Einigungsstelle durch tarifliche Schlichtungsstelle **76** 146 ff.; s. auch tarifliche Schlichtungsstelle
- Festsetzung der zeitlichen Lage des Urlaubs **87** 471 ff.
- Form der Beschlüsse **76** 108
- Form und Frist der Anrufung des Arbeitsgerichts im Bestellungsverfahren **76** 59 f.
- Freistellung von Betriebsratsmitgliedern **38** 33 ff., 36 ff.
- freiwilliges Verfahren, Kompetenz und Funktion **76** 35 ff.; **99** 309
- Funktionen **76** 8 ff., 35 ff.
- Geheimhaltungspflicht **79** 4 ff., 11 f., 21
- gerichtliche Rechts- und Ermessenskontrolle **76** 114 f.
- gerichtliche Überprüfung der Sprüche der tariflichen Schlichtungsstelle **76** 152; s. auch tarifliche Schlichtungsstelle
- gerichtliche Überprüfung eines Spruchs der – **76** 114 f.
- gerichtliche Überprüfung, Zuständigkeit des Arbeitsgerichts **76** 116 ff.
- Gerichtskontrolle, Begrenzung der Geltendmachung einer Fehlerhaftigkeit **76** 133 f.
- Gerichtskontrolle der Sprüche der – im verbindlichen Einigungsverfahren **76** 121 ff.
- Gerichtskontrolle, Entscheidung des Arbeitsgerichts **76** 135 ff.
- Gesamt-Jugend- und Auszubildendenvertretung, Einigung über die Mitgliederanzahl **72** 18
- Interessenausgleich **112** 225 ff.
- kein Einlassungszwang im freiwilligen Verfahren **76** 38 f.
- keine Bindung an den Antrag bei Beschlussfassung **76** 104
- keine Stimmenthaltung der Beisitzer bei Beschlussfassung **76** 103
- Kompetenz bei Erweiterung des Mitbestimmungsrechts bei Kündigungen **102** 298 f.
- Kompetenz des Arbeitsgerichts bei Bildung einer – **76** 55 ff.
- Kompetenzen **76** 8 ff., 35 ff.
- Kontrolle der Einigungssprüche grundsätzlich hinsichtlich Rechtmäßigkeit **76** 114 f.
- korrigierendes Mitbestimmungsrecht bei Gestaltung von Arbeitsplatz, Arbeitsablauf und Arbeitsumgebung **91** 26 ff.
- Kosten **76** 4, 139; **76 a**; s. auch Kosten der Einigungsstelle
- Kosten der tariflichen Schlichtungsstelle **76** 153 f.; s. auch tarifliche Schlichtungsstelle
- Kostentragungspflicht **76** 139; **76 a** 5 ff.; s. auch Kosten der Einigungsstelle
- Mitbestimmung in sozialen Angelegenheiten **87** 964 ff.
- Mitglieder der Einigungsstelle, Rechtsstellung **76** 140 ff.
- Mitgliederzahl der – **76** 44
- Mitgliederzahl des Gesamtbetriebsrats, Entscheidung bei notwendiger Verringerung durch die – **47** 63 ff.

Sachverzeichnis

Magere Zahlen = Randnummern

- Mitgliederzahl des Konzernbetriebsrats, Entscheidung bei notwendiger Verringerung durch die – **55** 19
- Mitwirkung der Betriebspartner bei der Durchführung des Einigungsverfahrens **76** 93 ff.
- Mündlichkeit der Beratung **76** 83, 86, 96
- Notwendigkeit mündlicher Beratung **76** 96
- offensichtliche Unzuständigkeit **76** 65
- Personalfragebogen **94** 73 ff.
- persönliche Voraussetzungen der Beisitzer **76** 45 ff.
- persönliche Voraussetzungen des Vorsitzenden **76** 52 ff.
- privatrechtliche Einrichtung **76** 7
- Protokollführer **76** 97
- Rechtsnatur **76** 6
- Rechtsstellung der Mitglieder **76** 140 ff.
- Rechtsstellung der Mitglieder der tariflichen Schlichtungsstelle **76** 154 f.; s. auch tarifliche Schlichtungsstelle
- Rechtsstreitigkeiten **76** 26 ff., 36
- Rechtswirkungen eines Spruchs der – **76** 109 ff.
- Rechtswirkungen eines Spruchs der – bei Zwangsschlichtung **76** 30 ff.
- Rechtswirkungen eines Spruchs der – im freiwilligen Verfahren **76** 40
- rechtzeitige Einladung zu Sitzungen **76** 85
- Regelungsstreitigkeiten **76** 26 ff., 36 f.
- schriftförmliche Niederlegung von Beschlüssen **76** 108
- Schulungs- und Bildungsveranstaltungen, Entscheidung über – durch die – **37** 125 ff., 130 f., 174
- Sozialplan **112** 134 ff., 225 ff.
- Sprechstunden der Jugend- und Auszubildendenvertretung, Entscheidung über – durch die – **69** 6
- Sprechstunden des Betriebsrats, Entscheidung über – durch die – **39** 8 ff.
- Sprechstunden des Seebetriebsrats, Entscheidung durch die – **116** 58, 60, 62 ff.
- Spruch der – im freiwilligen Einigungsverfahren, Annahmeerfordernis als Vertrag der Parteien **76** 129 ff.; s. auch Spruch der Einigungsstelle
- Spruch der – im freiwilligen Einigungsverfahren, vorherige Unterwerfung, gerichtliche Überprüfung **76** 132
- ständige –, Abgrenzung von anderen Einrichtungen **76** 74 f.
- ständige –, Funktion und Zuständigkeit **76** 76 ff.
- ständige –, Zusammensetzung **76** 79
- Stimmabgabe bei Beschlussfassung **76** 101 ff.
- Stimmenmehrheit bei Beschlussfassung **76** 98 f.
- Störungsverbot **78** 6, 11 ff.
- tarifliche Schlichtungsstelle **76** 146 ff.; s. auch dort
- Tarifvertrag über Einrichtung einer tariflichen Schlichtungsstelle **76** 146; s. auch tarifliche Schlichtungsstelle
- Überprüfung eines Spruchs der –, gerichtliche **76** 114 ff.
- Unparteilichkeit des Vorsitzenden **76** 52 f., 89
- verbindliches Einigungsverfahren **76** 23 f.
- Verdrängung des Einigungsverfahrens durch die tarifliche Schlichtungsstelle **76** 151; s. auch tarifliche Schlichtungsstelle
- Verfahren arbeitsgerichtlicher Bestellung einer – **76** 61 ff.
- Verfahren bei Interessenausgleich und Sozialplan **112** 233 ff.
- Verfahren vor der – **76** 81 ff.
- Verfahren vor der tariflichen Schlichtungsstelle **76** 147, 150; s. auch tarifliche Schlichtungsstelle
- Verfahrensablauf **76** 83 ff.
- verfahrensbegleitende Zwischenbeschlüsse **76** 156
- Verfahrensgrundsätze **76** 81 ff.
- Verfügung, einstweilige **76** 160
- Vergütung **119** 28
- Vergütung der Mitglieder der Einigungsstelle **76** 140 ff.; **76 a** 11 ff.; s. auch Kosten der Einigungsstelle
- Verhältnis zur Zuständigkeit der Arbeitsgerichte **76** 27 f., 31
- Verhandlungs- und Einigungsversuch zwischen den Betriebspartnern vor Anrufung **76** 64
- Verhandlungs- und Untersuchungsgrundsatz **76** 90 ff.
- Vorsitzender, Bestellung und persönliche Voraussetzungen **76** 50 ff.
- Wiederholung des verbindlichen Einigungsverfahrens bei rechtskräftiger Feststellung der Unwirksamkeit des Einigungsverfahrens **76** 138
- Wirtschaftsausschuss **106** 59; **108** 50
- Zahl der Mitglieder **76** 44
- Zusammensetzung **76** 44 ff.
- Zusammensetzung der tariflichen Schlichtungsstelle **76** 149; s. auch tarifliche Schlichtungsstelle
- Zuständigkeit im Rahmen einer Betriebsänderung **111** 157; **112** 225 ff.
- Zwangsschlichtung, Kompetenz und Funktion **76** 8 ff.; s. auch Zwangsschlichtung
- Zwischenbeschlüsse, verfahrensbegleitende **76** 156

einköpfiger Betriebsrat
- Ersatzmitglied **14** 89 f.
- Rücktritt **13** 36, 40

Einladung
- Betriebs- und Abteilungsversammlung **42** 10 ff., 68
- Betriebsratssitzung s. Einladung zur Betriebsratssitzung
- Betriebsversammlung zur Wahl des Wahlvorstandes **17** 10 ff.
- Gesamtbetriebsrat **51** 29
- Gesamt-Jugend- und Auszubildendenvertretung **73** 7

Fette Zahlen = §§

Sachverzeichnis

- Gewerkschaftsvertreter zu Betriebsratssitzungen **31** 17
- Jugend- und Auszubildendenvertretung **65** 14 f.
- Konzernbetriebsrat **55** 7, 22
- Sitzung der Einigungsstelle **76** 85
- Sitzungen des Wirtschaftsausschusses **108** 5

Einladung zur Betriebsratssitzung
- Adressaten **29** 26 ff.
- Arbeitgeber **29** 29
- Ersatzmitglieder **29** 32 f.
- Form **29** 36 ff.
- Frist **29** 36 ff.
- Gewerkschaftsbeauftragter **29** 30; **31** 17
- Jugend- und Auszubildendenvertretung **29** 28
- unter Mitteilung der Tagesordnung **29** 34 f.
- nicht ordnungsgemäße Mitteilung der Tagesordnung, Rechtsfolgen **29** 39 ff.
- nicht rechtzeitige Einladung, Rechtsfolgen **29** 39 ff.
- Schwerbehindertenvertretung **29** 27
- Sprecherausschuss der leitenden Angestellten **29** 31
- Vertrauensmann der Zivildienstleistenden **29** 28

Einladungsfrist
- Betriebsratssitzungen **29** 36 ff.
- Regelung in Geschäftsordnung **36** 4

Einleitung der Betriebsratswahl 18 4 f.
Einrichtungen zur Berufsbildung 97 4 ff.
Einschränkung des Betriebs 111 68 ff.

Einsichtnahme
- Betriebsausschuss, Delegation der – in Lohn- und Gehaltslisten **27** 57, 78
- Betriebsrat in Lohn- und Gehaltslisten **80** 69 ff.
- Inhalt **80** 82
- in Personalakten s. Einsichtsrecht in die Personalakten
- in Unterlagen des Betriebsrats und seiner Ausschüsse **34** 24 ff.

Einsichtsrecht in die Personalakten 83 16 ff.;
  s. auch Personalakten
- Abspaltungsverbot **83** 26
- durch Arbeitnehmer **83** 16 ff.
- Art und Weise **83** 19 ff.
- nach Auflösung des Arbeitsverhältnisses **83** 31
- Ausübung durch Bevollmächtigte **83** 27
- Ausübung durch Dritte **83** 26
- Berichtigungsanspruch **83** 39 f.
- des Betriebsrats **80** 64; **83** 25
- Entstehen des – **83** 30
- Erklärungen des Arbeitnehmers zum Inhalt der Personalakte **83** 37 ff.
- Erlöschen **83** 31
- Führung von personenbezogenen Daten durch Dritte **83** 20
- Hinzuziehung der Schwerbehindertenvertretung durch Arbeitnehmer **83** 36
- Hinzuziehung eines Betriebsratsmitglieds **83** 33 ff.
- Inhalt **83** 17 f.

- Kosten **83** 32
- durch leitende Angestellte **83** 2 f.
- Ort der Einsicht **83** 19, 24
- Prozessakten **83** 28
- Regelung durch Betriebsvereinbarung **83** 24
- Schranken **83** 28 f.
- Streitigkeiten **83** 43 f.
- Verhältnis zu den Auskunftsrechten nach § 35 BDSG **83** 41 f.
- Zeitpunkt **83** 21 f.

Einspruch
- Aufstellung der Wählerliste **2 WO** 6 ff.
- Auslegung der Wählerliste **2 WO** 15 ff.
- Berichtigung der Wählerliste bei Begründetheit **4 WO** 8
- im Betrieb vertretene Gewerkschaften, nicht einspruchsberechtigt **4 WO** 5
- Einspruchsberechtigung **4 WO** 4 f.
- Entscheidung über –, unverzügliche des Vorstands **4 WO** 7
- Form **4 WO** 3
- Frist **4 WO** 2
- Geltendmachung fehlerhafter Zuordnung nach § 18 a BetrVG, Ausschluss eines Einspruchs **4 WO** 6
- gerichtliche Überprüfung der Einspruchsentscheidung **4 WO** 10
- Kontrollpflicht des Wahlvorstandes hinsichtlich der Richtigkeit der Wählerlisten **4 WO** 12 f.
- Korrektur der Wählerliste, Einspruch keine formelle Voraussetzung für eine – **4 WO** 1
- Mitteilung der Entscheidung an den Einspruchsführer **4 WO** 9
- Wahlanfechtungsgrund bei unrichtiger Einspruchsentscheidung **4 WO** 11
- gegen die Wählerliste **2 WO**; **4 WO**

Einstellung s. Widerspruchsrecht des Betriebsrats bei personellen Einzelmaßnahmen
- Aufhebungsanspruch des Betriebsrats bei Verletzung des Mitbestimmungsrechts **101** 7
- befristete Einstellung **99** 32
- Begriff **99** 26 ff.
- Beschäftigung als Arbeitnehmer **99** 31 ff.
- Beschäftigung über die Altersgrenze hinaus **99** 37 f.
- Beteiligung der Bordvertretung **115** 113 f.
- contra Verlangen nach § 9 TzBfG eines Teilzeitarbeitnehmers **99** 195 a
- bei Erwerb eines Betriebs oder Betriebsteils **99** 43
- freie Mitarbeiter **99** 57; s. auch dort
- Fremdfirmeneinsatz **99** 54 ff.
- Gespräch **99** 140
- Mitbestimmung des Betriebsrats bei – keine Wirksamkeitsvoraussetzung für den Abschluss des Arbeitsvertrags **99** 293 ff.
- Mitbestimmung in Tendenzbetrieben **118** 160 ff.
- Rechtsfolgen der Verletzung des Mitbestimmungsrechts **99** 293 ff.

Sachverzeichnis

Magere Zahlen = Randnummern

– Rückkehr nach Abordnung **99** 33
– Strafgefangene **99** 58
– Übernahme eines Leiharbeitnehmers **99** 49 ff.
– Umwandlung eines Arbeitsverhältnisses **99** 47
– Unterrichtungspflicht des Arbeitgebers bei –
  99 132 ff.
– Vereinsmitglieder des Arbeitgebers **99** 58
– Verletzung der Mitbestimmung des Betriebsrats
  99 293 ff.
– Versetzung **99** 33
– Weiterarbeit im Anschluss an das Berufsausbildungsverhältnis **99** 41
– Wiederaufnahme der Arbeit **99** 44
– Wiedereinstellung **99** 46
– Zivildienstleistende **99** 58
– Zuständigkeit des Gesamtbetriebsrats **50** 35
– Zuständigkeit des Konzernbetriebsrats **58** 13

Einstellungsrichtlinien 95 21 ff.; s. auch Auswahlrichtlinien

Einstufung, Regelung durch Betriebsvereinbarung
99 68, 77

Einstweilige Verfügung
– Amtsenthebung eines Betriebsratsmitglieds **23** 49
– Auflösung des Betriebsrats **23** 65
– Befreiung des Arbeitgebers von der Weiterbeschäftigungspflicht **102** 242 ff.
– Betriebsversammlung **42** 77
– Durchsetzung der Weiterbeschäftigungspflicht des Arbeitnehmers **102** 213, 239 f., 248 ff., 257
– Ersetzung der Zustimmung des Betriebsrats zu personellen Einzelmaßnahmen **99** 272 ff., 306; **101** 13 ff.; s. auch Zustimmungsersetzungsverfahren
– Freistellung von Betriebsratsmitgliedern **38** 42
– keine Unzulässigkeit einer – bei Untersagung der Wahl wegen Wahlbehinderung **20** 3
– Kosten der Betriebsratstätigkeit **40** 90
– bei der Mitbestimmung in sozialen Angelegenheiten **87** 60 ff.

einstweilige Verfügung, Notrecht des Kapitäns
115 81 ff.

Einstweilige Verfügung
– Regelung der Amtstätigkeit des gekündigten Betriebsratsmitglieds **25** 14
– Schulungs- und Bildungsveranstaltungen
  37 130 f.
– Sicherung des Arbeitsplatzes während eines Kündigungsrechtsstreits durch – **102** 239 ff.
– Spruch der Einigungsstelle **76** 33 f.
– Zustimmungsersetzungsverfahren **103** 82
– im Zwangsschlichtungsverfahren vor der Einigungsstelle **76** 33 f.
– Zwangsverfahren gegen den Arbeitgeber **23** 103; s. auch dort

Einzelarbeitsverhältnis
– Begründung unter Verletzung der Mitbestimmung des Betriebsrats **99** 26 ff., 296
– und Betriebsvereinbarung **77** 72

Elternzeit
– Differenzierungsverbot **75** 26
– kein Erlöschen der Mitgliedschaft bei Inanspruchnahme **24** 18

E-Mail, Kommunikationsmittel des Betriebsrats mit der Belegschaft **40** 80, 82

Ende
– Amtszeit der Jugend- und Auszubildendenvertretung **64** 19 f., 21 ff.
– Amtszeit des Betriebsrats **21** 11 ff., 18 ff.; s. auch Amtsbeendigung des Betriebsrats
– Amtszeit, Schweigepflicht **79** 30
– Betriebsvereinbarung **77** 192 ff.
– Gesamtbetriebsratsmitglied **48** 12 f.; **49** 3 ff.
– Konzernbetriebsratsmitglied **56** 3 ff.; **57** 4 ff.
– tägliche Arbeitszeit **87** 263 ff., 273 ff.
– Tätigkeit des Wahlvorstands **16** 58
– vorläufige personelle Maßnahme **100** 44 ff.

Entfernung betriebsstörender Arbeitnehmer
– Anrufung des Arbeitsgerichts **104** 21 ff.
– Entlassung **104** 15 ff.
– Mitbestimmungssicherungsverfahren **104** 21 ff.
– personeller Geltungsbereich **104** 12
– rassistische oder fremdenfeindliche Betätigung
  104 4a
– Verhältnismäßigkeit der Maßnahme **104** 14
– Verlangen des Betriebsrats **104** 13
– Versetzung **104** 18 f.
– Voraussetzungen **104** 2 ff.
– Zwangsverfahren **104** 21 ff.

Entgelt und Lohn s. auch Entlohnungsgrundsätze
– bargeldlose Entlohnung als Mitbestimmungstatbestand **87** 425 ff.
– Begriff des Arbeitsentgelts **87** 413
– Durchführung der Mitbestimmung durch Betriebsvereinbarung **87** 436
– Einblick in die Bruttolohn- und -gehaltslisten durch den Betriebsrat **80** 69 ff.
– Erläuterung des Arbeitsentgelts **82** 11
– Initiativrecht **87** 433
– Lohn- und Gehaltshöhe kein Mitbestimmungstatbestand **87** 768 ff.
– Lohnbegriff **87** 734 ff.
– Mitbestimmung der Bordvertretung über Zeit, Art und Ort der Auszahlung **115** 103
– Mitbestimmung des Betriebsrats **87** 734 ff.
– Rechtsfolgen der Nichtbeteiligung des Betriebsrats **87** 437 f.
– Sonderregelung als Mitbestimmungsfall **87** 432
– Vorrang von Gesetz und Tarifvertrag **87** 434 f.
– Zeit, Ort und Art der Auszahlung als Mitbestimmungstatbestand **87** 410 ff.

Entlassung
– Beteiligung des Betriebsrats **102** 47 ff.
– als Betriebsstrafe **87** 247 ff.
– Initiativrecht des Betriebsrats in Tendenzbetrieben **118** 167
– Verlangen des Betriebsrats auf – **104** 14

Fette Zahlen = §§

Sachverzeichnis

Entleiherbetrieb 5 96 ff.; s. auch Arbeitnehmerüberlassung
Entlohnungsgrundsätze 87 728 ff.
- Akkord- und Prämienlöhne **87** 737, 809 ff., 821 ff., 878 ff.
- Akkordlohn **87** 809 ff.
- Änderung der betrieblichen Lohngestaltung **87** 766 f.
- Anrechnung einer Tariflohnerhöhung auf über- und außertarifliche Zulagen **87** 790 ff.
- Arbeitgeberdarlehen **87** 736
- Aufstellung **87** 752, 894
- außertarifliche Angestellte **87** 781 ff.
- Bedienungsgelder **87** 831
- Begriff der betrieblichen Lohngestaltung **87** 747 f.
- Einschränkung von Entgeltleistungen **87** 776 ff.
- Elemente der betrieblichen Lohngestaltung **87** 749 ff.
- Entgeltcharakter der Arbeitgeberleistung **87** 739 ff.
- Entgelthöhe, mitbestimmungsfrei **87** 768 ff.
- Freiheit der Leistungserbringung **87** 771 f.
- freiwillige Leistungen **87** 745 f.
- Gewinn- und Ergebnisbeteiligung **87** 737, 761, 893
- Grundvergütung und Zulagen **87** 788 f.
- Inhalt und Umfang der Mitbestimmung **87** 855 ff.
- Initiativrecht **87** 858 f.
- leistungsbezogenes Entgelt **87** 753, 755
- Leistungslohnsystem als Entlohnungsgrundsatz **87** 808
- Lohnbegriff **87** 734 ff.
- Lohngerechtigkeit als Zweck der Mitbestimmung **87** 728 ff.
- Maßnahmen zur Förderung der Vermögensbildung **87** 738
- Prämienlohn **87** 821 ff.
- Provisionen **87** 737, 888
- Rechtsfolgen bei Nichtbeteiligung des Betriebsrats **87** 869 ff.
- rechtsgeschäftliche Gestaltungsfreiheit **87** 774 f.
- Sozialleistungen **87** 832 ff.
- Sozialleistungen und Leistungen aus besonderem Anlass **87** 736
- Tendenzbetriebe **87** 861
- Unternehmerische Entscheidungsautonomie als Schranke der Mitbestimmung **87** 860
- Verdrängung der Mitbestimmung durch den Tarifvorrang **87** 780
- Vereinbarkeit mit dem Grundgesetz **87** 733
- Verhältnis von Leistung und Gegenleistung mitbestimmungsfrei **87** 773
- Vorrang von Gesetz und Tarifvertrag **87** 862 ff.
- zeitbezogenes Entgelt **87** 753 f.
- Zulagen **87** 735
- Zuständigkeit **87** 866

Entscheidungsautonomie des Arbeitgebers **90** 1
Entsendung
- Betriebsratsmitglieder in den Gesamtbetriebsrat **47** 28 ff.
- Gesamtbetriebsratsmitglieder in den Konzernbetriebsrat **55** 3 ff.
Entwicklungshelfer 5 136
Entziehung des Wortes
- Betriebsratssitzung **29** 44
- Betriebsversammlung **42** 22 ff.
Ergänzende Betriebsvereinbarungen 77 301 ff.
Ergänzung der Tagesordnung 29 34 f., 36 ff.; **33** 3
Ergebnisbeteiligung 87 737, 761, 893
Erhebung von Beiträgen für Zwecke des Betriebsrats 41 2 ff., 5 f.; s. auch Umlageverbot
Erholungsheim 87 619
Erholungszeiten 87 898; **91** 20 f.
Erkenntnisverfahren
- Antrag **23** 97 f.
- Antragsberechtigung **23** 95 f.
- Einstweilige Verfügung **23** 103
- Entscheidung des Arbeitsgerichts **23** 99 ff.
- Feststellung eines groben Pflichtverstoßes des Arbeitgebers gegen die Betriebsverfassung **23** 88 ff.; s. auch Zwangsverfahren gegen den Arbeitgeber
Erklärungen des Betriebsratsvorsitzenden 26 33
- Empfangszuständigkeit **26** 40 ff.
Erläuterung
- des Arbeitsentgelts **82** 11 ff.
- des Jahresabschlusses **108** 36 ff.
Erlöschen
- der Mitgliedschaft im Betriebsrat s. Erlöschen der Mitgliedschaft im Betriebsrat
- der Mitgliedschaft im Gesamtbetriebsrat **49** 4 ff.
- der Mitgliedschaft im Konzernbetriebsrat **57** 4 ff.
- der Mitgliedschaft in Ausschüssen des Betriebsrats oder Gesamtbetriebsrats **27** 23, 24 ff.; **51** 17 ff.
- der Mitgliedschaft in der Gesamt-Jugend- und Auszubildendenvertretung **73** 14
- der Mitgliedschaft in der Jugend- und Auszubildendenvertretung **65** 5 ff.
Erlöschen der Mitgliedschaft im Betriebsrat s. auch Amtsbeendigung des Betriebsrats
- Auflösung des Betriebsrats als Beendigungsgrund **24** 27
- Ausschluss aus dem Betriebsrat als Beendigungsgrund **24** 27
- Beendigung der Rechtsstellung als Betriebsratsmitglied bei Beendigung des Betriebsrats **24** 2
- Beendigung der Rechtsstellung als Betriebsratsmitglied bei Fortbestehen des Betriebsrats **24** 3
- Beendigung der Rechtsstellung als Ersatzmitglied **24** 5
- Beendigung des Arbeitsverhältnisses als Beendigungsgrund **24** 11 ff.

2515

Sachverzeichnis

Magere Zahlen = Randnummern

- Feststellung der Nichtwählbarkeit, gerichtliche als Beendigungsgrund **24** 28
- Folgen des – **24** 34 f.
- Niederlegung des Betriebsratsamtes als Beendigungsgrund **24** 8 ff.
- Tod oder Todeserklärung als Beendigungsgrund **24** 7
- Verlust der Wählbarkeit als Beendigungsgrund **24** 20 ff.

Ermächtigung, Generalklausel zur abweichenden Errichtung der Betriebsvertretung **3** 35 ff.

Ermäßigte Zahl von Betriebsratsmitgliedern 11 2 ff.

Ermessen, billiges – der Einigungsstelle **76** 124 ff.; **112** 138, 148 ff.

Ermessensrichtlinien
- Aussichten auf dem Arbeitsmarkt **112** 152 ff.
- Gefährdung des Fortbestands des Unternehmens **112** 164 ff.
- Gegebenheiten des Einzelfalls **112** 149 ff.
- Gesamtbetrag der Sozialplanleistungen **112** 164 ff.
- Sozialplan **112** 148 ff.
- zumutbares Arbeitsverhältnis **112** 156

Erneute Beschlussfassung bei Aussetzung von Betriebsratsbeschlüssen **35** 19; s. auch Aussetzung von Beschlüssen des Betriebsrats

Erörterungsrecht des Arbeitnehmers
- Hinzuziehung eines Betriebsratsmitglieds **82** 14
- Leistungsbeurteilungen und Möglichkeiten beruflicher Entwicklung **82** 12
- Streitigkeiten **82** 18 ff.
- zuständiger Personenkreis **82** 13

Errichtung s. jeweiliges betriebsverfassungsrechtliches Organ

Ersatz von Aufwendungen für Betriebsratstätigkeit **37** 33

Ersatzbestellung
- Befugnis des Arbeitsgerichts **16** 39 ff.
- Bestellung betriebsfremder Gewerkschaftsmitglieder **16** 44
- Entsendungsrecht von betriebsangehörigen Gewerkschaftsmitgliedern **16** 47
- Kompetenz des Arbeitsgerichts bei betriebsratslosem, aber -fähigem Betrieb **17** 31 f.
- Rechtsstellung des Wahlvorstandes und der Wahlvorstandsmitglieder **16** 62; **17** 33
- Verfahren **16** 35 ff.
- Voraussetzungen **16** 32 ff.; **17** 28 ff.
- des Wahlvorstandes durch das Arbeitsgericht **16** 32 ff.; **17** 27 ff.; s. auch Wahlvorstand

Ersatzfreistellung 38 18 f.

Ersatzmann s. Ersatzmitglied

Ersatzmitglied
- Amtsenthebung **23** 31
- Ausscheiden eines Betriebsratsmitglieds **25** 2 ff.
- Ausschluss infolge grober Pflichtverletzung **23** 31
- Beendigung des Amtes **24** 5
- Behinderungsverbot **78** 7, 11 ff.
- Benachteiligungsverbot **78** 7, 11 ff.
- Beschlussfassung, Vertretung durch – in Betriebsratssitzungen **33** 12
- Bestimmung der Ersatzmitglieder (Mehrheitswahl) **14** 40
- Bestimmung des Ersatzmitglieds (Verhältniswahl) **14** 36
- Betriebsausschuss **27** 16 ff.
- Betriebsräteversammlung **53** 7
- Einigungsstelle **76** 80 f.
- Einladung zur Betriebsratssitzung **29** 32 f.
- Einrücken der Ersatzmitglieder **25** 16
- Eintritt des Ersatzmitglieds kraft Gesetzes **25** 24
- Geheimhaltungspflicht **79** 17
- gekündigtes Arbeitsverhältnis eines Betriebsratsmitglieds **25** 12 ff.
- Gesamtbetriebsausschuss **51** 11 f., 15
- Gesamtbetriebsrat **47** 37 ff.; **49** 11; **51** 41
- Gesamt-Jugend- und Auszubildendenvertretung **72** 13; **73** 15
- Jugend- und Auszubildendenvertretung **64** 27; **65** 8
- Konzernbetriebsausschuss **51** 15; **59** 11
- Konzernbetriebsrat **54** 46; **55** 11 ff.; **57** 9
- Kündigungsschutz **25** 28 ff., 34; **103** 10
- Nachrücken als endgültiges Betriebsratsmitglied **25** 22
- Nachrücken des Ersatzmannes bei den privatisierten Unternehmen der Post **14** 89
- Nachrücken, keines bei Auflösung des Betriebsrats wegen Pflichtverletzung **23** 67
- Neuwahl des Betriebsrats, Notwendigkeit **25** 23
- Persönliche Rechtsstellung nach Eintritt in den Betriebsrat **25** 24 ff.
- persönliche Rechtsstellung vor Eintritt in den Betriebsrat **25** 28
- Rechtsstellung des eingerückten Ersatzmitglieds **25** 24 ff.
- Rechtswirkung der Auflösung des Betriebsrats auf – **23** 67
- Reihenfolge des Einrückens bei Gemeinschaftswahl **25** 16
- Reihenfolge des Einrückens bei Mehrheitswahl **25** 19 f.
- Reihenfolge des Einrückens bei privatisierten Postbetrieben **25** 16, 20 a
- Reihenfolge des Einrückens bei Verhältniswahl **25** 16, 17 f.
- Stellvertreter, Nachrücken, bei zeitweiliger Verhinderung des Betriebsratsmitglieds **25** 22
- Stellvertretung eines Betriebsratsmitglieds, keine gewillkürte **25** 15
- Störungsverbot **78** 7, 11 ff.
- Teilnahme an Betriebsratssitzungen **30** 11
- Teilnahme an der Beschlussfassung **33** 12
- Teilnahme an Schulungen **25** 28, 32; **37** 109, 163
- Verhinderung eines eintrittsberechtigten Ersatzmitglieds, zeitweilige **25** 21

Fette Zahlen = §§

– Wahl des Ersatzmannes eines aus einer Person bestehenden Betriebsrats bei den privatisierten Unternehmen der Post **14** 82 f.
– Wahl des Ersatzmannes eines einzigen Gruppenvertreters bei den privatisierten Unternehmen der Post **14** 82 f.
– Wählbarkeit eines – als Jugend- und Auszubildendenvertreter **61** 11
– Wahlvorstand **16** 19 f.; **17** 26; s. auch dort
– Weiterbeschäftigungsanspruch nach Beendigung der Berufsausbildung **78 a** 11; s. auch Weiterbeschäftigungsanspruch Auszubildender
– weitere Ausschüsse des Betriebsrats **28** 16
– Wirtschaftsausschuss **107** 26
– zeitweilig verhindertes Betriebsratsmitglied, Nachrücken des Stellvertreters **25** 22
– zeitweilige Verhinderung eines Betriebsratsmitglieds **25** 5 ff.
– zeitweilige Verhinderung eines eintrittsberechtigten Ersatzmitglieds **25** 21
Ersetzung
– des Wahlvorstandes **18** 10 ff.
– der Zustimmung des Betriebsrats zu personellen Maßnahmen **99** 272 ff.; **103** 36, 64 ff.; s. auch Zustimmungsersetzungsverfahren
Erweiterung
– der Beteiligungsrechte **Einleitung** 139 ff.
– der Beteiligungsrechte bei der Bestellung und Abberufung eines Betriebsarztes oder einer Fachkraft für Arbeitssicherheit **87** 576 ff.
– Mitbestimmung bei personellen Einzelmaßnahmen **99** 10 ff.
– Mitbestimmungsrecht in sozialen Angelegenheiten **88** 4 ff.
Erwerbszweck bei Tendenzunternehmen **118** 37, 41 ff.
Erzwingung der Auskunftserteilung an den Wirtschaftsausschuss 108 50; **109** 2 ff.
Ethikregeln
– Betriebsvereinbarung **77** 88
– Mitbestimmung **87** 181, 196, 199
– im Tendenzbetrieb **118** 150 a
Ethik-Richtlinien s. Ethikregeln
Europäische Gemeinschaft
– Arbeitnehmer aus den Mitgliedstaaten der –, Gleichbehandlungsgebot **75** 19
– Richtlinien s. EG-Betriebsübergangsrichtlinie; s. EG-Freizügigkeitsrichtlinie; s. EG-Rahmenrichtlinie Arbeitsschutz
Europäische Gesellschaft s. Societas Europaea (SE)
Europäischer Betriebsrat Einleitung 36
– Beteiligung am – bei Tendenzunternehmen **118** 178
– Gesetz über Europäische Betriebsräte **47** 20; **Vor 106** 7

Sachverzeichnis

Fachkräfte für Arbeitssicherheit 87 570 ff., 576 ff., 588 ff.
Fachliteratur, Sachmittel **40** 69 f.; s. auch dort
Fachverlage 118 83
Fahrtkosten
– Einzelnachweis **40** 51
– Erstattung von – für erforderliche Betriebsratstätigkeit **40** 49 ff.
– Pauschalerstattung **40** 51
– Reisekostenregelung **40** 49 ff.
– Steuerpflichtigkeit einer Erstattung **44** 44
– tatsächliches Entstehen in zusätzlicher Höhe **44** 43
– zur Teilnahme an Betriebs- und Abteilungsversammlungen **44** 41 ff.
– Veranlassung durch mehrere Betriebsratsmitglieder, Differenzierungsverbot **40** 50
Faktischer Konzern 54 25 ff.
– Haftung für Sozialplanansprüche **112** 146, 189
Familienangehörige des Arbeitgebers **5** 181 ff.
Fehlen weiterer Ersatzmitglieder, Rückgriff auf andere Listen **25** 18
Feierschichten s. Kurzarbeit
Ferienvertretung, keine Versetzung **99** 112
Fernsehanstalten 118 89 f.
Fernsprecher s. Telefon
Fertigungsverfahren
– Begriff **111** 121
– Einführung neuer – **106** 46 ff.; **111** 119 ff.
Festlegungen
– regelmäßige Sitzungen des Betriebsrats in der Geschäftsordnung **36** 4
– Tagesordnungskompetenz des Vorsitzenden **29** 35
Feststellung des Wahlergebnisses 18 7; **16 WO**
Filmatelier 118 73
Filmgesellschaften 118 89 f.
Finanzielle Lage des Unternehmens, Wirtschaftsausschuss **106** 40 f.
Firmentarifvertrag
– Betriebsersetzung s. dort
– Errichtung zusätzlicher Vertretungen der Arbeitnehmer **3** 44
– Sperrwirkung **77** 258
– Tarifüblichkeit **77** 272
– Zusammenfassung von Betrieben und Bildung eines unternehmenseinheitlichen Betriebsrats **3** 16 f.
Flexible Arbeitszeit, Wochenarbeitszeit **87** 269
Flexible Betriebsratsstrukturen s. Betriebsersetzung
Flugblätter, Verteilen von – **74** 53, 65
Formelle Arbeitsbedingungen
– Günstigkeitsvergleich **77** 145 f.
– Mitbestimmungsrecht in sozialen Angelegenheiten **87** 4, 35 ff.
– Regelungssperre des Tarifvertrags **77** 255 f.
– Zuständigkeit des Gesamtbetriebsrats **50** 30
– Zuständigkeit des Konzernbetriebsrats **58** 10

Sachverzeichnis

Magere Zahlen = Randnummern

Formularvertrag 94 52 f., 73
Fragebogen 70 33; **74** 47
– Personalfragebogen **94** 5 ff., 30 ff., 73 ff.; s. auch dort
Fragerecht
– des Arbeitgebers **94** 11 ff., 23, 40 ff.
– Unterrichtung des Betriebsrats **80** 47 ff.
Franchise-Vertrag, Arbeitnehmereigenschaft bei – **5** 150 ff.
Frauen
– Beschäftigungsverbot **99** 187
– Betriebsrat **15** 11 ff.
– Diskriminierung **75** 23 f.
– Gleichberechtigung **75** 23; **80** 27 ff.; **99** 191
– Jugend- und Auszubildendenvertretung **62** 9
– Repräsentanz auf Wahlvorschlägen **3 WO** 9
Freie Mitarbeiter 5 37 ff.
– Mitarbeiter von Presseunternehmen und Rundfunk- und Fernsehanstalten **5** 42
– Rechtsformverfehlung **5** 43
– Rechtsformwahl **5** 39 ff.
Freiheitsstrafe 119 9 f.
Freistellung von Seebetriebsratsmitgliedern **116** 45
Freistellung von Betriebsratsmitgliedern 38
– Abstimmung mit dem Arbeitgeber vor der Wahl **38** 27
– für die Amtsperiode des Betriebsrats **38** 43
– Änderung der Freistellung **38** 43 ff.
– Arbeitgeber, Abstimmung einer Auswahl von – **38** 27
– Arbeitsentgelt- und Tätigkeitsgarantie **38** 57 ff.
– Auswahl der freizustellenden Betriebsratsmitglieder **38** 26 ff.
– Auswahl durch Wahl **38** 30
– Begriff **38** 5
– Beratung mit dem Arbeitgeber über – **38** 27 ff.
– besonderer Schutz bei Freistellung über drei Amtsperioden **38** 59 ff.
– besonderer Schutz der freigestellten Betriebsratsmitglieder **38** 57 ff.
– Betriebe mit in der Regel unter 200 Arbeitnehmern **38** 15
– Betriebsvereinbarung **38** 20 ff.
– Bindung des Arbeitgebers an die Freistellung bei Beratung **38** 29
– Einigungsstelle, Anrufung durch den Arbeitgeber **38** 33 ff.
– Einigungsstelle, Zuständigkeit **38** 36 ff.
– einstweiliger Rechtsschutz **38** 42
– Einverständniserfordernis des freizustellenden Betriebsratsmitglieds **38** 31
– Ersatzfreistellung **38** 18 f., 47 f.
– Freistellung, Begriff **38** 5
– Freistellung der ausgewählten Betriebsratsmitglieder **38** 40 f.
– Freistellungsstaffel **38** 6 ff.
– Freistellungsverfahren **38** 26 ff.

– Freizeitausgleich **38** 51 f.
– geheime Wahl **38** 30
– Gelegenheit zur Nachholung einer betriebsüblichen beruflichen Entwicklung **38** 63 ff.
– durch Geschäftsordnung des Betriebsrats, keine **38** 25
– Rechtsstellung der freigestellten Betriebsratsmitglieder **38** 48 ff.
– Streitigkeiten über die Auswahl **38** 33 ff., 36 ff.
– Streitigkeiten über die Zahl **38** 17, 35
– Tarifvertrag **38** 20 ff.
– Teilfreistellungen **38** 14 f.
– Teilnahme an Schulungs- und Bildungsveranstaltungen von freigestellten Betriebsratsmitgliedern **38** 55
– Teilnahme von freigestellten Betriebsratsmitgliedern an Maßnahmen der Berufsbildung, kein Ausschluss von – als besonderer Schutz **38** 62
– Überschreiten der Mindestzahl **38** 16 f.
– Unterrichtung des Arbeitgebers **38** 32
– Zahl **38** 6 ff., 15 ff.
– zweckwidrige Verwendung von Freistellungszeit, Rechtsfolgen **38** 56
Freistellung von Mitgliedern der Bordvertretung zur Teilnahme an Schulungs- und Bildungsveranstaltungen **115** 57
Freiwillige
– Betriebsvereinbarung **87** 169 ff.; **88** 2 ff.
– Sozialleistungen **87** 46 ff., 680, 745 f., 771, 832 ff.; **88** 20 ff.
– zusätzliche Vergütungen **87** 772, 789, 796, 832 ff.
Freiwilliges ökologisches Jahr 5 137
Freiwilliges soziales Jahr 5 137
Freizeitausgleich für Betriebsratsmitglieder 37 37 ff.
– Abgeltung **37** 56 ff.
– für Betriebsratstätigkeit **37** 49 ff.
– freigestellte Betriebsratsmitglieder **38** 51 f.
– Voraussetzungen **37** 38 ff.
Fremde Streitkräfte s. auch NATO-Streitkräfte
– Geltungsbereich der Betriebsverfassung **Einleitung** 82
Fremdenfeindlichkeit als Grund für Entlassungsverlangen des Betriebsrats **104** 4 a
Fremdfirmeneinsatz 5 91 f.
– Abgrenzung von der Arbeitnehmerüberlassung **5** 93
Fremdnützigkeit als Indiz für die persönliche Abhängigkeit **5** 29; s. auch persönliche-
Friedenspflicht, betriebsverfassungsrechtliche Vor 4. Teil 3; **74** 3, 16 ff., 44 ff.
– Abteilungsversammlung **45** 8
– Adressaten **74** 50
– Arbeitskampfverbot **74** 16 ff.; s. auch dort
– Betriebsversammlung **45** 8
– Inhalt **74** 45 ff.
– Rechtsfolgen der Verletzung **74** 52 ff.

Fette Zahlen = §§

Sachverzeichnis

Frist s. auch Anfechtungsfrist; s. auch Ausschlussfrist
– Berechnung **41 WO**
– Widerspruch gegen Kündigung **102** 179
Fristlose Entlassung 102 59, 99, 114, 285 f.; **Anhang zu 103** 15 ff.; s. auch außerordentliche Kündigung
Fristverlängerung für Stellungnahme des Betriebsrats 99 264; **102** 98 ff.
Führung laufender Geschäfte s. laufende Geschäfte
Fünf-Tage-Woche, Mitbestimmung des Betriebsrats bei Einführung **87** 283
Fusion von Unternehmen
– Weitergeltung von Betriebsvereinbarungen **77** 211
– Wirtschaftliches Mitbestimmungsrecht **106** 52 ff.; **111** 96 ff.

Gebot der vertrauensvollen Zusammenarbeit s. vertrauensvolle Zusammenarbeit
Gedinge 87 891
Gegnerbezug der leitenden Angestellten zum Betriebsrat **5** 220
Gehaltslisten, Einblicksrecht des Betriebsausschusses **80** 71 ff.
Geheimhaltungspflicht 79
– Amtsenthebung **79** 36 f.
– ausdrückliche Geheimhaltungserklärung **79** 6 f.
– bei Bekanntgabe personenbezogener Daten **80** 57
– Betriebs- und Geschäftsgeheimnisse **79** 4 f.
– Datengeheimnis **79** 33
– Gegenstand **79** 4 ff.
– bei Hinzuziehung eines Betriebsratsmitglieds durch Arbeitnehmer **82** 14 f.; **83** 33 f.
– bei Hinzuziehung eines Gewerkschaftsbeauftragten durch den Betriebsrat **31** 23
– bei Hinzuziehung eines Vertreters der Agentur für Arbeit **92 a** 14
– Inhalt **79** 11 ff.
– Kenntniserlangung als Betriebsratsmitglied **79** 8, 12 ff., 17 ff.
– Kündigung des Arbeitnehmers **102** 109 f.
– Mitglieder des Wirtschaftsausschusses **106** 36
– negative Abgrenzung **79** 9 f.
– negatorischer Rechtsschutz **79** 34 f.
– personelle Einzelmaßnahmen des Arbeitgebers **79** 31 f.; **99** 170 ff.
– persönliche Verhältnisse der Arbeitnehmer **79** 31
– Sachverständige **80** 91
– Sanktionsregelungen der Verschwiegenheitspflicht **99** 174 ff.
– Schadensersatz **79** 38 f.
– Streitigkeiten **79** 42 f.
– Umfang **79** 11 ff.
– Verletzung als Straftatbestand **79** 40; **120** 8 ff., 17 ff.
– Vermittler **18 a** 49

– verpflichteter Personenkreis **79** 17 ff.
– Verweigerung weiterer Auskunft **79** 41
– Wahlvorstandsmitglieder **16** 62
– Wirtschaftsausschuss **107** 31; **108** 29
Geldakkord 87 811 ff.; s. auch Akkordlohn
Geldbuße 87 232 ff.; **121** 12 ff.
Geldfaktor 87 820, 894 ff., 904 ff.
Geldstrafe 119 9 f.; **120** 22 ff.
Geltungsbereich
– Betriebsvereinbarung **77** 126 ff.
– Tarifvertrag **77** 241, 261, 264 f., 268 ff.; **87** 155, 159, 780
Geltungsbereich des Gesetzes Einleitung 57 ff.
– im Ausland tätige Arbeitnehmer inländischer Betriebe **Einleitung** 63 ff.
– begrenzte Geltung und Sonderregelungen **Einleitung** 60 ff.
– Binnenschifffahrt **114** 8
– fremde Streitkräfte **Einleitung** 82
– Kirchen und Religionsgemeinschaften **Einleitung** 59
– Luftfahrtunternehmen **Einleitung** 60
– Öffentlicher Dienst **Einleitung** 57
– sachlicher – **Einleitung** 57 ff.
– Seeschifffahrt **Einleitung** 61; **114** 9 ff.
– Tendenzunternehmen **Einleitung** 62
Geltungsdauer der Geschäftsordnung **36** 15; s. auch Geschäftsordnung des Betriebsrats
Gemeinsame Ausschüsse
– von Arbeitgeber und Betriebsrat **28** 26 ff.
– Bildung **28** 28 ff.
– Delegation selbstständiger Entscheidungsbefugnis **28** 36
– Geschäftsführung **28** 35
– Mitbestimmung in sozialen Angelegenheiten **87** 91
– Organisation **28** 34
– Rechtsnatur **28** 26 f.
– Zweck **28** 26
gemeinsame Wahl bei privatisierten Unternehmen der Post s. Gemeinschaftswahl bei privatisierten Unternehmen der Post
gemeinsamer Betrieb 1 60 ff.; **4** 5; **111** 20
– Abgrenzung vom Gemeinschaftsunternehmen **1** 62 f.
– Beteiligung an der Betriebsverfassung der Trägerunternehmen **1** 82 f.
– Betriebsänderung **111** 26
– betriebsverfassungsrechtliches Unternehmen **1** 80 f.
– Entsendung aus einem gemeinsamen Betrieb in die Konzern-Jugend- und Auszubildendenvertretung **73 a** 29
– Gesamtbetriebsrat, Berücksichtigung eines – bei der Bildung **47** 76 ff.
– Gesamtbetriebsvereinbarungen **50** 72
– Konzernbetriebsrat, Einbeziehung – bei der Ermittlung des Stimmengewichts **55** 25 f.

Sachverzeichnis

Magere Zahlen = Randnummern

- Mitglieder der Gesamt-Jugend- und Auszubildendenvertretung, Entsendung aus einem – **72** 24
- mit einem öffentlich-rechtlichen Träger **130** 3
- Sozialplan **112** 144, 168, 189; **112 a** 16
- Wirtschaftsausschuss **106** 8
- Zuordnung der Arbeitnehmer zu den Trägerunternehmen **1** 85 f.

Gemeinschaftsbetrieb s. gemeinsamer Betrieb
Gemeinschaftsunternehmen 1 62
- Berücksichtigung von – bei der Stimmgewichtung im Konzernbetriebsrat **55** 27
- Entsendung aus einem gemeinsamen Unternehmen in die Konzern-Jugend- und Auszubildendenvertretung **73 a** 30

Gemeinschaftswahl bei privatisierten Unternehmen der Post 14 72 f., 76, 80
- Beschluss über gemeinsame Wahl **14** 72 ff.
- Einzelheiten zur Beschlussfassung über gemeinsame Wahl **14** 72 ff.
- Erforderliche Mehrheit bei der Abstimmung **14** 73 ff.
- getrennte Abstimmung nach Gruppen **14** 72 ff.
- Reihenfolge des Einrückens von Ersatzmitgliedern in den Betriebsrat **25** 20 a
- Verteilung der Sitze (Mehrheitswahl) **14** 79
- Verteilung der Sitze (Verhältniswahl) **14** 75 ff.
- Wahlverfahren bei mehreren Vorschlagslisten s. auch Wahlverfahren gemäß Wahlordnung

Generalvollmacht 5 202 f.; s. auch leitende Angestellte
Gerichtskosten des Betriebsrats 40 16 ff., 89
Geringfügig Beschäftigte 5 56
Gesamtbetriebsausschuss 51 10 ff.
- Amtsniederlegung eines Mitglieds **51** 17
- Amtsverlust eines Mitglieds **51** 17 ff.
- Beschlussfassung **51** 47
- Geschäftsführung **51** 21
- Größe **51** 11
- Mitgliederzahl **51** 11
- Notwendigkeit seiner Errichtung **51** 10
- Pflicht zur Bildung **51** 10
- Rechtsstellung **51** 21
- Teilnahmerecht der Gewerkschaft **51** 21
- Wahl der Ausschussmitglieder **51** 13 ff.
- Wahl von Ersatzmitgliedern **51** 15
- weitere Ausschüsse des Gesamtbetriebsrats **51** 22
- Zusammensetzung **51** 12

Gesamtbetriebsrat
- Abberufung eines Gesamtbetriebsratsmitglieds **47** 36; **49** 9
- Abweichende Regelung der Mitgliederzahl **47** 43 ff.
- abweichende Regelung der Mitgliederzahl durch Betriebsvereinbarung **47** 43 ff., 51
- Amtsenthebung durch Beschluss des Arbeitsgerichts **48** 12 f.; **51** 52
- Amtsniederlegung durch Gesamtbetriebsratsmitglied **47** 35; **49** 6

- Amtspflichtverletzung als Ausschlussgrund **48** 3 ff.
- Amtszeit des Gesamtbetriebsrats, keine **47** 26 f.; **49** 3
- Aufgabenerledigung durch den Gesamtbetriebsrat **50** 67 ff.
- ausländischer Betrieb eines inländischen Unternehmens **47** 19
- Auslandsbezug **47** 19 ff.
- Ausschluss aus dem – **48** 1 ff., 6 ff.
- Ausschlussverfahren, Antragsberechtigung **48** 7 ff.
- Ausschlussverfahren Entscheidung des Arbeitsgerichts **48** 6
- Ausschüsse des –, Gesamtbetriebsausschuss **51** 10 ff.
- Ausschüsse des –, weitere **51** 22
- Aussetzung von Beschlüssen **51** 46
- Auswahlrichtlinien **95** 57 f.
- Beamtenvertreter, privatisierte Post-Aktiengesellschaften **47** 33
- Beauftragung des Konzernbetriebsrats **58** 24 ff.
- Beauftragung durch Einzelbetriebsrat **50** 53 ff.
- Beauftragung durch mehrere oder alle Betriebsräte **50** 66
- Beauftragungsmöglichkeit, Zweck **50** 53
- Beendigungsgründe einer Mitgliedschaft im Gesamtbetriebsrat **49** 4 ff.
- Begünstigungsverbot **78** 3 f., 26 ff.
- Behinderungsverbot **78** 3 f., 11 ff.
- Benachteiligungsverbot **78** 3 f., 19 ff.
- Beschlüsse s. dort
- Beschlussfähigkeit **51** 35, 41
- Beschlussfassung **51** 35, 42 ff.
- Beschlussfassung, Besonderheiten im Gesamtbetriebsrat **51** 41
- Beschlussfassung im Gesamtbetriebsausschuss und weiteren Ausschüssen des Gesamtbetriebsrats **51** 47
- Bestimmung der Zahl der zu entsendenden Mitglieder des Betriebsrats **47** 28
- Beteiligung an der Errichtung eines Konzernbetriebsrats **54** 37 ff.
- Beteiligung bei der Erläuterung des Jahresabschlusses **108** 34 f.
- Beteiligung des Betriebsrats eines Gemeinschaftsbetriebs am – **1** 82
- Beteiligung des Seebetriebsrats **116** 66
- Betriebsführungsgesellschaft, Arbeitgeberin **47** 10
- Betriebsführungsgesellschaft, Eigentümergesellschaft **47** 10
- Betriebsräteversammlung, Teilnahme des – **53** 8
- Betriebsräteversammlung, Verhältnis zur – **53** 12, 39
- betriebsratslose Betriebe, Zuständigkeit des – **50** 49 ff.
- Betriebsvereinbarung **47** 2, 28, 43, 46 ff.
- Dauereinrichtung **47** 26 f.; **49** 3 ff.
- Einigungsstelle bei Streit über die Mitgliederzahl **47** 63 ff.

2520

Fette Zahlen = §§

Sachverzeichnis

- Ende des Vorsitzes **51** 8
- Entsendungsverfahren **47** 28 ff., 58 f.
- Erhöhung der Mitgliederzahl **47** 54 f., 66
- Erlöschen der Mitgliedschaft **49** 4 ff.
- Errichtung **47** 23 ff.
- Errichtung, durch Entsendung von Mitgliedern der Betriebsräte **47** 25
- Errichtungszwang **47** 23
- Ersatzmitglied **47** 37 ff.; **49** 11; **51** 14 f., 41
- Fortbestand bei Betriebsübergang **47** 27
- Franchise-Systeme, keine Unternehmenseinheit **47** 12
- Freistellung von Gesamtbetriebsratsmitgliedern **51** 51
- Geheimhaltungspflicht **79** 4 ff., 11 ff., 19
- Geltung des Bundesdatenschutzgesetzes für – **80** 75 ff.
- gemeinsamer Betrieb **47** 11, 76 ff.
- Gesamtbetriebsausschuss **51** 10 ff.; s. auch dort
- Gesamtbetriebsvereinbarung, Verhältnis zur Einzelbetriebsvereinbarung **50** 71
- Gesamthandsgemeinschaft **47** 7
- Gesamtjugend- und Auszubildendenvertreter, Teilnahme- und Stimmrecht an Sitzungen des – **51** 33, 44
- Geschäftsordnung **51** 37
- Geschlechter, Berücksichtigung bei Errichtung **47** 31
- Gliederung eines Unternehmens in mehrere Betriebe **47** 4 ff.
- GmbH & Co KG, Sonderkonstellation **47** 13
- inländische Betriebe eines ausländischen Unternehmens **47** 21 f.
- keine Amtszeit **47** 26 f.; **49** 3
- keine Auflösung des – **48** 1
- keine Ersatzzuständigkeit des – in betriebsratslosen Betrieben **50** 1
- keine Pflicht zur Übernahme der Mitgliedschaft im – **47** 34
- keine Sprechstunden **51** 38
- keine Über- oder Unterordnung des Gesamtbetriebsrats im Verhältnis zu den Einzelbetriebsräten **50** 44 ff.
- Konstituierung **51** 24 ff.
- Kostentragung durch den Arbeitgeber **51** 39
- Kündigungsschutz von Gesamtbetriebsratsmitgliedern **51** 52
- Ladung zur konstituierenden Sitzung durch den Betriebsrat der Hauptverwaltung des Unternehmens **51** 24 f.
- Maßnahmen der betrieblichen Berufsbildung **98** 9 ff., 17
- mehrere Betriebsräte im Unternehmen **47** 16
- Mitgliederzahl **47** 28 ff.
- Niederlegung **47** 35
- Notwendigkeit einer Regelung über die Mitgliederzahl bei nach dem Gesetz mehr als 40 Mitgliedern **47** 60 ff.
- nur ein Gesamtbetriebsrat für ein Unternehmen **47** 24
- nur ein Unternehmen einer juristischen Person **47** 8
- originäre Zuständigkeit, Einzelfälle **50** 19 ff.
- politische Parteien **47** 15
- Post-Aktiengesellschaften **47** 75; **51** 45
- Primärzuständigkeit der Einzelbetriebsräte **50** 3
- Rechte und Pflichten des – **51** 53
- rechtliche Einheit des Unternehmensträgers **47** 6
- Rechtsfolgen des Amtsverlustes als Gesamtbetriebsratsmitglied **49** 10
- Rechtsnachfolge bei Amtsenthebung **48** 14 f.
- Rechtsstellung der Gesamtbetriebsratsmitglieder **51** 48 ff.
- Rechtsstellung des Arbeitgebers bei Beauftragung des Gesamtbetriebsrats zur Beteiligungswahrnehmung **50** 64 f.
- Rechtsstellung des Vorsitzenden und seines Stellvertreters **51** 9
- Schulungs- und Bildungsveranstaltungsteilnahme **51** 50
- Sitzungen **51** 29 ff.; s. auch Sitzungen des Gesamtbetriebsrats
- Sozialeinrichtung **87** 667
- Stellvertretung durch Ersatzmitglieder **51** 41
- Stimmengewicht bei gesetzlicher Anzahl der Mitglieder **47** 70 f.
- Stimmengewicht, bei veränderter Mitgliederanzahl **47** 72
- Stimmrecht, Post-Aktiengesellschaften **47** 75; **51** 45
- Stimmrechtsausübung **47** 73 f.
- Störungsverbot **78** 3 f., 11 ff.
- Streitigkeiten **47** 82 ff.
- subsidiäre Zuständigkeitsausgestaltung **50** 3 ff.
- suspensives Vetorecht **51** 46
- Tarifvertrag **47** 2, 28, 46 ff.
- Tarifvertrag, abweichende Regelung der Mitgliederzahl durch – **47** 47 ff.
- Tarifvorrang bei Notwendigkeit einer Verkleinerung des Gesamtbetriebsrats **47** 61
- Tätigkeit als Gesamtbetriebsrat, Bestandteil der Betriebsratstätigkeit **51** 48 ff.
- Tätigkeitsbericht des – in der Betriebsräteversammlung **53** 13 f.
- Teilnahme eines Gesamtbetriebsratsmitglieds an Schulungen **51** 50
- Tendenzbetriebe **118** 133 f.
- Tendenzunternehmen **47** 14
- Unternehmensbegriff **47** 5
- Vereinbarungen des Gesamtbetriebsrats mit dem Arbeitgeber **50** 68 ff.
- Verhältnis zu den Einzelbetriebsräten **50** 3, 44 ff.
- Verhältnis zum Konzernbetriebsrat **58** 5 f., 21
- Verhältnis zur Gesamt-Jugend- und Auszubildendenvertretung **73** 22 ff.

Sachverzeichnis

Magere Zahlen = Randnummern

- Verhältnis zur Zuständigkeit der Einzelbetriebsräte **50** 44 ff.
- Verkleinerung des –, notwendige **47** 60 ff.
- Verkleinerung des –, Tarifvorrang **47** 61
- Verkleinerung des –, Zuständigkeit des Gesamtbetriebsrat für den Abschluss einer Betriebsvereinbarung **47** 62
- Verpflichtung des Gesamtbetriebsrats zur Wahrnehmung der Beauftragung **50** 63
- Verringerung der Mitgliederzahl **47** 56, 60 ff.
- Vertretung eines betriebsratslosen Betriebs durch den Gesamtbetriebsrat **47** 17; **50** 49 f.
- Voraussetzungen der Errichtung **47** 4 ff.
- Vorsitz im Gesamtbetriebsrat **51** 3 ff.
- Vorsitzender **51** 3 ff.
- Vorsitzender, Amtsende **51** 8
- Wahl des Vorsitzenden des Gesamtbetriebsrats **51** 4 ff.
- weitere Ausschüsse **51** 22; s. auch Gesamtbetriebsausschuss
- Wirtschaftsausschuss **107** 34 f., 47
- Zusammensetzung **47** 28 ff.
- Zusammensetzung, abweichende Regelung nur hinsichtlich der Anzahl der Mitglieder **47** 44
- Zuständigkeit bei Betriebsänderungen **50** 37; **111** 29, 159
- Zuständigkeit bei Fragen betrieblicher Altersversorgung **50** 28
- Zuständigkeit bei Fragen der betrieblichen Lohngestaltung **50** 29
- Zuständigkeit bei Gestaltung von Arbeitsplatz, Arbeitsablauf, Arbeitsumgebung **50** 30
- Zuständigkeit bei Personalplanung **50** 32
- Zuständigkeit bei personellen Einzelmaßnahmen **50** 35
- Zuständigkeit bei Versetzung des Arbeitnehmers in einen anderen Betrieb **99** 124 f.
- Zuständigkeit bei Werkmietwohnungen **87** 720
- Zuständigkeit der Einzelbetriebsräte, Abgrenzung **50** 44 ff.
- Zuständigkeit für Bestellung des Wahlvorstands **16** 48
- Zuständigkeit für betriebsratslose Betriebe **50** 49 ff.
- Zuständigkeit für Beurteilungsgrundsätze **94** 69
- Zuständigkeit für die Ausübung des Rechts auf Einblick in die Lohn- und Gehaltslisten **80** 75 f.
- Zuständigkeit für Mitteilungen bei personellen Angelegenheiten leitender Angestellter **105** 15
- Zuständigkeit für Personalfragebogen **94** 45
- Zuständigkeit für Personalplanung **92** 32
- Zuständigkeit für Sozialeinrichtungen **87** 667
- Zuständigkeit für Verlangen der Ausschreibung von Arbeitsplätzen **93** 14 f., 16
- Zuständigkeit, gesetzliche Abgrenzung **50** 3 ff.
- Zuständigkeit in personellen Angelegenheiten **50** 31 ff.
- Zuständigkeit in sozialen Angelegenheiten **50** 20 ff.; **87** 83, 94
- Zuständigkeit in wirtschaftlichen Angelegenheiten **50** 36 f.
- Zuständigkeit kraft besonderer gesetzlicher Zuweisung **50** 38 ff.
- Zuständigkeit, originäre – **50** 19 ff.
- Zuständigkeit zur Aufstellung allgemeiner Urlaubsgrundsätze und des Urlaubsplans **87** 462
- Zuständigkeitsausgestaltung, keine Abbedingung durch Tarifvertrag oder Betriebsvereinbarung **50** 52
- Zuständigkeitsvoraussetzung, Nichtregelnkönnen durch die Betriebsräte innerhalb der Betriebe **50** 7
- Zuständigkeitsvoraussetzung, überbetriebliche Angelegenheiten **50** 6
- zwingende Zuständigkeitsverteilung **50** 52

Gesamtbetriebsvereinbarung 50 69
- Betriebsvereinbarungen im eigenen Zuständigkeitsbereich des Gesamtbetriebsrats **50** 69
- Fortbestand bei Betriebsübergang **47** 27; **50** 45
- Fortführung nach Betriebsübergang **77** 218
- und gemeinsamer Betrieb **50** 72
- Rechtscharakter **50** 70
- Verhältnis zur Einzelbetriebsvereinbarung **50** 71
- Verhältnis zur Konzernbetriebsvereinbarung **58** 46
- Zusammenschluss des Betriebs mit anderen Unternehmen **77** 213

Gesamthafenbetrieb 1 94 ff.
- Belegschaft **5** 108

Gesamt-Jugend- und Auszubildendenvertretung
- abweichende Mitgliederzahl auf Grund Betriebsvereinbarung oder Tarifvertrag **72** 15 ff.
- abweichende Regelung über die Mitgliederzahl **72** 15 ff.
- Amtsenthebung und Amtsverlust **73** 13 f.
- Amtsverlust eines Mitglieds **73** 14
- Antragsrecht gegenüber dem Gesamtbetriebsrat **73** 24
- Ausschüsse der – **73** 18
- Ausübung des Stimmrechts **72** 25 f.
- Beauftragung durch eine Jugend- und Auszubildendenvertretung **73** 21
- Beauftragung durch Jugend- und Auszubildendenvertretung **73** 21
- Begünstigungsverbot **78** 3 f., 26 ff.
- Behinderungsverbot **78** 3 f., 11 ff.
- Benachteiligungsverbot **78** 3 f., 19 ff.
- Beschlussfähigkeit **73** 8
- Beschlussfassung **73** 8
- Beschränkung der Mitgliederzahl **72** 20
- Bestehen eines Gesamtbetriebsrats als faktische Voraussetzung **72** 5
- Beteiligung an der Geschäftsführung des Gesamtbetriebsrats **73** 23

Fette Zahlen = §§

- Betriebsvereinbarung über abweichende Mitgliederzahl **72** 15 ff.
- Dauereinrichtung **72** 8; **73** 13
- Einberufung der Sitzungen der – **73** 6
- Einigungsstelle bei nicht zustande gekommener Regelung einer notwendigen Verringerung der Mitgliederzahl **72** 18
- Erhöhung der Mitgliederzahl **72** 19
- Errichtung, zwingende **72** 6 ff.
- Ersatzmitglied **72** 13; **73** 15
- Geheimhaltungspflicht **79** 4 ff., 11 ff., 20
- gemeinsamer Betrieb, Entsendung **72** 24
- keine Amtszeit **72** 8; **73** 13
- keine Sprechstunden **73** 16
- Konstituierung, einmalige **73** 4 f.
- Kostentragungspflicht des Arbeitgebers **73** 19
- Mitgliederzahl, Erhöhung bzw. Verringerung **72** 19 f.
- Notwendigkeit der Errichtung **72** 6
- Notwendigkeit der Verkleinerung **72** 20
- Notwendigkeit der Verringerung der Mitgliederzahl **72** 17, 20
- nur eine – in einem Unternehmen **72** 7
- Rechtsstellung der – **73** 22 ff.
- Rechtsstellung der Mitglieder **73** 17
- Seebetriebe **116** 68
- Sitzungen **73** 3 ff.; s. auch Sitzungen der Gesamtjugend- und Auszubildendenvertretung
- Sitzungsniederschrift **73** 9
- Sprechstunden, keine **73** 16
- Stimmengewicht bei gesetzlicher Mitgliederzahl **72** 21
- Stimmengewicht bei verringerter oder erhöhter Mitgliederzahl **72** 22 f.
- Stimmrecht bei Beschlüssen des Gesamtbetriebsrats **51** 44; **73** 25
- Stimmrecht bei Sitzungen des Gesamtbetriebsausschusses und sonstigen Ausschüssen des Gesamtbetriebsrats **73** 26
- Störungsverbot **78** 3 f., 11 ff.
- suspensives Vetorecht gegen Beschlüsse des Gesamtbetriebsrats **73** 27
- Tarifvertrag über abweichende Mitgliederzahl **72** 15 ff.
- Teilnahme an Sitzungen des Gesamtbetriebsrats **51** 33; **73** 23
- Teilnahme der – an gemeinsamen Besprechungen zwischen Gesamtbetriebsrat und Arbeitgeber **73** 28
- Teilnahmerecht an Sitzungen des Gesamtbetriebsausschusses und sonstigen Ausschüssen des Gesamtbetriebsrats **73** 26
- Teilnahmerecht des Arbeitgebers an Sitzungen der – **73** 7
- Verhältnis zum Gesamtbetriebsrat **73** 22 ff.
- Verhältnis zur Jugend- und Auszubildendenvertretung **72** 25; **73** 20 f.
- Vertretung der – **73** 12
- Voraussetzung der Errichtung **72** 3 ff.
- Vorsitzender **73** 10 ff.
- Zusammensetzung **72** 10 ff.
- zusätzliche betriebsverfassungsrechtliche Vertretung **73** 22 ff.
- Zuständigkeit **73** 20
- Zuständigkeitsabgrenzung zur Jugend- und Auszubildendenvertretung **73** 20

Gesamtschwerbehindertenvertretung 32 15 ff.; **52;** s. auch Schwerbehindertenvertretung
- Beratungsfunktion gegenüber Gesamtbetriebsrat und seinen Ausschüssen **52** 8 ff.
- Errichtung **52** 5
- kein Organ des Gesamtbetriebsrats **52** 4
- persönliche Rechtsstellung **52** 7
- Rechtsnatur der – **52** 4
- Rechtsstellung in der Betriebsverfassung **52** 8 ff.
- Teilnahme an Sitzungen des Gesamtbetriebsrats **32** 18 ff.; **51** 32; **52** 8 ff.
- Versammlung betrieblicher Vertrauensleute **32** 17
- zusätzliche betriebsverfassungsrechtliche Vertretung auf Unternehmensebene **52** 4
- Zuständigkeit **52** 6

Gesamtsprecherausschuss 5 274; s. auch Sprecherausschüsse

Gesamtzusage des Arbeitgebers, Günstigkeitsprinzip **77** 119, 152 f., 157, 176, 235

Geschäftsführer, kein Arbeitnehmer **5** 149, 155 ff.

Geschäftsführung
- Betriebsausschuss **27** 38 ff.
- Betriebsrat **Vor 26** 3 ff.
- Bordvertretung **115** 51 ff.
- Gesamtbetriebsrat **51** 24 ff., 37
- Gesamt-Jugend- und Auszubildendenvertretung **73** 10 ff.
- Jugend- und Auszubildendenvertretung **65** 9 ff., 31 ff.
- Konzernbetriebsrat **59** 17 ff., 33
- laufende – des Unternehmens **106** 38; **111** 40
- Seebetriebsrat **116** 39
- Wahlvorstand **16** 49 ff.; s. auch dort
- weitere Ausschüsse **28** 20 ff.
- Wirtschaftsausschuss **108** 3 ff.

Geschäftsführungsbefugnis
- Ende **22** 7 f.
- des nicht mehr ordnungsgemäßen Betriebsrats **22** 4 ff.

Geschäftsführungskosten des Betriebsrats 40 4 ff., 10 ff., 61 ff.

Geschäftsgeheimnisse s. auch Geheimhaltungspflicht
- Auskunftsverweigerung wegen Gefährdung von – **109** 6 ff.
- Begriff **79** 4 ff.
- Unterrichtungspflicht des Arbeitgebers gegenüber dem Betriebsrat **80** 58
- Unterrichtungspflicht des Unternehmers gegenüber dem Wirtschaftsausschuss **106** 32 ff.

2523

Sachverzeichnis

Magere Zahlen = Randnummern

- Verletzung als Straftatbestand **120** 8 ff.
- Zuordnung der leitenden Angestellten **18 a** 2

Geschäftsgrundlage, Wegfall der – bei Sozialplan **112** 187 f.

Geschäftsordnung, Wirtschaftsausschuss **108** 6

Geschäftsordnung des Betriebsrats
- Abweichungen von – **36** 13
- Aufhebung **36** 13
- Bildung von Ausschüssen durch – **36** 7
- Bindung des nachfolgenden Betriebsrats **36** 15
- Durchbrechung **36** 13
- Erlass **36** 9 ff.
- Geltungsdauer **36** 15
- Geschäftsführung des Betriebsausschusses und weiterer Ausschüsse **36** 8
- Inhalt **36** 3 ff.
- keine Vereinbarung über Anzahl der freizustellenden Betriebsratsmitglieder in der – **38** 25
- sonstige Bestimmungen über die Geschäftsführung **36** 3 ff.
- Wirkung **36** 12

Geschichte der Betriebsverfassung Einleitung 6 ff.

Geschlechter
- Betriebsrat, Berücksichtigung bei der Zusammensetzung **15** 11 ff.; **3 WO** 9; **15 WO** 4 ff.; **22 WO** 1 f.; **32 WO**
- Betriebsrat, Nichtberücksichtigung der Geschlechterquote bei der Zusammensetzung **15** 22 f.
- Gesamtbetriebsrat, Berücksichtigung der – bei der Errichtung **47** 31
- Konzernbetriebsrat, Berücksichtigung der – bei der Entsendung **55** 5
- Unterschiedliche Behandlung, Verbot **75** 23 f.

Geschlechterquote s. Geschlechter

Gesellschafter als Arbeitnehmer 5 164 ff.

Gesetzestexte 40 69 f.

Gesetzlicher Arbeitsschutz 89 39 ff.; s. auch Arbeitsschutz

Gestellungsvertrag 5 110 ff.

Gesundheitsgefahren
- Maßnahmen zur Verhütung von Gesundheitsschäden **88** 11
- Unterrichtung des Arbeitnehmers **81** 13 ff.

Gesundheitsschutz
- Initiativrecht des Betriebsrats **87** 560
- Mitbestimmung des Betriebsrats **87** 541 ff., 549

Gewerkschaft s. auch Koalitionen
- Anfechtungsberechtigung bei der Betriebsratswahl **19** 36, 43
- Antragsbefugnis bei Tarifwidrigkeit einer Betriebsvereinbarung **77** 220, 315
- Antragsrecht auf Amtsenthebung eines Betriebsratsmitglieds **23** 34
- Antragsrecht auf Amtsenthebung eines Jugend- und Auszubildendenvertreters **65** 6
- Antragsrecht auf Ausschluss eines Gesamtbetriebsratsmitglieds **48** 10
- Antragsrecht auf Ausschluss von Konzernbetriebsratsmitgliedern **56** 8
- Antragsrecht bzgl. eines Zwangsverfahrens gegen den Arbeitgeber **23** 95
- Antragsrecht bzgl. gerichtl. Kontrolle der Wahl des Betriebsratsvorsitzenden, keines **26** 22
- Aussetzungsverfahren, Hinzuziehung von – **35** 18
- Auswahl der Beauftragten, die an Betriebsversammlungen teilnehmen **46** 9 f.
- Begriffsmerkmale **2** 39, 41 ff.
- Begünstigungsverbot **78** 10, 26 ff.
- Behinderungsverbot **78** 10 ff.
- Benachteiligungsverbot für Gewerkschaftsbeauftragte **78** 10, 19 ff.
- Beteiligung an der Betriebsverfassung, Voraussetzungen **2** 68 ff.
- Beteiligung bei der Auswahl von geeigneten Schulungs- und Bildungsveranstaltungen **37** 154 f., 157
- Beteiligung bei der Bestellung des Wahlvorstands **16** 25, 44 ff., 47
- Betriebsratsamt und gewerkschaftliche Betätigung **23** 14; **74** 75 ff.
- Einladung von Gewerkschaftsbeauftragten zu Betriebsratssitzungen **29** 30; **31** 17
- Geheimhaltungspflicht, betriebsverfassungsrechtliche **79** 4 ff., 22
- Grenzen der Mitgliederwerbung im Betrieb **2** 155 ff.
- Hinzuziehung von Gewerkschaftsbeauftragten s. Gewerkschaftsbeauftragte
- Informationstätigkeit im Betrieb **2** 145 ff.
- Initiativrecht zur Einberufung einer Betriebsversammlung **43** 56 ff.
- Interesse an funktionsfähiger Betriebsverfassung **2** 95
- kein Initiativrecht zur Einberufung einer Betriebsräteversammlung **53** 38
- keine Zuwendungen an Betriebsrat **41** 6; s. auch Umlageverbot
- koalitionsrechtliches Zutrittsrecht **2** 151 ff.
- Kostentragungspflicht bei Teilnahme von Betriebsratsmitgliedern an Schulungen **40** 30 ff.
- Ladung zu Sitzungen des Betriebsrats **29** 30; **31** 17
- Mitgliederwerbung durch den Betriebsrat bzw. seine Mitglieder **2** 171 ff.
- Mitgliederwerbung im Betrieb **2** 84 f., 103, 145 ff.; s. auch Mitgliederwerbung der Gewerkschaften im Betrieb
- parteipolitische Betätigung im Betrieb **74** 70
- Plakatwerbung **2** 159 ff.
- Rechtsstellung des Gewerkschaftsbeauftragten in der Betriebsratssitzung **31** 21 f.
- Rechtsstellung in der Betriebsverfassung **2** 66 ff.

Fette Zahlen = §§

Sachverzeichnis

- Rechtsstellung in der Seebetriebsverfassung **114** 49 ff.
- Schulungsveranstalter **37** 102 ff.; **40** 35
- Spitzenorganisation der – **2** 34, 65
- Stellung in der Betriebsverfassung **2** 31 f., 66 ff.
- Störungsverbot **78** 10 ff.
- Teilnahme an Betriebs- und Abteilungsversammlungen **2** 115; **42** 8, 34; **46** 4 ff.
- Teilnahme an Betriebsräteversammlung **53** 10, 38
- Teilnahme an Betriebsratssitzungen **2** 72; **29** 55; **31** 17 ff.; s. auch Gewerkschaftsbeauftragte
- Teilnahme an der monatlichen Besprechung zwischen Arbeitgeber und Betriebsrat, kein Recht auf – **74** 11
- Teilnahme an Jugendversammlung **71** 7
- Teilnahme an Sitzungen der Gesamt-Jugend- und Auszubildendenvertretung **73** 7
- Teilnahme an Sitzungen der Jugend- und Auszubildendenvertretung **65** 25
- Teilnahme an Sitzungen des Betriebsausschusses und sonstiger Ausschüsse des Betriebsrats **31** 25 ff.
- Teilnahme an Sitzungen des Betriebsrats **29** 55; s. auch Gewerkschaftsbeauftragte
- Teilnahme an Sitzungen des Gesamtbetriebsausschusses **51** 21
- Teilnahme an Sitzungen des Gesamtbetriebsrats **51** 31
- Teilnahme an Sitzungen des Konzernbetriebsausschusses **59** 15 f.
- Teilnahme an Sitzungen des Konzernbetriebsrats **59** 23
- Teilnahme an Sitzungen des Wirtschaftsausschusses **108** 23 ff.
- Teilnahmerecht an Wahlversammlung **17** 16
- Tendenzbetrieb **118** 128, 137
- Träger von Schulungsveranstaltungen **37** 102 ff.; **40** 35
- Unterstützung des Wahlvorstandes **16** 53
- Verbot der Zurücksetzung wegen gewerkschaftlicher Betätigung oder Einstellung **75** 22, 32
- Vertrauensleute, gewerkschaftliche **2** 144, 174 ff.
- Vertretung der Gewerkschaft im Betriebsrat **31** 5 f.; s. auch Gewerkschaftsbeauftragte
- Wahlanfechtungsverfahren, Beteiligung im – **19** 55
- Wahlvorschläge für die Wahl zur Jugend- und Auszubildendenvertretung **63** 26
- Wahlvorschläge zum Betriebsrat **14** 42 ff.
- Wahlvorschläge zur Betriebsratswahl **27 WO**
- Wahlvorstand, Bestellung betriebsfremder -mitglieder bei Ersatzbestellung durch das Arbeitsgericht **16** 44 ff.
- Wahlvorstand, Entsendung betriebsangehöriger Gewerkschaftsbeauftragter **16** 25 ff.
- Wahlwerbung vor Betriebsratswahlen **2** 84, 98, 107
- Zugang an Bord eines Seeschiffes **2** 100 ff.; **114** 50 f.; **115** 75
- Zugang zum Betrieb **2** 100 ff., 106 ff.; s. auch Zugang der Gewerkschaften zum Betrieb
- Zugang zum Betrieb, einstweilige Verfügung **2** 126, 178
- Zugang zum Betrieb während eines Arbeitskampfes **2** 121
- Zugang zum Betrieb zur Teilnahme an Betriebsratssitzung **2** 72, 111; **31** 24; s. auch Gewerkschaftsbeauftragte
- Zugang zum Betrieb zur Teilnahme an Betriebsversammlung **2** 111, 115; **46** 14 ff.
- Zusammenarbeit mit Arbeitgeber und Betriebsrat **2** 30 ff.
- Zutrittsrecht von hinzugezogenen Gewerkschaftsbeauftragten **31** 24; s. auch Gewerkschaftsbeauftragte
- Zutrittsrecht zum Betrieb wegen Versammlungen **46** 14

Gewerkschaftliche –
- Betätigung oder Einstellung, keine unterschiedliche Behandlung wegen – **75** 22
- Betätigung von Betriebsratsmitgliedern **74** 75 ff.; s. auch Vereinbarkeit von Betriebsratsamt und gewerkschaftlicher Betätigung
- Fragen, Behandlung in Betriebsversammlungen **45** 18 f.
- Vertrauensleute **2** 174 ff.; s. auch dort

Gewerkschaftsbeauftragte 2 85, 116 ff.
- Antrag auf Hinzuziehung durch den Betriebsrat **31** 7 ff.
- betriebsangehörige –, Entsendung in den Wahlvorstand **16** 25 ff.; s. auch Wahlvorstand
- betriebsfremde –, arbeitsgerichtliche Ersatzbestellung in den Wahlvorstand **16** 44 ff.
- Einladung zu Betriebsratssitzungen **29** 30; **31** 17
- Entsendung eines – durch die hinzugezogene Gewerkschaft **31** 17
- Entsendungsrecht der Gewerkschaft **31** 18
- Geheimhaltungspflicht **31** 23
- Hinzuziehung eines Gewerkschaftsbeauftragten im Aussetzungsverfahren **35** 18
- Hinzuziehung eines Gewerkschaftsbeauftragten zu Betriebsratssitzungen **31** 3 ff.
- Hinzuziehung eines Gewerkschaftsbeauftragten zu Sprechstunden des Betriebsrats **39** 12
- keine Behinderung der Betriebsratstätigkeit **78** 10, 12 ff.
- keine „Generaleinladung" **31** 14 ff.
- Ladung zu Betriebsversammlungen **46** 7 f.
- Rechtsstellung in Betriebsversammlungen **46** 11 f.
- Rechtsstellung in der Betriebsratssitzung **31** 21 f.
- Sitzungen des Betriebsrats **31** 4
- Teilnahme an Betriebsräteversammlungen **53** 10, 38
- Teilnahme an Betriebsratssitzungen **29** 55
- Teilnahme an Betriebsversammlungen **46** 4 ff., 10 ff.

2525

Sachverzeichnis

Magere Zahlen = Randnummern

- Teilnahme an Sitzungen des Betriebsausschusses und weiterer Ausschüsse **31** 25 ff.
- Vertretung der Gewerkschaft im Betriebsrat **31** 5 f.
- Zutrittsrecht zum Betrieb **31** 24; **46** 14

Gewinn- und Ergebnisbeteiligung, Mitbestimmung des Betriebsrats **87** 737, 761, 893

Gleichbehandlungsgrundsatz
- Abgrenzung zur Billigkeitskontrolle **75** 14
- als Grundsatz des individuellen Arbeitsrechts **75** 13 ff., 15 ff.; s. auch Gleichheitsprinzip
- Sozialplan **112** 102 ff.

Gleichheitsprinzip
- Anspruch auf Leistungen **77** 313
- Beschränkung der Betriebsvereinbarungsautonomie der Betriebspartner **77** 95 f., 151
- Differenzierungsverbote s. dort
- Überwachungsrecht des Betriebsrats **80** 7

Gleichstellung, Arbeitnehmer in der EG, auf Grund der Freizügigkeitsrichtlinie **75** 19

Gleichstellung von Männern und Frauen im Betrieb
- Behandlung von Fragen der – als Themen der Betriebs- und Abteilungsversammlungen **45** 17
- Bericht des Arbeitgebers **43** 14 ff.; **53** 15

Gleitende Arbeitszeit 87 279

Gratifikation, Mitbestimmung des Betriebsrats **87** 413, 740

Grobe Pflichtverletzung
- des Arbeitgebers **23** 88 ff.; s. auch Zwangsverfahren gegen den Arbeitgeber
- des Betriebsrats **23** 51 ff.; s. auch Auflösung des Betriebsrats
- eines Betriebsratsmitglieds **23** 9 ff., 32 ff.; **103;** s. auch Amtsenthebung

Grundgesetz
- Vereinbarkeit der Betriebsverfassung mit dem – **Einleitung** 50
- Verfassungsrechtliche Grundlagen für die Mitbestimmung in Betrieb und Unternehmen **Einleitung** 42 ff.

Grundrechte
- Betriebsvereinbarungsautonomie **77** 70
- § 23 Abs. 3 BetrVG als Gebot der Gleichheit **23** 7
- Schutz **75** 11 ff.
- Sicherung individueller Selbstbestimmung **77** 100 ff.

Grundsätze der Vertrauenshaftung, Zurechnung bei Überschreiten der Vertretungsmacht durch den Vorsitzenden **26** 46 ff., 49 ff.

Grundsätze für die Behandlung der Betriebsangehörigen
- Differenzierungsverbote **75** 15 ff.
- Förderungspflicht freier Persönlichkeitsentfaltung **75** 38 ff.
- Gebot der Behandlung nach den Grundsätzen von Recht und Billigkeit **75** 3 ff.
- Gebot der Behandlung nach Recht und Billigkeit, Besonderheiten in Tendenzunternehmen **75** 49 f.
- geschützter Personenkreis **75** 6 ff.
- Gewährleistung freier Entfaltung der Persönlichkeit im Betrieb **75** 38 ff.
- Gleichbehandlungsgebot **75** 13 f.
- Grundsätze von Recht und Billigkeit **75** 11 ff.
- individualrechtliche Beziehungen, Auswirkungen des Behandlungsgebots nach Recht und Billigkeit **75** 9 f.
- Normadressaten **75** 5
- Schutz älterer Arbeitnehmer vor Benachteiligung **75** 34 ff.
- Schutzauftrag freier Persönlichkeitsentfaltung **75** 40 f.
- Tarifvertragsanwendung und Außenseiterwettbewerb **75** 31 ff.
- Verletzung des Gebots der Behandlung nach Recht und Billigkeit, betriebsverfassungsrechtliche Folgen **75** 44 f.
- Verletzung des Gebots der Behandlung nach Recht und Billigkeit, individualrechtliche Folgen **75** 46 ff.

Grundsätze für die Zusammenarbeit
- Arbeitskampf und Betriebsverfassung **74** 16 ff.
- Arbeitskampfverbot, betriebsverfassungsrechtliches **74** 16 ff.; s. auch dort
- Betriebsratsamt und gewerkschaftliche Betätigung **74** 75 ff.; s. auch Vereinbarkeit von Betriebsratsamt und gewerkschaftlicher Betätigung
- Durchführung der Monatsbesprechungen **74** 7 ff.
- Friedenspflicht, betriebsverfassungsrechtliche **74** 44 ff.; s. auch dort
- Gebot der Pflicht zur Verhandlung bei Meinungsverschiedenheiten **74** 4 ff.
- Gebot der vertrauensvollen Zusammenarbeit als Grundsatz des Betriebsverfassungsrechts **74** 1 ff.
- Gebot monatlicher Besprechungen von Arbeitgeber und Betriebsrat **74** 4 ff.
- Meinungsverschiedenheiten von Arbeitgeber und Betriebsrat **74** 12 ff.
- Monatsbesprechungen von Arbeitgeber und Betriebsrat, Zweck und Gegenstand **74** 4 ff.
- Verbot parteipolitischer Betätigung im Betrieb **74** 57 ff.; s. auch parteipolitische Betätigung im Betrieb

Grundwehrdienst s. Wehrdienst

Gruppenarbeit 5 103 ff.
- Abgrenzung des Mitbestimmungstatbestands **87** 954 ff.
- Betriebsgruppe **5** 104
- Durchführung der Mitbestimmung **87** 960 ff.
- Eigengruppe **5** 106
- Gesamthafenbetrieb **5** 108
- Gruppe als Vertragspartner des Betriebsinhabers **5** 107
- Mitbestimmungstatbestand **87** 947 ff.

Fette Zahlen = §§

Sachverzeichnis

– Zuständigkeit für die Mitbestimmungsausübung **87** 961 ff.
– Zustimmungs- und Initiativrecht **87** 957 ff.
Gruppenschutz s. auch Gemeinschaftswahl bei privatisierten Unternehmen der Post
– Gruppenwahl bei privatisierten Unternehmen der Post **14** 66 ff.
Günstigkeitsprinzip 77 94, 141 ff., 151 f., 155, 176
– Arbeitsbedingungen **77** 151 f., 176
– Günstigkeitsvergleich **77** 145 f., 153 ff., 155
– immanente Schranke des – **77** 150
– zwischen Sozialplan und Tarifvertrag **112** 181
– im Verhältnis Tarifvertrag und Betriebsvereinbarung **77** 241, 278 f.

Hafeneinzelbetrieb, Rechtsstellung der Gesamthafenarbeiter **1** 96
Haftung des Betriebsrats Einleitung 86; **Vor 26** 8 ff.; **39** 29
– Geltung des zivilrechtlichen Haftungssystems **Vor 26** 8 ff.
– Haftung der Betriebsratsmitglieder **Vor 26** 14 ff.
– Haftung des Arbeitgebers für Fehlverhalten des Betriebsrats **Vor 26** 17
– Haftung für Auskünfte **39** 29
– Reduktion auf Vorsatz und grobe Fahrlässigkeit als Verschuldensmaßstab **Vor 26** 14 f.
– unerlaubte Handlungen **Vor 26** 15
Haftung von Betriebsratsmitgliedern Vor 26 14 ff.; **39** 29
Haftungsausschluss, kein – in Betriebsvereinbarung **77** 111 f.
Hartz-Gesetzgebung Einleitung 41
– Ein-Euro-Job **5** 132
Hauptbetrieb
– Tarifvertrag über die Zusammenfassung von Betrieben und Bildung eines unternehmenseinheitlichen Betriebsrats **3** 16 ff.; **4** 45 ff.
– Zuordnung von Betriebsteilen **4** 16 ff., 30 f., 45 f.
Hauptfürsorgestelle s. Integrationsamt
Hauptverwaltung eines Unternehmens, Betrieb oder Betriebsteil eines Produktionsbetriebs **1** 24, 34 f.
Haushalt 1 50
Häusliche Gemeinschaft mit dem Arbeitgeber 5 181
Hausordnung bei Werkmietwohnung **87** 707
Hausrecht 40 65
– Betriebsrat in den ihm zur Verfügung gestellten Räumen **40** 65
– Betriebsratssitzung **29** 44 f.
– Betriebsversammlung **42** 22 ff.
– Vorsitzender in der Betriebsratssitzung **29** 45
Hausverbot
– für einzelne Abteilungen, Schranken des betriebsverfassungsrechtlichen Zugangsrechts **2** 127
– zum Schutz von Betriebsgeheimnissen **2** 130

– auf Grund zwingender Sicherheitsvorschriften **2** 129
Heimarbeiter
– Anhörung des Betriebsrates bei Kündigung **102** 35
– Begriff **5** 3, 118 ff.
– als Belegschaftsangehörige **5** 117 ff.
– Berücksichtigung bei Bestimmung der Zahl der Betriebsratsmitglieder **5** 128; **9** 5
– Wählbarkeit zum Betriebsrat **8** 2, 7, 37 f.
– Wahlberechtigung **7** 30
– Zustimmungserfordernis des Betriebsrats bei Kündigung **103** 9
Herabsetzung vorgesehener Leistungen aus Betriebsvereinbarung **77** 203
Herrschendes Unternehmen
– Konzern **1** 53, 98; **54** 4, 8
– Sozialplan **112** 189
Heuergarantie, Seebetriebsratsmitglieder **116** 49 ff.
Hilfsorgan des Betriebsrats, Wirtschaftsausschuss **Vor 106** 3
Hinzuziehung von Betriebsratsmitgliedern
– durch Arbeitnehmer **82** 14 f.
– Verschwiegenheitspflicht **82** 16 f.
Hinzuziehung von Gewerkschaftsbeauftragten durch den Betriebsrat **31** 3 ff., 17 ff.; s. auch Gewerkschaftsbeauftragte
Hinzuziehung von Sachverständigen
– durch den Betriebsrat **80** 84 ff.
– Voraussetzungen **80** 87 ff.
HIV s. AIDS
Höchstarbeitszeit 77 148; **87** 271, 352
Höhergruppierung s. Umgruppierung
Homepage, Betriebsrat, Anspruch auf eigene – **40** 82

Individualbereich
– und Betriebsvereinbarungsautonomie **77** 66 ff.
– keine den Arbeitsvertrag ersetzende Regelungsbefugnis **77** 72
Individualnorm, kein Verbot von – **77** 151
Individualrechte des Arbeitnehmers
– Anhörungs- und Vorschlagsrecht **82** 5 ff.
– Beschwerderecht **84** 2, 4 ff.
– Einsicht in die Personalakten **83** 16 ff.
– Erklärungen zum Inhalt der Personalakte **83** 37 ff.
– Erläuterung des Arbeitsentgelts **82** 11
– Erörterung von Leistungsbeurteilungen und Möglichkeiten beruflicher Entwicklung **82** 11 f.
– Unterrichtungs- und Erörterungsrecht **81** 3 ff.
Information s. Unterrichtung
Informations- und Kommunikationstechnik s. auch EDV; s. auch EDV-Anlage; s. auch Sachmittel
– Email zur Information der Belegschaft **40** 80
– Homepage des Betriebsrats **40** 82
– Personalcomputer **40** 68

Sachverzeichnis

Magere Zahlen = Randnummern

- Telefax **40** 67
- Telefon **40** 67 f., 82

Informationsblatt des Betriebsrats
- Gesamtbetriebsrat, kein Herausgaberecht eines – **40** 81
- Kostentragungspflicht des Arbeitgebers **40** 80 f.
- schriftliche Mitteilungen **40** 80 f.

Inhaltskontrolle
- Betriebsvereinbarung **77** 117
- keine – des Arbeitsvertrags durch den Betriebsrat **99** 78

Initiativrecht des Betriebsrats bei der Mitbestimmung in sozialen Angelegenheiten **87** 65 ff., 201, 365 ff., 433, 453 f., 518 f., 858 f., 912, 940

Inländische Betriebe
- ausländischer Unternehmen **Einleitung** 70; **54** 34; s. auch Auslandsbezug
- Bildung eines Gesamtbetriebsrats **Einleitung** 71
- Teilkonzern bei ausländischer Konzernspitze **Einleitung** 72; **54** 35

Inländische Unternehmen
- mit Betrieben im Ausland **Einleitung** 68 f.; s. auch Auslandsbezug
- Betriebsteile im Ausland **Einleitung** 69
- Bildung eines Wirtschaftsausschusses **Einleitung** 71
- keine Beteiligung der ausländischen Betriebe bei der Bildung des Gesamtbetriebsrats **47** 19

Insolvenz
- Anhörung des Betriebsrats bei Kündigungen **102** 40 ff.
- Behandlung von Kostenerstattungsansprüchen der Betriebsratsmitglieder **40** 59 f.
- Betriebsvereinbarung **77** 203
- betriebsverfassungsrechtliche Folgen **Einleitung** 33
- Information des Wirtschaftsausschusses bei Antrag auf – **106** 41
- Interessenausgleich **111** 15, 33 ff.; **112** 34
- kein Beteiligungsrecht des Betriebsrats bei der Eröffnung des Insolvenzverfahrens **111** 36, 64
- Kündigungsschutz **Anhang zu 113** 24 ff.
- Nachteilsausgleich **113** 56; **Anhang zu 113** 18 ff.
- Sonderregelung des Beteiligungsverfahrens durch § 121 ff. InsO **111** 37
- Sozialplan **112** 147 f., 201, 214, 218; **Anhang zu 113** 3 ff., 28 ff.
- Sozialplanschranken **Anhang zu 113** 5 ff., 18 ff.
- Übernahme der Arbeitgeberrechte und Pflichten durch den Insolvenzverwalter **Einleitung** 125

Insolvenzforderungen 40 59 f.

Insolvenzverwalter
- Betriebsänderungen **111** 162 f.
- Zuständigkeit für Interessenausgleich **112** 34

Insolvenzvorrecht
- Aufwendungsersatz für Betriebsratsmitglieder, nach Eröffnung entstandene, Masseschulden **40** 59
- Aufwendungsersatz für Betriebsratsmitglieder, vor Eröffnung entstandene, einfache Konkursforderungen **40** 59

Integration der im Betrieb beschäftigten ausländischen Arbeitnehmer s. ausländische Arbeitnehmer

Integrationsamt, Kündigung Schwerbehinderter **102** 76; **103** 11, 61, 67

Interessenausgleich
- Abhängigkeit von der Aufstellung eines Sozialplans **112** 24 ff.
- Begriff **112** 13 ff.
- besonderer **112** 15, 22, 44
- Bindung an den – **112** 46
- Einigungsstelle **112** 134 ff.
- Ersetzung des Versuchs eines – durch die Zustimmung des Arbeitsgerichts im Insolvenzverfahren **112** 242
- Folgeregelungen **112** 22
- Freiwilligkeit **112** 23
- Gegenstand **112** 16 f.
- gerichtliche Durchsetzbarkeit **112** 47 f.
- Inhalt **112** 18 ff.
- in der Insolvenz **Anhang zu 113** 18 ff.; s. auch Insolvenz
- Insolvenzverwalter **112** 34
- keine Delegationsmöglichkeit des Betriebsrats **112** 32
- Mitbestimmungsverfahren **112** 80 ff.
- Mitwirkungs- oder Mitbestimmungsrecht aus einem anderen Gesichtspunkt **112** 45
- namentliche Bezeichnung zu kündigender Arbeitnehmer in einem – bei Betriebsänderung **112** 22 a ff.
- Organisationsregelungen **112** 22
- qualifizierter **112** 45
- Rechtsnatur **112** 35 ff., 41 ff.
- Rechtswirkungen **112** 42 ff.
- Schriftform **112** 27 ff.
- Tendenzbetrieb **118** 171
- umwandlungsrechtlicher **112** 15
- Vermittlung durch den Vorstand der Bundesagentur für Arbeit **112** 212 ff.
- Vermittlung durch die Bundesagentur für Arbeit **112** 23
- Zustandekommen **112** 23 ff.
- Zuständigkeit des Betriebrats **111** 158; **112** 31
- Zuständigkeit des Gesamtbetriebsrats **111** 159; **112** 31
- Zuständigkeit des Konzernbetriebsrats **111** 160

Internationale und zwischenstaatliche Organisationen, Geltung des BetrVG **130** 6 f.

Internet, Mitbestimmung des Betriebsrats **87** 487

Fette Zahlen = §§

Sachverzeichnis

Intimbereich des Arbeitnehmers, Unzulässigkeit der Ausforschung **94** 17
Intranet, Mitbestimmung des Betriebsrats **87** 487

Jahresabschluss
– Beteiligung des Betriebsrats bzw. Gesamtbetriebsrats bei der Erläuterung des – **108** 36 ff.
– Erläuterung gegenüber dem Wirtschaftsausschuss **108** 36 ff.
– Vorlage an Wirtschaftsausschuss **106** 28
– Zuständigkeit der Einigungsstelle bei Meinungsverschiedenheiten über Erläuterung des – **109** 3
Job-AQTIV-Gesetz Einleitung 39
Job-Sharing-Vertrag 5 57
Jugend- und Auszubildendenversammlung
– als Abteilungsversammlung **71** 8 f.
– Anzahl von –, Abhängigkeit von Häufigkeit der Betriebsversammlungen **71** 12
– Arbeitsbefreiung **71** 25 ff.
– Befugnisse **71** 24
– Durchführung **71** 15 ff.
– Einberufung **71** 10 ff.
– Einberufung, Zustimmungserfordernis des Betriebsrats **71** 11
– Einberufungsbeschluss, Ausführung durch Vorsitzenden **71** 15
– Fahrtkostenerstattung **71** 27
– Kostentragungspflicht des Arbeitgebers **71** 29
– Ladung **71** 16
– Leitung **71** 18
– Nichtöffentlichkeit **71** 19
– Ort **71** 17
– Teilnahmerecht **71** 5 ff.
– Teilnahmevergütung **71** 26 ff.
– Teilversammlung **71** 8
– Themen **71** 20 ff.
– Verhältnis zum Betriebsrat **71** 24
– Verhältnis zur Jugend- und Auszubildendenvertretung **71** 24
– Vollversammlung **71** 8 f.
– zeitliche Lage, einvernehmliche Entscheidung **71** 13 f.
– zeitlicher Anschluss an Betriebsversammlung **71** 12
– Zusammensetzung **71** 5 ff.
Jugend- und Auszubildendenvertreter
– Abgeltung als Mehrarbeit **65** 37
– Amtsenthebung **65** 6
– Amtstätigkeit und Arbeitsverhältnis **65** 35 ff.
– Amtsverlust **65** 7
– Arbeitsbefreiung **65** 35 ff.
– Arbeitsentgeltgarantie **65** 36, 50
– Arbeitszeitverkürzung bei – vor Vollendung des 18. Lebensjahres als Mehrarbeitsausgleich **65** 37
– außerordentliche Kündigung **103** 4, 39; **Anhang zu 103**
– Begünstigungsverbot **78** 3 f., 26 ff.
– Behinderungsverbot **78** 3 f., 11 ff.

– Benachteiligungsverbot **78** 3 ff., 11 f., 19 ff.
– Bildungsurlaub, Anspruch auf bezahlte Freistellung **65** 47 f.
– ehrenamtliche Tätigkeit **65** 35
– Entscheidung über Teilnahme und zeitliche Lage von Schulungs- und Bildungsveranstaltungen sowie Bildungsurlaub, Kompetenz des Betriebsrats **65** 45, 48
– Freistellung, keine im Hinblick auf beruflichen Werdegang **65** 38 f.
– Freizeitausgleich bei Amtstätigkeit außerhalb der Arbeitszeit **65** 37
– Gebot finanzieller und beruflicher Gleichstellung **65** 50
– Geheimhaltungspflicht **70** 29 f.
– Gewährung von Freizeitausgleich **65** 37
– Kostenerstattung für Schulungs- und Bildungsveranstaltungen **65** 49
– Kündigungsschutz **65** 51
– Kündigungsschutz, besonderer **65** 51
– Lohnzahlung bei Arbeitsversäumnis **65** 36
– Rechtsstellung **65** 35 ff.
– Schulungs- und Bildungsveranstaltungen **65** 40 ff.
– Tätigkeitsgarantie **65** 50
– Übernahmepflicht **65** 51
– Weiterbeschäftigungsanspruch nach Beendigung der Berufsausbildung **65** 51; **78 a** 4 ff.
Jugend- und Auszubildendenvertretung Vor **60** 1 ff.
– Ablauf der Amtszeit **64** 19 f.
– allgemeine Aufgaben **70** 5 ff., 12 ff., 18 ff.
– Amtsbeginn **64** 17 f.
– Amtsenthebung eines Jugendvertreters **65** 6
– Amtsenthebung eines Mitglieds **65** 6
– Amtsverlust eines Mitglieds **65** 7
– Amtszeit **64** 16 ff.
– Anfechtung der Wahl der – **63** 31
– Anregungen gegenüber dem Betriebsrat **80** 31 ff.
– Antragsrecht **70** 5 ff.
– Antragsrecht auf Tagesordnungsberücksichtigung gegenüber dem Betriebsrat **67** 26 ff.
– Aufgaben **60** 12 ff.; **70** 5 ff.
– Auflösung durch Beschluss des Arbeitsgerichts **65** 5
– außerordentliche Kündigung **103** 39; **Anhang zu 103**
– Aussetzung von Betriebsratsbeschlüssen **35** 2 f., 8
– Beauftragung der Gesamt-Jugend- und Auszubildendenvertretung **73** 21
– Beendigung des Amtes, vorzeitige **64** 21
– Befragung jugendlicher Arbeitnehmer durch die – **70** 33
– Begünstigungsverbot **78** 3 f., 26 ff.
– Behinderungsverbot **78** 3 f., 11 ff.
– Benachteiligungsverbot **78** 3 f., 11 f., 19 ff.
– Beschlussfähigkeit **65** 27
– Beschlussfassung **65** 12, 27 f.; s. auch Beschlüsse der Jugend- und Auszubildendenvertretung

2529

Sachverzeichnis

Magere Zahlen = Randnummern

- Beschlussfassung in einer Sitzung **65** 12
- Bestehen eines Betriebsrats **60** 11
- Bestehen eines Betriebsrats als Voraussetzung für die Bildung einer – **60** 11
- Betätigungsrecht in der Betriebsverfassung **70** 32 f.
- Bildungsurlaub **37** 162
- Einladung zu Betriebsratssitzungen **29** 28
- Errichtungsvoraussetzungen **60** 3 ff.
- Ersatzbestellung des Wahlvorstandes für die Wahl der – durch das Arbeitsgericht **63** 10 ff.
- Ersatzmitglied, Nachrücken **65** 8
- Ersatzmitglieder, Doppelvertretung in Jugend- und Auszubildendenvertretung und Betriebsrat **61** 11
- Geheimhaltungspflicht **70** 29 f.; **79** 4 ff., 11 ff., 20
- Gesamt- s. dort
- Geschäftsordnung **65** 27, 31
- Geschlechter in der – **62** 9
- Größe der Jugend- und Auszubildendenvertretung **62** 4 ff.
- Größe des Wahlvorstands **63** 6 f.
- kein Ausschüsse der Jugend- und Auszubildendenvertretung **65** 9
- kein Einsichtsrecht in die Sitzungsniederschrift des Betriebsrats **34** 24
- kein Informationsrecht gegenüber dem Arbeitgeber **70** 18
- keine Beschlussfassung im Umlaufverfahren **65** 12
- keine Bildung von Ausschüssen **65** 9
- keine Doppelmitgliedschaft in der – und im Betriebsrat **61** 10
- keine Doppelvertretung in Jugend- und Auszubildendenvertretung und im Betriebsrat **61** 10 f.
- keine Repräsentation der Belegschaft im Verhältnis zum Arbeitgeber durch – **65** 12
- keine Wählbarkeit von Mitgliedern des Betriebsrates **61** 10
- Konstituierung **65** 14
- Konzern-Jugend- und Auszubildendenvertretung **Vor 60** 3 f.
- Kostentragungspflicht **65** 33; **70** 28
- Ladung zu Betriebsratssitzungen **29** 28; **67** 8
- Nichtigkeit der Wahl **63** 32
- Notwendigkeit der Errichtung **60** 3
- Organisation **65** 9 ff.
- Rechtsnatur **Vor 60** 11 f.
- Rechtsstellung **60** 13 ff.
- Rechtsstellung der Jugendvertreter **65** 35 ff.; s. auch Jugend- und Auszubildendenvertreter
- Rechtsstellung des Vorsitzenden **65** 11
- regelmäßiger Wahlrhythmus **125** 4
- Schulungs- und Bildungsveranstaltungen **37** 162
- Sitzungen **65** 12 ff.; s. auch Sitzungen der Jugend- und Auszubildendenvertretung
- Sitzungen, Teilnahme eines Gewerkschaftsbeauftragten **65** 25
- Sitzungsniederschrift **65** 29
- Sitzungsteilnahme im Wirtschaftsausschuss **108** 31
- Sprechstunden **65** 32; **69** 3 ff.; s. auch Sprechstunden der Jugend- und Auszubildendenvertretung
- Stimmrecht bei Beschlüssen des Betriebsausschusses oder eines sonstigen Ausschusses des Betriebsrats **67** 24
- Stimmrecht bei Beschlüssen des Betriebsrats **33** 15; **67** 9, 12 f., 17, 20 ff.
- Störungsverbot **78** 3 f., 11 ff.
- suspensives Vetorecht gegenüber Beschlüssen des Betriebsausschusses und sonstiger Ausschüsse des Betriebsrats **66** 10
- suspensives Vetorecht gegenüber Beschlüssen des Betriebsrats **66** 3 ff., 8 f.
- Teilnahme an gemeinsamen Besprechungen zwischen Betriebsrat und Arbeitgeber, Hinzuziehung durch den Betriebsrat **68** 6 ff.
- Teilnahme an gemeinsamen Besprechungen zwischen Betriebsrat und Arbeitgeber, Voraussetzung **68** 4 f.
- Teilnahme an Schulungen **37** 110, 162; **65** 40 ff., 47 f.
- Teilnahme an Sitzungen des Betriebsrats **29** 55; **30** 10 f.
- Teilnahme an Sitzungen des Betriebsrats, gestaffeltes Recht **67** 2 ff.
- Teilnahme an Sprechstunden des Betriebsrats **39** 15 ff.; **69** 9
- Teilnahmerecht an Sitzungen des Betriebsausschusses und der weiteren Ausschüsse des Betriebsrats **67** 10, 18
- Überwachungsrecht **70** 12 f.
- Unterrichtungspflicht des Betriebsrats **70** 18 ff.
- Vereinfachtes Wahlverfahren **63** 33 f.
- Verhältnis zum Arbeitgeber **70** 32
- Verhältnis zum Betriebsrat **70** 32
- Verhältnis zur Gesamt-Jugend- und Auszubildendenvertretung **72** 25; **73** 20
- Verhältnis zur Jugend- und Auszubildendenversammlung **71** 24
- Vollendung des 25. Lebensjahrs durch Jugendvertreter **64** 26
- Voraussetzung für die Errichtung **60** 3 ff.
- Vorberatungsrecht gegenüber dem Betriebsrat **67** 31 ff.
- Vorlage von Unterlagen an – **70** 22 ff.
- Wahl **38–40 WO**
- Wahl außerhalb des regelmäßigen Wahlzeitraums **64** 8 ff.
- Wahl der – als Aufgabe des Betriebsrats **80** 39
- Wahl des Vorsitzenden **65** 10
- Wählbarkeit **61** 5 ff.
- Wahlberechtigung **61** 3 f.
- Wahlgrundsätze **63** 22 ff.
- Wahlkosten **63** 27 f.
- Wahlschutz **63** 27, 29 f.
- Wahlverfahren **63** 22 ff.

Sachverzeichnis

Fette Zahlen = §§

- Wahlvorschläge **63** 25 ff.
- Wahlvorstand **63** 3 ff.
- Wahlvorstand, Größe und Zusammensetzung **63** 6 f.
- Zahl der Jugend- und Auszubildendenvertreter **62** 4 ff.
- Zeitpunkt der regelmäßigen Wahlen **64** 4 f.
- Zusammensetzung der – **62** 8 f.
- Zusammensetzung des Wahlvorstandes zur Wahl der – **63** 7
- zusätzliche betriebsverfassungsrechtliche Vertretung, kein eigenständiger Repräsentant **Vor 60** 11
- Zweck **Vor 60** 11 f.
- zwingende betriebsverfassungsrechtliche Einrichtung **60** 3

Jugendlicher Arbeitnehmer, Legaldefinition im Sinne des BetrVG **60** 1, 4

Juristische Person, Vertretungsberechtigter **5** 155 ff.

Juristische Teilperson, Belegschaft als – **Einleitung** 89

Kabarett 118 73

Kampagnebetrieb 1 121 ff.
- Bestimmung der Zahl der Betriebsratsmitglieder **9** 12
- ständig beschäftigte Arbeitnehmer **1** 108
- Wählbarkeit zum Betriebsrat **8** 26, 36

Kandidatur nach Ausschluss als Betriebsratsmitglied 8 44 f.

Kantinenpreisfestsetzung 87 640

Kapitän
- Ersetzung und Vertretung **114** 47 f.
- Notrecht für vorläufige Regelung **115** 81 ff.
- als Organ der Bordverfassung **115** 3 ff.
- Rechtsstellung **114** 45 f.
- Verhältnis zur Bordversammlung **115** 66 ff.

Kapovaz 5 57

Karitative, Betriebe, die – Zwecken dienen **118** 58 ff.

Kauffahrteischiff 114 33

Kausalität des Wahlverstoßes für das Ergebnis der Betriebsratswahl, Anfechtungsvoraussetzung **19** 31 ff.

Kernarbeitszeit 87 279

Kirchenautonomie s. auch Religionsgemeinschaften
- Betriebsverfassungsgesetz auf kirchengesetzlicher Grundlage **118** 217
- europarechtliche Einflüsse **118** 188 a ff.
- und gesetzliche Betriebsverfassung **118** 181 ff.
- Verfassungsbezug und Verfassungsrang der Ausklammerung aus der staatlichen Mitbestimmungsordnung **118** 185 ff.
- Verfassungsgarantie des Selbstbestimmungsrechts **118** 221

Kirchliche Mitarbeitervertretungsordnung 118 217 ff.
- evangelische Kirche **118** 222 ff.
- Gerichtsschutz bei Streitigkeiten **118** 230 ff.
- katholische Kirche **118** 224 ff.

Klageerhebungsfrist und Klage bei Abweichung von Interessenausgleich **113** 48

Kleinstbetrieb
- fehlende Betriebsratsfähigkeit **4** 45 ff.
- innerhalb eines Unternehmens **1** 58 f.

Koalitionen s. auch Arbeitgebervereinigung; s. auch Gewerkschaften
- Bedeutung der durch das BetrVG unberührt gebliebenen Aufgaben der Koalitionen **2** 139 ff.
- Begriff **2** 30 ff., 39 ff.
- koalitionsrechtliche Aufgaben- und Interessenwahrnehmung außerhalb der Betriebsverfassung **2** 134 ff.
- Koalitionswerbung und Koalitionsbetreuung im Betrieb **2** 144 ff.
- Mitgliederwerbung im Betrieb s. Mitgliederwerbung der Gewerkschaften im Betrieb
- Rechtsstellung der Gewerkschaften **2** 66 ff.
- Stellung in der Betriebsverfassung **2** 37, 66 ff.
- System der Trennung in der Betriebsverfassung **2** 37
- Zusammenarbeit mit Arbeitgeber und Betriebsrat **2** 30 ff.

Koalitionsfreiheit 2 76 ff.
- Arbeitgeberverbände **2** 39 ff., 139 ff.
- Bestandsgarantie **2** 78 f.
- Betätigungsgarantie **2** 66, 78, 79 ff.
- Betriebsratsamt **74** 81
- Betriebsratswahl **2** 84
- Betriebsverfassung **2** 76 ff.
- Gewerkschaften **2** 88 ff.
- individuelle **2** 77 f.
- institutionelle Garantie **2** 79
- kollektive **2** 78 f., 86, 104, 149, 151
- Mitgliederwerbung im Betrieb **2** 67, 145 ff.
- negative Koalitionsfreiheit **75** 33
- Verhältnis zur Betriebsverfassung **Einleitung** 47 ff.

Kollisionsrecht
- der Betriebsverfassung **Einleitung** 63 ff.
- Seeschifffahrt **114** 15

Kommanditist als Arbeitnehmer **5** 3, 140, 168

Konfessionelle, Betriebe, die – Zwecken dienen **118** 55 ff.

Konsolidierungsvertrag, im Rahmen eines Bündnisses für Arbeit – **77** 31

Konstante Zahl von Betriebsratsmitgliedern während der Amtsperiode **9** 24

Konstituierung des Betriebsrats 29 2 ff.
- Durchführung der konstituierenden Sitzung **29** 12 ff.
- Einberufung zur konstituierenden Sitzung **29** 3 ff.
- konstituierende Sitzung **29** 2 ff.

Sachverzeichnis

Magere Zahlen = Randnummern

- Selbstversammlungsrecht des Betriebsrats 29 10 f.
- Wahl des Vorsitzenden und seines Stellvertreters 29 12 ff.

Konzern
- Abhängigkeitsvermutung bei Mehrheitsbeteiligung 54 28
- Auslandsbezug 54 34 f.
- betriebsverfassungsrechtlicher Konzernbegriff 1 99; 54 3 ff.
- einheitliche Leitung durch herrschendes Unternehmen 54 4
- Erläuterung des -abschlusses 108 38
- Errichtung eines Wirtschaftsausschusses 106 9
- faktischer 54 4, 8, 25 ff.; 112 146; s. auch dort
- Gemeinschaftsunternehmen 1 62, 82; 54 18 ff.
- Gemeinschaftsunternehmen, zwei gleichstarke Muttergesellschaften 54 23 f.
- Gleichordnungskonzern 1 99; 54 3
- herrschendes Unternehmen 1 53, 98; 54 4, 8
- Konzern im Konzern 54 10 ff.
- Konzernbegriff 1 99; 54 3 ff.
- Konzernvermutungstatbestände 54 4, 8
- Mehrmütterherrschaft 54 18 ff.
- mehrstufiger Konzern 54 10 ff.
- öffentliche Hand als Unternehmen im konzernrechtlichen Sinn 54 7
- Organisationseinheit der Betriebsverfassung 1 97 ff.
- Rechtsformneutralität des aktienrechtlichen Konzernbegriffs 54 5
- Sozialplan 112 145 f.
- Tendenzunternehmen im Konzern und Tendenzkonzern 118 104
- Unternehmen im konzernrechtlichen Sinn 54 6 f.
- Unterordnungskonzern 1 99; 54 3
- Vertragskonzern 54 8
- Verweisung auf aktienrechtliche Begriffsbildung 54 3

konzernabhängiges Unternehmen
- Abhängigkeitsvermutung bei Mehrheitsbeteiligung 54 4 f., 28
- einheitliche Leitung 54 4 f., 29
- Konzernbetriebsrat s. dort

Konzernbetriebsausschuss 59 10 ff.
- Beschlüsse 59 15
- Führung der laufenden Geschäfte 59 15
- Größe 59 10 f.
- Organ des Konzernbetriebsrats 59 15
- Pflicht zur Errichtung 59 10
- Rechtsstellung 59 15
- Stimmgewicht im – 51 22; 59 15
- Teilnahme der Konzernschwerbehindertenvertretung 59 a 11
- Wahl des Vorsitzenden und seines Stellvertreters 59 12 ff.
- weitere Ausschüsse des Konzernbetriebsrats 59 16
- Zusammensetzung 59 11

Konzernbetriebsrat
- Abberufung eines Konzernbetriebsratsmitglieds 55 10; 57 7
- abweichende Mitgliederzahl auf Grund Tarifvertrags oder Betriebsvereinbarung 55 3, 15 f., 18
- Amtsbeendigung des Konzernbetriebsratsmitglieds 57 9
- Amtsniederlegung eines Konzernbetriebsratsmitglieds 54 46; 57 5
- Amtszeit 54 45; 57 2
- Änderungen der Konzernstruktur, Auswirkungen auf den – 54 51 ff.
- Auflösung des Konzernbetriebsrats 54 47 ff.
- Auflösung durch Beschluss der Gesamtbetriebsräte 54 47 f.
- Auflösungsbeschluss, einfaches Mehrheitserfordernis 54 53
- Auflösungsvoraussetzungen, Beschluss der Gesamt-/Betriebsräte 54 53
- Auslandsbezug 54 34 f.
- Ausschluss von Konzernbetriebsratsmitgliedern auf Grund arbeitsgerichtlichen Beschlusses 56 4 ff.
- Ausschüsse 59 10 ff., 16; s. auch Konzernbetriebsausschuss
- Aussetzung von Beschlüssen des – 59 32
- Auswahlrichtlinien 95 57
- Beauftragung durch den Betriebsrat 58 31
- Beauftragung durch den Gesamtbetriebsrat 58 24 ff.
- Beendigung des – durch Entfallen der Errichtungsvoraussetzungen 54 49 ff.
- Begünstigungsverbot 78 3 f., 26 ff.
- Behinderungsverbot 78 3 f., 11 ff.
- Benachteiligungsverbot 78 3 f., 11 ff., 19 ff.
- Beschlussfassung 58 32; 59 27 ff.; s. auch Beschlüsse des Konzernbetriebsrats
- Beschränkung der Mitgliederzahl 55 19, 21
- Beteiligung der Seebetriebe 116 67
- Betriebsvereinbarung über abweichende Mitgliederanzahl 55 3, 15 ff.
- betriebsvertretungslose Unternehmen, Zuständigkeit des Konzernbetriebsrats 58 22 f.
- Dauereinrichtung 54 45 f.; 57 2
- Einblicksrecht in Unterlagen 80 77
- Entsendung der Mitglieder 55 3 ff.
- Entsendungsdauer, Amtsperiode als Betriebsrat bzw. Gesamtbetriebsrat 55 10
- Entsendungsverfahren 55 5
- Erhöhung der Mitgliederzahl 55 20
- Erlöschensgründe der Mitgliedschaft im Konzernbetriebsrat 57 4 ff.
- Errichtung nur eines Konzernbetriebsrats 54 10 ff.
- Errichtungsvoraussetzungen, mindestens zwei Betriebsvertretungen in den Konzernunternehmen 54 32 ff.
- Ersatzmitglied 55 11 ff.; 57 9
- faktischer Konzern 54 4, 8, 25 ff.
- fakultative Errichtung 54 36

Fette Zahlen = §§

Sachverzeichnis

- Freiwilligkeit der Amtsübernahme als Konzernbetriebsrat **55** 8
- Geheimhaltungspflicht **79** 4 ff., 11 ff., 19
- gemeinsamer Betrieb mehrerer Konzernunternehmen **54** 57
- Gemeinschaftsunternehmen **1** 62, 82; **54** 18 ff.
- Geschäftsordnung **59** 33
- Gleichordnungskonzern **1** 99; **54** 3
- grobe Pflichtverletzung, Ausschluss aus dem – **56** 3
- horizontale Konzernbetriebsvereinbarung **58** 38
- kein Errichtungszwang **54** 36
- kein imperatives Mandat **55** 28
- kein Konzern im Konzern **54** 10 ff.
- kein Rücktritt des – **54** 46
- keine Amtszeit **54** 45; **57** 2
- keine Auflösung durch Beschluss des Arbeitsgerichts **54** 50
- keine Pflicht zur Übernahme der Mitgliedschaft im – **55** 8
- keine Sprechstunden **59** 34
- Konstituierung **59** 17 ff.
- Konzernarbeitgeber, kein betriebsverfassungsrechtlicher **58** 2
- Konzernbegriff **1** 99; **54** 3 ff.
- Konzernbetriebsausschuss **59** 10 ff.; s. auch dort
- Konzernbetriebsvereinbarung **58** 44 ff.; s. auch dort
- Konzernunternehmen mit nur einem betriebsratsfähigen Betrieb **54** 54 f.
- Konzernzusammensetzung, Änderung in der – **54** 51 f.
- Kostentragungspflicht des herrschenden Unternehmens **59** 35
- Ladung zur konstituierenden Sitzung **59** 18 f.
- Maßnahmen der betrieblichen Berufsbildung **98** 18
- mehrstufiger Konzern **54** 10 ff.
- Mitgliederzahl **55** 3, 15 ff.
- nicht in Gleichordnungskonzern **54** 3
- Nichtentsendung von Konzernbetriebsratmitgliedern durch den Gesamtbetriebsrat bzw. Betriebsrat, Rechtsfolgen **55** 13 f.
- Niederlegung des Amts als Konzernbetriebsrat **55** 9
- Niederschrift der Sitzungen **59** 31
- Notwendigkeit einer Regelung über die Mitgliederzahl **55** 20
- Notwendigkeit einer Verkleinerung des Konzernbetriebsrats **55** 19
- Pflicht zur Bildung eines Konzernbetriebsausschusses **59** 10
- Post-Aktiengesellschaften **55** 30; **59** 31
- Quorum für die Errichtung **54** 37 ff.
- Rechtsformneutralität des bezugsgenommenen aktienrechtlichen Konzernbegriffs **54** 5
- Rechtsstellung der Konzernbetriebsratsmitglieder **59** 36
- Regelungsbefugnis **58** 32 ff.
- Sitzungen **59** 21 ff.; s. auch Sitzungen des Konzernbetriebsrats
- Sitzungsniederschrift **59** 31
- Sozialeinrichtung **87** 667
- Stimmengewicht der entsandten Mitglieder bei gesetzlicher Mitgliederzahl **55** 22 f.
- Stimmengewicht der entsandten Mitglieder bei Verringerung oder Erhöhung der Mitgliederzahl **55** 24
- Stimmrechtsausübung **55** 28 f.
- Störungsverbot **78** 3 f., 11 ff.
- Streitigkeiten **54** 58 ff.
- Subsidiaritätsprinzip, Zuständigkeitsausgestaltung **58** 5 ff.
- suspensives Vetorecht der Konzern-Jugend- und Auszubildendenvertretung gegen Beschlüsse des – **73 b** 27
- suspensives Vetorecht gegen Beschlüsse des – **59** 32
- Tarifvertrag über abweichende Mitgliederzahl **55** 3, 20 f.
- Tendenzbetriebe **118** 133 f.
- Unterordnungskonzern **1** 99; **54** 3
- nur bei Unterordnungskonzern **54** 3 ff.
- Verhältnis zum Betriebsrat **58** 6, 21
- Verhältnis zum Gesamtbetriebsrat **58** 5 f., 24 ff.
- vertikale Konzernbetriebsvereinbarung **58** 38
- Vertragskonzern **54** 8
- Voraussetzungen für die Errichtung **54** 3 ff.
- Vorsitzender, Bestellung **59** 5 ff.
- Vorsitzender, Rechtsstellung **59** 9
- Wahl der vom Gesamtbetriebsrat zu entsendenden Mitglieder **55** 5 ff.
- Wahl des Vorsitzenden und seines Stellvertreters **59** 6 f.
- Zusammensetzung **55** 3 ff.
- Zuständigkeit **58** 5 ff., 16 ff., 24 ff.
- Zuständigkeit bei Betriebsänderungen **58** 15; **111** 160
- Zuständigkeit bei personellen Angelegenheiten **58** 11 ff.
- Zuständigkeit bei Sozialeinrichtungen **58** 9
- Zuständigkeit bei Versetzungen **99** 125
- Zuständigkeit bei Werkmietwohnungen **87** 720
- Zuständigkeit durch Beauftragung der Gesamt-/Betriebsräte **58** 24 ff.
- Zuständigkeit für Bestellung des Wahlvorstands **16** 48
- Zuständigkeit für Beurteilungsgrundsätze **94** 69
- Zuständigkeit für die Ausübung des Einblicksrechts in Lohn- und Gehaltslisten **80** 77
- Zuständigkeit für Mitteilungen bei personellen Angelegenheiten leitender Angestellter **105** 16
- Zuständigkeit für Personalfragebogen **94** 45
- Zuständigkeit für Personalplanung **92** 32
- Zuständigkeit für Sozialeinrichtung **87** 667

Sachverzeichnis
Magere Zahlen = Randnummern

- Zuständigkeit für Verlangen der Ausschreibung von Arbeitsplätzen **93** 15, 17
- Zuständigkeit für vertretungslose Unternehmen **58** 22 f.
- Zuständigkeit in sozialen Angelegenheiten **58** 9 f.; **87** 84, 96
- Zuständigkeit in wirtschaftlichen Angelegenheiten **58** 14 f.
- Zuständigkeit kraft besonderer gesetzlicher Zuweisung **58** 16 ff.
- Zuständigkeit, originäre **58** 5, 7 ff., 16 ff.

Konzernbetriebsvereinbarung 58 33 ff., 44 ff.
- Abschluss im originären Kompetenzbereich des Konzernbetriebsrats **58** 45
- Besonderheiten wegen der rechtlichen Selbstständigkeit der Konzernunternehmen **58** 33 ff.
- herrschendes Unternehmen als primärer Verhandlungs- und Abschlusspartner **58** 34
- horizontale **58** 38
- normative Wirkung **58** 35 ff.
- Regelungsmöglichkeit mit herrschendem und abhängigen Unternehmen **58** 44
- Verhältnis zur Einzelbetriebsvereinbarung **58** 46
- Verhältnis zur Gesamtbetriebsvereinbarung **58** 46
- vertikale **58** 38
- Zusammenschluss mit anderen Unternehmen **77** 127

Konzern-Jugend- und Auszubildendenvertretung
- Abberufung der Mitglieder **73 a** 16
- Amtsverlust eines Mitglieds **73 b** 14
- Amtszeit, keine **73 a** 11; **73 b** 5
- Arbeitgeber, Teilnahmerecht an Sitzungen **73 b** 7
- Auflösung **73 a** 12 f.
- Ausscheiden eines Mitglieds **73 b** 15
- Ausschluss aus der – **73 b** 13
- Ausschüsse **73 b** 18
- Beschlussfähigkeit **73 b** 8
- Beschlussfassung **73 b** 8
- Besprechungen zwischen Konzernbetriebsrat und Arbeitgeber, Teilnahmerecht **73 b** 28
- Beteiligung an der Geschäftsführung des Konzernbetriebsrats **73 b** 23 ff.
- Betriebsvereinbarung über abweichende Mitgliederzahl **73 a** 20
- Dauereinrichtung **73 a** 11; **73 b** 13
- Einberufung von Sitzungen **73 b** 4 f., 6
- Einigungsstelle bei nicht zustande gekommener Regelung über die Mitgliederzahl **73 a** 22
- Errichtung **73 a** 8 ff.
- Errichtung, fakultativ **73 a** 2
- Errichtung, Voraussetzungen **73 a** 4 ff.
- Ersatzmitglieder **73 a** 17; **73 b** 15
- Gemeinsamer Betrieb **73 a** 29
- Gemeinsames Unternehmen **73 a** 30
- Gewerkschaftsbeauftragter, Teilnahmerecht an Sitzungen **73 b** 7
- Gleichordnungskonzern **73 a** 4
- Konstituierung, einmalige **73 b** 4 f.
- Konzernbetriebsrat, keine Voraussetzung für die Errichtung einer – **73 a** 7
- Konzernbetriebsrat, Teilnahmerecht seiner Mitglieder an Sitzungen der – **73 b** 7
- Konzernbetriebsrat, Unterrichtungspflicht über Sitzungen der – **73 b** 6
- Kostentragungspflicht des Arbeitgebers **73 b** 19
- Mitglieder, Abberufung **73 a** 16
- Mitglieder, Ausscheiden **73 b** 15
- Mitglieder, Entsendung **73 a** 15
- Mitglieder, Rechtsstellung **73 b** 17
- Mitgliederzahl, Erhöhung oder Verringerung **73 a** 23 f.
- Mitgliederzahl, gesetzliche **73 a** 14
- Mitgliederzahl, gewillkürte **73 a** 19 ff.
- Mitgliederzahl, Notwendigkeit einer Regelung **73 a** 21 f.
- Nachrücken von Ersatzmitgliedern **73 a** 17
- Rechtsstellung **73 b** 22
- Sitzungen, Einberufung **73 b** 4 f., 6
- Sitzungen, Recht zur Abhaltung **73 b** 3
- Sitzungen, Teilnahmerecht **73 b** 7
- Sitzungsniederschrift **73 b** 9
- Sprechstunden, keine **73 b** 16
- Stimmengewicht bei abgeänderter Mitgliederzahl **73 a** 27 f.
- Stimmengewicht bei gesetzlicher Mitgliederzahl **73 a** 25 f.
- Stimmrecht, Ausübung **73 a** 31 f.
- suspensives Vetorecht **73 b** 27
- Tarifvertrag über abweichende Mitgliederzahl **73 a** 20
- Unterordnungskonzern **73 a** 4
- Verhältnis zu der Gesamt-Jugend- und Auszubildendenvertretung **73 b** 20 f.
- Verhältnis zum Konzernbetriebsrat **73 b** 22 ff.
- Verletzung der Amtspflichten **73 b** 13
- Vertretung der – durch den Vorsitzenden **73 b** 12
- Vorsitzender **73 b** 6 f., 10 ff.
- Wahl des Vorsitzenden und seines Stellvertreters **73 b** 11

Konzernschwerbehindertenvertretung 32 15 ff.
- Errichtung **59 a** 5
- kein Recht der – auf Einberufung einer Sitzung des Konzernbetriebsrats **59 a** 9
- Organ des Konzernbetriebsrats, kein **59 a** 4
- persönliche Rechtsstellung **59 a** 7
- Recht auf Teilnahme an allen Sitzungen des Konzernbetriebsausschusses **59 a** 11
- Rechtsstellung in der Betriebsverfassung **59 a** 8 ff.
- Teilnahme an Sitzung des Konzernbetriebsrats **59** 25; **59 a** 8
- Zuständigkeit **59 a** 6

Konzertagenturen, Tendenzbetrieb **118** 74
Kooperationsmaxime und Betriebsratsamt **Einleitung** 106

Fette Zahlen = §§

Sachverzeichnis

Korrektur des Wahlergebnisses einer unwirksamen Betriebsratswahl **19** 65 f.; s. auch Betriebsratswahl; s. auch Wahlanfechtung
Korrespondentreeder 114 22 f.
Kosten
– der Betriebsratstätigkeit, Kostentragungspflicht des Arbeitgebers **40** 3 ff.; s. auch Kostentragungspflicht des Arbeitgebers
– der Betriebsratswahl **20** 34 ff.
– der Einigungsstelle **76** 4, 139; **76 a** 1 ff.; s. auch Kosten der Einigungsstelle
Kosten der Einigungsstelle
– abweichende Regelung der Vergütungshöhe in Tarifvertrag oder Betriebsvereinbarung **76 a** 25 f.
– Angemessenheit der Vergütung **76 a** 23
– betriebsangehörige Beisitzer, ehrenamtliche Wahrnehmung **76 a** 12 ff.
– betriebsangehörige Beisitzer, Einigungsstelle auf Unternehmens- oder Konzernebene, Vergütungsanspruch **76 a** 13 f.
– Durchsetzung des Vergütungsanspruchs, Kosten für –, keine Kosten der Einigungsstelle **76 a** 24
– Ersatz von Verdienstausfall der Mitglieder der Einigungsstelle **76 a** 9
– Geschäftsaufwand der Einigungsstelle **76 a** 6
– Gewerkschaftsfunktionär als Mitglied einer Einigungsstelle, Vergütungsanspruch **76 a** 16
– Höhe der Vergütung **76 a** 19 ff.
– Inhalt und Umfang der Kostentragungspflicht des Arbeitgebers **76 a** 6 ff.
– Kostentragungspflicht des Arbeitgebers **76 a** 5
– notwendige persönliche Aufwendungen der Mitglieder **76 a** 7
– Rechtsanwalt als Mitglied einer Einigungsstelle, Vergütungsanspruch **76 a** 17
– Rechtsanwaltskosten bei Vertretung vor der Einigungsstelle **76 a** 10
– Rechtsverordnung über Festsetzung von Vergütungshöchstsätzen, Fehlen einer – **76 a** 19 f.
– Vereinbarung einer Vergütung mit dem Arbeitgeber **76 a** 20
– Vergütung der Mitglieder der Einigungsstelle **76 a** 11 ff.
– Vergütung des Vorsitzenden und „betriebsfremder" Beisitzer **76 a** 15 ff.
Kostentragung
– Bordvertretung **115** 61
– Wirtschaftsausschuss **107** 32, 52
Kostentragungspflicht des Arbeitgebers
– Abtretung des Kostenerstattungsanspruchs **40** 57
– Aufwendungen der Betriebsratsmitglieder **40** 10 ff.
– Ausschlussfristen **40** 56
– Bereitstellung von Räumen **40** 63 ff.; s. auch Räume für den Betriebsrat
– Bereitstellung von Sachmitteln **40** 66 ff.; s. auch Sachmittel

– Besitz des Betriebsrats an überlassenen Mitteln **40** 76
– Büropersonal **40** 71 ff.; s. auch dort
– Eigentum des Arbeitgebers an überlassenen Mitteln **40** 74 f.
– Einigungsstelle **40** 29; **76** 139; **76 a** 1 ff.; s. auch Kosten der Einigungsstelle
– einstweilige Verfügung **40** 62, 90
– Erforderlichkeit des Schulungskostenaufwands **40** 39 ff.
– Ersatz persönlicher Aufwendungen eines Betriebsratsmitglieds **40** 48 ff.
– Ersatz von Betriebsratsauslagen **40** 47
– Fachliteratur **40** 69 f.
– Gesamt-Jugend- und Auszubildendenvertretung **73** 19
– gesetzliches Schuldverhältnis **40** 42 ff.
– Gewerkschaft als Schulungsveranstalter **40** 35 ff.
– Grundsatz der Kostentragung der Betriebsratstätigkeit **40** 3
– für Hinzuziehung eines Sachverständigen durch Betriebsrat **40** 26; **80** 92
– Informationsblatt des Betriebsrats **40** 80 f.
– Inhalt der Kostentragungspflicht **40** 42 ff.
– Insolvenz des Arbeitgebers **40** 59 f.
– Jugendversammlung **71** 29
– keine Umlage auf Arbeitnehmer oder Dritte **41** 2 ff., 5 f.; s. auch Umlageverbot
– keine Zustimmungsnotwendigkeit des Arbeitgebers **40** 9
– der Kosten der Betriebsratswahl **20** 34 ff.
– Kosten der Einigungsstelle **40** 29
– Kosten eines Rechtsstreits um die Kostentragungspflicht **40** 89
– Kostentragungspflicht, gesetzliches Schuldverhältnis **40** 42 ff.
– Kündigungsschutzverfahren gegen Kündigung eines Betriebsrats **40** 20
– Masseschulden für nach Konkurseröffnung entstandene Kostenerstattungsansprüche **40** 59
– notwendige Aufwendungen der Betriebsratsmitglieder **40** 10 ff., 48 ff.
– Pauschalaufwendungsersatz **37** 8; **40** 45 f.
– Pfändung **40** 57
– Prozessvertretung durch Gewerkschaft **40** 24, 27
– Rechts- und Regelungsstreitigkeiten **40** 16 ff.
– Rechtsanwalt, Begutachtung als Sachverständiger **40** 26
– Rechtsanwalt, Prozessvertretung **40** 23 ff.
– Rechtsstreitigkeiten, Zuordnung zur Betriebsratstätigkeit **40** 16 ff.
– Reisekosten **40** 49 ff.
– Schulungskosten **37** 137, 179; **40** 30 ff., 52
– Schulungskosten als Betriebsratskosten **40** 30 ff.
– Schwarzes Brett **40** 77 f.
– Stornokosten **40** 52
– Streitigkeiten **40** 84 ff.

Sachverzeichnis

- Tätigkeit der Jugend- und Auszubildendenvertretung 65 33; **70** 28
- Tätigkeit des Gesamtbetriebsrats 51 39
- Tätigkeit des Konzernbetriebsrats, – des herrschenden Unternehmens 59 35
- Umlageverbot 41; s. dort
- Unfallschaden als Aufwendung 40 53 ff.
- Verhältnismäßigkeit des Schulungskostenaufwands 40 39 ff.
- Verjährung 40 56
- Vertretung durch einen Rechtsanwalt, auf Grund der Materie sachlich notwendige – 40 25
- Vertretung durch einen Rechtsanwalt, gesetzlich notwendige 40 23 ff.
- Voraussetzungen 40 4 ff.
- Vorschuss 40 43, 46
- Zinsen 40 58
- Zuordnung von Rechtsstreitigkeiten zur Betriebsratstätigkeit 40 16 ff.

Krankengespräch 87 192
Krankenhaus, kirchliches 118 204
Krankheit, Frage nach – 94 2, 13 ff.
Krankheitsvertretung, keine Versetzung 99 112
Kündigung
- Adressat der Unterrichtung des Betriebsrats 102 79 ff.
- Änderungskündigung s. dort
- Anhörung als Wirksamkeitsvoraussetzung 102 111
- Anhörung des Arbeitnehmers 102 107
- Anhörung des Betriebsrats durch den Arbeitgeber 102 99
- Anhörung des Betriebsrats vor außerordentlicher – 102 99
- Anhörungsfrist 102 98 ff.
- auf Anregung des Betriebsrats 102 38
- Arbeitnehmer ohne allgemeinen Kündigungsschutz 102 72
- Aufforderung des Betriebsrats zur Stellungnahme 102 85
- außerordentliche s. dort
- Begriff 102 9
- Behauptungs- und Beweislast für ordnungsgemäße Beteiligung des Betriebsrats 102 134
- Beteiligung der Bordvertretung 115 112, 115
- Beteiligung des Betriebsrats bei Massenentlassungen 102 309 ff.
- Beteiligung des Betriebsrats nach anderen Gesetzen 102 306 ff.
- betriebsbedingte 102 66
- eines betriebsstörenden Arbeitnehmers 104 15 ff.
- Erweiterung des Beteiligungsrechts durch Tarifvertrag 102 305
- Erweiterung des Mitbestimmungsrechts des Betriebsrats 102 283 ff.
- fehlende Anhörung des Betriebsrats 102 113 ff., 131 ff.
- Fehler des Betriebsrats 102 121 ff.
- Form der Mitteilung an Betriebsrat 102 77 f.
- Form der Stellungnahme des Betriebsrats 102 92 ff.
- Frist für Mitteilung an Betriebsrat 102 74 ff.
- Geltendmachung der fehlenden oder fehlerhaften Anhörung des Betriebsrats 102 131 ff.
- Insolvenz 102 40 ff.
- Kampfkündigung, Beteiligung des Betriebsrats 74 30, 35 f.; 102 44 f.
- keine Einholung der Stellungnahme des Betriebsrats im Umlaufverfahren 102 90
- Klageerhebungsfrist 102 131; **Anhang zu** 103 25, 38
- leitende Angestellte 102 33 f.; 105 10
- Mängel im Anhörungsverfahren 102 119 ff., 131 ff.
- Mitbestimmung des Betriebsrats in Tendenzbetrieben 118 164 ff.
- Mitteilung der Kündigungsart 102 52 ff.
- Mitteilung der Kündigungsgründe 102 56 ff.
- Mitteilung von Bedenken des Betriebsrats bei einer ordentlichen Kündigung 102 98
- Nachschieben von Gründen 102 126 ff.
- nachträgliche Zustimmung des Betriebsrats 102 297
- Notwendigkeit eines zeitlichen Zusammenhangs mit Anhörung des Betriebsrats 102 116 f.
- ordentliche s. dort
- personenbedingte 102 64
- Rechtsstellung des Arbeitnehmers im Kündigungsrechtsstreit 102 192 ff.
- Rechtsstellung des Arbeitnehmers im -rechtsstreit 102 300 ff.
- Sozialauswahl 102 67 ff., 149 ff.
- Stellungnahme des Betriebsrats 102 86 ff.
- Teilkündigung 102 12
- Umfang der Unterrichtung des Betriebsrats 102 47 ff., 48 f.
- Unterrichtung des Betriebsrats 102 125 ff.
- Unvollständigkeit der Unterrichtung 102 125 ff.
- Unwirksamkeit bei Nichtanhörung des Betriebsrates 102 5
- Verdachts- bei Betriebsratsmitglied **Anhang zu** 103 19
- Vereinbarung zwischen Arbeitgeber und Betriebsrat über die Zustimmungsbedürftigkeit von – 102 287 ff.
- verhaltensbedingte 102 65
- auf Verlangen des Betriebsrats 104
- Verletzung der Anhörungspflicht 102 111 ff.
- Verschwiegenheitspflicht des Betriebsrats 102 109 f.
- Verwirkung der Geltendmachung der unterlassenen Anhörung des Betriebsrats 102 123
- Wählbarkeit als Betriebsrat, Konsequenzen einer – 8 13 ff.
- Wahlberechtigung bei Betriebsratswahlen, Auswirkungen einer – 7 37 ff.

Fette Zahlen = §§

Sachverzeichnis

- Weiterbeschäftigungspflicht **102** 207 ff.; s. auch dort
- eines Weiterbeschäftigungsverhältnisses **102** 236 ff.
- Widerspruch des Betriebsrats gegen eine ordentliche – **102** 6, 138 ff.; s. auch dort
- Wiederholung einer – **102** 118
- Wirkung der Verletzung der Anhörungspflicht **102** 131 f.
- Zuständigkeit für Stellungnahme des Betriebsrats **102** 86 ff.
- Zustimmung des Betriebsrats **102** 284 ff.
- Zustimmungsbedürftigkeit von Kündigungen s. dort
- Zustimmungserfordernis **102** 76
- Zustimmungsersetzungsverfahren s. dort
- Zustimmungsfiktion bei Schweigen des Betriebsrats **102** 105 f.

Kündigungsfrist s. auch Kündigung
- Betriebsvereinbarungen **77** 199 ff.
- Wahlrecht während und nach Ablauf der – **7** 37 ff.

Kündigungsgründe s. auch Kündigung
- Angabe gegenüber Betriebsrat **102** 56 ff.
- subjektive Determination **102** 57

Kündigungsrichtlinien 95 37 ff.; s. auch Auswahlrichtlinien
- Betriebsvereinbarung **77** 54

Kündigungsschutz
- Betriebsratsmitglieder im Rahmen der Betriebsverfassung, Beginn und Ende **21** 10; s. auch Kündigungsschutz im Rahmen der Betriebsverfassung
- bei Diskriminierung **102** 72
- in der Insolvenz **Anhang zu 113** 24 ff.
- im Kleinbetrieb **102** 72
- für Mitglieder der Bordvertretung **115** 116
- Mitwirkung des Betriebsrats und – **102** 8 ff.
- Weiterführung der Geschäfte durch den Betriebsrat, vollumfängliches Bestehen des betriebsverfassungsrechtlichen – **22** 6
- Widerspruch des Betriebsrats **102** 6

Kündigungsschutz im Rahmen der Betriebsverfassung
- Amtspflichtverletzung des Betriebsrats als wichtiger Grund für eine Kündigung **Anhang zu 103** 20 ff.
- Änderungskündigung **78** 27 ff.
- Arbeitnehmervertreter im Aufsichtsrat **103** 13
- während eines Arbeitskampfes **103** 28
- Beginn **103** 17 ff.; **Anhang zu 103** 6 ff.
- aus dem Behinderungsverbot **78** 22 f.
- aus dem Benachteiligungsverbot **78** 22 f.
- Ende **103** 21 ff.; **Anhang zu 103** 6 ff.
- Ersatzmitglieder **25** 28; **103** 10; **Anhang zu 103** 3
- Ersetzung der Zustimmung des Betriebsrats **103** 64 ff.; s. auch Zustimmungsersetzungsverfahren

- fehlende Zustimmung **Anhang zu 103** 24 ff.
- freigestelltes Betriebsratsmitglied **Anhang zu 103** 22
- Heimarbeiter **103** 9
- Inhalt des besonderen Kündigungsschutzes **Anhang zu 103** 13 f.
- Mitglieder des Wirtschaftsausschusses **107** 29
- ordentliche Kündigung **Anhang zu 103** 27 ff.
- persönlicher Geltungsbereich **103** 4 ff.; **Anhang zu 103** 2 f.
- Schwerbehindertenvertretung **103** 11 f.
- Tendenzbetriebe **103** 14 f.
- Verfahren für die Erteilung der Zustimmung **103** 41 ff.
- Voraussetzungen **103** 4 ff.
- Wahlbewerber **Anhang zu 103** 42
- Weiterbeschäftigungsanspruch des Arbeitnehmers **103** 93 ff.
- wichtiger Grund **Anhang zu 103** 17 ff.
- Wirksamkeit der Wahl **Anhang zu 103** 4
- zeitlicher Geltungsbereich **Anhang zu 103** 6 ff.
- Zulässigkeit einer Betriebsvereinbarung bei Betriebs(teil)stilllegung **Anhang zu 103** 30 ff.
- Zuständigkeit für Erteilung der Zustimmung **103** 41 ff.

Kündigungsschutzklage, Verzicht als Voraussetzung für Sozialplanabfindung **112** 112

Kunstausstellung 118 73

Künstlerische, Betriebe, die – Zwecken dienen **118** 71 ff.

Kurzarbeit
- Abbau **87** 354
- Änderungskündigung **87** 406
- Betriebsvereinbarung **87** 360
- Eil- und Notfall **87** 370 f.
- Initiativrecht der Betriebsrats **87** 365 f.
- keine Betriebsänderung **111** 69
- Mitbestimmung des Betriebsrats **87** 353 ff.
- Regelungsbefugnis **87** 356 ff., 361
- vorübergehende Änderung der betriebsüblichen Arbeitszeit **87** 347 f.

Kurzarbeitsgeld
- arbeitskampfbedingter Arbeitsausfall **87** 404
- Beteiligung des Betriebsrats **87** 408

Kurzzeitbeschäftigung
- und Arbeitsverhältnis **5** 53 f.
- Teilzeitarbeit, Abgrenzung **5** 54
- Wahlberechtigung **7** 31

Ladung der Jugend- und Auszubildendenvertretung 29 28; **67** 8

Ladung zu Betriebsratssitzungen 29 26 ff.; s. Einladung zur Betriebsratssitzung

Lagebericht des Arbeitgebers bzw. Unternehmers
- in Betriebs- und Abteilungsversammlungen **43** 14 ff.
- in Betriebsräteversammlungen **53** 15 f.
- im Jahresabschluss **108** 36

Sachverzeichnis

Magere Zahlen = Randnummern

- über das Personal- und Sozialwesen des Betriebs einschließlich des Stands der Gleichstellung von Frauen und Männern im Betrieb sowie der Integration der im Betrieb beschäftigten ausländischen Arbeitnehmer und über den betrieblichen Umweltschutz **43** 14 ff.
- über das Personal- und Sozialwesen einschließlich des Stands der Gleichstellung von Frauen und Männern im Unternehmen sowie der Integration der im Unternehmen beschäftigten ausländischen Arbeitnehmer und über den Umweltschutz im Unternehmen **53** 15
- über wirtschaftliche Angelegenheiten **43** 14 ff.; **53** 15 ff.; **106** 21, 27 f., 37 ff.; **110** 2 ff., 9

Landbetrieb eines Schifffahrtsunternehmens **114** 38 ff.

Laufende Geschäfte
- Begriff **27** 49 ff.
- Betriebsausschuss **27** 47 ff.
- einzelne Gegenstände, Übertragung auf den Vorsitzenden oder andere Mitglieder des Betriebsrats **26** 44
- Führung der – des Betriebsrats durch den Vorsitzenden **26** 43
- Übertragung auf den Vorsitzenden oder andere Mitglieder des Betriebsrats in kleineren Betrieben **27** 73 ff.

Lebensalter
- Festsetzung einer Altersgrenze durch Betriebsvereinbarung **77** 88, 107
- Jugend- und Auszubildendenvertretung **60** 3, 5
- als Maßstab für Sozialplanabfindung **112** 91
- Schutz älterer Arbeitnehmer **75** 34 ff.
- Wählbarkeit **8** 9
- Wahlberechtigung und Wählbarkeit für die Jugend- und Auszubildendenvertretung **61** 3 ff.

Lehrling s. Auszubildende als zur Berufsbildung Beschäftigte

Leiharbeitnehmer s. auch Leiharbeitsverhältnis
- Beschwerderecht im Entleiherbetrieb **Vor 81** 4; **84** 2, 4 ff.
- Betriebsratsfähigkeit **1** 123
- Betriebszugehörigkeit **Vor 81** 4
- Individualarbeitsrechte in der Betriebsverfassung **Vor 81** 4
- Personalakte **83** 4 ff.
- Wahlberechtigung für den Entleiherbetrieb **1** 125
- Wahlberechtigung zum Betriebsrat **7** 15

Leiharbeitsverhältnis 5 94 ff.
- Mitbestimmung bei Einstellung von Leiharbeitern **99** 49 ff.
- Mitteilungspflicht des Arbeitgebers an Betriebsrat bei Einstellung **99** 137
- Mitwirkungs- und Mitbestimmungsrechte von Leiharbeitnehmern **5** 96
- Unterschied zur mittelbaren Beschäftigung **5** 101
- Wahlberechtigung zum Betriebsrat **7** 15

Leistungen des Arbeitnehmers

- Beurteilung **82** 11 f.
- Erörterung **82** 12
- Hinzuziehung eines Betriebsratsmitglieds zur Erörterung **82** 14
- zuständiger Personenkreis **82** 13

Leistungsort, Bedeutung für die Arbeitnehmereigenschaft **5** 58 ff.; s. auch Arbeitnehmereigenschaft

Leistungsträger, Begründung gegenüber Betriebsrat bei Ausnahme von Kündigung **102** 69

Leistungsverweigerungsrecht des Arbeitnehmers **81** 25; **82** 10; **87** 333

Leistungszulagen 87 879

leitende Angestellte 5 153, 186 ff.
- Anhörung des Sprecherausschusses bei Betriebsvereinbarungen **77** 43 f.
- Anteil an der Gesamtzahl der Arbeitnehmer **5** 226
- Arbeitnehmer im Sinne des Gesetzes, keine – **5** 153, 186 ff., 263
- Ärztlicher Direktor **5** 255
- Ausschreibung von Arbeitsplätzen **93** 5
- außertarifliche Angestellte s. AT-Angestellte
- Beförderung eines Arbeitnehmers **105** 4
- Begriff **5** 185 ff.
- Beispiele **5** 252 ff.
- Berechtigung zur selbstständigen Einstellung und Entlassung von Arbeitnehmern **5** 188, 200 f.
- Berücksichtigung bei der Bestimmung der Zahl der Betriebsratsmitglieder **5** 263; **9** 5
- Beschwerderecht **84** 2
- Beteiligung des Betriebsrats bei Personalplanung **92** 20 f.
- Betriebsänderung **111** 6
- Betriebsangehörige, – als **5** 267 f.; s. auch Betriebsgemeinschaft
- Betriebsarzt **5** 260
- Betriebsleiter **5** 254, 258
- betriebsverfassungsrechtliche Sonderstellung **5** 263 ff.
- Beurteilungsgrundsätze **94** 62
- Beurteilungsspielraum **5** 232
- Chefarzt **5** 255
- nach Dienststellung und Dienstvertrag **5** 188
- eigener, erheblicher Entscheidungsspielraum **5** 190 f., 206 f., 258
- eigenverantwortliche Wahrnehmung bedeutender Aufgaben **5** 206 f., 259
- Einsichtsrecht in die Personalakten **83** 3, 16 ff.
- Einstellung **105** 4 ff.
- Forschungsunternehmen **5** 255
- Gegnerbezug zum Betriebsrat **5** 220
- Geltung von Betriebsvereinbarungen **77** 73
- Generalvollmacht **5** 202 f.
- Höhe des Jahresarbeitsentgeltes als Hilfskriterium **5** 241 ff.
- Informationsrecht des Betriebsrats in Tendenzbetrieben **118** 168

Fette Zahlen = §§

- Kapitäne **114** 44
- kein Einblicksrecht des Betriebsrats in die Lohn- und Gehaltslisten **80** 80
- kein Widerspruchsrecht des Betriebsrats bei personellen Einzelmaßnahmen **99** 18
- Kündigung **102** 33 f.
- Mitteilungspflicht bei Einstellung oder personeller Veränderung **105** 4 ff., 9; s. auch Mitteilungspflicht des Arbeitgebers
- als Nichtarbeitnehmer **5** 263 f.
- Notwendigkeit regelmäßiger Aufgabenwahrnehmung **5** 219
- Personalfragebogen **94** 34
- personelle Veränderungen **105** 5 ff.
- Prokura **5** 202 ff., 259
- Rechtsstellung in der Betriebsverfassung **5** 263 ff.
- Sozialplan **112** 74 f.
- Sprecherausschuss **112** 75
- Sprecherausschüsse **5** 269 ff.; s. auch dort
- Stabsfunktion **5** 210
- Streitigkeiten um die Stellung als – **5** 300
- Teilnahmerecht an Betriebsversammlungen **42** 6
- Titularprokurist **5** 205
- Unterrichtung des Betriebsrats bei Einstellung oder personeller Veränderung **105** 3 ff.
- Vorgesetztenstellung, schlichte **5** 257 ff.
- Weisungsfreiheit in wesentlichen Bereichen **5** 216 ff.
- Wirtschaftsprüfer **5** 253
- Zugehörigkeit zu einer Leitungsebene **5** 238 ff.
- Zugehörigkeit zur Belegschaft **5** 4, 225, 267
- Zuordnung bei Betriebsrats- und Sprecherausschusswahlen **18 a** 2 ff.; s. auch Zuordnungsverfahren
- Zuordnung wissenschaftlicher Mitarbeiter **5** 255
- zwingende Abgrenzung **5** 261

Leitung
- Betriebsratssitzung **29** 42 ff.; **36** 4
- Betriebsversammlung **42** 19 ff.
- konstituierende Betriebsratssitzung **29** 12
- Konzern, einheitliche – **54** 4, 27
- Lizenzfußballvereine **118** 73
- Wahl **18** 3 ff.

Listenwahl, gebundene **14** 25; s. auch Verhältniswahl

Lohn s. Entgelt u. Lohn

Lohnabtretungsverbot 77 105

Lohndruckereien 118 91 ff.

Lohngestaltung
- Begriff **87** 729 ff.
- Betriebsvereinbarung **87** 865
- Mitbestimmungsrecht **87** 728 ff.
- Zuständigkeit des Gesamtbetriebsrats **50** 28 f.

Lohnlisten
- Einsichtsrecht **27** 57, 78
- Vorlage an Betriebsrat **80** 82

Lohnpfändung 113 60 f.

Lohnsteuer, Pflichtigkeit der Betriebsratstätigkeit **37** 35

Löschung von Arbeitnehmerdaten 94 50

Luftfahrt 117
- Abgrenzung des Landbetriebs von dem im Flugbetrieb beschäftigten Arbeitnehmern **117** 5 ff.
- begrenzte Geltung der Betriebsverfassung für Luftfahrtunternehmen **Einleitung** 60
- Beteiligung der Arbeitnehmer im Aufsichtsrat **117** 16
- Beteiligung der im Flugbetrieb beschäftigten Arbeitnehmer an der gesetzlichen Betriebsverfassung **117** 10 f.
- Festlegung der Vertretung durch Betriebsvereinbarung **117** 14
- Landbetriebe **117** 5, 9 ff.
- Luftfahrtunternehmen **117** 4
- Sondervertretung für im Flugbetrieb beschäftigte Arbeitnehmer **117** 12 ff.
- Streitigkeiten **117** 17
- Zusammenarbeit mit den Betriebsräten der Landbetriebe **117** 15 f.

Mangel
- rechtlicher – des Arbeitsvertrages **5** 85 ff.
- an wählbaren Arbeitnehmern s. auch Betriebsratsfähigkeit

Mangel der Wählbarkeit
- Anfechtungsgrund **19** 7
- gerichtliche Feststellung eines –, Subsidiarität gegenüber der Anfechtung **24** 28 ff., 32

Mängel von Betriebsratsbeschlüssen 33 39 f., 41 ff.; **102** 121 f.; **103** 53 f.
- Fehler im Anhörungsverfahren **102** 119 f.

Massenentlassungen 87 355, 376; **111** 73
- Beteiligung des Betriebsrats **102** 309 ff.

Maßnahmen
- zur Bekämpfung von Rassismus und Fremdenfeindlichkeit **88** 32 f.
- des betrieblichen Umweltschutzes **88** 15 ff.
- zur Förderung der Gleichstellung von Frauen und Männern **92** 51
- zur Förderung der Vermögensbildung **88** 27 ff.
- zur Integration ausländischer Arbeitnehmer **88** 32 f.
- zur Verhütung von Arbeitsunfällen **87** 191; **88** 11

Materielle Arbeitsbedingungen
- freiwillige Betriebsvereinbarung und Tarifvorbehalt **77** 239 ff.; **88** 8
- Günstigkeitsvergleich **77** 257 ff.
- Initiativrecht des Betriebsrats **87** 65 ff.
- Mitbestimmungsrecht in sozialen Angelegenheiten **87** 32, 35
- Regelungssperre des Tarifvertrags **77** 252 ff.
- Tarifvorbehalt **87** 150
- Verfassungsmäßigkeit der Mitbestimmung **87** 40

Mehrarbeit
- Begriff **87** 349

Sachverzeichnis

Magere Zahlen = Randnummern

- Betriebsratssitzungen außerhalb der Arbeitszeit **37** 30 ff.
- Zustimmung des Betriebsrats **87** 350, 361 ff., 367 f., 407

Mehrere Betriebe
- Gesamtbetriebsrat **47** 4 ff.
- Wählbarkeit zum Betriebsrat **8** 11 f.
- Wahlberechtigung bei Betriebsratswahlen **7** 26 ff.

Mehrheitswahl 14 37; s. auch Betriebsratswahl
- Bestimmung der Ersatzmitglieder **14** 40
- bei nur einem Wahlvorschlag **14** 37
- Ermittlung der Gewählten **14** 39 f.
- Personenwahl **14** 38
- Voraussetzungen **14** 37
- bei Wahl nur eines Vertreters einer Gruppe bei privatisierten Unternehmen der Post **14** 82

Menschengerechte Gestaltung der Arbeit 90 29 ff.
- Arbeitsstättenverordnung **90** 35
- Mitbestimmungsrecht **91** 1 ff.

Minderjährige, Teilnahme an Betriebsversammlungen **42** 4

Minderung des Arbeitsentgelts, keine wegen Betriebsratstätigkeit **37** 30 ff.

Mindestarbeitsbedingungen 2 28 f.

Mischbetrieb, Tendenzschutz **118** 96 ff., 103

Mitarbeiter
- freie s. freie Mitarbeiter
- von Presseunternehmen und Rundfunk- und Fernsehanstalten **5** 42

Mitarbeitergespräch 94 65
- Hinzuziehung eines Betriebsratsmitglieds **82** 14 f.

Mitarbeitervertretungen
- in der evangelischen Kirche **118** 222 f.
- in der katholischen Kirche **118** 224 ff.
- der Kirchen **118** 217 ff.

Mitarbeitervertretungsgesetz (MVG), evangelische Kirche **118** 223

Mitarbeitervertretungsordnung (MAVO), katholische Kirche **118** 228

Mitbestimmung, Ethikregeln **87** 181, 196, 199

Mitbestimmung, betriebliche
- Abgrenzung zur Unternehmensmitbestimmung **Einleitung** 3 f.
- Begrenzung **Vor 4. Teil** 1
- Unterschied zur Unternehmensmitbestimmung **1** 6 f.

Mitbestimmung in personellen Angelegenheiten Vor 92; **92–105**; s. auch personelle Angelegenheiten
- allgemein **Vor 4. Teil** 11 ff.
- Änderungskündigung **102** 266 f.
- Auflösung des Arbeitsverhältnisses **102** 15 ff.
- Ausschreibung von Arbeitsplätzen **93** 2 ff.
- außerordentliche Kündigung von Mitgliedern des Betriebsrats, der Jugend- und Auszubildendenvertretung, der Bordvertretung, des Seebetriebsrats,

eines Wahlvorstands oder von Wahlbewerbern **103** 4, 16 ff., 24 ff.; **Anhang zu 103**
- Auswahlrichtlinien s. dort
- befristetes Arbeitsverhältnis **102** 16 ff.
- Begriff der personellen Angelegenheiten **Vor 92** 1
- Berufsbildung s. dort
- Beurteilungsgrundsätze **94** 54 ff.
- Bordvertretung **115** 110 f.
- Einschränkung in Tendenzbetrieben **118** 151 ff.
- Einstellung s. Widerspruchsrecht des Betriebsrats bei personellen Einzelmaßnahmen
- Einstellungsrichtlinien **95** 21 ff.
- Entfernung betriebsstörender Arbeitnehmer **104** 2 ff., 21 ff.
- Förderung besonders schutzbedürftiger Personen **80** 36
- Kündigung s. dort
- Kündigungsrichtlinien **95** 37 ff.
- leitende Angestellte **105** 3 ff.
- Personalfragebogen **94** 5 ff., 30 ff.
- Personalplanung als Mitwirkungstatbestand **92** 3 ff.
- positives Konsensprinzip **99** 4
- Seebetriebsrat **115** 110 ff.
- Teilkündigung **102** 12
- Umgruppierungsrichtlinien **95** 35 ff.
- Versetzungsrichtlinien **95** 30 ff.
- Zustimmung des Betriebsrats zur Kündigung **102** 284 ff.; **103** 4 ff.
- Zweck **Vor 92** 6 f.

Mitbestimmung in sozialen Angelegenheiten
s. auch soziale Angelegenheiten
- Abgrenzung des mitbestimmungspflichtigen Einzelfalls von der mitbestimmungsfreien Individualmaßnahme **87** 26 ff.
- Abmahnung **87** 227 ff.
- Abstellen von Fahrzeugen **87** 185
- Akkordlohn **87** 809 ff., 878 ff.
- Alkoholverbot **87** 190
- allgemein **Vor 4. Teil** 7 ff.
- Änderungskündigung **87** 128, 406
- Anordnungen über das Arbeitsverhalten **87** 198 f.
- Arbeitgeberdarlehen **87** 736
- Arbeits- und Gesundheitsschutz **87** 535 ff.
- Arbeitskampf **87** 205, 373
- arbeitskampfbedingte Änderung der betriebsüblichen Arbeitszeit **87** 373, 378 ff.
- Arbeitskleidung **87** 188
- arbeitsnotwendige Maßnahme **87** 179
- Arbeitsschutzausschuss **87** 595 ff.
- Arbeitsverhalten **87** 178 f., 194 ff.
- Arbeitszeitberichte **87** 195
- Art und Weise der Arbeitsentgelterbringung **87** 423, 763
- Aufgaben der Betriebsärzte und Fachkräfte für Arbeitssicherheit **87** 588 ff.

Fette Zahlen = §§

Sachverzeichnis

- Ausübung der Mitbestimmung bei Normierung verbindlicher Verhaltensregeln **87** 209 ff.
- Ausübung durch den Betriebsratsvorsitzenden **87** 93
- Ausübung durch ein Betriebsratsmitglied **87** 93
- bargeldlose Entlohnung **87** 165, 421, 425 ff.
- Bedienungsgelder **87** 831
- Benutzung eines Firmenwagens zu Privatzwecken **87** 203
- Bestellung u. Abberufung eines Betriebsarztes oder einer Fachkraft für Arbeitssicherheit **87** 570 ff., 576 ff.
- Bestellung u. Abberufung von Betriebsärzten **87** 570 ff.
- Beteiligung des Betriebsrats an der betrieblichen Arbeitsschutzorganisation **87** 568 ff.
- betriebliche Altersversorgung **87** 837 ff.
- betriebliches Vorschlagswesen **87** 925 ff.
- durch Betriebsabsprache **87** 76 ff.
- Betriebsausschuss **87** 89 ff.
- Betriebsbußen **87** 213 f., 215 ff., 223 ff.
- Betriebsbußenordnung **87** 215 ff., 223 ff.
- Betriebsferien **87** 446 ff.
- durch Betriebsvereinbarung **87** 77 ff.
- Bildschirmarbeitsplätze s. auch dort
- Bildungsurlaub **87** 441, 458, 466
- Bindung an den Gleichbehandlungsgrundsatz **87** 740, 846
- Bindungswirkung der Mitbestimmungsausübung **87** 97 ff.
- Bordvertretung **115** 98 ff.
- Datenverarbeitungssysteme **87** 489 ff.
- Dauergestaltung **87** 30
- Dienstreiseordnung **87** 196
- Direktzusage oder Direktversicherung **87** 847 f.
- Durchführung **87** 209 ff.
- Durchführung der Entlohnungsgrundsätze **87** 760 ff.
- Ehrlichkeitskontrollen **87** 195
- Eigentum des Arbeitgebers **87** 202
- Eilfälle **87** 55 ff.
- Einführung der Fünf-Tage-Woche **87** 283
- Einführung von Akkordlohn s. Akkordlohn
- Einheitsregelung **87** 126
- Einigung zwischen Arbeitgeber und Betriebsrat **87** 75 f.
- Einigungsnotwendigkeit **87** 3, 139
- Einigungsstelle **76** 14; **87** 964 ff.
- Einschränkung **87** 116
- Einschränkung der arbeitsvertraglichen Gestaltungsfreiheit **87** 108 ff.
- Einschränkung in Tendenzbetrieben **118** 142 ff.
- einstweilige Verfügung **87** 61 ff., 392, 532
- Entlassung als Betriebsbuße **87** 247 ff.
- Entlohnungsgrundsätze **87** 413 ff., 729 ff.
- Entlohnungsmethode **87** 760 ff.
- Erfüllung der Arbeitspflicht durch den Arbeitnehmer **87** 179
- erschöpfende Aufzählung der Mitbestimmungsfälle **87** 10 ff.
- Fahrtenschreiber **87** 486, 508
- Festlegung der Pausen **87** 276 ff.
- Förderung besonders schutzbedürftiger Personen **80** 36 ff., 42
- Form der Ausübung **87** 75 ff.
- formelle Arbeitsbedingungen **87** 35 ff.
- Fortsetzung der Akkord- und Prämiensätze und vergleichbarer leistungsbezogener Entgelte einschließlich der Geldfaktoren **87** 878 ff.
- Fragen der betrieblichen Lohngestaltung **87** 728 ff.
- Fragen der Ordnung des Betriebs und des Verhaltens der Arbeitnehmer im Betrieb **87** 175 ff.
- Freistellung zum Arztbesuch **87** 193
- freiwillige Betriebsvereinbarung und Tarifvorbehalt **87** 169 ff.
- freiwillige Leistungen als Schranke des Mitbestimmungsrechts **87** 45 ff.
- Führungsrichtlinien **87** 195
- Geldbußen bei Verstößen gegen die betriebliche Ordnung **87** 232 ff.
- gemeinsame Ausschüsse **87** 91 f.
- Gesamtbetriebsrat **87** 83, 94 f.
- Gesamtzusage **87** 126
- Gestaltungsform des arbeitsmedizinischen und sicherheitstechnischen Dienstes **87** 573 ff.
- Gewinn- und Ergebnisbeteiligung **87** 737, 893
- gleitende Arbeitszeit **87** 279
- Gruppenarbeit **87** 947 ff.; s. auch dort
- Individualmaßnahme **87** 26 ff., 226, 308, 701
- individualrechtliche Folgen einer Nichtbeteiligung des Betriebsrats **87** 101 ff.
- Informationsrecht des Betriebsrats **80** 47 ff.
- Inhalt der Mitbestimmung **87** 10 ff.
- Initiativrecht **87** 65 ff., 201, 365 ff., 433, 453 f., 518 f., 858 f., 912, 940
- Integrationsfunktion **87** 8
- Internet **87** 487
- Intranet **87** 487
- kein Verzicht auf – **Vor 87** 13
- keine generelle Beschränkung der Mitbestimmung auf kollektive Tatbestände **87** 21 ff.
- keine – in einem betriebsratslosen Betrieb **87** 87
- Kienzle-Schreiber **87** 507
- Kollektivmaßnahme **87** 15, 116, 226, 339
- Konkretisierung des Mitbestimmungsrechts durch Betriebsvereinbarung **87** 75 ff.
- Kontrolle der Arbeitsleistung und des Verhaltens des Arbeitnehmers **87** 493
- Kontrolle des Arbeitnehmers **87** 482 ff.
- Konzernbetriebsrat **87** 84, 96
- Kündigung der Betriebsvereinbarung **87** 99
- Kurzarbeit **87** 337, 348, 353 ff.
- Kurzarbeitergeld **87** 408 f.
- Lohn- und Gehaltsbemessung im Rahmen der synallagmatischen Rechtsbeziehungen **87** 780 ff.

2541

Sachverzeichnis

Magere Zahlen = Randnummern

- Lohn- und Gehaltshöhe **87** 768 ff.
- Maßnahmen zur Verhütung von Arbeitsunfällen **87** 120, 191
- materielle Annexregelungen **87** 38 ff., 204, 372
- materielle Arbeitsbedingungen **87** 32 ff.
- Mitbestimmungsfreiheit unternehmerischer Entscheidungen **87** 41 ff.
- Mitgestaltung des betrieblichen Ordnungsverhaltens **87** 200 ff.
- modifizierte Unwirksamkeitstheorie **87** 107
- Multimoment-Filmkamera **87** 478, 507
- Nachwirkung einer Betriebsvereinbarung **87** 100
- negatorischer Beseitigungs- und Unterlassungsanspruch des Betriebsrats **87** 134 ff.
- Notfälle **87** 311 f., 370 f.
- Notwendigkeit eines kollektiven Tatbestands als Voraussetzung der Mitbestimmung **87** 15 ff.
- Nutzung von Gemeinschaftsräumen **87** 185
- öffentlich-rechtliche Pflicht zum Abschluss einer Betriebsvereinbarung **87** 2
- Ordnungsverhalten **87** 177, 184 ff.
- paritätische Beteiligung in der Form des positiven Konsensprinzips **87** 6
- Personalinformationssysteme **87** 512
- personelle Schranke **87** 14
- Prämienlohn **87** 878 ff., 882 ff.; s. auch dort
- Produktograph **87** 475, 478, 508
- Provision **87** 827 ff.
- Rauchverbot **87** 190
- Rechtsfolgen bei Nichtbeachtung des Mitbestimmungsrechts **87** 118 ff., 211 f., 332 f., 404 ff., 437, 532 f., 566 f., 681 ff., 724 ff., 869, 920 ff., 946
- Rechtsgeschäft mit einem Arbeitnehmer **87** 113
- Rechtsgeschäfte mit einem Dritten **87** 111 f., 129
- rechtsgeschäftliche Ordnung des Arbeitslebens als Voraussetzung und Grenze der Mitbestimmung **87** 51 f.
- Rechtswirkungen des Spruchs der Einigungsstelle **87** 973 ff.
- Regelungen über die Verhütung von Arbeitsunfällen und Berufskrankheiten sowie über den Gesundheitsschutz **87** 541 ff.
- Rückgruppierung als Betriebsbuße **87** 247 ff.
- Sachherrschaft des Arbeitgebers als Schranke der Mitbestimmung **87** 202 f.
- Schichtarbeit **87** 288 ff.
- durch schlüssiges Verhalten **87** 80
- Sicherung der Mitbestimmung durch Anrufung der Einigungsstelle **87** 130
- Sicherung der Mitbestimmung durch Anrufung des Arbeitsgerichts **87** 132
- Sicherung der von Arbeitnehmern in den Betrieb mitgebrachten Sachen **87** 185
- Sonderurlaub **87** 466
- Sozialeinrichtung **87** 603 ff.; s. auch dort
- Streitigkeiten **87** 964 ff.
- tägliche Arbeitszeit **87** 255 ff., 267, 273 ff.; s. auch Arbeitszeit
- Tarifbindung des Arbeitgebers **87** 153 ff.
- Tarifvorrang als Schranke der Mitbestimmung **87** 150 ff., 959
- Tätigkeitsberichte **87** 195
- technische Einrichtungen zur Überwachung der Arbeitnehmer **87** 478 ff.
- Telefongespräche **87** 186, 485
- Theorie der notwendigen Mitbestimmung **87** 15 ff.
- Theorie der Wirksamkeitsvoraussetzung **87** 101 ff., 115 ff.
- Übergang von der Fünf-Tage-Woche zur Vier-Tage-Woche **87** 283
- Überstunden **87** 339, 349 ff., 356 ff.
- Übertragung auf Arbeitsgruppe **87** 92
- Überwachung der Arbeitnehmer **87** 488 ff.
- Unterlassungsanspruch des Betriebsrats **87** 134 ff.
- unternehmerische Entscheidungen **87** 41 ff.
- Unterstützungs- und Pensionskassen **87** 849 ff.
- Urlaub **87** 443 ff.
- Verbot, Radio zu hören **87** 189
- Verfassungsmäßigkeit der Mitbestimmung hinsichtlich materieller Arbeitsbedingungen **87** 40
- Verhältnis zum Tarifvorbehalt des § 77 Abs. 3 **87** 166 ff., 172
- Verhältnis zur individuellen Vertragsfreiheit **87** 123 f.
- Verhältnis zur Mitbestimmung nach dem Arbeitssicherheitsgesetz **87** 568 ff.
- Verpflichtung eines freiberuflich Tätigen oder eines betrieblichen Dienstes **87** 585 ff.
- vertragliche Sanktionen bei Ordnungsverstößen **87** 213
- Videoanlage **87** 507
- Vorgeschichte **87** 1 ff.
- Vorrang des Tarifvertrags **87** 143 ff., 206 ff., 377, 435, 459, 523, 562 f., 716 f., 780 ff., 862, 913, 959
- Vorrang von Gesetzen **87** 143 ff., 206 ff., 375 f., 434, 459, 523, 562, 716 f., 862 ff.
- vorübergehende Änderung der betriebsüblichen Arbeitszeit für einzelne Arbeitnehmer **87** 362 ff.
- vorübergehende Veränderung der betriebsüblichen Arbeitszeit **87** 337 ff., 345 ff., 356 ff.
- vorübergehende Verkürzung der betriebsüblichen Arbeitszeit **87** 338, 353 ff., 362 ff.
- vorübergehende Verlängerung der betriebsüblichen Arbeitszeit **87** 338, 349 ff.
- Weisungsrecht des Arbeitgebers **87** 122
- Werkmietwohnungen **87** 621 ff., 690 ff.; s. auch dort
- Werkskantinen **87** 619, 640 ff.
- Widerruf der Zustimmung, kein – **87** 97
- wöchentliche Arbeitszeit **87** 267 ff.
- Zulässigkeit einer freiwilligen Betriebsvereinbarung bei Gesetzes- und Tarifvorrang **87** 169 ff.
- zusätzliche Leistungen **87** 832 ff.
- Zuständigkeit **87** 81 ff., 531, 565, 720, 866 ff., 919, 945

Fette Zahlen = §§

Sachverzeichnis

– Zuständigkeit der Arbeitsgerichte **87** 975 ff.
– Zustimmungserfordernis in Eilfällen **87** 55 ff.
– Zustimmungsverweigerung des Betriebsrats **87** 53 ff., 98 ff.
– Zweck **87** 7 ff.

Mitbestimmung in wirtschaftlichen Angelegenheiten Vor 106; 106–113; s. auch wirtschaftliche Angelegenheiten
– allgemein **Vor 4. Teil** 16 ff.
– Beteiligung der Arbeitnehmer im Aufsichtsrat s. dort
– Betriebsänderungen s. dort
– Einschränkung in Tendenzbetrieben **118** 169 ff.
– keine Beteiligung der Bordvertretung **115** 117
– Seebetriebsrat **116** 71 ff.
– Wirtschaftsausschuss s. dort

Mitbestimmungsrecht s. Mitwirkungs- und Mitbestimmungsrecht

Mitbestimmungssicherungsverfahren 101 7
– Antrag auf gerichtliche Ersetzung der Zustimmung **101** 14
– Entscheidung des Arbeitsgerichts **101** 15
– Rechtsmittel **101** 19
– Verfahrensregelung **101** 11 ff.
– Voraussetzungen **101** 9 f.

Mitbestimmungswidrigkeit von Zuständen, Beseitigungsanspruch gegen den Arbeitgeber **23** 80 ff.; s. auch Zwangsverfahren gegen den Arbeitgeber

Mitbeurteilung bei Ein- und Umgruppierungen **99** 75, 178, 303; **100** 16

Mitglieder
– Anzahl s. Mitgliederzahl
– des Betriebsrats s. Betriebsratsmitglied
– einer Personengesamtheit, keine Arbeitnehmer **5** 164

Mitgliederwerbung der Gewerkschaften im Betrieb 2 84 f., 103, 145 ff.
– durch betriebsfremden Gewerkschaftsbeauftragten **2** 85, 102 f., 151 ff.
– durch Betriebsrat bzw. dessen Mitglieder **2** 171 ff.
– Grenzen **2** 163 ff.
– Informationstätigkeit **2** 145
– Streitigkeiten **2** 177 ff.

Mitgliederzahl
– Betriebsausschuss **27** 6
– Betriebsrat **9;** s. auch Zahl der Betriebsratsmitglieder
– Bordvertretung **115** 23
– Einigungsstelle **76** 44
– Gesamtbetriebsrat **47** 28 ff.
– Gesamt-Jugend- und Auszubildendenvertretung **72** 16
– Jugend- und Auszubildendenvertretung **62** 4 ff.
– Konzernbetriebsrat **55** 3 f.
– Seebetriebsrat **116** 17 f.
– Wahlvorstand **16** 9 f.
– weitere Ausschüsse **28** 10

– Wirtschaftsausschuss **107** 2

Mitgliedschaft
– im Betriebsrat, Erlöschen **24** 2 ff.; s. auch Erlöschen der Mitgliedschaft im Betriebsrat
– im Betriebsrat, Erlöschen während Amtsenthebungsverfahren **23** 41; s. auch Amtsenthebung
– im Betriebsrat, Ruhen während Wehr- und Zivildienst **24** 26
– im Wahlvorstand, Erlöschen **16** 60

Mitteilungspflicht des Arbeitgebers
– Adressat der Mitteilung bei Kündigung **102** 79 ff.
– Form der Mitteilung bei Kündigung **102** 77 ff.
– Frist für Mitteilung bei Kündigung **102** 74 ff.
– Gesamtbetriebsrat oder Konzernbetriebsrat als Adressat der Mitteilung über personelle Angelegenheiten leitender Angestellter **105** 15 f.
– konkrete Bezeichnung der zu kündigenden Person **102** 51
– bei Kündigungen **102** 48 f.
– Kündigungsart **102** 52 ff.
– Kündigungsgründe **102** 56 ff.
– personelle Angelegenheiten leitender Angestellter **105** 5 ff., 9
– bei personellen Einzelmaßnahmen **99** 79 ff.
– Verletzung **121** 3

Mittelbares Arbeitsverhältnis 5 101 f.; s. auch Arbeitsverhältnis
– Wahlberechtigung zum Betriebsrat **7** 12

Mitwirkung der Koalitionen in der Betriebsverfassung s. Zusammenarbeit mit den Koalitionen

Mitwirkungs- und Beschwerderecht des Arbeitnehmers Vor 81; 81–86
– Bordverfassung **115** 94 ff.
– Geltungsbereich **Vor 81** 4 ff.

Mitwirkungs- und Mitbestimmungsrecht
s. auch Mitbestimmung in personellen Angelegenheiten; s. auch Mitbestimmung in sozialen Angelegenheiten; s. auch Mitbestimmung in wirtschaftlichen Angelegenheiten
– allgemeine Aufgaben des Betriebsrats **80** 5 ff.
– Änderung des Arbeitsplatzes, des Arbeitsablaufs oder der Arbeitsumgebung **91** 4 ff., 10 ff.
– Änderung durch Tarifvertrag **2** 139 ff., 142
– Änderungskündigung **102** 11, 54, 62, 266 ff.
– Antragsrecht **80** 19 ff.
– während eines Arbeitskampfes **74** 32 ff.
– bei Arbeitsverfahren und Arbeitsabläufen **90** 13 f.
– Aufgaben **Vor 4. Teil** 2 ff.
– Auflösung des Arbeitsverhältnisses **102** 15 ff.
– Ausschreibung von Arbeitsplätzen **93** 2 ff., 19 ff.
– außerordentliche Kündigung von Mitgliedern des Betriebsrats, der Jugend- und Auszubildendenvertretung, der Bordvertretung, des Seebetriebsrats, eines Wahlvorstands oder eines Wahlbewerbers **103** 4, 16 ff., 24 ff.; **Anhang zu 103**
– Auswahlrichtlinien s. dort
– befristetes Arbeitsverhältnis **102** 16 ff.

2543

Sachverzeichnis

Magere Zahlen = Randnummern

- Berufsbildung s. dort
- Bestellung des Sicherheitsbeauftragten **89** 33 ff.
- Beteiligungsrechte **Vor 4. Teil** 2 ff.
- Betriebsänderungen s. dort
- Beurteilungsgrundsätze **94** 54 ff.
- Bordvertretung **115** 70 ff.
- Durchführung sonstiger Bildungsmaßnahmen im Betrieb **98** 9 ff.
- Eilfälle bei der Mitbestimmung in sozialen Angelegenheiten **87** 55 ff.
- Einführung und Ausgestaltung von Personalinformationssystemen **87** 512
- Eingruppierung s. Widerspruchsrecht des Betriebsrats bei personellen Einzelmaßnahmen
- Einschränkung des – in sozialen Angelegenheiten **Vor 87** 12
- Einschränkung in Tendenzunternehmen **118** 151 ff.
- Einstellung s. Widerspruchsrecht des Betriebsrats bei personellen Einzelmaßnahmen
- Einstellungsrichtlinien **95** 21 ff.
- Entfernung betriebsstörender Arbeitnehmer **104** 2 ff., 21 ff.
- Erweiterung des – in sozialen Angelegenheiten **Vor 87** 12 f.
- Erweiterung des Mitbestimmungsrechts bei Kündigung **103** 4 ff.
- Erweiterung durch Betriebsvereinbarung **Einleitung** 139, 145 ff.
- Erweiterung durch Tarifvertrag **Einleitung** 139, 145 ff.
- Erweiterung Rechts bei Kündigung **102** 284 ff.
- Formen der Beteiligung **Vor 4. Teil** 21 ff.
- Formularverträge **94** 52
- Gegenstand **Vor 4. Teil** 2 ff.
- geschichtliche Entwicklung **Einleitung** 6 ff.
- bei Gestaltung des Arbeitsplatzes **Vor 90**; **90** 15 f.
- bei Gestaltung von Bauvorhaben, die einer betrieblichen Zweckbestimmung dienen **90** 7 ff.
- immanente Schranken der Beteiligungsausübung **75** 41
- Informationsrecht des Betriebsrats **80** 47 ff.
- Initiativrecht **87** 65 ff., 201, 365 ff., 433, 453 f., 518 f., 858 f., 912, 940
- kein Mitleitungs- und Mitdirektionsrecht **77** 8
- kein Verzicht des Betriebsrats **Vor 87** 13
- keine Wahrnehmung in betriebsratslosem Betrieb **1** 106 f.; **Vor 4. Teil** 5
- Kündigung s. dort
- Kündigungsrichtlinien **95** 37 ff.
- Legitimation für Maßnahmen des Arbeitgebers **Vor 4. Teil** 31 ff.
- Leistungsverweigerungsrecht nach § 273 BGB **91** 24
- leitende Angestellte **105** 9 ff.
- Maßnahmen der betrieblichen Berufsausbildung **98** 4 ff.

- Mitbestimmung als Wirksamkeitsvoraussetzung **Vor 4. Teil** 32 f.
- Personalfragebogen **94** 5 ff., 30 ff.
- Personalinformationssysteme, Einführung und Ausgestaltung **87** 512
- Personalplanung s. dort
- im Personalvertretungsrecht **91** 3
- personelle Einzelmaßnahmen **99** 10 ff.
- in personellen Angelegenheiten **Vor 4. Teil** 11 ff.; **92–105**
- Recht auf Anhörung und Recht auf Beratung **Vor 4. Teil** 25 f.
- Recht auf Unterrichtung **Vor 4. Teil** 22 ff.
- Rechtsnatur der Beteiligungsrechte **Einleitung** 103
- durch den Seebetriebsrat **116** 69 ff.
- in sozialen Angelegenheiten **Vor 4. Teil** 7 ff.; **87–89**
- Sozialplan **112** 77 ff.; s. auch dort
- bei technischen Anlagen **90** 10 ff.
- Teilkündigung **102** 12
- Träger der Beteiligungsrechte **Einleitung** 92 ff., 103 f.
- Überwachungsrecht **80** 5 ff., 16 ff.
- Umfang **Vor 4. Teil** 6
- umfassende funktionelle Zuständigkeit im Bereich der sozialen Angelegenheiten **Vor 4. Teil** 8; **77** 50, 66; **Vor 87** 8; **88** 3 ff., 6
- Umgruppierung s. Widerspruchsrecht des Betriebsrats bei personellen Einzelmaßnahmen
- Umgruppierungsrichtlinien **95** 35 f.
- Verbot des Eingriffs in die Betriebsleitung **77** 8 ff.
- Verhältnis zu anderen Beteiligungsrechten **91** 31 ff.
- Verhältnis zum Tarifvertrag **77** 244 ff.
- verschiedene Ausprägungen **Vor 4. Teil** 27 ff.
- Versetzung s. Widerspruchsrecht des Betriebsrats bei personellen Einzelmaßnahmen
- Versetzungsrichtlinien **95** 30 ff.
- Vorschlagsrecht zur Beschäftigungssicherung **92 a** 4 ff.
- in wirtschaftlichen Angelegenheiten **Vor 4. Teil** 16 ff.; **106–117**

Mobbing 84 6
Monatliche Besprechungen
- mit dem Arbeitgeber **74** 4 ff.
- Durchführung **74** 7 ff.
- als formalisierte Verfahrensregelung des Gebots der vertrauensvollen Zusammenarbeit **2** 22
- Gebot der – **74** 4 ff.

Mündliche Beratung im Betriebsrat **33** 2

Nachrichtenagenturen 118 88
Nachrücken
- einköpfiger Betriebsrat bei privatisierten Unternehmen der Post **14** 89 f.
- Ersatzmitglied **25** 2 ff.; s. auch dort
- Gesamtbetriebsrat **47** 37

Fette Zahlen = §§ **Sachverzeichnis**

– Gesamt-Jugend- und Auszubildendenvertretung **72** 13
– Jugend- und Auszubildendenvertretung **65** 8
– Konzernbetriebsrat **55** 12
– Reihenfolge des Nachrückens von Ersatzmitgliedern **25** 16 ff.; s. auch Ersatzmitglied
– Stellvertreter eines zeitweilig verhinderten Betriebsratsmitglieds als endgültiges Betriebsratsmitglied **25** 22; s. auch Ersatzmitglied
– Wirtschaftsausschuss **107** 14

Nachschieben
– Kündigungsgründe **103** 71 ff.
– Zustimmungsverweigerungsgründe **99** 185 ff.

Nachteile
– Androhung von – bei der Wahl **20** 14
– wegen Erhebung einer Beschwerde **84** 18 ff.
– keine – aus Betriebsratstätigkeit **37** 4, 62 ff.; **38** 51 f., 53 ff.; **78** 3 f., 19 ff.
– wesentliche – für die Belegschaft bei einer Betriebsänderung **111** 45 ff.

Nachteilsausgleich 111 164
– Abfindungsanspruch für den Verlust des Arbeitsplatzes **113** 36 ff.
– Abweichung vom Interessenausgleich **113** 7 ff.
– Änderungskündigung **113** 40 f.
– vom Arbeitgeber veranlasste Eigenkündigung **113** 42
– Arbeitslosengeld **113** 59
– Aufhebungsvertrag **113** 42
– Ausgleich wirtschaftlicher Nachteile außer Verlust des Arbeitsplatzes **113** 50 ff.
– Ausgleichzeitraum **113** 54
– Ausschlussfrist **113** 62 f.
– Beitragspflicht zur Sozialversicherung **113** 58
– Betriebsänderung ohne Versuch eines Interessenausgleichs **112** 69, 202 ff.; **113** 24 ff.
– Entlassung als Folge der betriebsverfassungswidrig durchgeführten Betriebsänderung **113** 36 ff.
– Höhe der Abfindung **113** 49
– Inhalt **113** 35 ff.
– Insolvenz **113** 56
– kein negatorischer Beseitigungsanspruch **113** 8
– Pfändungsbeschränkungen **113** 60 f.
– prozessuale Behandlung **113** 43 ff.
– Rechtswirksamkeit der Kündigung des Arbeitnehmers keine Anspruchsvoraussetzung **113** 37 ff.
– steuerrechtliche Behandlung **113** 57
– Streitigkeiten über den Anspruch auf Nachteilsausgleich **113** 55
– Tendenzbetriebe **113** 34; **118** 170 ff.
– Verhältnis zu den Sozialplanansprüchen **112** 67 ff.; **113** 33, 65
– Verjährung **113** 62
– Versuch eines Interessenausgleichs **113** 29 ff.
– Verzicht **113** 64
– Voraussetzungen **113** 7 ff.

– Zweck **113** 2 ff.
– zwingender Grund für eine Abweichung **113** 12 ff.

Nachwahl zum Betriebsausschuss **27** 30 f.
Nachweisgesetz 5 74
Nachwirkung
– Betriebsvereinbarung **77** 161 ff., 168 f., 172 f.; s. auch dort
– Tarifvertrag **77** 242, 274, 308

Namensliste
– im Interessenausgleich für Kündigungen **102** 41, 71; **112** 15, 22 a ff.
– für Kündigungen in der Insolvenz **Anhang zu 113** 25 f.

namentliche Abstimmung 34 3
NATO-Streitkräfte, Geltung des BetrVG in Dienststellen und Betrieben **130** 8 ff.

Nebenbetrieb
– Begriff **4** 6 f.
– Betriebsratsfähigkeit **1** 58, 128
– betriebsverfassungsrechtliche Selbstständigkeit **4** 14 ff.
– Bindungswirkung arbeitsgerichtlicher Betriebszuordnung **18** 29 ff.
– Entscheidung über Selbstständigkeit oder Unselbstständigkeit **18** 22 ff.
– räumliche Nähe als maßgebliches Zuordnungskriterium **4** 12, 24
– Tarifvertrag über die Zusammenfassung von Betrieben und Bildung eines unternehmenseinheitlichen Betriebsrats **3** 16 ff.; **4** 45 ff.
– Verlust der Betriebsratsfähigkeit **1** 128
– Zuordnung eines nicht betriebsratsfähigen – zum Hauptbetrieb **4** 45 f.
– Zusammensetzung des Betriebsrats, Berücksichtigung des Kleinstbetriebs **15** 6 f.

Neue Betriebe
– Betriebsänderungen **112 a** 12 ff.
– Sozialplanprivileg **112 a** 12 ff.
– Zusammenhang mit der rechtlichen Umstrukturierung von Unternehmen und Konzernen **112 a** 17 ff.

Neue Bundesländer s. Beitrittsgebiet
Neuordnung von Bahn und Post s. Deutsche Bahn; s. Post, privatisierte Postaktiengesellschaft

Neuwahl
– Betriebsausschuss **27** 31
– Betriebsrat **9** 25; **13** 13 ff., 17 ff., 55 ff.; **19** 69 ff.; **23** 68 ff.; s. auch Betriebsratswahl
– Betriebsratsvorsitzender **26** 12 ff.
– im nächsten Zeitraum der regelmäßigen Betriebsratswahlen **13** 55
– Notwendigkeit einer – bei Unmöglichkeit des Nachrückens von Ersatzmitgliedern **25** 23
– im übernächsten Zeitraum der regelmäßigen Betriebsratswahlen **13** 56 ff.
– vorzeitige – des Betriebsrats außerhalb des regelmäßigen Wahlzeitraumes **13** 13 ff., 17 ff.;

2545

Sachverzeichnis

Magere Zahlen = Randnummern

19 69 ff.; **21** 18 ff.; s. auch Betriebsratswahl; s. auch Wahl des Betriebsrats
Nichtannahme der Wahl
- zum Betriebsratsmitglied **14** 64
- zum Betriebsratsvorsitzenden **26** 12 f.

Nichtbefolgung
- der Geschlechterquote bei der Zusammensetzung des Betriebsrats (§ 15 Abs. 2) **15** 22 f.
- der Sollvorschrift der Zusammensetzung des Betriebsrats (§ 15 Abs. 1) **15** 20 f.

Nichtbestehen eines Betriebsrats im Betrieb
- Betriebsversammlung zur Wahl eines Wahlvorstandes **17** 4
- als Grund vorzeitiger Betriebsratswahlen **13** 50 ff.

Nichtbeteiligung des Betriebsrats s. bei den jeweiligen Mitbestimmungstatbeständen

Nichterwerbsdienliche Beschäftigung
- aus karitativen oder religiösen Gründen **5** 176 ff.
- aus medizinischen oder erzieherischen Gründen **5** 179 f.

Nichtigkeit
- des Arbeitsvertrages **5** 72, 86 f.
- eines Betriebsratsbeschlusses **33** 41 ff.
- der Betriebsratswahl s. Nichtigkeit der Betriebsratswahl
- sonstiger Wahlen s. bei der jeweiligen Wahl

Nichtigkeit der Betriebsratswahl 19 3, 72 ff.
- Fehlen des Wahlvorstands **16** 1
- Fehlen von Wahlvorschlägen **14** 41
- gerichtliche Geltendmachung der – **19** 80 f.
- Neuwahl außerhalb des regelmäßigen Wahlzeitraums **13** 45
- Nichtigkeit neben Wahlanfechtung **19** 72
- Nichtigkeitsgründe **19** 73 ff.
- Rechtsfolgen **19** 77

Nichtigkeit sonstiger Wahlen
- der Bordvertretung **115** 40
- des Seebetriebsrats **116** 30

Nichtöffentlichkeit s. auch Öffentlichkeit
- der Betriebsversammlung **42** 32 ff.
- Rechtswirksamkeit von unter Verletzung der – gefassten Beschlüsse **30** 17

Nichtständige Arbeitnehmer
- Wahlberechtigung zum Betriebsrat **7** 31, 54
- zusätzliche betriebsverfassungsrechtliche Vertretung durch Tarifvertrag **3** 44 ff.

Niederlegung s. auch Amtsniederlegung
- der Mitgliedschaft im Betriebsausschuss **27** 23
- der Mitgliedschaft im Betriebsrat **13** 52; **24** 8 ff.
- der Mitgliedschaft im Gesamtbetriebsrat **49** 5 f.
- der Mitgliedschaft im Konzernbetriebsrat **57** 5
- der Mitgliedschaft in der Jugend- und Auszubildendenvertretung **65** 7

Niederschrift
- Aushändigung an Arbeitgeber und Gewerkschaftsbeauftragte **34** 11 f.
- Betriebsausschusssitzungen **27** 40

- Betriebsratssitzungen **34**; s. auch Sitzungsniederschaft
- Betriebsversammlung **42** 21
- Einsicht **34** 24 ff.
- Einwendungen **34** 14 ff.
- Protokollführung **34** 4 f.
- Protokollierung, Formalitäten **34** 6 ff.
- rechtliche Bedeutung **34** 19 ff.
- Sitzungen der Gesamt-Jugend- und Auszubildendenvertretung **73** 9
- Sitzungen der Jugend- und Auszubildendenvertretung **65** 29
- Sitzungen des Gesamtbetriebsrats **51** 36
- Sitzungen des Konzernbetriebsrats **59** 31
- Sitzungen von weiteren Ausschüssen **28** 21
- Unterzeichnung **34** 9
- Verwahrung **34** 23
- Wirtschaftsausschuss **108** 10
- Zuordnung **34** 22 f.

Notfälle
- Mitbestimmung in sozialen Angelegenheiten **87** 62 ff., 311, 370 f.
- vorläufige Regelungen des Arbeitgebers **87** 63 f.

Notlage, wirtschaftliche **111** 34

Oberste Arbeitsbehörde der Länder, Anerkennung von Schulungsveranstaltungen **37** 149 ff.

Öffentlicher Dienst
- Abgrenzung des öffentlichen Dienstes **130** 3 ff.
- Bereichsausnahme vom Geltungsbereich der Betriebsverfassung **Einleitung** 57 f.
- Dienststellen und Betriebe der NATO-Streitkräfte **130** 8 ff.
- Internationale und zwischennationale Organisationen **130** 6 f.
- keine Geltung des BetrVG **130** 1 f.
- Übergangsmandat bei Privatisierung **130** 12 f.

Öffentlichkeit s. auch Nichtöffentlichkeit
- Betriebsräteversammlung **53** 33
- Betriebsratssitzung **30** 9 ff.
- Betriebsversammlung **42** 32 ff.
- Jugend- und Auszubildendenversammlung **71** 19
- Sitzungen der Einigungsstelle, parteiöffentlich **76** 88
- Sitzungen des Wirtschaftsausschusses **108** 8

Öffnungsklausel im Tarifvertrag für Betriebsvereinbarung 77 298 ff.

Orchesterbetrieb 118 73

Orden 118 195

ordentliche Kündigung 102 60, 285 f.; **Anhang zu 103** 27 ff.
- eines Sozialplans **112** 184 f.

Ordnung des Betriebs, Mitbestimmung des Betriebsrats **87** 173 ff.

Ordnungsgeld 98 38 ff.
- im Zwangsverfahren gegen den Arbeitgeber **23** 116 ff.

Fette Zahlen = §§

Sachverzeichnis

Ordnungswidrigkeiten im Rahmen der Betriebsverfassung 121 3 f.
– Betriebsänderung **111** 170
– Information des Wirtschaftsausschusses **106** 60
– Offenlegung des Jahresabschlusses **108** 48
– Unterrichtung des Wirtschaftsausschusses **109** 20
– Unterrichtung über wirtschaftliche Angelegenheiten **110** 11
– Verfahren **121** 15
– Verhängung der Geldbuße **121** 12 ff.
– Verjährung **121** 18
– Verletzung der Aufklärungs- oder Auskunftspflichten **121** 3 f.
Organe der Betriebsverfassung 1 87 ff.; **27** 38
Organisation
– Betriebsrat **Vor 26** 2
– Betriebsvereinbarung über abweichende – der Betriebsvertretung **Einleitung** 139
– Eigenständigkeit von Betriebsteilen in der – **4** 27 f.
– System der Betriebsverfassung **Einleitung** 69 ff.
– Tarifvertrag über abweichende – der Betriebsvertretung **Einleitung** 139, 143; **2** 143; **3** 1 ff., 35 ff.
Orlando-Kündigung 103 26

Paisy s. Personalinformationssysteme
Paritätisch besetzte Ausschüsse 28 26 ff.; **92** 47; **98** 16
Parteipolitische Betätigung im Betrieb
– Adressaten des Verbots **74** 68 ff.
– Behandlung von Angelegenheiten tarifpolitischer, sozialpolitischer und wirtschaftlicher Art **74** 63
– Rechtsfolgen eines Verstoßes gegen das Verbot **74** 72 ff.
– Reichweite und Inhalt des Verbots **74** 60 ff.
– Verbot **74** 57 ff.
– Verhältnis zum Grundrecht der Meinungsfreiheit **74** 71
– Zweck des Verbots **74** 57 f.
Partenreederei 114 20 f.
Partielle Vermögensfähigkeit des Betriebsrats **Einleitung** 111
Partnerschaftsgesellschaft 5 169
Passives Wahlrecht 8 5 ff.; **61** 5 ff.
Pauschalbetrag für Aufwendungen 37 8; **40** 45 ff.
Pauschalierung, Sozialplan **112** 15, 91 ff.
Pensionskassen
– Begriff **87** 850
– Mitbestimmung des Betriebsrats **87** 600, 620, 849 ff.
– Sozialeinrichtung **87** 633 ff.
Personalabbau als Betriebsänderung
– ohne Änderung der sächlichen Betriebsmittel **112 a** 3 ff.
– Betriebseinschränkung **111** 70 ff., 81 ff.
– erzwingbarer Sozialplan **112 a** 3 ff.
– Staffel für die Sozialplanpflicht **112 a** 9 ff.

– Stilllegung **111** 81 ff.
Personalakten
– Begriff **83** 4 ff.
– Berichtigungsanspruch **83** 39 ff.
– Einsichtsrecht s. Einsichtsrecht in die Personalakten
– Erklärungen des Arbeitnehmers zum Inhalt der – **83** 37 ff.
– keine Verpflichtung des Arbeitgebers zur Führung von – **83** 12 ff.
– nicht Aufzeichnungen und Unterlagen des Betriebsarztes **83** 8
– nicht Bruttolohn- und -gehaltslisten **83** 8
– Persönlichkeitsbelange des Arbeitnehmers **83** 15
– Prozessakten **83** 28
– Unerheblichkeit der Aufbewahrungsform und der Aufzeichnungsart **83** 10 f.
– Verhältnis zu § 35 BDSG **83** 41 f.
– Weitergabe **83** 14
Personalausschuss des Betriebsrats für Kündigungen **102** 88
Personalbedarfsplanung 92 7
Personalberatungsunternehmen 99 137, 144
Personaldatei, Personaldatenbank 83 5
– Einsicht in – **83** 16 ff.
Personalfragebogen
– Begriff **94** 5 ff., 8 ff.
– Betriebsvereinbarung **94** 40
– Bundesdatenschutzgesetz **94** 28
– Einigungsstelle **94** 41
– Erfassung personalbezogener Daten auf Datenträger **94** 6
– Gesamtbetriebsrat **94** 45
– Gewerkschaftszugehörigkeit **94** 24
– Inhalt und Grenzen des Fragerechts **94** 11 ff., 29
– keine Pflicht zur Einführung **94** 30 f.
– Konzernbetriebsrat **94** 45
– Krankheiten **94** 13 f.
– leitende Angestellte **94** 27
– Mitbestimmungstatbestand **94** 11, 24, 30
– Parteizugehörigkeit **94** 23
– Religionszugehörigkeit **94** 23
– Schwangerschaft **94** 18
– Schwerbehinderteneigenschaft **94** 19
– Tendenzbetriebe **94** 23, 26, 35; **118** 155
– Vermögensverhältnisse **94** 27
– Vorstrafen **94** 21
– Wehrdienst **94** 22
– Widerruf der Zustimmung des Betriebsrats **94** 42
– Zuständigkeit der Arbeitsgerichte **94** 76
Personalinformationssysteme 87 512; **92** 16 f., 30; **94** 6
Personalplanung
– abgeschwächtes Initiativrecht **92** 43
– Anforderungsprofil **92** 7
– Begriff **92** 3 ff.
– Beratungsrecht des Betriebsrats **92** 34 ff.

2547

Sachverzeichnis

Magere Zahlen = Randnummern

- Beteiligung des Betriebsrats bei leitenden Angestellten **92** 20 ff.
- betriebliche **92** 3
- Datenschutz **92** 33
- Elemente **92** 6 ff.
- Gegenstand des Beratungsrechts **92** 34 ff.
- Geltungsbereich des Beteiligungsrechts des Betriebsrats **92** 19 ff.
- Gesamtbetriebsrat **92** 32, 45
- keine Pflicht des Arbeitgebers zur Herausgabe von Unterlagen **92** 31
- Kontrollplanung **92** 14
- Konzernbetriebsrat **92** 32, 45
- Maßnahmen zur Förderung der Gleichstellung von Frauen und Männern **92** 51
- Mitbestimmung durch paritätischen Personalplanungsausschuss **92** 47 f.
- Mitbestimmung in Tendenzunternehmen **118** 153
- Mitwirkungstatbestand **Vor 92** 7; **92** 3 ff.
- Personalbedarfsplanung **92** 6 ff.
- Personalbeschaffungsplanung **92** 10
- Personalbestandsplanung **92** 8 ff.
- Personaleinsatzplanung **92** 13
- Personalentwicklung **92** 12, 21
- Personalfreisetzungsplanung **92** 9
- Personalinformationssystem s. dort
- Personalkostenplanung **92** 15
- Personalwirtschaft **92** 5
- Rechtsfolgen bei Nichtbeachtung **92** 49
- Stellenbeschreibung **92** 7
- Tendenzbetriebe **92** 23
- Unternehmensplanung **92** 4
- Unterrichtungsrecht des Betriebsrats **92** 24 ff.
- Verletzung der Unterrichtungspflicht durch den Unternehmer als Ordnungswidrigkeit **121** 3 f.
- Vermeidung von Härten **92** 37
- Vorlage von Unterlagen an Betriebsrat **92** 29 ff.
- Vorschlagsrecht des Betriebsrats **92** 40 ff.
- Zeitpunkt und Umfang der Unterrichtung **92** 25 ff.
- Zuständigkeit für Ausübung der Beteiligungsrechte des Betriebsrats **92** 44 ff.

Personalplanungsausschuss 92 47 f.
Personalvertretungsgesetz Einleitung 17, 20, 58
Personelle Angelegenheiten
- Ausschreibung von Arbeitsplätzen **93** 2 ff., 19 ff.
- außerordentliche Kündigung von Mitgliedern des Betriebsrats, der Jugend- und Auszubildendenvertretung, der Bordvertretung, des Seebetriebsrats, eines Wahlvorstandes oder eines Wahlbewerbers **103** 4 ff.; **Anhang zu 103** 2 ff.
- Auswahlrichtlinien s. dort
- Begriff **Vor 4. Teil** 11 ff.; **Vor 92** 1
- Berufsbildung s. dort
- Beteiligung der Bordvertretung **115** 110 ff.
- Beurteilungsgrundsätze s. dort

- Einstellungsrichtlinien **95** 21 ff.
- Kündigung s. dort
- Kündigungsrichtlinien **95** 37 ff.
- Mitwirkungs- und Mitbestimmungsrecht des Betriebsrats **Vor 92**; **92** 3, 24, 34, 40; **93** 2 ff.; **94** 5 ff.; **95** 5 ff.; **96** 3 ff.; **97** 4 ff.; **98** 9 ff.; **99** 10 ff., 26 ff., 59 ff., 82 ff., 93 ff., 130 ff.; **100** 12 ff.; **101** 8 ff.; **102** 47 ff., 130, 200 ff.; **103** 4 ff., 39 ff.; **104** 14 ff.; **105** 9 ff.
- Personalfragebogen s. dort
- Personalplanung s. dort
- personelle Veränderung eines leitenden Angestellten s. leitende Angestellte
- Umgruppierungsrichtlinien **95** 35 f.
- Verhältnis zu den sozialen Angelegenheiten **Vor 87** 7
- Versetzungsrichtlinien **95** 30 ff.
- Zuständigkeit des Gesamtbetriebsrats **50** 31 ff.
- Zuständigkeit des Konzernbetriebsrats **58** 11 ff.
- Zweck der Mitbestimmung **Vor 92** 6 f.

Personenbezogene Daten
- Informationspflicht über – **83** 16
- Verarbeitung von – **83** 4 f.

Personenwahl 14 38; s. auch Mehrheitswahl
Persönliche –
- Abhängigkeit des Arbeitnehmers **5** 15 ff.
- Betroffenheit des Betriebsratsvorsitzenden **26** 54
- Geltungsbereich des Tarifvertrags **77** 268 f.; **87** 153 ff., 159, 780

Persönlichkeit
- betriebsverfassungsrechtliches Übermaßverbot **75** 41
- Förderungspflicht **75** 40
- freie Entfaltung **75** 38 ff.; **87** 480 ff.
- immanente Schranken für die Ausübung des Mitbestimmungsrechts **75** 41
- Schutzauftrag an die Betriebsparteien **75** 40
- Verhältnis zur Privatautonomie **75** 41

Persönlichkeitssphäre 75 39 f.; **87** 24, 72, 114, 785; **94** 1, 4, 13, 38, 54; **120** 17
Perspektivjobber 5 134
Pfändung von Kostenerstattungsansprüchen aus Betriebsratstätigkeit **40** 57
Pflicht zur Bestellung eines Betriebsausschusses **27** 4 f.
Pflichtverletzung
- des Arbeitgebers **23** 88 ff.; s. auch Zwangsverfahren gegen den Arbeitgeber
- des Betriebsrats **23** 51 ff.; s. auch Auflösung des Betriebsrats
- des Betriebsratsmitglieds **23** 9 ff., 27 ff.; s. auch Amtsenthebung
- des Betriebsratsvorsitzenden **26** 32
- eines Mitglieds der Jugend- und Auszubildendenvertretung **65** 5 f.
- eines Mitglieds des Gesamtbetriebsrats **48** 1 ff.
- eines Mitglieds des Konzernbetriebsrats **56** 3
- des Wahlvorstandes **18** 10 ff.

Fette Zahlen = §§

Sachverzeichnis

– Zwangsverfahren **23** 72 ff.
Plakate, Werbung durch Gewerkschaften im Betrieb **2** 159 ff.
Planungen des Arbeitgebers
– Beteiligungstatbestand **90** 5 ff., 17 ff.
– als Beteiligungstatbestand einer Betriebsänderung **90** 3
– Unterrichtungs- und Beratungsrechts des Betriebsrats **90** 19 ff.
Politische
– Betätigung, Verbot einer – im Betrieb **74** 57 ff.
– Betriebe, die – Zwecken dienen **118** 49 ff.
– Fragen in der Betriebsversammlung, Unzulässigkeit parteipolitischer Themen **45** 18
– Parteien **118** 49
– Rechtsfolgen eines Verstoßes gegen das Verbot parteipolitischer Betätigung im Betrieb **74** 72 ff.
– Verbot parteipolitischer Betätigung im Betrieb, Verhältnis zur Meinungsfreiheit **74** 71
Post, privatisierte Postaktiengesellschaften
s. auch Beamtengruppe; s. auch Gruppenschutz
– Arbeitnehmereigenschaft ohne Arbeitsvertrag mit dem Arbeitgeber, besondere Regelung **5** 115 f.
– Ausübung von Beteiligungsrechten **92** 46
– Beamtenvertreter als zusätzliche Gruppe s. auch Gruppenschutz
– Beschlussfassung in Beamtenangelegenheiten **33** 10
– Besonderheiten für die Betriebsratswahl bei privatisierten Unternehmen der Post **14** 65 ff.
– Geltung des Betriebsverfassungsgesetzes für die privatisierten -unternehmen **Einleitung** 30
– Personalangelegenheiten **99** 129
– Postpersonalrechtsgesetz **14** 66
– Stimmberechtigung der Beamtenvertreter bei Betriebsratsbeschlüssen **33** 14
Postunternehmen, Wahlordnung **WOP**
Präjudizielle Wirkung, Beschluss des Arbeitsgerichts **20** 48; **37** 183, 190
Praktikant 5 68
Prämienlohn 87 821 ff., 878 ff., 882 ff., 886
– Anwesenheitsprämien **87** 821
– Inhalt der Mitbestimmung des Betriebsrats **87** 821 ff.
– Initiativrecht des Betriebsrats **87** 912
– Jubiläumsprämien **87** 821
– keine Mitbestimmung über die Entgelthöhe **87** 904 ff.
– Mitbestimmung bei der Festsetzung der einzelnen Prämiensätze **87** 824
– Mitbestimmung hinsichtlich Durchführung des Prämienlohnsystems **87** 911
– Prämienansatz **87** 902
– Prämienlohnkurve **87** 886, 903
– Pünktlichkeitsprämien **87** 821
– Rechtsfolgen einer Nichtbeteiligung des Betriebsrats **87** 920 ff.

– tarifvertragliche Regelung des Prämienecksatzes **87** 910
– Zweck des Mitbestimmungsrechts **87** 875
Presseagenturen 118 88
Presseunternehmen
– Arbeitszeitregelung **118** 144 ff.
– Begriff der inneren Pressefreiheit **118** 235 f.
– Betriebsverfassung und redaktionelle Mitbestimmung **118** 235 f.
– betriebsverfassungsrechtliche Bedeutung der inneren Pressefreiheit **118** 235 f.
– eigenständige Redaktionsvertretungen **118** 239
– Personenkreis der Tendenzträger **118** 124 ff.
– Pressebegriff **118** 78 ff.
– pressespezifische Mitbestimmungsordnung **118** 237
– Rechtsnatur und Rechtswirkungen von Redaktionsstatuten **118** 241 ff.
– Redakteure **118** 144
– Redaktionelle Mitbestimmung als Sonderbetriebsverfassung der Presse **118** 235 ff.
– Redaktionelle Mitbestimmung durch Tarifvertrag **118** 238 ff.
– Tendenzschutz **118** 19 ff., 40, 46, 52 ff., 76 ff., 80, 96, 124 ff., 144
– Tendenzschutz trotz Gewinnerzielungsabsicht **118** 37, 41 ff.
– Zweck des Tendenzschutzes **118** 13 ff.
Privatautonomie, Verhältnis zum Schutzgebot freier Persönlichkeitsentfaltung im Betrieb **75** 41; s. auch Persönlichkeit
Privatisierung 5 114, 116; **130** 12 f.
Privatrecht, Betriebsverfassungsrecht als – **Einleitung** 127 ff.
Privatrechtlicher Vertrag, Betriebsvereinbarung als – **77** 29
Privatschulen 118 64
Produktionslage, Unterrichtung des Wirtschaftsausschusses **106** 42 f.
Produktionsplanung, Arbeitsverfahren **90** 19 f.
Produktograph, Mitbestimmung des Betriebsrats **87** 475, 478, 508
Prokurist, leitender Angestellter **5** 202 ff., 259; s. auch leitende Angestellte
Protokollführung bei Betriebsratssitzungen
– Feststellung der gefassten Beschlüsse **34** 3
– Formalitäten **34** 6 ff.
– Inhalt **34** 3
– Protokollführer **34** 5
– Verantwortlichkeit **34** 4
Provision 87 827, 888 f.
– Abschlussprovision **87** 827, 889
– Anteilsprovision **87** 889
– Inhalt und Durchführung der Mitbestimmung **87** 827 ff.
– keine Mitbestimmung über Entgelthöhe (Provisions-Ecksatz) **87** 828
– Leistungsprovision **87** 889

Sachverzeichnis

Magere Zahlen = Randnummern

- Mitbestimmung des Betriebsrats **87** 827 ff.
- Provisionssystem **87** 828
- Vermittlungsprovision **87** 827, 889

Prozessbevollmächtigung, Kosten für – eines Rechtsanwalts durch den Betriebsrat **40** 23 ff.

Prozessführung
- Gewährung von Rechtsschutz durch die Gewerkschaften **40** 24
- durch Gewerkschaften, Befugnis einer Geltendmachung von Rechtsverletzungen Dritter **2** 95
- prozessstandschaftliche Wahrnehmung durch Gesamtbetriebsrat **50** 28, 55
- durch Rechtsanwalt **40** 23 ff.

Prüfungsbericht, Vorlage an Wirtschaftsausschuss **108** 33 ff.

Punktsystem 95 17, 27, 33

Qualifiziert faktischer Konzern s. faktischer Konzern

Qualifizierter Interessenausgleich 112 15; s. auch Interessenausgleich

Querulanten 39 24

Quotenregelung s. Frauen

Radiohörer im Betrieb **87** 189

Rahmenvereinbarung 28 a 13 ff.; s. auch Übertragung von Aufgaben an Arbeitsgruppen

Rationalisierungsmaßnahmen 111 122
- Information des Wirtschaftsausschusses **106** 45

Rationalisierungsschutzabkommen, tarifliches – **112** 179

Rauchverbot 87 190

Räume für den Betriebsrat 40 63 ff.
- Eigentum und Besitz an den Einrichtungen **40** 74 ff.
- Hausrecht des Betriebsrats **40** 65
- Pflicht zur Überlassung an den Betriebsrat **40** 63 ff.

Räumliche Entfernung eines Betriebsteils vom Hauptbetrieb **4** 16, 24 f.; s. auch Betriebsteil

Räumlicher Geltungsbereich
- Betriebsvereinbarung **77** 126 f.
- Tarifvertrag **77** 269

Rechte des Betriebsrats zur Wahrnehmung seiner Aufgaben 80 47 ff.
- Einblicksrecht in Bruttolohn- und gehaltslisten **80** 69 ff.
- Hinzuziehung eines Sachverständigen **80** 84 ff.
- Informationsanspruch **80** 47 ff.
- Schranken der Unterrichtspflicht des Arbeitgebers **80** 56 ff.
- Streitigkeiten **80** 93 ff.
- Überlassung der erforderlichen Unterlagen **80** 61 ff.
- Unterrichtungsrecht **80** 47 ff.

Rechtliches Gehör 76 86 f.; **87** 224, 241

Rechtsanwalt
- Kosten für Hinzuziehung durch Betriebsrat **40** 23 ff.
- Sachverständiger **40** 26

Rechtsauskünfte durch Betriebsrat **39** 2

Rechtsfolgen
- des Amtsverlustes eines Betriebsratsmitglieds **24** 34 f.
- einer Nichtbeteiligung des Betriebsrats s. bei den jeweiligen Mitbestimmungstatbeständen

Rechtsformverfehlung 5 43

Rechtsmissbrauch 35 14 f.; s. auch Verwirkung

Rechtsmittel gegen Entscheidung zur Zustimmungsersetzung bei Kündigungen **103** 80 f.

Rechtsscheinhaftung 33 31 ff.

Rechtsschutz gegen Maßnahmen des Wahlvorstandes **18** 18 ff.

Rechtsschutzinteresse für Beschlussverfahren **19** 59 f.

Rechtsstellung
- Arbeitgeber in der Betriebsverfassung **Einleitung** 121 ff.
- Betriebsrat gegenüber der Belegschaft **Einleitung** 98 ff.
- Betriebsrat in der Rechtsordnung **Einleitung** 108 ff.
- Betriebsratsmitglieder **37**; s. auch Tätigkeit
- eingerückter Ersatzmitglieder **25** 24 ff.
- freigestellte Betriebsratsmitglieder **37** 26 ff., 132 ff.
- Gewerkschaften in der Betriebsverfassung **2** 66 ff.
- Mitglieder der Einigungsstelle **76** 140 ff.; **76 a** 11 ff.
- Mitglieder der weiteren Ausschüsse **28** 20 ff.
- Mitglieder des Betriebsausschusses **27** 45 f.
- Mitglieder des Betriebsrats **Vor 26** 6 f.
- Mitglieder des Wahlvorstandes **16** 62 f.
- Mitglieder des Wirtschaftsausschusses **107** 27 ff.
- Vorsitzender des Betriebsrats **26** 33 ff.; s. auch dort
- zusätzliche Vertretungen der Arbeitnehmer **3** 44 ff.

Rechtsstreitigkeiten
- als Gegenstand eines Einigungsstellenverfahrens **76** 26 f.
- Rechtsunwirksamkeit der Kündigung ohne Anhörung des Betriebsrats **102** 2, 5

Rechtsverfolgung durch Betriebsrat
- Hinzuziehung eines Rechtsanwalts **40** 23 ff.
- Kosten **40** 16 ff.
- Kosten der Einigungsstelle **40** 29

Rechtsweg
- Garantie auf gerichtliche Rechts- und Ermessenskontrolle von Sprüchen der Einigungsstelle, Beschlussverfahren **76** 114 f.
- bei individualrechtlichen Ansprüchen, Urteilsverfahren **37** 181 f.
- Unzulässigkeit arbeitsgerichtlichen Rechtsschutzes ohne vorheriges Einigungsstellenverfahren bei

Fette Zahlen = §§

verbindlichen Einigungsverfahren in Rechtsstreitigkeiten **76** 31
Rechtsweggarantie 18 a 56; **76** 31 f., 114
Redakteure 118 124, 144; s. auch Presseunternehmen
Redaktionsstatut 118 241 ff.
Reeder 114 19
Refa 87 761
Regelmäßige Betriebsratswahlen 13 4 ff.; s. Betriebsratswahlen
– außerhalb des regelmäßigen Wahlzeitraums **13** 13 ff.
Regelungsabrede s. auch Betriebsabsprache
– Abschluss **77** 227
– keine Sperrwirkung für – **77** 295 ff.
– Nachwirkung **77** 234
– Tarifvorbehalt **77** 230, 240, 244 ff.
– Wirkung **77** 228 f.
– Zulässigkeit **77** 224
Regelungskompetenz
– soziale Angelegenheiten **Vor 87** 1 ff.
– (soziale Angelegenheiten) **88** 3 ff.
Regelungssperre bei tariflicher oder tarifüblicher Regelung 77 252 ff.; s. auch Sperrwirkung
– Ablösungsprinzip **77** 119 ff., 174 ff.
– Allgemeine Arbeitsbedingungen **77** 252 ff.
– Altersgrenze **77** 90, 107
– Arbeitsentgelte **77** 253
– Aufrechterhaltung einer unwirksamen Betriebsvereinbarung als Regelung auf individualrechtlicher Ebene **77** 296
– Ausschluss abweichender und zusätzlicher Regelungen **77** 304 f.
– Beschränkung der Rechtsetzungsbefugnis durch Betriebsvereinbarung **77** 277 ff.
– Betriebsabsprachen **77** 292 ff.
– Einführung von Kurzarbeit **77** 286
– Erfassung von Zulagen **77** 281 f.
– Firmentarifvertrag **77** 258, 272
– Formelle Arbeitsbedingungen **77** 255 f.
– Gegenstand **77** 252 ff.
– Geltungsbereich des Tarifvertrags **77** 268
– keine Geltung für die Mitbestimmung **77** 294
– Konkretisierung einer tariflichen Regelung **77** 305
– materielle Arbeitsbedingungen **77** 252 ff., 255, 257 ff.
– Modalitäten des Lohnanspruchs **77** 285
– nicht für außertarifliche Angestellte **77** 265
– nicht gegenüber einem Sozialplan **112** 178 ff.
– Öffnungsklausel **77** 298 ff.
– Rechtsfolge der Sperrwirkung **77** 277 ff.
– Rechtsfolge eines Verstoßes gegen – **77** 310 ff.
– Regelungsspielraum der Betriebspartner gegen den Willen der Tarifvertragsparteien **77** 242 f.
– Reichweite **77** 280 ff.
– Tarifgebundenheit **77** 259 ff.
– Tarifüblichkeit **77** 262 ff., 267 ff.

– Tarifvertragliche Ordnung **77** 271
– Übernahme eines Tarifvertrags durch Betriebsvereinbarung **77** 288 ff.
– Verbandstarifvertrag **77** 269
– Verhältnis zum Tarifvorbehalt nach § 87 Abs. 1 **77** 247 ff.
– vermögenswerte Arbeitgeberleistungen **77** 253
– vermögenswirksame Leistungen **77** 284
– Voraussetzung **77** 257 ff.
– vortarifliche Betriebsvereinbarung **77** 279
– Zulassung ergänzender und abweichender Betriebsvereinbarungen **77** 301 ff.
– Zusatzurlaub **77** 287
– als Zuständigkeitsabgrenzung **77** 244
– Zweck **77** 244 ff.
Regelungsstreitigkeiten 77 219 ff.
– als Gegenstand eines Einigungsstellenverfahrens **76** 26 ff.
Reihenfolge des Einrückens von Ersatzmitgliedern in den Betriebsrat **25** 16 ff.; s. auch Ersatzmitglied
Reisekosten
– Betriebsratsmitglieder **40** 49 ff.
– keine Mitbestimmungsrechte bei Erstattung **87** 196, 743
– Teilnahme an Betriebsversammlung **44** 41 ff.; s. auch Fahrtkosten
Relative Differenzierungsverbote 75 26
Religion, keine unterschiedliche Behandlung wegen **75** 18
Religionsgemeinschaften 118 5, 189 ff.; s. auch Kirchenautonomie
– Begriff **118** 189 ff.
– Bereichsausnahme von der Geltung der Betriebsverfassung **Einleitung** 59
– Diakonisches Werk **118** 208
– erzieherische Einrichtungen **118** 65, 196 ff.
– Geltungsbereich des BetrVG **118** 181, 189 ff., 198
– gemischt kirchlich-weltliche Unternehmen und Konzerne **118** 211 ff.
– karitative Einrichtungen **118** 58 ff., 148, 196 ff.
– Kirchenautonomie und gesetzliche Betriebsverfassung **118** 181 ff.
– kirchliche Wirtschaftsbetriebe **118** 205
– Kolpingwerk **118** 205
– Mitarbeitervertretungen **118** 217 ff.
– Niederlassungen der Orden **118** 196
– rechtliche Ausgestaltung **118** 192 f.
– Säkularinstitute der römisch-katholischen Kirche **118** 196
– Scientology **118** 191
– Sendungsauftrag **118** 203
– Streitigkeiten **118** 229
– Weltanschauungsgemeinschaften **118** 210
Repräsentativvertretung durch den Betriebsrat **Einleitung** 101; **1** 98
Restmandat des Betriebsrats
– Abgrenzung zum Übergangsmandat **21 b** 5 f.

2551

Sachverzeichnis   Magere Zahlen = Randnummern

- bei Betriebsstilllegung, kein Übergangsmandat **21 b** 3 ff.; **24** 12
- Bordvertretung **115** 44
- Dauer **21 b** 8, 10 ff.
- kein Vollmandat **21 a** 16; **21 b** 7
- kein Wiederaufleben **21 b** 12
- Nebeneinander von – und Übergangsmandat **21 b** 5 f.
- Rechtsstellung der Betriebsratsmitglieder **21 b** 14
- Sozialplan **112** 71
- Verzicht auf – **21 b** 9
- Zusammensetzung des Betriebsrats **21 b** 13

Richter als Vorsitzender einer Einigungsstelle **76** 54

Rotes Kreuz, Tendenzbetrieb **118** 61

Rot-Kreuz-Schwester 5 178

Rückgriff auf andere Liste bei Erschöpfung einer Liste bei Gemeinschaftswahl **25** 18

Rücknahme
- Widerspruch des Betriebsrats gegen die Kündigung **102** 214
- des Widerspruchs des Betriebsrats gegen die Kündigung **102** 188

Rücksichtnahme
- auf betriebliche Notwendigkeiten und Belange **30** 3 ff.; **37** 22, 25; **76** 2, 107, 124 f.
- auf Wohl der Arbeitnehmer und des Betriebs **2** 13

Rücktritt des Betriebsrats
- während des arbeitsgerichtlichen Auflösungsverfahrens **23** 60
- keine Niederlegung **13** 41, 51 f.
- Weiterführung der Geschäfte **13** 41; **22** 4 ff.

Rückwirkung
- der Betriebsvereinbarung **77** 75 ff., 121, 128 ff.
- keine bei Anfechtung der Betriebsratswahl **19** 62

Ruhegeld
- Betriebsvereinbarungsautonomie **77** 76 f.
- Rechtsgrund im Arbeitsverhältnis **77** 77

Rundfunk, Tendenzbetrieb **118** 89 f.

Sachmittel s. auch Informations- und Kommunikationstechnik
- Aufwand für Sprechstunde **39** 13
- Bereitstellen der erforderlichen – **40** 61 f., 66 ff.
- Eigentum **40** 74 f.
- Fachliteratur **40** 69 f.
- Kopiergeräte, Mitbenutzung **40** 68
- Mobiltelefone **40** 68
- Personal-Computer **40** 68
- Recht zum Besitz **40** 76
- schwarzes Brett **40** 77 ff.

Sachverständige
- Begriff **80** 85 f.
- bei Einigungsstelle im Streit um Unterrichtung des Wirtschaftsausschusses **109** 16
- bei Betriebsänderungen **111** 52 ff.
- Kosten **40** 26; **80** 92

- Sozialplan **112** 167
- Streitigkeiten über die Hinzuziehung **80** 93 ff.
- Zuziehung durch Betriebsrat **30** 12; **42** 36; **80** 84 ff.
- Zuziehung durch Einigungsstelle **76** 91
- Zuziehung durch Wirtschaftsausschuss **108** 20 ff.

Saisonbedingte Schwankung der Beschäftigungslage 1 121 f.

Saisonbetrieb 1 121
- Bestimmung der Zahl der Betriebsratsmitglieder **9** 12
- Wählbarkeit zum Betriebsrat **8** 26

Sammlungen im Betrieb für andere Zwecke **41** 7 f.; s. auch Umlageverbot

Sanktionsregelungen, Zwangsverfahren gegen den Arbeitgeber **23** 72 ff., 78 f.; s. auch Zwangsverfahren gegen den Arbeitgeber

Satzungstheorie 77 23
- Betriebsvereinbarung als autonome Satzung **77** 23, 30
- keine schuldrechtliche Wirkung der Betriebsvereinbarung nach der – **77** 60

Schadensersatz
- Anspruch des Arbeitnehmers gegen den Arbeitgeber oder Betriebsrat wegen Verletzung von § 75 **75** 47 f.
- des Arbeitgebers für Fehlverhalten des Betriebsrats, Kostentragungspflicht **Vor 26** 17
- des Betriebsrats **Vor 26** 8 ff.; **39** 29
- der Betriebsratsmitglieder **Vor 26** 14 ff.
- bei einstweiliger Verfügung **102** 257
- Nichtaushang von Betriebsvereinbarungen, kein – **77** 40 f.
- unterbliebene Mitteilung der Nichtübernahme **78 a** 18
- Verletzung der Friedenspflicht **74** 55 f.
- Verletzung der Mitteilungspflicht **102** 191
- Verletzung der Verschwiegenheitspflicht **79** 3, 38 f.; **99** 174; **102** 110

Schichtarbeit 44 5; **87** 288 ff., 309, 325

Schiedsgericht, keine Vereinbarung des – durch Betriebsvereinbarung **77** 57

Schlichtungsstelle
- Schutz der Tätigkeit **78** 6
- tarifliche – **76** 146 ff.; s. auch dort; s. auch Einigungsstelle

Schriftform
- Betriebsratssitzung, Niederschrift von Beschlüssen **34** 3 ff.
- Betriebsvereinbarung **77** 33
- Interessenausgleich **112** 27 ff.
- Sozialplan **112** 78 f.
- Spruch der Einigungsstelle **76** 108
- Übertragung von Aufgaben auf Betriebsausschuss **27** 62
- Unterrichtung der Belegschaft über wirtschaftliche Lage **110** 6 f.
- Widerspruch gegen Kündigung **102** 180

2552

Fette Zahlen = §§

Sachverzeichnis

Schriftliche s. auch Schriftform
– Beschlussfassung **33** 24
– Stimmabgabe **24–26 WO**; s. auch Briefwahl; s. auch Wahlverfahren gemäß Wahlordnung
– Vermerke aus Unterlagen des Arbeitgebers **80** 67

Schulungs- und Bildungsveranstaltungen
– Anerkennung der – als geeignet **37** 141 ff.
– Anspruch auf Freizeitausgleich **37** 134 f.
– Anspruchsberechtigung **37** 106 ff., 162 ff.
– Anspruchsgrundlagen **37** 80 ff.
– Arbeitsbefreiung **37** 132 ff., 162 ff.
– Aufwendungsersatz **37** 137, 179; **40** 45
– Auswahlentscheidung **37** 115 ff.
– Behandlung anderer Themen **37** 96
– Betriebsratsmitglieder, erforderlich für Arbeit der – **37** 84 ff.; **38** 55
– Bildungsurlaub für Betriebsratsmitglieder **37** 138 ff.
– Dauer der Freistellung **37** 98, 100
– Dauer der Lehrveranstaltung **37** 98, 100
– Dauer der Teilnahme **37** 98, 100
– Einigungsstelle, Anrufung und Kompetenz **37** 125 ff., 174
– Einigungsstelle, Rechtsfolgen der Anrufung **37** 130 f.
– einstweilige Verfügung **37** 128 f., 194
– Erforderlichkeit und Verhältnismäßigkeit des Kostenaufwands **40** 39 ff.
– Festlegung der zeitlichen Lage **37** 113 ff., 171
– Festlegung durch den Betriebsrat **37** 113 ff.
– Gewerkschaft als Schulungsveranstalter **40** 35 ff.
– Inhalt **37** 84 ff., 141 ff.
– keine Minderung des Arbeitsentgelts **37** 133, 177
– Kosten als Kosten der Betriebsratstätigkeit **40** 30 ff.
– Kostenerstattung **37** 137, 179
– Kostentragungspflicht **37** 137, 179; **40** 30 ff.
– Mitglieder der Bordvertretung **115** 57
– Normzweck **37** 80 ff.
– Schulungsdauer **37** 98 ff.
– Schulungsinhalt **37** 84 ff.
– Schwerbehindertenvertretung **32** 9
– Stornokosten **40** 52
– Streitigkeiten **37** 180 ff.
– Streitigkeiten um die Anerkennung als – **37** 196
– Streitigkeiten um die Anerkennung einer – als geeignet **37** 175
– Streitigkeiten wegen der Teilnahme an einer – **37** 189
– Streitigkeiten zwischen Arbeitgeber und Betriebsrat **37** 180
– Streitigkeiten zwischen Arbeitgeber und einem Betriebsratsmitglied **37** 181 ff.
– Streitigkeiten zwischen dem Betriebsrat und seinen Mitgliedern **37** 188
– Teilnahme von Ersatzmitgliedern **25** 32; **37** 109, 163, 166

– Teilnahme von Jugend- und Auszubildendenvertretern **65** 40 ff.
– Teilnahme von Mitgliedern des Wirtschaftsausschusses **107** 28
– Teilnahme von Wahlvorstandsmitgliedern **20** 37
– Teilnehmerkreis **37** 105
– Teilzeitbeschäftigte Betriebsratsmitglieder **37** 135 a
– Träger der Schulung **37** 102 ff.
– Unfallschutz **37** 136, 178
– Unterrichtung des Arbeitgebers **37** 121 ff.
– Veranstaltungsträger bei notwendiger Kenntnisvermittlung **37** 102 ff.; s. auch Schulungsveranstalter
– Verständigung des Arbeitgebers **37** 121 ff., 171
– Zahl der freizustellenden Mitglieder **37** 98 f.
– zeitliche Lage **37** 113 ff., 171

Schulungsveranstalter s. auch Schulungs- und Bildungsveranstaltungen
– Arbeitgeberverbände **37** 102 ff.
– Gewerkschaften **37** 102 ff.; **40** 35
– sonstige Schulungsträger **37** 102 ff.

Schutz
– Betriebsratswahl **119** 11 ff.
– Betriebsverfassungsorgane und ihre Mitglieder **78** 3 ff.; **78 a** 4 ff.; **119** 19 ff.
– Grundrechte **75** 3 f., 11 ff.
– der Minderheitsgruppe s. Gruppenschutz

Schutzbedürftige Personen
– Eingliederung in den Betrieb **80** 36 ff.
– keine Störung oder Behinderung der Amtstätigkeit **78** 3 ff.
– sozial – **5** 37

Schutzgesetz
– Betriebsverfassungsgesetz als – **Einleitung** 128
– Straf- und Bußgeldvorschriften **Vor 119** 2

Schutzkleidung 81 6
– Kostentragungspflicht des Arbeitgebers **87** 561

Schwangerschaft
– Fragerecht im Personalfragebogen **94** 18
– keine Mitteilungspflicht über – einer Bewerberin **99** 139
– Mitteilungspflicht des Arbeitgebers an Betriebsrat bei Einstellung **80** 59; **99** 139
– Unterrichtungspflicht des Arbeitgebers gegenüber dem Betriebsrat **80** 59
– Verschwiegenheitspflicht des Betriebsrats **79** 32

Schwarzes Brett 40 77 ff.; s. auch Anschläge am –
– Jugend- und Auszubildendenvertretung **65** 34
– keine Zustimmung des Arbeitgebers hinsichtlich Anschlägen **40** 78
– Pflicht des Arbeitgebers zur Überlassung **40** 77 ff.
– Rechte des Arbeitgebers auf Entfernung **40** 79

Schweigen
– Erklärungswert **102** 97
– Zustimmungsfiktion bei – des Betriebsrats **102** 105 f.

Schweigepflicht s. Geheimhaltungspflicht

Sachverzeichnis

Magere Zahlen = Randnummern

Schwerbehinderte
- Aufgaben des Betriebsrats **80** 36 ff.
- Mitteilungspflicht des Arbeitgebers an Betriebsrat bei Einstellung bezüglich Schwerbehinderteneigenschaft **99** 139
- Zustimmungsverweigerungsgrund wegen Einstellungsgebot auf Grund Nichterreichen der Mindestzahl an – **99** 189 f., 198

Schwerbehindertenvertretung 32 3 ff.
- Amtsenthebung **32** 8
- Amtszeit **32** 4 ff.
- Aufgaben und Befugnisse **32** 12 ff.
- Aussetzung von Betriebsratsbeschlüssen **35** 2 ff.
- Geheimhaltungspflicht **32** 23; **79** 23
- Gesamtschwerbehindertenvertretung bei Bestehen eines Gesamtbetriebsrates **32** 15 ff.
- Gesamtschwerbehindertenvertretung bei Bestehen eines Gesamtbetriebsrats **52**; s. auch Gesamtschwerbehindertenvertretung
- Hinzuziehung durch Arbeitnehmer bei Einsicht in Personalakten **83** 36
- kein Einsichtsrecht in die Sitzungsniederschrift des Betriebsrats **34** 24
- kein Teilnahmerecht an Sitzungen der Jugend- und Auszubildendenvertretung **65** 18
- Konzernschwerbehindertenvertretung **59 a** 4 ff.
- Konzernschwerbehindertenvertretung bei Bestehen eines Gesamtbetriebsrates **32** 15 ff.
- Ladung zu den Betriebsratssitzungen **29** 27
- Rechtsstellung der Vertrauensmänner und – frauen **32** 9 ff.
- Rechtsstellung in Sitzungen des Betriebsrats und dessen Ausschüssen **32** 21 f.
- Sitzungsteilnahme im Wirtschaftsausschuss **108** 31
- Teilnahme an Betriebsratssitzungen **29** 40, 55; **30** 10 f.; **32** 18 ff.
- Teilnahme an Gesamtbetriebsrats- und Konzernbetriebsratssitzungen **32** 24
- Teilnahme an Schulungen **37** 112
- Vertrauensmann der – s. Schwerbehindertenvertretung
- Wahl **32** 4 ff.
- Zustimmungserfordernis des Betriebsrats bei Kündigung **103** 11, 39 ff.

Schwierigkeit der Sache, Honorar, Einigungsstelle **76 a** 20 f.

SE s. Societas Europaea (SE)

Seebetrieb
- Abgrenzung vom Landbetrieb **114** 28
- Begriff **114** 29 f.
- Belegschaft **114** 41 ff.
- leitende Angestellte **114** 44
- Schiffe als Teil des – **114** 32 ff.

Seebetriebsrat 116 2 ff.
- Amtszeit **116** 31 ff.
- Arbeitsentgeltgarantie **116** 49 ff.
- außerordentliche Kündigung **103** 4, 40; **Anhang zu 103**
- Ausübungsort des Zutritts **116** 60 f.
- Begünstigungsverbot **78** 3 f., 26 ff.
- Behinderungsverbot **78** 3 f., 11 ff.
- Belegschaft eines Seebetriebs **114** 41 ff.
- Benachteiligungsverbot **78** 3 f., 19 ff.
- Beschäftigung **116** 46 ff.
- Beschlussfassung **116** 41 f.
- Betätigungsrecht an Bord **116** 55 f., 60
- Beteiligung am Gesamtbetriebsrat **116** 66
- Beteiligung am Konzernbetriebsrat **116** 67
- Beteiligung bei der Berufsbildung **115** 111
- Beteiligung bei der Gestaltung von Arbeitsplatz, Arbeitsablauf und Arbeitsumgebung **115** 109
- Betriebsänderung **116** 73
- Bordversammlung **115** 62 ff.; **116** 59; s. auch dort
- Einigungsstelle **116** 47, 63 ff.
- Einsicht in Schiffstagebücher **116** 57, 60
- Erlöschen der Mitgliedschaft **116** 33
- Freistellung **116** 45
- Führung der laufenden Geschäfte **116** 38
- Geheimhaltungspflicht **79** 4 ff., 20, 27
- Gesamtjugend- und Auszubildendenvertretung **116** 68
- Geschäftsführung **116** 39 ff.
- Institut der Seebetriebsverfassung s. auch Seebetriebsverfassung
- kein Seebetriebsausschuss und keine weiteren Ausschüsse **116** 37
- kollisionsrechtliche Regelung **Einleitung** 61
- Kosten **116** 43, 61
- Mitbestimmung in personellen Angelegenheiten **115** 110 ff.; **116** 69
- Mitwirkung und Mitbestimmung **116** 69 ff.
- Mitwirkung und Mitbestimmung in wirtschaftlichen Angelegenheiten **116** 71 ff.
- Organisation **116** 34 ff.
- personelle Einzelmaßnahmen **116** 48; s. auch bei jeweiliger Maßnahme
- Restmandat **115** 44
- Sitzungen **116** 39 f.
- Sonderregelung über die Unterkunft **116** 53
- Sprechstunden **116** 58, 60, 62 ff.
- Störungsverbot **78** 3 f., 11 f.
- Streitigkeiten **116** 74
- Übergangsmandat **115** 44
- Unterrichtungs- und Vorlagepflicht des Arbeitgebers **116** 70
- Verhältnis zur Bordvertretung **115** 69, 70 ff.; **116** 3, 69
- Voraussetzungen für die Errichtung **116** 5 f.
- Vorsitzender **116** 35 f.
- Wahl **116** 7 ff.; s. auch Wahl des Seebetriebsrats
- Wahlanfechtung **116** 29
- Wahlverfahren **42 WO; WOS**
- Zahl der Mitglieder **116** 17 f.
- Zusammensetzung **116** 17 ff.
- Zuständigkeit **115** 5, 32; **116** 69

Fette Zahlen = §§

Sachverzeichnis

– Zutritt an Bord **116** 54 ff., 60
Seebetriebsratsmitglieder
– Beschäftigung auf einem anderen Arbeitsplatz **116** 46 ff.
– Freistellung **116** 45
– Heuergarantie **116** 49 ff.
– Rechtsstellung **116** 44 ff.
– Unterkunft **116** 53
– Zustimmungserfordernis bei Kündigung **103** 4, 40
Seebetriebsverfassung
– Abgrenzung zur Binnenschifffahrt **114** 8
– Ausrüster **114** 25
– Begriff des Kauffahrteischiffs **114** 33
– Belegschaft des Seebetriebs **114** 41 ff.
– Bordvertretung s. dort
– Einheit des Seebetriebs **114** 30
– Geltungsbereich des BetrVG in der Seeschifffahrt **114** 9 ff.
– Kapitän **114** 41, 44 ff., 45 ff.; **115** 3 ff.
– Korrespondentreeder **114** 22 f.
– Partenreederei **114** 20 f.
– Rechtsstellung der Gewerkschaften **114** 49 ff.
– Reeder **114** 19
– Schiffe als Teil des Seebetriebs **114** 32 ff.
– Schiffe als Teil eines Landbetriebs **114** 35 ff., 38 ff.
– Seebetriebsrat s. dort
– Seeschifffahrtsunternehmen **114** 12, 17 ff., 38 ff.
– Streitigkeiten **114** 52
– Vertragsreeder **114** 24
– Zugangsrecht der Gewerkschaft **115** 75
– Zugehörigkeit zum Seebetrieb **114** 43
Seeschifffahrt
– Beteiligung der Arbeitnehmer im Aufsichtsrat **114** 5
– Geltung der Betriebsverfassung **Einleitung** 61
– Geltungsbereich des BetrVG **114** 9 ff.
Seeschifffahrtsunternehmen 114 10 ff., 17 ff.
Selbstständiger Betriebsteil 4 14 ff.; **18** 22 ff.; **111** 20, 105; s. auch Betriebsteil
Sexuelle Belästigung am Arbeitsplatz 84 3, 7, 20, 26
Sexuelle Identität 75 24
Sicherheitsausschuss 89 35
Sicherheitsbeauftragter 89 33 ff.
– Bestellung **89** 33 ff.
– Mitwirkung des Betriebsrats bei Bestellung **89** 34
– Teilnahme des Betriebsrats an Besprechungen **89** 26 f.
Sicherheitstechnik, Regeln **89** 7
Sicherung der vom Arbeitgeber eingebrachten Sachen 87 185
Sitzungen
– des Betriebsrats s. Sitzungen des Betriebsrats
– der Bordvertretung s. Sitzungen der Bordvertretung
– des Gesamtbetriebsrats s. Sitzungen des Gesamtbetriebsrats

– der Gesamt-Jugend- und Auszubildendenvertretung s. Sitzungen der Gesamt-Jugend- und Auszubildendenvertretung
– der Jugend- und Auszubildendenvertretung s. Sitzungen der Jugend- und Auszubildendenvertretung
– des Konzernbetriebsrats s. Sitzungen des Konzernbetriebsrats
– des Seebetriebsrats s. Sitzungen des Seebetriebsrats
– des Wirtschaftsausschusses s. Sitzungen des Wirtschaftsausschusses
Sitzungen der Bordvertretung 115 51 ff.
Sitzungen der Gesamt-Jugend- und Auszubildendenvertretung 73 3 ff.; s. auch Gesamt-Jugend- und Auszubildendenvertretung
– Abhaltung eigener Sitzungen **73** 3
– Beschlussfassung **73** 8
– Einberufung weiterer – **73** 6
– Konstituierung **73** 4 f.
– Sitzungsniederschrift **73** 9
– Stimmengewicht **73** 8
– Teilnahmerecht des Arbeitgebers **73** 7
– Teilnahmerecht des Vorsitzenden des Gesamtbetriebsrats **73** 7
– Teilnahmerecht eines Gewerkschaftsbeauftragten **73** 7
Sitzungen der Jugend- und Auszubildendenvertretung 65 12 ff.; s. auch Jugend- und Auszubildendenvertretung
– Beschlussfassung **65** 27 f.; s. auch Beschlüsse der Jugend- und Auszubildendenvertretung
– Einberufung, formeller Anspruch auf – **65** 16
– Ladung **65** 17 ff.
– Leitung **65** 21
– Nichtöffentlichkeit **65** 22
– Sitzungsniederschrift **65** 29
– Stimmberechtigung **65** 28
– Tagesordnung **65** 19
– Teilnahmerecht des Arbeitgebers **65** 24
– Teilnahmerecht des Betriebsratsvorsitzenden oder eines beauftragten Betriebsratsmitglieds **65** 23
– Teilnahmerecht eines Gewerkschaftsbeauftragen **65** 25
– vorherige Verständigung des Betriebsrats bei Anberaumung **65** 13, 17
– Zeitpunkt **65** 20
Sitzungen des Betriebsrats s. auch Betriebsrat
– Antragsrecht der Jugend- und Auszubildendenvertretung **67** 26 ff.
– Arbeitsversäumnis der Betriebsratsmitglieder **37** 13 ff.
– Berücksichtigung betrieblicher Notwendigkeiten **30** 3 ff.
– Beschlussfassung s. Beschlüsse des Betriebsrats
– Einberufung durch den Vorsitzenden **29** 16 f.
– Einberufung durch den Wahlvorstand **29** 3 ff.
– Form der Ladung **29** 37 f.

2555

Sachverzeichnis

Magere Zahlen = Randnummern

- formeller Anspruch auf Aufnahme eines Gegenstandes in die Tagesordnung **29** 23 f., 35
- formeller Anspruch auf Einberufung **29** 19 ff.
- Fortzahlung des Arbeitsentgelts **30** 8
- Freizeitausgleich **30** 8
- Geheimhaltungspflicht **30** 14 ff.
- Hinzuziehung einer Schreibkraft **34** 5
- Hinzuziehung eines Beauftragten der Arbeitgebervereinigung durch den Arbeitgeber **29** 52 f.
- Hinzuziehung von Gewerkschaftsbeauftragten durch den Betriebsrat **31** 3 ff.
- keine Entgeltminderung durch Teilnahme an – **3** 69; **37** 13 f.
- konstituierende Sitzung **29** 2 ff., 12 ff.
- Ladung **29** 26 ff.
- Ladung der Schwerbehindertenvertretung **29** 27
- Ladung des Arbeitgebers **29** 29, 46
- Ladung des Gewerkschaftsbeauftragten **29** 30; **31** 17
- Ladung des Vertrauensmanns der Zivildienstleistenden **29** 28
- Ladungsfrist **29** 36 ff.
- Leitung **29** 42 ff.
- Nichtöffentlichkeit **30** 9 ff.; s. auch dort
- Niederschrift **34** 3 ff.
- Personenkreis, zu ladender – **29** 26 ff.
- Pflicht zur Aufnahme von Gegenständen in die Tagesordnung **29** 23 f.
- Pflicht zur Einberufung **29** 18 f.
- Protokollführer **30** 13; **34** 4 f.
- Rechtsstellung des Arbeitgebers **29** 47 ff.
- Rechtsstellung des Gewerkschaftsbeauftragten **31** 21 f.
- Rechtswirksamkeit von unter Verletzung der Geheimhaltungspflicht getroffenen Beschlüssen **30** 17
- Selbstversammlungsrecht **29** 10 f.
- Sitzungsgelder, keine **37** 7
- Tagesordnung **29** 23 f., 26 ff., 34 f.
- Teilnahmerecht anderer Personen **29** 55 f.
- Teilnahmerecht der Gewerkschaft **31**; s. auch Gewerkschaft
- Teilnahmerecht der Jugend- und Auszubildendenvertretung **27** 43; **67** 5 ff.
- Teilnahmerecht der Mitglieder zusätzlicher betriebsverfassungsrechtlicher Vertretungen **3** 44
- Teilnahmerecht der Schwerbehindertenvertretung **32** 18 ff.
- Teilnahmerecht des Arbeitgebers **29** 46 ff.; **30** 10 f.
- Teilnahmerecht des Vertrauensmanns der Zivildienstleistenden **29** 55
- Teilnahmerecht von Beauftragten der Arbeitgebervereinigung **29** 52 f.
- Verständigung des Arbeitgebers von – **30** 6
- weitere Sitzungen **29** 16 ff.
- Zeitpunkt **30** 2 ff.; s. auch Zeitpunkt der Betriebsratssitzung
- Zugang des Gewerkschaftsbeauftragten zum Betrieb **31** 24

Sitzungen des Gesamtbetriebsrats 51 29 ff.; s. auch Gesamtbetriebsrat
- Beschlussfähigkeit **51** 41
- Beschlussfassung **51** 42 ff., 47; s. auch Beschlüsse des Gesamtbetriebsrats
- Beschlussfassung, Besonderheiten im Gesamtbetriebsrat **51** 35
- Einberufung, formeller Anspruch auf – **51** 29
- Geschäftsordnung **51** 37
- Konstituierung des Gesamtbetriebsrats **51** 24 ff.
- Ladung **51** 24 f., 29
- Mehrheitserfordernis **51** 42 f.
- Sitzungsniederschrift **51** 36
- Stellvertretung durch Ersatzmitglieder **51** 41
- Stimmengewicht bei gesetzlicher Anzahl der Mitglieder **47** 70 f.
- Stimmengewicht bei Verringerung oder Erhöhung der Mitgliederanzahl **47** 72
- Stimmrechtsausübung **47** 73 f.
- Teilnahme der Gesamt-Jugend- und Auszubildendenvertretung **51** 33
- Teilnahme der Gesamtschwerbehindertenvertretung **51** 32; **52**
- Teilnahme des Arbeitgebers **51** 30
- Teilnahme eines Gewerkschaftsbeauftragten **51** 31

Sitzungen des Konzernbetriebsrats 59 21 ff.; s. auch Konzernbetriebsrat
- Beschlussfähigkeit **59** 29
- Beschlussfassung **59** 27 ff.; s. auch Beschlüsse des Konzernbetriebsrats
- Einberufung, formeller Anspruch auf – **59** 21
- Geschäftsordnung **59** 33
- Konstituierung des Konzernbetriebsrats **59** 17 ff.
- Ladung **59** 18, 21
- Ort **59** 28
- Sitzungsniederschrift **59** 31
- Stimmberechtigung der Mitglieder der Jugend- und Auszubildendenvertretung **59** 30
- Stimmengewicht bei gesetzlicher Anzahl der Mitglieder **55** 22 f.
- Stimmengewicht bei Verringerung oder Erhöhung der Mitgliederanzahl **55** 24
- Stimmrechtsausübung **59** 29 ff.
- Teilnahme der Gesamt-Jugend- und Auszubildendenvertretung **59** 24
- Teilnahme der Konzernschwerbehindertenvertretung **59** 25; **59 a** 8 ff.
- Teilnahme des Arbeitgebers **59** 22
- Teilnahme eines Gewerkschaftsbeauftragten **59** 23

Sitzungen des Seebetriebsrats 116 39 f.; s. auch Seebetriebsrat

Sitzungen des Wirtschaftsausschusses 108 3 ff.; s. auch Wirtschaftsausschuss
- Durchführung der Sitzung **108** 8 ff.
- Häufigkeit **108** 7
- Hinzuziehung anderer Arbeitnehmer **108** 18 ff.

2556

Fette Zahlen = §§

Sachverzeichnis

- Hinzuziehung von Sachverständigen **108** 20 ff.
- Teilnahme der Schwerbehinderten- bzw. Jugend- und Auszubildendenvertretung **108** 31
- Teilnahme des Unternehmers **108** 12 ff.
- Teilnahme eines Vertreters der Arbeitgebervereinigung **108** 30
- Teilnahme von Gewerkschaftsbeauftragten **108** 23 ff.

Sitzungsgelder für Betriebsratsmitglieder, Unzulässigkeit **37** 7

Sitzungsniederschrift 34
- Anspruchsgegner eines Einsichtsbegehrens **34** 29
- Anwesenheitsliste **34** 10
- Aufbewahrungspflicht **34** 23
- Aushändigung an Arbeitgeber und Gewerkschaftsbeauftragte **34** 11 f.
- Betriebsausschusssitzungen **27** 40
- Betriebsratssitzungen **34** 3 ff.
- Eigentum **34** 22
- Einsichtsrecht der Betriebsratsmitglieder **34** 24 ff.
- Einwendungen **34** 14 ff.
- Formalitäten **34** 6 ff.
- Gesamtbetriebsrat **51** 36
- Gesamt-Jugend- und Auszubildendenvertretung **73** 9
- Inhalt und Form **34** 3 ff.
- Jugend- und Auszubildendenvertretung **65** 29
- Konzernbetriebsrat **59** 31
- Protokollführung **34** 4 f.
- Protokollierung, Formalitäten **34** 6 ff.
- Recht auf Aushändigung der – **34** 11 f.
- rechtliche Bedeutung **34** 19 ff.
- Sitzungen von weiteren Ausschüssen **28** 21
- Unterlagen des Betriebsrats und seiner Ausschüsse **34** 25 f.
- Unterzeichnung **34** 9
- Verwahrung **34** 23
- Zuordnung **34** 22 f.

Sitzverteilung
- Bestimmung der Mindestsitze für das Geschlecht in der Minderheit **5 WO**
- gemeinsame Wahl bei privatisierten Unternehmen der Post **14** 72 ff.
- Gruppenwahl bei privatisierten Unternehmen der Post **14** 72 ff.
- Mehrheitswahl **14** 37; **22 WO**
- Verhältniswahl **14** 24 ff.; **15 WO**
- Wahl in Postunternehmen vgl. Verordnung zur Durchführung der Betriebsratswahlen bei den Postunternehmen (WOP) **Anhang 3**

Societas Europaea (SE) 5 163

Software 87 502; s. auch Bildschirmarbeitsplätze; s. auch EDV-Anlage

Sonderurlaub 87 441

Sondervertretungen
- tarifliche **3** 44 ff.; s. auch tarifliche Sondervertretung; s. auch Tarifvertrag

- Weiterführung der Geschäfte des Betriebsrats, analoge Anwendung von § 22 **22** 3; s. auch Amtsbeendigung des Betriebsrats; s. auch Weiterführung der Geschäfte

Sonntagsarbeit 87 317, 788

Sozial ungerechtfertigte Kündigung 102 226, 260

Sozialauswahl 95 38 ff.; **102** 67 ff., 149 ff.
- Fehler als Widerspruchsgrund für Betriebsrat **102** 149 ff.
- in der Insolvenz **Anhang zu 113** 26

Sozialdaten 102 149

Soziale Angelegenheiten
- Abgrenzung zu den wirtschaftlichen Angelegenheiten **Vor 87** 5
- Begriff **Vor 4. Teil** 7 ff.; **Vor 87** 1 ff.
- Bordvertretung **115** 98 ff.
- Einschränkung des Mitbestimmungsrechts **Vor 87** 12 f.; **88** 9
- Erweiterung des Mitbestimmungsrechts **Vor 87** 12 f.; **88** 4
- freiwillige Betriebsvereinbarung **88** 2 ff.
- Mitbestimmungsrecht s. Mitbestimmungsrecht in sozialen Angelegenheiten
- umfassende funktionelle Zuständigkeit des Betriebsrats **77** 50, 66; **Vor 87** 9; **88** 3 ff.
- Verhältnis zu den personellen Angelegenheiten **Vor 87** 7

Sozialeinrichtung
- Arbeitgeberdarlehen **87** 605 ff., 736, 866
- Ausgestaltung der – als Mitbestimmungstatbestand **87** 626, 637 ff., 645 f.
- Begriff **87** 603 ff.
- Beitragsleistung als Mitbestimmungstatbestand **87** 641
- Beteiligung des Betriebsrats **87** 666 f.
- Betrieb durch Dritten **87** 615 f.
- betriebliche Altersversorgung **87** 837 ff.; s. auch dort
- Betriebsabsprache **87** 648
- Betriebsausflüge **87** 623
- Betriebsferien **87** 623
- Betriebskrankenkassen **87** 625
- Betriebsvereinbarung **87** 648
- Betriebsvereinbarung über Auflösung **88** 23
- Betriebsvereinbarung über Errichtung **88** 20 ff.
- Bildung eines Betriebsrats bei – als selbstständigem Betrieb **87** 666 f.
- Bildung eines Gesamtbetriebsrats **87** 666
- Bildung eines Konzernbetriebsrats **87** 667
- Dienstwohnung **87** 621, 690 ff.
- Dotierung, kein Mitbestimmungsrecht **87** 630 ff., 674 f.
- Durchführung der Mitbestimmung **87** 645 ff.
- Errichtung von –, kein Mitbestimmungsrecht **87** 626 ff., 681 f.; **88** 20 ff.
- Festlegung des begünstigten Personenkreises, kein Mitbestimmungsrecht **87** 621

2557

Sachverzeichnis

Magere Zahlen = Randnummern

- finanzielle Grundausstattung, kein Mitbestimmungsrecht **87** 630
- Form der – als Mitbestimmungstatbestand **87** 626, 633 ff., 645 f.
- Initiativrecht des Betriebsrats **87** 634, 647
- Kindergärten **87** 619
- Konzern **87** 613 f.
- Leistungen mit Entgeltcharakter **87** 609 ff.
- Leistungskürzung **87** 679 f.
- Leistungsplan als Mitbestimmungstatbestand **87** 638 ff., 685; **88** 22
- Mitbestimmung bei rechtlich selbstständiger – **87** 651 ff.
- Mitbestimmungsordnung **87** 664 ff.
- nur zugunsten von leitenden Angestellten **87** 617
- Organisation der – als Mitbestimmungstatbestand **87** 637 ff.; **88** 22
- Organisationsänderung **87** 640
- organschaftliche Lösung **87** 656 ff.
- Pensionskassen **87** 620
- Rechtsfolgen bei Nichtbeteiligung des Betriebsrats **87** 681
- Rechtswirkungen einer Betriebsvereinbarung zur Durchführung der Mitbestimmung **87** 660 ff.
- sachliche Grundausstattung, kein Mitbestimmungsrecht **87** 630
- Schließung **87** 671 ff.; **88** 23
- Selbsthilfeeinrichtung der Arbeitnehmer **87** 618
- als selbstständiger Betrieb **87** 664 ff.
- Sozialeinrichtung **87** 668 ff.
- Stiftung durch Dritten **87** 616
- Umstrukturierung **87** 676
- uneigennützige Leistungen **87** 610
- Unterstützungs- und Pensionskassen **87** 620
- Verhältnis der Mitbestimmung über Form, Ausgestaltung und Verwaltung zu den Beteiligungsrechten des Betriebsrats in der Sozialeinrichtung **87** 666 ff.
- Verhältnis der – zu Dritten und den begünstigten Arbeitnehmern **87** 683 ff.
- Verpachtung einer – **87** 663 ff.
- Verwaltung der – als Mitbestimmungstatbestand **87** 626, 643 ff., 645 f.
- werkärztlicher Dienst **87** 624
- Werkmietwohnung **87** 621 ff.; s. auch Werkmietwohnungen
- Werkskantinen **87** 619, 640 ff.
- Werkszeitung **87** 622
- Wirkungsbereich **87** 612 ff.; **88** 24
- Zuständigkeit der Jugend- und Auszubildendenvertretung **70** 5
- Zuständigkeit des Gesamtbetriebsrats **50** 3 ff.; **87** 650; **88** 25
- Zuständigkeit des Konzernbetriebsrats **58** 9 ff.; **87** 650; **88** 25
- Zuständigkeit für die Ausübung des Mitbestimmungsrechts **87** 649 f.

- Zustimmungserfordernis für Form, Ausgestaltung und Verwaltung **87** 645 f.
- Zweckbestimmung, Änderung der – **87** 677 f.
- Zweckbestimmung, kein Mitbestimmungsrecht **87** 676 f.
- zweistufige Lösung **87** 654 f.

Sozialleistungen
- als Entgeltleistungen des Arbeitgebers **87** 832
- Gestaltung der Mitbestimmung **87** 834 ff.

Sozialplan 112 49 ff.
- Abänderung **112** 183
- Abfindung für den Verlust des Arbeitsplatzes **112** 52 ff.
- Abfindung nur bei Klageverzicht **112** 112
- Ablösungsprinzip **112** 183
- Abwägungskriterien **112** 139 ff.
- Abweichung von Interessenausgleich **112** 70, 205 f.
- Abweichung von Versorgungsordnung **112** 110
- Anrechnung von Erstattungsansprüchen **112** 111
- Anspruchskonkurrenz **112** 203 f., 206
- Arbeitslosengeld **112** 198
- Aufhebungsvertrag **112** 107
- Aufstellung **112** 61 ff., 239 ff.
- Aufstellung durch die Einigungsstelle **76** 126; **112** 57; **Anhang zu 113** 4
- Aufstellung nach Durchführung einer Betriebsänderung **112** 67 ff.
- ausgeschiedene Arbeitnehmer **112** 76, 107
- Ausgleich der wirtschaftlichen Nachteile **112** 83 ff., 96 ff.
- Auslegungsgrundsätze **112** 174
- Ausschlussfristen **112** 191
- Basis für pauschalierte Abfindung **112** 91 ff.
- Beendigung **112** 183 ff.
- Begriff **112** 49
- Beitragspflicht zur Sozialversicherung für Sozialplanansprüche **112** 197
- Beitrittsgebiet **112** 170
- Bestehen eines Betriebsrats **111** 27 ff.
- Betriebsänderung ohne Versuch eines Interessenausgleichs **112** 71 ff.
- Betriebsstilllegung **111** 56 ff.
- betriebsverfassungsrechtlicher Gleichbehandlungsgrundsatz **112** 75, 102 ff.
- Dauersozialplan **112** 63
- Durchführungsanspruch **112** 173
- Eigenkündigung **112** 108 f.; **113** 42
- Einigungsstelle **112** 225 ff.; s. auch dort
- Einlassungszwang vor der Einigungsstelle **112** 228 ff.
- Einschränkungen der Sozialplanmitbestimmung bei Personalabbau und für neu gegründete Unternehmen **112** 72; **112 a** 3 ff.
- Elternzeit **112** 106
- Entschädigungsfunktion **112** 52
- Ermessensgrenzen der Einigungsstelle **76** 126 ff.; **112** 138, 149 ff., 152 ff.

Fette Zahlen = §§

Sachverzeichnis

- Ermessensrichtlinien **112** 148 ff.; s. auch dort
- Ermessensspielraum der Betriebspartner **112** 101
- Ersetzung durch neuen – **112** 183
- erzwingbarer **112** 50
- erzwingbarer – bei Personalabbau **112 a** 3 ff.; s. auch Personalabbau
- erzwungener **112** 136 ff.
- faktischer Konzern **112** 146, 189
- Förderung der Teilnahme an Transfermaßnahmen **112** 117 ff.
- Förderung nach dem SGB III **112** 161 ff.
- Gefährdung des Fortbestands des Unternehmens **112** 143, 164 ff.
- im gemeinsamen Betrieb **112** 168; **112 a** 16
- für geplante Betriebsänderung **112** 61 f.
- gerichtliche Billigkeitskontrolle **112** 113
- Gleichbehandlungsgrundsatz **112** 112
- Günstigkeitsprinzip **77** 141; **112** 181
- Härtefonds **112** 100
- Inhalt **112** 80 ff., 136 ff.
- Initiativrecht des Betriebsrats **112** 59 f.
- Insolvenz **112** 214
- Insolvenz des Arbeitgebers **112** 147 f., 201, 218; **Anhang zu 113** 1 ff.; s. auch Insolvenz
- Insolvenzsicherung für die betriebliche Altersversorgung **Anhang zu 113** 14 ff.
- aus Interessenausgleich **112** 26
- keine Einschränkung der Mitbestimmung bei Betriebsänderung durch vorsorglichen – oder Rahmen- **112** 63
- im Konzern **112** 145 f.
- Kündigung **112** 184 ff.
- leitende Angestellte **112** 74 f.
- Mitbestimmungsrecht des Betriebsrats **112** 59 f., 209 ff.
- Nachteilsausgleich **112** 69; s. auch dort
- neue Bundesländer **112** 170
- neugegründete Unternehmen **112** 72
- Neugründungen im Zusammenhang mit der rechtlichen Umstrukturierung von Unternehmen und Konzernen **112 a** 17 ff.
- Personalabbau **112** 72
- personeller Geltungsbereich der Sozialplanmitbestimmung **112** 73 ff.
- Pfändbarkeit von Sozialplanansprüchen **112** 200
- Privileg bei Neugründung eines Unternehmens **112 a** 12 ff.
- Rahmen- **112** 63 ff.
- Rahmensozialplan **112** 81
- Rationalisierungsschutzabkommen **112** 179
- Rechtsnatur **112** 171 f.
- Rechtswirkungen **112** 175 ff.
- Restmandat des Betriebsrats **112** 71
- Schranken der Gestaltungsmacht **112** 101 ff.
- Schriftform **112** 78 f.
- Sicherheiten **112** 99
- soziale Belange **112** 141
- Sperrzeit **112** 98
- Spruch der Einigungsstelle über die Aufstellung des Sozialplans **112** 239 ff.
- Staffel für die Sozialplanpflicht **112 a** 9 ff.
- steuerrechtliche Behandlung von Sozialplanansprüchen **112** 195 f.
- Streitigkeiten über den Beteiligungstatbestand oder das Beteiligungsverfahren **112** 243 f.
- Streitigkeiten über Sozialplanansprüche **112** 192 f.
- Teilnichtigkeit **112** 116
- Teilzeitarbeitnehmer **112** 106
- Tendenzbetriebe **118** 171
- Transferkurzarbeitergeld **112** 133
- Transfersozialplan **112** 117 ff.
- Überbrückungs- und Vorsorgefunktion **112** 52
- vereinbarter **112** 50
- Vererblichkeit von Sozialplanansprüchen **112** 199
- Verfassungsmäßigkeit **112** 9 ff., 166
- Verhältnis der Sozialplanansprüche zum Anspruch auf Nachteilsausgleich **112** 69
- Verhältnis der Sozialplanansprüche zum Nachteilsausgleich **112** 174 ff.
- Verhältnis zum Nachteilsausgleich **112** 69, 202 ff.
- Verhältnis zum Tarifvertrag **112** 178 ff.
- Vermittlung durch den Vorstand der Bundesagentur für Arbeit **112** 212 ff.
- Verzicht auf Sozialplanleistungen **112** 177, 190
- Volumen **112** 114 f., 142, 164 ff.; **Anhang zu 113** 5 ff.
- vorsorglicher **112** 63 ff.
- Wegfall der Geschäftsgrundlage **112** 187 f.
- zeitliche Begrenzung der Rechte aus einem – **112** 177
- Zuständigkeit der Einigungsstelle **112** 134 f.
- Zuständigkeit zur Aufstellung **112** 31, 77
- Zweck **112** 51 ff.

Sozialplanansprüche (-forderungen) s. Sozialplan

Sozialpolitische
- Angelegenheiten **74** 2 f., 60, 63 f.
- Themen einer Betriebsversammlung **45** 12 ff.

Sozialräume 90 9

Sozialstaatsprinzip Einleitung 42 ff.

Sozialversicherung
- Abfindung für den Verlust des Arbeitsplatzes **113** 58
- Pflichtigkeit des Einkommens als Merkmal **5** 56
- Pflichtigkeit von Betriebsratstätigkeit **37** 35

Sozialwidrigkeit 102 218

Spaltung
- Änderung der Betriebsorganisation **111** 108 f.
- Anwendbarkeit von § 613 a BGB **111** 127
- von Betrieben und Unternehmen **1** 76, 87; **21 a** 5 ff.; **111** 25, 28, 100 ff.; s. auch Umwandlung
- Betriebsratsamt bei – **21 a** 5 ff.
- Fortbestand einer Betriebsvereinbarung **77** 197, 212
- Unterrichtungspflicht des Wirtschaftsausschusses **106** 52 ff.

2559

Sachverzeichnis

Magere Zahlen = Randnummern

- Vermutung der gemeinsamen Führung **111** 103
Sparten 3 25
Spartenbetriebsräte 3 24 ff.
Sperrwirkung
- erst mit Tarifgebundenheit **87** 157 f.
- Gegenstand **77** 252 ff.
- gesetzliche Sperrwirkung bei Regelungen mit Bindungswirkung für den Arbeitgeber **87** 148 f.
- keine – bei nachwirkendem Tarifvertrag **87** 152
- keine – bei über- und außertariflicher Zahlung **87** 864
- keine Beschränkung auf tarifliche Schutznormen zugunsten der Arbeitnehmer **87** 161
- Möglichkeiten der freiwilligen Betriebsvereinbarung **87** 169 ff.
- Rechtsfolgen **77** 277 ff.
- Reichweite **77** 280 ff.; **87** 165
- Tarifvertrag **77** 230, 247, 252 ff.; s. auch Regelungssperre bei tariflicher oder tarifüblicher Regelung
- Voraussetzung **77** 257 ff.
Spitzenverbände
- der Arbeitgebervereinigungen **2** 65
- der Gewerkschaften **2** 65
Sportförderung 118 51 a
Sportvereine, Tendenzbetrieb **118** 64
Sprecherausschuss
- Amtszeit **5** 277 f.
- und Betriebsratswahlen **18 a** 2 ff.
- Bildung und Organisation **5** 272 ff.
- Einladung zu Betriebsratssitzungen **29** 31
- Gesamtsprecherausschuss **5** 274
- keine Behinderung der Betriebsratstätigkeit **78** 11
- für leitende Angestellte **5** 269 ff.
- Mitwirkung der leitenden Angestellten **5** 279 ff.
- Sozialplan **112** 75
- Sprecherausschussvereinbarungen **5** 287 ff.
- Streitigkeiten **5** 299 ff.
- Teilnahme an Betriebsratssitzungen **29** 55
- Unternehmenssprecherausschuss **5** 273
- Verhältnis des gesetzlichen – zu freiwillig gebildeten – **5** 296 ff.
- Verhältnis zum Betriebsrat **5** 293 ff.
- Wahl **5** 277 f.
- Zuordnung leitender Angestellter bei Wahlen **18 a** 2 ff., 5 ff., 35 f.; s. auch Zuordnungsverfahren
Sprecherausschussvereinbarung 5 287 ff.; s. auch Sprecherausschüsse
- Wirkungen **5** 291 f.
Sprechstunden
- des Betriebsrats s. Sprechstunden des Betriebsrats
- der Bordvertretung **115** 59 f.
- des Gesamtbetriebsrats, keine **51** 38
- der Jugend- und Auszubildendenvertretung s. Sprechstunden der Jugend- und Auszubildendenvertretung
Sprechstunden der Jugend- und Auszubildendenvertretung 65 32; **69** 3 ff.

- Besuch der Sprechstunde **69** 8
- Betriebsvereinbarung über Zeit und Ort der – **69** 5 f.
- eigene Sprechstunden der Jugend- und Auszubildendenvertretung **39** 14 ff.
- Einigungsstelle **69** 6
- Festlegung von Zeit und Ort **69** 5 f.
- nur für jugendliche Arbeitnehmer und zur Berufsausbildung Beschäftigte **69** 8
- Teilnahmerecht an den Sprechstunden des Betriebsrats **39** 15 ff.; **69** 9
- Teilnahmerecht des Betriebsratsvorsitzenden oder eines beauftragten Mitglieds an den – **69** 10 f.
Sprechstunden des Betriebsrats
- Abmelden des Arbeitnehmers bei Verlassen des Arbeitsplatzes zum Besuch der Sprechstunde **39** 23
- Anspruch auf Einrichtung während der Arbeitszeit **39** 3 ff.
- Arbeitsversäumnis des Arbeitnehmers, der die Sprechstunde aufsucht **39** 21 ff.
- Arbeitsversäumnis des Betriebsratsmitglieds **39** 19 f.
- Aufsuchen der Arbeitnehmer am Arbeitsplatz **39** 30
- Betriebsvereinbarung über Zeit und Ort **39** 7
- Einigung mit dem Arbeitgeber nur über Zeit und Ort **39** 4 ff.
- Einigungsstelle **39** 8 ff.
- Einrichtung durch den Betriebsrat **39** 3
- Gestaltung der – **39** 11 f.
- Haftung für Auskünfte **39** 29
- keine – des Gesamtbetriebsrats **51** 38
- Rückmeldung nach Rückkehr aus der Sprechstunde **39** 26
- Teilnahme eines Gewerkschaftsbeauftragten **39** 12
- Teilnahme eines Vertreters der Jugend- und Auszubildendenvertretung **39** 14 ff.
- unverzügliche Rückkehr zum Arbeitsplatz nach Verlassen der Sprechstunde **39** 26
- Zeit und Ort **39** 5 ff.
- Zweck **39** 2
Spruch der Einigungsstelle 76 96 ff.
- Bedeutung des – **76** 111 f.
- Entscheidung des Arbeitsgerichts **76** 135 ff.
- Entscheidungsmaßstab **76** 107
- Entscheidungsrahmen **76** 104 ff.
- Form der Beschlussfassung **76** 108
- mündliche Beratung, Notwendigkeit einer – **76** 96
- Rechtsweggarantie **76** 114
- Rechtswirkungen **76** 109 ff.
- Stimmabgabe **76** 101 ff.
- Stimmenmehrheit **76** 98 f.
- Überprüfung, gerichtliche **76** 121 ff., 128 ff.
- Unwirksamkeit **76** 97, 119, 125, 135
- Vorfragenkompetenz **76** 105

Fette Zahlen = §§

Sachverzeichnis

Staatsangehörigkeit
– keine Bedeutung für Arbeitnehmereigenschaft **5** 80
– keine Bedeutung für Wählbarkeit **8** 42
– keine Bedeutung für Wahlberechtigung **7** 52
– keine unterschiedliche Behandlung wegen – **75** 15 ff., 19 f.
– Wählbarkeit **8** 29

Staffel
– Personalabbau als Betriebsänderung **111** 46
– für die Sozialplanpflicht **112 a** 9 ff.

Ständig beschäftigte Arbeitnehmer
– Begriff **1** 100, 113
– Leiharbeitnehmer **1** 123 ff.
– Teilzeitbeschäftigte **1** 115

Ständige Beschäftigung 1 100, 112

Ständige Einigungsstelle 76 74 f.; s. auch Einigungsstelle

Statusdaten, Überwachung durch technische Einrichtungen **87** 495

Stechuhren 87 184, 481

Stellenbeschreibung 92 7; **94** 10; **95** 22

Stellung
– des Betriebsausschusses **27** 38 ff.
– des Betriebsrats s. Stellung des Betriebsrats
– der Gewerkschaften s. Gewerkschaft
– der Vereinigungen der Arbeitgeber s. Arbeitgebervereinigung

Stellung des Betriebsrats
– Betriebsrat als Rechtssubjekt **Einleitung** 108 ff.
– betriebsverfassungsrechtliche Rechte und Pflichten **Einleitung** 109 f.
– Grundrechtsschutz **Einleitung** 116 f.
– partielle Vermögensfähigkeit **Einleitung** 111 ff.

Stellvertretender Vorsitzender
– Abberufung **26** 27 ff.
– Amtszeit **26** 27
– Betriebsrat **26** 53 ff.
– Delegation von Aufgaben auf den Stellvertreter **26** 56 f.
– Gesamtbetriebsrat **51** 3 f.
– Konzernbetriebsrat **59** 5, 12 ff.
– Stellvertretung nur im Verhinderungsfall **26** 53 ff.
– Verhinderung des Stellvertreters **26** 55
– Wahl **26** 3 ff.; s. auch Wahl des Vorsitzenden

Stellvertretung eines Betriebsratsmitglieds **25** 15; s. auch Ersatzmitglied

Steuern
– Anspruch aus Nachteilsausgleich **113** 57
– Sozialplanabfindung **112** 195 f.

Stiftungen des privaten Rechts **87** 616

Stilllegung s. auch Betriebsstilllegung
– Betrieb **111** 56 ff.
– Kündigungsschutz der Betriebsratsmitglieder **Anhang zu 103** 30 ff.
– Restmandat bei – **21** 17; **21 b** 3 f.; **112** 71
– von wesentlichen Betriebsteilen **111** 68 ff., 81 ff.

Stimmabgabe bei Beschlüssen s. auch Beschlüsse
– Abstimmungsverfahren **33** 23 f.
– Anfechtung wegen eines Willensmangels **33** 35 f.
– Stimmberechtigung **33** 13 ff.
– Stimmverbot **33** 22

Stimmauszählung
– durch automatische Datenverarbeitungsanlage **14 WO** 3
– Betriebsöffentlichkeit **13 WO** 3
– öffentliche **18** 7; **13 WO** 3 f.; **14 WO**; **21 WO**
– Öffnung der Wahlurnen **13 WO** 4
– Ungültigkeit von Stimmzetteln **14 WO** 4
– Verstoß als Wahlanfechtungsgrund **13 WO** 5
– Zeitpunkt, unverzüglich nach der Wahl **13 WO** 1

Stimmengewichtung
– Mitglieder der Gesamt-Jugend- und Auszubildendenvertretung, gesetzliche Größe **72** 21
– Mitglieder der Gesamt-Jugend- und Auszubildendenvertretung, gewillkürte Größe **72** 22 f.
– Mitglieder des Gesamtbetriebsrats, abweichende Größe **47** 72
– Mitglieder des Gesamtbetriebsrats, gesetzliche Größe **47** 70 f.
– Mitglieder des Konzernbetriebsrats, abweichende Größe **55** 24
– Mitglieder des Konzernbetriebsrats, gesetzliche Größe **55** 22 f.

Stimmenmehrheit, Notwendigkeit einer absoluten Mehrheit **33** 20 f.

Stimmenthaltung
– Betriebsratssitzung **33** 17, 26 f.
– Einigungsstelle **76** 103

Stimmverbot 33 22

Störung des Betriebsfriedens 74 48 f.; **104** 5 ff.
– Entlassung oder Versetzung auf Verlangen des Betriebsrats **104** 14 ff.

Störungsverbot
– Beispiele **78** 17 ff.
– Rechtsfolgen bei Verstoß **78** 34 ff.
– Strafbarkeit **78** 38; **119** 11 ff., 19 ff.
– Weisung innerhalb des Arbeitsverhältnisses und Amtstätigkeit **78** 18
– Wirtschaftsausschuss **107** 33

Strafbarkeit
– Adressat **119** 4
– jede Tatform **119** 8
– Konkurrenzen **120** 29 f.
– Strafantrag **119** 29 ff.; **120** 26 f.
– Strafrahmen **120** 22 ff.
– Vergehen **119** 6
– Verjährung **119** 37; **120** 28
– Versuch **119** 7
– vorsätzliches Handeln **119** 5

Straftatbestände
– Begünstigung der Amtstätigkeit **119** 24 ff.
– Behinderung der Amtstätigkeit **119** 19 ff.
– unzulässige Beeinflussung **119** 17

2561

Sachverzeichnis

Magere Zahlen = Randnummern

- Verletzung von Betriebs- und Geschäftsgeheimnissen **120** 8 ff.
- Verletzung von Geheimnissen eines Arbeitnehmers **120** 17
- Wahlbehinderung **119** 11 ff.

Strafvorschriften 119; 120
- Straf- und Bußgeldvorschriften **Vor 119** 1 ff.

Streik s. auch Arbeitskampf
- Beteiligungsrechte des Betriebsrats **74** 32 ff.; **87** 316, 379 ff., 400; **102** 44 f.
- Betriebsratsmitglied **74** 26 ff.
- Enthaltung jeder auf den Arbeitskampf bezogenen Tätigkeit des Betriebsrats als Organ **74** 16 ff., 23 ff.

Streitigkeiten vgl. hierzu die Kommentierungen am Ende der einzelnen Paragraphen

Streitkräfte, fremde **Einleitung** 82 f.; s. auch NATO-Streitkräfte

Stücklohnsätze, Regelung von – **87** 727

Stundung des Lohnes, Betriebsvereinbarung **77** 97, 121, 129

subjektive Determination 102 68
- der Kündigungsgründe **102** 57, 63

Suspendierung von der Arbeit bei erheblichen Gefahren für den Betrieb oder dort tätige Personen bei Weiterbeschäftigung **103** 93

Tagesordnung
- Anspruch auf Berücksichtigung von Gegenständen in der – **29** 23 f.
- Aufnahmeverlangen von Tagesordnungspunkten **29** 23 f.
- Betriebsrat **29** 26 ff.
- Betriebsversammlung **42** 14 f.; **43** 34 ff.
- Ergänzung **29** 34 f.; **43** 35
- Festlegung durch den Vorsitzenden **29** 35
- nicht ordnungsgemäße Mitteilung der Tagesordnung **29** 39 f.
- pflichtwidriges Verhalten des Vorsitzenden, Rechtsfolgen **29** 25

Tägliche Arbeitszeit, Mitbestimmungsrecht **87** 255 ff.

Tarifausschlussklausel 75 32 f.

Tarifautonomie
- Betriebsvereinbarung **87** 206 ff.
- Mitbestimmung in sozialen Angelegenheiten **87** 77, 143 ff., 195 ff.
- verfassungsrechtliche Garantie **2** 80 ff.; **77** 244
- Vorrang in der Betriebsverfassung **77** 240, 244, 250

Tarifgebundenheit 2 25; **77** 259; **87** 143, 154 f., 157 ff.
- allein des Arbeitgebers **3** 54

Tarifkonkurrenz 2 26 f.; **3** 54

Tarifliche Schlichtungsstelle 76 146 ff.; **109** 17
- Behinderungsverbot **78** 6, 11 ff.
- Benachteiligungsverbot **78** 6, 19 ff.
- Ersetzung der Einigungsstelle durch – **76** 146

- Geheimhaltungspflicht der Mitglieder **79** 21
- gerichtliche Überprüfung der Sprüche der – **76** 152
- Kosten **76** 153 f.
- Rechtsstellung der Mitglieder der – **76** 154 f.
- Störungsverbot **78** 6, 11 ff.
- Verdrängung der Einigungsstelle **76** 151
- Verfahren vor der – **76** 147, 150
- Zusammensetzung **76** 149

Tarifliche Sondervertretung 3 35 ff.
- Amtszeit **3** 71
- Aufgaben **3** 35 ff.
- Behinderungsverbot **78** 8, 11 ff.
- Benachteiligungsverbot **78** 8, 19 ff.
- Bestehen eines Tarifvertrages bei Inkrafttreten des BetrVG **128**
- Geheimhaltungspflicht der Mitglieder **79** 20
- Organisation **3** 35 ff.
- Rechtsstellung der Mitglieder **3** 63, 69
- Regelungsbereich des Tarifvertrages **3** 60
- Störungsverbot **78** 8, 11 ff.
- Voraussetzung der Errichtung **3** 35 ff.

Tariflohn, Außenseiterwettbewerb **75** 31; **77** 289

Tarifpluralität 2 26 f.

Tarifüblichkeit als Regelungssperre für eine Betriebsvereinbarung **77** 267 ff.

Tarifvertrag
- Abschluss eines – über abweichende Ausgestaltung der Betriebsverfassung **2** 136
- abweichende Organisation der Betriebsvertretung **3** 1 ff.
- abweichende Zusammenfassung von Betrieben und Bildung eines unternehmenseinheitlichen Betriebsrats **3** 16 ff.
- Allgemeine Arbeitsbedingungen **77** 244 f., 255 f.
- Ausnahmeklausel **77** 299
- Beachtung bei Zusammenarbeit von Arbeitgeber und Betriebsrat **2** 24 ff.
- Beschwerdestelle, betriebliche **77** 57; **86** 7 ff.
- Beschwerdeverfahren **86** 2 ff.
- Beteiligung des Betriebsrats im Rahmen der von ihm getroffenen Regelung **Vor 87** 12 f.
- betriebliche Übung **77** 295 f.; s. auch dort
- Betriebsabsprachen **77** 224 ff., 230
- Betriebsautonomie **77** 64 ff.
- Betriebsbußenordnung **87** 223 ff., 243
- Betriebsersetzung **3** 11 ff., 15 ff.
- Betriebsversammlung **44** 16
- Einigungsstelle als tarifliche Schlichtungsstelle **76** 146 ff.; s. auch tarifliche Schlichtungsstelle
- Einigungsstelle, Höhe der Vergütung betriebsfremder Mitglieder **76 a** 25 f.
- Errichtung einer anderen Betriebsvertretung der Arbeitnehmer **3** 21 ff.; s. auch andere Betriebsvertretungen
- über Errichtung von Sondervertretungen, Inkrafttreten als Amtsbeendigungsgrund und Weiterführung der Geschäfte analog § 22 **22** 3

2562

Fette Zahlen = §§ **Sachverzeichnis**

- Errichtung zusätzlicher Vertretungen der Arbeitnehmer **3** 44 ff.; s. auch zusätzliche betriebsverfassungsrechtliche Vertretungen der Arbeitnehmer
- Erweiterung des Mitbestimmungsrechts bei Kündigungen **102** 283 ff., 305
- Erweiterung des Mitbestimmungsrechts in sozialen Angelegenheiten **Vor 87** 12 f.; **88** 4
- Firmentarifvertrag, Sperrwirkung **77** 258, 272
- Freistellung von Betriebsratsmitgliedern **38** 20 ff.
- Geltung für den Betrieb **2** 25
- Geltungsbereich **77** 268
- Gesamtbetriebsrat **47** 2, 28, 47 ff.
- Gesamt-Jugend- und Auszubildendenvertretung **72** 15 ff.
- Gestaltung der innerbetrieblichen Ordnung **2** 38
- kein – über Betriebsänderung **111** 18
- keine Beseitigung des Tendenzschutzes durch – **118** 23
- keine Nachwirkung **3** 65
- Konkretisierung durch Betriebsvereinbarung **77** 305
- Konzernbetriebsrat **55** 3, 15 ff.
- Luftbetriebsrat **117** 12 f.
- Öffnungsklausel für Betriebsvereinbarung **77** 281 ff.
- Organisation der Betriebsverfassung durch – **3** 1 ff.
- redaktionelle Mitbestimmung in Presseunternehmen **118** 238 ff.
- Regelung von Einzelheiten des individuellen Beschwerdeverfahrens **84** 30 f.
- Sondervertretung der Arbeitnehmer **3** 38 ff.; **128**
- Tarifausschlussklausel **75** 32 f.
- Tarifkonkurrenz und Tarifpluralität **2** 26 f.
- Tarifvorbehalt s. dort
- Übernahme durch Betriebsvereinbarung **77** 288 ff.
- Überwachung der Durchführung durch Betriebsrat **80** 5 ff.
- Verhältnis zum Sozialplan **112** 178 ff.
- Verhältnis zur Betriebsvereinbarung **77** 244 ff.
- Verhältnis zur Betriebsverfassung **2** 139 ff.
- vertragseinheitliche Regelung **77** 295 f.
- Vorrang in der Betriebsverfassung **2** 24 ff., 142; s. auch Tarifvorrang
- über Wirtschaftsausschuss **Vor 106** 13; **106** 9
- zugunsten gewerkschaftlicher Vertrauensleute **2** 176
- Zusammenfassung mehrerer Betriebe zu einer Betriebseinheit **3** 17; **4** 48 ff.
- Zusammenfassung von Betrieben und Bildung eines unternehmenseinheitlichen Betriebsrats durch – **3** 16 ff.; **4** 49
- zusätzliche betriebsverfassungsrechtliche Vertretungen der Arbeitnehmer **3** 44 ff.

Tarifvorbehalt 77 230, 240, 244 ff.
- Antragsbefugnis der Tarifvertragsparteien **77** 314

- Einschränkung zur Sicherung der Mitbestimmung **77** 250, 253
- Verhältnis zum Tarifvorrang im Eingangshalbsatz des § 87 Abs. 1 **77** 247 ff.
- Wegfall des – **77** 242

Tarifvorrang 2 24 ff., 142
- Firmentarifvertrag **77** 262, 272
- Gegenstand **77** 252 ff.
- Normzweck **77** 244 ff.
- Öffnungsklausel **77** 298 ff.
- Regelungssperre **77** 252 ff.
- Tarifgebundenheit **77** 259 ff.
- Tarifüblichkeit **77** 267 f.
- tarifvertragliche Regelung **77** 257 ff.
- Vorrangtheorie **77** 248, 250 f.
- Zwei-Schranken-Theorie **77** 249

Tätigkeit als Betriebsrat
- Abgeltung des Freizeitausgleichs **37** 56 ff.
- Arbeitsbefreiung zur Aufgabenerfüllung **37** 26 ff.
- Aufgabenerfüllung **37** 15 ff.
- Beginn **21** 4 ff.; s. auch Amtsbeginn des Betriebsrats
- Bildungsurlaub **37** 138 ff.; s. auch Bildungsurlaub
- ehrenamtliche – **37** 5 ff.
- Ende **21** 11 ff.; **24**; s. auch Amtsbeendigung des Betriebsrats
- Erforderlichkeit der Inanspruchnahme von Arbeitszeit **37** 21 ff.
- Erfüllung von Betriebsratsaufgaben **37** 15 ff.
- Freistellung **37** 26 ff.; **38**; s. auch Freistellung von Betriebsratsmitgliedern
- Freizeitausgleich **37** 37 ff., 49 ff.
- Garantie von Arbeitsentgelt und Tätigkeit **37** 62 ff., 73 ff.
- Gleichstellung der Amtstätigkeit mit der vertraglich geschuldeten Arbeitsleistung **37** 12
- Inanspruchnahme von Arbeitszeit **37** 21 ff.
- privates Amt **37** 5
- Rechtsfolgen nicht notwendiger Arbeitsversäumnis **37** 36
- Teilnahme an Betriebs- oder Abteilungsversammlung **37** 61
- Teilnahme an Schulungs- und Bildungsveranstaltungen **37** 79 ff.; s. auch Schulungs- und Bildungsveranstaltungen
- unentgeltliches Ehrenamt **37** 6 ff.
- Verbot der Minderung von Arbeitsentgelt **37** 30 ff.
- Verhältnismäßigkeit der Inanspruchnahme von Arbeitszeit **37** 21 ff.
- Versäumnis von Arbeitszeit **37** 13 ff.

Tätigkeitsbericht des Betriebsrats 43 7 ff.
Tätigkeitsgarantie
- Betriebsratsmitglieder **37** 73 ff.
- freigestellte Betriebsratsmitglieder **38** 57 ff.
- Mitglieder der Bordvertretung **115** 57

Tatsachenvergleich über Sozialplanansprüche **112** 177

Sachverzeichnis

Magere Zahlen = Randnummern

Technische Anlagen, Mitwirkungsrecht des Betriebsrats **90** 10 ff.
Technische Kontrolleinrichtungen, Überwachung der Arbeitnehmer
– Ausübung der Mitbestimmung **87** 527
– Begriff **87** 484
– Bestimmung der technischen Einrichtung zur Überwachung **87** 501
– Einführung und Anwendung als Mitbestimmungstatbestand **87** 513 ff.
– Initiativrecht **87** 518 f.
– Kontrollbefugnis des Arbeitgebers als Schranke des Mitbestimmungsrechts **87** 520 ff.
– Kontrolleinrichtungen für einzelne Arbeitnehmer **87** 517
– Multimoment-Filmkameras **87** 507
– Persönlichkeitsschutz des Arbeitnehmers **87** 529 f.
– Rechtsfolgen einer Nichtbeteiligung des Betriebsrats **87** 532 f.
– Tendenzbetriebe **87** 522
– Verhalten oder Leistung der Arbeitnehmer als Gegenstand der Überwachung **87** 493
– Voraussetzungen der Mitbestimmung **87** 484 ff.
– Vorrang von Gesetz und Tarifvertrag **87** 523
– Zuständigkeit für die Mitbestimmungsausübung **87** 531
Technischer Überwachungsverein 118 51 c
Teilfreistellung von Betriebsratsmitgliedern 38 14 f.; s. auch Freistellung von Betriebsratsmitgliedern
Teilkündigung von Arbeitsverhältnissen **102** 12
Teilnahme s. die einzelnen betriebsverfassungsrechtlichen Organe bzw. Institutionen
Teilnichtigkeit
– einer Betriebsvereinbarung **77** 45 ff.
– des Sozialplans **112** 116
Teilstilllegung 103 1; **106** 50; **111** 68 ff., 81 ff.
Teilversammlungen
– Durchführung **42** 53 ff.
– Voraussetzungen **42** 47 ff.
Teilzeit
– Abgrenzung von der Kurzzeitbeschäftigung **5** 54 f.
– beschäftigte Betriebsratsmitglieder, Bildungs- und Schulungsveranstaltungen **37** 135 a
– Erfassung für Freistellung von Betriebsratsmitgliedern **38** 10
– Teilzeitarbeit als Mitbestimmungstatbestand **87** 294 ff.
– Teilzeitarbeitnehmer im Sozialplan **112** 106
– Teilzeitbeschäftigte **5** 54 ff.
– Wahlberechtigung **7** 32 ff.; **99** 12
Telearbeit 5 59 ff.
– Betriebsänderung **111** 109
Telefon
– Bereitstellung für den Betriebsrat **40** 67, 82
– Gebührenerfassung **87** 531
– private Benutzung **87** 214, 576

Telefongespräche, Mitbestimmung des Betriebsrats **87** 485, 511
Tendenzbetrieb 118; s. auch Tendenzschutz
– abschließende Aufzählung der geistig-ideellen Bestimmungen i. S. des § 118 Abs. 1 Nr. 1 **118** 47 f.
– absoluter Tendenzschutz **118** 4, 111 ff.
– „ähnliche Bestimmungen" **118** 47
– Allgemeine Aufgaben und Rechte des Betriebsrats **118** 138 ff.
– Anhörung des Betriebsrats bei Kündigungen **102** 43
– anthroposophische Vereinigungen **118** 57
– Anzeigen- und Adressbuchverlage **118** 86
– Arbeiterwohlfahrt **118** 61
– Arbeitgebervereinigungen **118** 47 f., 128
– Arbeitsplatz, Arbeitsablauf und Arbeitsumgebung **118** 150
– Aufstellung von Beurteilungsgrundsätzen **94** 61
– Ausschreibung von Arbeitsplätzen **93** 18; **118** 154
– begrenzte Geltung der Betriebsverfassung **Einleitung** 62
– Begriff **118** 11
– Begriff der Tendenzträger **118** 123
– Belletristik **118** 85
– Beteiligung am europäischen Betriebsrat **118** 178
– Beteiligung der Arbeitnehmer im Aufsichtsrat **118** 4, 173 f.
– Beteiligung des Betriebsrats bei Betriebsänderungen **111** 5; **118** 170 ff.
– Beteiligung des Betriebsrats bei der Aufstellung allgemeiner Beurteilungsgrundsätze **118** 156
– Beteiligung des Betriebsrats bei der Aufstellung eines Sozialplanes **118** 171
– Beteiligung des Betriebsrats bei der Aufstellung von Auswahlrichtlinien **118** 157
– Beteiligung des Betriebsrats bei der Berufsbildung **118** 159
– Beteiligung des Betriebsrats bei der Eingruppierung **118** 160
– Beteiligung des Betriebsrats bei der Einstellung **118** 160 ff.
– Beteiligung des Betriebsrats bei der Gestaltung von Arbeitsplatz, Arbeitsablauf und Arbeitsumgebung **118** 150
– Beteiligung des Betriebsrats bei der Kündigung **118** 164 ff.
– Beteiligung des Betriebsrats bei der Personalplanung **118** 153
– Beteiligung des Betriebsrats bei der Umgruppierung **118** 160
– Beteiligung des Betriebsrats bei der Versetzung **118** 163
– Betrieb oder Unternehmen **118** 24 ff.
– betriebliche Lohngestaltung **118** 149 f.
– Betriebs- und Abteilungsversammlungen **118** 136
– Betriebsänderungen **111** 5; **118** 170 ff.
– Betriebsinhaberwechsel **118** 177
– Bibliotheken **118** 67

Fette Zahlen = §§

Sachverzeichnis

- Buchgemeinschaften **118** 87
- Buchverlage **118** 19 ff., 68, 74, 82
- Differenzierungsverbot **75** 49 f.
- Einblicksrecht des Betriebsrats in die Bruttolohn- und -gehaltslisten **118** 141
- eingeschränkte Maßnahmetheorie **118** 121
- Einschränkung der Mitbestimmung **118** 151 ff.
- Entlassungsersuchen des Betriebsrats **118** 167
- erzieherischer Bereich **118** 130 a
- Fachverlage **118** 83
- Filmatelier **118** 73
- Freidenkerverbände **118** 57
- Geltung der Konzernbetriebsverfassung im Tendenzkonzern **118** 110 f.
- Geprägetheorie **118** 30 ff., 35
- Gesamtbetriebsrat **118** 133 f.
- Gewerkschaften **118** 53 f., 128, 137
- Grundlagen- und anwendungsorientierte Forschung **118** 67
- Grundsätze des relativen Tendenzschutzes **118** 111 ff.
- Grundsätze über die Mitwirkung und Mitbestimmung der Arbeitnehmer **118** 138
- Haus- und Grundbesitzervereine **118** 51 b
- Informationsrecht des Betriebsrats **118** 140 ff., 168
- Initiativrecht des Betriebsrats zur Entlassung oder Versetzung eines Arbeitnehmers **118** 167
- Kabarett **118** 73
- kein Analogieverbot **118** 48
- Kirchenautonomie s. dort
- Konzernbetriebsrat **118** 133 f.
- Konzertagenturen **118** 74
- Kriterien für den Tendenzcharakter betriebsverfassungsrechtlicher Vorschriften **118** 119 ff.
- Kunstausstellungen **118** 73
- Lizenzfußball **118** 73
- Lohndruckereien **118** 91 ff.
- Mieterverbände **118** 51 b
- Mischbetriebe **118** 96 ff., 103
- Mischunternehmen **118** 28, 96 ff.
- Mitbestimmung bei personellen Einzelmaßnahmen **118** 160 ff.
- Mitbestimmung in personellen Angelegenheiten **118** 143, 151 ff.
- Mitbestimmung in sozialen Angelegenheiten **118** 142 ff.
- Mitbestimmung in wirtschaftlichen Angelegenheiten **118** 113, 169 ff.
- Mitwirkungs- und Beschwerderecht des Arbeitnehmers **118** 175 f.
- Museen **118** 67
- Musikverlage **118** 74
- Nachteilsausgleich bei Betriebsänderungen **113** 34; **118** 170 ff.
- Orchesterbetrieb **118** 73
- Personalfragebogen **118** 155
- Personenkreis der Tendenzträger **118** 123
- Presse- und Nachrichtenagenturen **118** 88
- Pressebegriff **118** 78 f.
- Qualität des Beteiligungsrechts **118** 122
- quantitative Gesichtspunkte **118** 30 ff., 98 f.
- Quantitätstheorie **118** 34
- Rechenzentrum für wissenschaftliche Datenverarbeitung **118** 70
- Rechtsentwicklung **118** 6 ff.
- Rechtsstellung der Betriebsratsmitglieder **118** 135
- rechtssystematischer Zusammenhang mit anderen Tendenzschutzbestimmungen **118** 3 ff.
- relativer **118** 115 ff.
- relativer Tendenzschutz **118** 11 ff.
- Relativklausel **118** 117
- Rotes Kreuz **118** 61
- Rundfunk, Film und Fernsehen **118** 89 f.
- Sprachschule **118** 64
- Streitigkeiten **118** 179 f.
- Technische Überwachungsvereine **118** 51 c
- Tendenzautonomie als Schranke für die Geltung des Betriebsverfassungsgesetzes **118** 111 ff.
- Tendenzbetrieb eines tendenzfreien Unternehmens **118** 102
- Tendenzcharakter eines abhängigen Konzernunternehmens **118** 106 f.
- Tendenzcharakter eines herrschenden Konzernunternehmens **118** 108 f.
- eines tendenzfreien Unternehmens **118** 27 f.
- tendenzfreier Betrieb eines Tendenzunternehmens **118** 27 f., 101
- Tendenzkonzern **118** 104 ff.
- Tendenzträger **118** 123 ff.
- Tendenzträgertheorie **118** 121
- Tendenzunternehmen **118** 3, 104
- Theater **118** 73, 146
- uneingeschränkte Maßnahmetheorie **118** 121
- Universitätsbibliothek **118** 70
- unmittelbare und überwiegende Bestimmung oder Zweck **118** 29 ff.
- Unternehmen mit erzieherischen Zielen **118** 46, 63 ff., 147
- Unternehmen mit karitativen Zielen **118** 58 ff., 148
- Unternehmen mit koalitionspolitischen Zielen **118** 53 ff.
- Unternehmen mit konfessionellen Zielen **118** 55 ff., 129
- Unternehmen mit künstlerischen Zielen **118** 46, 71 ff., 130
- Unternehmen mit politischer Zweckbestimmung **118** 49 ff.
- Unternehmen mit wissenschaftlichen Zwecken **118** 46, 66 ff., 130
- Verbände der Sportförderung **118** 51 a
- Verlag mit breiter Fächerung der Werke **118** 85
- Versetzungsersuchen des Betriebsrats **118** 167
- Wirtschaftsausschuss **Vor 106** 10; **118** 169 ff.
- Wirtschaftsverbände **118** 50

Sachverzeichnis

Magere Zahlen = Randnummern

- Zeitungs- und Zeitschriftenhandel **118** 81
- Zeitungs- und Zeitschriftenunternehmen **118** 80
- Zirkusunternehmen **118** 73
- Zoologischer Garten **118** 68
- Zugang der Gewerkschaften zum Betrieb **2** 132 ff.; **118** 137
- Zustimmungsbedüftigkeit von Kündigungen **103** 14 f.

Tendenzschutz
- absoluter **118** 111 ff.
- allgemeine Voraussetzungen **118** 24 ff.
- begrenzte Geltung der Betriebsverfassung **Einleitung** 62
- Beherrschung eines tendenzfreien Unternehmens durch ein Tendenzunternehmen **118** 107
- Eingliederung eines Tendenzunternehmens in einen Konzern **118** 106 f.
- geistig ideelle Bestimmungen **118** 47 ff.
- Gewinnerzielungsabsicht **118** 37, 41 ff.
- Grundrechtsbezug **118** 13 ff.
- Identifikationstheorie **118** 38
- keine Beseitigung durch Tarifvertrag **118** 23
- kommerzielle Gesichtspunkte **118** 45
- im Konzern **118** 104 ff.
- persönliche Einstellung des Unternehmers keine Voraussetzung des – **118** 37 f.
- Presseunternehmen **118** 19 ff., 40, 46, 76 ff., 80 ff., 96, 124 ff., 144; s. auch dort
- Relativklausel **118** 20 ff.
- Sicherung grundrechtlich geschützter Entfaltungsmöglichkeiten **118** 17 ff.
- Tendenzgebundenheit des Betriebs oder des Unternehmens **118** 24 ff.
- Tendenzvielfalt **118** 39 f.
- Unternehmensmitbestimmung **118** 112
- Verlagsunternehmen **118** 19 ff., 40, 46, 76 ff., 80 ff.
- Zweck **118** 13 ff.

Territorialitätsprinzip Einleitung 66 f., 73
Testamentsvollstreckung Einleitung 126
Theater, Tendenzbetrieb **118** 73, 146
Themen der Betriebs- und Abteilungsversammlungen 45 5 ff.
Titularprokurist, leitender Angestellter **5** 205
Transferkurzarbeitergeld 112 133
Treueprämie 87 742, 839
Treuhandanstalt (Bundesanstalt für vereinigungsbedingte Sonderaufgaben), Sozialplan **112** 170
Truppenverbände, ausländische 130 8 ff.

Überbetriebliche
- Angelegenheiten, Zuständigkeit des Gesamtbetriebsrats **50** 6 ff.
- Ausbildungsstätte **60** 8
- Sozialeinrichtungen **87** 83

Übergangsmandat des Betriebsrats
- Abgrenzung zum Restmandat **21 b** 5 f.

- analoge Anwendung auf sonstige Gremien **21 a** 26 f.
- Anwendungsbereich **21 a** 3 ff.
- Auseinanderfallen von Arbeitsverhältnis und Betriebsratsamt **21 a** 23
- bei Ausgliederung **24** 22
- bei Betriebsänderung **111** 104
- Bordvertretung **115** 44
- Dauer **21 a** 17 ff.
- Eingliederung **21 a** 5
- kein – bei Stilllegung **21 a** 8
- Nebeneinander von – und Restmandat **21 b** 5 f.
- bei Privatisierung eines Unternehmens aus dem öffentlichen Dienst **130** 12 f.
- Rechtsstellung der Betriebsratsmitglieder **21 a** 24
- Restmandat, kein – **21** 17; **21 a** 2
- bei Spaltung **21 a** 2, 8
- Verlust der Betriebsidentität **21 a** 6, 10
- Vollmandat **21 a** 16
- Zusammenfassung von Betrieben **21 a** 9 ff.
- bei Zusammenlegung von Betrieben **21 a** 2
- Zusammensetzung des Betriebsrats **21 a** 22

Übermaßverbot, betriebsverfassungsrechtliches 75 41
Übernahmeanspruch s. Weiterbeschäftigungsanspruch Auszubildender
Überschreiten der Vertretungsmacht
- durch den Vorsitzenden des Betriebsrats oder seinen Stellvertreter **26** 46 ff.; s. auch Vorsitzender des Betriebsrats
- Zurechnung nach den Grundsätzen der Vertrauenshaftung **26** 49 ff.

Überstunden
- Abbau von – **87** 346
- Betriebsvereinbarung **87** 360
- Eil- und Notfall **87** 370 f.
- Initiativrecht des Betriebsrats **87** 365, 367
- Mitbestimmung des Betriebsrats **87** 356 ff.
- Regelungsbefugnis **87** 356 f., 361
- Vergütung **37** 31; **38** 54; **44** 36 ff.
- vorübergehende Verlängerung der betriebsüblichen Arbeitszeit **87** 349 ff.

Übertarifliche Entlohnung
- Anrechnung einer Tariflohnerhöhung auf über- und außertarifliche Zulagen **87** 790
- Mitbestimmungsrecht **87** 780, 787 ff., 794, 805 f., 864; **99** 67, 166

Übertragung von Aufgaben an Arbeitsgruppen 28 a 1 ff., 8
- Beschluss der Übertragung **28 a** 19
- Betriebsgröße **28 a** 5
- betriebsverfassungsrechtliche Stellung der Gruppenmitglieder **28 a** 32 a
- Einschätzungsprärogative **28 a** 24
- Inhalt der Übertragung **28 a** 22 ff.
- Rahmenvereinbarung **28 a** 13 ff.
- Verbindung der – mit Auflagen, keine **28 a** 19 a
- Vereinbarungen nach § 28 Abs. 2 **28 a** 26 ff.

Fette Zahlen = §§

- Voraussetzungen **28 a** 4 ff.
- Widerruf der Übertragung **28 a** 21

Übertragung von Aufgaben auf Ausschüsse
- Aufgaben zur Vorbereitung **27** 69
- Begrenzung der Übertragung bei privatisierten Postunternehmen **27** 70
- Besonderheiten bei Übertragung auf den Wirtschaftsauschuss **28** 19
- Betriebsratsaufgaben zur selbstständigen Erledigung **27** 58 ff.
- der laufenden Geschäfte in kleineren Betrieben auf den Vorsitzenden **27** 73 ff., 76 f.
- Widerruf der Übertragung zur selbstständigen Erledigung **27** 68

Überwachung
- der Arbeitnehmer durch technische Einrichtungen **87** 477; s. auch technische Kontrolleinrichtungen
- der Durchführung der zugunsten der Arbeitnehmer geltenden Vorschriften durch den Betriebsrat **80** 5 ff.
- Grundsätze für die Behandlung der Betriebsangehörigen **75** 3, 5 ff.

Übung, betriebliche **77** 152, 235, 295, 312 f.

Umdeutung
- in andere Kündigungsart **102** 52 ff.
- der außerordentlichen in eine ordentliche Kündigung **102** 114 f.

Umgruppierung 99 82 ff.; s. auch Widerspruchsrecht des Betriebsrats bei personellen Einzelmaßnahmen
- Änderung arbeitsvertraglicher Bedingungen **99** 92
- Änderung der Vergütungsordnung **99** 84
- Aufhebungsanspruch des Betriebsrats bei Verletzung der Mitbestimmung **101** 8
- Beendigung vorläufiger – **100** 44 ff.
- Beförderung **99** 90
- Begriff **99** 82
- Korrektur einer irrtümlichen Eingruppierung **99** 85 ff.
- Mitbestimmung in Tendenzbetrieben **118** 160
- neue Lohn- oder Gehaltsgruppeneinteilung **99** 83 ff., 88
- Verletzung der Mitbestimmung des Betriebsrats **99** 176 ff.
- Zuständigkeit des Gesamtbetriebsrats **50** 35
- Zuständigkeit des Konzernbetriebsrats **58** 13
- Zuweisung einer anderen Tätigkeit **99** 83

Umgruppierungsrichtlinien 95 35 ff.; s. auch Auswahlrichtlinien

Umlageverbot
- Beiträge der Arbeitnehmer, keine – **41** 2 ff.
- von Beiträgen der Arbeitnehmer zum Zwecke der Betriebsratstätigkeit **41** 2 ff.
- Gewerkschaftsbeitragserhebung durch den Betriebsrat, unzulässig **41** 7
- Jubiläumsgeschenke **41** 8

Sachverzeichnis

- Kompetenzüberschreitung bei Sammlungen durch den Betriebsrat **41** 7
- Sammlungen für andere Zwecke, keine **41** 7
- sittliche Pflicht und Anstand als Sammlungsmotiv **41** 8
- Zuwendungen des Arbeitgebers, keine – **41** 5
- Zuwendungen Dritter, keine – **41** 6

Umlaufverfahren
- Beschlussfassung im – **33** 2
- Unzulässigkeit bei Kündigungsanhörungen **102** 90
- Verfahren der Einigungsstelle im – **76** 96

Umschulung 96 6 ff., 12, 24
- Möglichkeit der Weiterbeschäftigung des Arbeitnehmers nach zumutbarer – **102** 160 ff.
- Weiterbeschäftigungsmöglichkeit des Arbeitnehmers nach zumutbarer – **102** 171 ff.

Umwandlung
- Auflösung eines gemeinsamen Betriebs als Betriebsänderung **111** 101
- Aufspaltung **21 a** 5 ff.; **111** 103, 109
- Ausgliederung **1** 76, 89; **24** 22; **111** 88, 96 ff.
- Eingliederung in anderen Betrieb **1** 87
- Interessenausgleich, umwandlungsrechtlicher **112** 15; s. auch Interessenausgleich
- Neugründungen im Zusammenhang mit der rechtlichen Umstrukturierung von Unternehmen und Konzernen **112 a** 17 ff.
- Restmandat **21** 17; **21 b** 7 ff.
- Spaltung in mehrere Betriebe **1** 87; **21 a** 5 ff.
- Spaltung von mehreren Unternehmen als Betriebsänderung **1** 87, 89; **21 a** 4; **111** 25, 28, 96 ff., 100 ff.
- Übergangsmandat des Betriebsrats **21** 16 f.; **21 a** 15 ff.; **24** 22; s. auch dort
- Umwandlung nach dem Umwandlungsgesetz **112 a** 18
- Verschmelzung mehrerer Unternehmen **1** 89; **21 a** 9 ff.
- Zusammenlegung mit anderen Betrieben **1** 89; **21 a** 9 ff.

Umweltschutz s. auch Betrieblicher Umweltschutz; s. auch Umweltschutz im Unternehmen
- Anzeigepflicht des Arbeitgebers **89** 22 f.
- Aufgabe des Betriebsrats **89** 4 ff.
- Beteiligung des Betriebsrats bei der Durchführung **89** 4 ff., 15, 21
- betrieblicher – **88** 16
- Inhalt der Hinzuziehung **88** 18 f.
- Legaldefinition des betrieblichen – **89** 29 ff.
- Maßnahmen des betrieblichen – **88** 15 ff.
- als Mitbestimmungstatbestand **87** 531
- Streitigkeiten über Mitwirkung des Betriebsrats **89** 43
- Umfang der Umweltschutzvorschriften **89** 9 f.
- Unterrichtungspflicht des Arbeitgebers **89** 20, 24
- als wirtschaftliche Angelegenheit **106** 49

2567

Sachverzeichnis

Magere Zahlen = Randnummern

Umweltschutz im Unternehmen, Lagebericht des Unternehmers über den – **53** 15
Unabdingbarkeit, Betriebsvereinbarung **77** 138 ff., 178, 181
Unerlaubte Handlung, Haftung des Betriebsrats für – **Vor 26** 15
Unfall
– Anzeige, Beteiligung des Betriebsrats **89** 4 ff.
– und Gesundheitsschutz **87** 535 ff.; **88** 11 ff.; **89** 15 ff.
– Mitbestimmung bei Regelungen über die Verhütung von Arbeitsunfällen **87** 540 ff.
– -schaden als Aufwendung, Kostenerstattung **40** 53 ff.; s. auch Kostentragungspflicht des Arbeitgebers
– -schutz bei Schulungs- und Bildungsveranstaltung bzw. Bildungsurlaub **37** 136, 178
Ungültigkeit der Wahl eines Betriebsratsmitglieds **19** 67 f.
Universität
– Bibliothek **118** 70
– privatrechtlich organisierte – **118** 69
Unmittelbare Wirkung s. auch zwingende Wirkung
– der Betriebsvereinbarung **77** 165
– einer Sprecherausschussvereinbarung **5** 292
Unparteiische Wahrnehmung des Betriebsratsamts, Neutralität **74** 26, 59, 79
Unterbrechung der Betriebszugehörigkeit **8** 23 ff.
Untergang als Betrieb, Konsequenzen für das Amtszeitende des Betriebsrats **21** 27
Unterhaltspflicht als Maßstab für Sozialplanabfindung **112** 91, 111
Unterlagen
– Einsichtsrecht in – des Betriebsrats **34** 24 ff.
– für Unterrichtung des Wirtschaftsausschusses **106** 27 ff.; **108** 33
– Vorlage an Betriebsrat **80** 61 ff.; **92** 29 ff.; **99** 141 ff., 168; **102** 77 f.
– Vorlage von Schiffsunterlagen **115** 91 ff.
Unterlassungsanspruch Vor 4. Teil 31
– Aufhebungsanspruch als negatorischer Beseitigungsanspruch **101** 5, 8
– des Betriebsrats auf Rückgängigmachung einer ohne seine Beteiligung vorgenommenen Maßnahme **87** 134 ff., 923
– des Betriebsrats bei Betriebsänderung **111** 166 ff.
– Durchsetzung durch einstweilige Verfügung im Beschlussverfahren **87** 532
– einstweilige Verfügung nach § 23 Abs. 3 **23** 103
– Erkenntnisverfahren **23** 88 ff.
– kein – bei Verstoß gegen die Unterrichtungspflicht **90** 42
– nach § 23 Abs. 3 **23** 72 ff.
– Verhältnis des – nach § 23 Abs. 3 zum allgemeinen – **23** 80 ff.
– bei Verletzung der Geheimhaltungspflicht **79** 34 f.
– bei Verstoß gegen die Ordnung des Betriebs **77** 191
– bei Verstoß gegen Schutzbestimmungen **78** 37
– Vollstreckungsverfahren **23** 104 ff.
Unternehmen
– Abspaltung **21 a** 5 ff.; **111** 103, 109; s. auch dort; s. auch Umwandlung
– Aufspaltung **1** 76, 89; **21 a** 5 ff.; **111** 88, 96 ff.; s. auch dort; s. auch Umwandlung
– ausländisches mit inländischen Betrieben **Einleitung** 70 ff.
– Begriff **1** 18, 51 ff.
– Betrieb als – oder Unternehmensteil **1** 55 ff.
– Bildung eines Gesamtbetriebsrats **47** 4 ff.; s. auch Unternehmenseinheit
– Bildung eines Wirtschaftsausschusses **106** 6 ff.
– Einheit des – **1** 52 ff.
– Kleinbetrieb innerhalb eines – **1** 58
– Neubegründung, kein Sozialplan **112 a** 12 ff.
– Organisations- und Wirkungseinheit des Arbeitgebers **1** 52 ff.
– Spaltung **21 a** 5 ff.
Unternehmenseinheit
– Betriebe desselben Unternehmens **47** 4
– Betriebsführungsgesellschaft **47** 10
– Franchise-Systeme, keine Unternehmenseinheit **47** 12
– gemeinsamer Betrieb **47** 11, 76 ff.
– Gesamthandsgemeinschaft **47** 7
– Gliederung eines Unternehmens in mehrere Betriebe **47** 4
– GmbH & Co KG, Sonderkonstellation **47** 13
– nur ein Unternehmen einer juristischen Person **47** 8
– rechtliche Einheit des Unternehmensträgers **47** 6
– Tendenzunternehmen **47** 14
– Unternehmensbegriff **47** 5
Unternehmenssprecherausschuss 5 273; **13** 9 ff.; **18 a** 8; s. auch Sprecherausschüsse
Unternehmensverfassung Einleitung 3; **1** 5
Unternehmer
– Bericht in Betriebsräteversammlung **53** 15
– Bericht vor dem Wirtschaftsausschuss **106** 21 ff.
– Gleichsetzung des Begriffs des – mit dem des Arbeitgebers **1** 51 ff.
– Personenidentität mit dem Arbeitgeber **Einleitung** 122
Unterrichtung
– der Arbeitnehmer **81** 3 ff.; **110** 2 ff.
– Art und Weise **80** 52 ff.
– des Betriebsrats bei Personalplanung **92** 24 ff.
– des Betriebsrats durch Wirtschaftsausschuss **108** 34 f.
– des Betriebsrats zur Wahrnehmung seiner Aufgaben **80** 47 ff.
– Einblicksrecht **80** 69 ff.
– der Jugend- und Auszubildendenvertretung durch Betriebsrat **70** 18 ff.

Fette Zahlen = §§

Sachverzeichnis

- Pflicht des Arbeitgebers zur – **80** 25 f.; **81** 3 ff.; s. auch Unterrichtungspflicht des Arbeitgebers
- Pflicht des Unternehmers zur – des Wirtschaftsausschusses s. Wirtschaftsausschuss
- Planungen des Arbeitgebers **90** 19 ff.
- Schranken der Unterrichtungspflicht des Arbeitgebers **80** 56 ff.
- Schranken durch Bezug zu Aufgaben des Betriebsrats **80** 51

Unterrichtungspflicht des Arbeitgebers
- Art und Weise **80** 52 ff.
- Beispiele **81** 7
- Betriebsänderungen **111** 143 ff.
- Checkliste **81** 5
- Form **81** 16 f.
- Inhalt **81** 3 ff., 19 ff.; **90** 20
- Kündigungsabsicht eines Arbeitnehmers **102** 47 ff.
- Leistungsverweigerungsrecht bei Verstoß gegen – **81** 25
- personelle Einzelmaßnahmen **99** 130 ff.; s. auch Widerspruchsrecht des Betriebsrats bei personellen Einzelmaßnahmen
- Pflicht zur Vorlage von Unterlagen **80** 61 ff., 65 ff.
- Schranken **80** 56 ff.
- Schranken durch Bezug zu Aufgaben des Betriebsrats **80** 51
- Streitigkeiten **81** 25 ff.
- Überwachungsrecht des Betriebsrats **81** 24
- Umfang **81** 3 ff.; **90** 20
- Wissenszurechnung **102** 49 a
- Zeitpunkt **81** 13; **90** 21; **111** 144 ff.

Unterschiedliche Behandlung, keine **75** 13 f., 15 f.

Unterschreiten der Mindestzahl der Arbeitnehmer **1** 131; **11** 4

Unterstützungskassen 87 612, 615, 620, 840, 849 ff.

Untersuchungsgrundsatz im Wahlanfechtungsverfahren **19** 57 f.

Unterwerfung unter den Spruch der Einigungsstelle **76** 40, 132

Unterzeichnung
- Betriebsvereinbarung **77** 33
- Niederschrift, Betriebsratssitzung **34** 9
- Spruch der Einigungsstelle **76** 108

Urlaub
- Anwendungsbereich des Mitbestimmungstatbestandes **87** 441 ff.
- Bedeutung der Zustimmung des Betriebsrats für die Urlaubserteilung **87** 468 f.
- Bildungsurlaub **37** 138 ff.; s. auch dort; s. auch Schulungs- und Bildungsveranstaltungen
- Festsetzung der zeitlichen Lage durch die Einigungsstelle **87** 471 f.
- gegenseitige Vertretung von Arbeitnehmern **87** 445
- Mitbestimmung der Bordvertretung **115** 104

- Mitbestimmung des Betriebsrats **87** 441 ff., 470
- Sonder- und Bildungsurlaub als Mitbestimmungstatbestand **87** 466
- zeitliche Lage als Mitbestimmungstatbestand **87** 464 ff.

Urlaubsgrundsätze
- Aufstellung und Änderung **87** 452
- Ausübungsform der Mitbestimmung **87** 460 f.
- Bestehen des Urlaubsanspruchs als mitbestimmungsfreie Vorentscheidung **87** 455 ff.
- Betriebsferien **87** 446
- gesetzliche und tarifliche Regelung **87** 459
- Initiativrecht **87** 453 f.
- Rechtsfolgen einer Nichtbeteiligung des Betriebsrats **87** 463
- Richtlinien **87** 443 ff.
- Zuständigkeit **87** 462

Urlaubsplan 87 441 ff., 448 ff.
- Aufstellung und Änderung **87** 452 f.
- Ausübungsform der Mitbestimmung **87** 460 f.
- gesetzliche und tarifliche Regelung **87** 459
- Initiativrecht des Betriebsrats **87** 453 f.
- Rechtsfolgen einer Nichtbeteiligung des Betriebsrats **87** 463
- Zuständigkeit **87** 462

Urteilsverfahren vgl. hierzu die Kommentierungen am Ende der einzelnen Paragraphen unter „Streitigkeiten"

Veränderung
- Änderungskündigung s. dort
- der Arbeitsbedingungen s. Arbeitsbedingungen
- in der Stärke der Belegschaft, Neuwahl des Betriebsrats **9** 25; **13** 17 ff.

Veräußerung des Betriebs 1 88; **21** 28 ff.; **111** 67, 89, 126, 128 ff.

Verbandsvertreter
- Mitglied der Einigungsstelle **76** 45
- Schweigepflicht **79** 22
- Teilnahme an Betriebsratssitzung **29** 30; **31** 3 ff.
- Teilnahme an Betriebsversammlungen **46** 4 ff., 17 ff.
- Teilnahme an monatlichen Besprechungen, keine **74** 11

Verbesserungsvorschläge 87 925 ff.

Verbindliches Einigungsverfahren s. Zwangsschlichtung

Verbot parteipolitischer Betätigung im Betrieb **74** 57 ff.; s. auch parteipolitische Betätigung im Betrieb

Vereinbarkeit von Betriebsratsamt und gewerkschaftlicher Betätigung 74 75 ff.
- Abgrenzung zum Gebot gewerkschaftsneutraler Amtsführung **74** 79 f.
- Betriebsratsamt und Koalitionsfreiheit **74** 81
- keine Beschränkung von Gewerkschaftstätigkeit durch betriebsverfassungsrechtliche Amtstätigkeit, Grundsatz **74** 75

2569

Sachverzeichnis

- Normadressaten **74** 78
Vereinbarkeit von Familie und Erwerbstätigkeit, Behandlung der Frage der – als Thema der Betriebs- und Abteilungsversammlungen **45** 17
Vereinbarung zur Beschäftigungssicherung 77 309
Vereinbarungen zwischen Arbeitgeber und Betriebsrat **77** 30 ff.; s. Betriebsabsprache; s. Betriebsvereinbarung
Vereinbarungstheorie 77 24 ff.
Vereinfachtes Wahlverfahren
- Anwendungsbereich **14 a** 2
- Bekanntgabepflichten des Wahlvorstands **14 a** 25 f.
- Einladung zur Wahlversammlung **28 WO**
- einstufiges Verfahren **14 a** 5, 34 ff.; **36 WO**
- Geschlechterwahl **32 WO**
- Jugend- und Auszubildendenvertretung **63** 33 f.
- Mehrheitswahl **14** 24, 37; **14 a** 21 ff.
- Nachträgliche schriftliche Stimmabgabe **35 WO**
- Unterstützungspflicht des Arbeitgebers **14 a** 9 ff.; **28 WO** 5 ff.
- Vereinbarung des – **14 a** 2
- nach Vereinbarung in mittleren Betrieben **37 WO**
- Verhältniswahl, keine im – **14** 24; **14 a** 2
- Vorschlagsliste **14** 38
- Wahl des Wahlvorstands **29 WO**
- Wahlausschreiben **14 a** 18; **31 WO**
- Wählerliste **14 a** 9 ff., 16 ff.; **30 WO**
- Wahlversammlung zur Wahl des Betriebsrats **14 a** 27 ff.
- Wahlversammlung zur Wahl des Wahlvorstands **14 a** 6 ff.
- Wahlvorschläge **14 a** 7, 19 ff.; **33 WO**
- zweistufiges Verfahren **14 a** 4, 6 ff.; **28–35 WO**
Vereinigung von Arbeitgebern s. Arbeitgebervereinigung
Vergleichsverfahren s. Insolvenz
Vergütung, Einigungsstellentätigkeit **76 a** 11 ff.
Vergütungsordnung, betriebliche **99** 84 ff.
Verhältnis
- Betriebsrat zu betrieblichem Datenschutzbeauftragten **80** 8 ff.
- Betriebsrat zu Betriebsversammlung **Vor 42** 3 f.; **45** 24, 31
- Betriebsrat zu einzelnem Arbeitnehmer **Einleitung** 86 f.
- Betriebsrat zu Gesamtbetriebsrat **50** 3, 44 ff.
- Betriebsrat zu Gewerkschaften **2** 73 ff.
- Betriebsrat zu Konzernbetriebsrat **58** 6, 21
Verhältnismäßigkeit
- Kosten der Betriebsratstätigkeit **40** 39 ff.
- Versetzung oder Entlassung **104** 14
Verhältniswahl 14 24 ff.; s. auch Betriebsratswahl
- Bestimmung der Ersatzmitglieder **14** 36
- Freistellung von Betriebsratsmitgliedern **38** 30
- gebundene Listenwahl **14** 25

- Höchstzahlverfahren, Verteilung der Sitze **14** 26 ff.
- Regelfall bei Wahl mehrerer Betriebsratsmitglieder **14** 24
- Reihenfolge der Ersatzmitglieder **25** 17 f.
- Zuteilung der Betriebsratssitze **14** 26 ff.
Verhinderung
- Betriebsratsvorsitzender **26** 53 ff.
- Einrücken von Ersatzmitgliedern bei – **25** 5 ff.
- eintrittsberechtigte Ersatzmitglieder, zeitweilige – **25** 21
- Mitglieder des Betriebsausschusses **27** 17
- Mitglieder des Betriebsrats, zeitweilige – **25** 5 ff.
- Mitglieder des Wahlvorstandes **16** 20, 56
Verjährung, Ansprüche aus Betriebsvereinbarung **77** 186
Verlangen des Betriebsrats auf Entlassung oder Versetzung von Arbeitnehmern **104** 14 ff.
Verlegung des Betriebs oder eines wesentlichen Betriebsteils 1 38; **111** 81 ff.
Verletzung
- der Auskunftspflicht gegenüber Wirtschaftsausschuss **109** 3
- der Auskunftspflicht, Strafbarkeit **121** 3 f.
- der Pflichten der Betriebsratsmitglieder **23** 9 ff.
- der Pflichten des Arbeitgebers **23** 72 ff., 88 ff.; s. auch Zwangsverfahren gegen den Arbeitgeber
- der Pflichten von Betriebsratsmitgliedern aus dem Arbeitsvertrag **23** 19 ff.
- der Schweigepflicht, Strafbarkeit **79** 34 ff., 40
Verlust
- der Betriebsratsfähigkeit des Betriebs **1** 127; **11** 4
- der Wählbarkeit zum Betriebsrat **8** 40; **24** 20 ff.
Vermittler
- Befugnis zur Entscheidung über die Zuordnung **18 a** 51 ff.
- Bestellungsverfahren **18 a** 42 ff.
- Geheimhaltungspflicht **18 a** 49
- persönliche Rechtsstellung **18 a** 47 ff.; **20** 45
- Vermittlungsverfahren **18 a** 22 f.
- Versäumnis von Arbeitszeit **20** 45
- bei Zuordnung leitender Angestellter **18 a** 37 ff.
Vermögensbildung
- als Bestandteil des Lohns oder Gehalts **88** 31
- Betriebsvereinbarung **77** 84, 104, 313; **88** 27 ff.
- Betriebsvereinbarung über Maßnahmen zur Förderung der – **88** 27 ff.
- Mitbestimmung des Betriebsrats **87** 738
- Regelung durch Tarifvertrag **88** 29 f.
Vermögensfähigkeit des Betriebsrats, partielle **Einleitung** 111
Verpflichtung zur Arbeitsleistung
- Einsatz von Hilfskräften **5** 19
- als Voraussetzung für die Arbeitnehmereigenschaft **5** 13; s. auch Arbeitnehmereigenschaft; s. auch Arbeitsverhältnis
Versammlung der schwerbehinderten Menschen 32 14

Fette Zahlen = §§

Sachverzeichnis

Versammlungen
- Abteilungsversammlung **Vor 42** 4 f.; s. auch dort
- betriebliche Jugend- und Auszubildendenversammlung **42** 72; **71;** s. auch Jugend- und Auszubildendenversammlung
- Betriebsräteversammlung **53;** s. auch dort
- Betriebsversammlung **Vor 42**; **42 ff.;** s. auch dort
- der leitenden Angestellten gem. § 15 SprAuG **42** 72
- der schwerbehinderten Menschen gem. § 95 Abs. 6 SBG IX **32** 14; **42** 72

Verschmelzung
- von Betrieben **111** 98, 127
- von Unternehmen **1** 89

Verschwägerte s. Verwandte

Verselbstständigung
- eines Betriebsteils, Notwendigkeit der Betriebsratsfähigkeit **4** 28
- Rechtsfolgen bei – eines Betriebsteils **4** 32 ff.
- Zuordnung von Betriebsteilen bei betriebsverfassungsrechtlicher – eines Betriebsteils **4** 29 ff.

Versetzung 99 93 ff.; **103** 30 ff.; s. auch Widerspruchsrecht des Betriebsrats bei personellen Einzelmaßnahmen
- abweichende Regelung durch Tarifvertrag oder Betriebsvereinbarung **99** 126
- in einen anderen Betrieb **99** 106, 121 ff.; **103** 30 ff.
- Änderung der Arbeitsaufgaben innerhalb des übertragenen Tätigkeitsbereichs **99** 101 f.
- Änderung der Arbeitsbedingungen ohne Änderung des Arbeitsbereichs **99** 161 f.
- Änderung der Umstände, unter denen die Arbeit zu leisten ist **99** 104 f., 161 f.
- Änderung materieller Arbeitsbedingungen **99** 86
- Änderungskündigung **99** 214
- Arbeitgeberinteresse **103** 35
- von Arbeitnehmervertretern **103** 3
- Arbeitsbereich **99** 107
- Aufhebungsanspruch des Betriebsrats bei Verletzung des Mitbestimmungsrechts **101** 7 f.
- Ausschreibungspflicht **99** 234 ff.
- Beendigung einer vorläufigen – **100** 53
- Begriff **99** 93 ff.
- Beispiele **99** 101
- Beschäftigung im Wechseleinsatz **99** 117 ff.
- Beteiligung der Bordvertretung **115** 113
- Betriebsänderung **99** 215
- betriebsstörende Arbeitnehmer **104** 18 ff.
- Deutsche Bahn **99** 127
- dringende betriebliche Gründe **103** 34
- Einverständnis des Arbeitnehmers **103** 33, 36
- Mitbestimmung auch bei Einverständnis des Arbeitnehmers **99** 110
- Mitbestimmung in Tendenzbetrieben **118** 163
- Notwendigkeit einer Erheblichkeit der Änderung **99** 111 ff.
- Post **99** 129

- unbestimmter Rechtsbegriff **99** 94 a
- Verletzung der Mitbestimmung des Betriebsrats **99** 297
- Versetzungsrichtlinien **95** 30 ff.; s. auch Auswahlrichtlinien
- Wechsel des Arbeitsorts **99** 103
- Zeitmoment **99** 95, 104
- Zuständigkeit des Gesamtbetriebsrats bei Versetzung in einen anderen Betrieb **50** 35; **99** 124 f.
- Zuständigkeit des Konzernbetriebsrats bei Versetzung in einen anderen Betrieb **58** 13; **99** 125
- Zuweisung eines anderen Arbeitsbereichs **99** 98 ff., 108 ff.

Versorgungseinrichtung der Kirchen **118** 207

Verteilung der Sitze insgesamt **15 WO**

Verteilungsgrundsätze
- Entlohnungsgrundsätze **87** 750
- Förderung der Vermögensbildung **87** 730; **88** 31
- freiwillige Leistungen **87** 165, 750, 771, 775, 797 f.
- Initiativrecht zur Änderung der – **87** 165, 859

Vertragsfreiheit
- Schranke der – bei betriebsverfassungsrechtlicher Pflichtwidrigkeit **87** 125
- Verhältnis der Mitbestimmung in sozialen Angelegenheiten zur – **87** 128

Vertragsgestaltung und Arbeitnehmereigenschaft **5** 36 ff.

Vertragsreeder 114 24

Vertragstheorie, Betriebsvereinbarung **77** 24

Vertrauenshaftung 33 31 ff.

Vertrauensleute
- der Gewerkschaften **2** 99, 144, 174 ff.; **3** 37
- der schwerbehinderten Menschen s. Schwerbehindertenvertretung

Vertrauensmann der Zivildienstleistenden Einleitung 22
- kein Einsichtsrecht in die Sitzungsniederschrift des Betriebsrats **34** 24
- Ladung zu Sitzungen des Betriebsrats **29** 28
- Teilnahme an Betriebsratssitzungen **29** 55; **30** 10 f.

Vertrauensvolle Zusammenarbeit
- Anwendungsbereich **2** 8 ff.
- Auslegungsregel **2** 17 ff.
- Beachtung geltender Tarifverträge **2** 24 ff.
- Gebot der monatlichen Besprechung **74** 4 ff.
- Gebot der Verhandlung bei Meinungsverschiedenheiten **74** 12 ff.
- Grundnorm der Betriebsverfassung **2** 4 f.
- Grundsatz der – im Betriebsverfassungsrecht **Einleitung** 106; **2** 1 ff.; **74** 1 ff.
- Inhalt des Gebots der – **2** 12 ff.
- Konkretisierung der Konzeption Betriebsverfassung als Kooperationsmodell **2** 5
- Monatsbesprechungen als formalisierte Verfahrensregelung **2** 22; **74** 7 ff.
- Quelle weiterer Rechte und Pflichten **2** 20

Sachverzeichnis

Magere Zahlen = Randnummern

- Rechtsnatur **2** 6 f.
- Verhältnis zu den Mitwirkungs- und Mitbestimmungsrechten **2** 21
- Ziel der Zusammenarbeit **2** 15 f.
- Zusammenarbeit mit den Koalitionen **2** 30

Vertreter
- Arbeitgeber bei Erläuterung an Wirtschaftsausschuss **108** 36
- Arbeitgeber bei Teilnahme an Betriebsratssitzung **29** 51
- Arbeitgeberverband, Teilnahme an Betriebsratssitzung **29** 52 f.

Vertretung
- des Arbeitgebers **Einleitung** 123
- Belegschaft durch Betriebsrat **Einleitung** 99
- Betriebsrat durch den Vorsitzenden **26** 33 f., 33 ff., 40 ff., 44 ff.; **87** 93
- Einlegung der Beschwerde durch Betriebsrat **85** 6 ff.
- einzelner Arbeitnehmer durch den Betriebsrat **Einleitung** 118
- Unternehmer im Wirtschaftsausschuss **108** 12, 16
- zusätzliche Vertretungen der Arbeitnehmer **3** 48 ff.

Vertretungsbefugnis
- des Betriebsratsvorsitzenden **26** 33 ff., 40 ff., 43, 44; **27** 73 ff.
- Überschreiten der Vertretungsbefugnis **26** 46 ff.
- Zurechnung nach den Grundsätzen der Vertrauenshaftung **26** 49 ff.

Verwandte, keine Arbeitnehmer **5** 181 ff.

Verweigerung
- Zustimmung zu personellen Einzelmaßnahmen **99** 178 ff.
- Zustimmung zur Kündigung **102** 138 ff.; **103** 47
- der Zustimmung zur Kündigung **103** 60 f.

Verweisungen 127 1 f.
- in Betriebsvereinbarung auf Tarifvertrag **77** 35 f.
- dynamische Blankettverweisung **77** 35 f.

Verwertungsgesellschaften, Tendenzbetrieb **118** 75

Verwertungsverbot im Kündigungsrechtsstreit 102 125 ff.

Verwirkung
- Geltendmachung fehlender oder fehlerhafter Anhörung im Kündigungsrechtsstreit **102** 131
- Rechte aus Betriebsvereinbarung **77** 185
- Verlangen des Betriebsrat nach § 104 **104** 22
- Verweigerung der Zustimmung des Betriebsrats **99** 295

Verzicht
- auf Anhörung des Betriebsrates bei Kündigung **102** 133
- Rechte aus Betriebsvereinbarung **77** 178 ff.

Verzugslohn
- bei Weiterbeschäftigungspflicht **102** 258 f.
- im Weiterbeschäftigungsverhältnis **102** 230

Vierjahresrhythmus regelmäßiger Betriebsratswahlen **13** 4; s. auch Betriebsratswahl

Vierteljährlicher Tätigkeitsbericht des Betriebsrats 43 7 f., 9 ff.

Vollstreckungsverfahren
- Antragsberechtigung **23** 105
- Festsetzung von Ordnungs- und Zwangsgeld **23** 116
- Sonderregelung der Zwangsvollstreckung **23** 104
- Verpflichtung zu Handlungen, Duldungen oder Unterlassungen **23** 106 ff., 112 ff.
- Vollstreckung von Ordnungs- und Zwangsgeld **23** 120
- im Zwangsverfahren gegen den Arbeitgeber **23** 104 ff.; s. auch Zwangsverfahren gegen den Arbeitgeber

Vollzeitarbeitsverhältnis, Auszubildende **78 a** 28

Volumen des Sozialplans s. Sozialplan

Vorabentscheidungsverfahren, Verhältnis zur Einigungsstelle **76** 31, 34, 111, 138

Vorabstimmung, Beschlussfassung über Gemeinschaftswahl bei privatisierten Unternehmen der Post **14** 72 ff.

Vorläufige Durchführung personeller Maßnahmen 100
- Anrufung des Arbeitsgerichts **100** 22 ff.
- Antragsfrist bei Anrufung des Arbeitsgerichts **100** 27
- Aufklärungspflicht des Arbeitgebers gegenüber dem Arbeitnehmer **100** 9 ff.
- Aufrechterhaltung der vorläufigen personellen Maßnahme bei Anrufung des Arbeitsgerichts **100** 32 ff.
- Beendigung der vorläufigen personellen Maßnahme **100** 44 ff.
- Beendigungswirkung **100** 44 ff.
- Beteiligung des Betriebsrats **100** 12 ff.
- dringende Erforderlichkeit aus sachlichen Gründen **100** 17, 40
- Durchführung einer vorläufigen personellen Maßnahme vor Zustimmungsverweigerung des Betriebsrats **100** 28
- Entscheidung des Arbeitsgerichts **100** 35
- Gebot der doppelten Antragstellung bei Anrufung des Arbeitsgerichts **100** 23 ff.
- Gegenstand einer vorläufigen Durchführung **100** 3
- nachträgliche Zustimmung des Betriebsrats zur personellen Maßnahme **100** 41
- Rechtsfolgen bei einem Verstoß gegen das Gebot der doppelten Antragstellung **100** 32
- Rechtsfolgen bei Versäumung der Antragsfrist **100** 34
- Rechtslage, wenn der Betriebsrat Einwendungen nicht oder nicht rechtzeitig erhebt **100** 19 ff.
- Rechtsmittel gegen die arbeitsgerichtliche Entscheidung **100** 42
- Streitgegenstand des Feststellungsantrags **100** 38

Fette Zahlen = §§

- Unterrichtungspflicht des Arbeitgebers **100** 12 ff.
- Verbot der tatsächlichen Aufrechterhaltung bei negativer arbeitsgerichtlicher Entscheidung **100** 44 f.
- Voraussetzungen **100** 4 ff.
- Widerspruch des Betriebsrats **100** 17 f.
- zeitliche Reihenfolge der arbeitsgerichtlichen Entscheidung über die Anträge **100** 36
- Zustimmung des Betriebsrats **100** 16

Vorrang des Tarifvertrages s. Tarifvorrang
Vorrang von Gesetz und Tarifvertrag s. Tarifvorrang
Vorrangtheorie 77 248, 250 f.; **87** 167
Vorschlagsliste 14 51
Vorschlagsrecht
- Abgrenzung vom Beschwerderecht **82** 9
- Adressat **86 a** 4
- der Arbeitnehmer **86 a**
- des Arbeitnehmers s. auch Anhörungsrecht des Arbeitnehmers
- Begründung **86 a** 10
- Behandlung mehrerer Anträge **86 a** 9
- Form **86 a** 3
- Inhalt **82** 5 ff.; **86 a** 5 ff.
- Pflicht des Betriebsrats **86 a** 9 f.
- Quorum **86 a** 3
- Rechtsfolgen bei Nichtbeachtung **82** 10
- Streitigkeiten **86 a** 11
- Themen zur Beratung **86 a** 2
- wiederholter Vorschlag **86 a** 7
- Zweck **86 a** 1

Vorschlagsrecht des Betriebsrats s. Mitwirkungs- und Mitbestimmungsrechte
Vorsitzender
- des Betriebsrats s. Vorsitzender des Betriebsrats
- der Bordvertretung s. Vorsitzender der Bordvertretung
- des Gesamtbetriebsrats s. Vorsitzender des Gesamtbetriebsrats
- des Konzernbetriebsrats s. Vorsitzender des Konzernbetriebsrats
- des Wahlvorstandes s. Vorsitzender des Wahlvorstandes

Vorsitzender der Bordvertretung 115 47 f.
Vorsitzender des Betriebsrats 26
- Abberufung **26** 28 ff.
- Amtsniederlegung **26** 14
- Amtsperiode **26** 27
- Amtszeit **26** 27
- Anfechtung der Wahl, gerichtliche Überprüfung **26** 16 ff.
- Aufgaben **26** 33 ff.
- Aufgabenbereich innerhalb des Betriebsrats **26** 33 ff.
- Bevollmächtigung durch den Betriebsrat **26** 44 f.
- Einblick in Lohn- und Gehaltslisten **80** 69
- Empfangszuständigkeit **26** 40 ff.

Sachverzeichnis

- Führung der laufenden Geschäfte, Beschluss des Betriebsrats **26** 43
- Gerichtliche Nachprüfbarkeit der Abberufung **26** 31 f.
- Gerichtliche Nachprüfung der Wahl **26** 16 ff.
- Gewerkschaftliche Zugehörigkeit **26** 10
- kein Stimmrecht bei Beschlüssen der Jugend- und Auszubildendenvertretung **65** 28
- keine Pflicht zur Annahme des Amtes **26** 12
- Mitbestimmung in sozialen Angelegenheiten **Vor 87** 8 ff.
- Neuwahl bei Amtsniederlegung bzw. Nichtannahme der Wahl **26** 12 ff.
- Nichtannahme der Wahl **26** 12
- Niederlegung des Amtes **26** 14
- Rechtsstellung **26** 33 ff.
- Stellvertreter **26** 53 ff.; s. auch Stellvertretender Vorsitzender
- Teilnahme an Sitzungen der Jugend- und Auszubildendenvertretung **65** 23
- Teilnahme an Sprechstunden der Jugend- und Auszubildendenvertretung **69** 10 f.
- Teilnahmerecht an Jugend- und Auszubildendenversammlung **71** 7
- Überschreiten der Vertretungsmacht **26** 46 ff.
- Übertragung der laufenden Geschäfte **26** 43; **27** 73 ff.
- Übertragung eines selbstständigen Entscheidungsrechts durch den Betriebsrat in Einzelfragen **26** 44
- Vertrauenshaftung, Zurechnung nach Grundsätzen der – **26** 49 ff.
- Vertreter in der Erklärung und Entgegennahme **26** 33
- Vertretung des Betriebsrats **26** 33
- Vertretungsmonopol **26** 37 ff.
- Wahl **26** 3 ff.; s. auch Wahl des Vorsitzenden
- Wahlanfechtung **26** 16 ff.
- Wählbarkeit **26** 9 ff.
- Wahlberechtigung **26** 3
- Wahlverfahren **26** 4 ff.
- Zeitpunkt der Wahl **26** 4
- Zugehörigkeit zum Betriebsausschuss **27** 7

Vorsitzender des Gesamtbetriebsrats 51 3 ff.
- Abberufung **51** 8
- Amtsende **51** 8
- Amtsniederlegung **51** 8
- Rechtsstellung **51** 9
- Wahl **51** 4 ff.

Vorsitzender des Konzernbetriebsrats 59 5 ff.
- Abberufung **59** 8
- Amtsende **59** 8
- Amtsniederlegung **59** 8
- Rechtsstellung **59** 9
- Wahl **59** 6 ff.

Vorsitzender des Wahlvorstandes s. auch Wahlvorstand
- Bestellung durch die Wahlversammlung **17** 25

2573

Sachverzeichnis
Magere Zahlen = Randnummern

- Bestimmung durch den Betriebsrat **16** 18
Vorstand der Bundesagentur für Arbeit s. Vermittlung durch den Vorstand der Bundesagentur für Arbeit
Vorstellungsgespräch 99 140
Vorstrafen, Frage nach – in Personalfragebogen **94** 21
Vorteile
- keine – aus Betriebsratstätigkeit **37** 7
- Versprechen von – bei Wahl **20** 14
Vorübergehende Beschäftigung 1 114
- Wahlberechtigung zum Betriebsrat **7** 31
Vorübergehende Stilllegung des Betriebs 8 25, 36
Vorzeitige Beendigung der Amtszeit des Betriebsrats **21** 11 ff.; s. auch Amtsbeendigung des Betriebsrats
Vorzeitige Neuwahl
- Absinken der Zahl der Betriebsratsmitglieder unter die gesetzliche Zahl **13** 28
- Auflösung durch Beschluss des Arbeitsgerichts **13** 46 ff.
- des Betriebsrats **9** 25; **13** 17 ff.
- erfolgreiche Anfechtung der Betriebsratswahl **13** 42 ff.
- Gründe **13** 17 ff.
- Nichtbestehen eines Betriebsrats im Betrieb **13** 49 ff.
- Nichtigkeit der Betriebsratswahl **13** 44
- Rücktritt des Betriebsrats durch Mehrheitsbeschluss **13** 38 ff.
- Veränderung der Belegschaftsstärke **13** 17 ff.

Wahl
- des Stellvertreters **26** 7
- Wahl der Bordvertretung s. dort
- Wahl der Jugend- und Auszubildendenvertretung s. dort
- Wahl der Schwerbehindertenvertretung s. dort
- Wahl des Betriebsausschusses und weiterer Ausschüsse s. dort
- Wahl des Betriebsrats s. dort
- Wahl des Seebetriebsrats s. dort
- Wahl des Vorsitzenden s. dort
- Wahl des Wahlvorstandes s. dort
- Wahl gewerkschaftlicher Vertrauensleute s. dort
- Wahl weiterer Ausschüsse s. Wahl des Betriebsausschusses und weiterer Ausschüsse
- Wahlakten s. dort
- Wahlalter s. dort
- Wahlanfechtung s. dort
- Wahlanfechtungsverfahren s. dort
- Wahlausschreiben s. dort
- Wählbarkeit s. dort
- Wahlbeeinflussung s. dort
- Wahlbehinderung s. dort
- Wahlberechtigung s. dort
- Wahlbewerber s. dort
- Wahlenthaltung s. dort
- Wahlergebnis s. dort
- Wählerliste s. dort
- Wahlgeheimnis s. dort
- Wahlgrundsätze s. dort
- Wahlniederschrift s. dort
- Wahlordnungen s. dort
- Wahlpropaganda s. dort
- Wahlunterlagen s. dort
- Wahlverfahren gemäß Wahlordnung s. dort
- Wahlversammlung s. dort
- Wahlvorschläge s. dort
- Wahlvorstand s. dort
- Wahlvorstandsmitglieder s. dort
- Wahlwerbung s. dort

Wahl der Bordvertretung
- abgekürztes Wahlverfahren **115** 26 ff.
- Bordversammlung **115** 40
- Nichtigkeit **115** 40
- Verhältniswahl **115** 35
- Wahlanfechtung **115** 37 ff.
- Wählbarkeit **115** 17 ff.
- Wahlberechtigung **115** 11 ff.
- Wahlverfahren **115** 35 f.
- Wahlvorschläge **115** 36
- Wahlvorstand **115** 30 ff.
- Zeitpunkt der Wahlen **115** 24 f.

Wahl der Jugend- und Auszubildendenvertretung s. auch Jugend- und Auszubildendenvertretung
- Amtszeit **64** 16 ff.
- Anfechtung der Wahl der – **63** 31
- Aufgabe und Rechtsstellung des Wahlvorstands **63** 19 ff.
- Bestimmung des Jahres für die regelmäßigen Wahlen **125** 4
- Ersatzbestellung des Wahlvorstands für die Wahl der – durch das Arbeitsgericht **63** 10 ff.
- Größe des Wahlvorstands **63** 6 f.
- keine Wählbarkeit von Mitgliedern des Betriebsrates **61** 10
- Nichtigkeit der Wahl **63** 32
- Wahl außerhalb des regelmäßigen Wahlzeitraums **64** 8 ff.
- Wahl der – als Aufgabe des Betriebsrats **80** 41
- Wahl des Vorsitzenden **65** 10
- Wählbarkeit **61** 5 ff.
- Wahlberechtigung **61** 3 f.
- Wahlgrundsätze **63** 22 ff.
- Wahlkosten **63** 28
- Wahlschutz **63** 27, 29 f.
- Wahlverfahren **63** 22 ff.; **40 WO**
- Wahlvorschläge **63** 25 ff.
- Wahlvorstand **63** 3 ff.
- Wahlvorstand, Größe und Zusammensetzung **63** 6 f.
- Zeitpunkt der regelmäßigen Wahlen **64** 4 f.

Fette Zahlen = §§

Sachverzeichnis

- Zusammensetzung des Wahlvorstands zur Wahl der – **63** 7

Wahl der Schwerbehindertenvertretung 32 4 ff.

Wahl des Betriebsausschusses und weiterer Ausschüsse
- Ersatzmitglieder **27** 16 ff.; **28** 16
- getrennte Wahl nach Gruppen, keine **27** 15
- Nachwahl zur Ersetzung ausgeschiedener Mitglieder **27** 30 f.
- personelle Voraussetzungen **28** 11
- Verhältniswahl **27** 19
- Wahl der Mitglieder weiterer Ausschüsse **28** 14 ff.
- Wahlverfahren **27** 11 ff.
- Zahl der Mitglieder **27** 6; **28** 10
- Zeitpunkt der Bestellung **27** 9 f.

Wahl des Betriebsrats s. auch Betriebsratswahl; s. auch Wahlverfahren gemäß Wahlordnung
- Ablehnung der Wahl **14** 64
- Abwahl, keine – durch Neuwahlen **13** 14
- allgemeine Wahl **14** 18 f.
- Anfechtung der Wahl **13** 42 ff.; **16** 1; **19** 4 ff.; s. auch Wahlanfechtung
- Anschluss an die regelmäßigen Betriebsratswahlen bei vorzeitiger Betriebsratswahl **13** 54 ff.
- Aufgaben des Wahlvorstandes **18** 3 ff.
- Auflösung des Betriebsrats durch Beschluss des Arbeitsgerichts **13** 46 ff.
- Bedeutung des Wahlvorstands für die – **16** 1
- Bestellung eines Wahlvorstands s. Wahlvorstand
- Bestimmung des Jahres für die regelmäßigen Wahlen nach dem BetrVG **125** 3
- Betriebsobmann, aus einer Person bestehender Betriebsrat **9** 22
- Durchführung der Wahl durch den Wahlvorstand **18** 6
- Einleitung der Wahl durch den Wahlvorstand **18** 4 f.
- Feststellung des Wahlergebnisses **18** 7
- geheime Wahl **14** 9 ff.
- Gemeinschaftswahl bei privatisierten Unternehmen der Post **14** 72 ff.; s. auch dort
- gleiche Wahl **14** 18 f.
- Gruppenwahl bei privatisierten Unternehmen der Post **14** 72 ff.; s. auch Gemeinschaftswahl bei privatisierten Unternehmen der Post
- Kandidatur nur auf einem Wahlvorschlag **14** 37
- Kostentragungspflicht **20** 34 ff.
- Lohn für Arbeitsversäumnis **20** 46
- Mehrheitswahl **14** 37
- Neuwahlen, keine Abwahl durch – **13** 14
- Neuwahlen, regelmäßige **13** 4 ff., 54 ff.
- nicht zeitgleich mit der Sprecherausschusswahl, Zuordnung leitender Angestellter **18 a** 30 ff.
- Nichtbestehen eines Betriebsrats im Betrieb **13** 49 ff.
- Nichtigkeit **13** 44; **19** 3, 72 ff.; s. auch Nichtigkeit der Betriebsratswahl
- Notwendigkeit des Wahlvorstands **16** 1
- Ort der Wahl **14** 22
- regelmäßige Betriebsratswahlen **13** 4 ff.
- außerhalb des regelmäßigen Wahlzeitraums **13** 13 ff.
- Rücktritt des Betriebsrats durch Mehrheitsbeschluss **13** 38 ff.
- Sinken der Zahl der Betriebsratsmitglieder unter die gesetzliche Zahl **9** 25; **13** 28 ff.
- Stimmabgabe, schriftliche **14** 10, 13
- unmittelbare Wahl **14** 16 f.
- Veränderung der Belegschaftsstärke **13** 17 ff.
- Verbot der Wahlbehinderung **20** 2 ff., 6 ff.
- Verhältniswahl **14** 24 ff.
- Vierjahresrhythmus **13** 4
- vorzeitige – s. auch vorzeitige Neuwahl
- Wahl des aus einer Person bestehenden Betriebsrats bei privatisierten Unternehmen der Post **14** 82 f.
- Wahl nicht nach Betriebsabteilungen **4** 2
- Wahl nur eines Gruppenvertreters bei privatisierten Unternehmen der Post **14** 82 f.
- Wählbarkeit **8;** s. auch Wählbarkeit
- Wahlberechtigung **7;** s. auch Wahlberechtigung
- Wahlgrundsätze **14** 8 ff.; s. auch dort
- Wahlkosten **20** 34 ff.
- Wahlschutz **20** 2 ff.
- Wahlverfahren s. Wahlverfahren gemäß Wahlordnung
- Wahlvorschläge s. dort
- Wahlvorstand s. dort
- Werbung der Gewerkschaft **2** 84, 98; **20** 5, 22 f.
- Wiederholung nach Wahlanfechtung **19** 69 ff.
- Zeit der Wahl **14** 23; **20** 46
- zeitgleiche Einleitung mit Sprecherausschusswahlen **13** 9; **18 a** 5 ff.
- Zeitraum **13** 6 f.
- Zuordnung der leitenden Angestellten **18 a** 2 ff.; s. auch Zuordnungsverfahren

Wahl des Seebetriebsrats 116 7 ff.
- Briefwahl **116** 27
- Mitgliederzahl und Zusammensetzung **116** 17 ff.
- Nichtigkeit **116** 30
- Verhältniswahl **116** 26
- Wahlanfechtung **116** 29
- Wählbarkeit **116** 11 ff.
- Wahlberechtigung **116** 8 ff.
- Wahlverfahren **116** 26
- Wahlvorschlag **116** 28
- Wahlvorstand **116** 20 ff.
- Zeitpunkt **116** 19

Wahl des Vorsitzenden
- Neuwahl bei Amtsniederlegung **26** 14 f.
- Neuwahl bei Nichtannahme der Wahl **26** 12 ff.
- und seines Stellvertreters **26**
- Stimmengleichheit **26** 8
- Wahlberechtigung **26** 3
- Wahlverfahren **26** 5 f.
- Zeitpunkt der Wahl **26** 4

2575

Sachverzeichnis

Magere Zahlen = Randnummern

Wahl des Wahlvorstands s. auch Wahlvorstand
- Bestimmung der Ersatzmitglieder **17** 26
- Bestimmung des Vorsitzenden **17** 25
- Einberufung und Durchführung der Betriebsversammlung **17** 10 ff.
- Einberufung zur Wahl des Wahlvorstands **17** 10
- Geltung der Vorschriften der Betriebsversammlung **17** 13 ff.
- Kompetenz einer Ersatzbestellung durch das Arbeitsgericht **17** 31 f.
- Nichtbestehen eines Betriebsrats in einem betriebsratsfähigen Betrieb **17** 4 ff.
- Rechtsstellung des Wahlvorstands und der Wahlvorstandsmitglieder **17** 33
- Verfahrensvoraussetzungen einer Ersatzbestellung durch das Arbeitsgericht **17** 28 ff.
- Wahlverfahren **17** 19 ff.
- Zusammensetzung des Wahlvorstands **17** 18
- Zuständigkeit des Arbeitsgerichts **17** 7 ff., 27 ff.

Wahl gewerkschaftlicher Vertrauensleute im Betrieb **2** 174 f.

Wahl weiterer Ausschüsse s. Wahl des Betriebsausschusses und weiterer Ausschüsse

Wahlakten
- Aufbewahrung der Wahlakten **19 WO**
- Aushändigung der Wahlakten an den Betriebsrat **19 WO**
- Einsichtsrecht in Wahlakten **19 WO**

Wahlalter, Voraussetzung für Wahlberechtigung **7** 16

Wahlanfechtung
- Anfechtung der Betriebsratswahl **19** 4 ff., 35 ff.; **20** 28
- Anfechtung der Wahl des Vorsitzenden **26** 16
- Anfechtung der Wahl eines Betriebsratsmitglieds **19** 67 f.
- Anfechtungsberechtigung **19** 9 f., 36 ff., 83
- Anfechtungsrecht **19** 36 ff.
- Anfechtungsvoraussetzungen **19** 4 ff.
- Antragsbegründung **19** 51 f.
- Antragsgegner **19** 53
- Berichtigung des Fehlers **19** 34 f.
- Berichtigung durch Wahlvorstand **19** 34 f.
- Beschränkung auf wesentliche Gesetzesverletzungen **19** 5
- Beteiligte **19** 53 ff.
- Betriebsausschusswahlen **27** 32 ff.
- der Betriebsratswahl **19**
- Bordvertretung **115** 37 ff.
- eingeschränkte – bei fehlerhafter Zuordnung von leitenden Angestellten **18 a** 57 ff.; s. auch Zuordnungsverfahren
- Einspruch gegen die Richtigkeit der Wählerliste als Voraussetzung der – **19** 8 f.
- einstweilige Verfügung als – **20** 3
- erfolgreiche –, Grund für Neuwahlen **13** 42 ff.
- Frist **19** 44 ff.
- Gegenstand der Anfechtung **19** 48 f.

- gerichtliche Geltendmachung der Nichtigkeit der Wahl **19** 80 f.
- gerichtliche Überprüfung der Wahl des Vorsitzenden **26** 16
- Inhalt des Antrags **19** 50 ff.
- Kausalität **19** 31 ff.
- Korrektur des Wahlergebnisses **19** 65 f.
- bei Mängeln der Vorabstimmungen **19** 17 f.
- Möglichkeit der Beeinflussung des Wahlergebnisses **19** 31 ff.
- Neuwahl außerhalb des regelmäßigen Wahlzeitraums **9** 25; **13** 42 ff.
- Nichtigkeit der Betriebsratswahl **13** 44; **19** 72 ff.; **20** 28; s. auch dort
- Nichtigkeit neben Anfechtung **19** 72
- Nichtigkeitsgründe **19** 73 ff.
- Rechtsfolgen der Anfechtung **19** 61 ff.
- Rechtsfolgen der Nichtigkeit **19** 77
- Rechtsgestaltung bei erfolgreicher Anfechtung **19** 61 ff.
- rechtsmissbräuchliche **19** 33 a
- Rechtswirkung der Ungültigkeit der Wahl nur eines Betriebsratsmitglieds **19** 67 f.
- Rechtswirkung, Korrektur des Wahlergebnisses **19** 65 f.
- Rechtswirkungen **19** 61 ff.
- Seebetriebsrat **116** 29
- Strafbarkeit **20** 31
- Ungültigkeit der Wahl eines Betriebsratsmitgliedes **19** 67 f.
- Verbot gegenüber jedermann **20** 2, 6
- Verfahren **19** 35 ff.
- Verletzung wesentlicher Vorschriften **19** 5, 15 ff.
- Voraussetzungen **19** 5 ff.
- Vorsitzender des Betriebsrats, gerichtliche Überprüfung **26** 16
- Wahlanfechtungsverfahren **19** 35 ff.; s. auch dort
- Wahlbehinderung **20** 6 ff.
- Wahlpropaganda **20** 14 ff.
- wesentlicher Verstoß gegen das Wahlverfahren **19** 13 f.
- wesentlicher Verstoß gegen sonstige Wahlvorschriften **19** 15 ff.
- wesentlicher Verstoß gegen Wahlrecht und Wählbarkeit **19** 6 ff.
- Wiederholung der Betriebsratswahl **19** 69 ff.
- Wirkung der Anfechtung **19** 61 ff.; s. auch dort
- Zeitpunkt der Betriebsratswahl nach Anfechtung **13** 44
- Zuordnung leitender Angestellter fehlerhaft, eingeschränkte – **18 a** 57 ff.

Wahlanfechtungsverfahren 19 35 ff.; s. auch Wahlanfechtung
- Anfechtungsberechtigung **19** 36 ff.
- Anfechtungsfrist **19** 44 ff.
- Beteiligte **19** 53 ff.
- Entscheidung im Beschlussverfahren **19** 35
- fehlerhafte Stimmenauszählung **13 WO** 5

Fette Zahlen = §§

Sachverzeichnis

- Gegenstand der Anfechtung **19** 48 f.
- Inhalt des Antrags **19** 50 ff.
- Rechtsschutzinteresse **19** 59 f.
- unrichtige Verbescheidung eines Einspruchs gegen die Wählerliste, Grund für – **4 WO** 11
- Untersuchungsgrundsatz **19** 57 f.

Wahlausschreiben 3 WO; s. auch vereinfachtes Wahlverfahren; s. auch Wahlverfahren gemäß Wahlordnung

- Einleitung der Betriebsratswahl **3 WO** 1
- Form **3 WO** 4 f.
- Inhalt **3 WO** 6 ff.
- Zeitpunkt des Erlasses **3 WO** 2 f.

Wählbarkeit

- Altersgrenze **8** 2, 9, 22
- nach Amtsenthebung **23** 43
- Amtsenthebung eines Betriebsratsmitgliedes, Konsequenzen für die – **8** 44 f.
- Beendigung der Mitgliedschaft im Betriebsrat bei Verlust der – **24** 20 ff.
- Beendigung der Mitgliedschaft im Betriebsrat durch Feststellung der Nichtwählbarkeit **24** 28 ff.
- Berechnung der Betriebszugehörigkeit **8** 17 f.
- Betriebsinhaberwechsel **8** 30
- Betriebsratsvorsitzender **26** 4 ff.
- Betriebszugehörigkeit von 6 Monaten als Voraussetzung der – **8** 17 ff.
- Bordvertretung **115** 17 ff.
- Dauer der Betriebszugehörigkeit **8** 19 ff.
- Eignungsübung **8** 28, 43
- Einberufung zum Zivil- oder Katastrophenschutz **8** 28
- Eintragung in die Wählerliste **8** 47
- gerichtliche Feststellung der Nichtwählbarkeit **24** 28 ff.
- Heimarbeiter **8** 7, 37 f.
- Jugend- und Auszubildendenvertretung **61** 5 ff.
- Kampagnebetrieb **8** 26, 36
- Kündigung des Arbeitsverhältnisses **8** 13 ff.
- Leiharbeitsverhältnis **2 WO** 2
- in mehreren Betrieben **8** 11 f.
- mehrfache – **8** 11 f.
- Mitglied des Wahlvorstandes **8** 46
- (passives Wahlrecht, zum Betriebrat) **8**
- Rechtsfolgen der Nichtbeachtung der Sechsmonatsfrist **8** 39
- bei Rechtsstreit über Bestehen des Arbeitsverhältnisses **8** 13 ff.
- Saisonbetrieb **8** 26
- Seebetriebsrat **116** 11 ff.
- Sonderregelung für neu errichtete Betriebe **8** 35 f.
- Unterbrechung der Betriebszugehörigkeit **8** 23 ff.
- Verlust der –, Beendigungsgrund der Mitgliedschaft im Betriebsrat **24** 20 ff.
- Verlust durch strafrechtliche Verurteilung **8** 4, 40
- Voraussetzungen, formelle der – **8** 47 ff.
- Voraussetzungen, keine weiteren materiellen **8** 41 ff.
- Vorsitzender des Betriebsrats **26** 9 ff.
- Wahlberechtigung als Voraussetzung der Wählbarkeit **8** 5 ff.
- Wechsel aus einem anderen Betrieb desselben Unternehmens oder Konzerns **8** 32 ff.
- Wegfall der sechsmonatigen Betriebszugehörigkeit **8** 35
- Wehrdienst **8** 27 ff., 43
- Wehrdienst eines Staatsangehörigen eines Mitgliedsstaates der EU **8** 29
- während Weiterbeschäftigungsverhältnis **102** 231
- Zivildienst **8** 28, 43

Wahlbeeinflussung

- Ausschluss aus Gewerkschaft, Androhung als unzulässige – **20** 22 ff.
- Beeinflussungstatbestand **20** 14 ff.
- Rechtsfolgen unzulässiger – **20** 28 ff.
- Verbot von –, Reichweite **20** 2 ff.
- durch Wahlwerbung **20** 18

Wahlbehinderung

- Rechtsfolgen der – **20** 28 ff.
- Strafbarkeit **119** 11 ff.
- unzulässige **20** 2 ff., 6 ff.

Wahlberechtigung

- (aktives Wahlrecht, Wahl zum Betriebsrat) **7** 1 ff.
- Arbeitnehmereigenschaft **7** 2 ff.; s. auch dort
- Arbeitnehmerüberlassung **7** 10 ff.
- Bedeutung der – in der Betriebsverfassung **7** 54 f.
- Bedeutung der – in der unternehmensbezogenen Mitbestimmung **7** 56 f.
- befristeter Arbeitsvertrag **7** 34
- bei gesetzlicher Betreuung **7** 17 ff.
- Betriebsratsvorsitzender **26** 3
- Betriebszugehörigkeit **7** 5 ff.
- Bordvertretung **115** 11 ff.
- Eignungsübung **7** 45
- Einberufung zum Zivil- oder Katastrophenschutz **7** 46
- Eintragung in die Wählerliste **7** 51
- fehlerhaftes Arbeitsverhältnis **7** 22, 36
- Fremdfirmenarbeitnehmer **7** 9
- gekündigtes Arbeitsverhältnis **7** 23 f., 37 ff.
- Grundwehrdienst **7** 44
- Heimarbeiter **7** 2, 30
- Jugend- und Auszubildendenvertretung **61** 3 f.
- kein Verlust der – durch Richterspruch **7** 53
- Kurzzeitbeschäftigung **7** 31 f.
- Leiharbeitsverhältnis **7** 15
- mittelbar Beschäftigte **7** 12
- nichtständige Beschäftigung **7** 31, 54
- Personenkreis **7** 2 ff.
- bei Rechtsstreit über das Bestehen eines Arbeitsverhältnisses **7** 36 ff.
- ruhendes Arbeitsverhältnis **7** 25, 42 ff.
- Seebetriebsrat **116** 8 ff.
- Streitigkeiten über die – **7** 58

2577

Sachverzeichnis

Magere Zahlen = Randnummern

- Tätigkeit in mehreren Betrieben **7** 7, 26 ff.
- Teilzeitbeschäftigung **7** 32 ff.
- Vollendung des 18. Lebensjahres **7** 16
- Voraussetzungen **7** 2 ff.
- Vorsitzender des Betriebsrats **26** 3
- Wählbarkeit, – als Voraussetzung **8** 5 ff.
- Wehrübung **7** 44
- während Weiterbeschäftigungsverhältnis **102** 231
- Zeitpunkt für die Beurteilung der – **7** 20
- Zivildienst **7** 44
- Zugehörigkeit zu mehreren Betrieben **7** 26 ff.

Wahlbewerber
- Begünstigungsverbot **78** 9, 26 ff.
- Behinderungsverbot **78** 9, 11 ff.
- Benachteiligungsverbot **78** 9
- Störungsverbot **78** 9, 11 ff.
- Zustimmungserfordernis des Betriebsrats bei Kündigung **103** 4, 6 f., 19 f., 39

Wahlenthaltung 20 6, 18; **119** 14

Wahlergebnis
- Berichtigung des – **19** 34 f.
- Feststellung des – **18** 7
- Korrektur des – **19** 65 f.

Wählerliste s. auch vereinfachtes Wahlverfahren
- Aufstellung durch den Wahlvorstand **2 WO** 6 ff.
- Auslegung **2 WO** 15 ff.
- Eintragung in die – **7** 51; **8** 47; **2 WO**
- Feststellung der Arbeitnehmerzahl **2 WO** 1 f.
- Unterstützung durch den Arbeitgeber bei der Aufstellung **2 WO** 11 ff.

Wahlgeheimnis 14 9 ff.

Wahlgrundsätze
- allgemeine Wahl **14** 18
- Ersatzmitglieder, Wahl von **14** 36, 40; s. auch Ersatzmitglieder
- Freiheit der Wahl **14** 20
- geheime Wahl **14** 9 ff.
- Gemeinschaftswahl bei privatisierten Unternehmen der Post **14** 72 ff.; s. auch dort
- gleiche Wahl **14** 18
- Gruppenwahl bei privatisierten Unternehmen der Post **14** 72 ff.; s. auch Gemeinschaftswahl bei privatisierten Unternehmen der Post
- Leitung der Betriebsratswahl **14** 21
- Listenwahl **14** 25
- Mehrheitswahl **14** 37; s. auch dort
- Ort der Betriebsratswahl **14** 22
- Personenwahl **14** 38
- unmittelbare Wahl **14** 16 f.
- Verhältniswahl **14** 24 ff.
- Zeit der Betriebsratswahl **14** 23

Wahlniederschrift 18 7; **16 WO; 23 WO**

Wahlordnung 1972 14 1

Wahlordnung 2001 14 1; s. Wahlverfahren gemäß Wahlordnung

Wahlordnungen
- Ermächtigung zum Erlass von – **126** 1 f.

- Verordnung zur Durchführung der Betriebsratswahlen bei den Postunternehmen (WOP) vgl. Abdruck in **Anhang**
- Wahlordnung 1972 s. dort
- Wahlordnung 2001 s. dort

Wahlpropaganda s. Wahlwerbung

Wahlunterlagen
- Stimmzettel **11 WO** 1 f.
- Übersendung der – bei Briefwahl **24 WO** 6 ff.; s. auch Briefwahl
- Vorschlagslisten **10 WO**
- Wahlausschreiben **3 WO**
- Wahlumschlag **11 WO** 1 f.

Wahlverfahren gemäß Wahlordnung s. auch vereinfachtes Wahlverfahren; s. auch bei der Wahl der jeweiligen Organe
- Aufbewahrung der Wahlakten **19 WO**
- Bekanntgabe des Ergebnisses **18 WO**
- Bekanntmachung der Gewählten **23 WO**
- Bekanntmachung der Vorschlagslisten **10 WO**
- Benachrichtigung der Gewählten **17 WO; 23 WO**
- Bestimmung der Mindestsitze für das Geschlecht in der Minderheit **5 WO**
- Einspruch gegen die Wählerliste **4 WO;** s. auch Einspruch
- Ermittlung der Gewählten **15 WO; 22 WO**
- Nachfristsetzung für Vorschlagslisten **9 WO**
- Prüfung der Vorschlagslisten durch den Wahlvorstand **7 WO**
- Schriftliche Stimmabgabe **24–26 WO**
- Seebetriebsratswahlen **42 WO; WOS**
- Stimmabgabe **11 WO; 21 WO; 25 WO; 34 WO** 4 f.
- Stimmauszählung, Öffentlichkeit **13 WO; 21 WO; 26 WO** 3
- Stimmauszählung, Verfahren **14 WO; 21 WO; 26 WO** 4
- ungültige Vorschlagslisten **8 WO**
- Verbot von Listenverbindungen **6 WO** 18
- vereinfachtes Wahlverfahren **28 ff. WO**
- Verfahren bei mehreren Vorschlagslisten **11–19 WO**
- Verfahren bei nur einer Vorschlagsliste **20–23 WO**
- Vorschlagslisten **6 WO**
- Wahl der Jugend- und Auszubildendenvertretung **38–40 WO**
- Wahlausschreiben **3 WO;** s. auch dort
- Wählerliste **2 WO;** s. auch dort
- Wahlniederschrift **16 WO; 23 WO**
- Wahlvorgang **12 WO; 20 WO; 26 WO; 34 WO** 5
- Wahlvorschläge der Gewerkschaften **27 WO**
- Wahlvorstand **1 WO;** s. auch dort

Wahlversammlung 17 10 ff.; s. auch Betriebsversammlung; s. auch vereinfachtes Wahlverfahren; s. auch Wahl des Wahlvorstandes

Fette Zahlen = §§

Sachverzeichnis

– Einberufung der – zur Wahl des Betriebsrats **14 a** 27 ff.
– Einberufung der – zur Wahl des Wahlvorstands **14 a** 6 ff.; **17** 10 ff.
– Leitung **17** 15
– Teilnahmerecht **17** 16
– Unterstützungspflicht des Arbeitgebers **14 a** 9 ff.
– Voraussetzung, dass kein Betriebsrat vorhanden ist **17** 4
– zeitliche Lage **17** 17

Wahlvorschläge 14 41 ff.; **6 ff. WO;** s. auch vereinfachtes Wahlverfahren; s. auch Wahlverfahren gemäß Wahlordnung
– Aufforderung zur Einreichung von – im Wahlausschreiben **3 WO** 13
– Beteiligung nur an einem Wahlvorschlag **14** 49
– Bordvertretung **115** 36
– Einreichungsfrist **14** 53
– erforderliche Zahl von Unterschriften **14** 59
– Form **14** 54 ff.
– Frist der Einreichung **14** 44
– Gewerkschaft **14** 45, 58, 63
– Jugend- und Auszubildendenvertretung **63** 25 ff.
– Kandidatur eines Wahlvorstandsmitglieds **14** 52; **16** 12, 57
– Kandidatur nur auf einem Wahlvorschlag **14** 51
– Mindestzahl der sich beteiligenden Vorschlagsberechtigten **14** 44
– Nichtigkeit der Wahl bei Fehlen von Wahlvorschlägen **14** 41
– passives Vorschlagsrecht **14** 50 ff.
– Quorum, Mindestzahl von Unterschriften auf – **14** 59
– schriftliche Zustimmung des Kandidaten **14** 61
– Streichung einzelner Kandidaten **14** 62
– Voraussetzung für ordnungsgemäße Wahl **8** 48
– Wahlvorschlagsberechtigte **14** 43 ff.
– Zahl der Bewerber **14** 60

Wahlvorstand
– Amtsannahme **16** 49
– Amtsende **16** 58 f.
– Amtsrücktritt **16** 59
– Antragsfrist bei Ersatzbestellung durch das Arbeitsgericht **16** 33
– Antragsrecht der Gewerkschaft bei Streit über wirksame Bestellung und Tätigkeit **16** 68
– Antragsrecht der Gewerkschaft für Ersatzbestellung durch das Arbeitsgericht **16** 36
– Antragsrecht für Ersatzbestellung durch das Arbeitsgericht **16** 32, 35 ff.
– Aufgaben **16** 52; **18** 3 ff.
– außerordentliche Kündigung **103** 4, 39; **Anhang zu 103**
– Befugnisse, sonstige **18** 8 f.
– Berichtigung des Wahlergebnisses **19** 34 f.
– Bestellung bei arbeitsgerichtlicher Auflösung des Betriebsrats **23** 69 ff.
– Bestellung bei vorzeitiger Betriebsratswahl **13** 27, 37, 41, 43, 45, 48, 53; **16** 8, 32 f.; **23** 69 f.
– Bestellung bei Wiederholung der Betriebsratswahl infolge Wahlanfechtung **19** 70 f.
– Bestellung durch Arbeitsgericht **16** 32 ff.
– Bestellung durch Betriebsrat **16** 8 ff.
– Bestellung durch Betriebsversammlung **16** 2 ff., 34
– Bestellung durch Betriebsversammlung, Wahlverfahren **17** 18 ff.
– Bestellung eines Ersatzmitglieds **16** 19 f., 43; **17** 26
– Bestimmung der Mindestsitze für das Geschlecht in der Minderheit **5 WO**
– Bestimmung des Vorsitzenden **16** 18, 42; **17** 25
– Beteiligtenfähigkeit im Beschlussverfahren **16** 67 ff.
– Beteiligung an einem Wahlvorschlag **16** 12, 57
– für die Betriebsratswahl **16–18; 1–10 WO;** s. auch vereinfachtes Wahlverfahren; s. auch Wahlverfahren gemäß Wahlordnung
– Betriebsteile, Entscheidung über betriebsverfassungsrechtliche Selbstständigkeit **18** 22 ff.
– Betriebszuordnung, Bindungswirkung arbeitsgerichtlicher Entscheidungen **18** 29 ff.
– Bordvertretung **115** 30 ff.
– Durchführung der Wahl **18** 6
– Einigung auf die Person eines Vermittlers im Zuordnungsverfahren der leitenden Angestellten **18 a** 41; s. auch Zuordnungsverfahren
– Einleitung des Wahlverfahrens **18** 4 f.
– einstweilige Verfügung gegen Maßnahmen des – **18** 21
– Entscheidung über betriebsverfassungsrechtliche Selbstständigkeit von Betriebsteilen und Nebenbetrieben **18** 22 ff.
– Entscheidung über Einspruch des Wahlvorstandes **4 WO** 10; s. auch Einspruch
– Ersatzbestellung, Auswahl der Mitglieder **16** 40
– Ersatzbestellung, Bestimmung des Vorsitzenden des Wahlvorstands **16** 42
– Ersatzbestellung durch Arbeitsgericht **16** 3 f., 32 ff.; **17** 7 ff., 27 ff.
– Ersatzbestellung, Zahl der Mitglieder **16** 39
– Ersatzmitglieder, Bestimmung bei Wahl durch Wahlversammlung **17** 26
– Ersetzung **18** 10 ff.
– Ersetzung, Antragsrecht **18** 13
– Ersetzung, Rechtsfolgen **18** 16 f.
– Fehlen des – bei Betriebsratswahl **16** 1
– Feststellung des Wahlergebnisses **18** 7
– Form der Bestellung durch Betriebsrat **16** 23
– gegenseitige Unterrichtung über die Zuordnung leitender Angestellter bei zeitgleicher Betriebsrats- und Sprecherausschusswahl **18 a** 12 ff.
– gemeinsame Sitzung der – bei zeitgleicher Betriebsrats- und Sprecherausschusswahl **18 a** 17 ff.
– Geschäftsführung **16** 52 ff.

2579

Sachverzeichnis

Magere Zahlen = Randnummern

- Größe **16** 9 f.; **17** 18
- Gruppen, Berücksichtigung im – bei privatisierten Unternehmen der Post **16** 14 ff.
- Jugend- und Auszubildendenvertretung **63** 3 ff., 15 ff.
- Kandidatur um einen Sitz im Betriebsrat **14** 52; **16** 12, 57
- kein Anfechtungsrecht hinsichtlich der Betriebsratswahl **19** 42
- keine Beteiligung im Wahlanfechtungsverfahren **19** 56
- Kompetenzen des Arbeitsgerichts bei Ersatzbestellung **17** 31 f.
- Kontrollpflicht der Richtigkeit der Wählerliste **4 WO** 12 f.
- Kündigungsschutz **16** 63
- Mangel bei der Bestellung **16** 1
- Nebenbetriebe, Entscheidung über die betriebsverfassungsrechtliche Selbstständigkeit **18** 22 f.
- Nichtigkeit der Betriebsratswahl bei Wahl ohne – **19** 75
- Pflichtverletzungen **18** 10 ff.
- Rechtsschutz gegen Maßnahmen des Wahlvorstandes **18** 18 ff.
- Rechtsstellung **16** 62
- Rechtsstellung des Wahlvorstandes und der Wahlvorstandsmitglieder **17** 33
- Seebetrieben **116** 20 ff.
- sonstige Aufgaben und Befugnisse **18** 8 f.
- Verfahren der Wahl in einer Betriebsversammlung **17** 19 ff.
- Vermittlungsverfahren bei Uneinigkeit über die Zuordnung von leitenden Angestellten **18 a** 22 f.
- Vorsitzender, Bestimmung bei Wahl durch Wahlversammlung **17** 25
- Vorsitzender, Bestimmung durch den Betriebsrat **16** 18
- Wahl **29 WO**
- Wahl durch Wahlversammlung bei betriebsratslosem, aber -fähigem Betrieb **17** 4 ff.; s. auch Wahlversammlung
- Wahl ohne Wahlvorstand, Nichtigkeit der Betriebsratswahl **16** 1
- Zahl der Mitglieder **16** 9 f., 39; **17** 18
- Zeitpunkt der Bestellung durch Betriebsrat **16** 21 f.
- Zusammensetzung **16** 11 ff., 41; **17** 18

Wahlvorstandsmitglieder
- Arbeitsversäumnis **16** 62; **20** 41 ff.
- Beendigung des Amtes **16** 58 f.
- Begünstigungsverbot **78** 9, 26 ff.
- Behinderungsverbot **78** 9, 11 ff.
- Benachteiligungsverbot **78** 9
- Beteiligung an einem Wahlvorschlag **16** 12, 57
- Ehrenamt **16** 46, 62; **20** 41
- Ersatzmitglieder, Bestellung durch den Betriebsrat **16** 19

- Ersatzmitglieder, Bestimmung der in der Wahlversammlung **17** 26
- Geheimhaltungspflicht **16** 62
- Kandidatur eines – **14** 52; **16** 12, 57
- keine Pflicht zur Annahme des Amtes **16** 49
- Kompetenzen bei Ersatzbestellung durch das Arbeitsgericht **17** 31 f.
- Kündigungsschutz **16** 63; **103** 4, 12, 18, 39; **Anhang zu 103**
- Leiharbeitnehmer **16** 11
- Lohn für Arbeitsversäumnis **16** 62; **20** 41 ff.
- Niederlegung des Amtes **16** 59
- notwendige Aufwendungen **16** 62
- Rechtsstellung, persönliche **16** 62
- Störungsverbot **78** 9, 11 ff.
- Teilnahme an Schulungsveranstaltungen **20** 43; **37** 111, 162
- Versäumnis von Arbeitszeit infolge Tätigkeit als – **20** 41 ff.
- Vorsitzender, Bestimmung des – durch die Wahlversammlung **17** 25
- Vorsitzender, Bestimmung durch den Betriebsrat **16** 18
- Wählbarkeit **16** 12; **17** 23
- Zustimmungserfordernis des Betriebsrats bei Kündigung **103** 4, 12, 18, 39

Wahlwerbung
- der Gewerkschaften **2** 85, 98, 107
- Wahlpropaganda **20** 15, 18 ff.; s. auch Wahlbeeinflussung

Wechsel des Betriebsinhabers 1 88; **21** 28 ff.; **111** 124 ff.; s. auch Betriebsübergang
- Betriebsvereinbarung **77** 213 ff.
- kein Ende von Betriebsvereinbarungen **77** 213

Wechsel des Betriebsrats Einleitung 119
Wechsel des Betriebszwecks 1 26; **111** 107 ff.
Wechsel des Orts der Arbeitsleistung 99 103; **111** 91 ff.

Wehrdienst
- Ruhen der Mitgliedschaft im Betriebsrat während – **24** 18, 26
- Wählbarkeit zum Betriebsrat **8** 27 ff., 43
- Wahlberechtigung zum Betriebsrat **7** 44

Weisungsrecht s. auch Direktionsrecht des Arbeitgebers
- Weisungsgebundenheit des Arbeitnehmers **5** 15, 23

Weiterbeschäftigungsanspruch, allgemeiner **102** 206, 260 ff.

Weiterbeschäftigungsanspruch Auszubildender 78 a
- Anfechtung der Erklärung des Weiterbeschäftigungsverlangens **78 a** 22 b
- Auflösungsantrag **78 a** 30 ff., 44 ff.
- Befreiung von der Übernahme in ein Arbeitsverhältnis durch das Arbeitsgericht **78 a** 30 ff.
- Begründung eines Arbeitsverhältnisses **78 a** 19 ff.
- Entscheidung im Beschlussverfahren **78 a** 44 ff.

Fette Zahlen = §§ **Sachverzeichnis**

- Ersatzmitglieder **78 a** 11
- Form des Weiterbeschäftigungsverlangens **78 a** 23
- Frist des Feststellungsantrags **78 a** 33
- Frist des Weiterbeschäftigungsverlangens **78 a** 20 ff.
- geschützter Personenkreis **78 a** 4 ff.
- Inhalt und Auflösung des durch Fiktion begründeten Arbeitsverhältnisses **78 a** 26 ff.
- Leistungsvergleich **78 a** 41
- Mitteilungspflicht des Arbeitgebers **78 a** 12 ff.
- Schadensersatz bei Verletzung der Mitteilungspflicht des Arbeitgebers **78 a** 18
- Streitigkeit über die Übernahme in ein Arbeitsverhältnis **78 a** 49 f.
- Unabdingbarkeit des Übernahmerechts **78 a** 25
- Unzumutbarkeit der Weiterbeschäftigung als Streitgegenstand **78 a** 36 ff.
- Vereinbarkeit mit dem Grundgesetz **78 a** 3
- Weiterbeschäftigungsverlangen bei Minderjährigkeit des Auszubildenden **78 a** 24
- Widerruf der Erklärung des Weiterbeschäftigungsverlangens nach Zugang **78 a** 22 a
- zeitliche Begrenzung **78 a** 9 f.
- Zugang der Erklärung des Weiterbeschäftigungsverlangens **78 a** 22

Weiterbeschäftigungspflicht
- Änderungskündigung **102** 266 ff.
- Anspruch auf tatsächliche Beschäftigung **102** 262
- außerordentliche Kündigung **102** 236 ff.
- Auszubildender s. Auszubildende als zur Berufsausbildung Beschäftigte
- Beendigung **102** 233 ff.
- Befreiung durch einstweilige Verfügung **102** 248 ff.
- Beschäftigungsanspruch zur Sicherung eines gekündigten Arbeitsverhältnisses **102** 265
- Durchsetzung **102** 239 ff.
- Entbindung des Arbeitgebers von der Verpflichtung zur Weiterbeschäftigung **102** 242 ff.
- Erheben der Kündigungsschutzklage **102** 215 ff.
- Fehlende Erfolgsaussicht der Kündigungsschutzklage **102** 244 ff.
- Inhalt der Verpflichtung zur Weiterbeschäftigung **102** 213 ff.
- im Konzern **102** 168
- Kündigung des Weiterbeschäftigungsverhältnisses **102** 236 ff.
- materiell-rechtliche Auswirkung auf den Bestand des Arbeitsverhältnisses **102** 223 ff.
- materiell-rechtliche Auswirkungen der Entbindung von der – auf das Arbeitsverhältnis **102** 256 f.
- Möglichkeit der Weiterbeschäftigung **102** 159 ff.
- Mutwilligkeit der Kündigungsschutzklage **102** 244 f.
- offensichtliche Unbegründetheit des Widerspruchs des Betriebsrats **102** 247 ff.
- Rechtsnatur des Weiterbeschäftigungsverhältnisses **102** 261 f.
- Rücknahme der Kündigungsschutzklage **102** 219
- Tendenzbetriebe **118** 166
- zu unveränderten Arbeitsbedingungen **102** 225 ff.
- bei unzumutbarer wirtschaftlicher Belastung **102** 246
- Verfahren der einstweiligen Verfügung **102** 213, 257
- Verhältnis des richterrechtlichen zum betriebsverfassungsrechtlichen Weiterbeschäftigungsanspruch **102** 264
- Verhältnis zum Annahmeverzug des Arbeitgebers **102** 258 f.
- Verlangen des Arbeitnehmers **102** 193
- Verlangen des Arbeitnehmers als Voraussetzung **102** 220 ff.
- Voraussetzungen **102** 207 ff.
- bei Widerspruch des Betriebsrats **102** 138 ff.
- Widerspruch des Betriebsrats **102** 213 ff.
- bei Zurücknahme des Widerspruchs **102** 188, 214
- Zweck und rechtsdogmatische Struktur der gesetzlichen Regelung **102** 201 ff.

weitere Ausschüsse
- Betriebsausschuss **27** 4 ff.; s. auch dort
- des Betriebsrats **27** 71; **28** 4 ff.; s. auch weitere Ausschüsse des Betriebsrats
- gemeinsame Ausschüsse **87** 91; s. auch dort
- Gesamtbetriebsausschuss **27** 71; **51** 22; s. auch dort
- Geschäftsordnung **36** 8
- Konzernbetriebsausschuss **27** 71; **59** 16; s. auch dort

weitere Ausschüsse des Betriebsrats 28
- Amtsübernahme **28** 17
- Amtsverlust **28** 17
- Aufgaben **28** 23 ff.
- Auflösung durch Betriebsrat **28** 18
- Besonderheiten bei der Übertragung der Aufgaben des Wirtschaftsausschusses **28** 19
- Errichtungsakt **28** 12 f.
- Ersatzmitglieder **28** 16
- gemeinsame Ausschüsse **28** 26 ff.; s. auch dort
- Geschäftsführung **28** 21 f.
- Größe **28** 10
- Gruppenausschuss bei privatisierten Postunternehmen **28** 9
- Rechtsstellung **28** 20 ff.
- Verhältnis zur Zuständigkeit des Betriebsausschusses **28** 24
- Verhältnis zur Zuständigkeit des Betriebsrats **28** 25
- Voraussetzung für die Bildung **28** 4 ff.
- Wahl der Mitglieder **28** 14 ff.
- Zahl der Mitglieder **28** 10

Weiterführung der Geschäfte 22 4 ff.

Sachverzeichnis

- Ausnahmeregelung für die Fälle vorzeitiger Amtsbeendigung gemäß § 13 Abs. 2 Nr. 1 bis 3 **22** 1 f.
- Beendigung des Amtes **22** 7 f.
- Beibehaltung der persönlichen Rechtsstellung als Betriebsrat **22** 6
- Geschäftsführungsbefugnis **22** 4 ff.
- keine Beschränkung auf Erledigung laufender Geschäftsführung **22** 5

Weltanschauungsgemeinschaften 118 210

Werbung für Gewerkschaften und Betriebsratsamt
- Abgrenzung zum Gebot gewerkschaftsneutraler Amtsführung **74** 79 f.
- keine Beschränkung in der Betätigung für Gewerkschaften **74** 75
- Koalitionsfreiheit und Betriebsratsamt **74** 81
- Normadressaten **74** 78
- Spannungsfeld von Betriebsratsamt und gewerkschaftlicher Betätigung **74** 80

Werkmietwohnungen 87 621
- allgemeine Festlegung der Nutzungsbedingungen **87** 707 ff., 726
- Begriff **87** 690 ff.
- Begünstigung der vom Betriebsrat repräsentierten Belegschaft **87** 695 ff.
- Betriebsvereinbarung **87** 719
- Durchführung der Mitbestimmung bei Wohnräumen, die einem Dritten gehören **87** 721 ff.
- Festlegung des Dotierungsrahmens **87** 699, 711
- Initiativrecht des Betriebsrats **87** 715
- Kündigung **87** 701, 704 ff.
- Mietzinsfestlegung **87** 709 ff.
- Rechtsfolgen einer Nichtbeteiligung des Betriebsrats **87** 724
- Sozialeinrichtung **87** 621
- Vorrang von Gesetz und Tarifvertrag **87** 716 f.
- Widmung **87** 699
- Zuständigkeit **87** 720
- Zuweisung **87** 701 ff.

Werksarzt s. Betriebsarzt

Werksausweis 87 184, 205

Werkskantinen
- Kantinenpreisfestsetzung **87** 640
- Sozialeinrichtung **87** 619

Werkstudent als Arbeitnehmer **5** 50

Werkszeitung 93 12; **110** 6

Wettbewerbsabreden 94 12

Wichtiger Grund, Kündigung aus – s. Kündigung

Widerruf
- Beteiligung des Betriebsrates **102** 13
- Widerspruch des Betriebsrats s. Widerspruch des Betriebsrats gegen eine ordentliche Kündigung
- Zustimmung des Betriebsrats **103** 52

Widerspruch des Arbeitnehmers gegen Übergang des Arbeitsverhältnisses bei Betriebsübergang **111** 135 ff.

Widerspruch des Betriebsrats gegen eine ordentliche Kündigung 102 138, 208 ff.
- absoluter Grund für eine Sozialwidrigkeit der Kündigung **102** 194 ff.
- Änderungskündigung **102** 266 f.
- Begründung des Widerspruchs **102** 183 ff.
- bei betriebsbedingter Kündigung **102** 146, 161
- Erweiterung des materiellen Kündigungsschutzes **102** 194 ff.
- Form **102** 180
- Frist **102** 179
- Gegenstand des – **102** 144 ff.
- materiell-rechtliche Auswirkung des Widerspruchs im Kündigungsschutzprozess **102** 192 ff.
- Mitteilung des – an den Arbeitnehmer **102** 189 ff.
- Mitteilungspflicht des Arbeitgebers an den Arbeitnehmer **102** 48 ff.
- nicht ausreichende Berücksichtigung sozialer Gesichtspunkte bei der Auswahl des Arbeitnehmers **102** 149 ff.
- bei personenbedingter Kündigung **102** 146, 161
- Rechtsfolgen **102** 192 ff.
- Rücknahme des Widerspruchs **102** 188
- Tendenzbetriebe **118** 166
- bei verhaltensbedingter Kündigung **102** 146, 162
- Verstoß gegen eine Auswahlrichtlinie **102** 157 ff., 196
- Weiterbeschäftigungsmöglichkeit **102** 163 ff.
- Weiterbeschäftigungsmöglichkeit des Arbeitnehmers nach geänderten Vertragsbedingungen **102** 174 ff.
- Weiterbeschäftigungsmöglichkeit des Arbeitnehmers nach zumutbaren Umschulungs- und Fortbildungsmaßnahmen **102** 171 ff.
- Weiterbeschäftigungspflicht s. auch dort
- Widerspruchsgründe **102** 148 ff.

Widerspruchsrecht des Betriebsrats bei personellen Einzelmaßnahmen
- abschließende Gestaltung der Mitbestimmung **99** 7
- Abschluss befristeter Arbeitsverträge **99** 31 ff.
- Änderungskündigung **102** 273 f.
- Antrag auf Zustimmung des Betriebsrats zur Eingruppierung oder Umgruppierung **99** 169
- Antrag auf Zustimmung des Betriebsrats zur geplanten Einstellung **99** 156
- Antrag auf Zustimmung des Betriebsrats zur Versetzung **99** 163
- Antragsbefugnis beim Zustimmungsersetzungsverfahren **99** 276 f.
- Antragsrecht auf Ersetzung der Zustimmung **99** 276 ff.
- während eines Arbeitskampfes **99** 20 ff.
- Aufhebungsanspruch des Betriebsrats bei Verletzung des Mitbestimmungsrechts **101** 8
- Auskunft über die Auswirkungen der geplanten Einstellung **99** 148 ff.
- Ausländer **99** 23 ff.
- Ausschreibungspflicht **99** 234 ff.

Fette Zahlen = §§

Sachverzeichnis

- Auswirkungen einer Verletzung des Mitbestimmungsrechts auf den sozialen Bestandsschutz des Arbeitsverhältnisses **99** 296 ff.
- Beförderung **99** 217
- befristete Einstellung **99** 32
- Begründung der Zustimmungsverweigerung **99** 263 ff.
- Benachteiligung des betroffenen Arbeitnehmers **99** 227 ff.
- Benachteiligung von Belegschaftsmitgliedern **99** 208 ff.
- Besorgnis der Kündigung von Arbeitnehmern **99** 210 ff.
- Besorgnis der Störung des Betriebsfriedens **99** 240 ff.
- Besorgnis von Nachteilen für Arbeitnehmer **99** 216
- Bestehen eines Betriebsrats als Voraussetzung **99** 19
- Bindungswirkung der Zustimmung **99** 250
- Eingliederungsvertrag Beschäftigter **99** 82
- Eingruppierung **99** 59 ff.; s. auch dort
- Einigungsstelle **99** 309
- Einstellung **99** 26 ff.; s. auch dort
- Einstellung von Leiharbeitnehmern **99** 49 ff.
- einstweilige Verfügung **99** 306
- Entscheidung des Arbeitsgerichts **99** 283 ff.
- Ersetzung der Zustimmung durch das Arbeitsgericht **99** 272 ff.
- Form der Zustimmungsverweigerung **99** 262
- freie Mitarbeiter **99** 57
- Fremdfirmeneinsatz **99** 54 ff.
- Frist für Zustimmungsverweigerung **99** 255 ff.
- geringfügig beschäftigte Arbeitnehmer **99** 74
- kein Initiativrecht **99** 179
- kein Teilnahmerecht des Betriebsrats an den Einstellungsgesprächen **99** 140
- Mitbestimmung und Einzelarbeitsverhältnis **99** 290 ff.
- Mitbestimmungssicherungsverfahren **101** 9 ff.; s. auch dort
- Ordnungswidrigkeit bei nicht ordnungsgemäßer Erfüllung der Unterrichtungspflicht **121** 2 ff.
- Personalberatungsunternehmen **99** 137, 144
- personeller Geltungsbereich **99** 15 ff.
- positives Konsensprinzip **99** 4
- Recht des Arbeitgebers zum Zustimmungsersetzungsverfahren **99** 272
- Rechtsfolgen bei einer Eingruppierung und Umgruppierung unter Verletzung des Mitbestimmungsrechts **99** 303
- Rechtsfolgen bei Erteilung der Zustimmung **99** 251
- Rechtsfolgen bei Verletzung des Mitbestimmungsrechts bei der Einstellung **99** 293 ff.
- Rechtsfolgen einer Verletzung des Mitbestimmungsrechts bei der Versetzung **99** 297 ff.
- Rechtsstellung des betroffenen Arbeitnehmers **99** 278 ff.
- Rechtswirksamkeit einer Zustimmungsverweigerung **99** 252 ff.
- Schweigepflicht der Betriebsratsmitglieder **99** 170 ff.
- Teilzeitbeschäftigte **99** 12, 21 ff.
- Tendenzbetrieb **99** 25; **118** 160 ff.
- Umgruppierung **99** 82 ff.; s. auch dort
- Umkategorisierung **99** 73
- Umwandlung eines Arbeitsverhältnisses **99** 47
- Unterlassene Ausschreibung **99** 234 ff.
- Unternehmensgröße **99** 2, 6 ff.
- Unterrichtung über alle Bewerber bei einer Einstellung **99** 133 ff.
- Unterrichtung über die geplante Einstellung und die Person der Beteiligten **99** 133 ff., 139
- Unterrichtungspflicht des Arbeitgebers **99** 132 ff.
- Unterrichtungspflicht des Arbeitgebers über Versetzungen **99** 157 ff.
- Unterrichtungspflicht des Arbeitgebers vor Eingruppierungen und Umgruppierungen **99** 164 ff.
- Verfahren für die Erteilung der Zustimmung **99** 245 ff.
- Verlängerung eines befristeten Arbeitsverhältnisses **99** 34 ff.
- Verletzung der Ausschreibungspflicht nach § 7 Abs. 1 TzBfG **99** 239
- Versetzung **99** 93 ff.; s. auch dort
- Versetzung in einen anderen Betrieb **99** 121 ff.
- Verstoß gegen Auswahlrichtlinie **99** 205 ff.
- Verstoß gegen behördliche Anordnung **99** 204
- Verstoß gegen Bestimmungen einer Betriebsvereinbarung **99** 202
- Verstoß gegen gerichtliche Entscheidung **99** 203
- Verstoß gegen gesetzliches Verbot **99** 186 ff.
- Verstoß gegen Gleichbehandlungsgebot von Männern und Frauen am Arbeitsplatz **99** 191
- Verstoß gegen tarifliches Verbot **99** 198 ff.
- Voraussetzung des Mitbestimmungsrechts **99** 10 ff.
- Vorlage der Bewerbungsunterlagen **99** 141 ff.
- vorläufige Durchführung **100**; s. auch vorläufige Durchführung personeller Maßnahmen
- Widerspruchsgründe, abschließende Festlegung **99** 183 f.
- Wiedereinstellungsanspruch **99** 35
- Zeitpunkt der Unterrichtung über Einstellungen **99** 153
- Zurücknahme der Zustimmungsverweigerung **99** 271
- Zuständigkeit des Arbeitsgerichts **99** 275
- Zustimmung des Betriebsrats **99** 246 ff.
- Zustimmungsersetzungsverfahren **99** 207, 272 ff.; s. auch dort
- Zustimmungsverweigerungsgründe **99** 185 ff.
- Zustimmungsverweigerungsrecht **99** 178 ff.
- Zwangsgeld gegen den Arbeitgeber **101** 20 ff.

Sachverzeichnis

Magere Zahlen = Randnummern

- zwingender Charakter des Mitbestimmungsverfahrens **99** 8
- **Wiederaufleben** des Betriebsratsamts nach Wiedereinstellung **24** 19
- **Wiederholte Pflichtverletzung** als Betriebsratsmitglied **23** 27, 93
- **Wiederholung der Betriebsratswahl 19** 69 ff.
- **Wiederwahl** eines ausgeschlossenen Betriebsratsmitglieds **8** 44 f.; **23** 25
- **Wirksamkeit**
  - Betriebsratsbeschlüsse bei Anfechtung der Wahl **19** 62 f.
  - Betriebsratsbeschlüsse bei Öffentlichkeit der Sitzung **30** 17
- **Wirkung der Anfechtung**
  - einer Betriebsratswahl **19** 61 ff.; s. auch Wahlanfechtung
  - Korrektur des Wahlergebnisses **19** 65 f.
  - Rechtsgestaltung bei erfolgreicher Anfechtung **19** 61 ff.
  - Ungültigkeit der Wahl eines Betriebsratsmitglieds **19** 67 f.
  - Wiederholung der Wahl **19** 69 ff.
- **Wirtschaftliche Absicherung** der Betriebsratsmitglieder **37** 12, 62 ff.
- **Wirtschaftliche Angelegenheiten**
  - Abgrenzung zu sozialen Angelegenheiten **Vor 87** 5 f.
  - Änderung der Betriebsorganisation oder des Betriebszwecks **106** 55
  - beschränkte Generalklausel **106** 56 f.
  - Beteiligung der Arbeitnehmervertreter im Aufsichtsrat s. dort
  - Betriebsänderungen s. dort
  - Einschränkung oder Stilllegung von Betrieben oder von Betriebsteilen **106** 50
  - Fabrikations- und Arbeitsmethoden **106** 46 ff.
  - Gesellschafterstruktur **106** 57
  - Insolvenz **106** 41
  - Katalog **106** 37 ff.
  - Produktions- und Absatzlage **106** 42
  - Produktions- und Investitionsprogramm **106** 43
  - Rationalisierungsvorhaben **106** 45
  - Streitigkeiten über die Unterrichtungspflicht der Belegschaft **110** 12 f.
  - Streitigkeiten über die Unterrichtungspflicht des Unternehmers gegenüber dem Wirtschaftsausschuss **108** 50; **109** 2 ff.
  - Umweltschutz **106** 49
  - Unterrichtungspflicht des Unternehmers gegenüber dem Wirtschaftsausschuss **106** 20 ff.
  - Unterrichtungspflicht des Unternehmers gegenüber der Belegschaft **110** 2 ff.
  - Verlegung von Betrieben oder Betriebsteilen **106** 51
  - Verletzung der Unterrichtungspflicht durch den Unternehmer als Ordnungswidrigkeit **106** 60; **108** 48; **109** 20; **110** 11; **121** 3 f.
- wirtschaftliche und finanzielle Lage des Unternehmens **106** 40 f.
- Wirtschaftsausschuss s. dort
- Zusammenschluss oder Spaltung von Betrieben oder Unternehmen **106** 52 ff.
- Zuständigkeit der Einigungsstelle bei Streitigkeiten **109** 2 ff.
- Zuständigkeit des Gesamtbetriebsrats **50** 36
- Zuständigkeit des Konzernbetriebsrats **58** 14
- als Zuständigkeitsbereich des Wirtschaftsausschusses **106** 9, 37
- **Wirtschaftsausschuss 28** 19; **Vor 4. Teil** 17 f.; **Vor 106** 3 ff.; **106**
  - Amtszeit **107** 15 ff.
  - Angelegenheiten der laufenden Geschäftsführung **106** 38
  - Arbeitnehmerzahl als Voraussetzung für die Errichtung **106** 10 f.
  - Arbeitsbefreiung **107** 27
  - Aufgaben **106** 20
  - Aufgabenwahrnehmung durch den Betriebsrat **107** 36
  - Auslandsbezug des Unternehmens **106** 13 f.
  - Begünstigungsverbot **78** 5, 26 ff.
  - Behinderungsverbot **78** 5, 11 ff.; **107** 33
  - Benachteiligungsverbot **78** 5; **107** 33
  - Berichtspflicht gegenüber dem Betriebsrat bzw. Gesamtbetriebsrat **108** 34 f.
  - Bestellung **107** 10 ff.
  - Beteiligung an der Unterrichtung der Belegschaft durch den Unternehmer über wirtschaftliche Angelegenheiten **110** 4 f., 10
  - Bildung **106** 6 ff., 17 f.
  - ehrenamtliche Tätigkeit **107** 27
  - Einigungsstelle **106** 59; **108** 50
  - Einsichtsrecht der Mitglieder **108** 33
  - Ende des Amts des einzelnen Mitglieds **107** 20 ff.
  - Entscheidung der Einigungsstelle **109** 18 f.
  - Erläuterung des Jahresabschlusses **108** 36 ff.
  - Erlöschen der Mitgliedschaft **107** 20 ff.
  - Errichtung **Vor 106** 3 ff.; **106** 6 ff.
  - Errichtungspflicht **106** 17
  - Ersatzmitglied **107** 14, 26
  - Geheimhaltungspflicht der Mitglieder **79** 20; **107** 31
  - Gemeinsamer Betrieb **106** 8
  - Gesamtbetriebsrat **107** 7, 11 f., 17 ff., 41 ff.
  - Geschäftsführung **108** 3 ff.
  - Geschäftsordnung **108** 6
  - Gesetz über europäische Betriebsräte **Vor 106** 7
  - Grenzüberschreitende Unternehmen **106** 13 f.
  - Hinzuziehung eines Gewerkschaftsbeauftragten **108** 23 ff.
  - Hinzuziehung sachkundiger Arbeitnehmer durch den Unternehmer **108** 18 f.
  - Hinzuziehung von Sachverständigen **80** 84 ff.; **108** 20 ff.

2584

Fette Zahlen = §§

- keine Unterrichtungspflicht bei Gefährdung von Betriebs- und Geschäftsgeheimnissen des Unternehmens **106** 32 ff.
- Kleinunternehmen **106** 15 f.; **107** 36
- Kompetenz **106** 19
- auf Konzernebene **106** 9
- Kostentragungspflicht **107** 32; **108** 11
- Kündigungsschutz **107** 29
- Meinungsverschiedenheit über die Gefährdung von Betriebs- und Geschäftsgeheimnissen des Unternehmens **109** 6 ff.
- Mitgliederzahl **107** 2
- Ordnungswidrigkeiten **108** 48; **109** 20; **110** 11
- Organisation **108** 3 ff.
- Rechte und Pflichten **108** 32 ff.
- Rechtsstellung der Mitglieder **107** 27 ff.
- See- und Luftfahrtunternehmen **Vor 106** 11
- Sitzungen **108** 3 ff., 7 ff.
- Störungsverbot **78** 5, 11 ff.; **107** 33
- Streitigkeiten über die Bildung oder den Zuständigkeitsbereich **106** 58 ff.
- Streitigkeiten über die Errichtung, Tätigkeit und Amtszeit **107** 48 ff.
- Streitigkeiten über die Geschäftsführung **108** 49
- Streitigkeiten über die Unterrichtungspflicht des Unternehmers **108** 50; **109** 9 ff., 21 f.
- Tätigkeits- und Entgeltschutz **107** 30
- Teilnahme der Schwerbehinderten- bzw. Jugend- und Auszubildendenvertretung **108** 31
- Teilnahme des Unternehmers an Sitzungen **108** 12 ff.
- Teilnahme eines Vertreters der Arbeitgebervereinigung **108** 30
- Tendenzbetriebe **118** 169 ff.
- Tendenzunternehmen **Vor 106** 10
- Übertragung der Aufgaben auf einen Ausschuss des Betriebsrats **107** 34 ff.
- Übertragung von Aufgaben auf den Personalplanungsausschuss **92** 48
- Umweltschutz **106** 49
- Unternehmen als Zuordnungsebene **106** 6 ff.
- Unterrichtungspflicht des Unternehmers **106** 20 ff.
- Verfahren der Einigungsstelle **109** 15 ff.
- Voraussetzung für die Anrufung der Einigungsstelle **109** 10 ff.
- Voraussetzung der Mitgliedschaft im – **107** 3 ff.
- Vorlage von Unterlagen durch den Unternehmer **106** 27 ff.
- Vorsitzender **108** 4
- Wahl der Mitglieder **107** 13
- Wahrnehmung der Aufgaben des Wirtschaftsausschusses durch den Gesamtbetriebsrat **107** 41
- Wahrnehmung der Aufgaben des Wirtschaftsausschusses durch einen Ausschuss des Betriebsrats bzw. Gesamtbetriebsrats **108** 47
- Widerruf der Übertragung der Aufgaben auf einen Betriebsausschuss **107** 46
- wirtschaftliche Angelegenheiten s. dort
- Zusammensetzung **107** 2 ff.
- Zuständigkeit der Einigungsstelle bei Meinungsverschiedenheiten über die Auskunftspflicht des Unternehmers **108** 50
- Zuständigkeit der Einigungsstelle bei Streit über die Auskunftspflicht des Unternehmers **109** 2 ff.
- Zuständigkeit des Gesamtbetriebsrats **50** 36
- Zuständigkeit des Konzernbetriebsrats **58** 14

Wirtschaftsdemokratie Einleitung 16, 129
Wirtschaftsprüfer 5 253
Wirtschaftsprüfungsbericht, Vorlage an Wirtschaftsausschuss **106** 28
Wirtschaftsverbände 118 50
Wissenschaftliche Mitarbeiter 5 255
Wohl der Arbeitnehmer und des Betriebs als Ziel vertrauensvoller Zusammenarbeit **2** 15 f.
Wohlfahrtseinrichtungen s. Sozialeinrichtung

Zahl
- freigestellter Betriebsratsmitglieder **38** 6 ff.
- Mitglieder der Gesamt-Jugend- und Auszubildendenvertretung **72** 10 ff., 15 ff.
- Mitglieder der Jugend- und Auszubildendenvertretung **62** 4 ff.
- Mitglieder des Betriebsausschusses **27** 6
- Mitglieder des Betriebsrats s. Betriebsratsmitglied
- Mitglieder des Gesamtbetriebsrats **47** 28, 43 ff.
- Mitglieder des Konzernbetriebsrats **55** 3
- Mitglieder des Wahlvorstands **16** 9 f.
- Mitglieder weiterer Ausschüsse **28** 10

Zahl der Betriebsratsmitglieder 9 3 ff.
- Ablehnung der Kandidatur durch wählbare Arbeitnehmer **11** 6
- Ablehnung der Wahl **11** 6 f.
- Abweichung von der gesetzlichen Zahl **9** 15 ff.
- Änderung des Belegschaftsstandes **13** 17 ff.
- Berücksichtigung von Heimarbeitern **9** 5
- Berücksichtigung von Leiharbeitnehmern **9** 7
- Bestimmung nach der Tabelle **9** 14
- konstante Anzahl der – für die Dauer der Amtsperiode **9** 24
- Mangel an wählbaren Arbeitnehmern **11** 2 ff.
- Nichtberücksichtigung leitender Angestellter **9** 5
- Notwendigkeit einer Neuwahl **9** 25
- regelmäßige Betriebszugehörigkeit **9** 10 ff.
- Sinken unter die gesetzliche Zahl als Grund für vorzeitige Betriebsratswahl **9** 25; **13** 17 ff.
- Unmöglichkeit ausreichender Besetzung **9** 16 ff.
- unrichtig bestimmte Anzahl von Mitgliedern, Rechtsfolge **9** 19 ff.
- Veränderung des Belegschaftsstandes **9** 24 ff.; **13** 17 ff.
- Verlust der Betriebsratsfähigkeit **9** 26; **11** 4
- Zahl der Arbeitnehmer des Betriebes **9** 3 ff.
- Zeitpunkt der Bestimmung der – **9** 13
- Zurückstufung der Betriebsratsgröße **11** 2 f.

Sachverzeichnis

Magere Zahlen = Randnummern

Zeitablauf, Beendigung des Arbeitsverhältnisses durch – **102** 17
Zeitakkord 87 811 ff.
Zeitarbeit 5 94
Zeitaufwand
– Betriebsräte, erforderlicher – für Aufgabenerfüllung **37** 15 ff., 21 ff.
– Mitglieder der Einigungsstelle **76 a** 21
– zeitliche Inanspruchnahme, Bedeutung für die Arbeitnehmereigenschaft s. auch Arbeitnehmereigenschaft
Zeitpunkt
– außerordentliche Betriebs- und Abteilungsversammlungen **43** 37 ff.
– Bestellung eines Betriebsausschusses **27** 9 f.
– Betriebsratssitzungen **30** 9 ff.; s. auch Zeitpunkt der Betriebsratssitzung
– Betriebsratswahlen s. Zeitpunkt der Betriebsratswahlen
– Betriebsversammlungen **44** 2 ff.
– Bildungsurlaub **37** 171
– Schulungs- und Bildungsveranstaltung **37** 113 ff.
– Sitzungen des Wirtschaftsausschusses **108** 7
– Wahl der Jugend- und Auszubildendenvertretung **64** 4 ff.
– Wahl des Betriebsrats s. Zeitpunkt der Betriebsratswahlen
– Wahl des Vorsitzenden des Betriebsrats **26** 4 ff.
Zeitpunkt der Betriebsratssitzung 30 2 ff.
– Berücksichtigung betrieblicher Notwendigkeit **30** 2 ff.
– Verständigung des Arbeitgebers **30** 6
– zeitliche Lage **30** 2 ff.
Zeitpunkt der Betriebsratswahlen 13
– Amtsniederlegung sämtlicher Betriebsratsmitglieder und Ersatzmitglieder **13** 41
– Anfechtung einer Betriebsratswahl **13** 42 ff.
– Anschluss an die regelmäßigen Betriebsratswahlen bei vorzeitiger Betriebsratswahl **13** 54 ff.
– Auflösung des Betriebsrats als Grund für vorzeitige Betriebsratswahl **13** 38 ff.
– Auflösung des Betriebsrats durch Beschluss des Arbeitsgerichts **13** 46 ff.
– Nichtbestehen eines Betriebsrats als Grund für eine Wahl außerhalb des regelmäßigen Wahlzeitraums **13** 49 ff.
– Nichtigkeit einer Betriebsratswahl **13** 44
– regelmäßige Betriebsratswahlen **13** 4 ff.
– außerhalb des regelmäßigen Wahlzeitraums **13** 13 ff.
– Rücktritt durch Mehrheitsbeschluss **13** 38 ff.
– Sinken der Zahl der Betriebsratsmitglieder unter die gesetzliche Zahl **13** 28 ff.
– Veränderung der Belegschaftsstärke **13** 17 ff.
Zeitraum der regelmäßigen Betriebsratswahlen s. auch Zeitpunkt der Betriebsratswahlen
Zeitweilige Verhinderung
– bei Abstimmungsverbot, keine – **25** 9

– Eintritt eines Ersatzmitglieds **25** 5 ff.
– fristlose Kündigung, keine – **25** 11 ff.
– Ruhen der Rechte und Pflichten aus dem Arbeitsverhältnis **25** 8
– Teilnahme an einer Betriebsratssitzung **25** 6 f.
– Voraussetzungen **25** 5 ff.
Zeuge vor der Einigungsstelle **76** 91
Zeugnis s. Arbeitszeugnis
Zeugnisverweigerungsrecht, Wahlgeheimnis **14** 15
Zinsen auf Kostenerstattungsansprüche gegen den Arbeitgeber **40** 58
Zirkusunternehmen 118 73
Zivildienst
– -leistende, keine Arbeitnehmer **5** 135
– Ruhen der Mitgliedschaft im Betriebsrat während des – **24** 26
– Wählbarkeit zum Betriebsrat **8** 28, 43
– Wahlberechtigung zum Betriebsrat **7** 44
Zugang der Gewerkschaften zum Betrieb
2 100, 105 ff.
– zum Abschluss eines Tarifvertrages über die abweichende Ausgestaltung der Betriebsverfassung **2** 136
– Ausübung **2** 124 ff.
– Entstehungsgeschichte der Gesetzesregelung **2** 100 f.
– Hinzuziehung von Beauftragten durch den Betriebsrat **31** 24; s. auch Gewerkschaftsbeauftragte
– Inhalt **2** 116 ff.
– koalitionsrechtliches Zutrittsrecht **2** 134, 151 ff., 174 ff.
– rechtsdogmatische Einordnung der Gesetzesregelung **2** 102 ff.
– Schranken **2** 127 ff.
– Seeschifffahrt **114** 50 f.; **115** 75
– Tendenzbetriebe und Einrichtungen einer Religionsgemeinschaft **2** 132; **118** 137
– unmittelbar vor oder während eines Arbeitskampfes **2** 121
– Voraussetzungen **2** 106 ff.
Zugang der Kündigung 103 16
Zugang zum Betrieb
– von Beauftragten der Gewerkschaften s. Zugang der Gewerkschaften zum Betrieb
– gekündigtes Betriebsratsmitglied **103** 96
Zumutbarkeit, neues Arbeitsverhältnis und Sozialplan **112** 152 ff., 156
Zuordnung
– Ablauf des Verfahrens bei – leitender Angestellter **18 a** 5 ff., 24 ff.; s. auch Zuordnungsverfahren
– Abweichung in der Abgrenzung des Betriebs als Organisationseinheit **3** 16
– andere – von Betrieben und Bildung eines unternehmenseinheitlichen Betriebsrats **3** 16 ff.; **4** 29 ff., 45 ff.
– Betriebsteile zu einem betriebsverfassungsrechtlich verselbstständigten Betriebsteil **4** 29 ff.

Fette Zahlen = §§

- leitender Angestellter s. auch Zuordnungsverfahren
- nicht betriebsratsfähiger Nebenbetrieb zum Hauptbetrieb **4** 47 ff.
- offensichtlich fehlerhafte – im Zuordnungsverfahren **18 a** 59
- Rechtswirkungen der – leitender Angestellter **18 a** 55 f.
- durch Tarifvertrag **3** 16, 34; **4** 49
- bei Unternehmenssprecherausschuss **18 a** 8
- durch Vermittler **18 a** 37 ff.; s. auch Zuordnungsverfahren
- bei Wahl nur des Betriebsrats oder des Sprecherausschusses **18 a** 30 ff.; s. auch Zuordnungsverfahren
- durch Wahlvorstände **18 a** 7 f.
- bei zeitgleicher Einleitung der Wahl von Betriebsrat und Sprecherausschuss **18 a** 5 ff.

Zuordnungsverfahren
- Arbeitsversäumnis infolge Tätigkeit als Vermittler im – **20** 45
- Befugnis des Vermittlers zur Entscheidung über die Zuordnung **18 a** 51 ff.
- Bestellungsverfahren **18 a** 42 ff.
- Betriebsratswahl **18 a** 30 ff.
- Einigung der Wahlvorstände auf einen Vermittler **18 a** 41
- Feststellung des aktiven und passiven Wahlrechts **18 a** 55
- gegenseitige Unterrichtung der Wahlvorstände **18 a** 12 ff.
- gemeinsame Sitzung **18 a** 17 ff.
- leitender Angestellter **18 a**
- bei nicht zeitgleicher Wahl von Betriebsrat und Sprecherausschuss **18 a** 30 ff.
- Nichtwählbarkeit, Geltendmachung der – **18 a** 41
- Person des Vermittlers **18 a** 37 ff.
- Rechtsstellung des Vermittlers **18 a** 47 ff.
- Rechtsweg, kein Ausschluss des – **18 a** 56
- Sprecherausschusswahl **18 a** 35 f.
- Vermittlungsverfahren **18 a** 22 f.
- Wahlanfechtung, Beschränkung der **18 a** 57 ff.
- bei zeitgleicher Einleitung der Betriebsrats- und Sprecherausschusswahlen **18 a** 5 ff.
- Zuständigkeit **18 a** 7 ff.

Zurechnung
- bei fehlendem Betriebsratsbeschluss **33** 25 ff.
- nach den Grundsätzen der Vertrauenshaftung **33** 31 ff.
- von Schweigen **33** 28 ff.
- des Verhaltens des Vorsitzenden bei Überschreiten der Vertretungsmacht auf Grund Vertrauenshaftung **26** 49 ff.

Zurücknahme
- Betriebsratsbeschluss **33** 37
- Widerspruch des Betriebsrats gegen die Kündigung **102** 188

Sachverzeichnis

Zurverfügungstellen von Unterlagen an den Betriebsrat **80** 61 ff.

Zusammenarbeit
- Arbeitgeber und Betriebsrat s. Zusammenarbeit zwischen Arbeitgeber und Betriebsrat
- Betriebspartner mit den Koalitionen s. Zusammenarbeit der Betriebspartner mit den Koalitionen

Zusammenarbeit mit den Koalitionen 2 30 ff.
- Inhalt der Unterstützungsaufgabe **2** 35 f.
- Sicherung der Mitwirkung der Koalitionen in der Betriebsverfassung **2** 30, 35 ff.

Zusammenarbeit zwischen Arbeitgeber und Betriebsrat
- Beachtung der geltenden Tarifverträge **2** 24 ff.
- Gebot der vertrauensvollen Zusammenarbeit **2** 1, 4 ff.; s. auch vertrauensvolle Zusammenarbeit
- Grundsätze für die – **74** 1 ff.
- Teilnahme der Jugend- und Auszubildendenvertretung an gemeinsamen Besprechungen **68** 6 ff.

Zusammenfassung 21 a 9

Zusammenlegung
- mit anderen Betrieben **1** 87; s. auch Umwandlung
- eines Betriebsteils mit anderen Betrieben **111** 106
- Spaltung **21 a** 5 ff.
- Zusammenfassung **21 a** 9 ff.

Zusammenschluss von Betrieben **111** 96 ff.

Zusammensetzung
- des Betriebsausschusses **27** 7 ff.
- des Betriebsrats s. Zusammensetzung des Betriebsrats
- des Wahlvorstandes **16** 11 ff.

Zusammensetzung des Betriebsrats
- Beschäftigungsarten, Berücksichtigung von – **15** 8 ff.
- einzelne Betriebsabteilungen **15** 6
- Geschlechter, Berücksichtigung der **15** 11 ff.
- Kleinstbetriebe **15** 6
- Nichtbefolgung der Geschlechterquote (§ 15 Abs. 2) **15** 22 f.
- Nichtbefolgung der Sollbestimmung (§ 15 Abs. 1) **15** 20 f.

Zusätzliche betriebsverfassungsrechtliche Gremien 3 67; s. auch zusätzliche betriebsverfassungsrechtliche Vertretungen der Arbeitnehmer

Zusätzliche betriebsverfassungsrechtliche Vertretungen der Arbeitnehmer 3 44 ff.
- Amtszeit **3** 71
- Arbeitnehmervertretung auf Grund Tarifvertrag in nicht betriebsratsfähigem Betrieb **3** 52
- Aufgaben **3** 35 ff.
- Begünstigungsverbot **78** 3 f., 26 ff.
- Behinderungsverbot **78** 3 f., 11 ff.
- Benachteiligungsverbot **78** 19 ff.
- Geheimhaltungspflicht der Mitglieder **79** 20
- Inhalt der Generalklausel **3** 35 ff.
- Organisation und Geschäftsführung **3** 64, 68, 83

Sachverzeichnis

Magere Zahlen = Randnummern

- Rechtsstellung der Mitglieder **3** 63, 69
- Regelungsbereich des Tarifvertrags **3** 72 ff.
- relativer Kündigungsschutz **3** 70
- Störungsverbot **78** 3 f., 11 ff.
- Wahl **3** 87 ff.
- Zusammensetzung der zusätzlichen Vertretung **3** 44 ff.

Zuständigkeit
- Arbeitsgericht zur Bestellung des Wahlvorstandes **16** 32 ff.; **17** 7 ff., 27 ff.
- Betriebsausschuss **27** 47 ff.
- Betriebsrat **77** 46, 62; **Vor 87** 8; **88** 3 ff., 6; s. auch bei den einzelnen Mitbestimmungstatbeständen
- Betriebsräteversammlung **53** 12 ff.
- Betriebsratsvorsitzender **26** 33 ff.
- Betriebsversammlung **45** 5 ff., 24 ff.
- Einigungsstelle **76** 9 ff.
- Gesamtbetriebsrat **50** 3 ff.
- Gesamt-Jugend- und Auszubildendenvertretung **73** 20
- Jugend- und Auszubildendenvertretung **60** 12 ff.
- Konzernbetriebsrat **58** 9 ff., 24 ff.
- Wirtschaftsausschuss **106** 20, 37 ff.

Zustimmung
- zur Kündigung als Wirksamkeitsvoraussetzung **102** 297
- nachträgliche – zur Kündigung **102** 296 f.; **103** 52, 56
- Verweigerung der – zur personellen Einzelmaßnahme **99** 178 ff.
- Widerruf der – zur Kündigung **103** 52

Zustimmungsbedürftigkeit von Kündigungen 102 284 ff.; **103** 4 ff.
- Arbeitgeberkündigung **102** 284
- bei außerordentlicher Kündigung durch den Arbeitgeber **103** 28 ff.
- bei außerordentlicher Kündigung während eines Arbeitskampfes **103** 28 f.
- Einigungsstelle **102** 292, 298 f.
- Einverständnis des Arbeitnehmers **103** 33
- Fehlen eines Betriebsrats **103** 38
- Form der Zustimmung **103** 49 ff.
- Frist für die Erklärung der außerordentlichen Kündigung **103** 62 f.
- Frist für die Zustimmungserteilung **103** 46
- Mitteilungspflicht des Arbeitgebers **102** 48 ff.; **103** 43 f.
- ordentliche und außerordentliche Kündigung **102** 285 f.
- persönlicher Geltungsbereich der Zustimmungsbedürftigkeit **103** 4 ff.
- Rechtswirkung der Zustimmung **103** 52
- Teilkündigung **102** 12
- Vereinbarung zwischen Arbeitgeber und Betriebsrat **102** 287 f.
- Verfahren für die Erteilung der Zustimmung **103** 43 ff.
- Verfahrensmängel bei Erteilung der Zustimmung **103** 53 f.
- Verhältnis zu § 626 Abs. 2 **103** 57 f.
- bei Versetzung in einen anderen Betrieb **103** 30 f.
- Wirksamkeitsvoraussetzung **103** 55 f.
- Zeitraum **103** 16 ff.
- Zuständigkeit des Betriebsrats **103** 39 f.
- Zustimmungsersetzungsverfahren **103** 64 ff.; s. auch dort

Zustimmungsersetzungsverfahren 99 272 ff.; **101** 13 f.; **103** 64 ff.
- Amtsausübung während des – **103** 96
- Antrag des Arbeitgebers **103** 64 f.
- zu beabsichtigter Kündigung **103** 74
- Begründetheit **103** 69 ff.
- Beschluss des Arbeitsgerichts **103** 75 ff.
- Bindungswirkung der gerichtlichen Ersetzung **103** 87 ff., 92
- einstweiliger Rechtsschutz **103** 82
- Erledigung des Beschlussverfahrens **103** 76 ff.
- erneuter Antrag **103** 68
- Feststellungsklage des Arbeitnehmers **103** 87 ff.
- Nachschieben von Kündigungsgründen **103** 71 ff.
- Recht zur außerordentlichen Kündigung **103** 69 ff.
- Rechtsmittel **103** 80 f.
- Verhältnis zum individualrechtlichen Kündigungsschutz **103** 90 ff.
- Weiterbeschäftigungsanspruch des Arbeitnehmers während des – **103** 93 ff.
- Zeitpunkt der Zustimmungsersetzung **103** 83 f.
- Zeitpunkt für die Erklärung der außerordentlichen Kündigung **103** 85 f.
- Zulässigkeitsvoraussetzungen **103** 64 ff.

Zuteilung der Sitze im Betriebsrat **14** 26 ff.
Zutrittsrecht s. Zugang der Gewerkschaften zum Betrieb
- des Seebetriebsrates **116** 54 ff.

Zuweisung
- eines anderen Arbeitsplatzes, Versetzung **99** 98 ff., 108 ff.
- einer Werkmietwohnung **87** 701 ff.

Zuwiderhandlung gegen Untersagung der Weiterbeschäftigung **101** 20 ff.

Zwangsgeld
- Androhung des Zwangsgelds **101** 25
- Antrag des Betriebsrats **101** 22; **104** 27
- Aufhebung der Maßnahme durch – **101** 20
- Beschluss auch ohne mündliche Verhandlung **23** 116
- Durchführung des Verfahrens **101** 22 ff.
- Festsetzung **23** 116 ff.
- Feststellung **101** 6
- Gerichtliche Feststellung eines Verstoßes **101** 6
- Höchstmaß **23** 118; **101** 28
- Unterlassungsanspruch **101** 5
- Verfahren **104** 27 ff.

Fette Zahlen = §§

Sachverzeichnis

- Vollstreckung **23** 120; **101** 29; **104** 30
- Zwangsgeldverfahren **23** 116 ff.; **101** 20 ff.
- im Zwangsverfahren gegen den Arbeitgeber **23** 116 ff., 120; **98** 44; **101** 20 ff.; s. auch Zwangsverfahren gegen den Arbeitgeber

Zwangsschlichtung durch die Einigungsstelle s. auch Einigungsstelle
- Antragsberechtigung **76** 29
- bei Beschwerden des Arbeitnehmers **76** 13; **85** 14 ff., 31
- Einlassungszwang **76** 29
- einstweiliger Rechts- und Interessenschutz **76** 33 f.
- Funktion des verbindlichen Einigungsverfahrens **76** 23 f.
- gerichtliche Nachprüfung des Spruchs der Einigungsstelle **76** 32, 114 ff.
- Kompetenz der Einigungsstelle bei – **76** 8 ff.
- im organisatorischen Bereich des BetrVG **76** 9 ff.
- in personellen Angelegenheiten **76** 16 ff.
- Rechtsweggarantie **76** 32
- Rechtswirkungen des Spruchs der Einigungsstelle **76** 30 ff.
- Regelungs- und Rechtsstreitigkeiten als Verfahrensgegenstand **76** 26 ff.
- Seebetriebsverfassung **76** 21
- in sozialen Angelegenheiten **76** 14 f.; **87** 130 ff., 964 ff.
- Sozialplan **112** 134 ff.
- Sozialplan, Aufstellung eines – **76** 21
- Vereinbarkeit mit dem Grundgesetz **76** 25
- Verhältnis zur Zuständigkeit der Arbeitsgerichte **76** 31, 34
- in wirtschaftlichen Angelegenheiten **76** 20 f.

Zwangsverfahren gegen den Arbeitgeber 23 72 ff.; s. auch Unterlassungsanspruch; s. auch Zwangsgeld
- Anspruch auf Beseitigung eines mitbestimmungswidrigen Zustandes **23** 80 ff.
- Antragsrecht im Erkenntnisverfahren **23** 95 f.
- Antragsrecht im Vollstreckungsverfahren **23** 105
- bei Bestellung von Ausbildern entgegen rechtskräftiger Entscheidung des Arbeitsgerichts **98** 38 ff.
- bei Betriebsänderung **111** 167
- Duldungsverpflichtung **23** 106 ff.
- einstweilige Verfügung **23** 103
- Entstehungsgeschichte **23** 72 f.
- Erkenntnisverfahren **23** 88 ff.
- Festsetzung von Ordnungs- und Zwangsgeld **23** 116 ff.
- gesetzestechnische Ausgestaltung **23** 87
- Handlungsverpflichtung **23** 112 ff.
- Ordnungsgeld **23** 106, 116 ff.
- Pflichtverletzung als Rechtsschutzvoraussetzung **23** 88 ff.
- Rechtsschutzvoraussetzung **23** 88 ff.
- Sanktionsregelungen, Verhältnis zu anderen **23** 78 f.
- schuldhafte Pflichtverletzung **23** 94
- bei Unterlassung der Abberufung von Ausbildern **98** 37, 44 ff.
- Unterlassungsverpflichtung **23** 106 ff.
- bei Verletzung der Mitbestimmungsrecht des Betriebsrats aus § 87 Abs. 1 **87** 134 ff.
- bei Verletzung der Mitteilungspflicht **102** 191
- Vollstreckung von Ordnungs- und Zwangsgeld **23** 120
- Vollstreckungsverfahren **23** 104 ff.
- bei Zuwiderhandlung gegen eine gerichtliche Entscheidung auf Entlassung oder Versetzung eines Arbeitnehmers **104** 27 ff.
- Zwangsgeld **23** 116 ff.

Zwangsvollstreckung
- aus Beschlüssen der Arbeitsgerichte **Einleitung** 110
- Spruch der Einigungsstelle kein Vollstreckungstitel **76** 113, 159
- aus Verfahren nach § 23 Abs. 3 **23** 104 ff.; s. auch Zwangsverfahren gegen den Arbeitgeber

Zweck der Beschäftigung, Bedeutung für die Arbeitnehmereigenschaft **5** 63; s. auch Arbeitnehmereigenschaft

Zweckbefristung, Anhörung des Betriebsrats **102** 19

Zweigniederlassung, inländische **106** 14 f.

Zwei-Schranken-Theorie 77 141; **87** 167

Zweitregister, Schifffahrt **114** 34

Zwingende Gründe für Abweichen von Interessenausgleich 113 12 ff.

Zwingende Wirkung s. auch unmittelbare Wirkung
- der Betriebsvereinbarung **77** 138 ff., 159
- einer Sprecherausschussvereinbarung **5** 292

Zwischenbescheid 84 21

2589